Schmidt-Futterer

Mietrecht

SCHMIDT-FUTTERER

# Mietrecht

**Großkommentar des Wohn- und Gewerberaummietrechts**

Bürgerliches Gesetzbuch (§§ 535–580a, 138),
Mietspiegelverordnung
Verordnung über die verbrauchsabhängige Abrechnung der Heiz- und Warmwasserkosten, Wirtschaftsstrafgesetz (§§ 4, 5, 6 WiStG) und Zivilprozessordnung (§§ 283a, 712, 721, 765a, 794a, 885, 885a, 940a ZPO)

Herausgegeben von

**Prof. Dr. Ulf P. Börstinghaus**

Bearbeitet von


**Prof. Dr. Ulf P. Börstinghaus**
Richter am Amtsgericht Dortmund

**Norbert Eisenschmid**
Rechtsanwalt, Berlin

**Dr. Matthias Fervers**
Akademischer Rat, München

**Dr.Beate Flatow**
Vizepräsidentin AG Kiel

**Dr. Jutta Hartmann**
Assessorin, Berlin

**Dr. Jürgen Herrlein**
Rechtsanwalt, Frankfurt am Main

**Prof. Dr. Siegbert Lammel**
Frankfurt am Main

**Prof. Dr. Arnold Lehmann-Richter**
Hochschule für Wirtschaft und Recht
Berlin

**Dr. Eric Lindner**
Rechtsanwalt, Leipzig

**Elmar Streyl**
Vorsitzender Richter am LG Krefeld



15., neu bearbeitete Auflage

2022

C.H.BECK

Zitiervorschlag:

Schmidt-Futterer § 557 BGB Rn. 14

**www.beck.de**

ISBN 978 3 406 76212 3


Wilhelmstraße 9, 80801 München

Umschlaggestaltung, Druck und Bindung: Druckerei C. H. Beck, Nördlingen
(Adresse wie Verlag)

Satz: Jung Crossmedia Publishing GmbH, Lahnau

$CO_2$ neutral

chbeck.de/nachhaltig

Gedruckt auf säurefreiem, alterungsbeständigem Papier
(hergestellt aus chlorfrei gebleichtem Zellstoff)

# Vorwort zur 15. Auflage

Mit dieser 15. Auflage beginnt wieder ein neues Kapitel in der Geschichte des vorliegenden Werkes. Wolfgang Schmidt-Futterer hat den Kommentar 1974 damals noch unter dem Namen „Wohnraumkündigungsschutzgesetz" erstmals herausgegeben. Das Werk wurde von der Praxis begeistert aufgenommen und entwickelte sich rasch zu dem Standardkommentar für den Kündigungsschutz. Bereits zwei Jahre später folgte die 2. Auflage, und auch für die Folgezeit war abzusehen, dass der Kommentar angesichts der umfangreichen Rechtsprechungskasuistik alsbald in 3. Auflage erscheinen würde. Dies hat Wolfgang Schmidt-Futterer allerdings nicht mehr erlebt. Er verstarb während der Arbeiten an der 3. Auflage im April 1978 an einem plötzlichen Herzversagen. Den Kommentar hat Hubert Blank anschließend allein von der 4. bis zur 6. Auflage, die im Jahre 1988 erschien, weiterbearbeitet.

Im Frühjahr 1996 entschloss sich Hubert Blank, den Kündigungsschutzkommentar mit Hilfe zusätzlicher Autoren auf das gesamte Mietrecht zu erweitern. Im Jahre 1999 erschien schließlich die 7. Auflage des Kommentars, der nunmehr ein völlig neues Profil zeigte. Auf Wunsch von Hubert Blank wurde der Name „Schmidt-Futterer" beibehalten. Hubert Blank hat weiterhin große Teile dieses Werkes selbst verfasst und fungierte im Übrigen als Herausgeber dieses nach wie vor wohl einzigartigen Werkes. Hubert Blank ist im Frühjahr 2020 nach Erscheinen der 14. Auflage verstorben. Er war einer der anerkanntesten Persönlichkeiten des deutschen Mietrechts. Sein Tod ist für alle, die sich mit dem Mietrecht beschäftigen und besonders für seine Frau aber auch die Autoren dieses Werkes ein großer Verlust.

Es gilt diesen hohen Anspruch auch in Zukunft zu erfüllen. Als neuer Herausgeber habe ich versucht, ein Autorenteam zusammenzustellen, das diesen Anforderungen gerecht wird. Dabei ging es auch darum, eine ausgewogene Mischung aus Wissenschaft und Praxis, aus Vermieter- und Mietersicht sowie aus der Sicht der Anwalt- wie auch der Richterschaft herzustellen. Neu im Autorenteam sind Dr. Matthias Fervers, Akademischer Rat am Lehrstuhl für Bürgerliches Recht, Zivilverfahrensrecht, Europäisches Privat- und Verfahrensrecht von Prof. Dr. Beate Gsell von der Ludwig-Maximilians-Universität München, Frau Dr. Beate Flatow Vizepräsidentin des AG Kiel, Dr. Jutta Hartmann vom Deutschen Mieterbund Berlin, Rechtsanwalt Dr. Jürgen Herrlein und Rechtsanwalt und Syndikusrechtsanwalt Dr. Eric Lindner von Haus und Grund Leipzig. Ausgeschieden ist altersbedingt Herr VorsRiLG i. R. Dr. Hans Langenberg. Die bisher von Hubert Blank und Dr. Hans Langenberg bearbeiteten Teile wurden sowohl von bisherigen Autoren wie auch von den neuen Autorinnen und Autoren übernommen.

So konnte die 15. Auflage dieses Standardwerkes in diesen auch mietrechtlich schwierigen Zeiten fertiggestellt werden. Die COVID-19 Pandemie hat neue bisher nicht dagewesene juristische Probleme verursacht, die die Praxis wahrscheinlich noch längere Zeit beschäftigen werden. Kommentiert werden nicht nur die Änderung des Art. 240 EGBGB durch das „Gesetz zur Abmilderung der Folgender COVID-19-Pandemie im Zivil-, Insolvenz- und Strafverfahrensrecht" vom 27.3.2020 (BGBl. I S. 569), sondern vor allem auch die in der Praxis bedeutsamen Fragen der Anwendung der allgemeinen Gewährleistungsregeln und des Rechtsinstituts des Wegfalls der Geschäftsgrundlage.

Auch wenn die Rechtsfolgen der COVID-19ß Pandemie im Augenblick immer noch im Vordergrund stehen, so darf nicht übersehen werden, dass seit der im Jahre 2019 erschienenen 14. Auflage vom Gesetzgeber zahlreiche Änderungen des Mietrechts vorgenommen wurden, wobei der Bundestag insbesondere in den letzten Wochen der Legislaturperiode unzählige Gesetze mit unmittelbaren und mittelbaren Auswirkungen auf das Mietrecht beschlossen hat. Durch das „Gesetz zur Verlängerung des Betrachtungszeitraums für die ortsübliche Vergleichsmiete" vom 21. Dezember 2019 (BGBl. I S. 2911) wurde der sog. Betrachtungszeitraum bei der ortsüblichen Vergleichsmiete verlängert, wobei die Übergangsvorschriften noch lange die Anwendung alten Rechts gestatten. Da die Regelungen über die Mietpreisbremse nicht zu den legislativen Glanzleistungen gehören, wurden die Vorschriften innerhalb kürzester Zeit ein zweites Mal durch das „Gesetz zur Verlängerung und Verbesserung der Regelungen über die zulässige Miethöhe bei Mietbeginn" vom 19.3.2020 (BGBl. I S. 540) „nachgeschärft". Außerdem wurden durch das „Gesetz zur Reform des Mietspiegelrechts – MsRG" vom 10.8.2021 (BGBl. I S. 3315) grundlegende Vorschriften zur Mietspiegelerstellung und Anwendung im Prozess verändert sowie umfangreiche Auskunftspflichten im EGBGB eingeführt. Vorgelegt, aber bis zum Redaktionsschluss des vorliegenden Werkes vom Bun-

desrat noch nicht verabschiedet, wurde eine „Verordnung über den Inhalt und das Verfahren zur Erstellung und zur Anpassung von Mietspiegeln sowie zur Konkretisierung der Grundsätze für qualifizierte Mietspiegel (Mietspiegelverordnung – MsV). Die neue Verordnung wurde bei der Kommentierung bereits berücksichtigt. Demgegenüber wurde auf die vorgesehene Kommentierung des „Gesetzes zur Mietenbegrenzung im Wohnungswesen in Berlin (MietenWoG Bln)", den sog. Mietendeckel, gänzlich verzichtet, nachdem das BVerfG am 25.3.2021 (NZM 2021, 347) das Gesetz erwartungsgemäß von Anfang an wegen der fehlenden Gesetzgebungskompetenz des Landes für unwirksam erklärt hat.
Durch das „Gesetz zur Förderung der Elektromobilität und zur Modernisierung des Wohnungseigentumsgesetzes (Wohnungseigentumsmodernisierungsgesetz) – WEMoG" vom 16.10.2020 (BGBl. I S. 2187) wurden im Mietrecht Regelungen im Betriebskosten- und Modernisierungsrecht geändert. Das „Gesetz zur Einsparung von Energie und zur Nutzung erneuerbarer Energien zur Wärme- und Kälteerzeugung in Gebäuden – Gebäudeenergiegesetz, GEG" vom 8.8.2020 (BGBl. I S. 1728) hat ab 1.11.2020 das Energieeinsparungsgesetz vom 1.9.2005 (BGBl. I S. 2684) sowie die Energieeinsparverordnung vom 24.7.2007 (BGBl. I S. 1519) abgelöst. Um einen schnelleren Ausbau der Ladeinfrastruktur für Elektroautos zu erreichen, wurde das „Gesetz zum Aufbau einer gebäudeintegrierten Lade- und Leitungsinfrastruktur für die Elektromobilität (Gebäude-Elektromobilitätsinfrastruktur-Gesetz – GEIG) am 18.3.2021 (BGBl. I S. 354) verkündet. Ähnliche Ziele verfolgt das „Gesetz zur Umsetzung der Richtlinie (EU) 2018/1972 des Europäischen Parlaments und des Rates vom 11. Dezember 2018 über den europäischen Kodex für die elektronische Kommunikation (Neufassung) und zur Modernisierung des Telekommunikationsrechts (Telekommunikationsmodernisierungsgesetz) vom 28.6.2021 (BGBl. I S.1858) für den Bereich des Ausbaus eines schnellen Internets. Beide Gesetze haben unmittelbare oder zumindest mittelbare Auswirkungen auf Mietverhältnisse. Die Änderungen der Heizkosten VO sind inzwischen vom Bundeskabinett verabschiedet worden und sollen im Herbst vom Bundesrat verabschiedet werden; die Wärme- und KältelieferungsVO ist vom Bundesrat am 26.6.2021 beschlossen worden, aber ebenso wenig bis zum Redaktionsschluss dieses Kommentars verkündet worden, wie die „Dritte Verordnung zur Änderung der Mess- und Eichverordnung". Auf die geplanten Änderungen wird in der Kommentierung aber bereits eingegangen.
Anerkanntermaßen sind Mietsteigerungen vor allem eine Folge eines Wohnungsmangels. Um hier anzusetzen, muss mehr gebaut und weniger Mietwohnungen in Eigentumswohnungen umgewandelt werden. Das ist das Ziel des „Gesetzes zur Mobilisierung von Bauland (Baulandmobilisierungsgesetz)" vom 14.6.2021 (BGBl. I S. 1802). Eingeführt wurde die Genehmigungspflicht einer Umwandlung von Miet- in Eigentumswohnungen für Gebäude mit mehr als fünf Wohneinheiten.
Natürlich wurde auch die weiterhin umfangreiche Rechtsprechung des BGH, der seit Redaktionsschluss der Vorauflage ca. 120 Entscheidungen mit mietrechtlichem Bezug veröffentlicht hat, eingearbeitet. Für einen Praxiskommentar ebenso bedeutsam ist die Instanzrechtsprechung, die auch aktualisiert wurde. Dies geschah ebenso wie die Auswertung der Literatur für Veröffentlichungen bis Sommer 2021. Insbesondere die Entscheidungen des VIII. Senats zur Schönheitsreparaturlast bei unrenoviert übergebener Wohnung (BGH Urteile vom 8.7.2020 – VIII ZR 163/18 und VIII ZR 270/18) und zu den fiktiven Instandhaltungskosten (BGH Urt. v. 17.7.2020 – VIII ZR 81/19) wurden berücksichtigt. Aufbau und Stil der Kommentierung wurden in der bewährten Form beibehalten.

Gelsenkirchen im September 2021 Prof. Dr. Ulf P. Börstinghaus

## Es haben bearbeitet
## (Vorschriften ohne Bezeichnung sind solche des BGB)

| | |
|---|---|
| Ulf P. Börstinghaus: | Nach § 535; Nach § 556a; §§ 556d–556g; Vor § 557; §§ 557-559d; § 561; §§ 573–573d |
| Norbert Eisenschmid: | § 535, §§ 536–536d; Vor § 555a; §§ 555a–f |
| Matthias Fervers: | Vor § 535, § 555; §§ 577, 577a |
| Beate Flatow: | §§ 540–541, § 551; §§ 553–554 |
| Jutta Hartmann: | §§ 574–574c |
| Jürgen Herrlein: | §§ 576a, b |
| Siegbert Lammel: | § 544; § 550; § 556c; §§ 562–562d; §§ 1–12 HeizkostenV |
| Arnold Lehmann-Richter: | §§ 537–539; § 549; § 552; §§ 556–556a; § 560; §§ 712, 721, 765a, 794a, 885, 885a ZPO |
| Eric Lindner: | §§ 575–576 |
| Elmar Streyl: | §§ 542–543; §§ 545–548; §§ 563–572; §§ 578–580; § 283a, 940a ZPO |

### Verzeichnis der ausgeschiedenen Bearbeiter

Wolfgang Schmidt-Futterer bis 3. Auflage

Hans-Herbert Gather: 7.–9. Auflage

Hubert Blank 3.–14. Auflage

Hans Langenberg 7.–14. Auflage

## Verzeichnis der im Kommentar erläuterten oder mitbehandelten Bestimmungen
*(in der Reihenfolge der Bearbeitung)*

# Inhaltsübersicht

*Seite*

**Unterkapitel 2. Mietverhältnisse auf unbestimmte Zeit**



**Unterkapitel 3. Mietverhältnisse auf bestimmte Zeit**



**Unterkapitel 4. Werkwohnungen**



**Kapitel 6. Besonderheiten bei der Bildung von Wohnungseigentum an vermieteten Wohnungen**



**Untertitel 3. Mietverhältnisse über andere Sachen**



## Verordnung über die verbrauchsabhängige Abrechnung der Heiz- und Warmwasserkosten (Verordnung über Heizkostenabrechnung – HeizkostenV)



## Sicherungsanordnung, Räumungsvollstreckung, Prozessuale Schutzvorschriften

# Übersicht

# Abkürzungs- und Literaturverzeichnis

| | |
|---|---|
| aA | andere(r) Ansicht |
| aaO | am angegebenen Ort |
| aE | am Ende |
| aF | alte Fassung |
| aK | außer Kraft |
| aM | andere(r) Meinung |
| AbbauG | Gesetz über den Abbau der Wohnungszwangswirtschaft und über ein soziales Miet- und Wohnrecht v. 23.6.1960 (BGBl. I S. 389) |
| abl. | ablehnend |
| ABl. | Amtsblatt |
| Abs. | Absatz |
| Abschn. | Abschnitt |
| abw. | abweichend |
| AcP | Archiv für die civilistische Praxis |
| ADSp | Allgemeine Deutsche Spediteurbedingungen |
| AEB | Allgemeine Bedingungen für die Einbruchdiebstahlversicherung |
| AERB | Allgemeine Bedingungen für die Versicherung gegen Schäden durch Einbruchdiebstahl und Raub |
| AfA | Absetzungen für Abnutzung |
| AFB | Allgemeine Feuerversicherungsbedingungen |
| AFG | Arbeitsförderungsgesetz (a.K. seit 1.1.1999) |
| AFWoG | Gesetz zum Abbau der Fehlsubventionierung im Wohnungswesen v. 13.9.2001 (BGBl. I S. 2414) |
| AG | Amtsgericht; Aktiengesellschaft; Die Aktiengesellschaft (Zeitschrift); Ausführungsgesetz |
| AGB | Allgemeine Geschäftsbedingungen |
| AGBE | Bunte, Entscheidungssammlung zum AGBG, Bde. 1–6 |
| AGBG | Gesetz zur Regelung des Rechts der Allgemeinen Geschäftsbedingungen (a.K. seit 1.1.2002) |
| AGG | Allgemeines Gleichbehandlungsgesetz (AGG) v. 14.8.2006 (BGBl. I S. 1897) |
| AGlB | Allgemeine Versicherungsbedingungen für die Glasversicherung |
| AHG | Gesetz über Altschuldenhilfen für Kommunale Wohnungsunternehmen, Wohnungsgenossenschaften und private Vermieter in dem in Artikel 3 des Einigungsvertrages genannten Gebiet (Altschuldenhilfe-Gesetz) v. 23.6.1993 (BGBl. I S. 944, 986) |
| AIM | AnwaltInfo Mietrecht |
| AIZ | Allgemeine Immobilienzeitung |
| *AKBGB/(Bearbeiter)* | Alternativkommentar zum BGB, 1979ff. (Mietrechtsteil bearbeitet von *Derleder*) |
| AktG | Aktiengesetz v. 6.9.1965 (BGBl. I S. 1089) |
| allg. M. | allgemeine Meinung |
| ALR | Allgemeines Landrecht für die Preußischen Staaten (1794) |
| Alt. | Alternative |
| amtl. | amtlich |
| AMVO | Altbaumietenverordnung (a.K. seit 1.1.1988) |
| AnfG | Anfechtungsgesetz v. 5.10.1994 (BGBl. I S. 2911) |
| Anh. | Anhang |
| Anl. | Anlage |
| Anm. | Anmerkung |
| AnwBl | Anwaltsblatt |
| AnwZert MietR | AnwaltsZertifikatOnline Miet- und Wohnungseigentumsrecht (Zeitschrift) |
| AO | Abgabenordnung idF der Bek. v. 1.10.2002 (BGBl. I S. 3866, ber. 2003 I S. 61) |
| ApoG | Gesetz über das Apothekenwesen (Apothekengesetz – ApoG) idF der Bek. v. 15.10.1980 (BGBl. I S. 1993) |
| ARB | Allgemeine Bedingungen für die Rechtsschutzversicherung |
| ArbStättV | Verordnung über Arbeitsstätten (Arbeitsstättenverordnung – ArbStättV) v. 12.8.2004 (BGBl. I S. 2179) |
| arg. | argumentum |
| Art. | Artikel |
| *Artz/Börstinghaus* | AGB in der Wohnraummiete, 2019 |
| ASF | Allgemeine Sicherheitsvorschriften für Fabriken und gewerbliche Anlagen |
| AStB | Allgemeine Bedingungen für die Versicherung gegen Sturmschäden |
| Aufl. | Auflage |
| AusfV | Ausführungsverordnung |
| AVB | Allgemeine Versicherungsbedingungen |
| AVBEltV | Verordnung über Allgemeine Bedingungen für die Elektrizitätsversorgung von Tarifkunden vom 21.6.1979 |
| AVBFernwärmeV | Verordnung über Allgemeine Bedingungen für die Versorgung mit Fernwärme v. 20.6.1980 |
| AVBGasV | Verordnung über Allgemeine Bedingungen für die Gasversorgung von Tarifkunden vom 21.6.1979 |
| AVBWasserV | Verordnung über allgemeine Bedingungen für die Versorgung mit Wasser v. 20.6.1980 |
| AWB | Allgemeine Bedingungen für die Leitungswasserversicherung |
| Az. | Aktenzeichen |

| | |
|---|---|
| *Bach/Langheid* | Aktuelle Rechtsfragen der Versicherungspraxis, RWS-Skript Nr. 179, 2. Aufl. 1990 |
| BAFin | Bundesanstalt für Finanzdienstleistungsaufsicht (bis 2002: BAV) |
| BAG | Bundesarbeitsgericht; Bundesaufsichtsamtsgesetz |
| BAGE | Entscheidungen des Bundesarbeitsgerichts (Amtliche Sammlung) |
| *Bamberger/Roth/(Bearbeiter)* | Kommentar zum Bürgerlichen Gesetzbuch, 4. Aufl. 2019 (Mietrechtsteil bearbeitet von *Ehlert, Hannappel, Herrmann* und *Wöstmann*) |
| BAnz. | Bundesanzeiger |
| *Bärmann* | Wohnungseigentumsgesetz, Kommentar, 12. Aufl. 2013 |
| *Bärmann/Pick* | Wohnungseigentumsgesetz 20. Aufl. 2020 |
| *Barthelmess* | Wohnraumkündigungsschutzgesetz, Miethöhegesetz, Kommentar, 5. Aufl. 1995 |
| *Battis/Krautzberger/Löhr* | Baugesetzbuch, Kommentar, 12. Aufl. 2014 |
| BauGB | Baugesetzbuch idF der Bek. v. 23.9.2004 (BGBl. I S. 2414) |
| BaukZuschG | Gesetz zur Änderung des Zweiten Wohnungsbaugesetzes, anderer wohnungsbaurechtlicher Vorschriften und über die Rückerstattung von Baukostenzuschüssen v. 21.7.1961 (BGBl. I S. 1041) |
| *Baumbach/Hopt* | Handelsgesetzbuch, Kommentar, 40. Aufl. 2021 |
| *Baumbach/Lauterbach/ Hartmann/Anders/Gehle* | Zivilprozessordnung, Kommentar, 79. Aufl. 2021 |
| *Baumgärtel/Laumen/ Prütting* | Handbuch der Beweislast, 3. Aufl. 2010 |
| BauR | Baurecht |
| BAV | Bundesaufsichtsamt für das Versicherungswesen (seit 2002: BAFin) |
| BayGW | Zeitschrift für das gemeinnützige Wohnungswesen in Bayern |
| BayHZ | Bayerische Hausbesitzerzeitung |
| BayObLG | Bayerisches Oberstes Landesgericht |
| BayObLGZ | Entscheidungen des Bayerischen Obersten Landesgerichts in Zivilsachen (Amtliche Sammlung) |
| BayVBl. | Bayerische Verwaltungsblätter |
| BayWoBindG | Bayerisches Wohnungsbindungsgesetz idF der Bek. v. 23.7.2007 (GVBl. S. 562, ber. S. 781) |
| BB | Der Betriebs-Berater |
| BBahnG | Bundesbahngesetz v. 13.12.1951 (BGBl. I S. 955) |
| BBauBl. | Bundesbaublatt |
| BBergG | Bundesberggesetz (BBergG) v. 13.8.1980 (BGBl. I S. 1310) |
| Bd. | Band |
| Bde. | Bände |
| BDSG | Bundesdatenschutzgesetz (BDSG) idF der Bek. v. 14.1.2003 (BGBl. I S. 66) |
| *Bechinger* | Wohnraummietrecht und Gewerberaummietrecht, 2016 |
| *BeckOGK* | beck-online.Grosskommentar Mietrecht, Hrsg Dr. Hubert Schmidt, 2019 |
| Beck'scher Bilanz-Kommentar | Handels- und Steuerbilanz, 7. Aufl. 2010 |
| BeckRS | Beck-Rechtsprechung |
| Begr. | Begründung |
| *Beierlein/Kinne/Koch/ Stackmann/Zimmermann* | Der Mietprozess, 2006 |
| Beil. | Beilage |
| Bek. | Bekanntmachung |
| *Belz* | Handbuch des Wohnungseigentums, 3. Aufl. 1996 |
| ber. | berichtigt |
| BergArbWoFöG | Gesetz zur Förderung des Bergarbeiterwohnungsbaues im Kohlenbergbau idF der Bek. v. 25.7.1997 (BGBl. I S. 1942) |
| BerlinFG | Berlinförderungsgesetz idF der Bek. v. 2.2.1990 (BGBl. I S. 173) |
| Beschl. | Beschluss |
| Bespr. | Besprechung |
| bestr. | bestritten |
| betr. | betreffend |
| BetrKostUÄndV | Betriebskostenumlage-Änderungsverordnung v. 27.7.1992 (BGBl. I S. 1415) |
| BetrKostUV | Betriebskosten-Umlageverordnung v. 17.6.1991 (BGBl. I S. 1270) |
| BetrKV | Verordnung über die Aufstellung von Betriebskosten (Betriebskostenverordnung – BetrKV) v. 25.11.2003 (BGBl. I S. 2346) |
| BetrVG | Betriebsverfassungsgesetz idF der Bek. v. 25.9.2001 (BGBl. I S. 2518) |
| *Beuermann* | Miete und Mieterhöhung bei preisfreiem Wohnraum, 3. Aufl. 1999 |
| *ders.* | Mietenüberleitungsgesetz und Miethöhegesetz, 2. Aufl. 1997 |
| *Beuermann/Blümmel* | Das neue Mietrecht 2001, 2001 |
| BeurkG | Beurkundungsgesetz v. 28.8.1969 (BGBl. I S. 1513) |
| BewG | Bewertungsgesetz (BewG) v. 1.2.1991 (BGBl. I S. 230) |
| BezG | Bezirksgericht |
| BfA | Bundesversicherungsanstalt für Angestellte |
| BFH | Bundesfinanzhof |
| BFH/NV | Sammlung amtlicher nicht veröffentlichter Entscheidungen des Bundesfinanzhofs |
| BFHE | Sammlung der Entscheidungen und Gutachten des Bundesfinanzhofs (Amtliche Sammlung) |
| BGB | Bürgerliches Gesetzbuch (BGB) idF der Bek. v. 2.1.2002 (BGBl. I S. 42) |
| BGB-InfoV | Verordnung über Informations- und Nachweispflichten nach bürgerlichem Recht (BGB-Informationspflichten-Verordnung – BGB-InfoV) idF der Bek. v. 5.8.2002 (BGBl. I S. 3002) |

BGBl. . . . . . . . . . . . . . . Bundesgesetzblatt (Teil I, II, III)
BGG . . . . . . . . . . . . . . Gesetz zur Gleichstellung behinderter Menschen (Behindertengleichstellungsgesetz – BGG) v. 27.4.2002 (BGBl. I S. 1467)
BGH . . . . . . . . . . . . . . Bundesgerichtshof
BGHR . . . . . . . . . . . . . BGH-Rechtsprechung, hrsgg. von den Richtern des Bundesgerichtshofs in Zivilsachen
BGHSt . . . . . . . . . . . . Entscheidungen des Bundesgerichtshofs in Strafsachen (Amtliche Sammlung)
BGHZ . . . . . . . . . . . . . Entscheidungen des Bundesgerichtshofs in Zivilsachen (Amtliche Sammlung)
BGleiG . . . . . . . . . . . . Gesetz zur Gleichstellung von Frauen und Männern in der Bundesverwaltung und in den Gerichten des Bundes (Bundesgleichstellungsgesetz – BGleiG) v. 30.11.2001 (BGBl. I S. 3234)
*Bieber/Ingendoh* . . . . . . . . AnwaltFormulare Geschäftsraummiete, 2007
*Biergans* . . . . . . . . . . . . Renten und Raten in Einkommensteuer und Steuerbilanz, 4. Aufl. 1993
BImSchG . . . . . . . . . . . Gesetz zum Schutz vor schädlichen Umwelteinwirkungen durch Luftverunreinigungen, Geräusche, Erschütterungen und ähnliche Vorgänge (Bundes-Immissionsschutzgesetz – BImSchG) idF der Bek. v. 26.9.2002 (BGBl. I S. 3830)
BImSchV . . . . . . . . . . . Bundes-Immissionsschutzverordnung (1.–36. Verordnung)
BKKSZ . . . . . . . . . . . . Der Mietprozess, 2006, hrsg. v. Beierlein, Kinne, Koch, Stackmann, Zimmermann
BKleingG . . . . . . . . . . . Bundeskleingartengesetz (BKleingG) v. 28.2.1983 (BGBl. I S. 210)
Bl. . . . . . . . . . . . . . . . Blatt
*Blank* . . . . . . . . . . . . . Mietrecht von A–Z, 19. Aufl. 2015
*Blank/Börstinghaus* . . . . . . Miete, Kommentar, 6. Aufl. 2020
*Bley/Mohrbutter* . . . . . . . . Vergleichsordnung, Großkommentar, 4. Aufl. 1979ff.
BlGBW . . . . . . . . . . . . Blätter für Grundstücks-, Bau- und Wohnungsrecht
*Blöcker/Pistorius* . . . . . . . Die Betriebskosten in der Wohnungswirtschaft, 5. Aufl. 2009
*Blümmel* . . . . . . . . . . . Heizung und Heizkostenabrechnung, 2. Aufl. 1991
BMF . . . . . . . . . . . . . . Bundesministerium der Finanzen
BMG . . . . . . . . . . . . . . 1.–9. Bundesmietengesetz
BMI . . . . . . . . . . . . . . Bundesministerium des Inneren, für Bau und Heimat
BMJV . . . . . . . . . . . . . Bundesministerium der Justiz und für Verbraucherschutz
BMVI . . . . . . . . . . . . . Bundesministerium für Verkehr und digitale Infrastruktur
BMWi . . . . . . . . . . . . . Bundesministerium für Wirtschaft und Technologie
*Böhle* . . . . . . . . . . . . . Das Verbot der Zweckentfremdung von Wohnraum, 2. Aufl. 1994
*Böhme* . . . . . . . . . . . . Allgemeine Bedingungen für die Rechtsschutzversicherung (ARB), Kommentar, 12. Aufl. 2007
*Bongartz* . . . . . . . . . . . Schönheitsreparaturen als Mieterpflicht, 1991
*Börstinghaus, C.* . . . . . . . . Mietminderungstabelle, 4. Aufl. 2017
*Börstingshaus, U.* . . . . . . . Miethöhe-Handbuch. Wohn- und Geschäftsraummiete, 2. Aufl. 2016
*ders.* . . . . . . . . . . . . . . Flächenabweichungen in der Wohnraummiete 2012
*ders.* . . . . . . . . . . . . . . Kündigungs-Handbuch der Wohn- und Geschäftsraummiete (Hrsg.), 2021, zitiert Börstinghaus Kündigungs-Hdb/*Bearbeiter*
*ders.* . . . . . . . . . . . . . . Münchener Prozessformularbuch Mietrecht, hrsg von Ulf Börstinghaus, 6. Aufl.,2020
*Börstinghaus/Clar* . . . . . . . Mietspiegel – Probleme der Erstellung und Anwendung aus juristischer und statistischer Sicht, 2. Aufl. 2013
*Börstinghaus/Eisenschmid* . . . Arbeitskommentar Neues Mietrecht, 2001
*Börstinghaus/Eisenschmid* . . . Arbeitskommentar Mietrechtsänderung 2013, 2013
*Börstinghaus/Eisenschmid* . . . Modernisierungs-Handbuch. Wohn- und Geschäftsraum, 2014
*Börstinghaus/Hannig* . . . . . . Euro-Umstellung im Miet- und Wohnungseigentumsrecht, 2000
*Börstinghaus/Meyer* . . . . . . Die Mietzinserhöhung bei Wohnraummietverträgen in den neuen Bundesländern, 1995
BPersVG . . . . . . . . . . . . Bundespersonalvertretungsgesetz (BPersVG) v. 14.3.1974 (BGBl. I S. 693)
BR . . . . . . . . . . . . . . . Bundesrat
BRAGO . . . . . . . . . . . . Bundesgebührenordnung für Rechtsanwälte (a.K. seit 1.7.2004)
BR-Drs. . . . . . . . . . . . . Drucksache des Bundesrates
*Bremer* . . . . . . . . . . . . Der Sachverständige, 2. Aufl. 1972
BremWoBindG . . . . . . . . . Bremisches Wohnungsbindungsgesetz v. 18.11.2008 (BrGBl. S. 392)
*Brückner* . . . . . . . . . . . Berliner Mietendeckel, 3. Aufl, 2020
BSG . . . . . . . . . . . . . . Bundessozialgericht
BSGE . . . . . . . . . . . . . Entscheidungen des Bundessozialgerichts (Amtliche Sammlung)
BSHG . . . . . . . . . . . . . Bundessozialhilfegesetz (a.K. seit 1.1.2005)
BSK . . . . . . . . . . . . . . Allgemeine Geschäftsbedingungen der Berufsfachgruppe Schwertransporte und Kranarbeiten
bspw. . . . . . . . . . . . . . . beispielsweise
BStBl. . . . . . . . . . . . . . Bundessteuerblatt (Teil I und II)
BT-Drs. . . . . . . . . . . . . Drucksachen des Deutschen Bundestages
*Bub* . . . . . . . . . . . . . . Das Finanz- und Rechnungswesen der Wohnungseigentümergemeinschaft, 2. Aufl. 1996
*Bub/Treier* . . . . . . . . . . . Handbuch der Geschäfts- und Wohnraummiete, 5. Aufl. 2019
*Buchholz* . . . . . . . . . . . . Sammel- und Nachschlagewerk der Rechtsprechung des Bundesverwaltungsgerichts
Buchst. . . . . . . . . . . . . . Buchstabe
*Bunjes/Geist* . . . . . . . . . . Umsatzsteuergesetz, Kommentar, 9. Aufl. 2009
II. BV . . . . . . . . . . . . . Verordnung über wohnungswirtschaftliche Berechnungen (Zweite Berechnungsverordnung – II. BV) idF der Bek. v. 12.10.1990 (BGBl I S. 2178)
BVerfG . . . . . . . . . . . . . Bundesverfassungsgericht
BVerfGE . . . . . . . . . . . . Entscheidungen des Bundesverfassungsgerichts (Amtliche Sammlung)
BVerwG . . . . . . . . . . . . Bundesverwaltungsgericht
BVerwGE . . . . . . . . . . . Entscheidungen des Bundesverwaltungsgerichts (Amtliche Sammlung)
BVM . . . . . . . . . . . . . . Allgemeine Bedingungen für die Mietverlust-Versicherung

bzgl. . . . . . . . . . . . . . . . bezüglich
bzw. . . . . . . . . . . . . . . . beziehungsweise

cic . . . . . . . . . . . . . . . . culpa in contrahendo
CoVuR . . . . . . . . . . . . . . COVID-19 und alle Rechtsfragen zur Corona-Krise (Zeitschrift)
*Cramer* . . . . . . . . . . . . . Mietrecht – Eine systematische Einführung, 1. Aufl. 2019
CUR . . . . . . . . . . . . . . . Contracting und Recht

DAR . . . . . . . . . . . . . . . Deutsches Autorecht
*Dauner-Lieb/Heidel/Ring* . . . BGB-Schuldrecht (Kommentar) Band 2/1 und Band 2/2, 4. Auflage, 2021 (zitiert: NK-BGB/Bearbeiter § … Rn. …)
DBA . . . . . . . . . . . . . . . Abkommen zur Vermeidung der Doppelbesteuerung (Doppelbesteuerungsabkommen)
DEMV . . . . . . . . . . . . . . Deutscher Einheitsmietvertrag
DGVZ . . . . . . . . . . . . . . Deutsche Gerichtsvollzieherzeitung
dh . . . . . . . . . . . . . . . . das heißt
*Dietz* . . . . . . . . . . . . . . Hausratversicherung 84, 2. Aufl. 1988
DIN . . . . . . . . . . . . . . . Deutsche Industrienorm
DMB . . . . . . . . . . . . . . . Deutscher Mieterbund e. V.
DMT . . . . . . . . . . . . . . . Deutscher Mietgerichtstag e. V.
DMT-Bilanz . . . . . . . . . . 10 Jahre Mietrechtsreformgesetz – Eine Bilanz, herausgegeben von U. Börstinghaus und M. Artz im Auftrag des Deutschen Mietgerichtstages e. V., 2011
DMW . . . . . . . . . . . . . . . Deutsche Medizinische Wochenschrift
DNotZ . . . . . . . . . . . . . . Deutsche Notarzeitung
DÖV . . . . . . . . . . . . . . . Die Öffentliche Verwaltung
DRiZ . . . . . . . . . . . . . . . Deutsche Richterzeitung
*Dröge/Gebele/Zehnter* . . . . Handbuch der Mietpreisbewertung für Wohn- und Gewerberaum, 4. Aufl. 2020
Drs. . . . . . . . . . . . . . . . Drucksache
DS . . . . . . . . . . . . . . . . Der Sachverständige (Zeitschrift)
DStR . . . . . . . . . . . . . . . Deutsches Steuerrecht
DtZ . . . . . . . . . . . . . . . . Deutsch-Deutsche Rechts-Zeitschrift
*Dürkes/Felber* . . . . . . . . . Wertsicherungsklauseln, 10. Aufl. 1992
DV(O) . . . . . . . . . . . . . . Durchführungsverordnung
DVP . . . . . . . . . . . . . . . Deutsche Verwaltungs-Praxis – Fachzeitschrift für Wissenschaft und Praxis in der öffentlichen Verwaltung
DW . . . . . . . . . . . . . . . . Die Wohnungswirtschaft
DWA . . . . . . . . . . . . . . . Deutsches Wohnungs-Archiv
DWE . . . . . . . . . . . . . . . Der Wohnungseigentümer
DWW . . . . . . . . . . . . . . . Deutsche Wohnungswirtschaft

EEWärmeG . . . . . . . . . . . Gesetz zur Förderung Erneuerbarer Energien im Wärmebereich (Erneuerbare-Energien-Wärmegesetz – EEWärmeG) v. 7.8.2008 (BGBl. I S. 1658)
EFG . . . . . . . . . . . . . . . Entscheidungen der Finanzgerichte
EG . . . . . . . . . . . . . . . . Europäische Gemeinschaft; Einführungsgesetz
EGBGB . . . . . . . . . . . . . Einführungsgesetz zum Bürgerlichen Gesetzbuche idF der Bek. v. 21.9.1994 (BGBl. I S. 2494, ber. 1997 I S. 1061)
EGMR . . . . . . . . . . . . . . Europäischer Gerichtshof für Menschenrechte
EGZPO . . . . . . . . . . . . . Gesetz betreffend die Einführung der Zivilprozeßordnung
EheG . . . . . . . . . . . . . . . Ehegesetz (a.K. seit 1.7.1998)
EichO . . . . . . . . . . . . . . Eichordnung (a.K. seit 31.12.2014)
Einf. . . . . . . . . . . . . . . . Einführung
Einl. . . . . . . . . . . . . . . . Einleitung
*Elzer/Riecke* . . . . . . . . . . Mietrechtskommentar, 2009
*Emmerich/Sonnenschein* . . . Miete, Handkommentar, 11. Aufl. 2014
EMWG . . . . . . . . . . . . . . Entscheidungen aus dem Miet-, Wohnungs- und Grundstücksrecht
EnEG . . . . . . . . . . . . . . Gesetz zur Einsparung von Energie in Gebäuden (Energieeinsparungsgesetz – EnEG) idF der Bek. v. 1.9.2005 (BGBl. I S. 2684)
EnEV . . . . . . . . . . . . . . Verordnung über energiesparenden Wärmeschutz und energiesparende Anlagentechnik bei Gebäuden v. 24.7.2007 (BGBl. I S. 1519)
ErbbauRG . . . . . . . . . . . Gesetz über das Erbbaurecht (Erbbaurechtsgesetz – ErbbauRG) v. 15.1.1919 (RGBl. S. 72, ber. S. 122) (bis 29.11.2007: ErbbauVO)
Erman/*(Bearbeiter)* . . . . . . BGB, Kommentar, 15. Aufl. 2020 (Mietrechtsteil bearbeitet von *Lützenkirchen und Dickersbach*)
*Ernst/Zinkahn/Bielenberg* . . . Baugesetzbuch, Losebl.-Kommentar, 2014
EStDV . . . . . . . . . . . . . . Einkommensteuer-Durchführungsverordnung 2000 (EStDV 2000) v. 10.5.2000 (BGBl. I S. 717)
EStG . . . . . . . . . . . . . . . Einkommensteuergesetz (EStG) idF der Bek. v. 8.10.2009 (BGBl. I S. 3366)
EStR . . . . . . . . . . . . . . . Einkommensteuer-Richtlinien 2008 (EStR 2008) v. 16.12.2005 (BStBl. I Sondernr. 1)
etc. . . . . . . . . . . . . . . . . et cetera
EuGH . . . . . . . . . . . . . . Gerichtshof der Europäischen Gemeinschaft
EuGÜbK . . . . . . . . . . . . . Übereinkommen der Europäischen Gemeinschaft über die gerichtliche Zuständigkeit und die Vollstreckung gerichtlicher Entscheidungen in Zivil- und Handelssachen v. 27.9.1968 (BGBl. 1972 II S. 774)
*EWiR* . . . . . . . . . . . . . . Entscheidungen zum Wirtschaftsrecht

F + B . . . . . . . . . . . . . . F + B Forschung und Beratung für Wohnen, Immobilien und Umwelt GmbH
F. . . . . . . . . . . . . . . . . Fach

| | |
|---|---|
| f. | folgende |
| FA MietRWEG | Harz/Riecke/Schmid, Handbuch des Fachanwalts Miet- und Wohnungseigentumsrecht, 5. Aufl. 2015 |
| FamRZ | Zeitschrift für das gesamte Familienrecht |
| ff. | fortfolgende |
| FG | Finanzgericht |
| FGG | Gesetz über die Angelegenheiten der freiwilligen Gerichtsbarkeit (a.K. seit 1.9.2009) |
| FGPrax | Praxis der freiwilligen Gerichtsbarkeit |
| FinA | Finanzamt |
| *Fischer* | Strafgesetzbuch, Kommentar, 57. Aufl. 2010 |
| FLF | Finanzierung, Leasing, Factoring |
| Fn. | Fußnote |
| *Franken/Dahl* | Mietverhältnisse in der Insolvenz, 2. Aufl. 2006 |
| *Freywald* | Heizkosten-Abrechnung leicht gemacht, 5. Aufl. 1994 |
| *Fritz* | Gewerberaummietrecht, 4. Aufl. 2005 |
| FS | Festschrift |
| FWW | Die freie Wohnungswirtschaft |
| GastG | Gaststättengesetz idF der Bek. v. 20.11.1998 (BGBl. I S. 3418) |
| *Gather* | Schönheitsreparaturen und Instandsetzung bei Wohn- und Gewerberaum, 4. Aufl. 2016 |
| GBO | Grundbuchordnung idF der Bek. v. 26.5.1994 (BGBl. I S. 1114) |
| GdW | Bundesverband Deutscher Wohnungsunternehmen e.V. (früher: Gesamtverband der Wohnungswirtschaft e.V.) |
| GE | Das Grundeigentum |
| GEG | Gebäudeenergiegesetz (BGBl. I 2020, 1728) |
| GEIG | Gebäude-Elektromobilitätsinfrastrukturgesetz (BGBl. I, 2021, 354) |
| *Geldmacher* | Vereinbarung und Abrechnung von Nebenkosten im preisfreien Wohnraum, 1988 |
| gem. | gemäß |
| GenG | Gesetz betreffend die Erwerbs- und Wirtschaftsgenossenschaften (Genossenschaftsgesetz – GenG) idF der Bek. v. 16.10.2006 (BGBl. I S. 2230) |
| GewO | Gewerbeordnung idF der Bek. v. 22.2.1999 (BGBl. I S. 202) |
| GewStG | Gewerbesteuergesetz (GewStG) idF der Bek. v. 15.10.2002 (BGBl. I S. 4167) |
| GewStR | Gewerbesteuer-Richtlinien 2009 (GewStR 2009) v. 28.4.2010 (BStBl. I Sondernr. 1 S. 2) |
| GG | Grundgesetz für die Bundesrepublik Deutschland v. 23.5.1949 (BGBl. S. 1) |
| ggf. | gegebenenfalls |
| *Gies* | Beck'sches Formularbuch Mietrecht, hrsg von Richard Gies, 6. Aufl.,2020 |
| gif | Gesellschaft für Immobilienwirtschaftliche Forschung e.V. |
| *Gitter* | Gebrauchsüberlassungsverträge (Handbuch des Schuldrechts, Bd. 7), 1988 |
| GKG | Gerichtskostengesetz (GKG) v. 5.5.2004 (BGBl. I S. 718) |
| GmbH | Gesellschaft mit beschränkter Haftung |
| GmbHG | Gesetz betreffend die Gesellschaften mit beschränkter Haftung (GmbHG) idF der Bek. v. 20.5.1898 (RGBl. S. 846) |
| GMBl. | Gemeinsames Ministerialblatt |
| GmSOGB | Gemeinsamer Senat der obersten Gerichtshöfe des Bundes |
| GoA | Geschäftsführung ohne Auftrag |
| *Gottwald* | Zwangsvollstreckung, 5. Aufl. 2005 |
| *Götz/Brudermüller/Giers* | Die Wohnung in der familienrechtlichen Praxis, 2. Aufl. 2018 |
| *Gramlich* | Mietrecht, Textausgabe zur Wohnraummiete mit Erläuterungen, 13. Aufl. 2015 |
| GrEStG | Grunderwerbsteuergesetz (GrEStG) idF der Bek. v. 26.2.1997 (BGBl. I S. 418, ber. S. 1804) |
| GRMG | Gesetz zur Regelung der Miet- und Pachtverhältnisse über Geschäftsräume und gewerblich genutzte unbebaute Grundstücke (Geschäftsraummietengesetz) v. 25.6.1952 (BGBl. I S. 338) |
| GrStG | Grundsteuergesetz (GrStG) v. 7.8.1973 (BGBl. I S. 965) |
| *Grundmann* | Mietrechtsreformgesetz, 2001 |
| 1. GrundMV | Erste Grundmietenverordnung v. 17.6.1991 (BGBl. I S. 1269) |
| 2. GrundMV | Zweite Grundmietenverordnung v. 27.7.1992 (BGBl. I S. 1416) |
| grunds. | grundsätzlich |
| GRUR | Zeitschrift für gewerblichen Rechtsschutz und Urheberrecht |
| GS | Gedächtnisschrift |
| *Guhling/Günther* | Gewerberaummiete, 2. Aufl. 2019 |
| *Gustorff* | Mietpreisbremse und Bestellerprinzip, 1. Aufl., 2021 |
| GuT | Gewerbemiete und Teileigentum |
| GVBl. | Gesetz- und Verordnungsblatt |
| GVG | Gerichtsverfassungsgesetz (GVG) idF der Bek. v. 9.5.1975 (BGBl. I S. 1077) |
| GVGA | Geschäftsanweisung für Gerichtsvollzieher |
| GvKostG | Gesetz über Kosten der Gerichtsvollzieher (Gerichtsvollzieherkostengesetz – GvKostG) v. 19.4.2001 (BGBl. I S. 623) |
| GVW | Gesetz zur dauerhaften Verbesserung der Wohnungssituation im Land Berlin v. 14.7.1987 (BGBl. I S. 1625) |
| GW | Gemeinnütziges Wohnungswesen |
| GWB | Gesetz gegen Wettbewerbsbeschränkungen (GWB) idF der Bek. v. 15.7.2005 (BGBl. I S. 2114, ber. 2009 I S. 3850) |
| GWW | Gemeinnütziges Wohnungswesen |

*Haas, L.* . . . . . . . . . . . . . Das neue Mietrecht – Mietrechtsreformgesetz, 2001
*Haas, R.* . . . . . . . . . . . . . Der Sachverständige des Handwerks, 6. Aufl. 2009
HaftpflG . . . . . . . . . . . . Haftpflichtgesetz idF der Bek. v. 4.1.1978 (BGBl. I S. 145)
HKK . . . . . . . . . . . . . . Historisch-kritischer Kommentar zum BGB, Hrsg. Schmoeckel – Rückert – Zimmermann, 2003 ff
HambGE . . . . . . . . . . . Hamburger Grundeigentum
*Hannemann/Wiegner* . . . . . Wohnraummietrecht, 3. Aufl. 2010
*Hannemann/Wiek/Emmert* . . Handbuch des Mietrechts, 7. Aufl. 2019
*Harbauer* . . . . . . . . . . . . Rechtsschutzversicherung, Kommentar, 8. Aufl. 2010
*Harsch* . . . . . . . . . . . . . Schönheits- und Kleinreparaturen im Mietverhältnis, 1998
*Hartmann* . . . . . . . . . . . Kostengesetze, Kommentar, 44. Aufl. 2014
*Harz/Junker/v. Rechenberg/ Sternel* . . . . . . . . . . . . . Miet- und Wohnungseigentumsrecht, 2009
*Harz/Schmid* . . . . . . . . . Die Allgemeinen Geschäftsbedingungen im Mietrecht, 1997
HausratsV . . . . . . . . . . . Verordnung über die Behandlung der Ehewohnung und des Hausrats (a.K. seit 1.9.2009)
HaustürWiG . . . . . . . . . . Gesetz über den Widerruf von Haustürgeschäften und ähnlichen Geschäften (a.K. seit 1.1.2002)
HeimG . . . . . . . . . . . . . Heimgesetz idF der Bek. v. 5.11.2001 (BGBl. I S. 2970)
HeimMindBauV . . . . . . . Verordnung über bauliche Mindestanforderungen für Altenheime, Altenwohnheime und Pflegeheime für Volljährige (Heimmindestbauverordnung) idF v. 3.5.1983 (BGBl I S. 550)
HeimPersV . . . . . . . . . . . Verordnung über personelle Anforderungen für Heime (Heimpersonalverordnung) v. 19.7.1993 (BGBl I S. 1205)
HeimmwV . . . . . . . . . . . Verordnung über die Mitwirkung der Bewohnerinnen und Bewohner in Angelegenheiten des Heimbetriebes (Heimmitwirkungsverordnung) idF v. 25.7.2002 (BGBl I S. 2896)
HeimsicherungsVO . . . . . Verordnung über die Pflichten der Träger von Altenheimen, Altenwohnheimen und Pflegeheimen für Volljährige im Fall der Entgegennahme von Leistungen zum Zweck der Unterbringung eines Bewohners oder Bewerbers (HeimsicherungsV) v. 24.4.1978 (BGBl. I S. 553)
*Heintz* . . . . . . . . . . . . . Vorkaufsrecht des Mieters, 1998
HeizAnlV . . . . . . . . . . . . Verordnung über energiesparende Anforderungen an heizungstechnische Anlagen und Warmwasseranlagen (Heizungsanlagen-Verordnung – HeizAnlV) idF der Bek. v. 4.5.1998 (BGBl. I S. 851)
HeizkostenV . . . . . . . . . . Verordnung über die verbrauchsabhängige Abrechnung der Heiz- und Warmwasserkosten (Verordnung über Heizkostenabrechnung – HeizkostenV) idF der Bek. v. 5.10.2009 (BGBl. I S. 3250)
*Herlitz/Saxinger* . . . . . . . Handbuch sozialer Wohnungsbau und Mietrecht, 2019
*Herlitz/Viehrig* . . . . . . . . Die Betriebskosten in der Wohnungswirtschaft, 6. Aufl. 2017 (Vorauflagen von Blöcker/Pistorius)
*Herrlein/Knops/Spiegelberg* . . Kommentar zum Mietrecht, Kommentar, 5. Aufl. 2021
HGB . . . . . . . . . . . . . . Handelsgesetzbuch v. 10.5.1897 (RGBl. S. 219)
*Hinz/Ormanschick/Riecke/ Scheff* . . . . . . . . . . . . . Das neue Mietrecht, 2001
HKA . . . . . . . . . . . . . . Die Heizkostenabrechnung
hL . . . . . . . . . . . . . . . herrschende Lehre
hM . . . . . . . . . . . . . . . herrschende Meinung
HmbGE . . . . . . . . . . . . Hamburger Grundeigentum
HmbWoBindG . . . . . . . . Gesetz zur Sicherung der Zweckbestimmung von Sozialwohnungen in der Freien und Hansestadt Hamburg (Hamburgisches Wohnungsbindungsgesetz – HmbWoBindG) v. 19.2.2008 (HmbGVBl. S. 74)
HMR . . . . . . . . . . . . . . Handbuch des gesamten Mietrechts (bis 1951)
HRR . . . . . . . . . . . . . . Höchstrichterliche Rechtsprechung
Hrsg. . . . . . . . . . . . . . . Herausgeber
hrsgg. . . . . . . . . . . . . . herausgegeben
Hs. . . . . . . . . . . . . . . . Halbsatz
*Huber/Böhle-Stamschräder/ Kilger* . . . . . . . . . . . . . Anfechtungsgesetz, Kommentar, 11. Aufl. 2016
*Hügel/Elzer* . . . . . . . . . . Wohnungseigentumsgesetz, 3. Auflage 2020
*Hügel/Salzig* . . . . . . . . . Mietkauf (und andere Formen des Grundstücks-Ratenkaufs), 2. Aufl. 2010
HuW . . . . . . . . . . . . . . Haus und Wohnung

idF . . . . . . . . . . . . . . . in der Fassung
idR . . . . . . . . . . . . . . . in der Regel
iE . . . . . . . . . . . . . . . . im Ergebnis; im Einzelnen
IFS . . . . . . . . . . . . . . . Institut für Sachverständigenwesen e. V.
IfS . . . . . . . . . . . . . . . Institut für Stadtforschung und Strukturpolitik GmbH
*Immenga/Mestmäcker* . . . . Kommentar zum Gesetz gegen Wettbewerbsbeschränkungen, 6. Aufl. 2020
ImmoWertV . . . . . . . . . . Immobilienwertermittlungsverordnung v. 14.7.2021 (BGBl. I S. 2805)
IMR . . . . . . . . . . . . . . Immobilien- und Mietrecht
infoM . . . . . . . . . . . . . One-page-Fachinformationen für Mietrecht und Immobilien
insb. . . . . . . . . . . . . . . insbesondere
InsO . . . . . . . . . . . . . . Insolvenzordnung (InsO) v. 5.10.1994 (BGBl. I S. 2866)
InVo . . . . . . . . . . . . . . Insolvenz & Vollstreckung
iSd . . . . . . . . . . . . . . . im Sinne der/des
iSv . . . . . . . . . . . . . . . im Sinne von

i-t . . . . . . . . . . . . . . . . . . immo-telex
iÜ . . . . . . . . . . . . . . . . . . im Übrigen
iVm . . . . . . . . . . . . . . . . . in Verbindung mit
iZw . . . . . . . . . . . . . . . . . im Zweifel

JA . . . . . . . . . . . . . . . . . . Juristische Arbeitsblätter
*Jauernig* . . . . . . . . . . . . . BGB, Kommentar, 18. Aufl. 2021
*Jessnitzer/Frieling* . . . . . . Der gerichtliche Sachverständige, 12. Aufl. 2006
JM . . . . . . . . . . . . . . . . . . juris Die Monatszeitschrift
JMBl. . . . . . . . . . . . . . . . . Justizministerialblatt
*Joachim* . . . . . . . . . . . . . Wohnraummietvertrag, 2002
JR . . . . . . . . . . . . . . . . . . Juristische Rundschau
JurBüro . . . . . . . . . . . . . . Das juristische Büro
jurisPK . . . . . . . . . . . . . . Juris-Praxiskommentar
jurisPR . . . . . . . . . . . . . . Juris-Praxisreport
jurisPR-MietR . . . . . . . . . juris Praxisreport Mietrecht herausgegeben von RA N. Eisenschmid
jurisPR-BGHZivilR . . . . . juris Praxisreport Rechtsprechung des BGH in Zivilsachen, herausgegeben von RA Dr. Geisler
JuS . . . . . . . . . . . . . . . . . . Juristische Schulung
Justiz . . . . . . . . . . . . . . . . Die Justiz
JVEG . . . . . . . . . . . . . . . . Gesetz über die Vergütung von Sachverständigen, Dolmetscherinnen, Dolmetschern, Übersetzerinnen und Übersetzern sowie die Entschädigung von ehrenamtlichen Richterinnen, ehrenamtlichen Richtern, Zeuginnen, Zeugen und Dritten (Justizvergütungs- und -entschädigungsgesetz – JVEG) v. 5.5.2004 (BGBl. I S. 718, 776; Zuletzt geändert durch Art. 6 G v. 21.12.2020 I 3229)
JW . . . . . . . . . . . . . . . . . . Juristische Wochenschrift
JZ . . . . . . . . . . . . . . . . . . Juristen-Zeitung

Kap. . . . . . . . . . . . . . . . . . Kapitel
KG . . . . . . . . . . . . . . . . . . Kammergericht; Kommanditgesellschaft
KGaA . . . . . . . . . . . . . . . . Kommanditgesellschaft auf Aktien
*Kilger/K. Schmidt* . . . . . . Insolvenzgesetze, Kommentar, 17. Aufl. 1997
*Kinne/Schach/Bieber* . . . . Miet- und Mietprozessrecht, 7. Aufl. 2013
*Kissel/Mayer* . . . . . . . . . . Gerichtsverfassungsgesetz, Kommentar, 7. Aufl. 2012
*Klein-Blenkers/Heinemann/Ring* (Hrsg.) . . . . . . . . . . Miete/WEG/Nachbarschaft, 2. Aufl. 2019
KO . . . . . . . . . . . . . . . . . . Konkursordnung (aK seit 1.1.1999)
Komm. . . . . . . . . . . . . . . . . Kommentar
Kompendium . . . . . . . . . . Schädlich (Hrsg.), Kompendium Kälte- und Klimatechnik, 2021
*Kossmann* . . . . . . . . . . . . Der Wohnraummietvertrag, 2. Aufl. 1998
*Kossmann/Meyer-Abich* . . . Handbuch der Wohnraummiete, 7. Aufl. 2014
KostO . . . . . . . . . . . . . . . . Gesetz über die Kosten in Angelegenheiten der freiwilligen Gerichtsbarkeit (Kostenordnung) idF der Bek. v. 26.7.1957 (BGBl. I S. 960)
KostRspr . . . . . . . . . . . . . Kosten-Rechtsprechung, Entscheidungssammlung, 2006
KreisG . . . . . . . . . . . . . . . Kreisgericht
*Kreuzberg/Wien* . . . . . . . Handbuch der Heizkostenabrechnung, 9. Aufl. 2018
KSchG . . . . . . . . . . . . . . . Kündigungsschutzgesetz (KSchG) idF der Bek. v. 25.8.1969 (BGBl. I S. 1317)
KStG . . . . . . . . . . . . . . . . Körperschaftsteuergesetz (KStG) idF der Bek. v. 15.10.2002 (BGBl. I S. 4144)
KTS . . . . . . . . . . . . . . . . . Zeitschrift für Konkurs-, Treuhand- und Schiedsgerichtswesen
*Kuppler* . . . . . . . . . . . . . Heizkosten richtig erfassen und verteilen, 3. Aufl. 2004
KWG . . . . . . . . . . . . . . . . Gesetz über das Kreditwesen (Kreditwesengesetz – KWG) idF der Bek. v. 9.9.1998 (BGBl. I S. 2776)

*Lademann/(Bearbeiter)* . . . Einkommensteuergesetz, Losebl.-Kommentar, Stand: September 2008
LAG . . . . . . . . . . . . . . . . . Gesetz über den Lastenausgleich (Lastenausgleichsgesetz – LAG) idF der Bek. v. 2.6.1993 (BGBl. I S. 845); Landesarbeitsgericht
*Lammel* . . . . . . . . . . . . . . Heizkostenverordnung, Kommentar, 4. Aufl. 2015
*ders.* . . . . . . . . . . . . . . . . Anwaltskommentar – Wohnraummietrecht, 3. Aufl. 2007
*Landfermann* . . . . . . . . . . Gesetz zur Erhöhung des Angebots an Mietwohnungen, 1983
*Lang/Weidmüller* . . . . . . . Genossenschaftsgesetz, Kommentar, 37. Aufl. 2011
*Langenberg/Zehelein* . . . . Betriebskosten- und Heizkostenrecht, 10. Aufl. 2021
*dies.* . . . . . . . . . . . . . . . . Schönheitsreparaturen, Instandsetzung, Rückgabe 6. Aufl. 2021
*Larenz* . . . . . . . . . . . . . . Lehrbuch des Schuldrechts Bd. I, 14. Aufl. 1987
*Lefèvre* . . . . . . . . . . . . . . Die Heizkostenabrechnung, 1986
Leipziger Kommentar/*(Bearbeiter)* . . . . . . . . . . . Leipziger Kommentar zum StGB, 12. Aufl. 2006 ff.
LG . . . . . . . . . . . . . . . . . . Landgericht
*Lindner* . . . . . . . . . . . . . . Wohnraummietrecht, 3. Aufl. 2019
*Lindner-Figura* . . . . . . . . Lindner-Figura/Oprée/Stellmann, Geschäftsraummiete, 4. Aufl. 2017
*ders.* . . . . . . . . . . . . . . . . Lindner-Figura/Stellmann, Geschäftsraummiete. Die AGB-Ampel, 2015
LM . . . . . . . . . . . . . . . . . . Lindenmaier-Möhring, Nachschlagewerk des BGH in Zivilsachen
LMK . . . . . . . . . . . . . . . . Kommentierte BGH-Rechtsprechung Lindenmaier-Möhring
*Löfflad* . . . . . . . . . . . . . . Mieterhöhungen bei Wohnraummietverträgen, 4. Aufl. 2008
Losebl. . . . . . . . . . . . . . . . Loseblatt
LPachtG . . . . . . . . . . . . . Landpachtgesetz (aK seit 1.7.1986)

| | |
|---|---|
| LPachtVG | Gesetz über die Anzeige und Beanstandung von Landpachtverträgen (Landpachtverkehrsgesetz – LPachtVG) v. 8.11.1985 (BGBl. I S. 2075) |
| LPartG | Gesetz über die Eingetragene Lebenspartnerschaft (Lebenspartnerschaftsgesetz – LPartG) v. 16.2.2001 (BGBl. I S. 266) |
| LR/*(Bearbeiter)* | Landmann/Rohmer, Gewerbeordnung, Losebl.-Kommentar, 2 Bde., 56. Aufl. 2010 |
| Ls. | Leitsatz |
| LStDV | Lohnsteuer-Durchführungsverordnung (LStDV 1990) idF der Bek. v. 10.10.1989 (BGBl. I S. 1848) |
| LStR | Lohnsteuer-Richtlinien 2008 (LStR 2008) v. 10.12.2007 (BStBl. I Sondernr. 1) |
| *Lützenkirchen* | Anwaltshandbuch Mietrecht, 6. Aufl. 2018 |
| *ders.* | Betriebskostenpraxis, 2002 |
| *ders.* | Neue Mietrechtspraxis, 2001 |
| *ders.* | Wohnraummiete, 2002 |
| *ders.* | Mietrecht, Kommentar, 3. Aufl. 2020 |
| *Lützenkirchen* A–Z | Betriebskosten A–Z, 6. Aufl. 2014 |
| LVA | Landesversicherungsanstalt |
| LWoFG BW | Landesgesetz zur Förderung von Wohnraum und Stabilisierung von Quartierstrukturen (Landeswohnraumförderungsgesetz – LWoFG) v. 11.12.2007 (GBl. S. 581) |
| LZ | Leipziger Zeitschrift für Deutsches Recht |
| m. abl. Anm. | mit ablehnender Anmerkung |
| m. zust. Anm. | mit zustimmender Anmerkung |
| m. w. N. | mit weiteren Nachweisen |
| MaBV | Makler- und Bauträgerverordnung |
| MAH | Münchener Anwaltshandbuch, hrsgg. von Hannemann/Wiegner, 3. Aufl. 2010 |
| *Martin* | Sachversicherungsrecht, 3. Aufl. 1992 |
| MDR | Monatsschrift für Deutsches Recht |
| MedR | Medizinrecht |
| MedSachv | Der Medizinische Sachverständige |
| MHG | Gesetz zur Regelung der Miethöhe (a.K. seit 1.9.2001) |
| MietAnpG 2018 | Gesetz zur Ergänzung der Regelungen über die zulässige Miethöhe bei Mietbeginn und zur Anpassung der Regelungen über die Modernisierung der Mietsache (Mietrechtsanpassungsgesetz) vom 18.12.2018 (BGBl. I S. 2648) |
| MietenWoG Bln | Gesetz zur Mietenbegrenzung im Wohnungswesen in Berlin v. 11.2.2020 |
| MietNovG 2015 | Gesetz zur Dämpfung des Mietanstiegs auf angespannten Wohnungsmärkten und zur Stärkung des Bestellerprinzips bei der Wohnungsvermittlung (Mietrechtsnovellierungsgesetz) vom 21.4.2015 (BGBl. I S. 610) |
| Mietprax-*(Bearbeiter)* | Mietrecht in der Praxis Arbeitshandbuch, hrsgg. von U. Börstinghaus, 5 Ordner |
| Mietprax-AK | MietPrax Arbeitskommentar, Rechtsprechung des BGH in Mietsachen, von Börstinghaus und Eisenschmid |
| Mietprozess | Der Mietprozess. Handbuch von Beierlein, Kinne, Koch, Stackmann, Zimmermann, 2006 |
| MietRÄndG | Gesetz zur Änderung mietrechtlicher Vorschriften; Erstes ~ v. 29.7.1963 (BGBl. I S. 505); Zweites ~ v. 14.7.1964 (BGBl. I S. 457); Drittes ~ v. 21.12.1967 (BGBl. I S. 1248); Viertes ~ v. 21.7.1993 (BGBl. I 1257) |
| MietRÄndG 2013 | Gesetz über die energetische Modernisierung von vermietetem Wohnraum und über die vereinfachte Durchsetzung von Räumungstiteln (Mietrechtsänderungsgesetz) vom 11.3.2013 (BGBl. I S. 434) |
| MietRB | Der Mietrechtsberater |
| Mietrecht express | Infobrief zum Praxishandbuch |
| Mietrecht kompakt | Mietrecht kompakt. Aktueller Informationsdienst zum Miet- und WEG-Recht |
| MietRRG | Gesetz zur Neugliederung, Vereinfachung und Reform des Mietrechts (Mietrechtsreformgesetz) vom 19.6.2001 (BGBl. I S. 1149) |
| MietRVerbG | Gesetz zur Verbesserung des Mietrechts und zur Begrenzung des Mietanstiegs sowie zur Regelung von Ingenieur- und Architektenleistungen v. 4.11.1971 (BGBl. I S. 1745) |
| MieWo/*(Bearbeiter)* | Miet- und Wohnungsrecht, Texte und Erläuterungen, hrsgg. von M. Schmid |
| *Mittelstein* | Die Miete nach dem Rechte des Deutschen Reiches, Handbuch, 4. Aufl. 1932 |
| MJ | MieterJournal (Zeitschrift des Mietervereins zu Hamburg) |
| MM | Mietrechtliche Mitteilungen (Beilage der Zeitschrift MieterMagazin – Organ des Berliner Mietervereins e. V.) |
| MMV | Mustermietvertrag, hrsgg. vom BMJ, 1976 (BAnZ.-Beil. Nr. 22/76) |
| ModEnG | Modernisierungs- und Energieeinsparungsgesetz (a.K. seit 1.1.2002) |
| ModM | Modernisierungsmagazin |
| *Möllers* | Juristische Methodenlehre, 3. Aufl. 2020 |
| Mot. | Motive zu dem Entwurf eines Bürgerlichen Gesetzbuches für das Deutsche Reich (Bde. I–V) |
| MRK | Menschrechtskonvention |
| MSchG | Mieterschutzgesetz v. 15.12.1942 (RGBl. I S. 712) |
| MsRG | Gesetzes zur Reform des Mietspiegelrechts (Mietspiegelreformgesetz) vom 10.8.2021 (BGBl. I S. 3515) |
| MsV | Verordnung über den Inhalt und das Verfahren zur Erstellung und zur Anpassung von Mietspiegeln sowie zur Konkretisierung der Grundsätze für qualifizierte Mietspiegel (Mietspiegelverordnung – MsV) |
| MÜG | Gesetz zur Überleitung preisgebundenen Wohnraums im Beitrittsgebiet in das allgemeine Miethöherecht (Mietenüberleitungsgesetz) v. 6.6.1995 (BGBl. I S. 748) |

Mugdan . . . . . . . . . . . . . Die gesamten Materialien zum Bürgerlichen Gesetzbuch für das Deutsche Reich, 5 Bde., 1899
*Müller* . . . . . . . . . . . . . . Der Sachverständige im gerichtlichen Verfahren, 3. Aufl. 1988
Münchener Vertrags-handbuch . . . . . . . . . . . Münchener Vertragshandbuch, hrsgg. von Langenfeld, Bd. 5 Bürgerliches Recht I, 8. Aufl. 2020
MüKoBGB/*Bearbeiter* . . . . Münchener Kommentar zum BGB, 8. Aufl. 2020 (Mietrechtsteil bearbeitet von *Artz, Bieber, Häublein, Zehelein*)
MüKoInsO/*Bearbeiter* . . . . Münchener Kommentar zur Insolvenzordnung 2. Aufl. 2007, 2008
MüKoZPO/*Bearbeiter* . . . . Münchener Kommentar zur Zivilprozessordnung, 6. Aufl. 2020
*Münstermann/Hannes* . . . . . Verbraucherkreditgesetz, Kommentar, 1991
MWoAEG . . . . . . . . . . . Gesetz zur Erhöhung des Angebots an Mietwohnungen v. 20.12.1982 (BGBl. I S. 1912)
MwSt. . . . . . . . . . . . . . Mehrwertsteuer
Musielak/Voit/*Bearbeiter* . . . Kommentar zur ZPO 17. Aufl. 2020

n. F. . . . . . . . . . . . . . . neue Fassung/Folge
NdsRpfl . . . . . . . . . . . . Niedersächsische Rechtspflege
NDV . . . . . . . . . . . . . . Nachrichtendienst des Deutschen Vereins für öffentliche und private Fürsorge
neg. RE . . . . . . . . . . . . negativer Rechtsentscheid
*Neuhaus* . . . . . . . . . . . . Handbuch der Geschäftsraummiete, 7. Aufl. 2019.
NJ . . . . . . . . . . . . . . . Neue Justiz
NJOZ . . . . . . . . . . . . . Neue Juristische Online-Zeitschrift
NJW . . . . . . . . . . . . . . Neue Juristische Wochenschrift
NJWE-MietR . . . . . . . . . NJW-Entscheidungsdienst Mietrecht
NJW-RR . . . . . . . . . . . . NJW-Rechtsprechungsreport
NK . . . . . . . . . . . . . . . *Dauner-Lieb/Heidel/Rring,* BGB-Schuldrecht (Kommentar) Band 2/1 und 2/2, 4. Auflage, 2021 (zitiert: NK-BGB/Bearbeiter §... Rn. ...)
NMV . . . . . . . . . . . . . . Verordnung über die Ermittlung der zulässigen Miete für preisgebundene Wohnungen (Neubaumietenverordnung 1970 – NMV 1970) idF der Bek. v. 12.10.1990 (BGBl. I S. 2203)
*Nörr/Scheyhing/Pöggeler* . . . Sukzessionen, 2. Aufl. 1999
Nr(n). . . . . . . . . . . . . . Nummer(n)
NRW . . . . . . . . . . . . . . Nordrhein-Westfalen
NTS . . . . . . . . . . . . . . Nato-Truppenstatut
NutzEV . . . . . . . . . . . . Nutzungsentgeltverordnung (NutzEV) idF der Bek. v. 24.6.2002 (BGBl. I S. 2562)
n/v . . . . . . . . . . . . . . . nicht vorhanden
NVersZ . . . . . . . . . . . . Neue Zeitschrift für Versicherung und Recht
NWB . . . . . . . . . . . . . . Neue Wirtschaftsbriefe
NZI . . . . . . . . . . . . . . Neue Zeitschrift für Insolvenzrecht
NZM . . . . . . . . . . . . . . Neue Zeitschrift für Miet- und Wohnungsrecht
NZV . . . . . . . . . . . . . . Neue Zeitschrift für Verkehrsrecht

o. g. . . . . . . . . . . . . . . oben genannt
*Oertmann* . . . . . . . . . . . Die Geschäftsgrundlage – Ein neuer Rechtsbegriff, 1921
OFD . . . . . . . . . . . . . . Oberfinanzdirektion
OHG . . . . . . . . . . . . . . offene Handelsgesellschaft
OLG . . . . . . . . . . . . . . Oberlandesgericht
OLGZ . . . . . . . . . . . . . Rechtsprechung der Oberlandesgerichte in Zivilsachen
*Oppler* . . . . . . . . . . . . . Unwirksame Mietvertragsklauseln nach dem ABG-Gesetz, 1992
OVG . . . . . . . . . . . . . . Oberverwaltungsgericht
OWi . . . . . . . . . . . . . . Ordnungswidrigkeit
OWiG . . . . . . . . . . . . . Gesetz über Ordnungswidrigkeiten (OWiG) idF der Bek. v. 19.2.1987 (BGBl. I S. 602)

p. a. . . . . . . . . . . . . . . per annum
*Pahlke* . . . . . . . . . . . . . Die Rechtsstellung des Mieters von Wohnraum in der DDR, 1983
*Palandt/(Bearbeiter)* . . . . . . BGB, Kommentar, 80. Aufl. 2021 (Mietrechtsteil bearbeitet von *Weidenkaff*)
*Palmen* . . . . . . . . . . . . . Eigenbedarfsähnliche Kündigungsgründe und vermietende Gesellschaften, 1. Aufl., 2021
PartGG . . . . . . . . . . . . Gesetz über Partnerschaftsgesellschaften Angehöriger Freier Berufe (Partnerschaftsgesellschaftsgesetz – PartGG) v. 25.7.1994 (BGBl. I S. 1744)
PE . . . . . . . . . . . . . . . Privates Eigentum (Zeitschrift)
*Pergande* . . . . . . . . . . . . Wohnraummietrecht, Kommentar
*Peruzzo* . . . . . . . . . . . . Heizkostenabrechnung nach Verbrauch, 6. Aufl. 2009
*Peters* . . . . . . . . . . . . . Handbuch zur Wärmekostenabrechnung, 14. Aufl. 2010 (Minol Messtechnik)
*Pfeifer* . . . . . . . . . . . . . Betriebskosten bei Wohn- und Geschäftsraummiete, 2002
*ders.* . . . . . . . . . . . . . . Die neue Heizkostenverordnung, 4. Aufl. 2010
*Pieper* . . . . . . . . . . . . . Sachverständige im Zivilprozeß, 1982
PiG . . . . . . . . . . . . . . . Partner im Gespräch (Schriftenreihe des Evangelischen Immobilienverband Deutschland e. V. [vormals Evangelisches Siedlungswerkes in Deutschland e. V.])
*Plönes* . . . . . . . . . . . . . Barthelmess, Nies, Plönes, Handbuch des öffentlich geförderten Wohnungsbaus, 1999
PreisstopVO . . . . . . . . . . Verordnung über das Verbot von Preiserhöhungen (Preisstoppverordnung) v. 26.11.1936 (RGBl. I S. 955)
*Prölss* . . . . . . . . . . . . . Prölss/Martin, Versicherungsvertragsgesetz, Kommentar, 29. Aufl. 2015
*Prölss/Dreher* . . . . . . . . . Versicherungsaufsichtsgesetz, Kommentar, 13. Aufl. 2018
*Prütting/Gehrlein* . . . . . . . ZPO-Kommentar, 12. Aufl., 2020
PuR . . . . . . . . . . . . . . . Praxis und Recht, Zeitschrift

pVV . . . . . . . . . . . . . . . positive Vertragsverletzung
PWW . . . . . . . . . . . . . . Prütting/Wegen/Weinreich, BGB-Kommentar, 15. Aufl., 2020

r + s . . . . . . . . . . . . . . Recht und Schaden
*Rech* . . . . . . . . . . . . . . Werkwohnungen, Frankfurt a. M. 2016
RdG . . . . . . . . . . . . . . Gesetz über außergerichtliche Rechtsdienstleistungen (Rechtsdienstleistungsgesetz)
RdL . . . . . . . . . . . . . . Recht der Landwirtschaft
RdM-IfS . . . . . . . . . . . . RdM-Informationsdienst für Sachverständige
Rdn. . . . . . . . . . . . . . . Randnummer
RE . . . . . . . . . . . . . . . Rechtsentscheid
RE Miet . . . . . . . . . . . . Thieler/Frantzioch/Uetzmann, Rechtsentscheide Mietrecht
Rechtshandbuch Immobilien/*(Bearbeiter)* . . . Rechtshandbuch Immobilien, hrsgg. von Koeble/Grziwotz, Losebl., 2 Bde., 24. Aufl. 2017
Rechtspfleger; Rpfl; Rpfleger . . . . . . . . . . . . Der Deutsche Rechtspfleger
RegE . . . . . . . . . . . . . . Regierungsentwurf
RES . . . . . . . . . . . . . . Landfermann/Heerde, Sammlung der Rechtsentscheide in Wohnraummietsachen, Bde. 1–8, 1980–1991
RG . . . . . . . . . . . . . . . Reichsgericht
RGBl. . . . . . . . . . . . . . . Reichsgesetzblatt
RGRK/*(Bearbeiter)* . . . . . . BGB-Kommentar, 12. Aufl. 1974 ff. (Mietrechtsteil bearbeitet von *Gelhaar*)
RGSt . . . . . . . . . . . . . . Entscheidungen des Reichsgerichts in Strafsachen
RGZ . . . . . . . . . . . . . . Entscheidungen des Reichsgerichts in Zivilsachen
Ri . . . . . . . . . . . . . . . Recht innovativ (Zeitschrift)
*Riecke/Mack* . . . . . . . . . Schönheitsreparaturen, 3. Aufl. 2007
RiM . . . . . . . . . . . . . . Müller/Oske/Becker, Rechtsentscheide im Mietrecht, 1989
*Rips/Eisenschmid* . . . . . . Neues Mietrecht, 2001
RMG . . . . . . . . . . . . . . Reichsmietengesetz v. 24.3.1922 (RGBl. I S. 273)
Rn. . . . . . . . . . . . . . . . Randnummer
*Rodenberg/Sobota* . . . . . . Die Nebenkosten im Wohnungsmietrecht, 7. Aufl. 1997
*Roquette* . . . . . . . . . . . Das Mietrecht des BGB, Systematischer Kommentar, 1966
RpflegerG . . . . . . . . . . . Rechtspflegergesetz
Rspr. . . . . . . . . . . . . . . Rechtsprechung
RsprN . . . . . . . . . . . . . Rechtsprechungsnachweis(e)
RuS . . . . . . . . . . . . . . Recht und Schaden
RVG . . . . . . . . . . . . . . Gesetz über die Vergütung der Rechtsanwältinnen und Rechtsanwälte (Rechtsanwaltsvergütungsgesetz – RVG) v. 5.5.2004 (BGBl. I S. 718, 788)
RWS . . . . . . . . . . . . . . Kommunikationsform Recht – Wirtschaft – Steuern

S. . . . . . . . . . . . . . . . . Seite; Siehe (am Satzanfang)
s. . . . . . . . . . . . . . . . . siehe
su . . . . . . . . . . . . . . . siehe unten; siehe unter
*Samm/Hafke* . . . . . . . . . Grundbesitz und Wertsicherungsklauseln, 2. Aufl. 1987
*Schach* . . . . . . . . . . . . Schönheitsreparaturen, 5. Aufl. 2002
*Schaub* . . . . . . . . . . . . Arbeitsrechts-Handbuch, 18. Aufl. 2019
*Scheidacker/Martini/Schuberth/Beck* . . . . . . . . . Handbuch zum Berliner Mietendeckel und zum Mietspiegel 2019, 2. Aufl. 2020
*Schilling/Heerde* . . . . . . . Mietrecht in den neuen Bundesländern Stand: August 1992
*Schlegelberger* . . . . . . . . Handelsgesetzbuch, Kommentar, 5. Aufl. 1973 ff.
SchlHA . . . . . . . . . . . . . Schleswig-Holsteinischer Anzeiger
Schlo/Coe/Gra . . . . . . . . Schlosser/Coester-Waltjen/Graba, AGB-Gesetz, Kommentar, 1977
*Schmid/Harz* . . . . . . . . . Mietrecht, 5. Aufl. 2017
*ders.* . . . . . . . . . . . . . Miete und Mietprozeß, 4. Aufl. 2004
*ders.* . . . . . . . . . . . . . Handbuch der Mietnebenkosten, 17. Aufl. 2021 (fortgeführt von Harsch, Harz, Ormanschick, Riecke)
*Schmidt, H.* . . . . . . . . . COVID-19 – Rechtsfragen zur Corona-Krise, 3. Aufl. 2021
*Schmidt, J.* . . . . . . . . . Gewerbeimmobilien vermieten und verwalten, 2006
*Schmidt, L.* . . . . . . . . . Einkommensteuergesetz, Kommentar, 36. Aufl. 2017
*Schneider/Herget* . . . . . . Streitwert-Kommentar für den Zivilprozess, 12. Aufl. 2007
*Schönke/Schröder/(Bearbeiter)* StGB, Kommentar, 29. Aufl. 2014
*Schubart/Kohlenbach/Wienicke* Wohn- und Mietrecht, Losebl.-Kommentar, Stand: Juni 2010
SchuldRAnpG . . . . . . . . . Gesetz zur Anpassung schuldrechtlicher Nutzungsverhältnisse an Grundstücken im Beitrittsgebiet (Schuldrechtsanpassungsgesetz – SchuldRAnpG) v. 21.9.1994 (BGBl. I S. 2538)
*Schulz* . . . . . . . . . . . . Gewerberaummiete, 4. Aufl. 2015
*Seldeneck* . . . . . . . . . . Betriebskosten im Mietrecht, 1999
SeuffA . . . . . . . . . . . . . Seufferts Archiv für Entscheidungen der obersten Gerichte
SGB . . . . . . . . . . . . . . Sozialgesetzbuch
SGb . . . . . . . . . . . . . . Die Sozialgerichtsbarkeit (Zeitschrift)
SGLN 79 . . . . . . . . . . . . Sonderbedingungen für gleitenden Neuwertversicherung von Wohn-, Geschäfts- und landwirtschaftlichen Gebäuden
*Soergel/(Bearbeiter)* . . . . . BGB, Kommentar, 13. Aufl. 2000 ff. (Mietrechtsteil bearbeitet von *Kummer* und *Heintzmann*)
sog. . . . . . . . . . . . . . . so genannt
*Sölch/Ringleb/List* . . . . . . Umsatzsteuergesetz, Kommentar, 4. Aufl. 1992 ff.

| | |
|---|---|
| SozklG | Gesetz über eine Sozialklausel in Gebieten mit gefährdeter Wohnungsversorgung v. 22.4.1993 (BGBl. I S. 487) |
| st. Rspr. | ständige Rechtsprechung |
| *Staake/von Bressensdorf* | Rechtshandbuch Wohngemeinschaften, München, 2019 |
| StAnZ | Staatsanzeiger |
| *Staub/(Bearbeiter)* | Großkommentar zum HGB, 4. Aufl. 1982ff. |
| *Staudinger/(Bearbeiter)* | BGB-Kommentar, 2021 (Mietrechtsteil bearbeitet von *Artz, J. Emmerich, V. Emmerich* und *Rolfs*) |
| StBauFG | Städtebauförderungsgesetz (a.K. seit 1.7.1987) |
| StBerG | Steuerberatungsgesetz (StBerG) idF der Bek. v. 4.11.1975 (BGBl. I S. 2735) |
| *Stein/Jonas/(Bearbeiter)* | ZPO, Kommentar, 23. Aufl. 2017–2019 |
| *Sternel* | Mietrecht, 3. Aufl. 1988 |
| *Sternel* (aktuell) | Mietrecht aktuell, 4. Aufl. 2009 |
| StGB | Strafgesetzbuch (StGB) idF der Bek. v. 13.11.1998 (BGBl. I S. 3322) |
| *Stöber* | Forderungspfändung, 22. Aufl. 2019 |
| *ders.* | Zwangsversteigerungsgesetz, 21. Aufl. 2016 |
| StPO | Strafprozessordnung idF der Bek. v. 7.4.1987 (BGBl. I S. 1074, ber. S. 1319) |
| str. | streitig |
| *Stuhrmann/Wollny* | Besteuerung der Bauherrengemeinschaften und Immobilienfonds, 1985 |
| TA Lärm | Sechste Allgemeine Verwaltungsvorschrift zum Bundes-Immissionsschutzgesetz (Technische Anleitung zum Schutz gegen Lärm – TA Lärm) v. 26.8.1998 (GMBl. S. 503) |
| *Tacke* | Leasing, 1989 |
| *Tewes* | Steuerlich anerkannte Bauherrenmodelle |
| *Thomas/Putzo* | ZPO, Kommentar, 42. Aufl. 2021 |
| TKG | Telekommunikationsgesetz idF des Telekommunikationsmodernisierungsgesetzes v. 23.6.2021 (BGBl. I 1858) |
| TME | Taschenlexikon miet- und wohnungsrechtlicher Entscheidungen |
| u. Ä. | und Ähnliche(s) |
| u. a. | unter anderem; und andere |
| u. U. | unter Umständen |
| *Ulmer/Brandner/Hensen* | AGB-Recht, Kommentar, 12. Aufl. 2016 |
| UmwG | Umwandlungsgesetz v. 28.10.1994 (BGBl. I S. 3210, ber. 1995 I S. 428) |
| Urt. | Urteil |
| UStG | Umsatzsteuergesetz idF der Bek. v. 21.2.2005 (BGBl. I S. 386) |
| usw. | und so weiter |
| ÜVWoGG | Verordnung zur Durchführung des § 42 des Wohngeldgesetzes (Überleitungsverordnung zum Wohngeldgesetz – ÜVWoGG) v. 17.12.1990 (BGBl. I S. 2830) |
| UWG | Gesetz gegen den unlauteren Wettbewerb (UWG) idF der Bek. v. 3.3.2010 (BGBl. I S. 254) |
| v. | vom; von |
| VAG | Gesetz über die Beaufsichtigung der Versicherungsunternehmen (Versicherungsaufsichtsgesetz) idF der Bek. v. 17.12.1992 (BGBl. 1993 I S. 2) |
| VerBAV | Veröffentlichungen des Bundesaufsichtsamtes für das Versicherungswesen (früher: für das Versicherungs- und Bausparwesen) |
| VerglO | Vergleichsordnung (a.K. seit 1.1.1999) |
| VermG | Gesetz zur Regelung offener Vermögensfragen (Vermögensgesetz) v. 9.2.2005 (BGBl. I S. 205) |
| VerschG | Verschollenheitsgesetz idF der Bek. v. 15.1.1951 (BGBl. I S. 63) |
| VersR | Versicherungsrecht |
| VG | Verwaltungsgericht |
| VGB | Allgemeine Bedingungen für die Neuwertversicherung von Wohngebäuden gegen Feuer-, Leitungswasser- und Sturmschäden |
| VGH | Verwaltungsgerichtshof |
| vgl. | vergleiche |
| VHB | Allgemeine Bedingungen für die Neuwertversicherung des Hausrats gegen Feuer-, Einbruchdiebstahl-, Beraubungs-, Leitungswasser-, Sturm- und Glasbruchschäden |
| vhw | Vereinigte Hamburger Wohnungsbaugenossenschaft eG |
| VIZ | Zeitschrift für Vermögens- und Immobilienrecht |
| VO | Verordnung |
| VOB | Verdingungsordnung für Bauleistungen (Teil A und B) |
| VOBl. | Verordnungsblatt |
| *Vogel* | Mandatspraxis Mietrecht, 2001 |
| VOPR | Verordnung über Maßnahmen auf dem Gebiet des Mietpreisrechts v. 29.11.1951 (BGBl. I S. 920) |
| Vorbem. | Vorbemerkung |
| VP | Die Versicherungs-Praxis (früher: Feuerversicherung und Feuerschutz) |
| VPI | Verbraucherpreisindex |
| VRS | Verkehrsrechtssammlung |
| VStG | Vermögensteuergesetz (VStG) idF der Bek. v. 14.11.1990 (BGBl. I S. 2467) |
| VStR | Vermögensteuer-Richtlinie 1995 v. 17.1.1995 (BStBl. I Sondernr. 2) |
| VuR | Verbraucher und Recht (Zeitschrift) |
| VVG | Gesetz über den Versicherungsvertrag (Versicherungsvertragsgesetz – VVG) v. 23.11.2007 (BGBl. I S. 2631) |

| | |
|---|---|
| VW | Versicherungswirtschaft |
| VwGO | Verwaltungsgerichtsordnung (VwGO) idF der Bek. v. 19.3.1991 (BGBl. I S. 686) |
| VwIG | Sonderbedingungen für Neuwertversicherung von Industrie und Gewerbe |
| WährG | Währungsgesetz (a.K. seit 1.1.2002) |
| *Wall* | Betriebs- und Heizkosten-Kommentar, 5. Aufl. 2020 |
| Warnecke | Betriebskosten 7. Aufl. 2014 |
| Warn Rspr. | Rechtsprechung des Reichsgerichts, hrsgg. von Warnmeyer |
| WBVG | Gesetz zur Regelung von Verträgen über Wohnraum mit Pflege- und Betreuungsleistungen (Wohn- und Betreuungsvertragsgesetz – WBVG) v. 29.7.2009 (BGBl. I S. 2319) |
| WEG | Gesetz über das Wohnungseigentum und das Dauerwohnrecht (Wohnungseigentumsgesetz) v. 15.3.1951 (BGBl. I S. 175, ber. S. 209; der Fassung der Bekanntmachung vom 12. Januar 2021 (BGBl. I S. 34) |
| *Wendt* | Die einstweilige Räumungsverfügung des § 940a Abs. 2 ZPO, 2015 |
| *Weirich* | Grundstücksrecht, 3. Aufl. 2006 |
| *Weitnauer* | Wohnungseigentumsgesetz, Kommentar, 9. Aufl. 2004 |
| *Wellmann* | Der Sachverständige in der Praxis, 5. Aufl. 1988 |
| *Westphalen, Graf von* | Der Leasingvertrag, 5. Aufl. 1998 |
| *ders.* | Vertragsrecht und AGB-Klauselwerke, 35. Aufl. 2014 |
| *Wetekamp* | Mietsachen – Handbuch zur Wohnraummiete, 4. Aufl. 2007 |
| WFB | Wohnungsförderungsbestimmungen |
| WGG | Gesetz über die Gemeinnützigkeit im Wohnungswesen v. 29.2.1940 (RGBl. I S. 437) |
| WGG-DV | VO zur Durchführung des WGG idF v. 24.11.1969 (BGBl. I. S. 2141) |
| WHG | Gesetz zur Ordnung des Wasserhaltes (Wasserhaushaltsgesetz) |
| wi | Wohnungswirtschaftliche Informationen (Zeitschrift), hrsgg. vom GdW |
| *Wieczorek/(Bearbeiter)* | Zivilprozeßordnung und Nebengesetze, Großkommentar, 3. Aufl. 1999 |
| WImmoT | Weimarer Immobilienrechtstage (Dokumentation) |
| WiStG | Gesetz zur weiteren Vereinfachung des Wirtschaftsstrafrechts (Wirtschaftsstrafgesetz 1954) idF der Bek. v. 3.6.1975 (BGBl. I S. 1313) |
| WKSchG | Zweites Wohnraumkündigungsschutzgesetz v. 18.12.1974 (BGBl. I S. 3603) |
| WM | Wertpapier-Mitteilungen |
| WMR | Wohnflächen- und Mietwertrichtlinie |
| WoBauÄndG | Gesetz zur Änderung des Zweiten Wohnungsbaugesetzes, anderer wohnungsbaurechtlicher Vorschriften und über die Erstattung von Baukostenzuschüssen v. 21.7.1961 (BGBl. I S. 1041) |
| WoBauG (I. und II.) | Erstes Wohnungsbaugesetz v. 24.4.1950 (BGBl. I S. 83), Zweites Wohnungsbaugesetz idF der Bek. v. 19.8.1994 (BGBl. I S. 2137) |
| WoBauR/*(Bearbeiter)* | Dyong/Heix/Fischer-Dieskau, Wohnungsbaurecht, Losebl.-Kommentar, November 2020 |
| WoBindG | Gesetz zur Sicherung der Zweckbestimmung von Sozialwohnungen (Wohnungsbindungsgesetz) idF der Bek. v. 13.9.2001 (BGBl. I S. 2404) |
| WoFG | Gesetz über die soziale Wohnraumförderung (Wohnraumförderungsgesetz) v. 13.9.2001 (BGBl. I S. 2376) |
| WoGG | Wohngeldgesetz v. 24.9.2008 (BGBl. I S. 1856; zuletzt geändert durch Art. 7 G v. 9.12.2020 I 2855) |
| WoGSoG | Wohngeldsondergesetz (a.K. seit 1.1.2005) |
| WoGV | Wohngeldverordnung idF der Bek. v. 19.10.2001 (BGBl. I S. 2722) |
| *Wolf/Eckert/Ball* | Handbuch des gewerblichen Miet- und Pachtrechts, 10. Aufl. 2009 |
| *Wolf/Lindacher/Pfeiffer* | AGB-Recht, 7. Aufl. 2020 |
| WoVermG | Gesetz zur Regelung der Wohnungsvermittlung vom 4.11.1971 (BGBl. I S. 1745) |
| WPg | Die Wirtschaftsprüfung |
| WRP | Wettbewerb in Recht und Praxis |
| WuH | Wohnung und Haus |
| WuM | Wohnungswirtschaft und Mietrecht |
| zB | zum Beispiel |
| zT | zum Teil |
| zZt | zuzeit |
| ZA-NTS | Zusatzabkommen zum Natotruppenstatut |
| ZAP | Zeitschrift für die Anwaltspraxis (zit. nach Fach und Seite) |
| ZAP-Ost | ZAP – Ausgabe Ost – Das Recht der neuen Bundesländer |
| ZD | Zeitschrift für Datenschutz |
| ZdWBay | Zeitschrift der Wohnungswirtschaft Bayern |
| Zehelein/*Bearbeiter* | Miete in Zeiten von Corona, 1. Auflage 2020 |
| ZFG | Zeitschrift für das gesamte Genossenschaftswesen |
| ZfgWBay | Zeitschrift für gemeinnütziges Wohnungswesen in Bayern |
| ZfIR | Zeitschrift für Immobilienrecht |
| ZfPW | Zeitschrift für die gesamte Privatrechtswissenschaft |
| ZfS | Zeitschrift für Schadensrecht |
| ZGB | Zivilgesetzbuch der Deutschen Demokratischen Republik |
| Ziff. | Ziffer |
| ZIP | Zeitschrift für Wirtschaftsrecht und Insolvenzpraxis |
| zit. | Zitiert |
| ZJS | Zeitschrift für das Juristische Studium |
| ZMR | Zeitschrift für Miet- und Raumrecht |
| Zöller/*(Bearbeiter)* | ZPO, Kommentar, 33. Aufl. 2020 |

| | |
|---|---|
| ZOV | Zeitschrift für offene Vermögensfragen |
| ZPO | Zivilprozessordnung idF der Bek. v. 5.12.2005 (BGBl. I S. 3202, ber. 2006 I S. 431 und 2007 I S. 1781; zuletzt geändert durch Art. 3 G v. 22.12.2020 BGBl I 3256) |
| ZRP | Zeitschrift für Rechtspolitik |
| ZSEG | Gesetz über die Entschädigung von Zeugen und Sachverständigen (a.K. seit 1.7.2004) |
| ZSW | Zeitschrift für das gesamte Sachverständigenwesen |
| ZUM | Zeitschrift für Urheber- und Medienrecht |
| ZVersWiss | Zeitschrift für die gesamte Versicherungswissenschaft |
| ZVG | Gesetz über die Zwangsversteigerung und die Zwangsverwaltung idF der Bek. v. 20.5.1898 (RGBl. S. 713) |
| ZWE | Zeitschrift für Wohnungseigentum |
| ZwVbVO | Zweckentfremdungsverbotsverordnung (Berlin; nicht mehr anwendbar) |
| zzgl. | zuzüglich |

# Bürgerliches Gesetzbuch (BGB)

In der Fassung der Bekanntmachung vom 2. Januar 2002
(BGBl. I S. 42, ber. S. 2909, erneut ber. BGBl. 2003 I S. 738),
zuletzt geändert durch Gesetz vom 16. Juli 2021 (BGBl. I S. 2947)

## Titel 5. Mietvertrag, Pachtvertrag

## Untertitel I. Allgemeine Vorschriften für Mietverhältnisse

## Vorbemerkungen zu § 535 BGB

### Systematische Übersicht

## A. Der Mietvertrag

### I. Begriff und Charakteristika des Mietvertrags

1 Der Mietvertrag ist ein gegenseitiger[1] schuldrechtlicher[2] Vertrag über die zeitweilige Überlassung einer unbeweglichen oder beweglichen Sache gegen Zahlung eines Entgelts,[3] der zwischen den Parteien ein Dauerschuldverhältnis begründet.[4] **Das Entgelt** für die Überlassung muss nicht

[1] BeckOGK/*Schmidt* BGB § 535 Rn. 33; Erman/*Lützenkirchen,* 16. Aufl. 2020, BGB Vor § 535 Rn. 1; MüKoBGB/*Häublein* Vor § 535 Rn. 5.

[2] BeckOGK/*Schmidt* BGB § 535 Rn. 27f.; MüKoBGB/*Häublein* Vor § 535 Rn. 6; Staudinger/*Emmerich,* 2017, BGB Vor § 535 Rn. 17.

[3] BGH VIII ZR 179/68, MDR 1970, 1004 Rn. 34 (juris); BGH V ZR 247/80, BGHZ 82, 354 = NJW 1982, 820 Rn. 11 (juris); BGH III ZR 146/92, BGHZ 123, 166 = NJW 1993, 3131 Rn. 19 (juris); BGH I ZR 34/04, NJW-RR 2007, 1530 (1532) Rn. 36; BeckOK BGB/*Zehelein* BGB § 535 Rn. 24; Blank/Börstinghaus/*Blank/Börstinghaus* BGB § 535 Rn. 1; Erman/*Lützenkirchen,* 16. Aufl. 2020, BGB Vor § 535 Rn. 1; MüKoBGB/*Häublein* § 535 Rn. 1.

[4] Staudinger/*Emmerich,* 2017, BGB Vor § 535 Rn. 17.

zwingend wiederkehrend entrichtet werden[5] und auch keine bestimmte Höhe erreichen;[6] es genügt, dass die Parteien das Entgelt als Gegenleistung für die Gebrauchsüberlassung ansehen.

2 Die Vermietung einer Sache ist ein **obligatorisches Rechtsgeschäft** und **keine Verfügung** über die Sache.[7] Zwar wirkt die Miete in der Weise auf das Eigentum ein, dass der Mieter gegenüber dem Eigentümer (und gem. § 566 BGB gegenüber dessen Rechtsnachfolger) nach § 986 Abs. 1 S. 1 BGB die Herausgabe der Sache verweigern kann.[8] Auch genießt der Mieter nach der Übergabe der Mietsache als berechtigter unmittelbarer Besitzer den Schutz des § 823 Abs. 1 BGB[9] und die Besitzschutzrechte nach §§ 858 ff. BGB; nach mittlerweile stRspr des BVerfG ist die Rechtsposition des Mieters zudem als Eigentum iSd Art. 14 GG anzusehen.[10] Diese Aspekte führen jedoch nicht dazu, dass die Miete faktisch als dingliches Recht angesehen werden könnte. Der Deliktsschutz nach § 823 Abs. 1 BGB ist kein Beleg dafür, dass der Mieter Inhaber einer dinglichen Position wäre, sondern ist eine Hilfskonstruktion für Konstellationen, in denen der Mieter einen als ersatzbedürftig empfundenen Schaden erlitten hat, der jedoch an sich als auf einer reinen Vermögensverletzung beruhender Schaden nicht ersatzpflichtig wäre. Die verfassungsrechtliche Qualifizierung als Eigentum gibt ebenfalls keinen Aufschluss darüber, ob ein Recht zivilrechtlich als dinglich zu qualifizieren ist,[11] zumal der Begriff des Eigentums iSd Art. 14 GG ohnehin nicht nur dingliche Rechte, sondern vielmehr alle vermögenswerten Rechtspositionen erfasst.[12] Und auch die Tatsache, dass die Miete ein Recht zum Besitz nach § 986 Abs. 1 S. 1 BGB gewährt, ändert nichts daran, dass die Rechtsposition des Mieters ausschließlich im schuldrechtlichen Vertrag wurzelt und als solche eine relative ist. Dementsprechend kann die Vermietung einer Sache ohne die Zustimmung des Eigentümers auch kein gegenüber diesem wirkendes Besitzrecht begründen (§ 986 Abs. 1 S. 2 BGB); auch ein gutgläubiger Erwerb eines solchen Besitzrechts ist nicht möglich. Umgekehrt ist aufgrund des schuldrechtlichen Charakters der Miete eine inhaltsgleiche Doppelvermietung uneingeschränkt wirksam.[13]

3 Die fehlende dingliche Wirkung der Miete kann auch nicht durch Parteivereinbarung hergestellt werden; eine Parteivereinbarung dergestalt, dass die Miete als dingliches und damit Dritten gegenüber wirksames Recht ausgestaltet sein soll, ist schon wegen des sachenrechtlichen Typenzwangs ausgeschlossen.[14] Konsequenterweise ist auch eine Eintragung der Miete in das Grundbuch nicht möglich.[15]

## II. Abgrenzung zu anderen Verträgen

### 1. Pacht

4 Gemäß § 581 Abs. 2 BGB sind auf den Pachtvertrag zwar die §§ 535 ff. BGB entsprechend anzuwenden; häufig kommt es deshalb auf die Abgrenzung gar nicht an.[16] Die §§ 535 ff. BGB finden allerdings nur dann Anwendung, sofern kein Landpachtvertrag vorliegt und soweit sich nicht aus

[5] BGH VIII ZR 179/68, MDR 1970, 1004 Rn. 34 (juris).

[6] BGH VIII ZR 179/68, MDR 1970, 1004 Rn. 34 (juris); BGH VIII ZR 279/16, NZM 2017, 729 (730) Rn. 17; BeckOK BGB/*Zehelein* BGB § 535 Rn. 24.

[7] RGZ 106, 109 (111 f.); RGZ 124, 325 (327); BGH VI ZR 259/52, BGHZ 13, 1 = NJW 1954, 953 Rn. 31 (juris); Erman/*Artz,* 16. Aufl. 2020, BGB § 883 Rn. 46; *Fervers* JURA 2015, 729 (737); Staudinger/*Kesseler,* 2020, BGB § 883 Rn. 246; Staudinger/*Emmerich,* 2018, BGB Vor § 535 Rn. 19.

[8] Staudinger/*Thole,* 2019, BGB § 986 Rn. 21; MüKoBGB/*Baldus* § 986 Rn. 33; für quasi-dingliche Wirkung Staudinger/*Kesseler,* 2020, BGB § 883 Rn. 249; für eine „gewisse Verdinglichung" bei der Wohnraummiete Staudinger/*Emmerich,* 2018, BGB Vor § 535 Rn. 20; ähnlich BeckOGK/*Schmidt* BGB § 535 Rn. 27.

[9] RGZ 59, 326 (327 f.); RGZ 105, 213 (218); BGH VI ZR 215/78, NJW 1981, 750 (751) Rn. 14 (juris); BeckOGK/*Schmidt* BGB § 535 Rn. 27; BeckOK BGB/Förster § 823 Rn. 155; Erman/*Lützenkirchen,* 16. Aufl. 2020, BGB Vor § 535 Rn. 3; MüKoBGB/*Wagner* § 823 Rn. 288, Staudinger/*Emmerich,* 2018, BGB Vor § 535 Rn. 18.

[10] BVerfGE 89, 1 (5 ff.) = NJW 1993, 2035; BVerfG NZM 2000, 539; BVerfG NZM 2004, 186; BVerfG NJW 2011, 1723 (1724) Rn 29; BVerfG NJW 2019, 3054 (3059) Rn. 72; der BGH hat sich dem angeschlossen, s. BGH VIII ZR 339/04, BGHZ 165, 75 = NJW 2006, 220 (221) Rn. 12; BGH VIII ZR 8/08, BGHZ 179, 289 = NJW 2009, 1200 (1201) Rn. 14; BGH VIII ZR 376/13, BGHZ 202, 39 = NJW 2014, 2864 (2867) Rn. 36; BGH VIII ZR 45/16, NZM 2017, 405 (408 f.) Rn. 25, 34.

[11] BeckOGK/*Schmidt* BGB § 535 Rn. 28.

[12] BVerfGE 83, 201 = NJW 1991, 1807 mwN; Maunz/Dürig/*Papier/Shirvani* GG Art. 14 Rn. 160 mwN.

[13] *BGH VIII ZR 46/61, MDR* 1962, 398; Erman/*Lützenkirchen,* 16. Aufl. 2020, BGB Vor § 535 Rn. 7.

[14] MüKoBGB/*Häublein* Vor § 535 Rn. 7.

[15] Mugdan, Bd. II, Motive S. 837 ff.; MüKoBGB/*Häublein* Vor § 535 Rn. 7.

[16] MüKoBGB/*Häublein* Vor § 535 Rn. 10.

den §§ 582 bis 584b BGB etwas anderes ergibt. **Praktische Unterschiede** zwischen Miete und Pacht ergeben sich deshalb vor allem im Hinblick auf die Überlassung von Inventar nach §§ 582 bis 583a BGB, aufgrund der besonderen Kündigungsfrist nach § 584 BGB, aufgrund des Ausschlusses der mietrechtlichen Kündigungsrechte aus §§ 540 Abs. 1 und 580 BGB gem. § 584a BGB und durch die besondere Entschädigungsregelung bei verspäteter Rückgabe (§ 584b BGB); zudem gelten einige prozessuale Regelungen für die ((Wohnraum-)Miete (§ 23 Nr. 2a) GVG, §§ 708 Nr. 7, 721, 794a, 940a ZPO) nicht für den Pachtvertrag.[17]

**Der Unterschied zwischen Miete und Pacht** besteht zum einen darin, dass Gegenstand der Pacht nicht nur Sachen, sondern auch Rechte sein können und zum andern darin, dass der Pächter über den Gebrauch hinaus auch zur Fruchtziehung berechtigt ist. Ein Pachtvertrag kann deshalb nach hM nur vorliegen, wenn die zur Nutzung überlassene Sache zur Fruchtziehung geeignet ist,[18] wobei es genügt, dass die Sache vertragsgemäß noch vom Verpächter mit einer die Fruchtziehung ermöglichenden Ausstattung zu versehen ist.[19] Erforderlich ist jedoch, dass die Früchte als Früchte des Gegenstands selbst anzusehen sind; andernfalls wirft der Gegenstand lediglich Gebrauchsvorteile ab, sodass ein Mietvertrag vorliegt.[20] 5

Für die Pacht von **Kleingärten** gilt das BKleingG[21].[22] 6

**2. Verwahrung**

Während beim Mietvertrag der Mieter gegen den Vermieter einen Anspruch auf die Gebrauchsüberlassung hat (§ 535 Abs. 1 BGB), hat der Hinterleger beim Verwahrungsvertrag nach § 688 BGB einen Anspruch gegen den Verwahrer, eine ihm übergebene bewegliche Sache aufzubewahren. Häufig stellen sich schon die Besitzverhältnisse vollkommen unterschiedlich dar:[23] Im „klassischen" Fall der Wohn- und Gewerberaummiete gelangen die beweglichen Sachen des Mieters schon gar nicht in den Besitz des Vermieters,[24] sodass der Vermieter unzweifelhaft nicht als Verwahrer angesehen werden kann. Umgekehrt erlangt der Hinterleger keinen unmittelbaren Besitz an den Räumlichkeiten, wenn der Verwahrer – wie häufig – eine Sache des Hinterlegers in seine Obhut nimmt und in seinen Räumlichkeiten unterbringt. 7

Zu Abgrenzungsschwierigkeiten kommt es deshalb entweder dann, wenn der Mieter bzw. Hinterleger ebenfalls Besitz an den Räumlichkeiten, in denen die Sachen aufbewahrt werden, erlangt, oder wenn die Sache zumindest in einer Weise untergebracht wird, dass von einer Gebrauchsüberlassung gesprochen werden kann. Umstritten ist deshalb bspw. der Fall, in dem der Vermieter dem Mieter gestattet, schon vor Beginn des Mietvertrages Gegenstände in den Mieträumen unterzustellen. Hier ist jedoch nicht per se ein Verwahrungsvertrag anzunehmen.[25] Vielmehr ist – wie in allen anderen Grenzfällen auch – eine Abgrenzung zwischen Mietvertrag und Verwahrungsvertrag danach vorzunehmen, ob **der Gläubiger der Sachleistung Gebrauchsüberlassung oder die Inobhutnahme einer beweglichen Sache verlangen kann.**[26] Während sich der Anspruch des 8

[17] Ausf. zu den praktischen Unterschieden BeckOGK/*Schmidt* BGB § 535 Rn. 37ff. und MüKoBGB/*Häublein* Vor § 535 Rn. 10.

[18] RGZ 122, 274 (276); RGZ 14, 243 (244); RGZ 102, 186 (187); RGZ 91, 310 (311); BGH VIII ZR 207/65, NJW 1968, 692 (693); BGH VIII ZR 118/78, NJW 1979, 2351 (2352); BGH VIII ZR 160/85, NJW-RR 1986, 1243; BeckOK BGB/*Zehelein* § 535 Rn. 25; Erman/*Lützenkirchen,* 16. Aufl. 2020, BGB Vor § 535 Rn. 19; MüKoBGB/*Harke* § 581 Rn. 17.

[19] BGH VIII ZB 51/80, BeckRS 1980, 31008824.

[20] Siehe BGH XII ZR 129/16, NJW 2018, 1540 Rn. 12ff., Grundstück zur Errichtung einer Photovoltaikanlage; zust. MüKoBGB/*Harke* § 581 Rn. 19.

[21] Bundeskleingartengesetz v. 28.2.1983 (BGBl. 1983 I, 210) idF v. 13.9.2001 (BGBl. 2001 I, 2376).

[22] Dazu ausf. BeckOGK/*Schlinker* BGB § 581 Rn. 173ff; Staudinger/*Schaub,* 2018, BGB Vor § 581 Rn. 60ff., 62.

[23] Staudinger/*Emmerich,* 2018, BGB Vor § 535 Rn. 35; für die Sachherrschaft als Abgrenzungskriterium BeckOK BGB/*Zehelein* § 535 Rn. 30.

[24] Der Vermieter erlangt an den eingebrachten Sachen des Mieters mangels Herausgabeanspruchs und mangels Besitzmittlungswillens des Mieters auch keinen mittelbaren Besitz, s. BeckOK BGB/*Fritzsche* § 868 Rn. 18; Erman/*Elzer,* 16. Aufl. 2020, BGB § 868 Rn. 10; *Fervers* JURA 2015, 729 (732).

[25] So aber → 15. Aufl. 2021, BGB § 535 Rn. 6; zutr. dagegen BeckOGK/*Schmidt* BGB § 535 Rn. 48; für das Vorliegen eines Mietvertrages dagegen AG Hamburg WuM 1987, 249.

[26] BGH I ZR 92/50, BGHZ 3, 200 = NJW 1951, 957; OLG Koblenz NJW-RR 1991, 1317; LG Ulm NJW-RR 2004, 854; BeckOGK/*Schmidt* BGB § 535 Rn. 47; BeckOK BGB/*Zehelein* § 535 Rn. 30; Erman/*Zetsche,* 16. Aufl. 2020, BGB § 688 Rn. 5; MüKoBGB/*Häublein* Vor § 535 Rn. 21; Staudinger/*Emmerich,* 2017, BGB Vor § 535 Rn. 35; näher zu den Obhutspflichten des Verwahrers MüKoBGB/*Henssler* § 688 Rn. 44ff.

Mieters ausschließlich darauf richtet, die vermietete Sache benutzen zu dürfen, richtet sich der Anspruch des Hinterlegers (zusätzlich) auf die Obhutsleistung.[27] Stellt der Schuldner der Sachleistung also lediglich die Räumlichkeiten zur Verfügung, ohne irgendeine Form von Obhut über die vom Mieter eingebrachten beweglichen Sachen zu übernehmen, so liegt ein Miet- und kein Verwahrungsvertrag vor.

9 Dementsprechend stellt die Überlassung von Schließfächern mangels gesonderter Obhutspflicht zumeist einen Mietvertrag dar.[28] Gleiches gilt für die Überlassung von unbewachten Parkplätzen für Fahrzeuge;[29] ein Verwahrungsvertrag kann dagegen bei Überlassung eines bewachten Parkplatzes vorliegen.[30] Ein Pferdeeinstellvertrag, bei dem sich der Stallbetreiber nur zur Überlassung der Box verpflichtet, ist ebenfalls als Mietvertrag qualifizieren.[31] Verpflichtet sich der Stallbetreiber dagegen über die Raumgewährung hinaus auch zur Versorgung des Pferdes, dürfte der Vertrag aufgrund der übernommen Obhutspflichten zumindest schwerpunktmäßig als Verwahrungsvertrag einzuordnen sein.[32]

### 3. Leihe und Gefälligkeitsverhältnisse

10 Mietvertrag und Leihvertrag unterscheiden sich durch das Merkmal der **Entgeltlichkeit.** Während der Vermieter zur Gebrauchsgewährung nur gegen Zahlung der Miete (§ 535 Abs. 2 BGB) verpflichtet ist, schuldet der Verleiher gem. § 598 BGB die unentgeltliche Gebrauchsüberlassung. Werden Räumlichkeiten unentgeltlich zum Gebrauch überlassen, so liegt daher entweder eine Leihe (keine Schenkung[33]) oder eine alltägliche Gefälligkeit[34] vor. Die Abgrenzung zwischen Leihe und alltäglicher Gefälligkeit richtet sich nach allgemeinen Grundsätzen[35] und somit insbes. nach der rechtlichen und wirtschaftlichen Bedeutung der Angelegenheit,[36] wobei nach diesen Maßstäben zumindest bei der Überlassung von Wohnraum ohne Befristung selten eine alltägliche Gefälligkeit anzunehmen sein dürfte.[37]

11 Zu beachten ist außerdem, dass aus der Tatsache, dass die Parteien keine konkrete Vereinbarung hinsichtlich der Miete getroffen haben, nicht automatisch folgt, dass eine unentgeltliche Gebrauchsüberlassung und damit ein Leihvertrag vereinbart ist.[38] Vielmehr kann auch in solchen Fällen ein Mietvertrag geschlossen sein, der im Hinblick auf die Höhe der Miete zu ergänzen ist (→ Rn. 28). Dies gilt auch dann, wenn eine ungewöhnlich niedrige Miete vereinbart ist.[39] Selbst dann, wenn der

---

[27] Siehe BeckOGK/*Schlinker* BGB § 688 Rn. 14ff.

[28] RGZ 141, 99 (101ff.); OLG Oldenburg NJW 1977, 1780; OLG Koblenz NJW-RR 1997, 331; OLG Düsseldorf MDR 2012, 757 Rn. 34; BeckOGK/*Schmidt* BGB § 535 Rn. 49; BeckOK BGB/*Zehelein* § 535 Rn. 31; MüKoBGB/*Häublein* Vor § 535 Rn. 21; Staudinger/*Emmerich,* 2018, BGB Vor § 535 Rn. 36, 60.

[29] BGH V ZR 160/14, NJW 2016, 863 (864f.) Rn. 15ff.; BGH XII ZR 13/19, NJW 2020, 755 Rn. 13; BeckOK BGB/*Zehelein* § 535 Rn. 31; MüKoBGB/*Häublein* Vor § 535 Rn. 22; Staudinger/*Emmerich,* 2018, BGB Vor § 535 Rn. 36.

[30] OLG Karlsruhe NJW-RR 2004, 1610; OLG Düsseldorf NJW-RR 2001, 1607; BeckOGK/*Schmidt* BGB § 535 Rn. 49; BeckOK BGB/*Zehelein* § 535 Rn. 31; Staudinger/*Emmerich,* 2018, BGB Vor § 535 Rn. 36; restriktiv insoweit MüKoBGB/*Häublein* Vor § 535 Rn. 22.

[31] BGH VIII ZR 182/89, NJW-RR 1990, 1422 (1423); BGH III ZR 4/16, NJW-RR 2017, 622 (623) Rn. 11; OLG Brandenburg NZM 2006, 839; *Häublein* NJW 2009, 2982 (2983).

[32] OLG Schleswig BeckRS 2001, 30157052; OLG Brandenburg NZM 2006, 839 Rn. 14 (juris); OLG Oldenburg MDR 2011, 473 Rn. 11 (juris); BeckOGK/*Schmidt* BGB § 535 Rn. 50; für das Vorliegen eines typengemischten Vertrages und insbes. für die Anwendung der §§ 562ff. BGB *Häublein* NJW 2009, 2982 (2986); Staudinger/*Emmerich,* 2018, BGB Vor § 535 Rn. 36; zur Annahme eines Dienstvertrags neigend BGH IX ZR 151/89, BeckRS 1990, 31063735; BGH III ZR 4/16, NJW-RR 2017, 622 Rn. 11f.

[33] BGH V ZR 247/80, BGHZ 82, 354 = NJW 1982, 820; BGH VIII ZR 55/97, BGHZ 137, 106 = NJW 1998, 595 Rn. 23 (juris); BGH XII ZR 33/15, BGHZ 208, 357 = NJW 2016, 2652 (2653) Rn. 17; BeckOGK/*Schmidt* BGB § 535 Rn. 45 mwN; Staudinger/*Emmerich,* 2018, BGB Vor § 535 Rn. 3 mwN; implizit auch BGH XII ZR 13/19, NJW 2020, 755 Rn. 13f. (in Bezug auf einen Parkplatz).

[34] Beispiel zum Vorliegen einer alltäglichen Gefälligkeit bei OLG München NJW-RR 1993, 215.

[35] Ausf. dazu MüKoBGB/*Häublein* § 598 Rn. 5ff.; Staudinger/*Illmer,* 2018, BGB Vor § 598 Rn. 8ff., jeweils mwN.

[36] BGH IX ZR 12/05, NJW 2009, 1141 Rn. 7; BGH III ZR 346/14, BGHZ 206, 254 = NJW 2015, 2880 Rn. 8; BGH VIII ZR 279/16, NZM 2017, 729 Rn. 24.

[37] Siehe BGH VIII ZR 279/16, NZM 2017, 729 Rn. 25; BeckOGK/*Schmidt* BGB § 535 Rn. 45.

[38] BGH V ZR 333/01, NZM 2003, 314 (315) Rn. 8 (juris); OLG Bremen BeckRS 2005, 30349510; BeckOGK/*Schmidt* BGB § 535 Rn. 45.

[39] BGH VIII ZR 179/68, BeckRS 1970, 106546 Rn. 23; BGH VIII ZR 279/16, NZM 2017, 729 (730) Rn. 17; BeckOK BGB/*Zehelein* § 535 Rn. 24; Staudinger/*Emmerich,* 2018, BGB Vor § 535 Rn. 34.

Mieter vereinbarungsgemäß nur die Betriebskosten zu tragen hat, kann grds. ein Mietvertrag vorliegen, sofern die Parteien den entsprechenden Betrag als Gegenleistung für die Gebrauchsgewährung ansehen. Denn § 535 BGB sind im Grundsatz keine Vorgaben zur Höhe des Mietzinses zu entnehmen. Allerdings lässt umgekehrt die Tatsache, dass der „Mieter" vereinbarungsgemäß die Betriebskosten tragen soll, auch nicht automatisch den Schluss auf das Vorliegen eines Mietvertrags zu.[40] Vielmehr dürfte in solchen Fällen eher anzunehmen sein, dass die Parteien die Bezahlung der Betriebskosten als Erhaltungskosten iSd § 601 Abs. 1 BGB und als Mittel ansehen, um unterm Strich exakt eine unentgeltliche Gebrauchsüberlassung zu erzielen; im Zweifel liegt deshalb in diesen Konstellationen eine Leihe vor.[41]

## B. Die einzelnen Mietobjekte

### I. Miete von Räumen

Gemäß § 578 Abs. 2 BGB finden auf Mietverhältnisse über Räume, die keine Wohnräume sind, neben den allgemeinen Vorschriften über Mietverhältnisse (§§ 535–548 BGB) auch die in § 578 Abs. 1, 2 BGB genannten Vorschriften aus dem Wohnraummietrecht entsprechende Anwendung. Unter den Begriff der Mietverhältnisse über Räume fällt in erster Linie die **Geschäftsraummiete,**[42] aber darüber hinaus auch **jeder sonstige Mietvertrag, der sich auf eine allseits mit Wänden, Fußboden und Decken abgeschlossene Räumlichkeit bezieht,**[43] sofern es sich nicht um Wohnraum handelt. Ein praktischer Unterschied zwischen der Geschäftsraummiete und der (sonstigen) Raummiete besteht im Hinblick auf die Kündigungsfrist, da gem. § 580a Abs. 1 BGB für die Raummiete deutlich kürzere Kündigungsfristen gelten als für die Geschäftsraummiete nach § 580a Abs. 2 BGB. **12**

Ein Mietverhältnis über Räume liegt nicht nur dann vor, wenn die Räumlichkeit vollständig abgeschlossen ist (auch eine nach zwei Seiten offene Halle ist ein Raum).[44] Ebenso wenig ist erforderlich, dass der Mieter den gesamten Raum nutzen darf; Raummiete liegt auch dann vor, wenn lediglich Teile des Raumes vermietet werden, etwa ein Stellplatz in einer Sammelgarage. Erforderlich ist jedoch, dass der Raum eine gewisse Mindestgröße aufweist, die den Aufenthalt von Menschen ermöglicht; Schließfächer und Tresore stellen deshalb keine Räume dar.[45] **13**

Die **Innenbereiche beweglicher Sachen** gehören nach wohl überwiegender Auffassung ebenfalls nicht zu den Räumen,[46] wohl aber eine auf Dauer erstellte und mit dem Erdboden verbundene Baracke[47] oder ein Container.[48] **Die Differenzierung danach, ob sich der Raum in einer beweglichen oder unbeweglichen Sache befindet, erscheint indes zweifelhaft.**[49] Die Frage, ob die Anwendung der in § 578 Abs. 1 und 2 BGB genannten Vorschriften sachgerecht ist, hängt nämlich nicht davon ab, ob sich der Raum in einer beweglichen oder in einer unbeweglichen Sache befindet, sondern von der Zwecksetzung der Parteien.[50] Sofern die Räumlichkeit somit zum Aufenthalt von Menschen geeignet und zu diesem Zweck überlassen wird, ist deshalb das Vorliegen eines Raumes zu bejahen. Sollte der Zweck dieser Raummiete das Wohnen sein, liegt dementsprechend Wohnraummiete und nicht Fahrnismiete vor. In jedem Fall **unerheblich** und ohne Einfluss **14**

---

[40] BGH VIII ZR 279/16, NZM 2017, 729 Rn. 30ff.; BeckOGK/*Schmidt* BGB § 535 Rn. 45; BeckOK BGB/*Zehelein* § 535 Rn. 29; zu weitgehend deshalb OLG Stuttgart BeckRS 2009, 23539.

[41] Siehe OLG Dresden ZMR 2003, 250; OLG Stuttgart NJW-RR 2008, 1700; nicht ganz so weitgehend BGH VIII ZR 279/16, NZM 2017, 729 Rn. 30 („ambivalent zu beurteilende[r] Gesichtspunkt").

[42] BeckOGK/*Hörndler* BGB § 578 Rn. 1; BeckOK BGB/*Hermann* § 578 Rn. 3; Blank/Börstinghaus/*Blank/Börstinghaus* BGB § 578 Rn. 11; MüKoBGB/*Artz* § 578 Rn. 4.

[43] Ähnlich BeckOGK/*Hoffmann* BGB § 580a Rn. 11; Blank/Börstinghaus/*Blank/Börstinghaus* BGB § 578 Rn. 7; MüKoBGB/*Artz,* § 578 Rn. 4; Staudinger/*Artz,* 2018, BGB § 549 Rn. 13; s. auch BGH V ZR 232/16, NZM 2017, 815 Rn. 17 (Garage).

[44] BeckOK MietR/*Bruns* BGB § 578 Rn. 6.

[45] Blank/Börstinghaus/*Blank/Börstinghaus* BGB § 578 Rn. 8; *Gregor* WuM 2008, 435 (437); MüKoBGB/*Artz* § 578 Rn. 4; Staudinger/*Emmerich,* 2018, BGB § 578 Rn. 5a

[46] BeckOK BGB/*Wiederhold* § 549 Rn. 8; MüKoBGB/*Artz* § 578 Rn. 4; Staudinger/*Emmerich,* 2018, BGB § 578 Rn. 6; Staudinger/*Artz,* 2018, BGB § 549 Rn. 13.

[47] Blank/Börstinghaus/*Blank/Börstinghaus* BGB § 578 Rn. 7.

[48] MüKoBGB/*Bieber* § 549 Rn. 3.

[49] So zu Recht BeckOGK/*Schmidt* BGB § 549 Rn. 8.1.

[50] BeckOGK/*Schmidt* BGB § 549 Rn. 8.1 mit anschaulichem Beispiel.

auf die Einordnung als Raum ist es, wenn das Gebäude lediglich einen **Scheinbestandteil** iSd § 95 BGB bildet.[51]

## II. Wohnraummiete

15 In § 549 BGB ist bestimmt, dass über die allgemeinen Vorschriften über Mietverhältnisse hinaus die Mieterschutzvorschriften der §§ 550ff. BGB auf die Wohnraummiete Anwendung finden.[52] Wohnraum liegt vor, wenn die Voraussetzungen an das Vorliegen eines Raumes erfüllt sind und wenn der Raum vom Vermieter zum Zwecke des Wohnens zur Verfügung gestellt wird.[53] Dies ist wiederum der Fall, **wenn der Raum dem Mieter nach der vertraglichen Zweckbestimmung ganz oder teilweise, auf Dauer oder vorübergehend als Lebensmittelpunkt dienen soll.**[54] Entscheidend ist dabei nicht die Bezeichnung durch die Parteien, sondern der Zweck, den der Mieter mit der Anmietung vertragsgemäß verfolgt.[55] Unerheblich ist auch, in welchem Umfang der Mieter die Wohnung tatsächlich benutzt. Da den Mieter keine Gebrauchspflicht trifft, liegt ein Wohnraummietvertrag auch dann vor, wenn der Lebensmittelpunkt des Mieters tatsächlich nicht (mehr) in den angemieteten Räumlichkeiten liegt.[56] Nicht erforderlich ist ferner, dass die Räumlichkeiten tatsächlich zum Wohnen geeignet sind;[57] der Vermieter kann die Anwendung der Schutzvorschriften der §§ 549ff. BGB nicht dadurch umgehen, dass er dem Mieter eine dem Vertragszweck nicht entsprechende Wohnung zur Verfügung stellt.

16 **Kein Wohnraummietvertrag** sondern Geschäftsraummiete liegt dagegen vor bei der Vermietung an eine juristische Person oder an eine Personengesellschaft, da die genannten Mieter als solche keinen Wohnbedarf haben können.[58] Gleiches gilt, wenn der Vertragszweck darin besteht, dass die Wohnung vom Mieter (auch zu Wohnzwecken) weitervermietet werden soll.[59] Nicht Wohnraummiete sondern Grundstücksmiete liegt vor, wenn ein Grundstück vermietet wird, auf dem der Mieter ein Haus errichtet. In diesem Fall erstreckt sich der Mietvertrag nämlich lediglich auf das Grundstück und nicht auf das zu errichtende Haus, welches nach § 95 Abs. 1 S. 1 BGB lediglich Scheinbestandteil des Grundstücks wird.[60]

17 Von der Frage, ob ein Wohnraummietvertrag vorliegt, ist **die Frage zu unterscheiden, welche Aktivitäten des Mieters bei einem Wohnraummietvertrag zum vertragsgemäßen Gebrauch gehören.** Denn die Vornahme vertragswidriger Aktivitäten durch den Mieter ändert nichts am Vorliegen eines Wohnraummietvertrages.[61] Vom Wohnen und damit vom vertragsgemäßen Gebrauch beim Wohnraummietvertrag umfasst sind jedenfalls die hierfür typischen Aktivitäten

---

[51] Staudinger/*Emmerich,* 2018, BGB § 578 Rn. 5a; Staudinger/*Artz,* 2018, BGB § 549 Rn. 13.

[52] Ausf. Staudinger/*Artz,* 2018, BGB § 549 Rn. 2ff.

[53] BeckOGK/*Schmidt* BGB § 549 Rn. 8.

[54] BeckOK BGB/*Wiederhold* § 549 Rn. 8; → 14. Aufl. 2019, BGB Vor § 535 Rn. 97; Staudinger/*Artz,* 2018, BGB § 549 Rn. 15; Staudinger/*Emmerich,* 2018, BGB § 578 Rn. 6; ähnlich BGH XII ZR 125/18, NZM 2020, 54 Rn. 21; BeckOGK/*Schmidt* BGB § 549 Rn. 9.

[55] BGH VIII ZR 14/78, BeckRS 1978, 31119706; BGH VIII ZR 36/84, BGHZ 94, 11 = NJW 1985, 1772; BGH VIII ZR 212/96, BGHZ 135, 269 = NJW 1997, 1845; BGH VIII ZR 376/13, BGHZ 202, 39 = NZM 2014, 626 Rn. 21; BGH XII ZR 125/18, NZM 2020, 54 Rn. 21; BeckOGK/*Schmidt* BGB § 549 Rn. 9; BeckOGK/*Geib* BGB § 573 Rn. 13; Staudinger/*Artz,* 2018, BGB § 549 Rn. 15.

[56] BGH VIII ZR 93/10, NZM 2011, 151 Rn. 14; BeckOGK/*Geib* BGB § 573 Rn. 13; Blank/Börstinghaus/*Blank/Börstinghaus* BGB § 535 Rn. 17; → 14. Aufl. 2019, BGB Vor § 535 Rn. 97, 99.

[57] BeckOGK/*Schmidt* BGB § 549 Rn. 9; BeckOGK/*Geib* BGB § 573 Rn. 13; BeckOK BGB/*Wiederhold* § 549 Rn. 8; → 14. Aufl. 2019, BGB Vor § 535 Rn. 97; Staudinger/*Artz,* 2018, BGB § 549 Rn. 15; aA möglicherweise Staudinger/*Emmerich,* 2018, BGB Vor § 535 Rn. 24, der äußert, es sei erforderlich, „dass wenigstens einer der vermieteten Räume in erster Linie zur Übernachtung durch den Mieter oder seine Angehörigen bestimmt und geeignet" sei.

[58] BGH VIII ZR 282/07, NZM 2008, 804 Rn. 12, GmbH; BGH VIII ZR 122/06, NZM 2007, 639, Kommanditgesellschaft; BGH VIII ZR 113/06, WuM 2007, 459 Rn. 10, Kommanditgesellschaft; BGH XII ZR 125/18, NZM 2020, 54 Rn. 23f., juristische Person des öffentlichen Rechts; LG Berlin ZMR 2012, 275 Rn. 11 (juris), eingetragener Verein; LG Berlin ZMR 2016, 29 Rn. 24 (juris), GmbH; Blank/Börstinghaus/*Blank/Börstinghaus* BGB § 535 Rn. 13, 20; Staudinger/*Emmerich,* 2018, BGB Vor § 535 Rn. 26.

[59] BGH VIII ZR 323/79, NJW 1981, 1377 Rn. 12ff. (juris); BGH VIII ZR 36/84, BGHZ 94, 11 = NJW 1985, 1772; BGH VIII ZR 282/07, NZM 2008, 804 Rn. 11; BGH XII ZR 125/18, NZM 2020, 54 Rn. 20ff.; BeckOGK/*Schmidt* BGB § 549 Rn. 10.1; BeckOGK/*Geib* BGB § 573 Rn. 13.

[60] BGH VIII ZR 270/83, NJW 1984, 2878 (2879); BeckOGK/*Schmidt* BGB § 549 Rn. 10.1.

[61] OLG Celle ZMR 1999, 469 Rn. 7 (juris); OLG Düsseldorf NZM 2007, 799; → 14. Aufl. 2019, BGB Vor § 535 Rn. 100; Staudinger/*Emmerich,* 2018, BGB Vor § 535 Rn. 24.

wie die Haushaltsführung, die Zubereitung von Speisen und die Einnahme der Mahlzeiten, das Waschen der Wäsche, die Körperpflege, die Pflege der Geselligkeit und das Schlafen.[62] Vertragsgemäß sind außerdem berufliche Tätigkeiten, die nicht nach außen in Erscheinung treten wie bspw. Unterrichtsvorbereitung eines Lehrers, das Home-Office beim Angestellten, die schriftstellerische Tätigkeit eines Autors oder der Empfang oder die Bewirtung eines Geschäftsfreundes in der Wohnung.[63] Nach Auffassung des BGH nicht mehr vom Wohnen umfasst sind dagegen gewerbliche oder freiberufliche Tätigkeiten, die nach außen in Erscheinung treten.[64] Im Einzelfall soll der Vermieter jedoch nach Treu und Glauben verpflichtet sein, seine Zustimmung zur teilgewerblichen Nutzung zu erteilen; eine solche Verpflichtung soll insbes. dann in Betracht kommen, wenn der Mieter darlegt und beweist, dass von der Tätigkeit keine weitergehenden Einwirkungen auf die Mietsache oder Mitmieter ausgehen als bei einer üblichen Wohnnutzung, was insbes. bei Tätigkeiten ohne Mitarbeiter und ohne ins Gewicht fallenden Kundenverkehr, also bei der klassischen „Schreibtischtätigkeit", häufig der Fall ist.[65]

### III. Geschäftsraummiete

Gemäß § 578 Abs. 2 BGB finden auf Mietverhältnisse über Räume, die keine Wohnräume sind, neben den allgemeinen Vorschriften über Mietverhältnisse (§§ 535–548 BGB) auch die in § 578 Abs. 1 und Abs. 2 BGB genannten Vorschriften aus dem Wohnraummietrecht entsprechende Anwendung. Unter die Mietverhältnisse über Räume fällt in erster Linie die Geschäftsraummiete[66] (zur Miete von Räumen, die weder Geschäfts- noch Wohnraum sind → Rn. 12 ff.). Geschäftsraummiete liegt somit vor, wenn die Anforderungen an das Vorliegen eines Raumes erfüllt sind und **wenn der Vermieter dem Mieter die Räumlichkeiten zu gewerblichen Zwecken überlassen hat.** Für die Qualifizierung als Geschäftsraummietvertrag kommt es ebenso wie bei der Wohnraummiete nicht auf die tatsächliche Nutzung, sondern auf den vereinbarten Zweck an.[67] Ebenso wie bei der Wohnraummiete ist es unerheblich, in welchem Umfang der Mieter den Geschäftsraum nutzt, ob die vermieteten Räumlichkeiten für die gewerbliche Tätigkeit geeignet sind und ob der Mieter die Räumlichkeiten zweckwidrig nutzt (hierzu bereits zur Wohnraummiete → Rn. 17).[68] **18**

Klassische Beispiele für Gewerberaummiete sind die Überlassung von Räumlichkeiten als Ladenräume, Lagerräume, Büros, Praxen, Kanzleien, Fabrikationsräume, Garagen, usw.[69] Um Geschäftsraummiete handelt es sich auch bei der Vermietung von Räumen an eine juristische Person oder eine Personengesellschaft[70] oder wenn der Vertragszweck darin besteht, dass die Wohnung vom Mieter (auch zu Wohnzwecken) weitervermietet werden soll (→ Rn. 16).[71] **19**

---

62 → 14. Aufl. 2019, BGB Vor § 535 Rn. 95.

63 BGH VIII ZR 165/08, NJW 2009, 3157 Rn. 14; BGH VIII ZR 213/12, NJW 2013, 1806 Rn. 14; BeckOGK/*Schmidt* BGB § 549 Rn. 9.1, der weitergehend „eine allzu strenge Trennung von Wohnung und Arbeitsstelle" als „eher anachronistisch" bezeichnet.

64 BGH VIII ZR 165/08, NJW 2009, 3157 Rn. 14; BGH VIII ZR 213/12, NJW 2013 1806 Rn. 15, Musikunterricht in der Wohnung; LG Berlin BeckRS 2013, 21787, entgeltliche Betreuung von fünf Kleinkindern werktags von 8 bis 16 Uhr; s. auch BGH VIII ZR 210/13, NZM 2014, 158, wo der BGH bei der Vermietung an Touristen die Berechtigung zur Untervermietung verneint hat.

65 BGH VIII ZR 165/08, NJW 2009, 3157 Rn. 15; BGH VIII ZR 213/12, NJW 2013, 1806 Rn. 13; ausf. zur jüngeren Kasuistik BeckOGK/*Schmidt* BGB § 535 Rn. 274.

66 BeckOK BGB/*Herrmann*, § 578 Rn. 3; Blank/Börstinghaus/*Blank/Börstinghaus* BGB § 578 Rn. 11; MüKo-BGB/*Artz* § 578 Rn. 4.

67 BeckOK BGB/*Wiederhold* § 549 Rn. 10; MüKoBGB/*Bieber* § 549 Rn. 6; → 14. Aufl. 2019, BGB Vor § 535 Rn. 102; s. ferner die Nachw. in Fn. 55.

68 → 14. Aufl. 2019, BGB Vor § 535 Rn. 102; Staudinger/*Emmerich*, 2018, BGB Vor § 535 Rn. 24.

69 Blank/Börstinghaus/*Blank/Börstinghaus* BGB § 535 Rn. 19.

70 BGH VIII ZR 282/07, NZM 2008, 804 Rn. 12, GmbH; BGH VIII ZR 122/06, NZM 2007, 639 (KG); BGH VIII ZR 113/06, WuM 2007, 459 Rn. 10 (KG); BGH XII ZR 125/18, NZM 2020, 54 Rn. 23 f., juristische Person des öffentlichen Rechts; LG Berlin ZMR 2012, 275 Rn. 11 (juris), eingetragener Verein; LG Berlin ZMR 2016, 29 Rn. 24 (juris), GmbH; Blank/Börstinghaus/*Blank/Börstinghaus* BGB § 535 Rn. 13, 20; Staudinger/*Emmerich*, 2018, BGB Vor § 535 Rn. 26.

71 BGH VIII ZR 323/79, NJW 1981, 1377 Rn. 12 ff. (juris); BGH VIII ZR 36/84, BGHZ 94, 11 = NJW 1985, 1772; BGH VIII ZR 282/07, NZM 2008, 804 Rn. 11; BGH XII ZR 125/18, NZM 2020, 54 Rn. 20 ff.; BeckOGK/*Schmidt* BGB § 549 Rn. 10.1; BeckOGK/*Geib* BGB § 573 Rn. 13.

## IV. Mischmietverhältnisse

20 Darf der Mieter die überlassenen Räumlichkeiten vertragsgemäß sowohl zu Wohn- als auch zu Gewerbezwecken nutzen, so liegt ein Mischmietverhältnis vor.

### 1. Einheitlicher Mietvertrag oder getrennte Mietverträge

21 In einem ersten Schritt ist zu prüfen, ob ein einheitlicher Mietvertrag vorliegt oder ob es sich um mehrere selbstständige Verträge handelt. Wenn die Parteien ihre Rechtsbeziehungen in mehreren nach dem Nutzungszweck getrennten Verträgen geregelt haben (zB getrennte Mietverträge über Büro bzw. Schlafräume), dann ergeben sich im Hinblick auf die Zuordnung keine weiteren Probleme. In diesem Fall ist der eine Mietvertrag als Wohnraum- und der andere Mietvertrag als Gewerberaummietvertrag zu qualifizieren. Für die Auslegung ist **im Ausgangspunkt maßgeblich, ob die Parteien eine einheitliche Vertragsurkunde oder zwei getrennte Vertragsurkunden verwendet haben.** Haben die Parteien eine einheitliche Vertragsurkunde verwendet, so ist idR ein einheitliches Mietverhältnis anzunehmen.[72] Das gilt insbes. dann, wenn die überlassenen Räumlichkeiten eine wirtschaftliche Einheit bilden.[73] Bei der Verwendung getrennter Vertragsurkunden spricht dagegen eine tatsächliche Vermutung für die rechtliche Selbständigkeit der jeweiligen Mietverhältnisse.[74]

22 **Im Einzelfall** kann sich gleichwohl ein **abweichendes Resultat** ergeben. Trotz Verwendung einer einheitlichen Urkunde kann sich die rechtliche Selbständigkeit der Mietverhältnisse etwa daraus ergeben, dass die jeweiligen Grundstücke rechtlich selbständig sind[75] oder daraus, dass die Parteien unterschiedliche Vertragslaufzeiten[76] oder Kündigungsbedingungen[77] vereinbart haben. Die Ausweisung unterschiedlicher Mietpreise reicht allerdings für sich genommen nicht aus.[78] Umgekehrt kann trotz Verwendung separater Urkunden im Einzelfall anzunehmen sein, dass ein einheitliches Mietverhältnis gewollt ist. So ist ein solcher Wille bei der Vermietung von Wohnung und Garage idR anzunehmen, wenn sich Grundstück und Garage auf demselben Grundstück befinden.[79] Gleiches gilt, wenn die zweite Vertragsurkunde als „Anlage zum Mietvertrag" bezeichnet wird und die Miete in der zweiten Urkunde als Teil der Gesamtmiete ausgewiesen ist.[80] Dabei spricht es nicht gegen einen solchen Willen, wenn ein Objekt erst nachträglich hinzugemietet wurde, da in einem solchen Fall auch eine Änderung des ursprünglichen Mietvertrags anzunehmen sein kann.[81] Ebenfalls nicht entscheidend ist es, wenn eine schriftliche und eine mündliche Abrede vorliegen, weil auch ein schriftlicher Mietvertrag wirksam mündlich ergänzt werden kann.[82]

### 2. Zuordnung bei einheitlichem Mietvertrag

23 Liegt ein einheitlicher Mietvertrag vor, so gelten entweder die Vorschriften über die Wohnraummiete oder die Vorschriften über die Geschäftsraummiete. Für die Zuordnung kommt es darauf an, **welche Nutzungsart nach der getroffenen Vereinbarung den Schwerpunkt bildet.**[83]

---

[72] OLG Schleswig WuM 1982, 266 Rn. 16 (juris); OLG Düsseldorf WuM 2007, 65 Rn. 8 (juris).

[73] OLG Karlsruhe NJW 1983, 1499 Rn. 8 (juris); OLG Düsseldorf WuM 2007, 65 Rn. 8 (juris); LG Köln WuM 2004, 614.

[74] BGH VIII ZR 251/10, NJW 2012, 224; BGH VIII ZR 245/12, WuM 2013, 421; BGH VIII ZR 254/13, BeckRS 2013, 20413; BGH VIII ZR 274/13, BeckRS 2014, 07966; LG Berlin BeckRS 2014, 7969; BeckOK MietR/*Siegmund* BGB § 573b Rn. 3; Blank/Börstinghaus/*Blank/Börstinghaus* BGB § 535 Rn. 24.

[75] BGH VIII ZR 254/13, BeckRS 2013, 20413.

[76] LG Berlin ZMR 1987, 18.

[77] BGH VIII ZR 245/12, WuM 2013, 421; BGH VIII ZR 422/12, WuM 2013, 536.

[78] LG Baden-Baden WuM 1991, 34.

[79] BGH VIII ZR 251/10, NJW 2012, 224 Rn. 16; BGH VIII ZR 254/13, BeckRS 2013, 20413 Rn. 3.

[80] LG Berlin BeckRS 2015, 12387; noch großzügiger AG Fürstenfeldbruck NZM 2010, 239.

[81] OLG Karlsruhe NJW 1983, 1499 Rn. 8 (juris); LG Wuppertal WuM 1996, 621; AG Gelsenkirchen WuM 2012, 196 Rn. 11 (juris); Blank/Börstinghaus/*Blank/Börstinghaus* BGB § 535 Rn. 24.

[82] OLG Karlsruhe NJW 1983, 1499 Rn. 11 f. (juris); LG Wuppertal WuM 1996, 621; Blank/Börstinghaus/*Blank/Börstinghaus* BGB § 535 Rn. 24.

[83] BGH VIII ZR 153/75, NJW 1977, 1394; BGH VIII ZR 14/78, ZMR 1979, 49; BGH VIII ZR 60/85, *NJW-RR 1986, 877; BGH VIII* ZR 376/13, BGHZ 202, 39 = NJW 2014, 2864 Rn. 26; OLG Schleswig NJW 1983, 49 f. (51); OLG Hamm BeckRS 1985, 31386874; OLG Stuttgart NJW 1986, 322 (323); OLG Celle BeckRS 1986, 30976707; OLG Hamburg NJW-RR 1997, 458; KG BeckRS 2000, 12233 Rn. 18; OLG Düsseldorf BeckRS 2006, 07683; OLG München BeckRS 2006, 52126; OLG Stuttgart NZM 2008, 726;

Indizien für einen entsprechenden Parteiwillen sind insbes. die Verwendung eines auf die jeweilige Nutzungsart zugeschnittenen Vertragsformulars,[84] die Bezeichnung des Mietverhältnisses durch die Parteien,[85] die Verwendung bestimmter Fragebögen bei der Selbstauskunft,[86] das Verhältnis der Flächen, die einerseits zum Wohnen und andererseits zur Ausübung der freiberuflichen oder gewerblichen Tätigkeit bestimmt sind,[87] die Verteilung der Gesamtmiete auf die Nutzungsanteile[88], die Frage, ob die Kaution die Höchstgrenze des § 551 Abs. 1 BGB übersteigt,[89] und die baulichen Gegebenheiten.[90] Einen Anhaltspunkt bieten können auch einzelne Formulierungen im Mietvertrag: Wenn die gewerbliche Nutzung lediglich „gestattet" ist, spricht dies dafür, dass sie nicht ohnehin schon den Vertragszweck bilden soll.[91] Nach allgemeinen Grundsätzen können zur Auslegung auch Umstände im Vorfeld des Vertragsschlusses oder nach Vertragsschluss berücksichtigt werden, sofern sie einen Rückschluss auf den Willen bei Vertragsschluss erlauben.[92]

Sofern sich bei der Einzelfallprüfung ein Überwiegen des gewerblichen Zwecks **nicht feststellen lässt, ist aufgrund des Schutzbedürfnisses des Mieters von Wohnraummiete auszugehen.**[93] 24

## V. Grundstücksmiete

Für die Grundstücksmiete gilt § 578 Abs. 1 BGB, sodass neben allgemeinen Vorschriften über Mietverhältnisse (§§ 535–548 BGB) die dort genannten Vorschriften zur Anwendung gelangen. Der Begriff der Grundstücksmiete fasst die Mietverträge über Grundstücke zusammen, bei denen sich der Mietvertrag nicht auf einen Raum – und damit weder auf Wohnraum noch auf Geschäftsraum – bezieht.[94] 25

---

OLG Düsseldorf MDR 2012, 20 (21); OLG München ZMR 2010, 962; OLG Karlsruhe WuM 2012, 666 (668); OLG Saarbrücken BeckRS 2012, 23168; BeckOGK/*Geib* BGB § 573 Rn. 15; BeckOGK/*Fleindl* BGB § 556d Rn. 17; BeckOGK/*Siegmund* BGB § 551 Rn. 9; BeckOK BGB/*Herrmann* § 578 Rn. 4; BeckOK BGB/*Wiederhold* § 549 Rn. 10; Blank/Börstinghaus/*Blank/Börstinghaus* BGB § 535 Rn. 26; MüKoBGB/*Bieber* § 549 Rn. 6; *Rinke* ZMR 2003, 13.

[84] BGH VIII ZR 376/13, BGHZ 202, 39 = NJW 2014, 2864 Rn. 37; OLG Hamburg ZMR 1995, 120 (121); OLG Düsseldorf ZMR 2006, 685; OLG Stuttgart NZM 2008, 726 (727); OLG Celle ZMR 1999, 469 (470) Rn. 7 (juris); LG Berlin WuM 1988, 22 Rn. 5 (juris); Blank/Börstinghaus/*Blank/Börstinghaus* BGB § 535 Rn. 26; Erman/*Lützenkirchen,* 16. Aufl. 2020, BGB Vor § 535 Rn. 17; Staudinger/*Emmerich,* 2018, BGB Vor § 535 Rn. 28.

[85] BGH VIII ZR 376/13, BGHZ 202, 39 = NJW 2014, 2864 Rn. 37; OLG München ZMR 1995, 295 (296) Rn. 29 (juris); OLG Köln BeckRS 2008, 20283; KG BeckRS 2010, 18956; OLG Karlsruhe WuM 2012, 666 (668) Rn. 22 (juris); Staudinger/*Emmerich,* 2018, BGB Vor § 535 Rn. 28.

[86] Blank/Börstinghaus/*Blank/Börstinghaus* BGB § 535 Rn. 26.

[87] BGH VIII ZR 60/85, NJW-RR 1986, 877 (878); BGH VIII ZR 376/13, BGHZ 202, 39 = NJW 2014, 2864 Rn. 38; OLG Düsseldorf ZMR 2006, 685 Rn. 11 (juris); OLG Karlsruhe WuM 2012, 666 (668) Rn. 21 (juris); Blank/Börstinghaus/*Blank/Börstinghaus* BGB § 535 Rn. 26; Erman/*Lützenkirchen,* 16. Aufl. 2020, BGB Vor § 535 Rn. 17; Staudinger/*Emmerich,* 2018, BGB Vor § 535 Rn. 28.

[88] BGH VIII ZR 376/13, BGHZ 202, 39 = NJW 2014, 2864 Rn. 38; OLG Hamm BeckRS 1985, 31386874; OLG Düsseldorf ZMR 2006, 685 Rn. 11 f. (juris); Blank/Börstinghaus/*Blank/Börstinghaus* BGB § 535 Rn. 26; Erman/*Lützenkirchen,* 16. Aufl. 2020, BGB Vor § 535 Rn. 17; Staudinger/*Emmerich,* 2018, BGB Vor § 535 Rn. 28.

[89] OLG Düsseldorf ZMR 2006, 685 Rn. 12 (juris); Blank/Börstinghaus/*Blank/Börstinghaus* BGB § 535 Rn. 26.

[90] BGH VIII ZR 376/13, BGHZ 202, 39 = NJW 2014, 2864 Rn. 38; OLG Hamm BeckRS 1985, 31386874; OLG Saarbrücken BeckRS 2012, 23168; Blank/Börstinghaus/*Blank/Börstinghaus* BGB § 535 Rn. 26; Erman/*Lützenkirchen,* 16. Aufl. 2020, BGB Vor § 535 Rn. 17.

[91] OLG München BeckRS 2006, 52126; Blank/Börstinghaus/*Blank/Börstinghaus* BGB § 535 Rn. 26; MüKoBGB/*Häublein* § 573 Rn. 22.

[92] BGH VIII ZR 376/13, BGHZ 202, 39 = NJW 2014, 2864 Rn. 38; so auch in anderem Zusammenhang BGH IX ZR 30/10, NJW-RR 2013, 51 Rn. 11, 14; BGH VIII ZR 61/15, NZM 2016, 543 Rn. 28; BGH VIII ZR 279/16, NZM 2017, 729 Rn. 23.

[93] BGH VIII ZR 376/13, BGHZ 202, 39 = NJW 2014, 2864 Rn. 39; OLG Stuttgart NJW 1986, 322 (323); LG Frankfurt a. M. BeckRS 2014, 15930; LG Hamburg WuM 1993, 36; BeckOGK/*Geib* BGB § 573 Rn. 15; BeckOGK/*Fleindl* BGB § 556d Rn. 17; BeckOK BGB/*Wiederhold* § 549 Rn. 10; MüKoBGB/*Bieber* § 549 Rn. 6; MüKoBGB/*Häublein* § 573 Rn. 24; Staudinger/*Emmerich,* 2018, BGB Vor § 535 Rn. 28; anders noch BGH VIII ZR 60/85, NJW-RR 1986, 877 (878).

[94] Ähnlich MüKoBGB/*Artz,* § 578 Rn. 3.

26 Unter einem Grundstück ist ein abgegrenzter Teil der Erdoberfläche zu verstehen, der auf einem eigenen Grundbuchblatt (§ 3 GBO) in einem dafür vorgesehenen Datenspeicher (§ 126 GBO) unter einer bestimmten Nummer eingetragen ist.[95] Um Grundstücksmiete handelt es sich jedoch auch, wenn nur **ein Teil des Grundstücks** oder eine **Gebäude(außen)fläche** gemietet wird.[96] Zur Grundstücksmiete zählen deshalb auch die Miete einer Außenwand zu Reklamezwecken,[97], einer Dachfläche,[98] die Miete von Garten oder Hof,[99] Gewächshäusern und Tierställen,[100] die Miete eines Stellplatzes[101] sowie die Miete eines Bootsliegeplatzes.[102]

27 Nicht Wohnraummiete, sondern Grundstücksmiete liegt auch dann vor, wenn ein Grundstück vermietet wird, auf dem der Mieter ein Haus errichtet. In diesem Fall erstreckt sich der Mietvertrag nämlich lediglich auf das Grundstück und nicht auf das zu errichtende Haus, welches nach § 95 Abs. 1 S. 1 BGB lediglich Scheinbestandteil des Grundstücks wird.[103]

## C. Der Vertragsschluss

### I. Einigung und Dissens

28 Zumeist kommt ein Mietvertrag durch beiderseitige Einigung bzgl. der **essentialia negotii** (Mietvertragsparteien, Mietgegenstand, Nutzungsart, Mietzeit und Mietentgelt)[104] zustande. Das bedeutet jedoch nicht, dass das Vorliegen eines Mietvertrags bei Fehlen einer Einigung über die essentialia negotii stets zu verneinen wäre.[105] Zwar wird bspw. zumeist kein wirksamer Mietvertrag vorliegen, wenn sich die Parteien noch nicht über die Höhe des Mietzinses geeinigt haben. Das liegt allerdings nicht daran, dass eine fehlende Einigung über die Höhe des Mietzinses automatisch dazu führen würde, dass ein Mietvertrag nicht zustande kommen kann, sondern daran, dass im Zweifel *nach dem Willen der Parteien* der Mietvertrag ohne eine Einigung über die Höhe des Mietzinses nicht als geschlossen angesehen werden soll. Umgekehrt steht es den Parteien jedoch prinzipiell frei, **privatautonom zu bestimmen, dass der Vertrag auch ohne eine Einigung über objektiv wesentliche Punkte bereits als geschlossen anzusehen sein soll.** Voraussetzung für das Bestehen eines wirksamen Vertrags in einem solchen Fall ist freilich ein geltungsfähiger Mindestkonsens, der eine Schließung der verbleibenden Lücken mit den zur Verfügung stehenden Mechanismen erlaubt. Somit führen Lücken im Vertrag auch bei Fehlen einer Einigung bzgl. der essentialia negotii nicht zu einem Totaldissens, wenn sich die betreffenden Lücken durch die Grundsätze der ergänzenden Vertragsauslegung, durch die entsprechende Anwendung gesetzlicher Vorschriften oder durch eine Leistungsbestimmung nach den §§ 315ff. BGB schließen lassen.[106] Ein Mietvertrag kommt deshalb insbes. auch bei Fehlen einer Vereinbarung über den Mietzins zustande, wenn fest-

---

[95] BeckOGK/*Hoffmann* BGB § 580a Rn. 11; BeckOK MietR/*Bruns* BGB § 578 Rn. 6; MüKoBGB/*Artz* § 580 Rn. 3; Staudinger/*Rolfs,* 2018, BGB § 580a Rn. 13.

[96] BeckOGK/*Hoffmann* BGB § 580a Rn. 11; BeckOK MietR/*Bruns* BGB § 578 Rn. 6; MüKoBGB/*Artz* § 580 Rn. 3; Staudinger/*Rolfs,* 2018, BGB § 580a Rn. 13.

[97] BGH VIII ZR 33/58, NJW 1959, 766; OLG München NJW 1972, 1995; Blank/Börstinghaus/*Blank/Börstinghaus* BGB § 578 Rn. 3; MüKoBGB/*Artz* § 580 Rn. 3; Staudinger/*Emmerich,* 2018, BGB § 578 Rn. 3.

[98] BeckOGK/*Hoffmann* BGB § 580a Rn. 11; Blank/Börstinghaus/*Blank/Börstinghaus* BGB § 578 Rn. 3; Staudinger/*Emmerich,* 2018, BGB § 578 Rn. 3.

[99] BeckOGK/*Hoffmann* BGB § 580a Rn. 11; BeckOK MietR/*Bruns* BGB § 578 Rn. 6.

[100] BeckOK MietR/*Bruns* BGB § 578 Rn. 6.

[101] BeckOGK/*Hoffmann* BGB § 580a Rn. 1; BeckOK MietR/*Bruns* BGB § 578 Rn. 6; MüKoBGB/*Artz* § 580 Rn. 3.

[102] BeckOK MietR/*Bruns* BGB § 578 Rn. 6; *Gregor* WuM 2008, 435; → 14. Aufl. 2019, BGB Vor § 578 Rn. 113.

[103] BGH VIII ZR 270/83, NJW 1984, 2878 (2879); BeckOGK/*Schmidt* BGB § 549 Rn. 10.1.

[104] BGH XII ZR 113/05, NZM 2007, 851 Rn. 16, ohne Nennung der Mietzeit; jeweils ohne Nennung der Nutzungsart BGH XII ZR 173/90, NJW-RR 1993, 139 (140); BGH XII ZR 69/06, NJW 2008, 2178 Rn. 18; BGH XII ZR 142/07, NJW 2009, 2195 Rn. 22; BGH XII ZR 120/06, NJW 2010, 1518 Rn. 13; BGH XII ZR 51/19, NJW 2020, 1507 Rn. 19; BeckOGK/*Dittert* BGB § 550 Rn. 83; Erman/*Lützenkirchen,* 16. Aufl. 2020, BGB § 535 Rn. 21; MüKoBGB/*Bieber* § 550 Rn. 8.

[105] Ein wenig missverständlich insoweit Motive, Bd. I, S. 162.

[106] BGH KZR 10/62, BGHZ 41, 271 = NJW 1964, 1617 (1618f.) Rn. 8 (juris); BGH III ZR 179/79 *Rn. 20, NJW 1981, 2756* (juris); OLG Hamm NJW 1976, 1212 Rn. 30 (juris); OLG Stuttgart NJW-RR 2011, 202 (203) Rn. 17 (juris); BeckOGK/*Möslein* BGB § 154 Rn. 15f.; zum gleichen Ergebnis gelangt man materiellrechtlich, wenn man annimmt, dass eine Einigung über die essentialia stets erforderlich ist, dass es jedoch genügt, wenn die essentialia durch die genannten Mechanismen bestimmbar sind, s. Erman/*Armbrüster,*

steht, dass sich die Parteien bindend über die entgeltliche Gebrauchsüberlassung geeinigt haben, wobei in diesen Fällen der ortsübliche Mietzins als vereinbart gilt.[107]

Umgekehrt kommt ein wirksamer Mietvertrag auch dann **nicht zustande,** wenn zwar eine Einigung über die essentialia negotii getroffen wurde, es aber einer Einigung über Nebenpunkte fehlt, sofern der Vertrag **nach dem Willen der Parteien ohne eine Regelung bzgl. dieser Nebenpunkte nicht geschlossen sein soll.**[108] Eine Auslegungsregel[109] stellt insoweit § 154 Abs. 1 S. 1 BGB auf: Wenn auch nur eine Partei für die Gegenseite erkennbar[110] bzgl. eines nicht geregelten Nebenpunktes einen Regelungswunsch geäußert hat, so gilt der Vertrag nach § 154 Abs. 1 S. 1 BGB im Zweifel als nicht geschlossen. Allerdings gilt dies nur im Zweifel, sodass im Einzelfall trotz des geäußerten Regelungswunsch ein Bindungswille der Parteien feststellbar sein kann. Es ist nämlich auch denkbar, dass eine Partei zwar einen Regelungswunsch bzgl. eines Nebenpunktes äußert, aber gleichwohl nicht die vertragliche Bindung von einer solchen Regelung abhängig machen will. Ein Bindungswille trotz geäußerten Regelungswunsches kommt insbes. in Betracht, wenn die Parteien den Vertrag übereinstimmend in Vollzug gesetzt[111] oder das Vertragsverhältnis trotz Kündigung fortgesetzt haben.[112] **29**

## II. Formerfordernisse

### 1. Gesetzliche Formvorschriften

Grundsätzlich ist der Abschluss eines Mietvertrags formfrei und somit auch in mündlicher Form möglich. Formvorschriften finden sich im Mietrecht nur vereinzelt. So ist für die die Staffelmiete (§ 557a Abs. 1 BGB) und für die Indexmiete (§ 557 Abs. 1 BGB) jeweils die Schriftform vorgeschrieben. Die Nichteinhaltung der Schriftform führt jedoch nicht zur Nichtigkeit des Mietvertrags insgesamt, sondern lediglich zur Nichtigkeit der Staffel- bzw. Indexmietabrede.[113] Ebenso sind befristete Mietverträge für längere Zeit als ein Jahr, die nicht in schriftlicher Form abgeschlossen werden, nicht nach § 125 S. 1 BGB nichtig, sondern gelten gem. § 550 S. 1 BGB[114] lediglich für unbestimmte Zeit. **30**

### 2. Vertragsschluss ohne schriftlichen Mietvertrag?

In der Praxis kommt es vor, dass sich die Parteien – häufig anlässlich oder nach einer Wohnungsbesichtigung – bereits auf den Abschluss eines Mietvertrags einigen, zugleich allerdings verabreden, dass noch die beiderseitige Unterschrift des Mietvertrags erfolgen soll (zB „Alles klar, ich nehme die Wohnung" – „Gut, dann sende ich Ihnen den schriftlichen Mietvertrag zu"). Da ein Mietvertrag grds. auch mündlich abgeschlossen werden kann (→ Rn. 30), stellt sich in derartigen Konstellationen die Frage, ob der Mietvertrag bereits durch die mündliche Vereinbarung oder aber erst durch die beiderseitige Unterschrift zustande kommt. **31**

16. Aufl. 2020, BGB § 154 Rn. 2; MüKoBGB/*Busche* § 154 Rn. 3 mwN.; Staudinger/*Bork,* 2020, BGB § 154 Rn. 3.

[107] BGH II ZR 59/72 Rn. 20, NJW 1974, 364 (juris); BGH XII ZR 88/90, NJW-RR 1992, 517 Rn. 20 (juris); BGH V ZR 39/96, NJW 1997, 2671 Rn. 9 (juris); BGH V ZR 333/01, NJW 2003, 1317 Rn. 8 (juris); Blank/Börstinghaus/*Blank/Börstinghaus* BGB § 535 Rn. 31; Staudinger/*Emmerich,* 2018, BGB Vor § 535 Rn. 67.

[108] Siehe Motive, Bd. I, S. 162.

[109] BGH V ZR 51/13, NJW-RR 2014, 1423 Rn. 29; jurisPK-BGB/*Otto,* 9. Aufl. 2020, § 154 Rn. 11; Staudinger/*Bork,* 2020, BGB § 154 Rn. 6.

[110] BGH II ZR 214/63, WM 1966, 16 Rn. 11 (juris); BGH VIII ZR 222/89, NJW-RR 1990, 1009 (1011); BeckOGK/*Möslein* BGB § 154 Rn. 22; Erman/*Armbrüster,* 16. Aufl. 2020, BGB § 154 Rn. 4; MüKoBGB/*Busche,* § 154 Rn. 4, Staudinger/*Bork,* 2020, BGB § 154 Rn. 4.

[111] Allgemein BGH VIII ZR 196/91, BGHZ 118, 283 = NJW 1993, 64 (65) Rn. 23 (juris); jurisPK-BGB/*Otto,* 9. Aufl. 2020, § 154 Rn. 12 mwN; Staudinger/*Bork,* 2020, BGB § 154 Rn. 7 mwN; zum Mietvertrag BGH XII ZR 82/02, NZM 2005, 704 (705) Rn. 23 (juris); Staudinger/*Emmerich,* 2018, BGB Vor § 535 Rn. 65

[112] BGH VIII ZR 81/82, NJW 1983, 1777 Rn. 16 (juris); jurisPK-BGB/*Otto,* 9. Aufl. 2020, § 154 Rn. 12; Staudinger/*Bork,* 2020, BGB § 154 Rn. 7.

[113] BeckOGK/*Schmidt* BGB § 535 Rn. 95; BeckOK BGB/*Schüller* § 557a Rn. 9; BeckOK BGB/*Schüller* § 557b Rn. 9. MüKoBGB/*Artz* § 557a Rn. 5; MüKoBGB/*Artz* § 557b Rn. 6.

[114] Siehe zum unklaren Anwendungsbereich des § 550 BGB MüKoBGB/*Bieber* § 550 Rn. 6f.

32 Nicht selten wird in derartigen Konstellationen **schon nach allgemeinen Regeln ein übereinstimmender Bindungswille der Parteien zu verneinen sein.** Denn die beiderseitige Vereinbarung, den Mietvertrag auch noch schriftlich abschließen zu wollen, wird im Zweifel bedeuten, dass zumindest eine Partei den Vertrag vor der Unterzeichnung nicht als geschlossen ansieht. Zusätzlich wird es in solchen Konstellationen häufig an einer Abrede über die essentialia negotii oder über nach § 154 Abs. 1 S. 1 BGB relevante Nebenpunkte fehlen, sodass im Zweifel auch deshalb der Vertrag als nicht geschlossen anzusehen ist.

33 Zudem führt die Vereinbarung der Schriftform dazu, dass der Mietvertrag gem. **§ 125 S. 2 BGB bei Nichteinhaltung dieser Form zumindest im Zweifel als nichtig** anzusehen ist.[115] Zusätzlich verschärft wird dies durch die **Regelung des § 154 Abs. 2 BGB.** Hiernach ist im Falle einer beabsichtigten Beurkundung des Vertrags **im Zweifel der Vertrag schon gar nicht geschlossen,**[116] bis die Beurkundung erfolgt ist.[117] Der Begriff der Beurkundung ist nach hM weit auszulegen, sodass auch die Vereinbarung einer einfachen Schriftform erfasst ist.[118] Sofern die Parteien also die Unterzeichnung des Mietvertrags vereinbart haben, ist im Zweifel anzunehmen, dass der Mietvertrag noch nicht als geschlossen anzusehen sein soll. Zwar gelten die Auslegungsergebnisse nach § 125 S. 2 BGB und § 154 Abs. 2 BGB nur im Zweifel. Die Auslegung kann deshalb im Einzelfall ohne weiteres ergeben, dass die Unterzeichnung des Mietvertrags lediglich zu Beweiszwecken vereinbart und eine Bindung schon zum gegenwärtigen Zeitpunkt gewollt ist. Das gilt insbes. dann, wenn sich die Parteien schon über einen längeren Zeitraum entsprechend der vertraglichen Abrede verhalten haben.[119] Kann ein solcher Bindungswille dagegen nicht festgestellt werden, so ist kein Mietvertrag zustande gekommen, sodass die enttäuschte Partei auf Ansprüche wegen Abbruchs der Vertragsverhandlungen nach §§ 280 Abs. 1, 311 Abs. 2 Nr. 1, 241 Abs. 2 BGB verwiesen ist (hierzu → Rn. 47 ff.).

### III. Annahmefrist (§§ 147, 148 BGB)

34 Während der einem Anwesenden gemachte Antrag – vorbehaltlich einer Annahmefrist nach § 148 BGB – gem. § 147 Abs. 1 BGB nur sofort angenommen werden kann, ist die Annahme eines Antrags gegenüber einem Abwesenden nach § 147 Abs. 2 BGB bis zu dem Zeitpunkt möglich, in welchem der Antragende den Eingang der Antwort unter regelmäßigen Umständen erwarten darf. Geht die Annahme dem Antragenden nach diesem Zeitpunkt zu,[120] so gilt sie nach § 150 Abs. 1 BGB als neuer Antrag.

35 Die Annahmefrist nach § 147 Abs. 2 BGB ist objektiv zu berechnen und setzt sich zusammen aus der Zeit für die Übermittlung des Antrags zum Empfänger, der Überlegungs- und Bearbeitungszeit des Empfängers und der Zeit für die Rückübermittlung der Annahmeerklärung.[121] Für die Angemessenheit der Frist ist bei Mietverträgen zu berücksichtigen, ob es sich um einen eilbedürftigen oder um einen komplexen Mietvertrag mit hoher wirtschaftlicher Bedeutung handelt. Zudem soll zu berücksichtigen sein, ob aufgrund der Organisationsstruktur großer Unternehmen Zeit für die interne Willensbildung erforderlich ist. Auch verzögernde Umstände, die der Antragende kennen oder kennen musste, sind in die Berechnung einzubeziehen.[122] Insgesamt geht die hM davon

---

[115] Siehe AG Besigheim NZM 2005, 302.

[116] Während § 125 S. 2 BGB die Nichtigkeit betrifft, regelt § 154 Abs. 2 BGB das Zustandekommen des Vertrags, s. Erman/*Armbrüster,* 16. Aufl. 2020, BGB § 154 Rn. 10; MüKoBGB/*Busche* § 154 Rn. 11; MüKoBGB/*Einsele* § 125 Rn. 69; der BGH zitiert beide Vorschriften gelegentlich zusammen, s. BGH XII ZR 313/98, NZM 2000, 36 (37).

[117] Siehe BGH VIII ZR 64/66, BeckRS 1969, 31178695; OLG Celle ZMR 2000, 168 Rn. 39 (juris).

[118] BGH X ZR 115/05, GRUR 2010, 322 Rn. 23 „allgemein anerkannt"; Erman/*Armbrüster,* 16. Aufl. 2020, BGB § 154 Rn. 10; jurisPK-BGB/*Otto,* 9. Aufl. 2020, § 154 Rn. 16; MüKoBGB/*Busche* § 154 Rn. 12; aA mit beachtlichen Argumenten BeckOGK/*Möslein* BGB § 154 Rn. 35.

[119] KG WuM 2005, 336 Rn. 4 (juris).

[120] Die rechtzeitige Absendung genügt nicht, s. BeckOGK/*Möslein* BGB § 147 Rn. 33.

[121] Motive, Bd. I, S. 270; BGH V ZR 85/09, NJW 2010, 2873 Rn. 11; BGH V ZR 52/12, NJW 2014, 854 Rn. 11; BGH XII ZR 5/15, NJW 2016, 1441 Rn. 20; KG BeckRS 1999, 10758 Rn. 4; jurisPK-BGB/*Otto, 9. Aufl. 2020,* § 147 Rn. 12; MüKoBGB/*Busche* § 147 Rn. 33; Staudinger/*Bork,* 2020, BGB § 147 Rn. 10.

[122] BGH XII ZR 5/15, NJW 2016, 1441 Rn. 21; Blank/Börstinghaus/*Blank/Börstinghaus* BGB § 535 Rn. 31 a.

aus, dass die Annahmefrist bei Mietverträgen idR **zwei bis drei Wochen beträgt oder zumindest nicht übersteigt.**[123]

Richtigerweise ist bei der Frage, innerhalb welchen Zeitraums der Antragende die Annahme erwarten darf, jedoch **auch ein strukturelles Gefälle zwischen Mieter und Vermieter zu berücksichtigen.**[124] Denn während der Annahmefrist besteht für den Antragenden eine einseitige Bindung mit ungewissem Ausgang,[125] sodass nicht unberücksichtigt bleiben kann, wie sich eine solche einseitige Bindung für den jeweils Antragenden auswirkt. Ist der Vermieter in angespannten Wohnungsmärkten gezwungen, während der Schwebephase die Angebote anderer Mieter auszuschlagen, so führt dies – sollte sich der Mieter dann doch gegen den Abschluss des Mietvertrags entscheiden – zwar dazu, dass der Vermieter seine Wohnung nur mit einer entsprechenden Verzögerung vermieten kann. Gleichwohl steht dem Vermieter in aller Regel eine Vielzahl weiterer Mietinteressenten zur Auswahl zur Verfügung. Umgekehrt erhält ein Mietinteressent in angespannten Wohnungsmärkten typischerweise nur eine sehr begrenzte Anzahl von Zusagen, sodass es **für den Mieter gravierende Auswirkungen hat, wenn er während der Schwebephase aufgrund seiner einseitigen Bindung Angebote anderer Vermieter ausschlagen muss** und wenn sich der Vermieter dann doch gegen die Eingehung des Vertrages entscheidet. Der Mieter hat in diesem Fall zunächst einmal „gar keine Wohnung mehr" und muss mit der beschwerlichen Suche von Neuem beginnen. Zudem ist zu berücksichtigen, dass dem Vermieter mit der Bestimmung einer Annahmefrist nach § 148 BGB ein effektives Mittel zur Verfügung steht, um die Annahmefrist entsprechend zu begrenzen. Umgekehrt stellt die **Bestimmung einer Annahmefrist nach § 148 BGB für den Mieter keine sinnvolle Option** dar. Denn erstens muss der Mieter befürchten, sich bei einem solchen Vorgehen eine Absage einzuhandeln und zweitens hat der Mieter – anders als der Vermieter – ja nicht die Möglichkeit, nach Ablauf der Annahmefrist einfach einen Mietvertrag mit einer anderen Person abzuschließen. **36**

Eine Annahmefrist für den Vermieter von zwei bis drei Wochen erscheint danach in angespannten Wohnungsmärkten ganz erheblich zu lang. Der Mieter darf redlicherweise erwarten, dass der Vermieter sich **spätestens binnen 24 Stunden** für oder gegen den Abschluss des Mietvertrages **entscheidet.** Zur Entscheidungsfrist hinzu kommen freilich je nach Fallgestaltung ein entsprechender Zeitraum für die Übermittlung und Rückübermittlung der Willenserklärungen sowie eine Bearbeitungsfrist zur Überprüfung der Unterlagen des Mieters, die jedoch im Regelfall auch nicht länger als 24 Stunden betragen dürfte. Die Annahmefrist kann sich für den Vermieter zusätzlich verlängern, wenn er mit einem bindenden Angebot des Mieters nicht gerechnet hat und auch nicht rechnen musste und/oder wenn der Mieter sein Angebot aus freien Stücken abgegeben hat, obwohl er keinerlei Signale vom Vermieter erhalten hat und obwohl er ersichtlich nur einer von mehreren Interessenten war. Derartige Konstellationen dürften jedoch die Ausnahme darstellen, denn im Regelfall wird der Mieter ein bindendes Vertragsangebot nur dann abgeben, wenn sich der Vermieter bereits „für ihn entschieden hat". Und in diesem Fall ist dem Vermieter auch eine rasche Entscheidung zuzumuten. **37**

**Unzulässig** ist die insbes. in Ballungszentren gelegentlich anzutreffende Praxis der Vermieter, den Mietinteressenten eine **vorformulierte Erklärung** unterschreiben zu lassen, wonach der Mietinteressent ein bindendes Angebot auf Abschluss eines Mietvertrags abgibt, welches der Vermieter binnen eines bestimmten, meist längeren Zeitraums, annehmen kann.[126] Diese Vorgehensweise dient dazu, dem Vermieter unliebsame Absagen seitens der Mietinteressenten zu ersparen und versetzt den Vermieter in die überaus bequeme Position, sich aus der Liste der Interessenten seinen Wunschkandidaten mit bindender Wirkung „auszusuchen". Hiermit setzt der Vermieter jedoch **38**

---

[123] BGH XII ZR 5/15, NJW 2016, 1441 Rn. 31 f.; OLG Dresden NZM 2004, 826 (828); OLG Naumburg NZM 2004, 825 (826); KG NZM 2007, 731 (733); KG BeckRS 2008, 378 Rn. 3; OLG Oldenburg BeckRS 2008, 10423 Rn. 40; OLG Düsseldorf BeckRS 2009, 27563; LG Stendal NJW-RR 2005, 97; Blank/Börstinghaus/*Blank/Börstinghaus* BGB § 535 Rn. 31 a; Erman/*Armbrüster,* 16. Aufl. 2020, BGB § 147 Rn. 15; *Keil* EWiR 2017, 15 (16); Staudinger/*Bork,* 2020, BGB § 147 Rn. 19; strenger KG BeckRS 1999, 10758 Rn. 4 „allenfalls zwei bis drei Tage" als Bearbeitungs- und Überlegungszeit; ebenso KG BeckRS 2001, 7056 Rn. 8; ähnlich LG Berlin WuM 1978, 378 Rn. 5 (juris); großzügiger *Lindner-Figura/Hartl* NZM, 750 (751), mindestens vier Wochen; ähnlich Lindner-Figura/Oprée/Stellmann Geschäftsraummiete-HdB/*Lindner-Figura* Kap. 5 Rn. 20, bei Geschäftsraummietverträgen „vier bis sechs Wochen regelmäßig angemessen".

[124] Für weniger strenge Maßstäbe, wenn der Angebotsempfänger als Verbraucher handelt BeckOGK/*Möslein* BGB § 147 Rn. 32; MüKoBGB/*Busche* § 147 Rn. 35.

[125] Vgl. Motive, Bd. I, S. 270 „(…) für ihn nicht ganz ungefährlichen Schwebezustandes (…)".

[126] Muster bei *Fervers* NZM 2015, 105 (106).

missbräuchlich eigene Interessen auf Kosten des Mieters durch: Die wirtschaftliche Bewegungsfreiheit des Mietinteressenten wird bzgl. der Wohnungssuche nicht nur beschränkt, sondern praktisch aufgehoben, während umgekehrt der Vermieter des Schutzes durch bindende Vertragsangebote überhaupt nicht bedarf.[127] Die Unwirksamkeit derartiger vorformulierter Erklärungen ergibt sich schon aus der Bindung des Mieters als solcher; die Erklärung ist deshalb schon nach § 307 Abs. 1 BGB unwirksam, ohne dass es auf die Voraussetzungen des § 308 Nr. 1 BGB und die Länge der Bindungsfrist ankäme.[128]

## IV. Atypische vertragliche Gestaltungen

### 1. Vorvertrag

39 Bei einem Vorvertrag handelt es sich um einen im Gesetz nicht geregelten schuldrechtlichen Vertrag, aus dem sich ein Anspruch auf Abschluss eines Hauptvertrages ergibt.[129] Aus einem wirksamen Mietvorvertrag ergibt sich deshalb ein Anspruch der Parteien auf Abschluss eines Hauptmietvertrages.[130] Gibt eine durch den Vorvertrag gebundene Partei eine entsprechende Willenserklärung nicht ab, so kann die andere Partei Leistungsklage auf Abgabe der Willenserklärung erheben; das Urteil wird nach § 894 ZPO vollstreckt.[131] Zudem macht sich die gebundene Partei durch die schuldhafte Nichtabgabe der Willenserklärung nach §§ 280 Abs. 1, Abs. 3, 281 BGB bzw. §§ 280 Abs. 1, Abs. 2, 286 BGB schadensersatzpflichtig.[132] Auch eine Schadensersatzpflicht nach §§ 280 Abs. 1, 241 Abs. 2 BGB ist grds. denkbar.[133]

40 Erforderlich für das Zustandekommen eines Mietvorvertrages ist ein entsprechender **Rechtsbindungswille** seitens der Parteien. Bevor ein Rechtsbindungswille bzgl. eines Mietvorvertrages bejaht wird, sollte in einem ersten Schritt geprüft werden, ob nicht doch bereits ein – uU bedingter oder im Anfangstermin hinausgeschobener[134] – Hauptmietvertrag vorliegt.[135] Insbesondere folgt aus einer fehlenden Einigung über die essentialia negotii nicht sofort, dass kein Hauptmietvertrag vorliegt (→ Rn. 28). Ergibt sich jedoch, dass ein Hauptmietvertrag mangels Rechtsbindungswille nicht zustande gekommen ist, so ist besonders sorgfältig zu prüfen, ob sich die Parteien überhaupt binden wollten. Denn grds. sind die Parteien frei, direkt einen Hauptmietvertrag abzuschließen, sodass das Nichtzustandekommen eines Hauptmietvertrags mangels Rechtsbindungswillens im Regelfall auch auf das Fehlen eines Rechtsbindungswillens überhaupt schließen lässt.[136] Ein Mietvorvertrag ist deshalb nur ausnahmsweise in Fällen anzunehmen, in denen besondere Gründe dafür sprechen, dass die Parteien sich binden wollen, obwohl der Abschluss eines Vorvertrages noch nicht gewollt ist.[137]

41 Hinsichtlich der inhaltlichen Bestimmtheit gelten für den Mietvorvertrag dieselben Anforderungen wie für den abzuschließenden Mietvertrag selbst (→ Rn. 28). Das bedeutet insbes., dass bei Vorliegen eines entsprechenden Bindungswillens ein wirksamer Vorvertrag auch dann anzunehmen sein kann, wenn es an einzelnen Vereinbarungen selbst über die essentialia negotii des abzuschließenden Mietvertrags fehlt.[138]

---

[127] Näher *Fervers* NZM 2015, 105 (107 f.).
[128] *Fervers* NZM 2015, 105 (106 ff.).
[129] BGH I ZR 6/61, NJW 1962, 1812 (1813) mwN; BGH V ZR 32/85, NJW 1986, 2820 (2821); MüKoBGB/*Busche* Vor § 145 Rn. 60; Staudinger/*Bork,* 2020, BGB Vor § 145 Rn. 51.
[130] BGH V ZR 97/05, NJW 2006, 2843; BeckOGK/*Schmidt* BGB § 535 Rn. 207; *Fleischmann* NZM 2012, 625 (626); MüKoBGB/*Häublein* § 535 Rn. 17; Staudinger/*Emmerich,* 2018, BGB Vor § 535 Rn. 91.
[131] BeckOGK/*Schmidt* BGB § 535 Rn. 210; *Fleischmann* NZM 2012, 625 (629); Staudinger/*Emmerich,* 2018, BGB Vor § 535 Rn. 91.
[132] Staudinger/*Emmerich,* 2018, BGB Vor § 535 Rn. 92 a; s. auch MüKoBGB/*Häublein* § 535 Rn. 21.
[133] Hierfür BGH XII ZR 40/05, NJW 2007, 1817 Rn. 15; Staudinger/*Emmerich,* 2018, BGB Vor § 535 Rn. 92 a.
[134] Hierzu ausf. BeckOGK/*Schmidt* BGB § 535 Rn. 169 ff.
[135] Siehe BGH VIII ZR 149/58, BeckRS 1959, 31201278; OLG Köln ZMR 1981, 177 Rn. 5 (juris); LG Hamburg WuM 1987, 270; BeckOGK/*Schmidt* BGB § 535 Rn. 207; *Fleischmann* NZM 2012, 625 (626); MüKoBGB/*Häublein* § 535 Rn. 18.
[136] BeckOGK/*Schmidt* BGB § 535 Rn. 207; Staudinger/*Emmerich,* 2018, BGB Vor § 535 Rn. 91 a.
[137] *BGH VIII ZR 149/58,* BeckRS 1959, 31201278; BGH VIII ZR 150/79, NJW 1980, 1577 (1578); BGH V ZR 97/05, NJW 2006, 2843 Rn. 10; LG Limburg WuM 2013, 663 (664) Rn. 25 (juris); Erman/*Lützenkirchen,* 16. Aufl. 2020, BGB Vor § 535 Rn. 49; Staudinger/*Emmerich,* 2018, BGB Vor § 535 Rn. 91.
[138] Erman/*Lützenkirchen,* 16. Aufl. 2020, BGB Vor § 535 Rn. 48.

Der Vorvertrag über den Abschluss eines nach § 550 BGB formbedürftigen Mietvertrages bedarf selbst **nicht der Form des § 550 BGB,** da § 566 BGB nicht auf Vorverträge anwendbar und ein potenzieller Grundstückserwerber deshalb auch nicht an den Vorvertrag gebunden ist.[139] 42

### 2. Vormietrecht

Das Vormietrecht räumt dem Vormietberechtigten das Recht ein, durch einseitige Erklärung gegenüber dem Vormietverpflichteten mit diesem einen Mietvertrag zu den Bedingungen abzuschließen, die der Vormietverpflichtete in einem Mietvertrag mit einem Dritten **(Vormietfall)** festgelegt hat.[140] Auf das Vormietrecht finden die für den Vorkauf geltenden **Bestimmungen der §§ 464ff. BGB entsprechende Anwendung.**[141] Der Vormietberechtigte tritt somit auch nicht in den Mietvertrag zwischen dem Vormietverpflichtetem und dem Dritten ein;[142] vielmehr kommt entsprechend § 464 Abs. 2 BGB zwischen dem Vormietverpflichtetem und dem Vormietberechtigten ein **selbständiger (zweiter) Mietvertrag** zustande.[143] 43

### 3. Optionen

Optionsverträge kommen im Mietrecht als **Begründungsoption** und **Verlängerungsoption** vor. Im Falle einer Begründungsoption hat der Optionsberechtigte die Möglichkeit, durch empfangsbedürftige Willenserklärung einen Mietvertrag zustande zu bringen, während er im Falle einer Verlängerungsoption durch empfangsbedürftige Willenserklärung die Fortsetzung des Mietverhältnisses erreichen kann.[144] Soll der Mietvertrag im Falle einer Begründungsoption für eine längere Zeit als ein Jahr abgeschlossen werden, so bedarf der Optionsvertrag der Schriftform nach § 550 S. 1 BGB. Die Ausübung der Option ist hingegen formlos möglich.[145] Zur Verlängerungsoption → BGB § 542 Rn. 162, 171. 44

### 4. Anmietrecht (Vorhand)

Ein Anmietrecht bezeichnet zumeist eine formlos wirksame[146] Vereinbarung zwischen Vermieter und Anmietberechtigtem, nach der sich der Vermieter verpflichtet, im Falle einer beabsichtigten Vermietung bzw. Neuvermietung zunächst den Anmietberechtigten über diese Absicht zu verständigen und mit ihm in Vertragsverhandlungen zu treten.[147] Die konkrete Ausgestaltung ist jedoch aufgrund der Vertragsfreiheit den Parteien überlassen. So kann einerseits vereinbart werden, dass der Vermieter lediglich zur Information über die geplante Vermietung verpflichtet ist, aber andererseits auch, dass der Vermieter dem Anmietberechtigten ein verbindliches Angebot unterbreiten 45

---

[139] RGZ 86, 30 (32ff.); BGH VIII ZR 149/58, BeckRS 1953, 31197649; BGH VIII ZR 132/60, BeckRS 1961, 31188569; BGH VIII ZR 150/79, NJW 1980, 1577 (1578); BGH XII ZR 40/05, NJW 2007, 1817 Rn. 14f.; *Fleischmann* NZM 2012, 625 (629); MüKoBGB/*Häublein* § 535 Rn. 20; krit. Staudinger/*Emmerich,* 2018, BGB Vor § 535 Rn. 92; gänzlich **aA** *Derleder/Pellegrino* NZM 1998, 550 (552ff.).

[140] BGH VIII ZR 77/69, BGHZ 55, 71 = NJW 1971, 422; BGH XII ZR 39/00, NJW 2002, 3016 (3019); BeckOGK/*Schmidt* BGB § 535 Rn. 211; Erman/*Lützenkirchen,* 16. Aufl. 2020, BGB Vor § 535 Rn. 56; MüKoBGB/*Häublein* § 535 Rn. 22; zum Vormietrecht in AGB ausf. *Leo/Kappus* NZM 2013, 665ff.

[141] BGH VIII ZR 77/69, NJW 1971, 422 (423); BGH VIII ZR 283/86, BGHZ 102, 237 = NJW 1988, 703 (704) (Vorpachtrecht); BGH XII ZR 39/00, NJW 2002, 3016 (3019); BGH LwZR 5/16, NZM 2018, 126 Rn. 11, Vorpachtrecht; OLG Hamm BeckRS 2016, 17931 Rn. 66; BeckOK BGB/*Zehelein,* § 535 Rn. 11; MAH WohnMietR/*Gößl* § 7 Rn. 15; MüKoBGB/*Häublein* § 535 Rn. 23; Staudinger/*Emmerich,* 2018, BGB Vor § 535 Rn. 94.

[142] So aber *Derleder/Pellegrino* NZM 1998, 550 (554).

[143] BGH VIII ZR 283/86, BGHZ 102, 237 = NJW 1988, 703 (704), Vorpachtrecht; BGH XII ZR 39/00, NJW 2002, 3016; Erman/*Lützenkirchen,* 16. Aufl. 2020, BGB Vor § 535 Rn. 56; MAH WohnMietR/*Gößl* § 7 Rn. 13; Staudinger/*Emmerich,* 2018, BGB Vor § 535 Rn. 95.

[144] Siehe BeckOGK/*Schmidt* BGB § 535 Rn. 199ff.; MüKoBGB/*Häublein* § 535 Rn. 27ff.; Staudinger/*Emmerich,* 2018, BGB Vor § 535 Rn. 99ff.

[145] → 14. Aufl. 2019, BGB Vor § 535 Rn. 123.

[146] BeckOGK/*Schmidt* BGB § 535 Rn. 198; BeckOGK/*Hörndler* BGB § 578 Rn. 12; Erman/*Lützenkirchen,* 16. Aufl. 2020, BGB Vor § 535 Rn. 61; → 14. Aufl. 2019, BGB Vor § 535 Rn. 126.

[147] BeckOGK/*Schmidt* BGB § 535 Rn. 196; *Derleder/Pellegrino* NZM 1998, 550 (555); MAH WohnMietR/*Gößl* § 7 Rn. 7; MüKoBGB/*Häublein* § 535 Rn. 26; Spielbauer/Schneider/*Kern,* 2. Aufl. 2018, BGB § 535 Rn. 188; Staudinger/*Emmerich,* 2018, BGB Vor § 535 Rn. 98; allg. zur Vorhand Erman/*Armbrüster,* 16. Aufl. 2020, BGB Vor § 145 Rn. 52a.

muss.[148] Typisch für das Anmietrecht ist jedoch, dass der Inhalt eines durch den Vermieter abzugebenden Angebots im Gegensatz zum Vormietrecht gerade noch nicht festgelegt ist.[149] Der Mieter erwirbt deshalb auch kein Eintrittsrecht in den Mietvertrag[150] oder sonstige Rechte in Bezug auf die Mietsache, wenn der Vermieter seine Verpflichtung verletzt und den Anmietberechtigten über die Vermietung nicht informiert. Eine Schadensersatzhaftung des Vermieters nach § 280 Abs. 1 BGB ist bei schuldhafter Verletzung der Informationspflicht zwar dem Grunde nach gegeben. Wenn sich die Verpflichtung des Vermieters jedoch darauf beschränkt hat, den Anmietberechtigten zu informieren und mit ihm in Verhandlungen zu treten, dann kann der Anmietberechtigte nach § 249 Abs. 1 BGB nicht verlangen, so gestellt zu werden, wie wenn ein Mietvertrag zustande gekommen wäre, sondern nur so, wie wenn *Verhandlungen zustande gekommen* wären. Und da die Verhandlungen per se dem Anmietberechtigten keinen wirtschaftlichen Vorteil gebracht hätten, beschränkt sich die Schadensersatzpflicht des Vermieters auf das, was der Anmietberechtigte im Vertrauen auf das Zustandekommen der Verhandlungen aufgewendet hat.[151]

#### 5. Letter of Intent

**46** Ein Letter of Intent dient der Strukturierung von Vertragsverhandlungen über umfangreiche Vertragskomplexe. In der inhaltlichen Ausgestaltung sind die Parteien wiederum frei, sodass ein Letter of Intent ein reines Verhandlungsprotokoll, eine Absichtserklärung zum Abschluss eines Mietvertrages, aber auch eine bindende Vereinbarung jeglicher Art enthalten kann.[152]

### V. Abbruch von Vertragsverhandlungen

**47** Weil Vermieter typischerweise Besichtigungen bzw. Gespräche mit mehreren Mietinteressenten führen und weil umgekehrt Mietinteressenten idR vor ihrer finalen Entscheidung mehrere verschiedene Wohnungen besichtigen, kommt es in der Praxis nicht selten vor, dass eine Partei vor dem endgültigen Abschluss des Mietvertrages, mitunter sogar „im letzten Moment", vom Vertragsschluss Abstand nimmt, obwohl die andere Partei mit dem Zustandekommen des Vertrags gerechnet hatte. In derartigen Konstellationen stellt sich die Frage einer Schadensersatzpflicht wegen Abbruchs der Vertragsverhandlungen nach §§ 280 Abs. 1, 241 Abs. 2, 311 Abs. 2 Nr. 1 BGB.

**48** Zwar begründet keineswegs jeder (auch grundlose) Abbruch von Vertragsverhandlungen eine Haftung nach der c. i. c. Grundsätzlich steht es den Parteien nämlich auch nach erfolgten Vertragsverhandlungen frei, ohne Rechtfertigung vom Vertragsschluss letztlich doch Abstand zu nehmen; wer im Vertrauen auf das Zustandekommen eines Vertrages Dispositionen trifft oder Aufwendungen tätigt, handelt auf eigenes Risiko.[153] Andererseits sind die Parteien §§ 241 Abs. 2, 311 Abs. 2 Nr. 1 BGB auch bereits im Stadium der Vertragsverhandlungen zur Rücksichtnahme auf die Rechte, Rechtsgüter und Interessen des anderen Teils verpflichtet. Eine Verletzung dieser Rücksichtnahmepflicht kommt im Falle des Abbruchs von Vertragsverhandlungen nach hM in drei Fallkonstellationen in Frage:[154] Erstens, wenn eine Partei eine **tatsächlich nicht bestehende Abschlussbereitschaft nur vortäuscht,**[155] zweitens, wenn eine Partei **nach Aufgabe der Abschlussbereitschaft die Gegenseite darüber nicht alsbald informiert**[156] oder drittens bei

---

[148] BeckOGK/*Schmidt* BGB § 535 Rn. 196 f.; MüKoBGB/*Häublein* § 535 Rn. 26; allg. zur Ausgestaltung der Vorhand Staudinger/*Bork,* 2020, BGB Vor § 145 Rn. 78.

[149] Spielbauer/Schneider/*Kern,* 2. Aufl. 2018, BGB § 535 Rn. 188.

[150] MüKoBGB/*Häublein* § 535 Rn. 26.

[151] BeckOGK/*Schmidt* BGB § 535 Rn. 196; *Derleder/Pellegrino* NZM 1998, 550 (555).

[152] BeckOGK/*Schmidt* BGB § 535 Rn. 195; → 14. Aufl. 2019, BGB Vor § 535 Rn. 127; ausf. zum Letter of Intent im gewerblichen Mietrecht *Linder-Figura* NZM 2000, 1193 ff.

[153] BGH VIII ZR 4/88, NJW-RR 1989, 627 Rn. 20 (juris); BGH VII ZR 360/98, NJW-RR 2001, 381 Rn. 11 (juris); BGH V ZR 11/17, NZM 2018, 296 Rn. 5; BeckOGK/*Herresthal* BGB § 311 Rn. 364; Erman/*Dieckmann,* 16. Aufl. 2020, BGB § 311 Rn. 39; MüKoBGB/*Emmerich* § 311 Rn. 176; Staudinger/*Feldmann,* 2018, BGB § 311 Rn. 143.

[154] Siehe bspw. die übersichtliche Darstellung bei BeckOGK/*Herresthal* BGB § 311 Rn. 367.

[155] BGH V ZR 182/11, NJW 2013, 928 Rn. 8; BGH V ZR 11/17, NZM 2018, 296 Rn. 6; MüKoBGB/*Emmerich* § 311 Rn. 176.

[156] BGH I ZR 172/76, BeckRS 1979, 31009765; BGH V ZR 11/17, NZM 2018, 296 Rn. 6; Erman/*Dieckmann,* 16. Aufl. 2020, BGB § 311 Rn. 39; MüKoBGB/*Emmerich* § 311 Rn. 176.

nicht formbedürftigen Rechtsgeschäften[157] wie dem Mietvertrag[158] auch dann, **wenn eine Partei** durch ihr Verhalten zunächst das **berechtigte Vertrauen erweckt, es werde mit Sicherheit zum Vertragsschluss kommen** und dann **ohne triftigen Grund** vom Vertragsschluss Abstand nimmt.[159]

### 1. Erwecken berechtigten Vertrauens auf einen sicheren Vertragsschluss

**a) Allgemeiner Maßstab.** Wann ein berechtigtes Vertrauen auf einen sicheren Vertragsschluss vorliegt, lässt sich zwar nur anhand der Umstände des Einzelfalls beurteilen.[160] **Im Mietrecht** ist allerdings zumindest **außerhalb von angespannten Wohnungsmärkten** grds. **Zurückhaltung geboten.**[161] Denn erstens ist es üblich und den Parteien bekannt, dass einerseits der Vermieter eine Auswahl aus mehreren Mietinteressenten treffen will[162] und dass andererseits der Mieter typischerweise mehrere Wohnungen besichtigt und sich auch mehrere Mietverträge übersenden lässt, bevor er sich für eine Wohnung entscheidet.[163] Und zweitens steht es den Parteien grds. frei, eine vertragliche Bindung auch bereits vor der Unterschrift des Mietvertrages herzustellen (→ Rn. 31 ff.). Im Falle eines Verhandlungsgleichgewichts hat jede Partei die Möglichkeit, auf einen früheren Vertragsschluss hinzuwirken. Wenn aber die Auslegung ergibt, dass eine vertragliche Bindung erst mit der Unterschrift des Mietvertrages gewollt war, so spricht dies im Grundsatz auch dafür, dass die Parteien den Vertragsschluss gerade nicht als sicher angesehen haben. Der Mieter darf den Vertragsschluss deshalb bspw. nicht schon deshalb als sicher ansehen, weil der Vermieter ihm einen nicht unterzeichneten Mietvertragsentwurf vorgelegt oder Gehaltsnachweise und eine Vermögensauskunft angefordert hat.[164] Nicht ausreichend ist außerdem die Bekundung eines Interesses am Abschluss eines Mietvertrags.[165] Selbst die explizite Äußerung von Vermieter bzw. Mieter, einen Mietvertrag abschließen zu wollen, kann für sich genommen nicht das Vertrauen rechtfertigen, der Vertrag werde mit Sicherheit zustande kommen.[166] Insgesamt verfährt auch **die Rspr.** bei der Annahme einer vorvertraglichen Haftung im Wohnraummietrecht **restriktiv.**[167] Auch im Gewerberaummietrecht wird ein Anspruch auf Schadensersatz zumeist verneint.[168] 49

**b) Indizien für und gegen das Vorliegen berechtigten Vertrauens.** Im Einzelfall kann **ein berechtigtes Vertrauen der Gegenseite dadurch erweckt werden,** dass die Gegenseite **aktiv zu Aufwendungen und Dispositionen im Hinblick auf den Vertragsschluss ermuntert wird.**[169] Wenn also bspw. der Mieter dem Vermieter mitteilt, er solle schon mal den Mietvertrag vorbereiten und allen anderen Interessenten absagen oder wenn umgekehrt der Vermieter gegen- 50

---

[157] Bei formbedürftigen Rechtsgeschäften ist nach der Rspr. eine vorsätzliche Treuepflichtverletzung erforderlich, sodass es nicht genügt, wenn die Vertragsverhandlungen ohne triftigen Grund abgebrochen werden, s. BGH V ZR 182/11, NJW 2013, 928 Rn. 8; BGH V ZR 11/17, NZM 2018, 296 Rn. 6; näher Staudinger/*Feldmann,* 2018, BGB § 311 Rn. 146.

[158] Eine ausnahmsweise Formbedürftigkeit nach § 550 BGB führt nicht zu einer Veränderung des Maßstabs, da § 550 BGB keine Warnfunktion hat (s. OLG Celle ZMR 2000, 168 Rn. 42 (juris)); unzutr. insoweit AG München BeckRS 2013, 4660.

[159] BGH V ZR 120/64, NJW 1967, 2199; BGH X ZR 25/73, NJW 1975, 1774 Rn. 37 (juris); BGH III ZR 23/78, BGHZ 76, 343 = NJW 1980, 1683 (1684) Rn. 42 (juris); BGH VIII ZR 4/88, NJW-RR 1989, 627 Rn. 20 (juris); BGH VII ZR 360/98, NJW-RR 2001, 381 Rn. 11 (juris); BGH V ZR 11/17, NZM 2018, 296 Rn. 5; Erman/*Dieckmann,* 16. Aufl. 2020, BGB § 311 Rn. 39; MüKoBGB/*Emmerich* § 311 Rn. 176 mwN; Staudinger/*Feldmann,* 2018, BGB § 311 Rn. 143 mwN; Staudinger/*Schwarze,* 2019, BGB § 280 Kap. C Rn. 56.

[160] Staudinger/*Feldmann,* 2018, BGB § 311 Rn. 144.

[161] IErg ebenso Blank/Börstinghaus/*Blank/Börstinghaus* BGB § 535 Rn. 43.

[162] MAH WohnMietR/*Gößl* § 7 Rn. 111.

[163] AG Halle (Saale) BeckRS 2008, 141225; MAH WohnMietR/*Gößl* § 7 Rn. 111.

[164] AG München BeckRS 2013, 4660; Blank/Börstinghaus/*Blank/Börstinghaus* BGB § 535 Rn. 43.

[165] Vgl. OLG Düsseldorf ZMR 2000, 23 Rn. 6 (juris).

[166] AG Halle (Saale) BeckRS 2008, 141225 Rn. 9 („unverbindliche Absichtserklärung").

[167] Eine Haftung wurde im Wohnraummietrecht insbes. verneint in LG Mannheim ZMR 1971, 133; AG Besigheim NZM 2005, 302; AG Halle (Saale) BeckRS 2008, 141225; AG München BeckRS 2013, 4660; AG München BeckRS 2020, 16373; die Haftung wurde dagegen bejaht in LG Hamburg NZM 2013, 788 (Haftung des Vermieters).

[168] OLG Rostock BeckRS 1996, 31131033; OLG Düsseldorf ZMR 2000, 23; OLG Celle ZMR 2000, 168; OLG Düsseldorf BeckRS 2005, 30365011; s. auch LG Hamburg BeckRS 2013, 200456 (Haftung jedenfalls mangels Schadens verneint); die Haftung wurde bejaht in OLG Hamburg ZMR 2015, 293.

[169] BGH VIII ZR 64/66, BeckRS 1969, 31178695; BGH VIII ZR 4/88, NJW-RR 1989, 627 (628) Rn. 42 (juris); BAG 1 AZR 276/62, NJW 1963, 1843 (1844); *Kaiser* JZ 1997, 448 (450); Staudinger/*Feldmann,* 2018, BGB § 311 Rn. 144.

über dem Mieter kommuniziert, er könne seine alte Wohnung ruhig kündigen, so kann jeweils ein berechtigtes Vertrauen der Gegenseite anzunehmen sein.[170] Gleiches gilt, **wenn der Abschluss des Vertrags ausdrücklich oder konkludent zur „reinen Formsache" erklärt wird.**[171] Erklärt der Vermieter deshalb gegenüber dem Mieter, der Mietvertrag liege bereits „unterschrieben auf dem Tisch", er müsse „nur noch vorbeikommen und unterschreiben", so spricht dies für ein berechtigtes Vertrauen des Mieters. Allgemein liegt ein berechtigtes Vertrauen **umso eher vor, je weiter die Verhandlungen fortgeschritten sind** und je größer der bereits erzielte Konsens ist.[172]

**51** Dagegen liegt ein **berechtigtes Vertrauen** auf den sicheren Vertragsschluss **nicht vor,** wenn die Partei vernünftigerweise noch mit einem Scheitern des Vertragsschlusses rechnen muss. Dies wird zumeist der Fall sein, wenn sich **die abbrechende Partei den Vertragsschluss** ausdrücklich oder konkludent **vorbehalten hatte.** Hat bspw. der Vermieter gegenüber dem Mietinteressenten erklärt, er werde die Wohnung „voraussichtlich" oder „wahrscheinlich" an ihn vermieten oder er könne sich einen Mietvertrag „im Grundsatz gut vorstellen", so muss der Mietinteressent dieser Äußerung – vorbehaltlich anderer Umstände – entnehmen, dass das Zustandekommen des Vertrags nicht als sicher gelten kann. Entsprechendes gilt, wenn die Gegenseite weiß oder wissen muss, dass eine für die Wirksamkeit des Vertrags erforderliche Zustimmung noch nicht erteilt wurde.[173] Gegen das Vorliegen berechtigten Vertrauens spricht es auch, **wenn die Verhandlungen noch nicht weit fortgeschritten und wesentliche Vertragsmodalitäten noch ungeklärt sind.**[174] Haben die Parteien also bspw. noch keine Einigung über die Höhe des Mietzinses erzielt, so darf idR weder der Vermieter noch der Mieter von einem sicheren Vertragsschluss ausgehen.[175] Entsprechendes gilt auch dann, **wenn die abbrechende Partei keine Kenntnis von den angestrebten Vertragsmodalitäten** hatte. Hat der Vermieter den Mietvertrag aufgesetzt und den Mieter darüber in Kenntnis gesetzt, dann darf der Vermieter nicht von einem sicheren Vertragsschluss ausgehen, wenn der Mieter erhebliche Passagen des Mietvertrags gar nicht kennt.[176] Eine Haftung der abbrechenden Partei scheidet ferner dann aus, wenn **die Gegenseite** ihrerseits **nicht binnen einer angemessenen Frist Klarheit darüber geschaffen hat,** ob sie den Vertrag abschließen möchte oder nicht.[177] Hat der Vermieter dem Mieter mitgeteilt, er werde die Wohnung sicher bekommen und äußert sich der Mieter eine Woche lang nicht dazu, dann kann der Mieter redlicherweise auch nicht mehr von einem sicheren Vertragsschluss ausgehen. Das berechtigte Vertrauen kann zudem entfallen, wenn **sich die Gegenseite selbst den Vertragsschluss vorbehalten hat.**[178] Auch wenn eine asymmetrische Bindung grds. möglich ist, dürfte im Regelfall ein Verstoß gegen das Verbot widersprüchlichen Verhaltens anzunehmen sein, wenn sich eine Partei selbst den Vertragsschluss vorbehält, dann aber die andere Partei wegen Abbruchs der Verhandlungen auf Schadensersatz in Anspruch nehmen will. Ein berechtigtes Vertrauen ist schließlich auch dann zu verneinen, wenn der Gegenseite bekannt ist, dass der abbrechenden Partei ohnehin ein **Lösungsrecht zugestanden hätte**[179] **oder dass sie berechtigt gewesen wäre, die Erfüllung zu verweigern.**[180] Hätte der Mieter einen hypothetischen Mietvertrag also ohnehin nach §§ 312 Abs. 4, 312g BGB widerrufen können (näher → Rn. 140 ff.), kann der Abbruch der Vertrags*verhandlungen* erst recht keine Haftung begründen.[181] Hat der Mieter dem Vermieter eine falsche Vermögensauskunft vorgelegt, so scheidet eine

---

[170] Siehe BAG 1 AZR 276/62, NJW 1963, 1843 (1844) und LAG Köln BeckRS 1993, 123916 Rn. 27, jeweils in Bezug auf ein Arbeitsverhältnis; zur Konstellation erheblicher Investitionen des Mieters s. LG Hamburg NZM 2013, 788.

[171] BeckOGK/*Herresthal* BGB § 311 Rn. 368.

[172] BeckOGK/*Herresthal* BGB § 311 Rn. 368; MüKoBGB/*Emmerich* § 311 Rn. 177; s. auch LG Hamburg NZM 2013, 788.

[173] Siehe OLG Düsseldorf BeckRS 2005, 30365011; Staudinger/*Feldmann,* 2018, BGB § 311 Rn. 148.

[174] BGH VII ZR 360/98, NJW-RR 2001, 381 (382); OLG Rostock BeckRS 1996, 31131033; OLG Düsseldorf ZMR 2000, 23 Rn. 6 (juris); BeckOGK/*Herresthal* BGB § 311 Rn. 370; Staudinger/*Busche,* BGB – Eckpfeiler des Zivilrechts, 7. Aufl. 2020, Kap. C Rn. 33; MüKoBGB/*Emmerich* § 311 Rn. 178.

[175] Siehe OLG Rostock BeckRS 1996, 31131033; OLG Celle ZMR 2000, 168 Rn. 44 (juris).

[176] AG München BeckRS 2020, 16373 Rn. 31.

[177] BGH V ZR 159/67, NJW 1970, 1840 (1841) Rn. 20 ff. (juris); Erman/*Armbrüster,* § 145 Rn. 20; MüKoBGB/*Emmerich* § 311 Rn. 177; Staudinger/*Feldmann,* 2018, BGB § 311 Rn. 147.

[178] BeckOK BGB/*Sutschet* § 311 Rn. 63; MüKoBGB/*Emmerich* § 311 Rn. 178.

[179] *Siehe BGH XI ZR* 199/94, NJW 1996, 55 (57); BeckOK BGB/*Sutschet* § 311 Rn. 63; MüKoBGB/*Emmerich* § 311 Rn. 178; HK-BGB/*Schulze* § 311 Rn. 32; s. auch OLG Celle ZMR 2000, 168 Rn. 44 (juris).

[180] Staudinger/*Busche,* BGB – Eckpfeiler des Zivilrechts, 7. Aufl. 2020, Kap. C Rn. 33.

[181] Vgl. BGH XI ZR 199/94, NJW 1996, 55 (57) (zu § 1 HWiG aF bei Widerruf einer Sicherungsabrede).

Haftung des Vermieters schon aufgrund seiner Anfechtungsmöglichkeit nach § 123 Abs. 1 Alt. 1 BGB aus.

**c) Besonderheiten bei der Wohnraummiete in angespannten Wohnungsmärkten.** 52
Besonderheiten gelten bei der Wohnraummiete in angespannten Wohnungsmärkten. Hier ist **ein berechtigtes Vertrauen des Mieters eher, ein berechtigtes Vertrauen des Vermieters auf einen sicheren Vertragsschluss dagegen sehr viel seltener anzunehmen.**[182] In angespannten Wohnungsmärkten herrscht nämlich zwischen den Parteien kein Verhandlungsgleichgewicht, sodass auch keine „Kommunikation auf Augenhöhe" stattfindet.[183] Und eine fehlende „Kommunikation auf Augenhöhe" hat Auswirkungen auf die Auslegung der Parteierklärungen und darauf, ob die Parteien das Zustandekommen des Vertrages berechtigterweise als sicher ansehen dürfen. Erstens hat **der Mieter in einem angespannten Wohnungsmarkt häufig faktisch gar keine andere Möglichkeit, als gegenüber dem Vermieter die vorbehaltlose Absicht auf Abschluss eines Mietvertrags zu kommunizieren.** Ein Mieter, der in angespannten Wohnungsmärkten gegenüber dem Vermieter äußert, er interessiere sich zwar für die Wohnung, wolle sich aber vor einer finalen Entscheidung erst noch andere Wohnungen ansehen, muss damit rechnen, sofort „von der Liste gestrichen zu werden", jede Aussicht auf einen Mietvertrag bzgl. dieser Wohnung zu verlieren und mit einem solchen Vorgehen letztlich gar keine Wohnung zu finden. Deshalb darf auch der Vermieter aus einer entsprechenden Erklärung des Mieters redlicherweise nicht schließen, der Vertrag komme sicher zustande. Umgekehrt besteht für den Vermieter aufgrund der mannigfaltigen Auswahl im Regelfall überhaupt keine Notwendigkeit, einem Mietinteressenten den Abschluss eines Mietvertrags für eine Wohnung zuzusagen, obwohl er tatsächlich noch gar nicht fest zum Vertragsschluss entschlossen ist. Demgemäß darf der Mieter in angespannten Wohnungsmärkten einer Zusage des Vermieters auch ein erheblich höheres Gewicht beimessen als der Vermieter einer Zusage des Mieters.

53 Zweitens kann bei einem erheblichen Verhandlungsungleichgewicht wie in angespannten Wohnungsmärkten aus dem Fehlen einer endgültigen beiderseitigen Bindung auch **nicht ohne weiteres auf einen fehlenden Bindungswillen** beider Parteien geschlossen werden. Der Mieter befindet sich nämlich typischerweise nicht in der Position, auf den sofortigen Abschluss des (schriftlichen) Mietvertrags zu bestehen, sondern ist vielmehr faktisch gezwungen, die Vorlage des Mietvertrags durch den Vermieter abzuwarten.

54 Drittens ist zu berücksichtigen, dass **der Mietvertrag praktisch immer vom Vermieter entworfen und dem Mieter vorgelegt bzw. übersendet wird,** wobei sich der Mieter in aller Regel auf die AGB-Kontrolle verlassen muss und keine realistische Aussicht darauf hat, die Vertragsbedingungen im Rahmen von Vertragsverhandlungen noch zu beeinflussen; der Mieter muss den Vertragsschluss unter den vom Vermieter gestellten Bedingungen zumeist entweder gänzlich ablehnen oder ohne wesentliche Modifikationen hinnehmen. Daraus folgt, dass **dem Vermieter faktisch eine einseitige Kenntnis der endgültigen Vertragsbedingungen zukommt,** sodass sich der Vermieter nicht darauf berufen kann, noch gar keine Kenntnis von den endgültigen Vertragsbedingungen gehabt zu haben, der Mieter hingegen sehr wohl.[184]

55 Und schließlich darf viertens nicht vergessen werden, dass zum einen die **Auswirkungen** eines unerwarteten Abbruchs der Verhandlungen **für den Mieter idR erheblich gravierender sind als für den Vermieter**[185] und dass sich **der Vermieter** zum anderen **sehr viel leichter gegen den Eintritt eines abbruchbedingten Schadens absichern kann:** Der Mieter muss im Falle eines Abbruchs erneut mit einer beschwerlichen Wohnungssuche beginnen bzw. diese fortsetzen; der Vermieter hingegen kann einfach auf einen anderen Interessenten zurückgreifen. Der Mieter kann einem möglichen Abbruch durch den Vermieter nicht wirkungsvoll vorbeugen, er kann aufgrund seiner schwächeren Verhandlungsposition gerade nicht auf einen zeitnahen Vertragsabschluss bestehen und kann den Vermieter auch nicht plausibel mit dem Vortrag unter Druck setzen, er werde andernfalls ein alternatives Angebot annehmen. Der Vermieter hingegen kann – sollte der Mieter den gewünschten Vertragsschluss hinauszögern – einfach einen Mietvertrag mit einem

[182] Eine unterschiedliche Behandlung von Vermieter und Mieter im Hinblick auf das berechtigte Vertrauen befürwortet auch AG München BeckRS 2020, 16373 Rn. 32ff. in der entschiedenen Konstellation („asymmetrische Bindung zu Lasten des Vermieters").
[183] *Fervers* NZM 2015, 105f.
[184] Siehe AG München BeckRS 2020, 16373 Rn. 32ff., 34f.
[185] *Fervers* NZM 2015, 105f.

anderen Interessenten schließen und so den Eintritt eines Schadens durch einen Abbruch von vornherein vermeiden.

**2. Triftiger Grund für den Abbruch**

56 **a) Allgemeines und Meinungsstand.** Die Frage, wann vom Vorliegen eines wichtigen Grundes auszugehen ist, lässt sich nicht losgelöst beantworten, sondern **hängt damit zusammen, welche Anforderungen man an das Vorliegen berechtigten Vertrauens stellt.**[186] Geht man generell mit der Annahme berechtigten Vertrauens großzügig um, sind auch an das Vorliegen eines wichtigen Grundes für den Abbruch sehr viel geringere Anforderungen zu stellen als wenn man die Schwelle für das Vorliegen berechtigten Vertrauens höher ansetzt. In Rspr. und Lit. werden Äußerungen in Bezug auf den triftigen Grund dagegen zumeist isoliert getroffen; die Formulierungen unterscheiden sich deshalb auch deutlich. Teilweise wird geäußert, an das Vorliegen eines solchen Grundes sollten keine allzu hohen Anforderungen gestellt werden,[187] während von anderer Seite angenommen wird, ein triftiger Grund liege nur vor, wenn der Umstand die Partei auch nach Abschluss des Vertrages von der Verpflichtung zur Leistung befreit hätte.[188] Teilweise werden die Kategorien „berechtigtes Vertrauen" und „triftiger Grund" in der Lit. auch nicht trennscharf auseinandergehalten.[189]

57 **b) Die zutreffenden Maßstäbe.** Richtigerweise ist zwar wie bereits gezeigt ein berechtigtes Vertrauen auf den sicheren Vertragsschluss nur unter engen Voraussetzungen anzunehmen. Dementsprechend sollte aber auch **ein triftiger Grund nur unter engen Voraussetzungen** bejaht werden. Zwar ist es zutreffend, dass **nicht die Schwelle des § 313 BGB erreicht werden muss,** sodass grds. auch Umstände in Frage kommen, die der Risikosphäre der abbrechenden Partei zuzuordnen sind.[190] **Es genügt** aber **keineswegs,** dass die Erwägung für den Abbruch **nicht unvernünftig oder lediglich aus der Sicht der abbrechenden Partei nachvollziehbar ist.**[191] Denn erstens wird eine Partei ja praktisch niemals unvernünftige oder wirtschaftlich nicht nachvollziehbare Entscheidungen treffen; es käme also iErg kaum jemals zu einer Haftung und das Rechtsinstitut der Haftung für den grundlosen Abbruch von Vertragsverhandlungen liefe praktisch leer. Und zweitens ist es auch in der Sache nicht überzeugend, einer Partei ohne weitere Rechtsfolgen den Abbruch der Vertragsverhandlungen aus lediglich nicht unvernünftigen Gründen zu gestatten, nachdem sie zuvor ein berechtigtes Vertrauen der Gegenseite in den sicheren Vertragsschluss verursacht hat. Denn wenn tatsächlich ein *berechtigtes* Vertrauen der Gegenseite auf das *sichere* Zustandekommen des Vertrags erweckt wurde, dann kann die Partei, die ein solches Vertrauen geweckt hat, sich eben gerade nicht mehr einfach ohne Einschränkungen auf die Privatautonomie und darauf berufen, mit einem Abbruch müsse bei fehlender Bindung jederzeit gerechnet werden.[192]

58 **Nicht ausreichend** sind deshalb regelmäßig Umstände, deren Eintritt für die abbrechende Partei **vorhersehbar** waren und die gegenüber der Gegenseite nicht offengelegt[193] wurden. Insbeson-

[186] Grundsätzlich gegen die separate Prüfung eines triftigen Grundes Staudinger/*Busche,* BGB – Eckpfeiler des Zivilrechts, 7. Aufl. 2020, Kap. C Rn. 33.

[187] BGH VIII ZR 327/94, DtZ 1996, 113 (114f.) Rn. 18 (juris); BeckOGK/*Herresthal* BGB § 311 Rn. 371. BeckOK BGB/*Sutschet* § 311 Rn. 64; äußerst großzügig MüKoBGB/*Emmerich* § 311 Rn. 177 („Jede vernünftige Erwägung genügt bereits, um einen Abbruch der Verhandlungen zu „rechtfertigen"); OLG Naumburg BeckRS 2015, 8589 Rn. 38 (kein triftiger Grund nur, wenn Verhandlungen „grundlos oder aus sachfremden Erwägungen" abgebrochen werden); AG München BeckRS 2020, 16373 Rn. 37 („jede vernünftige Erwägung genügt").

[188] Staudinger/*Feldmann,* 2018, BGB § 311 Rn. 147.

[189] So bezeichnen BeckOGK/*Herresthal* BGB § 311 Rn. 371, MüKoBGB/*Emmerich* § 311 Rn. 177 und Staudinger/*Feldmann,* 2018, BGB §311 Rn. 147 den Umstand, dass die Gegenseite ihrerseits nicht binnen einer angemessenen Frist Klarheit geschafften hat, als triftigen Grund zum Abbruch der Vertragsverhandlungen, obwohl hier an sich bereits ein berechtigtes Vertrauen der Gegenseite auf den sicheren Vertragsschluss verneint werden muss (Rn. 51); die beiden Kategorien werden auch dann vermischt, wenn man formuliert, bei Vorliegen eines wichtigen Grundes könne sich kein enttäuschtes Vertrauen bilden (so OLG Rostock OLG-NL 2003, 73 (75) Rn. 49 (juris)).

[190] BGH VIII ZR 327/94, DtZ 1996, 113 (114f.) Rn. 18 (juris).

[191] *Vgl. BAG 1 AZR 276/62, NJW 1963, 1843 (1844).*

[192] Vgl. BAG 1 AZR 276/62, NJW 1963, 1843 (1844); LAG Köln BeckRS 1993, 123916 Rn. 27ff.

[193] Wurden die Umstände offengelegt oder waren die Umstände der Gegenseite bekannt, so fehlt es idR bereits an einem schutzwürdigen Vertrauen.

dere reicht es nicht aus, dass eine Partei lediglich ihre Dispositionen geändert[194] oder sich schlicht umentschieden hat. Denn der Vertrauenstatbestand – die Aussicht auf den sicheren Vertragsschluss – ist ja gerade darauf gerichtet, dass sich die Partei nicht mehr einfach umentscheidet.[195] Der Vermieter kann die Verhandlungen daher nicht einfach mit dem Hinweis abbrechen, er habe sich nun doch für einen anderen Mieter entschieden oder er habe ein besseres Angebot erhalten. Wenn der Vermieter nämlich noch weitere Vertragsgespräche mit anderen Mietern führt oder zu führen beabsichtigt und somit in seiner Entscheidung gerade noch nicht festgelegt ist, so darf er nicht einem bestimmten Mieter gegenüber vorspiegeln, der Vertragsabschluss sei eine sichere Sache. Gleiches gilt für den Mieter, der dem Vermieter gegenüber den Abschluss des Mietvertrags als sicher erscheinen lässt, obwohl er sich tatsächlich noch gar nicht für eine bestimmte Wohnung entschieden hat.

**Als triftiger Grund** kommen stattdessen vor allem Umstände in Frage, deren Eintritt für die 59
abbrechende Partei **nicht vorhersehbar** war und die dazu führen, dass der Abschluss des Vertrages für die abbrechende Partei **mit erheblichen Nachteilen oder Unannehmlichkeiten** verbunden gewesen wäre. Sieht sich bspw. der Vermieter aufgrund unerwarteter wirtschaftlicher Veränderungen zur Vermietung außerstande, etwa weil er die Wohnung aus finanziellen Gründen verkaufen muss, so kann dies einen wichtigen Grund für den Abbruch darstellen. Gleiches gilt, wenn der Vermieter die Wohnung wider Erwarten doch für sich, für seine Familienangehörigen oder für Angehörige des engen Freundeskreises benötigt. Umgekehrt kann es für den Mieter einen triftigen Grund für den Abbruch darstellen, wenn er sich unerwartet zu einem beruflich bedingten Ortswechsel gezwungen sieht. Ein triftiger Grund kann auch dann vorliegen, wenn es sich bei den Mietinteressenten um ein Paar handelt, welches die Wohnung gemeinsam anmieten wollte, sich dann aber unerwartet trennt.[196] Ein wichtiger Grund für den Abbruch der Verhandlungen kommt schließlich auch dann in Frage, wenn die abbrechende Partei den **begründeten Verdacht** hegen durfte, dass es aufgrund eines in der Person der Gegenseite liegenden Umstands zu erheblichen Schwierigkeiten bei der Vertragsdurchführung kommen würde.[197] Der Mieter wird deshalb bspw. die Verhandlungen abbrechen dürfen, wenn gegen den Vermieter ein Ermittlungsverfahren wegen Untreue nach § 266 StGB in Bezug auf die Mietkaution eingeleitet wird.

**Allgemein** gilt für die Bewertung des jeweiligen Einzelfalls zudem, dass der **Grund für den** 60
**Abbruch der Verhandlungen umso größeres Gewicht haben muss, je intensiver die Partei das Vertrauen der Gegenseite hervorgerufen hat.**

### 3. Vertretenmüssen erforderlich?

**a) Meinungsstand.** Ob für die Haftung der abbrechenden Partei Verschulden erforderlich ist, 61
ist umstritten. Der BGH hat vor der Schuldrechtsreform für nicht formbedürftige Rechtsgeschäfte geäußert, wer ein berechtigtes Vertrauen auf einen sicheren Vertragsschluss erwecke und die Vertragsverhandlungen ohne triftigen Grund abbreche, könne auch dann schadensersatzpflichtig sein, wenn er das berechtigte Vertrauen nicht schuldhaft herbeigeführt habe.[198] In der Lit. wird das Verschulden teilweise unter Verweis auf diese Entscheidung(en) für entbehrlich erklärt,[199] oder es wird ausdrücklich die Ansicht vertreten, es handele sich bei dieser Fallgruppe der c. i. c. um eine verschuldensunabhängige Vertrauenshaftung, bei der sich das Verschulden allenfalls auf den Abbruch

---

194 Siehe Staudinger/*Busche,* BGB – Eckpfeiler des Zivilrechts, 7. Aufl. 2020, Kap. C Rn. 33; Staudinger/*Feldmann,* 2018, BGB § 311 Rn. 147.

195 Zutr. Staudinger/*Busche,* BGB – Eckpfeiler des Zivilrechts, 7. Aufl. 2020, Kap. C Rn. 33.

196 AG München BeckRS 2020, 16373 Rn. 38.

197 Vgl. OLG Rostock OLG-NL 2003, 73 (75).

198 BGH VIII ZR 4/88, NJW-RR 1989, 627 (629) Rn. 45 (juris); tendenziell bereits ebenso unter Anlehnung an § 122 BGB BGH II ZR 86/67 Rn. 29, BeckRS 1969, 31169133 (juris); in anderen Entscheidungen hat der BGH dagegen noch ein schuldhaftes Verhalten gefordert, s. BGH VII ZR 224/60, BeckRS 1962, 31189735; BGH V ZR 120/64, NJW 1967, 2199; BGH VIII ZR 64/66, BeckRS 1969, 31178695; BGH III ZR 48/76, NJW 1978, 1802 (1804f.); ausdrücklich festgehalten am Verschuldenserfordernis hat die Rspr. für formbedürftige Rechtsgeschäfte, s. BGH V ZR 17/73, NJW 1975, 43f. Rn. 21f. (juris); BGH V ZR 216/81, BeckRS 1982, 31073552; OLG Rostock BeckRS 2010, 26368.

199 *Derleder/Pellegrino* NZM 1998, 550 (553); MAH WohnMietR/*Gößl* § 7 Rn. 108; HK-BGB/*Schulze,* § 311 Rn. 32.

der Vertragsverhandlungen beziehen könne.[200] Die heute wohl hL lehnt diese Auffassung dagegen ab und hält ein Vertretenmüssen für erforderlich.[201]

62 **b) Stellungnahme.** Zwar erscheint nach neuer Rechtslage im Ausgangspunkt ein Vertretenmüssen schon aufgrund des Wortlauts von § 280 Abs. 1 BGB **unverzichtbar.** Es ist in der Tat schlicht nicht ersichtlich, warum auf das Erfordernis des Vertretenmüssens verzichtet werden könnte.[202]

63 Zu beachten ist allerdings, dass **die Prüfung des Vertretenmüssens das bei der Prüfung der Pflichtverletzung gefundene Ergebnis kaum jemals verändern** wird. Dies gilt von vornherein für die Fallkonstellationen, in denen die Partei eine Abschlussbereitschaft nur vorgetäuscht oder die andere Partei nicht über die Aufgabe der Abschlussbereitschaft informiert hat; denn in diesen Fällen wurde das Vertrauen der Gegenseite schuldhaft herbeigeführt.[203] Praktische Unterschiede könnten sich deshalb allenfalls für die Konstellation ergeben, in der eine Partei bei der Gegenseite berechtigtes Vertrauen auf einen sicheren Vertragsschluss erweckt und die Vertragsverhandlungen dann ohne triftigen Grund abbricht. Auch dies ist jedoch in aller Regel nicht der Fall.

64 Dem Anspruch nach §§ 280 Abs. 1, 241 Abs. 2 BGB liegt nämlich – anders als den Schadenersatzansprüchen wegen Verletzung von Leistungspflichten[204] – kein leistungs-, sondern ein verhaltensbezogener Begriff der Pflichtverletzung zugrunde.[205] Ein pflichtwidriges Verhalten des Schuldners liegt deshalb nicht schon beim Ausbleiben einer bestimmten Leistung oder eines bestimmten Erfolges vor, sondern erst dann, wenn sich tatsächlich positiv ein Fehlverhalten feststellen lässt.[206] Kommt man deshalb im Rahmen der Pflichtverletzung zu der Erkenntnis, dass die Partei entweder gar kein berechtigtes Vertrauen auf den sicheren Vertragsschluss hervorgerufen hat oder dass ein triftiger Grund für den Abbruch vorliegt, so liegt bereits keine Pflichtverletzung vor[207] und die Frage des Vertretenmüssens stellt sich überhaupt nicht. Und wenn man umgekehrt zu der Erkenntnis gelangt, dass der Schuldner die Verhandlungen grundlos abgebrochen hat, obwohl er zuvor den Vertragsschluss als sicher hingestellt hat, so liegt hierin eine Verhaltenspflichtverletzung, bzgl. derer sich der Schuldner in aller Regel nicht mehr nach § 280 Abs. 1 S. 2 BGB mit dem Hinweis entlasten können wird, er habe nicht sorgfaltswidrig gehandelt.[208] **Die entscheidende Weichenstellung für die Haftungsfrage** erfolgt deshalb auch nicht über die separate Kategorie des Vertretenmüssens,[209] sondern darüber, ab welcher Schwelle man das Vertrauen der Gegenseite als berechtigt ansieht, ab wann man annimmt, dass das berechtigte Vertrauen zurechenbar hervorgerufen wurde und insbes. darüber, welche Anforderungen man an das Vorliegen eines triftigen Grundes stellt. Bricht die Partei die Verhandlungen bspw. unter dem Verweis darauf ab, sie habe sich schlicht umentschieden, so liegt hierin kein triftiger Grund (→ Rn. 58). In diesem Falle hat die Partei allerdings auch zumindest fahrlässig iSd §§ 280 Abs. 1 S. 2, 276 Abs. 1, Abs. 2 BGB gehandelt; denn eine

---

[200] BeckOK BGB/*Sutschet* § 311 Rn. 69; unter Berufung auf § 122 MüKoBGB/*Armbrüster* § 122 Rn. 7 (anders allerdings Erman/*Armbrüster,* 16. Aufl. 2020, BGB § 145 Rn. 20); Staudinger/*Singer,* 2017, BGB § 122 Rn. 7.

[201] BeckOGK/*Herresthal* BGB § 311 Rn. 368; Erman/*Armbrüster,* 16. Aufl. 2020, BGB § 145 Rn. 20 (anders allerdings MüKoBGB/*Armbrüster* BGB § 122 Rn. 7); Erman/*Dieckmann,* 16. Aufl. 2020, BGB § 311 Rn. 39; Jauernig/*Stadler* § 311 Rn. 61; MüKoBGB/*Emmerich* § 311 Rn. 182; *Wertenbruch* ZIP 2004, 1525 (1528); wohl auch Staudinger/*Feldmann,* 2018, BGB § 311 Rn. 143 ff., 169; ähnlich *Kaiser* JZ 1997, 448 (449), die betont, dass das Vertrauen des Vertragspartners pflichtwidrig erweckt worden sein muss; das Verschulden prüft auch LAG Köln BeckRS 1993, 123916 Rn. 27.

[202] BeckOGK/*Herresthal* BGB § 311 Rn. 368; MüKoBGB/*Emmerich* § 311 Rn. 182.

[203] Vgl. BGH V ZR 17/73, NJW 1975, 43 f.

[204] BeckOGK/*Riehm* BGB § 280 Rn. 6 ff., 14 f.; *Gsell,* in: FS Canaris, 2007, S. 337 (338 f.); *Lorenz* NJW 2005, 1889 (1890); MüKoBGB/*Ernst* § 280 Rn. 13, 18; *Wendehorst* AcP 206 (2006), 205 (267); die abw. Auffassung (s. bspw. *Ehmann/Sutschet,* Modernisiertes Schuldrecht, 2002, 64 ff., 83 f.) kann nicht überzeugen, zutr. dagegen MüKoBGB/*Ernst,* § 280 Rn. 18.

[205] BeckOGK/*Riehm* BGB § 280 Rn. 17; *Lorenz* NJW 2005, 1889 (1890); MüKoBGB/*Ernst* § 280 Rn. 14 f., 18.; *Wendehorst* AcP 206 (2006), 205 (267 f.)

[206] *Lorenz* NJW 2005, 1889 (1890); MüKoBGB/*Ernst* § 280 Rn. 14 f., 18.

[207] Vgl. *Kaiser* JZ 1997, 448 (449).

[208] Generell gegen die Unterscheidung von Pflichtverletzung und Vertretenmüssen bei der Verletzung von Nebenpflichten *Braun* AcP 205 (2005), 127 (130); *Lorenz* NJW 2005, 1889 (1890); *Wendehorst* AcP 206 (2006), 205 (267 f.); für eine Unterscheidung dagegen grds. BeckOGK/*Riehm* BGB § 280 Rn. 17.

[209] *Bezeichnenderweise* wird von den Vertretern der Auffassung, es sei Vertretenmüssen erforderlich, nicht ausgeführt, in welchen Konstellationen sich die zusätzliche Voraussetzung auswirken soll (s. BeckOGK/*Herresthal* BGB § 311 Rn. 368; Erman/*Dieckmann,* 16. Aufl. 2020, BGB § 311 Rn. 39; MüKoBGB/*Emmerich* § 311 Rn. 182).

Partei muss immer in Rechnung stellen, dass sie sich möglicherweise umentscheidet und darf in einem solchen Fall nicht den Vertragsschluss als sicher hinstellen. Umgekehrt ist ein Vertretenmüssen zu verneinen, wenn die Verhandlungen aufgrund einer nachträglichen und schweren Veränderung der wirtschaftlichen Umstände abgebrochen werden. Denn eine solche Veränderung war für die abbrechende Partei nicht vorherzusehen, sodass auch kein Verstoß gegen die verkehrsübliche Sorgfalt vorliegt.

**4. Ersatzfähiger Schaden**

**a) Ersatz des Vertrauensschadens.** Ist der haftungsbegründende Tatbestand gegeben, so kann die Partei, deren berechtigtes Vertrauen auf das Zustandekommen des Vertrages enttäuscht wurde, Ersatz des entstandenen Schadens verlangen und ist dabei gem. § 249 Abs. 1 BGB so zu stellen wie sie stünde, wenn der zum Ersatz verpflichtende Umstand nicht eingetreten wäre. Zur Vermeidung eines Kontrahierungszwangs kann die geschädigte Partei allerdings nicht die Herstellung des Zustandes verlangen, der bestünde, wenn der Vertrag geschlossen worden wäre, sondern je nach Fallgruppe lediglich die Herstellung des Zustandes verlangen, der bestünde, wenn der Schuldner entweder die Abschlussbereitschaft nicht vorgetäuscht hätte, wenn sie die geschädigte Partei rechtzeitig über die entfallene Abschlussbereitschaft informiert hätte oder wenn sie das Vertrauen der geschädigten Partei auf das Zustandekommen des Vertragsschlusses nicht hervorgerufen hätte. Ersatzfähig ist somit nicht das „positive Interesse", sondern lediglich der **Vertrauensschaden** und somit das **„negative Interesse"**.[210] 65

**b) Schadensposten und Kausalität.** Stets sorgfältig zu prüfen ist dabei, ob der geltend gemachte **Schaden tatsächlich auch auf dem pflichtwidrigen Verhalten des Schuldners beruht.** So kann ein Schaden grds. darin bestehen, dass eine Partei im Vertrauen auf den sicheren Vertragsschluss **Aufwendungen** getätigt hat, die sich ohne den Vertragsschluss nun als nutzlos erweisen.[211] Hierzu zählen bspw. Reisekosten für einen Besichtigungstermin. Diese sind jedoch nur dann ersatzfähig, **wenn die Kosten zu einem Zeitpunkt entstanden sind, zu dem das Vertrauen in den Vertragsschluss bereits pflichtwidrig erweckt wurde.** Haben die Besichtigungen dagegen in einem Verhandlungsstadium stattgefunden, in dem die abbrechende Partei noch abschlussbereit und ein Vertrauen der Gegenseite auf den sicheren Vertragsschluss noch nicht berechtigt war, so ist die Pflichtverletzung der abbrechenden Partei für den Schaden nicht kausal. Aus dem gleichen Grund sind auch die Kosten für die Erstellung des Mietvertrags und für das erste Inserat nicht ersatzfähig, wenn Mietvertrag und Inserat zu einem Zeitpunkt erstellt wurden, in dem der Mieter noch grds. die Absicht hatte, einen Mietvertrag zu schließen und auch noch nicht das Vertrauen des Vermieters auf einen sicheren Vertragsschluss erweckt hat. Auch die Kosten für ein zweites Inserat, die der Vermieter nach dem Abbruch der Vertragsverhandlungen durch den Mieter aufwenden muss, sind nicht automatisch ersatzfähig, sondern nur dann, wenn das zweite Inserat gerade wegen des pflichtwidrigen Verhaltens des Mieters erforderlich geworden ist, also etwa dann, wenn der Vermieter aufgrund seines berechtigten Vertrauens einem anderen Interessenten abgesagt hat, der einen Mietvertrag mit dem Vermieter abgeschlossen hätte und hierzu mittlerweile nicht mehr bereit ist. Hat sich dagegen auf die erste Anzeige des Vermieters ohnehin nur der Mieter gemeldet, der letztlich die Verhandlungen abgebrochen hat, so wären die Kosten für das zweite Inserat auch dann angefallen, wenn sich der Mieter pflichtgemäß verhalten und gar nicht erst das Vertrauen auf einen Vertragsschluss hervorgerufen hätte. 66

Grundsätzlich kann der Vermieter auch einen durch das fälschlicherweise erweckte Vertrauen verursachten **Mietausfall** als Schaden geltend machen.[212] Ersatzfähig ist allerdings nicht der Ausfall, der durch das Nichtzustandekommen des Mietvertrags entstanden ist (positives Interesse), sondern lediglich der Ausfall, der auf das fälschlich erweckte Vertrauen zurückzuführen ist, etwa weil der 67

---

[210] BGH II ZR 86/67, BeckRS 1969, 31169133; BGH II ZR 16/87, NJW-RR 1988, 288 (289) Rn. 10 (juris); BGH XII ZR 183/98, NZM 2001, 855 (856) Rn. 15f. (juris); OLG Celle ZMR 2000, 168 Rn. 48 (juris); BeckOGK/*Herresthal* BGB § 311 Rn. 341; Staudinger/*Busche,* BGB – Eckpfeiler des Zivilrechts, 7. Aufl. 2020, Kap. C Rn. 47; MüKoBGB/*Emmerich* § 311 Rn. 178; Staudinger/*Feldmann,* 2018, BGB § 311 Rn. 174; Staudinger/*Schwarze,* 2019, BGB § 280 Kap. C Rn. 58.

[211] BeckOGK/*Herresthal* BGB § 311 Rn. 341; MüKoBGB/*Emmerich* § 311 Rn. 174; Staudinger/*Feldmann,* 2018, BGB § 311 Rn. 174.

[212] Unzutr. insoweit AG Halle (Saale) BeckRS 2008, 141225, wo geäußert wird, der Anspruch könne sich nur auf Aufwendungsersatz richten.

Vermieter im Vertrauen auf den sicheren Vertragsschluss einem anderen Interessenten abgesagt hat. Wiederum ist jedoch zu beachten, dass der Mietausfall mangels Kausalität nicht ersatzfähig ist, wenn die Absage zu einem Zeitpunkt erfolgt ist, in dem der Mieter das Vertrauen des Vermieters noch nicht pflichtwidrig geweckt hatte.

**68** Sollte der **Vertrauensschaden das Erfüllungsinteresse übersteigen,** so bildet das Erfüllungsinteresse die Obergrenze für die Haftung.[213] Daher kann zB der Vermieter – sollte er einem anderen Interessenten abgesagt haben, der eine höhere Miete geboten hatte – keinen Mietausfall verlangen, der über den Betrag hinausgeht, den der die Vertragsverhandlungen abbrechende Mieter zu zahlen verpflichtet gewesen wäre.

**69** **c) Mitverschulden.** Der Anspruch kann zudem aufgrund Mitverschuldens nach § 254 BGB zu mindern sein. Sollte bspw. der Mieter in einem angespannten Wohnungsmarkt tatsächlich einmal schadensersatzpflichtig sein, weil der Vermieter anderen Interessenten im Vertrauen auf den sicheren Vertragsschluss abgesagt hat, so ist zu untersuchen, ob der Vermieter seiner Schadensminderungspflicht nach § 254 Abs. 2 S. 1 BGB ausreichend nachgekommen ist. Denn in angespannten Wohnungsmärkten hat der Vermieter typischerweise keine Schwierigkeiten, ohne große Verzögerungen neue Mietinteressenten zu finden.[214]

## VI. Energieausweis

**70** Liegt dem Vermieter ein Energieausweis vor, und wird das Mietobjekt in kommerziellen Medien zur Vermietung angeboten, so muss die **Immobilienanzeige** gem. **§ 16a Abs. 2, Abs. 1 EnEV** die dort genannten **Pflichtangaben** enthalten. Bei Nichtwohngebäuden ist bei Energiebedarfs- und bei Energieverbrauchsausweisen als Pflichtangabe der Endenergiebedarf oder Endenergieverbrauch sowohl für Wärme als auch für Strom jeweils getrennt aufzuführen. Gemäß **§ 16 Abs. 2 EnEV** muss der Vermieter dem Mietinteressenten bei der **Besichtigung der Immobilie** den Energieausweis oder eine Kopie hiervon vorzulegen; die Vorlagepflicht wird auch durch einen deutlich sichtbaren Aushang oder ein deutlich sichtbares Auslegen während der Besichtigung erfüllt. Findet keine Besichtigung statt, hat der Vermieter den Energieausweis oder eine Kopie hiervon dem Mietinteressenten unverzüglich vorzulegen, spätestens dann, wenn der Interessent ihn hierzu auffordert. Unverzüglich nach Abschluss des Mietvertrags hat der Vermieter dem Mieter den Energieausweis oder eine Kopie hiervon zu übergeben.

**71** Aus dem Wortlaut des § 16 Abs. 2 S. 4 EnEV folgt, dass der Energieausweis nur „bei der Vermietung", also vor dem Abschluss des Mietvertrags zugänglich zu machen ist. Somit besteht die Informationspflicht gegenüber dem **Mietinteressenten.**[215] Mietinteressent in diesem Sinne **(potenzieller Mieter)** ist, wer sich ernsthaft für einen Vertragsschluss interessiert und vom Vermieter ernsthaft als Mieter in Erwägung gezogen wird; eine Besichtigung der Wohnung genügt für sich genommen nicht.[216]

**72** Der Mietinteressent soll nach überwiegender, allerdings zweifelhafter[217] Auffassung keinen **Anspruch** gegen den Vermieter **auf Erstellung eines Energieausweises** haben,[218] da es sich bei der aus § 16 Abs. 2 EnEV folgenden Pflicht des Vermieters zur Vorlage des Energieausweises um eine öffentlich-rechtliche Verpflichtung handele.

**73** Ob der Mieter **Gewährleistungsansprüche** geltend machen kann, wenn der in dem Energieausweis dokumentierte Zustand in Wirklichkeit nicht besteht, ist umstritten; die wohl hM geht davon aus, ein Mietmangel nach § 536 Abs. 1 BGB liege in diesem Fall mangels Beeinträchtigung der Tauglichkeit zum vertragsgemäßen Gebrauch nicht vor, sodass Gewährleistungsansprüche allenfalls im Falle einer Zusicherung des Vermieters nach § 536 Abs. 2 BGB bestehen könnten.[219]

---

[213] Staudinger/*Feldmann,* 2018, BGB § 311 Rn. 176.

[214] AG München BeckRS 2020, 16373 Rn. 41.

[215] Für eine Informationspflicht auch gegenüber dem Bestandsmieter *Sternel* NZM 2006, 495 (497) (allerdings zu § 13 Abs. 4 EnEV aF); dagegen *Flatow* NJW 2008, 2886 (2888 f.).

[216] *Flatow* NJW 2008, 2886 (2888); NZM 2008, 785 (790).

[217] Zutr. dagegen *Gsell* DWW 2010, 122 (124).

[218] *Flatow* NJW 2008, 2886 (2889); NZM 2008, 785 (790 f.); *Sternel* NZM 2006, 495; grds. für rein öffentlich-rechtliche Wirkung der EnEV LG Köln BeckRS 2015, 2327.

[219] *Friers* WuM 2008, 255 (257); *Flatow* NJW 2008, 2886 (2889) mwN auch zu abweichenden Konzeptionen; → 14. Aufl. 2019, BGB Vor § 535 Rn. 35; *Sternel* NZM 2005, 496 (497 f.); ähnlich LG Köln BeckRS 2015, 2327; Staudinger/*Emmerich,* 2018, BGB § 536 Rn. 27; anders Lützenkirchen/*Lützenkirchen,* 3. Aufl. 2021, BGB

Umstritten ist ferner, ob die **Kosten der Erstellung eines Energieausweises** als Betriebskosten (sonstige Kosten iSv § 2 Nr. 17 BetrKV) auf den Mieter umgelegt werden können. Teilweise wird dies mit dem Hinweis bejaht, es handele sich um Kosten, die durch den bestimmungsgemäßen Gebrauch des Gebäudes entstünden. Das Merkmal der laufenden Entstehung liege ebenfalls vor, weil der Ausweis alle zehn Jahre erneuert werden müsse.[220] Nach wohl herrschender Auffassung handelt es sich dagegen weder um Betriebs- noch um Verwaltungskosten, sondern zT um Baunebenkosten (in den Fällen des § 16 Abs. 1 EnEV) oder um Nebenkosten der Vermietung (in den Fällen des § 16 Abs. 2 EnEV), die jeweils nicht umlagefähig sind.[221]

## D. Die Anfechtung des Mietvertrages

### I. Anfechtungsgründe

#### 1. Arglistige Täuschung (§ 123 Abs. 1 Alt. 1 BGB)

**a) Allgemeine Grundsätze.** Eine Anfechtung des Mietvertrags wegen arglistiger Täuschung ist sowohl für den Vermieter als auch für den Mieter möglich und zwar ohne Einschränkungen auch nach Überlassung der Mietsache. Dies gilt selbst dann, wenn der Mieter den Mietvertrag wegen einer Täuschung bzgl. eines Umstands anficht, der die Beschaffenheit der Mietsache betrifft.[222] Die **mietrechtlichen Gewährleistungsregelungen** (§§ 536 ff. BGB) stellen schon aufgrund der fehlenden Schutzbedürftigkeit des Täuschenden und des mit der Täuschung verbundenen erheblichen Eingriffs in die Willensfreiheit des Getäuschten **keine abschließende Sonderregelung dar.** 74

Eine Täuschung liegt vor, wenn der Erklärende vorsätzlich einen Irrtum erregt, bestärkt oder aufrechterhält, um den Getäuschten zu einer Willenserklärung zu bewegen, die er andernfalls nicht oder nicht mit diesem Inhalt abgegeben hätte.[223] **Bedingter Vorsatz** (dolus eventualis) genügt. Eine Täuschung liegt deshalb auch dann vor, wenn der Erklärende zu Umständen, die für den Vertragspartner erkennbar von Bedeutung sind, ohne tatsächliche Grundlagen **Angaben ins Blaue hinein** tätigt.[224] Das Merkmal der Arglist hat demgegenüber keine selbständige Bedeutung, da sich das Erfordernis des Vorsatzes bereits aus dem Wortsinn der Täuschung ergibt und ein darüber hinausgehendes Unwerturteil nicht erforderlich ist.[225] 75

Hat ein Dritter die Täuschung verübt, so ist die Erklärung gem. § 123 Abs. 2 S. 1 BGB nur anfechtbar, wenn der Erklärungsgegner die Täuschung kannte oder kennen musste. Im Mietrecht wird es auf ein solches Kennenmüssen hingegen nur selten ankommen. Denn all diejenigen Personen, die mit Wissen und Wollen des Anfechtungsgegners als dessen Vertrauensperson auftreten, sind nicht als Dritte iSd § 123 Abs. 2 S. 1 BGB anzusehen.[226] Macht also bspw. der vom Vermieter beauftragte Makler gegenüber dem Mieter falsche Angaben zur Beschaffenheit der Wohnung, ist der Makler nicht als Dritter anzusehen und kommt es auf ein Kennen oder Kennenmüssen des Vermieters nicht an.[227] 76

---

§ 536 Rn. 80 (Vorlage des Energieausweises führt im Regelfall schon gar nicht zur Vereinbarung einer Sollbeschaffenheit); grds. großzügiger mit beachtlichen Argumenten MüKoBGB/*Häublein* § 536 Rn. 10 mwN.

[220] *Brückner* GE 2008, 836 (839 ff.).

[221] *Flatow* NZM 2008, 785 (795); → 14. Aufl. 2019, BGB Vor § 535 Rn. 36.

[222] BGH XII ZR 67/06, BGHZ 178, 16 = NJW 2009, 1266 Rn. 34 f.; OLG Brandenburg BeckRS 2009, 88661; BeckOGK/*Schmidt* BGB § 535 Rn. 159; BeckOK BGB/*Wiederhold* § 536 Rn. 32; Erman/*Lützenkirchen,* 16. Aufl. 2020, BGB Vor § 536 Rn. 22; HK-BGB/*Scheuch* § 536 Rn. 4; Lützenkirchen/*Lützenkirchen,* 3. Aufl. 2021, BGB Vor § 536 Rn. 45; MüKoBGB/*Armbrüster* § 123 Rn. 8; MüKoBGB/*Häublein* § 536 Rn. 29; noch offen gelassen in BGHZ 137, 255 = NJW 1998, 531 (534) Rn. 36 (juris).

[223] RGZ 143, 43 (53), BGH II ZR 56/56, NJW 1957, 988; BGH XII ZR 210–97, NJW 1999, 2804 (2806); *Lorenz,* Der Schutz vor dem unerwünschten Vertrag, 1997, S. 315; MüKoBGB/*Armbrüster,* § 123 Rn. 14; Staudinger/*Singer/v. Finckenstein,* 2017, BGB § 123 Rn. 6.

[224] BGH VIII ZR 209/05, BGHZ 168, 64 = NJW 2006, 2839 Rn. 13; BeckOGK/*Rehberg* BGB § 123 Rn. 18.2 mwN zur Rspr.

[225] MüKoBGB/*Armbrüster* § 123 Rn. 18.

[226] BGH VIII ZR 93/10, NJW 2011, 2874 Rn. 15 mwN; ausf. MüKoBGB/*Armbrüster* § 123 Rn. 71 ff. mwN und Staudinger/*Singer/v. Finckenstein,* 2017, BGB § 123 Rn. 52 ff., jeweils mwN.

[227] Siehe KG Berlin 8 U 254/01, BeckRS 2002, 30291319 Rn. 8 (juris); *Dötsch* MietRB 2010, 335 (337).

77 **b) Täuschung durch Unterlassen.** Eine Täuschung durch Unterlassen kommt nur in Betracht, wenn die andere Partei gegen eine Aufklärungspflicht verstoßen hat.[228] Eine allgemeine Aufklärungspflicht gibt es im Mietrecht ebenso wenig wie im sonstigen Vertragsrecht. Grundsätzlich ist auch bei Abschluss eines Mietvertrags jede Partei gehalten, ihre Interessen selbst wahrzunehmen und sich die erforderlichen Informationen zu verschaffen.[229] Eine Aufklärungspflicht des Vermieters bzw. des Mieters kommt aber insbes. dann in Betracht, wenn zwischen den Parteien ein **Wissensgefälle** besteht, weil die informationsbedürftige Partei aufgrund fehlender Anhaltspunkte oder aufgrund von Unerfahrenheit keine aussichtsreiche Möglichkeit hat, sich über die betreffende Tatsache durch Recherche oder Rückfrage selbst zu informieren.[230] Eine Aufklärungspflicht besteht zudem dann, wenn es sich um Tatsachen handelt, die für den anderen Teil **offensichtlich von ausschlaggebender Bedeutung sind** und deren Mitteilung er nach Treu und Glauben und unter Berücksichtigung der Verkehrsanschauung erwarten darf.[231]

78 Eine **Aufklärungspflicht des Mieters** besteht in erster Linie im Hinblick auf seine finanzielle Leistungsfähigkeit. Auch ungefragt muss der Mieter aufklären über seine Zahlungsunfähigkeit,[232] über ein laufendes Insolvenzverfahren,[233] wenn die Verbraucherinsolvenz droht,[234] wenn die Miete einen Großteil des verfügbaren Nettoeinkommens ausmacht,[235] wenn aufgrund der schlechten finanziellen Situation die regelmäßige pünktliche Mietzahlung gefährdet ist,[236] oder wenn sonstige finanzielle Verpflichtungen des Mieters bestehen, die trotz eines an sich ausreichenden Einkommens dazu führen, dass der monatlich zur Verfügung stehende Betrag zur regelmäßigen und pünktlichen Mietzahlung nicht ausreichen wird.[237] Dass der Vermieter sich über diese Tatsachen selbst informieren kann, steht einer Aufklärungspflicht nicht entgegen;[238] denn für den Mieter ist offensichtlich, dass der Vermieter keinen Mietvertrag mit einem Mieter abschließen will, der zur Erfüllung seiner Hauptpflicht außerstande ist, sodass sich der Mieter insoweit nach Treu und Glauben nicht darauf berufen kann, dass der Vermieter sich hätte informieren können. Eine Aufklärungspflicht besteht zudem hinsichtlich außergewöhnlicher Umstände, mit denen der Vermieter nicht rechnen kann und die gleichwohl von erheblicher Bedeutung sind. Nach Auffassung des BGH muss der Mieter bei Abschluss eines Mietvertrags über Gewerberaum deshalb darüber aufklären, dass er Artikel vertreiben wird, die der rechtsradikalen Szene zugerechnet werden.[239] **Nicht aufklärungspflichtig** ist **der Mieter** bzgl. seiner Vermögensverhältnisse dann, wenn die regelmäßige Zahlung der Miete nicht gefährdet ist;[240] selbst wenn man insoweit eine Aufklärungspflicht annähme, könnte der Vermieter mangels Kausalität der Täuschung nicht nach § 123 Abs. 1 Alt. 1 BGB anfechten. Ein Facharzt für Psychiatrie muss von sich aus nicht offenbaren, dass er Substitutionsbehandlungen für Drogenabhängige durchführt.[241] Auch muss der Mieter nicht darüber aufklären, dass er als Politiker gewalttätigen Aktionen politischer Gegner ausgesetzt ist.[242] In keinem

---

[228] MüKoBGB/*Armbrüster* § 123 Rn. 32.

[229] BGH XII ZR 192/08, NJW 2010, 3362 Rn. 21; *Dötsch* MietRB 2010, 335 (336); *Emmerich* NJW 2011, 2321 (2322).

[230] *Gsell* DWW 2010, 122 (123); dem folgend *Wietz* WuM 2016, 323 (326).

[231] BGH XII ZR 21/02, NJW 2004, 2674 Rn. 21 (juris); BGH XII ZR 63/04, NZM 2007, 144 Rn. 9; BGH XII ZR 192/08, NJW 2010, 3362 Rn. 22; *Emmerich* NJW 2011, 2321 (2322); Staudinger/*Emmerich,* BGB Vor § 535 Rn. 72a; *Wietz* WuM 2016, 323 (326).

[232] *Emmerich* NJW 2011, 2321 (2323); MüKoBGB/*Armbrüster,* § 123 Rn. 58; *Wietz* WuM 2016, 323 (330).

[233] LG Bonn NZM 2006, 177 Rn. 4 (juris); *Dötsch* MietRB 2010, 335 (339); *Emmerich* NJW 2011, 2321 (2323).

[234] AG Wedding BeckRS 2003, 31003604; *Dötsch* MietRB 2010, 335 (339).

[235] AG Frankfurt WuM 1989, 620 (wenn Miete 75% des Nettoeinkommens übersteigt); LG Gießen NZM 2002, 944; AG Gießen ZMR 2001, 894; *Dötsch* MietRB 2010, 335 (339).

[236] AG Hamburg-St. Georg ZMR 2011, 303; Staudinger/*Rolfs,* 2018, BGB § 542 Rn. 207.

[237] Siehe LG Hamburg BeckRS 2011, 23412; MüKoBGB/*Armbrüster* § 123 Rn. 58.

[238] Zweifelnd dagegen *Gsell* DWW 2010, 122 (126f.).

[239] BGH XII ZR 192/08, NJW 2010, 3362 („Thor Steinar"); ausf. zu dieser Konstellation *Gsell* DWW 2010, 122 (127f.).

[240] Vgl. LG Ravensburg WuM 1984, 297 Rn. 10 (juris); AG Stuttgart-Bad Cannstadt WuM 1986, 331 Rn. 11 (juris); *Emmerich* NJW 2011, 2321 (2323); Staudinger/*Emmerich,* 2018, BGB Vor § 535 Rn. 72a; Staudinger/*Rolfs, 2018, BGB § 542 Rn. 207.*

[241] OLG Köln NZM 2011, 76 (77f.); Staudinger/*Emmerich,* 2018, BGB Vor § 535 Rn. 72a; *Wietz* WuM 2016, 323.

[242] AA AG Göttingen WuM 2017, 702 Rn. 23ff. (juris).

Fall besteht eine Aufklärungspflicht des Mieters, wenn der Vermieter die entsprechende Information nicht einmal aktiv erheben dürfte (→ Rn. 80ff.).

Eine **Aufklärungspflicht des Vermieters** besteht bei Mängeln der Mietsache,[243] wenn Zwangsverwaltung oder Zwangsversteigerung angeordnet sind,[244] bei geplanten Baumaßnahmen von nicht unerheblichem Umfang,[245] bei drohender Beendigung des Mietvertrags durch eine Eigenbedarfskündigung,[246] wenn Teile der vermieteten Fläche bauordnungsrechtlich nicht zum dauernden Aufenthalt von Menschen zugelassen sind[247], wenn die Räume für die vertraglich vorgesehene Nutzung nicht öffentlich-rechtlich genehmigt auch nicht genehmigungsfähig sind,[248] oder wenn sich der Mieter künftig auf deutliche finanzielle Mehrbelastungen einstellen muss.[249] Bei einem Untermietvertrag muss der Hauptmieter auf eigene finanzielle Probleme hinweisen,[250] weil die Kündigung des Hauptmietvertrages das Besitzrecht des Mieters entfallen lässt. Ist der Vermieter nicht Eigentümer der Mietsache und auch nicht aufgrund eines sonstigen dinglichen Rechts zur Vermietung berechtigt, so muss er auch auf diesen Umstand ungefragt hinweisen. Denn es macht für den Mieter einen erheblichen Unterschied, ob er nach § 986 Abs. 1 S. 1 Alt. 1 BGB ein eigenes Besitzrecht erwirbt oder ob sein Besitzrecht nach § 986 Abs. 1 S. 1 Alt. 2 BGB nur abgeleitet und damit zusätzlich (§ 986 Abs. 1 S. 2 BGB) von der Zustimmung eines Dritten abhängig ist. Erst recht aufklären muss der Vermieter über den Umstand, dass er zur Überlassung des Besitzes nicht befugt ist. Denn in diesem Fall ist der Mieter die ganze Zeit über dem Herausgabeanspruch des Eigentümers nach § 985 BGB und ggf. einem Nutzungsersatzanspruch ausgesetzt (ausf. → Rn. 108ff.). Offenbarungspflichtig ist auch der Vermieter hinsichtlich solcher Umstände, die für den Mieter offensichtlich von erheblicher Bedeutung sind, mit denen der Mieter jedoch nicht rechnet. Wird in einer Nachbarwohnung der Prostitution nachgegangen, so muss der Vermieter deshalb ungefragt darauf hinweisen.[251] **Nicht offenbarungspflichtig** ist **der Vermieter** bzgl. solcher Umstände, die für den Mieter nicht offensichtlich von Bedeutung sind. So muss der Vermieter nicht von sich aus darüber aufklären, dass sich in einem Kilometer Entfernung ein Swinger-Club befindet.[252] Auch muss der Vermieter vor Abschluss eines Mietvertrages über Gewerberäume zum Betrieb eines Friseursalons nicht von sich aus offenbaren, dass in anderen Räumen desselben Gebäudes in der Vergangenheit ein Bordell betrieben worden ist, wenn der Betrieb dieses Bordells seit mehr als einem halben Jahr vor Mietbeginn eingestellt worden ist.[253] 79

**c) Widerrechtlichkeit der Täuschung. aa) Allgemeine Grundsätze.** Entgegen dem Wortlaut des § 123 Abs. 1 BGB liegt eine zur Anfechtung berechtigende arglistige Täuschung nicht vor, wenn die Täuschung nicht widerrechtlich ist.[254] Die Widerrechtlichkeit der Täuschung entfällt, wenn der Erklärende wahrheitswidrig auf Fragen antwortet, an deren zutreffender Beantwortung der Fragende kein berechtigtes Interesse hat.[255] 80

Dies ist erstens allgemein dann der Fall, **wenn das Informationsinteresse des Vermieters das allgemeine Persönlichkeitsrecht des Mieters nicht überwiegt.**[256] Davon ist insbes. auszugehen, wenn die durch die Frage zu gewinnende Information in keinem Zusammenhang mit 81

---

[243] *Dötsch* MietRB 2010, 335 (339); Staudinger/*Emmerich,* 2018, BGB Vor § 535 Rn. 71a.

[244] OLG Hamm MDR 1988, 585; BeckOGK/*Schmidt* BGB § 535 Rn. 189; *Dötsch* MietRB 2010, 335 (339); Staudinger/*Singer/v. Finckenstein,* 2017, BGB § 123 Rn. 21.

[245] KG Berlin BeckRS 1999, 08512; Blank/Börstinghaus/*Blank/Börstinghaus* BGB § 542 Rn. 256; *Dötsch* MietRB 2010, 335 (339); *Emmerich* NZM 1998, 692 (697).

[246] BVerfG NJW 1989, 970 (972) (im Kontext der Rechtsmissbräuchlichkeit der Eigenbedarfskündigung); BeckOGK/*Schmidt* BGB § 535 Rn. 189; *Dötsch* MietRB 2010, 335 (339); *Gsell* DWW 2010, 122 (128); Staudinger/*Singer/v. Finckenstein,* 2017, BGB § 123 Rn. 21; *Wietz* WuM 2016, 323 (330).

[247] BGH XII ZR 67/06, BGHZ 178, 16 = NJW 2009, 1266 Rn. 21; Staudinger/*Singer/v. Finckenstein,* 2017, BGB § 123 Rn. 21.

[248] OLG Brandenburg BeckRS 2009, 88661; Erman/*Lützenkirchen,* 16. Aufl. 2020, BGB § 535 Rn. 61.

[249] Staudinger/*Singer/v. Finckenstein,* 2017, BGB § 123 Rn. 21.

[250] *Dötsch* MietRB 2010, 335 (339).

[251] Staudinger/*Singer/v. Finckenstein,* 2017, BGB § 123 Rn. 21; **aA** LG Kassel WuM 1989, 620; *Dötsch* MietRB 2010, 335 (339).

[252] *Dötsch* MietRB 2010, 335 (339).

[253] OLG Düsseldorf ZMR 2017, 691 Rn. 24ff. (juris).

[254] BAG 2 AZR 449/90, NJW 1991, 2723 (2724); BeckOGK/*Rehberg* BGB § 123 Rn. 23ff.; MüKoBGB/*Armbrüster* § 123 Rn. 19; der Gesetzgeber ging insoweit irrigerweise davon aus, dass eine Täuschung im Gegensatz zur Drohung stets widerrechtlich ist, s. Mugdan, Bd. I, Motive S. 965.

[255] MüKoBGB/*Armbrüster* § 123 Rn. 19; speziell zum Mietrecht *Wietz* WuM 2016, 323 (326).

[256] AG Wiesbaden WuM 1992, 597 Rn. 10 (juris); *Gsell* DWW 2010, 122f.

der Durchführung des Mietverhältnisses steht. Zweitens hat der Mieter das Recht zur Lüge, soweit die Frage **eine unzulässige Diskriminierung** nach dem AGG darstellt (zum AGG näher → Rn. 285 ff.).[257] Und drittens wird der Kreis der zulässigen Fragen seit dem 25.5.2018 **durch die DSGVO[258] begrenzt.**[259] Die Erhebung von Auskünften durch den Vermieter stellt nach Art. 4 Nr. 1 und 2 DSGVO eine Verarbeitung von Daten iSd der DSGVO dar, der Vermieter ist iSd Art. 4 Nr. 7 Verantwortlicher und der Mieter iSd Art. 4 Nr. 1 betroffene Person.[260] Somit ist die Erhebung von Auskünften nur dann nach Art. 5 Abs. 1 a) DSGVO rechtmäßig, wenn eine der in Art. 6 Abs. 1 S. 1 DSGVO genannten Rechtfertigungsgründe vorliegen. Auf die **Einwilligung** des Mieters nach Art. 4 Nr. 11, Art. 6 Abs. 1 S. 1 a) DSGVO kann der Vermieter die Erhebung der Auskünfte in aller Regel **nicht stützen:**[261] Nach Erwägungsgrund 43 S. 1 DSGVO kann eine Einwilligung keine gültige Rechtsgrundlage für die Datenverarbeitung geben, wenn zwischen der betroffenen Person und dem Verantwortlichen ein klares Ungleichgewicht besteht, was zwischen Vermieter und Mieter zumindest in angespannten Wohnungsmärkten der Fall ist. Und gem. Art. 7 Abs. 4 und Erwägungsgrund 43 S. 2 Alt. 2 DSGVO gilt die Einwilligung nicht als freiwillig erteilt, wenn die Erfüllung eines Vertrags von der Einwilligung abhängig ist; man wird die Einwilligung deshalb erst recht nicht als freiwillig erteilt ansehen können, wenn der Vermieter den Abschluss eines Mietvertrags von der Erteilung von Auskünften abhängig macht.[262] Auf die **Erforderlichkeit bei vorvertraglichen Maßnahmen** nach Art. 6 Abs. 1 UAbs. 1 b) Alt. 2 DSGVO kann der Vermieter die Datenerhebung nur stützen, wenn die Erhebung zur Durchführung vorvertraglicher Maßnahmen erforderlich ist, die auf Anfrage des Mieters erfolgen. Dies kann der Fall sein, etwa wenn der Vermieter die Telefonnummer des Mieters für eine Besichtigung benötigt, die auf Anfrage des Mieters erfolgt. Zum einen wird es aber häufig an einer solchen Anfrage des Mieters fehlen, zum anderen sind die im Wege der Mieter-Selbstauskunft typischerweise erhobenen Daten weit überwiegend für die Durchführung der Wohnungsbesichtigung nicht erforderlich. Regelmäßig kommt es für die Rechtmäßigkeit der Datenerhebung somit nach Art. 6 Abs. 1 UAbs. 1 f) DSGVO auf ein berechtigtes Interesse des Vermieters an: Die Verarbeitung muss zur **Wahrung der berechtigten Interessen des Vermieters erforderlich** sein und die **Interessen oder Grundrechte und Grundfreiheiten des Mieters dürfen nicht überwiegen.** Nach diesem Grundsatz und nach dem **Grundsatz der Datenminimierung** Art. 5 Abs. 1 c) DSGVO, wonach die Datenverarbeitung dem Zweck angemessen sowie auf das für die Zwecke der Verarbeitung notwendige Maß beschränkt sein muss, ist somit jede seitens des Vermieters erhobene Auskunft – unabhängig davon, ob sie die Privat- oder Intimsphäre des Mieters betrifft – einer Erforderlichkeitskontrolle sowie einer Abwägung zu unterziehen. Die Zulässigkeit der Datenerhebung variiert zudem danach, zu welchem Zeitpunkt sie erfolgt. So kann die Erhebung bestimmter Daten für den Vermieter erforderlich sein, bevor er einen Mietvertrag mit einem Interessenten abschließt, während das Erheben eben dieser Daten nicht erforderlich ist, wenn lediglich eine Wohnungsbesichtigung vereinbart ist. Im Anschluss an die Orientierungshilfe zur „Einholung von Selbstauskünften bei Mietinteressentinnen" vom 30.1.2018 (im Folgenden: Orientierungshilfe der DSK) sind im Grundsatz **drei Phasen der Vertragsanbahnung zu unterscheiden:** Der Besichtigungstermin (Phase 1), die vorvertragliche Phase, in der Mietinteressenten mitteilen, die Wohnung anmieten zu wollen (Phase 2) und die Entscheidung der Vermieter für einen bestimmten Mieter (Phase 3).[263]

82 **bb) Die (Un-)zulässigkeit(Un-)Zulässigkeit einzelner Fragen.** In Anwendung dieser Maßstäbe sind insbes. die folgenden Fragen grds. **unzulässig:** Fragen zum Familienstand,[264] zu

[257] Staudinger/*Singer/v. Finckenstein,* 2017, BGB § 123 Rn. 47.

[258] Verordnung (EU) 2016/679 der Europäischen Parlaments und des Rates vom 27. April 2016 zum Schutz natürlicher Personen bei der Verarbeitung personenbezogener Daten, zum freien Datenverkehr und zur Aufhebung der Richtlinie 95/46/EG.

[259] Ebenso DSK, Orientierungshilfe zur „Einholung von Selbstauskünften bei Mietinteressentinnen" vom 30.1.2018 (abrufbar unter https://www.datenschutzkonferenz-online.de/media/oh/20180207_oh_mietauskuenfte.pdf), S. 6; Blank/Börstinghaus/*Blank/Börstinghaus* BGB § 542 Rn. 255 ff., 259 ff.

[260] Ausf. zu den Begrifflichkeiten *Flatow* NZM 2020, 623 (624 f.).

[261] *Cramer,* Mietrecht, 2019, S. 16; *Horst* MietRB 2018, 117 (120); nicht ganz so restriktiv Blank/Börstinghaus/*Blank/Börstinghaus* BGB § 542 Rn. 255; *Zehelein* NJW 2019, 2047 (3048).

[262] *Horst* MietRB 2018, 117 (120).

[263] *Orientierungshilfe der* DSK, S. 1 ff.

[264] Orientierungshilfe der DSK, S. 2; *Horst,* MietRB 2018, 117 (121); Staudinger/*Singer/v. Finckenstein,* 2017, BGB § 123 Rn. 47; **aA** LG Landau WuM 1986, 133; Blank/Börstinghaus/*Blank/Börstinghaus* BGB § 542 Rn. 259; *Dötsch* MietRB 2010, 335 (338); Staudinger/*Emmerich,* 2018, BGB Vor § 535 Rn. 72.

Heiratsabsichten, Schwangerschaften und Kinderwünschen,[265] zum Geburtsdatum,[266] zum Gesundheitszustand,[267] zur Staatsangehörigkeit[268], zu Religion, Rasse und ethnischer Herkunft (sofern kein wohnungspolitisches Konzept nach §§ 5, 19 Abs. 3 AGG verfolgt wird),[269] zur Aufenthaltsberechtigung,[270] zu laufenden strafrechtlichen Ermittlungsverfahren[271], zu Vorstrafen[272] und zur Mitgliedschaft in Parteien und Vereinigungen.[273] Fragen zu bisherigen Mietverhältnissen sind dann unzulässig, wenn die Antwort keinen Rückschluss darauf zulässt, ob im neuen Mietverhältnis Pflichtverletzungen des Mieters zu erwarten sind:[274] So darf der Vermieter nicht pauschal danach fragen, ob das vorherige Mietverhältnis vom Vermieter gekündigt worden ist,[275] weil sich daraus nicht ergibt, dass die Kündigung aufgrund einer Pflichtverletzung des Mieters erfolgt ist, und schon gar nicht, dass diese Pflichtverletzung tatsächlich stattgefunden hat. Der Mieter muss auch nicht wahrheitsgemäß auf die pauschale Frage antworten, ob es zwischen ihm und dem vorherigen Vermieter zu einem Rechtsstreit gekommen ist, weil die bloße Existenz eines Rechtsstreits keinen Rückschluss auf eine Pflichtverletzung des Mieters erlaubt. Unzulässig sind ferner Fragen nach Gewohnheiten oder Absichten des Mieters, die aufgrund ihrer Zugehörigkeit zum vertragsgemäßen Gebrauch der Mietsache für die Durchführung des Mietverhältnisses irrelevant sind. Hierzu zählen Fragen zur beabsichtigten Haltung von Kleintieren[276] oder die Frage, ob der Mieter plant, Ehegatten oder Kinder in die Wohnung aufzunehmen.[277] Auch die pauschale Frage, ob der Mieter ein Musikinstrument spielt, muss hiernach unzulässig sein,[278] weil das häusliche Musizieren zumindest bis zu einer gewissen Grenze zum vertragsgemäßen Gebrauch gehört.[279] Schließlich sind auch Fragen unzulässig, die zur Gewinnung der für den Vermieter notwendigen Information nicht erforderlich sind. So ist zwar die Frage nach den monatlichen Belastungen des Mieters grds. zulässig (→ Rn. 83), nicht aber die Frage danach, auf welchen Verpflichtungsgründen diese Belastungen beruhen.[280]

**Zulässig** sind dagegen **ab der ersten Phase** (Besichtigungstermin) Fragen zur Identifikation **83**
(Name, Vorname, Anschrift) und im Falle einer Vermietung nach dem WoFG zudem Fragen zum Vorliegen eines Wohnberechtigungsscheins sowie zur genehmigten Wohnfläche und Anzahl der Wohnräume.[281] **Ab der zweiten Phase** (vorvertragliche Phase, in der Mietinteressenten mitteilen,

---

[265] Orientierungshilfe der DSK, S. 4; BeckOGK/*Schmidt* BGB § 535 Rn. 187; Blank/Börstinghaus/*Blank/Börstinghaus* BGB § 542 Rn. 259; *Dötsch* MietRB 2010, 335 (338); s. auch *Gsell* DWW 2010, 122 (127).

[266] Staudinger/*Singer/v. Finckenstein,* 2017, BGB § 123 Rn. 47; **aA** Blank/Börstinghaus/*Blank/Börstinghaus* BGB § 542 Rn. 259; *Horst* MietRB 2018, 117 (121).

[267] *Dötsch* MietRB 2010, 335 (338); *Gsell* DWW 2010, 122 (127); Staudinger/*Singer/v. Finckenstein,* 2017, BGB § 123 Rn. 47.

[268] Orientierungshilfe der DSK, S. 3; *Dötsch* MietRB 2010, 335 (338); Staudinger/*Singer/v. Finckenstein,* 2017, BGB § 123 Rn. 47.

[269] Orientierungshilfe der DSK, S. 3 f.; s. auch *Gsell* DWW 2010, 122 (127).

[270] AG Wiesbaden WuM 1992, 597; BeckOGK/*Schmidt* BGB § 535 Rn. 187; *Dötsch* MietRB 2010, 335 (338); Staudinger/*Rolfs,* 2018, BGB § 542 Rn. 206.

[271] AG Hamburg WuM 1992, 598; Orientierungshilfe der DSK, S. 4; *Dötsch* MietRB 2010, 335 (338); Staudinger/*Rolfs,* 2018, BGB § 542 Rn. 206; Staudinger/*Singer/v. Finckenstein,* 2017, BGB § 123 Rn. 47.

[272] *Horst* MietRB 2018, 117 (121); Orientierungshilfe der DSK, S. 4.

[273] Vgl. Orientierungshilfe der DSK, S. 4 („Parteien und Mietervereinen"); BeckOGK/*Schmidt* BGB § 535 Rn. 187; Blank/Börstinghaus/*Blank/Börstinghaus* BGB § 542 Rn. 259; *Dötsch* MietRB 2010, 335 (338); *Gsell* DWW 2010, 122 (127).

[274] Orientierungshilfe der DSK, S. 5; großzügiger AG Kaufbeuren NZM 2013, 577 (578) Rn. 14 (juris) (Frage nach Kündigung durch früheren Vermieter zulässig) und dem folgend MüKoBGB/*Armbrüster,* § 123 Rn. 57; Staudinger/*Emmerich,* 2018, BGB Vor § 535 Rn. 72; strenger (Fragen nach bisherigen Mietverhältnissen generell unzulässig) AG Kerpen WuM 1990, 62; Staudinger/*Singer/v. Finckenstein,* 2017, BGB § 123 Rn. 47.

[275] BeckOGK/*Schmidt* BGB § 535 Rn. 187, der allerdings die Frage nach der Kündigung wohl generell für unzulässig hält.

[276] Orientierungshilfe der DSK, S. 5; die Haltung von Kleintieren gehört zum vertragsgemäßen Gebrauch der Mietsache, s. BGH VIII ZR 10/92, NJW 1993, 1061 (1062); BGH VIII ZR 340/06, NZM 2008, 78 Rn. 15; *Meyer-Abich* NZM 2015, 520 (528).

[277] AG Kaiserslautern WuM 1987, 378 Rn. 8; zur Zulässigkeit der Aufnahme von Ehegatten und Kindern in die Wohnung s. BGH XII ZR 143/11, NJW 2013, 2507 Rn. 7; Blank/Börstinghaus/*Blank/Börstinghaus* BGB § 540 Rn. 28; MüKoBGB/*Bieber* § 530 Rn. 5 f.

[278] AA Blank/Börstinghaus/*Blank/Börstinghaus* BGB § 542 Rn. 259; *Horst* MietRB 2018, 117 (121).

[279] Siehe dazu BGH V ZR 143/17, NZM 2019, 86; Blank/Börstinghaus/*Blank/Börstinghaus* BGB § 535 Rn. 557 ff.

[280] Orientierungshilfe der DSK, S. 5.

[281] Orientierungshilfe der DSK, S. 2; Blank/Börstinghaus/*Blank/Börstinghaus* BGB § 542 Rn. 259.

die Wohnung anmieten zu wollen) zulässig ist die Frage des Vermieters nach dem Beruf, dem Arbeitgeber[282] und insbes. dem monatlichen Nettoeinkommen.[283] Zulässig muss auch die Frage sein, ob es sich um einen befristeten oder unbefristeten Arbeitsvertrag handelt,[284] da der Vermieter andernfalls nicht zuverlässig einschätzen kann, ob es sich beim Arbeitseinkommen um eine dauerhafte Einkommensquelle handelt. Ebenfalls zulässig ist die Frage nach den monatlichen Belastungen des Mieters, da sich ohne Abzug dieser Belastungen der monatlich zur Verfügung stehende Betrag nicht berechnen lässt.[285] Erlaubt ist auch die Frage, ob der Mieter in den letzten fünf Jahren rechtskräftig zur Räumung wegen Mietzinsrückständen verurteilt wurde.[286] Ebenfalls zulässig sind Fragen des Vermieters nach einer beabsichtigten Nutzung über den vertragsgemäßen Gebrauch hinaus: Ob eine Haltung von Haustieren beabsichtigt ist, sofern Kleintiere von diesem Informationsersuchen ausgenommen werden,[287] ob der Mieter die Aufnahme von Dritten iSd §§ 540 Abs. 1 S. 1, 553 Abs. 1 S. 1 BGB plant[288] und ob der Mieter das Musizieren in einem Umfang plant, das über den vertragsgemäßen Gebrauch hinausgeht. Zulässig ist auch die Frage nach der „Rauchereigenschaft";[289] denn abgesehen davon, dass jedenfalls exzessives Rauchen nicht vom vertragsgemäßen Gebrauch umfasst ist,[290] birgt auch ein regelmäßiges Rauchen unterhalb dieser Schwelle aufgrund der mit dem Passivrauchen verbundenen Gesundheitsrisiken erhebliches Konfliktpotenzial, sodass der Vermieter ein berechtigtes und schutzwürdiges Interesse an der Konzeption eines lückenlosen rauchfreien Wohnens hat.[291] Stets erlaubt sind Fragen hinsichtlich solcher Umstände, die der Mieter ohnehin von sich aus offenbaren muss (→ Rn. 78). So darf der Vermieter bspw. ohne weiteres nach einem laufenden Verbraucherinsolvenzverfahren fragen.[292] **Ab der dritten Phase** (Entscheidung der Vermieter für einen bestimmten Mieter) darf der Vermieter auch weitergehende Angaben zu Vormietverhältnissen erfragen. Insbesondere ist es zulässig, wenn der Vermieter danach fragt, ob das Vormietverhältnis *wirksam* wegen Zahlungsverzug oder wegen sonstiger Pflichtverletzungen des Mieters gekündigt wurde.[293]

### 2. Inhalts- und Erklärungsirrtum (§ 119 Abs. 1 BGB)

84 Für die Anfechtung wegen Inhalts- und Erklärungsirrtums nach § 119 Abs. 1 BGB ergeben sich beim Mietvertrag keine Besonderheiten. Sowohl der Vermieter als auch der Mieter können deshalb den Mietvertrag auch nach der Gebrauchsüberlassung im Falle eines Erklärungs- oder Inhaltsirrtums anfechten. Ein Konkurrenzproblem zum Mängelgewährleistungsrecht ergibt sich schon deshalb nicht, weil sich ein Inhalts- oder Erklärungsirrtum des Mieters nicht auf einen Umstand bezieht, der zugleich einen Mangel der Mietsache begründet.

### 3. Irrtum über verkehrswesentliche Eigenschaften (§ 119 Abs. 2 BGB)

85 Im Grundsatz ist auch eine Anfechtung nach § 119 Abs. 2 BGB denkbar. Eine Anfechtung nach § 119 Abs. 2 BGB führt zwar nach § 122 BGB zu einer Pflicht zum Ersatz des Vertrauensschadens, hat aber den praktischen Vorteil, dass der Anfechtende – anders als bei § 123 Abs. 1 Alt. 1 BGB – nicht das Vorliegen einer Täuschung, sondern nur das Vorliegen eines eigenen Irrtums beweisen muss.

---

[282] Orientierungshilfe der DSK, S. 4; Blank/Börstinghaus/*Blank/Börstinghaus* BGB § 542 Rn. 259; Staudinger/*Emmerich,* 2018, BGB Vor § 535 Rn. 72; **aA** BeckOGK/*Schmidt* BGB § 535 Rn. 183; *Horst* MietRB 2018, 117 (121).

[283] Orientierungshilfe der DSK, S. 5; Blank/Börstinghaus/*Blank/Börstinghaus* BGB § 542 Rn. 259; *Gsell* DWW 2010, 122 (127); *Horst* MietRB 2018, 117 (121); Staudinger/*Emmerich,* 2018, BGB Vor § 535 Rn. 72.

[284] AA möglicherweise Orientierungshilfe der DSK, S. 4 wonach Fragen nach der Dauer der Beschäftigung unzulässig sein sollen.

[285] Orientierungshilfe der DSK, S. 5.

[286] LG Wuppertal WuM 1999, 39 Rn. 10 (juris); Orientierungshilfe der DSK, S. 3; **aA.** *Horst* MietRB 2018, 117 (121).

[287] Orientierungshilfe der DSK, S. 5; Blank/Börstinghaus/*Blank/Börstinghaus* BGB § 542 Rn. 259.

[288] *Horst* MietRB 2018, 117 (121).

[289] *Dötsch* MietRB 2010, 335 (338); für die Frage nach exzessivem Rauchen ebenso *Gsell* DWW 2010, 122 (127).

[290] BGH VIII ZR 37/07, NJW 2008, 1439 Rn. 23; BGH VIII ZR 186/14, NJW 2015, 1239 Rn. 15; LG Paderborn NJW-RR 2000, 1110; noch offen gelassen von BGH VIII ZR 124/05, NJW 2006, 2915 Rn. 23.

[291] *Zutr.* MüKoBGB/*Häublein* § 535 Rn. 107.

[292] Orientierungshilfe der DSK, S. 5; *Dötsch* MietRB 2010, 335 (338); *Horst* MietRB 2018, 117 (121); zur Offenbarungspflicht LG Bonn NZM 2006, 177 Rn. 4 (juris).

[293] Orientierungshilfe der DSK, S. 5.

**a) Vorrang der §§ 536ff. BGB.** Sehr umstritten und bislang vom BGH nicht ausdrücklich entschieden ist die Frage, ob der Mieter auch nach Überlassung der Mietsache wegen eines Irrtums über eine verkehrswesentliche Eigenschaft der Mietsache anfechten kann oder ob insoweit ein Vorrang der Gewährleistungsrechte anzunehmen ist.[294] Im Ergebnis sprechen **die besseren Gründe für einen Vorrang der §§ 536ff. BGB.** Zwar kann das im Kaufrecht vorgetragene Argument, durch eine Anfechtung nach § 119 Abs. 2 BGB könnten die besonderen Verjährungsfristen für Gewährleistungsrechte (§ 438 BGB) umgangen werden,[295] nicht auf das Mietrecht übertragen werden,[296] weil der Anspruch des Mieters auf Mangelbeseitigung nach § 535 Abs. 1 S. 2 BGB während der Mietzeit nicht verjährt.[297] Auch eine Umgehung der § 536b BGB[298] wäre zu verschmerzen, weil es sich bei § 536b BGB um eine rechtspolitisch ausgesprochen zweifelhafte Regelung handelt.[299] Die §§ 536ff., 543 Abs. 3 BGB enthalten jedoch die Wertung, dass im Falle eines Mietmangels kein sofortiges Lösungsrecht des Mieters bestehen, sondern dass der Vermieter durch die Mängelbeseitigung die Möglichkeit haben soll, die Vertragsbeendigung durch Mängelbeseitigung abzuwenden.[300] Die Umgehung dieses Grundsatzes durch eine sofortige Anfechtung kann auch nicht sinnvoll dadurch verhindert werden, dass man die Anfechtung nach § 242 BGB für unbeachtlich hält, wenn der Mangel unverzüglich vom Vermieter nach der Anfechtung beseitigt wird.[301] Denn eine Anfechtung bewirkt zunächst einmal die Nichtigkeit nach § 142 Abs. 1 BGB und schafft auf diese Weise zumindest vorläufig vollendete Tatsachen. Aus der Sicht des Vermieters wäre ex ante vielfach unklar, ob und mit welchen Anstrengungen er noch die „Unbeachtlichkeit der Anfechtung erreichen" könnte. Auch wird man die Berufung des Mieters auf die Nichtigkeit des Mietvertrags nach der Anfechtung schon dann nicht mehr nach § 242 BGB als rechtsmissbräuchlich ansehen können, wenn er bereits Dispositionen im Vertrauen auf die Nichtigkeit getroffen hat. Zudem handelt es sich bei § 119 Abs. 2 BGB schon allgemein um eine teilweise systemwidrige und zumindest deutlich zu weit gefasste Vorschrift,[302] deren Anwendungsbereich nicht auf Sachverhalte erstreckt werden sollte, für die bereits ein differenziertes Instrumentarium bereitsteht. Im Falle eines Mietmangels steht ein solches Instrumentarium mit den §§ 536ff. BGB und § 543 BGB bereit. Und sollte der Mieter wegen eines Irrtums über eine verkehrswesentliche Eigenschaft anfechten, die überhaupt keinen Mietmangel begründet, so ist eine Anfechtungsmöglichkeit noch weniger sachgerecht. 86

Die **Anfechtung des Vermieters** wegen eines Irrtums über verkehrswesentliche Eigenschaften der Mietsache ist zwar nicht im Grundsatz ausgeschlossen.[303] Allerdings sind kaum Fälle denkbar, in denen Vermieter wegen eines solchen Irrtums zur Anfechtung nach § 119 Abs. 2 BGB berechtigt sein soll. Und sofern die betreffende Eigenschaft einen Mietmangel darstellt, ist die Anfechtung ohnehin nach § 242 BGB rechtsmissbräuchlich, weil sich der Vermieter durch die Anfechtung seiner Haftung nach den § 536ff. BGB entziehen würde.[304] 87

---

294 Für einen Vorrang der §§ 536ff. BGB LG Ravensburg WuM 1984, 297 Rn. 13 (juris) (sogar in Bezug auf verkehrswesentliche Eigenschaft der Person); BeckOGK/*Bieder* BGB § 536 Rn. 20ff., 22; BeckOGK/*Rehberg* BGB § 119 Rn. 165; *Brox,* Die Einschränkung der Irrtumsanfechtung, 1960, S. 208ff.; *Hassold* JuS 1975, 550 (552); *Köhler* JuS 1979, 647 (651); MüKoBGB/*Armbrüster,* § 119 Rn. 35; MüKoBGB/*Häublein* § 536 Rn. 29; Palandt/*Ellenberger* § 119 Rn. 28; Staudinger/*Rolfs,* 2018, BGB § 542 Rn. 204; Staudinger/*Singer,* 2017, BGB § 119 Rn. 86, 111; **für die Möglichkeit der Anfechtung nach § 119 Abs. 2 BGB** dagegen RGZ 157, 174; LG Essen NZM 2006, 294; BeckOGK/*Schmidt* BGB § 535 Rn. 158; BeckOGK/*Mehle* BGB § 542 Rn. 357; BeckOK BGB/*Wiederhold* § 536 Rn. 32; Blank/Börstinghaus/*Blank/Börstinghaus* BGB § 542 Rn. 264; Erman/*Lützenkirchen,* 16. Aufl. 2020, BGB Vor § 536 Rn. 22; *Dötsch* NZM 2011, 457ff.; *Emmerich* NZM 1998, 692 (694f.); *Fischer* WuM 2006, 3 (6ff.); ZMR 2007, 157 (160f.); Lützenkirchen/*Lützenkirchen,* 3. Aufl. 2021, BGB Vor § 536 Rn. 46; Palandt/*Weidenkaff* BGB § 536 Rn. 12; Staudinger/*Emmerich,* 2018, BGB Vor § 535 Rn. 70f.

295 Siehe MüKoBGB/*Armbrüster* § 119 Rn. 29 mwN; Staudinger/*Singer,* 2017, BGB § 119 Rn. 85 mwN.

296 *Dötsch* NZM 2011, 457 (459).

297 BGH VIII ZR 104/09, BGHZ 184, 253 = NJW 2010, 1292; *Artz* ZJS 2010, 256f.; Blank/Börstinghaus/*Blank/Börstinghaus* BGB § 535 Rn. 347 mwN.; *Streyl* WuM 2009, 630f.

298 So die Befürchtung von MüKoBGB/*Armbrüster* § 119 Rn. 35; MüKoBGB/*Häublein* § 536 Rn. 29.

299 *Gsell* NZM 2016, 702 (703ff.); im Anschluss Staake/v. Bressensdorf/*Fervers,* Rechtshandbuch Wohngemeinschaften, 2019, § 8 Rn. 50ff.

300 Zutr. MüKoBGB/*Häublein* § 536 Rn. 29.

301 So aber Blank/Börstinghaus/*Blank/Börstinghaus* BGB § 535 Rn. 347; *Dötsch* NZM 2011, 457 (459).

302 Näher MüKoBGB/*Armbrüster* § 119 Rn. 106ff.; Staudinger/*Singer,* 2017, BGB § 119 Rn. 79ff.

303 *Dötsch* NZM 2011, 457 (460).

304 BeckOGK/*Schmidt* BGB § 535 Rn. 158.1; *Dötsch* NZM 2011, 457 (460).

88 **b) Irrtum über verkehrswesentliche Eigenschaften.** Da der Wortlaut des § 119 Abs. 2 BGB zu weit geraten ist, bedarf die Vorschrift der Eingrenzung.[305] Insbesondere berechtigt nicht jeder einseitige Irrtum über Eigenschaften der Person oder der Sache zur Anfechtung.

89 Die Rspr.[306] **schränkt die Möglichkeit der Irrtumsanfechtung zunächst dadurch ein,** dass sie zumindest tendenziell nur **unmittelbare Eigenschaften** der Person oder der Sache als Eigenschaften iSd § 119 Abs. 2 BGB qualifiziert.[307] Das OLG Düsseldorf hat aus diesem Grund die Anfechtbarkeit eines Mietvertrages zum Betrieb eines Fitness-Studios in einem Fall verneint, in dem sich der Mieter über die Mitgliederzahl geirrt hatte, weil der Ertrag und die Rentabilität eines Gegenstandes keine verkehrswesentliche Eigenschaft darstellten.[308] Vor allem aber soll die Eigenschaft einer Person oder einer Sache nur dann als **verkehrswesentlich** anzusehen sein, wenn **die betreffende Eigenschaft von dem Erklärenden dem Vertrag zumindest in irgendeiner Weise erkennbar zugrunde gelegt wurde.**[309] Sofern also für den Anfechtungsgegner gar nicht erkennbar ist, dass die betreffende Eigenschaft für den Anfechtenden in irgendeiner Weise von Bedeutung ist, scheidet eine Anfechtung nach § 119 Abs. 2 BGB aus. So kann der Vermieter den Mietvertrag mit einem zahlungsfähigen Mieter nicht deshalb anfechten, weil der Mieter Schulden hat und der Vermieter davon ausgegangen ist, der Mieter sei schuldenfrei.[310] Eine Anfechtung scheidet zudem aus, wenn **die Eigenschaft,** deretwegen die Anfechtung erklärt wird, **für die Durchführung des entsprechenden Vertrages schlechterdings irrelevant** ist. So kann eine katholische Kirchengemeinde, die an einen Mieter Räumlichkeiten zur „Feier seiner Hochzeit" vermietet, nicht anfechten, wenn sich herausstellt, dass es sich um eine gleichgeschlechtliche Hochzeit handelt; denn das Geschlecht der Heiratenden spielt für die Durchführung des Mietvertrags keine Rolle.[311]

90 Möglich ist eine Anfechtung nach § 119 Abs. 2 BGB nach diesen Maßstäben deshalb **nur in Ausnahmefällen.** Die Rspr. hat eine Anfechtungsmöglichkeit des Mieters bejaht, wenn der Mieter bei Abschluss des Mietvertrages ausdrücklich darauf hinweist, dass er eine kinderfreundliche Wohnung wünscht, bei der es in Bezug auf Kinderlärm nicht zu Problemen mit anderen Mietern kommt und sich im Anschluss herausstellt, dass die Mieter der anderen Wohnungen bereits kindgerechten Lärm nicht tolerieren.[312] Der Mieter kann auch dann nach § 119 Abs. 2 BGB anfechten, wenn er nach Abschluss des Mietvertrags Kenntnis von Tatsachen erhält, die auf eine mangelnde Zuverlässigkeit, Vertrauenswürdigkeit und Zahlungsfähigkeit des Vermieters schließen lassen; diese Eigenschaften sind schon deshalb als verkehrswesentlich anzusehen, weil sich der Mieter auf das ordnungsgemäß getrennte Anlegen der Mietkaution verlassen können muss.[313] Aus diesem Grund kann der Mieter auch dann nach § 119 Abs. 2 BGB anfechten, wenn er Kenntnis davon erlangt, dass der Vermieter wegen eines Vermögensdelikts mit mietrechtlichem Bezug vorbestraft ist.[314]

## II. Ausschluss der Anfechtung nach § 242 BGB

91 Ausnahmsweise kann die Anfechtung, obwohl die Voraussetzungen nach den §§ 119 ff. BGB an sich vorliegen, gem. § 242 BGB ausgeschlossen sein. Bei einem Dauerschuldverhältnis wie der Miete kommt dies insbes. dann in Betracht, wenn der Anfechtungsgrund zwar bei Abschluss des Mietvertrags erheblich war, jedoch bei Ausübung des Anfechtungsrechts die Rechtslage des Anfechtenden offensichtlich nicht mehr beeinträchtigt.[315] In diesem Fall kann eine Anfechtung

---

305 Siehe RGZ 90, 342 (343); BGH VII ZR 43/83, BGHZ 88, 240 = NJW 1984, 230 (231) Rn. 20 (juris); *Flume,* Eigenschaftsirrtum und Kauf, 1948, S. 83 und passim; MüKoBGB/*Armbrüster* § 119 Rn. 106 mwN; Staudinger/*Singer,* 2017, BGB § 19 Rn. 79 mwN.

306 Zu abweichenden Konzepten in der Lit. s. MüKoBGB/*Armbrüster* § 119 Rn. 106 ff. mwN.

307 RGZ 149, 235 (238); BGH II ZR 296/53, BGHZ 16, 54 Rn. 20 (juris); krit. gegenüber dem Kriterium der Unmittelbarkeit Staudinger/*Singer,* 2017, BGB § 119 Rn. 88.

308 OLG Düsseldorf WuM 2003, 138 Rn. 25 ff. (juris).

309 RGZ 64, 266 (269); BGH IX ZR 218/66, BeckRS 1968, 31395425; BGH II ZR 296/53, BGHZ 16, 54 Rn. 19 (juris); BGH VII ZR 43/83, BGHZ 88, 240 = NJW 1984, 230 (231) Rn. 20 (juris); zum Mietrecht AG Stuttgart WuM 1986, 331 Rn. 12 (juris).

310 AG Stuttgart WuM 1986, 331 Rn. 12 (juris).

311 AG Neuss NJW 2003, 3785 (unter Geltung des alten LPartG).

312 *LG Essen NZM 2006,* 294.

313 LG Konstanz WuM 2017, 258.

314 AG Donaueschingen WuM 2014, 595 (597 f.) Rn. 26 (juris).

315 Vgl. BGH V ZR 93/82, WM 1983, 1055; Staudinger/*Singer,* 2017, BGB § 119 Rn. 102.

nach § 242 BGB rechtsmissbräuchlich sein. Denkbar ist dies bspw. dann, wenn der Mieter unrichtige Angaben bzgl. seiner Vermögensverhältnisse gemacht hat, die finanziellen Schwierigkeiten des Mieters sich allerdings unmittelbar nach Vertragsbeginn aufgelöst haben und der Mieter über Jahre hinweg die Miete regelmäßig und pünktlich gezahlt hat.

### III. Rechtsfolgen der Anfechtung

Sofern die auf den Abschluss eines Mietvertrages gerichtete Erklärung **vor der Gebrauchsüberlassung an den Mieter** angefochten wird, ergeben sich nach allgemeiner Ansicht keine Besonderheiten. Gemäß § 142 Abs. 1 BGB ist der Mietvertrag ex tunc als nichtig anzusehen.[316] 92

Streitig sind demgegenüber die Rechtswirkungen der Anfechtung **nach der Gebrauchsüberlassung an den Mieter.** Vor allem in der Instanzrechtsprechung wurde früher die Auffassung vertreten, das Mietverhältnis werde entgegen § 142 Abs. 1 BGB ausnahmsweise lediglich mit ex-nunc-Wirkung für die Zukunft beendet.[317] Zum praktisch gleichen Ergebnis gelangt man, wenn man nach der Gebrauchsüberlassung an den Mieter nicht mehr die Anfechtung, sondern lediglich die mit ex-nunc-Wirkung ausgestattete Kündigung nach § 543 BGB für möglich hält.[318] Zu Recht spricht sich die hM jedoch gegen derartige Einschränkungen aus.[319] Zum einen sind die im Gesellschafts- und Arbeitsrecht ausschlaggebenden Gründen für eine Einschränkung des § 142 Abs. 1 BGB[320] nicht auf das Mietrecht übertragbar, da es hier an einem personenrechtlichen Verband wie beim Gesellschaftsvertrag und an einer personenrechtlichen Beziehung mit einer Intensität wie beim Arbeitsvertrag fehlt.[321] Zum anderen stellt das Bereicherungsrecht für die Rückabwicklung nach erfolgter Anfechtung mit ex-tunc-Wirkung wirkungsvolle Instrumente zur Differenzierung zur Verfügung. 93

## E. Nutzungsersatz bei nicht (mehr) bestehendem oder nichtigem Mietvertrag

Sofern der Mieter die Mietsache genutzt hat, obwohl der Mietvertrag nicht zustande gekommen ist, nichtig war oder bspw. aufgrund erfolgter Kündigung nicht mehr bestand, so stellt sich im Anschluss die Frage, ob und in welchem Umfang der Vermieter vom Mieter bereicherungsrechtlich Nutzungsersatz verlangen kann. 94

### I. Anwendbarkeit der Leistungskondiktion

Ein bereicherungsrechtlicher Anspruch nach § 812 Abs. 1 S. 1 Alt. 1 BGB wird nicht durch einen bestehenden Anspruch nach § 546a BGB ausgeschlossen.[322] Und auch wenn der Vermieter 95

---

[316] BGH XII ZR 67/06, BGHZ 178, 16 = NJW 2009, 1266 Rn. 27; BeckOGK/*Schmidt* BGB § 535 Rn. 156; *Fischer* WuM 2006, 3 (5); MüKoBGB/*Häublein* § 535 Rn. 45; Staudinger/*Rolfs,* 2018, BGB § 542 Rn. 201; Staudinger/*Emmerich,* 2018, BGB Vor § 535 Rn. 70.

[317] LG Nürnberg-Fürth MDR 1966, 1003; LG Trier MDR 1990, 342; LG Mannheim ZMR 1990, 303; AG Köln WuM 1981, 228; AG Hamburg NZM 1998, 233; *Hille* WuM 1984, 292 (293); *Paschke,* Das Dauerschuldverhältnis der Wohnraummiete, 1991, 257, 261; *Weller* JZ 2012, 881 (888).

[318] LG Mannheim ZMR 1965, 185; LG Mannheim ZMR 1969, 168; LG Wuppertal WuM 1999, 39; AG Gelsenkirchen-Buer WuM 1984, 299.

[319] RGZ 86, 334; RGZ 102, 225 (226); RGZ 157, 173 (174); BGH XII ZR 67/06, BGHZ 178, 16 = NJW 2009, 1266 Rn. 26ff., 33ff.; BGH XII ZR 192/08, NJW 2010, 3362 Rn. 38; BeckOGK/*Schmidt* BGB § 535 Rn. 156; BeckOGK/*Mehle* BGB § 542 Rn. 128; BeckOK BGB/*Wiederhold* § 536 Rn. 32; Blank/Börstinghaus/*Blank/Börstinghaus* BGB § 542 Rn. 251, 262; *Emmerich* NZM 1998, 692 (694ff.); Erman/*Arnold,* 16. Aufl. 2020, BGB § 119 Rn. 13; Erman/*Lützenkirchen,* 16. Aufl. 2020, BGB Vor § 536 Rn. 23; *Fischer* ZMR 2007, 157ff.; Lützenkirchen/*Lützenkirchen,* 3. Aufl. 2021, BGB Vor § 536 Rn. 47; MüKoBGB/*Häublein* § 535 Rn. 45; *Schmid* WuM 2009, 155ff.; Staudinger/*Emmerich,* 2018, BGB § 535 Rn. 70; Staudinger/*Rolfs,* 2018, BGB § 542 Rn. 201; Staudinger/*Singer,* 2017, BGB § 119 Rn. 115.

[320] Siehe zur Lehre vom faktischen Arbeitsverhältnis ErfK/*Preis,* § 611a Rn. 145ff. mwN; zur Lehre von der fehlerhaften Gesellschaft s. MüKoBGB/*Schäfer* § 705 Rn. 323ff. mwN.

[321] Ausf. BeckOGK/*Schmidt* BGB § 535 Rn. 158.2.

[322] BGH VIII ZR 12/64, BGHZ 44, 241 = NJW 1966, 248 (249); BGH VIII ZR 59/65, NJW 1968, 197; BGH VIII ZR 44/71, BeckRS 1973, 31125480; BGH VIII ZR 246/75, NJW 1977, 1335 (1336); BGH VIII ZR 277/87, NJW 1989, 2133 (2135); BGH XII ZR 154/97, NZM 2000, 183 (184); BGH XII ZR 76/08, NZM 2009, 701; BGH VIII ZR 214/16, NJW 2017, 2997 Rn. 29; OLG Düsseldorf ZMR 2007, 33 Rn. 33 (juris); BeckOGK/*Zehelein* BGB § 546a Rn. 11; BeckOK BGB/*Wiederhold* § 546a Rn. 43; BeckOK MietR/

Eigentümer war, besteht kein Vorrang der §§ 987 ff. BGB,[323] weil sich die Sperrwirkung des § 993 Abs. 1 Hs. 2 BGB nach zutreffender Auffassung nicht auf die Leistungskondiktion erstreckt.[324]

### II. Nutzungsmöglichkeit oder tatsächliche Nutzungen erlangt?

96 Keine Anwendung findet in diesem Zusammenhang § 818 Abs. 1 BGB, da diese Vorschrift nur dann eingreift, wenn die Nutzungen nicht primärer, sondern nur sekundärer Bereicherungsgegenstand waren[325] (Beispiel: Rückgabe und Rückübereignung eines KfZ nach § 812 Abs. 1 S. 1 Alt. 1 BGB, welches in der Zwischenzeit vom Schuldner genutzt wurde. Hier sind Eigentum und Besitz primärer, die Nutzungen lediglich sekundärer Bereicherungsgegenstand). Bei der rechtsgrundlosen Vermietung einer Sache sind die Nutzungen dagegen der primäre (herauszugebende) Bereicherungsgegenstand. Nicht gesetzlich geregelt ist allerdings die Frage, ob **nur die tatsächlich gezogenen Nutzungen, oder aber bereits die Nutzungsmöglichkeit** als erlangt anzusehen sind. Sieht man bereits die Nutzungsmöglichkeit als erlangt an, so schuldet der Mieter nach § 812 Abs. 1 S. 1 Alt. 1, § 818 Abs. 2 Alt. 1 BGB Wertersatz für den objektiven Wert der entsprechenden Nutzungsmöglichkeit, was der objektiven Marktmiete entspricht. Sieht man hingegen lediglich die tatsächlichen Nutzungen als erlangt an, so kommt es darauf an, ob und in welchem Umfang der Mieter die Sache tatsächlich genutzt hat und nur in diesem Umfang müsste der Mieter die Marktmiete entrichten.

#### 1. Meinungsstand

97 **Teilweise wird bereits die Nutzungsmöglichkeit** als das Erlangte angesehen,[326] wobei sich die Vertreter dieser Auffassung vor allem darauf berufen, dass die Nutzungsmöglichkeit Gegenstand des irrtümlich angenommenen Kausalverhältnisses gewesen sei und dass bereits die Nutzungsmöglichkeit als solche einen Vermögenswert darstelle.

98 **Nach hM und insbes. nach Auffassung des BGH** sind lediglich die **tatsächlich gezogenen Nutzungen** als erlangt anzusehen.[327] Der BGH stützt seine Auffassung vor allem auf das Argument, der Zweck des Bereicherungsrechts bestehe darin, eine tatsächlich erlangte rechtsgrundlose Bereicherung abzuschöpfen und von einer Bereicherung könne nur gesprochen werden, sofern der Bereicherte eine echte Vermögensmehrung erfahren habe.[328]

#### 2. Stellungnahme

99 **a) Sachwidrige Ergebnisse bei Anwendung der dargestellten Auffassungen.** Richtigerweise lässt sich die Frage nicht pauschal in die eine oder in die andere Richtung beantworten. So

*Klotz-Hörlin* BGB § 546a Rn. 77; Blank/Börstinghaus/*Blank/Börstinghaus* BGB § 546a Rn. 55; Erman/*Lützenkirchen,* 16. Aufl. 2020, BGB § 546a Rn. 1; HK-BGB/*Scheuch* § 546a Rn. 5; Jauernig/*Teichmann* § 546a Rn. 1; Lützenkirchen/*Lützenkirchen,* 3. Aufl. 2021, BGB § 546a Rn. 4; MüKoBGB/*Bieber* § 546a Rn. 23; → 14. Aufl. 2019, BGB § 546a Rn. 103; Staudinger/*Rolfs,* 2018, BGB § 546a Rn. 66.

323 Ebenso die Rspr. (BGH VIII ZR 59/65, NJW 1968, 197 Rn. 35 (juris); BGH VIII ZR 214/16, NJW 2017, 2997 Rn. 29), die ansonsten im Grundsatz davon ausgeht, dass sich die Sperrwirkung des § 993 Abs. 1 Hs. 2 BGB auch auf die Leistungskondiktion erstreckt, aber – mit identischem Ergebnis im Zweipersonenverhältnis – bei Rechtsgrundlosigkeit der Nutzungen § 988 BGB analog anwenden will (RGZ 163, 348 ff.; BGH V ZR 45/94, NJW 1995, 2627 (2628); s. ferner die umfangreichen Nachw. bei Staudinger/*Thole,* 2019, BGB Vor §§ 987 ff. Rn. 122 ff., 126).

324 Staudinger/*Thole,* 2019, BGB Vor §§ 987 ff. Rn. 131 mwN; de lege ferenda ist eine Abschaffung der §§ 987 ff. BGB geboten (*Gsell/Fervers* ZfPW 2021, 1 ff.), sodass sich die Frage der Sperrwirkung überhaupt nicht stellt.

325 BeckOK BGB/*Wendehorst* § 812 Rn. 58; MüKoBGB/*Schwab* § 818 Rn. 7, 26; Staudinger/*Lorenz,* 2007, BGB § 818 Rn. 13.

326 Erman/*Buck-Heeb,* 16. Aufl. 2020, BGB § 818 Rn. 10; *Staake,* Gesetzliche Schuldverhältnisse, 2014, § 3 Rn. 14; Staudinger/*Lorenz,* 2007, BGB § 818 Rn. 13.

327 BGH XII ZR 154/97, NZM 2000, 183 (184); BGH III ZR 231/12, BGHZ 196, 285 = NJW 2013, 2021; BGH VIII ZR 214/16, NJW 2017, 2997 Rn. 32; HK-BGB/*Scheuch* § 546a Rn. 5; *Looschelders,* Schuldrecht Besonderer Teil, 15. Aufl. 2020, § 56 Rn. 2; MüKoBGB/*Schwab,* § 818 Rn. 32 ff.

328 BGH III ZR 231/12, BGHZ 196, 285 = NJW 2013, 2021 Rn. 27; BGH VIII ZR 214/16, NJW 2017, 2997 Rn. 32; der BGH hat auch in anderem Kontext bereits auf das Erfordernis einer Vermögensmehrung abgestellt, s. BGH VII ZR 9/70, BGHZ 55, 128 = NJW 1971, 609 Rn. 12 ff. (juris).

kommen beide dargestellten Auffassungen in unterschiedlichen Konstellationen zu sachwidrigen Ergebnissen.

Dies gilt zunächst für **die Auffassung, nach der bereits die Nutzungsmöglichkeit als Erlangtes Etwas angesehen werden soll.** Wird der Mietvertrag bspw. deshalb rückabgewickelt, weil der Mieter den Mietvertrag wirksam wegen arglistiger Täuschung durch den Vermieter angefochten hat, so wäre es nicht sachgerecht, wenn der Mieter gleichwohl die Nutzungsmöglichkeit vergüten und die marktübliche Miete zahlen müsste. Dies liefe nämlich darauf hinaus, dass der Vermieter – weil eine Entreicherung des Mieters nach § 818 Abs. 3 BGB regelmäßig nicht vorliegen wird (→ Rn. 106) – trotz seiner arglistigen Täuschung letztlich trotzdem die volle Marktmiete erhielte. Ein solches Ergebnis wäre schon deshalb inakzeptabel, weil die Entscheidung des Mieters, für die Nutzungsmöglichkeit der Wohnung ein entsprechendes Entgelt zu entrichten, gerade mit einem Willensmangel behaftet ist, sodass der Mieter an dieser Entscheidung auch bei der bereicherungsrechtlichen Rückabwicklung nicht festgehalten werden kann. Der Mieter darf deshalb auch nicht mehr vergüten müssen, als ihm tatsächlich an Vorteilen zugeflossen ist und damit nicht mehr als die tatsächlichen Nutzungen. Das Gleiche gilt, wenn der Mieter das Mietverhältnis wirksam gekündigt hat und der Vermieter dem Mieter die Wohnung gleichwohl noch zur Verfügung stellt, weil er die Kündigung für unwirksam hält. Hier hat sich der Mieter von der Entscheidung, die Nutzungsmöglichkeit der Wohnung zu vergüten, wirksam losgesagt, sodass es sachwidrig wäre, wenn er gleichwohl die Nutzungsmöglichkeit vergüten und die marktübliche Miete entrichten müsste; die Herausgabepflicht ist deshalb auch in diesem Fall auf die tatsächlichen Nutzungen zu beschränken.[329] 100

Auf der anderen Seite führt es jedoch **auch zu inakzeptablen Ergebnissen, wenn man wie der BGH stets nur die tatsächlich gezogenen Nutzungen als erlangt ansieht.** Sofern der Mieter nämlich eine fehlerfreie rechtsgeschäftliche Entscheidung zur Vergütung der Nutzungsmöglichkeit getroffen hat und wenn die Ursache für das Scheitern des Vertrags sich auf diese Entscheidung überhaupt nicht auswirkt, so hat diese Entscheidung weiterhin Bestand und ist der Mieter auch im Rahmen der bereicherungsrechtlichen Rückabwicklung an dieser Entscheidung festzuhalten.[330] Ficht bspw. der Vermieter den Mietvertrag berechtigterweise nach § 123 Abs. 1 Alt. 1 BGB an, weil der Mieter ihn arglistig über seine Bonität getäuscht hat und wird der Mietvertrag in der Folge rückabgewickelt, so wäre es sachwidrig, wenn der arglistig täuschende Mieter geltend machen könnte, er sei niemals zu Hause gewesen und sei deshalb auch nicht bzw. nur sehr eingeschränkt zum Nutzungsersatz verpflichtet. Denn die nach § 142 Abs. 1 BGB eingetretene Nichtigkeit beruht hier ausschließlich auf der Fehlerhaftigkeit der Willenserklärung des *Vermieters* und lässt die fehlerfrei getroffene Entscheidung des Mieters, für die Nutzungsmöglichkeit der Wohnung ein Entgelt zu entrichten, unberührt. Andernfalls würde die arglistige Täuschung des Mieters diesem sogar zu einem erheblichen Vorteil verhelfen: Denn bei störungsfreier Abwicklung des Mietvertrags oder eines hypothetischen Alternativvertrags hätte der Mieter gerade nicht die fehlende Nutzung einwenden können, sondern hätte nach § 537 Abs. 1 BGB das Risiko einer persönlichen Nutzungsverhinderung getragen.[331] Hinzu kommt schließlich, dass der (arglistig getäuschte) Vermieter – sähe man stets die tatsächlichen Nutzungen als erlangt an – auch noch die Beweislast dafür tragen würde, in welchem Umfang der Mieter die Wohnung tatsächlich genutzt hat.[332] 101

Die Auffassung des BGH lässt sich auch **nicht mit dem vorgetragenen Argument rechtfertigen,** es könnten nur die tatsächlichen Nutzungen als erlangt anzusehen sein, weil andernfalls **keine echte Vermögensmehrung** vorliege. Zum einen ist bereits ganz grds. zweifelhaft, ob es bei der Prüfung des Erlangten überhaupt auf das Vorliegen einer Bereicherung ankommt oder ob diese Frage nicht vielmehr der Entreicherung nach § 818 Abs. 3 BGB zuzuordnen ist.[333] Zum ande- 102

---

329 IErg richtig deshalb BGH VIII ZR 214/16, NJW 2017, 2997.

330 Siehe *Fervers/Gsell* NJW 2013, 3607 (3608, 3610).

331 Siehe *Fervers/Gsell* NJW 2013, 3607 (3608, 3610).

332 Die Beweislast für das Erlangte liegt beim Bereicherungsgläubiger, s. BGH XI ZR 19/94, NJW 1995, 727 (728); BeckOK BGB/*Wendehorst* § 812 Rn. 281; im Grundsatz auch Erman/*Buck-Heeb,* 16. Aufl. 2020, BGB § 812 Rn. 90, die allerdings davon ausgeht, dass bereits die Nutzungsmöglichkeit als erlangt anzusehen ist und die deshalb in dieser besonderen Konstellation die Beweislast für den Nichtgebrauch dem Bereicherungsschuldner auferlegen will, s. Erman/*Buck-Heeb,* 16. Aufl. 2020, BGB § 818 Rn. 10.

333 IdS die heute ganz hL, s. Erman/*Buck-Heeb,* 16. Aufl. 2020, BGB § 818 Rn. 2; *Fervers/Gsell* NJW 2013, 3607 (3610) mwN; MüKoBGB/*Schwab* § 818 Rn. 127ff. mwN; ebenso zwischenzeitlich auch BGH VII ZR 202/76, NJW 1979, 160 (162); anders insbes. der Ansatz in BGH VII ZR 9/70, BGHZ 55, 128 = NJW 1971, 609 (610f.) Rn. 11ff., 20 (juris).

ren trägt der Verweis auf die Notwendigkeit einer Vermögensmehrung zur Beantwortung der Frage, ob Nutzungsmöglichkeit oder tatsächliche Nutzungen erlangt wurden, gar nichts bei.[334] Denn prinzipiell kann unbestrittenermaßen auch die Möglichkeit der Nutzung schon einen Vermögenswert darstellen,[335] sodass der Verweis auf die Erforderlichkeit einer Vermögensmehrung die entscheidende Frage, worin die Vermögensmehrung liegt, schlicht unbeantwortet lässt.[336] Es verbleibt lediglich die Aussage: „Die Nutzungsmöglichkeit kommt als Vermögensmehrung nicht in Frage, weil eine Vermögensmehrung erforderlich ist."

**103** **b) Die zutreffende Formel zur Bestimmung des Erlangten.** Die Antwort auf die Frage, ob die Nutzungsmöglichkeit oder nur die tatsächlichen Nutzungen als erlangt anzusehen ist, hängt deshalb richtigerweise davon ab, ob im Hinblick auf die Nutzung der Räumlichkeiten eine **fehlerfreie rechtsgeschäftlich-autonome Entscheidung** des Mieters vorliegt oder nicht.[337]

**104** Ist dies der Fall, so ist der Mieter an seiner Entscheidung, für die Nutzungsmöglichkeit der Räumlichkeiten ein Entgelt zu entrichten, auch bei der bereicherungsrechtlichen Rückabwicklung festzuhalten, sodass er **Wertersatz für die Nutzungsmöglichkeit** zu entrichten hat. Eine fehlerfreie Nutzungsentscheidung des Mieters liegt dann vor, wenn die Ursache für die Rechtsgrundlosigkeit keine Auswirkungen auf die Nutzungsentscheidung des Mieters hat. Dies ist insbes. der Fall, wenn der Mietvertrag wirksam vom Vermieter angefochten wird oder wenn der Vermieter nicht oder nur beschränkt geschäftsfähig war, da sich Defizite bei der Willenserklärung des Vermieters nicht auf die Nutzungsentscheidung des Mieters auswirken.

**105** Etwas anderes gilt jedoch dann, wenn eine rechtsgeschäftlich-autonome Nutzungsentscheidung des Mieters entweder überhaupt nicht (mehr) vorliegt oder wenn die Ursache für das Scheitern des Vertrags zugleich auch die Nutzungsentscheidung des Mieters zu Fall bringt. In diesen Fällen sind **lediglich die tatsächlichen Nutzungen als erlangt anzusehen.** Dies ist der Fall, wenn der Mieter den Mietvertrag wirksam angefochten hat, wenn der Mieter nicht oder nur beschränkt geschäftsfähig war oder wenn der Mietvertrag wegen eines Dissenses nicht zustande gekommen ist. Eine autonome Nutzungsentscheidung fehlt auch dann, wenn der Mieter das Mietverhältnis wirksam gekündigt hat.[338]

### III. Der Einwand der Entreicherung (§ 818 Abs. 3 BGB)

**106** Gemäß § 818 Abs. 3 BGB ist die Verpflichtung zur Herausgabe oder zum Ersatz des Wertes ausgeschlossen, soweit der Empfänger nicht mehr bereichert ist. Bei der bereicherungsrechtlichen Rückabwicklung nichtiger Mietverträge wird eine solche Entreicherung allerdings zumeist nicht vorliegen. Denn auch wenn die Nutzungen im Vermögen des Mieters nicht mehr vorhanden sind und eine Entreicherung deshalb prinzipiell in Betracht kommt,[339] so hat der Mieter mit der Nutzung der Wohnung in aller Regel die Kosten für die Anmietung einer anderen Wohnung und damit anderweitige Aufwendungen erspart. Und wenn der Wegfall der Bereicherung dazu führt, dass der Bereicherungsschuldner anderweitige Aufwendungen erspart, liegt keine Entreicherung nach § 818 Abs. 3 BGB vor.[340] Eine Entreicherung kommt deshalb nur in dem seltenen Fall in Frage, in dem die Nutzung der Wohnung sich für den Mieter als „Luxusausgabe"[341] darstellt.

---

334 *Fervers/Gsell* NJW 2013, 3607 (3610).

335 KG NJW-RR 1996, 431 (433); OLG Brandenburg BeckRS 2010, 6760; BeckOGK/*Mössner* BGB § 100 Rn. 5; BeckOK BGB/*Fritzsche* § 100 Rn. 5 f.; BeckOK BGB/*Wendehorst* § 812 Rn. 55; Erman/*Buck-Heeb,* 16. Aufl. 2020, BGB § 812 Rn. 11, § 818 Rn. 10; Erman/*Schmidt,* 16. Aufl. 2020, BGB § 100 Rn. 2; MüKo-BGB/*Stresemann* § 100 Rn. 4; Staudinger/*Stieper,* 2017, BGB § 100 Rn. 2; darauf, dass in der Möglichkeit zur Nutzung mit Selbstverständlichkeit ein Vermögenswert gesehen wird, weist *Streyl* NZM 2017, 633 zu Recht hin.

336 Zutr. *Streyl* NZM 2017, 633.

337 *Fervers/Gsell,* NJW 2013, 3607 ff.; dem folgend *Streyl* NZM 2017, 633 und mit leicht abweichender Nuancierung auch BeckOK BGB/*Wendehorst* § 812 Rn. 58.

338 IErg richtig deshalb BGH VIII ZR 214/16, NJW 2017, 2997.

339 Siehe Erman/*Buck-Heeb,* 16. Aufl. 2020, BGB § 818 Rn. 28; MüKoBGB/*Schwab* § 818 Rn. 32.

340 BGH VIII ZR 71/89, BGHZ 111, 125 (131 f.) = NJW 1990, 1789 (1790) Rn. 17 (juris); BGH V ZR 235/02, NJW 2003, 3271 Rn. 7 (juris); BAG 5 AZR 175/04, NZA 2005, 814 (817) Rn. 36 (juris); BeckOK BGB/*Wendehorst* § 818 Rn. 45; Erman/*Buck-Heeb,* 16. Aufl. 2020, BGB § 818 Rn. 35; *Looschelders, Schuldrecht* Besonderer Teil, 15. Aufl. 2020, § 56 Rn. 8; MüKoBGB/*Schwab* § 818 Rn. 189, Staudinger/*Lorenz,* 2007, BGB § 818 Rn. 34.

341 Vgl. BeckOK BGB/*Wendehorst* § 818 Rn. 53; *Looschelders,* Schuldrecht Besonderer Teil, 15. Aufl. 2020, § 56 Rn. 9; MüKoBGB/*Schwab* § 818 Rn. 189.

Zudem ist zu berücksichtigen, dass sich der Bereicherungsschuldner gem. §§ 818 Abs. 4, 819 Abs. 1 BGB nicht auf die Entreicherung nach § 818 Abs. 3 BGB berufen kann, wenn er um seine Herausgabeverpflichtung weiß.[342] **107**

## F. Die Vermietung durch einen Nichtberechtigten (Nutzungsersatz im Mehrpersonenverhältnis)

Ein Mietvertrag ist als schuldrechtliches Geschäft zwar unabhängig von einer dinglichen Berechtigung des Vermieters wirksam,[343] sodass der Mieter auch unabhängig von einer dinglichen Berechtigung des Vermieters die Primär- und Sekundäransprüche aus dem Mietvertrag erwirbt. Gleichwohl ergeben sich im Hinblick auf das Mehrpersonenverhältnis zahlreiche Folgefragen, wenn der Vermieter nicht der Eigentümer und auch nicht aufgrund einer anderen dinglichen Berechtigung zur Vermietung der Sache berechtigt ist. Die fehlende Befugnis des Vermieters zur Besitzüberlassung kann einmal daraus resultieren, dass dem Vermieter **überhaupt kein Recht an der Sache** zusteht, wenn also bspw. der V eine dem E gehörende Wohnung an M vermietet, ohne dass zwischen V und E ein Hauptmietverhältnis besteht oder wenn ein zwischen V und E bestehendes Hauptmietverhältnis zwischenzeitlich weggefallen ist. Möglich ist aber auch, dass der Vermieter **zwar gegenüber dem Eigentümer zum Besitz der Sache berechtigt, nicht aber zur Besitzüberlassung an Dritte befugt** ist. Dies ist bspw. der Fall, wenn E eine Wohnung an V vermietet, der sie wiederum unerlaubt an M untervermietet. **108**

In diesen Konstellationen stellt sich jeweils die Frage nach Herausgabeansprüchen des Eigentümers (1.), nach Ausgleichsansprüchen des Eigentümers gegen den nicht zur Vermietung berechtigten Vermieter (2.), nach Ausgleichsansprüchen des Eigentümers gegen den ((Unter-)Mieter (3.) und nach den Rechten des Mieters und gegen den nichtberechtigten Vermieter (4.). **109**

### I. Herausgabeansprüche des Eigentümers

Ist der nichtberechtigte **Vermieter** gegenüber dem Eigentümer noch **nicht einmal schuldrechtlich zum Besitz an der Mietsache berechtigt,** so kann der Eigentümer vom Mieter unproblematisch nach § 985 BGB die Herausgabe der Mietsache verlangen, ohne dass sich der Mieter auf ein Recht zum Besitz nach § 986 Abs. 1 BGB berufen könnte. Vermietet also bspw. der V eine dem E gehörende Wohnung an M, so muss der Mieter M die Wohnung an den Eigentümer E herausgeben. Ein Besitzrecht gegenüber dem Eigentümer nach § 986 Abs. 1 S. 1 Alt. 1 BGB existiert nicht und mangels Besitzberechtigung des Vermieters kann der Mieter von diesem auch nicht nach § 986 Abs. 1 S. 1 Alt. 2 BGB eine Besitzberechtigung ableiten. Ebenfalls unerheblich ist es, ob der Mieter den Vermieter gutgläubig für den Eigentümer oder für zur Vermietung berechtigt gehalten hat; ein gutgläubiger Erwerb obligatorischer Besitzberechtigungen mit dinglicher Wirkung gegenüber dem Eigentümer ist im BGB nicht vorgesehen.[344] **110**

Der Mieter ist aber auch dann zur Herausgabe nach § 985 BGB verpflichtet, wenn der **Vermieter** zwar seinerseits zum Besitz an der Mietsache berechtigt, aber **nicht zur Besitzüberlassung an den Mieter befugt** war. Vermietet also der Hauptmieter V unberechtigterweise eine Wohnung des E an M unter, so muss M die Wohnung nach § 985 BGB herausgeben. Denn aus § 986 Abs. 1 S. 2 BGB ergibt sich, dass eine lückenlose Besitzrechtskette mit einem abgeleiteten Besitzrecht des Besitzers nach § 986 Abs. 1 S. 1 Alt. 2 BGB nur dann entstehen kann, wenn die Zwischenperson – also der V – nicht nur zum Besitz berechtigt, sondern auch zur Überlassung des Besitzes an den Besitzer befugt ist.[345] Allerdings kann der Eigentümer vom Besitzer in diesem Fall gem. § 986 Abs. 1 S. 2 Hs. 1 BGB lediglich die Herausgabe an den Hauptmieter, also den nichtberechtigten Vermieter, verlangen; Herausgabe an sich selbst kann der Eigentümer nach § 986 Abs. 1 S. 2 Hs. 2 BGB nur dann verlangen, wenn der Hauptmieter (= Untervermieter) den Besitz nicht wieder übernehmen kann oder will. **111**

---

342 Erman/*Buck-Heeb,* 16. Aufl. 2020, BGB § 818 Rn. 31; MüKoBGB/*Schwab* § 818 Rn. 127, 185; zum verfehlten Wortlaut des § 819 Abs. 1 BGB s. *Fervers* NJW 2014, 2795.

343 Blank/Börstinghaus/*Blank/Börstinghaus* BGB § 540 Rn. 16; Staudinger/*Emmerich,* 2018, BGB § 535 Rn. 4, § 536 Rn. 79.

344 Siehe MüKoBGB/*Schwab* § 812 Rn. 304.

345 Siehe BeckOGK/*Spohnheimer* BGB § 986 Rn. 66; MüKoBGB/*Baldus* § 986 Rn. 87.

## II. Die Ansprüche des Eigentümers gegen den Vermieter

112 Die Ausgleichsansprüche des Eigentümers gegen den nicht zur Vermietung berechtigten Vermieter unterscheiden sich danach, ob der nichtberechtigte Vermieter seinerseits gegenüber dem Eigentümer – bspw. aufgrund eines wirksamen Hauptmietverhältnisses – zur ausschließlichen Nutzung der Sache berechtigt war oder nicht. Sofern nämlich der Eigentümer dem nichtberechtigten Vermieter ein solches Recht zur Nutzung eingeräumt hat, ist die Nutzung der Sache bereicherungsrechtlich nicht mehr dem Eigentümer zugewiesen.

### 1. Wirksames Hauptmietverhältnis zwischen Eigentümer und Vermieter

113 **a) Kein Anspruch des Eigentümers auf Herausgabe des Untermietzinses.** War der Vermieter aufgrund eines wirksamen Hauptmietverhältnisses seinerseits gegenüber dem Eigentümer zum Besitz berechtigt, so **haftet der Vermieter gegenüber dem Eigentümer nach ganz herrschender und zutreffender Auffassung nicht auf die Herausgabe des Untermieterlöses.**[346] Ein Anspruch nach §§ 280 Abs. 1, 241 Abs. 2 BGB scheidet trotz der pflichtwidrigen Gebrauchsüberlassung des Vermieters aus, weil der Eigentümer keinen ersatzfähigen Schaden erlitten hat. Ein Anspruch nach §§ 987, 990 BGB besteht nicht, weil es aufgrund der Besitzberechtigung des Vermieters an einer Vindikationslage fehlt; eine Anwendung der §§ 987, 990 BGB auf den sog. „nicht-so-berechtigten-Besitzer" wird von der ganz hM. abgelehnt.[347] Ein Anspruch aus der unechten GoA nach §§ 687 Abs. 2 S. 1, 681 S. 2, 667 Alt. 2 BGB besteht deshalb nicht, weil der Vermieter mit der Vermietung kein Geschäft des Eigentümers geführt hat: Wenn der Vermieter dem Eigentümer gegenüber zur ausschließlichen Nutzung berechtigt ist, dann hat sich der Eigentümer bereits seines Nutzungsrechts begeben und wäre deshalb auch nicht in der Lage gewesen, mit der Vermietung der Sache ein zweites Mal den Mietzins zu erzielen.[348] Ein Anspruch auf Herausgabe des Untermieterlöses kommt auch nicht über eine direkte oder analoge Anwendung des § 816 Abs. 1 S. 1 BGB in Frage. Eine direkte Anwendung scheidet aus, weil die Vermietung keine Verfügung darstellt,[349] und eine analoge Anwendung scheitert an der Vergleichbarkeit der Interessenlage:[350] § 816 Abs. 1 S. 1 BGB verfolgt dem Zweck, mit einem Anspruch auf die Herausgabe des Erlangten den Rechtsverlust des Berechtigten auszugleichen. Im Falle der unberechtigten Untervermietung hat der Eigentümer aber keinen Rechtsverlust erlitten, weil der Untermieter ihm gegenüber kein Recht zum Besitz und sonst kein Recht an der Sache erworben hat, das dem Eigentümer gegenüber wirksam wäre. Aus diesem Grund kann auch für eine analoge Anwendung des § 816 Abs. 1 S. 1 BGB nicht ins Feld geführt werden, es sei ungereimt, wenn die Vorschrift bei Bestellung eines dinglichen Wohnrechts Anwendung finde, nicht aber im Falle der Vermietung. Denn ein dingliches Wohnrecht nach § 1093 BGB entfaltet eine dingliche Wirkung gegenüber dem Eigentümer,[351] sodass im Gegensatz zur Konstellation der Vermietung auch ein ausgleichsbedürftiger Rechtsverlust des Eigentümers vorliegt. Und schließlich kann ein Anspruch des Eigentümers auf Herausgabe des Untermieterlöses auch nicht aus der allgemeinen Eingriffskondiktion nach § 812 Abs. 1 S. 1 Alt. 2 BGB hergeleitet werden; denn der Vermieter hat den Untermieterlös nicht durch den Eingriff in eine Rechtsposition erlangt, die dem Eigentümer noch zugewiesen war: Aufgrund der bestehenden Besitzberechti-

---

[346] BGH VIII ZR 235/63, NJW 1964, 1853 Rn. 15 (juris); BGH XII ZR 194/93, BGHZ 131, 297 = NJW 1996, 838 (839) Rn. 34ff. (juris); BeckOGK/*Emmerich* BGB § 540 Rn. 61; BeckOK BGB/*Wendehorst* § 816 Rn. 7 mwN; *Derleder* WuM 2011, 551 (556); Erman/*Lützenkirchen,* 16. Aufl. 2020, BGB § 540 Rn. 87f.; *Koch/Wallimann* JZ 2016, 342ff.; MüKoBGB/*Schwab* § 812 Rn. 300f., § 816 Rn. 13; → 14. Aufl. 2019, BGB § 540 Rn. 15; Staudinger/*Lorenz,* 2007, BGB § 816 Rn. 7; anders für den Ausnahmefall, in dem der Vermieter dem Mieter die Mietsache aufgrund gesetzlicher Anordnung überlassen musste BGH V ZR 228/00, NJW 2002, 60.

[347] BGH XII ZR 194/93, BGHZ 131, 297 = NJW 1996, 838 (839) Rn. 50 (juris); Staudinger/*Thole,* 2019, BGB Vor § 987 Rn. 57 mwN.

[348] So zutr. BGH XII ZR 194/93, BGHZ 131, 297 = NJW 1996, 838 (839) Rn. 49 (juris).

[349] Siehe RGZ 106, 109 (111f.); RGZ 124, 325 (327); BGH VI ZR 259/52, BGHZ 13, 1 = NJW 1954, 953 Rn. 31 (juris); BGH XI ZR 156/05, NJW 2007, 216 Rn. 21; Erman/*Artz,* 16. Aufl. 2020, BGB § 883 Rn. 46; *Fervers* JURA 2015, 729 (737); *Koch/Wallimann* JZ 2016, 343; Staudinger/*Kesseler,* 2020, BGB § 883 Rn. 246; *Staudinger/Emmerich,* 2018, BGB Vor § 535 Rn. 19.

[350] BGH XII ZR 194/93, BGHZ 131, 297 = NJW 1996, 838 (839) Rn. 46f. (juris); *Koch/Wallimann* JZ 2016, 343.

[351] MüKoBGB/*Mohr* § 1093 Rn. 1, 5; Staudinger/*Reymann,* 2017, BGB § 1093 Rn. 1, 7.

gung des Vermieters konnte der Eigentümer seinerseits keinen weiteren Mietzins mit einer weiteren Vermietung erzielen.[352]

**b) Anspruch des Eigentümers auf Zahlung eines fiktiven Untermietzuschlages.** 114
Zutreffend ist es dagegen, wenn man **entgegen der hM einen Anspruch des Eigentümers auf die Zahlung eines fiktiven Untermietzuschlags nach § 812 Abs. 1 S. 1 Alt. 2 BGB bejaht.**[353] Denn das Bestehen eines wirksamen Hauptmietverhältnisses führt zwar wie gezeigt dazu, dass dem Eigentümer die Nutzungsbefugnis nicht mehr zugewiesen ist. Was ihm aber zugewiesen bleibt, ist die Entscheidung über die Untervermietung selbst,[354] wobei die Gestattung der Untervermietung selbst einen entsprechenden Marktwert (§ 553 Abs. 2 BGB) besitzen kann. Der Hauptmieter und Untervermieter greift durch die Untervermietung also zwar nicht in das Nutzungsrecht des Eigentümers ein; er greift aber in die Entscheidungsbefugnis des Eigentümers bzgl. der Untervermietung ein und verschafft sich so die Untervermietung, obwohl er für die Erlaubnis des Vermieters uU einen entsprechenden Untermietzuschlag hätte zahlen müssen.[355]

### 2. Kein wirksames Hauptmietverhältnis zwischen Eigentümer und Vermieter

Hat zum Zeitpunkt der Vermietung durch den nichtberechtigten Vermieter zwischen dem 115
Eigentümer und dem Vermieter entweder niemals ein Hauptmietverhältnis bestanden oder ist ein bestehendes Hauptmietverhältnis nachträglich weggefallen, so kann der Eigentümer vom Vermieter Nutzungsersatz nach den §§ 987 ff. BGB verlangen.[356] Technisch wird dieser Anspruch dadurch ermöglicht, dass der Vermieter – anders als bei Bestehen eines wirksamen Hauptmietverhältnisses – nicht berechtigter, sondern unberechtigter Besitzer ist, sodass der Weg für die §§ 987 ff. BGB frei ist. Wertungsmäßig ist ein Anspruch des Eigentümers auf Nutzungsersatz in diesen Fällen deshalb richtig, weil bei Fehlen eines Hauptmietverhältnisses die Nutzungsbefugnis nicht dem Vermieter, sondern dem Eigentümer zugewiesen ist.[357] Der Eigentümer hat sich gerade nicht seines Nutzungsrechtes begeben, sondern der Vermieter hat schlicht ohne Gestattung eine fremde Sache vermietet.

## III. Die Ansprüche des Eigentümers gegen den Untermieter

Auch die Frage, welche Ansprüche dem Eigentümer gegen den nicht zum Besitz berechtigten 116
(Unter-)Mieter zustehen, hängt davon ab, ob der Mieter durch die Nutzung in eine Rechtsposition eingegriffen hat, die bereicherungsrechtlich (noch) dem Eigentümer zugewiesen war oder nicht.

### 1. Wirksames Hauptmietverhältnis zwischen Eigentümer und Vermieter

Bestand zum Zeitpunkt der Nutzung durch den Mieter ein wirksames Hauptmietverhältnis 117
zwischen Eigentümer und Vermieter, so kann der Eigentümer vom Untermieter **bereicherungsrechtlich keinen Nutzungsersatz** verlangen: Ein Anspruch des Eigentümers gegen den Mieter nach § 812 Abs. 1 S. 1 Alt. 2 BGB scheitert wiederum daran, dass die Nutzung der Räumlichkeiten dem Eigentümer aufgrund seiner Vermietung an den Hauptmieter **nicht mehr zugewiesen** war. Hat also V Räumlichkeiten bei E gemietet und vermietet V diese unbefugt an M unter, so erhält E von M keinen Ersatz nach § 812 Abs. 1 S. 1 Alt. 2 BGB. Dieses Ergebnis ist auch sachgerecht. Denn andernfalls erhielte E nicht nur nach § 535 Abs. 2 BGB den Mietzins von V, sondern könnte mit einem zusätzlichen Nutzungsersatzanspruch gegen M den Nutzungswert seiner Sache doppelt liquidieren und würde auf diese Weise offensichtlich überkompensiert.

Dieses **an sich stimmige Ergebnis** wird nun aber **scheinbar durch das Eingreifen der** 118
**§§ 987 ff. BGB verfälscht.**[358] Denn weil V gegenüber E zur Überlassung der Sache an den M

---

[352] BGH XII ZR 194/93, BGHZ 131, 297 = NJW 1996, 838 (839) Rn. 48 (juris); BeckOGK/*Emmerich* BGB § 540 Rn. 61; *Derleder* WuM 2011, 551 (556); MüKoBGB/*Schwab* § 812 Rn. 301.

[353] BeckOK BGB/*Wendehorst* § 812 Rn. 128; *Koch/Wallimann* JZ 2016, 343 ff.; **anders die hM,** s. BGH VIII ZR 235/63, NJW 1964, 1853; BGH XII ZR 194/93, BGHZ 131, 297 = NJW 1996, 838: BeckOGK/*Emmerich* BGB § 540 Rn. 61; → 14. Aufl. 2019, BGB § 540 Rn. 15.

[354] BeckOK BGB/*Wendehorst* § 812 Rn. 128; Staudinger/*Lorenz,* 2007, BGB § 812 Rn. 7.

[355] *Koch/Wallimann* JZ 2016, 342 (343 ff.).

[356] BGH XII ZR 76/08, NZM 2009, 701 (zu § 989 BGB); BeckOK BGB/*Wendehorst* § 816 Rn. 7; *Koch/Wallimann* JZ 2016, 342 (343 ff.); MüKoBGB/*Schwab,* § 812 Rn. 303 f.

[357] Siehe BGH XII ZR 76/08, NZM 2009, 701 Rn. 30 f.; MüKoBGB/*Schwab* § 812 Rn. 303 f.

[358] Hierzu bereits *Gsell/Fervers* ZfPW 2021, 1 (22 f.).

nicht berechtigt war, hatte E gegen M gem. §§ 985, 986 Abs. 1 S. 2 BGB einen Herausgabeanspruch, sodass zwischen E und M zum Zeitpunkt der Nutzung durch M ein Eigentümer-Besitzer-Verhältnis vorlag. Sollte M also zumindest grob fahrlässig[359] verkannt haben, dass ihm kein (abgeleitetes) Besitzrecht an der Sache zustand oder sollte eine Herausgabeklage des E gegen M rechtshängig geworden sein, so würde M nach §§ 987 Abs. 1, 990 BGB bzw. nach § 987 Abs. 1 BGB an sich auf Nutzungsherausgabe haften.[360]

119 **Bei diesem Ergebnis** kann es jedoch aus den bereits genannten Gründen **nicht bleiben.** Es ist schlechterdings kein nachvollziehbarer Grund dafür ersichtlich, warum hier eine offensichtliche Überkompensation zum Vorteil des Eigentümers sinnvoll sein sollte. Auch wäre nicht zu erklären, warum zur Vermeidung einer Überkompensation einerseits (auch nach ganz hM) verhindert werden muss, dass der Eigentümer vom Vermieter den erlangten Untermietzins herausverlangen kann (→ Rn. 113), warum aber andererseits der Eigentümer vom Untermieter Nutzungsersatz verlangen können soll; die Gefahr der Überkompensation des Eigentümers ist in beiden Fällen exakt die gleiche. Die Ursache für die unterschiedliche Behandlung beider Situationen durch das Gesetz liegt darin, dass die §§ 987 ff. BGB in rechtspolitisch verfehlter Art und Weise die bereicherungsrechtlichen Wertungen zum Zuweisungsgehalt ignorieren. De lege ferenda ist diese Tatsache einer von zahlreichen Gründen, die für die ersatzlose Streichung der §§ 987 ff. BGB sprechen.[361] De lege lata ist diesem Widerspruch durch eine **teleologische Reduktion der §§ 987 ff. BGB** Rechnung zu tragen: Sofern die Nutzung der Sache dem Eigentümer bereicherungsrechtlich nicht mehr zugewiesen war, sind die §§ 987 ff. BGB teleologisch zu reduzieren und ist ein Nutzungsersatzanspruch des Eigentümers gegen den Besitzer ausgeschlossen.[362]

### 2. Kein wirksames Hauptmietverhältnis zwischen Eigentümer und Vermieter

120 Hat dagegen zwischen dem Eigentümer und dem nichtberechtigten Vermieter niemals ein Hauptmietverhältnis bestanden oder ist ein bestehendes Hauptmietverhältnis zwischenzeitlich weggefallen, so kann der Eigentümer vom Mieter – die Unredlichkeit von Vermieter und Mieter (§ 991 Abs. 1 BGB) vorausgesetzt – Nutzungsersatz nach den §§ 987 ff. BGB verlangen.[363]

121 Anders als bei Bestehen eines wirksamen Hauptmietverhältnisses ist hier auch **keine teleologische Reduktion der §§ 987 ff. BGB** aufgrund bereicherungsrechtlicher Wertungen geboten. Denn anders als bei Existenz eines wirksamen Hauptmietverhältnisses bestünde – das Fehlen der Sperrwirkung nach § 993 Abs. 1 Hs. 2 BGB unterstellt – auch bereicherungsrechtlich ein Anspruch des Eigentümers gegen den Mieter aus der Nichtleistungskondiktion nach § 812 Abs. 1 S. 1 Alt. 2, § 818 Abs. 2 Alt. 1 BGB: Wenn nämlich kein wirksames Hauptmietverhältnis vorliegt, dann ist alleine der Eigentümer zum Besitz berechtigt und dann ist die **Nutzung der Räumlichkeiten bereicherungsrechtlich auch dem Eigentümer zugewiesen.** Der Mieter erlangt deshalb in diesem Fall die Nutzung auch auf Kosten des Eigentümers. Einem bereicherungsrechtlichen Anspruch des Eigentümers gegen den Mieter nach § 812 Abs. 1 S. 1 Alt. 2 BGB steht auch **nicht der „Vorrang der Leistungskondiktion" entgegen,** weil der Mieter die Nutzung der Wohnung „durch Leistung des nichtberechtigten Vermieters" erlangt hätte.[364] Eine mechanische Regel

---

359 Nach ganz hM gilt für die Bösgläubigkeit des Besitzers iRd § 990 Abs. 1 BGB stets § 932 Abs. 2 BGB analog (*Baur/Stürner,* Sachenrecht, 18. Aufl. 2009, § 11 Rn. 6; *Berg* JuS 1972, 83 (85); *Brox* JZ 1965, 516 f.; *Buchwitz* JURA 2011, 871 (873); MüKoBGB/*Raff* § 990 Rn. 3; Staudinger/*Gursky,* 2012, BGB § 990 Rn. 10; Staudinger/*Thole,* 2019, BGB § 990 Rn. 10; *Westermann/Gursky/Eickmann,* Sachenrecht, 8. Aufl. 2011, § 30 Rn. 5, § 31 Rn. 6; s. ferner die umfangreichen Nachw. bei *Fervers* AcP 217 (2017), 34 (36) Fn. 2; zur Unrichtigkeit dieser Auffassung ausf. *Fervers* AcP 217 (2017), 34 ff.

360 § 991 Abs. 1 BGB ist bei berechtigtem Besitz des mittelbaren Besitzers (hier: des V) nicht anwendbar, s. Staudinger/*Thole,* 2019, BGB § 991 Rn. 5.

361 *Gsell/Fervers* ZfPW 2021, 1 ff.

362 Für den Fall der Sicherungsübereignung ebenso *von Olshausen* ZIP 2007, 1145 (1147 f.); dem folgend *Fervers* JURA 2015, 729 (736 f., 739); nicht erwogen von BGH XI ZR 156/05, NJW 2007, 216.

363 Siehe BGH V ZR 85/65, MDR 1969, 128 Rn. 8 ff. (juris); BGH V ZR 106/04, NZM 2005, 830 Rn. 6 (juris); BGH V ZR 218/13, NZM 2014, 582 Rn. 6; MüKoBGB/*Schwab* § 812 Rn. 304; → 14. Aufl. 2019, BGB § 540 Rn. 13.

364 So aber *Greiner* ZMR 1998, 403 (405 f.); der BGH hat sich mit diesem Einwand in BGH V ZR 106/04, *NZM 2005, 830 Rn. 6 (juris)* nicht auseinandergesetzt; gegen einen Anspruch des Eigentümers gegen den Mieter auch KG BeckRS 2004, 17587 Rn. 26 mit der – an den Vorrang der Leistungskondiktion angelehnten – Begründung, die Vermögensverschiebung habe sich unmittelbar nur zwischen dem Vermieter und dem Mieter vollzogen.

eines „Vorrangs der Leistungskondiktion" bzw. einer „Subsidiarität der Eingriffskondiktion" gibt es nämlich überhaupt nicht.[365] Eine solche Regel liefe darauf hinaus, dass man das, was man von einem anderen erhalten hat, niemals an den Rechtsinhaber herausgeben müsste. Das ist allerdings nur in besonderen Konstellationen der Fall, nämlich insbes. in den Konstellationen des gutgläubigen Erwerbs:[366] Der gutgläubige Erwerb ist nach § 932 BGB auch dem (früheren) Eigentümer gegenüber wirksam und kondiktionsfest.[367] Scheitert ein gutgläubiger Erwerb dagegen nach § 935 BGB, steht der Eingriffskondiktion des Eigentümers auch nicht der Subsidiaritätsgrundsatz entgegen.[368] Dementsprechend kann sich der Mieter auch hier nicht auf einen „Vorrang der Leistungskondiktion" berufen; denn ein gutgläubigen Erwerb obligatorischer Besitzrechte ist von vornherein schon gar nicht möglich, die Vermietung durch einen Nichtberechtigten ist dem Eigentümer gegenüber gerade nicht wirksam,[369] sodass bei Vermietung einer fremden Sache die Nutzungen als Teil der Sachsubstanz[370] nach wie vor dem Eigentümer gebühren. Anders als im Falle des § 932 BGB gibt es also gerade keinen Rechtssatz, der es dem Mieter erlauben würde, den auf Kosten des Eigentümers erlangten Gegenstand behalten zu dürfen. Es bleibt deshalb dabei, dass der Eigentümer vom Mieter nach § 812 Abs. 1 S. 1 Alt. 2, § 818 Abs. 2 Alt. 1 BGB einen Anspruch auf Nutzungsersatz hätte, sodass auch die Nutzungsherausgabepflicht nach §§ 987 ff. BGB keiner Korrektur bedarf.

Ist der Mieter dagegen **redlicher Besitzer,** so scheidet ein Nutzungsersatzanspruch nach den §§ 987 ff. BGB aus und ist auch ein Anspruch aus § 812 Abs. 1 S. 1 Alt. 2 BGB gem. § 993 Abs. 1 Hs. 2 BGB gesperrt. Dieses Ergebnis ist zwar rechtspolitisch verfehlt: Es existiert kein nachvollziehbarer Grund dafür, warum der Eigentümer schlechter behandelt werden sollte als jeder andere Rechtsinhaber und warum bei der Nutzung fremden Eigentums die Verpflichtung zum Wertersatz von der Redlichkeit des Nichtberechtigten abhängen und warum der Mieter nicht nach dem Grundsatz der Relativität der Schuldverhältnisse auf seinen Vertragspartner verwiesen sein sollte.[371] De lege ferenda sprechen diese Gesichtspunkte (neben vielen anderen) für die Abschaffung der §§ 987 ff. BGB. De lege lata ist angesichts der klaren in §§ 987 ff., 993 Abs. 1 Hs. 2 BGB zum Ausdruck gekommenen gesetzgeberischen Entscheidung, nur den redlichen Besitzer auf Herausgabe der Nutzungen haften zu lassen,[372] eine Korrektur jedoch wohl nicht möglich. **122**

### IV. Die Rechte des Mieters gegenüber dem Vermieter

Ist der Vermieter gegenüber dem Eigentümer zur Besitzüberlassung an den Mieter nicht befugt, so ist die Vermietung gegenüber dem Eigentümer unwirksam und ist der Mieter gegenüber dem Eigentümer zur Herausgabe nach § 985 BGB und ggf. zum Nutzungsersatz verpflichtet (→ Rn. 116 ff.), sodass sich die Frage stellt, ob der nichtberechtigte Vermieter vom Mieter gleichwohl Zahlung der (vollen) Miete verlangen kann und welche Rechte dem Mieter gegen den Vermieter zustehen. **123**

---

[365] OLG Celle NJW-RR 2006, 1307 Rn. 37; Staudinger/*Auer,* BGB – Eckpfeiler des Zivilrechts, 7. Aufl. 2020, Kap. S Rn. 19; BeckOK BGB/*Wendehorst* § 812 Rn. 31 f.; *Canaris* FS Larenz, 1973, 799 ff.; *Canaris* WM 1980, 354 (367 ff.); MüKoBGB/*Füller* § 951 Rn. 20; MüKoBGB/*Lieb,* 4. Aufl. 2004, § 812 Rn. 24; *Thomale/Zimmermann* AcP 217 (2017), 246 ff.

[366] Ausf. *Gsell/Fervers,* ZfPW 2021, 1 (12 ff.).

[367] BGH VII ZR 218/60, BGHZ 36, 56 = NJW 1962, 299 (300); BeckOGK/*Klinck* BGB § 932 Rn. 71; MüKoBGB/*Oechsler* § 932 Rn. 72; implizit auch *Baur/Stürner,* Sachenrecht, 18. Aufl. 2009, § 52 Rn. 33.

[368] BGH VIII ZR 261/69, BGHZ 55, 176 = NJW 1971, 612; OLG Saarbrücken BeckRS 2010, 10792; MüKoBGB/*Füller* § 951 Rn. 21.

[369] MüKoBGB/*Schwab* § 812 Rn. 304.

[370] Ausf. *Gsell/Fervers* ZfPW 2021, 1 (11 f.).

[371] Ausf. *Gsell/Fervers* ZfPW 2021, 1 (11 ff.).

[372] So auch ausdrücklich Motive, Bd. III, S. 401: „Der erste Absatz des § 930 enthält eine positive Ausnahme von den Bestimmungen über die Haftung des Besitzers oder des Inhabers aus ungerechtfertigter Bereicherung, sofern die Bereicherung in den Nutzungen besteht, welche der Besitzer oder der Inhaber aus der fremden Sache gezogen hat und welche nach der Vorschrift des § 748 Abs. 1 herauszugeben sein würden […] Die regelmäßige Kondizierbarkeit der von dem Besitzer oder dessen Vertreter in der Ausübung der thatsächlichen Gewalt gezogenen Nutzungen würde zu einer Ueberspannung des Eigenthumsschutzes führen […]".

**1. Das Vorliegen eines Mietmangels**

124 Gemäß § 536 Abs. 3 BGB gelten § 536 Abs. 1 und Abs. 2 BGB zum Mietmangel und zur zugesicherten Eigenschaft entsprechend, wenn der vertragsgemäße Gebrauch der Mietsache dem Mieter durch das Recht eines Dritten ganz oder zum Teil entzogen wird.[373] **Nach völlig hM** folgt daraus, dass der Bestand von Rechten Dritter, die dem Besitzrecht des Mieters vorgehen, per se noch **keine Leistungsstörung** darstellt.[374] Vielmehr muss der Dritte seine Rechte nach hM auch geltend gemacht haben, wobei keine tatsächliche oder gerichtliche Durchsetzung erforderlich sein, sondern vielmehr auch schon eine mündliche Androhung des Dritten genügen soll, wenn sie für den Mieter Anlass genug ist, den Gebrauch zu unterlassen oder aufzugeben.[375] Sofern der Eigentümer also die Geltendmachung seiner Ansprüche gegen den Mieter nicht zumindest angedroht hat, hätte der Mieter gegen den Vermieter somit nach ganz hM keine Mängelrechte.

125 **Der Ansatz der hM vermag nicht zu überzeugen.** Vielmehr stellt **die fehlende Befugnis des Vermieters zur Besitzüberlassung sehr wohl einen Mietmangel dar** und zwar vollkommen unabhängig davon, ob der Eigentümer die Durchsetzung seiner Rechte androht oder sie in sonstiger Weise geltend macht. Denn die fehlende Befugnis des Vermieters zur Besitzüberlassung an den Mieter führt doch dazu, dass **der Mieter jederzeit damit rechnen muss, die Wohnung sofort nach § 985 BGB räumen zu müssen.** Es bedarf kaum weiterer Erläuterung, dass es einen ganz erheblichen Unterschied macht, ob der Mieter mit Abschluss des Mietvertrags ein Recht zum Besitz erwirbt und sich darauf verlassen kann, die Wohnung nur im Falle einer wirksamen Kündigung durch den Vermieter räumen zu müssen oder ob er die ganze Zeit über einem Räumungsanspruch nach § 985 BGB ausgesetzt ist. Keinesfalls ist es dem Mieter zumutbar, trotz eines bestehenden Räumungsanspruchs die Räumlichkeiten zu beziehen bzw. weiterzunutzen und sich darauf verweisen zu lassen, ein Mangel liege erst dann vor, wenn der Eigentümer tatsächlich die Räumung verlangt. Zudem ist zu berücksichtigen, dass der Mieter die Miete gem. §§ 556b Abs. 1, 579 Abs. 2 BGB im Voraus zu entrichten hat; und es ist dem Mieter unter keinen Umständen zuzumuten, im Voraus die Miete für einen Zeitabschnitt zu entrichten, während dem er jederzeit von einem Dritten außer Besitz gesetzt werden kann. Die These, vor der Geltendmachung der Rechte durch den Eigentümer liege kein Mangel vor, ist außerdem **inkompatibel mit der Tatsache, dass der Eigentümer gegen den Mieter Ansprüche auf Nutzungsersatz nach den §§ 987ff. BGB haben kann.** Erfährt bspw. der Mieter nach Vertragsschluss, dass der Vermieter gar nicht Eigentümer der Wohnung ist und dass auch kein wirksames Hauptmietverhältnis besteht, so ist der Mieter bei weiterer Nutzung der Wohnung einem Nutzungsersatzanspruch des Eigentümers nach §§ 987 Abs. 1, 990 Abs. 1 BGB ausgesetzt. Stellt man sich nun aber auf den Standpunkt, dass ein Mangel erst dann vorliegt, wenn der Eigentümer seine Rechte geltend macht, so müsste der Mieter weiterhin die volle Miete an den nichtberechtigten Vermieter zahlen und dann – wenn

---

[373] Obwohl nach hM die §§ 536ff. BGB im Grundsatz erst nach Gebrauchsüberlassung Anwendung finden (BGH XII ZR 192/95, BGHZ 136, 102 = NJW 1997, 2813; HK-BGB/*Scheuch* § 536 Rn. 3), wird § 536 Abs. 3 BGB auch dann angewendet, wenn der vertragsgemäße Gebrauch aufgrund des Rechtsmangels gar nicht erst gewährt wird (BGH V ZR 115/90, NJW 1991, 3277 (3278); BeckOGK/*Bieder* BGB § 536 Rn. 68; MüKo-BGB/*Häublein* § 536 Rn. 31).

[374] BGH VIII ZR 69/73, NJW 1975, 44 (46); BGH VIII ZR 328/85, NJW-RR 1987, 526 (527); BGH V ZR 115/90, NJW 1991, 3277; BGH XII ZR 30/93, NJW-RR 1995, 715; BGH XII ZR 134/97, NZM 1999, 875 (876); BGH IX ZR 128/07, NJW 2008, 2771 Rn. 8; OLG Hamm NJW-RR 1987, 1304; KG BeckRS 2005, 12689 Rn. 9ff.; OLG Düsseldorf ZMR 2012, 436; BeckOGK/*Bieder* BGB § 536 Rn. 68 (anders allerdings in BeckOGK/*Bieder* BGB § 536 Rn. 63 für öffentlich-rechtliche Beschränkungen); BeckOK BGB/*Wiederhold* § 536 Rn. 104; BeckOK MietR/*Schüller* BGB § 536 Rn. 10; Blank/Börstinghaus/*Blank/Börstinghaus* BGB § 536 Rn. 212; *Eisenschmid* jurisPR-MietR 21/2008 Anm. 1; Erman/*Lützenkirchen,* 16. Aufl. 2020, BGB § 536 Rn. 52, § 540 Rn. 99; Herrlein/Knops/Spiegelberg/*Korff,* Kommentar zum Mietrecht, 5. Aufl. 2021, BGB § 536 Rn. 52; HK-BGB/*Scheuch* § 536 Rn. 13; Jauernig/*Teichmann* § 536 Rn. 14; jurisPK-BGB/*Münch,* 9. Aufl. 2020, § 536 Rn. 211; Lützenkirchen/*Lützenkirchen,* 3. Aufl. 2021, BGB § 536 Rn. 267; MüKoBGB/*Häublein* § 536 Rn. 30f.; → 14. Aufl. 2019, BGB § 536 Rn. 292; Staudinger/*Emmerich,* 2018, BGB § 536 Rn. 79.

[375] BGH VIII ZR 69/73, NJW 1975, 44 (46); BGH XII ZR 30/93, NJW-RR 1995, 715; BGH XII ZR 215/94, NJW 1996, 46 (47); BGH IX ZR 128/07, NJW 2008, 2771 Rn. 9; OLG Düsseldorf ZMR 2012, 436; BeckOGK/*Bieder* BGB § 536 Rn. 69; BeckOK BGB/*Wiederhold* § 536 Rn. 104; Blank/Börstinghaus/*Blank/Börstinghaus* BGB § 536 Rn. 212; *Eisenschmid* jurisPR-MietR 21/2008 Anm. 1; Erman/*Lützenkirchen,* 16. Aufl. 2020, BGB § 536 Rn. 52; HK-BGB/*Scheuch* § 536 Rn. 13; Jauernig/*Teichmann* § 536 Rn. 7; Lützenkirchen/*Lützenkirchen,* 3. Aufl. 2021, BGB § 536 Rn. 267; MüKoBGB/*Häublein* § 536 Rn. 31; → 14. Aufl. 2019, BGB § 536 Rn. 292; Staudinger/*Emmerich,* 2018, BGB § 536 Rn. 79.

der Eigentümer seinen Nutzungsersatzanspruch geltend macht – noch einmal die zwischenzeitlich aufgelaufene volle Marktmiete für den gesamten Zeitraum an den Eigentümer. Und selbst wenn man mit der Geltendmachung des Nutzungsersatzanspruchs durch den Eigentümer auch einen „Mangel für die Vergangenheit" bejahen wollte und dem Mieter deshalb das Recht zugesteht, die gezahlte Miete vom Vermieter zurückzufordern, so müsste der Mieter trotzdem die Prozesslast und das Insolvenzrisiko des Vermieters tragen. Wiederum bedarf es kaum weiterer Erläuterung, dass es eine schwerwiegende Beeinträchtigung für den Mieter darstellt, wenn er zunächst die Miete an den nichtberechtigten Vermieter zahlen und sich darauf verweisen lassen muss, es liege ja noch gar kein Mangel vor und er könne die Miete ja zurückfordern, wenn der Eigentümer seinen Nutzungsersatzanspruch geltend macht. Zudem ist **der Vermieter,** der als Nichtberechtigter eine fremde Sache vermietet, **unter keinem Gesichtspunkt schutzwürdig.** Es ist schlicht nicht ersichtlich, wieso der nichtberechtigte Vermieter berechtigt sein sollte, bis zur Geltendmachung der Rechte durch den Eigentümer vom Mieter die (volle) Miete zu fordern. Die fehlende Befugnis des Vermieters zur Besitzüberlassung stellt deshalb einen Mietmangel dar. Diese Sichtweise steht auch nicht etwa im Widerspruch zum Wortlaut des § 536 Abs. 3 BGB. Denn der *vertragsgemäße* Gebrauch wird dem Mieter nicht nur dann entzogen, wenn er tatsächlich den Gebrauch aufgibt; vielmehr gehört zum vertragsgemäßen Gebrauch auch schon die Tatsache, dass der Mieter nicht jederzeit damit rechnen muss, die Wohnung räumen und für den Gebrauch zusätzlich Nutzungsersatz an den Eigentümer entrichten zu müssen.

**2. Die einzelnen Rechte des Mieters**

**a) Recht zur Beendigung des Mietverhältnisses.** Hat der Vermieter den Mieter über seine fehlende Befugnis zur Besitzüberlassung nicht (ungefragt) aufgeklärt, so ist der Mieter zunächst zur **Anfechtung wegen arglistiger Täuschung nach § 123 Abs. 1 Alt. 1 BGB** berechtigt. Zudem hat der Mieter das Recht zur **außerordentlichen fristlosen Kündigung nach § 543 Abs. 2 S. 1 Nr. 1 BGB.** Beide Rechte bestehen wie gezeigt vollkommen unabhängig davon, ob der Eigentümer seinen Anspruch nach § 985 BGB geltend macht und auch unabhängig davon, ob ein wirksames Hauptmietverhältnis vorliegt oder nicht; es genügt, wenn der Eigentümer überhaupt vom Mieter Herausgabe nach § 985 BGB verlangen kann. 126

**b) Minderung nach § 536 BGB.** Hinsichtlich der Frage, um welchen Prozentsatz sich die Miete nach § 536 BGB mindert, ist zu berücksichtigen, dass der Mangel der fehlenden Befugnis zur Überlassung zwei verschiedene Folgen hat: Den Herausgabeanspruch des Eigentümers nach § 985 BGB und einen möglichen Nutzungsersatzanspruch des Eigentümers gegen den Mieter nach den §§ 987 ff. BGB. 127

Besteht kein wirksames Hauptmietverhältnis und **kann der Eigentümer deshalb vom Mieter Nutzungsersatz nach den §§ 987 ff. BGB verlangen** (→ Rn. 120 ff.), **so mindert sich die Miete sofort um 100%** und zwar unabhängig davon, ob und wann der Eigentümer den Nutzungsersatzanspruch geltend macht. Denn wenn der Mieter verpflichtet ist, ohnehin noch einmal die volle Marktmiete an den Eigentümer zu entrichten, so liegt überhaupt keine werthaltige Gebrauchsüberlassung durch den Vermieter vor. Der nichtberechtigte Vermieter kann keine Miete mit einer Leistung verdienen, für die der Mieter ohnehin die volle Vergütung an den Berechtigten bezahlen muss. 128

Besteht dagegen ein wirksames Hauptmietverhältnis und **steht dem Vermieter deshalb kein Nutzungsersatzanspruch gegen den Mieter zu** (→ Rn. 116 ff.), **so mindert sich die Miete zumindest teilweise.** Sofern der Eigentümer seinen Herausgabeanspruch nach § 985 BGB geltend macht, mindert sich die Miete um 100%;[376] denn ab diesem Zeitpunkt ist die „Gebrauchsüberlassung" durch den Vermieter nichts mehr wert. Aber **auch in dem Zeitraum, in dem der Eigentümer den Herausgabeanspruch (noch) nicht geltend gemacht hat, ist die Miete anteilig zu mindern.** Denn auch wenn der Herausgabeanspruch nicht geltend gemacht wird, ist der Mieter diesem Anspruch gleichwohl die ganze Zeit über objektiv ausgesetzt und es beeinträchtigt den Wert der Gebrauchsüberlassung erheblich, wenn der Mieter jederzeit ohne das Vorliegen einer wirksamen Kündigung den Besitz an der Sache verlieren kann. Für diesen Mangel erscheint eine Minderungsquote von **mindestens 30%** angemessen. Diese Mietminderung tritt auch unab- 129

[376] So auch die hM, s. OLG Düsseldorf ZMR 2012, 436 Rn. 5 (juris); Erman/*Lützenkirchen,* 16. Aufl. 2020, BGB § 540 Rn. 99.

hängig davon ein, ob der Mieter von der fehlenden Berechtigung des Vermieters weiß und auch dann, wenn der Eigentümer seinen Herausgabeanspruch bis zur Beendigung des Mietverhältnisses niemals geltend macht. Der Vermieter kann sich nicht darauf berufen, der Mieter habe ja letztlich ungestört in der Wohnung wohnen können und es sei ja letztlich durch die fehlende Geltendmachung gar nicht zu einer Gebrauchsbeeinträchtigung gekommen. Denn der Wert der Gebrauchsüberlassung war die ganze Zeit über bereits aufgrund der *Möglichkeit* einer Geltendmachung des § 985 BGB durch den Eigentümer objektiv gemindert. Wer ein Auto mit einer defekten Bremsvorrichtung vermietet, kann auch dann nicht den vollen Mietzins verlangen, wenn es trotz dieses Defekts auf der Fahrt glücklicherweise zu keinen Beeinträchtigungen gekommen ist; denn schon die Möglichkeit eines schweren Unfalls mindert selbstverständlich den objektiven Wert der Gebrauchsüberlassung. Aus dem gleichen Grund ist die Miete bereits aufgrund der Tatsache herabzusetzen, dass die Gebrauchsüberlassung überhaupt mit einem Anspruch eines Dritten nach § 985 BGB „belastet" ist. Wenn der Mieter also erfährt, dass der Vermieter zur Besitzüberlassung an ihn überhaupt nicht befugt war, so kann der Mieter vom Vermieter die bis zu diesem Zeitpunkt gezahlte Miete anteilig nach § 812 Abs. 1 S. 1 Alt. 1 BGB zurückfordern.

130 **c) Anspruch auf Schadensersatz nach § 536a Abs. 1 BGB.** Zusätzlich kann der Mieter nach § 536a Abs. 1 BGB Schadensersatz und damit Ersatz sämtliche Vermögenseinbußen verlangen, die aufgrund der fehlenden Befugnis des Vermieters zur Besitzüberlassung entstehen.[377] Hierzu zählen insbes. Kosten, die durch die nach § 985 BGB veranlasste Räumung oder eine mangelbedingte Kündigung des Mieters entstehen.[378] In Betracht kommen insbes. Umzugskosten,[379] eine vorübergehende Unterbringung im Hotel,[380] Mehrkosten für die Anmietung von Ersatzräumen,[381] Einnahmeausfälle (insbes. bei der Geschäftsraummiete),[382] sowie die Kosten der Rechtsverfolgung gegenüber dem Vermieter.[383]

## G. Der Mietvertrag als Verbrauchervertrag

### I. Die Kriterien für das Vorliegen eines Verbrauchervertrags

#### 1. Der Mieter als Verbraucher

131 Gemäß § 13 BGB ist als Verbraucher jede natürliche Person anzusehen, die ein Rechtsgeschäft zu Zwecken abschließt, die überwiegend weder ihrer gewerblichen noch ihrer selbständigen beruflichen Tätigkeit zugerechnet werden können. Werden Räume deshalb zu gewerblichen Zwecken gemietet, so ist der Mieter[384] nicht als Verbraucher anzusehen,[385] während die Verbrauchereigenschaft bei der Wohnraummiete in aller Regel zu bejahen ist.[386]

[377] Vgl. Erman/*Lützenkirchen*, 16. Aufl. 2020, BGB § 536 Rn. 13; MüKoBGB/*Häublein* § 536a Rn. 14.

[378] Die Schäden einer mangelbedingten Kündigung sind nach § 536a Abs. 1 BGB ersatzfähig, s. BGH VIII ZR 239/72, MDR 1974, 838 Rn. 19 (juris); BGH VIII ZR 191/12, NZM 2013, 675 Rn. 9f.; BGH XII ZR 126/11, NZM 2013, 122 Rn. 20ff., 35; BGH XII ZR 153/15, NZM 2017, 73 Rn. 19; BeckOGK/*Bieder* BGB § 536 Rn. 25; Staudinger/*Emmerich*, 2018, BGB § 536 Rn. 17a.

[379] Siehe BGH XII ZR 126/11, NZM 2013, 122 (124) Rn. 36; BGH VIII ZR 191/12, NZM 2013, 675 (676) Rn. 9; BGH XII ZR 153/15, NZM 2017, 73 Rn. 21; LG Duisburg WuM 1989, 14 Rn. 7 (juris); LG Hamburg WuM 1989, 285 Rn. 2ff. (juris); Erman/*Lützenkirchen*, 16. Aufl. 2020, BGB § 536 Rn. 14; Staudinger/*Emmerich*, 2018, BGB § 536 Rn. 21.

[380] Siehe Erman/*Lützenkirchen*, 16. Aufl. 2020, BGB § 536 Rn. 14; Staudinger/*Emmerich*, 2018, BGB § 536 Rn. 21.

[381] Siehe BGH VIII ZR 239/72, MDR 1974, 838 Rn. 21 (juris); OLG Düsseldorf WuM 2003, 386 Rn. 5ff. (juris); BeckOGK/*Bieder* BGB § 536a Rn. 25; Erman/*Lützenkirchen*, 16. Aufl. 2020, BGB § 536 Rn. 14; Staudinger/*Emmerich*, 2018, BGB § 536 Rn. 21.

[382] Siehe Erman/*Lützenkirchen*, 16. Aufl. 2020, BGB § 536 Rn. 14.

[383] Siehe LG Offenburg WuM 1984, 300 Rn. 16ff. (juris); BeckOGK/*Bieder* BGB § 536a Rn. 24; Staudinger/*Emmerich*, 2018, BGB § 536 Rn. 20.

[384] Zur Verbrauchereigenschaft der WEG BGH VIII ZR 243/13, BGHZ 204, 325 = NZM 2015, 665.

[385] *Hau* NZM 2015, 435 (441); *Kunze/Kroll* MietRB 2016, 329 (330).

[386] *Hau* NZM 2015, 435 (441); *Hinz* WuM 2016, 76 (78).

**2. Der Vermieter als Unternehmer**

Sehr viel schwieriger zu beurteilen ist, ab welcher Schwelle der Vermieter als Unternehmer zu qualifizieren ist.[387] 132

**a) Die nach hM maßgeblichen Kriterien.** Grundsätzlich ist für das Vorliegen der Unternehmereigenschaft iSd § 14 BGB nach hM ein selbständiges, planmäßiges und auf gewisse Dauer angelegtes Anbieten entgeltlicher Leistungen am Markt erforderlich.[388] Ein selbständiges berufliches Handeln soll **dann zu verneinen sein, wenn nur das eigene Vermögen verwaltet wird,**[389] wozu auch der Erwerb und die Verwaltung einer Immobilie gehören kann.[390] Maßgeblich für die Abgrenzung zwischen privater und berufsmäßiger Vermögensverwaltung sei, ob die Geschäfte aufgrund ihres Umfangs einen planmäßigen Geschäftsbetrieb wie die Unterhaltung eines Büros oder einer Organisation erforderten.[391] Bei der Vermietung von Immobilien sei deshalb nicht die Größe des vermieteten Objekts entscheidend, sondern Umfang, Komplexität und Anzahl der damit verbundenen Vorgänge.[392] Die Vermietung an lediglich einzelne Personen spreche für eine private Vermögensverwaltung, die Ausrichtung auf eine Vielzahl gleichartiger Verträge dagegen für ein gewerbliches Handeln.[393] 133

Zu beachten ist, dass der BGH sich zu dieser Frage bislang nicht für einen Fall geäußert hat, in dem es darauf ankam, ob der Mieter gegenüber dem Vermieter als Verbraucher anzusehen ist. In den genannten Entscheidungen ging es vielmehr um die Frage, ob der Darlehensvertrag, den *der Vermieter* von Wohnungen *als Darlehensnehmer* abgeschlossen hatte, noch als Verbraucherdarlehensvertrag angesehen werden konnte.[394] 134

**b) Die Rechtsprechung der Instanzgerichte. Die Rspr. der Instanzgerichte schwankt** bei Anwendung dieser Maßstäbe **ganz erheblich.**[395] Nach Auffassung des OLG Düsseldorf genügt jedenfalls die Vermietung von zwei Mietshäusern für die Annahme gewerblichen Handelns.[396] Das AG Löbau hat die Unternehmereigenschaft des Vermieters als gerichtsbekannt angesehen, weil der Vermieter Eigentümer mehrerer Wohnblöcke war.[397] In einer Entscheidung des AG Freiburg wurde ein Vermieter als Unternehmer angesehen, weil das Vermögen, das durch Vermietung zur Gewinnerzielung eingesetzt werde, einen „beträchtlichen" Umfang hatte.[398] Das AG Frankfurt[399], das AG Köln[400] und das LG Köln[401] haben für die Unternehmereigenschaft jeweils genügen lassen, dass der Vermieter ein Haus mit sechs Wohnungen erworben hat. Nach Auffassung des AG Hannover genügt es sogar schon, wenn der Vermieter „mehrere einzelne Wohnungen vermietet".[402] Noch weitergehend ist nach Auffassung des AG Berlin-Lichtenberg[403] und des AG Stuttgart[404] sogar die 135

---

[387] Hierzu bereits ausf. *Fervers* NZM 2018, 640ff.

[388] BGH VIII ZR 32/16, NJW 2018, 150 Rn. 30; BGH VIII ZR 271/16, NJW 2018, 146 Rn. 12 (juris); BGH VIII ZR 173/05, BGHZ 167, 40 = NJW 2006, 2250 Rn. 14, jeweils mwN; MüKoBGB/*Micklitz* § 14 Rn. 19; Staudinger/*Fritzsche,* 2018, BGB § 13 Rn. 52.

[389] BGH VIII ZR 151/95, NJW 1996, 2156 (2158); BGH XI ZR 322/98, NJW 2000, 3496 (3497); MüKoBGB/*Micklitz* § 14 Rn. 20; BeckOK BGB/*Bamberger* § 14 Rn. 22; Staudinger/*Fritzsche,* 2018, BGB § 13 Rn. 53.

[390] BGH XI ZR 63/01, BGHZ 149, 80 = NJW 2002, 368 Rn. 23 (juris); BGH VIII ZR 243/13, BGHZ 204, 325 = NZM 2015, 665 Rn. 50; BGH XI ZR 461/18, WuM 2020, 295 Rn. 12; *Kunze/Kroll* MietRB 2016, 329 (330); Staudinger/*Fritzsche,* 2018, BGB § 14 Rn. 53.

[391] BGH XI ZR 63/01, BGHZ 149, 80 = NJW 2002, 363 Rn. 23 (juris); BGH XI ZR 461/18, WuM 2020, 295 (296) Rn. 12; OLG Düsseldorf BeckRS 2010, 13332.

[392] BGH XI ZR 63/01, BGHZ 149, 80 = NJW 2002, 363 Rn. 24 (juris); BGH XI ZR 461/18, WuM 2020, 295 (296) Rn. 12; BeckOGK/*Alexander* BGB § 14 Rn. 221.

[393] BGH XI ZR 63/01, BGHZ 149, 80 = NJW 2002, 363 Rn. 24 (juris).

[394] BGH XI ZR 63/01, BGHZ 149, 80 = NJW 2002, 363; BGH XI ZR 461/18, WuM 2020, 295.

[395] Siehe hierzu bereits *Fervers* NZM 2018, 640 (641); *Gsell* WuM 2014, 375 (378).

[396] OLG Düsseldorf WuM 2003, 621; ebenso bei Vermietung von zwei Einfamilienreihenhäusern und einer Einliegerwohnung OLG Düsseldorf NZM 2004, 866 Rn. 43 (juris).

[397] AG Löbau WuM 2004, 610 Rn. 26 (juris).

[398] AG Freiburg WuM 2013, 728.

[399] AG Frankfurt WuM 1998, 418 Rn. 11 (juris).

[400] AG Köln WuM 2007, 123 Rn. 12 (juris); dass der Vermieter eine der Wohnungen selbst bezieht, ist nach Auffassung des Gerichts unerheblich.

[401] LG Köln NZM 2002, 62 Rn. 5 (juris): „[…] in jedem Fall geschäftsmäßig" (noch zu § 6 Nr. 1 HWiG aF); konsequenterweise hat das LG Köln in einer späteren Entscheidung auch acht Wohnungen als ausreichend angesehen, LG Köln WuM 2009, 730 Rn. 5f. (juris).

[402] AG Hannover NZM 2010, 197 Rn. 28f. (juris.

[403] AG Berlin-Lichtenberg BeckRS 2011, 15039 Rn. 33 (juris).

[404] AG Stuttgart WuM 1996, 467 Rn. 8ff. (juris) noch zu § 6 Nr. 1 HWiG aF.

Vermietung einer einzelnen Wohnung ausreichend. Und das AG Gießen ließ es ohne Erwähnung weiterer Anhaltspunkte genügen, dass der Vermieter „planmäßig" Wohnungen vermietet.[405] Umgekehrt hat das LG Waldshut-Tiengen sogar die Vermietung von acht Wohnungen nicht als ausreichend angesehen.[406] Nach Auffassung des AG Neukölln soll eine Unternehmereigenschaft ausscheiden, wenn die Vermieterin Landesbeamtin im Schuldienst ist und der Erwerb der Immobilie aus familiären Gründen erfolgt war.[407] Und nach Auffassung des LG Berlin erlaubt allein die Anzahl der im Eigentum des Vermieters stehenden Wohnungen keinen Rückschluss auf dessen Unternehmereigenschaft.[408] Zur Ursache für diese erheblichen Schwankungen → Rn. 136 ff.

### II. Der Verbrauchervertrag als unpräzises Kriterium im Mietrecht

136 Die extremen Schwankungen in der Instanzrechtsprechung bzgl. der Unternehmereigenschaft des Vermieters sind mutmaßlich darauf zurückzuführen, dass die Anknüpfung an das Vorliegen eines Verbrauchervertrags im Wohnraummietrecht zumindest teilweise **rechtspolitisch verfehlt** ist. Denn der Zweck des Verbraucherschutzrechts besteht darin, eine gestörte Vertragsparität zwischen Unternehmer und Verbraucher auszugleichen.[409] Und im Wohnraummietrecht deckt sich das Vorliegen eines Verbrauchervertrags mit dem Vorliegen einer gestörten Vertragsparität von vornherein nur zum Teil.[410] Insbesondere ist die Sachlage eine andere als bei Verträgen über den Erwerb von Waren und Dienstleistungen.

137 **Beim Erwerb von Waren und Dienstleistungen** ist eine Anknüpfung an das Vorliegen eines Verbrauchervertrages deshalb **sinnvoll,** weil sich ohne das Vorliegen eines Verbrauchervertrages bei diesen Vertragstypen nicht a priori sagen lässt, welche Vertragspartei die Schwächere ist. Es gibt keinen Erfahrungssatz, dass bei einem Autokauf der Verkäufer strukturell überlegen wäre. Eine Verschiebung der Vertragsparität zulasten des Erwerbers ergibt sich jedoch typischerweise dann, wenn der Anbietende im Gegensatz zum Erwerber als Unternehmer zu qualifizieren ist, weil er in diesem Fall seine Tätigkeit in großem Stil betreibt und so über einen Wissens- und Erfahrungsvorsprung gegenüber dem Verbraucher verfügt.[411] In diesem Fall trifft ein „erfahrener" und „geschulter" Unternehmer auf einen unerfahrenen Verbraucher und besteht deshalb ein strukturelles Gefälle.[412]

138 **Auf das Wohnraummietrecht lassen sich diese Erwägungen jedoch nur eingeschränkt übertragen.** Zwar kann selbstverständlich auch im Wohnraummietrecht die geschäftliche Erfahrung des Vermieters ein strukturelles Gefälle zum Mieter begründen oder zumindest zur Entstehung eines strukturellen Gefälles beitragen. Allerdings besteht insbes. **in angespannten Wohnungsmärkten ein strukturelles Gefälle vollkommen unabhängig von der geschäftlichen Erfahrung des Vermieters.** Auch dann, wenn der Vermieter die Vermietung nicht im großen Stil betreibt und auch wenn der Vermieter nicht aufgrund des Umfangs seiner Vermietungsvorgänge einen Erfahrungsvorsprung vor dem Mieter hat, besteht ein strukturelles Gefälle schon deshalb, weil der Mieter auf die Wohnung existenziell angewiesen ist und sich deshalb typischerweise in einer schwächeren Position befindet.[413] Im Regelfall dürfte das strukturelle Gefälle zwischen Vermieter und Mieter in angespannten Wohnungsmärkten aufgrund der existenziellen Bedeutung der Wohnung für den Mieter sogar erheblich höher sein, als wenn sich ein solches Gefälle nur aus einem Erfahrungsvorsprung des Vermieters ergibt. Aus diesem Grund ist es auch nicht sinnvoll, wenn für das Vorliegen eines Widerrufsrechts nach §§ 312g Abs. 1 Alt. 1, 312b BGB, welches nach seiner Ratio eine Druck- und Überrumpelungssituation ausgleichen soll, stets das Vorliegen eines

---

[405] AG Gießen WuM 2011, 466 Rn. 24 (juris).

[406] LG Waldshut-Tiengen ZMR 2009, 372 Rn. 23f. (juris); zu § 6 Nr. 1 HWiG aF s. BayObLG NJW 1993, 2121 Rn. 12f. (juris), wonach ein Vermieter nicht „geschäftsmäßig" handelt, wenn er lediglich zwei Wohnungen vermietet.

[407] AG Neukölln, 3.3.2016 – 16 C 135/15 Rn. 20 (juris).

[408] LG Berlin, 19.5.2016 – 65 S 151/16 Rn. 7f. (juris).

[409] Staudinger/*Gsell,* BGB – Eckpfeiler des Zivilrechts, 7. Aufl. 2020, Kap. K Rn. 10.

[410] Siehe bereits *Fervers* NZM 2018, 640 (646).

[411] BeckOGK/*Busch* BGB § 312 Rn. 8; *Fervers* NZM 2018, 640 (646); s. auch die Gesetzesbegründung zum HWiG BT-Drs. 10/2876, 1, wonach ein Ausgleich dafür geschaffen werden soll, dass „unseriöse Gewerbetreibende" sich die Überrumpelungssituation „in missbräuchlicher Weise" zunutze machen.

[412] *Fervers* NZM 2018, 640 (646).

[413] *Fervers* NZM 2018, 640 (646).

Verbrauchervertrags verlangt wird.[414] Ähnliches gilt im Hinblick auf die AGB-Kontrolle. Es ist rechtspolitisch wenig sinnvoll, die Rechtsfolgen des § 310 Abs. 3 BGB vom Vorliegen eines Verbrauchervertrags abhängig zu machen, wenn der Mieter schon aufgrund der gestörten Vertragsparität praktisch niemals auf die Gestaltung der Vertragsbedingungen Einfluss nehmen kann.

Vor diesem Hintergrund lassen sich auch die **beachtlichen Schwankungen der Instanzgerichte bei der Frage der Unternehmereigenschaft erklären.** Die in den Entscheidungen angenommene Schwelle für die Unternehmereigenschaft des Vermieters variiert nämlich auffällig stark je nachdem, ob sich die entsprechende Wohnung in einem angespanntem Wohnungsmarkt befand oder nicht.[415] Außerhalb angespannter Wohnungsmärkte wurde ein gewerbliches Handeln des Vermieters regelmäßig erst bei einer deutlich höheren Anzahl vermieteter Wohnungen angenommen.[416] In angespannten Wohnungsmärkten wurde das Vorliegen der Voraussetzungen von § 14 BGB dagegen sehr viel großzügiger bejaht. Es spricht viel dafür, dass hier – aufgrund des strukturellen Gefälles rechtspolitisch wünschenswert – ein Weg gesucht wurde, um zur Anwendbarkeit der Widerrufsrechte[417] und der AGB-Kontrolle[418] zu gelangen. 139

## H. Widerrufsrechte des Mieters

### I. Europarechtlicher Hintergrund und Gesetzesbegründung

Nach der **bis zum 13.6.2014 geltenden Fassung** des § 312 Abs. 1 BGB aF bestand ein Widerrufsrecht des Verbrauchers nach § 355 BGB aF, wenn der Verbraucher entweder durch mündliche Verhandlungen an seinem Arbeitsplatz oder im Bereich einer Privatwohnung (§ 312 Abs. 1 Nr. 1 BGB aF), anlässlich einer vom Unternehmer oder von einem Dritten zumindest auch im Interesse des Unternehmers durchgeführten Freizeitveranstaltung (§ 312 Abs. 1 Nr. 2 BGB aF) oder im Anschluss an ein überraschendes Ansprechen in Verkehrsmitteln oder im Bereich öffentlich zugänglicher Verkehrsflächen (§ 312 Abs. 1 Nr. 3 BGB aF) zum Vertragsschluss bestimmt worden war. Es existierte somit kein allgemeines Verbraucherwiderrufsrecht bei außerhalb von Geschäftsräumen geschlossenen Verträgen; vielmehr waren die zum Widerrufsrecht führenden Vertragssituation im Gesetz abschließend aufgezählt. Mit § 312 BGB aF hatte der Gesetzgeber die frühere Haustürgeschäfte-RL[419] und die frühere Fernabsatz-RL[420] – teilweise überschießend[421] – in nationales Recht umgesetzt.[422] Dem Mieter stand deshalb nach alter Rechtslage beim Fernabsatzvertrag und in einer „Haustürsituation" ein Widerrufsrecht zu.[423] 140

**Mit dem Inkrafttreten der Verbraucherrechte-RL**[424] wurden die Haustürgeschäfte-RL und die Fernabsatz-RL aufgehoben und die Widerrufsrechte des Verbrauchers erheblich ausgedehnt.[425] Das in Art. 5 der Fernabsatz-RL vorgesehene Widerrufsrecht bei Fernabsatzverträgen 141

---

414 *Fervers* NZM 2018, 640 (646).

415 Zu dieser Analyse bereits *Fervers* NZM 2018, 640 (646 f., 651).

416 LG Waldshut-Tiengen ZMR 2009, 372 Rn. 23 f. (juris); BayObLG, NJW 1993, 2121 Rn. 12 f. (juris) (Wohnung in Freising).

417 AG Stuttgart WuM 1996, 467; AG Frankfurt a. M. WuM 1998, 418; AG Köln WuM 2007, 123; LG Köln NZM 2002, 62; LG Köln NJOZ 2011, 688; AG Freiburg WuM 2013.

418 OLG Düsseldorf NJOZ 2004, 35; AG Hannover NZM 2010, 197; AG Berlin-Lichtenberg BeckRS 2011, 15039; AG Gießen ZMR 2011, 555.

419 Richtlinie 85/577/EWG des Rates vom 20. Dezember 1985 betreffend den Verbraucherschutz im Falle von außerhalb von Geschäftsräumen geschlossenen Verträgen.

420 Richtlinie 97/7/EG des Europäischen Parlaments und des Rates vom 20. Mai 1997 über den Verbraucherschutz bei Vertragsabschlüssen im Fernabsatz.

421 *Gsell* WuM 2014, 375 (377).

422 Ausf. zur Gesetzgebungsgeschichte Staudinger/*Gsell*, BGB – Eckpfeiler des Zivilrechts, 7. Aufl. 2020, Kap. K Rn. 16 ff.

423 BGH VIII ZR 29/16, NJW 2017, 2823 Rn. 10 ff.; AG Köln WuM 2007, 123; bereits unter Geltung von § 1 HWiG auch OLG Koblenz NJW 1994, 1418 (1419); OLG Braunschweig NJW-RR 2000, 63 (64); LG Berlin NZM 2002, 940; LG Münster WuM 2001, 610.

424 Richtlinie 2011/83/EU des Europäischen Parlaments und des Rates vom 25. Oktober 2011 über die Rechte der Verbraucher, zur Abänderung der Richtlinie 93/13/EWG des Rates und der Richtlinie 1999/44/EG des Europäischen Parlaments und des Rates sowie zur Aufhebung der Richtlinie 85/577/EWG des Rates und der Richtlinie 97/7/EG des Europäischen Parlaments und des Rates.

425 So ausdrücklich auch die Äußerung des Umsetzungsgesetzgebers, s. BT-Drs. 17/12637 S. 49 l. Sp.; näher *Brinkmann/Ludwigkeit* NJW 2014, 3270 ff.; *Wendehorst* NJW 2014, 577 ff.

wurde durch Art. 9 Abs. 1 Alt. 1 der Verbraucherrechte-RL im Wesentlichen beibehalten. Anders als nach Art. 1, 6 der Haustürgeschäfte-RL besteht ein Widerrufsrecht des Verbrauchers nach Art. 9 Abs. 1 Alt. 2 BGB der Verbraucherrechte-RL nunmehr bei jedem außerhalb von Geschäftsräumen geschlossenen Vertrag. Allerdings **nimmt die Verbraucherrechte-RL in Art. 3 Abs. 3f) die Vermietung von Wohnraum ausdrücklich von ihrem Anwendungsbereich aus.** Der europäische Gesetzgeber hat diesen Ausschluss mit der Erwägung begründet, dass die Vermietung von Wohnraum bereits in spezifischen Vorschriften des nationalen Rechts geregelt sei und dass die Vorschriften der Richtlinie auf die Vermietung von Wohnraum nicht passen.[426] Ein Widerrufsrecht des Verbraucher-Mieters ist deshalb europarechtlich nicht geboten.[427]

**142** Der nationale Gesetzgeber hat sich gleichwohl dafür entschieden, die **Richtlinie überschießend umzusetzen** und die Vorschriften zum Verbraucherwiderruf zumindest im Grundsatz auch auf die Wohnraummiete zu erstrecken. Begründet hat der Gesetzgeber dies mit der Erwägung, dass trotz der Bestimmungen im sozialen Mietrecht für die Mieter vor allem bei Vertragsänderungen Gefahren durch Überrumpelungen und psychischen Druck bestünden und dass die Mieter insoweit nicht schlechter gestellt werden sollten als nach früherem Recht.[428] Europarechtlich ist diese überschießende Umsetzung trotz des vollharmonisierenden Charakters der Verbraucherrechte-RL (Art. 4) unbedenklich. Denn eine extensiv überschießende Umsetzung,[429] also eine Erstreckung auf Regelungsbereiche außerhalb des Anwendungsbereichs der Richtlinie ist auch bei vollharmonisierenden Richtlinien zulässig.[430] Rechtspolitisch ist die Übernahme der Widerrufsvorschriften in das Mietrecht gleichwohl in vielerlei Hinsicht kritikwürdig (→ Rn. 136 ff.; → Rn. 160 ff.).

### II. Kein Widerrufsrecht bei Beherbergungsverträgen

**143** Obwohl es sich beim Beherbergungsvertrag nach nationalrechtlichem Verständnis um einen typengemischten Vertrag mit mietvertraglichen Elementen handelt,[431] besteht bei Beherbergungsverträgen kein Widerrufsrecht des Mieters. Denn nach § 312g Abs. 2 Nr. 9 BGB ist ein Widerrufsrecht bei „Verträge[n] zur Erbringung von Dienstleistungen in den Bereichen Beherbergung zu anderen Zwecken als zu Wohnzwecken" ausgeschlossen. Dieser Ausschluss ist auch europarechtlich zwingend, da gem. Art. 16l) der Verbraucherrechte-RL bei „Dienstleistungen in den Bereichen Beherbergung zu anderen Zwecken als zu Wohnzwecken" kein Widerrufsrecht des Verbrauchers bestehen darf. Obwohl also das Wohnraummietrecht außerhalb des Anwendungsbereichs der Richtlinie liegt (Art. 3 Abs. 3f)) und deshalb eine nationalrechtliche Erstreckung der Widerrufsrechte auf das Wohnraummietrecht prinzipiell möglich ist, (→ Rn. 142), findet diese Möglichkeit

---

[426] Siehe auch Erwägungsgrund 26 S. 1 und der Verbraucherrechte-RL: „„Verträge […] über die Vermietung von Wohnraum sind bereits Gegenstand einer Reihe spezifischer einzelstaatlicher Rechtsvorschriften […]. Die in dieser Richtlinie enthaltenen Bestimmungen eignen sich nicht für diese Verträge, welche daher vom Geltungsbereich dieser Richtlinie ausgenommen werden sollten."

[427] *Fervers* NZM 2018, 640 (642).

[428] BT-Drs. 17/12637, S. 48 rechte Spalte: „Mieterinnen und Mieter sollen im Kontext der Richtlinien-Umsetzung jedoch nicht schlechter als nach bisherigem Recht gestellt werden. Trotz der Bestimmungen im sozialen Mietrecht bestehen insbes. bei Änderungen des bereits geschlossenen Mietvertrags Gefahren durch Überrumpelung und psychischen Druck. Es ist daher sachgerecht, dem Verbraucher ein Widerrufsrecht gegenüber dem gewerblichen Vermieter einzuräumen, wenn der Vertrag im Fernabsatz oder außerhalb von Geschäftsräumen geschlossen wird. Denkbar ist zB, dass der Verbraucher bei einem unangemeldeten Besuch des Vermieters einer Mieterhöhung und damit einer wesentlichen Vertragsänderung zustimmt oder einen Aufhebungsvertrag schließt. Satz 1 regelt deshalb insbes., dass wie bisher das Widerrufsrecht und die Pflicht zur Belehrung des Verbrauchers hierüber bei Fernabsatzverträgen und bei außerhalb von Geschäftsräumen geschlossenen Verträgen gelten."

[429] Begriff nach *Langenbucher/Herresthal,* Europäisches Privat- und Wirtschaftsrecht, 4. Aufl. 2017, § 2 Rn. 101; eine ähnliche Terminologie verwendet *Riehm,* JZ 2006, 1035, der statt „extensiver" und „intensiver" zwischen „erweiternder" und „modifizierender" Umsetzung unterscheidet.

[430] EuGH, ECLI:EU:C:1991:118 = BeckRS 2004, 76741 Rn. 22 – Di Pinto; *Fervers* NZM 2018, 640 (642); *Gsell/Schellhase* JZ 2009, 20 (22); *Hilbig-Lugani* ZJS 2013, 441 (443); *Kuhn* EuR 2015, 216 (219 f.); explizit im Hinblick auf das Mietrecht *Koch* VuR 2016, 92; vgl. auch Erwägungsgrund 13 der VerbrRechteRL; unbegründet daher die von *Pisal/Schreiner* ZfIR 2015, 505 (511) geäußerten Bedenken zur Europarechtskonformität.

[431] *RGZ 169, 84, 87 f.* (Vertrag mit mietrechtlichem Schwerpunkt); BGH I b ZR 209/62, NJW 1964, 718 Rn. 19 (juris); OLG Düsseldorf NJW-RR 2008, 1526 (1527); LG Wuppertal NJW-RR 2013, 427 Rn. 6 (juris); BeckOGK/*Schmidt* BGB § 535 Rn. 69 ff.; MüKoBGB/*Henssler,* § 701 Rn. 6; Staudinger/*Werner,* 2015, BGB Vor § 701 Rn. 7.

europarechtlich dort ihre Grenze, wo ein Widerrufsrecht nach der Verbraucherrechte-RL nicht bestehen darf.

Dementsprechend ist der Begriff der Wohnraummiete in § 312 Abs. 4 S.1 BGB enger zu verstehen als in § 549 Abs. 1 BGB. Bei der Vermietung von Wohnraum lediglich zu touristischen Zwecken scheidet ein Widerrufsrecht des Mieters aus.[432] **144**

### III. Das Widerrufsrecht des Mieters bei der Begründung von Mietverträgen

#### 1. Widerrufsrecht bei nicht erfolgter Wohnungsbesichtigung

Bei der Begründung von Mietverträgen über Wohnraum steht dem Mieter bei Fernabsatz- und Außergeschäftsraumverträgen ein Widerrufsrecht zu, sofern der Mieter die Wohnung nicht zuvor besichtigt hat.[433] § 312 Abs. 4 S. 1 BGB erklärt ua § 312 Abs. 3 Nr. 1, 6, 7 BGB für anwendbar, sodass dem Mieter im Grundsatz nach §§ 312 Abs. 4 S. 1, Abs. 3 Nr. 1, 7, 312g BGB bei Außergeschäftsraumverträgen iSd § 312b BGB und bei Fernabsatzverträgen iSd § 312c BGB ein Widerrufsrecht nach § 355 BGB zusteht, über das der Vermieter den Mieter gem. §§ 312 Abs. 4 S. 1, Abs. 3 Nr. 6, 312d Abs. 1 S. 1 iVm Art. 246a § 1 Abs. 2 EGBGB informieren muss.[434] Allerdings schließt § 312 Abs. 4 S. 2 BGB das Widerrufsrecht bei der Begründung eines Wohnraummietverhältnisses aus, sofern der Mieter die Wohnung zuvor besichtigt hat. Diese Einschränkung ist deshalb erforderlich, weil der Mieter nach einer erfolgten Wohnungsbesichtigung nicht mehr den mit den Widerrufsrechten bezweckten Schutz verdient, sodass ein Widerrufsrecht für den Vermieter nicht mehr zumutbar ist.[435] Das Widerrufsrecht des Mieters ist deshalb trotz Vorliegens einer Außergeschäftsraumsituation insbes. dann ausgeschlossen, wenn der Mietvertrag direkt im Anschluss an die Wohnungsbesichtigung oder an gleicher Stelle nach einem zweiten Besichtigungstermin abgeschlossen wird.[436] **145**

Ein **Widerrufsrecht hat der Mieter** deshalb lediglich **in den folgenden Fällen:** Ein Widerrufsrecht besteht zunächst dann, wenn der Mietvertrag gänzlich ohne eine zuvor stattgefundene Besichtigung in einer Außergeschäftsraumsituation abgeschlossen wird. Doch auch wenn dieser Fall theoretisch denkbar ist, so dürfte er in der Praxis selten vorkommen. Sehr viel häufiger wird ein Widerrufsrecht des Mieters bei der Begründung von Mietverträgen bestehen, wenn entweder der **Mietvertrag im Fernabsatz** geschlossen wird (§§ 312c, 312g Abs. 1 Alt. 2 BGB) oder wenn es sich beim Mietvertrag um einen Außergeschäftsraumvertrag handelt und **der Vermieter irrigerweise davon ausgeht, dass eine den Anforderungen des § 312 Abs. 4 S. 2 BGB genügende Besichtigung stattgefunden hat,** obwohl dies tatsächlich nicht der Fall ist. **146**

#### 2. Die Anforderungen an das Vorliegen einer vorherigen Besichtigung

§ 312 Abs. 4 S. 2 BGB schließt das Widerrufsrecht allgemein für den Fall einer vorherigen Besichtigung aus, ohne die Anforderungen an eine solche Besichtigung zu präzisieren. Da ein Widerrufsrecht des Mieters bei der Begründung von Mietverträgen insbes. vor dem Hintergrund weitreichender Missbrauchsmöglichkeiten rechtspolitisch äußerst zweifelhaft erscheint,[437] ist grds. eine weite Auslegung des § 312 Abs. 4 S. 2 BGB geboten. Zu respektieren ist indes die gesetzgeberische Grundentscheidung, dass das Informationsdefizit des Mieters bei Nichtbesichtigung der Wohnung durch ein Widerrufsrecht ausgeglichen werden soll, sodass von einer Besichtigung iSd § 312 Abs. 4 S. 2 BGB nur dann ausgegangen werden kann, wenn dieses Informationsdefizit als behoben angesehen werden kann. Maßgeblich ist, ob **der Vermieter nach Treu und Glauben davon ausgehen darf, dass der Mieter sich tatsächlich über alle objektiv und subjektiv wichtigen Eigenschaften der Wohnung informieren konnte.** **147**

Zu Recht geht die hM in der Lit. deshalb davon aus, dass es nicht genügt, wenn der Mieter die abstrakte Möglichkeit der Besichtigung hatte; die Besichtigung muss vielmehr **tatsächlich statt-** **148**

---

432 BeckOK BGB/*Martens* § 312 Rn. 51; Staudinger/*Thüsing*, 2019, BGB § 312 Rn. 57.
433 Ausf. rechtspolitische Kritik bei *Fervers* NZM 2018, 640 (642ff.).
434 Deutliche Kritik zur Unübersichtlichkeit dieser Regelungen bei *Streyl* NZM 2015, 433ff.
435 BT-Drs. 17/12637, S. 48 rechte Spalte; BeckOGK/*Busch* BGB § 312 Rn. 79.
436 BT-Drs. 17/12637, S. 48 rechte Spalte.
437 *Fervers* NZM 2018, 640 (642ff.).

**gefunden** haben.[438] Ließe man das Widerrufsrecht schon dann entfallen, wenn der Mieter ein Besichtigungsangebot des Vermieters ausschlägt, so läge hierin letztlich eine nach § 312k Abs. 1 S. 1 BGB unzulässige Umgehung des § 312 Abs. 4 BGB. **Nicht erforderlich** ist indes, dass der Mieter **unter allen Umständen jede einzelne Räumlichkeit** in Augenschein genommen hat.[439] Es genügt, dass der Vermieter dem Mieter Zutritt zu sämtlichen Räumlichkeiten gewährt und dem Mieter die Möglichkeit einräumt, sich in der Wohnung umzusehen und hinsichtlich aller Räumlichkeiten einen umfassenden Eindruck zu verschaffen. Einerseits liegt deshalb keine Besichtigung iSd § 312 Abs. 4 S. 2 BGB vor, wenn der Vermieter dem Mieter Teile der Wohnung vorenthält.[440] Andererseits steht es einer Besichtigung nicht entgegen, wenn der Mieter trotz konkreter Möglichkeit bestimmte Räumlichkeiten tatsächlich nicht betritt oder in Augenschein nimmt.[441]

149 Fraglich ist zudem, ob der Mieter bei der Besichtigung tatsächlich körperlich anwesend sein muss oder ob eine Besichtigung auch **in digitaler Form** (Videoübertragung, Virtual-Reality-Brille, etc.) erfolgen kann. Ganz überwiegend wird eine solche Möglichkeit in der Lit. abgelehnt.[442] Zwar wird man in rein visueller Hinsicht angesichts des technischen Fortschritts bezweifeln können, ob eine virtuelle Besichtigung einer körperlichen tatsächlich niemals annähernd gleichwertig sein kann. Allerdings gehören zu den wertbildenden und verkehrswesentlichen Eigenschaften der Wohnungen nicht nur visuelle, sondern auch olfaktorische und akustische Faktoren, die sich bei einer virtuellen Besichtigung nicht gleichermaßen wahrnehmen lassen, sodass eine virtuelle Besichtigung einer körperlichen Besichtigung schon aus diesem Grund nicht gleichgestellt sein kann. Keinesfalls ausreichend ist eine Abbildung der Wohnung in einem Katalog,[443] da eine Katalogabbildung dem Mieter weder in visueller noch in olfaktorischer noch in akustischer Hinsicht auch nur ansatzweise einen einer Besichtigung vergleichbaren Eindruck von der Wohnung verschaffen kann.

### 3. Stellvertretung bei der Wohnungsbesichtigung

150 Häufig wird es vorkommen, dass der Mieter die Besichtigung nicht selbst vornimmt, sondern durch einen „Stellvertreter" durchführen lässt. So kann es bspw. vorkommen, dass der Mieter zur Vermeidung einer längeren Anreise oder aus Gründen fehlender zeitlicher Flexibilität einen Freund oder einen Verwandten mit der Besichtigung beauftragt.[444] Eine große Rolle spielt die „Stellvertretung" auch bei der Vermietung der Wohnung an mehrere Mieter. Hier wird nämlich oftmals nicht die Gesamtheit der Mieter, sondern nur ein einzelner Mieter zur Besichtigung erscheinen.[445] § 312 Abs. 4 S. 2 BGB lässt das Widerrufsrecht nach seinem Wortlaut aber nur dann entfallen, wenn „der Mieter" die Wohnung vor Vertragsschluss besichtigt hat. Dass es sich bei einer dritten Person nicht um den „Mieter" handelt, ist offensichtlich. Dies gilt aber auch dann, wenn bei einer Mehrheit von Mietern lediglich ein einzelner Mieter die Besichtigung durchführt. Denn sofern die Wohnung an mehrere Mieter vermietet wird, wird jeder dieser Mieter Vertragspartner, sodass eine Besichtigung durch den „Mieter" iSd § 312 Abs. 4 S. 2 BGB auch nur dann vorliegt, wenn jeder der Mieter die Wohnung zuvor besichtigt hat.[446] Die Mieter, die der Besichtigung fern geblieben sind, behalten im Grundsatz ihr Widerrufsrecht. Sollte der (eher seltene) Fall eintreten, dass die Wohnung an eine Außen-GbR vermietet wird, die als Verbraucher anzusehen ist, so wäre die Außen-GbR selbst als

---

[438] BeckOK BGB/*Martens*, § 312 Rn. 60; *Hinz* WuM 2016, 76 (81); MüKoBGB/*Wendehorst*, § 312 Rn. 84; Staudinger/*Thüsing*, 2019, BGB § 312 Rn. 59; implizit auch *Mediger* NZM 2015, 185 (190); wohl auch *Hau* NZM 2015, 435 (438 f.).

[439] MüKoBGB/*Wendehorst* § 312 Rn. 84; Staudinger/*Thüsing*, 2019, BGB § 312 Rn. 59; insoweit übereinstimmend auch *Mediger* NZM 2015, 185 (190).

[440] *Hinz* WuM 2016, 76 (81); MüKoBGB/*Wendehorst* § 312 Rn. 84; Staudinger/*Thüsing*, 2019, BGB § 312 Rn. 59.

[441] *Hinz* WuM 2016, 76 (81); MüKoBGB/*Wendehorst* § 312 Rn. 84; Staudinger/*Thüsing*, 2019, BGB § 312 Rn. 59.

[442] BeckOGK/*Busch* BGB § 312 Rn. 79; BeckOK BGB/*Martens* § 312 Rn. 53; *Hau* NZM 2015, 435 (439); *Hinz* WuM 2016, 76 (81); MüKoBGB/*Wendehorst* § 312 Rn. 83 („keinesfalls"); *Rolfs/Möller* NJW 2017, 3275 (3276 f.): Staudinger/*Thüsing*, 2019, BGB § 312 Rn. 59; wohl auch *Mediger* NZM 2015, 185 (190), der fordert, „dass der Mieter die Wohnung betreten und sich dort umgesehen hat"; aA wohl Spindler/Schuster/*Schirmbacher* § 312 Rn 68.

[443] MüKoBGB/*Wendehorst* § 312 Rn. 83; Staudinger/*Thüsing*, 2019, BGB § 312 Rn. 59.

[444] Siehe *Hau* NZM 2015, 435 (439).

[445] *Mediger* NZM 2015, 185 (190).

[446] *Fervers* NZM 2018, 640 (645); *Koch* VuR 2016, 92 (94); *Mediger* NZM 2015, 185 (190).

Mieterin anzusehen, sodass eine Besichtigung durch ein Mitglied der GbR auch keine Besichtigung durch den „Mieter" darstellt.

Es stellt sich deshalb die Frage, ob und unter welchen Voraussetzungen sich der Mieter bei der Wohnungsbesichtigung von einer anderen Person „vertreten" lassen kann, ob also eine andere Person die Wohnungsbesichtigung mit der Wirkung vornehmen kann, dass die Besichtigung dem Mieter zugerechnet wird und er nach § 312 Abs. 4 S. 2 BGB sein Widerrufsrecht verliert. **151**

**a) Meinungsstand.** Die ganz hM in der Lit. bejaht iErg die Möglichkeit der Zurechnung. Allerdings fällt die Begründung dafür häufig recht kurz aus und werden dementsprechend auch die Voraussetzungen einer Zurechnung nicht eindeutig benannt. Teilweise wird vertreten, eine Zurechnung nach § 166 Abs. 1 BGB sei möglich, wenn die besichtigende Person rechtsgeschäftlicher Stellvertreter des Mieters sei,[447] teilweise wird eine entsprechende Anwendung von § 166 Abs. 1 BGB befürwortet,[448] teilweise wird – etwas vorsichtiger – geäußert, „dass eine Zurechnung der Besichtigung über die Vorschriften der Stellvertretung (§§ 164, 166 BGB) möglich erscheint",[449] und von anderer Seite wird ein Widerrufsrecht bereits ohne Erörterung einer möglichen Zurechnung mangels Schutzbedürftigkeit des Mieters verneint, wenn die Besichtigung durch eine vom Mieter benannte Person erfolgt.[450] **152**

**b) Stellungnahme.** Das Problem scheint darin zu bestehen, dass eine passende „Zurechnungsnorm" nicht aufzufinden ist:[451] Eine Zurechnung nach § 164 Abs. 1 BGB kann deshalb nicht stattfinden, weil die Besichtigung einen Realakt darstellt, während nach § 164 Abs. 1 BGB lediglich Willenserklärungen und keine Realakte zugerechnet werden können.[452] § 278 S. 1 Alt. 2 BGB hilft nicht weiter, da mit der Wohnungsbesichtigung weder eine Pflichtverletzung noch ein Verschulden[453] zugerechnet werden soll. Auch § 166 Abs. 1 BGB passt für eine Zurechnung an sich nicht: In ihrem direkten Anwendungsbereich regelt die Norm lediglich, dass bzgl. der Kenntnis von Umständen und bzgl. Willensmängel auf den Vertreter abzustellen ist, sofern die rechtlichen Folgen einer Willenserklärung betroffen sind. Und auch wenn aus einer analogen Anwendung des § 166 Abs. 1 BGB eine weitreichende Wissenszurechnung hergeleitet wird,[454] so wird hierbei eben nur Wissen und kein Realakt zugerechnet. **153**

Indes ist dem Zivilrecht eine Zurechnung ohne eine konkrete Zurechnungsnorm keinesfalls fremd. Auch in anderen Fällen konstruiert die hM iErg eine Zurechnung (von Realakten), obwohl es an einer Zurechnungsnorm an sich fehlt: So wird das Stellen von AGB mithilfe der Konstruktion des „Abschlussgehilfen"[455] dem Verwender zugerechnet (zur dortigen Problematik → Rn. 209f.) und im Sachenrecht mit der Rechtsfigur des Geheißerwerbs eine Übergabe vom Veräußerer an den Erwerber, obwohl der Besitz der Geheißperson dem Veräußerer bzw. Erwerber mangels Besitzdienerschaft und Besitzmittlungsverhältnis an sich nicht zugerechnet werden kann.[456] Richtigerweise kann eine **Zurechnung** deshalb **auch ohne eine konkrete Zurechnungsnorm** jedenfalls dann erfolgen, wenn die Zurechnung nach der Interessenlage der Beteiligten geboten ist und wenn sich dem Gesetz keine Anhaltspunkte entnehmen lassen, die einer Zurechnung entgegenstehen. **154**

---

447 *Hau* NZM 2015, 435 (439); auf die Grundsätze der Wissenszurechnung beruft sich auch *Horst* DWW 2015, 2 (8), der allerdings ergänzend das Verbot des venire contra factum proprium heranzieht; für die Möglichkeit einer Vertretung (ohne Nennung von § 164 Abs. 1 BGB) auch *Kunze/Kroll* MietRB 2016, 334 (335)

448 *Hinz* WuM 2016, 76 (82).

449 *Koch* VuR 2016, 92 (94).

450 *Artz/Brinkmann/Pielsticker,* ZAP 2015, 1639 (1640).

451 Siehe hierzu bereits *Fervers,* NZM 2018, 640 (645).

452 BGH IV ZR 178/52, BGHZ 8, 130 = NJW 1953, 419 Rn. 10 (juris); BGH IV ZR 188/54, BGHZ 16, 259 = NJW 1955, 866 Rn. 15 (juris); MüKoBGB/*Schubert* § 164 Rn. 90; Staudinger/*Schilken,* 2019, BGB Vor § 164 Rn. 38a; konkret in Bezug auf § 312 Abs. 4 S. 2 BGB auch *Hinz* WuM 2016, 76 (82); *Horst* DWW 2 (8).

453 Dazu, dass sich die Zurechnung nach § 278 S. 1 Alt. 2 BGB bei der Verletzung von Nebenpflichten sowohl auf die Pflichtverletzung als auch auf das Verschulden bezieht, Staake/v. Bressensdorf/*Fervers,* Rechtshandbuch Wohngemeinschaften, 2019, § 8 Rn. 24.

454 BGH VI ZR 117/95, BGHZ 133, 129 = NJW 1996, 2508 (2510) Rn. 26f. (juris) mwN zur Rspr.; MüKoBGB/*Schubert* § 166 Rn. 45ff. mwN.

455 BGH VIII ZR 26/14, NJW-RR 2015, 738 Rn. 14; BGH VIII ZR 26/15, NJW 2016, 1230 Rn. 24; zu den verschiedenen Zurechnungsansätzen BeckOGK/*Lehmann-Richter* BGB § 305 Rn. 135ff.

456 BGH VII ZR 218/60, BGHZ 36, 56 = NJW 1962, 299 (300) Rn. 40 (juris) mwN.; BGH II ZR 144/97, NJW 1999, 425 Rn. 5 (juris); *Baur/Stürner,* Sachenrecht, 18. Aufl. 2009, § 51 Rn. 17; Staudinger/*Heinze,* 2020, BGB § 929 Rn. 50.

155 Dem Gesetz lassen sich hier keine entgegenstehenden Anhaltspunkte entnehmen. Zwar ist die Möglichkeit einer Zurechnung in § 312 Abs. 4 S. 2 BGB nicht erwähnt. Daraus folgt aber nicht, dass eine solche nicht möglich wäre; der Gesetzgeber scheint das Problem schlicht nicht bedacht zu haben.[457] Eine Zurechnungsmöglichkeit iRd § 312 Abs. 4 S. 2 BGB ist zudem interessengerecht. Es existiert kein nachvollziehbarer Grund, warum eine dritte Person bspw. mit Wirkung für und gegen den Mieter Beschaffenheitsvereinbarungen abschließen,[458] nicht aber eine Wohnungsbesichtigung vornehmen können soll. Wenn der Mieter explizit einen anderen zur Besichtigung der Wohnung bestimmt, so vertraut er offenbar darauf, von dem Dritten über den Zustand der Wohnung entsprechend informiert werden, sodass nicht ersichtlich ist, wieso der Mieter noch mit einem Widerrufsrecht geschützt werden sollte. Für die Angemessenheit einer Zurechnung spricht ferner der Rechtsgedanke, welcher in der Wissenszurechnung analog § 166 Abs. 1 BGB zum Ausdruck kommt.[459] Denn § 312 Abs. 4 S. 2 BGB schließt das Widerrufsrecht des Mieters im Falle einer Wohnungsbesichtigung ja deshalb aus, weil in diesem Falle seitens der Mieters kein Informationsdefizit mehr besteht, welches ein Widerrufsrecht rechtfertigen könnte. Wenn aber der Grund für den Ausschluss des Widerrufsrechts in der Behebung eines Informationsdefizits besteht, so ist dieses Informationsdefizit eben auch dann behoben, wenn eine vom Mieter ermächtigte Person über den Zustand der Wohnung informiert ist.[460] Fruchtbar machen lässt sich ferner der Rechtsgedanke des § 356 Abs. 2 Nr. 1 a) BGB, wonach die Widerrufsfrist beim Verbrauchsgüterkauf auch dann zu laufen beginnt, wenn ein vom Verbraucher benannter Dritter die Waren erhalten hat.[461] Die Zurechnung der Wohnungsbesichtigungen durch einen Dritten ist deshalb möglich.

156 Entgegen teilweise getätigter Äußerung[462] **kommt** es **für eine Zurechnung** allerdings **nicht darauf an, dass die besichtigende Person als rechtsgeschäftlicher Vertreter iSd § 164 Abs. 1 BGB anzusehen ist.** So passt zunächst das Kriterium der eigenen Willenserklärungen, das den Vertreter iSd § 164 Abs. 1 BGB von dem Boten unterscheiden soll,[463] auf die Wohnungsbesichtigung von vornherein nicht. Denn eine Abgrenzung zwischen einer „eigenen Besichtigung" und dem „Überbringen einer fremden Besichtigung" kann nicht sinnvoll erfolgen. Vor allem aber ist eine Zurechnung auch nicht davon abhängig, dass das Offenkundigkeitsprinzip nach § 164 Abs. 1 S. 2 BGB gewahrt ist und dass die besichtigende Person im Namen des Mieters auftritt. Das Offenkundigkeitsprinzip dient im Recht der Stellvertretung nämlich dem Schutz des Erklärungsempfängers (hier: der Vermieter) und verschafft diesem die notwendige Klarheit über die Identität seines Vertragspartners:[464] Handelt der Vertreter im Namen des Vertretenen, wird die Willenserklärung Letzterem zugerechnet; macht der Vertreter das Handeln in fremdem Namen dagegen nicht kenntlich, so ist die Willenserklärung als seine eigene anzusehen und der Vertrag kommt ungeachtet eines entgegenstehenden Willen des Vertreters (§ 164 Abs. 2 BGB) mit dem Vertreter zustande.[465] Da aber im Zusammenhang mit § 312 Abs. 4 S. 2 BGB die besichtigende Person, also der „Vertreter", überhaupt keine Willenserklärung abgibt, sondern lediglich die Wohnung besichtigt, kann auch nicht die besichtigende Person anstelle des Mieters „verpflichtet werden". Eine fehlende Zurechnung hätte vielmehr anders als bei § 164 Abs. 1 BGB für den Vermieter ausschließlich ungünstige Folgen, nämlich dass das Widerrufsrecht des Mieters nicht nach § 312 Abs. 4 S. 2 BGB entfällt. Der „Schutz des Erklärungsempfängers" durch ein Offenkundigkeitsprinzip würde so bei einer Anwendung iRd § 312 Abs. 4 S. 2 BGB ins Gegenteil verkehrt.

157 Für eine Zurechnung **reicht es deshalb aus,** dass der Mieter die dritte Person zur Wohnungsbesichtigung **ermächtigt** hat.[466] Hinsichtlich der Ermächtigung bestehen allerdings gegen eine analoge Anwendung der §§ 167 ff. BGB keine Bedenken. So ist eine Ermächtigung sowohl gegenüber der besichtigenden Person (§ 167 Abs. 1 Alt. 1 BGB) als auch gegenüber dem Vermieter (§§ 167

457 In BT-Drs. 17/12637, S. 48 finden sich keine Ausführungen zur Besichtigung durch Dritte.
458 Hierzu näher Staake/v. Bressensdorf/*Fervers,* Rechtshandbuch Wohngemeinschaften, 2019, § 8 Rn. 5 ff.
459 Für eine Zurechnung nach § 166 Abs. 1 BGB *Hau* NZM 2015, 435 (439).
460 *Fervers* NZM 2018, 640 (645).
461 *Artz/Brinkmann/Pielsticker* ZAP 2015, 1639 (1640).
462 *Hau* NZM 2015, 435 (439).
463 MüKoBGB/*Schubert* § 164 Rn. 108.
464 BeckOGK/*Huber* BGB § 164 Rn. 45; MüKoBGB/*Schubert* § 164 Rn. 24; *Petersen* JURA 2010, 87.
465 BGH VII ZR 247/72, BGHZ 61, 275 = NJW 1974, 37 (39) Rn. 27 (juris); BeckOGK/*Huber* BGB § 164 Rn. 50; Staudinger/*Schilken,* 2019, BGB § 164 Rn. 16.
466 So iErg wohl auch *Artz/Brinkmann/Pielsticker,* ZAP 2015, 1639 (1640).

Abs. 1 Alt. 2, 170 BGB) möglich. Und ebenso erscheint es sachgerecht, die §§ 170, 171, 172 BGB hinsichtlich der Wirkungsdauer der „Vollmacht“ anzuwenden.

**De lege ferenda** ist zu empfehlen, in das Gesetz eine dem § 356 Abs. 2 Nr. 1 a) BGB vergleichbare Klarstellung vorzunehmen, wonach das Widerrufsrecht entfällt, wenn „der Mieter oder ein von ihm ermächtigter Dritter die Wohnung zuvor besichtigt hat.“ **158**

#### 4. Beweislast

Da es sich bei § 312 Abs. 4 S. 2 BGB um eine für den Vermieter günstige Norm handelt, trifft den Vermieter die Beweislast für das Vorliegen einer Besichtigung[467] und für deren Umfang.[468] Für die Praxis empfiehlt sich deshalb ein umfassendes Protokoll, in welchem nicht nur die Besichtigung, sondern auch deren Umfang festgehalten wird.[469] **159**

### IV. Das Widerrufsrecht bei Vereinbarungen im laufenden Mietverhältnis

#### 1. Die rechtspolitischen Verwerfungen

Bei Vereinbarungen im laufenden Mietverhältnis ist das Widerrufsrecht nicht nach § 312 Abs. 4 S. 2 BGB ausgeschlossen. Sofern der Mieter deshalb etwa eine Modernisierungsvereinbarung, eine Vereinbarung zur Mieterhöhung, einen Änderungsvertrag oder einen Aufhebungsvertrag unter ausschließlicher Verwendung von Fernkommunikationsmitteln (§§ 312g Abs. 1 Alt. 2, 312c BGB) oder in einer Außergeschäftsraumsituation (§§ 312g Abs. 1 Alt. 1, 312b BGB) mit dem Vermieter oder seinem Vertreter (§§ 312b Abs. 1 S. 2, 312c Abs. 1 BGB) abschließt, steht dem Mieter im Grundsatz ein Widerrufsrecht zu. **160**

Zwar gibt es durchaus Konstellationen, in denen ein solches Widerrufsrecht sachgerecht erscheint. So ist es insbes. in der vom Gesetzgeber genannten Konstellation, in der der Vermieter den Mieter an der Haustür überrascht und ihm den Abschluss einer Änderungsvereinbarung anträgt,[470] ohne weiteres einleuchtend, dass der Mieter hier eines Widerrufsrechts bedarf, da er in diesem Falle keinen rechtsgeschäftlichen Willen außerhalb einer Druck- und Überrumpelungssituation bilden konnte.[471] **161**

Gleichwohl ist die Regelung in mehrerer Hinsicht **rechtspolitisch missglückt** und führt zu erheblichen Verwerfungen.[472] Der Gesetzgeber hat aus der Tatsache, dass ein Widerrufsrecht des Mieters in der zuvor beschriebenen klassischen „Haustürsituation“ nach wie vor angemessen ist, anscheinend den Schluss gezogen, dass die §§ 312ff. BGB allgemein auch auf das laufende Mietverhältnis passen. Das ist indes nicht der Fall. Denn abgesehen davon, dass das Kriterium des Verbrauchervertrags im Wohnraummietrecht rechtspolitisch nicht zu überzeugen vermag (→ Rn. 136ff.), **passen auch die situativen Kriterien der §§ 312ff. BGB nicht auf ein laufendes Mietverhältnis.** **162**

Dies gilt zunächst für das Vorliegen eines **Außergeschäftsraumvertrags** nach § 312b BGB.[473] Beim Erwerb von Waren und Dienstleistungen mag die Betrachtungsweise, nach der eine Druck- und Überrumpelungssituation für den Verbraucher typischerweise dann vorliegt, wenn er eine Willenserklärung außerhalb eines Geschäftsraums abgibt, sinnvoll sein. Denn ein Verbraucher, der sich in den Geschäftsraum eines Unternehmers begibt, kann sich auf die Situation vorbereiten und weiß, was ihn dort erwartet, während dies außerhalb des Geschäftsraums häufig nicht der Fall ist. **163**

---

467 BeckOK BGB/*Martens,* § 312 Rn. 60; Staudinger/*Thüsing,* 2019, BGB § 312 Rn. 59.

468 *Fervers* NZM 2018, 640 (645); *Hau* NZM 2015, 435 (439); *Lindner* ZMR 2015, 261 (263); MüKoBGB/*Wendehorst,* § 312 Rn. 61, 72.

469 *Kunze/Kroll* MietRB 2016, 329 (334).

470 Siehe BT-Drs. 17/12637, S. 48 rechte Spalte.

471 Dass ein Widerrufsrecht in einer solchen Situation sinnvoll ist, wird dementsprechend auch kaum ernsthaft in Frage gestellt, s. BGH VIII ZR 94/17, NJW 2019, 303 Rn. 26 („[…] steht zudem außer Frage, dass das dabei bestehende Schutzbedürfnis des Mieters auch bei einem Abschluss oder einer Änderung eines Wohnraummietvertrags gegeben sein kann“); ebenso bereits zur Rechtslage vor dem 13.6.2014 BGH VIII ZR 29/16, NJW 2017, 2823 Rn. 12 mwN „Dass dieses auf einer Haustürsituation resultierende Schutzbedürfnis auch bei einem Abschluss oder einer Änderung von Wohnraummietverträgen bestehen kann, steht außer Frage“; s. auch Lützenkirchen/*Dickersbach,* 2. Aufl. 2015, BGB § 557 Rn. 41 a ff.; MüKoBGB/*Artz* § 557 Rn. 36; *Tavakoli* VuR 2019, 203 (209).

472 Ausf. *Fervers* NZM 2018, 640 (645ff.).

473 Ausf. *Fervers* NZM 2018, 640 (648ff.)

Im Rahmen eines laufenden Mietvertrages ergibt sich eine Druck- und Überrumpelungssituation des Verbrauchers jedoch nicht daraus, dass er seine Willenserklärung an einem bestimmten Ort abgibt: Einerseits ist es keineswegs so, dass typischerweise keine Überrumpelungssituation vorläge, wenn ein das laufende Mietverhältnis betreffende Rechtsgeschäft in den Geschäftsräumen des Vermieters vorgenommen wird: Bestellt der Vermieter den Mieter unter einem Vorwand in seine Geschäftsräume, um ihm dort ohne Vorankündigung einen Änderungsvertrag zur Unterschrift vorzulegen, so besteht selbstverständlich eine Druck- und Überrumpelungssituation zulasten des Mieters. Gleichwohl bleibt dem Mieter ein Widerrufsrecht de lege lata versagt, weil es an einer Außergeschäftsraumsituation nach § 312b BGB fehlt. Umgekehrt bedürfte der Mieter keines Widerrufsrechts, wenn er den Vermieter in seine Wohnung einlädt und ihm bei dieser Gelegenheit ohne Vorankündigung ein selbst ausgearbeitetes Angebot für einen Änderungsvertrag präsentiert. Trotzdem steht dem Mieter in einer solchen Situation de lege lata ein Widerrufsrecht nach §§ 312g Abs. 1 Alt. 1, 312b, 355 BGB zu, da der Änderungsvertrag außerhalb der Geschäftsräume des Vermieters abgeschlossen wurde.

164 Dem Mieter im laufenden Mietverhältnis ein **Widerrufsrecht aufgrund eines Fernabsatzvertrages** einzuräumen, **überzeugt noch weniger.**[474] Denn ein Widerrufsrecht im Fernabsatz soll bekanntlich das Informationsdefizit ausgleichen, welches sich daraus ergibt, dass der Verbraucher nicht die Möglichkeit hat, in physischen Kontakt zum Vertragspartner zu treten und die Ware in Augenschein zu nehmen.[475] Im laufenden Mietverhältnis besteht ein solches Informationsdefizit aber nicht.[476] Denn der Mieter ist bereits in physischen Kontakt zu seinem Vertragspartner (dem Vermieter) getreten und hat auch die „Ware" (die Mietwohnung) bereits in Augenschein genommen. Zwar kann im Einzelfall auch bei Vorliegen eines Fernabsatzvertrages ein Widerrufsrecht angemessen sein. Wenn bspw. der Vermieter den Mieter überraschend anruft und ihn am Telefon zu einer Vertragsänderung überredet, so ist es durchaus sachgerecht, dem Mieter ein Widerrufsrecht zuzugestehen. Das hat allerdings mit der Tatsache, dass die Änderungsvereinbarung im Fernabsatz geschlossen wurde, gar nichts zu tun. Tatsächlich ist ein Widerrufsrecht hier nicht aufgrund eines Informationsdefizits, sondern vielmehr aufgrund der für den Mieter bestehenden Druck- und Überrumpelungssituation geboten. Ein Widerrufsrecht im Fernabsatz führt deshalb in solchen Situationen nur rein zufällig zum richtigen Ergebnis.[477]

### 2. Korrekturmöglichkeiten bei sachwidrigem Widerrufsrecht des Mieters

165 Bis zu einer Änderung der Rechtslage ist dem Bestehen eines sachwidrigen Widerrufsrechts des Mieters **mithilfe von § 242 BGB und durch die teleologische Reduktion** der betreffenden Vorschriften zu begegnen. So erscheint es methodisch vertretbar, eine teleologische Reduktion der §§ 312ff. BGB vorzunehmen, wenn es in einer bestimmten Vertragsabschlusssituation mangels Druck- und Überrumpelungseffekt und mangels Informationsdefizits typischerweise an einer Rechtfertigung für ein Widerrufsrecht fehlt. Und ebenso erscheint es möglich, ein Widerrufsrecht nach § 242 BGB abzulehnen, wenn im Einzelfall die Berufung des Verbrauchers auf die §§ 312ff. BGB rechtsmissbräuchlich erscheint. So wird in dem Fall, in dem der Mieter den Vermieter in seine Wohnung einlädt, um ihn mit einem selbst vorbereiteten Änderungsvertrag zu konfrontieren, ein Widerrufsrecht des Mieters nach § 242 BGB zu verneinen sein. Europarechtlich sind derartige Einschränkungen ebenfalls möglich, da das Wohnraummietrecht vom Anwendungsbereich der Verbraucherrechte-RL nicht umfasst ist (→ Rn. 141f.).

166 Zu Recht hat **der BGH** deshalb in einer jüngeren Entscheidung ein Widerrufsrecht des Mieters aufgrund eines Fernabsatzvertrags nach §§ 355, 312g Abs. 1 Alt. 2, 312c Abs. 1 BGB **für den Fall verneint, in dem der Mieter im Verfahren nach den §§ 558ff. BGB einer Mieterhöhung**

---

[474] Siehe bereits *Fervers* NZM 2018, 640 (648); NJW 2019, 308; zutr. auch der Hinweis in BGH VIII ZR 94/17, NJW 2019, 303 Rn. 45, dass die Erstreckung der Widerrufsvorschriften auf das Wohnraummietrecht ihren Grund „nicht im Fernabsatzrecht" hat.

[475] BGH VIII ZR 295/01, BGHZ 154, 239 = NJW 2003, 1665 (1666) Rn. 11 (juris); BGH III ZR 380/03, BGHZ 160, 393 = NJW 2004, 3699 (3700) Rn. 21 (juris); BGH VIII ZR 337/09, BGHZ 187, 268 = NJW 2011, 56 Rn. 21; BGH VIII ZR 55/15, BGHZ 212, 248 = NJW 2017, 878 Rn. 52; BGH VIII ZR 94/17, NJW 2019, 303 Rn. 24; BeckOGK/*Busch* BGB § 312c Rn. 2; BeckOK BGB/Martens § 312c Rn. 5; MüKoBGB/*Wendehorst* § 312c Rn. 3; *Fervers* NZM 2018, 640 (642); *Martinek* NJW 1998, 207; Staudinger/*Thüsing*, 2019, BGB § 312c Rn. 7.

[476] BeckOGK/*Fleindl* BGB § 558b Rn. 13; *Fervers* NZM 2018, 640 (647).

[477] *Fervers* NZM 2018, 640 (648).

**zugestimmt hatte.**[478] Zwar liegt an sich ein Fernabsatzvertrag vor, wenn der Vermieter den Mieter mit einem Schreiben nach § 558a Abs. 1 BGB um Zustimmung ersucht und der Mieter anschließend postalisch seine Zustimmung erklärt. Denn in diesem Fall wurde eine Änderungsvereinbarung unter ausschließlicher Verwendung von Fernkommunikationsmitteln iSd § 312c Abs. 1 BGB geschlossen. Gleichwohl fehlt es an einem Informationsdefizit[479] und damit an einer sachlichen Rechtfertigung für ein Widerrufsrecht. Denn anders als bei einem Warenkauf im Internet benötigt der Mieter eben keinen Ausgleich dafür, dass er keine Möglichkeit hätte, in physischen Kontakt zum Vertragspartner zu treten und die „Ware" in Augenschein zu nehmen: Sowohl den Vertragspartner (den Vermieter) als auch die „Ware" (die Mietwohnung) kennt er bereits. Auch fehlt es an einer Druck- und Überrumpelungssituation,[480] mit der sich alternativ das Eingreifen eines Widerrufsrechts rechtfertigen ließe. Der Briefwechsel und die in § 558b Abs. 2 S. 1 BGB dem Mieter eingeräumte Überlegungsfrist führen viel mehr dazu, dass eine solche Druck- und Überrumpelungssituation gerade vermieden wird.[481] Es ist deshalb richtig und als Notlösung bis zu einer Änderung der Rechtslage geboten, eine Zustimmung des Mieters zu einem Mieterhöhungsverlangen nach den §§ 558ff. BGB im Wege der teleologischen Reduktion der §§ 312ff. BGB von deren Anwendungsbereich auszunehmen.

**Das bedeutet jedoch nicht,** dass ein Widerrufsrecht aufgrund eines Fernabsatzvertrags nach §§ 355, 312g Abs. 1 Alt. 2, 312c BGB im laufenden Mietverhältnis **generell zu verneinen wäre.** Sofern sich im Einzelfall eine Druck- und Überrumpelungssituation zulasten des Mieters ergibt, ist eine teleologische Reduktion nicht angezeigt. Zwar passt ein Widerrufsrecht des Mieters in solchen Fällen nicht zur Ratio der Widerrufsrechte im Fernabsatz (→Rn. 164). Gleichwohl ist die Anerkennung eines Widerrufsrechts trotz unpassender Ratio iErg das geringere Übel als der Ausschluss des Widerrufsrechts trotz bestehender Schutzbedürftigkeit. Wenn also der Vermieter den Mieter am Telefon mit einer Änderungsvereinbarung überrascht, so bleibt es beim Widerrufsrecht des Mieters nach §§ 355, 312g Abs. 1 Alt. 2, 312c BGB. **167**

Nicht zuletzt deshalb sind auch die **übrigen in der Lit. vertretenen Ansätze** zum Widerrufsrecht des Mieters bei einer Zustimmung zur Mieterhöhung nach den §§ 558ff. BGB **abzulehnen.** **168**

Zunächst ist es aus den soeben erörterten Gründen **nicht überzeugend,** trotz der teleologischen Bedenken **vom Bestehen des Widerrufsrechts auszugehen.**[482] Dass es andere Fälle außerhalb der §§ 558ff. BGB gibt, in denen der Mieter auch bei Vorliegen eines Fernabsatzvertrags schutzwürdig erscheint, ist zwar zutreffend; dies lässt sich aber nicht gegen eine teleologische Reduktion ins Feld führen, die sich auf die Konstellation der §§ 558ff. BGB beschränkt, in der ein Widerrufsrecht des Mieters eben typischerweise nicht angemessen erscheint. **169**

**Umgekehrt vermögen allerdings auch die Ansätze nicht zu überzeugen, die das Widerrufsrecht des Mieters mit abweichender Begründung ablehnen.** Zunächst fehlt es auch bei einem Änderungsvertrag nicht an einer **entgeltlichen Leistung** des Unternehmers iSd § 312 Abs. 1 BGB. Das Merkmal der entgeltlichen Leistung ist nach herrschender und zutreffender Auffassung schon allgemein so weit wie möglich auszulegen,[483] weil es kaum einleuchtet, warum der Verbraucher weniger schutzwürdig sein sollte, wenn er eine Verbindlichkeit eingeht, ohne seinerseits vom Unternehmer eine Gegenleistung zu erhalten.[484] Vor allem aber führt dieser Ansatz im **170**

---

478 BGH VIII ZR 94/17, NJW 2019, 303 m. Anm. *Fervers;* s. die zutreffende Bemerkung bei *Börstinghaus* NZM 2018, 1015, der VIII. Senat habe „als „Reparaturbetrieb" für gesetzgeberische Mängel herhalten" müssen.

479 BGH VIII ZR 94/17, NJW 2019, 303 Rn. 56; *Börstinghaus* NZM 2018, 1015 (1016); *Fervers* NZM 2018, 640 (647); NJW 2019, 308; MüKoBGB/*Häublein* § 535 Rn. 48; *Tavakoli* VuR 2019, 203 (210).

480 BGH VIII ZR 94/17, NJW 2019, 303 Rn. 51; *Börstinghaus* NZM 2018, 1015 (1016); *Fervers* NZM 2018, 640 (647); NJW 2019, 308; *Tavakoli* VuR 2019, 203 (210).

481 *Fervers* NZM 2018, 640 (647).

482 So aber *Hau* NZM 2015, 435 (439f.); im Hinblick auf Mieterhöhungsvereinbarungen nach § 557 BGB auch MüKoBGB/*Artz* § 557 Rn. 37f.

483 BGH VIII ZR 29/16, NJW 2017, 2823 Rn. 13; BeckOGK/*Busch* BGB § 312 Rn. 11f.; MüKoBGB/*Wendehorst* § 312 Rn. 37; *Schwab/Hromek,* JZ 2015, 271 (274); Spindler/Schuster/*Schirmbacher* § 312 Rn. 28; *Wendehorst* NJW 2014, 577 (580).

484 BGH VIII ZR 29/16, NJW 2017, 2823 Rn. 13; *Schwab/Hromek,* JZ 2015, 271 (274); im Anwendungsbereich der Verbraucherrechte-RL wäre eine restriktive Auslegung des Merkmals bereits richtlinienwidrig, da die Verbraucherrechte-RL ausweislich ihres Art. 3 Abs. 1 auf „jegliche Verträge" zwischen einem Unternehmer und einem Verbraucher erfasst, ohne dass die Entgeltlichkeit Voraussetzung wäre (*Schwab/Hromek,* JZ 2015, 271 (274); *Wendehorst* NJW 2014, 577 (580)).

laufenden Mietverhältnis zu unangemessenen Ergebnissen, weil dem Mieter bei Vorliegen eines Änderungsvertrags niemals ein Widerrufsrecht zustünde und zwar auch dann nicht, wenn eine Druck- und Überrumpelungssituation offensichtlich vorliegt. Es muss deshalb für das Vorliegen einer entgeltlichen Leistung des Unternehmers genügen, wenn der zu ändernde Vertrag eine entgeltliche Leistung zum Gegenstand hat.[485]

**171** Ebenso wenig scheitert ein Widerrufsrecht des Mieters daran, dass die Vertragsänderung ein **Verfügungsgeschäft** darstellt.[486] § 312 Abs. 1 BGB ist eine solche Beschränkung nicht zu entnehmen und wiederum würde eine solche Beschränkung zu dem sachwidrigen Ergebnis führen, dass Mieter eine Vertragsänderung auch bei offensichtlich bestehender Schutzwürdigkeit niemals widerrufen könnten.[487]

**172** Auch ist es eine **keine gangbare Lösung,** bei § 312c BGB anzusetzen und anzunehmen, dass der Vertragsschluss oftmals **nicht im Rahmen eines für den Fernabsatz organisierten Vertriebs- oder Dienstleistungssystems** erfolgt, sodass nach § 312c Abs. 1 Hs. 2 BGB gar kein Fernabsatzvertrag vorliege.[488] Einmal stünde dies im Widerspruch zu dem Hinweis in den Gesetzgebungsmaterialien,[489] wonach an das Vorliegen eines solchen Systems gerade keine hohen Anforderungen zu stellen sein sollen[490] und im Widerspruch zu der ansonsten weiten Auslegung durch die hM, wonach lediglich Geschäfte, die unter gelegentlichem und eher zufälligen Einsatz von Fernkommunikationsmitteln abgeschlossen werden, vom Anwendungsbereich des Fernabsatzwiderrufs ausgenommen werden sollen.[491] Vor allem aber ergeben sich bei einer solchen Konzeption nach beiden Seiten sachwidrige Ergebnisse: Einerseits lassen sich die Konstellationen, in denen die Mieterhöhung nach den §§ 558ff. BGB tatsächlich unzweifelhaft durch ein professionelles Vertriebs- und Dienstleistungssystem erfolgt, nicht in den Griff kriegen; hier hätte der Mieter nach wie vor trotz fehlender Schutzwürdigkeit ein Widerrufsrecht. Und andererseits könnte man ein Widerrufsrecht des Mieters bei bestehender Schutzwürdigkeit nicht mehr bejahen; denn der Begriff des für den Fernabsatz organisierten Vertriebs- oder Dienstleistungssystems ist ein technischer Begriff, der sich nicht von Fall zu Fall je nach Schutzwürdigkeit des Mieters anpassen lässt.[492]

**173** Und schließlich vermag es auch **nicht zu überzeugen,** wenn behauptet wird, die **§§ 558ff. BGB** seien im Verhältnis zu den §§ 312ff. BGB als **leges speciales** anzusehen.[493] Mit diesem Ansatz lässt sich zwar die Konstellation der Mieterhöhung nach §§ 558ff. BGB in den Griff kriegen, weil ein Widerrufsrecht des Mieters nach §§ 312ff. BGB bei angenommener Spezialität der §§ 558ff. BGB ausscheiden würde. Allerdings handelt sich dabei um eine rein punktuelle Korrektur, die in Fällen außerhalb der §§ 558ff. BGB versagt. Sendet der Vermieter dem Mieter postalisch eine Änderungsvereinbarung, die keine Mieterhöhung nach § 558 BGB darstellt und erklärt der Mieter ebenfalls postalisch seine Zustimmung, so ist der Mieter mangels Informationsdefizits und mangels Druck und Überrumpelung auch in diesem Fall nicht schutzwürdig. Mit der Spezialität der §§ 558ff. BGB lässt sich dies indes nicht begründen, weil ja in dieser Konstellation gar keine Mieterhöhung nach den §§ 558ff. BGB vorliegt.

---

485 AG Hanau BeckRS 2015, 15960; *Hau* NZM 2015, 435 (439); MüKoBGB/*Artz* § 557 Rn. 37; vom Vorliegen einer entgeltlichen Vereinbarung im Regelfall geht auch *Horst* DWW 2015, 2 (4) aus.

486 So aber *Drygala* NJW 1994, 3260 (3263); *Herr* WuM 1999, 607, jeweils zum HWiG.

487 Gegen eine Ausnahme bei Verfügungsverträgen auch MüKoBGB/*Artz* § 556 Rn. 37.

488 So aber LG Berlin BeckRS 2017, 107301 Rn. 27ff.; AG Gelsenkirchen BeckRS 2016, 10991 Rn. 9ff.; AG Berlin-Spandau BeckRS 2015, 19730 Rn. 20ff., 25 (juris); AG Berlin-Pankow/Weißensee BeckRS 2016, 118760 Rn. 11 (juris); BeckOGK/*Fleindl* BGB § 558b Rn. 13; MüKoBGB/*Artz* § 557 Rn. 37 (für die Mieterhöhung nach § 557 BGB); *Mediger* NZM 2015, 185 (190); dagegen *Börstinghaus* NZM 2018, 1015 (1016); *Hau* NZM 2015, 435 (439); *Hinz* WuM 2016, 76 (80f.); *Koch* VuR 2016, 92 (94); → 14. Aufl. 2019, BGB Vor § 535 Rn. 89; *Tavakoli* VuR 2019, 203 (209f.).

489 *Hau* NZM 2015, 435 (439).

490 BT-Drs. 17/12637, S. 50.

491 BGH I ZR 30/15, NJW 2017, 1024 Rn. 51; BGH VIII ZR 94/17, NJW 2019, 303 Rn. 19; Erman/*Koch,* 16. Aufl. 2020, BGB § 312c Rn. 9; MüKoBGB/*Wendehorst,* § 312c Rn. 24.

492 *Fervers* NZM 2018, 640 (648).

493 *In diesem Sinne LG Berlin* BeckRS 2016, 107760 Rn. 14ff. (wobei das Gericht in Rn. 17 in methodischer Hinsicht offen gelassen hat, ob die §§ 558ff. BGB leges speciales darstellen oder ob § 312c BGB teleologisch zu reduzieren ist); *Horst* DWW 2015, 2 (5f.); dagegen *Hau* NZM 2015, 435 (439); MüKoBGB/*Artz* § 558b Rn. 8; *Koch* VuR 2016, 92 (93); *Rolfs/Möller* NJW 2017, 3275 (3276).

### 3. Korrekturmöglichkeiten im Fall bestehender Schutzlücken

Sehr viel schwieriger ist eine Korrektur de lege lata, wenn aufgrund des Vorliegens einer Druck- und Überrumpelungssituation der Mieter eigentlich eines Widerrufsrechts bedürfte, ein solches aber mangels Fernabsatzvertrages und Außergeschäftsraumsituation nicht gegeben ist. In derartigen Konstellationen erscheint es **nicht möglich, durch teleologische Extension oder analoge Anwendung der Vorschriften ein Widerrufsrecht des Mieters zu konstruieren.** Denn die §§ 312ff. BGB enthalten keinen allgemeinen Rechtsgedanken dergestalt, dass in Druck- und Überrumpelungssituationen generell ein Widerrufsrecht von 14 Tagen anzunehmen wäre, sondern ordnen umgekehrt nur ein Widerrufsrecht für ganz bestimmte Situationen an, in denen eben typischerweise die Gefahr besteht, dass der Verbraucher überrumpelt oder unter Druck gesetzt wird. So kann etwa in dem Fall, in dem der Mieter vom Vermieter in dessen Geschäftsräume „gelockt" und überraschend zum Abschluss einer Änderungsvereinbarung überredet wird, mangels Vorliegen eines Außergeschäftsraumvertrags kein Widerrufsrecht des Mieters konstruiert werden. Bis zu einer Änderung der Rechtslage verbleibt deshalb zum einen die **Möglichkeit eines Rückgriffs auf § 138 Abs. 1 BGB.** Zum anderen erscheint es möglich, einen **Verstoß gegen das Gebot des fairen Verhandelns** und damit die Verletzung einer Nebenpflicht nach §§ 311 Abs. 2 Nr. 1, 241 Abs. 2 BGB anzunehmen, wenn der Vermieter eine psychische Druck- oder Überrumpelungssituation schafft, um den Mieter zum Abschluss einer nachteiligen Vereinbarung zu bewegen.[494] 174

### V. Das Widerrufsrecht bei Abschluss eines gerichtlichen Vergleichs

**Sachwidrig** wäre ein Widerrufsrecht des Mieters auch bei Abschluss eines gerichtlichen Vergleichs.[495] Zwar kann der Prozessvergleich zumindest aufgrund seiner Doppelnatur[496] als Verbrauchervertrag nach §§ 310 Abs. 3, 312 Abs. 1 angesehen werden und im Falle eines Prozessvergleichs liegt auch eine Außergeschäftsraumsituation vor, sodass ein Widerrufsrecht nach §§ 355 Abs. 1, 312g Abs. 1 Alt. 1, 312b BGB prima facie gegeben ist. Gleichwohl fehlt es schon aufgrund der richterlichen Neutralität und der richterlichen Hinweispflichten (§ 139 Abs. 1 S. 2, § 278 Abs. 2 S. 2 ZPO) an einer Druck- und Überrumpelungssituation[497] und damit an einer sachlichen Rechtfertigung für ein Widerrufsrecht. Zudem stünde ein einseitiges gesetzliches Widerrufsrecht in deutlichem Widerspruch zum Zweck des Prozessvergleichs, die Streitsache zu beenden und Rechtsfrieden zu schaffen.[498] Der Prozessvergleich sollte deshalb **im Wege der teleologischen Reduktion der §§ 312ff. BGB von deren Anwendungsbereich ausgenommen werden.**[499] 175

**Ebenfalls vertretbar** erscheint es, von einem Ausschluss des Widerrufsrechts nach **§§ 312g Abs. 2 Nr. 13 Hs. 1, 127a BGB** auszugehen. Denn gem. § 127a BGB wird die notarielle Beurkundung bei einem gerichtlichen Vergleich durch die Aufnahme der Erklärungen in ein nach den Vorschriften der Zivilprozessordnung errichtetes Protokoll ersetzt und gem. § 312g Abs. 2 Nr. 13 Hs. 1 BGB ist ein Widerrufsrecht bei notariell beurkundeten Verträgen ausgeschlossen. Zwar ordnet § 312 Abs 2 Nr. 1b) BGB an, dass bei notariell beurkundeten Verträgen, die keine Verträge über Finanzdienstleistungen sind und bei denen die notarielle Beurkundung nicht vorgeschrieben ist (wie beim Prozessvergleich) die Vorschrift des § 312g Abs. 1 BGB nur dann nicht anzuwenden ist, wenn der Notar darüber belehrt, dass das Widerrufsrecht nach § 312g Abs. 1 BGB entfällt. Teilweise wird daraus der Schluss gezogen, dass das Gericht bei Abschluss des Prozessvergleichs über 176

---

494 In dieser Weise verfährt das BAG bei arbeitsrechtlichen Aufhebungsverträgen, s. BAG 6 AZR 75/18, NZA 2019, 688 Rn. 31ff.; im Mietrecht ebenso bereits LG Hamburg 25.6.1985 – 16 S 35/85, MDR 1986, 58.

495 I.E. ebenso AG Hanau BeckRS 2015, 15960; BeckOGK/*Hoffmann* BGB § 779 Rn. 114; *Kunze/Kroll* MietRB 2016, 329 (335f.); Lützenkirchen/*Dickersbach*, 3. Aufl. 2021, § 557 Rn. 41k; MüKoBGB/*Artz*, § 557 Rn. 36; *Rolfs/Möller* NJW 2017, 3275 (3277); *Streyl* NZM 2015, 433 (435); tendenziell ebenso MAH MietR/*Flintrop* § 11 Rn. 29; **aA** *Mediger* NZM 2015, 185 (188); diff. *Hau* NZM 2015, 435 (440); Blank/Börstinghaus/*Blank/Börstinghaus* BGB Vor § 535 Rn. 135.

496 BGH XII ZR 79/09, NJW 2011, 2141 Rn. 10 mwN.; s. ferner die Nachw. bei BeckOGK/*Hoffmann* BGB § 779 Rn. 122ff.; MüKoZPO/*Wolfsteiner* § 794 Rn. 11ff.; Staudinger/*Hau*, 2020, BGB § 779 Rn. 192ff., 195.

497 BeckOGK/*Hoffmann* BGB § 779 Rn. 114; MüKoBGB/*Artz*, § 557 Rn. 36; s. auch *Streyl* NZM 2015, 433 (435), der zurecht betont, dass ein Gericht noch stärker zur Neutralität und Unparteilichkeit verpflichtet ist als ein Notar.

498 *Artz* WImmoT 2015, 53 (65); *Rolfs/Möller* NJW 2017, 3275 (3277).

499 Ebenso BeckOGK/*Hoffmann* BGB § 779 Rn. 114; tendenziell auch *Streyl* NZM 2015, 433 (435).

das Entfallen des Widerrufsrechts belehren muss.[500] Dies ist aber deshalb nicht zutreffend, weil das Widerrufsrecht nach § 312g Abs. 2 Nr. 13 Hs. 1 BGB bei notariell beurkundeten Verträgen unabhängig von einer Belehrung entfällt.[501] Zwar ist es eine wenig sinnvolle gesetzgeberische Technik, zuerst anzuordnen, dass § 312g Abs. 1 BGB nur dann nicht anzuwenden ist, wenn der Notar über das Entfallen des Widerrufsrechts belehrt und anschließend – wenn § 312g Abs. 1 BGB dann aufgrund der fehlenden Belehrung anwendbar ist – das Widerrufsrecht mit § 312g Abs. 2 Nr. 13 Hs. 1 BGB doch wieder auszuschließen.[502] An dem Entfallen des Widerrufsrechts nach § 312g Abs. 2 Nr. 13 Hs. 1 BGB ändert dies jedoch nichts.

**177** Auch wenn der Ausschluss des Widerrufsrechts also auch über §§ 312g Abs. 2 Nr. 13 Hs. 1, 127a BGB erreicht werden kann, so ist eine **teleologische Reduktion der §§ 312ff. BGB gleichwohl vorzugswürdig.** Denn **der Weg über den Ausschluss des Widerrufsrechts** nach §§ 312g Abs. 2 Nr. 13 Hs. 1, 127a BGB hat den **entscheidenden Nachteil,** dass **der Vermieter** den Mieter nach §§ 312 Abs. 4 S. 1, Abs. 3 Nr. 6, 312d Abs. 1 iVm Art. 246a § 1 Abs. 3 EGBGB **über den Ausschluss des Widerrufsrechts belehren müsste.** Zwar führt eine unterlassene Belehrung durch den Vermieter nicht dazu, dass das Widerrufsrecht nicht mehr ausgeschlossen ist und der Mieter widerrufen kann. Da aber die schuldhafte Verletzung der Informationspflichten nach § 312d einen Schadensersatzanspruch des Verbrauchers nach §§ 280 Abs. 1, 241 Abs. 2, 311 Abs. 2 BGB begründet (→ Rn. 180),[503] besteht das Risiko, dass der Mieter wegen der unterlassenen Belehrung über das Widerrufsrecht einen nach § 249 Abs. 1 BGB auf Vertragsaufhebung gerichteten Schadensersatzanspruch geltend macht.[504] Zwar wird ein solcher Anspruch in aller Regel nicht vorliegen, weil der Mieter darlegen und beweisen müsste, dass er im Falle einer Belehrung über das fehlende Widerrufsrecht den Vergleich nicht abgeschlossen hätte. Und dies ist deshalb kaum anzunehmen, weil ein Mieter ohnehin stets davon ausgehen wird, dass ihm bei einem Prozessvergleich kein Widerrufsrecht zusteht. Daran zeigt sich aber auch, dass die Annahme, das Widerrufsrecht sei nach §§ 312g Abs. 2 Nr. 13 Hs. 1, 127a BGB ausgeschlossen, für die Situation des Prozessvergleichs nicht wirklich passt. Denn der Sinn und Zweck der aus dem Ausschluss folgenden Belehrungspflicht nach §§ 312 Abs. 4 S. 1, Abs. 3 Nr. 6, 312d Abs. 1 iVm Art. 246a § 1 Abs. 3 EGBGB besteht ja gerade darin zu vermeiden, dass der Verbraucher fälschlicherweise das Bestehen eines Widerrufsrechts annimmt,[505] sodass eine solche Belehrungspflicht nicht sinnvoll erscheint, wenn der Verbraucher regelmäßig gar nicht vom Bestehen eines Widerrufsrechts ausgeht. Deshalb und zur Vermeidung entsprechender Streitigkeiten ist es somit vorzugswürdig, das Widerrufsrecht nicht nur für ausnahmsweise ausgeschlossen zu halten, sondern den Prozessvergleich mittels teleologischer Reduktion schon vom Anwendungsbereich der §§ 312ff. BGB auszunehmen.

**178** **Für die Praxis** erscheint es bis zur höchstrichterlichen Klärung in jedem Fall sinnvoll, dass das Gericht den Mieter über den Ausschluss des Widerrufsrechts sicherheitshalber belehrt.[506]

---

500 *Hau* NZM 2015, 435 (440); MüKoBGB/*Artz* § 557 Rn. 36; *Rolfs/Möller* NJW 2017, 3275 (3277); tendenziell auch Blank/Börstinghaus/*Blank/Börstinghaus* BGB § 535 Rn. 135.

501 AG Hanau ZMR 2015, 938 = BeckRS 2015, 15960; BeckOGK/*Busch* BGB § 312g Rn. 74; Erman/*Koch,* 16. Aufl. 2020, BGB § 312 Rn. 26, § 312g Rn. 24; *Hinz* WuM 2016, 76 (85f.); *Kunze* jurisPR-MietR 24/2015 Anm. 4; *Kunze/Kroll* MietRB 2016, 329 (336); Lützenkirchen/*Dickersbach,* 2. Aufl. 2015, BGB § 557 Rn. 41k; ebenso, wenn auch mit rechtspolitischer Kritik am Entfallen des Widerrufsrechts BeckOK BGB/*Martens* § 312g Rn. 54; MüKoBGB/*Wendehorst* § 312g Rn. 56; Staudinger/*Thüsing,* 2019, BGB § 312g Rn. 85.

502 Siehe MüKoBGB/*Wendehorst* § 312g Rn. 56, die diese Technik nicht ganz zu Unrecht als „qualifiziert unsinnig" bezeichnet.

503 BeckOGK/*Busch* BGB § 312d Rn. 20; BeckOK BGB/*Martens* § 312d Rn. 4; Staudinger/*Gsell,* BGB – Eckpfeiler des Zivilrechts, 7. Aufl. 2020, Kap. K Rn. 14; MüKoBGB/*Ernst* § 280 Rn. 94; MüKoBGB/*Wendehorst* § 312d Rn. 147.

504 Die grundsätzliche Möglichkeit eines solchen Anspruchs bejaht BeckOK BGB/*Martens,* § 312d Rn. 4; die von BeckOGK/*Busch* BGB § 312d Rn. 21 und MüKoBGB/*Wendehorst,* § 312d Rn. 47 geäußerten Zweifel im Hinblick auf die Vollharmonisierung lassen sich auf das Wohnraummietrecht nicht übertragen, da das Wohnraummietrecht nicht in den Anwendungsbereich der RL fällt.

505 MüKoBGB/*Wendehorst* § 312d Rn. 50.

506 Ebenso BeckOGK/*Hoffmann* BGB § 779 Rn. 114.1; MAH MietR/*Flintrop* § 11 Rn. 31.

## VI. Belehrungspflicht des Vermieters

### 1. Inhalt der Belehrungspflicht

Hat der Mieter ein Widerrufsrecht nach § 312 g Abs. 1 BGB, so muss der Vermieter den Mieter über dieses Widerrufsrecht gem. §§ 312 Abs. 4 S. 1, Abs. 3 Nr. 6, 312 d Abs. 1 iVm Art. 246 a § 1 Abs. 2, 3 EGBGB informieren. Gemäß Art. 246 a § 1 Abs. 2 S. 2 BGB kann der Vermieter die Informationspflichten nach Art. 246 a § 1 Abs. 2 BGB dadurch erfüllen, dass er das in der **Anlage 1** vorgesehene Muster für die Widerrufsbelehrung zutreffend ausgefüllt in Textform übermittelt. Auch wenn eine Pflicht zur Benutzung des Musters der Anlage 1 nicht besteht,[507] so ist die vollständig unveränderte[508] Benutzung für die Praxis gleichwohl anzuraten.[509] Zudem hat der Vermieter dem Mieter **zwingend** das Muster-Widerrufsformular in der **Anlage 2** zugänglich zu machen.[510] 179

### 2. Rechtsfolgen einer unterlassenen Belehrung

Die Pflicht des Vermieters zur Widerrufsbelehrung ist dabei als echte Pflicht ausgestaltet, deren Verletzung den Unternehmer zum **Schadensersatz** nach §§ 280 Abs. 1, 241 Abs. 2, 311 Abs. 2 BGB verpflichten kann.[511] 180

Eine nicht oder nicht zutreffend erfolgte Belehrung hat zudem zum einen Auswirkungen auf die **Widerrufsfrist.** Denn gem. § 356 Abs. 3 S. 1 BGB beginnt die Widerrufsfrist nämlich nicht, bevor der Unternehmer den Verbraucher entsprechend den Anforderungen von Art. 246 a § 1 Abs. 2 S. 1 Nr. 1 EGBGB unterrichtet hat. In diesem Fall kann der Mieter gem. § 356 Abs. 3 S. 2, § 355 Abs. 2 S. 2 BGB noch bis zu zwölf Monate und 14 Tage nach Vertragsschluss den Widerruf erklären. Zum anderen besteht ein Anspruch des Vermieters gegen den Mieter auf **Wertersatz** nach § 357 Abs. 8 S. 1 BGB gem. § 357 Abs. 8 S. 2 BGB nur dann, wenn der Vermieter den Mieter nach Art. 246 a § 1 Abs. 2 S. 1 Nr. 1, 3 EGBGB ordnungsgemäß informiert hat. 181

## VII. Rechtsfolgen der Widerrufs

### 1. Allgemeine Rechtswirkungen des Widerrufs

Der Widerruf der auf den Abschluss eines Mietvertrags gerichteten Erklärung führt dazu, dass beide Parteien nach § 355 Abs. 1 S. 1 BGB an ihre Erklärung nicht mehr gebunden sind. Durch den Widerruf wird das Vertragsverhältnis nach hM mit Wirkung für die Zukunft in ein Rückgewährschuldverhältnis umgewandelt,[512] wobei sich die Rückabwicklung nach §§ 355 Abs. 3 S. 1, 357 BGB richtet. Der Unternehmer-Vermieter kann über die in den §§ 357 ff. BGB geregelten Ansprüche hinaus gem. § 361 Abs. 1 BGB keine weiteren Ansprüche gegen den Verbraucher-Mieter geltend machen. Umgekehrt gilt diese Sperrwirkung jedoch nicht,[513] sodass weitergehende Ansprüche des Mieters gegen den Vermieter in Betracht kommen. Ansprüche des Mieters nach den §§ 346 ff. BGB sind zwar grds. aufgrund des Vorrangs der §§ 355 Abs. 3, 357 BGB ausgeschlossen.[514] Allerdings greift dieser Vorrang nur, soweit §§ 355 Abs. 3, 357 BGB auch eine Regelung 182

---

507 BT-Drs. 17/12637, S. 75 l. Sp.; MüKoBGB/*Wendehorst* § 312 d Rn. 46; Staudinger/*Thüsing,* 2019, BGB § 312 d Rn. 51.

508 Im Falle einer Veränderung entfällt die Gesetzlichkeitsfiktion, s. BT-Drs. 17/12637, S. 75 l. Sp.; BGH II ZR 109/13, NJW 2014, 2022 Rn. 15 mwN; MüKoBGB/*Wendehorst* § 312 d Rn. 41; ausf. Staudinger/*Thüsing,* 2019, BGB § 312 d Rn. 51.

509 MüKoBGB/*Wendehorst* § 312 d Rn. 41.

510 Siehe MüKoBGB/*Wendehorst* § 312 d Rn. 46; Staudinger/*Thüsing,* 2019, BGB § 312 d Rn. 48.

511 Vgl. BeckOGK/*Busch* BGB § 312 d Rn. 20; BeckOK BGB/*Martens* § 312 d Rn. 4; Staudinger/*Gsell,* BGB – Eckpfeiler des Zivilrechts, 7. Aufl. 2020, Kap. K Rn. 14; MüKoBGB/*Ernst* § 280 Rn. 94; MüKoBGB/*Wendehorst* § 312 d Rn. 147.

512 Erman/*Koch,* 16. Aufl. 2020, BGB § 355 Rn. 4; Staudinger/*Gsell,* BGB – Eckpfeiler des Zivilrechts, 7. Aufl. 2020, Kap. K Rn. 17; jurisPK-BGB/*Hönninger,* 9. Aufl. 2020, § 355 Rn. 67; MüKoBGB/*Fritsche* § 355 Rn. 59; Schimansky/Bunte/Lwowski/*Peters,* Bankrechts-Handbuch, § 81 Rn. 392; *Singbartl/Zintl* NJW 2016, 1848 (1849); zur Rechtslage vor dem 13.6.2014 BGH III ZR 252/11, NZM 2012, 689 Rn. 27; BGH I ZR 30/15, NJW 2017, 1024 Rn. 65; OLG Koblenz NJW 2006, 919 (921) Rn. 28 (juris); OLG Brandenburg BKR 2018, 22 Rn. 106.

513 Siehe BeckOGK/*Rosenkranz* BGB § 361 Rn. 9; MüKoBGB/*Fritsche* § 361 Rn. 7.

514 Das Rückgewährschuldverhältnis bildet keinen Rechtsgrund iSd § 812 Abs. 1 BGB; der Vorrang der §§ 355 ff. BGB ergibt sich vielmehr aus dem Spezialitätsgrundsatz, s. BeckOGK/*Mörsdorf* BGB § 355 Rn. 24.

treffen. Das ist insbes. im Hinblick auf Wertersatzansprüche des Verbraucher-Mieters nicht der Fall, sodass Wertersatzansprüche des Mieters nach § 346 BGB richtigerweise möglich sind (→ Rn. 189).

**2. Widerruf einer auf Abschluss eines Mietvertrags gerichteten Erklärung**

183 Sollte es bereits zu einem (partiellen) Leistungsaustausch gekommen sein, sind die empfangenen **Leistungen** gem. §§ 355 Abs. 3 S. 1, 357 Abs. 1 BGB spätestens nach 14 Tagen **zurückzugewähren.** Sollte der Mieter also bereits die Miete oder einen Teil der Miete entrichtet haben, hat der Vermieter dem Mieter den gezahlten Betrag zu erstatten.

184 **Nicht ganz zweifelsfrei ausgestaltet** ist demgegenüber die **Rückgewährpflicht des Mieters,** der die Wohnung bereits bewohnt hat. Klarheit besteht insoweit, als eine Anwendung ergänzender Ansprüche, etwa nach §§ 812ff. BGB gem. § 361 Abs. 1 BGB ausgeschlossen ist, sodass sich die Ansprüche des Vermieters ausschließlich nach §§ 355, 357 BGB bestimmen. Da jedoch eine Rückgewähr in natura bei Nutzung der Wohnung durch den Mieter ausgeschlossen ist, kommt lediglich ein Wertersatzanspruch des Vermieters nach § 357 Abs. 8 S. 1 BGB in Frage,[515] was voraussetzt, dass die Vermietung von Wohnraum als Dienstleistung zu qualifizieren ist. Von der ganz hM wird dies weitgehend mit Selbstverständlichkeit bejaht.[516] Zwar ist dies bei näherer Betrachtung nicht ganz so eindeutig,[517] da der Begriff an sich nach nationalem wie nach europäischen Verständnis an sich eine tätigkeitsbezogene Leistung erfordert[518] und eine schlichte Gebrauchsüberlassung sich nicht unproblematisch als tätigkeitsbezogene Leistung qualifizieren lässt.[519] Gleichwohl ist zumindest eine analoge Anwendung der Vorschrift geboten.[520] Es ist nämlich schlechterdings kein Grund ersichtlich, warum der Vermieter – obwohl bereits das Widerrufsrecht des Mieters bei der Begründung von Mietverträgen als solches rechtspolitisch höchst zweifelhaft ist[521] – niemals einen Anspruch auf Wertersatz haben und warum der Mieter auch dann „kostenlos wohnen" dürfen soll, wenn er vom Vermieter in jeder Hinsicht ordnungsgemäß über sein Widerrufsrecht informiert worden ist.

185 **Für die Praxis** ist die **verbleibende Restunsicherheit** darüber, ob die Wohnraummiete unter den Begriff der Dienstleistung fällt, insofern problematisch, als sich der Vermieter hinsichtlich der Belehrung in einer „Zwickmühle" befindet: Belehrt der Vermieter den Mieter nicht nach Art. 246a § 1 Abs. 2 S. 1 Nr. 3 EGBGB über die Wertersatzpflicht, so kann der Vermieter gem. § 357 Abs. 8 S. 2 BGB auch keinen Wertersatz nach § 357 Abs. 8 S. 1 BGB verlangen. Belehrt der Vermieter den Mieter dagegen über die Wertersatzpflicht und kommt ein Gericht zu dem Schluss, dass die Wohnraummiete keine Dienstleistung iSd § 357 Abs. 8 S. 1 BGB darstellt und der Mieter deshalb eigentlich gar nicht wertersatzpflichtig ist, dann ist die Widerrufsbelehrung des Vermieters fehlerhaft, sodass der Mieter gem. § 356 Abs. 3 S. 1 und 2 bis zu zwölf Monate und 14 Tage widerrufen und in dem Zeitraum kostenlos wohnen kann.[522] Eine gesetzliche Klarstellung ist deshalb dringend anzuraten.

186 Die **Höhe des Wertersatzanspruchs** richtet sich nach § 357 Abs. 8 S. 4 und 5 BGB. Zunächst ist somit die vereinbarte Miete zugrunde zu legen; sollte diese unverhältnismäßig hoch sein, besteht der Wertersatzanspruch in Höhe der ortsüblichen Vergleichsmiete.

**3. Widerruf einer Erklärung im laufenden Mietverhältnis**

187 Auch der Widerruf einer Erklärung im laufenden Mietverhältnis führt nach §§ 355 Abs. 1 S. 1, Abs. 3 S. 1, 357 Abs. 1 BGB zum beiderseitigen Entfallen der Bindung und zur beiderseitigen Rück-

---

[515] Vgl. BeckOGK/*Mörsdorf* BGB § 355 Rn. 98.

[516] *Artz/Brinkmann/Pielsticker* ZAP 2015, 1639 (1642); *Kunze/Kroll* MietRB 2016, 329 („unstreitig"); *Lindner* ZMR 2016, 356 (357); *Mediger* NZM 2015, 185 (190); *Hinz* WuM 2016, 76 (78); für eine Anwendbarkeit auf Gebrauchsüberlassungsverträge im Allgemeinen BeckOGK/*Mörsdorf* BGB § 356 Rn. 7; § 357 Rn. 80; MüKo-BGB/*Fritsche* § 357 Rn. 41.

[517] Zweifelnd auch *Hau* NZM 2015, 435 (442); *Streyl* NZM 2015, 433 (434).

[518] EuGH EuZW 2014, 181 (183) Rn. 37f. – Corman-Collins; BGH I ZR 88/14, NZM 2015, 629 Rn. 11; BGH IX ZR 204/16, NJW 2018, 690 Rn. 12; deutlich großzügiger allerdings nunmehr EuGH EuZW 2020, 485 Rn. 22f. – DB Vertrieb, wo der EuGH im Zusammenhang mit einem BahnCard-Vertrag äußert, ein Dienstleistungsvertrag liege schon dann vor, wenn es sich bei dem Vertrag nicht um einen Kaufvertrag handele.

[519] Ausf. *Fervers* NZM 2018, 640 (644).

[520] *Fervers* NZM 2018, 640 (644ff.).

[521] Ausf. *Fervers* NZM 2018, 640 (642ff.).

[522] Hierzu bereits *Fervers* NZM 2018, 640 (644).

gewährpflicht. Zunächst einmal entfällt somit die Bindung der widerrufenen Vereinbarung: Hatten die Parteien eine Änderungsvereinbarung getroffen, so entfällt diese und es gilt der ursprüngliche Mietvertrag. Hatten die Parteien einen Aufhebungsvertrag geschlossen, so entfällt die Aufhebungsvereinbarung und der Mietvertrag lebt in seiner vorherigen Form wieder auf. Zudem haben die Parteien dasjenige zurückzugewähren, was sie aufgrund der Änderungsvereinbarung an den anderen Teil geleistet haben. Hat der Mieter also bspw. eine Änderungsvereinbarung unterzeichnet, nach der sich die Miete erhöht, so muss der Vermieter dem Mieter nach dem Widerruf dieser Änderungsvereinbarung alle über die bisherige „Grundmiete" hinausgehenden Mietzahlungen erstatten.

Ein **Wertersatzanspruch des Vermieters** ist zwar im Grundsatz denkbar. So besteht ein **188** Anspruch des Vermieters nach § 357 Abs. 8 S. 1 BGB – im Falle ordnungsgemäßer Belehrung (§ 357 Abs. 8 S. 2 BGB) – bspw. dann, wenn die Parteien eine Änderungsvereinbarung abgeschlossen hatten, nach der dem Mieter die Nutzung zusätzlicher Wohnfläche gestattet war. Ein Wertersatzanspruch des Vermieters darf indes nicht dazu führen, dass faktisch die besonderen Bestimmungen zum Zustandekommen der widerrufenen Vereinbarung umgangen werden. So kann sich der Vermieter nach dem Widerruf einer Modernisierungsvereinbarung nicht darauf berufen, durch die Modernisierungsmaßnahmen sei zwischenzeitlich eine ausgleichspflichtige Wertsteigerung der Wohnung eingetreten; denn eine Mieterhöhung nach Modernisierungsmaßnahmen ist nur aufgrund eines Verfahrens nach den §§ 559, 559b, 559c BGB möglich.[523]

Aufgrund der Vielgestaltigkeit möglicher Änderungsvereinbarungen ist auch ein **Wertersatzanspruch des Mieters** denkbar. Hatten die Parteien bspw. eine Änderungsvereinbarung getroffen, **189** die den Mieter zur Vornahme der Schönheitsreparaturen verpflichtet und widerruft der Mieter diese Vereinbarung nach der Durchführung der Schönheitsreparaturen wirksam, so muss dem Mieter iErg ein Wertersatzanspruch für die erbrachten Schönheitsreparaturen zustehen. Der Widerruf liefe vollständig leer, wenn dem Mieter ein Verwendungsersatzanspruch bzgl. der Schönheitsreparaturen verwehrt würde. Der Widerruf soll gerade verhindern, dass der Unternehmer die empfangene Leistung behalten darf. Nichts anderes liegt § 355 Abs. 3 S. 1 BGB zugrunde, wenn angeordnet wird, dass die empfangenen Leistungen zurückzugewähren sind. Zwar sieht § 357 BGB selbst keinen Wertersatzanspruch für den Verbraucher vor. Das hat jedoch richtigerweise zur Folge, dass § 357 BGB gegenüber dem Rückabwicklungsregime der §§ 346ff. BGB keine Vorrangwirkung mehr entfaltet. Denn eine Vorrangwirkung kann nur bestehen, soweit § 357 BGB entsprechende Regelungen trifft.[524] Der Mieter könnte deshalb im genannten Beispiel gem. § 346 Abs. 1, Abs. 2 S. 1 Nr. 1 BGB vom Vermieter Wertersatz für die geleisteten Schönheitsreparaturen verlangen.

## I. Formularmietverträge

### I. Sinn und Zweck der AGB-Kontrolle

Auch wenn der Verbraucherschutz spätestens seit Inkrafttreten der Klausel-RL[525] eines der tragenden Prinzipien der §§ 305ff. BGB und insbes. der Inhaltskontrolle darstellt,[526] kann der Zweck **190** der §§ 305ff. BGB gleichwohl nicht pauschal mit dem Schlagwort „Verbraucherschutz" umschrieben werden.[527] Denn auf diese Weise ließe sich nicht erklären, warum die §§ 305ff. BGB auch zwischen Verbrauchern und zwischen Unternehmern Anwendung finden und warum eine strukturelle oder wirtschaftliche Unterlegenheit des Vertragspartners gerade keine Anwendungsvoraussetzung für die Anwendung der §§ 305ff. BGB ist.[528] Eine AGB-Kontrolle ist vielmehr deshalb geboten, weil der Verwender durch die AGB einseitige vertragliche Gestaltungsmacht für sich in Anspruch

523 Siehe BGH VIII ZR 29/16, NJW 2017, 2823 Rn. 14ff. (zur Rechtslage vor dem 13.6.2014).

524 Für eine analoge Anwendung des § 347 Abs. 2 BGB BeckOGK/*Rosenkranz* BGB § 361 Rn. 9.1; *Schwab* JZ 2015, 644 (651); anders (im Zusammenhang mit der Rückabwicklung von Kaufverträgen) *Zaprianos,* Die Rückabwicklung der Verbraucherverträge nach Ausübung des Widerrufsrechts, 2016, S. 301f.; gegen Wertersatzansprüche des Verbrauchers auch MüKoBGB/*Fritsche* § 361 Rn. 12.

525 Richtlinie 93/13/EWG des Rates vom 5. April 1993 über mißbräuchliche Klauseln in Verbraucherverträgen.

526 MüKoBGB/*Basedow* § 305 Rn. 4.

527 In diese Sinne aber → 14. Aufl. 2019, BGB Vor § 535 Rn. 37.

528 Hierzu BGH VIII ZR 67/09, BGHZ 184, 259 = NJW 2010, 1131 Rn. 12; BeckOGK/*Schmidt* BGB § 535 Rn. 99.1; für eine unterschiedliche Schutzkonzeption der §§ 305ff. BGB bei Verbraucherverträgen und im unternehmerischen Geschäftsverkehr *Hellwege,* Allgemeine Geschäftsbedingungen, einseitig gestellte Vertragsbedingungen und die allgemeine Rechtsgeschäftslehre, 2010, S. 566ff.; *Hellwege* JZ 2015, 1130ff., 1132ff.

nimmt.[529] Der Vertragspartner des Verwenders kann hinsichtlich der AGB typischerweise keine vollwertige privatautonome Entscheidung treffen, da es ihm weder möglich noch zumutbar ist, stets mit voller Aufmerksamkeit das „Kleingedruckte" zu studieren.[530] Würde man vom Vertragspartner verlangen, vor Abschluss des Vertrags stets die AGB zu überprüfen und ggf. Rechtsrat einzuholen, so zöge jeder Vertragsschluss zudem erhebliche Transaktionskosten und unnötigen Aufwand nach sich.[531] Aus diesem Grund kann sich hinsichtlich AGB auch kein funktionierender Wettbewerb etablieren:[532] Der Vertragspartner des Verwenders hat nicht die Möglichkeit, in zumutbarer und ökonomisch sinnvoller Weise die AGB verschiedener „Anbieter" miteinander zu vergleichen. Die AGB-Kontrolle dient deshalb zum einen dem Schutz der Privatautonomie und zugleich dem Ausgleich eines partiellen Marktversagens.[533]

**191** Diese Grundsätze gelten auch im Mietrecht. Zwar mag das „Kleingedruckte" bei einem Mietvertrag mitunter keinen völlig unüberschaubaren Umfang erreichen; gleichwohl ist das Aufmerksamkeitspotenzial des Vertragspartners des Verwenders (idR der Mieter) nicht unbegrenzt. Der Mieter fokussiert seine Aufmerksamkeit typischerweise auf das Mietobjekt und auf die Höhe des Mietzinses und trifft deshalb auch nur diesbezüglich eine vollwertige privatautonome Entscheidung. Den übrigen einzelnen Bestimmungen des Mietvertrags schenkt der Mieter nicht die gleiche Aufmerksamkeit. Ein funktionierender Wettbewerb im Hinblick auf verschiedene AGB ist zudem schon deshalb illusorisch, weil der Vermieter mit den einzelnen Bestimmungen des Mietvertrags typischerweise überhaupt nicht am Markt auftritt. Zudem ist es dem Mieter weder möglich noch zumutbar, die verschiedenen und uU rechtlich nicht unkomplizierten Vertragsbedingungen einzelner Vermieter miteinander zu vergleichen.

## II. Begriffsmerkmale Allgemeiner Geschäftsbedingungen

**192** Gemäß § 305 Abs. 1 S. 1 BGB sind Allgemeine Geschäftsbedingungen alle für eine Vielzahl von Verträgen vorformulierten Vertragsbedingungen, die eine Vertragspartei (Verwender) der anderen Vertragspartei bei Abschluss eines Vertrags stellt.

### 1. Vertragsbedingungen

**193** Nach dem Wortlaut des § 305 Abs. 1 S. 1 BGB muss es sich um „Vertragsbedingungen" handeln.

**194** **a) Vorformulierung von einseitigen Erklärungen der Verwendergegenseite.** Die §§ 305 ff. BGB sind analog anzuwenden, wenn der Verwender einseitige rechtsgeschäftliche Erklä-

---

[529] BGH IV ZR 229/74, NJW 1976, 2345 (2346) Rn. 18 (juris); BGH VII ZR 104/77, WM 1978, 723 Rn. 15 (juris), jeweils zur Rechtslage vor Einführung des AGBG; BGH VIII ZR 67/09, BGHZ 184, 259, NJW 2010, 1131 Rn. 12; BeckOGK/*Lehmann-Richter,* § 305 Rn. 8; *Fervers/Gsell,* in: German National Reports on the 20th International Congress of Comparative Law, S. 283 (285 ff.); *Fervers* NZM 2018, 640 (650); BKR 2019, 165 (169); *Fervers* FS Börstinghaus, 2020, 89 (91); *H. Schmidt* NJW 2011, 3329 (3330); *Lehmann-Richter* NZM 2011, 57 (58 f.); Ulmer/Brandner/Hensen/*Ulmer/Habersack,* 12. Aufl. 2016, BGB Einl. Rn. 48 mwN; ebenso die Gesetzesbegründung zu § 1 I 1 AGBG, BT-Drs. 7/3919, 15 f.: „[…] In der hierin zum Ausdruck gebrachten Einseitigkeit der Auferlegung liegt der innere Grund und Ansatzpunkt für die rechtliche Sonderbehandlung von AGB gegenüber Individualabreden. AGB werden zwischen den Vertragspartnern nicht ausgehandelt, sondern von einer Vertragspartei fertig in den Vertrag eingebracht. Der andere Vertragsteil, der mit einer solchen Regelung konfrontiert wird, kann auf ihre Ausgestaltung gewöhnlich keinen Einfluss nehmen. Die Einseitigkeit der Auferlegung ist mithin das wesentliche Charakteristikum von AGB."

[530] BeckOGK/*Lehmann-Richter* BGB § 305 Rn. 8; *Fervers* BKR 2019, 165 (167 f.); *Fervers* FS Börstinghaus, 2020, 89 (91 f.).; *Hellwege,* Allgemeine Geschäftsbedingungen, einseitig gestellte Vertragsbedingungen und die allgemeine Rechtsgeschäftslehre, 2010, S. 566 ff.

[531] *Fervers* NZM 2018, 640 (650).

[532] *Fastrich,* Richterliche Inhaltskontrolle im Privatrecht, 1992, S. 80 ff., 86; *Drexl,* Die wirtschaftliche Selbstbestimmung des Verbrauchers, 1998, S. 329 ff.; *Canaris* AcP 200 (2000), 273, 324; *Fervers* EuZW 2014, 510 (511); NZM 2018, 640, 650; BKR 2019, 165, 167 f.; *Hellwege,* Allgemeine Geschäftsbedingungen, einseitig gestellte Vertragsbedingungen und die allgemeine Rechtsgeschäftslehre, 2010, S. 583 ff.; MüKoBGB/*Basedow* Vor § 305 Rn. 4 ff., 8; Ulmer/Brandner/Hensen/*Ulmer/Habersack,* 12. Aufl. 2016, BGB Einl. Rn. 48 mwN; Staudinger/*Mäsch,* 2019, BGB Vor § 305 Rn. 8.

[533] *Ähnlich Staudinger/Mäsch,* 2019, BGB Vor § 305 Rn. 8 „Marktversagen" und „Vertragsversagen"; Staudinger/*Wendland,* 2019, BGB § 307 Rn. 2 a ff.; Ulmer/Brandner/Hensen/*Ulmer/Habersack,* 12. Aufl. 2016, BGB Einl. Rn. 48 mwN; ausf. zu den verschiedenen Schutzkonzepten *Hellwege,* Allgemeine Geschäftsbedingungen, einseitig gestellte Vertragsbedingungen und die allgemeine Rechtsgeschäftslehre, 2010, S. 566 ff., 583 ff.

rungen des Vertragspartners vorformuliert.[534] Im Falle einer solchen Vorformulierung nimmt der Verwender nämlich ebenso einseitige Gestaltungsmacht für sich in Anspruch und greift in gleicher Weise in die rechtsgeschäftliche Entschließungsfreiheit des Vertragspartners ein wie bei der Vorformulierung einer zweiseitigen Vereinbarung, da der Vertragspartner nur noch entscheiden kann, ob er die Erklärung abgibt, während er auf ihren Inhalt keinerlei Einfluss hat.[535] Lässt also bspw. der Vermieter den Mieter eine Erklärung unterschreiben, wonach der Mieter ein unwiderrufliches Angebot zum Abschluss eines Mietvertrags abgibt, welches der Vermieter binnen einer bestimmten Zeit annehmen kann, so sind die §§ 305ff. BGB anzuwenden.[536]

**b) Erklärungen im Vorfeld des Vertragsschlusses.** Dem Vorliegen einer AGB iSd § 305 Abs. 1 S. 1 BGB steht nicht entgegen, dass die Klausel im Vorfeld eines Vertragsschlusses verwendet wird oder dass sie gar nicht Bestandteil eines Vertrages werden soll.[537] Verwendet der Vermieter also bspw. vorformulierte Regelungen, die das Zustandekommen des Vertrages betreffen, so unterliegen auch diese Regelungen einer AGB-Kontrolle. 195

**c) (Vermeintlich) unverbindliche Erklärungen.** Aus dem Terminus „Vertragsbedingungen" zieht die hM den Schluss, bloße Bitten und Hinweise sowie Klauseln mit reinem Informationscharakter ohne rechtlichen Regelungsgehalt fielen nicht unter die §§ 305ff. BGB.[538] Für die **AGB-Kontrolle beim Mietvertrag** dürfte diese Einschränkung aber **kaum jemals relevant** werden. 196

Sofern es im Individualprozess darauf ankommt, ob sich aus der betreffenden Klausel eine für den Verwender günstige Rechtsfolge ergibt, dann **wirkt sich** das fehlende Vorliegen einer „Vertragsbedingung" **schon gar nicht zugunsten des Verwenders aus.**[539] Denn sollte das Gericht zu dem Schluss kommen, dass es sich bei der entsprechenden Klausel gar nicht um eine Vertragsbedingung, sondern nur um eine unverbindliche Bestimmung ohne Regelungscharakter handelt, dann kann der Verwender aus dieser Bestimmung auch keine für sich günstige Rechtsfolge mehr herleiten. Verklagt bspw. der Mieter den Vermieter auf Aufwendungsersatz wegen Vornahme der Schönheitsreparaturen,[540] so kann der Vermieter diesem Anspruch nicht erst entgegenhalten, der Mieter sei nach den Regelungen des Mietvertrags zur Vornahme der Schönheitsreparaturen verpflichtet gewesen, und dann – wenn sich der Mieter auf die Unwirksamkeit der entsprechenden Regelung beruft – zugleich einwenden, es handele sich nur um einen unverbindlichen Hinweis. Sollte das Gericht die Bestimmung nämlich als unverbindlichen Hinweis bzw. als unverbindliche Bitte qualifizieren, dann könnte die Klausel auch keine Verpflichtung des Mieters zur Vornahme der Schönheitsreparaturen mehr begründen. 197

**Praktische Relevanz** erlangt das Vorliegen einer Vertragsbedingung deshalb in erster Linie dann, wenn die **Wirksamkeit der Klausel selbst** Streitgegenstand ist; dies ist entweder denkbar im Verbandsprozess, oder wenn die Klausel im Individualprozess Gegenstand einer Feststellungsklage ist, etwa weil der Mieter auf Feststellung der Unwirksamkeit klagt.[541] 198

---

534 BGH II ZR 150/85, BGHZ 98, 24 = NJW 1986, 2428 (2429) Rn. 12 (juris); BGH I ZR 241/97, NJW 2000, 2677 Rn. 17 (juris); BGH I ZR 169/10, NJW 2013, 2683 Rn. 17ff., 19; BGH IX ZR 199/14, NJW 2015, 3029 Rn. 6; OLG München MMR 2007, 47 (48) Rn. 34 (juris); BeckOK BGB/*Becker,* § 305 Rn. 13ff.; Erman/*Roloff/Looschelders,* 16. Aufl. 2020, BGB § 305 Rn. 3; *Fervers* NZM 2015, 105 (106); Staudinger/*Mäsch,* 2019, BGB § 305 Rn. 13; Ulmer/Brandner/Hensen/*Ulmer/Habersack,* 12. Aufl. 2016, BGB § 305 Rn. 16.

535 BGH XI ZR 76/98, BGHZ 141, 124 = NJW 1999. 1864 Rn. 11f. (juris); BGH I ZR 169/10, NJW 2013, 2683 Rn. 19; BeckOK BGB/*Becker* § 305 Rn. 14.

536 *Fervers* NZM 2015, 105 (106).

537 BGH VIII ZR 175/87, BGHZ 104, 95 = NJW 1988, 1908 (1909); BGH V ZR 85/09, NJW 2010, 2873 Rn. 7; BeckOGK/*Lehmann-Richter* BGB § 305 Rn. 98f.

538 BGH VIII ZR 221/95, BGHZ 133, 184 = NJW 1996, 2574 (2575) Rn. 18 (juris) (scheinbar in teilweiser Abweichung von BGH VIII ZR 106/93, BGHZ 124, 39 = NJW 1994, 188 (189) Rn. 18ff. (juris)); BGH VIII ZR 32/08, NJW 2009, 1337 Rn. 10ff.; BGH VIII ZR 404/12, NJW 2014, 2269 Rn. 23ff.; OLG München MMR 2007, 47 (49) Rn. 44 (juris); BeckOK BGB/*Becker* § 305 Rn. 16; Erman/*Roloff/Looschelders,* 16. Aufl. 2020, BGB § 305 Rn. 3; MüKoBGB/*Basedow* § 305 Rn. 12; Staudinger/*Mäsch,* 2019, BGB § 305 Rn. 5; Ulmer/Brandner/Hensen/*Ulmer/Habersack,* 12. Aufl. 2016, BGB § 305 Rn. 11; *v. Westphalen* NJW 1994, 367.

539 Siehe BeckOGK/*Lehmann-Richter* BGB § 305 Rn. 89.1, der äußert, das Gericht werde sich im Individualprozess „kaum mit der Frage beschäftigen, ob es sich um eine „Vertragsbedingung" iSd Abs. 1 S. 1 handelt", „wenn sich der Verwender im Individualprozess auf die Geltung der in Rede stehenden Erklärung beruft".

540 Siehe zu dieser Konstellation BGH VIII ZR 302/07, NJW 2009, 2590.

541 Zum Feststellungsinteresse s. BGH VIII ZR 351/08, NJW 2010, 1877 Rn. 16ff.

**199** Und bei der mietrechtlichen AGB-Kontrolle wird das **Vorliegen einer Vertragsbedingung praktisch niemals zu verneinen** sein. Denn auch nach der Rspr. des BGH liegt eine Vertragsbedingung iSd § 305 Abs. 1 S. 1 BGB vor, wenn ein Hinweis oder eine Bitte beim Empfänger den Eindruck hervorruft, es solle damit der Inhalt eines vertraglichen oder vorvertraglichen Rechtsverhältnisses bestimmt werden.[542] Abgesehen davon, dass schwerlich Fälle denkbar sind, in denen ein solcher Eindruck nach dem objektiven Empfängerhorizont des rechtlich nicht vorgebildeten Durchschnittsmieters[543] tatsächlich ausgeschlossen werden kann, wird dieser Eindruck beim Mietvertrag allein schon dadurch erweckt, dass die betreffende Klausel **Teil eines Vertragswerks** ist. Wenn eine Bestimmung Teil eines einheitlichen Vertragswerks ist, so kann nicht isoliert eine einzelne Klausel herausgebrochen und als Regelung ohne rechtsgeschäftliche Wirkung qualifiziert werden; denn eine konstitutive Auswirkung auf die Entschließung des Vertragspartners kann in einem solchen Fall niemals ausgeschlossen werden. Eine großzügige Auslegung des Tatbestandsmerkmals der „Vertragsbedingung" ist zudem schon deshalb dringend geboten, da andernfalls ein starker Anreiz für den Verwender besteht, eine Klausel, die an sich nach den §§ 307 ff. BGB unwirksam wäre, als „höfliche Bitte" zu formulieren. Beispielsweise könnte der Vermieter in den Mietvertrag eine AGB aufnehmen, nach der der Mieter einer unrenovierten Wohnung[544] „höflich um die Vornahme der Schönheitsreparaturen gebeten wird". Qualifizierte man eine solche Klausel nicht als Vertragsbedingung iSd § 305 Abs. 1 S. 1 BGB, so hätte das für den Vermieter die überaus bequeme Konsequenz, dass zwar tatsächlich eine beträchtliche Anzahl von Mietern von einer höflich formulierten Verpflichtung ausgehen und die Schönheitsreparaturen auf eigene Kosten durchführen würden, dass der Vermieter sich in einem möglichen Prozess aber gleichwohl mit Erfolg auf das Fehlen einer AGB berufen könnte.

**200** Eine Vertragsbedingung liegt auch bei **deklaratorischen Klauseln vor, die lediglich das Gesetz wiedergeben.** Dies ergibt sich schon aus §§ 307 Abs. 3 S. 2, Abs. 1 S. 2 BGB,[545] wonach bei nicht vom Gesetz abweichenden Klauseln zwar keine Inhalts-, wohl aber eine Transparenzkontrolle geboten ist. Platziert der Vermieter im Mietvertrag also bspw. einen „Hinweis auf die Rechtslage", so ist diese Bestimmung als Vertragsbedingung zu qualifizieren.

**201** Eine großzügige Auslegung des Merkmals „Vertragsbedingung" kann iÜ auch **nicht zu einer unbilligen Belastung des Verwenders** führen. Denn sofern es sich tatsächlich um einen transparenten und auch iÜ unproblematischen Hinweis handeln sollte, so würde dieser Hinweis selbstverständlich einer Inhaltskontrolle standhalten, sodass der Verwender einen Prozess um die Wirksamkeit der betreffenden Bestimmung auch nicht verlieren würde.

### 2. Vorformulierte Vertragsbedingungen

**202** Nach § 305 Abs. 1 BGB müssen die Vertragsbedingungen vorformuliert sein. Die Ratio dieses Erfordernisses ist darin zu sehen, dass eine vorformulierte Erklärung des Verwenders typischerweise eine höhere Gewähr für eine besondere Begünstigung desselben bietet und deshalb für den Vertragspartner gefährlicher ist als eine spontan entworfene Klausel.[546] Diese Schwelle darf indes nicht zu hoch angesetzt werden, denn schon die Tatsache, dass der Verwender überhaupt vorbereitete Klauseln verwendet, stellt eine Inanspruchnahme einseitiger Gestaltungsmacht dar.[547]

---

[542] BGH VIII ZR 221/95, BGHZ 133, 184 = NJW 1996, 2574 (2575) Rn. 14 (juris); BGH VIII ZR 32/08, NJW 2009, 1337 Rn. 11; BGH VIII ZR 404/12, NJW 2014, 2269 Rn. 24.

[543] Vgl. BGH VIII ZR 404/12, NJW 2014, 2269 Rn. 24 („wobei […] auf den rechtlich nicht vorgebildeten Durchschnittskunden und die dabei typischerweise gegebenen Verhältnisse abzustellen ist"); in der Sache ebenso BGH VIII ZR 32/08, NJW 2009, 1337 Rn. 17, 19.

[544] Zur Abwälzung von Schönheitsreparaturen bei unrenovierter Wohnung BGH VIII ZR 185/14, BGHZ 204, 302 = NJW 2015, 1594 Rn. 15 ff., 19 ff.; BGH VIII ZR 277/16, NJW 2018, 3303 Rn. 20; BGH VIII ZR 163/18 NZM 2020, 704; BGH VIII ZR 270/18, NZM 2020, 710; aus der Lit. *Artz* NZM 2015, 801 (803); *Börstinghaus* NZM 2016, 417 (430 f.); *Lehmann-Richter* NJW 2015, 1598; *H. Schmidt* NJW 2016, 1201 ff.

[545] So auch die hM, s. BGH IX ZR 254/87, NJW 1988, 2951 Rn. 6 (juris); BeckOGK/*Lehmann-Richter* BGB § 305 Rn. 92; Ulmer/Brandner/Hensen/*Ulmer/Habersack,* 12. Aufl. 2016, BGB § 305 Rn. 7a mwN; s. zur Transparenzkontrolle bei rechtsdeklaratorischen Klauseln Staudinger/*Wendland,* 2019, BGB § 307 Rn. 309 *mwN.*

[546] BeckOGK/*Lehmann-Richter* BGB § 305 Rn. 109.

[547] Nicht zu Unrecht an der rechtspolitischen Rechtfertigung für die Vorformulierung zweifelnd BeckOGK/*Lehmann-Richter* BGB § 305 Rn. 108 f.; noch deutlicher Soergel/*Fritzsche* § 305 Rn. 16.

Für das Vorliegen einer Vorformulierung ist deshalb nicht erforderlich, dass die Formularbedingungen schriftlich fixiert sind; eine **„geistige" Vorformulierung genügt.**[548] Auch muss der Verwender sie nicht selbst vorformuliert haben; es **reicht aus, wenn sie von einem Dritten vorformuliert** worden sind. Sofern sich der Vermieter also standardisierter Vertragsmuster bedient, liegen vorformulierte Vertragsbedingungen iSd § 305 Abs. 1 BGB vor.[549] Der Vorformulierung steht auch nicht entgegen, dass der Kunde zwischen mehreren Klauseln wählen darf[550] oder dass der Verwender dem Kunden zunächst nur einen lückenhaften oder ergänzungsbedürftigen Vertragstext präsentiert, bei dem der Verwender die Modalitäten der Lückenfüllung im Voraus festgelegt hat.[551] Erforderlich ist nur, dass die Formularbestimmungen **vor der Einbeziehung in den Vertrag bereits feststehen** und nicht ohne Vorbereitung beim Vertragsschluss entworfen wurden.[552] Wird eine vorformulierte Klausel **modifiziert oder ergänzt,** so kommt das Fehlen einer Vorformulierung von vornherein nur dann in Betracht, wenn die Klausel in so gravierender Weise modifiziert oder ergänzt wird, dass ihr dadurch ein neuer Sinngehalt zukommt.[553] Hinsichtlich der neuen Fassung ist allerdings wiederum zu prüfen, ob sie – zumindest „geistig" – durch den Verwender vorformuliert war. Der Vermieter kann den Rechtswirkungen der §§ 305 ff. BGB deshalb nicht dadurch entgehen, dass er inhaltlich „wackelige" Klauseln als ad-hoc-Ergänzungen tarnt. 203

### 3. Für eine Vielzahl von Fällen

Die **Ratio** dieser Voraussetzung ist durchaus **zweifelhaft,**[554] da der Verwender auch dann einseitige vertragliche Gestaltungsmacht in Anspruch nehmen kann, wenn er Vertragsbedingungen nur für eine einmalige Verwendung vorformuliert; denn auch in dem Fall wird der Vertragspartner mit einem Vertragswerk konfrontiert, auf dessen Inhalt er keinen Einfluss nehmen konnte.[555] Bezeichnenderweise ist auch die Begründung des Gesetzgebers sehr dünn geraten.[556] Eine mögliche Erklärung wird man allenfalls darin erblicken können, dass Bestimmungen, die für eine Vielzahl von Fällen bestimmt sind, **typischerweise mit höherem Aufwand und unter Verwendung erheblicher Ressourcen** erstellt wurden und deshalb in besonderer Weise das Risiko bergen, die Interessen des Verwenders auf Kosten des Vertragspartners durchzusetzen. Das Tatbestandsmerkmal ist deshalb **weit auszulegen.** 204

Für eine Vielzahl von Verträgen vorformuliert ist eine Klausel schon dann, wenn der Verfasser die Absicht einer **zumindest dreimaligen Verwendung** hat.[557] Unerheblich ist dabei, gegenüber 205

---

[548] BGH IVa ZR 6/86, NJW 1988, 410; BGH VIII ZR 204/98, NJW 1999, 2180 (2181); BGH XI ZR 170/13, NJW-RR 2014, 1133 Rn. 20; BGH VIII ZR 200/17, NZM 2018, 556 Rn. 12; BeckOGK/*Lehmann-Richter* BGB § 305 Rn. 111; BeckOK BGB/*Becker* § 305 Rn. 17; Erman/*Roloff/Looschelders,* 16. Aufl. 2020, BGB § 305 Rn. 9; MüKoBGB/*Basedow* § 305 Rn. 14; Ulmer/Brandner/Hensen/*Ulmer/Habersack,* 12. Aufl. 2016, BGB § 305 Rn. 20.

[549] Vgl. BT-Drs. 7/3919, S. 16; BGH VIII ZR 67/09, BGHZ 184, 259 = NJW 2010, 1131 Rn. 10 mwN; BGH IX ZR 137/13, NJW-RR 2014, 937 Rn. 9 mwN; BeckOGK/*Lehmann-Richter* BGB § 305 Rn. 111; Erman/*Roloff/Looschelders,* 16. Aufl. 2020, BGB § 305 Rn. 9; *Fervers* NZM 2018, 640 (650); Ulmer/Brandner/Hensen/*Ulmer/Habersack,* 12. Aufl. 2016, BGB § 305 Rn. 21.

[550] BGH IV ZR 16/95, NJW 1996, 1208; BGH III ZR 126/17, NJW-RR 2018, 683 Rn. 18; BeckOGK/*Lehmann-Richter* BGB § 305 Rn. 113; Erman/*Roloff/Looschelders,* 16. Aufl. 2020, BGB § 305 Rn. 10.

[551] BGH XI ZR 170/13, NJW-RR 2014, 1133 Rn. 21; BeckOGK/*Lehmann-Richter* BGB § 305 Rn. 114; Blank/Börstinghaus/*Blank/Börstinghaus* BGB § 535 Rn. 98; Erman/*Roloff/Looschelders,* 16. Aufl. 2020, BGB § 305 Rn. 10.

[552] BeckOGK/*Lehmann-Richter* BGB § 305 Rn. 110; Erman/*Roloff/Looschelders,* 16. Aufl. 2020, BGB § 305 Rn. 9.

[553] Vgl. BeckOGK/*Lehmann-Richter* BGB § 305 Rn. 112.

[554] Siehe bereits *Fervers* NZM 2018, 640 (651).

[555] Die rechtspolitische Rechtfertigung des Merkmals abl. mit beachtlichen Argumenten und umfangreichen Nachw. *Miethaner,* AGB-Kontrolle versus Individualvereinbarung, 2018, S. 78 ff.; krit. auch *Damm* JZ 1994, 161 (164 ff.); zweifelnd auch BeckOGK/*Lehmann-Richter* BGB § 305 Rn. 118.

[556] Gesetzesbegründung zum AGBG, BT-Drs. 7/3919, 16: „Die Vertragsbedingungen müssen für eine Vielzahl von Verträgen vorformuliert sein. Dem Merkmal der Einseitigkeit wird damit ein formales Kriterium zur Seite gestellt, das auf die über den Einzelvertrag hinausreichende, normenähnliche Typisierung der AGB hinweist." Warum aber ein solches formales Kriterium erforderlich sein soll, obwohl der Grund für die Inhaltskontrolle nach eigener Aussage des Gesetzgebers in der Einseitigkeit der Auferlegung liegt (BT-Drs. 7/3919, 15 f.), wird nicht erklärt.

[557] BGH VII ZR 388/00, NZM 2002, 35; BGH VII ZR 31/03, NJW 2004, 1454; BGH VII ZR 266/17, NJW 2019, 2997 Rn. 13; BeckOGK/*Lehmann-Richter* BGB § 305 Rn. 124; MüKoBGB/*Basedow* § 305 Rn. 18;

wie viel verschiedenen Personen die Klausel verwendet werden soll.[558] **Ausreichend ist, dass der Verfasser bei der Abfassung der Klausel die Absicht der Vielfachverwendung hat,** da eine mit dieser Absicht verfasste Klausel typischerweise besonders stark und effektiv die Interessen des Verwenders berücksichtigt.[559] Ist eine solche Absicht bei der Abfassung der Klausel zu bejahen, so ist nicht erforderlich, dass die Klausel tatsächlich in einer Vielzahl von Fällen eingesetzt wird; vielmehr liegen AGB **schon im ersten Verwendungsfall** vor.[560] Unerheblich ist auch, ob der Verwender nach der Abfassung der Klausel die Absicht der Mehrfachverwendung aufgegeben hat.[561] Wird dagegen eine ursprünglich für eine einmalige Verwendung konzipierte Klausel später mit der Absicht der Vielfachverwendung eingesetzt, so liegt eine für eine Vielzahl von Verträgen formulierte Klausel vor.[562]

**206** **Nicht erforderlich** ist ferner, dass der **Verwender selbst** die Absicht hat, die Vertragsbedingungen in einer Vielzahl von Fällen zu verwenden. Es **genügt,** dass die Formularbestimmungen **von einem Dritten für die Vielfachverwendung vorformuliert** wurden. Eine AGB iSd § 305 Abs. 1 BGB liegt deshalb bei Verwendung solcher Formularbestimmungen auch dann vor, wenn der Verwender selbst die Bestimmungen nur für einen einzigen Fall vorgesehen hat.[563] Bedient sich der Vermieter also standardisierter Mietverträge (zB von Haus & Grund), so handelt es sich auch dann um für eine Vielzahl von Verträgen vorformulierte Bestimmungen, wenn der Vermieter selbst sie nur ein einziges Mal einsetzen will.[564]

**207** Handelt es sich beim Mietvertrag um einen **Verbrauchervertrag,** so finden gem. § 310 Abs. 3 Nr. 2 BGB die §§ 305 c Abs. 2, 306, 307, 308, 309 BGB auch Anwendung, wenn die Klausel **nur zur einmaligen Verwendung** bestimmt ist. Diese Modifikation ist europarechtlich erforderlich, weil Art. 3 der RL 93/13/EWG („Klausel-RL")[565] bei im Voraus abgefassten Klauseln eine Inhaltskontrolle unabhängig von einer Absicht zur Vielfachverwendung vorschreibt.

#### 4. Stellen durch den Verwender

**208** Die Ratio der AGB-Kontrolle greift nicht ein, wenn die Formularbestimmungen gar nicht vom Verwender eingebracht wurden. Denn in diesem Fall nimmt der Verwender auch **nicht einseitig vertragliche Gestaltungsmacht** in Anspruch, vor der der Vertragspartner geschützt werden müsste.[566]

**209** Die Formularbestimmungen sind unzweifelhaft vom Verwender gestellt, **wenn der Verwender diese in die Verhandlungen einbringt und ihre Verwendung zum Vertragsschluss verlangt.**[567] Legt also der Vermieter dem Mieter den Mietvertrag zur Unterschrift vor oder übersendet der Vermieter dem Mieter den Mietvertrag zur Unterschrift, so sind die AGB vom Vermieter gestellt. Die Formularbestimmungen müssen jedoch nicht zwingend vom Verwender selbst ein-

---

Staudinger/*Mäsch,* 2019, BGB § 305 Rn. 32; Ulmer/Brandner/Hensen/*Ulmer/Habersack,* 12. Aufl. 2016, BGB § 305 Rn. 25.

[558] BGH VII ZR 31/03, NJW 2004, 1454 (1455); MüKoBGB/*Basedow* § 305 Rn. 18; Ulmer/Brandner/Hensen/*Ulmer/Habersack,* 12. Aufl. 2016, BGB § 305 Rn. 23.

[559] Zutr. BeckOGK/*Lehmann-Richter* BGB § 305 Rn. 122.

[560] BGH VII ZR 318/95, NJW 1997, 135 Rn. 8 (juris); BeckOGK/*Lehmann-Richter* BGB § 305 Rn. 124; Blank/Börstinghaus/*Blank/Börstinghaus* BGB § 535 Rn. 97; Erman/*Roloff/Looschelders,* 16. Aufl. 2020, BGB § 305 Rn. 11; MüKoBGB/*Basedow* § 305 Rn. 18; *Stadler,* Allgemeiner Teil des BGB, 20. Aufl. 2020, § 21 Rn. 9.

[561] BeckOGK/*Lehmann-Richter* BGB § 305 Rn. 122.

[562] BeckOGK/*Lehmann-Richter* BGB § 305 Rn. 122, 123.1.

[563] BGH VII ZR 53/99, BGHZ 144, 242 = NJW 2000, 2988 (2989) Rn. 23 (juris); BGH VIII ZR 67/09, BGHZ 184, 259 = NJW 2010, 1131 Rn. 10; BGH IX ZR 137/13, NJW-RR 2014, 937 Rn. 9; BGH VIII ZR 23/16, NZM 2017, 71 Rn. 11; BeckOGK/*Lehmann-Richter* BGB § 305 Rn. 121; Erman/*Roloff/Looschelders,* 16. Aufl. 2020, BGB § 305 Rn. 11; *Fervers* NZM 2018, 640 (650); *Graf v. Westphalen* NJW 2006, 2228; Lindner-Figura/Oprée/Stellmann Geschäftsraummiete-HdB/*Lindner-Figura* Kap. 7 Rn. 16; Ulmer/Brandner/Hensen/*Ulmer/Habersack,* 12. Aufl. 2016, BGB § 305 Rn. 24.

[564] BGH VIII ZR 23/16, NZM 2017, 71 Rn. 11; Erman/*Roloff/Looschelders,* 16. Aufl. 2020, BGB § 305 Rn. 11; *Fervers* NZM 2018, 640 (650); Jauernig/*Stadler* § 305 Rn. 4; Lindner-Figura/Oprée/Stellmann Geschäftsraummiete-HdB/*Lindner-Figura* Kap. 7 Rn. 16; MüKoBGB/*Basedow* § 305 Rn. 19.

[565] Richtlinie 93/13/EWG des Rates vom 5. April 1993 über mißbräuchliche Klauseln in Verbraucherverträgen.

[566] BeckOGK/*Lehmann-Richter* BGB § 305 Rn. 127.

[567] BGH IX ZR 137/13, NJW-RR 2014, 937 Rn. 9; BGH VIII ZR 26/15, NJW 2016, 1230 Rn. 24; BeckOGK/*Lehmann-Richter* BGB § 305 Rn. 129 f.; BeckOK BGB/*Becker* § 305 Rn. 27 Blank/Börstinghaus/*Blank/Börstinghaus* BGB § 535 Rn. 96.

gebracht worden sein. Ausreichend ist auch, wenn sie von seinem **Abschlussgehilfen** in die Verhandlungen eingebracht wurden und wenn der Abschlussgehilfe die Verwendung zum Vertragsschluss verlangt.[568] Ein „Stellen" liegt deshalb insbes. auch dann vor, wenn ein vom Vermieter beauftragter Makler dem die Formularbestimmungen zur Unterschrift vorlegt.[569] Darüber hinaus gelten die Formularbestimmungen auch schon dann als vom Verwender gestellt, wenn sie **pro forma nicht vom Verwender „mitgebracht" wurden, wenn aber ihre Einbeziehung auf Veranlassung des Verwenders** (oder seines Abschlussgehilfen) **erfolgt.**[570] Wenn bspw. der Vermieter den Mieter bittet, ein Vertragsformular von „Haus & Grund" zu besorgen und zum Vertragsschluss mitzubringen, so gelten die Vertragsbedingungen deshalb als vom Vermieter gestellt.[571] Denn für die Frage, ob der Verwender einseitige vertragliche Gestaltungsmacht in Anspruch genommen hat, ist es nicht entscheidend, wer die Formularbestimmungen pro forma zum Vertragsschluss mitgebracht hat, sondern, wer deren Einbeziehung verlangt und damit einseitig den Vertragsinhalt bestimmt hat.

**Nicht vom Verwender gestellt** sind die Vertragsbedingungen, wenn ihre **Einbeziehung weder dem Verwender noch seinem Abschlussgehilfen zugerechnet werden kann.** Dies ist vor allem dann der Fall, wenn die Einbeziehung vom Mieter oder von einer vom Mieter beauftragen Person (zB von einem vom Mieter beauftragten Makler) verlangt wurde. Eine Zurechnung zum Vermieter scheidet auch dann aus, wenn die Einbeziehung auf eine „neutrale" Person zurückgeht, die keiner Partei nahesteht.[572] Schließlich fehlt es an der erforderlichen Einseitigkeit auch dann, wenn sich die Parteien **einvernehmlich auf ein bestimmtes Vertragsformular geeinigt haben.** Erforderlich ist nach der Rspr. indes, dass der Vertragspartner des Verwenders in der Auswahl der in Betracht kommenden Vertragstexte frei ist und insbes. Gelegenheit erhält, alternativ eigene Textvorschläge mit der effektiven Möglichkeit ihrer Durchsetzung in die Verhandlungen einzubringen.[573] Eine solche **Möglichkeit effektiver Durchsetzung für den Mieter** ist allerdings **zumindest in angespannten Wohnungsmärkten praktisch immer zu verneinen** (→ Rn. 214). **210**

Bei Vorliegen eines **Verbrauchervertrags** gelten AGB gem. § 310 Abs. 3 Nr. 1 BGB **als vom Unternehmer gestellt,** es sei denn, dass sie durch den Verbraucher in den Vertrag eingeführt wurden. Die Modifikation durch § 310 Abs. 3 Nr. 1 BGB ist europarechtlich erforderlich, weil Art. 3 der RL 93/13/EWG („Klausel-RL")[574] bei im Voraus abgefassten Klauseln, auf deren Inhalt der Verbraucher keinen Einfluss nehmen konnte, eine Inhaltskontrolle auch dann vorschreibt, wenn die Klausel nicht vom Unternehmer gestellt wurde.[575] Aus § 310 Abs. 3 Nr. 1 BGB folgt eine **doppelte Modifikation.** Zunächst enthält § 310 Abs. 3 Nr. 1 BGB eine **Beweislastumkehr zugunsten des Mieters;** es wird vermutet, dass die Klausel vom Vermieter gestellt wurde, sodass der Mieter dies entgegen den allgemeinen Regeln nicht mehr beweisen muss. Darüber hinaus gelten die AGB aber **auch dann als vom Vermieter gestellt, wenn sie tatsächlich von einem neutralen Dritten oder von niemandem gestellt wurden.**[576] In diesem Fall wird das Stellen durch den Vermieter von § 310 Abs. 3 Nr. 1 BGB fingiert. Will der Vermieter deshalb die aus der AGB-Eigenschaft resultierenden Rechtsfolgen verhindern, so genügt es nicht, dass er darlegt und beweist, dass **211**

---

568 BGH VIII ZR 143/10, WuM 2011, 96 Rn. 7; BGH VIII ZR 26/14, NJW-RR 2015, 738 Rn. 14; BGH VIII ZR 26/15, NJW 2016, 1230 Rn. 24; BGH VIII ZR 200/17, NZM 2018, 556 Rn. 10; BeckOGK/*Lehmann-Richter* BGB § 305 Rn. 129 BeckOK BGB/*Becker* § 305 Rn. 27; ähnlich Erman/*Roloff/Looschelders,* 16. Aufl. 2020, BGB § 305 Rn. 12f.; MüKoBGB/*Basedow* § 305 Rn. 21; Ulmer/Brandner/Hensen/*Ulmer/Habersack,* 12. Aufl. 2016, BGB § 305 Rn. 32a.

569 BGH VIII ZR 143/10, WuM 2011, 96 Rn. 7; BeckOK BGB/*Becker* § 305 Rn. 27, Blank/Börstinghaus/*Blank/Börstinghaus* BGB § 535 Rn. 96a; *Stoffels* WuM 2011, 268 (269).

570 BGH VIII ZR 200/17, NZM 2018, 556 Rn. 10; BeckOGK/*Lehmann-Richter* BGB § 305 Rn. 132.

571 BGH VIII ZR 200/17, NZM 2018, 556 Rn. 10f.

572 Siehe BeckOGK/*Lehmann-Richter* BGB § 305 Rn. 141; BeckOK BGB/*Becker* § 305 Rn. 27; Erman/*Roloff/Looschelders,* 16. Aufl. 2020, BGB § 305 Rn. 13; *Stoffels* WuM 2011, 268 (271); Ulmer/Brandner/Hensen/*Ulmer/Habersack,* 12. Aufl. 2016, BGB § 305 Rn. 31.

573 BGH VIII ZR 67/09, BGHZ 184, 259 = NJW 2010, 1131 Rn. 18; BGH VIII ZR 26/15, NJW 2016, 1230 Rn. 25f; zust. BeckOK BGB/*Becker* § 305 Rn. 27; Erman/*Roloff/Looschelders,* 16. Aufl. 2020, BGB § 305 Rn. 13.

574 Richtlinie 93/13/EWG des Rates vom 5. April 1993 über mißbräuchliche Klauseln in Verbraucherverträgen.

575 Ausf. zum unionsrechtlichen Hintergrund Staudinger/*Piekenbrock,* 2019, BGB § 310 Rn. 117ff.

576 Siehe BeckOGK/*Richters/Friesen* BGB § 310 Rn. 167; BeckOK BGB/*Becker* § 310 Rn. 16f. MüKoBGB/*Basedow* § 310 Rn. 89; Erman/*Roloff/Looschelders,* 16. Aufl. 2020, BGB § 310 Rn. 16.

er selbst die Klausel nicht gestellt hat. Vielmehr muss der **Vermieter positiv darlegen und beweisen,** dass es **der Mieter (oder ein vom Mieter beauftragter Dritter**[577]**) war, der die Bestimmungen in den Vertrag eingeführt hat.**

### 5. Keine AGB bei Vorliegen einer Individualabrede (§ 305 Abs. 1 S. 3 BGB)

**212** AGB liegen gem. § 305 Abs. 1 S. 3 BGB nicht vor, soweit die Vertragsbedingungen zwischen den Vertragsparteien iE ausgehandelt sind. Die Rspr. stellt an ein Aushandeln indes strenge Anforderungen.[578] Aushandeln erfordert danach mehr als Verhandeln. Erforderlich ist, dass der Verwender den gesetzesfremden Kerngehalt der Formularbestimmungen inhaltlich **ernsthaft zur Disposition stellt** und dem Verhandlungspartner die tatsächliche und reale Möglichkeit einräumt, die inhaltliche Ausgestaltung der Vertragsbedingungen unter Wahrung seiner Interessen zu beeinflussen.[579] Der Vorgang des Aushandelns muss von einem solchen Gewicht sein, dass nicht mehr von einseitiger Inanspruchnahme vertraglicher Gestaltungsmacht die Rede sein kann.

**213** **Keinesfalls genügt** eine allgemeine Besprechung oder Erörterung der betreffenden Klauseln.[580] Auch ein Einverständnis des Kunden nach einem ausdrücklichen Hinweis des Verwenders führt nicht dazu, dass diese Klausel als iE ausgehandelt anzusehen wäre.[581] Ebenfalls nicht ausreichend ist die allgemein geäußerte Bereitschaft des Verwenders, Klauseln abzuändern.[582] Vielmehr sind beim Aushandeln **regelmäßig Änderungen des vorformulierten Textes** zu erwarten.[583] Zwar kann ein Aushandeln im Einzelfall auch dann vorliegen, wenn der Vertragspartner des Verwenders nach gründlicher Erörterung von der sachlichen Notwendigkeit des vorformulierten Textes überzeugt ist.[584] Voraussetzung dafür ist aber immer, dass der Verwender grds. **zu einer Abänderung der Klausel bereit war und dass dies dem Geschäftspartner bei Abschluss des Vertrages auch bewusst war.**[585] Umgekehrt bedeutet selbst eine Modifikation zugunsten des Vertragspartners nicht, dass in jedem Fall ein Aushandeln zu bejahen wäre.[586] Auch die Tatsache, dass der Kunde über juristischen Sachverstand verfügt, führt nicht dazu, dass an das Vorliegen einer Individualabrede weniger strenge Anforderungen zu stellen wären.[587] Die Rspr. verlangt unter Berufung auf den Wortlaut des § 305 Abs. 1 S. 3 BGB („im Einzelnen") zudem, dass **die ganz konkrete Klausel ausgehandelt worden sein muss.** Es soll deshalb nicht genügen, dass Verhandlungen über andere Teilaspekte des Vertrags stattgefunden haben und dass andere Klauseln verändert worden sind.[588] Der Vermieter kann sich nach dieser Rspr. also nicht darauf berufen, dass einzelne

---

577 S. BeckOGK/*Richters/Friesen* BGB § 310 Rn. 167; BeckOK BGB/*Becker* § 310 Rn. 16f.; Erman/*Roloff/Looschelders,* 16. Aufl. 2020, BGB § 310 Rn. 16; Jauernig/*Stadler* § 310 Rn. 7.

578 So ausdrücklich BGH V ZR 174/86, BGHZ 102, 152 = NJW 1988, 558 (559) Rn. 17 (juris); BGH VIII ZR 137/12, NZM 2013, 307 Rn. 11.

579 BGH VII ZR 128/91, NJW 1992, 2759 (2760); BGH VII ZR 210/01, NJW 2003, 1805 (1807) Rn. 47 (juris); BGH VII ZR 248/13, BGHZ 200, 326 = NJW 2014, 1725 Rn. 27; BGH XI ZR 9/18, NJW 2019, 2080 Rn. 14; Blank/Börstinghaus/*Blank/Börstinghaus* BGB § 305 Rn. 96; MüKoBGB/*Basedow* § 305 Rn. 35 mwN.

580 BGH XII ZR 5/06, BeckRS 2008, 11746 Rn. 17; BGH VII ZR 248/13, BGHZ 200, 326 = NJW 2014, 1725 Rn. 27; BeckOGK/*Lehmann-Richter* BGB § 305 Rn. 167; Erman/*Roloff/Looschelders,* 16. Aufl. 2020, BGB § 305 Rn. 18; Ulmer/Brandner/Hensen/*Ulmer/Habersack,* 12. Aufl. 2016, BGB § 305 Rn. 49.

581 BGH VII ZR 128/91, NJW 1992, 2759 (2760); BeckOGK/*Lehmann-Richter* BGB § 305 Rn. 167; MüKoBGB/*Basedow* § 305 Rn. 35; Ulmer/Brandner/Hensen/*Ulmer/Habersack,* 12. Aufl. 2016, BGB § 305 Rn. 49.

582 BGH VII ZR 248/13, BGHZ 200, 326 = NJW 2014, 1725 Rn. 27; BGH XI ZR 434/14, BGHZ 206, 305 = NJW 2015, 3025 Rn. 23; BGH XI ZR 233/16, BeckRS 2017, 121112 Rn. 23; BGH XI ZR 9/18, NJW 2019, 2080 Rn. 14; Erman/*Roloff/Looschelders,* 16. Aufl. 2020, BGB § 305 Rn. 18.

583 BGH V ZR 6/97, NJW 1998, 2600 Rn. 19 (juris); BGH XI ZR 434/14, BGHZ 206, 305 = NJW 2015, 3025 Rn. 23; BGH XI ZR 9/18, NJW 2019, 2080 Rn. 14; Erman/*Roloff/Looschelders,* 16. Aufl. 2020, BGB § 305 Rn. 20.

584 BGH V ZR 6/97, NJW 1998, 2600 Rn. 19 (juris); BGH VII ZR 222/12, NJW 2013, 856 Rn. 10; BGH XI ZR 434/14, BGHZ 206, 305 = NJW 2015, 3025 Rn. 23.

585 BGH V ZR 6/97, NJW 1998, 2600 Rn. 19 (juris); BeckOGK/*Lehmann-Richter* BGB § 305 Rn. 160. MüKoBGB/*Basedow* § 305 Rn. 39.

586 BGH VII ZR 58/14, NZM 2016, 408 Rn. 26; MüKoBGB/*Basedow,* § 305 Rn. 35.

587 *BGH VIII ZR* 137/12, NZM 2013, 307 Rn. 11.

588 BGH XI ZR 9/18, NJW 2019, 2080 Rn. 15; OLG Saarbrücken NJW-RR 2016, 53 (54); krit. zu dieser Rspr. in Bezug auf den unternehmerischen Geschäftsverkehr *Leuschner* NJW 2016, 1222 (1223); *Maier-Reimer* NJW 2017, 1 (2); MüKoBGB/*Basedow* § 305 Rn. 47.

Klauseln und damit der vorformulierte Mietvertrag „als Ganzes" ausgehandelt worden sei; erforderlich ist stets ein Aushandeln der ganz konkreten Klausel, die andernfalls als AGB zu qualifizieren ist.

Nach diesen Maßstäben wird **zumindest in angespannten Wohnungsmärkten eine Individualvereinbarung nur in seltenen Fällen anzunehmen sein.** Denn bei der Frage, ob der Vermieter seine AGB tatsächlich für den Mieter erkennbar zur Disposition stellt, ist auch zu berücksichtigen, dass aus Sicht des Mieters eine Verhandlung auf Augenhöhe nicht stattfindet.[589] Der Mieter geht regelmäßig (zu Recht) davon aus, dass sich Änderungswünsche seinerseits negativ auf die Abschlussbereitschaft des Vermieters auswirken können und dass der Vermieter jederzeit die Möglichkeit hat, einen „renitenten" Mieter durch einen weniger anspruchsvollen zu ersetzen. Eine Individualvereinbarung iSd § 305 Abs. 1 S. 3 BGB käme deshalb in angespannten Wohnungsmärkten überhaupt nur dann in Betracht, wenn der Vermieter in der Sache glaubhaft zu verstehen gibt, dass über den Inhalt der AGB Verhandlungen auf Augenhöhe stattfinden sollen und dass Änderungswünsche des Mieters die Aussicht auf den Abschluss des Mietvertrages nicht beeinträchtigen. Doch selbst wenn der Vermieter dem Mieter einen solchen Hinweis erteilen sollte, so käme dem Mieter gleichwohl in den darauffolgenden Verhandlungen faktisch nicht annähernd eine gleiche Stärke zu wie dem Vermieter. Selbst wenn der Vermieter die Regelung zu den Schönheitsreparaturen nach eigener Aussage zur Disposition stellt, so ändert dies nichts daran, dass der Vermieter tatsächlich die Verhandlungen im Gegensatz zum Mieter jederzeit ohne größere persönliche und wirtschaftliche Konsequenzen abbrechen kann. Das Vorliegen einer Individualvereinbarung wird deshalb in angespannten Wohnungsmärkten nur dann in Frage kommen, wenn sich die Behauptung des Vermieters, er habe den Inhalt der AGB ernsthaft zur Disposition gestellt, auch tatsächlich in den Vertragsbedingungen niedergeschlagen und zu einem Ergebnis geführt hat, das den Mieter im Vergleich zu entsprechenden Bedingungen in typischen Formularmietverträgen deutlich besser stellt. 214

## III. Einbeziehung von AGB

### 1. Einbeziehung nach § 305 Abs. 2 BGB

Die Einbeziehung von AGB nach § 305 Abs. 2 BGB ist im Mietrecht selten problematisch. Denn in aller Regel setzt der Mieter seine Unterschrift unter den Mietvertrag, der die AGB enthält. Und nach zutreffender Auffassung **bedarf es bei solchen Formularverträgen zumindest keiner gesonderten Einbeziehungsvereinbarung nach § 305 Abs. 2 BGB.**[590] Die Vorschrift ist nämlich auf den Fall zugeschnitten, dass allgemein formulierte Vertragsbedingungen in einen im übrigen individuell abgefassten Vertrag einbezogen werden sollen. Sind die AGB jedoch bereits in dem unterschriebenen Formularvertrag selbst enthalten, so nimmt der Kunde von den AGB ohnehin Kenntnis, sodass er sich redlicherweise nicht darauf berufen kann, er sei auf die AGB nicht ausdrücklich hingewiesen worden. Und da die Unterschrift des Kunden überdies den vollen Inhalt des Vertrages abdeckt, bedarf es seinerseits auch keiner gesonderten Einverständniserklärung.[591] **Nicht richtig** ist es jedoch, wenn man – wie der BGH zwischenzeitlich – weitergehend äußert, § 305 Abs. 2 BGB finde auf Formularverträge **gar keine Anwendung.**[592] Denn würde man § 305 Abs. 2 BGB gar nicht anwenden, so wären auch die Voraussetzungen des § 305 Abs. 2 Nr. 2 BGB und damit die Möglichkeit zumutbarer Kenntnisnahme bei Vertragsschluss nicht zu prüfen; **§ 305 Abs. 2 Nr. 2 BGB muss aber auch bei Formularverträgen Anwendung finden.**[593] 215

---

[589] Für die Berücksichtigung eines wirtschaftlichen Machtgefälles zwischen den Parteien ausdrücklich BGH XI ZR 434/14, BGHZ 206, 305 = NJW 2015, 3025 Rn. 23.

[590] BGH VIII ZR 84/87, BGHZ 104, 232 = NJW 1988, 2465 (2466 f.) Rn. 31 (juris); BGH I ZR 40/19, NZM 2020, 674 Rn. 18; iErg ebenso, wenn auch in der Begründung zu weitgehend BGH IX ZR 168/93, NJW 1995, 190 Rn. 13 (juris); ähnlich (Voraussetzungen des § 305 Abs. 2 BGB liegen vor) OLG Frankfurt NJW 1986, 2712 (2713)); BeckOGK/*Lehmann-Richter* BGB § 305 Rn. 208, 212 254; Staudinger/*Mäsch*, 2019, BGB § 305 Rn. 101.

[591] BGH VIII ZR 84/87, BGHZ 104, 232 = NJW 1988, 2465 (2466 f.) Rn. 31 (juris); zust. Ulmer/Brandner/Hensen/*Ulmer/Habersack*, 16. Aufl. 2016, BGB § 305 Rn. 102.

[592] BGH IX ZR 168/93, NJW 1995, 190 Rn. 13 (juris) (unter unzutreffender Berufung auf BGH VIII ZR 84/87, BGHZ 104, 232 = NJW 1988, 2465 (2466 f.) Rn. 31 (juris) und OLG Frankfurt NJW 1986, 2712 (2713)); dem folgend BeckOK BGB/*Becker* § 305 Rn. 44; krit. zur weitergehenden Äußerung des BGH dagegen BeckOGK/*Lehmann-Richter* BGB § 305 Rn. 208.

[593] Staudinger/*Mäsch*, 2019, BGB § 305 Rn. 101; Ulmer/Brandner/Hensen/*Ulmer/Habersack*, 16. Aufl. 2016, BGB § 305 Rn. 102; auch der BGH prüft in der genannten Entscheidung anschließend die Möglichkeit zumut-

216 Der Vermieter muss deshalb insbes. auf eine erkennbare **körperliche Behinderung** des Mieters und damit insbes. auf eine erkennbare Sehbehinderung nicht nur Rücksicht nehmen, sondern dem Mieter **aktiv die Möglichkeit verschaffen, in zumutbarer Weise vom Inhalt der AGB Kenntnis zu nehmen.** Der Vermieter hat deshalb in Falle einer erkennbaren Sehbehinderung des Mieters diesem die Möglichkeit einzuräumen, sich den Vertragstext vor Vertragsschluss von einer Person seines Vertrauens vorlesen zu lassen.[594] Liegt dagegen **keine erkennbare körperliche Behinderung** vor, so findet ein **objektiver Maßstab** Anwendung und genügt es, wenn der Mietvertrag für einen **Durchschnittskunden** mühelos lesbar ist; der Vermieter muss deshalb nicht etwa die AGB in unterschiedlichen Schriftgrößen bereithalten, um verschiedenen Sehstärken potenzieller Mieter Rechnung zu tragen.[595] Auch ist der Vermieter – sofern er die Vermietung der Wohnungen nicht ausnahmsweise erkennbar auf Ausländer ausgerichtet hat – nicht verpflichtet, die AGB in verschiedenen **Sprachen** bereit zu halten. Vielmehr ist es zumindest dann Sache des fremdsprachigen Mieters, sich über den Inhalt des deutschsprachigen Vertrages zu informieren, wenn die Parteien – was im Mietrecht der Regelfall sein dürfte – Deutsch als Verhandlungs- und Vertragssprache verwendet haben.[596] Und selbst wenn die Parteien zuvor in der Muttersprache des Mieters kommuniziert hatten, wird die Auslegung häufig ergeben, dass der Vermieter dem Mieter hiermit lediglich entgegenkommen und nicht die Muttersprache des Mieters als Verhandlungs- und Vertragssprache akzeptieren wollte.[597] Zwar hat der Vermieter einem erkennbar sprachunkundigen Mieter auf dessen Wunsch hin die Möglichkeit einzuräumen, sich die AGB von einer dazu befähigten Vertrauensperson erläutern zu lassen. Der Vermieter muss insoweit jedoch – anders als bei einer erkennbaren Behinderung – keine aktiven Schritte unternehmen.[598] Denn iRd § 305 Abs. 2 Nr. 2 BGB kommt es nicht darauf an, dass der Kunde die AGB tatsächlich zur Kenntnis genommen hat.[599] Und die Möglichkeit zumutbarer Kenntnisnahme hat typischerweise auch ein sprachunkundiger Ausländer. Im Einzelfall kann sich ein abweichendes Ergebnis daraus ergeben, dass zwischen den Parteien ein **strukturelles Gefälle** besteht. Legt bspw. in einem angespannten Wohnungsmarkt der Vermieter dem Mieter ad hoc den Mietvertrag zur Unterschrift vor und ist der Mieter erkennbar sprachunkundig, so ist die Möglichkeit zumutbarer Kenntnisnahme iSd § 305 Abs. 2 Nr. 2 BGB zu verneinen. Denn in einer solchen Situation kann der Mieter nicht gleichermaßen die Unterschrift verweigern und sich Zeit für eine Übersetzung ausbedingen wie bei Vertragsverhandlungen auf Augenhöhe, weil er damit rechnen müsste, als Mieter sofort „rauszufallen". Der Vermieter hätte den strukturell unterlegenen Mieter mit der Vorlage der AGB gleichsam überrumpelt. In einer solchen Situation muss der Vermieter den Mieter deshalb aktiv darauf hinweisen, dass er sich den Text der Formularbestimmungen vor der Unterschrift noch von einer dazu befähigten Vertrauensperson vorlesen lassen kann.

---

barer Kenntnisnahme, obwohl § 305 Abs. 2 BGB (bzw. § 2 Abs. 1 AGBG aF) eigentlich gar keine Anwendung finden soll (BGH IX ZR 168/93, NJW 1995, 190 Rn. 15 (juris)).

594 Blank/Börstinghaus/*Blank/Börstinghaus* BGB § 535 Rn. 111; *Fritz* NZM 2002, 713 f.; *Heinrichs* WuM 2002, 643 (644); weitergehend wohl die Gesetzesbegründung BT-Drs. 14/6040, S. 150, wo als zusätzliches Hilfsmittel für den Kunden die „Übergabe in elektronischer oder akustischer Form oder auch in Braille-Schrift" vorgeschlagen wird.

595 Siehe BT-Drs. 14/6040, S. 150 f.

596 Vgl. BGH VII ZR 302/82, BGHZ 87, 112 = NJW 1983, 1489; BeckOGK/*Lehmann-Richter* BGB § 305 Rn. 260.3; BeckOK BGB/*Becker* § 305 Rn. 62; Erman/*Roloff/Looschelders* BGB § 305 Rn. 33; *Heinrichs* WuM 2002, 643 (644); MüKoBGB/*Basedow* § 305 Rn. 69; Staudinger/*Mäsch*, 2019, BGB § 305 Rn. 155; Ulmer/Brandner/Hensen/*Ulmer/Habersack*, 12. Aufl. 2016, BGB Anh. § 305 Rn. 15.

597 Siehe BeckOGK/*Lehmann-Richter* BGB § 305 Rn. 260.3.

598 Vgl. Staudinger/*Mäsch*, 2019, BGB § 305 Rn. 155; wohl auch Blank/Börstinghaus/*Blank/Börstinghaus* BGB § 535 Rn. 111, die „sonstige Behinderungen, wie Analphabetismus oder Verständnisschwierigkeiten eines der deutschen Sprache nicht mächtigen Ausländers" als von § 305 Abs. 2 BGB „nicht umfasst" ansehen; **aA** OLG München NJW 1974, 1659 (1660); *Graf v. Westphalen* NJW 2002, 12 (14); MüKoBGB/*Basedow* § 305 Rn. 69; unklar insoweit BGH IX ZR 168/93, NJW 1995, 190, wo der BGH die Einbeziehung zwar damit *begründet, dass die Kundin* die Möglichkeit der Übersetzung durch einen Dolmetscher hatte, aber keine Aussage dazu trifft, ob der Verwender der Kundin dies hätte aktiv anbieten müssen; gegen eine Anwendung des § 305 Abs. 2 Nr. 2 BGB, aber für eine Hinweispflicht nach § 241 Abs. 2 BGB *Heinrichs* WuM 2002, 643 (644).

599 BGH IX ZR 168/93, NJW 1995, 190; BeckOK BGB/*Becker* § 305 Rn. 56.

### 2. Keine Einbeziehung überraschender Klauseln (§ 305c Abs. 1 BGB)

Eine Klausel wird nach § 305c Abs. 1 BGB auch dann nicht Vertragsbestandteil, wenn es sich um eine überraschende Klausel handelt. Das ist nach allgemeinen Grundsätzen dann der Fall, wenn sie von den Erwartungen des Vertragspartners deutlich abweicht und dieser mit ihr nach den Umständen des Falles vernünftigerweise nicht zu rechnen braucht.[600] Die hM verfährt mit der Annahme überraschender Klauseln bei Mietverträgen eher zurückhaltend, da die meisten Regelungen – selbst dann, wenn sie einer Inhaltskontrolle nach den §§ 307ff. BGB nicht standhalten – zumindest nicht so ungewöhnlich sind, dass sie die für das Vorliegen einer überraschenden Klausel nach hM erforderliche Schwelle erreichen.[601] So muss der Mieter bspw. damit rechnen, dass sich im Mietvertrag Regelungen zur Überwälzung von Schönheitsreparaturen finden.[602] Um eine überraschende Klausel handelt es sich nach zutreffender Auffassung allerdings, wenn der Vermieter **im Vorfeld nicht kommunizierte Mietzuschläge** in den AGB unterbringt; denn der Mieter muss nicht damit rechnen, dass zuzüglich zur vereinbarten Miete noch weitere Mietzuschläge im Mietvertrag untergebracht sind.[603] 217

Das **Überraschungsmoment** kann nach hM durch einen ausdrücklichen Hinweis des Verwenders **entfallen.** Das ist jedoch nicht schon dann der Fall, wenn der Kunde ausreichend Zeit erhält, um die AGB in Ruhe durchzugehen.[604] Erforderlich ist, dass der Verwender den Kunden ausdrücklich und deutlich auf die Klausel hinweist, die Klausel-Regelung erklärt und die gesetzliche bzw. vertragstypische Alternativ-Regelung aufzeigt.[605] Ist das Überraschungsmoment durch einen solchen Hinweis des Verwenders entfallen, so wird die Klausel Vertragsbestandteil und ist (nur) einer Inhaltskontrolle nach den §§ 307ff. BGB zu unterziehen. 218

## IV. Auslegung von AGB

Bei der Auslegung von AGB kommt es nach hM **nicht darauf an,** wie der konkrete Vertragspartner die Klausel **im Einzelfall** verstanden hat oder verstehen musste. **Maßgeblich ist vielmehr eine objektiv-generalisierende Auslegung** und somit, wie die AGB nach ihrem objektiven Inhalt und typischen Sinn von verständigen und redlichen Vertragspartnern des entsprechenden Verkehrskreises verstanden werden.[606] Eine **Ausnahme** gilt lediglich dann, wenn die Parteien einer Klausel **übereinstimmend eine vom objektiven Sinn abweichende Bedeutung beilegen;** in diesem Fall ist der übereinstimmende Wille der Parteien maßgeblich.[607] 219

Wenn **mehrere Auslegungsmöglichkeiten** rechtlich vertretbar sind, so gehen die verbleibenden Zweifel nach der Unklarheitenregel des § 305c Abs. 2 BGB – auch im Individualprozess[608] – 220

---

600 BGH III ZR 118/03, NZM 2004, 471 Rn. 20 (juris) mwN; BGH IV ZR 47/09, NJW 2010, 294 Rn. 13 mwN; BGH VIII ZR 179/13, BGHZ 201, 271 = NJW 2014, 2940 Rn. 19; ähnlich BeckOGK/*Bonin* BGB § 305c Rn. 29ff.; BeckOK BGB/*H. Schmidt* § 305c Rn. 13; *Graf v. Westphalen* NZM 2015, 112f.; s. auch Staudinger/*Mäsch,* 2019, BGB § 305c Rn. 20.

601 Überraschende Klausel verneint von BGH XII ZR 44/98, NZM 2001, 234; BGH XII ZR 112/09, NZM 2012, 83 Rn. 9ff.; OLG Stuttgart NZM 2020, 465 (vom Mieter gestellte AGB); überraschende Klausel bejaht OLG Hamm NZM 2018, 337 Rn. 27ff.

602 *Fervers* FS Börstinghaus, 2020, 89 (94); zur Verkehrsüblichkeit derartiger Regelungen BGH VIII ARZ 1/84, BGHZ 92, 363 = NJW 1985, 480 Rn. 18 (juris); BGH VIII ARZ 9/86, BGHZ 101, 253 = NJW 1987, 2575 Rn. 29, 31 (juris); BGH XII ZR 108/13, NZM 2014, 306 Rn. 19; Sternel MietR, 4. Aufl. 2009, S. 1173.

603 *Fervers* FS Börstinghaus, 2020, 89 (99); nicht erwogen von BGH VIII ZR 31/17, NZM 2017, 594.

604 BeckOGK/*Bonin* BGB § 305c Rn. 51.

605 BeckOK BGB/*H. Schmidt* § 305c Rn. 19; BeckOGK/*Bonin* BGB § 305c Rn. 51; s. auch BGH XI ZR 273/99, NJW-RR 2001, 1420 (1422).

606 BGH KZR 2/07, NJW 2008, 2172 Rn. 19; BGH VIII ZR 137/15, NZM 2016, 235 Rn. 14; BGH VIII ZR 152/15, NZM 2016, 307 Rn. 18; BGH III ZR 255/17, NJW 2018, 2117 Rn. 18; BeckOGK/*Bonin* BGB § 305c Rn. 89; BeckOK BGB/*H. Schmidt,* § 305c Rn. 89; Blank/Börstinghaus/*Blank/Börstinghaus* BGB § 535 Rn. 115; Erman/*Roloff/Looschelders,* 16. Aufl. 2020, BGB § 305c Rn. 20.

607 BGH VIII ZR 122/90, BGHZ 113, 251 = NJW 1991, 1604 (1606); BGH XI ZR 145/08, BGHZ 181, 278 = NJW 2009, 3422 Rn. 16; BGH V ZR 201/08, NJW-RR 2010, 63 Rn. 10; BGH VIII ZR 152/15, NZM 2016, 307 Rn. 18; BeckOK BGB/*H. Schmidt* § 305c Rn. 89; Blank/Börstinghaus/*Blank/Börstinghaus* BGB § 535 Rn. 115; Erman/*Roloff/Looschelders,* 16. Aufl. 2020, BGB § 305c Rn. 20.

608 BGH III ZR 144/07, BGHZ 175, 76 = NJW 2008, 987 Rn. 9; BGH KZR 2/07, BGHZ 176, 244 = NJW 2008, 2172 Rn. 18f.; BGH VIII ZR 222/15, BGHZ 212, 140 = NJW 2017, 1596 Rn. 39; BGH VIII ZR 254/17, NZM 2019, 253 Rn. 18; BeckOK BGB/*H. Schmidt* § 305c Rn. 61; *Börstinghaus* jurisPR-BGH-ZivilR 4/2019 Anm. 1; *Fervers* FS Börstinghaus, 2020, 89 (95); MüKoBGB/*Basedow* § 305c Rn. 50f.

zulasten des Verwenders. Außer Betracht bleiben dabei nur solche Verständnismöglichkeiten, die zwar theoretisch denkbar, praktisch aber fernliegend und nicht ernsthaft in Erwägung zu ziehen sind.[609] Dies hat zur Folge, dass unter den verbliebenen Auslegungsmöglichkeiten zunächst die **kundenfeindlichste Auslegung** zu wählen ist, da diese am ehesten zur Unwirksamkeit der Klausel führt.[610] Wenn die Klausel bei kundenfeindlicher Auslegung nicht als unwirksam anzusehen oder eine Unwirksamkeit für den Kunden nicht vorteilhaft ist, so ist dagegen die für den Kunden günstigste Auslegung zu wählen.[611]

### V. Anwendungsbereich der Inhaltskontrolle (§ 307 Abs. 3 BGB)

221 Gemäß § 307 Abs. 3 S. 1 BGB findet die Inhaltskontrolle nur Anwendung bei Bestimmungen in AGB, durch die von Rechtsvorschriften abweichende oder diese ergänzende Regelungen vereinbart werden. Ist dies nicht der Fall, so findet lediglich eine Transparenzkontrolle (§ 307 Abs. 3 S. 1, Abs. 1 S. 2 BGB) sowie eine Einbeziehungskontrolle (§§ 305 Abs. 2, 305 c Abs. 1 BGB) statt. Die in ihrem Wortlaut missglückte Vorschrift[612] soll die inhaltliche Bewertung durch die Gerichte in Fällen verhindern, in denen eine solche Bewertung aus verschiedenen Gründen unangemessen wäre.

#### 1. Rechtsdeklaratorische Klauseln

222 Dies gilt zunächst für **rechtsdeklaratorische Klauseln.** Sofern eine Klausel lediglich das Gesetz wiedergibt, so kann diese Wiedergabe im Einzelfall zwar irreführend und somit nach §§ 307 Abs. 3 S. 2, 307 Abs. 1 S. 2 BGB intransparent sein. Den Fachgerichten muss es jedoch schon aufgrund des in Art. 20 Abs. 3 GG verankerten Gewaltenteilungsprinzips verwehrt sein, das Gesetz auf seine inhaltliche Angemessenheit hin zu überprüfen.[613]

#### 2. Kernbereich privatautonomer Vertragsgestaltung

223 Eine richterliche Inhaltskontrolle ist aber auch dann unangemessen, wenn der **Kernbereich privatautonomer Vertragsgestaltung** betroffen ist. Problematisch ist allerdings, nach welchen Kriterien zum Schutz der Privatautonomie von einer kontrollfreien Klausel auszugehen ist.

224 **a) Standpunkt der Rechtsprechung.** Die Rspr. unterscheidet hinsichtlich der Kontrollfähigkeit von AGB zwischen **Preishauptabreden und Leistungsbeschreibungen auf der einen und Preisnebenabreden auf der anderen Seite.** Während Preisnebenabreden, die die Leistungspflicht des Verwenders lediglich einschränken, verändern, ausgestalten oder modifizieren, vollumfänglich der Inhaltskontrolle unterliegen, sollen Preishauptabreden und Leistungsbeschreibungen, die Art, Umfang und Güte der vertraglichen Hauptleistung und der hierfür zu bezahlenden Vergütung unmittelbar bestimmen, nach § 307 Abs. 3 BGB von der Inhaltskontrolle ausgenommen sein.[614] Preishauptabreden im Sinne dieser Formel sind die Hauptleistungspflichten des Mietver-

[609] BGH XI ZR 78/08, BGHZ 180, 257 = NJW 2009, 2051 Rn. 11; BGH VIII ZR 327/11, NZM 2012, 529 Rn. 28; BGH VIII ZR 224/13, NZM 2015, 79 Rn. 16; BGH VIII ZR 152/15, NZM 2016, 307 Rn. 19; BGH XI ZR 308/15, NJW 2017, 2538 Rn. 25; BGH VII ZR 259/16, NJW 2017, 2762 Rn. 19; BGH VI ZR 504/16, NJW 2018, 455 Rn. 22; Erman/*Roloff/Looschelders,* 16. Aufl. 2020, BGB § 305 c Rn. 22; MüKoBGB/*Basedow* § 305 c Rn. 51; Ulmer/Brandner/Hensen/*Ulmer/Habersack,* 12. Aufl. 2016, BGB § 305 c Rn. 86.

[610] BGH VIII ZR 38/90, NJW 1991, 1750 (1751); BGH XII ZR 62/06, NZM 2008, 609 Rn. 15; BGH VIII ZR 185/14, NZM 2015, 374 Rn. 24; BGH VIII ZR 277/16, NZM 2018, 863 Rn. 20; BGH VIII ZR 254/17, NZM 2019, 253 Rn. 19; BGH VIII ZR 163/18, NZM 2020, 704 Rn. 28; BeckOGK/*Bonin* BGB § 305 c Rn. 119 ff.; BeckOK BGB/*H. Schmidt* § 305 c Rn. 61; Blank/Börstinghaus/*Blank/Börstinghaus* BGB § 535 Rn. 115; *Fervers* FS Börstinghaus, 2020, 89 (95); MüKoBGB/*Basedow* § 305 c Rn. 51; Ulmer/Brandner/Hensen/*Ulmer/Habersack,* 12. Aufl. 2016, BGB § 305 c Rn. 91.

[611] Siehe BGH XII ZR 241/03, NZM 2006, 137 Rn. 21; BGH VIII ZR 152/15, NZM 2016, 307 Rn. 19; LG Gießen NJW-RR 1996, 1293; BeckOGK/*Bonin* BGB § 305 c Rn. 121; BeckOK BGB/*H. Schmidt* § 305 c Rn. 61; MüKoBGB/*Basedow* § 305 c Rn. 51; Ulmer/Brandner/Hensen/*Ulmer/Habersack,* 12. Aufl. 2016, BGB § 305 c Rn. 91.

[612] Vgl. Staudinger/*Wendland,* 2019, BGB § 307 Rn. 283.

[613] Staudinger/*Wendland,* 2019, BGB § 307 Rn. 284.

[614] BGH III ZR 247/06, NJW 2008, 360 Rn. 18; BGH VIII ZR 178/08, NJW 2010, 2789 Rn. 19 f.; *BGH VIII ZR 404/12,* BGHZ 200, 362 = NJW 2014, 2269 Rn. 43 f.; BGH III ZR 56/17, NJW 2018, 534 Rn. 15; BGH XI ZR 119/19, NJW 2020, 2726 Rn. 16, jeweils mit weiteren umfangreichen Nachweisen zur Rspr.; BGH VII ZR 266/17, NZM 2020, 565 Rn. 19; im Grundsatz zust. BeckOGK/*Eckelt* BGB § 307 Rn. 171 ff., 181 ff.; BeckOK BGB/*H. Schmidt* § 307 Rn. 79 ff.; Blank/Börstinghaus/*Blank/Börstinghaus* BGB

trags, mithin die Art und Weise der Gebrauchsgewährung und der Mietzins. So ist insbes. die Höhe des Mietzinses einer Inhaltskontrolle entzogen.[615] Kontrollfähig sind dagegen nach der Rspr. Bestimmungen zur Überwälzung der Schönheitsreparaturen,[616] obwohl der BGH an sich die Auffassung vertritt, diese seien rechtlich und wirtschaftlich als Teil der Miete (und damit der Hauptleistung) anzusehen.[617]

**b) Zutreffendes Abgrenzungskriterium: Vorliegen einer vollwertigen privatautonomen Entscheidung.** Richtigerweise ist die Abgrenzung zwischen kontrollfähigen und kontrollfreien Klauseln nicht anhand technischer Kriterien, sondern anhand der Ratio der Inhaltskontrolle vorzunehmen. Wenn die Inhaltskontrolle dem Vertragspartner des Verwenders einen Ausgleich dafür verschaffen soll, dass er aufgrund der einseitig in Anspruch genommenen vertraglichen Gestaltungsmacht des Verwenders keine vollwertige privatautonome Entscheidung hinsichtlich der AGB abgeben kann (→Rn. 190), dann liegt nichts näher, als eine Klausel (nur) dann von einer Inhaltskontrolle auszunehmen, wenn ausnahmsweise trotz des Vorliegens einer AGB **eine vollwertige privatautonome Entscheidung** des Vertragspartners vorliegt. Wenn nämlich eine vollwertige privatautonome Entscheidung des Vertragspartners vorliegt, dann – und nur dann – ist diese Abrede in einer freien Marktwirtschaft von den Gerichten zu respektieren und nicht auf ihre inhaltliche Angemessenheit zu überprüfen. Lässt sich bspw. ein Mieter außerhalb eines angespannten Wohnungsmarktes auf eine Miete iHv 800 EUR pro Monat ein, so muss diese Klausel kontrollfrei bleiben. Denn der Vermieter hat in diesem Fall gerade nicht einseitig mithilfe des „Kleingedruckten" vertragliche Gestaltungsmacht in Anspruch genommen. Die Höhe der Miete war unmittelbarer Gegenstand der Verhandlungen und konnte der Aufmerksamkeit des Mieters nicht entgehen. Der Mieter konnte deshalb eine vollwertige privatautonome Entscheidung treffen, sodass es auch an einer AGB-typischen Gefährdungslage fehlt. 225

Dass die Abgrenzung anhand der Privatautonomie erfolgen muss, erkennt auch der BGH in der Sache an, wenn er – im Ausgangspunkt vollkommen zutreffend – formuliert, eine Klausel müsse kontrollfrei bleiben, wenn sie zum Kernbereich privatautonomer Vertragsgestaltung gehöre.[618] In der Folge zieht der BGH aber den falschen Schluss, wenn er meint, eine Preishauptabrede gehöre zu diesem Kernbereich und eine Preisnebenabrede nicht. Mit dieser **phänomenologisch-technischen Abgrenzungsformel wird über das eigentlich zutreffende Abgrenzungskriterium** – das Vorliegen einer vollwertigen privatautonomen Vereinbarung – **unnötigerweise ein anderes Kriterium „drübergelegt".** Zwar gelangt man auch mit diesem technischen Kriterium in vielen Fällen zum richtigen Ergebnis, denn das Vorliegen einer „Preishauptabrede" fällt häufig mit dem Vorliegen einer vollwertigen privatautonomen Entscheidung zusammen: So liegt in dem soeben genannten Beispiel hinsichtlich der Miete nicht nur eine vollwertige privatautonome Entscheidung, sondern auch eine „Preishauptabrede" vor. 226

Die **phänomenologisch-technische Abgrenzung** nach Preishaupt- und Preisnebenabrede **funktioniert aber dann nicht mehr,** wenn der Verwender mit etwas „gestalterischem Geschick" die Bestimmungen hinsichtlich der Hauptleistungspflicht aufspaltet, sodass nur ein Teil dieser Bestimmungen unmittelbarer Gegenstand der Verhandlungen ist und sich die übrigen Bestimmungen bzgl. der Hauptleistungspflicht im „Kleingedruckten" befinden. Denn diese Bestimmungen sind dann – obwohl sie Hauptleistungspflichten regeln – gerade nicht mehr Gegenstand der primären Aufmerksamkeit des Mieters. Die Privatautonomie des Mieters ist auch und gerade dann beeinträchtigt, wenn sich nicht nur „Preisnebenabreden", sondern auch „Preishauptabreden" im „Kleingedruckten" befinden. 227

---

§ 535 Rn. 112; Jauernig/*Stadler* § 307 Rn. 14f.; MüKoBGB/*Wurmnest* § 307 Rn. 13); *Stadler,* Allgemeiner Teil des BGB, 20. Aufl. 2020, § 21 Rn. 26; Staudinger/*Wendland,* 2019, BGB § 307 Rn. 284f.; vgl. ferner die umfangreichen Beispiele und Nachweise bei *Fervers/Gsell,* in: German National Reports on the 20th International Congress of Comparative Law, 2018, 283 (289ff.).

[615] BGH VIII ZR 31/17, NZM 2017, 594 Rn. 5.

[616] BGH VIII ZR 91/88, NJW 1989, 2247 (2248f.).

[617] BGH VIII ARZ 1/84, BGHZ 92, 363 = NJW 1985, 480 (481f.); BGH VIII ZR 317/97, NJW 1998, 3114 (3115); BGH VIII ZR 230/03, NJW 2004, 2087f.; BGH VIII ZR 302/07, NJW 2009, 2590 Rn. 20; bzgl. dieser „Entgeltthese" tendenziell zust. *Artz* WuM 2017, 120; *Blank* NZM 2010, 97 (98); krit. dagegen BeckOGK/*Schmidt* BGB § 307 Rn. 386; *v. Westphalen* NZM 2018, 97 (100).

[618] BGH KZR 12/97, BGHZ 143, 128 = NJW 2000, 577 (579) Rn. 35 (juris); BGH V ZR 452/99, BGHZ 146, 331 = NJW 2001, 2399 (2401) Rn. 21 (juris); BGH VIII ZR 178/08, NJW 2010, 2789 Rn. 19f.

228 Dies zeigt sich eindrucksvoll in den Fällen, in denen der Vermieter **Mietzuschläge in den AGB** unterbringt. So hatte ein Vermieter in einer vom BGH entschiedenen Konstellation[619] dem Mieter eine unrenovierte Wohnung überlassen, aber im Mietvertrag zuzüglich zur „Grundmiete" einen monatlichen „Zuschlag Schönheitsreparaturen" iHv 79,09 EUR untergebracht. Der BGH hielt dieses Vorgehen für zulässig. Bei dem Zuschlag handele es sich um eine nach § 307 Abs. 3 S. 1 BGB kontrollfreie Preishauptabrede.[620] Zudem werde der Mieter lediglich so gestellt, wie wenn von vornherein eine höhere Grundmiete ausgewiesen geworden wäre, der Mietzuschlag sei letztlich nichts anderes als ein für den Mieter belangloser Hinweis auf die interne Kalkulation des Vermieters.[621]

229 Dieser Einschätzung ist zu widersprechen.[622] Ein belangloser Hinweis auf die interne Kalkulation liegt nämlich allenfalls dann vor, wenn der Vermieter von vornherein mit der Gesamtmiete (Grundmiete plus Zuschlag) am Markt aufgetreten ist und wenn auch nur die Gesamtmiete Gegenstand der Vertragsverhandlungen gewesen ist.[623] In diesem Fall erhält der Mieter mit dem Zuschlag lediglich eine zusätzliche Information. Da es allerdings aus Vermietersicht keinen sinnvollen Grund für ein solches Vorgehen gibt,[624] ist sehr viel wahrscheinlicher der Fall, in dem der Vermieter lediglich mit der Grundmiete am Markt aufgetreten ist, um sich einen Wettbewerbsvorteil gegenüber anderen Vermietern zu sichern[625] und den Zuschlag dann mehr oder weniger unscheinbar in den AGB platziert. Und in dieser Konstellation besteht **mindestens die gleiche AGB-typische Gefährdungslage für den Mieter wie bei jeder anderen Klausel im „Kleingedruckten" auch.** Dass der „Zuschlag Schönheitsreparaturen" die zu zahlende Miete und damit die Hauptleistung betrifft, kann den Vermieter nicht entlasten, ganz im Gegenteil. Es ist für den Mieter sogar sehr viel gefährlicher, wenn sich nicht nur „Preisnebenabreden" sondern plötzlich sogar Mietzuschläge in den AGB wiederfinden.[626] Es ist ein ganz erheblicher Unterschied, ob der Vermieter von vornherein durchweg die tatsächliche Miete kommuniziert oder ob er die Miete in zwei Teile aufspaltet und nur mit einem Teil der Miete am Markt auftritt. Im ersten Fall trifft der Mieter eine vollwertige privatautonome Entscheidung hinsichtlich der Miete, im zweiten Fall nicht. Richtigerweise ist ein solcher Mietzuschlag in den AGB deshalb mangels vollwertiger privatautonomer Entscheidung sehr wohl kontrollfähig und nicht zuletzt wegen unangemessener Benachteiligung nach § 307 Abs. 1 BGB unwirksam.[627]

230 **Entsprechendes gilt** auch für **alle sonstigen Mietzuschläge in den AGB** und zwar vollkommen unabhängig davon, ob der Vermieter diese als „Verwaltungskostenpauschale", „Verwaltungszuschlag", „Instandhaltungszuschlag" o. ä. ausweist und auch vollkommen unabhängig davon, ob sich aus den AGB ergibt, dass der Zuschlag als Bestandteil der Miete anzusehen sein soll.

231 **c) Anforderungen an das Vorliegen einer vollwertigen privatautonomen Entscheidung.** Ausgehend vom Sinn und Zweck der AGB-Kontrolle sind an das Vorliegen einer vollwertigen privatautonomen Entscheidung des Vertragspartners **strenge Anforderungen** zu stellen. Von einer solchen Entscheidung ist nur dann auszugehen, wenn die entsprechende Klausel – so wie die Höhe der Miete bei einem „gewöhnlichen Mietvertrag" – den Fokus der Aufmerksamkeit des Vertragspartners bilden musste und seiner Aufmerksamkeit gar nicht entgehen konnte.[628] Hierfür genügt es keinesfalls, wenn es dem Mieter bei sorgfältiger Durchsicht des Mietvertrags möglich gewesen wäre, die Klausel zu erkennen. Ansonsten könnte der Verwender von AGB sich nämlich immer darauf berufen, eine AGB-Kontrolle dürfe nicht stattfinden, weil der Vertragspartner die AGB ja hätte sorgfältig lesen können. Es genügt aber auch nicht, dass der Verwender den Vertragspartner auf eine Klausel gesondert hinweist. Vielmehr ist daran zu erinnern, dass die AGB-Kontrolle deshalb stattfindet, weil sich der Aufmerksamkeitsfokus des Vertragspartners nicht auf beliebig viele Bestimmungen richten kann (→ Rn. 190). Stattdessen richtet sich dieser Fokus regelmäßig allein auf die essentialia negotii und auch nur insoweit, als sie vom Verwender von vornherein offen

---

[619] BGH VIII ZR 31/17, NZM 2017, 594.
[620] BGH VIII ZR 31/17, NZM 2017, 594 Rn. 5.
[621] BGH VIII ZR 31/17, NZM 2017, 594 Rn. 4; im Grundsatz bestätigt durch BGH VIII ZR 254/17, NZM 2019, 253 Rn. 16.
[622] Ausf. *Fervers* FS Börstinghaus, 2020, 89 ff.; nochmals abgedr. in NZM 2020, 1082 ff.
[623] *Fervers* FS Börstinghaus, 2020, 89 (92).
[624] *Börstinghaus* jurisPR-BGHZivilR 4/2019 Anm. 1; *Fervers* FS Börstinghaus, 2020, 89 (93).
[625] *Börstinghaus* NZM 2017, 594 (595); *Fervers* FS Börstinghaus, 2020, 89 (93).
[626] *Fervers* FS Börstinghaus, 2020, 89 (98).
[627] *Fervers* FS Börstinghaus, 2020, 89 (93 ff.).
[628] Siehe zum Ganzen *Fervers* FS Börstinghaus, 2020, 89 (101 ff.).

und ohne jede unnötige Verkomplizierung kommuniziert werden. Eine vollwertige privatautonome Entscheidung des Mieters liegt deshalb auch dann nicht vor, wenn der Vermieter von vornherein deutlich macht, dass der Mieter die Schönheitsreparaturen vornehmen muss. Und wenn der Vermieter dadurch Verwirrung stiftet, dass er die Gesamtmiete unnötigerweise künstlich aufspaltet, muss er die AGB-Kontrolle bzgl. aller über die „Grundmiete" hinausgehenden Klauseln hinnehmen und kann sich nicht mehr darauf berufen, der Mieter habe sich vollwertig privatautonom für die Gesamtmiete entschieden.[629]

## VI. Rechtsfolgen der Unwirksamkeit

### 1. Die traditionellen Grundsätze nach nationalem Recht

Liegt ein Mietvertrag zwischen Unternehmern oder ein Mietvertrag zwischen Verbrauchern vor, so gelten die hergebrachten Grundsätze: Ist eine Klausel ganz oder teilweise nicht Vertragsbestandteil geworden oder unwirksam, so bleibt der Vertrag gem. § 306 Abs. 1 BGB iÜ wirksam und gelten nach § 306 Abs. 2 BGB die dispositiven Vorschriften. 232

**Unzulässig ist nach hM eine geltungserhaltende Reduktion.**[630] Unwirksame Klauseln werden deshalb nicht mit einem gerade noch zulässigen Inhalt aufrechterhalten, sondern fallen ersatzlos weg und werden nach § 306 Abs. 2 BGB durch dispositives Gesetzesrecht ersetzt. **Im Gegensatz dazu** soll es bei einer sprachlich, inhaltlich und gegenständlich teilbaren Klausel möglich sein, den unzulässigen Teil zu „streichen" und die Klausel iÜ aufrechtzuerhalten **(„blue-pencil-Test").**[631] Die Abgrenzung zwischen geltungserhaltender Reduktion einerseits und der Aufrechterhaltung des zulässigen Teils einer teilbaren Klausel andererseits ist im Einzelfall nicht leicht zu treffen. So geht der BGH in stRspr davon aus, dass es sich bei der Übertragung der Schönheitsreparaturen stets um die nicht aufspaltbare Übertragung einer einheitlichen Rechtspflicht handelt, sodass die Übertragung bei Unwirksamkeit nach § 307 BGB insgesamt unwirksam ist.[632] Dies soll auch dann gelten, wenn nur ganz bestimmte Modalitäten der Übertragung unwirksam sind,[633] obwohl sich hier konstruktiv ohne Weiteres vertreten ließe, dass die Klausel sprachlich, inhaltlich und gegenständlich teilbar und dementsprechend nur die entsprechende Modalität unzulässig ist. Umgekehrt geht der BGH von einer teilbaren Klausel aus, wenn eine Teilregelung zur Fälligkeit der Kaution gegen § 551 Abs. 3 BGB verstößt;[634] hier soll es bei der Kautionspflicht des Mieters bleiben, obwohl die Kautionspflicht theoretisch ebenso gut als einheitliche Verpflichtung angesehen werden könnte wie die Übertragung der Schönheitsreparaturen. 233

Zudem hält die hM eine **ergänzende Vertragsauslegung** für zulässig, wenn gesetzliche Vorschriften, die an die Stelle der unwirksamen Klausel treten können, fehlen, und wenn die ersatzlose 234

---

[629] *Fervers* FS Börstinghaus, 2020, 89 (102 f.).

[630] BGH VII ZR 316/81, BGHZ 84, 109 = NJW 1982, 2309 (2310) Rn. 21 ff. (juris); BGH XII ZR 44/10, NJW 2012, 2501 Rn. 30; BGH VIII ZR 263/15, NJW 2017, 1301 Rn. 38; BGH VIII ZR 289/19, MDR 2020, 1047 Rn. 52 (juris); OLG Düsseldorf NJW-RR 1991, 1354 Rn. 7 (juris); BeckOGK/*Bonin* BGB § 305 c Rn. 107, § 306 Rn. 40 ff.; BeckOK BGB/*H. Schmidt* § 306 Rn. 20; Blank/Börstinghaus/*Blank/Börstinghaus* BGB § 535 Rn. 116; *Brox/Walker,* Allgemeines Schuldrecht, 44. Aufl. 2020, § 4 Rn. 57; *Stadler,* Allgemeiner Teil des BGB, 20. Aufl. 2020, § 21 Rn. 31; **krit.** gegenüber dem Verbot geltungserhaltender Reduktion *Hager,* Gesetzes- und sittenkonforme Auslegung und Aufrechterhaltung von Rechtsgeschäften, 1983, S. 63 ff., 199 ff., 220; MüKoBGB/*Basedow* § 306 Rn. 17 ff.; tendenziell auch Erman/*Roloff/Looschelders,* 16. Aufl. 2020, BGB § 306 Rn. 8; Staudinger/*Mäsch,* 2019, BGB § 306 Rn. 23 ff., 27 ff.; ausf. zum Meinungsstand *Uffmann,* Das Verbot der geltungserhaltenden Reduktion, 2010, S. 55 ff. mwN.

[631] BGH V ZR 75/87, BGHZ 106, 19 = NJW 1989, 831 (833) Rn. 27 (juris); BGH VIII ARZ 1/97, NZM 1998, 22 (23); BGH VIII ZR 344/02, NZM 2003, 754; BGH XII ZR 176/13, NJW 2015, 928 Rn. 23; Blank/Börstinghaus/*Blank/Börstinghaus* BGB § 535 Rn. 117; *Brox/Walker,* Allgemeines Schuldrecht, 44. Aufl. 2020, § 4 Rn. 55; Erman/*Roloff/Looschelders,* 16. Aufl. 2020, BGB § 306 Rn. 11; Staudinger/*Mäsch,* 2019, BGB § 306 Rn. 14 mwN.

[632] BGH VIII ZR 361/03, NZM 2004, 653 (654); BGH VIII ZR 360/03, NZM 2004, 901 (902); BGH VIII ZR 106/05, NZM 2006, 620 Rn. 15; BGH VIII ZR 224/07, NZM 2008, 605 Rn. 20; BGH VIII ZR 210/08, NZM 2009, 353 Rn. 13; BGH VIII ZR 48/09, NZM 2010, 157 Rn. 14; BGH VIII ZR 205/11, NZM 2012, 338 Rn. 14; BGH VIII ZR 21/13, NZM 2015, 485 Rn. 17; nach LG München NZM 2003, 512 soll hingegen die Unwirksamkeit einer Endrenovierungsklausel die Turnusrenovierungsklausel unberührt lassen.

[633] ZB BGH VIII ZR 224/07, NZM 2008, 605 und BGH VIII ZR 205/11, NZM 2012, 338 („Farbwahlklausel").

[634] BGH VIII ZR 344/02, NZM 2003, 754; BGH VIII ZR 86/03, NZM 2004, 217; BGH VIII ZR 243/03, NZM 2004, 613 (614).

Streichung der Klausel zu einem Ergebnis führt, das den beiderseitigen Interessen nicht mehr in vertretbarer Weise Rechnung tragen, sondern das Vertragsgefüge völlig einseitig zugunsten des Vertragspartners des Verwenders verschieben würde, sodass diesem ein Festhalten an dem lückenhaften Vertrag nicht zuzumuten wäre.[635] So hat bspw. das KG entschieden, dass eine Klausel, wonach die Betriebskostenumlage nach dem Verhältnis der Mietfläche zu den „tatsächlich vermieteten Mietflächen im Objekt" erfolgen soll, zwar wegen Abwälzung des Leerstandsrisikos auf den Mieter nach § 307 BGB unwirksam ist; dies führe jedoch nicht dazu, dass die Klausel ersatzlos wegfalle und der Mieter von der Pflicht zur Zahlung von Betriebskosten gänzlich befreit sei; vielmehr sei die Lücke durch ergänzende Vertragsauslegung dahingehend zu schließen, dass Betriebskosten. grds. im Verhältnis der Mietfläche zu der Gesamtnutzfläche des Objekts umzulegen sind.[636]

### 2. Modifikationen durch die neuere Rechtsprechung des EuGH

235 Liegt zwischen dem Vermieter und dem Mieter ein Verbrauchervertrag vor, so ergeben sich zwar aus den §§ 305 ff. BGB keine Besonderheiten. Allerdings muss das nationale Recht bei Vorliegen eines Verbrauchervertrags die **Vorgaben der Klausel-RL**[637] und damit auch die Vorgaben des EuGH beachten.

236 **a) Verbot der geltungserhaltenden Reduktion europarechtlich zwingend.** Dies bedeutet zunächst, dass das Verbot der geltungserhaltenden Reduktion **europarechtlich zwingend** ist. Denn der EuGH hat in einer Reihe von Entscheidungen ausgesprochen, dass eine Anpassung des Vertrages durch Abänderung des Inhalts einer missbräuchlichen Klausel gegen Art. 6 Abs. 1, 7 Abs. 1 der RL verstößt.[638]

237 **b) Ersetzung durch dispositives Gesetzesrecht europarechtlich problematisch.** Problematisch ist nunmehr aber die Ersetzung einer unwirksamen Klausel durch dispositives Gesetzesrecht und damit die Europarechtskonformität von § 306 Abs. 2 BGB.[639] Denn der EuGH hat mittlerweile mehrfach ausgesprochen, dass eine Ersetzung durch dispositives Gesetzesrecht nur dann in Betracht kommt, wenn „die Ungültigerklärung der missbräuchlichen Klausel das Gericht verpflichten würde, den Vertrag insgesamt für nichtig zu erklären, wodurch der Verbraucher Konsequenzen ausgesetzt würde, die derart sind, dass er dadurch bestraft würde."[640] **Das Postulat des EuGH ist zwar in der Sache kritikwürdig und lässt Fragen offen.**[641] Zum einen wäre es wenig einsichtig, dass – was das Postulat suggeriert – eine Ersetzung durch dispositives Recht nur zulässig sein soll, wenn andernfalls die Nichtigkeit des Vertrages droht, nicht aber dann, wenn die Ersetzung durch dispositives Recht für den Verbraucher günstig ist.[642] So ist etwa im Falle einer unwirksamen Schönheitsreparaturklausel die Ersetzung der Lücke durch § 535 Abs. 1 S. 2 Alt. 2 BGB für den Mieter günstig, sodass kein Anlass besteht, dem Mieter die Anwendung dieser Vorschrift zu verwehren, nur weil die Unwirksamkeit der Klausel nicht zur Nichtigkeit des Vertrags führen würde.

---

[635] BGH VIII ZR 54/83, BGHZ 90, 69 = NJW 1984, 1177 (1178 ff.); BGH VIII ZR 225/07, NJW 2009, 2662 Rn. 36; BGH VIII ZR 286/07, NJW 2010, 298 Rn. 37; BGH V ZR 175/09, NJW 2010, 3505 Rn. 23 f.; BGH VIII ZR 295/09, NJW 2011, 1342 Rn. 38; BGH V ZR 77/18, NJW 2019, 2602 Rn. 18; KG NZM 2017, 368 Rn. 25 ff.; *Brox/Walker,* Allgemeines Schuldrecht, 44. Aufl. 2020, § 4 Rn. 56; ebenfalls für die Möglichkeit der ergänzenden Vertragsauslegung BeckOK BGB/*H. Schmidt* § 306 Rn. 15 ff.; MüKoBGB/*Basedow* § 306 Rn. 31; *Stadler,* Allgemeiner Teil des BGB, 20. Aufl. 2020, § 21 Rn. 30; explizit für die Unzulässigkeit ergänzender Vertragsauslegung bei Vorliegen dispositiven Gesetzesrechts BGH VIII ZR 270/18, NZM 2020, 710 Rn. 17.

[636] KG NZM 2017, 368 Rn. 25 ff.; zust. jurisPK-BGB/*Otto,* 9. Aufl. 2020, § 157 Rn. 53; krit. dagegen *Borzutzki-Pasing* jurisPR-MietR 14/2016 Anm. 2.

[637] Richtlinie 93/13/EWG des Rates vom 5. April 1993 über mißbräuchliche Klauseln in Verbraucherverträgen.

[638] EuGH NJW 2012, 2257 Rn. 69 ff. – Banesto; EuGH NJW 2014, 2335 Rn. 78 f. – Kásler und Káslerné Rábai; EuGH BeckRS 2015, 80134 Rn. 28 ff. – Unicaja Banco; EuGH EuZW 2017, 148 Rn. 57 – Cajasur Banco.

[639] Hierzu ausf. *Gsell* JZ 2019, 751 ff.; BeckOGK/*Bonin* BGB § 306 Rn. 96; BeckOK BGB/*H. Schmidt* § 306 Rn. 3; europarechtlich bedenklich ist deshalb auch eine auf § 242 BGB gestützte Lückenfüllung wie in BGH NZM 2020, 704 Rn. 13 ff. und BGH NZM 2020, 710 Rn. 13 ff. (so zutr. *Gsell/Mayrhofer* NZM 2020, 1065, 1073 ff.).

[640] EuGH BeckRS 2015, 80134 Rn. 33 f. – Unicaja Banco; EuGH NZM 2018, 1029 Rn. 74 – Demba und Banco de Sabadell SA; EuGH NJW 2019, 3133 Rn. 56 ff. – García Salamanca Santos und Bankia SA; EuGH *NJW 2021, 611 Rn. 32 (Banca B.).*

[641] Ausf. *Gsell* JZ 2019, 751 (753 ff.); ebenfalls krit. BeckOGK/*Bonin* BGB § 306 Rn. 96; BeckOK BGB/*H. Schmidt* § 306 Rn. 3.

[642] Zutr. *Gsell* JZ 2019, 751 (753 f.); im Anschluss BeckOGK/*Bonin* BGB § 306 Rn. 96.

Zum anderen stellt sich die Frage, ob sich eine drohende Nichtigkeit des Vertrages – die eine Anwendung dispositiven Rechts nach der Formel des EuGH erlauben würde – auch daraus ergeben kann, dass der Wegfall der Klausel zu einer groben Unausgewogenheit *zulasten des Unternehmers* führt. Richtigerweise ist dies mit Blick auf das Ziel der Klausel-RL, materiell ausgewogene Vertragsinhalte zu schaffen,[643] zumindest im Grundsatz bejahen.[644] Eine Anwendung dispositiven Rechts wäre somit auch möglich, wenn der ersatzlose Wegfall der Klausel zu einer groben Benachteiligung des Vermieters und dadurch wiederum zur für den Mieter ungünstigen Nichtigkeit des Mietvertrages führen würde. § 306 Abs. 2 BGB wäre bei dieser Sichtweise nicht gänzlich europarechtswidrig, sondern müsste lediglich dergestalt richtlinienkonform teleologisch reduziert werden, dass eine Ersetzung der Klausel durch dispositives Recht dann zulässig ist, wenn entweder das dispositive Recht für den Verbraucher günstig ist oder wenn ohne die Ersetzung eine für den Verbraucher nachteilige Gesamtnichtigkeit des Vertrages droht, die sich allerdings auch aus einer groben Unausgewogenheit zulasten des Unternehmers ergeben kann.[645] Zur Klärung ist allerdings eine **Vorlage an den EuGH** nach Art. 267 AEUV nicht nur **erforderlich,**[646] sondern auch **zweckmäßig,** da nur durch einen offensiven Dialog mit dem EuGH die Argumente für eine möglichst weitgehende Zulassung dispositiven Rechts bei der Entwicklung der künftigen EuGH-Rechtsprechung Berücksichtigung finden können.[647]

**c) Ergänzende Vertragsauslegung europarechtlich zweifelhaft.** Zweifelhaft ist auch, ob die ergänzende Vertragsauslegung ohne Weiteres mit der Rspr. des EuGH vereinbar ist. **Die hM** und insbes. die Rspr. hält die ergänzende Vertragsauslegung **auch im Anwendungsbereich der Klausel-RL nach wie vor für zulässig.**[648] Vom EuGH untersagt sei lediglich eine geltungserhaltende Reduktion, die jedoch von der ergänzenden Vertragsauslegung zu unterscheiden sei. Denn bei der ergänzenden Vertragsauslegung gehe es nicht darum, einer unangemessenen Klausel einen noch angemessenen Inhalt beizulegen, sondern um die Ausfüllung einer Lücke im Vertragsgefüge, die durch den Wegfall der für vollständig unwirksam erklärten Klausel entstehe.[649] Eine Vorlage an den EuGH ist nach Auffassung des BGH gar nicht erst erforderlich,[650] da insoweit ein „acte clair" vorliege.[651] Diese Sichtweise vermag indes **nicht zu überzeugen.** Insbesondere liegt entgegen der Einschätzung des BGH kein „acte clair" vor.[652] Denn auch wenn zwischen der geltungserhaltenden Reduktion und der ergänzenden Vertragsauslegung vordergründig ein technisch-konstruktiver Unterschied bestehen mag, so ändert dies nichts daran, dass in beiden Fällen die Klausel eben nicht ersatzlos wegfällt, sondern stattdessen an die Stelle der unwirksamen Klausel ein Inhalt gesetzt wird, den das Gericht für ausgewogen hält.[653] Ob dies dem Postulat des EuGH genügt, dass „dass eine für missbräuchlich erklärte Vertragsklausel grds. als von Anfang an nicht existent anzusehen ist" und 238

643 EuGH NJW 2014, 2335 Rn. 81 f. – Kásler und Káslerné Rábai; EuGH NJW 2019, 3133 Rn. 57 – García Salamanca Santos und Bankia SA.

644 Zutr. *Gsell* JZ 2019, 751 (754 f.).

645 In diesem Sinne *Gsell* JZ 2019, 751 (757 f.), die zudem eine richtlinienkonforme Auslegung des § 306 Abs. 3 BGB vorschlägt; für Europarechtswidrigkeit des § 306 Abs. 2 BGB *v. Westphalen* NJW 2019, 275 f.; für die Europarechtskonformität des § 306 Abs. 2 BGB dagegen BGH VIII ZR 79/15, NJW 2017, 320; Erman/*Roloff/Looschelders,* 16. Aufl. 2020, BGB § 306 Rn. 3; MüKoBGB/*Basedow* § 306 Rn. 5; Staudinger/*Mäsch,* 2019, BGB § 306 Rn. 10; Ulmer/Brandner/Hensen/*Schmidt,* 12. Aufl. 2016, BGB § 306 Rn. 4 c.

646 Für eine Vorlage *Gsell* JZ 2019, 751 (755); BeckOGK/*Bonin* BGB § 306 Rn. 96; BeckOK BGB/*H. Schmidt* § 306 Rn. 3; eine Vorlage wird dagegen nicht erwogen von Erman/*Roloff/Looschelders,* 16. Aufl. 2020, BGB § 306 Rn. 3; MüKoBGB/*Basedow* § 306 Rn. 5; Staudinger/*Mäsch,* 2019, BGB § 306 Rn. 10, 34 ff.; Ulmer/Brandner/Hensen/*Schmidt,* 12. Aufl. 2016, BGB § 306 Rn. 4 c.

647 Allgemein zur Wichtigkeit der fachgerichtlichen Perspektive beim Vorlageverfahren *Gsell* AcP 2014, 99 (132 ff.).

648 BGH VIII ZR 80/12, NJW 2013, 991 Rn. 27 ff.; BGH VIII ZR 79/15, NJW 2017, 320 Rn. 26 ff.; BGH VIII ZR 241/15, NJW-RR 2017, 557 Rn. 23 ff.; Erman/*Roloff/Looschelders* BGB § 306 Rn. 13; *Herresthal* NJW 2021, 589 Rn. 8 ff.; Staudinger/*Mäsch,* 2019, BGB § 306 Rn. 10 a, 41 a; Ulmer/Brandner/Hensen/*Schmidt,* 12. Aufl. 2016, BGB § 306 Rn. 4 d; **aA** (Europarechtskonformität problematisch) BeckOGK/*Bonin* BGB § 306 Rn. 97; BeckOK BGB/*H. Schmidt* § 306 Rn. 16; *Fervers/Gsell* NJW 2019, 2569 (2570 ff.); *v. Westphalen* EuZW 2019, 121 (126 f.); *Markert* EnWZ 2017, 173 f.; *Wendehorst/v. Westphalen* EuZW 2021, 229 (236 f.).

649 BGH VIII ZR 80/12, NJW 2013, 991 Rn. 26 ff., 30 f.

650 BGH VIII ZR 79/15, NJW 2017, 320 Rn. 26 ff.; BGH VIII ZR 241/15, NJW-RR 2017, 557 Rn. 23 ff.;

651 BGH VIII ZR 241/15, NJW-RR 2017, 557 Rn. 26.

652 Ausf. *Fervers/Gsell* NJW 2019, 2569 (2570 ff.); gegen das Vorliegen eines „acte clair" auch BeckOGK/*Bonin* BGB § 306 Rn. 97; BeckOK BGB/*H. Schmidt* § 306 Rn. 16, vgl. ferner die Nachw. bei *Fervers/Gsell* NJW 2019, 2569 (2570) Fn. 26.

653 *Gsell* in Leupold, Forum Verbraucherrecht, 2015, 35 (51); *Fervers/Gsell* NJW 2019, 2569 (2571) mwN.

dass die gerichtliche Feststellung der Missbräuchlichkeit grds. dazu führen muss, „dass die Sach- und Rechtslage wiederhergestellt wird, in der sich der Verbraucher ohne diese Klausel befunden hätte",[654] ist durchaus zweifelhaft.[655]

239 Zwar ist die europarechtliche **Zulassung der ergänzenden Vertragsauslegung durchaus sinnvoll und wünschenswert.**[656] Denn in der Tat wäre es eine ungerechtfertigte Bevorzugung des Verbrauchers, wenn sich durch den ersatzlosen Wegfall einer Klausel das Vertragsgefüge völlig einseitig zu seinen Gunsten verschiebt. Und es steht zu hoffen, dass der EuGH die ergänzende Vertragsauslegung zumindest in dem Umfang zulässt, in dem er auch die Lückenfüllung durch dispositives Recht gestattet.[657] Gerade deshalb erscheint jedoch eine Vorlage an den EuGH nicht nur zur Herstellung von Rechtssicherheit **erforderlich,** sondern darüber hinaus auch **zweckmäßig,** um unter Verweis auf die Argumente[658] für die Zulassung der ergänzenden Vertragsauslegung in einen offensiven Dialog mit dem EuGH zu treten.[659]

240 **d) „Blue-pencil"-Test europarechtlich zweifelhaft.** Zweifelhaft ist nunmehr auch die Zulässigkeit des „blue-pencil"-Tests.[660] Denn auch mit dem „blue-pencil"-Tests macht das Gericht in der Sache nichts anderes, als eine unzulässige Klausel durch eine zulässige zu ersetzen. Auch insoweit ist deshalb eine Vorlage an den EuGH dringend erforderlich.

### VII. Änderung der Rechtsprechung und Vertrauensgrundsatz

241 Da es insbes. bei der Verwendung von AGB nicht selten zu Änderungen der Rspr. kommt,[661] stellt sich die Frage, ob eine Änderung der Rspr. zurückwirkt und inwieweit der Verwender Vertrauensschutz genießt.

242 Bei Gesetzen lässt das BVerfG eine Rückwirkung nur unter eingeschränkten Voraussetzungen und unterscheidet insoweit zwischen echter und unechter Rückwirkung bzw. zwischen Rückbewirkung von Rechtsfolgen und tatbestandlicher Rückanknüpfung.[662] Eine **echte Rückwirkung,** bei der „ein Gesetz nachträglich ändernd in abgewickelte, der Vergangenheit angehörende Tatbestände eingreift"[663], ist **im Grundsatz unzulässig,** es sei denn, die betroffenen Kreise mussten mit der Änderung rechnen, die Rechtslage war unklar, verworren oder lückenhaft, sodass die rückwirkende Regelung Rechtssicherheit herstellt, durch die Rückwirkung wird nur ein ganz unerheblicher Schaden verursacht oder die Rückwirkung ist überwiegender zwingender Gründe des Gemeinwohls geboten.[664] Demgegenüber ist **eine unechte Rückwirkung,** bei der „eine Norm auf gegenwärtige, noch nicht abgeschlossene Sachverhalte und Rechtsbeziehungen für die Zukunft einwirkt"[665] **grds. zulässig,** sofern sie zur Erreichung des Gesetzeszwecks geeignet und erforderlich ist und sofern nicht eine Güterabwägung ergibt, dass das Vertrauen der Bürger in den Fortbestand der Rechtslage vorrangig ist.[666]

243 Nach diesen Grundsätzen handelt es sich bei einer **Rechtsprechungsänderung** um eine **grds. zulässige unechte Rückwirkung,** da gerichtliche Entscheidung lediglich auf einen in seiner

---

[654] EuGH EuZW 2017, 148 Rn. 61 – Cajasur Banco.
[655] *Fervers/Gsell* NJW 2019, 2569 (2571).
[656] Ausf. *Gsell* in Leupold, Forum Verbraucherrecht, 2015, S. 35 (48) mwN.
[657] Ausf. *Fervers/Gsell* NJW 2019, 2569 (2571 f.).
[658] Allgemein zur Wichtigkeit der fachgerichtlichen Perspektive beim Vorlageverfahren *Gsell* AcP 2014, 99 (132 ff.).
[659] *Gsell* in Leupold, Forum Verbraucherrecht, 2015, 35 ff.; *Wendehorst/v. Westphalen* EuZW 2021, 229 ff.
[660] *Wendehorst/v. Westphalen* EuZW 2021, 229 (237).
[661] Exemplarisch die Rechtsprechungsänderungen zur Überwälzung der Schönheitsreparaturen in BGH VIII ZR 185/14, BGHZ 204, 302 = NJW 2015, 1594 (Aufgabe von BGH VIII ARZ 9/86, BGHZ 101, 253 = NJW 1987, 2575); BGH VIII ZR 95/07, NJW 2008, 1438 (Aufgabe von BGH VIII ZR 317/97, BGHZ 105, 71 = NJW 1998, 3114 (3115 f.) Rn. 17 ff. (juris)).
[662] Siehe zur Gegenüberstellung der Begriffe BVerfGE 128, 326 (390) = NJW 2011, 1931 (1941) Rn. 132.
[663] BVerfGE 11, 139 (145 f.) Rn. 29 (juris); BVerfGE 30, 367 (385) Rn. 71 (juris); BVerfGE 122, 374 (394) Rn. 66 (juris); BVerfGE 135, 1 (21) Rn. 41 (juris).
[664] BVerfGE 122, 374 (394) Rn. 66 (juris); BVerfGE 30, 367 (387 ff.) Rn. 75 ff. (juris); ausf. zur echten Rückwirkung Maunz/Dürig/*Grzeszick* GG Art. 20 Rn. 80 ff. mwN; von Mangoldt/Klein/Starck/*Sommermann* Art. 20 Rn. 292 ff., 295 f. mwN.
[665] *BVerfGE 11,* 139 (145 f.) Rn. 29 (juris); BVerfGE 122, 374 (394) Rn. 65 (juris).
[666] BVerfGE 122, 374 (394) Rn. 65 (juris); BVerfGE 123, 186 (257) = NJW 2009, 2033 (2043) Rn. 212; ausf. zur unechten Rückwirkung Maunz/Dürig/*Grzeszick* GG Art. 20 Rn. 88 ff. mwN.; von Mangoldt/Klein/Starck/*Sommermann* Art. 20 Rn. 292 ff., 296 mwN.

rechtlichen Bewertung noch nicht abgeschlossenen Sachverhalt einwirken.[667] Zudem entfalten gerichtliche Entscheidungen – mit Ausnahme von bestimmten Entscheidungen des Bundesverfassungsgerichts (§ 31 Abs. 2 BVerfGG) – keine Gesetzeskraft und erzeugen somit auch keine Bindung für nachfolgende Gerichte.[668] Mit einer Änderung der Rspr. muss deshalb – anders als mit einer Gesetzesänderung – prinzipiell immer gerechnet werden. Dem Verwender von AGB soll deshalb nach Auffassung des BGH grds. auch kein Vertrauensschutz zuzubilligen sein. Wenn ein Verwender sich nicht mit der gesetzlichen Regelung begnüge, sondern seine Rechte mithilfe von AGB erweitere, müsse er auch das Risiko dafür tragen, dass eine bislang unbeanstandete Klausel als unwirksam erachtet werde.[669]

Zwar gesteht der BGH dem Verwender in **Ausnahmefällen** einen **Vertrauensschutz** dadurch zu, dass die neuen Rechtsprechungsgrundsätze nicht auf Altfälle angewendet, sondern auf zukünftige Rechtsbeziehungen beschränkt werden.[670] Dies soll aber regelmäßig nur dann in Betracht kommen, wenn die Rückwirkung für die Betroffenen eine unzumutbare Härte zur Folge hätte.[671] 244

Die Tatsache, dass die Rspr. sich unerwartet geändert hat, kann immerhin eine **Reflexwirkung bei der Prüfung von Pflichtverletzung und Vertretenmüssen** entfalten. So kann der Verwender unwirksamer AGB nach hM zwar grds. nach §§ 280 Abs. 1, 241 Abs. 2, 311 Abs. 2 BGB haften;[672] sofern der Verwender allerdings im Vertrauen auf eine bestehende Rspr. von den AGB Gebrauch gemacht hat und ihm deshalb keine Zweifel an deren Wirksamkeit kommen mussten, fehlt es an einer Pflichtverletzung[673] oder zumindest am Vertretenmüssen.[674] 245

## VIII. Beweislastfragen

Nach allgemeinen Regeln hat der Vertragspartner des Verwenders, der sich darauf beruft, eine Bestimmung sei nach den §§ 305 ff. BGB nicht Vertragsbestandteil geworden oder unwirksam, sämtliche Voraussetzungen zu beweisen, aus denen sich das Vorliegen einer AGB ergibt.[675] 246

### 1. Vorliegen einer Vertragsbedingung

Sofern die Parteien darüber streiten, ob eine Bestimmung als Vertragsbedingung iSd § 305 Abs. 1 S. 1 BGB zu qualifizieren ist, so wird es sich dabei häufig um einen Streit über eine Rechtsfrage handeln,[676] die das Gericht ohnehin von Amts zu prüfen und zu entscheiden hat.[677] In diesem Fall wirkt § 305 Abs. 1 S. 1 BGB auch nicht etwa als Zweifelsregel dergestalt, dass das Vorliegen einer Vertragsbedingung im Zweifel zu verneinen wäre. Denn anders als bspw. die §§ 186 ff. BGB[678] gibt § 305 Abs. 1 S. 1 BGB insoweit keine Auslegungstendenz in eine bestimmte Richtung vor. 247

---

[667] BGH IX ZR 69/95, BGHZ 132, 6 = NJW 1996, 924 (925) Rn. 20 (juris); BGH IX ZR 153/95, BGHZ 132, 119 = NJW 1996, 1467 (1470) Rn. 25 (juris); BGH VIII ZR 125/06, NZM 2007, 363 Rn. 27; BGH VIII ZR 95/07, NJW 2008, 1438 Rn. 20; *Sternel* NZM 2007, 545 (546).

[668] BVerfGE 84, 212 (227) = NJW 1991, 2549 Rn. 42 (juris); BGH IX ZR 153/95, BGHZ 132, 119 = NJW 1996, 1467 (1469 f.) Rn. 25 (juris); BGH VIII ZR 125/06, NZM 2007, 363 Rn. 27; BGH VIII ZR 95/07, NJW 2008, 1438 Rn. 20.

[669] BGH IX ZR 69/95, BGHZ 132, 6 = NJW 1996, 924 (925) Rn. 21 (juris); BGH VIII ZR 95/07, NJW 2008, 1438 Rn. 20; s. auch BGH VIII ZR 162/09, BGHZ 198, 111 = NJW 2013, 3647 Rn. 63; BGH VIII ZR 185/14, BGHZ 204, 302 = NJW 2015, 1594 Rn. 39; krit. zur großzügigen Rückwirkung mit beachtlichen Argumenten *Artz* NZM 2007, 265 (268).

[670] BGH VII ZR 210/01, BGHZ 153, 311 = NJW 2003, 1805 (1809) Rn. 63 (juris); für einen solchen Vertrauensschutz bei der mietrechtlichen AGB-Kontrolle *Bub/von der Osten* NZM 2007, 76 (78 f.).

[671] BGH VIII ZR 125/06, NZM 2007, 363 Rn. 30.

[672] BGH VIII ZR 302/07, NJW 2009, 2590 Rn. 10 mwN zur Rspr. vor der Schuldrechtsreform; aus der Lit. *Börstinghaus* WuM 2005, 675 (678), der ergänzend § 282 BGB heranzieht; *Lehmann-Richter* WuM 2005, 747; MüKoBGB/*Emmerich* § 311 Rn. 76; MüKoBGB/*Häublein* § 535 Rn. 164.

[673] Zur (schwierigen) Abgrenzung von Pflichtverletzung und Vertretenmüssen bei erfolgsbezogen verstandenen Pflichtverletzungen nach § 241 Abs. 2 BGB BeckOGK/*Riehm* BGB § 280 Rn. 17 f., 179 f., 338 ff. mwN.

[674] Ausf. BGH VIII ZR 302/07, NJW 2009, 2590 Rn. 11 ff.; *Lehmann-Richter* WuM 2005, 747.

[675] Siehe BGH VII ZR 204/90, BGHZ 118, 229 = NJW 1992, 2160 (2162) Rn. 29 (juris); BeckOK BGB/*Becker* § 305 Rn. 39; MüKoBGB/*Basedow* § 305 Rn. 49; Ulmer/Brandner/Hensen/*Ulmer/Habersack* BGB § 305 Rn. 60; Staudinger/*Mäsch,* 2019, BGB § 305 Rn. 78.

[676] BeckOGK/*Lehmann-Richter* BGB § 305 Rn. 179.

[677] Siehe MüKoZPO/*Rauscher* ZPO Einl. Rn. 369; MüKoZPO/*Prütting* § 293 Rn. 2; *Rosenberg/Schwab/Gottwald,* Zivilprozessrecht, 18. Aufl. 2018, ZPO § 77 Rn. 10.

[678] Zu der Wirkung der §§ 186 ff. BGB als Zweifelsregeln BeckOGK/*Fervers* BGB § 186 Rn. 11 ff.

248 Denkbar ist jedoch auch, dass das Vorliegen einer Vertragsbedingung zwischen den Parteien nicht in rechtlicher, sondern in tatsächlicher Hinsicht streitig ist, etwa wenn sich die konkrete Formulierung einer Klausel nicht (mehr) klären lässt und unter Zugrundelegung der Behauptungen des Verwenders lediglich eine offensichtlich unverbindliche Bitte vorläge. In einem solchen Fall bestimmen sich Darlegungs- und Beweislast nach allgemeinen Regeln: Wenn der Vertragspartner des Verwenders sich darauf beruft, die Klausel sei als AGB unwirksam bzw. nicht Vertragsbestandteil geworden, so trägt der Vertragspartner auch die Darlegungs- und Beweislast bzgl. des Vorliegens einer AGB[679] und damit auch für diejenigen Tatsachen, aus denen sich das Vorliegen einer Vertragsbedingung ergeben soll. Beruft sich dagegen der Verwender darauf, den Vertragspartner treffe aufgrund der Bestimmung eine Verpflichtung, so liegt die Darlegungs- und Beweislast für das Vorliegen einer Bestimmung mit Regelungscharakter beim Verwender.

### 2. Vorformulierte Klausel

249 Die Beweislast dafür, dass die entsprechende Klausel vorformuliert war, trägt nach allgemeinen Grundsätzen derjenige, der aus der AGB-Eigenschaft der Klausel für sich günstige Rechtsfolgen herleitet und damit der Vertragspartner des Verwenders (idR der Mieter).[680] Allerdings kann sich aus der **äußeren Form** der Klauseln **ein Anscheinsbeweis für ihre Vorformulierung** ergeben.[681] Insbesondere bei der Verwendung eines gedruckten oder in anderer Weise vervielfältigten Mietvertrages spricht deshalb eine tatsächliche Vermutung dafür, dass die Bestimmungen vom Vermieter oder – ebenfalls ausreichend (→ Rn. 203) – von einem beliebigen Dritten vorformuliert wurden.[682]

### 3. Für eine Vielzahl von Fällen

250 Auch für die Tatsache, dass die Klausel für eine Vielzahl von Fällen vorformuliert wurde, trägt im Ausgangspunkt der Vertragspartners des Verwenders die Beweislast.[683] Allerdings kann sich **aus der Form und dem Inhalt der Klauseln ein Anscheinsbeweis** dafür ergeben, dass sie zur Vielfachverwendung vorformuliert wurden.[684] Das ist insbes. dann der Fall, wenn ein Vertrag **zahlreiche formelhafte Klauseln enthält und nicht auf die individuelle Vertragssituation abgestimmt ist**[685] **oder wenn die Vertragsklauseln weitgehend allgemein und abstrakt gehalten sind.**[686] Sofern somit ersichtlich ist, dass es sich bei dem verwendeten Mietvertrag um einen nicht auf die konkrete Situation zugeschnittenen Standardvertrag handelt, spricht ein Anscheinsbeweis dafür, dass die Bestimmungen vom Vermieter oder – was ebenfalls ausreichend ist (→ Rn. 206) – von einem beliebigen Dritten für eine Vielzahl von Fällen vorformuliert wurden. Für das Vorliegen eines

---

[679] So allg. (ohne konkreten Bezug zum Tatbestandsmerkmal der Vertragsbedingung) BGH VII ZR 204/90, BGHZ 118, 229 = NJW 1992, 2160 (2162) Rn. 29 (juris); jurisPK-BGB/*Lapp/Salamon,* 9. Aufl. 2020, § 305 Rn. 78; MüKoBGB/*Basedow* § 305 Rn. 49; Staudinger/*Mäsch,* 2019, BGB § 305 Rn. 78; Ulmer/Brandner/Hensen/*Ulmer/Habersack,* 12. Aufl. 2016, BGB § 305 Rn. 60.

[680] Siehe BGH VII ZR 204/90, BGHZ 118, 229 = NJW 1992, 2160 (2162) Rn. 29 (juris); BeckOK BGB/*Becker* § 305 Rn. 39; MüKoBGB/*Basedow* § 305 Rn. 49; Ulmer/Brandner/Hensen/*Ulmer/Habersack* BGB § 305 Rn. 60; Staudinger/*Mäsch,* 2019, BGB § 305 Rn. 78.

[681] BGH VIII ZR 269/98, BGHZ 143, 104 = NJW 2000, 1110; BGH VIII ZR 137/12, NZM 2013, 307 Rn. 5; OLG Frankfurt NJW-RR 1990, 281 (282); BeckOGK/*Lehmann-Richter* BGB § 305 Rn. 181; Erman/*Roloff/Looschelders,* 16. Aufl. 2020, BGB § 305 Rn. 58; Ulmer/Brandner/Hensen/*Ulmer/Habersack,* 12. Aufl. 2016, BGB § 305 Rn. 61.

[682] Vgl. BeckOGK/*Lehmann-Richter* BGB § 305 Rn. 181; Erman/*Roloff/Looschelders,* 16. Aufl. 2020, BGB § 305 Rn. 58; Ulmer/Brandner/Hensen/*Ulmer/Habersack,* 12. Aufl. 2016, BGB § 305 Rn. 61.

[683] BGH VII ZR 204/90, BGHZ 118, 229 = NJW 1992, 2160 (2162) Rn. 29 (juris); BeckOK BGB/*Becker* § 305 Rn. 39; MüKoBGB/*Basedow* § 305 Rn. 49; Ulmer/Brandner/Hensen/*Ulmer/Habersack* BGB § 305 Rn. 60; Staudinger/*Mäsch,* 2019, BGB § 305 Rn. 78.

[684] BGH VII ZR 204/90, BGHZ 118, 229 = NJW 1992, 2160 (2162); BGH VII ZR 53/03, BGHZ 157, 102 = NJW 2004, 502 (503) Rn. 25 (juris); BGH VII ZR 212/07, NJW 2009, 3717 Rn. 42; BGH VIII ZR 137/12, NZM 2013, 307 Rn. 5; BGH VII ZR 248/13, BGHZ 200, 326 = NJW 2014, 1725 Rn. 25; BGH VII ZR 168/15, NJW 2017, 265 Rn. 30; BeckOGK/*Lehmann-Richter* BGB § 305 Rn. 187; Erman/*Roloff/Looschelders,* 16. Aufl. 2020, BGB § 305 Rn. 58.

[685] *BGH VII ZR* 204/90, BGHZ 118, 229 = NJW 1992, 2160 (2162); BGHZ 157, 102 = NJW 2004, 502 (503) Rn. 25 (juris); BGH VII ZR 212/07, NJW 2009, 3717 Rn. 42; BeckOGK/*Lehmann-Richter* BGB § 305 Rn. 187; Erman/*Roloff/Looschelders,* 16. Aufl. 2020, BGB § 305 Rn. 58.

[686] BGH VII ZR 168/15, NJW 2017, 265 Rn. 30.

solchen Standardvertrags spricht es, wenn die konkreten Vertragsangaben (Mietobjekt, Parteien des Mietvertrages; Mietzins, etc.) ersichtlich nur in einen Standardtext eingesetzt wurden oder wenn trotz Vorliegens einer Mietermehrheit vom „Mieter" die Rede ist. Ein Anscheinsbeweis für die Absicht der Vielfachverwendung besteht auch dann, wenn **die Klauseln mit vergleichbaren Klauseln in zur Vielfachverwendung konzipierten Verträgen übereinstimmen.**[687] Entspricht die im Mietvertrag enthaltene Klausel also bspw. den entsprechenden in Klauseln in Standardverträgen von „Haus & Grund" oder anderen Vertragsmustern, so spricht eine tatsächliche Vermutung für die Absicht der Vielfachverwendung.

#### 4. Vom Verwender gestellt

Der Vertragspartner des Verwenders trägt im Grundsatz auch die Beweislast für die Frage, dass die Klausel vom Verwender gestellt wurde.[688] Richtigerweise ist allerdings **in angespannten Wohnungsmärkten im Wege des Anscheinsbeweises zu vermuten, dass die Formularklauseln vom Vermieter gestellt wurden.** Auch nach der Rspr. des BGH kann zumindest im Einzelfall aus dem Inhalt eines benachteiligenden Formularvertrages der Schluss auf eine bestimmte Marktstärke der Parteien gerechtfertigt sein, die dann gemeinsam mit anderen Umständen den weiteren Schluss auf ein Stellen zulässt.[689] Zudem hat der BGH aus der Tatsache, dass Bauträger mit Verbrauchern geschlossene Bauträgerverträge typischerweise entwerfen oder entwerfen lassen, einen Anscheinsbeweis für das Stellen durch den Bauträger hergeleitet.[690] In angespannten Wohnungsmärkten ist nicht nur evident, dass der Vermieter dem Mieter aufgrund seiner überlegenen Marktmacht regelmäßig die Vertragsbedingungen diktieren kann.[691] Es entspricht auch der allgemeinen Lebenserfahrung, dass die Mietverträge praktisch immer vom Vermieter gestellt werden. 251

Bei Vorliegen eines **Verbrauchervertrags** erfolgt nach § 310 Abs. 3 Nr. 1 BGB ohnehin eine Beweislastumkehr: Hier muss der Verwender beweisen, dass die Formularbestimmungen durch den Verbraucher in den Vertrag eingeführt wurden (→ Rn. 211). Ansonsten gelten die Bestimmungen als vom Unternehmer gestellt. 252

#### 5. Ausdrücklicher Hinweis bei Vorliegen einer überraschenden Klausel

Enthalten die AGB eine nach § 305c Abs. 1 BGB überraschende Klausel und beruft sich der Verwender darauf, dass das Überraschungsmoment ausnahmsweise aufgrund eines ausdrücklichen und deutlichen Hinweises auf diese Klausel entfällt (→ Rn. 218), so **trägt der Verwender die Beweislast** dafür, dass ein solcher Hinweis erfolgt ist.[692] 253

#### 6. Vorliegen einer Individualvereinbarung

Die Beweislast für das Vorliegen einer Individualabrede nach § 305 Abs. 1 S. 3 BGB **trägt der Verwender,**[693] wobei an die substantiierte Darlegung der ernsthaften Verhandlungsbereitschaft des Verwenders und der weiteren Merkmale für ein Aushandeln strenge Anforderungen zu stellen 254

---

687 Siehe Erman/*Roloff/Looschelders,* 16. Aufl. 2020, BGB § 305 Rn. 58; Ulmer/Brandner/Hensen/*Ulmer/Habersack,* 12. Aufl. 2016, BGB § 305 Rn. 61.

688 BGH VII ZR 204/90, BGHZ 118, 229 = NJW 1992, 2160 (2162) Rn. 29 (juris); BGH XII ZR 172/94, BGHZ 130, 50 = NJW 1995, 2034 (2036) Rn. 22 (juris); BGH VIII ZR 67/09, BGHZ 184, 259 = NJW 2010, 1131 Rn. 11; BeckOGK/*Lehmann-Richter* BGB § 305 Rn. 184; BeckOK BGB/*Becker* § 305 Rn. 39; MüKo-BGB/*Basedow* § 305 Rn. 49; Ulmer/Brandner/Hensen/*Ulmer/Habersack,* 12. Aufl. 2016, BGB § 305 Rn. 60; Staudinger/*Mäsch,* 2019, BGB § 305 Rn. 78.

689 BGH VIII ZR 67/09, BGHZ 184, 259 = NJW 2010, 1131 Rn. 14; noch deutlicher (Formulierung aus Sicht des Verwenders und für den Vertragspartner nachteilige Klauseln erzeugen Anscheinsbeweis für das Stellen) BGH VII ZR 248/13, BGHZ 200, 326 = NJW 2014, 1725 Rn. 24.

690 BGH VII ZR 204/90, BGHZ 118, 229 = NJW 1992, 2160 (2162 f.).

691 *Fervers* NZM 2018, 640 (651).

692 BGH V ZR 191/76, BGHZ 75, 15 = NJW 1979, 2387 (2388); BGH V ZR 82/81, BGHZ 83, 56 = NJW 1982, 1035 (1036); BGH XI ZR 273/99, NJW-RR 2001, 1420 (1422); Ulmer/Brandner/Hensen/*Ulmer/Habersack,* 12. Aufl. 2016, BGB § 305c Rn. 25.

693 BGH IV ZR 197/75, NJW 1977, 624 (625) Rn. 26 (juris); BGH VIII ZR 137/12, WuM 2013, 293 Rn. 6; BGH VII ZR 248/13, BGHZ 200, 326 = NJW 2014, 1725 Rn. 27; BGH XI ZR 9/18, NJW 2019, 2080 Rn. 13, 16; BeckOGK/*Lehmann-Richter* BGB § 305 Rn. 181; BeckOK BGB/*Becker* § 305 Rn. 41; MüKo-BGB/*Basedow* § 305 Rn. 49; Staudinger/*Mäsch,* 2019, BGB § 305 Rn. 79; Ulmer/Brandner/Hensen/*Ulmer/Habersack,* 12. Aufl. 2016, BGB § 305 Rn. 62.

sind.[694] Sofern also feststeht bzw. vom Vertragspartner bewiesen ist, dass es sich bei der Klausel ursprünglich um eine vom Verwender gestellte und für eine Vielzahl von Verträgen vorformulierte Vertragsbedingung handelte, so muss der Verwender darlegen und beweisen, dass hinsichtlich der Klausel gleichwohl die Voraussetzungen des § 305 Abs. 1 S. 3 BGB vorliegen.

#### 7. Kontrollfreiheit nach § 307 Abs. 3 BGB

255 Wenn der Verwender geltend macht, der **Anwendungsbereich der Inhaltskontrolle nach § 307 Abs. 3 BGB** sei nicht eröffnet, so ist zu differenzieren. Macht der Verwender geltend, es liege lediglich eine rechtsdeklaratorische Klausel vor, so handelt es sich dabei um eine Rechtsfrage, die das Gericht ohnehin von Amts zu prüfen und zu entscheiden hat.[695] Macht der Verwender dagegen geltend, die Klausel gehöre zum Kernbereich privatautonomer Vertragsgestaltung, so ist nach zutreffender Auffassung eine vollwertige privatautonome Entscheidung des Vertragspartners erforderlich, für deren Vorliegen der Verwender die Beweislast trägt.[696]

## J. Die Störung der Geschäftsgrundlage

### I. Allgemeine Grundsätze und Anwendung im Mietrecht

#### 1. § 313 BGB als Wertungsnorm

256 Nach § 313 BGB besteht im Falle der Störung der Geschäftsgrundlage ein Anspruch auf Vertragsanpassung (§ 313 Abs. 1 BGB) oder – sollte eine Anpassung des Vertrages nicht möglich oder zumutbar sein – ein Recht zum Rücktritt bzw. zur Kündigung (§ 313 Abs. 3 BGB). Eine Störung der Geschäftsgrundlage liegt vor, wenn sich entweder objektive Umstände, die zur Grundlage des Vertrages geworden sind, nach Vertragsschluss schwerwiegend verändert haben oder wenn sich wesentliche dem Vertrag zugrunde gelegte Vorstellungen als falsch herausstellen, wenn die Parteien bei zutreffender Einschätzung den Vertrag nicht oder nicht diesem Inhalt geschlossen hätten und wenn einem Teil insbes. unter Berücksichtigung der vertraglichen oder gesetzlichen Risikoverteilung das Festhalten am unveränderten Vertrag nicht zugemutet werden kann.

257 Bereits an der Formulierung der Norm lässt sich erkennen, dass es sich um eine Vorschrift handelt, **deren Voraussetzungen vollständig wertausfüllungsbedürftig sind,** sodass nicht suggeriert werden sollte, es ließe sich für die Anwendung des § 313 BGB eine Formel bilden, mit der sich die entsprechenden Ergebnisse zweifelsfrei ermitteln ließen. Darüber hinaus scheinen auch die einzelnen Tatbestandsmerkmale untereinander austauschbar zu sein. Wenn bspw. der BGH im Hinblick auf die Unzumutbarkeit fordert, „dass ein Festhalten an der vereinbarten Regelung zu einem untragbaren, mit Recht und Gerechtigkeit schlechthin unvereinbaren Ergebnis führen würde", was durch „eine umfassende Interessenabwägung unter Würdigung aller Umstände" zu ermitteln sein soll,[697] so könnte man diese „Formel" anstatt als Beschreibung für die Unzumutbarkeit auch generell für die Frage verwenden, wann § 313 BGB eingreifen soll. Denn wenn man das Kriterium „mit Recht und Gerechtigkeit schlechthin unvereinbar" mit den gewünschten Wertungen ausfüllt, gelangt man auch stets zum gewünschten Ergebnis.

258 Zur Konturierung des § 313 BGB möglich ist lediglich die Etablierung **einer Grundtendenz und einzelner Anwendungskriterien sowie die Orientierung an der Kasuistik.** Doch auch wenn mithilfe dieser Instrumente durchaus ein Mindestmaß an Rechtssicherheit geschaffen werden kann, so sollte auch ihr praktischer Nutzen nicht überbewertet werden.[698] So lässt sich bspw. die Frage, welches Risiko den Parteien vertraglich zugewiesen ist, niemals allgemein bestimmen. Denn auch wenn ein bestimmtes Risiko einer Partei an sich zugewiesen ist, so gilt dies wiederum nur unter dem Vorbehalt, dass nicht doch im Einzelfall eine schwere Äquivalenzstörung vorliegt

[694] BGH VIII ZR 137/12, WuM 2013, 293 Rn. 7 mwN; BeckOGK/*Lehmann-Richter* BGB § 305 Rn. 185.

[695] Siehe MüKoZPO/*Rauscher* ZPO Einl. Rn. 369; MüKoZPO/*Prütting* § 293 Rn. 2; *Rosenberg/Schwab/Gottwald,* Zivilprozessrecht, 18. Aufl. 2018, ZPO § 77 Rn. 10.

[696] Näher *Fervers* FS Börstinghaus, 2020, 89 (101).

[697] BGH XI ZR 189/93, BGHZ 127, 212 = NJW 1995, 47 (48); die Formel wird von MüKoBGB/*Finkenauer* § 313 Rn. 76 als „nicht subsumptionsfähig" bezeichnet; krit. auch BeckOGK/*Martens* BGB § 313 Rn. 118, der äußert, es sei „überaus unklar, was im Rahmen der Unzumutbarkeitsprüfung genau zu prüfen sein soll"; dem BGH folgt dagegen BeckOK BGB/*Lorenz* § 313 Rn. 31.

[698] Siehe den zutreffenden Hinweis von MüKoBGB/*Finkenauer* § 313 Rn. 184 zur Fallgruppenbildung.

und damit nicht doch die Zumutbarkeitsschwelle überschritten ist.[699] Eine wertende Betrachtung im Einzelfall wird also niemals entbehrlich.

Letztlich unterscheidet sich § 313 BGB zwar möglicherweise in gradueller, nicht aber in funktioneller Hinsicht von dem Rechtsinstitut der **ergänzenden Vertragsauslegung.**[700] Beide Rechtsinstitute reagieren auf eine Vertragslücke und „ermitteln" anschließend, was die Parteien vereinbart hätten, wenn sie von den entsprechenden Umständen Kenntnis gehabt hätten.[701] In beiden Fällen ist die maßgebliche Entscheidung eine wertende, nämlich, auf welche Vereinbarung sich die Parteien redlicherweise hätten einlassen müssen. **259**

**2. Grundtendenz und Prüfungsmethode**

Grundsätzlich wird das Rechtsinstitut des Wegfalls der Geschäftsgrundlage im deutschen Recht **restriktiv angewendet.** Es reicht nicht aus, dass eine Veränderung der objektiven oder subjektiven Geschäftsgrundlage eingetreten ist und dass anzunehmen ist, dass die Parteien in Kenntnis dieser Veränderung den Vertrag nicht mit diesem Inhalt abgeschlossen hätten. Denn **ein Vertragsschluss steht im Regelfall nicht unter einem „dynamischen Vorbehalt",** der eine gleitende Anpassung an die jeweiligen Umstände ermöglicht. Vielmehr übernehmen beide Parteien mit dem Vertragsschluss im Grundsatz das Risiko, dass sie vorhandene Umstände falsch eingeschätzt haben bzw. dass sich nachträglich Umstände zu ihren Ungunsten verändern können,[702] sodass in diesen Fällen ein Festhalten am Vertrag auch nicht unzumutbar ist. Eine nach § 313 BGB relevante Störung der Geschäftsgrundlage liegt deshalb nur dann vor, wenn die Fehleinschätzung bzgl. der Geschäftsgrundlage schlechterdings **nicht mehr als Teil des mit dem Vertragsschluss übernommenen Risikos angesehen werden kann.**[703] Nach der Formulierung des BGH muss die Anwendung des § 313 BGB „zur Vermeidung untragbarer, mit Recht und Gerechtigkeit schlechthin unvereinbarer Folgen unabweislich erscheinen."[704] **260**

Wann dies der Fall ist, ist im Wege einer **zweistufigen Prüfung** zu ermitteln. In einem **ersten Schritt ist zu untersuchen, ob ein Kriterium vorliegt, welches gegen die Anwendung des § 313 BGB spricht.** Dies ist der Fall, wenn sich entweder ein Risiko verwirklicht, welches die entsprechende Partei vertragsgemäß zu tragen hat,[705] wenn die spätere Entwicklung für die betreffende Partei vorhersehbar gewesen wäre bzw. wenn sie die Umstände zum Zeitpunkt des Vertragsschluss hätte erkennen können,[706] oder wenn die benachteiligte Partei die Störung zurechenbar verursacht hat.[707] Denn in all diesen Fällen entspricht es typischerweise der vertragsimmanenten Risikoverteilung, dass die entsprechenden Risiken von der betroffenen Partei getragen werden sollen. In einem **zweiten Schritt** ist **unter Berücksichtigung dieses Prüfungsergebnisses die Zumutbarkeitsschwelle zu ermitteln.** Ein Festhalten am unveränderten Vertrag ist der betroffenen Partei umso weniger zuzumuten, **je stärker die Störung auf das vertragliche Gefüge einwirkt, wobei die Zumutbarkeitsschwelle höher liegt, wenn eines der zuvor ermittelten Kriterien vorliegt.** Ist der Eintritt des betreffenden Umstandes deshalb bspw. der Risikosphäre der betroffenen Partei zuzurechnen oder war die Entwicklung für die betroffene Partei vorhersehbar, **261**

[699] Siehe BGH XII ZR 8/00, NZM 2002, 659 f.; BGH XII ZR 175/02, NZM 2005, 63 (64 f.); s. den zutreffenden Hinweis von *Streyl* NZM 2020, 817 (822) darauf, dass die Voraussetzungen des § 313 BGB in Bezug auf Risikoverteilung und Zumutbarkeit ineinandergreifen.

[700] Eine Unterscheidung von § 313 BGB und ergänzender Vertragsauslegung für nicht praktikabel hält auch MüKoBGB/*Finkenauer* § 313 Rn. 41, 46 mwN zu Entwicklung und Streitstand; im Anschluss BeckOGK/*Martens* BGB § 313 Rn. 172 ff., 176; der BGH geht zwar im Grundsatz von einer Unterscheidbarkeit aus (BGH X ZR 108/03, NJW-RR 2006, 699 Rn. 12 ff., 17 ff.; BGH V ZR 168/07, NJW 2009, 1348 Rn. 12) räumt aber vielfach ein, dass die Übergänge fließend sind (BGH II ZR 67/12, BGHZ 197, 284 = NZG 2013, 987 Rn. 26; BGH IV ZR 126/16, NJW 2017, 2191 Rn. 17); ähnlich Staudinger/*Roth,* 2020, BGB § 157 Rn. 9.

[701] Siehe zur ergänzenden Vertragsauslegung MüKoBGB/*Busche* § 157 Rn. 26 ff. und Staudinger/*Roth,* 2020, BGB § 157 Rn. 11 ff., jeweils mwN.

[702] MüKoBGB/*Finkenauer* § 313 Rn. 58.

[703] Siehe BeckOK BGB/*Lorenz* § 313 Rn. 23; MüKoBGB/*Finkenauer* § 313 Rn. 60.

[704] BGH VI ZR 52/09, NJW 2010, 1874 Rn. 24 mwN.

[705] BGH VI ZR 52/09, NJW 2010, 1874 Rn. 24 mwN; BeckOK BGB/*Lorenz* § 313 Rn. 25.

[706] BeckOK BGB/*Lorenz* § 313 Rn. 28; MüKoBGB/*Finkenauer* § 313 Rn. 74; *Ulmer* AcP 174 (1974), 167 (185).

[707] Siehe BGH XII ZR 29/94, BGHZ 129, 297 = NJW 1995, 2028 (2031); BGH X ZR 122/07, NJW 2011, 989 Rn. 27; BeckOK BGB/*Lorenz* § 313 Rn. 27; MüKoBGB/*Finkenauer* § 313 Rn. 75.

so muss die Störung erheblich stärker auf das vertragliche Gefüge einwirken, um ein Eingreifen des § 313 BGB rechtfertigen zu können.

### 3. Typische Risikoverteilung im Mietrecht

262 Zu den **vom Mieter zu tragenden Risiken** gehört zunächst das **Verwendungsrisiko.** Sollte der Mieter die Sache nicht wie geplant verwenden können oder wider Erwarten doch nicht benötigen, so kann er sich im Regelfall nicht auf § 313 BGB berufen.[708] Unter das Verwendungsrisiko fällt bei der Geschäftsraummiete auch das **Betriebsrisiko** und damit das Risiko dafür, dass Umsatz und Gewinn den Vorstellungen des Mieters entsprechen.[709] Bleibt also der geschäftliche Erfolg hinter den Erwartungen des Mieters zurück, so kann der Mieter im Grundsatz nicht im Wege des § 313 BGB Vertragsanpassung verlangen.

263 Es darf indes **nicht übersehen werden, dass nicht alle Fälle des Verwendungs- und Betriebsrisikos gleich gelagert sind.** So ist in dem Fall, in dem sich der Mieter „umentscheidet" und die Mietsache wider Erwarten doch nicht benötigt, eine „Störung" gegeben, die positiv dem Mieter zuzurechnen ist, sodass eine Anpassung nach § 313 BGB schon aus diesem Grund in aller Regel ausscheidet. Denn für die eigenen Dispositionen ist ausschließlich der Mieter verantwortlich, sodass in diesem Fall – neben der Zuweisung des Verwendungsrisikos – ein zusätzlicher Gesichtspunkt die Nichtanwendung des § 313 BGB indiziert. Entsprechendes gilt, wenn der Mieter nicht die erwarteten Gewinne erwirtschaftet, weil er in den Verkauf von erfolglosen Produkten investiert hat; die Rentabilität derartiger Investitionen fällt ausschließlich in den Verantwortungsbereich des Mieters und daraus resultierende betriebliche Verluste können deshalb auch keinesfalls auf den Vermieter abgewälzt werden. Anders ist dies dagegen etwa in der Konstellation, in der der Mieter aufgrund einer Verschlechterung der Konjunktur nicht die erwarteten Gewinne erzielt; denn die Entwicklung der Konjunktur ist ein externer Umstand, der nicht den Verantwortungsbereich des Mieters fällt. Im Ergebnis ist es freilich zutreffend, dass der Mieter auch in einem solchen Fall idR keine Anpassung nach § 313 BGB verlangen kann.[710] Dies ist aber – anders als in den zuvor genannten Beispielen – eben nicht deshalb so, weil der Mieter für die Störung *verantwortlich* wäre. Es ist nur so, dass die Beeinträchtigungen für den Mieter durch konjunkturelle Entwicklungen idR *in ihrem Ausmaß* nicht die Zumutbarkeitsschwelle erreichen. So hätte sich der Vermieter selbstverständlich nicht redlicherweise auf eine Regelung einlassen müssen, nach der die Miete bei jedem allgemeinen Nachfragerückgang entsprechend angepasst wird. Denn ebenso wenig wie er an unerwartet hohen Gewinnen des Mieters beteiligt wird, muss er sich auf eine Verlustbeteiligung einlassen.[711] Andererseits kann jedoch bei schweren konjunkturellen Veränderungen, die den Umsatz des Mieters erheblich einbrechen lassen, sehr wohl eine Anpassung angezeigt sein (zur COVID-19-Pandemie → Rn. 269 ff.). Insgesamt handelt es sich also nur **um eine graduelle Frage,** ob der Mieter in derartigen Fällen Anpassung verlangen kann oder nicht.[712] Das Verwendungs- und Betriebsrisiko per se ist dem Mieter somit richtigerweise von vornherein nur bis zu einer gewissen Grenze zugewiesen. Und wenn die Verwendbarkeit der Mietsache oder der mit der Mietsache erzielbare geschäftliche Erfolg aufgrund von Umständen beeinträchtigt ist, die **nicht in den Verantwortungsbereich des Mieters fallen,** so ist **die Zuweisung des Betriebsrisikos durch eine entsprechende Schwere der Veränderungen überwindbar.**

---

[708] BGH XII ZR 114/14, NZM 2016, 98 Rn. 33; BGH NZM 2020, 54 Rn. 32, 37; BeckOGK/*Martens* BGB § 313 Rn. 74 ff.; Erman/*Böttcher,* 16. Aufl. 2020, BGB § 313 Rn. 72; Jauernig/*Stadler* § 313 Rn. 22; *Streyl* NZM 2020, 817 (819).

[709] BGH VIII ZR 197/68, NJW 1970, 1313 f.; BGH VIII ZR 192/80, NJW 1981, 2405 (2406); BGH XII ZR 279/97, NZM 2000, 492 (495); BGH XII ZR 176/98, NZM 2000, 1005 f.; BGH XII ZR 66/03, NZM 2006, 54 Rn. 30; BGH XII ZR 131/08, NZM 2010, 361 Rn. 21 ff.; BGH XII ZR 108/08, NZM 2010, 364 Rn. 17; BGH NZM 2011, 727 Rn. 9 (im Kontext mit dem Vorliegen eines Mietmangels); LG Hamburg BeckRS 2013, 22455; BeckOGK/*Martens* BGB § 313 Rn. 74 ff.; *Ekkenga/Schirmacher* NZM 2020, 410 (412); Erman/*Böttcher,* 16. Aufl. 2020, BGB § 313 Rn. 72; *Häublein/Müller* NZM 2020, 481 (487); *Hellner* NJOZ 2020, 769 (770); *Streyl* NZM 2020, 817 (819); *Weidt/Schiewek* NJOZ 2020, 481 (482); ausnahmsweise anders bei Wegfall eines „Ankermieters" OLG Dresden ZMR 2017, 468.

[710] Zur Konstellation des Rauchverbots vgl. BGH NZM 2011, 727 Rn. 9 ff. (wobei in der Entscheidung aufgrund der klägerischen Anträge lediglich das Vorliegen eines Mietmangels erörtert wurde); gegen eine Anwendung des § 313 BGB in diesem Fall auch BeckOGK/*Martens* BGB § 313 Rn. 75.2.

[711] *Ekkenga/Schirmacher* NZM 2020, 410 (412).

[712] Siehe *Streyl,* in: Zehelein, Miete in Zeiten von Corona, § 7 Rn. 2a; Schmidt/*Streyl,* COVID-19: Rechtsfragen zur Corona-Krise, 3. Aufl. 2021, § 3 Rn. 57a.

**Der Vermieter** trägt zunächst das Risiko für seine **Fähigkeit zur Gebrauchsüberlassung.** Der Vermieter kann deshalb den Mietvertrag im Regelfall nicht nach § 313 Abs. 3 S. 2 BGB kündigen, wenn er sich wider Erwarten zur Gebrauchsgewährung außerstande sieht.[713] Zu den vom Vermieter zu tragenden Risiken gehört zudem das **Leerstandsrisiko.** Der Vermieter kann deshalb im Falle des Leerstands von Wohnungen vom Mieter idR nicht nach § 313 BGB Anpassung des vertraglich vereinbarten Flächenschlüssels verlangen.[714] Der Vermieter trägt zudem das **Risiko der zutreffenden Flächenberechnung.**[715] Stimmt der Mieter einem Mieterhöhungsverlangen des Vermieters nach § 558 BGB zu, dem der Vermieter eine unzutreffende Wohnfläche zugrunde gelegt hat, muss deshalb konsequenterweise der Mieter im Falle einer Benachteiligung Anpassung nach § 313 BGB grds. Anpassung verlangen können, der Vermieter dagegen grds. nicht.[716] Obwohl der BGH im Ausgangspunkt ebenfalls davon ausgeht, dass die zutreffende Flächenberechnung Sache des Vermieters ist,[717] formuliert der BGH, die Parteien unterlägen im genannten Fall einem gemeinsamen Kalkulationsirrtum.[718] Einen Anspruch auf (rückwirkende)[719] Anpassung nach § 313 BGB soll der Mieter aber nur im Falle einer Abweichung von mindestens 10% haben.[720] Zudem geht der BGH davon aus, dass der Mieter keine Anpassung nach § 313 BGB verlangen kann, wenn der Vermieter auch bei Zugrundelegung der zutreffenden Fläche einen Anspruch auf Zustimmung zur vereinbarten Mieterhöhung nach § 558 BGB gehabt hätte.[721] In diesem Fall sei dem Mieter das Festhalten an der Vereinbarung zumutbar.[722] 264

Bei der Vereinbarung einer **Staffelmiete** trägt im Grundsatz **die jeweils benachteiligte Partei** das Risiko dafür, dass der vereinbarte Mietzins im Laufe der Zeit erheblich von der Entwicklung des marktüblichen Mietzinses abweicht. Auch wenn der Staffelmietzins somit den marktüblichen Mietzins im Laufe der Zeit übersteigt bzw. unterschreitet, ist § 313 BGB deshalb tendenziell nicht anzuwenden.[723] 265

Aus der Tatsache, dass die Zurechenbarkeit der Störung zur betroffenen Partei gegen eine Anwendung des § 313 BGB spricht, folgt, dass **der Verwender von AGB das Risiko von deren Unwirksamkeit zu tragen hat.** Ist deshalb bspw. eine vom Vermieter in AGB verwendete Schönheitsreparaturklausel nach § 307 BGB unwirksam, so kann der Vermieter vom Mieter nicht die Anpassung der Miete nach § 313 BGB verlangen.[724] 266

#### 4. Irrelevanz vertragsfremder Gesichtspunkte und individueller Zumutbarkeit

Zumindest im Grundsatz irrelevant sind dagegen richtigerweise vertragsfremde Gesichtspunkte[725] und damit insbes. die Frage, inwieweit ein Festhalten am unveränderten Vertrag für die jeweilige Partei individuell zumutbar ist. Denn mit § 313 BGB sollen Störungen der Vertragsgerechtigkeit ausgeglichen werden und eine in diesem Rahmen ausgearbeitete Risikozuweisung 267

---

713 Anders allerdings BGH XII ZR 185/93, BeckRS 2011, 14025 beim Neubau eines Kraftwerks, dem die angemietete Baracke im Weg steht.

714 BGH VIII ZR 159/05, NZM 2006, 655 Rn. 11ff.; LG Braunschweig ZMR 2003, 490; BeckOGK/*Drager* BGB § 556a Rn. 38; Staudinger/*Artz,* 2018, BGB § 556a Rn. 24 mwN; für einen Anspruch auf Änderung nach § 242 BGB dagegen AG Berlin-Charlottenburg BeckRS 2011, 13330.

715 *Beyer* NZM 2010, 417 (420); im Ausgangspunkt ebenso BGH VIII ZR 192/03, NZM 2004, 699 (700); BGH VIII ZR 138/06, NZM 2007, 594 Rn. 19; BGH VIII ZR 234/18, NZM 2020, 322 Rn. 24.

716 Zutr. *Beyer* NZM 2010, 417 (420).

717 BGH VIII ZR 192/03, NZM 2004, 699 (700); BGH VIII ZR 138/06, NZM 2007, 594 Rn. 19; BGH VIII ZR 234/18, NZM 2020, 322 Rn. 24.

718 BGH VIII ZR 192/03, NZM 2004, 699 (700).

719 BGH VIII ZR 192/03, NZM 2004, 699 (700).

720 BGH VIII ZR 192/03, NZM 2004, 699 (700); BGH VIII ZR 138/06, NZM 2007, 594 Rn. 17; sofern umgekehrt die tatsächliche Wohnfläche die vertraglich vereinbarte Wohnfläche um mehr als 10% übersteigt, soll der Vermieter (lediglich) berechtigt sein, in einem Mieterhöhungsverlangen nach § 558 BGB die tatsächliche Wohnfläche zugrunde zu legen (BGH VIII ZR 138/06, NZM 2007, 594 Rn. 18f.); zu Recht krit. bzgl. der 10%-Grenze *Beyer* NZM 2010, 417 (420).

721 BGH VIII ZR 234/18, NZM 2020, 322 Rn. 22ff.

722 BGH VIII ZR 234/18, NZM 2020, 322 Rn. 26.

723 BGH XII ZR 8/00, NZM 2002, 659f.; BGH XII ZR 175/02, NZM 2005, 63 (64f.); s. auch OLG Düsseldorf NJOZ 2012, 574f. (langfristig vereinbarter Mietzins).

724 BGH VIII ZR 181/07, BGHZ 177, 186 = NZM 2008, 641 Rn. 19; BeckOGK/*Schmidt* BGB § 535 Rn. 418; *Emmerich* NZM 2006, 761 (764); Jauernig/*Stadler* § 313 Rn. 22; *Sternel* NZM 2007, 545 (550).

725 MüKoBGB/*Finkenauer* § 313 Rn. 77.

darf nicht durch allgemeine Zumutbarkeitserwägungen überspielt werden.[726] **Im Grundsatz irrelevant ist deshalb vor allem die finanzielle Leistungsfähigkeit** der von der Störung betroffenen Partei, denn bei § 313 BGB handelt es sich nicht um eine Schuldnerschutzvorschrift.[727] Die finanzielle Leistungsfähigkeit der anderen Vertragspartei berührt nicht das vertragliche Gefüge, muss den Vertragspartner nicht interessieren und wäre deshalb auch nicht Gegenstand einer hypothetischen Vereinbarung gewesen.

**268** Ist bspw. dem Mieter das Festhalten am Vertrag unter Berücksichtigung der vertraglichen Risikoverteilung unzumutbar, so entfällt diese Unzumutbarkeit nicht etwa deshalb, weil aufgrund anderweitiger finanzieller Ressourcen die Existenz des Mieters nicht bedroht ist (zur COVID-19-Pandemie → Rn. 278). Denn hierbei handelt es sich um einen individuellen und nur den Mieter betreffenden Gesichtspunkt, der im Vertrag keinerlei Niederschlag gefunden hat und auch keinen Niederschlag gefunden hätte. Und umgekehrt wird eine nach § 313 BGB an sich unbeachtliche Störung nicht deshalb beachtlich, weil die von der Störung betroffene Partei wenig finanziellen Reserven hat. Stellt sich deshalb bspw. heraus, dass der Mieter die gemieteten Räumlichkeiten wider Erwarten doch nicht benötigt, so kann der nicht deshalb nach § 313 BGB Vertragsanpassung verlangen oder kündigen, weil die Miete einen beachtlichen Teil seines Vermögens aufzehrt.

## II. Insbesondere: Geschäftsraummiete und COVID-19-Pandemie

### 1. Problemstellung und fehlende abschließende Regelung

**269** Infolge der COVID-19-Pandemie kam und kommt es zu zahlreichen, insbes. die Mieter von Geschäftsräumen betreffenden,[728] öffentlich-rechtlichen Beschränkungen.[729] Diese reichen von einschränkenden und den Geschäftsbetrieb beeinträchtigenden Maßnahmen (Abstandsregelungen, Maskenpflicht, etc.) bis hin zur kompletten Untersagung des Geschäftsbetriebes („Lockdown"). Es stellt sich deshalb nach die Frage, ob, auf welcher Grundlage und inwieweit der Mieter von Geschäftsräumen im Falle der Betroffenheit derartiger Beschränkungen gegenüber dem Vermieter zur (teilweisen) Minderung der Miete berechtigt ist.

**270** **Art. 240 § 2 EGBGB** schafft insoweit **keine ausreichende Abhilfe,** da die Vorschrift den Mieter lediglich vor der Kündigung schützt, während die Pflicht zur Mietzahlung unberührt bleibt.[730] Die Vorschrift schafft auch keinesfalls eine Sperrwirkung dergestalt, dass sie den Rückgriff auf die §§ 536ff. BGB oder § 313 BGB ausschließen würde.[731]

**271** Auch durch den eigens für die Anwendung des § 313 BGB neu geschaffenen **Art. 240 § 7 Abs. 1 EGBGB ist die Rechtslage nicht geklärt.**[732] Art. 240 § 7 Abs. 1 EGBGB lautet: „Sind vermietete Grundstücke oder vermietete Räume, die keine Wohnräume sind, infolge staatlicher Maßnahmen zur Bekämpfung der COVID-19-Pandemie für den Betrieb des Mieters nicht oder nur mit erheblicher Einschränkung verwendbar, so wird vermutet, dass sich insofern ein Umstand im Sinne des § 313 Absatz 1 des Bürgerlichen Gesetzbuchs, der zur Grundlage des Mietvertrags

---

[726] MüKoBGB/*Finkenauer* § 313 Rn. 77; s. auch *Beyer* NZM 2010, 417 (420).

[727] MüKoBGB/*Finkenauer* § 313 Rn. 77f.; *Streyl* NZM 2020, 817 (824); dagegen wird von der Rspr. die Tatsache, dass existenziell bedeutsame Folgen für eine Partei eintreten, immer wieder als Kriterium für die Anwendung des § 313 BGB genannt, s. BGH XII ZR 279/97, NZM 2002, 492 (495); BGH XII ZR 125/18, NZM 2020, 54 Rn. 37.

[728] Zu den Auswirkungen auf die Wohnraummiete *Artz/Brinkmann/Pielsticker* MDR 2020, 527ff.

[729] Die Maßnahmen ergingen auf der Grundlage von auf §§ 16, 28 Abs. 1 S. 1, 2 IfSG gestützte Allgemeinverfügungen bzw. auf der Grundlage von nach § 32 IfSG erlassenen Rechtsverordnungen. Durch das Dritte Gesetz zum Schutz der Bevölkerung bei einer epidemischen Lage von nationaler Tragweite vom 18.11.2020 (BGBl. I S. 2397) wurde zudem § 28a IfSG eingefügt, der die nach § 28 Abs. S. 1, 2 IfSG zulässigen Maßnahmen präzisiert; ausf. zum Ganzen *Rixen* NJW 2020, 1097ff.

[730] Siehe *Anzinger/Strahl* ZIP 2020, 1833; *Artz/Brinkmann/Pielsticker* MDR 2020, 527; *Brinkmann* ZJS 2020, 195 (197f.); *Häublein/Müller* NZM 2020, 481 (490); *Ekkenga/Schirmacher* NZM 2020, 410 (414f.); *Säcker/Schubert* BB 2020, 2563 (2567f.); *Sittner* NJW 2020, 1169 (1170, 1172); *Streyl* NZM 2020, 817 (823); *Zehelein* NZM 2020, 390 (401); eine größere Bedeutung wird der Vorschrift dagegen wohl von *Bacher* MDR 2020, 514 (515) beigemessen, der äußert, es bleibe für die allgemeinen Vorschriften neben Art. 240 § 2 EGBGB wenig Raum.

[731] OLG Dresden NJW 2021, 953 Rn. 26; *Brinkmann/Thüsing,* NZM 2021, 5 (9f.); *Streyl* NZM 2020, 817 (823); *Zehelein* NZM 2020, 390 (401).

[732] *Brinkmann/Thüsing* NZM 2021, 5 (12) („legislativer Griff ins Leere").

geworden ist, nach Vertragsschluss schwerwiegend verändert hat.“ Man mag der Vorschrift eine Tendenz dahingehend entnehmen, dass der Gesetzgeber nicht von einem Fall der Minderung, sondern davon ausgeht, dass prinzipiell § 313 BGB einschlägig ist. Zumindest für die praktische Prüfung des § 313 BGB im konkreten Fall gibt die Vorschrift aber wenig her. Denn dass sich bei einem durch einen „Lockdown“ verursachten Wegfall der Verwendbarkeit ein Umstand nach § 313 BGB schwerwiegend verändert hat, ergäbe sich im Rahmen einer Prüfung des § 313 BGB ohnehin (→ Rn. 276ff.) und in Bezug auf die entscheidende Frage der Zumutbarkeit trifft die Vorschrift keine Regelung.[733] Selbst wenn man die Vorschrift extensiv auslegen und die Vermutung auf die fehlende Zumutbarkeit für den Mieter ausdehnen wollte,[734] so ergäbe sich daraus kaum ein praktischer Nutzen, weil es sich bei der Frage der Zumutbarkeit um eine Rechtsfrage handelt,[735] die das Gericht ohnehin von Amts wegen zu prüfen und zu entscheiden hat.[736]

### 2. Kein Mietmangel und keine Unmöglichkeit aufgrund der öffentlich-rechtlichen Beschränkungen

Die Frage, ob die zur Eindämmung der COVID-19-Pandemie verhängten Maßnahmen und insbes. ein verhängter „Lockdown“ einen zur Mietminderung berechtigenden Mietmangel nach § 536 Abs. 1 BGB bzw. die Unmöglichkeit der Gebrauchsüberlassung nach § 275 Abs. 1 BGB begründen, ist **deshalb bedeutsam,** weil hierdurch das vertragliche Leistungsprogramm und damit in der Folge auch **festgelegt wird, welche Partei sich auf § 313 BGB berufen muss.** Bejaht man das Vorliegen eines Mietmangels bzw. die Unmöglichkeit der Gebrauchsüberlassung, so mindert sich die Miete zumindest im Hinblick auf einen Lockdown aufgrund der völligen Unbenutzbarkeit nach § 536 Abs. 1 BGB auf Null[737] bzw. entfällt der Anspruch des Vermieters nach § 326 Abs. 1 S. 1 Hs. 1 BGB. In diesem Falle müssten also die Voraussetzungen des § 313 BGB zugunsten des Vermieters vorliegen, damit dieser überhaupt Miete erhält. Umgekehrt ist – wenn man das Vorliegen eines Sachmangels verneint – der Mieter auf § 313 BGB angewiesen, um nicht die volle Miete bezahlen zu müssen. 272

Während teilweise das Vorliegen eines Mietmangels bejaht wird,[738] nimmt die **herrschende Auffassung an,** dass die pandemiebedingten Maßnahmen im Regelfall **keinen Mietmangel darstellen.**[739] Zur Begründung dieser Position wird zumeist auf die Rspr. des BGH Bezug genommen,[740] wonach öffentlich-rechtliche Gebrauchshindernisse (nur) dann einen Sachmangel darstellen, wenn sie auf der Beschaffenheit oder der Lage der Mietsache beruhen[741] und/oder es wird 273

---

[733] OLG Karlsruhe NJW 2021, 945 Rn. 19; *Brinkmann/Thüsing* NZM 2021, 5 (8f.); BeckOGK/*Siegmund* EGBGB Art. 240 § 7 Rn. 27.

[734] So *Römermann,* NJW 2021, 265 Rn. 22.

[735] Zutr. *Brinkmann/Thüsing* NZM 2021, 5 (9).

[736] Siehe MüKoZPO/*Rauscher* ZPO Einl. Rn. 369; MüKoZPO/*Prütting* § 293 Rn. 2; *Rosenberg/Schwab/Gottwald,* Zivilprozessrecht, 18. Aufl. 2018, ZPO § 77 Rn. 10.

[737] *Hellner* NJOZ 2020, 769 (771); *Horst* MK 2020, 089.

[738] *Hellmich* COVuR 2020, 189; *Hellner* NJOZ 2020, 769 (770ff.); *Säcker/Schubert* BB 2020, 2563 (2564ff.); *Selk* NZM 2021, 369 (374ff.); *Weller/Thomale* BB 2020, 962ff., die allerdings nur eine Minderung iHv 50% befürworten; für das Vorliegen eines Mietmangels wohl auch *Emmerich,* in: Staudinger/*Emmerich,* BGB – Eckpfeiler des Zivilrechts, 7. Aufl. 2020, Kap. O Rn. 3 (Verweis auf RGZ 87, 277, wo bei Vorliegen eines Tanzverbots ein Mietmangel bejaht wurde); diff. *Anzinger/Strahl* ZIP 2020, 1833 (1834ff.).

[739] OLG Dresden BeckRS 2021, 2461 Rn. 22ff., 25ff.; OLG Dresden NJW 2021, 953 Rn. 22f., 28ff.; OLG Karlsruhe NJW 2021, 945 Rn. 14f.; OLG München, NJW 2021, 948 Rn. 4f.; OLG Schleswig BeckRS 2021, 18921; LG Heidelberg BeckRS 2020, 19165 Rn. 24ff.; LG Zweibrücken BeckRS 2020, 24356 Rn. 38; LG Frankfurt BeckRS 2020, 26613 Rn. 19f.; LG Krefeld BeckRS 2021, 17484; BeckOGK/*Bieder* BGB § 536 Rn. 29.2; *Brinkmann* ZJS 2020, 195 (198f.); *Häublein/Müller* NZM 2020, 481 (484ff.); *Leo/Götz* NZM 2020, 402 (403); *Lützenkirchen* MietRB 2020, 111 (112f.); *Schall* JZ 2020, 388 (389) (der allerdings Unmöglichkeit nach § 275 Abs. 1 BGB annimmt); *Scholz* NJW 2020, 2209 Rn. 3; *Sittner* NJW 2020, 1169 (1170f.); *Streyl* NZM 2020, 817 (818ff.); *Weidt/Schiewek* NJOZ 2020, 481(482); *Zehelein* NZM 2020, 390 (392ff.).

[740] LG Heidelberg BeckRS 2020, 19165 Rn. 26ff.; LG Zweibrücken BeckRS 2020, 24356 Rn. 38; LG Frankfurt BeckRS 2020, 26613 Rn. 20; *Brinkmann* ZJS 2020, 195 (198f.); *Leo/Götz* NZM 2020, 402 (403); *Lützenkirchen* MietRB 2020, 111 (112f.); *Schall* JZ 2020, 388 (389); *Sittner* NJW 2020, 1169 (1171);

[741] BGH VIII ZR 287/75, BGHZ 68, 294 = NJW 1977, 1285 (1286); BGH VIII ZR 232/87, NJW 1988, 2664; BGH XII ZR 189/09, NZM 2011, 727 Rn. 8f. (Pachtvertrag); BGH XII ZR 77/12 NZM 2014, 165 Rn. 20; ähnlich (Unterscheidung zwischen unmittelbarer und mittelbarer Gebrauchsbeeinträchtigung) BGH XII ZR 66/03, NZM 2006, 54 Rn. 19; BGH XII ZR 1/07, NZM 2009, 124 Rn. 34; zust. BeckOGK/*Bieder* BGB § 536 Rn. 62.

angeführt, dass sich im Falle pandemiebedingter Beschränkungen lediglich das Verwendungsrisiko des Mieters realisiere.[742]

274 **Im Ergebnis ist es zumeist richtig, das Vorliegen eines Sachmangels zu verneinen.** Zu betonen ist allerdings, dass eine phänomenologische Unterscheidung danach, ob eine mittelbare oder unmittelbare Gebrauchsbeeinträchtigung vorliegt bzw. ob der Fehler auf eine Beschaffenheit der Mietsache zurückzuführen ist, nicht der Ausgangspunkt, sondern lediglich eine Konsequenz des zutreffenden Prüfungsmaßstabs ist.[743] Qualifiziert man einen bestimmen Umstand als Mietmangel, so erhebt man das Fehlen dieses Umstands zum Teil der vertraglichen Äquivalenz mit der Folge, dass der Mieter die Miete verschuldensunabhängig mindern kann. Ein Mietmangel kann deshalb nur dann vorliegen, **wenn die Auslegung des Mietvertrags ergibt, dass der Vermieter einseitig für das Fehlen des betreffenden Umstands einzustehen hatte.**[744] Dies kann der Fall sein, wenn die Parteien des Mietvertrags eine Beschaffenheitsvereinbarung dergestalt getroffen haben, dass keine öffentlich-rechtlichen Beschränkungen die Benutzbarkeit der Sache beeinträchtigen; in diesem Fall erfüllt der Vermieter im Falle einer pandemiebedingten Beschränkung dieses vertragliche Versprechen nicht und liegt ein Mietmangel vor.[745] Zumeist wird es an einer solchen Beschaffenheitsvereinbarung jedoch fehlen und wird sich der Vermieter schlicht zur Überlassung der Räumlichkeiten verpflichtet haben. In einem solchen Fall – also wenn eine ausdrückliche Beschaffenheitsvereinbarung fehlt – ist zu fragen, ob der Mieter redlicherweise erwarten kann, dass das Fehlen von aus einer Pandemie resultierenden Beschränkungen Teil des vermieterseitigen Vertragsversprechens mit der Folge einer verschuldensunabhängigen Minderungsmöglichkeit ist.[746] Und dies ist zu verneinen. Denn die aufgrund einer Pandemie getroffenen öffentlich-rechtlichen Maßnahmen stehen in keinem spezifischen Bezug zur Mietsache. Zwar haben die Parteien dem Mietvertrag in der Tat die Vorstellung zugrunde gelegt, dass der Mieter nicht von einem „Lockdown" betroffen sein würde, der das Betreiben der Geschäftsräume faktisch unmöglich macht. Die Parteien sind aber eben **nicht davon ausgegangen, dass das Fehlen solcher Beschränkungen Teil der vertraglichen Äquivalenz ist und dass der Vermieter für derartige Risiken einseitig einstehen muss.** Ein Mietmangel ist deshalb zu verneinen. Hierfür bedarf es iÜ auch nicht der positiven Feststellung, dass die pandemiebedingten Beschränkungen dem Risikobereich des Mieters zugewiesen wären;[747] eine solche Annahme ist nämlich ebenfalls verfehlt (→ Rn. 276). Vielmehr genügt bereits die negative Feststellung, dass das Fehlen solcher Beschränkungen *nicht* Teil des vermieterseitigen Vertragsversprechens ist und dass der Vermieter hierfür *nicht einseitig* einstehen muss. Geht man dagegen unnötigerweise über diese Feststellung hinaus und deklariert die pandemiebedingten Beschränkungen bei der Prüfung des Mietmangels als Teil des vom Mieter zu tragenden Verwendungsrisikos, so lässt sich in der Folge ein Anpassungsanspruch des Mieters nach § 313 Abs. 1 BGB schwerer bejahen.[748]

275 Aus den gleichen Gründen tritt durch die öffentlich-rechtlichen Beschränkungen auch **keine Unmöglichkeit nach § 275 Abs. 1 BGB** ein, sodass auch die Pflicht des Mieters nach § 326 Abs. 1 S. 1 Hs. 1 BGB nicht erlischt: Der Nichteintritt derartiger Beschränkungen gehört nicht zum vertraglich zugesicherten Leistungsprogramm des Vermieters.[749]

[742] LG Heidelberg BeckRS 2020, 19165 Rn. 26ff.; LG Zweibrücken BeckRS 2020, 24356 Rn. 39; LG Frankfurt BeckRS 2020, 26613 Rn. 20; *Lützenkirchen* MietRB 2020, 111 (112f.); *Sittner* NJW 2020, 1169 (1171).

[743] Siehe *Zehelein* NZM 2020, 390 (392ff.).

[744] Zutr. *Häublein/Müller* NZM 2020, 481 (485); *Zehelein* NZM 2020, 390 (395); für ein Abstellen auf den vom Vermieter geschuldeten Leistungserfolg auch Schmidt/*Streyl,* COVID-19: Rechtsfragen zur Corona-Krise, 2020, § 3 Rn. 88; *Streyl* NZM 2020, 817 (818ff.); dem folgend *Brinkmann* ZJS 2020, 195 (198).

[745] *Zehelein* NZM 2020, 390 (396).

[746] Nicht anders geht man vor, wenn man bei Fehlen einer Beschaffenheitsvereinbarung darauf abstellt, ob die Mietsache sich für den gewöhnlichen Gebrauch eignet (BGH VIII ZR 300/08, NZM 2009, 855 Rn. 11; BGH VIII ZR 17/18, NZM 2019, 140 Rn. 13; MüKoBGB/*Häublein* § 536 Rn. 4).

[747] So aber LG Frankfurt BeckRS 2020, 26613; *Streyl* NZM 2020, 817 (819).

[748] Siehe LG Frankfurt BeckRS 2020, 26613 Rn. 28, wo bei der Risikoverteilung iRd § 313 BGB auf die Ausführungen zum Mietmangel verwiesen wird.

[749] OLG Karlsruhe NJW 2021, 945 Rn. 16f.; OLG Dresden NJW 2021, 953 Rn. 24f.; OLG München, NJW *2021, 948* Rn. 6ff.; LG Heidelberg BeckRS 2020, 19165 Rn. 30ff.; LG Frankfurt BeckRS 2020, 26613 Rn. 21; LG Zweibrücken BeckRS 2020, 24356 Rn. 42ff.; *Häublein/Müller* NZM 2020, 481 (486); *Weidt/Schiewek* NJOZ 2020, 481 (482); iErg ebenfalls gegen die Anwendung des § 275 Abs. 1 BGB *Anzinger/Strahl* ZIP 2020, 1833 (1838); *Brinkmann* ZJS 2010, 195 (200).

**3. Störung der Geschäftsgrundlage aufgrund der öffentlichen Beschränkungen**

**a) Grundlagenstörung im Falle vollständiger Unbenutzbarkeit („Lockdown").** Wenn die öffentlich-rechtlichen Beschränkungen zur Eindämmung der Pandemie keinen Mietmangel darstellen, so stellt sich in der Folge die Frage, ob sie zumindest zu einer Störung der Geschäftsgrundlage nach § 313 BGB führen und den Mieter zur Vertragsanpassung berechtigen. Richtigerweise ist eine Störung der Geschäftsgrundlage zumindest **im Falle eines „Lockdowns", der eine vollständige Unbenutzbarkeit der Räumlichkeiten zur Folge hat, regelmäßig zu bejahen.**[750] **Der erste Prüfungsschritt** ergibt, dass kein Kriterium vorliegt, welches gegen die Anwendung von § 313 BGB spräche. Die COVID-19-Pandemie ist selbstverständlich nicht dem Mieter zurechenbar, sie war für den Mieter (wie für den Vermieter) nicht vorhersehbar[751] und mit dem „Lockdown" hat sich auch kein Risiko realisiert, welches der Sphäre des Mieters zuzurechnen wäre. Denn ebenso wenig wie die Parteien davon ausgegangen sind, dass der Vermieter für pandemiebedingte Risiken einseitig einstehen muss, entspricht es dem hypothetischen Parteiwillen, dass der Mieter derartige für beide Parteien nicht vorhersehbaren Risiken einseitig tragen soll. Bei den öffentlich-rechtlichen Beschränkungen zur Eindämmung einer unerwarteten Pandemie handelt es sich vielmehr um Zufallsrisiken, die **weder in die die Risikosphäre des Vermieters noch in die Risikosphäre des Mieters fallen.**[752] Auch wenn das Verwendungs- und Betriebsrisiko grds. dem Mieter zugewiesen ist, so trägt der Mieter diese Risiken eben nicht unbegrenzt (→ Rn. 263)[753] und insbes. nicht bis zur völligen Unbenutzbarkeit der Mietsache zum vertraglich zugrunde legten Zweck.[754] Es ist hier gerade nicht so, dass nur *der Mieter* die Mietsache wider Erwarten nicht zweckentsprechend verwenden kann. Vielmehr ist die Mietsache in der dem Vertrag beiderseitig zugrunde gelegten Art und Weise allgemein *nicht mehr benutzbar.* Und das Risiko der allgemeinen Unbenutzbarkeit aufgrund eines Umstandes, der keiner Partei zuzurechnen ist, hätten die Parteien redlicherweise nicht alleine dem Mieter auferlegt.[755] Darüber hinaus beruht die Tatsache, dass die pandemiebedingten öffentlich-rechtlichen Verpflichtungen nicht den Vermieter, sondern den Mieter verpflichten, letztlich auf einer aus Sicht der Parteien zufälligen Gesetzgebungstechnik:[756] Wäre nicht der Mieter verpflichtet worden, seinen Betrieb nicht mehr für Kunden zu öffnen, sondern stattdessen der Vermieter, die Räumlichkeiten gegen Zutritt zu sperren, so hätte der Vermieter seine Pflicht zur Gebrauchsgewährung gegenüber dem Mieter nicht mehr erfüllen können und wäre der Mieter nach § 536 Abs. 1 BGB bzw. nach § 326 Abs. 1 S. 1 Hs. 1 BGB von der Pflicht zur Mietzahlung befreit gewesen. Dass derartige Zufälligkeiten über die Risikotragung entscheiden sollen, entspricht nicht dem hypothetischen Parteiwillen 276

Da somit letztlich kein Kriterium vorliegt, welches per se gegen die Anwendung des § 313 BGB zugunsten des Mieters spricht, ist unter Berücksichtigung dieses Ergebnisses **im zweiten Prüfungsschritt** die Zumutbarkeitsschwelle zu ermitteln. Und diese ist hier deshalb überschritten, weil **die Gebrauchsüberlassung des Vermieters für den vertraglich zugrunde gelegten Zweck im Falle eines „Lockdowns" wertlos wird,** sodass die Grundlagenstörung in ganz besonders drastischer Weise in das vertragliche Gefüge eingreift.[757] Es ist daher auch nicht überzeu- 277

[750] IErg ebenso die wohl herrschende Auffassung, s. OLG Dresden BeckRS 2021, 2461 Rn. 32ff.; OLG Dresden NJW 2021, 953 Rn. 39ff.; LG Krefeld BeckRS 2021, 18181; BeckOGK/*Bieder* BGB § 536 Rn. 29.2; BeckOGK/*Martens* BGB § 313 Rn. 228, 237ff. 241; *Brinkmann* ZJS 2010, 195 (201); *Ekkenga/Schirmacher* NZM 2020, 410 (411ff.); *Häublein/Müller* NZM 2020, 481 (486ff.); *Römermann* NJW 2021, 265 Rn. 10ff., 16ff.; *Streyl* NZM 2020, 817 (821ff.); *Zehelein* NZM 2020, 390 (397ff.); tendenziell auch OLG München, NJW 2021, 948 Rn. 10ff.; deutlich restriktiver *Sittner* NJW 2020, 1169 (1172); *Weidt/Schiewek* NJOZ 2020, 481 (484); **gegen die Anwendung des § 313 BGB dagegen** LG Heidelberg BeckRS 2020, 19165 Rn. 33ff.; LG Zweibrücken BeckRS 2020, 24356 Rn. 50ff.; LG Frankfurt BeckRS 2020, 26613 Rn. 23ff.; *Hellner* NJOZ 2020, 769 (772f.) (der allerdings tendenziell das Vorliegen eines Mietmangels bejaht); *Leo/Götz* NZM 2020, 402 (405); *Lützenkirchen* MietRB 2020, 111 (113f.); tendenziell auch OLG Karlsruhe NJW 2021, 945 Rn. 22ff.

[751] *Ekkenga/Schirmacher* NZM 2020, 410 (411ff.); *Streyl* NZM 2020, 817 (823).

[752] Zutr. OLG Dresden BeckRS 2021, 2461 Rn. 37; *Häublein/Müller* NZM 2020, 481 (487f.); *Römermann,* NJW 2021, 265 Rn. 22; unabhängig vom Mietvertrag ebenso jurisPK-BGB/*Pfeiffer,* 9. Aufl. 2020, § 313 Rn. 13.5.

[753] Mit dem Verweis auf das Verwendungsrisiko wird die Ablehnung des § 313 GB begründet von *Leo/Götz* NZM 2020, 402 (405).

[754] *Häublein/Müller* NZM 2020, 481 (487f.); *Streyl* NZM 2020, 817 (822).

[755] *Häublein/Müller* NZM 2020, 481 (487f.); *Streyl* NZM 2020, 817 (823).

[756] *Streyl* NZM 2020, 817 (823).

[757] *Zehelein* NZM 2020, 390 (398).

gend, das Eingreifen des § 313 BGB mit dem Hinweis abzulehnen, die Vorschrift sei restriktiv auszulegen,[758] denn auch bei restriktiver Auslegung ist die Zumutbarkeitsschwelle überschritten.

278 Für das Eingreifen des § 313 BGB ist auch **nicht erforderlich,** dass die Erfüllung des Mietvertrags den Mieter in **finanzielle Schwierigkeiten** bringt.[759] Denn § 313 BGB dient dem Ausgleich von Äquivalenzstörungen im Hinblick auf den entsprechenden Vertrag, sodass vertragsfremde Gesichtspunkte wie die individuelle finanzielle Situation des Mieters keine Rolle spielen (→ Rn. 268). Würde man das Eingreifen von § 313 BGB von der individuellen finanziellen Situation des Mieters abhängig machen, so würde dies bedeuten, gerade dem sorgsam und vorausschauend wirtschaftenden Mieter einen Anspruch auf Vertragsanpassung zu verwehren.

279 Ebenfalls **nicht überzeugend** ist der Hinweis, es sei ausschließlich **Aufgabe des Staates, die wirtschaftlichen Nachteile für den Mieter aufzufangen.**[760] Zwar kann der Mieter nicht nach § 313 BGB Vertragsanpassung verlangen, sofern ihm von staatlicher Seite vollständig kompensierende Finanzhilfen bereitgestellt werden,[761] denn der Vermieter hätte sich nicht auf eine Vereinbarung einlassen müssen, die dem Mieter eine Überkompensation verschafft. Wenn dies aber gerade nicht der Fall ist und der Mieter keine entsprechenden Hilfen erhält, so muss eine Anpassung des Vertrages erfolgen. Denn die Parteien hätten eine hypothetische vertragliche Regelung eben nicht so ausgestaltet, dass es dem Zufall überlassen bleiben soll, wen die Folgen einer staatlichen Beschränkung ohne entsprechenden Ausgleich treffen sollen.

280 **b) Grundlagenstörung bei sonstigen Beeinträchtigungen.** Wenn bei Vorliegen eines die Benutzbarkeit vollständig ausschließenden „Lockdowns" eine nach § 313 BGB relevante Grundlagenstörung zu bejahen ist, so stellt sich die Frage, inwieweit sich der Mieter auch hinsichtlich weniger gravierender Einschränkungen auf § 313 BGB berufen kann. Entscheidend hierfür ist zum einen **die zeitliche Geltung der Beschränkungen**[762] und zum anderen die Frage, **in welcher Intensität** Beschränkungen auf den vertraglich zugrunde gelegten Gebrauchszweck einwirken.[763]

281 So ist eine **Überschreitung der Zumutbarkeitsschwelle nicht erst bei völliger Unbenutzbarkeit** der gemieteten Räumlichkeiten anzunehmen. Der Mieter, der großflächige Räumlichkeiten zum Betrieb eines Restaurants gemietet hat, muss sich nicht entgegenhalten lassen, eine Anpassung nach § 313 BGB könne nicht stattfinden, da er die Räume ja immerhin noch zur Zubereitung und zum Verkauf von Speisen zum Mitnehmen nutzen. Denn für die Zubereitung von Speisen zum Mitnehmen sind keine großflächigen Räumlichkeiten erforderlich, sodass die Gebrauchsüberlassung für den Mieter **zumindest zu einem ganz erheblichen Teil ihren Wert verliert.** Anders kann dies liegen, wenn die Fläche der gemieteten Räumlichkeiten so gering ist, dass der Verkauf von Speisen zum Mitnehmen den Schwerpunkt der vertraglich zugrunde gelegten Nutzung darstellt wie etwa im Fall einer Imbissbude. Von einer Überschreitung der Zumutbarkeitsschwelle ist auch dann auszugehen, wenn das Geschäft in den Räumlichkeiten offensichtlich **nur mit ganz erheblichen Einschränkungen betrieben werden kann.** Sind deshalb für den Betrieb einer Gaststätte entsprechende **Abstandsregelungen** vorgesehen, die dazu führen, dass der Mieter nur noch einen ganz erheblich geringeren Umsatz erwirtschaften kann, so kann der Mieter nach § 313 BGB Anpassung verlangen.[764] Ob eine öffentlich-rechtlich angeordnete **Maskenpflicht** für sich genommen eine solche erhebliche Einschränkung darstellt, hängt vom entsprechenden Gewerbe ab, dürfte idR aber zu verneinen sein. **Keine Überschreitung der Zumutbarkeitsschwelle** dürfte auch im Hinblick auf die **allgemeine Verschlechterung der wirtschaftlichen Lage** durch die Pandemie vorliegen.[765] Zwar mag hiermit ein gewisser Nachfragerückgang für das Geschäft des Mieters verbunden sein, jedoch ist dieser Rückgang typischerweise nicht hoch genug, um die Zumutbarkeitsschwelle zu erreichen und um die Zuweisung des Betriebsrisikos an den Mieter auszuhebeln. Auch **staatliche Unterstützungsleistungen** zuguns-

[758] So aber LG Heidelberg BeckRS 2020, 19165 Rn. 36.
[759] So aber LG Heidelberg BeckRS 2020, 19165 Rn. 45; LG Frankfurt BeckRS 2020, 26613 Rn. 28ff.; *Lützenkirchen* MietRB 2020, 111 (114); tendenziell auch OLG Karlsruhe NJW 2021, 945 Rn. 22ff.; zutr. demgegenüber OLG Dresden BeckRS 2021, 2461 Rn. 39; *Streyl* NZM 2020, 817 (824).
[760] So aber *Lützenkirchen* MietRB 2020, 111 (114); tendenziell auch *Weidt/Schiewek* NJOZ 2020, 481 (484).
[761] Siehe *Sittner* NJW 2020, 1169 (1172); *Zehelein* NZM 2020, 390 (401).
[762] *Für die Dauer als entscheidendes Kriterium* *Weidt/Schiewek* NJOZ 2020, 481 (484).
[763] *Häublein/Müller* NZM 2020, 481 (488); *Streyl* NZM 2020, 817 (825).
[764] *Streyl* NZM 2020, 817 (825).
[765] *Streyl* NZM 2020, 817 (824).

ten des Mieters können dazu führen, dass ein Eingreifen des § 313 BGB verneint werden muss.[766] Sofern diese Unterstützungsleistung nämlich eine gewisse Höhe erreichen und einen Großteil des unternehmerischen Verlustes für den Mieter kompensieren, spricht dies dafür, die Verluste wie übrige konjunkturelle Schwankungen zu behandeln. Denn es erscheint durchaus realistisch, dass die Parteien im Falle einer entsprechenden Regelung vereinbart hätten, dass eine Anpassung nur dann erfolgt, wenn nicht der deutlich überwiegende Teil der aus einer Störung resultierenden Nachteile von anderer Seite aufgefangen wird. **Irrelevant** sind dagegen **von staatlicher Seite gewährte Kredite.**[767] Denn diese ändern nichts an der Zahlungsverpflichtung des Mieters und wirken sich somit auch nicht auf die Störung des vertraglichen Gleichgewichts aus.

**c) Umfang der Anpassung.** Da die Risiken der unerwarteten Pandemie keiner Partei zurechenbar und für keine Partei vorhersehbar sind, ist im Grundsatz davon auszugehen, dass die Parteien die entsprechenden Risiken **gleichwertig aufgeteilt hätten.** Hat somit ein „Lockdown" die völlige Unbenutzbarkeit der Mietsache für den vertraglich zugrunde gelegten Zweck zur Folge und erhält der Miete keinerlei staatliche Unterstützungsleistungen, so hat der Mieter im Regelfall nach § 313 Abs. 1 BGB einen Anspruch auf die Anpassung des Mietvertrags mit einer **Mietkürzung iHv 50 %.**[768] 282

Im Übrigen im wiederum zunächst zu berücksichtigen, **in welchem Umfang das Mietobjekt zu dem zugrunde gelegten Zweck nicht mehr verwendbar ist,**[769] was je nach Art der Einschränkung (Beschränkung auf Speisen zum Mitnehmen, Abstandsregelungen, etc.) variieren kann. Kann bspw. der Mieter, der in den gemieteten Räumlichkeiten ein Restaurant betreibt, durch den Verkauf von Speisen zum Mitnehmen nach wie vor einen Umsatz iHv 20% erwirtschaften, so ist die Miete iRd § 313 BGB lediglich um 40% zu kürzen. 283

Fraglich ist zudem, inwieweit sich der Mieter **staatliche Unterstützungsleistungen** anrechnen lassen muss. Erhält der Mieter von staatlicher Seite **vollständigen finanziellen Ausgleich,** so ist bereits eine nach § 313 BGB relevante Grundlagenstörung zu verneinen (→ Rn. 279). Gleichen die Unterstützungsleistungen den Verlust dagegen nicht ausreichend aus und ist aus diesem Grund eine Überschreitung der Zumutbarkeitsschwelle zu bejahen, so stellt sich die Frage, ob eine Anpassung nach § 313 BGB ungeachtet der staatlichen Zuwendungen vorzunehmen sind, sodass die staatlichen Zuwendungen dem Mieter letztlich dabei helfen, die reduzierte Miete zu bezahlen oder ob die Zuwendungen bereits bei der Anpassung zu berücksichtigen sind. Die besseren Gründe sprechen dafür, **staatliche Unterstützungsleitungen zumindest dann bei der Anpassung in vollem Umfang zu berücksichtigen, wenn diese im Hinblick auf die Pflicht des Mieters zur Zahlung der Miete gewährt werden.** Denn eine pandemiebedingte Zuwendung an den Mieter führt schließlich dazu, dass der Mieter insoweit wirtschaftlich von seiner Zahlungsverpflichtung und damit auch von dem Risiko entlastet wird. Und wenn das Risiko der pandemiebedingten Unbenutzbarkeit der Mietsache zwischen den Parteien hälftig aufgeteilt werden soll, dann muss eine Teilung auch insoweit stattfinden, als sich ein Risiko wirtschaftlich gar nicht realisiert. Sieht also bspw. eine öffentlich-rechtliche Regelung vor, dass der Mieter Finanzhilfen iHv 40% seines Vorjahresumsatzes erhält, so kann eine Anpassung bzgl. der verbleibenden 60% stattfinden, sodass der Mieter nur noch eine Vertragsanpassung mit dem Ziel einer Mietminderung um 30% verlangen kann. **Werden dem Mieter Finanzhilfen dagegen nicht im Hinblick auf seine Pflicht zur Mietzahlung gewährt, sondern allgemein als Hilfe im Hinblick auf die Folgen der Pandemie,** so ist bei der Anpassung lediglich eine anteilige Anrechnung vorzunehmen. Denn in diesem Fall liegt der Zweck der Finanzhilfe nur anteilig in der Begleichung von Mietschulden.[770] 284

---

766 *Häublein/Müller* NZM 2020, 481 (489); im Ausgangspunkt zutr. auch *Sittner* NJW 2020, 1169 (1172); *Weidt/Schiewek* NJOZ 2020, 481 (484); restriktiver LG Krefeld BeckRS 2021, 18181 Rn. 78ff.

767 AA offenbar *Weidt/Schiewek* NJOZ 2020, 481 (484).

768 OLG Dresden BeckRS 2021, 2461 Rn. 41; *Ekkenga/Schirmacher* NZM 2020, 410 (414); *Streyl* NZM 2020, 817 (824); *Zehelein* NZM 2020, 390 (401); im Ausgangspunkt auch *Häublein/Müller* NZM 2020, 481 (489f.); etwas restriktiver *Sittner* NJW 2020, 1169 (1172) („maximal 50%").

769 *Ekkenga/Schirmacher* NZM 2020, 410 (414).

770 Vgl. *Häublein/Müller* NZM 2020, 481 (489).

## K. Allgemeines Gleichbehandlungsgesetz

### I. Zielsetzung und Systematik

285 Bei Begründung, Durchführung und Beendigung von Mietverhältnissen ist das Allgemeine Gleichbehandlungsgesetz (AGG)[771] zu beachten. **Ziel des Gesetzes,** mit dem die RL 2000/43/EG (Antidiskriminierungs-RL)[772], die RL 2000/78/EG (Beschäftigungs-RL)[773], die RL 2002/73/EG (Gender-RL)[774] und die RL 2004/113/EG (Unisex-RL)[775] in nationales Recht umgesetzt wurden,[776] ist es, „Benachteiligungen aus Gründen der Rasse oder wegen der ethnischen Herkunft, des Geschlechts, der Religion oder Weltanschauung, einer Behinderung, des Alters oder der sexuellen Identität" zu verhindern oder zu beseitigen (§ 1 AGG).[777]

286 Die **Systematik** des AGG ist **missglückt.**[778] In § 2 Abs. 1 Nr. 8 AGG wird zunächst scheinbar angeordnet, dass eine Benachteiligung in Bezug auf Mietverhältnisse aufgrund der in § 1 AGG genannten Merkmale unzulässig ist. Da es sich bei der Benachteiligung in Bezug auf Mietverhältnisse aber lediglich um eine Benachteiligung im Zivilrechtsverkehr handelt, richtet sich der Schutz vor Benachteiligungen nach den §§ 19ff. AGG. Für den deutschen Rechtsanwender unbequem ist zudem, dass zahlreiche Vorschriften der §§ 19ff. AGG entweder **europarechtswidrig oder europarechtlich problematisch** sind, sodass sich die zutreffende Auslegung nicht allein aus dem AGG, sondern erst unter Zuhilfenahme der genannten Richtlinien ergibt.

### II. Mietrechtlicher Anwendungsbereich

#### 1. Sachlicher Anwendungsbereich

287 Gemäß § 2 Abs. 1 Nr. 8 AGG erfolgt eine Anwendung des AGG im Falle einer Benachteiligung in Bezug auf den Zugang zu und die Versorgung mit Gütern und Dienstleistungen, die der Öffentlichkeit zur Verfügung stehen, einschließlich von Wohnraum. Die besondere Hervorhebung des Wohnraums hat dabei nur klarstellende Bedeutung. Die Regelung des § 2 Abs. 1 Nr. 8 AGG gilt auch für die Vermietung von Geschäftsräumen und beweglichen Sachen.[779]

288 Umstritten ist allerdings, ab wann die zur Vermietung angebotenen Objekte **„der Öffentlichkeit zur Verfügung stehen".** In der Lit. wird aus dieser Formulierung teilweise der Schluss gezogen, Güter und Dienstleistungen stünden nur dann der Öffentlichkeit zur Verfügung, wenn die Leistung des Anbieters auch mehrfach erbracht werden könne, wie dies bspw. bei öffentlichen Verkehrsmitteln, Parkhäusern, Theatern, Schwimmbädern oder die Bildungseinrichtungen der Fall ist, nicht aber bei Wohn- oder Geschäftsraum, der dauerhaft an eine Partei vermietet wird.[780] Ein solches Verständnis erscheint indes nach dem Sinn und Zweck des AGG zu eng. Auch der Gesetzgeber ging ausdrücklich davon aus, dass **es genügt, „wenn ein Angebot zum Vertragsschluss durch Anzeigen in Tageszeitungen, Schaufensterauslagen, Veröffentlichungen im Internet oder auf vergleichbare Weise öffentlich gemacht wird."**[781] Wohn- oder Geschäftsraum steht der

---

771 Allgemeines Gleichbehandlungsgesetz v. 14.8.2006 (BGBl. I S. 1897–1910).

772 Richtlinie 2000/43/EG des Rates vom 29. Juni 2000 zur Anwendung des Gleichbehandlungsgrundsatzes ohne Unterschied der Rasse oder der ethnischen Herkunft.

773 Richtlinie 2000/78/EG des Rates vom 27. November 2000 zur Festlegung eines allgemeinen Rahmens für die Verwirklichung der Gleichbehandlung in Beschäftigung und Beruf.

774 Richtlinie 2002/73/EG des Europäischen Parlaments und des Rates vom 23. September 2002 zur Änderung der Richtlinie 76/207/EWG des Rates zur Verwirklichung des Grundsatzes der Gleichbehandlung von Männern und Frauen hinsichtlich des Zugangs zur Beschäftigung, zur Berufsbildung und zum beruflichen Aufstieg sowie in Bezug auf die Arbeitsbedingungen.

775 Richtlinie 2004/113/EG des Rates vom 13. Dezember 2004 zur Verwirklichung des Grundsatzes der Gleichbehandlung von Männern und Frauen beim Zugang zu und bei der Versorgung mit Gütern und Dienstleistungen.

776 BT-Drs. 16/1780, 30.

777 Ausf. zum europarechtlichen Hintergrund und zur Entstehungsgeschichte BeckOGK/*Baumgärtner* AGG § 1 Rn. 30ff., 36ff.; *Wagner/Potsch* JZ 2006, 1085 (1086).

778 Zutr. BeckOGK/*Baumgärtner* AGG § 2 Rn. 16.

779 Staudinger/*Rolfs*, 2018, AGG § 2 Rn. 2.

780 *Thüsing* NJW 2003, 3441 (3442); MüKoBGB/*Thüsing* AGG § 2 Rn. 28f.; einschränkend auch *Maier-Reimer* NJW 2006, 2577 (2580) (Beschränkung auf Massengeschäfte).

781 BT-Drs. 16/1780, 32.

Öffentlichkeit deshalb schon dann iSd § 2 Abs. 1 Nr. 8 AGG zur Verfügung, wenn er durch Anzeigen in Tageszeitungen, durch Online-Anzeigen, durch Makler oder auf andere Weise angeboten wird,[782] wobei auch eine invitatio ad offerendum als ein Angebot in diesem Sinne darstellt.[783] Ausreichend ist, dass das Angebot über die Privatsphäre des Vermieters hinausgelangt ist.[784] Es genügt deshalb auch, wenn die Räume lediglich einer begrenzten Öffentlichkeit angeboten werden,[785] zB nur den Mitarbeitern eines Unternehmens oder nur den Mitgliedern einer Genossenschaft.[786] Ebenfalls ausreichend ist es, wenn ein Wohnungsunternehmen Bewerberlisten führt und die freiwerdenden Wohnungen jeweils einem bestimmten Bewerber angeboten werden.[787] **Nicht der Öffentlichkeit zur Verfügung** stehen die Mieträume hingegen, wenn sich das Mietangebot lediglich an einzelne Personen richtet, die schon vor der Abgabe der Erklärung bestimmt waren[788] oder wenn der Mietinteressent sich bereits beim Vermieter gemeldet hatte, bevor dieser die Mieträume öffentlich angeboten hat.[789]

### 2. Persönlicher Anwendungsbereich

Anders als für die Benachteiligung von Beschäftigten (§ 6 AGG) enthält das AGG für Benachteiligungen im Zivilrechtsverkehr in den §§ 19ff. BGB keine Bestimmung des persönlichen Anwendungsbereichs.[790] § 21 Abs. 2 AGG spricht hinsichtlich Aktiv- und Passivlegitimation lediglich vom „Benachteiligten" und vom „Benachteiligenden", ohne dies näher zu präzisieren. **289**

**Vom persönlichen Schutzbereich umfasst** und aktivlegitimiert sind die Personen, die eines der in § 19 Abs. 1 AGG genannten Merkmale aufweisen, bei denen der Normadressat das Vorliegen eines solchen Merkmals annimmt sowie Personen, die sich mit Merkmalsträgern assoziieren.[791] Unerheblich ist dabei, ob es sich dabei um einen Unternehmer oder einen Verbraucher handelt.[792] **290**

**Normverpflichteter** und passivlegitimiert ist zunächst **der Anbieter** von Gütern und Dienstleistungen iSd § 2 Abs. 1 Nr. 8 AGG[793] und damit idR der Vermieter. Passivlegitimiert sind jedoch **darüber hinaus auch die mit der Vermittlung betrauten Akteure,** da ein Mietinteressent an diesen Akteuren „vorbei muss".[794] Wird die Auswahl dem Verwalter überlassen, so hat dieser somit das AGG zu beachten.[795] Gleiches gilt, wenn die Auswahl des Mieters durch eine Tochtergesellschaft des vermietenden Wohnungsunternehmens erfolgt[796] oder wenn der Vermieter einen Makler mit der Vermittlung eines Mietvertrags beauftragt und dem Makler die Vorauswahl der Mietinteressenten überlassen wird.[797] Überlässt der Wohnungsverwalter oder der Makler die Besichtigung der Wohnung einem Mitarbeiter oder einem Angestellten des Hauseigentümers und kommt es im **291**

---

[782] LG Köln NJW 2016, 510f.; LG Mönchengladbach BeckRS 2016, 130274 Rn. 40; AG Tempelhof-Kreuzberg WuM 2015, 73 (75) Rn. 32 (juris); AG Berlin-Charlottenburg BeckRS 2020, 48 Rn. 21; BeckOGK/*Baumgärtner* AGG § 2 Rn. 70; BeckOK BGB/*Horcher,* AGG § 2 Rn. 25; Blank/Börstinghaus/*Blank/Börstinghaus* BGB § 535 Rn. 50; *Derleder* NZM 2007, 625 (628f.); *Eisenschmid* WuM 2006, 475 (477); Erman/*Riesenhuber/Armbrüster,* 16. Aufl. 2020, AGG § 2 Rn. 27; *Hinz* ZMR 2006, 742 (743); DWW 2007, 181 (182); *Horst* MDR 2006, 1266 (1267); *Rolfs* NJW 2007, 1489 (1490); *Schmidt-Räntsch* FS Blank, 2006, 381 (390); *Schmidt-Räntsch* NZM 2007, 6 (10); *Warnecke* DWW 2006, 268; *Wagner/Potsch* JZ 2006, 1085 (1087); *Zorn* WuM 2006, 591 (592).

[783] BeckOGK/*Baumgärtner* AGG § 2 Rn. 67; Blank/Börstinghaus/*Blank/Börstinghaus* BGB § 535 Rn. 50; *Derleder* NZM 2007, 625 (628); *Horst* MDR 2006, 1266 (1267); Staudinger/*Rolfs,* 2018, AGG § 2 Rn. 4; implizit auch LG Köln NJW 2016, 510f.

[784] BT-Drs. 16/1780, S. 32; Staudinger/*Rolfs,* 2018, AGG § 2 Rn. 4.

[785] BT-Drs. 16/1780, S. 32.

[786] Blank/Börstinghaus/*Blank/Börstinghaus* BGB § 535 Rn. 50.

[787] **AA** *Horst* MDR 2006, 1266 (1267).

[788] Siehe BeckOGK/*Baumgärtner* AGG § 2 Rn. 67; *Rolfs* NJW 2007, 1489 (1490).

[789] *Hinz* ZMR 2006, 742 (743); Staudinger/*Rolfs,* 2018, AGG § 2 Rn. 5.

[790] Ausf. zum Ganzen *Grünberger,* Personale Gleichheit, 2013, S. 619ff.

[791] BeckOGK/*Mörsdorf* AGG § 19 Rn. 65 und § 3 Rn. 153ff.; *Grünberger,* Personale Gleichheit, 2013, S. 619ff., jeweils mit ausführlichen Erörterungen zu Dreiecksverhältnissen.

[792] BeckOGK/*Mörsdorf* AGG § 19 Rn. 65; Staudinger/*Rolfs,* 2018, AGG § 2 Rn. 4.

[793] BT-Drs. 16/1780, S. 3, 41ff.; BeckOGK/*Mörsdorf* AGG § 19 Rn. 66; *Grünberger,* Personale Gleichheit, 2013, S. 624; MüKoBGB/*Thüsing* AGG § 19 Rn. 124.

[794] *Grünberger,* Personale Gleichheit, 2013, S. 625 „Beide (Wohnungsverwaltungsgesellschaften und Makler) treten als Akteure am Markt auf und sind das Nadelöhr, das der Mietinteressent passieren muss".

[795] OLG Köln NJW 2010, 1676 (aA noch die Vorinstanz LG Aachen NZM 2009, 318; dagegen *Derleder* NZM 2009, 310; *Grünberger,* Personale Gleichheit, 2013, S. 625).

[796] AG Hamburg-Barmbek WuM 2017, 393.

[797] Blank/Börstinghaus/*Blank/Börstinghaus* BGB § 535 Rn. 51; *Grünberger,* Personale Gleichheit, 2013, S. 625.

Vorfeld der Besichtigung oder während der Besichtigung zu diskriminierenden Handlungen, so muss der Wohnungsverwalter oder Makler hierfür einstehen.[798] Im Falle einer echten Nachmieterklausel, wo die Auswahl des Ersatzmieters dem Mieter obliegt, muss auch der Mieter das AGG beachten.[799] Nichts anderes gilt, wenn der Vermieter ohne vertragliche Verpflichtung dem Mieter die Auswahl eines Nachmieters überlässt oder wenn der Mieter auf Grund seiner Marktmacht über das Zustandekommen des Vertrags entscheiden kann.[800] Zudem **muss sich der Vermieter das Verhalten dieser Akteure zurechnen lassen,**[801] sodass der Vermieter im Falle einer Diskriminierung durch einen mit der Vermittlung betrauten Akteur daneben gesamtschuldnerisch haftet.[802]

#### 3. Zeitlicher Anwendungsbereich

292 Soweit Benachteiligungen wegen der Rasse oder der ethnischen Herkunft in Frage stehen, gilt das Gesetz für Mietverhältnisse, die nach dem 17.8.2006 zustande gekommen sind. Geht es um Benachteiligungen auf Grund des Geschlechts, ist das Gesetz anwendbar, wenn das Mietverhältnis am 1.12.2006 oder später begründet wurde. Bei Verträgen, die zu einem früheren Zeitpunkt abgeschlossen worden sind, muss das Gesetz ab den genannten Zeitpunkten bei der Durchführung und Beendigung beachtet werden (§ 33 Abs. 2, 3 AGG).

### III. Benachteiligungsverbot, Rechtfertigungsgründe und Rechtsfolgen

#### 1. Die Unterscheidung zwischen § 19 Abs. 1 und § 19 Abs. 2 AGG

293 Ein umfassendes Benachteiligungsverbot gilt nach § 19 Abs. 1 Nr. 1 AGG **nur bei Massegeschäften und masseähnlichen Geschäften,** während bei sonstigen Geschäften gem. § 19 Abs. 2 AGG nur Benachteiligungen aus Gründen der Rasse oder wegen der ethnischen Herkunft unzulässig sind. Da es sich bei Mietverträgen eher nicht um Schuldverhältnisse handelt, die typischerweise ohne Ansehen der Person zu vergleichbaren Bedingungen in einer Vielzahl von Fällen zustande kommen (Massegeschäfte nach § 19 Abs. 1 Nr. 1 Alt. 1 AGG),[803] kommt regelmäßig vor allem das Vorliegen eines masseähnlichen Geschäfts nach § 19 Abs. 1 Nr. 1 Alt. 2 AGG in Betracht. Auch wenn der Wortlaut hier nicht zweifelsfrei zu passen scheint, weil das Ansehen des Mieters an sich nicht wirklich nachrangig ist,[804] ging der Gesetzgeber eindeutig davon aus, dass dies der Fall ist,[805] sodass die Vermietung von Wohnraum prinzipiell unter § 19 Abs. 1 Nr. 1 Alt. 2 AGG fallen kann.[806]

294 Eine bedeutsame Einschränkung ergibt sich aus § 19 Abs. 5 S. 3 AGG, wonach bei der Vermietung von Wohnraum zum nicht nur vorübergehenden Gebrauch **vermutet wird, dass kein Geschäft nach § 19 Abs. 1 Nr. 1 AGG vorliegt, wenn der Vermieter insgesamt nicht mehr als 50 Wohnungen vermietet.** In diesem Fall scheint deshalb nur der Rückgriff auf § 19 Abs. 2 AGG zu bleiben. **Europarechtlich** ist dies deshalb **problematisch,** weil die Unisex-RL auch die Vermietung von Wohnraum erfasst[807] und keine Ausnahme im Hinblick auf Vermieter vorsieht, die weniger als 50 Wohnungen vermieten,[808] sodass eine Anwendung von § 19 Abs. 2 AGG, wo kein Benachteiligungsverbot im Hinblick auf das Geschlecht vorgesehen ist, den Vorgaben der Richtlinie an sich nicht genügt. Maßgeblich ist deshalb letztlich, wie Art. 3 der Unisex-RL, wonach die Richtlinie für alle Personen gilt, „die Güter und Dienstleistungen und Dienstleistungen bereitstellen, die der Öffentlichkeit ohne Ansehen der Person zur Verfügung stehen", europarechtlich-autonom zu verstehen ist. Die Anzahl der vermieteten Wohnungen kann hierbei durchaus eine Rolle spielen, denn mit einer sinkenden Anzahl an Wohnungen tritt das Ansehen des Mieters naturgemäß

798 OLG Köln NJW 2010, 1676.
799 Blank/Börstinghaus/*Blank/Börstinghaus* BGB § 535 Rn. 51; *Zorn* WuM 2006, 591 (593).
800 *Schmidt-Räntsch* NZM 2007, 6 (11).
801 LG Ansbach WuM 2009, 341; *Grünberger,* Personale Gleichheit, 2013, S. 625, unter Heranziehung von §§ 278, 31 BGB.
802 *Grünberger,* Personale Gleichheit, 2013, S. 625f.
803 BeckOGK/*Mörsdorf* AGG § 19 Rn. 34.
804 BeckOGK/*Mörsdorf* AGG § 19 Rn. 40.
805 *BT-Drs. 16/1780, 42.*
806 BeckOGK/*Mörsdorf* AGG § 19 Rn. 40; MüKoBGB/*Thüsing* AGG § 19 Rn. 42f.
807 Siehe Erwägungsgrund 16 der RL 2004/113/EG.
808 Ausf. MüKoBGB/*Thüsing* AGG § 19 Rn. 121.

in den Vordergrund;[809] allerdings erscheint eine starre Grenze von 50 Wohnungen nicht sachgerecht. Um einen Verstoß gegen die Richtlinie zu vermeiden, sollte deshalb in europarechtskonformer Auslegung von § 19 Abs. 5 S. 3 AGG im Einzelfall großzügig der Beweis des Gegenteils zugelassen werden.

### 2. Rechtfertigungsgründe

**a) Näheverhältnis und Eigennutzung, § 19 Abs. 5 S. 1 und 2 AGG.** Gemäß § 19 Abs. 5 S. 1 AGG finden die §§ 19ff. AGG keine Anwendung auf zivilrechtliche Schuldverhältnisse, bei denen ein besonderes Nähe- oder Vertrauensverhältnis der Parteien oder ihrer Angehörigen begründet wird. Und gem. § 19 Abs. 5 S. 2 AGG kann dies bei Mietverhältnissen insbes. der Fall sein, wenn die Parteien oder ihre Angehörigen Wohnraum auf demselben Grundstück nutzen. Hiermit sollte ausweislich der Gesetzesbegründung dem Schutz der Privatsphäre und des Familienlebens Rechnung getragen werden.[810] **295**

§ 19 Abs. 5 S. 1 und 2 AGG sind allerdings **europarechtlich problematisch.** Art. 3 Abs. 1 der Unisex-RL beschränkt lediglich ihren Anwendungsbereich auf Güter und Dienstleistungen, „die außerhalb des Bereichs des Privat- und Familienlebens und der in diesem Kontext stattfindenden Transaktionen angeboten werden" und in der Antidiskriminierungs-RL fehlt ein ausdrücklicher Hinweis auf den Schutz des Privat- und Familienlebens gänzlich;[811] eine Grundlage bietet insoweit lediglich Art. 3 Abs. 1 h), der den Anwendungsbereich der Antidiskriminierungs-RL bei der Vermietung von Wohnraum auf Wohnraum beschränkt, der der Öffentlichkeit zur Verfügung steht. § 19 Abs. 5 S. 1 und 2 AGG sind deshalb richtlinienkonform eng auszulegen;[812] erfasst werden danach nur Verträge, die tatsächlich dem Bereich des Privat- und Familienlebens zugerechnet werden können. **296**

**b) Schaffung bestimmter Bewohner- und Siedlungsstrukturen, § 19 Abs. 3 AGG.** Bei der Vermietung von Wohnraum ist gem. § 19 Abs. 3 AGG eine unterschiedliche Behandlung im Hinblick auf die Schaffung und Erhaltung sozial stabiler Bewohnerstrukturen und ausgewogener Siedlungsstrukturen sowie ausgeglichener wirtschaftlicher, sozialer und kultureller Verhältnisse zulässig. Nach der Gesetzesbegründung soll durch diese Vorschrift „dem Anliegen insbesondere der Wohnungswirtschaft Rechnung getragen [werden], bei der Vermietung von Wohnraum den bewährten Grundsätzen einer sozialen Stadt- und Wohnungspolitik Rechnung tragen zu können."[813] **297**

Auch § 19 Abs. 3 AGG ist jedoch **europarechtlich problematisch.** Denn zumindest die Antidiskriminierungs-RL sieht die in § 19 Abs. 3 AGG genannte Rechtfertigung für Benachteiligungen wegen der Rasse oder der ethnischen Herkunft nicht vor.[814] Möglich sind nach Art. 5 der Antidiskriminierungs-RL allerdings positive Maßnahmen zur Gleichstellung, die der Rechtfertigung in § 5 AGG entsprechen. § 19 Abs. 3 AGG muss deshalb zumindest bei Benachteiligungen wegen der Rasse oder der ethnischen Herkunft europarechtskonform so ausgelegt werden, dass eine Benachteiligung nur gerechtfertigt ist, wenn zugleich der Rechtfertigungsgrund des § 5 AGG gegeben ist.[815] **298**

### 3. Rechtsfolgen

Die Rechtsfolgen einer unzulässigen Benachteiligung ergeben sich aus § 21 AGG. Hiernach kann der Benachteiligte gem. § 21 Abs. 1 S. 1 AGG die Beseitigung der Beeinträchtigung sowie die gem. § 21 Abs. 1 S. 2 AGG die Unterlassung künftiger Beeinträchtigungen verlangen sowie gem. § 21 Abs. 2 AGG Schadensersatz verlangen (zu weiteren Ansprüchen außerhalb des AGG → Rn. 316f.). **299**

Ob der Anspruch auf Beseitigung nach § 21 Abs. 1 S. 1 AGG auch einen **Kontrahierungszwang** und damit auch einen Anspruch auf Abschluss des Mietvertrags umfasst, ist anders als für den Bereich des Arbeitsrechts (§ 15 Abs. 6 AGG) nicht ausdrücklich geregelt und dementsprechend **300**

---

809 MüKoBGB/*Thüsing* AGG § 19 Rn. 121.
810 BT-Drs. 16/1780, S. 42.
811 Siehe die ausführlichen Darstellungen bei BeckOGK/*Mörsdorf* AGG § 19 Rn. 56ff. und MüKoBGB/*Thüsing* AGG § 19 Rn. 96ff.
812 BeckOGK/*Mörsdorf* AGG § 19 Rn. 59ff. und MüKoBGB/*Thüsing* AGG § 19 Rn. 99ff.
813 BT-Drs. 16/1780, S. 42.
814 Siehe Art. 4, 5 RL 2000/43/EG.
815 MüKoBGB/*Thüsing* AGG § 19 Rn. 85.

umstritten.[816] Um einen effektiven Schutz vor Diskriminierungen zu gewährleisten, sollte ein Anspruch des Benachteiligten auf den Abschluss des Vertrags im Grundsatz bejaht werden.[817] Erforderlich ist allerdings, dass der Vertragsschluss für den Benachteiligenden noch möglich und zumutbar ist;[818] ein Anspruch auf Abschluss eines Mietvertrags scheidet deshalb aus, wenn der Vermieter das Objekt bereits an einen Dritten vermietet hat.[819]

**301** Unter den Voraussetzungen des § 21 Abs. 2 AGG kann der Benachteiligte zudem **Schadensersatz verlangen.** Zwar besteht der Schadensersatzanspruch nach dem Wortlaut des § 21 Abs. 2 S. 2 AGG dann nicht, wenn der Benachteiligende die Pflichtverletzung nicht zu vertreten hat. Dieses **Verschuldenserfordernis ist indes europarechtswidrig,** weil weder die RL 2000/43/EG noch die RL 2004/113/EG ein solches Verschuldenserfordernis vorsehen.[820] In europarechtskonformer Auslegung ist deshalb zumindest das Verschulden weit auszulegen. Ob man darüber hinaus davon ausgeht, dass das Verschuldenserfordernis wegen seiner Europarechtswidrigkeit gar nicht anzuwenden ist, hängt davon ab, ob man eine solche Auslegung methodisch noch für zulässig hält.[821]

**302** Gemäß § 21 Abs. 2 S. 3 GG kann der Benachteiligte zudem im Falle eines **Nichtvermögensschadens eine angemessene Entschädigung** in Geld verlangen. Der Anspruch besteht (ebenfalls) verschuldensunabhängig.[822] Entgegen teilweise geäußerter Einschätzung[823] trifft es deshalb auch nicht zu, dass eine Entschädigung nach § 21 Abs. 2 S. 3 AGG nur bei einer vorsätzlichen Diskriminierung verlangt werden könnte.[824]

**303** Hinsichtlich der **Höhe der Entschädigung** wird häufig eine Orientierung an der dreifachen Monatsmiete für angemessen gehalten;[825] teilweise werden auch höhere Beträge zuerkannt.[826] Entscheidend sind die Umstände des Einzelfalls, wobei der Präventionsgedanke und die Genugtuungsfunktion des Entschädigungsanspruchs zu berücksichtigen sind.[827] So spielt es für die Höhe durchaus eine Rolle, ob die Benachteiligung vorsätzlich, fahrlässig oder gar schuldlos erfolgte[828] und ob eine Benachteiligung von Mietern durch den Vermieter systematisch oder nur im Einzelfall erfolgt.

### IV. Darlegungs- und Beweislastregeln

#### 1. Darlegungs- und Beweislast des Anspruchstellers

**304** Nach allgemeinen Grundsätzen muss der Gläubiger, der eine für sich günstige Rechtsfolge aus dem AGG herleitet, sämtliche anspruchsbegründenden Voraussetzungen beweisen. Der Anspruchsteller muss somit darlegen und im Bestreitensfall den Vollbeweis dafür erbringen, dass die Voraussetzungen des § 2 Abs. 1 Nr. 8 AGG vorliegen, dass er Träger eines Merkmals nach § 19 Abs. 1 AGG ist und dass er mit dem Benachteiligenden in geschäftlichen Kontakt getreten ist.[829] Zudem muss

---

[816] Ausf. zum Streitstand BeckOGK/*Mörsdorf* AGG § 21 Rn. 31 ff.; Staudinger/*Rolfs,* 2018, AGG § 21 Rn. 2.

[817] Ebenso BeckOGK/*Mörsdorf* AGG § 21 Rn. 32 mwN; *Schmidt-Räntsch* NZM 2007, 6 (14); *Thüsing/v. Hoff* NJW 2007, 21 ff.; *Wagner/Potsch* JZ 2006, 1085, 1098; iErg ähnlich Staudinger/*Rolfs,* 2018, AGG § 21 Rn. 2, 9, der allerdings einen Kontrahierungszwang nur nach Maßgabe von § 21 Abs. 2, 3 AGG für möglich hält; gegen einen Kontrahierungszwang *Armbrüster* NJW 2007, 1494.

[818] BeckOGK/*Mörsdorf* AGG § 21 Rn. 38.

[819] Staudinger/*Rolfs,* 2018, AGG § 21 Rn. 10.

[820] Siehe (zum Arbeitsrecht) EuGH, 8.11.1990, Rs. C-177/88, NJW 1991, 628 – Dekker; EuGH, 22.4.1997, Rs. C-180/95, NJW 1997, 1839 – Draehmpaehl; ausf. zum Ganzen MüKoBGB/*Thüsing* AGG § 21 Rn. 39 ff.

[821] Ursprünglich insoweit sehr großzügig BGH VIII ZR 70/08, BGHZ 192, 148 = NJW 2012, 1073 Rn. 28 ff.; restriktiver nunmehr BGH VIII ZR 78/20, NJW 2021, 1008 Rn. 25 ff., jeweils mwN.

[822] Staudinger/*Rolfs,* 2018, AGG § 21 Rn. 12 mwN.

[823] Blank/Börstinghaus/*Blank/Börstinghaus* BGB § 535 Rn. 86; *Hinz* ZMR 2006, 826 (830); → 14. Aufl. 2019, BGB Vor § 535 Rn. 224.

[824] Zutr. insoweit AG Hamburg-Barmbek WuM 2017, 393 = BeckRS 2017, 118019 Rn. 14; AG Charlottenburg ZMR 2020, 409 Rn. 39 (juris).

[825] AG Hamburg-Barmbek WuM 2017, 393 = BeckRS 2017, 118019 Rn. 14 (im Anschluss an → 14. Aufl. 2019, BGB Vor § 535 Rn. 224); Blank/Börstinghaus/*Blank/Börstinghaus* BGB § 535 Rn. 86; *Hinz* ZMR 2006, 826 (830).

[826] AG Tempelhof-Kreuzberg WuM 2015, 73; AG Charlottenburg ZMR 2020, 409 Rn. 41 (juris).

[827] AG Charlottenburg ZMR 2020, 409 Rn. 41 (juris); MüKoBGB/*Thüsing* AGG § 21 Rn. 57.

[828] MüKoBGB/*Thüsing* AGG § 21 Rn. 57.

[829] Staudinger/*Rolfs,* 2018, AGG § 21 Rn. 3.

der Anspruchsteller darlegen und im Bestreitensfall beweisen, dass er gegenüber einer anderen Person ungünstiger behandelt worden ist.[830]

### 2. Beweiserleichterung nach § 22 AGG

305 Hinsichtlich der Frage, ob eine unzulässige Benachteiligung vorliegt, schafft § 22 AGG zugunsten des Anspruchstellers jedoch eine Beweiserleichterung. Gemäß § 22 AGG trägt die andere Partei die Beweislast dafür, dass kein Verstoß gegen die Bestimmungen zum Schutz vor Benachteiligung vorgelegen hat, sofern der Benachteiligte Indizien beweist, die eine Benachteiligung wegen eines in § 1 AGG genannten Grundes vermuten lassen.

306 **a) Anwendungsbereich des § 22 AGG.** § 22 AGG findet sowohl auf unmittelbare als auch auf mittelbare Benachteiligungen Anwendung,[831] nach hM allerdings nicht auf Ansprüche außerhalb des AGG.[832] Macht der Benachteiligte deshalb etwa Ansprüche nach den §§ 823 ff. BGB geltend, kommt ihm die Beweiserleichterung des § 22 nicht zugute.

307 **b) Funktionsweise des § 22 AGG.** Entgegen dem etwas missglückten Wortlaut ist erforderlich, dass der Anspruchsteller Tatsachen darlegt und im Bestreitensfall beweist, die eine Benachteiligung wegen eines in § 1 AGG genannten Grundes als überwiegend wahrscheinlich erscheinen lassen.[833] **Bezüglich der Frage, ob diese Indiztatsachen vorliegen** oder nicht, kommt dem Anspruchsteller also noch keine Beweiserleichterung zugute; vielmehr muss er insoweit **den Vollbeweis erbringen.**[834] Beruft sich also bspw. der Mieter darauf, der Vermieter habe ihm gegenüber während der Besichtigung geäußert, „nicht an Ausländer" vermieten zu wollen und wird dieser Vortrag vom Vermieter bestritten, so trägt der Mieter die Beweislast und muss für das Vorliegen dieser Äußerung den Vollbeweis erbringen. Entsprechendes gilt etwa, wenn der genaue Inhalt einer Wohnungsanzeige zwischen den Parteien streitig ist.

308 Eine Beweiserleichterung ergibt sich für den Anspruchsteller stattdessen daraus, dass er nicht den Vollbeweis dafür zu erbringen braucht, dass auch eine Benachteiligung wegen eines in § 1 AGG genannten Grundes vorliegt. Es reicht vielmehr aus, dass sich aus den dargelegten und ggf. bewiesenen Indiztatsachen ergibt, dass eine solche **Benachteiligung überwiegend wahrscheinlich erscheint.**[835] Erscheint eine Benachteiligung überwiegend wahrscheinlich, **so kehrt sich die Beweislast um** und muss nunmehr die andere Partei den Vollbeweis dafür erbringen, dass sie nicht gegen die Bestimmungen zum Schutz vor Benachteiligung verstoßen hat. Die Funktionsweise des § 22 AGG besteht also in einer „Beweislastumkehr mit erhöhten Voraussetzungen". Die Beweislast für das Vorliegen einer Benachteiligung wird zulasten des Schuldners umgekehrt, aber erst dann, wenn der Gläubiger die überwiegende Wahrscheinlichkeit einer Diskriminierung bewiesen hat.[836] Ob die dargelegten Indiztatsachen die überwiegende Wahrscheinlichkeit einer Diskriminierung begründen, entscheidet das Gericht dann im Einzelfall nach § 286 ZPO.[837]

309 Verfügt ein Vermieter etwa über zahlreiche Wohnungen und hat er in der Vergangenheit stets Ausländer als Mieter abgelehnt, so rechtfertigt dies den Schluss, dass die Ablehnung des ausländischen Klägers mit überwiegender Wahrscheinlichkeit aufgrund seiner Herkunft erfolgt ist. Erklärt ein Vermieter gegenüber einem ausländischen Mietinteressenten wahrheitswidrig, die Wohnung sei bereits vergeben, so kann dies als Diskriminierungsindiz gewertet werden. Zulässig sind auch sog. „Testing-Verfahren" zulässig, bei denen Testpersonen eingesetzt werden, um das Verhalten eines bestimmten Vermieters zu überprüfen.[838]

---

830 BT-Drs. 16/1780, 30; Erman/*Armbrüster,* 16. Aufl. 2020, AGG § 22 Rn. 1.

831 BeckOGK/*Benecke* AGG § 22 Rn. 6; *Grobys* NZA 2006, 898 (899).

832 BAG NZA 2012, 910 (919) Rn. 77, 80; Erman/*Armbrüster,* 16. Aufl. 2020, AGG § 22 Rn. 1; **aA** MüKoBGB/*Thüsing,* AGG § 22 Rn. 5.

833 *Grünberger,* Personale Gleichheit, 2013, S. 722 mwN.

834 BeckOGK/*Benecke* AGG § 22 Rn. 24.

835 BAG NZA 2018, 584 Rn. 22; BeckOGK/*Benecke* AGG § 22 Rn. 20 ff., 22; BeckOK BGB/*Horcher,* AGG § 21 Rn. 32; *Grünberger,* Personale Gleichheit, 2013, S. 722; Staudinger/*Rolfs,* 2018, AGG § 2 Rn. 4.

836 Missverständlich insoweit BAG NZA 2018, 584 Rn. 22 („eine Erleichterung der Darlegungslast, eine Absenkung des Beweismaßes und eine Umkehr der Beweislast").

837 BeckOGK/*Benecke* AGG § 22 Rn. 25.

838 AG Hamburg-Barmbek WuM 2017, 393; AG Charlottenburg ZMR 2020, 409 Rn. 31 (juris); Blank/Börstinghaus/*Blank/Börstinghaus* BGB § 535 Rn. 91.

## V. Ausschlussfrist und Verjährung

### 1. Ausschlussfrist

310 Die Ansprüche nach § 21 Abs. 1, 2 AGG müssen innerhalb einer Frist von zwei Monaten geltend gemacht werden (§ 21 Abs. 5 AGG). Da es sich bei der Frist um eine Ausschlussfrist und nicht um eine Verjährungsfrist handelt, ist die Frist **von Amts wegen** zu beachten.[839]

311 Wann die **Frist beginnt,** ist **streitig.** Teilweise wird angenommen, die Frist beginne mit der Entstehung des Anspruchs,[840] nach aA soll erst die positive Kenntnis des Benachteiligten von der Benachteiligung den Fristbeginn auslösen.[841]

312 Für die **Fristberechnung** gelten die §§ 186 ff. BGB.[842] Die positive Kenntnis von den anspruchsbegründenden Umständen ist das fristauslösende Ereignis iSd § 187 Abs. 1 BGB. Es ist deshalb zwar theoretisch richtig, dass dieser Tag bei der Fristberechnung nicht mitgezählt wird; da es sich aber um eine Monatsfrist handelt, die nach § 188 Abs. 2 Alt. 1 BGB ohnehin mit dem Ablauf desjenigen Tages endet, der durch seine Zahl dem Tag *des fristauslösenden Ereignisses* entspricht, spielt der Fristbeginn für die Fristberechnung überhaupt keine Rolle.[843] Wenn der Benachteiligte bspw. am 8.2.2021 Kenntnis von den anspruchsbegründenden Umständen erlangt, so endet die Frist am 8.4.2021 um 24 Uhr.

313 **Nach Fristablauf** kann der Anspruch nur geltend gemacht werden, wenn der Benachteiligte **ohne Verschulden an der Einhaltung der Frist verhindert war** (§ 21 Abs. 5 S. 2 AGG).

314 Die Geltendmachung des Anspruchs ist eine geschäftsähnliche Handlung, auf die die Vorschriften über Willenserklärungen entsprechende Anwendung finden.[844] Die Erklärung muss deshalb insbes. dem Benachteiligenden innerhalb der Frist analog § 130 Abs. 1 S. 1 BGB zugehen.[845] Im Gegensatz zu § 15 Abs. 4 AGG ist die Geltendmachung allerdings an keine Form gebunden. Ebenfalls nicht erforderlich ist, dass der Benachteiligte sich explizit auf § 21 AGG beruft. Es genügt, dass für den Benachteiligenden erkennbar ist, dass der Benachteiligte einen erkennbaren Sachverhalt als Benachteiligung ansieht und daraus die in § 21 AGG genannten Rechtsfolgen herleiten will.[846]

### 2. Verjährung

315 Hinsichtlich der **Verjährung** gelten keine Besonderheiten. Die Ansprüche nach § 21 AGG verjähren daher in der Regelverjährungsfrist nach §§ 195, 199 BGB.[847]

## VI. Weitergehende Ansprüche und Konkurrenzen

316 Neben der Haftung nach dem AGG kommt eine Haftung nach §§ 280 Abs. 1, 241 Abs. 2 BGB bzw., wenn die Benachteiligung im Stadium der Vertragsanbahnung erfolgt ist, eine Haftung nach §§ 280 Abs. 1, 241 Abs. 2, 311 Abs. 2 BGB in Betracht.[848] Durch die Diskriminierung eines Mietinteressenten kann außerdem das Allgemeine Persönlichkeitsrecht des Betroffenen (§ 823 Abs. 1 BGB) verletzt sein.[849] Ob die Vorschriften des AGG Schutzgesetze iSd § 823 Abs. 2 BGB

---

[839] BAG NZA 2012, 1211 (1212) Rn. 19 (in Bezug auf § 15 Abs. 4 AGG); OLG Hamm NJW-RR 2011, 762 (764); BeckOGK/*Mörsdorf* AGG § 21 Rn. 81; MüKoBGB/*Thüsing,* AGG § 21 Rn. 60; Staudinger/*Rolfs,* 2018, AGG § 21 Rn. 15.

[840] OLG Hamm NJW-RR 2011, 762 (764); AG Mannheim NJW 2008, 3442 (3443); MüKoBGB/*Thüsing,* AGG § 21 Rn. 61; so auch BT-Drs. 16/1780, 47 (anders aber BT-Drs. 16/2022, 13).

[841] BeckOGK/*Mörsdorf* AGG § 21 Rn. 84 f.; so auch BT-Drs. 16/2022, 13 (anders aber BT-Drs. 16/1780, 47).

[842] BAG NZA 2012, 1211 (1213) Rn. 27 (in Bezug auf § 15 Abs. 4 AGG); BeckOGK/*Fervers* BGB § 186 Rn. 4; BeckOGK/*Mörsdorf* AGG § 21 Rn. 86.

[843] Näher BeckOGK/*Fervers* BGB § 187 Rn. 18; etwas missverständlich daher die Formulierung bei Staudinger/*Rolfs,* 2018, AGG § 21 Rn. 15.

[844] *Rolfs* NJW 2007, 1489 (1494).

[845] AG Mannheim NJW 2008, 3442 (3443); BeckOGK/*Mörsdorf,* AGG § 21 Rn. 86.

[846] Siehe BeckOGK/*Mörsdorf* AGG § 21 Rn. 87.

[847] *Staudinger/Rolfs, 2018, AGG* § 21 Rn. 18; Staudinger/*Serr,* 2018, AGG § 21 Rn. 96.

[848] *Schmidt-Räntsch* NZM 2007, 6 (13).

[849] OLG Köln NZM 2010, 294; *Derleder* NZM 2009, 310 (311); *Schmidt-Räntsch* NZM 2007, 6 (13); Staudinger/*Rolfs,* 2018, AGG § 21 Rn. 14.

darstellen, ist dagegen streitig.[850] Die genannten Ansprüche können für den Benachteiligten insbes. deshalb vorteilhaft sein, weil sie nicht von der Ausschlussfrist nach § 21 Abs. 5 AGG erfasst werden.[851]

Obwohl nach dem Wortlaut des § 21 Abs. 3 AGG an sich nur Ansprüche aus unerlaubter Handlung unberührt bleiben, entfaltet das AGG nach hM schon aufgrund der Tatsache, dass Art. 6 Abs. 2 der Antidiskriminierungs-RL und Art. 7 Abs. 2 der Unisex-RL eine Absenkung des von den Mitgliedstaaten bereits garantierten Schutzniveaus in Bezug auf Diskriminierungen verbieten, keine Sperrwirkung gegenüber vertraglichen und vorvertraglichen Ansprüchen.[852] Der Benachteiligte kann sich deshalb nach dem Günstigkeitsprinzip auf die für ihn vorteilhafteste Anspruchsgrundlage stützen.[853] **317**

## L. Nationales Verfahrensrecht

### I. Sachliche Zuständigkeit

#### 1. Allgemeines

Die **sachliche Zuständigkeit** richtet sich nach § 1 ZPO iVm §§ 23, 71 Abs. 1 GVG und ist damit im Grundsatz streitwertabhängig. Für Streitigkeiten über Ansprüche aus einem **Mietverhältnis über Wohnraum** oder über den Bestand eines solchen Mietverhältnisses ist indes gem. § 23 Nr. 2a GVG **ausschließlich** das **Amtsgericht** zuständig; gem. § 40 Abs. 2 S. 1 Nr. 2, Abs. 2 S. 2 ZPO sind daher insoweit auch weder eine Gerichtsstandsvereinbarung (§ 38 ZPO) noch eine rügelose Einlassung (§ 39 ZPO) möglich. Der **Zweck des § 23 Nr. 2a) GVG** besteht darin, das Verfahren möglichst nah am Wohnort des Mieters zu führen, durch einen zweistufigen Prozess eine kürzere Verfahrensdauer zu bewirken und eine größere Sach- und Ortsnähe des Gerichts herzustellen.[854] Die Vorschrift ist deshalb **weit auszulegen.** **318**

Der **Begriff des Mietverhältnisses über Wohnraum** entspricht dem des § 549 BGB.[855] Da eine dem § 29a Abs. 2 ZPO vergleichbare Einschränkung im § 23 Nr. 2a) GVG fehlt, besteht eine sachlich ausschließliche Zuständigkeit allerdings auch bei der Vermietung von Wohnraum nach § 549 Abs. 2 BGB[856] und damit insbes. auch bei Wohnraum, der nach § 549 Abs. 2 Nr. 1 BGB nur zum vorübergehende Gebrauch vermietet ist. Voraussetzung ist aber freilich, dass – gemäß den Anforderungen an den Begriff der Wohnraummiete – der Raum dem Mieter nach der vertraglichen Zweckbestimmung ganz oder teilweise, auf Dauer oder vorübergehend als Lebensmittelpunkt dienen soll (→ Rn. 15). Nicht unter § 23 Nr. 2a) GVG fallen deshalb die Vermietungen von Hotelzimmern oder Urlaubswohnungen.[857] **319**

Für die Zulässigkeit der Klage ist es nicht erforderlich, dass die für die Einordnung als Wohnraummietverhältnis maßgeblichen Tatsachen unstreitig oder vom Kläger bewiesen sind. Im Falle einer **„doppelrelevanten Tatsache“** genügt es nach allgemeinen Grundsätzen, dass sich die sachliche Zuständigkeit des Gerichts aus den zur Begründung des Anspruchs vom Kläger vorgebrachten **320**

---

850 Dafür BeckOGK/*Mörsdorf* AGG § 21 Rn. 89; BeckOK BGB/*Wendtland,* AGG § 21 Rn. 36; dagegen Erman/*Armbrüster,* AGG § 21 Rn. 22; MüKoBGB/*Thüsing,* AGG § 21 Rn. 72 mwN; Staudinger/*Serr,* 2018, BGB § 19 Rn. 61.

851 BeckOGK/*Mörsdorf* AGG § 21 Rn. 83; MüKoBGB/*Thüsing,* AGG § 21 Rn. 65; *Rolfs* NJW 2007, 1489 (1494).

852 BeckOGK/*Mörsdorf* AGG § 21 Rn. 90; BeckOK BGB/*Wendtland,* AGG § 21 Rn. 37; MüKoBGB/*Thüsing,* AGG § 21 Rn. 75; aA *Schmidt-Räntsch* NZM 2007, 6 (13); aA im Hinblick auf Art. 15 Abs. 1 AGG auch BAG NZA 2012, 1211 (1214 f.) Rn. 44.

853 BeckOK BGB/*Wendtland,* AGG § 21 Rn. 38.

854 BGH VIII ARZ 6/83, BGHZ 89, 275 = NJW 1984, 1615 (1616) Rn. 14 (juris); BGH X ARZ 270/03, BGHZ 157, 220 = NZM 2004, 299 (300); BGH VIII ZR 376/13, BGHZ 202, 39 = NJW 2014, 2864 Rn. 20; OLG Karlsruhe NZM 2003, 576; OLG Düsseldorf WuM 2006, 46.

855 BGH VIII ZR 323/79, NJW 1981, 1377; BGH VIII ARZ 6/83, BGHZ 89, 275 = NJW 1984, 1615; BGH VIII ZR 376/13, BGHZ 202, 39 = NJW 2014, 2864 Rn. 21 f.; OLG Hamm ZMR 1986, 11 = BeckRS 1985, 31386874; BeckOK GVG/*Niesler,* § 23 Rn. 11; MüKoZPO/*Zimmermann* GVG § 23 Rn. 9.

856 MüKoZPO/*Zimmermann* GVG § 23 Rn. 9.

857 Möglicherweise etwas zu eng BeckOK GVG/*Niesler* § 23 Rn. 11 und MüKoZPO/*Zimmermann* GVG § 23 Rn. 9, die nur Vermietungen von Hotelzimmern und Urlaubswohnungen im Rahmen eines Reisevertrags vom Anwendungsbereich des § 23 Nr. 2a) GVG ausnehmen wollen.

Tatsachen ergibt.[858] Sind deshalb nach dem Vortrag des Klägers die Voraussetzungen des § 23 Nr. 2 a) GVG erfüllt, so ist das Amtsgericht ausschließlich zuständig.

**2. Einzelfälle**

321 Unter § 23 Nr. 2 a) GVG fallen somit im Grundsatz alle Klagen, bei denen das **Bestehen eines Mietverhältnisses über Wohnraum entweder selbst Streitgegenstand oder Voraussetzung für die vom Kläger gegen den Beklagten geltend gemachten Ansprüche** ist. Das Amtsgericht ist deshalb bspw. ausschließlich zuständig für Klagen auf Gebrauchsüberlassung des Wohnraums, auf Zahlung von Miete oder Betriebskosten und auf Zahlung der Kaution,[859] für Klagen auf Zahlung von Schadens- und Aufwendungsersatz[860] (auch bei Schadensersatzansprüchen wegen Pflichtverletzungen nach erfolgter Kündigung[861] und bei Ansprüchen auf Zahlung von Schmerzensgeld[862]) sowie für Klagen auf Zustimmung zur Mieterhöhung[863] oder Duldung von Modernisierungsmaßnahmen.[864] Auch wenn sich der Kläger einer Drittwiderspruchsklage nach § 771 ZPO gegen den Räumungstitel mit der Behauptung wendet, dass ihm aufgrund eines Wohnraummietvertrages ein Besitzrecht zusteht, so ist nach § 23 Nr. 2 a) GVG das Amtsgericht ausschließlich zuständig.[865] Ebenso fallen Klagen wegen Ansprüchen aus Verschulden bei Vertragsverhandlungen unter die Vorschrift, wenn ein Mietverhältnis zustande gekommen ist.[866]

322 Zudem erfasst § 23 Nr. 2 a) GVG prinzipiell auch die Klagen, in denen das **Nicht(mehr) bestehen eines konkreten Mietverhältnisses entweder selbst Streitgegenstand oder Voraussetzung für die vom Kläger gegen den Beklagten geltend gemachten Ansprüche ist.** So erfasst § 23 Nr. 2 a) GVG insbes. auch Klagen auf Räumung nach beendetem Mietverhältnis,[867] Klagen auf Rückzahlung der Kaution sowie Klagen, mit denen Rückzahlungsansprüche wegen zu viel gezahlter Miete,[868] Nutzungsansprüche des „Vermieters" aufgrund eines nichtigen Mietverhältnisses,[869] oder Ansprüche wegen Abbruchs der Vertragsverhandlungen in Bezug auf einen Mietvertrag geltend gemacht werden.

323 **Grundsätzlich unerheblich** ist es, wenn dem Kläger die geltend gemachten Ansprüche nur aufgrund Abtretung oder Überweisung zur Einziehung zustehen,[870] denn für die Frage, ob der Kläger die Ansprüche wirksam erworben hat bzw. ob er zur Einziehung berechtigt ist, ist das Bestehen bzw. Nichtbestehen eines Mietverhältnisses Voraussetzung.

324 **Nicht unter § 23 Nr. 2 a) GVG** fallen dagegen Streitigkeiten, in denen **aus einem Mietverhältnis resultierende Fragen typischerweise allenfalls eine untergeordnete Rolle** spielen. Für Ansprüche des Vermieters aufgrund eines selbstständigen Gewähr-, Garantie- oder Bürgschaftsvertrags gegen einen Dritten, der nicht Partei eines Miet- oder Pachtvertrags ist, greift die ausschließliche Zuständigkeit nach § 23 Nr. 2 a) GVG deshalb nicht.[871]

**3. Beweislast und die Diskussion um die Relevanz des Beklagtenvorbringens**

325 **a) Die zutreffende Weichenstellung.** In der obergerichtlichen Rspr. wird **teilweise formuliert,** eine Zuständigkeit nach § 23 Nr. 2 a) GVG sei schon dann gegeben, wenn sich der Beklagte in schlüssiger Weise mit Gegenrechten aus einem wohnraummietrechtlichen Vertragsverhältnis verteidige, weil in diesem Fall das Bestehen eines Mietverhältnisses nach § 23 Nr. 2 a) GVG geprüft

[858] RGZ 29, 371 (373f.); BGH IX ZR 32/93, BGHZ 124, 237 = NJW 1994, 1413f.; BGH IX ZR 32/93, BGHZ 124, 237 = NJW 1994, 1413; BGH VIII ZR 376/13, BGHZ 202, 39 = NJW 2014, 2864 (2866) Rn. 23.

[859] BeckOK MietR/*Haumer* Klageverfahren Rn. 15; *Meyer-Abich* NZM 2016, 329 (331).

[860] BeckOK MietR/*Haumer* Klageverfahren Rn. 15; *Meyer-Abich* NZM 2016, 329 (331).

[861] OLG Köln WuM 2010, 95 Rn. 5 (juris).

[862] OLG Düsseldorf WuM 2006, 46.

[863] AG Gelsenkirchen-Buer BeckRS 2014, 17444; *Meyer-Abich* NZM 2016, 329 (331).

[864] *Meyer-Abich* NZM 2016, 329 (331).

[865] OLG Stuttgart MDR 2009, 1310 = BeckRS 2009, 23539.

[866] Siehe MüKoZPO/*Zimmermann* GVG § 23 Rn. 7.

[867] OLG Hamburg WuM 1990, 235 Rn. 20f. (juris); OLG Köln WuM 2010, 95 Rn. 5 (juris); LG Berlin GE 1991, 575 Rn. 2 (juris).

[868] *BGHZ 89, 275 = NJW* 1984, 1615 (1616f.) Rn. 14f. (juris);

[869] MüKoZPO/*Zimmermann* GVG § 23 Rn. 7.

[870] OLG Karlsruhe NZM 2003, 576 Rn. 7 (juris); Zöller/*Lückemann,* 33. Aufl. 2020, GVG § 23 Rn. 10.

[871] BGH X ARZ 270/03, BGHZ 157, 220 = NZM 2004, 299 (zu § 29 a ZPO).

werden müsse.[872] Dagegen betont die **wohl hM,** es komme ausschließlich auf das klägerische Vorbringen an.[873]

In dieser Allgemeinheit sind jedoch **beide Aussagen unzutreffend.** Insbesondere ist weder generell nur das klägerische Vorbringen maßgeblich, noch kann der Beklagte in jedem Fall durch eigenen Vortrag eine Zuständigkeit nach § 23 Nr. 2 a) GVG begründen. Die **maßgebliche Weichenstellung** erfolgt vielmehr danach, **ob die zuständigkeitsbegründenden Tatsachen doppelrelevante Tatsachen sind oder nicht.** 326

**b) Vorliegen einer doppelrelevanten Tatsache.** Sofern die zuständigkeitsbegründende Tatsache eine doppelrelevante Tatsache ist – also wenn die zuständigkeitsbegründende Tatsache zugleich Voraussetzung für die Begründetheit der Klage ist – so wird über das Vorliegen dieser Tatsache ohnehin **kein Beweis erhoben,** sondern **ist das Vorbringen des Klägers als wahr zu unterstellen.**[874] Diese Erleichterung zugunsten des Klägers ist deshalb gerechtfertigt, weil – sollte sich das Vorbringen des Beklagten als wahr erweisen und die (auch) zuständigkeitsbegründende Tatsache doch nicht vorliegen – die Klage als unbegründet abgewiesen wird. Der Kläger wird deshalb nicht etwa gänzlich von der Beweislast bzgl. der (auch) zuständigkeitsbegründenden Tatsache befreit; sein Vorteil beschränkt sich darauf, dass er über das Vorliegen dieser Tatsache am gewählten Gerichtsstand streiten darf. Zudem wäre es für den Beklagten auch nachteilhaft, wenn er nur ein klageabweisendes Prozessurteil, nicht aber ein klageabweisendes Sachurteil erstreiten könnte.[875] 327

Erhebt deshalb bspw. der Kläger beim Landgericht Räumungsklage mit der Behauptung, der Beklagte sei von Anfang unberechtigter Besitzer seiner Wohnung[876] und verteidigt sich der Beklagte mit dem Einwand, er sei aufgrund eines Wohnraummietvertrags nach § 986 Abs. 1 S. 1 Alt. 1 BGB zum Besitz berechtigt, so liegt eine doppelrelevante Tatsache vor. Denn sowohl in der Zulässigkeit als auch in der Begründetheit muss geprüft werden, ob ein Wohnraummietverhältnis vorliegt. Deshalb ist in diesem Fall das Vorbringen des Klägers für die Zuständigkeit als wahr zu unterstellen; und da der Kläger vorgetragen hat, ein Wohnraummietverhältnis habe niemals vorgelegen, fehlt nach diesem Vortrag ein Bezug zu einem Wohnraummietverhältnis und ergibt sich damit auch keine amtsgerichtliche Zuständigkeit nach § 23 Nr. 2 a) GVG. Der Beklagte wird hierdurch nicht unbillig benachteiligt, weil – sollte sein Vorbringen zutreffen und ein Wohnraummietverhältnis tatsächlich bestehen – die Klage als unbegründet abgewiesen würde. 328

Das Amtsgericht wird in einem solchen Fall **auch nicht deshalb nach § 23 Nr. 2 a) GVG zuständig, weil im Rahmen der Klage das Bestehen eines Mietverhältnisses geprüft werden muss.**[877] Denn dies würde zu einer ungerechtfertigten Bevorzugung des Beklagten führen, der – obwohl er eines Schutzes aus den genannten Gründen nicht zwingend bedarf – dem Kläger durch die uU unrichtige Behauptung über das Vorliegen eines Wohnraummietvertrags einen „falschen" Gerichtsstand aufzwingen könnte.[878] 329

Ob der **Kläger den Ausführungen des Beklagten seinerseits entgegentreten muss,**[879] hängt davon ab, ob **die Ausführungen des Beklagten den Vortrag des Klägers ergänzen** oder ob sie ihm lediglich entgegenstehen.[880] Erhebt bspw. der Kläger beim Landgericht Räumungsklage mit der Begründung, er habe dem Beklagten die Wohnung im Rahmen eines Gefälligkeitsverhältnisses überlassen und wendet der Beklagte ein, es habe zwar ursprünglich ein Gefäl- 330

[872] OLG Düsseldorf NZM 2008, 479; das Vorbringen des Beklagten wird zur Begründung der Zuständigkeit auch geprüft von OLG München MDR 1977, 497 Rn. 35 (juris).

[873] KG NZM 2008, 837; AG Charlottenburg WuM 1983, 210 Rn. 2 (juris); *Meyer-Abich* NZM 2016, 329 (331); Zöller/*Lückemann,* 33. Aufl. 2020, GVG § 23 Rn. 8; im Grundsatz auch OLG Köln ZMR 2016, 250 Rn. 21.

[874] RGZ 29, 371 (373 f.); BGH IX ZR 32/93, BGHZ 124, 237 = NJW 1994, 1413 f.; BGH VIII ZR 376/13, BGHZ 202, 39 = NJW 2014, 2864 Rn. 23; HK-ZPO/*Bendtsen* § 1 Rn. 6; MüKoZPO/*Wöstmann* § 1 Rn. 26; Musielak/Voit/*Heinrich* ZPO § 1 Rn. 20; Zöller/*Schultzky,* 33. Aufl. 2020, ZPO § 1 Rn. 14.

[875] MüKoZPO/*Wöstmann,* § 1 Rn. 26.

[876] So wohl die Konstellation in OLG Düsseldorf NZM 2008, 479.

[877] So aber OLG Düsseldorf NZM 2008, 479; sympathisierend auch *Wietz* NZM 2015, 145 (150 f.).

[878] Insoweit zutr. OLG Köln ZMR 2016, 250 Rn. 22 (juris).

[879] Siehe OLG Köln ZMR 2016, 250 Rn. 22: „Der Vortrag der beklagten Partei kann daher nur dann zu einer Zuständigkeit für Wohnungsmietsachen führen, wenn der Kläger dem nicht näher entgegentritt."; in der Sache ebenso OLG Hamburg WuM 1990, 393 Rn. 20 (juris).

[880] Etwas missverständlich deshalb BGH NZM 2013, 617 Rn. 33, da die dortigen Ausführungen so verstanden werden können, dass bei Vorliegen einer doppelrelevanten Tatsache der Beklagtenvortrag stets irrelevant wäre.

ligkeitsverhältnis vorgelegen, man habe jedoch nachträglich einen Wohnraummietvertrag vereinbart, so muss der Kläger das Vorbringen des Beklagten bestreiten. Denn selbst wenn man das Vorbringen des Klägers als wahr unterstellt und annimmt, dass anfänglich ein Gefälligkeitsverhältnis vorlag, so ergibt sich aus der vom Beklagten behaupteten Nachtragsvereinbarung eine ergänzende Tatsache, die zu einer Zuständigkeit des Amtsgerichts nach § 23 Nr. 2a) GVG führen würde. Und wenn der Kläger dem nicht entgegentritt, so erscheint es in der Tat nicht gerechtfertigt, dem Beklagten den Gerichtsstand nach § 23 Nr. 2a) GVG zu entziehen.[881]

331 Anders läge es dagegen, wenn der Beklagte eingewendet hätte, das Vorbringen des Klägers sei unzutreffend und es habe von Anfang an ein Wohnraummietverhältnis vorgelegen. Ein solches Vorbringen ergänzt den klägerischen Vortrag nicht, sondern steht ihm diametral entgegen. Legt man hier den klägerischen Vortrag als richtig zugrunde, so ergibt sich deshalb keine Zuständigkeit nach § 23 Nr. 2a) GVG.

332 **c) Fehlen einer doppelrelevanten Tatsache.** Fehlt es dagegen am Vorliegen einer doppelrelevanten Tatsache, so ist das Vorbringen des Klägers für die Bestimmung der Zuständigkeit nicht einfach als zutreffend zu unterstellen. Vielmehr hat das Gericht – sofern die zuständigkeitsbegründenden Tatsachen zwischen den Parteien streitig sind – im Freibeweisverfahren über die Zuständigkeit **Beweis zu erheben,**[882] und **die Beweislast für die zuständigkeitsbegründenden Tatsachen trägt der Kläger.**[883]

333 Beruft sich also der Kläger zur Begründung einer beim Amtsgericht erhobenen Klage auf nicht doppelrelevante Tatsachen, die eine Zuständigkeit nach § 23 Nr. 2a) GVG begründen und werden diese Tatsachen vom Beklagten bestritten, so muss der Kläger diese Tatsachen beweisen. Hat der Kläger dagegen Klage vor dem Landgericht erhoben und macht der Beklagte geltend, es handele sich um eine Streitigkeit um ein Wohnraummietverhältnis und nach § 23 Nr. 2a) GVG sei das Amtsgericht zuständig, so bleibt es zwar dabei, dass der Kläger das Nichtvorliegen der eine Zuständigkeit nach § 23 Nr. 2a) GVG begründenden Tatsachen beweisen muss; da es sich um negative Tatsachen handelt, kann den Beklagten insoweit eine sekundäre Darlegungslast treffen.

334 Verdeutlicht sei dies an den folgenden zwei Beispielen:

**Beispiel 1:** Der Vermieter erhebt gegen den Mieter beim Amtsgericht unter Berufung auf das Vorliegen eines Wohnraummietverhältnisses Klage auf Mietzahlung nach § 535 Abs. 2 BGB. Der Beklagte wendet ein, er habe erstens die Miete bereits bezahlt und es liege zweitens ein Geschäftsraummietverhältnis vor, sodass nicht das Amtsgericht, sondern das Landgericht zuständig sei.

335 Im Beispiel 1 ist das Vorliegen eines Wohnraummietverhältnisses keine doppelrelevante Tatsache.[884] Denn die Frage, ob es sich bei dem Mietverhältnis um ein *Wohnraum*mietverhältnis handelt oder nicht, ist für die Frage der Zahlungspflicht nach § 535 Abs. 2 BGB und damit für die Begründetheit der Klage irrelevant.[885] Selbst wenn sich in der mündlichen Verhandlung herausstellen sollte, dass es sich tatsächlich um einen Mietvertrag über Geschäftsräume handelt, würde die Klage gleichwohl nicht als unbegründet abgewiesen. Es wäre deshalb auch – anders als bei Vorliegen einer doppelrelevanten Tatsache – zulasten des Beklagten unbillig, wenn bei der Prüfung der Zuständigkeit das Vorbringen des Klägers als wahr zu unterstellen wäre. Deshalb ist über die Zuständigkeit im Freibeweisverfahren Beweis zu erheben, wobei der Kläger die Beweislast für das Vorliegen eines Wohnraummietverhältnisses trägt.

---

[881] IErg ist es deshalb richtig, dass eine Zuständigkeit aufgrund des Beklagtenvorbringens anzunehmen ist, wenn der Kläger diesem Vorbringen „nicht näher entgegentritt" (OLG Köln ZMR 2016, 250 Rn. 22).

[882] BGH NJW 2010, 873 Rn. 17; BGH NZM 2013, 617 Rn. 33; allg. zum Beweisverfahren bzgl. der Prozessvoraussetzungen BGH V ZR 11/50, NJW 1951, 441 (442); BGH VII ZB 10/86, NJW 1987, 2875 (Rechtsmittel); BGH V ZB 10/97, NJW 1997, 3319 (Rechtsmittel).

[883] BGH NJW 2010, 873 Rn. 18; allg. zur Beweislast im Rahmen der Zulässigkeit KG NJW-RR 2001, 1509 (1510); OLG Hamm VersR 2009, 1345 Rn. 52 (juris); BeckOK ZPO/*Wendtland* § 1 Rn. 9; HK-ZPO/*Bendtsen* § 1 Rn. 6; MüKoZPO/*Wöstmann* § 1 Rn. 15; Musielak/Voit/*Heinrich* ZPO § 1 Rn. 18f.; *Rosenberg/Schwab/Gottwald,* Zivilprozessrecht, 18. Aufl. 2018, ZPO § 39 Rn. 5f., 10; Stein/Jonas/*Roth* ZPO § 1 Rn. 22, 35; Zöller/*Schultzky,* 33. Aufl. 2020, ZPO § 1 Rn. 14.

[884] Anders dagegen die Konstellation in BGH VIII ZR 376/13, NJW 2014, 2864, wo das Nichtvorliegen *eines Wohnraummiet*verhältnisses eine doppelrelevante Tatsache darstellte, weil die Kläger Räumungsklage unter Berufung auf eine nur bei der Geschäftsraummiete mögliche Kündigung erhoben hatten.

[885] Siehe *Wietz* NZM 2015, 145 (148f.), der in den von ihm genannten Beispielen diesen Befund jedoch wieder einschränkt.

**Beispiel 2:** Der Vermieter erhebt gegen den Mieter beim Landgericht unter Berufung auf das Vorliegen eines Geschäftsraummietvertrages Klage auf Mietzahlung nach § 535 Abs. 2 BGB. Der Beklagte wendet ein, er habe erstens die Miete bereits bezahlt und es liege zweitens ein Wohnraummietverhältnis mit amtsgerichtlicher Zuständigkeit vor.

Das Nichtvorliegen eines Wohnraummietvertrages, was die Zuständigkeit des Landgerichts begründen würde, ist auch im Beispiel 2 keine doppelrelevante Tatsache, da der Mieter auch bei Vorliegen eines Wohnraummietverhältnisses zur Mietzahlung verpflichtet wäre. Es ist deshalb nicht der klägerische Sachvortrag als wahr zu unterstellen, sondern es ist über die Zuständigkeit im Freibeweisverfahren Beweis zu erheben. Hierbei trägt der Kläger die Beweislast für das Fehlen eines Wohnraummietverhältnisses; allerdings trifft den Beklagten insoweit eine sekundäre Darlegungslast. **336**

## II. Örtliche Zuständigkeit

Für Streitigkeiten über Ansprüche aus Miet- oder Pachtverhältnissen über Räume oder über das Bestehen solcher Verhältnisse ist gem. § 29a Abs. 1 ZPO das Gericht örtlich ausschließlich zuständig, in dessen Bezirk sich die Räume befinden. Die Vorschrift dient den gleichen Zwecken wie § 23 Nr. 2a) GVG (→ Rn. 318), sodass **die für § 23 Nr. 2a) GVG geltenden Grundsätze prinzipiell übertragen werden können.** **337**

Gegenüber § 23 Nr. 2a) GVG bestehen jedoch **zwei wesentliche Unterschiede:** Einerseits ist der Anwendungsbereich des § 29a ZPO weiter, weil nach § 29a Abs. 1 ZPO nicht nur Mietverhältnisse über Wohnraum, sondern **auch Streitigkeiten über Raummietverhältnisse** (→ Rn. 12ff.) **und Pachtverhältnisse erfasst** sind. Andererseits ist der Anwendungsbereich des § 29a ZPO enger, weil gem. § 29a Abs. 2 ZPO **keine örtlich ausschließliche Zuständigkeit** nach Abs. 1 gegeben ist, **wenn es sich um Wohnraum der in § 549 Abs. 2 BGB genannten Art handelt.** **338**

Scheinbar problematisch im Hinblick auf § 29a Abs. 2 ZPO iVm § 549 Abs. 2 Nr. 1 BGB ist der Fall, in dem die gemieteten Räumlichkeiten dem Mieter noch nicht einmal vorübergehend als Lebensmittelpunkt dienen sollen. Hat der Mieter bspw. nur für eine Nacht ein Hotelzimmer gemietet, so liegt keine Vermietung von Wohnraum vor, weil das Hotelzimmer dem Mieter nicht vertragsgemäß als Lebensmittelpunkt dienen soll. Da aber der Ausschluss nach § 29 Abs. 2 ZPO iVm § 549 Abs. 2 Nr. 1 BGB nur bei der vorübergehenden Vermietung von *Wohnraum* greift und Wohnraum eben nicht vorliegt, käme man an sich zur ausschließlich örtlichen Zuständigkeit am Belegenheitsort nach § 29a Abs. 1 ZPO. Richtigerweise ist der Ausschluss nach § 29a Abs. 2 ZPO iVm § 549 Abs. 2 Nr. 1 BGB auf diese Konstellation allerdings zumindest analog anzuwenden. Denn wenn noch nicht einmal die vorübergehende Vermietung von Wohnraum ausreicht, um eine ausschließliche Zuständigkeit nach § 29a Abs. 1 ZPO zu begründen, so kann eine solche ausschließliche Zuständigkeit erst recht nicht begründet sein, wenn die Vermietung nur vorübergehend erfolgt und wenn es sich *zusätzlich* aufgrund der kurzen Aufenthaltsdauer noch nicht einmal um Wohnraum handelt.[886] **339**

**Liegen die Voraussetzungen des § 29a Abs. 1 ZPO nicht vor** oder ist die Anwendung nach § 29a Abs. 2 ZPO ausgeschlossen, so besteht kein ausschließlicher Gerichtsstand und gelten die allgemeinen Vorschriften der §§ 12ff. ZPO. **340**

# M. Internationale Zuständigkeit

## I. Anwendungsbereich der EuGVVO

Zwar richtet sich die Frage nach der Zuständigkeit ausschließlich nach der *lex fori*[887] und nach ganz hM regeln die §§ 12ff. ZPO im Grundsatz nicht nur die örtliche, sondern auch die internationale Zuständigkeit.[888] Bei einer Streitigkeit über ein Mietverhältnis über Räume ist deshalb nach **341**

---

[886] IErg scheint anerkannt zu sein, dass die Vermietung von Hotelzimmern keine ausschließliche Zuständigkeit nach § 29a ZPO begründet, s. MüKoZPO/*Patzina* § 29a Rn. 6; Musielak/Voit/*Heinrich* ZPO § 29a Rn. 5; für Ferienwohnungen BayObLG BeckRS 2020, 72 Rn. 13.

[887] BGH VIII ZR 184/75, WM 1977, 793 (794) Rn. 24 (juris); BGH IVb ZR 2/83, NJW 1985, 552 (553) Rn. 8 (juris), jeweils allg. zur Anwendung der lex fori beim Verfahrensrecht.

[888] BGH XI ZR 206/90, BGHZ 115, 90= NJW 1991, 3092 (3093); BGH VII ZR 359/83, BGHZ 94, 156 = NJW 1985, 2090 mwN; BGH X ZR 71/10, NJW 2011, 2056 Rn. 13; Musielak/Voit/*Heinrich* ZPO § 12 Rn. 17.

§ 29a Abs. 1 ZPO das Gericht, in dessen Bezirk sich die Räume befinden, an sich auch international zuständig.

342 Allerdings werden die §§ 12ff. ZPO aufgrund des Anwendungsvorrangs des Europarechts[889] **praktisch weitgehend durch die** gem. Art. 288 Abs. 2 AEUV unmittelbar geltende **EuGVVO**[890] **(„Brüssel Ia-VO") verdrängt.** Liegt ein grenzüberschreitender Sachverhalt vor,[891] so ist vorrangig zu prüfen, ob sich ein Gerichtsstand aus der EuGVVO ergibt und ist wie folgt zu differenzieren: **Hat der Beklagte einen Wohnsitz im Hoheitsgebiet eines Mitgliedstaats,** so bestimmt sich die internationale Zuständigkeit gem. Art. 4 Abs. 1 EuGVVO ausschließlich nach den Art. 4ff. EuGVVO.[892] Erhebt deshalb bspw. ein Kläger mit Wohnsitz in Frankreich bei einem deutschen Gericht Klage auf Mietzahlung, so prüft das deutsche Gericht seine internationale Zuständigkeit nicht anhand der §§ 12ff. ZPO, sondern ausschließlich nach den Art. 4ff., wobei insbes. eine Zuständigkeit nach Art. 24 Nr. 1 EuGVVO zu prüfen ist (→ Rn. 344ff.). Nach den §§ 12ff. ZPO bestimmt sich dann nur noch die örtliche Zuständigkeit.

343 **Hat der Beklagte keinen Wohnsitz im Hoheitsgebiet eines Mitgliedstaates,** so bestimmt sich die Zuständigkeit zwar nach Art. 6 Abs. 1 EuGVVO an sich nach autonomem Zivilprozessrecht und damit nach den §§ 12ff. ZPO. Allerdings gilt dies gem. Art. 6 Abs. 1 EuGVVO nur, soweit keine ausschließliche Zuständigkeit nach Art. 18 Abs. 1, 21 Abs. 2, 24 EuGVVO und sofern keine Gerichtsstandsvereinbarung nach Art. 25 EuGVVO vorliegt. Erhebt deshalb bspw. ein Kläger vor deutschen Gerichten Klage auf Mietzahlung gegen einen Beklagten mit Wohnsitz in den USA, so muss das deutsche Gericht zunächst prüfen, ob sich eine Zuständigkeit aufgrund der Art. 18, 21 Abs. 2, 24, 25 EuGVVO ergibt, bevor es die §§ 12ff. ZPO anwenden darf. Bei Mietsachen hat das Gericht dabei insbes. Art. 24 Nr. 1 EuGVVO zu prüfen.

## II. Zuständigkeit für Mietsachen nach Art. 24 Nr. 1 EuGVVO

344 Gemäß Art. 24 Nr. 1 S. 1 EuGVVO sind für Verfahren, die dingliche Rechte an unbeweglichen Sachen sowie die Miete (oder Pacht) von unbeweglichen Sachen zum Gegenstand haben, die Gerichte **des Mitgliedstaats, in dem die unbewegliche Sache belegen ist, ausschließlich zuständig.** Von Art. 24 Nr. 1 EuGVVO erfasst ist **nur die Miete unbeweglicher Sachen,** nicht dagegen die Fahrnismiete. Da Art. 24 Nr. 1 EuGVVO einen ausschließlichen Gerichtsstands begründet, ist gem. Art. 26 Abs. 1 S. 2 EuGVVO eine rügelose Einlassung und gem. Art. 25 Abs. 4 EuGVVO auch eine abweichende Gerichtsstandsvereinbarung ausgeschlossen. Art. 24 Nr. 1. S. 1 EuGVVO trifft hinsichtlich der internationalen Zuständigkeit eine **parallele Regelung zu Art. 4 Abs. 1 c) Rom I-VO**[893], sodass die Gerichte des Mitgliedstaates, in dem die Sache belegen ist, vorbehaltlich einer Rechtswahl durch die Parteien (Art. 3, 6 Abs. 2 Rom I-VO), iErg zumeist ihr eigenes Recht anwenden (zum Internationalen Privatrecht → Rn. 349ff.).[894]

345 **Der Begriff „Verfahren, welche die Miete von unbeweglichen Sachen zum Gegenstand haben", ist autonom auszulegen.**[895] Die seitens der hM häufig getätigte Äußerung, die Vorschrift sei als Ausnahmeregelung grds. eng auszulegen,[896] ist dabei allerdings zum einen bereits

---

[889] EuGH NJW 1964, 2371 – Costa/ENEL; BVerfGE 89, 155 (190); Calliess/Ruffert/*Ruffert* AEUV Art. 1 Rn. 16ff. mwN; *Herdegen,* Europarecht, 21. Aufl. 2019, § 10 Rn. 1ff.

[890] Verordnung Nr. 1215/2012 des Europäischen Parlaments und des Rates vom 12.12.2012 über die gerichtliche Zuständigkeit und die Anerkennung und Vollstreckung von Entscheidungen in Zivil- und Handelssachen.

[891] Nach hM findet die EuGVVO nur bei Auslandssachverhalten Anwendung, s. MüKoZPO/*Gottwald* EuGVVO Vor Art. 1 Rn. 33 mwN auch zur Gegenauffassung; *Rosenberg/Schwab/Gottwald,* Zivilprozessrecht, 18. Aufl. 2018, ZPO § 31 Rn. 13; ausf. zum Kriterium des grenzüberschreitenden Bezugs *Magnus* ZEuP 2018, 507ff.

[892] Zur Funktion des Art. 4 EuGVVO als „Anwendungsnorm" Wieczorek/Schütze/*Gebauer,* 4. Aufl. 2017, EuGVVO Art. 4 Rn. 5.

[893] VO (EG) Nr. 593/2008 des Europäischen Parlaments und des Rates v. 17.6.2008 über das auf vertragliche Schuldverhältnisse anzuwendende Recht.

[894] Siehe auch Erwägungsgrund 7 der Rom I-VO.

[895] EuGH NJW-RR 2009, 405 (406) Rn. 17 – Medical Defence Union; EuGH NJW 2017, 315 (316) Rn. 27 – *W. Schmidt/C. Schmidt* (in Bezug auf den Begriff der dinglichen Rechte); MüKoZPO/*Gottwald* Brüssel-Ia-VO Art. 24 Rn. 14 mwN; HK-ZPO/*Dörner* EuGVVO Art. 24 Rn. 10.

[896] EuGH NJW 2000, 2009 Rn. 21 – Dansommer A/S/Andreas Götz; EuGH NJW-RR 2009, 405 (406) Rn. 18f. – Medical Defence Union; EuGH NJW 2017, 315 (316) Rn. 28 – W. Schmidt/C. Schmidt;

allgemein wenig zielführend[897] und entspricht zum anderen auch nicht der Anwendungspraxis. So sind als Miete im Sinne der Vorschrift **alle Verträge über die entgeltliche Überlassung von unbeweglichen Sachen** zu qualifizieren.[898] Der Anwendungsbereich der Vorschrift ist deshalb – anders als § 23 Nr. 2a GVG – nicht auf Wohnraum beschränkt; vielmehr sind auch Grundstücks- und Geschäftsraummiete von Art. 24 Nr. 1 EuGVVO erfasst.[899] Auch die Dauer der Gebrauchsüberlassung ist dabei – anders als bei § 29a ZPO – unerheblich, sodass auch kurzfristige Ferienhausmietverträge unter die Vorschrift fallen[900] (zur kumulativen Zuständigkeit → Rn. 346). Die Vorschrift findet nur dann **keine Anwendung,** wenn ein Vertrag zumindest überwiegend nicht mehr durch die Überlassung der Sache, sondern in erster Linie durch eine andere Pflicht bzw. durch andere Pflichten charakterisiert wird,[901] was bei einem Reisevertrag[902] oder im Falle der Vermietung eines Hotelzimmers[903] der Fall sein kann; auch bei der Verpachtung eines Ladengeschäfts hat der EuGH angenommen, dass die Vermietung oder Verpachtung einer unbeweglichen Sachen nicht mehr den Hauptgegenstand des Vertrages darstellen.[904] **Ist der Vertrag als Mietvertrag zu qualifizieren, so erfasst Art. 24 Nr. 1 S. 1 EuGVVO alle Streitigkeiten über die sich aus dem Mietvertrag ergebenden Verpflichtungen von Vermieter und Mieter,** insbes. über das Bestehen oder die Auslegung des Mietvertrags,[905] über dessen Dauer,[906] über Instandhaltungs-[907] und Mängelgewährleistungsansprüche des Mieters,[908] über die Wiedereinräumung des Besitzes der Mietsache an den Vermieter,[909] über den Ersatz für vom Mieter verursachte Schäden[910] oder über die Einziehung des Mietzinses und der vom Mieter zu zahlenden Nebenkosten wie der Kosten für Wasser-, Gas- und Stromverbrauch.[911] Auch für den Anspruch des Mieters auf Nutzungsentschädigung bei einem beendeten Mietverhältnis ist die Vorschrift anzuwenden.[912] Erfasst sind auch deliktische Ansprüche, soweit sie das Mietobjekt betreffen.[913] Unerheblich ist, ob der Mieter die Sache selbst nutzt oder nicht, sodass auch Streitigkeiten bzgl. eines Untermietverhältnisses erfasst sind.[914] Nach wohl hM soll Art. 24 Nr. 1 EuGVVO hingegen **keine Anwendung finden,** wenn der

---

BGH VIII ZR 103/07, NZM 2008, 658 Rn. 14; OLG Saarbrücken NZM 2007, 703 (704), jeweils zu Art. 22 Nr. 1 Brüssel I-VO; BeckOK MietR/*Haumer* Klageverfahren Rn. 61; HK-ZPO/*Dörner* EuGVVO Art. 24 Rn. 8; MüKoZPO/*Gottwald* Brüssel-Ia-VO Art. 24 Rn. 14.

[897] Zutr. *Leible/Müller* NZM 2009, 18 (20).

[898] EuGH RIW 1978, 336 Rn. 12, 15 – Sanders; EuGH NJW 1985, 905 Rn. 24 – Rösler/Rottwinkel; EuGH NJW 1992, 1029 Rn. 10 – Hacker/Euro-Relais, jeweils zu Art. 16 EuGVÜ; BeckOK ZPO/*Vossler* Brüssel Ia-VO Art. 24 Rn. 12; Wieczorek/Schütze/*Kern,* 4. Aufl. 2017, EuGVVO Art. 24 Rn. 18.

[899] BeckOK ZPO/*Vossler* Brüssel Ia-VO Art. 24 Rn. 12.

[900] EuGH NJW 1985, 905 Rn. 24f. – Rösler/Rottwinkel; EuGH NJW 2000, 2009 Rn. 21 – Dansommer A/S/Andreas Götz; BGH X ZR 157/11, NJW 2013, 308; BeckOK ZPO/*Vossler* Brüssel Ia-VO Art. 24 Rn. 12; HK-ZPO/*Dörner,* EuGVVO Art. 24 Rn. 10; Wieczorek/Schütze/*Kern,* 4. Aufl. 2017, EuGVVO Art. 24 Rn. 18.

[901] EuGH RIW 1978, 336 Rn. 12, 15 – Sanders; EuGH NJW 1992, 1029 Rn. 11 – Hacker/Euro-Relais; HK-ZPO/*Dörner* EuGVVO Art. 24 Rn. 10; Wieczorek/Schütze/*Kern,* 4. Aufl. 2017, EuGVVO Art. 24 Rn. 18; Zöller/*Geimer,* 33. Aufl. 2020, EuGVVO Art. 24 Rn. 5.

[902] EuGH NJW 1992, 1029 Rn. 14f. – Hacker/Euro-Relais; BGH X ZR 157/11, NJW 2013, 308 Rn. 15; Wieczorek/Schütze/*Kern,* 4. Aufl. 2017, EuGVVO Art. 24 Rn. 18; Zöller/*Geimer,* 33. Aufl. 2020, EuGVVO Art. 24 Rn. 7.

[903] Wieczorek/Schütze/*Kern,* 4. Aufl. 2017, EuGVVO Art. 24 Rn. 18; Zöller/*Geimer,* 33. Aufl. 2020, EuGVVO Art. 24 Rn. 7.

[904] EuGH RIW 1978, 336 Rn. 16 – Sanders; EuGH NJW 1992, 1029 Rn. 13 – Hacker/Euro-Relais.

[905] EuGH RIW 1978, 336 Rn. 12/15 – Sanders; MüKoZPO/*Gottwald* Brüssel Ia-VO Art. 24 Rn. 14.

[906] EuGH NJW 1985, 905 Rn. 27 – Rösler/Rottwinkel.

[907] EuGH NJW 1985, 905 Rn. 27 – Rösler/Rottwinkel; Musielak/Voit/*Stadler* EuGVVO Art. 4 Rn. 4.

[908] Musielak/Voit/*Stadler* EuGVVO Art. 4 Rn. 4.

[909] EuGH RIW 1978, 336 Rn. 12, 15 – Sanders; EuGH NJW 1985, 905 Rn. 27 – Rösler/Rottwinkel; MüKoZPO/*Gottwald* Brüssel Ia-VO Art. 24 Rn. 14.

[910] EuGH RIW 1978, 336 Rn. 12, 15 – Sanders; MüKoZPO/*Gottwald* Brüssel Ia-VO Art. 24 Rn. 14.

[911] EuGH NJW 1985, 905 Rn. 27 – Rösler/Rottwinkel; EuGH NJW 2000, 2009 Rn. 21 – Dansommer A/S/Andreas Götz.

[912] OLG Köln ZMR 2016, 621 Rn. 24ff., 26f. (juris); BeckOK ZPO/*Vossler,* Brüssel Ia-VO Art. 24 Rn. 13; **aA** Rauscher/*Mankowski,* 4. Aufl. 2016, EuGVVO Art. 24 Rn. 44.

[913] OLG Hamm BeckRS 1995, 31003117 (zu Art. 16 Nr. 1 EuGVÜ und unter Berufung auf einen „acte clair"); Musielak/Voit/*Stadler* EuGVVO Art. 24 Rn. 4.

[914] MüKoZPO/*Gottwald* Brüssel Ia-VO Art. 24 Rn. 14; HK-ZPO/*Dörner* EuGVVO Art. 24 Rn. 10; Rauscher/*Mankowski* EuGVVO Art. 24 Rn. 29.

Mietvertrag nicht wirksam zustande gekommen ist.[915] Diese Auffassung ist insofern problematisch, als die Frage der Wirksamkeit des Mietvertrages eine Frage des materiellen Rechts ist, sodass sie nicht geklärt werden kann, wenn nicht zuerst die internationale Zuständigkeit und im Anschluss das nach dem IPR des Forums anwendbare Recht feststeht. Da die verschiedenen Rechtsordnungen gerade auch spezifische Regeln für die Wirksamkeit bzw. die Nichtigkeit von Mietverträgen vorsehen können, erscheint es vorzugswürdig, Art. 24 Nr. 1 EuGVVO schon dann anzuwenden, wenn ein Vertrag über die entgeltliche Gebrauchsüberlassung geschlossen werden sollte. Keine Anwendung findet Art. 24 Nr. 1 EuGVVO dagegen bei Ansprüchen, die sich nur mittelbar auf die Nutzung der Mietsache beziehen wie bspw. Ansprüche wegen entgangener Urlaubsfreuden.[916]

**346** Eine **kumulative Zuständigkeit** ordnet **Art. 24 Nr. 1 S. 2 EuGVVO** an, wenn das Verfahren die Miete unbeweglicher Sachen zum vorübergehenden privaten Gebrauch für höchstens sechs aufeinander folgende Monate betrifft, wenn es sich bei dem Mieter um eine natürliche Person handelt und wenn der Eigentümer und der Mieter ihren Wohnsitz in demselben Mitgliedstaat haben; in dem Fall sind auch die Gerichte des Mitgliedstaats zuständig, in dem der Beklagte seinen Wohnsitz hat.[917] Insbesondere im Falle der Vermietung einer **Ferienwohnung** wird hierdurch vermieden, dass Mieter und Eigentümer am Belegenheitsort der Ferienwohnung prozessieren müssen, obwohl beide Parteien ihren Wohnsitz in einem anderen Mitgliedstaat haben.[918] **Problematisch** ist, dass Art 24 Nr. 1 S. 2 EuGVVO seinem Wortlaut nach nur darauf abstellt, dass *Eigentümer* und Mieter ihren Wohnsitz in demselben Mitgliedstaat haben; ein Gerichtsstand im Mitgliedstaat des gemeinsamen Wohnsitzes würde sich deshalb nach dem Wortlaut der Vorschrift nicht bei einem Rechtsstreit zwischen Vermieter und Mieter ergeben, wenn der Vermieter nicht zugleich Eigentümer ist. Eine solche Beschränkung ist jedoch mit dem Sinn und Zweck des Art. 24 Nr. 1 S. 2 EuGVVO kaum zu vereinbaren. Es ist schlicht nicht ersichtlich, warum Vermieter und Mieter trotz gemeinsamem Wohnsitz in einem Mitgliedstaat am Belegenheitsort der Sache prozessieren müssen sollten, nur weil der Eigentümer seinen Sitz nicht in diesem Mitgliedstaat hat. Auch die Parallelvorschrift zum Internationalen Privatrecht, Art. 4 Abs. 1 d) Rom I-VO, stellt nicht auf den Eigentümer, sondern auf den Vermieter ab. Zu Recht wird in der Lit. deshalb eine **Ausdehnung des Art. 24 Nr. 1 S. 2 EuGVVO auch auf den vom Eigentümer personenverschiedenen Vermieter** gefordert.[919]

**347** Auch bei der Zuständigkeit nach Art. 24 Nr. 1 S. 2 EuGVVO handelt es sich um eine **ausschließliche Zuständigkeit,** sodass auch hier weder eine Gerichtsstandsvereinbarung noch eine rügelose Einlassung möglich sind.

### III. Verbrauchergerichtsstand nach Art. 17, 18 EuGVVO

**348** Liegen die Voraussetzungen des ausschließlichen Gerichtsstandes nach Art. 24 Nr. 1 EuGVVO nicht vor – etwa, weil es sich nicht um die Miete einer unbeweglichen Sache handelt oder weil die Miete nicht mehr den Hauptgegenstand des Vertrags bildet – so kann sich in mietrechtlichen Angelegenheiten eine Zuständigkeit im Einzelfall auch aus dem Verbrauchergerichtsstand gem. Art. 18 EuGVVO ergeben. Nach Art. 18 Abs. 1 EuGVVO können Klagen des Verbraucher-Mieters sowohl vor den Gerichten des Mitgliedstaates erhoben werden, in denen der Unternehmer-Vermieter seinen Sitz hat als auch vor den Gerichten des Mitgliedstaats in dem der Mieter seinen Wohnsitz hat. Klagen des Unternehmer-Vermieters gegen den Verbraucher-Mieter können dagegen nach Art. 18 Abs. 2 EuGVVO nur vor den Gerichten des Mitgliedstaates erhoben werden, in dem der Mieter seinen Wohnsitz hat. Sollte der Verbraucher-Mieter somit seinen Wohnsitz in Deutschland haben, sind die deutschen Gerichte sowohl für Klagen des Mieters als auch für Klagen gegen den Mieter zuständig. **Art. 18 EuGVVO findet jedoch nur Anwendung, wenn die Voraussetzungen des Art. 17 EuGVVO vorliegen.** Entgegen dem missverständlichen Wortlaut des Art. 17 Abs. 1 EuGVVO muss deshalb erstens nicht nur der Mieter Verbraucher, sondern auch

---

[915] OGH IPRax 1999, 471; *Hüßtege* IPRax 1999, 477f.

[916] EuGH NJW 1985, 905 Rn. 28 – Rösler/Rottwinkel.

[917] Anders noch nach Art. 16 Nr. 1 EuGVÜ, hierzu EuGH NJW 1985, 905 Rn. 19ff. – Rösler/Rottwinkel (von Wieczorek/Schütze/*Kern,* 4. Aufl. 2017, EuGVVO Art. 24 Rn. 21 insoweit zurecht als „*unglücklich empfunden" bezeichnet).*

[918] Näher MüKoZPO/*Gottwald* Brüssel Ia-VO Art. 24 Rn. 17ff.; Wieczorek/Schütze/*Kern,* 4. Aufl. 2017, EuGVVO Art. 24 Rn. 22.

[919] *Schlosser/Hess* EuGVVO Art. 24 Rn. 9; Wieczorek/Schütze/*Kern,* 4. Aufl. 2017, EuGVVO Art. 24 Rn. 22.

der Vermieter Unternehmer sein.[920] Und zweitens muss der Vermieter gem. Art. 17 Abs. 1 c) EuGVVO entweder die gewerbliche Vermietung in dem Mitgliedstaat ausgeübt haben, in dem der Mieter seinen Wohnsitz hat oder die Vermietung zumindest auf diesen Mitgliedstaat ausgerichtet haben.[921]

## N. Internationales Privatrecht

### I. Das anwendbare Recht

#### 1. Grundsätzliches

Das anwendbare Recht bestimmt sich nach dem Internationalen Privatrecht, wobei **das zuständige Gericht nur das eigene Internationale Privatrecht anwendet.**[922] Sind also deutsche Gerichte international zuständig, so bestimmt sich das anwendbare Recht deshalb ausschließlich nach dem in Deutschland geltenden Internationalen Privatrecht. In mietrechtlichen Streitigkeiten wird das anwendbare Recht weitgehend von den Kollisionsnormen der nach Art. 288 Abs. 2 AEUV unmittelbar wirkenden **Rom I-VO**[923] **und der Rom II-VO**[924] **bestimmt.** 349

Die Art. 27 ff. EGBGB aF zur Bestimmung des bei **vertraglichen** Schuldverhältnissen **anwendbaren Rechts** sind zum 17.12.2009 vollständig außer Kraft getreten und durch die Rom I-VO ersetzt worden. Die Kollisionsnormen des EGBGB kommen nur noch bzgl. einzelner Teilfragen zur Anwendung, die vom Anwendungsbereich der Rom I-VO ausgeschlossen sind, so insbes. Art. 7 EGBGB hinsichtlich der Rechts- und Geschäftsfähigkeit (gem. Art. 1 Abs. 2 a) Rom I-VO vom Anwendungsbereich ausgenommen) sowie Art. 8 EGBGB hinsichtlich der Stellvertretung (gem. Art. 1 Abs. 2 g) Rom I-VO vom Anwendungsbereich ausgenommen). 350

Die Art. 38 ff. EGBGB zur Bestimmung des bei **außervertraglichen Schuldverhältnissen anwendbaren Rechts** sind zwar noch in Kraft, werden aber aufgrund des Anwendungsvorrangs des Europarechts[925] von der Rom-II-VO überlagert. Die Art. 38 ff. EGBGB sind nur noch in den Bereichen anwendbar, die nach Art. 1 Abs. 2 Rom II-VO von ihrem Anwendungsbereich ausgenommen sind; die von Art. 1 Abs. 2 Rom II-VO genannten Bereichsausnahmen werden bei mietrechtlichen Streitigkeiten allerdings kaum jemals relevant werden. 351

Im Gegensatz zu Art. 24 Nr. 1 EuGVVO gibt es **keine einheitliche Kollisionsnorm, die sämtliche mit dem Mietvertrag zusammenhängende Ansprüche erfasst.** Vielmehr ist unterschiedlich anzuknüpfen, je nachdem, ob es sich um vertragliche Ansprüche, um deliktische Ansprüche, um Ansprüche wegen Verschuldens bei Vertragsverhandlungen, um Ansprüche aus Geschäftsführung ohne Auftrag oder um Ansprüche aus ungerechtfertigter Bereicherung handelt. Im Ergebnis kommt es aufgrund der Regelungstechnik der Vorschriften aus der Rom I-VO und der Rom II-VO gleichwohl häufig dazu, dass für die genannten Ansprüche das gleiche Recht anwendbar ist. 352

#### 2. Das Vertragsstatut

**a) Anknüpfung und Reichweite des Vetragsstatuts.** Nach Art. 4 Abs. 2 Rom I-VO erfolgt zwar grds. eine Anknüpfung an die vetragscharakteristische Leistung; für Mietverträge stehen jedoch mit **Art. 4 Abs. 1 c) und d) Rom I-VO** spezielle Kollisionsnormen bereit. Gemäß **Art. 4** 353

---

920 Siehe EuGH BeckRS 2013, 80540 Rn. 33 – Česka spořitelna; MüKoZPO/*Gottwald* Brüssel Ia-VO Art. 17 Rn. 8; ausf. zu den autonom auszulegenden Begriffen von Verbraucher und Unternehmer Wieczorek/Schütze/*Nordmeier,* 4. Aufl. 2017, EuGVVO Art. 17 Rn. 17 ff., 30 ff.

921 Zum Kriterium des Ausrichtens EuGH EuZW 2011, 98 – Alpenhof und Pammer; zur Kausalität EuGH NJW 2013, 3504 – Emrek; ausf. MüKoZPO/*Gottwald* Brüssel Ia-VO Art. 17 Rn. 9 ff.; Musielak/Voit/*Stadler* EuGVVO Art. 17 Rn. 8; *Staudinger/Czaplinski* NZM 2011, 461 (462 ff.); Wieczorek/Schütze/*Nordmeier,* 4. Aufl. 2017, EuGVVO Art. 17 Rn. 54 ff.

922 Vgl. BGH VIII ZR 154/95, BGHZ 134, 201 = NJW 1997, 870 (871); BGH VIII ZR 125/14, NJW 2015, 2584 Rn. 49.

923 VO (EG) Nr. 593/2008 des Europäischen Parlaments und des Rates v. 17.6.2008 über das auf vertragliche Schuldverhältnisse anzuwendende Recht.

924 VO (EG) Nr. 864/2007 des Europäischen Parlaments und des Rates v. 11.7.2007 über das auf außervertragliche Schuldverhältnisse anzuwendende Recht.

925 EuGH NJW 1964, 2371 – Costa/ENEL; BVerfGE 89, 155 (190); Calliess/Ruffert/*Ruffert* AEUV Art. 1 Rn. 16 ff. mwN; *Herdegen,* Europarecht, 21. Aufl. 2019, § 10 Rn. 1 ff.

**Abs. 1 c) Rom I-VO** unterliegen Verträge, welche die Miete unbeweglicher Sachen zum Gegenstand haben, **dem Recht des Staates, in dem die unbewegliche Sache belegen ist.** Auf einen Mietvertrag über eine in Deutschland belegene Wohnung, einen in Deutschland belegenen Geschäftsraum oder Raum oder ein in Deutschland belegenes Grundstück ist somit deutsches Recht anwendbar. Eine **Ausnahme** gilt – parallel zur Regelung in Art. 24 Nr. 1 S. 2 EuGVVO – gem. **Art. 4 Abs. 1 d) Rom I-VO** im Hinblick auf die Miete unbeweglicher Sachen für höchstens sechs aufeinander folgende Monate zum vorübergehenden privaten Gebrauch. Hier ist das Recht des Staates anwendbar, in dem der Vermieter seinen gewöhnlichen Aufenthalt hat, sofern der Mieter eine natürliche Person ist und seinen gewöhnlichen Aufenthalt in demselben Staat hat. Ebenso wie mit der Regelung in Art. 24 Nr. 1 S. 2 EuGVVO wird mit Art. 4 Abs. 1 d) Rom I-VO insbes. die kurzfristige Vermietung einer Ferienwohnung erfasst. Wenn also bspw. ein Vermieter mit gewöhnlichem Aufenthalt in Deutschland an einen Mieter mit gewöhnlichem Aufenthalt in Deutschland für drei Wochen eine Ferienwohnung in Italien vermiete, so ist auf den Vertrag gem. Art. 4 Abs. 1 d) Rom I-VO deutsches Recht anzuwenden.

354 **Die Reichweite des Vertragsstatuts** wird durch Art. 12 Rom I-VO bestimmt. So gem. Art. 12 Abs. 1 a) bis e) das nach der Rom I-VO auf einen Vertrag anwendbare Recht insbes. maßgeblich für seine **Auslegung, die Erfüllung der vertraglichen Verpflichtungen, die Folgen der vollständigen oder teilweisen Nichterfüllung, das Erlöschen der Verpflichtungen, die Verjährungen und die Folgen der Nichtigkeit.** Ist deshalb bspw. nach Art. 4 Abs. 1 c) Rom I-VO auf einen Mietvertrag deutsches Recht anzuwenden, so ist das deutsche Recht auch für die soeben genannten Fragen maßgeblich. Deutsches Recht wäre deshalb insbes. maßgeblich für Ansprüche des Mieters auf Gebrauchsüberlassung, für Mängelgewährleistungsrechte des Mieters inkl. Schadensersatz, für Ansprüche des Vermieters auf Zahlung von Miete, Nebenkosten und weiterer vertraglich geschuldeter Leistungen, für Ansprüche auf Zustimmung zur Mieterhöhung, auf Duldung von Modernisierungsmaßnahmen sowie für die Kündigung des Mietvertrags.

355 **b) Nicht vom Vertragsstatut umfasste Fragen.** Nicht vom Vertragsstatut umfasst sind dagegen Fragen der **Vertretungsmacht,** da diese gem. Art. 1 Abs. 2 g) bzw. a) und b) Rom I-VO vom Anwendungsbereich der Verordnung ausgenommen sind. Für die gewillkürte Stellvertretung gilt vielmehr Art. 8 EGBGB, während es sich bei der gesetzlichen Vertretungsmacht um einen personenrechtlichen Aspekt handelt.[926]

356 Nicht nach dem Vertragsstatut richten sich nach zutreffender Auffassung auch Ansprüche wegen Verletzung **nicht leistungsbezogener Verkehrs- und Schutzpflichten** (→ Rn. 360) und Ansprüche eines Dritten aufgrund eines **Vertrags mit Schutzwirkung zugunsten Dritter** (→ Rn. 361)

357 Auch hinsichtlich der Frage, ob der Mietvertrag **wirksam zustande gekommen bzw. wirksam** ist, ist gesondert anzuknüpfen und bestimmt sich das anwendbare Recht nach Art. 10 Rom I-VO.[927]. Das **Zustandekommen** erfasst ua die Frage, ob **übereinstimmende Willenserklärungen** vorliegen[928] und ob eine **AGB** wirksam **einbezogen** worden ist.[929] Unter den Begriff der **Wirksamkeit** fallen insbes. **Voraussetzungen und Folgen von Willensmängeln**[930] und die Frage, ob eine **AGB wirksam** oder unwirksam ist.[931] Auch Fragen des **Verbraucherwiderrufs** fallen unter die Frage der Wirksamkeit und somit unter Art. 10 Abs. 1 Rom I-VO.[932]

---

[926] Näher BeckOGK/*Mankowski* EGBGB Art. 8 Rn. 25; MüKoBGB/*Spellenberg* EGBGB Art. 8 Rn. 51 f.

[927] Die Unterscheidung zwischen Zustandekommen und Wirksamkeit ist insofern relevant, als eine Einzelfallkorrektur durch die Billigkeitsanknüpfung nach Art. 10 Abs. 2 Rom I-VO nur bzgl. des Zustandekommens, nicht aber bzgl. der Wirksamkeit möglich ist (vgl. BGH VIII ZR 316/96, BGHZ 135, 124 = NJW 1997, 1697 (1699 f.), zu Art. 31 EGBGB aF und § 1 Abs. 1 HWiG aF; BeckOGK/*Weller* Rom I-VO Art. 10 Rn. 15).

[928] Ferrari IntVertragsR/*Ferrari* VO (EG) 593/2008 Art. 10 Rn. 6; MüKoBGB/*Spellenberg* Rom I-VO Art. 10 Rn. 44.

[929] Ferrari IntVertragsR/*Ferrari* VO (EG) 593/2008 Art. 10 Rn. 8; MüKoBGB/*Spellenberg* Rom I-VO Art. 10 Rn. 46; Staudinger/*Hausmann,* 2016, Rom I-VO Rn. 22 f.

[930] BeckOGK/*Weller* Rom I-VO Art. 10 Rn. 30; BeckOK/*Spickhoff* Rom I-VO Art. 10 Rn. 6; Erman/*Stürner,* 16. Aufl. 2020, Rom I-VO Art. 10 Rn. 7; Staudinger/*Hausmann,* 2016, Rom I-VO Art. 10 Rn. 24 f.

[931] BeckOGK/*Weller* Rom I-VO Art. 10 Rn. 33; BeckOK/*Spickhoff,* Rom I-VO Art. 10 Rn. 6; Erman/*Stürner, 16. Aufl. 2020,* Rom I-VO Art. 10 Rn. 8; NK-BGB/*Leible* Rom I-VO Art. 10 Rn. 24.

[932] Vgl. BGH VIII ZR 316/96, BGHZ 135, 124 = NJW 1997, 1697 (1699 f.), zu Art. 31 EGBGB aF und § 1 Abs. 1 HWiG aF; BeckOGK/*Weller* Rom I-VO Art. 10 Rn. 34; Staudinger/*Hausmann,* 2016, Rom I-VO Art. 10 Rn. 24.

Trotz der gesonderter Anknüpfung hinsichtlich Zustandekommen und Wirksamkeit kommt es aufgrund der Regelungstechnik des Art. 10 Abs. 1 Rom I-VO zu einem **Gleichlauf mit dem Vertragsstatut:** Denn Art. 10 Abs. Rom I-VO regelt, dass das Zustandekommen und die Wirksamkeit des Vertrags sich **nach dem Recht beurteilt, das anzuwenden wäre, wenn der Vertrag wirksam wäre** (hypothetisches Vertragsstatut). Ergibt sich also bspw., dass auf einen Mietvertrag über eine in Deutschland belegene Wohnung gem. Art. 4 Abs. 1 c) Rom I-VO deutsches Recht anwendbar ist, so beurteilt sich auch die Frage, ob ein Dissens vorliegt oder ob der Mieter den Mietvertrag wirksam angefochten ist, nach deutschem Recht. **358**

### 3. Das Deliktstatut

Auf ein außervertragliches Schuldverhältnis aus unerlaubter Handlung ist im Ausgangspunkt nach Art. 4 Abs. 1 Rom II-VO das Recht des Staates anzuwenden, in dem der Schaden eintritt. Hiermit ist im Sinne der Terminologie des deutschen Deliktsrecht der **Erfolgsort** gemeint, also der Rechtsgutsverletzung.[933] Ausnahmsweise ist jedoch, wenn Schädiger und Geschädigter ihren **gewöhnlichen Aufenthalt in demselben Staat** haben, gem. Art. 4 Abs. 2 Rom II-VO das Recht dieses Staates maßgeblich. **359**

Das Deliktsstatut ist bei mietrechtlichen Streitigkeiten insbes. bei der Beschädigung der Mietsache durch den Mieter oder bei der Verletzung von Verkehrssicherungspflichten durch den Vermieter relevant. Allerdings werfen gerade diese Fälle Schwierigkeiten hinsichtlich der Qualifikation auf, da die **Verletzung von nicht leistungsbezogenen Nebenpflichten im Mietverhältnis** sich an der Schnittstelle zwischen Vertrag und Delikt befindet. Hat der Mieter bspw. während der Mietdauer oder beim Auszug die Mietsache beschädigt, so kommt für die Qualifikation der Ersatzforderung des Vermieters nicht nur eine Qualifikation nach Art. 4 Rom II-VO, sondern auch eine vertragliche Qualifikation nach Art. 4 Abs. 1 c) und d) Rom I-VO in Betracht. Nach hM und insbes. nach der Rspr. des EuGH ist für die Unterscheidung zwischen vertraglichen und außervertraglichen Verpflichtungen im Ausgangspunkt entscheidend, ob eine **freiwillige Verpflichtung** vorliegt, die eine Partei gegenüber einer anderen eingegangen ist.[934] Ferner hat der EuGH ausgesprochen, dass ein Anspruch aus einem Vertrag geltend gemacht wird, „wenn das vorgeworfene Verhalten als Verstoß gegen die vertraglichen Verpflichtungen angesehen werden kann, wie sie sich anhand des Vertragsgegenstands ermitteln lassen." Dies sei wiederum „der Fall, **wenn eine Auslegung des Vertrags zwischen dem Beklagten und dem Kläger unerlässlich erscheint, um zu klären, ob das dem Beklagten vom Kläger vorgeworfene Verhalten rechtmäßig oder vielmehr widerrechtlich ist.**"[935] Diese Formulierung scheint dafür zu sprechen, die Verletzung von Nebenpflichten als vertraglich zu qualifizieren. Denn eine Verletzung von Nebenpflichten ist immer dann anzunehmen, wenn der Mieter den vertragsgemäßen Gebrauch der Mietsache überschreitet,[936] sodass – gemäß der Formel des EuGH – eine Auslegung des Vertrags erfolgen muss, um zu klären, ob eine Nebenpflichtverletzung vorliegt oder nicht. Die Äußerung des EuGH ist jedoch in Bezug auf eine Konstellation ergangen, in der der Kläger den Beklagten ua auf Unterlassung in Anspruch genommen und geltend gemacht hatte, dem Beklagten sei es aufgrund eines zwischen den Parteien bestehenden Vertrages verwehrt, bestimmte Produkte für eigene Rechnung zu entwickeln oder zu verwerten. In dieser Konstellation ist aber der Vertrag für eine entsprechende Verpflichtung des Beklagten konstitutiv. Bei der Verletzung von nicht leistungsbezogenen Verkehrs- und Schutzpflichten im Mietverhältnis ist Letzteres aber gerade nicht der Fall: Der Mieter dürfte die Sache des Vermieters auch dann nicht beschädigen, wenn zwischen den Parteien keine vertragliche Sonderverbindung bestünde. Anders als bei der Verletzung einer leistungsbezogenen Pflicht verletzt der Mieter hier keine Pflicht, die ihm gerade wegen des Mietvertrags obläge; vielmehr dringt er – von einem Vertrag unabhängig – in den Rechtskreis des Vermieters ein und ver- **360**

[933] Siehe Erwägungsgrund 17 der Rom II-VO; ferner BeckOK/*Spickhoff* Rom II-VO Art. 4 Rn. 6; *Huber/Bach* IPRax 2005, 73 (76); MüKoBGB/*Junker* Rom II-VO Art. 4 Rn. 20 mwN; *v. Hein* VersR 2007, 440 (443) mwN.

[934] EuGH BeckRS 2004, 75771 Rn. 15 – Handte; EuGH EuZW 1999, 59 Rn. 17 – Réunion européenne; EuGH NJW 2002, 3159 Rn. 23 – Tacconi; EuGH NJW-RR 2004, 1291 Rn. 24 – Frahuil; EuGH NJW 2005, 811 Rn. 50 – Engler/Janus Versand, jeweils zur internationalen Zuständigkeit; BeckOGK/*Rühl* Rom II-VO Art. 4 Rn. 38 f.; Ferrari IntVertragsR/*Kieninger* VO (EG) 593/2008 Art. 1 Rn. 5; Staudinger/*Magnus*, 2016, Rom I-VO Art. 1 Rn. 31.

[935] EuGH NJW 2014, 1648 Rn. 25 f. – Borgsitter.

[936] BGH VIII ZR 157/17, BGHZ 218, 22 = NJW 2018, 1746 Rn. 16; näher *Fervers* WuM 2017, 429 ff.

ursacht dort einen Schaden.[937] Funktionell handelt es sich bei Ersatzansprüchen für die Verletzung von nicht leistungsbezogenen Nebenpflichten deshalb um eine deliktische Haftung, sodass **richtigerweise eine Qualifikation als deliktisch** anzunehmen ist.[938]

**361** Auch die Ansprüche eines Dritten, die dieser aufgrund eines **Vertrags mit Schutzwirkung zugunsten Dritter** geltend macht, sind als **außervertraglich** zu qualifizieren und damit nach Art. 4 Rom II-VO anzuknüpfen.[939] Die Auffassung des BGH, wonach sich der Vertrag mit Schutzwirkung zugunsten Dritter aus einer ergänzenden Vertragsauslegung ergeben soll,[940] ist schon im nationalen Recht abzulehnen.[941] Vielmehr handelt es sich beim Vertrag mit Schutzwirkung zugunsten Dritter funktionell um eine deliktsrechtliche Haftung des Schuldners,[942] sodass eine europarechtlich-autonome Qualifikation als außervertraglich sachgerecht ist.

**362** Die **praktischen Unterschiede zwischen der hier vertretenen Qualifikation als außervertraglich und einer Qualifikation als vertraglich dürften bei mietrechtlichen Streitigkeiten jedoch gering** sein. Denn das in Art. 4 Abs. 1 Rom II-VO vorgesehene Anknüpfungsmoment des Erfolgsorts wird häufig zum Belegenheitsort der Räumlichkeiten führen, sodass die gleichen Ergebnisse erzielt werden wie bei einer Qualifikation nach Art. 4 Abs. 1 c) Rom I-VO. Darüber hinaus wird mit dem in Art. 4 Abs. 2 Rom II-VO vorgesehenen Anknüpfungsmoment des gemeinsamen gewöhnlichen Aufenthalts auch häufig ein identisches Ergebnis erzielt wie bei einer Anknüpfung nach Art. 4 Abs. 1 d) Rom I-VO. Und schließlich öffnet **Art. 4 Abs. 3 S. 2 Rom II-VO** trotz der Qualifikation als außervertraglich die Tür für die **Anwendung des Rechts, das auch auf den Mietvertrag anzuwenden ist.** Denn gem. Art. 4 Abs. 3 S. 2 Rom II-VO kann sich eine offensichtlich engere Verbindung mit einem anderen Staat – die nach Art. 4 Abs. 3 S. 1 Rom II-VO zur Anwendung des Rechts dieses Staates führt – insbes. aus einem bereits bestehenden Rechtsverhältnis zwischen den Parteien– wie einem Vertrag – ergeben, das mit der betreffenden unerlaubten Handlung in enger Verbindung steht. Und eine solche enge Verbindung lässt sich bei der Verletzung nicht leistungsbezogener Nebenpflichten aus einem Mietvertrag häufig bejahen.

### 4. Das anwendbare Recht bei Ansprüchen wegen Verschuldens bei Vertragsverhandlungen

**363** Macht eine Partei einen Anspruch wegen Verschuldens bei Vertragsverhandlungen, also insbes. einen Anspruch wegen Verletzung von Aufklärungspflichten[943] oder wegen Abbruchs der Vertragsverhandlungen[944] geltend, so richtet sich das anwendbare Recht nicht nach der Rom I-VO (s. Art. 1 Abs. 2i) Rom I-VO), sondern nach Art. 12 Rom-II-VO. Insoweit bestimmt Art. 12 Abs. 1 Rom-II-VO, dass **das Recht anzuwenden ist, welches auf den Vertrag anzuwenden ist oder anzuwenden gewesen wäre, wenn er geschlossen worden wäre.** Obwohl das europäische Kollisionsrecht die Haftung wegen Verschuldens bei Vertragsverhandlungen also im Grundsatz als außervertraglich qualifiziert, kommt nach Art. 12 Abs. 1 Rom II-VO das Vertragsstatut (bei der Verletzung von Aufklärungspflichten) bzw. das hypothetische Vertragsstatut (beim Abbruch von Vertragsverhandlungen) zur Anwendung. Nimmt also bspw. der Mieter den Vermieter auf Schadensersatz in Anspruch, weil der Vermieter die Vertragsverhandlungen bzgl. eines Mietvertrags

---

[937] Ausf. hierzu *Fervers* WuM 2017, 429 (433 ff.).

[938] IErg ebenso BeckOGK/*Rühl* Rom II-VO Art. 4 Rn. 41; MüKoBGB/*Martiny* Rom I-VO Art. 1 Rn. 11; tendenziell auch MüKoBGB/*Spellenberg* Rom I-VO Art. 12 Rn. 54; im Zusammenhang mit der c. i. c. ebenso BeckOK BGB/*Spickhoff* Rom II-VO Art. 12 Rn. 5; **anders** Staudinger/*Magnus,* 2016, Rom I-VO Art. 1 Rn. 32, der darauf abstellt, ob die verletzte Pflicht im konkreten Fall in einem „hinreichend engen Zusammenhang zu einem Vertrag" steht.

[939] OGH IPRax 2009, 354; *Dutta* IPRax 2009, 293 (294 ff.); *Freitag* IPRax 2016, 418 (421); MüKoBGB/*Martiny* Rom I-VO Art. 1 Rn. 10; MüKoBGB/*Spellenberg* Rom I-VO Art. 12 Rn. 54; **aA** OLG Hamburg VersR 1983, 350; Staudinger/*Magnus,* 2016, Rom I-VO Art. 1 Rn. 38.

[940] BGH VI ZR 153/93, BGHZ 126, 297 = NJW 1994, 2417 (2419); BGH X ZR 104/94, BGHZ 133, 168 = NJW 1996, 2927 (2928); BGH III ZR 245/96, BGHZ 138, 257 = NJW 1998, 1948 (1949); BGH X ZR 231/99, NJW 2001, 3115; BGH X ZR 250/02, BGHZ 159, 1 = NJW 2004, 3035 (3036); BGH IX ZR 132/03, NJW 2004, 3630 (3632); s. ferner die Nachw. bei *Fervers* ZJS 2014, 91 (95) Fn. 41.

[941] BeckOGK/*Mäsch* BGB § 328 Rn. 160; MüKoBGB/*Gottwald* § 328 Rn. 170 ff., 172 ff.; *Neuner* JZ 1999, 126 (128); *Zenner* NJW 2009, 1030 (1033); ausf. *Fervers* ZJS 2014, 91 ff. mwN.

[942] *Fervers ZJS 2014, 91 (96).*

[943] Siehe Erwägungsgrund 30 S. 2 Rom II-VO; MüKoBGB/*Junker* Rom II-VO Art. 12 Rn. 22 f.

[944] Siehe Erwägungsgrund 30 S. 2 Rom II-VO; BeckOGK/*Schinkels* Rom II-VO Art. 12 Rn. 31 f.; MüKoBGB/*Junker* Rom II-VO Art. 12 Rn. 24.

für eine in Deutschland belegene Wohnung grundlos abgebrochen hat, so ist gem. Art. 12 Abs. 1 Rom II-VO iVm Art. 4 Abs. 1 c) Rom I-VO deutsches Recht anzuwenden und ist somit ein Anspruch nach §§ 280 Abs. 1, 241 Abs. 2, 311 Abs. 2 Nr. 1 BGB zu prüfen.

Freilich ist auch im Rahmen der c. i. c. eine **Abgrenzung zum Deliktsstatut** vorzunehmen, 364 sodass nicht alle Konstellationen, die nach deutschem Verständnis ein Verschulden bei Vertragsverhandlungen darstellen, unter Art. 12 Abs. 1 Rom II-VO fallen und nach dem (hypothetischen) Vertragsstatut zu beurteilen sind.[945] Denn wenn die Verletzung nicht leistungsbezogener Nebenpflichten schon bei bestehendem Mietverhältnis als deliktisch zu qualifizieren ist, so kann sich nicht jede Pflichtverletzung im Vorfeld des Vertragsschlusses nach dem (hypothetischen) Vertragsstatut richten. Konsequenterweise heißt es deshalb in Erwägungsgrund 30 S. 3 Rom II-VO, dass Art. 12 Rom II-VO nur für außervertragliche Schuldverhältnisse gelten soll, die in unmittelbarem Zusammenhang mit den Verhandlungen vor Abschluss eines Vertrags stehen. Und gemäß Erwägungsgrund 30 S. 4 Rom II-VO sollen die Fälle eines Personenschadens während der Vertragsverhandlungen nach Art. 4 Rom II-VO anzuknüpfen sein. Wird also bspw. der Mieter während der Vertragsverhandlungen durch eine Unachtsamkeit des Vermieters verletzt, so richtet sich das anwendbare Recht nicht nach Art. 12 Abs. 1 Rom II-VO, sondern vielmehr nach Art. 4 Rom II-VO.[946]

### 5. Das anwendbare Recht bei Ansprüchen aus Geschäftsführung ohne Auftrag

Art. 11 Rom II-VO stellt zur Ermittlung des auf Ansprüche aus der GoA anwendbaren Rechts 365 eine „Anknüpfungsleiter" bereit. Vorrangig ist dabei nach Art. 11 Abs. 1 Rom II-VO das Recht anzuwenden, dem der Vertrag unterliegt, an den das Schuldverhältnis aus der GoA anknüpft und das eine enge Verbindung zur Geschäftsführung aufweist. Insbesondere für Aufwendungen des Mieters auf die Mietsache[947] ist deshalb nach Art. 11 Abs. 1 Rom II-VO **das Recht anzuwenden, dem auch der Mietvertrag unterliegt.** Hat deshalb bspw. der Mieter einer in Deutschland belegenen Wohnung ohne entsprechende Vereinbarung die Fenster erneuern lassen, so ist für die Frage, ob ihm ein Aufwendungsersatzanspruch gegen den Vermieter zusteht gem. Art. 11 Abs. 1 Rom II-VO deutsches Recht anzuwenden, da deutsches Recht gem. Art. 4 Abs. 1 c) Rom I-VO auch auf den Mietvertrag Anwendung findet. Das deutsche Gericht hat deshalb in diesem Fall einen Anspruch des Mieters nach § 539 Abs. 2 iVm §§ 677, 683 S. 1, 670 BGB zu prüfen.

**Keine Anwendung** findet Art. 11 Rom II-VO richtigerweise dann, wenn die Aufwendungen 366 im Rahmen eines **Schadensersatzanspruchs wegen Nichterfüllung** (nach nationaler Terminologie Schadensersatz statt der Leistung) geltend gemacht werden. Denn die Frage, ob der Gläubiger die geschuldete Leistung ganz oder teilweise als Schadensersatz liquidieren darf, hängt von der Reichweite der jeweiligen vertraglichen Verpflichtung ab und muss somit dem Vertragsstatut unterliegen. Verlangt also der Mieter Aufwendungsersatz mit der Begründung, er habe einen Mietmangel beseitigt, so ist diese Frage vom Vertragsstatut und damit vom nach Art. 4 Abs. 1 c) bzw. d) Rom I-VO anwendbaren Recht umfasst. Ein Unterschied zur Anwendung des Art. 11 Abs. 1 Rom II-VO ergibt sich freilich insofern nicht, als über die akzessorische Anknüpfung des Art. 1 Abs. 1 Rom II-VO iErg ebenfalls das Vertragsstatut zur Anwendung käme.

### 6. Das anwendbare Recht bei Ansprüchen auf ungerechtfertigter Bereicherung

Das auf Ansprüche aus ungerechtfertigter Bereicherung anwendbare Recht ist gemäß der 367 „Anknüpfungsleiter" nach Art. Rom II-VO zu ermitteln. Vorrangig gilt deshalb nach Art. 10 Abs. 1 Rom II-VO, dass, wenn ein außervertragliches Schuldverhältnis aus ungerechtfertigter Bereicherung an einen zwischen Parteien bestehenden Vertrag anknüpft, der mit der ungerechtfertigten Bereicherung in enger Verbindung steht, das Recht anzuwenden ist, dem dieser Vertrag

945 Siehe Erwägungsgrund 30 S. 1 Rom II-VO, der nochmals ausdrücklich die Selbstverständlichkeit betont, dass der Begriff des Verschuldens bei Vertragsverhandlungen autonom zu verstehen und nicht im Sinne des nationalen Rechts auszulegen ist. Nach der Einschätzung von BeckOGK/*Schinkels* Rom II-VO Art. 12 Rn. 28 zielt diese Formulierung auf das deutsche Sachrecht.

946 Ausf. zum Meinungsstand bzgl. der Abgrenzung BeckOGK/*Schinkels* Rom II-VO Art. 12 Rn. 26ff. mwN.; für deliktische Anknüpfung bei Verletzung des Integritätsinteresses BeckOK BGB/*Spickhoff* Rom II-VO Art. 12 Rn. 5; MüKoBGB/*Junker* Rom II-VO Art. 12 Rn. 18; für eine Differenzierung danach, ob der Schaden bei Erfüllung der vertraglichen Erwartungen ebenfalls eingetreten wäre *Hocke* IPRax 2014, 305 (308).

947 Für die Anwendung des Art. 11 Rom II-VO bei Verwendung auf fremde Sachen auch BeckOK BGB/*Spickhoff* Rom II-VO Art. 11 Rn. 3; MüKoBGB/*Junker* Rom II-VO Art. 10 Rn. 10.

unterliegt. Art. 10 Abs. 1 Rom II-VO nimmt also eine **akzessorische Anknüpfung**[948] vor: Auf das Schuldverhältnis aus ungerechtfertigter Bereicherung findet das Recht Anwendung, dem das Rechtsverhältnis unterliegt, auf das sich die Bereicherung bezieht. Für den im Mietrecht praxisrelevanten Fall der **Rückforderung überzahlter Miete** ist somit auf den Rückforderungsanspruch des Mieters **das Recht anzuwenden, dem der Mietvertrag unterliegt.**

368 **Nicht anwendbar** ist Art. 10 Rom II-VO dagegen hM auf die **Rückabwicklung nichtiger oder unwirksamer Verträge.** Vielmehr folgt insoweit aus Art. 12 Abs. 1 e) Rom I-VO, wonach das nach der Rom I-VO ermittelte Vertragsstatut auch für die Folgen der Nichtigkeit des Vertrages gilt, dass auch Ansprüche wegen der Rückabwicklung nichtiger und unwirksamer Verträge dem Vertragsstatut unterworfen sind.[949] Praktisch ergibt sich allerdings insofern kein Unterschied zur Anwendung von Art. 10 Rom II-VO, als in beiden Fällen iErg das Vertragsstatut zur Anwendung kommt. Verlangt bspw. der Mieter nach der Anfechtung des Mietvertrages über eine in Deutschland belegene Wohnung vom Vermieter die Rückzahlung der geleisteten Miete, so ist gem. Art. 12 Abs. 1 e), 4 Abs. 1 c) Rom I-VO deutsches Recht anwendbar; dies wäre allerdings auch bei einer akzessorischen Anknüpfung nach Art. 10 Rom II-VO der Fall.

## II. Gleichlauf zwischen internationaler Zuständigkeit und anwendbarem Recht?

### 1. Zumeist Gleichlauf zwischen Zuständigkeit und anwendbarem Recht

369 Durch die parallelen Bestimmungen von Art. 24 Nr. 1 S. 1 und 2 der EuGVVO, die für die gerichtliche Zuständigkeit teilweise wortgleiche Regelungen zu Art. 4 Abs. 1 c) und d) Rom I-VO vorsehen, kommt es **bei Anwendung des Vertragsstatuts in den meisten Fällen zu einem Gleichlauf zwischen internationaler Zuständigkeit und anwendbarem Recht;** das zuständige Gericht wendet also auch sein eigenes Recht an. Zu einem solchen Gleichlauf kommt es im Regelfall **nicht nur bei Anwendung des Vertragsstatuts:** Findet wie bei Ansprüchen aus ungerechtfertigter Bereicherung, Geschäftsführung ohne Auftrag und Verschuldens bei Vertragsverhandlungen eine akzessorische Anknüpfung statt bzw. kommt das hypothetische Vertragsstatut zur Anwendung, so ist das gleiche Recht anwendbar wie auf den Mietvertrag nach Art. 4 Abs. 1 c) und d) Rom I-VO, sodass sich wiederum ein Gleichlauf zum Forum nach Art. 24 Nr. 1 S. 1, 2 EuGVVO ergibt. **Auch die Anwendung des Deliktsstatuts führt in mietrechtlichen Konstellationen idR zu einem Zusammenfallen von Zuständigkeit und anwendbarem Recht:** Wenn gem. Art. 4 Abs. 1 Rom II-VO das Recht des Staates anzuwenden ist, in dem die Rechtsgutsverletzung eingetreten ist, so wird dies typischerweise der Staat sein, in dem sich die Wohnung befindet, sodass ein nach Art. 24 Nr. 1 S. 1 EuGVVO aufgrund der Belegenheit der Sache zuständiges Gericht auch das eigene Recht anwendet. Gleiches gilt für Art. 4 Abs. 2 Rom II-VO: Wenn das Recht des Staates anwendbar ist, in dem Mieter und Vermieter ihren gemeinsamen Aufenthalt haben, so kann ein nach Art. 24 Nr. 1 S. 2 EuGVVO zuständiges Gericht ebenfalls das eigene Recht anwenden. Der somit in vielen Fällen erzielte Gleichlauf zwischen Zuständigkeit und anwendbarem Recht ist nicht nur allgemein im Hinblick auf die Rechtsanwendung zweckmäßig, sondern entspricht auch einem **wesentlichen Ziel des europäischen Zuständigkeits- und Kollisionsrechts.**[950]

### 2. Fehlende Korrelation zwischen Zuständigkeit und anwendbarem Recht

370 Zu einem Auseinanderfallen zwischen internationaler Zuständigkeit und anwendbarem Recht kann es im Einzelfall gleichwohl, und zwar insbes. in den folgenden Fällen kommen:

371 **Erstens** ist ein solches Auseinanderfallen **im Falle einer Rechtswahl** möglich. Denn während eine Gerichtsstandsvereinbarung bei Vorliegen eines ausschließlichen Gerichtsstandes nach Art. 24 Nr. 1 EuGVVO gem. Art. 25 Abs. 4 EuGVVO ausgeschlossen ist, können die Parteien das auf den Vertrag anwendbare Recht nach Art. 3 Rom I-VO bzw. Art. 14 Rom II-VO im Grundsatz frei wählen.

---

[948] MüKoBGB/*Junker* Rom II-VO Art. 10 Rn. 17.

[949] OLG München NJW-RR 2004, 1442 (1443) (zu Art. 28 EGBGB); BeckOGK/*Schinkels* Rom II-VO Art. 10 Rn. 10; BeckOGK/*Paulus* Rom I-VO Art. 1 Rn. 24; BeckOK/*Spickhoff* Rom II-VO Art. 10 Rn. 6; Erman/*Stürner*, 16. Aufl. 2020, Rom II-VO Art. 10 Rn. 1, 13; Ferrari IntVertragsR/*Ferrari* VO (EG) 593/2008 Art. 12 Rn. 26; MüKoBGB/*Junker* Rom II-VO Art. 10 Rn. 15 f.

[950] Siehe Erwägungsgrund 7 der Rom I-VO.

**Zweitens** kann es zu einem Auseinanderfallen kommen, wenn es sich um eine unter Art. 24 Nr. 1 S. 2 EuGVVO und Art. 4 Abs. 1 d) Rom I-VO fallende **kurzfristige Vermietung** handelt. Art. 24 Nr. 1 S. 2 EuGVVO ordnet nämlich eine kumulative Zuständigkeit an, sodass trotz kurzfristiger Vermietung auch eine Klage am Belegenheitsort möglich ist, während Art. 4 Abs. 1 d) Rom I-VO im Falle einer kurzfristigen Vermietung *ausschließlich* das Recht zur Anwendung beruft, in welchem Vermieter und Mieter ihren gemeinsamen gewöhnlichen Aufenthalt haben. Vermietet also bspw. ein Vermieter mit gewöhnlichem Aufenthalt in Frankreich eine in Deutschland belegene Ferienwohnung an einen Mieter, der ebenfalls seinen gewöhnlichen Aufenthalt in Frankreich hat, so bleibt es dem Vermieter unbenommen, nach Art. 24 Nr. 1 S. 1 EuGVVO Klage vor deutschen Gerichten zu erheben, da er von der kumulativen Zuständigkeit französischer Gerichte nach Art. 24 Nr. 1 S. 2 EuGVVO keinen Gebrauch machen muss. Gemäß Art. 4 Abs. 1 d) Rom I-VO ist hingegen nicht deutsches, sondern französisches Recht anwendbar. 372

**Drittens** können Zuständigkeit und anwendbares Recht divergieren, weil **Art. 4 Abs. 2 Rom II-VO und Art. 24 Nr. 1 S. 2 EuGVVO keinen deckungsgleichen Anwendungsbereich** haben. Zum einen erfasst Art. 24 Nr. 1 S. 2 EuGVVO nur die Vermietung für höchstens sechs aufeinander folgende Monate. Sofern also bspw. die unbefristet vermietete Wohnung in Deutschland belegen ist, Vermieter und Mieter ihren gewöhnlichen Aufenthalt aber in Frankreich haben und der Mieter bei einem Wochenendaufenthalt die Wohnung beschädigt hat, so sind zwar gem. Art. 24 Nr. 1 S. 1 EuGVVO ausschließlich deutsche Gerichte zuständig, da Art. 24 Nr. 1 S. 2 EuGVVO aufgrund des unbefristeten Mietvertrags keine Anwendung findet. Anwendbar ist hingegen gem. Art. 4 Abs. 2 Rom II-VO französisches Recht. Zum anderen setzt Art. 24 Nr. 1 S. 2 EuGVVO voraus, dass es sich um Miete für den privaten Gebrauch handelt. Sofern also bspw. Vermieter und Mieter beide ihren gewöhnlichen Aufenthalt in Frankreich haben und Geschäftsraummietvertrag über die in Deutschland belegenen Räumlichkeiten abgeschlossen haben, so sind gem. Art. 24 Nr. 1 S. 1 EuGVVO zwar deutsche Gerichte zuständig, ist aber nach Art. 4 Abs. 2 Rom II-VO französisches Recht anwendbar. 373

**Kein Auseinanderfallen zwischen *lex fori* und *lex causae*** ergibt sich aus dem Vorrang des Art. 6 Rom I-VO beim **Verbrauchervertrag.** Zwar geht Art. 6 Rom I-VO, wonach das Recht anzuwenden ist, in dem der Verbraucher seinen gewöhnlichen Aufenthalt hat, sofern der Unternehmer seine gewerbliche Tätigkeit in diesem Staat ausübt oder auf diesen Staat ausgerichtet hat, im Grundsatz dem Art. 4 Rom I-VO vor. Allerdings gelten Art. 6 Abs. 1 und 2 Rom I-VO gem. Art. 6 Abs. 4 c) Alt. 2 Rom I-VO gerade nicht für Verträge, die die Miete oder Pacht unbeweglicher Sachen zum Gegenstand haben. Hier bleibt es deshalb bei dem nach Art. 4 Abs. 1 c) Rom I-VO anwendbaren Recht. Vermietet also bspw. ein gewerbsmäßiger Vermieter in Deutschland belegene Wohnungen gezielt auch an Verbraucher-Mieter mit gewöhnlichem Aufenthalt in Frankreich, so sind für Streitigkeiten bzgl. dieser Mietverhältnisse deutsche Gerichte nach Art. 24 Nr. 1 S. 1 EuGVVO zuständig und ist nach Art. 4 Abs. 1 c), Art. 6 Abs. 4 c) Alt. 2 Rom I-VO auch nicht französisches, sondern deutsches Recht anwendbar. 374

### III. Der Vorrang der zwingenden deutschen Mieterschutzvorschriften

#### 1. Anwendbarkeit trotz Rechtswahl

Die Frage, ob sich die deutschen Mieterschutzvorschriften trotz Anwendung einer ausländischen *lex causae* „durchsetzen", stellt sich dann, wenn deutsche Gerichte international zuständig sind, aber gleichwohl ausländisches Recht anwenden. Praxisrelevant ist dies insbes., wenn die Parteien eine – nach Art. 3 Abs. 3 Rom I-VO und Art. 14 Abs. 2 Rom II-VO grds. zulässige – Rechtswahl treffen. 375

Die grundsätzliche Möglichkeit einer Rechtswahl wird durch Art. 3 Abs. 3 Rom I-VO und Art. 14 Abs. 2 Rom II-VO **im Hinblick auf zwingende Inlandsvorschriften eingeschränkt:** Sind alle anderen Elemente außer der Rechtswahl in einem anderen Staat belegen, so berührt die Rechtswahl nicht die zwingenden Vorschriften dieses Staates. Hiermit werden insbes. reine **Binnensachverhalte** erfasst, in denen die Parteien trotz Fehlen jeglichen Auslandsbezugs ein fremdes Recht wählen und hiermit eine **„künstliche Internationalisierung"**[951] herbeiführen. Wählen also bspw. die Parteien für den Mietvertrag spanisches Recht, obwohl Vermieter und Mieter ihren 376

[951] MüKoBGB/*Martiny* Rom I-VO Art. 3 Rn. 4.

gewöhnlichen Aufenthalt in Deutschland haben, obwohl die Wohnung sich in Deutschland befindet und obwohl auch sonst kein Auslandsbezug ersichtlich ist, so gilt zwar grds. das spanische Recht; die Vorschriften des BGB, von denen nicht zum Nachteil des Mieters abgewichen werden kann – wie zB die §§ 573 ff. BGB – sind dagegen dennoch anzuwenden.

377 **Nicht mit Art. 3 Abs. 3 Rom I-VO und Art. 14 Abs. 2 Rom II-VO in den Griff kriegen** lassen sich dagegen die Konstellationen, in denen **tatsächlich ein Auslandsbezug vorliegt.** Zwar genügt nicht jeder Auslandsbezug. Vielmehr müssen die Umstände kollisionsrechtliche Bedeutung für das konkrete Geschäft haben und darüber hinaus auch von einigem Gewicht sein.[952] Hat allerdings bspw. der Vermieter seinen gewöhnlichen Aufenthalt in Spanien, so liegt der notwendige Auslandsbezug vor, sodass die Voraussetzungen von Art. 3 Abs. 3 Rom I-VO nicht gegeben und somit auch die zwingenden Vorschriften des deutschen Mietrechts abbedungen sind.

378 **Hieran ändert sich auch nichts, wenn es sich bei dem Mietvertrag um einen Verbrauchervertrag handelt.** Zwar bestimmt Art. 6 Abs. 2 S. 2 Rom I-VO, dass die Rechtswahl bei einem Verbrauchervertrag nicht die zwingenden Bestimmungen des Rechts, das nach Art. 6 Abs. 1 Rom I-VO anzuwenden wäre, abbedingen kann. Vermietet also der Vermieter gewerblich Wohnungen in Deutschland, so wäre nach Art. 6 Abs. 1 Rom I-VO deutsches Recht anzuwenden und könnte an sich deshalb von den zwingenden Bestimmungen des deutschen Rechts nicht durch die Rechtswahl abgewichen werden. Allerdings **bestimmt Art. 6 Abs. 4 c) Rom I-VO, dass Art. 6 Abs. 1, 2 Rom I-VO nicht für Verträge gelten, die die Miete unbeweglicher Sachen zum Gegenstand haben.** Hierdurch wird dem Verbraucher-Mieter explizit der Schutz des Art. 6 Abs. 2 Rom I-VO entzogen, was zu dem rechtspolitisch merkwürdigen Ergebnis führt, dass sich einerseits ein Verbraucher-Käufer selbst beim Kauf geringwertiger Artikel trotz Rechtswahl auf die Anwendung der zwingenden Bestimmungen „seines Rechts" verlassen kann, während andererseits die zwingenden Vorschriften aus dem „Heimatrecht des Mieters" schon bei Vorliegen eines Auslandsbezugs bequem abbedungen werden können.[953] Es bleibt deshalb nur der Ausweg über Art. 9 Rom I-VO bzw. Art. 16 Rom II-VO (→ Rn. 379 ff.).

### 2. Zwingende Mieterschutzvorschriften als „Eingriffsnormen"

379 Gemäß Art. 9 Abs. 1 Rom I-VO ist „eine Eingriffsnorm eine zwingende Vorschrift, deren Einhaltung von einem Staat als so entscheidend für die Wahrung seines öffentlichen Interesses, insbes. seiner politischen, sozialen oder wirtschaftlichen Organisation, angesehen wird, dass sie ungeachtet des nach Maßgabe [der Rom I-VO] auf den Vertrag anzuwendenden Rechts auf alle Sachverhalte anzuwenden ist, die in ihren Anwendungsbereich fallen."[954] Liegt eine solche Eingriffsnorm vor, so berührt die Rom I-VO gem. Art. 9 Abs. 2 Rom I-VO nicht die Anwendung dieser Eingriffsnorm. Eine vergleichbare Regelung findet sich in Art. 16 der Rom II-VO. Hierdurch wird den Gerichten gestattet, **trotz der Anwendung einer ausländischen *lex causae* gleichwohl bestimmte Normen der *lex fori* anzuwenden.** Auf das Mietrecht übertragen bedeutet dies, dass ein deutsches Gericht – selbst wenn es den Fall nach ausländischem Recht zu entscheiden hat – gleichwohl die zwingenden Vorschriften zum Schutze des Mieters anwenden würde. Die Frage ist deshalb, ob diese Vorschriften tatsächlich als Eingriffsnormen zu iSd Art. 9 Abs. 1 Rom I-VO zu qualifizieren sind.

380 **Vonseiten der hM wird dies für im Inland belegene Wohnungen zu Recht bejaht.**[955] Denn erstens verfolgen die zwingenden Mieterschutzvorschriften nicht nur individuelle, sondern

[952] BeckOGK/*Wendland* Rom I-VO Art. 3 Rn. 230; MüKoBGB/*Martiny* Rom I-VO Art. 3 Rn. 86; *Schurig* RabelsZ 54 (1990), 217 (223), zu Art. 27 Abs. 3 EGBGB aF.

[953] Krit. zu Art. 6 Abs. 4 c) Rom I-VO bereits BeckOGK/*Rühl* Rom I-VO Art. 6 Rn. 142 mwN; *Leible/Lehmann* RIW 2008, 528 (537); *Mankowski* IPRax 2006, 101 (105), zu Art. 5 des Vorschlags für eine Rom I-VO; Reithmann/Martiny/*Mankowski*, Internationales Vertragsrecht, 8. Aufl. 2015, Rn. 6.991; eine Revision des Art. 6 Abs. 4 c) Rom I-VO empfiehlt auch BeckOGK/*Maultzsch* Rom I-VO Art. 9 Rn. 258; **positive Bewertung** von Art. 6 Abs. 4 c) Rom I-VO dagegen bei Erman/*Stürner*, 16. Aufl. 2020, Rom I-VO Art. 6 Rn. 35; keine ausdrückliche Bewertung bei Ferrari IntVertragsR/*Staudinger* VO (EG) 593/2008 Art. 6 Rn. 40; Staudinger/*Magnus*, 2016, Rom I-VO Art. 6 Rn. 84.

[954] Formulierung angelehnt an EuGH EuZW 2000, 88 Rn. 30 – Arblade.

[955] BeckOK BGB/*Spickhoff* Rom I-VO Art. 9 Rn. 13; Erman/*Stürner*, 16. Aufl. 2020, Rom I-VO Art. 9 Rn. 12; Ferrari IntVertragsR/*Staudinger* VO (EG) 593/2008 Art. 9 Rn. 26; Hausmann/Odersky/*Schäuble* Internationales Privatrecht in der Notar- und Gestaltungspraxis § 16 Rn. 171; *Kropholler* RabelsZ 42 (1978), 634 (652); MüKoBGB/*Martiny* Rom I-VO Art. 4 Rn. 125, Art. 9 Rn. 129; Reithmann/Martiny/*Freitag*, Internatio-

sozialpolitische und damit übergeordnete Interessen. Die Kündigungsschutzvorschriften dienen sogar zumindest auch der Vermeidung von Obdachlosigkeit[956] und damit einem Belang, dessen Bedeutung für die Wahrung des öffentlichen Interesses kaum zweifelhaft sein kann. Und zweitens hat die Lösung über Art. 9 Rom I-VO gegenüber einem (de lege lata aufgrund Art. 6 Abs. 4 c) Rom I-VO nicht möglichen) Schutz nach Art. 6 Abs. 2 S. 2 Rom I-VO den Vorteil, dass der Mieterschutz nicht an das Vorliegen eines Verbrauchervertrags gebunden ist, sodass Schutzlücken in angespannten Wohnungsmärkten (→ Rn. 136 ff.) entfallen. Die zwingenden Vorschriften zum Schutz des Mieters sind deshalb als Eingriffsnormen iSd Art. 9 Rom I-VO bzw. Art. 16 Rom II-VO anzusehen und somit bei einer im Inland belegenen Wohnung auch dann anzuwenden, wenn deutsches Recht nicht Anwendung finden sollte. Zu einem adäquaten Schutz des Mieters und des öffentlichen Interesses **nicht erforderlich** ist dagegen ein **Günstigkeitsvergleich** entsprechend Art. 6 Abs. 2 S. 2 Rom I-VO, wonach die zwingenden Mieterschutzvorschriften nur insoweit anzuwenden wären, als sie für den Mieter im Vergleich zu den Vorschriften des anzuwendenden Rechts tatsächlich günstiger sind.[957]

nales Vertragsrecht, 8. Aufl. 2015, Rn. 5.62; Staudinger/*Mansel*, 2015, EGBGB Art. 43 Rn. 647; Staudinger/*Magnus*, 2016, Rom I-VO Art. 4 Rn. 255, Art. 9 Rn. 155, bei im Inland belegener Wohnung; tendenziell auch *Mankowski* IPRax 2006, 101 (105); Reithmann/Martiny/*Mankowski*, Internationales Vertragsrecht, 8. Aufl. 2015, Rn. 6.988; Staudinger/*Looschelders*, 2019, Einl. IPR Rn. 674; ebenso die Einschätzung des Gesetzgebers zu Art. 34 EGGB aF, s. BT-Drs. 10/504, 83; **krit.** BeckOGK/*Maultzsch* Rom I-VO Art. 9 Rn. 258, der stattdessen eine Revision des Art. 6 Abs. 4 c) Rom I-VO befürwortet; ähnlich BeckOGK/*Rühl* Rom I-VO Art. 6 Rn. 142, die eine Einordnung als Eingriffsnormen nicht ablehnt, hierin aber eine Hilfskonstruktion sieht, um die Schwächen von Art. 6 Abs. 4 c) Rom I-VO auszugleichen.

[956] Im Zusammenhang mit der Schonfristzahlung nach § 569 Abs. 3 Nr. 2 BGB ebenso BT-Drs. 14/4553, 64; BGH VIII ZR 6/04, NZM 2005, 334 Rn. 18; BGH VIII ZR 145/07, NZM 2008, 121 Rn. 27; BGH VIII ZR 107/12, NZM 2013, 20 Rn. 28; BGH VIII ZR 175/14, NZM 2015, 196 Rn. 24; LG Berlin WuM 2020, 281 (284); *Hinz* NZM 2010, 57 (67); *Meyer-Abich* NZM 2017, 97 (101).

[957] Gegen einen Günstigkeitsvergleich auch *Kropholler* RabelsZ 42 (1978), 634 (652); **aA** Ferrari IntVertragsR/*Staudinger* VO (EG) 593/2008 Art. 9 Rn. 26.

## § 535 Inhalt und Hauptpflichten des Mietvertrags

**(1) [1]Durch den Mietvertrag wird der Vermieter verpflichtet, dem Mieter den Gebrauch der Mietsache während der Mietzeit zu gewähren. [2]Der Vermieter hat die Mietsache dem Mieter in einem zum vertragsgemäßen Gebrauch geeigneten Zustand zu überlassen und sie während der Mietzeit in diesem Zustand zu erhalten. [3]Er hat die auf der Mietsache ruhenden Lasten zu tragen.**

**(2) Der Mieter ist verpflichtet, dem Vermieter die vereinbarte Miete zu entrichten.**

### Systematische Übersicht

## Alphabetische Schnellübersicht

## A. Die Pflicht des Vermieters zur Gewährung des Gebrauchs

Gem. § 535 Abs. 1 S. 1 BGB wird der Vermieter durch den Mietvertrag verpflichtet, dem Mieter den Gebrauch der Mietsache während der Mietzeit zu gewähren. Werden die Mieträume dem Mieter zum ausschließlichen Gebrauch überlassen, muss ihm der Vermieter im Regelfall auch den **unmittelbaren Besitz** gem. § 854 BGB überlassen.[1] Hierzu gehört auch die Übergabe der Haus- und Wohnungsschlüssel[2] (→ Rn. 523 ff.). Ist die Besitzübertragung nicht erforderlich, hat der Vermieter dafür zu sorgen, dass der freie Zugang zum Objekt[3] eingeräumt wird. 1

Die Pflicht zur Gebrauchsgewährung ist eine **Hauptleistungspflicht.** Sie wird in § 535 Abs. 1 S. 2 BGB dahingehend präzisiert, dass der Vermieter die gemietete Sache dem Mieter in einem zu dem vertragsgemäßen Gebrauch geeigneten Zustand zu überlassen und sie während der Mietzeit in diesem Zustand zu erhalten hat. Mit dem Begriff „gewähren" in § 535 BGB wird verdeutlicht, dass die Pflicht des Vermieters nicht nur in der einmaligen Handlung des Überlassens besteht, sondern der Vermieter während der gesamten Mietzeit dem Mieter den vertragsgemäßen Gebrauch ermöglichen muss und ggf. auch zu einem positiven Tun verpflichtet ist.[4] Er muss also die Sache beim Mieter belassen und sie darüber hinaus in einem zum vertragsgemäßen Gebrauch geeigneten Zustand erhalten. Die **Erhaltungspflicht** betrifft insbes. die Instandhaltung und Instandsetzung der Mietsache sowie die Pflicht zur Unterlassung und Abwehr von Störungen des Mietgebrauchs durch Dritte[5]. 2

---

[1] BGHZ 65, 137 zu § 571 BGB aF.
[2] OLG Düsseldorf MDR 2012, 140; LG Berlin NJW-RR 1988, 203; *Leo* NZM 2012, 707 (709).
[3] BGH ZMR 1989, 212 = NJW-RR 1989, 589 = MDR 1989, 628; OLG Düsseldorf MDR 2012, 140.
[4] Bub/Treier MietR-HdB/*Kraemer/Ehlert* Kap. III B Rn. 2772; Herrlein/Kandelhard/*Knops* BGB § 535 Rn. 15.
[5] OLG Düsseldorf GuT 2007, 438; LG Stendal NZM 2005, 783.

## I. Zeitlich

### 1. Beginn des Mietverhältnisses

3 Der Zeitpunkt, zu dem die Mieträume an den Mieter zu überlassen sind, muss nicht mit dem Beginn des Mietverhältnisses übereinstimmen[6]. Letztendlich wird sich die Pflicht des Vermieters zur Raumüberlassung aus dem Mietvertrag oder aus sonstigen Vereinbarungen der Parteien ergeben. Häufig werden dem Mieter die Räume schon vor Beginn des Mietverhältnisses überlassen, um zB noch vor dem Einzug Verschönerungsarbeiten vornehmen zu können. Mit der **vorzeitigen Raumüberlassung** kann aber der Beginn des Mietverhältnisses vorverlagert werden. Dies wird bspw. angenommen, wenn die Parteien auch schon für diesen Zeitraum eine Miete vereinbart haben.[7] Für die Annahme eines Mietverhältnisses ist nämlich die Vereinbarung einer Mietzahlung zwingend[8] (→ BGB Vor § 535 Rn. 3 ff.). Zur Frage der Anwendung mietvertraglicher Vorschriften bei Leistungsstörungen → BGB § 536 Rn. 549.

4 Erfolgt die vorzeitige Überlassung der Mieträume dagegen kostenlos, handelt es sich nach einer verbreiteten Auffassung in der Lit. um ein **Überlassungsverhältnis** eigener Art.[9] Eine andere Meinung geht davon aus, dass die für den ersten Zeitabschnitt zu entrichtende Miete diese Zeitspanne mit abdeckt[10]. Beide Auffassungen gewähren dem Vermieter einen Bereicherungsanspruch für diese Zeit der Nutzung durch den Mieter, wenn dem künftigen Mieter die Mietsache im Vorgriff auf einen noch abzuschließenden Mietvertrag überlassen wurde und es dann nicht zum Vertragsschluss kommt.[11]

5 Der Vermieter hat mit der vorzeitigen Übergabe sein Besitzrecht, und damit seine Sachherrschaft aufgegeben. Der Mieter genießt auch schon in dieser Zeit **Hausrecht.** Dennoch kann er in dieser „Vormietphase" aus Treu und Glauben (§ 242 BGB) gehalten sein, gewisse Beeinträchtigungen und Eingriffe Dritter, zB wegen noch auszuführender baulicher Schlussmaßnahmen, hinzunehmen. Mit der Besitzeinräumung trifft den Mieter auch für die Zeit vor Vertragsbeginn eine **Obhutspflicht** (→ Rn. 275 ff.).[12]

6 Hat der Vermieter dem Mieter lediglich das vorzeitige **Unterstellen von Umzugsgut** gestattet, liegt weder ein vorzeitiger Beginn des Mietverhältnisses noch ein sonstiges Überlassungsverhältnis, sondern lediglich ein unentgeltlicher Verwahrungsvertrag gem. § 688 BGB vor.[13] In diesen Fällen ist die Haftung des Vermieters gem. §§ 690, 277 BGB auf die Sorgfalt in eigenen Angelegenheiten beschränkt. Dies ergibt sich auch aus dem allgemeinen Grundsatz, dass der fremdnützig Handelnde nur gemildert haftet.[14] Die Nähe zum Mietrecht rechtfertigt jedoch die entsprechende Anwendung dieser Vorschriften, wenn dem Mieter weiter gehende Nutzungsrechte, wie zB die Durchführung von Renovierungsarbeiten, eingeräumt werden.

7 Hat der Vermieter dem Mieter **die Schlüssel** übergeben, liegt darin regelmäßig auch die Übergabe des unmittelbaren Besitzes. Der Mieter begeht daher keine Besitzstörung iSd § 858 BGB, sondern „nur" eine Pflichtverletzung, wenn er abredewidrig die gemieteten Räume vorzeitig bezieht. Anders kann der Fall dann zu beurteilen sein, wenn der Vermieter bei der Schlüsselübergabe noch einen Schlüssel für sich zurückbehält. Dann führt uU der Einzug des Mieters zu einer verbotenen Eigenmacht, die ihn verpflichtet, die Räume herauszugeben (§ 861 BGB).

8 Haben die Parteien vereinbart, dass der **Mietbeginn** eine gewisse Zeit hinausgeschoben werden soll, wenn der Vormieter nicht rechtzeitig räumt, ist dies bei einer formularvertraglichen Vereinbarung grds. unwirksam. Der Wohnraummieter erwartet regelmäßig den Einzug zum jeweiligen Auszugstermin seiner bisherigen Wohnung und geht daher von einem **absoluten Fixgeschäft** aus. Anders kann dies auch bei Gewerberaum nicht zu beurteilen sein, da auch dort der Mieter regelmäßig für einen bestimmten Termin Vorleistungen trifft. Bei zulässigen Individualvereinbarungen darf die Zeit allerdings nicht zu lange bemessen werden. Die zeitliche Verschiebung um

---

[6] Staudinger/*Emmerich* BGB Vor § 535 Rn. 69.
[7] OLG Karlsruhe ZMR 2013, 339.
[8] *Eisele* WuM 1997, 533 (534); KG GE 1998, 796.
[9] Bub/Treier MietR-HdB/*Kraemer/von der Osten* Kap. III A Rn. 2305; *Eisele* WuM 1997, 533 (534); zum Gewerberaummietverhältnis s. OLG Rostock GE 2014, 1058 mAnm *Fritz* jurisPR-MietR 21/2014 Anm. 1.
[10] MüKoBGB/*Häublein* § 535 Rn. 66.
[11] *Bub/Treier MietR-HdB/Kraemer/von der Osten* Kap. III A Rn. 2305.
[12] Staudinger/*Emmerich* BGB § 535 Rn. 93; *Weimar* WuM 1971, 180.
[13] **AA** wohl AG Hamburg WuM 1987, 249.
[14] *Eisele* WuM 1997, 533 (535) mwN; Beurteilung im Einzelfall BGHZ 21, 102.

mehr als einen Monat ist nicht mehr zumutbar, da die Überlassung der Mietsache eine **Kardinalpflicht** des Vermieters ist (→ Rn. 18). Sogenannte **Mietverträge vom Reißbrett** bilden eine Ausnahme. Sie werden regelmäßig zu einem Zeitpunkt abgeschlossen, in dem sich das Mietobjekt noch im Planungsstadium befindet. In solchen Verträgen wird häufig vereinbart, dass das Mietverhältnis mit dem Eintritt eines bestimmten Ereignisses, zB der Bezugsfertigkeit, der Fertigstellung oder der Übergabe, beginnen soll.[15] Eine derartige Regelung ist als Fälligkeitsregelung zulässig.[16] Gegebenenfalls ist der Inhalt einer solchen Vertragsklausel durch Auslegung zu ermitteln.[17] Für die Wirksamkeit des Vertrages genügt es, wenn der Mietbeginn zum Zeitpunkt des Vertragsschlusses bestimmbar ist (→ Rn. 18).[18]

### 2. Leistungsstörungen

Hat der Vermieter eine Sache vermietet, die von Anfang an nicht oder nicht mehr existiert, gelten die allgemeinen Regeln über die **Leistungsstörungen** (zum Anspruch des Mieters vgl. → § 311 a Abs. 2 BGB). Entgegen der Rechtslage vor der Schuldrechtsreform zum 1. 1. 2002[19] ist ein solcher Vertrag nicht nichtig (§ 306 BGB aF), sondern gem. § 311 a Abs. 1 BGB wirksam. (Einzelheiten unter → BGB § 536 Rn. 529 ff.). 9

Ist die Mietsache existent, aber von Anfang an mangelhaft, dann ist die Leistung des Vermieters, nämlich die Überlassung der Mietsache zu dem vertragsgemäßen Gebrauch, von Anfang an unmöglich. In diesen Fällen werden die allgemeinen Regeln über die Leistungsstörungen durch die §§ 536 ff. BGB verdrängt, selbst wenn die Mietsache für den vertraglich vorgesehenen Gebrauch völlig untauglich ist und dieser Fehler nie behoben werden kann.[20] Das gilt nach bisheriger Rspr. aber erst nach Überlassung der Mietsache an den Mieter.[21] Abweichend von diesem Grundsatz haftet der Vermieter daneben auch nach den allgemeinen Regeln der Leistungsstörung, wenn der Vermieter den Mangel bewusst verschwiegen hat und es nicht zur Überlassung der Mietsache an den Mieter kam[22] (Einzelheiten → BGB § 536 Rn. 529 ff.). 10

Befindet sich das Mietobjekt bei Abschluss des Mietvertrages noch im Planungsstadium, kann der Vermieter einen Änderungsvorbehalt, zB hinsichtlich der Fläche, aufnehmen, der allerdings wegen § 308 Nr. 4 BGB iVm § 307 BGB dem Mieter zumutbar sein muss.[23] Die Abweichung ist zumutbar, wenn sich der Vermieter „unwesentliche oder zweckmäßige Änderungen sowie Änderungen auf Grund behördlicher Auflagen" vorbehält, weil sie dann sachlich geboten sind. Führt die Abweichung vom ursprünglichen Planungsstadium zu einem „aliud", ist **Unmöglichkeit** anzunehmen.[24] Bei gewerblichen Mietverhältnissen ist die Vereinbarung einer Bruttomietfläche auch unter dem Gesichtspunkt des § 307 BGB zulässig. Die Berechnung der **Bruttomietfläche** erfolgt regelmäßig nach Maßgabe der DIN 277. Unter der so definierten Fläche versteht man die Summe der Grundflächen aller Grundrissebenen eines Bauwerkes, die anhand der äußeren Maße der Bauteile einschließlich Bekleidung (zB Putz) zu berechnen sind und die Grundflächen der Außenmauern somit einschließt.[25] 11

---

15 *Voß* ZfIR 2006, 44.

16 Blank/Börstinghaus/*Blank/Börstinghaus* BGB § 535 Rn. 36.

17 BGH NJW-RR 1998, 801 = NZM 1998, 156; OLG Köln GuT 2006, 14.

18 BGH NJW 2006, 139 = GuT 2006, 11 = NZM 2006, 54 = GE 2006, 50 = ZMR 2006, 115; WuM 2003, 263 = NJW 2003, 1317 = NZM 2003, 314 = GE 2003, 587.

19 G zur Modernisierung des Schuldrechts, BGBl. 2001 I 3138.

20 BGH NJW 1999, 635; WuM 1981, 92 = NJW 1980, 777 = MDR 1980, 306 = ZMR 1980, 105; BGHZ 93, 142 = NJW 1985, 1025 = MDR 1985, 394 = WPM 1985, 419; *Oehler* JZ 1980, 794; *Hassold* NJW 1974, 1743 (1745); Staudinger/*Emmerich* BGB Vorb. § 536 Rn. 4 ff. mwN; **aA** OLG Celle NJW 1973, 2289; Wolf/Eckert/Ball Gewerbl. Miet-/Pacht-/LeasingR-HdB Rn. 250; *Gather* DWW 1997, 169.

21 BGH WuM 1999, 324 = NJW 1999, 635 = MDR 1999, 287 = ZMR 1999, 305; NJW 1997, 2813 = MDR 1997, 923 = ZMR 1997, 565 = ZIP 1997, 1594 = ZfIR 1997, 523; krit. *Timme* NJW 2000, 930; *Sternel* EWiR 1997, 971; *Tröster* NZM 1998, 697; OLG Hamm WuM 1998, 151 = ZMR 1998, 90; *Oehler* JZ 1980, 794; *Simon* WuM 2000, 575; **aA** BGHZ 93, 142 = NJW 1985, 1025 = MDR 1985, 394 = WPM 1985, 419; Herrlein/Kandelhard/*Kandelhard* BGB Vorb. Vor §§ 536 ff. Rn. 21.

22 BGH NJW 1997, 2817 = MDR 1997, 923 = ZIP 1997, 1594; *Oehler* JZ 1980, 794; **aA** BGHZ 93, 142 = NJW 1985, 1025 = MDR 1985, 394 = WPM 1985, 419.

23 OLG Düsseldorf NZM 2001, 989 mit zusätzlichem Hinweis auf § 3 AGB-Gesetz.

24 OLG Celle ZMR 1996, 209; OLG Hamm ZMR 1998, 90 = WuM 1998, 151 = NJW-RR 1998, 152.

25 BGH NZM 2001, 234 = NJW-RR 2001, 439; OLG Düsseldorf NJW-RR 2000, 1681, Verstoß gegen § 3 AGB-Gesetz.

12 Der Vertrag bleibt gültig bei jeglicher Unmöglichkeit (§§ 275, 311 a BGB) oder in bestimmten Fällen der Unzumutbarkeit (§ 275 Abs. 2, 3 BGB). Ersteres ist insbes. anzunehmen, wenn der Vormieter trotz beendeten Mietverhältnisses nicht rechtzeitig auszieht und der Vermieter die Räume nicht bzw. nicht rechtzeitig übergeben kann.[26] Hier liegt kein **Rechtsmangel,** sondern nur ein **tatsächliches Leistungshindernis** vor. Einzelheiten s. unter § 536 BGB (→ Rn. 532; → BGB § 536 a Rn. 25).

13 Haben Vermieter und Mieter einen kalendermäßig bestimmten Überlassungstermin vereinbart, nimmt der Mieter diesen Termin aber nicht wahr und kommt dadurch in Annahmeverzug, so behält der Vermieter im Falle der **nachträglichen Unmöglichkeit** nach § 326 Abs. 2 BGB den Anspruch auf den Mietzins.[27]

14 Der Vermieter kann aber auch aus Verzug haften, wenn die Leistung noch nachholbar ist. Bei der Raummiete kommt dies bspw. in Betracht, wenn das Mietverhältnis erst mit der **tatsächlichen Übergabe** des bezugsfertigen[28] Mietobjekts beginnen soll.[29]

## II. Räumlich

### 1. Übergabe

15 Der Vermieter hat dem Mieter den unmittelbaren Besitz der Mietsache zu verschaffen. Was der Vermieter im Einzelfall tun muss, um seiner Pflicht zu genügen, dem Mieter die Mietsache zum Gebrauch zu überlassen und sie während der Mietzeit zu erhalten, richtet sich nach der Art und dem Umfang des Gebrauchs, der dem Mieter nach dem Vertrag gestattet ist. Generell ist erforderlich, dass der Vermieter den Mieter durch **Übergabe sämtlicher Schlüssel** in die Lage versetzt, die Mietsache vertragsgemäß zu nutzen.[30] Dieser Pflicht kommt der Vermieter nicht nach, wenn er dem Mieter lediglich den Zugang zur Mietsache ermöglicht, ohne ihm auch die Schlüssel zu übergeben. In diesen Fällen kann der Mieter nämlich die Räume nicht ausreichend gegen den Zutritt unbefugter Personen sichern.[31] Andererseits reicht allein die Schlüsselübergabe nicht aus, wenn der Mieter den Besitz nicht übernehmen kann, weil der frühere Mieter noch nicht geräumt hat (→ BGB § 536 a Rn. 25). Allerdings kann der Vermieter vereinbaren, dass die Schlüsselübergabe und Besitzeinräumung von der Zahlung der ersten Miete und von der Zahlung der ersten Kautionsrate abhängig gemacht wird (→ BGB § 551 Rn. 62). Das soll auch bei einer entsprechenden Formularklausel gelten.[32]

16 Der Mieter kann nicht verpflichtet werden, bei Beginn des Mietverhältnisses die Schlüssel, die ihm erstmalig Zugang zu der Mietsache gewähren, auf eigene Kosten herstellen zu lassen. Damit verstößt der Vermieter gegen seine **Kardinalpflicht,**[33] dem Mieter den Besitz der Mietsache einzuräumen. Eine entsprechende Formularvereinbarung verstößt gegen § 307 Abs. 2 BGB.[34] Eine Individualvereinbarung gleichen Inhalts scheitert an § 242 BGB.

17 Erfordert die Übergabe keine Übertragung des Besitzes, so erfüllt der Vermieter seine Pflicht dadurch, dass er dem Mieter den **ungestörten Zutritt** zu der Mietsache ermöglicht.[35]

18 Haben die Parteien in einem Formularmietvertrag vereinbart, dass der Vermieter für die rechtzeitige Übergabe der Mieträume nur bei Vorsatz und grober Fahrlässigkeit haften soll, dann verstößt eine solche Abrede gegen § 307 BGB. Auch im gewerblichen Mietrecht gehört die pünktliche Übergabe zu den Kernpflichten des Vermieters.[36] Daher liegt ein Verstoß gegen § 308 Nr. 1 BGB iVm § 307 BGB vor, wenn der Verpächter formularmäßig vereinbart, dass das Pachtverhältnis mit

[26] OLG Düsseldorf MDR 1990, 725.
[27] BGH WuM 1991, 25 = NJW-RR 1991, 267 = ZMR 1991, 57 = MDR 1991, 524.
[28] Zur Bezugsfertigkeit eines Hauses OLG Hamm Der Bausachverständige 2007, 5.
[29] BGH WuM 1992, 687 = NJW 1992, 3226 = ZMR 1993, 7 = MDR 1992, 1147 = GE 1992, 1209; LG Berlin GE 1993, 919.
[30] OLG Düsseldorf ZMR 2017, 639 = GE 2017, 951; MDR 2012, 140; LG Berlin NJW-RR 1988, 203; AG Potsdam WuM 1995, 34; *Leo* NZM 2012, 707 (709).
[31] LG Berlin NJW-RR 1988, 203.
[32] LG Bonn ZMR 2009, 529.
[33] OLG Düsseldorf DWW 1993, 197.
[34] LG Berlin NJW-RR 1988, 203.
[35] BGH WuM 1989, 229 = ZMR 1989, 212 = NJW-RR 1989, 589 = MDR 1989, 628.
[36] OLG Düsseldorf DWW 1993, 197.

der Fertigstellung des Gebäudes beginnt und der Zeitpunkt der Raumüberlassung völlig unbestimmt ist (aber → Rn. 8).[37]

Der Ausschluss der Haftung für **leichte Fahrlässigkeit** ist unzulässig (§ 307 Abs. 2 Nr. 2 BGB), wenn der Vermieter damit vermeiden will, für Schäden, die aus einem Mangel der Mietsache resultieren, einzustehen[38] und das Schadensrisiko für den Mieter in tatsächlicher Hinsicht nicht beherrschbar ist. Letzteres ist beim Wohnraummieter regelmäßig anzunehmen, wenn der Mangel an der Mietsache dort auftritt, wo der Mieter keinen unmittelbaren Zugriff hat. Denn einerseits ist der Mangel für den Mieter außerhalb seiner Einflusssphäre nicht immer erkennbar, so dass er einen drohenden Folgeschaden nicht abwenden kann,[39] und zum anderen kann er sich gegen diese Schäden üblicherweise nicht versichern, da er nicht Hauseigentümer ist. Andererseits ist es dem Hauseigentümer zumutbar, selbst eine Versicherung abzuschließen und die Kosten gem. § 556 BGB auf die Mieter umzulegen. Die vorstehenden Überlegungen gelten auch für das gewerbliche Mietverhältnis, weil es sich bei den Instandhaltungspflichten um **Kardinalpflichten** handelt[40] und zudem einem Vertragspartner grds. nur das Risiko zumutbar ist, das in seine Einflusssphäre fällt[41] (→ BGB § 536 a Rn. 178 ff.). 19

## 2. Bestandteile der Mietsache

Mit dem Abschluss des Mietvertrages erwirbt der Mieter das Recht, die Mietsache **in ihrer Gesamtheit** zu nutzen. Im Gegenzug ist er verpflichtet, den Mietzins zu entrichten. Ist allerdings der Vermieter von Räumen vertraglich verpflichtet, diese vor Bezug auszubauen, kann er vor der Durchführung der entsprechenden Arbeiten keinen Mietzins verlangen.[42] 20

Der Umfang des Vertragsgegenstandes bzw. des Nutzungsrechts ergibt sich aus dem Vertrag oder sonstigen Vereinbarungen der Parteien. Dabei ist zu prüfen, ob dem Mieter die Nutzung einer bestimmten Sache **lediglich gestattet** wird[43] oder ob sie vom **Mietgebrauch erfasst** ist.[44] Fehlt zu den einzelnen Punkten eine Vereinbarung oder sind nur unvollständige Abreden getroffen worden, muss der Umfang des Gebrauchsrechts durch Auslegung des Vertrages gem. § 157 BGB nach Treu und Glauben und der Verkehrsanschauung ermittelt werden. So spricht bspw. die im Mietvertrag verankerte Pflicht des Mieters, Gartengeräte auf eigene Kosten bereit zu halten, dafür, dass die Gartennutzung nicht nur gestattet, sondern Bestandteil des Vertragsumfanges ist.[45] Andererseits kann mangels anderweitiger Vereinbarung die widerspruchslose Nutzung einer Dachterrasse oder die aus temporären Gründen erteilte Erlaubnis zum Abstellen von Fahrrädern auf dem Hof[46] oder die Nutzung eines Kellerverschlags[47] lediglich eine Gestattung und somit vom Vermieter frei widerruflich sein.[48] Soweit dies zum vertragsgemäßen Gebrauch erforderlich ist, hat der Mieter auch das Recht, nicht mitgemietete Gebäudeteile zu nutzen, wie zB die Außenwand zur Anbringung eines Praxisschildes (→ Rn. 25 ff., 202, 334 ff.). So darf ein Mieter auch ohne besondere Vereinbarung einen mit dem Pkw befahrbaren und ausreichend befestigten Zugangsweg nutzen. Die Nutzung kann sich aber nur auf das Be- und Entladen, nicht auf das Parken eines Pkw,[49] erstrecken. 21

Der Vermieter kann bei der Vermietung gewerblicher Räume formularmäßig vereinbaren, dass während des laufenden Mietverhältnisses in zumutbarem Umfang bei Erstattung der Aufwendungen dem Mieter anstelle der **angemieteten Nebenräume** andere Räume und Flächen **zugewiesen** werden dürfen. Für eine ähnliche Regelung hinsichtlich der Hauptmietfläche besteht bei Vertragsgestaltungen durch Allgemeine Geschäftsbedingungen kein Raum.[50] 22

---

37 LG Mannheim WuM 1999, 686.
38 BGH MDR 2002, 330 mAnm *Lützenkirchen;* **aA** OLG Stuttgart NJW 1984, 2226.
39 BGH NJW-RR 1998, 1426 = MDR 1998, 1403.
40 BGH WuM 2002, 141 = NJW 2002, 673 = ZMR 2002, 184 = NZM 2002, 116; *Joachim* WuM 2003, 183 (186); *Günter* NZM 2016, 569 (575); *Franke* DWW 2005, 4 (6).
41 BGH NJW-RR 1998, 1426 = MDR 1998, 1403.
42 BGH NZM 1998, 766 = NJW-RR 1998, 1464.
43 LG Berlin NZM 2000, 457 zur Kellernutzung; *Sternel* NZM 1998, 833 (842).
44 AG Lörrach WuM 1998, 662.
45 LG Hamburg WuM 2000, 180.
46 LG Berlin GE 2011, 1087; AG Hamburg ZMR 2012, 963; *Pfeilschifter* jurisPR-MietR 2/2012 Anm. 4.
47 AG Spandau GE 2016, 919; AG Wedding GE 2016, 1156.
48 KG GE 2012, 1561 = ZMR 2013, 181 = NZM 2013, 579 zu Gemeinschaftsflächen; WuM 2009, 654 = GE 2009, 1552.
49 LG Lübeck WuM 1990, 336 = NJW-RR 1990, 1353.
50 Bub/Treier MietR-HdB/*Bub* Kap. II Rn. 1095.

23 **a) Wohnumfeld.** Bei Vermietung eines Neubaus ist selten schon das gesamte Gebäude oder das Wohnumfeld fertig gestellt. Mangels besonderer Vereinbarungen besteht in diesen Fällen eine stillschweigende Übereinstimmung dahingehend, dass die Unfertigkeiten alsbald beseitigt werden.[51] Anders als bei der Vermietung im Altbau ist es bei der Vermietung einer Wohnung in einem noch nicht ganz fertig gestellten Neubau regelmäßig Grundlage des Mietvertrages, dass die Arbeiten am Neubau in dem hierzu erforderlichen und üblichen Zeitraum fertig gestellt werden.[52] Je nach Zustand des Objektes kann ein **Fertigstellungszeitraum** von einem halben bis einem Jahr angemessen sein. Die Parteien können auch vertraglich vereinbaren, zu welchem Zeitpunkt der Vermieter die Fertigstellung der gesamten Wohnanlage schuldet.

24 Dass der Mieter in einem solchen Fall zunächst den vollen Mietzins zahlt, hindert ihn nicht, die Miete **zu mindern,** wenn der Vermieter die Fertigstellung der Mietsache verzögert. Regelmäßig nimmt der Mieter einer noch nicht fertig gestellten Wohnung zwar gewisse Unzulänglichkeiten in Kauf, jedoch nur mit der Maßgabe, dass die Arbeiten bis zum vertraglich vereinbarten Zeitpunkt, oder in Ermangelung einer Absprache, bis zu einem Zeitpunkt erledigt werden, mit dem er bei gewöhnlichem Verlauf der **Restarbeiten** rechnen konnte.[53]

25 **b) Grundstücks- und Gebäudeteile.** Regelmäßig kann der Mieter davon ausgehen, dass das Treppenhaus,[54] der Fahrstuhl,[55] Wasch- und Trockenräume[56] sowie Flure, soweit sie für den Zugang zu der Wohnung und zu den mitvermieteten Gemeinschaftsräumen durchschritten werden müssen, **mitbenutzt** werden dürfen, auch wenn sie selbst nicht Gegenstand des Mietvertrages, also vermietet sind.[57] Das Nutzungsrecht wird aber vom vertragsgemäßen Gebrauch erfasst.[58] Auch ein nachträglich eingebauter Fahrstuhl wird somit Gegenstand des aus dem Mietvertrag abgeleiteten **Nutzungsrechtes,** auch wenn der Mieter die durch den nachträglichen Einbau vorgenommene Mieterhöhung nicht zahlt[59] (→ Vorb. zu §§ 555a–557f Rn. 8). Balkone und Terrassen gelten grds. als mitvermietet, wenn sie von der Wohnung aus zugänglich sind.[60]

26 Zu den mitvermieteten **Gemeinschaftsanlagen** zählen auch zB Kinderspielplätze, wenn sie jedenfalls ausschließlich den Mietern einer bestimmten Wohnanlage zugeordnet sind.[61] Ob Nebenräume, Garagen, Hof- oder Gartenflächen vom mietvertraglichen Nutzungsumfang mit erfasst sind, muss im Einzelfall nach dem Vertragsinhalt entschieden werden.[62] Je stärker der Mieter auf die Nutzung der jeweiligen Gemeinschaftsfläche angewiesen ist, desto eher wird man von einer vertraglichen Verpflichtung des Vermieters ausgehen müssen, dem Mieter auch ein Nutzungsrecht einzuräumen.[63] Da der Vermieter verpflichtet ist, den **Zugang** zu dem Mietobjekt zu gewährleisten,[64] muss er zumindest bei gewerblichen Räumen die Be- und Entladung auf dem Hof zulassen, wenn dies bei verständiger Würdigung der Interessen für den Mieter erforderlich erscheint.[65] Zum vertragsgemäßen Gebrauch eines Kundenparkplatzes gehört mangels anderweitiger Absprachen auch die Selbstnutzung durch den Mieter oder dessen Angestellte.[66]

27 Der Nutzung von Gemeinschaftsflächen können mietvertragliche Absprachen zur Nutzung zugrunde liegen oder nur einfache Gestattungen. Während im ersten Fall dem Mieter Erfüllungs- und Gewährleistungsansprüche zustehen, wenn ihm die Nutzung versagt wird, hat er im zweiten

[51] OLG Hamburg WuM 1995, 653 = ZMR 1995, 533 = MDR 1996, 358 = GE 1996, 49.
[52] LG Mannheim WuM 1974, 52.
[53] LG Konstanz WuM 2011, 361.
[54] AG Köln WuM 1997, 470; AG Altona WuM 1990, 144.
[55] LG Hamburg ZMR 1977, 154 = NJW 1976, 1320; AG München NZM 2001, 93; AG Charlottenburg 1990, 423.
[56] LG Münster WuM 1998, 723; AG Spandau ZMR 2003, 121; GE 1984, 925.
[57] KG GE 2012, 1561 = ZMR 2013, 181 = NZM 2013, 579; GE 1999, 252.
[58] BGH V ZR 46/06, WuM 2007, 29 = GuT 2006, 371 = NJW 2007, 146 = GE 2006, 1611 = NZM 2007, 37 = AK-MietPrax § 535 BGB Nr. 27; KG GE 2012, 1561.
[59] AG München NZM 2001, 93.
[60] AG Berlin-Köpenick MM 1997, 410; AG Eschweiler WuM 1994, 427.
[61] LG Berlin MM 1997, 192; LG Freiburg ZMR 1976, 210; LG Berlin GE 1992, 989 abl. für Autostellplatz; *Kinne* GE 2000, 1394 (1398).
[62] BGH VIII ZR 268/09, WuM 2010, 678 = AK-MietPrax § 535 BGB Nr. 43 = GE 2010, 1614; AG Trier WuM 2007, 67; 2006, 143; AG Hamburg-Blankenese ZMR 2000, 307.
[63] *Flatow* NZM 2007, 432; sa BGH V ZR 46/06, WuM 2007, 29 = GuT 2006, 371 = GE 2006, 1611 = NZM 2007, 37 = AK-MietPrax § 535 BGB Nr. 27.
[64] AG Köln WuM 1978, 140; 1981, 183.
[65] LG Lübeck WuM 1990, 336 = NJW-RR 1990, 1353; AG Augsburg WuM 1998, 438.
[66] OLG Düsseldorf DWW 2003, 52.

Fall lediglich einen Anspruch im Rahmen einer Ermessensdisposition des Vermieters[67] (→ Rn. 21). Bei der Miete von Geschäftsräumen kann auch die Außenwand des Hauses, soweit die Wand den gemieteten Räumen entspricht, auch ohne besondere Absprache zu Werbezwecken als mitvermietet gelten. Entscheidend dafür ist aber die örtliche Verkehrssitte[68] (→ Rn. 598 f.).

**c) Keller/Dachboden.** Der Mieter hat nur dann Anspruch auf einen **Kellerraum** oder auf einen Teil des **Dachbodens**[69], wenn dies vertraglich vereinbart wurde.[70] Wurde nur allgemein auf das Vorhandensein eines solchen Raumes hingewiesen, hat der Mieter keinen Anspruch auf einen bestimmten Raum. Vielmehr kann ihm der Vermieter einen entsprechenden Keller oder Dachverschlag zuweisen. Die Mieter im Haus haben nicht das Recht, die mitvermieteten Räume ohne Zustimmung des Vermieters zu tauschen. 28

Der Keller unterliegt keinen besonderen **Nutzungsbeschränkungen.** Der Mieter kann daher alles lagern und abstellen, was üblicherweise auch zum Wohngebrauch gerechnet wird[71] oder mit diesem in Zusammenhang steht, also auch Gegenstände der Freizeitgestaltung. Es ist ihm allerdings nicht gestattet, den Keller als gewerblich genutzte Lagerstätte zu verwenden oder gefährliche Güter zu lagern. In einem Fahrradkeller darf bspw. kein Heizmaterial gelagert werden.[72] 29

**d) Garage und Abstellplatz. aa) Alleinige Vermietung.** Die Anmietung einer **Garage** oder eines **Abstellplatzes** folgt grds. den gleichen Regeln wie die Anmietung eines Gewerberaums. Ebenso gelten die Rechtsgrundsätze über Gewerberaum für die Vermietung von Parkflächen innerhalb einer Sammelgarage oder einer offenen Parkfläche. Spezielle Regelungen über ein Garagenmietverhältnis gibt es nur im Rahmen der Nutzungsentgeltverordnung (NutzEV) bzw. nach dem Schuldrechtsanpassungsgesetz (SchuldRAnpG).[73] In diesen Fällen gelten für die Bemessung der Entgelte besondere Regelungen. 30

**bb) Vermietung mit Wohnraum.** Wird eine **Garage zusammen mit Wohnraum** vermietet, ist regelmäßig anzunehmen, dass die Parteien ein einheitliches Mietverhältnis wollten. Ähnliche Abgrenzungsprobleme stellen sich beim Vertrag über „Betreutes Wohnen"[74] mit den Elementen Miete und Betreuung (→ Rn. 699 ff.) oder bei einem einheitlichen Vertrag über Räume, die gleichermaßen zum Wohnen sowie zur Ausübung eines Gewerbes (→ Rn. 237 ff.) überlassen werden. Für die Anwendung des Rechts auf den (typengemischten) Vertrag über Wohnraum mit Garage bzw. Stellplatz[75] gibt es zwei Lösungen, nämlich die gemischte Anwendung des Wohnraummietrechts mit dem Gewerberaummietrecht oder die ausschließliche Anwendung des Wohnraum – oder Gewerberaummietrechts.[76] Für die Anwendung nur eines Rechtsgebietes spricht das Argument der Rechtssicherheit.[77] Ob mit dieser Maßgabe Wohnraum- oder Gewerberaummietrecht Anwendung findet, richtet sich nach der sog. Übergewichtstheorie.[78] Daher richtet sich dieses Rechtsverhältnis regelmäßig nach dem Wohnraummietrecht, da bei einem solchen Mischraummietverhältnis regelmäßig der Schwerpunkt des Vertragsverhältnisses[79] auf der Wohnraummiete liegt (→ BGB Vor § 535 Rn. 109 ff.). 31

Allerdings kann es im Einzelfall zweifelhaft sein, ob eine vom gleichen Vermieter angemietete Garage Bestandteil des Wohnungsmietvertrages ist oder ob der Garagenmietvertrag ein isoliertes Vertragsverhältnis darstellt. Die Entscheidung über die Art des Rechtsverhältnisses hat zum einen Einfluss auf die Kündigung, da ein einheitlicher Vertrag grds. auch nur einheitlich gekündigt wer- 32

---

[67] *Sternel* PiG 2012, 47 (49).
[68] BGH BB 1957, 382 = ZMR 1957, 255; BB 1954, 83; KG GE 1987, 997.
[69] Zum Begriff Mansardenzimmer LG Verden ZMR 2013, 288.
[70] Bub/Treier MietR-HdB/*Kraemer/Ehlert* Kap. III B Rn. 2775.
[71] In Einfamilienhaus auch zur Lagerung von Kleidern und Lebensmitteln sowie zum Waschen und Trocknen – LG Berlin GE 2013, 1205.
[72] OLG Karlsruhe WuM 1999, 51.
[73] Zum Kündigungsrecht bei sog. Garagengemeinschaften BGH XII ZR 210/09, AK-MietPrax § 542 BGB Nr. 6 = ZMR 2012, 261 = MDR 2012, 79 = GE 2012, 261; umf. *Horst* GE 1996, 1262 ff.
[74] *Lehman-Richter* WImmoT 2010, 153 (167).
[75] BGH VIII ZR 422/12, WuM 2013, 536 = AK-MietPrax § 535 BGB Nr. 57 = NZM 2013, 726 = ZMR 2014, 108 – für Stellplätze gelten die gleichen Grundsätze wie für Garagen.
[76] *Lehmann-Richter* WImmoT 2010, 153 (156), der die Unterscheidung nach Absorptions- und Kombinationsmethode trifft.
[77] *Lehmann-Richter* WImmoT 2010, 153 (157).
[78] BGH WuM 1986, 274, ZMR 1986, 278 = GE 1986, 697; NJW 1979, 309 = ZMR 1979, 49 = MDR 1979, 394.
[79] Krit. zur Schwerpunkttheorie (Übergewichtstheorie) *Rinke* ZMR 2001, 963.

den kann. Zum anderen ist sie für die Frage der Mieterhöhung von Bedeutung, da die einseitige Erhöhung der Garagenmiete bei einem einheitlichen Vertrag nur über eine Mieterhöhung nach §§ 557 ff. BGB möglich ist. Eine **Änderungskündigung** für die Garage bliebe dem Vermieter im Fall eines einheitlichen Vertrages versagt.

**33** Wird die Garage oder der Stellplatz bei Anmietung der Wohn- oder Gewerberäume bei dem gleichen Vermieter angemietet, ist bei rechtlicher und wirtschaftlicher Einheit der Verträge regelmäßig von einem einheitlichen Vertragsgegenstand auszugehen, der eine Teilkündigung der Garage ausschließt.[80] Das gilt auch, wenn – in einer Eigentumsanlage – die Räume von einer Verwaltung einheitlich vermietet werden,[81] obwohl unterschiedliche Eigentumsverhältnisse vorliegen. Mietet der Mieter neben der Wohnung mit einem getrennten Vertrag eine Garage dazu, was auch erst nach Jahren erfolgen kann, spricht eine tatsächliche Vermutung für die rechtliche Selbständigkeit der jeweiligen Vereinbarungen.[82] Diese Vermutung ist durch Nachweis besonderer Umstände zu widerlegen[83], zB dadurch, dass die Garage auf dem Hausgrundstück der Wohnung gelegen ist[84] oder diese zwar auf einem abgetrennten Grundstück liegt, das aber mit dem Hausgrundstück vom äußeren Erscheinungsbild her eine Einheit bildet[85] oder dem Mieter schon bei Vertragsschluss über die Wohnung die nächste freie Garage zugesagt wurde.[86] Ein zeitlicher Zusammenhang der geschlossenen Verträge ist nicht erforderlich. Dies wird damit begründet, dass die Parteien den zuvor geschlossenen Wohnungsmietvertrag jederzeit einvernehmlich ändern oder ergänzen können und der rechtliche und wirtschaftliche Zusammenhang zwischen Wohnung und Garage unabhängig davon besteht, zu welchem Zeitpunkt die Garage hinzugemietet worden ist.[87]

**34** Für getrennte Verträge spricht zB eine besondere Kündigungsvereinbarung der Parteien über die Garage.[88] Ein Indiz für einen gesonderten Vertrag ist auch gegeben, wenn die Garage zu einem anderen Anwesen gehört[89] oder wenn der Mieter nur ein vorübergehendes Interesse an ihr erklärt; insbes. wenn für die Wohnung und die Garage gesonderte und unterschiedliche Vertragslaufzeiten vereinbart werden. Auch wenn der Vermieter zum Ausdruck gebracht hat, dass er die Garage später möglicherweise unabhängig von der Wohnung für sich benötigt, kann ein **getrenntes Vertragsverhältnis** vereinbart sein.

**35** Verkauft der Vermieter die Garage, tritt der Erwerber als Mitvermieter in den einheitlichen Mietvertrag ein.[90] Wird nach **Umwandlung** einer Miet- in eine **Eigentumswohnung** diese verkauft, tritt der Erwerber vollständig in den Mietvertrag ein und haftet somit auch für die an den Mieter vermieteten Räumlichkeiten, die nunmehr nach Umwandlung im Gemeinschaftseigentum der WEG-Gemeinschaft stehen.[91] Diese Entscheidung hat der BGH aus Praktikabilitätserwägungen getroffen, da aufgrund der mit der Vervielfältigung der Vermieterstellung verbundenen Probleme eine sachgerechte Handhabung des Vertragsverhältnisses nicht mehr möglich erscheint.

Der über eine Wohnung und eine Garage geschlossene einheitliche Mietvertrag wird durch die Veräußerung der Wohnung und der Garage an verschiedene Erwerber dagegen nicht in mehrere

[80] OLG Düsseldorf WuM 2007, 65; AG Gelsenkirchen WuM 2012, 196 = ZMR 2012, 450; AG Berlin-Köpenick WuM 2008, 401; AG Münster WuM 1980, 56; AG Kassel WuM 1979, 257.
[81] AG Köln WuM 1993, 611.
[82] BGH VIII ZR 245/12, WuM 2013, 421 = AK-MietPrax § 535 BGB Nr. 55 = GE 2013, 941; VIII ZR 254/13, AK-MietPrax § 535 BGB Nr. 59 = GE 2013, 1650; VIII ZR 165/13, AK-MietPrax § 535 BGB Nr. 58 = GE 2013, 1454; VIII ZR 374/13, AK-MietPrax § 535 BGB Nr. 61; NJW 1981, 274.
[83] BGH VIII ZR 251/10, WuM 2012, 14 = AK-MietPrax § 542 BGB Nr. 5 = NJW 2012, 224 = NZM 2012, 78 = ZMR 2012, 176 = GE 2012, 58.
[84] OLG Karlsruhe WuM 1983, 166 = NJW 1983, 1499 = ZMR 1984, 273; LG Wuppertal NJWE-MietR 1996, 122; LG Köln WuM 1992, 264 = ZMR 1992, 251; LG Berlin MDR 1987, 142 = ZMR 1987, 18 = WuM 1987, 211 LG Duisburg WuM 1987, 211 = NJW-RR 1986, 1211; AG Hannover WuM 1989, 6; aA LG Berlin WuM 2020, 331.
[85] LG Frankfurt a. M. WuM 2012, 495.
[86] AG Gelsenkirchen WuM 2012, 196 = ZMR 2012, 450.
[87] OLG Karlsruhe WuM 1983, 166 = NJW 1983, 1499 = ZMR 1984, 273; **aA** AG Kassel WuM 1979, 257; LG Waiblingen ZMR 1977, 237.
[88] AG Neukölln GE 2000, 131; **aA** AG Kassel WuM 1979, 257.
[89] BGH VIII ZR 251/10, WuM 2012, 14 = AK-MietPrax § 542 BGB Nr. 5 = NJW 2012, 224 = NZM *2012, 78 = ZMR 2012, 176* = GE 2012, 58; BayObLG WuM 1991, 78 = NJW-RR 1991, 651 = ZMR 1991, 174 = GE 1991, 343.
[90] BayObLG WuM 1991, 78 = NJW-RR 1991, 651 = ZMR 1991, 174 = GE 1991, 343.
[91] BGH WuM 1999, 390 = NJW 1999, 2177 = ZMR 1999, 546 = NZM 1999, 553.

Mietverhältnisse aufgespalten.[92] Die Erwerber treten vielmehr in den einheitlichen Mietvertrag ein. Ihr Verhältnis bestimmt sich nach den Regelungen über die Bruchteilsgemeinschaft.

Wird vertraglich zwischen den Parteien geregelt, dass der Mieter ein Mitbenutzungsrecht an einer Garage oder einem Stellplatz haben soll, wird damit lediglich der Umfang des Mietgebrauchs im Rahmen des Hauptmietverhältnisses beschrieben. Diese Regelung hat daher grds. keinen eigenständigen Charakter. **36**

**e) Garten. aa) Einfamilienhaus.** Bei der Vermietung eines Einfamilienhauses ist auch ohne ausdrückliche Vereinbarung nach der Verkehrsanschauung regelmäßig davon auszugehen, dass **der Garten mitvermietet** ist.[93] **37**

**bb) Mehrfamilienhaus.** Bei Mehrfamilienhäusern ist Voraussetzung für einen Anspruch des Mieters auf Nutzung, dass der Garten ganz oder teilweise durch ausdrückliche Vereinbarung mitvermietet oder zumindest durch jahrelange alleinige Nutzung eine konkludente Vertragserweiterung eingetreten ist.[94] Es gibt kein **Gewohnheitsrecht,** wonach der Mieter einer Erdgeschosswohnung ohne weiteres auch den Hausgarten benutzen darf. Anderes kann bei Altverträgen vor 1990 im Gebiet der ehemaligen DDR gelten, da die Mitbenutzung zumindest eines Teils des Gartens durch die Mieter üblich war.[95] **38**

Liegt eine mietvertragliche Regelung nicht vor, ist zu prüfen, ob möglicherweise eine unentgeltliche **Gestattung** (→ Rn. 21) anzunehmen ist, die allerdings jederzeit aus sachlichen Erwägungen widerrufen werden kann[96]. **39**

**f) Einrichtungen und Zubehör.** Häufig sind die Wohnungen bei der Vermietung mit Möbeln und Einrichtungsgegenständen ausgestattet. Dieses Zubehör gilt im Zweifel bei Anwendung der Auslegungsregel des § 311 c BGB als mitvermietet. Das betrifft zB Einbauschränke jedweder Art, insbes. die Vermietung der Wohnung mit einer Spüle[97] und/oder einem Herd in der Küche. Ebenso fallen komplette Einbauküchen[98] oder Öfen[99] unter diese Regel. Hierzu gehören aber auch vom Vermieter gestellte Geräte und Maschinen, die zum gemeinschaftlichen Gebrauch aller Mieter aufgestellt wurden, wie zB Waschmaschinen in der Waschküche.[100] **40**

Derartiges Zubehör gehört somit zum vertragsgemäßen Gebrauch der Mietsache.[101] Entfernt der Vermieter die Sachen gegen den Willen des Mieters, zB im Rahmen einer Instandsetzungs- oder Modernisierungsmaßnahme, muss er sie auch wieder einbringen.[102] Den Vermieter trifft für diese mitvermieteten Sachen auch die Instandhaltungs- und Instandsetzungspflicht.[103] Dabei kommt es nicht darauf an, ob der Vermieter das **Zubehör** selbst in die Wohnung eingebracht hat, oder ob er die vom Vormieter zurückgelassenen Sachen in der Wohnung belässt und in diesem Zustand weitervermietet, ohne den Mieter ausdrücklich darauf hinzuweisen, dass die Sachen nicht mitvermietet sind und vom Vormieter stammen.[104] **41**

Mitvermietet sind aber auch Bestandteile und feste Einrichtungen der zum ausschließlichen oder zum Mitgebrauch vermieteten Räume, wie zB Fenster, Türen, Versorgungsanschlüsse, Heizkörper, Sanitärinstallationen usw. Mangels ausdrücklicher Vereinbarung hat der Mieter bei mitvermieteten Einzelöfen die Brennstoffkosten zu tragen.[105] **42**

In bestimmten Regionen des Wohnungsmarktes ist festzustellen, dass eine bei Anmietung der Wohnung überlassene Einbauküche dem Mieter geliehen wird. Ein Leihvertrag hat für den Ver- **42a**

[92] BGH WuM 2005, 790 = NJW 2005, 3781 = NZM 2005, 941 = GE 2005, 1548 = ZMR 2006, 30 = AK-MietPrax § 566 BGB Nr. 5; AG Köln WuM 2007, 11.

[93] OLG Köln WuM 1994, 272 = NJW-RR 1994, 334 = ZMR 1994, 111 = DWW 1994, 50; LG Kassel WuM 1988, 155; AG Bonn ZMR 2019, 134; AG Hamburg-Bergedorf ZMR 2013, 357; AG Berlin-Spandau WuM 1994, 24; *Sonnenschein* NJW 1997, 1270 (1279); Bub/Treier MietR-HdB/*Kraemer/Ehlert* Kap. III B Rn. 2775.

[94] LG Aachen DWW 1991, 22; AG Solingen WuM 1980, 112; s. iE *Artz* WuM 2005, 215.

[95] Kreisgericht Greifswald WuM 1992, 356.

[96] KG WuM 2009, 654; 2007, 68; *Sternel* PiG 2012, 47 (60).

[97] LG Berlin GE 1997, 243 = NJW-RR 1997, 1097; LG Konstanz WuM 1989, 67.

[98] LG Dresden WuM 2001, 336; zur Nutzungsdauer LG Berlin GE 2001, 1404 = MM 2002, 114, 20–25 Jahre.

[99] AG Landsberg WuM 2007, 12.

[100] Bub/Treier MietR-HdB/*Kraemer/Ehlert* Kap. III B Rn. 2781.

[101] Staudinger/*Emmerich* BGB § 535 Rn. 5f.

[102] LG Berlin GE 1997, 1341 = NZM 1998, 432.

[103] AG Köln WuM 1997, 647.

[104] AG Köln WuM 1997, 647.

[105] AG Schwäbisch-Hall WuM 1997, 118.

mieter den Vorteil, dass er für eventuelle Reparaturen der verliehenen Einrichtung nicht verantwortlich ist. Gegen diese zunehmende Praxis bestehen allerdings erhebliche Bedenken. Wenn nicht etwas anderes vereinbart ist, gehört die Kücheneinrichtung nach allgemeiner Meinung zur Mietsache. Ist die Vereinbarung unklar, wird man durch Auslegung zu dem gleichen Ergebnis kommen. Das gilt auch dann, wenn die Küche ausdrücklich mitvermietet ist. In allen diesen Fällen ist daher § 535 Abs. 1 S. 2 BGB zu beachten, wonach der Vermieter die vermietete Sache in dem vertragsgemäßen Zustand zu erhalten hat. Das ist unproblematisch.

Schwierigkeiten bereiten die Fälle, bei denen der Vermieter ausdrücklich etwas anderes vereinbart hat, zB dass die Einbauküche nicht zur Mietsache gehört und dem Mieter unentgeltlich zur Leihe überlassen wird. Dabei sind zwei Fälle zu unterscheiden:

42b Eine solche Vereinbarung kann wirksam **individualvertraglich** getroffen werden. Die Leistungen des jeweiligen Vertragstypus sind grds. von den Parteien einzuhalten. Allerdings stellt sich ein Problem dann, wenn die Leistungen miteinander kollidieren. In diesem Fall ist der Vertragstyp heranzuziehen, der den wirtschaftlichen und rechtlichen Schwerpunkt bildet.[106] Verlangt somit der Vermieter aufgrund des Leiheverhältnisses vom Mieter, den Kühlschrank oder den Gasherd zu reparieren, dann kollidiert diese Forderung mit § 538 BGB, wonach Verschlechterungen der Sache, die durch den vertragsgemäßen Gebrauch entstehen, vom Mieter nicht zu vertreten sind. Bei derartigen Mischverträgen hat der BGH die Schwerpunkttheorie angewendet. Fehlt eine entsprechende Vereinbarung ist der Nutzungsschwerpunkt anhand von Indizien zu ermitteln.[107] Insbesondere die Verwendung nur eines Vertragsformulars für beide Leistungen ist ein starkes Indiz für die alleinige Anwendung des Mietrechts.[108] Dass der Vermieter möglicherweise eine andere Rechtsfolge wollte, ist ein unbeachtlicher Motivirrtum.

42c Erfolgt die Vereinbarung **formularvertraglich,** gelten die gleichen Überlegungen. Daneben kann die Vereinbarung gegen § 305 c Abs. 1 BGB verstoßen, wenn nach den Gesamtumständen die Klausel ungewöhnlich ist und der Mieter damit nicht zu rechnen brauchte. Das ist eine Frage des Einzelfalls. Nach hier vertretener Auffassung wird man aber im Regelfall von der Ungewöhnlichkeit der Klausel ausgehen müssen. Zu dem gleichen Ergebnis kommt man über die Inhaltskontrolle nach § 307 BGB, wenn in der Regelung eine unangemessene Benachteiligung des Mieters zu sehen ist. Eine solche Vereinbarung dürfte mit den wesentlichen Grundgedanken eines Mietvertrages nicht vereinbar sein. Denn die Miete hat als Leitbild, dass die Wohnung sowie die zur Nutzung überlassenen Gegenstände vom Vermieter zu erhalten sind (§ 538 BGB).[109]

43 Der Mieter darf die mitvermieteten Gegenstände und Einbauten grds. nicht ohne Einwilligung des Vermieters **entfernen und durch neue ersetzen.**[110] In Ausnahmefällen ist der Mieter aber berechtigt, zur Herstellung des gebrauchsfähigen Zustandes eine Einrichtung, begrenzt auf die Dauer des Mietverhältnisses, zu entfernen.[111]

44 Unbeschadet hiervon bleibt das Recht des Mieters, die Mietsache im Rahmen des vertragsgemäßen Gebrauchs **umzugestalten** (→ Rn. 419 ff.) oder sie nach Maßgabe des § 554 a BGB nach seinen Bedürfnissen einzurichten (Einzelheiten s. dort). Zudem kann der Mieter zusätzliche Einrichtungsgegenstände in die Wohnung einbringen, soweit dadurch nicht Substanzverletzungen zu befürchten sind.[112]

45 **g) Teilüberlassung.** Grundsätzlich ist bei der Übergabe der Mieträume von einer **unteilbaren Leistung** gem. § 266 BGB auszugehen. Der Mieter kann die Leistung ablehnen, ohne in **Annahmeverzug** zu geraten, wenn der Vermieter nur einen Teil der Mietsache übergeben will. Das kann im Einzelfall anders liegen, wenn der Vermieter nur einzelne, abtrennbare Räume nicht übergeben kann, die neben Wohn- oder Gewerberäumen mitvermietet wurden (zB eine Garage).[113] Anders liegt der Fall, wenn der Vermieter von vornherein nur einen Teil der geschlossenen Räumlichkeit (zB Wohnung) vermietet. Wird der andere Teil der Räumlichkeiten ohne Zustimmung des Mieters an Dritte vergeben, wird dies regelmäßig eine Besitzstörung darstellen.[114]

---

106 Palandt/*Grüneberg* Überblick vor BGB § 311 Rn. 26.
107 Blank/Börstinghaus/*Blank/Börstinghaus* BGB § 535 Rn. 26.
108 BGH VIII ZR 376/13, WuM 2014, 539 = NJW 2014, 2864.
109 Zur Mieterhöhung in ähnlichen Fällen s. Blank/Börstinghaus/*Börstinghaus* BGB § 558 a Rn. 54 ff.
110 LG Berlin GE 1997, 243 = NJW-RR 1997, 1097.
111 LG Konstanz WuM 1989, 67 für eine Spüle.
112 AG Frankfurt a. M. WuM 2001, 239.
113 Fritz GewerberaumMietR Rn. 265.
114 LG Berlin ZMR 2014, 793.

Die Unteilbarkeit der Leistung wirkt sich auf das **Kündigungsrecht** aus, weil dieses grds. nur bzgl. der gesamten Mietsache ausgeübt werden kann.[115] **46**

### III. Beweislast

Der Vermieter ist für den vertragsgemäßen Zustand der Mietsache bei Übergabe beweispflichtig. Zur Beweislast bei Vorliegen eines Mangels → BGB § 536 Rn. 488ff. **47**

## B. Die Pflicht des Vermieters zur Gebrauchserhaltung

### I. Allgemeines

#### 1. Bestimmung des vertragsgemäßen Zustandes

Der Umfang der Pflicht des Vermieters zur **Gebrauchserhaltung**[116] richtet sich grds. nach dem Zustand der Mietsache bei Vertragsschluss sowie danach, was die Parteien als vertragsgemäß vereinbart haben. Im Einzelfall kann es aber schwierig sein, den vertragsgemäßen Zustand des Gebäudes bzw. der Räume zu ermitteln, weil sich das Gesetz zu dem maßgebenden Standard nicht äußert.[117] Insbesondere bei Altbauten stellt sich die Frage, ob der **Standard** zum Zeitpunkt der Errichtung des Gebäudes, der Vermietung der Wohnung oder der konkreten Beurteilung zu gelten hat. Da das Äquivalenzverhältnis von Leistung und Gegenleistung gewahrt werden soll, ist zur Bestimmung des vertraglichen Umfangs der Erhaltungspflicht der Mietsache durch den Vermieter grds. auf den Zeitpunkt des Vertragsschlusses abzustellen[118] (→ BGB § 536 Rn. 19ff.). **48**

Das kann im Einzelfall bedeuten, dass der Vermieter bei der Vermietung die Wohnung auf einen **aktuellen technischen Stand** bringen muss. Denn der Mieter einer nicht modernisierten Altbauwohnung kann mangels abweichender vertraglicher Vereinbarung jedenfalls einen Mindeststandard erwarten, der ein zeitgemäßes Wohnen ermöglicht und den Einsatz der für die Haushaltsführung allgemein üblichen elektrischen Geräte erlaubt[119]. Rechtlich stoßen derartige Vereinbarungen aber leicht an Grenzen, da die formularvertragliche Einschränkung des Gebrauchs wegen mangelhafter Versorgung mit Wasser, Strom und Heizenergie regelmäßig gegen § 307 Abs. 1 BGB verstößt.[120] **49**

Welche Beschaffenheitsmerkmale ohne besondere Absprache geschuldet werden, ist abschließend nicht geklärt (→ § 536 Rn. 23). Offen gelassen hat der BGH dies für den Anschluss einer Telefonanlage.[121] Wird eine Altbauwohnung vermietet, kommt es grds. darauf an, was im Zeitpunkt der Errichtung des Gebäudes üblich war.[122] Das betrifft insbes. den Wärme- und Schallschutz sowie die Sanitär – und Elektroinstallationen. Auszugehen ist aber auch vom Vertragszweck. Wird dem Mieter eine Wohnung überlassen, muss sie ohne wesentliche Störungen oder Gefährdungen genutzt werden können.[123] Deshalb dürfen zB in Wohnhäusern keine gesundheitsgefährdenden Materialien verwendet werden (→ BGB § 536 Rn. 23ff., 169), die Innentreppen müssen verkehrssicher genutzt werden können[124] und es muss ein Mindestmaß an Schallschutz vorhanden sein. Allerdings muss der Vermieter nicht auf spezielle Bedürfnisse des Mieters eingehen. Bestimmte für Altbauwohnungen **typische Unzulänglichkeiten** hat der Mieter hinzunehmen. Mietet der Wohnungssuchende bspw. eine Altbauwohnung an, kann er nicht ohne weiteres erwarten, dass in dem Keller feuchtigkeitsempfindliche Gegenstände gelagert werden[125] oder dass Knarr-Geräusche, hervorgerufen durch den „Obermieter", vermieden werden können. Auch Zuglufterscheinungen soll **50**

---

115 OLG Köln OLGR Köln 1993, 272; einschränkend OLG Karlsruhe WuM 1997, 202 = GE 1997, 367 = MDR 1997, 449 = ZMR 1997, 283 = DWW 1997, 187.

116 BGH ZMR 2003, 418, Herstellungsanspruch des Mieters ist im Insolvenzverfahren Masseschuld.

117 AG Büdingen WuM 1998, 281; *Sonnenschein* NJW 1997, 1270 (1280); *Both* NZM 2002, 934.

118 *Sonnenschein* NJW 1997, 1270 (1280).

119 BGH WuM 2010, 235; 2004, 527 = GE 2004, 1090 = NJW 2004, 3174 = ZMR 2004, 807 = AK-MietPrax § 535 BGB Nr. 7; *Pfeifer* jurisPR-MietR 7/2010 Anm. 2.

120 *Drettmann* WuM 2012, 535 (539).

121 BGH, VIII ZR 17/18, WuM 2019, 23 = GE 2019, 53 = NZM 2019, 140 → Rn. 546.

122 BGH WuM 2004, 715 = MDR 2005, 743 = NJW 2005, 218 = GE 2004, 1586 = AK-MietPrax § 535 BGB Nr. 13; *Derleder* NZM 2012, 487 (490).

123 *Blank* MDR 2009, 181.

124 OLG Dresden NZM 2006, 865.

125 LG Osnabrück WuM 2004, 233; LG Mannheim WuM 1998, 663; AG Ansbach ZMR 2013, 638.

der Mieter eines Altbaus hinzunehmen haben.[126] Haben die Vertragsparteien eine Vorauszahlung auf Heizkosten vereinbart, liegt in dieser Absprache die Erklärung des Vermieters, dass er eine funktionierende Heizungsanlage bereitstellt.[127]

51 Die **Größe des Mietobjektes** bildet immer wieder einen Streitpunkt zwischen den Vertragsparteien, da häufig unzureichende vertragliche Regelungen über diesen Punkt getroffen werden. Allerdings sind die Parteien nicht verpflichtet, eine konkrete Vereinbarung über die Größe zu treffen. Dieses Unterlassen kann zu einer Pflicht der **Nachberechnung** der Raumgröße führen, wenn sich durch Abriss oder Anbau die Größe des Objektes verändert und der Vermieter darauf eine Mieterhöhung bzw. der Mieter eine Mietsenkung verlangt oder wenn der Vermieter eine Betriebskostenabrechnung mit dem m²-Schlüssel (vgl. § 556 BGB) vornehmen muss.

Haben die Vertragsparteien dagegen eine bestimmte Größe des Objektes in den Mietvertrag aufgenommen, und weicht die tatsächliche Größe von der vereinbarten Größe ab, löst dies ggf. Gewährleistungsfolgen aus (→ BGB § 536 Rn. 54 ff.).

52 Zwar findet man in Wohnungsmietverträgen häufig Angaben zur Größe des Mietobjektes, selten aber Hinweise auf die **Berechnungsgrundlage.**[128] Regelmäßig werden daher die II. BV sowie die in weiten Teilen übereinstimmende WoFlVO als Berechnungsregeln herangezogen werden können.[129] In Mietverträgen über gewerbliche Objekte werden dagegen häufig Verweise auf die DIN 277 oder die GIF-Richtlinien[130] aufgenommen (s. Nach § 566 a BGB). Die Parteien sind grds. frei, alle denkbaren **Berechnungsmaßstäbe** zu vereinbaren[131], zB die inzwischen außer Kraft gesetzte DIN 283, die als Grundlage einer Flächenberechnung in Betracht kommen[132]. Sie sind auch frei, in die Berechnung der Wohnfläche bestimmte Flächen einzubeziehen oder auszunehmen[133], auch wenn diese bei Anwendung der WoFlVO oder der II. BV nicht zur Wohnfläche zählen würden.[134] Haben die Parteien eine Berechnungsgrundlage wie die II. BV vereinbart, müssen sie sich auch dann daran festhalten lassen, wenn es sich bei dem Mietobjekt um ein Fachwerkhaus handelt, das die II. BV nicht im Blick gehabt hat.[135]

53 Die formularvertragliche Vereinbarung einer Berechnungsgrundlage zur Ermittlung von Wohnflächen in Wohnraummietverträgen ist aber an § 307 BGB zu messen.[136] Danach sind Allgemeine Geschäftsbedingungen unwirksam, wenn sie den Schuldner entgegen den Geboten von Treu und Glauben unangemessen benachteiligen. Auf die Vereinbarung einer von der II. BVO oder WoFlVO abweichenden Berechnungsgrundlage zur Ermittlung der Wohnfläche ist die Ausnahmeregelung nach § 307 Abs. 3 BGB nicht anzuwenden, da eine Abweichung vom Gesetz vorliegt.[137] Zwar gelten die genannten Verordnungen zur Ermittlung der Wohnfläche unmittelbar nur für den Sozialen Wohnungsbau. Dort, wo sie aber gewohnheitsrechtlich[138] Anwendung finden, sind sie aber auch auf den freifinanzierten Mietwohnungsbau anzuwenden. Berechnungsklauseln zur Wohnfläche können daher grundsätzlich einer Inhaltskontrolle nach §§ 307 ff. BGB unterworfen werden[139].

54 Die Vereinbarung zur Ermittlung der Wohnfläche nach DIN 277 wäre unangemessen[140], da die dort ermittelte **Nettofläche** anderen Kriterien unterliegt als dies zB bei der Wohnflächen-Verord-

---

[126] LG Karlsruhe DWW 2005, 426.
[127] KG ZMR 2011, 279.
[128] *Gante* WuM 2008, 525; *Langenberg* PiG 75 (2006), 119.
[129] BGH WuM 2005, 712 = NZM 2005, 861 = GE 2005, 1349 = AK-MietPrax § 536 BGB Nr. 12; LG Münster ZMR 2008, 630.
[130] Richtlinien der Gesellschaft für immobilienwirtschaftliche Forschung eV (GIF); sa *Börstinghaus* WImmoT 2016, 87 (105 f.).
[131] LG Krefeld WuM 2008, 593; AG München ZMR 2019, 38; s. zB auch die Wohnflächen- und Mietwertrichtlinie (WMR) – *Börstinghaus* WImmoT 2016, 87 (106 ff.).
[132] AG Trier WuM 2006, 90; Hinweise zur Vertragsgestaltung bei *Leo* MDR 2004, 259.
[133] LG Köln ZMR 2017, 311 zur Gewerberaummiete.
[134] BGH VIII ZR 39/09, WuM 2010, 150 zum Galeriegeschoss; WuM 2010, 150 = NZM 2010, 196 = GE 2010, 336 = NJW 2010, 1064; VIII ZR 242/08, WuM 2009, 662 = GE 2009, 1487 zu Souterrainräumen; AG Hamburg-Altona ZMR 2012, 778 zum Galeriegeschoss.
[135] BGH VIII ZR 218/08, WuM 2009, 514 = NJW 2009, 2880.
[136] **AA** AG Berlin-Charlottenburg GE 2012, 1318.
[137] Palandt/*Grüneberg* BGB § 307 Rn. 29.
[138] Zum Gewohnheitsrecht und zur Verkehrssitte von Regelungen zur Wohnflächenermittlung s. *Börstinghaus Flächenabweichungen in der Wohnungsmiete* Rn. 114 ff.; → Rn. 56.
[139] **AA** für Gewerberaum KG ZMR 2004, 753; *Schul/Wichert* ZMR 2002, 633 (636).
[140] OLG Düsseldorf WM 2002, 42 = NZM 2002, 262 = ZMR 2002, 214; unklar BGH WuM 2004, 337 aA LG Berlin GE 2012, 1318.

nung der Fall ist.[141] Die DIN 277 beinhaltet Maßstäbe für die Ermittlung und den Vergleich der Kosten von Hochbauten, dh sie dient der Bewertung von Baukörpervolumina[142]. So kennt die DIN 277 keine Wohnflächen, sondern nur **Brutto-, Konstruktions-** oder **Nettoflächen.**[143] Daher werden typische Merkmale einer Wohnung wie **Dachschrägen** unter dem Gesichtspunkt der gewerblichen Nutzung und nicht der Wohnraumnutzung bewertet.[144] Eine solche Klausel wäre zudem als überraschende Klausel nach § 305 c BGB zu werten. Das Gleiche gilt für die Vereinbarung, die Wohnraumgröße nach Grundflächen zu ermitteln.[145] Die Vereinbarung der DIN 283 oder der WoFlVO wäre dagegen AGB-rechtlich unbedenklich.

Im Gewerberaummietverhältnis kann die Vereinbarung einer Berechnungsgrundlage für die Ermittlung von **Gewerbeflächen im Einzelfall als Preisvereinbarung** gesehen werden (zur Wohnraumfläche → Rn. 53), wenn die Beschreibung der Berechnungsart mit der m²-Miete derart gekoppelt ist, dass sich daraus die geschuldete Vertragsmiete ermitteln lässt[146]. Dann sind solche Geschäftsbedingungen nicht nach § 307 Abs. 1, 2 BGB zu beurteilen. In Betracht kommt aber ein Verstoß nach § 305 c BGB, wenn es sich um eine überraschende Klausel handelt. Die Vereinbarung der Anwendung der DIN 277 bei Gewerbeflächen ist idR weder unangemessen noch überraschend[147], da diese „Norm" im gewerblichen Bereich eingeführt und bekannt ist[148]. Bedenken können immer dann bestehen, wenn eine Brutto-Flächen-Klausel vereinbart wird, ohne dass der Vertragspartner deutlich und klar darauf hingewiesen wird. Das gilt insbes. für die formularmäßige Vereinbarung einer GIF-Richtlinie[149], eines sog. Achsmaßes[150] oder einer eigenen Flächendefinition des Klauselverwenders. **55**

Haben die Parteien keine ausdrückliche Vereinbarung über die Berechnungsgrundlagen geschaffen[151] und besteht über die tatsächliche Größe des Mietobjektes Streit, genügt es nicht, wenn der Mieter die Angabe des Vermieters einfach bestreitet. Vielmehr muss der Mieter – jedenfalls im Mieterhöhungsverfahren – seinen laienhaft ermittelten Flächenwert der Flächenangabe des Vermieters entgegensetzen[152]. Dabei stellt sich regelmäßig die Frage, nach welchen Kriterien die Fläche zu ermitteln ist. Es gibt keinen allgemeinen Sprachgebrauch, der mit dem **Begriff der Wohnfläche** deren Berechnung nach festgelegten Regeln verbindet[153]. Daher muss durch Auslegung gem. § 157 BGB nach Treu und Glauben ermittelt werden, welche Berechnungsmethoden die Parteien vereinbart hätten, wenn der nicht geregelte Fall bedacht worden wäre[154]. Dabei kommt eine besondere Bedeutung der am Mietort[155] herrschenden **Verkehrssitte** zu, welche die Ermittlung der Wohnfläche nach bestimmten Kriterien festlegt.[156] Eine Verkehrssitte ist bejaht worden bei der Berechnung von **Dachgeschossflächen**[157]. Danach bleiben Flächen unter Schrägen bei der Wohnflächenberechnung unberücksichtigt, soweit der Raum über ihnen eine lichte Höhe von weniger als 1 Meter hat. Soweit diese Höhe zwischen 1 Meter und 2 Meter liegt, werden **56**

---

141 Cramer, NZM 2017, 457, 460; Ausf. *Börstinghaus* WImmoT 2016, 87 (103f.).
142 *Isenmann* ZMR 1986, 114.
143 Siehe dazu AG Hamburg, ZMR 2020, 314.
144 OLG Düsseldorf GE 2012, 616.
145 **AA** LG Berlin GE 2005, 619.
146 So wohl auch *Scheffler* NZM 2005, 41 (43).
147 AG Hamburg, ZMR 2020, 314; siehe aber OLG Düsseldorf NJW-RR 2000, 1681 = NZM 2001, 989.
148 *Schul/Wichert* ZMR 2002, 633 (636).
149 *Börstinghaus* WImmoT 2016, 87 (105f.).
150 *Scheffler* NZM 2005, 41 (42) mwN.
151 Krit. zur „Vereinbarungslösung" *Lammel* jurisAnwZert MietR 8/2009 Anm. 1; dagegen *Hinz* WuM 2008, 633 mit Berechnungsbeispielen.
152 BGH, VIII ZR 181/16, GE 2017, 774 = NZM 2017, 435 = NJW-RR 2017, 842 = WuM 2017, 404 = MietPrax-AK § 558b BGB Nr 5.
153 BGH V ZR 91/89, NJW 1991, 912 = MDR 1991, 515 = GE 1991, 239; VIII ZR 44/03, WuM 2004, 337 = GE 2004, 680 = ZMR 2004, 495 mAnm *Schul/Wichert;* zum Begriff der Mietraumfläche BGH VIII ZR 244/08, WuM 2010, 27 = AK-MietPrax § 536 BGB Nr. 28 = NJW 2010, 293 = NZM 2010, 80 = GE 2010, 119; zum Begriff der Nutzfläche im Mietvertrag LG Hildesheim GE 2010, 623; Cramer, NZM 2017, 457, 459.
154 BGH VIII ZR 44/03, WuM 2004, 337; Palandt/*Heinrichs* BGB § 157 Rn. 7.
155 Palandt/*Heinrichs* BGB § 269 Rn. 5.
156 BGH VIII ZR 164/08, WuM 2009, 733 = AK-MietPrax § 536 BGB Nr. 29 = NJW 2010, 292 = NZM 2010, 36 = GE 2010, 54.
157 BGH VIII ZR 44/03, WuM 2004, 337; WM 1997, 625 = NJW 1997, 2874 = MDR 1997, 1012; LG Mannheim WM 1989, 11; LG München I WuM 2006, 91.

die Flächen nur zur Hälfte angerechnet. Nach Auffassung des BayObLG[158] ist es sachgerecht, aus Praktikabilitätsgründen bei der Berechnung von **Balkonen, Loggien** und **Dachterrassen** im Wohnungseigentum auf die DIN 283 abzustellen und diese Flächen zu einem Viertel der Wohnfläche zuzuschlagen. Eine Verkehrssitte zur Berechnung von Balkonen, Loggien und Dachterrassen ist nach Auffassung des Gerichts aber noch nicht feststellbar.[159] Für die Berechnung der Wohnfläche hat das OLG Celle[160] eine Verkehrsauffassung dahingehend bejaht, dass jedenfalls die II. BV oder die DIN 283 maßgebliche Berechnungsgrundlagen darstellen. Eine allgemeine Verkehrssitte für die Anwendung eines konkreten Verfahrens zur Ermittlung der Wohnflächen hat sich aber noch nicht herausgebildet[161]. Eine örtliche Verkehrssitte für die Anwendung der II. BV ist im Jahre 1999 für Berlin bestätigt worden[162] Dort sei es ortsüblich, die Fläche von Terrassen[163] zur Hälfte auf die Wohnfläche anzurechnen.[164] Inzwischen ist davon auszugehen, dass in Berlin nach der Verkehrssitte die Anwendung der Wohnflächenverordnung maßgeblich ist.[165]

**57** Ist mit diesen Methoden keine Berechnungsgrundlage zu finden, ist davon auszugehen, dass sich die Parteien stillschweigend darauf geeinigt haben, dass die Wohnfläche nach den §§ 42–44 II. BV bzw. nach der Wohnflächenverordnung berechnet werden soll[166]. Das gilt auch für Wohnraum in einer Wohnungseigentumsanlage. Sofern nach dem Gesamtcharakter des Gebäudes Wohnraum dominiert, schadet es nicht, wenn auch einzelne Teileigentumseinheiten nach der WoFlVO bewertet werden.[167] Die DIN 283 spielt insoweit keine Rolle mehr. Entscheidend ist im freifinanzierten Wohnungsbau für die stillschweigende Einigung der Zeitpunkt des Vertragsabschlusses[168], da die WoFlVO[169] erst am 1. 1. 2004 in Kraft getreten ist. Vor diesem Zeitpunkt abgeschlossene Verträge richten sich in den vorgenannten Fällen nach den §§ 42–44 II. BV. Für den sozialen Wohnungsbau gelten dagegen die maßgeblichen gesetzlichen Bestimmungen. Bei Anwendung der II. BV können somit für die Flächenermittlung von Balkonen, Loggien, Dachgärten und gedeckten Freisitzen[170] unabhängig von ihrer Lage, Ausrichtung und Nutzbarkeit die Grundflächen bis zur Hälfte angerechnet werden.[171] Bei Anwendung der WoFlVO sind die Grundflächen regelmäßig mit einem Viertel anzusetzen.

### 2. Instandhaltung und Modernisierung

**58** Der Vermieter ist nach dem Gesetz zur Instandhaltung (s. Einzelheiten unter → Rn. 63 ff.) berechtigt und verpflichtet[172]. Die Instandhaltung dient in erster Linie der Erhaltung und Wiederherstellung des vertragsgemäßen Zustandes. Der Vermieter schuldet ohne abweichende Vereinbarung aber keine Reinigung der Mietflächen (→ Rn. 63).[173] Ihr wirtschaftlicher Wert ist daher in die Miete eingeflossen, soweit nicht der Vermieter die Instandhaltungspflicht wirksam auf den Mieter übertragen hat.[174] Im Einzelfall kann die Instandhaltungspflicht aber auch zu einer Änderung

---

158 BayObLG 1996, 294 = NJW 1996, 2106 = MDR 1996, 789.

159 LG Hamburg ZMR 2013, 284; zur Ortsüblichkeit bei „gedeckten Freisitzen" BGH WuM 2009, 733.

160 OLG Celle NJW-RR 1999, 816 = NZM 1999, 879.

161 OLG Düsseldorf Urt. v. 22.2.1989 – 9 U 232/88; OLG Hamm BeckRS 1991, 31008337; OLG Koblenz IBR 1995, 191.

162 KG IBR 2001, 202; zur Anrechnung von Balkonflächen nach Berliner Mietspiegel KG ZMR 2004, 909; LG Berlin ZMR 2004, 942.

163 Zur Definition der Terrasse AG Landau (Pfalz) WuM 2014, 740; *Börstinghaus* WImmoT 2016, 87 (105 f.).

164 LG Berlin GE 2011, 1086.

165 LG Berlin, ZMR 2018, 503 = GE 2018, 256.

166 BGH VIII ZR 244/08, WuM 2010, 27 = AK-MietPrax § 536 BGB Nr. 28 = NJW 2010, 293 = NZM 2010, 80 = GE 2010, 119; VIII ZR 164/08, WuM 2009, 733 = AK-MietPrax § 536 BGB Nr. 29 = NJW 2010, 292 = NZM 2010, 36 = GE 2010, 54; VIII ZR 231/06, WuM 2007, 441 = NJW 2007, 2624 = NZM 2007, 595 = MDR 2007, 1183 = ZMR 2007, 764 = GE 2007, 1047 = AK-MietPrax § 536 BGB Nr.; LG Frankfurt a. M. NZM 2009, 81; *Langenberg* NZM 2009, 76; **aA** LG Krefeld NZM 2008, 800.

167 LG Itzehoe ZMR 2014, 290.

168 AG Hamburg, ZMR 2019, 964.

169 Zur Wohnflächenberechnung → BGB § 536 Rn. 52.

170 Zum Begriff des gedeckten Freisitzes BGH WuM 2009, 733 = AK-MietPrax § 536 BGB Nr. 29 = NJW 2010, 292 = NZM 2010, 36 = GE 2010, 54; *Börstinghaus* WImmoT 2016, 87 (105 f.).

171 BGH VIII ZR 86/08, WuM 2009, 344; AG Coesfeld WuM 2009, 663; krit. *Lammel* jurisPR-MietR *24/2009 Anm. 1.*

172 AG Fürth GE 2005, 677.

173 BGH, VIII ZR 188/16, WuM 2018, 710 = NZM 2018, 900 = GE 2018, 1393.

174 *Dose* NZM 2009, 381.

des vertragsgemäßen Gebrauchs führen. So, wenn der Vermieter einen Leitungsdefekt zum Anlass nimmt, auf eine andere Energieart umzusteigen und dies für den Mieter zumutbar ist.[175] Zum Anspruch des Mieters auf Verbesserung der technischen Ausstattung des Wohnraums →BGB § 536 Rn. 36ff.

§ 555a Abs. 1 BGB, wonach der Mieter Einwirkungen auf die Mietsache zu dulden hat, die zur Erhaltung der Mieträume oder des Gebäudes erforderlich sind, stellt sicher, dass nicht der Mieter wegen seines Unverletzlichkeitsanspruchs (Art. 13 GG) den Vermieter an notwendigen Reparatur- und Instandsetzungsarbeiten hindert (Einzelheiten → bei § 555a BGB). **59**

Der Mieter muss sogar hinnehmen, dass der Vermieter im laufenden Mietverhältnis den **Vertragsgegenstand** ändert. § 555d BGB bestimmt, dass bei Vorliegen bestimmter Voraussetzungen der Mieter **Modernisierungsarbeiten** des Vermieters dulden muss. Das schließt ein, dass der Mieter nicht nur den Vermieter selbst, sondern auch die Handwerker in seine Wohnung lassen muss, damit die Arbeiten ordnungsgemäß geplant und durchgeführt werden können. Auch insoweit wird das Gebrauchsrecht des Mieters schon durch das Gesetz **eingeschränkt.** **60**

### 3. Besonderheiten bei Wohnungseigentum

Bei einer vermieteten Eigentumswohnung ändert sich an der Instandhaltungs- und Instandsetzungspflicht des Vermieters nichts, auch wenn er bzgl. der Gemeinschaftsräume wegen der Eigentümergemeinschaft nur begrenzte Einwirkungsmöglichkeiten hat.[176] Das gilt auch, wenn die Wohnung während des laufenden Mietverhältnisses in eine **Eigentumswohnung umgewandelt und veräußert** worden ist. Entgegen einer früher vertretenen Auffassung[177] hat der BGH[178] nunmehr klargestellt, dass die Wohnungseigentümergemeinschaft nicht in den Mietvertrag eintritt, auch wenn der zur veräußerten Wohnung gehörende Nebenraum nach der Teilungserklärung im Gemeinschaftseigentum aller Wohnungseigentümer steht. Der Erwerber der Wohnung ist vielmehr auch bzgl. des dazugehörenden Nebenraumes alleiniger Vermieter und damit auch allein für die Instandhaltung verantwortlich. **61**

Die **Zwangsvollstreckung** aus einem Titel auf Durchführung von Instandsetzungsmaßnahmen richtet sich bei einer **vermieteten Eigentumswohnung** nicht nach § 887 ZPO, sondern nach § 888 ZPO,[179] wenn die Mitwirkung der Eigentümergemeinschaft erforderlich ist, weil die durchzuführenden Arbeiten auch das Gemeinschaftseigentum betreffen. Erforderlich ist aber, dass dem Schuldner (Vermieter) insoweit Versäumnisse anzulasten sind, als er sich nicht ausreichend um die Mitwirkung bzw. Zustimmung der anderen Wohnungseigentümer bemüht hat. Hat der Mieter den Vermieter erfolgreich auf die Durchführung von Instandsetzungsmaßnahmen verklagt, kann bei späterer Anordnung der Zwangsverwaltung der Titel zur Vollstreckung gegen den Zwangsverwalter umgeschrieben werden.[180] **62**

## II. Erhaltungspflicht

### 1. Allgemeines

**a) Vermieter.** Der Vermieter ist verpflichtet, den vertragsgemäßen Gebrauch während der Mietzeit zu gewähren. Die Pflicht besteht unabhängig davon, ob der Mieter die Sache tatsächlich nutzt und ihn ein Mangel daher subjektiv beeinträchtigt.[181] Im Zusammenhang mit der Reinigung von großen, nicht zu öffnenden und bis zum Fußboden reichenden Fenstern einer Loft-Wohnung hat der BGH entschieden, dass der Mieter ohne besondere Vereinbarung gegen den Vermieter keinen Anspruch auf Reinigung der Fenster habe, da der Vermieter nicht die Reinigung der Bauteile **63**

[175] LG Hannover WuM 1991, 478 = NJW-RR 1991, 1355 = ZMR 1991, 482.
[176] KG WuM 1990, 376 = NJW 1990, 3218 = NJW-RR 1990, 1166 = ZMR 1990, 336 = DWW 1990, 232 = GE 1990, 811; OLG Zweibrücken WuM 1995, 144 = MM 1995, 143 = NJW-RR 1995, 270 = GE 1995, 419 = ZMR 1995, 119.
[177] KG WuM 1993, 423 = ZMR 1993, 380.
[178] BGH VIII ARZ 1/98, WuM 1999, 390 = NJW 1999, 2177 = MDR 1999, 985 = DWW 1999, 291.
[179] OLG Düsseldorf WuM 2002, 272; OLG Zweibrücken WuM 1995, 144 = GE 1995, 419 = ZMR 1995, 119 = NJW-RR 1995, 270; BayObLG WuM 1993, 766; KG WuM 1990, 376 = ZMR 1990, 336 = DWW 1990, 232 = NJW-RR 1990, 1166.
[180] LG Berlin GE 1997, 431.
[181] BGH, VIII ZR 99/17, WuM 2018, 641= GE 2018, 1213.

schulde.[182] Es ist fraglich, ob dies hierzu das letzte Wort sein kann, da bei solchen Konstruktionen die Fenster gleichzeitig die Funktion einer Fassade wahrnehmen und diese, anders als eine Wand, aus optischen Gründen regelmäßig gereinigt werden müssen. Unstreitig ist jedoch, dass der Vermieter die Wohnung, die zur Ausstattung der Wohnung gehörenden Bauteile und Einrichtungen[183], den Hausflur[184] und andere gemeinschaftlichen Hausteile, das Haus und das auf dem Hausgrundstück befindliche Umfeld instandhalten und ggf. instandsetzen (→ § 555 a Abs. 1 BGB zur Duldungspflicht des Mieters). Diese Pflichten des Vermieters sind Hauptpflichten. Formularklauseln, die den Vermieter von seiner Pflicht zur Überlassung der Mietsache im vertragsgerechten Zustand freizeichnen sollen, sind daher wegen Verstoßes gegen § 307 Abs. 2 Nr. 1 BGB unwirksam. Nur soweit die Klausel den Inhalt der Leistungspflichten konkretisiert und dabei das Risiko der Nutzbarkeit nicht auf den Mieter verlagert, ist sie zulässig.[185] Für den Umfang der Erhaltungspflicht ist § 538 BGB von wesentlicher Bedeutung. Diese Vorschrift bestimmt, dass die „normale" – vertragsgemäße – Abnutzung der Mietsache zu Lasten des Vermieters geht.[186] Im Rahmen der Erhaltungspflicht kann es geboten und vom Mieter hinzunehmen sein, dass die Mietsache unwesentlich und ohne Wertverlust verändert wird.[187] Andererseits ist der Vermieter gehalten, bei Beseitigung der Schäden möglichst den ursprünglichen Zustand der Mietsache wieder herzustellen.[188] Tritt ein Mangel wiederholt auf, ist der Vermieter verpflichtet, nicht nur erneut die jeweils konkrete Einzelmaßnahme zur Beseitigung durchzuführen, sondern eine grundlegende und nachhaltige Sanierung zur Fehlerbehebung vorzunehmen.[189]

**64** Den Vermieter trifft darüber hinaus eine **Überwachungspflicht,** insbes. **Prüfungs-** und **Wartungspflicht.**[190] Danach hat er das Mietobjekt im angemessenen Zeitabstand zu überprüfen, ob es sich noch in einem zum vertragsgemäßen Gebrauch geeigneten Zustand befindet. Das schließt erforderliche Wartungsarbeiten bestimmter Anlagen, zB eines Wasserboilers oder des Rauchwarnmelders[191], ein, sofern nicht die Wartung wirksam auf den Mieter übertragen wurde. Zum Anspruch des Mieters auf Verbesserung der technischen Ausstattung des Wohnraums → BGB § 536 Rn. 36.

**65** Die Überwachungspflicht findet aber nach Treu und Glauben dort ihre Grenze, wo die Kontrolle einen unzumutbaren Aufwand erfordert und keine Gewähr für eine dauerhafte Funktionstauglichkeit bietet.[192] Auch für nur abstrakt denkbare Schadensrisiken muss der Vermieter keine Vorkehrungen treffen.[193] So ist der Vermieter im Regelfall nicht verpflichtet, eine in der Erde liegende Wasserleitung auszugraben, um sich über den Erhaltungszustand der Rohre Gewissheit zu verschaffen.[194] Das gilt gleichermaßen für in den Wänden verlegte Wasserrohre.[195] Ohne besondere Anhaltspunkte ist der Vermieter auch nicht verpflichtet, die Dachrinne und Abflussrohre regelmäßig zu überprüfen[196]. Lassen aber häufige **Verstopfungen** der **Abwasserrohre** auf eine Zusetzung der Rohre schließen, ist der Vermieter gehalten, die Leitungen jährlich überprüfen zu lassen.[197] Er kann diese Aufgaben nicht formularvertraglich auf den Mieter übertragen.[198]

---

[182] BGH, VIII ZR 188/16, WuM 2018, 710 = NZM 2018, 900 = GE 2018, 1393; Anm. *Beyer,* jurisPR-MietR 23/2018.
[183] BGH VIII ZR 96/11, AK-MietPrax § 535 BGB Nr. 46 = WuM 2011, 618.
[184] KG WuM 1984, 42 = GE 1984, 81; LG München I WuM 1993, 736; AG Berlin-Schöneberg MM 1994, 211.
[185] *Drettmann* WuM 2012, 535 (539).
[186] OLG Düsseldorf GE 2012, 267.
[187] Unklar insoweit LG Berlin NZM 2001, 986.
[188] LG Berlin WuM 2017, 14, kein Ersatz durch Holz für Fliesen des Terrassenbelags; LG Stuttgart WuM 2015, 477 = NJW-RR 2015, 1494 = NZM 2015, 892, kein Austausch des Teppichbodens gegen Laminatfußboden; AG Hamburg-Altona NZM 2007, 515; *Scholz* jurisPR-MietR 16/2015 Anm. 1.
[189] OLG Düsseldorf GuT 2007, 363 = GE 2008, 54.
[190] OLG Schleswig ZMR 2012, 947; *Ruff* DWW 2006, 411; *Voelskow* PiG 16 (1984), 33 (37).
[191] *Cramer* ZMR 2016, 505.
[192] BGH WuM 1993, 123 = NJW-RR 1993, 521 = MDR 1993, 866 = ZMR 1993, 151; LG Berlin GE 1990, 1079.
[193] OLG München NJWE-MietR 1996, 177.
[194] BGH BB 1957, 494.
[195] AG Menden ZMR 1999, 34.
[196] OLG Düsseldorf GE 2012, 1228.
[197] LG Berlin GE 2000, 283; 1992, 1045; 1988, 413.
[198] KG GE 2013, 1274.

Weiterhin ist zu beachten, dass eine Überwachungs- und Kontrollpflicht nur insoweit besteht, als der Vermieter auch Zugang zu den Gebäudeteilen und **Gemeinschaftseinrichtungen** hat. Die Anforderungen an den Vermieter, die mitvermieteten technischen Einrichtungen laufend zu überprüfen, dürfen nicht überspannt werden.[199] Sind die Räume und Einrichtungen ausschließlich dem Mieter überlassen worden, darf sich der Vermieter auf die Mängelanzeige des Mieters nach § 536 c BGB verlassen.[200] 66

Der Pflicht zur Instandhaltung und Instandsetzung kann der Vermieter nur nachkommen, wenn ihm auf der anderen Seite das Recht gewährt wird, die Mieträume zu betreten. Rspr. sowie Schrifttum haben daher eine entsprechende **Duldungspflicht** des **Mieters** aus § 242 BGB bejaht.[201] Die Pflicht des Mieters zur Gewährung **des Zutritts**[202] ist über den Fall der Instandsetzung und Instandhaltung hinaus zu erweitern auf den Fall, dass der Vermieter im Zuge einer Umwandlung des Objektes in Eigentumswohnungen eine **Bauprüfung** zur Erteilung der Abgeschlossenheitsbescheinigung durchführen muss.[203] 67

Soweit der Vermieter in den Mietvertrag auch Gemeinschaftsanlagen einbezogen hat, erstreckt sich seine Pflicht zur Erhaltung des vertragsgemäßen Gebrauchs auch darauf. Müssen Geräte ersetzt werden, beschränkt sich die Pflicht des Vermieters – soweit nicht vertragliche Vereinbarungen entgegenstehen –, auf die Aufrechterhaltung eines funktionsfähigen Grundbestandes.[204] Der Vermieter muss daher nicht das neueste Modell eines **Ersatzgerätes** einbauen lassen. 68

Hat der Vermieter dem Mieter die Räume schon vor Beginn des Mietverhältnisses überlassen (→ Rn. 3 ff.), dann ist er vom Beginn der Überlassung an zur Instandhaltung und Instandsetzung verpflichtet. Ob dies auch für den Zeitraum nach der Beendigung des Mietverhältnisses gilt, wenn dem Mieter eine Räumungsfrist gewährt wurde, ist umstritten.[205] 69

**b) Mieter.** Gem. § 538 BGB hat der Mieter die vertragsgemäße „normale" Abnutzung nicht zu vertreten. Daher muss er nur für darüber hinausgehende Schäden eintreten, soweit er diese gem. § 276 BGB zu vertreten hat. Für Dritte haftet er uU iRd § 278 BGB, soweit sie mit Wissen und Wollen des Mieters die Mietsache benutzt haben (aber → Rn. 297). Dritte sind nicht nur Familienmitglieder des Mieters, sondern auch dessen Besucher und Handwerker, die er in die Wohnung bestellt hat. Der Mieter kann sich nicht damit entlasten, dass er hinsichtlich dieser Personen einer ausreichenden **Auswahl-** und **Überwachungspflicht** nachgekommen ist. Der Vermieter ist berechtigt, aber nicht verpflichtet, Schäden zu beheben, die der Mieter verursacht und zu vertreten hat. 70

**2. Vertragliche Abwälzung der Erhaltungspflicht auf den Mieter**

**a) Mietwohnungen.** Die vertragliche Abwälzung von Instandsetzungsmaßnahmen auf den Wohnungsmieter ist nur in sehr engen Grenzen möglich. Derartige Absprachen sind, auch wenn sie individualvertraglich getroffen werden, eng auszulegen.[206] Eine Vornahmeklausel ist im Rahmen einer formularmäßigen Abwälzung generell unzulässig.[207] Hat er sie zulässig individualvertraglich mit dem Mieter vereinbart, kann der Vermieter nicht erwarten, dass der Mieter die Arbeiten wie ein Fachbetrieb ausführt.[208] 71

Üblicherweise werden die Kosten der Instandhaltung bzw. Instandsetzung formularvertraglich auf den Mieter abgewälzt. Der BGH hat unter den Kosten der Instandhaltung in Anlehnung an § 28 Abs. 1 II. BV (→ Rn. 76) die Kosten verstanden, die zur Erhaltung des bestimmungsgemäßen Gebrauchs aufgewendet werden müssen, um die durch Alterung, Abnutzung oder Witterungsein- 72

[199] BGH VersR 1966, 81.
[200] LG Hamburg ZMR 1991, 440 = DWW 1992, 83; Staudinger/*Emmerich* BGB § 535 Rn. 32.
[201] *MüKoBGB/Bieber* § 554 Rn. 12.
[202] Beschwerdewert s. Rn. 223.
[203] LG Hamburg WuM 1994, 425.
[204] LG Berlin WuM 1998, 481; MM 1997, 192.
[205] So *Eisenschmid* ZfgWBay 1988, 85 (87); **aA** *Voelskow* PiG 16 (1984), 33 (39).
[206] *Sternel* MietR Kap. II Rn. 154; Erman/*Lützenkirchen* BGB § 535 Rn. 136 f.; sa *Hau* NZM 2006, 561.
[207] BGHZ 118, 194 = WuM 1992, 355 = NJW 1992, 1759 = MDR 1992, 669 = DWW 1992, 207 = ZMR 1992, 332 = GE 1992, 663; BayObLG NJW-RR 1997, 1371; OLG Frankfurt a. M. WuM 1997, 609; *Sommer* NZM 2020, 1099 (1103).
[208] OLG Köln WuM 1995, 582 = ZMR 1994, 562.

wirkung entstehenden baulichen oder sonstigen Mängel ordnungsgemäß zu beseitigen.[209] Eine formularvertragliche Klausel zur **Kostentragung** von **Kleinreparaturen** ist nur zulässig, wenn sie gegenständlich begrenzt ist[210] und eine Betragshöchstgrenze sowohl für die Reparatur im Einzelfall[211] als auch für die Summe der Reparaturen innerhalb eines bestimmten Zeitraums angibt.[212] Die Vereinbarung einer Kleinreparaturklausel, die eine Kostenbeteiligung des Mieters bis zu einem bestimmten Höchstbetrag vorsieht, berechtigt den Vermieter nicht, bei größeren Reparaturen den vereinbarten Höchstbetrag als anteiligen Reparaturbeitrag zu verlangen. Bei größeren Schäden ist der Mieter somit ganz frei.[213] Unzulässig ist es, durch eine Formularklausel den Mieter anteilig zur Kostenbeteiligung für die Beseitigung einer Rohrverstopfung in Anspruch zu nehmen, wenn sich der Schadensverursacher nicht ermitteln lässt[214] (Einzelheiten → bei § 538 BGB). Beschränkt sich die Rohrverstopfung auf die vermieteten Räume[215], haften mehrere Mieter auch dann als Gesamtschuldner, wenn sich der Verursacher nicht ermitteln lässt.[216] Das grundsätzliche Verbot im Wohnraummietverhältnis, Reparaturkosten auf die Mieter formularmäßig abzuwälzen, darf nicht dadurch umgangen werden, dass der Formularmietvertrag bestimmte Einrichtungen, wie zB eine Einbauküche, dem Mieter nur leihweise überlässt und ihn für die Leihgabe zur Übernahme von Reparaturkosten verpflichtet.[217]

**73** Werden die Schönheitsreparaturen und die Kleinreparaturen in Form einer einzigen Klausel auf den Mieter übertragen, so sind die jeweiligen Klauselbestandteile gesondert zu bewerten. Die Unwirksamkeit eines Klauselteils führt deshalb nicht zur Unwirksamkeit der gesamten Klausel. Vielmehr bleibt diese mit ihrem wirksamen Teil aufrechterhalten[218] (Einzelheiten zu Vertragsgestaltungen mit Allgemeinen Geschäftsbedingungen → BGB Vor § 535 Rn. 37ff.).

**74** Für den preisgebundenen Wohnungsbau wird im Rahmen der Vorschriften zur Ermittlung der **Kostenmiete** der Begriff **Instandhaltungskosten** definiert. Danach handelt es sich bei den Instandhaltungskosten um Kosten, die während der Nutzungsdauer zur Erhaltung des bestimmungsgemäßen Gebrauchs aufgewendet werden müssen, um die durch Abnutzung, Alterung und Witterungseinwirkung entstehenden baulichen oder sonstigen Mängel ordnungsgemäß zu beseitigen (§ 19 Abs. 2 WoFG; § 28 Abs. 1 II. BV). § 28 Abs. 3 S. 1 II. BV unterstellt, dass sog. „kleine Instandhaltungen" vertraglich auf den Mieter abgewälzt werden dürfen. Daraus ist aber kein Sonderrecht für diesen Wohnungsbestand abzuleiten. Vielmehr unterliegen formularvertragliche Regelungen über die Instandsetzungspflicht des Mieters im preisgebundenen Wohnraum den gleichen Grundsätzen, wie sie auch für den freifinanzierten Wohnungsbau gelten. Gem. S. 2 des § 28 Abs. 3 II. BV umfassen kleine Instandhaltungen nur das Beheben kleiner Schäden an den Installationsgegenständen für Elektrizität, Wasser und Gas, den Heiz- und Kocheinrichtungen, den Fenster- und Türverschlüssen sowie den Verschlussvorrichtungen für Fensterläden. Wegen § 305c Abs. 2 BGB sind Vertragsklauseln, die den Umfang der Haftung erweitern sollen, eng auszulegen.[219] Diese reine Kostenregelung berührt allerdings nicht die Pflichten aus § 535 BGB, so dass der Pflichtenkatalog des Vermieters unbeschadet des Kostenansatzes zu bestimmen ist.

**75** Der Mieter von Wohnraum kann nicht dazu verpflichtet werden, anstelle einer Kostenübernahme für erforderliche Reparaturleistungen eine besondere **Versicherung** zugunsten des Vermie-

---

209 BGH XII ZR 158/01, GuT 2005, 213 = AK-MietPrax § 538 BGB Nr. 17 = ZMR 2005, 844 = DWW 2005, 372 = NZM 2005, 863; WuM 2004, 290 = NZM 2004, 417 = GE 2004, 613 = ZMR 2004, 430 = AK-MietPrax § 2 Nr. 17 BetrKV Nr. 1 = DWW 2004, 180.

210 AG Zossen WuM 2015, 476.

211 BGH VIII ZR 343/08, WuM 2010, 235 = AK-MietPrax § 536 BGB Nr. 31 = NZM 2010, 356 = ZMR 2010, 517 = GE 2010, 480; AG Bremen NZM 2008, 247 – 200 EUR ist unangemessen; AG Braunschweig ZMR 2005, 717 – 100 EUR; *Börstinghaus* jurisPR-MietR 7/2006 Anm. 1 zur Mieterhöhung bei nicht vereinbarter Übernahme.

212 BGH XII ZR 158/01, NZM 2005, 863 = GuT 2005, 213 = ZMR 2005, 844 = DWW 2005, 372 = GE 2005, 1185 = AK-MietPrax § 538 BGB Nr. 17; BGHZ 108, 1 = WuM 1989, 324 = NJW 1989, 2247 = ZMR 1989, 327 = NJW-RR 1989, 1160 = DWW 1989, 195 = GE 1989, 669; AG Braunschweig ZMR 2005, 717 – 8% der Jahresmiete; s. *Sommer* NZM 2020, 1099.

213 OLG Düsseldorf DWW 2002, 328.

214 OLG Hamm WuM 1982, 201 = NJW 1982, 2005 = MDR 1982, 851 = ZMR 1982, 314 = DWW 1982, 214 = GE 1982, 695.

215 So im Fall AG Bergheim ZMR 2008, 632.

216 AG Gießen NJW-RR 2008, 392.

217 So der Mietvertrag des Stuttgarter Haus- und Grundbesitzervereins eV, Vers. 9/2001 (§ 24 Abs. 3).

218 BayObLG NJW-RR 1997, 1371.

219 AG Hamburg-Barmbek GE 2011, 957.

ters gegen eventuelle **Sachschäden** abzuschließen.[220] Das gilt auch für private Sach- und Haftpflichtversicherungen des Mieters[221] (insbes. → Rn. 84 ff.). Unzulässig ist es auch, den Mieter für Schäden an der Mietsache formularvertraglich haftbar zu machen, die durch Dritte verursacht wurden und vom Mieter nicht zu vertreten sind.[222]

**b) Gewerberaum.** Dem Mieter von Gewerberaum können durch formularmäßige Überbürdung der Erhaltungslast nicht nur die Kosten, sondern grds. auch sämtliche Reparaturverpflichtungen auferlegt werden. Dies hängt ua mit den unterschiedlichen Risiken und Abnutzungen zusammen, die bei der Überlassung von Gewerberaum im Vergleich zu Wohnungen auftreten.[223] Zudem ist das Gesetz bei der Gewerberaummiete wesentlich offener als bei der Wohnraummiete, was sich bei den AGB-Regelungen niederschlägt.[224] **76**

So ist die Übertragung der Erhaltungslast auf den Mieter grundsätzlich derart zu begrenzen, dass die vom Mieter zu behebenden Schäden seinem **Mietgebrauch** oder seinem **Risikobereich** zuzuordnen sind[225], zB Schäden, die von Anlagen und Maschinen in den Mieträumen ausgehen. Anderenfalls verstößt eine solche formularmäßig vereinbarte Instandsetzungsklausel gegen § 307 Abs. 1 S. 1 iVm Abs. 2 Nr. 1 BGB. Unter Umständen kann der Vermieter auch gehalten sein, hinsichtlich der Instandsetzungslast einen Höchstbetrag zu vereinbaren, wenn beispielsweise der Mieter zur Erneuerung durch Ersatzbeschaffung in Fällen verpflichtet wird, bei denen er die Bestandteile der Mietsache zwar mängelfrei, aber in gebrauchtem Zustand übernommen hat[226], oder wenn die Instandsetzungspflicht des Mieters auch Gegenstände erfasst, die von seinem Mietgebrauch nicht erfasst werden, dafür aber zum Ausgleich die gesamte Instandhaltungslast der Höhe nach begrenzt werden soll.[227] Um dem Einwand der Intransparenz zu begegnen, müssen solche formularmäßige Vereinbarungen eindeutig sein. **77**

Im Bereich der formularmäßigen Abwälzung von Schönheitsreparaturen hat der VIII. Zivilsenat für die Wohnungsmiete den Grundsatz aufgestellt, dass die Vereinbarung einer laufenden Renovierungspflicht des Mieters den AGB-rechtlichen Regelungen nur standhält, wenn die Wohnung renoviert überlassen wird, oder wenn dem Mieter für die Durchführung der Anfangsrenovierung ein angemessener Ausgleich gewährt wird, der ihn so stellt, als habe der Vermieter ihm eine renovierte Wohnung überlassen.[228] Dieser Gedanke ist über die Schönheitsreparaturen hinaus auf die Gewerberaummiete zu übertragen.[229] Der Mieter soll nicht das **Herstellungsrisiko** tragen.[230] **78**

Dem Mieter soll im Rahmen von AGBs nur dasjenige an Erhaltungsmaßnahmen auferlegt werden können, was sowohl in räumlicher als auch in zeitlicher Hinsicht auf seine Mietzeit zurückgeht. Der Vermieter soll bei Rückerhalt der Mietsache nicht mehr bekommen, als er dem Mieter zur Verfügung gestellt hat. Das kann ua der Fall sein, wenn der Mieter bei Rückgabe der Räume verpflichtet werden soll, Schäden zu beseitigen, die der Vormieter oder ein sonstiger Dritter verursacht hatte[231] oder wenn unzumutbare Aufwendungen erforderlich sind, um das Objekt konzessionsgerecht herstellen und für den vereinbarten Vertragszweck nutzen zu können.

Die vollständige Freizeichnung des Vermieters von jeglichen Reparaturverpflichtungen würde daher selbst den gewerblichen Mieter mit einem nicht voraussehbaren Risiko belasten[232], da er auch für solche Mängel einstehen müsste, die schon vor Vertragsbeginn vorhanden waren.[233] **78a**

---

220 LG Düsseldorf WuM 1990, 336.

221 LG Berlin WuM 1993, 261; GE 1993, 159.

222 AG Düren WuM 2010, 292.

223 *Gather* DWW 1997, 169 (181); zur Übertragung der Vermieterstellung *Hübner* ZMR 2011, 615.

224 *Guhling* NZM 2019, 457, 461.

225 BGH XII ZR 158/01, GuT 2005, 213 = DWW 2005, 372 = MDR 2006, 17 = GE 2007, 1112 = AK-MietPrax § 538 BGB Nr. 17; OLG Köln WuM 1994, 274 = NJW-RR 1994, 524 = ZMR 1994, 158 = DWW 1994, 119; OLG Düsseldorf DWW 1992, 241 = BB 1992, 1815; *Dose* NZM 2009, 381 (385).

226 Guhling/Günter/*Boerner* BGB § 535 Rn. 120.

227 *Guhling* NZM 2019, 457, 461.

228 BGH, VIII ZR 277/16, WuM 2018, 635 = NZM 2016, 863 = ZMR 2018, 994 = MietPrax-AK § 538 BGB Nr 70; s. hierzu *Wiek* WuM 2020, 535.

229 So vorsichtig *Guhling* NZM 2019, 457, 462.

230 v. Westphalen/*Drettmann* Geschäftsraummiete 28. Aufl. 2010 Rn. 38.

231 OLG Düsseldorf ZMR 2020, 930.

232 *Guhling* NZM 2019, 557, 561.

233 OLG Naumburg WuM 2000, 241 = NJW-RR 2000, 823 = ZMR 2000, 383 = NZM 2000, 1183; OLG Köln WuM 1994, 274 = ZMR 1994, 158 = NJW-RR 1994, 524 = DWW 1994, 119.

Ebenso kann der Mieter durch eine solche Klausel nicht verpflichtet werden, nicht mehr reparaturfähige Teile der Mietsache zu ersetzen[234] (iE → BGB § 536 Rn. 465 ff.).

Wirksam ist eine Vereinbarung, die den Mieter verpflichtet, „die laufende Instandhaltung und Instandsetzung im Inneren der Räume" vorzunehmen.[235] Ist dagegen lediglich bestimmt, dass die Räume mit der erforderlichen Sorgfalt zu behandeln und in einem ordnungsgemäßen Zustand zu erhalten oder zurückzugeben sind, reicht dies für die Überbürdung der grds. dem Vermieter obliegenden Erhaltungslast nicht aus.[236]

79 Formularmäßige Übertragungen der Instandhaltungs- und Instandsetzungspflicht sind wegen der auf den Mieter abgewälzten erheblichen Risiken auch im gewerblichen Mietverhältnis grds. eng auszulegen.[237] Daher kann der Vermieter bei Vereinbarung einer **Kleinreparaturklausel** mit einem Höchstbetrag diesen nicht als anteilige Beteiligung des Mieters bei größeren Reparaturen verlangen. Übersteigen die Reparaturkosten den vereinbarten Höchstbetrag, ist der Mieter vielmehr frei.[238]

80 Ebenfalls ist es mit § 307 BGB nicht vereinbar, wenn der Mieter ohne Begrenzung für die **Unterhaltung an „Dach und Fach"**[239] – → BGB § 536 Rn. 467 – aufzukommen hat, weil dies bedeuten würde, dass er auch für die Erhaltung der Dachsubstanz und der tragenden Gebäudeteile zu sorgen hat, da der Begriff alle Arbeiten am Mauerwerk eines Hauses erfasst.[240] Dies würde zu einem unüberschaubaren Kostenrisiko für die Mieter führen.[241] Auch die Haftungsbeschränkung auf eine vom Vermieter zu verantwortende „grobe Vernachlässigung des Grundstücks" ist nicht wirksam.[242] Weitere Einzelheiten → BGB § 536 Rn. 438 ff.

81 Für **gemeinsam** von mehreren Mietern genutzte **Flächen und Anlagen** ist eine vollständige Überbürdung der Kosten wegen § 307 BGB unzulässig.[243] Zum einen werden dadurch Kosten auf den Mieter übertragen, die nicht durch seinen Mietgebrauch veranlasst sind, und zum anderen werden ihm Kosten für Schäden auferlegt, die von Dritten verursacht wurden. Eine begrenzte Umlage, zB von 8% der Jahresmiete als Höchstbetrag kann uU zulässig sein, wenn zB die Schäden auf Abnutzung, Alterung oder Witterungseinflüsse zurückzuführen sind und der Mieter sich nicht schon mit anderen Beiträgen, zB an eine Werbegemeinschaft, für die Gesamtanlage mietvertraglich verpflichtet hat.[244] Im Übrigen muss die Vereinbarung so gestaltet sein, dass sich der Mieter wenigstens ein grobes Bild davon machen kann, welche zusätzlichen Kosten auf ihn zukommen können.[245] Daher genügt es nicht, zB die Tragung der Kosten für „übliche" Versicherungen oder den „Betrieb" bzw. die „Unterhaltung" zu vereinbaren.[246] Soweit der Mieter verpflichtet ist, die **Erhaltungslast** zu tragen, obliegt ihm – sofern die Beschädigung auf den Mietgebrauch zurückzuführen ist – im Streitfall die **Beweislast,** dass er den Schaden nicht verschuldet hat.[247] Weitere Einzelfragen → BGB § 536 Rn. 438 ff.

---

[234] KG MDR 2000, 447.

[235] OLG Köln WuM 1994, 274 = NJW-RR 1994, 524 = ZMR 1994, 158 = DWW 1994, 119.

[236] OLG Düsseldorf ZMR 1999, 627 = DWW 1999, 294 = NZM 2000, 464; NJW-RR 1992, 1096 = BB 1992, 2031 = DWW 1992, 365.

[237] OLG Brandenburg ZMR 2003, 909; OLG Koblenz WuM 1990, 16 = NJW-RR 1990, 20 = ZMR 1989, 464 = GE 1990, 649; Staudinger/*Emmerich* BGB § 535 Rn. 66.

[238] OLG Düsseldorf DWW 2002, 238.

[239] Zum Begriff OLG Hamm ZMR 1988, 260; *Disput/Hübner* ZfIR 2007, 836 (838); *Weimar* BlGBW 1980, 69; WuM 1956, 85; individualvertraglich ist die Klausel zulässig, BGH, XII ZR 12/13, WuM 2014, 140 = NZM 2014, 242 = MietPrax-AK § 548 BGB Nr 19 = ZMR 2014, 526.

[240] OLG Hamburg MDR 1967, 845; OLG Brandenburg ZMR 2003, 909; OLG Frankfurt a. M. WuM 1992, 56 = NJW-RR 1992, 396 = ZMR 1992, 198 zum Mietvertrag über Wohnraum; Sternel MietR Kap. II Rn. 154; Bub/Treier MietR-HdB/*Kraemer* Kap. III A Rn. 2622.

[241] KG NJW-RR 2003, 586; OLG Dresden NJW-RR 1997, 395 = NJWE-MietR 1997, 106 = GE 1996, 1237; *Disput/Hübner* ZfIR 2007, 836 (838).

[242] OLG Hamm NJW-RR 1996, 969.

[243] BGH XII ZR 158/01, DWW 2005, 372 = NZM 2005, 863 = GuT 2005, 213 = GE 2005, 1185 = ZMR 2005, 844 = ZfIR 2005, 692 mAnm *Schmid* = AK-MietPrax § 556 BGB Nr. 17; LG Augsburg ZMR 2007, 697; sa *Hoff* ZMR 2006, 415; *Dose* NZM 2009, 381 (385).

[244] *Horst* DWW 2008, 42 (50); Lindner-Figura/Oprée/Stellmann Geschäftsraummiete-HdB/*Wolf* Kap. 13 *Rn. 185 – 10%.*

[245] *Joachim* GuT 2007, 4; *Geldmacher* MK 2005, 181 (183).

[246] OLG Düsseldorf GE 2016, 1565.

[247] BGH WuM 1978, 90 = ZMR 1977, 3320; LG Düsseldorf DWW 1992, 241 = BB 1992, 1815.

Eine formularmäßige[248] Vereinbarung, wonach der Vermieter zu keinerlei Instandhaltungs- und Instandsetzungsmaßnahmen am gesamten Mietobjekt verpflichtet ist **(sog. Freizeichnungsklausel),** kann aus wirtschaftlicher Sicht für den Vermieter notwendig sein, wenn das Objekt nach Ablauf der Mietzeit abgerissen wird. In solchen Fällen dient die Freizeichnungsklausel in erster Linie der Festlegung des vertraglichen Zustandes der Mietsache[249]. Dann fehlt es an einem Interesse zur ordnungsgemäßen Instandhaltung. Gleichwohl verstößt diese Klausel dann gegen § 307 Abs. 2 S. 2 BGB, wenn sie den umfassenden Ausschluss der Instandhaltungspflicht auch auf nachträgliche Mängel bezieht.[250] Dementsprechend ist auch eine Freizeichnungsklausel für eine Haftung bei jeglichen Mängeln unwirksam, weil der Haftungsausschluß damit auch Mängel umfaßt, die außerhalb der gemieteten Wohnung liegen können und nicht dem Zugriffsbereich des Mieters unterliegen. Dem Mieter würden deshalb auch Schadensrisiken auferlegt, die er weder überschauen noch in irgendeiner Weise vermeiden kann.[251] **82/83**

**c) Versicherungsabschlüsse. aa) Mieter.** Der Vermieter von Gewerberaum kann ein besonderes Interesse am Abschluss einer **Versicherung** durch den Mieter haben, wenn dies seinen wirtschaftlichen Zielvorstellungen nützt. Gegen eine Verpflichtung des gewerblichen Mieters zum Abschluss einzelner Versicherungen bestehen grds. keine Bedenken[252]. Allerdings ist es unangemessen, den Mieter durch AGB-Klausel zu verpflichten, ausreichende Versicherungen abzuschließen.[253] Beim Wohnraummieter ist dies wegen der zusätzlichen Absicherung zur Kaution bedenklich, weil dieser Mieterverpflichtung keine zusätzliche Leistung des Vermieters gegenübersteht.[254] **84**

Von Interesse sind insbes. **Glasversicherungen**[255] gegen Schaufensterscheiben, Brandversicherungen oder Betriebsunterbrechungsversicherungen, weil sie die wirtschaftliche Situation des Mieters abdecken und damit die fortlaufende Mietzahlung sichern. Die Abrede über den Abschluss einer Versicherung kann einen Haftungsausschluss zugunsten des Vermieters beinhalten.[256] Der Mieter wird hierdurch nicht über Gebühr benachteiligt, weil die Versicherung auch ihm zugutekommt. Soweit die Versicherung im Schadensfall leistet, gehen die Ansprüche gem. § 86 VVG nur insoweit über, als sie mietvertraglich oder nach anderen Vorschriften begründet sind und der Schadensverursacher nicht mitversichert ist.[257] Das ist beim Mieter der Fall.[258] Im Verhältnis zum Vermieter bedeutet die Pflicht zum Abschluss der Versicherung aber regelmäßig die Erklärung, dass der Mieter von der Haftung im Falle des Versicherungseintritts freigestellt wird.[259] Unterlässt der Mieter vertragswidrig den Abschluss der Versicherung, so haftet er für die Schäden, die der Versicherer ersetzt hätte; also auch für solche, die er nicht verursacht und nicht zu vertreten hat.[260] **85**

**bb) Vermieter.** Auch der Raummieter hat ein Interesse daran, dass der Vermieter sich gegen wirtschaftliche Risiken absichert. Da er den Vermieter hierzu nicht zwingen kann, bedarf dies einer vertraglichen Vereinbarung. Zahlt der Mieter mit der Grundmiete[261] bzw. über die Betriebskosten die anteiligen Kosten einer (Gebäude-)Versicherung (was regelmäßig der Fall sein wird), kann er von einem entsprechenden ortsüblichen[262] Versicherungsschutz ausgehen. In diesen Fällen ist in der Vergangenheit eine stillschweigende Begrenzung der Haftung für die Verursachung von Schä- **86**

---

248 OLG Saarbrücken NZM 2003, 438 zur Individualvereinbarung.
249 BGH, XII ZR 327/00, NZM 2002, 784 = ZMR 2002, 899 = MietPrax-AK § 536b BGB Nr 1.
250 BGH, XII ZR 327/00, NZM 2002, 784 = ZMR 2002, 899 = MietPrax-AK § 536b BGB Nr 1; Guhling/Günter/*Boerner* BGB § 535 Rn. 161c; *Börstinghaus* NZM 2016, 417ff.
251 BGH VIII ARZ 1/01, WuM 2002, 141 = NZM 2002, 116 = NJW 2002, 673 = DWW 2002, 67 = ZMR 2002, 184.
252 *Schmid* ZMR 2001, 587 (588).
253 OLG Düsseldorf ZMR 2017, 161.
254 *Jendrek* DWW 2003, 142.
255 LG Wuppertal ZMR 2016, 879.
256 Wolf/Eckert/Ball Gewerbl. Miet-/Pacht-/LeasingR-HdB Rn. 741.
257 Wolf/Eckert/Ball Gewerbl. Miet-/Pacht-/LeasingR-HdB Rn. 851.
258 BGH NZM 2000, 688 = NJW-RR 2000, 1110; WuM 1991, 206 = NJW-RR 1991, 527 = ZMR 1991, 168.
259 OLG Hamm NZM 1998, 346.
260 OLG Düsseldorf WuM 1994, 674 = DWW 1995, 110 = DWW 1995, 110.
261 BGH IV ZR 378/02, NJW 2006, 3712 = NZM 2006, 949; IV ZR 116/05, WuM 2006, 624 = NJW 2006, 3711 = NZM 2006, 946; WuM 2007, 144 = AK-MietPrax § 538 BGB Nr. 27 = NZM 2007, 340.
262 AG Idstein ZMR 2021, 46; *Abramenko* MietR 2016, 172.

den auf Vorsatz und grobe Fahrlässigkeit angenommen worden.[263] Mit seiner Entscheidung v. 3.11.2004 wurde vom BGH[264] endgültig diese **„haftungsrechtliche Lösung"** für den Fall des Regresses des Versicherers aufgegeben. Diese Lösung ging von einem konkludenten Haftungsverzicht zwischen Vermieter und Mieter für den Fall der leichten Fahrlässigkeit aus, wenn der verursachte Schaden durch einen (Haftpflicht-)Versicherer erfasst wurde. Wollte der Versicherer nach Schadenszahlung an den Vermieter gem. § 67 VVG aF (§ 86 VVG) beim Mieter Regress nehmen, traf diesen die volle Beweislast. Da die übergeleiteten Ansprüche regelmäßig auf pVV gestützt wurden, musste sich der Vermieter nach herrschender Auffassung insoweit entlasten, dass die Schadensursache nicht aus seinem **Gefahrenkreis** stammte. Konnte er diesen Beweis erbringen, hatte der Mieter dazulegen und zu beweisen, dass er den Schaden nicht zu vertreten hatte. Die **„haftungsrechtliche Lösung"** führte somit dazu, dass der Mieter zwar wegen leichter Fahrlässigkeit nicht haftete, aber ggf. sich wegen grober Fahrlässigkeit oder Vorsatz entlasten musste[265].

**87** Nunmehr ist der **„versicherungsrechtlichen Lösung"** zu folgen.[266] Diese geht von einem konkludenten Verzicht zwischen Versicherer und Vermieter aus, wonach der Mieter bei nur **leichter Fahrlässigkeit** nicht haften soll. Diese Vertragsauslegung beruht auf der Erkenntnis, dass der Vermieter im Regelfall die Vertragsbeziehungen mit dem Mieter nicht unnötig belasten will und sich der Mieter wegen den mit den Betriebskosten bzw. der Miete gezahlten Versicherungsbeiträgen bei einem Regressfall in der Erwartung getäuscht sieht, im Schadensfall nicht in Anspruch genommen zu werden. Zudem liegt diese Lösung auch im Interesse des Vermieters, der sich so die Liquidität des Mieters zwecks Zahlung der Miete erhält. Der Regressverzicht bezieht sich nicht auf Fälle der **grob fahrlässigen** Herbeiführung des Schadens, auch nicht in der Weise, dass der Gebäudeversicherer nur in Höhe der den Mieter nach § 81 Abs. 2 VVG treffenden Kürzungsquote Regress nehmen kann. Ein so weitgehender Regressverzicht entspricht nicht mehr den Interessen der Parteien des Gebäudeversicherungsvertrags.[267] Einbezogen in den Haftungsausschluss sind bei einem Gewerberaummieter dessen Arbeitnehmer, freie Mitarbeiter, Aushilfskräfte und sonstige Personen mit einer besonderen Nähe zum Mietobjekt.[268]

Dieser Grundsatz der versicherungsrechtlichen Lösung gilt allerdings nicht im umgekehrten Fall zwischen Versicherer und Mieter, wenn dieser mietvertraglich zum Abschluss einer eigenen Geschäftsversicherung verpflichtet wird und der Vermieter fahrlässig für einen Schaden haftet.[269]

**88** Darüber hinaus ist der Vermieter grds. mietvertraglich verpflichtet, im Schadensfall zunächst den Versicherer in Anspruch zu nehmen. Der Mietvertrag ist somit ergänzend im Sinne einer **Verschonungspflicht** auszulegen.[270] Handelt er dieser Pflicht zuwider, liegt darin eine mietvertragliche Pflichtverletzung[271] (zur Beweislastregelung → BGB § 536 Rn. 485 ff.). Daher kann der Mieter dem Vermieter die dolo-petit-Einrede entgegenhalten, wenn dieser ihm unmittelbar in Regress nehmen will. Grundsätzlich unerheblich ist auch, dass der Vermieter bei Inanspruchnahme der Versicherung möglicherweise eine erhöhte Prämie zahlen muss.[272]

**88a** Dem Mieter bleibt somit jedenfalls bei einfacher Fahrlässigkeit der Erfüllungsanspruch nach § 535 BGB sowie das Recht zur Mietminderung (§ 536 BGB), wenn der Vermieter die Mietsache pflichtwidrig nicht zu einem für den vertragsgemäßen Gebrauch geeigneten Zustand wieder herstellt.[273] Hinz[274] will das Minderungsrecht dem Mieter erst nach Ablauf einer angemessenen Frist

---

[263] BGH NJW-RR 2000, 1110; OLG Düsseldorf NJWE-MietR 1997, 152 = ZMR 1997, 228; NJW 1996, 715; umf. *Schwintowski* WuM 2007, 305.

[264] BGH VIII ZR 28/04, WuM 2005, 57 = NZM 2005, 100 = ZMR 2005, 116 = GE 2005, 123 = AK-MietPrax § 538 BGB Nr. 12.

[265] BGH NJW 1996, 715 = WuM 1996, 212 = ZMR 1996, 184; krit. *Armbrüster* NJW 1997, 177.

[266] OLG Düsseldorf GE 2016, 1382; zur versicherungsrechtlichen Lösung umf. *Hinz,* ZMR 2017, 533 (1. Teil) und ZMR 2017, 697 (2. Teil) sowie *Wietz/Streyl* WuM 2015, 131; *Martinek* JM 04/2015, 155 mAnm.

[267] BGH IV ZR 52/14, NZM 2017, 29 = NJW-RR 2017, 22.

[268] LG Krefeld GE 2015, 1288 = ZMR 2017, 48.

[269] BGH XII ZR 6/12, VersR 2013, 318 = GE 2013, 209 = MDR 2013, 266.

[270] BGH VIII ZR 48/13, AK-MietPrax § 538 BGB Nr. 63 = GE 2014, 661.

[271] BGH VIII ZR 191/13, WuM 2015, 88 = NJW 2015, 699 = NZM 2015, 245 = GE 2015, 181; so auch schon BGH VIII ZR 28/04, WuM 2005, 57 = AK-MietPrax § 538 BGB Nr. 12 = NZM 2005, 100; V ZR 62/06, WuM 2007, 33 = NJW 2007, 292 = ZMR 2007, 464; OLG Oldenburg ZMR 2008, 716 = NJW-RR 2008, 1181; *Prölss* ZMR 2005, 241.

[272] *BGH VIII ZR 191/13, WuM 2015,* 88 = NJW 2015, 699 = NZM 2015, 245 = GE 2015, 181; **aA** *Prölss* ZMR 2005, 241 (243) bei erheblichen Prämienerhöhungen, was der BGH offen gelassen hat.

[273] **AA** LG Berlin GE 2015, 1462 zu Recht mkritAnm *Beuermann* GE 2015, 1435.

[274] Hinz, ZMR 2017, 533, 542.

ab Regulierung durch den Versicherer zugestehen, weil der Vermieter noch eine Zeit zur Schadensbehebung benötige.

Bei der Feststellung der groben Fahrlässigkeit ist von Bedeutung, ob mehrere Schadensursachen in Betracht kommen. Wird dies bejaht, so ist bei der Beurteilung des Verschuldens von der dem Mieter günstigsten Möglichkeit auszugehen.[275] Der Vermieter kann vom Mieter bei Vertragsverletzungen Schadensersatz fordern oder ihn auf Unterlassung in Anspruch nehmen.[276] Ist der Mieter haftpflichtversichert, gilt zwischen den Versicherern das „Teilungsabkommen Mieterregress“[277]. Für den Ausgleichsanspruch des Gebäudeversicherers gegen den Haftpflichtversicherer des Mieters gelten die gleichen Beweislastregeln wie für den Anspruch des Vermieters gegen den Mieter.[278] Der Ausgleichsanspruch verjährt gem. § 195 BGB in drei Jahren. **89**

**d) Verletzung der Erhaltungspflicht.** Bei einem Verstoß des Vermieters gegen seine **Erhaltungspflichten** kann der Mieter den Erfüllungsanspruch aus § 535 BGB geltend machen. Die Pflicht des Vermieters zur Instandsetzung entsteht mit der Kenntnis vom Mangel. Der Vermieter kommt seiner Pflicht zur unverzüglichen Mängelbeseitigung nicht nach, wenn er nur den Anrufbeantworter der gewöhnlich von ihm beauftragten Fachfirma bespricht. Denn allein dadurch ist nicht sichergestellt, dass eine Mängelbeseitigung in zumutbarer Zeit erfolgt.[279] Neben dem Erfüllungsanspruch hat der Mieter Gewährleistungsrechte aus §§ 536, 536a Abs. 1 BGB. In bestimmten Fällen hat der Mieter neben dem Recht auf Minderung und dem Schadensersatzanspruch auch das Recht zur Ersatzvornahme und entsprechender Kostenerstattung (→ § 536a Abs. 2 BGB). **90**

### 3. Wegfall der Erhaltungspflicht

**a) Vertragsende.** Die Erhaltungspflicht des Vermieters entfällt nicht zwingend bei **Vertragsende.** Vielmehr kann er auch in dem Zeitraum zwischen der rechtlichen Beendigung des Mietvertrages und der Räumung nach § 242 BGB verpflichtet sein, notwendige Instandsetzungsarbeiten vorzunehmen[280] (→ Rn. 251). Allerdings hat der Mieter keinen vertraglichen Erfüllungsanspruch. **91**

**b) Nutzungsänderung.** Bei einer Nutzungsänderung des Grundstücks entfällt die Erhaltungspflicht des Vermieters nur insoweit, als die Änderung der Nutzungsart auch zu anderen vertraglichen Abreden hinsichtlich des vertragsgemäßen Gebrauchs geführt hat. Allein die Aufgabe der Nutzung eines Teils der gemieteten Räumlichkeiten durch den Mieter führt hinsichtlich dieses Teils der Mietsache nicht zur **Befreiung der Instandhaltungspflichten** des Vermieters.[281] **92**

**c) Beschädigung.** Die Erhaltungspflicht des Vermieters entfällt, wenn der Mieter den Schaden **schuldhaft selbst** herbeigeführt hat. Hier kann der Vermieter nach seiner Wahl Schadensbeseitigung oder Schadensersatz verlangen (§ 249 BGB). Verlangt der Vermieter Schadensersatz, ist er zur Herstellung eines mangelfreien Zustandes der Mietsache verpflichtet. **93**

**d) Untergang.** Während der Vermieter nach §§ 535 BGB zur Instandsetzung des Mietobjektes verpflichtet ist, auch wenn die Aufwendungen erheblich sind,[282] fehlt eine entsprechende Vorschrift für die Wiederherstellung bei vollständiger Zerstörung des Mietobjektes. Bei vollständiger **Zerstörung des Mietobjektes** gelten daher die allgemeinen Regeln, wonach der Vermieter von seiner Hauptleistungspflicht, nämlich der Gewährung des Gebrauchs der vermieteten Sache, bei **Unmöglichkeit** frei wird (§ 275 Abs. 1 BGB). Damit entfällt zugleich die Verpflichtung zum **Wiederaufbau,** wenn die Räumlichkeiten zerstört wurden[283] oder wenn bei nur teilweiser Zerstörung der Wiederaufbau aus finanziellen Gründen dem Vermieter nicht zumutbar ist[284] (Einzelheiten sowie zur Frage der Opfergrenze → Rn. 248 ff.; → BGB § 536 Rn. 557 f.). Hat der Mieter die **94**

---

275 OLG Düsseldorf NJWE-MietR 1997, 152 = ZMR 1997, 228.
276 AG Potsdam GE 1996, 1251.
277 Vgl. Teilungsabkommen Mieterregress, herausgegeben vom Gesamtverband der Deutschen Versicherungswirtschaft (GDV) – Fassung November 2008.
278 BGH IV ZR 129/09, WuM 2011, 579 = ZMR 2010, 515 = MDR 2010, 571.
279 LG Berlin MM 1994, 175.
280 *Eisenschmid* ZfgWBay 1988, 85 (87); **aA** *Voelskow* PiG 16 (1984), 33 (39).
281 LG Berlin MM 1999, 395.
282 LG Osnabrück WuM 1992, 119.
283 BGH NJW 1976, 1506; WuM 1977, 5 = ZMR 1977, 332.
284 BGH WuM 1990, 546 = ZMR 1991, 19 = NJW-RR 1991, 204; OLG Karlsruhe WuM 1995, 307 = NJW-RR 1995, 849 = ZMR 1995, 201 = DWW 1995, 315 = GE 1995, 561; zur Kritik *Franke* ZMR 1996, 295.

Unmöglichkeit nicht zu vertreten, verliert der Vermieter allerdings den Anspruch auf die Gegenleistung, also den Anspruch auf den Mietzins.

## III. Schönheitsreparaturen

95 Die gesetzliche Instandhaltungspflicht des Vermieters erfasst auch die zum vertragsgemäßen Gebrauch erforderlichen Schönheitsreparaturen.[285] Sie sind bei Bedarf nach der gesetzlichen Regelung somit vom Vermieter durchzuführen. Beseitigt in diesem Fall der Vermieter vorhandene Dekormängel, hat er grundsätzlich dem Farbwunsch des Mieters Rechnung zu tragen.[286] (zur Verpflichtung zur Durchführung von Schönheitsreparaturen durch den Mieter s. § 538 BGB; zur Bewertung dieser Verpflichtung als Teil des Mietzinses, → Rn. 646 f.). Hat der Mieter die Wohnung dagegen in Kenntnis der Renovierungsbedürftigkeit ohne Vorbehalt angemietet, dann hat er die Wohnung als vertragsgemäß anerkannt, so dass der Vermieter keine **Anfangsrenovierung** schuldet.[287] Der Vermieter bleibt aber zur laufenden Renovierung[288] verpflichtet (Einzelheiten s. bei § 538 BGB). Der Mieter muss somit bei Beendigung des Mietverhältnisses die Wohnung grds. nur besenrein zurückgeben, also nur grobe Verschmutzungen beseitigen[289]

96 Das Gebrauchsrecht des Mieters erstreckt sich auch auf die **farbliche Gestaltung** der Wohnung. Daher steht es ihm grds. frei, welchen dekorativen Zustand er im laufenden Mietverhältnis für seine Wohnung wählt.[290] Der auch verfassungsrechtlich geschützte Bereich des Wohnens umfasst das Recht, die Wohnung nach eigenen geschmacklichen Vorstellungen zu dekorieren. Dieses Recht hat der Mieter auch, wenn der Vermieter zur Durchführung der laufenden Schönheitsreparaturen verpflichtet ist. Etwas anderes kann sich ergeben, wenn der Mieter die Wohnung zurückgibt, weil das Mietverhältnis beendet ist. Dann wird seine freie Lebensgestaltung nicht mehr berührt und sie kann damit die Vermieterinteressen nicht überlagern. In diesem Fall kann sich die Rückgabe der Wohnung ohne Beseitigung der einzelnen Arbeiten des Mieters als Vertragsverletzung darstellen, zB wenn seine Dekoration anderen „nachfolgenden" Mietern nicht zumutbar ist und der Vermieter zur Beseitigung der Maßnahmen **unzumutbare** hohe **Aufwendungen** vornehmen muss. Das wäre ua der Fall, wenn der Mieter die Fenster- und Türrahmen schwarz oder mit anderen für derartige Gewerke ungewöhnlichen Farben lackiert hat.[291]

97 Inzwischen hat der BGH[292] bei Beurteilung einer vereinbarten Farbwahlklausel für Tapeten festgehalten, dass dem Vermieter ein Interesse nicht daran abzusprechen ist, die Wohnung am Ende des Mietverhältnisses mit einer Dekoration zurückzuerhalten, die von möglichst vielen Mietinteressenten akzeptiert wird. Setzt eine Farbwahlklausel den Mieter zwar mit der Beschränkung auf helle, neutrale und deckende Farben vielleicht einen etwas engeren Rahmen, legt ihn aber nicht auf eine bestimmte Dekorationsweise fest, so stellt sie auf eine Bandbreite ab, die zu den unterschiedlichsten Einrichtungsstilen passt und deshalb für weite Mieterkreise annehmbar ist. Eine solche Farbwahlklausel, die sich auf den Zeitpunkt der Rückgabe der Wohnung bezieht, stellt keine unangemessene Benachteiligung des Mieters dar. Denn dieser könnte während der Mietzeit nach Belieben dekorieren und selbst entscheiden, ob er bspw. mit einem farbigen Anstrich in Kauf nehmen will, dass er am Ende des Mietverhältnisses einen Neuanstrich in neutralen Farben anbringen muss, obwohl die Dekoration noch nicht abgenutzt ist, oder ob er es vorzieht, die Schönheits-

---

[285] BGH WuM 1985, 46 = NJW 1985, 480 = ZMR 1985, 84 = MDR 1985, 400 = JZ 1985, 428; zum Umfang BGH VIII ZR 222/09, WuM 2010, 231.

[286] LG Berlin ZMR 2017, 733.

[287] LG Berlin ZMR 1990, 420 = GE 1991, 523.

[288] Ein zu weites Verständnis für den Begriff Renovierung hat OLG Koblenz MDR 2014, 1136.

[289] BGH VIII ZR 124/05, WuM 2006, 513 = NJW 2006, 2915 = AK-MietPrax § 538 BGB Nr. 24 = NZM 2006, 691 = ZMR 2006, 843 = DWW 2006, 370 = MDR 2007, 205 = GE 2006, 1158.

[290] BGH VIII ZR 50/09, WuM 2010, 142 = GE 2010, 405 = NZM 2010, 236 = DWW 2010, 100; VIII ZR 37/07, WuM 2008, 213 = GE 2008, 533 = NZM 2008, 318 = NJW 2008, 1439 = MDR 2008, 617 f. = ZMR 2008, 524 = AK-MietPrax § 538 BGB Nr. 33; LG Mannheim NZM 2003, 511; LG Lübeck NZM 2002, 485; LG Hamburg ZMR 1999, 405 = DWW 1999, 152 = NZM 1999, 838; *Schach* jurisPR-MietR 7/2010 Anm. 3.

[291] LG Aachen WuM 1988, 300 = DWW 1988, 46; AG Schöneberg GE 2009, 55; str., LG Hamburg ZMR *1999, 405 = DWW 1999*, 152 = NZM 1999, 838; → BGB § 548 Rn. 98 ff.; **aA** OLG Koblenz GE 2015, 1287 für roten Farbanstrich in einer Bar.

[292] BGH VIII ZR 244/07, WuM 2008, 472 = NJW 2008, 2499 = AK-MietPrax § 538 BGB Nr. 35 = GE 2008, 1045 = MDR 2008, 1028.

reparaturen schon während des Mietverhältnisses entsprechend der Farbwahlklausel in hellen, neutralen und deckenden Farben auszuführen. Dies gilt auch bei Verwendung einer sog. Holzklausel.[293] Es ist nach Auffassung des BGH für den Mieter zumutbar, unter Berücksichtigung der Farbwahlklausel bei Rückgabe der Wohnung sich ggf. im laufenden Mietverhältnis bei der Farbauswahl zu beschränken oder bei der Rückgabe der Mietwohnung einen Neuanstrich vorzunehmen, ohne dass Abnutzungserscheinungen vorliegen müssen.[294] Die dem Mieter nach § 242 BGB obliegende Pflicht der Wohnungsrückgabe in neutralen hellen Farben hat er auch dann zu erfüllen, wenn der Mieter keine Schönheitsreparaturen schuldet oder wenn die Schönheitsreparaturen nach dem Fristenplan noch nicht fällig sind.[295]

Eine Sonderregelung zu Schönheitsreparaturen ergibt sich bei Heimverträgen (→ Rn. 699 ff.), **98**
für die das WBVG[296] gilt. Gem. § 7 Abs. 1 WBVG ist der Unternehmer verpflichtet, dem Verbraucher den Wohnraum in einem zum vertragsgemäßen Gebrauch geeigneten Zustand zu überlassen und während der vereinbarten Vertragsdauer in diesem Zustand zu erhalten. Von dieser Regelung darf zum Nachteil des Verbrauchers nicht abgewichen werden (§ 16 WBVG). Die Pflicht des Unternehmers zur Durchführung von Schönheitsreparaturen ist somit zwingend.

## C. Nebenpflichten des Vermieters

### I. Fürsorgepflicht

Neben der Pflicht des Vermieters, dem Mieter den ungestörten, vertragsgemäßen Mietgebrauch **99**
zu sichern[297], indem er zielgerichtete Eingriffe in den Mietgebrauch zu unterlassen oder abzuwenden hat, trifft den Vermieter darüber hinaus auch eine Pflicht, durch **Vorsorge** Beeinträchtigungen des Mietgebrauchs zu vermeiden. Diese Fürsorgepflicht stellt einen Unterfall sowohl der allgemeinen Überlassungs- und Erhaltungspflicht als auch der **Verkehrssicherungspflicht**[298] des Vermieters dar.

Die mietvertragliche Fürsorgepflicht des Vermieters bedeutet zunächst, dass er grds. alle Einwir- **100**
kungen auf die Mietsache zu unterlassen hat, die den Mieter beeinträchtigen oder gar schädigen können.[299] Sie kann den Vermieter aber auch zu **einem positiven Tun** verpflichten, die Mietsache so zu erhalten, dass dem Mieter kein Schaden entsteht[300] bzw. Gefahren für das Eigentum des Mieters verhindert oder abgewendet werden.[301] Daraus folgt, dass der Vermieter die Mietsache auf mögliche Gefahren überprüfen muss. So ist er bspw. gehalten, die nach den Umständen zumutbaren und erforderlichen Schutzvorrichtungen gegen Hochwasser vorzunehmen.[302]

Die Fürsorgepflicht beinhaltet zudem das Gebot, die Mieter **nicht willkürlich unterschied-** **101**
**lich zu behandeln** (→ Rn. 104 ff.). Aus der Fürsorgepflicht des Vermieters kann sich nach Treu und Glauben (§ 242 BGB) im Einzelfall auch eine gesteigerte Pflicht zur Rücksichtnahme auf die Belange des Mieters ergeben, wenn diese für den Vermieter möglich und zumutbar ist.[303] Beispielsweise muss sich der Vermieter nach Durchführung von Bauarbeiten vergewissern, dass diese tatsächlich beendet sind und die Mietsache gefahrlos wieder benutzt werden kann.[304] Er muss auch dafür sorgen, dass durch bauliche Maßnahmen auf dem Nachbargrundstück das Mietobjekt nicht

---

[293] BGH VIII ZR 283/07, WuM 2008, 722 = NJW 2009, 62 = NZM 2008, 926 = GE 2008, 1621 = AK-MietPrax § 538 BGB Nr. 37.

[294] Zur Kritik *Eisenschmid* AK-MietPrax § 538 BGB Nr. 37.

[295] BGH VIII ZR 283/07, WuM 2008, 722 = NJW 2009, 62 = NZM 2008, 926 = GE 2008, 1621 = AK-MietPrax § 538 BGB Nr. 37; LG Berlin GE 2012, 690.

[296] G zur Neuregelung der zivilrechtlichen Vorschriften des Heimgesetzes nach der Föderalismusreform v. 29.7.2009 (BGBl. I 2319).

[297] BGH XII ZR 6/12, GE 2013, 209 = MDR 2013, 266 = VersR 2013, 318; AnwK WohnraummietR/*Lammel* BGB § 535 Rn. 151; aber AG Wetzlar WuM 2009, 289 zur Ausstellung von Bescheinigungen.

[298] Staudinger/*Emmerich* BGB § 535 Rn. 82.

[299] BGH NJW 1964, 33 = MDR 1964, 139.

[300] OLG Koblenz ZMR 1993, 68; Bub/Treier MietR-HdB/*Kraemer/Ehlert* Kap. III B Rn. 2835.

[301] BGH WuM 1991, 83 = NJW-RR 1990, 1422 = MDR 1991, 238 = DWW 1990, 283.

[302] OLG Düsseldorf NJW-RR 1988, 906 = ZMR 1988, 222; OLG Hamm WuM 1988, 349 = NJW-RR 1988, 529 = ZMR 1988, 138.

[303] OLG Karlsruhe ZMR 1984, 18.

[304] LG Berlin WuM 1990, 378 = GE 1990, 935.

beschädigt wird und dadurch dem Mieter kein Schaden entsteht.[305] Weiterhin kann der Vermieter auch zu einer Warnung vor erhöhter Einbruchsgefahr verpflichtet sein und ggf. dem Mieter bei Verletzung dieser Pflicht haften.[306] Ist die Wohnung mit Kohleöfen überlassen, kann der Vermieter wegen der ihm obliegenden Fürsorgepflicht es nicht verbieten, wenn insbes. ältere und körperlich behinderte Mieter in begrenztem Umfang Heizmaterial in der Wohnung lagern.[307] Der Vermieter kann verpflichtet sein, die Voraussetzungen für eine getrennte Abfallentsorgung zu schaffen.[308]

## II. Schutzpflicht

102 Als Unterfall der allgemeinen Fürsorgepflicht hat der Vermieter auch **Schutzpflichten**[309] im engeren Sinne zu beachten. Derartige Schutzpflichten gegenüber dem Mieter kommen für den Vermieter dann in Betracht, wenn etwaige Gefahren nicht unmittelbar durch die Mietsache selbst drohen. So kann der Vermieter verpflichtet sein, den Mieter vor Störungen durch Nachbarn, Mitmieter oder sonstige Dritte zu bewahren.[310] Er hat dazu die erforderlichen und zumutbaren Maßnahmen und **Schutzvorkehrungen** zu treffen.[311] Die Störungen oder Gefahren müssen aber den Mietgebrauch und damit den räumlichen Bereich der Mietsache betreffen. Der Vermieter muss den Mieter über alle ihm bekannten Umstände aufklären, die eine Gefahr für die Rechtsgüter des Mieters bergen, damit dieser ggf. selbst ausreichend Vorsorge zur Schadensabwehr treffen kann.[312] Lassen daher **Diebstähle in einer Wohnanlage** ein erhöhtes Risiko für weitere Einbrüche erkennen, ist der Vermieter verpflichtet, hierauf hinzuweisen.[313] Das gilt auch beim Aufstellen eines **Baugerüstes,** wenn dadurch die Diebstahlsgefahr erhöht wird.[314]

Die Schutzpflicht des Vermieters wirkt auch zu Gunsten der Arbeitnehmer des Mieters.[315] Der Kreis der unter die Schutzpflicht fallenden Personen darf aber nicht uferlos ausgeweitet, sondern muss auf eine überschaubare, **klar abgrenzbare Personengruppe** beschränkt werden[316] (→ BGB § 536a Rn. 76f.).

103 Hat der Eigentümer eines Gebäudes dieses in Wohnungseigentum aufgeteilt und veräußert und ist er hinsichtlich einer Wohnung noch Eigentümer und Vermieter geblieben, bleiben die Schutzpflichten hinsichtlich des dort wohnenden Mieters bestehen.[317]

## III. Pflicht zur Gleichbehandlung

104 Aus der dem Vermieter obliegenden Fürsorgepflicht kann sich auch die Pflicht zur Gleichbehandlung der Mietvertragsparteien ergeben. Zwar gibt es keinen allgemeinen **Gleichbehandlungsgrundsatz** im Mietrecht.[318] Der Vermieter hat aber über § 242 BGB das Willkürverbot aus Art. 3 GG zu beachten. Wegen der dem Mietrecht als Dauerschuldverhältnis innewohnenden Pflicht zum partnerschaftlichen Verhalten[319] kann es sich als missbräuchlich darstellen, wenn der Vermieter ohne jeden sachlichen Grund Differenzierungen vornimmt. Eine so verstandene Gleichbehandlung ist ihrer Natur nach auf kollektive Vorgänge beschränkt, die auf der Ebene der Gemeinschaft liegt.[320] Das gilt insbes. für Regelungen innerhalb der Hausordnung. Individualvertragliche Abreden und Vereinbarungen unterliegen diesem Gebot nicht. Daher ist der Vermieter

---

305 OLG Karlsruhe NJW-RR 1988, 528 = ZMR 1988, 52.
306 OLG Hamburg WuM 1989, 68 = NJW-RR 1988, 1481 = DWW 1988, 279.
307 LG Berlin WuM 1967, 23.
308 AG Hamburg-Blankenese ZMR 2010, 199.
309 Allg. zu Schutzpflichten und den Rechtsfolgen bei Verletzung *Blank* WuM 2004, 243 (244).
310 LG Essen WuM 1998, 278.
311 OLG Düsseldorf GE 2016, 856; KG NZM 2003, 27.
312 BGH WuM 1991, 83 = NJW-RR 1990, 1422 = MDR 1991, 238 = DWW 1990, 283; Palandt/*Weidenkaff* BGB § 535 Rn. 59.
313 OLG Hamburg WuM 1989, 68 = NJW-RR 1988, 1481.
314 LG Berlin ZMR 2014, 792 zur Besitzstörung.
315 OLG Rostock VersR 2000, 888.
316 BGH WuM 1998, 106 = NJW 1998, 105 = ZMR 1998, 205.
317 LG Hamburg WuM 1988, 262.
318 *Weimar MDR 1971, 108* (109); eher bejahend *Rathjen* MDR 1980, 713 (714); dagegen für Genossenschaftsmitglieder BGH NJW 1970, 1917 = MDR 1970, 917 = BB 1970, 1153; LG Offenburg WuM 1998, 289.
319 AG Dortmund WuM 1978, 67 = ZMR 1978, 238; vgl. auch § 569a Abs. 2 BGB – Hausfriede.
320 MüKoBGB/*Häublein* § 535 Rn. 148; *Rathjen* MDR 1980, 713 (715); *Sternel* MietR Kap. VI Rn. 49.

idR nicht verpflichtet, jedem seiner Mieter im Haus gleiche Mieten abzuverlangen oder in jeder Wohnung den gleichen Ausstattungsstandard zu gewährleisten.[321]

Allerdings kann bei den Gebrauchsrechten des Mieters nach Treu und Glauben das Willkürverbot zum Tragen kommen.[322] So ist zB **das Willkürverbot als Grundlage einer Gleichbehandlung** bei Gestattungen zur Hundehaltung,[323] zur Anlegung eines Gartenteiches,[324] zum Abstellen von Fahrzeugen auf dem Hof[325] oder zum Anbringen von Werbeflächen zu beachten. Ist eine sachliche Differenzierung für die unterschiedliche Behandlung der Mieter im Einzelfall nicht gerechtfertigt, kann sich insoweit aus dem Willkürverbot die Pflicht zur Gleichbehandlung ergeben.[326] Ist aber eine solche Erlaubnis als einzelvertragliche Regelung durch besondere Umstände des Mieters beeinflusst (Blindenhund; körperliche Behinderung, Krankheit etc), wird das Willkürverbot nicht tangiert, wenn der Vermieter anderen Mietern diese Erlaubnis nicht erteilt.[327] Auch Gründe der Belastbarkeit und der Gemeinverträglichkeit können dazu führen, dass der Vermieter ab einer bestimmten Grenze weitere Erlaubnisse oder Genehmigungen ablehnen kann.[328] Bei zeitlich nachfolgenden Anträgen hat der Vermieter das Prioritätsprinzip zu beachten.[329] 105

### 1. Der genossenschaftliche Gleichbehandlungsgrundsatz

Neben dem Mietverhältnis bestehende **Sonderbeziehungen** zwischen Mieter und Vermieter können für den Vermieter besondere Pflichten begründen, die auf das Mietverhältnis einwirken.[330] So kann der **genossenschaftliche Gleichbehandlungsgrundsatz** nicht nur die Mitgliedschaft innerhalb einer Genossenschaft prägen, sondern darüber hinaus auch Ausstrahlungen auf die förderrechtlichen Beziehungen der Mitglieder haben. Eine derartige Gleichbehandlung erfordert auch im Mietverhältnis eine willkürfreie, auf sachlich nachvollziehbare Kriterien gestützte Behandlung der Mitglieder, die den unterschiedlichen Verhältnissen Rechnung trägt.[331] Dabei sind bei Maßnahmen in einem nahen zeitlichen und sachlichen Zusammenhang einheitliche Maßstäbe zu Grunde zu legen.[332] Wird bspw. kurz nach Abschluss eines Mietvertrages über eine Genossenschaftswohnung eine andere Wohnung im Hause zu deutlich niedrigerem Mietzins vermietet, ohne dass dafür ein sachlicher Grund erkennbar ist, kann der Mieter wegen Verletzung des genossenschaftlichen Gleichbehandlungsgrundsatzes Herabsetzung des Mietzinses verlangen.[333] Ein erhöhter Verwaltungsaufwand, der wegen häufiger Beanstandungen eines Mieters entsteht, ist kein sachlicher Grund für eine Mieterhöhung nur gegenüber diesem Mieter.[334] Umgekehrt können die Genossen nicht verlangen, dass entgegen einzelner vertraglicher Vereinbarungen Leistungen nicht mehr gewährt werden, nur weil die Mehrheit der Genossen sie nicht mehr in Anspruch nehmen will.[335] Es verstößt auch nicht gegen den Gleichbehandlungsgrundsatz, wenn die Genossenschaft dem Bewohner freistellt, anlässlich einer Modernisierung die Miete zu mindern oder auf die Minderung zu verzichten während im Gegenzug die Genossenschaft von ihrem Recht auf Mieterhöhung keinen Gebrauch macht[336] (weitere Einzelheiten → BGB Vor § 535 Rn. 129f.). 106

---

[321] LG Köln ZMR 2008, 718; LG Berlin GE 2003, 810; AG Potsdam WuM 2000, 179.

[322] OLG Karlsruhe ZMR 1984, 18; Sternel MietR Kap. VI Rn. 47.

[323] LG Berlin WuM 1987, 213 = GE 1989, 41; LG Freiburg WuM 1986, 247; LG Hamburg MDR 1982, 146; AG Leonberg WuM 1997, 210; AG Köln WuM 1978, 167.

[324] LG Dortmund WuM 2001, 278.

[325] LG Berlin GE 2011, 1087; AG Offenbach ZMR 2014, 297; *Gies* jurisPR-MietR 3/2014 Anm. 4 zu AG Offenbach.

[326] LG Freiburg WuM 1993, 120; LG Dortmund WuM 1982, 276 zum Rotationsprinzip; AG Augsburg ZMR 1988, 355 zur Parabolantenne.

[327] *Rathjen* MDR 1980, 713 (716).

[328] AG Andernach WuM 1990, 492 = DWW 1990, 214.

[329] *Rathjen* MDR 1980, 713 (716).

[330] BGH NJW 1960, 2142 = MDR 1960, 908; *Keßler,* DW 2001, Nr 1, 24; zum Kündigungsrecht des Genossenschaftsanteils BGH WuM 2009, 302.

[331] BGH VIII ZR 159/08, WuM 2009, 744 = AK-MietPrax § 558 BGB Nr. 24 = MDR 2010, 76 = NZM 2010, 121 = GE 2010, 56; LG Köln ZMR 2014, 541 mAnm *Schmid;* LG Berlin NZM 2002, 289; ZAP 1999, 769 mAnm *Bultmann* GE 2000, 314.

[332] LG Berlin ZAP 1999, 769 mAnm *Bultmann* GE 2000, 314.

[333] LG Berlin MM 1999, 209; GE 1999, 575; AG Schöneberg MM 1999, 209.

[334] AG Köln WuM 2015, 628.

[335] AG Hamburg-Altona WuM 2007, 258 = NZM 2008, 128 zum Weiterbetrieb einer Gemeinschaftswaschmaschine.

[336] BGH VIII ZR 159/08, WuM 2009, 744 = MDR 2010, 76 = NZM 2010, 121 = GE 2010, 56.

### 2. Das allgemeine Gleichbehandlungsgesetz (AGG)[337]

107 Das AGG ist auch im Mietrecht zu beachten. Von wohnungswirtschaftlicher Bedeutung ist insbes. § 2 Nr. 8 AGG, wonach Benachteiligungen aus einem in § 1 AGG genannten Grund wie Rasse, ethnische Herkunft, Geschlecht, Religion oder Weltanschauung, Behinderung, Alter und sexuelle Identität unzulässig sind in Bezug auf den Zugang zu und die Versorgung mit Gütern und Dienstleistungen, die der Öffentlichkeit zur Verfügung stehen, einschließlich von Wohnraum. Mit Dienstleistungen sind nicht nur Werk- und Dienstverträge gemeint, sondern auch Mietverträge. Entscheidend ist, dass der angebotene Wohnraum „der Öffentlichkeit zur Verfügung stehen" muss. Erforderlich ist somit ein Angebot, das in der Öffentlichkeit für eine beliebige unbestimmte Gruppe abgegeben wird oder die Aufforderung an mögliche Interessenten, ihrerseits einen bindenden Antrag abzugeben[338] (invitatio ad offerendum). Praktisch geschieht das Angebot zum Vertragsschluss durch Anzeigen in Tageszeitungen, Schaufensterauslagen, Veröffentlichungen im Internet oder auf vergleichbare Weise.[339] Es kommt dabei nicht darauf an, wie groß die angesprochene Öffentlichkeit ist, sondern nur darauf, dass die Erklärung über die Privatsphäre des Anbietenden hinaus gelangt.

108 Für den Zivilrechtsverkehr kommt dem § 19 AGG eine entscheidende Bedeutung zu. Diese Vorschrift definiert den Anwendungsbereich der Diskriminierungstatbestände. Abs. 5 enthält Sondertatbestände für das Mietrecht. Ein Verschulden ist nicht erforderlich.[340] Die Benachteiligung kann schon bei der Auswahl der Interessenten erkennbar werden[341], sowie bei Mietvertragsabschluss[342], bei der Durchführung des Mietvertrages[343] oder bei seiner Beendigung auftreten. Allerdings trifft das Diskriminierungsverbot gegenüber Mietinteressenten grds. nur den Vermieter, nicht Hilfspersonen wie Hausmeister oder Wohnungsverwalter[344] (weitere Einzelheiten → BGB Vor § 535 Rn. 177 ff.).

## IV. Nebenleistungen

109 Der Vermieter ist verpflichtet, im Rahmen seiner Gebrauchsgewährungspflicht die notwendigen Leistungen zu erbringen, damit die Räume entsprechend ihrem vereinbarten Zweck genutzt werden können. Zu den notwendigen Leistungen gehören in erster Linie die Versorgung mit **Wärme, Energie** und **Wasser**[345] sowie die **Entsorgung von Abwässern**[346] **und Müll.**[347] In welchem Umfang der Vermieter die Leistungen erbringen muss, richtet sich zunächst nach dem Mietvertrag.[348] Darüber hinaus sind die Ortsüblichkeit, die Beschaffenheit des Mietobjektes sowie die Möglichkeit der Eigenversorgung durch den Mieter zu berücksichtigen.[349] Die Pflicht des Vermieters kann sich zB darauf beziehen, dass er die Versorgung und Entsorgung selbst veranlassen oder nur die erforderlichen Einrichtungen zur Verfügung stellen muss, wenn bspw. der Mieter mit einem Dritten einen Wärmelieferungsvertrag schließt.[350] Hinsichtlich der Elektrizitätsversorgung genügt der Vermieter seiner Gebrauchsgewährungspflicht, wenn er dem Mieter die technischen Möglichkeiten für den Abschluss eines Anschlussnutzungsvertrages mit einem Stromversorgungsunternehmen eröffnet.[351]

---

[337] G v. 14.8.2006, BGBl. I 1897.
[338] *Horst* MDR 2006, 1266 (1267); **aA** *Warnecke* DWW 2006, 268 (272).
[339] BT-Drs. 16/1780, 32.
[340] *Rolfs* NJW 2007, 1489 (1491).
[341] AG Charlottenburg ZMR 2020, 409.
[342] LG Köln NJW 2016, 510; LG Aachen NZM 2009, 318 = WuM 2009, 341; OLG Köln (als Berufungsgericht) WuM 2010, 81 = NZM 2010, 294 = NJW 2010, 1676 = GE 2010, 484; *Derleder* NZM 2009, 310.
[343] AG Tempelhof-Kreuzberg WuM 2015, 73 zur Benachteiligung von Mietern mit türkischer und arabischer Herkunft.
[344] LG Aachen WuM 2009, 341.
[345] OLG Köln ZMR 1994, 325; LG Koblenz NJW-RR 1986, 506; AG Leipzig NJW-RR 1998, 1466.
[346] Zu den öffentlich-rechtlichen Pflichten des Vermieters bei Abwasserleitungen *Ruff* DWW 2006, 411 (412).
[347] Bub/Treier MietR-HdB/*Kraemer/Schüller* Kap. III B Rn. 2881, 3224.
[348] *Schmid DWW 1986, 140.*
[349] *Schmid* DWW 1986, 140.
[350] Vgl. zum Anspruch des Vermieters auf Vertragsumstellung *Derleder* WuM 2000, 3.
[351] OLG Brandenburg GuT 2007, 203 = GE 2007, 1631.

### 1. Einstellung der Nebenleistungen/Versorgungssperre

An den Nebenleistungen steht dem Vermieter kein **Zurückbehaltungsrecht** zu,[352] weil die Einstellung der Leistung, zB der Beheizung im Winter[353] oder das Abstellen der Wasserzufuhr[354] oder des Stroms[355] zur Unbewohnbarkeit führt. Deshalb erfüllen derartige Maßnahmen jedenfalls im Wohnraummietverhältnis den Tatbestand der Vertragsverletzung. Die Verweigerung der Nebenleistung wirkt iE wie die Ausübung des **Selbsthilferechts** bei der Räumung[356]. Dass ist aber, wie das materielle Recht und das Prozessrecht zeigen, im Regelfall unzulässig (→ BGB § 546 Rn. 116 ff.). **110**

Die Diskussion um ein Zurückbehaltungsrecht des Vermieters für derartige Nebenleistungen ist durch das KG[357] angestoßen und durch den XII. Zivilsenat des BGH fortgeführt[358] worden. Besitz und Gebrauch der Mietsache sollen danach unterschiedlich behandelt werden. Mit der Einstellung der vom Vermieter mietvertraglich zu gewährenden Versorgung werde nur der Gebrauch der Mietsache, nicht aber ihr Besitz beeinträchtigt. Diese Auffassung des KG hatte in der Lit. vereinzelt Zustimmung gefunden[359], das OLG Rostock hatte sich dieser Auffassung dagegen nicht angeschlossen.[360] Zu bedenken ist zudem, dass die Entscheidung des Kammergerichts ein beendetes gewerbliches Mietverhältnis betraf. Das KG hat dementsprechend in einer neueren Entscheidung ausdrücklich darauf hingewiesen, dass im laufenden Mietverhältnis die in der vorgenannten Entscheidung erklärte Trennung von Besitz und Gebrauch wegen der tief greifenden Wirkungen nicht in Betracht kommt[361]. Im laufenden Wohnraummietverhältnis würde die Einstellung der Lieferung von Wasser oder Heizenergie zu einem Mangel und ggf. zur Unbewohnbarkeit der Mietsache führen. Der Mieter könnte daher mit einer einstweiligen Verfügung wieder die Versorgung erzwingen[362]. **111**

Der BGH[363] hat einen besitzrechtlichen Schutz des Mieters abgelehnt. Der Senat hat aber in seiner Entscheidung dargelegt, dass sich ein Verbot der Versorgungssperre aus dem Mietvertrag oder – bei beendetem Mietverhältnis – aus Treu und Glauben (§ 242 BGB) ergeben kann.[364] Somit ist die Frage der Zulässigkeit einer Abtrennung von Versorgungsleistungen auf der vertraglichen und nicht auf der besitzrechtlichen Ebene zu suchen. Die dabei zu führende Abwägung des Besitzschutzinteresses des Mieters gem. Art. 14 GG einerseits mit dem Grundrechtsschutz des Vermieters aus Art. 14 GG andererseits muss sowohl die Eigenart des Vertrages (Wohnraummietverhältnis oder Gewerbemietvertrag) als auch besondere Belange des Mieters (zB Gesundheitsschutz) berücksichtigen. Auf der Interessenseite des Vermieters ist insbes. zu fragen, ob er bei beendetem Vertrag eine Nutzungsentschädigung bekommt oder ob dem Vermieter unzumutbare Zahlungsrückstände drohen. **112**

Die Entscheidung des BGH stellt zunächst klar, dass bei einem laufenden Mietvertrag die Versorgungssperre grds. unzulässig ist.[365] Im Wohnraummietverhältnis rechtfertigt sich dies aus dem Besitzschutz des Mieters gem. Art. 14 GG. Soweit das Mietverhältnis gekündigt wurde, reicht das Vorliegen anderer Vertragsverletzungen als Zahlungsverzug des Mieters für die Einleitung einer zulässigen Versorgungssperre durch den Vermieter regelmäßig nicht aus.[366] Das gilt auch im **113**

---

352 *Börstinghaus* PiG 2007, 181 (187); Staudinger/*Weitemeyer* BGB § 556 Rn. 80; *Streyl* WuM 2006, 234 (235); **aA** KG GE 2004, 1171 für Gewerberaum; *Schmid* DWW 1986, 140 (142).

353 OLG Hamburg WuM 1978, 169; AG Landau WuM 1986, 341 = ZMR 1984, 246.

354 LG Kassel WuM 1979, 51.

355 AG Miesbach WuM 1978, 109.

356 OLG Celle NJW-RR 2005, 1383; *Hinz* WuM 2005, 615 (621).

357 KG GE 2004, 1171.

358 BGH XII ZR 137/07, WuM 2009, 469 = NZM 2009, 482 = AK-MietPrax § 858 BGB Nr. 1 = ZMR 2010, 263 = NJW 2009, 1947.

359 Blank/Börstinghaus/*Blank,* 2. Aufl. 2004, BGB § 535 Rn. 287; MüKoBGB/*Häublein* § 535 Rn. 81; *Herrlein* NZM 2006, 527; *Mummenhoff* DWW 2005, 312; *Scheidacker* NZM 2007, 591; GE 2004, 1140; **aA** *Börstinghaus* PiG 2007, 181 (184); *Streyl* WuM 2006, 234 (236); vermittelnd *Hinz* WuM 2005, 615.

360 OLG Rostock GuT 2007, 372 = MDR 2007, 1249; *Streyl* DWW 2009, 82 (86).

361 KG GE 2005, 1429.

362 **AA** *Ulrici* ZMR 2003, 895 (897).

363 BGH XII ZR 137/07, WuM 2009, 469 = NZM 2009, 482 = AK-MietPrax § 858 BGB Nr. 1 = ZMR 2010, 263 = NJW 2009, 1947; sa AG Ludwigslust ZMR 2014, 375.

364 KG WuM 2011, 519 = ZMR 2011, 858 = GE 2011, 1082 = NZM 2011, 778; zust. *Emmert* jurisPR-MietR 19/2011 Anm. 3; krit. *Streyl* NZM 2011, 765.

365 AG Bremen ZMR 2011, 726; **aA** AG Ludwigslust DWW 2013, 375.

366 LG Koblenz WuM 2012, 140; **aA** AG Lahnstein WuM 2012, 140 = NJW-RR 2010, 1522.

gewerblichen Mietverhältnis, wenn die Kündigung hinsichtlich ihrer materiellen Berechtigung umstritten ist, zumal damit der Streit um behauptete Mängel ins einstweilige Verfügungsverfahren verlagert würde.[367]

Bei beendetem Mietverhältnis wegen Zahlungsverzugs ist auch nach Vertragsende die weitere Versorgung der Räume mit Heizung und Warmwasser etc für den Vermieter zumutbar, wenn der Mieter die geschuldete Nutzungsentschädigung zahlt[368] oder wenn der Mieter mit dem Versorgungsunternehmen einen eigenen Versorgungsvertrag abgeschlossen hat. Somit kommt die Versorgungssperre durch den Vermieter regelmäßig nur dann in Betracht, wenn das Vertragsverhältnis beendet und der Mieter mit erheblichen Mietzahlungen in Verzug ist[369] bzw. der Mieter nicht in der Lage ist, die Nutzungsentschädigung für die Zeit nach der Kündigung aufzubringen. Bei einer fristlosen Kündigung wegen Zahlungsverzugs ist allerdings zu bedenken, dass in diesem Fall eine Heilung durch Zahlung (§ 569 Abs. 3 Nr. 2 BGB) möglich ist. Da der Mieter innerhalb der Schonfrist die rückständige Miete begleichen und damit die Fortsetzung des Mietverhältnisses erzwingen kann, darf diese Regelung nicht durch die Ausübung einer Versorgungssperre unterlaufen werden; jedenfalls nicht in den Fällen, in denen der Mieter die laufenden Kosten zahlt.[370] Bei Wohnraummietverhältnissen ist zudem zu beachten, dass der Mieter gerade auf eine fristlose Kündigung die Wohnung nicht sofort räumen kann. Der Vermieter muss ihm daher eine nach Treu und Glauben zu bestimmende „Ziehfrist" einräumen, innerhalb der die Versorgungsleistungen aufrecht zu erhalten sind.[371] Das Gleiche gilt, wenn dem Mieter prozessual gem. § 721 ZPO oder § 765 a ZPO eine Räumungsfrist gewährt wurde, weil in diesen Fällen eine vom Vermieter veranlasste Einstellung der Versorgungsleistungen die richterliche Anordnung praktisch konterkarieren würde.[372]

114 Ungeklärt ist, ob der Mieter zu Teilzahlungen auf die ausstehenden Versorgungskosten berechtigt ist, um die Versorgungssperre abzuwenden, ohne dass dies aber Einfluss auf die Kündigungserklärung selbst hat. Im Hinblick auf das Wohnraummietrecht ist das zu bejahen, wenn der Mieter ausreichend Zeit hatte, sich um eine neue Unterkunft zu bemühen; anderenfalls würden das soziale Mietrecht und der Mieterschutz des Art. 14 GG ausgehebelt.

115 Die Abwägung der verfassungsrechtlich geschützten Interessen gebietet, dem Mieter die beabsichtigte Sperre rechtzeitig anzukündigen[373].

116 Besonderheiten bestehen im Wohnungseigentum. Zunächst können die Wohnungseigentümer durch Beschluss grds. eine Versorgungssperre gegen einen säumigen Wohnungseigentümer anordnen und umsetzen.[374] Wegen des damit verbundenen schwerwiegenden Eingriffs in das Wohnungseigentum bedarf es dazu jedoch einer vorangegangenen Androhung und eines erheblichen Rückstandes von mehr als sechs Monaten Hausgeld des Mitglieds der Gemeinschaft.[375] Der Mieter einer solchen von der Versorgungssperre der Wohnungseigentümergemeinschaft betroffenen Wohnung hat keine Möglichkeit, die Eigentümergemeinschaft zur Wiederaufnahme der Versorgung zu zwingen.[376] Ihm bleiben lediglich die mietrechtlichen Ansprüche gegen seinen Vermieter. Umstritten ist allerdings, ob der Mieter auch verpflichtet ist, bei der Versorgungssperre derart mitzuwirken, dass er den Zugang zu den (Miet-)Räumen gewähren muss, wenn dies für den Vollzug der Versorgungssperre erforderlich ist.[377] Nach zutreffender Auffassung ist eine derartige Mieterpflicht abzulehnen.[378]

---

[367] KG ZMR 2015, 224; LG Heilbronn ZMR 2008, 716; sa KG GE 2009, 516; LG Berlin GE 2008, 518.

[368] AG Wiesbaden ZMR 2012, 368; AG Schöneberg GE 2010, 775; s. aber AG Westerburg DWW 2012, 13; Blank/Börstinghaus/*Blank* BGB § 535 Rn. 329.

[369] *Derleder* WuM 2011, 551 (552).

[370] MüKoBGB/*Häublein* § 535 Rn. 81; *Leroy* NJ 2013, 441 (443); sa *Mummenhoff* WuM 2009, 437; iE ähnlich *Scheidacker* NZM 2010, 103 (109); **aA** *Streyl* DWW 2009, 82 (85); AG Waldshut-Tiengen DWW 2010, 23; AG Bergheim ZMR 2005, 53.

[371] *Leroy* NJ 2013, 441 (444).

[372] AG Berlin-Schöneberg NJW-RR 2010, 1522 bei Vorliegen eines Antrages auf Räumungsfristverlängerung bzw. eines Vollstreckungsschutzantrages.

[373] *Herrlein* NZM 2006, 527 (531); *Börstinghaus* PiG 79 (2007), 181 (191); *Pfeifer* jurisPR-MietR 19/2007 Anm. 1.

[374] *Suilmann* ZWE 2012, 111; *Bonifacio* ZMR 2012, 330.

[375] BGH V ZR 235/04, WuM 2005, 540 = NJW 2005, 2622 = NZM 2005, 626 = GE 2005, 1359.

[376] *Suilmann* ZWE 2012, 111 (113); *Bonifacio* ZMR 2012, 330 (332).

[377] *So Scholz NZM 2008*, 387 (390); *Scheidacker* NZM 2007, 591; zum Zutrittsrecht bei der Zwangsvollstreckung BGH I ZB 126/05, WuM 2006, 632 = NJW 2006, 3352 = GE 2006, 1546 = ZMR 2007, 675.

[378] KG NZM 2006, 297; OLG Köln WuM 2000, 488; *Suilmann* ZWE 2012, 111 (114); *Emmert* jurisPR-MietR 15/2006 Anm. 5.

Aber auch im gewerblichen Bereich gehört die Überlassung der Mietsache zum vertragsgemäßen Gebrauch zum Kernbereich der Vermieterleistungen, deren formularvertragliche Einschränkung für den Fall jedweder Zahlungsrückstände grds. unzulässig ist.[379] Für die Frage, ob der Vermieter nach Beendigung des gewerblichen Mietverhältnisses zur Versorgungsleistung verpflichtet bleibt, ist gem. § 242 BGB das Interesse des Mieters an der Aufrechterhaltung des Mietgebrauchs gegenüber dem Interesse des Vermieters an der Einstellung der Versorgungsleistung abzuwägen.[380] Unerheblich ist dabei das Interesse des Vermieters auf Räumung.[381] **117**

**2. Contracting**

In der mietrechtlichen Auseinandersetzung zum Contracting geht es im Wesentlichen um zwei Problemkreise. Zum einen stellt sich die Frage, ob der Vermieter sich seiner vertraglich übernommenen Heizpflicht entledigen darf und, wenn diese Frage verneint wird, ob der Vermieter den Mieter verpflichten kann, einen **Wärmeversorgungsvertrag** mit einem Contractor abzuschließen. Als Unterfall dieser Fragestellung ist zu untersuchen, ob der Vermieter, ohne die Zustimmung des Mieters einholen zu müssen, im laufenden Mietverhältnis von der Selbstversorgung auf das Contracting umsteigen und ob und ggf. unter welchen Voraussetzungen der Vermieter den **Wärmepreis** des Contractors an den Mieter weitergeben darf. Ziel des Contracting ist, durch optimierte Einstellungen und/oder Modernisierung der Heizanlage die Energiekosten zu senken. Dadurch entstehen im Idealfall Gewinneffekte sowohl auf Mieter-, Vermieter- und Contractor-Seite. **118**

**a) Contracting mit Rahmenvertrag.** Ist der Contractor nicht Erfüllungsgehilfe des Vermieters, sondern liefert er die Wärme aufgrund eines Rahmenvertrages mit dem Vermieter und aufgrund von Einzelverträgen mit den Mietern, liegt ein sog. **Direkt- oder Fullcontracting** vor. Dies ist in der Praxis ein immer wieder auftretendes Modell, das sich allerdings nicht durchgesetzt hat. **119**

Eine formularmäßige Vereinbarung, die den Mieter zum Vertragsschluss mit jedwedem Contractor verpflichtet, den der Vermieter bestimmt, ist gem. § 307 BGB unwirksam, da dem Mieter damit die Möglichkeit genommen wird, den am Markt günstigsten Wärmelieferungspreis zu wählen.[382] Diese Konstruktion ist nach der hier vertretenen Auffassung aber schon aus grundsätzlichen Erwägungen als rechtlich bedenklich einzustufen, denn sie soll den Vermieter von seiner Pflicht zur Beheizung der Wohnung freistellen. Er schuldet aber den vertragsgemäßen Gebrauch. Der wird aber mit einer solchen Vertragskonstellation nicht von Anfang an sichergestellt. Vielmehr verknüpft sie ihn mit dem Vorbehalt, dass der Contractor leistungsfähig bleibt. Dies lässt sich mit der bei der Vermietung übernommenen und nicht abdingbaren Garantie zur jederzeitigen Beheizung der Wohnung mit einer Sammelheizung nicht vereinbaren.

Daher entbindet diese Vertragskonstruktion den Vermieter nicht von der Pflicht, hinter dem Contractor als Garant einer jederzeitigen und technisch einwandfreien Beheizung der Wohnung zur Verfügung zu stehen. Der Vermieter wird somit auch bei diesen Vertragskonstruktionen nicht von seiner Erfüllungspflicht zur ordnungsgemäßen Beheizung der Wohnung befreit. Somit ist der Mieter bei Leistungsstörungen, deren Ursachen in der Sphäre des Contractors zu suchen sind, auch nicht von seinem mietvertraglichen Recht zur Mietminderung (§ 536 BGB) oder zur Geltendmachung von Schadensersatz (§ 536a BGB) ausgeschlossen. **120**

**b) Contractor als Erfüllungsgehilfe des Vermieters.** Von dem vorgenannten Fall unterscheidet sich das regelmäßig praktizierte Vertragsmodell, mit dem der Vermieter den Contractor beauftragt, ihm die Wärme zu liefern und die Wärmelieferungskosten zu Lasten der Mieter in Rechnung zu stellen. Zwischen Vermieter und Contractor gilt die Fernwärmeverordnung, soweit nicht ein Betriebsführungscontracting vereinbart wird.[383] Diese Konstruktion ist jedenfalls mietrechtlich unbedenklich, wenn es zwischen Mieter und Vermieter zu Vertragsbeginn vereinbart **121**

---

[379] OLG Köln NZM 2005, 67 = ZMR 2005, 124; LG Münster WuM 2007, 274; **aA** KG GuT 2004, 228 = NZM 2005, 65 = ZMR 2004, 905 = GE 2004, 1171; *Herrlein* NZM 2006, 527; *Mummenhoff* jurisPR-MietR 11/2005, Anm. 4.

[380] KG ZMR 2015, 224.

[381] KG NJW-RR 2012, 15.

[382] AG Winsen (Luhe) WuM 2012, 603.

[383] Zur Abgrenzung BGH VIII ZR 262/09, WuM 2012, 115 = GE 2012, 198 = DWW 2012, 97 = MDR 2012, 135; *Emmert* jurisPR-MietR 7/2012 Anm. 1.

wird und die Kosten nach § 2 Nr. 4 c BetrKV dem Mieter berechnet werden. Für die Umlagefähigkeit der Kosten bedarf es einer eindeutigen vertraglichen Regelung.[384] Wendet der Mieter ein, dass der abgeschlossene Wärmelieferungsvertrag gegen den Wirtschaftlichkeitsgrundsatz verstößt, ist er bzgl. der hierfür maßgebenden Umstände darlegungspflichtig.[385]

122 **c) Umstellung im laufenden Mietverhältnis.** In der Vergangenheit hatte die Einschaltung eines Contractors im laufenden Mietverhältnis Probleme aufgeworfen, weil sich die Umlage eines Wärmepreises nach herrschender Auffassung als **Vertragsänderung** darstellte, die der Zustimmung des Mieters bedurfte.[386] Nach einigen Anläufen hatte der BGH mit seiner Entscheidung v. 27. 6. 2007 seine Rspr. geändert und es für eine Umstellung ausreichen lassen, dass die Parteien die Kostenumlage vereinbart haben, wofür grds. der mietvertragliche Verweis auf Anl. 3 zu § 27 II. BV oder auf die BetrKV ausreichte.[387]

123 Mit dem Mietrechtsänderungsgesetz[388] hat sich die Rechtslage völlig verändert. Zulässig sind nunmehr unter bestimmten Voraussetzungen, insbes. unter Einhaltung der Warmmietenneutralität, sowohl die Umstellung auf das Anlagencontracting als auch auf das Betriebsführungscontracting (→ dazu § 556 c BGB).[389] Eine Wärmelieferverordnung[390] regelt Details.

### 3. Einstweilige Verfügung bei der Einstellung von Nebenleistungen

124 Kommt der Vermieter aus den unterschiedlichsten Gründen der Verpflichtung nicht nach, die Versorgung der Wohnung mit Wasser und Energie über das vorhandene Leitungssystem aufrechtzuerhalten, kann der Mieter den Vermieter zur Einhaltung dieser Pflicht mit Hilfe einer einstweiligen Verfügung anhalten.[391] Die einstweilige Verfügung kann auch darauf gerichtet sein, dass der Vermieter durch Bezahlung der Gasrechnungen dafür sorgt, dass die Unterbrechung der Gaslieferung für die Gasheizung und die Warmwasserversorgungsanlage der Wohnanlage nicht durch das Gasversorgungsunternehmen angedroht oder durchgeführt wird. Dabei kann dahinstehen, ob der Vermieter berechtigt ist, die Gasrechnungen nicht mehr zu bezahlen, weil die Mieter mit der Zahlung der Nebenkosten im Rückstand sind[392] (zum Problem der Leistungsverfügung → BGB § 555 d Rn. 83 f.). Eine **einstweilige Verfügung** des Mieters **gegen** das **Versorgungsunternehmen** auf Wiederaufnahme der Lieferung ist – nach umstrittener Auffassung – nicht möglich, wenn das Unternehmen – was der Regelfall ist – Vertragspartner des Vermieters ist.[393]

125 Die **Vollstreckung** der **Heizpflicht** des Vermieters erfolgt nach § 887 ZPO. Handelt es sich um eine Eigentumswohnung, ist über § 888 ZPO (nicht! § 887 ZPO) zu vollstrecken, da zur Erforschung der Schadensursache und zur Beseitigung eines Heizungsausfalls Eingriffe in das Gemeinschaftseigentum erforderlich sind. Hierüber muss der Vermieter eine Entscheidung der Wohnungseigentümergemeinschaft herbeiführen.[394] Gegen den Vermieter müssen daher so lange Zwangsgelder verhängt werden, bis er seine Verpflichtung erfüllt.

---

[384] BGH VIII ZR 244/06, WuM 2007, 445 = GE 2007, 1118 = ZMR 2007, 768 = AK-MietPrax § 2 Nr. 4 HeizkostenV Nr. 8.

[385] BGH VIII ZR 73/06, WuM 2007, 393 = NZM 2007, 563 = GE 2007, 1051 = ZMR 2007, 685 = AK-MietPrax § 2 Nr. 4 HeizkostenV Nr. 7.

[386] BGH VIII ZR 54/04, NJW 2005, 1776 = NZM 2005, 450 = GE 2005, 664 = DWW 2005, 195= ZMR 2005, 606 = AK-MietPrax § 2 Nr. 4 BetrKV Nr. 2 = WuM 2005, 387 mAnm *Derleder;* BGH VIII ZR 84/04, WuM 2005, 456 = GE 2005, 916 = AK-MietPrax § 2 Nr. 4 BetrKV Nr. 3; BGH VIII ZR 362/04, WuM 2006, 322 = AK-MietPrax § 2 Nr. 4 BetrKV Nr. 5 = GE 2006, 838 = NZM 2006, 534 = NJW 2006, 2185 = ZMR 2006, 595; *Schmid* WuM 2005, 553; ZMR 2005, 592.

[387] BGH VIII ZR 202/06, WuM 2007, 571 = GE 2007, 1310 = NZM 2007, 769 = DWW 2007, 368 = NJW 2007, 3060 = AK-MietPrax § 2 Nr. 4 HeizkostenV Nr. 9; bestätigt durch BGH VIII ZR 145/10, WuM 2011, 219 = AK-MietPrax § 2 Nr. 4 BetrKV Nr. 11 = GE 2011, 609 = CuR 2011, 87.

[388] BGBl. 2013 I 434.

[389] Zu den offen gebliebenen Fragen *Heix* WuM 2014, 511.

[390] BGBl. 2013 I 1509.

[391] AG Leipzig WuM 1998, 495 = MDR 1998, 1025 = NZM 1998, 716 = DWW 1998, 283 = NJW-RR 1998, 1466; *Börstinghaus* ZAP 2001, 871.

[392] AG Ludwigsburg NZM 1999, 122.

[393] So LG Gera WuM 1998, 496 = MDR 1998, 1024 = NZM 1998, 715 = NJW-RR 1998, 1466 = DWW 1998, 314; LG Frankfurt a. M. WuM 1998, 495 = MDR 1998, 1023 = NZM 1998, 714 = NJW-RR 1998, 1467 = DWW 1998, 312; AG Siegen ZMR 1999, 645; *Hinz* WuM 2005, 621; *Hempel* WuM 1998, 646; **aA** AG Gera WuM 1998, 496 = DWW 1998, 314; AG Frankfurt a. M. WuM 1998, 42 = DWW 1998, 312; *Schmitz-Justen* WuM 1998, 520.

[394] OLG Hamm WuM 1996, 568.

### V. Wirtschaftlichkeitsgebot

Der Grundsatz der Wirtschaftlichkeit ist in der Rspr. schon seit langem anerkannt und wurde mit der Mietrechtsreform zum 1.9.2001 neu belebt.[395] Der Gesetzgeber hat ihn für den Bereich der Betriebskosten in §§ 556, 560 BGB ausdrücklich erwähnt und hervorgehoben[396] (zum Wirtschaftlichkeitsgrundsatz bei den Betriebskosten[397] →BGB § 560 Rn. 71 ff.). Neben den §§ 556, 560 BGB, die das Gebot der Wirtschaftlichkeit für die Betriebskostenumlage festlegen, fand sich unter Geltung der Preisregelungen des sozialen Mietwohnungsbaus das Gebot der Wirtschaftlichkeit schon in § 24 Abs. 2 II. BV, wonach der Ansatz von **Bewirtschaftungskosten** dem Grundsatz einer ordnungsgemäßen Bewirtschaftung zu entsprechen hatte. Für das Gewerberaummietverhältnis gab und gibt es keine entsprechende gesetzliche Regelung. Dennoch gilt das Gebot der Wirtschaftlichkeit auch bei diesen Rechtsverhältnissen.[398] 126

Das Wirtschaftlichkeitsgebot beschränkt sich nicht auf die Abrechnung, wie der Gesetzeswortlaut in § 556 Abs. 3 S. 1 und § 560 Abs. 5 BGB vermuten lässt, sondern verpflichtet den Vermieter, schon bei der Verursachung der Betriebskosten dem Gebot Rechnung zu tragen. Die Aufnahme des Wirtschaftlichkeitsgebots bei den Betriebskosten war getragen von der Überlegung, dass ein auf lange Zeit angelegtes Vertragsverhältnis seinen Zweck nur erreichen kann, wenn jede Vertragspartei den erkennbaren Interessen der jeweils anderen Seite gebührend Rechnung trägt.[399] Dieser Grundsatz sollte nach der hier vertretenen Auffassung bei der Betriebskostenumlage nicht stehen bleiben, weil das dem § 242 BGB zu entnehmende Gebot der Rücksichtnahme (→Rn. 99 ff.) gebietet, die vermietete Wohnung in einem guten gebrauchsfähigen, dh wirtschaftlich gebotenen Zustand zu erhalten. Daher trifft den Vermieter bei von ihm zu vergebenden Aufträgen auch eine Preisermittlungspflicht.[400] 127

Der BGH hat mit seinen Entscheidungen zur Modernisierungsmieterhöhung nach § 10 WoBindG (§ 559 BGB)[401] die Geltung eines allgemeinen Wirtschaftlichkeitsgrundsatzes in dem Sinne verneint, dass allein der mietrechtliche Kosten-Nutzen-Aspekt zu betrachten ist. Im Sinne des Umweltschutzes soll allein die nachhaltige Energieeinsparung ausreichen, ohne dass sie sich für den Mieter ökonomisch rechnen muss[402]. Aufgeweicht wird diese strikte Betrachtung für Modernisierungsmaßnahmen (§ 559 Abs. 1 BGB). Führt der Vermieter solche Maßnahmen durch, darf er nur die Kosten der **erforderlichen** Arbeiten seiner Mieterhöhungsberechnung zugrunde zu legen.[403] Somit müssen auf jeden Fall unnötige, unzweckmäßige oder überhöhte Aufwendungen für die Mietberechnung nach § 559 BGB außer Betracht bleiben.[404] *Schwintowski*[405] hat aus dem Umweltschutzgedanken den Schluss gezogen, dass der im Mietrecht allgemein geltende Wirtschaftlichkeitsgrundsatz neben dem mietrechtlichen Kosten-Nutzen-Verhältnis auch die Kosten für die Erhaltung der natürlichen Lebensgrundlagen zu beachten habe. 128

Da schon die Einsparung von Primärenergie (→BGB § 555b Rn. 56 ff.) den Modernisierungstatbestand[406] erfüllt, muss nach der hier vertretenen Auffassung darüber nachgedacht werden, den Pflichtenkatalog der Vermieters bei der Wartung seiner Heizungsanlage neu zu definieren. Heizungsanlagen verlieren bei nur üblicher Wartung jährlich einen Teil ihres Wirkungsgrades. Die Einsparung von Primär- und Endenergie kann nicht nur über Modernisierungsmaßnahmen zur Ener- 129

395 BGH WuM 2008, 29 = NJW 2008, 440 = NZM 2008, 78 = GE 2008, 116 = AK-MietPrax § 556 Nr. 27 = ZMR 2008, 599 = DWW 2008, 143; VIII ZR 78/06, WuM 2007, 393 = NZM 2007, 563 = GE 2007, 1051 = ZMR 2007, 685 = AK-MietPrax § 2 Nr. 4 HeizkostenV Nr. 7; ZIP 1989, 1084; OLG Hamm ZMR 1997, 300; OLG Düsseldorf WuM 1984, 54; *Eisenschmid* PiG 65 (2002), 147.

396 LG Berlin WuM 2004, 340 zu den Kosten der Messgeräte mAnm *Wall*.

397 *Milger* NZM 2012, 657 ff.

398 KG MDR 2011, 652; *Fritz* GewerberaumMietR Rn. 137 d; *Beyer* GE 2008, 1472 [1473].

399 Langenberg/Zehelein BetrKostR/*Langenberg* Kap. G Rn. 6 ff.

400 AG Dortmund ZMR 2016, 706.

401 BGH VIII ZR 149/03, WuM 2004, 285 = NJW 2004, 1738 = GE 2004, 620 = ZMR 2004, 424 = NZM 2004, 379 = AK-MietPrax § 10 WoBindG Nr. 2; NZM 2004, 379 = AK-MietPrax § 10 WoBindG Nr. 3.

402 Herrlein/Kandelhard/*Both* BGB § 559 Rn. 72; **aA** *Kinne* GE 2000, 1070.

403 BGH VIII ZR 41/08, WuM 2009, 124 = NZM 2009, 150 = ZMR 2009, 351 = NJW 2009, 839 = DWW 2009, 64.

404 *Börstinghaus* jurisPR-MietR 5/2009 Anm. 2.

405 *Schwintowski* WuM 2006, 115 (118).

406 BGH VIII ZR 275/07, WuM 2008, 667 = WuM 2009, 40 = AK-MietPrax § 554 BGB Nr. 3 = NZM 2008, 883 = NJW 2008, 3630 = GuT 2008, 359 = GE 2008, 1485; zust. *Flatow* jurisPR-MietR 10/2008 Anm. 4 zur Fernwärme mit Kraft-Wärme-Koppelung.

gieeinsparung erfolgen, sondern auch durch geeignete Wartungsmaßnahmen, die den Wirkungsgrad der Heizungsanlage erhalten. Diese vergleichsweise einfachen Maßnahmen zur Energieeinsparung muss der Vermieter daher beachten. Zur Wartung gehört somit nach der hier vertretenen Auffassung nicht nur die Sicherstellung der Betriebsbereitschaft der Heizungsanlage, sondern auch die Aufrechterhaltung ihres Wirkungsgrades.

**130** Im Bereich des Umweltschutzes[407] sowie der Energieeinsparung wird der Gesetzgeber häufig tätig, um bestimmte erwünschte Zielvorstellungen umzusetzen. Letzteres betrifft insbes. die Richtlinien der EU zur Gesamtenergieeffizienz von Gebäuden[408], über Energieeffizienz[409] sowie zur Förderung der Nutzung von Energie aus erneuerbaren Quellen.[410] Alle Richtlinien wurden national umgesetzt mit dem „Gesetz zur Vereinheitlichung des Energieeinsparrechts für Gebäude und zur Änderung weiterer Gesetze"[411]. Das Gesetz ist am 1.11.2020 in Kraft getreten. Das Energieeinspargesetz (EnEG), die Energieeinsparverordnung (EnEV) sowie das Erneuerbare-Energien-Wärmegesetz (EEWärmeG) wurden zum gleichen Zeitpunkt aufgehoben. Sie wurden ersetzt durch das GEG[412], welches ebenfalls als Art. 1 des Gesetzes zur Vereinheitlichung des Energieeinsparrechts für Gebäude und zur Änderung weiterer Gesetze zum 1.11.2020 in Kraft trat. Der mit dem GEG verbundene Pflichtenkatalog zu Lasten des Vermieters greift insoweit in das Mietverhältnis ein, als der Vermieter, wie schon unter Geltung der Vorgängerregelungen, unter bestimmten Voraussetzungen Energieeinsparmaßnahmen durchführen muss. Fraglich erscheint, ob die öffentlich-rechtlichen Verpflichtungen des Vermieters dem Mieter jedenfalls dann einen Anspruch gegen den Vermieter auf Einhaltung dieser gesetzlichen Vorgaben gewähren, wenn durch sie die Wirtschaftlichkeit des Hausbesitzes berührt ist (vgl. § 5 GEG).

**131** Die Nichtbefolgung der gesetzlichen Auflagen durch den Eigentümer und Vermieter lässt sich als Vernachlässigung des Mietobjektes ansehen und führt zu einem Zustand baulicher Mängel, der Defizite im Bereich der Energieeinsparung und damit Handlungsbedarf aufweist (→ Rn. 134 ff.). Zwar ist das Mietobjekt bei Unterlassung der gebotenen Maßnahmen nicht defekt im Sinne eines Funktionsmangels, aber es entspricht nicht mehr den Anforderungen einer verantwortungsvollen und ordentlichen Geschäftsführung, da es den öffentlich-rechtlichen Auflagen zur Energieeinsparung nicht mehr genügt. Der als Modernisierungsvorhaben (Energieeinsparung, vgl. → § 555 b BGB) formulierte gesetzliche Auftrag lässt sich – bei Unterlassen der gebotenen Maßnahme – in eine gesetzliche Instandsetzungspflicht umformulieren[413]. Hat der Vermieter aber eine gesetzliche Pflicht zur Herstellung eines bestimmten Zustandes, berührt dies den vertragsgemäßen Gebrauch. Denn die Überlassung der Wohnung zum vertragsgemäßen Gebrauch schließt – vorbehaltlich anderer Absprachen – regelmäßig ein, dass der Vermieter die gesetzlichen Anforderungen beachtet und einhält (s. bspw. BayObLG[414] bei Nichteinhaltung von neuen Grenz- und Richtwerten; → BGB § 536 Rn. 23). Kommt er dieser vertraglichen Pflicht nicht nach, wirkt sich dies auf die Wertschätzung des Mietobjektes aus und stellt sich als Mangel der Mietsache dar[415]. Dem Mieter erwächst damit ein Anspruch auf Einhaltung der gesetzlichen Vorgaben durch den Vermieter, soweit mit dem Mangel eine Gebrauchsbeeinträchtigung verbunden ist.[416] Letztere kann angenommen werden, wenn der Mieter gegenüber einem den gesetzlichen Anforderungen genügenden

---

[407] Die Umsetzung der Agenda 21 zur Stadtentwicklung und zur Wohnungsversorgung; das Protokoll von Kyoto zur $CO_2$-Verminderung.

[408] Richtlinie 2010/31/EU (ABl. L 153 vom 18.6.2010, S.13; L 155 vom 22.6.2010, S. 61).

[409] Richtlinie 2012/27/EU über Energieeffizienz (ABl. L 156 vom 19.6.2018, S. 75).

[410] Richtlinie (EU) 2018/2001 des Europäischen Parlaments und des Rates vom 11. Dezember 2018 zur Förderung der Nutzung von Energie aus erneuerbaren Quellen (Neufassung) (ABl. L 328 vom 21.12.2018, S. 82).

[411] Gesetz zur Vereinheitlichung des Energieeinsparrechts für Gebäude und zur Änderung weiterer Gesetze v. 8.8.2020, BGBl. I, 1728.

[412] Gesetz zur Einsparung von Energie und zur Nutzung erneuerbarer Energien zur Wärme- und Kälteerzeugung in Gebäuden (Gebäudeenergiegesetz – GEG) v. 8.8.2020, BGBl. I, 1728.

[413] So iE auch *Artz* WuM 2008, 259 (262); **aA** *Flatow* WImmoT 2010, 53 (61).

[414] BayObLG WuM 1999, 568 = DWW 1999, 350 = NZM 1999, 899 = ZMR 1999, 753 mAnm *Schläger.*

[415] Die Wohnung entspricht jedenfalls nicht mehr der Sollbeschaffenheit: *Artz/Kessens,* Wohnraummietrecht – Gewährleistungsrecht, Berliner Wissenschaftsverlag 2008, 15; *Artz* WuM 2008, 259 (262); MüKoBGB/*Häublein § 536 Rn. 8; aber Derleder* NZM 2012, 487 (493), der keinen Mangel, aber eine Nebenpflichtverletzung der Vermieters annimmt; **aA** *Blank* PiG 2012, 1 (2).

[416] AG Gelsenkirchen WuM 1993, 735; v. Seldeneck Betriebskosten Rn. 2657; wohl auch Bub/Treier MietR-HdB/*Kraemer/Ehlert* Kap. III B Rn. 3119; **aA** Brückner GE 2011, 1411; *Horst* DWW 2010, 133.

Gebäude nur durch einen Energiemehrverbrauch die vertraglich geschuldeten Temperaturen erreichen kann.[417]

Die Rspr. hat in einigen Fällen des Einbaus von unwirtschaftlichen Anlagen die Verletzung einer Hauptleistungspflicht bejaht und die Mietminderung zugelassen. Dabei ging es um Anlagen, die so viel Energie verbrauchten, dass ihr uneingeschränkter Betrieb sich als erhebliche Vertragsbeeinträchtigung darstellte. So hatten das OLG Hamm[418] für eine überdimensionierte Lüftungsanlage und das OLG Düsseldorf[419] für eine **überdimensionierte Heizungsanlage,** die einen gegenüber Standardanlagen um 60% erhöhten Energiebedarf aufwies, einen Mangel der Mietsache angenommen. In beiden Fällen war die Ausübung des Gebrauchs der Lüftungs- bzw. Heizungsanlage mit erheblichen Kosten verbunden, die allein auf die Unwirtschaftlichkeit zurückzuführen waren. Das KG[420] ist dieser Auffassung grds. gefolgt, soweit bei der Vermietung nicht ein Mindeststandard eingehalten wurde. **132–134**

Die in der Lit. und Rspr. häufiger vertretene Auffassung geht davon aus, dass dem Mieter in den vorgenannten Fällen das Minderungsrecht nicht zusteht. Der Mieter sei bei unwirtschaftlichem Verhalten des Vermieters in seinem Gebrauch nicht beeinträchtigt.[421] Er müsse für die vertraglich geschuldeten und gewährten Leistungen lediglich mehr Geld aufwenden. Daher sei die Mietsache nicht mangelhaft, sondern nur zu teuer.[422] Zudem sei es zu weitgehend, dem Mieter in solchen Fällen auch einen Erfüllungsanspruch einräumen zu müssen, der auf einen Modernisierungszwang des Vermieters hinauslaufe. **135**

Der BGH[423] hat das Wirtschaftlichkeitsgebot im Zusammenhang mit den Betriebskosten so definiert, dass der Vermieter gegenüber dem Mieter die **vertragliche Nebenpflicht** hat, bei Maßnahmen und Entscheidungen, welche Einfluss auf die Höhe der letztlich von diesem zu tragenden Nebenkosten haben, auf ein angemessenes Kosten-Nutzen-Verhältnis Rücksicht zu nehmen. Folgt man dieser Auffassung, führt die „schuldhafte" Verletzung des Wirtschaftlichkeitsgebotes zu einer Schadensersatzpflicht (§ 280 BGB), also zur Freihaltung des Mieters von den verursachten Mehrkosten[424] (→ BGB § 560 Rn. 114ff.). Die Beweislast liegt zwar grds. bei demjenigen, der aus der Vorschrift Rechte herleiten will, also hier beim Mieter.[425] Da der Mieter aber keinen Einblick in die Sphäre des Vermieters hat, kann er diesen Beweis nicht erbringen. Daher trifft den Vermieter die sog. sekundäre Darlegungslast[426], wenn der Mieter einen Verstoß gegen den Wirtschaftlichkeitsgrundsatz in ausreichender Weise darlegen kann. **136**

Sieht man dagegen den Wirtschaftlichkeitsgrundsatz als **Bestandteil der Pflicht** zur Betriebskostenabrechnung gem. § 556 Abs. 3 BGB, darf der Vermieter nur solche Kosten auf den Mieter umlegen, die unter Einhaltung des Wirtschaftlichkeitsgebotes angefallen sind.[427] Auf ein Verschulden des Vermieters kommt es nicht an. Die Umlegung von Betriebskosten ist daher von vornherein auf die Kosten beschränkt, die bei wirtschaftlicher Betriebsführung entstehen.[428] Danach wäre der Vermieter verpflichtet, bei der Umlage der Kosten deren Wirtschaftlichkeit zu belegen, wenn begründete Zweifel angebracht sind. Letztere Auffassung hat zur Folge, dass die unter Verstoß des Wirtschaftlichkeitsgrundsatzes verursachten Kosten direkt gekürzt, oder wenn sie vom Mieter schon gezahlt wurden, nicht als Schadensersatz, sondern als Bereicherungsanspruch geltend gemacht werden können. **137**

---

[417] MüKoBGB/*Häublein* § 536 Rn. 8.

[418] OLG Hamm ZMR 1987, 300 = MDR 1987, 763.

[419] OLG Düsseldorf WM 1984, 54; **aA** BGH XII ZR 80/12, NJW 2014, 685 = NZM 2014, 163 = GE 2014, 245; KG GE 2012, 1228 = MDR 2012, 1154; GE 2008, 990.

[420] KG ZMR 2012, 858; GuT 2008, 344.

[421] KG WuM 2006, 168 = GE 2007, 1427.

[422] BGH XII ZR 80/12, NJW 2014, 685 = NZM 2014, 163 = GE 2014, 245; KG ZMR 2012, 858; *Blank* WuM 2008, 311 (312); Langenberg/Zehelein BetrKostR/*Langenberg* BGB § 560 Rn. 115; *Beyer* GE 2008, 1472 (1476).

[423] BGH VIII ZR 340/10, WuM 2011, 513 = AK-MietPrax § 556 BGB Nr. 77 = NJW 2011, 3028 = NZM 2011, 705 = GE 2011, 1225; VIII ZR 243/06, WuM 2008, 29 = NZM 2008, 78 = NJW 2008, 440 = GE 2008, 116 = ZMR 2008, 195 = AK-MietPrax § 556 BGB Nr. 27 mAnm *Eisenschmid;* zur Angemessenheit OLG Celle WuM 2000, 130 = ZMR 1999, 238 = NZM 1999, 501; *Börstinghaus* MDR 2000, 1345.

[424] KG GE 2011, 545; AG Köln ZMR 2011, 222; *Schmid* ZMR 2008, 599.

[425] AG Köln ZMR 2011, 559 zur Einführung der Mülltrennung.

[426] KG GE 2011, 545; Zöller/*Greger* ZPO Vor § 284 Rn. 34.

[427] *Blank* WuM 2008, 311; *Schmid* ZMR 2007, 178; von Seldeneck Betriebskosten Rn. 2644.

[428] BGH VIII ZR 41/08, WuM 2009, 124 = NZM 2009, 150 = AK-MietPrax § 550 BGB Nr. 3 = NJW 2009, 839 = ZMR 2009, 351 = GE 2009, 253 zu § 559 BGB; *Beyer* GE 2008, 1472 (1476).

**138** Es kann auch daran gedacht werden, den Vermieter zur Einsparung von Wasser zu verpflichten, indem er sog. **Wassermengenregler** einbaut (vgl. § 555b Nr. 3 BGB). Dieser Fall unterscheidet sich von den vorgenannten Fällen darin, dass der Vermieter bei Unterlassung des Einbaus weder gegen eine gesetzliche Pflicht verstößt noch die Anlage selbst unwirtschaftlich arbeitet. Vielmehr besteht lediglich die Möglichkeit, mit zusätzlichen Maßnahmen die (Wasser-)Anlage für einen stärkeren Wirkungsgrad aufzurüsten. Es muss grds. dem Vermieter überlassen bleiben, zu welchen Bedingungen und Kriterien er den Wohnraum an den Markt bringt. Die unternehmerische Entscheidung kann in derartigen Fällen nicht durch Mieterentscheidungen ersetzt werden.[429] Ein solch weit gehendes Mieterrecht würde dem Verfassungsrang des Eigentums auf Vermieterseite nicht gerecht. So wie der Vermieter nicht die Maximalmiete einfordern darf, ist es dem Mieter nicht erlaubt, in jedem Fall die preiswerteste Miete zu verlangen. Nur wenn unter dem Gesichtspunkt von Treu und Glauben die Entscheidung des Vermieters sich als nicht mehr mit den Grundsätzen eines ordentlichen Kaufmanns vertreten lässt, also eines Kaufmanns, der zum einen wirtschaftlich denkt und zum anderen aber auch das Wohl seines Vertragspartners im Auge hat, ist eine andere Lösung geboten. In jedem Fall hat der Vermieter eine **Prüfpflicht** dahingehend, ob er eine bestimmte, dem Wirtschaftlichkeitsgebot Rechnung tragende Maßnahme umsetzen soll.[430] Führt die Prüfung zu einer Umsetzungspflicht, hat der Mieter auch einen Anspruch. Ähnliche Überlegungen sind zum **Müllmanagement** oder zum Einbau von **Wasseruhren** anzustellen, soweit letztere nicht ohnehin einer gesetzlichen Einbaupflicht unterliegen.

## VI. Verkehrssicherung

**139** Die Verkehrssicherungspflicht trifft denjenigen, der einen Verkehr auf dem Grundstück eröffnet, zulässt oder andauern lässt.[431] Sie verpflichtet den Hauseigentümer, das Grundstück nebst allen mitvermieteten Räumen und Flächen auf Gefahrenquellen zu überprüfen und diejenigen Maßnahmen zur Gefahrenabwehr zu treffen, die nach den Gesamtumständen zumutbar sind. Der hierfür anzulegende Maßstab richtet sich danach, was ein verständiger und umsichtiger, in vernünftigen Grenzen vorsichtiger Mensch für notwendig und ausreichend hält, um andere vor Schaden zu bewahren.[432] Das bedeutet, dass regelmäßig der Eigentümer Vorsorge dafür zu treffen hat, dass Dritte, namentlich die Mieter sowie ihre Angehörigen und Besucher, keinen vermeidbaren Schaden durch das Grundstück erleiden[433] (zur Übertragung von Verkehrssicherungspflichten → Rn. 149). Anknüpfungspunkt für die Haftung ist die Eröffnung des Verkehrs. Daher ist zunächst jeder Eigentümer als Verfügungsberechtigter zur Gefahrenabwendung verpflichtet. Die Verkehrssicherungspflicht gehört nicht zu den **Lasten des Grundstücks,** so dass die Übertragung der Lasten in einem notariellen Kaufvertrag auch nicht zur Übertragung der Verkehrssicherungspflicht führt.[434] Im Falle der Zwangsverwaltung trifft allerdings den Zwangsverwalter die Verkehrssicherungspflicht.[435] Ist das Haus im Ganzen vermietet, kann auch der Mieter verkehrssicherungspflichtig sein.

**140** Für die Anforderungen an die Verkehrssicherungspflicht sind die Sicherungserwartungen des Verkehrs maßgebend[436] sowie die jeweiligen Umstände des Einzelfalls, insbes. Größe und Zweck der Mietwohnung, Ortssitte und die Örtlichkeiten. Daher muss der Verkehrssicherungspflichtige auch solche Verhaltensweisen in Erwägung ziehen, die einer verbreiteten Gepflogenheit entsprechen. Das gilt auch dann, wenn die Gepflogenheit möglicherweise beanstandet werden könnte.[437] Natürlich können sich die Anforderungen an die Verkehrssicherungspflicht im Laufe des Mietverhältnisses, zB durch eine **Nutzungsänderung** der Mietsache, ändern.[438]

---

[429] LG Berlin ZMR 1989, 305.
[430] *Langenberg* WuM 2001, 523 (531).
[431] OLG Zweibrücken VersR 1994, 1489.
[432] BGH WuM 1990, 120 = NJW 1990, 1236 = MDR 1990, 611 = ZMR 1990, 138 = DWW 1990, 75.
[433] BGH VersR 1977, 817; OLG Jena OLG-NL 1998, 3 zur Verkehrssicherungspflicht der Gemeinden als Träger der Straßenbaulast.
[434] OLG Köln ZMR 1998, 344.
[435] *OLG Hamm WuM 2004*, 675 = ZMR 2004, 511; Palandt/*Sprau* BGB § 823 Rn. 48.
[436] BGH ZMR 1961, 360; OLG Köln NJW-RR 1995, 1178.
[437] OLG Nürnberg NJW-RR 2002, 448; OLG Koblenz ZMR 1997, 417.
[438] *Gather* DWW 1996, 350; *Sonnenschein* NJW 1997, 1270 (1281).

Nicht erforderlich ist, dass jedermann Zugang zu dem Grundstück bzw. zu dem Grundstücksteil hat.[439] Es reicht aus, wenn der Zugang nur einem bestimmten Kreis von Verkehrsteilnehmern, zB den Mietern eines Hauses, offen steht, da die Verkehrssicherungspflicht nicht durch das Vertragsverhältnis ausgeschlossen wird. Daher muss der Zugang zum Haus zu jeder Jahreszeit gefahrlos begehbar sein. Darüber hinaus muss der Eigentümer aber auch in einem gewissen Umfang für die Sicherheit sog. **„Schleichwege"** oder **„Trampelpfade"** einstehen, wenn er die Benutzung dieser Wege durch den öffentlichen Verkehr zugelassen oder geduldet hat.[440] Das gilt selbst dann, wenn der Weg nicht vom Eigentümer geschaffen wurde, sondern durch ständiges Benutzen entstanden ist.[441] Ein Zulassen oder Dulden des Vermieters ist anzunehmen, wenn der betroffene Verkehrskreis davon ausgehen darf, dass die Benutzung des Weges nicht gegen den Willen des Eigentümers verstößt[442]. **141**

Die Verkehrssicherungspflicht besteht gegenüber Erwachsenen[443] und Kindern. Dabei muss der Verkehrssicherungspflichtige auch mit unbefugtem und nicht ganz fern liegenden missbräuchlichem Verhalten rechnen.[444] Allerdings können keine Vorkehrungen gegen jede nur erdenkliche Gefahr erwartet werden (→ BGB § 536 Rn. 183 – Legionellen).[445] Insbesondere bei Kleinkindern muss der Verkehrssicherungspflichtige nicht mit einem Aufsichtsversagen der Eltern rechnen.[446] Die Pflichten sind herabgesetzt gegenüber Gefahren, die jedem vor Augen stehen müssen und vor denen man sich bei zumutbarer Vorsicht ohne weiteres selbst schützen kann.[447] In einem Wohngebiet darf man bei kleineren Straßen davon ausgehen, dass Fußgänger ihr Augenmerk auf die Straße richten. Daher muss der Verkehrssicherungspflichtige es nicht verantworten, wenn morgens um 7.00 Uhr ein Passant stürzt, weil auf dem Bürgersteig nasses **Laub** liegt.[448] **142**

Im Einzelfall ist ein Mitverschulden zu prüfen.[449] Sind die für ein Mitverschulden maßgeblichen konkreten Verhältnisse am Unfallort nicht mehr mit hinreichender Sicherheit zu ermitteln, gehen die verbleibenden Zweifel zu Lasten des Verkehrssicherungspflichtigen.[450] **143**

### 1. Prüfungs- und Überwachungspflicht

Die Verkehrssicherungspflicht darf nicht zu einer **Gefährdungs- oder Zufallshaftung** des Vermieters führen. Daher haftet der Vermieter grds. nicht für solche Schäden, die Dritte oder andere Hausbewohner infolge der Verletzung der Obhutspflicht einzelner Mieter erleiden[451]. Vielmehr darf der Vermieter in diesen Fällen darauf vertrauen, dass die jeweiligen Mieter ihre Sicherungspflichten erfüllen und insbes. erkennbare Gefahren und Mängel anzeigen[452] (§ 536c Abs. 1 BGB). Die Verkehrssicherungspflicht als Kontroll- und Überwachungspflicht besteht in diesen Fällen nur dann, wenn der Vermieter einen konkreten Anhaltspunkt dafür hatte, dass der Mieter seinen Pflichten nicht nachgekommen ist.[453] **144**

---

[439] OLG Köln NJW-RR 1990, 224 = VersR 1990, 320 = MDR 1990, 340.
[440] OLG Düsseldorf WuM 1994, 484 = ZMR 1994, 365; aber AG Neuss WuM 1989, 10 = NJW-RR 1989, 206 = DWW 1988, 282; **aA** OLG Celle GE 2006, 971.
[441] OLG Brandenburg GE 1996, 733.
[442] BGH VI ZR 155/02, NJW-RR 2003, 1459; OLG Hamm ZMR 2004, 511; *Grams* NZM 2011, 460 (461).
[443] BGH VersR 1965, 515.
[444] BGH VersR 1964, 825; OLG Nürnberg NJW-RR 2002, 448.
[445] BGH NJW-RR 1995, 1113; NJW 1978, 1629 = MDR 1978, 653; OLG Karlsruhe NJW-RR 1998, 1323; zur Verkehrssicherungspflicht zum Schutz vor Legionellen in Warmwassersystemen vgl. *Roth* ZdWBay 1997, 472; zur Haftung des Vermieters bei unterlassener Untersuchung der Wasserversorgungsanlage BGH VIII ZR 161/14, WuM 2015, 412 = NJW 2015, 2111; *Pfeifer* jurisPR-MietR 13/2015 Anm. 1.
[446] BGH VI ZR 189/05, WuM 2006, 388 = NJW 2006, 2326 = NZM 2006, 578 = GE 2006, 906 = ZMR 2006, 675 = AK-MietPrax § 823 BGB Nr. 1; OLG Hamm GE 2001, 1058; zur elterlichen Aufsichtspflicht über Kleinkinder in der Wohnung LG Heidelberg WuM 2019, 152.
[447] BGH NJW-RR 1995, 1178; OLG Düsseldorf ZMR 2015, 850, nasse Treppe.
[448] LG Frankfurt a. M. WuM 1994, 482.
[449] BGH MDR 1997, 738; OLG Frankfurt a. M. GuT 2002, 90; LG Trier ZMR 2004, 588.
[450] BGH MDR 1997, 738.
[451] OLG Köln NZM 2005, 179 = MietRB 2004, 230 mAnm *Monschau;* **aA** LG Potsdam NZM 2005, 301.
[452] BGH VIII ZR 321/07, WuM 2008, 719 = NZM 2008, 927 = NJW 2009, 143 = MDR 2009, 75 = GE 2008, 1555.
[453] OLG Frankfurt a. M. WuM 2003, 319; OLG Karlsruhe WuM 1996, 226; LG Berlin GE 2011, 133.

145 Allgemein gilt, dass für „verdeckte Risiken" eine besondere Sicherungspflicht besteht.[454] Je größer das Risiko einer nicht kalkulierbaren und plötzlich auftretenden Drittwirkung ist, umso höher sind die Überwachungsanforderungen.

146 In diesem Rahmen ist der Vermieter grds. verpflichtet, die Mietsache zum Zwecke der Erfüllung seiner Erhaltungspflicht zu überprüfen. Er muss grds. Anzeichen für Störungen und entsprechenden Hinweisen von Mietern nachgehen[455], **mögliche typische Störquellen** laufend überwachen und ggf. Sachverständige hinzuziehen.[456] Das gilt insbes. bei der Neuvermietung hinsichtlich der Elektroinstallationen. Der Vermieter ist zwar nicht im laufenden Mietverhältnis verpflichtet, Elektroanlagen ohne besonderen Anlass zu überprüfen.[457] Nach der hier vertretenen Auffassung muss der Vermieter aber wegen der von fehlerhaften Anlagen ausgehenden Gefährdungen vor Überlassung an den (neuen) Mieter prüfen, ob bspw. durch Maßnahmen des Vormieters ein Anlass zur Instandsetzung gegeben ist.

## 2. Haftungsfragen

147 Die Verletzung der Verkehrssicherungspflicht begründet nicht nur eine vertragliche, sondern auch eine deliktische Haftung. Nach beiden Anspruchsgrundlagen schuldet der Vermieter bei Gesundheits- und Körperschäden auch **Schmerzensgeld** (§ 253 Abs. 2, § 847 BGB).[458] Bei der vertraglichen Haftung wegen Schmerzensgeld ist nach Art. 229 § 8 EGBGB zu beachten, ob der Zeitpunkt der schädigenden Handlung vor dem 1. 8. 2002 oder nach dem 31. 7. 2002 lag. Die deliktische Haftung des Vermieters erfasst auch Handlungen seiner Verrichtungsgehilfen, soweit diese nicht schuldhaft gehandelt haben. Er kann sich aber gem. § 831 BGB durch den Nachweis der ordentlichen Auswahl und Überwachung entlasten. Die deliktische Haftung steht selbständig neben der vertraglichen Haftung, so dass auf erstere § 536b BGB[459] und auf letztere § 831 BGB nicht anwendbar ist. Die Verkehrssicherungspflicht trifft den Vermieter auch nach der Beendigung des Mietverhältnisses, also grds. auch dann, wenn der Mieter nach Ablauf der Kündigungsfrist noch in der Mietsache verbleibt.

148 Die Mieter untereinander haben keine vertraglichen, sondern allenfalls deliktische Ansprüche.[460] Dritte können sowohl den Vermieter als auch denjenigen in Anspruch nehmen, der mit der Erfüllung der Verkehrssicherungspflicht beauftragt wurde. Der Vermieter kann sich im Falle der Übertragung auf einen Dritten allerdings damit entlasten, dass er den Dritten gewissenhaft ausgewählt, mit der Aufgabe vertraut gemacht und überwacht hat. An die Überwachungs- und Aufsichtspflicht sind dabei strenge Anforderungen zu stellen.[461] Der Geschädigte muss sowohl die Pflichtverletzung als auch die Kausalität zwischen Pflichtverletzung und Schaden beweisen. Es gelten zu Gunsten des Geschädigten die Grundsätze des Anscheinsbeweises, den der Schädiger widerlegen kann.[462] Die Haftung kann wegen eines überwiegenden **Mitverschuldens** (§ 254 BGB) des Geschädigten entfallen.[463] Macht der Verkehrssicherungspflichtige ein Mitverschulden des Geschädigten geltend, trifft ihn die Darlegungs- und Beweislast.[464] Dabei handelt es sich um ein „Verschulden gegen sich selbst"[465], da die Einhaltung derjenigen Sorgfaltspflichten beanstandet wird, die ein ordentlicher und verständiger Mensch zur Vermeidung eines eigenen Schadens aufzuwenden pflegt.

---

[454] OLG Hamm MDR 1996, 696 = ZMR 1996, 206.

[455] AG Ratingen ZMR 2012, 112.

[456] *Halstenberg* WuM 1993, 155 (159); OLG Celle ZMR 1996, 197 = NJW-RR 1996, 521 = NJWE-MietR 1996, 123; OLG Stuttgart MDR 1973, 588.

[457] BGH VIII ZR 321/07, WuM 2008, 719 = NZM 2008, 927 = NJW 2009, 143 = MDR 2009, 75 = GE 2008, 1555.

[458] Zweites G zur Änderung schadensersatzrechtlicher Vorschriften v. 19.7.2002, BGBl. I 2674; KG GE 2006, 908 zu Schimmelpilz.

[459] BGH ZMR 1961, 360.

[460] OLG Köln WuM 1995, 316 = NJW-RR 1995, 1480 = MDR 1995, 900 = ZMR 1995, 308 = DWW 1995, 188.

[461] BGH NJW 1952, 61 = BB 1954, 82.

[462] BGH MDR 1974, 217 = VersR 1974, 263; WuM 1986, 320 = NJW-RR 1986, 1350 = MDR 1987, 43 = ZMR 1986, 351.

[463] *OLG Naumburg NZM 2016*, 587; KG GE 2006, 908; OLG Hamm VersR 1997, 200; LG Hamburg DWW 1999, 150.

[464] KG GE 1999, 1496; Blank/Börstinghaus/*Blank/Börstinghaus* BGB § 535 Rn. 368.

[465] BGH NZM 1998, 204 = ZMR 1998, 212 = DWW 1998, 82 = GE 1998, 241 = MDR 1998, 282.

Die Überwälzung von Verkehrssicherungspflichten begegnet im Gewerberaummietverhältnis keinen grundsätzlichen Bedenken.[466] Die vollständige Übertragung der Verkehrssicherungspflicht setzt aber eine eindeutige und jeden Zweifel ausschließende Absprache der Vertragsparteien voraus.[467] Auch dann verbleibt dem Vermieter die Pflicht zur Überwachung des Verpflichteten. Bei Wohnraummietverhältnissen ist die Übertragung der Verkehrssicherungspflicht wegen des damit verbundenen Haftungsrisikos bedenklich, soweit die Übertragung **formularvertraglich** erfolgt[468] (→ Rn. 139, 162). Eine Ausnahme hiervon wird man zulassen, wenn dem Mieter ein Einfamilienhaus vermietet wurde und der Mieter die vollständige alleinige Sachherrschaft über die Mietsache hat. 149

**3. Einzelfälle**

Fußböden müssen rutschfest sein, damit sich die Bewohner des Hauses oder auch Besucher normal und sicher bewegen können. Der Vermieter hat darauf zu achten, dass er für die **Treppenhausreinigung** das richtige Pflegemittel nimmt, um damit eine übermäßige Glätte des Fußbodens zu vermeiden.[469] Inhaber großer Kaufhäuser und Verbrauchermärkte unterliegen besonderen Sorgfaltspflichten hinsichtlich der Auswahl und der Unterhaltung des **Fußbodens.**[470] Löcher und Risse im **Teppichbelag** einer Treppe bedeuten selbst dann eine Gefährdung, wenn sie bei aufmerksamem Hinsehen erkennbar sind. Die Verkehrssicherungspflicht entfällt daher nicht, wenn die Schadhaftigkeit des Teppichs dem Mieter bekannt ist. Denn es ist auf die Dauer unvermeidlich, dass Mieter, die die Treppe täglich mehrmals benutzen, früher oder später die erforderliche erhöhte Aufmerksamkeit für die ihnen an sich bekannten Gefahrenstellen einmal nicht beachten und deshalb zu Schaden kommen.[471] 150

Der Eigentümer eines Mehrfamilienhauses verstößt gegen die Verkehrssicherungspflicht, wenn er bei für ihn erkennbarer Gefahrenlage, die sich aus der Verglasung einer Treppenhausaußenwand bzw. einer Haustür mit gewöhnlichem Fensterglas – anstatt **Sicherheitsglas** – ergibt, keine Abhilfe schafft[472] oder wenn er Unkrautvernichtungsmittel bzw. Rasendünger auf den Wegen und auf dem Rasen des Hausgrundstückes verwendet und dadurch eine Gefährdung der Gesundheit insbes. der Kleinkinder des Mieters, befürchtet werden muss.[473] Kinderspielplätze auf dem Hausgrundstück muss der Vermieter besonders kontrollieren. In der Umgebung der **Spielplätze** ist das Gras kurz zu halten, damit evtl. herumliegende **Glasscherben** entdeckt und entfernt werden können.[474] 151

Ob der Vermieter spezielle Maßnahmen zum Schutz Dritter vor Dachlawinen ergreifen muss, wie zB die Installation eines **Schneefanggitters,** hängt auch von den jeweiligen Örtlichkeiten ab.[475] Grundsätzlich können solche Maßnahmen – soweit für den Eigentümer zumutbar – nur bei Vorliegen besonderer Umstände verlangt werden.[476] Als besondere Umstände, die zB einen Warn- 152

---

[466] BGH WuM 1996, 551 = NJW 1996, 2646 = GE 1996, 1301 = ZMR 1996, 477; *Schmid* GE 2012, 454; zur Verkehrssicherungspflicht des Inhabers eines Ladengeschäftes *Grams* NZM 2011, 460ff.; zur Schneeräumungspflicht und Kostenlast von Flachdächern *Strauch* NZM 2011, 392ff.

[467] BGH VI ZR 126/07, WuM 2008, 235 = NJW 2008, 1440 = NZM 2008, 242; GE 1996, 1301; WuM 1996, 551 = NJW 1996, 2646 = GE 1996, 1301 = ZMR 1996, 477; NJW-RR 1988, 471 = MDR 1988, 485 = VersR 1988, 516; WuM 1986, 66 = NJW 1985, 484 ZMR 1985, 121 = MDR 1985, 311; LG Stuttgart WuM 1988, 399; AG Charlottenburg GE 2012, 1569; AG Frankfurt a. M. WuM 1988, 153.

[468] OLG Celle WuM 1990, 103 zur Fahrstuhlanlage; Bub/Treier MietR-HdB/*Bub* Kap. II Rn. 1418; Schultz Gewerberaummiete S. 4, 169; **aA** Wolf/Eckert/Ball Gewerbl. Miet-/Pacht-/LeasingR-HdB Rn. 834.

[469] BGH WuM 1994, 218 = NJW 1994, 945 = ZMR 1994, 149 = MDR 1994, 613 = DWW 1994, 46 = VersR 1994, 324; NJW 1967, 154.

[470] BGH NJW 1994, 2617 = MDR 1994, 988 = BB 1994, 1666; OLG Köln NJWE-MietR 1996, 178; LG Berlin GE 1990, 865.

[471] OLG Köln NJWE-MietR 1996, 178; LG Potsdam NJW-RR 2004, 1018.

[472] BGH WuM 1994, 480 = NJW 1994, 2232 = MDR 1994, 889 = GE 1994, 1113; OLG Koblenz DWW 1998, 112; vgl. aber BGH WuM 2006, 388 = NJW 2006, 2326 = NZM 2006, 578 = GE 2006, 906 = ZMR 2006, 675 = AK-MietPrax § 823 BGB Nr. 1.

[473] LG München I WuM 1989, 500 = NJW-RR 1990, 217.

[474] OLG Hamm DWW 1990, 203.

[475] OLG Jena GE 2007, 365 = WuM 2007, 138; OLG Düsseldorf WuM 2012, 606 = GE 2012, 546 = NJW-RR 2012, 780 – keine Ortsüblichkeit in Wuppertal; LG Karlsruhe NZM 1998, 154; AG Hannover GE 2011, 488; AG Berlin-Spandau NJW-RR 2011, 1649 = NZM 2011, 857; AG Mannheim BeckRS 2011, 21135; AG Winsen NZM 1998, 155; *Strauch* NZM 2012, 524; *Mummenhoff* jurisPR-MietR 4/2012 Anm. 4.

[476] BGH NJW 1955, 300 = BB 1955, 49; OLG Düsseldorf NZM 2013, 701 = MDR 2014, 332; OLG Dresden OLG-NL 1997, 177.

hinweis des Eigentümers rechtfertigen können, sind die örtlichen Gegebenheiten, die Schneemenge, die Witterungslage, die Verkehrsverhältnisse sowie des Neigungswinkels des Daches anerkannt.[477]

153 Der Vermieter muss für eine ausreichend lange **Beleuchtung im Hausflur** und für die dauerhafte Betriebssicherheit der Beleuchtungsanlage sorgen.[478] 20 Sekunden Licht im Treppenhaus nach Betätigen eines Zeitschalters sind bei einem mehrgeschossigen Gebäude zu wenig, da in dieser Zeit bei durchschnittlicher Gehgeschwindigkeit nicht zwei Stockwerke begangen werden können.[479] Der Vermieter einer Wohnung ist im Rahmen der ihm obliegenden Verkehrssicherungspflicht auch für die Sicherheit der zu den Mieträumen führenden **Treppe** verantwortlich. Dabei erfasst diese Pflicht jedoch nicht alle erdenklichen von der Treppe ausgehenden Risiken.[480] Sie ist vielmehr auf solche Gefahrenquellen beschränkt, mit denen der Verkehr nach seinen vernünftigen Sicherheitserwartungen nicht zu rechnen braucht und auf die er sich nicht ohne weiteres selbst einstellen kann.[481] Zur Verkehrssicherung im Treppenhaus gehört daher auch, dass Stolpergefahren vermieden werden[482], insbes. der auf der Treppe des Treppenhauses befindliche Teppichbelag so befestigt ist, dass er nicht durch einen losen Halt zu einem Sturz des Benutzers führen kann.[483] Bei Verstößen gegen Schutzgesetze (Gefahrenabwehr) ist darauf abzustellen, ob das Schutzgesetz schon bei Errichtung des Bauwerkes galt. Wegen unzumutbarer Belastungen des Gebäudeeigentümers gilt im Allgemeinen keine Nachrüstungspflicht.[484] Bezüglich der Ursächlichkeit zwischen Pflichtwidrigkeit und Schaden gibt es keinen Erfahrungssatz, dass derjenige, der beim Hinabsteigen der Treppe strauchelt, den nachfolgenden Sturz mit Hilfe eines Treppengeländers hätte abfangen oder abmildern können.[485]

154 Der Grundstückseigentümer haftet für die ausreichende **Standfestigkeit eines Baumes,** wenn er nicht eine Überprüfung nach Eintritt der Vegetationsperiode vorgenommen hat.[486] Der Vermieter ist auch verpflichtet, eine **Schachtabdeckung** im Garten für die Wasseruhr regelmäßig zu kontrollieren, damit für die Mieter keine Verletzungsgefahr besteht.[487] Als Hauseigentümer hat er zu bedenken, dass Material ermüdet und durch äußere Witterungseinflüsse Schäden hervorrufen kann. Dies muss er im Rahmen seiner Vorsorgemaßnahmen einplanen.[488]

155 Der Vermieter, dessen Haus eine **Ölzentralheizung** hat und der das Heizöl in einem Stahltank im Keller lagert, muss sicherstellen, dass die Heizungsanlage, insbes. in Bezug auf den Korrosionsschutz, den Regeln der Technik entspricht. Er muss alles tun, was erforderlich ist, um das Auslaufen des Heizöls zu vermeiden.[489]

156 Aber auch der Mieter kann verkehrssicherungspflichtig sein, wenn er zB – wozu er mangels einer gegenteiligen Vereinbarung berechtigt ist – außen an den Fensterbrettern **Blumenkästen** anbringt (→ Rn. 314 ff.). Dann muss er diese ausreichend sichern, damit sie auch bei starkem Wind nicht herabstürzen können und so eine Verletzungsgefahr bspw. für Passanten darstellen. Ein Verstoß gegen diese Pflicht kann eine fristlose Kündigung rechtfertigen.[490]

157 Eine **Garageneinfahrt** muss nicht mehrmals täglich auf Verschmutzungen überprüft werden. Zeigen sich keine Auffälligkeiten ist eine tägliche Reinigung nicht erforderlich. Das gilt auch, wenn die Einfahrt zugleich als Zugangsweg zur Garage dient.[491]

---

477 OLG Dresden WuM 1997, 377 = OLG-NL 1997, 177.
478 LG Berlin GE 1990, 867.
479 OLG Koblenz WuM 1997, 50 = ZMR 1997, 77 = DWW 1997, 25.
480 OLG Köln MDR 2001, 561.
481 OLG Hamm VersR 1997, 200.
482 LG Berlin WuM 2005, 49.
483 LG Berlin GE 1990, 865.
484 OLG Hamm VersR 1997, 200 zu Handläufen bei Wendeltreppe; ebenso LG Hamburg WuM 1999, 364 = ZMR 1999, 404 = DWW 1999, 150.
485 BGH MDR 1974, 217 = VersR 1974, 263; WuM 1986, 320 = NJW-RR 1986, 1350 = MDR 1987, 43 = ZMR 1986, 351.
486 OLG Zweibrücken VersR 1994, 1489.
487 AG Potsdam GE 1996, 1251.
488 *OLG Hamburg* DWW 1978, 173.
489 OLG Celle NJW 1995, 3197 = GE 1996, 675.
490 LG Berlin GE 2010, 203.
491 KG NJW-RR 2007, 374.

## VII. Streupflicht

158 Die Streupflicht, also die Beseitigung von Schnee- und Eisglätte, kann auf einen Dritten, zB den Grundstücksanlieger übertragen werden, wenn eine Übertragung der Reinigungspflicht von den Gemeinden auf die Anlieger durch Gesetz oder Satzung vorgesehen ist. Entscheidend sind somit die jeweiligen landesgesetzlichen Regelungen.[492]

### 1. Übertragung durch Gesetz

159 Die **Straßenreinigung,** insbes. die **Schnee-** und **Eisbeseitigung,** ist grds. Sache der Gemeinde.[493] Diese kann aber durch Ortssatzung bzw. Gesetz die Reinigungspflicht insbes. der Gehwege auf den Anlieger,[494] also in erster Linie auf den Grundstückseigentümer, übertragen. Mit der Gemeindesatzung dürfen keine Leistungspflichten begründet werden, die über die Anforderungen der die Gemeinde selbst treffenden allgemeinen Verkehrssicherungspflicht hinausgehen. Der Anlieger hat grundsätzlich auch keine Pflicht, unzulängliche Reinigungsarbeiten der Kommune nachzubessern, um auf dem öffentlichen Gehweg den Zutritt zum Mietgrundstück von Schnee und Eis freizuhalten.[495] Gegebenenfalls ist die Satzung durch Auslegung so zu lesen, dass keine Leistungspflichten des Anliegers begründet werden, die über die Grenze der Zumutbarkeit und Verhältnismäßigkeit hinausgehen.[496] Bei Hausgrundstücken, die in Wohnungseigentum aufgeteilt sind, sind die in einer Rechtsgemeinschaft stehenden Miteigentümer gemeinsam mit der Streupflicht belastet.[497]

160 Die so auferlegte **Verkehrssicherungspflicht**[498] des Eigentümers kann zB nach dem preußischen Wegereinigungsgesetz (PrWegRG) bzw. nach den Landesstraßengesetzen (LStrG), soweit diese das PrWegRG abgelöst haben, mit Zustimmung der Ordnungs- bzw. Polizeibehörde einem Dritten, idR dem Mieter des Anwesens, übertragen werden. In diesem Fall haftet nur der Dritte. Der Anlieger ist dann selbst unter dem Gesichtspunkt der Aufsichts- und Überwachungspflicht nicht verantwortlich.[499]

### 2. Übertragung durch Vereinbarung

161 **a) Allgemeine Vertragsinhalte.** Die Übertragung der Pflicht zur Schnee- und Eisbeseitigung[500] kann jedenfalls individualvertraglich auch zwischen Anlieger (Vermieter) und Mieter erfolgen.[501] Die Verkehrssicherungspflicht verbleibt dabei aber prinzipiell – auch für den Schutz vor Glatteis – beim **Grundstückseigentümer;** ggf. neben derjenigen des Mieters oder Pächters.[502]

162 Die **formularvertragliche** Überwälzung von Verkehrssicherungspflichten ist im Gewerberaummietverhältnis möglich.[503] Die vollständige Übertragung der Verkehrssicherungspflicht setzt aber eine eindeutige und jeden Zweifel ausschließende Absprache der Vertragsparteien voraus.[504]

---

[492] Vgl. den Überblick zu den einzelnen Landesgesetzen: *Beuermann* GE 1997, 78; zum Umfang der Streupflicht: *Hurst* ZMR 1967, 67.

[493] OLG Celle VersR 1998, 604; zur Streupflicht der Gemeinde OLG Oldenburg GuT 2002, 90.

[494] Zum Begriff des Anliegers *Beuermann* GE 1997, 78; zum Begriff und zur Streupflicht des Hinterliegers *Müller-Hannemann* GE 1997, 528.

[495] BGH, VIII ZR 255/16, WuM 2018, 639 = NZM 2018, 509 = GE 2018, 757 = MietPrax-AK § 280 BGB Nr 7.

[496] BGH VI ZR 254/16, NZM 2017, 492.

[497] BGH WuM 1986, 66 = NJW 1985, 484 = ZMR 1985, 121 = MDR 1985, 311; zur Haftung des Verbandes bei Übertragung von Verkehrssicherungspflichten – BGH V ZR 43/19, NZM 2020, 611.

[498] **AA** zur Rechtsnatur der Straßenreinigungspflicht *Müller-Hannemann* GE 1997, 528.

[499] BGH NJW 1972, 1321; *Hurst* ZMR 1967, 68; bedient sich die Kommune – auch privatrechtlich – eines Dritten, handelt dieser in Ausübung der ihm übertragenen Tätigkeit hoheitlich, KG GE 2014, 588; III ZR 68/14, NJW 2014, 3580 = GE 2014, 1581 = NZM 2014, 917.

[500] Zur Rechtsnatur des Vertrages s. BGH VII ZR 355/12, NZM 2013, 696; AG Tempelhof-Kreuzberg GE 2012, 407; aA LG Berlin GE 2011, 201; LG Potsdam GE 2012, 347.

[501] *Horst* MDR 2001, 187 (188).

[502] BGH VersR 1962, 238 mwN; OLG Celle VersR 1998, 604; zu der Ausnahme s. unten b.

[503] BGH WuM 1996, 551 = NJW 1996, 2646 = GE 1996, 1301 = ZMR 1996, 477.

[504] BGH VI ZR 126/07, WuM 2008, 235 = NJW 2008, 1440 = NZM 2008, 242; GE 1996, 1301; WuM 1996, 551 = NJW 1996, 2646 = GE 1996, 1301 = ZMR 1996, 477; NJW-RR 1988, 471 = MDR 1988, 485 = VersR 1988, 516; WuM 1986, 66 = NJW 1985, 484 ZMR 1985, 121 = MDR 1985, 311; OLG Hamm NZM 2013, 358; LG Stuttgart WuM 1988, 399; AG Frankfurt a. M. WuM 1988, 153.

Allein durch die Vermietung und Verpachtung wird die Verkehrssicherungspflicht nicht auf den Mieter oder Pächter übertragen[505].

163 Bei Wohnraummietverhältnissen ist die Übertragung der Verkehrssicherungspflicht wegen des damit verbundenen Haftungsrisikos bedenklich, soweit die Übertragung **formularvertraglich** erfolgt[506] Man muss nämlich berücksichtigen, dass der Gesetzgeber in § 309 Nr. 7a BGB die körperliche Unversehrtheit unter einen besonderen Schutz gestellt hat und die Abwälzung der Verkehrssicherungspflicht auf den Mieter einem Haftungsausschluss sehr nahe kommt.[507] Daher ist eine wirksame formularmäßige Übertragung der Streupflicht nur bei einer entsprechenden Orts- oder Verkehrssitte zu bejahen, zB bei der Vermietung eines Einfamilienhauses oder bei der Pacht. Der Pächter eines Gaststättenbetriebes übernimmt mit der Pacht **stillschweigend die Pflicht,** auch für die Verkehrssicherung der Zugänge der Gastwirtschaft mit zu sorgen und damit die Verantwortung, soweit besondere Sicherungsmaßnahmen in Bezug auf die Gaststättenbesucher erforderlich werden.

164 **b) Verletzung der Kontroll- und Überwachungspflicht.** Der Verkehrssicherungspflichtige darf sich nicht mit der subjektiven Erwartung begnügen, ein von ihm beauftragter Dritter werde die Sicherungsmaßnahmen durchführen. Er muss sich vielmehr vergewissern, dass der Dritte sich dieser Aufgabe bewusst ist und ihr hinreichend nachkommen wird.[508] Dabei ist ein strenger Maßstab anzulegen.[509] Bei der Auswahl des Dritten kann ein **Auswahlverschulden** zur Haftung führen, wenn zB der Dritte wegen seines Alters oder Gesundheitszustandes zur Reinigung nicht mehr in der Lage ist. Bei der Auswahl kommt es nicht darauf an, ob der Dritte für einen eventuellen Haftungsfall finanziell ausreichend gesichert ist.[510] Maßgebend sind vielmehr nur seine persönlichen und fachlichen Voraussetzungen für die übernommene Verrichtung.[511]

165 Erst dann verengt sich die Verkehrssicherungspflicht des Eigentümers oder Vermieters als des ursprünglich allein Verantwortlichen auf eine **Kontroll-** und **Überwachungspflicht,**[512] die sich darauf erstreckt, ob der Mieter die vertraglich übernommenen Sicherungsmaßnahmen auch tatsächlich durchgeführt hat.[513] An die Überwachung wird ein strenger Maßstab angelegt.[514] Zu versicherungsrechtlichen Fragen → Rn. 84 ff.

166 **c) Übertragung auf den Mieter.** Wird die dem Eigentümer meist durch Ortssatzung auferlegte Reinigungspflicht für die das Grundstück angrenzenden **Gehwege** durch einen Mietvertrag auf den Mieter übertragen, muss dies[515] konkret (→ Rn. 162) vereinbart werden.[516] Dabei darf es zu keinen Unklarheiten hinsichtlich der verpflichteten Personen kommen.[517]

167 Daher ist ohne konkrete Vereinbarung auch nicht der **Erdgeschossmieter**[518] zur Reinigung und zum Winterdienst[519] verpflichtet. Es reicht auch nicht aus, wenn sich die Pflicht allein aus der Hausordnung ergibt.[520] Insoweit gibt es auch keine gewohnheitsrechtliche Regelung.[521] Allerdings

---

505 Zur Streupflicht des Vermieters bei Vermietung eines Pkw-Stellplatzes OLG Düsseldorf GE 2008, 1196.

506 OLG Celle WuM 1990, 103 zur Fahrstuhlanlage; Bub/Treier MietR-HdB/*Bub* Kap. II Rn. 1418; Schultz Gewerberaummiete S. 4, 169; **aA** LG Köln ZMR 2014, 541 mAnm *Schmid;* AG München 29.11.2012 – 433 C 19179/11 zum Einfamilienhaus; Wolf/Eckert/Ball Gewerbl. Miet-/Pacht-/LeasingR-HdB Rn. 834; OLG Frankfurt a. M. WuM 1988, 399 = NJW 1989, 41 = NJW-RR 1989, 397; LG Marburg NJW-RR 1990, 1484; LG Frankfurt a. M. NJW-RR 1988, 782 = WuM 1988, 120; LG Karlsruhe ZMR 2006, 698.

507 Sternel MietR Kap. II Rn. 235a; OLG Dresden WuM 1996, 553 = NJWE-MietR 1996, 241; zur Kritik *Beuermann* GE 1997, 78.

508 BGH NJW-RR 1988, 471 = MDR 1988, 485.

509 KG GE 2017, 1405; OLG Celle VersR 1998, 604.

510 MüKoBGB/*Wagner* § 823 Rn. 301; zum Schmerzensgeldanspruch AG Berlin-Schöneberg GE 2011, 956.

511 BGHZ 12, 75 = NJW 1954, 593.

512 OLG Dresden NJWE-MietR 1996, 241.

513 BGH NJW 1985, 270 = ZMR 1985, 56; NJW 1989, 1094 = ZMR 1989, 170 = MDR 1989, 532; zu den Kontrollpflichten einer Eigentümergemeinschaft *Abramenko* ZWE 2014, 308f.

514 BGH WuM 1986, 66 = NJW 1985, 484 = ZMR 1985, 121 = MDR 1985, 311; VersR 1975, 42; NJW 1952, 61 = BB 1954, 82.

515 OLG Hamm NZM 2013, 358.

516 LG Berlin WuM 2016, 279.

517 BGH WuM 1996, 551 = NJW 1996, 2646 = MDR 1996, 910 = ZMR 1996, 477 = GE 1996, 1301; LG Stuttgart WuM 1988, 399.

518 Zur Pflicht des Ergeschossmieters s. auch *Horst* NZM 2020, 569, 572.

519 *Zum Rechtscharakter* eines Winterdienstvertrages BGH VII ZR 355/12, NZM 2013, 696; AG Tempelhof-Kreuzberg GE 2012, 407; a. A. LG Potsdam GE 2012, 347; LG Berlin GE 2011, 201.

520 LG Frankfurt a. M. WuM 1988, 120 = NJW-RR 1988, 782.

521 *Fritz* GewerberaumMietR Rn. 249.

kann auch ohne besondere vertragliche Verpflichtung im Rahmen der ergänzenden Vertragsauslegung eine Streupflicht des Mieters begründet werden, wenn zB ein **Einfamilienhaus** angemietet wird und der Vermieter – für den Mieter erkennbar – die Reinigungspflicht nicht übernehmen kann.[522] Haben die Mieter eines Mehrfamilienhauses nach einem bestimmten **Reinigungsplan** faktisch die Schneebeseitigung und Streupflicht übernommen, so trifft den Vermieter hinsichtlich der Streupflicht im Schadensfall nach Deliktsrecht kein Verschulden; unabhängig davon, ob die Mieter aus rechtlicher Sicht zur Übernahme der Reinigung verpflichtet waren.[523] Im Rahmen eines Auswahlverschuldens ist zu prüfen, ob der am Schadenstag zuständige Bewohner die Kriterien der persönlichen Zuverlässigkeit und Geeignetheit erfüllt.[524]

**aa) Umfang.** Zu den **Reinigungsarbeiten** gehören, wenn nichts Besonderes vereinbart wurde, das Sauberhalten des Hauseinganges, der **Zuwege** zum Hof und Garten und des Zugangs zu den Mülltonnen[525] und der Tiefgarage[526] sowie die Reinigung des Bürgersteigs. Von der Reinigungspflicht werden somit alle bestimmungsgemäßen Zuwege des Mietobjektes erfasst.[527] **168**

Der Umfang der Reinigungsarbeiten ist unter dem Gesichtspunkt der Zumutbarkeit und Verhältnismäßigkeit zu sehen.[528] Entscheidend sind somit die Umstände des Einzelfalls.[529] Dabei sind die örtlichen Verhältnisse von besonderer Bedeutung. Daher genügt es regelmäßig, wenn der Bürgersteig nicht über die gesamte Breite vom Schnee gesäubert, sondern ein für den **Fußgängerverkehr** ausreichend breiter Streifen gestreut wird.[530] Es genügt, wenn dieser es zwei Fußgängern gestattet, vorsichtig aneinander vorbeizugehen.[531]. Zudem liegt ein Verstoß gegen die Verkehrssicherungspflicht nur vor, wenn entweder eine allgemeine Glätte herrscht, also nicht nur einzelne Glättestellen vorhanden sind, oder wenn erkennbare Anhaltspunkte für eine ernsthaft drohende Gefahr aufgrund vereinzelter Glättestellen vorliegen.[532] Zum Winterdienst der Kommune auf öffentlichen Gehwegen hat der BGH hervorgehoben, dass die Räum- und Reinigungsarbeiten sich nicht uneingeschränkt danach auszurichten haben, jedwede Gefahr eines Ausgleitens des Fußgängers unter allen Umständen völlig auszuschließen. Die Erwartung, bei winterlichen Witterungsverhältnissen ordnungsgemäß geräumt und gestreut Wege vorzufinden, enthebt den Fußgänger nicht der eigenen Verpflichtung, sorgfältiger als sonst seines Weges zu gehen.[533] Dieser Grundsatz kann auf den Winterdienst von Vermietern und Mietern übertragen werden. **169**

Sind keine detaillierten Vereinbarungen getroffen worden, richtet sich der **Zeitrahmen** für die Schnee- und Eisbeseitigung im Zweifel nach den Vorgaben der Ortssatzung.[534] Der Streupflichtige muss dann der Streupflicht je nach den örtlichen Verhältnissen mit dem Einsetzen des Tagesverkehrs, idR in der Zeit von 7.00 Uhr morgens (Wochenende 9.00 Uhr) bis 20.00 Uhr abends, nachkommen.[535] Zeitliche Begrenzungen der öffentlich-rechtlichen Wegereinigungspflicht sind im Rahmen der privatrechtlichen Verkehrssicherung unbeachtlich.[536] In der Nacht muss selbst dann nicht gestreut werden, wenn es schneit, es sei denn der Streupflichtige hat den Publikumsverkehr in der Nachtzeit zu vertreten.[537] Nach Beendigung eines anhaltenden Schneefalls setzt die Streupflicht tagsüber unmittelbar ein.[538] Dem streupflichtigen Mieter muss aber für die Erfüllung der **170**

---

522 *Hurst* ZMR 1967, 69.
523 OLG Dresden WuM 1996, 553 = NJWE-MietR 1996, 241.
524 OLG Dresden WuM 1996, 553 = NJWE-MietR 1996, 241; zur Überwachungspflicht KG GE 2015, 124.
525 OLG Frankfurt a. M. NJW-RR 2002, 23 = NZM 2001, 1049 – Reinigungsbreite 0,5 m.
526 OLG Karlsruhe WuM 2009, 256 = NZM 2009, 452 = GE 2009, 515 = ZMR 2009, 623.
527 OLG Saarbrücken WuM 2000, 126.
528 BGH VI ZR 254/16, NZM 2017, V.
529 BGH VI ZR 138/11, GE 2012, 1035 = NJW 2012, 2727; MDR 1979, 825 = VersR 1979, 541; OLG München ZMR 2003, 259.
530 OLG Nürnberg DWW 2001, 60; *Hitpaß* ZdWBay 1999, 629 (631); *Horst* MDR 2001, 187 (188).
531 BGH III ZR 8/03, NJW 2003, 3622 = NZM 2003, 958, dabei dürfte eine Breite von 1 Meter bis 1,20 Meter erforderlich sein. 80 cm Breite ist zu gering: anders noch BGH III ZR 216/67, VersR 1971, 416.
532 BGH VI ZR 254/16, NZM 2017, V.
533 BGH, VIII ZR 255/16, WuM 2018, 639 = NZM 2018, 509 = GE 2018, 757 = MietPrax-AK § 280 BGB Nr 7.
534 LG Köln WuM 1995, 107.
535 OLG Naumburg NJW-RR 2014, 1166; OLG Koblenz GuT 2008, 112 = DWW 2008, 176 = MDR 2008, 625; OLG Düsseldorf DWW 2001, 60; LG Berlin GE 2001, 1468; LG Kiel VersR 1978, 381; AG Prüm ZMR 2007, 547; *Zirngast* GE 2014, 232.
536 *Hitpaß* ZdWBay 1999, 629 (631).
537 OLG Koblenz GuT 2008, 112 = DWW 2008, 176 = MDR 2008, 625.
538 KG GE 1992, 99.

Streupflicht eine den konkreten Verhältnissen angepasste Zeitspanne zugestanden werden.[539] Der Mieter muss bei **Dauerschneefall** die Streuarbeiten regelmäßig wiederholen[540], aber nicht häufiger als im Abstand von einigen Stunden.[541] Wenn eine außergewöhnliche Glättebildung es erfordert, muss derjenige, der seinen Betrieb für den allgemeinen Verkehr öffnet (zB ein Gastwirt) im Rahmen des Möglichen und Zumutbaren sehr viel häufiger streuen, als dies bspw. von einem privaten Hauseigentümer für den Gehweg vor seinem Haus gegenüber Passanten verlangt werden kann.[542] Allerdings entsteht die Streupflicht erst bei einer konkreten **Glättegefahr.**[543] Es ist nicht zumutbar, ständig den Gehweg nach Glättebildung zu kontrollieren, wenn nach der Wetterlage hierfür kein Anlass besteht. Sind somit nur vereinzelte Glättestellen vorhanden, ist regelmäßig nicht von einer allgemeinen Glättebildung, die eine Streupflicht begründen könnte, auszugehen.[544] Bei außergewöhnlicher Glättebildung (Blitzeis) kann auf Nebenstraßen kein Abstreuen erwartet werden.[545]

171 Ein **vorbeugendes Streuen** ist grds. nicht erforderlich[546], kann aber nach neuerer Rspr.[547] bei sicheren Gefährdungslagen notwendig sein. Bei ständig sich erneuernder Glättebildung kann ausnahmsweise eine **Streupflicht entfallen,** wenn die Streumaßnahmen nur zu einer unwesentlichen und vorübergehenden Herabminderung der Glättegefahr führen würden.[548] Kann aber zB bei andauernden gefrierenden **Sprühregen** durch Einsatz entsprechenden Streumaterials wenigstens zeitweise die Gefahr des Ausgleitens vermindert werden, liegt bei Unterlassung der Streuung eine Verletzung der Verkehrssicherungspflicht vor.[549] Diese weit gehende Haftung setzt aber voraus, dass die Gefahrminderung nicht nur über einen kurzen Zeitraum erreicht werden kann; anderenfalls müsste der Streupflichtige bei derartigen Witterungsverhältnissen ständig streuen.

172 Bei privaten und öffentlichen **Parkplätzen** werden regelmäßig geringere Anforderungen an die Räum- und Streupflicht gestellt.[550]

173 Beruft sich der Mieter darauf, dass wegen des starken Schneefalls oder anderer Umstände ein Streuen zwecklos sei,[551] trifft ihn hierfür die **Beweislast.**[552] Stürzt ein Dritter nach zeitlichem Ablauf der Streupflicht, hat er zu beweisen, dass sich der Unfall bei Erfüllung der Streupflicht in der vorgeschriebenen Zeit nicht ereignet hätte.[553] Unter Umständen können für die Haftung des Verkehrssicherungspflichtigen hinsichtlich der Verletzung der Räum- und Streupflicht die Regeln des Anscheinsbeweises Anwendung finden.[554]

174 **bb) Streumittel.** Mit der Verpflichtung des Mieters zur Übernahme der Streupflicht ist nicht gleichzeitig vereinbart, dass der Mieter auch die **Geräte und das Streumaterial** beschaffen muss. Vielmehr sind diese Hilfsmittel grds. vom Vermieter bereitzustellen.[555] Hobelspäne entfalten keine nennenswerte abstumpfende Wirkung und sind daher als Streumittel ungeeignet.[556]

175 **cc) Vertretung des Mieters.** Ist der Mieter zB wegen **Berufstätigkeit** oder **Urlaub** tagsüber abwesend, muss er für eine Vertretung sorgen. Sind jedoch weder Private noch gewerbliche Dritte zur Übernahme des Winterdienstes vor Ort bereit[557], wird der Mieter wegen Unmöglichkeit von

---

539 BGH VI ZR 138/11, GE 2012, 1035 = NJW 2012, 2727; OLG Schleswig VersR 1975, 431.
540 BGH WuM 1986, 66 = NJW 1985, 484 = ZMR 1985, 121.
541 AG Rosenheim ZMR 2019, 353.
542 BGH NJW 1985, 482 = MDR 1985, 481 = VersR 1985, 90.
543 OLG Düsseldorf MDR 2000, 519.
544 BGH VI ZR 138/11, GE 2012, 1035 = NJW 2012, 2727.
545 OLG München GE 2010, 1266.
546 OLG Frankfurt a. M. VersR 1987, 204; *Hitpaß* ZdWBay 1999, 629.
547 KG GE 2015, 124; OLG Brandenburg WuM 2007, 137 = NJW-RR 2007, 974; OLG Frankfurt a. M. NZM 2004, 144 = NJW-RR 2004, 312.
548 OLG Hamm VersR 1997, 68; 1982, 1981; LG Berlin 1998, 861; *Hitpaß* ZdWBay 1999, 629.
549 OLG Saarbrücken WuM 2000, 126; KG GE 1999, 1496.
550 OLG Düsseldorf NZM 2008, 928 = NJW-RR 2008, 1696 mwN.
551 AG Pankow-Weißensee GE 1998, 49.
552 BGH VersR 1966, 90; WuM 1986, 66 = NJW 1985, 484 = ZMR 1985, 121; KG GE 1999, 1496; OLG Hamburg MDR 1969, 483.
553 BGH VI ZR 163/08, WuM 2009, 677.
554 OLG Karlsruhe ZMR 2021, 151.
555 AG Wuppertal WuM 1982, 114; AG Solingen WuM 1979, 239; **aA** AG Essen ZMR 1980, 316; AG *Ebersberg WuM 1985, 258; Hitpaß* ZdWBay 1999, 629 (632).
556 OLG Hamm GE 2015, 321.
557 Zum Rechtscharakter des Winterdienstvertrages AG Berlin-Mitte GE 2012, 408; AG Schöneberg GE 2011, 1234; *Mummenhoff* jurisPR-MietR 4/2012 Anm. 4; *Beuermann* GE 2011, 1197.

der Leistung gem. § 275 Abs. 1 BGB frei.[558] Bei der Beauftragung des Vertreters ist es ausreichend, wenn sich der Mieter bei der Auswahl der Vertretungsperson kein Verschulden zukommen lässt. Eine zusätzliche Überwachungspflicht besteht nicht. Eine entgegenstehende Vereinbarung verstößt in derartigen Fällen gegen Treu und Glauben.[559] Für die Schnee- und Eisbeseitigung in einem Mehrfamilienhaus empfiehlt sich zB eine sog. **„Schneekarte"**, die der Mieter nur weiterreichen darf, wenn er auf Grund der Witterungsverhältnisse seinen Winterpflichten nachkommen musste.[560] Der Mieter bleibt auch dann verpflichtet, wenn er nach dem Gewaltschutzgesetz[561] die Wohnung hat räumen müssen. Vertragliche Nebenpflichten wie Obhuts- und Sorgfaltspflichten bleiben von seiner Pflicht zur Räumung unberührt. Der ausgewiesene Mieter kann sich dann nicht darauf berufen, dass er wegen eines gerichtlichen Hausverbots solche Pflichten nicht erfüllen kann, da diese regelmäßig nicht höchstpersönlich zu erbringen sind (→ Rn. 176 f.).

**dd) Alter und Gebrechlichkeit.** In der Vergangenheit war umstritten, ob der Mieter an der ihm übertragenen Pflicht zur Reinigung und zur Ausübung des Winterdienstes festgehalten werden kann, wenn er wegen der Folgen einer **Krankheit** oder wegen seines **Alters** dazu nicht mehr in der Lage ist.[562] Diese Konstellation könnte über § 275 Abs. 3 BGB gelöst werden.[563] Danach kann der Schuldner die Leistung verweigern, wenn er die **Leistung persönlich** zu erbringen hat und sie ihm unter Abwägung des seiner Leistung entgegenstehenden Hindernisses mit dem Leistungsinteresse des Gläubigers nicht zugemutet werden kann. Mit dieser Einrede kann sich der Mieter somit ggf. von seiner persönlichen Leistungspflicht befreien. Wegen § 275 Abs. 4 iVm § 280 BGB kann der Vermieter bei Vertretenmüssen des Mieters jedoch Schadensersatz verlangen, wenn er eine Ersatzkraft zur Durchführung der ursprünglich dem Mieter obliegenden Reinigungspflichten einstellen muss. Anders liegt der Fall dann, wenn es sich nicht um eine **höchstpersönlich zu erbringende Leistung** handelt, was üblicherweise der Fall sein wird. Dann könnte dem Mieter ggf. § 275 Abs. 2 BGB zur Seite stehen, was aber regelmäßig abzulehnen ist[564]. Gem. § 275 Abs. 1 BGB wird der Mieter nur von der Leistung frei, wenn auch ein Dritter zur Übernahme der Arbeiten nicht gefunden werden kann.[565] Regelmäßig hat der Mieter daher nach überwiegender Auffassung für eine Vertretung zu sorgen, wenn er die Arbeiten wegen Krankheit oder Alter nicht mehr selbst erbringen kann.[566] 176

Diese Lösungen überzeugen indessen nicht[567], weil sie den Mieter einseitig belasten und der Vermieter kein schutzwürdiges Interesse geltend machen kann. Kann der Mieter wegen seines Alters oder einer dauerhaften Krankheit die Arbeiten nicht mehr ausführen, muss ihn der Vermieter daher nach Treu und Glauben[568] von der Reinigungspflicht freistellen.[569] Dabei ist zu berücksichtigen, dass dem Mieter mit der Reinigungspflicht typische Verwaltungsaufgaben des Vermieters übertragen werden, die nicht einmal allein dem Mieter, sondern der gesamten Hausgemeinschaft zugutekommen. Darüber hinaus entsteht dem Vermieter kein finanzieller Schaden, weil er die neu entstehenden Kosten wegen der Beauftragung des Dritten als Betriebskosten auf den Mieter umlegen kann.[570] War für die Übernahme der Reinigungspflicht ein Mietnachlass vereinbart, kann der Mietzins nach Wegfall der Verpflichtung entsprechend angehoben werden.[571] 177

---

[558] LG Münster WuM 2007, 69; 2004, 193; AG Münster WuM 2005, 648.
[559] OLG Köln WuM 1995, 316.
[560] OLG Hamm WuM 1985, 299.
[561] BGBl. 2001 I 3513; → BGB Vor § 535 Rn. 373.
[562] Dafür LG Kassel WuM 1991, 580; LG Düsseldorf WuM 1988, 400; LG Flensburg WuM 1987, 52 = ZMR 1988, 57; LG Wuppertal WuM 1987, 381; AG Bochum DWW 1988, 149; *Schmid* GE 2012, 454 (455); dagegen LG Hamburg WuM 1989, 622 = ZMR 1989, 422 = DWW 1990, 304; LG Darmstadt WuM 1988, 300; AG Münster WuM 1995, 36; AG Bonn WuM 1989, 498; AG Hamburg WuM 1986, 84; AG Frankfurt a. M. WuM 1985, 19; zum Problem *Sternel* MietR Kap. VI Rn. 283 ff.
[563] AA *Schmid* GE 2012, 454 (456).
[564] Staudinger/*Emmerich* BGB § 535 Rn. 34.
[565] LG Münster WuM 2004, 193; *Schmid* GE 2012, 454 (456).
[566] *Horst* MDR 2001, 187.
[567] So wohl auch *Hitpaß* WuM 2011, 662 (664).
[568] So iErg Blank/Börstinghaus/*Blank/Börstinghaus* BGB § 535 Rn. 403.
[569] So iErg LG Köln NZM 2013, 359; *Hitpaß* WuM 2011, 662.
[570] *Schmid* NZM 2013, 669 (673); aA *Horst* NZM 2020, 569, 572, der eine Vertragsänderung verlangt.
[571] AG Hamburg WuM 1986, 84.

## VIII. Aufklärungspflichten

178 Aus § 311 BGB iVm § 241 Abs. 2 BGB ergibt sich die Pflicht der Vertragsparteien, schon bei den Vertragsverhandlungen Rücksicht auf die Interessen des jeweiligen Vertragspartners zu nehmen. Dies führt zu einer vorvertraglichen **Aufklärungspflicht.**[572] Diese Pflicht darf allerdings nicht zu weit gefasst werden.[573] Aber auch das in Vollzug gesetzte Mietverhältnis stellt Anforderungen sowohl an den Vermieter als auch an den Mieter, bei bestimmten Fallkonstellationen den jeweils anderen Vertragspartner zu informieren bzw. aufzuklären.[574] Die Anforderungen ergeben sich zunächst aus dem Gesetz, zB § 555c BGB – Modernisierungsankündigung, Schadensanzeige nach § 536c BGB oder § 556 BGB – Betriebskostenabrechnung. Aber auch allgemeine Grundsätze aus Treu und Glauben können derartige Verpflichtungen nach sich ziehen (zB vorhersehbarer Eigenbedarf).

179 So besteht keine Pflicht, über rechtliche und tatsächliche Risiken aufzuklären, die allgemein mit dem Abschluss eines Mietverhältnisses – auch gewerblichen – verbunden sind. Da die Mietvertragsparteien mit dem Vertragsschluss häufig unterschiedliche Interessen und Ziele verfolgen, muss sich grds. jeder Teil selbst und eigenverantwortlich über die allgemeinen Verhältnisse und Risiken informieren, zumal grds. jeder über die gleichen Informationsquellen verfügt.[575] Daher existiert keine allgemeine Pflicht des Vermieters, dem künftigen Mieter **sämtliche** ihm bekannten Mängel der Mietsache zu offenbaren.[576] Umgekehrt kann der Mieter nicht verpflichtet werden, eine sog. Mietschuldenfreiheitsbescheinigung vom vorherigen Vermieter vorzulegen, weil der Mieter auf eine solche Bescheinigung keinen Anspruch hat.[577]

180 Nach stRspr des BGH besteht bei Verhandlungen über den Abschluss eines Vertrags für den Verhandlungspartner aber grds. die Verpflichtung, den anderen Teil jedenfalls über solche Umstände aufzuklären, die zur **Vereitelung des Vertragszwecks** geeignet sind.[578] Eine solche **Offenbarungspflicht** wird man unter Geltung des seit 1.1.2002 wirksamen Schuldrechts allerdings als Mindestpflicht ansehen müssen, da § 241 Abs. 2 BGB jede Partei des Schuldverhältnisses zur Rücksicht auf die Rechte, Rechtsgüter und Interessen des anderen Teils verpflichtet. Umstände, die geeignet sind, den Vertrag selbst in Frage zu stellen, gefährden den Vertragszweck und sind daher immer mitteilungspflichtig. Eine Offenbarungspflicht wurde in der Vergangenheit auch dann bejaht, wenn für den Verhandlungspartner erkennbar Umstände vorlagen, die der andere Teil nicht kannte, die aber für dessen Entschluss, den Vertrag abzuschließen, von wesentlicher Bedeutung sein könnten.[579] Solche Umstände sind zB eine in Zukunft zu erwartende Unterbrechung oder **Störung der Verkehrsanbindungen,** die hinsichtlich des Wertes der Gewerberäume einen erheblichen Faktor darstellen.[580] Über besondere Umstände bei der Wasserversorgung und Wasserentsorgung ist der Vermieter bei Mietvertragsabschluss ebenfalls auskunftspflichtig, wenn zB das Grundstück nicht an die **Kanalisation** angeschlossen ist und dadurch **höhere Betriebskosten** als üblich anfallen. Der Vermieter kann vom Mieter Aufklärung darüber verlangen, dass dieser Waren vertreiben will, die den Ruf des Vermieters sowie seinen geschäftlichen Erfolg gefährden können.[581] Zu den Rechtsfolgen bei Verletzung vorvertraglicher Aufklärungspflichten →BGB § 536 Rn. 552ff.

181 Eine öffentlich-rechtliche Aufklärungspflicht folgt aus § 80 Abs. 4 iVm Abs. 5 GEG über den energetischen Zustand des Hauses. Danach hat ua der Vermieter bei der Vermietung einer Wohnung oder einer anderen selbständigen Nutzungseinheit dem potenziellen Mieter einen Energieausweis entsprechend der Anl. 6 oder 7 der Verordnung vorzulegen, spätestens unverzüglich, nach-

---

[572] *Kniep* WuM 2012, 305 (306) – über die Risiken bei der Installation von Mobilfunkantennen.
[573] OLG Karlsruhe NJW 1994, 2100.
[574] Umf. *Wietz* WuM 2016, 323.
[575] BGH NJW 1997, 3230 = MDR 1998, 91 zur Beratungspflicht beim Kaufvertrag; BGH NZM 2010, 517 = MDR 2010, 857 zum Mietkauf.
[576] AG Hohenschönhausen NJWE-MietR 1997, 57.
[577] BGH VIII ZR 238/08, WuM 2009, 647 = GE 2009, 1485 = NZM 2009, 853.
[578] BGH XII ZR 63/04, GuT 2007, 12 = ZMR 2007, 183 = NJW-RR 2007, 298 = MDR 2007, 262; NJW 1985, 1769; 1974, 849; 1970, 653; LG Bonn NJW-RR 2006, 381 bei Insolvenz des Mieters.
[579] BGH XII ZR 63/04, GuT 2007, 12 = ZMR 2007, 183 = NJW-RR 2007, 298 = MDR 2007, 262; NJW 1989, 1793 = NJW-RR 1989, 1161 = MDR 1989, 441 = GE 1989, 353; AG Frankfurt a. M. WuM 1998, 480.
[580] AG Hohenschönhausen NJWE-MietR 1997, 57 zur Sperrung einer Straße wegen Bauarbeiten.
[581] BGH XII ZR 192/08, NJW 2010, 3362 = AK-MietPrax § 123 BGB Nr. 3 = NZM 2010, 786 GE 2010, 1416; krit. *Mettler* IMR 2014, 45; *Emmerich* NJW 2011, 2321.

dem der potentielle Mieter ihn hierzu aufgefordert hat. Die Vorlagepflicht wird auch durch einen deutlich sichtbaren Aushang oder ein deutlich sichtbares Auslegen während der Besichtigung erfüllt. Ist eine Besichtigung nicht vorgesehen oder kommt es aus anderen in der Person des Mieters liegenden Gründen nicht dazu, ergibt sich der Zeitpunkt der Vorlage mit der ersten Anfrage, die ein wirkliches Interesse deutlich macht.[582] Die Pflicht des Eigentümers, den Energiepass vorzulegen, bedeutet nicht gleichzeitig auch ein Recht des potentiellen Mieters gegen den künftigen Vermieter, von diesem die Einsicht verlangen zu können.[583]

Aus der Sicht des Wohnungssuchenden ist potentieller Mieter derjenige, der sich für die Wohnung ernsthaft bewirbt. Dies allein würde den Kreis der Berechtigten aber unzumutbar ausdehnen, da der Vermieter dann jedem, der ihn anschreibt, den Ausweis zugänglich machen müsste. Daher ist der Kreis der Mieter einzuengen auf diejenigen Bewerber, die vom Vermieter die Möglichkeit erhalten, die Wohnung zu besichtigen. Würde man den Kreis noch weiter einengen, zB auf die engere Auswahl des Vermieters, könnte letztendlich dieser selbst bestimmen, wer ein potentieller Mieter ist. Ein Mietinteressent könnte seine Eigenschaft als potentieller Mieter sehr schnell verlieren, wenn er zB aufgrund seines Interesses an dem energetischen Zustand der Wohnung den Energiepass nachfragt und dem Vermieter dies so missfällt, dass er ihn aus dem Kreis der Mitbewerber ausschließt.[584] **182**

Der Vermieter muss dem Mieter unverzüglich nach Vertragsschluss den Energiepass oder eine Kopie übergeben, und zwar regelmäßig am Ort der zu vermietenden Mietwohnung. Im Bestandsmietverhältnis gilt die öffentlich-rechtliche Pflicht nicht. Ebenso ist ein vertraglicher Anspruch zu verneinen.[585] **183/184**

Eine weitere öffentlich-rechtliche Aufklärungspflicht ergibt sich für den Vermieter aus § 16 Abs. 4 TrinkwVO[586]. Danach hat der Vermieter von Mehrfamilienhäusern mit einer Großanlage zur Wassererwärmung (ua Anlagen mit einem Speichervolumen von mehr als 400 Litern Inhalt) Wasseraufbereitungsstoffen und deren Konzentration wöchentlich aufzuzeichnen und die Aufzeichnungen sechs Monate lang für die Anschlussnehmer und Verbraucher (Mieter) während der üblichen Geschäftszeiten zugänglich zu halten oder auf Anfrage zur Verfügung zu stellen. Der verwendete Aufbereitungsstoff und seine Konzentration im Trinkwasser sind unverzüglich den betroffenen Mietern unmittelbar schriftlich bekannt zu geben. Ab 1.12.2013 hat der Vermieter auch über evtl. vorhandene Bleileitungen zu informieren. **185**

### 1. Wohnraum

**a) Betriebskosten.** Umstritten ist, in welchem Umfang sich der Mieter auf die Angaben des Vermieters zu den anfallenden Betriebskosten verlassen darf bzw. in welchem Maße der Vermieter verpflichtet ist, über die tatsächliche **Höhe der Betriebskosten** bei Abschluss des Mietvertrages Auskunft zu geben. In der Vergangenheit wurde hervorgehoben, dass es keinen Grundsatz oder Vertrauenstatbestand gebe, wonach sich die aus der Abrechnung ergebende Nachzahlung auf einen bestimmten Prozentsatz der Vorauszahlungen beschränken müsse.[587] Das gelte sowohl für Wohnraum- als auch für Gewerberaummietverhältnisse,[588] weil der Vermieter nicht verpflichtet sei, überhaupt Vorauszahlungen zu vereinbaren. Dies muss im Licht des § 241 Abs. 2 BGB heute anders bewertet werden. Da die Zahlung des Mietzinses und damit auch der Neben- und Betriebskosten zu den Hauptpflichten des Mieters aus dem Mietvertrag gehört, besteht wegen der nunmehr gesetzlich formulierten umfassenden Aufklärungspflicht der Vertragspartner kein Zweifel, dass der Vermieter eine möglichst umfassende **Aufklärungspflicht** hinsichtlich der voraussichtlichen Höhe der Betriebskosten hat.[589] Denn der Vermieter ist zur Rücksicht auf die Interessen des ande- **186**

---

582 *Frenz* ZMR 2014, 852.
583 *Blank* WuM 2008, 311; *Horst* NZM 2008, 145; *Friers* WuM 2008, 255.
584 So wohl auch *Blank* WuM 2008, 311 (316).
585 *Rips* WuM 2008, 379; **aA** *Blank* WuM 2008, 311 für den Fall, dass der Energiepass bei der Vermietung nicht zugänglich gemacht wurde.
586 TrinkwV v. 21.5.2001 idF v. 3.5.2011, BGBl. I 748.
587 OLG Stuttgart WuM 1982, 272 = NJW 1982, 2506 = MDR 1982, 1021 = ZMR 1982, 366 = GE 1982, 895; LG Lübeck WuM 1981, 45; AG Hamburg ZMR 2001, 628; so aber noch AG Eschweiler WM 1980, 233; AG Lübeck WuM 1980, 250; AG Kassel WM 1979, 254.
588 *Geldmacher* GE 2000, 1068.
589 LG München II ZMR 2002, 760.

ren Teils verpflichtet. Das gilt wegen § 311 BGB auch schon bei den Vertragsverhandlungen. Ein besonderes Interesse an der Höhe der Betriebskosten muss der Mieter nach der hier vertretenen Auffassung nicht zum Ausdruck bringen, weil der Umfang der Hauptleistungspflichten zu den Vertragsbestandteilen gehört, die üblicherweise nach dem Willen der Verhandlungspartner einer möglichst umfassenden und klaren Regelung bedürfen. Allgemein wird man daher in der Vereinbarung einer zu geringen Nebenkostenvorauszahlung die Verletzung einer Aufklärungspflicht annehmen können.[590] Schwankungen wegen der verbrauchsabhängigen Kosten und steigenden öffentlichen Gebühren sind hiervon ausgenommen, da deren Verursachung nicht in der beeinflussbaren Sphäre des Vermieters liegt.

**187** Inzwischen hat sich der BGH[591] dieser Rechtsfrage angenommen. Sowohl der Entscheidung des VIII. als auch der des XII. Zivilsenats lag der Sachverhalt zu Grunde, dass es sich bei der Vermietung um eine Erstvermietung handelte. Der Vermieter konnte bei der Vermietung somit noch nicht mit Erfahrungswerten arbeiten. Mit seinen Entscheidungen hat sich der BGH grds. der OLG-Rechtsprechung[592] angeschlossen. Eine Pflichtverletzung des Vermieters im Zusammenhang mit der Vereinbarung von Vorauszahlungen wird deshalb nur dann bejaht, wenn besondere Umstände vorliegen, die einen Vertrauenstatbestand begründen[593]. Dies ist zum einen der Fall, wenn der Vermieter bewusst über den tatsächlichen Umfang der Mietbelastung täuscht. Das OLG Naumburg[594] hat für den Gewerberaummieter besondere Umstände dann angenommen, wenn die Nachzahlungsbeträge die Vorauszahlungen um das 7–8-fache übersteigen. Bei einem derart auffälligen Missverhältnis von Vorauszahlungen und tatsächlicher Belastung kann sich selbst der gewerbliche Mieter dem Nachzahlungsanspruch des Vermieters entziehen. Darüber hinaus können besondere Umstände aber auch gegeben sein, wenn der Vermieter Umstände durch sein Verhalten gesetzt hat, die bei dem Mieter die Vorstellung erwecken können, mit den Vorauszahlungen würden die Nebenkosten im Wesentlichen abgegolten sein. Der letztere Fall kann vorliegen, wenn der Vermieter während der Verhandlungen auf **eine Gesamtbelastung hingewiesen** oder wenn er dem Mieter **auf Nachfragen** bestätigt hat, dass die Vorauszahlungen regelmäßig ausreichen. Eine ausdrückliche Zusicherung muss der Vermieter diesbezüglich nicht gemacht haben – was der BGH in seinen Entscheidungen aber (noch) nicht bestätigt hat.

**188** Führt die falsche Vorstellung über die Höhe der Miete zu dem Entschluss des Mieters, die Wohnung anzumieten, ist der Vermieter zum Schadenersatz verpflichtet.[595]

**189** Vereinbaren die Mietparteien eine **Änderung der Mietzinsstruktur**[596] (Nettomiete statt Bruttomiete), macht sich der Vermieter ebenfalls schadensersatzpflichtig, wenn er zu niedrige Betriebskostenvorschüsse festlegt und den Mieter hierüber nicht aufgeklärt hat.[597] Das gilt insbes. dann, wenn die Umstellung auf Wunsch des Vermieters erfolgte.[598]

**190** Der Schadensersatz beschränkt sich nicht auf die erste Abrechnungsperiode nach Vertragsschluss oder Vertragsänderung. Der Vermieter kann nur die erhöhten Nebenkosten verlangen, die über den tatsächlich angefallenen Kosten des dem Vertragsschluss vorangegangenen Abrechnungsjahres liegen.[599]

**191** **b) Sonstiges.** Der Vermieter hat aber auch Aufklärungspflichten während des Vertragsverhältnisses. Veränderungen der Mietsache, die für den Mieter von Bedeutung sein können (bei Moder-

[590] OLG Naumburg NJW-RR 2002, 655; LG Berlin NZM 2002, 212; LG Arnsberg NJW-RR 1988, 397; LG Frankfurt a. M. WuM 1979, 24 = ZMR 1979, 112; AG Göttingen WuM 2007, 574; AG Tiergarten MM 1993, 399; AG Leverkusen WuM 1990, 63; AG Rendsburg WuM 1990, 63 = NJW-RR 1988, 398; Sternel MietR Kap. VII Rn. 251; **aA** *Scheffler* WuM 2008, 65.

[591] BGH VIII ZR 195/03, WuM 2004, 201 = NJW 2004, 1102 = NZM 2004, 251 = ZMR 2004, 347 = AK-MietPrax § 556 BGB Nr. 4 für Wohnraum; BGH XII ZR 21/02, NJW 2004, 2674 = NZM 2004, 619 = MDR 2004, 1177 = GuT 2004, 160 = AK-MietPrax § 556 BGB Nr. 5 mAnm *Börstinghaus* zu Gewerberaum.

[592] OLG Hamm NZM 2003, 717; OLG Düsseldorf ZMR 2000, 604 = WuM 2000, 591; OLG Stuttgart WM 1982, 272 = NJW 1982, 2506; LG Berlin GE 2000, 893.

[593] OLG Düsseldorf GuT 2007, 88; weitergehend *Eisenschmid* Anm. zu BGH VIII ZR 195/03, WuM 2004, 201.

[594] OLG Naumburg NJW-RR 2002, 655.

[595] LG Karlsruhe WuM 1998, 479; LG Frankfurt a. M. WuM 1979, 24 = ZMR 1979, 112.

[596] AG Berlin-Schöneberg GE 2007, 1321.

[597] LG Berlin GE 1996, 322.

[598] *AG München* NZM 2004, 421.

[599] LG Lüneburg DWW 1996, 192; AG Frankfurt a. M. WuM 1997, 252; AG Rendsburg WuM 1990, 63 = NJW-RR 1988, 398; *Maciejewski* MM 1997, 125; zum Umfang des Schadens *Geldmacher* Anm. zu AG München ZMR 2000, 837.

nisierung → BGB § 536 Rn. 207), oder neue Erkenntnisse über **Schadstoffe** in der Wohnung aufgrund von Gutachten hat er dem Mieter unverzüglich mitzuteilen.[600] Erfährt der Vermieter, dass er eine unwirksame Vertragsklausel zu Lasten des Mieters vereinbart hat, zB eine Schönheitsreparaturklausel mit starren Fristen, muss er den Mieter darüber aufklären. Der Vermieter ist verpflichtet, dem Mieter die **Postanschrift** mitzuteilen, unter der er für ihn erreichbar ist. Bedient sich der Vermieter eines Vertreters, muss dieser dem Mieter die Anschrift des Vermieters benennen, wenn der Vertreter zur Abhilfe der vom Mieter vorgebrachten Beanstandungen nicht in der Lage ist.[601] Weigert sich der Vertreter, haftet er wie ein Vertreter ohne Vertretungsmacht, denn der Mieter hat in diesen Fällen ein berechtigtes Interesse, wenigstens den Vertreter belangen zu können.[602]

Weist der Vermieter den Mieter bei Anmietung der Wohnung lediglich darauf hin, dass die **192**
Elektroinstallation aus den 50er Jahren stammt, reicht dies nicht aus, um den vertragsgemäßen Gebrauch vertraglich einzuschränken. Vielmehr schuldet der Vermieter auch in diesem Fall, dass normale Haushaltsgeräte durch den Mieter angeschlossen und benutzt werden können.[603]

Bei einer öffentlich-geförderten Mietwohnung hat der Vermieter die Pflicht, der zuständigen **193**
Behörde die Veräußerung der Wohnung sowie die **Umwandlung in eine Eigentumswohnung** unverzüglich schriftlich mitzuteilen (§ 32 Abs. 2 WoFG). Der Vermieter ist zudem grds. gehalten, für die Zeit der Mietpreisbindung dem Mieter eine Mietberechnung vorzulegen, damit er eventuelle Rückforderungsansprüche wegen überhöhter Mieten prüfen kann.[604]

**2. Gewerberaum**

Die Aufklärungspflicht wird verneint bei einer unterlassenen Aufklärung über mögliche **194**
Gesundheitsgefahren durch **elektromagnetische Wellen,** da die Umweltverträglichkeit solcher Strahlung durch die öffentliche Diskussion bekannt ist[605] (iE → BGB § 536 Rn. 105 ff.). Es gehört ebenso nicht zu den vorvertraglichen Pflichten, ungefragt über die Rentabilität eines Pachtobjektes aufzuklären.[606]

Nach einer Entscheidung des BGH[607] soll der Vermieter nicht zu dem Hinweis verpflichtet sein, **195**
dass er mit einem anderen Mieter einen gleichartigen Wettbewerbsschutz vereinbart hat. Der Vermieter brauche nicht auf Umstände hinzuweisen, von denen er annehmen dürfe, dass nach ihnen gefragt werde, falls an einer Aufklärung Interesse bestehe. Dies ist hinnehmbar, wenn sich der Konkurrenzschutz des anderen Mieters nicht auf das Hauptgewerbe des neuen Mieters bezieht. Betrifft der Konkurrenzschutz des anderen Mieters aber das gleiche Gewerbe, ist der nunmehr geltende § 241 Abs. 2 BGB zu beachten. Auch wenn der Vermieter nicht alle Einzelheiten bei den Vertragsverhandlungen angeben muss und zudem der Gewerberaummieter eine gegenüber dem Wohnraummieter erhöhte Pflicht zur Selbsterkundung hat, so muss der Vermieter doch auf für ihn erkennbar wichtige Umstände hinweisen. Der **Wettbewerbsschutz** innerhalb der gleichen Branche ist sowohl für den Vermieter, aber auch für den Mieter von erheblicher Bedeutung. Die vertragliche Regelung des Vermieters mit einem Konkurrenten berührt die Rechte und Interessen des Mieters in herausragender Weise, so dass in diesen Fällen für den Vermieter eine Offenbarungspflicht anzunehmen ist.

Verschweigt der Vermieter beim Vertragsabschluss, dass eine **Zwangsverwaltung** und eine **196**
**Zwangsversteigerung** angeordnet worden ist, so kann der Mietvertrag sogar wegen arglistiger Täuschung angefochten werden.[608]

Führt die Verletzung **vorvertraglicher Beratungs- und Aufklärungspflichten** des Leasing- **197**
gebers zu einer falschen Wahl des Leasinggegenstandes und damit dazu, dass der Leasinggeber seiner Hauptpflicht zur Verschaffung eines gebrauchstauglichen und funktionstüchtigen Leasinggutes

---

600 AG Osnabrück WuM 2004, 336.
601 AG Recklinghausen WuM 1997, 485; **aA** AG Berlin-Tempelhof GE 2008, 1199, wonach der Mieter nur Anspruch auf Auskunft des Namens hat, weil sich die Anschrift aus dem Grundbuch ergebe.
602 OLG Frankfurt a. M. NJW-RR 1987, 914; LG Köln WuM 1990, 13 = NJW-RR 1990, 152 = MDR 1990, 49.
603 BGH VIII ZR 281/03, WuM 2004, 527 = GE 2004, 1090 = NJW 2004, 3174 = ZMR 2004, 807; AG Potsdam GE 1996, 1251.
604 LG Leipzig NZM 1999, 458.
605 OLG Karlsruhe NJW 1994, 2100.
606 OLG Düsseldorf GuT 2007, 88 (Parkhaus).
607 BGH NJW 1982, 376 = ZMR 1982, 11 = MDR 1982, 314.
608 OLG Hamm NJW-RR 1988, 784 = MDR 1988, 585.

nicht nachkommen kann, so ist der Leasinggeber so zu behandeln, als sei der Leasingnehmer zur Wandlung berechtigt.[609]

## IX. Schutzwirkung für Dritte

198 Der Mietvertrag gehört zu den Schuldverhältnissen, in denen die Rechtsfigur des Vertrages mit Schutzwirkung Dritter Anwendung finden kann. Anspruchsberechtigt sind neben dem Mieter auch die Personen, die in den Schutzbereich des Mietvertrages einbezogen sind.[610] Diese Personen haben bei Vorliegen eigener Schäden einen selbständigen vertraglichen Schadensersatzanspruch gegen den Vermieter (Vertrag mit Schutzwirkung für Dritte).[611] In den Genuss dieses Rechtsinstituts kommen nur solche Personen, die mit der Leistung des Vermieters wie der Mieter selbst in Berührung kommen **(Leistungsnähe)**[612] und denen der Mieter Schutz und Fürsorge zu gewähren hat **(Einbeziehungsinteresse)**[613]. Von letzterem kann in aller Regel nur dann ausgegangen werden, wenn zwischen dem Mieter und dem Dritten ein Rechtsverhältnis mit personenrechtlichem Einschlag besteht, wie es zB bei mietrechtlichen, familienrechtlichen oder arbeitsrechtlichen Beziehungen der Fall ist.[614] Das trifft bei Mietverträgen für Familienmitglieder, Hausangestellte oder sonstige Hilfspersonen und Arbeitnehmer zu,[615] die nach dem Inhalt des Mietvertrages bestimmungsgemäß an dem Gebrauch der Mietsache teilhaben oder ihn anstelle des Mieters für diesen ausüben[616] (→ BGB § 536a Rn. 76 f.).

199 Schutzpflichten des Mieters gegenüber anderen Personen werden allgemein verneint.[617] Daher bestehen auch keine Schutzpflichten der Mieter in einem Mehrfamilienhaus untereinander.[618]

## X. Nachvertragliche Pflichten

200 Nach Beendigung des Mietverhältnisses treffen den Vermieter besondere Abwicklungspflichten. So ist er zB verpflichtet, Leistungen des Mieters, auf die er keinen Anspruch mehr hat, zurückzugeben. Dies gilt für die Kaution ebenso wie für nicht abgewohnte Vorauszahlungen oder Rückzahlungen aus einer Betriebskostenabrechnung. Weiterhin kann der Vermieter verpflichtet sein, den Mieter trotz beendetem Mietverhältnis weiterhin mit Heizenergie, Strom und Wasser zu versorgen (→ Rn. 109 ff.). Zur Klärung streitiger Fragen ist ein eingesetzter Hausverwalter verpflichtet, dem Mieter die ladungsfähige Anschrift des Vermieters zu nennen. Dies gilt auch im laufenden Mietverhältnis.[619]

201 Aus Treu und Glauben ergeben sich für den Vermieter neben diesen speziellen Abwicklungspflichten noch weiter gehende **nachvertragliche** Auskunfts- und Mitteilungspflichten.[620] Darüber hinaus ist er gehalten, gewisse Rücksichten auf den ehemaligen Vertragspartner zu nehmen. So darf der Vermieter den Mieter nicht dadurch an der Wohnungssuche behindern, indem er auf Nachfrage anderer Vermieter über den Mieter unrichtige, einseitig negative oder bewusst vage gehaltene Auskünfte erteilt.[621] Auch Postsendungen des früheren Mieters, die in den Gewahrsam des Vermieters gelangen, hat er für den Mieter zu verwahren und auf Verlangen heraus-

[609] OLG Koblenz NJW-RR 1989, 436.
[610] BGH NJW 1983, 2935 = MDR 1983, 742; NJW 1977, 2208 = MDR 1978, 127; MDR 1968, 402.
[611] BGHZ 49, 350.
[612] BGH NJW 1995, 1739; WuM 1978, 234 = NJW 1978, 883 = ZMR 1978, 180 gegen den Untermieter.
[613] BGH NJW 1973, 2059.
[614] BGH NJW 1977, 2208 = MDR 1978, 127 = VersR 1977, 1006.
[615] BGH XII ZR 189/08, NJW 2010, 3152 = AK-MietPrax § 536b BGB Nr. 7 = NZM 2010, 668 = ZMR 2011, 360; VIII ZR 195/65, NJW 1968, 885; VI ZR 24/82, NJW 1983, 2935 = MDR 1983, 742 = VersR 1983, 441; NJW 1977, 2208 = MDR 1978, 127 = VersR 1977, 1006; MDR 1968, 402; OLG Düsseldorf VersR 1974, 1113; BGHZ 2, 94 zum Krankenhausaufnahmevertrag.
[616] BGHZ 61, 227 = NJW 1973, 2059 = MDR 1974, 36.
[617] BGH VIII ZR 173/66, NJW 1969, 41; Bub/Treier MietR-HdB/*Kraemer/von der Osten* Kap. III Rn. 2365.
[618] BGH NJW 1969, 41 = MDR 1969, 135 = BB 1968, 1402; OLG Celle VersR 1984, 1075; AG Dortmund WuM 2004, 469; zu vertraglichen Schutzpflichten des Mieters ggü. der Allgemeinheit *Fritz* ZMR 1997, 553 (560).
[619] AG Aachen WuM 2009, 650.
[620] *Sonnenschein* PiG 20 (1985), 100.
[621] *Sonnenschein* PiG 46 (1995), 7 (18).

zugeben.[622] Die Erteilung einer Mietschuldenfreiheitsbescheinigung ist dem Vermieter allerdings nicht zumutbar.[623]

Auch im gewerblichen Bereich treffen den Vermieter häufig nachvertragliche Pflichten, wie die Duldung eines **Hinweisschildes** an der Hauswand mit der neuen Geschäftsadresse (→ aber Rn. 334). Auf Wunsch des Mieters wird man diese Pflicht dem Vermieter uU auch bei einem Wohnraummietverhältnis auferlegen müssen, zB bei teilgewerblicher Nutzung. Die nachwirkende Treuepflicht gebietet es zudem, dass der Pächter, der nunmehr eine andere Gaststätte betreibt, nicht die Telefonnummer der ehemaligen Gaststätte weiter verwendet, bis neue Telefonbücher und Restaurantführer erscheinen.[624] **202**

Selbstverständlich können die Mietparteien auch durch Vereinbarung nachvertragliche Pflichten begründen, wie zB die Einräumung eines **Konkurrenzschutzes** für eine gewisse Übergangszeit. Zum Konkurrenzschutz → Rn. 543 ff. **203**

### XI. Mitwirkungspflichten des Mieters

Der Mieter ist verpflichtet, bestimmte Maßnahmen des Vermieters zu dulden. Hierzu gehört die Duldungspflicht des Mieters von Maßnahmen des Vermieters bzw. seiner Erfüllungsgehilfen zur Vorbereitung und Durchführung von Instandsetzungsmaßnahmen bzw. Modernisierungen gem. §§ 555 a, 555 d BGB. **204**

Anzusprechen ist hier auch das **Vermieterpfandrecht** gem. § 562 ff. BGB. Danach muss der Mieter unter bestimmten Voraussetzungen dem Vermieter bei Beendigung des Mietverhältnisses nicht nur die Besichtigung der Wohnung gestatten, wenn dieser von seinem Pfandrecht Gebrauch machen will, sondern er muss ggf. auch die Verwertung seiner eingebrachten Sachen durch den Vermieter dulden. **205**

#### 1. Besichtigungsrecht und Betretungsrecht des Vermieters

Der Mieter kann ohne besondere vertragliche Abrede verpflichtet sein, den Vermieter zwecks **Besichtigung oder zwecks Durchführung notwendiger Arbeiten in die Wohnung** zu lassen.[625] Der Vermieter kann aber nicht jedweden Anlass zur Begründung für ein Besichtigungsrecht der Wohnung anführen.[626] Vielmehr müssen hierfür grds. besondere Umstände vorliegen, insbes. solche, die für die Bewirtschaftung des Objektes notwendig sind.[627] Zudem ist der Vermieter zur schonenden Rechtsausübung gehalten. Er hat seinen Informationsbedarf möglichst in einem einzigen Besichtigungstermin zu befriedigen.[628] Dies ist verfassungsrechtlich geboten, weil bei der Abwägung der widerstreitenden Interessen dem Eigentumsrecht des Mieters und im Zusammenhang damit auch sein Recht aus Art. 13 GG, in seinen Mieträumen in Ruhe gelassen zu werden, ausreichende Bedeutung beigemessen werden muss.[629] **Routinekontrollen** zwecks Untersuchung der Wohnung auf ihren Allgemeinzustand sind daher unzulässig[630] → Rn. 224. **206**

---

[622] LG Darmstadt MietRB 2014, 74 mAnm *Mettler.*

[623] BGH VIII ZR 238/08, WuM 2009, 647 = NJW 2010, 1135 = NZM 2009, 853 = AK-MietPrax § 535 BGB Nr. 40; zum Mietschuldenerlass durch eine Mietschuldenfreiheitsbescheinigung AG Berlin-Spandau NJW-RR 2011, 1308 = GE 2011, 1563.

[624] OLG Nürnberg NJW-RR 1999, 737.

[625] Anders bei einem dinglich Wohnberechtigten ggü. dem Eigentümer, LG Essen WuM 2016, 108.

[626] AG Stuttgart-Bad Cannstatt WuM 2015, 148; **aA** AG Münster WuM 2009, 288.

[627] LG Berlin GE 2016, 1385; LG Oldenburg ZMR 2012, 956; AG München ZMR 2021, 51; AG Ansbach ZMR 2018, 942; AG Coesfeld ZMR 2015, 452; WuM 2009, 112; AG Rheine WuM 2003, 315; Blank/Börstinghaus/*Blank* BGB § 535 Rn. 342; *Brückner* GE 2016, 33 f.; *Horst* ZAP 1997, 1035 (1045); Staudinger/*Emmerich* BGB § 535 Rn. 98; **aA** LG Tübingen GE 2008, 1055; LG Stuttgart ZMR 1985, 273; AG Saarbrücken ZMR 2005, 373; AG Köln WuM 2000, 209; sa Wetekamp Mietsachen Kap. 1 Rn. 118 ff.

[628] AG Hamburg NZM 2007, 211.

[629] BVerfG WuM 1993, 377 = NJW 1993, 2035 = MDR 1993, 728 = ZMR 1993, 405 = DWW 1993, 224 = GE 1993, 796; WuM 2004, 80 = NJW-RR 2004, 440 = NZM 2004, 186 = DWW 2004, 146 = ZMR 2004, 566 = MDR 2004, 266 = GE 2004, 610.

[630] BGH VIII ZR 289/13, WuM 2014, 495 = GE 2014, 1053 = NJW 2014, 2566 = NZM 2014, 635; LG München II ZMR 2009, 371; AG Bonn NJW-RR 2006, 1387; *Willems* NZM 2015, 353 (356); *Dittert/Landvoigt* GE 2005, 468 (472); **aA** LG Tübingen GE 2008, 1055; AG Münster NZM 2000, 1030 – alle zwei Jahre; AG Berlin-Schöneberg GE 2007, 453, sa *Börstinghaus* jurisPR-BGHZivilR 18/2014 Anm. 4; *Schach* jurisPR-MietR 16/2014 Anm. 4; *Lützenkirchen* NJW 2007, 2152 (2153); *Steinig* GE 2000, 1452 (1453).

**207** Wann eine Kontrolle notwendig ist, muss den Erfordernissen des Einzelfalls entnommen werden[631]; wenn zB öfters Störungen, insbes. bei älteren Anlagen, auftreten. Das gilt vor allem für Elektroinstallationen.[632] Dieser Grundsatz gilt aber gleichermaßen, wenn es darum geht, ob der Vermieter ordnungsgemäß installierte Öfen in der Wohnung des Mieters ohne besonderen Anlass einer regelmäßigen Kontrolle bzgl. der Funktionsfähigkeit und Dichtigkeit unterziehen soll. Bei ordnungsgemäß installierten Leitungen und Anlagen im privaten Wohnbereich kann nicht ohne weiteres von einer naheliegenden Gefahr ausgegangen werden. Der Grundstückserwerber kann sich auf ein eigenes Besichtigungsrecht[633] erst mit Eintragung im Grundbuch (§§ 566, 578 BGB) berufen.

**208** Ist das Mietverhältnis gekündigt, muss der Vermieter die Möglichkeit haben, bei Beendigung des Mietverhältnisses die Wohnung zwecks Abnahme zu besichtigen. Darüber hinaus ist ihm zu gestatten, eventuellen Mietinteressenten schon vor Auszug des Mieters die Wohnung zu zeigen.[634] Voraussetzung ist aber, dass die Beendigung des Mietverhältnisses **mit ausreichender Sicherheit** feststeht.[635] Daran fehlt es bspw., wenn der Mieter der Kündigung des Vermieters widersprochen hat oder ein Räumungsrechtsstreit anhängig ist.

**209** Bei einem bevorstehenden Verkauf der Wohnung hat zunächst der Vermieter das Recht, die Wohnung ggf. mit einem Gutachter[636] zu besichtigen, um ausreichende Informationen über den Zustand der Wohnung, zB zur Vorbereitung des Verkaufsexposés, zu erhalten.[637] Darüber hinaus muss der Vermieter aber auch eine Besichtigung mit Kaufinteressenten oder mit einem Immobilienmakler durchführen können.[638] Der Mieter darf die Besichtigung durch den Vermieter oder Makler unter Begleitung des Kaufinteressenten nicht ablehnen. Die Weigerung des Mieters, eine Besichtigung zu dulden, kann im Einzelfall eine Kündigung durch den Vermieter rechtfertigen.[639] Ohne Begleitung des Vermieters ist der Kaufinteressent grds. nicht berechtigt, die Wohnung des Mieters zu betreten. Eine Ausnahme ist zuzulassen, wenn der Vermieter den Interessenten zur Besichtigung ermächtigt und ihn rechtzeitig vorher namentlich benannt hat. Dann darf sich der Mieter durch **Vorlage des Personalausweises** von der Identität des Besuchers überzeugen.[640] Der Vermieter hat regelmäßig selbst dann einen Anspruch, den Interessenten bei der Besichtigung zu begleiten, wenn zwischen den Mietvertragsparteien Spannungen bestehen.[641] Der Mieter muss auch hinnehmen, dass der Vermieter auf dem Grundstück des vermieteten Einfamilienhauses ein Hinweisschild aufstellt, wenn dadurch weitere Störungen nicht zu befürchten sind.[642]

**210** Der Vermieter bzw. seine Beauftragten dürfen die Wohnung auch zur **Zählerablesung** betreten. So ist Voraussetzung für die Erstellung einer ordnungsgemäßen Betriebskostenabrechnung, dass die Wasser- und Heizungszähler rechtzeitig abgelesen werden. Das Recht zum Betreten der Wohnung zwecks Ablesung erfolgt aus der Umlagevereinbarung.[643] Darüber hinaus hat er ein berechtigtes Interesse, wenn der **Wohnraum aufgemessen** werden soll, weil bspw. der Mieter die im Mietvertrag angegebene Größe der Wohnung anzweifelt. Da der Vermieter einen Anspruch auf Durchführung vertraglich vereinbarter **Schönheitsreparaturen** haben kann[644], ist er berechtigt, zur Sicherung seines Anspruchs nach Ablauf der wirksam vereinbarten Regelfrist die Räume des Mieters zu begutachten.[645]

---

[631] BGH VersR 1969, 754.

[632] BGH VIII ZR 310/10, WuM 2011, 465 = AK-MietPrax § 535 BGB Nr. 46 = ZMR 2011, 938 = CuR 2011, 128 = GE 2011, 1013; VIII ZR 321/07, WuM 2008, 719 = AK-MietPrax § 535 BGB Nr. 35 = NJW 2009, 143 = NZM 2008, 927 = GE 2008, 1555.

[633] AG München ZMR 2017, 569.

[634] AG Freiburg WuM 1983, 112.

[635] AG Ibbenbüren WuM 1991, 360; *Sonnenschein* NJW 1998, 2180 (2182).

[636] AG München ZMR 2021, 247.

[637] *Blank* FS Seuss, 1987, 277 (284).

[638] LG Frankfurt a. M. NZM 2002, 696; AG Lüdenscheid WuM 1990, 489; zum Besichtigungsrecht eines Behördenvertreters OVG Hamburg WuM 1997, 204 *Blank* FS Seuss, 1987, 277 (278).

[639] BGH VIII ZR 221/09, WuM 2011, 13 = AK-MietPrax § 543 BGB Nr. 19 = ZMR 2011, 366 = GE 2011, 198; Anm. *Schach* GE 2011, 159.

[640] Weitergehend AG München WuM 1994, 425; LG Stuttgart WuM 1991, 578; LG Trier WuM 1993, 185.

[641] *Blank* FS Seuss, 1987, 277 (286).

[642] AG Hamburg WuM 1993, 603.

[643] LG *Hamburg DWW 1987, 164; LG* Köln WuM 1985, 294.

[644] BGH WuM 2005, 383 = NZM 2005, 450 = ZMR 2005, 523 = NJW 2005, 1862 = AK-MietPrax § 538 BGB Nr. 15.

[645] *Schlüter* NZM 2006, 682.

Will der Vermieter **Instandsetzungs-, Modernisierungs- oder Sanierungsarbeiten** durchführen, ergibt sich das Besichtigungsrecht regelmäßig schon aus §§ 555a, 555d BGB, ggf. aus § 809 BGB[646], um Art und Umfang der Bauarbeiten festzulegen. Der Vermieter muss dem Mieter konkrete Besichtigungsvorschläge unterbreiten.[647] Hat der Mieter die danach festgelegten Maßnahmen zu dulden, muss er weitere Vorbereitungsarbeiten des Vermieters hinnehmen, bspw. die Wohnung detaillierter in Augenschein zu nehmen oder Messgeräte aufzustellen.[648] Kann der Mieter den Härteeinwand nach § 555d Abs. 2 BGB geltend machen, muss er dennoch die Besichtigung und das Betreten der Wohnung zulassen, wenn dies für die Durchführung der baulichen Maßnahmen am Restobjekt erforderlich ist.[649] Das gilt auch für die Durchführung einer Bauprüfung zwecks Erteilung einer Abgeschlossenheitsbescheinigung.[650] Problematisch sind die Fälle, bei denen ein Sachverständiger in der Mieterwohnung zu Gunsten Dritter eine Messung vornehmen soll. In diesen Fällen soll der Wohnungsinhaber unter keinen Umständen zur Duldung verpflichtet sein.[651] 211

Ein **Besichtigungsrecht** des Vermieters besteht aber auch dann, wenn konkrete Anhaltspunkte für einen **drohenden Schaden** gegeben sind. Diese können zB vorliegen, wenn wegen eines muffigen Geruchs der Verdacht auf Schimmelbildung vorliegt oder wenn in der Nachbarwohnung Feuchtigkeit auftritt und nicht ausgeschlossen werden kann, dass deren Ursache in der Mieterwohnung zu finden ist. Insbesondere bei einem begründeten Verdacht der **Verwahrlosung der Mieträume** muss dem Vermieter das Recht eingeräumt werden, sich vom Zustand der Räume zu überzeugen. Wird der Mieter mehrere Male nicht angetroffen und hat der Vermieter begründete Zweifel am Gesundheitszustand des Mieters, darf er die Wohnung auch ohne Einverständnis des Mieters betreten.[652] 212

Der Vermieter muss sich rechtzeitig für die **Besichtigung** anmelden[653] und den Mieter vorab über den Grund der Besichtigung informieren.[654] Im Normalfall ist eine Vorlaufzeit von mindestens 24 Stunden ausreichend.[655] Wird das Besichtigungsrecht auch während der Arbeitszeit bejaht, was abzulehnen ist (→ Rn. 218), muss bei berufstätigen Mietern eine längere Zeit zur **Voranmeldung** beachtet werden (ca. 7–14 Tage), denn der Vermieter darf von seinem Recht nur in möglichst schonender Weise Gebrauch machen und muss auf die Belange des Mieters Rücksicht nehmen.[656] Daher soll der Vermieter, der sein Besichtigungsrecht ausüben will, auch etwaige Urlaubszeiten des Mieters berücksichtigen.[657] Der Grund dieser Einschränkung des Vermieterrechts liegt darin, dass das Besitzrecht des Mieters an der Wohnung Eigentum iSd Art. 14 GG ist.[658] Daher sind die beiden sich gegenüberstehenden Grundrechtspositionen des Mieters und des Vermieters im Einzelfall gegeneinander abzuwägen und zu einem angemessenen Ausgleich zu bringen. 213

Liegt keine Eilbedürftigkeit vor, ist eine 14-tägige Vorlaufzeit angemessen[659]. In besonders gelagerten Fällen, zB bei Gefahr im Verzug, ist die Besichtigung auch kurzfristig zu gestatten. Zudem ist der Mieter gehalten, wenn er längere Zeit abwesend oder verhindert ist, durch geeignete Maßnahmen die Besichtigung des Vermieters mit einer Vertrauensperson zu ermöglichen.[660] 214

Der Vermieter darf aus sachlichen Erwägungen eine oder mehrere Personen zur Besichtigung mitbringen,[661] aber keinesfalls eine beliebige Anzahl **von Begleitern.**[662] Aus der Unverletzlichkeit 215

---

[646] LG Augsburg BeckRS 2004, 17755.
[647] AG Berlin-Schöneberg, ZMR 2018, 516.
[648] AG Pinneberg ZMR 2007, 459; AG Schöneberg GE 1987, 629; Palandt/*Sprau* BGB § 809 Rn. 9.
[649] *Lützenkirchen* NJW 2007, 2152.
[650] LG Hamburg WuM 1994, 425.
[651] OLG Nürnberg WuM 1990, 143 = NJW-RR 1990, 908; einschränkend *Lützenkirchen* NJW 2007, 2152 (2153).
[652] ThürVerfGH NZM 2004, 416.
[653] AG Lüdenscheid WuM 1990, 489; AG Neuss WuM 1989, 364; AG Aachen WuM 1986, 87.
[654] LG München NJW-RR 2009, 376.
[655] AG Neustadt/Rübenberge WuM 1979, 143; AG Köln WuM 1986, 86; AG Braunschweig WM 1981, U19.
[656] Blank/Börstinghaus/*Blank/Börstinghaus* BGB § 535 Rn. 340; AG Hamburg WuM 1999, 456; **aA** AG Wedding GE 1985, 155.
[657] *Steinig* GE 2000, 1452 (1453).
[658] BVerfG WuM 2004, 80; 1993, 377.
[659] AG Berlin-Mitte GE 2009, 329; AG Schöneberg GE 2004, 822 – eine Woche.
[660] AG Frankfurt a. M. ZMR 2009, 45.
[661] LG Frankfurt a. M. NZM 2002, 696; *Steinig* GE 2000, 1452 (1453).
[662] AG Schöneberg GE 2004, 822; *Brückner* GE 2016, 33 (39).

der Wohnung gem. Art. 13 GG[663] folgt, dass der Mieter von Wohnraum die Besichtigung nur durch solche Personen zu dulden hat, die dem Anlass der Besichtigung gerecht werden. Diese Voraussetzungen liegen zB bei einem Rechtsanwalt des Vermieters nicht vor, wenn die Wohnung besichtigt werden soll, um ihren Zustand oder eventuelle Schäden festzustellen oder um die Durchführung von Bauarbeiten vorzubereiten.[664] Geht es um den Verkauf der Wohnung, darf der Vermieter zum Besichtigungstermin seinen Ehepartner mitbringen.[665] Ein Wohnungsmieter kann die Duldung einer Wohnungsbesichtigung durch Kaufinteressenten davon abhängig machen, dass ihm vorab die Namen der Interessenten mitgeteilt werden.[666] Kein Besichtigungsrecht besteht iÜ für Personen, die dem Mieter auch unter Berücksichtigung der Vermieterinteressen unzumutbar sind.[667]

216 Die zwecks Besichtigung anwesenden Personen dürfen sich nicht beliebig lange in den Räumen des Mieters aufhalten. Nicht nur die Anzahl und Auswahl der Personen, sondern auch die Häufigkeit und Dauer der Besichtigungen werden durch den Besichtigungszweck begrenzt. Für Wohnungsbesichtigungen zwecks Verkaufs können 30–45 Minuten eingeplant werden.[668]

Das Besichtigungsrecht des Vermieters kann weiter eingeschränkt sein durch die aufgrund Covid-19 erforderlichen sowie gesetzlich oder behördlich angeordneten Hygienemaßnahmen. Gesetzliche Kontaktverbote sind einzuhalten[669] und allenfalls unaufschiebbare Besichtigungen (zB konkreter Legionellenverdacht), ggf. unter verschäften Hygiensmaßnahmen, zuzulassen. Kaufinteressenten für die Wohnung kann der Mieter unter Geltung eines gesetzlichen oder behördlichen Kontaktverbotes abweisen; im anderen Fällen ist die Besichtigung auf maximal zwei Personen zu beschränken und die entsprechenden Verhaltensregeln[670] einzuhalten.[671]

217 **Fotografien** darf der Vermieter ohne Zustimmung des Mieters nur fertigen, wenn diese zur Beseitigung von Schäden oder zur Beweissicherung[672] erforderlich sind.[673] Das ist bspw. nicht der Fall, wenn die Wohnung lediglich unordentlich ist, also Anhaltspunkte für eine Substanzgefährdung der Wohnung nicht vorliegen.[674] Unzulässig ist auch das Fertigen von Bildern der Wohnung gegen den Willen des Mieters, um diese im Internet zum Verkauf anzupreisen.[675]

218 Eine **Formularvereinbarung,** die dem Vermieter jederzeit Zutritt zur Wohnung gewährt, ist wegen Verstoßes gegen Art. 13 GG iVm § 307 BGB unwirksam.[676] Die Überlassung des unbeschränkten Besitzes gehört nämlich zum Wesen des Mietvertrages.[677] In engen Grenzen ist die vertragliche Erweiterung des gesetzlichen Besichtigungsrechts allerdings zulässig. So können die Parteien vereinbaren, dass auch ohne besonderen Anlass die Wohnung in angemessenem Abstand, zB alle zwei Jahre, zur allgemeinen Feststellung des Zustandes besichtigt werden darf.[678] Die so vereinbarte Besichtigung muss auf die arbeitsfreie Zeit und ansonsten auf Notfälle beschränkt werden.[679] Es wird allerdings die Ansicht vertreten, dass das Besichtigungsrecht auch nachmittags an Werktagen wirksam vereinbart werden kann,[680] was aber wegen einer möglichen beruflichen Tätigkeit des Mieters abzulehnen ist.

---

663 BVerfG WuM 1993, 377 = NJW 1993, 2035 = MDR 1993, 728 = ZMR 1993, 405 = DWW 1993, 224 = GE 1993, 796.

664 AG Berlin-Mitte GE 2009, 329; AG Neukölln MM 1987, 27; *Lützenkirchen* NJW 2007, 2152 (2153); zum Zutrittsrecht eines vom Gericht bestellten Sachverständigen BVerfG WuM 2001, 111.

665 LG Frankfurt a. M. NZM 2002, 696.

666 AG Tempelhof-Kreuzberg MM 2008, 39.

667 AG Hamburg WuM 1987, 379; *Brückner* GE 2016, 33 (39).

668 LG Frankfurt a. M. NZM 2002, 696.

669 *Föller* WuM 2020, 249 (256).

670 AHA-Regel – Abstand, Hygiene, Alltagsmaske

671 *Föller* WuM 2020, 249 (256).

672 AG Schöneberg GE 2004, 822; **aA** AG Frankfurt a. M. WuM 1998, 343.

673 Blank/Börstinghaus/*Blank/Börstinghaus* BGB § 535 Rn. 340.

674 LG Frankenthal/Pfalz WuM 2012, 141; AG Frankfurt a. M. NZM 1999, 121 = NJW-RR 1999, 596.

675 AG Steinfurt GE 2014, 1145.

676 AG Münster WuM 2009, 288; zu Art. 13 GG BVerfG WuM 1993, 377 = NJW 1993, 2035 = MDR 1993, 728 = ZMR 1993, 405 = DWW 1993, 224 = GE 1993, 796.

677 LG München WuM 1994, 370.

678 AG Hamburg NZM 2007, 211 = NJW-RR 2007, 592; AG Münster WuM 2000, 328; AG Lübeck WuM 1993, 344; *Sternel MietR Kap. II Rn. 120*; *Sonnenschein* NJW 1998, 2180 (2181); Palandt/*Weidenkaff* BGB § 535 *Rn. 82*; *Wetekamp* Mietsachen Kap. 1 Rn. 121.

679 AG Hamburg WuM 1992, 540; **aA** *Franke* DWW 1998, 300.

680 AG Freiburg WuM 1983, 112.

Unzulässig ist auch eine Formularvereinbarung, mit der eine Verpflichtung des Mieters festgehalten wird, das Betreten der Wohnung zu bestimmten Zeiten oder innerhalb gewisser Zeiträume zu dulden.[681] Wird eine Besichtigung „während der üblichen Tageszeit werktags bis 19 Uhr" vereinbart, ist allerdings – bei entsprechender Ankündigung – eine Besichtigung des Vermieters an einem Samstag zwischen 11.00 Uhr und 12.00 Uhr gerechtfertigt.[682] Zudem kann der Vermieter sich durch eine Formularvereinbarung von seiner Ankündigungspflicht nicht freizeichnen.[683] Eine Formularvereinbarung ist gem. § 307 Abs. 1 BGB auch unwirksam, wenn sie dem Vermieter das Recht einräumt, die Wohnung zwecks Ausübung seines Vermieterpfandrechts zu betreten.[684] **219**

Der Vermieter darf sich das Besichtigungsrecht nicht eigenmächtig durch **Selbsthilfe** erzwingen, auch wenn die Besichtigungszeiten vertraglich vereinbart sind.[685] Weigert sich der Mieter, die Besichtigung zuzulassen, kann der Vermieter bei Eilbedürftigkeit sein Besichtigungsrecht ausnahmsweise auch im Wege einer **einstweiligen Verfügung** (sog. Leistungsverfügung) durchsetzen.[686] Eilbedürftigkeit kann bei dringenden Instandsetzungsarbeiten gegeben sein[687] oder wenn das Betreten der Wohnung zur Beseitigung von erheblichen Gefahren für Sachen oder Personen erforderlich ist.[688] Im Übrigen muss er seinen Anspruch auf gerichtlichem Wege mit Hilfe einer „Duldungs"-Klage durchsetzen.[689] Der Mieter kann zum Schadensersatz verpflichtet sein, wenn er dem Vermieter das Besichtigungsrecht rechtswidrig nicht gewährt.[690] Zum Selbsthilferecht darf der Vermieter nur bei Gefahr in Verzug unter den Voraussetzungen des § 229 BGB greifen. **220**

Für gewerbliche Mietverhältnisse gilt kein weiter gehendes Besichtigungsrecht, da auch hier das Recht des Vermieters maßgeblich durch Art. 13, 14 GG beschränkt wird. Der Vermieter hat die Belange des Gewerberaummieters ebenso mit seinen Interessen abzuwägen wie er dies im Falle der Wohnraumvermietung tun muss.[691] Daher können die betrieblichen Belange es rechtfertigen, dass die Besichtigung außerhalb der Arbeitszeit bzw. Öffnungszeit stattfindet. **221**

Der **Gegenstandswert** bemisst sich nach dem Interesse des Vermieters. Unterscheidet man nach dem Anlass der Besichtigung[692], ist zu differenzieren, ob der Vermieter bspw. geltend gemachte Mängel begutachten – dann analog § 41 Abs. 5 GKG der Jahresbetrag einer möglichen Minderung – oder die Wohnung mit Mietinteressenten betreten will (Schätzung nach § 41 Abs. 1 GKG, § 3 ZPO[693] bzw. § 9 ZPO[694]). Wegen des Vorbereitungscharakters wird allgemein ein Abschlag verlangt.[695] Andererseits ist der Gegenstand immer die Wohnungsbesichtigung, während nur die Motive variieren. Es ist daher nach der hier vertretenen Auffassung angemessen, wenn der Streitwert in diesen Fällen immer gem. § 3 ZPO geschätzt wird. **222**

Die **Beschwer** bei einer unbeschränkten, dauerhaften Verpflichtung zur Duldung von Hausbesichtigungen überschreitet den Betrag von 600 EUR.[696] Mit der Klage auf Duldung der Moder- **223**

---

[681] S. Bsp. bei Sternel MietR Kap. II Rn. 120; **aA** AG Freiburg WuM 1983, 112.
[682] OLG Frankfurt a. M. WuM 2011, 95.
[683] AG Freiburg WuM 1983, 112; *Steinig* GE 2000, 1452 (1453).
[684] *Drettmann* WuM 2012, 535 (542).
[685] OLG Köln WuM 1977, 173; LG Berlin ZMR 1980, 278 = WuM 1980, 185.
[686] LG Duisburg NZM 2006, 897; AG Neuss WuM 1986, 244 = NJW-RR 1986, 314; AG Wedding GE 1985, 155; Blank/Börstinghaus/*Blank/Börstinghaus* BGB § 535 Rn. 343; abl. AG Ibbenbüren WuM 1991, 360; AG Spandau GE 1994, 711.
[687] AG Hohenschönhausen GE 1997, 1175.
[688] *Hinz* WuM 2005, 615 (623) mit Antragsformulierungen; *Börstinghaus* ZAP 2001, 865 (867).
[689] OLG Hamburg WuM 1978, 169; OLG Köln WuM 1977, 173; LG Berlin ZMR 1980, 278 = WuM 1980, 185; *Steinig* GE 2000, 1452 (1454).
[690] AG Wedding GE 1997, 749.
[691] *Lützenkirchen* NJW 2007, 2152 (2155).
[692] *Lützenkirchen* NJW 2007, 2152 (2156); Lützenkirchen MietR/*Schneider*, 3. Aufl. 2007, Kap. N Rn. 298; *Grüter* Streitwerte 2008 § 2 Rn. 135.
[693] *Grüter* Streitwerte 2008 § 2 Rn. 138.
[694] *Lützenkirchen* NJW 2007, 2152 (2156).
[695] *Lützenkirchen* NJW 2007, 2152 (2156); Lützenkirchen MietR/*Schneider*, 3. Aufl. 2007, Kap. N Rn. 298; *Grüter* Streitwerte 2008 § 2 Rn. 136.
[696] BGH, V ZB 36/07, NZM 2007, 660 = NJW-RR 2007, 1384; bei beschränktem Zutrittsrecht s. BGH, XII ZB 130/09; NJW-RR 2010, 1081, unter 600 EUR; so wohl auch LG Berlin WuM 2017, 723 = NZM 2018, 86 = GE 2017, 1407; zum Gebührenstreitwert bei beabsichtigtem Verkauf der Wohnung LG Berlin GR 2018, 130.

nisierungsmaßnahme ist der Antrag auf Zutritt zur Durchführung der Baumaßnahme mit umfasst.[697]

### 2. Überwachung der Mietsache

224 Wohnungsunternehmen formulieren häufig das Bedürfnis, die Gründe für das Besichtigungsrecht auszudehnen und dem Vermieter auch dann Zutritt zu den vermieteten Räumen vertraglich einräumen zu lassen, wenn er seiner Kontroll- und Überprüfungspflicht bzgl. der technischen Anlagen in der Mietwohnung nachkommen will.[698] Dagegen ist nichts einzuwenden, wenn eine derartige vertragliche Pflicht besteht und der Vermieter die Kontrolle selbst ausübt. Bedient er sich dafür aber – was regelmäßig der Fall sein wird – technischen Personals, ist idR kein sachlicher Grund erkennbar, warum für diese Fälle neben der Fachkraft auch dem Vermieter ein Zutrittsrecht eingeräumt werden soll. Das gilt insbes. für das Ablesen der Messgeräte **(Heizkostenverteiler).**[699] Bedient sich der Vermieter hierfür einer Messdienstfirma, braucht nicht er, sondern nur der Beauftragte des Unternehmens die Wohnung zu betreten. Der Mieter hat in jedem Fall das Recht, sich von den Handwerkern den Ausweis vorlegen zu lassen und sich die Namen zu notieren.[700] Kein zur Besichtigung berechtigender Anlass liegt vor, wenn der Vermieter die Wohnung nach Mängeln untersuchen will. Dem Zweck der Mängelfeststellung dient schon die Pflicht des Mieters zur Anzeige nach § 536 c BGB.[701]

## XII. Beweisfragen

225 Macht der Mieter Schadensersatz wegen Verletzung vertraglicher Nebenpflichten geltend, obliegt ihm die Beweislast dafür, dass der Vermieter eine ihm objektiv obliegende Pflicht verletzt hat.[702] Dies gilt selbst dann, wenn die Pflichtverletzung in einem Unterlassen, etwa der Verletzung einer Beratungs- oder Aufklärungspflicht, besteht.[703] Dass damit dem Mieter der Beweis **einer negativen Tatsache** aufgebürdet wird, ändert daran nichts. Der Vermieter muss je nach Lage des Falles die Behauptung der Unterlassung substantiiert bestreiten und der Mieter muss dann die Unrichtigkeit der Gegendarstellung beweisen.[704] Liegen die Umstände aus der Gegendarstellung allerdings nicht **im Kenntnis- und Gefahrenbereich** des Mieters, muss sich idR der Vermieter als Anspruchsgegner entlasten, wenn sich aus der Sachlage zunächst der Schluss rechtfertigt, dass er die ihm obliegende Sorgfaltspflicht verletzt hat und die Schadensursache aus seinem Gefahrenbereich hervorgegangen ist.[705]

226 Weil Verkehrssicherungspflichten sowie Schutzgesetze und Unfallverhütungsvorschriften typischen Gefährdungen entgegenwirken sollen, wird bei ihrer Verletzung der **Beweis des ersten Anscheins** anerkannt,[706] wenn sich in dem Schadensfall gerade diejenige Gefahr verwirklicht, der durch die Auferlegung bestimmter Verhaltenspflichten begegnet werden soll.[707]

227 In einem selbständigen Beweisverfahren ist es erforderlich, Einwendungen gegen Feststellungen des Sachverständigen schon im Verfahren zu treffen und nicht das – mögliche – Hauptverfahren abzuwarten. Ist nämlich im Beweisverfahren vom Beweisgegner eine mögliche und zumutbare Einwendung unterlassen worden, so trifft ihn im Hauptprozess die volle Beweislast dafür, dass das im Beweisverfahren erzielte Beweisergebnis unzutreffend ist.[708] Dieses Ergebnis ist deshalb problematisch, weil damit die Parteien faktisch gezwungen werden, sich auch im selbständigen Beweisverfahren anwaltlich vertreten zu lassen.

---

697 BGH, VIII ZR 112/18 v. 7.1.2019.
698 *Hanke* PiG 46 (1995), 83 (99).
699 Zur Duldungspflicht LG Hamburg DWW 1987, 164; LG Köln WuM 1985, 294.
700 AG München WuM 1994, 425.
701 LG München II ZMR 2009, 371; *Sonnenschein* PiG 46 (1995), 7 (25).
702 BGH WuM 1978, 168 = NJW 1978, 2197 = MDR 1978, 835 = ZMR 1979, 74.
703 BGH WuM 1991, 83 = NJW-RR 1990, 1422 = MDR 1991, 238 = DWW 1990, 283.
704 BGH NJW 1987, 1322 = MDR 1987, 666 = NJW-RR 1987, 607.
705 BGH NJW *1987, 1322 = MDR* 1987, 666 = NJW-RR 1987, 607.
706 BGH WuM 1994, 218 = NJW 1994, 945 = MDR 1994, 613 = ZMR 1994, 149 = DWW 1994, 46.
707 Zum Fall einer Ablehnung des Anscheinsbeweises OLG Hamm WuM 1996, 470.
708 OLG Düsseldorf MDR 1988, 497 = ZMR 1988, 174 = DWW 1989, 85.

## D. Das Recht des Mieters zum vertragsgemäßen Gebrauch

Es versteht sich fast von selbst, dass der Mieter innerhalb seines Lebensmittelpunktes einen Abwehranspruch gegen Eingriffe von außen hat. Der Mieter kann daher unerwünschten Gästen grds. den Zutritt zu seiner Wohnung verwehren. Zu den nicht erwünschten Gästen kann auch der Vermieter gehören, denn er darf den vertragsgemäßen Gebrauch des Mieters nicht ohne Not stören. Der Schutz der Wohnung aus Art. 13 GG gilt über die Drittwirkung von Grundrechten auch im Mietrecht. Die Wohnung des Mieters ist unverletzlich. Innerhalb dieser unverletzlichen Sphäre vollzieht sich der Kernbereich des vertragsgemäßen Gebrauchs. Die Pflicht zur Gewährung des vertragsgemäßen Gebrauchs ist das zentrale Kriterium im Mietrecht[709] und beschreibt eine **Kardinalpflicht**[710] des Vermieters. Die Abgrenzung zwischen vertragsgemäßem und vertragswidrigem Gebrauch kann im Einzelfall schwierig sein. Konflikte können sich insbes. bei vermieteten Eigentumswohnungen ergeben.[711] Für die Ausfüllung des Begriffs „vertragsgemäßer Gebrauch" sind in erster Linie die vertraglichen Vereinbarungen maßgebend. Daneben kommt es aber auch auf die Umstände, die Art und Lage des Mietobjektes sowie auf die beiderseitige Interessenlage an. Der Mietvertrag unterliegt der an den §§ 133, 157, 242 BGB orientierten Auslegung.[712] Zur Bestimmung des Umfangs des vertragsgemäßen Gebrauchs kann insbes. auch die Verkehrsanschauung maßgebend sein.[713] Der vertragsgemäße Gebrauch wird zudem durch den Wandel der Anschauungen und des technischen Fortschritts bestimmt.[714] Alles in allem lässt sich die exakte Reichweite des vertragsgemäßen Gebrauchs nur im Einzelfall und nicht immer mit einer erforderlichen Verlässlichkeit bestimmen.[715] Der Vermieter kann nach Treu und Glauben verpflichtet sein, dem Mieter eine aus betrieblichen oder sonstigen Gründen notwendig werdende Änderung des vertragsgemäßen Gebrauchs zu gestatten. So kann der Vermieter zB allein durch die Veränderung der örtlichen Verhältnisse verpflichtet sein, dem Mieter die Zustimmung zur Errichtung einer Einfriedung um die von ihm gemietete Fläche zu geben.[716] Die Anforderungen, die an die Gebrauchstauglichkeit gestellt werden können, sind umso größer, je detaillierter die beabsichtigte Nutzung im Vertrag beschrieben ist.[717] **228**

Der Mieter haftet nicht für Verschlechterungen der Mietsache, soweit sie auf den vertragsgemäßen Gebrauch zurückzuführen sind (§ 538 BGB). Der Pächter eines Tankstellengeländes haftet nicht für Bodenverunreinigungen, die lediglich durch den vertragsgemäßen Gebrauch der Pachtsache entstanden sind; es sei denn, die Vertragsparteien hätten kraft Vereinbarung dem Pächter die Erhaltungslast überbürdet.[718] **229**

### I. Vertragszweck

#### 1. Wohnraum

Bei einem Mietvertrag über eine Wohnung muss im Zweifel angenommen werden, dass der vertragsgemäße Gebrauch die Benutzung als Wohnung ist.[719] In diesem Rahmen erfasst **„Woh-** **230**

---

[709] Bub/Treier MietR-HdB/*Kraemer/Ehlert* Kap. III B Rn. 2774.
[710] OLG Düsseldorf DWW 1993, 197.
[711] Umf. *Häublein* NZM 2014, 97 (107ff.).
[712] OLG Hamburg ZMR 1995, 120.
[713] BGH VIII ZR 2013/12, WuM 2013, 493 = AK-MietPrax § 563 BGB Nr. 1 = NZM 2013, 456 = NJW 2013, 1806 = ZMR 2013, 623; VIII ZR 149/13, WuM 2013, 554 = AK-MietPrax § 573 BGB Nr. 46 = NZM 2013, 786; VIII ZR 281/03, WuM 2004, 527 = GE 2004, 1090 = NJW 2004, 3174 = ZMR 2004, 807; OLG Köln WuM 1994, 272 = NJW-RR 1994, 334 = ZMR 1994, 111 = DWW 1994, 50; *Häublein* NZM 2014, 97 (107); *Eisenschmid* Anm. zu BGH VIII ZR 149/13, WuM 2013, 554, in jurisPR-MietR 21/2013 Anm. 1.
[714] BGH XII ZR 23/04, GE 2006, 903 = NZM 2006, 582 = AK-MietPrax § 536a BGB Nr. 2; Bub/Treier MietR-HdB/*Kraemer/Ehlert* Kap. III B Rn. 2799.
[715] *Häublein* NZM 2014, 97 (107).
[716] OLG Frankfurt a. M. WuM 1981, 63 = WPM 1980, 1051.
[717] *Gather* DWW 1997, 169 (173).
[718] OLG Düsseldorf NJW-RR 1993, 712 = DWW 1993, 138.
[719] BayObLG WuM 1981, 80 = NJW 1981, 1275 = MDR 1981, 583 = ZMR 1982, 84 = DWW 1982, 121; LG Köln WuM 1997, 323; zum Begriff des Wohnraums BGH NJW 1979, 309 = ZMR 1979, 49 = MDR 1979, 394; WuM 1982, 109 = NJW 1981, 1377 = MDR 1981, 752 = DWW 1981, 239 = ZMR 1981, 332 = GE 1981, 434; MDR 1969, 657; OLG Köln WuM 1996, 266 = DWW 1996, 190; KG GE 2017, 1093.

**nen"**[720] alles, was zur Benutzung der gemieteten Räume als existenziellem Lebensmittelpunkt des Mieters und seiner Familie gehört, also die gesamte Lebensführung des Mieters in allen ihren Ausgestaltungen und mit allen ihren Bedürfnissen.[721] Der Begriff des Wohnens umfasst somit eine auf eine gewisse Dauer angelegte eigenständige Gestaltung des häuslichen Lebens einschließlich der mit der Haushaltsführung verbundenen Tätigkeiten.[722] Bei der Verwirklichung seiner Wohnbedürfnisse kann sich der Mieter zB solcher Errungenschaften der Technik bedienen, die als wirtschaftliche Hilfsmittel aus dem gesamten Leben nicht mehr wegzudenken sind. Technische Neuerungen können folglich zu einer **Ausweitung** des vertragsgemäßen Gebrauchs führen, insbes. dann, wenn sie für breite Schichten der Bevölkerung eine Selbstverständlichkeit geworden sind und damit zum allgemeinen Lebensstandard gehören[723] (→ BGB § 536 Rn. 36 ff.).

**231** Auch das **Sterben** in der angemieteten Wohnung gehört zum vertragsgemäßen Gebrauch.[724] Kann der Erbe die Wohnung nur mit dadurch bedingten Beeinträchtigungen (Leichengeruch) zurückgeben, fällt dies in den Risikobereich des Vermieters, da das Sterben keine schuldhafte Überschreitung des vertragsgemäßen Gebrauchs darstellt, unabhängig davon, ob der Tod auf natürliche Weise eintrat oder gewaltsam (Fremdeinwirkung oder Suizid) herbeigeführt wurde.

**232** Die Parteien können vertraglich festlegen, welcher Wohnungszustand vom Vermieter geschuldet wird. Grenzen ergeben sich aber aus dem Vertragszweck, der durch eine bestimmte Nutzung nicht konterkariert werden darf. Daher kann der Vermieter keine Räumlichkeiten zu Wohnzwecken vermieten, wenn diese nach öffentlich-rechtlichen Vorschriften hierzu ungeeignet sind.[725] Bei der Bestimmung des vertragsgemäßen Gebrauchs sind Art und Lage des Mietobjektes zu berücksichtigen, wobei eine erhebliche Rolle auch die jeweils maßgebliche Verkehrssitte spielt. Die Grenzen des zulässigen Mietgebrauchs sind daher fließend und hängen in besonderem Maße von den Umständen des Einzelfalls ab. Sowohl die Einhaltung der Obhutspflicht als auch die Pflicht zur Rücksichtnahme auf Vermieter und Mitbewohner spielen dabei eine zentrale Rolle.[726] Nur auf Grund all dieser Umstände zusammen kann von Fall zu Fall entschieden werden, was zu dem vertragsgemäßen Gebrauch gehört. Zu prüfen ist, inwieweit durch die konkrete Art der Ausgestaltung der Vermietung über das bei einem geordneten Zusammenleben unvermeidbare Maß hinaus ein Nachteil entsteht. Daher ist zweifelhaft, ob die Entscheidung des BGH[727], die die Vermietung von Eigentumswohnungen an täglich oder wöchentlich wechselnde (bezahlende) Feriengäste als Teil der zulässigen Nutzung ansieht, auf den Vermieter eines Mehrfamilienhauses übertragen werden kann. Dagegen spricht, dass zum einen der Wohnungseigentümer das Recht hat, mit seiner Wohnung nach Belieben zu verfahren, sofern ihm nicht die Teilungserklärung Beschränkungen auferlegt, während der Vermieter von Wohnungen in seinem Mehrfamilienhaus dem Mieter nicht nur die Wohnung als künftigen Lebensmittelpunkt übergibt, sondern bei typisierender Betrachtung der Mieter bei der Anmietung auch davon ausgehen kann, Teil einer sich durch länger andauernde Mietverhältnisse bildenden Hausgemeinschaft zu sein, die insoweit gleiche Interessen (Ruhe[728], Sauberkeit, Nachbarschaft) verfolgt. Diese Überlegungen kommen jedenfalls dann zum Tragen, wenn nicht der Vermieter, sondern der Mieter seine Wohnung an wechselnde zahlende Feriengäste vergibt. Eine solche Handlungsweise ist auch von einer erteilten Untermieterlaubnis nicht mehr gedeckt.[729]

**233** Wird an den Mieter eine Eigentumswohnung vermietet, gelten grds. keine Besonderheiten. Allerdings kommt es immer wieder vor, dass der vermietende Wohnungseigentümer dem Mieter mehr Rechte einräumt, als ihm selbst, sei es durch die Teilungserklärung oder durch Beschluss, übertragen wurden. Mietvertraglich ist dies unerheblich. Auch bei entgegenstehender Beschlusslage der Gemeinschaft kann sich der Mieter gegenüber seinem Vermieter auf die Einhaltung der eingeräum-

---

[720] Zum Begriff des Wohnens s. Weber, NZM 2018, 70 ff.
[721] EuGH NZM 2006, 29; Waffenlagerung von Sportschützen LG Hannover ZMR 2011, 212.
[722] VG Berlin ZMR 1997, 749.
[723] BGH WuM 2004, 527 = GE 2004, 1090 = NJW 2004, 3174 = ZMR 2004, 807; KG WuM 1984, 42.
[724] AG Berlin Tempelhof-Kreuzberg ZMR 2021, 252; AG Bad Schwartau NZM 2002, 215; krit. *Lange* ZMR 2006, 177.
[725] KG GE 2016, 1504; LG Mannheim NJW-RR 1999, 1023 = NZM 1999, 407.
[726] AG Frankfurt, Urt. v. 6.2.2019 – 33 C 2815/18.
[727] BGH V ZR 72/09, WuM 2010, 376 = NJW 2010, 3093 = ZMR 2010, 378 = NZM 2010, 285 = GE 2010, 345.
[728] *LG Berlin WuM 2016*, 555; 2016, 734.
[729] BGH VIII ZR 210/13, NJW 2014, 622 = NZM 2014, 158 = GE 2014, 248 = ZMR 2014, 438 = AK-MietPrax § 543 BGB Nr. 31; *Eisenschmid* jM 2014, 362; zum Anspruch auf Erteilung einer Untermieterlaubnis bei Mietermehrheit LG Berlin GE 2016, 1280; zur Sharing Economy s. *Henke/Singbartl/Zintl* NZM 2018, 1 ff.

ten Gebrauchsrechte berufen.[730] Allerdings muss der Mieter damit rechnen, dass die anderen Wohnungseigentümer oder auch die Gemeinschaft in seinem Verhalten eine Eigentumsverletzung sehen und diese gem. § 1004 BGB[731] abwehren wollen. Kann der Mieter somit in dieser Situation seine Gebrauchsrechte nicht ausüben, liegt ein Rechtsmangel vor (→BGB §536 Rn. 281 ff.).

234 Letztendlich ist auch die Entscheidung des BVerfG v. 26.5.1993[732] in die Bewertung einzubeziehen, da nach dieser Entscheidung das **Besitzrecht des Mieters** an einer gemieteten Wohnung Eigentum iSd Art. 14 Abs. 1 S. 1 GG ist. Daraus ist zu schlussfolgern, dass die Frage des Gebrauchsrechtes jedenfalls nicht dadurch eingeschränkt werden kann, dass es sich bei dem Gebrauchsrecht nur um ein schuldrechtlich vereinbartes und nicht aus dem Eigentum abgeleitetes Recht handelt. Die Überlegungen und Bewertungen der Rspr. zum Gebrauchsrecht innerhalb einer Wohnungseigentumsanlage können spätestens seit dieser Entscheidung des BVerfG zur Vertragsauslegung herangezogen werden.

### 2. Gewerberaum

235 Bei der gewerblichen Miete kommt dem Vertragszweck besondere Bedeutung zu.[733] Haben die Vertragsparteien bei der Vermietung gewerblicher Räume dennoch keine Vereinbarung über den Vertragszweck getroffen, kann der Mieter grds. die Räume zu jedem gewerblichen Zweck nutzen, da der Vertragszweck in diesem Fall alle denkbaren, mit der Rechtsordnung im Einklang stehenden vertraglichen Nutzungen umfasst[734] (zur Nutzungsänderung →Rn. 497). Der Betriebszweck an sich darf daher ordnungsrechtlichen oder strafrechtlichen Verboten nicht zuwiderlaufen.[735]

236 Häufig wird ein Vertrag abgeschlossen, mit dem unterschiedliche Zwecke verfolgt werden zB bei der Vermietung einer Gaststätte mit einer Wirtewohnung oder bei der Vermietung von Wohnraum mit einer Garage (→Rn. 31 ff.). Bei einem solchen (typengemischten) Vertrag ist es häufig zweifelhaft, ob sich die vertraglichen Regeln nach dem Recht des Wohnraummietverhältnisses oder nach dem Recht der Gewerberaummiete richten (→BGB Vor §535 Rn. 107 ff.). Eine gemischte Anwendung der Rechtsgebiete scheidet jedoch aus.[736]

237 Die Entscheidung über die Art des Rechtsverhältnisses hat zum einen Einfluss auf die Kündigung, da ein einheitlicher Vertrag grds. auch nur einheitlich gekündigt werden kann. Eine **Änderungskündigung** nur für den gewerblichen Teil bliebe dem Vermieter bei Anwendung des Wohnraummietrechts versagt. Zum anderen ist das anzuwendende Recht für die Frage der Mieterhöhung von Bedeutung, da die Erhöhung der Miete für den Teil des Gewerberaums bei anzuwendendem Wohnraummietrecht nur einvernehmlich oder über eine Mieterhöhung nach §§ 557 ff. BGB möglich ist.

238 Ob mit dieser Maßgabe Wohnraum- oder Gewerberaummietrecht Anwendung findet, richtet sich nach der sog. Übergewichtstheorie.[737] Entscheidend ist somit, welche Nutzungsart überwiegt. Für die rechtliche Qualifizierung des Vertrages ist nicht die tatsächliche Nutzung entscheidend.[738] Vielmehr kommt es entscheidend auf die im Vertrag getroffene **Zweckbestimmung** an.[739] Sie kann auch formularvertraglich vereinbart[740] und nur durch eine ausdrückliche Vertragsabsprache geändert werden.[741] Werden sowohl die Wohnungsnutzung als auch die gewerbliche Nutzung zugelassen, kommt es maßgeblich darauf an, wo nach dem Parteiwillen der Schwerpunkt des Vertragsverhältnisses liegt.[742] Maßgeblich für die Beurteilung des Übergewichts der Nutzung nach dem

---

730 *Blank* WuM 2013, 94 (97).
731 *Dötsch* WuM 2013, 90; *Blank* WuM 2013, 94 (97).
732 BVerfG WuM 1993, 377 = NJW 1993, 2035 = MDR 1993, 728 = ZMR 1993, 405.
733 BGH, VIII ZR 282/07, = NZM 2008, 804 = NJW 2008, 3361; KG GE 2017, 1093; LG Bonn GE 2010, 1545.
734 Blank/Börstinghaus/*Blank/Börstinghaus* § 535 Rn. 19; *Engel* MDR 2012, 1268 (1269).
735 *Bieber* PiG 2007, 119 (120).
736 BGH VIII ZR 376/13, WuM 2014, 539 = NJW 2014, 2864 = NZM 2014, 626.
737 BGH WuM 1986, 274, ZMR 1986, 278 = GE 1986, 697; NJW 1979, 309 = ZMR 1979, 49 = MDR 1979, 394.
738 OLG Düsseldorf NZM 2007, 799 = ZMR 2008, 121; WuM 2004, 193 = DWW 2004, 125; OLG Celle ZMR 1999, 470.
739 BGH, VIII ZR 282/07, = NZM 2008, 804 = NJW 2008, 3361 = MDR 2008, 1329; OLG Karlsruhe WuM 2012, 666; KG ZMR 2010, 956; OLG Frankfurt a. M. BeckRS 2008, 17162; LG Berlin ZMR 2012, 275.
740 *Bieber* PiG 2007, 119 (125 f.).
741 KG GE 1995, 1205; OLG Hamburg NJW-RR 1997, 458; OLG Düsseldorf DWW 1992, 82.
742 BGH WuM 1986, 274 = ZMR 1986, 278 = NJW-RR 1986, 877.

Vertragszweck ist der Zeitpunkt des Vertragsabschlusses.[743] Ob der Mieter in den Räumen seine Berufstätigkeit ausübt und dort seinem **Einkommenserwerb** nachgeht, ist unerheblich.[744]

**238a** Für die Ermittlung des nach dem Parteiwillen vorherrschenden Vertragszwecks ist die Auslegung der getroffenen Vereinbarung maßgeblich.[745] Beim Fehlen einer ausdrücklichen Regelung ist auf objektive Umstände zurückzugreifen. Feste Regeln lassen sich nicht aufstellen. Folgende **Indizien** kommen in Betracht: Das Vertragsformular (Regelungsinhalte und Zuschnitt), die für die einzelnen Nutzungsarten vorgesehenen Flächen, die baulichen Gegebenheiten, Umstände im Vorfeld des Vertragsschlusses, ggf. das Verhalten der Parteien auch während der Durchführung des Vertrages. Ist danach von einer Gleichwertigkeit beider Nutzungen auszugehen, gelten die Vorschriften der Wohnraummiete, da ansonsten die für die Wohnraummiete geltenden zwingenden Vorschriften unterlaufen würden. Das wird man bspw. annehmen können beim sog. Co-Living, mit dem eine Büro- und Wohngemeinschaft unter einem Dach vereint wird.

**238b** Bei der gewerblichen Miete ist der Vertragszweck aber nicht nur für die Abgrenzung beim typengemischten Vertrag von Bedeutung, sondern insbes. auch zur Bestimmung der Rechte und Pflichten der Vertragsparteien.[746] Der Vermieter kann zB vertraglich vereinbaren, dass ein bestimmtes Nutzungsrisiko beim Mieter liegen soll; so, wenn die beabsichtigte und vereinbarte Nutzung aus tatsächlichen oder rechtlichen Gründen nicht durchführbar ist.[747] Er darf die Vertragsklauseln aber nicht so abfassen, dass er sich von seinen **Kardinalpflichten** befreien lässt.[748] So ist es unzulässig, dem Pächter auch dann das Risiko der behördlichen Erlaubnis aufzubürden, wenn ihre Versagung auf vom Verpächter zu vertretenden Mängeln des Pachtobjekts beruht.[749] Eine unangemessene Benachteiligung des Mieters kann in der Freizeichnung des Vermieters liegen, Gewähr dafür zu übernehmen, dass die Geschäftsräume behördlichen Vorschriften entsprechen und der Mieter die aus der Versagung der Genehmigung folgenden bauordnungsrechtlichen Auflagen auf seine Kosten zu erfüllen hat.[750]

**239** Ist dagegen vertraglich nichts Abweichendes vereinbart, hat der Vermieter dafür zu sorgen, dass der vereinbarte Vertragszweck verwirklicht werden kann[751] und die Räume zu dem vertraglich vereinbarten Zweck geeignet sind.[752] Daher trägt der Vermieter **grds. das Risiko,** dass das Gebäude zwecktauglich ist[753] und der vertraglich vereinbarten Nutzung keine öffentlich-rechtlichen Gebrauchsbeschränkungen entgegenstehen.[754] Für die Haftung des Vermieters ist nämlich entscheidend, welche Ziele die Parteien mit dem Vertrag verfolgten, also welche Geschäftsgrundlage der Vereinbarung zu Grunde lag.

**240** Dagegen gehört aber die Erwartung, in dem Mietobjekt Gewinne und nicht Verluste zu erwirtschaften, grds. zum typischen **Risikobereich des Mieters.** Sie wird daher regelmäßig keine Geschäftsgrundlage sein.[755] Anderes ist nur in Ausnahmefällen denkbar. Wurde bspw. innerhalb eines Ladenzentrums eine Verkaufsfläche vermietet, dann kann unter bestimmten Voraussetzungen der mangelhafte Umsatz die Geschäftsgrundlage derart stören, dass der Mieter zur Kündigung berechtigt ist. Das ist insbes. dann der Fall, wenn der Mieter auf Grund der noch nicht erwiesenen

---

743 KG GE 1995, 1205; LG Karlsruhe ZMR 2005, 870; *Mack-Oberth* jurisPR-MietR 22/2008 Anm. 6.

744 BGH VIII ZR 60/85, WuM 1986, 274 = ZMR 1986, 278 = GE 1986, 697 = MDR 1986, 842; KG GE 1995, 1205; OLG Köln ZMR 2001, 963; BGH VIII ZR 282/07, GuT 2008, 361 = NJW 2008, 3361 = MDR 2008, 1329 = AK-MietPrax § 580 a BGB Nr. 1; dazu *Mummenhoff* jurisPR-MietR 22/2014 Anm. 1; *Mack-Oberth* jurisPR-MietR 22/2008 Anm. 6.

745 BGH VIII ZR 66/19, ZMR 2021, 468 = WuM 2021, 242 = MietPrax-AK § 549 BGB Nr. 2 m. Anm. *Börstinghaus*.

746 LG Bonn GE 2010, 1545.

747 LG Berlin GE 1999, 187.

748 OLG Köln WuM 1994, 274 = ZMR 1994, 158 = DWW 1994, 119 NJW-RR 1994, 524; eine Besprechung von verschiedenen Vertragsklauseln sowie eine abw. Auffassung für die Fälle des strukturellen Ungleichgewichts der Verhandlungspositionen zu Gunsten des Mieters findet sich in *Thaler/Tachezy* NZM 2001, 184 ff.

749 BGH NJW-RR 1993, 519 = ZMR 1993, 320 = DWW 1993, 170.

750 OLG Düsseldorf ZMR 1992, 446 = DWW 1992, 366.

751 OLG Düsseldorf ZMR 2017, 161 zum Sichtschutz beim Betrieb einer Arztpraxis.

752 Schultz Gewerberaummiete S. 99 f.

753 KG GuT 2009, 305; OLG Düsseldorf GuT 2004, 81.

754 *BGH NJW-RR 1991, 1102; Joachim* NZM 2009, 801 (803); Wolf/Eckert/Ball Gewerbl. Miet-/Pacht-/LeasingR-HdB Rn. 282.

755 BGH ZMR 1995, 295 (297); NJW 1978, 2390 = MDR 1978, 924 = ZMR 1978, 263; *Keckemeti* NZM 1999, 115; *Waas* ZMR 2001, 493.

Funktionsfähigkeit des Einkaufszentrums auf das angewiesen ist, was ihm der Vermieter zur Attraktivität des Zentrums an die Hand gibt, und dieser ihn vertraglich umfassend bindet.[756]

Im Einzelfall kann auch das **Umfeld** Geschäftsgrundlage des Vertrages sein, wenn in Erwartung der daraus erwachsenen Laufkundschaft der Vertrag geschlossen wird. Das ist bspw. der Fall, wenn eine Metzgerei und ein Lebensmittelmarkt in einem Ladengeschäft nebeneinander liegende Räume anmieten, um so den Eindruck einer einheitlichen Verkaufsfläche zu vermitteln.[757] Dann ist der Betrieb des Nachbargeschäftes **Geschäftsgrundlage,** die bei Betriebseinstellung und Weitervermietung der Verkaufsfläche an ein Sportartikelgeschäft wegfällt.[758] Das Risiko von Veränderungen eines solchen Mietumfeldes, das in die Sphäre des Vermieters fällt, kann nicht dem Mieter aufgebürdet werden.[759] Dagegen liegt es grds. in der Risikosphäre des Mieters, wenn sich das Publikum ändert. Der Mieter kann aus dieser Tatsache keinen Anspruch auf Änderung des vertraglich vereinbarten Sortiments herleiten.[760] **241**

Die in einem gewerblichen Mietvertrag vorangestellte **Präambel** wird nicht zum Vertragsinhalt und stellt auch nicht die Geschäftsgrundlage des Vertrages dar. Haben die Parteien den gegenwärtigen Vermietungszustand in die Präambel des Mietvertrags aufgenommen, kann der Mieter nicht von einer Vollvermietung eines **Einkaufszentrums** ausgehen.[761] Somit sichert der Vermieter mit einer Präambel auch keine Eigenschaften zu.[762] Die Präambel kann aber zur Auslegung einzelner Vertragsbestimmungen herangezogen werden. **242**

Wird in der Vertragsurkunde ein vorgetäuschter Zweck angegeben, zB ein Gewerberaummietverhältnis, obwohl die Parteien wissen, dass das Mietobjekt überwiegend zum Wohnen genutzt werden soll, dann liegt ein **Scheingeschäft** mit der Folge des § 117 Abs. 2 BGB vor; das Mietverhältnis bleibt somit als Wohnraummietverhältnis wirksam.[763] **243**

## II. Erfüllungsanspruch

Wird der vertragsgemäße Gebrauch eingeschränkt oder entzogen, hat der Mieter gegen den Vermieter einen Anspruch auf Erfüllung der vertraglich vereinbarten Leistungen. Der Erfüllungsanspruch besteht auch dann, wenn es sich bei dem zu beseitigenden Fehler um einen nur unerheblichen Mangel handelt oder wenn eine zugesicherte Eigenschaft fehlt. Selbst wenn der Mieter die Gewährleistungsrechte nach § 536b BGB verloren hat, kann er den Erfüllungsanspruch geltend machen.[764] Unabhängig vom Zeitpunkt des Auftretens einer Beeinträchtigung besteht der Erfüllungsanspruch auch gegenüber dem Insolvenzverwalter als Masseschuld.[765] **244**

Der Erfüllungsanspruch kann aber ausgeschlossen sein, wenn die Beseitigung einer unerheblichen Minderung der Tauglichkeit einen unverhältnismäßigen Aufwand erfordern würde, der Mieter aber die Folgen mit nur geringem Aufwand beheben könnte. Ein solcher Fall liegt nach Auffassung des LG Berlin vor, wenn der Mieter bei der Wasserentnahme den Bleigehalt des Wasser durch vorheriges Ablaufenlassens auf ein gesundheitlich unbedenkliches Maß vermindern kann[766] (aber → BGB § 536 Rn. 170). **245**

### 1. Opfergrenze

**a) Unmöglichkeit.** § 275 Abs. 1 BGB bestimmt, dass der Schuldner von seiner Primärleistungspflicht befreit ist, wenn ihm die Leistung unmöglich ist. Dabei kommt es nicht darauf an, ob **246**

---

[756] OLG Koblenz NJW-RR 1989, 400; vgl. auch OLG Celle NJW 1978, 2510 = VersR 1979, 264; *Keckemeti* NZM 1999, 115.

[757] OLG München NZM 2000, 89.

[758] OLG München NZM 2000, 89.

[759] OLG Celle OLGZ 1990, 88.

[760] OLG Hamburg WuM 2003, 268 = ZMR 2003, 180 = GuT 2003, 91.

[761] BGH XII ZR 149/02, NZM 2004, 618 = GE 2004, 1021 = GuT 2004, 164 = ZMR 2004, 664 = NJW-RR 2004, 1236 = AK-MietPrax § 536 BGB Nr. 5.

[762] OLG Rostock NZM 2003, 282.

[763] BGH VIII ZR 376, 13, WuM 2014, 539 = NZM 2014, 626; KG ZMR 2020, 102; LG Frankfurt a. M. WuM 1992, 112 = ZMR 1992, 542; *Mummenhoff* jurisPR-MietR 22/2014 Anm. 1.

[764] BGH XII ZR 139/05, GuT 2007, 208 = NZM 2007, 484 = ZMR 2007, 605 = MDR 2007, 1065 = AK-MietPrax § 536b BGB Nr. 9; zum Streitwert LG Hamburg ZMR 1998, 294; LG Berlin GE 1999, 717.

[765] BGH IX ZR 163/02, NZM 2003, 472 = ZMR 2003, 418 = WuM 2003, 338 = GE 2003, 1016.

[766] LG Berlin DWW 1987, 130.

es sich um eine anfängliche, nachträgliche, subjektive oder objektive **Unmöglichkeit** handelt. Die Unmöglichkeit iSd § 275 Abs. 1 BGB ist als Einwendung ausgestaltet und daher von Amts wegen zu beachten. Führt bspw. das Verhalten des Mieters dazu, dass der Vermieter seine Leistung nicht erbringen kann, wird der Vermieter von seiner Leistungspflicht frei.[767]

247 **b) Persönliche Leistung.** § 275 Abs. 3 BGB gibt dem Schuldner ein Leistungsverweigerungsrecht, wenn er eine **Leistung persönlich** zu erbringen hat (zB Schneeräumpflicht, → Rn. 153) und sie ihm unter Abwägung des seiner Leistung entgegenstehenden Hindernisses mit dem Leistungsinteresse des Gläubigers nicht mehr zugemutet werden kann. Somit werden Leistungserschwerungen insbes. aus der persönlichen und individuellen Sphäre des Schuldners berücksichtigt. Die Vertragspflichten kollidieren somit mit höherrangigen Verpflichtungen oder Rechtsgütern (zB Gesundheit).

248 **c) Grobes Missverhältnis.** Ein weiteres Leistungsverweigerungsrecht steht dem Schuldner gem. § 275 Abs. 2 BGB zu. Danach kann der Schuldner die Leistung verweigern, soweit diese einen Aufwand erfordert, der unter Beachtung des Inhalts des Schuldverhältnisses und der Gebote von Treu und Glauben in einem **groben Missverhältnis zu dem Leistungsinteresse des Gläubigers** steht. Damit sollen Fälle erfasst werden, bei denen es zwar nicht naturgesetzlich ausgeschlossen, aber faktisch undurchführbar ist, dass die Leistung erbracht wird. Das Missverhältnis zwischen Gläubigerinteresse und Aufwand des Schuldners muss derart hoch sein, dass ein Beharren auf der Leistungspflicht sich als Verstoß gegen Treu und Glauben darstellen würde. Bei der Prüfung dieses Leistungsverweigerungsrechtes ist allein auf das Leistungsinteresse des Gläubigers abzustellen, die Interessenlage des Schuldners ist dagegen unerheblich.[768] Aus diesem Grund unterliegen alle Fälle der **sog. Opfergrenze**[769] nicht diesem Leistungsverweigerungsrecht, weil die Opfergrenze das Leistungshindernis vom Schuldner her betrachtet. Der sog. „wirtschaftlichen Unmöglichkeit" ist nach dieser Auffassung der Boden entzogen worden.[770] Insoweit wären die unter dem Gesichtspunkt der Opfergrenze ergangenen Entscheidungen[771] obsolet, da sie an § 275 BGB aF anknüpfen und die Unmöglichkeitslehre auf diese Sachverhalte übertragen haben (zur Opfergrenze → BGB § 536 Rn. 555 ff.). Daher stellt diese Auffassung auf den **Wegfall der Geschäftsgrundlage** ab (§ 313 BGB), wonach der Vertrag den neuen Verhältnissen angepasst werden kann, wenn die tatbestandlichen Voraussetzungen vorliegen. Wegen der Überschneidungen von § 313 und § 275 Abs. 2 BGB wird angenommen, dass der Schuldner die Wahl haben müsse, ob er sich auf das Leistungsverweigerungsrecht nach § 275 Abs. 2 BGB beruft oder den Vertrag unter Anpassung der Bedingungen erfüllt.[772]

249 Der VIII. Zivilsenat des BGH ist dieser Auffassung nicht gefolgt und hat diesen Fall unter den Anwendungsbereich des § 275 Abs. 2 BGB gestellt.[773]

250 Soweit die Instanzrechtsprechung **hohe Anforderungen** an die Opfergrenze[774] gestellt hat, wird dies nach neuem Recht nicht anders sein (→ BGB § 536 Rn. 557 ff.). Wenn in der Vergangenheit die Opfergrenze nicht zugunsten des Schuldners bejaht wurde, wird er sich heute nicht auf den Wegfall der Geschäftsgrundlage berufen können, da mit dem neuen Recht regelmäßig keine andere Bewertung der Schuldnerverpflichtungen einhergeht.

---

[767] AG Münster ZMR 2008, 385.

[768] RegE, BR-Drs. 338/01, 294.

[769] BGH NJW 1988, 699 = MDR 1988, 213; NJW 1976, 235; OLG Hamburg WuM 2001, 542 = GE 2001, 1266; zu den Anforderungen im Prozess LG Berlin WuM 2016, 418.

[770] *Canaris* ZRP 2001, 329 (330).

[771] BGH NJW 1957, 826; WuM 1990, 546 = NJW-RR 1991, 204 = ZMR 1991, 19; WuM 1992, 133 = NJW 1992, 1036 = ZMR 1992, 140 = MDR 1992, 371; LG Berlin WuM 1978, 230; LG Hamburg NJW 1976, 1320 = ZMR 1977, 159.

[772] Henssler/v. Westphalen Schuldrechtsreform/*Dedek* 2001 BGB § 275 Rn. 24.

[773] BGH VIII ZR 135/13, WuM 2014, 277 = GE 2014, 313; VIII ZR 131/09, WuM 2010, 348 = NJW 2010, 2050 = GE 2010, 837 = AK-MietPrax § 536a BGB Nr. 6; VIII ZR 342/03, NJW 2005, 3284 = NZM 2005, 820 = WuM 2005, 713 = GE 2005, 1348 = ZMR 2005, 935 = DWW 2005, 422 = GuT 2005, 262 = MDR 2006, 199; Blank/Börstinghaus/*Blank/Börstinghaus* BGB § 535 Rn. 374; krit. *Hirsch* ZMR 2007, 81.

[774] BGH WuM 1990, 546 = ZMR 1991, 19; OLG Karlsruhe WuM 1995, 307 = ZMR 1995, 201 = GE 1995, *561 = DWW 1995, 315;* BayObLG WuM 1995, 206 = ZMR 1995, 164 = DWW 1995, 110 = NJW 1995, 1439 = GE 1995, 305 zur Zweckentfremdungsverordnung; LG Hamburg WuM 1997, 433; LG Berlin GE 1995, 1013; WuM 1991, 538 = MM 1991, 265; LG Osnabrück WuM 1992, 119; LG Wuppertal WuM 1991, 178; AG Hannover WuM 1999, 331; AG Köpenick GE 2013, 215.

### 2. Instandsetzungspflicht nach Vertragsbeendigung

Ist das Mietverhältnis beendet und nutzt der Mieter berechtigterweise dennoch die Räume, zB weil ihm eine Räumungsfrist eingeräumt wurde, ist die **Instandsetzungspflicht** des Vermieters begrenzt. Inwieweit der Vermieter kraft des gesetzlichen Abwicklungsschuldverhältnisses nach §§ 546a, 571 BGB noch zur Unterhaltung des Mietobjekts verpflichtet ist, obwohl ihn eine Primärleistungspflicht zur Gewährung des vertragsmäßigen Gebrauchs nicht mehr trifft, lässt sich nicht generell, sondern nur nach den Umständen des Einzelfalles nach Maßgabe des § 242 BGB beantworten.[775] Regelmäßig beschränkt sich seine **Unterhaltspflicht** aber auf Maßnahmen, die erforderlich sind, um die Mindestbedingungen des Wohnens aufrechtzuerhalten. Hierzu gehören die Sicherstellung der Lieferung von Strom, Wasser und Heizenergie sowie Maßnahmen der Gefahrenabwehr[776] (→ Rn. 110 ff.). 251

### 3. Sonstiges

Ein Ausschluss des Erfüllungsanspruchs kommt unter dem Gesichtspunkt des Rechtsgedankens aus § 326 Abs. 2 BGB in Betracht, wenn der Mieter den **Mangel selbst schuldhaft** herbeigeführt hat und dem Vermieter deshalb schadensersatzpflichtig ist. Der Anspruch auf Erfüllung kann nicht verjähren, weil Erfüllungsansprüche nach § 535 Abs. 1 BGB vom Beginn des Mietverhältnisses an bis zu dessen Ende geschuldet werden. Vor dem Ende des Mietverhältnisses kann die Verjährung nicht beginnen.[777] 252

## III. Betriebspflicht des Mieters

Sowohl für den Wohnraummieter als auch für den Mieter von Gewerberaum gibt es grds. keine **Gebrauchspflicht.**[778] An seiner Verpflichtung zur Mietzinszahlung ändert dies nichts (§ 537 BGB). Mit der Nichtannahme der Mietsache kann der Mieter daher nicht in Schuldnerverzug, sondern allenfalls in (Gläubiger-)Annahmeverzug geraten.[779] Aus der fehlenden Gebrauchspflicht ergibt sich, dass der Mieter die Mietsache vorzeitig zurückgeben oder den Geschäftsbetrieb jederzeit einstellen kann.[780] Nur wenn sich aus der Eigenart des Mietobjektes besondere Obhutspflichten ergeben, kann zur Wahrung dieser Pflichten für den Mieter eine Gebrauchspflicht erwachsen.[781] 253

Demgemäß hat das LG Lübeck[782] zutreffend ausgeführt, dass der Mieter eines innerhalb eines Ladenzentrums gelegenen **Supermarkts** ohne eine entsprechende Vereinbarung im Mietvertrag nicht verpflichtet ist, den Supermarkt auch wirklich zu betreiben.[783] Das trifft auch zu für sog. „Zugpferde" oder „Ankermieter".[784] Zudem gilt dieser Grundsatz für den Mieter eines Ladengeschäfts in einem „multifunktionalen Wohnzentrum und Einkaufszentrum", wenn sich nach der Eröffnung herausstellt, dass die Weiterführung nur Verluste einbringt und der Vermieter bei Vertragsschluss zu erkennen gegeben hat, dass er die Funktionsfähigkeit des Einkaufszentrums auch zu seinem Risiko gemacht hat.[785] 254

---

[775] BGH XII ZR 66/13, WuM 2015, 493 = GE 2015, 1022 = NJW 2015, 2795 = NZM 2015, 695 = ZMR 2015, 754 = AK-MietPrax § 546a BGB Nr. 7; LG Hamburg NJW-RR 1986, 441 = ZMR 1986, 122.

[776] BGH XII ZR 137/07, NJW 2009, 1947 = WuM 2009, 469 = NZM 2009, 482 = AK-MietPrax § 858 BGB Nr. 1; LG Berlin MDR 1992, 478 = GE 1992, 265; LG Aachen MDR 1992, 578.

[777] Zur formularvertraglichen Verlängerung der Verjährungsfrist LG Frankfurt a. M. NJW-RR 2011, 952.

[778] BGH WM 1979, 184 = NJW 1979, 2351 = ZMR 1979, 238; WPM 1983, 531; LG Arnsberg ZMR 1980, 182; AG Hamburg NZM 1998, 477; *Jendrek* NZM 2000, 526; Bub/Treier MietR-HdB/*Kraemer/von der Osten* Kap. III A Rn. 2316.

[779] Staudinger/*Emmerich* BGB § 535 Rn. 91.

[780] LG Mannheim WuM 1982, 298 = ZMR 1983, 202.

[781] AG Mönchengladbach-Rheydt ZMR 1981, 210; *Jendrek* NZM 2000, 526 (527); zweifelhaft daher LG Hannover ZMR 1993, 280; LG Arnsberg ZMR 1980, 182; **aA** *Hamann* ZMR 2001, 581 (584).

[782] LG Lübeck NJW-RR 1993, 78.

[783] Umstritten; *Gather* DWW 2002, 54 (64) mwN; Wolf/Eckert/Ball Gewerbl. Miet-/Pacht-/LeasingR-HdB Rn. 692.

[784] *Fritz* NJW 2009, 959 (961); LG Köln ZMR 2008, 457 mkritAnm *Sasserath;* **aA** LG Hannover ZMR 1993, 280; *Michalski* ZMR 1996, 527.

[785] OLG Celle NJW 1978, 2510 = VersR 1979, 264; zum Begriff „Fachmarktkonzept" OLG Naumburg WuM 1997, 675 = NZM 1998, 373.

### 1. Die Vereinbarungen der Betriebspflicht

255 Der Vermieter kann aber ein Interesse daran haben, dass die an Gewerbetreibende oder an freiberuflich tätige Personen wie Ärzte, Rechtsanwälte und Architekten vermieteten Räume auch tatsächlich genutzt werden. Solche Objekte haben, wenn sie leer stehen, kein gutes Image, was sich nachteilig auf die Vermietbarkeit und damit auf den zu erzielenden Mietzins auswirkt. Das gilt gleichermaßen für ein **Einkaufscenter,** in dem alle Geschäfte von einer Durchgangshalle aus erreichbar sind. Bei dieser Konstellation hat der Vermieter nicht nur ein Interesse an der Vermietung der Räume, sondern auch daran, dass die Geschäfte betrieben werden und damit die Gesamtanlage für potenzielle Kunden interessant und attraktiv ist[786]. Daher sind Vereinbarungen über eine Betriebspflicht nicht ungewöhnlich. Sie verpflichten den Mieter selbst dann zur Fortführung des Betriebs, wenn er aus gesundheitlichen Gründen das Geschäft nicht weiterführen kann und sich eines Dritten bedienen muss. Dass dabei nur Verluste erwirtschaftet werden, lässt die Betriebspflicht nicht entfallen (aber → Rn. 263).[787]

256 Unter einer Betriebspflicht versteht man die Verpflichtung des Mieters, die angemieteten Räume während bestimmter Öffnungs- oder Kernzeiten zu dem im Mietvertrag festgelegten Gebrauchszweck zu nutzen.[788] Sie kann bei entsprechender Vereinbarung auch beinhalten, sämtliche bei Anmietung vorhandenen Aus- und Zugänge offen zu halten.[789] Die Vereinbarung einer Betriebspflicht muss nicht ausdrücklich erfolgen. Sie kann sich auch aus den Umständen der sonstigen Parteiabsprachen ergeben.[790] An die Annahme einer **schlüssig vereinbarten** Betriebspflicht sind allerdings strenge Anforderungen zu stellen[791]. Allein das Interesse des Betreibers eines Shoppingcenters an einem umfassenden Warenangebot mit regem Betrieb zum Erhalt der Attraktivität und Kundenakzeptanz reicht dazu nicht aus. Ebenso begründet allein die Vereinbarung einer Umsatzmiete (→ Rn. 268 ff.) keine Betriebspflicht, auch wenn für den Vermieter daran unter wirtschaftlichem Gesichtspunkt ein Interesse besteht.[792] Vielmehr müssen weitere besondere Umstände vorliegen, um einen entsprechenden Vertragswillen anzunehmen. So hat das LG Hannover[793] entschieden, dass ein Gewerbemieter, der einen Lebensmittel-Supermarkt in einem Einkaufszentrum betreibt, nicht berechtigt ist, den Betrieb einzustellen, um ihn ca. 400 Meter zu verlagern, selbst wenn im Mietvertrag eine Betriebspflicht nicht ausdrücklich vereinbart ist. In dem Fall war das Gericht von einer konkludent vereinbarten Gebrauchspflicht ausgegangen, weil der Supermarkt eine Monopolstellung innehatte und von beiden Parteien als Zugpferd für das Center angesehen wurde. Auch in der Vermietung „zu betrieblichen Zwecken" ist keine konkludente Vereinbarung über eine Betriebspflicht zu sehen.[794]

257 Eine Betriebspflicht kann grds. auch durch **Formularvertrag** vereinbart werden.[795] Das gilt selbst dann, wenn der Mieter aus gesundheitlichen Gründen den Geschäftsbetrieb nicht aufrechterhalten kann[796] oder das Betreiben des Geschäftes unrentabel ist, da die Rentabilität eines in gemieteten Räumen betriebenen Geschäftes bzw. Unternehmens grds. in die wirtschaftliche Risikosphäre

---

[786] KG NZM 2013, 731 = GE 2013, 681; OLG Karlsruhe GuT 2007, 16= GE 2007, 218 = MDR 2007, 577; OLG Rostock NZM 2004, 460 = MietRB 2004, 227 mAnm *Leo;* zur Betriebspflicht *Gomille* ZMR 2018, 809 ff.; *Joachim* NZM 2004, 892.

[787] OLG Düsseldorf GE 2004, 296 = GuT 2004, 53; LG Osnabrück ZMR 2019, 28.

[788] Daher kein Verstoß bei Schließung eines von zwei Eingängen, OLG Dresden GuT 2007, 296; zum Begriff der Betriebspflicht Lindner-Figura/Oprée/Stellmann Geschäftsraummiete-HdB /*Eggersberger* Kap. 23 Rn. 14.

[789] KG ZMR 2015, 707; **aA** OLG Dresden NZM 2008, 131.

[790] *Günter* WuM 2012, 587 (590); *Jendrek* NZM 2000, 526 (527).

[791] LG Köln ZMR 2008, 457 mkritAnm *Sasserath; Gomille* ZMR 2018, 809, 811; *Späth* ZMR 2012, 917 (922); *Gather* ZAP 2008, Fach 4, 1137 (1146).

[792] BGH WuM 1979, 184 = NJW 1979, 2351 = ZMR 1979, 238 = MDR 1979, 929; OLG Düsseldorf ZMR 1994, 402; Wolf/Eckert/Ball Gewerbl. Miet-/Pacht-/LeasingR-HdB Rn. 692; krit. *Späth* ZMR 2012, 917.

[793] LG Hannover ZMR 1993, 280; LG Arnsberg ZMR 1980, 182.

[794] LG Köln ZMR 2008, 457 mkritAnm *Sasserath.*

[795] BGH XII ZR 121/04, GuT 2007, 15 = ZMR 2007, 187 = AK-MietPrax § 535 BGB Nr. 28; NJW-RR 1992, 1032 = ZMR 1993, 57 = DWW 1993, 69; KG MDR 2004, 84; OLG Naumburg NZM 2008, 772; OLG Karlsruhe GuT 2007, 16 = GE 2007, 218 = MDR 2007, 577; OLG Celle NJW-RR 2008, 168; OLG *Schleswig NZM 2000, 1008;* LG Bamberg ZMR 2004, 581; *Günter* WuM 2012, 587 (590); *Leo* MietRB 2004, 21 mit Musterformulierung; Wolf/Eckert/Ball Gewerbl. Miet-/Pacht-/LeasingR-HdB Rn. 695; *Jendrek* NZM 2000, 526 (527); *Hamann* ZMR 2001, 581 (582); *Gather* GE 2001, 540; *Horst* DWW 2008, 42 (48).

[796] OLG Düsseldorf GuT 2007, 206; *Joachim* GuT 2009, 3 (6).

des Mieters fällt[797] (→ Rn. 240f.) und die formularmäßige Vereinbarung einer Betriebspflicht insoweit im Regelfall nicht als unangemessene Benachteiligung des Mieters zu werten ist.[798] Dennoch ist die Klausel aber als Ausnahme von der gesetzlichen Regelung, die nur ein Gebrauchsrecht und keine Gebrauchspflicht kennt[799], und wegen des nicht unerheblichen Risikos für den Mieter eng auszulegen.[800] Insbesondere muss geprüft werden, ob die Gründe einer Verletzung der Betriebspflicht im unzureichenden Betriebskonzept des Vermieters oder in einer unzureichenden Aufklärung (§ 241 Abs. 2 BGB) liegen können.[801] Eine Formularklausel ist regelmäßig gem. § 307 BGB unwirksam, wenn der Mieter durch sie gehindert wird, eine vorübergehende Betriebseinstellung wegen Betriebsferien, branchenüblichen Ruhetagen, Inventur oder zur Durchführung erforderlicher Schönheitsreparaturen[802] oder vertraglich vereinbarter Instandhaltungspflichten vorzunehmen.[803] Ausnahmen sind zuzulassen, wenn die vertraglichen Vereinbarungen erkennen lassen, dass die Pflicht zur dauerhaften Öffnung des Betriebes Niederschlag in der Miete gefunden hat[804] oder branchentypisch ist bzw. der Verkehrssitte entspricht, wie zB beim Betrieb eines Einkaufszentrums, der bei den Kunden regelmäßig eine durchgehende Öffnung suggeriert.[805] Bei dauerhafter persönlicher Verhinderung muss dem Mieter aber ein Recht zur Untervermietung eingeräumt werden.[806] Der Umstand allein, dass der Mieter einen Laden in einem Einkaufszentrum gemietet hat, kann eine vorübergehende Betriebseinstellung aus vorgenannten Gründen nicht ausschließen.[807]

Das OLG Schleswig[808] hat eine gem. § 307 BGB unangemessene Benachteiligung des Mieters **258**
angenommen, wenn er neben der Betriebspflicht auch an die zu Vertragsbeginn bestimmte Geschäftsausrichtung gebunden (sog. Sortimentsbindung) und ihm zudem jeglichen Konkurrenz- oder Sortimentsschutz versagt wurde. Bei einer Verweigerung von jeglichem Konkurrenzschutz wird dem Mieter von Geschäftsraum, der ohnehin das Rentabilitätsrisiko zu tragen hat, grds. die Möglichkeit des Ausweichens in eine andere Geschäftsausrichtung genommen und ihm eine (ggf. kostensparende) Geschäftsaufgabe schlechthin versagt. Diese weit gehende Beschneidung der grundsätzlichen Dispositionsfreiheit des Mieters einerseits und die Versagung von jeglichem, an sich aus der Leistungstreuepflicht geschuldeten Wettbewerbsschutz andererseits, sind mit dem in § 307 BGB enthaltenen Verbot der Aushöhlung wesentlicher Vertragspflichten nicht vereinbar[809].

Neben der grundsätzlichen Verpflichtung zum Betrieb werden nicht selten auch konkrete Öff- **259**
nungszeiten formularmäßig vereinbart. Ebenso sind formularvertragliche Festsetzungen der Betriebszeiten durch den Vermieter selbst oder durch eine Werbegemeinschaft[810] möglich. Dann

---

797 BGH ZMR 1995, 295; NJW 1978, 2390 = MDR 1978, 924 = ZMR 1978, 263; *Günter* WuM 2012, 587 (591); *Joachim* GuT 2009, 3 (6); *Drasdo* NJW-Spezial 2009, 193.

798 BGH NJW-RR 1992, 1032 = ZMR 1993, 57 = DWW 1993, 69.

799 OLG Düsseldorf NZM 2001, 132.

800 Zur Auslegung OLG Hamburg GuT 2003, 57 = ZMR 2003, 254.

801 Sternel MietR Kap. VI Rn. 244.

802 KG GuT 2010, 22 = GE 2010, 202; OLG Düsseldorf NZM 1999, 124 (125) = NJW-RR 1999, 305 = ZMR 1999, 171 bei Beendigung des Mietverhältnisses; Wolf/Eckert/Ball Gewerbl. Miet-/Pacht-/LeasingR-HdB Rn. 699; *Dittert/Landvoigt* GE 2005, 468 (475).

803 OLG Hamm, NZM 2018, 87 = ZMR 2018, 36; *Würtenberger* NZM 2013, 12 (14); *Späth* ZMR 2012, 917 (923); *Hamann* ZMR 2001, 581 (582) mwN.

804 *Hamann* ZMR 2001, 581 (582).

805 OLG Naumburg NZM 2008, 772; OLG Hamm, NZM 2018, 87 = ZMR 2018, 36, hat gebilligt, dass die Betriebspflicht an die Öffnungszeiten der überwiegenden Anzahl der Mieter im Einkaufscenter gekoppelt wird, wenn das Center schon längere Zeit betrieben wurde.

806 Sternel MietR Kap. VI Rn. 243.

807 **AA** *Hamann* ZMR 2001, 581 (582).

808 OLG Schleswig NZM 2000, 1008; ebenso OLG Brandenburg ZMR 2015, 225; abl. OLG Naumburg NZM 2008, 772; OLG Rostock NZM 2004, 460; OLG Hamburg GuT 2003, 57 = ZMR 2003, 254 für den Fall, dass keine Sortimentsbindung vereinbart wurde; sa *Stobbe/Tachezy* NZM 2002, 557 (559).

809 Blank/Börstinghaus/*Blank/Börstinghaus* BGB § 535 Rn. 316; *Dittert/Landvoigt* GE 2005, 468 (477); **aA** Wolf/Eckert/Ball Gewerbl. Miet-/Pacht-/LeasingR-HdB Rn. 695; Neuhaus Geschäftsraummiete-HdB Kap. II Rn. 511; Lindner-Figura/Oprée/Stellmann Geschäftsraummiete-HdB/*Hübner/Griesbach/Fuerst* Kap. 14 Rn. 168; offen gelassen BGH NZM 2010, 361; einschränkend: OLG Hamm, NZM 2018, 87 = ZMR 2018, 36; *Würtenberger* NZM 2013, 12 (15); **aA** KG NZM 2013, 731 = GE 2013, 681.

810 Zur formularmäßigen Beitrittsverpflichtung in eine Werbegemeinschaft vgl. BGH XII ZR 39/04, NJW 2006, 3057 = GE 2006, 1163 = GuT 2006, 224 = NZM 2006, 775 = ZMR 2006, 849 = AK-MietPrax § 535 BGB Nr. 26; ebenso: *Schmidt* NZM 2018 243ff.; BGH XII ZR 146/14, ZMR 2016, 527 = NJW 2016, 2489 = AK-MietPrax § 535 BGB Nr. 68; *Joachim* GuT 2007, 4; zur Zahlungsverpflichtung des Mieters an eine Werbegemeinschaft LG Berlin ZMR 2000, 761.

handelt es sich um die Gewährung eines Leistungsbestimmungsrechts nach den §§ 315, 317 BGB. Diese Regelung unterliegt einer AGB-Kontrolle[811] und muss wegen des Transparenzgebotes (§ 307 BGB) erkennen lassen, wie das Bestimmungsrecht des Vermieters konkretisiert werden kann[812]. Die Leistungsbestimmung selbst unterliegt dem billigen Ermessen[813]

Häufig sind aber in den Verträgen auch vorgegebene Formulierungen wie „Ladenöffnungszeiten“[814] oder „gesetzliche Ladenöffnungszeiten“[815] zu finden oder die Regelung, dass die „gesetzlichen Bestimmungen“[816] zu beachten sind. In diesen Fällen sind regelmäßig die zum Zeitpunkt des Vertragsschlusses geltenden gesetzlichen Öffnungszeiten vereinbart, weil es sich um statische Verweisungen handelt. Werden keine Zeiten zur Offenhaltung des Betriebs vereinbart, sind die branchenüblichen Öffnungszeiten maßgebend.[817]

260 Weitergehende Formulierungen können aber ggf. auch eine dynamische Bindung an die jeweiligen – sich möglicherweise ändernden – gesetzlichen Vorgaben nach dem **Ladenschlussgesetz bzw. den Ladenöffnungsgesetzen der Länder** beinhalten mit der Konsequenz, dass der Mieter bei einer Liberalisierung des Gesetzes seine Öffnungszeiten entsprechend ausdehnen muss. Daran ist zu denken, wenn die Attraktivität des Geschäftslokals gerade darin besteht, die Kundschaft auch in den Abendstunden oder an Sonn- und Feiertagen anzuziehen und dies im Vertrag Niederschlag gefunden hat.[818] Dann kann sich das Berufen des Vermieters auf die geänderten Öffnungszeiten aber uU als **missbräuchlich** (§ 242 BGB) darstellen, wenn der Mieter durch die geänderten Öffnungszeiten überfordert wäre. Das kann der Fall sein, wenn der Mieter aus Kostengründen zu einer zeitlichen Ausdehnung des Geschäftsbetriebs nicht in der Lage ist[819] oder wenn die Art des Geschäfts eine persönliche Betreuung der Kunden durch den Ladeninhaber erfordert.

261 Da mit der Föderalismusreform die Gesetzgebungskompetenz für die Festlegung von Ladenöffnungszeiten auf die Länder übergegangen ist[820], kann jedes Bundesland eigene Öffnungszeiten festlegen. Wurden bei einem Altvertrag vor 2006 dynamische Öffnungszeiten vereinbart, könnte dies für den Mieter eine erhebliche Belastung nach sich ziehen, wenn der Vermieter auf die Einhaltung der gesetzlichen Öffnungszeiten, zB rund um die Uhr, besteht. Hier ist der Mieter über §§ 242, 313 BGB zu schützen.[821]

262 Ein Verstoß gegen die Betriebspflicht führt zum Anspruch des Vermieters gem. § 541 BGB auf Erfüllung.[822] Der Vermieter behält seinen Mietzinsanspruch nach § 537 BGB. Der Verstoß gegen die vertraglich vereinbarte Betriebspflicht stellt eine zum Schadensersatz verpflichtende Vertragsverletzung dar[823] und berechtigt den Vermieter zur fristlosen Kündigung[824] nach § 543 Abs. 2 Nr. 2 BGB[825] oder nach § 543 Abs. 1 BGB.[826] Bei einer Kündigung muss dem Mieter ausreichend Zeit bleiben, die beendigungsbedingten **Abwicklungsmaßnahmen,** zB das Entfernen der Einrichtungen und Waren[827] oder die Vornahme von Schönheitsreparaturen, durchzuführen.[828] Durch ein Mitverschulden des Vermieters, zB wenn er einen angebotenen Nachmieter pflichtwidrig nicht akzeptiert, kann sich der Schadensersatzanspruch mindern.[829]

---

[811] *Hamann* ZMR 2001, 581 (582).

[812] BGH XII ZR 13/05, NJW 2007, 2176 = NZM 2007, 516 = GuT 2007, 205 = GE 2007, 1117 = MDR 2007, 1124 = AK-MietPrax § 535 BGB Nr. 31; *Wiek* Info M 2007, 174.

[813] *Jendrek* NZM 2000, 526 (528).

[814] OLG Düsseldorf NJW-RR 1997, 648.

[815] OLG Celle NJW-RR 1996, 585.

[816] BGH XII ZR 121/04, GuT 2007, 15 = ZMR 2007, 187 = AK-MietPrax § 535 BGB Nr. 28.

[817] OLG Koblenz ZMR 2020, 935 zu Apotheken mAnm *Burbulla* = NZM 2019, 588 mAnm *Herrlein*.

[818] *Jendrek* NZM 2000, 526 (528).

[819] *Dittert/Landvoigt* GE 2005, 468 (475); *Jendrek* NZM 2000, 526 (528).

[820] G zur Änderung des Grundgesetzes v. 28.8.2006, BGBl. I 2034.

[821] Einzelheiten bei *Voß* ZfIR 2007, 832 (834).

[822] LG Lübeck NJW-RR 1993, 78; einschränkend *Jendrek* NZM 2000, 526 (528).

[823] Zur Durchsetzung des Anspruchs auf Einhaltung der Betriebspflicht OLG Düsseldorf NJW-RR 1997, 648; zum Kündigungsrecht des Vermieters nach § 554 a BGB OLG Düsseldorf NJWE-MietR 1997, 177.

[824] BGH NJW-RR 1992, 1032 = ZMR 1993, 57 = DWW 1993, 69; Bub/Treier MietR-HdB/*v. Brunn/Paschke/Emmerich* Kap. III A Rn. 83; *Jendrek* NZM 2000, 526 (528).

[825] BGH WPM 1983, 531 für Pacht.

[826] *BGH NJW-RR 1992*, 1032 = ZMR 1993, 57 = DWW 1993, 69.

[827] *Hamann* ZMR 2001, 581 (585).

[828] OLG Düsseldorf NZM 1999, 124 = ZMR 1999, 171 = MDR 1999, 289.

[829] *Gather* DWW 2002, 54 (64).

263 Dass der Mieter nur noch Verluste erwirtschaften kann, liegt in seiner Risikosphäre.[830] Es gilt das Prinzip der unbeschränkten Vermögenshaftung (§ 276 BGB). Dennoch wird vereinzelt angenommen, dass der Anspruch auf Einhaltung der Betriebspflicht unter dem Gesichtspunkt der Unmöglichkeit (§ 275 BGB) nicht durchsetzbar ist, wenn der Mieter zahlungsunfähig ist. Der Mieter kann nach dieser Auffassung nicht zu einer Handlung gezwungen werden, die ihm nicht möglich ist.[831] Im Rahmen einer behördlichen Schließung des Geschäftes wegen Covid-19 wird allgemein vom Wegfall der Betriebspflicht ausgegangen.[832]

264 Im Übrigen kann die wirksam vereinbarte Betriebspflicht im Einzelfall aus § 242 BGB unter dem Gesichtspunkt des Wegfalls der Geschäftsgrundlage zu Gunsten des Mieters entfallen oder abgemildert werden.[833] Das ist bspw. der Fall, wenn der Vermieter ein größtenteils geräumtes Gebäude nach Auszug des letzten verbliebenen Mieters abreißen will. Ebenso können die Grundsätze des Wegfalls der Geschäftsgrundlage (§ 313 BGB) zu einer Vertragsanpassung ohne Betriebspflicht führen. Beim Fehlen einer **Konkurrenzschutzklausel** kann die Berufung auf die vereinbarte Betriebspflicht ebenfalls gegen § 242 BGB verstoßen.[834] Davon ist allerdings regelmäßig nicht auszugehen, wenn der Vermieter innerhalb eines Ladencenters an einen weiteren Mitbewerber vermietet (→ Rn. 258 f.). In derartigen Lagen muss der Mieter regelmäßig mit Konkurrenz rechnen.[835] Ist neben der Betriebspflicht und dem fehlenden Konkurrenzschutz jedoch der Mieter auch vertraglich an ein bestimmtes Sortiment gebunden, verstößt eine derartige Vertragsklausel wegen unangemessener Benachteiligung gegen § 307 BGB und ist unwirksam[836] (→ Rn. 258).

265 Hat der Vermieter das Mietverhältnis fristlos gekündigt, ist das Vertragsverhältnis mit Zugang der Kündigung beendet. Daher endet zu diesem Zeitpunkt auch die Betriebspflicht, die vom Vermieter auch nicht für die Zeit bis zur Räumung eingefordert werden kann.[837] Eine formularmäßige Vereinbarung dahingehend, dass der Mieter auch dann eine Betriebspflicht bis zur Räumung hat, wenn das Mietverhältnis durch Kündigung beendet wurde, ist gem. § 307 BGB unwirksam. Da nach Vertragsbeendigung nur noch Rückabwicklungspflichten bestehen, wäre eine Regelung mit dem Inhalt einer Betriebspflicht für den **Zeitraum nach Vertragsbeendigung** unangemessen, da sie wegen ihres schweren Eingriffs in das vertragliche Gefüge schon während der Vertragslaufzeit eng ausgelegt werden muss. Zwar gibt es auch nachvertragliche Pflichten der Vertragsparteien (→ Rn. 200 ff.). Diese können aber nicht so weit gehen, dass sie eine Vertragspartei zwingen, das Mietverhältnis faktisch fortzusetzen.

266 Die Durchsetzung einer mietvertraglichen Betriebspflicht kann grds. nicht im **einstweiligen Verfügungsverfahren** erfolgen (sehr umstritten), weil diese Verpflichtung weder als vertretbare Handlung nach § 887 ZPO noch als unvertretbare Handlung nach § 888 ZPO vollstreckt werden kann.[838] Zudem nimmt sie die Hauptsache vorweg. Dieser Grundsatz bedarf einer Einschränkung dann, wenn der Schuldner seiner Verpflichtung deshalb nachkommen kann, weil die Mitwirkungsbereitschaft eines Dritten, die für die Fortsetzung des Betriebs erforderlich ist, feststeht.[839]

---

[830] OLG Celle NJW-RR 2008, 168; *Drasdo* NJW-Spezial 2009, 193.

[831] OLG Karlsruhe GuT 2007, 16 = GE 2007, 218 = MDR 2007, 577; LG Köln NZM 2005, 621; *Pfeilschifter* jurisPR-MietR 7/2007 Anm. 5; *Drasdo* NJW-Spezial 2009, 193; *Späth* ZMR 2012, 917 (920); **aA** OLG Celle GuT 2007, 298; OLG Düsseldorf GuT 2007, 206.

[832] Zehelein Miete Corona/*Both* § 3 Rn. 28; Zehelein Miete Corona/*Breiholdt/Leo* § 4 Rn. 63 ff., zu Teilschließungen Rn. 68 ff.

[833] BGH XII ZR 185/93 ZMR 1996, 309; umfassend dazu im Zusammenhang mit Covid-19 Zehelein Miete Corona/*Streyl* § 7 S. 139 ff.

[834] Fritz GewerberaumMietR Rn. 157.

[835] OLG Naumburg NZM 2008, 772; *Joachim* NZM 2004, 892; *Jendrek* NZM 2000, 526 (529).

[836] OLG Schleswig NZM 2000, 1008.

[837] OLG Düsseldorf NZM 2001, 131 = ZMR 2001, 181 = GuT 2002, 47; *Dittert/Landvoigt* GE 2005, 468 (475).

[838] OLG Rostock NZM 2016, 769 = GE 2016, 1274; OLG Hamburg NZM 2014, 273; KG NZM 2013, 731 = GE 2013, 681; OLG Celle NJW-RR 2008, 168; OLG Naumburg NJW-RR 1998, 873 = NZM 1998, 575; OLG Hamm NJW 1973, 1135 = MDR 1973, 681; iE *Peters/Welkerling* ZMR 1999, 369; *Jendrek* NZM 2000, 526 (530); *Fritz* jurisPR-MietR 6/2016 Anm. 3 zu LG Kassel ZMR 2016, 36; *Gather* ZAP 2008, Fach 4, 1187 (1199); GE 2001, 540 (541); *Stobbe/Tachezy* NZM 2002, 557 (559); für Zwangsvollstreckung OLG Hamburg NJW-RR 2014, 133; OLG Karlsruhe GE 2007, 218; KG MDR 2004, 84; NZM 2005, 620; OLG Celle NJW-RR 1996, 585; OLG Düsseldorf NJW-RR 1997, 648; OLG Frankfurt a. M. NJW-RR 1992, 171; LG Osnabrück ZMR 2019, 28; *Hinz* WuM 2005, 615 (627); *Engel* MDR 2012, 1268 (1269); *Fritsche* Rpfleger 2005, 637 (640).

[839] *Jendrek* NZM 2000, 526 (530); dagegen beim vermögenslosen Mieter LG Köln NZM 2005, 621.

267 Der Streitwert für die Geltendmachung des Anspruchs auf Betriebspflicht beträgt eine Jahresmiete.[840]

## 2. Die Umsatzmiete

268 Die Vereinbarung einer Umsatzmiete ist grds. zulässig. Mit ihr partizipiert der Vermieter am wirtschaftlichen Erfolg des Mieters. Die Umsatzmiete[841] bietet dem Vermieter die Chance, bei gut gehenden Geschäften des Mieters einen Mietzins zu erhalten, der über der sonst am Markt erzielbaren ortsüblichen Miete liegt. Eine Spielart der Umsatzmiete ist die sog. einspeiseabhängige Miete, wenn bei der Vermietung von Flächen zum Betrieb von stromproduzierenden Anlagen (zB Photovoltaikanlage) die Miete abhängig gemacht wird von der produzierten und in das allgemeine Versorgungsnetz eingespeisten Strommenge.[842] Um nur bei einer positiven Entwicklung am Geschäft des Mieters teilzuhaben, wird die Umsatzmiete regelmäßig durch einen **Mindestfestzins** nach unten begrenzt.[843] Da die Bindung an den Umsatz auch im Falle seines Steigens nicht immer gleichzeitig auch mit einem steigenden Gewinn verbunden ist, sollte der Mieter als Sicherung einen **Höchstmietzins** vereinbaren.[844] Dies liegt auch im Interesse des Vermieters, da die Umsatzmiete beim Mieter zu einem indirekten Zwang führen kann, seine geschäftlichen Aktivitäten, zur Vermeidung einer zu hohen Miete, einzuschränken.[845] Bleibt der Umsatz gegenüber den Erwartungen des Vermieters zurück, kann er nicht verlangen, dass die vereinbarte Mindestmiete, die ihm die Deckung seiner Kosten bei zu niedrigem Umsatz des Mieters sichern soll, auf den Betrag der angemessenen, ortsüblichen $m^2$-Miete für gleichartige Räume erhöht wird.[846] Andererseits hat der Mieter keinen Anspruch auf eine Herabsetzung des vereinbarten Mietzinses unter dem Gesichtspunkt der Minderung oder des Wegfalls der Geschäftsgrundlage, wenn der erwartete Umsatz nicht erreicht wird; es sei denn, der Vermieter hat in dieser Hinsicht bestimmte Zusicherungen abgegeben.[847] Die Vereinbarung einer Umsatzmiete bedeutet weder, dass der Mieter zur Aufrechterhaltung seines Betriebes verpflichtet ist,[848] noch dass er einen möglichst hohen Umsatz erwirtschaften muss.[849]

269 Die Vereinbarung einer Umsatzmiete durch Individualvereinbarung begegnet keinen Bedenken. Die **formularvertragliche Festlegung** der Umsatzmiete wäre eine überraschende Klausel und gem. § 305 c BGB nicht Vertragsbestandteil.[850] Zulässig sind dagegen formularvertragliche Vereinbarungen zur Abgabe der Umsatzmeldungen, da sie nur die – immanente[851] – Pflicht des Mieters zu Rechnungslegung (§ 259 BGB) konkretisieren. Aus § 87 c HGB und § 259 BGB wird allerdings ein Verstoß gegen § 307 BGB hergeleitet, wenn die Vereinbarung nicht ausschließlich den Fall eines begründeten Verdachts auf die Unrichtigkeit der Umsatzzahlen betrifft.[852]

270 Bei der Vereinbarung einer Umsatzmiete kommt der Definition des **Umsatzbegriffes** eine besondere Bedeutung zu. Sie sollte im Interesse beider Parteien im Vertrag enthalten sein; und zwar so detailliert als möglich. Dabei sind die Parteien bei der Vertragsgestaltung völlig frei, da sie an keinen gesetzlich definierten Umsatzbegriff gebunden sind. Bei einer vertraglichen Bestimmung sollten daher Einzelregelungen getroffen werden, wie die Behandlung von Boni, Skonti, Warenentnahmen, Retouren und Personalrabatte. Für Ratenverkäufe und Kreditkartengeschäfte könnte eine Sonderregelung sinnvoll sein. Ebenso sollten künftige Umstände wie Geschäftserweiterungen

---

840 KG ZMR 2006, 611.
841 Zur Höhe der Mietminderung bei einer vereinbarten Umsatzmiete siehe *Windorfer,* NZM 2020, 102 sowie Zehelein/*Breiholdt/Leo,* Covid-19, § 4 Rn. 83.
842 *Aigner/Mohr* ZfIR 2009, 8 (11).
843 BFH BB 1984, 1793; Fritz GewerberaumMietR Rn. 94; *Hubatsch* NZM 2015, 74 (75).
844 *Fritz* GewerberaumMietR Rn. 94.
845 *Fritz* GewerberaumMietR Rn. 94; *Lindner-Figura* NZM 1999, 492 (493).
846 BGH NJW 1969, 1383 = MDR 1969, 751 = BB 1969, 775.
847 OLG Düsseldorf NJWE-MietR 1996, 154.
848 BGH WM 1979, 184 = NJW 1979, 2351 = ZMR 1979, 238; Wolf/Eckert/Ball Gewerbl. Miet-/Pacht-/LeasingR-HdB Rn. 692; *Gather* GE 2001, 540.
849 OLG Celle ZMR 1973, 109.
850 *Moeser,* Gewerblicher Mietvertrag, 1998, Kap. C § 4 Rn. 91; **aA** *Neuhaus* GuT 2005, 200.
851 *KG GE 2012, 265* = MDR 2012, 516; Fritz GewerberaumMietR Rn. 94; Bub/Treier MietR-HdB/*v. Brunn/Paschke/Emmerich* Kap. III A Rn. 85.
852 Offen gelassen von KG GE 2012, 265 = MDR 2012, 516; *Emde* WuM 1996, 740; gerichtliche Durchsetzung mit Stufenklage, *Rathjen* ZMR 2014, 940.

Berücksichtigung finden.[853] Zunehmende Bedeutung erlangt in diesem Zusammenhang auch der Online-Handel, da dieser einen erheblichen Teil des Umsatzes beim Mieter ausmachen kann.[854] Findet sich im Vertrag keine Regelung, ist im Zweifel unter Gewinn der in der Handelsbilanz ermittelte Betrag und unter Umsatz die Bruttoeinnahmen einschließlich aller Steuern zu verstehen.[855] Hinsichtlich des erzielten Umsatzes hat der Vermieter – auch ohne gesonderte vertragliche Vereinbarung[856] – einen **Auskunftsanspruch** gegen den Mieter.[857] Wiederholt unrichtige Angaben des Mieters über seine Umsatzzahlen oder die Weigerung des Mieters zur Vorlage geeigneter Unterlagen zwecks Feststellung des Umsatzes berechtigen den Vermieter zur fristlosen Kündigung.[858]

Im Falle der **Betriebseinstellung** errechnet sich die Miete aus dem Betrag, der bei der vorgesehenen Verwendung in Betracht gekommen wäre.[859] Ist vertraglich eine Mindestmiete vereinbart worden, kann der Vermieter diese auch im Falle der Betriebseinstellung fordern, weil sie regelmäßig nur dazu dient, den Vermieter dagegen zu sichern, dass die Miete unter den Betrag absinkt, der zur Kostendeckung erforderlich ist.[860] Ist eine Umsatzmiete vereinbart, leitet sich daraus für den Mieter die Pflicht ab, dem Vermieter Auskünfte über die Umsätze zu geben und Einsicht in die entsprechenden Belege und Unterlagen zu gewähren (§ 259 BGB).[861] Umstritten ist der Umfang der Vorlagepflicht des Mieters.[862] Daher ist es sinnvoll, in einer Vereinbarung über die Umsatzmiete auch diesen Punkt zu bedenken.[863] Die Vereinbarung einer Vertragsstrafe für den Fall eines Verstoßes gegen die Betriebspflicht ist zulässig.[864] **271**

Am Umsatz oder am Gewinn ausgerichtete Mietverträge sind bei **Apotheken** gem. § 8 S. 2 ApoG verboten.[865] Von diesem Verbot werden auch sog. Schubladenverträge,[866] die die Parteien neben den beanstandungsfreien Verträgen abschließen, oder verdeckte Umsatzvereinbarungen erfasst. Ob letztere vorliegen, entscheidet eine Bewertung des Gesamtgefüges der Vereinbarung dahingehend, ob die Parteien die Miete am Umsatz oder Gewinn ausgerichtet haben und der Vermieter dadurch an den Erträgen der Apotheke teilhat.[867] Mit dem Verbot einer am Umsatz ausgerichteten Miete soll sichergestellt werden, dass die Apotheken ohne Abhängigkeit zu Dritten ihrer öffentlichen Aufgabe in sachgerechter Weise nachkommen können.[868] Das Verbot führt zur Nichtigkeit des ganzen Vertrages und nicht zu einer Anpassung des unzulässigen Mietzinses.[869] **272**

Soweit an Umsätzen orientierte Mietverträge über Apothekenräume zunächst zulässigerweise vereinbart wurden, sind sie nach Auslaufen der Übergangsregelung zum 31.12.1985[870] nicht insgesamt, sondern nur hinsichtlich der am Umsatz ausgerichteten Mietzinsvereinbarung unwirksam geworden. Die so entstandene Vertragslücke ist regelmäßig nach den Grundsätzen über den **Wegfall der Geschäftsgrundlage** zu schließen. Die festzusetzende Miete richtet sich weder nach den **273**

---

853 *Lindner-Figura* NZM 1999, 492 (493).

854 *Hubatsch* NZM 2015, 74 ff.

855 Bub/Treier MietR-HdB/*v. Brunn/Paschke/Emmerich* Kap. III A Rn. 89; **aA** *Neuhaus* GuT 2005, 200; Fritz GewerberaumMietR Rn. 95; *Lindner-Figura* NZM 1999, 492 (493), die an den Nettoumsatz anknüpfen.

856 KG GE 2012, 265.

857 LG Mannheim BB 1979, 19; *Neuhaus* GuT 2005, 200; Bub/Treier MietR-HdB/*v. Brunn/Paschke/Emmerich* Kap. III A Rn. 85; Fritz GewerberaumMietR Rn 97.

858 OLG Düsseldorf zu § 554 a aF; LG Berlin GE 2011, 690.

859 BGH WM 1979, 184 = NJW 1979, 2351 = ZMR 1979, 238 = MDR 1979, 929; Fritz GewerberaumMietR Rn. 96; zum Insolvenzfall Staudinger/*Emmerich* BGB § 535 Rn. 90.

860 BGH NJW 1969, 1383 = MDR 1969, 751 = BB 1969, 775; WM 1979, 184 = NJW 1979, 2351 = ZMR 1979, 238 = MDR 1979, 929.

861 Fritz GewerberaumMietR Rn. 97; *Gather* DWW 2002, 54 (64).

862 OLG Düsseldorf MDR 1990, 720 = NJW-RR 1990, 1098; EWiR 1990, 655; *Lindner-Figura* NZM 1999, 492 (494) mwN.

863 *Leo* MDR 2004, 259 mit Formulierungsvorschlägen zur Umsatzmiete; ebenso *Lindner-Figura* NZM 1999, 492 (494).

864 OLG Rostock NZM 2004, 460; *Gather* ZAP 2008, Fach 4, 1187 (1198).

865 BGH WuM 1999, 161; *Geldmacher* DWW 1999, 109 (111); zum Gewährleistungsrecht bei Vermietung von Apothekenbetriebsräumen s. *Hinz* NZM 2017, 233.

866 *Saalfrank* NZM 2001, 971 (976).

867 BGH IX ZR 76/00, NZM 2004, 190 = NJW 2004, 1523 = ZMR 2004, 328 = GuT 2004, 56; NJW-RR 1998, 803 = MDR 1998, 94.

868 BGH MDR 1998, 94 = ZMR 1998, 137 = DWW 1998, 17 = NZM 1998, 192; OLG Oldenburg NJW-RR 1990, 84; Einzelheiten zur Apothekerpacht *Geldmacher* DWW 1999, 109.

869 OLG München ZMR 1997, 297; *Geldmacher* DWW 1999, 109.

870 Art. 2 Abs. 3 des Gesetzes zur Änderung des Gesetzes über das Apothekenwesen v. 4.8.1980, BGBl. I 1142.

ortsüblichen Vergleichsmieten noch nach der zuletzt gezahlten (Umsatz) Miete, sondern ist unter Beachtung des hypothetischen Parteiwillens entsprechend der wirtschaftlichen Entwicklung der Apotheke zu bestimmen.[871]

274 Pachtverträge[872] über **Apotheken** sind grds. gem. § 12 ApoG nichtig. Soweit ausnahmsweise eine Verpachtung nach § 9 Abs. 1 ApoG[873] zulässig ist, darf auch ein am Umsatz oder am Gewinn orientierter Pachtzins vereinbart werden (§ 8 S. 3 ApoG).

### IV. Obhutspflicht des Mieters

275 Ebenso wie der Vermieter ist auch der Mieter zu **Schutz** und **Fürsorge** hinsichtlich seines Vertragspartners und der Mietsache verpflichtet. Dies hindert den Mieter aber nicht, gegenüber dem Vermieter seine Rechtspositionen zu wahren und durchzusetzen, etwa auch durch eine Strafanzeige.[874] Der Mieter muss die Mietsache schonend und pfleglich behandeln und alles unterlassen, was zu einem Schaden an der Mietsache führen kann.[875] Das ist ua der Fall, wenn der Mieter unerlaubt Betäubungsmittel in seiner Wohnung lagert.[876] Für das Handeln Dritter ist er nur verantwortlich, wenn ihm insoweit ein (Mit-)Verschulden vorgeworfen werden kann.[877] Die Obhutspflicht beschränkt sich nicht nur auf das Unterlassen von Beschädigungen der Mietsache sondern verlangt im zumutbaren und gebotenen Umfang auch ein positives Tun des Mieters zur Schadensvermeidung bzw. -abwendung.[878] Dies zeigt sich bspw. darin, dass der Mieter im Winter die Wohnung zur Verhinderung von Frostschäden beheizen oder andere Vorkehrungen treffen muss[879] oder gehalten ist, bei Regen die Fenster zu schließen. Ebenso ist er verpflichtet, dafür Sorge zu tragen, dass Wasser vom Balkon über eine dort vorgesehene Einrichtung abfließen kann[880] oder dass die Wohnung ausreichend gelüftet ist.[881] Zeigt sich in der Wohnung ein Mangel, muss der Mieter die Wohnung mit der gebotenen Sorgfalt nutzen, um den Schaden an der Wohnung möglichst gering zu halten.[882] Die Obhutspflicht beginnt, sobald dem Mieter die Sache überlassen ist. Sie ist somit unabhängig davon, ob der Mietvertrag bereits begonnen hat. Sie ruht nicht während der Abwesenheit des Mieters und auch dann nicht, wenn er den Gebrauch der Mietsache seit längerem aufgegeben hat.[883] Wohnt der Vermieter im selben Haus, ist die Obhutspflicht des Mieters jedenfalls hinsichtlich der Räume und Flächen eingeschränkt, die nicht vom Mietgebrauch erfasst werden, weil es in diesem Fall in erster Linie Sache des Vermieters ist, sich um den Zustand dieser Räume und Flächen zu kümmern.[884] Die Obhutspflicht endet nicht mit dem Ablauf der Mietzeit während der Zeit der Vorenthaltung. Die Obhutspflicht endet erst **bei Rückgabe** des Besitzes.[885] Sie gilt allgemein, auch ohne das konkrete Vorliegen einer Gefahrenlage.[886] Liegt aber eine konkrete Gefah-

---

871 OLG Oldenburg NJW-RR 1990, 84.

872 Zu den Voraussetzungen einer Apothekenpacht *Saalfrank* NZM 2001, 971 (976).

873 Zur Auslegung des § 9 ApoG BGH DWW 1998, 17; WuM 1999, 161.

874 LG Frankfurt/Oder ZMR 2014, 209 zur Strafanzeige wegen Hausfriedensbruch.

875 BGH VIII ZR 49/16, WuM 2017, 10 = NZM 2017, 145 = GE 2017, 165 – Betäubungsmittel in der Wohnung; KG GuT 2008, 113 = GE 2008, 599; LG Berlin ZMR 2011, 873; AG Düsseldorf GE 2015, 327 (Urinieren im Stehen; s. aber LG Düsseldorf ZMR 2016, 201); AG Hamburg-Harburg ZMR 2011, 644 zu einem sog. Messie; *Emmert* jurisPR-MietR 6/2012 Anm. 4; Kinne/Schach/Bieber MietProzR BGB § 535 Rn. 72.

876 BGH III ZR 253/12, WuM 2013, 285 = AK-MietPrax Art. 14 GG Nr. 1 mAnm *Börstinghaus* = NJW 2013, 1736 = NZM 2013, 421 = ZMR 2013, 616; Herberger/Martinek/Rüßmann/Weth/*Mössner* jurisPK-BGB, 8. Aufl. 2017, BGB § 573.

877 AG Saarbrücken WuM 2016, 280.

878 *Kraemer* FS Blank, 2006, 281 (282); LG Koblenz NZM 2014, 608 = NJW 2014, 2660 zur Pflege des Parkettbodens bei Hundehaltung.

879 LG Berlin GE 2014, 323; LG Frankfurt/M, ZMR 2017, 810 zum Kochverhalten zwecks Vermeidung eines Alarms durch Rauchwarnmelder.

880 AG Berlin-Neukölln GE 2011, 1557.

881 *Breiholdt/Nierhaus* NZM 2012, 329 (330).

882 AG Kassel WuM 1996, 30.

883 OLG Düsseldorf WuM 1994, 461 = NJW-RR 1994, 1166 = MDR 1994, 1213.

884 *Staudinger/Emmerich BGB § 535 Rn.* 93.

885 BGH NJW 1967, 1803 = MDR 1967, 835 = VersR 1967, 1193; LG Hamburg ZMR 2011, 878; *Franke* DWW 2004, 172 (173).

886 BGH NJW 1972, 25; LG Düsseldorf NJW 1960, 2101.

renlage vor, zB lang anhaltende Kälte, gilt die dem Mieter obwaltende Obhutspflicht[887] verstärkt.[888] Sie findet aber ihre Grenzen, wenn der Mieter wegen der kurzen Mietdauer von der Gefahrenlage keine Kenntnis hatte.[889]

Der Mieter muss bei längerer Abwesenheit für eine **ausreichende Kontrolle** sorgen und ggf. dem Vermieter den Zugang zu der Wohnung ermöglichen.[890] Hierfür kann der Mieter die Hilfe eines Dritten, idR eine Vertrauensperson, in Anspruch nehmen. Diese hat er dem Vermieter bekannt zu geben[891], oder der Mieter muss dem Vermieter selbst die Schlüssel übergeben.[892] Keinesfalls ist der Mieter verpflichtet, ohne Ausschöpfung der anderen Sicherungsmöglichkeiten, dem Vermieter oder einem Hausmeister die **Wohnungsschlüssel** zu überlassen[893]. Kommt die von dem Mieter beauftragte Person der dem Mieter obliegenden Obhutspflicht nicht nach, haftet der Mieter gem. § 278 BGB, weil der Dritte Erfüllungsgehilfe des Mieters ist. Das gilt auch bei vorsätzlichem Handeln, wenn der Erfüllungsgehilfe im Zeitpunkt der Handlung auf Veranlassung und im Interesse des Mieters die Obhut über das Mietobjekt ausübte.[894] 276

Den Mieter treffen aber nicht nur **Obhutspflichten,** die sich unmittelbar auf seine Wohnung oder sonstige gemieteten Teile beziehen. Seine Obhutspflicht erstreckt sich vielmehr auf alle Teile des Gebäudes – einschließlich des Grundstücks[895] –, mit denen der Mieter oder auf seine Veranlassung Dritte[896] in Berührung kommen,[897] also zB auf Gemeinschaftsräume und auf das Treppenhaus. Der Mieter muss daher auch ohne besondere Vereinbarung die ihm zugänglichen Räume schonend und sorgfältig behandeln, um Schäden zu vermeiden, die nicht auf einen vertragsgemäßen Gebrauch zurückzuführen sind. Hat der Mieter bspw. auf dem Balkon der Mietwohnung bepflanzte Blumentöpfe abgestellt, muss er auf Grund seiner Obhutspflicht Vorsorge treffen, dass auch während seiner Urlaubsabwesenheit die Balkonabflüsse nicht durch abfallende Blätter verstopft werden.[898] 277

Es ist grds. Sache des Vermieters und nicht des Mieters, die technischen Vorkehrungen gegen das Einfrieren von **Wasserleitungen** zu treffen.[899] Daher haftet der Mieter nicht für einen Wasserleitungsschaden infolge Frostes im Bad, wenn dort überhaupt keine Heizung vorhanden ist.[900] Der Vermieter muss auch Vorsorge treffen, dass in der leer stehenden Wohnung eines Gebäudes mit weiteren Wohnungen eine ausreichende Beheizung erfolgt, um Wasserrohrbrüche durch Frostschäden auszuschließen. Durch Verletzung dieser Pflicht entstandene Schäden und Aufwendungen muss der Vermieter ersetzen.[901] 278

Aber auch der Mieter ist gehalten, in seinem Bereich alles zu tun, um einen Schaden abzuwenden oder zu minimieren. Der Mieter muss daher bei längerer Abwesenheit im Winter die Wohnung so beheizen, dass keine **Frostschäden** auftreten.[902] Bei großer Kälte gilt diese Obhutspflicht im verstärkten Umfang. Bei einem leer stehenden oder nicht genutzten Objekt des Mieters ist dieser grds. verpflichtet, die Wasserleitungen abzusperren und zu entleeren.[903] Über das Erfordernis besonderer, notwendiger Obhutsmaßnahmen hat der Vermieter den Mieter aufzuklären.[904] 279

Der Mieter kann seiner Obhutspflicht nicht dadurch nachkommen, dass er den Vermieter über die Gefahr unterrichtet und ihm die erforderlichen Maßnahmen überlässt, weil es sich bei der 280

---

887 BGHZ 86, 204 = NJW 1983, 1049 = MDR 1983, 395 = ZMR 1983, 198 = GE 1983, 657.
888 AG Ibbenbüren WM 1998, 378; AG Hersbruck WuM 1986, 307.
889 OLG München ZMR 1989, 17.
890 AG Köln WuM 1986, 86; AG Hersbruck WuM 1986, 307; AG Tempelhof-Kreuzberg GE 1988, 781.
891 BGH NJW 1972, 34 = MDR 1972, 139 = VersR 1972, 70; NJW 1972, 25; OLG Naumburg VuR 2005, 471 mAnm *Sexauer.*
892 BGH NJW 1972, 25; LG Düsseldorf NJW 1960, 2101.
893 Sternel MietR Kap. VII Rn. 8; zur Unwirksamkeit einer entsprechenden Vertragsklausel AG Schöneberg GE 2006, 1297.
894 OLG Düsseldorf MDR 1997, 927.
895 Vgl. insbes. § 4 Abs. 2 BBodSchG (BGBl. 1998 I 502).
896 KG ZMR 2011, 33.
897 BGH NJW 1973, 2059.
898 LG Berlin ZMR 1982, 86 = MDR 1981, 584 = GE 1981, 437.
899 AG Ludwigshafen WuM 1981, 12.
900 OLG Frankfurt a. M. NJW-RR 1991, 974.
901 AG Potsdam WuM 1995, 699.
902 BGH NJW 1969, 41 = MDR 1969, 135; OLG Karlsruhe WuM 1996, 226; OLG Hamm NJW-RR 1988, 530; LG Berlin ZMR 2014, 791; AG Schöneberg GE 2006, 1297.
903 OLG Frankfurt a. M. WuM 1988, 175 = NJW-RR 1987, 611 zur Leitungswasserschadensversicherung.
904 OLG Naumburg, ZMR 2017, 728.

Obhutspflicht um eine den Mieter treffende Verpflichtung handelt.[905] Die Obhutspflicht des Mieters geht aber nicht so weit, dass er die zur Mietsache gehörenden technischen Anlagen und Einrichtungen, wie zB **Gas- und Elektroleitungen,** laufend auf ihre Sicherheit hin überprüfen müsste.[906] Dies gehört vielmehr in den Bereich der Überwachungspflichten des Vermieters (→ Rn. 123). Der Betrieb einer Waschmaschine muss aber vom Mieter überwacht werden durch regelmäßige akustische oder optische Kontrollen[907] (→ Rn. 368).

**281** Der Mieter ist nicht verpflichtet, den Netzstecker von technischen Geräten herauszuziehen, wenn diese nicht benutzt werden. Auch verletzt er nicht seine Obhutspflicht, wenn er moderne Geräte wie Fernseher, Videorecorder oder Computer im **Standby-Modus** belässt; auch wenn sich dann von dem Gerät aus ein Brandherd entwickelt.[908] Hat der Mieter mit Genehmigung des Vermieters eine Parabolantenne installiert, führt dies nicht zur Pflicht des Mieters, die Antenne regelmäßig durch einen Fachmann auf theoretisch mögliche Gefahren überprüfen zu lassen.[909] Das gilt auch für den Betrieb von Haushaltsmaschinen. Eine entsprechende Haftungsklausel, wonach der Mieter verschuldensunabhängig für Zufallsschäden haften soll, ist unwirksam.[910] Gegen derartige Schäden kann sich der Vermieter durch eine Versicherung schützen.

**282** Der Mieter kann vertraglich zur Erweiterung seiner Obhutspflicht verpflichtet werden.[911] Dies gilt aber mit Hilfe von Allgemeinen Geschäftsbedingungen auch im Geschäftsraummietverhältnis nicht uneingeschränkt. Befand sich der Mieter bspw. zum Zeitpunkt eines Rohrbruchs erst eine Woche lang im Besitz der Räume und wusste er infolgedessen noch nicht, dass ein Wasserleitungsrohr frostgefährdet war, ist eine Haftung ausgeschlossen.[912] Kennt der Mieter dagegen den genauen Verlegungsort der Leitungen, ist im gewerblichen Mietverhältnis eine vertragliche Überbürdung dieser Obhut möglich.

**283** Eine besondere Ausprägung der Obhutspflicht findet sich in § 536c BGB, wonach der Mieter zur Anzeige von Mängeln verpflichtet ist.[913] Die Verletzung einer allgemeinen Obhutspflicht führt regelmäßig zum Schadensersatz gem. § 280 Abs. 1 BGB, ggf. zum Schadensersatzanspruch nach § 823 BGB.[914] Steht die Pflichtverletzung des Mieters fest, kann iRd § 280 BGB eine Umkehr der Beweislast für den Bestand, den Zustand und die Wertbildenden Merkmale der Mietsache in Betracht kommen.[915]

## V. Einzelne Gebrauchsrechte

**284** Der Vermieter hat dem Mieter den Gebrauch der vermieteten Sache während der Mietzeit zu gewähren. Das Gesetz schweigt dazu, mit welchen Inhalten dieses Gebrauchsrecht ausgestattet ist. Den §§ 538, 541 BGB kann man aber entnehmen, dass dem Mieter lediglich der vertragsgemäße Gebrauch erlaubt ist. Gem. § 538 BGB hat der Mieter Veränderungen oder Verschlechterungen der gemieteten Sache, die durch den **vertragsgemäßen Gebrauch** herbeigeführt werden, nicht zu vertreten. § 541 BGB räumt dem Vermieter das Recht auf Unterlassung ein, wenn der Mieter den vertragswidrigen Gebrauch der gemieteten Sache ungeachtet einer Abmahnung des Vermieters **fortsetzt.**

**285** Für die Praxis sind diese wenigen gesetzlichen Hinweise kaum hilfreich. Die Grenzen des vertragsgemäßen Gebrauchs sind deshalb im Einzelfall nur schwer zu bestimmen. In erster Linie wird der Vertrag hierüber Auskunft geben müssen. Das, was die Parteien im Mietvertrag wirksam vereinbart haben, ist vertragsgemäß. Gibt der Vertrag keine Auskunft, gilt das, was sich als Verkehrssitte durchgesetzt hat. Individualvereinbarungen dürfen nicht gegen gesetzliche Verbote verstoßen (§ 134 BGB), nicht sittenwidrig sein (§ 138 BGB) und unterliegen den allgemeinen Grenzen nach

---

[905] BGHZ 86, 204 = NJW 1983, 1049 = MDR 1983, 395 = ZMR 1983, 198 = GE 1983, 657.

[906] *Hanke* PiG 46 (1995), 83 (86).

[907] OLG Oldenburg ZMR 2004, 581; LG München NJW-RR 1995, 869 = ZMR 1994, 478; AG Germersheim ZMR 1996, 92.

[908] OLG Köln WuM 1988, 278 = NJW-RR 1989, 597 = MDR 1989, 543 = DWW 1988, 278 = ZMR 1988, 381 bei implodierender Fernsehröhre.

[909] AG Köln WuM 1997, 487.

[910] LG Saarbrücken WuM 1989, 558 = NJW-RR 1987, 1496 für einen in Brand geratenen Wäschetrockner.

[911] LG Köln ZMR 2014, 541 mAnm *Schmid; Franke* DWW 1999, 78.

[912] OLG München ZMR 1989, 17.

[913] *Staudinger/Emmerich* BGB § 535 Rn. 93.

[914] LG Koblenz NJW 2014, 2660 = NZM 2014, 608 zur Obhutspflicht bei erweitertem Nutzungsrecht; *Kraemer* FS Blank, 2006, 281 (285).

[915] LG Essen ZMR 2012, 442.

Treu und Glauben (§ 242 BGB), während formularvertragliche Regelungen oder Verbraucherverträge[916] außerdem im Lichte der Schutzbestimmungen gem. §§ 305 ff. BGB zu würdigen sind.

Der Mieter hat grds. ein Recht auf ungestörten Mietgebrauch. Der Vermieter hat daher alle Eingriffe zu unterlassen, die gegen das dem Mieter nach dem Vertrag und dem Gesetz eingeräumte Gebrauchsrecht verstoßen. Hierzu gehören bspw. das eigenmächtige Betreten der Mieträume durch den Vermieter, Zugangsbehinderungen[917] zu den Mieträumen durch Baumaßnahmen, die den gefahrlosen und bequemen Zutritt des Publikums zum Geschäft des Mieters einschränken,[918] die Duldung des Vermieters, dass Dritte den Mietgebrauch des Mieters stören,[919] wozu auch die Nichtbeachtung des vertragsimmanenten Konkurrenzschutzes (→ Rn. 599 ff.) für den Gewerberaummieter gehört[920] sowie die Vorenthaltung von Versorgungsleistungen für die Mieträume mit Strom, Gas, Wasser und sonstigen Energieträgern[921] (→ Rn. 110 ff.). **286**

### 1. Abstellplatz

Hat der Vermieter einen Stellplatz vermietet, ist er gehalten, diesen auch für den Mieter freizuhalten. Wird der Stellplatz durch einen Dritten belegt, ist dies ein zur Minderung berechtigender Mangel. Wurde ein beliebiger Stellplatz innerhalb einer Sammelgarage vermietet, muss der Vermieter dafür Sorge tragen, dass der Mieter jederzeit einen beliebigen Stellplatz nutzen kann. Eine geringfügige Unterschreitung der gesetzlichen Mindestbreite des Stellplatzes ist unbeachtlich, wenn der Mieter den Stellplatz dennoch nutzen kann.[922] **287**

Der Mieter darf auf der für seinen Pkw gemieteten Abstellfläche grds. kein anderes Verkehrsmittel, zB Fahrrad, Moped, Motorrad, abstellen.[923] Wurde eine beliebige, nicht individualisierte, **Abstellfläche** innerhalb einer Sammelgarage oder einer **Parkfläche** vermietet, hat der Vermieter wegen des knappen Parkraumes ein berechtigtes Interesse daran, dass dort nur Pkw und nicht andere, größere Verkehrsmittel abgestellt werden. **288**

### 2. Antenne

Der Mieter handelt im Rahmen des vertragsgemäßen Gebrauchs, wenn er sich Anlagen zum einwandfreien Rundfunk- und Fernsehempfang einrichten lässt. Sein Grundrecht auf Informationsfreiheit gibt ihm einen Anspruch auf die Anbringung einer Einzelantenne, so lange keine ausreichende Gemeinschaftsantenne vorhanden ist.[924] Der Vermieter muss der Installation zustimmen. Zum Anspruch auf Installation einer Parabolantenne → Rn. 468 ff. **289**

Allerdings kann der Vermieter verlangen, dass die Antenne von einem **Fachmann** installiert wird. Auch den Ort der Befestigung kann der Vermieter bestimmen. Die Kosten für die Installation sowie für die Unterhaltung hat der Mieter zu tragen. Bei Beendigung des Mietverhältnisses muss der Mieter die Antenne auf eigene Kosten entfernen. Ist eine Gemeinschaftsantenne installiert, die nur den Empfang einzelner Programme erlaubt, darf der Mieter diese auf seine Kosten für den Empfang weiterer Programme aufrüsten.[925] Zur Umrüstung der Gemeinschaftsantenne auf eigene Kosten ist der Vermieter ohne vertragliche Regelung nicht verpflichtet.[926] Er muss auch keinen Empfang in **HD-Qualität** gewährleisten.[927] Andererseits darf der Vermieter nicht einseitig eine Gemeinschaftsantenne abbauen und den Mieter auf das Digitale Fernsehen (DVB-T) verweisen.[928] **290**

Hat die Hausanlage (Gemeinschaftsantenne) die Programme bislang über DVB-T (Terrestrischer Empfang) empfangen, konnten die Mieter bislang die über DVB-T empfangenen Programme der **290a**

---

916 Zum Begriff des Verbrauchers *Ebers* VuR 2005, 361.
917 KG ZMR 2015, 538.
918 BGH NJW 1981, 2405 = ZMR 1981, 368 = MDR 1982, 135 = GE 1982, 137.
919 BGHZ 99, 182 = NJW 1987, 831 = MDR 1987, 399 = ZMR 1987, 138.
920 Bub/Treier MietR-HdB/*Bub* Kap. II Rn. 1421.
921 Bub/Treier MietR-HdB/*v. Martius/Ehlert/Schüller* Kap. III A Rn. 2744.
922 AG Sömmerda GE 1999, 1133.
923 AG Stuttgart WuM 2016, 346.
924 BVerfG WuM 1991, 573 = NJW 1992, 493 = ZMR 1992, 15 = GE 1991, 1245; LG Hamburg WuM 1978, 190 = ZMR 1978, 140.
925 AG Hamburg WuM 1990, 422.
926 AG Hamburg WuM 1989, 557 = ZMR 1990, 21.
927 BGH VIII ZR 275/09, WuM 2010, 737 = AK-MietPrax § 535 BGB Nr. 44 = DWW 2011, 56 = GE 2010, 1681.
928 AG Neukölln NJW 2005, 371 = GE 2005, 131.

öffentlich-rechtlichen und privaten Sender teilweise sogar in HD-Qualität kostenlos empfangen. Dies ist inzwischen in ausgewählten Ballungsräumen durch Einführung von DVB-T2 HD nicht mehr möglich. Nicht betroffen ist zur Zeit das „flache Land", das aber bis Mitte 2019 ebenfalls DVB-T2 HD erhalten soll. Seit dem 29.3.2017 sind in den Ballungszentren zwar rund 40 Programme überwiegend hochauflösend in HD zu empfangen: Hierbei handelt es sich aber jeweils rund zur Hälfte um frei empfangbare öffentlich-rechtliche Programme einerseits und verschlüsselte private Programme auf der „freenet TV-Plattform" andererseits.

Die öffentlich-rechtlichen Rundfunkprogramme sind frei und ohne laufende Zusatzkosten auf allen geeigneten Geräten zu empfangen. Die Kosten für die terrestrische Verbreitung werden aus dem Rundfunkbeitrag gedeckt. Der größte Teil der HD-Programme privater Veranstalter ist ausschließlich im Programmpaket von „freenet TV" gegen eine Jahresgebühr von zur Zeit 69 EUR empfangbar.

Für den Mieter bedeutet dies, will er seine bisherige Programmvielfalt aufrechterhalten, dass er entweder einen neuen DVB-T2 HD fähigen Fernseher oder eine entsprechende Set-Top-Box erwirbt. Anderenfalls muss er sich mit dem Programmangebot der öffentlich-rechtlichen Sender zufriedengeben. Somit stellt sich die Frage, wer die Kosten dieser Umstellung zu tragen hat (→ BGB § 555 b Rn. 97 ff.). Zur Zahlung einer Abgabe nach dem UrhG bei Weiterleitung der Signale innerhalb einer Hausgemeinschaft, → Rn. 489 a.

### 3. Aufnahme Dritter

291 **a) Familienangehörige.** Zum vertragsgemäßen Gebrauch gehört die Aufnahme der nächsten Angehörigen, also des Ehegatten,[929] der – auch volljährigen[930] – Kinder[931], der Nichten und Neffen[932] – unabhängig vom Alter – sowie der Hausangestellten und des Pflegepersonals in der Wohnung.[933] Zu dem Kreis der Angehörigen gehören auch die Geschwister[934] sowie die Eltern des Mieters.[935] Das AG Limburg,[936] sieht in der Aufnahme des Schwiegersohnes keinen Verstoß gegen Vertragspflichten und nach Auffassung des AG Koblenz[937] darf nicht nur die Tochter[938], sondern auch das Enkelkind mit aufgenommen werden, was sich mit der BGH-Rechtsprechung vereinbaren lässt. Bei persönlichen engen Bindungen gehört auch der Schwager zum Kreis der Familienangehörigen.[939]

292 Allgemeine **Schranken** ergeben sich allenfalls bei **Überbelegung** (→ Rn. 580 f.) des Mietobjektes.[940] Da es sich bei den vorgenannten Personen nicht um Untermieter im engen Sinne handelt, zählt ihre Aufnahme in die Wohnung zum Kern des mietvertraglichen Gebrauchs.[941] Der Mieter muss dem Vermieter die Aufnahme der Person anzeigen. Die Rechtmäßigkeit der Auf-

[929] BGH XII ZR 143/11, WuM 2013, 485 = AK-MietPrax § 540 BGB Nr. 5 = NJW 2013, 2507 = GE 2013, 999 = NZM 2013, 786 = ZMR 2013, 868; AG Trier FamRZ 1993, 547; nicht einer „Nebenfrau" LG Aachen WuM 1989, 633.

[930] LG Potsdam WuM 2012, 612 = GE 2012, 1565.

[931] Meyer-Abich NZM 2020, 19, 20.

[932] BGH VIII ZR 195/09, WuM 2010, 163 = NJW 2010, 1290 = NZM 2010, 271 = GE 2010, 408 = DWW 2010, 143; sa *Wiek* WuM 2010, 119 (121).

[933] Staudinger/*Emmerich* BGB § 540 Rn. 4 mwN.

[934] BayObLG WuM 1984, 14 = MDR 1984, 316 = ZMR 1984, 89 = GE 1984, 431 für den Bruder des Mieters zu § 564 b BGB; LG Kassel WuM 1989, 72; AG Berlin-Schöneberg GE 1990, 265 für Schwägerin; AG Neukölln GE 1991, 187 gegen den Stiefsohn, wenn der Mieter nicht mit in der Wohnung wohnt; **aA** BayObLG WuM 1984, 13 = ZMR 1984, 87 = MDR 1984, 316.

[935] BayObLG WuM 1997, 603.

[936] AG Limburg WuM 1989, 372.

[937] AG Koblenz WuM 1989, 175.

[938] Bejahend für Stiefkind LG Hamburg WuM 1997, 177 iRd § 564 b BGB aF (= § 573 BGB nF).

[939] BGH VIII ZR 247/08, WuM 2009, 294 = NZM 2009, 353 = DWW 2009, 189 = GE 2009, 714; *Wiek* WuM 2010, 119 (121).

[940] BayObLG WuM 1983, 309 = NJW 1984, 60 = MDR 1984, 55 = ZMR 1984, 13 = GE 1983, 963; OLG Hamm WuM 1982, 323 = NJW 1983, 48 = MDR 1983, 133 = DWW 1982, 335 = ZMR 1983, 66 = GE 1982, 1039; OLG Karlsruhe WuM 1987, 180 = NJW 1987, 1952 = ZMR 1987, 263 = DWW 1987, 192; BGH WuM 1993, 529 = NJW 1993, 2528 = MDR 1993, 970 = ZMR 1993, 508 = MM 1995, 141 = GE *1993, 914 zu den Vo*raussetzungen der Kündigung nach § 553 BGB aF bei Überbelegung.

[941] BGH XII ZR 143/11, WuM 2013, 485 = GE 2013, 999 = NJW 2013, 2507 = NZM 2013, 786 = ZMR 2013, 868 = AK-MietPrax § 540 BGB Nr. 5; BayObLG WuM 1984, 14 = MDR 1984, 316 = ZMR 1984, 89 = GE 1984, 431; LG Hamburg WuM 1999, 687; LG München I WuM 1997, 612.

nahme hängt aber nicht von der Zustimmung des Vermieters ab. Allerdings darf der Mieter nach hM die Räume seinen Angehörigen wegen § 540 Abs. 1 BGB nicht ohne Zustimmung des Vermieters zum alleinigen Gebrauch überlassen.[942] Dieser Fall ist aber nicht schon dann gegeben, wenn der Mieter sich nur noch selten in seiner Wohnung aufhält. Vielmehr setzt eine solche endgültige und selbständige Gebrauchsüberlassung an die Angehörigen voraus, dass der Mieter den Gewahrsam an der Wohnung vollständig aufgegeben hat und so die ihn treffenden Obhutspflichten nicht mehr wahrnehmen kann.[943]

Nach der obergerichtlichen Rspr. zu § 549 BGB aF[944] bedurfte die Aufnahme eines Lebensgefährten oder Partners der Erlaubnis des Vermieters. Durch das Mietrechtsreformgesetz wurde die Rechtsstellung der nichtehelichen Lebensgemeinschaft und der Lebenspartnerschaft gestärkt. Der Lebensgefährte oder Partner hat nunmehr in wesentlichen Fragen eine dem Ehegatten bzw. dem Lebenspartner iSd § 1 Abs. 1 LPartG vergleichbare Rechtsposition (vgl. § 555 d Abs. 2, § 563 Abs. 1 S. 2, § 563 Abs. 2 S. 3, § 574 BGB). Diese betreffen zwar das Mietverhältnis in Fällen, bei denen der Mieter seinen Partner schon in das Mietobjekt aufgenommenen hat. Die daraus teilweise gezogene Schlussfolgerung, dass auch die Aufnahme eines nichtehelichen Partners mietrechtlich keinen Hindernissen unterliegen soll[945], hat der BGH nicht geteilt[946]. Aus diesem Grunde kann die zu § 549 BGB aF vertretene Rechtsmeinung nicht aufrechterhalten bleiben. Der **Partner einer nichtehelichen Lebensgemeinschaft** ist dem Ehegatten des Mieters nicht gleichzustellen. Dies hat zur Folge, dass der Mieter den Partner nicht ohne Erlaubnis des Vermieters in die Wohnung aufnehmen darf. Allerdings hat der Mieter regelmäßig einen Rechtsanspruch auf Aufnahme des Lebensgefährten.[947] Weitere Einzelheiten → BGB § 540 Rn. 31 ff. 293

**b) Besuch des Mieters.** Sowohl bei der Vermietung von Geschäftsräumen als auch bei der Wohnraummiete ist der Mieter uneingeschränkt berechtigt, Besuch zu empfangen. Es gehört zum grundrechtlich geschützten Rechtsbereich des Mieters aus Art. 2 GG, nach eigenem Belieben in seinen Räumen Besuch zu empfangen, solange dadurch nicht der Vertragszweck gestört, die Mietsache beeinträchtigt oder ein anderer Hausbewohner belästigt wird.[948] Wie lange der Besuch andauert, ob er unregelmäßig oder regelmäßig kommt, ist grds. unerheblich.[949] Er kann also nur einen Abend oder nur eine Nacht andauern oder sich gar über mehrere Monate hinziehen. Dabei spielt es keine Rolle, ob es sich um Herren- oder Damenbesuch handelt.[950] Ausnahmsweise kann eine Einschränkung bei Mietverhältnissen über Räume angenommen werden, die Teil eines Wohnheimes sind. Aus dem **Heimzweck** kann sich das Verbot oder die Einschränkung für Besuch ergeben. 294

Die Abgrenzung zwischen „Besuch" und **„Untermieter"** kann schwer zu ziehen sein und hängt von den Umständen des jeweiligen Einzelfalls ab. So ist es einerseits bei einem Schüleraustausch nicht unüblich, dass Kinder mehrere Monate bis zu einem Jahr besuchsweise bei der Gastfamilie leben, während andererseits der Besuch eines entfernten Angehörigen oder Freundes schon nach vier Wochen das zulässige Maß überschreiten kann. Auch Besuchsgewohnheiten innerhalb eines bestimmten Kulturkreises können maßgebend sein.[951] Die Aufnahme eines Au-pair-Mädchens ist als zulässig anzusehen. Das häufig zu findende Zeitkriterium von sechs Wochen ist nur ein grober Rahmen, der in typischen Fällen zur Abgrenzung ausreichen kann. In den anderen Fällen ist entscheidend, ob der aufgenommenen Person der selbständige Mietgebrauch der Wohnung eingeräumt ist oder ob es sich tatsächlich nur um eine vorübergehende, 295

---

942 LG Frankfurt a. M. NJW-RR 1993, 143; LG Hannover ZMR 1993, 473; LG Berlin GE ZMR 2018, 668 = GE 2018, 641; AG Neukölln NJW-RR 1997, 584; Meyer-Abich NZM 2020, 19, 20; krit. *Sternel* PiG 2002, 121 (134); zweifelnd LG Berlin ZMR 2020, 956.

943 LG Hamburg NZM 2000, 379 = NJW-RR 2000, 602.

944 OLG Hamm WuM 1991, 668 = NJW 1992, 513 = ZMR 1992, 20 = DWW 1991, 369; NJW-RR 1997, 1370.

945 Schmidt-Futterer/*Eisenschmid* 8. Aufl. 2003, BGB § 535 Rn. 229; *Wiek* WuM 2003, 693; *Beuermann* GE 2003, 1588; abl. *Lützenkirchen* MietR 2004, 34.

946 BGH VIII ZR 371/02, WuM 2003, 688 = NJW 2004, 56 = NZM 2004, 22 = ZMR 2004, 100 = GE 2003, 1606 = AK-MietPrax § 540 BGB Nr. 1; zur Kritik *Sternel* MietR Kap. VI Rn. 161.

947 LG Berlin, ZMR 2017, 732.

948 LG Hagen WuM 1992, 430.

949 LG Gießen ZMR 2000, 385; LG Mannheim WuM 1973, 5.

950 LG Duisburg WuM 1975, 123; AG Tübingen WuM 1979, 77.

951 AG Spandau WuM 1989, 513.

unselbständige Mitbenutzung der Wohnung handelt.[952] Die Überlassung eines Haustürschlüssels ist dafür aber kein Indiz.

296 Das Recht des Mieters, jederzeit Besuch empfangen zu können, ergibt sich aus seinem **Hausrecht,** was an seine tatsächliche Sachherrschaft und den berechtigten Besitz anknüpft.[953] Es erstreckt sich auch auf den **Zugang** zu seinen Mieträumen.[954] Daher kann der Vermieter nicht bestimmten Personen das Betreten des Hauses verbieten und so das Hausrecht des Mieters unterlaufen. Eine Ausnahme von diesem Grundsatz ist nur anzunehmen, wenn der Besucher in der Vergangenheit wiederholt den **Hausfrieden** gestört[955] oder die gemeinschaftlich zu nutzenden Räume beschädigt oder verunreinigt hat.[956] Ist die Störung oder Gefährdung des Hausfriedens beseitigt, muss der Vermieter das **Hausverbot** unverzüglich aufheben. Das Besuchsrecht lässt sich bei der Wohnraummiete vertraglich wirksam weder aushebeln noch beschränken, da es zum Kernbereich des Nutzungsrechtes der Wohnung gehört.[957] Bei der Geschäftsraummiete ist eine vertragliche Einschränkung – nicht Ausschluss! – des Besuchsrechts, die sich schon aus dem Vertragszweck ergeben kann, zulässig. Ein Verbot, Ausländer besuchsweise zu empfangen, ist gem. § 138 BGB sittenwidrig.[958]

297 Der Mieter hat für Schäden und Störungen einzustehen, die von seinen Haushalts- und Familienangehörigen sowie von seinem Ehepartner verursacht werden.[959] Das gilt auch für solche Personen, die der Mieter in die Wohnung aufgenommen hat, ohne ihnen einen selbständigen Mietgebrauch einzuräumen. Im Übrigen haftet der Mieter für Schäden, die seine **Erfüllungsgehilfen** verursachen. Dies sind Arbeitnehmer, Betriebsangehörige, Kunden und Lieferanten, sowie die vom Mieter beauftragten Handwerker.[960] Zu den Erfüllungsgehilfen gehören nach umstrittener Ansicht nicht die Besucher des Mieters.[961] Entscheidend ist das Willensmoment iSd § 278 BGB, dh der Dritte muss mit Wissen und Wollen im Pflichtenkreis des Mieters tätig geworden sein. Als Erfüllungsgehilfe kann daher keinesfalls derjenige Besucher angesehen werden, der gegen den nach außen manifestierten Willen des Mieters dennoch mit der Mietsache in Berührung kommt.[962] Aber auch dann, wenn der Besucher mit Willen oder auf Wunsch des Mieters das Haus betritt, wird der **Besucher** dadurch allein nicht sein Erfüllungsgehilfe. Der Besucher kommt zwar mit Willen des Mieters mit der Mietsache in Berührung, aber nicht in Erfüllung eines Vertragszwecks oder einer Verbindlichkeit. Zwischen Mieter und Besucher bestehen keine Rechtsbeziehungen, sondern nur Beziehungen tatsächlicher Art. Deutlich wird das am Beispiel des Trickbetrügers, den der Mieter aus Höflichkeit in seine Wohnung lässt. Die allgemein bestehende Rechtspflicht des Besuchers, fremdes Eigentum zu respektieren und nicht rechtswidrig in einen fremden Rechtskreis einzugreifen,[963] kann keinen Haftungstatbestand des Mieters begründen.[964] Dennoch wäre es unbillig, dem Vermieter das Risiko von Verletzungshandlungen aufzubürden[965], da letztlich der Mieter dem Dritten den Zugriff auf die Mietsache ermöglicht hat.[966] Entscheidend ist somit, ob der Mieter seine ihm vom Vermieter zugewiesene Ausübungsbefugnis dem Dritten überlässt.[967] Ist das zu bejahen, wird ihm das dadurch entstehende Risiko zugewiesen. Der Untermieter ist dagegen Erfüllungsgehilfe des Hauptmieters.

298 **c) Untervermietung. aa) Gesamter Wohnraum.** § 540 Abs. 1 S. 1 BGB bestimmt, dass der Mieter ohne Erlaubnis des Vermieters nicht berechtigt ist, den Gebrauch des Mietobjektes einem Dritten zu überlassen, insbes. die Sache weiter zu vermieten. S. 1 regelt somit die Überlassung des

---

952 LG Lübeck ZMR 2021, 394 zum Couchsurfing und Hospitalityclub.
953 OLG Hamm NZM 2016, 310 zur Wohngemeinschaft.
954 AG Altenkirchen WuM 1989, 175; AG München WuM 1986, 307 = NJW-RR 1986, 1144.
955 AG München ZMR 2015, 140; AG Wetzlar ZMR 2008, 634.
956 LG Mannheim WuM 1971, 116; LG Karlsruhe NJW 1961, 1166; LG Wuppertal ZMR 1960, 172.
957 LG Gießen NJW-RR 2001, 8.
958 AG Nürnberg WuM 1984, 295.
959 AG München WuM 2011, 212 = GE 2011, 957.
960 KG GuT 2008, 113 = GE 2008, 599; AG Ibbenbüren WuM 1977, 115 = ZMR 1978, 79.
961 *Schmid* IMR 2014, 452 (453); **aA** AG Hagen WM 1979, 15; *Gies* FS Blank, 2006, 177 (182).
962 *Gies* FS Blank, 2006, 177 (182); OLG München WuM 1989, 128; LG Würzburg NJW-RR 2011, 951; AG Köln WuM 1992, 118.
963 Erman/*Westermann* BGB § 278 Rn. 4.
964 *LG Berlin ZMR 2014, 205*; AG Neukölln GE 2013, 750.
965 Aufgabe der Meinung der Vorauflage.
966 MüKoBGB/*Häublein* BGB § 573 Rn. 78; AG München ZMR 2020, 413.
967 MüKoBGB/*Häublein* BGB § 573 Rn. 78.

gesamten Wohnraums an einen Dritten. Hierzu bedarf es immer der Erlaubnis des Vermieters.[968] Diese kann formlos oder gar stillschweigend erteilt werden. Formularregelungen, die die Erlaubnis an die Schriftform binden, sind unwirksam.[969] Der Anspruch auf Erteilung einer Untermieterlaubnis kann grds. nicht im Verfahren auf Erlass einer **einstweiligen Verfügung** geltend gemacht werden.[970] Der Streitwert bei einer Klage auf Erteilung der Untermieterlaubnis ist auf den 3½-fachen Jahressatz der zu erwartenden Untermiete festzusetzen.[971] Es ist nach allgemeiner Meinung nicht erlaubt, die Wohnung durch Umzug in eine andere freizumachen und die aufgegebene Wohnung Familienangehörigen zu überlassen[972] (weitere Einzelheiten → BGB § 540 Rn. 24 ff.). Das soll auch dann gelten, wenn der Mieter ausziehen will und sein(e) Kind(er) in der Wohnung bleiben soll(en).[973]

Trägt der Mieter dem Vermieter seinen Wunsch zur Untervermietung vor, muss er gleichzeitig einen konkreten Untermieter, einschließlich des beabsichtigten Nutzungszwecks,[974] benennen, damit der Vermieter eventuelle Einwände gegen die Person des Untermieters oder gegen die Nutzung prüfen kann. 299

Verweigert[975] der Vermieter die Erlaubnis ohne hinreichenden Grund, kann der Mieter mit der gesetzlichen Frist von drei Monaten (§ 573 d Abs. 2 BGB iVm § 580 a Abs. 4 BGB) kündigen. Dieses Kündigungsrecht kann auch im gewerblichen Mietrecht **formularvertraglich** nicht ausgeschlossen werden.[976] Die Kündigung setzt im Regelfall voraus, dass dem Vermieter ein konkreter Interessent benannt wird. Lehnt der Vermieter aber bei einer generellen Anfrage des Mieters unmissverständlich und endgültig die Untervermietung ab, dann zeigt er damit, dass er ungeachtet etwaiger Personen keine Erlaubnis erteilen will.[977] Weitere Einzelheiten → BGB § 540 Rn. 41 ff. 300

**bb) Teil des Wohnraums.** Gem. § 553 Abs. 1 BGB kann der Mieter die Erlaubnis zur Untervermietung verlangen, wenn für ihn nach dem Abschluss des Mietvertrages ein berechtigtes Interesse besteht, einen Teil des Wohnraumes einem Dritten zu überlassen (→ BGB § 553 Rn. 7 ff.). Dabei ist es nach Auffassung des BGH nicht erforderlich, dass der Mieter seinen Lebensmittelpunkt in der Wohnung hat.[978] Mit dieser Rspr. hat der BGH die Grenzen zwischen § 540 BGB und § 553 BGB verwischt. 301

Der Vermieter ist nicht verpflichtet, dem Mieter eine generelle Untervermietungserlaubnis unter den Vorbehalt der Prüfung der Person des Untermieters zu erteilen.[979] Er hat ein berechtigtes Interesse daran, dass der Mieter den Dritten namentlich benennt[980] (zum Auskunftsanspruch des gewerblichen Vermieters → Rn. 305). Der Vermieter soll prüfen können, ob der Erteilung der Erlaubnis personenbezogene Gründe entgegenstehen (→ BGB § 553 Rn. 13).[981] Darüber hinaus muss der Mieter die Gründe der Untervermietung mitteilen und darlegen, dass diese Gründe erst nach Abschluss des Mietvertrages entstanden sind. Auch wenn der Vermieter die Erlaubnis „katego- 302

968 OLG Koblenz WuM 2012, 613 zur Einschaltung eines Maklers.

969 *Drettmann* WuM 2012, 535 (542).

970 LG Hamburg WuM 2000, 303.

971 KG GE 2016, 1505; a. A. LG Berlin NZM 2017, 476 (Jahresbetrag der zu erwartenden Untermiete).

972 OLG Frankfurt a. M. WuM 1988, 395 = NJW-RR 1989, 10 = MDR 1989, 67 = ZMR 1988, 461 GE 1988, 1109; LG Cottbus WuM 1995, 38 = NJW-RR 1995, 524 = ZMR 1995, 30; **aA** LG Hamburg ZMR 2013, 192; krit. *Sternel* PiG 2002, 121 (134); zur Untervermietungserlaubnis des Inhabers eines dinglichen Wohnrechts OLG Celle MDR 1999, 87.

973 OLG Frankfurt a. M. WuM 1988, 395 = NJW-RR 1989, 10 = MDR 1989, 67 = ZMR 1988, 461 GE 1988, 1109; LG Cottbus WuM 1995, 38 = NJW-RR 1995, 524 = ZMR 1995, 30; AG Neuss NZM 1999, 309; **aA** LG Hamburg 15.6.2000 – 333 S 86/99; zur Untervermietungserlaubnis des Inhabers eines dinglichen Wohnrechts OLG Celle MDR 1999, 87.

974 KG GE 2008, 1626.

975 KG GE 2008, 1626 zum Schweigen als Verweigerung.

976 BGH WuM 1995, 481 = NJW 1995, 2034 = MDR 1995, 1115 = ZMR 1995, 397 = GE 1995, 1007; LG Hamburg WuM 1992, 689 = NJW-RR 1992, 1363 = ZMR 1992, 452 = MDR 1992, 1149.

977 KG WuM 1996, 696 = ZMR 1996, 648 = NJW-RR 1997, 333 = GE 1996, 1363 = NJWE-MietR 1997, 74; LG Nürnberg-Fürth WuM 1995, 587; LG Köln WuM 1994, 468; zur Kündigung wegen Vertragsverletzung s. AG München WuM 2012, 614.

978 BGH VIII ZR 4/05, WuM 2006, 147 = NZM 2006, 220 = NJW 2006, 1200 = ZMR 2006, 261.

979 BGH VIII ZR 290/11, WuM 2012, 229 = GE 2012, 825 = AK-MietPrax § 553 BGB Nr. 2.

980 AG Berlin Tempelhof-Kreuzberg, ZMR 2020, 588.

981 So wenn bekannt ist, dass der erwünschte Untermieter zu Gewalt und Zerstörung neigt; zur Haftung des Mieters beim Exzess des Untermieters *Burbulla* NZM 2013, 558.

risch" verweigert, führt dies nicht zu einem Anspruch nach § 242 BGB auf Erteilung einer Untervermietungserlaubnis „unter dem Vorbehalt der Person des Untermieters".

303 Der Vermieter kann im Fall des § 553 BGB einen Anspruch auf einen Untermietzuschlag haben (→ BGB § 553 Rn. 22).[982] Dieser ist auch in seiner Höhe abhängig von den Umständen des Einzelfalls und kann daher nicht formularmäßig vereinbart werden.[983] Bei dem Untermietzuschlag handelt es sich um einen Teil der Grundmiete. Die Überlassung der gesamten Wohnung an einen Dritten fällt unter Abs. 1 des § 540 BGB[984] (→ § 540 BGB Rn. 3).

304 **cc) Gewerberaum.** Auch bei Gewerberäumen darf der Mieter nicht ohne weiteres die Räume untervermieten.[985] Das gilt auch dann, wenn der Mieter einen Geschäftspartner aufnehmen will, dem die Mietsache zum selbständigen Mitgebrauch überlassen werden soll. Beschäftigten darf der Mieter aber im Rahmen ihrer betrieblichen Tätigkeit den Gebrauch der Räume überlassen.

305 Ist in einem Mietvertrag über Gewerberaum dem Mieter allgemein die Erlaubnis zur Untervermietung zum Betrieb eines Gewerbes erteilt, so ist er gleichwohl nicht berechtigt, die Mietsache zur Ausübung eines Gewerbes unterzuvermieten, das ihm selbst nach dem Mietvertrag nicht gestattet ist.[986] Der Mieter muss dem Vermieter zur Person des Untermieters Auskünfte geben. Der Vermieter hat ein berechtigtes Interesse an der Prüfung, ob der Untermieter das Geschäft so betreiben kann, dass der „Goodwill" des Mietobjektes nicht beschädigt wird[987].

## 4. Balkon

306 Bauliche **Veränderungen** am und auf dem Balkon bedürfen der Genehmigung des Vermieters, wenn sie nach außen sichtbar sind und damit das Erscheinungsbild des Hauses stören können. Der Mieter ist daher nicht berechtigt, auf dem Balkon eine Sichtschutzkonstruktion fest mit den Gebäudeteilen zu verbinden.[988] Daher ist auch das Anbringen von Netzen unzulässig, um ein Entweichen der Hauskatze zu verhindern[989]. Gleichfalls unzulässig ist es, ein Loch in die **Balkontür** zu schneiden, um der Katze einen freien Ausgang zu verschaffen.[990] Nicht mehr vom vertragsgemäßen Gebrauch gedeckt ist auch das Pflanzen von Bäumen auf dem Balkon. Das kann einer baulichen Veränderung gleich kommen.[991] Das Rauchen auf dem Balkon ist zulässig, auch wenn wirksam (→ Rn. 516) individualvertraglich ein Rauchverbot für die Wohnung vereinbart wurde.[992] Allerdings darf durch das Rauchen kein Mitmieter belästigt werden[993] (→ Rn. 515), ggf. sind bestimmte Zeiten einzuhalten.[994] Zu Instandhaltungsmaßnahmen am Balkon ist der Mieter nicht verpflichtet.[995]

## 5. Berufsausübung in der Wohnung

307 Wohnräume dienen dem Wohnen und grds. nicht der gewerblichen Tätigkeit. Das bedeutet selbstverständlich nicht, dass der Mieter keinerlei berufliche Tätigkeit in seinen Räumen ausüben

---

[982] Zum Umfang des Zuschlags s. LG Berlin GE 2016, 1093; AG Hamburg ZMR 2008, 213.
[983] *Drettmann* WuM 2012, 535 (542); Sternel MietR Kap. VI Rn. 58.
[984] LG Berlin ZMR 2018, 668; WuM 1991, 483.
[985] Bub/Treier MietR-HdB/*Kraemer/von der Osten* Kap. III A Rn. 2537.
[986] BGH NJW 1984, 1031 = ZMR 1984, 275 = MDR 1984, 571 = GE 1984, 481 zum Betrieb eines Sex-Shops.
[987] BGH XIII ZR 92/04, GuT 2007, 19 = NZM 2007, 127 = ZMR 2007, 184 = DWW 2007, 64 = NJW 2007, 288 = AK-MietPrax § 540 BGB Nr. 2.
[988] AG Köln ZMR 2011, 886; zur Anbringung einer Markise AG Köln ZMR 2018, 56; a. A. AG Hamburg-Bergedorf ZMR 2019, 965; AG München ZMR 2014, 459.
[989] AG Neukölln GE 2012, 691 = ZMR 2012, 881; AG Wiesbaden NZM 2000, 711 = NJW-RR 2000, 1031; **aA** AG Schorndorf WuM 2012, 494.
[990] AG Erfurt WuM 2000, 629.
[991] LG München ZMR 2017, 59 = GE 2016, 1567 = WuM 2017, 14 mAnm *Selk*.
[992] Zum Unterlassungsanspruch des Nachbarn AG Bonn WuM 1999, 452 = NZM 2000, 33.
[993] BGH V ZR 110/14, WuM 2015, 368 = GE 2015, 719 = NZM 2015, 448 = NJW 2015, 2023 = ZMR 2015, 679 = AK-MietPrax § 906 BGB Nr. 6; LG Düsseldorf GE 2014, 1062, Kündigung berechtigt; LG Potsdam GE 2014, 801; LG Frankfurt a. M. NJW-Spezial 2014, 355 bei Doppelbalkon; LG Berlin GE 2013, 810; LG Hamburg WuM 2012, 496, Minderung 5%; *Lehmann-Richter* PiG 1999, 65 (69); *Jahreis* jurisPR-MietR *25/2012 Anm. 1; Artz PiG 1985*, 229 (237).
[994] LG Potsdam GE 2014, 801; AG München ZMR 2014, 838 = ZWE 2014, 363 zur Wohnungseigentumsanlage.
[995] AG Bergheim WuM 2012, 495.

darf. Vielmehr hat sich das Tatbestandsmerkmal „vertragsgemäßer Gebrauch" dem Wandel der Wohn- und Arbeitsverhältnisse sowie der technischen Entwicklung anzupassen.[996] Der Mieter kann normale, gelegentliche **Büroarbeiten**[997] oder geschäftliche Besprechungen in seiner Wohnung vornehmen,[998] soweit der Charakter einer Wohnraumnutzung erhalten bleibt. Insbesondere ist gegen die gewerbliche Nutzung eines Telefax und eines Personalcomputers regelmäßig nichts einzuwenden.[999] Daher werden auch **Heimarbeitsplätze** am Computer durch den vertragsgemäßen Gebrauch gedeckt[1000] oder Tätigkeiten, die ausschließlich die Durchführung von Telefonaten zum Inhalt haben.[1001] Auch darf der Mieter die Wohnung als Maler, Schriftsteller, Musiker oder als sonstiger Künstler nutzen, selbst wenn mit diesen Tätigkeiten wesentliche Einkünfte erzielt werden.[1002] Ebenso ist die Tätigkeit als Übersetzer oder Gutachter zulässig. Erlaubt ist auch die nebenberufliche Tätigkeit als Vertreter, wenn sich die **Nebentätigkeit** auf Telefongespräche zwecks Terminvereinbarungen für Hausbesuche bei Kunden beschränkt.[1003] Zum vertragsgemäßen Gebrauch gehören auch der Empfang und die Bewirtung von Geschäftsfreunden. Der Vermieter ist nicht berechtigt, vom Mieter den Nachweis einer Gewerbeerlaubnis zu fordern.[1004]

Die (teil)gewerbliche Nutzung kann untersagt werden, wenn sie gegen ein gesetzliches Verbot **308** verstößt.[1005] Ansonsten ist die Grenzziehung zwischen gerade noch zulässigem Gebrauch und zustimmungspflichtiger Tätigkeit fließend. Maßgeblich ist, ob die geschäftlichen Aktivitäten freiberuflicher oder gewerblicher Art nach außen in Erscheinung treten. Wird dies bejaht, liegt eine „erweiterte" Nutzung der Mietsache vor, die grds. den vertragsgemäßen Gebrauch überschreitet und daher vom Vermieter regelmäßig nicht geduldet werden muss.[1006] Bei geringfügiger Außenwirkung kann der Vermieter im Einzelfall aber verpflichtet sein, seine Erlaubnis zu der weitergehenden Nutzung zu erteilen. So sind vereinzelte Verkaufstätigkeiten vom BGH als vom vertragsgemäßen Gebrauch umfasst angesehen worden, wenn die angebotenen Gegenstände nur zur persönlichen Nutzung vorgesehen waren.[1007]

Der BGH hat seine Rspr. allerdings deutlich verschärft. Er hat eine Überschreitung der zulässigen Nutzung auch angenommen, wenn der Mieter nur seine Wohnadresse als Gewerbeadresse beim Gewerbeamt angemeldet hat[1008], ohne dass von der gewerblichen Tätigkeit nach außen eine Störung erfolgte. Die Entscheidung überzeugt nicht.[1009] Ob der Senat damit generell eine Änderung der Rspr. einläuten wollte, bleibt unklar.

Geht bei Aufrechterhaltung der Wohnung als Lebensmittelpunkt und noch üblicher Wohn- **309** raumnutzung von der gewerblichen Tätigkeit keine Belästigung für die anderen Mieter aus und ist keine Gefährdung des Mietobjektes zu besorgen[1010], hält sich der Mieter im Rahmen des vertragsgemäßen Gebrauchs. Zwar kommt es nach Auffassung des BGH darauf an, ob der Mieter unter seiner Wohnanschrift ein Gewerbe angemeldet hat, unklar bleibt, ob der Vermieter gegen den vertragsgemäßen Gebrauch der Mietsache verstößt, wenn er nur im Telefonbuch unter einer entsprechenden Bezeichnung geführt wird. Als zulässig wird von der Instanz-Rechtsprechung die Ertei-

---

996 Zum Wandel *Hentschel* WuM 2000, 638.

997 LG Hamburg WuM 1996, 532; 1992, 241; LG Stuttgart WuM 1992, 250; *Morath* GE 2006, 628.

998 BGH VIII ZR 165/08, WuM 2009, 517 = GE 2009, 1117 = NZM 2009, 658 = NJW 2009, 3157 = AK-MietPrax § 543 BGB Nr. 15.

999 BGH VIII ZR 165/08, WuM 2009, 517 = NZM 2009, 658 = NJW 2009, 3157 = AK-MietPrax § 543 BGB Nr. 15; AG Hamburg WuM 2009, 349; AG Köln WuM 1991, 577; AG Regensburg WuM 1991, 678.

1000 LG Berlin WuM 1974, 258; *Morath* GE 2006, 628 (629).

1001 AG Berlin-Charlottenburg MM 1992, 357.

1002 LG Berlin MM 1993, 182.

1003 AG Berlin-Charlottenburg MM 1992, 357.

1004 AG Münster WuM 1988, 429.

1005 AG Köln WuM 1990, 162.

1006 BGH VIII ZR 213/12, WuM 2013, 493 = NJW 2013, 1806 = NZM 2013, 456 = ZMR 2013, 623 = AK-MietPrax § 563 BGB Nr. 1; VIII ZR 165/08, WuM 2009, 517 = AK-MietPrax § 543 BGB Nr. 15 = NJW 2009, 3157 = NZM 2009, 658 = GE 2009, 1117.

1007 BGH VIII ZR 93/10, WuM 2011, 98 = AK-MietPrax § 541 BGB Nr. 3 = NZM 2011, 151 = GE 2011, 682 = ZMR 2011, 367.

1008 BGH VIII ZR 149/13, WuM 2013, 554 = AK-MietPrax § 573 BGB Nr. 46 = NZM 2013, 786 = GE 2013, 1132 = ZMR 2014, 273; vgl. aber ähnlich gelagert LG Berlin GE 2015, 790; *Eisenschmid* WuM 2013, 554.

1009 *Herrlein* NJW 2014, 1279 (1281).

1010 LG Hamburg WuM 1993, 188; LG Osnabrück WuM 1986, 94.

lung von **Nachhilfeunterricht** an einzelne Schüler, gelegentlicher Musikunterricht[1011] oder die Betreuung von fremden Kindern als Tagesmutter[1012] angesehen. Ebenso wurde die nebenberufliche Tätigkeit als Psychotherapeutin in geringem Umfang als zulässige Heimarbeit bewertet.[1013] Wegen der Außenwirkung dieser Mieteraktivitäten dürfte im Hinblick auf die BGH-Rechtsprechung[1014] jedoch nicht mehr von einem vertragsgemäßen Gebrauch ausgegangen werden. Vielmehr ist nunmehr zu fragen, ob der Vermieter wegen der Geringfügigkeit der durch die Außenwirkung folgenden Beeinträchtigungen verpflichtet ist, dem Mieter gleichwohl die erweiterte Nutzung einzuräumen. Überschreitet bspw. die Tätigkeit als Tagesmutter mit bis zu 5 Kleinkindern den Umfang einer Nachbarschaftshilfe, indem die Erbringung von Betreuungsdienstleistungen mit Erwerbscharakter im Vordergrund steht, handelt es sich um eine teilgewerbliche Nutzung der Wohnung.[1015] Für die Umstände, die eine Pflicht des Vermieters zur weitergehenden Duldung begründen können, ist der Mieter darlegungs- und beweispflichtig.

**310** Keine vertragsgemäße (übliche) Wohnraumnutzung liegt vor, wenn eine freiberufliche Tätigkeit in büromäßiger Organisation betrieben wird. Daher ist die Unterhaltung zB eines Büros mit lebhaftem **Kundenverkehr** nicht mehr in das Belieben des Mieters gestellt.[1016] Ebenso ist die ausschließliche, freiberufliche Tätigkeit in der Wohnung, soweit mit Laufkundschaft gerechnet werden muss, ohne Einverständnis des Vermieters unzulässig.[1017] Auch darf nicht ohne seine Zustimmung in der Wohnung eine Kindertagesstätte unterhalten werden.[1018]

**311** Beschäftigt der Mieter aber Angestellte oder eröffnet er einen Betrieb mit Laufkundschaft, kommt ein Anspruch des Mieters auf Erweiterung seines Nutzungsrechtes regelmäßig nicht in Betracht. Es steht grds. im **freien Ermessen** (Ausnahme: → Rn. 309) des Vermieters, ob er einer vom Mieter gewünschten zustimmungspflichtigen gewerblichen Nutzung in der Wohnung sein Einverständnis geben will.[1019] Insbesondere kann er die Zustimmung von einer Änderung der Vertragsbedingungen abhängig machen. Stimmt der Vermieter der vom Mieter gewünschten Nutzung nicht zu, nutzt der Mieter bei dennoch ausgeübter gewerblicher Tätigkeit die Wohnung vertragswidrig. Stimmt der Vermieter zu, richten sich die rechtlichen Folgen nach Art und Umfang der gewerblichen Nutzung.

**312** Wird eine Wohnung ausschließlich gewerblich genutzt, handelt es sich um ein Mietverhältnis über Gewerberaum. Bei nur teilgewerblicher Nutzung besteht ein Mischmietverhältnis, dessen Recht sich nach dem Schwerpunkt der Nutzungsart richtet[1020] (→ Rn. 235 ff.). Maßgeblich hierfür ist in erster Linie die Vorstellung der Parteien darüber, wie der Mieter das Objekt nutzen soll und welche Art der Nutzung im Vordergrund steht.[1021] Werden zB einem Rechtsanwalt oder Steuerberater Räume zur Nutzung als Kanzlei und zugleich als Wohnung überlassen, so wurde bislang allgemein angenommen, dass die Vermietung in erster Linie zu gewerblichen Zwecken erfolgt. Dies galt auch dann, wenn die Kanzleifläche kleiner war als die für Wohnzwecke gedachte.[1022] Das lässt sich mit der Entscheidung des BGH[1023] v. 9.7.2014 nicht mehr aufrechterhalten.

---

[1011] AG Freiburg WuM 1991, 686.

[1012] LG Hamburg NJW 1982, 2387; AG Hamburg WuM 1989, 625; AG Stuttgart WuM 1988, 52; **aA** LG Berlin WuM 1993, 39 bei fünf Kindern; zur erforderlichen Genehmigung einer Wohnungseigentümergemeinschaft BGH V ZR 204/11, WuM 2012, 515 = NZM 2012, 687 = GE 2012, 1105; *Rüscher* jurisPR-MietR 22/12 Anm. 3.

[1013] AG Berlin-Spandau MM 1997, 242.

[1014] BGH V ZR 204/11, WuM 2012, 515 = NZM 2012, 687 = GE 2012, 1105; VIII ZR 165/08, WuM 2009, 517 = GE 2009, 1117 = NZM 2009, 658 = NJW 2009, 3157 = AK-MietPrax § 543 BGB Nr. 15.

[1015] BGH V ZR 204/11, WuM 2012, 515 = NZM 2012, 687 = GE 2012, 1105; LG Berlin GE 2013, 1588.

[1016] LG Hamburg WuM 1985, 263; LG Hannover ZMR 1959, 168; zur Prostitution LG Lübeck NJW-RR 1993, 525; AG Mönchengladbach-Rheydt ZMR 1993, 171.

[1017] LG Schwerin NJW-RR 1996, 1224; LG Berlin 1988, 947; LG Stuttgart WuM 1997, 215.

[1018] LG Berlin NJW-RR 1993, 907; AG München WuM 2001, 305.

[1019] Anders bei Anmietung eines Tennisplatzes, AG Neuss NJW-RR 1988, 915.

[1020] BGH WuM 1977, 234 = NJW 1977, 1394 = MDR 1977, 745 = ZMR 1986, 278; NJW 1979, 309 = MDR 1979, 394 = ZMR 1979, 49; OLG München ZMR 2007, 119; krit. zur Schwerpunkttheorie *Rinke* ZMR 2001, 963.

[1021] *BGH WuM 1986*, 274 = NJW-RR 1986, 877 = MDR 1986, 842 = ZMR 1986, 278; OLG Düsseldorf WuM 2002, 481 = ZMR 2002, 589; LG Berlin GE 2001, 771; 1999, 187.

[1022] KG KGR Berlin 2000, 359; LG Berlin GE 2001, 771.

[1023] BGH VIII ZR 376/13, WuM 2014, 539 = NJW 2014, 2864.

Ein bloß vorgetäuschter Nutzungszweck, der die Schutzbestimmungen des Wohnraummieters umgehen soll, ist unbeachtlich[1024] (→ Rn. 243). Entscheidend ist somit nicht, wie das Vertragsverhältnis in der Vertragsurkunde formal bezeichnet wird.

Überwiegt trotz gewerblicher Tätigkeit die Wohnraumnutzung und enthält der Mietvertrag eine Regelung, wonach bei Nutzung zu anderen als Wohnzwecken ein vom Vermieter festzusetzender Gewerbezuschlag zu zahlen ist, dann soll dieser **Zuschlag** nach einem älteren Rechtsentscheid des BayObLG nicht Teil des Mietzinses werden.[1025] Danach könnte der Zuschlag ohne Einhaltung der besonderen Voraussetzungen der §§ 557 ff. BGB vereinbart – und erhöht – werden. Diese Auffassung ist allerdings zweifelhaft,[1026] da auch bei gewerblicher Teilnutzung keine vertragliche Mischform anzunehmen ist, sondern entweder ein Wohnraummietverhältnis oder ein Gewerbemietverhältnis vorliegt (→ Rn. 235 ff.). Liegt ein Wohnraummietverhältnis vor, muss von dem Mietbegriff der §§ 556, 557 BGB ausgegangen werden. Zudem ist kein sachlicher Grund ersichtlich, warum ein derartiger Zuschlag anders behandelt werden soll als bspw. ein Untermietzuschlag. § 553 Abs. 2 BGB lässt eine Erhöhung der Miete zu, womit die Grundmiete gemeint ist.[1027] Der Zuschlag geht also in der Miete auf[1028], was für die Kappungsgrenze nach § 558 Abs. 3 BGB beachtlich ist. Bei der Ermittlung der ortsüblichen Miete darf der Vermieter den Mietspiegelwert angemessen erhöhen.[1029] Ebenso ist bei einem Möblierungszuschlag zu verfahren. Zur Anbringung von Firmenschildern → Rn. 334 ff. **313**

### 6. Blumenkasten

Mangels einer gegenteiligen Vereinbarung ist der Mieter berechtigt, außen an den Fensterbrettern Blumenkästen anzubringen oder **Blumentöpfe** auf den Fensterbänken abzustellen.[1030] Er muss diese ausreichend sichern, damit sie auch bei starkem Wind nicht herabstürzen können und keine Verletzungsgefahr darstellen[1031] (s. Verkehrssicherungspflicht → Rn. 139 ff.). Darüber hinaus muss der Mieter sicherstellen, dass das Mietobjekt nicht durch auslaufendes Wasser beschädigt wird.[1032] **314**

Wurde dem Mieter vertraglich das Aufstellen von Blumenkübeln gestattet, darf der Vermieter diese nicht eigenmächtig entfernen. Anderenfalls kann der Mieter gegen diese Besitzstörung mit Hilfe einer **einstweiligen Verfügung** vorgehen.[1033]

Das Recht auf Gestaltung der Wohnung findet aber dort eine Grenze, wo allgemeine Flächen, die auch anderen Mietern zum Gebrauch überlassen sind, betroffen sind. So ist es dem Mieter ohne Einwilligung des Vermieters nicht erlaubt, außerhalb der Wohnung im Hausflur oder auf dem Grundstück Blumenarrangements aufzustellen.[1034] **315**

### 7. Briefkasten

Der Vermieter hat dafür zu sorgen, dass eine ordnungsgemäße Postzustellung möglich ist.[1035] Daher ist er nicht nur verpflichtet, jedem Mieter im Haus einen funktionstüchtigen Briefkasten zur Verfügung zu stellen.[1036] Der Vermieter hat auch dafür Sorge zu tragen, dass die Briefkästen vom Postzusteller erreicht werden können.[1037] Die vom Vermieter angebrachten Briefkästen müs- **316**

---

[1024] LG Berlin WuM 1993, 396 = GE 1993, 377; LG Frankfurt a. M. WuM 1992, 112 = ZMR 1992, 542.

[1025] BayObLG WuM 1986, 205 = NJW-RR 1986, 892 = MDR 1986, 676 = DWW 1986, 149 = GE 1986, 605; AG Hannover WuM 1991, 577.

[1026] *Blank* WuM 2014, 641 (648).

[1027] Blank/Börstinghaus/*Blank/Börstinghaus* BGB § 535 Rn. 625.

[1028] Sternel MietR, 3. Aufl. 1988, Kap. IV Rn. 184; Kinne/Schach/Bieber MietProzR/*Schach* BGB § 535 Rn. 69.

[1029] Blank/Börstinghaus/*Blank/Börstinghaus* BGB § 535 Rn. 627; **aA** MüKoBGB/*Bieber* § 553 Rn. 11 zum Untermietzuschlag; PWW/*Riecke* BGB § 553 Rn. 12.

[1030] OLG Köln WuM 1995, 582 = ZMR 1994, 562; **aA** LG Berlin GE 2011, 1230 = ZMR 2013, 42; AG Schöneberg GE 2001, 1678; LG Berlin MM 2001, 441 mkritAnm *Despang*.

[1031] LG Berlin GE 2012, 1098; AG Charlottenburg ZMR 2013, 446; AG Berlin-Schöneberg MM 1990, 192.

[1032] Bub/Treier MietR-HdB/*Kraemer/von der Osten* Kap. III A Rn. 2361.

[1033] AG Schöneberg ZMR 2000, 230.

[1034] AG Münster WuM 2008, 664.

[1035] AG Osnabrück WuM 2000, 329.

[1036] LG Mannheim ZMR 1977, 305 = WuM 1976, 231; AG Mainz NJW-RR 1997, 265; WuM 1996, 701; AG Potsdam WM 1996, 760; AG Friedberg WuM 1978, 49 = ZMR 1978, 266.

[1037] LG Frankfurt/Oder ZMR 2011, 552; *Bausch* NZM 2006, 917 (918).

sen geeignet sein, normale **Briefformate** aufzunehmen.[1038] Der Briefkasten muss somit DIN-gerecht sein und DIN A4 Umschläge ohne Knick aufnehmen können.[1039] Der Mieter braucht sich nicht auf einen für alle Mieter gemeinschaftlichen Briefkasten – wegen des Briefgeheimnisses – verweisen zu lassen. Kommt der Vermieter seiner Pflicht nicht nach, kann der Mieter einen eigenen Briefkasten außerhalb der Wohnungstür anbringen. Er muss aber hinsichtlich des Anbringungsortes Einvernehmen mit dem Vermieter herbeiführen.[1040] Der Mieter darf den Briefkasten mit Hinweisen gegen unerwünschte Werbung bekleben.[1041]

### 8. Dübel

317 Das Dübeln – auch durch Kacheln und Fliesen – ist ohne Zustimmung des Vermieters in angemessenem Umfang gestattet.[1042] Die Angemessenheit bestimmt sich danach, ob mit den Dübeln Gegenstände an die Wand geschraubt werden, die zu den üblichen Geräten und Vorrichtungen in einem Haushalt gehören.[1043] Allein die Anzahl der verwendeten Dübel ist grds. nicht ausschlaggebend.[1044] Teilweise wird die Auffassung vertreten, der Mieter habe nur einen Anspruch auf Zustimmung zur Anbringung üblich dimensionierter und beschaffener Einrichtungen (Handtuchhalter, Papierhalter, Hängeschränkchen etc)[1045] oder der Mieter müsse die Dübellöcher immer in die Fliesenfugen setzen.[1046] Diesen Meinungen kann nicht gefolgt werden, da gerade in der Einrichtung der Wohnung ein wesentliches Element der Persönlichkeit des Mieters zum Tragen kommt. Allerdings ist der Mieter im Rahmen seiner Obhutspflicht gehalten, schonend mit der Mietsache umzugehen und möglichst wenige Schäden durch das Dübeln zu verursachen.

318 Hat der Mieter weder Schönheitsreparaturen noch eine Endrenovierung zu tragen, besteht keine Beseitigungspflicht von verkehrsüblichen Dübeln in Fliesen und Kacheln.[1047] Will der Vermieter das Recht auf Verwendung von Dübeln einschränken, muss er dies bei Mietbeginn zur individuell vereinbarten Vertragsgrundlage machen. Dann kann der Mieter entscheiden, ob die Wohnung unter diesen Bedingungen noch ihren Preis wert ist. Derartige Vereinbarungen müssen klar und verständlich sein. Eine **Formularklausel,** die den Mieter generell verpflichtet, bei Beendigung des Mietverhältnisses die hinterlassenen Dübellöcher zu entfernen und ordnungsgemäß und unkenntlich zu verschließen sowie durchgebohrte Kacheln durch gleichartige zu ersetzen, ist unwirksam, weil damit die Beseitigungspflicht des Mieters auch auf Fälle erstreckt würde, in denen das Anbringen von Dübeln und Bohren von Löchern zum vertragsgemäßen Gebrauch unerlässlich ist.[1048]

319 Überschreitet der Mieter im Einzelfall die Grenzen der Angemessenheit und Zulässigkeit solcher baulicher Maßnahmen, ist er zum Schadenersatz verpflichtet.[1049] Die Beweislast für die übermäßige Verwendung von Dübeln, zB im Badezimmer, trägt der Vermieter.[1050] War dem Vermieter nicht zumutbar, Reservekacheln bzw. Reservefliesen vorzuhalten, kann er vom Mieter die Neuverfliesung verlangen, wenn der Vermieter die Kacheln bzw. Fliesen auch im Handel nicht mehr erhalten kann.[1051]

---

[1038] LG Berlin MM 1990, 261.
[1039] AG Charlottenburg MM 2001, 402; *Bausch* NZM 2006, 917 (918).
[1040] Bub/Treier MietR-HdB/*Kraemer* Kap. III A Rn. 2445.
[1041] AG München WuM 1989, 231.
[1042] BGH WM 1993, 109 = NJW 1993, 1061 = MDR 1993, 339 = ZMR 1993, 263 = DWW 1993, 74; LG Berlin GE 2002, 261; LG Hamburg WuM 2001, 359; LG Darmstadt NJW-RR 1988, 80; LG Aurich DWW 1989, 223; LG Göttingen WM 1990, 199; LG Mannheim MDR 1975, 231; AG Dortmund GE 2014, 1455.
[1043] LG Mannheim MDR 1975, 231; AG Rheinbach NZM 2005, 822.
[1044] OLG Köln WuM 1995, 582 = ZMR 1994, 562; LG Hamburg WuM 2001, 359.
[1045] Bub/Treier MietR-HdB/*Scheuer/Emmerich* Kap. V A Rn. 306.
[1046] LG Berlin GE 2002, 261 = NZM 2003, 512; AG Köpenick GE 2012, 1639; Bub/Treier MietR-HdB/*Scheuer/Emmerich* Kap. V A Rn. 306; **aA** AG Dortmund GE 2014, 1455.
[1047] OLG Frankfurt a. M. WuM 1992, 56 = NJW-RR 1992, 396.
[1048] BGH WM 1993, 109; OLG Düsseldorf WuM 1994, 323 = ZMR 1994, 259 = NJW-RR 1994, 780; OLG Frankfurt a. M. WuM 1992, 56 = NJW-RR 1992, 396.
*[1049] OLG München DWW 1986*, 16 = NJW-RR 1986, 443; AG Mönchengladbach-Rheydt ZMR 2013, 724, 60 Dübel.
[1050] LG Münster WuM 1999, 720.
[1051] LG Göttingen ZMR 1990, 145.

### 9. Einbauten des Mieters

Siehe dazu Mietermodernisierung (→ Rn. 419 ff.) sowie §§ 539, 546, 552 BGB. **320**

### 10. Fahrstuhl

Der Mieter ist berechtigt, einen Fahrstuhl zu nutzen, da die Nutzung grds. vom Gebrauchsrecht **321**
umfasst wird.[1052] Das gilt auch für den Transport von Gütern – zB anlässlich eines Umzuges –, soweit die Aufzugsanlage für den Gütertransport geeignet und zugelassen ist.

Der Anspruch auf Nutzung des Fahrstuhls kann formularmäßig nicht ausgeschlossen werden, da **322**
der Mieter auf Grund hohen Alters oder einer Behinderung auf die Nutzung angewiesen sein kann. Das Vorhandensein eines Aufzuges für die Anmietung einer bestimmten Wohnung stellt für zahlreiche Mieter ein entscheidendes Kriterium und für viele Bauwerke mit einer größeren Anzahl von Geschossen regelmäßig eine Notwendigkeit dar. Daher führt der vertragliche Ausschluss der Nutzung zu einer unangemessenen Benachteiligung.[1053] Das gilt selbst für zeitliche Beschränkungen der Nutzung, zB auf eine bestimmte Tageszeit, da derartige Einschränkungen den Mieter an die Wohnung fesseln oder von ihrer Nutzung ausschließen können (→ Rn. 324).[1054]

„Für etwaige, durch die Benutzung des Fahrstuhls entstehende Schäden haftet der Vermieter **323**
nur, soweit ihn vorsätzliches oder grob fahrlässiges Verschulden trifft", ist eine unangemessene und damit unwirksame Klausel,[1055] zumal sich der Vermieter gegen derartige, seinem Gefahrenkreis entstammende Risiken, versichern kann. Da zudem hinsichtlich der Schadensart keine Differenzierung vorgenommen wurde, liegt in der obigen Klausel ein Verstoß gegen § 309 Nr. 7 a BGB, weil danach der Ausschluss der Haftung des Verwenders für leichte Fahrlässigkeit bei Verletzung von Leben, Körper und Gesundheit unwirksam ist.

Gehört die Aufzugsanlage zum vertragsgemäßen Gebrauch, ist der Vermieter verpflichtet, die **324**
Aufzugsanlage rund um die Uhr[1056] **in Betrieb** zu halten und notfalls zu reparieren.[1057] Grenzen dieser Pflicht können sich unter dem Gesichtspunkt der Opfergrenze ergeben (→ Rn. 246 ff.).

### 11. Fahrzeuge

Auch ohne ausdrückliche Erlaubnis ist der Mieter berechtigt, einen vom Vermieter der Mieter- **325**
gemeinschaft zur Verfügung gestellten Fahrradabstellplatz zu nutzen. Allerdings kann der Mieter keinen bestimmten Abstellplatz beanspruchen. Reicht der vorhandene Platz nicht aus oder steht kein **Abstellplatz** zur Verfügung, darf der Mieter das Fahrrad in seinem Keller oder in der Wohnung und ggf. auch im Hausflur abstellen (→ Rn. 359 ff.). UU ist der Mieter zur Minderung berechtigt.[1058]

Ob der Mieter sein **Fahrrad** auf einem vorhandenen Hof abstellen kann, ist im Einzelfall nur **326**
nach der Zweckbestimmung des Hofes sowie nach der Zumutbarkeit für die Mitbewohner zu prüfen.[1059] Vermietet der Vermieter allerdings an einen Gewerbetreibenden oder Freiberufler mit Kundenverkehr, zB an eine Arztpraxis, muss er dulden, dass die Besucher ihre Fahrräder oder Kinderwagen auf dem Grundstück abstellen.[1060] Hat der Mieter einen Pkw-Abstellplatz (→ Rn. 287 f.) angemietet, darf er wegen des vereinbarten Vertragszwecks darauf grds. keine Fahrräder abstellen.[1061]

Grundsätzlich ist der Vermieter ohne besondere Absprache nicht verpflichtet, das Abstellen von **327**
Kraftfahrzeugen auf seinem Grundstück zu gestatten.[1062] Hat der Vermieter dem Mieter aber diese Möglichkeit eingeräumt, so kann ein vereinbartes Widerrufsrecht nur bei berechtigtem Interesse

---

[1052] LG Hamburg ZMR 1977, 154 = NJW 1976, 1320; Emmerich/Sonnenschein/*Emmerich* BGB § 535 Rn. 6.
[1053] Einschränkend Bub/Treier MietR-HdB/*Bub* Kap. II Rn. 1396.
[1054] LG Frankfurt a. M. WuM 1990, 271.
[1055] BGH IX ZR 124/00, MDR 2002, 300 mAnm *Lützenkirchen;* OLG Celle WuM 1990, 103.
[1056] OLG Frankfurt a. M. NZM 2004, 909 = NJW-RR 2004, 1667 = ZMR 2004, 818.
[1057] LG Berlin GE 1986, 449 = ZMR 1986, 89; LG Hamburg ZMR 1977, 154 = NJW 1976, 1320.
[1058] AG Menden WuM 2007, 190.
[1059] AG Berlin-Schöneberg GE 1990, 209; AG Berlin Charlottenburg GE 1982, 87; AG Berlin-Tiergarten GE 1981, 635; AG Münster WuM 1994, 198; Sternel MietR Kap. VI Rn. 149.
[1060] LG Hildesheim MDR 1961, 602.
[1061] Offen gelassen AG Schöneberg MM 1992, 319.
[1062] LG Oldenburg ZMR 1966, 208.

ausgeübt werden.[1063] Die jahrelange widerspruchslose Nutzung der Gemeinschaftsfläche durch den Mieter kann zur Erweiterung des Vertragsgegenstandes führen.[1064] Die Erlaubnis, im Hofraum des Anwesens zu parken, hat nicht zur Folge, dass der Mieter Anspruch auf einen bestimmten **Parkplatz** hat[1065]. Der Vermieter kann aber dem Mieter einen bestimmten Platz zuweisen.[1066]

**328** Handelt es sich um ein gewerbliches Mietobjekt und gehört ein Kundenparkplatz zum vertragsgemäßen Gebrauch, versteht sich die vertragliche Regelung gem. §§ 133, 157 BGB so, dass auch die außerhalb der üblichen Geschäftszeiten liegende Nutzung durch den Mieter bzw. dessen Angestellten erlaubt ist[1067].

**329** Hat der Vermieter einen Teil seiner Grundstücksfläche in der Vergangenheit zum Abstellen von Fahrzeugen zur Verfügung gestellt, darf er nicht ohne weiteres diese Fläche zur Einrichtung eines gebührenpflichtigen Parkplatzes verwenden. Liegt ein Mietvertrag über den Parkplatz vor, kann der Vermieter nur gem. § 573b BGB kündigen.[1068] Liegt eine Gestattung vor, kommt bei Vorliegen eines sachlichen Grundes auch ein Widerruf in Betracht.[1069]

**329a** Der Vermieter ist nicht berechtigt, den Mieter durch Formularvereinbarung das Halten und Fahren eines Kfz zu verbieten.[1070] Eine solche Klausel schränkt den Mieter unangemessen in seiner Handlungsfreiheit ein und hat zudem mit der Wohnung nichts zu tun. Eine Gebrauchsbeschränkung kann allerdings vereinbart werden, um zB die Zufahrtswege auf dem Vermietungsareal zu den Wohnungen vom Autoverkehr möglichst freizuhalten. Es muss dabei sichergestellt werden, dass für besondere Fallgestaltungen Ausnahmen zulassen werden, wie zB die Zufahrt für gehbehinderte Mieter. Hier wird es im Einzelfall auf eine umfassende Interessenabwägung, die schon im Wortlaut der Vertragsklausel angelegt ist, ankommen.[1071]

### 12. Feste

**330** Ähnliche Maßstäbe wie bei der Musikausübung (→ Rn. 461 f.) sind anzulegen, wenn es um die Beurteilung von Festlichkeiten in der Wohnung oder in sog. Partykellern sowie in Gartenanlagen geht. Auch durch Feiern dürfen Mitmieter nicht über das erträgliche Maß hinaus gestört werden. Das bedeutet, dass die zeitliche Grenze von 22.00 Uhr bis maximal 23.00 Uhr eingehalten werden muss. Auch die Anzahl der **Gäste** darf uU ein bestimmtes Maß nicht überschreiten und kann notfalls mit einer einstweiligen Verfügung begrenzt werden.[1072]

**331** Aus dem Grundsatz der gegenseitigen Rücksichtnahme ergibt sich, dass regelmäßig wiederkehrende, uU sogar wöchentliche, lärmintensive Partys nicht gestattet sind.[1073] Sie führen erfahrungsgemäß zu einer Belästigung der Mitmieter. Dies schließt allerdings nicht aus, dass Mieter und Wohnungseigentümer bei besonderen Anlässen in der Wohnung Feste feiern können, auch wenn hierdurch andere Mieter einmal gestört werden sollten.[1074] Insbesondere dann, wenn dies als Ausdruck traditioneller Geselligkeit in einem bestimmten Wohngebiet üblich ist.[1075] Generell können aber weder Mieter noch Wohnungseigentümer gegen einen Mieter bzw. Eigentümer durch Mehrheitsbeschluss die Anlässe oder zeitlichen Grenzen einer Feier festlegen.

**332** Bei der Beurteilung familiärer wie auch nachbarschaftlicher Festivitäten ist sowohl auf die Besonderheit des Anlasses als auch auf die regional bedingte Üblichkeit wie Karneval, Schützenfest, Silvester usw abzustellen.[1076] Das **Gebot der Rücksichtnahme** erfordert aber gleichfalls, dass der

---

[1063] LG Berlin GE 1992, 989; AG Reinbek WuM 2000, 330; AG Düsseldorf WuM 1994, 426; AG Gießen WuM 1994, 198; Sternel MietR Kap. VI Rn. 149.
[1064] LG Berlin GE 1994, 401; AG Gießen WuM 1994, 198; für den konkreten Fall verneinend AG Neubrandenburg WuM 1994, 262.
[1065] LG Berlin GE 2005, 617.
[1066] AG Miesbach WuM 1979, 213.
[1067] OLG Düsseldorf GuT 2002, 173 = ZMR 2003, 107 = DWW 2003, 52.
[1068] AG Reinbek WuM 2000, 329; AG Gießen WuM 1994, 198.
[1069] KG WuM 2009, 654; LG Berlin GE 2011, 1087; 2005, 617; *Flatow* NZM 2007, 432.
[1070] AG Münster WuM 2014, 408; LG Münster BeckRS 2014, 18226; *Blank* jurisPR-MietR 12/2014 Anm. 1; Börstinghaus WImmoT 2014, 95 (103 f.).
[1071] *Blank* jurisPR-MietR 12/2014 Anm. 1.
[1072] AG Bad-Homburg NJW-RR 1992, 335.
[1073] OLG Düsseldorf WuM 1990, 116 = NJW 1990, 1676 = ZMR 1990, 183 = DWW 1990, 118 = MDR *1990, 849.*
[1074] AG Köln MDR 1961, 852; *Barthelmess* FS Blank, 2006, 23 (54).
[1075] LG Frankfurt a. M. WuM 1989, 575 = NJW-RR 1990, 27.
[1076] *Barthelmess* FS Blank, 2006, 23 (54).

Mieter den besonderen Umständen im Haus Rechnung trägt, zB die Rücksichtnahme auf kranke Nachbarn, auf Kinder oder auf die besondere Hellhörigkeit im Haus.

Für den von der Feier ausgehenden Lärm der Gäste ist der Mieter als Veranstalter[1077] verantwortlich.[1078] **333**

### 13. Firmenschilder

Es ist für Gewerbetreibende bzw. Angehörige der freien Berufe selbstverständliches Recht, an **334** der Außenfassade des Hauses Namens- oder Firmenschilder anzubringen. Die Größe des Schildes kann von den örtlichen Gegebenheiten und der Üblichkeit abhängig gemacht werden. Jedenfalls muss auch ein Hinweis auf die Büro- und Sprechstunden möglich sein. Wird ein Büro verlegt, sind sowohl der neue Mieter als auch der Vermieter regelmäßig verpflichtet, auf angemessene Zeit ein Schild zu dulden, das auf die neuen Räume des umgezogenen Mieters hinweist.[1079] Als angemessen ist ein Zeitraum von ca. sechs Monaten anzusehen.[1080] Das soll dann nicht gelten, wenn die Vertragsparteien hinsichtlich der Werbung im Außenbereich abschließende Regelungen getroffen haben.[1081]

Nutzt ein Mieter seine Wohnung in geringfügigem Umfang zulässigerweise teilgewerblich, hat **335** der Vermieter auch grds. in diesen Fällen die Anbringung eines Schildes neben der **Hauseingangstür** und uU im **Treppenhaus** zu dulden.[1082] Dieser Auffassung ist jedenfalls dann zuzustimmen, wenn die Erlaubnis des Vermieters Kundenverkehr einschließt. In anderen Fällen, zB bei der Nutzung eines Zimmers als Büro, muss das Interesse des Vermieters als überwiegend angesehen werden,[1083] so dass der Mieter ohne besondere Erlaubnis des Vermieters nicht berechtigt ist, Werbe- oder Reklameeinrichtungen am Haus oder in den Fenstern anzubringen.[1084]

Der Ort und die Gestaltung des Firmenschildes sind mit dem Vermieter **einvernehmlich** fest- **336** zulegen, da der Vermieter ein berechtigtes Interesse an der äußeren Gestaltung der Hausfassade hat. Insoweit kann der Vermieter auch formularvertraglich den Mieter auf bestimmte Vorgaben festlegen. Übt der Mieter seinen Beruf oder sein Gewerbe nicht in der Wohnung, sondern anderswo aus, hat er keinen Anspruch auf Anbringung eines Firmenschildes am Wohnhaus.

### 14. Funkantenne

Bei einer CB-Funksprechanlage[1085] handelt es sich nicht um ein für weite Schichten der Bevöl- **337** kerung zum Allgemeingut gewordenes technisches Hilfsmittel, dessen Gebrauch zur Selbstverständlichkeit geworden ist und einem unbedingten Verkehrsbedürfnis entspricht.[1086] Eine Funksprechanlage ist auch nicht dem Fernsprecher mit seiner hohen wirtschaftlichen Bedeutung gleichzusetzen,[1087] da sie, anders als dieser, nicht den Charakter eines wirtschaftlichen Hilfsmittels hat, sondern ausschließlich der Freizeitbeschäftigung gewidmet ist. Darin unterscheidet sie sich auch vom gewerblichen Funkbetrieb (Funktaxi; Betriebsfunk). Ist im Mietvertrag das Anbringen einer Funkantenne am Haus oder auf dem Dach untersagt, muss sich der Mieter daran halten.[1088] Der Funkbetrieb ist erlaubt, wenn der Mieter mit einer Teleskopantenne aus der Wohnung heraus den Funkverkehr ausüben[1089] und iÜ sicherstellen kann, dass keine Störungen im Radio- und

1077 Nach LImSchG NRW; OLG Düsseldorf WuM 1996, 56 = NJW 1995, 3134 = ZMR 1995, 415 = DWW 1995, 255.

1078 OLG Düsseldorf WuM 1990, 116 = NJW 1990, 1676 = ZMR 1990, 183 = DWW 1990, 118 = MDR 1990, 849; AG Köln WuM 1987, 21.

1079 OLG Düsseldorf NJW 1988, 2545 = NJW-RR 1988, 1360.

1080 BGH NJW 1952, 867 = BB 1952, 503.

1081 AG Hamburg ZMR 2019, 598.

1082 AG Tiergarten GE 1991, 577.

1083 LG Schwerin NJW-RR 1996, 1224.

1084 Bub/Treier MietR-HdB/*Kraemer/Schüller* Kap. III B Rn. 2871.

1085 Einzelheiten s. bei *Siegert* NJW 1996, 2287.

1086 BayObLG WuM 1981, 80 = NJW 1981, 1275 = ZMR 1982, 84 = DWW 1982, 121 = MDR 1981, 583; LG Köln GE 1981, 241.

1087 AG Köln NZM 2000, 88; AG Schöneberg GE 1995, 763.

1088 LG Karlsruhe WuM 1989, 496; LG Berlin MDR 1981, 57; LG Köln GE 1981, 241; AG Köln NZM 2000, 88; WuM 1980, 4.

1089 *Siegert* NJW 1996, 2287; AG Wedding GE 1992, 831.

Fernsehempfang der Mitmieter auftreten.[1090] Ansonsten ist für die notwendige Zustimmung des Vermieters auch maßgebend, ob eine Antenne ohne **optische Beeinträchtigung** des Hauses angebracht werden kann[1091] und ob auch andere Mieter möglicherweise den Wunsch nach einer Funkantenne äußern könnten.[1092] Bei der Abwägung der gegenseitigen Interessen können für den Mieter aber soziale Gründe sprechen, wie zB die Kontaktaufnahme zu anderen Menschen bei längerer Krankheit.[1093]

**338** Innerhalb einer **Wohnungseigentumsanlage** stellt die Installation einer Funkantenne eine bauliche Maßnahme dar, die der Zustimmung aller Wohnungseigentümer bedarf.[1094] Die für diese bauliche Veränderung grds. erforderliche Zustimmung der übrigen Wohnungseigentümer ist aber ausnahmsweise entbehrlich, wenn die Veränderung für die übrigen Wohnungseigentümer keinen über das bei einem geordneten Zusammenleben unvermeidliche Maß hinausgehenden Nachteil iSd § 14 WEG bedeutet.[1095]

**339** Sind die Räume zur gewerblichen Nutzung vermietet, so wird der Vermieter verpflichtet sein, die Anbringung einer Funkantenne zu gestatten, wenn der Betrieb einer Funkanlage zur Eigenart des Gewerbebetriebes gehört. Der Streitwert bei einer Unterlassungsklage bemisst sich nach dem ideellen Interesse des Vermieters bzw. Eigentümer an der Beeinträchtigung.[1096]

### 15. Garage/Einstellplätze

**340** Garagen darf der Mieter im Rahmen des Vertragszweckes nutzen. In diesem Zusammenhang ist häufig streitig, ob der Mieter in der Garage oder auf dem Stellplatz zB Fahrräder oder Motorräder abstellen oder dort Werkzeuge, Maschinen oder gar Hausrat lagern darf. Ist vertraglich nichts weiter vereinbart, muss der Umfang der Gebrauchsgewährung durch Auslegung des Vertrages ermittelt werden. Dabei ist an die Zweckbestimmung anzuknüpfen. Hierzu können Anhaltspunkte der Reichsgaragenordnung[1097] entnommen werden. Gem. § 1 Abs. 2 RGaO sind Garagen bauliche Anlagen oder Räume, die zum Einstellen von Kraftfahrzeugen bestimmt sind. Die Garagen dienen somit dem Kraftfahrzeug, also gem. § 1 Abs. 2 StVG einem Landfahrzeug, das durch Maschinenkraft bewegt wird, ohne an Bahngleise gebunden zu sein. Orientiert man sich daran, kann der Mieter daher neben einem Auto zB auch/oder sein Motorrad unterstellen, nicht jedoch sein Fahrrad. Dieses unverständliche Ergebnis zeigt, dass die Anknüpfung für den Gebrauch an eine öffentlich-rechtliche Vorschrift, die allein dem Verkehr dient, zu eng ist.[1098] Der Zweck des Garagenmietvertrages geht weiter. Zum einen will der Vermieter mit der Vermietung auch die Entlastung des **ruhenden Verkehrs** bewirken. Daher ist es dem Mieter in jedem Fall verboten, die Garage oder den Stellplatz so zu nutzen, dass die Unterbringung seines Kraftfahrzeugs nicht mehr möglich ist. Zum anderen soll die Garage aber regelmäßig dem Mieter auch dazu dienen, generell Fahrzeuge unterzustellen, um sie vor **Diebstahl und Beschädigung** zu schützen, wie zB Fahrräder und Motorräder. Regelmäßig verbindet der Mieter mit der Anmietung einer Garage auch die Vorstellung, dort mit dem Betrieb der Fahrzeuge verbundene Zubehörteile und erforderliche Werkzeuge unterzubringen. Soweit keine mietvertraglichen Regelungen vorhanden sind, ist im Wege der Vertragsauslegung darüberhinaus zu klären, ob ein Recht zur Lagerung von sonstigen Gegenständen in der Garage besteht. Es wäre ein Verstoß gegen Treu und Glauben, wenn der Vermieter aus rein formalen Gesichtspunkten zB das Unterstellen von Fahrrädern in der Garage untersagen könnte, wenn ein sachliches Interesse des Vermieters an einer solchen einengenden Regelung nicht erkennbar

---

[1090] AG Heilbronn NJW-RR 1991, 79.
[1091] LG Essen NJW-RR 1990, 782; AG Köln WuM 1998, 662.
[1092] LG Heilbronn NJW-RR 1992, 77 = WuM 1992, 10.
[1093] LG Berlin GE 1982, 41; **aA** LG Essen WuM 1980, 30; zu den Zustimmungsvoraussetzungen Blank/Börstinghaus/*Blank/Börstinghaus* BGB § 535 Rn. 539.
[1094] BayObLG WuM 1988, 98 = ZMR 1987, 30 = MDR 1987, 235; LG Stuttgart WuM 1991, 213 = NJW-RR 1990, 1167 = ZMR 1991, 191.
[1095] BayObLG WuM 1990, 611 = NJW 1990, 3218 = NJW-RR 1990, 1167.
[1096] LG Hamburg WuM 1991, 359.
[1097] Verordnung über Garagen und Einstellplätze v. 17.2.1939 idF des Erlasses v. 13.9.1944 (RGaO). Die geltenden Garagen-Verordnungen der Länder geben für diese Frage im Regelfall nichts her, weil sie lediglich die *öffentlich-rechtlichen – betrieblichen* und baulichen – Anforderungen bei einem Nutzungszweck für Kraftfahrzeuge beschreiben. Sie können aber Grenzen für die Nutzung aufzeigen, die insoweit auch privatrechtlich wirken (siehe BGH, XII ZR 6/12, NZM 2013, 191).
[1098] So aber *Schickedanz* ZMR 2008, 100 (101).

und ihm diese Erweiterung des Vertragszwecks zumutbar ist (→ Rn. 325 f.)[1099]. Die Lagerung sonstiger[1100] oder gar brennbarer Gegenstände, wie Benzin und Öl, ist grundsätzlich unzulässig[1101]. Der Vermieter muss zudem für eine verkehrssichere Zufahrt sorgen und diese mangels anderweitiger Vereinbarung auch sauber halten. Das bedeutet, dass der Mieter sein Fahrzeug nicht vor dem Haus parken darf, um die Garage als Abstellraum zu nutzen.[1102]

Etwas anderes gilt für **Stellplätze.** Gem. Abs. 1 der RGaO sind Einstellplätze unbebaute oder mit Schutzdächern versehene, weder dem ruhenden noch dem fließenden öffentlichen Verkehr dienende Flächen, die zum Einstellen von Kraftfahrzeugen bestimmt sind. Da sie keinen abgeschlossenen Raum, sondern lediglich eine ungeschützte abgesteckte Fläche bilden, sind sie grds. nur für das Abstellen eines Pkw oder eines anderen Motorfahrzeuges[1103] geeignet. 341

Der Vermieter kann vertraglich festlegen, dass die Mietsache zum Abstellen eines Pkws überlassen wird und das gleichzeitige Abstellen weiterer kleinerer Fahrzeuge (zB Fahrräder, Mofas, Mopeds) nicht gestattet ist.[1104] 342

*frei* 343

### 16. Garten

Ein Gewohnheitsrecht, wonach der Mieter einer Erdgeschosswohnung ohne weiteres auch den Hausgarten benutzen darf, gibt es nicht. Der Erdgeschossmieter ist auch nicht gewohnheitsrechtlich zur Pflege eines Vorgartens verpflichtet. Ohne ausdrückliche Vereinbarung stellt der Garten im Zweifel eine Gemeinschaftseinrichtung dar, welche lediglich im Rahmen des Gemeinschaftszweckes (mit)benutzt werden kann. Verstöße dagegen können im Einzelfall eine fristlose Kündigung rechtfertigen.[1105] Ist der Garten aber an eine oder mehrere Parteien vermietet, darf ihn auch der Vermieter selbst nicht mehr benutzen; es sein denn, er hat einen entsprechenden Vorbehalt zum Mitgebrauch vereinbart.[1106] In diesem Fall darf der Vermieter den Garten, soweit keine andere gesonderte Absprache vorliegt, nur im üblichen Rahmen nutzen.[1107] Wurde dem Mieter die **Gartennutzung** lediglich unter Widerrufsvorbehalt gestattet, kann sie ohne triftigen Grund vom Vermieter nicht entzogen werden.[1108] Ist der Garten bei Abschluss des Mietvertrages noch nicht angelegt und haben die Parteien darüber keine weiteren Einzelheiten vereinbart, ist er dem Mieter in einem zur normalen Nutzung als **Hausgarten** geeigneten Zustand zu überlassen.[1109] Zur Nutzung eines Gartens gehört, dass neben den Kindern des Mieters auch deren Freunde im Garten spielen können.[1110] Der Mieter hat auch einen Anspruch auf Errichtung eines **Sandkastens.**[1111] Er darf auch **Gartenmöbel**[1112] oder ein Pavillon-Zelt[1113] aufstellen. Nach Auffassung des AG Regensburg[1114] sogar eine Parabolantenne. Dem Vermieter steht somit kein Direktionsrecht hinsichtlich der Gartengestaltung zu.[1115] 344

Ist über die Pflege des Gartens eine Vereinbarung getroffen worden, bleibt der Vermieter dennoch zur Instandhaltung und Instandsetzung verpflichtet.[1116] Wird der Garten von außen zerstört (zB durch Wildschweine), handelt es sich bei den Wiederherstellungsarbeiten nicht um Pflegemaß- 345

---

[1099] Offen gelassen *Weidt* NZM 2019, 847, 848.

[1100] AG Stuttgart WuM 2016, 346; AG München ZMR 2013, 817.

[1101] Ausnahmen gibt es nach den Garagen-Verordnungen der Länder für Kleingaragen, siehe bspw. § 19 GarVO Schleswig-Holstein idFv. 22.4.2020 – GVOBl. 2020, 203.

[1102] *Weidt* NZM 2019, 847, 849.

[1103] *Weidt* NZM 2019, 847, 848.

[1104] Lützenkirchen Wohnraummiete S. 59; zu den Rechtsfolgen bei Verstößen gegen die Vorgaben der Garagennutzung siehe *Weidt* NZM 2019, 847 ff.

[1105] AG Köln ZMR 2012, 708, ständig in den Garten urinierender Mieter.

[1106] *Sonnenschein* NJW 1997, 1270 (1279).

[1107] Nicht üblich ist die Verwendung des Gartens als Hundeklo, LG Köln WuM 1996, 402 zur Vertragsklausel „Nutzung als Hundeauslauf".

[1108] AG Bergisch-Gladbach WuM 1989, 498; *Sternel* PiG 2012, 47 (60).

[1109] Zur Ausfüllung des Begriffs „geeigneter Zustand" AG Neuss NJW-RR 1990, 1163.

[1110] AG Solingen WuM 1980, 112.

[1111] AG Aachen WuM 1987, 83; zur Brunnennutzung AG Görlitz WuM 2004, 600.

[1112] AG Berlin-Mitte GE 2005, 1133; AG Schöneberg GE 2005, 1131.

[1113] LG Hamburg 2007, 681.

[1114] AG Regensburg WuM 2007, 287.

[1115] LG Köln ZMR 2011, 955.

[1116] LG Kassel WuM 1988, 155; AG Bocholt WuM 1987, 270.

nahmen, sondern um Instandsetzungen, deren Kosten der Vermieter zu tragen hat.[1117] Bei Anmietung eines Einfamilienhauses ist mangels gegenteiliger Vereinbarung regelmäßig davon auszugehen, dass dem Mieter die Gartenpflege obliegt. Ihm sind ohne besondere Absprache aber nur einfache Pflegearbeiten zuzumuten.[1118] Das gilt selbst dann, wenn der Mieter nach dem Mietvertrag verpflichtet ist, den Garten des gemieteten Hausgrundstücks „gärtnerisch" zu unterhalten.[1119] Auch bei solchen ungenauen Absprachen können dem Mieter nur einfache und grundsätzliche **Pflegearbeiten** abverlangt werden, ohne dass er einen Fachmann hinzuziehen muss. Einfache Pflegearbeiten sind solche Arbeiten, die weder besondere Fachkenntnisse des Mieters noch einen besonderen Zeit- oder Kostenaufwand erfordern, wie zB das Rasenmähen oder das Umgraben von Beetflächen.[1120] Hierzu gehören somit nicht das Beschneiden von Bäumen und Büschen sowie das Vertikutieren und Düngen des Rasens. Mangels entgegenstehender Vereinbarung sind diese „höheren" Arbeiten vom Vermieter auszuführen. Der Mieter muss ihm hierzu – nach vorheriger Anmeldung – den Zutritt zum Grundstück gewähren.[1121] Hat sich der Mieter ohne besondere Vorgaben nur zur „Pflege" des Gartens verpflichtet, unterliegt in einem solchen Fall die Pflege iE nicht der Direktive durch den Vermieter.[1122] Dieser kann somit nicht anordnen, welche Pflanzen einzusetzen bzw. zu entfernen sind oder wann Unkraut gejätet werden muss. Vielmehr ist dem Mieter bei vereinbarter Gartennutzung und -pflege gestattet, diese Nutzung sehr weit und individuell auszugestalten.[1123] Zunehmend wird die Auffassung vertreten, dass der Mieter einen reinen Zier- oder Nutzgarten in einen ökologischen Garten umwandeln kann. In diesem Garten dürfen **Wildkräuter** wachsen; es darf aber nicht zu einer völligen Verwilderung und Vernachlässigung des Gartens kommen.[1124] Abhängig von der Größe des Gartens kann ein kleines **Spielhaus**[1125] oder **Gartenhaus** errichtet,[1126] ein kleiner Teich gestaltet[1127] oder neben dem Ziergarten auch ein Gemüsebeet und ein **Komposthaufen**[1128] angelegt werden. Der Garten kann auch mit Einrichtungen versehen werden, wie zB Wegsperren und Einfriedungen.[1129] Bei Beendigung des Mietverhältnisses ist der Mieter grds. gehalten, den ursprünglichen Zustand wieder herstellen.[1130] Dabei ist aber besonders zu prüfen, ob in der Geltendmachung des Anspruchs nicht ein Missbrauchstatbestand zu sehen ist. Hat der Mieter die Maßnahmen ausschließlich in seinem Interesse vorgenommen, kann von einem stillschweigenden Einverständnis der Parteien ausgegangen werden, dass der Mieter hierfür keinen Aufwendungsersatz verlangen kann.[1131]

346 Der Mieter kann beliebige Blumen säen und pflanzen. Cannabis darf der Mieter allerdings nicht anbauen – auch nicht für den Eigenbedarf.[1132] Ein Verbot kann auch für das Bewachsenlassen von Knöterich oder Geißblatt[1133] an der Hauswand ausgesprochen werden, soweit dadurch eine Beeinträchtigung der Bausubstanz befürchtet werden muss.[1134] Ob der Vermieter auch das Setzen von Sträuchern und kleinen Bäumen verbieten kann, hängt von der Beurteilung des Einzelfalls, hier insbes. von der Größe des Gartens ab. Ein zusätzlicher Maßstab ist die Ortsüblichkeit und das landesrechtliche Nachbarrecht. In Wohnungseigentumsanlagen kann die vermietete Gartenfläche

[1117] LG Berlin WuM 2016, 168; AG Köpenick GE 2013, 1006; AG Schöneberg GE 2000, 1691.

[1118] LG Braunschweig WuM 2009, 288; LG Hamburg ZMR 2003, 265; LG Siegen WuM 1991, 85; offen gelassen AG Münster WuM 2011, 357.

[1119] LG Wuppertal WuM 2000, 353.

[1120] OLG Düsseldorf WuM 2004, 603 (606); LG Wuppertal WuM 2000, 353; LG Detmold WuM 1990, 289.

[1121] AG Burgwedel WuM 1990, 493.

[1122] OLG Düsseldorf WuM 2004, 603 (606) = GE 2005, 615; LG Köln WuM 1996, 402; **aA** LG Frankfurt a. M. NZM 2005, 338 = NJW-RR 2005, 663 bei Vereinbarung der Pflege unter Bezugnahme auf § 2 Nr. 10 BetrKV.

[1123] LG Köln WuM 1996, 402; *Eisenschmid* FS Seuss, 1987, 224f.

[1124] LG Köln NJWE-MietR 1996, 243, AG Hamburg-Barmbek ZMR 2009, 455; *Wall* jurisPR-MietR 25/09 Anm. 1; einschränkend *Schmid* DWW 2011, 243.

[1125] AG Flensburg WuM 2016, 486.

[1126] **AA** AG Brühl WuM 1989, 498.

[1127] LG Lübeck WuM 1993, 669.

[1128] AG Regensburg WuM 1985, 242.

[1129] AG Münster WuM 1997, 486.

[1130] LG Lübeck WuM 1993, 669.

[1131] BGH VIII ZR 387/04, WuM 2007, 443 = NZM 2007, 682 = MDR 2007, 1123 = GE 2007, 1049 = *ZMR 2007, 684* = AK-MietPrax § 539 BGB Nr. 1; LG Berlin GE 2014, 872.

[1132] LG Ravensburg WuM 2001, 608; LG Lüneburg WuM 1995, 708.

[1133] AG Münster WuM 1990, 493.

[1134] AG Bonn WuM 1993, 735; AG Münster DWW 1990, 423 für Geißblatt.

auch einen Sozialbezug aufweisen, der den Eigentümer bei entsprechender Vereinbarung berechtigt, wirksam die Gestaltung des Gartens festzulegen. Der optisch-ästhetische Gesamteindruck der Wohnanlage kann dabei für die gestalterische Entscheidung des Vermieters maßgeblich sein.[1135]

Nicht zugestanden wird dem Mieter, Sträucher und Bäume zu entfernen, welche der Vermieter oder ggf. auch der Mieter selbst[1136] zur Gestaltung des Grundstückes gepflanzt hatten. Häufig werden solche Bepflanzungen wesentlicher Bestandteil des Grundstücks; weil sie nicht nur zu einem vorübergehenden Zweck erfolgen.[1137] Zur Entfernung der Pflanzen bedarf es dann der ausdrücklichen Genehmigung durch den Vermieter.[1138] Mangels anderweitiger Vereinbarung ist der Mieter allerdings berechtigt, das Obst im Garten zu ernten.[1139] Liegt hinsichtlich der Gartengestaltung eine Vereinbarung vor, darf der Vermieter das Grundstück betreten, um die Einhaltung der vertraglichen Pflichten zu prüfen.[1140] **347**

Soweit es sich bei dem Garten um eine Gemeinschaftseinrichtung handelt, dürfen die Pflegekosten als Betriebskosten umgelegt werden (→ BGB § 556 Rn. 156f.). Ansonsten tragen die Pflegekosten sowie die **Anschaffungskosten** der erforderlichen **Gerätschaften** der Mieter, der den Garten vertraglich nutzen darf. Ist dem Mieter allerdings eine bestimmte Gestaltung und Pflege des Gartens aufgegeben, muss der Vermieter mangels anderweitiger Vereinbarung die dafür notwendigen Gerätschaften zur Verfügung stellen.[1141] **348**

Im Einzelfall kann dem Mieter ein Zurückbehaltungsrecht an seiner Pflegeleistung zustehen,[1142] zB wenn der Vermieter das Gartengrundstück nicht so übergibt, wie es vertraglich vereinbart wurde. **349**

### 17. Gewerbe

Vermietet der Vermieter Räumlichkeiten zu gewerblichen Zwecken, hat er sie so herzurichten, dass sie die für den in Aussicht genommenen Gewerbebetrieb erforderlichen Eigenschaften besitzen. So gehört es zum Betrieb einer Praxis, dass die Hauseingangstür während der Geschäftszeiten geöffnet ist oder vom Kunden geöffnet werden kann.[1143] Der Vermieter muss insbes. für eine ausreichende Tragfähigkeit der Decken Sorge tragen. Dieses Risiko darf der Vermieter grds. nicht mit Hilfe von **Formularklauseln** auf den Mieter abwälzen, soweit es sich bei den aufzustellenden Gegenständen um verkehrsübliche Einrichtungen handelt.[1144] Auch die Zugänge und Zufahrten müssen für eine normale Nutzlast ausgerichtet sein[1145] und einen problemlosen Betrieb des Gewerbes ermöglichen.[1146] Richtet der Vermieter die Räumlichkeiten auf Wunsch des Mieters ein, kann dadurch die Haftung ausgeschlossen sein. Insbesondere muss der Vermieter alle Arbeiten, die nach baupolizeilichen Vorschriften oder allgemeiner Verkehrsanschauung während der Mietzeit erforderlich sind, ausführen. **350**

Der Mieter ist grds. nicht berechtigt, einen anderen als den vertraglich vereinbarten Geschäftszweig zu betreiben (s. Wettbewerb → Rn. 599ff.). Daher liegt eine Vertragsverletzung vor, wenn sich aus dem Mietvertrag ergibt, dass die Mieträume als Büros genutzt werden sollten, und stattdessen in den Mieträumen **Asylbewerber** untergebracht werden.[1147] Es kommt in solchen Fällen nicht darauf an, ob dem Vermieter durch die anderweitige Nutzung ein Schaden droht. **351**

Der Vermieter kann in Grenzen auch vertraglich vereinbaren, dass ein bestimmtes **Nutzungsrisiko** beim „gewerblichen" Mieter liegen soll; so, wenn die Mietzahlung auch dann in voller Höhe erfolgen soll, wenn die beabsichtigte Nutzung aus tatsächlichen oder rechtlichen Gründen nicht durchführbar ist.[1148] Eine solche Vereinbarung ist aber nur zulässig, wenn damit **352**

---

1135 LG Hamburg Wohnungseigentum 2000, 35.
1136 OLG Düsseldorf NZM 1998, 1020; LG Detmold NZM 2014, 434.
1137 LG Detmold NZM 2014, 434; LG Berlin GE 2014, 872; *Emmert* jurisPR-MietR 15/2014 Anm. 1.
1138 LG Berlin ZMR 2019, 768.
1139 AG Leverkusen WuM 1994, 199.
1140 LG Köln ZMR 2011, 955.
1141 Einschränkend AG Ebersberg WuM 1985, 258.
1142 LG Köln WuM 1996, 402.
1143 LG Itzehoe ZMR 2010, 191.
1144 OLG Frankfurt a. M. WuM 1997, 609.
1145 Fritz GewerberaumMietR Rn. 72.
1146 OLG Düsseldorf GuT 2002, 173 = ZMR 2003, 107 = DWW 2003, 52.
1147 OLG Düsseldorf MDR 1991, 542 = ZMR 1991, 176 = DWW 1991, 80.
1148 LG Berlin GE 1999, 187 = NZM 1999, 711.

nicht das typische Vermieterrisiko auf den Mieter verlagert wird (§ 307 BGB; → BGB § 536 Rn. 94).

353 Ob eine von dem Mieter von Geschäftsräumen beabsichtigte **Geschäftserweiterung** dem Zweck des Mietvertrages widerspricht und daher vertragswidrig ist, muss unter Würdigung aller Umstände des Einzelfalles nach den Grundsätzen von Treu und Glauben entschieden werden.[1149] Dem Mieter wird die Geschäftserweiterung grds. nicht versagt werden können, wenn das neue Geschäft nicht etwas wesentlich anderes ist.[1150] Dabei spricht zu seinen Gunsten im Wesentlichen das wirtschaftliche Interesse an der Ausweitung seines Betriebes; insbes. wenn dies existenznotwendig ist.[1151] Für den Vermieter ist zu bedenken, ob mit der Erweiterung des Geschäftsbetriebs die vermieteten Räume einer verstärkten Abnutzung ausgesetzt sind, ob Konkurrenzschutzansprüche anderer Mieter entgegenstehen oder ob der Wert der Immobilie betroffen sein kann.

### 18. Gerüche

354 Der Mieter darf seine Wohnung nicht bewusst ins **Treppenhaus** entlüften. Es kann dennoch kaum vermieden werden, dass durch Kochen entstehende Gerüche in den Hausflur dringen und so von den Mitbewohnern wahrnehmbar sind. Dies ist von den Mietbewohnern regelmäßig hinzunehmen, so dass der Mieter mit der Verwendung besonders exotischer Gewürze oder Knoblauch nicht ausgeschlossen werden kann.[1152]

355 Stehen im Haus Gemeinschafts- und Wirtschaftsräume zur Verfügung, dürfen diese ebenfalls nicht in den Hausflur entlüftet werden. Die Mieter haben einen Anspruch darauf, dass zB Wasserdämpfe aus Wasch- und Trockenmaschinen, die in der **Waschküche** benutzt werden, nicht in die Wohnung dringen und das Wohlbefinden beeinträchtigen.

356 Soweit allerdings Gestank, verursacht durch Schmutz und Unreinlichkeit in der Wohnung, ins Treppenhaus dringt, führt dies zu einer Gebrauchsbeeinträchtigung der Mitmieter. Der Vermieter kann dem Störer kündigen[1153] und muss ggf. die freiwerdende Wohnung instandsetzen.[1154] Auch Gestank im Treppenhaus, verursacht durch das unsachgemäße **Halten von Tieren** in den Nachbarwohnungen oder durch übermäßige Verwendung von Raumluftspray[1155], stellt eine vertragswidrige Belästigung dar.[1156]

357 Der Vermieter muss auch solche Geruchsbelästigungen abwenden, die von einem Grundstücknachbarn ins Haus dringen.[1157] Ebenso ist er verpflichtet, Abfalltonnen so aufzustellen, dass eine Geruchsbelästigung in der Wohnung des Mieters sowie in dessen Zugangsbereich vermieden wird.[1158]

358 Dringt durch **Grillen** auf dem Balkon, auf der Terrasse oder im Garten starker Geruch und Qualm in die Nachbarwohnungen, kann dies nicht nur einen Vertragsverstoß[1159], sondern auch einen Verstoß gegen landesrechtliche Immissionsschutzgesetze darstellen.[1160] Maßgebend sind die Umstände des Einzelfalls.[1161]

358a Allgemeine Kriterien, die beim Grillen zu beachten sind, lassen sich aus einer Entscheidung des AG Halle[1162] aus dem Jahre 2012 ableiten, mit der das Gericht eine ausgewogene Lösung zwischen den unterschiedlichen Eigentumsinteressen und der Sozialadäquanz des Grillens in den Sommer-

---

[1149] BGH BB 1954, 246; zum Mieterwechsel als Betriebsübergang *Wichert* ZMR 2016, 756.

[1150] BGH NJW 1961, 307 = MDR 1961, 225 zur Umstellung eines Handwerksbetriebes auf industrielle Fertigung; BGH NJW 1957, 1833 = BB 1957, 1093 zur Erweiterung des Angebots in einer Milchbar auf alkoholische Getränke; OLG Düsseldorf MDR 1996, 467 = ZMR 1996, 258 = DWW 1997, 122 = NJWE-MietR 1996, 126 zum Verkauf von Fan- und Sportartikeln im Friseursalon.

[1151] OLG Düsseldorf MDR 1996, 467 = ZMR 1996, 258 = DWW 1997, 122 = NJWE-MietR 1996, 126.

[1152] AG Hamburg-Harburg WuM 1993, 39; AG Lünen DWW 1988, 283.

[1153] AG Wetzlar NZM 2014, 238; AG Saarbrücken DWW 1994, 186.

[1154] LG Berlin WuM 2011, 157; AG Münster WuM 2012, 372; AG Charlottenburg WuM 2011, 155.

[1155] AG Speyer ZMR 2019, 886.

[1156] AG Münster WM 1995, 534.

[1157] LG Köln WuM 1990, 385 zum Gebrauch eines Wäschetrockners.

[1158] LG Osnabrück WuM 1997, 431.

[1159] AG Hamburg MDR 1973, 853; AG Wedding MM 1990, 317; einschränkend AG Bonn WuM 1997, 325 = NJW-RR 1988, 10.

[1160] *OLG Düsseldorf WuM 1996, 56* = NJW 1995, 3134 = ZMR 1995, 415 = DWW 1995, 255 für LImSchG NW; OLG Köln MDR 1998, 98 zu § 906 BGB.

[1161] BayObLG NJW-RR 1999, 957 zum WEG.

[1162] AG Halle 11.12.2012 – 10 C 1126/12 – juris.

monaten gefunden und einen interessanten und nachvollziehbaren Lösungsansatz aufgestellt hat.[1163] Die Entscheidung erging zwar zu Nachbarn innerhalb einer Wohnungseigentümergemeinschaft. Sie lässt sich aber zwanglos auf Nachbarschaftsverhältnisse anderer Art, zB im Mehrfamilienhaus, übertragen.

Das Gericht hat folgende vier Kriterien hervorgehoben, die sich verallgemeinern lassen: **358b**

1. Bei einer Wohnungseigentümergemeinschaft ergeben sich aus dem Näheverhältnis der Parteien zueinander besondere Rücksichtnahmepflichten. Dieser Grundsatz spielt durchgehend eine Rolle, wenn Menschen auf engen Räumen zusammenleben. Daher gilt die Rücksichtnahmepflicht auch im Mehrfamilienhaus oder bei Grundstücksnachbarn.
2. Bezogen auf die Grillaktivitäten ist die gestattete Anzahl der Grillvorgänge so auszulegen, dass dadurch eine tragbare Lösung für sämtliche Wohnungseigentümer/Mieter gefunden wird. Diesen Grundsatz könnte man beschreiben als sog. Übermaßverbot. Wer ein Recht geltend machen will, das geeignet ist, andere in ihrer Freiheit zu beschränken oder zu beeinträchtigen, darf dieses Recht nur in einer angemessenen Art und Weise und nur in einem Umfang wahrnehmen, der dem anderen gerade noch zumutbar ist.
3. Bei einer auf März bis Oktober beschränkten Grillzeit ist dem Recht auf ausgewogene Nutzung des Grundstücks durch die Mitwohnungseigentümer/Mieter insgesamt Genüge getan, wenn jede Partei drei Mal pro Monat grillen darf.
4. Eine Vorwarnzeit von 24 Stunden erscheint ausreichend aber auch erforderlich. Damit soll erreicht werden, dass sich die Nachbarn auf die geplanten Grillaktivitäten rechtzeitig einstellen können.

### 19. Hausflur

Grundsätzlich dient der Hausflur dem freien Zugang und Ausgang (Fluchtweg) der Mieter, ihrer Angehörigen sowie ihrer Besucher zu den jeweiligen Wohnungen.[1164] Hier gilt der Rechtssatz, dass der Gebrauch von Gemeinschaftsräumen jedem Mieter in gleicher Weise zustehen muss.[1165] Dabei ist aber auch der Zweck des Gemeinschaftsraumes zu beachten, wobei dieses Kriterium nur Anhaltspunkt für eine mögliche Entscheidung über den Nutzungsumfang bieten kann, ansonsten aber die Umstände des Einzelfalles zu berücksichtigen sind.[1166] Daher hat eine umfassende Abwägung zwischen den Interessen des betroffenen Mieters, des Vermieters und ggf. der sonstigen Mitbewohner stattzufinden.[1167] Daraus folgt, dass das Abstellen von Gegenständen im Hausflur grds. unzulässig ist, soweit diese Gegenstände der Wohnungseinrichtung bzw. dem Wohnungsgebrauch des Mieters zuzuordnen sind.[1168] Daher gehört das Aufstellen eines Schuhregals,[1169] das Abstellen der Schuhe[1170] oder das Aufstellen einer Garderobe[1171] oder auch das Aufhängen von Bildern[1172] im Hausflur nicht zum **vertragsgemäßen Gebrauch** der Mietsache.[1173] Auch das Abstellen von Abfalltüten vor der Wohnungstür ist nicht nur unhygienisch, sondern stellt darüber hinaus eine unzulässige Gebrauchsausübung dar.[1174] Dagegen ist das Auslegen einer Fußmatte vor der Wohnungseingangstür vom vertragsgemäßen Gebrauch gedeckt.[1175] **359**

Nicht eindeutig ist die Rechtslage zur Erlaubnis des Abstellens eines **Kinderwagens** im Hausflur. Unzulässig ist es, Kinderwagen von fremden Kindern, die eine Mieterin als Tagesmutter **360**

---

1163 *Jahreis* jurisPR-MietR 16/2013 Anm. 6.

1164 AG München WuM 1986, 307 = NJW-RR 1986, 1144 für einen Zeitungsboten; *Flatow* NZM 2007, 432 (433), primäre Nutzungsrechte.

1165 Daher kein Recht des Mieters zum Anstrich der Hauseingangstür von außen mit abweichender Farbe, AG Münster ZMR 2016, 637; **aA** LG Hamburg ZMR 2016, 782 für die Anbringung von Dekorationsobjekten.

1166 AG Hannover WuM 1987, 118.

1167 *Flatow* NZM 2007, 432 (433).

1168 AG Köln WuM 1984, 2; *Schmid* DWW 2014, 45.

1169 LG Köln NZM 2017, 360; Bub/Treier MietR-HdB/*Kraemer/von der Osten* Kap. III A Rn. 2478.

1170 OLG Hamm ZMR 1988, 270 = MDR 1988, 677 = NJW-RR 1988, 1171 zur Verkehrssicherungspflicht.

1171 OLG München NJW-RR 2006, 803 zum WEG; BayObLG NJW-RR 1998, 875 = NZM 1998, 336.

1172 AG Köln ZMR 2011, 886.

1173 Zur Ermittlung des Berufungsstreitwerts vgl. LG Mannheim WuM 1999, 224.

1174 AG Köln WuM 1980, 41.

1175 LG Berlin MM 1991, 264; AG Berlin Tempelhof-Kreuzberg MM 1999, 81; AG Schöneberg MM 1990, 131; AG Neukölln GE 2003, 1161 zur Wirksamkeit einer Verbotsklausel.

betreut, im Hausflur abzustellen[1176], sowie dann, wenn der Bewohner wegen des ungünstigen Zuschnitts des Hausflures erheblich belästigt[1177] oder der Fluchtweg behindert wird. Dagegen wird man das Abstellen des Kinderwagens eines Mieters im Eingangsbereich des Hauses als zulässig ansehen müssen, soweit Mitbewohner in der Nutzung und Zweckbestimmung des Hausflures (zB als Fluchtweg[1178]) nicht unangemessen eingeschränkt werden.[1179] Das gilt vor allem dann, wenn der Kinderwagen von dem Mieter nicht in die oberen Etagen gebracht werden kann. Daher ist das Abstellen zu unterlassen, wenn die Möglichkeit besteht, mit Hilfe eines Fahrstuhls den Kinderwagen problemlos zur Wohnung zu transportieren.[1180] Im Eingangsbereich der Wohnung darf der Kinderwagen regelmäßig nicht abgestellt werden. Das AG Köln[1181] hat keine Einschränkung der Mitbewohner gesehen, wenn der Kinderwagen vor der Briefkastenanlage im Hausflur abgestellt wird, die Erreichbarkeit der Briefkästen aber erhalten bleibt. Nach einer Entscheidung des AG Berlin-Wedding[1182] soll es dem Mieter sogar gestattet sein, den Kinderwagen durch Anbringen eines Metallringes im Mauerwerk des Hausflures zu sichern. Der Vermieter darf einen alternativen Abstellplatz zur Verfügung stellen.[1183] Die gleichen Grundsätze gelten für **Krankenfahrstühle**[1184] oder **Rollatoren.**[1185]

361 Die Frage der Zulässigkeit des Abstellens von Fahrrädern oder Mopeds im Hausflur muss differenziert beantwortet werden. Bei diesen Gegenständen handelt es sich um Verkehrsmittel, welche nicht mit dem Gebrauch der Mietwohnung zusammenhängen.[1186] Dem Mieter wird es daher zumutbar sein, das **Fahrrad** nicht im Hausflur abzustellen, sondern in den Keller zu tragen. Gehört zum Hausgrundstück ein Hof, darf der Mieter dann sein Fahrrad dort abstellen, wenn der Vermieter nicht berechtigte Interessen, wie zB dadurch verursachte Störungen oder Belästigungen, einwenden kann.[1187] Steht dem Mieter kein Keller oder keine sonstige befriedete Abstellfläche (zB Hof) zur Verfügung, muss ihm der Vermieter allerdings – sofern die Größe des Hausflures dies zulässt – das Abstellen seines Fahrrades dort gestatten oder es in die Wohnung zu bringen[1188], da es in der heutigen Zeit wegen der Gefahr des Diebstahls unzumutbar erscheint, das Fahrrad auf der Straße stehen zu lassen.[1189] Das Abstellen von Mopeds im Hausflur oder im Gemeinschaftskeller gehört dagegen wegen der durch das Kraftstoffgemisch verursachten Geruchsbelästigung (Belästigung durch Zigarettenrauch → Rn. 515) und Feuergefahr nicht zum allgemeinen Mietgebrauch.[1190] Bei Durchführung der erforderlichen Sicherheitsvorkehrungen kann es dem Mieter erlaubt sein, sein **Moped** im eigenen Keller abzustellen.[1191] Unzulässig ist es bei fehlender Gestattung, Blumentöpfe zB zur Verschönerung oder zum Überwintern im Hausflur aufzustellen.[1192]

362 Das Recht des Mieters zur Benutzung seiner Wohnung erstreckt sich auch auf die Mitbenutzung des Hausflures insoweit, als dass dort Sendungen, die nicht in den Briefkasten passen, abgelegt werden können, von wo aus die Mieter sie dann mitnehmen. Das gilt auch für den Fall, dass die Sendungen nicht individuell adressiert und für mehrere oder alle Mieter eines Hauses bestimmt

---

1176 LG Hamburg WuM 1992, 188; *Flatow* NZM 2007, 432 (434), sekundäre Nutzungsrechte.
1177 AG Berlin-Charlottenburg WuM 1984, 80.
1178 AG Berlin-Schöneberg GE 2012, 135; AG Winsen WuM 1999, 452 = NZM 2000, 237.
1179 LG Bielefeld WuM 1993, 37; LG Hamburg WuM 1992, 188; LG Berlin GE 1985, 735; AG Aachen WuM 2008, 94; AG Braunschweig WuM 2003, 354; AG Hamburg WuM 2000, 303; AG Schöneberg GE 1999, 987; AG Winsen WuM 1999, 452; AG Hanau WuM 1989, 366; AG Landau ZMR 1988, 65 = WuM 1988, 52 im Rahmen einer einstweiligen Verfügung; AG Hannover WuM 1987, 118; AG Berlin-Wedding MM 1986, 366; AG Hagen WuM 1984, 80; AG Friedberg WuM 1980, 85; Bub/Treier MietR-HdB/*Kraemer/von der Osten* Kap. III A Rn. 2479; *Bierbaum* GE 2000, 716 (717).
1180 AG Berlin-Charlottenburg GE 2018, 1152; GE 1998, 49.
1181 AG Köln WuM 1995, 652.
1182 AG Berlin-Wedding MM 1986, 366; **aA** LG Berlin GE 2009, 1495.
1183 LG Berlin GE 2009, 1495.
1184 AG Wennigsen WuM 1996, 468.
1185 LG Hannover WuM 2006, 189 = NZM 2007, 245; AG Recklinghausen GE 2014, 750; AG Hannover WuM 2006, 27 = NZM 2006, 819; *Flatow* NZM 2007, 432 (433).
1186 AG Berlin-Wedding GE 1986, 509.
1187 AG Schöneberg MM 1999, 442.
1188 AG Hamburg-Altona ZMR 2019, 875.
1189 AG Münster WuM 1994, 198.
1190 LG Augsburg NJW 1956, 1563.
1191 S o auch LG Hannover NJW 1956, 798 mit allerdings nicht mehr zeitgemäßer Begründung; nach LG Berlin NJW 1957, 265 darf das Moped sogar in der Wohnung abgestellt werden.
1192 *Schmid* DWW 2014, 45 (47).

sind. Entscheidend ist darüber hinaus, dass von den abgelegten Gegenständen keine Gefahren für das Mietobjekt oder die Mieter bzw. keine Belästigungen ausgehen.[1193] Aushänge des Vermieters im Hausflur bewirken nicht den Zugang der dort festgehaltenen Mitteilungen an den Mieter.[1194]

Allgemeine Geschäftsbedingungen, die von vornherein eine bestimmte „wohngemäße" Nutzung des Treppenhauses untersagen, zB Verbot des Abstellens eines Kinderwagens[1195] oder eines Rollators. sind regelmäßig unwirksam gem. § 307 BGB, wenn die die verfassungsrechtlich gebotene Abwägung der gegenseitigen Interessen vorwegnehmen und damit den Vertragszweck gefährden.[1196] **363**

### 20. Hausfrieden

Den Begriff des Hausfriedens als Wesensmerkmal einer ungestörten Nutzung der Mietwohnung verwendet das Gesetz in § 569 Abs. 2 BGB. Diese Vorschrift regelt die fristlose Kündigung aus wichtigem Grund, wenn ein Vertragsteil in solchem Maße den Hausfrieden stört, dass dem anderen Teil die Fortsetzung des Mietverhältnisses nicht zugemutet werden kann.[1197] Der Vermieter kann gegenüber einer vertragstreuen Partei verpflichtet sein, gegenüber einem anderen Mieter wegen Störung des Hausfriedens zu kündigen.[1198] Der Vermieter hat aber nicht nur das Kündigungsrecht, vielmehr kann er den Mieter nach § 541 BGB auf Unterlassung der Störung in Anspruch nehmen und damit die Einhaltung des Hausfriedens durchsetzen.[1199] Ob der Vermieter vor Ausspruch der Kündigung den Unterlassungsanspruch als milderes Mittel geltend machen muss, wird die Rspr. zu klären haben.[1200] Dagegen spricht, dass der Unterlassungsanspruch seiner Natur nach ein Erfüllungsanspruch ist und die Kündigung auf die Beendigung des Vertragsverhältnisses abzielt. Während der Unterlassungsanspruch lediglich den vertragswidrigen Gebrauch trotz Abmahnung erfordert, verlangt die Kündigung zugleich eine durch die Gebrauchsüberschreitung vorliegende Gefährdung der Mietsache. Es wäre daher nicht sachgemäß, den Vermieter immer auf das mildere Mittel zu verweisen (→ BGB § 541 Rn. 1). **364**

**Ruhestörung** durch Kinderlärm,[1201] Schlagbohrmaschinen, Kirchenglocken,[1202] Spielplätze[1203] sowie Tennis- und Sportanlagen[1204] sind häufige Streitpunkte. Aber nicht bei jeder Einwirkung von außen liegt eine Störung des Hausfriedens vor. Zwar gehört zum vertragsgemäßen Gebrauch der Mietsache auch, dass der Mieter die Räume, die überwiegend dem Wohnen dienen, so nutzen kann, dass er nicht ständig durch Geräusche aus der Nachbarwohnung in seiner Privatsphäre gestört wird. Im Gegenzug muss aber bedacht werden, dass Art. 2 Abs. 1 GG jedem das Recht auf freie Entfaltung der Persönlichkeit garantiert. Die hier zu treffende Grenzziehung zwischen den widerstreitenden Interessen ist nicht immer ganz einfach und zudem situationsabhängig, so dass es eine Vielzahl unterschiedlicher Entscheidungen gibt, die versuchen, Vorgaben für ein möglichst ungestörtes Zusammenleben zu geben. Kommt es dabei auf die Frage der Ortsüblichkeit an, ist diese nach den tatsächlichen Gegebenheiten zu beurteilen, wie sie angetroffen werden und nicht wie sie geplant waren.[1205] **365**

Die allgemeinen **Ruhezeiten** sind einzuhalten, die regelmäßig mittags von 13.00 Uhr bis 15.00 Uhr und abends ab 22.00 Uhr bis morgens um 7.00 Uhr festzulegen sind.[1206] Nach Auffas- **366**

---

1193 BGH V ZR 46/06, WuM 2007, 29 = GuT 2006, 371 = GE 2006, 1611 = NZM 2007, 37 = AK-MietPrax § 535 BGB Nr. 27; krit. *Derleder* NJW 2007, 812.

1194 *Schmid* WuM 2012, 486 (487).

1195 LG Hamburg WuM 1992, 188; Bub/Treier MietR-HdB/*Kraemer/von der Osten* Kap. III Rn. 2479.

1196 *Flatow* NZM 2007, 432 (436).

1197 AG Speyer ZMR 2019, 886 bei Verletzung des Hausfriedens durch den Vermieter; AG Würzburg ZMR 2017, 70; AG Merzig ZMR 2013, 898; AG Berlin-Lichtenberg GE 2014, 877.

1198 AG Neuruppin ZMR 2019, 882 m. Anm. *Agatsy;* AG Charlottenburg GE 2014, 1011; Bad Segeberg WuM 2000, 601.

1199 AG Stuttgart DWW 1995, 54; AG Münster WuM 1991, 96.

1200 S. bei unerlaubt vorgenommenen baulichen Maßnahmen des Mieters AG München ZMR 2012, 365.

1201 LG München WuM 1987, 121; AG München ZMR 2019, 877; AG Schöneberg MM 1995, 397; AG Charlottenburg MM 1993, 185; AG Hannover WuM 1987, 218.

1202 VG Würzburg Beschl. v. 29.7.1985 – W 6 E 85 A 0787 – juris; VG Kassel, Urt. v. 25.11.2004 – 7 E 1173/02 –, juris.

1203 OVG Koblenz WuM 1985, 378; VG Münster WuM 1987, 269.

1204 OVG Hamburg Baurecht 1996, 73; BVerwG Baurecht 1985, 652.

1205 BGH NJW 1958, 1776 = MDR 1958, 497.

1206 *Gather* DWW 1993, 345 (349); Bub/Treier MietR-HdB/*Kraemer/von der Osten* Kap. III A Rn. 2567; Kossmann Wohnraummiete-HdB § 53 Rn. 3; vgl. die jeweiligen Landesimmissionsschutzgesetze.

sung des BGH[1207] ist bei der Beurteilung einer Regelung zur Hausruhe zu berücksichtigen, um welche Wohnanlage es sich handelt (ältere oder jüngere Menschen),[1208] wie die baulichen Gegebenheiten und wie stark die **Hellhörigkeit** der Wohnungen[1209] sowie die Umgebungsgeräusche sind. Nach Auffassung des OLG Braunschweig[1210] bestehen an Wochenenden besondere Ruhezeiten; nämlich samstags morgens bis 8.00 Uhr und samstags abends ab 19.00 Uhr. Sonntags ist ganztägig Ruhe zu halten.

**367** Die **Benutzung von Bad und Dusche** ist in einem Mehrfamilienhaus grds. auch während der Nachtzeit gestattet. Dabei ist es nach dem Landesimmissionsschutzgesetz zulässig, dass durch die dabei verursachten Geräusche andere Hausbewohner in ihrer Nachtruhe gestört werden. Die Dauer dieser Betätigung darf allerdings 30 Minuten nicht überschreiten.[1211] Mietrechtlich ist zu berücksichtigen, dass das Baden und Duschen[1212] zur allgemeinen Lebensführung gehört und daher grds. auch nicht für die Nachtzeit unterbunden werden darf.[1213]

### 21. Haushaltsmaschinen

**368** Es gehört heute zum allgemein üblichen Gebrauch, elektrische Haushaltsgeräte zu verwenden, um sich das Leben in der Wohnung möglichst angenehm zu gestalten. Der Vermieter benötigt somit einen triftigen Grund, wenn er dem Mieter die Aufstellung einer Haushaltsmaschine untersagen will.[1214] **Formularklauseln,** die einen generellen Ausschluss bestimmter Haushaltsgeräte vorsehen, verstoßen gegen § 307 BGB[1215]. Insbesondere in Neubauten ist das Aufstellen von Haushaltsmaschinen im Regelfall keine zustimmungsbedürftige Sondernutzung.[1216]

**369** Das Aufstellen von Wasch- und Spülmaschinen in der Küche bzw. im Bad ist daher erlaubt, wenn die Ab- und Zuläufe gegen Wasserauslaufen gesichert sind.[1217] Das gilt selbst dann, wenn im Hause eine Waschanlage im Keller zur Verfügung steht.[1218] Auch das Benutzen von **Trockenmaschinen** gehört zum vertragsgemäßen Gebrauch, wenn eine ausreichende Abluftvorrichtung geschaffen ist.[1219] Soweit vertraglich nicht anderes vereinbart wurde, besteht aber auf einen **Waschmaschinenanschluss** kein Anspruch.[1220] Der Mieter kann sich einen solchen Anschluss aber auf eigene Kosten verlegen lassen. Dieser baulichen Änderung muss der Vermieter grds. zustimmen (→ Rn. 426 ff.). Stellt der Mieter seine eigene Waschmaschine in einem Waschraum auf, der als Gemeinschaftsraum genutzt wird, kann der Vermieter im Rahmen des billigen Ermessens Nutzungsregelungen treffen.[1221]

**370** Benutzt der Mieter die Wasch- oder Spülmaschine, hat er eine ständige optische und/oder akustische Überwachung sicherzustellen.[1222] Allgemein wird eine Verletzung der im Verkehr erforderlichen Sorgfalt angenommen, wenn in einer Etagenwohnung eine Waschmaschine in Betrieb genommen und nicht so beaufsichtigt wird, dass nach Austreten von Wasser aus der Maschine oder Platzen oder Abgleiten des Zuleitungsschlauches alsbald ein weiterer Wasseraustritt verhindert werden kann.[1223] Die Erfüllung dieser Obhutspflicht setzt voraus, dass der Mieter laufend Kontrollen

---

[1207] BGH NJW 1998, 3713 = WuM 1998, 738 = ZMR 1999, 41 = GE 1999, 319 = NZM 1998, 955.
[1208] Zum Problem der wechselnden Wohnstruktur in Miethäusern *Schmid* ZMR 1999, 301 (302).
[1209] AG Würzburg ZMR 2017, 70.
[1210] OLG Braunschweig WuM 1986, 353.
[1211] OLG Düsseldorf WuM 1991, 288 = ZMR 1991, 226 = NJW 1991, 1625 = MDR 1991, 891.
[1212] Zum Duschen in der Badewanne s. LG Köln ZMR 2017, 565.
[1213] LG Köln WuM 1997, 323; einschränkend AG Rottenburg ZMR 1995, 163; OLG Düsseldorf WuM 1991, 288 = ZMR 1991, 226 = NJW 1991, 1625 zum LImSchG NRW.
[1214] LG Freiburg GE 2014, 804 = NZM 2014, 305; AG Hameln WuM 1994, 426.
[1215] LG Aachen NZM 2004, 459; Palandt/*Weidenkaff* BGB § 535 Rn. 22 für Geschirrspüler.
[1216] LG Saarbrücken WuM 1989, 558 = NJW-RR 1987, 1496.
[1217] LG Freiburg GE 2014, 804 = NZM 2014, 305; AG Köln WuM 2001, 276; *Jahreis* jurisPR-MietR 14/2014 Anm. 1; Palandt/*Weidenkaff* BGB § 535 Rn. 22; *Horst* ZAP 12/1996, 604.
[1218] LG Aachen NZM 2004, 459; *Glaser* MDR 1969, 539.
[1219] AG Mülheim WuM 1981, 12.
[1220] AG Bayreuth WuM 1985, 260.
[1221] *Herlitz* jurisPR-MietR 2/2014 Anm. 1 zu LG Wuppertal BeckRS 2013, 18064.
[1222] *OLG Hamm WuM 1985, 253* = NJW 1985, 332 = MDR 1984, 668; OLG Stuttgart NJW 1975, 171 = MDR 1975, 54; LG Hamburg WuM 2003, 318; LG Mannheim ZMR 1991, 441.
[1223] OLG Oldenburg NJWE-MietR 1996, 194; OLG Düsseldorf NJW 1975, 171 = MDR 1975, 54 = VersR 1975, 159; AG Hamburg-St. Georg, ZMR 2017, 746.

durchführt.[1224] Denn es ist allgemein bekannt, dass die Schlauchverbindungen zu Geschirrspülmaschinen oder ähnlichen Maschinen und die dazugehörenden Teile besonders anfällig sind und bei einem Defekt erhebliche **Wasserschäden** auftreten können. Die Rspr. hat daher in subjektiver Hinsicht grobe Fahrlässigkeit angenommen, wenn der Bewohner es am Schadenstag infolge eines Versehens oder Vergessens unterlassen hat, den Wasserhahn abzusperren.[1225] Nach Beendigung des Waschvorgangs muss der Mieter somit den Zulaufhahn schließen.[1226]

Der Mieter haftet grds. für Vorsatz und Fahrlässigkeit. Allerdings ist die Haftung auf Vorsatz und grobe Fahrlässigkeit beschränkt, wenn der Vermieter die Umlage von (Haftpflicht-)Versicherungskosten vereinbart hat[1227]. Nach der vom BGH nunmehr vertretenen sog. „versicherungsrechtlichen Lösung"[1228] (→ Rn. 87) ist der Versicherungsvertrag ergänzend dahingehend auszulegen, dass ihm ein Regressverzicht des Versicherers für die Fälle zu entnehmen ist, in denen der Mieter einen Schaden durch einfache Fahrlässigkeit verursacht hat.[1229] Das Haftungsprivileg setzt also nur voraus, dass eine Schadensversicherung besteht; es ist nicht erforderlich, dass der Mieter (über die Betriebskostenumlage) die Versicherungskosten trägt. Die sog. haftungsrechtliche Lösung (wonach das Haftungsprivileg aus der Übernahme der Versicherungskosten durch den Mieter abgeleitet wurde[1230], hat der BGH aufgegeben. Darüber hinaus gelten die Grundsätze über den Regressverzicht aber auch dann, wenn der Vermieter keine Schadensversicherung abgeschlossen hat, der Mieter nach dem Mietvertrag aber verpflichtet ist, „die Kosten der Versicherung des Gebäudes gegen Feuer-, Sturm-, Wasser- sowie sonstige Elementarschäden" zu tragen.[1231] Der Verzicht des Vermieters auf eine solche Versicherung, ist iÜ so ungewöhnlich, dass der Vermieter hierauf hinweisen muss.[1232] 371

Treten Umstände auf, die so ungewöhnlich sind, dass der Mieter mit ihrem Eintritt nicht rechnen musste, entfällt eine Haftung. Tritt das Wasser zB wegen eines leichten Gefälles des Fußbodens verdeckt hinter einer Maschine aus und versickert unerkennbar in der Geschossdecke, ist dies vom Mieter nicht zu vertreten.[1233] Weiterhin braucht der Benutzer eines elektromagnetischen Wasserabsperrventils, das über einen längeren Zeitraum bei ständiger Benutzung einwandfrei funktioniert hat, grds. nicht damit zu rechnen, dass die Anlage wegen verborgener Mängel versagt, obwohl die Kontrollanzeige das Funktionieren der Anlage signalisiert.[1234] 372

Teilweise wird vertreten, dass der Vermieter die Erlaubnis der Installation von Haushaltsgeräten vom Abschluss einer **Haftpflichtversicherung** durch den Mieter abhängig machen kann.[1235] Dieser Auffassung kann nicht beigetreten werden. Es muss dem Mieter überlassen bleiben, ob und ggf. in welchem Umfang er sich gegen Haftpflichtschäden absichern will. Es gibt keine Pflicht zur Risikoabsicherung, solange jedenfalls im Regelfall ein möglicher Schaden aus dem versicherbaren Risiko auch bei nur durchschnittlichem Einkommen getragen werden kann und der Vermieter nicht generell befürchten muss, einen solchen Schaden nicht ersetzt zu bekommen. Dies ist daher 373

---

1224 OLG Karlsruhe VersR 1992, 114; OLG Hamm WuM 1985, 253 = NJW 1985, 332 = MDR 1984, 668 = GE 1984, 1123; LG Landau WuM 1996, 29; LG Köln NJW-RR 1986, 1087; AG Germersheim ZMR 1996, 92; AG Wiesbaden NJW-RR 1992, 76; AG Frankfurt a. M. ZfS 1994, 301; AG Berlin Charlottenburg GE 1981, 543; LG Berlin GE 1991, 881 zur Sorgfaltspflicht bei zahnärztlichem Behandlungsstuhl; **aA** LG Berlin ZfS 1985, 225; LG Gießen ZMR 1997, 301.

1225 OLG Karlsruhe WuM 1987, 325; LG Köln NJW 1977, 810 = MDR 1977, 406.

1226 OLG Karlsruhe VersR 1992, 114; LG Hamburg WuM 1987, 90 = VersR 1986, 564 zu § 61 VVG.

1227 BGH VIII ZR 28/04, WuM 2005, 57 = NZM 2005, 100 = ZMR 2005, 116 = GE 2005, 123 = AK-MietPrax § 538 BGB Nr. 12; BGH IV ZR 116/05, NJW 2006, 3712 = NZM 2006, 949; IV ZR 273/05, WuM 2006, 624 = NJW 2006, 3711 = NZM 2006, 946; IV ZR 67/06, WuM 2007, 144 = AK-MietPrax § 538 BGB Nr. 27 = NZM 2007, 340.

1228 Vgl. zuletzt: BGH IV ZR 108/06, WuM 2008, 502 = NZM 2008, 782 = NJW-RR 2008, 1413; IV ZR 129/09, WuM 2011, 579 = NJW-RR 2010, 691 = ZMR 2010, 515 = NZM 2010, 450; VI ZR 196/10, WuM 2011, 575 = NZM 2011, 894 = GE 2011, 950.

1229 AG München ZMR 2019, 138; nach OLG Rostock, ZMR 2018, 754 gilt der Regressverzicht auch bei der Vermietung eines Ferienhauses.

1230 BGH VIII ZR 41/95, BGHZ 131, 288 = WuM 1996, 212 = ZMR 1996, 184 = NJW 1996, 715.

1231 LG Berlin GE 2011, 266; sa *Armbrüster/Hauer* ZMR 2012, 544; dagegen kein Regressverzicht des Versicherers des Mieters ggü. dem Vermieter, BGH XII ZR 6/12, GE 2013, 209 = MDR 2013, 266 = VersR 2013, 318.

1232 LG Berlin GE 2011, 266.

1233 LG Gießen ZMR 1997, 301.

1234 BGH WuM 1986, 145 = NJW-RR 1986, 438 = ZMR 1986, 116 = MDR 1986, 664.

1235 *Gather* PiG 46 (1995), 61 (65); *Hanke* PiG 46 (1995), 83 (87f.); abl. LG Düsseldorf WuM 1990, 336 für den formularmäßigen Abschluss einer Einbruchversicherung.

anders zu bewerten, wenn der Mieter die Einwilligung des Vermieters zu einer umfangreichen baulichen Maßnahme in der Wohnung verlangt (→ Rn. 433).

**374** Grundsätzlich sind Geräusche von Haushaltsmaschinen wie Staubsauger oder Wasch- und Spülmaschinen, die ein Mitmieter unter Berücksichtigung der gebotenen Rücksichtnahme benutzt, von den Mitmietern hinzunehmen.[1236]

### 22. Hausordnung

**375** Sinn einer Hausordnung ist es, Regeln zum reibungslosen Zusammenleben der Mietparteien und Hausbewohner, zum Schutz des Gebäudes sowie zur Aufrechterhaltung der allgemeinen Sicherheit und Ordnung im Haus, aufzustellen. Jede Mietpartei kann daher von jedem Mieter und vom Vermieter die Einhaltung der Hausordnung verlangen.[1237] Es geht bei der Hausordnung im Wesentlichen um ausführende Regelungen, also bspw. um die Gebrauchs- und Nutzungsregelungen gemeinschaftlicher Anlagen, wie die Aufstellung von Putz- und Reinigungsplänen, sowie um die Konkretisierung des **Gebots** gegenseitiger **Rücksichtnahme.** In der Hausordnung kann somit klargestellt werden, dass zB der Hof des Hauses, die Rasenflächen[1238] oder andere gemeinschaftliche Anlagen nur in einem bestimmten Umfang genutzt werden dürfen[1239], oder die Haustür (→ Rn. 382 f.) zu einer bestimmten Zeit abgeschlossen sein muss. Die Benutzung der Wasserinstallation darf aber nicht zur Vermeidung von Fließgeräuschen eingeschränkt werden, weil das Geräusch durch ein- und auslaufendes Wasser zu den normalen Wohngeräuschen gehört.[1240] Die Hausordnung regelt daher die formalen Aspekte des Zusammenlebens der Mieter in der Hausgemeinschaft, also die Regeln, die für die Aufrechterhaltung der Ordnung im Hause üblich sind, während die materielle Pflichtenaufteilung (zwischen Mieter und Vermieter) im Mietvertrag geregelt wird. Die Regelungen im Vertrag haben daher gegenüber den Regelungen in der Hausordnung Vorrang.

**376** Die Regelungen der Hausordnung dürfen nicht willkürlich aufgestellt werden, sondern haben sich an den **Interessen der Bewohner** zu orientieren (→ Rn. 105). Daher ist eine Regelung, wonach der Mieter die Waschküche nur ein über die andere Woche benutzen darf, unbillig, weil der Mieter dann seine Schmutzwäsche zu lange lagern müsste.[1241]

**377** Häufig werden in der Hausordnung bestimmte **Ruhezeiten** festgelegt[1242] (→ Rn. 366). Will sich der Vermieter darauf nicht beschränken, sondern darüber hinaus für einzelne Aktivitäten allgemeine Vorgaben aufstellen, die die Lautstärke außerhalb der Ruhezeiten reglementieren sollen, so darf diese Regelung nur schwerwiegende, nach dem Empfinden eines verständigen Durchschnittsmenschen nicht mehr hinnehmbare Störungen erfassen.[1243] Bei Mietwohnungen muss dabei auf den Grundsatz der **Gleichbehandlung** geachtet werden[1244] (→ Rn. 104 ff.). Der Regelungstatbestand muss hinreichend bestimmt und aus sich heraus von den Fällen zulässiger Betätigung abgrenzbar sein.

**378** Ist die Hausordnung nicht Bestandteil der Mietvertragsurkunde (zB weil sie auf einem gesonderten Blatt niedergelegt und nur im Hausflur ausgehängt ist) so darf sie lediglich Ordnungsbestimmungen enthalten. In einer solchen Hausordnung können keine zusätzlichen Pflichten zu Lasten des Mieters begründet werden.[1245] Enthält die Hausordnung nur unwesentliche Bestimmungen zum Mietgebrauch, ist für ihre wirksame Einbeziehung in den Mietvertrag kein Formzwang erforderlich, auch wenn es sich um einen langfristigen Mietvertrag handelt.[1246] Da die Hausordnung für das ganze Haus gelten soll, ist sie regelmäßig als allgemeine Geschäftsbedingung anzusehen und

---

[1236] LG Freiburg NZM 2014, 305; AG Mönchengladbach-Rheydt DWW 1994, 24.

[1237] OLG München WuM 1992, 238 = NJW-RR 1992, 1097.

[1238] AG Hamburg ZMR 2002, 673.

[1239] AG Siegen WuM 1998, 438.

[1240] LG Köln NJW-RR 1997, 1440.

[1241] AG Köln WuM 1983, 122.

[1242] *Mayer/Eichel/Klinck* NZM 2018, 689, 691 sehen in dem Gebot der Rücksichtnahme keine Grundlage für eine Konkretisierung (Uhrzeiten) dieser Verhaltenspflichten in der Hausordnung.

[1243] BGH NJW 1998, 3713 = WuM 1998, 738 = ZMR 1999, 41 = GE 1999, 319 = NZM 1998, 955; *Schmid* ZMR 1999, 301.

[1244] *Schmid ZMR 1999, 301 (302).*

[1245] *Blank* FS Seuss, 1987, 53.

[1246] BGH WuM 1999, 516 = NZM 1999, 761 ff. = ZMR 1999, 691 = DWW 1999, 320; **aA** OLG Naumburg WuM 2000, 671; insbes. *Wiek* WuM 2001, 221.

unterliegt damit den Regelungen der §§ 305ff. BGB[1247]. Gem. § 305 BGB wird sie nur Vertragsbestandteil, wenn der Mieter bei Vertragsschluss von ihr Kenntnis erlangen kann.[1248] Dies ist ua fraglich, wenn die Hausordnung lediglich im Treppenhaus ausgehängt wird, der Vermieter nicht gesondert darauf hingewiesen und der Mieter keine Gelegenheit erhalten hat, von ihr Kenntnis zu nehmen. Daher ist in diesen Fällen von einer fehlenden Einbeziehung der Hausordnung in den Mietvertrag auszugehen.[1249] Übergibt der Vermieter dem Mieter bei Vertragsschluss die Hausordnung, obliegt dem Vermieter hierfür die Beweislast. Eine **Klausel,** wonach „die bestehende Hausordnung Gegenstand des Mietvertrages ist", verstößt sowohl gegen § 307 BGB, weil ihr nicht zu entnehmen ist, welche Regelungen iE die erwähnte Hausordnung enthält,[1250] als auch gegen § 309 Nr. 12 BGB, weil damit die Beweislast zu Lasten des Mieters verändert wird.[1251] Will der Vermieter eine getrennte Hausordnung, die auch materielle vertragliche Pflichten enthält, wirksam in den Mietvertrag einbeziehen, müssen die Klauselwerke aufeinander Bezug nehmen und dem Mieter überlassen werden.[1252]

Der Vermieter kann die Hausordnung auch nachträglich aufstellen, soweit damit nicht zusätzliche Vertragspflichten begründet werden. Dies ist nicht der Fall, wenn lediglich die Vertragspflichten konkretisiert werden, wie zB die zeitliche Regelung über die Verpflichtung zur Treppenhausreinigung. Ebenso kann der Vermieter die Hausordnung, soweit es für eine ordnungsgemäße Verwaltung und Bewirtschaftung unerlässlich ist, einseitig ändern. Die Änderung steht allerdings unter dem Vorbehalt des § 315 BGB, so dass die Neuregelung nach billigem Ermessen erfolgen muss.[1253] Eine AGB-rechtliche Vereinbarung eines Änderungsvorbehalts muss sich an § 308 Ziff. 4 BGB messen lassen.[1254] Die Änderungsklausel muss zunächst dem Grundsatz der Erforderlichkeit genügen. Regelt der Änderungsvorbehalt auch Inhalt und Umfang der Hauptleistung, ist dies für den anderen Vertragsteil besonders nachteilig. Insbesondere eine Änderung des Äquivalenzverhältnisses zwischen den beiderseitigen Leistungen kann ein Indiz für die Unzumutbarkeit des Änderungsvorbehalts sein. Daher dürfen dem Mieter keinesfalls neue Pflichten auferlegt oder bestehende Rechte eingeschränkt werden.[1255] **379**

Benutzungsregelungen zum Gebrauch der gemieteten Räume sowie der Gemeinschaftsräume bzw. gemeinschaftlichen Einrichtungen sowie die Konkretisierung von Mieterpflichten können auch verbindlich durch eine Wohnungseigentümergemeinschaft bzw. deren Verwaltung (§ 21 Abs. 5 Nr. 1 WEG) getroffen werden, die der Vermieter als sachgerechte Änderung an den Mieter weitergeben kann. Neue Pflichten zu Lasten des Mieters darf aber auch eine **Wohnungseigentümergemeinschaft** nicht begründen.[1256] Eine Vertragsklausel, die den Mieter auch im Hinblick auf die Ausübung vertraglicher Rechte an Mehrheitsbeschlüsse einer Wohnungseigentümergemeinschaft bindet, ist als überraschende Klausel iSd § 305 c BGB unwirksam.[1257] **380**

Der Vermieter kann nach § 242 BGB im Einzelfall einen Anspruch auf einseitige materielle **Vertragsänderung** haben, wenn die getroffene Regelung zB der **Treppenhausreinigung** zu einer dauernden unzuträglichen Belastung führt.[1258] Die Ursache einer solchen Unzuträglichkeit darf aber nicht durch Verwaltungsschwierigkeiten des Vermieters begründet sein, weil diese in seinen eigenen Risikobereich fallen.[1259] **381**

---

1247 AG Köln WuM 2010, 230; *Barthelmess* FS Blank, 2006, 23 (49).
1248 Zum Schriftformerfordernis gem. § 566 BGB BGH WuM 1997, 667 = ZIP 1997, 2085 = EWiR 1997, 1121 mAnm *Eckert* = MDR 1998, 33 mAnm *Sternel* mwN.
1249 *Mayer/Eichel/Klinck* NZM 2018, 689, 691; *Schmid* NJW 2013, 2145 (2147).
1250 LG München ZMR 1998, 295.
1251 BGH WuM 1991, 381 = NJW 1991, 1750 = MDR 1991, 628 = ZMR 1991, 290 = DWW 1991, 212 = GE 1991, 615.
1252 BGH WuM 1999, 286 = NJW 1999, 1104 = NZM 1999, 310; zur AGB-Problematik bei der Einbeziehung der Hausordnung in den Mietvertrag vgl. BGH WuM 1991, 381 = NJW 1991, 1750 = MDR 1991, 628 = ZMR 1991, 290 = DWW 1991, 212 = GE 1991, 615.
1253 *Schmid* NJW 2013, 2145 (2147); *Mayer/Eichel/Klinck* NZM 2018, 689, 693; *Barthelmess* FS Blank, 2006, 23 (49).
1254 BGH III ZR 247/06, NJW 2008, 360; *Hinz* PiG 109 (2019), 21, 34.
1255 AG Emmendingen ZMR 2013, 893; AG Berlin-Mitte MM 1997, 241.
1256 *Jacoby* ZMR 2012, 669 (674).
1257 So auch im Ergebnis *Mayer/Eichel/Klinck* NZM 2018, 689, 693, allerdings unter Verweis auf § 308 Nr. 4 BGB; zur Wirksamkeit von Klauseln zur Einbeziehung von Hausordnungen einer Wohnungseigentümergemeinschaft in den Mietvertrag *Häublein* WuM 2009, 435.
1258 **AA** AG Kerpen WuM 1997, 471; zur Ersatzvornahme AG Bremen WuM 2012, 669.
1259 AG Frankfurt/Oder WuM 1997, 432 = GE 1997, 493.

### 23. Haustürregelungen

382 Der Mietvertrag oder die Hausordnung sehen häufig vor, dass die Haustür innerhalb einer bestimmten Zeit aus **Sicherheitsgründen** (Einbruch; Diebstahl) vom Mieter verschlossen werden muss[1260]. Eine solche Regelung ist regelmäßig unzulässig.[1261] Die Bauordnungen der Länder regeln die Pflicht, dass die Außentür im Treppenhaus eines mehrgeschossigen Hauses als Fluchtweg erhalten bleiben muss[1262], damit sich die Bewohner im Gefahrenfall schnellstmöglich in Sicherheit bringen können. Das setzt voraus, dass die Tür mindestens von innen ohne Schlüssel geöffnet werden kann. Hierfür bieten sich sog. Panikschlösser an.[1263] Die Bauaufsichtsbehörden haben die Einhaltung der baulichen Anforderungen zu überwachen.[1264]

383 Dieser allgemeine Gedanke der Gefahrenabwehr ist auch für solche Gebäude nutzbar zu machen, die nicht unter die oben genannte Regelung der jeweiligen landesgesetzlichen Bauordnung fallen.[1265]

384 Verfügen Haustüren nicht über eine automatische Schließanlage und müssen mechanisch versperrt werden, kann darin allerdings ein Mangel zu sehen sein. Voraussetzung ist aber entweder eine vertragliche Regelung über diesen Punkt oder das Vorhandensein einer Schließanlage entspricht dem ortsüblichen Sicherheitsstandard vergleichbarer Wohn- oder Geschäftsräume.[1266] In Ausnahmefällen, zB bei konkreten Gefahrenlagen, kann der Mieter einen Anspruch haben, dass eine automatische Schließanlage installiert wird. Der grds. fehlende Anspruch des Mieters gegen seinen Vermieter auf Modernisierung des Wohnraums schließt im Einzelfall jedoch nicht aus, dass der Vermieter gehalten ist, im Rahmen seiner Fürsorge- und Sicherungspflicht den bisherigen Standard verbessernde Maßnahmen vorzunehmen, wenn diese notwendig sind, um die vom Vermieter geschuldete ungestörte Gebrauchsüberlassung weiterhin zu gewährleisten.[1267] Dieser Gedanke ist im Einzelfall auch auf die vom Mieter geforderte Installation von Alarmanlagen anzuwenden.

### Heimarbeitsplatz

385 → Rn. 350ff.

### 24. Heizung

386 **a) Heizpflicht des Mieters.** Für den Mieter besteht grds. keine Heizpflicht.[1268] Er muss lediglich Sorge tragen, dass nicht durch das unterlassene Heizen Schäden in der Wohnung auftreten können[1269], wie zB durch das Einfrieren von Wasserleitungen oder das Auftreten von Feuchtigkeit.

387 Hat der Vermieter eine bestimmte Heizungsart zur Verfügung gestellt, darf der Mieter diese grds. nicht einseitig ändern. Wird die angemietete Wohnung bspw. mit einer Zentralheizung beheizt, darf der Mieter die Heizart nicht einseitig auf Einzelöfen umstellen. Soweit durch die Einrichtung einer **alternativen Beheizungsart** nicht in die Bausubstanz eingegriffen wird und keine Nachteile für den Vermieter und die Mitbewohner zu verzeichnen sind, zB beim Anschluss von Elektroöfen oder Außenwandgasheizöfen, kann ausnahmsweise die alternative Beheizung der Wohnung durch den Mieter zulässig sein.[1270] Diese Voraussetzungen können zB vorliegen, wenn die Wohnung schon bei Anmietung neben einer Zentralheizung mit einem anderen Ofen ausgestattet war.[1271] Von der Kostentragungspflicht der durch die Zentralheizung bestehenden „festen" Betriebskosten kann sich der Mieter dadurch aber nicht befreien. Der Mieter hat auch keinen Anspruch darauf, dass der Vermieter vom Mieter nicht erwünschte Heizkörper stilllegt oder verplombt.[1272]

---

1260 Zur Verpflichtung des Vermieters für eine solche Regelung AG Frankfurt a. M. NZM 2005, 617.
1261 *Ziebarth* NZM 2014, 621 (622); **aA** LG Köln ZMR 2014, 541.
1262 Vgl. bspw. §§ 17 Abs. 3, 37 Abs. 5 BauO NRW.
1263 LG Frankfurt a. M. NJW-RR 2015, 968.
1264 Vgl. § 61 BauO NRW.
1265 AA LG Köln ZMR 2014, 541 mkritAnm *Schmid*.
1266 *Breiholdt* PiG 2012, 29 (31).
1267 BGH III ZR 283/00, WuM 2001, 398 = NZM 2001, 686 = ZMR 2001, 704; VIII ZR 41/56, NJW 1957, 826; OLG Hamburg NJW-RR 1988, 1481; *Breiholdt* PiG 2012, 29 (31).
1268 AG Steinfurt WuM 1981, 230; AG Tempelhof-Kreuzberg GE 1987, 283.
1269 *AG Saarbrücken ZMR 2010, 698;* Staudinger/*Emmerich* BGB § 535 Rn. 94.
1270 BGH MDR 1964, 749; LG Berlin 1985, 1259; vgl. dagegen AG Berlin-Neukölln GE 1984, 489.
1271 AG Nürnberg WuM 1984, 109.
1272 AG München ZMR 2021, 402.

**b) Heizpflicht des Vermieters.** Grundsätzlich ist der Vermieter verpflichtet, die mitvermietete Heizungsanlage in betriebsbereitem Zustand zu halten und für ausreichendes Heizmaterial zu sorgen. In Einzelfällen, zB bei Vermietung eines Einfamilienhauses, ist es dagegen üblich, dass das Heizmaterial vom Mieter beschafft wird. Ist aber der Vermieter für die Beschaffung der Heizenergie zuständig, hat er sich rechtzeitig darum zu kümmern. Schwierigkeiten bei der Beschaffung des Heizmaterials gehen grds. zu seinen Lasten. Eine darauf abzielende **Haftungsfreizeichnung** ist wegen § 307 BGB regelmäßig unzulässig. Der Vermieter darf bei der Beschaffung des Heizmaterials keine unnötigen Mehrkosten verursachen (zum Wirtschaftlichkeitsgrundsatz → Rn. 126 ff.). Allerdings ist er nicht gehalten, immer die billigste Einkaufsquelle zu nutzen.[1273] **388**

Der Vermieter ist aus dem Mietvertrag (vgl. aber die mittelbare Verpflichtung durch das in § 72 GEG normierte Betriebsverbot älterer Heizungsanlagen) grds. nicht verpflichtet, alte und technisch überholte Anlagen durch neue und moderne Anlagen zu ersetzen,[1274] es sei denn, sie sind mangelhaft[1275] und nicht mehr reparabel. Auch in der Auswahl der Energieart ist der Vermieter frei.[1276] Das gilt insbes. für die Umstellung auf Contracting (→ Rn. 118 ff.). Hat sich der Vermieter ohne weiter gehende Absprachen mietvertraglich verpflichtet, die Beheizbarkeit der Mietsache zu gewährleisten, dann folgt aus § 535 BGB die Pflicht, eine wirtschaftlich arbeitende Heizungsanlage bereitstellen.[1277] Hieraus resultiert weiter die Pflicht des Vermieters, seine Heizanlage so einzustellen und zu betreiben, dass die Versorgung mit Wärme mit der geringst möglichen Energie erfolgen kann (sa Wirtschaftlichkeit, → Rn. 126 ff.). **389**

Ist der Vermieter vertraglich zur **Wärmelieferung** verpflichtet, darf er diese formularvertraglich nur unerheblich – gemessen am zeitgemäßen Wohnstandard – einschränken. Dabei ist als unterste Grenze eine **Raumtemperatur 20 °C** anzusehen.[1278] In Lagerräumen und Verkaufsräumen können geringere Temperaturen ausreichend sein.[1279] Es gehört aber auch zu Vermieterpflicht, für eine **Regulierung der Wärme** zu Sorge zu tragen, die es dem Mieter ermöglicht, die Raumtemperatur, zB im Schlafzimmer, auf maximal 18 °C zu halten.[1280] Dies gehört zur Mindestausstattung einer Wohnung. Der Vermieter darf die Beheizung der Räume im laufenden Mietverhältnis nicht einstellen. Auch bei beendetem Mietverhältnis ist er regelmäßig zur Versorgung mit Wärme verpflichtet (→ Rn. 110). Der Vermieter darf seine Beheizungspflicht für Störungen nicht ausschließen; das gilt insbes. bei höherer Gewalt, behördlichen Anordnungen oder einer „sonstigen" Unmöglichkeit der Leistung, weil er dann aus allen möglichen Gründen die Beheizung verweigern könnte.[1281] **390**

Die Heizverpflichtung kann formularmäßig nicht auf die vom Mieter „hauptsächlich" benutzten Räume beschränkt werden, weil es allein dem Bestimmungsrecht des Mieters unterliegt, welche Räume er nutzen will.[1282] **391**

**aa) Sommerbeheizung.** Der Vermieter ist verpflichtet, die Wohnung so mit Wärme zu versorgen, dass sie zum vertragsgemäßen Gebrauch geeignet ist. Daher beschränkt sich seine Heizpflicht nicht auf die Wintermonate.[1283] Eine entsprechende Formularvereinbarung ist auch im gewerblichen Mietverhältnis unangemessen.[1284] Vielmehr muss der Vermieter stets so heizen, dass der Mieter die Wohnung vertragsgemäß nutzen kann.[1285] Dazu gehört, dass der Mieter auch an kal- **392**

---

1273 LG Berlin GE 1984, 83; 1985, 483; AG Frankfurt a. M. ZMR 1983, 199.

1274 LG Berlin GE 1986, 749.

1275 OLG Düsseldorf WuM 1984, 54 = MDR 1983, 229 = ZMR 1983, 377.

1276 OLG Düsseldorf WuM 1986, 16 = MDR 1985, 536 = ZMR 1985, 236; LG Hannover WuM 1991, 478 = NJW-RR 1991, 1355 = ZMR 1991, 482; AG Tempelhof-Kreuzberg GE 2005, 1357.

1277 OLG Düsseldorf WuM 1984, 54 = MDR 1983, 229 = ZMR 1983, 377.

1278 LG Berlin ZMR 1988, 634; LG Landshut WuM 1989, 175 = NJW-RR 1986, 640; AG München ZMR 2020, 764; AG Berlin-Köpenick GE 2010, 1424; AG Fürstenwalde GE 2005, 1131; Staudinger/*Emmerich* BGB § 535 Rn. 62.

1279 LG Berlin NJW-RR 1992, 518, 15 °C bzw. 18 °C.

1280 LG Berlin WuM 2016, 347 = ZMR 2016, 623.

1281 OLG Frankfurt a. M. WuM 1992, 56 = NJW-RR 1992, 396 = ZMR 1992, 198.

1282 BGH WuM 1991, 381 = NJW 1991, 1750 = MDR 1991, 628 = GE 1991, 615 = ZMR 1991, 290 = DWW 1991, 212.

1283 LG Landshut WuM 1989, 175 = NJW-RR 1986, 640; *Pfeilschifter* WuM 1986, 199; MüKoBGB/*Häublein* § 535 Rn. 77; Staudinger/*Emmerich* BGB § 535 Rn. 62; **aA** Bub/Treier MietR-HdB/*Bub* Kap. II Rn. 1400 für Formularvereinbarungen, wenn Ausnahmen vorgesehen sind.

1284 *Leo* NZM 2012, 707 (711).

1285 LG Göttingen ZMR 1988, 179; AG Schöneberg NZM 1998, 476; Emmerich/Sonnenschein/*Emmerich* BGB § 535 Rn. 32.

ten Sommertagen die Wohnung auf eine **angemessene Temperatur** erwärmen kann. Weil eine kurzfristige Inbetriebnahme der Heizungsanlage extrem unwirtschaftlich ist, wird allgemein gefordert, dass die Beheizung der Wohnräume in den Sommermonaten nur dann gefordert werden kann, wenn die Raumtemperaturen nicht nur vorübergehend auf niedrige Werte absinken. Ein Zeitraum von drei Tagen ist nicht mehr vorübergehend. Die Inbetriebnahme der Heizungsanlage ist geboten, wenn die Innentemperatur der Wohnräume auf 16 °C sinkt und in den nächsten ein bis zwei Tagen nicht mit dem Sollwert von 20 °C gerechnet werden kann.[1286] Keinesfalls kann die Mehrheit der Mieter im Haus über die Heizpflicht entscheiden.[1287] Wegen des unterschiedlichen Wärmebedarfs der einzelnen Bewohner ist es dem Mieter allerdings zumutbar, bei kurzfristigen oder leichten Unterschreitungen der Solltemperatur auf eine Zusatzheizung zurückzugreifen.

**393** Der **formularmäßige Ausschluss** der Beheizung im Sommer ist unwirksam.[1288]

**394** **bb) Temperaturen.** Die Pflicht zur Beheizung besteht grds. während des gesamten Tages. Sowohl bei Wohnräumen als auch bei Gewerberaummietverhältnissen ist grds. eine Mindesttemperatur von 20 °C einzuhalten.[1289] Im Einzelfall können bei Vorliegen besonderer Umstände, zB bei Vermietung einer Lagerhalle, niedrigere Temperaturen als ausreichend angesehen werden.

**395** Der Vermieter von Wohnraum ist berechtigt, in der Nachtzeit (24.00 Uhr bis 6.00 Uhr[1290]) im Interesse der Mitmieter des Hauses die Heizung aus Gründen der Energieeinsparung herunterzuschalten. Allerdings muss auch in dieser Zeit eine Temperatur von mindestens 16 °C[1291] erreichbar sein. Bei gewerblich genutzten Räumen können sich je nach vereinbartem Zweck Abweichungen ergeben.

**396** Unwirksam ist eine **formularmäßige Vereinbarung,** wonach der Vermieter lediglich verpflichtet ist, die Wohnräume in der Zeit von 9.00 Uhr bis 22.00 Uhr zu beheizen.[1292] Auch die formularmäßige Vereinbarung einer Mindesttemperatur von lediglich 18 °C ist unzulässig.[1293] Die Vereinbarung einer bestimmten Temperatur für die vom Mieter hauptsächlich genutzten Räume ist unwirksam, weil der Begriff der „hauptsächlich genutzten Räume" nicht hinreichend bestimmbar ist.[1294]

**397** **c) Sonstiges.** Soweit der Vermieter nach öffentlich-rechtlichen Vorschriften verpflichtet ist, eine Heizungsanlage mit **Thermostatventilen** auszustatten, begründet dies einen zivilrechtlichen Anspruch des Mieters gegen den Vermieter auf Einbau der Ventile[1295] (s. Wirtschaftlichkeit → Rn. 126 ff.).

### 25. Kabelfernsehen

**398** Der Schutz des Art. 5 GG umfasst auch den Anschluss an das Kabelfernsehen.[1296] Der Vermieter ist auf Grund dieser Vorschrift allerdings nicht verpflichtet, das Haus mit einem **Breitbandkabelanschluss** oder einer **Parabolantenne** auszustatten.[1297] Hat er die Wohnung aber mit einer solchen Empfangsmöglichkeit vermietet, so hat der Vermieter den Fortbestand des Empfangs zu gewährleisten.[1298] Der Schutzbereich des Art. 5 GG ist gewahrt, wenn der Vermieter den Rund-

---

[1286] AG Schöneberg NJW-RR 1988, 1308; *Pfeilschifter* WuM 1986, 199; **aA** *Kinne* GE 2000, 1394 (1395).

[1287] AG Köln WuM 1986, 136; vgl. auch LG Kaiserslautern MDR 1981, 143.

[1288] LG Hamburg DWW 1988, 209 = ZMR 1988, 388 = WuM 1988, 151; Staudinger/*Emmerich* BGB § 535 Rn. 62; **aA** Bub/Treier MietR-HdB/*Bub* Kap. II Rn. 1400 für Formularvereinbarungen, wenn bei niedrigen Außentemperaturen Ausnahmen vorgesehen sind.

[1289] BGH WuM 1991, 381 = NJW 1991, 1750 = ZMR 1991, 290 = GE 1991, 615; OLG Rostock, GE 2018, 876 = ZMR 2018, 749 mAnm *Burbulla;* OLG Frankfurt a. M. WuM 1992, 56 = ZMR 1992, 198 = NJW-RR 1992, 396; LG Berlin GE 1998, 905; AG Fürstenwalde GE 2005, 1131; AG Charlottenburg MM 2000, 223; Bub/Treier MietR-HdB/*Bub* Kap. II Rn. 1402; AG Dortmund ZMR 2015, 453 – 21 °C.

[1290] AG Hannover WuM 1984, 196; *Pfeilschifter* WuM 1986, 199.

[1291] *Kinne* GE 2000, 1394, 1395, 15 °C; LG Berlin GE 1998, 905, 18 °C.

[1292] OLG Frankfurt a. M. WuM 1992, 56 = NJW-RR 1992, 396 = ZMR 1992, 198.

[1293] LG Berlin GE 1991, 573; LG Göttingen ZMR 1988, 179.

[1294] OLG Celle WuM 1990, 103.

[1295] AG Gelsenkirchen WuM 1993, 735; **aA** AG Charlottenburg GE 1991, 829.

[1296] BVerfG WuM 1994, 251 = NJW 1994, 1147 = MDR 1994, 547 = ZMR 1994, 203 = DWW 1994, 148 = *GE 1994, 396; WuM 1993, 231; 1993*, 229 = NJW 1993, 1252 = ZMR 1993, 259 = DWW 1993, 93; WuM 1992, 415; 1991, 573 = NJW 1992, 493 = ZMR 1992, 15 = GE 1991, 1245.

[1297] AG Bonn WuM 1990, 14.

[1298] LG Kempten (Allgäu) WuM 2016, 345.

funk- und Fernsehempfang grds. ermöglicht.[1299] Der Mieter darf somit selbst eine entsprechende Empfangseinrichtung installieren lassen.[1300] Der Mieter muss aber – wie auch bei der Parabolantenne – in solchen Fällen sämtliche Verpflichtungen aus dem Anschließungsvertrag mit dem Netzbetreiber übernehmen und die Installation der Leitung vom Übergabepunkt bis in die Wohnung fachgerecht ausführen lassen. Je nach dem Umfang des erforderlichen Eingriffs in die Bausubstanz muss der Mieter dem Vermieter Sicherheit leisten[1301] (→ Rn. 431 ff.). Bei einem Auszug muss er die Leitung wieder entfernen und den ursprünglichen Zustand wieder herstellen, soweit mit dem Vermieter nichts anderes vereinbart wurde[1302] oder dieses Verlangen nicht willkürlich erscheint.

Will der Mieter mit einer Servicegesellschaft den Kabelanschluss verlegen lassen, besteht regel- **399**
mäßig das Problem, dass sich die Gesellschaft dafür vom Vermieter das Recht einräumen lässt, für eine Zeit zwischen 10–20 Jahren[1303] mit den Mietern einen entsprechenden **Nutzungsvertrag** vereinbaren zu dürfen.[1304] Zu einer derartigen Zustimmung ist der Vermieter aber nicht verpflichtet, da ihm eine so lange Vertragsbindung nicht gegen seinen Willen zugemutet werden kann.[1305]

Der Vermieter ist verpflichtet, eine Gemeinschaftsantenne auf neue Frequenzen bereits **400**
bestehender Sender umzurüsten.[1306] Problematisch ist die Frage, ob bei Zurverfügungstellung einer Hausempfangsanlage die Mieter eine Abgabe gem. §§ 11, 15 Abs. 3 UrhG zahlen müssen. Das hängt mit der Frage zusammen, ob die Übertragung und Wiedergabe der Sendungen öffentlich erfolgt. Das ist für die Wohnungseigentumsanlage höchstrichterlich verneint worden[1307] (→ Rn. 489 a). Für das Mietrecht liegt bislang nur eine bejahende Instanz-Entscheidung vor.[1308]

Hat der Vermieter im Laufe des Mietverhältnisses einen Kabelanschluss legen lassen (zur Duldungspflicht s. § 555 d BGB), darf der Vermieter eine bis dahin den Mietern zur Verfügung gestellte Gemeinschaftsantenne nicht ohne weiteres entfernen.[1309] Das gilt insbes. dann, wenn über die Gemeinschaftsantenne weitere Rundfunkprogramme empfangen werden konnten.[1310] Haben die Mieter **eigene Antennen** installiert, müssen diese abgebaut werden, soweit sie damit nicht über den Kabelempfang hinaus Programme empfangen können.

Der Vermieter ist auch nicht berechtigt, den geschlossenen **Kabelservice-Vertrag** zu kündigen **401**
und die Mieter auf den Abschluss von Einzelverträgen zu verweisen[1311]. Wird die Wohnung mit einer bestimmten Empfangsmöglichkeit vermietet, hat der Vermieter den Fortbestand dieser Technik zu gewährleisten.

Im Zuge der Privatisierung der Kabelnetze haben inzwischen die privaten Investoren den Kapa- **402**
zitätsbereich erweitert, bieten digitale Programme (DVB-C) und auch Multimediadienstleistungen (→ Rn. 484) an und stellen neben der bisherigen Grundversorgung Zusatzpakete gegen Aufpreis zusammen. Bei der Sendung digitaler Kabelprogramme (DVB-C) benötigt der Fernsehzuschauer, will er sein altes Gerät weiter benutzen, einen **Decoder** zum Empfang (→ Rn. 468 ff.). Zusätzlich gibt es verschärfte technische Anforderungen an die **Störstrahlfestigkeit** der Hausverteilernetze. Diese sind erforderlich, um Störungen bei benachbarten sonstigen Funkdiensten, etwa Flugfunk, Taxifunk oder Funkdienste von Polizei und Rettungsorganisationen zu verhindern. Zur Duldungspflicht des Mieters und ggf. zur Erhöhung der Miete bei Umrüstung des Hausverteilernetzes s. § 555 d sowie § 559 BGB.

---

1299 AG Hamburg WuM 1989, 557 = ZMR 1990, 21.

1300 LG Siegen NJW-RR 1989, 521; LG Heidelberg WuM 1987, 17; AG Hamburg WuM 1991, 160; AG Bergheim WuM 1991, 340 einschränkend LG Kassel WuM 1989, 557; LG Berlin GE 1989, 93; AG Berlin-Neukölln GE 1992, 107.

1301 LG Heilbronn WuM 1992, 10 = NJW-RR 1992, 77 = MDR 1991, 862 = ZMR 1991, 388; AG Göttingen DWW 1989, 231 = ZMR 1991, 395; zur Installation einer Parabolantenne OLG Celle NJW 1994, 2160 = NJW-RR 1994, 977; OLG Karlsruhe WuM 1993, 525 = NJW 1993, 2815 = ZMR 1993, 511 = DWW 1993, 294 = GE 1993, 1151; AG Lübeck ZMR 1995, 79; AG Frankfurt a. M. NZM 1999, 759.

1302 LG Düsseldorf NJWE-MietR 1997, 148; LG Karlsruhe WuM 1991, 536 = NJW-RR 1991, 1163.

1303 Zur Wirksamkeit der formularvertraglich vereinbarten Vertragslaufzeit BGH WuM 1997, 614, 20 Jahre Laufzeit sind unangemessen; OLG Düsseldorf WuM 1997, 642, zehn Jahre Laufzeit sind angemessen.

1304 OLG München BeckRS 2006, 19946.

1305 AG Wuppertal WuM 1991, 160; AG Berlin-Wedding GE 1991, 187; AG Siegburg WuM 1990, 493.

1306 AG Düsseldorf WuM 1990, 423.

1307 BGH I ZR 228/14, WuM 2016, 79 = GE 2015, 1589 = NZM 2016, 127 = NJW 2016, 807.

1308 AG Charlottenburg GE 2016, 1391.

1309 AG Osnabrück WuM 1999, 34; AG Freiburg WuM 1996, 285 zur Kostenumlage eingebauter Sperrfilter; **aA** AG Berlin-Mitte GE 1996, 681.

1310 KG WuM 1985, 248 = ZMR 1985, 262 = NJW 1985, 2031 = DWW 1985, 204 = GE 1985, 729.

1311 LG Kempten (Allgäu) WuM 2016, 345; AG Hohenschönhausen GE 2002, 1630.

### 26. Kacheln

403 Hat der Mieter die Wandfliesen mit Farbe überstrichen und kann diese nicht mehr entfernt werden, ist der Vermieter berechtigt – unter Berücksichtigung des Abzugs Neu für Alt – die Fliesen auf Kosten des Mieters zu erneuern.[1312]

404 Muss der Vermieter auf Grund eines Wasserrohrbruchs einzelne Fliesen ersetzen und kann er gleichartige im Handel nicht mehr erhalten, muss er nicht das gesamte Badezimmer neu kacheln. Der Mieter ist in derartigen Fällen nach Treu und Glauben gehalten, die vollständige neue Verkachelung nur der betroffenen Wand hinzunehmen[1313] (zum Problem Dübel → Rn. 317 ff.). Einfache **Bodenfliesen** auf dem Balkon können durch einen gestrichenen Estrich ersetzt werden.[1314]

### 27. Kinder

405 Zur vertragsgemäßen Nutzung der Wohnung gehört auch, dass Kinder in der Wohnung spielen dürfen. Auf die Ruhezeiten ist dabei aber Rücksicht zu nehmen (→ Rn. 366). Generell ist davon auszugehen, dass die Mieter in einem Mehrfamilienhaus Lärmeinwirkungen hinnehmen müssen, wie sie in einem Haus mit mehreren Mietparteien unvermeidbar sind.[1315] Das gilt auch für üblichen **Kinderlärm,** der infolge des natürlichen Spiel- und Bewegungstriebes der Kinder unvermeidbar ist.[1316]

406 Störungen durch nächtliches Babygeschrei oder Lachen, Schreien und Weinen von Kleinkindern müssen von jedem Hausbewohner als natürliches Verhalten der Kinder hingenommen werden.[1317] Nur wenn dies auf Grund des Verständnisses der Kinder zumutbar ist,[1318] kann das Lärmen von Kindern zu den allgemeinen Ruhezeiten untersagt werden. Bei erwachsenen Kindern kann sich der Mieter nicht darauf berufen, er könne sich nicht immer durchsetzen.[1319] Allerdings ist wegen von ihren Kindern verursachten Lärms taubstummen Eltern kein Schuldvorwurf zu machen, wenn sie Maßnahmen zur Abhilfe getroffen hatten.[1320]

407 Kinder müssen sich ansonsten aber an die allgemeinen **Hausregeln** halten. Sie dürfen zB nicht in den Gemeinschaftsräumen oder im Hausflur Rollschuh, Inline oder Fahrrad fahren oder den Aufzug zum Spielen benutzen.

408 Ob Kinder die zum Haus gehörenden Außenanlagen mitbenutzen dürfen, ist im Einzelfall zu entscheiden. Zunächst ist der Mietvertrag maßgebend. Findet sich im Vertrag keine Regelung, wird eine Nutzung von Zier- und Vorgärten generell zu verneinen sein, da diesen Gärten von ihrer Zweckbestimmung her ausschließlich eine optische Funktion beigemessen wird. Zum Haus gehörende **Hof- und Grünflächen** können dagegen regelmäßig zum Spielen genutzt werden.[1321] Das Spielen im geteerten Innenhof – sofern er nicht gewerblich genutzt wird – gehört ebenfalls zum vertragsgemäßen Gebrauch,[1322] was auch das Recht zum Aufstellen eines Sandkastens einschließen kann.[1323] Muss das Spielen auf den Hof- und Grünflächen erlaubt werden, dürfen auch fremde Kinder eingeladen werden.[1324]

409 Problematisch ist die Nutzung von großen **Rasenflächen** in einer Wohnanlage. Auch hier kommt es aber auf die Zweckbestimmung an.[1325] Dient die Anlage der Ruhe der in den Wohnhäusern lebenden älteren Menschen, kann das Spielen auf diesen Flächen untersagt werden. Werden die Wohnungen dagegen verstärkt an Familien mit Kindern vermietet, kann das Verbot des Spielens

---

[1312] LG Köln WuM 1997, 41.
[1313] AG Köln WuM 1997, 41.
[1314] LG Berlin GE 2001, 206.
[1315] OLG Düsseldorf ZMR 1997, 181; AG Kiel WuM 1986, 240.
[1316] OLG Düsseldorf ZMR 1997, 181; LG Berlin GE 2016, 1388; AG München ZMR 2019, 876; AG Kassel WuM 91, 558; AG Starnberg WuM 92, 471.
[1317] BGH, V ZR 62/91, WuM 1993, 277 = NJW 1993, 1656 = ZMR 1993, 268
[1318] AG Neuss WuM 1988, 264.
[1319] LG Köln ZMR 1977, 332.
[1320] LG Regensburg NZM 1999, 220.
[1321] LG Heidelberg WuM 1997, 38; AG Berlin-Wedding GE 2000, 1330.
[1322] LG Berlin WuM 1987, 212 = NJW-RR 1986, 1144 = MDR 1986, 589 = ZMR 1986, 242 = GE 1986, 657.
[1323] *Aufstellen durch den Mieter* AG Darmstadt WuM 1986, 211; AG Bonn WuM 1994, 20; Aufstellen durch den Vermieter AG Aachen WuM 1987, 83.
[1324] LG Heidelberg WuM 1997, 38; AG Solingen WuM 1980, 112.
[1325] KG NJW-RR 1998, 1546 zu einem Zufahrtsweg.

auf solchen Freiflächen nicht wirksam sein. Denn es verstößt gegen die Fürsorgepflicht des Vermieters, bei solchen Örtlichkeiten die Kinder der Mieter auf der Straße spielen zu lassen, wenn kein erkennbarer anderer Nutzen der Rasenflächen für die Bewohner überwiegt.

Die Eltern sind für das Verhalten ihrer Kinder im Rahmen der **Aufsichtspflicht** verantwortlich.[1326] Das Maß der gebotenen Aufsicht bestimmt sich nach Alter, Eigenart und Charakter des Kindes sowie danach, was den Eltern in ihren jeweiligen Verhältnissen zugemutet werden kann.[1327] Entscheidend ist, was verständige Eltern nach vernünftigen Anforderungen unternehmen müssen, um die Schädigung Dritter durch ihr Kind zu verhindern. 410

**Konkurrenzschutz**

→ Rn. 599ff. 411

### 28. Lärm

Der Vermieter ist verpflichtet, den Mietgebrauch von Störungen Dritter freizuhalten.[1328] Das gilt insbes. für Störungen durch Lärm (zum Lärm als Mangel → BGB § 536 Rn. 114ff.). Unerheblich ist, ob der Lärm von einer Sache, von Mitmietern,[1329] Nachbarn oder sonstigen Dritten ausgeht.[1330] Geräte und Maschinen, die im Freien benutzt werden, dürfen an Werktagen grds. nicht zwischen 20.00 Uhr und 7.00 Uhr benutzt werden. An Sonn- und Feiertagen ist die Benutzung ganztägig verboten.[1331] Diese **Lärmschutzvorgaben** gelten seit dem 6.9.2002 insbes. für Rasenmäher, Heckenscheren, Rasentrimmer, Rasenkantenschneider und Schredder. Bestimmte Geräte, wie zB Grastrimmer, Graskantenschneider und Laubbläser dürfen zusätzlich nicht in der Zeit von 7.00 Uhr bis 9.00 Uhr, 13.00 Uhr bis 15.00 Uhr und 17.00 Uhr bis 20.00 Uhr benutzt werden, es sei denn, sie sind besonders geräuscharm[1332] oder der Einsatz dient der Gefahrenabwehr. Die nach **Landesrecht** zuständigen Emissionsschutzbehörden können weitere Ausnahmen zulassen. Bei Lärm aus Gewerbebetrieben[1333] gelten die Lärmgrenzen nach § 66 Abs. 2 BImSchG, der für nicht genehmigungsbedürftige Anlagen auf die Einhaltung diverser allgemeiner Verwaltungsvorschriften[1334] verweist. Allein der Umstand, dass der Mieter bei Anmietung von dem Bestehen eines Gewerbebetriebes gewusst hat, führt noch nicht zu einem Einverständnis des Mieters mit den Lärmbeeinträchtigungen, da er grds. auf die Einhaltung der Lärmschutzvorschriften vertrauen darf.[1335] 412

Allerdings prägen den vertragsgemäßen Gebrauch die Umstände, die für den Mieter bei Anmietung erkennbar waren, wie zB die Lage zu einem nahe gelegenen **Flughafen,**[1336] die in der Nähe liegende Autobahn oder der Zubringer. Derartige Lagenachteile schlagen sich nicht nur in der ortsüblichen Vergleichsmiete nieder, sondern auch im Umfang des vertragsgemäßen Gebrauchs. Für eine schleichende Verschlechterung der Wohnlage, zB durch ständig zunehmende Verkehrsströme, muss der Vermieter dagegen uU einstehen[1337] (→ BGB § 536 Rn. 142ff.). 413

### 29. Meinungsäußerung

Die Meinungsäußerung des Mieters mit Hilfe eines **Plakates** oder eines **Schildes** am Haus oder am Fenster seiner Wohnung ist nicht von vornherein zulässig oder unzulässig. Eine derartige für die Öffentlichkeit bestimmte Meinungsäußerung ist unzulässig, wenn damit in das Persönlichkeitsrecht des Vermieters widerrechtlich eingegriffen wird. Ob dies der Fall ist, muss durch Abwägung der 414

---

[1326] Zur elterlichen Aufsichtspflicht über Kleinkinder in der Wohnung LG Heidelberg WuM 2019, 152.

[1327] BGH WuM 1986, 340 = NJW-RR 1987, 13 = MDR 1987, 131 = ZMR 1986, 433.

[1328] LG Hamburg WuM 1987, 218; 1984, 79; LG Berlin MM 1995, 353; Bub/Treier MietR-HdB/*Kraemer/Ehlert* Kap. III B Rn. 2774.

[1329] LG Berlin WuM 1999, 329; LG Köln WuM 1990, 385; LG Offenbach DWW 1990, 273; AG Neuruppin WuM 2005, 653; zur Schadensersatzpflicht des lärmenden Mieters sowie zur Verjährung des Anspruchs AG Bremen WuM 2011, 362.

[1330] LG Göttingen WuM 1990, 75.

[1331] Geräte- und Maschinenschutzlärmverordnung (32. BImSchV) – BGBl. 2002 I 3478.

[1332] Wenn sie mit dem EG Umweltzeichen nach Art. 8 der VO Nr. 1980/2000/EG gekennzeichnet sind.

[1333] LG Hamburg WuM 1987, 218.

[1334] Technische Anleitung zur Reinhaltung der Luft – TA Luft – v. 27.2.1986, GMBl. 95, ber. 202; Technische Anleitung zum Schutz gegen Lärm – TA Lärm – v. 16.7.1968, Beil. Bundesanzeiger Nr. 137.

[1335] *Sternel* PiG 31 (1989), 71 (81).

[1336] OLG Köln ZMR 1995, 71.

[1337] **AA** zum Flughafen Schönefeld LG Berlin GE 2013, 487.

unterschiedlichen Rechtsgüter ermittelt werden.[1338] Liegt keine einschränkende Abrede vor, geht das Grundrecht auf Meinungsfreiheit (Art. 5 GG) vor,[1339] wenn nicht ausnahmsweise besondere rechtliche Interessen des Vermieters entgegenstehen.[1340]

**415** Im Einzelfall ist aber für die Bewertung der widerstreitenden Interessen auch der Mietvertrag maßgebend. Wird dort die Zustimmung des Vermieters für das Aushängen von Plakaten vereinbart, kann damit das Grundrecht auf freie Meinungsäußerung (Art. 5 GG) eingeschränkt sein.[1341] Derartige individuelle vertragliche Beschränkungen dürfen nicht den Kernbereich des **Grundrechtsschutzes** berühren. Soweit vorformulierte Vertragsklauseln das Recht zur Meinungsäußerung einschränken, sind diese eng auszulegen und strengen Maßstäben zu unterwerfen. Erlaubnisvorbehalte sind dahingehend auszulegen, dass der Vermieter grds. seine Zustimmung erteilen muss, es sei denn, dass er ein besonderes sachliches Interesse an der Versagung hat.

**416** Verunstaltende Plakate sowie beleidigende Äußerungen sind regelmäßig unzulässig[1342] und ein Kündigungsgrund. Ebenso darf der Mieter grds. keine Aushänge im Treppenhaus oder an der Fassade des Hauses anbringen, weil dies den vertragsgemäßen Gebrauch überschreitet.[1343] Allerdings ist hier Anlass und Dauer der beabsichtigten Meinungsäußerung maßgeblich. Eine aus aktuellem Anlass ausgerichtete und kurzfristige Äußerung ist an großzügigeren Maßstäben zu messen, als allgemeine auf Dauer angelegte Äußerungen.

**417** Der Mieter kann auch berechtigt sein, in der Öffentlichkeit wahre Tatsachen und Werturteile gegen den Vermieter bekannt zu geben, soweit auch hier das Grundrecht der freien Meinungsäußerung reicht. So kann es zulässig sein, dem Vermieter schikanöses Verhalten,[1344] üble Spekulation[1345] oder gnadenlose Mietpreistreiberei[1346] vorzuwerfen. Die Meinungsäußerung ist dann nicht mehr gerechtfertigt, wenn es sich um Schmähkritik handelt, wenn also mit der Kritik nicht mehr die Auseinandersetzung in der Sache, sondern die Diffamierung der Person im Vordergrund steht.[1347] Eine Aufforderung zum **Mietboykott** ist nicht zulässig.

**418** Kein vertragswidriges Verhalten des Mieters liegt vor, wenn er sich gegenüber potentiellen Käufern über den Kaufpreis äußert und auf seine Rechte bei Umwandlung einer Miet- in eine Eigentumswohnung[1348] oder auf Mängel in der Wohnung[1349] hinweist. Zulässig ist ein Transparent mit der Aufschrift „Wir lassen uns nicht Luxussanieren".[1350] Dem Mieter ist auch gestattet, seine Mitbewohner sachlich über falsche **Wirtschaftlichkeitsberechnungen** oder unrichtige **Nebenkostenabrechnungen** zu informieren und vor vorschnellen Zustimmungen zu Mieterhöhungen zu warnen.[1351] Er darf sich auch mit anderen Bewohnern zu Mieterinitiativen zusammenschließen

---

[1338] VerfGH Berlin NZM 2008, 517; BayObLG WuM 1983, 129 = ZMR 1983, 352 = MDR 1983, 580; WuM 1984, 12 = NJW 1984, 496 = ZMR 1984, 85 = MDR 1984, 234 = GE 1984, 227; LG Berlin GE 1996, 803.

[1339] LG Aachen WuM 1988, 53; LG Hamburg WuM 1986, 134 = NJW 1986, 320 = NJW-RR 1986, 92 = ZMR 1985, 274; LG Darmstadt ZMR 1983, 13 = NJW 1983, 1201; LG Kassel WuM 1981, 211; AG Stuttgart-Bad Cannstatt WuM 1991, 28 = NJW-RR 1991, 780; AG Göttingen WuM 1988, 299; AG Freiburg WuM 1987, 144; zur Beschwer im Falle einer Vermieterverurteilung BGH VIII ZB 66/18, ZMR 2019, 660 = WuM 2019, 538 = MietPrax-AK § 3 ZPO Nr 5.

[1340] LG Tübingen WuM 1986, 116 = NJW 1986, 321 = NJW-RR 1986, 92; AG Nürnberg WuM 1983, 261; Bub/Treier MietR-HdB/*Kraemer/von der Osten* Kap. III A Rn. 2446.

[1341] LG Hamburg WuM 1980, 247; vgl. aber AG Hamburg WuM 1979, 76 = ZMR 1979, 206.

[1342] LG Berlin GE 2016, 1215; LG München I ZMR 2015, 856 – fette Kaugummidrecksau, dreckige Schweinedrecksau; LG Karlsruhe ZMR 2014, 43; LG Berlin GE 2005, 675; AG Paderborn ZMR 2021, 503 – Ich mach Dich kaputt. Du Arschloch; AG Pankow-Weißensee GE 2020, 878 – fick Dich, Schlampe, Fotzen; Ausstrecken des Mittelfingers; AG Idstein ZMR 2019, 968 – Scheiß-Deutscher; AG Hamburg-Blankenese ZMR 2016, 783; LG München I ZMR 2021, 232 – Entmietung durch Vergasen; auch gegen Mitmieter LG Köln ZMR 2016, 705; zum Kündigungsgrund der erheblichen Pflichtverletzung nach § 543 BGB BGH VIII ZR 73/16, WuM 2017, 23 = NZM 2017, 26 = ZMR 2017, 154 = GE 2017, 45.

[1343] AG Neukölln ZMR 2019, 970; AG Wiesbaden ZMR 2003, 935; AG Ludwigsburg WuM 1989, 618; AG Berlin-Neukölln WuM 1983, 257.

[1344] OLG Frankfurt a. M. WuM 1983, 84.

[1345] OLG Köln WuM 1981, 20; AG Schöneberg ZMR 2001, 982; AG Nürnberg WuM 1983, 261; **aA** LG München I WuM 1983, 263; AG München WuM 1989, 617.

[1346] OLG München WuM 1985, 55; LG München II WuM 1989, 616.

[1347] LG Berlin GE 2013, 1655; LG Lübeck ZMR 2013, 890; AG München WuM 2015, 355 – „Sie promovierter Arsch"; *Gies* jurisPR-MietR 19/2015 Anm. 3 (zu AG München).

[1348] *AG Nürnberg* WuM 1983, 261.

[1349] OLG Celle WuM 1991, 538 = NJW-RR 1991, 781.

[1350] AG Berlin-Mitte WuM 2014, 482; *Kunze* jurisPR-MietR 23/2014 Anm. 3.

[1351] LG Bonn WuM 1979, 172; LG Hamburg WuM 1978, 239 = MDR 1978, 494.

oder sich mit solchen Gruppen solidarisieren.[1352] Zudem ist der Mieter berechtigt, den Verkauf eines Hauses dadurch zu verhindern, dass er Blätter mit der Aufschrift „Mieter wehren sich erfolgreich" auslegt.[1353] Zur Kündigung in solchen Fällen → BGB § 543 Rn. 192.

### 30. Mietermodernisierung

**a) Grundsätze.** Der Mieter kann einen Anspruch haben, die Mietsache zu verschönern und zu modernisieren.[1354] Der Anspruch kann sich aber nur auf die Maßnahme selbst beziehen, nicht dagegen auf vertragliche Bedingungen, die der Mieter zur Absicherung seiner Leistungen verlangt.[1355] Während das Gesetz die Duldungspflicht des Mieters bei Modernisierung und Instandhaltung durch den Vermieter in den §§ 555a, 555d BGB regelt, hat der Gesetzgeber **vergleichbare Bestimmungen** zur Duldungs- oder Zustimmungspflicht des Vermieters nur für den Ausnahmefall geschaffen, dass ein Mieter bauliche Maßnahmen durchführen will, die erforderlich sind, um die behindertengerechte Nutzung oder den Zugang zu ihr zu ermöglichen. Abgesehen von diesem Ausnahmefall regelt das Gesetz für den Vermieter lediglich dessen grundsätzliche Ausgleichspflicht, soweit er vom Mieter geschaffene Einrichtungen auch nach dessen Auszug behalten will (vgl. § 552 BGB)[1356]. 419

Gem. § 578 BGB gilt § 552 Abs. 1 BGB auch für Räume, die keine Wohnräume sind. Übernimmt der Vermieter die Einrichtungen des Mieters nicht, muss dieser spätestens beim Auszug alle Maßnahmen rückgängig machen und den ursprünglichen Zustand wieder herstellen (§ 258 S. 1 BGB).[1357] Hat der Vermieter den Maßnahmen zugestimmt, wird die Pflicht zur Herstellung des ursprünglichen Zustandes regelmäßig entfallen,[1358] es sei denn, der Vermieter hat einen entsprechenden Vorbehalt gemacht. Die **Pflicht zur Beseitigung** entfällt gem. § 242 BGB aber auch dann, wenn der Vermieter das Gebäude nach Vertragsende völlig umbaut, so dass die Wiederherstellung des früheren Zustandes sinnlos wäre.[1359] Die Zustimmung des Vermieters zu den baulichen Maßnahmen des Mieters bedeutet aber nicht automatisch, dass die Maßnahmen in seinem Interesse liegen und er die Kosten zu übernehmen hat.[1360] 420

Soweit **Altverträge im Beitrittsgebiet** (Vertragsschluss vor dem 3.10.1990) nach dem 2.10.1990 beendet werden (Art. 232 § 2 Abs. 1 EGBGB), ist in diesem Zusammenhang § 112 ZGB von Bedeutung. Nach dieser Vorschrift entstand der Anspruch des Vermieters auf Wiederherstellung des ursprünglichen Zustandes, wenn der Mieter ohne Zustimmung des Vermieters bauliche Veränderungen (bis zum 2.10.1990) durchgeführt hatte; es sei denn, diese baulichen Veränderungen führten zu einer Wohnungsverbesserung, die im gesellschaftlichen Interesse lag.[1361] Die Annahme eines gesellschaftlichen Interesses ist regelmäßig bei solchen Maßnahmen gerechtfertigt, die nicht nur einem persönlichen Interesse des Mieters dienten, sondern auch für einen Nachmieter sinnvoll waren.[1362] So stellt das Anbringen eines Fliesenspiegels im Bad eine im gesellschaftlichen Interesse liegende Maßnahme dar, da eine derartige Ausstattung nicht dem DDR-Standard entsprach.[1363] Im gesellschaftlichen Interesse erfolgten regelmäßig neben Fliesenarbeiten auch die Verlegung eines Kabelanschlusses sowie eines PVC-Fußbodenbelags, das Abhängen von Decken sowie der Einbau von Schränken zur Schaffung von Stauraum.[1364] Hat der Mieter dagegen lediglich bauliche Maßnahmen vorgenommen, die der Verschönerung der Wohnung dienten, ohne eine Wertverbesserung darzustellen, wie zB das Anbringen von nicht wärmedämmenden Deckenplatten oder eine Loggiaverglasung[1365], ist er bei Auszug zur Beseitigung verpflichtet.[1366] Die Prüfung eines 421

1352 LG Kassel WuM 1981, 211.
1353 VerfGH Berlin NZM 2008, 517 = NJW-RR 2008, 1179.
1354 Umf. *Damrau-Schröter,* Zivilrechtliche Aspekte der „Mieter-Modernisierung", 1994, 110 ff.; *Sternel* PiG 16 (1984), 105 ff.
1355 AG Potsdam WuM 2000, 179.
1356 Vgl. dazu *Bruns* NZM 2016, 873 sowie 2017, 468
1357 *Lohmann/Ungerer* ZMR 2013, 167; *Heitgreß* WuM 1982, 31.
1358 LG Hamburg WuM 1988, 305; **aA** LG Berlin MDR 1987, 234 = GE 1987, 39.
1359 BGHZ 96, 141 = WuM 1986, 57 = NJW 1986, 309 = MDR 1986, 226 = NJW-RR 1986, 89 = ZMR 1986, 48 = DWW 1985, 312 = GE 1986, 387.
1360 LG Dortmund ZMR 2008, 376.
1361 Wortlaut des § 112 Abs. 2 ZGB ist abgedruckt bei *Sternel* PiG 105 (2017), 73, 80.
1362 LG Berlin ZMR 2000, 24; AG Zwickau WuM 1999, 217 = NZM 2000, 239.
1363 AG Zwickau WuM 1999, 217 = NZM 2000, 240.
1364 LG Berlin GE 2005, 621.
1365 LG Berlin GE 2002, 1566.
1366 AG Zwickau WuM 1999, 217 = NZM 2000, 239.

gesellschaftlichen Interesses ist im Zusammenhang mit eventuellen Ansprüchen des Mieters auf Entschädigungsleistungen wegen § 112 Abs. 3 S. 2 ZGB zu beachten[1367] und zwar auch dann, wenn die Maßnahmen vor In-Kraft-Treten des ZGB im Jahre 1976 durchgeführt wurden.[1368] Dies gilt für Mietverträge gleichermaßen wie auch für Pachtverträge.

422 **b) Verbote.** Hat der Vermieter dem Mieter formularvertraglich die Vornahme bestimmter Maßnahmen untersagt, bedeutet dies nicht automatisch, dass der Mieter die gewünschte Maßnahme nicht durchführen darf. Vielmehr kann sich der Vermieter auf ein solches Verbot nur berufen, wenn das Interesse des Mieters wegen schwerwiegender Gründe zurücktreten muss.[1369] Bringt nämlich ein solches Verbot dem Vermieter keinen Vorteil, dem Mieter aber nur Nachteile, dann kommt der Gedanke der **unzulässigen Rechtsausübung** zum Tragen. Daher ist in jedem Einzelfall zu prüfen, welchen Zweck die vom Vermieter verwendete Vertragsklausel verfolgte und ob sie unter dem heutigen Standpunkt ihren Sinn noch erfüllt.[1370] Daneben gilt § 307 BGB, wonach vorformulierte Vertragsklauseln den Mieter nicht entgegen dem Gebot von Treu und Glauben unangemessen benachteiligen dürfen. Derartige Verstöße sind regelmäßig bei formularvertraglichen Verboten anzunehmen, die übliche Gebrauchsrechte einschränken, wie zB das Verbot der Aufstellung von Haushaltsgeräten.

423 **c) Erlaubnisvorbehalte.** Regelmäßig zulässig sind dagegen Erlaubnisvorbehalte.[1371] Sie haben die Funktion, Unsicherheiten zu vermeiden und im Interesse beider Parteien ein Einvernehmen zu erzielen. Soweit für die Erlaubnis des Vermieters vertraglich die Schriftform vorgesehen ist, dient diese nur Beweiszwecken und schließt die Wirksamkeit eines mündlich erteilten Einverständnisses nicht aus. Der Erlaubnisvorbehalt bezieht sich nur auf Maßnahmen, die der Mieter im eigenen Interesse durchführt. Daher scheiden solche Maßnahmen aus, die der Mieter **mit Fremdgeschäftsführungswillen** durchführt, wie zB Maßnahmen nach § 536a Abs. 2 Nr. 1, 2 BGB oder im Rahmen der GoA (§ 539 BGB). Das in einem Erlaubnisvorbehalt zum Ausdruck kommende Ermessen des Vermieters darf dieser nicht missbrauchen.[1372] Vielmehr ist das Ermessen des Vermieters durch den Grundsatz von Treu und Glauben gebunden, der es gebietet, dass der Vermieter nicht ohne triftigen, sachbezogenen Grund dem Mieter Einrichtungen versagt, die diesem das Leben in der Mietwohnung angenehmer gestalten können.

424 **d) Maßnahmen zur Bestandserhaltung.** Ist über das Recht des Mieters, bestimmte Einbauten und Umbauten vornehmen zu können, keine vertragliche Abrede getroffen worden, ist zu prüfen, ob im Einzelfall der Mieter vor Durchführung der Maßnahme die Zustimmung des Vermieters einholen muss.[1373] Aus § 536a Abs. 2 Nr. 2 BGB ergibt sich, dass der Mieter in bestimmten Fällen **notwendige Verwendungen** auf die Sache machen kann, ohne vorher den Vermieter zu fragen. Der Mieter darf danach Maßnahmen zur Erhaltung des Bestands der Mietsache, wie bspw. die notwendige Erneuerung der für die Versorgung der Wohnung mit Gas, Wasser und Strom erforderlichen Leitungen oder die zum Schutz notwendige Errichtung einer Einfriedung,[1374] durchführen.

425 Das LG Lüneburg[1375] schlussfolgert aus § 547 BGB aF (§ 536a Abs. 2 Nr. 2 BGB) sowie aus der Regelung über den Verbleib und die Entschädigung von Einrichtungen des Mieters (§ 547a BGB aF; § 539 Abs. 2, § 552 BGB), dass der Mieter im Rahmen der Bestandserhaltung Maßnahmen durchführen kann, ohne den Vermieter fragen zu müssen. Bei fachmännischer Montage ist es danach dem Mieter ohne Rücksprache mit dem Vermieter erlaubt, zB Mischbatterien und WC-Becken auszutauschen oder eine Dunstabzugshaube zu installieren, soweit diese problemlos an einen (Not-)Schornstein angeschlossen werden kann.[1376] Auch der Einbau einer WC-Spülkasten-

---

[1367] BGHZ 134, 170 = ZMR 1997, 174.

[1368] BGH WuM 1999, 334 = MDR 1999, 734.

[1369] *Damrau-Schröter* Zivilrechtliche Aspekte der „Mieter-Modernisierung" 1994, 107.

[1370] *Damrau-Schröter* Zivilrechtliche Aspekte der „Mieter-Modernisierung" 1994, 107.

[1371] AG Hannover WuM 1999, 340.

[1372] BVerfG WuM 1991, 573 = ZMR 1992, 15 = NJW 1992, 493 = GE 1991, 1245; NJW 1963, 1539 = MDR 1963, 672; BayObLG WuM 1981, 80 = NJW 1981, 1275 = MDR 1981, 583 = GE 1981, 533 = ZMR 1982, 84; AG Oldenburg WuM 1978, 83; *Damrau-Schröter* Zivilrechtliche Aspekte der „Mieter-Modernisierung" 1994, 95.

[1373] Verneinend AG Bremen WuM 2017, 456 zur Anbringung von Plissees; aA AG Witten ZMR 2018, 679.

[1374] OLG Frankfurt a. M. WuM 1981, 63 = WPM 1980, 1051.

[1375] *LG Lüneburg WM 1995, 701*; **aA** LG Berlin GE 1997, 243.

[1376] AG Hamburg WuM 1983, 235; zur Mietermodernisierung gibt es vielfältige Rspr.: Aufstellen von Leichtbauwänden LG Essen WM 1987, 257; Anbringung einer Holzvertäfelung LG Osnabrück WM 1986, 231; Einbau einer Gasetagenheizung LG Berlin GE 1995, 109; AG Lübeck DWW 1988, 143; Aufstellen eines Hochbet-

Spartaste[1377] oder das Anbringen eines Fliesenspiegels in der Küche wäre danach vom Vermieter zu dulden.

**e) Unterbliebene Vertragsabsprache.** *Damrau-Schröter*[1378] greift zur Begründung eines Anspruchs des Mieters auf Durchführung einer Modernisierungsmaßnahme auf § 541b BGB aF (§§ 555d–e BGB) zurück. In dem Umfang, wie dort der Mieter vor besonderen Härten geschützt werde, müsse auch der Vermieter vor baulichen Maßnahmen des Mieters geschützt werden. Insoweit sei **die Opfergrenze** auf beiden Seiten die Grenze des Zumutbaren und der noch schutzwürdigen Interessen. **426**

Dem ist zuzustimmen, denn letztlich bewegt sich die Frage der Zumutbarkeit in der Spannbreite einer umfassenden Interessenabwägung. Da das BVerfG[1379] den **Besitz des Mieters** an der **Wohnung als Eigentum** iSd Art. 14 GG ansieht, wird damit der verfassungsrechtliche Grundstein für die einfachrechtliche Interessenabwägung gelegt. Die Grenzen des Gebrauchs und damit auch der Mietermodernisierung ergeben sich somit aus einer umfassenden Abwägung der widerstreitenden Interessen unter Wahrung der schutzwürdigen Belange beider Vertragsparteien. Je schwerer der bauliche Eingriff des Mieters ist, desto stärker gehen die Belange des Vermieters in die Interessenabwägung ein. Umgekehrt ist dem Interesse des Mieters stärker Rechnung zu tragen, je weniger der Vermieter an berechtigten Einwänden geltend machen kann. Dabei ist zu berücksichtigen, dass das Eigentumsrecht des Mieters nicht nur das Recht zur Nutzung der Wohnung umfasst, sondern auch den Zugang zur Wohnung.[1380] **427**

Bei der Abwägung der widerstreitenden Interessen sind aber auch außerhalb des Mietverhältnisses liegende Gesichtspunkte zu berücksichtigen, die von der verfassungsrechtlichen Wertordnung getragen werden und in das Mietverhältnis einwirken.[1381] So wird der Inhalt des Mietvertrages zB dadurch mitgeprägt, dass das Grundrecht auf Informationsfreiheit oder das verfassungsrechtliche Benachteiligungsverbot Behinderter Bestandteil der objektiven Wertordnung sind. Bei der Frage der Duldung von Mietermodernisierungsmaßnahmen muss daher der Umstand des Informationsbedürfnisses (zur Parabolantenne → Rn. 468 ff.) oder einer Behinderung des Mieters oder seines Haushaltsangehörigen mit in die Abwägung einfließen (→ hierzu § 554a BGB). Ob der Mieter dem Vermieter die Einrichtung zwecks Prüfung anzeigen und ihm auf Wunsch ihre Besichtigung gewähren muss, damit er sich ein Bild von der Maßnahme machen kann, ist heftig umstritten.[1382] **428**

**aa) Fehlende Beeinträchtigung.** Somit wird der Mieter für die Durchführung von **Verbesserungsmaßnahmen** regelmäßig dann keiner Zustimmung des Vermieters bedürfen, also praktisch frei schalten und walten können, wenn es sich bei den Maßnahmen um Arbeiten handelt, die weder das Mietobjekt in der Substanz noch die Wohnanlage oder Mitbewohner beeinträchtigen, da dem Mieter im Rahmen des Vertragszwecks der freieste Gebrauch gewährt werden soll.[1383] Bei Beendigung des Mietverhältnisses müssen sich aber die vorgenommenen Veränderungen leicht wieder beseitigen lassen.[1384] Dies ist regelmäßig anzunehmen, wenn der Mieter einen Teppichboden verlegt, eine transportable Duschkabine auf stellt,[1385] den Balkon mit einem Plexiglas-Vordach verkleidet[1386] oder moderne Haushaltsgeräte in der Küche installiert.[1387] Weitere Maßnahmen die- **429**

---

tes AG Köln WuM 1987, 51; **aA** AG Wuppertal DWW 1980, 30; Einbau einer Einbauküche LG Konstanz WM 1989, 67; Aufstellen einer transportablen Duschkabine LG Berlin WM 1990, 421.

1377 *Fritz* ZMR 1997, 553 (554).

1378 *Damrau-Schröter* Zivilrechtliche Aspekte der „Mieter-Modernisierung" 1994, 120.

1379 BVerfG WuM 1993, 377 = NJW 1993, 2035 = MDR 1993, 728 = ZMR 1993, 405 = DWW 1993, 224 = GE 1993, 796; WuM 2004, 80 = NJW-RR 2004, 440 = NZM 2004, 186 = DWW 2004, 146 = ZMR 2004, 566 = MDR 2004, 266 = GE 2004, 610; zu den Auswirkungen der Entscheidungen auf das einfache Recht s. *Lange* ZMR 2004, 881.

1380 BVerfG WuM 2000, 298 = GE 2000, 670 = NZM 2000, 539.

1381 BVerfG WuM 2000, 298 = GE 2000, 670 = NZM 2000, 539; LG Duisburg ZMR 2000, 463 zum Einbau eines Treppenlifts.

1382 Zum Meinungsstand siehe *Bruns* NZM 2017, 468, 469 (Fußn.7)

1383 *Fritz* ZMR 1997, 553 (554).

1384 LG Essen WuM 1987, 257; *Halberstadt* WuM 1980, 120.

1385 LG Berlin WuM 1990, 421 = MM 1990, 21 = GE 1990, 869.

1386 Problematisch insoweit LG Nürnberg-Fürth WuM 1990, 422, weil damit die Außenfassade beeinträchtigt wird; vgl. auch AG Wiesbaden NJW-RR 2000, 1031 = NZM 2000, 711 sowie AG Schorndorf WuM 2012, 494 zum Katzennetz bzw. Katzengitter am Balkon bzw. AG Berlin Tempelhof-Kreuzberg GE 2020, 1324; zum Problem innerhalb einer Wohnungseigentumsanlage siehe *Emmert,* jurisPR-MietR 9/2013 Anm. 3.

1387 LG Konstanz WuM 1989, 67.

ser Art sind das Anbringen von Dübeln und Haken[1388], das Bohren von Löchern, das Modernisieren (Sicherungen) von Türen und Schlössern,[1389] das Anbringen von Verkleidungsplatten an Decken[1390] sowie das Installieren einer Klingelleitung[1391] oder das Aufstellen einer Einbauküche.[1392]

430 **bb) Berücksichtigung des Vertragszwecks.** Ob und in welchem Umfang der Vermieter zur Duldung von Mietereinbauten verpflichtet sein kann, die über den oben beschriebenen Umfang hinausgehen, richtet sich in erster Linie nach dem **Vertragszweck.**[1393] Dabei ist zu bedenken, ob der Mieter mit der Maßnahme lediglich einen Zustand herstellen will, wie er allgemein üblich ist, weil nur so die Wohnung dem gängigen Standard entspricht.[1394] Dem Mieter kann zB nicht der Gebrauch neuer technischer Einrichtungen verboten werden, wenn dadurch der ordnungsgemäße Gebrauch der Mietsache nicht in Frage gestellt wird.[1395] In diesen Fällen kann der Vermieter selbst bei einem vertraglichen Genehmigungsvorbehalt zur Zustimmung der Maßnahme verpflichtet sein.[1396] Sowohl bei der Geschäftsraum- als auch bei der Wohnraummiete gehören hierzu zB die Einrichtung eines **Telefons, Faxes** sowie **Online-Anschlusses**[1397] für einen Computer (→ Rn. 466f.) oder die Anbringung einer Außensteckdose auf dem Balkon[1398]. Der Vermieter kann aber dem Mieter, zB bei der Anbringung von Außenrollläden[1399], Auflagen machen, wenn diese sachgerecht und angemessen sind.[1400] Auch ist der Einbau eines **Sicherheitsschlosses** eine vom Vermieter zu duldende Modernisierungsmaßnahme, da bei fachmännischem Einbau das Mietobjekt durch diese Maßnahme objektiv verbessert wird. Der Vermieter kann daher auch während der Mietzeit nicht verlangen, dass das Schloss beseitigt wird.[1401] Zweifelhaft ist, ob der vom Mieter ohne Absprache vorgenommene Einbau eines Türspions vom Vermieter zu dulden ist.[1402]

431 **f) Anspruch auf Sicherung.** Gibt der Vermieter dem Mieter die Zustimmung zu der geplanten Maßnahme, kann er im Gegenzug Sicherheitsmaßnahmen verlangen.[1403] Während nach dem Recht vor dem 1.9.2001 umstritten war, ob der Kautionsbetrag den Rahmen des § 551 BGB übersteigen durfte,[1404] ist nach der Einfügung des § 554a BGB klargestellt, dass der Vermieter neben der Kaution nach § 551 BGB eine angemessene Sicherheit verlangen kann. Es wäre nicht verständlich, die zusätzliche Sicherheit dem Vermieter nur bei Maßnahmen zur Barrierefreiheit zu gewähren und sie ihm bei anderen Modernisierungsmaßnahmen zu versagen.

432 Die Sicherheitsleistung ist somit für den Duldungsanspruch des Mieters von erheblicher Bedeutung. Wenn der Mieter nämlich umfangreiche bauliche Maßnahmen plant, die einen erheblichen Eingriff in die Bausubstanz mit sich bringen, dann ist dies bei der Interessenabwägung zu berücksichtigen (→ Rn. 426). Da der Mieter bei Beendigung des Mietverhältnisses zum **Rückbau** verpflichtet ist, hat der Vermieter ein Sicherheitsinteresse hinsichtlich der Erfüllung dieses Anspruchs. Der Vermieter muss somit keine Maßnahmen dulden, deren Rückbau finanziell nicht abgesichert ist.[1405]

---

1388 Ausführlich *Streyl* PiG 2005 (2017), 89, 92 = NZM 2017, 785ff.
1389 *Rathjen* ZMR 1999, 458 (461).
1390 AG Tempelhof-Kreuzberg NZM 2002, 734.
1391 LG Berlin GE 1984, 863; AG Münster WuM 1983, 176.
1392 *Wetekamp* MK 2012, 194.
1393 LG Hannover WuM 1984, 129; vgl. *Halberstadt* WuM 1980, 120.
1394 *Meyer-Abich* NZM 2015, 520 (521).
1395 *Damrau-Schröter* Zivilrechtliche Aspekte der „Mieter-Modernisierung" 1994, 98.
1396 LG Berlin ZMR 1975, 271 für Duschkabine; LG Hamburg WuM 1974, 145 für Fensterlüfter; abl. für eine CB-Dachfunkantenne BayObLG WuM 1981, 80 = NJW 1981, 1275 = MDR 1981, 583 = GE 1981, 533 =ZMR 1982, 84; AG Hamburg WuM 1998, 723 für die Verlegung eines Laminatfußbodens.
1397 *Meyer-Abich* NZM 2015, 520 (522).
1398 AG Hamburg WuM 2007, 505.
1399 LG Hamburg WuM 2007, 502; die durchschnittliche Nutzungsdauer wird mit 25–35 Jahren angenommen, die von Markisen mit 25 Jahren: *Wetekamp* MK 2011, 64 (66).
1400 *Sternel* PiG 16 (1984), 105 (112); siehe AG Hamburg-Bergedorf ZMR 2019, 965.
1401 LG Karlsruhe WuM 1998, 22.
1402 Bejahend AG Meißen ZMR 2018, 337 = WuM 2018, 632; Anm. *Bueb,* jurisPR-MietR 19/2018 Anm. 4.
1403 AG Hamburg WuM 1996, 29 = NJWE-MietR 1997, 123; *Streyl,* PiG 2005 (2017), 89, 93.
1404 So *Damrau-Schröter* Zivilrechtliche Aspekte der „Mieter-Modernisierung" 1994, 125f.; **aA** LG Berlin MM 1999, 441.
1405 *Damrau-Schröter* Zivilrechtliche Aspekte der „Mieter-Modernisierung" 1994, 126; so jetzt auch § 554a BGB für Maßnahmen zur Barrierefreiheit.

Besteht bei einer vom Mieter durchzuführenden baulichen Maßnahme ein erhebliches Schadensrisiko (aber → Rn. 373), führt eine sachgerechte Interessenabwägung dazu, dass der Vermieter die Einwilligung nur erteilen muss, wenn der Mieter eine entsprechende Haftpflichtversicherung abgeschlossen hat.[1406] Eine Haftungsübernahmeerklärung des Mieters reicht für das Sicherungsbedürfnis des Vermieters nicht aus, da diese nicht sicherstellt, dass jederzeit ausreichende Mittel zur Behebung eines Schadens zur Verfügung stehen. **433**

Der Vermieter kann seine Zustimmung aber auch von anderen Bedingungen abhängig machen, die seinem Interesse am Erhalt des Objektes und an einer möglichst störungslosen Durchführung der Arbeiten Rechnung tragen. So kann er den Mieter verpflichten, einen bestimmten zeitlichen Rahmen einzuhalten, um Störungen der Nachbarschaft möglichst zu vermeiden sowie auch eine Freistellungsvereinbarung zu treffen für den Fall der Minderung oder des Schadensersatzes anderer Mieter aufgrund der Baumaßnahme[1407] (zur Verpflichtung zum Rückbau → Rn. 445 ff., zur Instandhaltung mietereigener Einrichtungen → Rn. 444). **434**

**g) Regeln der Technik.** Darüber hinaus hat der Mieter dafür zu sorgen, dass die baulichen Maßnahmen nach den anerkannten Regeln der Technik durchgeführt werden.[1408] Daher sind die Vorschriften der Bauordnung einzuhalten. **Eigenleistungen** kann der Mieter in diesen Fällen nur erbringen, wenn er durch eine entsprechende Ausbildung den Nachweis der **Fachkunde** erbracht hat. Der Mieter darf iÜ auch keine Hilfspersonen hinzuziehen, die den Schutz aus der Haftpflichtversicherung gefährden. **435**

Die Duldungspflicht des Vermieters setzt zudem voraus, dass nachteilige Folgewirkungen mit der baulichen Maßnahme des Mieters nicht zu befürchten sind.[1409] Daher ist es dem Mieter bspw. nicht gestattet, **Brunnenwasser** zur Toilettenspülung zu nutzen, wenn die Gefahr einer Verunreinigung der Wasserversorgung im öffentlichen Netz gegeben ist und damit eine Verminderung der Trinkwasserqualität hervorgerufen würde.[1410] Ebenso darf der Mieter keine **Styropor-Decken** anbringen, da diese bei einem Brand giftige Gase abgeben.[1411] Der Einbau eines Treppenliftes ist unzulässig, wenn er eine nachhaltige Verschlechterung der Bausubstanz nach sich zieht.[1412] Überwiegt aber das Interesse des Mieters an der baulichen Änderung deutlich dem entgegenstehenden Interesse des Vermieters, muss dieser den baulichen Eingriff hinnehmen.[1413] **436**

**h) Störender Eindruck.** Der Mieter darf ohne Zustimmung des Vermieters keine baulichen Maßnahmen durchführen, wenn sie störend wirken. Der Einbau einer Sauna – auch in den mitgemieteten Kellerräumen – kann das Gesamtbild des Hauses beeinträchtigen;[1414] in diesem Fall ist die Maßnahme genehmigungsbedürftig. Aus dem gleichen Grund darf die Fassade nicht umgestaltet, kein Rauputz aufgebracht[1415] oder Sprossenfenster durch großflächige Fenster ersetzt werden. Der Mieter darf daher am Balkon nur einen Sichtschutz bis zur Höhe des Handlaufs anbringen, wenn dadurch die Außenfassade nicht optisch verunstaltet wird.[1416] Der Einbau eines Fensterventilators ist dagegen zulässig.[1417] **437**

Das Aufstellen einer **Solaranlage** auf der Terrasse der Mietwohnung kann durch den vertragsgemäßen Gebrauch der Mietsache gedeckt sein, wenn der Gesamteindruck des Gebäudes erhalten bleibt und Mitbewohner nicht beeinträchtigt werden.[1418] Wird das äußere Erscheinungsbild des Hauses nicht beeinträchtigt, ist der Mieter auch berechtigt, zum Schutz vor Einbruch, Schall und Lichteinfall Außenjalousien anzubringen.[1419] **438**

---

1406 *Damrau-Schröter* Zivilrechtliche Aspekte der „Mieter-Modernisierung" 1994, 123.
1407 *Wetekamp* MK 2012, 194 (195).
1408 *Damrau-Schröter* Zivilrechtliche Aspekte der „Mieter-Modernisierung" 1994, 125.
1409 LG Hamburg WM 1974, 145.
1410 LG Gießen WuM 1994, 681 = NJW-RR 1994, 1102.
1411 LG Braunschweig WuM 1986, 248 = NJW 1986, 322 = ZMR 1985, 274.
1412 LG Köln DWW 1998, 86.
1413 BVerfG WuM 2000, 298 = NJW 2000, 2658 = ZMR 2000, 435 = GE 2000, 670; LG Hamburg NZM 2001, 767; LG Duisburg ZMR 2000, 463.
1414 LG Hannover WuM 1984, 129; AG Dortmund WuM 1985, 263 gegen Sauna im Schlafzimmer.
1415 AG Kerpen WuM 1990, 198.
1416 AG Köln WuM 1999, 331.
1417 BGH MDR 1964, 749; *Sternel* PiG 16 (1984), 105 (110).
1418 AG München WuM 1991, 537; **aA** AG Spandau GE 2013, 489 für das Aufstellen eines Pavillons.
1419 AG Zeitz WuM 1998, 16.

439 **i) Erheblicher Eingriff.** Weiterhin ist der Mieter an die Zustimmung des Vermieters gebunden, wenn die Maßnahme einen erheblichen Eingriff in die Bausubstanz mit sich bringt.[1420] Je umfangreicher und bautechnisch aufwendiger die Modernisierungsmaßnahme ist, desto weniger ist der Mieter berechtigt, die von ihm geplante Maßnahme ohne Einwilligung des Vermieters durchzuführen.[1421] Der BGH[1422] ist allerdings zugunsten des Vermieters weiter gegangen. Unabhängig von dem Umfang des Eingriffs in die bauliche Substanz gilt vorrangig das Interesse des Vermieters auf Optimierung der Mieteinnahmen. Ein erheblicher Eingriff in die Bausubstanz liegt zB vor, wenn der Mieter tragende Bauteile bearbeiten will[1423] und damit die Statik verändert. Gleiches gilt für Mauerdurchbrüche, die Installation einer Etagenheizung,[1424] den Einbau von Dusche, Handwaschbecken und Toilettenschüssel,[1425] das Verlegen von Wasserleitungen und Elektroinstallationen,[1426] Veränderungen an der Außenfassade sowie die Entfernung von festen Trennwänden.[1427] Auch der Ersatz alter Fenster durch solche, die in ihrer Konstruktionsart von den bisherigen Fenstern abweichen,[1428] oder der Austausch von Holzrahmenfenster durch Kunststofffenster ist nicht erlaubt,[1429] ebenso wie der Ausbau des Kellers zur Schaffung von zusätzlichem Wohnraum[1430] oder das Aufstellen eines großen Gartenhauses bei vereinbarter gärtnerischer Nutzung[1431] bzw. das Verändern einer stabilisierenden Bepflanzung an einer abschüssigen Böschung.[1432]

440 Der **Einbau von Wasseruhren** gehört ebenfalls nicht zu dem Bereich der genehmigungsfreien Mietermodernisierung. Er erfordert einen Eingriff in das Installationssystem und damit in die Bausubstanz. Der Mieter kann sich zur Durchsetzung seines Anliegens nur in Ausnahmefällen auf Treu und Glauben berufen, da wegen der Pflicht zur ordnungsgemäßen Wasserabrechnung die Installation eines Zählers nur bei einem Mieter in einem Mehrfamilienhaus wegen der systembedingten Ungenauigkeit keinen Sinn macht. Der Wassereinspareffekt sowie eine „gerechte" Verteilung sind nur gewährleistet, wenn die Wasseranschlüsse aller Wohnungen der Mieter eines Hauses mit Wasseruhren versehen werden[1433]. Darüber hinaus ist der Vermieter aus seiner Fürsorgepflicht heraus gehalten, den Einbau und die Wartung eines eingebauten Wasserzählers zu überwachen, um so eine ordnungsgemäße und vor allem vertragsgemäße Abrechnung allen Mietern gegenüber gewährleisten zu können. Dies kann er im Regelfall aber nur, wenn er die technische Seite der Maßnahme selbst betreut und sie mit den vertraglichen Vereinbarungen in Einklang bringen kann (zum Wirtschaftlichkeitsgebot → Rn. 126 ff.).

440a Im Rahmen der politisch gewünschten E-Mobilität wird künftig verstärkt mit Elektromobilen zu rechnen sein, was eine Infrastruktur für ausreichende Ladestationen erfordert. Daher werden auch zunehmend Mieter sich die Frage stellen, ob der Vermieter ihnen den Bau einer Ladestation erlauben muss.[1434] Da eine solche Station einen speziellen Hochspannungsanschluss benötigt, ist der Eingriff in die Bausubstanz erheblich. Die Mieterinteressen fallen dagegen kaum ins Gewicht, weil es sich nicht um ein unmittelbares Wohnproblem handelt.[1435]

441 Der Vermieter darf eine Erlaubnis zum Umbau bestimmter Einrichtungen und Ausstattungen aber nicht rechtsmissbräuchlich verweigern.[1436] Für die Annahme eines Rechtsmissbrauchs ist aber zu bedenken, dass dem Vermieter grds. die Befugnis zusteht, mit seiner Sache nach Belieben zu ver-

---

[1420] *Meyer-Abich* NZM 2015, 520 (521), kein erheblicher Eingriff bei Anbringung einer Markise, AG Hamburg-Bergedorf ZMR 2019, 965.

[1421] *Damrau-Schröter* Zivilrechtliche Aspekte der „Mieter-Modernisierung" 1994, 106; abl. *Schmid* IMR 2012, 3, da der Mieter generell keinen Anspruch auf Modernisierung haben soll.

[1422] BGH VIII ZR 10/11, WuM 2011, 671 = AK-MietPrax § 535 BGB Nr. 47 = ZMR 2012, 266 = MDR 2011, 1465; kritisch *Streyl* PiG 2005 (2017), 89, 94; *Beyer* Info M 2012, 463.

[1423] LG Lüneburg ZMR 2013, 804.

[1424] LG Berlin GE 1995, 429 = ZMR 1995, 594; LG Hamburg WuM 1981, 11.

[1425] AG Tiergarten GE 2000, 127.

[1426] AG Hannover WuM 1999, 340.

[1427] BGH NJW 1974, 1463 = MDR 1974, 1014; Bub/Treier MietR-HdB/*Kraemer/von der Osten* Kap. III A Rn. 2419.

[1428] AG Schöneberg ZMR 2000, 685; die Nutzungsdauer beträgt ca. 40 Jahre: *Wetekamp* MK 2011, 66.

[1429] LG Berlin MDR 1985, 57 = ZMR 1985, 50 = GE 1984, 761.

[1430] LG Hamburg WuM 1992, 190.

[1431] AG Brühl WuM 1989, 498.

[1432] AG Köln WuM 1991, 84.

[1433] ***AA*** *AG Tiergarten GE* 2003, 396.

[1434] Siehe Gesetzentwurf des Bundesrats – BT-Drs. 18/10256; *Streyl* PiG 2005 (2017), 89, 100.

[1435] *Streyl* PiG 2005 (2017), 89, 100; *Dötsch* ZMR 2018, 477, 480.

[1436] BGH VIII ZR 211/62, MDR 1964, 749; VIII ZR 252/61, NJW 1963, 1539 = MDR 1963, 672.

fahren.[1437] In diesem Rahmen bewegt sich seine Entscheidung, es bei dem mit Abschluss des Mietvertrages vereinbarten Zustand zu belassen und Investitionen erst nach Beendigung des Mietverhältnisses im Zusammenhang mit der Neuvermietung vorzunehmen.[1438]

Vereinzelt wird die Auffassung vertreten, der Vermieter könne seine Zustimmung zur Mietermodernisierung davon abhängig machen, dass sich der Mieter zur entschädigungslosen Beseitigung verpflichtet, wenn der Vermieter dies verlangt, weil er seinerseits eine vergleichbare Modernisierungsmaßnahme durchführen will.[1439] Dieser Meinung kann nicht zugestimmt werden, da der Mieter bei seinen Planungen auch die Nutzungsdauer seiner Investitionen verlässlich kalkulieren muss. **442**

Ein Verstoß des Mieters gegen die vorgenannten Grundsätze gibt dem Vermieter nicht in jedem Fall das Recht zu einer fristlosen Kündigung gem. § 543 Abs. 2 Nr. 2 BGB. Ein Interesse an einer sofortigen Vertragsbeendigung kann nur dann angenommen werden, wenn der Vermieter trotz Rückbaupflicht des Mieters bei Vertragsende durch die ungenehmigten baulichen Änderungen bereits während der Mietzeit erheblich beeinträchtigt würde.[1440] **443**

**j) Erhaltungspflicht des Mieters.** Ohne besondere Absprache mit dem Vermieter ist der Mieter verpflichtet, die modernisierte Sache in einem ordnungsgemäßen Zustand zu erhalten. Das ergibt sich bereits aus dem Wortlaut des § 535 BGB, wonach der Vermieter dem Mieter nur die „vermietete" Sache zu überlassen hat. Daher ist es für die Frage nach der Verantwortlichkeit unerheblich, ob die Einbauten in das Eigentum des Vermieters übergegangen sind.[1441] Auch die Zustimmung des Vermieters zur Mietermodernisierung lässt nicht darauf schließen, dass er die **Unterhaltungskosten** für diese Maßnahme übernehmen will. Das ergibt sich schon aus dem Rechtsentscheid des BayObLG,[1442] wonach der Vermieter grds. auf Grund von Einrichtungen, die der Mieter eingebracht hat, eine Mieterhöhung nicht stützen kann. Bekommt der Vermieter somit kein Entgelt für die Baulichkeit, kann er im Schadensfall auch nicht zur Erfüllungsleistung oder gar zur Übernahme der Gewährleistung herangezogen werden. **444**

**k) Rückbau und Verwendungsersatz.** § 539 Abs. 2 BGB berechtigt den Mieter, seine eingebrachten Einrichtungen wegzunehmen (Einzelheiten s. unter § 539 BGB[1443]). Der Vermieter muss daher dulden, dass der Mieter „seine" Einrichtungen abtrennt. **Einrichtungen** sind bspw. Wandschränke, Teppichböden und Gartenpflanzen. Dieser Duldungsanspruch hängt iE davon ab, ob die Einrichtungen als Scheinbestandteile iSd § 95 BGB im Eigentum des Mieters verblieben sind, oder ob der Mieter das Eigentum wegen § 946 BGB verloren hat. Im letzteren Fall hat der Vermieter nicht nur die Besitzergreifung, sondern auch die Aneignung zu dulden.[1444] Der Mieter hat grds. den ursprünglichen Zustand der Mietsache wieder herzustellen.[1445] Das gilt aber nicht, wenn der Mieter vertraglich von seinem Wegnahmerecht ausgeschlossen wurde, die Bauten den vertragsgemäßen Zustand erst hergestellt haben oder der Mieter mit Zustimmung des Vermieters langlebige Verbesserungen durchgeführt hat und ein Rückbau nicht nur einen erheblichen Aufwand erfordert, sondern auch zu einer deutlichen Verschlechterung der Mietsache führen würde.[1446] **445**

Im gewerblichen Mietverhältnis fallen grds. diejenigen Einrichtungen nicht unter das **Wegnahmerecht des Mieters,** zu deren Herstellung sich der Mieter vertraglich verpflichtet hat. Im Übrigen kann der Vermieter gewerblicher Räume vereinbaren, dass bestimmte Einrichtungsgegenstände vom Wegnahmerecht des Mieters ausgeschlossen sind,[1447] da § 578 Abs. 2 BGB nicht auf Abs. 2 des § 552 BGB verweist. **446**

Zulässig ist es auch, daneben den Verwendungsersatzanspruch des Mieters für die geschaffenen Einrichtungen auszuschließen, soweit diese Vereinbarung unter Kaufleuten individualvertraglich **447**

---

1437 BGH III ZR 114/80, NJW 1982, 2181 = ZMR 1982, 235; LG Berlin GE 2011, 201.
1438 BGH VIII ZR 10/11, WuM 2011, 671 = AK-MietPrax § 535 BGB Nr. 47 = ZMR 2012, 266 = MDR 2011, 1465.
1439 *Hanke* PiG 46 (1995), 83 (98).
1440 OLG Düsseldorf WuM 1996, 410 = ZMR 1996, 651.
1441 *Damrau-Schröter* Zivilrechtliche Aspekte der „Mieter-Modernisierung" 1994, 136.
1442 BayObLG WuM 1981, 208 = NJW 1981, 2259 = GE 1981, 811 = ZMR 1982, 343 = DWW 1982, 121; bestätigt durch BGH VIII ZR 315/09, WuM 2010, 569 = GE 2010, 1109 = NJW-RR 2010, 1384 = NZM 2010, 735 = AK-MietPrax § 558 BGB Nr. 27.
1443 Umf. *Sternel* PiG 105 (2017), 73, 80; *Bruns* NZM 2016, 873ff.; *Heinz* ZMR 2015, 440.
1444 OLG Düsseldorf ZMR 2010, 959.
1445 KG ZMR 2010, 956; AG Hamburg WuM 2008, 27.
1446 LG Berlin GE 2010, 1269; AG Charlottenburg GE 2015, 1603; *Sternel* PiG 105 (2017), 73, 80.
1447 BGH NJW 1958, 2109 = MDR 1959, 297 = BB 1958, 1186; LG Braunschweig ZMR 2008, 453.

erfolgt.[1448] In diesen Fällen sind die Leistungen des Mieters im Zweifel Teil des Überlassungsentgelts[1449]. Dagegen wird ein **Bereicherungsanspruch** von einer derartigen Ausschlussklausel nicht erfasst. Dieser Anspruch ist gegeben, wenn der Vermieter durch die Investitionen des Mieters Vorteile erlangt, die er bei einer planmäßigen Abwicklung der Vertragsbeziehungen nicht hätte erlangen können. Die Höhe des Anspruchs bemisst sich in diesen Fällen nicht nach den Aufwendungen des Mieters oder der Wertsteigerung des Objektes, sondern danach, ob der Vermieter infolge der vorzeitigen Rückgabe eine höhere Miete oder Vorteile anderer Art erzielen konnte.[1450] Daraus folgt, dass bei einem Vermieterwechsel – auch im Wege der Zwangsversteigerung – der neue Vermieter, der die Mietsache vorzeitig zurückerhält, Bereicherungsschuldner ist, weil nur er den Vorteil realisieren kann.[1451]

**448** Da § 539 Abs. 2 BGB nur Einrichtungen erfasst, ist nicht gesetzlich geregelt, wie der Mieter nach **sonstigen baulichen Maßnahmen,** die insbes. die Substanz des Gebäudes verändert haben, die Mietsache zurückgeben muss. In Rahmen der allgemeinen Vertragsfreiheit können die Mietvertragsparteien hierzu gesonderte Vereinbarungen treffen.[1452] Ist dies unterblieben, muss nach allgemeinen Auslegungsregeln ermittelt werden, wie die Vereinbarung über die bauliche Maßnahme zwischen den Parteien zu verstehen war; zB ob der Mieter die Sache im veränderten Zustand mit oder ohne Entschädigung zurücklassen muss oder ob er zur Wiederherstellung des ursprünglichen Zustandes verpflichtet ist. Da ein Übergabeprotokoll nur den Ist-Zustand der Räume bei Übergabe feststellt, kann daraus grds. keine rechtliche Verpflichtung abgeleitet werden.[1453] Haben die Parteien vereinbart, dass Zuschüsse aus öffentlichen Haushalten bei der Berechnung einer dem Mieter nach Auszug zustehenden Entschädigung nicht zu berücksichtigen sind, ist die Regelung dahin auszulegen, dass die öffentliche Hilfe von dem Entschädigungsbetrag nicht abzuziehen ist.[1454]

**449** Eine Rückbauverpflichtung des Mieters ist eine Hauptpflicht und kann auch durch Allgemeine Geschäftsbedingungen vereinbart werden.[1455] Ohne besondere Vereinbarung kann grds. aus der Einwilligung des Vermieters zum Umbau noch nicht geschlossen werden, dass der Mieter bei Vertragsende die Mietsache so belassen kann.[1456] Das wird anders gesehen, wenn der Mieter mit Zustimmung des Vermieters erhebliche Wertverbesserungen vorgenommen hat, die nur mit einem hohen Aufwand rückgängig gemacht werden können und mit dem wiederhergestellten alten Zustand die Mietsache entwertet würde.[1457] Eine Rückbauverpflichtung besteht aber dann, wenn die baulichen Maßnahmen nicht fachgerecht durchgeführt wurden und dementsprechend Mängel aufweisen.[1458] Der Rückbau einer fachgerechten, erlaubten Maßnahme muss vor Beendigung des Mietverhältnisses ausnahmsweise nur im Falle einer Vermietermodernisierung vom Mieter hingenommen und geduldet werden (vgl. → § 555d BGB – Härteeinwand greift nicht).[1459] Das Beharren des Vermieters auf der Verpflichtung des Mieters zur Wiederherstellung kann aber im Einzelfall gegen Treu und Glauben verstoßen, wenn sie wirtschaftlich unsinnig ist und wenn durch die Akzeptanz der Maßnahme dem Vermieter keine sonstigen Nachteile entstehen.[1460] Das in einem gewerblichen Mietvertrag dem Vermieter eingeräumte Recht, bei Ablauf des Vertrages die Wiederherstellung des alten Zustandes der vom Mieter für seine Zwecke umgebauten Räume verlangen zu können, entfällt, wenn der Vermieter nach Beendigung des Mietverhältnisses die Räume in der Weise umbauen will, dass die Wiederherstellungsarbeiten des Mieters wieder beseitigt werden müssten. Dem Vermieter steht auch kein Ausgleichsanspruch in Geld zu.[1461]

---

[1448] BGH ZMR 1996, 122 = WPM 1996, 1265 = NJWE-MietR 1996, 33.
[1449] OLG Rostock NZM 2005, 666.
[1450] BGH ZMR 1996, 122 = WPM 1996, 1265 = NJWE-MietR 1996, 33; OLG Rostock DWW 2005, 105; OLG München ZMR 1995, 406 = NJWE-MietR 1996, 10.
[1451] BGH GuT 2006, 32 = NJW-RR 2006, 294 = ZMR 2006, 185 = GE 2006, 380 = AK-MietPrax § 812 BGB Nr. 2; XII ZR 66/07, NZM 2009, 514 = NJW 2009, 2374; sa *Dittert* jurisPR-MietR 15/2009 Anm. 4.
[1452] OLG Düsseldorf GE 2012, 547 = MDR 2012, 634.
[1453] LG Potsdam ZMR 2009, 761.
[1454] LG Berlin NZM 1999, 220.
[1455] OLG Düsseldorf ZMR 2009, 754.
[1456] OLG Düsseldorf ZMR 2012, 438 = DWW 2012, 92.
[1457] LG Berlin GE 2010, 1269.
[1458] *LG Berlin ZMR 1997, 243.*
[1459] AG Brandenburg an der Havel WuM 2003, 321.
[1460] LG Berlin GE 2015, 791.
[1461] BGH WuM 1986, 57 = NJW 1986, 309 = ZMR 1986, 48 = MDR 1986, 226 = DWW 1985, 312.

**l) Mustervertrag.** Im Jahre 1981 hat das Bundesministerium der Justiz (BMJ) in Zusammenarbeit mit den wohnungswirtschaftlichen Verbänden einen Mustervertrag herausgegeben, der die Rechte und Pflichten zwischen Mieter und Vermieter im Falle einer Modernisierung durch Mieter umfassend regelt.[1462] Neben dem **Kündigungsverzicht** des Vermieters werden auch die Probleme der Mieterhöhung sowie der Restwertentschädigung bei vorzeitigem Auszug angesprochen.[1463] **450**

Hierzu sieht die Mustervereinbarung[1464] vor, dass der Vermieter als Ausgleich für die Mieterinvestitionen auf sein Kündigungsrecht wegen Eigenbedarfs für den Zeitraum der Abwohndauer verzichtet. Die Abwohndauer errechnet sich nach dem Investitionsumfang. Die Investition in Höhe einer Jahresnettomiete entspricht einer **Abwohndauer** von vier Jahren. Der Kündigungsverzicht muss mindestens für fünf Jahre, soll aber höchstens für 15 Jahre vereinbart werden. Hinsichtlich des Restwertes der Mieterinvestition sieht die Mustervereinbarung vor, dass im Laufe des ersten Jahres nach Abnahme der Baumaßnahme 20% und in den jeweils folgenden Jahren 10% von den Aufwendungen des Mieters abzuziehen sind. Das gilt auch dann, wenn nachfolgende Modernisierungsmaßnahmen des Vermieters die neuen Einrichtungen des Mieters zerstören oder wertlos machen würden.[1465] **451**

Ungeklärt ist, wie sich die **Restwertentschädigung** errechnet, wenn der Mieter zur Durchführung der Maßnahme nicht rückzahlbare öffentliche Mittel erhalten hat, die unmittelbar weder dem Mieter noch dem Vermieter, sondern aus öffentlichem Interesse ausschließlich der Wohnung zugutekommen sollen. Richtigerweise müssen die öffentlichen Mittel den Mieterinvestitionen zugeschlagen werden,[1466] weil der Mieter auch das Risiko der Investition übernommen hat und diese ihm über das Wohnen allein unmittelbar zugutekommt. Der Vermieter profitiert von den gewährten Mittel dadurch, dass der Mieter bei Auszug ihm eine Wohnung mit besserem Standard zurückgibt. Dann ist es auch gerechtfertigt, dass er hierfür einen Ausgleich an den Investor zahlt. Unerheblich ist dabei, ob der Vermieter bei eigener Investition günstiger stünde, da diese ihm zum Zeitpunkt der Modernisierungsvereinbarung mit dem Mieter freigestanden hätte.[1467] **452**

Haben sich Mieter und Vermieter auf eine bauliche Maßnahme verständigt, die der Mieter gegen **Mietnachlass** durchführen soll, ist der Vermieter zur Gewährung der verminderten Miete nur verpflichtet, wenn der Mieter den sachgerechten Abschluss der vereinbarten baulichen Maßnahme nachweist.[1468] **453**

## 31. Mobilfunk/Basisstation

Man schätzt für die Errichtung des **sog. UMTS-Netzes,** das ist der Mobilfunkstandard der 3. Generation (3G), einen Bedarf von 65.000–90.000 Mobilfunkbasisstationen,[1469] um der starken Nachfrage nach Mobiltelefonen gerecht zu werden. Zur Zeit gibt es ca. 70.000 Funkanlagenstandorte mit Mobilfunk.[1470] Der Ausbau schreitet wegen der LTE-Technologie und dem vermehrten Einsatz von Handys voran.[1471] Die geeigneten und notwendigen Standorte für die Errichtung und den Betrieb von Mobilfunkbasisstationen werden in großer Zahl angemietet.[1472] Grundsätzlich handelt der Vermieter, für den das ein lukratives Geschäft sein kann[1473], im Rahmen seiner Eigentumsfreiheit, wenn er auf dem Dach eine Mobilfunkantenne errichtet.[1474] Auf Grund des Dauer- **454**

1462 Ergebnisniederschrift über die Besprechung zur Mustervereinbarung Mietermodernisierung v. 23.3.1981 – nv.

1463 Zur Vertragsauslegung LG Berlin GE 2000, 472.

1464 „Mustervereinbarung – Modernisierung durch Mieter", abgedr. in Anl. 3 zu § 559 BGB.

1465 Weitere Einzelheiten bei *Eisenschmid* ZRP 1981, 165.

1466 LG Berlin GE 2001, 418; MM 10/1997, 322; MM 10/1997, 321; **aA** GE 1996, 259.

1467 LG Berlin MM Nr. 10, 1997, 322.

1468 KG GE 2002, 52.

1469 *Martens/Appelbaum* NZM 2002, 642 (643); *Hitpaß* ZMR 2002, 572; *Lindner-Figura/Hartl* NZM 2001, 401.

1470 Bundesnetzagentur: http://emf2.bundesnetzagentur.de/statistik.html.

1471 *Kniep* WuM 2015, 711.

1472 Zu den Besonderheiten solcher Verträge *Lindner-Figura/Hartl* NZM 2001, 401ff.; zu den Gestaltungsinstrumenten der Kommune *Kniep* WuM 2007, 611.

1473 *Hitpaß* NZM 2012, 401, je nach Standort 5.000–20.000 EUR/a.

1474 AG Gießen WuM 2001, 546; *Frenzel* WuM 2002, 10; die Errichtung einer solchen Anlage auf dem Dach einer Wohnungseigentümergemeinschaft bedarf der Zustimmung aller Wohnungseigentümer – BGH V ZR 48/13, NJW 2014, 1233 = ZMR 2014, 464 = NZM 2014, 201 = GE 2014, 399; zust. *Mummenhoff* jurisPR-MietR 14/2014 Anm. 6.

schuldverhältnisses mit seinen Mietern unterliegt er aber besonderen Aufklärungspflichten (→ Rn. 178 ff.). Der Vermieter hat somit dem Mieter die Gefahrlosigkeit der Anlage (→ BGB § 536 Rn. 105 ff.) und den beabsichtigten Standort darzulegen. Letzterer darf nicht zu einer Beeinträchtigung des vertragsgemäßen Gebrauchs führen.

455 Der Vermieter solcher Standorte muss allerdings auch darauf achten, dass er den Konkurrenzschutz – s. Wettbewerb → Rn. 599 ff. – vertraglich regelt, um ggf. durch den vertragsimmanenten Konkurrenzschutz des Mieters nicht gehindert zu sein, den Standort auch an andere Betreiber zu vermieten. Daneben hat der Vermieter zu beachten, dass mögliche andere Mieter des Standortes, insbes. Wohnraummieter, wenn die Station auf dem Dach des Hauses installiert werden soll, nicht in ihren vertraglichen Rechten beeinträchtigt werden.

456 Bei langfristigen Verträgen mit dem Netzbetreiber sollte der Vermieter darauf achten, dass er unter bestimmten Bedingungen ein Sonderkündigungsrecht eingeräumt bekommt; zB für den Fall, dass die Mieter mit Erfolg eine mit dem Betrieb der Basisstation verbundene Gesundheitsgefährdung geltend machen oder der Gesetzgeber die Grenzwerte[1475] ändert und damit eine Gesundheitsgefährdung der Mieter oder der Nachbarn ohne weiteres angenommen werden muss.[1476] Anderenfalls wäre er auf Dauer Minderungs- und Schadensersatzansprüchen gem. §§ 536, 536 a BGB ausgesetzt.

457 Soweit der Vermieter für die Errichtung der **Mobilfunkantenne** auf dem vermieteten Anwesen ein Entgelt erhält, hat der Mieter einer freifinanzierten Wohnung davon keine Vorteile. Dies gilt auch für Sozialmietwohnungen, deren Mietberechnung der **Kostenmiete** im Rahmen der II. BV unterliegen. Derartige Zusatzeinnahmen sind keine Erträge iSd § 31 II. BV und damit im Rahmen der Kostenmiete nicht mietmindernd zu berücksichtigen[1477].

### 32. Modernisierung

458 Nicht nur der Mieter, auch der Vermieter kann während des Mietverhältnisses in gewissen Grenzen bauliche Maßnahmen zwecks Modernisierung des Hauses oder des Wohnraums durchführen (Einzelheiten → §§ 555 b ff. BGB). Diese können nicht nur den Mietgebrauch des durch die Modernisierungsmaßnahme unmittelbar betroffenen Mieters, sondern auch den der übrigen Mieter, zB durch Lärm oder kurzzeitige Unterbrechung der Versorgung mit Wasser oder Strom, beeinträchtigen. Derartige **Minderungen** des Wohngebrauchs führen zur Haftung des Vermieters aus §§ 536 ff. BGB. Im Übrigen ist der Vermieter verpflichtet, möglichst schonend zu modernisieren bzw. instandzusetzen und dabei nach dem jeweiligen Stand der Technik möglichst jegliche Beeinträchtigung zu vermeiden bzw. zu minimieren.[1478]

### 33. Müll

459 Der Vermieter hat ausreichende Anlagen für die **Abfallbeseitigung** und **Müllentsorgung** vorzuhalten[1479] und die Entsorgung sicherzustellen, indem zB die Mülltonnen entsprechend der kommunalen Müllsatzung an den Straßenrand geschafft werden. Gegebenenfalls hat er dafür Sorge zu tragen, dass durch bauliche Maßnahmen **Mülltourismus** verhindert wird.[1480] Führt ein besonders hohes Müllaufkommen auf Grund eines Umzuges zu Sonderleerungskosten, sind diese nicht zwingend vom Mieter zu tragen.[1481] Die mit einer Müllentsorgung verbundenen Lärmbelästigungen hat der Mieter hinzunehmen.[1482] **Biomüll**-Abfalltonnen dürfen nicht zu Geruchsbelästigungen der Mieter führen.[1483] Zum Aufstellen einer blauen Tonne (Papier) ist der Vermieter ohne gesonderte vertragliche Vereinbarung nicht verpflichtet.[1484]

---

1475 BVerfG WuM 2002, 261.
1476 *Kniep* DWW 2001, 322 (325).
1477 BGH VIII ZR 310/04, WuM 2006, 26 = NZM 2006, 133 = ZMR 2006, 188 = AK-MietPrax § 31 II. BV Nr. 1.
1478 *Sternel* PiG 31 (1989), 71 (81).
1479 AG Köln WuM 1985, 261.
1480 *Sternel* MietR Kap. VII Rn. 212.
1481 AG Nürnberg NZM 2002, 655.
1482 AG Köln WuM 1991, 343; zum Abstellen von Mülltonnen auf dem Hof AG Brühl WuM 1997, 549.
1483 LG Osnabrück WuM 1997, 431.
1484 AG Hamburg-Blankenese GE 2011, 892.

Der Vermieter darf die **Müllschluckanlagen** des Hauses nicht zu bestimmten Zeiten schließen. Es gehört zum vertragsgemäßen Gebrauch der Mietsache, solche Anlagen auch an den Wochenenden zu benutzen.[1485] In der Rspr. ist die Schließung einer Müllschluckanlage als eine unerhebliche Minderung der Gebrauchstauglichkeit angesehen worden.[1486] Dies schließt aber den Herstellungsanspruch auf die Inbetriebnahme der Anlage nicht aus, es sei denn, der weitere Betrieb ist für den Vermieter schlechthin unzumutbar[1487] und die Einstellung des Betriebes der Anlage vom Mieter ausnahmsweise hinzunehmen (→ Rn. 246 ff.). Das ist bspw. der Fall, wenn die Gemeindesatzung verbindlich Sammelcontainer vorschreibt und die Mieter zur **Mülltrennung** verpflichtet sind. Ist nunmehr die hauseigene Müllschluckanlage für den Restmüll überdimensioniert, darf der Vermieter diese wegen der geänderten Geschäftsgrundlage beseitigen.[1488] Auch **Ungezieferplagen,** die nur durch eine Beseitigung der Anlage erfolgreich bekämpft werden können, lassen eine einseitige Stilllegung zu.[1489] Unzulässig (Verstoß gegen § 307 BGB) ist eine Vereinbarung in einem Wohnraummietvertrag, wonach eine Ungezieferbekämpfung Sache des Mieters ist. **460**

### 34. Musik

Das Musizieren sowie das Hören von Musik in der Wohnung gehören als sozial übliches Verhalten selbstverständlich zum Wohngebrauch.[1490] Dabei ist aber auf die Nachbarn Rücksicht zu nehmen. Jede Mietpartei hat das Recht, von jedem Mieter und vom Vermieter die Einhaltung der Ruhezeiten zu verlangen.[1491] Umgekehrt ist aber jeder Mieter berechtigt, außerhalb der Ruhezeiten zu musizieren.[1492] Daher gelten zunächst die vertraglichen Abreden über die Einhaltung der Ruhezeiten (zu den Ruhezeiten → Rn. 367). Sind die üblichen Ruhezeiten in einer Hausordnung (→ Rn. 375 f.) geregelt, sind die dort angegebenen Zeiten maßgeblich.[1493] Innerhalb der **Ruhezeiten** ist sowohl beim Musizieren als auch beim Einsatz von Schallwiedergabegeräten in jedem Fall Zimmerlautstärke einzuhalten. Diesen sehr subjektiv ausgeprägten Begriff der Zimmerlautstärke[1494] hat das LG Berlin[1495] dahingehend konkretisiert, dass die entsprechende **Zimmerlautstärke** nicht überschritten ist, wenn Geräusche außerhalb der abgeschlossenen Wohnung nicht mehr oder kaum noch vernommen werden können. Die Hellhörigkeit des Hauses sowie sonstige Umstände spielen hierbei eine Rolle.[1496] Die Einhaltung der Zimmerlautstärke schließt praktisch das Spiel auf einem Instrument aus.[1497] **461**

Außerhalb dieser Ruhezeiten ist selbstverständlich das Gebot der Rücksichtnahme nicht aufgehoben. Dennoch kann der Vermieter außerhalb der Ruhezeiten das Musizieren grds. nicht verbieten.[1498] Die Ausübung von Musik gehört zum Grundrecht der freien Entfaltung der Persönlichkeit.[1499] Ausschlaggebend für die zulässige Dauer des Spielens können das jeweilige Musikinstrument und die mit seiner spezifischen Tonlage verbundene Beeinträchtigung sein.[1500] Auf die individuellen Lebensumstände des Nachbarn kommt es dabei nicht an.[1501] Das zumutbare **462**

---

[1485] LG Berlin WM 92, 599.
[1486] AG Hamburg WuM 1985, 260.
[1487] LG Berlin GE 2006, 1483; AG Wedding ZMR 2011, 561; AG Berlin-Mitte MM 1997, 241.
[1488] LG Mainz WuM 1999, 215.
[1489] LG Hamburg WuM 1999, 600.
[1490] BGH, V ZR 143/17, zu § 906 BGB, MietPrax-AK § 906 BGB, Nr. 7 = GE 2018, 1587; BGH, V ZB 11/98, NJW 1998, 3713 = WuM 1998, 738 = ZMR 1999, 41 = GE 1999, 319 = NZM 1998, 955; LG Frankfurt a. M. WuM 2006, 142 zum Aufstellen eines Klaviers.
[1491] OLG München WuM 1992, 238 = NJW-RR 1992, 1097 = MDR 1992, 670 = ZMR 1992, 246 = DWW 1992, 339.
[1492] BayObLG NJW 2001, 3635 zum WEG.
[1493] BGH GE 1999, 319; OLG München WuM 1992, 238 = NJW-RR 1992, 1097 = MDR 1992, 670 = ZMR 1992, 246 = DWW 1992, 339.
[1494] Umf. zum Begriff der Zimmerlautstärke *Pfeifer* Betriebskosten S. 5 ff.
[1495] LG Berlin WuM 1963, 15.
[1496] BGH GE 1999, 319; *Skauradszun* ZMR 2010, 657 (661); *Gather* DWW 1993, 345 (350).
[1497] *Skauradszun* ZMR 2010, 657 (658).
[1498] BGH NJW 1998, 3713 für Saxophon; OLG Frankfurt a. M. NJW-RR 2004, 14 für Klavier; OLG Oldenburg WuM 1977, 172 für Violine spielen; LG Köln ZMR 1977, 273 für Cello.
[1499] LG Düsseldorf DWW 1990, 87.
[1500] LG Nürnberg-Fürth WuM 1992, 253 = DWW 1992, 18; BayObLG WuM 1986, 148; OLG Hamm NJW 1981, 465; OLG Frankfurt a. M. WuM 1984, 303 = NJW 1985, 2138 = DWW 1985, 26.
[1501] BGH, V ZR 143/17, zu § 906 BGB, MietPrax-AK § 906 BGB, Nr. 7 = GE 2018, 1587.

Maß ist jedenfalls überschritten, wenn der Mieter auf dem Kontrabass noch nach 21.00 Uhr spielt.[1502]

463 Generell wird man außerhalb der Ruhezeiten als groben Richtwert eine Höchstdauer für das Musizieren von rund zwei bis drei Stunden täglich ansehen können.[1503] Entscheidend sind aber immer die konkreten Wohnverhältnisse.[1504] So kann im Einzelfall die Bewohnerstruktur der Hausanlage eine Rolle spielen oder auch die baulichen Gegebenheiten, wie der Abstand der einzelnen Wohnungen zueinander, die Hellhörigkeit, der Pegel der Umgebungsgeräusche und die Art des Musizierens.[1505] Jede Mietpartei im Haus hat das Recht sowohl auf Einhaltung der vereinbarten Ruhezeiten als auch der vereinbarten Musizierzeiten.[1506] Dabei ist ein Berufs-Musiker nicht anders zu behandeln als ein Hobbymusiker. Allerdings kann der Umstand, dass der Mieter Berufsmusiker ist und der Vermieter dies bei Anmietung wusste, für die Dauer der vertraglich zulässigen Übungszeit maßgeblich sein.[1507]

464 Die Zeiten für die Musikausübung können vertraglich festgelegt werden. Bei Verwendung von Formularmietverträgen und vorformulierten Hausordnungen gebietet es das gedeihliche Zusammenleben, eine mögliche Gleichbehandlung aller Mietparteien herbeizuführen[1508] (→ Rn. 377), um bei unterschiedlichen Interessensphären den Hausfrieden aufrechterhalten zu können.[1509] Der völlige Ausschluss des Rechts auf Musikausübung ist mit einer Individualvereinbarung nur möglich, wenn der Vermieter gewichtige Interessen geltend machen kann.[1510] Das Musizierverbot durch **Formularverträge** verstößt gegen § 307 BGB und ist unzulässig.[1511]

### 35. Namensschilder

465 Hat der Mieter berechtigterweise seinen Lebenspartner aufgenommen, ist er auch berechtigt, zusätzlich ein Namensschild mit dem Namen des Partners am Klingeltableau anzubringen.[1512] Einen Besitz begründet das Anbringen eines Klingelschildes nicht[1513]. Der Vermieter ist nicht verpflichtet, aus datenschutzrechtlichen Gründen die Namen der Mieter an den Klingelschildern zu entfernen.[1514] Zu Firmenschilder → Rn. 334 f.

### 36. Online-Anschlüsse

466 Der Vermieter ist verpflichtet, dem Mieter einen **Fernsprechanschluss** zu bewilligen und notfalls die erforderlichen Erklärungen gegenüber dem Netzbetreiber abzugeben.[1515] Neben der Benutzung eines Telefons ermöglicht dieser Anschluss auch die Verwendung eines Telefaxes sowie den Anschluss an diverse Online-Verbindungen sowie an das Internet. Auch im Privatleben sind diese Medien heute selbstverständlich, so dass die Möglichkeit ihrer Nutzung zum vertragsgemäßen Gebrauch gehört.

467 Ist der Mieter zur Untervermietung berechtigt, kann er vom Vermieter die erforderlichen Erklärungen zu Gunsten des Untermieters verlangen.

---

[1502] Zur Einhaltung der Ruhezeiten insbes. BayObLG WuM 1986, 148 = NJW 1985, 2138 = MDR 1985, 676 = ZMR 1985, 208; OLG Zweibrücken ZMR 1990, 427 = MDR 1990, 1121.

[1503] BGH, V ZR 143/17, zu § 906 BGB, MietPrax-AK § 906 BGB, Nr. 7 = GE 2018, 1587; BayObLG WuM 1986, 148 = NJW 1985, 2138 = MDR 1985, 676 = ZMR 1985, 208; OLG Karlsruhe NJW-RR 1989, 1179; OLG Hamm NJW-RR 1986, 500 = MDR 1986, 501 = DWW 1986, 78; AG Düsseldorf DWW 1988, 357.

[1504] LG Nürnberg-Fürth WuM 1992, 253 = DWW 1992, 18; LG Frankfurt a. M. WuM 1990, 287; AG Frankfurt a. M. WuM 1997, 430.

[1505] BGH NJW 1998, 3713 = WuM 1998, 738 = ZMR 1999, 41 = GE 1999, 319 = NZM 1998, 955.

[1506] LG Offenburg DWW 1990, 273; AG Ratingen WuM 1977, 257.

[1507] LG Flensburg DWW 1993, 102.

[1508] LG Freiburg WuM 1993, 120; *Barthelmess* FS Blank, 2006, 23 (48).

[1509] LG Freiburg WuM 1993, 120.

[1510] *Barthelmess* FS Blank, 2006, 23 (48); **aA** OLG München WuM 1988, 299 = NJW-RR 1986, 638 = DWW 1986, 118.

[1511] *Skauradszun* ZMR 2010, 657 (658); *Barthelmess* FS Blank, 2006, 23 (48); Bub/Treier MietR-HdB/*Bub* Kap. II Rn. 1536.

[1512] AG Berlin-Mitte MM 2000, 178.

[1513] *LG Krefeld*, Beschl. v. 15.12.2010 – 2 T 55/10 –, juris.

[1514] *Eisenschmid,* IMR 2018, Heft 12, S. 490.

[1515] LG Hannover DWW 1984, 170 = ZMR 1984, 308; AG Freiburg NJW-RR 1989, 716; AG Husum WuM 1986, 159; Emmerich/Sonnenschein/*Emmerich* BGB § 535 Rn. 23.

### 37. Parabolantenne

468 Der Grundsatz von Treu und Glauben gebietet, dass der Vermieter nicht ohne triftigen, sachbezogenen Grund dem Mieter Einrichtungen versagt, die diesem das Leben in der Mietwohnung angenehmer gestalten können, und durch die er als Vermieter nur unerheblich beeinträchtigt und die Mietsache nicht verschlechtert wird. Dieser Grundsatz wird im Rahmen des Rechts auf Anbringung einer Parabolantenne maßgeblich durch das Grundrecht auf Informationsfreiheit beeinflusst.[1516] Rundfunk- und Fernsehprogramme, deren Empfang in Deutschland möglich ist, sind allgemein zugängliche Informationsquellen iSd Art. 5 GG. Soweit somit der Empfang dieser Programme von technischen Anlagen abhängt, die diese allgemein zugänglichen Informationsquellen erst individuell erschließen, erstreckt sich der Grundrechtsschutz auch auf die Beschaffung und Nutzung solcher Anlagen.[1517] Die Abwägung zwischen den Interessen des Mieters an der Teilhabe der Informationsfreiheit (Art. 5 GG) und denen des Vermieters am Eigentumsschutz (Art. 14 GG) führt idR zu einem Übergewicht der Mieterinteressen, hinter denen das Eigentumsrecht des Vermieters regelmäßig zurückstehen muss.[1518] Der Mieter darf daher grds. eine eigene Parabolantenne aufstellen[1519] bzw. am Haus befestigen, wenn das Haus weder über eine Gemeinschaftsparabolantenne noch über einen Breitbandkabelanschluss verfügt und ungewiss ist, ob ein solcher Anschluss verlegt werden wird.[1520] Dabei hat der Mieter den Vermieter von allen dabei anfallenden Kosten und Gebühren freizustellen[1521] und Sicherheit für die Beseitigungskosten zu leisten[1522].

469 **a) Installation trotz Kabelanschluss.** Liegt allerdings ein **Breitbandkabelanschluss** vor, ist es dem Mieter regelmäßig versagt, daneben noch eine Parabolantenne zu installieren[1523], es sei denn, die Parteien haben die Installation vereinbart oder sie werden vom Vermieter gestattet.[1524] Zwar führt bei einem entsprechenden Wunsch des Mieters der Verweis des Vermieters auf den Kabelanschluss zu einer Beschränkung der Informationsfreiheit des Mieters, da über die Parabolantenne Satellitenprogramme empfangen werden können, die nicht in das Kabelnetz eingespeist werden. Das BVerfG rechtfertigt diese Beschränkung aber mit einer typisierenden Betrachtungsweise, weil der Mieter über den Kabelanschluss sein Interesse, am Medienangebot teilzuhaben, weitgehend realisieren kann.[1525] Sein Recht, sich aus allgemein zugänglichen Quellen ungehindert zu unterrichten, wird also nicht wesentlich beeinträchtigt.

470 Diese Auffassung wurde in jüngster Zeit wegen der geltenden europarechtlichen Regelungen in Frage gestellt.[1526] Bereits früher hatte der Europäische Gerichtshof für Menschenrechte aus Art. 10 der **Europäischen Menschenrechtskommission,** der dem Art. 5 GG auf europarechtlicher Ebene entspricht, ein weitgehendes Recht auf Benutzung von Parabolantennen abgeleitet. Begründet wurde dies mit der Bedeutung des freien Dienstleistungsverkehrs. Daraus folgerte

---

1516 BVerfG WuM 1991, 573 = NJW 1992, 493 = ZMR 1992, 15 = GE 1991, 1245.

1517 BVerfG WuM 1994, 251 = NJW 1994, 1147 = MDR 1994, 547 = ZMR 1994, 203 = DWW 1994, 148 = GE 1994, 396; WuM 1993, 229 = NJW 1993, 1252 = MDR 1993, 533 = ZMR 1993, 259 = DWW 1993, 96; zum Grundrechtsschutz im Mietverhältnis *Rips* WuM 2015, 123.

1518 *Mehrings* NJW 1997, 2273 (2274).

1519 LG Berlin GE 2003, 1330; 2005, 1126 zum Aufstellen einer mobilen Parabolantenne.

1520 BVerfG WuM 1991, 573 = NJW 1992, 493 = ZMR 1992, 15 = GE 1991, 1245; OLG Naumburg WuM 1994, 17 = DWW 1994, 22; OLG Frankfurt a. M. WuM 1992, 458 = NJW 1992, 2490 = ZMR 1992, 435 = MDR 1992, 869; LG Erfurt GE 2001, 1467; LG Gera WuM 1994, 523; LG Kaiserslautern MDR 1993, 234 = NJW-RR 1993, 272 = ZMR 1993, 278 = DWW 1993, 201; LG Koblenz NJW-RR 1991, 1162; AG Münster WuM 2012, 139.

1521 OLG Frankfurt a. M. 22.7.1992, WuM 1992, 458 = NJW 1992, 2490 = ZMR 1992, 435 = MDR 1992, 869, bestätigt durch BVerfG WuM 1993, 229 = NJW 1993, 1252 = MDR 1993, 533 = ZMR 1993, 259 = DWW 1993, 96 = GE 1993, 358.

1522 AG Spandau GE 2006, 1619.

1523 BVerfG WuM 1994, 251 = NJW 1994, 1147 = GE 1994, 396 = ZMR 1994, 203 = DWW 1994, 148 = MDR 1994, 547; WuM 1995, 693 = NJWE-MietR 1996, 1 = ZMR 1996, 12 = DWW 1995, 371 = GE 1995, 1407; WuM 1991, 573 = NJW 1992, 493 = ZMR 1992, 15 = GE 1991, 1245; VIII ZR 63/04, WuM 2007, 380 = GE 2007, 903 = AK-MietPrax § 535 BGB Nr. 29; LG Chemnitz NZM 2000, 960; LG Berlin GE 2000, 959; 1997, 1533; AG Berlin-Neukölln GE 1994, 709; umf. zum Recht des Mieters auf Installation einer Parabolantenne *Mehrings* NJW 1997, 2273.

1524 AG Frankfurt a. M. BeckRS 2012, 08349, Nachw. bei juris mAnm *Gies* jurisPR-MietR 6/2012 Anm. 1.

1525 BVerfG WuM 1993, 229 = NJW 1993, 1252 = MDR 1993, 533 = ZMR 1993, 259 = DWW 1993, 96 = GE 1993, 358.

1526 *Dörr* WuM 2002, 347.

Dörr,[1527] dass die bisherige Rspr. der Fachgerichte und des Bundesverfassungsgerichts zur Verweigerung einer mietereigenen Parabolantenne keinen Bestand haben kann. Eine entsprechende Entscheidung des EuGH steht noch aus. Bis dahin ist an den Vorgaben des Bundesverfassungsgerichts festzuhalten[1528].

471 Somit sind im konkreten Fall besondere berechtigte Interessen, die bei der typisierenden Betrachtungsweise nicht miterfasst werden, in die Güter- und Interessenabwägung einzubeziehen und zu gewichten. Bei der Abwägung der gegenläufigen Interessen ist zu Gunsten des Mieters insbes. zu berücksichtigen, in welchem Umfang er auf weitere, nicht in das Kabelnetz eingespeiste Programme zur Deckung seines Informationsbedürfnisses angewiesen ist. Daher ist bei der Abwägung und damit letztendlich bei der Frage der Duldungspflicht des Vermieters zu prüfen, ob beim Mieter **Sonderinteressen** vorliegen. Solche besonderen Interessen können zB durch den **Ausländerstatus** begründet sein.[1529] Daher liegt kein Verstoß gegen den in Art. 3 GG normierten Gleichbehandlungsgrundsatz oder gegen das Diskriminierungsverbot gem. §§ 1, 2 Abs. 1 S. 1 Nr. 8 AGG vor, wenn im Einzelfall nicht dem deutschen, wegen seiner besonderen Situation aber dem ausländischen Mieter ein Anspruch auf Errichtung einer Parabolantenne anerkannt wird.[1530] Da auch bei deutschen Mietern außergewöhnliche Umstände zu berücksichtigen sind, die einen Fall vom typischen Durchschnittsfall erheblich unterscheiden, führt somit der Inländerstatus nicht notwendig zur Versagung und der Ausländerstatus nicht notwendig zur Anerkennung des Anspruchs auf Errichtung einer Parabolantenne[1531].

472 **b) Ausländische Mieter.** Ausländische Mieter, die in Deutschland dauerhaft leben, sind regelmäßig daran interessiert, ihre Heimatsender zu empfangen, um sich über das politische und kulturelle Geschehen **in ihren Herkunftsländern** zu unterrichten. Damit erhalten sie ihre sprachliche und kulturelle Verbindung zu ihrem Heimatland. Dies ist vom Schutzumfang der Informationsfreiheit gedeckt. Ausländischen Mietern darf somit nicht unter Verweis auf anderweitige Informationsquellen (Hörfunk, Zeitungen, Videobänder, Übersetzungen deutschsprachiger Sendungen durch Familienangehörige) ihr besonderes Informationsinteresse abgesprochen werden. Bei der erforderlichen Interessenabwägung ist aber zu berücksichtigen, in welchem Umfang der Mieter Programme seines Heimatlandes bereits ohne Parabolantenne empfangen kann.

473 Können ausländische Mieter ohne Parabolantenne keine ausländischen Programme aus ihrer Heimat empfangen, ist ihre Informationsfreiheit wesentlich eingeschränkt, weil sie vom Informationsfluss und vom Meinungskampf in ihrem Heimatland abgeschnitten sind.[1532] Der Vermieter muss daher regelmäßig die Installation einer Parabolantenne erlauben, wenn zwar ein Kabelanschluss im Haus vorhanden ist, aber ein ausländischer Mieter neben den dort angebotenen Fernsehprogrammen auch Programme in seiner Heimatsprache sehen will, die nur über eine Parabolantenne angeboten werden.[1533] Ist der Vermieter somit grds. verpflichtet, die Installation einer Parabolantenne zu dulden, kann er aber dennoch den Mieter verpflichten, für einzelne Risiken Vorsorge zu treffen. So darf mit der Anbringung kein erheblicher Eingriff in die **Bausubstanz** verbunden sein, der Mieter muss den Vermieter von allen anfallenden Kosten – auch Folgekosten – und

[1527] *Dörr* WuM 2002, 347 (351).

[1528] BGH VIII ZR 5/05, WuM 2006, 28 = NZM 2006, 98 = ZMR 2006, 195 = GE 2006, 112 = AK-MietPrax § 535 BGB Nr. 22; *Schach* GE 2006, 91; *Drasdo* NJW-Spezial 2006, 100.

[1529] BVerfG WuM 2013, 413 = NZM 2013, 376 = GE 2013, 741 = NJW 2013, 2180; WuM 1994, 251 = NJW 1994, 1147 = GE 1994, 396 = ZMR 1994, 203 = DWW 1994, 148 = MDR 1994, 547; VIII ZR 67/08, WuM 2010, 29 = AK-MietPrax § 535 BGB Nr. 38 = NJW 2010, 436 = NZM 2010, 119 = ZMR 2010, 268 = GE 2009, 1150; krit. *Volmer* ZMR 1999, 12.

[1530] BVerfG WuM 1994, 251 = NJW 1994, 1147 = GE 1994, 396 = ZMR 1994, 203 = DWW 1994, 148 = MDR 1994, 547; OLG Düsseldorf WuM 1993, 81 = NJW 1993, 1274 = MDR 1993, 233 = ZMR 1993, 119 = DWW 1993, 201 zum Anspruch ggü. einer Wohnungseigentümergemeinschaft; zum Diskriminierungsverbot nach AGG *Sternel* PiG 97 (2014), 129 (131).

[1531] Anders wohl AG Frankfurt a. M. ZMR 2005, 458.

[1532] OLG Karlsruhe WuM 1993, 525 = NJW 1993, 2815 = ZMR 1993, 511 = DWW 1993, 294 = GE 1993, 1151; OLG Hamburg WuM 1993, 527 = GE 1993, 1097; BVerfG NJW 1994, 1147 = GE 1994, 396 = ZMR 1994, 203 = DWW 1994, 148 = WuM 1994, 251 = MDR 1994, 547; LG Lübeck ZMR 1996, 143; LG Hagen ZMR 1996, 32 = DWW 1996, 52; zweifelhaft LG Heidelberg WuM 1993, 734.

[1533] *OLG H*amm WuM 1993, 659 = ZMR 1993, 564 = DWW 1993, 331; OLG Stuttgart WuM 1995, 306; OLG Hamburg WuM 1993, 527 = GE 1993, 1097; LG Kleve ZMR 2000, 98; LG Bonn WuM 1993, 468; AG Tauberbischofsheim NJW-RR 1992, 1098; vgl. zu Berlin AG Berlin-Charlottenburg GE 1994, 291; AG Wedding GE 1994, 289.

Gebühren freistellen, die Antenne muss fachmännisch installiert werden und der Mieter hat das Haftungsrisiko des Vermieters abzudecken sowie ihm auf dessen Verlangen für die voraussichtlichen Kosten der Entfernung der Anlage Sicherheit zu leisten.[1534]

Wird bei einem Kabelanschluss der ausländische Mieter mit einem einzigen Heimatprogramm **474**
versorgt, kann dies zu einem Ausschluss des Duldungsanspruchs führen, wenn damit seinen durch den Ausländerstatus begründeten besonderen Interessen Rechnung getragen wird[1535]. Dies ist im Regelfall jedenfalls dann anzunehmen, wenn digitale Zusatzprogramme empfangen werden können.[1536] Diese Rechtsfolge ist aber wegen des Abwägungsgebotes nicht zwingend.[1537] Beispielsweise kann dennoch ein Duldungsanspruch des Mieters auf Errichtung einer Parabolantenne bestehen, wenn das in das Netz eingespeiste ausländische Programm lediglich einige Stunden am Tag ausgestrahlt wird und im Wesentlichen nur Spielfilme und Werbung zeigt. Zugunsten des Mieters ist nämlich zu berücksichtigen, dass die Möglichkeit einer Auswahl und der zeitverschobenen Nutzung mehrerer Programme der Gefahr einseitiger Information entgegenwirkt. Zudem eröffnet eine breite Angebotspalette dem Fernsehnutzer Auswahlalternativen, die seinen Neigungen und Bedürfnissen entgegenkommen können.[1538] Angesichts der kleinen Zahl ausländischer Programme, die kostenlos in das inländische Kabelnetz eingespeist werden, besteht diese Möglichkeit meist nur mittels einer Satellitenempfangsanlage[1539] (aber → Rn. 482). Daher wird die grundlegende Bedeutung des Grundrechts auf Informationsfreiheit verkannt, wenn ein ausländischer Mieter, der die Zustimmung zur Errichtung einer Parabolantenne begehrt, ohne weitere erkennbare Begründung auf einen bereits bestehenden Kabelanschluss verwiesen wird, obwohl dieser ihm nur beschränkten oder gar keinen Zugang zu seinen Heimatprogrammen verschafft.[1540] Das ist bspw. anzunehmen bei einem gehörlosen Iraner, der auf untertitelte oder gebärdengedolmetschte Sendungen angewiesen ist, die nur über Parabolantennen angeboten werden.[1541]

Aus dem Abwägungsgebot folgt, dass sich ein Verbot der Installation einer Parabolantenne for- **475**
mularmäßig nicht wirksam vereinbaren lässt. Wird die grundrechtlich geschützte Abwägung im Einzelfall durch eine Formularklausel ausgeschlossen, hält die Vertragsbestimmung der Inhaltskontrolle nach § 307 BGB nicht stand.[1542]

**c) Abwägungskriterien.** Nach Meinung mancher Instanzgerichte sollen in jedem Fall ein[1543] **476**
oder zwei[1544] **Heimatsender im Kabel** ausreichen, um dem Mieter die Installation einer Parabolantenne zu untersagen. Das BVerfG hat aber entsprechend der hier dargestellten Grundsätze dazu festgestellt,[1545] dass ausländische Mitbürger auch die nicht im Kabel übertragenen Heimatprogramme durch eine eigene Parabolantenne empfangen dürfen, wenn nicht ausnahmsweise schwerwiegende Gründe gegen die Antenne sprechen.[1546]

Im Einzelfall können bei der Abwägung verschiedene Gesichtspunkte zum Tragen kommen. **477**
Dabei ist aber zu beachten, dass keines der betroffenen Grundrechte (Art. 5 GG sowie Art. 14 GG)

---

1534 BGH VIII ZR 5/05, WuM 2006, 28 = NZM 2006, 98 = ZMR 2006, 195 = GE 2006, 112 = AK-MietPrax § 535 BGB Nr. 22; OLG Karlsruhe WuM 1993, 525 = NJW 1993, 2815 = ZMR 1993, 511 = DWW 1993, 294 = GE 1993, 1151; OLG Frankfurt a. M. WuM 1992, 458 = NJW 1992, 2490 = MDR 1992, 869 = ZMR 1992, 435 = GE 1992, 871 = DWW 1992, 308.

1535 BGH VIII ZR 63/04, WuM 2007, 380 = GE 2007, 903 = AK-MietPrax § 535 BGB Nr. 29.

1536 BVerfG WuM 2007, 379; BGH WuM 2007, 380 = GE 2007, 903 = AK-MietPrax § 535 BGB Nr. 29; LG Krefeld NZM 2007, 246, ein Vollprogramm reicht; AG Hamburg-Bergedorf ZMR 2010, 45; **aA** *Mehrings* NJW 1997, 2273 (2275).

1537 Insbes. VerfGH Berlin GE 2007, 1178; LG Krefeld NJW-RR 2007, 734; zweifelhaft LG Essen ZMR 1994, 476.

1538 BVerfG WuM 1995, 693 = NJWE-MietR 1996, 1 = ZMR 1996, 12 = DWW 1995, 371 = GE 1995, 1407.

1539 BVerfG NJW-RR 1994, 1232 = GE 1994, 1248.

1540 BVerfG NJW 1994, 2143; WuM 1996, 264 = NJWE-MietR 1996, 121; LG Stuttgart NZM 1998, 1004; LG Essen WuM 1998, 344; AG Bremen WuM 1994, 381.

1541 AG Hamburg-St. Georg NZM 2014, 435.

1542 BGH VIII ZR 207/04, WuM 2007, 381 = GE 2007, 982 = NZM 2007, 597 = AK-MietPrax § 535 BGB Nr. 30; LG Hamburg WuM 2008, 550; *Kinne* GE 2007, 938.

1543 LG Frankfurt a. M. WuM 1993, 668; LG Heidelberg WuM 1993, 734; LG Dortmund WuM 1993, 37; AG Arnsberg DWW 1995, 317 bei zwei Programmen.

1544 LG Nürnberg-Fürth WuM 1997, 486.

1545 BVerfG WuM 1995, 693 = ZMR 1996, 12 = DWW 1995, 371 = GE 1995, 1407; WuM 1994, 365.

1546 BayObLG WuM 1994, 317 = NJW-RR 1994, 848 = ZMR 1994, 320 = GE 1994, 577.

dem anderen grds. vorgeht.[1547] Entscheidend ist vielmehr, welche Beeinträchtigung im Rahmen des vorzunehmenden Interessenausgleichs schwerer wiegt.[1548] Dabei ist aber darauf zu achten, dass nur sachgerechte Gründe **in die Abwägung** einfließen. Dazu gehört auch, dass viele Sender inzwischen über Internet empfangen werden können.[1549] Im Einzelfall kann dies auch für den Widerruf einer unter Auflagen erteilten Erlaubnis ausreichen.[1550] Einem ausländischen Mieter kann die Installation einer Parabolantenne daher nicht mit der Begründung verwehrt werden, dass es dem Vermieter im Hinblick auf die Erhaltung des Hausfriedens nicht zumutbar ist, anderen Mietern gegenüber, bei denen ein derartiger Sonderbedarf nicht besteht, zu erläutern, warum nur den türkischen Mietern eine Erlaubnis erteilt wird.[1551] Es ist zudem auch fehlerhaft, die Duldung der Installation einer Parabolantenne nur deshalb zu versagen, weil andere Mieter dann ebenfalls eine Antenne installieren wollen.[1552] Ebenso ist es unzulässig, die Duldung der Installation der Antenne von der Programmqualität der zusätzlich zu empfangenden Heimatsender abhängig zu machen.[1553]

**478** Andererseits kann aber einem eingebürgerten türkischen Staatsbürger die Anbringung einer Parabolantenne in einer Wohnungseigentumsanlage versagt werden, weil er mit der Annahme der deutschen Staatsbürgerschaft die Bindung an sein früheres Heimatland wesentlich gelockert hat.[1554] Die gleichen Erwägungen versagen einem seit drei Jahrzehnten in Deutschland lebenden Spätaussiedler das Recht auf den Empfang von Programmen aus dem polnischen Sprachraum.[1555] Dagegen schadet die Annahme der deutschen Staatsbürgerschaft einer Ehefrau jüdischer Herkunft nicht, wenn der Ehemann als Ansprechpartner für die jüdische Kulturgemeinde die sprachliche, kulturelle und religiöse Verbindung zum Heimatland aufrechterhält.[1556] Ein Dolmetscher kann ebenfalls ein beachtenswertes Interesse an mehreren ausländischen Programmen geltend machen.[1557] Kann ein schwerstbehinderter Mieter nur mit Hilfe einer Parabolantenne am kulturellen Leben teilhaben, ist dies regelmäßig bei der Abwägung mit den Vermieterinteressen vorrangig.[1558] Ebenso kann ein deutscher Mieter, der mit einem ausländischen Lebensgefährten nur zusammenlebt[1559] oder auch mit ihm verheiratet[1560] ist, die Anbringung einer Parabolantenne verlangen. Bei der Interessenabwägung auf Seiten des Mieters sind nämlich die Interessen des Ehepartners sowie die der Kinder mit zu berücksichtigen.[1561]

**479** Grundsätzlich sind alle grundrechtlich geschützten Positionen in die Abwägung einzubeziehen.[1562] Hierzu gehören auch die Glaubens- und Bekenntnisfreiheit nach Art. 4 Abs. 1 GG sowie die ungestörte Religionsausübung nach Art. 4 Abs. 2 GG. Allerdings können diese Grundrechtspositionen das Abwägungsergebnis kaum beeinflussen, da das Recht auf die innere Freiheit des Mieters, zu glauben oder nicht zu glauben sowie die äußere Freiheit, den Glauben zu bekunden

---

[1547] LG Hanau NJW-RR 1999, 597 zum Empfang kurdischer Sender; AG München ZMR 2016, 786 zur Verwendung von Flachkabeln.

[1548] BVerfG WuM 1994, 251 = NJW 1994, 1147 = GE 1994, 396 = ZMR 1994, 203 = DWW 1994, 148 = MDR 1994, 547; *Mehrings* NJW 1997, 2273 (2275).

[1549] BGH VIII ZR 268/12, WuM 2013, 476 = NJW 2013, 1168 = NZM 2013, 647 = GE 2013, 999; LG Frankfurt a. M. NJW-RR 2013, 1357; LG Wuppertal NZM 2012, 725; AG Frankenthal BeckRS 2016, 16199; AG München ZMR 2016, 786; AG Frankfurt a. M. ZMR 2015, 618; WuM 2014, 666; sowie Anm. *Jahreis* jurisPR-MietR 6/2015 Nr. 1.

[1550] BGH VIII ZR 268/12, WuM 2013, 476 = NJW 2013, 1168 = NZM 2013, 647 = GE 2013, 999; *Sternel* PiG 97 (2014), 129 (135).

[1551] BVerfG NJW-RR 1994, 1232 = GE 1994, 1248.

[1552] BVerfG WuM 1995, 693 = NJWE-MietR 1996, 1 = ZMR 1996, 12 = DWW 1995, 371 = GE 1995, 1407.

[1553] BVerfG WuM 1993, 229 = NJW 1993, 1252 = ZMR 1993, 259 = DWW 1993, 93.

[1554] BayObLG WuM 1995, 224 = NJW 1995, 337 = MDR 1995, 467 = GE 1995, 243, LG Berlin GE 2004, 181; AG Wedding GE 2005, 1495; AG Schöneberg GE 2000, 543; **aA** KG WuM 2007, 618 für einen kurdischen Mieter; AG Königswinter WuM 1999, 33.

[1555] OLG Hamm MDR 1998, 527 = ZMR 1998, 188; LG Kaiserslautern NZM 2005, 739; AG Dortmund NZM 1999, 221; **aA** LG Landau/Pfalz NZM 1998, 474; AG Königswinter WuM 1999, 33.

[1556] LG Wuppertal NZM 1999, 1043 = NJW-RR 1999, 1457.

[1557] AG Frankfurt a. M. DWW 1993, 334; LG Baden-Baden WuM 1997, 430 bei Auslandskorrespondent; **aA** LG Hamburg WuM 1994, 391.

[1558] AG Stuttgart-Bad Cannstatt WuM 2015, 235; AG Leipzig WuM 2012, 369.

[1559] OLG Hamm NJW-RR 2002, 1020; LG München I WuM 2004, 659.

[1560] AG Remscheid NJWE-MietR 1997, 267.

[1561] LG Wuppertal WuM 1997, 324; *Mehrings* NJW 1997, 2273 (2275).

[1562] BGH VIII ZR 260/06, WuM 2007, 678 = GE 2007, 1688 = NZM 2008, 37 = NJW 2008, 216 = AK-MietPrax § 535 BGB Nr. 32; *Lützenkirchen* MietRB 2008, 1; *Schach* GE 2007, 1661.

und zu verbreiten, durch die fehlenden Programme weder eingeschränkt noch beeinträchtigt wird. Hier kann der Mieter darauf verwiesen werden, dass er zur Information über seinen Glauben auch andere Informationsträger wie Druckwerke und das Internet beanspruchen kann und es ihm zudem möglich bleibt, seinen Glauben und seine Kultur zu praktizieren.

Auf Seiten des Vermieters ist dem Eigentumsgrundrecht aus Art. 14 Abs. 1 S. 1 GG Rechnung **480** zu tragen, welches sowohl vor **optischen und ästhetischen Beeinträchtigungen** des Wohnhauses schützt, als auch die Beachtung der örtlichen Gegebenheiten zwecks Installation einer Parabolantenne erfordert.[1563] Bei der Abwägung kann von Bedeutung sein, ob ein Gebäude architektonisch ansprechend ist, welchen Durchmesser die Parabolantenne hat und ob sie an einer das Stadtbild prägenden Gebäudefassade oder an der der Straße abgewandten Seite installiert werden soll.[1564] Regelmäßig spielt bei den Entscheidungen[1565] im Rahmen der Interessenabwägung die optische Beeinträchtigung des Gebäudes eine erhebliche Rolle.[1566] Auch Gründe des **Denkmalschutzes** können maßgeblich sein.[1567] Dabei reicht es aber nicht aus, dass das Gebäude denkmalgeschützt ist oder in einem denkmalgeschützten Gemeindeteil liegt. Vielmehr ist immer im Einzelfall zu prüfen, ob konkrete Vorschriften des Denkmalschutzes dem Anbringen der Antenne entgegenstehen. So kann auch in einem denkmalgeschützten Haus der Vermieter dem Mieter nicht verbieten, im Inneren der Wohnung eine Parabolantenne anzubringen, auch wenn sie außen sichtbar ist.[1568] Neue technische Entwicklungen können zu Gunsten des Vermieters sprechen, wenn sie dem Mieter einen leichteren oder vermehrten Zugang zu den gewünschten Programmen bieten.[1569] So kann der Vermieter den Mieter auf die Installation eines **Decoders,** einer **D-Box**[1570] oder **Set-Top-Box**[1571] verweisen, was im Rahmen der Abwägung regelmäßig zu einem Verbot der Parabolantenne führen wird[1572]. Auch der Programmempfang über das **Internet** kann ausreichend sein.[1573] Allerdings entstehen mit diesen technischen Hilfsmitteln zu Lasten des Mieters einmalige Anschaffungskosten und/oder monatliche Gebühren.[1574] Zwar bedeutet die grundgesetzlich geschützte Informationsfreiheit nicht, dass der Mieter immer den preiswertesten Zugang zu den Informationen haben muss.[1575] Sind die Kosten aber unverhältnismäßig hoch[1576], dass sie einer Zugangsverweigerung gleichstehen, ist der Grundrechtsschutz tangiert.

---

[1563] VerfGH Berlin MM 2002, 95 = GE 2002, 254; OLG München NJW-RR 2006, 592; AG Hamburg-Altona WuM 2008, 661; LG Berlin GE 2010, 1686.

[1564] *Mehrings* NJW 1997, 2273 (2275).

[1565] LG Stuttgart WuM 1992, 367; LG Koblenz WuM 1991, 578; LG Braunschweig DWW 1993, 18; LG Kleve NJW-RR 1993, 656; LG Dortmund WuM 1993, 37.

[1566] LG Cottbus NZM 2014, 584; LG Hannover ZMR 2009, 759; LG Kaiserslautern NZM 2005, 739; LG Chemnitz NZM 2000, 960; LG Hamburg WuM 1999, 454; LG Krefeld DWW 1993, 141; LG Heidelberg WuM 1993, 734; LG Frankfurt a. M. WuM 1993, 668; LG Freiburg WuM 1993, 669; LG Tübingen NJW-RR 1994, 849 = DWW 1994, 358 bei Denkmalschutz; AG Hamburg-Bergedorf ZMR 2011, 43; AG Herne WuM 2001, 277; AG Siegen WuM 1999, 454; AG Fulda WuM 1999, 453 = NZM 1999, 1045; AG Köln WuM 1999, 456; AG Aachen WuM 1994, 199; AG Lüdenscheid WuM 1993, 38; AG Reutlingen NJW-RR 1993; 15; AG Bergisch Gladbach WuM 1992, 367.

[1567] BVerfG NJW-RR 1994, 1232 = GE 1994, 1248; AG Schöneberg GE 2006, 583; AG Frankfurt a. M. NJW-RR 1998, 1465; AG Gelsenkirchen-Buer DWW 1993, 369.

[1568] AG Gladbeck NZM 1999, 221.

[1569] AG Kerpen ZMR 2011, 964; weiterführend *Hitpaß* NZM 2012, 401 (404).

[1570] BVerfG WuM 2005, 235 = NZM 2005, 252 = GE 2005, 422 = NJW-RR 2005, 661; BGH VIII ZR 118/04, WuM 2005, 237 = NZM 2005, 355 = ZMR 2005, 436 = DWW 2005, 104 = AK-MietPrax § 535 BGB Nr. 17; LG Lübeck NZM 1999, 1044; LG Kleve ZMR 2000, 98; *Maaß/Hitpaß* NZM 2000, 945 (952).

[1571] LG München WuM 2004, 659; LG Berlin GE 2003, 1613; LG Konstanz NZM 2002, 341 = WuM 2002, 210; LG Köln WuM 2001, 235; LG Lübeck NZM 1999, 1044.

[1572] **AA** LG Hamburg WuM 2008, 661.

[1573] BGH VIII ZR 268/12, WuM 2013, 476 = NJW 2013, 1168 = NZM 2013, 647 = GE 2013, 999; LG Wuppertal NZM 2012, 725; AG Berlin-Mitte GE 2012, 1567; AG Augsburg GE 2011, 1561; AG Berlin-Wedding GE 2010, 1429; 2010, 1205; *Theesfeld* jurisPR-MietR 5/2011 Anm. 1; *Gies* jurisPR-MietR 6/2012 Anm. 1; zu den Voraussetzungen einer Verweisung auf das Internet *Sternel* PiG 97 (2014), 129 (133); **einschränkend** LG Berlin GE 2011, 1556; AG Bielefeld ZMR 2009, 690; **aA** AG Halle ZMR 2013, 124; näheres *Hitpaß* NZM 2012, 401 (405).

[1574] *Horst* NJW 2005, 2654 (2656); *Beuermann* GE 2000, 506.

[1575] AG Dresden ZMR 2015, 456; LG Konstanz NZM 2002, 341 = WuM 2002, 210; LG Köln WuM 2001, 235.

[1576] LG München I WuM 2004, 659; zu den Kosten bei Sozialhilfeempfängern *Horst* NJW 2005, 2654 (2656); *Sternel* PiG 97 (2014), 129 (133) sieht Belastungen von 30–40 EUR als unproblematisch an.

481 Neben diesen Fragen ist für die Erlaubnis zur Installation weiterhin Voraussetzung, dass die Parabolantenne an einem Ort aufgestellt wird, an dem sie optisch am wenigsten stört. Art. 14 GG schützt nämlich auch den ästhetischen Gesamteindruck des Hauses.[1577] Das Bestimmungsrecht für den Anbringungsort liegt – in den Grenzen von Treu und Glauben – beim Vermieter.[1578] Verletzt der Mieter die Pflicht, einen geeigneten Ort für die Antenne auszuwählen, kann der Vermieter verlangen, dass die unerlaubt an der Fassade angebrachte Antenne an einen anderen Ort, zB auf das Dach, umgesetzt wird.[1579] Der Vermieter darf die Erlaubnis zur **Installation** aber nicht davon abhängig machen, dass der Mieter sich an ein von ihm benanntes Unternehmen wendet.[1580] Die Befestigung der Parabolantenne darf zu keinen Substanzgefährdungen des Gebäudes führen.[1581] Allein das Betreten des Daches zum Zwecke der Installation einer Antennenanlage kann eine Besitzstörung (§ 862 BGB) darstellen, die mit einer einstweilige Verfügung untersagt werden kann.[1582] Das Aufstellen einer Parabolantenne in einem mit Sand gefüllten Eimer auf dem Balkon der gemieteten Wohnung und das Durch bohren des Kunststoffrahmens der Balkontür, um das Kabel in die Wohnung zu führen, verletzen und gefährden das Eigentum des Vermieters unzumutbar, wenn der Mieter sich nicht zur Schadensbeseitigung verpflichtet und das Haftungsrisiko für die Installation übernommen hat.[1583] Dagegen kann das Aufstellen der Antenne an einem Holzpfahl in der Grünanlage des Anwesens vom Vermieter zu dulden sein,[1584] sofern es baurechtlich zulässig ist.[1585]

482 Die Einführung des digitalen Fernsehens ermöglicht dem Konsumenten, Programmpakete mit ausländischen Heimatprogrammen gegen Entgelt zu erwerben. Damit hat der Vermieter die Möglichkeit, die Mieter künftig auf seinen Kabelempfang mit den **Sonderdiensten** zu verweisen und verschafft damit seinem Eigentumsrecht stärkeres Gewicht[1586]. Es kann davon ausgegangen werden, dass diese Entwicklung zu Lasten der Parabolantennen durchschlägt[1587].

Fraglich ist, welche Auswirkungen diese Entwicklung auf Bestandsmietverhältnisse hat. Durfte der Mieter die Parabolantenne mit Zustimmung des Vermieters installieren, kann ihm das daraus abgeleitete Recht nicht einseitig genommen werden. Eine Vertragsanpassung über das Rechtsinstitut des Wegfalls der Geschäftsgrundlage (§ 313 BGB) kommt wohl regelmäßig deshalb nicht in Betracht, weil die Fortsetzung des Vertrags(teils) dem Vermieter nicht unzumutbar ist, was sich aus seiner früher gegebenen Zustimmung ergibt.[1588] Insoweit ist auch für einen Widerruf nach Treu und Glauben (§ 242 BGB) kein Raum.[1589] Ein vertraglicher Widerrufsvorbehalt kann den Mieter bei Vorliegen eines sachlichen Grundes zum Rückbau der Parabolantenne verpflichten.[1590] Ist die Installation vom Vermieter lediglich gestattet worden, kann diese Erlaubnis aus sachlichen Gründen widerrufen werden. Ein solcher sachlicher Grund liegt vor, wenn der Mieter nunmehr seine Heimatprogramme ohne Eingriff in die Gebäudesubstanz aufgrund der modernen Technik empfangen kann.[1591]

---

[1577] VerfGH Berlin NZM 2002, 560; Karlsruhe DWW 2000, 201; LG Erfurt GE 2001, 1467; AG Lörrach WuM 2004, 658.

[1578] BVerfG WuM 1996, 82 = ZMR 1996, 122 = GE 1996, 600; LG Karlsruhe DWW 2000, 201; LG Hamburg WuM 1998, 277; LG Düsseldorf ZMR 1997, 423; LG Koblenz WuM 1990, 490 = NJW-RR 1990, 782 = DWW 1990, 119; AG Bonn ZMR 2009, 44; AG Wedding GE 2003, 1083; OLG Frankfurt a. M. MietRB mAnm *Hogenschurz* zur WEG.

[1579] LG Stuttgart WuM 1998, 661; LG Wiesbaden DWW 1995, 53.

[1580] AG Hannover WuM 1999, 328.

[1581] AG Köln WuM 1997, 40 bei Befestigung der Antenne auf dem Balkon.

[1582] BezG Halle NJ 1991, 415.

[1583] LG Bremen WuM 1995, 43; AG Hamburg-Bergedorf ZMR 2010, 45; 2011, 43; NZM 2014, 197; AG Neukölln GE 2004, 1097; **aA** LG Berlin GE 2010, 1686.

[1584] AG Aachen WuM 1994, 199.

[1585] AG Köln WuM 1997, 40.

[1586] BVerfG WuM 2005, 235 = NZM 2005, 252 = GE 2005, 422 = NJW-RR 2005, 661; BGH VIII ZR 118/04, WuM 2005, 237 = NZM 2005, 335 = ZMR 2005, 436 = GE 2005, 429 = NJW-RR 2005, 596 = AK-MietPrax § 535 BGB Nr. 17; LG Magdeburg ZMR 2004, 757.

[1587] S. nur LG Berlin GE 2012, 1169; LG Düsseldorf NJW-RR 2005, 1603.

[1588] AA *Gies* WuM 2012, 189; zum beeinträchtigten Erscheinungsbild des Gebäudes *Sternel* PiG 97 (2014), *129 (137)*.

[1589] **AA** LG Krefeld bei Gemeinschafts-Satellitenantenne.

[1590] LG Berlin GE 2012, 1169 *Sternel* PiG 97 (2014), 129 (135).

[1591] LG Krefeld WuM 2010, 293.

**d) Formularvertrag.** Das Recht auf Installation einer Antenne oder eines Kabelanschlusses kann nicht formularmäßig durch eine Mietvertragsklausel ausgeschlossen werden, ohne dass eine Einzelfallprüfung vorgenommen wird.[1592] Allerdings ist es zulässig, **formularvertraglich** die Pflicht des Mieters zu vereinbaren, vor Installation der Antenne die Zustimmung des Vermieters einzuholen. Eine solche Klausel lässt den Parteien ausreichenden Beurteilungsspielraum bei der Interessenabwägung.[1593] Hat der Mieter eigenmächtig eine Parabolantenne montiert, darf der Vermieter allein deshalb nicht die Beseitigung der Antenne verlangen, wenn ihre Installation fachgerecht war und der Montage auch sonst keine sachlichen Einwände entgegengehalten werden können.[1594] **483**

**e) Multimedia.** Mit der Einführung des digitalen Fernsehens entstehen neben qualitativen Verbesserungen Übertragungskapazitäten von bis zu 200 Programmen sowie die Möglichkeit der Inanspruchnahme aktiver Dienste (Multimedia). Derartige Empfangsanlagen erfordern neben dem Empfangsgerät auch eine **um- oder aufgerüstete Hausverteileranlage.** Zu diesem technischen Aufwand ist der Vermieter nicht verpflichtet, so dass es in seinem Ermessen liegt, ob er sein Anwesen mit der neuesten Technik ausrüstet. Entscheidet er sich für die Beibehaltung des analogen Empfangs, muss allerdings nach dem heutigen Stand der Technik ein ausreichender Fernsehempfang gewährleistet bleiben. **484**

**f) Streitwert.** Bei einem Prozess um die Zustimmung zur Errichtung einer Parabolantenne richtet sich die Berufungsbeschwer nach dem Interesse des Eigentümers, nicht jedoch nach den wirtschaftlichen Folgen einer Anbringung.[1595] Streiten sich die Parteien um die **Beseitigung einer Parabolantenne,** richtet sich der Streitwert nach den Kosten der Beseitigung, soweit nicht weitere wirtschaftliche Nachteile geltend gemacht werden.[1596] Eine andere Meinung geht von dem Interesse des Mieters an den zusätzlichen technischen Möglichkeiten aus[1597] und eine dritte Auffassung hält eine Kombination von den beiden vorgenannten Auffassungen für sachgerecht.[1598] Daran ändert sich auch nichts dadurch, dass der Vermieter einen Musterprozess aus generalpräventivem Interesse führen will.[1599] **485**

**g) Die Beweislast.** Der Mieter hat darzulegen und zu beweisen, dass er mit Hilfe einer Parabolantenne weitere Fernsehprogramme in seiner Heimatsprache empfangen kann.[1600] Da nach Auffassung des BVerfG ohne nähere Begründung ein greifbares Interesse an der Auswahl mehrerer Programme gegeben ist,[1601] muss der Mieter ein **besonderes Informationsinteresse** nicht dartun. **486**

Der Vermieter muss dartun, welche **konkreten Auswirkungen** mit der Installation der Parabolantenne auf sein Eigentum zu befürchten sind. Ohne eine solche Begründung darf nicht von einem Vorrang der Vermieterinteressen ausgegangen werden.[1602] **487**

**h) Wohnungseigentum.** Das grundrechtlich geschützte Informationsinteresse gilt nicht nur im Verhältnis Mieter zum Vermieter sondern auch im Verhältnis der Wohnungseigentümer untereinander.[1603] Dabei ist ebenfalls eine typisierende Betrachtung zu Grunde zu legen, so dass ein Wohnungseigentümer keinen Anspruch auf Installation einer Parabolantenne (bei vorhandenem Kabelanschluss) hat, nur weil er sich dem angelsächsischen Kulturkreis besonders hingezogen **488**

---

1592 BGH VIII ZR 207/04, WuM 2007, 381 = NZM 2007, 597 = GE 2007, 982 = AK-MietPrax § 535 BGB Nr. 30; OLG Frankfurt a. M. WuM 1992, 56 = NJW-RR 1992, 396 = ZMR 1992, 198; LG Essen WuM 1998, 344; LG Kleve NJW-RR 1993, 656; AG Regensburg WuM 2011, 617; AG Eschweiler WuM 2000, 412; AG Altötting WuM 1992, 365 = NJW-RR 1992, 660 = DWW 1992, 28.

1593 VerfGH Berlin GE 2000, 1322 = ZMR 2000, 740.

1594 BGH VIII ZR 5/05, WuM 2006, 28 = NZM 2006, 98 = ZMR 2006, 195 = GE 2006, 112 = AK-MietPrax § 535 BGB Nr. 22; AG Braunschweig WuM 2000, 413; zur Verjährung des Beseitigungsanspruchs LG Halle ZMR 2015, 644.

1595 LG Bremen WuM 2000, 214.

1596 LG Berlin GE 2001, 1468; LG Kiel WuM 1996, 632; LG Bonn WuM 1993, 468; LG München I WuM 1993, 745.

1597 LG Erfurt GE 2001, 1467 (5.000 DM).

1598 LG Frankfurt a. M. ZMR 2002, 758.

1599 LG Bonn WuM 1993, 468.

1600 *Mehrings* NJW 1997, 2273 (2275).

1601 BVerfG WuM 1995, 693 = NJWE-MietR 1996, 1 = ZMR 1996, 12 = DWW 1995, 371 = GE 1995, 1407.

1602 BVerfG NJW 1994, 2143; NJW-RR 1994, 1232 = GE 1994, 1248; BVerfG WuM 1994, 251 = NJW 1994, 547 = ZMR 1994, 203 = DWW 1994, 148 = GE 1994, 396.

1603 BVerfG WuM 1995, 304 = NJW 1995, 1665 = DWW 1995, 185 = GE 1995, 554.

fühlt.[1604] Allerdings wird diese Linie durchbrochen von der Vorstellung, dass im Hinblick auf das Zusammenwachsen Europas und der Globalisierung ein abstraktes Fortbildungsinteresse für den Anspruch auf Installation einer Parabolantenne ausreicht.[1605] Ein generelles Verbot von Parabolantennen kann nicht durch **Mehrheitsbeschluss** angeordnet werden.[1606] Hat ein ausländischer Wohnungseigentümer in Verfolgung des Grundrechts auf Informationsfreiheit in der Wohnanlage eine Parabolantenne installiert, können die anderen Wohnungseigentümer die Beseitigung erst dann verlangen, wenn ein Beschluss unter Abwägung der gegenläufigen Interessen der Wohnungseigentümer herbeigeführt worden ist und dieser die Errichtung der Parabolantenne untersagt.[1607] Das Informationsinteresse eines Wohnungseigentümers kann dazu führen, dass die übrigen Wohnungseigentümer den Nachteil hinnehmen müssen, der mit dem **optischen Gesamteindruck** der Wohnanlage mit einer auf dem Balkon aufgestellten Parabolantenne verbunden ist.[1608] Beruft sich der Wohnungsnutzer auf seine grundrechtlich geschützte Berufsfreiheit, weil er die Parabolantenne für seine Berufsausübung benötigt, ist dies bei der Interessenabwägung nur zu berücksichtigen, wenn die berufliche Nutzung nicht mehr stört, als eine Nutzung zu Wohnzwecken.[1609]

**489** Die Grundrechte werden zivilrechtlich auch im Verhältnis des Mieters zur Wohnungseigentümergemeinschaft berücksichtigt. Bei einem Streit um die Erlaubnis zur Installation einer Parabolantenne kann der Mieter daher unmittelbar die Eigentümergemeinschaft in Anspruch nehmen (§ 14 Nr. 3 WEG). Dennoch ist es verfassungsrechtlich nicht zu beanstanden, den Mieter einer Eigentumswohnung zu verpflichten, den vermietenden Wohnungseigentümer zu verklagen.[1610] Dieser Weg ist für den Mieter aber verfahrensrechtlich komplizierter als eine Klärung unmittelbar im Verhältnis zur Eigentümergemeinschaft und hat den Nachteil, dass der Anspruch nur verzögert realisiert werden kann.[1611] Umgekehrt kann aber auch die Wohnungseigentümergemeinschaft den Mieter unmittelbar auf Entfernung einer Parabolantenne verklagen, wenn sie bspw. entgegen der Beschlusslage angebracht wurde.[1612]

**489a** Nicht vollständig geklärt ist auch die Frage, unter welchen Umständen die Nutzer der Fernsehübertragungen innerhalb einer Hausgemeinschaft eine Abgabe nach dem UrhG zahlen müssen.[1613] Nach Art. 8 Abs. 2 S. 1 der Europäischen RL 2006/115/EG sollen die Mitgliedstaaten ein Recht vorsehen, dass bei Nutzung eines zu Handelszwecken veröffentlichten Tonträgers für eine öffentliche Wiedergabe die Zahlung einer Vergütung vorzusehen ist. Die Umsetzung dieses Rechts erfolgte ua durch § 15 UrhG. Danach wäre eine Abgabe zu zahlen, wenn mit dem Empfang durch eine Gemeinschaftsantenne und der Wiedergabe über das hauseigene Netz eine öffentliche Übertragung und Wiedergabe der Sendungen erfolgt. Gem. § 15 Abs. 3 S. 1 UrhG ist die Wiedergabe öffentlich, wenn sie für eine Mehrzahl von Mitgliedern der Öffentlichkeit bestimmt ist. Überträgt aber eine Wohnungseigentümergemeinschaft über Satellit ausgestrahlte und mit einer Gemeinschaftsantenne der Wohnanlage empfangene Fernseh- oder Hörfunksignale zeitgleich, unverändert und vollständig durch ein Kabelnetz an die angeschlossenen Empfangsgeräte der einzelnen Wohnungseigentümer weiter, handelt es sich nicht um eine öffentliche Wiedergabe iSv § 15 Abs. 3 UrhG.[1614] Damit sind durch die Weiterleitung weder Schadensersatzansprüche oder Wertersatzansprüche von Urhebern, ausübenden Künstlern, Sendeunternehmen oder Filmherstellern noch Vergütungsansprüche der ausübenden Künstler gegen die Wohnungseigentümergemeinschaft begründet. Für das Mietrecht liegt bislang nur eine, dies bejahende Instanz-Entscheidung vor.[1615] Eine Differenzierung zwischen der Hausanlage im Wohnungseigentum und im Mietwohnungsbau ist aber wegen der gleichen Empfangs- und Weiterleitungssituation abzulehnen, so dass die Entscheidung des I. Zivilsenats auf den Geschosswohnungsbau einheitlich anzuwenden ist.

---

1604 BayObLG GE 2001, 425.
1605 OLG Zweibrücken ZMR 2007, 143 = NJW-RR 2007, 300.
1606 BGH V ZB 51/03, WuM 2004, 165 = ZMR 2004, 438 = GE 2004, 548 = NZM 2004, 227 = NJW 2004, 937; OLG Zweibrücken ZMR 2007, 143 = NJW-RR 2007, 300.
1607 AG Ludwigsburg WuM 1997, 65.
1608 BGH V ZB 51/03, WuM 2004, 165 = ZMR 2004, 438 = GE 2004, 548 = NZM 2004, 227 = NJW 2004, 937; vgl. aber zum Standortrecht der Eigentümergemeinschaft AG Bonn ZMR 2009, 44.
1609 BayObLG NJW-RR 1998, 1704.
1610 BVerfG NJW 1996, 2858.
1611 LG Hanau NJW-RR 1999, 597.
*1612 AG Hannover ZMR 2009, 695.*
1613 S. zum Mietrecht AG Charlottenburg GE 2016, 1391; → Rn. 400.
1614 BGH I ZR 228/14, WuM 2016, 79 = GE 2015, 1589 = NZM 2016, 127 = NJW 2016, 807.
1615 AG Charlottenburg GE 2016, 1391.

**Parkett**

→Rn. 548. 490

**Party**

→Rn. 375ff. 491

**38. Pfennigabsätze**

Damenschuhe mit Pfennigabsätzen können beim Betreten des Hauses oder der Wohnung Spuren hinterlassen. Ob diese noch durch den vertragsgemäßen Gebrauch gedeckt sind, muss im Einzelfall entschieden werden. Im Zweifel muss der Vermieter es hinnehmen, dass beim Gebrauch von Pfennigabsätzen im Fußbodenbelag der Wohnung leichte Druckspuren zurückbleiben.[1616] Das gilt insbes. für allgemein zugängliche Gemeinschaftsräume, Flure und Treppen. Der Mieter einer Wohnung mit Weichholzfußboden ist allerdings im Rahmen seiner **Obhutspflicht** gehalten, entweder zu verhindern, dass Pfennigabsätze in der Wohnung getragen werden oder er muss Schäden durch Teppiche und ähnliche Beläge von vornherein ausschließen.[1617] Diese Maßnahmen sind vor allem dann zu treffen, wenn der Mieter damit rechnen muss, dass die Wohnung des Öfteren mit Pfennigabsätzen betreten wird. 492

Im Rahmen eines gewerblichen Mietverhältnisses gehört das Tragen von Pfennigabsätzen zum vertragsgemäßen Gebrauch.[1618] Der Mieter kann gar nicht verhindern, dass die Geschäftsräume von Kundinnen betreten werden, die Schuhe mit solchen Absätzen tragen. Ähnliches gilt für das Personal des Mieters. 493

**Plakate**

→Rn. 414ff. 494

**39. Nutzungsänderung**

Bei Abschluss eines gewerblichen Mietvertrages liegt der Vertragszweck regelmäßig in der vereinbarten Nutzung[1619] des Objektes, zB als Arztpraxis oder Imbissstube. Der Vertragszweck kann sich stillschweigend aus den Umständen ergeben.[1620] Die Zweckbestimmung kann auch durch Formularvertrag vereinbart werden.[1621] Will der Mieter im laufenden Mietverhältnis die **Nutzung des Objektes** ändern oder erweitern, ist dies grds. eine Betriebsänderung, die in den Vertrag eingreift.[1622] Das bedeutet aber noch nicht, dass der Vermieter dem Mieter sein neues oder erweitertes Tätigkeitsfeld untersagen kann. Vielmehr ist zunächst zu untersuchen, ob der Mieter lediglich eine Geschäftserweiterung vornimmt, also das Kerngeschäft nur ausdehnt oder ob er die Nutzungsart, also das Kerngeschäft ändert oder neben dem Kerngeschäft eine weitere zusätzliche eigenständige geschäftliche Tätigkeit aufnimmt.[1623] 495

Die **Geschäftserweiterung,** zB die Erweiterung des Angebots einer Milchbar auf alkoholische Getränke,[1624] ist grds. zulässig, da dem Mieter anderenfalls zugemutet würde, sich neuen Marktbedingungen nicht anpassen zu dürfen. Allerdings darf der Zweck des Vertrages nicht entgegenstehen. So kann der Fall liegen, wenn der Tankstellenpächter auf seinem Mietgrundstück eine Mietwagenagentur betreiben will. Dabei handelt es sich um ein zusätzliches Geschäft anderer Qualität, welches über den eigentlichen Vertragszweck hinausgehen kann.[1625] Verstößt der Mieter gegen die 496

---

1616 AG Freiburg WuM 1991, 262; Staudinger/*Emmerich* BGB §538 Rn. 3; s. AGB-Klausel zum Abschleifen von Parkett LG Berlin GE 1996, 925.
1617 LG Mannheim MDR 1974, 319; LG Essen NJW 1962, 1398.
1618 OLG Karlsruhe WuM 1997, 211 = NJW-RR 1997, 139.
1619 LG Koblenz NJW 2014, 2660 = NZM 2014, 608 zum Umfang des Nutzungsrechts.
1620 *Joachim* NZM 2009, 801 (802).
1621 *Bieber* PiG 2007, 119 (125f.); *Gather* DWW 2002, 54 (64).
1622 KG NZM 1999, 462; AG Aachen ZMR 2007, 41.
1623 OLG Hamm NZM 1999, 1051; *Joachim* NZM 2009, 801 (803).
1624 BGH NJW 1957, 1833; *Engel* MDR 2012, 1268 (1269).
1625 OLG Hamm NZM 1999, 1051.

Vereinbarung des Vertragszwecks, kann der Vermieter die unerlaubte Nutzung mit einem Unterlassungsanspruch gem. § 541 BGB untersagen.[1626]

497 Jede **Nutzungsänderung** bedarf als Vertragsänderung grds. der Zustimmung des Vermieters[1627] (→ Rn. 235 ff.), es sei denn, die Vertragsparteien haben keine besondere Nutzungsart vereinbart, was in der Praxis selten vorkommen dürfte. Im Zweifel wird sich der Nutzungszweck nämlich auch stillschweigend aus den Umständen ergeben. Grundsätzlich steht es im freien Ermessen des Vermieters, ob er einer Nutzungsänderung zustimmen will. Die Grenze seiner **Ermessensausübung** wird durch § 242 BGB gezogen. Maßgebend ist, ob die Veränderungen dem Vermieter zuzumuten sind. Über die Zumutbarkeit muss unter Würdigung aller Umstände des Einzelfalles und bei Abwägung der unterschiedlichen Interessen nach den Grundsätzen von Treu und Glauben entschieden werden.[1628] Bei der gewünschten Nutzungsänderung hat der Vermieter insbes. zu bedenken, ob er mit der Einwilligung uU seine Konkurrenzschutzpflicht gegenüber einem anderen Mieter verletzt (→ Rn. 545), ob durch die Nutzungsänderung eine Belästigung anderer Hausbewohner oder Nachbarn zu befürchten ist, ob die Änderung des Gewerbes mit einer stärkeren Abnutzung der Mietsache verbunden ist oder ihre spätere Vermietbarkeit erschwert wird.

498 **Einzelfälle:**

Die Umstellung eines reinen Handwerksbetriebes auf einen Fertigungsbetrieb kann für den Vermieter zumutbar sein.[1629]

499 Werden Räume zur Nutzung als Büroflächen vermietet, dürfen in diesen Räumen keine Asylbewerber untergebracht werden.[1630]

500 Ist Teileigentum in der Teilungserklärung einer Eigentumsanlage oder im Aufteilungsplan als „Laden", „Gewerbe" oder „Gaststätte" bezeichnet, liegt hierin idR eine Zweckbestimmung, die der Eigentümer zu beachten[1631] und als Vermieter an den Mieter weiterzugeben hat. Die Wohnungseigentümergemeinschaft hat einen Unterlassungsanspruch gegen den Mieter aus § 1004 BGB, selbst wenn der Mietvertrag die Nutzung erlaubt.[1632]

501 Bei der Zweckbestimmung „Gewerbe" steht nicht notwendigerweise eine Gewinnerzielungsabsicht im Vordergrund. Daher kann auch eine „Soziale Tagesstätte" in gewerblichen Räumen geführt werden.[1633]

502 Die als „Laden"[1634] vorgesehenen Räume dürfen nicht als Sex-Shop und Sex-Kino[1635], als Gaststätte[1636], als Teestube mit Spielsalon[1637], als Salatrestaurant ohne Alkoholausschank[1638], als Kantine eines Sportvereins[1639], als Schülerladen[1640], als Imbissstube[1641], als Eisdiele[1642] oder als Pizza-Lieferservice[1643] genutzt werden. Eine „Ladenwohnung" erlaubt den Betrieb eines Cafés für drogenabhängige oder – gefährdete Personen.[1644] Können Räume „zu beliebigen geschäftlichen Zwecken" genutzt werden, erlaubt dies dennoch keinen Bordellbetrieb.[1645]

---

[1626] Zur Unverjährbarkeit des mietrechtlichen Unterlassungsanspruchs s. BGH, XII ZR 5/18, WuM 2019, 141 = NJW 2019, 1062; Börstinghaus, jurisPR-BGH ZivilR 5/2019 Anm.

[1627] OLG Düsseldorf GE 2003, 321; OLG Frankfurt a. M. MDR 2000, 825; LG Darmstadt ZMR 2017, 44 zur Unterbringung von Asylsuchenden.

[1628] BGH NJW 1961, 307 = ZMR 1961, 102 = MDR 1961, 225; NJW 1957, 1833.

[1629] BGH NJW 1961, 307 = ZMR 1961, 102 = MDR 1961, 225.

[1630] OLG Düsseldorf ZMR 1991, 176 = DWW 1991, 80.

[1631] *Blank* WuM 2000, 523 (525).

[1632] LG Frankfurt/M GE 2019, 65 – umstritten!

[1633] OLG Zweibrücken NZM 2005, 868.

[1634] OLG Düsseldorf NZM 2003, 979 zur Kindertagesstätte.

[1635] LG Passau NJW 1983, 1683 = MDR 1983, 758 = ZMR 1983, 319.

[1636] BayObLG WuM 1985, 238; 1985, 237 = ZMR 1985, 206.

[1637] BayObLG WuM 1985, 235; OLG Zweibrücken NJW-RR 1987, 464 = MDR 1987, 410 = ZMR 1987, 187.

[1638] KG WuM 1985, 236 = MDR 1985, 675 = DWW 1985, 238 = ZMR 1985, 207 = GE 1985, 995.

[1639] KG WuM 1986, 287 = NJW-RR 1987, 1073 = ZMR 1986, 296 = GE 1986, 703.

[1640] Einschränkend KG WuM 1992, 387 = NJW-RR 1992, 1102 = ZMR 1992, 351.

[1641] BayObLG ZMR 2000, 53.

[1642] OLG Schleswig MDR 2000, 759; LG Frankfurt/M GE 2019, 65 – Eiscafé.

[1643] BayObLG NZM 1998, 335.

[1644] KG MDR 1999, 991.

[1645] KG NJW-RR 1987, 1160 = MDR 1987, 937 = ZMR 1987, 384.

Manche Bezeichnungen stellen aber keine Zweckbestimmung, sondern nur einen unverbindlichen Gestaltungsvorschlag dar, wie zB „Teeküche" oder „Wartezimmer". Die Vereinbarung als „Hobbyraum" ist aber eine Zweckbestimmung.[1646] **503**

Ist Gewerberaum für eine Metzgerei vermietet worden, ist es nicht gestattet, dort ein Geschäft mit Damenoberbekleidung zu betreiben.[1647] **504**

Hat der Mieter die Räume einer alteingesessenen Steuerberaterpraxis zum Weiterbetrieb dieser Praxis gemietet und gibt er diese Praxis vor Beendigung des Mietverhältnisses auf, kann er grds. vom Vermieter nicht die Erlaubnis verlangen, die Räume bis zum Mietende als Wohnung unterzuvermieten.[1648] **505**

Mit der Zweckbestimmung „Eisdiele und Café" ist der Betrieb eines Pilslokals (Pilsbar) nicht vereinbar.[1649] Der Betrieb einer Gaststätte mit Alkoholausschank erlaubt auch den Betrieb einer Shisha-Bar, in der alkoholische Getränke angeboten werden.[1650] **506**

Ein vertragswidriger Gebrauch der Pachtsache liegt vor, wenn sie statt – wie vereinbart – zur Haltung eines Reitstalles des Pächters nur noch dazu dient, Fremdpferde unterzustellen und praktisch alles gewerbsmäßig unterverpachtet ist.[1651] **507**

Ein Gastwirt ist nicht ohne weiteres berechtigt, den Verwendungszweck der von ihm gemieteten oder gepachteten Gastwirtschaft ganz oder wesentlich zu verändern.[1652] **508**

Eine wesentliche Änderung der vertraglichen Nutzung liegt auch vor, wenn anstelle einer vertraglich vereinbarten Zahnarztpraxis mit Labor nunmehr eine Tierarztpraxis für Kleintiere betrieben werden soll. Für eine derartige Nutzungsänderung muss der Vermieter seine Zustimmung geben.[1653] **509**

Es stellt keine Änderung der Betriebsart dar, wenn bei einem Imbiss-Laden der Verkauf nicht mehr zur Straße hin durch ein Fenster erfolgt, sondern innerhalb des Raumes.[1654] **510**

Wurden Gewerberäume zum Buchverkauf und als Begegnungsstätte vermietet, wobei Tee und Kaffee angeboten werden durften, ist es dem Mieter nicht zusätzlich gestattet, auch Pommes frites und andere Getränke anbieten.[1655] **511**

Sind dem Mieter die Gewerberäume zur Weitervermietung für ein Technologiezentrum überlassen, so umfasst die Vertragszweck nicht den Betrieb eines Call-Centers.[1656] **512**

### 40. Rauchen

Rauchen gehört zum vertragsgemäßen Gebrauch des Mieters.[1657] Das gilt grds. auch für übermäßiges Rauchen.[1658] Der Mieter muss daher keine besonderen Vorkehrungen zum Schutz der Mietsache treffen. Kommt es zu verstärkten Nikotinablagerungen, sind diese grds. vom Vermieter hinzunehmen. Für die Beurteilung, ob der vertragsgemäße Gebrauch überschritten wurde, kommt es darauf an, ob sich die Gebrauchsspuren noch mit Schönheitsreparaturen iSd § 28 Abs. 4 S. 3 II. BV beseitigen lassen, oder ob darüber hinausgehende Instandsetzungsarbeiten erforderlich werden[1659] (zB Putzabschlagung, Holzwerk abschleifen uÄ). Im letzteren Fall hinterlässt der Tabakgenuss derart starke **Nikotinablagerungen,** dass sie einer Beschädigung der Mietsache gleichkom- **513**

---

1646 BayObLG WuM 1990, 454 = NJW-RR 1991, 139.

1647 LG Nürnberg-Fürth WuM 1991, 344.

1648 OLG Koblenz NJW-RR 1986, 1343 = MDR 1986, 496.

1649 OLG München WuM 1992, 326 = ZMR 1992, 306.

1650 OLG Köln ZMR 2018, 311.

1651 OLG Karlsruhe ZMR 1987, 419.

1652 BGH BB 1954, 246.

1653 OLG Köln WuM 1997, 620 = DWW 1997, 121.

1654 KG GE 1987, 571.

1655 KG NZM 1999, 462.

1656 OLG Düsseldorf GE 2003, 321.

1657 BGH VIII ZR 124/05, WuM 2006, 513 = NJW 2006, 2915 = NZM 2006, 691 = DWW 2006, 370 = ZMR 2006, 761 = AK-MietPrax § 538 BGB Nr. 24; LG Berlin GE 2017, 1470; *Börstinghaus* WuM 2012, 480; zur Vertragsauslegung *Lehmann-Richter* NZM 2015, 513ff.

1658 LG Saarbrücken WuM 1998, 690; LG Köln WuM 1998, 596 = NZM 1999, 456; WuM 1991, 578 = NJW-RR 1991, 1162; AG Esslingen ZMR 2005, 199; sa Langenberg/Zehelein BetrKostR/*Langenberg* BGB § 538 Rn. 99; **aA** LG Landshut-Tiengen DWW 2006, 287; AG Magdeburg WuM 2000, 303; AG Rosenheim WuM 1995, 583.

1659 BGH VIII ZR 37/07, WuM 2008, 213 = GE 2008, 533 = NZM 2008, 318 = NJW 2008, 1439 = MDR 2008, 617f. = ZMR 2008, 524.

men.[1660] Wann die Grenze zur noch vertragsgemäßen Nutzung überschritten ist, lässt sich somit nur im Einzelfall belegen.[1661] Wegen der Kerngehalts der Gebrauchsnutzung einer Wohnung sind an die Prüfung strenge Anforderungen zu stellen.[1662]

**514** Der durch die Überschreitung der zulässigen Gebrauchsnutzung entstehende Schaden kann nur durch eine Vergleichsbetrachtung mit dem Zustand erfolgen, der ohne übermäßiges Rauchen eingetreten wäre. So stellen bspw. die Kosten des Anstreichens „Sowieso-Kosten" dar, die der Mieter nur bei wirksamer Überwälzung von Schönheitsreparaturen zahlen muss.[1663]

**515** Das allgemeine Gebot der gegenseitigen Rücksichtnahme kann zu einem Unterlassungsanspruch der Mitbewohner und des Vermieters führen.[1664] Im Hausflur wahrnehmbarer Zigarettenrauch ist, weil **gesundheitsschädlich**[1665], von den Nachbarn grds. nicht hinzunehmen.[1666] Dies gilt in besonderem Maße, wenn zB der Rauch in der Wohnung über den Hausflur entlüftet wird (→ Rn. 311 ff.) oder gar im Hausflur selbst geraucht wird.[1667] Prozessrechtlich ist dabei zu beachten, dass der im Hausflur wahrnehmbare Zigarettenrauch einem konkreten Mieter zugeordnet werden kann.[1668] Dringt der Zigarettenrauch durch Wände und Decken in die Wohnung des Nachbarmieters, ist der Vermieter zur Abhilfe, ggf. durch Anbringung einer wirksamen Abdichtung, verpflichtet.[1669] Starkes Rauchen auf dem Balkon[1670] (→ Rn. 306) oder vor dem Hauseingang[1671] kann zur Mietminderung oder Kündigung[1672] führen und uU einen Unterlassungsanspruch des Nachbarn begründen.[1673] Dieser muss aber das sich aus den Raucherschutzgesetzen ergebende Indiz erschüttern, dass mit dem Rauchen im Freien keine Gesundheitsgefährdung einhergeht.[1674] Das Gebot der gegenseitigen Rücksichtnahme verpflichtet zu einer möglichst weitgehenden Vermeidung von Belästigungen der Nachbarn.[1675]

**516** Wird in einer Anzeige die Wohnung als Nichtraucherwohnung bezeichnet oder ein „Nichtraucher" als Mieter (zB einer Einliegerwohnung) gesucht und gibt der Interessent auf die Frage, ob er Nichtraucher sei, an, er habe aufgehört zu rauchen, so berechtigt das gelegentliche Rauchen des Mieters und seiner Gäste weder zur Arglist- noch zur Irrtumsanfechtung.[1676] Eine **formularmäßige Vereinbarung,** in der Wohnung nicht zu rauchen, verstößt gegen § 307 BGB[1677], da ein Kernbestand des vertraglichen Nutzungsrechts betroffen ist.[1678] Der Mieter müsste nämlich seine sozialen Kontakte in der Mietwohnung auf Nichtraucher beschränken. Das gilt auch – soweit nicht Gesetze das Rauchen ohnehin verbieten – für Gewerberäume[1679], da sonst ein bestimmter Kun-

---

[1660] LG Koblenz ZMR 2006, 288; LG Paderborn NJW-RR 2000, 1110 = NZM 2000, 710 = MDR 2000, 878 mAnm *Dübbers;* LG Baden-Baden WuM 2001, 603; AG Cham ZMR 2002, 761; AG Tuttlingen NZM 1999, 1141 = MDR 1999, 992; AG Magdeburg NZM 2000, 657 = NJW-RR 2000, 1111; *Stapel* NZM 2000, 595 (596).

[1661] *Stapel* ZMR 2092, 734 (735).

[1662] *Dübbers* Anm. zu LG Paderborn MDR 2000, 878.

[1663] *Börstinghaus* ZAP Fach 4, 2008, 1027 (1031); zum Schaden *Eisenschmid* jurisPR-MietR 9/2008 Anm. 2.

[1664] AG Hannover NZM 2000, 520 zum WEG; *Horst* ZAP Fach 4, 439 (443); **aA** *Paschke* NZM 2008, 266 (267); ausf. LG Potsdam NZM 2014, 863.

[1665] BGH V ZR 110/14, WuM 2015, 368.

[1666] LG Düsseldorf GE 2014, 1062; **aA** AG Reichenbach WuM 1994, 322.

[1667] BGH VIII ZR 186/14, WuM 2015, 289 = NJW 2015, 1239; *Börstinghaus* WuM 2012, 480 (481).

[1668] LG Düsseldorf NZM 2016, 793.

[1669] LG Berlin GE 2017, 1470; AG Charlottenburg GE 2008, 1061.

[1670] LG Berlin NZM 2013, 727; LG Hamburg WuM 2012, 496 = GE 2012, 1498, Minderung 5%; *Artz* PiG 1985, 229 (237).

[1671] *Jahreis* jurisPR-MietR 25/2012 Anm. 2.

[1672] LG Düsseldorf GE 2014, 1062.

[1673] *Stapel* NZM 2000, 595 (596); aber LG Potsdam GE 2014, 801; AG Wennigsen WuM 2001, 487; AG Pankow/Weißensee GE 2005, 1126.

[1674] BGH V ZR 110/14, WuM 2015, 368 = GE 2015, 719 = NZM 2015, 448 = NJW 2015, 2023 = ZMR 2015, 679 = AK-MietPrax § 906 BGB Nr. 6 mAnm *Börstinghaus; Börstinghaus* NZM 2016, 418 (421).

[1675] *Lehmann-Richter* PiG 1999, 65 (68); zur indiziellen Wirkung der Nichtraucherschutzgesetze BGH V ZR 110/14, WuM 2015, 368.

[1676] LG Stuttgart NJW-RR 1992, 1360 f.

[1677] *Riecke* ZMR 2017, 361 (367); *Harsch* WuM 2009, 76 (77); *Börstinghaus* WImmoT 2015, 95 (105); *Paschke* NZM 2008, 265 (268); *Schläger* Anm. zu BGH ZMR 2008, 524; krit. Sternel MietR Kap. VI Rn. 263; **aA** *Reichhardt/Dittmann* ZMR 2011, 925 (926); zu sog. Heilungsvereinbarungen *Klimke* WuM 2010, 8.

[1678] *Lehmann-Richter* PiG 1999, 65 (70).

[1679] Zu den möglichen Auswirkungen eines gesetzlichen Rauchverbotes in gewerblichen Räumen, namentlich Gaststätten *Leo/Ghassemi-Tabar* NZM 2008, 271; sowie *Paschke* NZM 2008, 265 (269).

den – oder Mitarbeiterkreis von vornherein ausgeschlossen wäre, was den Mieter unangemessen belasten würde.[1680] Ein gesetzliches (Rauch-)Verbot wirkt sich auf das gewerbliche Mietverhältnis nicht aus, da nicht vorhersehbare Gesetzesvorschriften zum wirtschaftlichen Risiko der Vertragspartei gehören[1681] (zur Minderung bei gesetzlichem Rauchverbot → BGB § 536 Rn. 63).

Das formularvertragliche Verbot des Rauchens in den Gemeinschaftsflächen und -räumen **517**
(Hausflur, Keller, Dachboden etc) sowie im Rahmen eines Heimvertrages[1682] wird dagegen zu Recht für zulässig gehalten.[1683] Das formularvertragliche Verbot des Rauchens auf dem Balkon ist jedenfalls dann unzulässig, wenn es ungeachtet der jeweiligen Situation ohne Berücksichtigung der widerstreitenden Interessen gelten soll. **Individualvertraglich** lässt sich ein Rauchverbot vereinbaren.[1684] Eine Absprache dahingehend, auch die Besucher zum Nichtrauchen zu verpflichten, wäre als Vertrag zu Lasten Dritter unbeachtlich.[1685] Allerdings können sich dabei wegen des Summierungseffektes[1686] Probleme ergeben, soweit daneben auch formularvertraglich Schönheitsreparaturen vereinbart werden.[1687]

### 41. Rauchmelder

Die Installation von Rauchmeldern in der gemieteten Wohnung gehört zum vertragsgemäßen **518**
Gebrauch.[1688] Sie sind mit geringem Aufwand zu installieren und dienen auch dem Schutz des Mietobjektes. Zu Fragen der (landes-)gesetzlichen Pflicht einer Installation und Modernisierung → BGB § 555b Rn. 131. Ein Anspruch des Mieters auf Installation durch den Vermieter ist auch ohne gesonderte vertragliche Vereinbarung aus den vorgenannten Gründen (→ BGB § 535 Rn. 131 f.) zu bejahen, soweit die Landesgesetze eine entsprechende Einbaupflicht vorsehen.[1689]

### 42. Reklame

Generell ist zu prüfen, ob eine allgemeine Verkehrssitte besteht, dass die **Außenwände** vermie- **519**
teter Geschäftsräume ohne weiteres als zu Werbezwecken mitvermietet gelten[1690]. Selbst wenn dies angenommen würde, geht ein örtlicher abweichender Verkehrsgebrauch vor.[1691] Allgemein ist es zulässig, nur auf Markenartikel in der Werbung hinzuweisen, obwohl damit unmittelbar für den Hersteller, aber nur mittelbar für den Geschäftsbetrieb geworben wird.[1692]

Soweit dem Mieter die Fassade **zu Werbezwecken** zur Verfügung steht, kann er die Werbung **520**
auch durch Leuchtreklame betreiben, wenn diese einen anderen Mieter nicht stört.

Die Nutzung der Fassade und Außenwände kann vom Vermieter auch **formularvertraglich** **521**
ausgeschlossen oder von seiner Zustimmung abhängig gemacht werden. Das gilt jedoch nicht für übliche Praxis- und Hinweisschilder, die zum Mietgebrauch gehören[1693] (→ Rn. 334 ff.).

### Schaukästen

→ Rn. 589. **522**

[1680] Zum Vermietungskonzept „rauchfreies Wohnen" *Hinz* PiG 109 (2019), 21, 28.
[1681] Wolf/Eckert/Ball Gewerbl. Miet-/Pacht-/LeasingR-HdB Rn. 200; *Paschke* NZM 2008, 265 (270).
[1682] LG Münster ZMR 2017, 646; zum Rauchverbot in Spezialimmobilien, *Drasdo* NZM 2018 729 ff.
[1683] *Börstinghaus* WImmoT 2014, 95 (106); *Paschke* NZM 2008, 265 (268).
[1684] AG Rastatt DWW 2005, 331; *Börstinghaus* WuM 2012, 480 (485); *Harsch* WuM 2009, 78 (79), allerdings mit Vorbehalt; *Stapel* NZM 2000, 595 (596).
[1685] *Reichhardt/Dittmann* ZMR 2011, 925 (926); *Harsch* WuM 2009, 76 (78).
[1686] BGH VIII ZR 163/05, WuM 2006, 306 = NJW 2006, 2116 = NZM 2006, 623 = ZMR 2006, 913 = AK-MietPrax § 538 BGB Nr. 22; XII ZR 108/13, WuM 2014, 326 = NJW 2014, 1444 = NZM 2014, 306 = GE 2014, 666 = AK-MietPrax § 538 BGB Nr. 62.
[1687] *Paschke* NZM 2008, 265 (268).
[1688] AG Hannover WuM 2008, 399; *Schumacher* NZM 2005, 642; *Harsch* WuM 2008, 521; zur Rechtslage beim Vermietereinbau *Drasdo* NJW-Spezial 2007, 145.
[1689] *Breiholdt* PiG 2012, 29 (40).
[1690] Verneinend OLG Saarbrücken MDR 2005, 1283.
[1691] BGH BB 1954, 83; ZMR 1957, 225; OLG Düsseldorf NJW 1958, 1094.
[1692] OLG Köln NJW 1955, 1072.
[1693] Fritz GewerberaumMietR Rn. 180.

### 43. Schlüssel

523 Die Haus- und Wohnungsschlüssel muss der Vermieter dem Mieter überlassen[1694], weil sonst ein ungestörter Mietgebrauch nicht möglich ist[1695]. Er hat somit einen Anspruch auf Aushändigung aller Schlüssel zu der Haus- und Wohnungstür sowie zu allen mitvermieteten Neben- und Gemeinschaftsräumen.[1696] Insbesondere darf der Vermieter nicht „für alle Fälle" einen Schlüssel zurückbehalten.[1697] Dagegen wird eingewendet, dass der Vermieter als Vertragspartner und Eigentümer der Wohnung das Recht und die Möglichkeit haben müsse, **bei Gefahr in Verzug** jederzeit die Wohnung auch ohne Zustimmung des Mieters betreten zu können. Der Mieter sei zivilrechtlich durch den Mietvertrag und strafrechtlich über § 123 StGB vor Missbrauch ausreichend geschützt. Diese Auffassung misst jedoch der Privatsphäre des Mieters zu wenig Bedeutung bei. In der Wohnung als Lebensmittelpunkt verwirklicht sich die Persönlichkeit des Mieters. Dieses überragende Schutzgut rechtfertigt es, bei Abwägung zwischen den betroffenen Rechtsgütern Eigentum und Persönlichkeit der Privatsphäre Vorrang einzuräumen, zumal das unbefugte Betreten der Wohnung zur Abwendung einer akuten Gefahr regelmäßig nicht rechtswidrig ist.

524 Das Recht auf alleinigen Besitz des Schlüssels ist unverzichtbarer Bestandteil des Mietvertrages[1698] und gilt daher selbst dann, wenn der Mieter in Zahlungsverzug ist und der Vermieter deshalb das Mietverhältnis fristlos kündigen könnte.[1699] Ein Verstoß hiergegen stellt eine erhebliche Vertragsverletzung des Vermieters dar, die den Mieter zur fristlosen Kündigung berechtigt.[1700] Selbst wenn im Einverständnis mit dem Mieter ein Schlüssel beim Vermieter verbleibt, ist dieser nicht berechtigt, die Wohnung **ohne den Willen** des Mieters zu betreten. Der Vermieter würde anderenfalls **Hausfriedensbruch** begehen. Dem Mieter steht in diesem Fall ein Kündigungsrecht wegen unzumutbarer Fortsetzung des Mietverhältnisses gem. § 543 Abs. 1 BGB zu.[1701] Bei Beendigung des Mietverhältnisses hat der Mieter die Schlüssel zurückzugeben.[1702]

525 **a) Anzahl der Schlüssel.** Die Anzahl der dem Mieter zu überlassenden Schlüssel richtet sich zunächst nach dem Mietvertrag. Fehlt eine vertragliche Regelung, bemisst sich die Anzahl der zu überlassenden Haus- und Wohnungsschlüssel grds. nach der Zahl der Wohnungsnutzer.[1703] Darüber hinaus wird der Mieter einem Dritten die Schlüssel aushändigen dürfen, wenn dieser den Mieter bei der Wahrnehmung der mietvertraglichen Rechte und Pflichten unterstützt.[1704] Der Mieter kann nämlich so viel Haustürschlüssel verlangen, wie er für seine individuellen Zwecke benötigt.[1705] Hat der Mieter zB ältere Kinder, kann er auch für sie einen Schlüssel verlangen. Lebt er berechtigterweise mit seinem **Lebensgefährten** zusammen, kann er für diesen einen Schlüssel beanspruchen.[1706] Das Gleiche gilt für die Überlassung des Schlüssels an den **Zeitungs- oder Postboten,**[1707] an den zeitweiligen **Besucher,** an eine **Hausangestellte** und **Tagesmutter**[1708] oder an seinen (zulässigen) **Untermieter.**

---

1694 *Gaisbauer* DWW 1970, 43.

1695 OLG Düsseldorf WuM 2005, 655 = ZMR 2005, 710.

1696 OLG Celle Wohnungseigentum 2008, 10; BayObLG ZMR 1996, 93 zum Garagentor in WEG-Anlage; LG Bonn ZMR 2012, 276 zur Tiefgarage; AG Berlin Charlottenburg GE 2018, 1152 Zugang zum Hof; AG Berlin-Wedding MM 1992, 246 zum Hoftor; *Gaisbauer* DWW 1970, 43.

1697 OLG Celle Wohnungseigentum 2008, 10; AG Ellwangen WuM 1991, 340; AG Tecklenburg WuM 1991, 579; **aA** LG Baden-Baden GE 1981, 243; *Riecke/Vogel* ZMR 2003, 89 (91); AnwK WohnraummietR/*Lammel* BGB § 535 Rn. 140.

1698 AG Schöneberg MM 1993, 77; Bub/Treier MietR-HdB/*Bub* Kap. II Rn. 1334 nur für Formularverträge.

1699 OLG Düsseldorf DWW 1998, 342.

1700 AG Heidelberg WuM 1978, 69 = ZMR 1978, 239.

1701 OLG Celle Wohnungseigentum 2008, 10; LG Berlin GE 1999, 572 = NJW-RR 2000, 676 = NZM 2000, 543; nicht dagegen dem Vermieter bei Strafanzeige durch den Mieter LG Frankfurt/Oder ZMR 2014, 209.

1702 Zu den Anforderungen an die Rückgabe der Mietsache iSd § 548 Abs. 1 BGB BGH VIII ZR 402/12, WuM 2013, 729 = GE 2013, 1647; LG Krefeld ZMR 2019, 282 = WuM 2019, 78.

1703 LG Berlin GE 1985, 1259; AG Karlsruhe WuM 1997, 109.

1704 *Horst* MDR 1998, 189 (190).

1705 AG Schöneberg WuM 1991, 29.

*1706 AG Charlottenburg MM 1990, 350.*

1707 AG Mainz NJW-RR 2008, 100 = NZM 2007, 922; AG Meppen WuM 2003, 315; AG Wedding NJW-RR 1986, 314.

1708 AG Karlsruhe WuM 1997, 109 = NJWE-MietR 1997, 174; *Horst* MDR 1998, 189.

Gestattet der Vermieter dem Mieter, die Garage zur Unterstellung seines Mofas mitzubenutzen, so hat er ihm auch die Garagenschlüssel auszuhändigen.[1709] Entsprechendes gilt bei der Mitbenutzung eines Heizungskellers.[1710] **526**

Hat der Vermieter im laufenden Mietverhältnis die Türschlösser ausgewechselt, steht dem Mieter ein Anspruch auf Aushändigung derselben Schlüsselanzahl zu, die er auch für die gewechselten Schlösser besaß.[1711] **527**

**b) Anfertigung zusätzlicher Schlüssel.** Benötigt der Mieter mehr Schlüssel, als ihm zur Zeit der Wohnungsübergabe überlassen wurden, kann er sich weitere Schlüssel in der erforderlichen Anzahl auch selbst anfertigen lassen. Er muss aber den Vermieter hiervon in Kenntnis setzen. Eine Einwilligung des Vermieters ist hierfür nicht erforderlich.[1712] Ist ein weiterer Schlüssel nur mit Zertifikat zu erlangen, hat der Vermieter die Zustimmung zur Herstellung zu erteilen.[1713] **528**

**c) Überlassung des Schlüssels an Dritte.** Der Mieter muss bei längerer Abwesenheit für eine ausreichende Kontrolle der Wohnung sorgen oder einem Dritten, idR einer Vertrauensperson, **den Zugang zu der Wohnung gestatten** und dies dem Vermieter bekannt geben[1714] oder dem Vermieter selbst die Schlüssel übergeben[1715] (→ Rn. 275 ff.). Keinesfalls ist der Mieter verpflichtet, ohne Ausschöpfung der anderen Sicherungsmöglichkeiten, dem Vermieter oder einem Hausmeister die Wohnungsschlüssel zu überlassen. **529**

**d) Verlust eines Schlüssels.** Wenn der Mieter einen Schlüssel verliert oder wenn er ihm durch Unachtsamkeit gestohlen wird, hat er den Vermieter unverzüglich darüber zu unterrichten.[1716] Der Vermieter kann dann den Einbau eines neuen Schlosses **auf Kosten des Mieters** verlangen, wenn ihm ein Verschulden vorzuwerfen ist;[1717] es sei denn, die Gefahr eines Missbrauchs des Schlüssels ist ausgeschlossen.[1718] Das Verhalten seiner Angestellten muss sich der Mieter zurechnen lassen.[1719] Das Hinterlassen der Schlüssel im Inneren eines auf öffentlich zugänglichen Straßen oder Plätzen abgestellten Pkw ist ein Verstoß gegen die mietvertragliche Obhutspflicht, die Schlüssel sorgsam aufzubewahren.[1720] Dagegen kann der Verlust der Schlüssel aus einem Wertfach eines Krankenhauses dem Mieter nicht angelastet werden.[1721] Der Mieter kann nicht einwenden, dass seit dem Verlust des Schlüssels eine erhebliche Zeit verstrichen sei, ohne dass ein Missbrauch stattgefunden habe.[1722] Der Bruch eines Schlüssels wegen Materialermüdung kann dem Mieter nicht als Verschulden angelastet werden.[1723] Der Vermieter hat keinen Anspruch auf einen abstrakten Schaden. Er kann nur das verlangen, was er konkret für den Ersatz des Schlosses aufgewendet hat.[1724] **530**

Dabei ist die **Schadensminderungspflicht** zu beachten. Daher ist zB ein Hotelbetreiber gehalten, eine Schließanlage zu installieren, die es ermöglicht, im Falle des Verlustes eines Hotelschlüssels den Umfang der auszutauschenden Schlösser auf die unmittelbar betroffenen Türen wie zB Haustür, Zwischentür oder Zimmertür zu begrenzen.[1725] **531**

Zudem hat der Vermieter bei Übergabe der Schlüssel an den Mieter eine Warnpflicht, wenn der Verlust eines Schlüssels wegen der Schließanlage ungewöhnlich hohe **Ersatzbeschaffungskosten** **532**

---

1709 AG Bergisch-Gladbach WuM 1977, 96 = ZMR 1978, 24.
1710 LG Mannheim ZMR 1978, 140 = WuM 1978, 186.
1711 LG Berlin GE 1991, 351.
1712 *Landvoigt* GE 2007, 1301 (1302).
1713 LG Berlin MM 1991, 228.
1714 BGH NJW 1972, 34 = MDR 1972, 139 = VersR 1972, 70; NJW 1972, 25; AG Köln WuM 1986, 86.
1715 BGH NJW 1972, 25; LG Düsseldorf NJW 1960, 2101.
1716 *Armbrüster* NZM 2021, 422 zu zivil- und strafrechtlichen Folgen überhöhter Schlüsseldienst-Entgelte.
1717 LG Heidelberg GE 2013, 945; AG Brandenburg a. d. H. NZM 2015, 307; KG GuT 2008, 113 = GE 2008, 599; AG Witten ZMR 2003, 507; AG Hamburg NZM 2000, 618; AG Spandau GE 2013, 271.
1718 OLG Dresden GE 2019, 1418; LG Berlin GE 2000, 1185; LG Münster WuM 1989, 508; AG Bautzen ZMR 2020, 1035.
1719 AG Frankfurt a. M. GE 2010, 1750 = ZMR 2010, 862.
1720 KG ZMR 2008, 618.
1721 AG Ahrensburg GE 2010, 1750 = ZMR 2010, 858.
1722 AG Münster ZMR 2003, 583 = NJW-RR 2003, 1230.
1723 AG Halle NJW-RR 2009, 1526.
1724 LG Wiesbaden NZM 1999, 308; AG Rheinbach NZM 2005, 822; **aA** LG Karlsruhe ZMR 2014, 43; zum Verlust des Schlüssels durch Postversand AG Brandenburg a. d. H. NJW-RR 2014, 1227.
1725 LG Köln VersR 1994, 690; AG Wolfratshausen ZMR 2014, 47.

verursacht.[1726] Die Verletzung dieser Warnpflicht führt zu einem Mitverschulden (§ 254 BGB) des Vermieters.[1727]

533 Wird dem Mieter einer Wohnung in einem Mehrfamilienhaus ohne sein Verschulden[1728] ein Schlüssel der **Zentralschließanlage** des Gebäudes entwendet, so hat der Vermieter gegen den Mieter keinen Anspruch auf Erstattung der Kosten einer Auswechselung der Schlösser und einer Erneuerung der Schlüssel der Zentralschließanlage. Mangels einer Gefährdungshaftung des Mieters hat der Vermieter bei einer Zentralschließanlage das Gefährdungsrisiko selbst zu tragen.[1729] Das rein abstrakte Gefährdungspotential stellt regelmäßig auch keinen erstattungsfähigen Vermögensschaden dar. Ein ersatzfähiger Schaden entsteht vielmehr erst dann, wenn sich der Geschädigte aus objektiver Sicht unter den konkret gegebenen Einzelfallumständen zur Beseitigung einer fortbestehenden Missbrauchsgefahr veranlasst sehen darf, die Schließanlage zu ersetzen, und diesen Austausch auch tatsächlich vornimmt.[1730] Zur Rückgabe der Schlüssel bei Aufgabe der Wohnung[1731] vgl. iE § 546 BGB. Durch den verlorenen Schlüssel kann die Schließanlage uU ihre Schutzfunktion nicht mehr ausüben, so dass in diesem Fall von einem Mangel der Mietsache auszugehen ist.[1732]

534 **e) Einzelne Vertragsklauseln.** Die Bestimmung in einem Formularmietvertrag, dass der Mieter sich fehlende Schlüssel auf eigene Kosten beschaffen muss, ist auf die Aushändigung der Schlüssel zu Beginn des Mietverhältnisses nicht anwendbar.[1733]

535 Unwirksam sind Bestätigungsklauseln über die Anzahl der bei Vertragsschluss übergebenen Schlüssel; es sei denn, der Mieter hat eine Empfangsquittung gesondert unterschrieben (§ 309 Nr. 12 lit. b BGB).

536 Eine – nicht ausgehandelte – Vertragsklausel, die den Mieter bei einem verlorenen Schlüssel verpflichtet, ohne Rücksicht auf ein Verschulden die Kosten eines neuen Schlosses mit Montage und Schlüssel zu tragen, enthält eine unangemessene Benachteiligung des Mieters, da er auch das Gefährdungsrisiko tragen soll.[1734] Eine solche Formularklausel bedarf einer Beschränkung auf diejenigen Fälle, bei denen der Mieter den Verlust der Schlüssel verschuldet hat, die Gefahr des Missbrauchs dieser verlorenen Schlüssel besteht und die Haftung des Mieters summenmäßig auf einen Höchstbetrag beschränkt ist.[1735] Unwirksam ist wegen Verstoßes gegen § 309 Nr. 5 b BGB auch die Vereinbarung, bei Verlust des Schlüssels pauschal 25 DM zu bezahlen. Mit dieser Klausel wird dem Mieter nämlich nicht der Nachweis eingeräumt, dass ein neuer Schlüssel weniger Geld kostet.[1736]

537 Da der Mieter nicht verpflichtet ist, die angemieteten Räume auch zu nutzen (zur Betriebspflicht aber → Rn. 253 ff.), ist eine Klausel unwirksam, die ihm aufgibt, bei unterlassener Nutzung der Räume die Schlüssel schon vor Vertragsbeendigung zurückzugeben.[1737]

538 Ebenso unwirksam ist eine Klausel, welche die Kosten der Nachbestellung von Schlüsseln generell dem Mieter aufbürdet, weil der Mieter danach auch dann die Kosten tragen muss, wenn er für die Nachbestellung keine Veranlassung gegeben hat.[1738]

539 Ein gesondertes Schlüsselpfand kann bei Wohnraummietverhältnissen wegen § 551 BGB nicht erhoben werden. Bei gewerblichen Mietverträgen ist statt eines Schlüsselpfandes auch die vertragliche Vereinbarung möglich, eine Schlüsselversicherung abzuschließen, die auch bei fehlendem Verschulden des Mieters für den Verlust des Schlüssels eintritt.[1739]

---

[1726] LG München I ZMR 2020, 755.
[1727] AG Wolfratshausen ZMR 2014, 47; AG Bad Schwalbach NJWE-MietR 1997, 174; *Ruthe* NZM 2000, 365.
[1728] Zum Verschulden beim Schlüsseldiebstahl vgl. KG DWW 2008, 145; zur Haftung des Mieters bei Verschulden LG Heidelberg GE 2013, 945.
[1729] AG Hamburg WuM 1999, 687; AG Köln r+s 1990, 389.
[1730] BGH, VIII ZR 205/13, WuM 2014, 279 = NZM 2014, 303 = ZMR 2014, 626 = MietPrax-AK § 546 BGB Nr 6.
[1731] OLG Brandenburg NZM 2000, 463; AG Brandenburg a. d. H. NJW-RR 2014, 1227.
[1732] *Breiholdt* PiG 2012, 29 (33).
[1733] LG Berlin NJW-RR 1988, 203; *Landvoigt* GE 2007, 1301.
[1734] OLG Brandenburg ZMR 2004, 745 (747); LG Heidelberg ZMR 2014, 41; LG Hamburg WuM 1999, 327 = NZM 1999, 410; Sternel MietR Kap. II Rn. 243.
[1735] LG Berlin GE 1995, 945; AG Bad Schwalbach NJWE-MietR 1997, 174; **aA** AG Wedding GE 1987, 885; Bub/Treier MietR-HdB/*Bub* Kap. II Rn. 1340.
[1736] *LG Berlin GE 1995, 945; Heinrichs* NZM 2003, 1.
[1737] OLG München WuM 1989, 128 = NJW-RR 1989, 1499.
[1738] LG Berlin WuM 1993, 261 = GE 1993, 159.
[1739] *Ruthe* NZM 2000, 365.

### 44. Strom

Der Vermieter ist verpflichtet, die Mietsache dem Mieter in einem zum vertragsgemäßen Gebrauch geeigneten Zustand zu überlassen. Hierzu gehört auch, dass die Räume mit Strom versorgt werden können. Will der Vermieter daher die Räumlichkeiten ohne eine derartige **Energieversorgung** überlassen, muss dies ausdrücklich vereinbart werden. Anderenfalls hat der Mieter einen Anspruch darauf, dass die Wohnung an das allgemeine Stromnetz angeschlossen ist. **540**

Auch der Strombezug selbst unterliegt der inhaltlichen Ausgestaltung durch eine Vereinbarung der Parteien. Ist hierüber keine Abrede getroffen worden, ist der Mieter im Zweifel selbst für den Bezug verantwortlich. Er wird Vertragspartner des von ihm ausgewählten Energieversorgungsunternehmens. Dies kann selbstverständlich auch Gegenstand einer mietvertraglichen Regelung sein. Eine Vereinbarung über den Strombezug kann aber auch so aussehen, dass entweder der Vermieter selbst beim Versorgungsunternehmen den Strom abnimmt und ihn dann an den Mieter weiter liefert, oder dass der Vermieter den Mieter verpflichtet, den Strom direkt von einem bestimmten Versorger (Dritten) abzunehmen. Indessen unterscheiden sich beide Vertragskonstruktionen im Kern nicht.[1740] In beiden Fällen wird nämlich der Mieter verpflichtet, den Strom von einem bestimmten Anbieter abzunehmen. Seine Auswahl hinsichtlich des Vertragspartners für den Strombezug wird ausgeschlossen. Dabei ist es aus Sicht des Mieters gleichgültig, ob der Stromlieferer sein Vermieter oder ein Dritter ist; in beiden Fällen liegt ein Koppelungsgeschäft vor, da mehrere Leistungen unterschiedlicher Art nur insgesamt ermöglicht werden.[1741] **541**

Aufgrund der neuesten technischen Entwicklungen ist es auch dem Vermieter möglich, als Stromerzeuger seine Mieter mit dieser Energie zu versorgen. Betreibt bspw. der Vermieter in seinem Objekt eine Heizungsanlage mit Kraft-Wärme-Koppelung (KWK), kann er im Rahmen der Eigenversorgung (§ 3 Abs. 10 S. 3 KWKG) den damit erzeugten Strom den Mietern anbieten. Ein solcher Stromliefervertrag darf gem. § 309 Nr. 9 BGB die Laufzeit von zwei Jahren nicht überschreiten. Die Ausnahmeregelung für Versorger von Elektrizität gem. § 310 Abs. 2 BGB findet keine Anwendung, da Stromversorger nur solche Unternehmen sind, die andere mit Strom versorgen. Die ausschließliche Deckung des Eigenbedarfs fällt nicht darunter.[1742] Da aber die Mieter zu einem solchen Vertrag nicht verpflichtet werden können[1743], muss der Vermieter, wenn nicht das gesamte Haus versorgt wird, entsprechende Unterzähler installieren. Auch Strom, der mit erneuerbaren Energien wie Wind und Sonne erzeugt wird, kann im Wege des Direktverbrauchs durch Dritte an die Mieter verkauft werden.[1744] **542**

Es ist unzulässig, wenn sich der Vermieter mit einer **Formularklausel** vorbehält, die Zustimmung zum Gebrauch weiterer üblicher Elektrogeräte bei Überlastung des Stromnetzes nur dann zu geben, wenn sich der Mieter bereit erklärt, die Kosten für eine notwendige Netzmodernisierung zu tragen[1745] (zur Instandhaltungspflicht des Vermieters → Rn. 63ff.). **543**

### 45. Störungen

Der Vermieter hat dafür zu sorgen, dass die Mieter nicht durch „ungebetene Besucher" gestört oder belästigt werden. Die Tiefgarage, das Treppenhaus sowie ggf. leer stehende Wohnungen[1746] müssen daher ausreichend gesichert sein.[1747] Liegen konkrete Umstände vor, aus denen sich ergibt, dass die Mieter zur Nachtzeit Störungen durch Dritte zu erwarten haben, so muss der Vermieter einen Hauswart, einen Mieter oder andere Hilfspersonen damit beauftragen, für das Verschließen der Haustür zwischen 22.00 Uhr und 6.00 Uhr Sorge zu tragen.[1748] Soweit in dieser Regelung ein Verstoß gegen das Gebot des **Brandschutzes** (Fluchtweg) gesehen wird, kann dem uU dadurch Rechnung getragen werden, dass ein Hausschlüssel im Hausflur, für jeden greifbar, aufgehängt wird (→ Rn. 382f.). **544**

---

1740 **AA** *Both* DWW 1999, 274.
1741 BVerwG WuM 1999, 395 = NZM 1998, 885 = ZMR 1998, 725.
1742 Danner/*Theobald* Bd. 1 EnWG § 3 B I Rn. 147.
1743 BGH WuM 1993, 533 = NJW-RR 1993, 1159 = MDR 1993, 972 = ZMR 1993, 455 = GE 1993, 1089.
1744 *Hahn/Naumann* NJW 2012, 818.
1745 OLG Frankfurt a. M. WuM 1997, 609.
1746 LG Göttingen WuM 1990, 75.
1747 LG München I ZMR 1988, 434.
1748 LG Berlin ZMR 1987, 334 = GE 1987, 523.

545 Der Vermieter ist verpflichtet, die **Hauseingangstür** wenigstens mit einem Schnappschloss zu versehen, um für Unbefugte den Eintritt zum Flur und zum Treppenhaus technisch auszuschließen.[1749]

### 46. Telekommunikations-Anlagen

546 Der Vermieter ist verpflichtet, auch hinsichtlich der Nutzung von Telekommunikationsanlagen den vertragsgemäßen Gebrauch zu erhalten. Ob ohne besondere vertragliche Reglung ein funktionierender Telefonanschluss zum Mindeststandard der Wohnungsausstattung[1750] gehört, hat der BGH[1751] offen gelassen. Wird aber die Wohnung mit einer sichtbaren Telefonanschlussdose vermietet, ergibt die ergänzende Vertragsauslegung, dass zum vertragsgemäßen Zustand auch ein funktionierender Telefonanschluss gehört. Für die Funktionsfähigkeit des Telefonanschlusses haften der Vermieter und das Telekommikationsunternehmen gesamtschuldnerisch. Der Vermieter ist vor allem dann für die Funktionsfähigkeit des Anschlusses verantwortlich, wenn er für dessen Bereitstellung Betriebskosten umlegt.[1752] Das gilt selbstverständlich auch für einen Fernseh- oder Internetanschluss, da man auch diesen Anschlussdosen nicht ansehen kann, ob sie Signale (in ausreichender Qualität) liefern.[1753] Dabei erstreckt sich die Instandhaltungspflicht des Vermieters auch auf die nicht ausdrücklich mitvermieteten Hausteile, die, wenn auch nur mittelbar, dem Mietgebrauch unterliegen.[1754]

546a Auf Grund der Verbreitung des **UMTS-Netzes** verstärken die Telekommunikations-Anbieter ihre Bemühungen, bundesweite Netze aufzubauen. Die Vermieter neigen häufig dazu, die Dächer ihrer Hauser an derartige Anbieter zu vermieten, um dort Verstärker und Antennen zu installieren.[1755] Die Mieter können derartige Verträge nach bislang hM nicht verhindern, wenn sich die Anlagen im Rahmen der gesetzlichen Grenzwerte halten (→ Rn. 454; → BGB § 536 Rn. 105 ff.).

### Tele-working

547 → Rn. 350.

### 47. Teppichboden/Parkett

548 Ist die vermietete Wohnung mit einem Teppichboden ausgestattet, hat der Mieter diesen sorgfältig zu behandeln, damit er nicht beschädigt wird. Darüber hinaus muss der Mieter den Boden während der Mietzeit aufgrund der ihm obliegenden Obhutspflicht pflegen[1756] und ihn nach Beendigung des Mietverhältnisses in einem üblich gesäuberten Zustand zurückgeben. Laufspuren und Abdrücke von Tischen, Schränken und Stühlen oder sonstigem Mobiliar hat der Mieter nicht zu vertreten. Leichte Kratzer am Boden sind vom Vermieter hinzunehmen.[1757] Ist der Teppich unansehnlich geworden, muss ihn der Vermieter ersetzen (→ Rn. 63). Er ist nicht berechtigt, den alten Teppichboden gegen einen Laminatfußboden auszutauschen.[1758] Ist ein von Mieter eingebrachter handelsüblicher Teppich mitursächlich für das Auftreten von Fogging, hat der Mieter dies nicht zu vertreten[1759] (→ BGB § 536 Rn. 240). Hat der Mieter allerdings den Teppich mit dem Fußboden verklebt, ist er bei Beendigung des Mietverhältnisses für die ordnungsgemäße Beseitigung verantwortlich. Das gilt auch, wenn er den Teppich vom Vormieter übernommen hat.[1760] Bei einem Tep-

[1749] AG Potsdam WM 1996, 760; AG Hamburg WuM 1994, 676.
[1750] *Hartmann* jM 2019, 95
[1751] BGH, VIII ZR 17/18, WuM 2019, 23 = GE 2019, 53 = NZM 2019, 140; im Ergebnis zustimmend *Bieber* jurisPR-MietR 3/2019 Anm. 1.
[1752] LG Berlin ZMR 2020, 941 mAnm *Agatsy.*
[1753] *Börstinghaus* jurisPR-BGHZivilR 2/2019 Anm. 1
[1754] Siehe dazu BGH, VIII ZR 255/16, WuM 2018, 639 = NZM 2018, 509 = GE 2018, 757 = MietPrax-AK § 280 BGB Nr 7; BGH, VIII ZR 93/64, NJW 1967, 154.
[1755] Zu derartigen Antennenverträgen *Appelbaum/Martens* NZM 2002, 642.
[1756] BGH VIII ZR 166/08, WuM 2009, 225 = GuT 2008, 484 = NZM 2009, 126 = NJW 2009, 510 = DWW 2009, 23.
[1757] *Schönemeier* WuM 2011, 148 (149).
[1758] LG Stuttgart NJW-RR 2015, 1494 = WuM 2015, 477 = NZM 2015, 892; *Scholz* jurisPR-MietR *16/2015 Anm. 1.*
[1759] BGH VIII ZR 271/07, WuM 2008, 476 = ZMR 2008, 869 = NJW 2008, 2432 = GE 2008, 982 = AK-MietPrax § 536 a BGB Nr. 5.
[1760] LG Mainz WuM 1996, 759; LG Berlin GE 1988, 629.

pichboden wird von einer maximalen Lebensdauer von 10 Jahren ausgegangen[1761], bei einem PVC-Belag von 10–20 Jahren.[1762]

Anders liegt der Fall, wenn der Mieter wirksam Schönheitsreparaturen übernommen hat und diese bei Auszug fällig sind. Dann erfasst der Umfang der Schönheitsreparaturen nach § 28 Abs. 4 S. 3 II. BV (Streichen des Fußbodens), der auch für den freifinanzierten Wohnraum gilt[1763], die Pflicht des Mieters, die Oberfläche des Fußbodenbelags in einen ansehnlichen Zustand zu versetzen. Daher muss der redliche Mieter davon ausgehen, dass er bei einem vermieteten Teppichboden weitergehende Maßnahmen ergreifen muss. Das bedeutet für einen Fußboden, der mit einem Teppichbelag versehen ist, dass der Teppich einer **Grundreinigung** zu unterziehen ist.[1764] Dies meint nicht die übliche Reinigung von dem sich allmählich ansammelnden Schmutz durch Staubsaugen, sondern eine Reinigung die gründlich und tiefenwirksam allen angesammelten Schmutz beseitigt. Weitergehende Pflichten, wie der Ersatz eines abgewohnten Teppichbodens, lassen sich aus einer wirksamen Schönheitsreparaturklausel nicht ableiten.[1765] Sind dagegen Schönheitsreparaturen nicht oder nicht wirksam auf den Mieter übertragen worden, ist der Vermieter verpflichtet, bei Fälligkeit eine entsprechende Grundreinigung des Teppichbodens vorzunehmen (§ 538 BGB). 549

Dagegen wird das Abschleifen und Versiegeln von **Parkettfußböden** nicht unter den in § 28 Abs. 4 S. 1 II. BV gehörenden Begriff der Schönheitsreparaturen fallen. Diese Arbeiten erfordern einen deutlich höheren Arbeits- und Kostenaufwand als das Streichen des Fußbodens.[1766] Ein Abschleifen des Parkettbodens sowie seine Versiegelung ist alle 15–20 Jahre erforderlich.[1767] 550

### 48. Tierhaltung

**a) Allgemeines.** Trifft der Mietvertrag keine Aussage über die Tierhaltung, dann ist dem Mieter diese grds. gestattet, wenn sie Inhalt des vom Vermieter geschuldeten vertragsgemäßen Gebrauchs ist[1768]. Dies lässt sich nach Auffassung des BGH[1769] nicht allgemein, sondern nur im Einzelfall unter Abwägung der Interessen aller Beteiligten feststellen.[1770] Zu den **Beurteilungskriterien** zählen insbes. Art, Größe, Verhalten und Anzahl der Tiere, Art, Größe, Zustand und Lage der Wohnung sowie des Hauses, in dem sich die Wohnung befindet, Anzahl, persönliche Verhältnisse, namentlich Alter, und berechtigte Interessen der Mitbewohner und Nachbarn, Anzahl und Art anderer Tiere im Haus, bisherige Handhabung des Vermieters sowie besondere Bedürfnisse des Mieters.[1771] 551

Wird im Mietvertrag die Tierhaltung ohne nähere Angaben erlaubt, darf der Mieter Haustiere in üblicher ‚Anzahl' halten. Das schließt aus, dass sich der Mieter in den Wohnräumen als Züchter betätigt.[1772] Eine übermäßige Tierhaltung, die zu starken Belastungen der Mietsache[1773] oder zu unzumutbaren und unbilligen Belästigungen der Mitbewohner führt, ist vom vertragsgemäßen Gebrauch nicht gedeckt.[1774] Daher sind vertragliche Beschränkungen der Tierhaltung zulässig.[1775] 552

---

1761 AG Dortmund GE 2014, 1455 = NJW-RR 2014, 1482; AG Böblingen WuM 1998, 33.

1762 LG Wiesbaden WuM 1991, 540, acht bis zehn Jahre; AG Staufen WuM 1992, 430, 15 Jahre; AG Kassel WuM 1996, 757, 20 Jahre; iE *Schönemeier* WuM 2011, 148.

1763 BGH WuM 1985, 46 = NJW 1985, 480; KG NZM 2005, 181 = ZMR 2004, 578 = GUT 2004, 172.

1764 BGH VIII ZR 166/08, WuM 2009, 225 = GuT 2008, 484 = NZM 2009, 126 = NJW 2009, 510 = DWW 2009, 23.

1765 AG Schöneberg GE 2011, 1237.

1766 LG Berlin GE 1999, 983; *Sternel* MietR Kap. II Rn. 159; so auch *Schach* jurisPR-MietR 8/2009 Anm. 2.

1767 LG Wiesbaden WuM 1991, 540.

1768 AG Bremen NJW-RR 2007, 959.

1769 BGH VIII ZR 340/06, WuM 2008, 23 = NJW 2008, 218 = DWW 2008, 13 = ZMR 2008, 111 = NZM 2008, 78 = AK-MietPrax § 535 BGB Nr. 33.

1770 Zu den Abwägungskriterien s. *Apitz* WuM 127, 129 ff.; zur AGB-rechtlichen Problematik Artz/Börstinghaus Wohnraummiete AGB/*Börstinghaus* Teil II Rn. 345 ff.

1771 BGH VIII ZR 329/11, WuM 2013, 152 = GE 2013, 346; LG Köln ZMR 2014, 453; AG Köln WuM 2017, 12.

1772 AG Berlin-Tiergarten MM 1991, 304; Blank/Börstinghaus/*Blank/Börstinghaus* BGB § 535 Rn. 581.

1773 AG Frankfurt a. M. WuM 2000, 569; AG Lichtenberg NJW-RR 1997, 774 = NJWE-MietR 1997, 175; OLG Saarbrücken ZMR 2014, 357 zum Verlust des Versicherungsschutzes einer Privathaftpflichtversicherung bei übermäßiger Tierhaltung.

1774 OLG Köln WE 1996, 234; AG Potsdam GE 2014, 939, freilaufende Katze; *Flatow* jurisPR-MietR 23/2014 Anm. 1; AG Bremen WuM 2007, 124, stundenlanges Bellen.

1775 KG MDR 1998, 1345 = NJW-RR 1998, 1385.

Das Halten **exotischer Tiere,** auf die Mitbewohner allgemein mit Abscheu, Ekel oder Angst reagieren, gehört nicht zum Wohngebrauch.[1776] Dies verlangt der Hausfriede, da es ua zu den Pflichten des Vermieters gehört, den unbeschwerten und störungsfreien Wohngebrauch auch denen zu gewähren, die keine derartigen Tiere in ihrer Nähe haben wollen.[1777] Auch unter dem Gesichtspunkt des **Tierschutzes** ist das Halten exotischer Tiere oder sonstiger wild lebender Arten, zB Schlangen, nicht vom Mietgebrauch gedeckt; was gesetzlich, zB durch Artenschutz-Abkommen oder Verordnungen,[1778] verboten ist, kann nicht mietvertraglich erlaubt sein, da dem Vermieter nicht zuzumuten ist, gesetzeswidriges Halten von Tieren in seiner Wohnung dulden zu müssen.

**553** Es bleibt das Halten von Kleintieren, wie Kanarienvögel, Kaninchen,[1779] Goldhamster,[1780] Fische im Aquarium oder Schildkröten, Echsen[1781] und Leguane,[1782] auf die weder allgemein mit Abscheu reagiert wird noch bei denen Gesichtspunkte des Tierschutzes maßgebend sind. Gehen von diesen Tieren keine Belästigungen und Störungen aus, ist das Halten solcher Tiere nach hM vom allgemeinen vertragsgemäßen Gebrauch gedeckt[1783]. Dabei sind aber auch die äußeren Bedingungen, unter denen die ansonsten harmlosen Tiere leben, in die Bewertung einzubeziehen.[1784] Hunde und Katzen[1785], auch wenn es sich um kleine Rassen handelt, zB Yorkshire-Terrier[1786] oder Miniatur-Bullterrier[1787], sind keine Kleintiere. Auch Frettchen gehören ebenso nicht mehr zu den Kleintieren[1788] wie auch ein Bienenvolk.[1789]

**554** Unabhängig von der Größe der Tiere ist es vertragswidrig, **gefährliche Tiere** zu halten.[1790] Dies sind solche Tierarten, die sich bei generalisierender Betrachtung als gefährlich erwiesen haben. Dazu gehören auch bestimmte wild lebende, insbes. nichtheimische Arten,[1791] wie zB Wildhunde, Bären, Hyänen, Wildkatzen, Krokodile, Riesenschlangen, Giftschlangen[1792], giftige Spinnen und Skorpione.

**555** Das Aushängen eines Vogelhäuschens oder einer Futterglocke für Singvögel ist allgemein üblich und vom vertragsgemäßen Gebrauch gedeckt.[1793] Anders ist dies bei der Fütterung von Tauben. Von diesen Tieren gehen Verschmutzungen und Gesundheitsgefahren aus, so dass das Füttern eine Vertragsverletzung darstellt[1794], die zur Kündigung berechtigen kann.[1795]

**556** **b) Hunde- und Katzenhaltung.** Ob die Hundehaltung in einem Mehrfamilienhaus zum vertragsgemäßen Gebrauch gehört, war lange umstritten. Richtungsweisend war der Rechtsent-

---

[1776] OLG Karlsruhe NJW-RR 2004, 951 = NZM 2004, 551 zur Nutzung von Wohnungseigentum; OLG Frankfurt a. M. NJW-RR 1990, 1430 = ZMR 1991, 113 bei Wohnungseigentum; LG Essen WuM 1991, 340 = NJW-RR 1991, 908 = ZMR 1991, 268 bei einer Ratte; AG Charlottenburg GE 1988, 1051; AG Rüsselsheim WuM 1987, 144 = ZMR 1987, 272 bei zwei Königsphytons; **aA** AG Bückeburg NZM 2000, 238 = NJW-RR 2000, 376; AG Bayreuth ZMR 2000, 764 bei acht ungefährlichen Schlangen; AG Köln WuM 1990, 343 = NJW-RR 1991, 10 bei ungefährlichen Schlangen.

[1777] **AA** *Balsam/Dallemand* Rechtsfragen der Haustierhaltung 1997, 13.

[1778] S. insbes. RL 92/43/EWG des Rates v. 21.5.1992 zur Erhaltung der natürlichen Lebensräume sowie der wildlebenden Tiere und Pflanzen, ABl. 1992 L 206, 7–50.

[1779] AG Aachen WuM 1989, 236.

[1780] LG Berlin GE 1982, 707.

[1781] AG Essen ZMR 1996, 37 = NJW-RR 1996, 138.

[1782] VG Köln, Urt. v. 19.9.2019 – 21 K 6578/18 – juris; AG Köln WuM 1984, 78.

[1783] BGH VIII ZR 340/06, WuM 2008, 23 = NJW 2008, 218 = DWW 2008, 13 = ZMR 2008, 111 = NZM 2008, 78 = AK-MietPrax § 535 BGB Nr. 33; *Schläger* ZMR 2008, 114; *Schach* GE 2008, 18; zur Haltung eines Minischweines AG München WuM 2005, 649.

[1784] *Steinig* ZdWBay 1997, 146 = GE 1997, 523 zu Aquarien mit großem Fassungsvermögen; LG Kaiserslautern WuM 1989, 177 zur Kleintierhaltung in großem Ausmaß.

[1785] LG Landau/Pfalz ZMR 2013, 43.

[1786] AG Berlin-Spandau ZMR 2911, 650; *Jahreis* jurisPR-MietR 24/2011 Anm. 1; **aA** LG Kassel WuM 1997, 260 = NZM 1998, 154.

[1787] AG Berlin-Pankow/Weißensee ZMR 2011, 396.

[1788] AG Berlin-Neukölln GE 2012, 1045; *Hartmann* jurisPR-MietR 24/2012 Anm. 4.

[1789] AG Hamburg-Harburg ZMR 2014, 802.

[1790] AG Bielefeld ZMR 2018, 943.

[1791] *Blank* NJW 2007, 729; NZM 1998, 5 (6).

[1792] OLG Karlsruhe NJW-RR 2004, 951 = NZM 2004, 551 zum Wohnungseigentum.

*[1793] LG Berlin ZMR 2012, 440.*

[1794] AG Berlin-Schöneberg WuM 1990, 282.

[1795] AG Nürnberg WuM 2017, 150; AG Frankfurt a. M. WuM 1977, 66 = ZMR 1978, 50; AG Dortmund WuM 1980, 6.

scheid des OLG Hamm,[1796] nach dem die Tierhaltung nicht zum vertragsgemäßen Gebrauch gehört. Nunmehr ist durch den BGH[1797] die Frage des vertragsgemäßen Gebrauchs zwar formal geklärt (→ Rn. 551), was aber dem Rechtsanwender nicht sehr viel weiterhilft. Da über den vertragsgemäßen Gebrauch eine Abwägung im Einzelfall entscheidet, sind in jedem Fall die unter → Rn. 551 ff. dargestellten Abwägungskriterien zu beachten. Gleiches gilt für die Frage, ob das Halten anderer Haustiere (zB Katzen) zum vertragsgemäßen Gebrauch gehört.[1798]

Im **Einfamilienhaus** gehört die Hundehaltung regelmäßig zum vertragsgemäßen Gebrauch, **557**
weil sie neben dem Aspekt der Kommunikation auch der Sicherheit des Mietobjektes dient, da ein Hund auch eine Überwachungsfunktion gegen Einbruch wahrnimmt.

Das Halten von sog. **Kampfhunden**[1799] gehört weder im Mehrfamilienhaus[1800] noch im Ein- **558**
familienhaus zum vertragsgemäßen Gebrauch,[1801] weil durch diese Tiere Gefährdungen oder Belästigungen von Mitbewohnern oder Nachbarn zu befürchten sind.[1802] Für das Verbot dieser Tierhaltung braucht der Vermieter keine konkrete Gefährdung darzulegen.[1803]

**c) Vertragsabreden.** Mit Ausnahme der Kleintierhaltung[1804] ist der individualvertragliche **559**
Ausschluss der Tierhaltung zulässig. Er verstößt weder gegen die guten Sitten noch ist er aus anderen Gründen unzulässig.[1805] Auch eine diesbezügliche Vereinbarung der Wohnungseigentümer ist unbedenklich.[1806] Insbesondere sind gegen eine derartige Abrede keine verfassungsrechtlichen Bedenken zu erheben.[1807]

Wird die Tierhaltung durch Individualvereinbarung ausgeschlossen, darf dennoch unter ganz **560**
engen Voraussetzungen ein Tier aufgenommen werden, wenn sich bspw. das Berufen auf die Vertragsvereinbarung als **schikanös** darstellt. Der Vermieter darf sich daher nicht auf den Vertrag berufen, wenn der Mieter aus medizinischen[1808] oder gleichgewichtigen sonstigen Gründen (→ Rn. 564) auf das Tier angewiesen ist (zB Blindenhund[1809]) und aus Sicht des Vermieters keine sachlichen Erwägungen gegen die Anschaffung des Hundes sprechen. Unter besonders engen Voraussetzungen kann der Vermieter darüber hinaus zum Schutz des Mieters zur Duldung der Tierhaltung verpflichtet sein.[1810] Der Einsatz eines Hundes zum Schutz bei Ausgängen zur Nachtzeit reicht dafür allerdings nicht aus.[1811]

---

[1796] OLG Hamm WuM 1981, 53 = NJW 1981, 1626 = MDR 1981, 406 = ZMR 1981, 153 = DWW 1981, 48.

[1797] BGH VIII ZR 340/06, WuM 2008, 23 = NJW 2008, 218 = DWW 2008, 13 = ZMR 2008, 111 = NZM 2008, 78 = AK-MietPrax § 535 BGB Nr. 33.

[1798] Bisherige Rspr.: dafür LG München I WuM 1999, 217; AG Bonn WuM 1994, 323; AG Sinzig NJW-RR 1990, 652; AG Düren WuM 1983, 59; AG Berlin-Schöneberg WuM 1990, 192; AG Dortmund WuM 1980, 206; dagegen AG Hamburg NJW-RR 1992, 203.

[1799] Zum Begriff des „Kampfhundes" KG ZMR 2004, 704 = NZM 2004, 145 = MDR 2004, 272; *Neuhaus* DWW 2001, 45 (48).

[1800] LG Krefeld WuM 1996, 533 = NJW-RR 1997, 332 = NJWE-MietR 1997, 75; AG Spandau GE 2002, 670.

[1801] LG Gießen NJW-RR 1995, 12 = NJW 1995, 268; LG München I WuM 1993, 669; LG Krefeld NJW-RR 1997, 332; alle für Verbot im Mehrfamilienhaus; vgl. die unveröffentlichte Rspr. bei *Koch* WuM 1997, 148 (149, 150); **aA** LG Berlin GE 2005, 871.

[1802] OLG Düsseldorf NJW-RR 2006, 1676 im WEG-Verfahren (Rottweiler); KG GE 2003, 127 im WEG-Verfahren (American Staffordshire-Terrier); OLG Köln WuM 1988, 123 = NJW-RR 1988, 12 = ZMR 1988, 97 = DWW 1988, 141 = GE 1988, 407; LG Kassel WuM 1997, 260, Yorkshire-Terrier; LG Gießen NJW-RR 1995, 12 = NJW 1995, 268, Bullterrier; LG Nürnberg DWW 1990, 338; allg. zum Problem „Kampfhund" *Balsam/Dallemand,* Rechtsfragen der Haustierhaltung, 1997, 36 ff.; vgl. auch Hundeverordnung Berlin v. 5.11.1998 – GVBl. Berlin, Nr. 44, 1998, 326; Hundeverordnung Hamburg v. 14.12.1993, GVBl. Hamburg 1993, 379 ua; Nachweise: *Gängel/Gansel* NJ 1999, 69.

[1803] AG Pankow/Weißensee GE 2000, 65.

[1804] AG Köln WuM 1984, 78; *Blank* NZM 1998, 5 (8).

[1805] BVerfG WuM 1981, 77; Hinz PiG 109 (2019), 21, 24; *Blank* NZM 1998, 5 (8) mwN.

[1806] BGH WuM 1995, 447 = NJW 1995, 2036 = NJW-RR 1995, 1163 = ZMR 1995, 416 = GE 1995, 1215, Umstritten ist allerdings, ob ein unangefochtener Mehrheitsbeschluss der Wohnungseigentümer hierfür ausreichend ist; **aA** KG WuM 1992, 150 = NJW 1992, 2577 = GE 1992, 325; OLG Karlsruhe ZMR 1988, 184 = DWW 1988, 91.

[1807] BVerfG WuM 1981, 77.

[1808] AG Waiblingen ZMR 2013, 901; Nachweise bei *Balsam/Dallemand,* Rechtsfragen der Haustierhaltung, 1997, 56 f.

[1809] AG Hamburg-Blankenese WuM 1985, 256.

[1810] AG Münster WuM 1992, 116.

[1811] LG Lüneburg WuM 1995, 704.

561 Vielfach wird versucht, das Problem der Tierhaltung mit Hilfe restriktiver Formularklauseln zu regeln. Ein absolutes **formularmäßiges Tierhalteverbot,** welches auch Kleintiere umfasst, wird allgemein wegen Verstoßes gegen § 307 BGB als unwirksam angesehen.[1812] Wird aber die Tierhaltung unter Ausschluss der Kleintiere durch Formularklauseln untersagt, soll dies nach Auffassung des BVerfG[1813] jedenfalls unter verfassungsrechtlichen Gesichtspunkten zulässig sein. Die hM ging bislang davon aus, dass die Tierhaltung auch zivilrechtlich in zulässiger Weise durch einen Formularmietvertrag – soweit nicht die Kleintierhaltung betroffen ist – eingeschränkt werden kann.[1814]

562 Diese Auffassung lässt sich nach der Entscheidung des BGH[1815] nicht mehr aufrechterhalten.[1816] Kann der vertragsgemäße Gebrauch erst nach Abwägung aller maßgeblichen Umstände bejaht oder verneint werden, muss auch eine Formularklausel diese Abwägung ermöglichen. Nimmt sie dagegen die Abwägung vorweg, ist sie unwirksam. Auch das BVerfG hat zum Bereich der Parabolantennen die Pflicht zur Interessenabwägung immer wieder hervorgehoben.[1817] Ein uneingeschränktes formularmäßiges Verbot der Hunde- und Katzenhaltung – auch unter Beachtung der zulässigen Kleintierhaltung – wäre mit dem Kernbereich des Nutzungsrechtes nicht mehr vereinbar. Die Bedeutung der Tierhaltung für den Wohnungsnutzer (→ Rn. 556) verlangt, dass eine Abwägung zwischen den Interessen des Vermieters und denen des Mieters vorgenommen wird, bevor die Tierhaltung untersagt wird. Da Formularklauseln, welche die Tierhaltung generell ausschließen, gerade die Abwägung der unterschiedlichen Interessen verhindern wollen, liegt bei der Verwendung derartigen Klauseln ein Wertungsverstoß nach § 307 Abs. 2 BGB vor,[1818] der zur Unwirksamkeit der Klausel führt.[1819]

563 Wird die Tierhaltung nicht generell verboten, sondern behält sich der Vermieter durch eine Formularklausel allgemein die Zustimmung zur Tierhaltung vor (beschränktes Verbot mit Erlaubnisvorbehalt), liegt darin die **Zusage,** über die Tierhaltung unter Beachtung der betroffenen Interessen im Einzelfall zu entscheiden.[1820] Derartige Klauseln sind daher zulässig, soweit sie die Wirksamkeit der Zustimmungserklärung von der Schriftlichkeit abhängig machen.[1821]

564 Der Mieter wird bei Vereinbarung einer Vorbehaltsklausel regelmäßig davon ausgehen können, dass der Vermieter seiner Abwägungspflicht nachkommen und die Zustimmung nur bei gewichtigen Gründen versagen wird.[1822] So kann der Mieter auf das Tier unter gesundheitlich-psychischen und therapeutischen Gründen angewiesen sein.[1823] Bei seiner Entscheidung hat der Vermieter ua auch zu berücksichtigen, ob er die Tierhaltung anderen Mietern im Hause erlaubt hat,[1824] ob er als im gleichen Haus wohnender Vermieter selbst ein Tier hält[1825] und ob ein sachlicher Grund für

---

[1812] BGH VIII ZR 168/12, WuM 2013, 295 = AK-MietPrax § 538 BGB Nr. 58 = ZMR 2013, 618 = NJW 2013, 1526 = GE 2013, 678; VIII ZR 10/92, WuM 1993, 109 = NJW 1993, 1061 = MDR 1993, 339 = ZMR 1993, 263 = GE 1993, 359; LG Freiburg WuM 1997, 175; LG Hamburg WuM 1993, 120; LG Berlin GE 1993, 1273; AG Köln NJWE-MietR 1997, 244; AG Berlin-Charlottenburg MM 1985, 349.

[1813] BVerfG WuM 1981, 77 zum Verbot der Hundehaltung.

[1814] HM OLG Hamm WuM 1981, 53 = NJW 1981, 1626 = MDR 1981, 406 = ZMR 1981, 153 = DWW 1981, 48; BVerfG WuM 1981, 77; LG Hamburg WuM 1993, 120; LG Nürnberg-Fürth WuM 1981, 77; AG Waldshut-Tiengen DWW 2002, 234.

[1815] BGH VIII ZR 340/06, WuM 2008, 23 = NJW 2008, 218 = DWW 2008, 13 = ZMR 2008, 111 = NZM 2008, 78 = AK-MietPrax § 535 BGB Nr. 33.

[1816] So auch Sternel MietR Kap. VI Rn. 224.

[1817] → Rn. 352 ff.

[1818] LG Köln ZMR 2014, 453; so iE auch *Kinne* ZMR 2000, 725 (732); *Blank* NZM 1998, 5 (8); *Dallemand/Balsam* ZMR 1997, 621 (623).

[1819] Zum Vermietungskonzept „tierhaarfreies Wohnen" *Hinz* PiG 109 (2019), 21, 24.

[1820] OLG Karlsruhe WuM 1981, 48 = DWW 1982, 123 = ZMR 1982, 344; LG Stuttgart WuM 1988, 121; LG München WuM 1985, 263 = NJW 1984, 2368; LG Mannheim WuM 1984, 78 = NJW 1984, 59; AG Paderborn ZMR 2020, 196; AG München ZMR 2019, 411; AG Köln WuM 1997, 366; Bub/Treier MietR-HdB/*Bub* Kap. II Rn. 1543; **aA** LG Köln ZMR 2010, 533; AG Hamburg-Bergedorf WuM 1991, 259 = NJW-RR 1991, 1413.

[1821] LG Freiburg WuM 1997, 175; LG Mannheim ZMR 1992, 545; AG Konstanz WuM 2007, 315; AG Köln NJWE-MietR 1997, 245.

[1822] AG Hamburg-Barmbek ZMR 2006, 535; AG Hamburg-Bergedorf NZM 2003, 898; AG Köln WuM 1988, 122; AG Bonn WuM 1990, 197 bei Katzenallergie des Nachbarn bzw. des Vermieters; AG Hamburg-Blankenese WuM 1985, 256 bei Blindenhund; Blank/Börstinghaus/*Blank/Börstinghaus* BGB § 535 Rn. 567 *mwN.*

[1823] LG Hamburg WM 1996, 532; WuM 1997, 674.

[1824] LG Hamburg MDR 1982, 146; AG Köln WuM 1978, 167.

[1825] AG Lörrach WuM 1986, 247.

eine Ungleichbehandlung vorliegt[1826] (→ Rn. 104 ff.). Der Vermieter kann die Zustimmung versagen, wenn wegen der Größe der Wohnung und der Anzahl der Bewohner eine artgerechte Haltung des Tieres nicht gewährleistet ist.[1827] Im Übrigen sind auch sonstige Umstände zu berücksichtigen, die einen anderweitigen Vertragswillen als den schriftlich fixierten ergeben können.[1828]

**d) Widerruf.** Entsprach die Tierhaltung bei Anschaffung des Tieres **dem vertragsmäßigen Gebrauch,** kann der Vermieter uU dennoch dieser Verwendung der Mietsache widersprechen. Da der Vermieter einen Mietvertrag aus wichtigem Grund kündigen und dem Mieter dadurch den Gebrauch der Mietsache in vollem Umfang entziehen kann, muss es ihm erst recht gestattet sein, aus wichtigem Grund den Gebrauch der Mietsache durch den Widerruf der allgemein erteilten Erlaubnis nur teilweise zu entziehen.[1829] 565

Hat der Vermieter, ohne dass die Tierhaltung zum vertragsgemäßen Gebrauch gehörte, die Zustimmung zur Tierhaltung erteilt, so kann er sie grds. nicht einseitig widerrufen[1830]. Kann der Vermieter für den Widerruf aber besondere Gründe anführen, ist dem Vermieterinteresse **Vorrang einzuräumen.** Ein solcher wichtiger Grund kann zB gegeben sein, wenn das Tier die Hausbewohner belästigt,[1831] gefährdet[1832] oder besondere Ruhestörungen verursacht[1833] und der Mieter diese Störungen nicht beseitigt. Auch der Gestank durch unsaubere Tierhaltung kann den Widerruf begründen und im Einzelfall sogar eine fristlose Kündigung rechtfertigen.[1834] 565a

Zu beachten ist, dass der Widerruf den rechtsgeschäftlichen Anforderungen einer Kündigung entsprechen muss. Nur dann ist es gerechtfertigt, dem Mieter die Mietsache nicht in vollem Umfang, sondern nur teilweise hinsichtlich eines Gebrauchsrechts zu entziehen.[1835] 565b

Selbst wenn im Mietvertrag ein Widerrufsvorbehalt vereinbart wurde, darf der Widerruf nicht willkürlich erfolgen.[1836] Insbesondere darf der Vermieter nicht unter gleichen Voraussetzungen gegen einen Mieter vorgehen und anderen Mietern die Erlaubnis erteilen.[1837] Weniger streng sind die Anforderungen an den Widerruf einer **bloßen Gestattung.** Hierfür reicht jeder sachliche Grund.[1838] 566

**e) Duldung der Tierhaltung.** Der Vermieter ist nach Treu und Glauben gehalten, sobald er von einer vertragswidrigen Tierhaltung Kenntnis erlangt, alsbald seine Rechte wahrzunehmen. Dies gilt aber nur innerhalb des jeweiligen Vertragsverhältnisses. Der Mieter kann nicht verlangen, dass der Vermieter gegenüber einem Nachbarmieter einschreitet.[1839] Nimmt der Vermieter die vertragswidrige Tierhaltung hin, kann er das Recht auf Unterlassung der Tierhaltung **verwirken.**[1840] Hat der Mieter mit Kenntnis des Vermieters über mehrere Jahre ein Tier gehalten, ohne dass es zu Störungen gekommen ist, darf der Vermieter grds. nicht mehr die Beseitigung des Tieres verlangen.[1841] Die Kenntnis eines Hausmeisters oder eines Prokuristen muss sich der Vermieter dabei grds. zurechnen lassen.[1842] 567

**f) Besuch mit Tieren.** Generell ist umstritten, ob der Mieter trotz eines vertraglichen Ausschlusses der Tierhaltung Tiere besuchsweise in der Wohnung aufnehmen darf. Ist die Tierhaltung 568

---

1826 LG Berlin WuM 1987, 213 = GE 1989, 41; **aA** LG Hamburg WuM 1987, 212 = MDR 1986, 937 = ZMR 1986, 440; AG Kerpen ZMR 2010, 49.

1827 AG Kassel WuM 1987, 144; AG Bergisch-Gladbach WuM 1991, 341.

1828 AG Leonberg WuM 1997, 210.

1829 BGH VIII ZR 237/82, NJW 1984, 1031 = GE 1984, 481 = ZMR 1984, 275.

1830 Kein Widerrufsrecht durch unspezifizierte Formularklausel – LG Berlin GE 2013, 1340.

1831 LG Hamburg WuM 1999, 453.

1832 LG Nürnberg-Fürth WuM 1991, 93 = NJW-RR 1991, 460 = ZMR 1991, 29 = GE 1991, 937.

1833 BayObLG WuM 1994, 392; OLG Düsseldorf WuM 1990, 122 = NJW 1990, 1677 = MDR 1990, 849 = ZMR 1990, 184 = DWW 1990, 117; LG Berlin GE 1993, 97; AG Hamburg-Wandsbek WuM 1991, 94; AG Steinfurt WuM 1991, 260; AG Hamburg-Bergedorf WuM 1990, 489 = NJW-RR 1991, 461; AG Köln WuM 1980, 85.

1834 LG Berlin NJW-RR 1997, 395; AG Hamburg-Altona WuM 1989, 624.

1835 BGH VIII ZR 237/82, NJW 1984, 1031 = GE 1984, 481 = ZMR 1984, 251.

1836 AG Steinfurt WuM 1991, 260; Sternel MietR, 3. Aufl. 1988, Kap. VI Rn. 67.

1837 LG Berlin WuM 1987, 213 = GE 1989, 41; LG Freiburg WuM 1986, 247; LG Hamburg MDR 1982, 146; AG Leonberg WuM 1997, 210; AG Köln WuM 1978, 167.

1838 LG Frankfurt a. M. GE 2014, 1587; Sternel MietR, 3. Aufl. 1988, Kap. VI Rn. 67 a.

1839 AG Zossen GE 2010, 769.

1840 LG Berlin WuM 1984, 130 = GE 1982, 993; LG Frankenthal WuM 1990, 118.

1841 LG Essen WuM 1986, 117 bei Duldung über fünf Jahre; AG Aachen WuM 1992, 601 = NJW-RR 1992, 906 = ZMR 1992, 454.

1842 AG Köln WuM 1992, 596; *Balsam/Dallemand,* Rechtsfragen der Haustierhaltung, 1997, 46 mwN; **aA** AG Westerburg WuM 1992, 600.

individualvertraglich ausgeschlossen worden, wird dies abgelehnt.[1843] Steht die Tierhaltung unter einem Abwägungsvorbehalt, darf der Mieter auch einen Besucher empfangen, der ein Tier mitbringt.[1844] Bringt der Besucher das Tier jedoch regelmäßig mit und bleibt das Tier auch über Nacht, kann dies untersagt werden, wenn das Vermieterinteresse unter Abwägung aller Umstände (→ Rn. 551) dies erfordert.

**569** Ist der Mieter zur Unterlassung der Tierhaltung verurteilt worden, reicht es für eine Kündigung nicht aus, wenn das Tier „mehrfach" in dem Haus gesehen wurde.[1845] Der Mieter darf aber ein Unterlassungsurteil nicht dadurch umgehen, indem er den Hund verkauft und dann das Tier regelmäßig besuchsweise aufnimmt.[1846]

**570** **g) Tod des Tieres.** Problematisch bleibt, wie nach dem Tod eines Hundes zu verfahren ist, dessen Haltung auf Grund eines vertraglichen Vorbehalts genehmigt worden war. Hat es sich um eine Einzelfallerlaubnis – ohne dass die Voraussetzungen für einen Anspruch auf vertragsgemäßen Gebrauch zur Hundehaltung vorlagen – des Vermieters gehandelt,[1847] kann der Mieter nicht ohne weiteres ein neues Tier anschaffen. Der Mieter hat keinen **Bestandsschutz.**[1848] Vielmehr muss er sich erneut um die Zustimmung beim Vermieter bemühen.

**571** Ergibt dagegen die Auslegung der seinerzeit vom Vermieter erteilten Zustimmung, dass die Erlaubnis zur Tierhaltung allgemein, also grds. über den Tod des Tieres hinaus wirken soll,[1849] dann ist der Mieter befugt, ein neues gleichartiges Tier anzuschaffen. Im Zweifel wird man eine Vereinbarung dieser Art dahin auslegen müssen, dass der Mieter auch ein Tier aus einer anderen Gattung auswählen darf, wenn damit keine größeren Auswirkungen auf die Mietsache oder die Mitbewohner verbunden sind.[1850]

**572** **h) Gegenstandswert.** Der Streitwert bei Unterlassungsklagen wegen Tierhaltung wird unterschiedlich bewertet.[1851] Die überwiegende Rspr. lässt das **Affektionsinteresse** unberücksichtigt[1852] und orientiert sich richtigerweise am Vermieterinteresse, welches sich festmacht an der Vermeidung möglicher Beschädigungen der Mietsache und denkbarer Belästigungen anderer Mieter.[1853] Der Wert des Tieres spielt ebenfalls keine Rolle[1854], ebenso die therapeutische Notwendigkeit der Tierhaltung[1855]. Teilweise wird auch darauf abgestellt, dass angeblich eine Wohnung mit Erlaubnis zur Tierhaltung zu höheren Mieten angeboten wird.[1856]

**573** Klagt der Mieter auf Erteilung der Erlaubnis zur Tierhaltung ist sein Interesse bei der Bemessung des Gebührenstreitwertes zu Grunde zu legen. Dabei ist die **Bedeutung der Tierhaltung** für die Lebensführung des Mieters zu berücksichtigen,[1857] was von Fall zu Fall unterschiedlich bewertet werden kann.[1858] Der Wert des Tieres spielt keine Rolle.[1859]

**574** Für die Beschwer im Berufungsverfahren gelten die gleichen Grundsätze.[1860] Diese Auffassung hat der BGH für den Wert des Beschwerdegegenstandes einer gegen die Klageabweisung gerichte-

---

[1843] LG Berlin GE 1988, 777 bei rechtskräftigem Unterlassungsurteil.
[1844] AG Aachen WuM 1992, 432.
[1845] LG Berlin GE 1993, 421.
[1846] LG Berlin GE 1988, 777.
[1847] AG Kassel WuM 1987, 144; AG Speyer DWW 1991, 372.
[1848] OLG Celle ZMR 2003, 440 zum WEG.
[1849] AG Neustrelitz WuM 1995, 535.
[1850] *Blank* NZM 1998, 5 (9).
[1851] IE *Dallemand/Balsam* WuM 1997, 23.
[1852] LG München I NZM 2002, 820; LG Berlin GE 2000, 1184; LG Kiel WuM 1999, 586; **aA** LG Kassel WuM 1998, 296; LG Braunschweig WuM 1996, 291; LG Wiesbaden WuM 1994, 486; LG Hamburg WuM 1993, 469.
[1853] LG München NZM 2002, 734, 3.000 DM; LG Berlin GE 1996, 470, 600 DM; 1993, 421; LG Hamburg WuM 1993, 477; LG Darmstadt WuM 1992, 117; AG Rüsselsheim WuM 1992, 117.
[1854] LG München WuM 1992, 495; LG Hannover NdsRpfl 1989, 8; AG Kenzingen WuM 1986, 248; **aA** LG Hannover WuM 1985, 127.
[1855] LG Berlin NZM 2001, 41.
[1856] AG Rüsselsheim WuM 1987, 144.
[1857] LG Berlin GE 2016, 1444; 2000, 677; LG Hamburg WuM 1986, 248.
[1858] LG Mannheim ZMR 1992, 545.
[1859] *LG Kassel WuM 1998, 296*; LG Darmstadt WuM 1992, 117; LG Hannover WuM 1989, 567.
[1860] LG Braunschweig WuM 1996, 291, 2.000 DM; LG Hamburg WuM 1996, 532, 3.000 DM; WuM 1993, 469 für Katze, 1.000 DM; LG Mannheim ZMR 1992, 545; weitergehend *Balsam/Dallemand,* Rechtsfragen der Haustierhaltung, 1997, 66 in Anknüpfung an § 90a BGB.

ten Berufung wegen nicht erteilter Einwilligung bestätigt.[1861] Dabei hat er hervorgehoben, dass die Tierhaltung zum Mietgebrauch gehört, der wiederum dem Einzelnen die freie Entfaltung seiner Persönlichkeit sowie die Schaffung seiner eigenverantwortlichen Lebensgrundlage ermöglicht. Daher gehörten zu dem wirtschaftlichen Interesse des Rechtsmittelklägers auch subjektive Gesichtspunkte.

### 49. Treppenhaus

Wird im Mietvertrag keine Regelung zur Treppenhausreinigung (zum Abstellen von Gegenständen → Rn. 359ff.) getroffen, ist der Vermieter dafür verantwortlich. Die für die **Reinigung** entstehenden Kosten kann er bei entsprechender vertraglicher Vereinbarung als Betriebskosten auf die Mieter umlegen (→ BGB § 556 Rn. 17). 575

Häufig wird in den Mietverträgen vereinbart, dass der Mieter für die Treppenhausreinigung zu sorgen hat. Regelmäßig wird er dann zusammen mit den anderen Mietern der Hausgemeinschaft verpflichtet sein, im Wechsel an bestimmten Wochentagen die Reinigung durchzuführen[1862]. Der Vermieter kann eine solche Regelung nicht mit Hilfe einer Mehrheitsentscheidung der Hausgemeinschaft zu Lasten der nicht zustimmenden Mieter ändern.[1863] Ist eine monatliche Regelung vereinbart, kann der Vermieter im Falle der Säumnis eine Ersatzkraft bestellen und die Kosten dem säumigen Mieter ohne Fristsetzung in Rechnung stellen.[1864] 576

Die Verpflichtung des Mieters erstreckt sich meist auf den zwischen zwei Stockwerken liegenden Treppenabschnitt. Soweit nichts anderes vereinbart ist, muss der Mieter daneben nicht auch die Kellertreppe oder den Kellerflur bzw. den Dachboden säubern, es sei denn, dies ist in einer bestimmten Region üblich (zB sog. Kehrwoche). 577

Zu welcher Uhrzeit der Mieter seiner Reinigungspflicht nachkommt, bleibt grds. ihm überlassen. Er kann die Arbeiten zu einer ihm genehmen Zeit erledigen.[1865] 578

Ist der Mieter verhindert, muss er mit seinen Nachbarn die Zeiten tauschen oder für eine Vertretung sorgen. Im Einzelfall kann es für den Mieter unzumutbar sein, bei nur kurzer Abwesenheit eine Vertretung zu organisieren[1866] (→ Rn. 275). Kann der Mieter aus gesundheitlichen Gründen **seiner Reinigungspflicht** nicht mehr nachkommen, wird er gem. § 275 Abs. 3 BGB von seiner Leistungspflicht frei, wenn die Vereinbarung über die Reinigungspflicht im Einzelfall als persönliche Leistung des Mieters anzusehen ist (→ Rn. 176f.). 579

### 50. Überbelegung

Der Mieter darf seine Kinder, seinen Ehegatten und ggf. auch seine Eltern in die Wohnung aufnehmen (→ Rn. 291). Schranken dieses Rechts ergeben sich aus dem Grundsatz, dass die Wohnung nicht überbelegt werden darf.[1867] Allgemeine Richtlinien oder Rechtsgrundsätze, wann eine Überbelegung vorliegt, gibt es nicht. In verschiedenen Bundesländern sind allerdings **Wohnungsaufsichtsgesetze** in Kraft,[1868] in denen bestimmte Mindestgrößen für Wohnraum vorgeschrieben sind. Diese Bestimmungen können ua als Orientierungswerte dienen, wenn es im Einzelfall um die Feststellung der Überbelegung geht.[1869] So geht das WoAufG Bln davon aus, dass für jede Person eine Wohnfläche von mindestens 9 qm, für jedes Kind bis zu sechs Jahren eine Wohnfläche von mindestens 6 qm vohanden sein muss.[1870] 580

---

[1861] BGH, VIII ZB 57/16, WuM 2018, 174 = GE 2018, 447 = ZMR 2018, 403 = NZM 2018, 462 = Miet-Prax-AK § 535 BGB Nr 74.

[1862] Beispiele: AG Bremen NJW-RR 2013, 78; AG Borken WuM 2007, 190; *Pfeifer* jurisPR-MietR 10/2014 Anm. 1.

[1863] AG Magdeburg WuM 2002, 576.

[1864] AG Bremen NZM 2013, 757.

[1865] AG Reichenbach WuM 1994, 322.

[1866] AG Dortmund WuM 1988, 54.

[1867] BGHZ 92, 213 = WuM 1985, 7 = NJW 1985, 130 = ZMR 1985, 50 = DWW 1985, 24 = GE 1985, 85 zur Bildung einer Wohngemeinschaft; BVerwG MDR 1957, 251 = ZMR 1953, 170 zum Wohnraumbewirtschaftungsgesetz.

[1868] ZB Wohnungsaufsichtsgesetz Berlin idF v. 3.4.1990, GVBl. 90, 1081; Hessische Wohnungsaufsichtsgesetz v. 4.9.1974, GVBl. I 395.

[1869] LG Berlin WuM 1987, 221.

[1870] Siehe § 7 WoAufG Bln. idF v. 7.4.2020, GVBl. 1990, 1081.

581 Allgemein wird man von einer Überbelegung ausgehen können, wenn der Wohnraum so stark belegt ist, dass das Wohnverhältnis unter Berücksichtigung der örtlichen, häuslichen und familiären Verhältnisse in auffälliger Weise von den **sozial üblichen Wohnverhältnissen** abweicht. Eine Belegung von durchschnittlich 10 $m^2$ pro Person wird bei der Unterbringung von Familien als zulässig erachtet.[1871] Wegen der zusätzlichen Belastungen, die sich durch die Unterbringung von untereinander fremden Einzelpersonen im Vergleich zur Unterbringung von Familien ergeben, wird die zulässige Höchstzahl für die Unterbringung von Einzelpersonen niedriger, nämlich bei einer Richtzahl von höchstens zwei Einzelpersonen pro Zimmer angenommen[1872] (→ BGB § 540 Rn. 28 ff.; → BGB § 543 Rn. 60). Das AG München[1873] hat als Faustregel angenommen, dass keine Überbelegung vorliegt, wenn auf jede erwachsene Person oder auf je zwei Kinder bis zum 13. Lebensjahr ein Raum von jeweils ca. 12 $m^2$ entfällt oder durchschnittlich 10 $m^2$ pro Person bei der Unterbringung von Familien gegeben sind.

### 51. Videoüberwachung

582 Immer häufiger ist zu beobachten, dass sich Vermieter oder auch Mieter mit Hilfe einer Videoüberwachung im Hausflur, Fahrstuhl[1874] oder im Bereich der **Hauseingangs- oder Wohnungstür** vor ungebetenen Gästen und Besuchern schützen wollen.[1875] Für die Frage der Zulässigkeit des Einsatzes solcher elektronischen Systeme im nicht öffentlichen Bereich muss nach unterschiedlichen Gesichtspunkten differenziert werden.

Der Begriff Videoüberwachung wird mit verschiedenen Inhalten gebraucht. Man versteht darunter zunächst die reine Beobachtung ohne Zwischenspeicherung im Live-Stream.[1876] Darüber hinaus erfasst dieser Begriff aber auch das Aufzeichnen, also das Speichern von Lebensvorgängen sowie ggf. die Bearbeitung oder gar weitere Verwertung des mit der Kamera gewonnenen Materials. Da in diesem Zusammenhang regelmäßig besondere Schutzgüter, wie Leben, Gesundheit, Freiheit oder Eigentum mit den Persönlichkeitsrechten der aufgenommenen Personen (datenschutzrechtlich: Betroffene) in Konflikt geraten, muss sich der private Betreiber der Videokamera, bis auf wenige Ausnahmen, regelmäßig auf eine Rechtsgrundlage für den Einsatz seiner Kamera stützen können. Für die Beurteilung der Zulässigkeit solcher Beobachtungs- und Überwachungsmaßnahmen ist vor allem von Bedeutung, zu welchem **Zweck die Kamera** eingesetzt wird.[1877]

583 Unspektakulär ist der Einsatz der Videokamera innerhalb des privaten Lebensbereichs, also zur Überwachung des selbstbewohnten Hausgrundstücks und des dazugehörenden Gartens oder bei Aufnahmen innerhalb der Familie oder im engen Freundeskreis. Gem. Art. 2 Abs. 2 c DS-GVO[1878] sind die datenschutzrechtlichen Regelungen nämlich nicht anzuwenden, wenn die Verarbeitung personenbezogener Daten durch natürliche Personen zur Ausübung ausschließlich persönlicher oder familiärer Tätigkeiten erfolgt. Der Einsatz der Kamera muss sich auf die persönliche Sphäre des Nutzers beschränken.[1879] Die Aufnahmen dürfen den familiären räumlichen Kreis nicht verlassen.[1880] Die Nichtanwendung der DS-GVO ändert aber nichts daran, dass das allgemeine Persönlichkeitsrecht der Abgebildeten dem unbeschränkten Gebrauch der Kamera Grenzen setzen kann.[1881]

584 Zulässig ist es auch, die Kamera mit dem Klingelschild (→ Rn. 465) an der Haustür zu koppeln, um schon bei Betätigung der Klingel den Besucher erkennen zu können, ohne dass dieser erst bis zur Wohnungstür kommen muss. Mit dem dazu erforderlichen Kamera-Monitor-System werden

[1871] OLG Frankfurt a. M. WuM 1994, 713 = ZMR 1994, 378; BayObLG WuM 1994, 393 = NJW 1994, 1662; AG München ZMR 2016, 636.
[1872] OLG Stuttgart WuM 1992, 555 = NJW 1992, 3046 = ZMR 1992, 508; BayObLG WuM 1994, 393 = NJW 1994, 1662.
[1873] AG München ZMR 2016, 636.
[1874] KG WuM 2008, 663 = GE 2008, 1625.
[1875] S. Beispiele bei *Hitpaß* ZMR 2006, 247.
[1876] Kühling/Buchner/*Raab* DS-GVO-BDSG, Art. 2 Rdn. 15.
[1877] Siehe LG Berlin ZMR 2020, 309 zum Sachvortragsverwertungsverbots im Prozeß bei Verstoß gegen allgemeines Persönlichkeitsrecht durch Einsetzen einer Videokamera.
[1878] Datenschutz-Grundverordnung (EU) 2016/679 v. 27.4.2016 (ABl. Nr. L 119 v. 4.5.2016), anzuwenden seit dem 25. Mai 2018.
[1879] Gola/*Schulz*, DS-GVO/BDSG, 2. Aufl., Art. 6 Rn. 148
[1880] Gola/*Schulz*, DS-GVO/BDSG, 2. Aufl., Art. 6 Rn. 147
[1881] BGH, VI ZR 272/94, NJW 1995, 1955 = MDR 1995, 1125.

personenbezogene Daten erfasst. Nach einer früher vertretenen Auffassung fehlt es an einer ganz oder teilweise automatisierten Verarbeitung, wenn die Kamera lediglich ermöglicht, das von ihr erfasste Geschehen in Echtzeit zu verfolgen, ohne dass eine Speicherung der Aufnahmedaten stattfindet.[1882] Das sei so zu behandeln, als würde das Geschehen mit bloßem Auge wahrgenommen.[1883] Eine neuere Auffassung lässt es dagegen richtigerweise ausreichen, dass ein sog. Kamera-Monitor-System lediglich die Bilder überträgt, ohne sie abzuspeichern, weil auch die ausschließliche Aufnahme personenbezogener Daten eine Verarbeitung darstelle.[1884]

Besondere gesetzliche Regelungen zur Zulässigkeit von Videoaufnahmen zwecks **Beobachtung** finden sich für öffentlich zugängliche Räume in § 4 Abs. 1 BDSG[1885]. Die Räume müssen dem öffentlichen Verkehr gewidmet sein und dürfen damit von einem unbestimmten oder nach nur allgemeinen Merkmalen bestimmten Personenkreis betreten und genutzt werden.[1886] Betroffen sind zB eine für jedermann zugängliche Tiefgarage,[1887] ein Flughafengebäude, Museen, Geschäfte und Warenhäuser sowie Bahnhöfe.[1888] Ob unter den öffentlich zugänglichen Räumen auch Hauseingangsbereiche, Treppenflure[1889] und Aufzüge in Wohnhäusern zu verstehen sind, ist nicht klar, wird aber in der Literatur teilweise bejaht.[1890] Soweit öffentliche Räume besonderes Gefährdungspotential haben, wie besondere Verkehrsflächen nach § 4 Abs. 1 S. 2 BDSG, sind besondere Abwägungskriterien zu beachten. **585**

Im Mietrecht dürften vorwiegend die **öffentlich zugänglichen Räume** iSd § 4 Abs. 1 S. 1 BDSG von Bedeutung sein, wenn man der weiten Auslegung folgt. Für diese Bereiche ist gem. § 4 Abs. 1 S. 1, Ziff. 2, 3 BDSG die **Beobachtung** durch Überwachungssysteme regelmäßig nur zulässig, wenn sie zur Wahrnehmung des Hausrechts oder zur Wahrnehmung berechtigter Interessen für konkret festgelegte Zwecke erforderlich sind und unter dem Gesichtspunkt des Persönlichkeitsschutzes (Recht auf informationelle Selbstbestimmung) keine Anhaltspunkte vorliegen, dass die schutzwürdigen Interessen des Betroffenen nicht überwiegen.[1891] Abs. 3 dieser Vorschrift regelt die **Verarbeitung** (Art. 4 Nr. 2 DS-GVO) dieser Daten. Gem. Abs. 2 des § 4 BDSG ist auf den Umstand der Beobachtung sowie auf den Namen und die Kontaktdaten der verantwortliche Stelle zum frühestmöglichen Zeitpunkt hinzuweisen.[1892] **586**

Es ist sehr fraglich, ob diese Regelung in § 4 Abs. 1 S. 1, Ziff. 2, 3 BDSG rechtswirksam ist, da sie unzulässigerweise von der DS-GVO abweicht. Als sekundäres Gemeinschaftsrecht hat der Rechtsakt der Verordnung (Art. 288 Abs. 2 AEUV) innerhalb der Union allgemeine Geltung und gilt unmittelbar in jedem Mitgliedsstaat. Daher kann der nationale Gesetzgeber eine Verordnung nur ändern, wenn sie eine entsprechende Öffnungsklausel bereithält. Dies ist jedoch hier nicht der Fall[1893], so dass für die Frage der Zulässigkeit einer Videoüberwachung im nicht öffentlichen, privaten Bereich allein Art. 6 Abs. 1f DS-GVO einschlägig ist.[1894] Danach ist eine Videoüberwachung zulässig, wenn die Verarbeitung zur Wahrung der berechtigten Interessen des Verantwortlichen oder eines Dritten erforderlich ist, sofern nicht die Interessen oder Grundrechte und Grundfreiheiten der betroffenen Person, die den Schutz personenbezogener Daten erfordern, überwiegen, insbesonderer dann, wenn es sich bei der betroffenen Person um ein Kind handelt. Die Regelung des Art. 6 Abs. 1f DS-GVO gilt somit für alle privaten Räume, unabhängig davon, ob sie öffentlich zugänglich sind. Bedeutung kann das Merkmal „öffentlich zugänglich" bei privaten Räumen nur bei der Interssenabwägung haben. **587**

---

1882 Umstritten: so Kühling/Buchner/*Raab*, DS-GVO-BDSG, Art. 2 Rn. 15; Gola/*Schulz*, DS-GVO, 2. Aufl., Art. 6 Rn. 145; aA *Veil* DSB 20,312, 313.

1883 Gola/*Schulz*, DS-GVO/BDSG, 2. Aufl., Art. 6 Rn. 145.

1884 BVerwG, 6 C 2/18, NJW 2019, 2556 = DuD 2019, 518.

1885 Bundesdatenschutzgesetz v. 30. Juni 2017, BGBl. I, S. 2097.

1886 Kühling/Buchner/*Buchner*, DS-GVO-BDSG, § 4 BDSG, Rn. 18.

1887 OLG Karlsruhe NZM 2002, 703; zum Hauseingangsbereich KG NZM 2002, 702.

1888 Gola/Schomerus/*Gola/Klug/Körffer* BDSG (alt) § 6b Rn. 8.

1889 Bejahend wohl AG München ZMR 2016, 551.

1890 Wohl zustimmend Kühling/Buchner/*Buchner*, DS-GVO-BDSG, § 4 BDSG, Rn. 6 (Fußn.7); Gola/*Gola*, DS-GVO/BDSG, 2. Aufl., Art. 6 Rn. 160; ebenso Paal/Pauly/*Frenzel*, DS-GVO/BDSG, 2. Aufl., § 4 BDSG Rn. 9.

1891 LG Berlin NZM 2001, 207.

1892 S. dazu DIN 33450 – „Video-Infozeichen".

1893 Siehe nur Kühling/Buchner/*Buchner*, DS-GVO-BDSG, § 4 BDSG, Rn. 2ff.

1894 BVerwG, 6 C 2/18, NJW 2019, 2556 = DuD 2019, 518; *Hrube* jurisPR-ITR 14/2019 Anm. 4; DSK, Orientierungshilfe zur Videoüberwachung v. 17.7.2020; *Müller-Peltzer/Selz* PinG 6.20, 245; *Tegethoff* jurisPR-BVerwG 18/2019 Anm. 3.

588 Nach inzwischen wohl herrschender Meinung ist somit in den Fällen der Videoüberwachung die Zulässigkeit nach Art. 6 Abs. 1f DS-GVO zu prüfen. Nach Feststellung eines beliebigen, berechtigten Interesses des Verantwortlichen oder eines Dritten, das allerdings mit der Rechtsordnung vereinbar sein muss[1895], ist zu prüfen, ob die Videoaufnahme zur Wahrung dieser Interessen erforderlich ist. Erforderlich ist eine Verarbeitung von Daten, wenn sich die geplante Datenverarbeitung als objektiv sinnvoll im Kontext mit dem verfolgten Zweck erweist.[1896] Nicht erforderlich ist eine Datenverarbeitung aber dann, wenn sie in erster Linie darauf abzielt, „bei Gelegenheit" über den Betroffenen Wissen anzusammeln oder mit ihr außerhalb des konkreten Zwecks sonstige Interessen zu verfolgen.[1897] Nicht ausreichend sind auch rein spekulative Annahmen oder ein pauschaler Verweis auf das Hausrecht oder auf Sicherheitsgründe sowie subjektive sonstige Befürchtungen und Unsicherheiten.[1898] Wird die Erforderlichkeit bejaht, zB weil eine konkrete Gefahrenlage oder in Ausnahmen auch eine abstrakte Gefahrenlage (Tankstellen oder Juweliergeschäfte) vorliegt, hat eine Abwägung mit den Interessen und Grundfreiheiten des Betroffenen stattzufinden. Dabei stehen Kinder unter einem besonderen Schutz (Art. 6 Abs. 1f, letzter Halbsatz DS-GVO). Somit ist jeder Einzelfall gesondert zu prüfen.[1899] Das betrifft insbesondere die **Erforderlichkeit** der Maßnahme. Je abstrakter die Gefahrenlage, desto weniger eingriffsintensiv darf die Maßnahme sein.[1900]

588a Will der **Vermieter** eines Mehrfamilienhauses den Mietern die Möglichkeit einräumen, die Haustür oder den Hausflur mit Hilfe einer Videokamera zu überwachen, richtet sich die Duldungspflicht des Mieters zur Installation derartiger Einrichtungen nach § 555d BGB,[1901] soweit im Einzelfall von einer **Modernisierung**[1902] auszugehen ist, anderenfalls nach § 242 BGB. Der Mieter muss die Maßnahme aber schon dann nicht dulden, wenn sie unter dem Gesichtspunkt des Datenschutzes unzulässig ist (→ BGB § 555b Rn. 52). Voraussetzung für die Zulässigkeit ist, dass die Aufnahmen nicht aufgezeichnet werden und die Überwachungsmöglichkeit für den jeweiligen Bewohner erst dann einsetzt, wenn sein Klingelknopf betätigt wurde[1903] (s. auch Rn. 584). Nur dann ist der Bewohner befugt, in seinem Interesse den Hauseingangsbereich zu prüfen. Eine Speicherung der für diese Zwecke erhaltenen Daten ist schon deshalb unzulässig, weil mit der Prüfung des angekündigten Besuchs der Zweck der erhaltenen Bilddaten erfüllt ist und die Daten nicht mehr erforderlich sind.

588b Der BGH hat **eine Persönlichkeitsverletzung** verneint, wenn allein die hypothetische Möglichkeit einer Kameraüberwachung besteht.[1904] Gleichwohl kann ein unzulässiger Eingriff in das Persönlichkeitsrecht vorliegen, wenn der Betroffene objektiv ernsthaft eine Überwachung befürchten muss. Maßgeblich sind jeweils die Umstände des Einzelfalls.[1905] Eine **verdeckte Videoüberwachung** ist regelmäßig unzulässig.[1906]

588c Die Benutzung eine **Videoattrappe** fällt weder unter die DS-GVO noch unter das BDSG, weil mit der Attrappe keine Daten verarbeitet werden. Entscheidend ist auch hier das damit verfolgte Interesse des „Betreibers". Es kann zu einer Verletzung des allgemeinen Persönlichkeitsrechts kommen, wenn die Attrappe eine Verunsicherung bei den betroffenen Personen auslöst (Über-

---

1895 Siehe hierzu LG Berlin, ZMR 2020, 310 zur Mieterüberwachung.

1896 Gola/*Schulz,* DS-GVO/BDSG, 2. Aufl., Art. 6 Rn. 38; Paal/Pauly/*Frenzel,* DS-GVO/BDSG, 2. Aufl., § 6 BDSG Rn. 14.

1897 Kühling/Buchner/*Buchner/Petri,* DS-GVO-BDSG, Art. 6 Rn. 40, 42.

1898 DSK, Orientierungshilfe zur Videoüberwachung v. 17.7.2020.

1899 Zur Überwachung des Fahrstuhls: KG GE 2008, 1625; zur Überwachung des eigenen Grundstücks: LG Hamburg ZMR 2011, 288; AG Brandenburg MK 2016, 37; zur Überwachung der Mülltrennung: AG München ZMR 2014, 550.

1900 *Müller-Peltzer/Selz* PinG 6.20, 246.

1901 AG Schöneberg ZMR 2000, 684; zur Zustimmung innerhalb einer WEG-Anlage KG NZM 2002, 702; *Huff* NZM 2002, 688.

1902 Eine bauliche Maßnahme bejaht *Huff* NZM 2002, 688.

1903 BGH V ZR 210/10, WuM 2011, 386 = NZM 2011, 512 = GE 2011, 825 = ZMR 2011, 734 zu einer Wohnungseigentumsanlage; BayObLG GE 2005, 135 – innerhalb einer Wohnungseigentümergemeinschaft; s. aber OLG Köln WuM 2007, 646 = ZMR 2008, 559.

1904 BGH, V ZR 265/10, WuM 2012, 48 = NZM 2012, 239 = GE 2012, 69; VI ZR 176/09, WuM 2010, 306 = NJW 2010, 1533 = NZM 2010, 373 = ZMR 2010, 668.

1905 *BGH NJW 1995, 1955* – WEG – Verfahren; LG Berlin DSB 2017, 67 mAnm *Vahle;* keine Verletzung des allgemeinen Persönlichkeitsrechts, wenn das eigene Grundstück durch die Kamera auf dem Nachbargrundstück erfasst, das Bild aber automatisch verpixelt wird, AG Wedding GE 2014, 1344.

1906 Siehe allein § 4 Abs. 2 BDSG; OLG Karlsruhe NJW 2002, 2799 = NZM 2002, 703.

wachungsdruck) und damit geeignet ist, die allgemein Handlungsfreiheit dieser Personen zu beschränken ohne dass dem ein gewichtigeres Interesse, das mit der Attrappe verfolgt wird, gegenübersteht.[1907] Kann die Attrappe mit einer täuschend echten Optik insbesondere im Hinblick auf die Ausstattung mit einer funktionierenden LED-Blinkleuchte einen Überwachungsbetrieb simulieren, kann sie hinsichtlich ihrer Wirkung auf die betroffenen Personen einer funktionierenden Kamera gleichzustellen sein.[1908]

### 52. Warenautomat

Ob der Mieter die Außenwand für Werbezwecke oder zur Anbringung von Warenautomaten nutzen kann, richtet sich in erster Linie nach dem Mietvertrag. Fehlt eine vertragliche Regelung, so ist die jeweilige örtliche Verkehrssitte maßgeblich.[1909] Mangels einer anderweitigen Vereinbarung steht dem Mieter zB in Berlin nur die straßenwärts gelegene Hauswand zur Verfügung.[1910] **589**

### Waschmaschine

→ Rn. 368 ff. **590**

### 53. Wasser

**a) Kaltwasser.** Der vertragsgemäße Gebrauch gibt dem Mieter das Recht, so viel Wasser zu verbrauchen, wie es seinem Wohnbedürfnis entspricht. Dies gilt aber nur für den Eigenverbrauch. Sofern für Dritte in nicht unerheblichem Umfang Wasser verbraucht wird, ist jeweils zu prüfen, ob dies noch zur vertragsgemäßen Nutzung gehört. Diese ist zB überschritten, wenn der Mieter ständig für Dritte die Wäsche wäscht oder regelmäßig Dritten, die nicht Besuch des Mieters sind, das Duschen oder Baden erlaubt. **591**

Anders ist dies, wenn der Verbrauch über Verbrauchsmessgeräte erfasst wird. In diesem Fall entsteht den Nachbarn durch übermäßigen Verbrauch von Wasser kein Nachteil. **592**

Der Mieter hat grds. keinen Anspruch auf **Installation einer Wasseruhr** auf eigene Kosten (→ Rn. 440). Über besondere Umstände bei der Wasserversorgung und Wasserentsorgung ist der Vermieter bei Mietvertragsabschluss auskunftspflichtig. **593**

**b) Warmwasser.** Hat das Wohnhaus eine zentrale Warmwasserversorgung, muss der Vermieter ganzjährig das Warmwasser in ausreichenden Mengen und üblicher Temperatur (Mindesttemperatur 40 °C)[1911] zur Verfügung stellen. Eine zum Nachteil des Mieters **abweichende Formularklausel** ist wegen ihres überraschenden Charakters nach § 305 c BGB unwirksam.[1912] **594**

### 54. Wäschetrocknen

Hat der Vermieter eine Waschküche oder einen Trockenraum zur Verfügung gestellt, dürfen die Räume nicht vorenthalten werden[1913] und müssen für den vereinbarten Nutzungszweck ausreichend groß sein.[1914] Ist dem Mieter kein oder ein nicht ausreichender **Trockenraum** zur Verfügung gestellt worden, hat er neben der Befugnis zum Aufstellen einer Waschmaschine auch das Recht, einen Trockner in seiner Wohnung aufzustellen (→ Rn. 368 ff.).[1915] Er ist aber verpflichtet, für eine ordnungsgemäße Ableitung des Kondenswassers zu sorgen.[1916] **595**

---

1907 VG Mainz, DSB 12/2020, 312 ff. mit Anm. *Veil;* LG Berlin WuM 2018, 656; LG Darmstadt NZM 2000, 360; AG Berlin-Mitte, Urt. v. 22.2.2018 – 25 C 161/17 – juris; AG Frankfurt/M ZMR 2015, 619; AG Tempelhof-Kreuzberg GE 2010, 416; AG Berlin-Lichtenberg WuM 2008, 331; AG Aachen NZM 2004, 339; offen gelassen OLG Düsseldorf GE 2006, 575; zulässig: AG Tiergarten GE 2005, 493.

1908 LG Berlin WuM 2018, 654 = GE 2018, 1598.

1909 BGH BB 1954, 83; OLG Saarbrücken MDR 2010, 1180; Tank/Baumgarten/Kutz Gewerberaummiete/*Kutz* 2011, Kap. D Rn. 127 f.; Staudinger/*Emmerich* BGB § 535 Rn. 11.

1910 KG GE 1987, 997.

1911 LG Berlin GE 1998, 905.

1912 Bub/Treier MietR-HdB/*Bub* Kap. II Rn. 1406.

1913 AG Wiesbaden WuM 2012, 263; AG Köln WuM 2008, 94; 1983, 122; *Gies* jurisPR-MietR 16/2012 Anm. 1 zu AG Wiesbaden.

1914 AG Coesfeld WuM 1980, 206.

1915 **AA** LG Hamburg WuM 1989, 9 für das Aufstellen in der Gemeinschaftswaschküche.

1916 AG Altena WuM 1997, 470; OLG Düsseldorf WuM 1997, 514 zum Unterlassungsanspruch eines Wohnungseigentümers bei kondensierendem Wasser.

596 Auch wenn vom Vermieter der Mietergemeinschaft ein Trockenplatz zur Verfügung gestellt wird, darf der Mieter die Wäsche in üblichem Umfang innerhalb der Wohnung, zB auf dem Balkon[1917] oder in anderen geeigneten Räumen trocknen[1918]. Durch ausreichendes Lüften ist dabei aber Sorge zu tragen, dass keine Feuchtigkeitsschäden entstehen.[1919] Es ist insbes. unpraktikabel, das Trocknen der Wäsche auf sog. **„Kleinwäsche"** zu beschränken.[1920] Lässt man das Betreiben einer Waschmaschine in der Wohnung als vertragsgemäßen Gebrauch zu, kann man das Trocknen der gewaschenen und geschleuderten Wäsche nicht auf die „Kleinwäsche" reduzieren.[1921] Eine derartige Formularklausel ist unwirksam, da sie den vertragsgemäßen Gebrauch unzulässig einschränkt.[1922]

597 Während des Betriebs des Wäschetrockners muss der Mieter nicht ständig in der Wohnung bleiben. Eine **Klausel,** wonach der Mieter ohne Rücksicht auf eigenes Verschulden für alle Schäden, die durch das Aufstellen von Haushaltsmaschinen entstehen, haften soll, verstößt gegen § 307 Abs. 2 Nr. 1 BGB, soweit sie dem Mieter eine verschuldensunabhängige Haftung für alle Haushaltsmaschinen auferlegt.[1923]

**Werbung**

598 → Rn. 519.

**55. Wettbewerb/Konkurrenzschutz**

599 **a) Allgemeines.** Die Anmietung von Räumen zur Ausübung eines Betriebes umfasst das Recht des Mieters, dass in anderen Räumen des Hauses oder auf unmittelbar angrenzenden Grundstücken des Vermieters **kein Konkurrenzunternehmen** zugelassen wird.[1924] Die hieraus erwachsende Pflicht des Vermieters, weitere Räumlichkeiten grds. nicht an Konkurrenten zu vermieten, besteht als Ausfluss des vertragsgemäßen Gebrauchs der Mietsache auch ohne besondere vertragliche Vereinbarung.[1925] Ein Verstoß gegen diese Verpflichtung stört den vertragsgemäßen Gebrauch und stellt einen **Sachmangel** gem. § 536 BGB dar[1926] (Einzelheiten → BGB § 536 Rn. 206 ff.), der uU auch zur Kündigung berechtigt.[1927] Der Mieter hat somit gegen den Vermieter einen Erfüllungsanspruch dahingehend, die Konkurrenzsituation zu beseitigen bzw. zu verhindern.[1928] Verletzt der Vermieter seine diesbezügliche vorvertragliche Aufklärungspflicht[1929], sind Ansprüche des Mieters aus § 311 Abs. 2 BGB iVm § 280 BGB (cic) zu prüfen. Kein Mangel ist allerdings anzunehmen, wenn sich der zweite, spätere Mieter durch den gegenüber dem ersten Mieter eingeräumten Konkurrenzschutz beeinträchtigt fühlt[1930].

---

1917 LG Nürnberg-Fürth WuM 1990, 199; AG Brühl WuM 2001, 509.

1918 LG Düsseldorf WuM 2008, 548; AG Düsseldorf WuM 2008, 248; Kossmann Wohnraummiete-HdB § 48 Rn. 7.

1919 AG Hameln WuM 1994, 426.

1920 *Horst* ZAP 12/1996, 604.

1921 Zur sog. Kleinwäsche s. AG Naumburg WuM 1992, 680.

1922 LG Frankfurt a. M. WuM 1990, 271.

1923 LG Saarbrücken WuM 1989, 558 = NJW-RR 1987, 1496.

1924 BGH ZMR 1955, 200 = BB 1955, 181; BB 1960, 345; BGHZ 70, 79 = WuM 1978, 187 = NJW 1978, 585 = ZMR 1978, 210 = MDR 1978, 400; KG GuT 2005, 54; OLG Köln NJW-RR 1997, 751; Wolf/Eckert/Ball Gewerbl. Miet-/Pacht-/LeasingR-HdB Rn. 709; Bub/Treier MietR-HdB/*Kraemer/Ehlert* Kap. III B Rn. 3003; MüKoBGB/*Häublein* § 535 Rn. 139.

1925 BGH WuM 1979, 144 = NJW 1979, 1404 = ZMR 1979, 311; BB 1960, 345; KG GE 2005, 1426; OLG Frankfurt a. M. NZM 2004, 706; OLG Düsseldorf NZM 2001, 1033; ZMR 1997, 583 = MDR 1997, 1115 = NJW-RR 1998, 514 = NZM 1998, 307; OLG Köln NJW-RR 1997, 751; LG Karlsruhe WuM 1991, 83; *Menn* NZM 2017, 688, 689; zum Antrag des Mieters auf Erlass einer einstweiligen Verfügung vgl. OLG Hamm NJW-RR 1990, 1236.

1926 BGH XII ZR 117/10, NJW 2013, 44 = NZM 2013, 52; KG ZMR 2020, 495; OLG Brandenburg NZM 2010, 43; KG GuT 2007, 212 = NZM 2007, 566 = GE 2008, 541; OLG Düsseldorf ZMR 2014, 202; 2000, 451 = DWW 2000, 158; *Niklas* ZMR 2015, 270 (273); *Bieber* jurisPR-MietR 1/2013 Anm. 3; *Bieber* PiG 2007, 119 (132); *Gather* GE 2000, 1450; Tank/Baumgarten/Kutz Gewerberaummiete/*Baumgarten* 2011, Kap. D Rn. 1228; *Engel* MDR 2012, 1268 (1269); kritisch: *Menn* NZM 2017, 688; **aA** OLG Dresden NZM 2010, 818 = MDR 2010, 1445 = GE 2011, 133.

1927 *OLG Düsseldorf GE 2013*, 1276.

1928 *Neuhaus* ZAP 2000, 1451 (1458).

1929 *Menn* NZM 2017, 688 (694).

1930 BGH VI ZR 244/52, BB 1954, 177.

Unumstritten wie der Grundsatz des vertragsimmanenten Konkurrenzschutzes ist seine Eingrenzung in der Weise, dass der Vermieter nicht gehalten ist, dem Mieter jeden fühlbaren oder unliebsamen Wettbewerb fern zu halten.[1931] Wieweit diese Verpflichtung des Vermieters allerdings reicht, lässt sich im Einzelfall nur unter Würdigung der gesamten Umstände, insbes. der Interessen beider Vertragsparteien nach Treu und Glauben mit Rücksicht auf die Verkehrssitte bestimmen.[1932] Im Wesentlichen kommt es daher darauf an, **welchen Besitzstand** der anmietende Mieter nach den bei Vertragsschluss erkennbaren Umständen erwarten durfte.[1933] Wer in Kenntnis einer Wettbewerbssituation Räume anmietet, wird idR keinen Konkurrenzschutz beanspruchen können. Anders ist dies dann, wenn der Betrieb des Konkurrenten Veränderungen erfährt.[1934] Im Übrigen gilt der Grundsatz der **Priorität,** so dass der zuerst einziehende Mieter Konkurrenzschutz gegenüber dem nachziehenden Mieter beanspruchen kann.[1935] **600**

Der vertragsimmanente Konkurrenzschutz bezieht sich auf den vereinbarten vertraglichen Gebrauch.[1936] Erst wenn der vertragsgemäße Gebrauch der Mietsache ermittelt wurde, ggf. durch Auslegung,[1937] ist der Umfang des Konkurrenzschutzes feststellbar.[1938] Daraus ergibt sich, dass die Kehrseite des Mieteranspruchs auf Konkurrenzschutz seine Pflicht ist, das betriebene Gewerbe grds. nicht zu verändern. Sonst könnte er damit eine Konkurrenzsituation zu einem anderen Mieter schaffen, dem seinerseits der Vermieter Konkurrenzschutz zugesagt hat[1939]. In der Regel wird daher im Vertrag der zulässige Geschäftsbereich des Mieters klar umrissen sein. Ergibt sich bspw. aus einer Abrede, dass eine **Sortimentserweiterung** mietvertragswidrig ist, kann der Mieter dafür keinen Wettbewerbsschutz beanspruchen. Vielmehr kann der Vermieter sogar Dritten gegenüber verpflichtet sein, gegen den Mieter wegen Konkurrenzschutzverletzung einzuschreiten.[1940] **601**

Die Verpflichtung des Mieters zum unveränderten Waren- oder Leistungsangebot gilt allerdings nicht uneingeschränkt, selbst wenn der Vertrag hierzu keine Regelung getroffen hat. So können Sortimentserweiterungen durchaus dem Hauptgeschäft zuzuordnen sein, so dass der Vermieter eine derartige Angebotserweiterung nicht untersagen kann; zu Nebenartikeln → Rn. 604. Ob eine vertragswidrige **Gebrauchserweiterung** bei der zusätzlichen Aufnahme eines weiteren Geschäftszweiges oder Sortiments bejaht werden kann, hängt von den Umständen des Einzelfalles ab. Wieweit die Verpflichtung eines Vermieters reicht, Wettbewerb von seinem Mieter fernzuhalten, lässt sich im Einzelfall nur unter Würdigung der gesamten Umstände, insbes. der Interessen beider Vertragsparteien nach Treu und Glauben mit Rücksicht auf die Verkehrssitte bestimmen.[1941] **602**

Eine Abänderung oder Erweiterung des vereinbarten Mietgebrauchs ist vom Vermieter dann hinzunehmen, wenn einerseits der Mieter an ihr ein berechtigtes Interesse hat und andererseits legitime Interessen des Vermieters dadurch nicht beeinträchtigt werden.[1942] Der vertragsimmanente Konkurrenzschutz bezieht sich in diesen Fällen aber nicht automatisch auch auf das erweiterte Warenangebot. Es verstößt vielmehr gegen Treu und Glauben, wenn ein Vermieter, der die Erweiterung des Sortiments gewähren lasst, dadurch eine Einschränkung seiner Befugnisse bei der Aufnahme neuer Ladenmieter erleiden soll.[1943] In jeden Einzelfall ist somit zu prüfen, ob die Duldung des Vermieters als Bestätigung der vom Mieter ausgeübten Vertragserweiterung und damit des **603**

---

[1931] BGHZ 70, 79 = WuM 1978, 187 = NJW 1978, 585 = ZMR 1978, 210 = MDR 1978, 400; KG GuT 2005, 54 = MietRB mAnm *Kurek;* Wolf/Eckert/Ball Gewerbl. Miet-/Pacht-/LeasingR-HdB Rn. 711; *Leo/Ghassemi-Tabar* NZM 2009, 337 (338); wohl anders der Kartellsenat des BGH NZM 2003, 597 = ZMR 2003, 651.

[1932] BGH ZMR 1960, 139 = BB 1960, 345; OLG Dresden MDR 1998, 211; *Kulik* NZM 1999, 546 (547).

[1933] BGH XII ZR 40/10, AK-MietPrax § 535 BGB Nr. 49 = NJW 2012, 844 = MDR 2012, 271 = NJW 2012, 844 = GE 2012, 329 = NZM 2012, 196;; krit. *Oprée/Reinhard* NZM 2013, 16 (20).

[1934] KG GE 2008, 409.

[1935] OLG Köln ZMR 2005, 861 = NZM 2005, 866 = NJW-RR 2005, 1680 = MDR 2006, 86; zu den Rechten iE Wolf/Eckert/Ball Gewerbl. Miet-/Pacht-/LeasingR-HdB Rn. 731.

[1936] *Neuhaus* ZAP 2000, 1451 (1452).

[1937] OLG Brandenburg NZM 2010, 43.

[1938] *Menn,* NZM 2017, 688; vgl. die Checkliste zur Überprüfung von Konkurrenzschutzansprüchen bei *Neuhaus* ZAP 2000, 1451 (1474).

[1939] OLG Köln NZM 2005, 868 = ZMR 2005, 861 = GuT 2005, 157 = MDR 2006, 86; *Bittner* MDR 2008, 1201.

[1940] *Leo/Ghassemi-Tabar* NZM 2009, 337 (338).

[1941] BGH ZMR 1960, 139 = BB 1960, 345.

[1942] OLG Düsseldorf WuM 1998, 320 = MDR 1996, 467 = ZMR 1996, 258 = DWW 1997, 122; sa BGH ZMR 1985, 374 = MDR 1986, 46 = NJW-RR 1986, 9 zur Auslegung von Vertragsklauseln über Nebenartikel.

[1943] BGH ZMR 1960, 139 = BB 1960, 345; *Gather* FS Seuss, 1987, 301 (308).

Konkurrenzschutzes zu sehen ist, oder ob der Vermieter das erweiterte Warenangebot des Mieters nur hinnimmt, ohne daraus Vertragspflichten übernehmen zu wollen. Im ersten Fall muss der Mieter alsbald nach der Vermietung an einen Konkurrenten seinen Konkurrenzschutz geltend machen, wenn er ihn nicht wegen Verwirkung verlieren will. Im letzteren Fall kann der Mieter bei der Vermietung an einen Konkurrenten – hinsichtlich der Sortimentserweiterung – keine Einwände erheben. Allerdings wird auch der Vermieter gegen die Sortimentserweiterung durch den Mieter nichts unternehmen können (Verwirkung), wenn er diese über längere Zeit hingenommen hat.

604 **b) Nebenartikel.** Es ist nach den Umständen des einzelnen Falles abzuwägen, inwieweit nach Treu und Glauben unter Berücksichtigung der Belange der Parteien die Vermeidung von Konkurrenz geboten ist.[1944] Der Mieter muss bspw. im Allgemeinen dulden, dass der Vermieter Räume im gleichen Haus an einen Betrieb vermietet, der gleiche Waren als Nebenartikel führt,[1945] es sei denn, die Geschäftsräume würden dadurch nur noch in vermindertem Umfang brauchbar sein.[1946] Grundsätzlich erstreckt sich der vertragsimmanente Konkurrenzschutz daher nur auf die **Hauptartikel.**[1947] Ein Indiz für die Annahme eines Nebenartikels kann das Verhältnis seines Umsatzes zum Gesamtumsatz sein.[1948] Ändert ein Mieter die Konkurrenzsituation durch Veränderung seiner gewerblichen Tätigkeit, indem er bisher angebotene Nebenleistung zur Haupttätigkeit erhebt, und schafft dadurch eine echte Konkurrenzsituation, kann sich der andere Mieter auf den vereinbarten Konkurrenzschutz berufen.[1949]

605 Diese Differenzierung führt allerdings dann zu keinem sinnvollen Ergebnis, wenn ein Supermarkt mit seinen Nebenartikeln einem Einzelhandelsgeschäft Konkurrenz macht. Der zB nur 5% ige Anteil vom Umsatz im Supermarkt kann nämlich für den Einzelhändler schon existenzbedrohend sein. Der Supermarkt darf daher grds. auch mit Nebenartikeln keine Konkurrenz betreiben (→ Rn. 623 f.).[1950] Wird ein Supermarkt so betrieben, dass er keine Differenzierung zwischen Haupt- und Nebenartikeln kennt, genießt er keinen Konkurrenzschutz hinsichtlich des gesamten Warensortiments, da sonst der Wettbewerb übermäßig eingeschränkt würde.[1951]

606 Bei der Abgrenzung ist entscheidend darauf abzustellen, dass als Hauptartikel diejenige Ware gilt, die wie in einem Fachgeschäft den Stil des Geschäfts bestimmt und diesem das ihm **eigentümliche Gepräge** gibt.[1952] Kann dies für einzelne Sortimente angenommen werden, dann ist auch insoweit zugunsten des Supermarkts ein Hauptartikel anzunehmen.[1953] Dabei kommt es auf die Gesamtwürdigung anhand der Verkehrsauffassung an sowie insbes. darauf, ob der hinzukommende Mieter gleichartige Waren in einer Vielfalt, Auswahl, Geschlossenheit und Übersichtlichkeit anbietet, wie sie im Geschäft des zuerst vorhandenen Mieters angeboten werden.[1954] Die attraktive Lage des Gebäudes und Konkurrenz in der näheren Umgebung rechtfertigen es nicht, dass der Vermieter vom Konkurrenzschutz auch bei gleichem Warensortiment innerhalb des gleichen Hauses befreit ist.[1955]

607 **c) Freie Berufe.** Die für gewerbliche Mieter aufgestellten Grundsätze gelten auch für die Vermietung von Praxisräumen an Angehörige der freien Berufe, wie zB Ärzte, Anwälte, Steuerberater

---

[1944] BGHZ 70, 79 = WuM 1978, 187 = NJW 1978, 585 = ZMR 1978, 210 = MDR 1978, 400; OLG Karlsruhe NJW-RR 1990, 1234 = ZMR 1990, 214.

[1945] BGH NJW 1974, 2317 = MDR 1975, 133 = ZMR 1977, 110; BB 1957, 167; 1955, 181; Wolf/Eckert/Ball Gewerbl. Miet-/Pacht-/LeasingR-HdB Rn. 714.

[1946] OLG Köln WuM 1998, 342 = ZMR 1998, 347; OLG Frankfurt a. M. NJW 1982, 707 = ZMR 1982, 208 = BB 1982, 694.

[1947] BGH ZMR 1985, 374 = MDR 1986, 46 = NJW-RR 1986, 9; OLG Hamm NJW-RR 1998, 1019 = MDR 1998, 585 = NZM 1998, 511.

[1948] *Fritz* GewerberaumMietR Rn. 76 stellt auf den Wert von 5% des Gesamtumsatzes ab; *Bittner* MDR 2008, 1201 (1202).

[1949] KG NZM 2009, 621.

[1950] OLG Celle WuM 1992, 538 = ZMR 1992, 448 = DWW 1995, 216; Fritz GewerberaumMietR Rn. 76; einschränkend OLG Hamm NJW-RR 1998, 1019 = MDR 1998, 585 = NZM 1998, 511; Wolf/Eckert/Ball Gewerbl. Miet-/Pacht-/LeasingR-HdB Rn. 714.

[1951] OLG Hamm MDR 1998, 585 = NZM 1998, 511 = NJW-RR 1998, 1019.

[1952] BGH NJW-RR 1986, 9 = ZMR 1985, 374 = MDR 1986, 46; BB 1957, 167; OLG Nürnberg NZM *2007, 567; Bub/Treier* MietR-HdB/*Kraemer/Ehlert* Kap. III B Rn. 2894.

[1953] *Bittner* MDR 2008, 1201 (1202).

[1954] Bub/Treier MietR-HdB/*Kraemer/Ehlert* Kap. III B Rn. 2895.

[1955] OLG Frankfurt a. M. NJW-RR 1988, 396; **aA** LG Frankfurt a. M. NJW-RR 1989, 1246.

und Architekten.[1956] Auch die **Angehörigen freier Berufe,** insbes. Ärzte derselben Fachrichtung, stehen in wirtschaftlicher Konkurrenz.[1957] Es ist in jedem Einzelfall zu beurteilen, ob der Mieter einer Konkurrenzsituation ausgesetzt wird, die für ihn unzumutbar ist. Dabei spielt die Lage neben den Haupttätigkeitsbereichen eine entscheidende Rolle.

Allerdings ist zu bedenken, dass die räumliche Nähe zu einer anderen Praxis nicht immer von solcher Bedeutung ist wie bei konkurrierenden Ladengeschäften oder Gaststätten.[1958] Der Einfluss der Laufkundschaft nimmt mit der Spezialisierung ab.[1959] Insbesondere die Wertschätzung anderer Kollegen sowie das Ansehen bei den Patienten beeinflusst in nicht unerheblichem Maße die Überweisungspraxis, die eine beachtliche Rolle spielt.[1960] Daher kann sich der Mieter dann nicht auf einen Konkurrenzschutz berufen, wenn bei der Vermietung der Räume in einem Gebäudekomplex für den Mieter erkennbar ist, dass die Vermietung auch an vergleichbare Berufsgruppen, wie zB Rechtsanwälte oder Ärzte, erfolgen soll; es sei denn, der Mieter kann sich auf eine vereinbarte Konkurrenzschutzklausel berufen.[1961] An einer maßgeblichen Konkurrenzverschärfung kann es fehlen, wenn in der näheren Umgebung des hinzukommenden Mieters schon zahlreiche Praxen von Konkurrenten existieren.[1962] **608**

Immer ist bei der Frage des vertragsimmanenten Konkurrenzschutzes zu prüfen, ob eine vertragliche Konkurrenzschutzklausel vorliegt, die den immanenten Schutz einschränken kann.[1963] Darüber hinaus ist zu untersuchen, ob mit der beanstandeten Tätigkeit der zum Vertragsgegenstand bestimmte und vereinbarte Geschäftszweck eingehalten wurde und ob der Mieter **mit dem Geschäftsprofil des Konkurrenten** rechnen musste. Letzteres muss sich der Mieter von Räumen zum Betrieb einer krankengymnastischen Praxis entgegenhalten lassen, wenn ein Orthopäde ebenfalls krankengymnastische und physiotherapeutische Behandlungen durch nichtärztliches Personal durchführen lässt. Derartige Tätigkeiten können nach der GOÄ abgerechnet werden und sind für einen Orthopäden weder untypisch noch ungewöhnlich.[1964] Keine Konkurrenzsituation entsteht für einen Radiologen, der in den gemieteten Räumen eine Röntgenpraxis betreibt, wenn der Vermieter im gleichen Gebäude Räume an einen Facharzt für Orthopädie und Sportmedizin überlässt, der dort ein Röntgengerät zur Diagnose seiner Patienten nutzt, ohne aber eine „Teilröntgenpraxis" zu betreiben.[1965] Anderes gilt allerdings zu Gunsten einer Praxis für Krankengymnastik bei der Vermietung an ein Rehabilitationszentrum, in dem eine „Erweiterte Ambulante Physiotherapie" (EAP) angeboten wird,[1966] weil Physiotherapie lediglich ein anderer Begriff für Krankengymnastik ist. **609**

**d) Gewerbe.** Auch wenn der Vermieter bei Abschluss des Mietvertrages auf eine andere, mit einem Konkurrenten vereinbarte, umfassende **Konkurrenzschutzklausel** nicht hingewiesen hat, liegt kein Verstoß gegen § 242 BGB vor. Der Vermieter ist nicht verpflichtet, einen entsprechenden **Hinweis** zu erteilen. Wer einen Vertrag schließt, hat sich grds. selbst darüber zu vergewissern, ob er für ihn von Vorteil ist oder nicht. Hierauf darf sich der andere Vertragsteil einstellen.[1967] **610**

Für ein bürgerlich-rustikales Restaurant kann im Rahmen des immanenten Konkurrenzschutzes eine Konkurrenzsituation durch den Verkauf von Imbissen in einem anderen Lokal in Betracht **611**

---

1956 BGHZ 70, 79 = WuM 1978, 187 = NJW 1978, 585 = ZMR 1978, 210 = MDR 1978, 400; OLG Köln NZM 2005, 866 = ZMR 2005, 861 = GuT 2005, 157; *Niklas* ZMR 2015, 270 (271); OLG Düsseldorf GE 2013, 1276, Kampfkunstschule.

1957 OLG Karlsruhe NJW 1972, 2224; LG Düsseldorf NJW 1963, 1678; AG Sömmerda WuM 1998, 554; AG Dortmund ZMR 1961, 227; *Gather* FS Seuss, 1987, 301 (309); Bub/Treier MietR-HdB/*Kraemer/Ehlert* Kap. III B Rn. 2899.

1958 Zweifelnd Bub/Treier MietR-HdB/*Ehlert/Kraemer* Kap. III B Rn. 2899.

1959 *Leo/Ghassemi-Tabar* NZM 2009, 337 (340).

1960 BGH WuM 1978, 187 = NJW 1978, 585 = ZMR 1978, 210 = MDR 1978, 400; *Gather* DWW 1997, 169 (175).

1961 OLG Hamm NJW-RR 1991, 1483 = ZMR 1991, 295; Bub/Treier MietR-HdB/*Ehlert/Kraemer* Kap. III B Rn. 2899; zur Frage des Unlauteren Wettbewerbs BGH WuM 1988, 28 = NJW 1987, 3132.

1962 Bub/Treier MietR-HdB/*Kraemer/Ehlert* Kap. III B Rn. 2899.

1963 OLG Frankfurt/M ZMR 2018, 1000 (Zahnarztpraxis); KG GuT 2010, 208 = GE 2010, 1338 = ZMR 2011, 30; Bieber jurisPR-MietR 17/2010 Anm. 5.

1964 OLG Hamm ZMR 1997, 581; OLG Düsseldorf DWW 2000, 158 = ZMR 2000, 451 zum Sportmediziner.

1965 AG Sömmerda WuM 1998, 554.

1966 OLG Schleswig MDR 1998, 642.

1967 BGH WuM 1979, 144 = NJW 1979, 1404 = ZMR 1979, 311; LG Köln WuM 1990, 379.

kommen, wenn dieselbe Verbrauchergruppe angesprochen wird.[1968] Das gilt auch zu Gunsten eines Imbissbetriebes, wenn von dem Konkurrenzbetrieb ebenfalls fertige Speisen angeboten werden, die nicht zu den speziellen Gerichten einer bestimmten Nationalität gehören.[1969] Pizzagerichte haben inzwischen eine derartige Verbreitung erfahren, dass sie zum normalen Sortiment eines Imbissbetriebes gehören.[1970] Kein Konkurrenzschutz besteht für einen „irischen Pub" gegenüber einer „Tapas Taverne" mit spanisch-mediterranem Ambiente.[1971]

**612** **e) Räumliche Beschränkung.** Bei der Vermietung von Räumen an sonstige Gewerbetreibende spielt es eine Rolle, ob die Geschäftsräume im **Zentrum** einer Großstadt liegen, wo zwangsläufig schon mit Konkurrenz zu rechnen ist, oder ob sie sich im **Außenbezirk** befinden, in dem nicht ohne weiteres von Konkurrenz ausgegangen werden kann. Ein Konkurrenzschutz ist nämlich dann überflüssig, wenn die räumliche Nähe der wettbewerblichen Konkurrenz keinen Einfluss auf die Geschäftstätigkeit des Mieters hat.[1972] Der Vermieter einer an eine Spedition vermieteten Lagerhalle, der eine andere Halle auf dem selben Grundstück einer anderen Speditionsfirma mietweise überlässt, verletzt bspw. dann nicht seine Pflicht zum Konkurrenzschutz, wenn der Mieter die Lagerhalle vertragsgemäß nur zur Einlagerung von Möbeln benutzt, seine Geschäfts- und Büroräume aber auf einem ganz anderen Grundstück unterhält.[1973] Der Betreiber eines Betonwerkes, der auf den gepachteten Flächen Beton produziert, aber dort nicht verkauft, ist nicht vor der Ansiedlung eines weiteren Betonwerkes geschützt.[1974]

**613** Im Rahmen der Vertragsfreiheit ist es möglich, dass der Eigentümer mehrerer Grundstücke sich ausdrücklich zu einem Konkurrenzschutz hinsichtlich aller oder mehrerer seiner Grundstücke verpflichtet, auch wenn diese räumlich nicht im Zusammenhang stehen.[1975] Ist diesbezüglich keine vertragliche Regelung getroffen worden, bezieht sich der Konkurrenzschutz nicht nur auf dasselbe Grundstück, sondern auch auf unmittelbare Nachbargrundstücke desselben Vermieters.[1976] Eine **unmittelbare Nachbarschaft** kann im Einzelfall schon zu verneinen sein, wenn die Grundstücke durch ein Fremdgrundstück getrennt sind.[1977] Sie ist aber nicht mehr gegeben, wenn die Grundstücke 350 Meter auseinander liegen,[1978] auch wenn sie an die als Fußgängerzone gestaltete Ladenstraße angrenzen. Eine Entfernung von nur 100 Meter reicht ebenfalls für die Annahme einer unmittelbaren Nachbarschaft nicht aus, wenn die Grundstücke an verschiedenen Straßen liegen.[1979] Gleiches gilt für den Betreiber einer Recycling-Anlage in einem Güterverkehrszentrum bei einer Entfernung zu seinem Konkurrenten von 4,2 Straßenkilometern.[1980] Der Vermieter kann das Nachbargrundstück veräußern, **ohne den Erwerber** wettbewerbsmäßig binden zu müssen. Die Vermietung an einen Konkurrenten im Nachbarhaus auf dem gleichen Grundstück ist unzulässig.[1981] Dies kann der Vermieter nicht dadurch umgehen, dass er die Grundstücke grundbuchmäßig teilt. Der Vermieter darf das vermietete Grundstück aber auch nicht **aufteilen** und den abgetrennten Teil an ein Konkurrenzunternehmen veräußern.[1982] Unzulässig ist es auch, den Konkurrenzschutz dadurch **zu umgehen,** dass die Konkurrenz von einem Dritten ausgeübt wird, der entweder vom Vermieter abhängt oder diesen als Konzernunternehmen beherrscht.[1983] Für ein Nachbargrundstück besteht kein Konkurrenzschutz, wenn der Vermieter dieses erst nach Abschluss des Mietvertrages mit einem Konkurrenten erwirbt.[1984]

---

[1968] BGH NJW-RR 1988, 717; weitere Bespiele zum Konkurrenzschutz bei *Bieber* PiG 2007, 119 (128ff.).
[1969] KG GE 2002, 667.
[1970] OLG Hamm NJW-RR 1997, 459.
[1971] OLG Düsseldorf ZMR 2000, 171.
[1972] *Kulik* NZM 1999, 546 (547).
[1973] OLG Karlsruhe NJW-RR 1987, 848.
[1974] OLG Koblenz NJW-RR 1995, 1352.
[1975] BGH MDR 1968, 657 = BB 1968, 645 = WPM 1968, 699.
[1976] BGH ZMR 1955, 200 = BB 1955, 181; BB 1960, 345; BGHZ 70, 79 = WuM 1978, 187 = NJW 1978, 585 = ZMR 1978, 210 = MDR 1978, 400; LG Chemnitz ZMR 2002, 350; *Gather* FS Seuss, 1987, 301 (305); *Domrich* GE 1999, 1392.
[1977] OLG Rostock MDR 2005, 1222 = NZM 2006, 295; OLG Hamm NJW-RR 1991, 975.
[1978] BGH WuM 1979, 144 = NJW 1979, 1404 = ZMR 1979, 311.
[1979] BGH MDR 1968, 657 = BB 1968, 645 = WPM 1968, 699.
[1980] OLG Nürnberg NZM 2008, 843.
[1981] *OLG Hamburg MDR 1964, 508; Bieber* Anm. zu OLG Rostock MietRB 2005, 178.
[1982] OLG Koblenz NJW 1960, 1253.
[1983] OLG Karlsruhe ZMR 1990, 214 = NJW-RR 1990, 1234 = EWiR 1990, 667; *Sternel* EWiR 1990, 667.
[1984] Bub/Treier MietR-HdB/*Kraemer/Ehlert* Kap. III B Rn. 2892.

Im Bereich der industriellen Fertigung besteht nur dann eine Konkurrenzschutzverpflichtung, wenn an Ort und Stelle der Fertigung überhaupt Wettbewerb um Kunden und Umsatz stattfindet.[1985] **614**

Auch der Franchisegeber[1986] ist zum Konkurrenzschutz verpflichtet, wenn sich der Franchisenehmer gegen Konkurrenz aus dem eigenen Franchise-System wehren muss. Aus der dem Franchise-Vertrag innewohnenden Treuepflicht ergibt sich, dass das Einzugsgebiet des Franchisenehmers (Gebietsschutz) nicht unverhältnismäßig begrenzt werden darf.[1987] **615**

**f) Untermieter.** Der Anspruch auf Schutz gegen Konkurrenz richtet sich auch gegen den Untermieter.[1988] Mit einer Untervermietung an einen Konkurrenten verstößt der Hauptmieter gegen seine vertraglichen Verpflichtungen aus dem Hauptmietvertrag.[1989] Der Hauptvermieter ist nicht verpflichtet, dem Hauptmieter die Untervermietung zu genehmigen, wenn dadurch eine Konkurrenzlage eintritt.[1990] **616**

Der Untermieter hat einen **Konkurrenzschutzanspruch** gegen seinen Vermieter, soweit vertragliche Abreden nicht entgegenstehen.[1991] Gegen den Hauptvermieter ist ein Konkurrenzschutz des Untermieters grds. ausgeschlossen, wenn er über die Vertragssituation als Untermieter aufgeklärt wurde.[1992] Kann der Hauptmieter gegenüber dem Hauptvermieter einen vertragsimmanenten oder vereinbarten Konkurrenzschutz geltend machen, bleibt ihm dieser bei der Untervermietung erhalten. In diesem Fall hat der Untermieter ggf. einen Anspruch an seinen Vermieter, dass dieser die Rechte gegenüber seinem Hauptvermieter geltend macht.[1993] Damit wird dem Untermieter mittelbarer Konkurrenzschutz gegen den Hauptvermieter zuteil, der aber wegen der Anknüpfung an den Anspruch des Hauptmieters nur bei Branchengleichheit in Betracht kommt.[1994] **617**

Im Einzelfall können auch Dritte zum Konkurrenzschutz verpflichtet sein. Das ist bspw. der Fall, wenn der Vermieter seine Pflicht zum Konkurrenzschutz dadurch umgehen will, dass er einen Dritten als **Strohmann** einschaltet[1995] oder wenn eine Konzernmutter den Mietvertrag rechtsmissbräuchlich abschließt.[1996] Bei einer Gesellschaft darf die Pflicht zum Konkurrenzschutz nicht dadurch unterlaufen werden, dass sich eine offene Handelsgesellschaft zum Konkurrenzschutz verpflichtet, ihr persönlich haftender Gesellschafter aber einen Konkurrenzbetrieb eröffnet.[1997] **618**

**g) Beschränkungen des Mieters.** In Einzelfällen kann es auch für den Vermieter von Bedeutung sein, dass der Mieter sich bestimmte wettbewerbsrechtliche Beschränkungen auferlegt. Das bedarf aber regelmäßig einer gesonderten vertraglichen Vereinbarung. So begründet ein Mietvertrag über Geschäftsräume nicht ohne weiteres die Pflicht, dass der Mieter für die Dauer des Mietverhältnisses kein anderes **gleichartiges Unternehmen** betreibt. Ebenso ist es nicht ohne besondere Vereinbarung Vertragsinhalt, dass der Mieter nach Beendigung des Vertrages kein gleichartiges Geschäft in anderen Räumen betreiben darf. Wird im Vertrag vereinbart, dass auch nach Beendigung des Vertragsverhältnisses ein Wettbewerbsverbot zu Gunsten der Mietsache gelten soll, sind bei der Bewertung einer solchen Abrede insbes. die Wettbewerbs- und Berufsfreiheit zu beachten.[1998] Die Wettbewerbsbeschränkung muss daher **zeitlich begrenzt** sein, wobei idR ein Zeitraum von drei Jahren nach Beendigung des Mietverhältnisses als Obergrenze anzusehen ist[1999] (→ Rn. 564 f.). **619**

**h) Konkurrierende Mieter.** Der mietvertragliche Anspruch auf Konkurrenzschutz besteht grds. **nur gegenüber dem Vermieter.** Die Mieter untereinander sind nicht zum Konkurrenzschutz verpflichtet.[2000] Die Verpflichtung des einen Mieters gegenüber dem Vermieter hat auch **620**

---

1985 OLG Koblenz NJW-RR 1995, 1352; LG Koblenz NJW-RR 1993, 842.
1986 Umf. *Flohr* ZAP 2000, 1409.
1987 *Domrich* GE 1999, 1392 f.
1988 LG Koblenz NJW-RR 1993, 842.
1989 LG Traunstein DWW 1998, 213 = ZMR 1998, 566 mAnm *Schmid;* LG Oldenburg NJW-RR 1989, 81.
1990 BGH NJW 1982, 376 = ZMR 1982, 11 = MDR 1982, 314.
1991 *Leo/Ghassemi-Tabar* NZM 2009, 337 (338); Fritz GewerberaumMietR Rn. 29.
1992 Bub/Treier MietR-HdB/*Kraemer/Ehlert* Kap. III B Rn. 3001.
1993 Bub/Treier MietR-HdB/*Kraemer/Ehlert* Kap. III B Rn. 3001.
1994 Fritz GewerberaumMietR Rn. 79.
1995 OLG Hamm NJW-RR 1990, 1236.
1996 OLG Karlsruhe NJW-RR 1990, 1234 = ZMR 1990, 214.
1997 RGZ 136, 266.
1998 BGH NJW 1957, 988; OLG Stuttgart NJW 1978, 2340.
1999 OLG Stuttgart NJW 1978, 2340.
2000 OLG Koblenz ZMR 1993, 72 = GE 1993, 93; zum Konkurrenzschutz der Teileigentümer *Fritz* NZM 2000, 633 (635).

grds. keine unmittelbare Schutzwirkung zugunsten des anderen Mieters. Ob dies anders beurteilt werden muss, wenn sich der Mieter verpflichtet, keine Konkurrenz bzgl. der im Anwesen vorhandenen anderen Mieter zu betreiben, hat der BGH ausdrücklich offen gelassen.[2001]

**621** Auch der Teil- oder Sondereigentümer ist grds. nicht verpflichtet, den Mietern der Miteigentümer oder diesen selbst Konkurrenzschutz zu gewähren.[2002] Vielmehr haben sie entsprechende Wettbewerbstätigkeiten, da diese außerhalb des Regelungsbereiches des § 14 Nr. 1 WEG liegen[2003], hinzunehmen. Ungeklärt ist, ob der Vermieter diesbezüglich aufklärungspflichtig ist, wenn bspw. die Teilungserklärung keinen Konkurrenzschutz gewährt und aus dem Mietvertrag nicht erkennbar ist, dass es sich bei den Mietflächen um Teileigentum handelt.[2004]

**622** Allein aus dem Verstoß gegen eine Konkurrenzschutzklausel ergibt sich kein Anspruch aus § 1 UWG. Ein Vertragsbruch ist nämlich, auch wenn er zu Wettbewerbszwecken erfolgt, nicht ohne weiteres zugleich ein **Wettbewerbsverstoß.** Das gilt sowohl im Verhältnis der Vertragspartner zueinander, als auch im Verhältnis zu Außenstehenden. Nur wenn besondere Unlauterkeitsmomente hinzutreten, kann im Einzelfall ein Vertragsbruch auch als Verstoß gegen § 1 UWG zu werten sein.[2005]

**623** **i) Vertragsklauseln.** Die dem Vertrag immanente Verpflichtung zum Konkurrenzschutz kann individuell oder durch Allgemeine Geschäftsbedingungen ausgeschlossen, eingeschränkt, räumlich ausgedehnt oder auf Nebenartikel erstreckt werden.[2006] Wird der Konkurrenzschutz in einer Vertragsklausel zunächst ausgeschlossen und von einer gesonderten zusätzlichen Vereinbarung abhängig gemacht, dann muss die den Konkurrenzschutz aufgreifende Abrede wegen ihres Ausnahmecharakters zu Lasten des Mieters eng ausgelegt werden.[2007] Wird in dieser Form Konkurrenzschutz gegenüber einem „reinen" Versicherungsbüro vereinbart, ist die Vermietung an eine Agentur, die darüber hinaus auch Bausparverträge und Anlageberatung betreibt, zulässig.

**624** Eine unangemessene Benachteiligung des Mieters gem. § 307 BGB liegt nicht vor, wenn die vermieteten Praxisräume in einem Gebäudekomplex eines großstädtischen Geschäftsviertels liegen, in dem sich weitere Arztpraxen verschiedener Fachrichtungen befinden.[2008] Ein Verstoß gegen § 307 BGB ist ebenfalls zu verneinen, wenn der Mieter verpflichtet wird, keine Waren zu führen, die bereits in einem anderen Geschäftslokal des Hauses angeboten werden. Nur dann, wenn der Wettbewerber ein **völlig gleiches Warenangebot** hat oder **gleiche Dienstleistungen** anbietet, erscheint es mit dem gesetzlichen Leitgedanken uneingeschränkter Überlassungspflicht des Vermieters unvereinbar und als Verstoß gegen die Benachteiligungsklausel des § 307 BGB, den Konkurrenzschutz abzubedingen.[2009]

**625** Die Frage, ob sich eine Konkurrenzschutzklausel auch auf Nebenartikel bezieht, ist den Umständen des jeweiligen Einzelfalles zu entnehmen.[2010] Im Regelfall ist eine Konkurrenzschutzklausel im Sinne eines umfassenden Konkurrenzschutzes zu werten. Das gilt jedenfalls bei Vermietungen zum Betrieb eines **Supermarkts** im Verhältnis zu den im **Einkaufszentrum befindlichen Einzelhandelsgeschäften,** wenn die Artikel des Supermarkts das Angebot eines Fachgeschäfts ganz oder zu einem erheblichen Teil mit abdecken.[2011] Kommt umgekehrt ein Fachgeschäft zu einem Supermarkt hinzu, so kann ein Warensegment des Supermarkts nur dann als Hauptartikel (→ Rn. 604 f.)

[2001] BGH WuM 1988, 28 = NJW 1987, 3132 = NJW-RR 1987, 1448 = MDR 1988, 114 = ZMR 1987, 455 = DWW 1987, 351 = GE 1987, 1209; dagegen bejaht für Campingmieter ZMR 2005, 520.
[2002] OLG Brandenburg GuT 2009, 216.
[2003] BGH WuM 1986, 358 = ZMR 1986, 367 = NJW-RR 1986, 1335 = MDR 1987, 42.
[2004] LG Karlsruhe WuM 1991, 83; *Fritz* jurisPR-MietR 21/2009 Anm. 6.
[2005] BGH WuM 1988, 28 = NJW 1987, 3132 = NJW-RR 1987, 1448 = MDR 1988, 114 = ZMR 1987, 455 = DWW 1987, 351 = GE 1987, 1209.
[2006] KG GuT 2010, 208 = GE 2010, 1338 = ZMR 2011, 30; GuT 2008, 199 = NZM 2008, 248 = MDR 2008, 19; ZMR 2008, 616; *Bieber* PiG 2007, 119; Staudinger/*Emmerich* BGB § 535 Rn. 23; Schultz Gewerberaummiete S. 163; *Fritz* GewerberaumMietR Rn. 165; Bub/Treier MietR-HdB/*Bub* Kap. II B Rn. 1422; *Kulik* NZM 1999, 546 (548); *Horst* DWW 2008, 42 (47); sowie *Bittner* MDR 2008, 1201 (1203) mit einzelnen Klausel-Vorschlägen.
[2007] KG GE 2002, 51.
[2008] OLG Düsseldorf GE 2007, 651 = NZM 2007, 357, Radiologen; OLG Hamburg ZMR 1987, 94 = MDR 1987, 321 = DWW 1987, 72 = NJW 1987, 403.
[2009] OLG Düsseldorf NJW-RR 1992, 1290 = ZMR 1992, 445 = DWW 1992, 368; *Horst* DWW 2008, 42 *(47); diff. Fritz GewerberaumMietR Rn. 165.*
[2010] BGH NJW-RR 1986, 9 = MDR 1986, 46 = ZMR 1985, 374 = BB 1985, 1564.
[2011] OLG Köln NJW-RR 1998, 1017 = NZM 1998, 512; OLG Celle WuM 1992, 538 = ZMR 1992, 448 = DWW 1995, 216; Bub/Treier MietR-HdB/*Kraemer/Ehlert* Kap. III B 2895.

dem Konkurrenzschutz unterliegen, wenn es nach Vielfalt, Auswahlmöglichkeit, Geschlossenheit und Übersichtlichkeit der Präsentation eines Fachgeschäfts entspricht. Das sind solche Artikel, die dem Stil des Geschäfts entsprechen und diesem das ihm eigentümliche Gepräge geben.[2012]

Die Abrede in einem Pachtvertrag, nach der dem Pächter in einem Kiosk das alleinige Recht zum Verkauf von Speisen und Getränken innerhalb eines eingezäunten Naherholungsbereichs eingeräumt wird, ist wirksam und schließt die Verpachtung eines weiteren Kiosks mit gleichem Angebot aus.[2013] Es kann auch zugunsten des Vermieters für die Zeit **nach Vertragsbeendigung** ein Konkurrenzverbot vereinbart werden. So ist eine Konkurrenzschutzklausel in einem Pachtvertrag zulässig, durch die der Pächter einer Kfz-Werkstatt mit Tankstelle verpflichtet wird, innerhalb einer Frist von drei Jahren nach Beendigung des Pachtverhältnis im Umkreis von 5 km eine gleichartige gewerbliche Betätigung zu unterlassen.[2014] **626**

Das Wettbewerbsverbot darf aber niemals über das hinausgehen, was zur Wahrung der schützenswerten Interessen des Vertragspartners geboten ist. Daher ist eine Wettbewerbsvereinbarung unwirksam, die einem Verpächter eines Imbissbetriebes für einen Zeitraum von 10 Jahren vertraglich untersagt, in der gesamten Stadt ein weiteres Imbisslokal zu betreiben. Eine solche Vertragsbestimmung geht sowohl hinsichtlich des zeitlichen, als auch hinsichtlich des örtlichen Geltungsbereichs weit über das angemessene Maß hinaus.[2015] Als unverhältnismäßig und damit unwirksam wurde auch die Klausel beurteilt, mit der dem Mieter bei rund achtjähriger Mietdauer ein nachvertragliches Wettbewerbsverbot von 5 Jahren auferlegt wurde.[2016] **627**

## E. Die Pflicht des Vermieters zur Lastentragung

Nach § 535 Abs. 1 S. 3 BGB hat der Vermieter die auf der vermieteten Sache ruhenden Lasten (vgl. § 103 BGB) zu tragen, also sämtliche öffentlich- und privatrechtlichen Lasten, die ihn als Eigentümer oder dinglich Berechtigten treffen. Die Verpflichtung des Vermieters betrifft sowohl die **öffentlich-rechtlichen Lasten** (zB Grundsteuer, Schornsteinfegergebühren, Straßen- oder Wegereinigungskosten, gemeindliche Müllabfuhrgebühren) wie auch die **privatrechtlichen** (zB aus einer Reallast gem. §§ 1105ff. BGB, aber auch die Zinsbelastungen aus einem durch Hypothek oder Grundschuld gesicherten Darlehen). Persönliche Lasten (zB Vermögenssteuer, Realsteuern, Gewerbesteuer oder die Feuerversicherungsprämie) fallen nicht unter die Vorschrift.[2017] **628**

Die gesetzliche Regelung geht davon aus, dass der Vermieter die Kosten in den Mietzins einkalkuliert. Sie wiederholt damit nur, was sich bereits aus §§ 535 Abs. 1 S. 2 BGB ergibt. Danach hat der Vermieter dem Mieter während des Mietverhältnisses ständig den Gebrauch der Mietsache in vertragsgemäßem Zustand zu gewähren. Soweit er hierzu Kosten aufwenden muss, hat er sie aus dem Mietzins zu bestreiten. **629**

Die Lastenverteilung ist vertraglich abdingbar, wobei jedoch zwischen Wohnraum- und Gewerberaummietverhältnissen zu differenzieren ist. Bei Wohnraummietverträgen findet die Abdingbarkeit **ihre Grenzen** an der Bestimmung des Begriffs der Betriebskosten in der Betriebskostenverordnung. Die Betriebskostendefinition ist durch § 556 Abs. 1 S. 2 BGB für alle Arten von preisfreiem Wohnraum verbindlich. Für preisgebundene Wohnungen iSd NMV 1970 gilt bis zum 31.12.2003 die weitgehend mit der Betriebskostenverordnung identische Anl. 3 zu § 27 II. BV; ab dem 1.1.2004 die Betriebskostenverordnung. Bei Gewerberaummietverträgen kann der Vermieter den Mieter auch mit Kosten belasten, die durch den Betriebskostenkatalog nicht gedeckt sind. **630**

Bei formularvertraglichen Vereinbarungen sind zugunsten der gewerblichen Vermieter ebenfalls die Grundsätze der Betriebskostenverordnung zu beachten. Abweichende Umlage-Vereinbarungen sind zwar möglich, verstoßen aber gegen § 307 BGB, wenn sie den gewerblichen Mieter bspw. zu Instandsetzungen **ohne Begrenzung** verpflichten, die weder dem Mietgebrauch noch der Risikosphäre des Mieters zuzuordnen sind und diesem damit die Erhaltungslast für die Mietsache auferlegt wird. Dieser Gedanke wird vom BGH übertragen auf die Kostenumlage für Beiträge zur Führung **631**

---

[2012] BGH ZMR 1985, 374 = MDR 1986, 46 = NJW-RR 1986, 9; OLG Hamm MDR 1998, 585 = NZM 1998, 511 = NJW-RR 1998, 1019; NJW-RR 1988, 911 = ZMR 1988, 136 = MDR 1988, 409.

[2013] OLG Düsseldorf DWW 1992, 139.

[2014] OLG Celle NJW-RR 1990, 974; zur Wirksamkeit einer 3 km-Klausel LG Berlin GE 2000, 57.

[2015] OLG Hamm MDR 1987, 320; zur Anwendung des § 139 BGB OLG Celle NZM 2000, 550 = ZMR 2000, 447.

[2016] OLG Celle NZM 2000, 550 = ZMR 2000, 447, Blumenladen.

[2017] BGH BB 1957, 1124.

einer Werbegemeinschaft in einem Einkaufszentrum. Die Höhe der Beiträge zur Werbegemeinschaft muss bestimmbar sein, zB durch einen bestimmten Prozentsatz der Miete. Darüber hinaus muss eine Höchstgrenze im Vertrag festgeschrieben werden.[2018] Unwirksam sind auch Klauseln, die dem Mieter Kosten für Schäden auferlegen, die von Dritten verursacht worden sind und für deren Handeln er nicht einzustehen hat[2019] (→ Rn. 79).

**632** Der Begriff der Betriebskosten geht damit über die Lastenregelung in § 535 Abs. 1 S. 3 BGB hinaus. In dem durch den Betriebskostenkatalog vorgegebenen Umfang kann der Vermieter auch persönliche Lasten, wie zB aus Hausmeisterverträgen, Gebäudesach- und Haftpflichtversicherungen und Stromlieferungsverträgen für die Hausbeleuchtung, auf den Mieter übertragen. Auf der anderen Seite zählen nicht alle Lasten des Grundstücks iSd § 535 BGB zu den Betriebskosten. Erschließungskosten, verrentete Anliegerleistungen und ähnliche Kosten gehören nicht zu den Bewirtschaftungskosten im Sinne Betriebskostenverordnung, sondern entweder zu den Baukosten oder den Kapitalkosten (Einzelheiten zum Betriebskostenrecht s. unter §§ 556 ff. BGB).

## F. Die Pflicht des Mieters zur Bezahlung der Miete

### I. Grundmiete

**633** Der Mieter ist gem. § 535 Abs. 2 BGB verpflichtet, die vereinbarte Miete zu entrichten. Dies ist eine **Hauptleistungspflicht** des Mieters. Die Höhe der Miete wird begrenzt durch § 5 WiStG, wonach das Entgelt die ortsübliche Miete um nicht mehr als 20% – in Ausnahmefällen 50% – überschreiten darf (s. Anh. § 535 BGB). Weitere Grenzen des zulässigen Mietzinses ergeben sich aus den Vorschriften für den preisgebundenen Wohnungsbau (s. Nach § 561 BGB) oder aus den Wohnraumförderungsgesetzen der Länder. Bei sog. Nutzungsverträgen in den östlichen Bundesländern über Erholungsgrundstücke (Datschengrundstücke) und Garagenflächen gilt die NutzEV[2020] bzw. das Schuldrechtsanpassungsgesetz und für Kleingärten (Schrebergärten) die Bestimmungen des BKleingG.

**634** Die Verpflichtung des Mieters von Wohnraum zur Zahlung der Miete, ist gem. § 556b Abs. 1 BGB zu Beginn, spätestens **zum dritten Werktag**[2021] der einzelnen Zeitabschnitte zu erfüllen, nach denen sie bemessen ist (zur **Rechtzeitigkeitsklausel** → BGB § 536 Rn. 449; → BGB § 556b Rn. 7, 11). Gem. § 579 Abs. 2 BGB gilt diese Regelung (§ 556b Abs. 1 BGB) auch für Mietverhältnisse über Räume, also insbes. für Gewerberäume. Von dieser gesetzlichen Regel dürfen die Parteien aber abweichen, da § 556b Abs. 1 BGB – auch eingeschränkt formularvertraglich[2022] – abgeändert werden kann. Umstritten ist, ob die rechtzeitige Leistungshandlung des Mieters allein in der Überweisung liegt oder ob auch der fristgerechte Zahlungseingang auf dem Konto des Vermieters dazu gehört[2023]. Trotz der Entscheidung des Gerichtshofs der Europäischen Gemeinschaften[2024] v. 3.4.2008 ist davon auszugehen, dass auch im gewerblichen Bereich die Zahlung eine qualifizierte Schickschuld bleibt; mit dem Verlustrisiko bei Schuldner und dem Verzögerungsrisiko beim Gläubiger.[2025] Der (Gewerberaum-)Mieter ist allerdings gehalten, die Zahlung so rechtzeitig auf den Weg zu bringen, dass er mit dem rechtzeitigen Eingang des Geldes beim Vermieter rechnen kann.[2026] Soll somit die Miete am dritten Werktag dem Vermieter zur Verfügung stehen, muss der Überweisungsauftrag grds. am letzten Werktag des Vormonats erteilt werden.[2027] Soweit der Zahlungsverzug nicht

---

[2018] BGH NJW 2006, 3057 = GE 2006, 1163 = GuT 2006, 224 = NZM 2006, 775 = ZMR 2006, 849 = AK-MietPrax § 535 BGB Nr. 26; krit. *Joachim* GuT 2007, 4.

[2019] BGH GuT 2005, 213 = GE 2005, 1185 = ZMR 2005, 844 = DWW 2005, 372 = NZM 2005, 863 = ZfIR 2005, 692 mAnm *Schmid* = AK-MietPrax § 538 BGB Nr. 17.

[2020] Nutzungsentgeltverordnung (BGBl. 2002 I 2563); zu den Anforderungen an die Erhöhung des Nutzungsentgeltes BGH WuM 2008, 493 = MDR 2008, 1151 = AK-MietPrax § 3 NutzEV Nr. 2.

[2021] Zum Samstag als Werktag BGH VIII ZR 129/09, WuM 2010, 495 = GE 2010, 1111 = NJW 2010, 2879 = NZM 2010, 661 = ZMR 2010, 948; NJW 2010, 2882.

[2022] OLG Hamm WuM 1993, 176 = NJW-RR 1993, 710 = MDR 1993, 336 = ZMR 1993, 217 = DWW 1993, 97 = GE 1993, 365; *Meist* ZMR 1999, 801.

[2023] RL 2000/35/EG des Europäischen Parlaments und des Rates v. 29.6.2000 zur Bekämpfung von Zahlungsverzug im Geschäftsverkehr.

[2024] *EuGH NJW 2008, 1935; OLG* Düsseldorf ZMR 2010, 958 = Gut 2010, 192.

[2025] *Häublein* PiG 97 (2014), 35 (38); offen *Lehmann-Richter* PiG 97 (2014), 21 (30).

[2026] Blank/Börstinghaus/*Blank/Börstinghaus* BGB § 556b Rn. 11.

[2027] *Blank* jurisPR-MietR 4/2017 Anm. 1.

auf das Verhalten des Schuldners zurückzuführen ist, kann er hierfür nicht verantwortlich gemacht werden.[2028] Wird dies vom Mieter beachtet, haftet er für Verzugszinsen nicht.[2029] Für den privaten Verbraucher ist die Haftungsfrage nach der vorgenannten Entscheidung des BGH in dem Sinne geklärt, dass er seiner Leistungspflicht genügt, wenn die (Ein-)Zahlung (Überweisungsauftrag) nach Maßgabe des § 556b Abs. 1 BGB erfolgt.[2030] Damit ist die Miete rechtzeitig „entrichtet". Die Formularklauseln, die dem Mieter, obwohl die Verzögerung von ihm nicht zu vertreten ist, das Risiko eines verzögerten Zahlungseingangs auf dem Konto der Vermieters auferlegen, sind gem. § 307 Abs. 1 S. 1 BGB unwirksam.[2031] (Einzelheiten → BGB § 556b Rn. 9).

Hinsichtlich der Fälligkeit bleibt § 551 BGB aF für bestehende Mietverhältnisse in der bis zum In-Kraft-Treten des Mietrechtsreformgesetzes geltenden Fassung anwendbar (Art. 229 § 3 Abs. 1 Nr. 7 EGBGB). Die neue **Fälligkeitsregelung** des § 556b Abs. 1 BGB betrifft somit nur Mietverhältnisse, die nach dem In-Kraft-Treten des Mietrechtsreformgesetzes neu abgeschlossen oder entsprechend vertraglich geändert werden. § 556b Abs. 2 BGB gilt dagegen für alle Mietverhältnisse. **635**

Eine gegenüber der Raummiete **abweichende Regelung** findet sich in § 579 Abs. 1 BGB, der für bestimmte Mietverhältnisse die Fälligkeitsregelung des § 551 BGB in der bis zum 30.8.2001 geltenden Fassung unverändert übernommen hat. Ein sachlicher Grund ist für diese Ausnahme gegenüber der sonstigen Miete nicht erkennbar, obwohl die unterschiedlichen Regelungen hinsichtlich ihrer Folgen im Zusammenhang mit § 320 BGB differenziert zu sehen sind.[2032] § 579 Abs. 1 BGB ordnet an, dass die Miete für Grundstücke, für im Schiffsregister eingetragene Schiffe und für bewegliche Sachen am Ende des vereinbarten Zeitabschnittes zu entrichten ist, nachdem sie bemessen ist. **636**

Im Zusammenhang mit den neuen Vorschriften ab 1.9.2001 sind Zweifel hinsichtlich der Anwendbarkeit des § 320 BGB diskutiert worden. Diesbezüglich bringt die (alte) Fälligkeitsregelung der Miete in § 579 Abs. 1 BGB jedoch keine neuen Fragen. Anders ist dies aber wegen der normierten Fälligkeit der Miete zu Beginn des vereinbarten Zeitabschnittes für Mietverhältnisse, die unter den Anwendungsbereich des § 556b Abs. 1 BGB fallen. Aus der Begründung zum Gesetzentwurf[2033] ergibt sich jedoch, dass mit dieser Regelung über die Mietzahlungspflicht lediglich die Vertragswirklichkeit abgebildet werden sollte, ohne allerdings damit die Absicht zu verbinden, weiter gehende Beschränkungen der Mieterrechte vorzunehmen. Daher ist die Anwendung des § 320 BGB für den Mieter **nicht eingeschränkt**[2034] (→ BGB § 556b Rn. 12f.). Ein Blick auf § 556b Abs. 2 BGB bestätigt dieses Ergebnis. Dort ist ausdrücklich geregelt, dass dem Mieter wegen Forderungen aus §§ 536a, 539 BGB sowie aus ungerechtfertigter Bereicherung ein Zurückbehaltungsrecht zusteht, selbst wenn vertraglich etwas anderes geregelt wurde. Die Erwähnung des Zurückbehaltungsrechts in einer Vorschrift mit der Fälligkeitsregelung der Mietzahlung zeigt, dass das Zurückbehaltungsrecht unbeschadet der Fälligkeitsregelung in Abs. 1 fortbestehen soll.[2035] Zur Frage, ob der Vermieter die Überlassung der Mietsache von der Zahlung der ersten Mietzinsrate abhängig machen darf → BGB § 566b Rn. 13. **637**

Das neue Recht ab 1.9.2001 wirft die Frage auf, ob eine **Kombination von Vorfälligkeitsklausel und Aufrechnungsverbotsklausel** einer anderen Bewertung als bisher bedarf. Dieses Problem stellt sich nicht bei der Gewerberaummiete, da dort das Minderungsrecht schon nach altem Recht auch formularvertraglich eingeschränkt werden durfte.[2036] Der grundlegende Beschluss des BGH[2037] hat bei einer Kombination von Vorfälligkeitsklausel und Aufrechnungsverbotsklausel die Vorfälligkeitsklausel allerdings im Wohnraummietverhältnis für unwirksam erklärt, weil durch die **638**

---

2028 BGH VIII ZR 222/15, WuM 2017, 31 = NZM 2017, 120 = ZMR 2017, 231 = GE 2017, 99.

2029 EuGH NJW 2008, 1935; *Häublein* PiG 97 (2014), 35 (38).

2030 Dafür LG Wuppertal NZM 2011, 855; AG Kassel NZM 2011, 856; zur Frage der Geldschuld als Schickschuld oder Bringschuld *Meier* ZMR 2018, 899ff. sowie *Herresthal* NZM 2011, 833 (838).

2031 BGH VIII ZR 222/15, WuM 2017, 31 = NZM 2017, 120 = ZMR 2017, 231 = GE 2017, 99; s. Artz/Börstinghaus Wohnraummiete AGB/*Börstinghaus* Teil II, Rn. 101; *Börstinghaus* jurisPR-BGHZivilR 2/2017 Anm. 2.

2032 *Sternel* WuM 2002, 244; *Langenberg* NZM 2001, 212 (215); *Hinz* NZM 2001, 264 (268); AK Neues MietR/*Eisenschmid* S. 231.

2033 BR-Drs. 439/00, 130.

2034 *Sternel* WuM 2002, 244, der dieses Ergebnis mit einer teleologischen Reduktion begründet.

2035 **AA** *Langenberg* WuM 2001, 523 (526).

2036 *Horst* DWW 2008, 42 (43) mit weiteren Klausel-Beispielen.

2037 BGH WuM 1995, 28 = NJW 1995, 254 = ZMR 1995, 60 = MDR 1995, 142.

Kombination das Minderungsrecht unzulässig eingeschränkt sei. Im Lichte des § 556b Abs. 1 BGB ist dieses Ergebnis für Neuverträge nach Inkrafttreten der Mietrechtsreform nicht mehr aufrecht zu erhalten. Der Gesetzgeber hat mit dieser Vorschrift die Vorauszahlung der Miete gesetzlich festgeschrieben und gleichzeitig in Abs. 2 des § 556b BGB die Möglichkeit des Mieters zur Aufrechnung und Zurückbehaltung erweitert. Entgegen einer anders lautenden vertraglichen Vereinbarung darf der Mieter nunmehr auch mit einer Forderung aus § 812 BGB aufrechnen oder ein Zurückbehaltungsrecht ausüben, wenn er seine Absicht dem Vermieter mindestens einen Monat vor Fälligkeit der Miete schriftlich angezeigt hat. Der Gesetzgeber hat mit dieser Vorschrift die Befugnisse des Mieters zur Aufrechnung bzw. Zurückbehaltung entsprechend erweitert.

**639** Aus den Übergangsregeln ergibt sich jedoch **für Altverträge,** die vor dem 1.9.2001 abgeschlossen wurden, eine andere Bewertung. Mit In-Kraft-Treten des Mietrechtsreformgesetzes richtet sich die Fälligkeit der Miete gem. Art. 229 § 3 Abs. 1 Nr. 7 EGBGB für Mietverträge, die zum Zeitpunkt des In-Kraft-Tretens des Mietrechtsreformgesetzes bestanden (Altmietverträge) nach altem Recht. § 556b Abs. 1 BGB ist somit auf Altverträge nicht anwendbar. Dagegen gilt aber § 556b Abs. 2 BGB auch für Altverträge ab In-Kraft-Treten des Mietrechtsreformgesetzes, weil eine spezielle Übergangsregelung fehlt. Daraus kann sich eine andere Beurteilung der vereinbarten Kombinationsklauseln beim Minderungsrecht ergeben, da die Frage der Unwirksamkeit sich nach dem materiellen Regelungsgehalt, also bei Formular- und Verbraucherverträgen nach §§ 307, 309 Nr. 2, 3 BGB und bei Individualverträgen nach §§ 134, 138 BGB[2038] richtet. Da der BGH eine kurzfristige Verschiebung, also eine verzögerte Realisierung des Minderungsrechts für zulässig gehalten hat und dem Mieter die „verzögerte" Aufrechnung mit seinem Anspruch aus § 812 BGB möglich bleibt, wird sein Minderungsrecht nicht unzumutbar eingeschränkt.[2039]

**640** Die gleichen Grundsätze sind anzuwenden, wenn die Wirksamkeit einer Kombination zwischen Vorfälligkeitsklausel und einer Klausel, die das Zurückbehaltungsrecht einschränkt, geprüft wird. Daher können auch solche Kombinationen zur Unwirksamkeit der Vorfälligkeitsklausel führen.[2040] Einzelheiten zu diesen Problemkreisen s. unter § 556b BGB.

**641** Erhöhungen des Mietzinses für Wohnraum können nur im Rahmen der §§ 557 ff. BGB (Einzelheiten s. dort) sowie für den Bestand des preisgebundenen Wohnungsbaus nach den Vorschriften des WoBindG geltend gemacht werden (Einzelheiten s. unten nach § 561 BGB). Mieterhöhungen für Wohnungen, die dem WoFG[2041] unterliegen, sind gem. § 28 WoFG nur im Rahmen der §§ 557 ff. BGB möglich; höchstens jedoch auf die Miete nach den Förderbestimmungen (s. dazu nach § 561 BGB).

**642** Der Mieter wird von der Verpflichtung zur Mietzahlung nicht dadurch frei, dass er die Mietsache aus einem in seiner Person liegenden Grunde nicht nutzt (sa § 537 BGB).

**643** Die Art der Miete ist nicht festgelegt. Im Gegensatz zu den Kaufvorschriften hat der Gesetzgeber in § 535 S. 2 BGB den Begriff „entrichten" verwendet. Es können somit alle Arten von Gegenleistung vereinbart werden, ohne den Charakter des Vertrages als Mietvertrag zu verändern.[2042] Häufig wird bei **typischen Werkdienstwohnungen** ein Teil des Mietzinses mit der Arbeitsleistung des Mieters entrichtet. Aber auch andere kleinere Tätigkeiten zu Gunsten des Vermieters, wie zB die Versorgung der Haustiere, Reinigungsarbeiten oder sonstige Haushalts- und Überwachungsdienste,[2043] können als Entgelte vereinbart werden. Die Gegenleistung kann selbst in der Überlassung von Räumen oder eines Grundstücks bestehen[2044] – es handelt sich in diesen Fällen nicht um Tausch – oder in der Übernahme von öffentlichen Abgaben. Der Miet-

---

[2038] *Langenberg* WuM 2001, 523 (526); *Börstinghaus/Eisenschmid* § 556b S. 234.

[2039] BGH VIII ZR 345/10, WuM 2011, 676 = MietPrax – AK § 556b BGB Nr. 6; VIII ZR 191/10, WuM 2011, 418 = AK-MietPrax § 543 BGB Nr. 20 = NJW 2011, 2201 = GE 2011, 947 = NZM 2011, 579; VIII ZR 337/06, WuM 2008, 152 = GE 2008, 113; WuM 1995, 28; *Derleder* WuM 2007, 599 (607); *Mummenhoff* jurisPR-MietR 12/2008 Anm. 5.

[2040] **AA** *Lützenkirchen/Junker* D 38.

[2041] Wohnraumförderungsgesetz (WFG) v. 13.9.2001, BGBl. I 2376.

[2042] BGH WuM 1989, 229 = NJW-RR 1989, 589 = MDR 1989, 628 = ZMR 1989, 212; zur Entgelttheorie des BGH für vom Mieter übernommene Schönheitsreparaturen BGH WuM 1985, 46 = NJW 1985, 480 = *DWW 1985, 50; s. Lehmann-Richter* FS Börstinghaus, 2020, 305.

[2043] LG Hamburg WuM 1993, 667; LG Aachen WuM 1989, 382 = ZMR 1989, 227.

[2044] BGH WuM 1994, 460 = NJW-RR 1994, 971 = MDR 1994, 796 = ZMR 1994, 457; LG Berlin GE 1984, 529.

vertrag bildet auch in diesen Fällen **eine Einheit,** so dass der Vermieter den Vertrag zB nicht wegen der Dienstleistung kündigen und nunmehr für die Räume Geldzahlung verlangen kann.[2045]

Bei Geschäftsräumen steht es den Vertragspartnern grds. frei, über welche Höhe der Miete sie sich einigen. Die Höhe des Mietzinses ist im Zweifel durch Vertragsauslegung zu ermitteln, zB, wenn der Mieter ein ihm eingeräumtes Optionsrecht wahrnimmt.[2046] Bleiben im Vertrag die Bedingungen offen, zu denen der Mieter nach Ablauf der Mietzeit weiter mieten kann, hat eine den beiderseitigen Interessen Rechnung tragende Auslegung dahingehend zu erfolgen, dass der Mieter die Räume nach Ablauf der Mietzeit zu einem angemessenen, dh orts- und marktüblichen Mietzins wieder mieten kann.[2047] **Die Grenze der Miethöhe** ergibt sich unter dem Gesichtspunkt des Wuchers (§ 291 StGB) und der Sittenwidrigkeit nach § 138 BGB[2048] (weitere Einzelheiten: Anh. § 535 BGB). **644**

Hinsichtlich der Zahlungsmodi ist der Vermieter von Geschäftsraum ebenfalls weitgehend frei. So kann er wirksam vereinbaren, dass die Miete zB für eine bestimmte Saison im Voraus zu zahlen ist.[2049] Zur Umsatzmiete → Rn. 268 ff. **645**

## II. Schönheitsreparaturen

Die gesetzliche Erhaltungspflicht der Mietsache durch den Vermieter kann in einigen Bereichen auf den Mieter vertraglich übertragen werden. Das gilt sowohl für den Bereich der **Schönheitsreparaturen** wie auch für **Bagatellreparaturen.** Die vertragliche Überwälzung der Schönheitsreparaturen ist fast allgemein üblich, wenn auch nicht zur Verkehrssitte[2050] oder zum Gewohnheitsrecht geworden. Nachdem der VIII. Zivilsenat seine Rspr. zu Schönheitsreparaturen geändert hat, können diese durch Formularvereinbarung wirksam auf den Mieter nur übertragen werden, wenn ihm eine renovierte Wohnung überlassen wurde.[2051] Das gilt auch bei gewerblich vermieteten Einheiten.[2052] Einzelheiten zur vertraglichen Abwälzung[2053] → Rn. 63 ff. sowie § 538 BGB. **646**

In der Übernahme der Schönheitsreparaturen sieht die Rspr.[2054] einen Teil des Entgeltes für die Mietsache, den der Vermieter bei der Bestimmung des Mietzinses einkalkuliert hat.[2055] Daher wird in der Übertragung der Schönheitsreparaturen die Übertragung einer **Hauptpflicht** gesehen, was zur Folge hat, dass eine Vertragsverletzung nach den dafür maßgebenden Normen zu beurteilen ist. Der Vermieter hat daher einen einklagbaren Erfüllungsanspruch, der sich gem. §§ 280, 281 BGB zum Schadensersatzanspruch wandelt. Dies gilt allerdings nur für den Anspruch bei Beendigung des Mietverhältnisses. Im laufenden Vertragsverhältnis ist die Umwandlung in einen Schadensersatzanspruch ausgeschlossen,[2056] da die Schönheitsreparaturen nur dem Mieter zugutekommen sollen. Der Vermieter kann aber einen Vorschuss vom Mieter in Höhe der erforderlichen Renovierungskosten fordern, wenn dieser sich in Verzug befindet.[2057] Weitere Einzelheiten s. § 538 BGB. **647**

[2045] LG Aachen WuM 1989, 382 = ZMR 1989, 227.
[2046] OLG Düsseldorf WuM 2000, 77.
[2047] BGH WuM 1992, 312 = NJW-RR 1992, 517 = ZMR 1992, 237.
[2048] Zur Ermittlung des unzulässigen Mietzinses *Gather* DWW 2002, 54 (55) mwN.
[2049] OLG Düsseldorf ZMR 1999, 388 = MDR 1999, 735 = WuM 2000, 34.
[2050] *Sonnenschein* PiG 46 (1995), 7 (22); einschränkend BGHZ 101, 253.
[2051] BGH VIII ZR 185/14, WuM 2015, 338 = AK-MietPrax § 538 BGB Nr. 65 = NZM 2015, 374 = GE 2015, 649 = ZMR 2015, 685; VIII ZR 242/13, WuM 2015, 343 = AK-MietPrax § 538 BGB Nr. 66 = NJW 2015, 1871 = ZMR 2015, 690 = GE 2015, 721.
[2052] OLG Düsseldorf ZMR 2020, 930.
[2053] Artz/Börstinghaus Wohnraummiete AGB/*Börstinghaus* Teil II, Rn. 488 ff.
[2054] BGH WuM 1980, 241 = NJW 1980, 2347 = MDR 1981, 45 = ZMR 1980, 378 = JuS 1981, 145; NJW 1983, 446 = MDR 1983, 394 = ZMR 1983, 93 = DWW 1983, 17 = GE 1983, 117; WuM 1985, 46 = NJW 1985, 480 = ZMR 1985, 84 = MDR 1985, 400 = JZ 1985, 428; OLG Hamm WuM 1981, 196 = NJW 1981, 2362 = MDR 1981, 1019 = ZMR 1981, 342.
[2055] Zweifelnd *Sonnenschein* PiG 46 (1995), 7 (22); *Hemming* WuM 1987, 110; *Eisenschmid* WuM 1980, 242.
[2056] BGH VIII ZR 192/04, WuM 1990, 494 = NJW 1990, 2376 = NJW-RR 1990, 1231 = MDR 1991, 142 = DWW 1990, 266 = GE 1990, 1139 zu § 326 BGB aF.
[2057] BGH WuM 2005, 383 = NZM 2005, 450 = ZMR 2005, 523 = NJW 2005, 1862 = GE 2005, 662 = AK-MietPrax § 538 Nr. 15.

### III. Kleinreparaturen

648 Die Übertragung von Kosten für Kleinreparaturen auf den Mieter ist grds. zulässig.[2058] Da derartige Vereinbarungen aber den Kern des Mietverhältnisses betreffen, sind sie nur mit Zurückhaltung zuzulassen und im Zweifel eng und zu Lasten des Vermieters auszulegen. Wird die **Überwälzung von Kosten für Kleinreparaturen** im Rahmen eines Formularmietvertrages oder eines Verbrauchervertrages vereinbart, muss der Vermieter bestimmte Voraussetzungen für deren Wirksamkeit beachten[2059]. Ua muss der Vermieter einen Höchstbetrag pro Jahr[2060] und eine Obergrenze pro einzelne Reparatur einhalten.[2061] Unangemessen ist daher eine Kostenbeteiligung an Reparaturen, die einen höheren Aufwand erfordern; Einzelheiten → Rn. 73 ff.; → BGB § 538 Rn. 52 ff. Nimmt man auch hier an, dass der Vermieter die Überwälzung der Reparaturkosten in den Mietzins einkalkuliert hat, muss bei der Pflicht des Mieters zur Kostentragung von einer Hauptpflicht ausgegangen werden. An der Leistungspflicht des Vermieters von Wohnraum ändert dies nichts, weil der Mieter wegen § 536 Abs. 4 BGB nur zur Kostentragung, nicht aber zur Durchführung von Kleinreparaturen verpflichtet werden darf.[2062]

### IV. Nebenkosten/Betriebskosten

649 Nach § 535 Abs. 1 S. 3 BGB hat der Vermieter die auf der vermieteten Sache ruhenden Lasten zu tragen. Da somit **alle Leistungen des Vermieters** durch den Mietzins abgegolten werden, ist die gesetzlich vorgesehene Miete die „Brutto-Warm-Miete". Nach der HeizkostenV[2063] ist der Vermieter allerdings verpflichtet, die Heiz- und Warmwasserkosten verbrauchsabhängig zu erfassen und auf die Nutzer zu verteilen, so dass die reine Warmmiete unzulässig ist, soweit nicht Ausnahmen (§§ 2, 11 HeizkostenV) greifen.

650 Die Vertragsparteien können aber auch vereinbaren[2064], dass über Betriebskosten jährlich abgerechnet wird und der Mieter **monatliche Vorauszahlungen** auf die Betriebskosten leistet. Dabei dürfen aber bei Wohnraummietverhältnissen nur solche Betriebskosten als umlagefähig vereinbart werden, die gem. § 556 Abs. 1 BGB iVm der Betriebskostenverordnung bzw. in der Anl. 3 zu § 27 II. BV aufgeführt sind. Betriebskosten sind solche Kosten, die dem Eigentümer durch das Eigentum am Grundstück oder durch den bestimmungsmäßigen Gebrauch des Gebäudes oder der Wirtschaftseinheit, der Nebengebäude, Anlagen, Einrichtungen und des Grundstücks laufend entstehen. Weitere Einzelheiten dazu § 556 BGB. Bei anderen als Wohnraummietverhältnissen lassen sich auch **andere Kosten neben der Grundmiete** wirksam vereinbaren, zB Verwaltungskosten als Pauschalen in Abhängigkeit der Nettomiete.[2065]

651 Rechtlich gehören die Betriebskosten zum Mietzins, was aber im Gesetz nicht immer konsequent durchgehalten wird. So werden die Betriebskosten nicht berücksichtigt, wenn es um die zulässige Höhe einer Kaution gem. § 551 BGB geht. Andererseits kann der Vermieter beim Zahlungsverzug des Mieters gem. § 543 Abs. 2 BGB fristlos kündigen. Zum Mietzins, mit dem der Mieter **in Verzug** geraten muss, gehören auch periodische Zahlungen. Daher gehören die monatlichen Vorauszahlungen auf die Betriebskosten hier zum Mietzins, nicht aber die nach einer Abrechnung geforderte Schlusszahlung.[2066]

---

[2058] BGH WuM 1989, 324 = NJW 1989, 2247 = NJW-RR 1989, 1160 = ZMR 1989, 327 = MDR 1989, 907.

[2059] AG Leipzig ZMR 2004, 120; *Lützenkirchen* MietRB 2004, 23 mit Musterformulierung.

[2060] AG Hannover WuM 2008, 721.

[2061] BGH XII ZR 158/01, NZM 2005, 863 = GuT 2005, 213 = ZMR 2005, 844 = DWW 2005, 372 = GE 2005, 1185 = AK-MietPrax § 538 BGB Nr. 17; zur zulässigen Höhe *Emmert* jurisPR-MietR 2/2014 Anm. 6 zu AG Bingen WuM 2013, 349.

[2062] BGH WuM 1992, 355 = NJW 1992, 1759 = MDR 1992, 669 = ZMR 1992, 332 = DWW 1992, 207 = GE 1992, 663.

[2063] Verordnung über die verbrauchsabhängige Abrechnung der Heiz- und Warmwasserkosten v. 2.12.2008, BGBl. I 2375.

[2064] *Zur AGB-rechtlichen Problematik* s. Artz/Börstinghaus Wohnraummiete AGB/*Börstinghaus* Teil II, Rn. 189 ff.

[2065] AG Schöneberg ZMR 2000, 685.

[2066] OLG Koblenz WuM 1984, 269 = NJW 1984, 2369 = ZMR 1984, 351 = GE 1984, 817.

## V. Zuschläge

Für preisgebundene Wohnungen, auf die § 26 NMV 1970 anwendbar ist (vgl. § 50 WoFG), dürfen Zuschläge erhoben werden (sa Anh. § 561 BGB). Die Zuschläge sind neben der aus der Wirtschaftlichkeitsberechnung ermittelten Einzelmiete zulässig: **652**

- wenn die Wohnung mit Genehmigung der zuständigen Stelle ganz oder teilweise ausschließlich zu anderen als Wohnzwecken, insbesondere zu gewerblichen oder beruflichen Zwecken, benutzt wird und dadurch eine erhöhte Abnutzung möglich ist;
- wenn der Wohnraum untervermietet wird;
- wenn der Vermieter für die Wohnung Ausgleichszahlungen nach § 7 WoBindG entrichten muss;
- wenn erhöhte laufende Aufwendungen gedeckt werden sollen;
- wenn der Vermieter Nebenleistungen erbringt, die nicht allgemein üblich sind oder nur einzelnen Mietern zugutekommen;
- wenn durch Ausbau nach § 26 Abs. 7 NMV Zubehörräume neu geschaffen wurden.

Im freifinanzierten Wohnungsbau kommen Zuschläge regelmäßig dann in Betracht, wenn der Wohnraum auch teilgewerblich genutzt werden soll (→ Rn. 313). **653**

## VI. Umsatzsteuer

Mietverträge über Grundstücke sind grds. von der Umsatzsteuerpflicht befreit (§ 4 Nr. 12 a UStG)[2067]. Die Befreiung erstreckt sich auch auf Nebenleistungen, wie die Lieferung von Strom, Heizwärme und Wasser durch den Vermieter[2068], nicht aber auf Dienstleistungen wie die Reinigung des Gebäudes. Ob eine steuerfreie Nebenleistung vorliegt, ist danach zu ermitteln, ob die Leistung zu einer Hauptleistung gehört. Das ist der Fall, wenn sie aus der Sicht des Durchschnittsverbrauchers im Vergleich zu der Hauptleistung nebensächlich ist, mit ihr eng – im Sinne einer wirtschaftlich gerechtfertigten Abrundung und Ergänzung – zusammenhängt und üblicherweise in ihrem Gefolge vorkommt. Sie darf für den Leistungsempfänger keinen eigenen Zweck haben, sondern sie muss das Mittel darstellen, um die Hauptleistung des Leistenden unter optimalen Bedingungen in Anspruch nehmen zu können.[2069] Eine einheitliche Leistung liegt nur dann vor, wenn zwei oder mehr Handlungen so eng miteinander verbunden sind, dass sie objektiv eine einzige untrennbare wirtschaftliche Leistung bilden, deren Aufspaltung wirklichkeitsfremd wäre.[2070] **654**

Der Vermieter kann bei Mietverträgen über Gewerberaum formlos[2071] unter den Voraussetzungen des § 9 Abs. 2 UStG zur Umsatzsteuer optieren.[2072] Ob der Vermieter von der Befugnis, die ihm § 9 Abs. 2 UStG eröffnet, Gebrauch macht, unterliegt seinem freiem Ermessen[2073]. Er ist auch dem Mieter gegenüber nicht verpflichtet, für die Umsatzsteuer zu optieren. Das gilt auch für einen Erwerber, wenn nicht eine ausdrückliche vertragliche Regelung besteht[2074] (→ BGB § 566 Rn. 99). Selbst wenn der Mieter aus besonderen Gründen ein sehr starkes Interesse daran hat, dass der Vermieter die Option ausübt, handelt Letzterer nicht treuwidrig, wenn er sich ohne vertragliche Bindung darauf nicht einlässt.[2075] Für den Vermieter ist die Ausübung der Option dann von Interesse, wenn ihm dadurch die beim Bau oder beim mehrwertsteuerpflichtigen Erwerb anfallenden Vorsteuern erstattet werden können.[2076] Der Vermieter ist nur bei besonderer Vereinbarung (auch formularvertraglich) berechtigt, vom Mieter Umsatzsteuer auf die Miete zu verlangen. Für eine solche Vereinbarung genügt in dem vom Vermieter verwandten Formularvertrag die Formulierung, dass **655**

---

[2067] Nicht befreit ist die Vermietung von Parkplätzen, Wohn- und Schlafräumen (§ 4 Nr. 12 S. 2 UStG); zur Abgrenzung von nicht steuerbefreiten beweglichen Wirtschaftsgütern *Herlitz* WImmoT 2014, 151 (153).

[2068] BFH DStRE 2009, 615 = BeckRS 2009, 24003612; BeckRS 1971, 22001341; BeckRS 1999, 25003712.

[2069] BFH DStRE 2009, 615 = BeckRS 2009, 24003612.

[2070] EuGH 11.6.2009 – C-572/07, DStR 2009, 1260 = ZMR 2009, 825; zur Verpachtung von Dachflächen zwecks Betriebs einer Photovoltaikanlage *Herlitz* WImmoT 2014, 151 (154).

[2071] *Herlitz* WImmoT 2014, 151 (157), auch der Widerruf der Option ist formlos möglich.

[2072] *Weitemeyer* NZM 2006, 881 (887).

[2073] BGH WuM 1991, 282 = NJW-RR 1991, 647 = MDR 1991, 630 = ZMR 1991, 170 = GE 1991, 397.

[2074] OLG München ZMR 2012, 621 = NZM 2012, 764.

[2075] OLG Naumburg WuM 2000, 328.

[2076] *Herrlein* ZMR 1996, 306.

der Mieter auf Verlangen des Vermieters Umsatzsteuer zu zahlen hat, falls der Vermieter hierfür optiert.[2077]

656 Aber allein die vertragliche Vereinbarung über die Pflicht zur Umsatzsteuerzahlung reicht nicht aus, um den Mieter wirksam zu verpflichten. Es obliegt nämlich **nicht der Dispositionsbefugnis** der Vertragsparteien, nach dem Gesetz steuerfreie Umsätze durch bloße Vereinbarung steuerpflichtig zu machen.[2078] Vielmehr muss der Vermieter den Umsatz auch als steuerpflichtig behandeln (§ 9 Abs. 1 UStG) und der Mieter muss das Grundstück für Umsätze verwenden oder zu verwenden beabsichtigen, die den Vorsteuerabzug nicht ausschließen (§ 9 Abs. 2 UStG), also für unternehmerische Zwecke.[2079]

657 § 27 Abs. 2 UStG regelt Ausnahmen von der Vorschrift des § 9 Abs. 2 UStG, wonach der Vermieter unter den erleichterten Voraussetzungen des § 9 Abs. 1 UStG auf die Umsatzsteuerfreiheit verzichten kann[2080]. § 9 Abs. 2 UStG ist nicht anzuwenden, wenn das auf dem Grundstück errichtete Gebäude

1. Wohnzwecken dient oder zu dienen bestimmt ist und **vor dem 1.4.1985** fertig gestellt worden ist,
2. anderen nichtunternehmerischen Zwecken dient oder zu dienen bestimmt ist und **vor dem 1.1.1986** fertig gestellt worden ist,
3. anderen als in den Nr. 1 u. 2 bezeichneten Zwecken dient oder zu dienen bestimmt ist und **vor dem 1.1.1998** fertig gestellt worden ist,

und wenn mit der Errichtung des Gebäudes in den Fällen der Nr. 1 u. 2 **vor dem 1.6.1984** und in den Fällen der Nr. 3 **vor dem 11.11.1993** begonnen worden ist.

658 Hat der Vermieter im laufenden Mietverhältnis für die Mehrwertsteuer gem. § 9 iVm § 4 Nr. 12 UStG optiert, führt dies ohne vertragliche Regelung nicht zu der Pflicht des Mieters, einer diesbezüglich veränderten Zahlungsmodifikation zuzustimmen.[2081] Für den Verzicht auf die Steuerbefreiung genügt es, dass der Unternehmer die Steuer gegenüber dem Leistungsempfänger offen ausweist oder die Leistung tatsächlich der Versteuerung unterwirft.[2082] Kann der Mieter im Prozess weder die eine noch die andere Tatsache darlegen und beweisen, scheitert er mit einem Anspruch auf Ausstellung einer Rechnung mit Mehrwertsteuer.[2083] Ist aber eine Umsatzsteuer wirksam vereinbart, hat der Mieter einen Anspruch **auf gesonderte Ausweisung** (§ 14 UStG) des Steuerbetrages, um diesen als Vorsteuer (§ 15 UStG) geltend zu machen.[2084] Für eine wirksame Mietvereinbarung reicht es aus, wenn der Mieter die Miete „incl. Mehrwertsteuer" zu zahlen hat[2085]. Kann der Vermieter die gesonderte Ausweisung der Mehrwertsteuer nicht vornehmen, macht er sich schadensersatzpflichtig.[2086] Zahlt der Mieter trotz vereinbarter Umsatzsteuer nur den Nettomietzins, kann der Vermieter mit Wirkung auf das Mietverhältnis seine Umsatzsteueroption widerrufen. Anderenfalls könnte der Mieter den Vorsteuerabzug geltend machen, obwohl er seinerseits keine entsprechenden Steuern zahlt.[2087]

659 Eine Klausel, die den Vermieter formularvertraglich berechtigt, nach Vertragsschluss einseitig die Zahlung der Mehrwertsteuer zu verlangen, verstößt jedenfalls dann gegen § 307 BGB, wenn beide Vertragsparteien **nicht umsatzsteuerpflichtig** sind.[2088] Dies folgt in erster Linie aus steuerrechtlichen Gründen, weil die Steuerpflicht nicht der Dispositionsbefugnis der Parteien unterliegt

---

[2077] BGH XII ZR 137/99, NZM 2001, 952 = NJW-RR 2002, 9 zur Fassung des § 27 Abs. 2 UStG 1993.
[2078] BGH XII ZR 292/02, GuT 2004, 159 = NZM 2004, 785 = ZMR 2004, 812 = GE 2004, 1230.
[2079] BGH XII ZR 79/07, NZM 2009, 237 = ZMR 2009, 436 = GE 2009, 840 = AK-MietPrax § 535 BGB Nr. 37; *Herrlein* NZM 2013, 409 (413); zu den Ausnahmen *Ortmanns/Neumann* ZMR 2010, 91 (92); *Herlitz* WImmoT 2014, 151 (156).
[2080] S. Beispiele bei *Herrlein* NZM 2005, 648 (649).
[2081] OLG Stuttgart NJW 1973, 2066; Wolf/Eckert/Ball Gewerbl. Miet-/Pacht-/LeasingR-HdB Rn. 449; Fritz GewerberaumMietR Rn. 99, *Herrlein* NZM 2013, 409 (413); 2005, 648 (649).
[2082] BFH BStBl. II 1995, 426.
[2083] OLG Düsseldorf ZMR 2001, 529.
[2084] Wolf/Eckert/Ball Gewerbl. Miet-/Pacht-/LeasingR-HdB Rn. 455.
[2085] BGH XII ZR 292/02, GuT 2004, 159 = ZMR 2004, 812 = GE 2004, 1230 = NZM 2004, 785 = AK-MietPrax § 535 BGB Nr. 8.
[2086] *OLG Hamm NJW-RR* 2003, 1593 = ZMR 2003, 925 mAnm *Kieserling;* sa *Herrlein* NZM 2005, 648 (649).
[2087] OLG Hamm ZMR 1997, 457; *Herrlein* NZM 2013, 409 (413).
[2088] LG Magdeburg WuM 1996, 700 = NJW-MietR 1996, 59 = ZMR 1997, 84; *Bub* NZM 1998, 789 (794).

(→ Rn. 656) und des Weiteren aus dem Umstand, dass für den Mieter bei der nachträglichen Option auf die Mehrwertsteuer diese keinen Durchlaufposten, sondern eine echte Mieterhöhung darstellen würde. Kein Verstoß gegen Treu und Glauben (§ 307 BGB) ist aber im Falle einer formularvertraglichen Vereinbarung über die Pflicht zur Zahlung der Umsatzsteuer anzunehmen, wenn der Vermieter die Möglichkeit der Option hat und für den Fall der Ausnutzung seiner steuerlichen Möglichkeiten den Mieter zur Zahlung der Mehrwertsteuer verpflichten kann.[2089]

Hat der Vermieter gewerblicher Räume im Mietvertrag nur für die Grundmiete die Zahlung einer Umsatzsteuer festgehalten, so kann dennoch im Wege **ergänzender Vertragsauslegung** angenommen werden, dass der Mieter auch zur Zahlung der Umsatzsteuer auf die abgerechneten Nebenkosten verpflichtet werden sollte.[2090] Das gilt auch für Betriebskosten, die nicht umsatzsteuerpflichtig sind, wie beispielsweise Versicherungsleistungen oder öffentliche Lasten.[2091] **660**

Weist die Betriebskostenabrechnung den Umsatzsteuerbetrag nicht gesondert aus, kann der Mieter ein **Zurückbehaltungsrecht** gem. § 273 BGB geltend machen.[2092]

Davon zu unterscheiden ist der Fall, dass der Vermieter die Betriebskosten iSd Anl. 3 zu § 27 II. BV oder iSd Betriebskostenverordnung einschließlich der auf sie gezahlten Mehrwertsteuer umlegt. Dies ist sowohl bei der Wohnraummiete als auch grds. bei der Gewerberaummiete[2093] zulässig und zwar ungeachtet etwaiger vertraglicher Weitergabe-Klauseln. Der umsatzsteuerpflichtige Mieter hat dadurch keinen Nachteil, da er diese Steuer als Vorsteuer geltend machen kann. **661**

Auch die **Nutzungsentschädigung** gem. § 546 a BGB kann der Umsatzsteuer unterliegen, weil es sich dabei nicht um einen Schadensersatzanspruch sondern um einen Anspruch eigener Art handelt, der an die Stelle des Mietzinsanspruchs tritt.[2094] Hieraus folgt, dass auch die Nutzungsentschädigung der Umsatzsteuer unterliegt, wenn der Vermieter hierfür hinsichtlich des Mietzinses optiert hat[2095] (zur Minderung → BGB § 536 Rn. 320). Gleiches gilt für Ansprüche auf Nutzungsentschädigung gem. §§ 987, 990 BGB, da diese für die weitere Nutzung einer Sache zu zahlen sind und damit in der Gewährung einer Leistung ihre Ursache haben.[2096] **662**

Stellt sich bei vereinbarter Umsatzsteuer nach Vertragsschluss heraus, dass der Vermieter nicht umsatzsteuerpflichtig ist oder verzichtet bzw. verliert der Vermieter im Laufe der Mietzeit das Recht, Umsatzsteuer zu verlangen, braucht der Mieter grds. den in der Miete enthaltenen Steueranteil nicht weiter zu bezahlen[2097] und der Vermieter schuldet ggf. Schadensersatz.[2098] Der Zahlungsanspruch des Vermieters über die Nettomiete hinaus kommt jedoch unter dem Gesichtspunkt der ergänzenden Vertragsauslegung[2099] oder des Wegfalls der Geschäftsgrundlage in Betracht.[2100] **663**

Wird andererseits der Mieter im Laufe der Zeit nicht mehr umsatzsteuerpflichtig,[2101] entfällt die Option des Vermieters auf Umsatzsteuerbefreiung (vgl. § 9 Abs. 2 S. 1 UStG), da er den Nachweis der Umsatzsteuerpflicht des Mieters nicht führen kann (S. 2). **664**

---

2089 BGH, XII ZR 137/09, NJW-RR 2002, 9 = NZM 2001, 952; Lindner-Figura/Oprée/Stellmann Geschäftsraummiete-HdB/*Bartholomai/Lindner-Figura/Stellmann* Kap. 10 Rn. 99.

2090 OLG Schleswig ZMR 2001, 618; OLG Düsseldorf WuM 1996, 211 = NJW-RR 1996, 1035 = ZMR 1996, 82 = DWW 1996, 251; sa BGH WuM 1981, 106 = NJW 1981, 976 = MDR 1981, 665 = ZMR 1981, 113 = GE 1981, 621; Lindner-Figura/Oprée/Stellmann Geschäftsraummiete-HdB/*Lindner-Figura* Kap. 5 Rn. 109; zur Teiloption für Nebenleistungen *Haase* ZMR 2004, 795; *Schütz* NZM 2014, 417.

2091 BGH, XII ZR 6/20, NZM 2021, 96 = GE 2020, 1553; *Wall* Rd. 1267b; *Lützenkirchen* MietR BGB § 535 Rn. 1145.

2092 *Leo/Ghassemi-Tabar* NZM 2008, 187 (190) *Schütz* NZM 2014, 417 (419).

2093 *Herrlein* NZM 2013, 409 (417); *Westphal* ZMR 1998, 262 (264).

2094 BGH NJW 1974, 556 = MDR 1974, 484; bestätigt durch BGH WuM 1999, 161.

2095 BGH NJW 1996, 1815 = NJW-RR 1996, 460 = MDR 1996, 354 = ZMR 1996, 131 = DWW 1996, 250 = GE 1996, 600; Lindner-Figura/Oprée/Stellmann Geschäftsraummiete-HdB/*Pietz/Oprée* Kap. 16 Rn. 80.

2096 BGH WuM 1999, 161; MDR 1998, 94.

2097 BGH XII ZR 292/02, GuT 2004, 159 = ZMR 2004, 812 = GE 2004, 1230 = NZM 2004, 785 = AK-MietPrax § 535 BGB Nr. 8; *Leo/Markus* NZM 2005, 167 (168).

2098 OLG Hamm NZM 2003, 945; auf die für den Mieter mit dem Verlust des Vorsteuerabzugs verbundenen Gefahren weist *Herrlein* NZM 2015, 73f., hin.

2099 KG ZMR 2012, 860.

2100 BGH XII ZR 79/07, NZM 2009, 237 = AK-MietPrax § 535 BGB Nr. 37 = ZMR 2009, 436 = GE 2009, 840; XII ZR 292/02, GuT 2004, 159 = ZMR 2004, 812 = GE 2004, 1230 = NZM 2004, 785 = AK-MietPrax § 535 BGB Nr. 8; KG GE 2012, 1316; zur Ausübung eines Optionsrechts bei Veräußerung *Streyl* NZM 2012, 751.

2101 Zur Bagatellgrenze *Herrlein* ZMR 1996, 306; *Rademacher* MDR 2000, 57 (60); zum Formulierungsvorschlag eines Auskunftsanspruchs zur Sicherung der Option *Rademacher* MDR 2000, 57 (60).

665 Haben die Parteien eines langfristigen Mietvertrages einen Mietzins einschließlich Umsatzsteuer (Brutto) vereinbart, so können nach § 29 UStG der Mieter **eine Mietsenkung** und der Vermieter **eine Mieterhöhung** verlangen, wenn sich der Umsatzsteuersatz entsprechend verändert.

### VII. Weitere Mieterleistungen

666 Der Mieter kann auch andere Vermögensaufwendungen zu Gunsten der Mietsache, namentlich **Finanzierungsbeiträge,** erbringen. Dies ist grds. zulässig. Einschränkungen ergeben sich iRd § 9 WoBindG für den öffentlich geförderten Wohnungsbau (s. dazu Anhang zu § 561 Rn. 52a f.) sowie nach § 14 HeimG, wonach es dem Träger eines Heims grds. untersagt ist, sich Geld oder geldwerte Leistungen versprechen oder gewähren zu lassen (→ Rn. 699ff.).

#### 1. Mietvorauszahlung/Mieterdarlehen

667 Die Mietvorauszahlung ist ein vorausbezahlter Mietzins, der nicht vereinbarungsgemäß zu Bau- oder Instandsetzungsarbeiten an der vermieteten Sache geleistet wird und dessen Verwendung dem Vermieter freigestellt ist.[2102] Im Falle der Veräußerung tritt der Erwerber gem. §§ 566, 578 BGB in die Vereinbarung über die Mietvorauszahlung ein.[2103] Beim Tod des Mieters ist die Mietvorauszahlung auch gegenüber dem Ehegatten oder einem Angehörigen, der den Mietvertrag fortsetzt, wirksam (§ 563b Abs. 1, 2 BGB).

668 Das Mieterdarlehen ist ein Darlehen gem. § 607 BGB, das der Mieter dem Vermieter mit Rücksicht auf den Abschluss des Mietvertrages gewährt.[2104] In aller Regel erfolgt die Tilgung des Darlehens dadurch, dass die einzelnen Darlehensraten mit dem laufenden Mietzins bei Fälligkeit verrechnet werden. Bei der Mietvorauszahlung wird dagegen der Mietzins bereits mit der Hingabe des Zuschusses getilgt.

669 Ob im Einzelfall **ein Mieterdarlehen** oder **eine Mietvorauszahlung** mit dem Privileg des § 547 Abs. 2 BGB vorliegt, hängt im Wesentlichen nicht von der Vertragsgestaltung oder der Bezeichnung der Parteien, sondern von dem verfolgten **wirtschaftlichen Zweck** ab.[2105] Indizien für eine Mietvorauszahlung sind zB ein weit unter dem Kapitalmarkt vereinbarter Zins bzw. Unverzinslichkeit,[2106] eine Tilgung in kleinen Raten,[2107] insbes. die Verrechnung mit der monatlichen Miete[2108] oder die Koppelung der Laufzeit an die Dauer des Mietverhältnisses.[2109] Für die Annahme eines Mieterdarlehens muss in jedem Fall ein vom Mietvertrag **abgekoppeltes Kreditgeschäft** vorliegen, sonst wird die Geldhingabe regelmäßig als verkappte Mietvorauszahlung zu werten sein. Wurde die Abrede getroffen, dass die Mietvorauszahlung oder das Mieterdarlehen zur **Herstellung oder Instandsetzung** von Wohnraum zu verwenden ist, handelt es sich um einen Finanzierungsbeitrag des Mieters. Ist der Finanzierungsbeitrag auch tatsächlich für die baulichen Maßnahmen verwendet worden, muss auch der Insolvenzverwalter[2110] oder der Ersteher in der Zwangsversteigerung diese Zahlungen gegen sich gelten lassen[2111] (→ BGB Vor § 535 Rn. 323). Die Vereinbarung einer Mietvorauszahlung oder eines Mieterdarlehens ist grds. ohne Einschränkungen zulässig.[2112] Bei Wohnraum ist die zwingende Vorschrift des § 547 BGB zu beachten, die die Zurückerstattung vorausbezahlter Miete regelt.

670 Auch wenn es sich bei dem Mieterdarlehen um ein vom Mietverhältnis rechtlich abgekoppeltes Kreditgeschäft handelt, sind doch vertragliche Überlagerungen möglich. Wie auch bei der Mietvorauszahlung kann sich iE zB aus der Verrechnungsabrede ergeben, dass bis zur Tilgung das Miet-

---

[2102] Palandt/*Weidenkaff* BGB Einf. § 535 Rn. 112.

[2103] BGH ZfJR 1998, 292; Staudinger/*Emmerich* BGB § 566b Rn. 13, 15; Bub/Treier MietR-HdB/*von der Osten* Kap. III A Rn. 1935.

[2104] Palandt/*Weidenkaff* BGB Einf. § 535 Rn. 114.

[2105] BGH NJW 1971, 1658 = MDR 1971, 923.

[2106] BGHZ 54, 347; LG Berlin GE 1999, 1650; AG Neukölln GE 1999, 1650.

[2107] BGH NJW 1970, 1124 = MDR 1970, 671.

[2108] LG Berlin GE 1999, 1650; AG Neukölln GE 1999, 1650.

[2109] Bub/Treier MietR-HdB/*von der Osten* Kap. III A Rn. 1929.

[2110] BGHZ 6, 202.

[2111] *BGH NJW 1967*, 555 = *MDR* 1967, 297 = BB 1967, 56; *Klawikowski* Rpfleger 1997, 418; str., Wolf/Eckert/Ball Gewerbl. Miet-/Pacht-/LeasingR-HdB Rn. 1393f.

[2112] Bub/Treier MietR-HdB/*von der Osten* Kap. III A Rn. 1926; vgl. aber die Regelungen für den preisgebundenen Wohnungsbau – § 9 WoBindG; sowie § 28 I. WoBauG, II. WoBauG § 50 Rn. 686ff.

verhältnis vom Vermieter nicht durch eine ordentliche Kündigung beendet werden kann.[2113] Der Mieter bleibt dagegen zur Kündigung berechtigt, da er im Interesse des Vermieters das Darlehen bzw. die Mietvorauszahlung gegeben hat und ihm daraus keine Nachteile entstehen dürfen. Das kann vom Vermieter nicht durch eine vorzeitige Rückzahlung des Darlehens unterlaufen werden.

Das **Schriftformerfordernis des § 550 BGB** steht einer solchen langjährigen Bindung regel- **671** mäßig nicht entgegen. Dies ist überwiegende Ansicht, wenn der Mietvertrag selbst schriftlich abgeschlossen wurde.[2114] Bei nur mündlich abgeschlossenen Mietverträgen geht zwar die überwiegende Meinung davon aus, dass die Formvorschrift des § 550 BGB als zwingende Regelung die mündliche Vereinbarung einer längeren Mietzeit als ein Jahr nicht zulässt.[2115] Allerdings kann es rechtsmissbräuchlich sein, sich auf einen Formverstoß zu berufen.[2116] In den Fällen der vereinbarten Finanzierungsbeiträge wird bei einer Kündigung des Vermieters regelmäßig ein Verstoß gegen Treu und Glauben vorliegen, da der Mieter bei Hingabe der Mittel davon ausgehen darf, dass der begünstigte Vermieter am Mietverhältnis bis zum Ablauf der vereinbarten Tilgungszeit festhalten wird.[2117]

Auch der Ausschluss eines Mieterhöhungsrechts für die Laufzeit der Mietvorauszahlung oder des **672** Darlehens kann sich im Einzelfall aus der Vertragsabrede ergeben.[2118] In dem zeitlich befristetem Ausschluss des Mieterhöhungsrechts liegt aber regelmäßig keine stillschweigende Befristung eines unbefristeten Mietvertrages, der das Kündigungsrecht ausschließen kann.[2119] Andererseits wird sich aber regelmäßig aus einer vertraglichen Befristung oder aus dem Ausschluss des Kündigungsrechts auch **eine Einschränkung des Mieterhöhungsrechts** ergeben. Zu bedenken ist nämlich, dass der Vermieter im freifinanzierten Wohnungsbau eine (Grund-)Mieterhöhung in erster Linie zur Verbesserung der Rendite vornimmt und nicht zur Deckung seiner Betriebs- und Kapitalkosten. Da der Mieter seinerseits aber an die Konditionen seiner Mietvorauszahlung bzw. seines Darlehens gebunden ist, muss auch der Vermieter gem. § 242 BGB von einer Veränderung seiner Vertragskonditionen Abstand nehmen.[2120]

Anders verhält es sich im **öffentlich-geförderten Wohnraum.** Der Vermieter erhält hier nur **673** die Kostenmiete im Rahmen einer Wirtschaftlichkeitsberechnung. Seine Mieterhöhungsmöglichkeiten sind nur auf Kostendeckung angelegt. Daher verlangt die Prüfung, ob sich aus den Umständen der Ausschluss einer Mieterhöhung ergibt, eine dem Grundsatz von Treu und Glauben gerecht werdende und die Interessenlage der Parteien berücksichtigende Würdigung der gesamten Verhältnisse. Die Vereinbarung einer bestimmten Mietdauer und die Leistung einer Mietvorauszahlung bzw. eines Mieterdarlehens brauchen eine Mieterhöhung nicht auszuschließen, können aber als Beweisanzeichen dafür verwertet werden, dass eine Mieterhöhung nach dem Willen der Parteien (uU auch nur anteilig) ausgeschlossen sein soll.[2121] Für diese Annahme müssen aber noch weitere erhebliche Umstände hinzutreten.[2122]

Darüber hinaus muss der Vermieter seitens des Mieters mit der Einrede nach Treu und Glauben **674** (§ 242 BGB) rechnen, wenn er bauliche Maßnahmen durchführen will, die mit dem Zweck der Vorauszahlung oder Darlehenshingabe in Widerspruch stehen.

Der Vermieter kann sich eine Mieterhöhung durch Vereinbarung einer **Mietanpassungsklau- 675** **sel** vertraglich vorbehalten.[2123] Allerdings ist der Mietanpassung nur die um die Tilgungsraten für

---

2113 LG Hannover WuM 1980, 57; MDR 1969, 845; LG Hagen WuM 1967, 171; LG Frankfurt a. M. WuM 1965, 97; zum Baukostenzuschuss LG Hagen ZMR 1968, 86; LG Dortmund WuM 1965, 151; AG Karlsruhe WuM 1967, 38; zur Mietvorauszahlung AG Essen ZMR 1966, 332; weitergehend Bub/Treier MietR-HdB/*von der Osten* Kap. III A Rn. 1965, wonach auch der Mieter von der Kündigung ausgeschlossen sein soll.

2114 OLG München DWW 1964, 158; LG Wiesbaden ZMR 1958, 299; LG Hannover MDR 1969, 845; zur Schriftform bei in elektronischer Form abgegebenen Willenserklärungen *Stellmann/Süss* NZM 2001, 969.

2115 BGH NJW 1960, 475; LG Bochum MDR 1970, 512; LG Braunschweig ZMR 1967, 202; LG Stuttgart ZMR 1967, 112; **aA** wohl OLG Stuttgart ZMR 1959, 325.

2116 BGHZ 65, 49 = NJW 1975, 1653; ZMR 1986, 230 = MDR 1986, 749 = NJW-RR 1986, 944; Wolf/Eckert/Ball Gewerbl. Miet-/Pacht-/LeasingR-HdB Rn. 142.

2117 LG Oldenburg ZMR 1957, 154; AG Wiesbaden ZMR 1966, 304; AG Essen ZMR 1966, 332; AG München MDR 1964, 152; wohl auch LG Essen ZMR 1966, 264; AG Karlsruhe ZMR 1966, 264.

2118 LG Kiel WuM 1979, 128 = ZMR 1979, 280 für Baukostenzuschuss; LG Hannover WuM 1980, 57; Staudinger/*Emmerich* BGB § 557 Rn. 64.

2119 BGH WuM 1978, 82 = NJW 1976, 1351 = ZMR 1978, 203 = MDR 1976, 662.

2120 Einschränkend Bub/Treier MietR-HdB/*von der Osten* Kap. III A Rn. 1931, 1965.

2121 BGHZ 26, 310 zu § 19 1. BMG.

2122 BGH ZMR 1969, 272.

2123 BGH WuM 1979, 99 = MDR 1979, 306 = ZMR 1979, 72 = BB 1978, 1749.

die Mietvorauszahlung gekürzte Miete zu Grunde zu legen. Das gilt selbst dann, wenn eine nicht um die Vorauszahlung gekürzte Miete vereinbart wurde, da der Vermieter diese Vorauszahlung voll für sich verwenden konnte und insoweit keine Sicherung gegen eine Entwertung des Betrages benötigt.[2124]

676 Anders als bei der Mietvorauszahlung ist der **Erwerber des Grundstücks** (§ 566 BGB) nicht an die Darlehensabrede gebunden.[2125] Ist das Mietverhältnis beendet, muss der Vermieter bei Vereinbarung einer Mietvorauszahlung gem. § 547 BGB das restliche Kapital in einem Betrag und nicht etwa nach den Tilgungsbedingungen des Darlehensvertrages zurückzahlen.[2126] § 547 Abs. 2 BGB, wonach abweichende Vereinbarungen bei einem Mietverhältnis über Wohnraum unzulässig sind, gilt für Vereinbarungen eines Mieterdarlehens nicht.[2127] Hat der Vermieter die vorzeitige Beendigung des Mietvertrages zu vertreten, ist er auch zur Verzinsung des restlichen Darlehensbetrages verpflichtet; ansonsten haftet er nur nach Bereicherungsrecht.

**2. Baukostenzuschuss**

677 Wird mit dem Finanzierungsbeitrag des Mieters eine Bau- oder Modernisierungsmaßnahme des Vermieters durchgeführt und dabei eine Erstattung der Mieterleistung oder ihre Verrechnung mit der Mietzahlung vereinbart, handelt es sich um eine Mietvorauszahlung oder um ein Mieterdarlehen (→ Rn. 680). Diese Finanzierungsleistungen werden auch als anrechenbare Baukostenzuschüsse bezeichnet. Wird dagegen vereinbart, dass die Mieterleistung weder vom Vermieter verrechnet noch bei Beendigung des Mietverhältnisses erstattet wird, also endgültig beim Vermieter verbleiben soll, handelt es sich um einen **sog. verlorenen Baukostenzuschuss.**[2128] Bei dem verlorenen Baukostenzuschuss handelt es sich dennoch nicht um eine unentgeltliche Zuwendung. Der Mieter will mit der Hingabe des Zuschusses als Gegenleistung das Recht erlangen, das zu errichtende oder zu modernisierende Objekt zu günstigeren Bedingungen zu bewohnen,[2129] in dem zB auf den Inhalt des Mietvertrages oder die Höhe des Mietzinses Einfluss genommen wird.

678 Bei der Geschäftsraummiete ist die Vereinbarung eines Baukostenzuschusses immer zulässig. Die **Kündigungsbeschränkungen** zu Lasten des Erstehers nach § 57 c ZVG, wonach der Ersteher von dem Sonderkündigungsrecht solange keinen Gebrauch machen darf, als Vorauszahlungen oder Zuschüsse des Mieters zur Schaffung oder Instandsetzung der Mieträume mit der Miete zu verrechnen oder noch nicht als getilgt anzusehen sind, wurden mit Wirkung zum 1.2.2007 aufgehoben[2130].

679 Soweit freifinanzierter Wohnraum vermietet ist, gilt das Baukostenzuschüsse-Rückerstattungsgesetz (BaukZuschG)[2131], von dessen Vorschriften gem. § 5 BaukZuschG nicht zum Nachteil des Mieters abgewichen werden kann. Gem. § 1 BaukZuschG ist der verlorene Baukostenzuschuss eine nicht rückzahlbare bzw. nicht verrechenbare Zuwendung von Sach- und Arbeitsleistungen des Mieters oder eines Dritten, die zur Deckung der Herstellungskosten des Mietobjektes dienen. Dabei kann es sich um einen Neubau, Wiederaufbau, Ausbau oder um eine Erweiterung oder Wiederherstellung der Räume handeln.[2132] Das Gesetz betrifft darüber hinaus alle verlorenen Zuschüsse, die anlässlich der Vermietung einer Wohnung gewährt werden.[2133]

680 Ob ein verlorener Baukostenzuschuss oder eine Mietvorauszahlung vorliegt, ist im Einzelfall zu prüfen.[2134] Die vom Mieter an den Vermieter für besondere Einrichtungsgegenstände der

---

[2124] BGH WuM 1979, 99 = MDR 1979, 306 = ZMR 1979, 72 = BB 1978, 1749.
[2125] LG Berlin GE 2010, 909 bei Koppelung mit der Mietzahlung.
[2126] BGH NJW 1970, 1124 = MDR 1970, 671.
[2127] LG Berlin GE 1999, 1650; AG Neukölln GE 1999, 1650.
[2128] Zur steuerlichen Behandlung des verlorenen Baukostenzuschusses Bub/Treier MietR-HdB/*von der Osten* Kap. III A Rn. 1954.
[2129] LG Frankfurt a. M. WuM 1974, 220.
[2130] Art. 11 des Zweiten Gesetzes zur Modernisierung der Justiz (BGBl. 2006 I 3416) ist am 1.2.2007 in Kraft getreten.
[2131] Vgl. Art. VI § 1 des Gesetzes zur Änderung des Zweiten Wohnungsbaugesetzes, anderer wohnungsbaurechtlicher Vorschriften und über die Rückerstattung von Baukostenzuschüssen v. 21.7.1961 – BaukZuschG, BGBl. I 969.
[2132] *Palandt/Weidenkaff BGB* Einf. § 535 Rn. 109.
[2133] OLG Düsseldorf MDR 1967, 133.
[2134] BGH NJW 1966, 1705; Bub/Treier MietR-HdB/*von der Osten* Kap. III A Rn. 1952; zum Begriff des verlorenen Baukostenzuschusses LG Dresden ZMR 2015, 120.

Wohnung geleistete Abstandszahlung ist als verlorener Baukostenzuschuss zu werten, wenn die Gegenstände nicht in das Eigentum des Mieters übergehen oder seinem Wegnahmerecht unterliegen sollten.[2135] Ein verlorener Baukostenzuschuss ist zB auch für Zahlungen des Mieters zur Errichtung einer Gemeinschaftsantenne angenommen worden.[2136] Von einem verlorenen Baukostenzuschuss ist auch auszugehen, wenn der Mieter anlässlich der Anmietung des Objektes an den Vermieter bestimmte Leistungen erbringt, wie zB die Übernahme der Mietschulden des Vorgängers oder sonstige finanzielle Zuwendungen, die den Vermieter zur Vermietung an den Mieter bewegen sollen.[2137] Bei öffentlich-geförderten Wohnungen ist allerdings § 9 WoBindG zu beachten.

Der Vermieter ist grds. nicht verpflichtet, den verlorenen Baukostenzuschuss ganz oder teilweise zurückzuzahlen. Vielmehr wird der Zuschuss abgewohnt. Soweit ein gezahlter Baukostenzuschuss nicht abgewohnt wurde, steht demjenigen ein Rückforderungsrecht gem. § 1 BaukZuschG iVm § 547 BGB zu, der den Zuschuss geleistet hat.[2138] Der Vermieter haftet aber lediglich gem. §§ 812ff. BGB, wenn die Beendigung des Mietverhältnisses wegen eines Umstandes erfolgt, den der Vermieter **nicht zu vertreten hat.** Bei einer Veräußerung des Grundstücks an einen Dritten geht die Verpflichtung zur Rückzahlung eines Baukostenzuschusses auf den Erwerber über (§ 566 BGB).[2139] Dabei sind aber grds. die engen Grenzen der §§ 566b, 566c BGB zu beachten. In diesem Rahmen wird der Veräußerer von seinen Verpflichtungen frei. Wegen der hierin liegenden Gefahren für die Mieter hat die Rspr. eine weiter gehende Wirkung von Vorausverfügungen über den Mietzins gegenüber dem Erwerber angenommen.[2140] Kumulative Voraussetzungen dafür sind:[2141] **681**

- Es muss eine Vorauszahlung des Mieters vereinbart sein,
- die Leistung (Geld oder Sachleistung des Mieters) muss von vornherein, also vor Erbringung,[2142] für den Aus- oder Aufbau des Mietgrundstücks im Zusammenhang mit dem Mietvertrag bestimmt gewesen sein,[2143]
- die Mittel sind – zumindest mittelbar – bestimmungsgemäß verwendet worden und haben den Wert des Grundstücks erhöht,[2144]
- zum Zeitpunkt des Eigentumsübergangs war die Werterhöhung noch vorhanden.[2145]

Beruht der verlorene Zuschuss des Mieters auf einer Vereinbarung **vor dem 29.7.1961** (In-Kraft-Treten des BaukZuschG), gilt er als für eine Mietdauer gewährt, die unter Berücksichtigung aller Umstände, insbes. der Höhe des Zuschusses und des laufenden Mietzinses, der Billigkeit entspricht (§ 3 BaukZuschG). **682**

Gem. § 2 BaukZuschG ist der Betrag in **Höhe einer Jahresmiete** durch eine Mietzeit von vier Jahren als getilgt anzusehen, wenn der Zuschuss auf einer Vereinbarung beruht, die nach dem 29.7.1961 (In-Kraft-Treten des BaukZuschG) getroffen wurde. Maßgebend ist die ortsübliche Miete zur Zeit der Leistung. **683**

Der Rückzahlungsanspruch kann sofort geltend gemacht werden. Er **verjährt** gem. § 4 BaukZuschG nach Ablauf eines Jahres von der Beendigung des Mietverhältnisses an. **684**

Tritt ein **Mietnachfolger** in den Mietvertrag ein und erstattet dieser dem Mieter den noch nicht abgewohnten Teil des Baukostenzuschusses, dann kann der Nachfolgemieter ebenfalls bei vorzeitiger Beendigung des Mietvertrages den noch nicht abgewohnten Teil des Zuschusses vom Vermieter fordern.[2146] **685**

---

2135 LG Köln WuM 1990, 485.
2136 AG Aachen WuM 1986, 336.
2137 **AA** LG Bonn WuM 1990, 419.
2138 BGH VIII ZR 207/64, NJW 1967, 561.
2139 BGH XII ZR 66/07, NJW 2009, 2374 = AK-MietPrax § 812 BGB Nr. 6 mAnm *Börstinghaus* = ZMR 2009, 749 = GE 2009, 1246; BGH XII ZR 43/02, AK-MietPrax § 812 BGB Nr. 2 mAnm *Börstinghaus* = ZMR 2006, 185 GE 2006, 380; BGH V ZR 4/54, BGHZ 16, 31; Dittert jurisPR-MietR 15/2009 Anm. 4.
2140 Zur Wirksamkeit ggü. dem Zwangsverwalter OLG Frankfurt a. M. ZMR 2012, 698.
2141 Ausf. *Dötsch* NZM 2012, 296; Erman/*Lützenkirchen* BGB § 566c Rn. 6.
2142 Erman/*Lützenkirchen* BGB § 566c Rn. 6.
2143 BGH NJW 1967, 555 = MDR 1967, 297; BGHZ 37, 346; OLG Frankfurt a. M. MDR 1983, 669.
2144 BGHZ 53, 35; sa BGH IX ZR 26/01, NZM 2002, 758 = NJW-RR 2002, 1304 = MDR 2002, 1214 = GE 2002, 1190.
2145 BGHZ 15, 296; LG Bochum WuM 1982, 135; vertiefend *Dötsch* MietRB 2009, 216.
2146 BGH NJW 1966, 1705.

686 Für **öffentlich-geförderten Wohnraum** gilt § 9 WoBindG, der auf das BaukZuschG Bezug nimmt. So sind gem. § 9 WoBindG iVm § 6 BaukZuschG bei Sozialwohnungen verlorene Baukostenzuschüsse von Mietern grds. unzulässig. Für die Rückerstattung der Leistung und Verjährung des Anspruchs gilt § 9 Abs. 7 WoBindG.

687 Eine Ausnahme gilt gem. § 9 Abs. 4 WoBindG für den **Mietnachfolger.** Wurde ein verlorener Baukostenzuschuss von einem Dritten zugunsten des Wohnungssuchenden geleistet, der keine Verbindlichkeiten für diesen begründete (§ 28 I. WoBauG, § 50 II. WoBauG) und wurde dem Wohnungssuchenden wegen einer vorzeitigen Beendigung des Mietverhältnisses die Leistung ganz oder teilweise zurückerstattet, kann von dem Mietnachfolger ein verlorener Baukostenzuschuss in Höhe des Erstattungsbetrages verlangt werden.

688 Enthält der Mietvertrag über Geschäftsräume keine Vereinbarung über die Mietdauer, haben die Parteien jedoch vereinbart, dass ein von dem Mieter gezahlter Baukostenzuschuss innerhalb einer bestimmten Zeit auf die Miete angerechnet wird, dann läuft die Mindestmietzeit bis zu dem Zeitpunkt, in dem der Baukostenzuschuss abgewohnt ist[2147] (s. Abgrenzung zur Mietvorauszahlung → Rn. 667 ff.; zur Problematik bei der Auslegung einer mietvertraglichen Befristung und Beschränkung der Mieterhöhung → Rn. 672).

### 3. Abstandsvereinbarung

689 Gem. § 4a Abs. 1 WoVermittG ist eine Vereinbarung unwirksam, die den Wohnungssuchenden oder für ihn einen Dritten verpflichtet, ein Entgelt dafür zu leisten, dass der bisherige Mieter die gemieteten Wohnräume räumt.[2148] Die Zahlung ist also allein **für die Besitzaufgabe** gedacht. Dabei ist es unerheblich, ob die Vereinbarung mit dem Vormieter, mit dem Vermieter oder mit einem Dritten getroffen wird.[2149] Es kommt auch nicht darauf an, wem das Entgelt wirtschaftlich zugutekommt. Zweck der Vorschrift ist, die angesichts einer Wohnraumknappheit vielfach verlangten Abstandszahlungen für unwirksam zu erklären, soweit ihnen keine Leistung des bisherigen Mieters gegenübersteht.[2150] Unter den Begriff des Entgelts fallen vermögenswerte Leistungen aller Art, wie zB auch die Übernahme von bestehenden Mietschulden.[2151]

690 Die Vorschrift ist auf **Gewerberäume** nicht anzuwenden. Dort gilt für diese Fragen § 138 BGB.[2152] Ebenfalls keine Anwendung findet die Vorschrift im Preisgebundenen Wohnungsbau (vgl. § 9 Abs. 1 S. 1 WoBindG).[2153]

691 Die Vorschrift schützt den Wohnungssuchenden und nicht den Investor.[2154] Daher sind Zahlungsvereinbarungen wirksam, die der Vermieter mit dem bisherigen Mieter im Rahmen eines **Mietaufhebungsvertrages** schließt. Das gilt auch, wenn die Zahlungen nur für die Besitzaufgabe des bisherigen Mieters geleistet werden.[2155] Der Vermieter kann mit dem Wohnungssuchenden allerdings nicht vereinbaren, dass dieser die Zahlung anstelle des Vormieters übernimmt. Eine derartige Regelung wäre gleichfalls ein Verstoß gegen § 4a Abs. 1 WoVermittG. In einer Ablösevereinbarung kann auch eine verdeckte – unwirksame – Abstandszahlung liegen.[2156]

692 Eine Ausnahme sieht das Gesetz in § 4 Abs. 1 S. 2 WoVermittG vor, wonach die Erstattung von Kosten, die nachweislich **für den Umzug** entstehen, davon ausgenommen ist. Damit will das Gesetz Hilfestellungen zur Erleichterung des **Wohnungswechsels** ermöglichen.[2157] Das betrifft insbes. solche Mieter, deren bisherige Wohnung durch den Auszug von Familienangehörigen zu

---

[2147] LG Stuttgart NJW 1960, 1256; **aA** OLG Düsseldorf ZMR 2007, 446 = NZM 2007, 643; Bub/Treier MietR-HdB/*von der Osten* Kap. III A Rn. 1955.

[2148] So schon LG Hamburg WuM 1991, 533 = NJW-RR 1991, 1161 = DWW 1991, 340; s. umfassend *Himmen* ZMR 2020, 997.

[2149] Staudinger/*Emmerich* BGB Vorb. § 535 Rn. 106; *Blank* WuM 1993, 503 (513).

[2150] BT-Drs. 12/5224, 5; zur alten Rechtslage LG Hamburg NJW-RR 1991, 1160; LG Trier WuM 1991, 532.

[2151] Zur steuerlichen Behandlung dieses Entgelts FG Hessen Kassel ZMR 1998, 238.

[2152] BGH NJW 1988, 1914 = NJW-RR 1988, 763 MDR 1979, 664 = NJW 1979, 758 = ZMR 1980, 83; KG 1993, 197; OLG Düsseldorf NJW-RR 1992, 1428 = ZMR 1992, 388; NJW-RR 1988, 948 = ZMR 1988, 175; OLG Karlsruhe WuM 1990, 286 = ZMR 1990, 300; *Himmen* ZMR 2020,997 (998).

[2153] *Himmen* ZMR 2020, 997 (1001).

[2154] OLG Dresden WuM 1997, 223.

[2155] *Blank WuM 1993, 503 (513).*

[2156] LG Frankfurt a. M. WuM 1989, 166 = ZMR 1986, 202; OLG Düsseldorf ZMR 1992, 388 = NJW-RR 1992, 1428.

[2157] *Blank* WuM 1993, 503 (514).

klein geworden ist. Entsprechend erfasst der Begriff Umzug nicht nur die reinen Transportkosten, sondern alle umzugsbedingten Aufwendungen,[2158] wie zB die Renovierung der bisherigen oder der neuen Wohnung.

### 4. Ablösevereinbarung

Eine Ablösevereinbarung liegt vor, wenn der Wohnungssuchende mit dem ausziehenden Mieter oder dem Vermieter vereinbart, eine **Einrichtung oder ein Inventarstück** zu erwerben (§ 4a Abs. 2 S. 1 WoVermittG). 693

Nach Auffassung des BGH soll § 4a WoVermittG entsprechend Anwendung finden zur Abgeltung von Aufwendungen des bisherigen Mieters zur Verbesserung der Mietsache, da auch in diesen Fällen dem Geldbetrag eine Gegenleistung gegenübersteht.[2159] Eine Gegenleistung kann zB in der Überlassung von Heizölbeständen oder Mobiliar sowie in Schönheitsreparaturleistungen und anteiligen, erbrachten Maklerprovisionen gesehen werden.[2160] 694

Da solche Verträge für den Wohnungssuchenden nur dann einen wirtschaftlichen Sinn haben, wenn er die Wohnung tatsächlich erhält, ist diese Vereinbarung im Zweifel **unter der aufschiebenden Bedingung** geschlossen, dass der Mietvertrag auch zustande kommt (Abs. 2 S. 2). Die Vermutung für den aufschiebend bedingten Vertragsschluss kann widerlegt werden. Die Partei, die für sich aus dem Vertrag Rechte herleiten will, ist beweispflichtig.[2161] 695

Die Vereinbarung über das Entgelt ist unwirksam, soweit dieses in einem auffälligen Missverhältnis zum Wert der Einrichtung oder des Inventarstücks steht (Abs. 2 S. 3). Bei der Prüfung, ob das vereinbarte Entgelt in einem auffälligen Missverhältnis steht,[2162] wird auf die Rspr. zu § 138 BGB sowie zu § 5 Abs. 2 WiStG zurückgegriffen, da es sich um eine besondere Form des Wuchers handelt. Der **objektive Zeitwert des Gegenstandes**[2163] ist zu dem vereinbarten Preis in Beziehung zu setzen.[2164] Dann liegt regelmäßig ein **auffälliges Missverhältnis** vor, wenn das übliche Entgelt um mehr als 50% überschritten wird.[2165] Diese Voraussetzung hat der Nachmieter zu beweisen.[2166] Für die Annahme der Nichtigkeit einer solchen Vereinbarung ist ein persönlich vorwerfbares Verhalten des Vormieters oder des Vermieters nicht erforderlich.[2167] 696

Gem. § 5 Abs. 2 WoVermittG muss der Empfänger des Geldes die empfangene Leistung gem. §§ 812ff. BGB zurückzahlen. § 817 S. 2 BGB ist nicht anzuwenden. Die Preisvereinbarung bleibt nach Auffassung des BGH mit dem unbedenklichen Teil (objektiver Wert plus 50%) aufrechterhalten.[2168] 697

Für **Sozialmietwohnungen** ist zudem § 9 WoBindG zu beachten. Nach dieser Vorschrift ist eine Ablösevereinbarung mit dem Vermieter grds. unzulässig, wenn sie nicht durch die zuständige Stelle genehmigt wird (Abs. 6). Diese Vorschrift ist aber nicht analog auf das Verhältnis zwischen Vor- und Nachmieter anzuwenden.[2169] 698

---

2158 *Blank* WuM 1993, 503 (514); Blank/Börstinghaus/*Blank/Börstinghaus* BGB § 535 Rn. 645; aA *Wiek* WuM 2020, 535 (536).

2159 BGH ZMR 1997, 401.

2160 AG Dortmund WuM 1997, 54 = NJW-RR 1997, 1032; *Wiek* WuM 2020, 535.

2161 *Blank* WuM 1993, 503 (514).

2162 BGH WuM 1982, 158 = NJW 1982, 1040 = ZMR 1982, 124 = GE 1982, 81; KG GE 1993, 197; OLG Frankfurt a. M. WuM 1984, 76; LG Frankfurt a. M. NJW-RR 1992, 715; LG Hamburg WuM 1991, 533 = NJW-RR 1991, 1161 = DWW 1991, 340; NJW-RR 1991, 1160; LG Trier WuM 1991, 532.

2163 Zur Bestimmung des Wertes *Wiek* WuM 2020, 535, 536.

2164 OLG Köln WuM 2000, 555 = DWW 2000, 310 = GE 2001, 205.

2165 BGH WuM 1997, 380 = DWW 1997, 220 = ZMR 1997, 401 = MDR 1997, 721; BayObLG WuM 1988, 318; OLG Köln WuM 1980, 36; GE 2001, 205; LG Köln WuM 1976, 34 = ZMR 1977, 256; LG Mannheim MDR 1977, 159 = WuM 1977, 77 = ZMR 1978, 95; *Blank* WuM 1993, 514; Bub/Treier MietR-HdB/*Bub* Kap. II 2384.

2166 KG GE 1998, 40.

2167 Anders noch nach alter Rechtslage KG GE 1993, 197.

2168 BGH WuM 1997, 380 = NJW 1997, 1845 = MDR 1997, 721 = DWW 1997, 220 = GE 1997, 796 = ZMR 1997, 401; OLG Köln GE 2001, 205; *Blank* WuM 1993, 514; Staudinger/*Emmerich* BGB Vorb. § 535 Rn. 107; **aA** OLG Hamburg WuM 1997, 333; Bub/Treier MietR-HdB/*Bub* Kap. II 2385; *Beuermann* GE 1993, 1068 (1074).

2169 BGH WuM 1982, 158 = NJW 1982, 1040 = ZMR 1982, 124 = MDR 1982, 401 = GE 1982, 81; KG GE 1998, 40.

### 5. Heim- und Betreuungsverträge

**699** Sondervorschriften gibt es im Rahmen von Mietverhältnissen über Wohnungen oder Wohnplätze in Altenheimen, Altenwohnheimen, Pflegeheimen oder ähnlichen Einrichtungen, soweit sie dem Wohn- und Betreuungsvertragsgesetz (WBVG)[2170], das seit dem 1.10.2009 in Kraft ist, unterliegen. Mit diesem Gesetz wurden die vertragsbezogenen Regelungen des HeimG[2171] herausgelöst und neu strukturiert.[2172] Das WBVG ist ab 1.5.2010 auch auf Altverträge, soweit sie Heimverträge § 5 Abs. 1 S. 1 HeimG aF sind, anwendbar, die vor dem 1.10.2009 geschlossen wurden (§ 17 Abs. 1 WBVG). Hierzu können auch Anlagen zum **„Betreuten Wohnen"** gehören.[2173] Davon ist dann auszugehen, wenn sich die Mieter bei Abschluss des Mietvertrages verpflichten, mit einem Betreuungsunternehmen zu kontrahieren, das Leistungen für diese Wohnanlage vorhält[2174] (vgl. § 1 Abs. 1, 2 HeimG). Allerdings sind die Abgrenzungskriterien zwischen Wohnanlagen, die dem HeimG unterliegen und solchen, die als Anlagen des Betreuten Wohnens den allgemeinen Vertragsregeln unterliegen, nicht identisch mit den Abgrenzungskriterien des WBVG. Letzteres Gesetz ist gem. § 1 Abs. 1 nicht anzuwenden, wenn der Vertrag neben der Überlassung von Wohnraum ausschließlich die Erbringung von allgemeinen Unterstützungsleistungen, wie die Vermittlung von Pflege- und Betreuungsleistungen der hauswirtschaftlichen Versorgung oder Notrufdienste zum Gegenstand hat, während für die Nichtanwendung des HeimG gem. dessen § 1 Abs. 2 S. 2 zusätzlich erforderlich ist, dass das Entgelt für diese Leistungen im Verhältnis zur Miete von untergeordneter Bedeutung ist.[2175] Werden somit neben der Überlassung von Wohnraum ausschließlich die Erbringung von allgemeinen Unterstützungsleistungen gewährt, deren Entgelt im Verhältnis zur Miete nicht von untergeordneter Bedeutung ist, findet nach dem Wortlaut zwar das HeimG Anwendung, nicht aber das WBVG. Für die Altverträge ist dies ohne Bedeutung, da für die Überführung der Vertragsregelungen auf das WBVG nur auf das Vorliegen des Heimvertrages abgestellt wird und daher allein dessen Voraussetzungen zu prüfen sind. Von Bedeutung ist dies aber für Neuverträge, die ab 1.10.2009 geschlossen werden bzw. geschlossen worden sind. Wenn für diese Verträge wegen einer Verpflichtung zur Annahme der Unterstützungsleistung von nicht nur untergeordneter Bedeutung zwar das HeimG Anwendung findet, können aber wegen der Anwendungsvoraussetzungen in § 1 Abs. 1 S. 3 WBVG gleichwohl sich die vertraglichen Rechte und Pflichten aber nur nach den allgemeinen (mietrechtlichen) Vorschriften richten. Die Anwendung des HeimG bedingt somit nicht automatisch die Anwendung des WBVG.[2176] Diesen Widerspruch gilt es durch richterliche Rechtsfortbildung aufzulösen.

**700** Im Rahmen des HeimG, das aufgrund der Föderalismusreform in die Gesetzgebungskompetenz der Länder übertragen wurde[2177] (vgl. Art. 74 Abs. 1 Nr. 7 GG), ist es dem Träger eines Heims untersagt, sich Geld oder geldwerte Leistungen versprechen oder gewähren zu lassen; vgl. § 14 Abs. 1 HeimG. Daher sind hier zB auch **Mieterdarlehen** oder **Mietvorauszahlungen** (→ Rn. 667 ff.) grds. unzulässig. Von diesem Verbot sind auch Heimbewerber betroffen, wenn sie später Heiminsasse werden. Überträgt zB ein Heimbewerber sein Forderungsrecht an einem Girokonto auf den Heimträger und hält er nach Eintritt in das Heim diese Verfügung aufrecht, so hat der Heimträger nach dem Tode des Heimbewohners die ausgezahlten Beträge ohne Rechtsgrund erlangt.[2178]

**701** Ausnahmen sind nur zugelassen, soweit nicht vertragliche Leistungen aus dem Heimvertrag abgegolten werden, bei **geringfügigen Leistungen,** in begrenztem Umfang **für Sicherheitsleis-**

---

[2170] G zur Neuregelung der zivilrechtlichen Vorschriften des Heimgesetzes nach der Föderalismusreform v. 29.7.2009, BGBl. I 2319; zu den Entwicklungen seit Inkrafttreten, Drasdo NZM 2017, 577 ff.

[2171] IdF v. 5.11.2001, BGBl. I 2960, zuletzt geändert durch Art. 3 des Gesetzes v. 29.7.2009, BGBl. I 2319.

[2172] *Rasch* NDV 2010, 149.

[2173] BGH VIII ZR 187/03, WuM 2003, 573 = NZM 2004, 22 = NJW-RR 2004, 160 zum Kündigungsrecht.

[2174] Zur Abgrenzung BGH, XII ZB 517/17, GE 2019, 188 = MDR 2019, 379; OVG Münster WuM 1999, 412; OVG Frankfurt/Oder NZM 2000, 396; zur Abgrenzung Heim – Betreutes Wohnen *Schlüter* NZM 2000, 530.

[2175] Das ist nicht mehr der Fall, wenn das Entgelt die monatliche Bruttomiete um deutlich mehr als 20% überschreitet – BT-Drs. 14/5399, 19. Dem hat sich die Rspr. angeschlossen: BGH III ZR 293/04, NJW 2005, 2008 = AK-MietPrax § 542 BGB Nr. 3 = WuM 2005, 399; IX ZR 3/13, AK-MietPrax § 535 BGB Nr. 60 = NZM *2014, 74 = NJW 2014, 389 = GE 2014*, 250; sa Pfeilschifter jurisPR-MietR 17/2005 Anm. 2.

[2176] Zum Anwendungsbereich des WBVG *Drasdo* NZM 2015, 601 mwN.

[2177] Inzwischen haben alle Länder eigene Gesetze erlassen.

[2178] OLG Karlsruhe ZMR 1997, 184.

**tungen** sowie zum Bau, Erwerb und Betrieb oder zur Instandsetzung bzw. Ausstattung eines Heimplatzes (§ 14 Abs. 2 HeimG). Auch in einem solchen Austauschvertrag kann aber ein verbotswidriger Vermögensvorteil liegen, wenn die Leistung und die Gegenleistung in einem Missverhältnis stehen.[2179]

Für die in Verträgen zwischen Heimpersonal und Heiminsassen versprochenen oder gewährten Vermögensvorteile wird bis zum Beweis des Gegenteils vermutet, dass sie im Zusammenhang mit einer Heimleistung stehen.[2180] **702**

Die Regelungen zur Kaution gem. § 14 Abs. 2 Nr. 4 HeimG sind ins WBVG verlagert und mit einigen Regelungen des § 551 BGB angereichert worden. Im Übrigen gibt es im WBVG auch Vorschriften zur Erhöhung des Entgelts (§ 9 WBVG), zur Gewährleistung (§ 10 WBVG)[2181] sowie zum Kündigungsrecht des Verbrauchers (§ 11 WBVG) und des Unternehmers (§ 12 WBVG). **703**

Hervorzuheben sind die durch das WBVG für den Unternehmer einzuhaltenden vorvertraglichen Informationspflichten (§ 3).[2182] Sie unterscheiden zwischen Informationen über das allgemeine und über das spezifische Leistungsangebot. Die Informationen werden grds. als Vertragsgrundlage einbezogen (§ 6 Abs. 3). Bei Verstößen gegen die vorvertragliche Informationspflicht steht dem Verbraucher ein jederzeitiges fristloses Kündigungsrecht zu mit dem Recht auf Schadensersatz, zB für Umzugskosten.[2183] **704**

Der **Heimvertrag** alter Prägung ist kein Mietvertrag. Er ist vielmehr ein gemischter Vertrag, der aus Elementen des Dienstvertrages, des Mietvertrages und des Kaufvertrages zusammengesetzt ist und so ein einheitliches Ganzes bildet.[2184] Der neue Wohn- und Betreuungsvertrag ist ein Vertrag eigener Art, der die Heimunterbringung spezialgesetzlich regelt.[2185] Die enge Verzahnung mit den öffentlich-rechtlichen Vorschriften des HeimG war wohl Anlass dafür, diesen Typenvertrag nicht ins BGB aufzunehmen.[2186] **705**

### 6. Vertragsabschlussgebühr

Die Vereinbarung einer einmaligen Bearbeitungsgebühr, die der Mieter dem Vermieter für **das Ausstellen eines Mietvertrages** zu zahlen hat, wird von den Instanzgerichten überwiegend als wirksam angesehen.[2187] Die Gebühr muss sich aber in einem angemessenen Rahmen halten.[2188] Eine Grenze bildet die Kostendeckung. Überschreitet die Gebühr die Kostendeckung erhält sie den Charakter einer Vermittlungsgebühr und ist wegen § 2 Abs. 2 Nr. 2 WoVermittG unwirksam, da der Vermieter für die Vermittlung seiner eigenen Wohnungen keine Gebühr erheben darf.[2189] Vom LG Hamburg[2190] wurden ca. 50 EUR als kostendeckender und üblicher Kostenaufwand bei der Neuvermietung angesehen. Neben der Kostendeckung ist auch zu berücksichtigen, wie hoch die vereinbarte Nettokaltmiete iÜ ist. Übersteigt die vereinbarte Gebühr den monatlichen Mietzins, ist sie nichtig.[2191] **706**

Für **öffentlich-geförderte Wohnungen** ergibt sich aus § 9 Abs. 1 WoBindG die Unwirksamkeit einer einmaligen Leistung für die Überlassung des Wohnraums. Die Erhebung von Unkostenbeiträgen, Bearbeitungs- oder Vermittlungsgebühren für die Vermietung einer öffentlich-geförderten Wohnung ist daher unzulässig.[2192] **707**

---

2179 BGHZ 110, 235 = WuM 1990, 260 = NJW 1990, 1603 = ZMR 1990, 268 = MDR 1990, 610.

2180 BGHZ 110, 235 = WuM 1990, 260 = NJW 1990, 1603 = ZMR 1990, 268 = MDR 1990, 610.

2181 Zum Gewährleistungsrecht s. *Drasdo* JM 2014, 404.

2182 *Weber* NZM 2010, 337 (339).

2183 *Rasch* NDV 2010, 149 (151).

2184 *Drasdo* NZM 2008, 665 (673).

2185 *Drasdo* NJW 2010, 1174 (1175).

2186 Zu den Einflüssen des öffentlichen Rechts vgl. *Drasdo* NJW-Spezial 2012, 225 f.

2187 Allg. zum Problem: *Morath* jurisPR-MietR 4/2007 Anm. 6; **aA** AG Berlin-Neukölln, WuM 2017, 714; AG Hamburg-Wandsbek WuM 2005, 47; Blank/Börstinghaus/*Blank* BGB § 535 Rn. 650.

2188 AG Hamburg WuM 1999, 215; AG Bochum WuM 1998, 595; AG Wuppertal WuM 1994, 194; AG Bremerhaven WuM 1994, 194.

2189 AG Witzenhausen WuM 1997, 333; AG Trier WuM 1991, 123; AG Köln NJW-RR 1989, 269; zur Vereinbarung mit dem Verwalter einer Wohnanlage vgl. AG Hamburg NZM 1999, 839; AG Hannover WuM 1989, 584.

2190 LG Hamburg WuM 1990, 62; so auch AG Neuss WuM 1996, 532; AG Wuppertal WuM 1994, 194.

2191 AG Hamburg ZMR 1999, 343 = NZM 1999, 460.

2192 AG Berlin-Schöneberg GE 1981, 45; AG Köln WuM 1978, 55 = ZMR 1978, 286.

708 Die **formularmäßige Vereinbarung** eines pauschalen einmaligen[2193] Unkostenbeitrages für die Ausfertigung des Mietvertrages ist unwirksam;[2194] ebenso die Zahlung einer „Bearbeitungsgebühr“ vor dem Einzug[2195] oder eine ungenaue Angabe der auf den Mieter zukommenden Kosten, weil der Mieter darüber im Ungewissen gelassen wird, welche und ggf. wie viel Kosten zu erwarten sind.[2196]

709 Häufig wird ein Zahlungsversprechen auch für den **Abschluss eines Aufhebungsvertrages** verlangt. Individualvertraglich lassen sich solche Vereinbarungen wirksam treffen. Bei formularvertraglichen Vereinbarungen bzw. im Rahmen eines Verbrauchervertrages werden dagegen regelmäßig Bedenken zu erheben sein.[2197] Wegen des in einer solchen Klausel liegenden Überraschungseffektes ist eine solche Vorschrift regelmäßig gem. § 305c BGB unwirksam.[2198] Denn mit ihr werden Bedingungen festgelegt, die regelmäßig essentieller Gegenstand der Verhandlungen sind, die zu einer einvernehmlichen Vertragsaufhebung führen.[2199] Muss der Mieter eine im Rahmen eines Verbrauchervertrages oder formularvertraglich vereinbarte pauschale Abgeltung für die Kosten der vorzeitigen einvernehmlichen Vertragsbeendigung entrichten, verstößt eine solche Regelung gegen § 309 Nr. 5b BGB, da sie dem Mieter nicht ausdrücklich den Nachweis gestattet, dass die Unkosten geringer als die vereinbarte Pauschale sind.[2200] In einem auf Wunsch des Mieters abgeschlossenen Mietaufhebungsvertrag über Wohnraum ist dagegen nach früherem Recht folgende Formularklausel als wirksam angesehen worden; mit dem Argument, dass sie erkennbar auf den Pauschalcharakter Hinweise und damit den Gegenbeweis zulasse, ohne dass dies besonders hervorgehoben werden müsse:[2201] „Für den erhöhten Verwaltungs- und Vermietungsaufwand Ihrer vorzeitigen Vertragsauflösung bezahlen Sie eine Pauschalabgeltung in Höhe von einer Monatsmiete – netto/kalt – ohne besonderen Nachweis des Vermieters.“ Diese Entscheidung überzeugte schon nach früherem Recht nicht, weil mit dem Begriff „Pauschal“ der Kunde nicht auf einen möglichen Gegenbeweis geleitet wurde, sondern im Gegenteil davon abgehalten werden solle, Einzelnachweise für den Aufwand des Vermieters zu fordern. Inzwischen stellt § 309 Nr. 5b BGB klar, dass die Klausel ausdrücklich den Nachweis gestatten muss, ein Schaden sei gar nicht oder nur in wesentlich niedriger Höhe entstanden. Wird dies versäumt, erstreckt sich die Unwirksamkeit auf die Pauschalabrede im Ganzen.[2202]

Eine Formularklausel, in der sich der Verpächter auch für den Fall, dass das Pachtverhältnis auf Wunsch des Pächters vorzeitig einvernehmlich beendet wird, eine Vertragsstrafe versprechen lässt, ist auch im kaufmännischen Verkehr gem. § 307 BGB unwirksam, da der Kerngehalt des § 339 BGB tangiert ist.[2203]

710 Der Wohnungsverwalter ist nicht berechtigt, abweichend von den Ausnahmen nach § 3 Abs. 3 WoVermittG von dem Mieter eine Bearbeitungsgebühr zu verlangen.[2204]

### 7. Einzugspauschale/Auszugspauschale

711 Eine Einzugspauschale dient dazu, evtl. **entstehende Schäden anlässlich eines Umzuges** im Bereich des Treppenhauses oder des Hauseinganges abzudecken. Diese Pauschale findet sich häufig bei Wohnungseigentumsanlagen und stellt eine Form der Instandhaltungsrücklage dar.

---

2193 Zur Frage einer monatlichen Pauschale neben der Miete siehe BGH, VIII ZR 254/17, WuM 2019, 92 = GE 2019, 248 = NZM 2019, 253 = ZMR 2019, 328 = MietPrax-AK § 556 BGB Nr 131; *Borzutzki-Pasing,* jurisPR-MietR 5/2019 Anm. 2; *Börstinghaus,* jurisPR-BGHZivilR 4/2019 Anm. 1.

2194 LG Hamburg WuM 2009, 452; AG Hamburg-Altona WuM 2009, 451; NZM 2006, 928 = NJW-RR 2007, 11 = ZMR 2007, 544; AG Norderstedt WuM 1989, 5; **aA** LG Itzehoe WuM 1989, 290.

2195 LG Hamburg ZMR 2009, 534; AG Neukölln WuM 2017, 714 (200,– Euro); AG Münster WuM 1985, 255; AG Neuss WuM 1996, 532 bei über 900 DM.

2196 OLG Celle WuM 1990, 103; AG München WuM 1994, 604.

2197 Sa Darstellung bei *Bierbaum* GE 2000, 1525.

2198 Offen gelassen BGH NJW 1985, 57 = MDR 1985, 50.

2199 OLG Karlsruhe WuM 2000, 236 = ZMR 2000, 379 = GE 2000, 469.

2200 OLG Karlsruhe WuM 2000, 236 = ZMR 2000, 379 = GE 2000, 469; LG Berlin 1996, 607; AG Hannover WuM 1987, 147; so auch iE AG Kamen WuM 1988, 109; *Heinrichs* NZM 2003, 1.

2201 OLG Hamburg WuM 1990, 244 = NJW-RR 1990, 909 = MDR 1990, 724 = ZMR 1990, 270 = DWW *1990, 174.*

2202 *Heinrichs* NZM 2003, 1.

2203 BGH NJW 1985, 57 = MDR 1985, 50.

2204 AG Hamburg WuM 1999, 472.

Will der Eigentümer diese Pauschale an den Mieter weitergeben, muss er – soweit er Allgemeine Geschäftsbedingungen verwendet – § 309 Nr. 5a BGB beachten. Danach ist eine solche Vereinbarung nur wirksam, wenn entweder die Höhe der vereinbarten Summe den üblicherweise zu erwartenden Schaden nicht übersteigt,[2205] was der Verwender im Prozess vorzutragen hat,[2206] oder dem Mieter ausdrücklich der Nachweis gestattet wird, dass ein Schaden nicht oder nicht in der Höhe entstanden ist (vgl. § 309 Nr. 5b BGB). **712**

Dagegen dient eine **sog. Auszugspauschale** dazu, dem Vermieter das Risiko für Schäden und Kosten abzudecken, die im Zusammenhang mit einem **vorzeitigen Auszug des Mieters** entstehen können. Diese wird teilweise als Vereinbarung einer unwirksamen Vertragsstrafe iSd § 555 BGB[2207] oder als unzulässige Betriebskostenvereinbarung gem. § 556 BGB[2208] gesehen. Formularmäßige Vereinbarungen bzw. Vereinbarungen in Verbraucherverträgen verstoßen regelmäßig gegen § 309 Nr. 5b BGB, wenn sie den Abgeltungsanspruch des Vermieters nur pauschaliert festlegen und dem Mieter nicht ausdrücklich den Nachweis gestatten, der Aufwand sei nicht oder nicht in der vereinbarten Höhe entstanden.[2209] Das ist bei der Auszugspauschale der Fall, denn sie soll nicht für die Tatsache des Auszugs gezahlt werden, sondern für die durch den Auszug erhöhte Abnutzung und hat damit Schadensersatzfunktion.[2210] Daneben kann die Vereinbarung aber auch gegen § 305c BGB (überraschende Klausel) verstoßen, wenn zB nicht ein langfristiger Zeitmietvertrag, sondern nur ein auf unbestimmte Zeit geschlossener Vertrag unter Verkürzung der Kündigungsfristen vorzeitig beendet wird.[2211] **713**

Seit dem 1.9.2001 (Inkrafttreten des Mietrechtsreformgesetzes) dürfen gem. § 556 Abs. 1 BGB neben der Miete nur Betriebskosten verlangt werden. Eine Vereinbarung zum Nachteil des Mieters ist nach Abs. 4 der Vorschrift unwirksam. Da mit den **hier genannten Pauschalen** Aufwendungen gedeckt werden sollen, die zum Kern des Vermietungsgeschäfts gehören, sind sie mit der Mietzahlung gedeckt. Sie sind damit Bestandteil der Grundmiete, so dass eine Vereinbarung über die Erhebung solcher Kosten schon unter diesem rechtlichen Gesichtspunkt unangemessen und daher sowohl individualvertraglich als auch formularvertraglich[2212] unwirksam ist. **714**

### 8. Nutzungsentgelt

Gem. § 20 SchuldRAnpG kann der Grundstückseigentümer vom Nutzer die Zahlung eines Nutzungsentgelts nach der NutzEV[2213] verlangen. Betroffen sind Rechtsverhältnisse gem. § 1 SchuldRAnpG. Nutzer ist gem. § 4 SchuldRAnpG eine natürliche oder juristische Person des privaten oder öffentlichen Rechts, die aufgrund eines Überlassungs-, Miet-, Pacht- oder sonstigen Vertrages zur Nutzung eines Grundstücks berechtigt sind. § 20 Abs. 1 SchuldRAnpG iVm der NutzEV regelt die Anpassung des in der DDR üblicherweise geforderten geringen Nutzungsentgeltes bis zum Erreichen der Ortsüblichkeit. Die NutzEV ist nicht mehr anzuwenden, wenn das ortsübliche Nutzungsentgelt erreicht ist. Dann gilt § 20 Abs. 3 SchuldRAnpG. **715**

Gem. § 6 Abs. 1 S. 1 NutzEV bedarf die Erhöhungserklärung der Textform sowie einer Begründung.[2214] S. 2 verlangt zudem die Angabe, dass mit dem Erhöhungsverlangen die üblichen Entgelte nicht überschritten werden. Dabei genügt aber eine entsprechende Erklärung. Überschreitet das verlangte Entgelt dennoch diese Grenze, macht dies das Erhöhungsverlangen nur in dem Umfang unwirksam, in dem sie das zulässige Maß überschreitet. **716**

2205 UBH/*Fuchs* § 309 Nr. 5 BGB Rn. 20.
2206 BGHZ 67, 312 = WuM 1977, 180 = NJW 1977, 381 = MDR 1977, 393 = ZMR 1977, 155; **aA** UBH/*Fuchs* § 309 Nr. 5 BGB Rn. 22.
2207 AG Augsburg ZMR 1999, 257; unzulässig bei Mietaufhebungsvertrag AG Pinneberg WuM 1979, 214; **aA** OLG Hamburg WuM 1990, 244.
2208 Blank/Börstinghaus/*Blank/Börstinghaus* BGB § 535 Rn. 651.
2209 BGH NJW 1985, 633; 1997, 259 = MDR 1997, 139.
2210 AA LG Berlin GE 2009, 655; MüKoBGB/*Bieber* § 555 Rn. 5.
2211 OLG Karlsruhe WuM 2000, 236 = ZMR 2000, 379 = GE 2000, 469.
2212 AG Münster NZM 2016, 163 zur Mieterwechselgebühr.
2213 NutzEV idF der Bek. v. 24.6.2002, BGBl. I 2562.
2214 BGH XII ZR 3/05, WuM 2007, 631 = ZMR 2008, 28 = MDR 2008, 17 = AK-MietPrax § 20 SchuldRAnpG Nr. 1; BGH XII ZR 156/05, WuM 2008, 418 = MDR 2008, 676 = AK-MietPrax § 20 SchuldRAnpG Nr. 2.

717 Zur Begründung des Erhöhungsverlangens kann gem. § 6 NutzEV Bezug genommen werden auf:

1. ein Gutachten des örtlich zuständigen Gutachterausschusses über die ortsüblichen Nutzungsentgelte für vergleichbar genutzte Grundstücke oder eine Auskunft des Gutachterausschusses über die in seinem Geschäftsbereich vereinbarten Entgelte nach § 7,
2. ein Gutachten eines öffentlich bestellten und vereidigten Sachverständigen über die ortsüblichen Nutzungsentgelte für vergleichbar genutzte Grundstücke,
3. entsprechende Entgelte für die Nutzung einzelner vergleichbarer Grundstücke; hierbei genügt die Benennung von drei Grundstücken.

718 Berechnungsgröße für das „Ausgangsentgelts" zur schrittweisen Erhöhung des Entgeltes nach § 3 NutzEV ist das vereinbarte und nicht das am 2. 10. 1990 zulässige ortsübliche Entgelt.[2215] Der Eigentümer, der in der Vergangenheit von der Möglichkeit einer Entgelterhöhung keinen Gebrauch gemacht hat, kann die einzelnen Stufen zur Entgeltanpassung in einem Schritt durchführen, ohne dass er auf vorhergehende Erhöhungserklärungen Rücksicht nehmen muss[2216], da durch den Verzicht des Vermieters auf eine regelmäßige und zeitgemäße Anpassung des Nutzungsentgeltes der Nutzer in der Vergangenheit schon weniger bezahlt hat, als der Vermieter hätte verlangen können. Das Erhöhungsverlangen muss von allen Grundstückseigentümern abgegeben werden. Es bedarf der eigenhändigen Unterschrift, um nicht formnichtig zu sein.[2217]

719 Wird das Nutzungsentgelt gem. § 20 Abs. 3 SchuldRAnpG erhöht, bedarf die Erhöhungserklärung weder einer besonderen Begründung noch einer besonderen Nennung der Rechtsgrundlage. Es gibt keinen allgemeinen Rechtssatz, wonach der Eigentümer, der von einem ihm nach dem Gesetz zustehenden Recht Gebrauch macht, jeweils die gesetzliche Grundlage anzugeben hat.[2218] Eine Anpassung des Entgelts kann verlangt werden, wenn sich das ortsübliche Entgelt seit der letzten Anpassung um mehr als 10% geändert hat. Der Prozentsatz wird ermittelt durch Gegenüberstellung des ortsüblichen Entgelts zum Zeitpunkt der letzten Anpassung mit dem ortsüblichen Entgelt, das durch die seitdem getroffenen Pachtvereinbarungen gebildet wird. Das ortsübliche Entgelt ist nicht durch eine Spanne, sondern mit einem eindeutigen Betrag festzustellen. Bei Ausübung seines Schätzungsermessens ist der Richter nicht an schematische Vorgaben gebunden.[2219]

### 9. Bescheinigung für „haushaltsnahe Dienstleistungen"

720 Seit dem 1. 1. 2009 sind nach dem Gesetz zur Förderung von Familien und haushaltsnahen Dienstleistungen[2220] alle haushaltsnahen Dienst- und Handwerkerleistungen einschließlich Pflegeleistungen, die bisher an verschiedenen Gesetzesstellen erfasst waren, in einer Vorschrift zur Förderung privater Haushalte als Auftraggeber einer Dienstleistung bzw. als Arbeitgeber sozialversicherungspflichtig Beschäftigter zusammengefasst worden. Die Förderung wurde deutlich ausgeweitet auf einheitlich 20% der Aufwendungen. Der Mieter hat das Recht vom Vermieter zu verlangen, das sich im Rahmen einer Betriebskostenabrechnung die Beträge ermitteln lassen, die für haushaltsnahe Dienstleistungen aufgewendet werden.[2221] Eine davon abweichende Formularklausel ist unwirksam.[2222]

---

[2215] BGH XII ZR 206/06, WuM 2008, 493 = MDR 2008, 1151 = DWW 2008, 362 = AK-MietPrax § 3 NutzEV Nr. 2.

[2216] BGH XII ZR 205/06, WuM 2008, 356 = GE 2008, 920 = NZM 2008, 841 = MDR 2008, 852 = AK-MietPrax § 3 NutzEV Nr. 1.

[2217] BGH XII ZR 176/04, WuM 2007, 271 = ZMR 2007, 524 = MDR 2007, 1009 = AK-MietPrax § 6 NutzEV Nr. 2.

[2218] BGH XII ZR 156/05, WuM 2008, 418 = MDR 2008, 676 = AK-MietPrax § 20 SchuldRAnpG Nr. 2; XII ZR 3/05, WuM 2007, 631 = ZMR 2008, 28 = MDR 2008, 17 = AK-MietPrax § 20 SchuldRAnpG Nr. 1.

[2219] BGH XII ZR 49/10, WuM 2012, 568 = MDR 2012, 830 = AK-MietPrax § 20 SchuldRAnpG Nr. 5 = ZMR 2012, 766 = NZM 2012, 833.

[2220] *G zur Förderung von Familien und haushaltsnahen* Dienstleistungen (Familienleistungsgesetz – FamLeistG) v. 22. 12. 2008, BGBl. I 2955.

[2221] AG Chemnitz WuM 2018, 721.

[2222] LG Berlin GE 2017, 1473; *Blank,* IMR 2017, 480.

Gem. § 35a EStG können iE mieterrelevant[2223] folgende steuerliche Ermäßigung beansprucht werden: bei Handwerkerleistungen für Renovierungs-, Erhaltungs- und Modernisierungsmaßnahmen höchstens 20% des Arbeitslohns. Materialkosten fallen nicht darunter. Die Höchstgrenze beträgt 1.200 EUR. Der Betrag kann direkt von der Steuerschuld abgezogen werden. Dies entspricht dem Arbeitslohn aus Handwerkerrechnungen in Höhe von 6.000 EUR (§ 35a Abs. 3 EStG). Zu den Einzelheiten → BGB § 556 Rn. 373.[2224]

[2223] Zu den haushaltsnahen Dienstleistungen bei der WEG *Lang* ZMR 2013, 951 mwN.
[2224] *Both* ZMR 2015, 912ff.

# Anhang 1 zu § 535 BGB:

# Zivil- und strafrechtliche Grenzen der Mietpreisvereinbarung

## Systematische Übersicht



## Alphabetische Schnellübersicht

## A. Wohnraummiete (§ 5 WiStG)

### Gesetz zur weiteren Vereinfachung des Wirtschaftsstrafrechts (Wirtschaftsstrafgesetz 1954) [WiStG]

### WiStG – § 5 Mietpreisüberhöhung

**(1) Ordnungswidrig handelt, wer vorsätzlich oder leichtfertig für die Vermietung von Räumen zum Wohnen oder damit verbundene Nebenleistungen unangemessen hohe Entgelte fordert, sich versprechen lässt oder annimmt.**

**(2) [1]Unangemessen hoch sind Entgelte, die infolge der Ausnutzung eines geringen Angebots an vergleichbaren Räumen die üblichen Entgelte um mehr als 20 vom Hundert übersteigen, die in der Gemeinde oder in vergleichbaren Gemeinden für die Vermietung von Räumen vergleichbarer Art, Größe, Ausstattung, Beschaffenheit und Lage oder damit verbundene Nebenleistungen in den letzten sechs Jahren vereinbart oder, von Erhöhungen der Betriebskosten abgesehen, geändert worden sind. [2]Nicht unangemessen hoch sind Entgelte, die zur Deckung der laufenden Aufwendungen des Vermieters erforderlich sind, sofern sie unter Zugrundelegung der nach Satz 1 maßgeblichen Entgelte nicht in einem auffälligen Missverhältnis zu der Leistung des Vermieters stehen.**

**(3) Die Ordnungswidrigkeit kann mit einer Geldbuße bis zu fünfzigtausend Euro geahndet werden.**

### I. Anwendungsbereich des § 5 WiStG

1 Auch vor Einführung der Beschränkung der Wiedervermietungsmiete durch das Mietrechtsnovellierungsgesetz wurden Vermieter, die eine **unangemessen hohe Miete** verlangten, schon mit Sanktionen belegt.[1] Hierzu zählt § 5 WiStG. Die Ausgestaltung dieser Vorschrift wurde über die Jahre immer wieder verändert. Sie sollte sogar zuletzt durch das Mietrechtsnovellierungsgesetz aufgehoben werden. Der Vorschlag der Bundesregierung wurde aber im Gesetzgebungsverfahren fallengelassen. Auch nach Einführung der §§ 556d ff. BGB sind noch folgende Straf- oder Ordnungswidrigkeitsvorschriften[2] bei Abschluss eines Mietvertrages oder auch bei späteren Mieterhöhungen zu beachten:

– Mietwucher, § 291 StGB
– Mietpreisüberhöhung, § 5 WiStG[3]
– Entgeltüberhöhung nach § 26 WoBindG (Dies ist eine Spezialvorschrift für den öffentlich geförderten Wohnungsbau, die § 5 WiStG vorgeht).

Die Vorschriften unterscheiden sich u.a durch ihren unterschiedlichen Schutzzweck: (a) Die **Mietpreisüberhöhung** ahndet die wirtschaftliche Ausnutzung eines geringen Wohnungsangebots zu Lasten breiter Bevölkerungskreise, bzw. die Ausnutzung einer bestimmten Wirtschaftslage zum Nachteil nicht bestimmbarer Einzelgeschädigter durch Erzielung volkswirtschaftlich unangemessener Entgelte. Es kommt deshalb nicht daraus an, ob der Mieter sich eine andere billigere Wohnung hätte suchen können oder ob er in der Lage war, die überhöhte Miete zu zahlen. Früher wurde vom Sozialwucher gesprochen, aber seit der einschränkenden BGH-Rechtsprechung ist diese Terminologie verschwunden; (b) Der **Mietwucher**[4] richtet sich gegen die Ausnutzung persönlicher Eigenschaften und Zwangslagen des Mieters zum Zwecke übermäßiger Gewinnerzielung. Man spricht deshalb auch vom Individualwucher.

1a Anders als die Vorschriften der §§ 556d ff. BGB, die nur bei **Neuabschluss eines Mietvertrages** gelten und das auch nur in Gemeinden, die in eine entsprechende Landesverordnung auf-

[1] *Börstinghaus,* Miethöhe-Handbuch, Kap. 5; *Keller,* Zivilrechtliche Mietpreiskontrolle – Der Schutz vor überhöhten Mieten bei freifinanziertem Wohnraum; *Mock,* Mietwucher – Eine empirische Untersuchung über Mietpreiskontrollen nach § 5 WiStG im Zivilprozeß, 1994; *Hofacker,* Preisvorschriften für sogenannten preisfreien Wohnraum, 2000; *Bohnert,* Ordnungswidrige Mietpreisüberhöhung, 2. Aufl. 1996.

[2] Einen Überblich über Straftaten und Ordnungswidrigkeiten im Vermietungsgeschäft geben: *Herrlein/Hoff/Muchow* NZM 2021, 57; *Nicolai/Oğlakcıoğlu* JA 2021, 123; JA 2021, 213.

[3] *Mock,* Mietwucher – Eine empirische Untersuchung über Mietpreiskontrollen nach § 5 WiStG im Zivilprozess, 1994.

[4] *Herrlein/Hoff/Muchow* NZM 2021, 57 (60).

genommen wurden, müssen die Obergrenzen des § 5 WiStG sowohl bei der Neuvereinbarung der Miete anlässlich der Begründung eines Mietverhältnisses als auch bei allen Mieterhöhungen während des Bestandes des Mietverhältnisses bei der Wohnraummiete beachtet werden. Es handelt sich bei der Vorschrift um ein gesetzliches Verbot gem. § 134 BGB. Die Vorschrift dient einem doppelten Zweck: zum einen sollen Wettbewerbsstörungen verhindert werden; mittelbar wird der Mieter vor überhöhten Mieten geschützt. Die Regelung ist verfassungsgemäß.[5]

2 § 5 WiStG gilt auch bei einseitigen Mieterhöhungen nach **§ 559 BGB.**[6] Bei einer Staffelmiete nach **§ 557a BGB** werden sowohl die Ausgangsmiete wie auch alle folgenden Mietsteigerungen durch § 5 WiStG begrenzt[7] (→ BGB § 557a Rn. 71 ff.). Dabei kommt es darauf an, ob die aktuell geschuldete Miete die jeweils höchstzulässige Miete übersteigt; in diesem Umfang ist die Mietpreisvereinbarung unwirksam. Die Teilunwirksamkeit einer Staffel hat auf die Wirksamkeit der übrigen Staffeln keinen unmittelbaren Einfluss. Dies bedeutet, dass jede Staffel mit der jeweils höchstzulässigen Miete aufrecht erhalten bleibt.[8] Dieselben Grundsätze gelten, wenn eine Indexmiete nach **§ 557b BGB** vereinbart ist. Auch hier wird die Mietentwicklung durch die jeweils höchstzulässige Miete begrenzt.[9] Die Nutzungsentschädigung gem. **§ 546a BGB** nach der Beendigung des Mietverhältnisses fällt ebenfalls unter § 5 WiStG. Dies gilt sowohl für den Fall, dass der Vermieter die vereinbarte Miete als Nutzungsentschädigung verlangt[10], als auch für den Fall, dass der Vermieter die vermeintlich höhere übliche Miete verlangt.[11] Letztere kann schon begrifflich nicht üblich sein, soweit die Voraussetzungen des § 5 WiStG vorliegen.

3 Die Vorschrift gilt nur für Wohnraummietverträge. In der **Gewerberaummiete** wird die Miethöhe durch § 138 Abs. 1, 2 BGB[12] sowie § 4 WiStG begrenzt.[13] Die Regelung gilt für Wohnräume aller Art, einschließlich derjenigen, die in § 549 Abs. 2, 3 BGB genannt sind. Nach dem Wortlaut der Vorschrift werden auch solche Wohnräume erfasst, die wegen ihrer außergewöhnlichen Beschaffenheit oder Lage außerhalb des eigentlichen Wohnungsmarktes stehen („Luxusobjekte", „Sonderobjekte"). Durch die Mietpreise solcher Objekte wird das allgemeine Preisgefüge jedoch nicht beeinträchtigt. Die potentiellen Mieter sind auch nicht schutzbedürftig. Dies rechtfertigt es, die genannten Wohnungsgruppen vom Bereich des § 5 WiStG auszunehmen.[14]

## II. Tatbestandsvoraussetzungen

### 1. Räume zum Wohnen

4 Der Tatbestand der Mietpreisüberhöhung ist gegeben, wenn der Vermieter für die Vermietung von Räumen zum Wohnen ein unangemessen hohes Entgelt fordert, sich versprechen lässt oder annimmt (§ 5 Abs. 1 WiStG). Der **Begriff „Räume zum Wohnen"** ist weiter als der Wohnraumbegriff des BGB. Das bedeutet, dass alles, was unter Wohnraumbegriff des Mietrechts fällt auch unter § 5 WiStG zu subsumieren ist, dass aber darüber hinaus noch weitere Fälle erfasst werden. Wohnraummiete liegt vor, wenn Räumlichkeiten aufgrund eines Vertrages entgeltlich zum Zwecke des privaten Aufenthalts des Mieters oder Angehöriger überlassen werden. Wohnraummiete liegt vor, wenn die Räumlichkeiten vom Mieter selbst oder/und seinen Angehörigen genutzt werden.[15] Nur wenn diese Zweckbestimmung gegeben ist, handelt es sich um einen Wohnraummietvertrag.[16]

---

[5] BVerfG WuM 1995, 636; KG GE 1994, 991.

[6] OLG Karlsruhe WuM 1983, 314 = DWW 1983, 276 = NJW 1984, 62 = ZMR 1984, 201 zum früheren § 3 MHG.

[7] *Bohnert* JZ 1994, 605.

[8] OLG Hamburg NZM 2000, 232; LG Frankfurt a. M. WuM 1996, 425.

[9] *Börstinghaus* MDR 1995, 6.

[10] AG Nürtingen WuM 1982, 80.

[11] BGH (VIII ZR 17/16) NZM 2017, 186.

[12] *Burbulla* MDR 2016, 617.

[13] AG Dortmund GuT 2011, 266; *Neuhaus* NZM 2009, 646.

[14] LG Hamburg ZMR 2000, 676; AG Hamburg ZMR 2003, 849; *Lammel* NZM 1999, 989 (992); *Mersson DWW 2002, 220 (222)*; *Langenberg* GS Sonnenschein, 2003, 489; *Langenberg* ZMR 2005, 97; **aA** BGH NZM 2006, 291.

[15] BGH XII ZR 125/18, NZM 2020, 54.

[16] OLG Düsseldorf ZMR 1995, 203.

5 Unter einem **Raum** ist ein allseits mit Wänden, Fußboden und Decke abgeschlossener Gebäudeteil zu verstehen. Es ist allerdings weder erforderlich, dass der Gebäudeteil vollständig abgeschlossen ist, noch wird vorausgesetzt, dass der Mieter den gesamten Raum nutzen darf. Raummiete liegt auch dann vor, wenn lediglich Teile des Raumes vermietet werden, etwa ein Schlafplatz in einer Sammelunterkunft. Auch ein „WG-Zimmer" fällt unter den Anwendungsbereich der Vorschrift.[17] Es ist nicht erforderlich, dass der Raum Teil einer Immobilie ist. Eine Wohnung in einer auf Dauer erstellten Baracke fällt unter § 5 WiStG, auch wenn die Baracke im Unterschied zu einem herkömmlichen Gebäude relativ einfach demontiert oder abgerissen werden kann. Die Innenbereiche ursprünglich beweglicher Sachen (Wohnwagen, Container, Schiffe) gehören ebenfalls zu den Räumen, wenn der ursprüngliche Zweck aufgegeben worden ist und die Nutzung des Innenraums zum Aufenthalt überwiegt (aufgebockter Wohnwagen, fest installierter Container, auf Dauer verankertes Schiff).

6 Die Räume sind **zum Wohnen** bestimmt, wenn sie dem Mieter zur Befriedigung seiner eigenen Wohnbedürfnisse und/oder der Wohnbedürfnisse seiner Familie dienen sollen. Dies ist immer dann der Fall, wenn der Mieter die Räumlichkeiten in herkömmlicher Weise als Wohnung nutzen darf. In diesem Sinne gehört zum Wohnen die Führung eines Haushalts, die Zubereitung von Speisen und die Einnahme der Mahlzeiten, das Waschen der Wäsche, die Körperpflege, die Pflege der Geselligkeit und das Schlafen, sowie die Ausübung beruflicher Tätigkeiten die üblicherweise in der Wohnung ausgeübt werden.

7 Maßgeblich sind die Vereinbarungen im Mietvertrag. Deshalb gilt § 5 WiStG auch dann, wenn der Mieter in der Wohnung vertragswidrig ein Gewerbe ausübt. Umgekehrt ist § 5 WiStG unanwendbar, wenn der Mieter die Räume vertragswidrig zu Wohnzwecken nutzt.[18]

8 Der Tatbestand des § 5 WiStG hängt aber nicht davon ab, dass der jeweilige Bewohner, – sei es der Mieter, sei es einer seiner Familienangehörigen –, von der Mietsache einen **umfassenden Wohngebrauch** machen kann. Ein Raum zum Wohnen liegt auch dann vor, wenn vereinbart ist, dass die Sache nur in eingeschränkten Umfang benutzt oder mitbenutzt werden darf (etwa nur zum Schlafen; oder nur während der Werktage). Erforderlich ist lediglich, dass die Räumlichkeiten dem Mieter nach den übereinstimmenden Vorstellungen der Vertragsparteien ganz oder zT, vorübergehend oder auf Dauer als Lebensmittelpunkt dienen sollen. Dies folgt aus der Erwägung, dass die zum Wohnen dienenden Räumlichkeiten einen besonderen Schutz genießen am dem auch solche Mieter teilhaben sollen, die sich keine vollwertige Wohnung leisten können; gerade jene Mieter sind idR besonders schutzbedürftig. Der Tatbestand des § 5 WiStG liegt deshalb auch dann vor, wenn wohnsitzlosen Personen einzelne Räume in einer Behelfsunterkunft[19] vermietet werden, oder bei der sog. „Matratzenmiete", bei der vor allem ausländischen Arbeitern Schlafplätze vermietet werden. Die Vermietung von Zimmern im Rahmen eines **Hotel**- oder Pensionsbetriebs fällt nicht unter § 5 WiStG.[20] Anders ist es, wenn der Hotel- oder Pensionsbetrieb aufgegeben wird und die Zimmer an Wohnungssuchende vermietet werden.

9 Unerheblich ist es, ob die Räumlichkeiten **als Wohnung geeignet** sind.[21] Deshalb werden zusätzlich auch solche *„Raumgebilde"*[22] von der Vorschrift erfasst, die zwar niemals den Begriff des Wohnraums erfüllen würden, aber faktisch zum Wohnen vermietet und genutzt werden. Hierzu zählen zB:[23] Garagen, Keller, Nebenräume, Schiffskajüten[24], Geräteschuppen; Scheunen, Holzremisen, Wohnwagen, Hühnerställe, Heuschober, Schäferkarren, ausgeschlachtete, aufgebockte Pkw-Karosserie[25] und Büroräume.

10 Streitig ist, ob die Vorschrift auch auf das Mietverhältnis zwischen einem Eigentümer und einem **gewerblichen Zwischenvermieter** anzuwenden ist. Dieses Mietverhältnis gilt nach zivilrechtlicher Betrachtungsweise als Geschäftsraummietverhältnis, weil der gewerbliche Zwischenvermieter die Räume nicht selbst bewohnt (→ BGB Vor § 535 Rn. 104). Gleichwohl wird von einem Teil der

[17] AG Stuttgart MietRB 2020, 200.
[18] MAH WohnMietR/*Flintrop* § 33 Rn. 6; *Kinne* ZMR 1998, 473.
[19] LG Köln WuM 1987, 202 für Räume in einem Hochbunker.
[20] MAH WohnMietR/*Flintrop* § 33 Rn. 5; *Kinne* ZMR 1998, 473.
[21] *Sternel* MietR, 1988, Kap. III Rn. 56.
[22] So die Formulierung von *Bohnert,* Ordnungswidrige Mietpreisüberhöhung, 2. Aufl. 1996, S. 28.
[23] Aufzählung aus *Bohnert,* Ordnungswidrige Mietpreisüberhöhung, 2. Aufl. 1996,S. 28.
[24] Umstritten, s. die Nachweise bei *Bohnert,* Ordnungswidrige Mietpreisüberhöhung, 2. Aufl. 1996, S. 28 Fn. 148.
[25] OLG Stuttgart Justiz 1976, 319.

Strafgerichte die Auffassung vertreten, dass es iRd § 5 WiStG ausreicht, wenn die Räume tatsächlich zum Wohnen bestimmt sind.[26] Die Zivilgerichte sind dagegen der Ansicht, dass der Begriff der „Räume zum Wohnen“ mit dem Begriff des Wohnraummietverhältnisses identisch ist.[27] Diese Auffassung trifft zu: die Vorschrift des § 5 WiStG soll verhindern, dass eine Wohnungsmangelsituation zum Nachteil der Wohnungssuchenden insgesamt ausgenutzt wird (sog. „Sozialwucher“). Da der gewerbliche Zwischenvermieter nicht zu den geschützten Wohnungssuchenden gehört, muss das Hauptmietverhältnis aus dem Anwendungsbereich des § 5 WiStG – trotz des insoweit missverständlichen Wortlauts („Räume zum Wohnen“) – ausgeklammert werden.[28]

11 Auf **Mischraummietverhältnisse** (→ BGB Vor § 535 Rn. 20) ist § 5 WiStG nur anwendbar, wenn das Schwergewicht des Vertrags im Bereich des Wohnens liegt. Liegt das Schwergewicht im gewerblichen Bereich, so ist denkbar, dass die Preisvereinbarung wegen der Höhe der Miete gegen die guten Sitten verstößt und damit nach § 138 Abs. 1 BGB unwirksam ist (→ Rn. 94 ff.).

### 2. Fordern, versprechen lassen, annehmen

12 Das Tatbestandsmerkmal **„fordert“** liegt vor, wenn im Zusammenhang mit der Vermietung von Räumen zum Wohnen ein unangemessenes Entgelt verlangt wird. Es ist nicht erforderlich, dass das Verlangen ein rechtlich bindendes Angebot zum Abschluss eines Mietvertrags darstellt. Es muss aber ernst gemeint und hinreichend konkretisiert sein. Das Verlangen muss insbes. gegenüber einer bestimmten Person oder gegenüber einem überschaubaren Personenkreis abgegeben werden. Die Angabe eines unangemessenen Preises in einem Zeitungsinserat ist zivilrechtlich als unverbindliche Aufforderung an die Allgemeinheit zur Abgabe eines Mietangebots anzusehen. Der Tatbestand des § 5 WiStG wird damit noch nicht erfüllt.[29]

13 Das Tatbestandsmerkmal **„versprechen lässt“** ist anzunehmen, wenn der Mieter (oder Mietinteressent) seinerseits ein unangemessenes Entgelt anbietet und sich der Vermieter daraufhin zur Überlassung der Räume bereit erklärt. Dies ist dann der Fall, wenn die Beteiligten einen Mietvertrag oder Mietvorvertrag abschließen. Auf die zivilrechtliche Wirksamkeit des Vertrages kommt es aber nicht an. Der Tatbestand ist auch dann erfüllt, wenn der Vertrag später im Wege der Anfechtung vernichtet oder auf Grund vertraglicher Vereinbarungen rückwirkend aufgehoben wird.

14 Das Tatbestandsmerkmal **„annimmt“** ist gegeben, wenn der Vermieter ein unangemessenes Entgelt tatsächlich entgegennimmt. Bei Zahlung durch Überweisung liegt das Annehmen im Unterlassen der Rücküberweisung. Gegenüber dem Tatbestandsmerkmal „fordert“ und „versprechen lässt“ hat das Tatbestandsmerkmal „annimmt“ dann keine eigenständige Bedeutung, wenn die Zahlung auf der Vereinbarung im Mietvertrag beruht. Als Hauptanwendungsfall dieser Tatbestandsvariante ist anzusehen, wenn der Mieter (idR irrtümlich) ein unangemessen hohes Entgelt zahlt, ohne vertraglich dazu verpflichtet zu sein. Hier darf der Vermieter die Zahlung nicht in voller Höhe annehmen. Ein Dritter (zB der Ehegatte des Vermieters) macht sich durch die Annahme des Geldes nicht strafbar, weil die Zahlung des Mieters als Leistung an den Vermieter zu bewerten ist. Dieselbe Rechtsfolge gilt, wenn der Mieter an denjenigen zahlt, dem der Vermieter die Mietzinsforderung abgetreten hat.

### 3. Mietobergrenze

15 Unangemessen hoch sind solche **Entgelte,** die infolge der Ausnutzung eines geringen Angebots an vergleichbaren Räumen die üblichen Entgelte in der Gemeinde **um mehr als 20% übersteigen** (§ 5 Abs. 2 S. 1 WiStG). Nicht unangemessen hoch sind Entgelte, die zur Deckung der laufenden Aufwendungen des Vermieters erforderlich sind, sofern sie unter Zugrundelegung der üblichen Entgelte nicht in einem auffälligen Missverhältnis zu der Leistung des Vermieters stehen (§ 5 Abs. 2 S. 2 WiStG). Die Regelung in § 5 Abs. 2 S. 1 WiStG greift ein, wenn der vereinbarte Mietzins über der kostendeckenden Miete liegt. Die für den Vermieter günstigere Regelung des § 5 Abs. 2 S. 2 WiStG kommt zur Anwendung, wenn der Vermieter lediglich eine kostendeckende Miete verlangt.

---

[26] OLG Frankfurt a. M. NJW 1993, 673; AG Frankfurt WuM 1993, 199.
[27] *OLG Karlsruhe WuM 1984, 10; OLG* Stuttgart WuM 1986, 10; OLG Celle WuM 1996, 562; AG Dortmund ZMR 1997, 85.
[28] *Mersson* DWW 2002, 220; **aA** *Bub* PiG 46 (1995), 191 (200).
[29] **AA** *Bub* PiG 47, 191 (291).

16 Unter dem **Begriff des Entgelts** sind die geldwerten Mieterleistungen zu verstehen, also die Grundmiete, die Betriebskosten, Gebühren aller Art, ein Baukostenzuschuss, ein Mieterdarlehen, die Verpflichtung zur Übernahme von Schönheitsreparaturen oder Kleinreparaturen; kurzum alles, was der Mieter für die Überlassung der Wohnung schuldet. In der Praxis spielt allerdings nur die Höhe der Grundmiete eine Rolle, weil nur diese Größe den Vergleich mit den üblichen Entgelten ermöglicht. Der Umstand, dass der Mieter darüber hinaus Betriebskosten, Schönheitsreparaturen und Kleinreparaturen tragen muss, kann regelmäßig vernachlässigt werden, weil die Belastung des Mieters mit diesen Leistungen allgemeiner Üblichkeit entspricht. Unübliche Mieterleistungen (zB Baukostenzuschüsse und Mieterdarlehen oder eine besonders hohe Betriebskostenpauschale) müssen allerdings besonders bewertet werden, weil solche Leistungen in den Vergleichswerten nicht enthalten sind.

17 **a) Berechnung der höchstzulässigen Miete nach § 5 Abs. 2 S. 1 WiStG. aa) Ermittlung der ortsüblichen Miete.** Ausgangspunkt für die Frage der Mietpreisüberhöhung ist die ortsübliche Miete. Die Legaldefinition der ortsüblichen Miete in § 558 Abs. 2 BGB weicht im Wortlaut geringfügig vom Wortlaut des § 5 Abs. 2 S. 1 WiStG ab. Hierin liegt aber kein sachlicher Unterschied. Beiden Vorschriften liegt der gleiche Mietbegriff zugrunde. Deshalb ist das ortsübliche Mietpreisniveau (die „üblichen Entgelte") iRd § 5 WiStG auf dieselbe Art und Weise zu ermitteln, wie im Mieterhöhungsverfahren nach § 558 BGB. Dementsprechend hat der Gesetzgeber auch durch das Gesetz zur Verlängerung des Betrachtungszeitraums bei der ortsüblichen Vergleichsmiete ab 1.1.2020 analog zu § 558 Abs. 2 BGB in § 5 WiStG den **Betrachtungszeitraum auf sechs Jahre** verlängert.[30] Anders als für § 558 Abs. 2 BGB gibt es aber für § 5 WiStG keine Überleitungsvorschrift, so dass es zumindest theoretisch zu einem Auseinanderfallen der üblichen Entgelte gem. § 5 WiStG und der ortsüblichen Vergleichsmiete gem. § 558 Abs. 2 BGB kommen könnte. Für letztere kann nach der **Überleitungsvorschrift** des Art. 229 § 50 EGBGB auch nach dem 1.1.2020 mehrere Jahre noch ein **vierjähriger Betrachtungszeitraum** maßgeblich sein. Es spricht viel dafür, hier von einem **Redaktionsversehen des Gesetzgebers oder zumindest einer planwidrigen Lücke** auszugehen.[31] Im ersten Entwurf der BMJV v. 19.8.2019 war zunächst vergessen worden, den Betrachtungszeitraum in § 5 WiStG auch auf sechs Jahre zu verlängern. Erst aufgrund der Stellungnahme des Deutschen Mietgerichtstages im Gesetzgebungsverfahrens wurde auch der Begriff der üblichen Entgelte in § 5 WiStG angepasst[32], ohne dabei auch an eine Anpassungder Überleitungsvorschrift zu denken.

18 Zur Feststellung der ortsüblichen Vergleichsmiete kann auf einen **Mietspiegel** zurückgegriffen werden (→ Rn. 85; → BGB § 558 c Rn. 12). Das Gericht ist nicht verpflichtet, einen Sachverständigen einzuschalten.[33] Falls die Richtigkeit des Mietspiegels substantiiert in Zweifel gezogen wird, muss sich das Gericht hiermit befassen.[34] Ist die Art und Weise des Mietspiegels dokumentiert, etwa durch einen Methodenbericht, so muss die Partei dazu Stellung nehmen.[35] Bei der Verwendung eines Mietspiegels ist darauf zu achten, dass der Mietspiegel nicht schematisch angewendet wird. Das Gericht darf sich nicht darauf beschränken, die Wohnung in die vorgegebenen Kategorien des Mietspiegels einzuordnen. Vielmehr sind alle Umstände des Einzelfalls zu berücksichtigen. Hierzu gehört bspw. eine nach dem Abschluss der Datenerhebungen zum Mietspiegel eingetretene Erhöhung des Mietpreisniveaus oder eine besonders aufwendige Renovierung der Wohnung durch den Vermieter bei Mietbeginn.[36]

19 Bei **qualifizierten Mietspiegeln** iSv § 558 d BGB wird vermutet, dass die dort ausgewiesenen Entgelte die ortsübliche Vergleichsmiete wiedergeben (§ 558 d Abs. 3 BGB). Es handelt sich um eine Beweisregel. Sie gilt wegen ihres systematischen Zusammenhangs mit den Vorschriften über

---

30 BGBl. 2019, 2911; dazu *Börstinghaus* NZM 2019, 841; *Flatow* NZM-info Heft 3/2020, V; *Klinger/Storm* DWW 2020, 4; *Horst* MDR 2020, 253.

31 Zu Geschichte des Gesetzes *Börstinghaus* NZM 2019, 841.

32 BR-Drs. 468/19.

33 KG WuM 1992, 140; OLG Hamm WuM 1984, 238; ZMR 1995, 212; LG Stuttgart WuM 1990, 357; LG Frankfurt a. M. WuM 1994, 605; 1998, 168; LG Hamburg WuM 1994, 696, eine Wohnung in einer sog. „Adressenlage"; LG Hamburg WuM 1998, 490; NZM 2000, 1002; LG Berlin GE 1995, 67; 1996, 1486; ZMR 1998, 349; GE 1998, 859; LG Heidelberg WuM 2001, 346; AG Schöneberg NJWE MietR 1996, 67; **aA** LG Berlin NJWE-MietR 1996, 98; *Osmer* ZMR 1995, 53.

34 BVerwG WuM 1996, 432 (434).

35 LG Hamburg WuM 1998, 490.

36 OLG Frankfurt a. M. WuM 1994, 436.

die Mieterhöhung nur in diesen Verfahren. Im Verfahren auf Rückerstattung überzahlter Miete oder im Verfahren nach dem OWiG gilt die Vermutungswirkung nicht.[37] Dies gilt auch, wenn der Mietspiegel von der Gemeinde und den Interessenverbänden als qualifiziert anerkannt wurde.

**20** Es ist ebenfalls nicht zu beanstanden, wenn das Gericht die ortsübliche Miete ausschließlich durch einen **Sachverständigen** ermitteln lässt.[38] Das Gutachten muss dann aber auf einer hinreichend breiten Datenbasis erstattet werden. Daran fehlt es häufig. Manche Sachverständige beschränken sich darauf, aus relativ wenigen, willkürlich ausgewählten Vergleichsobjekten einen Durchschnittswert zu errechnen und diesen nach normativen Kriterien zu modifizieren. Auf diese Weise wird empirisches Material mit normativer Bewertung vermischt. Das Ergebnis ist scheinbar pfenniggenau, wegen der dürftigen empirischen Basis aber in Wirklichkeit zufällig.[39]

**21** Die Strafgerichte neigen idR zur Einschaltung eines Sachverständigen, weil sie meinen, dass dieser den Besonderheiten des Einzelfalls besser gerecht werde.[40] Der Begriff der ortsüblichen Vergleichsmiete wird dabei häufig verkannt. Nur das ortsübliche Preisniveau als solches – das immer eine Vielzahl von Einzelpreisen umfasst – darf von einem Sachverständigen ermittelt werden, weil nur dieses empirisch zu fassen ist. Die Zuordnung einer konkreten Wohnung zu einem bestimmten Preis innerhalb des vorgegebenen Niveaus muss nach normativen Kriterien erfolgen. Hierbei handelt es sich um Rechtsanwendung für die das Gericht und nicht der Sachverständige zuständig ist.

**22** Die „**Richtlinien** zur wirksameren Bekämpfung von Mietpreisüberhöhungen nach § 5 Wirtschaftsstrafgesetz" sehen unter Nr. 4.6. vor, dass bei der Verwendung eines Mietspiegels stets vom Oberwert der Bandbreite ausgegangen werden muss. Diese Richtlinien binden die Gerichte allerdings nicht; im gerichtlichen Verfahren gilt, dass die Miete konkret für die betreffende Wohnung festzustellen ist.[41] Es ist auch nicht erforderlich, dass die so gefundene Miete um einen „Sicherheitszuschlag" erhöht wird.[42]

**23** Für das **Bußgeldverfahren** sind nach der Ansicht des KG[43] einige aus dem Zweifelssatz folgende Besonderheiten zu beachten. So soll die Einholung eines Sachverständigengutachtens umso nahe liegender sein, je mehr die konkrete Wohnung vom Durchschnitt der Wohnungen abweicht (modernisierte Wohnungen; schlechte Lage innerhalb bevorzugter Bezirke; hervorgehobene Wohnung innerhalb schlechter Lage, usw.). Sind umgekehrt keine Anhaltspunkte dafür vorhanden, dass der Sachverständige zu einem günstigeren Ergebnis als der Mietspiegel kommt, so besteht aber auch im Bußgeldverfahren kein Anlass für ein Sachverständigengutachten.[44] Bestehen nach zivilrechtlichen Grundsätzen verschiedene Auslegungsmöglichkeiten, so muss im Bußgeldverfahren die dem Vermieter günstigste Auslegung gewählt werden. Führen die Ermittlungen zu dem Ergebnis, dass das übliche Entgelt nicht in einem pfenniggenauen Betrag dargestellt werden kann, sondern „eine gewisse schmale Bandbreite aufweist", so sei das Gericht verpflichtet den obersten Wert der Bandbreite zugrunde zu legen.

**24** Bei der **Verwendung veralteter Mietspiegel** muss für die zwischenzeitlich eingetretenen Veränderungen des Mietpreisniveaus ein **Zuschlag** hinzugerechnet werden. Das OLG Stuttgart hat in dem zu § 2 MHG aF ergangenen Rechtsentscheid v. 15.12.1993[45] die Ansicht vertreten, dass es nicht zulässig sei, wenn der Zuschlag im Wege der Schätzung auf Grund eines allgemeinen Preisindexes für die Lebenshaltungskosten oder eines undifferenzierten Wohnungsmietenindex ermittelt wird. Vielmehr sei „die Steigerung der ortsüblichen Vergleichsmiete zu ermitteln, die bei vergleichbaren Wohnungen in der Gemeinde eingetreten ist". Nach Meinung des OLG Stuttgart ist der Steigerungsbetrag idR durch einen Sachverständigen zu ermitteln. Dieser Vorschlag ist nicht praktikabel, weil das Ergebnis in keinerlei Verhältnis zum Aufwand steht.[46] Selbst qualifizierte Mietspiegel dürfen einmal mittel Index fortgeschrieben werden. Die Rechtspraxis kommt zu einer

---

[37] *Börstinghaus* NZM 2000, 1087 (1091); *Mersson* DWW 2002, 220 (223).
[38] OLG Hamm WuM 1984, 238; so auch BGH VIII ZR 123/20, NZM 2021, 88 für Zustimmungsklage.
[39] OLG Karlsruhe NJW 1997, 3388, wo die ortsübliche Miete für Freiburg an Hand von vier (!) Vergleichsobjekten „ermittelt" worden ist.
[40] OLG Karlsruhe NJW 1997, 3388.
[41] OLG Hamburg WuM 1983, 20; LG Berlin GE 1991, 827; 1998, 743; LG Hamburg WuM 1998, 490.
[42] OLG Stuttgart WuM 1981, 225.
[43] *KG GE 1994, 991.*
[44] Ebenso LG Berlin GE 1994, 1265.
[45] OLG Stuttgart WuM 1994, 58 mAnm *Blank* ZMR 1994, 137.
[46] *Blank* ZMR 1994, 137.

realistischen Fortschreibung, indem sie die Werte älterer mit denen neuerer Mietspiegel vergleicht.[47] Eine Fortschreibung in Jahresabständen erscheint angemessen.

Behebbare **Mängel** beeinflussen den Mietpreis nicht.[48] Unbehebbare Mängel sind zu Lasten des Vermieters zu berücksichtigen. 25

Über diese allgemeinen Grundsätze hinaus, kann die Ermittlung des ortsüblichen Mietpreisniveaus nicht weiter formalisiert werden. Stets ist zu bedenken, dass der Begriff der ortsüblichen Miete zwar einen empirischen Kern hat; bei der Ermittlung der Miete im Einzelfall müssen daneben auch normative Kriterien berücksichtigt werden. Aus diesem Grund scheidet auch die Durchführung eines selbständigen Beweisverfahrens mit dem Ziel der Ermittlung einer Mietpreisüberhöhung aus.[49] 26

**bb) Zuschläge für Möblierung.** Solche **Zuschläge für Möblierung** sind möglich und angebracht. Bezüglich der Höhe des Möblierungszuschlags gibt es keine übereinstimmenden Bewertungsgrundsätze. *Sternel*[50] hält einen Zuschlag auf die Jahresmiete von 27% aus dem Anschaffungspreis der Einrichtung für angemessen: dem liegt die Überlegung zugrunde, dass der Vermieter die gekauften Möbel mit 15% abschreiben wird und dass ihm eine Kapitalverzinsung von 12% zuzubilligen ist. Das AG München[51] hat dem Vermieter einen Abschreibungssatz von 20% zugebilligt. Nach der Rspr. des LG Mannheim[52] ist der Möblierungszuschlag im Einzelfall festzustellen: Maßgeblich für die Bemessung dieses Zuschlags ist insbes. die Art der Einrichtung. Billige Möbel nutzen sich im Allgemeinen schneller ab und müssen häufiger ersetzt werden als hochwertige Gegenstände. Dem soll durch unterschiedliche Kostenansätze Rechnung getragen werden. Angemessen ist eine Abschreibung berechnet aus dem Zeitwert und der mutmaßlichen Restlebensdauer sowie eine Verzinsung iHv 4%. Eine höhere Rendite ist bei der Vermietung von Wohnraum idR nicht zu erzielen. Stets ist Voraussetzung, dass der Zeitwert der Einrichtungsgegenstände zu ermitteln ist.[53] 27

**cc) Zuschlag für gewerbliche Nutzung.** Ein **Zuschlag für gewerbliche Nutzung** ist ebenfalls möglich. Der Zuschlag darf allerdings nicht für Tätigkeiten vereinbart werden, die ohnehin vom Wohngebrauch gedeckt sind (→ BGB Vor §§ 535 ff. Rn. 17 f.). Außerdem ist Voraussetzung, dass die fragliche Nutzung überhaupt ernsthaft ins Auge gefasst wird[54]. Für die Höhe des Zuschlags gibt es keine gesetzlichen Obergrenzen. Eine unmittelbare oder analoge Anwendung des § 26 Abs. 2 NMV kommt nicht in Betracht.[55] Jedoch ist zu prüfen, ob durch die Vereinbarung des Zuschlags die Obergrenzen des § 5 WiStG umgangen werden sollen. Maßgeblich ist insoweit, ob der Zuschlag im Hinblick auf die Gegebenheiten des Marktes ein realitätsgerechtes Entgelt für die vom Mieter in Anspruch genommene Gewerbenutzung darstellt. Man kommt zu angemessenen Ergebnissen, wenn man zunächst die jeweiligen Quadratmeterpreise für Wohnraum einerseits und für Gewerberaum andererseits ermittelt. Die Grundmiete für die gesamten Räumlichkeiten ist dann auf der Basis der ortsüblichen Wohnraummiete zu bestimmen, wobei die höchst zulässige Grundmiete 120% oder (bei entsprechend hohen laufenden Aufwendungen) maximal 150% dieser Miete betragen darf. Hinsichtlich des Zuschlags ist zunächst zu prüfen, in welchem Verhältnis die gewerbliche Nutzung zur Wohnungsnutzung steht. Dementsprechend ist für den gewerblich genutzten Teil ein Zuschlag in Höhe der Differenz zwischen der ortsüblichen Wohnungsmiete und der ortsüblichen Gewerbemiete zu errechnen. Es dürfte sachgerecht sein, wenn der höchstzulässige Zuschlag auf 200% der Differenz bemessen wird.[56] 28

Haben die Parteien keinen Zuschlag, sondern eine **einheitliche Miete** vereinbart, so gilt für die Berechnung der höchstzulässigen Miete nichts anderes. Die höchstzulässige Miete kann nämlich nicht von einer bestimmten Preisgestaltung abhängen. 29

Der Zuschlag wird vom Mieter auch nach Beendigung der gewerblichen Nutzung geschuldet. Dies folgt aus der Erwägung, dass der Zuschlag auf einer vertraglichen Vereinbarung beruht, deren 30

---

[47] *ZB LG Berlin GE 1996, 925;* für Zustimmungsverfahren auch BGH VIII ZR 295/15, NZM 2017, 321.
[48] OLG Stuttgart WuM 1981, 225; LG Berlin ZMR 1997, 468 (470).
[49] **AA** LG Köln WuM 1995, 490.
[50] *Sternel* MietR, 1988, Kap. III Rn. 39.
[51] AG München WuM 1984, 250.
[52] LG Mannheim WuM 2000, 185.
[53] LG Hamburg GE 2016, 917.
[54] LG Hamburg WuM 1998, 491.
[55] LG Berlin GE 1995, 497.
[56] Ähnlich LG Berlin ZMR 1997, 469.

Wirksamkeit durch das tatsächliche Verhalten des Mieters nicht berührt wird.[57] Ein Widerruf der Regelung durch den Mieter ist ebenfalls ausgeschlossen.[58] Etwas anderes kann gelten, wenn der Zuschlag nach den Vereinbarungen der Parteien nur für eine vorübergehende Zeit gezahlt werden sollte.

31 Liegt das **Schwergewicht des Vertrags auf der Gewerbenutzung,** so gilt Gewerbemietrecht. Die höchstzulässige Miete richtet sich nicht nach § 5 WiStG, sondern nach den unter → Rn. 94 ff. dargelegten Grundsätzen.

32 **dd) Untermietzuschlag.** Ist der Mieter nach den Vereinbarungen des Mietvertrags zur Untervermietung berechtigt, so ist ein **Untermietzuschlag** anzusetzen. Wegen der Einzelheiten und der Höhe dieses Zuschlags → BGB § 553 Rn. 19.

33 **ee) Besondere Belastungen.** Auch **Zuschläge für besondere Belastungen** sind denkbar, wobei für das Vorhandensein der Belastung konkrete Anhaltspunkte vorliegen müssen.[59] Stets ist zu beachten, dass der sog. „Beschwerniszuschlag" nur für diejenigen Zeiträume zu gewähren ist, in denen die Beschwernis vorgelegen hat.[60] Auch hier gilt, dass der Zuschlag im Hinblick auf die Gegebenheiten des Marktes ein realitätsgerechtes Entgelt für die Mehrbelastung darstellen muss.

34 **ff) Besondere Mieterleistungen. Besondere Mieterleistungen,** die sich aus der Sicht des Vermieters als geldwerter Vorteil darstellen, sind ebenfalls (zu Lasten des Vermieters) zu berücksichtigen. Hier kommen insbes. Baukostenzuschüsse, Zuschüsse zur Wohnungsrenovierung[61] und andere Finanzierungsbeiträge[62] in Betracht, aber auch sonstige Mieterleistungen, die im Allgemeinen unüblich sind, wie etwa Hausmeisterdienste oder ähnliches.

35 **gg) Wesentlichkeitsgrenze 20%.** Ein überhöhter Mietpreis iSv § 5 Abs. 2 S. 1 WiStG ist anzunehmen, wenn die ortsübliche Miete um mehr als 20% überschritten wird. Maßgeblich hierfür ist in erster Linie die Grundmiete. Sind in der Grundmiete auch Betriebskosten enthalten, so können diese heraus gerechnet werden. Ist umgekehrt eine hohe Betriebskostenpauschale vereinbart, so ist der zur Deckung der Betriebskosten nicht benötigte Teil der Pauschale der Grundmiete zuzuschlagen.[63] Strittig ist, wie lang dieser Zeitraum ist. Nach den Richtlinien zur wirksameren Bekämpfung der Mietpreisüberhöhung soll eine Verteilung auf ein Jahr erfolgen. In der Lit.[64] wird diese Frist als zu kurz kritisiert. Ein Anhaltspunkt kann die in § 57c Abs. 2 ZVG enthaltene Frist sein, wonach Mieterleistungen als in vier Jahren abgewohnt gelten.

36 Bei **Staffelmietvereinbarungen** kommt es darauf an, ob die aktuell geschuldete Miete über der Wesentlichkeitsgrenze liegt.[65] Die früher von *Blank* vertretene gegenteilige Ansicht, wonach auf die Staffelmiete in ihrer Gesamtheit abzustellen sei wird aufgegeben; eine solche Berechnung ist in der Praxis nicht möglich, weil die Entwicklung des Preisniveaus nicht hinreichend genau prognostiziert werden kann (iE → BGB § 557a Rn. 71 ff.).

37 **b) Berechnung der höchstzulässigen Miete nach § 5 Abs. 2 S. 2 WiStG.** Nach § 5 Abs. 2 S. 2 WiStG gilt eine Sonderregelung, wenn die Parteien lediglich einen Mietpreis vereinbart haben, der zur Deckung der laufenden Aufwendungen des Vermieters erforderlich ist. Nach der in der Zeit v. 1.9.1993 bis zum 31.8.2001 geltenden Gesetzesfassung war die Möglichkeit zur Berechnung der Miete nach den laufenden Aufwendungen auf zwei Gruppen von Mietverhältnissen beschränkt, nämlich auf Neubauwohnungen und auf Mietverhältnisse, bei denen der Vermieter den Mietzins schon vor dem 1.9.1993 nach den laufenden Aufwendungen berechnet hat oder hätte berechnen dürfen (→ 7. Aufl. 1999, BGB §§ 535, 536 Rn. 39, 59–64). Nach der ab 1.9.2001 geltenden Gesetzesfassung besteht diese Möglichkeit der Mietpreisberechnung für alle Mietverhältnisse.

---

[57] LG Berlin ZMR 1997, 468; GE 1999, 1133.

[58] LG Berlin ZMR 1997, 468; GE 1999, 1133.

[59] OLG Stuttgart WuM 1982, 129: Ein Zuschlag zur ortsüblichen Miete, der mit der Eigenschaft der Mieter als Ausländer begründet ist, ist unzulässig; nur bei konkret feststellbaren Nachteilen oder Risiken kann ein Zuschlag gerechtfertigt sein; ebenso OLG Hamm WuM 1983, 108, Zuschläge für die Vermietung von Wohnraum an eine studentische Wohngemeinschaft; LG Hamburg GE 2016, 917, Zuschlag für Vermietung an „randständige Personen".

[60] OLG Hamm WuM 1983, 108.

[61] AG Hamburg-Altona WuM 1996, 779.

[62] LG Hamburg WuM 1986, 346; AG Hamburg WuM 1986, 347.

[63] *OLG Stuttgart WuM 1982, 129.*

[64] *Sternel* MietR Kap. III Rn. 33; *Beuermann* Miete, 2. Aufl. 1994, § 5 Rn. 10.

[65] OLG Hamburg NZM 2000, 232; KG NZM 2001, 283; LG Frankfurt a. M. WuM 1996, 425; LG Berlin GE 1995, 77.

**aa) Berechnung der laufenden Aufwendungen.** Nach der Vorstellung des Gesetzgebers soll die kostendeckende Miete für freifinanzierten Wohnraum in Anlehnung an § 8 Abs. 1 WoBindG ermittelt werden. In der Begründung des Gesetzentwurfs[66] heißt es dazu: „Die Wendung, „zur Deckung der laufenden Aufwendungen erforderlich“ ist an § 8 Abs. 1 WoBindG angelehnt. Die dort für die Ermittlung der Kostenmiete im öffentlich geförderten Wohnungsbau in Bezug genommenen §§ 8a und 8b WoBindG sollen für die Beurteilung der Frage, ob die Miete für nicht preisgebundenen Wohnraum zur Deckung der laufenden Aufwendungen erforderlich ist, als Grundlage mit herangezogen werden. Außerdem können im Einzelfall weitere Umstände berücksichtigt werden, die sich aus der besonderen Gestaltung des Mietverhältnisses oder aus der Natur der Vermietung von nicht preisgebundenen Wohnungen ergeben“. Hieraus muss geschlossen werden, dass die für frei finanzierten Wohnraum höchst zulässige Miete auf der Grundlage derjenigen Kostenansätze ermittelt werden muss, die der Gesetzgeber für die Berechnung der Kostenmiete entwickelt hat.[67] 38

Bei der **gewerblichen Zwischenvermietung** ist das vom Zwischenvermieter an den Hauptvermieter gezahlte Entgelt als „laufende Aufwendung“ anzusehen. Da die Vermietung durch den Zwischenvermieter aber nicht zu einer höheren Miete führen soll, als die Miete unmittelbar vom Eigentümer, ist das vom Zwischenvermieter an den Hauptvermieter gezahlte Entgelt nur bis zur Höhe der Aufwendungen des Eigentümers zu berücksichtigen.[68] 39

Vermietungsbedingte **Steuerersparnisse** spielen bei der Berechnung der höchstzulässigen Miete keine Rolle.[69] Dies folgt aus der Erwägung, dass die einschlägigen Steuervorschriften nicht den Mieter entlasten, sondern dem Eigentümer einen Anreiz zur Investition in den Wohnungsbau geben sollen; deshalb ist es sachgerecht, wenn diese Vorteile beim Vermieter verbleiben. 40

Vereinzelt wird vertreten, dass die Vorschrift des § 5 Abs. 2 S. 2 WiStG nur dann anwendbar sein soll, „wenn die **Gesamteinnahmen** hinter den gesamten laufenden Kosten zurückbleiben“.[70] Diese Ansicht beruht auf der Erwägung, dass der Vermieter für die einzelne Wohnung keinen kostendeckenden Mietzins benötigt, wenn er aus der Vermietung des Gesamtanwesens einen zur Deckung der laufenden Aufwendungen ausreichenden Erlös erzielt. Im Wortlaut des § 5 Abs. 2 S. 2 WiStG findet dieser Gedanke allerdings keine Stütze. Deshalb ist die genannte Ansicht abzulehnen.[71] 41

Die laufenden Aufwendungen[72] sind in Anlehnung an die § 8 Abs. 1, §§ 8a, 8b WoBindG, §§ 18–29 der II. BV zu errechnen. Danach sind folgende Kostenpositionen ansatzfähig: 42

**(1) Eigenkapitalkosten (§ 20 der II. BV).** Eigenkapitalkosten sind die Zinsen für die Eigenleistungen. Hat der Vermieter das Haus als **Bauherr** errichtet, so bemisst sich die Höhe der Eigenleistung nach § 15 der II. BV. Hier sind insbes. ansatzfähig: die eigenen Geldmittel des Vermieters, der Wert des vermietereigenen Baugrundstücks, der Wert der eigenen Arbeitsleistung in Höhe der üblichen Handwerkerpreise (ohne Mehrwertsteuer) und der Wert des vom Vermieter gestellten Baumaterials. Als eigene Geldmittel zählen auch Bausparguthaben einschließlich der Zinsen und der Prämien, Mittel aus Personalkrediten und Geldleistungen Dritter, die der Vermieter schenkweise erhalten hat. Zu den vermietereigenen Arbeitsleistungen gehört auch der Wert der Arbeit von Angehörigen oder sonstiger Dritter und zwar unabhängig davon ob der Vermieter diese Arbeitskräfte bezahlt hat. Maßgeblich für den Wertansatz ist der Zeitpunkt der Errichtung des Hauses. Dies gilt auch für Altbauten.[73] Für die Höhe der Verzinsung gilt § 20 Abs. 2 S. 1 der II. BV: Ansatzfähig ist der marktübliche Zinssatz für erste Hypotheken.[74] Nach der instanzgerichtlichen Rspr. ist der Zinssatz nach § 20 Abs. 2 S. 2 der II. BV zu bestimmen. Danach kann der Vermieter für einen Eigenkapitalteil iHv 15% der Gesamtkosten eine Verzinsung von 4% und für den darüber 43

---

[66] G zur Erhöhung des Angebots an Mietwohnungen BT-Drs. 9/2079.

[67] KG NZM 1998, 225; LG Berlin ZMR 1995, 77.

[68] OLG Stuttgart WuM 1990, 102; abw. *Schläger* ZMR 1990, 241 (246).

[69] LG Mannheim WuM 1996, 161; LG Ravensburg WuM 1997, 121; **aA** LG Frankfurt a. M. WuM 1995, 443; AG Bergheim WuM 1999, 47; AnwK WohnraumMietR/*Lammel* WiStG § 5 Rn. 48, danach sind die Steuerersparnisse von den laufenden Aufwendungen abzuziehen; OLG Hamburg WuM 1992, 527, das den Erlass eines Rechtsentscheids über diese Frage abgelehnt hat.

[70] LG Berlin WuM 1998, 421 mitablAnm *Greiner.*

[71] Ebenso *Beuermann* GE 1998, 711; *Greiner* ZMR 1998, 557.

[72] Eine Formel zur Berechnung der laufenden Aufwendungen stellen *Herrlein/Hoff/Muchow* NZM 2021, 57, 62 vor.

[73] BGH WuM 1995, 428.

[74] OLG Stuttgart NJW-RR 1989, 11.

hinaus gehenden Teil eine Verzinsung von 6,5% verlangen.[75] Diese Ansicht stimmt mit dem Gesetzeszweck überein: Der Vermieter von freifinanziertem Wohnraum soll bei entsprechenden Aufwendungen die Kostenmiete – aber auch nicht mehr – verlangen können.[76] Nach dem Rechtsentscheid des OLG Stuttgart v. 8.11.1989[77] konnte das Eigenkapital aus dem Verkehrswert der Wohnung zum Zeitpunkt der Vermietung berechnet werden. Diese Rspr. ist durch den Rechtsentscheid des BGH v. 5.4.1995[78] gegenstandslos. Danach ist für die Ermittlung des Eigenkapitals grds. die Höhe der Herstellungskosten maßgeblich. Diese Berechnungsweise gilt für diejenigen Vermieter, die das Haus selbst errichtet haben. Außerdem gilt diese Berechnungsweise für die Erben des Bauherrn.

**44** Der **Käufer** (und ggf. dessen Erbe) kann die Eigenkapitalkosten aus den Erwerbskosten berechnen.[79] Gleiches gilt für den **Erwerber in der Zwangsversteigerung.** Aus der Entscheidung des BGH lässt sich nicht zweifelsfrei entnehmen, welche Berechnungsweise bei einer unentgeltlichen Übertragung unter Lebenden maßgeblich ist. Nach richtiger Ansicht ist diese Erwerbergruppe den Erben gleichstellen.

**45** In der Lit. wird zT die Ansicht vertreten, dass Eigenkapitalkosten iRd § 5 WiStG überhaupt nicht ansatzfähig seien, weil es sich dabei nicht um eine wirkliche Belastung sondern um einen kalkulatorischen Kostenansatz handle.[80] Diese Ansicht verkennt, dass der Gesetzgeber dem Eigentümer von freifinanziertem Wohnraum zumindest diejenige Miete zubilligen will, die auch der Vermieter von preisgebundenem Wohnraum zu beanspruchen hat.[81] Die Berechnung der Kostenmiete aus den Erwerbskosten hat zur Folge, dass derjenige Vermieter, der ein Haus zu einem überhöhten Preis erworben hat, die darin befindlichen Wohnungen zu überhöhten Preisen weitervermieten darf.[82] Rechtspolitisch erscheint dies verfehlt. Dennoch kann das Gesetz nicht dahingehend korrigiert werden, dass bei unwirtschaftlichem Erwerb die Kapitalkosten lediglich aus dem üblichen Kaufpreis ermittelt werden.

**46** Hat der Vermieter ein sanierungsbedürftiges Gebäude erworben und sodann eine **Modernisierung** durchgeführt, so können die Fremdkapital- und Eigenkapitalkosten aus der Summe der Erwerbs- und Modernisierungskosten errechnet werden.[83] Hiergegen wird von Teilen der Rspr.[84] eingewandt, dass die Kosten der Finanzierung einer Modernisierung (Fremdkapitalkosten oder eine fiktive Eigenkapitalverzinsung für den Einsatz eigener Mittel) nicht zu den laufenden Aufwendungen zählen, weil die betreffenden Beträge auch bei einer Mieterhöhung nach § 3 MHG aF (= § 559 BGB nF) nicht berücksichtigt werden können. Diese Meinung überzeugt nicht, weil sie zu widersprüchlichen Ergebnissen führt: Wird die Modernisierung vom Veräußerer durchgeführt, so sind die auf die Modernisierung entfallenden Kosten im Kaufpreis enthalten; folgerichtig können sie auch bei der Berechnung der Kapitalkosten berücksichtigt werden (→ Rn. 44). Erwirbt der Eigentümer dagegen ein modernisierungsbedürftiges Gebäude zu einem entsprechend niedrigerem Kaufpreis und führt er die Modernisierung anschließend auf eigene Kosten durch, so sind die effektiven Erwerbskosten dieselben; gleichwohl wäre nach der abgelehnten Meinung bei der Ermittlung der laufenden Aufwendungen nur der (reduzierte) Kaufpreis zugrunde zu legen. Diese Differenzierung steht weder mit dem Wortlaut des § 5 WiStG in Einklang, noch ist sie vom Sinn und Zweck der Vorschrift geboten

**47** **(2) Fremdkapitalkosten (§ 21 der II. BV).** Zu den Fremdkapitalkosten gehören die Zinsen für Fremdmittel, die laufenden Kosten der Bürgschaften für Fremdmittel (zB Landesbürgschaften für lb-Hypotheken), Erbbauzinsen und laufende Verwaltungskosten die im Zusammenhang mit der Darlehensaufnahme entstehen. Maßgeblich sind nicht die marktüblichen Zinsen, sondern die

---

[75] LG Berlin GE 1998, 681 (683); LG Hamburg WuM 1993, 595; ebenso MAH WohnMietR/*Flintrop* § 33 Rn. 25; **aA** *Pellegrino* NZM 1998, 889 (892).

[76] **AA** *Schilling* FWW 1994, 81, der aufgrund der Unterschiede zwischen freifinanziertem und preisgebundenen Wohnraum eine Besserstellung des Vermieters von freifinanziertem Wohnraum für richtig hält.

[77] OLG Stuttgart WuM 1990, 11.

[78] BGH WuM 1995, 428.

[79] **AA** LG Frankfurt a. M. WuM 1998, 492; AnwK WohnraumMietR/*Lammel* WiStG § 5 Rn. 41.

[80] *Sternel* ZMR 1983, 73 (80); MDR 1983, 265 (356); zum Streitstand s. *Pellegrino* NZM 1998, 889.

[81] Wie hier BGH WuM 1995, 428; KG NZM 1998, 225; *Landfermann* S. 56; Beuermann Miete Rn. 21; *Bub PiG 47 (1996), 191 (210)*.

[82] *Gramlich* NJW 1983, 421.

[83] KG NZM 1998, 225.

[84] KG WuM 1992, 140; LG Berlin MM 1995, 352.

tatsächlich geschuldeten Zinsen.[85] Tilgungsleistungen dürfen nicht angesetzt werden. Bei einem Tilgungsdarlehen darf der vereinbarte Zinssatz zugrunde gelegt werden und zwar auch dann, wenn bei progressiver Tilgung die Zinsen niedriger und die Tilgungsbeträge höher werden (§ 21 Abs. 2 der II. BV). Ein Disagio hat auf die Berechnung der Zinsen keinen Einfluss, obwohl in diesem Fall der effektive Zinssatz höher ist als bei Auszahlung zu 100%. Im Rahmen des § 21 der II. BV kommt es nicht auf den Zinssatz, sondern auf die Zinsbelastung an. Maßgeblich ist also immer derjenige Zins, der sich aus der Vereinbarung im Darlehensvertrag ergibt.[86] Dies gilt nach § 21 Abs. 3 S. 2 der II. BV auch dann, wenn das Darlehen planmäßig zurückgezahlt worden ist. Zu einem anderen Ergebnis müssten die Vertreter derjenigen Ansicht kommen, die die Berücksichtigung von kalkulatorischen Kostenansätzen für unzulässig halten (→ Rn. 45). Beim Erwerb des Hauses gelten für die Berechnung der Fremdkapitalkosten die Ausführungen unter → Rn. 44 sinngemäß. Für unverzinsliche und niedrig verzinsliche (Zinssatz unter 4%) Darlehen trifft § 22 der II. BV eine Sonderregelung. Hier dürfen Tilgungsleistungen, die den Satz von 1% übersteigen als Zinsersatz angesetzt werden. Der Ansatz richtet sich nach dem Maß der Tilgung; höchstens ist derjenige Betrag ansatzfähig, der sich bei einer Verzinsung des Darlehens iHv 4% ergäbe.[87] Unberücksichtigt bleiben Mieterdarlehen und Mietvorauszahlungen.

**(3) Abschreibung (§ 25 der II. BV).** Die Abschreibung darf 1% der Baukosten nicht überschreiten. Zu den Baukosten gehören nicht die Kosten des Grundstücks und die Erschließungskosten (§ 5 Abs. 2 der II. BV). Soll die Kostenmiete aus den Erwerbskosten berechnet werden, muss die Abschreibung aus einem fiktiven Betrag errechnet werden (Erwerbskosten abzüglich Grundstückswert).[88] Maßgeblich ist der Wert zum Zeitpunkt des Erwerbs und zwar auch dann, wenn zu diesem Zeitpunkt das Mietverhältnis bereits bestand[89]. Für bestimmte Anlagen und Einrichtungen dürfen Sonderabschreibungen angesetzt werden. Die jeweiligen Abschreibungssätze betragen von den Kosten 48

- der Öfen und Herde 3%
  (hierzu gehören auch Nachtstromspeicherheizungen)
- der Einbaumöbel 3%
- der Anlagen und Geräte zur Versorgung mit Warmwasser, sofern sie nicht mit einer Sammelheizung verbunden sind 4%
- der Sammelheizung einschließlich einer damit verbundenen Anlage zur Versorgung mit Warmwasser 3% (hierzu gehören auch Etagenheizungen)
- der Hausanlage bei eigenständig gewerblicher Lieferung von Wärme 0,5%
- und einer damit verbundenen Anlage zur Versorgung mit Warmwasser (hierzu gehört insbes. die Fernheizung) 4%
- des Aufzugs 2%
- der Gemeinschaftsantenne 9%
  (hierzu gehören auch Gemeinschaftsparabolantennen, nicht aber die Verteilanlage des Breitbandkabelanschlusses)
- der maschinellen Wascheinrichtung 9%

**(4) Verwaltungskosten (§ 26 der II. BV).** Die Verwaltungskosten sind nach § 26 der II. BV pauschaliert. Die Pauschale beträgt für die Zeit v. **1. 1. 2011 bis 31. 12. 2013:** 264,23 EUR; für die Zeit v. **1. 1. 2014 bis 31. 12. 2016:** 279,35 EUR; für die Zeit v. **1. 1. 2017 bis 31. 12. 2019:** 284,62 EUR; für die Zeit v. **1. 1. 2020 bis 31. 12. 2022:** 298,42 EUR. 49

Diese **Beträge verändern sich wieder am 1. 1. 2023** und am 1.1. eines jeden darauffolgenden dritten Jahres um den Prozentsatz, um den sich seit der letzten Veränderung der vom Statistischen Bundesamt festgestellte Preisindex für die Lebenshaltungskosten aller privaten Haushalte in Deutschland insgesamt verändert hat. Die Verwaltungskostenpauschale kann auch nicht ausnahmsweise überschritten werden[90], was aus dem Grundsatz folgt, dass auch der Eigentümer von nicht preisgebundenem Wohnraum als höchstzulässige Miete nur die Kostenmiete verlangen darf. 50

[85] LG Stuttgart DWW 1997, 271 (272).
[86] Zweifelnd *Eisenschmid* WuM 1992, 221.
[87] Krit. *Eisenschmid* WuM 1992, 221.
[88] AG Neukölln GE 1990, 767.
[89] **AA** *Beuermann* Miete Rn. 24 mit der Erwägung, der Erwerber könne nicht mehr geltend machen als sein Vorgänger.
[90] So aber *Sternel* ZMR 1983,81.

51 **(5) Betriebskosten (§ 27 der II. BV).** Zum Begriff der Betriebskosten → BGB § 556 Rn. 72ff. Ansatzfähig sind diejenigen Betriebskosten, die der Vermieter nicht gesondert auf den Mieter umlegen kann. Maßgeblich sind die Kosten zum Zeitpunkt des Abschlusses des Mietvertrags/der Änderungsvereinbarung. Sonstige Nebenkosten sind nicht ansetzbar.[91]

52 **(6) Instandhaltungskosten (§ 28 der II. BV).** Die Instandhaltungskosten dürfen nicht in der tatsächlich anfallenden Höhe, sondern nur pauschaliert angesetzt werden.

Die Instandhaltungskostenpauschale beträgt:

- für Wohnungen, deren Bezugsfertigkeit am Ende des Kalenderjahres weniger als 22 Jahre zurückliegt, für die Zeit v. **1.1.2014 bis 31.12.2016** höchstens 8,62 EUR; für die Zeit v. **1.1.2017 bis 31.12.2019:** 8,78 EUR und für die Zeit ab **1.1.2020 bis 31.12.2022:** 9,20 EUR.
- für Wohnungen, deren Bezugsfertigkeit am Ende des Kalenderjahres mindestens 22 Jahre zurückliegt, für die Zeit v. **1.1.2014 bis 31.12.2016** höchstens 10,93 EUR; für die Zeit v. **1.1.2017 bis 31.12.2019:** 11,14 EUR und für die Zeit ab **1.1.2020 bis 31.12.2022:** 11,68 EUR.
- für Wohnungen, deren Bezugsfertigkeit am Ende des Kalenderjahres mindestens 32 Jahre zurückliegt, für die Zeit v. **1.1.2014 bis 31.12.2016** höchstens 13,97 EUR; für die Zeit v. **1.1.2017 bis 31.12.2019:** 14,23 EUR und für die Zeit ab **1.1.2020 bis 31.12.2022:** 14,92 EUR.

53 Diese Sätze verringern sich bei eigenständig gewerblicher Leistung von Wärme iSd § 1 Abs. 2 Nr. 2 der HeizkostenVO um 0,25 EUR.

54 Diese Sätze erhöhen sich für Wohnungen, für die ein maschinell betriebener **Aufzug** vorhanden ist für die Zeit v. **1.1.2014 bis 31.12.2016** um 1,22 EUR; für die Zeit v. **1.1.2017 bis 31.12.2019:** 1,24 EUR und für die Zeit ab **1.1.2020 bis 31.12.2022:** 1,30 EUR.

55 Trägt der Mieter die Kosten für kleine Instandhaltungen in der Wohnung, so verringern sich die Sätze nach Abs. 2 für die Zeit v. **1.1.2014 bis 31.12.2016** um 1,28 EUR; für die Zeit v. **1.1.2017 bis 31.12.2019:** 1,30 EUR und für die Zeit ab **1.1.2020 bis 31.12.2022:** 1,36 EUR.

56 Trägt der Vermieter die Kosten der **Schönheitsreparaturen,** so dürfen sie für die Zeit v. **1.1.2014 bis 31.12.2016** höchstens mit 10,32 EUR; für die Zeit v. **1.1.2017 bis 31.12.2019:** 10,51 EUR und für die Zeit ab **1.1.2020 bis 31.12.2022:** 11,02 EUR je Quadratmeter Wohnfläche im Jahr angesetzt werden.

57 Für alle **Instandhaltungspauschalen** gilt:

Die kleinen Instandhaltungen umfassen nur das Beheben kleiner Schäden an den Installationsgegenständen für Elektrizität, Wasser und Gas, den Heiz- und Kocheinrichtungen, den Fenster- und Türverschlüssen sowie den Verschlussvorrichtungen von Fensterläden.

**Schönheitsreparaturen** umfassen nur das Tapezieren, Anstreichen oder Kalken der Wände und Decken, das Streichen der Fußböden, Heizkörper einschließlich Heizrohre, der Innentüren sowie der Fenster und Außentüren von innen.

Für Kosten der **Unterhaltung von Privatstraßen** und Privatwegen, die dem öffentlichen Verkehr dienen, darf ein Erfahrungswert als Pauschbetrag neben den vorstehenden Sätzen angesetzt werden.

Kosten eigener Instandhaltungswerkstätten sind mit den vorstehenden Sätzen abgegolten.

58 **(7) Mietausfallwagnis (§ 29 der II. BV).** Durch das Mietausfallwagnis soll das Risiko einer Ertragsminderung abgedeckt werden, die durch uneinbringliche Rückstände von Mieten oder durch das Leerstehen von Wohnungen entsteht. Das Mietausfallwagnis beträgt 2% der Mieteinnahmen. Es handelt sich um einen kalkulatorischen Ansatz, der zu berücksichtigen ist.[92] Das Ausfallwagnis darf allerdings nur aus der zulässigen Miete berechnet werden. Der Umstand, dass der Mieter eine Kaution bezahlt hat, steht der Berücksichtigung des Kostenansatzes dann nicht entgegen, wenn durch die Kaution nicht nur das Mietausfallrisiko abgedeckt werden soll. Davon ist im Regelfall auszugehen, weil die Kaution im Allgemeinen auch die Schadensersatzansprüche des Vermieters (zB wegen unterlassener Schönheitsreparaturen) sichern soll.

59 **bb) Untermietverhältnisse.** Hat der Vermieter die Wohnung selbst nur angemietet, so ist der vom Vermieter an den Eigentümer zu zahlende Mietzins als laufende Aufwendung iSv § 5 WiStG

---

[91] **AA** wohl *Schmid* BlGBW 1983, 65 „sämtliche Unkosten".
[92] OLG Stuttgart NJW-RR 1989, 11.

anzusehen. Diese Aufwendungen können bis zur Höhe der laufenden Aufwendungen des Eigentümers als zur Kostendeckung erforderlich berücksichtigt werden.[93]

**cc) Wesentlichkeitsgrenze 50%.** Bei der Vereinbarung einer kostendeckenden Miete liegt der Tatbestand der Mietpreisüberhöhung erst dann vor, wenn der vereinbarte Mietzins in einem auffälligen Missverhältnis zu der Leistung des Vermieters steht. Damit soll klargestellt werden, dass die Wuchergrenze des § 291 StGB nicht überschritten werden darf. Ein auffälliges Missverhältnis kann angenommen werden, wenn der vereinbarte Mietpreis die ortsübliche Miete um mehr als 50% übersteigt.[94] **60**

#### 4. Ausnutzung eines geringen Angebots

Die Mietpreisüberhöhung setzt weiter voraus, dass der überhöhte Preis infolge der Ausnutzung eines **geringen Angebots** an vergleichbaren Räumen vereinbart werden konnte. Dabei ist zu beachten, dass die Mangelsituation **getrennt nach Wohnungsgruppen** festzustellen ist. Maßgeblich sind die Verhältnisse auf den Teilmärkten.[95] Ein ausreichendes Angebot an Luxuswohnungen und ein unzureichendes Angebot an Einfachwohnungen oder Durchschnittswohnungen kann dazu führen, dass der Vermieter der Luxuswohnung einen Mietpreis ohne Rücksicht auf § 5 WiStG vereinbaren kann, während der Vermieter der Einfach- oder Durchschnittswohnung durch die Vorschrift beschränkt wird.[96] **61**

Für die Annahme einer **Mangelsituation** reicht es aus, wenn für bestimmte, nach allgemeinen Merkmalen abgrenzbare Mietergruppen infolge mangelnder Vertragsbereitschaft der Vermieter in ihrer Gesamtheit der Marktzugang verengt ist.[97] Gleiches gilt für andere Gruppen von Wohnungssuchenden, etwa für kinderreiche Familien, für den Menschen im hohen Lebensalter, für Gastarbeiter oder für Arbeitslose. Nach der **instanzgerichtlichen Rspr.** verlangt die Annahme eines geringen Angebots keine Unterversorgung: ein geringes Angebot liegt bereits dann vor, wenn das Angebot die Nachfrage nicht spürbar überschreitet und der Vermieter als marktüberlegener Teil in der Lage ist, die Mietbedingungen zu bestimmen.[98] Damit ein Marktgeschehen überhaupt stattfindet, muss ein Überhang, der in der Regel bei ca. 3% angenommen wird, von Wohnungen vorhanden sein. Der BGH[99] scheint hier eine engere Auffassung zu vertreten. Danach ist ein geringes Angebot erst dann anzunehmen, wenn es die Nachfrage nicht erreicht und ist bereits dann zu verneinen, wenn Angebot und Nachfrage ausgeglichen sind. Das widerspricht den Anforderungen an einen funktionierenden Wohnungsmarkt. **62**

Der BGH scheint zu verlangen, dass das Angebot hinter der Nachfrage zurückbleibt. Der BGH hat diese Frage aber nicht abschließend entschieden.[100] Nach der Rspr. des BGH kommt es für die Frage, ob ein „geringes Angebot" vorliegt, nicht auf den konkreten Stadtteil an, in dem sich die Wohnung befindet. Maßgeblich ist die Marktlage im gesamten Stadtgebiet. In die Bewertung der Marktlage sind alle Wohngegenden einzubeziehen, „die nach ihrer Lage und Struktur dem Stadtteil ähnlich – also vergleichbar – sind, in welchem sich die gemietete Wohnung befindet". **63**

Als **Indiz für ein geringes Angebot** wird in der Rspr. gewertet, wenn die Nachfragen Wohnungssuchender beim Wohnungsamt stark ansteigen[101] oder wenn die Marktmiete – also die übliche Miete bei Neuvermietungen – um ca. 15% höher ist als die ortsübliche Miete.[102] Weitere Indizien für ein geringes Angebot sind: statistische Daten, registrierte Wohnungslosenfälle, behördliche Bedarfsprognosen, die Bestimmung einer Gemeinde zu einem Gebiet mit angespannter **64**

---

[93] OLG Stuttgart NJW-RR 1990, 402.

[94] BayObLG NZM 1998, 999 (1000); LG Darmstadt NJW 1972, 1244.

[95] BGH VIII ZR 56/94, NZM 2006, 291; OLG Hamm NJW-RR 1986, 812; OLG Braunschweig WuM 1999, 684 (685); LG Frankfurt a. M. WuM 1996, 286; LG Hamburg WuM 2000, 94; NZM 2000, 180; WuM 2000, 426; *Beuermann* GE 1998, 1124; **aA** *Hentschel* MM 1998, 305.

[96] So zutr. LG Frankfurt a. M. WuM 1996, 286; *Schilling* FWW 1994, 79.

[97] OLG Hamm NJW-RR 1986, 812 = WuM 1986, 206 (studentische Wohngemeinschaft).

[98] LG Berlin ZMR 1998, 349; LG Hamburg WuM 1998, 491; AG Nürnberg WuM 1989, 312; LG Mannheim NZM 2000, 86.

[99] BGH VIII ZR 44/04, NJW 2005, 2156 = NZM 2005, 534; auch LG Frankfurt WuM 1998, 167.

[100] BGH VIII ZR 44/04, NJW 2005, 2156.

[101] AG Braunschweig/LG Braunschweig WuM 1990, 162.

[102] LG Braunschweig WuM 1983, 268.

Wohnraumversorgung durch landesrechtliche Rechtsverordnung;[103] Geltung einer Mietpreisbremseverordnung; die Geltung der Zweckentfremdungsverordnung,[104] Regierungsprogramme zur Förderung des Wohnungsbaus oder zunehmende Wohnungsmodernisierungen mit der Folge, dass sich das Angebot an Billigwohnungen verringert.[105] Hat sich das ortsübliche Mietpreisniveau in der Gemeinde in den letzten Jahren stärker entwickelt, als die allgemeinen Lebenshaltungskosten, so spricht dies ebenfalls für ein geringes Angebot. Häufig wird ein geringes Angebot als gerichtsbekannt unterstellt.[106] Für Luxuswohnungen gilt dieser Grundsatz nicht: hier muss der Mieter substantiiert darlegen, auf Grund welcher Umstände von einem geringen Angebot auszugehen ist.[107] Teilweise wird auch die Ansicht vertreten, dass die aufgeführten Umstände generell nicht als Indiz für eine Mangellage gewertet werden können.[108] Der BGH hat entschieden, dass die Geltung der Zweckentfremdungsverordnung kein ausreichendes Indiz für einen Mangel an Wohnungen von überdurchschnittlicher Qualität darstellt.[109]

65 **Indizien für ein geringes Angebot** sind:[110] wenn die Mietpreise schneller steigen als die allgemeinen Lebenshaltungskosten; wenn der Anteil der Wohnkosten am Einkommen größer wird statt kleiner; wenn die Zahl der Wohnungen geringer ist als die Zahl der Haushalte.

**Indizien für ein ausreichendes Angebot** sind ebenfalls denkbar. Hierzu gehören:[111] ein längerer Leerstand der Wohnung; Mietsenkungen bei der Neuvermietung und vergebliche Zeitungsinserate. Voraussetzung ist aber, dass die Wohnung zu einem ortsüblichen Preis angeboten wird.

66 Die Auslegung des Tatbestandsmerkmals der **„Ausnutzung“** ist umstritten. Ausnutzen ist dabei **weniger als „ausbeuten“.**[112], Erforderlich ist deshalb nur, dass der Vermieter die objektiv Situation (Knappheit) als nützlich in seine Pläne aufnimmt. Das Tatbestandsmerkmal der „Ausnutzung eines geringen Angebots“ ist nur erfüllt, wenn die **Mangellage auf dem Wohnungsmarkt** für die Vereinbarung der Miete im Einzelfall ursächlich war. Dazu hat der Mieter darzulegen und ggf. zu beweisen, welche Bemühungen bei der Wohnungssuche er bisher unternommen hat, weshalb diese erfolglos geblieben sind und dass er mangels einer Ausweichmöglichkeit nunmehr auf den Abschluss des für ihn ungünstigen Mietvertrages angewiesen war.[113] Bei der Beantwortung der Frage, ob der Vermieter ein geringes Angebot an vergleichbaren Räumen ausgenutzt hat ist auf das **gesamte Gebiet der Gemeinde** und nicht lediglich auf den Stadtteil abzustellen, in dem sich die Mietwohnung befindet. Das Tatbestandsmerkmal des „geringen Angebots“ ist deshalb nicht erfüllt, wenn der Wohnungsmarkt für vergleichbare Wohnungen nur in dem betreffenden Stadtteilangespannt, im übrigen Stadtgebiet aber entspannt ist.[114] Ob ein geringes Angebot an vergleichbaren Räumen besteht, ist jeweils für die in Betracht kommende Wohnungsgruppe („Teilmarkt“) festzustellen. Für eine Wohnung mit weit überdurchschnittlicher Qualität stellt deshalb der Umstand, dass sie in einem Ballungsgebiet liegt und für die betreffende Gemeinde ein Zweckentfremdungsverbot besteht, kein hinreichend aussagekräftiges Anzeichen für das Vorliegen einer Mangelsitua-

[103] LG Berlin ZMR 1998, 349; GE 1998, 859; LG Hamburg WuM 1998, 491.

[104] LG Mönchengladbach WuM 1997, 274; LG Hamburg WuM 1998, 491; LG Berlin GE 1999, 252; MM 2000, 420; LG Mannheim NZM 2000, 86.

[105] LG Hamburg WuM 1979, 63; 1979, 199; 1989, 522; 1994, 696, wonach ein geringes Angebot vorliegt, wenn das örtliche Angebot die Nachfrage nicht um wenigstens 5% übersteigt.

[106] LG Stuttgart WuM 1989, 168 für preiswerte Wohnungen; LG Hamburg WuM 1978, 222 für preiswerte 1-Zimmer-Wohnungen; LG Hamburg WuM 1998, 491 für Wohnungen mit durchschnittlicher Ausstattung im Jahre 1995; LG Mannheim ZMR 1979, 62 für Gastarbeiterwohnungen; AG Köln WuM 1978, 76 für Gastarbeiterwohnungen.

[107] LG Frankfurt a. M. WuM 1996, 286, eine Wohnung zum zulässigen Mietpreis von 4.400 DM; LG Berlin GE 1998, 299, 745, eine Wohnung zum Nettomietzins von 5.000 DM in einer Villenlage; LG Hamburg ZMR 2000, 676 für Wohnung in Spitzenlage zum Quadratmeterpreis von 50 DM; LG Hamburg NZM 2000, 30 für Altbauvilla am Elbhang; AG Tempelhof-Kreuzberg für Haus zum Mietpreis von 3.500 DM; AG Bad Homburg NZM 1998, 665 für luxuriös ausgestattete Zwei-Zimmer-Dachstudiowohnung von ca. 60 m² zum Preis von 1.500 DM zzgl. Nebenkosten.

[108] LG Berlin GE 1998, 551 = DWW 1998, 214; AnwK WohnraumMietR/*Lammel* WiStG § 5 Rn. 27, 28.

[109] BGH VIII ZR 6/04, NZM 2006, 291.

[110] NZM 1998, 708.

[111] *Beuermann* GE 1998, 1124 (1126).

[112] Börstinghaus Miethöhe-HdB Kap. 5 Rn. 21; *Bohnert,* Ordnungswidrige Mietpreisüberhöhung, 2. Aufl. 1996, S. 55.

[113] BGH VIII ZR 190/03, NJW 2004, 1740 = NZM 2004, 381 mit Anm. *Siebke* ZMR 2004, 412; *Scheff* MietRB 2004, 200; *Breiholdt* ZMR 2004, 412.

[114] BGH VIII ZR 44/04, NJW 2005, 2156 = NZM 2005, 534; auch LG Frankfurt WuM 1998, 167.

tion dar.[115]Die Wohnungsmangellage muss der Grund für die Höhe der Mietforderung sein.[116] Es handelt sich nicht um ein subjektives Tatbestandsmerkmal,[117] sondern um eine sanktionsrechtlich gebotene Klarstellung auf der Handlungsebene. Die bloße Kausalität zwischen Wohnungsmarktlage und hohem Mietpreis genügt für sich allein nicht. Vielmehr wird der Täter bestraft, weil er sich freiwillig für den Gesetzesverstoß entschieden und in diesem Sinne die Marktlage „ausgenutzt" hat. Ausnutzen bedeutet also das bewusste Zunutze machen der gegebenen Lage.[118] Eine weitergehende Bedeutung kommt diesem Tatbestandsmerkmal nicht zu.[119] Eine niedrige Gesinnung des Vermieters ist nicht erforderlich. Die individuelle Situation des Mieters spielt keine Rolle.[120] Es kommt insbes. nicht darauf an, ob der Mieter Schwierigkeiten bei der Wohnraumsuche gehabt hat[121] oder ob er sich in einer Not- oder Zwangslage befunden hat. Deshalb kann der Tatbestand des § 5 WiStG auch dann erfüllt sein, wenn der Mieter im Verlauf der Mietzeit einem Mieterhöhungsverlangen des Vermieters zustimmt, obwohl er hierzu nach § 558 BGB nicht verpflichtet gewesen wäre.[122] Für einverständliche Mieterhöhungen nach § 557 Abs. 1 BGB gilt nichts anderes.[123] Dies folgt aus dem Schutzzweck des § 5 WiStG (Verhinderung von Wettbewerbsverzerrungen). Nach **Ansicht des BGH**[124] ist das Tatbestandsmerkmal des „Ausnutzens" nur gegeben, wenn „der Vermieter erkennt oder in Kauf nimmt, dass der Mieter sich in einer Zwangslage befindet, weil er aus nachvollziehbaren gewichtigen Gründen nicht auf eine preiswertere Wohnung ausweichen kann."[125] Es kommt also darauf an, ob der konkrete Mieter im Einzelfall besondere Schwierigkeiten bei der Wohnungssuche gehabt hat. Nach dieser Meinung muss der Mieter im Prozess iE darlegen, welche Bemühungen er bei der Suche nach einer angemessenen Wohnung unternommen hat und weshalb diese Suche erfolglos geblieben ist.[126] Nach der Ansicht des BGH liegt das Merkmal des Ausnutzens nicht vor, wenn der Mieter bereit ist, für eine bestimmte Wohnung unabhängig von der Lage auf dem Wohnungsmarkt, eine verhältnismäßig hohe Miete zu bezahlen. Der BGH führt bspw. an, dass eine solche Situation vorliegt, wenn der Mieter in einer von ihm bevorzugten Wohnlage nur eine bestimmte und keine andere Wohnung beziehen will, oder wenn er den Mietvertrag abschließt ohne sich zuvor über ähnliche Objekte und die Höhe der ortsüblichen Miete erkundigt zu haben. In diesen und ähnlichen Fällen sei der Mieter nicht schutzbedürftig. Aus dieser Rechtsansicht leitet das OLG Frankfurt a. M.[127] ab, bei öffentlich-rechtlicher **Kostenübernahme durch das Sozialamt** komme eine „Ausnutzung" des Mieters nicht in Betracht, wenn dem Mieter „in Ermangelung einer persönlichen Belastung die Höhe des vereinbarten Entgelts schlichtweg gleichgültig ist." Hiervon sei regelmäßig ausgehen. Eine Ausnahme gelte zum einen **(1)** „wenn das Amt eine – vom Tatrichter festzustellende – Höchstgrenze für die übernommenen Mietkosten vorgegeben hat und sich der Mieter in Anbetracht des geringen Wohnraumangebotes und des ihm gesetzten Kostenrahmens gezwungen sieht, auf eine nach Größe und Ausstattung minderwertige Wohnung auszuweichen." Zum anderen liege eine Ausnahme vor **(2)**, wenn das Amt dem Mieter aufgegeben hat, eine preiswerte Wohnung zu suchen, der Mieter dieser Aufforderung Folge geleistet hat und die Suche des Mieters erfolglos geblieben ist. Weitere Einzelheiten → Rn. 88.

Die Mietpreisvereinbarung ist allerdings in ihrer **Gesamtheit** zu bewerten. So kann es am Tatbestand des § 5 WiStG fehlen, wenn die Miete für eine längere Zeit unverändert bleiben soll oder wenn dem Mieter sonstige Vorteile eingeräumt werden. Der Erwerber eines Hauses kann sich gegenüber dem zivilrechtlichen Rückforderungsanspruch des Mieters nicht darauf berufen, dass er selbst kein geringes Angebot ausgenutzt habe, weil er lediglich in bereits bestehende Mietverträge **67**

[115] BGH VIII ZR 56/04, NZM 2006, 291.
[116] LG Hamburg NZM 2000, 1002 (1004).
[117] So aber OLG Hamburg NZM 1999, 363; *Eisenhardt* WuM 1998, 259.
[118] OLG Braunschweig WuM 1999, 684 (685).
[119] Wie hier *Sternel* MietR Kap. III Rn. 58f.
[120] *KG BeckRS 2014, 12329*; LG Hamburg NZM 2000, 1002; ZMR 2000, 538; **aA** LG Köln ZMR 2001, 198; LG Hildesheim WuM 1999, 470.
[121] **AA** *Mersson* DWW 2002, 220.
[122] *Sternel* MietR, 1988, Kap. III Rn. 58.
[123] LG Berlin GE 2001, 554.
[124] BGH VIII ZR 190/03, NJW 2004, 1740 = NZM 2004, 381; VIII ZR 44/04, NJW 2005, 2156 = NZM 2005, 534; VIII ZR 6/04, NZM 2006, 291; **krit.** *Sternel* MietR Kap. III Rn. 58f.
[125] BGH VIII ZR 44/04, NJW 2005, 2156 = NZM 2005, 534.
[126] Ebenso LG Aachen NZM 2001, 466; AnwK WohnraumMietR/*Lammel* WiStG § 5 Rn. 31.
[127] OLG Frankfurt a. M. NJW 2014, 166, OWi-Verfahren.

eingetreten sei. Dies folgt bereits aus dem Umstand, dass der Erwerber die Rechte aus der Mietzinsvereinbarung lediglich insoweit erwirbt, als die Preisvereinbarung wirksam ist.[128] Die Vorschrift ist nicht anwendbar, wenn der Wohnungsmarkt in dem Sinne ausgeglichen ist, dass das Angebot an Wohnungen die Nachfrage deutlich übersteigt; wichtigste Indizien hierfür sind das Sinken des ortsüblichen Preisniveaus, das Sinken der Neuvermietungspreise[129] oder größere Wohnungsleerstände. Zur Darlegungs- und Beweislast → Rn. 85ff.

### III. Rechtsfolgen der Mietpreisüberhöhung

#### 1. Zivilrechtliche Folgen

68 Ein Verstoß gegen § 5 WiStG hat die teilweise Nichtigkeit der Mietpreisvereinbarung zur Folge.

69 Nach hM verändert sich der Umfang der Teilnichtigkeit mit der Veränderung des ortsüblichen Mietpreisniveaus **(sog. dynamische Nichtigkeit).**[130] Die jeweiligen Preisveränderungen sind etwa in Jahresabständen zu ermitteln.[131] Maßgeblich ist die jeweilige um den Wesentlichkeitszuschlag erhöhte ortsübliche Miete.[132] Diese Rechtsauffassung hat zur Folge, dass sich die Maximal geschuldete Miete einzig und allein durch das Steigen des ortsüblichen Preisniveaus erhöht. Das ist dogmatisch richtig, da alles was nicht verboten ist gem. § 134 BGB erlaubt ist. Deshalb muss bei Rückforderungsprozessen in Folge eines Verstoßes gegen § 5 WiStG theoretisch für jeden Monat – in der Praxis zumindest jährlich – die maximal zulässige Miete ermittelt werden. Insofern unterscheidet sich die Rechtsfolge von der gem. § 556g Abs. 1 BGB. Dort ist die zulässige Miethöhe bei Vertragsschluss auch für die Zukunft maßgeblich. Es findet keine Anpassung über die Zeitschiene statt. Das gilt auch bei Mieterhöhungen nach einer Modernisierungsmaßnahme gem. § 559 BGB. Also nur, wenn die nach § 559 BGB erhöhte Miete zu dem Zeitpunkt, zu dem sie erstmals zu zahlen war, die ortsübliche Vergleichsmiete für modernisierten Wohnraum um mehr als 20% übersteigt, kann sie teilweise unwirksam sein. Der Mieter schuldet dann nur die auf 120% der ortsüblichen Vergleichsmiete für modernisierte Wohnungen begrenzte Miete. Es müssen also zunächst exakt zum Wirkungszeitpunkt der Mieterhöhung nach § 559 BGB die üblichen Entgelte für neu modernisierte Wohnungen entsprechend der Beschaffenheit und Ausstattung wie die Vertragswohnung ermittelt werden. Da die Mieterhöhung gem. § 559 BGB dann aber nicht für alle Zukunft hinsichtlich des überschießenden Betrages nichtig ist, müssen auch für die kommenden Monate jeweils die üblichen Entgelte festgestellt werden. Dem Vermieter stehen diese Steigerungen zzgl. 20% ebenfalls zu. Dies entspricht dem Sinn und Zweck des § 5 WiStG. Die Vorschrift hat nämlich nur eine preisregulierende Funktion; sie soll als Mieterschutzvorschrift lediglich die Vereinbarung überhöhter Mieten unterbinden.[133] Dieser Funktion wird eine Auslegung dahin gehend gerecht, die davon ausgeht, dass nur jeweils der Teil der Mieterhöhung nach § 559 BGB unwirksam ist, der verboten ist. Dieser Anteil wird bei steigenden Mieten mit der Zeit immer geringer.

70 Das **Absinken des ortsüblichen Preisniveaus** kann umgekehrt dazu führen, dass ein beim Vertragsschluss zulässiger Mietpreis ab einem bestimmten Zeitpunkt die Grenze des § 5 WiStG überschreitet. Auch in diesem Fall tritt Teilunwirksamkeit ein, weil es für die Tatbestandserfüllung nach § 5 WiStG ausreicht, dass der Vermieter das preiswidrige Entgelt annimmt.[134] Zu beachten ist allerdings, dass ein sinkendes Preisniveau idR anzeigt, dass die für § 5 WiStG erforderliche Wohnungsmangellage nicht mehr besteht. In diesem Fall schuldet der Mieter die Miete weiterhin in der bisherigen Höhe; § 5 WiStG ist unanwendbar, weil der Vermieter die Miete nicht unter Ausnutzung eines geringen Angebots erzielt.[135]

71 Nach der hier vertretenen Ansicht genügt es, wenn das **geringe Angebot** beim Abschluss des Mietvertrags bestanden hat. Dies beruht auf der Erwägung, dass eine nur teilweise wirksame Miet-

[128] LG Mannheim WuM 1987, 362.
[129] AG Hamburg GE 1998, 435.
[130] OLG Hamm NJW 1983, 1622; OLG Frankfurt a. M. WuM 1985, 139; KG WuM 1995, 384; *Mersson* DWW 2002, 220 (225).
[131] OLG Frankfurt a. M. WuM 1985, 139; abw. KG WuM 1995, 384, 15 Monate; LG Hamburg WuM 1997, 209, zwei Jahre.
[132] LG Hamburg NZM 2000, 1002.
[133] BGH RE v. 11.1.1984, NJW 1984, 722.
[134] **AA** KG NZM 2001, 283.
[135] Zutr. *Beuermann* GE 1997, 582.

preisvereinbarung durch eine spätere Veränderung der Wohnungsmarktsituation nicht verändert wird.[136] Es wird allerdings auch die Ansicht vertreten, dass der Rückforderungsanspruch des Mieters entfällt, wenn sich eine ursprünglich gegebene Mangelsituation im Verlauf der Mietzeit entspannt.[137] Nach der Auffassung des LG Frankfurt a. M.[138] ist dies in Jahresabständen zu prüfen.

Es reicht aus, wenn der **äußere Tatbestand** des § 5 WiStG erfüllt ist. Es kommt insoweit nicht darauf an, ob dem Vermieter ein Verschulden zur Last fällt.[139] Die Mietpreisvereinbarung ist insoweit nichtig, als die Wesentlichkeitsgrenze überschritten wird.[140] Diese Rechtslage führt zu folgenden Ergebnissen: **72**

Liegt die maßgebliche Kostenmiete gem. § 5 Abs. 2 S. 2 WiStG unterhalb der ortsüblichen Vergleichsmiete, so verstößt der Vermieter gegen § 5 WiStG, wenn die ortsübliche Miete um mehr als 20% überschritten wird. Gleiches gilt, wenn die ortsübliche Vergleichsmiete und die Kostenmiete identisch sind. Der Gesetzesverstoß hat zivilrechtlich zur Folge, dass die Mietzinsvereinbarung nichtig ist, soweit sie die Wesentlichkeitsgrenze (ortsübliche Miete + 20%) übersteigt. **73**

Liegt die maßgebliche Kostenmiete gem. § 5 Abs. 2 S. 2 WiStG oberhalb der ortsüblichen Vergleichsmiete, aber unterhalb der Wesentlichkeitsgrenze, so verstößt der Vermieter gleichfalls gegen § 5 WiStG, wenn die ortsübliche Vergleichsmiete um mehr als 20% überschritten wird. Der Vermieter ist nämlich nicht berechtigt, zu der Kostenmiete noch einen weiteren 20%igen Zuschlag zu verlangen. Zivilrechtlich hat der Gesetzesverstoß auch in diesem Fall zur Folge, dass die Mietzinsvereinbarung insoweit nichtig ist, als sie die Wesentlichkeitsgrenze (ortsübliche Miete + 20%) überschreitet. **74**

Liegt die maßgebliche Kostenmiete gem. § 5 Abs. 2 S. 2 WiStG über der Wesentlichkeitsgrenze des § 5 Abs. 2 S. 1 WiStG, aber unterhalb der Wuchergrenze, so darf der Vermieter nur die Kostenmiete verlangen. Jede Überschreitung der Kostenmiete stellt einen Verstoß gegen § 5 WiStG dar, der zivilrechtlich zur Folge hat, dass die Mietpreisvereinbarung auf die Kostenmiete zurückgeführt wird. **75**

Wird durch die maßgebliche Kostenmiete gem. § 5 Abs. 2 S. 2 WiStG die Wuchergrenze überschritten, so hat dieser Verstoß zivilrechtlich zur Folge, dass die Mietpreisvereinbarung insoweit unwirksam ist, als die ortsübliche Miete um mehr als 50% überschritten wird.[141] **76**

Den jeweils überzahlten Betrag kann der Mieter zurückverlangen (§ 812 BGB). Bei einer **Mietermehrheit** kann jeder der Mieter den Anspruch alleine geltend machen, er kann aber nur Zahlung an alle Mieter gemeinsam verlangen.[142] Mieten mehrere Personen eine Wohnung an, **haften** sie zwar, sofern nicht etwas anderes vereinbart worden ist, für die Mietforderungen des Vermieters gem. §§ 421, 427 BGB als **Gesamtschuldner.** Daraus folgt aber nicht, dass im Falle der bereicherungsrechtlichen Rückabwicklung gezahlter Mieten die Mieter nun Gesamtgläubiger iSv § 428 BGB würden. Das Gesetz ordnet zwar für die Zahlungspflichten des Mieters im Zweifel eine Gesamtschuld an (§ 427 BGB); es besteht aber im Falle einer Rückforderung keine entsprechende Regelung dahin, dass die früheren Gesamtschuldner im Zweifel nun Gesamtgläubiger nach § 428 BGB werden. Vielmehr ist die **Mitgläubigerschaft** nach § 432 BGB die Regel, während die Gesamtgläubigerschaft die Ausnahme bildet.[143] Der Rückforderungsanspruch ist auch abtretbar und zwar bei einer Personenmerheit auch nur durch einen Mieter.[144] Dabei genügt es, wenn die Abtretung vor dem Schluss der mündlichen Verhandlung vereinbart und vom Inhaber des Rückforderungsanspruches bewiesen wird. Darüber hinaus kann einer von mehreren Mietern sämtliche Rückforderungsansprüche im eigenen Namen geltend machen, wenn er Leistung an alle verlangt.[145] Auch insoweit genügt es, wenn ein entsprechender Antrag zum Schluss der mündlichen Verhandlung gestellt wird. **77**

Soweit er für das Rückforderungsverlangen auf Auskünfte durch den Vermieter angewiesen ist (zB über die Höhe der laufenden Aufwendungen), wird man dem Mieter einen **Auskunftsanspruch** entsprechend § 8 Abs. 4 S. 1 WoBindG zubilligen müssen.[146] Die analoge Anwendung **78**

136 OLG Hamburg NZM 1999, 363; OLG Frankfurt a. M. NZM 2000, 1219; KG NZM 2001, 283.
137 *Mersson* DWW 2002, 220 (225).
138 OLG Frankfurt a. M. WuM 1998, 168 (169).
139 LG Berlin MM 2000, 332.
140 BGH NJW 1984, 722.
141 OLG Hamburg WuM 1992, 527; **aA** AG Köln WuM 1996, 25.
142 BGH VIII ZR 45/19, NZM 2020, 551; LG Berlin GE 1997, 1399.
143 BGH VIII ZR 45/19, NZM 2020, 551.
144 BGH VIII ZR 45/19, NZM 2020, 551.
145 BGH VIII ZR 45/19, NZM 2020, 551.
146 **AA** AG Schöneberg NJWE-MietR 1997, 28; AG Duisburg NJW-RR 1997, 12.

des § 8 Abs. 4 S. 1 WoBindG rechtfertigt sich aus der Erwägung, dass § 5 WiStG wegen der Berechnung der Höhe der laufenden Aufwendungen auf das Recht der Kostenmiete verweist; da der Mieter einer freifinanzierten Wohnungen über die Zusammensetzung dieser Miete ebenso wenig weiß wie der Mieter einer preisgebundenen Wohnung, ist es sachgerecht ihm denselben Auskunftsanspruch zuzubilligen. Im Übrigen sind wechselseitige Auskunftsansprüche zur Berechnung der zulässigen Miethöhe auch dem Recht des freifinanzierten Wohnraums nicht fremd (vgl. zB § 558 Abs. 4 S. 2, § 560 Abs. 3 BGB)

### 2. Sanktionsrechtliche Folgen

79 Die Mietpreisüberhöhung kann als Ordnungswidrigkeit mit einer Geldbuße bis zu 50.000 EUR geahndet werden. Die Verhängung der Geldbuße setzt in subjektiver Hinsicht voraus, dass der Vermieter **vorsätzlich oder leichtfertig** handelt. Leichtfertigkeit ist dann anzunehmen, wenn der Täter einfachste, ganz nahe liegende Überlegungen unterlässt und das nicht beachtet, was im gegebenen Fall jedem hätte einleuchten müssen.[147] Im Regelfall ist der Vermieter verpflichtet, sich bei einer zuständigen Stelle über die höchstzulässige Miete zu informieren.[148] Unter Umständen kann es ausreichen, wenn der Mietvertrag unter Einschaltung eines sachkundigen Maklers oder Architekten zustande kommt.[149] Generell gilt, dass sich der Vermieter auf erprobte und sachkundige Hilfspersonen verlassen darf. Deshalb trifft den Vermieter grds. kein Schuldvorwurf, wenn er die Verwaltung seines Hauses einer Hausverwaltungsgesellschaft mit zuverlässigen und sachkundigen Mitarbeitern überlassen hat und diese einen Mietvertrag unter Verstoß gegen den objektiven Tatbestand des § 5 WiStG abschließen.[150] Umgekehrt kann Leichtfertigkeit gegeben sein, wenn der Vermieter die Hilfspersonen nicht sorgfältig ausgewählt hat oder seinen Kontroll- und Aufsichtspflichten nicht nachgekommen ist.[151] Dies ist bei einem objektiven Verstoß gegen § 5 WiStG allerdings nicht zu unterstellen. Vielmehr muss das Gericht hierzu konkrete Feststellungen treffen. Ein eventueller **Tatsachenirrtum** ist zugunsten des Vermieters zu berücksichtigen. Daran ist zu denken, wenn der Vermieter die Wohnfläche der vermieteten Räume infolge eines Irrtums fehlerhaft berechnet hat und dadurch zu einer überhöhten Gesamtmiete gelangt ist.[152]

80 Im Bußgeldverfahren kann angeordnet werden, dass der Unterschiedsbetrag zwischen dem zulässigen und dem erzielten Mietpreis **(Mehrerlös) an das Land abzuführen** ist (§ 8 Abs. 1 WiStG). In diesem Fall stehen dem Mieter keine Bereicherungsansprüche zu. Der Mieter kann aber auch beantragen, dass stattdessen die Rückerstattung des Mehrerlöses an ihn angeordnet wird (§ 9 Abs. 1 WiStG). Dies gilt auch dann, wenn kein Bußgeldverfahren durchgeführt wird (§ 10 Abs. 1 WiStG). Der Antrag auf Rückerstattung muss inhaltlich den Anforderungen einer Klage vor dem Amtsgericht entsprechen.[153]

## IV. Ausschluss des Rückforderungsanspruchs

### 1. § 814 BGB

81 Ein Ausschluss des Rückforderungsanspruchs kann sich aus § 814 BGB ergeben. Danach kann eine Leistung nicht zurückgefordert werden, wenn der Leistende – der Mieter – gewusst hat, dass er zur Leistung nicht verpflichtet war. Der Kondiktionsausschluss des § 814 Alt. 1 BGB greift erst ein, wenn der Leistende nicht nur die Tatumstände kennt, aus denen sich ergibt, dass er nicht verpflichtet ist, sondern auch weiß, dass er nach der Rechtslage nichts schuldet.[154] Wegen der Schwierigkeiten bei der Feststellung der maximal zulässigen Miete dürften die Voraussetzungen nur in den seltensten Ausnahmen vorliegen. Die Rspr. wendet § 814 BGB allerdings an, wenn der Mietinteressent positive Kenntnis von der Preiswidrigkeit hatte.[155] Dieser Fall wird aber idR nicht bereits dann vorliegen, wenn der Mieter die ortsübliche Miete kennt – etwa aufgrund eines Mietspiegels –

---

[147] BGH NJW 1953, 1139; BayObLG NZM 1998, 999.
[148] OLG Frankfurt a. M. WuM 1996, 160.
[149] OLG Hamm ZMR 1995, 212.
[150] OLG Köln NJW 1997, 2287.
[151] OLG Köln NJW 1997, 3387.
[152] *BayObLG NZM 1998, 999.*
[153] § 9 Abs. 3 WiStG; OLG Hamm ZMR 1995, 212; OLG Stuttgart NJW 1978, 2209.
[154] BGH VIII ZR 100/18, NZM 2018, 1018, Minderung; dazu *Gsell/Haag* FS Börstinghaus, 2020, 153.
[155] LG Stuttgart WuM 1989, 168; LG Braunschweig WuM 1983, 268; LG Aachen ZMR 1983, 408.

und wenn er weiß, dass die vereinbarte Miete die ortsübliche Miete um mehr als 20% übersteigt. Dies folgt aus der Erwägung, dass die vereinbarte Miete bei Berücksichtigung der laufenden Aufwendungen des Vermieters nach § 5 Abs. 1 S. 3 WiStG zulässig sein kann. Von der Höhe der laufenden Aufwendungen wird der Mieter im Allgemeinen keine Kenntnis haben.

**2. § 817 S. 2 BGB**

Nach § 817 S. 2 BGB ist die Rückforderung ausgeschlossen, wenn sowohl der Empfänger der Leistung als auch der Leistende gegen ein gesetzliches Verbot verstoßen haben. Diese Vorschrift ist aber deshalb nicht anwendbar, weil lediglich der Vermieter, nicht aber der Mieter gegen § 5 WiStG verstoßen kann.[156] **82**

**3. § 818 Abs. 3 BGB**

Nach § 818 Abs. 3 BGB entfällt der Rückforderungsanspruch, wenn der Empfänger nicht mehr bereichert ist. Ein solcher Fall kann vorliegen, wenn der Eigentümer einer Wohnung den Erlös aus der Vermietung zur Finanzierung seines Aufenthalts in einem Altersheim verwendet hat. Hier ist allerdings § 819 Abs. 2 BGB zu beachten, wonach der Vermieter ua aus dem Gesichtspunkt des Schadensersatzes zur Rückzahlung verpflichtet sein kann, wenn er positive Kenntnis vom Gesetzesverstoß hatte. Außerdem ist in diesem Zusammenhang darauf hinzuweisen, dass die Vorschrift des § 5 WiStG von der Rspr. als Schutzgesetz iSv § 823 Abs. 2 BGB bewertet worden ist,[157] mit der Folge, dass der Vermieter bei schuldhaftem Verstoß gegen § 5 WiStG stets aus Schadensersatzgesichtspunkten zur Rückzahlung verpflichtet ist, ohne dass er sich auf § 814 BGB oder § 818 Abs. 3 BGB berufen könnte. **83**

## V. Verjährung

Nach dem Rechtsentscheid des OLG Hamburg v. 30.1.1989[158] verjähren die Rückforderungsansprüche des Mieters ebenso wie die Mietzinsansprüche des Vermieters. Nach dem bis 31.12.2001 geltendem Recht betrug die Verjährungsfrist vier Jahre (§ 197 BGB aF). Seit dem 1.1.2002 beträgt die Verjährungsfrist drei Jahre (§ 195 BGB nF). Der Verjährungsbeginn richtet sich nach § 199 BGB. **84**

## VI. Darlegungs- und Beweislast

Beweispflichtig für die **Höhe des ortsüblichen Mietpreisniveaus** ist der Mieter.[159] Der Beweis kann durch Sachverständigengutachten geführt werden. Es genügt aber auch, wenn sich der Mieter auf den Mietspiegel beruft und die zur Einordnung in den Mietspiegel erforderlichen Daten darlegt und ggf. beweist. Streitig ist, ob die **Vermutungswirkung des qualifizierten Mietspiegels** nach § 558d Abs. 3 BGB nur im Verfahren auf Zustimmung zur Mieterhöhung nach den § 558 BGB[160] oder auch im Verfahren auf Rückforderung überzahlter Mieten nach den § 5 WiStG, § 812 BGB gilt. Für die erstgenannte Ansicht spricht der enge systematische Zusammenhang des § 558d Abs. 3 BGB zu den Vorschriften über die **Mieterhöhung** und zum anderen der Umstand, dass § 5 WiStG den Begriff der „ortsüblichen Vergleichsmiete" nicht kennt. Im Tatbestand des § 5 Abs. 2 WiStG wird als Kriterium der Ordnungswidrigkeit ein Überschreiten der „üblichen Entgelte" genannt. Andererseits besteht Einigkeit, dass mit den unterschiedlichen Begriffen dann dasselbe gemeint ist, wenn die Grundmiete an Hand der Maßstäbe des § 5 WiStG überprüft werden soll. Außerdem ist nicht zu verkennen, dass § 558d BGB zu einem Regelungskomplex gehört, den der Gesetzgeber mit der amtlichen Überschrift „Regelungen über die Miethöhe" versehen hat. Um die zulässige Miethöhe geht es auch in den Verfahren nach § 812 BGB, § 5 WiStG. Deshalb ist es nahe liegend, dass die Vorschrift des § 558d Abs. 3 BGB im Rückforderungsverfahren nach § 5 WiStG, § 812 BGB analog angewandt wird. In Verfahren wegen einer Miet- **85**

[156] IE ebenso LG Berlin GE 1994, 1123 für Rückforderungsansprüche nach Verstößen gegen das Mietpreisrecht der ehemaligen DDR.
[157] LG Köln WuM 1989, 311.
[158] OLG Hamburg WuM 1989, 126.
[159] LG Hamburg WuM 1980, 86.
[160] *Börstinghaus* NZM 2000, 1087 (1091); *Beuermann* GE 2000, 935 (936); → BGB § 558d Rn. 125.

preisüberhöhung oder wegen Mietwuchers, die nach dem Ordnungswidrigkeitengesetz oder der Strafprozessordnung geführt werden, gilt die Vermutungswirkung nicht.

**86** Ist die Wohnung bereits weitervermietet und muss sie zum Zwecke der Bewertung in Augenschein genommen oder begutachtet werden, so muss der Vermieter den Nachmieter ersuchen, dass dieser die Besichtigung der Wohnung gestattet.[161] Eine solche Besichtigung ist allerdings nicht erzwingbar. Verweigert der Nachmieter die Besichtigung, so muss uU zu Lasten des Vermieters eine Beweisvereitelung angenommen werden, wenn der Vermieter die Weigerung zu vertreten hat.[162]

**87** Die Tatsachen, aus denen sich das **geringe Angebot** ergibt, muss ebenfalls der Mieter vortragen und beweisen.[163] Da der Mieter idR keine präzise Kenntnis von der Wohnungsmarktsituation haben wird, genügt es, wenn er sich insoweit auf ein Sachverständigengutachten beruft.[164] In bestimmten Fällen kann sich der Mieter auf Indiztatsachen berufen. Hiervon ist zunächst dann auszugehen, wenn eine Gemeinde durch landesrechtliche Verordnung zu einem Gebiet mit gefährdeter Wohnraumversorgung bestimmt worden ist.[165] Dies beruht auf der Erwägung, dass der Erlass der entsprechenden Verordnungen auf Grund hinreichend sicherer Erkenntnisse und nicht willkürlich erfolgt. Allerdings haben die landesrechtlichen Verordnungen die Versorgung mit Durchschnittswohnungen zum Gegenstand; hinsichtlich der Sondermärkte (etwa für Luxuswohnungen) lässt sich hieraus nichts herleiten (→ Rn. 64). Außerdem gelten Besonderheiten, wenn der Mieter darlegen und beweisen kann, dass seine Wohnungssuche über längere Zeit vergeblich gewesen ist. Hierin liegt ebenfalls ein gewichtiges Indiz für ein geringes Angebot. Insoweit muss der Mieter allerdings substantiiert vortragen, was er iE getan hat, um eine Ersatzwohnung zu erhalten. Erforderlich ist die Angabe konkreter nachprüfbarer Tatsachen. Allgemein gehaltene Hinweise auf nicht näher bezeichnete Aktivitäten genügen – wie allgemein – nicht. Hat der Mieter mit einem Vermieter Kontakt aufgenommen oder sogar Vertragsverhandlungen geführt oder eine konkrete Wohnung besichtigt, so muss er auch darlegen, warum es nicht zur Anmietung der Wohnung gekommen ist. Gibt es ausreichende Indizien für ein geringes Angebot, so kann der Vermieter seinerseits den Beweis für ein ausreichendes Angebot führen. Hierfür genügt es, wenn sich der Vermieter auf ein Sachverständigengutachten beruft. Ebenso kann der Vermieter konkrete Wohnungen benennen, bei denen es in der fraglichen Zeit Vermietungsschwierigkeiten gegeben hat.[166]

**88** Nach der Ansicht des BGH[167] muss der Mieter zusätzliche Tatsachen vortragen, aus denen sich ergibt, dass der Vermieter eine Mangellage **ausgenutzt** hat. Insbesondere muss der Mieter vortragen und beweisen, „welche Bemühungen bei der Wohnungssuche er bisher unternommen hat, weshalb diese erfolglos geblieben sind und dass er mangels einer Ausweichmöglichkeit nunmehr auf den Abschluss des für ihn ungünstigen Mietvertrags angewiesen war". Das Tatbestandsmerkmal des „Ausnutzens" soll nur gegeben sein, wenn „der Vermieter erkennt oder in Kauf nimmt, dass der Mieter sich in einer Zwangslage befindet, weil er aus nachvollziehbaren gewichtigen Gründen nicht auf eine preiswertere Wohnung ausweichen kann."[168] Nach dieser Ansicht sind also die subjektiven Tatbestandsmerkmale der Ordnungswidrigkeit (Vorsatz, Fahrlässigkeit) auch iRd § 134 BGB von Bedeutung. Nach einer Entscheidung des BVerfG[169] ist diese Auffassung verfassungsrechtlich nicht zu beanstanden. Nach richtiger Ansicht gilt indessen folgendes: Nach dem Tatbestand des § 5 WiStG wird lediglich vorausgesetzt, dass der hohe Mietpreis aufgrund der Mangellage – und nicht aus anderen Gründen – vereinbart werden konnte. Diese Kausalitätsbeziehung ist ohne weiteres zu unterstellen, weil es zu den allgemein bekannten Gesetzmäßigkeiten der Marktwirtschaft gehört, dass ein geringes Angebot bei starker Nachfrage einen hohen Preis zur Folge hat.[170]

---

161 LG Frankfurt a. M. WuM 1990, 487.

162 LG Frankfurt a. M. WuM 1990, 487.

163 LG Hamburg WuM 1980, 126; LG Berlin NJWE-MietR 1997, 187; DWW 1998, 214; LG Frankfurt a. M. WuM 1998, 169; AG Hamburg WuM 1998, 167; *Beuermann* GE 1998, 1124.

164 LG Hamburg NZM 2000, 1002 (1004); **aA** LG Frankfurt a. M. WuM 1998, 167 (168).

165 LG Berlin ZMR 1998, 349.

166 LG Berlin ZMR 1998, 349.

167 BGH VIII ZR 190/03, NJW 2004, 1740 = NZM 2004, 381; ebenso LG Köln NZM 2003, 393.

168 BGH VIII ZR 44/04, NJW 2005, 2156.

169 BVerfG WuM 2001, 540.

170 *KG BeckRS 2014, 12329;* LG Hamburg NZM 2000, 820; 2000, 1002; iE ebenso, aber mit anderer Begründung *Eisenhardt* WuM 1998, 259 (261); LG Hamburg WuM 2000, 362, danach sind an die Substantiierung dieses Tatbestandsmerkmals nur geringe Anforderungen zu stellen; LG Heidelberg WuM 2001, 346, danach spricht der Beweis des ersten Anscheins für das Ausnutzen.

Die **Höhe der laufenden Aufwendungen** muss der Vermieter darlegen und beweisen.[171] Es genügt nicht, wenn der Vermieter lediglich behauptet, dass er laufende Aufwendungen in einer bestimmten Höhe habe und sich zum Beweis hierfür auf die in der ZPO vorgesehenen Beweismittel beruft. Vielmehr muss der Vermieter seine laufenden Aufwendungen substantiieren.[172] Diese Berechnung muss sich an den Regelungen der §§ 8, 8a, 8b WoBindG orientieren; es ist allerdings nicht erforderlich, dass der Vermieter eine „Wirtschaftlichkeitsberechnung" iSv §§ 2ff. der II. BV vorlegt.[173] Wirtschaftlichkeitsberechnungen dienen der Bewilligungsbehörde als Grundlage für die Bewilligung öffentlicher Mittel; deshalb ist hier eine Gebäudebeschreibung, die Berechnung der Gesamtkosten, ein Finanzierungsplan und die Angabe der erwarteten Erträge erforderlich (§ 3 der II. BV). Bei der Darstellung der laufenden Aufwendungen iSv § 5 WiStG genügt es, wenn die Aufwendungen substantiiert dargelegt und durch geeignete Urkunden (Kaufverträge, Zinsbescheinigungen, etc.) unter Beweis gestellt werden.[174] Wird die konkret verlangte Miete bereits durch die Höhe eines Teils der laufenden Aufwendungen (zB durch die Kapitalkosten) gerechtfertigt, so genügt es, wenn dieser Teil der laufenden Aufwendungen substantiiert dargetan wird.[175] **89**

Die Tatbestände zum **Ausschluss des Rückforderungsanspruchs** muss ebenfalls der Vermieter beweisen. **90**

### VII. Sittenwidriges Rechtsgeschäft/Wucher bei der Wohnraummiete

Übersteigt die verlangte Miete die ortsübliche Vergleichsmiete um mehr als 50%, so kann der Tatbestand des § 138 Abs. 1, 2 BGB vorliegen,[176] wenn weitere Umstände hinzutreten, die den Schluss auf eine verwerfliche Gesinnung des Vermieters rechtfertigen. Es gelten die unter → Rn. 103, 104 dargelegter Grundsätze. Nach aA ist das Verhältnis von Leistung und Gegenleistung auf der Grundlage des Verkehrswerts der Immobilie zu ermitteln. Hieraus sei die Rendite des Vermieters zu errechnen, die maximal dem Zinssatz für Pfandbriefe mit längerer Laufzeit + 50% entsprechen soll. Weiterhin sind die Bewirtschaftungskosten hinzuzurechnen. Dem so errechneten Betrag ist die Miete gegenüberzustellen. Eine Mangellage an vergleichbaren Wohnungen ist bei § 138 Abs. 1 nicht erforderlich.[177] **91**

Daneben kann ein Verstoß gegen **§ 138 Abs. 2 BGB** in Betracht kommen. Dazu → Rn. 106ff. **92**

Der Mieter kann denjenigen Betrag zurückfordern, der sich aus der für ihn günstigeren Berechnung ergibt.[178] **93**

## B. Geschäftsraummiete

## § 138 BGB Sittenwidriges Rechtsgeschäft; Wucher

**(1) Ein Rechtsgeschäft, das gegen die guten Sitten verstößt, ist nichtig.**

**(2) Nichtig ist insbesondere ein Rechtsgeschäft, durch das jemand unter Ausbeutung der Zwangslage, der Unerfahrenheit, des Mangels an Urteilsvermögen oder der erheblichen Willensschwäche eines anderen sich oder einem Dritten für eine Leistung Vermögensvorteile versprechen oder gewähren lässt, die in einem auffälligen Missverhältnis zu der Leistung stehen.**

### I. § 138 Abs. 1 BGB: Sittenwidriges Rechtsgeschäft

Ein Mietvertrag ist als wucherähnliches Rechtsgeschäft nach § 138 Abs. 1 BGB sittenwidrig, wenn zwischen Leistung und Gegenleistung ein auffälliges Missverhältnis besteht und außerdem mindestens ein weiterer Umstand hinzukommt, der den Vertrag bei Zusammenfassung der subjek- **94**

---

171 LG Köln WuM 1989, 311; LG Frankfurt a. M. WuM 1994, 605.
172 LG Frankfurt a. M. WuM 1994, 605.
173 **AA** wohl LG Köln WuM 1988, 26.
174 LG Mannheim DWW 1997, 152; *Beuermann* GE 1998, 711; abw. LG Berlin GE 1998, 743, danach soll der Vermieter verpflichtet sein, eine Ertragsberechnung vorzulegen.
175 LG Berlin GE 2000, 1541.
176 LG Hamburg GE 2016, 917.
177 LG Hamburg GE 2016, 917; AG Hamburg WuM 2008, 565.
178 AG Hamburg WuM 2008, 565.

tiven und der objektiven Merkmale als sittenwidrig erscheinen lässt. Dies ist insbes. der Fall, wenn eine verwerfliche Gesinnung des Vermieters hervorgetreten ist. Ist das Missverhältnis zwischen den Leistungen besonders grob, lässt dies den Schluss auf eine verwerfliche Gesinnung zu.[179] Ein sittenwidriger Vertrag ist nichtig. Die tatsächlichen Voraussetzungen des § 138 Abs. 1 BGB hat der Mieter darzulegen und zu beweisen.[180] Der Tatbestand des § 138 Abs. 1 BGB ist in drei Stufen zu ermitteln.[181]

**1. Verhältnis Leistung/Gegenleistung**

95 Zunächst ist festzustellen, ob zwischen dem Wert des Miet- oder Pachtobjekts und der vereinbarten Miete oder Pacht ein Missverhältnis besteht. Hierzu stehen im Wesentlichen zwei Methoden zur Verfügung.

96 **a) Die Vergleichsmethode.** Bei der Vergleichsmethode ist der Wert der beiderseitigen Leistungen in Beziehung zu setzen. Danach wird an Hand von Vergleichsobjekten ermittelt, welcher Pachtzins für das in Frage stehende Pachtverhältnis ortsüblich ist. Maßgeblich ist die Marktmiete. Darunter ist diejenige Miete zu verstehen, zu denen ein Mietobjekt vergleichbarer Art üblicherweise auf dem Markt angeboten wird. Dabei kommt es darauf an, welche Marktmiete zum Zeitpunkt des Vertragsschlusses üblich war. Spätere Veränderungen der Marktmiete bleiben außer Betracht.[182] Kann die Marktmiete nicht in einem punktgenauen Betrag, sondern nur in Form einer Mietpreisspanne festgestellt werden, so ist von dem Oberwert der Spanne auszugehen.[183] Sind keine Vergleichsobjekte vorhanden, so sind andere Erfahrungswerte heranzuziehen. Nach der Auffassung des BGH[184] ist es angebracht, einen mit den konkreten Verhältnissen vertrauten Sachverständigen zu beauftragen. Der Sachverständige soll darlegen, welcher Miet- oder Pachtzins nach seiner Ansicht für das in Frage stehende Objekt erzielt werden kann. Unter Umständen müsse hierbei eine größere Schätzungstoleranz in Kauf genommen werden, als in den Fällen, in denen der Marktpreis an Hand von Vergleichsobjekten festgestellt werden kann.

97 Die Vergleichsmethode beruht auf der Erwägung, dass der Preis in einer marktwirtschaftlichen Ordnung maßgeblich durch Angebot und Nachfrage bestimmt wird und dass sich das jeweilige Verhältnis dieser Faktoren in den konkret gezahlten Preisen spiegelt.[185] Wegen der idR unsystematischen Auswahl der Objekte, den vielfältigen Unterschieden der jeweiligen Betriebe und den oftmals versteckten Preisbildungsfaktoren (zB Bezugsverpflichtungen bei der Gaststättenpacht) führt diese Methode im allgemeinen nicht zu befriedigenden Ergebnissen.[186]

98 **b) Die EOP-Methode (Ertragskraftorientierte Pachtwertfindung)[187].** Diese Methode ist an der Gaststättenpacht entwickelt worden. Es handelt sich um die derzeit modernste und rationalste Methode zur Ermittlung des marktgerechten Pachtzinses. Im Ausgangspunkt wird der sog. „Basispachtzins" einer ausreichend großen Zahl von Konkurrenzbetrieben festgestellt. Als Konkurrenzbetriebe kommen solche Gaststätten in Betracht, die mit dem zu beurteilenden Betrieb hinsichtlich Typus, Standort, Größe und Öffnungszeit vergleichbar sind. Unter dem „Basispachtzins" versteht man das prozentuale Verhältnis der jeweils konkret gezahlten Pachtzinsen zum Umsatz. In einem zweiten Schritt wird untersucht, durch welche besonderen Faktoren Umsatz und Pachthöhe des zu beurteilenden Betriebs beeinflusst werden (zB besondere Ausstattung des Pachtobjekts, Werbung, Instandhaltungspflichten des Pächters, Baukostenzuschüsse, Bezugsverpflichtungen usw.). Soweit diese Faktoren wirksam werden, wird dem durch Zu- oder Abschläge vom Basispachtzins Rechnung getragen. Auf diese Weise erhält man den marktgerechten Pachtwert, der nunmehr zu dem tatsächlich gezahlten Pachtzins in Beziehung gesetzt werden kann.

---

179 BGH V ZR 249/12, NJW 2014, 1652; IX ZR 267/13, NZM 2015, 453.
180 BGH IX ZR 29/94, NJW 1995, 1425 (1429); V ZR 249/12, NJW 2014, 1652; IX ZR 267/13, NZM 2015, 453.
181 BGH NZM 2001, 810.
182 KG ZMR 2001, 614 = MDR 2001, 863.
183 KG ZMR 2001, 614 = MDR 2001, 863.
184 BGH XII ZR 150/97, NZM 1999, 664; XII ZR 49/99, NZM 2001, 810.
185 *BGH XII* ZR 150/97, NZM 1999, 664; XII ZR 49/99, NZM 2001, 810.
186 **AA** BGH XII ZR 150/97, NZM 1999, 664; XII ZR 49/99, NZM 2001, 810.
187 *Bub* ZMR 1995, 509; *Michalski* ZMR 1996, 1; *Walterspiel* ZMR 1996, 468; *Seitter* ZMR 1996, 587; *Usinger* NZM 1998, 641.

Der **BGH** hält die EOP Methode allerdings für ungeeignet.[188] Der BGH geht davon aus, dass bei der Ermittlung des Leistungsmissverhältnisses von der ortsüblichen Miete (Pacht) auszugehen sei. Dieser Miet- oder Pachtzins sei durch einen Vergleich mit den Mieten oder Pachten anderer Objekte zu ermitteln. Die EOP-Methode beruhe auf einem völlig anderen Ansatz. Nach dieser Methode werde ermittelt, zu welchem Pachtzins ein bestimmtes Objekt wirtschaftlich betrieben werden könne. Der nach § 138 Abs. 1 BGB maßgebliche Marktpreis hänge aber nicht von Rentabilitätserwägungen, sondern von Angebot und Nachfrage ab. **99**

Nach der Ansicht des OLG München[189] kann die ortsübliche Miete nach der sog. „indirekten Vergleichswertmethode" ermittelt werden, wenn keine Vergleichsobjekte zur Verfügung stehen. Grundlage dieser Methode ist die Umsatzerwartung pro Sitzplatz. Davon ausgehend wird ein der Umsatzerwartung angemessener Mietzins festgelegt. Der BGH teilt diese Meinung – nach seinem Ansatz folgerichtig – nicht.[190] **100**

Eine Ermittlung des „angemessenen" Mietzinses nach der **„Sachwertmethode"** an Hand der Aufwendungen des Vermieters (Finanzierungs- und Bewirtschaftungskosten) führt nicht zu sachgerechten Ergebnissen, weil hierdurch weder die markt- noch die Ortsüblichkeit des Mietzinses wiedergegeben wird. Gleiches gilt idR für die **„Abschöpfungsmethode"** (angemessener Mietzins = Umsatz minus Kosten minus Unternehmergewinn). **101**

### 2. Auffälliges Missverhältnis zwischen Leistung und Gegenleistung

Sodann ist zu ermitteln, ob zwischen dem Marktpreis und dem vereinbarten Preis ein „besonders auffälliges, grobes Missverhältnis" besteht.[191] Ein **Missverhältnis zwischen Leistung und Gegenleistung** wird teilweise bei einer Überschreitung von 50% der üblichen Miete angenommen.[192] Nach der Rspr. liegt ein besonders auffälliges, grobes Missverhältnis vor, wenn der Wert der Leistung knapp doppelt so hoch ist wie der Wert der Gegenleistung.[193] Das OLG Karlsruhe[194] hat entschieden, dass der Tatbestand des § 138 Abs. 2 BGB nicht erfüllt ist, wenn das marktgerechte Entgelt lediglich um 68% überschritten wird. Behebbare Mängel bleiben bei der Beurteilung der zulässigen Mietzinshöhe außer Betracht.[195] **102**

### 3. Verwerfliche Gesinnung

Schließlich ist zu prüfen, ob weitere Umstände vorhanden sind, die der Miet- oder Pachtzinsvereinbarung einen sittenwidrigen Charakter verleihen. In Betracht kommt insbes. eine verwerfliche Gesinnung des Vermieters,[196] die ua dann vorliegt, wenn dieser die Verhandlungsunterlegenheit des Mieters ausnutzt.[197] Dabei ist erforderlich, dass das Missverhältnis und die Verhandlungsunterlegenheit des Mieters für den Vermieter erkennbar waren.[198] Bei den Ratenkreditverträgen, bei Teilzahlungsgeschäften oder bei Grundstückskaufverträgen wird eine verwerfliche Gesinnung vermutet, **103**

---

[188] BGH XII ZR 150/97, NZM 1999, 664; XII ZR 49/99, NZM 2001, 810.

[189] OLG München NZM 2000, 1059.

[190] BGH XII ZR 49/99, NZM 2001, 810.

[191] BGH XII ZR 352/00, NZM 2004, 907.

[192] Bub/Treier MietR-HdB/*Bub* Kap. II Rn. 2362, teilweise bei einer Überschreitung von 100%; *Michalski* ZMR 1996, 1; *Bub* ZMR 1995, 509 mit der Einschränkung, dass der Pachtzins auch die laufenden Aufwendungen des Verpächters einschließlich einer Eigenkapitalverzinsung übersteigen muss; wohl auch OLG Stuttgart NJW-RR 1993, 654.

[193] BGH MDR 1998, 336; NZM 1999, 664 (666); 2001, 810; 2004, 907, danach reicht eine Überteuerung von 92% aus; NJW 2008, 3210 = NZM 2008, 770 unter Nr. II 1a; ähnlich OLG Naumburg GuT 2002, 14; OLG Dresden ZMR 2002, 261; OLG München ZMR 1999, 109; OLG Düsseldorf NZM 1999, 461; OLG Koblenz ZMR 1999, 483 (484); KG GE 1999, 570; NZM 2001, 587; OLG Düsseldorf GE 2011, 1369; OLG Naumburg NZM 1999, 965, jedenfalls bei 145%; s. weiter OLG Düsseldorf BeckRS 2015, 06786, die Vermietung eines ca. 41,1 $m^2$ großen Raums an einen Kfz-Schilderprägebetrieb zu einer Jahresmiete von 244.620 EUR erfüllt nicht den Tatbestand des Mietwuchers, wenn der Raum unmittelbar neben der Kfz-Zulassungsstelle liegt und keine nahegelegenen Konkurrenzbetriebe existieren.

[194] OLG Karlsruhe NJWE-MietR 1997, 151.

[195] OLG Koblenz ZMR 1999, 483 (484).

[196] BGH XII ZR 159/97, NJW 1999, 3187 = NZM 1999, 664; XII ZR 49/99, NZM 2001, 810; 2001, 1077; OLG Koblenz WuM 1998, 720; OLG München ZMR 1996, 550; 1999, 109; OLG Düsseldorf NZM 1999, 462; KG MDR 2001, 24.

[197] OLG Düsseldorf GE 2011, 1369.

[198] BGH XII ZR 134/06, NJW 2008, 3210 = NZM 2008, 770.

wenn zwischen Leistung und Gegenleistung ein besonders auffälliges, grobes Missverhältnis besteht. Dies beruht auf der Erwägung, dass der Marktwert der Leistung bei diesen Geschäften erkennbar ist. Bei der Prüfung der Sittenwidrigkeit von gewerblichen Miet- oder Pachtverträgen gilt diese Vermutung nicht, weil es dort nicht nur in Ausnahmefällen zu Bewertungsschwierigkeiten kommt. Hier ist zu prüfen, ob das Missverhältnis zwischen Leistung und Gegenleistung für den Vermieter oder Verpächter erkennbar war.[199] Die insoweit maßgeblichen Tatsachen und Umstände muss diejenige Partei darlegen und beweisen, die aus der Unwirksamkeit der Preisvereinbarung Rechte für sich herleiten will.[200] Davon abweichend wird aber auch die Ansicht vertreten, dass bei einem privatem Mieter eine verwerfliche Gesinnung des Vermieters zu vermuten ist; danach muss der Vermieter darlegen und beweisen, dass sich der Mieter nicht nur wegen seiner wirtschaftlichen schwächeren Lage auf den Mietvertrag eingelassen hat.[201] Bei einem geschäftserfahrenen oder rechtskundigen Mieter soll die Vermutung aber nicht gelten.[202] Ist der Mieter geschäftserfahren oder rechtskundig, so muss er die verwerfliche Gesinnung des Vermieters beweisen. Für die Annahme einer verwerflichen Gesinnung sind konkrete Tatsachenfeststellungen erforderlich. Es genügt allerdings, wenn sich der Vermieter leichtfertig der Erkenntnis verschließt, dass er den überhöhten Miet- oder Pachtzins nur auf Grund seiner wirtschaftlichen oder intellektuellen Überlegenheit hat durchsetzen können. Insbesondere hat das Gericht festzustellen, ob das Missverhältnis zwischen dem Marktpreis und dem vereinbarten Preis für den Vermieter oder Verpächter erkennbar gewesen ist. Bei einem erfahrenen, ortskundigen, professionellen Vermieter können entsprechende Marktkenntnisse unterstellt werden. Bei einem privaten Vermieter ist in Betracht zu ziehen, dass dieser irrig von fehlerhaften Vorstellungen hinsichtlich der Marktmiete ausgegangen ist. Eine solche Annahme liegt insbes. dann nahe, wenn die marktüblichen Preise starken Schwankungen unterliegen.[203] In diesem Fall ist anhand weiterer Umstände oder weiterer Vertragsregelungen zu prüfen, ob eine verwerfliche Gesinnung des Vermieters vorliegt.

### 4. Knebelungsverträge

**104** Ein Fall des § 138 Abs. 1 BGB wird auch dann angenommen, wenn die wirtschaftliche Situation des Mieters durch die Miet- oder Pachtbedingungen so beschnitten wird, dass der Geschäftserfolg nur noch dem Vermieter zugutekommt. Hiervon ist auszugehen, wenn der Mieter durch die Vertragsbedingungen seine Selbständigkeit und **wirtschaftliche Bewegungsfreiheit einbüßt.**[204] Für die Annahme eines Knebelungsvertrags genügt es allerdings nicht, wenn der Mieter nur Verluste erwirtschaftet.[205] Vielmehr muss zwischen den Verlusten und den Mietbedingungen ein ursächlicher Zusammenhang bestehen.[206] Es ist nicht unbedingt erforderlich, dass darüber hinaus zwischen Leistung und Gegenleistung ein auffälliges Missverhältnis besteht.[207] Jedoch muss ein wirtschaftliches Ungleichgewicht zwischen der Ertragsmöglichkeit der Mietsache und der Miethöhe bestehen. In einem solchen Fall kann auch dann eine Sittenwidrigkeit angenommen werden, wenn der Vermieter von der Situation des Mieters keine Kenntnis hatte.[208]

## II. § 138 Abs. 2 BGB

**105** Nach § 138 Abs. 2 BGB ist ein Rechtsgeschäft nichtig, durch das jemand unter Ausbeutung der Zwangslage, der Unerfahrenheit, des Mangels an Urteilsvermögen oder der erheblichen Willensschwäche eines anderen sich oder einem Dritten für eine Leistung Vermögensvorteile versprechen oder sich gewähren lässt, die in einem auffälligen Missverhältnis zu der Leistung stehen. Der Tat-

[199] BGH XII ZR 352/00, NZM 2004, 907.
[200] OLG Düsseldorf GE 2011, 1369.
[201] OLG Dresden ZMR 2002, 261.
[202] KG KGR Berlin 2000, 359 für die Vermietung von Räumen an einen Rechtsanwalt; KG GE 2002, 328; OLG Naumburg GuT 2002, 14; OLG Dresden ZMR 2002, 261.
[203] BGH XII ZR 49/99, NZM 2001, 810; XII ZR 93/99, NZM 2001, 1077.
[204] OLG Dresden ZMR 2002, 261.
[205] OLG Dresden ZMR 2002, 261.
[206] *OLG München ZMR 1999, 109*; NZM 1999, 617; OLG Naumburg NZM 1999, 965; OLG Dresden ZMR 2002, 261; LG Frankfurt a. M. NJW RR 1988, 344.
[207] *Michalski* ZMR 1996, 1 (5).
[208] BGH WPM 1976, 181 (184); OLG Dresden ZMR 2002, 261; *Michalski* ZMR 1996, 1 (5).

bestand des § 138 Abs. 2 BGB ist neben dem Tatbestand des § 138 Abs. 1 BGB anwendbar. Ein Vorrang zugunsten der einen oder anderen Vorschrift besteht nicht.

### 1. Auffälliges Missverhältnis zwischen Leistung und Gegenleistung

Auch bei § 138 Abs. 2 BGB ist zunächst zu prüfen, ob zwischen Leistung und Gegenleistung ein auffälliges Missverhältnis besteht. Es gelten die Ausführungen zu → Rn. 102. **106**

### 2. Weitere Tatbestandsvoraussetzungen

Darüber hinaus müssen die weiteren Voraussetzungen des § 138 Abs. 2 BGB gegeben sein.[209] **107**

Unter einer **Zwangslage** ist eine erhebliche Bedrängnis wirtschaftlicher, gesundheitlicher, oder politischer Art zu verstehen. Sie ist anzunehmen, wenn der Mieter unter dem Druck einer anders nicht abzuwendenden Gefahr für seine Existenz handelt.[210] **108**

**Unerfahrenheit** liegt vor bei fehlender allgemeiner Lebenserfahrung oder Geschäftserfahrung. **109**

Von einem **Mangel an Urteilsvermögen** spricht man, wenn der Mieter unfähig ist, die wirtschaftlichen Auswirkungen eines Geschäfts, insbes. den wirtschaftlichen Erfolg und die mit dem Geschäft verbundenen Risiken vernünftig einzuschätzen. Von einem mangelnden Urteilsvermögen kann dagegen nicht ausgegangen werden, wenn sich der Mieter in Kenntnis des hohen Risikos gleichwohl für das Geschäft entscheidet. **110**

Allerdings kann in einem solchen Fall eine **erhebliche Willensschwäche** vorliegen. Dies ist dann der Fall, wenn der Mieter unfähig ist, seinen Erkenntnissen entsprechend zu handeln. **111**

Zum subjektiven Tatbestand gehört, dass der Vermieter die Situation des Mieters **ausbeutet.** Hierunter ist das bewusste Ausnutzen des Mieters zu verstehen. Dies setzt voraus, dass der Vermieter die Situation des Mieters kennt und dass das Verhalten des Vermieters in Anbetracht der Umstände als verwerflich anzusehen ist.[211] Nach der Ansicht des OLG Naumburg[212] genügt es für die Annahme der Verwerflichkeit, dass ein auffälliges Missverhältnis zwischen Leistung und Gegenleistung vorliegt. **112**

## III. Beurteilungszeitpunkt

Für die Feststellung der die Unwirksamkeit begründenden Tatsachen kommt es grds. auf die Verhältnisse beim Vertragsschluss an.[213] Eine Ausnahme gilt, wenn die Mietpreisvereinbarung später abgeändert worden ist; in diesem Fall ist der Zeitpunkt der Änderungsvereinbarung maßgebend. Davon abgesehen spielen spätere Veränderungen keine Rolle. Lediglich in Ausnahmefällen kann der Mieter in diesem Fall zu einer Kündigung des Mietverhältnisses aus wichtigem Grund (→ BGB § 543 Rn. 213) berechtigt sein. **113**

## IV. Rechtsfolgen

Anders als bei der Wohnraummiete bleibt der Geschäftsraummietvertrag im Falle eines Verstoßes gegen § 138 Abs. 1 BGB oder § 138 Abs. 2 BGB nicht zu dem höchstzulässigen Mietzins aufrechterhalten. Vielmehr ist er insgesamt unwirksam.[214] **114**

---

209 OLG Düsseldorf NZM 1999, 461; OLG Koblenz NZM 1999, 1100.
210 BGH NJW 1957, 1274.
211 BGH NJW 1957, 1274; 1979, 758.
212 OLG Naumburg NZM 1999, 965.
213 BGHZ 7, 111 (114); WPM 1966, 585; OLG Naumburg GuT 2002, 15 (16).
214 BGH NJW-RR 2006, 16 = NZM 2005, 944 = GuT 2006, 35 = ZMR 2006, 28 unter Nr. II 4a; BGH ZMR 2006, 28 = NZM 2005, 944; OLG München ZMR 1999, 109; KG GE 2002, 328; *Michalski* ZMR 1991, 1 (6).

## V. § 4 WiStG

### § 4 WiStG Preisüberhöhung in einem Beruf oder Gewerbe

**(1) Ordnungswidrig handelt, wer vorsätzlich oder leichtfertig in befugter oder unbefugter Betätigung in einem Beruf oder Gewerbe für Gegenstände oder Leistungen des lebenswichtigen Bedarfs Entgelte fordert, verspricht, vereinbart, annimmt oder gewährt, die infolge einer Beschränkung des Wettbewerbs oder infolge der Ausnutzung einer wirtschaftlichen Machtstellung oder einer Mangellage unangemessen hoch sind.**

**(2) Die Ordnungswidrigkeit kann mit einer Geldbuße bis zu fünfundzwanzigtausend Euro geahndet werden.**

115 Bei der Vermietung von Gewerberaum gilt § 4 WiStG. Wie § 5 WiStG dient auch diese Regelung einem doppelten Zweck. Zum einen sollen Wettbewerbsstörungen verhindert werden;[215] mittelbar wird der Mieter vor überhöhten Mieten geschützt. Ein Verstoß gegen § 4 WiStG wird als Ordnungswidrigkeit geahndet. Die praktische Bedeutung der Vorschrift ist gering.

#### 1. Tatbestandsvoraussetzungen

115a **a) Berufsmäßiges/gewerbliches Handeln.** Bei der Vermietung von Gewerberaum durch ein Wohnungsunternehmen liegt dieses Tatbestandsmerkmal zweifelsfrei vor. Erfasst wird aber auch der private Vermieter, der in Ausübung der Anlage und Verwaltung seines Vermögens, Gewerberäume auf dem Markt anbietet und so am Wettbewerb teilnimmt. Insofern unterscheidet sich hier die Abgrenzung von derjenigen bei Verbraucherverträgen, bei denen der Vermieter Unternehmer gem. § 14 BGB sein muss.[216] Anders ist es, wenn dem Vermieter nur wenige Gewerbeeinheiten gehören.[217] Teilweise wird die Ansicht vertreten, dass die Vermietung an einen gewerblichen Zwischenmieter immer gewerbliche Vermietung sei.[218] Daran trifft zu, dass das zwischen dem Eigentümer und dem Zwischenmieter begründete Mietverhältnis als Geschäftsraummietverhältnis zu bewerten ist. Daraus folgt allerdings nicht, dass der Eigentümer beim Abschluss des Vertrags berufsmäßig oder gewerblich handelt.

116 **b) Geschäftsraum als Gegenstand des lebenswichtigen Bedarfs.** Der Tatbestand des § 4 WiStG setzt weiter voraus, dass die Überlassung von Geschäftsraum zur Deckung des „lebenswichtigen Bedarfs" erforderlich ist. Dabei ist nicht auf die Bedürfnisse des Mieters, sondern auf die Bedeutung des Geschäftsraums für die Allgemeinheit abzustellen. Erforderlich ist also, dass die Bereitstellung des Geschäftsraums unter Berücksichtigung des heutigen Lebensstandards zur unmittelbaren oder mittelbaren Befriedigung der berechtigten materiellen und kulturellen Bedürfnisse der Bevölkerung oder eines Teils der Bevölkerung erforderlich ist.[219] Diese Voraussetzungen werden in größeren Gemeinden nur selten vorliegen; hier ist idR ein mehr als ausreichendes Angebot an Gütern und Dienstleistungen aller Art vorhanden. Ausnahmen sind aber auch hier denkbar (Arztpraxen, Kindertagesstätten). In kleinen Gemeinden mit unzureichender Versorgung wird das Tatbestandsmerkmal häufiger gegeben sein.

117 **c) Beschränkung des Wettbewerbs/Ausnutzung einer wirtschaftlichen Machtstellung oder einer Mangellage.** Eine Beschränkung des Wettbewerbs liegt vor, wenn der Anbieter ohne Wettbewerber ist oder wenn nur wenige Wettbewerber vorhanden sind, so dass der Mietinteressent nicht auf andere Objekte ausweichen kann. Das Tatbestandsmerkmal des Ausnutzens einer wirtschaftlichen Machtstellung kann angenommen werden, wenn der Anbieter eine im Verhältnis zu seinen Wettbewerbern überragende Marktstellung hat. Unter Mangellage ist eine tatsächlich feststellbare Verknappung von Waren oder Leistungen zu verstehen.[220] Das ist zB in Dortmund nicht der Fall.[221]

118 **d) Fordern, versprechen, vereinbaren, annehmen oder gewähren des Entgelts.** Hinsichtlich der vier erstgenannten Merkmale wird auf die Ausführungen zu → Rn. 12 ff. verwiesen.

[215] OLG Schleswig 4 U 18/08, Rn. 31, BeckRS 2008, 20158.
[216] BGH XI ZR 461/18, NZM 2020, 808; umfassend hierzu *Fervers* NZM 2018, 640; *Hinz* WuM 2016, 76.
[217] AG Dortmund GuT 2011, 266.
[218] *Neuhaus* NZM 2009, 646 (647).
[219] OLG Schleswig 4 U 18/08, Rn. 27, BeckRS 2008, 20158; *Neuhaus* NZM 2009, 646 (647).
[220] OLG Schleswig 4 U 18/08, Rn. 33, BeckRS 2008, 20158.
[221] AG Dortmund GuT 2011, 266.

Im Unterscheid zu § 5 WiStG handelt auch der Mieter ordnungswidrig, wenn er für den Gewerberaum ein überhöhtes Entgelt „gewährt". Voraussetzung ist jedoch, dass der Mieter in Ausübung seines Berufs oder Gewerbes handelt.

**e) Unangemessen hohes Entgelt.** Zum Entgelt gehört alles, was der Mieter als Gegenleistung für die Überlassung der Räume zu erbringen hat. Hierzu zählen namentlich die Miete einschließlich der Betriebs- und sonstigen Nebenkosten aber auch Sachleistungen mit Entgeltcharakter, wie die Übernahme von Instandhaltungs- und Instandsetzungspflichten. Maßstab für das angemessene Entgelt ist die übliche Miete für Räume vergleichbarer Art. Sind die Marktverhältnisse in der Gemeinde wegen der Beschränkung des Wettbewerbs, der wirtschaftlichen Machtstellung des Vermieters oder einer Mangellage verzerrt, so ist auf die Verhältnisse einer vergleichbaren Gemeinde mit funktionierendem Markt abzustellen. Ein unangemessen hohes Entgelt ist anzunehmen, wenn das übliche Entgelt um ca. 50% überschritten wird.[222] **119**

**2. Zivilrechtliche Folgen**

Die Ausführungen zu → Rn. 70–80 gelten sinngemäß. **120**

[222] Abw. LG Halle ZMR 2002, 427, 40%; *Neuhaus* NZM 2009, 646 (647), 100%.

## Anhang 2 zu § 535 BGB: Durchführung einer baulichen Veränderung in missbräuchlicher Weise (§ 6 WiStG)

**(1) Ordnungswidrig handelt, wer in der Absicht, einen Mieter von Wohnraum hierdurch zur Kündigung oder zur Mitwirkung der Aufhebung des Mietverhältnisses zu veranlassen, eine bauliche Veränderung in einer Weise durchführt oder durchführen lässt, die geeignet ist, zu erheblichen, objektiv nicht notwendigen Belastungen des Mieters zu führen.**

**(2) Die Ordnungswidrigkeit kann mit einer Geldbuße bis zu hunderttausend Euro geahndet werden.**

1 Die Vorschrift wurde durch das „Gesetz zur Ergänzung der Regelungen über die zulässige Miethöhe bei Mietbeginn und zur Anpassung der Regelungen über die Modernisierung der Mietsache (Mietrechtsanpassungsgesetz – MietAnpG)" v. 18.12.2018 (BGBl S. 2648) in das Wirtschaftsstrafgesetz 1954 eingefügt.[1] Die Vorschrift ist am 1.1.2019 in Kraft getreten.

### A. Tatbestandsvoraussetzungen

2 Der **Begriff der baulichen Veränderung** ist gesetzlich nicht definiert. Er umfasst zum einen Modernisierungsmaßnahmen iSv § 555b BGB und zum anderen Erhaltungsmaßnahmen iSd § 555a BGB, sofern hierdurch die Mietsache verändert wird, zB bei Maßnahmen der modernisierenden Instandsetzung.[2] Der Begriff ist weit auszulegen, so dass auch solche baulichen Veränderungen unter § 6 WiStG fallen, die zu einer Verschlechterung der Mietsache führen, zB die Stilllegung einer Einrichtung zum Zwecke der Kostenersparnis. Neben Eingriffen in die bauliche Substanz kommen auch Veränderungen der Anlagetechnik des Gebäudes in Betracht.[3] Es muss sich aber stets um eine Veränderung durch eine Baumaßnahme handeln. Bei den unter dem Begriff „Smart Homes" und „KogniHomes" diskutierten Maßnahmen kommt es im Einzelfall darauf an, ob das Merkmal der baulichen Veränderung vorliegt.[4]

3 Der **Vermieter muss die bauliche Veränderung durchführen.** Die Planung oder Ankündigung einer solchen Maßnahme fällt nicht unter § 6 WiStG. Die Vortäuschung einer Maßnahme wird ebenfalls nicht von § 6 WiStG erfasst. Es genügt allerdings, dass der Vermieter die Maßnahme in Angriff nimmt, etwa indem er ein Gerüst erstellt oder indem er Baumaterial in nicht nur unerheblichem Umfang im Bereich der Mietsache lagert.

4 Das **Tatbestandsmerkmal „durchführen lassen"** liegt vor, wenn die Baumaßnahme mit Willen des Vermieters von einem Dritten durchgeführt wird. Hiervon ist zum einen dann auszugehen, wenn der Dritte (zB ein Bauunternehmen) im Auftrag des Vermieters tätig wird. Zum anderen werden jene Fälle umfasst, in denen Vermieter und Gebäudeeigentümer nicht identisch sind und die Maßnahme auf Initiative des Gebäudeeigentümers durchgeführt wird. Ein solcher Fall liegt zB vor, wenn das Gebäude im Eigentum der Ehefrau steht, die Vermietung aber durch den Ehemann erfolgt. Gleiches gilt, wenn die Vermietung durch eine vom Eigentümer beherrschte juristische Person erfolgt. Hier genügt es, dass der Vermieter die Maßnahme des Dritten billigt.

5 Der Tatbestand des § 6 WiStG ist erfüllt, wenn die Maßnahme in einer Weise durchgeführt wird, die geeignet ist, zu erheblichen, objektiv nicht notwendigen Belastungen des Mieters zu führen. Maßgeblich sind die Umstände des Einzelfalls. Dabei sind insbes. zwei Kriterien zu beachten: Zum einen sollen insbes. notwendige oder sinnvolle Erhaltungs- oder Modernisierungsmaßnahmen durch § 6 WiStG nicht behindert werden. Deshalb muss der Mieter die mit der Maßnahme notwendig verbundenen Belästigungen durch Lärm oder Schmutz hinnehmen. Hinsichtlich des Umfangs des Hinzunehmenden ist nach der Vorstellung des Gesetzgebers zu Gunsten des Vermieters „ein großzügiger Maßstab" anzulegen. Lediglich ein **„schikanöses, vernünftigerweise nicht mehr vertretbares Verhalten"** soll mit einer Geldbuße geahndet werden.[5]

---

[1] Dazu *Lehmann-Richter* WuM 2020, 258; *Börstinghaus* ZAP F. 4 S. 1777; *Börstinghaus/Krumm* NZM 2018, 633; *Artz/Börstinghaus* NZM 2019, 12; *Blank* NZM 2019, 73, *Eisenschmid* WuM 2019, 225.
[2] Gesetzesbegründung BT-Drs. 19/4672 S. 37.
[3] Gesetzesbegründung BT-Drs. 19/4672 S. 37.
[4] *Eisenschmid* WuM 2017, 440; *Herlitz/Cimiano* NZM 2016, 409.
[5] Gesetzesbegründung BT-Drs. 19/4672 S. 37.

**Beispiele aus der Gesetzesbegründung:** Einrichtung einer Baustelle mit einer dauerhaften Verhängung/Verdunkelung der Fenster ohne dass in absehbarer Zeit mit der eigentlichen Baumaßnahme begonnen wird; besonders lärmintensive Maßnahmen, die ohne erkennbaren Grund überwiegend zur Unzeit (sehr früh morgens, spät abends) ausgeführt werden; längerfristiges, nicht erforderliches Abstellen von Wasser; Beeinträchtigung grundlegendster Sicherheitsstandards wie das nicht bloß kurzfristige Aushängen der Haustür ohne erkennbaren Anlass. Die Beispiele zeigen, dass an das Tatbestandsmerkmal der „erheblichen, objektiv nicht notwendigen Belastungen des Mieters" hohe Anforderungen gestellt werden. Weitere Beispiele sind: vom Bauherrn geduldetes rüpelhaftes Benehmen der Bauarbeiter; grundloses Abstellen von Strom; Lagern von Bauschutt über längere Zeit in der Mieterwohnung oder im Zugangsbereich zur Wohnung; bewusstes Missachten von behördlich angeordneten Schutzmaßnahmen zugunsten der Mieter. 6

Es ist nicht erforderlich, dass der Mieter unter der Art und Weise der Durchführung der Baumaßnahme zu leiden hat. **Verlässt der Mieter seine Wohnung** für die Zeit der Baumaßnahme, so genügt es für die Anwendung des § 6 WiStG, dass zwischen dem vorübergehenden Auszug des Mieters und der der Art und Weise der Durchführung der Baumaßnahme ein ursächlicher Zusammenhang besteht. 7

Als Ordnungswidrigkeit kann nur **vorsätzliches Handeln** geahndet werden, außer wenn das Gesetz fahrlässiges Handeln ausdrücklich mit Geldbuße bedroht (§ 10 OWiG). Deshalb muss der Vermieter hinsichtlich der Tatbestandmerkmale vorsätzlich handeln. Dolus eventualis genügt. 8

Nach der Gesetzesbegründung soll § 6 WiStG „dem Phänomen des sogenannten ‚Herausmodernisierens' begegnen" und damit der wohnungspolitisch unerwünschten „Gentrifizierung" eines Wohngebiets entgegenwirken. Entgegen dieser missverständlichen Formulierung umfasst die Vorschrift nicht die Fälle, in denen eine Maßnahme wegen ihrer Art oder ihres Umfangs nicht als Modernisierungsmaßnahme gilt (sog. **„Luxusmodernisierung"**). Nach der Rspr. des BGH besteht keine Duldungspflicht, wenn die beabsichtigten Maßnahmen so weitreichend sind, dass ihre Durchführung den Charakter der Mietsache grdl. verändern würde.[6] Duldet der Mieter gleichwohl, ist § 6 WiStG nur anzuwenden, wenn die Art und Weise der Durchführung der Maßnahme zu erheblichen, objektiv nicht notwendigen Belastungen des Mieters führt. 9

Der Vermieter muss mit der schikanösen Art und Weise der Durchführung der Baumaßnahme die Absicht verfolgen, einen Mieter von Wohnraum zur Kündigung oder zur Mitwirkung der Aufhebung des Mietverhältnisses zu veranlassen. Das **Tatbestandsmerkmal der Absicht** liegt vor, wenn der Vermieter mit der schikanösen Art und Weise der Durchführung der Baumaßnahme das Ziel verfolgt, den Mieter zur Kündigung oder zum Abschluss eines Mietaufhebungsvertrags zu bewegen. Hiervon kann ausgegangen werden, wenn der Vermieter diese Absicht gegenüber einem Dritten äußert, oder wenn Indizien vorliegen, die eine solche Absicht nahelegen. Solche Indizien können sein: wenn der Vermieter im Vorfeld der Modernisierung eine Kündigung ausgesprochen oder angedroht hat; wenn der Vermieter versucht hat, den Mieter zum Abschluss eines Mietaufhebungsvertrags zu bewegen oder wenn das Mietverhältnis zerrüttet ist. Es ist nicht erforderlich, dass der Vermieter sein Ziel erreicht; die Absicht genügt. Deshalb handelt der Vermieter auch dann ordnungswidrig, wenn der Mieter am Mietvertrag festhält. Wesentlich ist, dass die Indizien so gewichtig sind, dass sich hieraus die Absicht mit einer an Sicherheit grenzenden Wahrscheinlichkeit ergibt. 10

Geschützt wird der **Mieter von Wohnraum.** Für die Auslegung des Begriffs gelten die Grundsätze des Zivilrechts. Danach ist unter einem Wohnraummieter eine natürliche Person zu verstehen, die mit einem Vermieter einen Vertrag über die Nutzung von Räumen zur Befriedigung seiner eigenen Wohnbedürfnisse oder der Wohnbedürfnisse seiner Familie abgeschlossen hat (→ BGB Vor § 535 Rn. 94). Für die Anwendung des § 6 WiStG spielt es keine Rolle, ob der Mieter die Wohnung selbst nutzt oder ob die Anmietung zum Zwecke der Nutzung durch Familienangehörige erfolgt. Ein solcher Fall liegt bspw. vor, wenn Eltern für ihre erwachsenen Kinder eine Wohnung mieten oder wenn die Wohnung nach dem Auszug des Mieters anderen Familienangehörigen zur alleinigen Nutzung überlassen wird. 11

Nach dem Wortlaut des § 6 WiStrG ist es nicht erforderlich, dass der Mietvertrag zwischen dem Bauherrn und dem Wohnungsnutzer besteht. Es genügt, dass der Wohnungsnutzer den Wohnraum auf Grund eines Mietvertrags nutzt. Besteht zwischen der **Person des Mieters und der Person des Wohnungsnutzers keine Identität** ist zu unterscheiden: 12

[6] BGH VIII ZR 28/17, NJW 2018, 1008, Rn. 15.

13 Nach der Rspr. liegt kein Wohnraummietverhältnis vor, wenn eine **juristische Person Räumlichkeiten anmietet,** um sie einem Gesellschafter, einem Geschäftsführer oder einem sonstigen Mitarbeiter als Wohnung zu überlassen.[7] Führt der Eigentümer eine Baumaßnahme in schikanöser Weise durch, in der Absicht, der Wohnungsnutzer werde den (gewerblichen) Mieter zur Kündigung veranlassen, ist der Tatbestand des § 6 WiStG nicht erfüllt, weil die juristische Person als solche keinen Wohnbedarf hat und deshalb nicht als „Mieter von Wohnraum" gilt; der Wohnungsnutzer besitzt nicht auf Grund eines Mietvertrags, er ist also nicht Mieter von Wohnraum.

14 Bei der **gewerblichen Zwischenvermietung** ist dies anders. Zwar gilt der Mietvertrag zwischen dem Eigentümer und dem Zwischenmieter als gewerbliches Mietverhältnis mit der Folge, dass der Zwischenmieter nicht als „Mieter von Wohnraum" gilt. Führt der Eigentümer eine Baumaßnahme in schikanöser Weise durch, in der Absicht, der Wohnungsnutzer (Endmieter) werde den (gewerblichen) Zwischenmieter zur Kündigung veranlassen, ist § 6 WiStG anzuwenden, weil der Endmieter auf Grund seines Mietvertrags mit dem Zwischenmieter als Mieter von Wohnraum anzusehen ist.

15 Ist das **Mietverhältnis beendet** und führt der Vermieter während der Zeit der Vorenthaltung eine Baumaßnahme durch, so gilt der Nutzer weiterhin als „Mieter", weil es iRd § 6 WiStG genügt, dass der Nutzer die Räume auf mietvertraglicher Grundlage nutzt. Ist die Beendigung des Mietvertrags zweifelsfrei, und verfolgt der Vermieter mit der Art und Weise der Durchführung der Baumaßnahme das Ziel, den Mieter zum raschen Auszug zu bewegen, so ist § 6 WiStG unanwendbar. Es fehlt dann am Tatbestandsmerkmal der Absicht, weil diese zum Zeil haben muss, den Mieter zur Kündigung oder zum Abschluss eines Mietaufhebungsvertrags zu bewegen. Andere Ziele genügen nicht. Anders kann es sein, wenn die Beendigung des Mietverhältnisses zweifelhaft ist und der Vermieter erwartet, durch eine vom Mieter ausgesprochene Kündigung klare Verhältnisse zu schaffen.

16 Wer auf Grund eines **Nießbrauchs** besitzt, ist kein Mieter; § 6 WiStG ist unanwendbar. Gleiches gilt für den Inhaber eines **dinglichen Wohnrechts.** Anders ist es, wenn neben dem Wohnrecht auch ein Mietvertrag besteht. Wer die Wohnung auf Grund einer **Leihe** oder auf Grund eines Gefälligkeitsverhältnisses nutzt, ist ebenfalls kein Mieter.

## B. Zivilrechtliche Folgen

17 § 6 WiStrG gilt als Schutzgesetz iSd § 823 Abs. 2 BGB.[8] Die sonstigen Schutzrechte des Mieters (→ BGB § 555d Rn. 91 ff) bleiben unberührt. Fehlt das Tatbestandsmerkmal der Absicht, so kann eine in rücksichtsloser Art und Weise durchgeführte bauliche Veränderung nicht als Ordnungswidrigkeit geahndet werden. Der Mieter ist auch in diesem Fall nicht schutzlos. Nach **§ 241 Abs. 2 BGB** ist der Vermieter verpflichtet bei der Durchführung von Baumaßnahmen auf die Rechte, Rechtsgüter und Interessen des Mieters Rücksicht zu nehmen. Die hieraus folgende allgemeine Rücksichtspflicht kann unter Rückgriff auf § 6 WiStG konkretisiert werden. Aus § 241 Abs. 2 BGB ist abzuleiten, dass der Mieter ein rücksichtsloses Verhalten bei der Durchführung der Maßnahmen nicht hinnehmen muss, sondern Abwehransprüche geltend machen kann.[9] Für das zivilrechtliche Verfahren gilt die Vermutungswirkung des § 559d BGB.

[7] *BGH VIII ZR 282/07, NZM 2008, 804.*

[8] Gesetzesbegründung BT-Drs. 19/4672 S. 36; Lützenkirchen MietR/*Dickersbach* BGB Anh § 559d § 6 WiStG Rn. 3.

[9] Das galt auch schon vor Inkrafttreten der Norm: LG Berlin MM 5/21, 28.

## § 536 Mietminderung bei Sach- und Rechtsmängeln

**(1) [1]Hat die Mietsache zur Zeit der Überlassung an den Mieter einen Mangel, der ihre Tauglichkeit zum vertragsgemäßen Gebrauch aufhebt, oder entsteht während der Mietzeit ein solcher Mangel, so ist der Mieter für die Zeit, in der die Tauglichkeit aufgehoben ist, von der Entrichtung der Miete befreit. [2]Für die Zeit, während der die Tauglichkeit gemindert ist, hat er nur eine angemessen herabgesetzte Miete zu entrichten. [3]Eine unerhebliche Minderung der Tauglichkeit bleibt außer Betracht.**

**(1a) Für die Dauer von drei Monaten bleibt eine Minderung der Tauglichkeit außer Betracht, soweit diese auf Grund einer Maßnahme eintritt, die einer energetischen Modernisierung nach § 555b Nummer 1 dient.**

**(2) Absatz 1 Satz 1 und 2 gilt auch, wenn eine zugesicherte Eigenschaft fehlt oder später wegfällt.**

**(3) Wird dem Mieter der vertragsgemäße Gebrauch der Mietsache durch das Recht eines Dritten ganz oder zum Teil entzogen, so gelten die Absätze 1 und 2 entsprechend.**

**(4) Bei einem Mietverhältnis über Wohnraum ist eine zum Nachteil des Mieters abweichende Vereinbarung unwirksam.**

### Systematische Übersicht

## Alphabetische Schnellübersicht

## A. Sachmangel

### I. Gesetzeszweck und Anwendungsbereich

1 § 536 Abs. 1 BGB befreit den Mieter von der Pflicht zur Zahlung des Mietzinses in dem Umfang, in dem die vermietete Sache zur Zeit der Überlassung mit einem Mangel (Sach- und Rechtsmangel) behaftet ist, der die **Tauglichkeit** zu dem vertragsgemäßen Gebrauch **aufhebt** oder **mindert.** Gleiches gilt, wenn der Mangel nach der Überlassung auftritt. Abs. 3 regelt die gleiche Rechtsfolge für den Fall, dass dem Mieter der vertragsgemäße Gebrauch durch das Recht eines

Dritten ganz oder zT entzogen wird. Das Fehlen oder der Wegfall einer zugesicherten Eigenschaft stehen dem Mangel gleich (Abs. 2).

2 Der Mangel der Mietsache ergibt sich ähnlich wie beim Kauf, bei dem eine Sache entsprechend der **vereinbarten Beschaffenheit** (§ 434 Abs. 1 S. 1 BGB) geschuldet wird, allein aus den Vereinbarungen über den vertragsgemäßen Gebrauch – subjektiver Fehlerbegriff (→ Rn. 19 ff.). Maßgebend für das Vorliegen eines Mangels ist somit in erster Linie das, was die Parteien als vertragsgemäß vereinbart haben[1].

3 Mit dieser Vorschrift wird die **Störung des Äquivalenzverhältnisses**[2] von Leistung und Gegenleistung behoben. Für die Überlassung der Räume zu der vereinbarten Tauglichkeit erhält der Vermieter als Gegenleistung den vereinbarten Mietzins. Ist die Tauglichkeit eingeschränkt, wird die Miete entsprechend angepasst (Minderung). Kann die Mietsache nicht genutzt werden, ist der Mieter von der Mietzahlung befreit.[3]

4 Ob der Vermieter den Mangel zu vertreten hat, ist grds. unerheblich. Das kann im Einzelfall bei nachträglich auftretenden Immissionen anders sein[4] (→ Rn. 11 f.). Der Mangel ist dem Mieter nur zuzurechnen, wenn er ihn selbst zu vertreten oder wenn er die Instandhaltung bzw. Instandsetzung der mangelhaften Sache vertraglich übernommen hat[5] (Einzelheiten → Rn. 438 ff.).

5 Der für die Beurteilung des Mangels maßgebliche Zeitpunkt ist differenziert zu betrachten[6] (→ Rn. 21 ff.). Dabei ist aber zu bedenken, dass sich die Vorstellung der Parteien, was allgemein zum Umfang des Mietgebrauchs gehört, im Laufe der Zeit verändern kann (→ Rn. 36 ff.). Daher sind bei **langfristigen Mietverhältnissen** ggf. Veränderungen der Lebensgewohnheiten und des Wohnstandards[7] in die Beurteilung des vertragsgemäßen Gebrauchs einzubeziehen.

6 Mit Rechtsentscheid des OLG Dresden wurde zwischen einem Fehler der Mietsache und dem Mangel differenziert, da beide Begriffe nicht gleich bedeutend seien.[8] Diese Unterscheidung ist spätestens mit In-Kraft-Treten der Schuldrechtsreform zum 1.1.2002 hinfällig (→ Rn. 54).

7 Gem. Abs. 4 darf bei der Wohnraummiete von den Abs. 1–3 nicht zum Nachteil des Mieters abgewichen werden. Ansonsten gilt die Vorschrift für alle Mietverhältnisse, einschließlich der Nutzungsverhältnisse zwischen einer Wohnungsgenossenschaft und ihren Mitgliedern (→ Rn. 18).

## II. Grenzen der Gewährleistungspflicht

8 Ein Mangel liegt vor, wenn die physische Substanz der Mietsache beeinträchtigt ist. Daneben kann ein rechtlich relevanter Mangel vorliegen, wenn die tatsächlichen Umstände oder die rechtlichen und wirtschaftlichen Verhältnisse die Tauglichkeit der Mietsache **unmittelbar** beeinträchtigen,[9] weil sie nach der Verkehrsanschauung einen Einfluss auf die Brauchbarkeit und den Wert der Sache ausüben. Um eine zu weit gehende Haftung des Vermieters zu vermeiden, hat insbes. die Rspr. Kriterien entwickelt, die zu einer sachgerechten Eingrenzung des Mangelbegriffs[10] (zum Fehlerbegriff → Rn. 19) führen.

---

1 LG Essen NZM 2006, 294 zur Kinderfreundlichkeit der Wohnung; AG Hamburg-Altona ZMR 2011, 292 zum Nutzungsumfang einer überdachten Terrassenfläche.

2 BGH MDR 1961, 683.

3 OLG Düsseldorf WuM 2005, 655.

4 BGH VIII ZR 197/14, WuM 2015, 478 = NZM 2015, 481 = NJW 2015, 2177 = GE 2015, 849 = ZMR 2015, 697 = AK-MietPrax § 536 BGB Nr. 51.

5 BGHZ 38, 295; BGH WuM 1991, 25 = NJW-RR 1991, 267 = ZMR 1991, 57 = MDR 1991, 524.

6 Für den Zeitpunkt des Vertragsschlusses OLG Celle WuM 1985, 9 = ZMR 1985, 10 = GE 1985, 679; LG Berlin GE 2002, 1060.

7 BGH NJW 2004, 3174 = WuM 2004, 527 = NZM 2004, 736 = ZMR 2004, 807 = GE 2004, 1090 = DWW 2004, 292 = AK-MietPrax § 535 Nr. 7.

8 OLG Dresden WuM 1998, 144 = ZMR 1998, 417 = NJW-RR 1998, 512 = GE 1998, 122 = NZM 1998, 184 *mAnm Blank* = *WuM 1998*, 467 und *Pauly* = WuM 1998, 469 = ZMR 1998, 417 = GE 1998, 122; MüKoBGB/*Schilling* 4. Aufl. 2005 § 536 Rn. 22; *Franke* ZMR 1996, 297.

9 BGH NJW 1981, 2405 = MDR 1982, 135 = ZMR 1981, 368 = GE 1982, 137; *Franke* ZMR 1996, 297.

10 Zur Abgrenzung zwischen Sach- und Rechtsmangel *Lutz* WuM 1996, 198.

### 1. Vorhersehbarkeit

9 So ist vom BGH[11] der Grundsatz aufgestellt worden, dass ein anfänglicher Mangel der Mietsache nur dann anzunehmen ist, wenn die Umstände der Störung für den Vermieter **vorhersehbar**[12] waren. Daher stellt die **Lage des Grundstücks** in einem Gebiet, das nur bei außergewöhnlichen Witterungsverhältnissen hochwassergefährdet ist, keinen Mangel der Mietsache dar. Die vertraglich vereinbarte Beschaffenheit des Mietobjektes bedurfte daher keiner weiteren Sicherungsmaßnahmen durch den Vermieter. Folglich führt das in dieses Objekt eintretende Hochwasser zwar zum „nachträglichen" Mangel[13], aber nicht zur Garantiehaftung (§ 536a Abs. 1 Alt. 1 BGB) des Vermieters.

10 Der Begriff der Vorhersehbarkeit dient der **Abgrenzung** zum allgemeinen Lebensrisiko, welches beim Mieter verbleibt und nicht auf den Vermieter übergeht. Die Vorhersehbarkeit setzt nicht voraus, dass die Gefahr zum Zeitpunkt des Vertragsschlusses schon hervorgetreten oder erkennbar war. Es reicht aus, wenn sie sich während der Mietzeit realisiert.[14] In die gleiche Richtung zielt ein negativer Rechtsentscheid des OLG Hamm.[15] Danach reicht es für die Annahme eines Mangels aus, wenn die Mietsache nur in der Befürchtung der Gefahrverwirklichung genutzt werden kann. **Haltlose Befürchtungen** oder **abstrakte Gefahren** sind aber unbeachtlich. Die Gefahr muss somit wissenschaftlich verifizierbar sein.[16] Dass der Mieter sie nicht kannte, ist unbeachtlich[17], da das Vorliegen eines Mangels vom Äquivalenzprinzip (→ Rn. 3f.) bestimmt wird und nicht von der Kenntnis des Mieters abhängt. Anderenfalls wäre § 536b S. 1 BGB überflüssig.[18] Unter besonderen Umständen kann sich ein Mangel auch dadurch ergeben, dass der Vermieter eine umfassende Modernisierung beabsichtigt.[19] Eine Gefahrenlage kann sich auch aus mehreren Umständen ergeben, die jeweils einzeln betrachtet, keinen Mangel darstellen. Nicht die Einzelbetrachtung der Umstände, sondern die sich aus ihrer Gesamtheit ergebende Gefahrenlage ist für die Beurteilung eines Fehlers entscheidend.[20]

### 2. Unwesentliche Beeinträchtigung

11 Eine nur **unerhebliche Minderung** der Tauglichkeit bleibt schon von Gesetzes wegen gem. § 536 Abs. 1 S. 3 außer Betracht. (→ Rn. 46ff.). Dies ist bspw. anzunehmen, wenn die Beeinträchtigung der Mietsache iSd § 906 Abs. 1 BGB als nur unwesentlich angesehen werden kann.[21] Eine unwesentliche Beeinträchtigung schließt nur das Minderungsrecht aus. Dem Mieter bleibt der Erfüllungs- bzw. Herstellungsanspruch. Diesbezüglich kann er auch sein Zurückbehaltungsrecht (→ Rn. 409ff.) geltend machen.

11a Nach bislang herrschender Meinung spielt es bei fehlender Beschaffenheitsvereinbarung über eine Beeinträchtigung für ihre Beurteilung als nachträglichen Fehler keine Rolle, ob die Voraussetzungen des § 906 Abs. 2 BGB gegeben sind.[22] Nach dieser Vorschrift muss der Eigentümer wesentliche Beeinträchtigungen dulden, die von einer ortsüblichen Nutzung des nachbarlichen Grundstücks ausgehen. Auf die Gewährleistungsrechte des Mieters sollte diese Vorschrift somit keinen Einfluss haben.[23] Ebenso wenig ist als entscheidend anzusehen, ob der Vermieter als

---

[11] BGH NJW 1971, 424.

[12] OLG München NZM 2015, 255; 2015, 447 zu den Anforderungen des Hochwasserschutzes; zum Inhalt und Begriff der Vorhersehbarkeit *Koller* NJW 1982, 201 (203f.).

[13] LG Leipzig NZM 2003, 510.

[14] BGH NJW 1972, 944 = MDR 1972, 599 zu einer unvorschriftsmäßig verlegten elektrischen Leitung; zweifelhaft daher LG Hamburg ZMR 2007, 120.

[15] OLG Hamm WuM 1987, 248 = NJW-RR 1987, 968 = ZMR 1987, 267 = DWW 1987, 226 = GE 1987, 779.

[16] KG GE 2012, 1636.

[17] **AA** LG Heidelberg GE 2012, 899 = DWW 2012, 173 = ZMR 2012, 950 mit abl. Anm. *Schläger.*

[18] *Stellwaag* IMR 2012, 310.

[19] BGH XII ZR 126/11, WuM 2013, 37 = AK-MietPrax § 554 BGB Nr. 11 = NZM 2013, 122 = NJW 2013, 223.

[20] BGH NJW 1963, 1449.

[21] LG Göttingen WuM 1986, 114 = NJW 1986, 1112; zur Beurteilung der Wesentlichkeitsgrenze iSd § 906 Abs. 1 BGB vgl. OLG München DWW 1998, 212.

[22] BayObLG WuM 1987, 112 = NJW 1987, 1950 = ZMR 1987, 174; OLG München WuM 1993, 607 = NJW-RR 1994, 654; LG Berlin GE 1988, 1115; LG Göttingen WuM 1986, 114 = NJW 1986, 1112 = NJW-RR 1986, 444; **aA** OLG Frankfurt a. M. ZMR 1964, 271; BGH NJW 2001, 1119 zum Nachbarrecht.

[23] LG Itzehoe ZMR 2011, 724.

Eigentümer einen Anspruch gegenüber dem Störer auf **Ausgleichszahlung** gem. § 906 Abs. 2 S. 2 BGB geltend machen kann[24] (→ Rn. 136 ff.). Das Innenverhältnis des Mieters zum Vermieter muss strikt von dem Außenverhältnis des Vermieters zu dem Dritten (Störer) unterschieden werden.[25]

Diese Rechtsauffassung (→ Rn. 136 ff.) hat der VIII. Zivilsenat des BGH[26] mit seiner Bolzplatzentscheidung verworfen. In seiner späteren Entscheidung[27] hat er zwar klargestellt, dass im Bereich der Umweltmängel § 906 BGB weder unmittelbar noch analog anzuwenden ist. Allerdings hat der Senat gleichzeitig den Rechtsgedanke des § 906 BGB als Konkretisierung des nachbarschaftlichen Gemeinschaftsverhältnisses im Rahmen der dem Mietminderungsrecht vorgelagerten Frage der Beschaffenheitsvereinbarung als Wertungsmaßstab einbezogen. Dabei spielt es keine Rolle, ob die Immissionen vorübergehender Natur oder von Dauer sind.

Soweit es um eine mögliche nachträgliche Immissionsbelästigung geht, zu der keine konkrete Beschaffenheitsvereinbarung getroffen wurde, ist der Senat der Meinung, dass bei ergänzender Vertragsauslegung die Parteien sich im Hinblick auf die Störquelle redlicherweise (auch unter Einbeziehung der gesetzlichen Wertentscheidung des § 906 BGB) darauf verständigt hätten, dass die hervorgerufenen Störungen nur dann als Mangel der Mietwohnung anzusehen seien, wenn der Vermieter selbst diese Immission gem. § 906 BGB nicht oder jedenfalls nicht entschädigungslos dulden müsse.[28] Einen Widerspruch zu der Entscheidung des XII. Zivilsenat[29] sieht der VIII. Zivilsenat nicht, da es bei seinen Entscheidungen um die dem Mangelbegriff vorgelagerte Frage der Beschaffenheit geht, währen der XII. Senat in seiner Entscheidung das Problem der AGB-Kontrolle einer Minderungsausschlussklausel überprüft hat. Die vom VIII. Zivilsenat vorgenommene Neujustierung des Mangelbegriffs zu Umfeldmängeln zwingt dazu, ältere Entscheidungen der Instanzrechtsprechung nicht kritiklos zu übernehmen, sondern dahin gehend zu durchleuchten, ob sie mit der neuen Linie des Senats vereinbar sind.[30]

### 3. Risikosphäre

12 Zu beachten sind Zuweisungen von Verantwortlichkeiten wegen der möglichen zumutbaren Beeinflussung und Beherrschung von Räumlichkeiten und Risikosphären.[31] Sie werden umfassend diskutiert im Zusammenhang mit COVID-19.[32] Fehlgeschlagene Verkaufs- und Gewinnerwartungen sind grds. kein Mangel. Wird bspw. der Kundenstrom am Ladenlokal des Mieters vorbeigeleitet oder nimmt die Bevölkerung ein angemietetes Einkaufszentrum nicht an, kann der Mieter daraus grds. keine Gewährleistungsrechte herleiten. (Fehlgeschlagene) **Gewinnerwartungen** gehören nämlich grds. zu seinem Risikobereich.[33] Allerdings können die Parteien etwas anderes vereinbaren.[34]

---

[24] BayObLG WuM 1987, 112 = NJW 1987, 1950 = ZMR 1984, 174; LG Köln WuM 1990, 385; LG Kassel NJW-RR 1989, 1292; LG Siegen WuM 1990, 17; LG Göttingen WuM 1986, 114 = NJW 1986, 1112 = NJW-RR 1986, 444; zum Anspruch des Vermieters gegen den Störer LG Potsdam BeckRS 2008, 18422; LG Hamburg MDR 1999, 154 = NJW-RR 1999, 378 = NZM 1999, 169; AG Tempelhof-Kreuzberg GE 2011, 695; zum Anspruch auf Ausgleichszahlung des Mieters BGH JZ 2001, 1084 mAnm *Brehm*.

[25] *Haase* ZMR 1999, 448 (450).

[26] BGH VIII ZR 197/14, WuM 2015, 478 = NZM 2015, 481 = NJW 2015, 2177 = GE 2015, 849 = ZMR 2015, 697 = AK-MietPrax § 536 BGB Nr. 51.

[27] BGH, VIII ZR 31/18, WuM 2020, 407 = NZM 2020, 598; zur Kritik siehe *Eisenschmid*, jurisPR-MietR 15/2020 Anm. 2 = WuM 2020, 477; *Börstinghaus*, IMR 2020, 274, 275.

[28] Zur Beweislast LG München I ZMR 2016, 374; ZMR 2017, 165.

[29] BGH XII ZR 62/06, GE 2008, 981 = NZM 2008, 609 = ZMR 2008, 776 = AK-MietPrax § 536 BGB Nr. 20 mAnm *Eisenschmid*.

[30] Siehe dazu beispielhaft LG München I ZMR 2019, 200; LG Hamburg WuM 2019, 138; *Selk* NZM 2019, 113 ff.

[31] *Joachim* GuT 2004, 207 (216) – „Wer ist näher drän-Test"; *Joachim* NZM 2009, 801 (809).

[32] → Rn. 79.

[33] BGH NJW 1970, 1313 = MDR 1970, 755; NJW 1981, 2405 = MDR 1982, 135 = ZMR 1981, 368 = GE 1982, 137; NJW 2000, 354 = MDR 2000, 79 = ZMR 2000, 76; NJW 2000, 1714 = GE 2000, 671 = NZM 2000, 492; NJW-RR 2000, 1535 = NZM 2000, 1005; OLG Koblenz MDR 2015, 937; OLG München ZMR 1995, 295; OLG Düsseldorf GE 2009, 778; ZMR 1996, 256; LG Düsseldorf, ZMR 2017, 807 mAnm *Burbulla*.

[34] BGH XII ZR 66/03, NJW 2006, 899 = AK-MietPrax § 536 BGB Nr. 11 = NZM 2006, 54 (56); *Günter* NZM 2016, 569 (570).

13 Durch Auslegung der zwischen den Parteien getroffenen Vereinbarungen ist zu ermitteln, ob der Vermieter das Geschäftsrisiko des Mieters ganz oder nur zT übernommen hat.[35] Bei der Prüfung des Vertragsinhalts ist auch zu berücksichtigen, wer grds. das in der Störung liegende Risiko zu tragen hat. Dabei ist zu fragen, ob der Vermieter typischerweise die Existenz oder die Wahrscheinlichkeit der Existenz der beanstandeten Störung besser erkennen kann als der Mieter.[36] Da der Vermieter, soweit das Mietobjekt betroffen ist, regelmäßig näher am Geschehen steht und damit grds. einen Beherrschbarkeits- und Informationsvorsprung hat, ist ihm grds. das Risiko der Störung zuzurechnen. Die Organisation eines „Center Management" durch den Vermieter sowie die Gründung einer **„Werbegemeinschaft"** sind für den BGH[37] nicht ausreichend, eine solche Risikoübernahme anzunehmen. Der Schluss auf eine vertragliche **Risikoübernahme**[38] durch den Vermieter lässt sich bspw. ziehen, wenn konkrete Anhaltspunkte dafür vorliegen, dass er den Mieter in seinen unternehmerischen Entscheidungen über das übliche Maß hinaus einschränkt oder wenn die vertragliche Absprache ausdrücklich einen bestimmten Kundenkreis, auf den der Vermieter Einfluss hat, einschließt und der Vermieter hierzu nicht die notwendigen Voraussetzungen schafft.[39] Ein solcher Schluss ist aber nicht zwingend gerechtfertigt, wenn die Parteien den gegenwärtigen Vermietungszustand eines „Centers" in die **Präambel** aufgenommen haben.[40] Es ist eine Frage der Auslegung, ob man der Präambel eine vertragliche Verpflichtung entnehmen kann.[41]

14 Den Gedanken der Risikozuweisung wendet die Rspr. auch bei der Prüfung an, ob öffentlichrechtliche Beschränkungen einen Mangel der Mietsache darstellen. Bei derartigen Hindernissen handelt es sich um gesetzliche oder behördliche Verbote, die den Gebrauch der Mietsache ausgeschlossen oder nicht unwesentlich eingeschränkt haben. Hierzu ist eine umfangreiche Kasuistik entwickelt worden (→ Rn. 78ff.).

### 4. Unmittelbarkeit

15 Nach Auffassung des BGH[42] führen nur solche Umstände zu einem Mangel iSd § 536 BGB, die die Tauglichkeit der Mietsache **unmittelbar** beeinträchtigen. Eine unmittelbare Beeinträchtigung ist zunächst dann anzunehmen, wenn die nachteiligen Umstände der Mietsache direkt anhaften. Problematisch sind die Fälle, bei denen die Störung von außen kommt, also der Umwelt entstammt, in die das Mietobjekt eingebettet ist. Maßstab für die Beantwortung der Frage, wann und unter welchen Voraussetzungen eine unmittelbare Beeinträchtigung der Mietsache vorliegt, ist in erster Linie der zum Vertragsinhalt erhobene Verwendungszweck.[43] So kann die Sperrung einer Landstraße als Mangel der vermieteten Gaststätte angesehen werden, wenn sich die Straßensperrung unmittelbar auf die Attraktivität des vermieteten Objektes auswirkt[44] Keine unmittelbare Beeinträchtigung liegt vor, wenn der Wohnungsmieter deshalb mehr heizen muss, weil die seiner Wohnung angrenzenden „Außen"-Wohnungen nicht vermietet und damit nicht beheizt sind. Hier wird der Verwendungszweck nicht beeinträchtigt[45]. Ebenfalls ist eine unmittelbare Beeinträchtigung abzulehnen, wenn durch Einführung von Umweltzonen der Mieter das Mietobjekt mit seinem „umweltschädlichen" Motorfahrzeug nicht mehr erreichen kann.[46] Für den Gewerberaummieter ist entscheidend, ob überhaupt noch eine zumutbare Belieferung seines Geschäftslokals möglich ist. Wird dies bejaht, ist ein Mangel abzulehnen.[47]

---

[35] BGH NJW 2000, 1714 = GE 2000, 671 = NZM 2000, 492; NJW-RR 2000, 1535 = NZM 2000, 1005; KG BeckRS 2009, 28221; krit. und abl. *Waas* ZMR 2001, 493 (495).
[36] *Koller* NJW 1982, 201 (203); AG Fürth WuM 2007, 317.
[37] BGH NJW 2000, 1714 = GE 2000, 671 = NZM 2000, 492; NJW-RR 2000, 1535 = NZM 2000, 1005.
[38] Umfassend zum Verwendungsrisiko: *Streyl* NZM 2020, 817.
[39] OLG München ZMR 1999, 707; OLG Frankfurt a. M. ZMR 1999, 702.
[40] BGH XII ZR 149/02, AK-MietPrax § 536 BGB Nr. 5 = GuT 2004, 164 = NZM 2004, 618 = NJW-RR 2004, 1236 = ZMR 2004, 664 = GE 2004, 1021.
[41] *Sternel* MietR Kap. VIII Rn. 36.
[42] BGH XII ZR 66/03, NJW 2006, 899 = AK-MietPrax § 536 BGB Nr. 11 = MDR 2006, 506 = NZM 2006, 54 = GuT 2006, 19.
[43] BGH NJW 1981, 2405 = MDR 1982, 135 = ZMR 1981, 368 = GE 1982, 137; OLG Rostock GE 2009, 322; OLG Dresden ZMR 2002, 261; NJW-RR 1999, 448; OLG Naumburg WuM 1997, 675 = NZM 1998, 373; LG Berlin MM 1992, 391.
[44] OLG Frankfurt/M, ZMR 2017, 882.
[45] So iE auch AG Frankfurt/Oder ZMR 2005, 131.
[46] *Kinne* GE 2007, 1601 (1603).
[47] *Kinne* GE 2007, 1601 (1604).

16 Weiterhin wurde von der Rspr. eine nur mittelbare Beeinträchtigung angenommen, wenn der Zuweg zum Geschäft zwar keine Überdachung aufweist oder wenn in unmittelbarer Nähe des Geschäfts keine Parkplätze vorhanden sind, aber das Warensortiment des Geschäfts keinen Autotransport erfordert.[48] In diesen Fällen soll die Mietsache selbst nicht beeinträchtigt, der **Verwendungszweck** somit nicht berührt sein[49]. Dies ist nicht in jedem Fall einleuchtend, insbes. dann nicht, wenn bei den Planungen des Mieters die zusätzliche Attraktivität eines überdachten Zugangs oder die ausreichenden Parkplätze in seine Kalkulation erkennbar Eingang gefunden haben, wenn also das **Umfeld der Mietsache** in ihre Beschaffenheit einbezogen wurde[50]. Das kann auch angenommen werden, wenn in einem Einkaufszentrum die Vollbelegung der Anlage Vertragsinhalt geworden ist, weil der Mieter die Attraktivität gewährleistet wissen will.[51] Dann ist auch der Verwendungszweck angesprochen und die Attraktivitätsvorteile sind Vertragsinhalt (aber → Rn. 321). Folgt man der ablehnenden BGH-Rechtsprechung ist im Einzelfall zu prüfen, ob der Vermieter ein Garantieversprechen zur Vollbelegung oder zum Umfeld abgegeben hat, das ggf. zum Schadensausgleich führt.

17 Die Rspr. hat eine unmittelbare Beeinträchtigung und damit einen Mangel angenommen, wenn der Zugang zu den vermieteten Verkaufsräumen, zB wegen Straßenbaumaßnahmen, erheblich erschwert oder behindert wird[52] oder wenn eine günstige Belieferungsmöglichkeit über das Nachbargrundstück entfällt.[53] In der Lit. (→ Rn. 12) wurde vorgeschlagen, eine Lösung über die Risikozuweisung[54] vorzunehmen. Danach haftet der Vermieter als Eigentümer, wenn er über die beabsichtigten Baumaßnahmen besser informiert war oder sich hätte besser informieren können[55]. Haben dagegen Vermieter und Mieter den gleichen Informationsstand, wie zB bei räumlich entfernt liegenden Baumaßnahmen, die sich aber dennoch auf das Geschäft auswirken, wäre die Risikozuweisung eine andere. In diesen Fällen würde grds. der Gläubiger (Mieter) das Verwendungsrisiko tragen.[56]

### 5. Besondere Vertragsbeziehungen

18 Der Fehler der Mietsache wird nicht durch besondere Vertrags- oder Treueverhältnisse eingeschränkt oder ausgeschlossen.[57] Da die Mängelhaftung allein auf dem Grundgedanken des Äquivalenzverhältnisses[58] von Leistung und Gegenleistung beruht, kann zB in dem **Genossenschaftsverhältnis** zwischen Mieter und Genossenschaft kein das Minderungsrecht beeinträchtigendes Merkmal gesehen werden.[59] Wie *Franke*[60] zutreffend hervorhebt, muss diese Frage allein nach mietvertraglichen Grundsätzen beurteilt werden.

---

[48] BGH NJW 2000, 1714 = GE 2000, 671 = NZM 2000, 492; NJW-RR 2000, 1535 = NZM 2000, 1005; OLG Dresden ZMR 2002, 261.

[49] LG Berlin GE 2008, 1426 = NZM 2008, 844, Einstellung des Fernverkehrs am Bahnhof ZOO; OLG Rostock GE 2009, 322.

[50] AG Fürth WuM 2007, 317 bei Veränderung der Aussicht durch Bäume schlagen; dagegen LG Berlin bei neuer Bahnhofstruktur NZM 2008, 844.

[51] Zu einem solchen Fall s. OLG Frankfurt a. M. NZM 2005, 619; **aA** hM, s. nur BGH AK-MietPrax § 536 BGB Nr. 5 = GuT 2004, 164 = NZM 2004, 618 = NJW-RR 2004, 1236 = ZMR 2004, 664 = GE 2004, 1021; BGH GuT 2006, 19 = NJW 2006, 899 = NZM 2006, 54 = AK-MietPrax § 536 BGB Nr. 11.

[52] OLG Köln ZMR 2010, 850; KG NJW-RR 2008, 1042 = GE 2008, 52 = NZM 2008, 526; OLG Naumburg GuT 2002, 14; OLG Düsseldorf DWW 2008, 60 = GuT 2008, 36, ohne sich allerdings auf den Zeitpunkt des Eintritts der erheblichen Erschwernis festzulegen; OLG Dresden WuM 1999, 158 = NJW-RR 1999, 448 = ZMR 1999, 241 = NZM 1999, 317; OLG Köln NJW 1972, 1814; **aA** OLG Düsseldorf MDR 1998, 768 = NZM 1998, 481 = NJW-RR 1998, 1236 = ZMR 1999, 471.

[53] BGH XII ZR 126/00, GuT 2004, 56 = ZMR 2004, 249 = NZM 2004, 27; LG Chemnitz ZMR 2002, 350.

[54] Zur Risikozuweisung s. *Streyl* NZM 2020, 817.

[55] Zum Anspruch des Vermieters gegen den Dritten nach den Grundsätzen der Drittschadensliquidation *Woitkewitsch* ZMR 2004, 403.

[56] *Koller* NJW 1982, 201 (203).

[57] So aber *Lützenkirchen* WuM 1995, 423.

[58] *BGH MDR 1961, 683.*

[59] LG Köln ZMR 1998, 562; LG Dresden WuM 1998, 216 = MDR 1998, 589 = GE 1998, 355 = NJ 1998, 378; AG Köln WuM 1995, 312; zur genossenschaftlichen Treuepflicht LG Offenburg WuM 1998, 289.

[60] *Franke* ZMR 1996, 297.

### III. Der Mangelbegriff

19 Mit der Reform des Schuldrechts hat der Gesetzgeber[61] beim Gewährleistungsrecht den schon bisher auch im Mietrecht von Rspr. und Lehre überwiegend vertretenen **„subjektiven" Fehlerbegriff**[62] zu Grunde gelegt. Danach liegt ein Mangel vor, wenn der nach dem Vertrag vorausgesetzte Gebrauch beeinträchtigt ist. Die Beeinträchtigung kann auf einem Sachmangel (Abs. 1), auf einem Rechtsmangel (Abs. 3) oder auf dem Fehlen einer zugesicherten Eigenschaft beruhen. Es sind allein die Vertragsparteien, die durch die vertragliche Festlegung des jeweils geschuldeten Gebrauchs bestimmen, welchen Zustand die vermietete Sache spätestens bei Überlassung an den Mieter während der gesamten Vertragsdauer haben muss. Eine solche Vereinbarung kann auch konkludent erfolgen.[63] Ein Mangel der Mietsache ist danach anzunehmen, wenn die „Ist-Beschaffenheit" des Objektes von den nach dem Vertrag vereinbarten Erfordernissen, von der „Sollbeschaffenheit" der Mietsache, abweicht.[64] Haben die Mietvertragsparteien daher einen konkret gegebenen schlechten Bauzustand als vertragsgemäß vereinbart, so sind insoweit Erfüllungs- und Gewährleistungsansprüche des Mieters ausgeschlossen.[65]

20 In der Regel wird für die Bestimmung des Umfangs des vertragsgemäßen Gebrauchs die Verkehrsanschauung als Auslegungshilfe herangezogen.[66] Daher muss in Zweifelsfällen anhand von Auslegungsregeln (§§ 133, 157, 242 BGB) unter Berücksichtigung des vereinbarten Nutzungszwecks und des Grundsatzes von Treu und Glauben geprüft werden, was der Vermieter schuldet bzw. welchen Standard der Mieter auf Grund seines Vertrages vom Vermieter verlangen kann.[67] Dabei darf nicht auf subjektive Überempfindlichkeiten abgestellt werden.[68] Konstruktionsbedingte Nachteile sind grundsätzlich vom Mieter hinzunehmen.[69] Die Auslegung einer Vereinbarung über einen besonders niedrigen Mietzins oder die Akzeptanz einer unzureichenden Beschaffenheit durch den Mieter kann bspw. bedeuten, dass ein bestimmter Zustand des Mietobjektes vertragsgemäß sein soll.[70] Mietet der Wohnungssuchende eine **Altbauwohnung** an, kann er nicht ohne weiteres erwarten, dass in dem Keller feuchtigkeitsempfindliche Gegenstände gelagert werden können[71], die Dielen nicht knarren[72] oder dass die Wohnung frei von Zugluft ist.[73] Ist die Außenwand eines Gebäudes unzureichend vermauert und dadurch besonders einbruchsgefährdet, liegt dagegen kein üblicher Sicherheitsstandard vor, so dass von einem Mangel

[61] BT-Drs. 14/6040, 213.

[62] BGHZ 49, 350; BGH NJW 1982, 696 = MDR 1982, 400 = ZMR 1982, 208; WuM 1990, 546 = NJW-RR 1991, 204 = MDR 1991, 329; NJW-RR 1991, 970; OLG Celle WuM 1985, 9 = ZMR 1985, 10 = GE 1985, 679; OLG Hamm NJW-RR 1987, 969 = MDR 1987, 763 = ZMR 1987, 300; Emmerich/Sonnenschein/*Emmerich* BGB § 536 Rn. 2.

[63] BGH VIII ZR 152/12, WuM 2013, 154 = NJW 2013, 680 = GE 2013, 261 = MDR 2013, 263; LG Berlin ZMR 2019, 946.

[64] Bub/Treier MietR-HdB/*Kraemer/Ehlert* Kap. III B Rn. 3135.

[65] KG GE 2005, 1427; WuM 1984, 42; LG Köln WuM 2005, 240; LG Marburg NZM 2000, 616; LG Düsseldorf DWW 1991, 284; LG Mannheim ZMR 1990, 220; LG Berlin ZMR 1990, 420; AG Münster WuM 2005, 238; vgl. LG Münster zur Verwendung teuren Propangases für die Heizung.

[66] BGH VIII ZR 152/12, WuM 2013, 154 = NJW 2013, 680 = GE 2013, 261 = MDR 2013, 263; VIII ZR 300/08, AK-MietPrax § 535 BGB Nr. 39 = NJW 2010, 1133 = NZM 2009, 855 = GE 2009, 1426 = WuM 2009, 659; *Franke* ZMR 1996, 297 (298).

[67] BGH VIII ZR 281/03, NJW 2004, 3174 = WuM 2004, 527 = NZM 2004, 736 = ZMR 2004, 807 = GE 2004, 1090 = DWW 2004, 292 = AK-MietPrax § 535 Nr. 7; KG WuM 2009, 658 zu Sicherheitsbeschlägen an der Balkontür; LG Osnabrück WuM 2004, 233; LG Mannheim WuM 1998, 663; *Börstinghaus* NZM 2005, 561 (562); *Emmerich* PiG 31 (1989), 45.

[68] AG Stuttgart DWW 2009, 69, Bestattungsinstitut unterhalb der Wohnung; AG Münster NZM 2004, 299.

[69] AG Frankfurt/M WuM 2018, 200 zur Zugluft bei einem Passivhaus; nicht aber desolate Fenster und Türen im Altbau, AG München ZMR 2020, 764.

[70] *Franke* ZMR 1996, 297 (298) mit Hinweis auf BayObLG WuM 1987, 112 = ZMR 1987, 174 = MDR 1987, 498 = NJW 1987, 1950 = NJW-RR 1987, 971; abl. LG Nürnberg-Fürth WuM 1985, 20.

[71] LG Dresden NZM 2015, 250.

[72] AG Berlin-Spandau GE 2018, 335; zum abgesenkten Parkettboden AG München ZMR 2020, 764.

[73] LG Karlsruhe DWW 2005, 426; zu diversen kleineren Beeinträchtigungen AG Schöneberg GE 2016, 594; AG Brandenburg ZMR 2014, 44; einschränkend LG Berlin ZMR 2014, 40; zur (Verkehrs-)Lärmbelastung in Großstadtlagen s. BGH VIII ZR 152/12, WuM 2013, 154 = NJW 2013, 680 = GE 2013, 261 = MDR 2013, 263 – anders dagegen für die Wohnung, s. OLG Koblenz ZMR 2014, 882 zum Kauf einer Altbauwohnung; AG Wedding GE 2011, 1488 zum Altbau.

auszugehen ist[74] (→ Rn. 160). War die Wohnung bei Mietbeginn mit Parkett ausgelegt, ist dieses Vertragsgegenstand.[75]

### 1. Der maßgebliche Zeitpunkt

21 In diesem Zusammenhang wird ein bislang nicht einheitlich beurteiltes Problem diskutiert. Die Annahme eines Mangels hängt nämlich auch von der Frage ab, welchen Zeitpunkt man für die **Ermittlung** des vertragsgemäßen Standards seiner Betrachtung zugrunde legt. Dabei kann auf den Zeitpunkt der **Errichtung des Hauses,**[76] **des Vertragsschlusses**[77] oder der **Mängelrüge** abgestellt werden.[78]

22 Soweit die Bauweise zu bewerten ist, ist grds. der Zeitpunkt der Errichtung des Gebäudes maßgeblich[79] (s. aber bei nachträglichen baulichen Maßnahmen → Rn. 30). Er bestimmt den bei Vertragsschluss vereinbarten Gebäudestandard, der von einem redlichen Mieter nach der Verkehrsanschauung erwartet werden darf. Somit sind insbes. das Alter sowie die Art des Gebäudes zu berücksichtigen.[80]

Bei Neubauten gehen die Vorstellungen regelmäßig dahin, dass der Bauherr den heute gültigen Standard eingehalten hat.[81] Dagegen weiß der Mieter, dass ein altes Gebäude nicht den gleichen Standard aufweist wie ein Neubau oder ein modernisierter Altbau, auch wenn er ansonsten nur wenig Vorstellungen über den **Baustandard** des Jahres, in dem das Objekt errichtet wurde, entwickelt hat. Daher ist es ihm auch zuzumuten, wenn er einen aktuellen Standard will, mit dem Vermieter die notwendigen (Modernisierungs-)Absprachen zu treffen. Bietet der Vermieter eine Wohnung mit dem Hinweis „Baujahr 2000" an, schuldet er einen Trittschall, wie er im Jahr 2000 üblich war.[82] Wird eine ältere Mietsache angemietet, deren Heizungsanlage dem bei der Errichtung des Gebäudes maßgeblichen technischen Standard entspricht und fehlerfrei arbeitet, liegt trotz eines hohen Energieverbrauchs kein Mangel der Mietsache vor.[83] Gleiches gilt, wenn der hohe Heizverbrauch auf einfachverglaste Fenster zurückzuführen ist.[84]

23 Nach der **Verkehrsanschauung** darf der Mieter aber ohne besondere Absprache einen Mindeststandard erwarten, der den heutigen Maßstäben gerecht wird.[85] Weist der Vermieter den Mieter bei Anmietung der Wohnung lediglich darauf hin, dass die Elektroinstallation aus den 50er Jahren stammt, reicht dies nicht aus, um den vertragsgemäßen Gebrauch vertraglich einzuschränken. Vielmehr schuldet der Vermieter auch in diesem Fall, dass normale Haushaltsgeräte durch den Mieter angeschlossen und benutzt werden können[86]. Zum Mindeststandard gehört auch, dass die Woh-

---

[74] BGH XII ZR 34/04, NJW 2006, 2918 = NZM 2006, 626 = GuT 2006, 237 = GE 2006, 967 = ZMR 2006, 678 = AK-MietPrax § 536 BGB Nr. 15; vgl. auch LG Berlin ZMR 2014, 733 zur nicht gemauerten Trennwand.

[75] AG Berlin-Charlottenburg GE 2011, 824.

[76] BGH VIII ZR 355/03, WuM 2004, 715 = NJW 2005, 218 = ZMR 2005, 108 = NZM 2005, 60 = AK-MietPrax § 535 BGB Nr. 13 = GE 2004, 1586; LG Frankfurt a. M. WuM 1990, 384 = ZMR 1990, 17; LG Berlin GE 1991, 251; 1989, 411; LG Kassel WuM 1988, 355; AG Schöneberg GE 1991, 189; 1990, 663; AG Düsseldorf DWW 1989, 333; AG Steinfurt WuM 1987, 120.

[77] OLG Celle WuM 1985, 9 = ZMR 1985, 10 = GE 1985, 679; LG Berlin GE 2003, 191; LG Mannheim ZMR 1990, 220; LG Nürnberg-Fürth WuM 1985, 20; AG Köln WuM 1988, 358.

[78] LG Hamburg WuM 1991, 161 = NJW 1991, 1898 = MDR 1991, 444 = MM 1991, 162 = ZMR 1991, 179; LG Flensburg WuM 1991, 582; 1988, 354; LG Waldshut-Tiengen WuM 1991, 479 = NJW-RR 1991, 592; LG Hannover WuM 1982, 186; AG Bremerhaven WuM 1992, 601.

[79] BGH VIII ZR 300/08, AK-MietPrax § 535 BGB Nr. 39 = NJW 2010, 1133 = NZM 2009, 855 = GE 2009, 1426 = WuM 2009, 659; VIII ZR 131/08, WuM 2009, 457 = NJW 2009, 2441 = GE 2009, 973; VIII ZR 281/03, NJW 2004, 3174 = WuM 2004, 527 = NZM 2004, 736 = ZMR 2004, 807 = GE 2004, 1090 = DWW 2004, 292 = AK-MietPrax § 535 Nr. 7; KG ZMR 2011, 33; LG Waldshut-Tiengen MietRB 2004, 281 mAnm *Kunze; Langenberg* WImmoT 2006, 57 (58).

[80] LG Berlin WuM 2019, 621; GE 2008, 1053.

[81] *Börstinghaus* NZM 2005, 561 (562); OLG Frankfurt a. M. NZM 2005, 225.

[82] AG Hamburg-Blankenese ZMR 2012, 631.

[83] BGH XII ZR 80/12, NJW 2014, 685 = NZM 2014, 163 = GE 2014, 245 = MDR 2014, 336 = DWW 2014, 89 = CuR 2014, 30 = ZMR 2014, 436; OLG Düsseldorf GE 2011, 132.

[84] OLG Saarbrücken ZMR 2014, 280; kein Mangel bei Urinstrahlgeräuschen aus der Nachbarwohnung im Altbau der 50er Jahre – LG Berlin GE 2013, 814.

[85] *BGH VIII ZR 343/08, WuM 2010,* 235 = NZM 2010, 356; VIII ZR 281/03, 2004, 527 = NJW 2004, 3174 = NZM 2004, 736 = ZMR 2004, 807 = DWW 2004, 292 = GE 2004, 1090 = AK-MietPrax § 535 BGB Nr. 7; *Pfeifer* jurisPR-MietR 7/2010 Anm. 2.

[86] LG Berlin GE 2014, 123; AG Potsdam GE 1996, 1251.

nung schimmelfrei ist[87], die Wohnung angemessene Temperaturen erreicht[88] und die Heizkörper einzeln reguliert werden können.[89] Der BGH[90] zieht zum Mindeststandard allerdings enge Grenzen, zB im Bereich der Wärmedämmung, ohne sich allerdings grundlegend über die Grundsätze des zeitgemäßen Wohnens zu äußern.[91] Offen gelassen hat der BGH die Frage des Mindeststandards für den Anschluss einer Telefonanlage oder eines Internetanschlusses.[92]

Handelt es sich bei den Räumlichkeiten um ein modernisiertes Mietobjekt, kann der Mieter hinsichtlich der erneuerten Ausstattungsmerkmale einen Standard zum Zeitpunkt der Sanierung erwarten[93]. Da Sanierungen sehr lange zurückliegen können, muss der Vermieter aber eine Zeitangabe machen. Das Anbieten einer sanierten Altbauwohnung ohne Zeitangabe erweckt beim Interessenten den Eindruck, dass das Gebäude einen zum Zeitpunkt des Vertragsschlusses modernen Wohnstandard aufweist. Ob der Mieter auch bzgl. der Bauausführung an der Gebäudehülle, insbes. wegen des Schallschutzes oder der Wärmedämmung von einem neuzeitlichen Standard ausgehen kann, hängt davon ab, ob nach der Verkehrsanschauung der Mieter bei einer ihm angebotenen **„modernisierten" Wohnung** davon ausgehen kann, dass das Gebäude auch schall- oder wärmegedämmt ist.[94] 24

Veränderungen der Anschauungen über den vertragsgemäßen Standard oder neuere wissenschaftliche Erkenntnisse können im Einzelfall zu einer Vertragsanpassung führen (→ Rn. 36 ff.).

Eine andere Beurteilung ergibt sich in den Fällen, bei denen sich auf Grund wissenschaftlicher Erkenntnisse die Risikobeurteilung für eine bestimmte Gefahrenlage im laufenden Mietverhältnis geändert hat; zB bei der **Beurteilung der Gefährlichkeit** eines bestimmten Baustoffes. Dabei ist zu beachten, dass eine zum Aufenthalt von Menschen bestimmte Räumlichkeit nur dann dem Vertragszweck entspricht, wenn sie nicht gesundheitsgefährdend ist, was sich aus der Wertentscheidung des Gesetzes in § 569 Abs. 1 BGB ergibt. Somit kann für die Prüfung des Vorliegens eines Mangels wegen einer von der Mietsache ausgehenden Gesundheitsgefährdung richtigerweise nur der Zeitpunkt ihres Bekanntwerdens maßgeblich sein.[95] 25

Haben sich nämlich im Laufe des Mietverhältnisses gesundheitsschützende Richt- oder Grenzwerte von Immissionen geändert, werden diese zum **Zeitpunkt ihrer Veröffentlichung** für die Vertragsparteien Maßstab bei der Beurteilung des vertragsgemäßen Gebrauchs. Dabei kommt es nicht darauf an, ob der neue Richtwert lediglich ein Vorsorgewert ist, ohne dass ihm eine signifikante Gefahrerhöhung zu Grunde liegt. Auch in diesem Fall hat der Mieter einen Anspruch auf Einhaltung des neuen Wertes (→ Rn. 172 f.). Dies gilt erst recht, wenn mit dem neuen Richtwert ein bislang nicht erkanntes intolerables Risiko vermindert werden soll.[96] 26

Allerdings soll nach Ansicht des BayObLG[97] der neue Richtwert im Rahmen der Gewährleistung, also im Rahmen der Minderung oder des Schadensersatzes, erst ab **dem Änderungszeitpunkt** beachtlich sein. Damit wird dem Mieter das Gewährleistungsrecht nur für die Zukunft gewährt, also erst ab dem Zeitpunkt, ab dem die Kenntnis von der Gesundheitsgefährdung des Stoffes auch in der Richtlinie umgesetzt worden ist. 27

---

87 LG Stuttgart WuM 2013, 317; AG Köln WuM 2016, 615; OLG Koblenz ZMR 2014, 882 zum Kauf einer Altbauwohnung; AG Wedding GE 2011, 1488 zum Altbau; *Bieber* jurisPR-MietR 16/2013 Anm. 1 zu LG Stuttgart.

88 LG Berlin WuM 2016, 418.

89 LG Berlin GE 2016, 731; AG Köln ZMR 2012, 632; Anm. *Eisenschmid* zu LG Berlin WuM 2012, 265.

90 BGH VIII ZR 271/17, WuM 2019, 25 = NZM 2019, 136 = NJW 2019, 507 = GE 2019, 116 = MietPrax-AK § 536 BGB Nr 57.

91 Anm. *Zehelein* zu BGH VIII ZR 271/17, WuM 2019, 25 = NZM 2019, 136 = NJW 2019, 507 = GE 2019, 116 = MietPrax-AK § 536 BGB Nr 57.

92 BGH, VIII ZR 17/18, WuM 2019, 23 = GE 2019, 53 = NZM 2019, 140 – → § 535 Rn. 546.

93 BGH XII ZR 80/12, NJW 2014, 685 = NZM 2014, 163 = GE 2014, 245 = MDR 2014, 336 = DWW 2014, 89 = CuR 2014, 30 = ZMR 2014, 436; VIII ZR 287/12, WuM 2013, 481 = AK-MietPrax § 536 BGB Nr. 47 = NZM 2013, 575 = GE 2013, 938 = NJW 2013, 2417; *Börstinghaus* NZM 2005, 561 (563).

94 LG Berlin GE 2007, 1052 zum Schallschutz; OLG München NJW 2008, 592; bejahend *Blank* PiG 2012, 1 (7) für **kernsanierte** Gebäude; ablehnend BGH VIII ZR 271/17, WuM 2019, 25 = NZM 2019, 136 = NJW 2019, 507 = GE 2019, 116 = MietPrax-AK § 536 BGB Nr 57 zur Isolierung von Wärmebrücken.

95 BVerfG WuM 1998, 657 = GE 1998, 1208 = ZMR 1998, 687; LG Darmstadt DB 1997, 1557; LG Berlin GE 1996, 677; LG Frankfurt a. M. ZMR 1990, 17 = WuM 1990, 384; LG Hamburg WuM 1991, 161 = NJW 1991, 1898 = MDR 1991, 444 = ZMR 1991, 222; AG Dresden GE 2014, 396; *Herlitz* jurisPR-MietR 16/2014 Anm. 1; *Lames* NZM 2007, 465.

96 *Langenberg* WImmoT 2005, 57 (58); *Schläger* ZMR 2002, 85 (89).

97 BayObLG WuM 1999, 568 = DWW 1999, 350 = NZM 1999, 899 = ZMR 1999, 753 mAnm *Schläger.*

28 Der „objektive" Mangel des Objektes durch das Vorhandensein gesundheitsgefährdender Stoffe liegt zwar unabhängig davon vor, ob die Mietvertragsparteien den Fehler kennen; solange die gesundheitliche Unbedenklichkeit zum Vertragsgegenstand gemacht wird, was regelmäßig – unausgesprochen – der Fall sein wird.[98] Dennoch führt dies nicht zum Mangel iSd § 536 BGB. Dem Vermieter soll nicht die Verantwortung und Haftung für Umstände aufgebürdet werden, die selbst nach wissenschaftlich-technischen Erkenntnissen der Öffentlichkeit verschlossen bleiben.[99] Die Entscheidung des BayObLG knüpft an die Rspr. des BGH zur Risikosphäre an.[100] Wenn nämlich nicht einmal die Wissenschaft sich auf die Gefährlichkeit eines Stoffes einigen kann, verwirklicht sich in der unerkannten Gefahr lediglich ein allgemeines Lebensrisiko. *Kraemer*[101] weist aber zu Recht darauf hin, dass von einem allgemeinen Lebensrisiko dann nicht ausgegangen werden kann, wenn die Gefahr- und Schadensquellen klar der Mietsache zuzuordnen sind. Er bejaht daher auch in diesen Fällen grds. die „rückwirkende" Gewährleistungshaftung, wobei der Mieter – um Missbrauch zu vermeiden – einen konkreten Schadensnachweis zu führen habe.[102] Dieser Einschränkung kann im Einzelfall aus dem Gebot des § 242 BGB gefolgt werden. Allgemein angewendet dürfte sie jedoch dem Grundsatz widersprechen, dass das Gewährleistungsrecht allein dem Äquivalenzverhältnis Rechnung trägt.[103]

### 2. Der Einfluss technischer Regelwerke

29 Die Einhaltung von Baustandards spielt in der Praxis eine wichtige Rolle. Insbesondere im Bereich des Schallschutzes und der Energieeinsparung gewinnen die technischen Anforderungen zunehmend an Bedeutung. Fragen der Isolierung des Hauses sowie der Wirtschaftlichkeit einer Heizungsanlage stehen dabei im Vordergrund, wenn bspw. der Mieter nur durch übermäßiges, nicht mehr zumutbares Heizen und Lüften Schäden vermeiden kann.[104] Auch in einem Altbau muss ein Mieter nicht mit solchem übermäßigen Energieeinsatz rechnen.[105]

30 Fehlen ausdrückliche Parteiabreden zur Beschaffenheit der Mietsache, so ist nach Auffassung des BGH[106] jedenfalls die Einhaltung der maßgeblichen **technischen Normen** geschuldet. Dabei ist nach der Verkehrsanschauung grds. von dem zum Zeitpunkt der Errichtung des Gebäudes geltenden Maßstab auszugehen (→ Rn. 21 ff.). Weder Mieter noch Wohnungseigentümer haben Bestandsschutz. Werden bauliche Maßnahmen durchgeführt, die den Trittschall verschlechtern, ist dies vom Mieter bzw. Wohnungseigentümer hinzunehmen, wenn die zum Zeitpunkt der Errichtung des Gebäudes geltenden technischen Normen nach wie vor eingehalten werden.[107] Werden aber an einem alten Gebäude erhebliche bauliche Maßnahmen durchgeführt, muss der Vermieter bzgl. der neuen Gebäudeteile die zur Zeit der Umbaumaßnahmen geltenden technischen Normen einhalten.[108]

---

[98] So auch BVerfG WuM 1998, 657 = GE 1998, 1208 = ZMR 1998, 687; *Kraemer* WuM 2000, 515 (520); **aA** *Lützenkirchen* WuM 2000, 55 (60).

[99] Zu den Folgen *Kraemer* WuM 2000, 515 (520 f.).

[100] Ähnlich *Schläger* ZMR 2002, 85 (94).

[101] *Kraemer* WuM 2000, 515 (521).

[102] *Kraemer* WuM 2000, 515 (521).

[103] BGH MDR 1961, 683.

[104] LG Hamburg WuM 1988, 353; LG Flensburg WuM 1988, 354; LG Hannover WuM 1988, 354; AG Köln WuM 1988, 358.

[105] LG Berlin WuM 1996, 156 = GE 1996, 745; LG Waldshut-Tiengen NJW-RR 1991, 592; Emmerich/Sonnenschein/*Emmerich* BGB § 536 Rn. 15; *Blank* PiG 31 (1989), 91 (95); **aA** KG GE 2005, 1427 = WuM 2005, 774; LG Hamburg WuM 1988, 350 = ZMR 1988, 63 = NJW-RR 1988, 907; LG Konstanz WuM 1988, 353; LG Kassel WuM 1988, 355; LG Berlin GE 1989, 411; AG Marburg DWW 1988, 283.

[106] BGH VIII ZR 271/17, WuM 2019, 25 = NZM 2019, 136 = NJW 2019, 507 = MietPrax-AK § 536 BGB Nr 57 = GE 2019, 116 mAnm *Zehelein;* VIII ZR 300/08, AK-MietPrax § 535 BGB Nr. 39 = NJW 2010, 1133 = NZM 2009, 855 = GE 2009, 1426 = WuM 2009, 659; VIII ZR 355/03, WuM 2004, 715 = NJW 2005, 218 = ZMR 2005, 108 = NZM 2005, 60 = AK-MietPrax § 535 BGB Nr. 13 = GE 2004, 1586; VIII ZR 131/08, WuM 2009, 457 = NJW 2009, 2441 = GE 2009, 973; OLG Düsseldorf NZM 2009, 703; BGH V ZR 195/11, WuM 2012, 464 = NJW 2012, 2725 = NZM 2012, 611 = GE 2012, 967 zum WEG.

[107] *Geldmacher* MK 2012, 185.

[108] BGH XII ZR 80/12, NJW 2014, 685 = NZM 2014, 163 = GE 2014, 245 = MDR 2014, 336 = DWW *2014, 89 = CuR 2014, 30 = ZMR 2014,* 436; VIII ZR 287/12, WuM 2013, 481 = AK-MietPrax § 536 BGB Nr. 47 = NZM 2013, 575 = GE 2013, 938 = NJW 2013, 2417; *Breiholdt/Nierhaus* NZM 2012, 329 (331), zB die Pflicht zur Einhaltung der Anforderungen nach DIN 1946-6 (lüftungstechnische Maßnahmen) bei Modernisierung eines Altbaus mit relevanten lüftungstechnischen Veränderungen.

Diese Pflicht gilt aber nur für die Einhaltung der durchschnittlichen Anforderungen, die von den technischen Regelwerken aufgestellt werden. Will der Mieter zB einen vom durchschnittlichen Schallschutz abweichenden **erhöhten Schallschutz** zu Lasten des Vermieters durchsetzen, kann er dies nur dann verwirklichen, wenn zwischen den Vertragsparteien darüber eine gesonderte Absprache getroffen wurde.[109]

Sind die maßgeblichen technischen Normen nicht eingehalten, so ist dies mangels anderer Absprachen **ein Indiz dafür,** dass die Mietsache nicht dem vertragsgemäßen Gebrauch entspricht.[110] 31

Daraus kann aber nach der hier vertretenen Auffassung nicht der Schluss gezogen werden, dass bei Einhaltung der maßgeblichen technischen Vorschriften in jedem Fall von einer Mängelfreiheit auszugehen ist[111]. Es kann weder zwangsläufig angenommen werden, dass ein Mangel gegeben ist; noch dass kein Mangel vorliegt.[112] Vielmehr sind für die Frage des vertragsgemäßen Zustandes die technischen Normen von nur untergeordneter Bedeutung.[113] In erster Linie kommt es darauf an, ob der Zustand der Mietsache von der **vertraglich vereinbarten Beschaffenheit** abweicht.[114] Daher ist es zB auch im **Schallbereich** für die Annahme eines Mangels nicht von alleiniger Bedeutung, ob bei Erstellung des Gebäudes die damals gültige DIN-Norm eingehalten wurde[115] (aber **aA** → Rn. 33). Die Erheblichkeit zB einer Lärmbelästigung, also das Vorliegen eines Mangels, beurteilt sich mit der herrschenden Meinung allein nach technischen Normen, wenn der Vermieter nach der Beschaffenheitsvereinbarung oder nach der Verkehrsanschauung nur diesen Standard schuldet. 32

Offenbar beurteilt der VIII. Zivilsenat des BGH[116] und nunmehr auch die Instanzrechtsprechung[117] die Frage, ob ein Mangel vorliegt, nur anhand der formellen Einhaltung der DIN-Norm. Das gilt mangels anderer Vereinbarung selbst dann, wenn der Vermieter im Objekt Nutzungsänderungen zulässt und damit neue Lärmquellen schafft[118] oder wenn die DIN bauliche Anforderungen nur unzureichend widerspiegelt. Immerhin hat der VII. Zivilsenat[119] festgestellt, dass die zur Zeit gültige DIN 4109 (1989) den allgemein anerkannten Regeln der Technik nicht entspricht[120], was nach Auffassung des VIII. Zivilsenats aber für das Mietrecht und jetzt auch nach Auffassung des V. Zivilsenats für das Wohnungseigentumsrecht ohne Bedeutung sein soll.[121] 33

---

[109] BGH VIII ZR 355/03, WuM 2004, 715 = NJW 2005, 218 = ZMR 2005, 108 = NZM 2005, 60 = AK-MietPrax § 535 BGB Nr. 13 = GE 2004, 1586.

[110] BayObLG WuM 1993, 287; KG WuM 1980, 255; LG Wiesbaden WuM 2012, 201; LG Berlin ZMR 1999, 763; GE 1996, 677; MM 1994, 281; LG Hamburg ZMR 1971, 134; LG Konstanz WuM 1988, 301; OLG Hamm NJW-RR 1995, 143 in Anlehnung an die ArbStättV, WuM 1982, 184 = MDR 1982, 671 = GE 1982, 527; *Franke* ZMR 1996, 297; *Mathonia* WuM 2005, 223 (224).

[111] **AA** wohl BGH VIII ZR 85/09, WuM 2010, 482 = NJW 2010, 3088 = NZM 2010, 618 = MDR 2010, 1041 = GE 2010, 1010; VIII ZR 131/08, WuM 2009, 457 = NJW 2009, 2441 = GE 2009, 973; VIII ZR 300/08, WuM 2009, 659 = GE 2009, 1426 = NZM 2009, 855 = AK-MietPrax § 535 BGB Nr. 39 = NJW 2010, 1133.

[112] OLG Hamm NZM 1999, 804.

[113] OLG Celle WuM 1985, 9 = ZMR 1985, 10 = GE 1985, 679 zur DIN 4108, Wärmeschutz; LG Köln WuM 1990, 547; LG Berlin GE 1996, 677; **aA** LG Frankenthal ZMR 1985, 301; LG Lüneburg WuM 1987, 214 = ZMR 1987, 224.

[114] BGH X ZR 242/99, NJW-RR 2002, 1533 bei Einhaltung der allg. anerkannten Regeln der Technik, Werkvertragsrecht.

[115] LG Berlin GE 1996, 677 zur DIN 4109, Schallschutz im Hochbau; LG Berlin GE 1987, 193; – hierzu abl. *Fritz* NJW 1998, 3325 (3327); LG Berlin GE 1985, 257; WuM 1982, 184 = MDR 1982, 671 = GE 1982, 527 für undichte Fenster; AG Berlin-Schöneberg WuM 1982, 183; so auch *Blank* PiG 2012, 1 (11); **aA** AG Steinfurt WuM 1987, 120; *Flatow* PiG 2012, 63 (76); *Elzer* NZM 2009, 641.

[116] BGH VIII ZR 85/09, WuM 2010, 482 = NJW 2010, 3088 = NZM 2010, 618 = MDR 2010, 1041 = GE 2010, 1010; VIII ZR 131/08, WuM 2009, 457 = AK-MietPrax § 536 BGB Nr. 24 = NJW 2009, 2442 = ZMR 2009, 836 = NZM 2009, 580 = GE 2009, 973; VIII ZR 300/08, WuM 2009, 659 = AK-MietPrax § 535 BGB Nr. 39 = NJW 2010, 1133 = NZM 2010, 855 = GE 2009, 1426; sa OLG Brandenburg ZWE 2010, 272; jurisPR-MietR 14/2010 Anm. 4 mAnm *Pfeilschifter.*

[117] LG Berlin GE 2011, 549; LG Hamburg ZMR 2010, 605.

[118] BGH VIII ZR 300/08, AK-MietPrax § 535 BGB Nr. 39 = NJW 2010, 1133 = WuM 2009, 659 = GE 2009, 1426 = NZM 2009, 855.

[119] BGH VII ZR 45/06, WuM 2007, 640 = NJW 2007, 2983.

[120] *Hille* NZM 2014, 454 (456) – die DIN 4109 soll lediglich unzumutbare Belästigungen verhindern und das für den Gesundheitsschutz unabdingbare Minimum gewährleisten.

[121] BGH VIII ZR 85/09, WuM 2010, 482 = NJW 2010, 3088 = NZM 2010, 618 = MDR 2010, 1041 = GE 2010, 1010; VIII ZR 131/08, WuM 2009, 457 = AK-MietPrax § 536 BGB Nr. 24 = ZMR 2009, 836 = NZM 2009, 580 = GE 2009, 973= NJW 2009, 2442; krit. *Gsell* WuM 2011, 491 (495); BGH V ZR 195/11, WuM 2012, 464 = NJW 2012, 2725 = NZM 2012, 611 = GE 2012, 967.

34 **DIN-Normen** oder vergleichbare technische Regelwerke können idR nur für ein ordnungsbehördliches Einschreiten Maßstab sein oder im Rahmen des Werkvertragsrechts Verpflichtungen des Werkunternehmers gegenüber dem Besteller inhaltlich näher bestimmen oder begrenzen. Der Werkunternehmer hat dann bei der Bauausführung die allgemein anerkannten Regeln der Bautechnik einzuhalten[122]. Dabei geht der Begriff der allgemein anerkannten Regeln der Bautechnik[123] noch über den der Allgemeinen Technischen Vorschriften (zB DIN-Vorschriften, VDI-Richtlinie) hinaus; letztere sind den ersteren unterzuordnen. Als private technische Regelungen haben sie nur Empfehlungscharakter.[124] In dieser Eigenschaft können sie die allgemein anerkannten Regeln der Technik[125] zutreffend beschreiben, aber auch hinter ihnen zurückbleiben[126], bspw. die DIN 4109 (Schallschutz).[127] DIN-Normen oder vergleichbare Regelungswerke sind **keine Rechtsnormen.**[128] Sie sind keine Willenserklärungen sondern Wissenserklärungen[129] und erzeugen keine gesetzliche,[130] sondern lediglich eine **tatsächliche, jederzeit widerlegbare Vermutung,** dass sie wegen ihres materiellen Inhalts allgemein anerkannte Regeln der Baukunst enthalten. Sie dürfen nicht unkritisch als „geronnener Sachverstand" oder als reine Forschungsergebnisse verstanden werden.[131]

35 Die Vertragsparteien können sich aber auch auf einen niedrigeren Standard eines konkreten Bauzustandes einigen[132] (zu sog. Beschaffenheitsvereinbarungen → Rn. 444). Das wird man dann annehmen können, wenn der Mieter eine mangelhafte Wohnung in Kenntnis ihres Zustandes anmietet und damit konkludent den vorgefundenen Standard als vertragsgemäß akzeptiert.[133] Dies ist aber im Einzelfall zu prüfen, da aus dem Verzicht des Mieters auf Gewährleistung nicht zwingend abgeleitet werden kann, dass er auch auf den Erfüllungsanspruch verzichten und den Zustand als vertragsgemäß akzeptieren will. Der Einzug in ein älteres Haus zu einer geringeren Miete beinhaltet zB keinen Verzicht des Mieters auf seinen Anspruch, die Wohnung im Rahmen des vertraglichen und üblichen Mietgebrauchs nutzen zu können.[134]

### 3. Anpassung an zeitgemäße Wohnverhältnisse

36 Problematisch ist die Annahme eines Mangels dann, wenn sich die Anforderungen an das Wohnen im Laufe der Zeit geändert haben und der Mietvertrag wegen seiner langen Laufzeit nicht angepasst wurde. Eine in den 60er Jahren errichtete und angemietete Neubauwohnung verfügt zB zur Zeit ihrer Errichtung nicht über ein Stromnetz, welches den heutigen Anforderungen an eine moderne Küchenlandschaft gerecht werden könnte. Auch die damalige Wärmedämmung entspricht nicht den heutigen Standards.[135] Der Mieter, der damals einen Mietvertrag abgeschlossen hat, kann somit ohne bauliche Maßnahmen den heutigen technischen Standard nicht ausnutzen. Derartige

---

[122] Zur Bedeutung von DIN-Normen für die Sorgfaltspflichten BGH WuM 2005, 123; zur Begriffsbestimmung der „allgemein anerkannten Regeln der Technik" s. *Seibel* NJW 2013, 3000 (3001).
[123] Zur Abgrenzung mit dem „Stand der Technik" s. *Seibel* NJW 2013, 3000 mit Hinweis auf die Dreistufentheorie des BVerfG NJW 1979, 359.
[124] BGH ZfIR 1998, 460 = DWW 1998, 306; *Gsell* WuM 2011, 491.
[125] Zum Begriff sowie zur Dreistufentheorie (allg. anerkannte Regeln der Technik, Stand der Technik, Stand von Wissenschaft und Technik) *Laubinger* ZMR 2012, 413.
[126] BGH ZfIR 1998, 460 = DWW 1998, 306 zur DIN Schallschutz 4109.
[127] BGH VIII ZR 45/06, WuM 2007, 640 = NZM 2007, 651 = NJW 2007, 2986 = GE 2008, 792; ausf. zu diesem Problem *Rodegra* WuM 2009, 151; *Hille* NZM 2014, 454; sehr interessant zur DIN 4109 auch BGH VII ZR 54/07, NJW 2009, 2439 zum Baurecht; – das Urteil dürfte aber auch für die Miete von Bedeutung sein.
[128] BGH NJW 1987, 2222 = NJW-RR 1987, 1119 = MDR 1987, 832 = DWW 1988, 80 = VuR 1987, 221; OLG Celle WuM 1985, 9 = ZMR 1985, 10 = GE 1985, 679.
[129] *Laubinger* ZMR 2012, 413 (416).
[130] BGH NJW 1968, 2238 = MDR 1969, 41 = VersR 1969, 310 = JZ 1968, 742.
[131] BVerwG WuM 1987, 413 = NJW 1987, 2886 = DÖV 1987, 913 = DVBl 1987, 907 m. krit. Anm. zum Zustandekommen von DIN-Normen.
[132] BGH WuM 1987, 306 = NJW 1987, 2575 = MDR 1987, 927 = GE 1987, 817 = ZMR 1987, 415; LG Mannheim ZMR 1990, 220; LG Berlin ZMR 1990, 420; AG Büdingen WuM 1998, 281.
[133] BGH WuM 1994, 201 = NJW-RR 1993, 522 = GE 1993, 643; LG Düsseldorf DWW 1991, 284; AG Dresden WuM 1991, 143.
[134] BGH VIII ZR 281/03, NJW 2004, 3174 = WuM 2004, 527 = NZM 2004, 736 = ZMR 2004, 807 = GE *2004, 1090 = DWW 2004, 292* = AK-MietPrax § 535 Nr. 7; LG Nürnberg/Fürth WuM 1985, 20; AG Rheine WuM 1988, 302.
[135] Siehe dazu BGH VIII ZR 271/17, WuM 2019, 25 = NZM 2019, 136 = NJW 2019, 507 = MietPrax-AK § 536 BGB Nr 57 = GE 2019, 116 mAnm Zehelein.

Funktionsdefizite lassen sich mit Hilfe des „objektiven" Fehlerbegriffs nicht darstellen,[136] da unter Zugrundelegung dieses Fehlerbegriffs nicht der heutige Standard, sondern nur die „vergleichbare Wohnung" als Maßstab herangezogen werden kann. Mit Hilfe des heute herrschenden „subjektiven" Fehlerbegriffs lässt sich ein Mangel begründen, wenn die Parteien bei Abschluss des Vertrages die Vorstellung hatten, es werde auch bei langer Wohndauer das jeweils für einen ungestörten Mietgebrauch Erforderliche geschuldet, was in einem gewissen Rahmen eine Pflicht des Vermieters zur Anpassung der technischen Einrichtungen entsprechend dem Wandel der Anschauungen auf Grund der technischen und wissenschaftlichen Entwicklungen nach sich zieht.[137] Das kann angenommen werden, wenn der vorhandene Standard **nicht unerheblich** hinter dem neuesten Standard zurückbleibt; wenn sich also die Umstände seit Beginn des Vertrages **erheblich geändert haben,** sie für breite Schichten der Bevölkerung eine **Selbstverständlichkeit** geworden sind und damit zum allgemeinen Lebensstandard gehören[138] (Mindeststandard). Dann liegt ein Mangel vor, der den Vermieter zum Tätigwerden (Erneuerung) verpflichtet, soweit der vom Mieter geforderte Mindeststandard allgemein üblich ist und nach der Verkehrsanschauung erwartet wird.[139] Das ist beispielsweise der Fall, wenn die Wohnung des Mieters über keinen vom Haus getrennten Stromkreislauf verfügt und die Kosten für den Allgemeinstrom vom Vermieter erstattet werden müssen.[140] Die Alterung infolge der sozialen und technischen Weiterentwicklung liegt somit in der Risikosphäre des Vermieters.[141]

Die Annahme eines Mangels in diesen Fällen führt zu einem Instandsetzungsanspruch des Mieters. Um dieses Ergebnis zu vermeiden, werden in der Lit. auch andere Lösungen vertreten. Börstinghaus[142] schlägt in Anlehnung an Rathjen[143] vor, dass sich der Anspruch des Mieters auf Vornahme einer Modernisierung richtet, dem dann stattzugeben ist, wenn die Voraussetzungen des § 313 BGB vorliegen (zur Pflicht des Vermieters zum wirtschaftlichen Handeln bei öffentlichrechtlichen Verpflichtungen → BGB § 535 Rn. 126 ff.). **37**

Eine allgemeine **Modernisierungspflicht** des Vermieters ist zu verneinen.[144] So ist der Vermieter nicht verpflichtet, nachträglich eine Zirkulationsleitung zu installieren, um überall Warmwasser ohne Vorlauf zu gewährleisten. Im Einzelfall ist allerdings der Vermieter zur Instandsetzung gezwungen; bspw., um dem Mieter die Nutzung technischer Haushaltsgeräte zu ermöglichen[145] oder um mit dem Einbau einer Schließanlage die Mietsache den veränderten Gegebenheiten im Wohnviertel anzupassen.[146] Auch kann der Mieter einen Anspruch gegen den Vermieter haben, dass dieser Thermostatventile einbaut.[147] Des Weiteren ist dem Vermieter untersagt worden, erhöhte Heizkosten, die mangels ausreichender Isolierung entstanden, auf den Mieter umzulegen.[148] Aus einer Entscheidung des BayObLG[149] lässt sich ein Recht des Mieters auf eine gesundheitlich unbedenkliche Wohnung entnehmen (→ Rn. 27). Das Gericht hat in diesem Rechtsentscheid festgehalten, dass der Vermieter die Wohnung nach den aktuellen **Grenzwerten für Schadstoffe** von gesundheitsschädigenden Einwirkungen freizuhalten hat. Ungeklärt ist, ob sich der in dieser Entscheidung enthaltener **38**

---

136 **AA** LG Hannover WuM 1991, 540; LG Köln WuM 1990, 424.

137 Ähnlich *Gsell* WuM 2011, 491 (499); BVerfG GE 1998, 1208 = ZMR 1998, 687 = WuM 1998, 657; AG Hamburg WuM 1994, 200; AG Bremerhaven WuM 1992, 601; ähnlich *Rathjen* ZMR 1999, 458 (460); DHF/*Franke* BGB § 537 Anm. 5.4.

138 KG WuM 1984, 42; ablehnend für Wärmedämmung BGH VIII ZR 271/17, WuM 2019, 25 = NZM 2019, 136 = NJW 2019, 507 = MietPrax-AK § 536 BGB Nr 57 = GE 2019, 116 mAnm *Zehelein.*

139 Zur Neuvermietung BGH VIII ZR 281/03, WuM 2004, 527 = GE 2004, 1090 = NJW 2004, 3174 = NZM 2004, 736 = ZMR 2004, 807 = DWW 2004, 292 = MDR 2004, 1346; *Börstinghaus* NZM 2005, 561 (564) will die Fälle über das Institut des WGG lösen; *Rathjen* ZMR 1999, 458 (460) mit Verweis auf BGH WuM 1992, 181 = MDR 1992, 476 = NJW 1992, 1386 zum Begriff „allgemein üblich"; *Kinne* GE 2000, 1394 (1397).

140 AG Erding WuM 2018, 711.

141 *Sternel* MietR Kap. VII Rn. 69.

142 *Börstinghaus* PiG 73 (2006), 39 (48).

143 *Rathjen* ZMR 1999, 458.

144 BGH VIII ZR 67/18, ZMR 2019, 576 = MietPrax = AK § 536 BGB Nr. 58; DHF/*Franke* BGB § 536 Anm. 4.9.

145 AG Schöneberg WuM 1992, 113; *Rathjen* ZMR 1999, 458 (462); **aA** LG Osnabrück ZMR 1989, 339 für Mikrowellenherd; AG Bonn WuM 1990, 14 für Kabelanschluss.

146 AG Hamburg WuM 1994, 200.

147 AG Gelsenkirchen WuM 1993, 735; **aA** AG Charlottenburg GE 1991, 829; weitere Nachweise bei *Schläger* ZMR 1989, 365 (366).

148 AG Bensheim WuM 1987, 315; **aA** zur Modernisierung der Heizungsanlage LG Hannover WuM 1991, 540 = ZMR 1991, 480.

149 BayObLG WuM 1999, 568 = DWW 1999, 350 = NZM 1999, 899 = ZMR 1999, 753 mAnm *Schläger.*

Gedanke auf andere Verhältnisse, wie zB Lärm, übertragen lässt. Dies wird in Hinblick auf Art. 2 GG zu bejahen sein, da dort der Schutz der körperlichen Unversehrtheit Verfassungsrang genießt und daher auf die Pflichten im Mietverhältnis Einfluss nimmt.

39 Auch der Mieter von Gewerberaum kann nach Treu und Glauben im Einzelfall berechtigt sein, vom Vermieter Erneuerungsarbeiten zu verlangen, soweit sie vom Geschäftszweck gedeckt sind und die Abwägung der Interessen ergibt, dass „dem Recht am eingerichteten und ausgeübten Gewerbebetrieb" gegenüber dem Eigentumsinteresse der Vorrang einzuräumen ist.[150]

40 Problematisch ist in diesem Zusammenhang, auf welchen vertragsgemäßen Standard sich die Mieter in den **östlichen Bundesländern** berufen können, soweit sie Mietverträge vor dem 3.10.1990 abgeschlossen haben. Hiervon hängt nämlich die Pflicht des Vermieters zur Gebrauchsgewährung (§ 535 Abs. 1 S. 1 BGB) sowie das Recht des Mieters zur Mietminderung (§ 536 BGB) ab. Nach Auffassung des OLG Naumburg[151] ist es in den östlichen Bundesländern für die Frage der Gewährleistung von Bedeutung, ob sich eine Wohnung in einem Haus dürftiger Bauqualität befindet. Der Mieter in den östlichen Bundesländern könne an die Bauqualität der vor dem 3.10.1990 errichteten Wohnungen nicht die gleichen Anforderungen stellen, wie ein Mieter an eine in den westlichen Bundesländern errichtete Wohnung.[152] Nach Auffassung des KreisG Erfurt[153] hat der Mieter Systemschäden des Bauwerks als vertragsgemäß hinzunehmen.

41 Diese Auffassungen sind im Kern zutreffend. Dies kann aber nicht dazu führen, dem Mieter das Minderungsrecht zu versagen, wenn er **vor dem 3.10.1990** in der ehemaligen DDR eine Wohnung angemietet hat. Es darf nicht unterstellt werden, dass der Mieter von vornherein auf einen bestimmten qualitativen Standard bei Anmietung der Wohnung verzichtet hat. Allerdings haben die Mieter im Regelfall ihr Minderungsrecht gem. § 108 ZGB nicht ausgeübt. Die **unterlassene** Geltendmachung einer Mietminderung ist aber nicht gleichzusetzen mit dem Verzicht auf den Erfüllungsanspruch. Sie erlaubt auch nicht die Annahme, der Mieter habe bewusst einen schlechten Standard als vertragsgemäß vereinbaren wollen. Erklärungen mit solcher Tragweite sind nur dann annehmen, wenn der Mieter schon bei der Anmietung davon ausging, dass die erkennbaren Mängel niemals behoben würden. Bei der Bewertung der Anschauungen über den geschuldeten (Mindest-) Standard sind daher nicht generell, sondern nur im Einzelfall gem. § 242 BGB Korrekturen vorzunehmen.[154]

42 Ansonsten, insbes. bei Verträgen über **Altbauwohnungen** nach dem 3.10.1990, lässt sich eine Sonderbehandlung im Bereich des Minderungsrechtes nicht rechtfertigen. Mit der Anpassung der Mieten im Rahmen der Preisbindung[155] und der nachfolgenden Überleitung des Wohnungsbestandes in ein freies Mietengefüge durch das Mietenüberleitungsgesetz[156] (MÜG) orientieren sich ab 1998 die Mieten am ortsüblichen Mietzins (§ 558 BGB). 20 Jahre danach ist die Gleichstellung zwischen Ost und West sowohl hinsichtlich der Wirtschaftlichkeit des Hausbesitzes als auch hinsichtlich der Erwartungen des Mieters an den Wohnungsstandard vollzogen. Einer an § 242 BGB orientierten rechtlichen Sonderbehandlung des Altbaubestandes in dem Gebiet der ehemaligen DDR bedarf es daher nicht.

### 4. Reichweite des Mangelbegriffs

43 Der Mangel kann sich auf alle **mitvermieteten und vom vertragsgemäßen Gebrauch erfassten Sachen** ausdehnen. Er kann somit nicht nur unmittelbar die Wohnung, sondern auch das Treppenhaus, den Flur sowie den Keller und den Dachboden[157] erfassen. Befindet sich daher außerhalb der Mieträume, aber im selben Gebäude, eine Gefahrenquelle, die sich während der Mietzeit auf die Räume auswirkt, liegt ein Mangel der Mietsache vor.[158] Aus der allgemeinen Instandhal-

---

[150] *Rathjen* ZMR 1999, 458 (460).
[151] OLG Naumburg WuM 1995, 145.
[152] KreisG Döbeln WuM 1992, 535.
[153] KreisG Erfurt WuM 1993, 112; *Horst* ZAP 1997, 1035 (1052).
[154] KreisG Döbeln WuM 1992, 535; KreisG Erfurt WuM 1993, 112.
[155] Vgl. die Erste Verordnung über die Erhöhung der Grundmieten v. 17.6.1991 (BGBl. I 1269); sowie die Zweite Verordnung über die Erhöhung der Grundmieten v. 27.7.1992 (BGBl. I 1416).
[156] MÜG v. 6.6.1995 (BGBl. I 748).
[157] *Anfänglicher Mangel bei Vorhandensein* einer Raumspartreppe OLG Dresden NZM 2006, 865 = NJW-RR 2006, 1601.
[158] BGH NJW 1972, 944 = MDR 1972, 599 zur Pacht; AG München ZMR 2012, 880 – Gefahrenlage im Hotelzimmer.

tungspflicht des Vermieters folgt, dass dem Mieter alle zur Ausübung seines Mietrechts notwendigen Räumlichkeiten, die auch ohne besondere Erwähnung im Wohnungsmietvertrag vom vertragsgemäßen Gebrauch erfasst werden (→ BGB § 535 Rn. 20 ff.), ordnungsgemäß zur Verfügung stehen müssen.[159] Störungen **aus dem Wohnumfeld** können ebenfalls einen Mangel darstellen; → Rn. 158 ff.

Darüber hinaus erstreckt sich die Mängelhaftung auch auf Nebenleistungen, zB Beheizung, die der Vermieter im Rahmen der Gebrauchsgewährung schuldet.[160] **44**

Für das Recht der Fahrnismiete gilt der subjektive Fehlerbegriff ebenfalls uneingeschränkt.[161] Zum Rechtsmangel → Rn. 281 ff. **45**

## IV. Erheblichkeit

### 1. Abgrenzung zum unerheblichen Mangel

Durch das Zweite MietRÄndG[162] wurde der Abs. 1 des § 537 BGB idF bis zum 31.8.2001 durch einen zweiten Satz ergänzt, nach dem bei einer nur **unerheblichen** Minderung der Gebrauchstauglichkeit dem Mieter kein Minderungsrecht zustand, es sei denn, der Vermieter hatte eine fehlende Eigenschaft der Mietsache zugesichert. Damit sollte kein neues Recht geschaffen, sondern lediglich die Auffassung der Rspr. kodifiziert werden.[163] Der Gesetzgeber wollte sicherstellen, dass sich die Parteien nicht in kleinlichen Streitigkeiten verlieren, die den Frieden der Hausgemeinschaft stören[164] § 536 Abs. 1 S. 3 BGB setzt diesen Gedanken fort. **46**

Ein unerheblicher Mangel liegt vor, wenn er leicht erkennbar ist und schnell sowie mit geringen Kosten beseitigt werden kann.[165] Die Rspr. des BGH[166], wonach bei einer **Wohnflächenabweichung** (→ Rn. 54 ff.) von mehr als 10% ein erheblicher Mangel vorliegt, lässt sich in diese Definition kaum einpassen.[167] Dies scheitert schon daran, dass sich die Wohnfläche auch bei nur ganz geringer Abweichung regelmäßig nicht vergrößern lässt. Zudem ist die Abweichung auch nicht leicht erkennbar. Der XII. Zivilsenat hat daher eine unerhebliche Minderung der Gebrauchstauglichkeit der vermieteten Sache auch dann anerkannt, wenn die Gebrauchsbeeinträchtigung bei objektiver Betrachtungsweise nicht spürbar ins Gewicht fällt. Es ist nicht zwingend, für die Begründung eines Mangels in jedem Fall auf die Grenze von 10% der vereinbarten Wohnfläche abzustellen, da im Einzelfall auch bei geringerer Abweichung eine erhebliche Gebrauchsbeeinträchtigung vorliegen kann[168] (iE → Rn. 56). **47**

Bei der Bewertung als unerheblich kann auch der Standard der Mietsache oder die Höhe des Mietzinses in die Bewertung einfließen.[169] Verschiedentlich wird versucht, die Unerheblichkeit des Mangels **an bestimmten Prozentwerten** festzumachen.[170] Dies erscheint überflüssig, da es letztlich auf die Bewertung der Beeinträchtigung ankommt.[171] Dabei ist es ohne Bedeutung, ob der Bewertung eine bestimmte Prozentzahl zugeordnet wird.[172] Zudem kann das starre Festhalten an einer Prozentgrenze bei höheren Mieten zu erheblichen absoluten Beträgen führen, obwohl gerade diese Mieter höhere Qualitätserwartungen hegen dürfen.[173] **48**

---

[159] KG WuM 1984, 42 = GE 1984, 81.
[160] Bub/Treier MietR-HdB/*Kraemer/Ehlert* Kap. III B Rn. 3144.
[161] Emmerich/Sonnenschein/*Emmerich* BGB § 536 Rn. 17.
[162] Zweites MietRÄndG v. 14.7.1964 (BGBl. I 457).
[163] *Börstinghaus/Eisenschmid* Neues MietR BGB § 536 S. 49.
[164] BT-Drs. IV/2195, 2.
[165] BGH XII ZR 251/02, WuM 2004, 531; LG Berlin WuM 1988, 301; LG Freiburg ZMR 1976, 210; AG Pinneberg WuM 1980, 63 für den Austausch einer Glühbirne; AG Münster WuM 1977, 205.
[166] BGH VIII ZR 101/04, WuM 2005, 712 = NZM 2005, 861; BGH VIII ZR 295/03, WuM 2004, 336 = NJW 2004, 1947 = NZM 2004, 453 = ZMR 2004, 495 = GE 2004, 682 = AK-MietPrax § 536 BGB Nr. 3; NJW 2005, 2152 = NZM 2005, 500 = GuT 2005, 163 = GE 2005, 861 = ZMR 2005, 612 = MDR 2005, 975 = AK-MietPrax § 536 BGB Nr. 9.
[167] *Scheffler* NZM 2005, 41 (42).
[168] KG WuM 2005, 713 = NZM 2005, 865; Cramer, NZM 2017, 457, 461.
[169] AG Charlottenburg MM 2000, 223; AG Münster WuM 1995, 704.
[170] *Franke* ZMR 1996, 297 bis 5%; *Beuermann* GE 1996, 948 sowie *Pfeifer* GE 1994, 955 bis 0,5%; AG Dortmund DWW 1997, 157 bis 3%.
[171] AG Mainz NJW-RR 1997, 265; zu weitgehend AG Münster WuM 1995, 704.
[172] Bub/Treier MietR-HdB/*Kraemer/Ehlert* Kap. III B Rn. 3226.
[173] Bub/Treier MietR-HdB/*Kraemer/Ehlert* Kap. III B Rn. 3226.

49 Bei einer gewerblichen Zwischenvermietung von Wohnungseigentum zum Zwecke der Weitervermietung sind Umstände, die die **Wohnungstauglichkeit beeinträchtigen,** idR auch als Mängel des Zwischenmietverhältnisses im Verhältnis Hauptvermieter zu Zwischenmieter anzusehen[174]. Ob diese Mängel dort als erheblich bzw. unerheblich einzustufen sind, hängt insbes. von der Größenordnung des gewerblichen Zwischenmietverhältnisses ab. Unerhebliche Mängel im Endmietverhältnis können somit, wenn sie in allen Zwischenmietverhältnissen zu beobachten sind, beim Zwischenmieter einen erheblichen Mangel im Verhältnis zum Hauptvermieter begründen.

50 Die Annahme eines unerheblichen Mangels hängt nicht davon ab, ob der Mieter die Wohnung **nutzt.** Ein unerheblicher Mangel kann daher nicht allein deswegen angenommen werden, weil der Mieter abwesend ist.[175]

51 Auf die Geringfügigkeit kommt es für die Minderung nicht an, wenn der Mangel auf dem Fehlen oder späteren Wegfall der **zugesicherten Eigenschaft** beruht (Einzelheiten → Rn. 319 ff.).

52 Der Erfüllungsanspruch bleibt dem Mieter auch bei Vorliegen eines unerheblichen Mangels erhalten.[176] Seine Geltendmachung darf aber nicht gegen Treu und Glauben (§ 242 BGB) verstoßen bzw. nicht schikanös (§ 226 BGB) sein.

53 Der Schadensersatzanspruch gem. § 536a BGB setzt ebenfalls **keinen erheblichen Mangel** voraus.[177] Diese Vorschrift verweist auf den Mangel gem. § 536 Abs. 1 BGB. In der Gesetzesfassung des § 536 Abs. 1 BGB, die ab dem 1.1.2002 gültig ist, liegt auch bei einer nur unerheblichen Minderung des Gebrauchs ein Mangel vor. § 536 BGB hatte dagegen in der bis zum 31.12.2001 gültigen Fassung eine Differenzierung zwischen Fehler und Mangel vorgenommen, die eine andere Beurteilung zuließ. Während § 536 BGB aF von einem Fehler sprach, verwies schon § 536a BGB aF auf einen Mangel iSd § 536 BGB aF. Die Unterscheidung von Fehler und Mangel rechtfertigte es, den nur geringfügigen Fehler nicht als Mangel der Mietsache anzusehen und damit den Schadensersatzanspruch auf erhebliche Fehler/Mängel zu begrenzen.[178] Es wäre auch nicht stringent, wollte man dem Mieter den Erfüllungsanspruch belassen, ihn aber von Folgeschäden ausschließen, die allein wegen der vom Vermieter unterlassenen Instandsetzung eintreten.

### 2. Die Wohnungsgröße als Mangel

54 Die Wohnungsgröße bemisst sich nach der Wohnfläche[179] und ist nach der Verkehrsauffassung ein Merkmal, welches von wesentlicher Bedeutung für den Wert der Mietsache ist[180] (zur Zusicherung der Wohnungsgröße → Rn. 334 ff.; zur Vereinbarung über die Berechnungsgrundlage → BGB § 535 Rn. 52 ff.). Die Parteien können daher hinsichtlich der Fläche eine Beschaffenheitsvereinbarung (→ Rn. 444) treffen.[181] Weist der Mietvertrag daher keine Fläche aus oder dient die angegebene Fläche lediglich der Beschreibung der Mietsache, fehlt es bezüglich der Wohnfläche an der Vereinbarung einer Sollbeschaffenheit.[182] Eine Minderung der Gebrauchstauglichkeit kann daher auch in einer vom Mietvertrag abweichenden **Wohnungsgröße** gesehen werden (zur Berechnungsmethode → BGB § 535 Rn. 51 ff.). Das betrifft aber nicht nur die Fälle der Übergabe einer

[174] BGH XII ZR 251/02, WuM 2004, 531 = GuT 2004, 169 = AK-MietPrax § 536 BGB Nr. 6 = NZM 2004, 776 = GE 2004, 1228.

[175] Palandt/*Weidenkaff* BGB § 536 Rn. 17.

[176] AG Berlin-Wedding, ZMR 2018, 607; AG Hamburg-Altona ZMR 2015, 383.

[177] **AA** *Looschelders* FS 10 Jahre Mietrechtsreformgesetz – eine Bilanz, 2011, 141 (142).

[178] **AA** Bub/Treier MietR-HdB/*Kraemer*/*Ehlert* Kap. III B Rn. 3225.

[179] LG Berlin GE 2010, 549.

[180] BGH WuM 2009, 733; NJW 1991, 912 = MDR 1991, 515 = GE 1991, 239 zum Kaufrecht; OLG Karlsruhe NZM 2002, 218 = NJW-RR 2002, 586; OLG Dresden WuM 1998, 144 = ZMR 1998, 417 = NJW-RR 1998, 512 = GE 1998, 122 = NZM 1998, 184 mAnm *Blank* = WuM 1998, 467 und *Pauly* = WuM 1998, 469 = ZMR 1998, 417 = GE 1998, 122; zur Berechnung der Minderung bei geringer Fläche OLG Köln NZM 1999, 73; *Kraemer* WuM Beilage zu Heft 12, 13 (16).

[181] BGH VIII ZR 244/08, WuM 2010, 27 zum Begriff „Mietraumfläche"; BGH VIII ZR 242/08, WuM 2009, 662 = GE 2009, 1487; LG Berlin GE 2007, 448 (449); 2005, 995; AG Dortmund ZMR 2014, 369; AG *Tempelhof-Kreuzberg GE 2008, 1267*; AG Potsdam GE 2007, 1558; abw. AG Hamburg-Bergedorf ZMR 2008, 547.

[182] OLG Dresden ZMR 2021, 107; s. auch BGH VIII ZR 306/09 zur Vereinbarung der Beschreibungsfunktion durch AGB → Rn. 55.

nicht vertragsgemäßen Mietsache, sondern auch Fälle einer nachträglichen Änderung, zB durch Umbaumaßnahmen des Vermieters.[183] Die in einer Betriebskostenabrechnung verwendete Wohnungsgröße gilt nicht automatisch als mietvertraglich vereinbart. Allein die qm-Angabe in einer Wohnungsannonce führt nicht zwingend zu einer vertraglichen Absprache über die dort angegebene Wohnungsgröße.[184] Auch die Angabe eines Maklers zur Wohnungsgröße soll unverbindlich sein, wenn der später geschlossene Mietvertrag keine Wohnungsgröße angibt und weitere Anhaltspunkte zur Größe der Wohnung nicht vorliegen.[185] Die Voraussetzungen für eine konkludente Einbeziehung der Wohnungsgröße in den Vertragsgegenstand ist jedenfalls dann gegeben, wenn in der Annonce eine Quadratmeterzahl angegeben wurde, die im Nachhinein durch Vorlage einer Wohnflächenberechnung belegt wird.[186] Von einer Minderung der Gebrauchstauglichkeit ist auszugehen, wenn die Flächendifferenz nicht unerheblich ist,[187] was bei einer Flächenabweichung von über 10% angenommen werden kann.[188] Dabei kommt es nicht darauf an, ob es sich um eine Mietwohnung im Mehrfamilienhaus oder um ein Einfamilienhaus handelt[189], zu dem eine Gartenfläche oder ähnliches mitvermietet wurde. Ebenso unerheblich ist es, ob die Wohnung leer oder möbliert vermietet wurde[190] oder ob sie mit einem Garten überlassen wurde.[191] Für die Ermittlung einer **Flächenabweichung** ist der Mietvertrag maßgebend, nicht der Bauträgervertrag.[192] Dabei entscheiden grds. die Parteien, was zur Wohnfläche zählen soll.[193] Dabei sind aber ggf. die Grenzen der WoFlVO unbeachtlich, zB die materielle Baurechtswidrigkeit gem. § 2 Abs. 3 Nr. 2 WoFlVO[194] (→ BGB § 535 Rn. 52). So ist zu prüfen, ob die Parteien Einigkeit darüber erzielt haben, dass bestimmte – zB baurechtswidrige – Flächen[195] zu Wohnzwecken zur Verfügung gestellt werden. Wird dies bejaht, zählen diese Räumlichkeiten bei der Wohnflächenberechnung mit.[196] Dies ist auch sachgerecht, da der Mieter dieser Räume ansonsten zB bei der Betriebskostenabrechnung privilegiert wäre.[197] Auch in der Ausstellung einer Bescheinigung für die Wohngeldstelle ist keine Grundlage einer vertraglichen Vereinbarung über die dort angegebene Wohnfläche zu sehen.[198]

---

183 BGH, XII ZR 40/19 WuM 2021, 97 = GE 2021, 175; *Börstinghaus,* Anm. zu BGH, jurisPR-BGHZivilR 6/2021 Anm. 2.

184 LG Mannheim DWW 2007, 21; AG Nienburg WuM 2009, 584.

185 AG München ZMR 2014, 552; *Börstinghaus:* jurisPR-MietR 20/2014 Anm. 6.

186 BGH VIII ZR 256/09, WuM 2010, 480 = AK-MietPrax § 536 BGB Nr. 33 = NJW 2010, 2648 = NZM 2010, 614 = GE 2010, 1047; zur Kollision mit dem Schriftformgebot bei Zeitmietverträgen *Streyl* NZM 2010, 606 (607).

187 KG GE 2002, 257; OLG Karlsruhe NZM 2002, 218 = NJW-RR 2002, 586; LG Berlin GE 2003, 190; **aA** LG Hamburg WuM 2000, 74 = NZM 2000, 84 = ZMR 2000, 224; AG Wittenberg WuM 2002, 370; *Kraemer* WuM Beilage zu Heft 12, 13 (16).

188 BGH VIII ZR 295/03, AK-MietPrax § 536 BGB Nr. 3 = NJW 2004, 1947 = NZM 2004, 453 = WuM 2004, 336 = GE 2004, 680 = ZMR 2004, 495; VIII ZR 44/03, AK-MietPrax § 536 BGB Nr. 2 = WuM 2004, 337 = ZMR 2004, 501 = NJW 2004, 2230 = DWW 2004, 183; KG GE 2002, 257; OLG Düsseldorf ZMR 2005, 450 für Gewerbeflächen; LG Köln ZMR 2003, 429; *Kraemer* NZM 2000, 1121; OLG Frankfurt a. M. WuM 2003, 25 = GE 2003, 184 = ZMR 2003, 353 = NZM 2003, 431 bei mehr als 25% Abweichung; unerheblich LG Berlin NZM 2003, 278 = GE 2003, 190 bei 7% Abweichung; *Scheffler* NZM 2003, 17 (18) bei mehr als 5%; krit. zu BGH *Schach* GE 2004, 673; wegen fehlender oder abw. Mietflächenangaben im Mietvertrag s. Rips/Eisenschmid Neues MietR/*Wall* Rn. 4036 ff.

189 BGH VIII ZR 164/08, WuM 2009, 733 = AK-MietPrax § 536 BGB Nr. 29 = NJW 2009, 292 = NZM 2010, 36 = GE 2010, 54.

190 BGH VIII ZR 209/10, WuM 2011, 213 = AK-MietPrax § 536 BGB Nr. 38 = NJW 2011, 1282 = NZM 2011, 309 = ZMR 2011, 542 = GE 2011, 542.

191 BGH VIII ZR 164/08, WuM 2009, 733 = AK-MietPrax § 536 BGB Nr. 29 = NJW 2010, 292 = NZM 2010, 36 = GE 2010, 54.

192 AG Schöneberg GE 2005, 491.

193 OLG Düsseldorf BeckRS 2012, 05818; LG Krefeld WuM 2008, 593 = NZM 2008, 800; LG Berlin GE 2006, 1173; AG Tempelhof-Kreuzberg GE 2008, 1267; AG Menden WuM 2006, 248; *Börstinghaus* jurisPR-MietR 7/2012 Anm. 2.

194 LG Frankfurt a. M. NZM 2009, 81; Eisenschmid/Wall/*Eisenschmid,* 3. Aufl., Rn. 4306 ff.; 4512.

195 Eisenschmid/Wall/*Eisenschmid,* 3. Aufl., Rn. 4306 ff.

196 BGH VIII ZR 275/08, AK-MietPrax § 536 BGB Nr. 26 = WuM 2009, 661 = NJW 2009, 3421 = GE 2009, 1425 = NZM 2009, 814; VIII ZR 242/08, AK-MietPrax § 536 Nr. 27 = WuM 2009, 662 = GE 2009, 1487; LG Berlin GE 2017, 890.

197 *Schmid* Mietnebenkosten-HdB Rn. 4134 b mit weiteren Beispielen.

198 AG Dortmund NZM 2006, 836.

55 Die Parteien können nach Auffassung des BGH[199] die Wohnfläche auch nur unverbindlich im Mietvertrag ausweisen. So soll von einer Beschaffenheitsvereinbarung hinsichtlich der Wohnfläche nicht ausgegangen werden können, wenn ein Wohnraummietvertrag zwar eine Wohnflächenangabe enthält, diese Angabe jedoch mit der Einschränkung versehen ist, dass sie nicht zur Festlegung des Mietgegenstandes diene. Eine solche Klausel als Allgemeine Geschäftsbedingung ist mit dem Transparenzgebot schwerlich vereinbar.[200]

56 Eine durch die nach unten abweichende Wohnungsgröße von mehr als 10% verursachte Beeinträchtigung muss nicht besonders nachgewiesen werden.[201] Allenfalls bei der Höhe der Minderung[202] oder bei Vorliegen einer geringfügigeren Abweichung[203] kann die Beurteilung der Beeinträchtigung eine Rolle spielen. Die Erheblichkeit wird unter Anwendung der Rspr. des BGH[204] bei einer mehr als 10%igen Abweichung indiziert[205]. Diese vom BGH aus Gründen der **Handhabbarkeit** und **Rechtssicherheit** generalisierende Betrachtung[206] schließt nicht aus, dass im Einzelfall – insbes. bei gewerblichen Mietverhältnissen – schon bei geringeren Flächenabweichungen die **Erheblichkeitsschwelle** der Gebrauchsbeeinträchtigung erreicht wird[207] bzw. eine Flächenabweichung für die Ermittlung der Höhe der Mietminderung anders bewertet wird als nach der prozentualen Abweichung von der vereinbarten Fläche.[208] Die Flächen haben eine unterschiedliche Bedeutung und sind unterschiedlich werthaltig. Das muss auch bei der „angemessenen Minderung" berücksichtigt werden.[209] Vereinbaren die Parteien eines Mietvertrags allerdings eine echte Quadratmetermiete, indem sie im Mietvertrag festlegen, dass sich die Miete aus der Größe des Mietobjekts in Quadratmetern multipliziert mit einem pro Quadratmeter zu zahlenden Mietpreis ergibt, dann bestimmt sich der Betrag der geschuldeten Miete unmittelbar auf der Grundlage der tatsächlichen Fläche, ohne dass es dabei entscheidend auf die Frage ankommt, ob die dem Mieter nachteilige Flächenabweichung unmittelbar zu einer Reduzierung der Miete führt oder ein Mangel des Mietobjektes iSv § 536 Abs. 1 BGB auch unterhalb einer Flächenabweichung von 10% angenommen wird[210].

57 Von einer unerheblichen Abweichung ist grds. auch dann nicht auszugehen, wenn die tatsächliche Wohnfläche um mehr als 10% von einer ca.-Angabe im Mietvertrag abweicht.[211] Das gilt auch für Gewerberäume, selbst bei Nebenflächen.[212] Bei der Beurteilung der Erheblichkeit ist nicht eine zusätzliche Toleranzspanne anzusetzen[213] (zur **Berechnungsgrundlage der Wohnfläche** → BGB

---

[199] BGH VIII ZR 306/09, WuM 2011, 11 = AK-MietPrax § 536 BGB Nr. 35 = GE 2011, 49 = ZMR 2011, 205 = NJW 2011, 220 = NZM 2011, 70; zust. *Börstinghaus* jurisPR-BGHZivilR 5/2011 Anm. 3; *Schach* jurisPR-MietR 1/2011 Anm. 3; AG Tempelhof-Kreuzberg GE 2014, 1345; AG Hamburg ZMR 2021, 239; s. auch OLG Dresden ZMR 2021, 107.

[200] *Weller* JZ 2011, 589; *Niebling* ZMR 2011, 205 (207) (Anmerkung).

[201] LG Köln NZM 2003, 278; AG Dortmund ZMR 2014, 369; *Kraemer* WuM 2000, 515 (522); *Scheffler* NZM 2003, 17ff.

[202] *Scheffler* NZM 2003, 17 (18).

[203] KG NJW-RR 2005, 1681; *Wenger* ZMR 2000, 645 (647).

[204] BGH VIII ZR 101/04, WuM 2005, 712 = NZM 2005, 861 = AK-MietPrax § 536 BGB Nr. 12 = GE 2005, 1349; VIII ZR 133/03, WuM 2004, 268; WuM 2004, 336 = GE 2004, 680 = ZMR 2004, 495 mAnm *Schul/Wichert* = AK-MietPrax § 536 BGB Nr. 3 mAnm *Eisenschmid;* OLG Düsseldorf GuT 2005, 15 = DWW 2005, 67.

[205] Anders noch OLG Dresden WuM 1998, 144 = ZMR 1998, 417 = NJW-RR 1998, 512 = GE 1998, 122 = NZM 1998, 184 mAnm *Blank* = WuM 1998, 467 und *Pauly* = WuM 1998, 469 = ZMR 1998, 417 = GE 1998, 122.

[206] Krit. zur 10%-Grenze *Beyer* NZM 2010, 417.

[207] BGH, XII ZR 40/19 WuM 2021, 97 = GE 2021, 175; KG ZMR 2009, 523; NZM 2005, 865 = WuM 2005, 713 = ZMR 2005, 950; AG Dortmund ZMR 2014, 369; zum umgekehrten Fall s. AG Neuruppin GE 2011, 489.

[208] BGH XII ZR 97/09, WuM 2012, 550 = AK-MietPrax § 536 BGB Nr. 43 = MDR 2012, 1152 = NJW 2012, 3173 = GE 2012, 1310 = NZM 2012, 726; zust. *Gies* jurisPR-MietR 25/2012 Anm. 4.

[209] *Börstinghaus* jurisPR-BGHZivilR 19/2012 Anm. 4; krit. *Bieber* GE 2012, 1265.

[210] OLG Dresden NZM 2019, 784 = ZMR 2019, 856; *Anzellotti* jurisPR-MietR 2/2020 Anm. 6.

[211] BGH VIII ZR 133/03, WuM 2004, 268 = NZM 2004, 456 = ZMR 2004, 500 = DWW 2004, 148 = GE 2004, 683 = AK-MietPrax § 536 BGB Nr. 4; BGH VIII ZR 218/08, WuM 2009, 514 = NJW 2009, 2880; BGH, XII ZR 40/19 WuM 2021, 97 = GE 2021, 175; *Börstinghaus,* Anm. zu BGH, jurisPR-BGHZivilR *6/2021 Anm. 2; LG* Münster ZMR 2008, 630.

[212] BGH XII ZR 97/09, WuM 2012, 550 = AK-MietPrax § 536 BGB Nr. 43 = MDR 2012, 1152 = NJW 2012, 3173 = GE 2012, 1310 = NZM 2012, 726.

[213] BGH VIII ZR 144/09, WuM 2010, 240 = NZM 2010, 313 = NJW 2010, 1745 = GE 2010, 613.

§ 535 Rn. 52ff.; zur Höhe der Mietminderung → Rn. 389). Im Einzelfall kann das Vorliegen eines Mangels aber verneint werden, wenn die die Vertragsparteien **übereinstimmend** von einer ca.-Größe nach Besichtigung ausgegangen sind[214], um die wahre Größe dem Streit zu entziehen und die Wohnfläche unabhängig von den tatsächlichen Umständen verbindlich festzulegen. Allein die Besichtigung des Mietobjektes reicht aber für die Annahme eines solchen Parteiwillens nicht aus[215].

Der Mieter kann sich auf den Mangel der abweichenden Wohnungsgröße auch dann berufen, wenn er erst **nach Beendigung** des Mietverhältnisses von der wahren Größe der Wohnung erfährt.[216]

Kein Mangel soll vorliegen, wenn die vereinbarte Wohnfläche mit der tatsächlichen Wohnfläche übereinstimmt und nur Streit darüber besteht, mit welchem Anteil die Fläche für das jeweilige Mietverhältnis bewertet wird. Das ist zB von Bedeutung, wenn die Parteien nur hinsichtlich des Umfangs der Anrechnung einer in der Größe unstreitigen Terrassenfläche auf die gesamte Wohnfläche keine Einigkeit finden können. Dieser Auffassung kann nicht gefolgt werden, weil die Bewertung des Beschaffenheitsmerkmals Wohnfläche Bestandteil jeder Wohnflächenberechnung ist. § 4 WoFlVO schreibt zB vor, dass Räume mit identischen Grundflächen, aber einer unterschiedlichen lichten Höhe, hinsichtlich ihrer Grundflächen verschieden bewertet werden. Das liegt daran, dass derartige Räume einen eingeschränkten Wohn- und Nutzwert haben.[217] Aber auch verschiedene Funktionen der Räume können zu differenzierten Flächen führen. Je höher der Wohnwert, desto mehr Fläche ist anzurechnen. Daher werden Balkone, Loggien, Dachgärten und Terrassen idR nur zu einem Viertel ihrer Grundfläche als Wohnfläche angerechnet.[218] Der vollständige Ansatz der Grundfläche einer Fläche mit vermindertem Nutzwert bzw. mit eingeschränkter Funktionalität führt daher zu einer fehlerhaften Wohnfläche bzw. einer mangelhaften Mietsache, soweit die Parteien nicht Abweichendes vereinbart haben. Eine Anrechnung zur Wohnfläche setzt allerdings voraus, dass Terrassen[219] oder Balkone[220] eine direkte Anbindung zum Wohnraum haben. Haben die Vertragsparteien einer gewerblichen Einheit keine Vereinbarung über die Berechnungsgrundlagen getroffen, reicht es aus, wenn der Vermieter dem Mieter die Mietfläche durch eine mögliche und zulässige Berechnung, zB nach DIN 277, nachweist.[221] **58**

Errechnet der Vermieter in einem Mieterhöhungsverlangen auf die ortsübliche Vergleichsmiete auf Grund einer falschen Quadratmeterzahl eine fehlerhafte Miete, löst dies allein keine Gewährleistungsfolgen aus. Denn die Mieterhöhungserklärung – auch wenn sie eine fehlerhafte Größe zu Grunde legt – vermag nicht den Vertragsgegenstand, sondern nur den Betrag der Mietzahlungsverpflichtung zu ändern.[222] Letzterer wiederum richtet sich nach Auffassung des LG Hamburg[223] bei einer Überschreitung der Abweichung um mehr als 10% nach den Grundsätzen des Wegfalls der Geschäftsgrundlage (→ Rn. 612ff.) allein nach der tatsächlichen Wohnungsgröße, da der Mieter immer nur den ortsüblichen Mietzins schuldet.[224] Der BGH[225] ist mit dem LG Hamburg[226] der Auffassung, dass bei einer Abweichung bis 10% sich der Vermieter auf die vertraglich festgelegte (größere) Wohnfläche stützen kann. Bei derart geringfügigen Abweichungen sei es dem Mieter **59**

---

214 BGH VIII ZR 219/04, WuM 2006, 245 = NZM 2006, 375 = ZMR 2006, 439 = AK-MietPrax § 536 BGB Nr. 13.

215 BGH VIII ZR 295/03, WuM 2004, 336 = GE 2004, 680 = ZMR 2004, 495 mAnm *Schul/Wichert* = AK-MietPrax § 536 BGB Nr. 3.

216 **AA** LG Düsseldorf NZM 2000, 278.

217 Eisenschmid/Wall/*Eisenschmid* 3. Aufl. Rn. 4001ff.

218 AG Flensburg WuM 2012, 29; zur Mieterhöhung s. *Börstinghaus* jurisPR-MietR 8/2012 Anm. 2; **aA** LG Berlin GE 2011, 1086.

219 BGH VIII ZR 218/08, WuM 2009, 514 = NJW 2009, 2880; zum Begriff Terrasse bzw. (gedeckter) Freisitz s. Eisenschmid/Wall/*Eisenschmid* 3. Aufl. Rn. 4263; AG Landau (Pfalz) WuM 2014, 740; *Börstinghaus* jurisPR-MietR 7/2015 Anm. 4.

220 AG Bergheim WuM 1998, 36; Eisenschmid/Wall/*Eisenschmid* 3. Aufl. Rn. 4535.

221 OLG Düsseldorf GE 2012, 616 = DWW 2012, 212; LG Berlin GE 2013, 58.

222 OLG Hamburg WuM 2000, 348 = NJW-RR 2000, 1321 = ZMR 2000, 609 = NZM 2000, 654.

223 LG Hamburg WuM 2001, 20 = NZM 2000, 1221 = GE 2000, 1688 = ZMR 2001, 191; abl. LG Hamburg ZMR 2001, 193 bei weniger als 10%.

224 LG Frankfurt a. M. WuM 1990, 157; LG Köln WuM 1986, 121; so iE auch *Beyer* NZM 2010, 417 (420); *Kraemer* NZM 1999, 156.

225 BGH VIII ZR 205/08, WuM 2009, 460 mAnm *Börstinghaus* = NZM 2009, 613 = AK-MietPrax § 558 BGB Nr. 23 = NJW 2009, 2739 = GE 2009, 1038 = MDR 2009, 297.

226 LG Hamburg ZMR 2001, 193.

zumutbar, sich an der vertraglichen Regelung festhalten zu lassen (→ BGB § 558 Rn. 60 ff.). Letztere Auffassung hat zu Recht deutliche Kritik erfahren.[227]

60 **Kündigt** der Mieter unter Berufung auf die Flächenabweichung gem. § 543 Abs. 2 Nr. 1 BGB das Mietverhältnis, ist dies grds. zulässig. Jedenfalls soweit die Flächenabweichung zu Lasten des Mieters mehr als 10 % beträgt, muss der Mieter nicht noch zusätzlich Zumutbarkeitsgesichtspunkte anführen.[228] Keine einheitliche Auffassung gibt es zu der Frage, ob es bei einer **nur geringfügigen Flächenabweichung** dem Mieter zuzumuten ist, das Mietverhältnis fortzusetzen. Für das Gebot einer erheblichen Beeinträchtigung des Gebrauchs spricht der Umstand, dass § 536 BGB einen erheblichen Mangel voraussetzt. Es widerspräche der Rechtslogik, wenn der Mieter zwar die Miete nicht mindern könnte, aber das Mietverhältnis mit einer fristlosen Kündigung beenden dürfte. Daher ist auch unter Anwendung des neuen Rechts für die fristlose Kündigung nach § 543 Abs. 2 Nr. 1 BGB erforderlich, dass grds. eine erhebliche Hinderung oder Vorenthaltung des Gebrauchs vorliegen muss[229], es sei denn, die Kündigung ist durch ein besonderes Interesse des Mieters gerechtfertigt (→ Rn. 434; → BGB § 543 Rn. 41).

61 Inzwischen ist geklärt, dass es auch dann keiner Prüfung der Zumutbarkeit bedarf, wenn die Flächenabweichung zwar erheblich ist[230], der Mieter aber die Flächenabweichung nicht sofort erkennt und sie daher **zunächst hingenommen** hat. In diesen Fällen könnte daran gedacht werden, dem Mieter entgegenzuhalten, dass er sich in der Vergangenheit mit der tatsächlichen Beeinträchtigung durch die geringere Fläche arrangiert habe, und daher eine fristlose Kündigung gegen Treu und Glauben verstieße. Andererseits ist zu bedenken, dass der Mieter grds. den Angaben des Vermieters Glauben schenken darf. Wenn er sich daher mit der geringeren Fläche zufrieden gibt, dann deshalb, weil er glaubt, sich selbst „verkalkuliert" zu haben. Dies darf aber nicht zu einer Risikoverlagerung führen.[231] Unter diesem Gesichtspunkt ist auch fraglich, ob der Mieter, der sich auf die Angabe des Vermieters in einer Zeitungsannonce verlässt, seine Gewährleistungsrechte verlieren kann[232]. Vor Anmietung ist es dem Mieter nämlich nicht zumutbar, die Wohnung auszumessen, da dies beim Vermieter als Misstrauensbeweis angesehen werden kann.

### 3. Einzelfälle geringfügiger Mängel

62 Ein geringfügiger, nicht zur Minderung berechtigender Mangel, kann vorliegen bei einmaligem Lärm aus der Nachbarwohnung wegen eines Festes, bei geringfügiger Unterschreitung des Schalldämmmaßes,[233] bei Verdunkelung der Küche durch ein Baugerüst[234], wenn Spritzwasser aus einer höher liegenden Dachrinne auf den Balkon fällt[235], oder wenn der Balkon leicht verändert wird,[236] bei sehr kurzem Heizungsausfall, bei vorübergehender geringfügiger (1 °C) Unterschreitung der erforderlichen Heizleistung,[237] bei geringen Geräuschen, die von haustechnischen Anlagen ausgehen,[238] bei abgetretenen Türschwellen[239] oder bei unverfugten Leisten und Türen,[240] beim Auftreten von Späherameisen[241] oder bei Vorliegen von Haarrissen an der Zimmerdecke.[242] Ein Was-

[227] *Beyer* NZM 2010, 417 (420).
[228] BGH VIII ZR 142/08, WuM 2009, 349 = GE 2009, 709 = NZM 2009, 431 = AK-MietPrax § 543 BGB Nr. 14.
[229] Herrlein/Kandelhard/*Kandelhard* BGB § 543 Rn. 32.
[230] **AA** *Scheffler* NZM 2003, 17 (18).
[231] **AA** *Pauly* MDR 2005, 1204 (1206); zum Verlust der Minderung nach Verwirkungsgrundsätzen BGH VIII ZR 254/02, WuM 2003, 440 = NZM 2003, 679 = NJW 2003, 2601 = ZMR 2003, 667 = AK-MietPrax § 536b BGB Nr. 3 mAnm *Eisenschmid;* BGH XII ZR 24/02, GuT 2005, 56 = NZM 2005, 303 = DWW 2005, 153 = MietPrax § 536 BGB Nr. 5.
[232] AG Frankfurt a. M. WuM 2007, 315; s. aber BGH NJW 2010, 2648.
[233] LG Berlin GE 2006, 1555.
[234] LG Berlin GE 2007, 655; **aA** LG Berlin GE 2016, 860; nicht bei Verdunkelung der Südseite, AG Ibbenbüren WuM 2007, 405; s. aber BGH VIII ZR 181/12, WuM 2013, 174 = GE 2013, 207.
[235] AG Münster WuM 2006, 192.
[236] AG Wedding GE 2008, 609.
[237] LG Hamburg WuM 1985, 261.
[238] AG Hannover GE 2014, 1592.
[239] *LG Berlin GE 2007, 655; ZMR 1985,* 50 = WuM 1988, 108 = GE 1984, 761.
[240] AG Saarburg WuM 2002, 29.
[241] AG Köln WuM 1999, 363 = MM 1999, 230.
[242] LG Berlin WuM 1988, 301; AG Tiergarten GE 2005, 999.

serfleck[243] an der Badezimmerdecke, ein kleiner Schimmelfleck[244] oder der Sprung in einer Fensterscheibe können ebenfalls nur eine unerhebliche Minderung der Gebrauchstauglichkeit darstellen.[245] Auch kleinere Mängel im Hauseingangsbereich sind regelmäßig geringfügig.[246] Bei der Unbenutzbarkeit des Balkons im Herbst oder Winter[247] ist die Geringfügigkeit zweifelhaft, da ein Balkon nicht nur zum Sitzen benutzt wird, sondern auch als Abstellfläche dient.[248] Die Verschmutzung des Balkons durch Pflanzenreste und Gießwasser der darüber liegenden Partei ist jedenfalls unerheblich[249]. Dies ist auch anzunehmen, wenn aufgrund des geringen Gefälles Regenwasser zunächst auf dem Balkon stehen bleibt und erst durch Verdunstung schwindet.[250] Auch beim Heizungsausfall im Sommer ist die Annahme eines geringfügigen Mangels nicht ohne Bedenken[251] (→ Rn. 353).

Eine Minderung ist fraglich, wenn die Badewanne nur unwesentlich verkleinert wird.[252] Sie **63**
scheidet aus, wenn bei einem Appartement ein Waschmaschinenanschluss fehlt[253] oder wenn sich das Garagentor nicht schließen lässt.[254] Unerheblich soll auch eine nicht abschließbare Badezimmertür sein sowie eine fehlende Temperaturregelung des Backofens.[255]

Gleiches gilt für geringfügige Lärmbelästigungen durch Mitmieter, zB durch das Betätigen der **64**
Wasserspülung, das Laufenlassen von Wasser sowie das Öffnen und Schließen von Fenstern nach 22.00 Uhr.[256] Ein in der Pflege vernachlässigter Garten führt nur zu einer unerheblichen Beeinträchtigung.[257] Ist dem Mieter die Nutzung des Gartens zum Wäschetrocknen zugesagt worden, so ist der Entzug dieser Möglichkeit unerheblich, wenn ein Trockenraum als Ausgleich zur Verfügung gestellt wird.[258] Generell kann bei kurzfristigen leichten Störungen von einem unerheblichen Mangel ausgegangen werden, wie zB bei vorübergehenden Störungen des Fernsehempfangs oder bei zeitweiliger Verschmutzung des Treppenhauses.[259]

## V. Ausschluss der Minderung bei Modernisierung

### 1. Energetische Modernisierung (§ 555 b Nr. 1 BGB)

Mit dem MietRÄndG[260] hat der Gesetzgeber § 536 BGB um einen Abs. 1 a ergänzt. Danach **65**
bleibt eine Minderung der Tauglichkeit für die Dauer von drei Monaten außer Betracht, soweit diese aufgrund einer Maßnahme eintritt, die einer energetischen Modernisierung nach § 555 b Nr. 1 BGB dient. Die Sinnhaftigkeit der einseitigen Verschiebung des Äquivalenzprinzips[261] sowie die verfassungsrechtliche Zulässigkeit dieser Vorschrift sind heftig umstritten.[262] Anders als bei dem Ausschluss der Minderung gem. Abs. 1 S. 3, der kleinliche Streitigkeiten zwischen den Vertragsparteien vermeiden helfen soll, dem Mieter aber den Erfüllungsanspruch gegen seinen Vermieter nicht nimmt, dient der „zeitlich befristete" Ausschluss der Minderung nach Abs. 1 a einem den Parteien übergeordneten Interesse, nämlich der Förderung und Erleichterung der energetischen Sanierung,

---

243 AG Tiergarten GE 2005, 999.
244 AG Trier WuM 2008, 665.
245 LG Berlin WuM 2000, 200.
246 AG Düsseldorf ZMR 2019, 872 zu fehlendem Briefkasten; AG Berlin-Mitte GE 2012, 1703 zu Urinpfützen vor dem Hauseingang.
247 LG Köln WuM 1975, 167; *Franke* ZMR 1996, 297.
248 AG Tempelhof-Kreuzberg GE 2014, 751, 3%.
249 AG Wetzlar ZMR 2009, 542.
250 AG Leipzig GE 2016, 593.
251 LG Wiesbaden WuM 1990, 71; AG Friedberg WuM 1995, 259.
252 AG Dortmund WuM 1989, 172.
253 AG Bayreuth WuM 1985, 260.
254 AG Kassel WuM 1989, 171; AG Hamburg WuM 1985, 260 zur Stilllegung einer Müllschluckanlage.
255 AG Tempelhof-Kreuzberg GE 2015, 195.
256 AG Münster WuM 1983, 236.
257 AG Schöneberg GE 2016, 1099.
258 LG Köln WuM 1987, 271.
259 Beispiele bei *Horst* ZAP 1997, 1035 (1038).
260 BGBl. 2013 I 434.
261 Zum Äquivalenzprinzip BGH XII ZR 132/09, NJW 2011, 514 = NZM 2011, 153 = AK-MietPrax § 536 BGB Nr. 36 = ZMR 2011, 372 = GE 2011, 197; sa Anm. *Eisenschmid* jurisPR-MietR 6/2011 Anm. 1.
262 S. nur DAV NZM 2012, 105 (106); *Börstinghaus* NZM 2012, 697 (699); *Hinz* ZMR 2012, 153 (158) – „problematisch"; *Geldmacher,* Stellungnahme an den Deutschen Mietgerichtstag am 30.6.2011, „nicht mehr von Art. 14 GG gedeckt"; krit. für die Gewerberaummiete *Leo/Ramm* NZM 2014, 63 (64).

ohne dass der Mieter einen Erfüllungsanspruch hat oder gar bekommt.[263] Der Gesetzgeber war der Auffassung, dass sich das Minderungsrecht im Falle einer Modernisierung als investitionshemmend auswirken kann. Andererseits soll der Ausschluss der Minderung befristet werden, um dem Vermieter einen Anreiz zu geben, die Maßnahmen zügig abzuwickeln.[264] Diese Vorschrift betrifft also die Minderung während der Baumaßnahme. Noch nicht abschließend geklärt ist die Möglichkeit der Mietminderung, wenn die bauliche Maßnahme für den Mieter auch oder nur eine Verschlechterung mit sich bringt (→ BGB Vor §§ 555a–555f Rn. 8).

66 **a) Die dreimonatige Frist.** Die Minderung bleibt für die Dauer von drei Monaten für eine Maßnahme außer Betracht. Die Dreimonatsfrist markiert eine zeitliche Höchstdauer. Erstreckt sich somit die energetische Maßnahme über einen Zeitraum von drei Monaten hinaus, lebt das Minderungsrecht des Mieters auf. Die Dreimonatsfrist beginnt mit der Aufnahme der Arbeiten, die der energetischen Modernisierung dienen. Will der Vermieter somit eine Außendämmung anbringen und muss dafür zunächst Teile der Außenwand instandsetzen, dann dient die Gesamtmaßnahme „Außenfassade" der energetischen Modernisierung und der Fristlauf beginnt mit der Aufnahme der Instandsetzungsarbeiten. Dieser wird nicht unterbrochen, auch wenn die Bauarbeiten vorübergehend stillstehen.[265] Die drei Monate sind daher nicht etwas als Summe einzelner Zeiträume zu verstehen. Vielmehr bleibt die Minderung mit Beginn der Maßnahme, die der energetischen Modernisierung dient, maximal für eine zusammenhängende Dauer von drei Monaten außer Betracht.[266]

67 Bauexperten sind sich darin einig, dass praktisch in jeder Modernisierung ein hoher Anteil Instandsetzungsmaßnahmen steckt. Denkbar sind somit auch Maßnahmen, die zu einem überwiegenden Anteil der Instandsetzung dienen und nur zu einem kleinen Teil einen energetischen Vorteil bringen. Diese Maßnahmen werden nach dem Wortlaut der Vorschrift gleich behandelt, da es darauf ankommt, dass sie der energetischen Modernisierung „dienen". Damit wird zum Ausdruck gebracht, dass die Maßnahme selbst keinesfalls ausschließlich energetische Wirkungen zeigen muss. Dieses Verständnis der Vorschrift entspräche auch der Zielsetzung des Gesetzes, die energetische Modernisierung zu fördern. Somit wäre unabhängig von dem Anteil der Instandsetzung an der Gesamtmaßnahme das Minderungsrecht für drei Monate ausgeschlossen.[267] Diese Auffassung ist aber nicht unbestritten. So lässt sich nach dem Wortlaut der Vorschrift ohne weiteres auch die Auffassung vertreten, dass es dem Vermieter nicht zugutekommen darf, wenn er anlässlich einer energetischen Modernisierung längst fällige Reparaturarbeiten miterledigt. Bei dieser Betrachtung dient die Maßnahme der energetischen Modernisierung nur, soweit sie unmittelbar darauf ausgerichtet ist. Daher soll in diesen „Misch"-Fällen, wenn die Maßnahme sowohl energetisch wirksame Arbeiten als auch Instandsetzungsarbeiten enthält, die Mietminderung nicht vollständig, sondern nur anteilig ausgeschlossen sein.[268]

68 Umstritten ist auch, wann die Dreimonatsfrist beginnt. Hierzu wird vertreten, dass die Frist mit dem Tag beginnt, an dem die erste Beeinträchtigung des vertragsgemäßen Gebrauchs festgestellt wird.[269] Im Übrigen soll der Vermieter darlegen, wann der Mieter mit einer entsprechenden Beeinträchtigung zu rechnen hat. Störungsfreie Zeiten sollen nicht berücksichtigt werden. Die Verschiebung des Zeitpunktes, mit dem die Dreimonatsfrist zu laufen beginnt, auf das erste Auftreten eines Mangels scheint auf den ersten Blick konsequent, weil ein Minderungsausschluss normalerweise an einen Minderungstatbestand anknüpft. Diese Auffassung misst aber dem gesetzgeberischen Ziel der Vorschrift, den Vermieter zur beschleunigten Durchführung seines Vorhabens zu veranlassen[270], nicht ausreichende Bedeutung bei. Dieses Ziel ist nämlich nur zu erreichen, wenn der Beginn der Ausschlussfrist mit dem Beginn der Baumaßnahme zusammenfällt, weil nur dann der Minderungsausschluss im Idealfall mit der Dauer der Modernisierungsmaßnahme identisch ist.

---

[263] *Börstinghaus* NZM 2012, 697 (700).
[264] BT-Drs. 17/10485, 25.
[265] *Hinz* NZM 2013, 209 (217), **aA** *Abramenko* MietR 2013 Rn. 90.
[266] BT-Drs. 17/10485, 25.
[267] *Neuhaus* ZMR 2013, 686 (692).
[268] *Hinz,* Vortrag auf dem Mietgerichtstag 2013, 15 f., https://www.mietgerichtstag.de/mietgerichtstage/vorträge-und-programme-früherer-mietgerichstage/mietgerichtstag-2013/; *Hinz* NZM 2013, 209 (214).
[269] *Zehelein WuM 2013, 133; Hinz* NZM 2013, 209 (217); *Hannemann* IMR 2013, 435; *Neuhaus* ZMR 2013, 686 (693); *Lützenkirchen* MietR 2. Aufl. BGB § 536 Rn. 327.
[270] Begr. des Kabinettsentwurfs zu Nr. 2 – Nachw. bei Börstinghaus/*Eisenschmid,* AK Mietrechtsänderungsgesetz 2013, BGB § 536 Rn. 24.

Zudem bedenkt diese Meinung nicht, dass der Dreimonatszeitraum selbst dann nicht unterbrochen wird, wenn die Bauarbeiten an einem Tag einen geringen Mangel verursacht haben und später über die gesamte Baumaßnahme ohne Mieterbeeinträchtigung fortgesetzt werden. Der Zeitraum über drei Monate läuft somit unabhängig davon, ob der erste Mangel anhält, ob später eine neue Gebrauchsbeeinträchtigung erfolgt oder ob keine Beeinträchtigungen mehr auftreten. Dann ist es auch unerheblich, ob in diesem Zeitraum überhaupt eine Gebrauchsbeeinträchtigung auftritt oder ob ein Mangel am Beginn, im Laufe oder am Ende des Dreimonatszeitraums festgestellt werden kann.

Der Anreiz für den Vermieter, die Baumaßnahmen zügig abzuschließen, ist nur zu verwirklichen, wenn die Dreimonatsfrist mit dem Beginn der Maßnahme des § 555 b Nr. 1 BGB anfängt.[271] Der Zeitpunkt, den der Vermieter in seiner Ankündigung nach § 555 c BGB nennt, ist ein Indiz für den Beginn. Da er nur den voraussichtlichen Beginn anzukündigen hat, sind die auftretenden Verzögerungen zu berücksichtigen. Wird innerhalb der folgenden drei Monate der vertragsgemäße Gebrauch durch die energetische Maßnahme beeinträchtigt, kann der Mieter aus diesem Grund die Miete nicht mindern. Die Frist von drei Monaten berücksichtigt somit nicht, ob überhaupt ein Mangel auftritt und ob der Vermieter die Maßnahme bei optimaler Planung innerhalb von zwei Wochen hätte durchführen können oder ob er zB aufgrund von technischen oder ggf. auch selbst verantworteten Problemen hierfür drei Monate benötigt. Nach Ablauf der drei Monate lebt das Minderungsrecht wieder auf.

**b) Der Begriff der Maßnahme.** Im Laufe des Gesetzgebungsverfahrens sind Fragen aufgeworfen worden, auf die der Wortlaut des Gesetzes keine unmittelbare Antwort gibt. So wurden Zweifel geäußert, ob ein Aufspalten der Modernisierung in mehrere sich anschließende Teilmaßnahmen zu einer zeitlichen Aufsummierung von Minderungsausschlüssen führen könne. Ungeklärt sei auch, ob und ggf. wie lange der Vermieter bzgl. weiterer Maßnahmen zur energetischen Modernisierung an eine schon abgelaufene Frist gebunden bleibe.[272] Solle der Minderungsausschluss von drei Monaten unbegrenzt oder pro Jahr gelten und könne der Vermieter möglicherweise minderungsfreie Zeiten ansparen?[273] 69

Wie schon dargelegt, gilt der Ausschluss der Minderung für einen Zeitraum von maximal drei Monaten, soweit die Beeinträchtigung auf eine **Maßnahme** zurückzuführen ist, die der energetischen Modernisierung dient. Ist die Maßnahme beendet und beginnt der Vermieter mit einer neuen Maßnahme, läuft der Minderungsausschluss erneut für maximal drei Monate. Daher ist auch kein Raum für das Ansparen von Zeiten des Minderungsausschlusses. Es bleibt allerdings die Ungewissheit darüber, was unter einer „Maßnahme" zu verstehen ist. So kann man unter einer Maßnahme jede Einwirkung auf die Mietsache verstehen, die geeignet ist, den Mieter bei der Ausübung seines Gebrauchsrechts zu hindern oder einzuschränken.[274] Danach können mehrere Maßnahmen (Einzelgewerke) erforderlich sein, um einen bestimmten Erfolg, zB die Dämmung des Daches, herbeizuführen. 70

Andererseits verwenden § 554 Abs. 2 BGB aF bzw. §§ 555 b, 555 d BGB den Begriff der Maßnahme auch im Sinne des gewollten und erstrebten Endzustandes der Modernisierung, wie aus der angeordneten Interessenabwägung oder der Berücksichtigung der zu erwartenden Mieterhöhung zu erkennen ist. So gesehen sind Maßnahmen nicht die zur Erreichung des Bauziels notwendigen Einzelgewerke sondern die jeweiligen konkreten Bauaufträge zur Erreichung des gewünschten Endzustands, zB Dämmung des Daches. Diese Sichtweise korrespondiert auch mit der Neufassung des Gesetzes in § 555 b Nr. 1 BGB. Danach sind (Modernisierungs-) „Maßnahmen bauliche Veränderungen, durch die … Endenergie … eingespart wird." Die Maßnahme beschreibt also den Endzustand des baulichen Eingriffs. Nur die so verstandene Maßnahme führt zum dreimonatigen Minderungsausschluss. Bei jeder neuen Maßnahme im Sinne einer energetischen Modernisierung beginnt die Frist erneut.[275] Ausnahmen können gerechtfertigt sein, wenn der Vermieter unter Missachtung der Wirtschaftlichkeit zusammengehörende Maßnahmen auseinanderzieht und so die Bauzeit verlängert.[276] 71

---

271 So iErg HWE MietR-HdB/*Hannemann/Grundmann* § 21 Rn. 147.
272 DAV NZM 2012, 105 (106).
273 *Pfeifer* MK, Sonderausgabe Oktober 2011, 2.
274 → BGB § 555 a Rn. 3.
275 So wohl auch *Hannemann* IMR 2013, 435 (439).
276 *Lützenkirchen* MietR, 2. Aufl., BGB § 536 Rn. 329.

72 **c) Parallele Maßnahmen.** Problematisch sind insbes. die Fälle, bei denen der Vermieter energetische Maßnahmen parallel und gleichzeitig mit anderen (Erhaltungs-)Maßnahmen durchführt.[277] Bei diesen Fallgestaltungen muss zwecks sachgerechter Einschätzung des Minderungsbetrages ermittelt werden, welche der parallel ergriffenen Maßnahmen in welchem Umfang die Tauglichkeit der Mietsache zum vertragsgemäßen Gebrauch einschränkt. Beispielhaft sind Erhaltungsmaßnahmen an der Fassade zu erwähnen, gekoppelt mit Wärmedämmmaßnahmen am Dach oder die Modernisierung der Heizung, welche baulich mit einer Fahrstuhlreparatur gekoppelt wird[278] (zu der Frage einer anteiligen Mietminderung bei einer einzigen Maßnahme, die neben der Modernisierung auch notwendige Instandsetzungsarbeiten erfordert, → Rn. 67).

73 Es kommt nach dem Gesetzeswortlaut nicht darauf an, welche der beiden Maßnahmen überwiegt oder gar darauf, zu welchem Anteil die Arbeiten „energetisch bedingt" sind, weil die parallel laufenden Maßnahme getrennt zu bewerten sind.[279] In diesen Fällen – wie auch bei den unter → Rn. 67 beschriebenen Fällen – ergeben sich daher praktische Probleme für den Mieter zur Feststellung, ob die festgestellte Beeinträchtigung der Tauglichkeit zum vertragsgemäßen Gebrauch der einen oder anderen Maßnahme zugeordnet werden muss. Hierzu könnte die Vorlage eines genauen Bauablaufplans hilfreich sein. § 287 Abs. 2 ZPO, auf den der Gesetzgeber[280] für diese Fälle hinweist, dient nicht der Rechtssicherheit[281] und ist ein Notbehelf im Einzelfall, aber keine für Massenverfahren geeignete Regelung, die im vorprozessualen Raum den Parteien helfen kann. Selten werden die vom BGH[282] geforderten greifbaren hinreichenden Anhaltspunkte für eine Schätzung vorliegen. Der Vermieter ist beweisbelastet[283] und trägt insoweit das Risiko eines notwendigen Sachverständigengutachtens.[284]

74 Der Mieter sollte in diesen Fällen dennoch wegen der BGH-Rechtsprechung[285] nicht auf sein Recht zur Minderung vertrauen, da auch er insoweit vom Ergebnis des Sachverständigengutachtens abhängig ist. Reagiert nämlich der Vermieter auf eine vorbehaltlose Mietminderung des Mieters mit einer fristlosen (§§ 543, 569 BGB) oder ordentlichen (§ 573 BGB) Kündigung wegen Zahlungsverzugs, kann das für den Mieter den Verlust seiner Wohnung bedeuten. Um eine wirksame Kündigung wegen Zahlungsverzugs zu vermeiden, sollte in diesen Fällen der Mieter besser unter (einfachem) Vorbehalt der Minderung die Miete vollständig entrichten, da nicht auszuschließen ist, dass er bei verkehrsüblicher Sorgfalt hätte erkennen können, dass ein Mietminderungsrecht nicht besteht.[286]

Unklar ist, ob der Minderungsausschluss davon abhängig ist, dass der Vermieter die Maßnahme ordnungsgemäß unter Beachtung des § 555 c BGB angekündigt hat. Der Wortlaut des § 536 Abs. 1 a BGB spricht dagegen.[287] Ebenso kann eingewendet werden, dass es in diesen Fällen der Mieter in der Hand hat, sich gegen die Maßnahme zu wehren.[288] Da § 536 Abs. 1 a BGB lediglich auf die Legaldefinition der energetischen Modernisierung gem. § 555 b Ziff. 1 BGB verweist, wird teilweise davon ausgegangen, dass für den Minderungsausschluss eine formell wirksame Ankündigung gem. § 555 c BGB nicht erforderlich ist[289], zumal die Verletzung der Hinweispflicht nach § 555 c Abs. 2 BGB nur als Obliegenheitsverletzung ausgestaltet ist (→ BGB § 555 c Rn. 55). Andererseits ist kaum verständlich, warum der Vermieter, der unter Missachtung des Gesetzes den Mieter zur Duldung einer baulichen Maßnahme zwingen will, trotz erheblicher Beeinträchtigung des vertragsgemäßen Gebrauchs auch noch den Vorteil einer ungeminderten Miete genießen soll. Es ist

---

277 *Hau* PiG 2011, 31 (36 f.).

278 Weitere Beispiele bei *Pfeifer* MK, Sonderausgabe Oktober 2011, 1; *Lützenkirchen* MietR 2. Aufl. BGB § 536 Rn. 323.

279 *Neuhaus* ZMR 2013, 686 (692).

280 BT-Drs. 17/10485, 25.

281 DAV NZM 2012, 105 (106).

282 BGH VII ZR 339/02, NJW-RR 2004, 1023 = MDR 2004, 960.

283 *Hinz* ZMR 2012, 153 (158).

284 *Börstinghaus* NZM 2012, 697 (700).

285 BGH VIII ZR 138/11, WuM 2012, 499 = NZM 2012, 637 = NJW 2012, 2882 = AK-MietPrax § 543 BGB Nr. 26 mAnm *Börstinghaus.*

286 BGH VIII ZR 138/11, WuM 2012, 499 = NZM 2012, 637 = NJW 2012, 2882 = AK-MietPrax § 543 BGB Nr. 26 mAnm *Börstinghaus;* kritisch *Selk* NZM 2018, 593, 595; zur Erfüllungswirkung des Vorbehalts AG *München NZM 2016, 314.*

287 *Neuhaus* ZMR 2013, 686 (692).

288 *Hannemann* IMR 2013, 435 (439).

289 Umf. *Hinz* NZM 2013, 209 (211).

in dieser Situation auch kaum verständlich, den Mieter auf die Möglichkeit einer Klage zu verweisen und ihm das Prozessrisiko aufzuerlegen, wo doch der Vermieter den Anlass für die Beeinträchtigung liefert. Letztendlich ist zu bedenken, dass § 536 Abs. 1 a BGB als Ausnahmevorschrift restriktiv zu handhaben ist.[290]

**d) Sonstiges/Übergangsregelung.** Entgegen den Vorentwürfen des Gesetzes[291] soll die Mietminderung nicht ausgeschlossen sein, wenn durch die Veränderungen an der Mietsache nur Primärenergie eingespart oder das Klima auf sonstige Weise geschützt wird (§ 555 b Nr. 2 BGB). Mit dem Verweis in Abs. 1 a auf § 555 Nr. 1 BGB wird sichergestellt, dass der Mieter auch bei klimaschützenden Maßnahmen die Miete mindern kann, zB wenn im Zuge der Installation einer Photovoltaikanlage der vertragsgemäße Gebrauch beeinträchtigt wird. Die Vorschrift erfasst auch nicht Modernisierungsmaßnahmen gem. § 555 b Nr. 3–7 BGB). Zum Verhältnis von § 555 b Ziff. 1 und Ziff. 6 BGB → BGB § 555 b Rn. 55. 75

Grundsätzlich gilt, dass bei einem Dauerschuldverhältnis nach Inkrafttreten einer Rechtsänderung das neue Recht auch auf das bestehende Schuldverhältnis anzuwenden ist. Gem. Art. 2 MietRÄndG ist auf Mietverhältnisse, die vor Inkrafttreten des neuen Gesetzes entstanden sind, § 536 BGB in der alten Fassung anzuwenden, wenn 76

- dem Mieter die Mitteilung der Modernisierungsmaßnahme gem. § 554 Abs. 3 S. 1 BGB aF vor dem Inkrafttreten des Gesetzes zugegangen ist oder
- bei Maßnahmen, die nur eine unerhebliche Auswirkung auf die Mietsache haben und nur zu einer unerheblichen Mieterhöhung führen (§ 554 Abs. 3 S. 3 BGB aF), der Vermieter mit der Ausführung der Maßnahme vor dem Inkrafttreten des Gesetzes begonnen hat.

### 2. Sonstige Modernisierung

Eine Minderung wird nicht dadurch ausgeschlossen, weil der Mieter eine vom Vermieter veranlasste Modernisierung **geduldet** oder ihr **zugestimmt** hat.[292] Vielmehr kommen in diesen Fällen insbes. Minderungsansprüche in Betracht, weil die Wohnung während der Modernisierungsarbeiten ganz oder teilweise nicht so genutzt werden kann, wie vertraglich vereinbart. Das ist der Fall, wenn erhebliche Belästigungen auftreten, wie zB Lärm, Staub und Kälte oder – nach Modernisierung – wenn die Arbeiten nicht fachgerecht durchgeführt wurden und die Wohnung dadurch Mängel aufweist.[293] 77

## VI. Fallgruppen und Einzelfragen zum Sachmangel

### 1. Öffentlich-rechtliche Beschränkungen

Öffentlich-rechtliche Gebrauchshindernisse und -beschränkungen können die Tauglichkeit zu dem vertragsgemäßen Gebrauch mindern und damit einen Sachmangel darstellen.[294] Insbesondere bei der Vermietung von Gewerberäumen führen privat- oder öffentlich-rechtliche Hindernisse zu einem Mangel.[295] Voraussetzung ist aber, dass die Beschränkungen der konkreten vermieteten Sache ihre Ursache gerade in deren **Beschaffenheit** und **Beziehung** zur Umwelt haben und **nicht** in den **persönlichen** oder **betrieblichen Umständen** des Mieters.[296] Diese Einschränkung ist erforderlich, um dem Mieter nicht durch eine übermäßige Ausdehnung des Fehlerbegriffs das Verwendungsrisiko zu nehmen. 78

---

290 *Hau* NZM 2014, 809 (814).

291 Vgl. die Gegenüberstellung zu § 536 BGB bei AK MietRÄnderungsG.

292 LG Berlin WuM 2018, 359; LG Mannheim WuM 1986, 139; AG Köln ZMR 1980, 87.

293 LG Berlin MM 1994, 396.

294 LG Potsdam WuM 2015, 350.

295 OLG Hamm ZMR 2020, 739 = MDR 2020, 785 zum behördlichen Verbot des Betriebs mehrerer Spielhallen, m. Anm. *Börstinghaus,* jurisPR-MietR 12/2020 Anm. 3; Emmerich/Sonnenschein/*Emmerich* BGB § 536 Rn. 11 ff.; LG Berlin NJW-RR 1990, 852; Einzelfälle bei Palandt/*Weidenkaff* BGB § 536 Rn. 19.

296 BGH ZMR 1994, 253 = DWW 1994, 249; BGH WuM 1992, 687 = NJW 1992, 3226 = ZMR 1993, 7; BGH WuM 1992, 313 = NJW-RR 1992, 267 = ZMR 1992, 239; BGH WuM 1988, 302 = GE 1988, 937 = NJW 1988, 2664 = MDR 1988, 1052 = ZMR 1988, 376; BGH NJW 1982, 2062; OLG Düsseldorf ZMR 2011, 865; KG ZMR 2010, 31; LG Stuttgart ZMR 2021, 120 zu COVID-19; LG Bamberg ZMR 2004, 581; *Günter* NZM 2016, 569 (570); Wolf/Eckert/Ball Gewerbl. Miet-/Pacht-/LeasingR-HdB Rn. 295; Emmerich/Sonnenschein/*Emmerich* BGB § 536 Rn. 11; Bub/Treier MietR-HdB/*Kraemer/Ehlert* Kap. III B Rn. 3213.

79 Zweifel sind in den Fällen angebracht, bei denen das **Gebrauchshindernis** auf **Verboten** oder **Beschränkungen** zuständiger Behörden beruht, die ihren Grund nicht in der Person des Mieters haben, sondern allgemein die Art seiner gewerblichen Betätigung betreffen, wie. zB die Verkürzung der Sperrzeit.[297] Da der BGH nur dann öffentlich-rechtliche Hindernisse und Beschränkungen als Mangel ansieht, wenn sie auf der konkreten Beschaffenheit, dem Zustand oder der Lage der Mietsache beruhen[298] (Beispiele: Nutzungsuntersagung für den Betrieb einer Spielhalle wegen fehlendem Mindestabstand zu geschützten Einrichtungen für Minderjährige[299], Versagung der Gaststättenkonzession wegen des Zustandes der Räume oder wegen fehlender Kfz-Einstellplätze, Bebauungsverbot eines Grundstücks, Untersagung des Gewerbebetriebes wegen Verstoßes gegen den kommunalen Flächennutzungsplan bzw. wegen Verstoßes gegen Bauvorschriften[300], fehlende Anforderungen des Gesundheitsschutzes und der Sicherheit an Wohnräume[301]), betriebsbezogene Beschränkungen dagegen dem Verwendungsrisiko des Mieters zuweist,[302] ist nach diesen Vorgaben von einem Mangel abzusehen; es sei denn, der Verwendungszweck ist Vertragsinhalt geworden (→ Rn. 19ff.). Daher liegt ein gesetzliches Rauchverbot in der Risikosphäre des Mieters und stellt grds. keinen Mangel dar.[303] Das gilt gleichermaßen für die Nutzungsbeschränkungen durch staatliche Anordnungen (s. §§ 16, 28, 32 IfSG) wegen COVID-19.[304] Ab 31.12.2020 gilt übergangsweise bis 30.9.2022 der neu eingeführte Art. 240 § 7 EGBGB, wonach für Grundstücke und Räume, die keine Wohnräume sind, eine Vermutung dahingehend besteht, dass Einschränkungen bei der Verwendung solche Räume infolge staatlicher Maßnahmen infolge COVID-19 ein Umstand iSd § 313 Abs. 1 BGB vorliegt, der sich nach Vertragsschluss schwerwiegend verändert hat.[305] Verfahren über die Anpassung der Miete oder Pacht für solche Räume sind zudem gem. § 44 ZPOEG vorrangig und beschleunigt zu behandeln. Die rechtliche Einordnung der Folgen von behördlichen Maßnahmen, wie Schließung und eingeschränkende Auflagen zur Nutzung von Räumen, namentlich Gewerberäumen, ist im Übrigen sehr umstritten.[306] Hier wird für Fragen des Mangels bzw. des Schadenersatzes überwiegend differenziert, ob Wohn- oder Gewerberaum von den behördlichen Maßnahmen betroffen ist. Eine pauschale Risikozuweisung[307] auf den Vermieter oder Mieter wird allgemein nicht angenommen.[308]

80 Haben die Parteien den Zustand der Mietsache als vertragsgemäß vereinbart, gilt dies nur innerhalb des Vertragszwecks.[309] Daher können keine Räumlichkeiten zu Wohnzwecken vermietet werden, die nach öffentlich-rechtlichen Vorschriften hierzu ungeeignet sind. Hat der Vermieter den Mieter zum Abschluss des Vertrages unter Hinweis auf den Verwendungszweck veranlasst oder wollte der Vermieter aus dem speziellen Verwendungszweck ebenfalls Nutzen ziehen,[310] können

---

[297] Bub/Treier MietR-HdB/*Kraemer/Ehlert* Kap. III B Rn. 3221 mit weiteren Beispielen und Nachweisen.

[298] BGHZ 68, 294 = NJW 1977, 1285 = MDR 1977, 743 = ZMR 1978, 25; NJW 1971, 555 = MDR 1971, 294 = BB 1971, 375 = ZMR 1971, 220.

[299] OLG Dresden ZMR 2020, 829.

[300] LG Berlin GE 2009, 452.

[301] LG Mannheim NZM 1999, 407 = NJW-RR 1999, 1023.

[302] BGH WuM 1992, 313 = NJW-RR 1992, 267 = ZMR 1992, 239; zum Ganzen Staudinger/*Emmerich* BGB Vor § 536 Rn. 20ff.; zur Frage, ob die gesetzliche Einzelzimmerquote ein Mangel des vermieteten Pflegeheims ist, s. *Schorlin/Rösch* NZM 2011, 297ff.

[303] BGH XII ZR 189/09, AK-MietPrax § 536a BGB Nr. 8 = WuM 2011, 520 = NZM 2011, 727 = GE 2011, 1226 = NJW 2011, 3151; *Dose* WImmoT 2011, 21 (23).

[304] OLG Karlsruhe NZM 2021, 224 = NJW 2021, 945; OLG München NZM 2021, 226 = NJW 2021, 948; offen gelassen OLG Dresden NZM 2021, 231; LG Stuttgart ZMR 2021, 120; LG München I, 31 O 7743/20, NZM 2021, 194; aA LG München I, 3 O 4495/20, ZMR 2021, 229 mAnm *Burbulla; Saxinger* ZMR 2020, 1002 (1005); Zehelein/*Both,* Covid-19, § 3; Zehelein/*Sittner,* Covid-19, § 9 Rn. 12.

[305] So im Grundsatz auch LG München I, 31 O 7743/20, NZM 2021, 194.

[306] *Selk,* ZMR 2021, 369; *Leo,* ZMR 2021, 249; *Walther* ZMR 2020, 353, 354; *Häublein/Müller* ZMR 2020, 481; *Heilmann* ZMR 2020, 497; *Butenberg* ZMR 2020, 498; *Bacher* MDR 2020, 514, 515; *Sittner* NJW 2020, 1169, 1172; eine Übersicht zur Rechtsprechung zum Mangel bei Pandemie NZM 2021, 390 (Stand: 1.4.2021).

[307] Umfassend *Streyl* NZM 2020, 817.

[308] Zehelein/*Streyl,* Covid-19, § 7, löst den Rechtskonflikt mit Hilfe des Instituts „Wegfall der Geschäftsgrundlage"; *Häublein/Müller* ZMR 2020, 481, begründen aufgrund einer umfassenden Interessenabwägung eine Pflicht zur Vertragsanpassung und Verhandlung und schlagen ein gestuftes Verfahren bei der Weiterführung des Vertrages vor, soweit dies für die Parteien zumutbar und möglich ist; s. auch *Saxinger* ZMR 2020, 1002 *(1005f.).*

[309] BGH WuM 1976, 95 = MDR 1976, 217 = NJW 1976, 796; LG Mannheim NZM 1999, 406 = NJW-RR 1999, 1023.

[310] Staudinger/*Emmerich* BGB Vor § 536 Rn. 25.

die Grundsätze über den Wegfall der Geschäftsgrundlage (§ 313 BGB) Anwendung finden. Für diese Fälle wurde in der Vergangenheit die Auffassung vertreten, dass dem Mieter ggf. bei Stellung eines Nachmieters ein Recht zur vorzeitigen Vertragsauflösung zuzubilligen ist.[311]

Ein Mangel soll dann nicht anzunehmen sein, wenn das Gebrauchshindernis lediglich in einem **Nachbarwiderspruch** liegt, der nicht durch einen Verstoß gegen maßgebliche gesetzliche Vorschriften ausgelöst wurde und damit die Ursache der Gebrauchsbeeinträchtigung in der Tatsache des Verfahrens als solchem begründet ist.[312] Fehlt andererseits zur Erteilung der behördlichen Genehmigung eine bestimmte bauliche Veränderung an dem Grundstück, ist der Vermieter verpflichtet, diese Baumaßnahme durchzuführen.[313] Ist gegen die behördliche Anordnung ein Rechtsmittel eingelegt worden, so kann die Ungewissheit über die Möglichkeit des künftigen Gebrauchs einen Mangel der Mietsache bilden, wenn hierdurch gegenwärtige Interessen des Mieters beeinträchtigt werden.[314] Dem Mieter ist es nicht zuzumuten, wenn eine Nutzungsuntersagung zu vergegenwärtigen ist, und er deswegen im Fall der Betriebsaufnahme mit einer Untersagungsverfügung rechnen muss, die Räume zu beziehen und damit den Mietvertrag in der vagen Hoffnung auf ein künftiges Untätigbleiben der Behörde weiter in Vollzug zu setzen.[315] 81

Eine zunächst fehlerfreie Sache kann durch eine Änderung öffentlich-rechtlicher Anforderungen nachträglich mangelhaft werden. Die daraus resultierenden Rechtsfolgen können nicht durch Heranziehung der Regeln über den **Wegfall der Geschäftsgrundlage** umgangen und die gesetzlich angeordnete Regelung ausgehebelt werden.[316] Ein Mangel kann auch vorliegen, wenn Mieträume, die zum Betrieb einer Apotheke vermietet wurden, nicht mehr den gesetzlichen Anforderungen genügen[317] (s. zum Mangel bei Nichtbeachtung gesetzlicher Auflagen → Rn. 95 ff.) oder wenn bzgl. eines Wohnheims die in behördlichen Richtlinien niedergelegten Mindestanforderungen nicht eingehalten werden.[318] 82

Andererseits kann sich erst im Laufe der Mietzeit ein Mangel zeigen, der bei Anmietung zwar schon vorhanden, aber für den Mieter nicht erkennbar war. Kann deswegen eine Genehmigung zur Aufnahme seines Gewerbetriebs nicht erteilt werden, liegt ein Sachmangel vor. Individualvertragliche Absprachen über eine Risikoübernahme des Mieters sind eng auszulegen und erfassen regelmäßig nicht die bei Anmietung vorhandenem, aber nicht erkannte Mängel.[319] 82a

Wird eine Gebietskörperschaft fiskalisch tätig, unterliegt sie den Rechten und Pflichten wie eine private Vertragspartei, auch wenn sie für die nutzungsbeschränkenden Gesetze zuständig ist.[320] 83

**a) Abbruchgebot.** Ein rechtswirksames behördliches Gebot, das auf dem Grundstück befindliche Gebäude abzubrechen, stellt einen **Sachmangel** dar, wenn die behördliche Beschränkung des Gebrauchs auf der Beschaffenheit oder der Lage der Mietsache beruht und der Umstand, dass das Grundstück nicht als Baugrundstück benutzt werden kann, von Einfluss auf den Wert des Grundstücks ist.[321] 84

Ein Mangel liegt aber auch dann noch vor, wenn gegen die behördliche Anordnung ein Rechtsmittel eingelegt ist. Die Ungewissheit über die Möglichkeit des künftigen Gebrauchs bildet einen Mangel, wenn gegenwärtige Interessen des Mieters beeinträchtigt werden.[322] 85

**b) Baubeschränkung.** Ist ein Grundstück als Bauland verkauft, so begründet der Umstand, dass es in einem militärischen Schutzbereich liegt, einen Sachmangel, wenn die **Zwecke des Schutzbereichs** seiner Bebauung entgegenstehen.[323] 86

---

311 Vgl. aber BGH WuM 1992, 313 = NJW-RR 1992, 267 = ZMR 1992, 239.
312 BGH WuM 1992, 687 = NJW 1992, 3226 = ZMR 1993, 7.
313 OLG Hamm ZMR 1982, 206.
314 BGH NJW 1971, 555 = MDR 1971, 294 = BB 1971, 375 = ZMR 1971, 220; BGH, XII ZR 77/12, NZM 2014, 165 = ZMR 2014, 266 =; XII ZR 153/15, NJW 2017, 1104 = ZMR 2017, 36; OLG Dresden ZMR 2017, 880; *Günter* NZM 2016, 569.
315 KG GE 2016, 1504.
316 BGH WuM 1992, 313 = NJW-RR 1992, 267 = ZMR 1992, 239.
317 BGH WuM 1979, 184 = NJW 1979, 2351 = ZMR 1979, 238 = MDR 1979, 929.
318 BGH WuM 1976, 95 = NJW 1976, 796 = MDR 1976, 217 = ZMR 1977, 305.
319 KG ZMR 2016, 685.
320 BGH WuM 1992, 313 = NJW-RR 1992, 267 = ZMR 1992, 239.
321 BGH NJW 1958, 785; 1971, 555 = MDR 1971, 294 = BB 1971, 375 = ZMR 1971, 220.
322 BGH NJW 1971, 555 = MDR 1971, 294 = BB 1971, 375 = ZMR 1971, 220.
323 BGH NJW 1992, 1384 = MDR 1992, 580.

87 Kein Mangel einer Pachtsache liegt vor, wenn die zuständige Behörde erst nach mehrjähriger, rechtlich an sich möglicher Zulassung einer Diskothek geltend macht, das zum Betrieb der Diskothek gepachtete Grundstück liege in einem Mischgebiet nach § 6 BauNVO.[324]

88 **c) Gaststättenkonzession.** Wird die Tauglichkeit des Pachtobjekts durch eine öffentlich-rechtliche Gebrauchsbeschränkung erheblich beeinträchtigt, so liegt ein Mangel vor, wenn der von den Vertragsparteien vorausgesetzte vertragsgemäße Gebrauch eine umfangreichere Nutzung vorsah. Der in einem Vertrag verwendete Begriff „konzessionsreif" ist in Bezug auf den Umfang der Konzession aussageneutral.[325] Wird dem Mieter aber die Übergabe der Gaststätte in „konzessionsfähigem Zustand" zugesagt, muss der Vermieter für die rechtlichen Voraussetzungen der Konzession einstehen.[326] Ist wegen der mit einem Gaststättenbetrieb verbundenen Lärmbelästigung eine Konzession zum Betrieb der Gaststätte nicht zu erlangen, liegt ein Mangel vor.[327]

89 Der Vermieter haftet auch dafür, dass die Flächen überhaupt sowie ggf. nach dem vereinbarten Vertragszweck ausgebaut werden dürfen.[328] Ebenso ist er verantwortlich, wenn der Mieter den Betrieb behördlicherseits wegen fehlender technischer Anlagen nicht so führen darf, wie dies dem vertraglichen Zweck entspricht[329]. Darf eine gewerblich ausgestattete Küche eines zum Betrieb einer „Gaststätte mit Cocktailbar oder Bistro" gepachteten Objekts auf Grund öffentlich-rechtlicher Auflage nur von dem Konzessionsinhaber genutzt werden, nicht aber von seinen Angestellten, so ist die Pachtsache mit einem Mangel behaftet, der die Tauglichkeit zu dem im Vertrag vorgesehenen Gebrauch in erheblichem Umfang mindert.[330] Beanstandungen der Behörde wegen fehlenden Schallschutzes[331] oder mangelhaften Brandschutzes, die nicht ohne weiteres behebbar sind und die zur Versagung der Gaststättenerlaubnis führen, begründen ebenfalls einen Mangel der Sache.[332] Kann der Mieter wegen der fehlenden Konzession den im Vertrag vereinbarten Betrieb nicht aufnehmen, ist die Miete auf Null gemindert.[333] Wurden die Gaststättenräume durch einen außerhalb des Mietgebrauchs verursachten Brand unbenutzbar und dann weitgehend wiederhergestellt, ist der vertragsgemäße Gebrauch dennoch aufgehoben, solange die Verwaltungsbehörde die Erteilung der Genehmigung für die Wiederbenutzung der Gaststättenräume versagt.[334] Der Vermieter ist auch dafür verantwortlich, dass dem Objekt nicht von Anfang an die Stellplatznachweise fehlen.[335] Der Mieter muss sich nicht auf eine verwaltungsgerichtliche Auseinandersetzung einlassen.[336] Er ist auch nicht gehalten, den Mangel ohne behördliche Genehmigung zu beheben und darauf zu hoffen, dass die Behörde nicht einschreitet.[337]

90 Dagegen liegt kein Mangel vor, wenn die Versagung der Konzession auf Umständen beruht, die nicht mit der Beschaffenheit der Mietsache zusammenhängen, sondern in persönlichen oder betrieblichen Umständen des Mieters ihre Ursache haben;[338] zB bei Versagung der Gaststättenkonzession wegen **Unzuverlässigkeit,**[339] bei einer behördlichen Beschränkung der Öffnungszeiten auf Grund von **Beschwerden der Anwohner**[340] oder wenn der Mieter einen erheblichen Umbau

[324] BGHZ 68, 294 = NJW 1977, 1285 = MDR 1977, 743 = ZMR 1978, 25.
[325] OLG Oldenburg NJW-RR 1992, 662 = ZMR 1992, 103.
[326] KG NJW-RR 2000, 819 = NZM 2000, 461; OLG Naumburg WuM 2000, 242.
[327] BGH WuM 1988, 302 = NJW 1988, 2664 = NJW-RR 1988, 1293 = MDR 1988, 1052 = ZMR 1988, 376 = GE 1988, 937.
[328] OLG Düsseldorf ZMR 2017, 639; Bub/Treier MietR-HdB/*Kraemer/Ehlert* Kap. III B Rn. 3220.
[329] OLG Rostock GuT 2002, 109.
[330] OLG Köln VersR 1995, 840.
[331] KG ZMR 2010, 31.
[332] OLG Düsseldorf DWW 1993, 100 = ZMR 1993, 275.
[333] OLG Düsseldorf ZMR 2017, 639.
[334] BGH WuM 1987, 315.
[335] BGH WuM 1997, 617 = NJW 1997, 2813 = MDR 1997, 923 = ZIP 1997, 1594; OLG München ZMR 1995, 401.
[336] OLG Düsseldorf DWW 1991, 236.
[337] KG ZMR 2016, 856 = GE 2016, 1504.
[338] BGH ZMR 1994, 253 = DWW 1994, 249; WuM 1988, 302 = NJW 1988, 2664 = NJW-RR 1988, 1293 = MDR 1988, 1052 = ZMR 1988, 376 = GE 1988, 937; OLG Naumburg WuM 2000, 242; MüKoBGB/*Häublein § 536 Rn. 20.*
[339] AG Pinneberg ZMR 2003, 844; *Günter* NZM 2016, 569 (571); Bub/Treier MietR-HdB/*Kraemer/Ehlert* Kap. III B Rn. 3221.
[340] OLG Düsseldorf ZMR 1994, 402.

des Mietobjekts plant und er hierfür die Beibringung der **behördlichen Genehmigungen** übernommen, diese aber nicht erhalten hat.[341]

Die Formularklausel, wonach der Mieter für die Erteilung der Gaststättenkonzession uneingeschränkt haftet, ist wegen Verstoß gegen § 307 BGB unwirksam.[342] Durch eine solche Klausel wird das Risiko auch für **solche Konzessionshindernisse** auf den Mieter verlagert, die mit der Beschaffenheit und der Lage des Mietobjektes in Zusammenhang stehen und die nach der gesetzlichen Regelung in den Risikobereich des Vermieters fallen.[343] **91**

**d) Gewerbebetrieb.** Werden ehemalige Wohnräume zu gewerblichen Zwecken vermietet, so ist hierfür in manchen Gemeinden eine Zweckentfremdungsgenehmigung erforderlich. Fehlt diese Genehmigung, so liegt ein Sachmangel vor, der zur Minderung **auf Null** berechtigt.[344] Wird dagegen eine an sich unzulässige Nutzungsänderung für eine bestimmte Zeit hingenommen, ist für diesen Zeitraum kein zur Minderung berechtigender Mangel gegeben.[345] **92**

Der Vermieter ist im Rahmen der Gewährleistungshaftung verantwortlich, wenn das Ordnungsamt dem Mieter die **Schankerlaubnis** deshalb nicht erteilt, weil der Vermieter die hierfür aus bauordnungsrechtlicher Sicht erforderlichen Voraussetzungen nicht geschaffen hat.[346] Das Gleiche gilt bei behördlicher Versagung der Konzession für die im Mietvertrag vereinbarte Nutzung als Wettbüro[347] oder Spielhalle.[348] **93**

Dagegen trägt das **wirtschaftliche Risiko** des Betriebs allein der Mieter. Daher kann der Vermieter nicht zur Verantwortung gezogen werden, wenn der Mieter die bei den Vertragsverhandlungen besprochenen Umsatzzahlen nicht erreicht,[349] es sei denn, der Vermieter hat einen bestimmten Umsatz zugesichert.[350] Derartige Angaben können einen Anspruch aus §§ 311, 241 Abs. 2, § 280 BGB (cic) auslösen. Ergibt sich eine Umsatzminderung in einer Gaststätte als Folge der Einrichtung einer verkehrsberuhigten Zone, ist ebenfalls nicht von einem Mangel auszugehen[351] (anders, wenn die Ertragsfähigkeit eines Unternehmens zugesichert wird[352] – → Rn. 339). Grundsätzlich trägt der Mieter das Risiko, dass sich zB auf Grund eines allgemeinen **Attraktivitätsverlustes** des Gebietes, einer Ansiedlung marktstarker **Konkurrenten** oder von **Verkehrsmaßnahmen,** insbes. Bauarbeiten, die Kunden verlaufen.[353] Etwas anderes ist aber dann anzunehmen, wenn sich die baulich bedingten Verkehrsmaßnahmen über Monate und Jahre hinziehen und dadurch das geschäftliche Umfeld praktisch zerstört ist.[354] Sa Geschäftsgrundlage, → Rn. 612 ff., 618. **94**

**e) Nutzungshindernisse.** Kann die vereinbarte Nutzung des Mietobjektes aus bauordnungsrechtlichen Gründen nicht ausgeübt werden, liegt ein Sachmangel vor.[355] Hiervon kann sich der Vermieter auch nicht mit Hilfe einer Formularklausel befreien, wenn die behördliche Genehmigung aus Gründen versagt wird, die ausschließlich auf der Beschaffenheit oder der Lage des Mietobjektes beruhen.[356] Weiterhin ist ein Mangel anzunehmen, wenn ein Grundstück in einem **95**

---

341 OLG Düsseldorf ZMR 1993, 334 = DWW 1993, 93; Bub/Treier MietR-HdB/*Kraemer/Ehlert* Kap. III B Rn. 3220.

342 BGH WuM 1988, 302 = NJW 1988, 2664 = NJW-RR 1988, 1293 = ZMR 1988, 376 = MDR 1988, 1052; NJW-RR 1993, 519 = ZMR 1993, 320 = DWW 1993, 170; OLG Celle MDR 1999, 1434; OLG Düsseldorf ZMR 1992, 446 = DWW 1992, 366; OLG München ZMR 1995, 401.

343 OLG Celle MDR 1999, 1434 = NZM 2000, 621.

344 VerfGH Berlin GE 2001, 1054; KG MietRB 2004, 288; OLG Hamburg NJW-RR 1996, 1356; zur Mietminderung auf Null s. BGH NZM 2017, 639.

345 KG GuT 2007, 214 = DWW 2007, 249; OLG Düsseldorf GuT 2007, 217; DWW 1973, 278.

346 OLG Düsseldorf NJW-RR 1988, 1424 = MDR 1988, 866.

347 OLG Düsseldorf GE 2019, 55.

348 KG ZMR 2014, 876 = GE 2014, 1452; krit. *Herlitz* jurisPR-MietR 19/2014 Anm. 3; **aA** LG Hamburg ZMR 2016, 702 – Änderung des Spielhallengesetzes.

349 OLG Hamburg MDR 1998, 340.

350 BGH XII ZR 103/95, NJWE-MietR 1997, 150.

351 OLG Celle NJW-RR 1996, 1099.

352 BGH I ZR 132/75, NJW 1977, 1538.

353 OLG Düsseldorf NJW-RR 1998, 1236 = MDR 1998, 768 = DWW 1998, 20 = NZM 1998, 481.

354 OLG Dresden WuM 1999, 159; zum Schadensersatzanspruch aus Amtspflichtverletzung OLG Dresden NZM 2001, 96.

355 BGH XII ZR 24/06, GuT 2007, 434 = GE 2008, 120 = ZMR 2008, 274 = AK-MietPrax § 543 BGB Nr. 9; OLG Nürnberg ZMR 1999, 255 = NZM 1999, 419; OLG Köln ZMR 1998, 91; OLG Düsseldorf WuM 1991, 264 = DWW 1991, 16; LG Berlin NJW-RR 1990, 852 = GE 1990, 761; LG Essen WuM 1997, 552; AG Brühl WuM 1985, 261; LG Potsdam WuM 2015, 350.

356 BGH XII ZR 24/06, GuT 2007, 434 = GE 2008, 120 = AK-MietPrax § 543 BGB Nr. 9; *Graf v. Westphalen* NZM 2016, 369 (377); *Fritz* NJW 2009, 959 (960).

Wochenendgebiet als Wohngrundstück vermietet wird,[357] Räume entgegen der Bauordnung zu Wohnraum verbunden werden[358] oder wenn der Vermieter Appartements zur Verfügung stellt, die zu Wohnzwecken geeignet sein sollen, aber wegen erheblicher baulicher Auflagen nicht benutzt werden können.[359] Ebenso stellt die fehlende Abgeschlossenheit einer Ferienwohnung einen Sachmangel dar.[360] Erweist sich im Verlaufe des Mietverhältnisses, dass die als Wohnräume vermieteten Räume ua wegen zu geringer Deckenhöhe einer baurechtlichen Nutzungsbeschränkung unterliegen, so mindert sich die Miete ab dem Zeitpunkt der Kenntnis von der Beschränkung auch dann, wenn die Räume als vertragsgemäß angenommen und bewohnt worden sind[361] (→ Rn. 80). Solange die zuständige Gemeinde eine unzulässige Nutzung der Mietsache **duldet,** können die Mieter allerdings keine Gewährleistungsrechte geltend machen.[362] Voraussetzung für die Annahme eines Sachmangels (fehlende oder beeinträchtigte Gebrauchstauglichkeit) ist, dass ein behördliches Einschreiten nicht nur befürchtet wird, sondern dass der Mieter in seinem vertragsgemäßen Gebrauch tatsächlich eingeschränkt ist, weil die zuständige Behörde die Nutzung rechtswirksam und unanfechtbar **untersagt** hat[363] oder insoweit ein behördliches Einschreiten zu **erwarten** ist.[364] So kann sich der Mieter nicht auf einen Mangel berufen, solange die zuständige Baubehörde die zu geringe Deckenhöhe in den Zimmern nicht beanstandet hat.[365] Wird allerdings eine Untersagungsverfügung erlassen und die sofortige Vollziehung angeordnet, liegt ein Mangel vor, weil der Mieter in seinem vertragsgemäßen Gebrauch beeinträchtigt ist. Mündliche Erklärungen der Behörde, zunächst von Vollzugs- und Vollstreckungsmaßnahmen abzusehen, können den Mietmangel nicht beseitigen.[366] Hinsichtlich der Höhe der Mietminderung ist zu bedenken, dass bei einer behördlichen Nutzungsuntersagung der Mieter zwar im vertragsgemäßen Gebrauch beschränkt ist, aber dieser erst mit dem Vollzug der Untersagungsverfügung vollständig aufgehoben wird. Daher ist erst ab diesem Zeitpunkt eine 100%ige Mietminderung gerechtfertigt.[367]

**96** Muss sich ein Mieter auf Grund einer Androhung der zuständigen Behörde auf eine Zwangsräumung einrichten[368] oder auf eine Nutzungsuntersagung wegen Mängeln des Brandschutzes,[369] ist er zur Mietminderung berechtigt. Dem Mieter ist es nämlich **nicht zuzumuten,** einen langwierigen Rechtsstreit wegen Umständen zu führen, die außerhalb seines Einwirkungsbereiches liegen.[370] Etwas anderes gilt jedoch, wenn es sich bei dem behördlichen Vorgehen um eine reine stadtplanerische Maßnahme handelt, die sich erst in ferner Zukunft auswirken kann.[371]

**97** Sperrt der Vermieter die Räume ab, so dass der Mieter diese nicht mehr betreten und sein Gewerbe ausüben kann, liegt wegen der Unbenutzbarkeit des Verkaufsraumes ein Mangel vor.[372] Mangelhaft iSv § 536 Abs. 1 BGB ist auch ein Lagerraum, der durch Konstruktionsfehler und mangelnde Unterhaltung nicht geeignet ist, die normale Nutzungslast zu tragen.[373]

---

[357] LG Lüneburg ZMR 1999, 716.
[358] LG Berlin ZMR 1999, 823.
[359] BGH VIII ZR 98/72, NJW 1973, 1498 = MDR 1973, 927 = BB 1973, 998.
[360] AG Bad Oeynhausen ZMR 2005, 541.
[361] LG Lüneburg WuM 1989, 368.
[362] BGH VIII ZR 275/08, WuM 2009, 661 = NJW 2009, 3421; KG GuT 2007, 214 = DWW 2007, 249; OLG Düsseldorf GuT 2007, 217; 2005, 14 = DWW 2005, 20; DWW 2006, 286; OLG Nürnberg ZMR 1999, 255 = NZM 1999, 419; OLG Köln ZMR 1998, 91; WuM 1998, 152 = ZMR 1998, 227 = MDR 1998, 709; OLG München ZMR 1996, 496, Nutzung als Schulungsräume; LG Frankfurt/Oder GE 2007, 1385; LG Mannheim NZM 1999, 407 = NJW-RR 1999, 1023 AG Hamburg-Wandsbek ZMR 2016, 884; **aA** LG Potsdam WuM 2015, 350 – evtl. anteilige Mietminderung möglich.
[363] BGH XII ZR 153/15, WuM 2017, 18 = GE 2017, 42.
[364] Einen Grenzfall betrifft BGH XII ZR 77/12, GE 2014, 114 = MDR 2014, 141; OLG Düsseldorf ZMR 2011, 867; 2011, 118 = NZM 2010, 820; GE 2009, 1046 = ZMR 2010, 29; OLG Dresden ZMR 2017, 880; ZMR 2000, 707; LG Berlin GE 2012, 1701; **aA** KG ZMR 2016, 685 für den Fall, dass es wegen des Mangels erst gar nicht zu einer Betriebsaufnahme kommt.
[365] BGH VIII ZR 275/08, WuM 2009, 661 = NJW 2009, 814 = GE 2009, 1425 = NZM 2009, 814 = MDR 2009, 1383; VIII ZR 242/08, WuM 2009, 662 = GE 2009, 1487; LG Berlin GE 1989, 91.
[366] OLG Dresden, ZMR 2017, 633.
[367] BGH XII ZR 153/15, WuM 2017, 18 = GE 2017, 42.
[368] BGH WPM 1983, 660; OLG Düsseldorf WuM 2002, 285 = GuT 2002, 74 zum Brandschutz.
[369] OLG Düsseldorf ZMR 2002, 739.
[370] LG Mönchengladbach ZMR 1992, 304 = MDR 1992, 871.
[371] *Wolf/Eckert/Ball Gewerbl. Miet-/Pacht-/LeasingR-HdB* Rn. 285; Bub/Treier MietR-HdB/*Kraemer/Ehlert* Kap. III B Rn. 2318.
[372] BGH WuM 1981, 92 = NJW 1980, 777 = MDR 1980, 306 = ZMR 1980, 105.
[373] BGH BB 1958, 575.

Hat der Mieter, der sein Recht zur fristlosen Kündigung **verwirkt** hat, nach Ausspruch der Kündigung das gemietete Tankstellenobjekt geschlossen, so steht ihm ein Minderungsrecht auch dann nicht zu, wenn die Wiedereröffnung der Tankstelle daran scheitert, dass die alten – ehemals Bestandsschutz genießenden – Betriebseinrichtungen nun nicht mehr genehmigungsfähig sind.[374] 98

**f) Zweckentfremdung.** Auch öffentlich-rechtliche Gebrauchshindernisse führen zu einem Mangel. Daher ist eine Mietsache mangelhaft, wenn sie unter Verstoß gegen eine Zweckentfremdungsverordnung zu anderen **als Wohnzwecken** vermietet wird.[375] Denn der vertragsgemäße Gebrauch wird eingeschränkt, wenn der Mieter die Mietsache nur nutzen kann, wenn er damit gleichzeitig eine Ordnungswidrigkeit begeht[376] Die fehlende Zweckentfremdungsgenehmigung führt nicht zur Nichtigkeit des Mietvertrages, da es sich sowohl bei Art. VI § 1 MietRVerbessG als auch bei den entsprechenden landesgesetzlichen Regelungen nicht um Verbotsgesetze handelt.[377] 99

Eine mietvertragliche Abrede, wonach es Sache des Mieters ist, sich die für seine geschäftliche Tätigkeit erforderlichen Genehmigungen zu beschaffen, umfasst den Bereich der Berufsausübung, nicht aber **die Zweckentfremdung.**[378] Der Mieter kann sich aber nicht auf den Mangel Zweckentfremdung berufen, so lange die Behörde die unzulässige Nutzung der Mietsache duldet.[379] Erst wenn eine entsprechende behördliche Anordnung ergangen ist, führt die Besorgnis der Rechtswidrigkeit der Nutzung zu der Annahme eines Mangels, wenn die bestehende Ungewissheit gegenwärtige Interessen des Mieters beeinträchtigt.[380] 100

**g) Energieausweis.** Der Energiepass gem. § 79ff. GEG wird neben dem gesetzlichen Auftrag als Verbraucherinstrument für Käufer und Wohnungssuchende im Regelfall auch dem Vermieter sowohl im Rahmen des Energiecontrolling als auch des Benchmarking dienen[381]. Ein Mangel der Mietsache könnte daher für den Fall diskutiert werden, dass sich das Gebäude als im Wärmeverbrauch unwirtschaftlicher erweist, als im Energieausweis ausgewiesen[382]. Die Annahme eines Mangels wegen Unwirtschaftlichkeit ist im Einzelfall bei extremen Verhältnissen bejaht worden[383], hat sich aber nicht durchgesetzt (→ BGB § 535 Rn. 126). *Schwintowski*[384] weist darauf hin, dass Art. 20a GG die Judikative verpflichtet, § 556 BGB im Spiegel der mietrechtlichen Zielsetzung auszulegen. An diesem Maßstab orientiert, müsste dem Wirtschaftlichkeitsgrundsatz Vorrang eingeräumt werden. Danach wäre der Vermieter gehalten, im Rahmen seiner vertraglichen Instandhaltungspflichten für einen optimalen Betrieb der Heizungsanlage zu sorgen. Lässt sich dies technisch nicht mehr erreichen, kann in Anknüpfung an die Überlegungen von Schwintowski sogar ein Anspruch des Mieters auf den Austausch der alten Heizungsanlage mit einer energieeinsparenden und damit ökologisch wirksamen Heizungsanlage bestehen. 101

Diesen Überlegungen hat der BGH aber eine Absage erteilt.[385] Seiner Auffassung nach gilt zB der Wirtschaftlichkeitsgrundsatz nicht, wenn der Vermieter die Wohnung vermietet und zu diesem Zeitpunkt ein unwirtschaftlicher Heizungsbetrieb erfolgt. Der Mieter hat dann – mangels anderer Absprachen – die Mietsache so hinzunehmen, wie er sie angemietet hat. 102

Etwas anderes kann aber gelten, wenn der Vermieter den Inhalt des Energieausweises zum Vertragsinhalt gemacht hat. Zu diesem Ergebnis kommt man, wenn der Vermieter eine Ablichtung des 103

---

[374] OLG Düsseldorf BB 1994, 1959 = ZMR 1994, 559.

[375] OLG Hamm NJWE-MietR 1997, 201; KG NJW-RR 1996, 1224 = ZMR 1996, 263; BayObLG NJW-RR 1986, 690; bedenklich LG Berlin GE 1994, 459.

[376] KG GE 1989, 941.

[377] BGH NJW 1994, 320 = DWW 1994, 246 = GE 1994, 1313 = ZMR 1994, 255; OLG Köln WuM 1992, 67 = VersR 1992, = DWW 1992, 78.

[378] KG NZM 1999, 708.

[379] KG GE 2002, 664; OLG Nürnberg ZMR 1999, 255 = NZM 1999, 419; OLG Köln WuM 1998, 152 = ZMR 1998, 227 = MDR 1998, 709; LG Berlin GE 1998, 41; Bub/Treier MietR-HdB/*Kraemer/Ehlert* Kap. III B Rn. 3218.

[380] BGH NJW 1971, 555 = MDR 1971, 294 = BB 1971, 375 = ZMR 1971, 220; VerfGH Berlin GE 2001, 1054.

[381] *Sternel* NZM 2006, 495 (496).

[382] *Schwintowski* WuM 2006, 115.

[383] LG Hamburg NJW-RR 1998, 1309; WuM 1988, 353; LG Braunschweig WuM 1985, 26; LG München I WuM 1985, 26; **aA** AG Steinfurt ZMR 1987, 179.

[384] *Schwintowski* WuM 2006, 115 (117).

[385] BGH VIII ZR 340/10, WuM 2011, 513 = AK-MietPrax § 556 BGB Nr. 77 = NJW 2011, 3028 = NZM 2011, 705 = GE 2011, 1225; VIII ZR 243/06, WuM 2008, 29 = NJW 2008, 440 = NZM 2008, 78 = GE 2008, 116 = ZMR 2008, 599 = MDR 2008, 257 = AK-MietPrax § 556 BGB Nr. 27; VIII ZR 78/06, WuM 2007, 393 = NZM 2007, 563 = GE 2007, 1051 = ZMR 2007, 685 = AK-MietPrax § 2 Nr. 4 BetrKV Nr. 7.

Energiepasses an den Mietvertrag heftet. Damit könnte er die Inhalte des Energiepasses zum Gegenstand der mietvertraglichen Vereinbarungen gemacht haben[386]. In diesem Fall muss geprüft werden, ob der Vermieter die Inhalte des Energiepasses in seine allgemeine Leistungspflicht einbeziehen oder ob er darüber hinaus sogar eine Eigenschaft des Gebäudes zusichern wollte. Vom letzteren Fall ist allerdings nur auszugehen, wenn dem Vermieter eine Erklärung unterstellt werden kann, dass er für die Einhaltung der Energiekennwerte bzw. der Bedarfszahlen unbedingt einstehen und ggf. bei Abweichungen Schadenersatz leisten will. Eine Haftung des Vermieters kann auch aus § 241 Abs. 2 BGB in Betracht kommen, wenn der Vermieter in Kenntnis eines fehlerhaften Energiepasses den Mieter über die Energieeffizienz des Gebäudes getäuscht hat.[387] So stellt die Wohnungsanzeige ohne Hinweis auf die Energieeffizienz des Gebäudes, die in einem bestehenden Energieausweis aufgezeigt ist, eine wettbewerbswidrige Werbung wegen Vorenthaltung einer wesentlichen Information gem. § 5 a Abs. 2 UWG dar. Das gilt auch für einen Makler, der die Anzeige aufgibt.[388]

104 Wird die (konkludente) vertragliche Einbeziehung bzw. Zusicherung der Inhalte des (fehlerhaften) Energiepasses im Einzelfall bejaht, hat der Mieter – ohne dass der Wirtschaftlichkeitsgrundsatz bemüht werden muss – neben dem Recht zur Minderung auch einen Erfüllungsanspruch, der dazu führt, dass der Vermieter die notwendigen baulichen Maßnahmen treffen muss, um den vereinbarten bzw. zugesicherten energetischen Zustand herzustellen. Gegebenenfalls ist zu prüfen, ob die Maßnahme dem Vermieter zumutbar ist oder ob er den Einwand der Opfergrenze[389] (zur Anspruchsgrundlage → Rn. 559) erheben kann.

## 2. Einwirkungen von außen

105 **a) Elektrosmog.** Sowohl innerhalb als auch außerhalb geschlossener Räume wirken zunehmend elektrische, magnetische und elektromagnetische Felder auf den Menschen ein. Ursächlich sind insbes. überirdische Stromleitungen, wie Hochspannungsleitungen und Bahnoberleitungen sowie Funkstationen. Unter dem Schlagwort „Elektrosmog" lässt sich alles einordnen, was im weitesten Sinne mit den elektrischen, magnetischen und elektromagnetischen Feldern und Strahlungen und einem dadurch möglicherweise verursachten Krankheitsgeschehen zusammenhängt.[390]

106 Mit der Elektrosmogverordnung,[391] die am 1.1.1997 in Kraft trat, hat das Bundesministerium für Umwelt, Naturschutz und Reaktorsicherheit diese Anlagen in einen Katalog von Feldgrenzwerten aufgenommen. Die Verordnung orientiert sich an den Empfehlungen der Strahlenschutzkommission v. 10.5.1995[392] und löst die Richtwerte der DIN-Fachkommission (DIN-VDE 0848) ab. Die Verordnung berücksichtigt auch die Empfehlungen der Internationalen Strahlenschutzvereinigung (IRPA) und der Internationalen Kommission für den Schutz vor nicht ionisierender Strahlung (ICNIRP).

107 Gem. § 2 der Elektrosmogverordnung sind Hochfrequenzanlagen zum Schutz vor schädlichen Umwelteinwirkungen so zu errichten und zu betreiben, dass sie in ihrem Einwirkungsbereich in Gebäuden oder auf Grundstücken, die zum nicht nur vorübergehenden Aufenthalt von Menschen bestimmt sind, bei höchster betriebener Anlagenauslastung und unter Berücksichtigung von Immissionen durch andere ortsfeste Sendefunkanlagen bestimmte Grenzwerte nicht übersteigen.[393]

108 In jüngster Zeit haben mehrere Gerichte entschieden, dass ein Wohnungseigentümer die Installation einer Funkantenne auf dem Gebäude seiner Wohnungseigentumsanlage nicht dulden muss[394]. Eine bestehende Ungewissheit darüber, ob Mobilfunknetze, die für den UMTS-Betrieb

---

386 *Sternel* NZM 2006, 495 (497); *Horst* NZM 2006, 1 (3); **aA** OLG Schleswig NJW 2015, 2668.

387 Blank/Börstinghaus/*Blank/Börstinghaus* BGB § 536 Rn. 43.

388 BGH, Urt. v. 5.10.2017 – I ZR 229/16 –, juris; Kurzfassung: Mietrecht kompakt 2017, 181.

389 BGH VIII ZR 131/09, WuM 2010, 348 = AK-MietPrax § 536 a BGB Nr. 6 = NJW 2010, 2050; VIII ZR 342/03, NJW 2005, 3284 = NZM 2005, 820 = WuM 2005, 713 = GE 2005, 1348 = AK-MietPrax § 535 BGB Nr. 21 = GuT 2005, 262.

390 *Eckert* DWW 2000, 51; *Gablenz* NZM 1998, 364.

391 26. Verordnung zur Durchführung des Bundes-Immissionsschutzgesetzes (Verordnung über elektromagnetische Felder – 26. BImSchV) v. 16.12.1996 (BGBl. I 1966) idF v. 21.8.2013 (BGBl. I 3267).

392 BAnz. 1995 Nr. 147 a, 5.

393 *Die Grenzwerte ergeben sich* aus den Anhängen der 26. BImSchV idF v. 21.8.2013 (BGBl. I 3267); Einzelheiten zum Anwendungsbereich der Elektrosmogverordnung: *Kutscheidt* NJW 1997, 2481 (2482).

394 S. aber BayObLG GE 2004, 485 zum Beschluss über die Entfernung einer Mobilfunkantenne; zu den Gestaltungsinstrumenten einer Kommune s. *Kniep* WuM 2007, 611.

ausgelegt sind, gesundheitsgefährdend sind, ist eine tatsächliche Benachteiligung iSd § 14 Nr. 1 WEG.[395] Die Ungewissheit über eine Gesundheitsgefährdung kann zu einer Beeinträchtigung der Lebensqualität in der Wohnanlage führen. Einem **Wohnungseigentümer** ist es nicht zuzumuten, bis zu einem Abschluss der Forschungen über die Gefährlichkeit solcher Antennenanlagen, diese in unmittelbarer Nähe ihrer Räume zu dulden und damit praktisch zum Versuchsobjekt solcher Untersuchungen zu werden.[396]

Diese Überlegungen gelten gleichermaßen für den Mieter, der in der Ungewissheit einer gesundheitlichen Beeinträchtigung solchen Strahlungen ausgesetzt wird, wenn der Vermieter sein Objekt an einen Mobilfunkbetreiber zwecks Installation einer Antenne vermietet (→ Rn. 156).[397] Dem steht nicht die Überlegung entgegen, dass der Verordnungsgeber mit der Elektrosmogverordnung (→ Rn. 106) Grenzwerte eingeführt hat, die für die Prüfung eines mietrechtlichen Mangels verbindlich sind. Die Elektrosmogverordnung gibt Grenzwerte nur für die thermischen Auswirkungen elektromagnetischer Strahlen vor. Im – problematischen – athermischen Bereich[398] und für den UMTS-Betrieb hat der Verordnungsgeber aber bislang von einer Grenzwert-Vorgabe abgesehen, so dass es für die Annahme eines mietrechtlichen Mangels ausreicht, wenn eine konkrete Gefahrbesorgnis vorliegt[399]. Der BGH[400] ist allerdings der Auffassung, dass die Grenzwerte für die thermischen Wirkungen auch für die **athermischen Einflüsse** gelten, da erstere bei geringeren Feldstärken eintreten als nachgewiesene athermische Reaktionen. Daher seien die athermischen Auswirkungen miterfasst. Diese Schlussfolgerung ist angesichts der Tatsache zweifelhaft, dass der Bundesrat die Elektrosmogverordnung mit folgender Maßgabe genehmigt hat: Der Bundesrat fordert die Bundesregierung auf … e) sich auf nationaler und internationaler Ebene für eine Intensivierung der Grundlagenforschung zu den biologischen Wirkungsmechanismen elektromagnetischer Felder einzusetzen, um die bestehenden Wissenslücken auf diesem Gebiet zu schließen und die Schutz- und Vorsorgeregelungen auf eine verlässliche Basis zu stellen.[401] Auch die Strahlenschutzkommission empfiehlt weitere Forschungen[402], hat allerdings in ihrem Bericht v. 3.4.2007 festgestellt, dass nach bisherigen Erkenntnissen kein Anlass besteht, von einer gesundheitsgefährdenden Wirkung hochfrequenter elektromagnetischer Felder auf das Genom auszugehen und die geltenden Grenzwerte in Frage zu stellen.[403] In ihrer Stellungnahme v. 14.5.2009 kommt die Strahlenschutzkommission zu dem Ergebnis, dass keine Veranlassung besteht, die bestehenden Grenzwerte zu senken.[404] Allerdings sind damit die Bedenken nicht behoben. So sieht § 4 26. BImSchV vor, dass zum Zwecke der Vorsorge wesentliche Änderungen von Niederfrequenzanlage in bestimmten Wohnbereichen nur unter Beachtung erhöhter Anforderungen zulässig sind.[405] **109**

Verfassungsrechtlich ist die Annahme eines Mangels allerdings nicht geboten. **Die verfassungsrechtliche Schutzpflicht** für die körperliche Unversehrtheit, die alle staatlichen Organe bindet, verlangt von den allgemein zuständigen Gerichten nicht, dass sie nicht verifizierte und teils widersprüchliche Befunde bestätigen und so mit den Mitteln des Zivilrechts ungesicherten wissenschaft- **110**

---

395 OLG Hamm NJW 2002, 1730 = NZM 2002, 456; BayObLG NZM 2002, 441; OLG Karlsruhe NJW-RR 2006, 1600 = DWW 2006, 381 bei Bruchteilseigentum.

396 OLG Hamm NJW 2002, 1730 = NZM 2002, 456.

397 **AA** *Martens/Appelbaum* NZM 2002, 642 (651).

398 *Kniep* WuM 2002, 598.

399 OLG Hamm WuM 1987, 248 = NJW-RR 1987, 968 = ZMR 1987, 267 = DWW 1987, 226 = GE 1987, 779; AG Hamburg WuM 2007, 621; sa *Herkner* WuM 2007, 662; abl. LG Hamburg WuM 2007, 692.

400 BGH VIII ZR 74/05, AK-MietPrax § 536 BGB Nr. 14 = WuM 2006, 304 = NJW 2006, 2625 = ZMR 2006, 670 = NZM 2006, 504 = DWW 2006, 195; BGH V ZR 217/03, WuM 2004, 217 = NJW 2004, 1317 = ZMR 2004, 415 (416) mAnm *Schläger; Gsell* WuM 2011, 491 (496).

401 Beschluss des Bundesrates – Teil B Entschließung – v. 8.11.1996 – BR-Drs. 393/96; so auch *Schläger* Anm. zu BGH ZMR 2004, 418 (420); zum Forschungsstand s. BT-Drs. 15/5415, sa Nachweise bei *Kniep* WuM 2012, 305.

402 Empfehlungen der Strahlenschutzkommission, verabschiedet auf der 107. Sitzung am 12./13.12.1991 – Schutz vor elektromagnetischer Strahlung beim Mobilfunk –; verabschiedet auf der 129. Sitzung am 16./17.2.1995 – Schutz vor niederfrequenten elektrischen und magnetischen Feldern der Energieversorgung und -anwendung. Der Bericht der Europäischen Kommission v. 2.9.2008 – 12659/08 – empfiehlt weiterhin strikte Beobachtung über Auswirkungen und Folgen elektromagnetischer Strahlung.

403 Bek. einer Stellungnahme der Strahlenschutzkommission v. 3.4.2007 – BAnz. 2007 Nr. 135 a; zweifelnd *Kniep* ZMR 2009, 510.

404 Stellungnahme der Strahlenschutzkommission v. 14.5.2009 – BAnz. 2009 Nr. 176, 3965.

405 26. BImSchV idF v. 21.8.2013 (BGBl. I 3267).

lichen Erkenntnissen zur Durchsetzung verhelfen.[406] Vielmehr ist es unter verfassungsrechtlichen Gesichtspunkten allein Sache des Verordnungsgebers, bei entsprechender Bewertung einer „neuen" Situation weitere Schutzmaßnahmen zu treffen.[407]

111 **b) Gerüche.** Nisten Tauben in einem Wohnhaus und belästigen sie die Mieter insbes. durch Gerüche, berechtigt dies zu einer Minderung des Mietzinses. Dies gilt auch, wenn Gestank aus der Nachbarwohnung durch das **Halten von Tieren**[408] oder durch das übermäßige Herumstreunen von Katzen und/oder Mäusen das Wohnen beeinträchtigt.[409] Auch alte und kranke Nachbarn, die sich selbst nicht mehr ausreichend pflegen und versorgen, können Beeinträchtigungen hervorrufen.[410] Ein Mieter wird in der Benutzung der Wohnung behindert, wenn streunende Katzen, die durch die Fütterung von anderen Mietern angelockt werden, einen starken Geruch verbreiten.[411] Auch die Nutzung einer zum Gebrauch überlassenen Terrasse kann durch von Tieren verursachten Schmutz und Gerüchen erheblich beeinträchtigt sein.[412]

112 Die Verbreitung von **Küchengerüchen** stellt allein noch keinen Mangel der Mietwohnung dar. Das Kochen verschiedener Mietvertragsparteien zu den unterschiedlichsten Tageszeiten kann dazu führen, dass von einzelnen Mietern eine Beeinträchtigung des Wohlbefindens wahrgenommen wird, die allerdings hinzunehmen ist. Ein Mangel liegt erst dann vor, wenn es sich um eine erhebliche und durchgängige Belastung des Geruchsempfindens handelt.[413] Gehen daher von einer Pizzabäckerei im Nachbarhaus Gerüche aus, die über den Lüftungsschacht in der Wohnung des Mieters verbreitet werden, stellt dies ebenso einen zur Minderung rechtfertigenden Mangel dar,[414] wie die Beeinträchtigung des Wohnungsnachbarn durch über das Fenster abziehende Küchengerüche.[415] Gleichfalls kann es als Mangel zu bewerten sein, wenn Geruchsbelästigungen durch schadhafte Abwasserrohre auftreten[416], auf dem Grundstück **Biomüll-Abfalltonnen**[417] oder die nahe gelegene Kläranlage erhebliche Geruchsbelästigungen verursachen.[418] Allerdings tritt heute der ökologische Aspekt stärker in den Vordergrund, so dass dem Mieter mehr zugemutet werden kann.[419]

113 Bei der Vermietung von Gewerberäumen müssen Toiletten so beschaffen sein, dass von ihnen keine Gerüche ausgehen, die in die Gaststube dringen.[420] **Heizölgeruch** in den Wohnräumen ist ebenfalls nicht vertragsgemäß.[421]

114 **c) Lärm.** Lärm definiert sich nicht vom Verursacher, sondern vom Betroffenen her. Lärm kann gesundheitsgefährdend oder nur lästig sein. Dabei kommt es nicht nur auf den objektiven, messbaren Geräuschpegel an, sondern auch darauf, um welche Art Geräusch es sich handelt.[422] Zudem sind maßgeblich subjektive Faktoren zu berücksichtigen, vor allem, in welchem technischen, sozialen und psychologischen Zusammenhang das Geräusch auftritt.[423] Bspw. kann auch die **aufgedrängte Geräuscherwartung** oder die **Hilflosigkeit** des Betroffenen von Belang sein.[424] Selbst Musikaufführungen können als Lärm sowie als gesundheitsschädigend eingestuft werden, wenn sie

---

[406] BVerfG NJW 1997, 2509 = ZMR 1997, 218 = DWW 1997, 146 = GE 1997, 486; NJW 2002, 1638; *Determann* NJW 1997, 2501; *Mutter* ZMR 1995, 189 (192); *Schläger* ZMR 1994, 189 (195).

[407] BVerfG NJW 2002, 1638 = ZMR 2002, 578; s. aber *Kniep* ZMR 2003, 169 zur Anwendung des verfassungsrechtlichen Vorsorgegedankens des Art. 20a GG.

[408] AG Berlin-Neukölln GE 2012, 1045; AG Köln WuM 1989, 234.

[409] AG Wedding MM 2001, 444; AG Rendsburg WuM 1989, 284; AG Säckingen WuM 1986, 113; AG Bonn WuM 1986, 113.

[410] LG Berlin GE 2011, 821.

[411] AG Bonn WuM 1986, 212 = NJW 1986, 1114 = NJW-RR 1986, 444.

[412] AG Bersenbrück WuM 2000, 211.

[413] LG Essen ZMR 2000, 302; AG Speyer ZMR 2019, 886 bei Verwendung von Raunluftspray im Hausflur.

[414] AG Köln WuM 1990, 338.

[415] OLG Köln WuM 1997, 453 = NJW-RR 1998, 83 zu § 14 WEG; LG Stuttgart WuM 1998, 724.

[416] LG Berlin WuM 2018, 299.

[417] LG Osnabrück WuM 1997, 431.

[418] LG Augsburg WuM 1986, 137.

[419] S. dazu OLG Düsseldorf NZM 2020, 723 = GE 2020, 1313 bei ökologischer Abfallentsorgung (Kaufpreis einer Eigentumswohnung).

[420] OLG Düsseldorf ZMR 1994, 402.

[421] AG Augsburg WuM 2002, 605.

[422] *Anders wohl BGH VIII ZR 300/08*, AK-MietPrax § 535 BGB Nr. 39 = NJW 2010, 1133 = WuM 2009, 659 = GE 2009, 1426 = NZM 2009, 855.

[423] LG Münster NJW 2009, 3730; *Pfeifer* MK, Sonderausgabe Oktober 2011, 10.

[424] BGH NJW 1966, 1858 = MDR 1966, 827; AG Düsseldorf DWW 1992, 155 zum Wind-Klangspiel.

in ständiger Wiederholung über einen längeren Zeitraum erduldet werden müssen und dadurch die erholsame Benutzung von Balkon, Terrasse oder Garten ausgeschlossen ist.[425]

Lärmbelästigungen können einen Mangel der Mietsache begründen (aber → Rn. 33), unabhängig davon, ob sie vom Vermieter, von Mitmietern oder Dritten ausgehen.[426] Die Abgrenzung zu gerade noch hinnehmbaren Einwirkungen ist schwierig und stark Einzelfall bezogen, da gewisse Lärmbelästigungen infolge des Zusammenlebens nicht vermeidbar sind.[427] In solchen Grenzfällen ist zum einen auf die Abrede zwischen den Parteien und zum anderen auf eine Interessenabwägung abzustellen. 115

Dabei können die **technischen Normen** und Anleitungen eine Rolle spielen (zur Bewertung von DIN-Normen → Rn. 29 ff.). Die von technischen Anlagen und Sportanlagen ausgehenden Geräusche dürfen nach der TA Lärm[428] bzw. nach der Sportanlagen-Lärmschutzverordnung[429] folgende Werte nicht übersteigen: In reinen Wohngebieten tagsüber 50 dB(A) und nachts 35 dB(A). In allgemeinen Wohngebieten tagsüber 55 dB(A) und nachts 40 dB(A). Eine Erhöhung der Maßgröße Dezibel (dB) um 3 dB(A) bedeutet eine Verdoppelung und eine Erhöhung um 10 dB(A) eine Verzehnfachung der gemessenen Schallenergie. Ein Anstieg von 10 dB(A) wird subjektiv ungefähr als Verdoppelung der Lautstärke empfunden, so dass eine Grenzwertüberschreitung von 7 dB(A) eine erhebliche Beeinträchtigung des vertragsgemäßen Gebrauchs darstellt.[430] Zur Benutzung von Geräten und Maschinen im Freien → BGB § 535 Rn. 412. 116

Der Rückgriff auf technische Normen oder öffentlich-rechtliche Vorschriften der Länder oder das BImSchG darf nicht darüber hinwegtäuschen, dass es sich dabei nur um Anhaltspunkte für die Einstufung des mietrechtlich relevanten Lärms handelt.[431] Sie lassen allein, auch wenn die Geräusche innerhalb **der zulässigen Messgrenze** liegen, keine abschließende Beurteilung darüber zu, ob es sich bei dem Geräusch schon um eine Störung oder nur um eine hinzunehmende Belästigung handelt.[432] Denn bei der Lärmbeeinträchtigung ist die Lästigkeit entscheidend, für die die Lautstärke nur eine Komponente ist.[433] Daher kann ein Mangel auch vorliegen, wenn die TA Lärm nur in einzelnen Spitzenwerten überschritten wird.[434] 117

Für die Frage der mietrechtlichen Relevanz des Lärms muss auch geprüft werden, ob die Störquelle im gleichen sozialen Rahmen wie das Wohnen angesiedelt ist, oder ob sie von außen in den Wohnbereich eindringt. Die vom Lärm ausgehende Beeinträchtigung muss auf ihre **Üblichkeit** und **Sozialverträglichkeit** hin geprüft werden.[435] Der sozialtypische Aspekt ist somit in den Vordergrund zu rücken (→ BGB § 535 Rn. 461). So gehört das vor dem Gottesdienst eingeleitete Läuten von Kirchenglocken zur Religionsausübung und ist daher grds. wegen seiner sozialadäquaten Einwirkung zu dulden.[436] Dementsprechend dient das reine Zeitläuten nicht der Religionsausübung und muss bei Überschreiten des zulässigen Lärmpegels nicht geduldet werden.[437] 118

Es kann aber auch ein Mangel gegeben sein, wenn schon Geräusche „störend" vernommen werden, die auf eine alltägliche Nutzung der Nachbarwohnungen zurückzuführen sind.[438] Darunter fallen Lärmbelästigungen durch haustechnische Anlagen (vgl. DIN 4109), wie zB durch 119

---

425 BGH MDR 1969, 744 = JZ 1969, 635 = VersR 1970, 57; LG Düsseldorf DWW 1989, 393.

426 BGH NJW 1986, 2423 = NJW-RR 1986, 1141 = DWW 1986, 174 zum Fluglärm; BGH NJW 1986, 2421 = NJW-RR 1986, 1141 = MDR 1986, 827 = VersR 1987, 381 zum Verkehrslärm; vgl. iE *Wiethaup* ZMR 1975, 257 ff.; AG Osnabrück WuM 1987, 384 zum störenden Nachbarn; AG Königstein NZM 2001, 422 zu streitenden Mietparteien.

427 LG Berlin GE 2015, 656; 1989, 93 AG Charlottenburg GE 2005, 1199.

428 TA Lärm v. 26. 8. 1998, GMBl. 503.

429 18. BImSchV v. 18. 7. 1991 (BGBl. I 1588).

430 AG Aachen WuM 1989, 12; iE *Pfeifer* MK, Sonderausgabe Oktober 2011, 9.

431 AG Lichtenberg MM 1997, 154; vgl. umf. zum Baulärmschutz *Bodanowitz* NJW 1997, 2351.

432 AG Charlottenburg GE 2007, 455; *Sternel* PiG 31 (1989), 71 (75); umf. *Pfeifer* MK, Sonderausgabe Oktober 2011, 9.

433 Palandt/*Bassenge* BGB § 906 Rn. 19.

434 LG Berlin GE 2005, 869.

435 LG Münster NJW 2009, 3730; LG Heidelberg WuM 2010, 148, Eigenart des Geräusches; AG München ZMR 2015, 458 mAnm *Klimesch;* AG Trier WuM 2001, 237.

436 BVerwG NJW 1984, 989 = MDR 1984, 606; VGH München BauR 1995, 77; NJW 1980, 1973 = ZMR 1981, 342; VG Braunschweig DWW 2007, 73.

437 LG Aschaffenburg NZM 2000, 733.

438 OLG Düsseldorf WuM 1997, 221 = ZMR 1997, 181; AG Hamburg WuM 1996, 760; AG Warendorf DWW 1997, 344; krit. *Wenger* ZMR 1997, 269 (272); AG Mönchengladbach-Rheydt DWW 1994, 24.

Benutzung eines **Müllschluckers,**[439] durch das Einwerfen von Glasflaschen in entsprechende **Container,**[440] durch das Betätigen von Jalousien[441], durch defekte Garagentore[442] oder durch die Heizungsanlage.[443] Auch eine besondere **Hellhörigkeit** des Hauses[444], Nutzungsänderungen im Objekt[445] oder eine unzureichende Trittschalldämmung einer ausgebauten Dachwohnung beeinträchtigen den vertragsgemäßen Gebrauch.[446]

120 § 906 Abs. 2 BGB ist für die Frage des zur Minderung berechtigenden Lärms grds. unerheblich (→ Rn. 11). Haben die Parteien bspw. in Kenntnis bestimmter Umstände und Immissionen einen Mietvertrag abgeschlossen, dessen Mietzins die besonderen Verhältnisse schon berücksichtigt, liegt kein zur Minderung berechtigender Mangel vor. Das gilt selbst dann, wenn es sich nicht um eine ortsübliche Immission gem. § 906 Abs. 2 BGB handelt. Ein Mangel scheidet aber aus, wenn die erhöhte Geräuschbelastung sich noch innerhalb des zulässigen Bereichs der anzuwendenden, gültigen technischen Norm bewegt.[447] Andererseits kann auch eine ortsübliche Beeinträchtigung einen Mangel darstellen, wenn diese Störung durch den Mietvertrag ausdrücklich oder nach den Umständen ausgeschlossen sein sollte, weil der Vermieter das Risiko einer Beeinträchtigung des vertragsgemäßen Gebrauchs selbst in den Fällen höherer Gewalt trägt.[448]

121 **aa) Mitmieter.** Ein häufiger Anlass für die Beeinträchtigung durch Lärm ist das Verhalten der Mitbewohner. Da die Wohnung neben der Funktion als Unterkunft und Lebensmittelpunkt auch soziale Kontakte, individuelle Erholung und Entspannung ermöglichen soll, sind die Konflikte vorprogrammiert. Der Freiraum des „Lärmenden" ist daher unter dem **Gesichtspunkt der Sozialverträglichkeit** zu werten und mit dem Gebot der Rücksichtnahme gegenüber dem Mitbewohner abzuwägen. Die betroffenen Nutzergruppen, Trauer, Krankheiten oder religiöse Empfindungen können dabei eine Rolle spielen.[449] Unberücksichtigt dagegen bleibt regelmäßig eine besondere Lärmempfindlichkeit des Mieters oder sein berufsbedingtes Angewiesensein auf Ruhe[450], vorausgesetzt, die besondere Ruhe ist nicht ausdrücklich als vertragsgemäß vereinbart worden.

122 Das Verhalten der Mitbewohner kann im Einzelfall auch Anlass für eine fristlose Kündigung des gestörten Mieters sein.[451] Aber auch der Vermieter kann im Einzelfall als „ultima ratio" **die Kündigung** aussprechen.[452] Der Mieter hat nach § 535 BGB einen Anspruch darauf, dass der Vermieter die Mietsache während der Dauer des Mietverhältnisses in vertragsgemäßem Zustand hält. Dazu gehört, dass er notfalls dem Störer kündigt, wenn nur so die von diesem ausgehenden Geräuschbelästigungen vermieden werden können.[453]

123 Wird der Mieter in einem hellhörigen Haus durch seinen Nachbarn gestört, darf er sich nicht mit **Gegenlärm** zur Wehr setzen. Vielmehr ist er in einem hellhörigen Haus zur besonderen Rücksichtnahme gegenüber den Mitbewohnern verpflichtet.[454] Der Vermieter ist nicht verpflichtet, dem Störer die Namen der sich beschwerenden Mitmieter zu nennen.[455]

124 **(1) Feiern.** Eine Berechtigung zur Minderung der Miete besteht, wenn ein Mieter durch sehr häufiges lautstarkes Feiern anderer Mieter bis spät in die Nacht oder an den Wochenenden er-

---

439 LG Dresden NJWE-MietR 1997, 197.

440 LG Berlin GE 1995, 427; AG Rudolstadt WuM 2000, 19; zum Anspruch des Vermieters gegen die Gemeinde, wegen Lärms einen anderen Standort für den Container zu wählen VGH Kassel WuM 2000, 142.

441 AG Oranienburg GE 2001, 1678.

442 LG Hamburg WuM 2009, 347.

443 AG Hamburg WuM 1997, 551.

444 LG Berlin MM 1998, 79.

445 LG Berlin ZMR 2016, 947.

446 OLG Düsseldorf WuM 1997, 221; LG Hamburg ZMR 2010, 605; AG Cloppenburg WuM 1996, 760.

447 BGH VIII ZR 300/08, AK-MietPrax § 535 BGB Nr. 39 = NJW 2010, 1133 = WuM 2009, 659 = GE 2009, 1426 = NZM 2009, 855.

448 BayObLG WuM 1987, 112 = NJW 1987, 1950 = ZMR 1984, 174; LG Göttingen WuM 1986, 114 = NJW 1986, 1112 = NJW-RR 1986, 444; Bub/Treier MietR-HdB/*Kraemer*/*Ehlert* Kap. III B Rn. 3203.

449 *Sternel* PiG 31 (1989), 71 (79).

450 *Sternel* PiG 31 (1989), 71 (84).

451 AG Bonn GE 2010, 1753 = NZM 2010, 619, Schnarchgeräusche; AG Lübeck DWW 1988, 180; AG Köln WuM 1976, 233 = ZMR 1977, 236; AG Friedberg/Hessen WuM 1978, 30 = ZMR 1978, 182; zu den Anforderungen einer Mängelanzeige AG Pankow-Weißensee GE 2007, 1491.

452 AG München ZMR 2015, 458 mAnm *Klimesch*.

453 *LG Berlin GE 1988, 355; WuM 1999, 329* = GE 1999, 380; *Börstinghaus* NZM 2004, 53; zur Schadensersatzpflicht des lärmenden Mieters sowie zur Verjährung des Anspruchs AG Bremen WuM 2011, 362.

454 LG Berlin MM 1991, 329; AG Trier WuM 2001, 237.

455 AG München ZMR 2015, 460.

heblich in seiner Nachtruhe gestört wird.[456] Es gibt kein Recht auf regelmäßiges monatliches Feiern.[457]

Zwar kann nicht allgemein erwartet werden, dass bei Feiern aus einem **besonderen Anlass,** wie zB Hochzeit oder Geburtstag, keinerlei Beeinträchtigungen auftreten. Dennoch muss auch in diesen Fällen insoweit Rücksicht genommen werden, als dass eine übermäßige Störung der Nachtruhe vermieden wird. Bei besonderen Anlässen, zB Silvester oder Karneval, kann Musiklärm aus einer Gaststätte zu dulden sein, wenn dies seit Jahren als üblich und unbeanstandet hingenommen wurde.[458] **125**

In Extremfällen kann in der vorsätzlichen Lärmausübung sogar eine strafbare Körperverletzung liegen.[459] **126**

**(2) Gewerbe.** Auch wenn der Mieter in Kenntnis einer vorhandenen Gaststätte im Haus eine Wohnung anmietet, muss er doch nicht jede erdenkliche Lärmbelästigung hinnehmen.[460] Insbesondere Betriebsänderungen oder Änderungen der Ladenöffnungszeiten können eine ursprünglich zu duldende Beeinträchtigung nunmehr als unzumutbar erscheinen lassen.[461] Dabei ist entscheidend, ob der Mieter bei Anmietung und Kenntnis der Umstände mit der Beeinträchtigung rechnen musste[462], was bei Innenstadtlagen regelmäßig der Fall ist.[463] Andere Betriebe im Haus, wie zB eine Bäckerei[464], eine Tanzschule,[465] ein Tanzcafé,[466] eine Diskothek,[467] eine Schuhmacherwerkstatt,[468] Supermärkte mit ihrem Ladenbetrieb,[469] Waschsalons,[470] Imbissstuben[471] oder Gaststätten mit Kegelbahnen[472] können durch ihr Gewerbe Störungen verursachen, die zur Minderung berechtigen.[473] Selbst die Nutzung von Büroräumen kann im Einzelfall durch Tippgeräusche von Computer- und Schreibmaschinentastaturen eine Störung verursachen[474]. Gehen die Störungen von einem Mitmieter aus, ist dieser grds. auch für Störungen durch von ihm aufgenommene Personen oder Besucher verantwortlich.[475] **127**

**(3) Kinderlärm.** Es besteht heute überwiegend Einigkeit darüber, dass Kindern außerhalb der eigentlichen Wohnräume Platz zur Verfügung stehen muss, wo sie sich ihrem Alter entsprechend gefahrlos und ungehindert im Spiel entfalten können.[476] **128**

Soweit Kinderlärm, verursacht durch einen in der Nähe liegenden **Spielplatz** oder aus einem Innenhof, in die Wohnung dringt, ist dies regelmäßig als üblich und sozialadäquat hinzunehmen[477] (→ Rn. 11 a), zumal mit der Privilegierung des Kinderlärms in § 22 Abs. 1 a BImSchG ein allgemei- **129**

---

456 LG Chemnitz WuM 1994, 68; AG Braunschweig WuM 1990, 147; AG Lünen NJW-RR 1988. 1041.

457 OLG Düsseldorf WuM 1990, 116.

458 AG Köln DWW 1997, 157 (OWi-Verfahren zum LImSchG NW).

459 AG Ratingen DWW 1989, 394.

460 AG Braunschweig WuM 1990, 148; AG Köln WuM 1990, 291; AG Bonn WuM 1990, 497; AG Kerpen WuM 1978, 68; AG Hamburg WuM 1976, 151 = ZMR 1977, 209.

461 **AA** LG Frankfurt a. M. ZMR 1999, 719 mAnm *Stapel/Kaden* zur Vorinstanz.

462 LG Berlin GE 2009, 1047.

463 LG Wiesbaden WuM 1994, 430; AG Pankow/Weißensee GE 2005, 1126; AG Spandau GE 2009, 54 zu Diskothek.

464 LG Berlin GE 2003, 392.

465 BGH WuM 1993, 275 = NJW 1993, 1580 = MDR 1993, 540 = ZMR 1993, 266 = GE 1993, 533; AG Köln WuM 1988, 56; AG Hamburg-Wandsbek WuM 1984, 280.

466 BGH NJW 1959, 2013 = MDR 1959, 921 = BB 1959, 901.

467 OLG München ZMR 1996, 487 = NJWE-MietR 1996, 270; LG Berlin GE 2005, 869 zu Jazzkeller; AG Köln WuM 1997, 647.

468 AG Gelsenkirchen WuM 1978, 66 = ZMR 1978, 238.

469 LG Berlin GE 1992, 1095; **aA** LG Frankfurt a. M. ZMR 1999, 719 mAnm *Stapel/Kaden* zur Vorinstanz.

470 AG Hamburg WuM 1976, 151 = ZMR 1977, 209.

471 AG Rheine WuM 1985, 260.

472 OLG Hamm NJW-RR 1989, 1176 = MDR 1989, 913 = ZMR 1989, 379 = DWW 1989, 353.

473 LG Hamburg WuM 1987, 218; 1984, 79; BayObLG WuM 1987, 96 = NJW-RR 1987, 463 = MDR 1987, 410 zum Anspruch auf Unterlassung gegen einen Miteigentümer; AG Regensburg WuM 1990, 386 und AG Wiesbaden WuM 1998, 315 für die Ausübung der Prostitution.

474 AG Potsdam NZM 2002, 68.

475 OLG München ZMR 1996, 487 = NJWE-MietR 1996, 270.

476 LG Freiburg ZMR 1976, 210.

477 LG Heidelberg WuM 1997, 38; LG München I WuM 1987, 121; AG Frankfurt a. M. WuM 2009, 226; 2005, 764; AG Köln WuM 1993, 606; AG Charlottenburg GE 1988, 947; AG Neukölln GE 1988, 259; zur nachbarrechtlichen Problematik OLG Düsseldorf DWW 1996, 20; BGH WuM 1993, 277; zum Bolzplatz LG Hamburg WuM 1998, 19; zum Abenteuerspielplatz VG Braunschweig DWW 1987, 167.

ner Rechtsgrundsatz kodifiziert worden ist.[478] Wer ein erhöhtes Ruhebedürfnis hat, muss dies bei der Auswahl seiner Wohnung mit einem entsprechenden Wohnumfeld berücksichtigen.

130 Bei der Prüfung der Beeinträchtigung ist von der Anfälligkeit eines durchschnittlich Lärmempfindlichen auszugehen.[479] Wird die Einwirkung nur wegen der Überempfindlichkeit als Störung empfunden, berechtigt dies nicht zur Mietminderung.[480]

131 Generell ist davon auszugehen, dass die Mieter in einem größeren Haus Lärmeinwirkungen hinnehmen müssen, wie sie in einem Haus mit mehreren Mietparteien unvermeidbar sind.[481] Das gilt insbes. für üblichen Kinderlärm.[482] Der Vermieter ist daher gegenüber den Mietern berechtigt, auf dem Grundstück des Mehrfamilienhauses einen Sandkasten zu errichten.[483] Er darf auch einen geteerten Innenhof eines innerstädtischen Miethauses zum Spielen zulassen.[484]

132 Lärm und sonstige Belästigungen von einer unter der Mietwohnung gelegenen Kinderarztpraxis sind allerdings nicht hinzunehmen.[485] Ebenso kann das Basketball- und Fußballspielen auf dem Hof das erträgliche und zumutbare Maß an hinzunehmendem Lärm überschreiten.[486]

133 Störungen durch nächtliches Baby- oder Kindergeschrei sind eine unvermeidbare Folge kindlicher Entwicklung und von den Nachbarn zu dulden.[487] Nur wenn dies auf Grund des Verständnisses der Kinder zumutbar ist,[488] kann das Lärmen von Kindern zu den allgemeinen Ruhezeiten untersagt werden. Bei erwachsenen Kindern kann sich der Mieter nicht darauf berufen, er könne sich ihnen gegenüber nicht durchsetzen.[489]

134 **(4) Musizieren.** Zu den privaten Interessen eines Mieters gehört auch die Ausübung von Hausmusik (siehe auch § 535 BGB Rn. 461 ff.). Diese kann einen wesentlichen Teil des Lebensinhaltes bilden und von erheblicher Bedeutung für die Lebensfreude und das Gefühlsleben sein. Musizieren in der eigenen Wohnung gehört daher zum **Grundrecht** auf freie Entfaltung der Persönlichkeit. Andererseits ist aber auch das allgemeine Persönlichkeitsrecht der Mitmieter zu berücksichtigen, insbes. deren Recht auf Ruhe und Entspannung in der von ihnen gewünschten Form. Angesichts dieses Interessenkonfliktes ist immer eine an dem Gebot der Rücksichtnahme orientierte Abwägung im Einzelfall vorzunehmen.[490] Dies führt zu einer zeitlichen Begrenzung der zulässigen Musikausübung[491] (→ BGB § 535 Rn. 461). Die täglich zulässige Klavierspielzeit kann sich für einen Wohnungsnutzer dadurch auf eine Stunde reduzieren, dass mehrere in einer Wohnung zusammenlebende Familienmitglieder musizieren und die Hausordnung einen zeitlichen Rahmen von zwei Stunden festlegt.[492] Werden durch eine unerlaubte Musikausübung Klopfgeräusche der Mitmieter provoziert, darf der musizierende Mieter deshalb den Mietzins nicht mindern.[493]

135 Den Vermieter kann im Hinblick auf die sich aus dem Mietvertrag ergebende Fürsorgepflicht (→ BGB § 535 Rn. 99 ff.) die Verpflichtung treffen, gegen das einen Mieter störende Klavierspiel eines Mitmieters aus dem Nebenhaus vorzugehen.[494]

---

478 BGH, VIII ZR 226/16, WuM 2017, 587 = NZM 2017, 694 = ZMR 2018, 19 = MietPrax-AK § 536 BGB Nr 55; VIII ZR 197/14, WuM 2015, 478 = NZM 2015, 481 = NJW 2015, 2177 = GE 2015, 849 = ZMR 2015, 697 = AK-MietPrax § 536 BGB Nr. 51; *Nierhauve* ZMR 2018, 298; *Beyer,* Anm. zu BGH, VIII ZR 226/17, WuM 2017, 694.

479 LG Berlin ZMR 1999, 763; LG Köln WuM 1987, 272; AG Düsseldorf WuM 1995, 288.

480 LG Kaiserslautern WuM 1989, 514; AG Münster WuM 1991, 545; AG Kiel WuM 1989, 570.

481 OLG Dresden WuM 2009, 393; OLG Düsseldorf WuM 1997, 221 = ZMR 1997, 181; AG Kiel WuM 1986, 240.

482 OLG Düsseldorf WuM 1997, 221 = ZMR 1997, 181; LG Heidelberg WuM 1997, 38; AG Starnberg WuM 92, 471; AG Kassel WuM 91, 558; AG Dortmund DWW 1990, 55; AG Hannover WuM 1987, 218.

483 AG Aachen WuM 1987, 83.

484 LG Berlin WuM 1987, 212 = NJW-RR 1986, 1144 = MDR 1986, 589 = ZMR 1986, 242 = GE 1986, 657.

485 AG Bad Schwartau WuM 1976, 259 = ZMR 1978, 266.

486 AG Berlin-Schöneberg DWW 1992, 53; MM 1991, 232.

487 BGH WuM 1993, 277 = NJW 1993, 1656 = ZMR 1993, 268; LG Berlin GE 2016, 1388; LG München I NZM 2005, 339; AG Bergisch Gladbach WuM 1983, 236.

488 AG Neuss WuM 1988, 264 = DWW 1988, 355.

489 LG Köln ZMR 1977, 332; AG Köln WuM 1976, 233 = ZMR 1977, 236 bei Ehegatten.

490 LG Düsseldorf DWW 1990, 87; *Skauradszun* ZMR 2010, 657 (658).

491 OLG Karlsruhe NJW-RR 1989, 1179; *Skauradszun* ZMR 2010, 657 (661).

492 OLG Frankfurt a. M. WuM 1984, 303 = NJW 1985, 2138 = DWW 1985, 26; OLG Karlsruhe NJW-RR *1989, 1179 jeweils* für Wohnungseigentum; OLGZ 1988, 61; AG Düsseldorf DWW 1988, 357.

493 AG Tiergarten NJW-RR 1990, 398 = MM 1990, 160.

494 LG Offenburg DWW 1990, 273; LG Kaiserslautern WuM 1989, 514.

136 **bb) Dritte.** Bei der Lärmverursachung durch Dritte sind insbes. die Fälle beachtlich, in denen die Störungen von außen kommen und auf Veränderungen des Umfeldes zurückzuführen sind, die bei Abschluss des Mietvertrages für die Vertragsparteien nicht erkennbar waren. Dann stellt sich die Frage der Risikozuweisung (→Rn. 11ff.). Der BGH (VIII. Zivilsenat) hat die Fälle der positiven Beschaffenheitsmerkmale (der Mieter beruft sich auf die angemietete ruhige Wohnung) nach und nach zu Lasten der Mieter entschieden.[495]

136a In seiner Bolzplatzentscheidung[496] hat er weitgehend seine Rspr. gefestigt, die er im Zusammenhang mit der „Innenhof"-Entscheidung[497] sowie der „Innenstadtlage"-Entscheidung[498] schon angelegt hat. Bei Umfeldmängeln kommt eine Mietminderung nur in Betracht, wenn der vom Mieter geforderte positive Zustand im Rahmen einer Beschaffenheitsvereinbarung Vertragsgegenstand geworden ist.[499] Dabei ist der Zeitraum zwischen dem Zeitpunkt der Anmietung und dem Zeitpunkt des erstmaligen Auftretens der Störung unerheblich. In der Regel werden sich die Vertragsparteien nicht konkret über einen möglicherweise erst viele Jahre später auftretenden Mangel bei Vertragsschluss verständigt haben. Aber auch eine konkludente Beschaffenheitsvereinbarung kommt nach Auffassung des BGH regelmäßig nicht in Betracht.[500] Eine solche stillschweigende Vereinbarung lasse sich nicht alleine daraus ableiten, dass der Mieter bei Vertragsschluss den Zustand der Mietsache kennt und wahrnimmt. Zu einer konkludent geschlossenen sog. Beschaffenheitsvereinbarung wird ein (positives) Beschaffenheitsmerkmal erst dann, wenn der Vermieter aus dem Verhalten des Mieters nach dem objektiv zu bestimmenden Empfängerhorizont erkennen musste, dass der Mieter die Fortdauer dieses bei Vertragsschluss bestehenden Umstandes als maßgebliches Kriterium für den vertragsgemäßen Gebrauch der Wohnung ansieht, und der Vermieter dem zustimmt.[501] Einseitig gebliebene Vorstellungen des Mieters genügten einer solchen Annahme nicht. Diese Grundsätze hat der Senat durch seine Entscheidung vom 29.4.2020[502] bestätigt und gefestigt.

136b Der Senat hat in der vorgenannten Entscheidung die Gelegenheit genutzt, sich zur Darlegungs- und Beweislast zu äußern. Unter Berücksichtigung der Verantwortungsbereiche trägt danach der Mieter die Darlegungs-und Beweislast sowohl dafür, dass die vom ihm angemietete Wohnung bestimmten Immissionen ausgesetzt und dadurch in ihren Gebrauch unmittelbar beeinträchtigt ist. Darüberhinaus muss der Mieter darlegen und beweisen, dass es sich um eine wesentliche Beeinträchtigung[503] im Sinne des §906 Abs. 1 S. 1 BGB handelt. Die Situation stellt sich nach Auffassung des BGH für den Mieter so dar wie bei der Lärmbeeinträchtigung durch Mieter einer Nachbarwohnung. Ihm werde daher keine zusätzliche Last auferlegt[504]

136c Bei der Beurteilung der Frage, ob Geräuscheinwirkungen wesentlich und ortsüblich sind, müssen außer der Lautstärke die Frequenzzusammensetzung, der durch Fernlärm verursachte Grundpegel und das Ausmaß, in dem der Lärm zu bestimmten Tageszeiten und Nachtzeiten belästigend einwirkt, beachtet werden.[505]

137 **(1) Gewerbe.** Im Einzelnen hat die Rspr. eine Minderungsbefugnis anerkannt, wenn in der **Nachbarschaft** ein Hostessenbetrieb eingerichtet wurde.[506] Für die Beeinträchtigung durch Lärm, der von einem Billard-Café[507] im Nachbarhaus oder vom Gaststättenbetrieb[508] aus der Nachbar-

---

495 Umf. *Gsell* NZM 2016, 702ff.; *Eisenschmid* NZM 2016, 841ff.
496 BGH VIII ZR 197/14, WuM 2015, 478 mAnm *Föller* = NZM 2015, 481 = NJW 2015, 2177 = GE 2015, 849 = ZMR 2015, 697 = AK-MietPrax §536 BGB Nr. 51; der Entscheidung folgend LG Berlin ZMR 2017, 974 = GE 2017, 1022.
497 BGH VIII ZR 300/08, WuM 2009, 659 = GE 2009, 1426 = NZM 2009, 855 = AK-MietPrax §535 BGB Nr. 39 = NJW 2010, 1133.
498 BGH VIII ZR 152/12, WuM 2013, 154 = NJW 2013, 680 = GE 2013, 261 (262) = NZM 2013, 184 = ZMR 2013, 269 = AK-MietPrax §536 BGB Nr. 46.
499 Umfassend zur Kritik der Bolzplatzentscheidung *Selk* NZM 2019, 113, 117.
500 Zust. KG WuM 2020, 723 (Rn. 5), aber mit anderer Schlussfolgerung →Rn. 138; aA LG Berlin WuM 2016, 486; 2016, 556.
501 LG Berlin GE 2016, 785; differenzierend AG Nürnberg WuM 2019, 433.
502 BGH, VIII ZR 31/18, WuM 2020, 407 = NZM 2020, 598; zur Kritik siehe *Eisenschmid,* jurisPR-MietR 15/2020 Anm. 2 = WuM 2020, 477; *Börstinghaus,* IMR 2020, 274, 275.
503 Siehe dazu Prütting/Wegen/Weinreich/*Lemke* BGB §906 Rn. 11ff.
504 Vgl. OLG Dresden WuM 2009, 393; zu Recht aA LG München I ZMR 2019, 200.
505 BGH MDR 1971, 119; AG Frankfurt a. M. ZMR 1999, 718 zum Lärm durch Lebensmittelladen.
506 LG Kassel WuM 1987, 122; AG Kassel WuM 1984, 280; AG Hamburg WuM 1984, 280.
507 AG Köln WuM 1991, 545.
508 VGH München DWW 1989, 172; VGH Mannheim DWW 1986, 297; AG Rudolstadt WuM 2000, 19.

schaft verursacht wird, ist auch maßgeblich derjenige Verkehrslärm und Besucherlärm, der auf öffentlichen Flächen, zB auf der Straße erfolgt, wenn er ohne weiteres von dem übrigen Verkehrslärm und Straßenlärm unterschieden werden kann.[509]

138 **(2) Bauarbeiten.** Baustellenlärm in und am Gebäude oder in der Nachbarschaft kann sich als besonders störend erweisen. Allerdings muss der Mieter Baulärm von einem Nachbargrundstück als vertragsgemäß hinnehmen, wenn die **künftige Bebauung** bei Vertragsschluss zur Bestimmung des Sollzustands der Mietsachen in den Parteiwillen aufgenommen wurde (Beschaffenheitsvereinbarung). Das ist im Einzelfall unter Berücksichtigung aller Umstände zu prüfen.[510] Maßstab sind zwar grundsätzlich die unter → Rn. 136a–b dargestellten Grundsätze des BGH.[511] Allerdings gibt es keinen Grundsatz derart, dass in Großstädten Baulärm regelmäßig hinzunehmen ist.[512] Im Gegenteil spricht der Äquivalenzgedanke dafür, dass die Vertragsparteien, wenn sie schwerwiegende Zunahmen von Lärmimmissionen vorhergesehen hätten, für den betreffenden Zeitraum eine Minderung der Miete geregelt hätten.[513] Die Rechtsprechung des BGH zu Verkehrslärm ist auf Baulärm nicht übertragbar.[514]

In der bisherigen Instanzrechtsprechung, die aufgrund der oben dargestellten Grundsätze des BGH kritisch untersucht werden muss, wird Baustellenlärm regelmäßig als Mangel der Mietsache angesehen.[515] In Übereinstimmung mit der BGH-Rechtsprechung wird dabei eine konkludente Beschaffenheitsvereinbarung über das positive Merkmal „kein Lärm" zu prüfen sein.[516] Nur soweit derartige Lärmbelästigungen voraussehbar und für den Mieter erkennbar[517] waren, wurde den Mietern das Minderungsrecht abgesprochen. An die Erkennbarkeit müssen aber hohe Anforderungen gestellt werden (→ BGB § 536b Rn. 9). Nur konkrete Anhaltspunkte können dazu führen, dass mit baulichen Veränderungen gerechnet werden muss. Allein die abstrakte Möglichkeit von Baumaßnahmen, die nahezu immer und überall besteht, reicht für den Ausschluss der Mietminderung nicht aus.[518] Es reicht zudem nicht aus, dass bei Erkennbarkeit von baulichen Maßnahmen für den Mieter Art und Umfang der Baumaßnahmen abschätzbar sind.[519] Vielmehr ist erforderlich, dass sich der Mieter auch über die Intensität und die zeitliche Perspektive der Lärmbeeinträchtigung realistische Vorstellungen machen konnte.[520] Selbst wenn diese Voraussetzungen vorliegen sollten, rechtfertigt nur eine übliche Beeinträchtigung durch zu erwartenden Baulärm den Ausschluss der Minderung.[521]

---

[509] LG Berlin GE 2005, 1126; OVG Münster DWW 1994, 158; VGH München DWW 1989, 172; VGH Mannheim DWW 1986, 297 jeweils für die Sperrzeitregelung; zum Lärm auf einem Minigolf-Platz vgl. OLG Karlsruhe ZMR 1989, 90.

[510] BGH VIII ZR 22/11, WuM 2012, 271 = NZM 2012, 456 = GE 2012, 896 = AK-MietPrax § 536 BGB Nr. 42; *Lehmann-Richter* NZM 2012, 849 (851).

[511] Inzwischen folgt die Instanzrechtsprechung dem BGH: AG Dresden ZMR 2017, 167; krit. *Selk* NZM 2015, 855 ff.

[512] LG Berlin, ZMR 2020, 113 – Vermieter als Bauherr auf dem Nachbargrundstück.

[513] KG WuM 2020, 723.

[514] LG München I ZMR 2019, 200.

[515] LG Dortmund NZM 1999, 765; LG Lüneburg WuM 1991, 683; AG Berlin-Wedding MM 2011, Nr. 9, 30 = GE 2012, 409; AG Münster WuM 2009, 177; AG Berlin-Mitte GE 2008, 1262; AG Suhl WuM 2005, 656; AG Köln WuM 2003, 318; AG Hamburg-Blankenese ZMR 2003, 746; AG Hagen DWW 2003, 268; AG Trier WuM 1999, 64; AG Saarburg WuM 1999, 64; AG Osnabrück WuM 1996, 754; *Gies* jurisPR-MietR 2/2012 Anm. 1.

[516] LG Berlin NZM 2016, 681 = GE 2016, 915.

[517] KG GE 2003, 115 = NZM 2003, 718; OLG München WuM 1993, 607 = NJW-RR 1994, 654; LG Berlin GE 2013, 689; 2011, 1685; 2012, 64; 2012, 833; 2009, 847; 2008, 268; 2003, 1330; LG Gießen ZMR 2011, 384; LG Leipzig GE 2005, 993; LG Mannheim WuM 2000, 185; LG Lübeck WuM 1998, 690; LG Bonn WuM 1986, 115; AG Frankfurt a. M. NJW-RR 2012, 591; AG Pankow-Weißensee GE 2009, 851 zur Baulückenschließung; AG Lichtenberg GE 2006, 261; OLG Hamm ZMR 1983, 273 = MDR 1983, 579; sa *Börstinghaus* jurisPR-MietR 4/2007 Anm. 1 zu AG Gelsenkirchen WuM 2006, 611.

[518] LG Berlin ZMR 2020, 405; WuM 2018, 755; WuM 2018, 25 = ZMR 2018, 223; LG München I, ZMR 2017, 165 = GE 2017, 356 = NZM 2018, 228.

[519] *Lehmann-Richter* NZM 2012, 849 (851); anders aber LG Frankfurt a. M. ZMR 2015, 554; LG Gießen ZMR 2011, 384; offen gelassen BGH VIII ZR 22/11, WuM 2012, 271 = NZM 2012, 456 = GE 2012, 896 = *AK-MietPrax § 536 BGB Nr. 42.*

[520] *Blank* WuM 2012, 175; *Fritz* FS Blank, 2006, 153 (157).

[521] LG Mannheim WuM 2000, 185; AG Frankfurt a. M. NZM 2005, 217; AG München ZMR 1986, 58; AG Augsburg ZMR 1988, 341; AG Hamburg ZMR 1982, 279.

139 Das Abstellen auf die Erkennbarkeit ist zudem höchst problematisch, weil es dem Mieter im Rahmen der Wohnungssuche die Pflicht aufbürdet, bei der Besichtigung der Wohnung auch eingehend das Wohnumfeld zu studieren und daraus die richtigen Schlüsse zu ziehen, wie zB den künftig zu erwartenden Hubschrauberlärm beim Bau einer Klinik[522]. Häufig lassen sich aus der Umgebung allein gar keine Erkenntnisse über zukünftige Bauarbeiten ableiten.[523] Daher müssen nicht nur bei Vertragsschluss konkrete Anhaltspunkte für bevorstehende Bauarbeiten vorliegen[524], sondern wegen seiner Sach- und Ortsnähe ist es die Aufgabe des Vermieters, den Mieter auf künftige Bauarbeiten nach Art, Umfang Dauer und Intensität in der Nachbarschaft hinzuweisen[525] (→ Rn. 12). Kann der Vermieter dies nicht leisten, fällt dieser Umstand unter sein Vermieterrisiko. Konnte er den Mieter aufklären, dann kennt der Mieter die zu erwartenden Beeinträchtigungen und ist regelmäßig gem. § 536b BGB mit Gewährleistungsrechten ausgeschlossen. Das gilt aber nicht, wenn der Vermieter die baulichen Maßnahmen selbst durchführt, weil dann ihm das Risiko zugewiesen ist.[526] Verkennt der Mieter aber das Ausmaß der Maßnahmen, fällt dies wiederum in seinen Risikobereich.[527]

140 Allein die Tatsache, dass vor dem Haus **ein Gerüst** aufgebaut wird, führt noch nicht zwingend zu einer Beeinträchtigung des vertragsgemäßen Gebrauchs.[528] Ergibt sich aber durch das Gerüst eine erhöhte Einbruchsgefahr, wird die Wohnung verdunkelt oder laufen auf dem Gerüst vor den Fenstern ständig Handwerker hin und her, führt dies zu einer Minderung des Wohnwertes.[529] Umfangreiche Bauarbeiten im Haus bei erheblichen Lärm- und Schmutzbeeinträchtigungen können bis zu einer 100%igen Mietminderung führen.[530] Die Minderung wird nicht dadurch ausgeschlossen, dass der Mieter tagsüber aus beruflichen oder sonstigen Gründen abwesend ist[531] (→ Rn. 50). Da bei Großbaustellen sich der Lärmpegel über mehrere Monate hinweg täglich verändert, ist es gerechtfertigt, über den gesamten Zeitraum eine pauschalierte Minderungsquote anzusetzen[532] (→ Rn. 402).

141 Soweit übermäßiger Baulärm das Öffnen der Fenster unmöglich macht oder sich auf die Abendstunden und das Wochenende erstreckt, geht diese Beeinträchtigung über die zu erwartenden Störungen durch einen bevorstehenden Neubau hinaus.[533] Langwierige, mit erheblichen Eingriffen in die vorhandene Infrastruktur verbundene Straßenbaumaßnahmen und Großbaustellen in der Nähe der Wohnung sind ebenfalls nicht mehr vertragsgemäß[534]. Regelmäßig wird der Vermieter als Eigentümer wegen der Lärmbeeinträchtigung einen Anspruch auf Ausgleichszahlung gegenüber dem Nachbarn gem. § 906 Abs. 2 S. 2 BGB (→ Rn. 11) geltend machen können[535], was sich in einer adäquaten Mietminderung niederschlagen sollte.[536] Ist dem Vermieter ein solcher Anspruch nach § 906 Abs. 2 S. 2 BGB materiell verwehrt,[537] ist nach der Bolzplatzentscheidung des BGH[538] eine Mietminderung ausgeschlossen.

---

522 LG Frankfurt a. M. ZMR 2010, 362.

523 LG Berlin GE 2014, 522; ZMR 2014, 731; LG Frankfurt a. M. WuM 2007, 317; s. dazu *Flatow* PiG 2012, 63 (72).

524 LG Berlin WuM 2018, 25 = ZMR 2018, 223; LG München I, ZMR 2017, 165 = GE 2017, 356 = NZM 2018, 228; LG Berlin GE 2014, 522 mAnm *Schach* jurisPR-MietR 12/2014 Anm. 2; LG Berlin ZMR 2013, 888; AG Charlottenburg GE 2014, 127, das allerdings nur geringe Anforderungen stellt.

525 LG Berlin GE 2017, 1550.

526 VerfGH Berlin GE 2015, 717 mAnm *Bieber* GE 2015, 686; **aA** BGH VIII ZR 300/08, WuM 2009, 659 = GE 2009, 1426 = NZM 2009, 855 = AK-MietPrax § 535 BGB Nr. 39 = NJW 2010, 1133.

527 LG Berlin GE 2012, 489; WuM 2007, 386.

528 AG Charlottenburg MM 1996, 456.

529 BGH VIII ZR 181/12, WuM 2013, 174 = GE 2013, 207; VIII ZR 152/12, WuM 2013, 154 = NJW 2013, 680 = GE 2013, 261; KG GE 2001, 620; AG Hamburg WuM 1996, 30.

530 LG Berlin GE 1996, 1051 – 33% bei Dachgeschossausbau; AG Charlottenburg MM 1996, 456; zum defekten Warmwasserboiler BVerfG NZM 2002, 938.

531 AG Regensburg WuM 1992, 476; kein unerheblicher Mangel durch Abwesenheit des Mieters: Palandt/*Weidenkaff* BGB § 536 Rn. 17.

532 KG WuM 2020, 723 (727 Rn. 21); LG München I ZMR 2019, 200.

533 AG Darmstadt WuM 1984, 245.

534 LG Frankfurt a. M. ZMR 2007, 698; LG Hamburg NJW 1973, 2254 = VersR 1974, 981 für Großbaustelle vor einem Hotelzimmer; LG Wiesbaden WuM 2000, 184 zum Bau einer ICE-Trasse.

535 BayObLG WuM 1987, 112 = NJW 1987, 1950 = ZMR 1984, 174; LG Kassel NJW-RR 1989, 1292; LG Siegen WuM 1990, 17.

536 LG Hamburg WuM 2019, 138.

537 Zur Beweislastverteilung siehe LG München I ZMR 2019, 200.

538 BGH, VIII ZR 226/16, WuM 2017, 587 = NZM 2017, 694 = ZMR 2018, 19 = MietPrax-AK § 536 BGB Nr. 55.

142 **(3) Verkehrslärm.** Wird der Mieter durch Flug-[539] oder Straßenlärm in seinem Wohngebrauch beeinträchtigt, liegt regelmäßig kein Mangel der Mietsache vor, wenn der Mieter den Wohnraum **in Kenntnis** der Verkehrslage angemietet hat.[540] Im Einzelfall kann auch eine konkludente Beschaffenheitsvereinbarung vorliegen (beachte die in → Rn. 136a–c dargestellten Grundsätze des BGH). Dies gilt insbes. bei Innenstadtlagen.[541] Ein Mangel kann in diesen Fällen aber dann vorliegen, wenn der Vermieter verbindliche Schallschutzmaßnahmen nicht beachtet hat.[542] Zur Anwendung des § 906 Abs. 2 BGB → Rn. 11 a.l.

143 nicht besetzt

144 Wegen der neueren Rspr. des BGH ist es entgegen der bisherigen Instanzrechtsprechung[543] kritisch zu sehen, wenn ein Mangel angenommen wird, weil zB eine neue Schnellstraße entlang der Wohnung des Mieters gebaut oder die einstige Anliegerstraße zur Durchgangsstraße **umgewidmet** wird. Ebenso ist inzwischen ein Mangel zweifelhaft, wenn ein Bahnkörper um ein weiteres Gleis **erweitert** wird und es dadurch zu einer erhöhten Lärmbelastung kommt.[544] Gleiches gilt, wenn bei unverändertem Wegenetz nur durch eine angeordnete Änderung der Verkehrsströme die Wohnung zusätzlich mit erhöhtem Verkehrsaufkommen belastet wird.[545] Daher stellt uU die Errichtung einer Fußgängerzone sowie eines Einbahnstraßensystems in unmittelbarer Nähe eines Kurbetriebes keinen Mangel dar.[546]

145, 146 Nicht vom einem Mangel ist auszugehen, wenn die Verkehrswege im Laufe der Zeit erhöhten Verkehr aufweisen, **ohne** dass dies durch einen Eingriff von außen (Straßenbau, Verkehrsumleitung; Ausweisung eines Neubaugebietes, Verkehrsleitplanung) veranlasst wurde.[547] Dies wird mit dem Argument vertreten, dass auf Grund der heutigen Lebensverhältnisse der Mieter – gerade in einer Innenstadtlage – generell mit einer allgemeinen Zunahme des Verkehrs rechnen muss.[548]

147 Wohnt der Mieter allerdings über einer Tiefgarageneinfahrt, sind gewisse Geräuschbelästigungen hinzunehmen.[549]

148 **(4) Tierlärm.** In Wohngebieten wird mehr als nur gelegentliches und vereinzeltes Bellen eines Hundes zur Tageszeit inzwischen allgemein als störend empfunden.[550] Dies gilt auch in ländlichen Gebieten dann, wenn sie zu **reinen Wohnzwecken** und lediglich in untergeordneter Weise zu landwirtschaftlichen Zwecken genutzt werden.[551] Der Lärm durch ständig anschlagende Hunde führt daher grds. zu einem Mangel der Mietsache.[552]

149 Eine Lärmbelästigung, die von Fröschen in einem Teich ausgeht, ist grds. hinzunehmen.[553] In **ländlichen Gegenden** mit ausschließlich landwirtschaftlich genutztem Gepräge hat der Mieter

---

[539] OLG Köln ZMR 1995, 71; LG Frankfurt a. M. ZMR 2010, 362; s. zum Fluglärm *Garbe-Emden* GE 2012, 376 (378).

[540] LG Berlin GE 2001, 135; AG Schöneberg GE 2011, 1491; AG Pankow/Weißensee GE 2001, 348.

[541] BGH VIII ZR 152/12, WuM 2013, 154 = NJW 2013, 680 = GE 2013, 261; LG Wiesbaden WuM 1994, 430; LG Hannover WuM 1994, 463 = NJW-RR 1995, 331; AG Hohenschönhausen MM 1999, 398.

[542] LG Berlin GE 1981, 391.

[543] LG Berlin GE 2001, 135; AG Köpenick WuM 2006, 145; Fritz GewerberaumMietR Rn. 272; Bub/Treier MietR-HdB/*Kraemer/Ehlert* Kap. III B Rn. 3204; DHF/*Franke* BGB § 536 Anm. 5.44.8 bei „plötzlichen Ereignissen"; zweifelnd Wolf/Eckert/Ball Gewerbl. Miet-/Pacht-/LeasingR-HdB Rn. 276.

[544] Anders AG Schöneberg ZMR 2000, 308.

[545] AG Köpenick GE 2013, 1460; AG Frankfurt/Oder ZMR 2003, 268 bei Umleitung wegen Baustelle; LG Berlin ZMR 2014, 123 zu Fluglärm; **aA** AG Erfurt WuM 2000, 592; *Flatow* PiG 2012, 63 (71).

[546] Anders LG Frankfurt a. M. NJW 1976, 1355 = ZMR 1976, 336.

[547] BGH NJW 1971, 424; LG Kleve NJW 1970, 1975; AG Köpenick GE 2013, 1381; WuM 2006, 145; zweifelhaft LG Lüneburg WuM 1991, 683.

[548] LG Berlin GE 2001, 135; zum Flughafen Schönefeld LG Berlin GE 2013, 487; AG Hohenschönhausen MM 1999, 398; AG Schöneberg GE 1996, 1499; *Sternel* PiG 31 (1989), 71 (81); abl. *Emmerich* PiG 31 (1986), 35 (48); Staudinger/*Emmerich* BGB § 536 Rn. 29.

[549] AG Bonn WuM 1990, 71; AG Osnabrück WuM 1986, 334.

[550] OVG Lüneburg MDR 1993, 350 = ZMR 1993, 392 = DWW 1993, 106 zur bauordnungsrechtlichen Zulässigkeit der Hundehaltung.

[551] AG Düsseldorf DWW 1989, 365.

[552] LG Darmstadt DWW 1993, 19; AG Potsdam NZM 2002, 735; AG Köln WuM 2001, 493; AG Düren WuM 1990, 117; AG Köln WuM 2001, 512; AG Wiesbaden DWW 1988, 18; AG Westerburg DWW 1987, 100; jeweils zum Nachbarrecht; AG Rheine WuM 1998, 378; VG Stade DWW 1990, 249 zu § 117 OwiG; vgl. iE die Lärmverordnungen der Länder; zum nachbarrechtlichen Problemen des Lärms durch Hunde *Keinhorst* GE 2000, 1144.

[553] OLG Schleswig NJW-RR 1986, 884 = MDR 1986, 758 = VersR 1986, 978; LG Hanau NJW 1985, 500 = VersR 1985, 1150; AG Staufen DWW 1990, 58 alle zum Nachbarrecht.

grds. keinen Anspruch darauf, dass das übliche Kuhglockengeläut[554] oder Hahnenkrähen[555] unterbunden wird. Die Grenze des Zumutbaren muss aber im Einzelfall geprüft werden.[556] Sie wird zB überschritten, wenn die Kuhglocken nachts nicht abgenommen werden und das Läuten daher die Anwohner in der Nachtruhe stört.[557] Auch nächtliche Pfauenschreie während der Balzzeit[558] oder das Geschrei von Papageien und Kakadus[559] können die Zumutbarkeitsgrenze überschreiten.

**cc) Prozessuales.** Generell kann der Mieter oder der Vermieter gegen Lärmbeeinträchtigungen auch im Wege einer **einstweiligen Verfügung** vorgehen. Häufig fehlt es aber an der Eilbedürftigkeit, weil der Weg zum Gericht erst nach mehrmaligen Störungen eingeschlagen wird, nämlich wenn „das Fass übergelaufen ist“. 150

Können die Störquellen nur durch bauliche Maßnahmen beseitigt werden, würde eine einstweilige Verfügung auf eine Vorwegnahme der Hauptsache hinauslaufen und allein deshalb nicht zulässig sein. 151

Ein Wohnungseigentümer ist nicht verpflichtet, einem Sachverständigen Zutritt zu seiner Wohnung zu gewähren, damit dieser Untersuchungen anstellen kann, die in einem Rechtsstreit zwischen einem anderen Eigentümer und dessen Mieter Bedeutung haben können.[560] 152

Will der Mieter wegen Lärmbelästigung durch andere Mieter oder Dritte die Miete mindern, obliegt ihm jedenfalls die (sekundäre) Darlegungslast für den Mangel. Hierzu reicht es aus, wenn ein konkreter Sachmangel durch Beschreibung der Symptome dargelegt wird.[561] Selbst wenn der Mieter eine bestimmte Lärmquelle benennt, kann daraus nicht der Schluss gezogen werden, er wolle Mängelrechte nur für den Fall geltend machen, dass ausschließlich die von ihm benannte Ursache und nicht eine andere zutrifft.[562] Ob ihm auch die Beweislast obliegt, ist in jüngster Zeit in Zweifel gezogen worden.[563] Eines sog. Lärmprotokolls zur Darlegung der Lärmbelästigung bedarf es nicht.[564] Zur Darlegung wiederkehrender Beeinträchtigungen des Mietgebrauchs genügt eine Beschreibung, aus der sich ergibt, um welche Art von Beeinträchtigungen (Partygeräusche, Musik, Lärm durch Putzkolonnen auf dem Flur, Immissionen, verursacht durch Bauarbeiten auf dem Nachbargrundstück,[565] Hundegebell oÄ) es geht, zu welchen Tageszeiten, über welche Zeitdauer und in welcher Frequenz diese ungefähr auftreten.[566] Diese Erleichterung bei der Darlegung ergibt sich daraus, dass die Minderung nach § 536 Abs. 1 BGB kraft Gesetzes eintritt und der Mieter das Maß der Beeinträchtigung nicht vortragen muss.[567] 153

Dem Mieter steht ein rechtliches Interesse an der Feststellung zu, das eine Lärmbeeinträchtigung zu einer Mietminderung in bestimmter Höhe führt.[568]

**d) Lichteinfall.** Eine schlechte Belichtung und Besonnung der gemieteten Räume kann sich ebenfalls mietmindernd auswirken.[569] So liegt ein Mangel der Mietsache vor, wenn die Lichtver- 154

---

554 *Gaisbauer* ZMR 1997, 561 (562).
555 LG Kleve DWW 1989, 362; **aA** LG München I NJW-RR 1989, 1178 = DWW 1989, 165.
556 BGH WuM 1993, 127 = NJW 1993, 925 = ZMR 1993, 152 = DWW 1993, 70 = GE 1993, 254; OLG München DWW 1991, 107 = MDR 1991, 971; OLG Hamm WuM 1990, 123 = MDR 1988, 966 = DWW 1989, 257.
557 *Gaisbauer* ZMR 1997, 561 (562) mwN.
558 OLG Frankfurt a. M. NJW-RR 1987, 1166 = DWW 1987, 356; VG Schleswig DWW 1987, 266.
559 LG Zwickau WuM 2001, 556.
560 OLG Nürnberg WuM 1990, 143 = NJW-RR 1990, 908.
561 BGH XII ZR 67/19, ZMR 2020, 492 = NZM 2020, 287 = MietPrax-AK § 536 BGB Nr. 60.
562 BGH VIII ZR 1/16, WuM 2017, 194 = NZM 2017, 256 = GE 2017, 413; zur Substantiierung im Prozess *Preckel* ZMR 2017, 368 ff.
563 *Schröder* Anm. zu BGH VIII ZR 125/11, ZMR 2012, 536; → Rn. 488.
564 BGH VIII ZR 1/16, WuM 2017, 194 = NZM 2017, 256 = GE 2017, 413; VIII ZR 268/11, NZM 2012, 760 = WuM 2012, 508 = AK-MietPrax § 321 a ZPO Nr. 1 mAnm *Börstinghaus.*
565 BGH, VIII ZR 31/18, WuM 2020, 407 = NZM 2020, 598; zur Kritik siehe *Eisenschmid* jurisPR-MietR 15/2020 Anm. 2 = WuM 2020, 477; *Börstinghaus* IMR 2020, 274, 275.
566 BGH VIII ZR 155/11, WuM 2012, 269 = AK-MietPrax § 536 BGB Nr. 41 = NJW 2012, 1647 = GE 2012, 681 (682) = NZM 2012, 381 = DWW 2012, 171; VIII ZR 268/11, WuM 2012, 508 = GE 2012, 1032 = MDR 2012, 988.
567 BGH, VIII ZR 223/17, NJW-RR 2018, 647 = NZM 2018, 442 = WuM 2018, 367 = GE 2018, 822 = MietPrax-AK § 536 BGB Nr 56; BGH, VIII ZR 125/11, WuM 2011, 700 = AK-MietPrax § 536 BGB Nr. 40 = GE 2012, 60 = NJW 2012, 382 = NZM 2012, 109 = ZMR 2012, 177; sa *Jahreis* jurisPR-MietR 9/2012 Anm. 1.
568 *Gies* jurisPR-MietR 2/2012 Anm. 1.
569 AG Berlin Charlottenburg GE 1990, 261.

hältnisse in gewerblich genutzten Räumen durch die Nachbarbebauung stärker beeinträchtigt werden, als es bei Einhaltung der öffentlich-rechtlichen Vorschriften zulässig ist.[570] Ein Mangel ist auch gegeben, wenn anlässlich durchzuführender Bauarbeiten die Außenfassaden des Hauses durch Planen verhängt und dadurch die Zimmer verdunkelt werden[571] oder wenn eine Fensterscheibe trübe Stellen aufweist und dadurch der Lichteinfall beeinträchtigt ist.[572] Lichtreflexe, die durch das Glasdach eines Bauwerkes auf dem Nachbargrundstück verursacht werden, können den Mieter auf Grund ihrer Blendwirkung an einer ungestörten Büronutzung hindern.[573] Wird auf dem Hausgrundstück ein Anbau[574] oder auf dem Nachbargrundstück eine hohe Mauer oder ein Gebäude errichtet, so kann die Mietminderung gerechtfertigt sein, wenn sich die Sichtverhältnisse der Wohnung dadurch verschlechtern.[575] Auch die Errichtung eines Balkons[576] oder die Begrünung mit Fassadenbewuchs[577] kann zur Beeinträchtigung des Lichteinfalls führen. Der Vermieter schuldet aber nicht die bloße „Balkonfreiheit", so dass Balkonanbauten in Nachbarhäusern nur ausnahmsweise zur mietrechtlich relevanten Beeinträchtigung der Mietsache führen.[578] Auch der Fernblick ist kein Beschaffenheitsmerkmal einer Wohnung, soweit er nicht vertraglich vereinbart wurde.[579] Wachsen Bäume in der Nachbarschaft im Laufe der Mietzeit so hoch, dass sie zu viel Schatten spenden, soll nach Auffassung einiger Gerichte kein Mangel vorliegen.[580]

**155** Auch nachts ist der Lichteinfall von Bedeutung, da zB durch in das Schlafzimmer einfallendes Reklamelicht der Tag-Nacht-Rhythmus des Menschen gestört werden kann.[581] Dennoch wird von einem Teil der Rspr. ein Minderungsrecht verneint, weil der durch Leuchtreklame verursachte Lichteinfall kein Beschaffenheitsmerkmal der Wohnung darstelle.[582] Die Entscheidung ist schwer verständlich, da die Möglichkeit der Nachtruhe eine der wesentlichen Aufgaben einer Wohnung ist. Jedenfalls wird die Nachterleuchtung dann einen Mangel der Mietwohnung darstellen, wenn über die Grundlast des Lichteinfalls hinaus durch am Haus angebrachte oder in unmittelbarer Nähe installierte Leuchtmittel das Schlafzimmer weiter erhellt wird.[583]

**156** **e) Mobilfunk.** Man schätzt für die flächendeckende Versorgung der Mobiltelefone mit UMTS Standard einen Bedarf von rund 80.000 Mobilfunkbasisstationen.[584] Die geeigneten und notwendigen Standorte für die Errichtung und den Betrieb von Mobilfunkbasisstationen werden in großer Zahl angemietet,[585] was für die Vermieter wegen der relativ hohen Vergütungen attraktiv sein kann.[586] Die Errichtung solcher Anlagen zB auf dem Dach des Miethauses kann der Mieter nur verhindern, wenn die damit verbundene Gefahrbesorgnis über eine mögliche **Gesundheitsgefährdung** als Mangel anzusehen ist. Dies lässt sich mit Hilfe der Rspr. zum Wohnungseigentumsgesetz und der begrenzten Regelung der Elektrosmogverordnung begründen[587] (→ Rn. 105 ff.). Die mietrechtliche Instanzrechtsprechung hat bislang vereinzelt einen Mangel angenommen.[588] Wenn auch nach bisherigen wissenschaftlichen Erkenntnissen keine Gefahren von solchen Mobilfunkantennen ausgehen sollen, so ist nach dieser Mindermeinung dennoch von

---

[570] OLG Hamm ZMR 1983, 273 = MDR 1983, 579.
[571] KG GE 2001, 620; LG Berlin ZMR 1986, 54 = GE 1986, 911; AG Hamburg WuM 1996, 30.
[572] AG Kassel WuM 1993, 607; AG Miesbach WuM 1985, 260.
[573] OLG Stuttgart WuM 2009, 299 = ZMR 2010, 684; LG Frankfurt a. M. DWW 1998, 58.
[574] LG Köln WuM 2012, 315, Errichtung eines Anbaus vor dem Flurfenster des Mieters.
[575] LG Berlin MM 2000, 375; LG Hamburg WuM 1991, 90; AG Berlin-Köpenick MM 2000, 376 = NZM 2001, 334.
[576] LG Berlin ZMR 2014, 789 (2%); AG Potsdam WuM 2004, 233; AG Hamburg-Wandsbek WuM 2002, 486.
[577] AG Köln ZMR 2004, 594.
[578] AG Charlottenburg ZMR 2014, 368; AG Pankow/Weißensee ZMR 2002, 834.
[579] LG Berlin ZMR 2013, 888 zur Aufstockung des Nachbargebäudes.
[580] LG Berlin NZM 2001, 986 = GE 2001, 626; LG Hamburg NZM 2001, 91; **aA** AG Charlottenburg GE 2006, 1557.
[581] *Hölker* MM 2011, 14 (15).
[582] LG Berlin GE 2004, 352 = ZMR 2004, 583.
[583] LG Wiesbaden NJW 2002, 615 = NZM 2002, 86; AG Neukölln MM 1983, 14; zur Nutzung von Fensterrollläden AG Düsseldorf WuM 2011, 173.
[584] *Bundesverband* Die Verbraucher Initiative e. V., Positionspapier zu Elektrosmog und Mobilfunk, Mai 2001; *Lindner-Figura/Hartl* NZM 2001, 401 gehen von einer geringeren Zahl aus.
[585] *Zu den Besonderheiten solcher Verträge Lindner-Figura/Hartl* NZM 2001, 401 ff.
[586] *Frenzel* WuM 2002, 10.
[587] OLG Hamm NJW 2002, 1730 = NZM 2002, 456; BayObLG NZM 2002, 441; *Kniep* WuM 2012, 305.
[588] AG München WuM 1999, 111.

einem **Restrisiko** auszugehen,[589] das sich als Mangel der Mietsache erweisen kann. Andere Gerichte, insbes. der BGH[590], stellen darauf ab, ob die mit dem Betrieb der Antennenanlage verbundenen Emissionen die Grenzwerte der 26. BImSchV[591] einhalten.[592] Die Befürchtung des Mieters, die Anlage sei dennoch gesundheitsgefährdend, reicht danach für die Annahme eines Mangels nicht aus. Daher trifft den Vermieter grds. auch keine Hinweispflicht gegenüber einem Mietinteressenten.[593]

Regelmäßig ist für die Errichtung einer Mobilfunkantenne auch eine Baugenehmigung erforderlich. Soweit diese fehlt, handelt der Vermieter formell baurechtswidrig.[594] Da sich dieser Umstand aber regelmäßig auf den vertragsgemäßen Gebrauch der Mietsache nicht auswirkt, kann allein darin kein Mangel der Mietsache gesehen werden. Auch kann der Mieter die Baubehörde nicht zum Einschreiten verpflichten.[595] **157**

**f) Nachbarschaft/Umfeld.** Allein die Fremdartigkeit des Wohnverhaltens von Asylbewerbern rechtfertigt nicht die Minderung für die eingesessenen Wohnungsinhaber.[596] Beeinträchtigungen und Störungen, die sich aus **der Nachbarschaft** von Asylbewerbern oder Übersiedlern ergeben, sollen ebenfalls keine Mietminderung rechtfertigen[597], weil durch Lärm und sonstige Störungen aus der Nachbarschaft nur das Ansehen der Wohngegend beeinträchtigt werde, nicht aber der Gebrauchswert. Es gehe nur um einen Milieuschutz. Das soll auch gelten, wenn sich im Umfeld der Wohnung **eine Drogenszene** entwickelt hat[598]. Die Nachbarschaft zu einem Café, das als Treffpunkt der Sado-Maso-Szene dient, begründet kein Minderungsrecht, wenn sich die Beeinträchtigungen des Wohnungsmieters darauf beschränken, dass es auf der Straße regelmäßig zu Begegnungen mit szenetypisch gekleideten Cafébesuchern kommt.[599] Die Vermietung im „angenehmen Ambiente" bzw. „angenehmer Atmosphäre" wird nicht dadurch entwertet, dass in das Gebäude neben einer Schuldner- und Drogenberatung auch die ARGE einzieht und Hartz IV-Empfänger berät.[600] **158**

Die Ergebnisse der vorgenannten Beispiele sind dann nicht zu beanstanden, wenn allein die veränderte Nachbarschaft Stein des Anstoßes ist. Führt diese aber zu Belästigungen oder gar konkreten Gefahren, ist eine andere Bewertung angezeigt. Ein Mangel liegt somit vor, wenn konkrete Verhaltensweisen der Bewohner oder Besucher zu einer Beeinträchtigung des vertragsgemäßen Gebrauchs der Mietsache führen. Auch das OLG Hamburg hat allein für den Fall der Errichtung einer Drogenberatungsstelle keine Beeinträchtigung angenommen.[601] Anders ist dies zu beurteilen, wenn in einem Mietshaus ein **öffentlicher Drogenhandel** stattfindet. Dadurch werden die Mitbewohner so stark belästigt, dass eine Mietminderung gerechtfertigt ist.[602] Für die Annahme eines Mangels reicht es allein nicht aus, wenn in einer Großstadt ein Bordell oder ein bordellartiger Betrieb existiert. Auch in diesen Fällen muss eine konkrete spezifische Störung nachgewiesen werden.[603] **159**

---

589 Vgl. öffentliche Anhörung des Umweltausschusses des Deutschen Bundestages am 18.6.2001 – WuM 2001, 431; so auch *Kniep* ZMR 2009, 510.

590 BGH V ZR 218/03, PatR 2005, 9 = BeckRS 2004, 02772; dazu *Herkner* WuM 2007, 662; *Hitpaß* DW 2004, 70; *Eisenschmid* jurisPR-MietR 4/2004; *Kniep* DWW 2005, 101.

591 BGBl. 1996 I 1966.

592 LG Hamburg ZMR 2007, 198; LG Frankfurt a. M. NZM 1998, 371; AG Traunstein ZMR 2000, 389; AG Gießen ZMR 2001, 806 = WuM 2001, 546 AG Traunstein ZMR 2000, 389; AG Tiergarten NZM 2002, 949.

593 LG Hamburg ZMR 2007, 198; AG Dresden, Urt. v. 4.3.2016 – 141 C 1707/15 –, juris.

594 BVerwG GE 2000, 613 zur Versorgung im reinen Wohngebiet.

595 VG Hannover WuM 2001, 451.

596 AG Lünen WuM 1988, 348 = NJW-RR 1988, 1041 = DWW 1988, 283.

597 AG Gronau WuM 1991, 161 = NJW 1991, 2494; zur planungsrechtlichen Zulässigkeit OVG Berlin DWW 1988, 291.

598 LG Düsseldorf NJW-RR 1995, 330.

599 AG Hamburg BeckRS 2007, 00235.

600 BGH XII ZR 1/07, NJW 2009, 664 = NZM 2009, 124 = GuT 2009, 24 = ZMR 2009, 269; *Lützenkirchen* jurisPR-MietR 4/2009 Anm. 5.

601 OLG Hamburg WuM 2003, 90.

602 LG Kassel Az: 1 S 585/96.

603 Daher problematisch OLG Stuttgart NZM 2007, 163 = ZMR 2007, 272 = GE 2007, 220 = ZMR 2007, 272 mAnm *Schläger,* Hartz IV-Beratung; LG Berlin NJW-RR 1996, 264 = MM 1995, 354; GE 2009, 453; NZM 2000, 377 = NJW-RR 2000, 601; AG Neukölln GE 2008, 606; LG Dortmund NZM 2002, 943 zum Swinger-Club; zu OLG Stuttgart *Borzutzki-Pasing* jurisPR-MietR 4/2007 Anm. 3; *Schläger* ZMR 2007, 275; AG Aachen ZMR 2006, 41.

Ängste, Vermutungen, abstrakte Gefahren oder Lebenserfahrungen reichen für die Annahme einer konkreten Beeinträchtigung des Wohnumfeldes nicht aus.[604]

160 Die Formel vom **„Milieuschutz"** darf nicht darüber hinweg täuschen, dass auch bei verändertem Umfeld der Mieter keinesfalls Lärm oder sonstige Beeinträchtigungen hinnehmen muss. Solche **unmittelbaren Beeinträchtigungen** fallen vielmehr regelmäßig unter den Fehlerbegriff des § 536 BGB (→ Rn. 19 ff.), wobei es völlig unerheblich ist, ob diese Beeinträchtigungen irgendwelchen „Szenen", politischen Bewegungen oder sozialen Strukturen zuzuordnen sind.[605] So hat der BGH einen Mangel der Mietsache angenommen, wenn durch eine bestimmte Nachbarschaft (Milieu) das Grundstück verunreinigt und das Personal belästigt wird.[606] Auch drohende Sprengstoffanschläge auf den im Mietobjekt selbst untergebrachten Hausverwalter führen wegen der Gefahr für die Mieter und Besucher zu einem Mangel.[607] Gleichermaßen liegt ein Mangel vor, wenn auf Grund des Umfeldes ständig Einbrüche erfolgen bzw. zu befürchten sind,[608] was bei nur gelegentlichen Einbrüchen zweifelhaft sein kann[609] oder wenn der Mieter aus der Nachbarschaft mit Unrat und ekelerregenden Verschmutzungen konfrontiert wird.[610] Darüber hinaus wurde ein Mangel angenommen, weil ein unbekannter Täter die Loggia der Mietwohnung mit einem Luftgewehr beschossen hatte.[611]

161 Stürzen kranke Bäume auf das vermietete Grundstück, haftet der Vermieter wegen des dadurch verursachten Schadens.[612] Keinen Mangel begründet die abstrakte Gefährdung durch Wildschweine, die im angrenzenden Wald leben.[613] Gehen von einem Gewerbebetrieb eines Nachbarmieters Erschütterungen aus, sind diese Störungen vom Vermieter zu beseitigen.[614] Die **nachteilige Veränderung des Wohnumfeldes** durch den Bau und den Betrieb einer Skaterbahn führt zur Beeinträchtigung des Wohngebrauchs,[615] ebenso wenn die Bebauung des Nachbargrundstücks den dortigen Bewohnern erlaubt, in das Bad sowie in den Schlaf- und Wohnraum des Mieters einzusehen.[616] Erhebliche Immissionen, die durch den starken Andrang von Besuchern eines im Umfeld der Wohnung gelegenen Konsulats in Verbindung mit Lärm und Hinterlassung von Müll und Fäkalien ausgelöst werden, können ebenfalls eine Mietminderung rechtfertigen.[617] Auch aus Nachbarräumen eindringenden Rauch hat der Mieter nicht hinzunehmen;[618] ebenso wenig die Störungen, die von einer an der Außenwand angebrachten Lichtreklame ausgehen[619].

162 Werden Gewerberaumflächen vermietet, kann die Störung des Computersystems des Mieters durch ein auf der Straße verlegtes Gleichstromkabel ein Mangel darstellen. Ein Mangel ist anzunehmen, wenn der Mieter vertragsgemäß Computerdesign-Arbeiten durchführen will und wegen der elektromagnetischen Störungen die Bildschirmwiedergabe unzureichend ist[620].

163 **g) Raumklima.** Nicht nur bei Gewerberaummietverhältnissen, sondern auch bei Wohnraummietverhältnissen[621] wird es allgemein als Mangel angesehen, wenn ein **überstarker Sonneneinfall** durch die Fensterflächen in den gemieteten Büroräumen zu einer erheblichen Überschreitung der Raumlufttemperatur während mehrerer Monate führt und die Arbeits- bzw. Wohnbedingun-

---

[604] BGH XII ZR 122/11, WuM 2012, 671 = NZM 2013, 27 = NJW-RR 2012, 1480 = GE 2012, 1553.
[605] *Bieber* jurisPR-MietR 24/2016 Anm. 1.
[606] BGH NJW 1974, 2233.
[607] OLG Dresden NJW-RR 2002, 371.
[608] KG NJW-RR 1998, 944; vgl. auch OLG Naumburg NJW-RR 1998, 944 = NZM 1998, 438 zu § 542 BGB; AG Schöneberg ZMR 2000, 683; *Lützenkirchen* WuM 2000, 55 (60).
[609] OLG Düsseldorf NZM 2002, 737.
[610] LG Köln WuM 1989, 623, AG Dortmund WuM 1998, 570.
[611] AG München MDR 2010, 620.
[612] OLG Frankfurt a. M. NJW-RR 1986, 108 = MDR 1985, 1027 = VersR 1986, 374.
[613] AG Wedding GE 2014, 199.
[614] BGH VIII ZR 63/64, MDR 1966, 497 = BB 1966, 427; zur Störung bei Innenstadtlagen LG Berlin GE 2016, 729, Shisha-Bar; → Rn. 136 a ff.
[615] AG Emmerich WuM 2000, 302 = NZM 2000, 544 = NJW-RR 2000, 1250.
[616] LG Berlin MM 2001, 246.
[617] AG München ZMR 2001, 809.
[618] LG Mannheim MDR 1969, 313; anders bei Rauch aus Nachbarhäusern AG Münster WuM 2007, 505.
[619] *Anders LG Berlin ZMR 2004*, 583 für Großstadt; AG Fürth WuM 2007, 317 für Scheinwerferlicht von Autos.
[620] LG Berlin GE 2004, 427.
[621] VerfGH Berlin WuM 2007, 255.

gen in den Räumen unzumutbar beeinträchtigt werden.[622] Für die Beurteilung eines ordnungsgemäßen Raumklimas vermieteter Büroräume sind neben der Vereinbarung über den Verwendungszweck[623] insbes. die Anforderungen der ArbStättV[624] zu beachten.[625] Bei den Anforderungen an die Arbeitsstätten ist § 3 Abs. 1 ArbStättV mit dem zu dieser Vorschrift veröffentlichten Anhang zu beachten. Gem. Nr. 3.5. dieses Anhangs muss während der Arbeitszeit unter Berücksichtigung der Arbeitsverfahren, der körperlichen Beanspruchung der Beschäftigten und des spezifischen Nutzungszwecks des Raumes eine gesundheitlich zuträgliche Raumtemperatur bestehen. Daher müssen Fenster, Oberlichter[626] und Glaswände je nach Art der Arbeit und Arbeitsstätte eine Abschirmung gegen übermäßige Sonneneinstrahlungen ermöglichen. Diese Anforderungen sind mietrechtlich generell zu beachten[627], auch wenn sie sich nur an den Arbeitgeber richten und der Anwendungsbereich der ArbStättV nur dem Schutz vor wärmeabgebenden Betriebseinrichtungen, also rauminternen Wärmequellen, gilt[628].

Einige Gerichte haben aus der ArbStättV die Schlussfolgerung gezogen, dass eine Mietsache mangelhaft ist, wenn die Raumtemperaturen oberhalb von 26 °C bei einer Außentemperatur von 32 °C liegen.[629] Der BGH[630] hat die Frage bislang offen gelassen. Wegen damit verbundener Einbruchgefahren kann dem Mieter uU **nicht zugemutet** werden, die Raumtemperaturen durch nächtliches Lüften zu senken. Kurzzeitige Unzuträglichkeiten infolge extremer Außentemperaturen[631] muss der Mieter jedoch als unerhebliche Beeinträchtigung hinnehmen. Werden die Raumtemperaturen **langfristig** (vier Wochen) überschritten, ist eine fristlose Kündigung des Mietverhältnisses möglich.[632] 164

Das Raumklima ist auch unzureichend, wenn die Raumtemperaturen durch bauliche Anlagen zu hoch steigen[633] oder wenn sie unterhalb dessen liegen, was für das Wohlbefinden des Nutzers erforderlich ist.[634] **Luftfeuchtigkeitswerte** in gemieteten Büroräumen bis zu 70% bei Raumtemperaturen bis 20 °C sollen noch als behaglich zu werten sein.[635] Temperaturen von 16–17 °C erfüllen diese Anforderungen nicht[636] (→ BGB § 569 Rn. 9 ff. zur fristlosen Kündigung). 165

**h) Überschwemmung.** Mieträume müssen so beschaffen sein, dass sie bei gewöhnlichen, der örtlichen Lage entsprechenden Wasserverhältnissen gegen Eindringen des Wassers geschützt sind. Der Vermieter ist daher verpflichtet, entsprechende **Vorkehrungen** zum Schutz der Mietsache zu treffen. Ist in einem Gebiet regelmäßig mit Hochwasser zu rechnen, das in das vermietete Haus eindringt, führt dies zu einer sich über das ganze Jahr erstreckenden Mietminderung.[637] 166

---

622 OLG Düsseldorf ZMR 1998, 622 = NJW-RR 1998, 1307 = MDR 1998, 1217 = NZM 1998, 915; OLG Köln NJW-RR 1993, 466 = WuM 1995, 35 = MDR 1993, 973; AG Neuss ZMR 1997, 304; zur Problematik s. insbes. *Busse* NJW 2004, 1982; *Kinne* GE 2000, 1394 (1396); zweifelnd OLG Düsseldorf, ZMR 2020, 105; **aA** *Drasdo* NJW-Spezial 2014, 417.

623 *Göcke* ZfIR 2009, 496 (499).

624 *Elshorst* NZM 2002, 902.

625 OLG Naumburg NZM 2011, 35; KG GE 2003, 48; OLG Rostock NZM 2001, 425; OLG Hamm NJW-RR 1995, 143 = GE 1996, 186; AG Neuss ZMR 1997, 304 = DWW 1997, 47; **aA** OLG Brandenburg NZM 2013, 151; OLG Karlsruhe GE 2010, 542.

626 Zum Wegfall des Oberlichts bei Auswechselung des Fensters AG Hannover ZMR 2010, 370.

627 *Elshorst* NZM 2002, 902 (903); *Busse* NJW 2004, 1982 (1983) mwN; abl. OLG Frankfurt a. M. NZM 2007, 330; *Harms* NZM 2005, 441; *Kinne* GE 2004, 1278 (1279).

628 OLG Rostock, ZMR 2018, 749 mAnm *Burbulla; Gsell* WuM 2011, 491 (496), allerdings mit dem Hinweis auf eine festzustellende Verkehrsüblichkeit; *Schliemann* ZfIR 2005, 488 (490); *Harms* NZM 2005, 441; ZMR 2007, 432; *Pfeifer* DWW 2007, 196; **aA** *Herrlein* NZM 2007, 719.

629 OLG Brandenburg NJW-RR 2013, 76; OLG Hamm Der Bausachverständige 2005, 67; OLG Rostock NJW-RR 2001, 802 = NZM 2001, 425; offen gelassen OLG Düsseldorf BeckRS 2009, 20788, zit. bei *Fritz* NJW 2011, 1049 Fn. 12; LG Bielefeld IBR 2003, 474; AG Hamburg WuM 2006, 609; eingeschränkt *Sternel* MietR Kap. VII Rn. 206; krit. *Flatow* WImmoT 2010, 53 (69); *Herrlein* NZM 2007, 719; *Harms* NZM 2005, 441; einschränkend *Drasdo* NJW-Spezial 2014, 417, nur bei vertraglicher Vereinbarung.

630 BGH XII ZR 132/09, AK-MietPrax § 536 BGB Nr. 36 = NJW 2011, 514 = ZMR 2011, 372 = NZM 2011, 153.

631 OLG Düsseldorf NZM 2020, 106 verlangt neben den Raumtemperaturen immer auch die Darlegung der Außentemperaturen.

632 OLG Naumburg WuM 2004, 49 = NZM 2004, 343; zur Kritik dieser Rspr. s. *Fritz* NJW 2006, 742 (743).

633 LG Hamburg ZMR 2009, 532.

634 KG NZM 2002, 917.

635 LG Köln NZM 1999, 968.

636 OLG Düsseldorf MDR 2002, 575; AG Potsdam WuM 2012, 670; LG Berlin WuM 2012, 670.

637 LG Kassel NJW-RR 1996, 1355; AG Friedberg WuM 1995, 393.

167 Lediglich dann, wenn der Wassereintritt auf einer außergewöhnlichen Witterungslage beruht, liegt nach Auffassung des BGH kein anfänglicher Mangel der Mietsache vor.[638] Bei derartigen, nicht vorhersehbaren Naturereignissen, soll der Mieter nicht von dem **allgemeinen Lebensrisiko** zu Lasten des Vermieters befreit werden[639] (→ Rn. 9 ff.). anderenfalls werde die Garantiehaftung überdehnt.[640] In Anlehnung an diesen Grundsatz hat das OLG Koblenz[641] einen anfänglichen Mangel verneint, wenn in einem hochwassergefährdeten Gebiet das Gebäude in einer isolierten Betonwanne errichtet wurde und nach dem seinerzeit bestehenden Erkenntnismöglichkeiten ein Eindringen von Hochwasser dauerhaft unterbunden war. Diese Auffassung erscheint bedenklich, da sie über die Abgrenzung zum allgemeinen Lebensrisiko hinaus Haftungsgesichtspunkte in die Überlegung einbezieht, die bei der Frage des Mangels ohne Belang sind. Auch das OLG Frankfurt a. M.[642] hat einen anfänglichen Mangel verneint, weil der Vermieter die Verursachung des Schadens durch einen anderen Mieter nicht vorhersehen konnte (betrifft Wasserschaden durch Abflussverstopfung).

168 Liegt ein Abwassereinlauf im Fußboden eines Mietraums unterhalb der Rückstauebene, so ist das Fehlen einer **Rückstausicherung**[643] dann ein Mangel der Mietsache, wenn der Einbau einer Rückstausicherung bei Errichtung des Mietobjekts oder bei einem grundlegenden Umbau den allgemein anerkannten Regeln der Technik[644] entsprach und damit Vertragsinhalt wurde. Dann ist es unerheblich, wenn nur seltene, im statistischen Durchschnitt alle 50 Jahre vorkommende Unwetter zu einer Überflutung des Mietobjektes führen können.[645] Aufsteigendes Grundwasser in einer Souterrainwohnung ist ein anfänglicher Mangel, wenn der Vermieter von der Hochwassergefährdung Kenntnis hat,[646] die Überschwemmung somit für ihn vorhersehbar ist (→ Rn. 9 ff.). Den Vermieter treffen in diesen Fällen besondere Fürsorgepflichten, welche die Vornahme erforderlicher und zumutbarer Schutzmaßnahmen gegen das aufsteigende Wasser nach sich ziehen. Hat der Mieter einer Souterrainwohnung aber vertraglich die Pflicht übernommen, bei Bedarf ein Rückstauventil zu bedienen, und dies vergessen, kann er den Vermieter hierfür nicht verantwortlich machen.[647]

169 **i) Umweltgifte.** Im Bereich der Umweltmängel sind Mängel der Mietsache auch Gefahrenquellen, die auf Grund ihrer räumlichen Beziehung zur Mietsache deren Tauglichkeit mindern oder aufheben.[648] Voraussetzung ist, dass die Gefahrenquelle die Mietsache und deren Gebrauchstauglichkeit unmittelbar beeinträchtigt[649] (zum Begriff der Unmittelbarkeit → Rn. 13 ff.). Der Herstellungsanspruch des Mieters kann bei erheblichen Gesundheitsgefahren der Mieter ggf. im Wege des einstweiligen Rechtsschutzes geltend gemacht werden.[650]

170 Maßstab für die Frage, ob die Gebrauchstauglichkeit der Wohnung eingeschränkt oder aufgehoben ist, sind dabei die gesundheitlichen Auswirkungen von Schadstoffimmissionen auf die Bewohner.[651] Deswegen genügt nicht allein die Feststellung, dass die Innenräume zu irgendeinem Zeitpunkt mit **giftigen Substanzen** behandelt wurden. Entscheidend ist, ob diese Behandlung die **konkrete** Gefahr birgt, dass die Bewohner mit gesundheitlichen Beeinträchtigungen rechnen müssen[652], also wenn die **aktuelle** Benutzung der Mietsache mit einer Gesundheitsgefährdung verbunden ist.[653] Es ist nicht erforderlich, dass eine Gesundheitsgefährdung mit Sicherheit feststeht. Es

---

[638] BGH NJW 1971, 424; LG Berlin GE 1999, 1497.

[639] OLG Frankfurt a. M. NJW-RR 1986, 108 = MDR 1985, 1027 = VersR 1986, 374; OLG München WuM 1991, 681.

[640] OLG München WuM 1991, 681; DHF/*Franke* BGB § 536 Anm. 5.2.3.

[641] OLG Koblenz NJW-RR 1997, 331 = MDR 1997, 252 = VuR 1997, 178.

[642] OLG Frankfurt a. M. WuM 1991, 88.

[643] LG Freiburg WuM 1987, 383.

[644] *Seibel* ZfBR 2006, 523.

[645] OLG Hamm WuM 1988, 349 = NJW-RR 1988, 529 = ZMR 1988, 138 = DWW 1988, 142; OLG Düsseldorf NJW-RR 1988, 906 = ZMR 1988, 222.

[646] LG Köln WuM 1996, 334.

[647] LG Mannheim ZMR 1991, 386.

[648] BGH NJW 1972, 944 = MDR 1972, 599.

[649] BGH NJW 1983, 2935 = MDR 1983, 742 = VersR 1983, 441.

[650] KG GuT 2004, 102 = ZMR 2004, 513; *Hinz* WuM 2005, 615 (622).

[651] Grds. zum Problem der Kausalität und der Grenzwerte, *Derleder* PiG 31 (1989), 13 (19 ff.); *Köck/Meier* JZ 1992, 548.

[652] *LG München NJW-RR 2013, 912;* LG Berlin GE 2015, 190; LG Tübingen WuM 1997, 41; AG Münsingen WuM 1996, 336.

[653] Abzulehnen daher LG Traunstein NJW-RR 1994, 1423, das auf den Zeitpunkt des Vertragsabschlusses abstellt; sa *Mutter* ZMR 1995, 189 (191).

genügt, dass sie nicht ausgeschlossen werden kann,[654] was bei einer Überschreitung von anerkannten Grenz- und Richtwerten regelmäßig anzunehmen ist.[655] Eine konkrete Gefährdung ist aber auch anzunehmen, wenn der Mieter vernünftigerweise von dem Bestehen einer Gefahr ausgehen kann, unabhängig davon, ob diese tatsächlich gegeben ist.[656] Eine Gefahr ist zB bei einer bräunlichen Verfärbung des **Trinkwassers** angenommen worden[657], obwohl die Ursache unbekannt geblieben ist.[658] Kann die Verfärbung durch eine gesundheitlich unbedenkliche chemische Aufbereitung des Wassers beseitigt werden, muss der Mieter eine entsprechende Maßnahme des Vermieters dulden.[659]

Der Schutzbereich bezieht sich nicht nur auf die Wohnung oder sonstige zum Betreten von Menschen vorgesehenen Räume, sondern auf das gesamte vermietete Umfeld. Daher darf der Vermieter keine Unkrautvernichtungsmittel bzw. Rasendünger auf den Wegen und auf dem Rasen des Hausgrundstückes verwenden, wenn dies zu einer Gefährdung der Gesundheit insbes. der Kleinkinder des Mieters führen kann.[660] **171**

Allgemein wird auf das Überschreiten vorhandener Grenzwerte abgestellt, die häufig auf Empfehlungen einzelner Sachverständiger des Bundesgesundheitsamtes zurückzuführen sind.[661] Auch wenn es sich dabei nur um einen sog. **Vorsorgerichtwert** handelt, hat der Mieter einen Anspruch, dass in der Wohnung dieser Vorsorgewert eingehalten wird.[662] Sind die entsprechenden Maßnahmen ergriffen worden und sinkt der Belastungswert, muss sich der Mieter damit zufrieden geben.[663] Auch bei einer Gefährdung durch gesundheitsschädigende Stoffe ist der Mieter nicht verpflichtet, die Wohnung zu kündigen, anstatt sich auf die geminderte Miete zu berufen.[664] **172**

Inzwischen gibt es vermehrt Stimmen, die das starre Festhalten an Grenzwerten als unzureichend verwerfen.[665] Zu Recht wird darauf hingewiesen, dass Grenz- und Richtwerte keine vorweggenommenen Gutachterwerte darstellen,[666] also in jedem Einzelfall einer Überprüfung bedürfen. Grenz- und Richtwerte sind Mindestwerte, die bei atypischen Sachverhalten das Gefährdungspotential nicht ausreichend beschreiben (→ Rn. 27 ff.). **173**

**aa) Asbest.** Asbest ist eine silikatische Mineralfaser, die seit etwa 1880 im industriellen Maßstab bergwerksmäßig abgebaut und verarbeitet wird. Man unterscheidet zwei grundsätzliche Einsatzformen: Das Spritzasbest einerseits, welches häufig für Putze verwendet wurde, enthält ca. 60% schwachgebundenen Asbest, sowie Asbestzementprodukte andererseits, mit regelmäßig nicht mehr als 15% Asbest, die für Zwischendecken, Dacheindeckungen, Verkleidungen, Trennwände usw Einsatz fanden. Die Aufnahme der Asbestfasern in den Organismus erfolgt über die Atmung. Als besonders kritisch werden Fasern mit einem Durchmesser gesehen, der kleiner als 3 μm ist. Das Gleiche gilt für Fasern, die größer als 5 μm lang sind und ein Längen-Durchmesser-Verhältnis von 3:1 aufweisen. Asbest verursacht die sog. Asbestose, Bronchialkarzinome sowie Tumore des Rippen- und Bauchfells.[667] **174**

Kommt es infolge von Reinigungs- und anderen Arbeiten zu Staubaufwirbelungen, so ist dies besonders gefährlich, da es bei Asbest – anders als bei anderen Giften – keine Wirkungsschwelle gibt. Wegen eines nicht zu bestimmenden Grenz- oder Schwellenwertes kann es auch keine Null- **175**

---

[654] OLG Hamm WuM 1987, 248 = NJW-RR 1987, 968 = ZMR 1987, 267 = DWW 1987, 226 = GE 1987, 779; einschränkend BGH NJW 1983, 2935 = MDR 1983, 742 = VersR 1983, 441.
[655] **AA** LG Tübingen ZMR 1997, 189.
[656] LG Lübeck NJW-RR 1998, 441 = NZM 1998, 190; *Rathjen* ZMR 1999, 458 (461).
[657] LG Berlin GE 2005, 1489; AG Münster, WuM 2018, 182; AG Köln WuM 2000, 34; AG Brühl WuM 1990, 382.
[658] LG Berlin GE 2000, 676 = MM 2000, 222 = NZM 2000, 709; LG Braunschweig WuM 1990, 145; AG Bad Segeberg WuM 1998, 280 bei erhöhtem Eisen- und Mangangehalt; AG Görlitz WuM 1998, 180 zur Rostverfärbung; AG Frankfurt/Oder GE 1997, 189 zum Beschaffenheitsmangel.
[659] LG Braunschweig ZMR 2000, 462 = NZM 2001, 582; *Schläger* ZMR 2002, 85 (90).
[660] LG München I WuM 1989, 500 = NJW-RR 1990, 217.
[661] Vgl. aber auch Pressemitteilung 20/99 v. 23.6.1999 des Umweltbundesamtes zu polyzyklischen aromatischen Kohlenwasserstoffen (PAK), abgedr. in NZM 1999, 791; AG Frankfurt a. M. NZM 2001, 422.
[662] LG Frankfurt a. M. NJW-RR 2001, 944; LG Hamburg VuR 1992, 115; LG Hannover WuM 1990, 337 = NJW-RR 1990, 972 = ZMR 1990, 302.
[663] LG Hamburg WuM 1990, 66.
[664] *Herrlein* NZM 2011, 741 (742); **aA** LG Frankfurt a. M. NZM 2001, 523 = NJW 2001, 945.
[665] *Wenger* ZMR 1997, 271 mwN; *Schläger* ZMR 1994, 189; 1998, 669.
[666] *Wenger* ZMR 1997, 269 (271), der die Parallele zu den Normen zieht.
[667] Grdl. *Halstenberg* WuM 1993, 155 (156).

risikozone geben. Jede Asbestfaser kann schon die Gesundheit beeinträchtigen.[668] Daher muss regelmäßig von einem Mangel ausgegangen werden, weil die Mietsache bei Asbestbelastung nur in der Befürchtung der Gefahrverwirklichung benutzt werden kann[669]. Allerdings muss die Konzentration in den Räumen grds. höher sein als die Hintergrundbelastung, weil ansonsten das allgemeine Lebensrisiko des Mieters auf den Vermieter verlagert würde.[670]

**176** Gem. § 18 Abs. 1 Nr. 1 GefStoffV besteht heute weitgehend ein Herstellungs- und Verwendungsverbot für Asbest. Nach Abschn. 2 des Anhangs zur ChemVerbotsV dürfen Asbeststoffe grds. nicht in den Verkehr gebracht werden. Dennoch befinden sich noch viele Produkte mit schwach gebundenem Asbest in vielen Mietwohnungen, wie bspw. Wände[671] oder Fußbodenbeläge mit Floor-Flex-Platten.[672] Diese Wände und Platten emittieren Asbest, wenn sie bearbeitet, gebrochen oder anderweitig beschädigt werden. Das dadurch bedingte Bearbeitungshindernis ist ein Mangel.[673]

**177** **Nachtspeicheröfen,** die vor 1977 gebaut wurden, stellen eine Gesundheitsgefahr dar, wenn die Verarbeitung des Asbestes dazu führt, dass asbesthaltige Materialien über den Luftstrom freigesetzt werden.[674] Eine solche Gefahrbesorgnis ergibt sich aber noch nicht allein aus dem Umstand, dass in den Mieträumen Nachtspeicheröfen älterer Bauart vorhanden sind, die asbesthaltige Bauteile enthalten. Vielmehr müssen besondere Umstände hinzutreten, die eine Freisetzung von Asbestfasern – etwa infolge Beschädigung der asbesthaltigen Bauteile – wahrscheinlich erscheinen lassen.[675] Nach einer abstrakt-konkreten Ermittlung des Gefährdungspotentials kann es dabei aber schon ausreichend sein, wenn ältere Geräte sich in einem technisch schlechten Zustand befinden und häufig betrieben werden.[676] Denn es ist dem Mieter nicht zumutbar, abzuwarten, bis sich die Gefahr konkretisiert hat.[677] Daher muss eine konkrete Gesundheitsgefahr für die Annahme eines Mangels auch dann nicht nachgewiesen werden, wenn bei unsachgemäßem Umgang mit abgelagerten Asbeststäuben die Gefahr einer Asbestfreisetzung in den Räumen nicht auszuschließen ist.[678]

**178** Die Baubehörden sind nach den Bauordnungen der Länder sowie der darauf basierenden Asbest-Richtlinie gehalten, aus Gründen der Gesundheitsvorsorge die Freisetzung von Asbestfasern zu unterbinden.[679] Da Asbestfasern schon bei geringer Konzentration schwere Erkrankungen auslösen können, kann die Baubehörde anordnen, dass der Hauseigentümer das Ausmaß und den Umfang der Gefahr bzw. die Dringlichkeit der Sanierung durch Einholung eines Sachverständigengutachtens abklärt und die erforderlichen Maßnahmen einleitet.[680] Ob der Mieter derartige Maßnahmen von seinem Vermieter verlangen kann, wird teilweise bezweifelt.[681] Sieht man jedoch den Vermieter als verpflichtet an, im Rahmen seiner Kontroll- und Überwachungspflicht auch asbesthaltige Nachtstromspeicheröfen zu überprüfen, dann wird man nicht nur dem Mieter einen Anspruch auf Überprüfung der Öfen geben, sondern dem Vermieter auch die hierfür erforderlichen Kosten auftragen müssen.[682]

**179** **bb) Blei.** Blei gehört zu den heimtückischen Umweltgiften, die sich im Lauf der Jahre unbemerkt im Körper ansammeln und zu schweren chronischen Gesundheitsschäden führen kön-

---

[668] LG Berlin GE 2013, 352 = ZMR 2013, 715; LG Dresden ZMR 2011, 465; LG Berlin WuM 1999, 35; LG Mannheim NJW-RR 1996, 776; *Isenmann* DWW 1994, 197; krit. *Schläger* ZMR 1994, 189 (195).

[669] OLG Hamm NZM 2003, 395; sa LG Dresden NZM 2011, 743.

[670] LG Berlin WuM 1996, 761 = NJWE-MietR 1997, 53; LG Berlin GE 1995, 1343 für Holzschutzmittel; vgl. Anm. *Schläger* zu LG Mannheim ZMR 1998, 563.

[671] LG Berlin NZM 2011, 481 = GE 2011, 205.

[672] LG Berlin GE 2013, 352 = ZMR 2013, 715; *Bratfisch* MM 2011, 7.

[673] LG Berlin GE 2013, 353; 2013, 352; NZM 2011, 481; zum Schadensrisiko s. verneinend BGH VIII ZR 19/13, GE 2014, 868 = MDR 2014, 796 = WuM 2014, 425 = NJW-RR 2014, 840 = NZM 2014, 511 = ZMR 2014, 863 mkritAnm *Schläger; Pfeifer* jurisPR-MietR 20/2014 Anm. 4.

[674] LG Dortmund WuM 1996, 141 = ZMR 1994, 410.

[675] LG Berlin ZMR 2013, 715; LG Kassel ZMR 1996, 90; AG Rheinberg WuM 1996, 142; s. umf. *Hippel* IMR 2016, 43 mit umfangreichen Berliner Rechtsprechungsnachweisen.

[676] LG München I WuM 1998, 18; LG Dortmund WuM 1996, 141 = ZMR 1994, 410; AG Hamburg WuM 1999, 433; AG Hof WuM 1998, 281; AG München WuM 1996, 762; *Rathjen* ZMR 1999, 458 (461); *Mutter* ZMR 1995, 189 (191).

[677] LG Hannover WuM 1997, 434; **aA** LG Berlin GE 1999, 47; LG Hannover VuR 1990, 40 bei Holzschutzmittel; wohl auch AG Bonn WuM 1991, 543.

[678] LG Mannheim WuM 1996, 338.

[679] *Nachweise bei Schläger ZMR 1994, 189 (192).*

[680] OVG Hamburg WuM 1991, 540.

[681] *Schläger* ZMR 1994, 189 (193).

[682] *Halstenberg* WuM 1993, 155 (165) mwN; OVG Münster WuM 2002, 322.

nen. Bei Ungeborenen und Kleinkindern gelangt das Blei ua direkt ins Gehirn und kann dort schwere geistige und körperliche Entwicklungsstörungen hervorrufen.

Nach der **Trinkwasserverordnung** v. 21.5.2001,[683] die am 1.1.2003 in Kraft getreten ist, liegt der Grenzwert für Bleibelastung gem. § 6 Abs. 2 iVm der Lfd. Nr. 4 der Anl. 2 Teil II bis zum 30.11.2003 bei 40 µg/l Wasser. Völlig unbeachtet bleibt dabei, dass Kinder und Säuglinge durch Wasser mit Bleianreicherung besonders stark gefährdet sind. Fast 50% des aufgenommenen Bleis wird im Körper des Kindes zurückgehalten, während Erwachsene nur 10% speichern.[684] Die EU-Richtlinie 98/83[685] sieht daher eine Maximalbelastung von nur 10 µg/l Wasser vor. **180**

Die EU-Richtlinie 98/83 wurde durch die TrinkwV 2001 mit folgenden Übergangsregelungen (vgl. § 6 Abs. 2 S. 3 TrinkwV 2001) in nationales Recht umgesetzt. Der Grenzwert von 40 µg/l galt noch bis 30.11.2003. Danach gilt bis zum 30.11.2013 der Grenzwert von 25 µg/l. Ab dem 1.12.2013 sind nur noch 10 µg/l zulässig. Versäumt der Vermieter entsprechende Maßnahmen zur Herstellung des jeweiligen Grenzwertes, ist bei dessen Überschreitung ab 1.12.2003 bzw. ab 1.12.2013 von einem Mangel auszugehen. **181**

Gem. § 14 Abs. 3 TrinkwV ist der Vermieter, der eine Wasserversorgungsanlage betreibt, in der sich eine Großanlage zur Trinkwassererwärmung befindet, verpflichtet, regelmäßig (alle drei Jahre, erstmalig spätestens zum 31.12.2013) Untersuchungen zur Überprüfung der Trinkwasserqualität (Legionellen) durchführen zu lassen.[686] Auch hier ist wegen der drohenden Gesundheitsgefährdung bei Unterlassen der Maßnahmen analog der Regelungen zu Grenzwerten von gesundheitsschädlichen Immissionen (→ Rn. 25 ff.) von einen Mangel auszugehen.[687] Die Kosten sind „sonstige Betriebskosten" iSd Betriebskostenverordnung.[688] **182**

Werden überhöhte Bleikonzentrationen im Wasser festgestellt, muss der Vermieter diesen Mangel beseitigen, dh er muss die alte Hausinstallation wieder instand setzen.[689] Notfalls muss er die alten Bleirohre komplett austauschen.[690] Zur vorbeugenden Instandsetzung → BGB § 555 a Rn. 1, 15 f. Das LG Berlin[691] hat bei 79 µg/l eine nur geringfügige Überschreitung des Grenzwertes angenommen. Allerdings datiert die Entscheidung aus dem Jahre 1986, als die Trinkwasserverordnung noch nicht in Kraft war.[692] In jüngerer Zeit ist bei einem Bleigehalt von nur 23 µg/l im Trinkwasser von Büro- und Lagerräumen ein Mangel angenommen worden.[693] **183**

Kein Mangel der Mietsache soll vorliegen, wenn durch kurzes Ablaufenlassen des Wassers praktisch Bleifreiheit erreicht werden kann[694] oder zumindest der Grenzwert deutlich unterschritten wird.[695] Diese Rspr. erscheint aber sowohl unter Kostenaspekten sowie unter dem Gesichtspunkt des Umweltschutzes und der Schonung natürlicher Ressourcen zweifelhaft. Wird daher Wasser in erheblichen Mengen für das Ablaufenlassen benötigt, ist von einem Mangel auszugehen.[696] **184**

---

683 TrinkwVO idF der Bek. v. 10.3.2016 (BGBl. I 459).

684 *Kruse,* Zuhause, 1989, 96.

685 RL 98/83 EG des Rates über die Qualität von Wasser für den menschlichen Gebrauch v. 3.11.1998 (ABl. 1998 L 330, 32).

686 *Lehmann-Richter* PiG 1999, 65 (77), keine Obhutspflicht des Mieters, durch den Betrieb der Wasseranlage Legionellenbildung zu vermeiden.

687 LG Nürnberg-Fürth, ZMR 2017, 566 m. Anmerkung *Hardt;* AG Dresden GE 2014, 396 (25% Minderung); AG Köln ZMR 2020, 515 zum Umfang der minderungsrelevanten Kontamination; *Herlitz* jurisPR-MietR 16/2014 Anm. 1; für den Zeitraum vor Geltung der TrinkwVO s. zur Haftung des Vermieters bei unterlassener Untersuchung der Wasserversorgungsanlage BGH VIII ZR 161/14, WuM 2015, 412 = NJW 2015, 2111; *Pfeifer* jurisPR-MietR 13/2015 Anm. 1.

688 *Schmid* ZMR 2012, 10 (11); *Peifer* MK 2012, 13 (17); **aA** *Serwe* ZMR 2012, 167, Kosten nach § 2 Ziff. 2, 4, 5 bzw. 6 BetrKV.

689 AG Hamburg WuM 1992 = MDR 1991, 1060 = ZMR 1992, 26; **aA** LG Frankfurt a. M. WuM 1990, 384 = ZMR 1990, 17.

690 LG Hamburg WuM 1991, 161 = NJW 1991, 1898 = MDR 1991, 444 = MM 1991, 162; AG Berlin-Schöneberg NJW-RR 1991, 782.

691 LG Berlin DWW 1987, 130 = GE 1987, 243.

692 TrinkwVO v. 22.5.1986, in Kraft getreten am 1.10.1986 (BGBl. I 760).

693 OLG Köln NJW 1992, 51 = ZMR 1992, 155.

694 LG Hamburg WuM 1991, 161.

695 LG Berlin GE 1996, 929.

696 AG Hamburg-St. Georg WuM 2012, 169 = GE 2011, 1237 = ZMR 2011, 559; WuM 1993, 736; 1990, 383; *Bieber* GE 2011, 1200; *Rathjen* ZMR 1999, 458 (461); zum Mangel bei sog. Biofilm AG Münster WuM 2009, 586.

185 Wird ein Wohnhaus über einen **Brunnen mit Trinkwasser** versorgt, so liegt ein Mangel vor, wenn das Wasser auf Grund eines erhöhten Nitratgehalts gesundheitsgefährdend ist.[697] Der Grenzwert für Nitratkonzentrationen liegt nach der TrinkwV 2001 bei 50 mg/l und für Nitrit bei 0,50 mg/l. Die Summe aus Nitratkonzentration in mg/l geteilt durch 50 und Nitritkonzentration in mg/l geteilt durch 3 darf nicht größer als 1 mg/l sein (vgl. Lfd. 9 der Anl. 2 Teil I der TrinkwV).

186 **cc) Formaldehyd.** Die in Möbeln und Holz häufig eingebauten Press-Spanmaterialien gehören zu den bedeutendsten Emittenten von Formaldehyd in Innenräumen. Formaldehyd wird nämlich häufig verwendet in Spanplatten, Sperrhölzern, Furnieren sowie für Farben, Lacke, Kleber, Leime und Teppichwaren. Das in den Materialien enthaltene Formaldehyd kann über lange Zeiträume in die Raumluft diffundieren und wird vom Menschen über die Atemluft, die Haut und den Magen-Darm-Trakt aufgenommen. Formaldehyd reizt die Augen und die Atemwege und ruft bei hohen Werten Schädigungen der Atemwege sowie Allergien hervor. Die krebsauslösende Wirkung der Substanz ist bislang noch **umstritten.** Abschn. 3 des Anhangs zur ChemVerbotsV schreibt für Holzwerkstoffe einen Ausgasungsgrenzwert von 0,1 ppm, das entspricht der Emissionsklasse 1, vor. Nach Auffassung der Weltgesundheitsorganisation liegt der Wert, unter dem kein Anlass zur Besorgnis besteht, bei 0,5 ppm.[698]

187 Wird im Innenraum der Grenzwert **von 0,1 ppm** überschritten, liegt ein Mangel vor.[699] Auch unterhalb dieses Wertes kann ein Mangel angenommen werden, wenn der Grenzwert immer wieder überschritten wird[700] und Beschwerden beim Mieter zu verzeichnen sind.

188 **dd) Nitrat/Nitrit.** → Rn. 185.

189 **ee) Pentachlorphenol (PCP).** Die Holzschutzwirkstoffe sind mehr oder minder giftig, schwer abbaubar und können sich in der Umwelt anreichern. Hauptwirkstoff vieler Holzschutzmittel war Pentachlorphenol (PCP). Es schützt vor Schimmelpilz.

190 PCP wurde im Wesentlichen bei der Produktion und Bearbeitung von Spanplatten, Hölzern, Naturfasern, Leimen und Farben eingesetzt. PCP gelangt im Wesentlichen über die Nahrung und die Inhalation in den menschlichen Körper. Aber auch Hautresorption durch Kontakt mit kontaminierten Material ist möglich.

191 Pentachlorphenol kann zu Hautentzündungen, Atemnot, Fieber und Kopfschmerzen führen, aber auch zu Organschädigungen an Leber und Niere sowie zu Schädigungen des Nerven- und Immunsystems.

192 Gem. § 18 Abs. 1 GefStoffV iVm Anl. IV Nr. 12 besteht ein Herstellungs- und Verwendungsverbot für PCP und seine Verbindungen. Nach Abschn. 15 des Anhangs zur ChemVerbotsV darf PCP nur in bestimmten Ausnahmefällen in den Verkehr gebracht werden.

193 Bei Innenraumbelastungen durch PCP ist eine Mietminderung zulässig, ohne dass ein **konkreter** Grenzwert vorliegen muss.[701] Die PCP-Richtlinie der Länder[702] sieht dagegen eine zulässige Belastung von nur 0,1 µg vor, wenn nicht gleichzeitig PCP Belastungen des Blutes von mehr als 70 µg/l oder im Urin mit mehr als 40 µg/l vorliegen. Diese baurechtliche Bewertung ist allerdings für die mietrechtliche Untersuchung unzureichend (→ Rn. 173). Nach Auffassung des AG Bielefeld sind nur geringfügigste Werte als tolerabel hinzunehmen, da es nicht als normal und dem allgemeinen Lebensrisiko entsprechend angesehen werden kann, wenn der Mieter unfreiwillig mit Giftstoffen belastet wird.[703]

194 **ff) Perchlorethylen (PER).** Perchlorethylen wurde in der Vergangenheit in chemischen Reinigungen verwendet und ist **für diesen Anwendungszweck** heute verboten.[704] Daher haben sich mit diesem Wirkstoff bislang lediglich ältere Entscheidungen beschäftigt.[705] Wieder Bedeutung

---

[697] LG Köln MDR 1991, 445 = ZMR 1991, 223.

[698] Nachw. bei *Schläger* ZMR 1994, 189 (196).

[699] LG München WuM 1991, 584 = NJW-RR 1991, 975; AG Mettmann VuR 1990, 208; LG Ansbach VuR 90, 35 nimmt einen Mangel bei noch geringeren Werten an; zum Kaufrecht OLG Düsseldorf NJW-RR 1991, 1495 = DWW 1992, 140; OLG Nürnberg NJW 1993, 3146 = NJW-RR 1993, 1300 = DWW 1992, 143 = VuR 1992, 316 = EWiR 1992, 333.

[700] AG Bad Säckingen WuM 1996, 140; **aA** AG Bad Königstein i. Ts. NZM 2000, 822.

[701] LG Kiel WuM 1997, 674; **aA** LG Lübeck ZMR 1998, 435 mAnm *Schläger.*

[702] Richtlinie für die Bewertung und Sanierung Pentachlorphenol (PCP)-belasteter Baustoffe und Bauteile in Gebäuden (PCP-Richtlinie) vom Oktober 1996.

[703] *AG Bielefeld VuR 1991, 123.*

[704] Vgl. auch 2. VO zum BImSchG.

[705] KG MM 1988, 247; LG Hannover WuM 1990, 337 = NJW-RR 1990, 972 = ZMR 1990, 302; LG Hamburg WuM 1989, 368.

gewonnen hat dieses Problem vereinzelt durch kontaminierte Grundstücke in der ehemaligen DDR.[706]

195 **gg) Polychlorierte Biphenyle (PCB).** PCB[707] werden ausschließlich durch synthetische Verfahren hergestellt und kommen in der Natur nicht vor. Wegen ihrer hohen thermischen und chemischen Beständigkeit wurden sie bis zu ihrem Verbot im Jahr 1989 ua eingesetzt als feuerhemmendes Imprägniermittel sowie als Weichmacher für Kunststoffe und Lacke. Sie wurden beliebte Zusätze für Dichtungsmassen und daher insbes. bei Häusern aus Betonfertigteilen verwandt.

196 Die **toxikologischen Eigenschaften** von PCB reichen von Schwächegefühl, Sehschwäche und Kopfschmerzen bis zu Hautveränderungen, Haarausfall und Störungen des Immunsystems.

197 PCB stehen im Verdacht, Krebs zu verursachen. Für sie besteht daher grds. ein Herstellungs- und Verwendungsverbot gem. § 15 Abs. 1 Nr. 14 GefStoffV. Gem. Abschn. 13 der ChemVerbotsV dürfen diese Stoffe auch nur in seltenen Ausnahmen in den Verkehr gebracht werden.

198 Die in kontaminierten Innenräumen anzutreffenden Raumluftgehalte an PCB können abhängig von der Belastungssituation im Gebäude zwischen Werten von 100 ng/cbm bis einigen tausend ng/cbm schwanken. Außenluftkonzentrationen liegen regelmäßig unter 20 ng/cbm. Das Bundesgesundheitsamt empfiehlt als **Interventionswert,** bei dessen Überschreiten im Sinne eines vorbeugenden Gesundheitsschutzes bauliche Sanierungsmaßnahmen einzuleiten sind, bei ganztägiger Nutzung eine Konzentration von maximal 3.000 ng/cbm.[708] Der Zielwert einer Sanierung liegt bei weniger als 300 ng/cbm.

199 **hh) Pyrethroide.** Pyrethrum stammt aus den Blüten der Chrysanthemen. Da die Gewinnung des natürlichen Pyrethrums sehr aufwendig ist, werden dem Pyrethrum verwandte Gifte, sog. Pyrethroide, synthetisch entwickelt, die dem Pyrethrum ähnlich, aber viel dauerhafter sind. Einer dieser künstlichen Pyrethroide heißt Permethrin. Im Bereich des Holzschutzes hat nach massiver Kritik in den 80er Jahren Permethrin die früher häufig eingesetzten Verbindungen Lindan[709] und PCP verdrängt. Pyrethroide wirken als Kontaktgifte und werden auch als Schädlingsbekämpfungsmittel eingesetzt. Sie gelangen über die Haut ohne Umwandlungsprozesse ins Blut und ins Nervengewebe und verursachen ua Muskelzittern, Krämpfe, Übererregbarkeit und Störungen der Bewegungskoordinationen.[710]

200 Für Pyrethroid-Verbindungen hatte das Bundesgesundheitsamt im Jahre 1992 als Grenzwert **1 mg/kg** Hausstaubkonzentration empfohlen. Allerdings galt dieser Wert als Restwert nach vorgenommenen Schädlingsbekämpfungen und galt nicht etwa für die Gesundheitsvorsorge.[711] Allgemeine Richtwerte für den Arbeitsplatz oder für den Innenraumbereich existieren nicht.

201 **ii) Radon.** Radon ist ein natürlich vorkommendes radioaktives Edelgas und kann für Lungenkrebs verantwortlich sein. Besonders in Umgebungen **vulkanischen Ursprungs** und in der Umgebung von Uran- und Eisenlagerstätten (Eifel, Erzgebirge, Bayrischer Wald) werden hohe Radonkonzentrationen gemessen. Das Gas kann durch undichte Fundamente in Kellerräume und Wohnungen gelangen.

202 **jj) Sonstige Stoffe.** Die Behandlung einer Wohnung mit **Insektiziden,** deren Verwendung in Wohnräumen bereits der Hersteller untersagt, führt zur vollständigen Minderung der Miete[712] (zum Kündigungsrecht → BGB § 569 Rn. 9 ff.). Bei einer überhöhten Raumluftkonzentration von Toluylen-2, 4-diisocyanat und Diphenylmethandiisocyanat ist eine fristlose Kündigung gerechtfertigt,[713] ebenso, wenn ein (Kinder-)Zimmer erhöhte Kohlenwasserstoffbelastung ausweist.[714] Die Belastung der Wohnung durch Ausgasungen von sog. **Weichmachern** (TXB) berechtigt zur

---

706 KG NZM 2000, 383.

707 S. Antwort der BReg (BT-Drs. 18/1276) auf die Kleine Anfrage der Fraktion BÜNDNIS 90/DIE GRÜNEN – PCB in Baustoffen, BT-Drs. 18/1146.

708 Die Länder Hessen und Rheinland-Pfalz haben diesen baurechtlichen Vorsorgewert um den Faktor 10 reduziert während das Land Rheinland-Pfalz den vom Bundesgesundheitsamt empfohlenen Wert um den Faktor 3 erhöht hat, FWW, Schadstoffe in Gebäuden, 1996, 99.

709 LG Lübeck ZMR 1998, 434.

710 FWW, Schadstoffe in Gebäuden, 1996, 99.

711 Ergebnisprotokoll des BGA vom 26.6.1995 – unveröffentlicht.

712 AG Trier WuM 2001, 486.

713 AG Erfurt WuM 2001, 23.

714 LG Lübeck ZMR 2001, 281.

Minderung der Miete.[715] Hierunter fällt auch die Belastung mit Naphthalin, jedenfalls bei Überschreitung des Grenzwertes II von 20μ/m³.[716]

203 Häufig wird für eine Innensanierung von Wasserrohren ein Epoxidharzprodukt gewählt, das in die Leitungen gespritzt wird und sich so an den Rohrinnenseiten ablagern und Korrosionen verhindern kann.[717] Umstritten ist, ob die Komponenten des Harzes sich als schädlich, möglicherweise sogar als krebserregend erweisen.[718] Dies wird überwiegend bejaht, was im Hinblick auf die Rspr.[719] zur Kontrolle des Trinkwassers zwecks Vermeidung von Legionellenbefall für den Vermieter erhebliche Haftungsrisiken birgt.[720]

204 **j) Verschmutzungen.** Erhebliche Verschmutzungen durch Tauben muss der Mieter grds. nicht als allgemeines Lebensrisiko hinnehmen,[721] auch wenn der Vermieter dagegen nichts unternehmen kann.[722] Der Mieter ist daher regelmäßig zur Minderung der Miete berechtigt, wenn der Balkon durch **Taubendreck** verunreinigt wird.[723] Der Vermieter kann sich nicht pauschal mit dem Einwand entlasten, dass es sich um eine großstädtische Taubenplage handele. Entscheidend für die Verantwortung des Vermieters ist, ob er zB durch die von ihm zu verantwortende Fassadengestaltung oder durch Leerstand[724] eine wesentliche Ursache für den Taubenbefall gesetzt hat.[725] Trifft der Vermieter Abwehrmaßnahmen, indem er ein Netz über dem Hof spannen lässt, führen diese nicht zu einem Mangel.[726] Haben sich **Taubenzecken** in der Wohnung eingenistet, muss der Vermieter alles zur Beseitigung dieses Ungeziefers unternehmen. Das Auftreten von Taubenzecken stellt nicht nur einen Mangel der Wohnung dar, sondern berechtigt wegen der damit verbundenen Gesundheitsgefährdung zur fristlosen Kündigung gem. § 569 Abs. 1 BGB.[727] Ständige starke Verschmutzungen der Treppenaufgänge und Flure sowie des Fahrstuhlinnenraums rechtfertigen eine Mietminderung ebenso wie Verschmutzungen vor dem Haus[728] oder hinter der Eingangstür.[729]

205 **k) Wettbewerb.** Der Vermieter gewerblich zu nutzender Räume ist auch ohne Bestehen einer vertraglichen Regelung verpflichtet, den Mieter gegen Konkurrenz **im selben Hause** zu schützen.[730] Der Vermieter ist jedoch nicht gehalten, dem Mieter jeden fühlbaren oder unliebsamen Wettbewerb fern zu halten. Vielmehr ist nach den Umständen des einzelnen Falles abzuwägen, inwieweit nach Treu und Glauben unter Berücksichtigung der Belange der Parteien die Fernhaltung von Konkurrenz geboten ist.[731] Einzelheiten zum Konkurrenzschutz → BGB § 535 Rn. 599 ff.

Verstößt der Vermieter gegen seine Pflicht zum Konkurrenzschutz, hat der Mieter einen Erfüllungsanspruch auf Beseitigung der Konkurrenzsituation; ggf. durch Kündigung des Konkurrenten.[732] Den Konkurrenzschutzanspruch kann der Mieter auch im Wege **der einstweiligen Ver-**

---

715 AG Torgau WuM 2003, 316; zur Belastung mit PAK vgl. LG Berlin GE 2003, 884.

716 LG München NZM 2013, 508 = NJW-RR 2013, 912, Minderung 30%); krit. *Herrlein* NJW 2014, 1279 (1282).

717 *Laubinger* ZMR 2012, 413; *Herrlein* NZM 2011, 741.

718 Bejahend OLG Karlsruhe WuM 2016, 377 = ZMR 2016, 499; LG Frankfurt a. M. BeckRS 2015, 05382; AG Köln NZM 2011, 629 = NJW 2011, 2979 = GE 2011, 1564 = ZMR 2012, 25 mAnm *Laubinger/Kühn* sowie Umweltbundesamt, Stellungnahme vom 16.12.1998, nachgewiesen bei *Blümmel* GE 2011, 1520; verneinend AG Köln ZMR 2013, 970 = NZM 2013, 677; *Laubinger ZMR 2012, 413;* sa *Klinger* jurisPR-ITR 4/2012 Anm. 4.

719 BGH VIII ZR 161/14, WuM 2015, 412 = NJW 2015, 2111.

720 Zur Vertragsauslegung *Lehmann-Richter* NZM 2015, 513 (519); sa *Herrlein* WImmoT 2015, 91 (98).

721 LG Freiburg WuM 1998, 212; AG Pforzheim WuM 2000, 302; wohl auch BayObLG WuM 1998, 552 = ZMR 1998, 617 = GE 1998, 1087 = NJW-RR 1998, 1705; **aA** für ländliche Gebiete, AG *Eisleben* NZM 2006, 898.

722 AG Hamburg WuM 1988, 121; 1990, 424; **aA** LG Kleve WuM 1986, 333 = NJW-RR 1986, 1344.

723 LG Berlin GE 2003, 188; AG Ratingen DWW 1989, 366.

724 LG Berlin GE 2001, 346.

725 BayObLG WuM 1998, 552 = ZMR 1998, 617 = GE 1998, 1087 = NJW-RR 1998, 1705; **aA** AG Neukölln GE 1999, 1499.

726 AG Berlin-Schöneberg GE 2007, 1325.

727 LG Berlin GE 1997, 689.

728 AG Berlin-Mitte GE 2015, 330.

729 AG Kiel WuM 1991, 343; AG Berlin-Schöneberg GE 1991, 527.

730 BGH WuM 1979, 144 = NJW 1979, 1404; OLG Karlsruhe NJW-RR 1990, 1234 = ZMR 1990, 214; *Fritz GewerberaumMietR* Rn. 76.

731 OLG Karlsruhe NJW-RR 1990, 1234 = ZMR 1990, 214.

732 LG Mannheim WuM 1972, 123; Bub/Treier MietR-HdB/*Kraemer/Ehlert* Kap. III B Rn. 3005; *Kulik* NZM 1999, 546 (548).

**fügung** durchsetzen.[733] Ist der Vermieter aus rechtlichen Gründen gehindert, die Konkurrenzsituation zu beseitigen, kann hinsichtlich des Erfüllungsanspruchs Unmöglichkeit gem. § 275 Abs. 1 BGB vorliegen.

Die vertragswidrige Konkurrenzsituation in einem Geschäftshaus stellt auch einen Sachmangel der Mietsache dar.[734] Dabei ist es unerheblich, ob der Konkurrenzschutz auf dem Gesetz beruht oder vertraglich vereinbart wurde. Es fehlt auch nicht an der **Unmittelbarkeit**[735] (→ Rn. 15). Dieses Merkmal wird man mit der Rspr. wegen des erheblichen Eingriffs in den Geschäftsbereich des Erstmieters bejahen müssen. Zudem liegt die Risikozuweisung (→ Rn. 17) wegen des Vertragsverstoßes beim Vermieter, so dass eine Einschränkung des Mangelbegriffs in diesen Fällen nicht angebracht ist. Im Falle der Geltendmachung eines Minderungsanspruchs ist allein ausschlaggebend, ob und in welchem Umfang der Wert des Mietgegenstandes durch das Bestehen des Mangels, also infolge der vom Vermieter herbeigeführten Konkurrenzsituation, eingeschränkt ist.[736] Kein Mangel ist allerdings anzunehmen, wenn sich der zweite, spätere Mieter durch den gegenüber dem ersten Mieter eingeräumten Konkurrenzschutz beeinträchtigt fühlt[737], da die Vertragsklausel nur gegenüber dem ersten Mieter wirkt und den Anspruch des zweiten Mieters gegenüber seinem Vermieter unberührt lässt. 206

Der Mieter kann wegen Vorenthaltung des vertragsgemäßen Gebrauchs gem. § 543 Abs. 2 Nr. 1 BGB oder bei unzumutbarer Fortsetzung des Mietverhältnisses gem. § 543 Abs. 1 BGB dem Vermieter kündigen. 207

Der Vermieter muss dem Mieter auch Schadensersatz leisten.[738] Der Ersatzanspruch erfasst den gesamten, durch die rechtswidrige Konkurrenzsituation entstandenen Schaden, einschließlich des **entgangenen Gewinns** gem. § 252 BGB. Dabei hat der Mieter nachzuweisen, dass gerade die Verletzung des Konkurrenzschutzes durch den Vermieter für die beim Mieter eingetretenen Umsatzeinbußen ursächlich war.[739] Dies kann für den Mieter ein großes Handicap bei der Durchsetzung seiner Ansprüche sein. Daher sollte im Gerichtsverfahren von der Möglichkeit der Schätzung nach § 287 ZPO Gebrauch gemacht werden.[740] 208

Die Zwangsvollstreckung auf Beseitigung der Konkurrenzsituation erfolgt nach § 888 ZPO als unvertretbare Handlung.[741] 209

**l) Zugang zu den Mieträumen.** Der ungehinderte Zugang zu den Mieträumen ist Voraussetzung für eine vertragsgemäße Nutzung insbes. dann, wenn Gewerberäume vermietet wurden, und das dort betriebene Gewerbe auf **Kundenverkehr** angewiesen ist.[742] Die Zugangsbehinderung stellt daher grds. einen Mangel dar, auch wenn sie durch nicht vom Vermieter beeinflussbare Bauarbeiten hervorgerufen wird[743] (→ Rn. 15 ff.). Diese Fallkonstellation liegt insbes. vor, wenn die öffentliche Hand Straßenbaumaßnahmen durchführt, die den Zugang zum Mietobjekt erheblich beeinträchtigen. Versuche der Rspr., die Gewährleistung von Entschädigungsansprüchen gegen Dritte abhängig zu machen, finden im Gewährleistungssystem der §§ 536 ff. keine Stütze.[744] Ver- 210

---

[733] OLG Hamm NJW-RR 1990, 1236; ZMR 1991, 295 = NJW-RR 1991, 1483; *Hinz* WuM 2005, 615 (628); zum Streitwert OLG Düsseldorf GuT 2006, 82.

[734] BGH XII ZR 117/10, NJW 2013, 44 = NZM 2013, 52 = ZMR 2013, 101; OLG Brandenburg NZM 2010, 43; KG NZM 2007, 566 = GE 2008, 541 = GuT 2007, 212; GE 2007, 1551 = MDR 2007, 1250; OLG Düsseldorf ZMR 2000, 451 = DWW 2000, 158; MDR 1997, 1115 = ZMR 1997, 583 = NJW-RR 1998, 514 = NZM 1998, 307; OLG Karlsruhe NJW-RR 1990, 1234 = WPM 1990, 1120 = ZMR 1990, 214 = EWiR 1990, 667 mAnm *Sternel;* Bub/Treier MietR-HdB/*Kraemer/Ehlert* Kap. III B Rn. 3005; *Bieber* Anm. zu OLG Rostock MietRB 2005, 178; *Gather* GE 2000, 1450; krit. *Menn* NZM 2017, 688.

[735] So aber OLG Dresden NZM 2010, 818 = MDR 2010, 1445 = GE 2011, 133.

[736] OLG Düsseldorf MDR 1997, 1115 = ZMR 1997, 583 = NJW-RR 1998, 514 = NZM 1998, 307.

[737] BGH VI ZR 244/52, BB 1954, 177; sa *Eisenschmid* jurisPR-MietR 8/2012 Anm. 3.

[738] Bub/Treier MietR-HdB/*Kraemer/Ehlert* Kap. III B Rn. 3005.

[739] OLG Düsseldorf MDR 1997, 1115 = ZMR 1997, 583 = NJW-RR 1998, 514 = NZM 1998, 307; *Kulik* NZM 1999, 546 (548).

[740] Bub/Treier MietR-HdB/*Kraemer/Ehlert* Kap. III B Rn. 3006; Wolf/Eckert/Ball Gewerbl. Miet-/Pacht-/LeasingR-HdB Rn. 728.

[741] BGH NJW-RR 1996, 460.

[742] BGH NJW 1981, 2405 = ZMR 1981, 368 = MDR 1982, 135 = GE 1982, 137; *Haase* ZMR 1999, 448 (451).

[743] OLG Frankfurt a. M. NZM 2015, 542 = NJW 2015, 2434; KG GuT 2007, 436 = GE 2008, 52 = NZM 2008, 526; OLG Düsseldorf ZMR 2005, 710; OLG Dresden NJW-RR 1999, 448; OLG Köln NJW 1972, 1814; LG Berlin GE 2003, 669; LG Düsseldorf NJW-RR 2003, 1594; **aA** OLG Düsseldorf MDR 1998, 768 = NZM 1998, 481 = NJW-RR 1998, 1236 = ZMR 1999, 471; LG Düsseldorf ZMR 2012, 775.

trags- oder schuldrechtsähnliche Verhältnisse zu Dritten sind im Verhältnis Mieter/Vermieter insoweit unbeachtlich.[745] Wird bspw. der Mieter eines Einstellplatzes für Kraftfahrzeuge durch ständiges verkehrswidriges Parken fremder Fahrzeuge vor der Einfahrt nachhaltig an der Benutzung des Einstellplatzes gehindert, so ist er von der Verpflichtung zur Zahlung des Mietzinses frei.[746] Wird entgegen der Zusage bei Anmietung der Neubauwohnung dem Mieter kein Pkw-Stellplatz am Haus zur Verfügung gestellt, so stellt dies einen Mangel dar.[747] Gleiches gilt, wenn die vertraglich eingeräumte Mitbenutzung des Fahrradkellers dem Mieter entzogen wird.[748]

211 Dagegen kann sich der Mieter nicht auf einen Mangel berufen, wenn er nach dem Vertrag selbst für die Freihaltung des Zugangs zum Grundstück zu sorgen oder wenn er die Behinderung selbst zu vertreten hat.[749] Ebenfalls ist kein Mangel anzunehmen, wenn der Blick auf eine Schaufensterauslage eines Ladenlokals ständig durch ordnungsgemäß parkende Fahrzeuge verstellt wird.[750]

### 3. Mängel im Haus

212 **a) Anlagen.** Probleme ergeben sich häufig, wenn der Mieter eine neu errichtete Wohnung anmietet und bei Mietbeginn noch Restarbeiten im Haus oder auf dem Grundstück erledigt werden müssen. Dies betrifft häufig Aufzug, Garten, Briefkastenanlage etc. Der Vermieter kann für diese Fälle die Gewährleistung grds. nicht völlig ausschließen[751] (iE → BGB § 535 Rn. 23f.).

213 Von haustechnischen Anlagen gehen häufig störende Geräusche aus. Ursachen dieser Beeinträchtigungen sind vor allem Aufzüge, Jalousien, Lüftungsanlagen[752], Ver- und Entsorgungsleitungen, Garagentore usw. Aufzugsanlagen müssen so schallisoliert werden, dass sie insbes. bei Nachtbetrieb keinen unzumutbaren **Lärm** (nach DIN 8989 von über 30 dB) verursachen. Dabei sind nicht die leiseren Fahrgeräusche, sondern die höheren Anfahr- und Bremsgeräusche zu bewerten[753] (→ Rn. 114ff.).

Die Nutzung des Fahrstuhls gehört zum vertragsgemäßen Gebrauch. Der Vermieter ist verpflichtet, den Fahrstuhl jederzeit betriebsbereit zu halten, um auch für ältere Menschen den Zugang zur Mietsache zu erhalten. Der Vermieter kann sich regelmäßig nicht darauf berufen, dass die Reparaturkosten zu hoch sind und daher unzumutbar – s Opfergrenze § 535 Rn 246ff. Auch kann er gegen die Reparatur nicht einwenden, dass er künftig ohnehin beabsichtige, einen neuen Fahrstuhl einbauen zu lassen.[754] Die Höhe der Mietminderung ist abhängig von dem Stockwerk, in dem die Wohnung liegt.[755]

214 Kann der Mieter die **Toilette** nicht benutzen, ist eine Mietminderung von 80% gerechtfertigt;[756] bei Unbenutzbarkeit der Duschanlage 33%.[757] Ein zu niedriger Wasserdruck, der den Spülvorgang beeinträchtigt, ist ebenfalls ein erheblicher Mangel.[758] Soweit in der Küche unangenehme Gerüche entstehen[759] oder von Toilettenanlagen erhebliche **Gerüche** ausgehen, die in den Hausflur[760] oder bis in den Innenraum einer Gaststätte dringen und damit geeignet sind, Gäste von dem

---

744 *Fritz* FS Blank, 2006, 153 (158).

745 *Haase* ZMR 1999, 448 (451); vgl. zu § 906 Abs. 2 BGB BayObLG WuM 1987, 112 = NJW 1987, 1950 = ZMR 1984, 174; LG Köln WuM 1990, 385; LG Kassel NJW-RR 1989, 1292; LG Siegen WuM 1990, 17; LG Göttingen WuM 1986, 114 = NJW 1986, 1112 = NJW-RR 1986, 444.

746 LG Köln WuM 1976, 29 = MDR 1976, 44 = ZMR 1977, 25.

747 AG Köln WuM 1990, 146.

748 AG Menden WuM 2007, 190 = NZM 2007, 883; AG Hamburg NZM 2007, 802.

749 BGHZ 38, 295.

750 OLG Düsseldorf MDR 1991, 446 = DWW 1991, 50; ZMR 1996, 256.

751 LG Konstanz WuM 2011, 361.

752 LG Berlin ZMR 2016, 946.

753 AG Berlin-Schöneberg WuM 1982, 183.

754 AG Berlin-Mitte WuM 2020, 484.

755 AG Charlottenburg GE 1990, 423 – 10% bei Wohnung im 4. OG; AG Berlin-Mitte WuM 2020, 484 – 10% bei Wohnung im 3. OG; AG Berlin-Mitte, Urteil vom 3.5.2007 – 10 C 3/07 – juris -15% bei Wohnung im 6. OG.

756 LG Berlin MM 1988, 21.

757 AG Köln WuM 1998, 690; bei nur undichter Duschkabine 3%, AG Gießen WuM 2016, 26; AG Stuttgart WuM 2020, 641 – 10%.

758 *AG Charlottenburg GE 2010*, 129; AG Warendorf WuM 2000, 379.

759 AG Suhl WuM 2012, 315, 8% Minderung.

760 BGH VIII ZR 125/11, WuM 2011, 700 = AK-MietPrax § 536 BGB Nr. 40 = GE 2012, 60 = NJW 2012, 382 = NZM 2012, 109 = ZMR 2012, 177.

Besuch der Gaststätte fern zu halten, liegt ein erheblicher Mangel vor.[761] Gleichermaßen ist eine Minderung gerechtfertigt, wenn die klima- und lüftungstechnische Ausrüstung eines Gaststättenobjektes für den Küchenbetrieb einer Speisegaststätte nicht ausreicht[762] oder wenn ein Toilettenraum in der Wohnung nur durch eine zentrale Absaugvorrichtung entlüftet werden kann und ein Defekt an der Lüftungsanlage vorliegt.[763]

Ein Mangel liegt vor, wenn das am Schlafzimmer des Mieters vorbeiführende Hauptwasserrohr **215** nicht so gedämmt ist, dass der Grenzwert von 35 dB(A) eingehalten wird.[764] Wurden die **Abwasserleitungen** in der Wohnung so geführt, dass das abgeleitete Schmutzwasser aus der Spüle auch in die Badewanne läuft, die danach gereinigt werden muss, führt dies zur Minderung.[765] Gleiches gilt, wenn sich durch einen Abflussstau übel riechendes Wasser bildet.[766] Dauert das Füllen der Badewanne unverhältnismäßig lange, liegt ein Mangel vor.[767]

Von einem Mangel ist auch auszugehen, wenn das **Kaltwasser** eine Temperatur von 20–30 °C aufweist und erst nach langem Ablauf eine Abkühlung erreicht wird, oder umgekehrt, das Warmwasser nicht schnell genug die erforderliche Temperatur erreicht[768] oder wenn ein Atelier mit Küchenzeile vermietet wird und das Wasser keine Trinkwasserqualität besitzt.[769]

Die Lebenserfahrung spricht dafür, dass eine ältere Badewanne, die schon von den verschiedensten Mietparteien benutzt worden ist, zwingend Verschleißerscheinungen aufweist.[770] Eine nicht **216** benutzbare[771] oder eine unzumutbar aufgeraute[772] Badewanne stellt dennoch einen Mangel dar. Wird dem Mieter der Gebrauch der Badewanne nur für wenige Stunden in der Woche gestattet, so ist das dem Fehlen der Badewanne gleichzusetzen.[773]

Entzieht der Vermieter dem Mieter den Gebrauch der Gemeinschaftswaschmaschine und des **217** Trockners, bemisst sich die Höhe der Minderung an den Nachteilen außerhäusigen Wäschewaschens.[774]

Eine **Kegelbahn** ist mangelhaft, wenn der Fußbodenbelag bei Witterungsumschwüngen **218** schwitzt und feucht wird.[775]

Der gewerbliche Mieter von Räumen eines vollklimatisierten Hochhauses kann keine selbstän- **219** dige Klimaanlage für seine Mieträume mit der Begründung verlangen, dass die allgemeine Klimaanlage zu **unwirtschaftlich** arbeite[776] (zum Problem der Wirtschaftlichkeit → BGB § 535 Rn. 126).

Fällt die Hausantenne aus und wird sie vom Vermieter lediglich durch eine Zimmerantenne **220** ersetzt, die nur wesentlich weniger Programme empfängt, stellt dies einen Mangel dar.[777]

**b) Dekoration.** Auch optische Beeinträchtigungen (Dekorationsmängel) können sich als **221** Mangel erweisen.[778] Zu denken ist dabei insbes. an die Beschaffenheit der Außenfassade[779], des Treppenhauses[780] sowie der Zugänge. Ob im Einzelfall ein Mangel anzunehmen ist, hängt von dem vereinbarten Mietzweck, dem Mietpreis sowie dem dekorativen Zustand des Gebäudes bei

---

761 OLG Düsseldorf ZMR 1994, 402.
762 BGH WuM 2000, 416.
763 AG Köln WuM 1980, 163.
764 LG Berlin MM 1996, 28.
765 LG Wuppertal DWW 1996, 371 = NJWE-MietR 1997, 266.
766 AG Groß-Gerau WuM 1980, 128.
767 AG München WuM 2012, 668.
768 AG Berlin-Mitte GE 2018, 1064.
769 KG ZMR 2011, 377.
770 LG Köln WuM 1985, 258; AG Frankfurt a. M. ZMR 1990, 275.
771 AG Goslar WuM 1974, 53.
772 LG Stuttgart WuM 1988, 108; AG Hannover WuM 2009, 585.
773 AG Helmstedt WuM 1989, 564 = ZMR 1988, 67; LG Berlin MM 1991, 194; sowie AG Köln WuM 1987, 271 bei defekter Dusche.
774 AG Osnabrück WuM 1990, 147.
775 BGH MDR 1972, 411.
776 BGH WPM 1980, 108.
777 AG Schwäbisch-Gmünd NZM 2005, 105 = NJW-RR 2005, 163.
778 **AA** LG Berlin GE 1981, 673.
779 LG Berlin GE 2009, 782, aus bautechnischen Gründen; AG Berlin-Köpenick GE 2007, 1321 = NZM 2008, 643; 1332; **aA** LG Berlin WuM 2009, 175; AG Berlin-Schöneberg GE 2011, 957.
780 LG Mannheim WuM 1974, 52; AG Köln WuM 1997, 470; AG Tempelhof/Kreuzberg MM 1983 Nr. 8, 16.

Vertragsschluss ab.[781] Im Altbau sind Fugen zwischen den alten Dielenbrettern kein Mangel[782], ebensowenig ein verwitterter Außenanstrich der Fenster.[783] Verliert aber der **Parkettfußboden** nach einer Instandsetzungsmaßnahme seinen schmuckhaften, wohnlichen Charakter, so ist die Mietsache mangelhaft.[784] Auch optische Mängel wegen **Feuchtigkeit** beeinträchtigen den Geltungswert (→ Rn. 367f.) der Mietsache.[785] Ebenso ist eine Minderung bei erheblichen altersbedingten Abnutzungserscheinungen[786] zu bejahen, sowie dann, wenn im Zuge von Reparaturarbeiten Küchenfliesen[787] oder Badezimmerfliesen[788] nicht ersetzt werden oder teilweise durch andersfarbige Fliesen ergänzt werden müssen, so dass kein einheitliches Bild der Verfliesung verbleibt.[789] Auch ein Riss in der Außenwand des Zimmers kann einen Mangel darstellen.[790] **Graffitis** an den Wänden des Treppenhauses – wie auch an der Außenfassade – oder Verkratzungen der Glasscheiben **(sog. Scratching)**[791] sind grds. als Mangel anzusehen[792]; auch wenn sie unter künstlerischem Aspekt beachtenswert sind. Es kommt grds. nicht darauf an, ob es sich um ein Wohn- oder Gewerbeobjekt handelt. Entscheidend sind eher repräsentative Gesichtspunkte, die örtlichen Verhältnissen, das Erscheinungsbild des Hausflures oder der Fassade[793] sowie die Sozialstruktur der Bewohner.[794] Dabei ist unerheblich, ob der Vermieter sich gegen den Mangel schützen kann,[795] weil damit ein Haftungsgesichtspunkt in die Garantiehaftung einfließt (→ Rn. 4). Ist bei Vertragsschluss ein optischer Mangel hingenommen und bei der Bildung des Mietpreises berücksichtigt worden, schließt dies ein Minderungsrecht aus[796] (→ Rn. 35).

**222** Auch Wohnungen in einem Altbau müssen in einem ordnungsgemäßen, funktionsfähigen Zustand gehalten werden.[797] Ein zur Minderung des Mietzinses berechtigender Mangel liegt auch vor, wenn die Benutzung des Treppenhauses sowie des Gartens wegen Bauarbeiten nur eingeschränkt möglich ist.[798] Ist geplant, um ein Mietshaus herum einen Garten anzulegen, und gleicht das hierfür vorgesehene Gelände **über Jahre** hinweg einer Baustelle, ist jedenfalls der Mieter der Erdgeschosswohnung zur Mietminderung berechtigt.[799] Eine Minderung ist auch gerechtfertigt, wenn der Vermieter Baumaterial auf dem Grundstück lagert.[800] Auch bei vertraglicher Übernahme von Schönheitsreparaturen durch den Mieter muss der Vermieter Dekorationsmängel beseitigen, soweit sie durch äußere Einflüsse, wie zB Brand, entstanden sind.[801]

**223** Auch das optische Erscheinungsbild (zB eines **Teppichbodens**) kann zu einer erheblichen Beeinträchtigung des vertragsgemäßen Gebrauchs führen und eine Minderung rechtfertigen.[802] Ist ein Teppichboden verschlissen und wellig, stellt das nicht nur eine optische Beeinträchtigung sondern auch eine Stolpergefahr dar.[803] Auch bei nur optischer Beeinträchtigung ist für die Annahme eines Mangels insbes. bei Gewerberaummietverhältnissen der Vertragszweck entscheidend. Wird

---

[781] Bub/Treier MietR-HdB/*Kraemer/Paschke* Kap. III B Rn. 3067.
[782] LG Berlin GE 2007, 653.
[783] AG Wedding GE 2015, 197.
[784] AG Norderstedt WuM 1989, 564.
[785] LG Hamburg WuM 1985, 21; 1983, 290 = MDR 1983, 842 = ZMR 1984, 22; LG Lübeck WuM 1982, 182; AG Köln WuM 1988, 358.
[786] OLG Düsseldorf GE 2012, 267 – Abnutzung eines PVC-Bodens nach 20 Jahren; AG Hamburg-Altona WuM 2008, 551.
[787] LG Hannover WuM 2003, 317; AG Hamburg-Altona WuM 2006, 563.
[788] LG Kleve WuM 1991, 261; **aA** AG Köln WuM 1997, 41.
[789] AG Köln ZMR 2012, 632 – 3% Minderung.
[790] AG Bergheim WuM 2000, 435.
[791] KG NJW-RR 2009, 445 = GE 2009, 652; zu § 303 StGB s. LG Potsdam WuM 2015, 513.
[792] Einschränkend AG Berlin-Mitte GE 2015, 259; **aA** AG Berlin-Lichtenberg GE 2010, 1541.
[793] AG Berlin-Mitte GE 2015, 462; AG Berlin-Charlottenburg NZM 2007, 484 = GE 2007, 227; AG Hamburg WuM 2006, 244.
[794] Sternel MietR Kap. VIII Rn. 92.
[795] LG Berlin GuT 2008, 347; AG Tempelhof NJW-RR 2008, 1039; AG Charlottenburg GE 2007, 227 = NZM 2007, 484; **aA** AG Leipzig WuM 2001, 237 = NZM 2001, 102 = NJW 2001, 613.
[796] LG Hannover WuM 1994, 463 = NJW-RR 1995, 331; zum Auftragsgraffiti *Zorn* GuT 2007, 6.
[797] AG Köln WuM 1997, 470.
[798] LG Osnabrück WuM 1986, 93.
[799] LG Darmstadt NJW-RR 1989, 1498.
[800] AG Bad Segeberg WuM 1992, 477.
[801] *BGH WuM 1987, 315* = NJW-RR 1987, 906 = MDR 1987, 753 = ZMR 1987, 257.
[802] OLG Celle WuM 1995, 584 = ZMR 1995, 204; LG Lüneburg ZMR 2015, 318; einschränkend OLG Düsseldorf MDR 1989, 640 = BB 1989, 1934.
[803] LG Darmstadt GE 2014, 745, 5%.

der **Vertragszweck** nicht beeinträchtigt, ist die Annahme eines Mangels nicht zwingend. So können vom Mieter optische Beeinträchtigungen hinzunehmen sein, wenn sein Gewerbe keinen Kundenverkehr erfordert oder wenn durch die Art des Gewerbes (Handwerksbetrieb) das optische Erscheinungsbild vom Publikum nicht als nachteilig angesehen wird. Erfordert dagegen die Art des Unternehmens ein repräsentatives Erscheinungsbild, muss nicht nur die Hausfassade, sondern auch das Treppenhaus dieser Funktion gerecht werden. Sie sind daher – vorbehaltlich abweichend vertraglicher Vereinbarungen – vom Vermieter in einem Zustand **mittlerer Art und Güte** zu halten. Er darf sich nicht darauf berufen, dass es sich bei dem Objekt um einen Altbau handelt, da durch einen schlechten Zustand des Treppenhauses der Wert der Mietsache beeinträchtigt wird.[804]

**c) Fahrstuhl.** Gehört die Nutzung des Fahrstuhls zum vertragsgemäßen Gebrauch (→ BGB § 535 Rn. 321 ff.), ist der Vermieter verpflichtet, ihn rund um die Uhr in Betrieb zu halten.[805] Der Ausfall eines Fahrstuhls stellt daher grds. einen Mangel dar.[806] In diesen Fällen richtet sich die Höhe der Minderung nach der **Geschosslage;**[807] denn sie bestimmt im Wesentlichen, in welchem Maße die Gebrauchstauglichkeit und der Wohnkomfort durch den Betriebsausfall beeinträchtigt werden. **224**

Wird die Stromversorgung vorübergehend unterbrochen, besteht wegen der dadurch verursachten Betriebsunterbrechung kein Minderungsrecht. Grundsätzlich wird man in diesen Fällen von einem unerheblichen Bagatellmangel iSd § 536 Abs. 1 S. 2 BGB ausgehen müssen (→ Rn. 46 ff.). Bremsgeräusche des Fahrstuhls, die den nach DIN höchstzulässigen Schallpegel überschreiten, rechtfertigen eine Mietminderung.[808] **225**

**d) Feuchtigkeit.** Feuchtigkeit in der Wohnung wird optisch sichtbar durch **Schimmelbildung,** Stockflecken und vergleichbare Schäden[809]. Daneben können durch den Schimmel erhebliche „unsichtbare" Gesundheitsgefahren für die Bewohner entstehen.[810] Feuchtigkeitsschäden bzw. deren Folgen[811] können zur völligen Aufhebung der Gebrauchstauglichkeit führen und damit eine Minderung bis zu 100% rechtfertigen.[812] Daher ist es nicht verwunderlich, dass sehr häufig Streit über die Ursache der Feuchtigkeit besteht, der meist durch Sachverständige entschieden werden muss.[813] Da der Mieter in zumutbarem Umfang sein Heiz- und Lüftungsverhalten der Wohnung anpassen muss,[814] beruft sich der Vermieter regelmäßig auf ein fehlerhaftes Lüftungsverhalten des Mieters, während der Mieter generell den Bauzustand für den Mangel verantwortlich macht.[815] **226**

Bei der Ursachenforschung der aufgetretenen Feuchtigkeit muss man bedenken, dass beim Wohnen zwangsläufig viel Feuchtigkeit produziert wird. Nicht nur durch Duschen, Kochen und Wäschetrocknen entsteht **Wasserdampf.** Der Mensch selbst atmet erhebliche Feuchtigkeitsmengen aus, und zwar umso mehr, je schwerer er arbeitet.[816] Je wärmer die Luft ist, desto mehr Feuch- **227**

---

[804] AG Hamburg-Altona WuM 1996, 535.

[805] OLG Frankfurt a. M. NZM 2004, 909 = NJW-RR 2004, 1667 = ZMR 2004, 818.

[806] AG Hannover WuM 1999, 331; AG Berlin-Charlottenburg GE 1990, 423.

[807] AG Bremen WuM 1987, 383.

[808] LG Berlin GE 2011, 58, 10%.

[809] Zur Strategie beim Auftreten von Schimmel *Streyl* WImmoT 2015, 115 ff.; zu den bauphysikalischen Aspekten und zu den Methoden der Feuchtigkeitsbestimmung *Habermann* WImmoT 2015, 99 ff.; *Künzel* WuM 2012, 652 ff.; zu den Ursachen und Folgen *Haugg/Hitpaß* WuM 2004, 139 ff.

[810] BGH VIII ZR 182/06, WuM 2007, 319 = NZM 2007, 439 = GE 2007, 841 = AK-MietPrax § 569 BGB Nr. 5 = NJW 2007, 2177 = ZMR 2007, 601; LG Duisburg NZM 2002, 214; LG Berlin ZMR 1999, 27; AG Bad Vilbel WuM 1996, 701; *Streyl* WuM 2007, 356; *Adam/Isenmann* WuM 2007, 492; *Clemens/Clemens* WuM 1999, 667; *Schläger* ZMR 2002, 85 (93); zum Kündigungsrecht bei Gesundheitsgefährdung OLG Düsseldorf ZMR 2014, 118; AG Saarbrücken WuM 2017, 634; zur Gesundheitsgefährdung durch Schimmelpilz Landesgesundheitsamt Baden Württemberg, Abgestimmtes Arbeitsergebnis des Arbeitskreises „Qualitätssicherung – Schimmelpilze in Innenräumen", v. 14.12.2001; zur Beweislast KG GE 2007, 445; *Dittert* jurisPR-MietR 3/2007 Anm. 1.

[811] LG Köln ZMR 2012, 625, Schimmel und Trockenheizen führt zur Minderung von 80%; AG Bergheim WuM 2011, 359, Feuchteschäden in der Wohnung und im Keller, Minderung 57%; LG Berlin ZMR 2014, 40, Feuchtigkeit im Keller, Minderung 5%.

[812] LG Berlin GE 2009, 845; 1989, 149; LG Hamburg ZMR 2008, 456; AG Charlottenburg GE 2007, 1387 mAnm *Dittert* jurisPR-MietR 4/2008 Anm. 2; sa LG Dresden für die „Austrocknungsphase" sowie die Minderungstabelle bei *Isenmann/Mersson* NZM 2005, 883.

[813] Vgl. zur Kritik an Sachverständigengutachten *Blank* PiG 31 (1989), 91 (95 ff.).

[814] LG Hamburg WuM 1990, 290; LG Saarbrücken WuM 1988, 351; LG Münster WuM 1987, 271; LG Konstanz WuM 1988, 353; *Streyl* WuM 2016, 135; zur Vertragsauslegung *Lehmann-Richter* NZM 2015, 513 (517 ff.); *Pauly* WuM 1997, 474.

[815] Zur Beweislast bzgl. Heizung und Lüftung, *Streyl* WuM 2016, 135.

[816] *Isenmann* WuM 1996, 602; *Pauly* WuM 1997, 474 (475); *Kinne* GE 2000, 508 (510).

tigkeit kann sie aufnehmen. Kann die Luft wegen „Übersättigung" die Feuchtigkeit nicht mehr halten, schlägt sie sich an der kältesten Stelle im Zimmer nieder, meist an den Fenstern.

**228** Häufig treten Feuchtigkeitserscheinungen nach **Modernisierungsmaßnahmen,** insbes. nach dem Einbau neuer isolierverglaster Fenster, auf.[817] Da nach dem Einbau neuer Fenster regelmäßig der Luftaustausch gegenüber dem vorherigen Zustand eingeschränkt ist, muss der Mieter evtl. sein Lüftungs- und Heizverhalten ändern.

**229** Nicht selten liegen in solchen Fällen aber auch Baumängel vor. In Betracht kommen das Entstehen von Tauwasser in der Dachdämmschicht infolge unzureichender Dampfsperre[818], Fugenmängel[819], das Fehlen ausreichender Heizkörper[820], verrutschte bzw. kaputte Dachziegel oder undichte bzw. verstopfte Regenrinnen[821] und Fallrohre sowie undichte Balkondecken. Insbesondere sind bröckelnder Putz und rissiges Mauerwerk gegen Schlagregen anfällig. Weitere Ursachen können sich zB durch Spritz- und Sickerwasser im Sockel- und Kellerbereich ergeben[822]. Häufig sind auch **Wärmebrücken**[823], zB an Fensterstürzen, wegen mangelnder Dämmung Ursache von Schimmelbildung. Solche Wärmebrücken können selbst dann entstehen, wenn das Haus zwar nach bestehenden DIN-Normen, nicht aber nach den allgemeingültigen Regeln der Baukunst wärmegedämmt wurde.[824] (→ Rn. 29 ff.).

**230** Zeigen sich wegen der oben dargestellten Zusammenhänge (→ Rn. 227) Feuchtigkeitsschäden nach dem Einbau **neuer isolierverglaster Fenster,** kann der Vermieter verpflichtet sein, durch Dämmmaßnahmen Abhilfe zu schaffen.[825] Das gilt auch dann, wenn der Mieter durch sein Wohnverhalten das Auftreten der Feuchtigkeit zwar nicht überwiegend, aber doch mit verursacht hat.[826] Denn es ist grds. Sache des Vermieters, beim Einbau neuer Fenster die notwendigen Vorkehrungen gegen Feuchtigkeit zu treffen.[827] Es gehört zu seinem Risikobereich, wenn beim Auswechseln alter Fenster der Taupunkt auf den schlecht isolierten Außenwandbereich verlagert wird.[828] Der Mieter ist nicht verpflichtet, selbständig Überlegungen zu einem veränderten **Lüftungsverhalten** anzustellen.[829] Dazu ist er regelmäßig schon fachlich nicht in der Lage.[830] Geschuldet ist grds. nur das angemessene Lüftungsverhalten.[831] Ihm fehlen hierfür auch regelmäßig die erforderlichen Kenntnisse über die bauphysikalischen Zusammenhänge.[832] Vielmehr muss der Vermieter mit Hilfe der Sachkunde seines Architekten oder seines Handwerkers die notwendigen Vorkehrungen ermitteln.[833] Das wird auch vom DIN e. V. anerkannt, der in seinem Schimmelbericht ausdrücklich auf das Erfordernis zur Aufklärung durch den Vermieter hinweist.[834] Wird der Mieter daher nach dem Einbau von isolierverglasten Fenstern nicht auf das Erfordernis zusätzlichen Lüftens hingewiesen,

---

[817] AG Dortmund WuM 2011, 619 zu Fenstern mit Aluminiumrahmen der ersten Generation; LG München I ZMR 1987, 468.

[818] LG Düsseldorf DWW 1992, 243; LG Aachen WuM 1991, 89 zu Thermotapete; zu Feuchtigkeitsschäden durch baulichen Maßnahmen *Isenmann* WuM 2004, 518.

[819] LG Hamburg ZMR 2019, 196.

[820] AG Berlin-Lichtenberg GE 2010, 1687.

[821] LG Berlin WuM 2012, 605; AG Lübeck ZMR 2012, 277; zur Kontrollpflicht des Vermieters OLG Düsseldorf GE 2012, 1228; → BGB § 535 Rn. 63 ff.

[822] AG Münster WuM 2008, 429.

[823] Siehe dazu BGH, VIII ZR 271/17, WuM 2019, 25 = NZM 2019, 136 = NJW 2019, 507 = MietPrax-AK § 536 BGB Nr 57 = GE 2019, 116 mAnm *Zehelein*.

[824] BayObLG WuM 1989, 657 = ZMR 1990, 29; AG Reinbek WuM 2014, 604 mAnm *Selk;* Anm. *Lammel* zu AG Reinbek jurisPR-MietR 24/2014 Anm. 1; AG Osnabrück WuM 2014, 137; AG Marbach WuM 2007, 385, Haus ohne Heizung; sa *Lammel* jurisPR-MietR 24/2014 Anm. 1.

[825] LG Köln WuM 1985, 24.

[826] LG Hannover WuM 1982, 183.

[827] AG Halle ZMR 2017, 65; AG Dortmund WuM 1986, 295.

[828] AG Neuss WuM 1987, 214; *Pauly* WuM 1997, 474 (476).

[829] AG Reinbek WuM 2014, 568; sa *Lammel* jurisPR-MietR 24/2014 Anm. 1.

[830] *Lorenz,* Schimmel in der Mietwohnung, Deutscher Mietgerichtstag 2019; siehe auch Streyl NZM 2019, 153.

[831] LG Bochum ZMR 2017, 163; LG Berlin WuM 2016, 416 = GE 2016, 913; LG Konstanz WuM 2013, 156 = NZM 2013, 506 = ZMR 2013, 803; AG Halle ZMR 2017, 65; zu einzelnen Vertragsklauseln s. *Selk* ZMR 2017, 16 (26 f.).

[832] *LG Lübeck GE 2014,* 1454; LG Berlin GE 2014, 1008.

[833] LG Berlin GE 2014, 1008; LG München I NZM 2007, 642; LG Gießen GE 2000, 1256 = MDR 2000, 761; sa die Empfehlungen des Fachberichts Schimmel, DIN 4108-8.

[834] DIN-Fachbericht 4108-8.

haftet er nicht für Feuchtigkeitsschäden, die nur dadurch entstehen, weil er sein bisheriges ausreichendes – aber jetzt unzulängliches – Lüftungsverhalten beibehalten hat.[835]

Dies kann anders sein, wenn der Vermieter den Mieter bei der Anmietung auf ein erforderliches, verstärktes Heiz- und Lüftungsverhalten hingewiesen hat.[836] Der Vermieter kann nämlich nach einem Einbau moderner Fenster grds. vom Mieter ein anderes Heiz- und Lüftungsverhalten verlangen. Allerdings nur in zumutbarem Umfang (→ Rn. 232f.). Voraussetzung für die Pflicht des Mieters zum veränderten Wohnverhalten ist aber, dass der Mieter sachgerecht und präzise auf die zumutbaren Anforderungen im veränderten Raumklima **hingewiesen** wurde.[837] Der Mieter muss sich dann mit seinem Heiz- und Lüftungsverhalten regelmäßig dem neuen Zustand der Wohnung anpassen, notfalls um einen eventuellen Schaden zu minimieren.[838] 231

Vorübergehendes Schrägstellen der Fenster reicht dafür nicht, weil dabei regelmäßig kein ausreichender Luftaustausch stattfindet.[839] Die Frischluft muss in alle Ecken der Wohnung dringen können, weil sonst Möbelstücke nicht ausreichend hinterlüftet werden. Am besten eignet sich für die Lüftung die sog. **Querlüftung,** und wenn diese nicht möglich ist, die sog. **Stoßlüftung.**[840] Im Einzelfall kann ein mehrmaliges Stoßlüften am Tag für jeweils 10 Minuten aber schon unzumutbar sein.[841] Der Mieter muss nämlich nur in zumutbarem Umfang lüften und heizen;[842] gleichgültig, ob er in einem Altbau oder in einem Neubau wohnt. Die Mietwohnung muss ein breites Spektrum der Lebensgewohnheiten zulassen.[843] Das Gebäude ist daher mangelhaft, wenn nur durch übermäßiges und unwirtschaftliches Heizen und Lüften Feuchtigkeitsschäden vermieden werden.[844] Somit ist der Mieter zur Minderung berechtigt, wenn er zB wegen der Eigenschaften eines Niedrigenergiehauses[845] oder des Einbaus von Aluminiumfenstern unzumutbar lüften und heizen muss.[846] 232

Vom Mieter kann nicht verlangt werden, dass er ständig die Fenster weit öffnet[847] oder übermäßige **Wärmeverluste** in Kauf nimmt.[848] Auch eine besondere „Klimapflege" unter Zuhilfenahme eines Hygrometers, mit der das Ablagern von Kondensfeuchtigkeit mit der Folge des Pilzbefalls vermieden werden könnte, kann nicht als „übliches" Wohnverhalten von Mietern gefordert werden.[849] Darüber hinaus kann von einem Mieter, der tagsüber zu Hause ist, ein anderes Lüftungsverhalten erwartet werden als von einem berufstätigen Mieter, der sich tagsüber außer Haus befindet.[850] 233

---

835 LG Lübeck WuM 1990, 202; AG Stadthagen WuM 1987, 271; *Brinkmann* NZM 1004 (1015); *Mathonia* WuM 2005, 223 (225); **aA** LG Berlin GE 2000, 124, welches ein Mitverschulden des Mieters annimmt; AG Nürtingen NZM 2011, 547; LG Detmold ZMR 2016, 546, bei Neuvermietung 20 Jahre nach Einbau.

836 LG Lübeck WuM 1990, 202; LG Kiel WuM 1982, 187.

837 LG Oldenburg ZMR 2000, 100; AG Tempelhof-Kreuzberg GE 2009, 331; AG Erkelenz DWW 1996, 22; sa DIN-Fachbericht 4108-8.

838 LG Hannover WuM 1988, 354.

839 AG Wolfsburg ZMR 1986, 16; zum Problem des Lüftens s. *Künzel* WuM 2012, 652ff.

840 LG Hannover WuM 1985, 22; AG Bremerhaven WuM 1985, 23.

841 LG Lübeck, Urt. v. 17.11.2017 – 14 S 107/17 –, juris: zweimaliges Stoßlüften täglich; LG Frankfurt a. M. mAnm *Ronimi* = ZMR 2012, 552; ZMR 2015, 306 = WuM 2015, 665, viermal täglich zumutbar; LG Dortmund WuM 2008, 334, siebenmal täglich; LG Düsseldorf WuM 1992, 187; AG Tempelhof-Kreuzberg WuM 2016, 170, mehr als drei Mal täglich unzumutbar; AG Frankfurt a. M. WuM 2007, 568, fünfmal täglich; AG Bochum WuM 1985, 25; AG Siegburg ZMR 2005, 543 mAnm *Windisch;* AG Bremerhaven WuM 1985, 23; *Streyl* WuM 2016, 135 (136) Fn. 18.

842 OLG Celle WuM 1985, 9 = ZMR 1985, 10 = GE 1985, 679; LG Berlin GE 2017, 913; LG Bochum WuM 2016, 614; LG Aachen WuM 2015, 547; LG Konstanz WuM 2013, 156 = NZM 2013, 506; LG Hamburg WuM 1988, 353; AG Bremen WuM 2015, 546, kein überobligatorische Leistung, also nicht mehr als 18 ° C und zweimal am Tag lüften; *Emmert* jurisPR-MietR 23/2015 Anm. 1; AG Köln WuM 1988, 358; AG Bochum WuM 1985, 25; *Pauly* WuM 1997, 474 stellt auf die Verkehrsüblichkeit ab.

843 LG Berlin GE 1990, 613.

844 LG Aachen WuM 2015, 547; LG Hamburg NJW-RR 1998, 1309; WuM 1988, 353; LG Braunschweig WuM 1985, 26; LG München I WuM 1985, 26; AG Bremen WuM 2015, 546; *Streyl* WuM 2016, 135 (137); **aA** AG Steinfurt ZMR 1987, 179.

845 LG Konstanz WuM 2013, 156 = NZM 2013, 506.

846 AG Emden NJW-RR 1989, 523.

847 LG Konstanz WuM 2013, 156 = NZM 2013, 506, fünf- bis sechsmaliges Lüften täglich ist zu viel; LG Dortmund WuM 2008, 334, siebenmal täglich; LG München I WuM 1985, 26.

848 AG Siegburg ZMR 2005, 543 mAnm *Windisch;* AG Dortmund WuM 1985, 259.

849 LG Hamburg WuM 1988, 106; einschränkend AG Marburg WuM 1999, 601.

850 LG Frankfurt a. M. WuM 2016, 665 mAnm *Eisenschmid* jurisPR-MietR 20/2015 Anm. 2; *Lehmann-Richter* PiG 1999, 65 (75).

234 Verfügt ein Badezimmer lediglich über eine Innenlüftung bzw. Zwangsentlüftung und treten dort Feuchtigkeitsschäden auf, liegt ein Mangel vor, weil der Mieter durch das Duschen keine vertragswidrige Nutzung vornimmt.[851]

235 Der Mieter muss die Möglichkeit haben, seine Möbel grds. an jedem beliebigen Platz in der Wohnung nahe der Wand aufzustellen. Denn es gehört zur Gebrauchstauglichkeit eines Wohnraums, dass er in üblicher Art mit Möbeln eingerichtet werden kann.[852] Mangels anderweitiger Vereinbarung ist es für den Mieter im Regelfall **unzumutbar,** große Möbelstücke von der Wand abzurücken oder an bestimmten Wänden überhaupt keine Möbelstücke aufstellen zu dürfen.[853] Daher liegt jedenfalls in solchen Fällen ein Mangel vor, wenn der Mieter bei Anmietung der Wohnung nicht darüber aufgeklärt wurde, dass wegen drohender Feuchtigkeit die Möbel nur an bestimmten Stellen und deutlich von der Wand abgerückt aufgestellt werden dürfen.[854] Darüber hinaus muss bedacht werden, dass ein Abstand der Möbel von der Wand von einigen Zentimetern häufig schon allein durch die Scheuerleiste gewährleistet ist.[855]

236 Sind Abflussrohre schadhaft und führt dieser Umstand zu Feuchtigkeit an bzw. in den Wänden, berechtigt dies zur Mietminderung.[856] Dringt Wasser wegen der fehlerhaften Konstruktion eines **Balkons** in die Wohnung ein, stellt dies ebenfalls einen Mangel dar.[857]

237 Muss der Vermieter Trocknungsgeräte aufstellen, um die Feuchtigkeit auszutrocknen, kann dies zu einer – vorübergehenden – völligen Unbenutzbarkeit der Wohnung führen.[858] Dies berechtigt den Mieter zur Mietminderung, ebenso, wenn die Beseitigung des Schimmels die Entfernung von Teilen des Innenputzes erfordert.[859] Hinsichtlich notwendiger Aufwendungen, zB Umzugskosten für den vorübergehenden Auszug, Stromkosten für den Betrieb der Trocknungsgeräte, Reparaturen, hat der Mieter einen Aufwendungsersatzanspruch gem. § 555 a Abs. 3 BGB.

238 Neubauten benötigen ca. zwei Jahre, bis das Mauerwerk ausgetrocknet ist. Der Wärmemehrbedarf kann in dieser Zeit bis zu 20% betragen. Außerdem beeinträchtigt die Restfeuchtigkeit das Wohlbefinden. Ohne besondere anders lautende Absprachen stellt die eingeschränkte Möglichkeit der Nutzung einen Mangel dar[860]. Dass **Neubauwohnungen** üblicherweise noch Restfeuchtigkeit im Mauerwerk enthalten, ändert daran nichts. Die Restfeuchte kann nicht als Standard der Neubauwohnungen definiert werden[861], da es sich bei ihr um eine negative Qualitätsabweichung handelt, die den Standard einer Wohnung nicht definiert sondern beeinträchtigt.[862] Die Auffassung, dass im Neubau eine Pflicht des Mieters zur Trockenbeheizung besteht, findet im Gesetz keine Stütze.[863] Das **Trockenheizen** schuldet vielmehr grds. der Vermieter als Instandsetzungsmaßnahme. Die Kosten hat er gem. § 555 a Abs. 3 BGB dem Mieter zu ersetzen.[864] Die Vorschrift des § 555 a BGB ist zu Lasten des Mieters nicht abdingbar (Abs. 5). Vertragliche Klauseln, die bei Bau-

---

[851] LG Bochum WuM 1992, 431.

[852] LG Hamburg WuM 2000, 329; LG München I WuM 1991, 584; NJW-RR 1991, 975; VuR 1991, 251; LG Hamburg WuM 1988, 353; LG Berlin GE 1984, 865; AG Osnabrück NZM 2006, 224.

[853] LG Lübeck, Urt. v. 17.11.2017 – 14 S 107/17 –, juris; LG Aachen WuM 2015, 547; LG Berlin-Spandau GE 2011, 209; LG Mannheim NZM 2007, 682 = ZMR 2007, 971; LG Köln WuM 2001, 604; LG Berlin GE 1988, 35 = ZMR 1987, 378; MM 1987, 290; LG München WuM 1985, 26; LG Hamburg WuM 1985, 21; AG Bremen WuM 2015, 546; AG Hamburg-St. Georg WuM 2009, 582; AG Köpenick MM 2002, 185; AG Osnabrück NJW-RR 2006, 515; *Beuermann* GE 2014, 1107 (1108); einschränkend LG Lüneburg WuM 1985, 115.

[854] LG Lübeck GE 2014, 1454; LG Münster WuM 2011, 359, 8–10 cm; LG Berlin GE 1988, 1111; 1988, 35; AG Tempelhof-Kreuzberg GE 2009, 331; OLG Düsseldorf DWW 1996, 278; **aA** LG Berlin GE 1988, 37; AG Neuss WuM 1987, 214; AG Wedding GE 1988, 527; *Selk* ZMR 2008, 942.

[855] LG Kiel ZMR 2012, 443; LG Hamburg NJW-RR 1998, 1309; LG Berlin MM 1987, 290; GE 1988, 1111.

[856] LG Düsseldorf DWW 1996, 282; AG Bad Vilbel WuM 1996, 701 bei aufsteigender Bodenfeuchtigkeit.

[857] LG Berlin GE 1987, 193.

[858] AG Schöneberg WuM 2008, 477.

[859] LG Saarbrücken WuM 2012, 608.

[860] LG Wuppertal WuM 2002, 667 = NZM 2002, 987; LG Lübeck WuM 1988, 351; LG Nürnberg-Fürth WuM 1988, 155; AG Bad Schwartau WuM 1988, 55; AG Köln WuM 1985, 371; Sternel MietR Kap. VI Rn. 275; *Isenmann/Mersson* NZM 2005, 883; **aA** *Blank* MDR 2009, 181 (183).

[861] So aber *Blank* MDR 2009, 181 (183).

[862] AA *Brinkmann* NZM 1004 (1016, 1017), der von einer Nebenpflichtverletzung ausgeht, wenn der Vermieter den Mieter nicht über die Restfeuchte aufgeklärt hat.

[863] LG Hamburg WuM 1976, 205 = ZMR 1977, 305; wohl auch LG Oldenburg ZMR 2000, 100; einschränkend LG Lübeck WuM 1988, 351; **aA** AG Steinfurt WuM 1996, 759.

[864] LG Lübeck WuM 1983, 239; AG Gengenbach WuM 1986, 241.

feuchte allgemein eine Schadensersatzpflicht des Vermieters ausschließen, scheitern an § 309 Nr. 7a BGB.[865]

239 Die Beweislastverteilung bei Feuchtigkeitsschäden erfolgt nach der Gefahrkreistheorie (→ Rn. 485 ff.).

240 **e) Fogging.** Beim Fogging kommt es zu schwarzen, grauen bzw. ölig schmierigen Staubablagerungen[866]. Zumeist tritt dieses Phänomen in der Heizperiode auf, und zwar in Wohnungen, die zuvor renoviert wurden oder in denen bauliche Eingriffe vorgenommen wurden. Aber auch Neubauwohnungen sind davon betroffen. Zumeist wurden bei Fertigstellung, Renovierung oder Umbau der Wohnungen Produkte eingesetzt, die sog. höhersiedende organische Verbindungen in die Luft emittieren können. Das sind sog. **Weichmacherverbindungen,** die zB Bestandteile von Farben, Lacken, Klebstoffen oder Trägerflüssigkeiten für Pestizide sind. Hinzu kommen häufig noch andere Faktoren, wie zB bauliche Gegebenheiten. Darunter fallen Kältebrücken, schadhafte Isolierungen, durchsottete Schornsteine und Kamine, aber auch die Ausstattung der Wohnung, wie zB Laminat-Fußboden, zahlreiche kunststoffhaltige Materialien, wie sie auch in Dämmmaterial enthalten sind, oder Hartschaumdekorplatten, bestimmte Wandfarben, Tapeten oder Teppichböden. Im Übrigen spielt auch die Raumnutzung eine Rolle: das Lüftungsverhalten und Verbrennungsvorgänge, die zusätzlichen Staub produzieren, sind ebenso zu nennen wie der Faktor Luftfeuchtigkeit. Trockene Luft begünstigt das Anlagern der Weichmacherverbindungen an Staub.[867]

241 Wenn das Erscheinungsbild des Fogging in der Wohnung auftritt, hat der Mieter gegen den Vermieter grds. einen klagbaren Anspruch auf Herstellung des vertragsgemäßen Zustands[868]. Daneben kann der Mieter den Mietzins mindern[869] und ggf. Schadensersatz (Verschulden) verlangen. Die Zuweisung der Verantwortung kann aber als problematisch angesehen werden, weil die Ursachen der Schwärzung **selten eindeutig** dem Mieter oder dem Vermieter zuzuordnen sind.[870] In diesem Zusammenhang ist § 538 BGB von Bedeutung, wonach der Mieter Verschlechterungen der Mietsache nicht zu vertreten hat, die durch vertragsgemäßen Gebrauch herbeigeführt werden. Der Mieter überschreitet nicht die Grenzen des vertragsgemäßen Gebrauchs, wenn er bspw. die Wohnung mit handelsüblichen Farben und Tapeten renoviert und einen handelsüblichen Teppichboden verlegt. Die hierdurch verursachte Verschlechterung der Mietsache durch Fogging hat der Mieter gem. § 538 BGB nicht zu vertreten.[871]

242 Da die Umstände des Fogging häufig umstritten sind oder nicht aufgeklärt werden können[872], kommt der **Beweislastverteilung** entscheidende Bedeutung zu[873]. Für den Vermieteranspruch auf Schadensersatz ist die von der Rspr. nach Gefahrenbereichen entwickelte Verantwortung maßgeblich. Danach muss der Vermieter zur Durchsetzung seines Anspruchs beweisen, dass der Schaden der **Risikosphäre** des Mieters entstammt.[874] Hierzu muss der Vermieter ggf. die Möglichkeit einer aus seinem eigenen Verantwortungs- und Pflichtenkreis herrührenden Schadensursache ausräumen[875]. Ist dem Vermieter dieser Beweis gelungen, muss der Mieter den vollen Beweis dafür erbringen, dass er die Ursache des Mangels nicht zu vertreten hat.[876] Die Nachweispflicht des Vermieters entfällt, wenn nach den Umständen nur eine Ursache aus dem Risikobereich des Mieters in Betracht kommt.

---

865 Sternel MietR Kap. II Rn. 168.

866 Zu den Ursachen und Wirkungen s. die umfangreiche Darstellung bei *Szewierski/Moriske* ZMR 2003, 550.

867 Zum Schadensbild *Moriske* NZM 2000, 894 (895); *Tiefenbacher* ZMR 2000, 432.

868 LG Duisburg ZMR 2003, 739 = WE 2004, 18 zur Vertragsauslegung s. *Lehmann-Richter* NZM 2015, 513 (519 f.).

869 LG Düsseldorf WuM 2011, 416; LG Berlin GE 2003, 1019; AG Düsseldorf WuM 2009, 664.

870 AG Hamburg-Wandsbek NZM 2000, 906.

871 BGH VIII ZR 271/07, WuM 2008, 476 = NZM 2008, 607 = NJW 2008, 2432 = ZMR 2008, 869 mAnm *Schläger* = AK-MietPrax § 536a BGB Nr. 5; LG Berlin jurisPR-MietR 2008 Anm. 4 mAnm *Flatow;* **aA** Sternel MietR Kap. VI Rn. 90.

872 AG Cottbus ZMR 2005, 626 mAnm *Grumbt*.

873 LG Berlin GE 2005, 995.

874 BGH WuM 1994, 466 = NJW 1994 = MDR 1994, 911 = ZMR 1994, 465; ZMR 1994, 2019; LG Duisburg ZMR 2003, 739 = WE 2004, 18; LG Berlin GE 2003, 459 = NZM 2003, 434; LG Berlin MietRB 2003, 63; AG München NZM 2003, 975; LG Ellwangen WuM 2001, 545 = GE 2002, 53.

875 OLG München NJW-RR 1989, 1499.

876 BGH WuM 1998, 96 = MDR 1998, 207 = GE 1998, 175 = NJW 1998, 594 = ZMR 1998, 211; LG Duisburg ZMR 2003, 739 = WE 2004, 18.

243 Macht der Mieter einen Schadensersatzanspruch aus § 536a Abs. 1 geltend, muss er im Rahmen der zweiten Alternative das Verschulden des Vermieters darlegen und beweisen. Auch hier gilt grds. die im Mietrecht geltende Verteilung der Darlegungs- und Beweislast nach **Verantwortungsbereichen.**[877] Ist somit noch ungeklärt, in wessen Verantwortungsbereich die Schadensursache gesetzt worden ist, hat zunächst der Mieter zu beweisen, dass in seinem Herrschafts- und Einflussbereich die Schadensursache nicht gesetzt worden ist. Erst dann, wenn die Schadensursache im Einfluss- und Herrschaftsbereich des Vermieters feststeht, muss sich der Vermieter hinsichtlich seines Verschuldens entlasten[878]. So wie im Fall des Vermieteranspruchs bei geführtem **Negativbeweis** das Verschulden des Mieters vermutet wird, muss umgekehrt beim Mieteranspruch und geführten Negativbeweis das Verschulden des Vermieters vermutet werden.[879]

244 Mindert der Mieter wegen des Foggings die Miete oder macht er seinen Erfüllungsanspruch geltend, muss er lediglich das Vorhandensein des Mangels darlegen und beweisen.[880] Der Vermieter muss sich dann hinsichtlich seiner Risikosphäre entlasten.[881]

245 Wie beim Auftreten von Feuchtigkeit kommt auch beim Fogging ein **Beweis des ersten Anscheins** nicht in Betracht. Dieser setzt voraus, dass ein bestimmter Lebenssachverhalt feststeht, der nach der allgemeinen Lebenserfahrung auf eine bestimmte Ursache oder einen bestimmten Ablauf als maßgeblich für den Eintritt eines bestimmten Erfolgs hinweist.[882] Das ist durch Untersuchungen für diesen Schadensbereich widerlegt. Es wurde vielmehr festgestellt, dass ua bauliche Gegebenheiten, wie zB „Kältebrücken, schadhafte Isolierung, durchsottete Schornsteine und Kamine", aber auch bestimmte Fußbodenbeläge (zB Laminat oder Teppichboden), Dekorplatten oder bestimmte Wandfarben „mit"-ursächlich sein können.[883] Eine Kombination dieser Ursachen mit weiteren, individuellen Ursachen, die nur in der Wohnung des Mieters zu finden sind, kann also ein Grund für das Phänomen sein.

246 Ist ein Problem multikausal, wird die Beweislast nicht in erster Linie dem Mieter aufgebürdet. Gelingt dem Vermieter der Ausschluss einer außerhalb des Mietgebrauchs liegenden Schadensursache bei Begründung seines Anspruchs nicht oder ist die Ursache nicht aufklärbar, so führt das nicht zwangsläufig zur Haftung des Mieters.[884] Hält der Mieter dem Vermieter also entgegen, dass zB Baumängel vorliegen, die der Risikosphäre des Vermieters zuzurechnen sind, dann muss sich der Vermieter für die zu seinem Gefahrenbereich gehörenden Ursachen entlasten.[885] Kann der Vermieter das Vorliegen eines Baumangels nicht ausschließen oder hat er in anderer Weise die „Mit"-Ursache für das Phänomen gesetzt, zB indem er einen bestimmten Bodenbelag in die Wohnung legte, muss er für die Instandhaltung der Wohnung sorgen. Ergeben die Untersuchungen das Zusammenwirken bauseitiger und nutzungsbedingter Gründe in der Weise, dass jeder für sich genommen den Schaden nicht ausgelöst hätte, ihr Zusammentreffen jedoch ursächlich war, wird der Anteil an der Schadensentstehung nicht etwa gequotelt,[886] weil sich der Vermieter wegen seines Anteils am Geschehen nicht entlastet hat und dem Mieter regelmäßig kein vertragswidriges schuldhaftes Verhalten vorgeworfen werden kann.

247 nicht belegt

248 Eine Mitverantwortung des Mieters entfällt, solange die Handlungen des Mieters im Rahmen des vertragsgemäßen Gebrauchs liegen, also namentlich dann, wenn keine Anzeichen ersichtlich sind, dass er hinsichtlich der Verursachung des Phänomens Fogging vorsätzlich oder fahrlässig durch Überschreiten der vertragsgemäßen Nutzung einen Beitrag geleistet hat. An ein Mitverschulden

---

[877] BGH, VIII ZR 31/18, WuM 2020, 407 = NZM 2020, 598; zur Kritik s. *Eisenschmid,* jurisPR-MietR 15/2020 Anm. 2 = WuM 2020, 477; *Börstinghaus,* IMR 2020, 274, 275; Baumgärtel/Laumen/Pütting Beweislast-HdB/*Nies* 2010 BGB § 536 Rn. 13.

[878] BGH VIII ZR 223/04, WuM 2006, 147 = NJW 2006, 1061 = NZM 2006, 258 = ZMR 2006, 356 = AK-MietPrax § 536a BGB Nr. 1 = DWW 2006, 158 = GE 2006, 319; *Flatow* jurisPR-MietR 6/2006 Anm. 4; *Krapf* MietRB 2006, 154; *Schach* GE 2006, 284.

[879] *Mathonia* WuM 2005, 174 (177).

[880] Blank/Börstinghaus/*Blank* BGB § 536 Rn. 51.

[881] LG Berlin GE 2003, 459 = NZM 2003, 434 = ZMR 2003, 489; AG München NZM 2003, 975; krit. *Schach* GE 2003, 88.

[882] OLG Karlsruhe NJW 1989, 907 = ZMR 1988, 430.

[883] *Moriske NZM 2000, 894.*

[884] LG Ellwangen WuM 2001, 545 = GE 2002, 53; AG Hamburg GE 2002, 55.

[885] Staudinger/*Emmerich* BGB § 536 Rn. 66.

[886] **AA** AG Hamburg-Wandsbek NZM 2000, 906.

kann gedacht werden, wenn der Vermieter dem Mieter die Verwendung bestimmter Stoffe verboten oder eine bestimmte Nutzung zur Vermeidung des Fogging untersagt hätte[887].

Das Risiko des Foggings ist nicht auf den Mieter durch Vertrag abwälzbar. Im Rahmen von **Formularklauseln** hält die hM eine generelle Abwälzung der Instandhaltungspflicht auf den Wohnraum-Mieter wegen eines Verstoßes gegen § 307 BGB für unwirksam. Die Instandhaltungs- und Instandsetzungspflicht ist eine Hauptleistungspflicht, die grds. nicht auf den Wohnraum-Mieter durch Formularvertrag abgewälzt werden kann.[888] Solche Klauseln sind nur zulässig als Kostentragungsklauseln mit Obergrenzen für die einzelnen Reparaturen und Höchstgrenzen für die Gesamtbelastung des Mieters pro Jahr.[889] Sie gelten für die Übernahme von Kosten bei Bagatellschäden an Gegenständen, die dem häufigen Zugriff des Mieters ausgesetzt sind. Beteiligungsklauseln, nach denen sich der Mieter anteilig auch an großen Reparaturen oder Neuanschaffungen beteiligen muss, sind generell unzulässig. **249**

Die Erhaltungspflichten des Vermieters können dem Mieter zwar grds. individualvertraglich in engen Grenzen auferlegt werden, → Rn. 459 ff. Der Umfang der Abdingbarkeit ist allerdings nicht eindeutig. Klar ist nur, dass solche Klauseln eng auszulegen sind.[890] Eine Grenze ergibt aus § 28 Abs. 3 II. BV für preisgebundenen Wohnraum. Danach dürfen nur die Kosten kleinerer Instandhaltungen auf den Mieter abgewälzt werden. Diese Grenzen sind beim Fogging regelmäßig überschritten. Auch § 138 BGB stellt eine Grenze dar; und zwar in den Fällen, in denen die übernommenen Pflichten für den Mieter völlig unüberschaubar sind.[891] Dies kann zB dann der Fall sein, wenn der Schaden, was öfters vorkommt, immer wieder auftritt oder keine genaue Ursache festgestellt werden kann. Eine weitere gesetzliche Grenze zur Risikoverlagerung auf den Mieter kann sich aus § 242 ergeben. Nach Treu und Glauben darf sich der Mieter darauf verlassen, dass er nur mit überschaubaren Risiken belastet wird. Es gehört zu den Kernpflichten des Vermieters, den vertragsgemäßen Gebrauch gem. § 535 BGB zu gewährleisten. Den Mieter würde es übermäßig belasten, das Risiko des Fogging zu tragen. Das OLG Koblenz[892] hat entschieden, dass Schäden am Bauwerk, die von Dritten verschuldet sind, grds. von Reparaturklauseln nicht erfasst werden. Dies ist im Hinblick auf eventuelle Baumängel als Mitauslöser des Fogging besonders zu berücksichtigen. Es wäre unbillig, den Mieter mit einem Risiko zu belasten, dessen Ursachen oft nicht eindeutig feststehen, auch im Verschulden Dritter liegen kann und das zudem dem Kernbereich der Vermieterleistung zuzuordnen ist. Daher ist auch individualvertraglich eine Überbürdung der Kostentragung zur Beseitigung der durch Fogging ausgelösten Schäden nicht zulässig. **250**

Die Pflicht zur Beseitigung der schwarzen Flecken kann dem Mieter auch nicht mit Hilfe einer wirksamen Klausel zu **Schönheitsreparaturen** übertragen werden. Schönheitsreparaturen umfassen die Beseitigung der auf dem normalen Abwohnen beruhenden Dekorationsmängel.[893] Ein reiner Abnutzungsschaden liegt bei der plötzlichen Schwärzung der Wohnung nicht vor, da Abnutzungsprozesse nicht innerhalb weniger Wochen zu einer derart massiven Schwärzung führen können. Diese Verfärbungen kehren oftmals in kurzen Zeitabständen wieder und treten häufig in den Heizperioden auf. Darüber hinaus ist das Phänomen auch schon bei Neubauwohnungen aufgetreten, bei denen auf Grund der kurzen Wohnzeit noch gar keine merkliche Abnutzung vorliegen kann. Durch die fristenmäßige Durchführung von Schönheitsreparaturen kann das Auftreten des Fogging somit nicht „aufgefangen" werden[894]. **251**

**f) Heizung/Warmwasser.** Die Wahl der Beheizungsart verbleibt grds. beim Vermieter.[895] Der Mieter hat keinen Anspruch, dass der Vermieter die Heizungsart umstellt; auch wenn sie vermeintlich wirtschaftlicher ist. Auch eine ältere Heizungsanlage entspricht dem vertragsgemäßen Gebrauch, soweit sie dem gesetzlich geforderten Zustand gerecht wird. Eine völlig überhitzte Wohnung aufgrund der nicht steuerbaren Heizungsanlage ist allerdings nicht vertragsgemäß.[896] (zur **252**

---

[887] **AA** AG Schöneberg GE 2003, 127.
[888] Staudinger/*Emmerich* BGB § 535 Rn. 131.
[889] BGH WuM 1989, 324; Staudinger/*Emmerich* BGB § 535 Rn. 131.
[890] OLG Koblenz WuM 1990, 16 = NJW-RR 1990, 20 = ZMR 1989, 464 = GE 1990, 649; Erman/*Lützenkirchen* BGB § 535 Rn. 134 ff.
[891] AG Bad Wildungen WuM 1976, 252; AG Köln WuM 1980, 245; 1981, 501.
[892] OLG Koblenz WuM 1990, 16 = NJW-RR 1990, 20 = ZMR 1989, 464 = GE 1990, 649.
[893] Staudinger/*Emmerich* BGB § 535 Rn. 102.
[894] LG Duisburg ZMR 2003, 739 = WE 2004, 18.
[895] OLG Düsseldorf WuM 1986, 16 = MDR 1985, 586 = ZMR 1985, 236.
[896] LG Berlin WuM 2016, 418; **aA** AG Schöneberg WuM 2016, 216.

Wirtschaftlichkeit der Heizungsanlage → Rn. 257; → BGB § 535 Rn. 126). Der Vermieter ist allerdings verpflichtet, eine Heizungsanlage zu betreiben, von der keine **gesundheitlichen** Gefahren ausgehen.[897]

**253** Bei einer **Fernwärmeanlage** gibt es die Besonderheit, dass häufig der Mieter unmittelbar mit dem Versorgungsunternehmen einen Wärmelieferungsvertrag schließt. Dies führt dazu, dass bei mangelhafter Lieferung der Mieter keinen Gewährleistungsanspruch gegen seinen Vermieter geltend machen kann, wenn dieser für die Lieferung nicht verantwortlich ist. Regelmäßig haftet bei solchen Vertragskonstruktionen der Vermieter aber für die ordnungsgemäße Anlage. Dies kann anders sein, wenn der Vermieter auch die Heizungsanlage einem sog. Drittbetreiber überlassen hat[898] (→ BGB § 535 Rn. 118ff.; → HeizKV § 1 Rn. 13ff.). Leitungsverluste im Fernwärmesystem lassen sich nicht vermeiden. Sie sind daher kein Mangel der Heizungsanlage.[899]

**254** Heizungsanlagen sind nicht selten eine störende Lärmquelle. Treten insbes. nachts Klopfgeräusche auf, dann ist die damit verbundene Störung ein erheblicher, zur Minderung und ggf. Kündigung berechtigender Mangel.[900] Unerheblich ist, ob sich die Geräusche noch innerhalb der DIN 4109 (zu DIN-Normen → Rn. 29ff.), also unterhalb der Grenze von 30 dB(A) bewegen. Entscheidend ist vielmehr, ob die Störwirkung deutlich aus dem allgemeinen Hintergrundgeräusch hervortritt.[901] Neben der Minderung bleibt dem Mieter auch sein Anspruch auf Wiederherstellung der vertragsgemäßen Leistung[902] (→ Rn. 529).

**255** Soweit einzelne **Heizkörper** oder **Öfen** ausfallen oder die Räume nicht ausreichend erwärmt werden, ist dies ebenfalls ein Mangel der Mietsache.[903] Für die Darlegung des Mangels reicht es aus, wenn der Mieter angibt, in welchem Zeitraum adäquate Raumtemperaturen[904] nicht erreicht wurden.[905] Die Höhe der Minderung richtet sich nach dem jeweiligen Einzelfall.[906] Sind die Räume nicht nutzbar, hat die Rspr. eine Minderung bis zu 100% zugelassen.[907] Die erreichbare Raumtemperatur ist in der **Raummitte** zu messen. Die Ablesung der Temperatur an einem an der Wand angebrachten Thermometer genügt nicht[908] (zu Heiztemperaturen → BGB § 535 Rn. 394ff.).

**256** Die Auffassung des LG Berlin,[909] dass das Fehlen eines Heizkörpers in der Küche keinen Mangel darstelle, wenn diese über einen Heizkörper eines anderen Zimmers mitbeheizt werden könne, ist bedenklich. Denn gerade das Heizen über die Zimmer führt dann zu **Feuchtigkeitsschäden,** wenn der Luftaustausch nicht gleichmäßig, sondern nur gelegentlich erfolgt. Das kann insbes. in der Küche oder im Schlafzimmer problematisch werden, da diese Räume ohnehin durch hohe Feuchtigkeitseinträge belastet sind. Lassen sich einzelne Heizkörper nicht abstellen, führt dies ebenfalls zur Annahme eines Mangels.[910]

**257** Sind die Heizkörper unterdimensioniert, so dass sich die Wohnung nicht ausreichend erwärmt, liegt ein Mangel der Mietsache vor.[911] Das Gleiche gilt, wenn die Heizungsanlage überdimensio-

[897] Vgl. unter Wohngifte sowie zum Instandhaltungs- und Modernisierungsgebot nach baurechtlichen Vorschriften OVG Hamburg WuM 1991, 540.
[898] *Eisenschmid* WuM 1998, 449; *Schmidt* WuM 1998, 708.
[899] KG GE 2008, 990.
[900] LG Osnabrück ZMR 2019, 31; LG Hannover WuM 1994, 463 = NJW-RR 1995, 331; LG Darmstadt WuM 1980, 52; LG Mannheim ZMR 1978, 84; AG Würzburg WuM 1988, 156; AG Hamburg WuM 1987, 382; 1987, 271; **aA** LG Berlin GE 2007, 367.
[901] LG Berlin NZM 2000, 490.
[902] LG Landshut WuM 2002, 307.
[903] OLG Frankfurt a. M. WuM 1972, 42; LG Köln WuM 1980, 137; LG Kassel WuM 1987, 271; LG Düsseldorf WuM 1973, 187; AG Villingen-Schwenningen WuM 2016, 100, auch außerhalb der Heizperiode; AG Gießen WuM 2016, 26; AG Friedberg WuM 1980, 259; AG Waldbröl WuM 1980, 206; AG Köln WuM 1978, 189; AG Bad Segeberg WuM 1977, 227; AG Hamburg WuM 1973, 210; **aA** AG Lichtenberg GE 2010, 207, geringe Erwärmung des Heizkörpers bei Einrohrheizung ist systembedingt.
[904] Zur Raumtemperatur s. AG München ZMR 2020, 764.
[905] BGH XII ZR 59/14, NZM 2016, 796 = ZMR 2016, 854; → Rn. 488.
[906] LG Hannover WuM 1980, 130, 20%; AG Köln WuM 1978, 189, 20%; LG Hamburg WuM 1976, 10, 25%.
[907] LG Berlin NJW 2015, 93 = GE 2014, 938, 60%; WuM 1993, 185, 100%; ZMR 1992, 302 = GE 1993, 263, 75%; LG Kassel WuM 1987, 271, 50%; AG Berlin-Charlottenburg GE 2007, 1387 mAnm *Dittert* jurisPR-MietR 4/2008 Anm. 2; AG Tempelhof-Kreuzberg GE 1985, 1033, 50%.
[908] *AG Neuss ZMR 1997*, 304 = DWW 1997, 47.
[909] LG Berlin WuM 1990, 16 = GE 1989, 723; **aA** AG Bremerhaven WuM 1992, 601.
[910] LG Berlin GE 1981, 673.
[911] AG Kerpen WuM 1990, 62; AG Münster WuM 1987, 382.

niert ist und die Anlage wegen der hohen Leistung des Heizkessels zu viel Brennstoff verbraucht und damit unwirtschaftlich arbeitet[912] (str.; zur Wirtschaftlichkeit → BGB § 535 Rn. 126). Letztere Entscheidung ist nach Auffassung des BGH[913] allerdings nicht verallgemeinerungsfähig. Auch im gewerblichen Mietverhältnis lasse sich aus dem Wirtschaftlichkeitsgebot kein Anspruch des Mieters auf Modernisierung ableiten.

Ein hoher Wärmeverbrauch, sofern er nicht auf Defekte an der Heizanlage zurückzuführen ist,[914] stellt keinen Mangel dar. Dies kann anders zu beurteilen sein, wenn der Energieverbrauch durch eine Isolierung mit wirtschaftlich vertretbarem Aufwand ohne Schwierigkeiten verringert werden kann.[915] **Die Außenlage einer Wohnung** ist im Allgemeinen kein Mangel, auch wenn dadurch mehr Heizenergie benötigt wird als in einer innen liegenden Wohnung.[916] Es unterliegt grds. auch nicht dem Vermieterrisiko, dass ein Mieter wegen Leerstandes der Nachbarwohnungen mehr heizen muss.[917] Ein Mangel ist auch nicht allein deshalb anzunehmen, weil die Wohnung im Dachgeschoss des Hauses liegt. Der Wärmeverlust von ca. 20% in Dachgeschosswohnungen ist allgemein hinzunehmen. Aus diesem Umstand erwächst dem Vermieter keine besondere Pflicht zur Wärmeisolierung. Liegen dagegen deutliche höhere Wärmeverluste vor, ist von einem Mangel auszugehen.[918] 258

Die Warmwassertemperatur sollte zwischen 40 und 60 °C liegen.[919] Wird die Temperatur für Warmwasser nicht oder nicht in angemessener Zeit erreicht, liegt eine Beeinträchtigung des vertragsgemäßen Gebrauchs vor.[920] Die durch einen **Defekt** hervorgerufene Beeinträchtigung bei der Bedienung der Heiz- und Warmwasseranlage kann ebenfalls zur Minderung führen.[921] 259

Der Vermieter darf die Temperatur des Warmwassers in den Nachtstunden nicht **absenken.**[922] Er ist vielmehr verpflichtet, die Versorgung mit Warmwasser rund um die Uhr aufrechtzuerhalten.[923] Kein Mangel ist regelmäßig anzunehmen, wenn der Durchlauferhitzer bei der Wannendusche Temperaturschwankungen verursacht.[924] Wird dagegen die Wasserzufuhr – vorübergehend – gesperrt und kann sich der Mieter deswegen kein Essen zubereiten, darf er unter Anrechnung der Vorteilsausgleichung die Kosten für auswärtiges Essen dem Vermieter in Rechnung stellen.[925] 260

**g) Modernisierung.** Ist der Vermieter gehalten, anlässlich einer Maßnahme den Standard des GEG zu beachten, kann die Wohnung mangelhaft werden, wenn er die Anforderungen nicht beachtet hat. Nimmt der Vermieter bspw. eine Instandsetzung vor, die nach dem GEG eine bestimmte Bauausführung erfordert, führt die Nichtbeachtung dieser Norm zu einem Mangel[926], weil die Instandsetzung wegen Nichtbeachtung der Baunormen selbst mangelhaft ist.[927] Der Mieter behält somit seinen Erfüllungsanspruch (umstritten! → BGB § 535 Rn. 130 f.). 261

Der Ausfall der **Versorgungssysteme** anlässlich einer Modernisierungsmaßnahme des Vermieters berechtigt zur Minderung.[928] Das gilt auch, wenn der Mieter bei der Umstellung des Vermieters von zentraler Warmwasserversorgung auf dezentrale Versorgung eine Zapfstelle für Warmwas- 262

---

912 OLG Düsseldorf WuM 1984, 54 = MDR 1983, 229 = ZMR 1983, 377; OLG Hamm NJW-RR 1987, 969 = MDR 1987, 763 = ZMR 1987, 300 für eine überdimensionierte Lüftungsanlage; LG Berlin WuM 1996, 156; **aA** LG Darmstadt NJW-RR 1987, 787 = DWW 1987, 18; LG Hamburg WuM 1988, 350 = NJW-RR 1988, 907 = DWW 1988, 348 = ZMR 1989, 63.

913 BGH XII ZR 80/12, NJW 2014, 685 = NZM 2014, 163 = GE 2014, 245 = MDR 2014, 336 = DWW 2014, 89 = CuR 2014, 30 = ZMR 2014, 436.

914 LG Hamburg WuM 1988, 350 = NJW-RR 1988, 907 DWW 1988, 348 = ZMR 1989, 63.

915 AG Waldshut-Tiengen WuM 1991, 479 = NJW-RR 1991, 592.

916 AG Steinfurt WuM 1983, 235.

917 AG Frankfurt/Oder ZMR 2005, 131 = WuM 2005, 766.

918 LG Frankfurt a. M. WuM 1987, 119.

919 AG München WuM 2012, 668, 45 °C; *Pfeifer* GE 2003, 1412.

920 LG Berlin MM 1992, 137; 1991, 194; AG Köpenick MM 2001, 106; AG München NJW-RR 1991, 845.

921 OLG Frankfurt a. M. WuM 1972, 42; LG Heidelberg WuM 1997, 42 = NJWE-MietR 1997, 99.

922 AG Köln WuM 1996, 701.

923 AG München WuM 1987, 382.

924 LG Berlin GE 1997, 689; **aA** AG Charlottenburg MM 2003, 244 bei erheblichen Temperaturschwankungen.

925 LG Kassel WuM 1979, 51.

926 *Artz/Kessens* WohnraummietR Berliner Wissenschaftsverlag, 2008, 15.

927 *Kinne* GE 2007, 827 (839).

928 LG Berlin ZMR 2014, 786, Wasser 10%; LG Berlin MM 2002, 427, Wasser 20%, Gas 10%, Heizung 70%; AG Dortmund NZM 2014, 470, 80% im Winter.

ser verloren hat.[929] Ein Grund zur Minderung liegt auch vor, wenn das Dachgeschoss ausgebaut[930] oder das Wohngebäude aufgestockt wird mit der Folge, dass dadurch der neue Bewohner Einblick in den bislang geschützten Balkon des Mieters hat.[931] Ebenso verhält es sich, wenn ein auf vier Stahlträgern ruhender Balkon nachträglich für die Wohnung im ersten Stock errichtet wird und hierdurch die Nutzung der Wohnung im Erdgeschoss und des Gartens beeinträchtigt wird.[932] Ein Mangel ist auch angenommen worden, wenn der Anbau eines Balkons zum eingeschränkten Lichteinfall führt.[933]

263 **h) Mülltonnen.** Es gehört zum vertragsgemäßen Gebrauch des Mieters, dass der Vermieter ihm einen zumutbaren Platz zum Aufstellen der Mülltonnen zur Verfügung stellt.[934] Richtet der Vermieter einen neuen Platz für die Mülltonne ein, so dass der Mieter den Hausmüll nicht mehr nur wenige Schritte von dem Miethaus in die dort ehemals befindlichen Mülltonnen entleeren kann, sondern nunmehr einen an zwei Häusern vorbeiführenden Weg zum Müllplatz zurücklegen muss, kann ein nicht nur unerheblicher Mangel gegeben sein.[935] Wird der neue **Müllplatz** im Interesse der übrigen Hausgemeinschaft so verlegt, dass ein Mieter des Hauses Beeinträchtigungen hinnehmen muss, schließt das das Minderungsrecht des von der Beeinträchtigung betroffenen Mieters nicht aus.[936] Auf das Aufstellen einer blauen Tonne (Papier) hat der Mieter grds. keinen Anspruch.[937]

264 Ständig überfüllte Mülltonnen können einen Mangel darstellen.[938] Dieser kann auch bei ständiger Ablagerung von **Fremdmüll** auf dem Grundstück des Mieters gegeben sein.[939] Ein wesentlicher Mangel der Wohnung ist zB gegeben, wenn für das Haus nur sechs Mülltonnen vorhanden sind, obwohl 12 Mietparteien dort wohnen, und dadurch die Mülltonnen schon einige Tage vor der Leerung überfüllt sind.[940]

265 Eine **Müllschlucker-Anlage** hat der Vermieter in Betrieb zu halten.[941] Im Einzelfall soll der Vermieter berechtigt sein, zur Vermeidung erheblicher Instandsetzungsmaßnahmen, den Müllschlucker aus dem Betrieb zu nehmen, wenn auf Grund der Ortssatzung nur mit einer geringen Restmüllmenge zu rechnen ist[942] oder wenn zwingende Gründe wie beispielsweise die Einstellung der Entsorgung veralteter Anlagen durch die städtische Müllabfuhr dies erfordern.[943] Es wird von der Rspr. zu klären sein, ob die Freistellung des Vermieters von seiner Leistungspflicht künftig über § 275 Abs. 2 BGB oder über § 313 BGB zu lösen sein wird,[944] nachdem das Institut der Opfergrenze (→ Rn. 559 ff.) als sog. wirtschaftliche Unmöglichkeit mit der Schuldrechtsreform entfallen ist. Ein formularvertraglicher Vorbehalt einer einseitigen Einschränkung des Gebrauchsrechtes durch Vorgabe bestimmter Benutzungszeiten ist unwirksam.[945] Bei mangelhafter Schallisolierung einer Müllabwurfanlage ist ebenfalls ein Mangel der Mietsache anzunehmen.

266 **i) Schallisolierung.** Von einer mangelhaften Wohnung ist insbes. dann auszugehen, wenn sich schon vertragsgemäße und übliche Handhabungen und Verhaltensweisen beim Nachbarn bemerkbar machen.[946] Das wird regelmäßig der Fall sein, wenn die Wohnungen lediglich durch extrem dünne Wände getrennt sind.[947] Häufig – aber keineswegs zwingend[948] – ist in diesen Fällen die **technische Schallschutz-Norm** DIN 4109 oder die VDI-Richtlinie 4100 nicht eingehalten

---

[929] AG Neuss WuM DWW 1990, 153.
[930] LG Berlin GE 2001, 771.
[931] LG Berlin MM 2000, 222.
[932] AG Hamburg NZM 2000, 335.
[933] AG Hamburg-Wandsbek WuM 2002, 486.
[934] AG Wuppertal WuM 1980, 136.
[935] AG Berlin-Köpenick, GE 2013, 215; AG Köln WuM 1985, 261.
[936] AG Hamburg WuM 2002, 487.
[937] AG Hamburg-Blankenese GE 2011, 892 = NZM 2011, 312.
[938] AG Potsdam WuM 1996, 760.
[939] KG NZM 2003, 27.
[940] AG Köln WuM 1985, 261.
[941] AG Potsdam WuM 2000, 182; **aA** AG Hamburg WuM 1999, 600; 1985, 260.
[942] LG Mainz WuM 1999, 215; AG Wedding ZMR 2011, 561 = GE 2011, 271.
[943] AG Berlin-Wedding, GE 2011, 271.
[944] Henssler/v. Westphalen Schuldrechtsform/*Dedek* 2. Aufl. 2003 BGB § 275 Rn. 24.
[945] *LG Berlin WuM 1992,* 599.
[946] LG Berlin GE 2009, 779.
[947] LG Berlin MM 1994, 281.
[948] AG Trier WuM 2002, 308.

worden.[949] Auch unzureichender Schallschutz, der zu Lärmbeeinträchtigungen durch Gemeinschaftsanlagen führt (zB Müllabwurfanlage, Installationen[950]), beeinträchtigt den vertragsgemäßen Gebrauch der Mietsache.

Unzureichender Trittschallschutz, der erst nach der Anmietung und nach der Überlassung des Wohnraums offenbar wird, ist grds. ein Mangel der Mietwohnung[951] (aber → Rn. 32 ff.). Daran ändert auch nichts, wenn der Mieter bei Anmietung gewusst hat, dass über seiner Wohnung ein Büro liegt.[952] Mangelnder **Trittschallschutz** im Nachbarhaus kann ebenso eine Minderung rechtfertigen.[953] Auch der BGH[954] ist der Auffassung[955] gefolgt, dass bei Abschluss des Mietvertrages darüber entschieden wird, was der Vermieter schuldet und welche Beschaffenheit das Mietobjekt für den vertragsgemäßen Gebrauch erfüllen muss. Bietet aber der Vertrag keine Anhaltspunkte zur Feststellung des zum vertragsgemäßen Gebrauch geeigneten Zustandes, kommt es auf die Verkehrsanschauung an. Danach ist jedenfalls nach Auffassung der Gerichte[956] beim Schallschutz grds. der Maßstab bei Errichtung des Gebäudes anzulegen[957] (→ Rn. 21 ff.; 32 ff.). Dies ist aber wohl dann zweifelhaft, wenn es durch einen nachträglichen Ausbau des Dachgeschosses erstmalig zu einer Trittschallbeeinträchtigung kommt[958] oder wenn das Objekt als kernsaniert vermietet wird.[959] **267**

Ob der Fall auch auf andere technische Eigenschaften, zB Wärmeschutz, des Mietobjektes übertragbar ist, erscheint fraglich. Zwar kann eine Verkehrsanschauung dahingehend angenommen werden, dass Häuser der 60er Jahre einen anderen als den heutigen technischen Standard im Schallschutz haben. Im Wärmeschutzbereich sind aber so viele öffentliche Förderungen angeboten und wahrgenommen worden, dass auch ältere Bauten der Nachkriegszeit nicht zwingend „kalt" und „Energiefresser" sind. Baut der Vermieter ein Teil des Mietobjektes aus oder wird ein Teil neu errichtet oder werden bauliche Veränderungen vorgenommen, die zu Lärmimmissionen führen können, kann der Mieter erwarten, dass Lärmschutzmaßnahmen getroffen werden, die den Anforderungen der zur Zeit der baulichen Maßnahme geltenden technischen Normen genügen.[960] **268**

**j) Stromnetz.** Sofern nicht ausdrücklich Entgegenstehendes vereinbart ist, hat der Mieter einen Anspruch darauf, dass die Wohnung an das **allgemeine** Stromnetz angeschlossen ist. Das gilt auch für gewerbliche Einheiten.[961] Der Mieter muss sich nicht auf das eigene Stromnetz des Vermieters verweisen lassen.[962] Der vollständige Ausfall der Stromversorgung kann zur 100%igen Minderung des Mietzinses berechtigen,[963] weil die Räumlichkeiten ohne Stromversorgung zu Wohnzwecken ungeeignet sind. **269**

---

[949] AG Rosenheim WuM 1989, 81; Die geplante Zusammenführung der Richtlinien DIN 4109 und VDI 4100 sollten überarbeitet und zusammengeführt werden, s. dazu *Kürer/Pfeifer* DWW 1995, 37, ist aber bislang gescheitert. Die DIN 4109 (1989) entspricht nicht dem technischen Standard BGH VII ZR 45/06, WuM 2007, 640 = NJW 2007, 2983; zur baurechtlichen Problematik VG Berlin GE 1992, 729.

[950] LG Berlin GE, 2013, 1599 mAnm *Herlitz* jurisPR-MietR 11/2014 Anm. 1.

[951] LG Hannover WuM 1994, 463; LG Karlsruhe DWW 1987, 234; AG Braunschweig WuM 1983, 122; *Elzer* NZM 2009, 641.

[952] LG Karlsruhe DWW 1987, 234.

[953] AG Hildesheim DWW 1988, 212.

[954] BGH VIII ZR 355/03, WuM 2004, 715 = NJW 2005, 218 = ZMR 2005, 108 = NZM 2005, 60 = AK-MietPrax § 535 BGB Nr. 13 = GE 2004, 1586.

[955] Staudinger/*Emmerich* BGB § 536 Rn. 14.

[956] BGH VIII ZR 355/03, WuM 2004, 715 = NJW 2005, 218 = ZMR 2005, 108 = NZM 2005, 60 = AK-MietPrax § 535 BGB Nr. 13 = GE 2004, 1586; VIII ZR 85/09, WuM 2010, 482 = NJW 2010, 3088 = NZM 2010, 618 = GE 2010, 1110; VIII ZR 131/08, WuM 2009, 457 = AK-MietPrax § 536 BGB Nr. 24 = NJW 2009, 2441 = NZM 2009, 580 = ZMR 2009, 836; LG Frankfurt a. M. ZMR 2011, 554; AG Karlsruhe DWW 2005, 71.

[957] LG Frankfurt a. M. ZMR 2011, 468.

[958] *Schach* jurisPR-MietR 15/2013 Anm. 1 zu BGH VIII ZR 287/12, WuM 2013, 481 = AK-MietPrax § 536 BGB Nr. 47 = NZM 2013, 575 = GE 2013, 938 = NJW 2013, 2417; *Flatow* WImmoT 2010, 53 (61); *Geldmacher* NZM 2009, 641.

[959] AG Bochum WuM 2011, 622.

[960] BGH VIII ZR 355/03, WuM 2004, 715 = NJW 2005, 218 = ZMR 2005, 108 = NZM 2005, 60 = AK-MietPrax § 535 BGB Nr. 13 = GE 2004, 1586.

[961] BGH VIII ZR 391/12, NJW 2014, 1951; XII ZR 161/91, WuM 1993, 533 = ZMR 1993, 455 = GE 1993, 1089.

[962] BGH WuM 1993, 533 = NJW-RR 1993, 1159 = MDR 1993, 972 = ZMR 1993, 455 = GE 1993, 1089.

[963] AG Berlin-Neukölln MM 1988, 31.

270 Das Betreiben von **haushaltsüblichen** Elektrogeräten gehört zum vertragsgemäßen Gebrauch der vermieteten Wohnung.[964] Daher ist es ein Mangel, wenn die Steckdosen nicht funktionieren. Eine veraltete Elektroanlage, die nicht den geltenden Sicherheitsbestimmungen entspricht, stellt ein den vertragsgemäßen Gebrauch minderndes Risiko dar.[965] Besteht aufgrund der defekten elektrischen Anlage ein Risiko für Leben und Gesundheit, kann der Vermieter auch im Wege der einstweiligen Verfügung zur Reparatur angehalten werden.[966]

271 **k) Thermostatventile.** Der Vermieter muss nach der HeizAnlV alle Heizkörper von Zentral- oder Etagenheizungen, die mit Wasser als Wärmeträger betrieben werden, mit Thermostatventilen ausrüsten. Unterlässt er dies, liegt ein Mangel vor, der zur Minderung des Mietzinses berechtigt[967] (sa Wirtschaftlichkeitsgrundsatz → BGB § 535 Rn. 126). Da der Vermieter verpflichtet ist, eine wirtschaftlich arbeitende Heizungsanlage bereitzustellen,[968] ist sie so einzustellen und zu betreiben, dass die Versorgung der Wohnung mit Wärme mit der geringstmöglichen Energie erfolgen kann.

272 **l) Treppenhaus.** Das Treppenhaus dient auch der Repräsentation und ist damit das Aushängeschild einer Wohnung. Für eine durchschnittliche Wohnung kann daher auch ein Treppenhaus mittlerer Art und Güte verlangt werden[969] (aber auch Dekorationsmängel → Rn. 221 ff.). **Graffitis** an den Wänden des Treppenhauses – wie auch an der Außenfassade – sind daher grds. als Mangel anzusehen; auch wenn sie unter künstlerischem Aspekt beachtenswert sind. Graffitis haben sich in der Bevölkerung nicht durchgesetzt, sondern werden als Beeinträchtigung empfunden. Das schließt allerdings nicht aus, dass im Einzelfall das Vorliegen eines Mangels verneint werden kann (→ Rn. 210).

273 Der Vermieter ist dafür verantwortlich, dass das Treppenhaus ohne Gefahren für den Mieter und seine Besucher begangen werden kann[970]. Daher haftet der Vermieter für fehlerhaft gebohnerte Treppen, wenn dadurch ein Dritter zu Schaden kommt.[971] Aus dem Gesichtspunkt der **Verkehrssicherungspflicht** (→ BGB § 535 Rn. 139 ff.) ist der Vermieter auch dafür verantwortlich, dass die Lichtanlage des Treppenhauses eine ausreichend lange Beleuchtungsphase besitzt. Es entspricht nicht der allgemeinen Verkehrserwartung, dass bei durchschnittlicher Gehgeschwindigkeit das Licht beim Durchlaufen des Treppenhauses von Etage zu Etage neu eingeschaltet werden muss.[972] Unter Umständen kann die fehlende Schließanlage in einer Hauseingangstür als ein Mangel anzusehen sein[973] (→ BGB § 535 Rn. 384). Auch ein verlorener Sicherheitsschlüssel kann die Funktion der Schließanlage beeinträchtigen, was nicht mehr vertragsgemäß ist.[974] Eine Wohnungseingangstür bedarf höherer Qualitätsanforderungen in Bezug auf die Einbruchssicherheit als eine einfache Zimmertür.[975]

Der Zugang zum Treppenhaus kann dadurch gestört sein, dass mangels Aushändigung eines Schlüssels die Tiefgarage nicht genutzt und über diese nicht die Wohnung erreicht werden kann.[976] Starke Geruchsbeeinträchtigungen im Treppenhaus müssen von den Mietern nicht hingenommen werden[977] (→ Rn. 111 f.).

274 **m) Trockenraum.** Umfasst der Mietgebrauch die Nutzung eines Trockenbodens, hat der Mieter an diesem Raum einen Besitzanspruch. Wird ihm der Besitz entzogen, rechtfertigt dies eine

---

[964] AG Potsdam GE 1996, 1251; WuM 1994, 524.

[965] OLG Düsseldorf ZMR 1994, 402.

[966] *Hinz* WuM 2005, 215 (222).

[967] AG Gelsenkirchen WuM 1993, 735; *Blumenstein* ZMR 1987, 401 (404); *Schläger* ZMR 1988, 407 (409).

[968] OLG Düsseldorf WuM 1984, 54 = MDR 1983, 229 = ZMR 1983, 377.

[969] AG Köln WuM 1997, 470; AG Hamburg-Altona WuM 1996, 535.

[970] AG Lübeck ZMR 2012, 277, Sturzgefahr bei Außentreppe; AG Münster NZM 2004, 299 wegen Aufstellens einer Madonna.

[971] BGH WuM 1994, 218 = NJW 1994, 945 = ZMR 1994, 149 = MDR 1994, 613 = DWW 1994, 46 = VersR 1994, 324; BGH NJW 1967, 154; AG Jülich WuM 2012, 552.

[972] OLG Koblenz ZdWBay 1997, 178.

[973] BGH III ZR 283/00, WuM 2001, 398 = NZM 2001, 686 = ZMR 2001, 704; BGH VIII ZR 41/56, NJW 1957, 826; OLG Hamburg NJW-RR 1988, 1481; *Breiholdt* PiG 2012, 29 (31).

[974] *Breiholdt* PiG 2012, 29 (33).

[975] *AG Villingen-Schwenningen* WuM 2016, 100, 5% Mietminderung.

[976] LG Bonn ZMR 2012, 276.

[977] BGH VIII ZR 125/11, WuM 2011, 700 = AK-MietPrax § 536 BGB Nr. 40 = GE 2012, 60 = NJW 2012, 382 = NZM 2012, 109 = ZMR 2012, 177; LG Berlin GE 2012, 487; AG Gießen WuM 2016, 26.

Mietminderung. Der Vermieter kann den Mieter grds. nicht auf einen Ersatzraum verweisen.[978] Der Raum muss für die **vorgesehene** Nutzung ausreichend groß sein. Ein 8,40 qm großer Wasch- und Trockenkeller, der von drei Parteien benutzt wird und mit zwei Waschmaschinen nebst Spüle und Tisch besetzt ist, ist zu klein.[979]

Der Mieter hat einen Anspruch darauf, dass ein bereitgestellter Gemeinschaftsraum im Keller zum Wäschetrocknen durch Öffnen der Fenster direkt belüftet wird.[980] Eine Öffnung der Fenster während der Nachtstunden und bei Dunkelheit bzw. durchgehend im Winter kann aus Sicherheitsgründen nicht verlangt werden.[981] Für die Mietminderung wegen Gebrauchsentzug kommt es nicht darauf an, ob der Mieter in der Vergangenheit den Trockenraum genutzt hat[982] (zur Gebrauchspflicht → BGB § 535 Rn. 253 ff.). **275**

Der Trockenraum darf nicht einseitig **anderen** Zwecken zugeführt werden. Bspw. darf der für alle Mietparteien zur Verfügung gestellte Trockenraum nicht vom einzelnen Mieter als Partyraum genutzt werden, selbst wenn in dem Raum weiterhin Wäsche getrocknet werden kann.[983] Dies gilt generell auch für andere Gemeinschaftsräume. So ist es dem Mieter untersagt, den Bodenraum entgegen der Hausordnung zum Wäschetrocknen zu benutzen.[984] **276**

Ist der Mieter auf Grund mündlicher Vereinbarung berechtigt, bei geeigneter Witterung Wäsche im Garten zu trocknen, so liegt zwar ein Mangel vor, wenn ihm diese Möglichkeit genommen wird. Der Mangel ist jedoch unerheblich, wenn dem Mieter im Keller ein ausreichend großer Trockenraum zur Verfügung steht.[985] Andererseits ist der Wohnwert trotz einer Wäschespinne im Garten gemindert, wenn der Trockenraum entzogen wird, weil im Winter und an Regentagen die Wäsche im Garten nicht getrocknet werden kann.[986] **277**

Der **Streitwert** einer Klage auf Wiedereinräumung des Mitbesitzes an einem Trockenraum des Miethauses berechnet sich nach dessen Nutzungswert.[987] **278**

**n) Tiere.** Halten Mitmieter Tiere, führt dies allein nicht zu einem Mangel[988]. Allerdings darf von diesen kein unzumutbarer **Geruch**[989] oder **Lärm** ausgehen (→ Rn. 148 f.). So berechtigt zB ständig ruhestörendes Hundegebell zur Mietminderung.[990] Papageienlärm ist als Störung zu qualifizieren.[991] Starke **Geruchsbelästigungen** der Nachbarn durch Tierhaltung kann eine Kündigung rechtfertigen.[992] Die mit einem an der Mietsache befindlichen Wespennest verbundenen Gefahren führen zu einem Mietmangel.[993] Wird der Mieter in seiner Wohnung dadurch behindert und belästigt, weil streunende Katzen sich vor und in der Wohnung aufhalten, die durch die Fütterung durch andere Mieter angelockt werden, liegt hierin ein Mangel.[994] Auch die Taubenhaltung auf einem Nachbargrundstück kann zur Mietminderung berechtigen[995] (zu Tauben → Rn. 204). **279**

**o) Ungeziefer.** Der Befall von Ungeziefer ist als Mangel iSd § 536 BGB anzusehen.[996] Daher berechtigt das Auftreten von Silberfischen grds. zur Mietminderung,[997] die im Einzelfall sogar 100% **280**

---

978 LG Saarbrücken NJWE-MietR 1997, 5; LG Hamburg WuM 1995, 533.
979 AG Coesfeld WuM 1980, 206.
980 AG Kassel Az: 451 C 3313/95.
981 AG Köln WuM 1990, 68, LG München II WuM 1988, 154.
982 LG Köln WuM 1993, 670.
983 AG Brühl WuM 1989, 498.
984 LG Berlin GE 1991, 989.
985 LG Köln WuM 1987, 271.
986 LG Saarbrücken WuM 1996, 468.
987 LG Baden-Baden WuM 1985, 127; *Grüter* Streitwerte 2008 § 2 Rn. 250.
988 AG Bad Arolsen WuM 2007, 191.
989 Sa zur Gefährdungshaftung bei Wohnungsschäden AG Bremen BeckRS 2015, 06591, Nachw. bei juris mAnm *Hartmann* jurisPR-MietR 8/2015 Anm. 1.
990 AG Potsdam NZM 2002, 735; AG Düren WuM 1990, 117; zur nachbarrechtlichen Problematik von Tierlärm OLG Düsseldorf WuM 1990, 400; 1990, 122; LG München I NJW-RR 1989, 1178.
991 AG Nürnberg DWW 1966, 372.
992 LG Berlin GE 1996, 1433.
993 AG Würzburg GE 2014, 1067; AG Meppen WuM 2003, 355.
994 AG Bonn WuM 1986, 212 = NJW 1986, 1114 = NJW-RR 1986, 444; AG Potsdam GE 2014, 939, 10% Minderung bei freilaufender Katze eines Mitmieters, *Flatow* jurisPR-MietR 23/2014 Anm. 1.
995 AG Dortmund WuM 1980, 6.
996 LG Lahnstein WuM 1988, 55.
997 AG Lüneburg WuM 1998, 570.

betragen kann.[998] Das Gleiche gilt beim Befall von Mäusen,[999] Ratten[1000], Flöhen,[1001] Schaben,[1002] Kugelkäfer[1003], Motten[1004] und Kakerlaken.[1005] Eine entgegenstehende Vereinbarung ist unwirksam.[1006] Ist die Ursache für das Auftreten des Ungeziefers ungeklärt, geht dies zu Lasten des Vermieters (zur Beweislast → Rn. 485 ff.). Hat der Vermieter bei der Vertragsanbahnung den Befall mit Ungeziefer verschwiegen, ist er schadensersatzpflichtig.[1007] Eine Vertragsklausel, die bestimmt, dass der Wohnungsmieter für die Ungezieferbekämpfung zuständig ist und nicht nach Ursächlichkeit des Befalls differenziert, ist unwirksam.[1008]

## B. Rechtsmangel

### I. Recht des Dritten

281 Unter dem Begriff „Recht" iSd § 536 Abs. 3 BGB werden nur Privatrechte verstanden,[1009] nicht aber öffentlich-rechtliche Befugnisse.[1010] Diese können einen Sachmangel begründen, wenn sie in der Beschaffenheit oder Lage des Objektes ihren Grund haben oder zur Unmöglichkeit der Erfüllung führen[1011] (→ Rn. 78 ff.). Knüpft eine öffentlich-rechtliche Beschränkung in **keiner Weise** an die Beschaffenheit der Sache selbst oder an ihre Beziehung zur Umwelt an, sondern beruht sie allein auf der vorausgegangenen öffentlichen Hilfe für den Ersteller bei der Finanzierung der Wohnung, liegt dagegen ein Rechtsmangel vor.[1012] Daher ist auch die Nachwirkungsfrist gem. § 16 WoBindG nach vorzeitiger Ablösung der öffentlichen Mittel als Rechtsmangel anzusehen.[1013]

282 Als Rechte Dritter kommen regelmäßig **dingliche Rechte,** wie zB das Eigentum,[1014] das Wohnungseigentum,[1015] der Nießbrauch (§ 1030 BGB), die Grunddienstbarkeit (§ 1118 BGB)[1016] oder das Erbbaurecht (§ 1112 BGB) in Betracht.

283 Auch **schuldrechtliche Ansprüche,** die sich auf die Mietsache beziehen, werden von § 536 Abs. 3 BGB erfasst,[1017] wie zB die Ausübung eines eingeräumten Optionsrechts.[1018] Unbeachtlich ist dabei, ob das Recht des Dritten nach Abschluss des Mietvertrags oder erst nach Überlassung der Mietsache entsteht.[1019] Das Recht des Dritten muss sich aber immer auf die Mietsache beziehen. **Tatsächliche Störungen** Dritter, zB durch Emissionen, begründen keinen Rechtsmangel, sondern einen Sachmangel.

---

[998] AG Aachen WuM 1999, 457 beim Befall mit Khaprakäfer.

[999] AG Brandenburg WuM 2001, 605; AG Bad Säckingen WuM 1986, 113; **aA** AG Prüm ZMR 2001, 808 im ländlichen Bereich.

[1000] OLG Düsseldorf GE 2016, 857; LG Berlin NZM 2001, 986; AG Dresden ZMR 2017, 167, Nachhaltigkeit des Befalls erforderlich; AG Dülmen WuM 2013, 35, 80% Minderung; AG Köln ZMR 2004, 594; AG Warendorf WuM 2000, 379; AG Potsdam WuM 1995, 534.

[1001] AG Bremen ZMR 1998, 234 = NZM 1998, 717.

[1002] KG GE 2001, 1671; LG Berlin GE 1998, 681.

[1003] AG Trier WuM 2008, 665.

[1004] AG Bremen WuM 2002, 215.

[1005] OLG Hamm ZMR 1998, 342 = NJW-RR 1998, 1020; LG Freiburg WuM 1986, 246; LG Kiel WuM 1992, 122; AG Bonn WuM 1986, 113.

[1006] LG Hamburg NZM 2001, 853; AG Bonn WuM 1986, 113; teilweise abw. AG Köln WuM 1980, 112.

[1007] AG Aachen WuM 1999, 457.

[1008] LG Hamburg GE 2001, 61.

[1009] BGH NJW 1991, 3280 = MDR 1991, 1167.

[1010] Emmerich/Sonnenschein/*Emmerich* BGB § 536 Rn. 24.

[1011] BGHZ 114, 277 = NJW 1991, 3280 = MDR 1991, 1167; Bub/Treier MietR-HdB/*Kraemer/Ehlert* Kap. III B Rn. 3222, 3409; Staudinger/*Emmerich* BGB § 536 Rn. 42.

[1012] BGH WPM 1984, 214 = GE 1984, 375; WuM 1977, 116 = NJW 1976, 1888 = ZMR 1977, 127 = MDR 1977, 38 für § 6 WoBindG; BGH ZMR 2000, 364 = GE 2000, 534 = JZ 2000, 623 zur Sozialbindung einer Wohnung (Kaufrecht) mablAnm *Ernst*.

[1013] BGH, V ZR 165/17, GE 2018, 1586 = MDR 2018, 1433; OLG Hamm NJW-RR 1997, 773.

[1014] BGHZ 63, 132 = NJW 1975, 44 = MDR 1975, 134 = ZMR 1977, 149 = BB 1974, 1506; LG Berlin GE 2002, 596.

[1015] OLG Düsseldorf WuM 1999, 37 = ZMR 1999, 24.

[1016] BGH MDR 2000, 261; WuM 1989, 140 = NJW-RR 1989, 77 = MDR 1989, 248 = ZMR 1989, 59.

[1017] *BGH NJW 1961, 917 = MDR* 1961, 498 = BB 1961, 348; Emmerich/Sonnenschein/*Emmerich* BGB § 536 Rn. 25.

[1018] BGH WuM 1998, 15 = NJW 1998, 534; ZIP 1997, 2158 zum Kaufrecht.

[1019] BGHZ 63, 132 = NJW 1975, 44 = ZMR 1977, 149 = MDR 1975, 134.

Ausgeschlossen sind auch rechtswidrige Störungen des Mieters durch Dritte, zB, wenn der Vormieter rechtswidrig nicht oder **nicht rechtzeitig räumt.** In diesen Fällen ist der Vermieter nur aus tatsächlichen Gründen an der Gebrauchsüberlassung gehindert. Dann liegt kein Rechtsmangel, sondern regelmäßig nur subjektive Unmöglichkeit vor.[1020] In diesem Fall haftet der Vermieter auf Schadensersatz nach § 311a Abs. 2 BGB oder nach §§ 280, 275 BGB (→ Rn. 536; zur Schadensersatzpflicht → BGB § 536a Rn. 25). **284**

Vertragliche Ansprüche Dritter gegen den Vermieter sind unbeachtlich. Daher ist es kein Rechtsmangel – zum Sachmangel → Rn. 205 – eines vermieteten Ladenraumes, wenn der Vermieter dem Mieter eines anderen Ladens gegenüber vertraglich verpflichtet ist, den Ladenraum nicht an ein Konkurrenzunternehmen zu vermieten.[1021] **285**

Als wichtigsten Fall des Rechtsmangels wegen schuldrechtlicher Ansprüche ist die **Doppelvermietung** hervorzuheben. Bei der Doppelvermietung sind beide Verträge wirksam, da sich jede Person mehrfach zur Erbringung derselben Leistung verpflichten kann.[1022] Es gilt nicht der Grundsatz der **Priorität;**[1023] auch dann nicht, wenn die Vermietung von unterschiedlichen Personen vorgenommen wird.[1024] Die hM verweist darauf, dass es die Vertragsfreiheit gebiete, jede Partei eigenverantwortlich entscheiden zu lassen, wem sie hinsichtlich der von ihr abgeschlossenen schuldrechtlichen Verträge Erfüllung oder Schadensersatz leisten will[1025]. Die Unmöglichkeit und damit der Wegfall des Erfüllungsanspruchs sind anzunehmen, wenn der Vermieter die Sache übergeben hat, weil er dann nicht mehr an den anderen Mieter leisten kann. **286**

Der Vermieter kann nach umstrittener Meinung im Wege der **einstweiligen Verfügung** vor Besitzeinräumung an einen der beiden Mieter gezwungen werden, dem anderen Mieter den Besitz zu versagen.[1026] Die ablehnende Auffassung verweist den nicht besitzenden Mieter wegen des Rechtsmangels idR auf einen Schadensersatzanspruch gegen seinen Vermieter, wenn sich der andere Mieter im rechtmäßigen Besitz der Mietsache befindet.[1027] **287**

Im Einzelfall muss aber auch nach Überlassung der Mietsache an einen Mieter für den anderen nicht zwingend Unmöglichkeit (Unvermögen) vorliegen, mit der Folge, dass der Erfüllungsanspruch (Herausgabeklage) des Mieters nicht wegen § 275 Abs. 1 BGB ausgeschlossen wäre.[1028] Es ist möglich, dass der Mieter den Mietvertrag kündigt oder der Vermieter durch Abfindungsangebote auf ihn einwirken kann, die Mietsache vorzeitig aufzugeben. Daher wird die Auffassung vertreten, dass wegen dieser Möglichkeiten, sofern die (subjektive) Unmöglichkeit streitig ist, in der Zwangsvollstreckung am besten geklärt werden kann, ob der Schuldner wirklich zur Herausgabe der Mietsache nicht in der Lage ist.[1029] **288**

---

1020 OLG Düsseldorf NZM 1999, 24 = WuM 1999, 394 = ZMR 1999, 19; OLG München ZMR 1996, 493; 1996, 605; OLG Köln WuM 1977, 69; Staudinger/*Emmerich* BGB Vor § 536 Rn. 4a; Bub/Treier MietR-HdB/*Kraemer/Ehlert* Kap. III B Rn. 3410; BGH NJW 1983, 446 = ZMR 1983, 93 = MDR 1983, 394; **aA** OLG Frankfurt a. M. WuM 2000, 116 = NZM 1999, 966 = ZMR 1999, 814.

1021 BGH BB 1954, 177.

1022 BGH VIII ZR 46/61, MDR 1962, 398 = BB 1962, 157; LG Berlin GE 2013, 1587 = NJW-RR 2014, 14.

1023 OLG Hamm NJW-RR 2004, 521 = NZM 2004, 192 mit ausführlicher Begr.; OLG Köln ZMR 1998, 696; OLG Brandenburg MDR 1998, 98; AG Frankfurt a. M. WuM 1991, 336; AG Freiburg WuM 1993, 117; MüKoBGB/*Häublein* § 536 Rn. 25.

1024 AG Frankfurt a. M. WuM 1991, 336 bei Vermieter und Zwangsverwalter.

1025 *Armbrüster/Mangold* ZMR 2020, 545, 547; *Herlitz* jurisPR-MietR 10/2015 Anm. 2 zu KG ZfIR 2015, 429; krit. *Derleder/Pellegrino* NZM 1998, 550 (557).

1026 Mit ausführlichen Argumenten *Kohler* NZM 2008, 545; dazu Replik *Streyl* NZM 2008, 878; *Derleder/Pellegrino* NZM 1998, 550 (557); Gies/*Gies* Beck'sches Formularbuch Mietrecht, 5. Aufl. 2016, BI 1 Rn. 4 mwN.

1027 KG WuM 2017, 1220; WuM 2007, 207 = NZM 2007, 518 = ZMR 2007, 614, OLG Koblenz GuT 2007, 356 = DWW 2007, 417 = ZMR 2008, 50; OLG Hamm NZM 2004, 192 = NJW-RR 2004, 521; OLG Frankfurt a. M. NJW-RR 1997, 77 = ZMR 1997, 22; OLG Brandenburg MDR 1998, 98; OLG Schleswig MDR 2000, 1428; OLG Hamm NZM 2004, 192 = NJW-RR 2004, 521; *Hinz* NZM 2005, 841; *Ulrici* ZMR 2002, 881; *Neuhaus* Geschäftsraummiete-HdB Rn. 157 mwN; Palandt/*Weidenkaff* BGB § 536 Rn. 30; *Fritsche* Rpfleger 2005, 637 (641).

1028 KG NZM 2008, 889; Kinne/*Schach*/Bieber, Miet- und Mietprozessrecht, BGB § 536 Rn. 21; Palandt/*Weidenkaff* BGB § 536 Rn. 30; MüKoBGB/*Häublein* § 536 Rn. 25.

1029 KG ZMR 2009, 119; LG Berlin WuM 1995, 123; *Kluth/Grün* NZM 2002, 478; Blank/Börstinghaus/*Blank* BGB § 536 Rn. 39; wohl auch *Fritsche* Rpfleger 2005, 637 (641); abl. Sternel MietR Kap. VII Rn. 6.

289 Sind die Einnahmen des Vermieters aus der Doppelvermietung höher, als die vom übergangenen Mieter geschuldete Miete, kann ein Herausgabeanspruch nach § 285 BGB auf die Mehreinnahmen in Betracht kommen. Dies hat der BGH[1030] für den Fall abgelehnt, dass der (nichtbesitzende) Mieter die (gewerbliche) Mietsache nicht in der Weise nutzen darf wie der Zweitmieter. Dann fehlt es an der erforderlichen Identität zwischen geschuldetem Gegenstand und dem, für den Ersatz erlangt worden ist. Im Falle der Doppelvermietung kann der „leer ausgegangene" Mieter somit die Auskehr der Mietmehreinnahmen, welche der Vermieter von dem anderen Mieter erlangt hat, nur verlangen, wenn das vertragliche Nutzungsrecht des anderen Mieters nicht über das ihm selbst zustehende hinausgeht.[1031] Die Gleichwertigkeit der Nutzungen ist im Regelfall im Rahmen von Wohnraummietverhältnissen zu bejaht, weil dort regelmäßig gleichartige Nutzungsberechtigungen vereinbart werden.[1032]

290 Ein Rechtsmangel liegt auch vor, wenn entgegen der Teilungserklärung Teileigentum zur Nutzung als Gaststätte vermietet wird und den anderen Wohnungseigentümern daher ein Beseitigungsanspruch nach § 1004 BGB zusteht.[1033]

## II. Entziehung des Mietgebrauchs

291 Die stärkste Form der Gebrauchsentziehung liegt vor, wenn dem Mieter die Sache wegen des Rechts des Dritten von Anfang an nicht überlassen wird.[1034] Im Übrigen bedeutet die Entziehung des Mietgebrauchs iSd § 536 Abs. 3 BGB, dass der Mieter im vertragsgemäßen Gebrauch gestört wird. Für die Frage nach der Gebrauchsentziehung ist somit allein der geschuldete Gebrauch maßgeblich. Jede Beeinträchtigung durch das von einem Dritten gegen den Mieter geltend gemachte Recht führt daher zum Rechtsmangel. Der Begriff der **Gebrauchsentziehung** ist im Sinne eines umfassenden Mieterschutzes idR weit auszulegen.[1035]

292 Die **bloße Existenz** des Rechts eines Dritten ist gewährleistungsrechtlich unbeachtlich, solange der Gebrauch der Sache nicht beschränkt wird.[1036] § 536 Abs. 3 BGB ist erst dann anwendbar, wenn der Dritte sein Recht geltend macht[1037] (sog. Eviktionshaftung) und dem Mieter hierdurch der vertragsgemäße Gebrauch ganz oder teilweise entzogen oder von vornherein nicht gewährt wird.[1038] Hierfür reicht es nicht aus, wenn der Rechtsinhaber lediglich die Möglichkeit der Intervention hat. Er muss vielmehr die Durchsetzung des Rechts **androhen.**[1039] Dafür ist ausreichend, dass der wahre Berechtigte nicht bereit ist, den Mieter die Mietsache zu den mit dem Vermieter vereinbarten Konditionen nutzen zu lassen.[1040] Der geltend gemachte Anspruch muss aber tatsächlich bestehen.[1041] Ausnahmsweise können auch unsichere Rechtsverhältnisse einen Rechtsmangel begründen, wenn für den Mieter der Prozessausgang ungewiss ist.[1042]

---

[1030] BGH XII ZR 124/02, (zu § 281 BGB aF) = GuT 2006, 124 = NJW 2006, 2323 = NZM 2006, 538 = ZMR 2006, 604 = AK-MietPrax § 285 BGB Nr. 1; krit. *Derleder* EWiR 2006, 489, *Lehmann* JZ 2007, 525; sowie *Ott* BGHReport 2006, 1008.

[1031] *Nassall* jurisPR-BGHZivilR 32/2006 Anm. 1; zur Höhe der Mietminderung bei nachträglichem Entzug des Kellerraums, AG Brühl WuM 2020, 333.

[1032] *Armbrüster/Mangold* ZMR 2020, 545, 550.

[1033] BGH NJW-RR 1995, 715 = ZMR 1995, 480 = DWW 1995, 279.

[1034] HM, BGH NJW 1961, 917 = MDR 1961, 498 = BB 1961, 348; WuM 1991, 545 = NJW 1991, 3277 = ZMR 1991, 418 = MDR 1992, 159; OLG Köln WuM 1977, 69; MüKoBGB/*Häublein* § 536 Rn. 26.

[1035] *Emmerich* PiG 46 (1995), 119 (131).

[1036] BGH NZM 1999, 461; WuM 1991, 545 = NJW 1991, 3277 = ZMR 1991, 418 = MDR 1992, 159; WuM 1987, 116 = MDR 1987, 491 = ZMR 1987, 143; OLG Köln MDR 1981, 406; MüKoBGB/*Häublein* § 536 Rn. 26.

[1037] BGH XII ZR 175/04, GuT 2007, 132 = AK-MietPrax § 536 BGB Nr. 17; WuM 1989, 140 = NJW-RR 1989, 77 = ZMR 1989, 59; KG GE 2003, 185; OLG Düsseldorf BB 1991, 2331 = DWW 1992, 15; OLG Hamm WuM 1987, 346 = NJW-RR 1987, 1304 = ZMR 1987, 462 = DWW 1987, 295; OLG Köln WuM 1981, 103 = MDR 1981, 406 = ZMR 1981, 177; LG Frankfurt a. M. NZM 2000, 1053; LG Ulm WuM 1989, 285; Bub/Treier MietR-HdB/*Kraemer/Ehlert* Kap. III B Rn. 3411.

[1038] BGH NJW 1961, 917 = MDR 1961, 498 = BB 1961, 348; NJW-RR 1990, 701; KG ZMR 2006, 283; OLG Düsseldorf ZMR 2011, 863; Emmerich/Sonnenschein/*Emmerich* BGB § 536 Rn. 26.

[1039] BGH NJW-RR 1995, 715 = ZMR 1995, 480 = DWW 1995, 279; OLG Düsseldorf NZM 2003, 556.

[1040] *BGH IX ZR 128/07, GuT 2008*, 282 = AK-MietPrax § 536 BGB Nr. 21 = NJW 2008, 2771 = NZM 2008, 644 = GE 2008, 1253.

[1041] OLG Hamburg WuM 1990, 340.

[1042] Wolf/Eckert/Ball Gewerbl. Miet-/Pacht-/LeasingR-HdB Rn. 291.

Keinesfalls ist die Geltendmachung des Rechtes an eine **Form** gebunden. Daher kann die bloße mündliche Geltendmachung eines Rechtes durch den Dritten genügen, wenn sie Anlass für den Mieter ist, den Gebrauch zu unterlassen oder aufzugeben.[1043] 293

### III. Der anfängliche Rechtsmangel

Im Falle des Rechtsmangels tritt die Gewährleistungshaftung (§§ 536ff. BGB) vor die allgemeinen Vorschriften auch dann, wenn dem Mieter die Sache noch nicht übergeben wurde[1044]. Kann der Vermieter bspw. die Räume nicht übergeben, weil der Vormieter oder ein sonstiger Dritter sie zu Recht in Besitz hat, liegt ein **„anfänglicher"** Rechtsmangel vor, für den der Vermieter gem. § 536 a Abs. 1 Alt. 1 BGB (Garantiehaftung) einstehen muss. 294

Kann der Mieter die Räume dagegen nicht übernehmen, weil der Vormieter vertragswidrig nicht auszieht, dann kann der Vermieter die Räume wegen anfänglicher subjektiver **Unmöglichkeit**[1045] nicht übergeben. Er haftet somit gem. § 311 a BGB auf Schadensersatz oder auf Ersatz der Aufwendungen. Der Vermieter ist zum Schadens- bzw. Aufwendungsersatz aber nur verpflichtet, wenn er das Leistungshindernis bei Vertragsschluss kannte bzw. seine Unkenntnis zu vertreten hat. 295

Die Übergabe der Mietsache gehört zum **Kern** der mietvertraglichen Pflichten. Daher ist es gerechtfertigt, die Erklärung des Vermieters für die termingerechte Übergabe regelmäßig als eine Garantiezusage (vgl. § 276 BGB) aufzufassen, wenn nicht ausdrücklich etwas anderes vereinbart wurde[1046]. Anderenfalls ginge das Risiko der Überlassung allein zu Lasten des Mieters, obwohl das Hindernis der Überlassung dem Gefahrenbereich des Vermieters zuzuordnen ist.

Im Einzelfall kann aber bei verspäteter Übergabe nicht (Teil-)Unmöglichkeit sondern Verzug vorliegen[1047] (→ Rn. 584). Dann richtet sich die Schadensersatzpflicht des Vermieters nach den §§ 280, 286 BGB, wenn er die Pflichtverletzung, also die verzögerte Übergabe, gem. § 276 BGB zu vertreten hat. Im Gegensatz zu § 311 a BGB wird bei § 276 BGB nicht auf die Kenntnis des Leistungshindernisses, sondern auf die unterbliebene bzw. verzögerte Leistung abgestellt. Dabei wird sich der Vermieter auch hier wegen des regelmäßig übernommenen Beschaffungsrisikos nicht entlasten können[1048]. 296

### IV. Nachträglicher Rechtsmangel

Für einen erst nach Abschluss des Mietvertrages und nach Überlassung der Mietsache entstandenen Rechtsmangel hat der Vermieter ebenfalls einzustehen,[1049] zB bei **Pfändung** der vermieteten Sache oder bei Änderung des Besitzmittlungsverhältnisses.[1050] Der Verweis in Abs. 3 auf die Abs. 1 u. 2 stellt die Gleichbehandlung von Sach- und Rechtsmangel sicher. 297

Für die Abgrenzung zwischen einem anfänglichen und einem nachträglichen Rechtsmangel kommt es auf den **Zeitpunkt der Entstehung** des Rechts an und nicht auf dessen Ausübung.[1051] Ein anfänglicher Rechtsmangel liegt daher auch vor, wenn es sich um ein bedingtes oder befristetes Recht handelt und die Bedingung oder der Termin erst nach Vertragsabschluss eintritt.[1052] 298

---

1043 *Emmerich* PiG 46 (1995), 119 (131); Staudinger/*Emmerich* BGB § 536 Rn. 46.

1044 BGH NJW 1961, 917 = MDR 1961, 498; WuM 1991, 545 = NJW 1991, 3277 = ZMR 1991, 418; NJW 1985, 1025 = MDR 1985, 394.

1045 BGH NJW 1983, 446.

1046 *Kraemer* NZM 2004, 721 (724).

1047 BGH WuM 1992, 687 = NJW 1992, 3226 = MDR 1992, 1147 = ZMR 1993, 7; *Emmerich* NZM 2002, 362 (364).

1048 *Kraemer* NZM 2004, 721 (724).

1049 BGHZ 63, 132 = NJW 1975, 44 = MDR 1975, 134 = ZMR 1977, 149; **aA** *Hilger* ZMR 1988, 41.

1050 BGH XII ZR 178/03, NZM 2006, 699 = GuT 2006, 241 = ZMR 2006, 763 = GE 2006, 1095 = AK-MietPrax § 536 BGB Nr. 16.

1051 Bub/Treier MietR-HdB/*Kraemer/Ehlert* Kap. III B Rn. 3412.

1052 Einschränkend Bub/Treier MietR-HdB/*Kraemer/Ehlert* Kap. III B Rn. 3412.

## V. Einzelfälle

299 Im Verhältnis zum Untermieter ist der Hauptvermieter Dritter, wenn er die Räumung und Rückgabe der Wohnung verlangt.[1053] Der Hauptmieter hat den sich aus der Kündigung des Hauptmietverhältnisses für den Untermieter ergebenden Rechtsmangel im Hinblick auf § 536 a Abs. 1 BGB zu vertreten.[1054]

300 Dem Untermieter einer Wohnung wird der vertragsmäßige Gebrauch iSv § 536 Abs. 3 BGB entzogen, wenn ihm nach Beendigung des Hauptmietverhältnisses, aber vor Beendigung des Untermietverhältnisses der Hauptvermieter zur Mietzahlung an sich selber mit der Drohung auffordert, er werde andernfalls Räumung und Herausgabe der Räume verlangen.[1055] Das gilt aber nicht, wenn der Hauptvermieter den Untermieter zwar zur Zahlung der Miete an sich auffordert, das Hauptmietverhältnis tatsächlich aber noch nicht beendet ist.[1056]

301 Die Einräumung einer **beschränkten persönlichen Dienstbarkeit** zugunsten einer Stadt, die diese in die Lage versetzten soll, auf dem Wege des Privatrechts den Betrieb eines Spielkasinos auf dem Mietgrundstück zu verhindern, stellt einen Rechtsmangel dar.[1057] Macht ein Sicherungseigentümer seine Rechte geltend und entzieht dem Mieter den Gebrauch an dem gemieteten Gegenstand, so tritt ein Rechtsmangel ein. Die nach § 536 b BGB erforderliche positive Kenntnis des Mieters – zumindest beim Bestehen von Sicherungseigentums – muss sich auf Tatsachen beziehen, nach denen die Ausübung des Sicherungsrechts gewiss ist oder mit Wahrscheinlichkeit eintreten wird.[1058]

## VI. Rechtsfolgen

### 1. Erfüllungsanspruch

302 Der Mieter kann nach § 535 BGB Vertragserfüllung verlangen (siehe auch Rn. 530 a), dh die Beseitigung entgegenstehender Rechte Dritter.[1059] Der Anspruch ist während der Mietzeit nicht verjährbar.[1060] Der Mieter kann aber auch das Leistungsverweigerungsrecht nach § 320 BGB ausüben. **Strittig** ist in diesem Zusammenhang, ob der Mieter die Erfüllung nach § 535 BGB noch dann verlangen kann, wenn feststeht, dass es dem Vermieter wegen der Überlassung der Mietsache an einen Dritten nicht mehr möglich ist, den Vertrag zu erfüllen.[1061] Die Meinungen sind sehr unterschiedlich. Teilweise wird der Erfüllungsanspruch bejaht,[1062] teilweise verneint.[1063] Dazwischen liegen Auffassungen, die dem Mieter nur dann einen Erfüllungsanspruch zusprechen, wenn damit zu rechnen ist, dass der Vermieter den Mietbesitz noch einräumen kann[1064] oder wenn dafür Anhaltspunkte bestehen[1065] oder wenn der Vermieter und der besitzende Mieter planmäßig zusammengewirkt haben, um den anderen Mieter zu benachteiligen[1066] (→ Rn. 286 ff.).

---

[1053] BGH XII ZR 178/03, NZM 2006, 699 = GuT 2006, 241 = ZMR 2006, 763 = GE 2006, 1095 = AK-MietPrax § 536 BGB Nr. 16; GuT 2006, 132 = AK-MietPrax § 536 BGB Nr. 17; LG Ulm WuM 1989, 285.

[1054] OLG Düsseldorf ZMR 1989, 417.

[1055] OLG Hamm WuM 1987, 346 = NJW-RR 1987, 1304 = MDR 1987, 1025 = ZMR 1987, 462.

[1056] OLG Hamburg WuM 1990, 340.

[1057] BGH WuM 1989, 140 = NJW-RR 1989, 77 = ZMR 1989, 59.

[1058] OLG Düsseldorf DWW 1992, 15.

[1059] *Emmerich* ZdWBay 1996, 238 (242); zur Verjährung des Erfüllungsanspruch *Feuerlein* WuM 2008, 385.

[1060] BGH VIII ZR 104/09, WuM 2010, 238 = NJW 2010, 1292 = NZM 2010, 235 = GE 2010, 479 = ZMR 2010, 520.

[1061] Abl. OLG Düsseldorf NJW-RR 1991, 137 = DWW 1990, 336; LG Berlin GE 1987, 241 = ZMR 1988, 178; GE 1991, 357; MüKoBGB/*Häublein* § 536 Rn. 25.

[1062] LG Köln WuM 1990, 65; LG Berlin WuM 1995, 123 = GE 1995, 111; Staudinger/*Emmerich* BGB § 536 Rn. 48; *Scholl* WuM 1998, 583.

[1063] Abl. OLG Düsseldorf NJW-RR 1991, 137 = DWW 1990, 336; LG Berlin GE 1987, 241 = ZMR 1988, 178; GE 1991, 357; MüKoBGB/*Häublein* § 536 Rn. 25.

[1064] BGH MDR 1962, 398; LG Berlin ZMR 1988; 178 = GE 1987, 241; GE 1991, 357; LG Köln WuM 1990, 65; ganz abl. AG Freiburg WuM 1993, 117.

[1065] *OLG Köln ZMR* 1998, 696; so wohl auch Bub/Treier MietR-HdB/*Kraemer/Ehlert* Kap. III B Rn. 3413.

[1066] Zur einstweiligen Verfügung bei Doppelvermietung: OLG Koblenz NZM 2008, 248 = DWW 2008, 417 = ZMR 2008, 50; KG NZM 2007, 518; OLG Schleswig MDR 2000, 1428; sowie *Kluth/Grün* NZM 2002, 477.

## 2. Schadensersatz

Der Mieter kann vom Vermieter gem. § 536a Abs. 1 BGB **Schadensersatz** verlangen.[1067] Wegen des Verweises auf § 536 BGB handelt es sich auch um eine Rechtsgrundverweisung,[1068] die den Vermieter neben der möglichen Mitwirkung durch den Mieter bei einem anfänglichen Mangel ohne Verschulden zum Schadensersatz verpflichtet.[1069] Ein solcher Schadensersatzanspruch des Mieters kann bspw. gegeben sein bei fehlender Untervermietungserlaubnis des Vermieters (→ Rn. 299), bei noch nicht beendetem Vormietverhältnis, wenn es dadurch nicht zur Übergabe an den Mieter kommt, wenn der Vermieter eine Sache vermietet, die er schon einem Dritten überlassen hat, der zur Herausgabe nicht bereit ist oder wenn Räumlichkeiten in einer Wohnungseigentumsanlage für eine Nutzung vermietet werden, die nach der Teilungserklärung nicht zulässig ist.[1070] Im gewerblichen Mietverhältnis kann der Schaden auch im entgangenen Gewinn liegen.[1071] 303

Für Rechtsmängel, anfängliche oder nachträgliche, kann ein Haftungsausschluss oder eine Haftungsbegrenzung formularvertraglich nicht wirksam vereinbart werden. Eine solche Regelung würde den Mieter unangemessen benachteiligen iSd § 307 Abs. 2 Nr. 2 BGB, da die Klausel den Erfüllungsanspruch zunichtemachen und damit die Erreichung des Vertragszwecks ausschließen würde.[1072], Folgt man dieser Auffassung für die Garantiehaftung nicht, kommt eine Haftung nach § 311a BGB in Betracht, da eine Verschuldenshaftung wegen der **Kardinalpflicht** des Vermieters zur Raumüberlassung regelmäßig zu bejahen ist. 304

Liegt ein **nachträglicher** Rechtsmangel vor, haftet der Vermieter, wenn er den Mangel zu vertreten hat oder wenn er in Verzug ist (§ 536a Abs. 1 Alt. 2, 3 BGB).[1073] Ein solcher Fall liegt vor, wenn der Untermieter sein Besitzrecht deshalb verliert, weil der Hauptmieter die Räume wegen einer von ihm zu vertretenen Kündigung des Hauptvermieters herausgeben muss.[1074] Im Einzelfall kann ein Mitverschulden des Mieters in Betracht kommen.[1075] 305

## 3. Aufwendungsersatz

Umstritten ist, ob der Mieter auch **Aufwendungsersatz** gem. § 536a Abs. 2 BGB fordern kann, wenn er bei Verzug des Vermieters dem Dritten das Recht abkauft und den Kaufpreis dem Vermieter als Aufwand in Rechnung stellt.[1076] Dies ist zu bejahen, da aus dem Gesetz keine gegenteilige Regelung ersichtlich ist. Der Mieter hat allerdings nach Treu und Glauben (§ 242 BGB) darauf zu achten, dass er beim Kaufpreis die Verhältnismäßigkeit wahrt.[1077] 306

## 4. Kenntnis

Die Rechte des Mieters entfallen nur bei positiver Kenntnis der aus dem Recht des Dritten erwachsenen Beeinträchtigung.[1078] Eine Kenntnis iSd Vorschrift liegt nicht vor, wenn der Mieter die Tatsachen, aus denen der Rechtsmangel folgt, zwar kennt, aber rechtlich falsch beurteilt und deshalb über das Recht des Dritten irrt oder es für unbegründet hält.[1079] Erforderlich ist somit, dass der Mieter wenigstens **im Kern** erkennt, welche rechtlichen Folgen sich aus den ihm bekannten Tatsachen ergeben. Hat der Mieter mit der Möglichkeit des Bestehens entgegenstehender Rechte 307

---

1067 KG ZMR 2015, 540; keinen Schadensersatzanspruch des Mieters gegen einen anderen Mieter, von dessen Wohnung die Schadensursache ausgeht, OLG Frankfurt/M ZMR 2018, 901.

1068 AnwK WohnraummietR/*Lammel* BGB § 536 Rn. 100.

1069 OLG Düsseldorf WuM 2001, 238 = 1999, 37= ZMR 1999, 24; Staudinger/*Emmerich* BGB § 536a Rn. 17; KSB MietR/*Schach* § 536a Rn. 4.

1070 OLG Düsseldorf WuM 2001, 238 = 1999, 37= ZMR 1999, 24.

1071 Zur Bemessung des entgangenen Gewinns s. BGH XII ZR 128/09, AK-MietPrax § 252 BGB Nr. 2 = GE 2010, 1741; *Dose* WImmoT 2011, 21 (26).

1072 v. Westphalen/Thüsing VertR/AGB-Klauselwerke/*Drettmann* 39. Aufl. 2017 Geschäftsraummiete Rn. 48.

1073 BGHZ 63, 132= NJW 1975, 44 = MDR 1975, 134 = ZMR 1977, 149.

1074 BGHZ 63, 132= NJW 1975, 44 = MDR 1975, 134 = ZMR 1977, 149.

1075 OLG Düsseldorf GE 2003, 877.

1076 Staudinger/*Emmerich* BGB § 536 Rn. 50; DHF/*Franke* BGB § 541 Anm. 9; **aA** AnwK WohnraummietR/*Lammel* BGB § 536a Rn. 36.

1077 Bub/Treier MietR-HdB/*Kraemer*/*Ehlert* Kap. III B Rn. 3413; Staudinger/*Emmerich* BGB § 536 Rn. 50.

1078 *Emmerich* ZdWBay 1996, 238 (242).

1079 BGH NJW 1952, 1131.

gerechnet und dieses Risiko bewusst in Kauf genommen, ist dies der Kenntnis des Rechtsmangels gleichzusetzen.[1080]

308 Bei der Untervermietung ist es Sache des Hauptmieters, die Untervermietungserlaubnis einzuholen. Diese Pflicht besteht uneingeschränkt auch dann, wenn der Untermieter weiß, dass eine Untermieterlaubnis erforderlich, aber nicht erteilt ist.[1081] Das **Risiko** der Verweigerung der Untermieterlaubnis trägt der Hauptmieter.[1082] Den Untermieter kann aber auch ein Mitverschulden treffen,[1083] zB dann, wenn er in großem Umfang in die Mietsache investiert hat, obwohl er wusste, dass keine Untermieterlaubnis vorliegt.

### 5. Kündigung

309 Dem Mieter steht unter den Voraussetzungen des § 543 Abs. 2 Nr. 1 BGB ein außerordentliches **Kündigungsrecht** zu.[1084] Die fristlose Kündigung ist ihm aber nach Treu und Glauben (§ 242 BGB) versagt, wenn er ein selbständiges Beweisverfahren wegen des streitigen Mangels angestrengt hat, weil der Vermieter für die Dauer des Verfahrens grds. an einer Veränderung der Mietsache gehindert ist.[1085] Zudem ist § 536 c Abs. 2 BGB zu beachten, wenn der Mieter die Geltendmachung des Rechts eines Dritten dem Vermieter nicht rechtzeitig anzeigt.[1086]

## VII. Abweichende Vereinbarungen

310 § 536 BGB ist nicht zwingend. **Ausschlussklauseln** sind bei Wohnraummietverhältnissen jedoch nur in den engen Grenzen des § 536 Abs. 4 BGB möglich. Somit kann in diesem Rahmen die Haftung des Vermieters für **anfängliche Rechtsmängel** sowie für die **rechtzeitige Überlassung** der Sache nicht ausgeschlossen werden. Weiterhin ist § 536 d BGB – Arglist – zu beachten.

311 Anders als bei Sachmängeln ist ein formularmäßiger Ausschluss für anfängliche Rechtsmängel regelmäßig – auch bei einfacher Fahrlässigkeit – unzulässig, weil es sich bei § 536 Abs. 3 BGB um einen Spezialfall anfänglichen Leistungsvermögens handelt, für das der Vermieter einzustehen hat.[1087] Unwirksam ist insbes. der Haftungsausschluss jeglicher Rechte des Mieters im Falle eines Rechtsmangels, auch wenn die Beseitigung etwaiger Rechtsmängel Sache des Mieters sein soll.[1088]

312 Formularvertragliche Ausschlussklauseln sind grds. zum Schutze des Mieters eng auszulegen.[1089] Daher erfasst ein vertraglicher Ausschluss der Sachmängelhaftung nicht automatisch auch den Ausschluss für Rechtsmängel.

## VIII. Konkurrenzen

313 Die Vorschriften der §§ 536 ff. BGB verdrängen nach Übergabe der Sache[1090] grds. die Bestimmungen über die anfängliche Unmöglichkeit. Das gilt auch vor Übergabe der Sache dann, wenn der Rechtsmangel die Gebrauchsüberlassung bzw. Nutzung der Sache von vornherein verhindert hat, weil dieser Fall dem Entzug iSd § 536 Abs. 3 BGB gleichgestellt ist[1091] (→ Rn. 264).

314 Es liegt zwar grds. Unmöglichkeit vor, wenn der Vermieter seine Leistung, nämlich die Raumüberlassung zu einem bestimmten Zeitpunkt, nicht erbringen kann.[1092] Beruht die Unmöglichkeit

---

[1080] BGH NJW 1979, 713 = MDR 1979, 488 = ZMR 1980, 86 = JR 1979, 239.
[1081] BGH WuM 1996, 32 = NJW 1996, 46 = ZMR 1996, 15 = MDR 1996, 252.
[1082] Bub/Treier MietR-HdB/*Kraemer/Ehlert* Kap. III B Rn. 3028 mwN.
[1083] BGH WuM 1996, 32 = NJW 1996, 46 = ZMR 1996, 15 = MDR 1996, 252.
[1084] LG Köln ZMR 2012, 625; *Emmerich* ZdWBay 1996, 238 (242).
[1085] LG Hamburg ZMR 2012, 360; AG Hamburg-Barmbek ZMR 2012, 359; → BGB § 543 Rn. 33.
[1086] Einzelheiten s. dort.
[1087] Bub/Treier MietR-HdB/*v. Martius/Ehlert/Kraemer* Kap. III B Rn. 3415.
[1088] Bub/Treier MietR-HdB/*v. Martius/Ehlert/Kraemer* Kap. III B Rn. 3415 ff.
[1089] Staudinger/*Emmerich* BGB § 536 Rn. 72.
[1090] BGH NJW 1997, 2817 = MDR 1997, 923 = ZIP 1997, 1594; wohl noch anders BGH WuM 1991, 545 = NJW 1991, 3277 = ZMR 1991, 418 = MDR 1992, 159 unter Hinweis auf BGHZ 93, 142; WuM 1991, 25 = NJW-RR 1991, 267 = ZMR 1991, 57 = GE 1991, 245; NJW 1961, 917 = MDR 1961, 498 = BB 1961, 348; ZMR 1962, 175; MDR 1962, 398 = BB 1962, 157; → BGB § 538 Rn. 118.
[1091] BGH WuM 1991, 545 = NJW 1991, 3277 = ZMR 1991, 418 = MDR 1992, 159.
[1092] BGH WuM 1991, 25 = NJW-RR 1991, 267 = ZMR 1991, 57 = MDR 1991, 524.

aber auf einem Rechtsmangel (Doppelvermietung), dann verdrängen die Vorschriften der §§ 536ff. BGB in den Grenzen ihres Anwendungsbereichs die Vorschriften über die Unmöglichkeit.[1093]

Hat der Vermieter nur ein zeitlich begrenztes Recht, zB als Vorerbe, ist § 536 Abs. 3 BGB anwendbar.[1094] Bei gemischten Verträgen ist die Anwendung des § 536 Abs. 3 BGB im Einzelfall zu prüfen.[1095] 315

## IX. Prozessuales

Im **einstweiligen Verfügungsverfahren** kann dem Vermieter nicht vorgeschrieben werden, an welchen Gläubiger er im Falle einer Doppelvermietung leisten soll[1096] (→ Rn. 261). Dem Schuldner muss es noch bis zur Zwangsvollstreckung möglich bleiben, eine Entscheidung zu treffen, an wen er leisten will[1097] (→ Rn. 288). 316

Für den Rechtsmangel sowie für die Entziehung des vertragsgemäßen Gebrauchs trifft die **Beweislast** den Mieter. Macht er Schadensersatz geltend, trifft ihn zusätzlich die Beweislast für die Voraussetzungen des § 536 a BGB sowie für den Schaden bzw. die Aufwendungen. 317

Der Vermieter hat zu **beweisen,** dass einer der Ausschlusstatbestände vorliegt, wie zB die Kenntnis des Mieters bei Vertragsschluss bzw. eine wirksame Abrede über den Haftungsausschluss. 318

## C. Zugesicherte Eigenschaft

Fehlt eine zugesicherte Eigenschaft oder fällt sie später weg, kann der Mieter auch dann mindern, wenn der Mangel unerheblich[1098] ist oder keine Tauglichkeitsminderung vorliegt (Abs. 2).[1099] Die praktische Relevanz dieser Regelung ist zweifelhaft, weil das Fehlen einer Zusicherung immer einen Mangel darstellt, der schon begrifflich nicht unerheblich iSd Abs. 1 S. 3 sein kann.[1100] 319

Unter einer Zusicherung iSd § 536 Abs. 2 BGB ist eine vertraglich bindende Erklärung zu verstehen, die über die bloße Angabe des Verwendungszwecks im Vertrag hinausgeht.[1101] Die Zusicherung muss sich auf **die Sache selbst** beziehen. Zusicherbare Eigenschaften sind alle tatsächlichen und rechtlichen Verhältnisse, welche die Beziehung der Sache zur Umwelt betreffen und wegen ihrer Art und Dauer die Brauchbarkeit oder den Wert der Sache beeinflussen.[1102] 320

Daher liegt keine zusicherungsfähige Eigenschaft vor, wenn sie sich auf einen Umstand bezieht, der **außerhalb der Sache** liegt,[1103] indem sie zB an die Person des Vertragspartners[1104] oder an die Rückzahlung von gewährten Darlehen anknüpft.[1105] Die Beziehung muss ihren Grund in der Beschaffenheit der Mietsache selbst haben, von ihr ausgehen, ihr auch für eine gewisse Dauer anhaften und nicht lediglich durch Heranziehung von Umständen in Erscheinung treten, die außerhalb des Mietobjektes liegen.[1106] Danach sind die Vollvermietung eines Einkaufszentrums 321

---

1093 BGHZ 63, 132 = NJW 1975, 44 = MDR 1975, 134 = ZMR 1977, 149; OLG Köln WuM 1977, 69.

1094 Staudinger/*Emmerich* BGB § 536 Rn. 46.

1095 BGHZ 2, 331 = NJW 1951, 705.

1096 KG NZM 2018, 398 = GE 2017, 1220; OLG Koblenz NZM 2008, 248 = DWW 2008, 417 = ZMR 2008, 50; KG NZM 2007, 518; LG München I WuM 1991, 577; AG Lichtenberg WuM 2002, 604; *Ulrici* ZMR 2002, 881 (883); Blank/Börstinghaus/*Blank* BGB § 536 Rn. 38.

1097 OLG Schleswig MDR 2000, 1428; OLG Brandenburg MDR 1998, 98; OLG Frankfurt a. M. NJW-RR 1997, 77 = ZMR 1997, 22; **aA** DWW 1990, 336 = NJW-RR 1991, 137; *Lützenkirchen* WuM 2005, 89 (93).

1098 OLG Düsseldorf MDR 1990, 342; wohl auch Bub/Treier MietR-HdB/*Kraemer/Ehlert* Kap. III B Rn. 3230; Staudinger/*Emmerich* BGB § 536 Rn. 33.

1099 MüKoBGB/*Häublein* § 536 Rn. 22; Wolf/Eckert/Ball Gewerbl. Miet-/Pacht-/LeasingR-HdB Rn. 290.

1100 *Hau* JuS 2003, 130 (133); *Unberath* ZMR 2004, 309 (310); krit. *Looschelders* FS 10 Jahre Mietrechtsreformgesetz – eine Bilanz, 2011, 141, 144; sa *Keppeler* ZMR 2003, 885 (886).

1101 BGH WuM 1981, 92 = NJW 1980, 777 = MDR 1980, 306 = ZMR 1980, 105.

1102 BGH NJW 1981, 864 = MDR 1981, 659 = ZMR 1981, 331; BGH NJW-RR 1987, 908 = MDR 1987, 830 = BB 1987, 1425.

1103 BGH NJW 2000, 1714 = GE 2000, 671 = NZM 2000, 492 = ZMR 2000, 508; NJW-RR 2000, 1535 = NZM 2000, 1005 = ZMR 2000, 814.

1104 BGH NJW 1991, 2556 = MDR 1991, 966 = BB 1991, 1371 = VersR 1991, 1146 in einem Fall aus dem Kaufrecht, in dem Abschreibungsmodalitäten nicht an das Kaufobjekt, sondern an die Modalitäten des Erwerbs anknüpften; BGH NJW 1981, 864 = MDR 1981, 659 = ZMR 1981, 331.

1105 BGH NJW 1990, 1659; AG Osnabrück WuM 1995, 309.

1106 BGH NJW 2000, 1714 = GE 2000, 671 = NZM 2000, 492 = ZMR 2000, 508; NJW-RR 2000, 1535 = NZM 2000, 1005 = ZMR 2000, 814.

oder das Vorhandensein einer großen Zahl von Parkplätzen in der Nähe vermieteter Räume keine zusicherungsfähige Eigenschaft[1107] (aber → Rn. 15). Unberücksichtigt bleibt eine Zusicherung auch dann, wenn sich das Berufen auf den zugesicherten Umstand als sittenwidrig darstellt. Das ist der Fall, wenn der Mieter sich auf einen Mangel beruft, weil der Vermieter eine Wohnung in der Nachbarschaft entgegen seiner Zusicherung an eine Familie mit Kindern vermietet hat.[1108]

**322** Um eine Zusicherung anzunehmen, muss deutlich werden, dass der Vermieter sich bindend erklärt und für das Vorhandensein einer bestimmten Eigenschaft auch einstehen und bei ihrem Fehlen **auch ohne Verschulden** Schadensersatz leisten will[1109] (vgl. § 276 BGB). Die Zusicherung der Eigenschaften muss somit Gegenstand des Mietvertrages sein[1110]. War die Erklärung des Vermieters zuvor vom Mieter verlangt worden, ist idR eine Zusicherung anzunehmen.[1111]

**323** Die Zusicherung kann in Ausnahmefällen auch stillschweigend erfolgen und sich aus dem Gesamtverhalten des Vermieters während der Vertragsverhandlungen sowie bei Vertragsschluss ergeben.[1112] Für die Annahme einer solchen **stillschweigenden Erklärung** ist aber wegen der weit gehenden Rechtsfolgen große Zurückhaltung geboten.[1113] Sie ist nur in Erwägung zu ziehen, wenn der Mieter bei objektiver Betrachtungsweise aller Umstände bei den Vertragsverhandlungen den Eindruck und die Bereitschaft des Vermieters entnehmen konnte, dass dieser für eine bestimmte Eigenschaft eine besondere – über die normale Haftung hinausgehende – Gewähr übernehmen wollte.[1114]

**324** Es genügt nicht, wenn der Vermieter solche Eigenschaften bestätigt, die für den normalen Gebrauch selbstverständlich sind, wie zB der Hinweis: „Die Wohnung ist in einem guten Zustand".[1115] Die bloße Anpreisung oder Beschreibung der Mietsache reicht ebenfalls nicht aus.[1116] Wird aber bspw. über die Tragfähigkeit einer Zwischendecke[1117] oder die Ertragslage eines Geschäfts verhandelt, kann in dem Verhandlungsergebnis eine Zusicherung liegen.

**325** Die Annahme einer Zusicherung wird vor allem dann in Betracht kommen, wenn es bei der vertraglichen Festlegung von Qualitätsmerkmalen darum geht, den besonderen individuellen Bedürfnissen des Mieters gerecht zu werden.[1118] Die bloße **Einräumung einer Verlängerungsoption** reicht daher für die Annahme einer Zusicherung nicht aus. Wie beim Kauf liegt die Zusicherung nicht schon in der Angabe des Verwendungszwecks. Ebenso wenig genügen idR bloße Anpreisungen und Beschreibungen der Mietsache durch den Vermieter,[1119] es sei denn, der Mieter musste sich für den Vermieter erkennbar auf dessen Aussagen verlassen. Es ist immer eine Frage des Einzelfalls, ob die Erklärungen der Partei so ausgelegt werden können, dass in ihnen neben einer Beschreibung auch zugleich eine Zusicherung liegen soll.[1120]

**326** Der Begriff der Eigenschaft wird hier wie die „Beschaffenheit" in § 443 BGB verstanden. Das Gesetz nannte idF bis zum 31. 8. 2001 (§ 537 Abs. 2 S. 2 BGB aF) als Bsp. einer zugesicherten Eigenschaft die Grundstücksgröße (→ Rn. 331 ff.). Ohne damit eine inhaltliche Änderung vornehmen zu wollen, ist das Bsp. aus dem Gesetzestext gestrichen worden[1121] (→ Rn. 319). Als Eigenschaften kommen weiterhin alle Umstände in Betracht, die einen Einfluss auf die **allgemeine Wertschät-**

---

[1107] BGH NJW 2000, 1714 = GE 2000, 671 = NZM 2000, 492 = ZMR 2000, 508; NJW-RR 2000, 1535 = NZM 2000, 1005 = ZMR 2000, 814; OLG Düsseldorf NZM 2010, 820 = ZMR 2011, 118.

[1108] AG München WuM 2000, 546.

[1109] BGH NJW 1991, 912 = MDR 1991, 515 = GE 1991, 239; WuM 1981, 92 = NJW 1980, 777 = MDR 1980, 306 = ZMR 1980, 105; OLG Dresden WuM 1998, 144 = ZMR 1998, 417 = NJW-RR 1998, 512 = GE 1998, 122 = NZM 1998, 184 mAnm *Blank* = WuM 1998, 467 und *Pauly* = WuM 1998, 469 = ZMR 1998, 417 = GE 1998, 122; OLG Düsseldorf MDR 90, 342; LG Frankfurt/Oder ZMR 2011, 551; Bub/Treier MietR-HdB/*Kraemer/Ehlert* Kap. III B Rn. 3231.

[1110] AG Köln WuM 2005, 239.

[1111] Bub/Treier MietR-HdB/*Kraemer/Ehlert* Kap. III B Rn. 3231.

[1112] *Kraemer* WuM 2000, 515 (522).

[1113] *Gather* DWW 2002, 54 (60); die Zusicherung muss zweifelsfrei sein, Wolf/Eckert/Ball Gewerbl. Miet-/Pacht-/LeasingR-HdB Rn. 288.

[1114] BGH NJW 1991, 1880 = MDR 1991, 1136; Staudinger/*Emmerich* BGB § 536 Rn. 34; Bub/Treier MietR-HdB/*Kraemer/Ehlert* Kap. III B Rn. 3232.

[1115] *Blank* Mietrecht von A bis Z, 19. Aufl. 2015, Stichwort: „Mängel I 3".

[1116] Bub/Treier MietR-HdB/*Kraemer/Ehlert* Kap. III B Rn. 3231.

[1117] BGH MDR 1964, 915 = BB 1964, 819.

[1118] *Staudinger/Emmerich* BGB § 536 Rn. 35; LG Heilbronn WuM 1998, 20.

[1119] Bub/Treier MietR-HdB/*Kraemer/Ehlert* Kap. III B Rn. 3231.

[1120] Emmerich/Sonnenschein/*Emmerich* BGB § 536 Rn. 20.

[1121] Nachw. bei Börstinghaus/*Eisenschmid* Neues MietR BGB § 536, S. 49.

**zung oder Brauchbarkeit** der Sache haben.[1122] Ob die zugesicherten Eigenschaften überhaupt herbeigeführt werden können, spielt keine Rolle.[1123] Der Mieter hat auch keine Pflicht, das Vorhandensein der zugesicherten Eigenschaften nachzuprüfen.[1124]

Es genügt im Regelfall, wenn die Zusicherung **mündlich** erfolgt. Bei Mietverträgen, die für längere Zeit als ein Jahr geschlossen werden, gilt allerdings das Schriftformgebot des § 550 BGB.[1125] **327**

Bei einer **Mehrheit** von Vermietern ist die Zusicherung nur verbindlich, wenn sie von allen Vermieten abgegeben wurde. Durch die Bevollmächtigung zur Verhandlungsführung kann aber ein Haftungstatbestand auch der anderen Vermieter eingreifen (§ 278 BGB). **328**

§ 536 Abs. 2 BGB findet auch Anwendung, wenn der Vermieter nach Vertragsschluss und nach Übergabe, also während der Nutzung, eine Zusicherung abgibt.[1126] **329**

§ 536 Abs. 2 BGB schließt nicht aus, dass der Mieter bei vom Vertrag abweichender Wohnfläche das Minderungsrecht nach Abs. 1 wahrnehmen kann.[1127] Unter Zugrundelegung des subjektiven Fehlerbegriffs kann die Abweichung der vertraglich vereinbarten Wohnfläche von der tatsächlichen Wohnfläche ohne weiteres einen Mangel darstellen, ohne dass die subjektive Beeinträchtigung des Mieters besonders zu prüfen ist[1128] (→ Rn. 54 ff.). **330**

## I. Wohnraum

Im Wohnraummietrecht spielt die zugesicherte Eigenschaft selten eine maßgebende Rolle.[1129] **331**
Eine bewusste Vermietung einer **Behinderten-Wohnung** an einen Rollstuhlfahrer enthält notwendigerweise die Zusage, dass die Wohnung auch für einen Rollstuhlfahrer geeignet ist.[1130] (zum Recht des Mieters auf Umbau → BGB § 535 Rn. 419 ff.; → BGB § 554a Rn. 22 ff.). Das gilt auch, wenn die Wohnung als **barrierefrei** angeboten wird. Die Werbung mit **seniorengerecht** schließt die Zusage ein, dass die Wohnung mit einem Aufzug erreichbar ist.[1131] Wird eine Wohnung als **kindergerecht** vermietet, sind typische Gefahren für Kinder aus der Wohnung zu beseitigen.[1132] Als Zusicherung des nachträglichen Anbaus eines Balkons gilt der Hinweis im Mietvertrag: „Balkon geplant".[1133]

Häufig wird eine Zusicherung beim Streit um die Größe der Wohnung diskutiert. Eine Zusicherung wird idR nur vorliegen, wenn der Vermieter für die angegebene qm-Größe auch einstehen will.[1134] Dies kann nur bei Vorliegen besonderer Umstände angenommen werden, wie zB dann, wenn die Größe für den angestrebten Vertragszweck bedeutsam ist.[1135] **332**

Daher liegt nicht in jeder Größenangabe einer Wohnung eine **Zusicherung.**[1136] Keine Zusicherung ist anzunehmen, wenn der Wohnraummieter – so der Regelfall – sich bei seiner Ent- **333**

---

1122 BGHZ 48, 118; 87, 302 = NJW 1983, 2192 = MDR 1983, 838 zu § 459 Abs. 2 BGB.
1123 Staudinger/*Emmerich* BGB § 536 Rn. 36.
1124 BGH MDR 1964, 915 = BB 1964, 819; Bub/Treier MietR-HdB/*Kraemer/Ehlert* Kap. III B Rn. 3230.
1125 Emmerich/Sonnenschein/*Emmerich* BGB § 536 Rn. 20; Staudinger/*Emmerich* BGB § 536 Rn. 34; Bub/Treier MietR-HdB/*Kraemer/Ehlert* Kap. III B Rn. 3232.
1126 Bub/Treier MietR-HdB/*Kraemer/Ehlert* Kap. III B Rn. 3235.
1127 OLG Dresden WuM 1998, 144 = ZMR 1998, 417.
1128 BGH XII ZR 254/01, NJW 2005, 2152 = NZM 2005, 500 = GuT 2005, 163 = GE 2005, 861 = ZMR 2005, 612 = MDR 2005, 975 = AK-MietPrax § 536 BGB Nr. 9; BGH VIII ZR 295/03, WuM 2004, 336 = GE 2004, 680 = ZMR 2004, 495 = NZM 2004, 453 = NJW 2004, 1947 = AK-MietPrax § 536 BGB Nr. 3; BGH VIII ZR 133/03, WuM 2004, 268 = AK-MietPrax § 536 BGB Nr. 4 = NZM 2004, 456 = ZMR 2004, 500 = DWW 2004, 149 = GE 2004, 683; OLG Frankfurt a. M. BeckRS 2002 30296521; OLG Karlsruhe NZM 2002, 218 = NJW-RR 2002, 586; *Kraemer* WuM 2000, 515 (522).
1129 LG Braunschweig WuM 1985, 259 zur Zusicherung des Vermieters, neue Fenster einzubauen.
1130 AG Köln ZfSH 1979, 84; *Blank* PiG 2012, 1 (5).
1131 *Blank* PiG 2012, 1 (5).
1132 Vgl. den Fall BGH VI ZR 189/05, WuM 2006, 388 = AK-MietPrax § 823 BGB Nr. 1 = NZM 2006, 578 = GE 2006, 906.
1133 AG Brandenburg a. d. Havel GE 2015, 794.
1134 AG Herne WuM 1997, 550.
1135 OLG Koblenz WuM 1992, 549 = MDR 1993, 70 zu einem Fall mit Betrugsverdacht.
1136 OLG Dresden WuM 1998, 144 = ZMR 1998, 417 = NJW-RR 1998, 512 = GE 1998, 122 = NZM 1998, 184 mAnm *Blank* = WuM 1998, 467 und *Pauly* = WuM 1998, 469 = ZMR 1998, 417 = GE 1998, 122; KG GE 1992, 871; LG Münster WuM 1990; DWW 1990, 310; 146; LG Hamburg WuM 1990, 497; LG München WuM 1990, 447; LG Düsseldorf WuM 1990, 69; LG Kleve WuM 1988, 13; LG Wuppertal DWW 1988, 253; LG München I WuM 1987, 217; LG Würzburg WuM 1984, 213; AG Münden ZMR 1990, 25; AG Ber-

scheidung über den Vertragsschluss nicht nach der angegebenen Wohnfläche,[1137] sondern nach dem Eindruck richtet, den er auf Grund der Besichtigung der Wohnung gewonnen hat.[1138] Hat die Größenangabe lediglich beschreibenden Charakter, handelt es sich bei ihr also lediglich um eine Beschaffenheitsangabe, dann liegt in der Abweichung kein Mangel aufgrund Fehlens einer zugesicherten Eigenschaft.[1139]

**334** Ist dagegen die Wohnungsgröße nicht nur beschreibend, sondern mit einer **konkreten Zahl,** zB 65 qm, bestimmt, soll eine zugesicherte Eigenschaft vorliegen.[1140] Dies kann generell angenommen werden, wenn neben der Wohnungsgröße im Mietvertrag der Quadratmeterpreis angegeben wurde[1141] oder wenn die Wohnungsgröße für den Mieter von besonderem Belang war.[1142] Entscheidend für die Abgrenzung sind die Umstände des Einzelfalls. Hierbei kann es eine Rolle spielen, ob der Vermieter in **Annoncen**[1143] oder bei Abschluss des Vertrages auf eine bestimmte Wohnungsgröße **hingewiesen** hat, wie zB dann, wenn der Mieter vor Errichtung des Gebäudes bei Angabe der angestrebten Größe den Mietvertrag abgeschlossen hat.[1144]

**335** Für die Berechnung der Wohnungsgröße gelten für **preisgebundenen Wohnraum** die §§ 42–44 II. BV bzw. die WoFlVO. Für nicht preisgebundenen Wohnraum kommt es in erster Linie auf den Vertrag an. Ist nach Auslegungsgrundsätzen ein Vertragswille nicht zu ermitteln, wird die Vereinbarung der II. BV bzw. der WoFlVO unterstellt.[1145] (Einzelheiten → BGB § 535 Rn. 52 ff.; sowie nach § 556 a BGB). Im Einzelfall können besondere Umstände auf die Berechnung Einfluss nehmen.[1146]

**336** Bei **Betriebskostenabrechnungen** ist grds. auf die tatsächliche Wohnungsgröße abzustellen.[1147] Ausnahmsweise gilt aber die vertraglich vereinbarte Größe, wenn die Flächenabweichung 10% nicht übersteigt.[1148] Diese für unerhebliche Mängel geltende Rspr. kann nicht auf die Fälle angewendet werden, bei denen der Vermieter die Größe der Wohnung zugesichert hat, weil dann kein geringfügiger Mangel vorliegt (→ Rn. 292). Im **Mieterhöhungsverfahren** gelten die gleichen Grundsätze, soweit freifinanzierter Wohnraum betroffen ist.[1149] Für den sozialen Mietwohnungsbau ist zu beachten, dass auch ohne Zusicherung für den Mieter selbst bei Abweichungen bis 10% die jeweils günstigere Größe gilt, wenn der Vermieter mit seinem Erhöhungsverlangen die Kostenmiete übersteigen und damit gegen § 8 WoBindG verstoßen würde.

---

lin-Schöneberg GE 1990, 427; AG Köln WuM 1988, 14; **aA** AG Duisburg WuM 1987, 217; iE *Wiese* ZMR 90, 81 ff.

[1137] Zum Begriff und zur Berechnung der Wohnfläche BGH NJW-RR 1997, 2874; BayObLG WuM 1996, 294 = NJW 1996, 2106 = MDR 1996, 789; WuM 1983, 254 = ZMR 1983, 387 = MDR 1983, 1027 = GE 1983, 865; BGH GE 1997, 1392 beim Werkvertrag; OLG München ZMR 1978, 365; OLG Frankfurt a. M. MDR 1984, 754; DWW 1985, 65 zum Kaufvertrag.

[1138] LG Gießen ZMR 2004, 114 = MDR 2004, 147; LG Berlin NZM 1999, 412; LG Düsseldorf DWW 1999, 154; AG Hagen DWW 2009, 312.

[1139] OLG Rostock MDR 1999, 219; LG Kleve WuM 1988, 13.

[1140] AG Herne WuM 1997, 550; AG Duisburg WuM 1987, 217; *Horst* ZAP 1035, 1038.

[1141] LG Mönchengladbach ZMR 1988, 178; LG München I WuM 1987, 217; AG Potsdam WuM 1997, 209; AG Duisburg WuM 1987, 217; AG Ahrensburg NJW-RR 1988, 1424.

[1142] LG Münster WuM 1990, 146; LG Mannheim WuM 1989, 11.

[1143] BGH VIII ZR 256/09, WuM 2010, 480 = NZM 2010, 614 = AK-MietPrax § 536 BGB Nr. 33; AG Hagen DWW 2009, 312; *Börstinghaus* Flächenabweichungen 2012 Rn. 108.

[1144] OLG Hamm WuM 1998, 151 = ZMR 1998, 90.

[1145] BGH WuM 1997, 625 = NJW 1997, 2874 = ZMR 1997, 633 = MDR 1997, 1012; sa BGH VIII ZR 101/04, WuM 2005, 712 = NZM 2005, 861; OLG Celle OLG-Report Celle 1998, 185; LG Berlin ZMR 2004, 942.

[1146] BayObLG WuM 1983, 254 = MDR 1983, 1027 = ZMR 1983, 387 = GE 1983, 865 zur Berechnung einer Balkonfläche.

[1147] LG Freiburg WuM 1988, 263; iE *Beyer* NZM 2010, 417; Eisenschmid/Wall/*Eisenschmid* 3. Aufl. Rn. 4047.

[1148] BGH VIII ZR 261/06, WuM 2007, 700 = GE 2007, 1686 = NJW 2008, 142 = NZM 2008, 38 = ZMR 2008, 38 = DWW 2008, 17 = AK-MietPrax § 556 BGB Nr. 26; abl. mit überzeugenden Gründen *Börstinghaus* Flächenabweichungen 2012 Rn. 901 ff.; *Hinz* WuM 2008, 633; *Schmid* WuM 2008, 9.

[1149] BGH VIII ZR 138/06, WuM 2007, 450 = AK-MietPrax § 558 BGB Nr. 14 = NJW 2007, 2626 = NZM 2007, 594 = DWW 2007, 335 bei Flächenabweichung über 10% sowie BGH VIII ZR 205/08, WuM 2009, 460 = *AK-MietPrax § 558 BGB* Nr. 23 = NJW 2009, 2739 = NZM 2009, 613 = GE 2009, 1038 = DWW 2009, 331 für Abweichungen bis 10%; mit überzeugenden Gründen auf Kritik gestoßen: *Börstinghaus* Flächenabweichungen 2012 Rn. 756 ff.; *Beyer* WuM 2010, 614; *Derleder* WuM 2010, 202; *Bub* PiG 2010, 45; Staudinger/*Emmerich* 2011 BGB § 558 Rn. 32.

## II. Gewerberaum

Bei gewerblichen Mietverhältnissen spielt die zugesicherte Eigenschaft nach wie vor eine wesentliche Rolle. Sinn und Zweck der Zusicherung liegen darin, dem Empfänger der Zusicherung die Gewähr dafür zu geben, dass die Sache die Eigenschaften besitzt, die der Zusicherung und dem vertraglich vereinbarten Zweck entsprechen. Der Empfänger der Zusicherung muss sich **uneingeschränkt** darauf verlassen können, dass die Zusicherung richtig ist, ohne eigene Nachforschungen anstellen zu müssen. Das gilt selbst dann, wenn die Zusicherung erkennbar ohne hinreichende Unterlagen abgegeben wird.[1150] Wird eine Lagerhalle vor ihrer Errichtung vermietet und im Mietvertrag die Größe mit einer ca.-Angabe beschrieben, dann sind nur geringfügigste Abweichungen der Größe zulässig.[1151] Anders kann der Fall liegen, wenn der Empfänger der Zusicherung gewusst hat oder ihm grob fahrlässig verborgen blieb, dass die zugesicherte Eigenschaft nicht vorliegt (→BGB § 536b Rn. 22). Bloße Zweifel genügen nicht, weil das Vorhandensein einer bestimmten zugesicherten Eigenschaft dem Kenntnis- und Risikobereich des Vermieters zuzuordnen ist. Die Lage des Geschäfts innerhalb eines Einkaufszentrums kann eine zugesicherte Eigenschaft sein.[1152] 337

Für die Rechtsbeziehungen der Vertragspartner ist ohne Bedeutung, ob der Mieter im Verhältnis zu Dritten verpflichtet ist, eine Nachprüfung der Angaben des zusichernden Vermieters zu veranlassen (Überprüfung durch die Baupolizei).[1153] 338

Die **Tragfähigkeit** von Decken gehört zum vertragsgemäßen Gebrauch einer Sache[1154] Darüber hinaus kann die Tragfähigkeit der Decke auch Gegenstand einer Zusicherung sein,[1155] ebenso die Angabe eines bestimmten **Umsatzes**[1156], wenn es um die Ertragsfähigkeit eines Unternehmens geht.[1157] So hat der BGH auch die bis zum Verkauf auf längere Zeit erzielten Umsätze und Erträge – nicht die künftigen Umsätze und Erträge – dann als eine Unternehmenseigenschaft angesehen, wenn sie vertraglich zugesichert wurden. Die Ertragsfähigkeit entspricht regelmäßig den Besonderheiten des Unternehmenskaufs und insbes. den Schwierigkeiten einer Unternehmensbewertung, bei der häufig subjektive, dem Verkäufer nicht ohne Weiteres erkennbare Erwägungen des Käufers eine wesentliche Rolle spielen. Zusicherungsfähige Eigenschaften sind zudem die **Brauereifreiheit** bei der Verpachtung einer Gastwirtschaft oder die Freiheit von **Immissionen.**[1158] 339

Werden auf einem Sportplatz Wandflächen zu **Reklamezwecken** vermietet, liegt in diesem Vertrag im Zweifel zugleich die Zusicherung, dass auf dem Platz auch öffentliche Veranstaltungen stattfinden. 340

## D. Verschulden des Vermieters

Die Minderung erfolgt unabhängig davon, ob der Vermieter den Mangel zu vertreten hat.[1159] Selbst wenn die Ursache des Mangels völlig außerhalb seines Einflussbereiches liegt oder von ihm nicht beseitigt werden kann, führt der Fehler zur Minderung.[1160] Daher können sogar nach Abschluss des Vertrages **geänderte Rechtsbestimmungen** zu einem Mangel führen, wenn 341

---

1150 BGH MDR 1964, 915.

1151 OLG Hamm WuM 1998, 151 = ZMR 1998, 90, 13% Abweichung ist nicht mehr geringfügig; OLG Rostock MDR 1999, 219.

1152 OLG Frankfurt a. M. NZM 2005, 619; zur Vollvermietung BGH NJW 2006, 899 = NZM 2006, 54 = GuT 2006, 19.

1153 BGH MDR 1964, 915.

1154 BGH BB 1958, 575; MDR 1964, 915 = BB 1964, 819.

1155 BGH MDR 1964, 915.

1156 OLG Hamburg MDR 1998, 340 = ZMR 1998, 221 = NJW-RR 1998, 1091 = GE 1998, 242 = NZM 1998, 307; zum Begriff „Fachmarktkonzept" OLG Naumburg WuM 1997, 675.

1157 BGH I ZR 132/75, NJW 1977, 1538.

1158 Staudinger/*Emmerich* BGB § 536 Rn. 37; vgl. auch Beispiele bei Bub/Treier MietR-HdB/*Kraemer/Ehlert* Kap. III B Rn. 3234 mwN.

1159 BGH BB 1958, 575; BGHZ 9, 320; 63, 333 = NJW 1975, 645; BGHZ 68, 294 = NJW 1977, 1285 = MDR 1977, 743 = ZMR 1978, 25; BayObLG WuM 1987, 112 = NJW 1987, 1950 = NJW-RR 1987, 971 = ZMR 1987, 174 = MDR 1987, 498 = GE 1987, 397.

1160 BayObLG WuM 1987, 12 = ZMR 187, 174 = MDR 1987, 498; OLG Celle WuM 1985, 9 = ZMR 1985, 10 = GE 1985, 679; Emmerich/Sonnenschein/*Emmerich* BGB § 536 Rn. 30; *Franke* ZMR 1996, 297 (298).

dadurch die Mietsache wegen einer fehlenden Genehmigung nicht mehr so genutzt werden kann, wie im Vertrag vorgesehen.

342 Der anfängliche, die Garantiehaftung des Vermieters auslösende Mangel muss lediglich bei Vertragsschluss vorhanden sein. Dass er zu diesem Zeitpunkt eine schädigende Wirkung gezeigt hat, ist nicht erforderlich.[1161] Es ist somit ausreichend, wenn bei Vertragsschluss nur die Gefahrenquelle vorhanden war oder die Ursache vorlag.[1162] Somit trägt der Vermieter die Gefahr aller **geheimen Mängel,**[1163] wie zB bei einem Rohrbruch, wenn die Leitungen von Anfang an zu dünn dimensioniert waren oder mangels ordnungsgemäßer Konstruktion Deckenputz herunterfällt.[1164] Der Vermieter muss auch für eine **zufällige Verschlechterung**[1165] oder für einen Mangel durch **höhere Gewalt**[1166] einstehen. Er haftet aber nicht, wenn sich eine auf **außergewöhnlichen Umständen** beruhende Gefahr verwirklicht[1167] (zur Vorhersehbarkeit → Rn. 9f.).

## E. Rechte des Mieters

### I. Minderung

343 Die Minderung des Mietzinses tritt kraft Gesetzes ein.[1168] Es bedarf daher – anders als beim Kauf – nicht einer besonderen Erklärung des Mieters oder eines Gestaltungsaktes.[1169] Der Mieter kann daher auch nur mit dem herabgesetzten Mietzins in Verzug kommen. Die Minderung ist weder ein **Anspruch** noch ein **Gestaltungsrecht** und kann daher auch nicht verjähren.[1170] Dies ist eine Folge der umfassenden Garantiehaftung des Vermieters. Der Vermieter kann dem Mieter aber uU den Einwand der Verwirkung entgegenhalten[1171] (→ BGB § 536b Rn. 36ff.).

344 Hat der Mieter den vereinbarten Mietzins in voller Höhe entrichtet, obwohl ein Mangel vorliegt, kann er die zu viel gezahlte Miete gem. § 812 BGB zurückfordern. Zahlt er trotz Kenntnis des Mangels ohne jeden Vorbehalt die Miete ungekürzt weiter, kann er die „Überzahlung" regelmäßig nicht zurückfordern (§ 814 BGB), weil schon zum Zeitpunkt der Zahlung der Rechtsgrund zum Behaltendürfen der vollen Miete nicht mehr bestand.[1172] Das allein reicht aber für den Ausschluss des Rückforderungsrechts nach § 814 BGB nicht aus. Vielmehr ist weiterhin erforderlich, dass der Leistende nicht nur die Tatumstände kennt, aus denen sich ergibt, dass er nicht verpflichtet ist, sondern auch weiß, dass er nach der Rechtslage nichts schuldet.[1173] Der Leistende muss also aus diesen Tatsachen nach der maßgeblichen Parallelwertung der Laiensphäre auch eine im Ergebnis zutreffende rechtliche Schlussfolgerung gezogen haben.[1174] Das betrifft vor allem die Fälle, bei denen der Mieter sich nur über den Umfang seines Minderungsrechts geirrt hat. Glaubte der Mieter dagegen, eine Minderung sei nur erlaubt, wenn er mit dem Vermieter eine entsprechende Ver-

---

[1161] BGH NJW 1963, 804 = MDR 1963, 303; BGH MDR 1972, 411 = BB 1972, 1207; OLG Karlsruhe ZMR 1991, 378.

[1162] BGH NJW 1968, 886; NJW-RR 1990, 1099.

[1163] BGH MDR 1972, 411; LG Köln WuM 1990, 386.

[1164] BGH NJW 1963, 804; 1972, 944.

[1165] BGH WuM 1991, 544 = NJW-RR 1991, 779; 544; BGH WuM 1987, 53 = NJW 1987, 432 = ZMR 1987, 51 = DWW 1987, 14.

[1166] *Kraemer* WuM 2000, 515.

[1167] BGH NJW 1971, 424; OLG Koblenz NJW 1966, 2017 = VersR 1967, 234.

[1168] BGH WuM 1991, 544 = NJW-RR 1991, 779; 544; WuM 1988, 159 = NJW 1988, 1201 = MDR 1988, 488; das gilt auch für den mietenden (Mit-)Eigentümer, BGH VIII ZR 16/10, WuM 2010, 711 = AK-MietPrax § 535 BGB Nr. 45 = NZM 2010, 898 = ZMR 2011, 109.

[1169] BGH WuM 1991, 544 = NJW-RR 1991, 779; WuM 1988, 159 = NJW 1988, 1201 = MDR 1988, 488; WuM 1987, 53 = NJW 1987, 432 = ZMR 1987, 51 = MDR 1987, 312 = DWW 1987, 14; OLG Düsseldorf MDR 1990, 930 = DWW 1990, 364; AG Schwerin WuM 1994, 530; *Franke* ZMR 1996, 297; Emmerich/Sonnenschein/*Emmerich* BGB § 536 Rn. 30.

[1170] OLG Düsseldorf DWW 1995, 84; WuM 1994, 324 = NJW-RR 1994, 399 = MDR 1994, 371; LG Hannover WuM 1980, 130; *Sonnenschein* NJW 1997, 1270 (1281); Staudinger/*Emmerich* BGB § 536 Rn. 52.

[1171] LG Berlin GE 2003, 254; AG Münster WuM 2007, 569.

[1172] LG Berlin WuM 2016, 348; MüKoBGB/*Häublein* § 536 Rn. 28.

[1173] BGH, VIII ZR 100/18, WuM 2018, 712 = NZM 2018, 1018; BGH, XII ZR 130/89, NJW 1991, 919 = MDR 1991, 533; BGH, III ZR 58/02, NJW 2002, 3772 = MDR 2003, 77.

[1174] BGH, VIII ZR 100/18, WuM 2018, 712 = NZM 2018, 1018; BGH, V ZR 118/07, NJW-RR 2008, 824 = MDR 2008, 619; BGH, XI ZR 170/13, MDR 2014, 912 = NJW-RR 2014, 1133; kritisch *Eisenhardt* WuM 2019, 5, 7.

einbarung getroffen hat, dann fehlte ihm die für den Ausschluss des Rückforderungsrechts erforderliche positive Kenntnis von der Nichtschuld.

Entfällt der Rechtsgrund für die vollständige Miete dagegen erst nach Zahlung, findet § 814 BGB für den zu viel gezahlten Teil keine Anwendung.[1175] Hat der Mieter unter Vorbehalt gezahlt, steht dem § 814 BGB nicht entgegen, weil ein bei der Leistung gemachter **Vorbehalt** die Anwendung dieser Vorschrift ausschließt.[1176] Das gilt auch für den Fall, dass der Mieter zunächst den Ausgang eines selbständigen Beweisverfahrens abwarten will.[1177] Der Mieter kann den überzahlten Betrag auch mit der nächsten Mietzinszahlung verrechnen. Soweit bei Wohnraummietverhältnissen vertragliche Vereinbarungen, auf die das Verbraucherrecht über Allgemeine Geschäftsbedingungen gem. §§ 305 ff. BGB Anwendung finden, eine Aufrechnung verbieten, sind diese unzulässig (→ BGB § 556 b Rn. 31 ff.). **344a**

Der Rückzahlungsanspruch unterliegt allerdings der dreijährigen **Verjährung** gem. § 195 BGB. Dem überzahlten Teil der Miete fehlt bei jeder Zahlung von Anfang an der Rechtsgrund, so dass jeweils sofort ein Bereicherungsanspruch entsteht. **345**

Die Minderungsbefugnis besteht auch dann, wenn der Mieter die Sache bei Gebrauchstauglichkeit gar nicht oder nicht in der vorgesehenen Weise gebraucht hätte.[1178] Die Mietminderung begründet keinen Schadensersatzanspruch für vom Mieter erlittene Beschränkungen, sondern reguliert lediglich das durch den Mangel gestörte **Äquivalenzverhältnis.**[1179] Daher ist es für den Minderungsanspruch unerheblich, ob der Mieter die Sache aus anderen Gründen, zB wegen eines behördlichen Nutzungsverbotes, nicht nutzen konnte.[1180] Es ist also auch nicht erforderlich, dass der Wohnraummieter zum Zeitpunkt des Mangels die Wohnung bewohnt hat.[1181] Daher kann der Mieter selbst dann den Mietzins bis zur Beendigung der Mietzeit mindern, wenn er bereits ausgezogen ist.[1182] Unter Umständen kann dem Mieter wegen der Minderung ein treuwidrigen Verhalten (§ 242 BGB) entgegengehalten werden. Da dem Mieter jedoch jederzeit dass Nutzungsrecht für eine mängelfreie Wohnung zusteht und es nicht darauf ankommt, ob und wieweit der Mieter von dem Mangel persönlich betroffen ist, muss mit dem Vorwurf der Treuwidrigkeit sehr zurückhaltend verfahren werden. **346**

Ist der Mieter zur Mietminderung berechtigt, dann muss er auch nach Beendigung des Mietverhältnisses die **Nutzungsentschädigung**[1183] iSd § 546 a BGB nur gemindert zahlen.[1184] Das gilt allerdings nicht, wenn der Mangel erst **nach** Beendigung des Mietverhältnisses auftritt bzw. die Mietsache sich weiter verschlechtert[1185] oder wenn der Mieter die Mängelanzeige erst nach Beendigung des Mietverhältnisses abgegeben hat[1186]. Der Einwand, dass der Mieter durch mutwillige Verschlechterung des Wohnraums zur Räumung im Wege der Selbsthilfe gezwungen werden könnte, lässt der BGH nicht gelten. Könnte sich der Mieter nämlich in der Vorenthaltungszeit auf jede weitere Verschlechterung der Mietsache berufen, um eine Kürzung des Anspruchs auf Nutzungsentschädigung zu erreichen, würde ihn dies in seinem Willen zur weiteren – widerrechtlichen – Vorenthaltung der Mietsache nur bestärken und damit gerade den Zweck des schuldrechtlichen **347**

---

1175 *Lögering* NZM 2010, 113 (115).

1176 BGH XII ZR 167/01, WuM 2003, 440 = NJW 2003, 2601 = NZM 2003, 679 = ZMR 2003, 667 = GE 2003, 1145 = AK-MietPrax § 536b BGB Nr. 3; BGH NJW 1982, 1147 = MDR 1982, 562; AG Hamburg-Bergedorf ZMR 2012, 876.

1177 LG Berlin GE 2007, 151.

1178 BGH NJW 1958, 785; BGH WuM 1987, 53 = NJW 1987, 432 = ZMR 1987, 51 = DWW 1987, 14; OLG Hamm NJW-RR 1995, 525; Bub/Treier MietR-HdB/*Kraemer/Ehlert* Kap. III B Rn. 3242.

1179 Schmidt-Futterer/*Streyl* BGB § 546 a Rn. 69; *Kraemer* WuM 2000, 515.

1180 AA LG Frankfurt a. M. WuM 2000, 79.

1181 BGH, VIII ZR 99/17, WuM 2018, 641 = NZM 2018, 1020 = GE 2018, 1213; *Eisenhardt* WuM 2000, 45.

1182 KG NZM 2011, 588; OLG Düsseldorf MDR 89, 640.

1183 Zur Nutzungsentschädigung vgl. *Fleindl,* NZM 2018, 57 ff.

1184 BGH WuM 1990, 246 = NJW-RR 1990, 884 = MDR 1990, 813 = ZMR 1990, 206; LG Berlin WuM 1998, 28; AG Neustadt am Rübenberge WuM 2011, 671 zum Beseitigungsanspruch des Mieters; *Eisenschmid* ZfgWBay 1988, 85 (87).

1185 BGH XII ZR 66/13, WuM 2015, 493 = GE 2015, 1022 = NJW 2015, 2795 = NZM 2015, 695 = ZMR 2015, 754 = AK-MietPrax § 546 a BGB Nr. 7; VIII ZR 16/60, NJW 1961, 916 = MDR 1961, 499; *Günter* WImmoT 2015, 19 (31 f.); Staudinger/*Emmerich* BGB § 536 Rn. 58; *Derleder* WuM 2011, 551 (555); **aA** vor allem Schmidt-Futterer/*Streyl* BGB § 546 a Rn. 69; DHF/*Franke* BGB § 536 Anm. 20.1; AnwK Wohnraum-mietR/*Lammel* BGB § 546 a Rn. 25.

1186 LG Krefeld, NZM 2018, 787 = ZMR 2018, 328 = GE 2018, 197.

Abwicklungsverhältnisses gefährden. Der Senat wendet sich insbes. gegen die Argumente von Streyl (→ BGB § 546a Rn. 69), der wegen des vertraglichen Charakters des Anspruchs aus § 546a BGB ein Mietminderungsrecht folgert und für die Zeit nach Beendigung des Mietverhältnisses eine Obliegenheit des Vermieters zur Instandsetzung annimmt. Das nach Beendigung des Mietverhältnisses bestehende Schuldverhältnis sei nach Auffassung des Senats vorübergehender Natur und gerade auf Abwicklung angelegt. Daraus folge für die Vorenthaltungszeit eine beträchtliche Einschränkung der Mieterrechte. Mit Beendigung des Mietverhältnisses erlösche insbes. die Pflicht des Vermieters, die Mietsache gem. § 535 Abs. 1 S. 2 BGB in einem vertragsgemäßen Zustand zu erhalten. Etwas anderes gelte nur dann, wenn den Vermieter nach Treu und Glauben im Rahmen des Abwicklungsverhältnisses ausnahmsweise eine nachvertragliche Pflicht zur Beseitigung von Mängeln der vorenthaltenen Mietsache trifft (→ Rn. 110 ff. zur Versorgungssperre). Dabei sei aber erschwerend zu berücksichtigen, dass der Mieter es grds. selbst zu verantworten habe, wenn er noch im Besitz der Mietsache sei.[1187] In einem milderen Licht könne allerdings der Umstand gesehen werden, wenn dem Mieter Vollstreckungsschutz bewilligt worden sei[1188] oder er sich aus nachvollziehbaren Gründen gegen eine Kündigung wehre.[1189]

**348** Hat sich der Mieter hinsichtlich des Minderungsgrundes geirrt, stellt sich also bspw. im Laufe eines Prozesses heraus, dass der Mangel nicht in der Sphäre des Vermieters entstanden, sondern vom Mieter selbst zu vertreten ist (Schimmelbildung), trägt er nach der Rspr. des BGH[1190] alle damit verbundenen Konsequenzen. Hatte der Vermieter wegen des aufgrund der **„irrtümlichen" Minderung** entstandenen Mietrückstandes fristlos gekündigt, muss der Mieter die Wohnung herausgeben. Er kann sich nicht auf einen Rechtsirrtum berufen, wenn er bei Anwendung verkehrsüblicher Sorgfalt hätte erkennen können, dass die tatsächlichen Voraussetzungen des von ihm in Anspruch genommenen Minderungsrechts nicht bestehen oder doch zumindest Zweifel bestehen, weil die Ursachen erkennbar in seiner Sphäre liegen.[1191] Lässt sich der Mieter durch einen Fachmann beraten, haftet er für dessen „falschen" Rat, weil der Ratgeber Erfüllungsgehilfe des Mieters ist.[1192] Ein Rechtsirrtum des Mieters ist nur unter besonderen Verhältnissen unter Zugrundelegung strenger Maßstäbe beachtlich[1193] (Einzelheiten → BGB § 546a Rn. 93).

**349** Die von der Rspr. herausgearbeiteten Grundsätze zum Rechtsirrtum lassen sich nach der hier vertretenen Auffassung nicht ohne Weiteres auf den Irrtum über das Minderungsrecht übertragen.[1194] Die Mietminderung gem. § 536 BGB erfolgt bei Vorliegen eines Mangels von Gesetzes wegen. Der Mieter muss keine Erklärung abgeben, dass er von seinem Gewährleistungsrecht Gebrauch machen will. Das Gesetz räumt dem Mieter daher eine privilegierte Rechtsstellung ein, die selbst durch Individualvereinbarungen nicht aufgegeben werden kann (§ 536 Abs. 4 BGB). Folgt man der Rspr. des BGH, wird dem Mieter gegen den gesetzlichen Willen das Minderungsrecht unzumutbar erschwert. Er trägt das Risiko des Wohnungsverlustes, obwohl er im guten Glauben die ihm grds. eingeräumte Rechtsposition wahrnimmt. Für den Durchschnittsmieter ist nämlich keinesfalls immer erkennbar, ob der Mangel seiner Sphäre zuzuordnen ist. Zur Vermeidung des drohenden Wohnungsverlustes muss der Mieter somit die volle Miete bezahlen und selbst prozessual aktiv werden, um sich die überzahlten Beträge mit einer Zahlungsklage wiederzuholen.[1195] Der Vermieter kann daher mit dem Druckmittel der Kündigung in Ruhe abwarten, ob der Mieter einen Prozess führt oder – auch wegen des Rechtsfriedens – die Sache auf sich beruhen lässt. Der Hinweis von *Hinz,* dem Vermieter sei es nicht zuzumuten, völlig haltlose Mietminderungen des Mieters hinzunehmen[1196], überzeugt nicht. Denn der Vermieter kann jederzeit Zahlungsklage, sogar im Urkundenprozess, erheben. Er muss somit keinesfalls das vertragswidrige Verhalten des Mieters hinnehmen. Die in diesem Zusammenhang zu stellende Frage ist, ob aufgrund einer irr-

---

[1187] *Geldmacher* Mietrecht Kompakt 2016, 3 (5).
[1188] *Lehmann-Richter* PiG 90 (2011), 199 (206).
[1189] *Börstinghaus* NZM 2016, 418 (422).
[1190] BGH VIII ZR 138/11, WuM 2012, 499 mit abl. Anm. *Blank* = AK-MietPrax § 543 BGB Nr. 26 = NJW 2012, 2882 = NZM 2012, 637 = GE 2012, 1161; *Krapf* jurisPR-MietR 19/2012 Anm. 1.
[1191] *Häublein* PiG 97 (2014), 35 (45).
[1192] BGH VIII ZR 102/06, WuM 2007, 24 = AK-MietPrax § 573 BGB Nr. 9 = NJW 2007, 428 = ZMR 2007, 103; MüKoBGB/*Häublein* § 571 Rn. 5.
[1193] BGH X ZR 157/05, NJW 2006, 3271 = MDR 2007, 200; VIII ZR 79/04, NJW 2005, 976 = MDR 2005, 674).
[1194] Insbes. *Blank* WuM 2012, 501; *Hinz* NJW 2013, 337.
[1195] *Selk* NZM 2012, 797.
[1196] *Hinz* NJW 2013, 337 (339).

tümlichen Minderung der Mieter seine Wohnung verlieren darf. Das ist wegen der damit verbundenen faktischen Entwertung des Mietminderungsrechts sowie wegen des verfassungsrechtlich geschützten Besitzrechts des Mieters an seiner Wohnung zu verneinen.[1197]

### 1. Ausschlusstatbestände

350 Hat der Mieter den Mietzins für einen bestimmten Zeitraum schon entrichtet, kann er sich grds. auch noch rückwirkend auf die Minderung berufen,[1198] sofern nicht ein Ausschlusstatbestand eingreift. Hat der Mieter bei **Kenntnis** des Mangels nicht unter Vorbehalt gezahlt, kann bei mehrmaliger Zahlung ein genereller Ausschluss der Rückforderung eintreten[1199] (zu den Fällen der vorbehaltlosen Zahlung insbes. → Rn. 392; → BGB § 536b Rn. 36 ff.). Des Weiteren ist in diesen Fällen § 814 BGB zu berücksichtigen,[1200] sofern der Mieter wusste, dass er zur Zahlung nicht verpflichtet war. Eine Rückforderung kann aber auch wegen § 536b BGB oder wegen § 536c Abs. 2 Nr. 1 BGB ausgeschlossen sein.

351 Darüber hinaus kann sich der Mieter dann nicht auf die Minderung berufen, wenn der Mangel bzw. die unterlassene Mangelbeseitigung auf sein **Verhalten** zurückzuführen ist[1201]. Dies ist der Fall, wenn der Mieter den Mangel selbst herbeigeführt oder ihn jedenfalls zu vertreten hat[1202] oder wenn er den Mangel nicht in angemessener Zeit beseitigt oder beseitigen lässt, obwohl er hierfür einen Vorschuss[1203] erhalten hat. Das Minderungsrecht entfällt auch dann, wenn der Mieter den Mangel **selbst behoben** hat.[1204] Das Minderungsrecht kann verwirken, wenn bei einem die Gesundheit gefährdenden Mangel der Mieter die Wohnung weiter bewohnt und lediglich den Mietzins mindert.[1205]

352 Nimmt der Vermieter über einen längeren Zeitraum eine vom Mieter vorgenommene Mietminderung **widerspruchslos** hin, kann er sich später unter dem Gesichtspunkt der Verwirkung nicht darauf berufen, es habe kein Mangel vorgelegen.[1206] Der Verwirkungstatbestand ist aber im Einzelfall zu prüfen[1207]. Der **Grundstückserwerber** muss sich als Vermieter die widerspruchslose Hinnahme der Minderung durch den Voreigentümer zurechnen lassen.[1208] Davon zu unterscheiden ist der Fall, bei dem der Vermieter den Mangel zunächst beseitigt hat und für den Zeitraum danach den dennoch vom Mieter einbehaltenen Minderungsbetrag nicht sofort anmahnt.[1209] Denn hier zahlt der Mieter nicht die volle Miete trotz einer unstreitig ordnungsgemäßen Mietsache, so dass für den Verwirkungstatbestand allein wegen dieses Umstandes regelmäßig kein Raum ist.

### 2. Periodisch auftretende Mängel

353 Häufig sind Mängel **latent** vorhanden, zeigen ihre Wirkungen aber nur unter bestimmten Bedingungen. So, wenn bspw. im Sommer die Heizung ausfällt. In diesen Fällen stellt sich die Frage, ob der Mieter auch dann zur Minderung berechtigt ist, wenn sich der Mangel nicht auf den Gebrauch der Mietsache auswirkt.[1210] Der BGH[1211] hat dies mit der überwiegenden Instanzrecht-

---

1197 *Blank* WuM 2012, 501; BVerfG NJW 1989, 1917.
1198 LG Lübeck WuM 1979, 189; LG Saarbrücken WuM 1982, 187; LG Berlin GE 1990, 1037; AG Rheinbach VuR 1990, 212; Kossmann Wohnraummiete-HdB § 61 Rn. 20.
1199 LG Berlin GE 1993, 263; LG Aachen WuM 1992, 243; AG Frankfurt a. M. WuM 1992, 242.
1200 *Wichert* ZMR 2000, 65 (66).
1201 AG Hamburg-Altona ZMR 2008, 298.
1202 KG GuT 2004, 230.
1203 → BGB § 538 Rn. 103 ff.
1204 AG Pankow-Weißensee MM 1995, 397.
1205 LG Frankfurt a. M. NJW-RR 2001, 945 = NZM 2001, 523.
1206 BGH WuM 2006, 55 = NZM 2006, 58 = GuT 2006, 25 = NJW 2006, 219 = ZMR 2006, 107 = AK-MietPrax § 536b BGB Nr. 7; BGH NJW-RR 2003, 727 = ZMR 2003, 341 = NZM 2003, 355; LG Köln WuM 2001, 79; LG Berlin MM 1994, 361; LG Hamburg WuM 1994, 608; 1991, 38; 1990, 203; 1990, 498; LG Osnabrück WuM 1976, 162 = ZMR 1977, 305; AG Köln WuM 2000, 34; AG Kiel WuM 1991, 30; krit. *Wichert* ZMR 2000, 65; **aA** LG Aachen WuM 1992, 243 bei einem Zeitraum von 17 Monaten.
1207 BGH VII ZR 23/02, GE 2003, 456 = NJW 2003, 824.
1208 AG Dortmund WuM 1994, 535.
1209 LG Berlin NJW-RR 2001, 441.
1210 Anders beim Ausfall von Warmwasser, der sich auch im Sommer auf den Mietgebrauch auswirkt, LG Fulda, ZMR 2018, 422 = GE 2018, 935.
1211 BGH XII ZR 132/09, AK-MietPrax § 536 BGB Nr. 36 = NJW 2011, 514 = ZMR 2011, 372 = NZM 2011, 153.

sprechung[1212] verneint. Festzuhalten bleibt jedoch, dass auch in der Zeit, wo sich der Mangel nicht auswirkt, das Äquivalenzverhältnis gestört ist.[1213] Ist bspw. die Heizung defekt, kann der Mieter zwar in den Sommermonaten die Miete nicht mindern, dennoch bleibt ihm der Herstellungsanspruch.[1214] Der Mieter muss nicht auf die Wintermonate warten, um dem Vermieter zu Reparatur anzuhalten.

353a Konsequenz der Auffassung des BGH ist, dass der gleiche Mangel im Laufe eines Mietverhältnisses zu unterschiedlich starken Beeinträchtigungen des vertragsgemäßen Gebrauchs führen und damit unterschiedliche Minderungsbeträge bewirken kann.[1215] Dementsprechend kann die Höhe der Mietminderung erheblich variieren, was für den Mieter nicht unproblematisch ist, wenn er in Erwartung starker Beeinträchtigungen zu Beginn des Monats eine Minderung vornimmt, die sich im konkreten Fall dann als zu hoch erweist. Hierzu hat der Senat einen Ausweg aufgezeigt. Ist der Mieter unsicher, ob sich der Mangel in dem Folgemonat, wie in den vorangegangenen Perioden, im gleichen Umfang auf die Gebrauchstauglichkeit auswirkt, so kann er ohne Verschulden die Miete zunächst in Höhe des Erfahrungswertes der Vergangenheit mindern, muss sie aber dann, wenn der Mangel die Gebrauchstauglichkeit der Räume nicht oder nicht in dem erwarteten Umfang beeinträchtigt hat, nachzahlen. In diesem Fall kommt der Mieter mit der verspäteten Zahlung nicht in Verzug.[1216]

### 3. Eigentumswohnung und Zwischenvermieter

354 Das Minderungsrecht besteht uneingeschränkt auch für den Mieter einer Eigentumswohnung. Dies gilt auch, wenn der Mietgebrauch durch einen Mangel im **Gemeinschaftseigentum** beeinträchtigt wird.[1217] Der Vermieter kann sich nicht darauf berufen, dass die Wohnungseigentümergemeinschaft der erforderlichen Instandsetzungsmaßnahme nicht zustimmen werde. Denn diese ist zur Instandsetzung im Rahmen der ordnungsgemäßen Verwaltung des Wohnungseigentums gem. § 21 Abs. 4, 5 WEG verpflichtet und kann sogar notfalls auf die Vornahme der Arbeiten verklagt werden.[1218] Dieses Vorhaben scheitert aber dann, wenn mit der Instandhaltung die Opfergrenze erreicht wird, weil die Eigentümergemeinschaft zu einer solchen Maßnahme nicht gezwungen werden kann. In diesem Fall ist Unmöglichkeit anzunehmen.[1219]

355 Die Vollstreckung erfolgt gem. § 887 ZPO. Sofern die Mitwirkung eines Dritten erforderlich ist, zB die Eigentümergemeinschaft bei Gemeinschaftseigentum, erfolgt die Vollstreckung gem. § 888 ZPO, soweit eine Zustimmung des Dritten oder ein Titel gegen den Dritten nicht vorliegt.[1220] Das Zwangsgeld soll den Schuldner anhalten, für die Zustimmung der Gemeinschaft und der Vornahme der geschuldeten Handlung zu sorgen.[1221] Im Fall der Unmöglichkeit (s. oben), für die der Schuldner die Darlegungs- und Beweislast trägt, kann ein Zwangsgeld nicht verhängt werden.[1222] Dann muss der Gläubiger neu auf die Leistung seines Interesses klagen.

356 Das Minderungsrecht besteht auch dann, wenn der Vermieter nicht Eigentümer, sondern nur **Zwischenvermieter** ist. Dass die Umsetzung des Mieteranspruchs für den Zwischenvermieter rechtlich und tatsächlich problematisch sein kann, ist unerheblich. Derjenige, der sich zu einer Vertragsgestaltung als Zwischenvermieter entschließt, um im eigenen Interesse an den Einkünften des

---

[1212] LG Köln WuM 1975, 679; vgl. LG Wiesbaden WuM 1990, 71; LG Karlsruhe WuM 1987, 382 zur Minderung bei defektem Kamin in den Sommermonaten.

[1213] *Artz* WImmoT 2011, 149 (151); AK-MietPrax/*Eisenschmid* § 541 BGB Nr. 3 (Anm.); so iErg AG Solingen WuM 1980, 63; unklar KG ZMR 2014, 27, das von Gefahrenlage spricht.

[1214] *Artz* WImmoT 2011, 149 (153).

[1215] LG Berlin WuM 2016, 168 zum jahreszeitlich bedingten Wildschweinbefall.

[1216] *Dose* WImmoT 2011, 21 (25).

[1217] *Blank* WuM 2000, 523 (526).

[1218] KG WuM 1990, 376 = NJW 1990, 3218 = ZMR 1990, 336; LG Lübeck WuM 1991, 30; LG Berlin WuM 1990, 376 = NJW 1990, 3218 = NJW-RR 1990, 1166 = DWW 1990, 232 = ZMR 1990, 336 = GE 1990, 811.

[1219] BGH VIII ZR 342/03, AK-MietPrax § 535 BGB Nr. 21 = NJW 2005, 3284 = NZM 2005, 820 = WuM 2005, 713 = GE 2005, 1348.

[1220] BGH I ZB 46/08, WuM 2009, 142 = AK-MietPrax § 887 ZPO Nr. 3 mAnm *Börstinghaus;* BGH NZM *2009, 202 = ZMR 2009*, 347 = NJW-RR 2009, 443; LG Berlin WuM 2012, 640 = GE 2012, 1562.

[1221] *Flatow* jurisPR-MietR 2/2013 Anm. 6.

[1222] BGH I ZB 46/08, WuM 2009, 142 = AK-MietPrax § 887 ZPO Nr. 3 mAnm *Börstinghaus;* BGH NZM 2009, 202 = ZMR 2009, 347 = NJW-RR 2009, 443.

Eigentümers zu partizipieren, muss sich ungeachtet der damit verbundenen Erschwernisse an den sich hieraus ergebenen Rechtspflichten festhalten lassen.[1223]

Besonderheiten bestehen bei der gewerblichen Weitervermietung von Wohnraum (§ 565 BGB). **357**
Dabei handelt es sich bei dem Vertragsverhältnis zwischen dem Eigentümer und dem Zwischenmieter um einen gewerblichen Mietvertrag[1224] (→ BGB Vor § 535 Rn. 104; → BGB § 565 Rn. 6). Im Verhältnis des Zwischenmieters zum Endmieter ist ein Wohnraummietverhältnis anzunehmen. Wegen dieser Vertragsdoppelung ist im Einzelfall schwierig zu entscheiden, ob ein Mangel im Wohnraummietverhältnis automatisch auch einen Mangel im gewerblichen Mietvertrag bedingt und ob die Bewertung über das Vorliegen eines „nicht erheblichen Mangels" für beide Mietverhältnisse gleich zu treffen ist.

Da das Vorliegen eines Mangels voraussetzt, dass die Mieträume zum vertragsgemäßen **358**
Gebrauch nicht geeignet sind, versteht es sich von selbst, jeden Mietvertrag zunächst gesondert dahingehend zu prüfen, was als vertragsgemäßer Gebrauch vereinbart wurde. Erst dann kann eine Abweichung der Ist-Beschaffenheit von der Soll-Beschaffenheit festgestellt werden. Erfolgt die gewerbliche Vermietung von Wohnraum zum **Zweck der Weitervermietung** an den Wohnraummieter, wird jedoch regelmäßig der Mangel im Wohnraummietverhältnis auch als Mangel des gewerblichen Mietverhältnisses anzusehen sein, weil der vertragsgemäße Gebrauch insoweit regelmäßig deckungsgleich sein wird.

Problematisch kann insbes. die Prüfung der Wesentlichkeit des Mangels gem. § 536 Abs. 1 S. 3 **359**
BGB sein (Beispiele für geringfügige Mängel → Rn. 62). Ob die Annahme eines unerheblichen Mangels im Wohnraummietverhältnis auf das vorgelagerte gewerbliche Mietverhältnis durchschlägt, hat der BGH[1225] offen gelassen. Letztendlich kann diese Frage nur eine **Einzelfallbewertung** beantworten. Dabei ist auch zu berücksichtigen, ob es sich bei dem Zwischenmietverhältnis um Einzelverträge handelt oder ob mehrere Wohnungen in einem Generalmietvertrag zusammengefasst wurden. Im letzteren Fall ist die Einzelmiete zu ermitteln, bevor über den Umfang der Minderung entschieden werden kann[1226].

### 4. Einzugsermächtigung

Liegt ein Minderungsgrund vor, darf der Vermieter von einer erteilten Einzugsermächtigung **360**
nur in Höhe der geschuldeten Miete Gebrauch machen. Der Mieter kann eine **einstweilige Verfügung** gegen den Vermieter beantragen, wenn hiergegen verstoßen wird, da die Unterlassungsverfügung trotz einer möglichen Rückbuchung durch Widerruf nicht überflüssig ist. Es besteht nämlich immer die Gefahr, dass eine Buchung übersehen wird.[1227]

## II. Bewertung des Mangels

Der Umfang der Minderung ergibt sich aus § 536 Abs. 1 S. 1, 2 BGB. Nach S. 1 ist der Mieter **361**
für den Zeitraum, in dem ein Mangel vorliegt, der die Tauglichkeit der Mietsache zum vertragsgemäßen Gebrauch aufhebt, von der Entrichtung der Miete befreit. Ist die Tauglichkeit nur gemindert, hat der Mieter nach S. 2 nur eine angemessen herabgesetzte Miete zu entrichten.

Mit dem Mietrechtsreformgesetz wurde der Verweis auf die Vorschriften des Kaufrechts (§§ 472, **362**
473 BGB) ersetzt durch den Begriff „angemessen herabgesetzte Miete". In der Begründung wird darauf verwiesen, dass die bisherige Regelung wegen der komplizierten Berechnung unpraktikabel sei und die Praxis den Mietminderungsbetrag ohnehin in Prozentzahlen angebe.[1228] Daher sei eine „offenere Formulierung" angebracht.[1229] Die nunmehr geltende Fassung ist zurückzuführen auf einen Vorschlag des Bund-Länder-Arbeitskreises „Mietrechtsvereinfachung",[1230] um der tatsächlichen Rechtsentwicklung zu folgen.

---

[1223] OLG Zweibrücken WuM 1995, 144 = NJW-RR 1995, 270 = ZMR 1995, 119.
[1224] BGH NJW 1981, 1377.
[1225] BGH WuM 2004, 531 = GuT 2004, 169 = AK-MietPrax § 536 BGB Nr. 6 = NZM 2004, 776 = GE 2004, 1228.
[1226] *Gester* GE 2005, 531 (534).
[1227] LG Berlin GE 1996, 805.
[1228] BR-Drs. 439/00, 100; Nachw. bei Börstinghaus/*Eisenschmid,* Arbeitskommentar Neues Mietrecht, BGB § 536, S. 48.
[1229] BR-Drs. 439/00, 100.
[1230] § 537 Abs. 1 VereinfE: Nachw. bei Börstinghaus/*Eisenschmid* Neues MietR BGB § 536 S. 43.

363 Der neue Begriff **„angemessen"** soll somit das alte Berechnungsverfahren – unter erleichterten Bedingungen – fortführen. Er lässt es aber vom Wortlaut auch zu, eine Reduzierung der Miete zusätzlich auf andere Kriterien als allein auf die aufgehobene oder geminderte Tauglichkeit der Mietsache zu stützen.

364 So ist denkbar, das fehlende oder das besonders gröbliche Verschulden des Vermieters als ein Kriterium in der Gesamtbewertung des Minderungsbetrages mit heranzuziehen.[1231] Aber auch Begleitumstände, wie bspw. die längere Abwesenheit des Mieters (der Mieter spürt die Auswirkungen des Mangels nicht, weil er sich in Urlaub befindet), die Versicherbarkeit des Risikos[1232] oder die Jahreszeit (die Heizung fällt in den Sommermonaten aus) könnten die Höhe des zulässigen „angemessenen" Minderungsbetrages beeinflussen[1233] (zu periodisch auftretenden Mängeln → Rn. 353f.). Unter Beachtung des **Äquivalenzprinzips** lässt sich eine solche Ausdehnung der Berechnungskriterien aber kaum begründen, da nicht in den Vertragsparteien liegende Merkmale, sondern vertragsgemäße Tauglichkeitskriterien der Mietsache, also Beschaffenheitsmerkmale, sowie die dadurch bedingte Gebrauchsbeeinträchtigung über den Mietwert entscheiden.[1234] Daran hat sich mit dem Begriff der „Angemessenheit" nichts geändert[1235], auch wenn ihm eine gewisse „Subjektivierung" nicht abzusprechen ist.[1236]

365 Die Praxis arbeitet bei Festlegung der Höhe der Minderung regelmäßig mit prozentualen Schätzungen und Mietminderungstabellen,[1237] wobei insbes. die Schwere des Mangels, der Grad und die Dauer der Tauglichkeitsminderung von Bedeutung sind. Daher kommt in der gerichtlichen Praxis der Vorschrift des § 287 ZPO eine sehr große Bedeutung zu.[1238] Gegebenenfalls hat sich der Richter der Hilfe eines Sachverständigen zu bedienen und muss dann auf der Grundlage aller Feststellungen im Rahmen einer Gesamtschau den Umfang der streitigen Mängel und die Höhe der Minderung im Einzelfall feststellen. Allerdings darf das Gericht eine Schätzung nach § 287 ZPO nur vornehmen, wenn und soweit die festgestellten Umstände hierfür eine genügende Grundlage abgeben[1239]. Hierzu kann auch die tageweise genaue Beschreibung der Beeinträchtigung gehören[1240]. Bei der erforderlichen Gesamtschau darf das Gericht nicht ohne eigene Begründung der Schätzung des Sachverständigen folgen.[1241]

366 Unabhängig von der Schwierigkeit ihrer praktischen Anwendung bedeutet die relative Berechnung der Minderung, also das Prinzip der verhältnismäßigen Herabsetzung,[1242] dass der Vermieter regelmäßig mit dem Einwand abgeschnitten ist, die Wohnung sei auch mit dem Mangel ihren Preis wert.[1243]

367 Die Mängelbewertung im Wohnraummietrecht wird teilweise mit Hilfe der sog. **Nutzwertanalyse,**[1244] der sich das LG Hamburg angeschlossen hat,[1245] vorgenommen. Sie unter scheidet zwischen der Beeinträchtigung der Wohnung in ihrem Funktionswert und ihrem Geltungswert. Während der **Geltungswert** mehr dem kommunikativen Bereich zuzuordnen ist, betrifft der **Funktionswert** den haustechnischen Bereich.[1246] Die Wertabweichungen innerhalb der einzelnen Wohnbereiche werden nach einem Soll-Ist-Vergleich festgehalten und abschließend unter Berücksichtigung der Dauer des Mangels zur Gesamtwertminderung addiert.

---

[1231] *Roth* ZdWBay 2002, 116 (119); *Börstinghaus* NZM 2000, 583 (585).

[1232] *Börstinghaus* NZM 2000, 583 (585).

[1233] Vgl. Beispiele bei Börstinghaus/*Eisenschmid* Neues MietR BGB § 536 S. 45; AG Brandenburg ZMR 2014, 44.

[1234] BGH XII ZR 97/09, WuM 2012, 550 = AK-MietPrax § 536 BGB Anm. 43 = NZM 2012, 726 = NJW 2012, 3173 = GE 2012, 1310; Sternel MietR Kap. VIII Rn. 242; *Kraemer* WuM 2000, 515; Herrlein/Kandelhard/*Kandelhard* BGB § 536 Rn. 57.

[1235] *Sternel* WuM 2002, 244 (245); *Haas* § 536 Rn. 1; AnwK WohnraummietR BGB § 536 Rn. 55; Kinne/*Schach*/Bieber MietProzR § 536 Rn. 10.

[1236] *Derleder* NZM 2002, 676 (678); Herrlein/Kandelhard/*Kandelhard* BGB § 536 Rn. 57.

[1237] *Börstinghaus* Mietminderungstabelle 4. Aufl. 2017, 15; *Pfeifer* GE 1994, 950; *Horst* ZAP Fach 4, 535.

[1238] *Börstinghaus* Mietminderungstabelle 4. Aufl. 2017, 15.

[1239] BGH MDR 2004, 960 = NJW-RR 2004, 1023; KG GE 2006, 1097 mAnm *Beuermann* GE 2006, 1073.

[1240] AG Berlin-Mitte GE 2008, 485.

[1241] OLG Celle WuM 1995, 584 = ZMR 1995, 204.

[1242] *Kraemer* WuM 2000, 515; Staudinger/*Emmerich* BGB § 536 Rn. 53.

[1243] OLG Düsseldorf WuM 1994, 324 = NJW-RR 1994, 399 = MDR 1994, 371.

[1244] *Sternel MietR Kap. VIII* Rn. 248ff.; *Kamphausen* ZMR 1994, 445; WuM 1982, 3; *Börstinghaus* Mietminderungstabelle, 4. Aufl. 2017, 15ff. mit ausführlicher Darstellung und CD-ROM mit Berechnungstool.

[1245] LG Hamburg WuM 1983, 290.

[1246] LG Berlin GE 2001, 1606.

368 Nach einer anderen Ansicht[1247] soll, weil die Mietsache nicht insgesamt und gleichmäßig von einem Mangel betroffen ist, die **Wertigkeit** der betroffenen einzelnen Bereiche der Wohnung zur Geltung gebracht werden. Hierfür werden für die einzelnen Räume Wertzahlen[1248] bereitgestellt, die entsprechend der Beeinträchtigung gewichtet werden (s. Berechnungsschema → Rn. 398).

369 Hat der Mieter im Einvernehmen mit dem Vermieter eine Teilfläche vermietet, dann sind Mängel innerhalb der untervermieteten Fläche hinsichtlich des Umfanges der Minderung isoliert zu beurteilen. Dabei ist der auf die untervermietete Teilfläche entfallende Mietzins zu Grunde zulegen. Einer zusätzlichen Umrechnung des Minderungsbetrages in einen Prozentsatz der Gesamtmiete bedarf es nicht.[1249]

## III. Berechnung der Minderung

### 1. Die Berechnungsgröße

370 Die Mietminderung errechnet sich aus der **Bruttomiete.**[1250] Die in der Vergangenheit vertretenen abweichenden Meinungen[1251] lassen sich nach der Entscheidung des BGH nicht mehr aufrechterhalten.

371 Die Minderung erstreckt sich nicht auf ein Entgelt, das auf Grund einer besonderen Vereinbarung für **Nebenleistungen** des Vermieters gezahlt wird. Voraussetzung ist, dass die Nebenleistungen über den Pflichtenrahmen des § 535 BGB hinausgehen. Hat der Vermieter die Mietzinsforderung teilweise abgetreten, so erfasst die Minderung beide Teilforderungen in ihrem Verhältnis zur Gesamtforderung.[1252] Ist neben der Wohnung auch ein Kfz-Stellplatz oder eine Garage vermietet, ist bei einem Mangel an der Garage oder an dem Stellplatz für die Mietminderung grds. die Gesamtmiete zu berücksichtigen.[1253] Die Berücksichtigung der Einzelmieten kommt in Betracht, wenn die Parteien getrennte Verträge vereinbart haben (s. zu den Voraussetzungen → BGB § 535 Rn. 31 ff.).

### 2. Das Betriebskostendilemma

372 Die Mietminderung nach der Bruttomiete berücksichtigt, wie der BGH ausführlich dargelegt hat, dass bei Vorliegen eines Mangels das **Äquivalenzverhältnis** von Leistung und Gegenleistung gewahrt bleibt. Der Gesetzgeber hat nicht differenziert zwischen der Vergütung für die Hauptleistung, nämlich Überlassung des Wohn- bzw. Gewerberaums, und den Nebenleistungen, die Erbringung von Sach- und Dienstleistungen, die teilweise Gegenstand der Betriebskostenabrechnung sind. Daher ist es konsequent, bei der Mietminderung auf die Bruttomiete abzustellen.

373 Völlig unproblematisch ist die Mietminderung, wenn der Mieter mit dem Vermieter eine **Bruttomiete** vereinbart hatte. Dann versteht es sich von selbst, dass die gesamte Miete dem Minderungsrecht unterliegt. Das Gleiche gilt auch bei Vereinbarung einer Nebenkostenpauschale gem. § 560 Abs. 1 BGB. Auch in diesem Fall erfasst die Minderung die Gesamtmiete. Erhöhen sich die Betriebskosten, können die Erhöhungen durch Erklärungen in Textform anteilig auf den Mieter umgelegt werden (§ 560 Abs. 1 BGB). Eine vom Mieter zuvor vorgenommene Mietminderung berührt dieses Recht nicht.

374 Im Einzelfall problematisch kann aber der Standardfall werden, wenn nämlich der Vermieter mit dem Mieter eine **Grundmiete mit Vorauszahlungen** auf kalte Betriebskosten und Heizung bzw. Heizung und Warmwasser vereinbart hat. Das liegt daran, dass man je nach vorausgesetztem Mietbegriff zwei Wege zur Durchführung der Minderung beschreiten kann.[1254] Versteht man die

---

[1247] *Isenmann* DWW 1995, 361 (362).
[1248] LG Hamburg WuM 1983, 290 zur prozentualen Bewertung.
[1249] KG WuM 1999, 329 = GE 1999, 569.
[1250] BGH XII ZR 225/03, WuM 2005, 384 = NZM 2005, 455 = GE 2005, 666 = ZMR 2005, 524 = MDR 2005, 979 = AK-MietPrax § 536 BGB Nr. 8; KG WuM 2004, 17 = ZMR 2004, 112 = GE 2003, 1611; OLG Hamm NJWE-MietR 1996, 80; OLG Düsseldorf WuM 1994, 324 = NJW-RR 1994, 399 = MDR 1994, 371; OLG Frankfurt a. M. WuM 1986, 19; LG Essen MietRB 2003, 64; LG Saarbrücken NZM 1999, 757; LG Köln WuM 1997, 45; LG Kiel WuM 1994, 609; LG Hamburg WuM 1983, 290; LG Siegen WuM 1990, 16; AG Neukölln GE 1998, 360; AG Potsdam WuM 1994, 376; *Kokemüller* WuM 1999, 201; *Sternel* WuM 2002, 244 (246); *Beuermann* GE 1996, 948 (950); **aA** OLG Dresden ZMR 2008, 531 = GuT 2008, 35.
[1251] Nachweise s. Schmidt-Futterer/*Eisenschmid* 8. Aufl. 2003 Rn. 344 ff.
[1252] BGHZ 46, 242; NJW 1983, 1902 = MDR 1983, 928 = ZMR 1983, 347.
[1253] **AA** AG Steinfurt WuM 2009, 227.
[1254] Umf. *Blank* FS Bub, 2007, 271.

Bruttomiete als die Miete, die monatlich gezahlt wird[1255], ähnlich dem Mietbegriff in § 543 Abs. 3 Nr. 2 BGB, dann ändert sich an dem bisherigen gewohnten Verfahren nur, dass der Minderungsbetrag nunmehr aus der laufenden Bruttomiete und nicht aus der Nettomiete oder einer Teilinklusivmiete zu berechnen ist. Erfasst die Bruttomiete dagegen die gesamte Miete einschließlich **abgerechneter** Betriebskosten[1256], dann lässt sich eine vorgenommene prozentuale Mietminderung erst endgültig berechnen, wenn auch die Betriebskostenabrechnung für den Abrechnungszeitraum vorliegt, in den die Minderung fiel. Muss der Mieter Nachzahlungen leisten, kann er entsprechend dem geminderten Anteil auch den Nachzahlungsbetrag kürzen. Bekommt der Mieter dagegen eine Rückzahlung, muss er dem Vermieter den anteilig zu viel geminderten Betrag ersetzen. Dabei handelt es sich keineswegs um ein Scheinproblem, wie der BGH in einer späteren Entscheidung hervorgehoben hat[1257] (→ Rn. 385).

**375** Die Probleme sind entstanden, weil der BGH sich nicht hat dazu durchringen können, seiner Begründung einen mit scharfen Konturen versehenen **Brutto-Mietbegriff** zugrunde zu legen[1258]. Inzwischen hat der BGH jedoch bestätigt, dass bei Störungen im Äquivalenzverhältnis die abgerechnete Bruttomiete maßgebend ist[1259], unabhängig davon, ob die Nebenkosten als Pauschale oder als Vorauszahlungen geschuldet werden.

**376** Nach Auffassung des BGH ist daher eine eventuelle Nachforderung des Vermieters dadurch zu berechnen, dass die vom Mieter im Abrechnungsjahr insgesamt geleisteten Zahlungen der von ihm geschuldeten Gesamtjahresmiete (Jahresbetrag der Nettomiete zzgl. der abgerechneten Betriebskosten abzüglich des in dem betreffenden Jahr insgesamt gerechtfertigten Minderungsbetrages) gegenübergestellt werden. Tatsächlich können damit viele Fälle der Mietminderung gelöst werden. Kritik hat die Darstellung des Senats aber in vielfältiger Weise erfahren.

**377** So wird eingewandt, dass nicht immer über alle Vorschüsse einheitlich abgerechnet werden kann, da „kalte" und „warme" Betriebskosten häufig unterschiedliche Abrechnungszeiträume aufweisen.[1260] Tatsächlich führt diese Fallkonstellation dazu, dass der Vermieter zwei unterschiedliche Betriebskostenabrechnungen vorlegen muss (kalte Betriebskostenabrechnung zum Kalenderjahr sowie Heizkostenabrechnung zum 30.6. des Jahres) und die Vertragsparteien gezwungen sind, die Mietminderung über eineinhalb bis zwei Jahre nachzuhalten.[1261] Häufig wird der Vermieter auch bei dieser Konstellation mit Nachforderungen hinsichtlich einer Abrechnung wegen § 556 Abs. 3 S. 2 BGB ausgeschlossen sein.

**378** Mindert der Mieter rückwirkend oder ohne Vorbehalt, steht möglicherweise § 814 einer Rückforderung aus der Überzahlung, die sich aus der Abrechnung ermittelt, entgegen. Auch hier bedarf es wiederum gesonderter Instrumente, um dem Mieter den Erhalt des überzahlten Betrages zu ermöglichen.[1262] Allerdings ist es vertretbar, im Falle der Betriebskostennachforderung dem Mieter deshalb das Mietminderungsrecht zu erhalten, weil § 814 BGB nicht das Vertrauen des Vermieters schützt, eine noch nicht erhaltene Leistung (Nachforderung) in Zukunft auch ungeschmälert zu bekommen.

**379** Problematisch ist zudem, wenn der Vermieter die Abrechnungsfrist versäumt hat und mit Nachforderungen ausgeschlossen ist, die sich aufgrund einer zu hohen Minderung des Mieters ergeben. Hier werden zwar Lösungen angeboten.[1263] Mit der bisherigen BGH-Rechtsprechung[1264] kommt man aber bei dieser Fallgestaltung nicht weiter.

---

[1255] *Börstinghaus* Flächenabweichungen 2012 Kap. 4 Rn. 437; *Schach* GE 2005, 1462 (1465).

[1256] *Leo/Schmitz* NZM 2005, 858; *Schumann* GuT 2005, 201 (204); *Maciejewski* MM 2005, 333; *Ketzer* ZMR 2005, 516.

[1257] BGH VIII ZR 223/10, WuM 2011, 284 = AK-MietPrax § 556 BGB Nr. 73 = NJW 2011, 1806 = NZM 2011, 453 = ZMR 2011, 625 = GE 2011, 749; *Feuerlein* WuM 2011, 401; Börstinghaus jurisPR-BGHZivilR 11/2011 Anm. 3; *Wall* jurisPR-MietR 13/2011 Anm. 1.

[1258] Zur Begr. *Börstinghaus* Flächenabweichungen 2012 Kap. 4 Rn. 430 ff.; *Günter* WuM 2012, 299 (302): die Senate gehen von demselben Verständnis des Begriffs der Bruttomiete aus.

[1259] BGH VIII ZR 223/10, WuM 2011, 284 = AK-MietPrax § 556 BGB Nr. 73 = NJW 2011, 284 = NZM 2011, 453 = ZMR 2011, 625 = GE 2011, 749; LG Berlin GE 2006, 1235; *Blank* FS Bub, 2007, 271 (275); sa *Lützenkirchen* WuM 2006, 63 (76).

[1260] *Feuerlein* WuM 2011, 401.

[1261] Sie auch Beispiele bei *Börstinghaus* Flächenabweichungen 2012 Kap. 4 Rn. 434 ff.

[1262] *Günter* WuM 2012, 299 (304); *Feuerlein* WuM 2011, 401; **aA** *Schmid* DWW 2014, 252 (253).

[1263] Schmidt-Futterer/*Langenberg*, 10. Aufl. 2011, BGB § 556 Rn. 475; *Günter* WuM 2012, 299 (304).

[1264] BGH VIII ZR 223/10, WuM 2011, 284 = AK-MietPrax § 556 BGB Nr. 73 = NJW 2011, 284 = NZM 2011, 453 = ZMR 2011, 625 = GE 2011, 749.

Letztendlich steht die Frage aus, wie zu verfahren ist, wenn der Vermieter nach dem Abflussprinzip abrechnet, was grds. zulässig ist.[1265] Allerdings kann aus einer solchen Abrechnung nicht die endgültige Höhe der Minderung ermittelt werden, denn die Mietminderung kann wegen § 536 Abs. 4 BGB nicht zum Nachteil des Mieters eingeschränkt werden. Rechnet der Vermieter aber über einen Zeitraum ab, in den die Minderung fällt, aber dessen Kosten (teilweise) erst im folgenden Abrechnungszeitraum beglichen werden, gehen diese Beträge nicht in die Berechnung der Minderungshöhe ein. **380**

Um den vorgenannten Problemen auszuweichen und um dem Problem zu entgehen, dass nach Jahren wegen der Abrechnung der Streit um die Minderung neu aufgenommen wird, wird hier ein dritter Weg vorgeschlagen. Zahlt der Mieter die verminderte Miete ohne Vorbehalt der Nachberechnung, dient die eventuelle Angabe eines Prozentsatzes also allein des Nachweises der Berechnungsgrundlage, sollte eine **Nachberechnung** der Minderung bei Vorlage einer Betriebskostenabrechnung nicht mehr in Betracht kommen, weil der Mieter sich bei Ausübung seiner Minderung festgelegt hat, wie viel ihm die mangelhafte Wohnung noch Wert ist.[1266] Er ist an seine vorbehaltlose Mietminderung wegen § 814 BGB gebunden[1267]. Es gibt keine rückwirkende Korrektur[1268]. Hat sich der Mieter für einen bestimmten Minderungsbetrag entschieden, zahlt er in Kenntnis und Ausübung seines Minderungsrechts die restliche Miete an den Vermieter aus. **381**

Die Interessenlage bei zu gering bemessener Mietminderung und vorbehaltloser Zahlung des restlichen Betrags entspricht derjenigen in dem Fall, bei dem der Mieter die Miete in Kenntnis eines nachträglichen Mangels nach Anzeige des Mangels ohne Vorbehalt in voller Höhe gezahlt hat[1269]. Für den Fall einer vollständigen vorbehaltlosen Mietzahlung über längere Zeit hat der BGH[1270] unter Verweis auf die Begründung des Regierungsentwurfs zu § 536b BGB[1271] bekräftigt, dass wegen § 814 BGB eine Rückforderung der **Überzahlung** im Regelfall ausgeschlossen ist. § 814 BGB schützt das Vertrauen des Leistungsempfängers, das Empfangene behalten zu dürfen.[1272] Die unzureichend geminderte vorbehaltlose Mietzahlung schafft ebenso einen dahingehenden **Vertrauenstatbestand** zugunsten des Vermieters wie die ungekürzte vorbehaltlose Mietzahlung trotz Mangelkenntnis, Anzeige des Mangels und Kenntnis des Minderungsrechts.[1273] In beiden Fällen bringt der Mieter durch die Zahlung ohne Vorbehalt regelmäßig zum Ausdruck, dass er diese gegen sich gelten lassen will und sie als Gegenleistung akzeptiert. Der Vermieter darf für die Vergangenheit darauf vertrauen, auf der Grundlage der geleisteten Zahlung disponieren zu können.[1274] **382**

Will der Mieter die Rechtsfolge des § 814 BGB vermeiden, muss er die „restliche", nach Abzug des Minderungsbetrages verbleibende Miete, unter dem **Vorbehalt** leisten[1275], dass nach Vorlage der maßgeblichen Betriebskostenabrechnung und einer ggf. daraus resultierenden Nachzahlungsforderung des Vermieters keine höhere Mietminderung angemessen ist. Begleicht der Mieter die nach Abzug der Minderung dem Vermieter zustehende Miete jedoch ohne solchen Vorbehalt, dann verbietet sich auch eine Korrektur, wenn die Betriebskostenabrechnung des Vermieters Nachforderungen aufweist. Kommt es zum Streit und erhebt der Vermieter Zahlungsklage, muss das Gericht über die Angemessenheit entscheiden und kann dabei, sofern inzwischen die maßgebliche Betriebskostenabrechnung vorliegt, den Saldo in die Angemessenheitsprüfung einbeziehen. **383**

---

1265 BGH VIII ZR 49/07, WuM 2008, 223 = AK-MietPrax § 556 BGB Nr. 31 = NJW 2008, 1300 = NZM 2008, 277 = GE 2008, 471; VIII ZR 27/07, WuM 2008, 285 = AK-MietPrax § 556 BGB Nr. 32 = NJW 2008, 1801 = NZM 2008, 403 = MM 2008, 225 = GE 2008, 662.

1266 DHF/*Franke* BGB § 536 Anm. 21.

1267 **AA** *Blank* FS Bub, 2007, 271 (281).

1268 Zur Relevanz von Betriebskostennachzahlungen *Börstinghaus* Flächenabweichungen 2012 Kap. 4 Rn. 437; *Kinne* GE 2005, 1160 (1162); *Lützenkirchen* MietRB 2005, 216 (217); DHF/*Franke* BGB § 536 Anm. 21; diff. *Bongard* GE 2005, 1338 (1340).

1269 **AA** OLG Köln GuT 2002, 45; *Maciejewski* MM 2005, 333.

1270 BGH VIII ZR 274/02, WuM 2003, 440 = NJW 2003, 2601 = NZM 2003, 679 = ZMR 2003, 667 = GE 2003, 1145 = AK-MietPrax § 536b BGB Nr. 3; zur Beweislast des Vermieters s. *Eisenhardt* WuM 2019, 5 ff.

1271 BT-Drs. 14/4553, 41 f.

1272 Palandt/*Sprau* BGB § 814 Rn. 2; aA *Gsell/Haag* in: Festschrift für Ulf P. Börstinghaus, 2020, 153, 162 ff.

1273 *Leo/Schmitz* NZM 2005, 858 (859); zur vollständigen Zahlung: *Wichert* ZMR 2000, 65 (66); *Börstinghaus* MDR 1997, 1085.

1274 **AA** *Feuerlein* WuM 2011, 401 (402).

1275 LG Berlin WuM 1998, 28; LG Hannover WuM 1994, 463; Palandt/*Sprau* BGB § 814 Rn. 5; *Kinne* GE 2005, 1160 (1162); *Lützenkirchen* MietR 2005, 216 (217); *Wichert* ZMR 2000, 65 (66).

384 Erfasst der Minderungsbetrag nicht oder nicht nur die Grundmiete, sondern (auch) die Vorauszahlung(en) auf die Betriebskosten, muss der Vermieter diesen geminderten Teil als **fiktive Zahlung** in seiner Betriebskostenabrechnung ansetzen[1276]. Anderenfalls würde der Mieter bei der Abrechnung unter Zugrundelegung geminderter Vorauszahlung(en) nachträglich mit dem die Betriebskosten erfassenden Minderungsbetrag belastet. Dies ist nur zulässig, wenn der Mieter wegen einer geringeren Wohnfläche die Miete mindert und die Betriebskosten nach qm-Wohnfläche abgerechnet werden[1277]. In den anderen Fällen würde der Mieter sonst tatsächlich nur die Nettomiete mindern.[1278]

385 Der BGH[1279] hat das „Betriebskostendilemma" als Scheinproblem bezeichnet, weil er mit seiner Saldolösung einen praktikablen Weg aufgezeigt hat, der eine große Anzahl von Problemfällen befrieden kann. Die aufgezeigte Lösung lässt aber – wie oben dargestellt (→ Rn. 377 ff.) – einige Lücken. Um auch diese zu schließen, sollte die Durchführung der Mietminderung aus Praktikabilitätsgründen zunächst bei der Grundmiete erfolgen – nicht bei der vereinbarten Betriebskostenvorauszahlung[1280]. Die verbleibenden Fälle, bei denen die Minderung die Kaltmiete übersteigt, sind sehr selten. Mindert der Mieter die Miete um 20%, dann sind dies bei einer Bruttomiete von 400 EUR nebst 300 EUR Betriebskosten 140 EUR (20% von 700 EUR), so dass der Vermieter den Abzug des Mieters der Einfachheit halber bei dem Mietbestandteil ohne Betriebskosten verbuchen sollte. Denn wegen des einheitlichen Mietbegriffs ist es grds. gleich, ob der Vermieter die Grundmiete oder die Nebenkostenvorauszahlung als gemindert verbucht. Verbucht er die geminderte Vorauszahlung, muss er bei der Abrechnung die gebuchten Vorauszahlungen um den gekürzten Betrag anheben, weil sich sonst der Nachzahlungsbetrag um den gekürzten Betrag erhöhen und der Mieter seinen Minderungsanteil verlieren würde[1281]. Es dient daher der Rechtssicherheit, Übersichtlichkeit und Praktikabilität, wenn der Vermieter – macht der Mieter keine Angaben – den geminderten Betrag bei der Grundmiete verbucht.

386 Ein solches Vorgehen ist auch mit § 366 Abs. 2 BGB vereinbar.[1282] Eine in der Lit. vertretene Auffassung[1283] geht ohne nähere Begründung von der Anwendbarkeit des § 366 BGB bei der Verrechnung geminderter Mietzahlungen aus. Es komme in erster Linie darauf an, welche ausdrücklichen oder konkludenten Verrechnungsbestimmungen seitens des Mieters getroffen worden seien. Ist weder eine ausdrückliche noch eine stillschweigende Tilgungsbestimmung gegeben und auch keine wirksame Verrechnungsvereinbarung zwischen den Parteien getroffen worden, verweist diese Meinung auf § 366 Abs. 2 BGB.

§ 366 Abs. 1 BGB setzt nach seinem Wortlaut eine Verpflichtung des Schuldners aus mehreren Schuldverhältnissen zu gleichartigen Leistungen voraus. Unter Schuldverhältnissen sind Schuldverhältnisse im engeren Sinne, dh mehrere einzelne Forderungen zu verstehen[1284]. Bei der Grundmiete und den Betriebskostenvorschüssen handelt es sich **nicht um mehrere Forderungen.** Der Gesetzgeber hat nicht nach Grundmiete und Betriebskostenvorauszahlungen differenziert. § 556 Abs. 1 BGB erlaubt den Vertragsparteien nur, die einheitliche Gegenleistung des Mieters so zu bemessen, dass der Mieter neben der Grundmiete die in § 2 BetrKV aufgeführten Betriebskosten zu zahlen hat, wobei hierauf bei entsprechender Vereinbarung Vorauszahlungen zu leisten sind. Der gesamte Zahlbetrag bildet aber die Miete iSd § 535 Abs. 2 BGB[1285]. Die Betriebskosten werden lediglich nicht pauschal, sondern nachträglich durch anteilige Umlage der beim Vermieter tatsächlich angefallenen Kosten berechnet.[1286] Ist für eine Tilgungsbestimmung des Mieters somit kein

[1276] S. dazu Einzelheiten mit Fallbeispielen, *Eisenschmid* WuM 2005, 436; Langenberg/Zehelein BetrKostR/*Langenberg* 8. Aufl. 2016 Kap. G Rn. 162.

[1277] BGH VIII ZR 347/04, WuM 2005, 573 = NJW 2005, 2779 = NZM 2005, 699 = GE 2005, 1120 = NJW 2005, 2773 = DWW 2005, 371 = AK-MietPrax § 536 BGB Nr. 10.

[1278] *Wieck* WuM 2005, 575; *Schach* GE 2005, 646; GE 2005, 1462 (1464).

[1279] BGH VIII ZR 223/10, WuM 2011, 284 = AK-MietPrax § 556 BGB Nr. 73 = NJW 2011, 284 = NZM 2011, 453 = ZMR 2011, 625 = GE 2011, 749.

[1280] So auch Sternel MietR Kap. VIII Rn. 268; *Lützenkirchen* MietRB 2005, 216 (218); *Schumann* GuT 2005, 201 (204); *Maciejewski* MM 2005, 29 (30); s. aber *Blank* FS Bub, 2007, 271 (281).

[1281] *Schumann* GuT 2005, 201 (204); *Lützenkirchen* MietRB 2005, 216; *Wieck* WuM 2005, 575.

[1282] Sternel MietR Kap. III Rn. 102 ff., Kap. VIII Rn. 92.

[1283] *Kinne* GE 2005, 1160; *Bongard* GE 2005, 1338; *Maciejewski* MM 2005, 333 (334).

[1284] *MüKoBGB/Fetzer* § 366 Rn. 2; Palandt/*Heinrichs* BGB § 366 Rn. 2.

[1285] BGH XII ZR 225/03, WuM 2005, 384 (386); 2005, 573 = NJW 2005, 2779 = NZM 2005, 699; *Börstinghaus* NZM 2005, 761 (766).

[1286] *Börstinghaus* NZM 2005, 761 (766).

Raum, steht es dem Vermieter frei, den Minderungsbetrag zunächst von der Grundmiete abzusetzen.[1287]

Allerdings kann § 366 BGB analog auch auf das Verhältnis von Forderungsteilen zueinander Anwendung finden. Dies war durch den BGH bislang aber nur für den Fall entschieden, dass die Forderungsteile **rechtlich verselbständigt** sind.[1288] Rechtlich verselbständigte Forderungsteile liegen bspw. vor, wenn eine Teilforderung hypothekarisch gesichert ist[1289] oder wenn bei ursprünglich einheitlichem Schuldverhältnis durch eine Teilklage der eingeklagte Betrag Selbständigkeit gegenüber dem nicht eingeklagten Forderungsteil erlangt hat.[1290] Dieses Ergebnis sollte auch für die Grundmiete und die Betriebskostenvorauszahlung gelten, da sonst der **Rechtsunsicherheit** dadurch Vorschub geleistet würde, dass der Vermieter beliebig zwischen der Verrechnung mit der Grundmiete und den Vorauszahlungen wechseln könnte. Daher ist aus Gründen der Rechtssicherheit und Praktikabilität von einer analogen Anwendung des § 366 BGB auszugehen. Der BGH betont in seinen Entscheidungen zur analogen Anwendung des § 366 BGB im Hinblick auf rechtlich verselbständigte Forderungsteile, dass sich das Bestehen einer Mehrheit von Forderungen iSd § 366 BGB nicht so sehr nach dogmatischen Gesichtspunkten richtet, sondern vielmehr von der Interessenlage des Einzelfalls abhängig ist.[1291] Konsequent hat der VIII. Zivilsenat daher in seiner Entscheidung v. 21.3.2018 die analoge Anwendung des § 366 Abs. 2 BGB auch für die Nettomiete und die Nebenkostenvorauszahlung bejaht.[1292] 387

Wendet man auf den Minderungsfall § 366 Abs. 2 BGB an, muss der Vermieter iE bei **fehlender Bestimmung** des Mieters die verminderte Grundmiete verbuchen. Grundmiete und Betriebskostenvorauszahlung sind gleich fällig, sie leisten für den Gläubiger auch gleiche Sicherheit. Betriebskostenvorschüsse können nicht als weniger sicher bewertet werden, da es ausschließlich in der Hand des Vermieters liegt, die Abrechnung dem Mieter rechtzeitig vorzulegen und so einen Ausschluss der Nachforderung zu vermeiden.[1293] Für den Schuldner ist aber die Grundmiete die lästigere Schuld[1294], da die Betriebskostenvorauszahlungen noch abgerechnet werden müssen und Verzögerungen beim Vermieter sogar einen Verlust einer eventuellen Nachforderung erwirken können.[1295] 388

### 3. Die Höhe der Minderung

Die absolute Höhe der Mietminderung ist auf Grund der Umstände des Einzelfalls zu bemessen.[1296] Sie hängt insbes. von der Schwere des Mangels sowie dem Grad und der Dauer der Minderung der Tauglichkeit zum vertragsgemäßen Gebrauch ab.[1297] Die Höhe des Minderungsbetrages richtet sich zB nach der **Geschosslage** der Wohnung, wenn im Haus der Fahrstuhl ausfällt.[1298] Bei **abweichender** Wohnfläche (→ Rn. 54) wird die Minderung aus dem Verhältnis der vereinbarten zur tatsächlichen Wohnfläche berechnet[1299], ohne dass vorweg ein Abzug bis zur zulässigen Abweichung der Wohnfläche (bis 10%) vorgenommen werden darf.[1300] Für die Berechnung der Minde- 389

---

1287 *Lützenkirchen* MietRB 2005, 216 (218); iE, aber mit anderer Begr. LG Berlin GE 2002, 534.

1288 BGH NJW 1997, 1580; NJW-RR 1991, 169; NJW 1973, 1689; MüKoBGB/*Fetzer* § 366 Rn. 2; Palandt/*Heinrichs* BGB § 366 Rn. 2.

1289 BGH NJW 1973, 1689.

1290 BGH NJW-RR 1991, 169; MüKoBGB/*Fetzer* § 366 Rn. 2; Palandt/*Heinrichs* BGB § 366 Rn. 2.

1291 BGH NJW 1997, 1580; 1973, 1689 (1690).

1292 BGH, VIII ZR 68/17, NZM 2018, 444 mAnm *Selk* = WuM 2018, 373 = MietPrax-AK § 253 ZPO Nr 4 = NJW 2018, 3448.

1293 **AA** OLG Brandenburg ZMR 2010, 754; *Kinne* GE 2005, 1160 (1161); *Bongard* GE 2005, 1338; *Maciejewski* MM 2005, 333 (334).

1294 **AA** LG Berlin GE 2005, 1354; *Thoms* ZMR 2012, 7.

1295 **AA** BGH, VIII ZR 68/17, NZM 2018, 444 mAnm *Selk* = WuM 2018, 373 = MietPrax-AK § 253 ZPO Nr 4 = NJW 2018, 3448.

1296 Eine umfassende Darstellung der bisherigen Rspr. in Tabellenform bietet *Börstinghaus* Mietminderungstabelle 4. Aufl. 2017.

1297 OLG Celle WuM 1995, 584 = ZMR 1995, 204.

1298 AG Bremen WuM 1987, 383.

1299 BGH VIII ZR 44/03, GE 2004, 680 = WuM 2004, 337 = NZM 2004, 454 = ZMR 2004, 501 = DWW 2004, 183 = NJW 2004, 2230; OLG Düsseldorf DWW 2005, 67 = ZMR 2005, 450; LG Berlin ZMR 2004, 942; LG Pößneck WuM 2006, 144; AG Pößneck WuM 2006, 144; krit. *Schach* GE 2004, 673; **aA** LG Berlin WuM 2005, 53 mAnm *Eisenschmid*.

1300 LG Berlin ZMR 2004, 942.

rung in diesen Fällen ist somit die prozentuale Unterscheidung der vereinbarten Quadratmeterzahl maßgebend und nicht eine um eine Toleranzsumme verringerte Flächenabweichung.[1301] Darüber hinaus greift die Minderung nur für den **Zeitraum,** in dem der Mangel den vertragsgemäßen Gebrauch beeinträchtigt. Der zeitanteilige Minderungsbetrag muss ggf. aus der Monatsmiete herausgerechnet werden.[1302]

**390** Ist der Mangel so erheblich, dass der Mieter die Sache nicht oder nur im geringen Umfang nutzen kann, kommt eine völlige Mietzinsbefreiung für den Zeitraum in Betracht, in dem die Nutzbarkeit der Mietsache oder einzelner Räume[1303] praktisch aufgehoben ist.[1304] Dem steht nicht entgegen, dass der Mieter die Sache noch kurzzeitig notdürftig weiter benutzt[1305] oder dass die Beeinträchtigung unregelmäßig, aber immer wiederkehrend eintritt.[1306] Der Mieter ist auch dann von der Zahlung des Mietzinses befreit, wenn der Vermieter die Mietsache zur Mängelbeseitigung in **Besitz** genommen hat.[1307]

**391** Werden mehrere Gebäude vermietet und ist nur ein Teil der Gebäude nicht nutzbar, ist der Nutzwert des vom Mangel betroffenen Gebäudes zum Nutzwert des gesamten Anwesens in Beziehung zu setzen.[1308] Die Minderungsquote ist zudem abhängig von der allgemeinen Wohnlage und dem Nutzungszweck der Räume. Führt eine bauliche Maßnahme zur Minderung, ist bei der Bemessung der Höhe des Minderungsbetrages eine Aufteilung in Beeinträchtigungen wegen Baulärms, in optische Beeinträchtigungen und Beeinträchtigungen wegen erhöhter Schmutzbildung nicht möglich. Die Beeinträchtigungen müssen vielmehr als Gesamtheit gesehen werden.[1309] Im gewerblichen Bereich ist in erster Linie der Grad der Betriebsbeeinträchtigung[1310] maßgebend. Werden Räume **teilgewerblich** genutzt und beeinträchtigt der Mangel nur die Ausübung des Gewerbes, kann die Höhe der Minderung in einem vereinbarten Gewerbezuschlag liegen.[1311] Daneben können aber auch **optische Mängel** ins Gewicht fallen[1312] (→ Rn. 221 ff.). Kann zB ein Hotelbetrieb keinen repräsentativen Frühstücksraum anbieten, weil das Restaurant geschlossen wurde, dass den Frühstücksservice für die Hotelgäste sicherstellen sollte, führt dies zur einer erheblichen Minderung des Mietzinses.[1313] Ist der Gewerberaum entgegen der Zusicherung zu klein, kann der Minderungsbetrag aus dem entsprechend der geringeren Fläche reduzierten Mietzins ermittelt werden.[1314]

**392** Hat der Mieter sich bei der Berechnung des Minderungsbetrages geirrt, indem er bspw. im Verhältnis zum Mangel noch zu viel Miete gezahlt hat, kann er den Mehrbetrag regelmäßig nicht zurückfordern, da er mit seiner verminderten Zahlung dem Mangel regelmäßig Rechnung trägt. Will der Mieter einen **höheren** Minderungsbetrag nachholen, muss er sich die Durchsetzung dieses Begehrens vorbehalten (→ Rn. 383). Dieses Recht muss er aber innerhalb angemessener Zeit ausüben[1315]. Davon zu unterscheiden ist der Fall, bei dem der Mieter den Mangel rügt, aber sein Gewährleistungsrecht noch nicht ausübt, weil er eine unstreitige Lösung des Problems sucht. Dann bleibt dem Mieter das vollständige Minderungsrecht,[1316] es sei denn, er hat Umstände gesetzt, die zur Annahme einer Verwirkung Anlass geben[1317]. Die Zahlung selbst lassen solche Umstände nicht

---

[1301] BGH VIII ZR 144/09, WuM 2010, 240 = NJW 2010, 1745 = NZM 2010, 313 = GE 2010, 613 = MDR 2010, 617.

[1302] AG Wiesbaden WuM 2012, 439.

[1303] AG Hamburg, ZMR 2020, 314.

[1304] BVerfG WuM 2002, 480; OLG Hamm NJWE-MietR 1997, 201; OLG Düsseldorf ZMR 2005, 710; OLG Düsseldorf ZMR 2005, 710; OLG Köln WuM 1976, 9 = ZMR 1976, 303; LG Dresden ZMR 2011, 465; LG Itzehoe WuM 1999, 41; LG Wiesbaden 1980, 17; LG Köln MDR 1976, 44; LG Hamburg WuM 1976, 10; Bub/Treier MietR-HdB/*Kraemer/Ehlert* Kap. III B Rn. 3243.

[1305] Bub/Treier MietR-HdB/*Kraemer/Ehlert* Kap. III B Rn. 3243.

[1306] LG Osnabrück ZMR 2019, 31.

[1307] BGH WuM 1987, 53 = NJW 1987, 432 = ZMR 1987, 51 = DWW 1987, 14; KG WuM 2012, 142 = GE 2011, 690; LG Wiesbaden WuM 1980, 17 LG Hamburg WuM 1976, 10.

[1308] LG Mannheim WuM 1996, 338.

[1309] LG Siegen WuM 1990, 17.

[1310] KG GE 2004, 48.

[1311] LG Berlin GE 2004, 427.

[1312] OLG Celle WuM 1995, 584 = ZMR 1995, 204.

[1313] OLG Frankfurt a. M. NZM 2000, 186, 50% Minderung.

[1314] *OLG Köln NZM 1999, 73;* LG Freiburg WuM 1998, 279.

[1315] LG Berlin GE 2003, 1429.

[1316] AG Rudolstadt NJW-RR 2002, 877 = NZM 2002, 163; **aA** OLG Naumburg; OLG Dresden.

[1317] OLG Düsseldorf ZMR 2003, 423; *Kandelhard* NZM 2005, 43 (47).

begründen, insbes. dann nicht, wenn die Zahlungen nicht klar zugeordnet werden können[1318] (iE → BGB § 536b Rn. 37).

393 Hat der Mieter dagegen in Anbetracht des Mangels zu viel gemindert, kann der Vermieter den zu viel geminderten Betrag nachfordern. Der Mieter befindet sich nach hM mit dem überschießenden Mietanteil in Verzug, der nur bei einem entschuldbaren Irrtum entfällt. Nachdem zunächst der XII. Zivilsenat des BGH[1319] an den unverschuldeten Rechtsirrtum strenge Anforderungen gestellt hat, sind diese Anforderungen im Kern vom VIII. Zivilsenat[1320] für den Tatsachenirrtum bestätigt worden, so dass regelmäßig eine zu hohe Mietminderung vom Mieter zu vertreten ist. Die irrige Annahme der tatsächlichen und rechtlichen Voraussetzungen des Minderungsgrundes entschuldigt ihn selbst dann nicht, wenn er zuvor (fehlerhaften) Rechtsrat eingeholt hat. Diese Rspr. ist wegen des hohen Risikos des Mieters, trotz der ihm gesetzlich eingeräumten Befugnis zur Mietminderung bei einem Irrtum über den Grund oder die Höhe der Mietminderung seine Wohnung zu verlieren, problematisch.

394 Dem Mieter kann zwar zugemutet werden, vor Ausübung der Minderung zunächst fachmännischen Rat einzuholen.[1321] Fällt aber der Minderungsbetrag trotz des fachmännischen Rates zu hoch aus, darf dies nicht zum Nachteil des Mieters gereichen.[1322] Anderenfalls würde er dafür bestraft, dass er vor Ausübung seiner Rechte einen Fachmann hinzugezogen hat. Jedenfalls bei der Frage der Höhe der Minderung hat der Mieter im Regelfall[1323] einen Irrtum nicht zu vertreten (§ 286 Abs. 4 BGB)[1324], da es zur Bemessung der Minderungshöhe keine einheitlichen Standards gibt, die eine sichere Einschätzung dieser Frage ermöglichen. Darüber hinaus sollte dem Mieter wegen des Mietrückstandes auch dann nicht gekündigt werden dürfen, wenn der Berater den (fehlerhaften) Angaben des Mieters vertraut und die Mängel nicht selbst besichtigt hat.[1325] Der Mieter muss ohne Furcht vor einer Kündigung seine Rechte wahren können.[1326] Wird aber dem Mieter im laufenden Prozess die Rechtsauffassung des Gerichts mitgeteilt[1327] oder ist eine rechtskräftige Entscheidung über die Höhe des Minderungsbetrages ergangen, kommt der Mieter mit dem zu viel geminderten Betrag in Verzug, ohne dass es hierzu einer – weiteren – Mahnung des Vermieters bedarf.

395 Hat der Vermieter zB aufgrund des durch eine Minderung sich ergebenden Zahlungsrückstandes Räumungs- und Zahlungsklage erhoben, ist ein Teilurteil wegen des Räumungsanspruchs unzulässig, da die Gefahr besteht, dass das (Rechtsmittel-)Gericht bei der Beurteilung des Zahlungsanspruchs die Berechtigung zur Mietminderung anders entscheidet. Weder das erkennende Gericht noch das Rechtsmittelgericht sind an das Teilurteil gebunden[1328]. Somit trägt der mindernde Mieter zwar das Risiko, dass sich im Streitverfahren die Mietminderung als nicht berechtigt herausstellt. Er muss aber nicht befürchten, ohne Prüfung der Berechtigung der Minderung und eines evtl. bestehenden Zurückbehaltungsrechts vorab die Wohnung räumen zu müssen.[1329]

396 Sind einem **Kaufmann** die Umstände bekannt, die sein Verhalten aus der Sicht des redlichen Verkehrs als sittenwidrig erscheinen lassen, dann entschuldigt ihn nicht die unrichtige Auskunft eines Rechtsanwaltes, dass dieses Verhalten erlaubt sei.[1330] Das gilt auch, wenn der Geschäftsmann

---

1318 OLG Düsseldorf NZM 2003, 63.

1319 BGH XII ZR 48/10, WuM 2012, 323 = AK-MietPrax § 543 BGB Nr. 25.

1320 BGH VIII ZR 138/11, WuM 2012, 499 = GE 2012, 1161 = NZM 2012, 637 = AK-MietPrax § 543 BGB Nr. 26 = ZMR 2013, 177; sa BGH VIII ZR 1/11, WuM 2012, 497 = NJW 2012, 3089 = NZM 2012, 676 = GE 2012, 1162 = AK-MietPrax § 543 BGB Nr. 27 zu Betriebskostenvorauszahlungen mAnm *Börstinghaus.*

1321 Bub/Treier MietR-HdB/*Kraemer* Kap. III B Rn. 1368.

1322 LG Görlitz WuM 1994, 601; LG Karlsruhe WuM 1990, 294; *Keppeler* ZMR 2002, 885 (890).

1323 LG Bückeburg ZMR 2012, 623; LG Frankfurt a. M. LG Berlin GE 2011, 692.

1324 LG Berlin GE 2009, 1126; 2005, 1353; 1994, 1381; LG Hannover WuM 1994, 463; LG Osnabrück WuM 1986, 93; LG Braunschweig WuM 1985, 259; LG Kassel WuM 1981, 185; AG Lübeck ZMR 2012, 277; AG Hamburg WuM 1979, 103; Staudinger/*Emmerich* BGB § 536 Rn. 58; Bub/Treier MietR-HdB/*Kraemer* Kap. III B Rn. 1368; **aA** *Schenkel* NZM 1998, 502 (503); anders bei Irrtum über den Minderungsgrund, → Rn. 348f.

1325 **AA** LG Braunschweig ZMR 2000, 222; LG Berlin GE 2005, 1353, wenn kein Mangel vorliegt.

1326 BVerfG WuM 1989, 278.

1327 LG Frankfurt a. M. NZM 2004, 297 = NJW-RR 2004, 1238.

1328 BGH NJW 1967, 1231; BGH AK-MietPrax § 301 ZPO Nr. 1.

1329 BGH VIII ZR 269/06, AK-MietPrax § 301 ZPO Nr. 2 = WuM 2008, 156 = GE 2008, 261 = DWW 2008, 66 = NZM 2008, 280.

1330 BGHZ 74, 281 = NJW 1979, 1882 = MDR 1979, 924 = BB 1980, 779.

sich zwar seine eigene Rechtsansicht sorgfältig gebildet hat, aber dennoch mit einer abweichenden Entscheidung des Gerichts rechnen musste.[1331]

397 Ist der Mieter unsicher über die Höhe der Minderung, kann er den Mietzins zunächst unter Vorbehalt zahlen und Klage auf Feststellung der Berechtigung zur Minderung in bestimmter Höhe erheben. Er entzieht sich damit des Risikos der – idR unwirksamen – fristlosen Kündigung, wenn der Mangel und die damit verbundene Mietminderung über lange Zeiträume andauern. Steht später die Höhe der Mietminderung fest, kann der Mieter den zu viel gezahlten Betrag nach § 812 BGB zurückfordern. § 814 BGB steht dem nicht entgegen.[1332] Das soll nach Auffassung des LG Hamburg[1333] nicht gelten, wenn der Mieter den Mietzins vorbehaltlos gezahlt hat, obwohl er Zweifel an der Wohnungsgröße hatte.[1334]

### 4. Berechnungsschema zur Höhe der Minderung

398 Die Höhe der Mietminderung wird idR mit Prozentsätzen der Bruttomiete berechnet. Eine Möglichkeit zur Berechnung der angemessenen Minderung ist dabei die Berechnung nach der sog. **Nutzwertanalyse.** Dieses Verfahren wird auch von der Rspr. zur Ermittlung der Mietminderung eingesetzt.[1335] Die nachfolgenden Tabellen zeigen eine vereinfachte Möglichkeit zur Ermittlung der Minderung auf.[1336]

Tabelle zur Berechnung des Wohnwertes eines Raumes

| Raum ggf. auch mehrfach | Wertzahl | | | |
|---|---|---|---|---|
| | Vorgabe nach LG Hamburg | | | |
| | absolut | in % | absolut | in % |
| Wohnzimmer | 100 | 18 | | |
| Diele | 90 | 16 | | |
| Kinderzimmer | 80 | 14 | | |
| Arbeitszimmer | 70 | 13 | | |
| Küche | 60 | 11 | | |
| Esszimmer | 50 | 9 | | |
| Bad/WC | 40 | 7 | | |
| Schlafzimmer | 40 | 7 | | |
| Vorratskammer | 20 | 4 | | |
| Keller | 10 | 2 | | |
| insgesamt | 560 | 100[1337] | | |

399 Diese Tabelle zeigt in der Vorgabe eine Wohnung mit mehreren Zimmer, aufgeteilt in ihren jeweiligen Wohnwert nach absoluten Beträgen und den entsprechenden prozentualen Anteilen an der Gesamtmiete, die hier beispielhaft mit 560 EUR angenommen wird. In einem zu begutachtenden Fall müssen nicht vorhandene Räume gestrichen und ggf. weitere vorhandene Räume hinzugefügt werden. Neuen Räumen muss eine **Wohnwertkennzahl** vergeben werden, die sich an den obigen Vorgaben orientieren sollte. Für die eigenen Berechnungen sind somit die Werte in die letzten beiden Spalten zu übernehmen.

[1331] BGHZ 89, 296 = NJW 1984, 1028 = ZMR 1984, 163 = DWW 1984, 133 = MDR 1984, 571 = GE 1984, 575.

[1332] LG Berlin MM 1992, 100; LG Köln WuM 1989, 311; AG Berlin-Tiergarten MM 1992, 24; **aA** AG Königstein NJW-RR 1989, 270; bei Zahlung unter Vorbehalt LG Frankfurt a. M. WuM 1987, 318; LG Düsseldorf WuM 1987, 150; LG München WuM 1987, 223; LG Köln WuM 1984, 62.

[1333] LG Hamburg DWW 1990, 207.

[1334] Siehe Rn. 344 zur Kenntnis in § 814 BGB.

[1335] *LG Hamburg WuM 1983, 290.*

[1336] In Anlehnung an *Isenmann* DWW 1995, 361; *Börstinghaus* Mietminderungstabelle 4. Aufl. 2017, der eine CD-ROM mit einem Rechenprogramm beiliegt, das auf diesem Verfahren beruht.

[1337] Die Addition der Einzelwerte ergibt 101, was auf Rundungsdifferenzen zurückzuführen ist.

Tabelle zur Berechnung der Mietminderung

| Raum | Wohnwert in % | Mietanteil EUR | Wertigkeit der Beeinträchtigung | Tage 1/30 | Minderwert EUR |
|---|---|---|---|---|---|
| Wohnzimmer | % | EUR | | /30 | EUR |
| Kinderzimmer 1 | % | EUR | | /30 | EUR |
| Kinderzimmer 2 | % | EUR | | /30 | EUR |
| Arbeitszimmer | % | EUR | | /30 | EUR |
| Schlafzimmer | % | EUR | | /30 | EUR |
| Küche | % | EUR | | /30 | EUR |
| Bad/WC | % | EUR | | /30 | EUR |
| Abstellräume | % | EUR | | /30 | EUR |
| Keller | % | EUR | | /30 | EUR |
| | 100% | EUR | | – | EUR |

Diese Werte sind in obige – angepasste – „Tabelle zur Berechnung der Mietminderung" in die Spalte „Wohnwert in %" einzutragen. Anschließend ist die Bruttomiete entsprechend dieses Prozentsatzes auf die einzelnen Räume aufzuteilen und der errechnete Wert in die Spalte „Mietanteil" einzutragen. Die Summe der in dieser Spalte ausgewiesenen Werte muss die vom Mieter vertraglich vereinbarte, monatliche Bruttomiete ergeben. **400**

Nunmehr wird die konkrete Beeinträchtigung unter Hinzuziehung der nachstehenden Tabelle zur „Berechnung der Wertigkeit der Beeinträchtigung" in Prozent oder mit einem absoluten Betrag eingetragen. In der Rubrik „Tage" ist die Dauer der Beeinträchtigung anzugeben. Aus diesen Werten lässt sich nunmehr die konkrete Höhe der Minderung leicht berechnen. **401**

Nunmehr hat dann noch eine Gesamtbewertung[1338] stattzufinden, dh die Minderungsquote ist nach den Umständen des Einzelfalles etwas nach oben oder unten zu runden. Hierbei kann eine Rolle spielen, ob der Mieter ggf. für den Mangel mitverantwortlich ist.[1339] Für die Gesamtbewertung ist auch von Bedeutung, ob der Mangel, zB Gerüche, immer wiederkehrend – mal intensiver, mal geringer – auftritt[1340]. Hierunter fällt aber nicht der nur periodisch auftretende Mangel, der die Miete nur für den bertreffenden Zeitraum mindert.[1341] **402**

Mit diesem Verfahren ist ein überzeugenderer Wert zu erlangen, als wenn nur „über den Daumen" geschätzt wird.

Tabelle zur Berechnung der Wertigkeit der Beeinträchtigung

| | |
|---|---|
| 0% | keine bzw. unerhebliche Beeinträchtigung |
| 10% | fast keine |
| 20% | noch leichte, geringe |
| 30% | mäßige |
| 40% | deutliche, schon etwas stärkere |
| 50% | starke |
| 60% | sehr starke |
| 70% | schwere |
| 80% | sehr schwere |
| 90% | massive |
| 100% | völlige Aufhebung der Gebrauchstauglichkeit |

1338 LG Hamburg WuM 1983, 290; AG Gelsenkirchen ZMR 2017, 648.
1339 LG Berlin GE 2009, 1125; 2012, 831; AG Tempelhof-Kreuzberg GE 2012, 835.
1340 AG Tempelhof-Kreuzberg WuM 2020, 334.
1341 BGH, VIII ZR 100/18, WuM 2018, 712 = NZM 2018, 1018.

## IV. Sonstige Rechte

### 1. Schadensersatz

403 Schadensersatz kann nach § 536a BGB nur verlangt werden, wenn ein Mangel iSd § 536 BGB vorliegt. Die Minderung der Tauglichkeit muss **nicht erheblich** sein (→ Rn. 53). Daneben kommen Schadensersatzansprüche aus den allgemeinen Vorschriften (§§ 280ff. BGB) in Betracht[1342] (Einzelheiten → BGB § 536a Rn. 160ff.; Besonderheiten zum Schadensersatz beim Rechtsmangel → Rn. 303ff.).

404 Gegenüber einem Erwerber des Mietobjektes ist zu differenzieren. Ist der Schaden[1343] vor Eigentumsübergang eingetreten, haftet hierfür der Veräußerer. Der Erwerber kann aber darüber hinaus zum Schadensersatz verpflichtet sein, wenn er sich mit der Beseitigung des Mangels in Verzug befindet und dadurch dem Mieter ein weiterer Schaden entsteht.[1344]

405 War der Mangel schon vor Erwerb vorhanden, tritt der Schaden aber erst nach Erwerb ein, haftet der Erwerber, weil der Mieter sonst einen Nachteil erleiden würde, was mit der mieterschützenden Funktion des § 566 BGB nicht zu vereinbaren ist.[1345] Das gilt nicht nur für die Garantiehaftung[1346], sondern auch für die Verschuldenshaftung[1347]; insbes. wirkt die vor dem Erwerb eingetretene Verzugslage in der Person des Erwerbers fort.[1348]

### 2. Aufwendungsersatz

406 Der Mieter kann auch den Mangel selbst beheben und unter den Voraussetzungen des § 536a Abs. 2 BGB Aufwendungsersatz verlangen (Einzelheiten → BGB § 536a Rn. 167ff.; Besonderheiten zum Aufwendungsersatz beim Rechtsmangel → Rn. 306).

### 3. Aufrechnung

407 Der Mieter kann nach den allgemeinen Vorschriften der §§ 387ff. BGB den Mietzins mit Gegenforderungen verrechnen (zur Kombination mit einer Vorfälligkeitsklausel → Rn. 448ff.). Nach Auffassung des LG Berlin soll der Vermieter nicht gegen einen Anspruch des Mieters auf Auszahlung eines auf Grund von Vorschüssen ermittelten Abrechnungsguthabens aufrechnen dürfen.[1349] Bei Wohnraummietverhältnissen wird die vertragliche Gestaltungsfreiheit des Vermieters zur Einschränkung des Aufrechnungsrechts durch § 556b Abs. 2 BGB sowie durch § 309 Nr. 3 BGB eingeschränkt. Auch Sondervorschriften können die Aufrechnungsbefugnis beschränken. So kann ein Vermieter einer dem WoBindG unterliegenden Wohnung gegen einen **Kautionsrückzahlungsanspruch** des Mieters nur mit solchen Forderungen aufrechnen, die durch die Kaution gem. § 9 WoBindG zulässigerweise gesichert werden.[1350] Auch im kaufmännischen Verkehr ist eine Formularklausel als unangemessenen und deshalb unwirksam zu beurteilen, die jede Aufrechnung, also auch eine solche mit unstreitigen oder rechtskräftig festgestellten Gegenforderungen, ausschließt.[1351]

408 Ein im Mietvertrag wirksam vereinbartes **Aufrechnungsverbot** besteht nicht nur gegenüber der Mietzinsforderung, sondern auch gegenüber dem Anspruch auf Nutzungsentschädigung nach § 546a BGB. Das Verbot entfällt somit nicht mit der Rückgabe der Mietsache oder mit Beendigung des Mietverhältnisses bei weitergehender Nutzung. Unerheblich ist eine vom Vermieter erklärte

---

1342 BGH WuM 1978, 86 = NJW 1978, 103 = ZMR 1978, 82 = MDR 1978, 306; zum Schadensersatz bei unberechtigter Kündigung des Vermieters OLG Hamm WuM 1984, 94 = NJW 1984, 1044 = MDR 1984, 494 = DWW 1984, 133 = ZMR 1984, 129.

1343 Zur Bemessung des entgangenen Gewinns s. BGH XII ZR 128/09, AK-MietPrax § 252 BGB Nr. 2 = GE 2010, 1741; *Dose* WImmoT 2011, 21 (26).

1344 Sternel MietR Kap. VIII Rn. 283.

1345 BGH VIII ZR 22/04, WuM 2005, 201 = NZM 2005, 253 = NJW 2005, 1187 = DWW 2005, 103 = ZMR 2005, 354 = AK-MietPrax § 566 BGB Nr. 4 mAnm *Börstinghaus;* zum Problem beim Teilschaden *Derleder* NJW 2008, 1189 (1190).

1346 BGHZ 49, 350; Sternel MietR Kap. VIII Rn. 283.

1347 *Derleder* NJW 2008, 1189 (1190).

1348 BGH VIII ZR 22/04, WuM 2005, 201 = NZM 2005, 253 = NJW 2005, 1187 = DWW 2005, 103 = *ZMR 2005, 354* = AK-MietPrax § 566 BGB Nr. 4 mAnm *Börstinghaus;* Sternel MietR Kap. VIII Rn. 311.

1349 LG Berlin GE 1995, 1085; 1994, 999.

1350 AG Köln WuM 2000, 22.

1351 BGH VIII ZR 90/85, NJW-RR 1986, 1110 = WPM 1986, 1024.

Bereitschaft, die Gegenansprüche des Mieters zu prüfen und im Falle der Begründetheit verrechnen zu wollen.[1352] Die Aufrechnung kann auch in einem Formularmietvertrag von einer vorherigen Ankündigung abhängig gemacht werden.[1353] Diese verliert nach Vertragsende und Rückgabe ihren Sinn, wenn nur noch wechselseitige Ansprüche aufzurechnen sind. Daher wirkt sich eine solche Formularklausel auf diesen Fall nicht aus.[1354]

### 4. Zurückbehaltungsrecht

Das Zurückbehaltungsrecht gem. § 320 BGB besteht neben dem Recht auf Mietminderung.[1355] **409** Der Mieter hat daher unabhängig von der Minderung die Möglichkeit der Einrede des nichterfüllten Vertrages und kann grds. den nicht von der Minderung erfassten Betrag des künftigen Mietzinses zurückbehalten, um den Vermieter zur Erfüllung seiner Pflicht aus § 535 BGB anzuhalten.[1356] Diese Rechtslage ist unstrittig, soweit der Mietvertrag vor dem 1.9.2001 abgeschlossen wurde, weil hinsichtlich der Fälligkeit § 551 BGB aF für bestehende Mietverhältnisse in der bis zum In-Kraft-Treten des Mietrechtsreformgesetzes geltenden Fassung anwendbar bleibt (Art. 229 § 3 Abs. 1 Nr. 7 EGBGB). § 551 BGB aF behält insoweit seine Leitbildfunktion.[1357] Dem steht der Umstand nicht entgegen, dass die Vertragsparteien eine **Vorauszahlungspflicht** des Mieters vereinbart haben, weil die vertragliche Abweichung von der gesetzlichen Zahlungspflicht gem. § 551 BGB aF an der gesetzlichen Vorleistungspflicht des Vermieters zur Herstellung des vertragsgemäßen Zustandes nichts ändert.[1358]

Bei Mietverträgen, die nach dem 31.8.2001 abgeschlossen wurden, ist zu differenzieren. Wohn- **410** raummietverträge unterliegen § 556b Abs. 1 BGB (zur Vorleistungspflicht → BGB § 556b Rn. 4ff.). Über § 579 Abs. 2 BGB, der auf die Vorschrift für Wohnraummietverhältnisse verweist (§ 556b Abs. 1 BGB), gilt diese Regelung auch für Mietverhältnisse über Räume, die nicht Wohnräume sind. Somit ist auch bei Gewerberaummietverhältnissen die Miete – anders als bisher – kraft Gesetzes vorschüssig zu zahlen. Der Gesetzgeber wollte damit der allgemeinen Vertragspraxis Rechnung tragen.[1359] Daher wurde auch die Regelung übernommen, dass es für die **Rechtzeitigkeit** der Zahlung ausreicht, wenn der Mieter die Miete bis zum dritten Werktag[1360] des jeweiligen Zeitabschnittes entrichtet. Die Regelung ist nicht zwingend, so dass abweichende Vereinbarungen, insbes. bei Hotels oder Ferienwohnungen, möglich bleiben.

Für andere Mietverhältnisse gilt § 579 Abs. 1 BGB. Die Vorschrift enthält Regelungen über die **411** Fälligkeit der Miete bei Grundstücksmietverhältnissen, Mietverhältnissen über eingetragene Schiffe und Mietverhältnissen über bewegliche Sachen. Da sich für die Mietverhältnisse nach § 579 Abs. 1 BGB hinsichtlich der Zahlungsfälligkeit somit keine Änderung ergeben hat, bleiben auch insoweit die obigen Ausführungen zum Zurückbehaltungsrecht maßgeblich.

Diskutiert wird dagegen, ob für Mietverhältnisse über Räume, die nach dem 31.8.2001 **412** abgeschlossen wurden, wegen der vorgezogenen Zahlungspflicht des Mieters andere Maßstäbe anzulegen sind, da § 320 BGB ein Zurückbehaltungsrecht des Schuldners ausschließt, wenn er vorleistungspflichtig ist. Dies ist allerdings aus mehreren Gründen abzulehnen: § 556b Abs. 2 BGB regelt ausdrücklich, dass dem Mieter wegen Forderungen aus §§ 536a, 539 BGB sowie aus ungerechtfertigter Bereicherung ein Zurückbehaltungsrecht zusteht, selbst wenn vertraglich etwas anderes geregelt wurde. Die Erwähnung des Zurückbehaltungsrechts in einer Vorschrift mit der Fälligkeitsregelung der Mietzahlung zeigt, dass das Zurückbehaltungsrecht bestehen bleibt.[1361] Zudem ergibt sich aus

---

1352 OLG Karlsruhe ZMR 1987, 261.

1353 OLG Hamm MDR 1997, 927.

1354 OLG Düsseldorf ZMR 2005, 450 = DWW 2005, 67.

1355 BGHZ 84, 42 = NJW 1982, 2242 = MDR 1982, 836; WuM 1982, 296 = NJW 1982, 874; LG Berlin WuM 1994, 464; Emmerich/Sonnenschein/*Emmerich* BGB § 536 Rn. 34.

1356 BGH XII ZR 254/95, WuM 1997, 488; *Sternel* WuM 2002, 244 (247).

1357 BGH VIII ZR 66/08, WuM 2009, 228 = AK-MietPrax § 556b BGB Nr. 3 = NJW 2009, 1491 = NZM 2009, 315 = GE 2009, 577.

1358 Grdl. BGH NJW 1982, 2242 = ZMR 1983, 272 = MDR 1982, 836; OLG Düsseldorf ZMR 1989, 300; LG Hamburg WuM 1981, 229; Bub/Treier MietR-HdB/*Kraemer/Ehlert* Kap. III B Rn. 3282.

1359 BR-Drs. 439/00, 130.

1360 Zum Samstag als Werktag s. BGH VIII ZR 129/09, WuM 2010, 495 = GE 2010, 1111 = NJW 2010, 2879 = NZM 2010, 661 = ZMR 2010, 948; BGH VIII ZR 291/09, WuM 2010, 500 = NJW 2010, 2882 = NZM 2010, 664 = GE 2010, 1116; zur Fälligkeit der Miete *Flatow* NZM 2017, 273ff.

1361 Börstinghaus/*Eisenschmid* Neues MietR BGB § 556b S. 231.

der Begründung zum Gesetzentwurf,[1362] dass mit der Regelung über die Mietzahlungspflicht lediglich **die Vertragswirklichkeit** abgebildet werden sollte.[1363] Da somit der Gesetzgeber keine Änderung der Rechtslage herbeiführen und zudem keinesfalls die Rechte des Mieters schmälern wollte, muss im Wege der teleologischen Reduktion die Vorschrift des § 556b Abs. 1 BGB als reine Fälligkeitsregelung angesehen werden.[1364] Aber auch eine Vorleistungspflicht unterstellt, führt dies nicht zu einem anderen Ergebnis, da es sich um eine einfache, unbeständige Vorleistungspflicht handelt[1365] Diese führt bei einem fälligen Anspruch der Gegenleistung am Ende der durch die Vorleistung bestimmten Periode zu einem Anspruch auf Leistung Zug um Zug.[1366] Somit gilt dann wieder uneingeschränkt § 320 Abs. 1 BGB (→ BGB § 556b Rn. 12f.).

**413** Das Zurückbehaltungsrecht gilt selbst noch nach Auszug des Mieters, wenn er für einen späteren Zeitraum gekündigt hat.[1367] Hat der Mieter allerdings den Mietvertrag **fristlos gekündigt und die Mietsache geräumt,** ergibt sich daraus, dass er für die Zukunft nicht mehr zur Erfüllung bereit ist und von dem Vermieter die Erfüllung des Mietvertrages für die Zukunft nicht mehr erwartet. Für einen solchen Fall ist die Einrede aus § 320 BGB nicht bestimmt.[1368] Sie hat nur verzögerlichen Charakter und dient dazu, den anderen Teil zur Erfüllung des mit der Einrede geltend gemachten Anspruchs anzuhalten.[1369] Daher besteht das Zurückbehaltungsrecht nach Auffassung des VIII. Zivilsenats des BGH[1370] (→ BGB § 536c Rn. 38) erst dann, wenn der Mieter dem Vermieter den diesem unbekannten Mangel nach § 536c BGB angezeigt hat. Das kann aber dann nicht gelten, wenn dem Vermieter der Mangel aus anderer Quelle bekannt war.[1371] Ob dem Ansatz des Senats zur generellen Anzeigepflicht des Mieters zu folgen ist, wird mit überzeugenden Gründen von Frieling[1372] in Frage gestellt.

**414** Nicht erforderlich ist, dass der Mieter das zurückbehaltene Geld anlegt oder zurücklegt. Entscheidend ist nur, dass er zahlungswillig und zahlungsbereit ist. Daher entfällt das Zurückbehaltungsrecht nicht, wenn der Mieter das **zurückbehaltene** Geld ausgegeben hat. Etwas anderes kann gelten, wenn der Mieter von vornherein wusste, dass er bei Leistungserfüllung des Vermieters in keinem Fall leistungsfähig sein wird.[1373]

**415** Besonderheiten sind zu beachten, wenn der Vermieter im laufenden Mietverhältnis das Objekt veräußert und der **Erwerber** gem. § 566 BGB das Mietverhältnis fortsetzt. Mit dem Veräußerungsvorgang verliert der Mieter gegenüber dem früheren Vermieter seinen Erfüllungsanspruch. § 566 Abs. 2 BGB verpflichtet den Veräußerer nur zur Bürgenhaftung wegen Schadensersatz. Konsequenterweise verliert der Mieter dann aber gegenüber dem Veräußerer auch sein Zurückbehaltungsrecht und muss die einbehaltenen Beträge zurückzahlen[1374]. Der Erwerber haftet nunmehr für die Erfüllung des Mietvertrages, so dass der Mieter sein Zurückbehaltungsrecht ihm gegenüber erneut geltend machen muss.[1375]

**416** Der formularmäßige Ausschluss oder die formularmäßige Beschränkung des Zurückbehaltungsrechts gem. § 320 BGB ist bei Mietverhältnissen über Wohnraum wegen § 309 Nr. 2 lit. a BGB nicht möglich.[1376] Daher ist es unwirksam, das Zurückbehaltungsrecht von einer **Ankündigung**

[1362] BR-Drs. 439/00, 130.
[1363] *Gellwitzki* WuM 2001, 373 (381, 382).
[1364] *Sternel* WuM 2002, 244 (247); iE *Streyl* DWW 2009, 82 (83); *Conrad* MDR 2013, 1381 (1382); BGH NJW 1982, 2242 = ZMR 1983, 272 = MDR 1982, 836.
[1365] *Schultz* PiG 65 (2002), 263 (272); so wohl auch Herrlein/Kandelhard/*Kandelhard* BGB § 536 Rn. 65; zum Begriff der unbeständigen Vorleistungspflicht MüKoBGB/*Emmerich* § 320 Rn. 19.
[1366] *Derleder* NZM 2002, 676 (679); BGH NJW-RR 1989, 1356; NJW 1986, 1164 = MDR 1986, 57.
[1367] OLG Düsseldorf MDR 1989, 640 = BB 1989, 1934; *Franke* ZMR 2010, 663 (665).
[1368] BGH VIII ZR 310/80, WuM 1982, 296 = NJW 1982, 874 = MDR 1982, 573 = ZMR 1983, 62; BGH XII ZR 63/95, WuM 1997, 488 = NJW 1997, 2674 = ZMR 1997, 505 = MDR 1997, 112 = GE 1997, 1163; LG Berlin GE 2007, 516.
[1369] BGH VII ZR 96/81, NJW 1982, 2494 = MDR 1983, 48; LG Berlin WuM 1998, 28.
[1370] BGH VIII ZR 330/09, AK-MietPrax § 320 BGB Nr. 1 = GE 2011, 122 = NZM 2011, 197 = ZMR 2011, 275; sa *Beuermann* GE 1996, 948 (950); LG Berlin NZM 1998, 475.
[1371] LG Flensburg, NZM 2018, 902 = ZMR 2018, 768 (Revision zugelassen).
[1372] *Frieling* ZfPW 4/2018, 484.
[1373] LG Braunschweig ZMR 1999, 827.
[1374] BGH VIII ZR 284/05, WuM 2006, 435 = NZM 2006, 696 = GE 2006, 1034 = ZMR 2006, 761 = AK-*MietPrax § 566 BGB* Nr. 6; *Conrad* MDR 2013, 1381 (1384); **aA** *Gellwitzki* WuM 2006, 126.
[1375] *Schenkel* NZM 1998, 502 (504).
[1376] LG Berlin GE 1994, 403; LG Osnabrück WuM 1989, 370; Staudinger/*Emmerich* BGB § 536 Rn. 59; *Franke* ZMR 2010, 663 (665).

abhängig zu machen[1377] oder auf den Nettomietzins zu beschränken.[1378] Soweit individualvertraglich etwas anders vereinbart wurde, ist bei Wohnraummietverhältnissen die Einschränkung durch § 556b Abs. 2 BGB zu beachten (Einzelheiten s. dort).

Gegenüber Kaufleuten gilt die formularmäßige Einschränkung im gleichen Umfang wie beim Ausschluss des Minderungsrechts[1379] (→ Rn. 459 ff.). In jedem Fall ist ein formularmäßiger Ausschluss des Zurückbehaltungsrechtes auch bei der Geschäftsraummiete zwischen Kaufleuten unwirksam, wenn hiervon nicht unstreitige, entscheidungsreife und rechtskräftig festgestellte Gegenforderungen des Mieters ausgenommen sind.[1380] Der **Formularvertrag** kann aber hier vorsehen, dass die wirksame Geltendmachung des Zurückbehaltungsrechts von einer einmonatigen Vorankündigung abhängig ist.[1381] Lässt die Vertragsklausel offen, welches Zurückbehaltungsrecht eingeschränkt oder ausgeschlossen sein soll, so bezieht sich die Klausel sowohl auf das Zurückbehaltungsrecht des § 273 BGB, als auch auf das des § 320 BGB.[1382] So wenig wie der bloße Ausschluss des Zurückbehaltungsrechts das Minderungsrecht berührt, wird im umgekehrten Fall das Zurückbehaltungsrecht durch den Ausschluss der Minderung eingeschränkt.[1383] 417

Das Zurückbehaltungsrecht nach § 273 BGB darf grds. nur für **künftige** Mietzahlungen geltend gemacht werden[1384] (zum Zurückbehaltungsrecht nach § 320 BGB → Rn. 430). Ist der Mieter hinsichtlich einzelner Forderungen des Vermieters in Verzug geraten, kann er wegen einer erst später fällig gewordenen Gegenleistung ein Zurückbehaltungsrecht nur geltend machen, wenn er Handlungen vornimmt, die zur Heilung des Verzuges geeignet sind.[1385] 418

Das Zurückbehaltungsrecht soll sich nach Auffassung des OLG Frankfurt a. M.[1386] nur für den jeweiligen fälligen Mietzahlungsmonat auswirken. Über den fälligen Monat hinaus dürfe der Mieter daher den Mietzins nicht zurückhalten. Dem ist *Sternel*[1387] zu Recht entgegen getreten mit dem Argument, dass der Erfüllungsanspruch des Mieters nicht mit der Beendigung eines Zahlungsabschnitts endet. Dies sieht der BGH[1388] inzwischen modifiziert (→ Rn. 426 f.) 419

Das Risiko des **Bestands** des Zurückbehaltungsrechtes trägt der Mieter.[1389] Stellt sich nach einer Kündigung des Vermieters wegen Zahlungsverzuges heraus, dass der Mieter zur Zurückbehaltung nicht oder nicht in der vorgenommenen Höhe berechtigt war, geht dies grds. zu seinen Lasten. Die Geltendmachung des Erfüllungsanspruchs ist für den Mieter im Zweifel der sicherere Weg. Ein schuldloser (Rechts-)Irrtum über den Bestand des Zurückbehaltungsrechtes ist nur unter besonderen Umständen anzunehmen[1390], da dem Mieter grds. zuzumuten ist, Rechtsrat zB bei einem Mieterverein oder Rechtsanwalt einzuholen. 420

Irrt sich der Mieter dagegen lediglich über die Höhe des zulässigen Zurückbehaltungsrechtes, ist in Anbetracht der Entscheidung des BGH[1391] die Auffassung der Vorauflage nicht mehr aufrecht zu erhalten, dass hinsichtlich des dadurch verursachten Zahlungsverzuges kein Verschulden vorliegt (zur Minderung → Rn. 389 ff.). Vielmehr bedarf es hier einer differenzierenden Betrachtung (→ Rn. 426 f.). 421

Das Zurückbehaltungsrecht **endet** grundsätzlich in folgenden Fallkonstellationen: bei Beseitigung des Mangels, bei Beendigung des Mietverhältnisses, bei Verweigerung des Zutritts der mit 421a

---

[1377] LG Berlin ZMR 1998, 33; *Conrad* MDR 2013, 1381 (1384).
[1378] *Sternel* WuM 2002, 244 (248).
[1379] LG Berlin NJW-RR 1992, 518; einschränkend Wolf/Eckert/Ball Gewerbl. Miet-/Pacht-/LeasingR-HdB Rn. 393 ff.
[1380] BGH III ZR 141/90, NJW 1992, 575 = MDR 1992, 229; *Franke* ZMR 2010, 663 (665).
[1381] OLG Hamburg WuM 1998, 152 = NJW-RR 1998, 586 = ZMR 1998, 220.
[1382] BGH XII ZR 167/01, WuM 2003, 439 = NZM 2003, 437 = GE 2003, 804 = DWW 2003, 188 = AK-MietPrax § 536 BGB Nr. 1 = GuT 2003, 144; OLG Düsseldorf ZMR 2004, 576; *Lützenkirchen* WuM 2000, 55 (57).
[1383] Bub/Treier MietR-HdB/*Kraemer/Ehlert* Kap. III B Rn. 3288.
[1384] OLG Düsseldorf ZMR 1988, 304 = VersR 1988, 1267; LG Berlin GE 2012, 898.
[1385] Erman/*Ebert* BGB § 273 Rn. 14 mwN.
[1386] OLG Frankfurt a. M. ZMR 1999, 628; NZM 2000, 186.
[1387] *Sternel* WuM 2002, 244 (248); *Conrad* MDR 2013, 1381 (1383).
[1388] BGH VIII ZR 19/14, NZM 2015, 618 = WuM 2015, 568 = GE 2015, 1089 = NJW 2015, 3087 = ZMR 2015, 868 = AK-MietPrax § 112 InsO Nr. 1 mAnm *Börstinghaus.*
[1389] BGH VIII ZR 330/09, WuM 2011, 13 = AK-MietPrax § 320 BGB Nr. 1 = NZM 2011, 197 = NJW-RR 2011, 447 = ZMR 2011, 275 = MDR 2011, 92 = GE 2011, 122.
[1390] LG Berlin GE 2009, 1126; zum Minderungsrecht → Rn. 348 f.
[1391] BGH VIII ZR 19/14, NZM 2015, 618 = WuM 2015, 568 = GE 2015, 1089 = NJW 2015, 3087 = ZMR 2015, 868.

der Mangelbeseitigung beauftragten Personen sowie bei sonstiger Verweigerung der Mangelbeseitigung.[1392]

422 **a) Abgrenzung zur Mietminderung.** Der wesentliche Unterschied zwischen dem Mietminderungsrecht und dem Zurückbehaltungsrecht liegt darin, dass sich im ersten Fall der Mietzins kraft Gesetzes automatisch verringert, also das ursprüngliche Äquivalenzverhältnis von Leistung und Gegenleistung wieder hergestellt wird, während das Zurückbehaltungsrecht lediglich dazu dient, **Druck** auf den Vermieter auszuüben, den vertragsgemäßen Zustand wieder herzustellen.[1393] Die Gewährleistungsansprüche werden nämlich durch die Einrede des nicht erfüllten Vertrages (§ 320 BGB) nicht berührt.[1394] Wird der Mangel durch den Vermieter beseitigt, ist der zurückbehaltene Betrag nachzuzahlen (§ 322 BGB).[1395] Ein Zinsanspruch des Vermieters besteht – mangels Verzugs – nicht.[1396]

423 Hatte der Mieter bei Vertragsabschluss Kenntnis von dem Mangel, steht dies der Ausübung des Zurückbehaltungsrechtes nicht entgegen. § 536 b BGB findet in diesem Fall keine Anwendung, weil durch diese Vorschrift nur die Gewährleistungsansprüche – nicht aber die Erfüllungsansprüche – ausgeschlossen werden[1397] (→ BGB § 536 b Rn. 48 ff.). Nach Auffassung des VIII. Zivilsenats des BGH[1398] kann der Rechtsgedanke des § 536 b BGB (§ 539 BGB aF) jedoch bei Anwendung des § 320 Abs. 2 BGB herangezogen werden.[1399] Dabei ist insbes. zu berücksichtigen, welches Vertrauen der Mieter in die Nachholung der „restlichen" Erfüllungsleistung setzen durfte. Die Hinnahme eines Mangels über einen sehr langen Zeitraum kann einen solchen Ausnahmefall darstellen.[1400]

424 **b) Höhe des Zurückbehaltungsrechts.** Strittig war bisher, in welcher Höhe das Zurückbehaltungsrecht ausgeübt werden durfte. Unstreitig war zunächst, dass die Höhe des Betrages, den der Mieter zurückbehalten darf, von den jeweiligen Umständen mit Rücksicht auf Treu und Glauben abhängt.[1401] Daher kann der Mieter grds. den gesamten Mietzins zurückbehalten, wenn die Räume für den Gebrauch völlig untauglich sind.[1402] Er ist dagegen gehalten, kein Zurückbehaltungsrecht auszuüben, wenn der Mangel nur unerheblich ist. Hieraus hat die Rspr. den an § 242 BGB orientierten Grundsatz abgeleitet, dass die Höhe des Zurückbehaltungsrechts sich grds. an der **Schwere des Mangels** messen lassen muss.

424a Nach Auffassung eines Teils der Instanzrechtsprechung und Lit. wird das Zurückbehaltungsrecht auf das 3–5 fache des Minderungsbetrages[1403] begrenzt, da eine 100%ige Zurückbehaltung unabhängig von der Schwere des Mangels gegen Treu und Glauben verstoßen würde (vgl. § 320 Abs. 2 BGB).[1404] Solange der Vermieter den Mangel nicht beseitigt, ist nach dieser Auffassung der Mieter berechtigt, sein Zurückbehaltungsrecht auszuüben, weil nur so ausreichend Druck auf den Vermieter ausgeübt werden könne.[1405]

---

1392 BGH VIII ZR 12/18, ZMR 2019, 572 = WuM 2019, 309 = NZM 2019, 533 = MietPrax-AK § 546 BGB Nr 59; Anm. *Flatow* in: jurisPR-MietR 14/2019 Anm. 1; Anm. *Selk* in: NZM 2019, 506; Anm. *Streyl* in: NJW 2019, 2312.

1393 Siehe dazu *Frieling* ZfPW 4/2018, 482, 483.

1394 BGH NJW 1982, 2242 = ZMR 1983, 272 = MDR 1982, 836.

1395 Zum Zurückbehaltungsrecht beim Vermögensverfall OLG Düsseldorf ZMR 1989, 300.

1396 LG Köln WuM 1990, 385.

1397 BGH XII ZR 139/05, GuT 2007, 208 = NZM 2007, 484 = ZMR 2007, 605 = GE 2007, 840 = AK-MietPrax § 536 b BGB Nr. 9; WuM 1997, 488 = NJW 1997, 2674 = ZMR 1997, 505 = MDR 1997, 1112 = GE 1997, 1163; WuM 1982, 296 = NJW 1982, 874 = MDR 1982, 573 = ZMR 1983, 197; NJW 1989, 3222 = MDR 1990, 146 = NJW-RR 1990, 60 = ZMR 1990, 211; LG Hamburg WuM 1989, 385; 1989, 566; LG Bonn NJW-RR 1990, 19 = ZMR 1990, 58; OLG Naumburg WuM 2000, 242; BayObLG WuM 1999, 392.

1398 BGH VIII ZR 334/88, NJW 1989, 3222 = MDR 1990, 146 = ZMR 1990, 211.

1399 LG Düsseldorf DWW 1999, 184; vgl. Beispiele bei *Gellwitzki* WuM 1999, 10 (14 ff.).

1400 LG München I WuM 1999, 688, 11 Jahre; AG Spandau GE 2000, 413, zehn Jahre.

1401 BGH NJW 1982, 2494 = MDR 1983, 48.

1402 LG Berlin ZMR 1988, 306 = GE 1988, 681.

1403 LG Berlin GE 1995, 821; 1990, 1037; 1990, 705; LG Hamburg WuM 1989, 172 = ZMR 1984, 128 = MDR 1984, 494; AG München WuM 1987, 216; AG Waldbröl WuM 1989, 71; *Schmidt* NZM 2013, 705 (715); *Sternel* WuM 2002, 244 (248); *Keppeler* ZMR 2003, 885 (894); **aA** LG München NZM 2000, 87; krit. *Kraemer WuM 2000, 515 (517).*

1404 LG Berlin GE 1993, 263 = ZMR 1992, 302; LG Hamburg WuM 1989, 566; ZMR 1984, 128; AG München WuM 1987, 216.

1405 LG Hamburg WuM 1989, 566.

Eine andere Auffassung stellt zur Bemessung der Höhe des Zurückbehaltungsrechtes auf den **zur Beseitigung des Mangels erforderlichen Betrag** ab.[1406] Dies wird damit begründet, dass eher ein Sachbezug zu den Kosten der Mängelbeseitigung als zur Höhe der Minderung gegeben sei. Diese Meinung berücksichtigt jedoch nicht ausreichend, dass sich das Zurückbehaltungsrecht auf die Gegenleistung bezieht, also auf den geschuldeten, aber nicht erbrachten Teil des vertragsgemäßen Gebrauchs, womit die Sachnähe zur Minderung deutlich wird.[1407] Zudem sprechen auch praktische Gründe gegen die Anknüpfung an die Mangelbeseitigungskosten, deren Höhe im Einzelfall nur schwer, ggf. nur mit Hilfe eines Sachverständigen, feststellbar ist.[1408] Der XII. Zivilsenat des Bundesgerichtshofs hat diesen Streit bislang **nicht** entschieden und jedenfalls für das Gewerberaummietrecht im Einzelfall die dreifache Höhe der Herstellungskosten nicht beanstandet[1409]. 425

Auch der VIII. Zivilsenat[1410] hat sich keiner der bislang vertretenen Auffassungen angeschlossen. 426
Er ist der Auffassung, dass das Zurückbehaltungsrecht einerseits seinem Sinn und Zweck nach sowie andererseits unter Berücksichtigung des Umstandes, dass das durch den Mangel der Wohnung bestehende Ungleichgewicht zwischen Leistung und Gegenleistung durch die Minderung wieder hergestellt ist, grds. einer zeitlichen und betragsmäßigen Begrenzung unterliege. Das Zurückbehaltungsrecht könne nicht in schematisch berechneter Höhe ausgeübt werden, sondern bedürfe einer Gesamtwürdigung der Umstände des jeweiligen Einzelfalls unter Berücksichtigung des Grundsatzes von Treu und Glauben. Die Frage des angemessenen und verhältnismäßigen Zurückbehaltungsrechts sei somit vom Tatrichter im Rahmen seines **Beurteilungsermessens** für den jeweiligen Einzelfall zu entscheiden. Offen bleibt die Frage, ob die Begrenzung in zeitlicher und betragsmäßiger Hinsicht auch dann gilt, wenn der Mieter die Klage zur Mangelbeseitigung bzw. zur Zahlung eines Vorschusses eingereicht hat[1411], denn bis zur gerichtlichen Entscheidung wird regelmäßig nicht vor Ablauf eines Jahres zu rechnen sein. Das ist in Verfolg der vom VIII. Zivilsenat vertretenen Auffassung zu bejahen, da der Mieter mit der Klageerhebung selbst davon ausgeht, dass das Zurückbehaltungsrecht wahrscheinlich keine Wirkungen entfalten wird. Ein unbegrenztes Zurückbehaltungsrecht wäre danach unangemessen.

Die Lit. hat zur Recht sehr kritisch auf diese Entscheidung reagiert.[1412] In der Praxis führt das 426a
Beurteilungsermessen über die Höhe des Zurückbehaltungsrechts zu erheblichen Problemen[1413], da der Mieter nicht wissen kann, ob er mit seiner vorgenommenen „Gesamtwürdigung" im Rahmen dessen liegt, was das Gericht als angemessen ansieht. Um nicht den Verlust der Wohnung zu riskieren, kann es angebracht sein, den Vermieter besser gerichtlich auf Erfüllung in Anspruch zu nehmen, als außergerichtlich ein Zurückbehaltungsrecht geltend zu machen.[1414] Wegen dieser Problematik regt Börstinghaus[1415] an, einen **„Schätzirrtum"** zuzulassen. Dieser sei möglich, wenn sich bei einem unstreitigen Mangel unterschiedliche Vorstellungen über die Bewertung der Gebrauchsbeeinträchtigung zeigten. Es gäbe niemals einen festen konkreten Minderungsbetrag, der auf einen bestimmten Mangel passe. Vielmehr bewege sich der Minderungsbetrag innerhalb einer bestimmten Bandbreite, die je nach Bewertung zu einem Minderungsbetrag innerhalb dieser Spanne führe. Dieser Gedanke ist auch bei der Höhe des wahrgenommenen Zurückbehaltungsrechts nutzbar zu machen. Schätzungen, die naturgemäß einen gewissen Spielraum zulassen, müs-

1406 LG Berlin GE 2000, 1688; LG Saarbrücken NZM 1999, 757; LG Bonn WuM 1991, 262 = ZMR 1991, 300; offen gelassen Staudinger/*Emmerich* BGB § 536 Rn. 61; sa Bub/Treier MietR-HdB/*Kraemer/Ehlert* Kap. III B Rn. 3284; *Schenkel* NZM 1998, 502 (503).

1407 *Gellwitzki* WuM 1999, 10 (15).

1408 *Börstinghaus* NZM 2016, 418 (423); *Sternel* WuM 2002, 244.

1409 BGH XII ZR 167/01, WuM 2003, 439 = ZMR 2003, 416 = NZM 2003, 437 = GE 2003, 804 = DWW 2003, 188 = AK-MietPrax § 536 BGB Nr. 1 = GuT 2003, 144; nach Werkvertragsrecht ist gem. § 641 Abs. 3 BGB idF des FoSiG v. 23.10.2008 (BGBl. I 2022) das Doppelte der für die Beseitigung des Mangels erforderlichen Kosten angemessen.

1410 BGH VIII ZR 19/14, NZM 2015, 618 = WuM 2015, 568 = GE 2015, 1089 = NJW 2015, 3087 = ZMR 2015, 868 = AK-MietPrax § 112 InsO Nr. 1 mAnm *Börstinghaus;* sa *Milger* WImmoT 2015, 7 (10).

1411 *Börstinghaus* NZM 2016, 418 (423).

1412 Überzeugend *Frieling* ZfPW 4/2018, 488 ff.; *Hartmann* WImmoT 2016, 175; *Blank* WuM 2015, 577; *Hinz* ZMR 2016, 253; *Selk* NZM 2016, 434; *Börstinghaus* jurisPR-MietR 17/2015 Anm. 1; *Schach* GE 2015, 1058.

1413 *Selk* NZM 2016, 434.

1414 *Blank* WuM 2015, 3; *Blank* Anm. zu BGH VIII ZR 19/14, WuM 2015, 569 (578); *Flatow* WImmoT 2015, 69 (76); *Selk* NZM 2016, 434 (435), „... mit der ... Entscheidung verliert der ... Berater bedauerlicherweise nahezu jegliche Bodenhaftung".

1415 *Hinz* ZMR 2016, 253.

sen sich aber in der richtigen Größenordnung bewegen.[1416] Außerhalb der noch tolerablen Größenordnung, die aber an die individuelle Erkenntnismöglichkeit des Mieters anknüpfen muss,[1417] hat der Mieter den dadurch bedingten Mietrückstand zu vertreten.[1418]

**426b** Der Entscheidung des VIII. Zivilsenats kann wohl entnommen werden, dass der Mieter bei leichten Mängeln maximal drei und bei schweren Mängeln möglicherweise vier bis sechs Monatsmieten zurück behalten darf.[1419] Dabei kann es dem Mieter überlassen bleiben, ob er den vollen Betrag möglichst schnell ausschöpft oder ob er sich zur Erreichung des Höchstbetrages mehr Zeit lässt.[1420]

**427** **c) Mieterhöhung und Zurückbehaltungsrecht.** Nach herrschender Auffassung steht dem Mieter nicht das Recht zu, seine Zustimmung zu einem gem. § 558 BGB gestellten Mieterhöhungsverlangen des Vermieters zurückzuhalten, wenn der Mieter wegen nicht behobener Mängel einen Erfüllungsanspruch hat.[1421] Begründet wird dies einerseits damit, dass sich dies aus der Natur des Anspruchs aus § 2 MHG aF (= § 558 BGB) ergebe. Denn das Verfahren nach dieser Vorschrift stelle einen **Ausgleich** dafür dar, dass der Vermieter bei Wohnraummietverhältnissen zum Zwecke der Durchsetzung einer Mieterhöhung nicht kündigen dürfe. Gegenüber einem Gestaltungsrecht wie einer Kündigung wäre ein Zurückbehaltungsrecht aber nicht möglich.[1422] Zudem würde andererseits das Mieterhöhungsverfahren ins Uferlose ausgedehnt werden können.[1423] Weiterhin stehe dem Mieter ein effizienteres Zurückbehaltungsrecht gegenüber dem Mietzinsanspruch zu, so dass ihm für eine Zurückbehaltung gegenüber dem Zustimmungsanspruch ein Schutzbedürfnis fehle.

**428** **d) Kaution und Zurückbehaltungsrecht.** Auch gegenüber dem Kautionsanspruch kann der Mieter kein Zurückbehaltungsrecht geltend machen.[1424] Nach dem Sinn und Zweck der Kautionsabrede soll die gezahlte Kaution als **Sicherungsmittel für den Vermieter** dienen, um diesem eine erleichterte Durchsetzung berechtigter Ansprüche gegen den Mieter zu ermöglichen. Eine Kaution dient damit in erster Linie den Vermieterinteressen. Dem Zweck der Kautionsvereinbarung, ein Sicherungsmittel für den Vermieter zu schaffen, würde es zuwiderlaufen, wenn sich der Mieter wegen eventueller Mängel des Mietobjekts auf ein Zurückbehaltungsrecht berufen könnte. Dem Mieter bleiben insoweit die Mietminderung sowie die Ansprüche aus § 536 a BGB.

**429** **e) Sonstiges.** Ein Zurückbehaltungsrecht des Mieters am Mietobjekt nach beendetem Mietverhältnis ist über §§ 570, 578 Abs. 1 BGB ausdrücklich ausgeschlossen. Nach Beendigung des Mietvertrages kann der Mieter also die Rückgabe der Räume oder des Grundstücks nicht mit dem Hinweis verweigern, er habe noch Ansprüche, zB aus Kaution, gegen den Vermieter.

**430** Solange und soweit ein Zurückbehaltungsrecht nach § 320 BGB besteht, kommt ein Zahlungsverzug nicht in Betracht.[1425] Um die Wirkungen der Einrede des nichterfüllten Vertrages auszulösen, bedarf es nicht einer Geltendmachung durch den Mieter.[1426] Das Zurückbehaltungsrecht kann der Mieter aber wegen eines Mangels so lange nicht geltend machen, bis er ihn dem Vermieter, der den Mangel nicht kennt, angezeigt hat.[1427] Ein Verzug mit der Zahlung des Mietzinses ist von Gesetzes wegen schon dann ausgeschlossen, wenn dem Mieter die Einrede des § 320 BGB zusteht. Mangels Erfüllungsanspruch ist die Einrede nicht gegeben, wenn sich der Mieter über die Ursache eines Mangels geirrt hat und nicht der Vermieter, sondern der Mieter für die Mangelbesei-

---

[1416] *Milger* MDR 2013, 385.

[1417] *Hartmann* WImmoT 2016, 175 (188) unter Bezugnahme auf BGH VIII ZR 246/06, WuM 2008, 145 = NJW 2008, 1147.

[1418] *Börstinghaus* jurisPR-BGHZivilR 18/2012 Anm. 4.

[1419] *Hinz* ZMR 2016, 253; *Börstinghaus* NZM 2016, 418 (423); *Selk* NZM 2016, 434 (436); 4 Monatsmieten: LG Hamburg ZMR 2017, 736.

[1420] *Hinz* ZMR 2016, 253; *Börstinghaus* NZM 2016, 418 (423).

[1421] OLG Frankfurt a. M. WuM 1999, 629; LG Itzehoe WuM 1990, 157; AG Hamburg-Altona WuM 1991, 279; *Gellwitzki* WuM 1999, 10 (13); **aA** LG Hamburg WuM 1991, 593.

[1422] OLG Frankfurt a. M. NZM 1999, 795 = GE 1999, 1581; LG Hamburg WuM 1991, 593; LG Berlin WuM 1985, 331 = MDR 1984, 582 = ZMR 1984, 339; AG Kassel WuM 1992, 137.

[1423] LG Konstanz WuM 1991, 279.

[1424] BGH NJW-RR 1998, 1464; OLG Düsseldorf ZMR 1998, 159; LG Köln WuM 1993, 605; 1987, 257; LG Hamburg WuM 1991, 586; ZMR 1991, 344; *Gellwitzki* WuM 1999, 10 (13).

[1425] LG Berlin GE 1994, 403; LG Bremen WuM 1993, 605; LG Köln WuM 1990, 385; LG Hamburg WuM *1989, 385.*

[1426] LG Berlin GE 2012, 898.

[1427] BGH VIII ZR 330/09, WuM 2011, 13 = AK-MietPrax § 320 BGB Nr. 1 = NZM 2011, 197 = NJW-RR 2011, 447 = ZMR 2011, 275 = MDR 2011, 92 = GE 2011, 122.

tigung verantwortlich ist.[1428] Gleichzeitig wird auch das Kündigungsrecht des Vermieters wegen Zahlungsverzuges ausgeschlossen.

431 Wird dagegen das Zurückbehaltungsrecht nicht auf § 320 BGB, sondern auf § 273 BGB gestützt, wird wegen der **fehlenden synallagmatischen Verknüpfung** der Ansprüche der Verzug nur ausgeschlossen, wenn das Zurückbehaltungsrecht spätestens bei Fälligkeit der Forderung gegenüber dem Vermieter geltend gemacht wird. Nach Verzugseintritt beseitigt die Ausübung des Zurückbehaltungsrechts den Verzug nicht.[1429]

432 Hat der Mieter kein Interesse mehr an der Erfüllung, kann das Zurückbehaltungsrecht sogar ganz entfallen (→ Rn. 413).[1430] Das gilt auch, wenn ein nur unerheblicher Mangel der Gebrauchstauglichkeit gegeben ist. § 536 Abs. 1 S. 3 BGB gilt insoweit entsprechend.[1431]

433 Der **formularvertragliche Ausschluss** eines Zurückbehaltungsrechts wegen Mängel der Mietsache ist bei Wohnraummietverhältnissen wegen § 309 Nr. 2 BGB unwirksam.[1432] Bei Mietverhältnissen über Gewerberaum ist – soweit § 310 Abs. 1 BGB Anwendung findet – der Ausschluss des Zurückbehaltungsrechtes jedenfalls dann unwirksam, wenn die Gegenansprüche des Mieters rechtskräftig feststehen, unstreitig oder entscheidungsreif sind[1433] oder wenn sich der Vermieter grob vertragswidrig verhalten hat.[1434]

### 5. Kündigung (§§ 543, 569 BGB)

434 Soweit ein Mangel vorliegt, kann der Mieter auch unter den Voraussetzungen des § 543 Abs. 2 Nr. 1 BGB das Mietverhältnis kündigen. Regelmäßig ist hierfür aber erforderlich, dass dem Vermieter eine Frist gesetzt wird, innerhalb der er den Mangel zu beseitigen hat (§ 543 Abs. 3 BGB). Für die Fristsetzung nach § 281 Abs. 1 S. 1 BGB ist die Angabe eines bestimmten Endtermins oder eines Zeitraums nicht erforderlich. Es ist ausreichend, wenn der Vermieter aufgefordert wird, einen Mangel „umgehend", „unverzüglich", „sofort" oder mit einer vergleichbaren Formulierung zu beseitigen.[1435] Das muss auch für die Fristsetzung nach § 543 Abs. 3 S. 1 BGB gelten, da auch hier mit einer solchen Formulierung dem Zweck der Fristsetzung, dem Schuldner vor Augen zu führen, dass er die Leistung nicht zu einem beliebigen Zeitpunkt erbringen kann, sondern dass hierfür eine zeitliche Grenze besteht, hinreichend Genüge getan wird. Eine weitergehende Bedeutung ist der in § 543 Abs. 3 S. 1 BGB verwendeten Formulierung „... zur Abhilfe bestimmten angemessenen Frist" nicht beizumessen.

435 Bei einer nur **unerheblichen Minderung** des Gebrauchswertes der Mietsache kann eine Kündigung gem. § 543 BGB in Betracht kommen, wenn sie durch ein besonderes Interesse des Mieters gerechtfertigt ist. Dieser in § 542 Abs. 2 BGB aF enthaltene Rechtsgedanke wurde zwar anlässlich der Mietrechtsreform textlich nicht übernommen. Gleichwohl ist über § 242 BGB seine Anwendung geboten, da der hinter der alten Vorschrift stehende Gedanke, **Missbrauch zu vermeiden,** als allgemeiner Rechtssatz zu beachten ist und mit der neuen Vorschrift die Rechte des Mieters nicht geschmälert werden sollten. Gem. § 543 Abs. 4 BGB finden auf dieses Kündigungsrecht die §§ 536b–536d BGB entsprechende Anwendung. (Einzelheiten s. unter § 543 BGB).

436 Dem Mieter steht das Kündigungsrecht auch zu, wenn die Wohnung wegen einer **Flächenabweichung** mangelhaft ist. Die abweichende Auffassung, die dem Mieter, der die Flächenabweichung in einem länger laufenden Mietverhältnis ohne fühlbare Beeinträchtigung hin genommen hat, das Minderungsrecht gewähren, aber das Kündigungsrecht nach § 543 Abs. 2 Nr. 1 BGB entziehen will[1436], ist seit der Rspr. des BGH[1437] überholt. Soweit die Flächenabweichung über 10%

---

1428 BGH VIII ZR 138/11, WuM 2012, 499 mit abl. Anm. *Blank* = AK-MietPrax § 543 BGB Nr. 26 = NJW 2012, 2882 = NZM 2012, 637 = GE 2012, 1161.

1429 OLG Düsseldorf ZMR 1988, 304 = VersR 1988, 1267; Palandt/*Heinrichs* BGB § 273 Rn. 20.

1430 BGH NJW 1989, 3222 = MDR 1990, 146 = ZMR 1990, 211; KG ZMR 2013, 529.

1431 AG Berlin-Tiergarten GE 1987, 1115.

1432 LG Berlin GE 1994, 403; LG Osnabrück WuM 1989, 370; iE zur AGB-Problematik *Gellwitzki* WuM 1999, 10 (18f.).

1433 BGH NJW-RR 1993, 519 = ZMR 1993, 320 = DWW 1993, 170; **aA** OLG Düsseldorf WuM 1995, 392 = NJW-RR 1995, 850 = ZMR 1995, 303 auch für die Zeit nach Mietende; LG Berlin WuM 1992, 239.

1434 LG Berlin NJW-RR 1992, 518.

1435 BGH VIII ZR 254/08, WuM 2009, 580 = NJW 2009, 3153 = MDR 2009, 1329 zum Kaufrecht.

1436 *Pauly* MDR 2005, 1204 (1206); *Joachim* GuT 2004, 207 (211); *Scheffler* NZM 2003, 17 (18).

1437 BGH VIII ZR 142/08, AK-MietPrax § 543 BGB Nr. 14 = NJW 2009, 2297 = NZM 2009, 431 = WuM 2009, 349 = GE 2009, 709.

liegt, muss der Mieter keine Zumutbarkeitserwägungen anführen. Das gilt aber nicht, wenn die Flächenabweichung 10% nicht übersteigt (→ Rn. 60).

437 Eine fristlose Kündigung bei erheblicher **Gesundheitsgefährdung** ist auch dann möglich, wenn der Mieter den Mangel bei Abschluss des Vertrages kannte, weil der Gesetzgeber dies in § 569 Abs. 1 S. 2 BGB ausdrücklich angeordnet hat (Einzelheiten s. unter § 569).[1438]

## F. Abweichende Vereinbarungen

### I. Wohnraum

#### 1. Vertragliche Regelungen

438 Gem. § 536 Abs. 4 BGB ist bei Wohnraummietverhältnissen eine zum Nachteil des Mieters abweichende Vereinbarung unzulässig. Das Recht auf Minderung darf daher weder ausgeschlossen, eingeschränkt noch erschwert werden. Soweit eine **Vertragsklausel** gegen diese gesetzliche Regelung verstößt, ist sie unwirksam. Zielen Vertragsvereinbarungen in diese Richtung, müssen sie grds. restriktiv ausgelegt werden.[1439]

439 Das LG München[1440] ist der Auffassung, dass sich die Mietvertragsparteien auf eine bestimmte Minderung auch für die Zukunft jedenfalls dann einigen können, wenn der Zeitraum befristet ist. Zunächst ist hier klarzustellen, dass Mieter und Vermieter über abgeschlossene Sachverhalte auch eine Vereinbarung über den Umfang der Minderung treffen können. Einen solchen Fall hat § 536 Abs. 4 BGB aber nicht im Blick. Die Zulässigkeit der Vereinbarung über künftige Mietminderungen dient dem Schutz des Mieters, der sich nicht zur Mietzahlung in einer bestimmten Höhe verpflichten soll, ohne den Umfang der Störung des Äquivalenzverhältnisses (positiv) zu kennen. Das ist zB bei einer Beschaffenheitsvereinbarung anders, denn sie macht den aktuellen – und nicht den künftigen – Zustand der Mietsache zur Vertragsgrundlage. Die vertragliche Einschränkung der Mietminderung lässt sich auch nicht – wie das Gericht meint – mit der Entscheidung des BGH[1441] zum Verzicht des Mieters auf eine Minderung begründen. Dort ging es nämlich lediglich darum, die Freiheit des Vermieters zu einer zulässigen Mieterhöhung herauszustellen. Der Mieter kannte den Mangel und war daher in seiner Entscheidung über den „nachträglichen" Verzicht auf seine Minderung frei.

440 Die für Wohnraummietverhältnisse zwingende Vorschrift des § 536 Abs. 4 BGB kann auch nicht dadurch umgangen werden, dass **Erhaltungspflichten** des Vermieters gem. § 535 BGB – von Ausnahmen wie zB den Schönheitsreparaturen oder Kleinreparaturen abgesehen – dem Mieter auferlegt werden. Dies hätte nämlich zur Folge, dass im Zeitraum des Vorliegens des Mangels die Minderung ausgeschlossen wäre.[1442]

441 Ebenso ist es unzulässig, die Minderung von einer **vorherigen Ankündigung,**[1443] von der Duldungspflicht für Ausbesserungs- und Bauarbeiten, von den geleisteten Mietzahlungen oder von bestimmten Fristenregelungen[1444] abhängig zu machen.

442 Durch einen Verstoß gegen § 536 Abs. 4 BGB wird die Wirksamkeit des Vertrages iÜ **nicht** berührt, da nach dem Schutzzweck der Norm § 139 BGB nicht anwendbar ist.[1445]

443 Gelegentlich wird versucht, den Mieter durch notariellen Vertrag hinsichtlich des Mietzinses zu verpflichten, sich der sofortigen Zwangsvollstreckung zu unterwerfen.[1446] Eine solche Vereinbarung ist jedenfalls im Wohnraummietverhältnis unwirksam, da sie gegen § 536 Abs. 4 BGB verstößt, was

---

[1438] AA OLG Brandenburg ZMR 2014, 719 = GE 2014, 460 bei Vertragsverlängerung trotz grobfahrlässiger Unkenntnis des Mangels; Anm. *Kunze* jurisPR-MietR 13/2014 Anm. 3.

[1439] OLG Hamm ZMR 1982, 206 für Gewerberaum.

[1440] LG München ZMR 2012, 192.

[1441] BGH VIII ZR 159/08, WuM 2009, 744 = AK-MietPrax § 558 BGB Nr. 24 = MDR 2010, 76 = NZM 2010, 121 = GE 2010, 56.

[1442] BGH NJW 1992, 1759 = WuM 1992, 355.

[1443] LG Berlin MDR 1986, 938 = GE 1986, 1011; LG Hamburg WuM 1980, 126; AG Koblenz WuM 1987, 19; AG Bonn WuM 1985, 261; AG Münster WuM 1980, 185; AG Aachen NJW 1970, 1923.

[1444] *LG Hamburg WuM 1985, 261.*

[1445] MüKoBGB/*Häublein* § 536 Rn. 33.

[1446] BGH, VIII ZR 76/16, WuM 2017, 525 = MietPrax-AK § 551 BGB Nr 19 = ZMR 2017, 966 = NZM 2018, 32 = NJW 2018, 551.

der BGH in seiner Entscheidung gar nicht erörtert hat.[1447] Dem steht die Rspr. des BGH[1448] zur Zulässigkeit des Urkundenprozesses im Wohnraummietrecht nicht entgegen (→Rn. 521). Während im Urkundenprozess der Vermieter die seinen Anspruch begründenden Tatsachen noch durch Urkunden belegen muss, um einen vollstreckungsfähigen Titel zu erlangen, wird ihm mit der **Vereinbarung** über eine **vollstreckbare Ausfertigung** ohne Erkenntnisverfahren ein vollwertiger Titel zugesprochen. Das Verbot einer das Minderungsrecht des Mieters nachteilig regelnden Vereinbarung – § 536 Abs. 4 BGB – ist dadurch verletzt, dass der Mieter bei Vorliegen eines Mangels auf die Klage nach § 767 ZPO verwiesen ist, wenn er sein Minderungsrecht wahren will.[1449] Dass der Schutzzweck des § 536 Abs. 4 BGB jedenfalls **rechtsgeschäftliche Vereinbarungen** erfasst, hat der BGH auch in seinen Entscheidungen zum Urkundenprozess hervorgehoben. Soweit das Wohnraummietrecht betroffen ist, können diese vorgenannten Bedenken auch nicht dadurch ausgeräumt werden, dass der Vermieter für den Fall des Missbrauchs im Mietvertrag ein Vertragsstrafeversprechen abgibt.[1450]

Soweit die Parteien durch individuelle Vereinbarungen einen vom üblichen Standard negativ **444** abweichenden Zustand des Objektes vereinbart haben (negative Beschaffenheitsvereinbarung), steht dem § 536 Abs. 4 BGB nicht entgegen.[1451] Derartige **Beschaffenheitsvereinbarungen** sind auch während des Mietverhältnisses als Abänderungsvereinbarungen möglich[1452], wenn sie eindeutige vereinbart sind,[1453] Der Mieter ist daher in solchen Fällen mit weiter gehenden Erfüllungsansprüchen ausgeschlossen. So hat der BGH[1454] über eine Absprache der Mietvertragsparteien entschieden, die vermieterseitig gestellte Küche wegen des Erwerbs einer Einbauküche durch den Mieter im Keller zu lagern. Das spätere Abhandenkommen der im Keller ausgelagerten Küche hat nicht zu einer Abweichung der Ist-Beschaffenheit der Mietsache von der Soll-Beschaffenheit geführt, so dass ein zur Minderung der Miete führender Sachmangel ausschied.[1455] Denkbar ist aber auch die Vereinbarung autofreier Wohnanlagen, wie dies im Ausgangsfall der Entscheidung des AG Münster[1456] versucht wurde. Aber auch kinderfreies oder haustierfreies Wohnen oder Nichtraucher-Wohnanlagen sind vorstellbar. Eine solche Vorgehensweise muss aber im Blick behalten, dass der Mieter Räume zur Ausübung eines bestimmten Gewerbes zur Lebenssicherung benötigt[1457] bzw. eine Wohnung[1458] sucht. Im letzteren Fall erfasst „Wohnen" alles, was zur Benutzung der gemieteten Räume als existenziellem Lebensmittelpunkt des Mieters und seiner Familie gehört, also die gesamte Lebensführung des Mieters in allen ihren Ausgestaltungen und mit allen ihren Bedürfnissen.[1459] Derartige Beschaffenheitsvereinbarungen, die den Kernbereich des Nutzungsrechts berühren und ihn nicht mehr sicherstellen, haben die Aufgabe, den Vermieter von seinen Hauptvertragspflichten freizustellen. Dies ist durch Formularvereinbarungen und Allgemeinen Geschäftsbedingungen nicht möglich.[1460] Aber auch eine Individualvereinbarung kann häufig nicht zum Ziel führen, da es häufig am Verschulden fehlen kann (Geburt eines Kindes in der kinderfreien Anlage) oder die Anwendung des AGG (→BGB § 535 Rn. 107f.) die Wirksamkeit der Vereinbarung verhindert. Der zwingende Charakter des § 536 Abs. 4 BGB gebietet in diesen Fällen zur Vorsicht. Beschaffenheitsvereinbarungen können auch durch schlüssiges Verhalten getroffen wer-

---

1447 *Lammel* jurisPR-MietR 19/2017 Anm. 6.
1448 BGH WuM 1999, 345 = NJW 1999, 1408 = ZMR 1999, 380 = MDR 1999, 822; BGH VIII ZR 216/04, WuM 2005, 526 = NJW 2005, 2701 = GE 2005, 986 = DWW 2005, 285 = AK-MietPrax § 592 ZPO Nr. 1.
1449 Vgl. § 794 Abs. 1 Nr. 5 ZPO in der ab 1.1.1999 gültigen Fassung – 2. Zwangsvollstreckungsnovelle v. 17.12.1997 (BGBl. 1997 I 3039) sowie § 796a Abs. 2 ZPO.
1450 So aber *Moeser* NZM 2004, 769 (770).
1451 BGH WuM 1994, 201 = NJW-RR 1993, 522 = GE 1993, 643; BGH WuM 1987, 306 = NJW 1987, 2575 = ZMR 1987, 415; OLG München NJW-RR 1997, 650; LG Berlin ZMR 1990, 420; LG Düsseldorf DWW 1991, 284; AG Dresden WuM 1991, 143; *Emmerich* PiG Bd. 109 (2019), 9, 15; *Beuermann* GE 2006, 159.
1452 OLG Hamm ZMR 2000, 93; *Kraemer* WuM 2000, 515 (517).
1453 BGH WuM 1994, 201 = NJW-RR 1993, 522 = GE 1993, 643; *Emmerich* PiG Bd. 109 (2019), 9, 15.
1454 BGH VIII ZR 198/15, GE 2016, 721 = WuM 2016, 350 = DWW 2016, 211 = ZMR 2016, 525 = AK-MietPrax § 536 BGB Nr. 52.
1455 Zu Recht krit. *Piper* ZMR 2017, 231.
1456 AG Münster WuM 2014, 408.
1457 LG Mannheim ZMR 1990, 220; *Blank* PiG 2012, 1 (2).
1458 BayObLG WuM 1981, 80 = NJW 1981, 1275; LG Köln WuM 1997, 323.
1459 EuGH NZM 2006, 29; Waffenlagerung von Sportschützen LG Hannover ZMR 2011, 212.
1460 *Drettmann* WuM 2012, 535 (539); ähnlich *Wietz* WuM 2014, 518 (525).

den.[1461] Dafür genügt aber nicht eine einseitig gebliebene Willensvorstellung beim Mieter. Erforderlich ist vielmehr, dass der Vermieter auf den nach außen zutage getretenen Willen des Mieters in irgendeiner Form zustimmend reagiert.[1462]

445 Hat der Mieter in diesen Fällen Investitionen getätigt, um das Objekt „bewohnbar" zu machen, kann er uU von dem Vermieter Ersatz seiner Aufwendungen verlangen, soweit diese der Instandsetzung des Hauses und damit der Erhaltung und Wiederherstellung des Bestands der Mietsache dienten (§ 536a Abs. 2 BGB). Soweit sich der **Verwendungsersatzanspruch** weder aus § 536a Abs. 2 BGB noch aus den Vorschriften der GoA herleiten lässt (§ 539 BGB), kommt ein Anspruch des Mieters aus dem Gesichtspunkt der ungerechtfertigten Bereicherung in Betracht, sofern durch die Verwendungen ein Wertzuwachs, insbes. eine Erhöhung des Verkehrswertes des Gebäudes, eingetreten ist.[1463]

446 Unzulässig ist bei Wohnraummietverträgen die Verpflichtung des Mieters zur Übernahme von Instandsetzungsarbeiten; insbes. die Verpflichtung zur Vornahme von Kleinreparaturen, weil dadurch mittelbar dem Mieter Gewährleistungsansprüche entzogen werden.[1464]

447 Ein vertraglicher Ausschluss von Schadensersatzansprüchen des Mieters gegen den Vermieter wegen Sach- und Vermögensschäden, welche durch Mängel der Mietsache verursacht sind, für die der Vermieter auf Grund leichter Fahrlässigkeit einzustehen hat, verstößt gegen § 307 Abs. 2 Nr. 2 BGB. Eine solche Klausel gefährdet den Vertragszweck, weil der Mieter solche Schäden nicht durch eigene Vorsichtsmaßnahmen abwenden kann und zudem üblicherweise nur der Vermieter in der Lage ist, sich durch Abschluss einer Haus-Haftpflichtversicherung vor solchen Schäden zu schützen.[1465] Die Pflicht des Vermieters, die Mietsache in einem zum vertragsgemäßen Gebrauch geeigneten Zustand zu erhalten, ist eine Kardinalpflicht und kann daher auch für leichte Fahrlässigkeit nicht abbedungen werden.[1466] Der Ausschluss für grobe Fahrlässigkeit und Vorsatz ist jedenfalls dann unwirksam, wenn die Klausel nicht zwischen Personen- und Vermögensschäden differenziert.[1467]

### 2. Vorfälligkeits-, Verrechnungs- und Anzeigeklauseln

448 **a) Altverträge vor dem 1.9.2001.** Vorfälligkeitsklauseln in Altverträgen, die vor dem 1.9.2001 abgeschlossen wurden, wonach der Mieter von Räumen abweichend von § 551 Abs. 1 BGB aF verpflichtet ist, den Mietzins zu Beginn eines **Zeitabschnitts** zu entrichten, sind wirksam und verstoßen auch nicht gegen § 307 BGB.[1468] Insbesondere steht einer solchen Vereinbarung nicht § 536 Abs. 4 BGB entgegen, da der Mieter bei einem im laufenden Monat auftretenden Mangel bei der nächsten monatlichen Mietzinszahlung den Minderungsbetrag ohne großen Zeitverlust verrechnen kann.

449 Ob auch sog. **Rechtzeitigkeitsklauseln** wirksam sind, hängt von der Art des Mietverhältnisses ab. Nach solchen Klauseln kommt es für die Rechtzeitigkeit der Mietzinszahlung auf den Zeitpunkt der Gutschrift auf dem Vermieterkonto und nicht auf den Zeitpunkt der Überweisung an, während anderenfalls die Rechtzeitigkeit der Zahlung durch die Leistungshandlung des Mieters bestimmt wird.[1469] Für das Gewerberaummietverhältnis wird eine derartige Klausel allgemein für zulässig erachtet.[1470] Ob sie in Wohnraummietverhältnissen wirksam vereinbart werden kann, ist in der Lit. umstritten[1471] (→ BGB § 556b Rn. 11). Gegen die Wirksamkeit spricht, dass sie dem Mieter das Risiko der Transportgefahr überbürdet und den Eindruck erweckt, der Mieter müsse in

---

[1461] BGH VIII ZR 300/08, AK-MietPrax § 535 BGB Nr. 39 = NJW 2010, 1133 = NZM 2009, 855 = GE 2009, 1426 = WuM 2009, 659; BGH WuM 2005, 774 = AK-MietPrax § 556a BGB Nr. 3 = NZM 2006, 11 = NJW-RR 2006, 154.

[1462] BGH VIII ZR 300/08, AK-MietPrax § 535 BGB Nr. 39 = NJW 2010, 1133 = NZM 2009, 855 = GE 2009, 1426 = WuM 2009, 659.

[1463] BGH WuM 1994, 201 = NJW-RR 1993, 522 = GE 1993, 643; OLG München NJW-RR 1997, 650; zur Verwirkung eines solchen Anspruchs LG Rostock DWW 2004, 334.

[1464] BGH WuM 1992, 355 = NJW 1992, 1759 = DWW 1992, 207.

[1465] BGH VIII ARZ 1/01, WuM 2002, 141 = NJW 2002, 673 = NZM 2002, 116 = ZMR 2002, 184 = MDR 2002, 330 mAnm *Lützenkirchen*.

[1466] *Heinrichs* NZM 2003, 1.

[1467] LG Frankfurt/Oder ZMR 2003, 741.

[1468] *Kinne ZMR 2000, 725 (726).*

[1469] LG Berlin GE 1995, 757.

[1470] BGH WuM 1998, 599 = NZM 1998, 628 = DWW 1998, 276 = ZMR 1998, 612 = GE 1998, 1084.

[1471] Dafür *Kinne* ZMR 2000, 725 (726); **aA** *Derleder* WuM 2007, 599.

jedem Fall für den rechtzeitigen Eingang einstehen (Transparenzgebot).[1472] Qualifiziert man die Geldschuld als „modifizierte" Bringschuld, verliert die Rechtzeitigkeitsklausel ihre Bedeutung. Denn in diesem Fall schuldet der Mieter auch den fristwahrenden Eingang des Geldes auf dem Vermieterkonto[1473] (→ BGB § 535 Rn. 634). Richtigerweise ist aber auch nach der Entscheidung des EuGH[1474] von einer qualifizierten Schickschuld auszugehen[1475], so dass die Rechtzeitigkeitsklausel auch im Wohnraummietrecht[1476] ihre Bedeutung beibehält. Allerdings hat der BGH inzwischen klargestellt, dass der Mieter die Miete iSd § 556b Abs. 1 BGB entrichtet hat, wenn er seine Leistungshandlung (Einzahlung oder Überweisung) getätigt hat. Der Mieter haftet nicht dafür, dass das Geld zu einem bestimmten Zeitpunkt auf dem Konto des Vermieters gutgeschrieben ist. Vertragsklauseln, die dem Mieter, ohne dass er dies zu vertreten hat, das Risiko der verzögerten Gutschrift übertragen, sind gem. § 307 Abs. 1 S. 1 BGB unwirksam.[1477] Unklar bleibt, ob dies auch gilt, wenn die Klausel Verzögerungen im Bereich der Banken von ihrem Anwendungsbereich ausnimmt.[1478]

Wird der Mieter neben einer **Vorfälligkeitsklausel** noch **zusätzlich** verpflichtet, vor der Verrechnung diese dem Vermieter mindesten einen Monat vor Fälligkeit des Mietzinses **anzuzeigen**[1479] oder wird die Verrechnung **ganz ausgeschlossen,** soweit der Mieter nicht unbestrittene oder rechtskräftig festgestellte bzw. bestrittene, aber entscheidungsreife Forderungen[1480] geltend macht, kann sich diese Regelung als **Beschränkung des Minderungsrechtes** darstellen[1481] (→ BGB § 535 Rn. 578 ff.). **450**

Wegen § 556b Abs. 2 BGB, der auch für Altmietverhältnisse gilt, wird nunmehr die verzögerte Geltendmachung des Minderungsrechts als noch für den Wohnraummieter zumutbar angesehen[1482] (→ BGB § 535 Rn. 638). **451**

Die Unwirksamkeit einer Vorfälligkeitsklausel führt iÜ auch dazu, dass die gleichzeitig vereinbarte Rechtzeitigkeitsklausel unwirksam ist,[1483] weil dann auch die zwingende Regelung des § 569 Abs. 5 BGB berührt ist.[1484] Eine reine Ankündigungsklausel für die Aufrechnung von Ansprüchen aus § 812 BGB wegen der durch die Vorfälligkeitsklausel unterbliebenen Mietminderung wird vom OLG Hamm[1485] für unbedenklich gehalten, weil mit ihr der Mieter nicht auf den Klageweg verwiesen, sondern ihm nur ein Zuwarten von einem Monat auferlegt wird. **452**

Die gleichen Grundsätze, die zur Unwirksamkeit der **Kombination** einer Vorfälligkeitsklausel mit einer Aufrechnungsklausel führen, sind anzuwenden, wenn es um die Frage der Wirksamkeit einer Kombination zwischen Vorfälligkeitsklausel und einer Klausel geht, die das Zurückbehaltungsrecht einschränkt. Daher können auch solche Kombinationen zur Unwirksamkeit der Vorfälligkeitsklausel führen (→ BGB § 556b Rn. 19 ff.). **453**

**b) Verträge nach dem 31.8.2001.** Für Neuverträge nach In-Kraft-Treten des Mietrechtsreformgesetzes gilt neben § 556b Abs. 2 BGB auch dessen Abs. 1. Mietzahlungen sind danach zum Beginn des jeweils vereinbarten Zeitabschnitts fällig. Eine vereinbarte Vorauszahlungsklausel gibt **454**

---

1472 Sternel MietR Kap. II Rn. 214.

1473 *Herresthal* NZM 2011, 833 (840).

1474 EuGH NJW 2008, 1935 zur RL 2000/35/EG des Europäischen Parlaments und des Rates v. 29.6.2000 zur Bekämpfung von Zahlungsverzug im Geschäftsverkehr; → BGB § 535 Rn. 636.

1475 *Häublein* PiG 97 (2014), 35 (38).

1476 *Lehmann-Richter* PiG 97 (2014), 21 (30) misst der Klausel im gewerblichen Bereich nur eine klarstellende Funktion zu.

1477 BGH VIII ZR 222/15, WuM 2017, 31 = NZM 2017, 120 = ZMR 2017, 231 = GE 2017, 99.

1478 *Blank* jurisPR-MietR 4/2017 Anm. 1.

1479 LG Mannheim WuM 1987, 317; AG Bonn WuM 1987, 219; LG Berlin DWW 1986, 179 = ZMR 1986, 168 = GE 1986, 909 = MM 1986, 36; vgl. aber OLG Hamm WuM 1993, 176 = ZMR 1993, 217 = DWW 1993, 97 = NJW-RR 1993, 710 = MDR 1993, 336.

1480 BGH VersR 1978, 522; OLG Düsseldorf DWW 1990, 85.

1481 BGHZ 127, 245 = WuM 1995, 28 = NJW 1995, 254 = ZMR 1995, 60 = MDR 1995, 142; *Kielholtz/Rau* ZMR 2000, 265; aber BGH VIII ZR 345/10, WuM 2011, 676 = MietPrax – AK § 556b BGB Nr. 6; BGH VIII ZR 191/10, WuM 2011, 418 = AK-MietPrax § 543 BGB Nr. 20 = NJW 2011, 2201 = GE 2011, 947 = NZM 2011, 579.

1482 BGH VIII ZR 337/06, WuM 2008, 152 = GE 2008, 113; BGH WuM 1995, 28; *Derleder* WuM 2007, 599 (607).

1483 LG Berlin GE 1995, 757; *Kinne* GE 1999, 218; ZMR 2000, 725 (726).

1484 LG Hamburg NZM 1999, 1041.

1485 OLG Hamm WuM 1993, 176 = NJW-RR 1993, 710 = GE 1993, 365 = MDR 1993, 336 = ZMR 1993, 217 = DWW 1993, 97.

hier nur den Gesetzeswortlaut wieder, ohne eine eigenständige Regelung vorzunehmen. Eine Aufrechnungsverbotsklausel kann somit keinen Einfluss auf die Vorfälligkeit der Miete gewinnen.

## II. Gewerberaum

### 1. Individuelle Vereinbarung

455 § 536 Abs. 4 BGB gilt nur für die Wohnraummiete. Daher kann die Vorschrift bei anderen Vertragsverhältnissen, insbes. bei der Vermietung von Gewerberaum, vertraglich eingeschränkt oder – in den Grenzen von Treu und Glauben (§§ 138, 242, 536d BGB) – ausgeschlossen werden.[1486] Das Äquivalenzprinzip gebietet es, dass der völlige Ausschluss des Minderungsrechtes unzulässig ist. Das Minderungsrecht einschränkende Vereinbarungen sind grds. **restriktiv** auszulegen, da sie den Mieter in besonderem Maße belasten und benachteiligen.[1487] Dabei ist auch zu prüfen, ob sich bestimmte Risiken durch den Abschluss von Versicherungen kalkulierbar gestalten lassen. Somit müssen unkalkulierbare Risiken bei der Bewertung des Leistungsungleichgewichts stärker herangezogen werden.[1488] Keine Anwendung findet § 536 Abs. 4 BGB auf Pachtverträge, selbst wenn mit einem Gut zugleich ein Wohnhaus verpachtet ist.[1489]

456 Die Parteien können das Gewährleistungsrecht für **versteckte** Mängel ausschließen, soweit dadurch nicht dem Mieter der vertragsgemäße Gebrauch praktisch unmöglich gemacht wird.[1490] Das Minderungsrecht wird insbes. ausgeschlossen durch Instandsetzungsvereinbarungen, die dem Mieter die Erhaltungslast aufbürden (→ Rn. 465). Der BGH hat solche Individualvereinbarungen grds. für zulässig erklärt, auch wenn sie zu einer verschuldensunabhängigen Haftung des Mieters führen.[1491] Das soll insbes. dann gelten, wenn die Instandhaltungspflicht in die Kalkulation der Miete Eingang gefunden hat. Die vom OLG Saarbrücken[1492] vertretene Auffassung, die eine bis zur Grenze der Sittenwidrigkeit zulässige Abwälzung von Instandsetzungsarbeiten bejaht, kann nicht verallgemeinert werden, da sie eine außergewöhnliche Vertragsgestaltung betrifft.[1493]

457 Die Vertragsparteien können Schadensersatzansprüche sowohl aus der verschuldensunabhängigen Haftung (Garantiehaftung) des § 536a Abs. 1 Alt. 1 BGB als auch aus der Verschuldenshaftung nach der Alt. 2 u. 3 individualvertraglich ausschließen und begrenzen, es sei denn, der Vermieter hat den Mangel **arglistig** verschwiegen (§ 536d BGB). Ein Verzicht auf vertragliche Schadenersatzansprüche bezieht sich auch auf außervertragliche Ansprüche.[1494]

458 Die unwirksame Vereinbarung berührt den Bestand des Mietverhältnisses nicht. Überschreitet sie die Grenzen von Treu und Glauben, ist sie nicht insgesamt unwirksam, sondern bleibt insoweit aufrechterhalten, als dies mit Treu und Glauben vereinbar ist.[1495] Dies rechtfertigt sich bei einer **Individualvereinbarung** damit, dass die Vertragsparteien über diesen Vertragsteil verhandelt haben und jedenfalls grds. die Abwälzung der Instandsetzungspflicht wollten (§ 139 BGB).

### 2. Allgemeine Geschäftsbedingungen/Formularklauseln

459 Im Zusammenhang mit einer Formularklausel zu Schönheitsreparaturen hatte sich der XII. Zivilsenat des BGH[1496] mit der Frage befasst, in welchem Umfang der Gewerberaummieter schutzbedürftig iSd AGB-Rechts ist. Auch wenn der Gewerberaummieter in einzelnen Fällen mietrechtlich schlechter gestellt ist als der Wohnraummieter, darf nach Auffassung des Senats daraus nicht der

---

1486 BGH NJW 1984, 2404 = MDR 1985, 50 = ZMR 1984, 370 = DWW 1984, 234; KG GE 2001, 345; Emmerich/Sonnenschein/*Emmerich* BGB § 536 Rn. 41; *Lehmann-Richter* WuM 2010, 3.

1487 OLG Hamm ZMR 1982, 206; *Fallak* GuT 2007, 75 (77); Staudinger/*Emmerich* BGB § 536 Rn. 72; DHF/*Franke* BGB § 536 Anm. 23.2.

1488 *Schmidt* GuT 2002, 165 (166).

1489 OLG Köln WuM 1987, 377 = ZMR 1987, 428; zur Jagdpacht OLG Koblenz MDR 1978, 932.

1490 Staudinger/*Emmerich* BGB § 536 Rn. 72.

1491 BGH XII ZR 220/99, WuM 2002, 484 = NZM 2002, 655 = NJW 2002, 2383 = ZMR 2002, 735 = GE 2002, 1054 = AK-MietPrax § 538 BGB Nr. 1 = GuT 2002, 136 (139); OLG Rostock NZM 2010, 42.

1492 OLG Saarbrücken NZM 2003, 438 = MietRB 2003, 70 mAnm *Leo.*

1493 OLG Brandenburg ZMR 2003, 909; OLG Naumburg BeckRS 2000, 31024074.

1494 *OLG Frankfurt a. M. VersR 1973, 425.*

1495 *Schmidt* GuT 2002, 165 (167).

1496 BGH XII ZR 308/02, GuT 2005, 160 = NZM 2005, 504 = ZMR 2005, 527 = GE 2005, 667 = NJW 2005, 2006 = AK-MietPrax § 538 BGB Nr. 16.

Schluss gezogen werden, das Gesetz habe den Gewerberaummieter generell weniger vor belastenden, allgemeinen Geschäftsbedingungen schützen wollen. Vielmehr wirke das AGB-Recht gegenüber Unternehmern nur hinsichtlich der Klauselverbote einschränkend (vgl. § 310 BGB), nicht aber hinsichtlich der Generalklausel nach § 307 BGB. Entwickelt sich diese Auffassung über den Bereich der Schönheitsreparaturen hinaus als genereller Maßstab, ist der Spielraum für wirksame Formularklauseln auch in der Gewerberaummiete stark eingeschränkt. Die Schutzbedürftigkeit des Gewerberaummieters weicht von der des Wohnraummieters iRd § 307 BGB nicht wesentlich ab.[1497]

Das Klauselverbot zum Gewährleistungsrecht gem. § 309 Nr. 8b BGB ist nach Auffassung des BGH[1498] auf Mietverhältnisse nicht anwendbar. Dennoch liegt nach einhelliger Auffassung in dem vollständigen Ausschluss der Gewährleistungsrechte in jedem Fall ein Verstoß gegen die Gestaltungspflichten bei Verwendung von Allgemeinen Geschäftsbedingungen.[1499] Nach überwiegender Meinung ist andererseits aber die **Einschränkung** des Gewährleistungsrechts möglich.[1500] Umstritten ist ihr zulässiger Umfang.[1501] Wegen der mit einem Gewährleistungsausschluss verbundenen einseitigen Verschiebung des Äquivalenzverhältnisses bei Austauschverträgen sind die Grenzen der Zulässigkeit eng zu ziehen.[1502] Die Pflicht des Vermieters, dem Mieter die Mietsache in einem zum vertragsgemäßen Gebrauch geeigneten Zustand zu erhalten,[1503] darf daher regelmäßig nicht ausgeschlossen werden. Dabei handelt es sich nämlich um eine **Kardinalpflicht.** Kardinalpflichten sind solche Pflichten, die die ordnungsgemäße Erfüllung des Mietvertrages erst ermöglichen und auf deren Erfüllung der Vertragspartner des Verwenders vertraut und vertrauen darf.[1504] Der Mieter ist somit auf deren Erfüllung angewiesen. 460

Die vom VIII. Zivilsenat des BGH für das Wohnraummietrecht aufgestellten Grundsätze zur Instandsetzungspflicht[1505] gelten auch im Gewerbeaummietrecht.[1506] Vom Gesetz abweichende Vereinbarungen verstoßen daher gegen § 307 BGB, wenn sie den gewerblichen Mieter zu Instandsetzungen verpflichten, die **weder** dem Mietgebrauch **noch** der Risikosphäre des Mieters zuzuordnen sind und diesem damit die Erhaltungslast für die Mietsache auferlegt wird[1507]. Das Gleiche gilt für Klauseln, die dem Mieter Kosten für Schäden auferlegen, die **von Dritten** verursacht worden sind und für deren Handeln er nicht einzustehen hat[1508]. Somit führt auch eine Formularklausel, welche die Haftung ohne jegliche Einschränkung dem Mieter auferlegt, zu einer 461

---

1497 *Fallak* GuT 2007, 75.

1498 BGHZ 94, 180 = NJW 1985, 1547 = MDR 1985, 757; OLG Hamm ZMR 1980, 109; OLG Hamburg MDR 1981, 934, alle zum Finanzierungsleasing; **aA** OLG Düsseldorf WuM 1985, 58 = MDR 1984, 1025 = ZMR 1985, 65.

1499 BGH XII ZR 147/05, GuT 2008, 278 = NJW 2008, 2254 = NZM 2008, 522 = ZMR 2008, 693; XII ZR 62/06, GuT 2008, 280 = NZM 2008, 609 = ZMR 2008, 776 = GE 2008, 981 = AK-MietPrax § 536 BGB Nr. 20; NJW 1977, 195; OLG Düsseldorf ZMR 2011, 715; OLG Dresden GE 1996, 1237 = NJW-RR 1997, 395; sa BGH NJW 1981, 2405 = ZMR 1981, 368 = MDR 1982, 135 = GE 1982, 137; *Fallak* GuT 2007, 75 (76); Bub/Treier MietR-HdB/*Kraemer/Paschke* Kap. III B Rn. 3073; Wolf/Eckert/Ball Gewerbl. Miet-/Pacht-/LeasingR-HdB Rn. 395; *Bub* NZM 1998, 789 (794).

1500 AG Hamburg NZM 2005,.222; Staudinger/*Emmerich* BGB § 536 Rn. 73; Klauselbeispiele bei *Thaler/Tachezy* NZM 2000, 748.

1501 BGH NJW 1984, 2404 = MDR 1985, 50 = ZMR 1984, 370 = DWW 1984, 234; OLG Hamburg GuT 2004, 168; OLG München ZMR 1987, 16; umf. mit vielen Beispielen *Streyl* NZM 2015, 841 ff.; Bsp. bei Schultz Gewerberaummiete S. 19, 164; s. Bub/Treier MietR-HdB/*Bub/Paschke* Kap. III Rn. 3073 f.; Wolf/Eckert/Ball Gewerbl. Miet-/Pacht-/LeasingR-HdB Rn. 395.

1502 BGH WuM 1976, 152 = ZMR 1976, 279; OLG Naumburg WuM 2000, 241 = ZMR 2000, 383 = NJW-RR 2000, 823 = NZM 2000, 1183; OLG Hamm NJW-RR 1993, 1229; LG Wuppertal ZMR 2017, 488 mAnm *Burbulla.*

1503 BGH VIII ARZ 1/01, WuM 2002, 141 = NJW 2002, 673 = NZM 2002, 116 = ZMR 2002, 184 = MDR 2002, 330 mAnm *Lützenkirchen;* OLG Düsseldorf NZM 2011, 550.

1504 BGH VIII ARZ 1/01, WuM 2002, 141 = NJW 2002, 673 = NZM 2002, 116 = GE 2002, 186 = ZMR 2002, 184; LG Wuppertal ZMR 2017, 488 mAnm Burbulla.

1505 BGH VIII ZR 185/14, WuM2015, 338 = ZMR 2015, 685 = NZM 2015, 374 = MietPrax-AK § 538 BGB Nr 65.

1506 OLG Düsseldorf ZMR 2019, 930.

1507 BGH XII ZR 158/01, GuT 2005, 213 = NZM 2005, 863 = ZMR 2005, 844 = DWW 2005, 372 = GE 2005, 1185 = AK-MietPrax § 538 BGB Nr. 17; *Günter* NZM 2016, 569 (573).

1508 BGH XII ZR 158/01, GuT 2005, 213 = NZM 2005, 863 = ZMR 2005, 844 = DWW 2005, 372 = GE 2005, 1185 = AK-MietPrax § 538 BGB Nr. 17; OLG Frankfurt a. M. ZMR 2013, 29; **aA** *Woitkewitsch* ZMR 2004, 401 (402).

unangemessenen Benachteiligung des Mieters[1509]. Wird ein Gebäude unter Ausschluss der Gewährleistung vermietet, so beschränkt sich dieser Ausschluss auf den Zustand bei Vertragsschluss.[1510]

462 **a) Beschränkung der Minderung.** Ein formularmäßiger, vollständiger Ausschluss der Minderung ist nur wirksam, wenn dem Mieter andere Möglichkeiten verbleiben, **das Gleichgewicht** zwischen Leistung und Gegenleistung wiederherzustellen.[1511] So ist es zulässig, dem Mieter nur das Recht auf die Durchsetzung der Minderung durch Abzug vom Mietzins zu versagen, weil ihm insoweit Ansprüche aus § 812 BGB verbleiben.[1512] Allerdings wird man auch dies nur bejahen können, wenn sich eine solche vertragliche Einschränkung nicht auf unstreitige oder gerichtlich festgestellte Ansprüche bezieht[1513] und iÜ die Klausel so klar formuliert ist, dass ein juristisch nicht vorgebildeter und verständiger Mieter versteht, dass er die verbotene Minderung über § 812 BGB realisieren kann. Allerdings hat schon die ältere Rspr. des BGH[1514] und in Folge die OLG-Rechtsprechung[1515] nicht auf diesen Verbrauchergedanken abgestellt und eine solche Klausel als wirksam bestehen lassen. Das soll jedenfalls dann gelten, wenn sich aus dem Gesamtvertrag ergibt, dass der Vermieter das Minderungsrecht nicht gänzlich ausschließen wollte.[1516] Auch kann die Pflicht des Mieters vereinbart werden, eine Mietminderung nur vorzunehmen, wenn er mit Zahlungen aus dem Mietverhältnis nicht in Rückstand ist[1517], oder sie mit einer bestimmten Frist anzukündigen.[1518] Diese Auflage muss ihm aber auch möglich sein, was bei anfänglichen Mängeln zum Zeitpunkt des Vertragsschlusses gerade nicht gegeben ist.[1519] Zulässig ist auch eine Klausel, wonach der Mieter die Minderung oder die vereinbarte Ankündigung schriftlich zu erklären hat oder mit der Minderung gleichzeitig den Minderungsbetrag bei der Justizkasse eines Deutschen Gerichts[1520] oder auf einem Notarander- bzw. Vermieterkonto[1521] hinterlegt. Ist aber gleichzeitig die Möglichkeit zur Aufrechnung mit diesem Anspruch **ausgeschlossen,** liegt ein Verstoß gegen § 309 Nr. 3 BGB vor.[1522] Unzulässig ist eine Klausel auch dann, wenn der Verwender die Minderung oder Verrechnung von seiner Anerkennung abhängig machen will.[1523] Die Kombination einer Mietvorauszahlungsklausel mit einer Anzeigeklausel zu Mietminderung, Aufrechnung oder Zurückbehaltung ist im Gewerberaummietvertrag nicht zu beanstanden[1524] (zur Wohnraummiete → Rn. 448 ff.). Mit einer solchen Vertragsregelung sichert sich der Vermieter die Einnahmen und verweist den Mieter im Falle einer streitigen Minderung auf den Klageweg.[1525] Eine solche Kombination wird man auch zulassen, wenn sie nur dem vertragstreuen Mieter das Minderungsrecht ein räumt und dem säumigen Mieter dieses Recht verwehrt.[1526] Zulässig ist es daher auch, im kaufmännischen Verkehr den Mieter wegen eines streitigen Minderungsbetrages generell auf eine besondere Klage gegen

---

1509 OLG Saarbrücken NJW-RR 1997, 248 = IBR 1997, 109 mAnm *Rutkowsky.*

1510 OLG Düsseldorf DWW 1999, 294.

1511 KG GE 2008, 52 = NZM 2008, 526; OLG München ZMR 1987, 16; LG Hamburg WuM 2004, 601 = NZM 2004, 948.

1512 BGH NJW 1984, 2404 = MDR 1985, 50 = ZMR 1984, 370 = DWW 1984, 234; KG ZMR 2016, 156 mAnm *Burbulla;* OLG Düsseldorf GE 2005, 799; KG GE 2003, 952; 2002, 666 = NJW-RR 2002, 948 = NZM 2002, 526 = ZMR 2002, 823; OLG Hamm ZMR 1998, 342 = NJW-RR 1998, 1020; LG Hamburg WE 2005, 186; Bub/Treier MietR-HdB/*Kraemer/Ehlert* Kap. III B Rn. 3275; *Buch* NZM 2000, 693 (694); *Törnig* NZM 2009, 847 (849).

1513 *Sternel* WuM 2002, 244.

1514 BGH XII ZR 141/91, NJW-RR 1993, 519 = ZMR 1993, 320; für eine vor Inkrafttreten des AGB-Gesetzes vereinbarte Klausel BGH VIII ZR 337/82, NJW 1984, 2404 = ZMR 1984, 370.

1515 OLG Köln BeckRS 2013, 21123; OLG Düsseldorf ZMR 2015, 543.

1516 BGH XII ZR 147/05, NZM 2008, 522 = ZMR 2008, 693; Ghassemi-Tabar/Guhling/Weitemeyer/*Ghassemi-Tabar* BGB § 536 Rn. 425; Lindner-Figura/Oprée/Stellmann Geschäftsraummiete-HdB/*Hübner/Griesbach/Fuerst* Kap. 14 Rn. 318.

1517 OLG Köln BeckRS 2013, 21123.

1518 OLG Düsseldorf NZM 2002, 953 = GE 2003, 186; KG GE 2001, 1670 = NZM 2002, 387 = GuT 2002, 77; LG Bonn ZMR 2012, 773.

1519 **AA** BGH WuM 1992, 316 = NJW-RR 1991, 74 = DWW 1992, 14 = ZMR 1992, 241.

1520 KG GE 2009, 1555.

1521 KG MDR 2013, 1338.

1522 LG Berlin GE 2001, 139.

1523 *BGH XII ZR 54/05*, GuT 2007, 294 = NZM 2007, 684.

1524 OLG Köln WuM 1998, 23 = ZMR 1998, 763.

1525 Bub/Treier MietR-HdB/*Kraemer/Ehlert* Kap. III B Rn. 3276.

1526 OLG Düsseldorf ZMR 2011, 381; KG NZM 2002, 387.

den Vermieter zu verweisen.[1527] Die formularmäßige **Beschränkung der Minderung der Höhe nach** (Quotenvereinbarung) ist dagegen unzulässig, da hierdurch das Äquivalenzverhältnis beeinträchtigt werden kann.

Nach den vorgenannten Grundsätzen ist der formularmäßige Ausschluss der Minderung für den Fall der Versorgungsstörung für Wärme, Gas, Strom oder Wasser ebenfalls unwirksam, wenn er nicht auf Fälle begrenzt wird, die der Risikosphäre des Mieters zuzuordnen sind. Unzulässig ist somit der Minderungsausschluss für alle Versorgungsstörungen bzw. -unterbrechungen, die der Vermieter zu vertreten hat.[1528] Dies rechtfertigt sich aus dem Umstand, dass mit diesen Grundversorgungen das Betreiben des Gewerbebetriebes steht und fällt und es daher unangemessen ist, wenn der Vermieter sanktionslos bleiben soll, obwohl bspw. der Schaden seine Ursache im Hausanlagensystem hat. Daher kann eine andere Bewertung gerechtfertigt sein, wenn sich der Vermieter für von ihm nicht zu vertretende Beschränkungen entlastet, wie die Störung durch Straßenbaumaßnahmen oder Verkehrsregelungen.[1529] **463**

Noch nicht abschließend beantwortet ist die Frage, ob der Klauselverwender das Minderungsrecht für einzelne Mängel ausschließen darf. Als AGB-Regelung können sie leicht als überraschend und damit unangemessen gewertet werden.[1530] Bedenken gegen eine solche Klausel bestehen dann nicht, wenn der Mieter die Mängel bei Vertragsschluss kannte und die Parteien daher den mangelhaften Zustand der Mietsache als vertragsgemäß vereinbart haben.[1531] Da die Verpflichtung zur Instandhaltung und Instandsetzung dann formularvertraglich auf den Mieter abgewälzt werden darf, wenn die Schäden dem Mietgebrauch und der Risikosphäre des Mieters zuzuordnen sind (→ Rn. 461), wird die Auffassung vertreten, dass auch in diesen Fällen die weniger eingreifende Minderung ausgeschlossen werden darf.[1532] Diese Meinung ist bedenklich, weil die Minderung wertmäßig die Reparaturkosten zur Beseitigung des die Minderung begründenden Mangels deutlich übersteigen kann. **464**

**b) Beschränkung und Übertragung der Erhaltungspflichten.** Klauseln zur Übernahme von Erhaltungspflichten (Instandhaltung/Instandsetzung) sind keine **Preisklauseln.** Die Kostentragungspflicht regelt vielmehr eine Abkehr von den gesetzlichen Leistungspflichten und ist daher uneingeschränkt iRd § 307 BGB zu kontrollieren[1533]. Sie sind zudem eng auszulegen,[1534] weil sie lediglich die Kehrseite der Gebrauchsgewährungspflicht, die eine Kardinalpflicht ist[1535], darstellen – → Rn. 460. Solche formularmäßig vereinbarten Klauseln, selbst wenn sie notwendigerweise auf Schäden begrenzt werden, die dem Mietgebrauch oder der Risikosphäre des Mieters zuzuordnen sind,[1536] können daher allenfalls bei einer gleichzeitig vereinbarten Kostenbegrenzung wirksam sein. Im Wohnraummietrecht wird eine jährliche Begrenzung von Instandhaltungskosten auf 8% der Jahresmiete für zulässig erachtet (→ BGB § 535 Rn. 74). Um diesen Prozentsatz[1537] könnte ein Begrenzungsbetrag für zulässige Klauseln im gewerblichen Bereich liegen, soweit Erhaltungslasten für gemeinschaftlich genutzte Flächen auf den Mieter übertragen werden sollen.[1538] Der Vermieter kann diese AGB-rechtlichen Anforderungen nicht umgehen, indem er auf eine den vorgenannten Anforderungen entsprechende Übernahmevereinbarung mit dem Mieter verzichtet und statt dessen einen monatlichen Geldbetrag vereinbart, der den Reparaturaufwand pauschal abdecken soll. **465**

---

[1527] BGH NJW 1984, 2404 = MDR 1985, 50 = ZMR 1984, 370 = DWW 1984, 234; NJW-RR 1993, 519 = ZMR 1993, 320 = DWW 1993, 170.

[1528] **AA** BGH WuM 1976, 152 = ZMR 1976, 279; *Fallak* GuT 2007, 75 (77); Fritz GewerberaumMietR Rn. 171b; zur Auslegung nach § 305 Abs. 2 BGB OLG Karlsruhe ZMR 2009, 33.

[1529] OLG Hamburg GuT 2004, 168; Fritz GewerberaumMietR Rn. 171b.

[1530] OLG Hamburg ZMR 2004, 432 = GuT 2004, 168; KG GuT 2007, 436 = NZM 2008, 526.

[1531] *Schmid* ZfIR 2008, 491, Anm. zu BGH GE 2008, 862.

[1532] *Schmid* ZfIR 2008, 491, Anm. zu BGH GE 2008, 862.

[1533] BGH XII ZR 158/01, GuT 2005, 213 = GE 2005, 1185 = ZMR 2005, 844 = DWW 2005, 372 = NZM 2005, 863; *Blank* WImmoT 2007, 81 (82).

[1534] OLG Hamburg ZMR 2004, 432; OLG Naumburg WuM 2000, 241 = ZMR 2000, 383 = NJW-RR 2000, 823 = NZM 2000, 1183; Erman/*Lützenkirchen* BGB § 535 Rn. 134ff.

[1535] BGH VIII ARZ 1/01, WuM 2002, 141 = NJW 2002, 673 = NZM 2002, 116 = ZMR 2002,184 mAnm *Lützenkirchen.*

[1536] BGH NJW-RR 1987, 906 = ZMR 1987, 257; OLG Düsseldorf DWW 1992, 241; LG Augsburg ZMR 2007, 697; *Eisenschmid* NZM 2002, 889 (893); *Schmid* ZfIR 2008, 491: Anm. zu BGH GE 2008, 862.

[1537] v. Westphalen/Thüsing VertR/AGB-Klauselwerke/*Drettmann* 39. Aufl. 2017 Geschäftsraummiete Rn. 50, 10%.

[1538] Fritz GewerberaumMietR Rn. 183; Bub/Treier MietR-HdB/*Kraemer*/*Paschke* Kap. III A Rn. 2626.

Dabei handelt es sich nämlich nicht um eine Preisklausel, sondern um eine Regelung, die den AGB-rechtlichen Anforderungen genügen muss.[1539]

466 Zulässige Instandhaltungs- und Instandsetzungsklauseln liegen vor, wenn dem Mieter die schonende Ausübung seines Gebrauchsrechts auferlegt wird oder wenn er die Mietsache mit der erforderlichen Sorgfalt zu behandeln und im guten und gebrauchsfähigen Zustand zu erhalten hat. Jedenfalls im letzteren Fall wird darin die Übertragung der Instandhaltung auf den Mieter gesehen.[1540] Die Grenze der noch angemessenen Übertragungsregelung wird aber überschritten, wenn dem Mieter die Erhaltungspflicht für bereits bei Beginn des Mietverhältnisses reparaturbedürftige Sachen auferlegt wird oder wenn die Instandhaltungspflicht auch nicht zum Mietobjekt gehörende Sachen erfasst.[1541]

467 Gleichfalls ausgeschlossen ist die formularvertragliche Überbürdung der Instandsetzung von Schäden, die außerhalb seines (des Mieters) Risikobereichs liegen und die zB auf höhere Gewalt oder rechtswidriges Eingreifen Dritter zurückzuführen sind. Hat der Pächter eines Grundstücks bspw. das Pachtobjekt „zu erhalten, instand zu halten und auszubessern", so ist er nicht verpflichtet, Ersatzbeschaffungen für nicht mehr reparable Anlagen, Einrichtungen oder Bestandteile der Pachtsache vorzunehmen.[1542] Desgleichen führt eine derartige Vereinbarung nicht dazu, dass der Mieter oder Pächter verpflichtet ist, auch Folgemängel oder Verschlechterungen der Miet- oder Pachtsache zu beseitigen.[1543] Eine Übernahmeklausel verstößt insbes. dann gegen die Gestaltungspflichten bei Verwendung von Allgemeinen Geschäftsbedingungen, wenn der Formularmietvertrag dem Mieter alle Instandhaltungs- und Instandsetzungsmaßnahmen[1544] – → Rn. 460ff.; → BGB § 535 Rn. 78ff. – einschließlich derer an **„Dach und Fach"**, aufbürdet.[1545] Insbesondere die Übertragung der Arbeiten an Dach und Fach[1546] soll den Vermieter von seiner **Kardinalpflicht** zur Aufrechterhaltung des vertragsgemäßen Gebrauchs gänzlich befreien, da diese Arbeiten alle Maßnahmen umfassen, die der Erhaltung des Substanzwertes des Gebäudes dienen. Dies führt zu einer unangemessenen Benachteiligung des Mieters. Vorherrschend ist die Auffassung, dass unter solchen Arbeiten das Dach und die tragenden Gebäudeteile zu verstehen sind.[1547] Dazu gehört auch die Instandsetzung von Leitungsinstallationen jedenfalls dann, wenn sie im Mauerwerk liegen.[1548] Wer so verpflichtet ist, hat nicht nur für die Unterhaltung des Gebäudes einzustehen und den weitaus überwiegenden Teil der Erhaltungslast zu tragen sondern übernimmt auch die **Verkehrssicherungspflicht** für das Bauwerk.[1549] Eine derartige Abweichung vom gesetzlichen Leitbild, wonach der Mieter die Sachgefahr mit einem nicht kalkulierbaren Risiko trägt, ist regelmäßig auch im gewerblichen Mietverhältnis nicht mehr zulässig.[1550] Eine individualvertragliche Regelung kann dagegen im Einzelfall wirksam sein[1551]

---

[1539] *Fervers* zu Schönheitsreparaturen in: Festschrift für Ulf P. Börstinghaus 2020, 89, zum Hinweisbeschluss des BGH, VIII ZR 31/17.

[1540] OLG Düsseldorf NZM 2000, 464.

[1541] BGH WuM 1992, 355; v. Westphalen/Thüsing VertR/AGB-Klauselwerke/*Drettmann* 39. Aufl. 2017 Geschäftsraummiete Rn. 49; sa *Hoff* ZMR 2006, 415.

[1542] KG MDR 2000, 447; OLG Hamm NJW-RR 1993, 1229.

[1543] OLG Düsseldorf DWW 1999, 294.

[1544] OLG Dresden GE 1996, 1237 = NJW-RR 1997, 395 = NJWE-MietR 1997, 106; s. aber auch OLG Oldenburg NZM 2003, 439 zum Ausschluss der Inhaltskontrolle.

[1545] OLG Rostock NZM 2010, 42 = NJW-RR 2010, 442; OLG Naumburg WuM 2000, 241 = ZMR 2000, 383 = NJW-RR 2000, 823 = NZM 2000, 1183; v. Westphalen/Thüsing VertR/AGB-Klauselwerke/*Drettmann* 39. Aufl. 2017 Geschäftsraummiete Rn. 50; *Blank* WImmoT 2007, 81 (82); zu sog. Triple-Net-Contracts s. *Joachim* FS Blank, 2006, 221 (237); wohl auch *Joachim* NZM 2003, 387 (391); **aA** *Bub* NZM 1998, 789 (793).

[1546] Zum Begriff OLG Hamm ZMR 1988, 260; *Disput/Hübner* ZfIR 2007, 836 (838); *Weimar* BlGBW 1980, 69; WuM 1956, 85; zum Begriff sowie zu einzelnen Vertragsklauseln *Schlemminger/Tachezy* NZM 2001, 416.

[1547] OLG Brandenburg ZMR 2009, 841; OLG Hamburg MDR 1967, 845; s. zur Begriffsbestimmung *Joachim* FS Blank, 2006, 221 (225); *Gather* DWW 2002, 54 (61); *Franke* DWW 2004, 172 (175).

[1548] OLG Hamm ZMR 1988, 260.

[1549] *Weimar* BlGBW 1980, 69.

[1550] BGH XII ZR 158/01, GuT 2005, 213 = GE 2005, 1185 = ZMR 2005, 844 = DWW 2005, 372 = NZM 2005, 863 = AK-MietPrax § 538 BGB Nr. 17; KG NZM 2003, 395; OLG Dresden GE 1996, 1237 = NJW-RR 1997, 395; *Stapenhorst* NZM 2007, 17 (19); *Disput/Hübner* ZfIR 2007, 836 (838); *Schmitz/Reischauer NZM 2002, 1019* (1020).

[1551] OLG Rostock NZM 2010, 42 = NJW-RR 2010, 442; *Dose* NZM 2009, 381; Bub/Treier MietR-HdB/*Kraemer/Paschke* Kap. III A Rn. 2622; *Gather* DWW 2002, 54 (61); zu den Bedenken s. *Borzutzki-Pasing* jurisPR-Mietrecht 23/09 Anm. 3.

(→ Rn. 456). Insbesondere bei fehlenden Belastungsgrenzen ist jedoch die Sittenwidrigkeit gem. § 138 BGB zu prüfen.[1552]

**c) Beschränkung des Schadensersatzes.** Die Vertragsparteien können Schadensersatzansprüche aus der verschuldensunabhängigen Haftung (Garantiehaftung) des § 536a Abs. 1 Alt. 1 BGB wegen der für das gesetzliche Haftungssystem untypischen Regelung generell auch formularvertraglich ausschließen und begrenzen.[1553] Das gilt auch für Körperschäden[1554]; soweit den Vermieter nicht der Vorwurf des Vertretenmüssens trifft. Dagegen erlaubt diese Ausnahme nicht, dem Mieter in solchen Fällen zusätzliche Pflichten aufzuerlegen.[1555] **468**

Das Freizeichnen von der Haftung des Vermieters für einfache Fahrlässigkeit ist bei Verletzung von Kardinalpflichten generell zu verneinen.[1556] Allenfalls zulässig erscheint, den Haftungsausschluss für vertragsuntypische und nicht vorhersehbare Schäden zu vereinbaren[1557] (zum Haftungsausschluss bei Rechtsmängeln → Rn. 304). **469**

Außerhalb von Kardinalpflichten kann eine Freizeichnung oder Haftungsbegrenzung wegen des damit für den Mieter verbundenen unkalkulierbaren Risikos nur in Betracht kommen, wenn gleichzeitig eine Begrenzung des Risikos in der Sache oder in der Höhe erfolgt.[1558] Sie wird zu Gunsten des Vermieters bspw. dann nicht als unangemessen angesehen, wenn sie versicherbare Vermögensschäden auf die Versicherungsleistung begrenzt, die Deckungssumme das vertragstypische Risiko abdeckt, eine adäquate versicherungsmäßige Schadensvorsorge für alle vorhersehbare Schäden gewährleistet ist und der Verwender mit eigenen Ersatzleistungen eintritt, sofern sich der Versicherer auf seine Leistungsfreiheit berufen kann.[1559] Weiterhin ist bspw. eine Formularvereinbarung zulässig, wonach der Mieter nur haftet, wenn der Schaden durch den Mietgebrauch veranlasst[1560] worden oder dem Risikobereich des Mieters zuzuordnen ist[1561] oder wenn die Haftung auf einen bestimmten Prozentsatz der Jahresmiete begrenzt wird.[1562] **470**

Umgekehrt ist es regelmäßig unzulässig, die Haftung des Vermieters für zugesicherte Eigenschaften auszuschließen[1563] oder für Mängel, die schon bei Mietbeginn vorlagen oder die durch Dritte verursacht wurden oder die der Vermieter selbst grob fahrlässig oder vorsätzlich verursacht hat.[1564] **471**

Vor allem ist § 309 Nr. 7a BGB zu beachten. Nach dieser Vorschrift kann der Klauselverwender die Haftung für Schäden aus der Verletzung des Lebens, des Körpers oder der Gesundheit nicht ausschließen oder beschränken, auch wenn dem Vermieter nur leichte Fahrlässigkeit vorzuwerfen ist. Die Vorschrift gilt ihrem Schutzzweck nach auch dann, wenn nicht die Ersatzpflicht des Vermieters, sondern seine Sorgfaltspflicht abbedungen oder dem Mieter ein bestimmtes Risiko allein auferlegt wird.[1565] Vertragsklauseln, die den Vermieter für leichte Fahrlässigkeit frei zeichnen sollen und nicht **472**

---

1552 *Borzutzki-Pasing* jurisPR-MietR 23/2009 Anm. 5 (zu OLG Rostock NZM 2010, 42 = NJW-RR 2010, 442).

1553 BGH NJW-RR 1993, 519; WuM 1992, 316 = ZMR 1992, 241 = NJW-RR 1991, 74; Erman/*Lützenkirchen* BGB § 536a Rn. 29a; v. Westphalen/Thüsing VertR/AGB-Klauselwerke/*Drettmann* 39. Aufl. 2017 Geschäftsraummiete Rn. 42.

1554 Erman/*Lützenkirchen* BGB § 536a Rn. 29a; MüKoBGB/*Häublein* § 536a Rn. 21; *Heinrichs* NZM 2003, 6; *Joachim* NZM 2003, 327; *Horst* NZM 2003, 537.

1555 OLG Saarbrücken NJW-RR 1997, 248.

1556 BGH VIII ARZ 1/01, WuM 2002, 141 = NJW 2002, 673 = NZM 2002, 116 = ZMR 2002, 184 = MDR 2002, 330 mAnm *Lützenkirchen;* OLG Stuttgart WuM 1984, 187 = NJW 1984, 2226 = MDR 1984, 669 = ZMR 1984, 309; OLG Hamburg ZMR 1985, 236.

1557 Bub/Treier MietR-HdB/*Kraemer/Paschke* Kap. III B Rn. 3074.

1558 BGH NJW 1993, 335; **aA** OLG Düsseldorf NZM 2000, 188.

1559 v. Westphalen/Thüsing VertR/AGB-Klauselwerke/*Drettmann* 39. Aufl. 2017 Geschäftsraummiete Rn. 42.

1560 BGH MDR 1987, 753 = ZMR 1987, 257 = NJW-RR 1987, 906; OLG Düsseldorf DWW 1992, 241.

1561 OLG Köln WuM 1994, 274 = ZMR 1994, 158 = NJW-RR 1994, 524 = DWW 1994, 119; OLG Düsseldorf DWW 1992, 241.

1562 BGH XII ZR 158/01, GuT 2005, 213 = GE 2005, 1185 = ZMR 2005, 844 = DWW 2005, 372 = NZM 2005, 863; AK-MietPrax § 538 BGB Nr. 17; Gather Schönheitsreparaturen S. 67; *Wodicka* NZM 1999, 1081.

1563 v. Westphalen/Thüsing VertR/AGB-Klauselwerke/*Drettmann* 39. Aufl. 2017 Geschäftsraummiete Rn. 44.

1564 OLG Hamm NZM 1999, 804; NJW-RR 1996, 969; v. Westphalen/Thüsing VertR/AGB-Klauselwerke/*Drettmann* 39. Aufl. 2017 Geschäftsraummiete Rn. 42.

1565 *Heinrichs* NZM 2003, 1.

klar zwischen den Schäden aus § 309 Nr. 7a BGB und sonstigen Schäden (Sach- und Vermögensschäden) differenzieren, sind schon allein deshalb unzulässig.

**473** Des Weiteren ist zu beachten, dass die in Allgemeinen Geschäftsbedingungen enthaltenen Begriffe idR entsprechend ihrer juristischen Fachbedeutung zu verstehen sind. Daher erfasst der formularmäßige Ausschluss einer „Zurückhaltung" des Mietzinses nicht auch das Minderungsrecht.[1566]

**474** In dem gleichen Umfang wie das Minderungsrecht begrenzt werden darf, kann auch das Zurückbehaltungsrecht des Mieters formularvertraglich ausgeschlossen bzw. beschränkt werden.

**475** **d) Einzelne Klauseln:. Rechtzeitigkeitsklauseln,** die sich auf die Zahlung der laufenden Miete beziehen, sind grds. wirksam.[1567] Nach der Rspr. des XII. Zivilsenats des BGH[1568] bestehen gegen die Wirksamkeit der Rechtzeitigkeitsklausel jedenfalls dann keine Bedenken, wenn sie sich „auf die Zahlung der laufenden Mietzinsen bezieht und die Parteien zudem Kaufleute sind". In dem Urteil v. 5.10.2016 stellt der VIII. Zivilsenat des BGH[1569] klar, dass die Rspr. des XII. Zivilsenats nicht auf die Wohnraummiete zu übertragen ist: „Angesichts der schwerwiegenden Nachteile, die der Mieter im Fall des (unverschuldeten) Verlustes der Wohnung als seines räumlichen Lebensmittelpunktes zu erwarten hat … hat der Vermieter kein schutzwürdiges Interesse, den Mieter für Zahlungsverzögerungen verantwortlich zu machen, die auf Fehlleistungen eingeschalteter Zahlungsdienstleister beruhen". Ob etwas anderes gilt, wenn in der Rechtzeitigkeitsklausel klargestellt wird, dass Verzögerungen im Bereich der Banken vom Anwendungsbereich der Klausel ausgenommen sind, hat der BGH nicht abschließend entschieden.

**476** **Minderungsansprüche** wegen einer Flächenabweichung können wie folgt ausgeschlossen werden: „Sollten sich bei nachträglicher Vermessung Abweichungen der Größe ergeben, ist keine der Parteien deswegen berechtigt, eine Änderung des Mietzinses oder des Abrechnungsschlüssels zu fordern".[1570]

**477** Die Ausübung eines **Zurückbehaltungsrechts** durch den Mieter kann im kaufmännischen Verkehr ohne Verstoß gegen § 307 BGB uneingeschränkt von einer einmonatigen Vorankündigung abhängig gemacht werden.[1571]

**478** Die Klausel in einem **Pachtvertrag,** wonach eine Zurückbehaltung oder Aufrechnung mit Ansprüchen, deren sich der Pächter berühmt, ausgeschlossen ist, sofern diese nicht unbestritten oder rechtskräftig festgestellt sind, benachteiligt den Pächter nicht unangemessen und ist daher wirksam.[1572] Trotz dieser Einschränkung bleibt nämlich dem Pächter das Recht, eine rechtskräftige Entscheidung über seine Forderung herbeizuführen und mit dieser gegen später fällig werdende Mietzinsansprüche aufzurechnen.

**479** Formularklauseln, wonach sich der Vermieter von seiner **Instandhaltungspflicht** für ein Mietobjekt – vollständig – freizeichnet und dem Mieter tatsächlich die Instandhaltungslast überbürdet, sowie Mietminderungs- und Schadenersatzansprüche wegen mangelnder Gebrauchstauglichkeit der Mietsache ausschließt, sind auch in Gewerberaummietverträgen wegen Verstoßes gegen § 307 BGB unwirksam.[1573]

**480** Ein Haftungsausschluss ist unwirksam, wenn nicht zwischen **verschuldeten** und **unverschuldeten** Mängeln differenziert wird.[1574] Wurde in der Klausel dagegen eine ausreichende Unterscheidung getroffen, ist der Ausschluss der Minderung wirksam, wenn zB Störungen der Versorgung mit Wärmeenergie, Gas, Strom oder Wasser nicht auf einem Verschulden des Vermieters beruhen.[1575]

**481** Die Klausel in einem Mietvertrag, wonach der Vermieter keine Gewähr dafür leistet, dass die vermieteten Geschäftsräume den in Frage kommenden allgemeinen **technischen Anforderungen** sowie den behördlichen und anderen Vorschriften entsprechen, ist unter Berücksichtigung des

---

[1566] OLG Düsseldorf NJW-RR 1999, 953 = ZMR 1999, 387.
[1567] BGH WuM 1998, 599 = NJW 1998, 2664 = ZMR 1998, 612 = MDR 1998, 1216; **aA** *Derleder* WuM 2007, 599.
[1568] BGH XII ZR 195/96, WuM 1998, 599 = ZMR 1998, 612 (613) = NJW 1998, 2664.
[1569] BGH VIII ZR 222/15, WuM 2017, 31 = GE 2017, 99 = NZM 2017, 120 = ZMR 2017, 231.
[1570] KG GE 2005, 1190.
[1571] OLG Hamburg WuM 1998, 152 = ZMR 1998, 220 = NJW-RR 1998, 586 = MDR 1998, 275 = GE 1998, 243.
[1572] OLG Düsseldorf ZMR 1999, 23.
[1573] BGH XII ZR 158/01, GuT 2005, 213 = GE 2005, 1185 = ZMR 2005, 844 = DWW 2005, 372 = *NZM 2005, 863; AK-MietPrax § 538* BGB Nr. 17; OLG Dresden GE 1996, 1237 = NJW-RR 1997, 395 = NJWE-MietR 1997, 106.
[1574] Schultz Gewerberaummiete S. 156; **aA** OLG Düsseldorf WuM 1999, 279.
[1575] BGH WuM 1976, 152 = ZMR 1976, 279 = MDR 1976, 753.

§ 307 Abs. 2 Nr. 2 BGB eng dahin auszulegen, dass der Vermieter jedenfalls für die Schaffung der bauordnungsrechtlichen Voraussetzungen, an welche die Erteilung der Konzession geknüpft ist, zu sorgen hat.[1576]

Soweit vorformulierte Klauseln das Risiko für die Versagung **öffentlich-rechtlicher Genehmigungen,** zB Konzessionen, ohne Rücksicht auf die Gründe auf den Mieter abwälzen, sind diese Regelungen wegen ihrer unangemessenen Benachteiligung des Mieters unwirksam.[1577] 482

Eine **Überraschungsklausel** liegt dann vor, wenn sie einen Inhalt hat, mit dem der Vertragspartner des Verwenders nicht zu rechnen braucht.[1578] Sie kann vorliegen, wenn beispielsweise der Minderungsausschluss in einem umfassenden Klauselwerk versteckt ist.[1579] Ein Ausschluss des Minderungsrechts kann auch dahingehend auszulegen sein, dass der Mieter nur vorläufig den vollen Mietzins zu zahlen hat und das unter Vorbehalt zu viel Geleistete gem. §§ 536, 812 BGB zurückgefordert werden kann.[1580] 483

Wie § 569 Abs. 5 BGB zeigt, kann das Recht des Mieters **zur fristlosen Kündigung** bei anderen als Wohnraummietverhältnissen grds. abbedungen werden (vgl. auch §§ 536d, 543 Abs. 4 BGB). Ausnahmsweise wird man dem Mieter dennoch das Recht zur vorzeitigen Vertragsauflösung einräumen müssen, wenn die vermietete Sache aus im Risikobereich des Vermieters liegenden Gründen unbehebbar mangelhaft geworden ist.[1581] 484

Beabsichtigt der Klauselverwender, Forderungen von der Aufrechnung auszunehmen, die aus einem **außerhalb des Mietvertrages stehenden Rechtsverhältnisses** resultieren, hält dies nach Auffassung des BGH[1582] einer Inhaltskontrolle am Maßstab von § 307 BGB nicht stand. Diese Entscheidung überrascht nicht, da der Bundesgerichtshof schon in der Vergangenheit ähnliche Klauseln in diesem Sinne bewertet hatte[1583], wenngleich er allerdings dabei auf die klauselmäßige Beschränkung „Forderungen aus dem Mietverhältnis" nicht eingegangen war, sondern die Klauseln aus anderen Gründen verworfen hatte. Die in der vorstehenden Entscheidung dargelegte Auffassung entspricht schon der Rspr. des OLG Celle[1584]. 484a

## G. Beweislast

### I. Anfänglicher Mangel

Ist der Mangel bereits bei Übergabe vorhanden, so stellt sich die Frage, ob die Beweislast für die vertragsgemäße Erfüllung nicht dem Vermieter aufzuerlegen ist. In diesem Fall müsste der Vermieter beweisen, dass er die Mietsache mangelfrei übergeben hat[1585]. 485

Der BGH hat die Frage der Beweislast für anfängliche Mängel ausdrücklich offen gelassen. Nach den Regeln des Allgemeinen Schuldrechts muss der Schuldner – also der Vermieter – die vertragsgemäße Erfüllung beweisen (→ BGB § 535 Rn. 48). Anders ist es jedoch gem. § 363 BGB, wenn der Gläubiger – also der Mieter – eine ihm als Erfüllung angebotene Leistung angenommen hat. Dann muss der Gläubiger beweisen, dass die Leistung mangelhaft gewesen ist[1586]. 486

---

[1576] OLG Düsseldorf NJW-RR 1988, 1424 = MDR 1988, 866.

[1577] BGH VIII ZR 232/87, WuM 1988, 302 = NJW 1988, 2664 = ZMR 1988, 376; OLG Düsseldorf BB 1992, 1748 = ZMR 1992, 446 = DWW 1992, 366.

[1578] *Guhling* NZM 2019, 457, 460; BGH, XII ZR 56/11, NZM 2014, 830 = MietPrax-AK § 556 BGB Nr 110 = GE 2014, 1523.

[1579] OLG Nürnberg NJW 1977, 1402.

[1580] BGH NJW 1984, 2404 = MDR 1985, 50 = ZMR 1984, 370 = DWW 1984, 234; NJW-RR 1993, 519 = ZMR 1993, 320 = DWW 1993, 170; Bub/Treier MietR-HdB/*Kraemer/Ehlert* Kap. III B Rn. 3277.

[1581] Wolf/Eckert/Ball MietR-HdB Rn. 406.

[1582] BGH XII ZR 29/15, NZM 2016, 585 = GE 2016, 717 = AK-MietPrax § 307 BGB Nr. 6; Praxisbeispiel für eine wirksame Klausel, *Tank* IMR 7/2016, 282; s. dazu Anm. *Burbulla* ZMR 2016, 610 zum Vertrauensschutz bei Änderung der Rspr.

[1583] BGH XII ZR 54/05, GE 2007, 1179 = NZM 2007, 684 = NJW 2007, 3421 = ZMR 2007, 854 = AK-MietPrax § 556 BGB Nr. 1; BGH VIII ZR 337/06, GE 2008, 113 = WuM 2008, 152 = AK-MietPrax § 556b BGB Nr. 2; *Mummenhoff* jurisPR-MietR 12/2008 Anm. 5.

[1584] OLG Celle WuM 1990, 103; **aA** OLG Düsseldorf NZM 2010, 582; iE *Borzutzki-Pasing* jurisPR-MietR 12/2016 Anm. 3.

[1585] *Greiner* NJW 2000, 1314 (1315); sa AG Hamburg-Bergedorf ZMR 2012, 782.

[1586] BGH XII ZR 120/04, GuT 2007, 10 = NZM 2007, 379 = MDR 2007, 257 = NJW 2007, 2394 (2396); Bub/Treier MietR-HdB/*Kraemer/Ehlert* Kap. III B Rn. 3260; *Both* NZM 2007, 156 (158); *Gsell* jurisPR-BGH-ZivilR 36/2005 Anm. 3.

487 Das führt zu folgenden Ergebnissen: Hat der Mieter die Mietsache als im Wesentlichen vertragsgemäß übernommen, so muss er beweisen, dass ein anfänglicher Mangel vorlag. Hat der Mieter die Mietsache angenommen, jedoch gem. § 536b S. 3 BGB erklärt, dass er sich seine Rechte vorbehalte, so muss der Mieter im Streitfall den anfänglichen Mangel und die Erklärung seines Vorbehalts beweisen. Ist der Mangel unstreitig und behauptet der Vermieter, dass die Minderung aufgrund einer Vereinbarung mit dem Mieter ausgeschlossen sei, so ist die Ausschlussvereinbarung vom Vermieter zu beweisen.

## II. Nachträglicher Mangel

### 1. Mieter

488 Der Mieter hat das Vorliegen des Mangels sowie die Beeinträchtigung der Tauglichkeit der Mietsache zum vertragsgemäßen Gebrauch[1587] und ggf. die Zusicherung der Eigenschaft dazulegen und zu beweisen. Dies umfasst allerdings nicht das Maß der Minderung[1588], dh, der Mieter muss keine konkrete Minderungsquote bzw. keinen konkreten Minderungsbetrag und vor allem nicht die Ursachen der Mangelerscheinung[1589] darlegen. Denn die Mietzinsminderung tritt **automatisch** ein und zwar in dem Umfang der Gebrauchsbeeinträchtigung. Die Angabe eines bestimmten Prozentsatzes ist nicht Tatbestandsmerkmal des § 536 BGB.[1590] Daher ist es Aufgabe des Gerichts, ggf. unter **Hinzuziehung von Sachverständigen,** zu ermitteln, in welchem Umfang die Gebrauchstauglichkeit der Mietsache durch den Mangel beeinträchtigt ist und in welcher Höhe die Mietminderung greift.[1591]

489 Das Gericht muss nur in die Lage versetzt werden, aufgrund des tatsächlichen Vorbringens der Partei zu entscheiden, ob die gesetzlichen Voraussetzungen für das Bestehen des geltend gemachten Rechts vorliegen.[1592] Daher muss der Mieter über die hinreichend genaue Beschreibung der Mangelerscheinungen hinaus nicht die Ursachen bezeichnen, die ihm häufig auch nicht bekannt sind.[1593] Vermutet bspw. der Mieter die Ursache der von ihm wahrgenommenen Fäkalgerüche in einem offenen Badewannenabschluss, reicht der Vortrag insoweit aus. Er muss weder die Intensität noch die Häufigkeit der Gerüche schildern noch eine Plausibilität des behaupteten Ursachenzusammenhangs darlegen. Wird ein Zuleitungsrohr als undicht oder durchgerostet bezeichnet, bedarf es keiner näheren Beschreibung der betroffenen Leitungsstellen. Ist ein Heizkörper defekt, reicht dieser Hinweis zur Erfüllung der Substantiierungspflicht aus. Der Mieter muss weder die Art der Fehlfunktion noch die erzielten Temperaturen darlegen.[1594] Allerdings entbindet dies den Mieter nicht von seiner Pflicht, Mängel hinsichtlich ihres qualitativen und quantitativen Ausmaßes nach Art, Tageszeit, Dauer, Häufigkeit etc so genau zu beschreiben, dass eine Gebrauchsbeeinträchtigung wenigstens plausibel ist.[1595]

490 In der Lit.[1596] sind berechtigt Zweifel geäußert worden, ob die Darlegungs- und Beweislast nicht beim Vermieter liegen muss, da es um die Hauptleistungspflichten geht. Da der Mieter – sofern der

---

[1587] OLG Celle WuM 1985, 9 = ZMR 1985, 10 = GE 1985, 679; BAG ZfPR 1996, 200 = NJW 1997, 611 = NZA 1997, 86 zu § 618 BGB; LG Berlin GR 2000, 347.

[1588] BVerfG NZM 2007, 678; WuM 2007, 565 = NJW 2007, 3118 = GE 2007, 1478 mit Besprechung *Fischer* WuM 2007, 553; BGH, VIII ZR 223/17, NJW-RR 2018, 647 = NZM 2018, 442 = WuM 2018, 367 = GE 2018, 822 = MietPrax-AK § 536 BGB Nr 56; BGH, VIII ZR 125/11, WuM 2011, 700 = AK-MietPrax § 536 BGB Nr. 40 = GE 2012, 60 = NJW 2012, 382 = NZM 2012, 109 = ZMR 2012, 177; *Franke* ZMR 1996, 297; Bub/Treier MietR-HdB/*Kraemer/Ehlert* Kap. III B Rn. 3260; Staudinger/*Emmerich* BGB § 536 Rn. 76.

[1589] BGH XII ZR 59/14, NZM 2016, 796 = ZMR 2016, 854; XII ZR 254/95, WuM 1997, 488; *Streyl* WuM 2008, 7; *Meinken* ZMR 2007, 764.

[1590] *Franke* ZMR 1996, 297 (298).

[1591] VerfGH GE 2001, 1054 BGH NJWE-MietR 1997, 202; WuM 1991, 544 = NJW-RR 1991, 779; 544; *Franke* ZMR 1996, 297.

[1592] BGH VIII ZR 125/11, WuM 2011, 700 = AK-MietPrax § 536 BGB Nr. 40 = GE 2012, 60 = NJW 2012, 382 = NZM 2012, 109 = ZMR 2012, 177; 2012, 536 mAnm *Schröder.*

[1593] BGH XII ZR 59/14, NZM 2016, 796 = ZMR 2016, 854; VII ZR 210/96, NJW-RR 1997, 1376 zur Baumängelrüge; BGH VII ZR 405/97, NJW 1999, 1330 = GE 1999, 313 zur Baumängelrüge.

[1594] Die vorgenannten Beispiele sind entnommen der Entscheidung BGH VIII ZR 125/11, WuM 2011, 700 = *AK-MietPrax § 536 BGB* Nr. 40 = GE 2012, 60 = NJW 2012, 382 = NZM 2012, 109 = ZMR 2012, 177; *Streyl* NZM 2012, 104.

[1595] *Geldmacher* MK 2012, 128 (129).

[1596] *Schröder* Anm. zu BGH VIII ZR 125/11, ZMR 2012, 536; sa AG Hamburg-Bergedorf ZMR 2012, 782.

Vermieter den Mangel nicht kennt – nur die nicht ordnungsgemäße Erfüllung anzeigen muss, um die gesetzlich angeordnete Mietminderung herbeizuführen, ist es gerechtfertigt, wie bspw. im Werkvertragsrecht, dem Vermieter die Beweislast für die ordnungsgemäße Erfüllung seiner Hauptleistungspflicht aufzuerlegen.

Behauptet der Mieter die Beeinträchtigung durch Umweltgifte, muss er nach Ansicht des AG Münsingen[1597] nicht den sicheren Nachweis führen, dass das Gift zu einer Erkrankung geführt habe. Es muss aber mehr als eine abstrakte Gefahr bestehen, die sich durch Messmethoden nachweisen lässt. 491

Zulässig ist auch der Anscheinsbeweis. Dabei ist der Nachweis wissenschaftlicher Grenzwerte nicht allein von ausschlaggebender Bedeutung, da diese „politische" Werte sind[1598] (→ Rn. 29 ff.). 492

Behauptet der Mieter, die Mietsache sei nach vermieterseitigen Versuchen zur Mängelbeseitigung immer noch fehlerhaft, so trägt der Vermieter die **Beweislast** für den Erfolg der Mängelbeseitigungsmaßnahmen.[1599] Der Vermieter darf die beanstandeten Materialien nicht entfernen, ohne den Mieter zuvor darauf aufmerksam zu machen, weil er sonst den Beweis über die Frage des austretenden gesundheitsgefährdenden Stoffes vereiteln würde. In diesem Fall müsste der Vermieter die mieterseitige Behauptung gegen sich gelten lassen.[1600] 493

Macht der Mieter einen Anspruch auf Mängelbeseitigung oder Schadensersatz geltend, gilt die Beweislastverteilung nach der **Sphärentheorie** mit folgender Maßgabe. Zunächst ist der allgemeine Grundsatz zu beachten, wonach derjenige die Anspruchsgrundlagen zu beweisen hat, der sich zur Stützung seines Rechtes auf sie beruft.[1601] Macht der Mieter somit einen Herstellungs- oder Schadensersatzanspruch geltend, muss er alle Tatbestandsmerkmale des Anspruchs, sowie – außerhalb der Garantiehaftung – das Verschulden des Vermieters darlegen und beweisen.[1602] Ist aber strittig, ob der (bewiesene) Mangel bzw. der Schaden vom Mieter oder vom Vermieter zu vertreten ist, gilt die Sphärentheorie. Sie besagt, dass die Darlegungs- und Beweislast für die Zurechnung eines Mangels nach Verantwortungsbereichen verteilt wird.[1603] Im Rahmen der Sphärentheorie hat daher der Vermieter zu beweisen, dass die Schadensursache nicht in seinem Herrschafts- und Einflussbereich (→ Rn. 499) gesetzt worden ist.[1604] Erst dann, wenn die Schadensursache im Einfluss- und Herrschaftsbereich des Vermieters ausgeräumt ist, muss sich der Mieter hinsichtlich seines – vermuteten – Verschuldens entlasten.[1605] 494

Insbesondere bei Feuchtigkeitsschäden obliegt dem Mieter dann die Beweislast, dass die Feuchtigkeit nicht durch unsorgfältiges und damit durch schuldhaftes Verhalten bei der Belüftung oder Beheizung der Räume entstanden ist.[1606] Kommt es in der Wohnung eines Mieters zu einem Wohnungsbrand und kann die Ursache des Schadens dem Gefahrenbereich des Vermieters zugeordnet werden, spricht eine **Vermutung** dafür, dass der Schaden vom Vermieter verursacht und verschuldet worden ist. Zwar kann sich der Vermieter entlasten. Dafür reicht es aber nicht aus, dass die Brandursache letztlich unaufklärbar bleibt.[1607] 495

Ist die Haftung des Mieters dem Grunde nach unstreitig oder erwiesen, liegt die Beweislast für ein eventuelles Mitverschulden (§ 254 BGB) des Vermieters beim Mieter. Bei leichter Fahrlässigkeit kommt dem Mieter der Regressverzicht des Feuerversicherers zugute[1608], ohne dass der Mieter im Wege der Umlage die Versicherungskosten anteilig tragen muss[1609] (→ BGB § 535 Rn. 86 ff.). 496

---

1597 AG Münsingen WuM 1996, 336.
1598 AG Münsingen WuM 1996, 336.
1599 BGH NJW 2000, 2344 = NZM 2000, 549; OLG Hamm NJW-RR 1995, 525.
1600 AG Stade WuM 2000, 417.
1601 BGH WuM 2006, 147.
1602 *Brinkmann* NZM 2021, 1004 (1006); Sternel MietR Kap. VIII Rn. 151.
1603 BGH, VIII ZR 31/18 WuM 2020, 407 = NZM 2020, 598; zur Kritik siehe *Eisenschmid,* jurisPR-MietR 15/2020 Anm. 2 = WuM 2020, 477; *Börstinghaus* IMR 2020, 274, 275; AG Schöneberg GE 2015, 198; AG Jülich WuM 2012, 552 zum Verstoß gegen die Verkehrssicherungspflicht; Sternel MietR Kap. VIII Rn. 152.
1604 LG Lübeck, Urt. v. 17.11.2017 – 14 S 107/17 –, juris.
1605 BGH WuM 1998, 96 = GE 1998, 175 = NZM 1998, 207; BGHZ 66, 349 = WuM 1978, 90 = ZMR 1977, 332; VerfGH Berlin NJW-RR 2005, 1536; LG Hamburg ZMR 2000, 764; *Kinne*/Schach/Bieber MietProzR BGB § 536 Rn. 9; *Mathonia* WuM 2005, 174 (177).
1606 OLG Celle WuM 1985, 9 = ZMR 1985, 10 = GE 1985, 679; LG Mannheim ZMR 1991, 481; LG Bochum DWW 1991, 188.
1607 OLG Celle ZMR 1996, 197 = NJW-RR 1996, 521 = NJWE-MietR 1996, 123.
1608 BGHZ 145, 393 = NJW 2001, 1353; OLG Düsseldorf GE 2003, 251.
1609 So noch BGH NJW-RR 2000, 1110.

497 Will der Versicherer gegen den Mieter vorgehen, gilt auch hier § 81 VVG, wonach der Versicherer seine Leistung kürzen kann oder ganz von der Leistung frei wird, wenn der Versicherungsnehmer grob fahrlässig oder vorsätzlich gehandelt hat. Diese in § 81 VVG liegende **Beweislastregelung** gilt auch dann, wenn der Versicherer aus abgetretenem Recht seinen Anspruch geltend macht. Diese sog. „versicherungsrechtliche Lösung"[1610] (→ BGB § 535 Rn. 87f.) führt somit zu einer dem Mieter günstigen Beweislastverteilung. Darüber hinaus ist der Vermieter grds. mietvertraglich verpflichtet, im Schadensfall zunächst den Versicherer in Anspruch zu nehmen[1611] (zur Beweislast bei pVV → Rn. 606).

**2. Vermieter**

498 Nach der Mängelanzeige des Mieters muss sich der Vermieter alsbald um die Feststellung der gerügten Mängel kümmern, um **Beweisnachteile** im späteren Zahlungsrechtsstreit oder Minderungsrechtsstreit zur Mängelursache auszuschließen.[1612] Für die Annahme eines nur unerheblichen Mangels trägt der Vermieter die Beweislast.[1613]

499 Der Vermieter, der den Mieter auf Miete und Schadensersatz in Anspruch nimmt, muss darlegen, dass die Schadensursache weder aus seinem Verantwortungsbereich noch aus seinem Pflichtenkreis stammt, sondern in dem Herrschafts- und Obhutsbereich des Mieters begründet ist.[1614] Der Vermieter muss daher zunächst sämtliche Umstände ausräumen, die aus seinem Gefahrenbereich herrühren und insbes. die Beschaffenheit der Mietsache betreffen.[1615] Der Vermieter muss insoweit den **Negativbeweis** erbringen,[1616] der ihm nach den Regeln des Anscheinsbeweises erleichtert werden kann. Für den Vermieter kann es genügen, wenn auf Grund der Umstände des Einzelfalls nur eine Ursache aus dem Gefahrenbereich des Mieters in Betracht kommen kann.[1617] Ist dieser Beweis geführt, so muss der Mieter nachweisen, dass er den Mangel nicht zu vertreten hat.[1618]

500 Die hier dargestellte Beweislastverteilung ist zu einem Wasserschaden entwickelt worden[1619] und wird von der überwiegenden Meinung in Lit. und Rspr. – auch für das gewerbliche Mietrecht – anerkannt[1620]. Die **Sphärentheorie** wird auch auf die Fälle mit Feuchtigkeitsschäden sowie auf die Fälle angewandt, bei denen im Rahmen der Beendigung des Mietverhältnisses unklar bleibt, ob die Veränderung oder Verschlechterung der Mietsache nach ihrem objektiven Erscheinungsbild auf einem vertragswidrigen Verhalten des Mieters beruht.[1621]

501 **a) Feuchtigkeit.** Hält der Vermieter eine Minderung wegen Feuchtigkeitsschäden für unberechtigt, muss er beweisen, dass keine Baumängel vorliegen,[1622] und dass der Zustand der Fenster und Türen sowie der Heizung keinen Einfluss auf die Mängel ausübt.[1623] Dabei kann es aus-

---

[1610] BGH VIII ZR 28/04, WuM 2005, 57 = NZM 2005, 180 = ZMR 2005, 116 = GE 2005, 123 = AK-MietPrax § 538 Nr. 12.

[1611] BGH VIII ZR 28/04, WuM 2005, 57 = NZM 2005, 100 = ZMR 2005, 116 = GE 2005, 123 = AK-MietPrax § 538 Nr. 12.

[1612] LG Köln WuM 2008, 245; AG Neuss WuM 1994, 382.

[1613] OLG Celle WuM 1985, 9 = ZMR 1985, 10 = GE 1985, 679; **aA** *Prechtel* NZM 2017, 105 (107).

[1614] BGH WuM 1994, 466 = NJW 1994, 2019 = MDR 1994, 911 = ZMR 1994, 465; NZM 2000, 549; OLG Düsseldorf WuM 2002, 489; LG Berlin GE 2001, 140; ZMR 1988 = 464; GE 1988, 1111; AG Köln WuM 2016, 615; AG Lüdenscheid WuM 2007, 16.

[1615] BGH WuM 1994, 466 = NJW 1994, 2019 = ZMR 1994, 465 = MDR 1994, 911 = GE 1994, 1112; LG Berlin GE 1995, 761; AG Lüdenscheid WuM 2007, 16; Emmerich/Sonnenschein/*Emmerich* BGB § 536 Rn. 42.

[1616] LG Freiburg WuM 1989, 559; LG Mannheim ZMR 1989, 424.

[1617] OLG Karlsruhe WuM 1984, 267 = NJW 1985, 142.

[1618] KG GE 2010, 1267; OLG Karlsruhe WuM 1984, 267 = NJW 1985, 267 = ZMR 1984, 417; OLG Celle WuM 1985, 9 = ZMR 1985, 10 = GE 1985, 679.

[1619] OLG Karlsruhe WuM 1984, 267 =NJW 1985, 142; Bub/Treier MietR-HdB/*Kraemer* Kap. III B Rn. 3263ff.

[1620] Insbes. BGH WuM 2006, 147.

[1621] OLG Saarbrücken WuM 1989, 133 = NJW-RR 1988, 652.

[1622] LG Freiburg WuM 1989, 559; LG Osnabrück WuM 1989, 370; LG Düsseldorf WuM 1989, 13; LG Berlin GE 1988, 1111; LG Hamburg WuM 1988, 353; LG Braunschweig WuM 1988, 356; LG Kiel WuM 1982, *187; AG Siegburg ZMR 2005*, 543 mAnm *Windisch;* AG Hamburg WuM 1988, 357; AG Bremerhaven WuM 1985, 23; AG Köln WuM 1985, 24; AG Augsburg WuM 1985, 25; AG Münster WuM 1982, 185; **aA** AG Langenfeld DWW 1996, 216.

[1623] *Blank* PiG 31 (1989), 91 (100).

reichen, wenn der Vermieter nachweist, dass die Wohnung bei den Vormietern mängelfrei war.[1624] Die Beweislast des Vermieters erstreckt sich dabei auch auf den Nachweis, dass frühere Mängelbeseitigungsmaßnahmen erfolgreich waren.[1625] Nun muss sich der Mieter hinsichtlich seines **Verschuldens** entlasten.[1626] Diese Grundsätze gelten auch bei solchen Mängeln, die sowohl auf einem vertragsgemäßen Gebrauch als auch auf Mängeln der Mietsubstanz beruhen können.[1627]

Sind zwischenzeitlich allerdings bauliche Veränderungen vorgenommen worden, zB der Einbau von **Isolierglasfenster,** und hat der Vermieter durch die Modernisierungsmaßnahme den Taupunkt in der Wohnung verändert, ist der Vermieter auch für das vertragswidrige Verhalten der Mieter beweispflichtig.[1628] **502**

Der Mieter muss ansonsten darlegen und beweisen, dass er ausreichend **geheizt** und **gelüftet** hat,[1629] und dass die Möblierung keinen Einfluss auf die Entstehung der Mängel ausgeübt hat bzw. vertragsgemäß ist.[1630] **503**

In den Fällen der vom Vermieter veranlassten baulichen Maßnahmen sowie bei der Vermietung von **Neubauten** ist der Vermieter dafür beweispflichtig, dass er den Mieter über die besonderen Gefahren des Auftretens von Feuchtigkeit aufgeklärt und über die erforderlichen Maßnahmen zur Vermeidung der Feuchtigkeit unterrichtet hat.[1631] Anderenfalls ist der Vermieter dafür allein verantwortlich.[1632] **504**

**b) Einzelfälle.** Kommt als Ursache für einen Defekt einer **Gasetagenheizung** von vornherein sowohl unsachgemäßer Gebrauch durch den Mieter als auch technischer Verschleiß in Betracht, so hat im Allgemeinen zunächst der Vermieter darzulegen und zu beweisen, dass technischer Verschleiß als Mangelursache ausscheidet.[1633] **505**

Der Vermieter muss auch beweisen, dass bei einem **Sprung im Fensterglas** eine Verursachung außerhalb des Einflussbereichs des Mieters ausgeschlossen ist.[1634] **506**

Bei einer **Verstopfung** des Abflussrohres des WC aus dem Wohnbereich des Mieters, muss der Vermieter beweisen, dass die Verstopfung nicht auf Schwachpunkte oder Mängel des Baukörpers zurückzuführen ist.[1635] **507**

Bei einem **Rohrbruch** liegt die Beweislast zunächst beim Vermieter, der sich entlasten muss, weil der Schaden aus seinem Gefahrenkreis herrührt.[1636, 1637] Gleiches gilt dann, wenn der Wassereinbruch durch das Dach erfolgt. **508**

Ist ungeklärt, ob ein Grundstück schon zu Beginn des Mietverhältnisses mit **Schadstoffen** belastet war, obliegt es dem Vermieter darzulegen, dass das Grundstück bei Beginn des Mietverhältnisses in ordnungsgemäßem Zustand übergeben wurde, um für sich eine Beweiserleichterung (Beweis des ersten Anscheins) eingreifen zu lassen.[1638] **509**

Kann nicht festgestellt werden, ob eine **Brandursache** vom Mieter oder durch andere Ursachen ausgelöst wurde, trägt der Vermieter die Beweislast.[1639] Der Vermieter muss daher die Möglichkeit einer Brandursache in seinem Verantwortungsbereich ausräumen. Kann der Vermieter den ihm obliegenden Beweis erbringen, muss sich der Mieter entlasten, dass er den Mangel nicht zu vertreten hat.[1640] **510**

---

[1624] LG Göttingen WuM 1986, 308.
[1625] BGH NJW 2000, 2344 NZM 2000, 549; LG Dessau-Roßlau ZMR 2009, 38.
[1626] *Lammel* ZMR 1990, 43.
[1627] OLG Saarbrücken NJW-RR 1988, 652 = WuM 1989, 133; LG Freiburg WuM 1989, 559; LG Kiel DWW 1986, 118 = WuM 1986, 295.
[1628] LG Göttingen WuM 1986, 308; *Pauly* WuM 1997, 474 (476); **aA** LG Hannover WuM 1985, 22.
[1629] LG Berlin GE 1989, 39 bei vertraglicher Vereinbarung.
[1630] *Lammel* ZMR 1990, 44.
[1631] LG Lübeck WuM 1990, 202; LG Mannheim WuM 1985, 24; LG Köln 1985, 24; AG Neuss WuM 1994, 382.
[1632] LG Berlin GE 1989, 1273; LG Stade WuM 1985, 23; LG Kiel WuM 1982, 187.
[1633] LG Berlin ZMR 1992, 302 = GE 1993, 263.
[1634] AG Hannover WuM 1988, 107.
[1635] LG Kiel WuM 1990, 499 = NJW-RR 1991, 400.
[1636] LG Berlin GE 2001, 140.
[1637] OLG Karlsruhe ZMR 2018, 415.
[1638] BGH WuM 1994, 677 = NJW 1994, 1880 = MDR 1994, 684 = ZMR 1994, 360 = VersR 1994, 1351; zur Problematik der Beweislast bei Altlasten *Knoche* NJW 1997, 2080 (2081).
[1639] Zum Wasserschaden BGH XII ZR 71/01, WuM 2005, 54 = GuT 2005, 19 = AK-MietPrax § 536 BGB Nr. 7 = NZM 2005, 17 = ZMR 2005, 120 = DWW 2005, 19; LG Frankfurt a. M. WuM 1996, 535.
[1640] BGHZ 66, 349 = WuM 1978, 90 = ZMR 1977, 332; OLG Hamm ZMR 1988, 300; LG Kiel WuM 1992, 120.

511 Hat der Vermieter für **Abhilfe** gesorgt und den Mangel beseitigt, genügt es nicht, wenn er nunmehr den Fortbestand des Mangels bestreitet. Er muss vielmehr dessen Beseitigung darlegen und unter Beweis stellen.[1641] Behauptet der Mieter, die Reparatur des Vermieters sei **fehlgeschlagen,** so trägt der Vermieter die Beweislast für den Erfolg der Mängelbeseitigungsmaßnahmen.[1642]

512 Hat der Mieter die Sache nur unter **Vorbehalt** angenommen, muss der Vermieter beweisen, dass die Sache keine Mängel aufweist.

513 Beruft sich der Vermieter darauf, dass der Mangel die Tauglichkeit der Mietsache zum vertragsgemäßen Gebrauch nur **unerheblich** mindert (§ 536 Abs. 1 S. 3 BGB), trägt er hierfür die Beweislast.[1643]

514 Lehnt der Mieter einen Anspruch seines ehemaligen Vermieters auf Schadensersatz wegen Nichtausführung fälliger **Schönheitsreparaturen** mit der Begründung ab, dass er die Wohnung bei Mietbeginn unrenoviert übernommen habe, so trägt der Vermieter die Darlegungslast und Beweislast dafür, dass er dem Mieter die Wohnung in renoviertem Zustand übergeben hat.[1644]

515 Verlangt der Vermieter wegen **Verschlechterung** der vermieteten Räume Schadensersatz, muss er darlegen und beweisen, dass der Schaden nicht bereits zu Beginn des Mietverhältnisses bei Überlassung an den Mieter vorhanden war.[1645]

516 Der Mieter von Gewerberaum, der vertraglich die **Erhaltungslast** übernommen hat, trägt bei einem Streit darüber, wer die Zerstörung oder Beschädigung der Mietsache verursacht hat, die Beweislast dafür, dass er den Schaden nicht zu vertreten hat.[1646]

### III. Abweichende Vereinbarungen

517 **Beweislast- oder Bestätigungsklauseln,** die in Allgemeinen Geschäftsbedingungen oder Verbraucherverträgen vereinbart werden, scheitern bei der Wohnraummiete regelmäßig an § 309 Nr. 12b BGB.[1647] Bei Gewerberaummietverträgen sind derartige Klauseln idR gem. § 307 BGB unwirksam.[1648] Das gilt auch für Klauseln, die dem Mieter pauschal den Entlastungsbeweis für den Fall von Schäden am Mietobjekt auferlegen. Soweit der Mieter formularmäßig den Entlastungsbeweis für fehlendes Verschulden hinsichtlich der von ihm benutzten Einrichtungen übernommen hat, ist dies jedenfalls bei Wohnraummietverhältnissen unwirksam, weil die Klausel unabhängig vom Erhaltungszustand der Mietsache bei Überlassung eingreift.[1649]

## H. Prozessuales

518 Besteht Streit über die Berechtigung der Minderung, so kann der Mieter auf Feststellung der Minderung klagen, und zwar sowohl mit der positiven als auch mit der negativen **Feststellungsklage.**[1650] Dies wird dem Mieter nicht dadurch verwehrt, dass er neben dem Interesse auf Feststellung des künftigen Mietzinses auch den in der Vergangenheit überzahlten Mietzins zurückfordern will. Bislang ungeklärt ist, ob im Bereich der Mietminderung ein **unbezifferter Klageantrag** zugelassen werden kann. Dies ist mit Börstinghaus[1651] zu bejahen, der mit Recht auf das hohe Prozessrisiko bei der Einschätzung des richtigen Minderungsbetrages – vergleichbar mit der Höhe des Schmerzensgeldes – hinweist. Durch den Begriff der Angemessenheit in § 536 BGB (→ Rn. 361 ff.) wird die richtige Feststellung des Minderungsbetrages nicht erleichtert. Gleichwohl wird ein solcher Klageantrag von der Rspr. abgelehnt, weil die Minderung kein „Anspruch" sei.[1652] Zwar

---

[1641] OLG Rostock, ZMR 2018, 749 mAnm *Burbulla;* LG Berlin 1990, 371.
[1642] BGH NZM 2000, 549; OLG Hamm NJW-RR 1995, 525; MüKoBGB/*Häublein* BGB § 536 Rn. 45.
[1643] OLG Düsseldorf GuT 2007, 438; OLG Celle WuM 1985, 9 = ZMR 1985, 10 = GE 1985, 679.
[1644] LG Berlin GE 1987, 345 = ZMR 1987, 270.
[1645] AG Rosenheim WuM 1995, 583; zur Abmahnpflicht nach § 281 Abs. 1 BGB siehe Rn. 605.
[1646] OLG Düsseldorf DWW 1992, 241.
[1647] OLG Stuttgart WuM 1987, 250 = NJW-RR 1987, 143; Lützenkirchen MietR-HdB § 535 Rn. 133.
[1648] Bub/Treier MietR-HdB/*Kraemer/Schüller* Kap. III B Rn. 2862.
[1649] OLG Frankfurt a. M. WuM 1992, 56 = NJW-RR 1992, 396 = ZMR 1992, 198.
[1650] *BGH ZMR 1985, 403; Börstinghaus* NZM 1998, 656; einschränkend Wolf/Eckert/Ball Gewerbl. Miet-/Pacht-/LeasingR-HdB Rn. 272.
[1651] *Börstinghaus* NZM 1998, 656.
[1652] KG GE 2002, 666; AG Fürth WuM 2007, 317.

unterliegt der Schmerzensgeldanspruch dem Ermessen des Gerichts, während die Mietminderung auf der Störung des Äquivalenzverhältnisses von Leistung und Gegenleistung beruht und damit objektiv feststellbar ist. Dennoch darf nicht übersehen werden, dass die Feststellung des konkreten Minderungsbetrages Wertungen erfordert, deren Vorwegnahme durch die Vertragspartei der (unsicheren) Einschätzung einer Ermessensausübung gleichkommt.

Dem Vermieter fehlt idR das Feststellungsinteresse, weil er abwarten kann, ob die Minderung **519** tatsächlich erfolgt. Dann kann er mit einer Zahlungsklage reagieren. Ergibt sich schon aus dem auf Zahlung klagenden Vorbringen des Vermieters ein Mangel der Mietsache, hat das Gericht die dadurch eingetretene Mietminderung von Amts wegen zu berücksichtigen.[1653] Der Mieter muss in einem solchen Fall nicht einen bestimmten Prozentsatz der Minderung vortragen, sondern kann die Feststellung der Höhe der Minderung dem Gericht überlassen. Das Maß der Gebrauchsbeeinträchtigung fällt nicht in die Darlegungslast des Mieters.[1654] Gegebenenfalls ist mit Hilfe eines Sachverständigengutachtens die Beeinträchtigung des Gebrauchs festzustellen, woraus dann die Höhe der Minderung bestimmt werden kann.[1655]

Umstritten ist, ob im selbständigen Beweisverfahren der Sachverständige auch **zur Höhe der** **520** **Mietminderung** Auskunft geben darf, oder ob dies ausschließlich dem Richter vorbehalten ist.[1656] Da der Sachverständige anlässlich des selbständigen Beweisverfahrens einen Beitrag zur gütlichen Streitbeilegung leistet – vgl. § 485 Abs. 2 ZPO –, wenn ein Rechtsstreit noch nicht anhängig ist und der Antragsteller ein Interesse an der Vermeidung des Rechtsstreites hat, kann der Vorschlag des Sachverständigen zur Höhe der Minderung nur diesem gesetzlichen Anliegen dienlich sein. Dem Wortlaut nach ist das selbständige Beweisverfahren zulässig für die Feststellung des Aufwands für die Beseitigung eines Schadens. Nach Sinn und Zweck der Vorschrift ist diese Voraussetzung aber weit auszulegen, um möglichst schnell und kostengünstig eine Rechtsbefriedung herbeizuführen. Daher gehört die Minderung zur Schadensfeststellung.[1657] Wird das Gutachten im anschließenden streitigen Verfahren verwertet, muss dennoch der Richter, unter Zugrundelegung der vom Sachverständigen festgestellten Tatsachen, nach eigenen „rechtlichen" Bewertungen über die Höhe des Mietzinses entscheiden.

Inzwischen hat der BGH sowohl für das gewerbliche Mietverhältnis[1658] als auch für das Wohn- **521** raummietverhältnis[1659] die in Lit. und Rspr. lang umstrittene Frage bejaht, ob der Vermieter seine Mietzinsforderung auch im **Urkundenprozess** durchsetzen kann.[1660] In den Ausgangsfällen waren die Mängel bestritten und der Mieter konnte mit den zulässigen Beweismitteln das Vorliegen der nachträglichen Mängel nicht beweisen. Die Mietzinsklage im Urkundenprozess wird somit allein durch Vorlage des Mietvertrages statthaft, wenn dieser Vertrag die verlangte Miete ausweist.[1661] Dem Mieter hilft auch nicht die Einrede des nichterfüllten Vertrages.[1662] Ist der nachträgliche Mangel unstreitig, muss er dennoch durch Urkunden belegt[1663] und die Miethöhe durch Urkunden

---

1653 Bub/Treier MietR-HdB/*Kraemer/Ehlert* Kap. III B Rn. 3241.

1654 BGH WuM 1991, 544 = NJW-RR 1991, 779; BGH ZMR 1985, 403 = WPM 1985, 1213; *Franke* ZMR 1996, 297; Bub/Treier MietR-HdB/*Kraemer/Ehlert* Kap. III B Rn. 3260.

1655 BGH WuM 1991, 544 = NJW-RR 1991, 779; WuM 1987, 53 = NJW 1987, 432; LG Hamburg WuM 2001, 345.

1656 *Scholl* NZM 1999, 108 mwN.

1657 KG NZM 2000, 780.

1658 BGH XII ZR 321/97, WuM 1999, 345 = NJW 1999, 1408 = ZMR 1999, 380 = MDR 1999, 822; OLG Oldenburg WuM 1999, 225; LG Frankfurt a. M. WuM 2000, 314; zum Meinungsstand s. *Börstinghaus* NZM 1998, 89; verneinend LG München WuM 1998, 558; bejahend: LG Düsseldorf MDR 1997, 928; LG Oldenburg WuM 1999, 225 mwN.

1659 BGH VIII ZR 112/06, WuM 2007, 82 = AK-MietPrax § 592 ZPO Nr. 2 = NJW 2007, 1061 = NZM 2007, 161 = ZMR 2007, 265; VIII ZR 216/04, WuM 2005, 526 = NJW 2005, 2701 = GE 2005, 986 = DWW 2005, 285 = AK-MietPrax § 592 ZPO Nr. 1 mAnm *Börstinghaus; Fischer* WuM 2005, 554.

1660 Dagegen KG GE 1998, 739; vgl. negativen Rechtsentscheid OLG Braunschweig ZMR 2001, 523; AG Brandenburg NZM 2000, 382; *Blank* NZM 2000, 1083; **aA** BGH WuM 1999, 345 = NJW 1999, 1408 = ZMR 1999, 380 = MDR 1999, 822; umf. *Burbulla* MietRB 2015, 149; *Späth* ZMR 2011, 354; *Sturhahn* NZM 2004, 441; Zur Betriebskostennachzahlung im Urkundenprozess siehe *Both* NZM 2017, 425.

1661 *Flatow* jurisPR-MietR 20/2009 Anm. 5; zur Zulässigkeit der Verwertung von Urkunden aus anderen Prozessen LG Kiel ZMR 2011, 132.

1662 BGH VIII ZR 112/06, WuM 2007, 82 = NZM 2007, 161 = NJW 2007, 1061 = ZMR 2007, 265 = GE 2007, 585 = AK-MietPrax § 592 ZPO Nr. 2.

1663 Str. Zöller/*Greger* ZPO § 597 Rn. 4, § 592 Rn. 11 mwN; *Burbulla* MietRB 2015, 149 (151).

nachgewiesen werden.[1664] Das Maß der Beeinträchtigung kann auch im Urkundsverfahren nach § 287 ZPO geschätzt werden.[1665]

522 Wendet der Mieter die Nichterfüllung des Vertrages wegen eines unstreitigen anfänglichen Mangels ein, ist die Mietzinsklage im Urkundenverfahren regelmäßig unstatthaft.[1666] Da der Vermieter für die vertragsgemäße Übergabe darlegungs- und beweispflichtig ist, muss er die mangelfreie Übergabe durch Urkunden beweisen. Ergibt sich der anfängliche Mangel aus der Vertragsurkunde, so ist die Zahlungsklage dennoch nicht statthaft, wenn der Vermieter den Beweis über die im Vertrag ausgewiesene Miete nicht mit den im Urkundenprozess zulässigen Beweismitteln führen kann,[1667] es sei denn, der Mangel wurde als vertragsgemäß protokolliert. Im Einzelfall kann dem Vermieter aber § 363 BGB zu Hilfe kommen.[1668] Ist der Mangel unstreitig oder – vom Mieter – bewiesen, führt die Einrede des nichterfüllten Vertrages zu einer Beweislastumkehr, wenn der Mieter die ihm überlassene Wohnung als Erfüllung angenommen hat.[1669] Hat sich der Mieter bei der Annahme der Mietsache seine Rechte wegen eines Mangels vorbehalten, ist eine spätere Klage auf Zahlung von rückständiger Miete im Urkundenprozess nur dann statthaft, wenn unstreitig ist oder der Vermieter urkundlich beweisen kann, dass der Mieter trotz des erklärten Vorbehalts die Mietsache als Erfüllung angenommen hat.[1670] Den Beweis der Annahme als Erfüllung kann der Vermieter bspw. durch Vorlage eines Übergabeprotokolls oder durch Vorlage der Kontoauszüge, die die vollständige Miete ausweisen, führen[1671], es sei denn, der Mieter hat bzgl. der konkreten Mängel spezifische Vorbehalte gemacht.[1672] Für einen Anspruch wegen Betriebskostennachzahlung reicht zur Begründung der Statthaftigkeit des Urkundenverfahrens im Regelfall die Vorlage der Mietvertragsurkunde sowie der quittierten Betriebskostenabrechnung aus.[1673]

523 Der **Gebührenstreitwert** bei einer Mängelbeseitigungsklage (§ 535 Abs. 1 BGB) errechnet sich nicht nach dem Aufwand, der dem Vermieter für die Beseitigung entstehen würde[1674], sondern aus dem zulässigen Minderungsbetrag multipliziert mit der Dauer der voraussichtlichen Mietzeit[1675], wobei von einem Jahr als Höchstdauer auszugehen ist (§ 41 Abs. 5 S. 1 Hs. 2 GKG)[1676]. Das gilt auch für die Gewerberaummiete.

524 Der Gebührenstreitwert eines selbständigen Beweisverfahrens, gerichtet auf die Feststellung von Feuchtigkeitserscheinungen in der Mietwohnung, ist grds. mit dem viereinhalbfachen des Jahresbetrages der angemessenen Mietminderung zu bemessen.[1677] Will der Mieter gem. § 536a Abs. 2 BGB den Mangel selbst beheben (Vorschusszahlung), bemisst sich der Gebührenstreitwert für ein **vorgeschaltetes selbständiges Beweisverfahren** aus der Höhe der Schadensbeseitigungskosten[1678], für das **Klageverfahren auf den Vorschuss** nach dem Jahreswert einer angemessenen Minderung (§ 41 GKG analog)[1679] und für die Feststellung der Minderung nach dem Jahresbetrag der streitigen Minderung.[1680]

---

[1664] KG WuM 2012, 333 = jurisPR-MietR 9/2012 mAnm *Flatow;* OLG Düsseldorf GuT 2008, 449 = NZM 2009, 435 = ZMR 2008, 948 = NJW-RR 2009, 157; NZM 2004, 946.

[1665] BGH XII ZR 64/12, GE 2013, 1582 mAnm *Schach* GE 2013, 1562.

[1666] OLG Köln ZMR 2012, 701.

[1667] OLG Düsseldorf GuT 2008, 449 = NZM 2009, 435 = ZMR 2008, 948 = NJW-RR 2009, 157; NZM 2004, 946.

[1668] *Flatow* DWW 2008, 88.

[1669] BGH VIII ZR 200/08, WuM 2009, 591 = AK-MietPrax § 592 ZPO Nr. 3 = GE 2009, 1183 = NJW 2009, 3099 = NZM 2009, 734.

[1670] BGH XII ZR 50/12, NZM 2013, 614 = GE 2013, 1137 = NJW-RR 2013, 1232 = AK-MietPrax § 592 ZPO Nr. 5.

[1671] *Börstinghaus* jurisPR-BGHZivilR 5/2011 Anm. 3.

[1672] OLG Köln ZMR 2012, 701.

[1673] BGH VIII ZR 41/14, WuM 2014, 744 = NZM 2015, 44 = GE 2014, 1649; *Börstinghaus* jurisPR-BGH-ZivilR 24/2014 Anm. 1.

[1674] **AA** LG Siegen WuM 1999, 48; LG Detmold WuM 1996, 50; AG Miesbach WuM 1989, 432; LG Berlin GE 2001, 136 zum selbständigen Beweisverfahren.

[1675] LG Berlin GE 2007, 369.

[1676] KG ZMR 2014, 381; *Grüter* Streitwerte 2008 § 2 Rn. 227; unklar BGH WuM 2007, 207 = AK-MietPrax § 9 ZPO Nr. 9 m. krit. Anm. *Börstinghaus;* **aA** LG Berlin GE 2014, 1275.

[1677] LG Berlin NJW-RR 2012, 844.

[1678] *LG Bonn ZMR 2009, 38; Mack-Oberth* jurisPR-MietR 20/2008 Anm. 6.

[1679] LG Berlin NJW 2012, 693 = GE 2012, 407.

[1680] § 41 Abs. 5 S. 1 2.Alt. GKG idF v. 21.12.2020 BGBl. I, 3229 mWv 1.1.2021 – KostRÄG 2021. Zur Gesetzesänderung siehe Schneider NZM 2021, 429.

Bei einer Klage auf Mängelbeseitigung in einem Mietverhältnis auf unbestimmte Zeit ist für die Ermittlung der Beschwer **(Rechtsmittelstreitwert)** auf den dreieinhalbfachen[1681] Jahresminderungsbetrag abzustellen. Da diese Auffassung für die Berechnung des Rechtsmittelstreitwertes als gefestigte Rspr. gilt, sieht der BGH in einer instanzgerichtlichen Abweichung aus Gründen einer einheitlichen Rspr. einen Revisionsgrund[1682]. 525

Über § 23 Abs. 1 S. 1 RVG iVm § 41 Abs. 5 GKG gilt bei Klagen auf **Duldung von Erhaltungsmaßnahmen,** dass für den Streitwert der Jahresbetrag einer angemessenen – möglichen – Minderung des Mieters entscheidend ist. Diese Regelung erfolgte aus sozialpolitischen Gründen, weil der Mieter nicht durch zu hohe Gerichtsgebühren davon abgehalten werden soll, seinen Anspruch gerichtlich prüfen zu lassen. Endet das Mietverhältnis ab dem Zeitpunkt der Klageeinreichung vor Ablauf eines Jahres, ist nicht der Jahresbetrag sondern der entsprechend niedrigere Betrag der angemessenen Mietminderung zu Grunde zu legen.[1683] 526

Im **einstweiligen Verfügungsverfahren** liegt der Streitwert regelmäßig unter dem der Hauptsache, da das Interesse des Antragstellers an einer vorläufigen Regelung das Interesse der Hauptsache nicht erreicht. Erhebt der Vermieter **Feststellungsklage,** dass der Mieter zur Minderung nicht berechtigt ist, beträgt der Streitwert der Klage nicht mehr das 3,5fache des Jahresminderungsbetrages abzüglich 20%.[1684] Vielmehr ist er nach der Neufassung des § 41 Abs. 5 S. 1 GKG mit dem Jahresbetrag der Minderung zu bemessen.[1685] 527

## J. Konkurrenzen/Verhältnis der §§ 536 ff. BGB zu den allgemeinen Vorschriften

Die Gewährleistungsvorschriften stehen zu den allgemeinen Vorschriften über Leistungsstörungen in einem Konkurrenzverhältnis.[1686] 528

### I. Erfüllungsanspruch

Neben dem Gewährleistungsanspruch bleibt der Erfüllungsanspruch des Mieters aus § 535 Abs. 1 S. 2 BGB bestehen.[1687] Er ist während des Mietverhältnisses unverjährbar.[1688] Daher kann der Mieter grds. die Einrede des nicht erfüllten Vertrages geltend machen (zum Erfüllungsanspruch beim Rechtsmangel → Rn. 275; zur Vorleistungspflicht → BGB § 535 Rn. 574 ff.; sowie § 556 b BGB). Allerdings ist er mit dieser Einrede ausgeschlossen, wenn er selbst zu Erfüllung nicht mehr bereit ist, weil er die Räume gekündigt und geräumt hat[1689]. In einem solchen Fall wäre die Einrede des nicht erfüllten Vertrages **widersinnig,** weil sie den anderen Vertragsteil zur Erfüllung der vertraglichen Pflichten anhalten soll. Bei fortdauerndem Mietverhältnis ist der Erfüllungsanspruch im 529

---

1681 BGH VIII ZB 84/03, WuM 2004, 220 = AK-MietPrax § 9 ZPO Nr. 3; BGH VIII ZB 33/02, NZM 2003, 152 = GE 2003, 250 = NJW-RR 2003, 229 = AK-MietPrax § 9 ZPO Nr. 1; BGH NJW 2000, 3142 = ZMR 2000, 665 = MDR 2000, 975 = NZM 2000, 713 zum Wert der Beschwer des Vermieters; OLG Hamburg WuM 1995, 595; LG Kiel WuM 2003, 37; LG Berlin ZMR 2014, 40; GE 2011, 954; 2000, 1257; LG Köln WuM 1999, 553; LG Mannheim WuM 1999, 224; LG Hamburg ZMR 1998, 294; WuM 1998, 171 = NZM 1998, 305; ZMR 1996, 39 = WuM 1996, 287; LG Berlin GE 2002, 191 (192); 2000, 472; ZMR 1999, 556; GE 1996, 1549 = NJW-RR 1997, 652; LG Hamburg WuM 1994, 624; **aA** KG GE 2003, 187; LG Frankfurt a. M. NZM 2000, 757, Jahresbetrag der Mietminderung; ebenso LG Köln WuM 2001, 345; LG Berlin NZM 2002, 212; GE 1999, 1429; WuM 2000, 313.

1682 BGH VIII ZB 33/02, NJW-RR 2003, 229 = GE 2003, 250 = NZM 2003, 152 = AK-MietPrax § 9 ZPO Nr. 1.

1683 *Grüter* Streitwerte 2008 § 2 Rn. 171.

1684 BGH VIII ZR 43/15, WuM 2016, 514 = AK-MietPrax § 48 GKG Nr. 1 = NZM 2016, 890; BGH IV ZR 170/64, NJW 1965, 2298; LG Hamburg WuM 1996, 287; für Mängelbeseitigungskosten OLG Celle OLG-Report Celle 1994, 240; LG Kiel WuM 1995, 320; LG Berlin ZMR 2016, 664; GE 1992, 987; mit Wirkung zum 1.1.2021 § 41 Abs. 5 S. 1 2.Alt. GKG idF v. 21.12.2020, BGBl. I, 3229 – KostRÄG 2021.

1685 Mit Wirkung zum 1.1.2021 § 41 Abs. 5 S. 1 2.Alt. GKG idF v. 21.12.2020, BGBl. I, 3229 – KostRÄG 2021.

1686 MüKoBGB/*Häublein* Vor § 536 Rn. 7 ff.

1687 BGH NJW 1982, 874 (hM); zur Verjährung des Erfüllungsanspruchs s. AG Tiergarten WuM 2009, 453 mAnm *Lohmann*.

1688 BGH VIII ZR 104/09, WuM 2010, 238 = NJW 2010, 1292 = NZM 2010, 235 = ZMR 2010, 520 mAnm *Rave*.

1689 BGH NJW 1982, 874.

Insolvenzverfahren über das Vermögen des Vermieters eine Masseschuld, unabhängig davon, ob der mangelhafte Zustand vor oder nach Eröffnung des Verfahrens entstanden ist.[1690]

530 Nach einer Veräußerung ist der Erwerber zur Beseitigung des Mangels verpflichtet; selbst dann, wenn der Mangel bereits bei Eigentumsübergang bestanden hat.[1691] Das gilt auch für den Erwerber im Zwangsversteigerungsverfahren, da gem. § 57 ZVG die §§ 566 ff. BGB Anwendung finden.[1692]

530a Zweifelhaft kann sein, ob der Mieter einen Anspruch auf eine bestimmte Qualität der Mängelbeseitigung hat. Dabei geht es nicht um die Frage, oder der Mieter eine konkrete Handlung bei mehreren Handlungsalternativen hat. Dies ist abzulehnen, da der Vermieter selbst entscheidet, wie er den Mangel behebt (→ § 555 a Rn. 14). Vielmehr ist zu prüfen, ob der Vermieter verpflichtet ist, Maßnahmen zu treffen, die das Wiederauftreten eines vorhandenen Mangels vermeiden. Reicht es bei Feuchtigkeitsschäden beispielsweise aus, dass der Vermieter nach Austrocknen der Schadstelle die Wandfläche überstreicht oder muss der Vermieter, wenn die Ursache des Mangels beispielsweise in der Bausubstanz liegt, Maßnahmen treffen, um die Bausubstanz so wiederherzustellen, dass auch künftig Feuchtigkeitseintritte in die Wohnung vermieden werden? Das AG Bremen[1693] hat die Auffassung vertreten, dass der Vermieter lediglich verpflichtet ist, die Mangelsymptome zu beheben. Da die Außenwände nicht vermietet seien, könne sich der Anspruch des Mieters darauf auch nicht erstrecken. Diese Auffassung ist bedenklich, da sie dem Mieter in solchen Fällen zumutet, ständig mit Feuchtigkeitsschäden rechnen zu müssen. Die vertragsgemäße Wohnung besteht aber nicht nur aus dem Fehlen von Schadenssymptomen. Der Mieter hat vor allem einen Anspruch darauf, dass Schäden von ihm ferngehalten werden, er also keine konkrete Besorgnis haben muss, dass in seiner Wohnung Feuchtigkeitsschäden auftreten.[1694] Die Beseitigung der Mangelsymptome ist allein als Erfüllungshandlung des Vermieters nur dann ausreichend, wenn damit gleichzeitig auch eine konkrete Gefahr für das Wiederauftreten des Mangels ausgeschlossen ist.

530b Ein **Erfüllungsanspruch** gegen den Vermieter ist ausgeschlossen, wenn der Mieter den Mangel selbst schuldhaft herbeigeführt hat. Der Schadensersatzanspruch des Vermieters kann auch auf Naturalrestitution gerichtet sein.[1695] Liegt ein **Mitverschulden** des Mieters vor, kann der Vermieter ein Zurückbehaltungsrecht ausüben, bis der Mieter seinen Anteil an den Schaden erstattet bzw. in der erforderlichen Höhe Sicherheit geleistet hat.[1696] Der Mieter ist ebenfalls mit seinem Herstellungsanspruch ausgeschlossen, wenn er die Instandhaltungsmaßnahmen des Vermieters durch sein Verhalten verhindert[1697] oder wenn die Instandsetzung für seine Zwecke treuwidrig nutzen will[1698] (zur **Opfergrenze** → Rn. 557 ff.).

531 Liegt die mangelhafte Wohnung innerhalb einer Wohnungs-/Teileigentumsanlage, kann die Erfüllung im Einzelfall für den Vermieter und Eigentümer unmöglich sein. Allerdings kann sich der Eigentümer darauf nicht berufen, wenn die Mängelbeseitigung ordnungsgemäßer Verwaltung entspricht, weil in diesem Fall die Eigentümergemeinschaft dem Mangel abhelfen muss.[1699]

## II. Anfängliche Unmöglichkeit

532 Vor Übergabe der Mietsache gelten nach bislang hM für die Sachmängelhaftung die allgemeinen Vorschriften. Diese werden aber durch die Vorschriften über die Sachmängelhaftung verdrängt, wenn die Mietsache dem Mieter übergeben worden ist.[1700] Die Anwendung der allgemeinen Vorschriften in diesen Fällen widerspräche dem Zweck der durch § 536 a Abs. 1 Alt. 1 BGB angeordneten Garantiehaftung des Vermieters, durch die dem Mieter ein weitgehender Schutz gerade gegen

---

[1690] BGH IX ZR 163/02, ZMR 2003, 418 = WuM 2003, 338 = NZM 2003, 472 = GE 2003, 1016.
[1691] MüKoBGB/*Häublein* § 566 Rn. 38.
[1692] *Derleder* NJW 2008, 1189 (1195).
[1693] AG Bremen, MietRB 2018, 6.
[1694] LG Lübeck, Urt. v. 17.11.2017 – 14 S 107/17 –, juris; LG Hamburg, WuM 2001, 193; Sternel, Mietrecht aktuell, Rn. VIII, 58.
[1695] Palandt/*Grüneberg* BGB § 249 Rn. 2.
[1696] *Flatow* WImmoT 2015, 69 (79).
[1697] BGH XII ZR 65/14, WuM 2015, 619 = AK-MietPrax § 555 a BGB Nr. 1 = NZM 2015, 538 = GE 2015, 905 = NJW 2015, 2419 = ZMR 2015, 842; sa *Hahn* NZM 2017, 7 (14).
[1698] *AG Wedding GE 2016, 1452.*
[1699] *Lehmann-Richter* NJW 2008, 1197.
[1700] BGH WuM 1978, 86 = NJW 1978, 103 = ZMR 1978, 82; BGHZ 85, 267 = NJW 1983, 446 = ZMR 1983, 93; BGHZ 136, 102 = WuM 1997, 617 = NJW 1997, 2813 = ZMR 1997, 565.

anfängliche Mängel verschafft werden soll. Wenn auch im Lichte des seit dem 1.1.2003 auf Dauerschuldverhältnisse anwendbaren § 276 BGB dieses Argument nicht mehr zwingend ist, da auch über § 276 BGB sich in diesen Fällen eine Garantiehaftung des Vermieters begründen lässt,[1701] so entspricht es doch jedenfalls im Bereich der Unmöglichkeit der bisherigen Rspr. Ob sie künftig aufrechterhalten wird, bleibt abzuwarten, da kaum einzusehen ist, warum der Mieter die Sache erst annehmen muss, um eine bessere Rechtsstellung zu sichern.[1702]

### 1. Mietsache existiert nicht

Hat der Vermieter eine Sache vermietet, die von Anfang an **nicht** oder **nicht mehr** existiert, **533** berührt dies die Wirksamkeit des Vertrages nicht (§ 311a BGB). Der Mieter kann mit einer eigenständigen Anspruchsgrundlage[1703] gem. § 311a Abs. 2 S. 1 BGB Schadensersatz statt der Leistung oder Aufwendungsersatz im Umfang des § 284 BGB verlangen. Der Vermieter ist jedoch von seiner Schadensersatzpflicht bzw. von seiner Pflicht, Aufwendungsersatz zu leisten, befreit, wenn er die Unmöglichkeit der Leistung bei Vertragsschluss nicht kannte und die Unkenntnis auch nicht zu vertreten hatte. Der in § 311a Abs. 2 S. 1 BGB verankerte Haftungsgrund findet seine Grundlagen in der Rspr. des BGH, der in seinen Entscheidungen die Haftung des Vermieters bei Unmöglichkeit bejahte, wenn er das Leistungshindernis schon bei Vertragsschluss bei Anwendung der erforderlichen Sorgfalt hätte erkennen können und müssen.[1704]

Der Vermieter unterliegt somit keiner Garantie – sondern einer Verschuldenshaftung. Er muss **534** sich iRd § 276 BGB[1705] verantworten. Dabei ist im Einzelfall zu prüfen, ob in dem **Leistungsversprechen** nicht eine Garantie oder die Übernahme eines Beschaffungsrisikos zu sehen war[1706]. Dann haftet er im Rahmen dieses Versprechens auch ohne Verschulden. Für eine Garantieübernahme müssen aber konkrete Anhaltspunkte vorliegen.

Ob eine **stillschweigende Garantie** nur auf Grund des Leistungsversprechens angenommen **535** werden kann, ist zweifelhaft.[1707] Die Rspr. hat in der Vergangenheit aber das Vorliegen eines besonderen Garantieversprechens zum Anlass genommen, den Vorrang der mietrechtlichen Gewährleistungsansprüche schon vor Übergabe der Mietsache zu begründen, um den Gläubiger nicht auf das negative Interesse verweisen zu müssen (§§ 306, 307 BGB aF).[1708] Dieser Konstruktion bedarf es heute nicht mehr, da § 311a BGB iVm § 276 BGB bei einem besonderen Garantieversprechen ebenfalls zur Garantiehaftung des Vermieters führt.

Die Abhängigkeit der Haftung gem. § 311a Abs. 2 BGB von der Kenntnis des Vermieters bzw. **536** von seiner zu vertretenden Unkenntnis hat ihre Ursache darin, dass der Schuldner vor Vertragsschluss in erster Linie **Informationspflichten** hat. Gibt er trotz der ihm bekannten oder in zu vertretender Weise unbekannt gebliebenen Informationen ein Leistungsversprechen ab, muss er sich daran halten und den Gläubiger wertmäßig so stellen, als wäre erfüllt worden.[1709] Gem. § 281 Abs. 5 BGB ist bereits Erlangtes nach den §§ 346–348 BGB zurückzugewähren. Ist der Primäranspruch nur teilweise ausgeschlossen, kann Schadensersatz statt der gesamten Leistung unter den Voraussetzungen des § 281 Abs. 1 S. 2, 3 BGB gefordert werden (Einzelheiten → Rn. 545f.).

Dem Wortlaut nach kommt weder ein primärer Leistungsanspruch noch ein sekundärer Scha- **537** densersatzanspruch in Betracht, wenn der Schuldner das anfängliche Leistungshindernis nicht kannte. Hierin ist teilweise ein **Wertungswiderspruch** zum Anfechtungsrecht gesehen worden, da der entschuldigte Irrtum über die Leistungsfähigkeit zu dem Motivirrtum nach § 119 Abs. 2 BGB starke Parallelen aufweist.[1710] Daher wird auch vertreten, in diesen Fällen gem. § 122 BGB

---

[1701] *Kandelhard* WuM 2003, 3 (7).
[1702] *Derleder* WuM 2002, 409; *Timme NZM* 2003, 703; zur Auseinandersetzung mit diesem Problemkreis s. *Herresthal* in 10 Jahre Mietrechtsreformgesetz – eine Bilanz, 2011, 157, 162ff.
[1703] Henssler/v. Westphalen Schuldrechtsreform/*Dedek* 2. Aufl. 2003 BGB § 311a Rn. 13.
[1704] BGH MDR 1960, 304 = BB 1960, 303; NJW 1999, 635 = NZM 1999, 124 = MDR 1999, 287 = ZMR 1999, 305.
[1705] *Günter* NZM 2016, 569 (573); Henssler/v. Westphalen Schuldrechtsreform/*Dedek* 2. Aufl. 2003 BGB § 311a Rn. 17.
[1706] *Oechsler* NZM 2004, 881 (885).
[1707] Bejahend *Kandelhard* WuM 2003, 3; *Sutschet* NJW 2005, 1404; **aA** Palandt/*Grüneberg* BGB § 311a Rn. 9.
[1708] BGHZ 93, 142 = NJW 1985, 1025 = MDR 1985, 394 = WPM 1985, 419.
[1709] *Grunewald* JZ 2001, 433 (435).
[1710] Henssler/v. Westphalen Schuldrechtsreform/*Dedek* 2. Aufl. 2003 BGB § 311a Rn. 20 mwN.

analog den Schuldner zum Ersatz des negativen Interesses zu verpflichten.[1711] Der Vertrauensschaden wird mit der Rspr. des BGH der Höhe nach nicht durch das Erfüllungsinteresse begrenzt.[1712]

**538** Kannte der Mieter die Unmöglichkeit oder musste er sie kennen, haftet der Vermieter nicht, weil der Mieter bei dieser Sachlage keinen **Vertrauensschutz** verdient. Das galt schon nach altem Recht und ist jetzt von besonderer Stringenz, weil § 311 a Abs. 2 die Verletzung vorvertraglichen Informations- und Aufklärungspflichten sanktioniert, um das Gläubigerinteresse vor Eingehung des Vertrages zu wahren.

### 2. Anfänglicher unbehebbarer Sachmangel

**539** Von dem Fall der nicht oder nicht mehr existierenden Mietsache bei Vertragsschluss ist der Fall zu unterscheiden, dass die Mietsache existiert, aber von Anfang an – **unbehebbar** – mangelhaft ist. Auch dann ist die Leistung des Vermieters, nämlich die Überlassung der Mietsache in dem zum vertragsgemäßen Gebrauch geeigneten Zustand, unmöglich. In diesen Fällen gelten entgegen einer nach Auffassung des XII. Zivilsenats[1713] in der Lit. missverstandenen Entscheidung des BGH[1714] die allgemeinen Vorschriften.

**540** Von den vorstehenden Erwägungen werden insbes. die **öffentlich-rechtlichen Gebrauchshindernisse**[1715] erfasst, die von der Rspr. als – nicht behebbare – Sachmängel anerkannt sind (→ Rn. 78 ff.). Das gilt bspw. für ein Bebauungsverbot auf dem vom Mieter zu bebauenden Grundstück,[1716] ein Zweckentfremdungsverbot,[1717] ein Nutzungshindernis auf Grund einer Grunddienstbarkeit,[1718] einen der Aufnahme des vorgesehenen Gewerbes entgegenstehenden Flächennutzungsplan[1719] oder für sonstige baurechtliche Hindernisse.[1720] Ist der Vermieter nicht in der Lage, den Mangel zu beheben, kann der Mieter **Schadensersatz** oder **Aufwendungsersatz** verlangen (§ 311 a Abs. 2 BGB) oder den Vertrag gem. § 543 Abs. 2 Nr. 1 BGB kündigen (→ Rn. 434; → BGB § 543 Rn. 13).

**541** Mit seinem Urteil aus dem Jahre 1997[1721] hat der BGH im Falle einer wegen fehlender Stellplätze verweigerten Gaststättenkonzession (→ Rn. 88 ff.) dem Mieter über die Haftung aus culpa in contrahendo (cic) einen Anspruch auf Ersatz nutzloser Aufwendungen gegeben. Denn dieser Anspruch auf das negative Interesse umfasst weitgehend den Ersatz nutzloser Aufwendungen auch jenseits einer **Rentabilitätsvermutung,** während derartige frustrierte Aufwendungen (→ BGB § 536 a Rn. 91) im Rahmen des Schadensersatzanspruchs aus der Garantiehaftung der Rentabilitätsvermutung unterliegen, die jedoch widerlegbar ist, und im obigen Entscheidungsfall des BGH auch widerlegt werden konnte.

**542** Inzwischen kann der Gläubiger **Aufwendungsersatz** nach § 284 BGB auch dann verlangen, wenn er die Aufwendungen aus ideellen, strategischen oder konsumtiven Gründen getätigt hat.[1722] Umstritten ist, ob die Norm auch auf Fälle anwendbar ist, bei denen der Gläubiger die Aufwendungen zur **Gewinnerzielungsabsicht** tätigte. Wird dies verneint und begreift man die Norm nur als Auffangvorschrift für ideelle und konsumtive Verträge[1723], werden die Aufwendungen, die zwecks Gewinnerzielungsabsicht getätigt wurden, nicht über § 284 verlangt werden können, und es bleibt bei den allgemeinen Grundsätzen.

---

[1711] *Canaris* JZ 2001, 499 (507); **aA** Palandt/*Heinrichs* Ergänzungsband BGB § 311 a Rn. 14.

[1712] BGHZ 136, 102 = WuM 1997, 617 = NJW 1997, 2813 = ZMR 1997, 565; BGHZ 69, 53 = NJW 1977, 1536 = MDR 1977, 924 mwN; **aA** Bub/Treier MietR-HdB/*Kraemer/Ehlert* Kap. III B Rn. 2805.

[1713] BGHZ 136, 102 = WuM 1997, 617 = NJW 1997, 281 = MDR 1997, 921.

[1714] BGH WuM 1987, 56 = NJW 1987, 948 = ZMR 1987, 87; BGHZ 93, 142 = NJW 1985, 1025 = MDR 1985, 394 = WPM 1985, 419.

[1715] Wolf/Eckert/Ball Gewerbl. Miet-/Pacht-/LeasingR-HdB Rn. 228.

[1716] BGH WuM 1988, 302 = GE 1988, 937 = NJW 1988, 2664 = MDR 1988, 1052 = ZMR 1988, 376.

[1717] VerfGH Berlin GE 2001, 1054.

[1718] BGHZ 93, 142 = NJW 1985, 1025 = MDR 1985, 394 = WPM 1985, 419.

[1719] BGHZ 68, 294 = NJW 1977, 1285 = MDR 1977, 743 = ZMR 1978, 25.

[1720] BGHZ 99, 54 = WuM 1987, 56 = NJW 1987, 948 = ZMR 1987, 87 = MDR 1987, 228 = DWW 1987, 15 = GE 1987, 129; NJW 1972, 944 = MDR 1972, 599; OLG Düsseldorf DWW 1993, 100 = ZMR 1993, 275.

[1721] BGHZ 136, 102 = WuM 1997, 617 = NJW 1997, 2813 = ZMR 1997, 565.

[1722] *Schaub in 10 Jahre Mietrechtsreformgesetz – eine Bilanz*, 2011, 168, 178; Palandt/*Grüneberg* BGB § 284 Rn. 3; *Derleder* WuM 2002, 407; Henssler/v. Westphalen Schuldrechtsreform/*Dedek* 2. Aufl. 2003 BGB § 284 Rn. 6; *Unberath* ZMR 2004, 309 (312).

[1723] Palandt/*Heinrichs* 65. Aufl. 2006 BGB § 284 Rn. 4.

Unabhängig von dieser Frage kann aber der Anspruch auf Aufwendungsersatz trotz des § 284 BGB in bestimmten Fällen nicht zum Erfolg führen. Zum einen, wenn die Rentabilitätsvermutung **widerlegt** wird, weil der erstrebte Zweck der Gewinnerzielung auch ohne Pflichtverletzung nicht erreicht worden wäre. Zum anderen, wenn die Aufwendungen des aus ideellen Zwecken handelnden Gläubigers ohnehin fehlgeschlagen wären, zB weil seine geplante Veranstaltung wegen eines behördlichen Verbots hätte abgesagt werden müssen.[1724] Für den Einwand, dass ohnehin kein Gewinn erwirtschaftet oder das geplante Ziel nicht erreicht worden wäre, ist der Vermieter beweispflichtig.[1725] **543**

### 3. Anfänglicher Rechtsmangel

Im Falle des anfänglichen Rechtsmangels hat der BGH die besondere Gewährleistungshaftung des Mietrechts auch dann bejaht, wenn dem Mieter die Sache noch nicht übergeben wurde[1726] (→ Rn. 294ff.). Dies ist konsequent, da auch die Vorwirkung der Mängelgewährleistung beim Sachmangel mit dem systematischen Argument vertreten wurde, dass der Mieter nicht genötigt sein kann, sich die Sache erst anzueignen, um seine bessere Rechtsstellung zu sichern.[1727] Dies muss erst recht dann gelten, wenn der Mieter wegen des Rechts eines Dritten an der **Aneignung** der Sache gehindert ist. Im Übrigen ist in § 536 Abs. 3 BGB keine Anknüpfung an den Zeitpunkt der Überlassung vorgesehen.[1728] **544**

### 4. Teilunmöglichkeit

Liegt Teilunmöglichkeit vor, ist zu differenzieren: Der Mieter kann zunächst die Teilleistung wegen §§ 294, 266 BGB zurückweisen. Dann haftet der Vermieter auf Schadensersatz wegen der gesamten Leistung (§ 280 Abs. 1, §§ 281, 283 BGB), und zwar ab Vertragsschluss auf das positive Interesse ohne Entlastungsmöglichkeit[1729] (Garantiehaftung). **545**

Hat der Vermieter die Teilleistung **schon bewirkt,** ist zunächst zu prüfen, ob § 281 BGB durch § 536a BGB verdrängt wird. „Bewirken" iSd § 281 BGB meint die Erfüllungshandlung, also die Überlassung der Mietsache zum vertragsgemäßen Gebrauch. Erfolgt die Überlassung zB wegen vorhandener Mängel nicht wie geschuldet, liegt lediglich eine Teilleistung vor, die aber die Anwendung des § 536a BGB bedingt.[1730] Hat der Vermieter nämlich eine Teilleistung erbracht, kann wegen der Spezialität des § 536a BGB auf § 281 Abs. 1 S. 2 BGB nicht mehr zugegriffen werden. Der Vermieter haftet gem. § 536a BGB und der Mieter kann den Vertrag unter den Voraussetzungen des § 543 Abs. 2 Nr. 1 BGB kündigen. **546**

### 5. Anmietung einer noch zu erstellenden Mietsache

Zweifelhaft ist, ob der Vermieter für seine fristgerechte Baufertigstellung und damit verbundene Übergabe der Garantiehaftung unterliegt, wenn er einen bestimmten **Fertigstellungs-** und **Übergabetermin** vereinbart hatte[1731]. Dann erweist sich jedoch die vertragliche Vereinbarung regelmäßig als **Fixgeschäft,** so dass anfängliche Unmöglichkeit mit der Rechtsfolge des § 311a Abs. 2 BGB anzunehmen ist. Ist nur Verzug anzunehmen (zur Abgrenzung → Rn. 584ff.), richtet sich sein Anspruch nach §§ 280, 286 BGB. Für das Verzögerungsverschulden seiner Handwerker hat der Vermieter gem. § 278 BGB einzustehen. Eine **Haftungsfreizeichnung** für derartige Konstellationen verbietet sich wegen § 307 BGB, weil die Gebrauchsüberlassung eine **Kardinalpflicht** des Vermieters ist (→ Rn. 460ff.). Der Vermieter kann aber wirksam vereinbaren, dass die Gebrauchsüberlassung innerhalb eines bestimmten Zeitraums erfolgen soll[1732] (→ BGB § 535 Rn. 9). **547**

---

[1724] Palandt/*Grüneberg* BGB § 284 Rn. 7 mwN.
[1725] OLG Karlsruhe ZMR 2018, 929.
[1726] BGH NJW 1961, 917 = MDR 1961, 498; WuM 1991, 545 = NJW 1991, 3277 = ZMR 1991, 418; NJW 1985, 1025 = MDR 1985, 394.
[1727] *Derleder* WuM 2002, 409.
[1728] *Unberath* ZMR 2004, 309 (311).
[1729] *Derleder* NZM 2002, 676 (685); Palandt/*Grüneberg* BGB § 281 Rn. 43.
[1730] Palandt/*Grüneberg* BGB § 281 Rn. 43.
[1731] Abl. BGH NJW 1992, 3226.
[1732] BGH XII ZR 212/03, AK-MietPrax § 550 BGB Nr. 15 = NJW 2006, 139 = GuT 2006, 11 = NZM 2806, 54 = GE 2006, 50 = ZMR 2006, 115; *Kraemer* NZM 2004, 721 (724).

548 Höchstrichterlich noch nicht entschieden ist, ob es für die Anwendung der Gewährleistungsvorschriften – und damit der Garantiehaftung – des Mietrechts auf den Zeitpunkt der vereinbarten Fertigstellung oder auf den Zeitpunkt der Übergabe ankommt. Da es der Vermieter während der Bauphase in besonderem Maße in der Hand hat, die mietvertraglichen Vorgaben zu beachten, wäre es nicht verständlich, ihn mit der Verschuldenshaftung zu privilegieren. Hat der Vermieter die Mietsache nach besonderen Wünschen des Mieters zu erstellen, wird in der Übernahme dieser baulichen und zeitlichen Vorgaben regelmäßig ein Garantieversprechen (§ 276 BGB) liegen, dass die Mietsache den besonderen Anforderungen zum vereinbarten Termin Rechnung trägt.

#### 6. Vorwegüberlassung

549 Ein besonderer Fall liegt vor, wenn der Vermieter dem Mieter schon vor vereinbartem Vertragsbeginn die Wohnung überlässt, damit dieser zB die Möbel unterstellen, die Wohnung renovieren oder sich sonst einrichten kann. Da diese Überlassung regelmäßig **ohne gesonderte Zahlungsvereinbarung** erfolgt, liegt kein Mietverhältnis vor[1733] (→ BGB § 535 Rn. 3 ff.). Dennoch wird das Rechtsverhältnis durch den vorzeitigen Vollzug der Überlassung stark vom Mietrecht geprägt,[1734] so dass es sachnah ist, die mietrechtlichen Vorschriften schon für die Zeit vor dem eigentlichen Mietbeginn entsprechend anzuwenden.[1735] Dabei ist aber auf das jeweils eingeschränkte Gebrauchsrecht Rücksicht zu nehmen.

### III. Nachträgliche Unmöglichkeit

550 Die Gewährleistungsvorschriften sind nur insoweit Sonderregelungen gegenüber den allgemeinen Vorschriften über Leistungsstörungen, als es um die Folgen von Sach- und Rechtsmängeln geht. Ist die Mietsache **nachträglich** untergegangen (Zerstörung eines Gebäudes durch Explosion, Brand oder Einsturz, Totalschaden einer Maschine, Verenden eines Tieres, Verseuchung des Gebäudes oder des Grundstücks), gelten daher die allgemeinen Vorschriften über die Unmöglichkeit.[1736] Dabei spielt es keine Rolle, ob dem Mieter die Sache bereits überlassen war oder nicht.[1737] Wird die Mietsache dagegen lediglich beschädigt, so ist der Vermieter gem. § 535 BGB zur Wiederherstellung, auch vor Übergabe, verpflichtet. Eine derartige Beschädigung wurde zB beim Abriss eines Balkons angenommen.[1738] Darüber hinaus haftet er dem Mieter nach den §§ 536 ff. BGB.

#### 1. Wiederherstellungsanspruch

551 Den Vermieter trifft keine Verpflichtung, die zerstörte Mietsache **wieder herzustellen.** Die Wiederaufbaupflicht ist nämlich Ausfluss der Pflicht zur Gebrauchsüberlassung. Wird der Vermieter aber wegen der Unmöglichkeit gem. § 275 BGB von seiner Pflicht zur Gebrauchsüberlassung frei, entfällt auch seine Pflicht zum Wiederaufbau.[1739] Den Vermieter trifft auch dann keine Wiederherstellungspflicht, wenn er die Zerstörung zu vertreten hat. Die Rechte des Mieters sind dann auf den Schadensersatzanspruch oder ggf. auf das Rücktrittsrecht bzw. Kündigungsrecht beschränkt[1740] (→ Rn. 562).

552 Der Vermieter ist nicht verpflichtet, empfangene Versicherungsleistungen zum **Wiederaufbau** zu verwenden. Der Mieter wiederum kann keine anteilige Herausgabe der Versicherungsleistungen verlangen, weil die Zahlung der Versicherung ein Surrogat für die Substanz und nicht für die Nutzung des Gebäudes ist.[1741]

---

[1733] **AA** MüKoBGB/*Häublein* § 535 Rn. 66.
[1734] *Eisele* WuM 1997, 533 (534).
[1735] Lützenkirchen MietR-HdB BGB Vor § 535 Rn. 150a.
[1736] BGH WuM 1990, 546 = NJW-RR 1991, 204 = ZMR 1991, 19 = MDR 1991, 329; LG Karlsruhe NZM 2005, 221.
[1737] *Emmerich* PiG 46 (1995), 119 (125) mwN.
[1738] LG Berlin WuM 1991, 538 = MM 1991, 265.
[1739] *BGHZ 116, 334; WuM 1992, 133* = NJW 1992, 1036 = MDR 1992, 371; BGH WuM 1977, 5 = ZMR 1977, 332; WPM 1977, 400; NJW 1974, 1551.
[1740] Bub/Treier MietR-HdB/*Kraemer/Ehlert* Kap. III B Rn. 2821.
[1741] Bub/Treier MietR-HdB/*Kraemer/Ehlert* Kap. III B Rn. 2821.

553 Der Vermieter ist somit in seiner Entscheidung, in welcher Weise er das Grundstück in Zukunft verwenden und nutzen will, ungebunden.[1742] Im Falle des Wiederaufbaus ist er mangels Anwendbarkeit des § 535 BGB grds. nicht verpflichtet, mit dem Mieter einen neuen Mietvertrag abzuschließen.[1743]

### 2. Aufwendungsersatz

554 Der fehlende Anspruch auf Wiederherstellung der Mietsache bei ihrem nachträglichen Untergang führte in der Vergangenheit dann zu erheblichen Nachteilen für den Mieter, wenn er den Wohnraum auf eigene Kosten verbessert hatte. Ohne entsprechende vertragliche Absicherung konnte die Zerstörung des Objektes zum ersatzlosen Verlust seiner **Investitionen** führen. Inzwischen gewährt das Gesetz dem Mieter unter den Voraussetzungen der §§ 280, 281, 283, 284 BGB Ersatz für nutzlose Aufwendungen, so dass auch der Gläubiger, der nur ideelle Zwecke verfolgt (→ BGB § 536a Rn. 91ff.), Aufwendungsersatz erhält.

### 3. Abgrenzungsfragen

555 Wegen der unterschiedlichen Haftungsvoraussetzungen der Gewährleistungsvorschriften einerseits und der Unmöglichkeitsregeln andererseits ist eine Abgrenzung vorzunehmen, wenn bspw. die Mietsache nur teilweise zerstört wird oder wenn eine erhebliche Beschädigung der Mietsache vorliegt. Ist die Mietsache völlig zerstört, so gelten die Regeln über die Unmöglichkeit. Ist dagegen umgekehrt die Mietsache nur leicht beschädigt, ist der Vermieter zur Instandsetzung verpflichtet und es gelten die Gewährleistungsvorschriften.

556 Die schwierigen Abgrenzungsfälle liegen zwischen diesen beiden Extremen. Maßgebend für die richtige Einordnung ist, ob die Beschädigung wirtschaftlich einer vollständigen Zerstörung gleichsteht, bzw., ob dem Vermieter die Wiederherstellungskosten nach den Umständen des Falles zuzumuten sind.[1744] Ist somit eine **erhebliche Beschädigung** der völligen Zerstörung der Mietsache gleichzustellen, greifen die Unmöglichkeitsregeln ein[1745] und der Vermieter wird von seiner Primärleistungspflicht frei (§ 275 Abs. 1 BGB).

557 Ist die Mietsache zwar erheblich beschädigt, führt aber **eine Abwägung** (§ 242 BGB) zu dem Ergebnis, dass die Sache als nicht zerstört anzusehen ist,[1746] kann die grundsätzliche Pflicht zur Instandsetzung entfallen, wenn dem Vermieter die Wiederherstellung der Sache **nicht zuzumuten** ist. Diese Fälle werden, wie schon vor der Schuldrechtsreform (→ BGB § 535 Rn. 248ff.), unter dem Gesichtspunkt diskutiert, ob die aufzuwendenden Kosten noch innerhalb der **Opfergrenze** liegen.[1747] Wegen der grundsätzlichen Verantwortlichkeit des Vermieters für die Einhaltung objektbezogener öffentlich-rechtlicher Vorschriften ist ein Wegfall der Wiederherstellungspflicht infolge des Erreichens der Opfergrenze auf enge Ausnahmen beschränkt.[1748] Die Opfergrenze ist erreicht, wenn zwischen dem Reparaturaufwand einerseits und dem Nutzen der Reparatur für den Mieter sowie dem Wert des Mietobjekts und den aus ihm zu ziehenden Einnahmen andererseits ein krasses Missverhältnis entsteht.[1749] Somit lässt sich eine Überschreitung der „Opfergrenze" nicht aus einer bloßen Gegenüberstellung zwischen Sanierungskosten und Verkehrswert herleiten. Vielmehr ist eine Würdigung aller Umstände erforderlich[1750], wie bspw. ein etwaiges Verschulden des Schuldners (§ 275 Abs. 2 S. 2 BGB). Daher kann sich der Vermieter auf diese Einrede idR nicht berufen, wenn er es zu einem **Reparaturstau** hat kommen lassen, die Situation durch Rechtsver-

---

[1742] BGH WuM 1977, 5 = ZMR 1977, 373; WPM 1977, 400.

[1743] OLG Hamm WuM 1981, 259.

[1744] BGH WuM 1977, 5 = ZMR 1977, 373; WPM 1977, 400; Bub/Treier MietR-HdB/*Kraemer/Ehlert* Kap. III B Rn. 2822; Staudinger/*Emmerich* BGB Vor § 536 Rn. 6ff.

[1745] *Emmerich* ZdWBay 1996, 238 (240); PiG 46 (1995), 119 (126).

[1746] BGH NJW 1959, 2300; MüKoBGB/*Häublein* § 535 Rn. 104.

[1747] BGH VIII ZR 131/09, WuM 2010, 348 = AK-MietPrax § 536a BGB Nr. 6 = NJW 2011, 2050 = GE 2010, 837; OLG Naumburg NZM 2011, 35; LG Dresden NZM 2008, 165; AG Köpenick GE 2013, 215; zur Hinweispflicht des Gerichts s. LG Berlin GE 2016, 1212; *Emmerich* ZdWBay 1996, 238 (240).

[1748] *Günter* NZM 2016, 569 (573).

[1749] BGH VIII ZR 342/03, NJW 2005, 3284 = NZM 2005, 820 = WuM 2005, 713 = GE 2005, 1348 = AK-MietPrax § 535 BGB Nr. 21 = GuT 2005, 262.

[1750] OLG Celle ZMR 2015, 228.

stoß selbst herbeigeführt[1751] oder Versprechungen nicht eingehalten hat.[1752] Je ungünstiger sich das Verhältnis zwischen Sanierungskosten und Verkehrswert darstellt, desto gewichtiger müssen die entgegenstehenden Umstände sein, die es dem Vermieter trotz bestehendem Missverhältnis zwischen Sanierungskosten und Verkehrswert verwehren sollen, sich auf den Einwand der wirtschaftlichen Unzumutbarkeit (§ 275 Abs. 2 BGB) zu berufen. Ein auffälliges Missverhältnis indiziert eine Überschreitung der Zumutbarkeitsgrenze.

558 Die **Opfergrenze** kann bspw. erreicht werden, wenn die teilweise Zerstörung wirtschaftlich einer völligen Zerstörung gleichkommt, also die Reparaturkosten den Zeitwert des Mietobjektes erheblich überschreiten[1753] oder wenn die aufgewendeten finanziellen Mittel nicht innerhalb eines Zeitraumes von zehn Jahren durch eine erzielbare Rendite aus dem Objekt wieder ausgeglichen werden können.[1754]

559 Diese sog. **wirtschaftliche Unmöglichkeit** soll nach dem Willen des Gesetzgebers unter § 313 BGB (Wegfall der Geschäftsgrundlage) zu prüfen sein.[1755] § 275 Abs. 2 BGB, der die sog. faktische Unmöglichkeit regelt, sei auf die Fälle der Opfergrenze nicht anzuwenden, weil bei der Prüfung des § 275 Abs. 2 BGB nur auf das Leistungsinteresse des Gläubigers abzustellen sei, während die Fälle der Unerschwinglichkeit, die auf das Schuldnerinteresse abstellen, von dieser Norm nicht erfasst würden.[1756] Der VIII. Zivilsenat des BGH ist dieser Auffassung nicht gefolgt und hat diesen Fall ausschließlich unter den Anwendungsbereich des § 275 Abs. 2 BGB gestellt[1757]

560 Letztendlich wird es aber immer auf eine Abwägung der unterschiedlichen Interessen hinauslaufen. Eine randscharfe Trennung beider Normen (§ 275 Abs. 2/§ 313 BGB) wird daher kaum möglich sein.[1758] Zu Recht wird darauf hingewiesen, dass sich wegen der Identität der Beurteilungsmaßstäbe an dem Abwägungsergebnis nichts ändern würde, wenn statt § 313 BGB die Vorschrift des § 275 Abs. 2 BGB angewendet würde.[1759] Daher wird die Auffassung vertreten, dass dem Schuldner die Wahl gestattet sein müsse, entweder die Einrede des § 275 Abs. 2 BGB zu erheben mit der Rechtsfolge des Schadensersatzes und dem Wegfall des Anspruchs auf die Gegenleistung (§ 326 Abs. 1 BGB) oder den Vertrag zu erfüllen und eine Anpassung des Vertrages nach § 313 BGB zu verlangen.[1760] Ist eine Anpassung des Vertrages nicht möglich oder einem Teil nicht zumutbar, kann der benachteiligte Teil den Vertrag kündigen (§ 313 Abs. 3 BGB).

561 Letztere Auffassung ist jedoch problematisch, weil sie dem Schuldner einen Freibrief gibt, sich bei Bedarf von seiner Primärleistungspflicht zu befreien, obwohl im Einzelfall der Gläubiger ein Interesse daran haben kann, den Vertrag den neuen Bedingungen anzupassen. Da die wirtschaftliche Unmöglichkeit in der **Risikosphäre** des Schuldners angesiedelt ist, wäre es nicht sachgerecht, ihm eine Wahlfreiheit der Rechtsfolgen zweier unterschiedlicher Anspruchsnormen einzuräumen.

562 Wird der Weg über § 275 Abs. 2 BGB gewählt, bedarf es keiner besonderen **Kündigung.** Bei Vorliegen der Unmöglichkeit wird der Schuldner von der Leistungspflicht frei und der Gläubiger verliert gem. § 326 Abs. 1 BGB seinen Anspruch auf die Gegenleistung. Entfallen somit alle primären Leistungspflichten und sind sekundäre Leistungspflichten nicht mehr vorhanden, erlischt das Schuldverhältnis.[1761] Die Kündigung ist deshalb nicht mehr erforderlich, weil sich im Zusammenspiel zwischen § 275 BGB und § 326 BGB zugleich eine Stornierung des Vertrages ergibt und damit

---

[1751] BGH V ZR 171/07, NJW 2008, 3123; zu einem Ausnahmefall s. BGH VIII ZR 135/13, WuM 2014, 277 = GE 2014, 313 mAnm *Schach* jurisPR-MietR 9/2014 Anm. 3.

[1752] AG Hamburg-Blankenese ZMR 2012, 632.

[1753] BGH WuM 1990, 546 = NJW-RR 1991, 204 = ZMR 1991, 19 = MDR 1991, 329; OLG Karlsruhe WuM 1995, 308 = NJW-RR 1995, 849 = ZMR 1995, 201; Wolf/Eckert/Ball Gewerbl. Miet-/Pacht-/LeasingR-HdB Rn. 302; krit. DHF/*Franke* BGB § 536 Anm. 6.

[1754] OLG Hamburg GE 2001, 367; nicht bei Umbau einer Einrohrheizung zur Herstellung der Mindestausstattung LG Berlin GE 2016, 731 (734).

[1755] BR-Drs. 338/01, 294.

[1756] BR-Drs. 338/01, 294.

[1757] BGH VIII ZR 135/13, WuM 2014, 277 = GE 2014, 313; VIII ZR 131/09, WuM 2010, 348; VIII ZR 342/03, NJW 2005, 3284 = NZM 2005, 820 = WuM 2005, 713 = GE 2005, 1348 = AK-MietPrax § 535 BGB Nr. 21 = GuT 2005, 262; krit. *Hirsch* ZMR 2006, 1 (5).

[1758] *Emmerich* NZM 2010, 497 (499); Henssler/v. Westphalen Schuldrechtsreform/*Dedek* § 275 Rn. 24.

[1759] Palandt/*Grüneberg* BGB § 275 Rn. 29.

[1760] Henssler/v. Westphalen Schuldrechtsreform/*Dedek* § 275 Rn. 24.

[1761] *Wohl für Kündigung* BGH WuM 1987, 315 = NJW-RR 1987, 906 = MDR 1987, 753 = ZMR 1987, 257; Wolf/Eckert/Ball Gewerbl. Miet-/Pacht-/LeasingR-HdB Rn. 374; keine Kündigung notwendig: LG Karlsruhe NZM 2005, 221; Palandt/*Weidenkaff* BGB § 543 Rn. 9; *Emmerich* ZdWBay 1996, 238 (240); NZM 2010, 497 (498); Bub/Treier MietR-HdB/*Kraemer*/*Ehlert* Kap. III B Rn. 2823.

zugleich eine Klärung der Rechtsverhältnisse zwischen den Parteien.[1762] Dass § 311a BGB die Wirksamkeit des Vertrages anordnet, steht dem nicht entgegen, da diese Regelung nur die Grundlage für einen etwaigen Surrogationsanspruch nach § 285 BGB und für Ersatzansprüche nach § 311a Abs. 2 BGB bilden sollte.[1763]

#### 4. Herausgabe des Ersatzes

Kein Raum ist im Falle der Zerstörung der Mietsache für die Anwendung des § 285 BGB gegeben, so dass der Mieter mangels abweichender vertraglicher Vereinbarung keinen Anspruch gegen den Vermieter auf Herausgabe etwaiger Versicherungs- oder Schadensersatzleistungen Dritter hat.[1764] **563**

#### 5. Vertretenmüssen

Wegen der unterschiedlichen Rechtsfolgen ist im Falle der Unmöglichkeit zu prüfen, wer diese zu vertreten hat. Der Schuldner hat Vorsatz und Fahrlässigkeit zu vertreten. Eine **strengere** Haftung kann sich aus der Übernahme einer Garantie oder eines Beschaffungsrisikos ergeben (§ 276 BGB). Da der Vermieter schon mit dem Vertragsschluss verpflichtet wird, dem Mieter eine zum vertragsgemäßen Gebrauch geeignete Mietsache zu überlassen, setzt seine Pflicht zur Instandsetzung nicht erst bei Übergabe ein, sondern schon mit dem Vertragsschluss. Die Verpflichtung zur Instandsetzung ist daher eine **Beschaffungspflicht** gem. § 276 BGB, da sie die vertragsgemäße Übergabe der Mietsache sicherstellt. Gelten somit bis zur Übergabe der Mietsache die allgemeinen Regeln (→ Rn. 532), haftet der Vermieter auf Schadensersatz über die bloße Fahrlässigkeit hinaus. **564**

**a) Von niemandem zu vertretende Unmöglichkeit.** Ungeachtet des Vertretenmüssens wird der Vermieter bei Unmöglichkeit von seiner Leistungspflicht frei (§ 275 Abs. 1 BGB). Damit entfällt zugleich die Verpflichtung zum **Wiederaufbau,** wenn die Räumlichkeiten zerstört wurden oder, bei erheblicher Beschädigung, der Wiederaufbau aus finanziellen Gründen dem Vermieter nicht zumutbar ist[1765] (→ Rn. 504ff.). Gem. § 326 Abs. 1 Hs. 1 BGB verliert er allerdings auch den Anspruch auf die Gegenleistung (zur Kündigung → Rn. 508). **565**

**b) Vom Mieter zu vertretende Unmöglichkeit.** Ist die Unmöglichkeit der Leistung vom Mieter allein oder weit überwiegend zu vertreten, wird der Vermieter gem. § 275 BGB von seiner Leistungspflicht frei und behält gem. § 326 Abs. 2 S. 1 den Anspruch auf den Mietzins.[1766] Dasselbe gilt, wenn die Arbeitnehmer des Mieters die Zerstörung der Sache zu vertreten haben.[1767] Dabei ist die Frage abzugrenzen, ob der Arbeitnehmer als Erfüllungsgehilfe oder außerhalb des Vertragsverhältnisses als Dritter gehandelt hat.[1768] Die gleiche Rechtsfolge gilt gem. § 326 Abs. 2 S. 1 Hs. 2 BGB, wenn die Zerstörung durch den Annahmeverzug des Mieters ursächlich bedingt ist. **566**

**c) Vom Vermieter zu vertretende Unmöglichkeit.** Hat der Vermieter die Unmöglichkeit **zu vertreten** oder trifft ihn das Beschaffungsrisiko (§ 276 BGB), gelten §§ 280, 283, 326 BGB.[1769] Zum Wiederaufbau ist der Vermieter auch in diesen Fällen nicht verpflichtet.[1770] Der Vermieter haftet vor allem dann, wenn dem Mieter von dem Ersteher in der **Zwangsversteigerung** oder im **Insolvenzverfahren** auf Grund des § 57a ZVG bzw. des § 111 InsO gekündigt wird, weil diese Kündigung letztendlich vom Vermieter nach § 276 BGB zu vertreten ist.[1771] Bei der vom Vermieter zu vertretenden Unmöglichkeit kann der Mieter Schadensersatz wegen Nichterfüllung verlangen (§§ 280, 281, 283 BGB). **567**

---

1762 MüKoBGB/*Ernst* § 275 Rn. 2; iE wohl auch Bamberger/Roth/*Grünberg* § 275 Rn. 44.

1763 BR-Drs. 338/01, 379; Bamberger/Roth/*Gehrlein* § 311a Rn. 4.

1764 BGH WPM 1977, 400; Wolf/Eckert/Ball Gewerbl. Miet-/Pacht-/LeasingR-HdB Rn. 350.

1765 BGH NJW 1976, 1506; WuM 1990, 546 =ZMR 1991, 19 = NJW-RR 1991, 204; OLG Karlsruhe WuM 1995, 307= NJW-RR 1995, 849 = DWW 1995, 315 = ZMR 1995, 201 = GE 1995, 561; BezG Dresden WuM 1991; zur Kritik *Franke* ZMR 1996, 297.

1766 BGH WuM 1991, 25 = NJW-RR 1991, 267 = ZMR 1991, 57 = MDR 1991, 524; WuM 1992, 133 = NJW 1992, 1036 = ZMR 1992, 140 = MDR 1992, 371; WuM 1977, 5 = ZMR 1977, 373.

1767 OLG Düsseldorf NJW-RR 1997, 1097; Staudinger/*Emmerich* BGB Vor § 536 Rn. 9.

1768 BGH NJW 1965, 1709 = MDR 1965, 724; OLG Düsseldorf NJW-RR 1997, 1097.

1769 OLG Koblenz ZMR 1993, 68 zum Versperren der Mieträume durch vom Vermieter beauftragten Gerichtsvollzieher; *Emmerich* ZdWBay 1996, 238 (241); MüKoBGB/*Häublein* Vor § 536 Rn. 12.

1770 Wolf/Eckert/Ball Gewerbl. Miet-/Pacht-/LeasingR-HdB Rn. 350.

1771 *Emmerich* PiG 46 (1995), 119 (127f.).

568 **d) Beiderseitiges Vertreten.** Ist die Unmöglichkeit der Gebrauchsüberlassung sowohl vom Mieter als auch vom Vermieter zu vertreten, gilt § 254 BGB.[1772] Die Mietforderungen des Vermieters sind dann im Verhältnis seines Verschuldens zu kürzen. Auch Ansprüche auf Aufwendungen zur Schadensbeseitigung müssen entsprechend vermindert werden.

## IV. Mängel

569 Ist bei der – wenn auch erheblich – beschädigten Mietsache nur von einem Mangel auszugehen (zur Abgrenzung → Rn. 502 ff.), so ist zu differenzieren:

### 1. Vor Überlassung der Mietsache

570 Die Anwendung des § 536 setzt nach Auffassung des BGH bei Sachmängeln grds. **die Übergabe** der Mietsache voraus[1773] (→ Rn. 555 ff.). Vor Überlassung der Mietsache gelten daher die allgemeinen Vorschriften.[1774] Der Mieter hat einen uneingeschränkten Erfüllungsanspruch.[1775] Kann der Vermieter wegen der Mängel die vereinbarte Vertragszeit nicht einhalten, liegt jedenfalls bei der Raummiete nach hM regelmäßig Voll-Unmöglichkeit vor[1776] und es gelten die oben dargestellten Grundsätze. Keine Unmöglichkeit wird bspw. bei einer Verzögerung der geplanten Übergabe angenommen, wenn das Mietverhältnis erst mit der Übergabe des bezugsfertigen Objektes beginnen soll.[1777]

571 Kann der Vermieter die Mietsache zwar übergeben, aber nicht mängelfrei, braucht der Mieter die Mietsache nicht anzunehmen. Der Mieter muss gem. § 294 BGB nur eine vertragsgemäße Leistung annehmen und kommt daher nicht in **Annahmeverzug,** wenn er die Mietsache wegen des Mangels ablehnt.[1778] Bei Vorliegen nur geringer Mängel ist der Mieter dann zur Annahme verpflichtet, wenn eine Weigerung gegen Treu und Glauben verstoßen würde. Das ist der Fall, wenn der Mieter, der in zumutbarem Umfang Rücksicht auf die Interessen des Vermieters nehmen muss (§ 241 Abs. 2 BGB), gehalten ist, die Mietsache unter dem Vorbehalt der Gewährleistung anzunehmen.[1779] Die Verknüpfung der Annahmepflicht mit den Voraussetzungen des Sonderkündigungsrechts nach § 543 Abs. 2 Nr. 1 BGB derart, dass der Mieter die Annahme nur dann verweigern kann, wenn die durch die geringen Mängel verursachte Gebrauchsbeeinträchtigung bei Überlassung der Mietsache zu einer Kündigung gem. § 542 BGB aF berechtigen würde, wie dies nach altem Recht vertreten wurde, verbietet sich aus zwei Gründen. Zum einen hat der Gesetzgeber mit der Mietrechtsreform von einer Sonderregelung bei der Kündigung wegen unerheblicher Gebrauchsbeeinträchtigung abgesehen (aber → Rn. 434) und zum anderen ist es aus Zumutbarkeitserwägungen gerechtfertigt, die Verweigerung der Annahme der Mietsache nicht unter die Voraussetzungen einer fristlosen Kündigung zu stellen. Der Mieter soll die Möglichkeit haben, von vornherein nur eine mangelfreie Wohnung annehmen zu müssen.

572 Der Vermieter muss ein ordnungsgemäßes **Angebot** unterbreiten (§ 294 BGB). Bei Vorliegen eines Mangels muss sich der Mieter gem. § 242 BGB entscheiden,[1780] ob er bei Annahme der Mietsache den Vertrag mit der geminderten Leistung und einem entsprechend geminderten Mietzins (§ 326 Abs. 1 Hs. 2 BGB) fortsetzt, oder ob er unter Zurückweisung der Mietsache das Vertragsverhältnis beendet (§ 326 Abs. 5, § 323 Abs. 1 BGB). Wendet der Vermieter ein, er könne wegen der hohen Kosten den Mangel nicht beheben (Opfergrenze), ist der Einwand über § 275 Abs. 2 BGB zu prüfen (→ Rn. 559).

---

[1772] BGH WuM 1981, 259 = MDR 1981, 562; Wolf/Eckert/Ball Gewerbl. Miet-/Pacht-/LeasingR-HdB Rn. 379.

[1773] BGHZ 136, 102 = WuM 1997, 617 = NJW 1997, 2813 = MDR 1997, 921 = ZMR 1980, 105; Erman/*Lützenkirchen* BGB Vor § 536 Rn. 1 ff.; *Tröster* NZM 1998, 697 (701); *Derleder* WuM 2002, 407.

[1774] Wolf/Eckert/Ball Gewerbl. Miet-/Pacht-/LeasingR-HdB Rn. 288 ff.; Bub/Treier MietR-HdB/*Kraemer* Kap. III B Rn. 1209.

[1775] *Schmidt* NZM 2013, 705 (712) mwN.

[1776] Bub/Treier MietR-HdB/*Kraemer/Ehlert* Kap. III B Rn. 2826, 2830.

[1777] *BGH WuM 1992, 687 = NJW 1992, 3226* = ZMR 1993, 7 = MDR 1992, 1147.

[1778] OLG Rostock GuT 2002, 107.

[1779] *Kraemer* NZM 2004, 721 (725).

[1780] Bub/Treier MietR-HdB/*Kraemer* Kap. III B Rn. 2840.

Verweigert der Vermieter schon vor Überlassung die Mängelbeseitigung, haftet er dem Mieter auch aus pVV[1781] (§ 280 BGB). **573**

### 2. Nach Überlassung der Mietsache

Nach Überlassung der Mietsache gelten die Gewährleistungsvorschriften, welche die allgemeinen Vorschriften verdrängen.[1782] Für den Fall des Erlöschens der Leistungspflicht bleibt es bei der Anwendung des § 275 BGB.[1783] **574**

## V. Unvermögen

### 1. Subjektive Unmöglichkeit

In § 275 Abs. 1 BGB wird die Haftung für die objektive Unmöglichkeit sowie für das Unvermögen des Schuldners gleichermaßen geregelt. Auf die nach früherem Recht bemühte Verweisungskette der §§ 275, 280, 323ff. BGB (aF) in entsprechender Anwendung[1784] kommt es heute nicht mehr an. Während die objektive Unmöglichkeit die generelle Unerbringlichkeit der Leistung meint, liegt eine subjektive Unmöglichkeit bzw. ein Unvermögen vor, wenn nur der Schuldner die Leistung nicht erbringen kann. Das ist bspw. anzunehmen, wenn der vermietende Eigentümer einen Mangel nicht beheben kann, weil dies innerhalb seiner Wohnungseigentumsanlage, in der die Wohnung belegen ist, nicht ordnungsgemäßer Verwaltung gem. § 21 WEG entspricht.[1785] Ist der Vermieter nicht in der Lage, auf Grund eines schon vor Vertragsschluss liegenden Leistungshindernisses die Sache dem Mieter zu überlassen, liegt anfängliches Unvermögen vor,[1786] sofern ein Dritter dazu in der Lage wäre. Eine derartige Fallgestaltung ist zB gegeben, wenn trotz Beendigung des Vertrages der Vormieter die Räume **nicht rechtzeitig** herausgibt. Dann liegt kein Rechtsmangel vor (→ Rn. 295), sondern ein tatsächliches Leistungshindernis, für das der Vermieter einzustehen hat.[1787] Dabei muss aber ausgeschlossen sein, dass bloßer Verzug vorliegt (zur Abgrenzung s. hierzu unter Verzug → Rn. 584ff.). **575**

In den Fällen der anfänglichen subjektiven Unmöglichkeit gilt § 311 a Abs. 2 BGB. Der Vermieter haftet, wenn er bei Vertragsschluss das Leistungshindernis kannte oder er die Unkenntnis zu vertreten hat. Es besteht somit keine Garantie-, sondern eine Verschuldenshaftung, die sich allerdings wegen § 276 BGB als Garantiehaftung auswirkt (→ Rn. 564). Der Vermieter wird zwar von seiner Primärleistungspflicht gem. § 275 Abs. 1 BGB befreit, haftet aber gem. § 311 a Abs. 2 BGB auf Schadensersatz bzw. auf Ersatz seiner Aufwendungen (→ Rn. 554). Nach § 326 Abs. 1 BGB verliert der Vermieter den Anspruch auf die Gegenleistung selbst dann, wenn weder er noch der Mieter die Unmöglichkeit der Leistung zu vertreten hat. Das gilt das erst recht, wenn der Vermieter grds. für sein Leistungsvermögen einzustehen hat. **576**

Schließt aber der neue Mieter mit dem die Räume vorenthaltenen Vormieter einen **Untermietvertrag** ab, so gilt die Pflicht zur Gebrauchsüberlassung des Vermieters gegenüber dem neuen Mieter als erfüllt.[1788] Der neue Mieter kann daher in diesem Fall keine Rechte wegen Nichtgewährung des Gebrauchs geltend machen und muss dem Vermieter den vereinbarten Mietzins entrichten. **577**

Bei **nachträglichen** Leistungshindernissen wegen Unvermögens haftet der Vermieter auf Schadensersatz nur dann, wenn er das Unvermögen (nicht! die Unkenntnis wie bei § 311 a BGB) zu vertreten hat (§ 280 Abs. 1 S. 2, § 283 BGB). Daher kann es einen erheblichen Unterschied ausmachen, ob man bei dem Fall der nicht rechtzeitigen Räumung durch den Vormieter von einem anfänglichen oder nachträglichen Leistungshindernis ausgeht. **578**

---

[1781] Erman/*Lützenkirchen* BGB Vor § 536 Rn. 19.
[1782] Erman/*Lützenkirchen* BGB Vor § 536 Rn. 19.
[1783] *Lehmann-Richter* NJW 2008, 1196.
[1784] Auch BGHZ 85, 267 = NJW 1983, 446 = MDR 1983, 394 = DWW 1983, 17 = ZMR 1983, 93 = GE 1983, 117; OLG Düsseldorf NZM 1999, 24 = WuM 1999, 394 = ZMR 1999, 19.
[1785] *Lehmann-Richter* NJW 2008, 1196 (1197).
[1786] Anders *Gruber* WuM 2002, 252 (254), der nachträgliche Unmöglichkeit annimmt.
[1787] OLG Düsseldorf NZM 1999, 24 = WuM 1999, 394 = ZMR 1999, 19; Bub/Treier MietR-HdB/*Kraemer/Ehlert* Kap. III B Rn. 2817; Erman/*Lützenkirchen* BGB § 536 Rn. 53.
[1788] BGHZ 85, 267 = NJW 1983, 446 = MDR 1983, 394 = DWW 1983, 17 = ZMR 1983, 93 = GE 1983, 117.

### 2. faktische Unmöglichkeit

579 Gem. § 275 Abs. 2 S. 1 BGB kann der Schuldner die Leistung verweigern, soweit diese einen Aufwand erfordert, der unter Beachtung des Schuldverhältnisses und der Gebote von Treu und Glauben in einem groben Missverhältnis zum Leistungsinteresse des Gläubigers steht. Dieses Leistungsverweigerungsrecht des Schuldners ist als Einrede ausgestaltet und führt zum **Ausschluss** der Primärleistungspflicht nur dann, wenn sich der Schuldner darauf beruft. Der Gesetzgeber hat damit die von der Rspr. entwickelten Grundsätze zu derartigen Fallgruppen nicht übernommen, wonach die Unmöglichkeitsvorschriften anzuwenden sind,[1789] Daher werden diese Fälle nicht von § 275 Abs. 1 BGB erfasst.[1790]

580 Es handelt sich bei § 275 Abs. 2 BGB um eine eng auszulegende **Sondernorm.** Für die Feststellung eines groben Missverhältnisses ist zunächst das Leistungsinteresse des Gläubigers festzustellen. Daher ist diese Vorschrift nach dem Willen des Gesetzgebers nicht auf die „wirtschaftliche Unmöglichkeit" anzuwenden, die das Schuldnerinteresse in den Vordergrund rückt[1791] (→ Rn. 559 ff.). Die Feststellung eines groben Missverhältnisses bedarf einer Abwägung aller Umstände im Einzelfall.

### 3. Unmöglichkeit der persönlichen Leistung

581 Ebenso wie Abs. 2 ist auch § 275 Abs. 3 ein Schuldbefreiungsgrund. Er setzt voraus, dass der Schuldner die Leistung persönlich zu erbringen hat. Grundlage einer solchen **persönlichen** Leistungspflicht können zB Dienst- oder Werkverträge sein. Ergibt die Abwägung des seiner Leistung entgegenstehenden Hindernisses mit dem Leistungsinteresse des Gläubigers, dass eine Vertragserfüllung für den Schuldner nicht zumutbar ist, wird er ebenfalls von seiner Primärleistungspflicht befreit. Wie in Abs. 2 ist auch dieses Leistungshindernis als Einrede ausgestaltet.

582 Im Mietrecht wurde unter Geltung des „alten" Rechts diskutiert, ob der Mieter von seiner Leistungspflicht zum **Schneefegen** frei wird, wenn er diese Arbeiten wegen Gebrechlichkeit nicht mehr ausführen kann (→ BGB § 535 Rn. 176). Nimmt man für diesen Fall eine persönliche Leistungspflicht des Mieters an, sind unter Abwägung aller Umstände die Interessen gegeneinander abzuwägen.

### 4. Rechtsfolgen

583 In allen Fällen des § 275 BGB wird der Schuldner von seiner Primärleistungspflicht befreit. Abs. 1 stellt ein von Gesetzes wegen zu berücksichtigenden Einwendungstatbestand dar, während die Schuldbefreiung nach Abs. 2 u. 3 nur eintritt, wenn sich der Schuldner auf sie beruft (Einrede). Das Bestehen des Leistungsverweigerungsrechtes wirkt verzugshindernd. Die Rechte des Gläubigers bestimmen sich gem. Abs. 4 nach §§ 280, 283–285, 311 a u. 326 BGB.

## VI. Verzug

584 Vor Anwendung der Verzugsregeln ist zu prüfen, ob nicht eine Unmöglichkeit der Leistung vorliegt. Bedeutung hat diese Unterscheidung deshalb, weil die Rechtsfolgen von Unmöglichkeit und Verzug im BGB unterschiedlich geregelt sind. Ob Verzug oder Unmöglichkeit vorliegt ist allein danach abzugrenzen, ob die Leistung noch **nachholbar** ist. Bei der Miete kommt es also darauf an, ob nach den Abreden der Vertragsparteien die verstrichene Zeit noch nachgeholt werden kann.

585 Unmöglichkeit liegt vor, wenn der Sachgebrauch vom Vermieter nicht nachträglich gewährt werden kann. Das gilt auch, wenn die Überlassung zu einer bestimmten Zeit so vertragswesentlich ist, dass die Leistung nicht mehr nachgeholt werden kann, weil sie für den Mieter keinen Sinn mehr hat.[1792] Das gilt regelmäßig für Maschinen und Fahrzeuge, die für einen **bestimmten, zeitlich festgelegten, Einsatz** angemietet werden, oder bei Überlassung von Wohnraum für einen bestimmten Zeitraum und Zweck, wie zB für die Dauer eines Messebesuchs.

586 Für Räume ist wegen des nicht nachholbaren Zeitablaufs Verzug selten. Generell wird man bei der Raumüberlassung daher von einem absoluten **Fixgeschäft** ausgehen müssen, so dass die Leis-

---

[1789] BGH NJW 1983, 2873 = MDR 1984, 42.

[1790] *Palandt/Grüneberg* BGB § 275 Rn. 22.

[1791] BR-Drs. 338/01, 294; *Canaris* JZ 2001, 499 (502); anders BGH VIII ZR 342/03, NJW 2005, 3284 = NZM 2005, 820 = WuM 2005, 713 = GE 2005, 1348 = AK-MietPrax § 535 BGB Nr. 21 = GuT 2005, 262.

[1792] MüKoBGB/*Häublein* Vor § 536 Rn. 20.

tung nicht mehr nachgeholt werden kann. In diesen Fällen liegt also regelmäßig (Teil-)Unmöglichkeit vor.[1793]

Dagegen finden vor Übergabe der Mietsache die Verzugsregeln Anwendung[1794], wenn der Vermieter die Mietsache nicht rechtzeitig übergeben kann und Unmöglichkeit ausscheidet, zB wenn der Beginn der Mietzeit nicht datumsmäßig fixiert ist oder an die Übergabe des Objektes geknüpft wird, weil dann die Verzögerung nur zu einer Verschiebung, nicht aber zu einem Ausfall der Vertragszeit führt[1795], oder wenn nach Vertragsschluss der Vermieter bis zur Übergabe noch Leistungen erbringen soll, die er versäumt. 587

Schließt der Mietvertrag somit eine **spätere Leistung** nicht aus, liegt Verzug vor, wenn der Mangel noch innerhalb eines Erfüllungszeitraumes behoben werden kann.[1796] Verzug wird aber regelmäßig nur anzunehmen sein, wenn die Überlassung der Mietsache nach der Verzögerung noch einen sinnvollen Gebrauch der Sache zulässt. 588

Bestehen schon vor Übergabe der Mietsache ernsthafte Zweifel an der Leistungsbereitschaft oder Leistungsfähigkeit des Vermieters[1797], hat der Mieter ein dringendes Interesse, die Unsicherheiten zu beseitigen. Er kann daher vor Übergabe dem Vermieter eine Frist zur Erklärung und ggf. zum Nachweis seiner **Leistungsbereitschaft** setzen und ihm androhen, nach Ablauf der Frist vom Vertrag zurückzutreten.[1798] Gleiches gilt, wenn der Vermieter sich schon vor Übergabe weigert, vorhandene und erkennbare Mängel zu beseitigen.[1799] 589

Der Vermieter muss den Verzug gem. § 286 Abs. 4 BGB zu vertreten haben. Der Verzug ist jedenfalls dann vom Vermieter zu vertreten, wenn dieser ausdrücklich oder konkludent eine Garantie für seine Leistung übernommen hat (§ 276 Abs. 1 BGB). Dies ist für einen vereinbarten Übergabetermin nach der hier vertretenen Auffassung regelmäßig anzunehmen[1800] (s. zur unterbliebenen Räumung des Vormieters → Rn. 295). 590

Der Verzug erfasst im Falle der Veräußerung auch den **Erwerber**[1801]. § 566 BGB ist eine mieterschützende Vorschrift. Sie bezweckt, dem Mieter gegenüber dem neuen Vermieter die Rechtsposition zu erhalten, die er aufgrund des Mietvertrages hätte, wenn der frühere Vermieter Eigentümer geblieben wäre. Diese Rechtsposition bleibt ihm nur gewahrt, wenn er seinen Anspruch bei Fälligkeit der Person gegenüber geltend machen kann, gegen deren laufende Mietforderungen er ggf. aufrechnen kann. 591

Wird ein erst zu errichtendes Gebäude vermietet, kann allerdings aus der alleinigen Fixierung eines Fertigstellungstermins eine Garantie für den Übergabetermin nicht abgeleitet werden.[1802] In diesen Fällen führt die pflichtwidrige Verzögerung nur zu einer Verschiebung, nicht aber zu einem Ausfall der Vertragszeit. 592

Sofern Verzug vorliegt, gelten die allgemeinen Regeln, insbes. auch §§ 280, 286 BGB. Der Mieter kann somit Schadensersatz, Schadensersatz wegen Verzögerung der Leistung verlangen, vom Vertrag zurücktreten (§ 323 BGB) oder das Kündigungsrecht aus §§ 543 Abs. 2 Nr. 1 BGB (→ Rn. 434ff.) ausüben. 593

Ein **Annahmeverzug** des Mieters scheidet aus, wenn die Mietsache mangelhaft ist oder der Vermieter nur eine Teilleistung anbietet, weil wegen §§ 266, 294 BGB der Mieter in diesen Fällen die Annahme ablehnen kann. 594

---

1793 BGH WuM 1991, 25 = NJW-RR 1991, 267 = ZMR 1991, 57 = MDR 1991, 524; Staudinger/*Emmerich* Vor § 536 Rn. 12; Bub/Treier MietR-HdB/*Kraemer* Kap. III B Rn. 2829; Erman/*Lützenkirchen* BGB Vor § 536 Rn. 10, 17.

1794 *Emmerich* ZdWBay 1996, 238 (243).

1795 BGH NJW 1992, 3226; *Kraemer* NZM 2004, 721 (723).

1796 *Hassold* NJW 1975, 1863.

1797 BGH NJW 1970, 1182 = MDR 1970, 756; OLG Hamm WuM 1996, 466 = NJW-RR 1996, 1098.

1798 BGH NJW 1983, 989 = MDR 1983, 392.

1799 *Emmerich* PiG 46 (1995), 119 (134); Bub/Treier MietR-HdB/*Kraemer* Kap. III B Rn. 2829; **aA** BGH WuM 1978, 86 = NJW 1978, 103 = ZMR 1978, 82 = MDR 1978, 306, der diesen Fall über pVV löst.

1800 So auch *Kraemer* NZM 2004, 721 (724).

1801 BGH VIII ZR 22/04, WuM 2005, 201 = NZM 2005, 253 = NJW 2005, 1187 = DWW 2005, 103 = ZMR 2005, 354 = AK-MietPrax § 566 BGB Nr. 4.

1802 BGH WuM 1992, 687 = NJW 1992, 3226 = ZMR 1993, 7 = MDR 1992, 1147 = GE 1992, 1209; Bub/Treier MietR-HdB/*Kraemer* Kap. III B Rn. 2830.

## VII. Anfechtung

595 Die Anfechtung wegen Irrtums gem. § 119 BGB oder wegen einer arglistigen Täuschung[1803] oder Drohung gem. § 123 BGB ist unproblematisch **vor Überlassung** der Mietsache.[1804]

596 Hat der Vermieter die Mietsache schon an den Mieter überlassen, ist umstritten, ob die Anfechtung noch möglich ist oder ob die §§ 536, 536 a BGB vorrangig sind (→ BGB Vor § 535 Rn. 7 ff.). Hierzu gibt es einen umfangreichen Meinungsstand.[1805] Dabei wird **differenziert** zwischen den Anfechtungsgründen gem. § 119 Abs. 2 BGB[1806] bzw. der Anfechtung gem. § 123 BGB.[1807] Der für das Gewerberaummietrecht zuständige XII. Zivilsenat hat die Anfechtung gem. § 123 BGB auch nach Überlassung der Mietsache neben der Kündigung zugelassen.[1808] Dies ist von praktischer Bedeutung, wenn trotz öffentlich-rechtlicher Gebrauchsbeschränkung die Behörde untätig bleibt und damit ein Sachmangel abzulehnen und dem Mieter die Kündigung nach § 543 BGB verwehrt ist (→ Rn. 95). Folgt man der Auffassung, dass die Anfechtung von §§ 536, 536 a BGB verdrängt wird, führen der Irrtum bzw. die arglistige Täuschung oder Drohung zu einer fristlosen Kündigung gem. § 543 BGB.[1809]

## VIII. Zurückbehaltungsrecht

597 Dem Mieter steht bei Mängeln der Mietsache ein Zurückbehaltungsrecht nicht nur bzgl. Schadensersatzansprüchen nach § 536 a BGB oder anderen Vorschriften, sondern auch bei Mietminderungsansprüchen zu[1810] (→ Rn. 422 ff.). Das entspricht dem Erfüllungsanspruch, der grds. auch dann besteht, wenn das Minderungsrecht gem. § 536 b BGB oder vertraglich ausgeschlossen ist[1811] (zu den Ausnahmen → Rn. 429 ff.). Denn der Erfüllungsanspruch berechtigt den Mieter, die Zahlung des Mietzinses – bis zu einer bestimmten Höhe – zu verweigern (§ 320 BGB). Zur Höhe des Zurückbehaltungsrechts → Rn. 424 f.

598 Kein Zurückbehaltungsrecht steht dem Mieter zu, wenn er im Einvernehmen mit dem Vermieter die Miete reduziert hat[1812], uU, wenn das Mietverhältnis gekündigt ist[1813] oder gegenüber dem monatlichen Mietzinsanspruch des **Zwangsverwalters,** wenn der Vermieter vor Beschlagnahme des Grundstücks die Mietkaution nicht gesetzesgemäß angelegt hatte.[1814] Nach Auffassung des BGH gilt dies auch, wenn der Mieter bei ungeklärter Mängelursache irrtümlich die Miete gemindert hat[1815] oder wenn er dem Vermieter den Mangel nicht angezeigt hat.[1816] Letzteres kann aber nur für die Fälle gelten, bei denen der Mieter nach § 536 c BGB auch anzeigepflichtig ist (→ BGB § 536 c Rn. 25 ff.).

Das Zurückbehaltungsrecht endet grundsätzlich in folgenden Fallkonstellationen: bei Beseitigung des Mangels, bei Beendigung des Mietverhältnisses, bei Verweigerung des Zutritts der mit der Mangelbeseitigung beauftragten Personen sowie bei sonstiger Verweigerung der Mangelbeseitigung.[1817]

---

[1803] LG Wuppertal WuM 1999, 39; AG Saarlouis NZM 2000, 459.

[1804] BGH NJW 1997, 2817 = MDR 1997, 923 = ZIP 1997, 1594; *Fischer* NZM 2005, 567 (569).

[1805] Umf. *Fischer* NZM 2005, 567.

[1806] Nachrangig Palandt/*Ellenberger* BGB § 119 Rn. 28; MüKoBGB/*Häublein* Vor § 536 Rn. 24; eingeschränkt Erman/*Lützenkirchen* BGB Vor § 536 Rn. 22 f., zu diesem Problemkreis umf. *Fischer* NZM 2005, 567.

[1807] LG Berlin ZMR 2009, 121; MüKoBGB/*Häublein* Vor § 536 Rn. 24; *Gather* DWW 1997, 169 (173).

[1808] BGH XII ZR 67/06, GuT 2008, 330 = ZMR 2009, 103 = NJW 2009, 1266 = NZM 2008, 886; AG Hamburg-St. Georg ZMR 2011, 303; für die Anwendung auch bei Wohnraummietverhältnissen *Dötsch* MietRB 1/2009 Anm. 4; NZM 2011, 457.

[1809] LG Wuppertal WuM 1999, 39.

[1810] BGHZ 84, 42 = NJW 1982, 2242 = MDR 1982, 836; WuM 1982, 296 = NJW 1982, 874; Bub/Treier MietR-HdB/*Kraemer/Ehlert* Kap. III B Rn. 3282.

[1811] BayObLG WuM 1999, 392.

[1812] AG Wedding GE 2010, 416.

[1813] KG ZMR 2013, 529.

[1814] LG Kiel WuM 2000, 21.

[1815] BGH VIII ZR 138/11, WuM 2012, 499 mit abl. Anm. *Blank* = AK-MietPrax § 543 BGB Nr. 26 = NJW 2012, 2882 = NZM 2012, 637 = GE 2012, 1161; sa KG ZMR 21, 529.

[1816] BGH VIII ZR 330/09, WuM 2011, 13 = AK-MietPrax § 320 BGB Nr. 1 = NZM 2011, 197 = NJW-RR 2011, 447 = ZMR 2011, 275 = MDR 2011, 92 = GE 2011, 122.; *Timme/Raue* NZM 2011, 846; krit. *Blank LMK 2011*, 313792 (Anm.).

[1817] BGH VIII ZR 12/18, ZMR 2019, 572 = WuM 2019, 309 = NZM 2019, 533 = MietPrax-AK § 546 BGB Nr 59; Anm. *Flatow* in: jurisPR-MietR 14/2019 Anm. 1; Anm. *Selk* in: NZM 2019, 506; Anm. *Streyl* in: NJW 2019, 2312.

### IX. Haftung wegen Pflichtverletzung (pVV)

Im Gefüge des allgemeinen Haftungsrechts wurde § 280 BGB als zentrale Anspruchsnorm kodifiziert. Sie erfasst auch die früher nicht gesetzlich geregelten Fälle der positiven Vertragsverletzung (pVV).[1818] Eine Pflichtverletzung nach § 280 Abs. 1 BGB ist gegeben, wenn der Vermieter seinen vertraglichen Verpflichtungen nicht oder nicht ausreichend nachkommt. Die Haftung setzt ein **schuldhaftes** (Vertretenmüssen nach § 276 BGB) Handeln des Vermieters oder seines Erfüllungsgehilfen voraus (zur Beweislast → Rn. 607). **599**

**Vor** Überlassung der Mietsache stellt sich die Weigerung des Vermieters, die Mietsache ganz oder teilweise dem Mieter im vertragsgemäßen Zustand zu überlassen, als Vertragsverletzung dar.[1819] Scheitert schon der Vertragsschluss an umfangreichen Änderungswünschen des Mieters, die der Vermieter nicht zugestehen will, mangelt es für einen vorvertraglichen Schadensersatzanspruch des Mieters am Verschulden.[1820] **600**

**Nach** Überlassung der Mietsache findet die Haftung wegen Pflichtverletzung im Regelfall keine Anwendung, weil die meisten Fälle der Schlechterfüllung über §§ 536, 536a BGB erfasst werden. Für den Bereich der Miete bleiben nur die Fälle, bei denen die Pflichtverletzung des Vermieters **nicht die Beschaffenheit** der Mietsache betrifft, also keinen Sach- oder Rechtsmangel zur Folge hat. Der Vermieter haftet somit dann aus § 280 BGB, wenn die Mietsache zwar mängelfrei ist, er aber vertragliche Nebenpflichten, wie zB Schutzpflichten, Aufklärungspflichten oder Mitwirkungspflichten (vgl. § 241 Abs. 2 BGB) verletzt;[1821] zB bei Hochwasserschäden, wenn durch eine mangelhafte Aufsicht des Vermieters an den Gegenständen des Mieters Schäden eintreten[1822], bei Feuchtigkeitsschäden, die nach einer Fenstermodernisierung auftreten, weil der Mieter über das notwendige veränderte Lüftungsverhalten nicht aufgeklärt wurde (→ Rn. 230), bei Sozialmietwohnungen, wenn über die rechtlichen Verhältnisse zur Preisbindung nicht aufgeklärt wurde[1823] (zur Offenlegungspflicht → Rn. 603) oder wenn die Schäden ihren Grund in der Verletzung der Aufklärungspflicht des Vermieters haben, wie zB bei der Vermietung gefährlicher Maschinen.[1824] Bei erheblichen Zweifeln an der Leistungstreue kann das so gestörte Vertrauensverhältnis zur Haftung führen.[1825] **601**

Der Vermieter haftet auch dann wegen einer Pflichtverletzung, wenn er treuwidrig den Mieter an der **Erreichung des Vertragszieles** hindert, indem er vertrags- oder rechtswidrig zu Unrecht kündigt.[1826] Eine Haftung aus pVV kommt auch dann in Betracht, wenn der Vermieter den Mieter durch eine Vertragsverletzung veranlasst hat, das Mietverhältnis zu kündigen.[1827] **602**

Der wichtigste Fall einer solchen unrechtmäßigen Kündigung im Wohnraummietrecht ist der vorgetäuschte Eigenbedarf.[1828] Auch der **unterbliebene Hinweis** des Wegfalls des Kündigungsgrundes[1829], die unberechtigte Anfechtung des Vertrages,[1830] der Rücktritt vom Vertrag[1831] oder die fehlerhafte Einschätzung über die Wirksamkeit einer Kündigung[1832] können zur Haftung aus § 280 BGB führen. Wird dem Mieter eine **preisgebundene Wohnung** als nicht preisgebunden **603**

---

1818 Palandt/*Grüneberg* BGB § 280 Rn. 5.
1819 BGH WuM 1978, 86 = NJW 1978, 103 = ZMR 1978, 82 = MDR 1978, 306.
1820 AG Besigheim NJW-RR 204, 661.
1821 BGH XII ZR 6/12, AK-MietPrax § 535 BGB Nr. 52 = NZM 2013, 191 = GE 2013, 209; BGH WuM 1981, 92 = NJW 1980, 777 = MDR 1980, 306 = ZMR 1980, 105; Bub/Treier MietR-HdB/*v. Martius/Ehlert/Kraemer* Kap. III B Rn. 3451ff.
1822 OLG Frankfurt a. M. WuM 1984, 78.
1823 BGH, V ZR 165/17, GE 2018, 1586, MDR 2018, 1433.
1824 BGH VersR 1976, 1084.
1825 BGH NJW 1978, 260 = MDR 1978, 305.
1826 BGHZ 89, 296 = NJW 1984, 1028 = ZMR 1984, 163 = DWW 1984, 133 = MDR 1984, 571 = GE 1984, 575; AG Düsseldorf WuM 1993, 36 = ZMR 1992, 550; Bub/Treier MietR-HdB/*v. Martius/Ehlert/Kraemer* Kap. III B Rn. 3457.
1827 OLG Düsseldorf NZM 2004, 502 = NJW-RR 2004, 660.
1828 BGH VIII ZR 231/07, WuM 2009, 359 = NJW 2009, 2059 = GE 2009, 710; sa *Blank* jurisPR-MietR 13/2009 Anm. 4; → BGB § 564b Rn. 75.
1829 BayObLG WuM 1987, 129 = NJW 1987, 1654 = ZMR 1987, 222.
1830 BGH WuM 1987, 53 = NJW 1987, 432 = MDR 1987, 312 = DWW 1987, 14 = ZMR 1987, 51.
1831 BGHZ 99, 182 = NJW 1987, 831 = MDR 1987, 399 = ZMR 1987, 138.
1832 BGHZ 89, 296 = NJW 1984, 1028 = ZMR 1984, 163 = DWW 1984, 133 = MDR 1984, 571 = GE 1984, 575; AG Düsseldorf WuM 1993, 36 = ZMR 1992, 550; einschränkend OLG Hamm WuM 1984, 94 = NJW 1984, 1044 = ZMR 1984, 129 = MDR 1984, 494 = DWW 1984, 133.

vermietet und er deshalb zur Fehlbelegungsabgabe herangezogen, führt dies zur Haftung des Vermieters, weil er über den Umstand der Preisbindung aufklärungspflichtig ist[1833] (vgl. § 241 Abs. 2 BGB). Das gilt auch dann, wenn der Mieter die Wohnung vor Anmietung nicht besichtigt hat, weil die rechtlichen Verhältnisse einer Wohnung einer Besichtigung nicht zugänglich sind.[1834]

604 Für den Mieter kommt eine Haftung aus Pflichtverletzung in Betracht, wenn er die Mietsache beschädigt.[1835] Bei mehreren Mietern haftet grds. nur derjenige, der schuldhaft gehandelt hat (§ 425 Abs. 2 BGB). Eine Durchbrechung dieses Grundsatzes kann im Einzelfall dann angenommen werden, wenn die Verursachung des Schadens in der Gesamtsphäre des Mieters entstand und der Vermieter keine individuelle Zuordnung vornehmen kann.[1836]

605 Der Schadensersatzanspruch setzt Vertretenmüssen (§ 276 BGB) voraus und entsteht sofort mit jeder nicht ganz unerheblichen Vertragsverletzung. Einer vorhergehenden Mahnung bedarf es nicht, soweit die Beschädigung auf ein Überschreiten des vertragsgemäßen Gebrauchs zurückzuführen ist, wie beispielsweise die Beschädigung eines Waschbeckens. Inzwischen hat sich der VIII. Zivilsenat des BGH[1837] – auch für den Fall bei Rückgabe der Mietsache – der Meinung angeschlossen, die eine Pflichtverletzung im Anwendungsbereich des §§ 280, 281 BGB, also mit der Verpflichtung einer vorherigen Abmahnung, dann annimmt, wenn es sich bei der verletzenden Handlung bzw. Unterlassung um eine leistungsbezogene Nebenpflicht handelt.[1838] Eine solche Pflicht verlangt, dass sich der Mieter im laufenden Mietverhältnis vertragstreu verhält und die aus der erlaubten Nutzung der Mietsache sich ergebenden Schäden beseitigen muss, wie beispielsweise die Nichtvornahme von Schönheitsreparaturen[1839] oder von Instandhaltungen und Instandsetzungen trotz vertraglicher Verpflichtung. Letzteres ist denkbar, wenn der Mieter bei Gestattung des Vermieters unter Verletzung der Bausubstanz am Balkon eine Parabolantenne anbringt und nach Abbau der Antenne den Schaden am Balkon nicht behebt.[1840] Damit erhält der Mieter eine „zweite Chance", den bei Beendigung des Mietverhältnisses entstandenen Anspruch des Vermieters auf Beseitigung der Schäden zu erfüllen (positives Interesse). Verhält sich der Mieter dagegen vertragswidrig[1841] (zB unerlaubte Haltung exotischer Tiere), indem z. B. die Schäden aus einer Verletzung von Obhutspflichten resultieren, so entsteht sogleich ein Schadensersatzanspruch[1842], ohne dass es einer Fristsetzung bedarf. In der Praxis dürfte diese Rechtsprechung insbesondere für Gewerberaummietverhältnisse von Bedeutung sein.[1843] Dort werden, anders als bei Wohnraummietverhältnissen, regelmäßig Instandhaltungs- und Instandsetzungspflichten auf den Mieter übertragen und insbesondere auch Umbaumaßnahmen erlaubt, die bei Beendigung des Mietverhältnisses zurück zu bauen sind.

606 Bezüglich des Verschuldens der Pflichtverletzung sieht § 280 Abs. 1 S. 2 BGB eine Beweislastumkehr vor. Ob diese Beweislastumkehr auch die objektive Pflichtverletzung erfasst, richtet sich danach, in wessen Obhuts- und Gefahrenbereich die Schadensursache lag.[1844] Steht somit fest, dass als Schadensursache nur eine solche aus dem Obhuts- und Gefahrenbereich des Schuldners in Betracht kommt, muss sich der Schuldner nicht nur hinsichtlich der subjektiven Seite, sondern auch hinsichtlich der objektiven Pflichtwidrigkeit entlasten.[1845] Lässt es sich dagegen nicht ausschließen, dass der Schadenseintritt vom Schuldner in keiner Weise veranlasst oder beeinflusst worden ist, so bleibt es bei der Beweislast des Gläubigers. In einem solchen Fall ist der Schuldner viel-

---

[1833] AG Osnabrück WuM 1995, 309.

[1834] BGH, V ZR 165/17, GE 2018, 1586, MDR 2018, 1433 zum Wohnungskauf.

[1835] BGH WuM 1996, 91 = NJW-RR 1995, 123 = ZMR 1995, 577 = DWW 1995, 279.

[1836] OLG Celle MDR 1998, 896; LG Berlin NJW RR 2002, 1452.

[1837] BGH, VIII ZR 157/17, WuM 2018, 196 = NZM 2018, 320 mAnm *Fervers* = NJW 2018, 1746 = GE 2018, 633 = ZMR 2018, 492 = MietPrax-AK § 280 BGB Nr 6.

[1838] umfassend *Fervers* WuM 2018, 429 ff.

[1839] Darunter fällt auch der Fall BGH, VIII ZR 416/12, WuM 2014, 23 = NJW 2014, 143 = GE 2014, 49 = NZM 2014, 72 = MietPrax-AK § 280 BGB Nr 2, den der Senat aber noch anders entschieden hatte, worauf *Fervers* in seiner Anmerkung zu BGH, VIII ZR 157/17, NZM 2018, 320, 325 hinweist.

[1840] Beispiele nach *Fervers* WuM 2018, 429 ff.

[1841] BGH VIII ZR 263/17, WuM 2019, 574 = ZMR 2019, 852 = NZM 2019, 816 – Tapetenabriss ohne Neutapezierung.

[1842] Umfassend Fervers WuM 2018, 429, 434.

[1843] *Börstinghaus* jurisPR-BGHZivilR 7/2018 Anm. 1.

[1844] *BGH XII ZR 272/97*, GuT 2008, 434 = NZM 2009, 29 = NJW 2009, 142 = AK-MietPrax § 535 BGB Nr. 36.

[1845] BGH XII ZR 216/02, GuT 2005, 118 = ZMR 2005, 520; dagegen BGH NJW 1978, 2197 bei unklarer Schadensursache.

fach nicht in der Lage, die näheren Umstände der Schadensentstehung darzulegen und zu beweisen; die Beweislastumkehr darf aber nicht zu einer Zufallshaftung führen.[1846]

## X. cic

Mit der Schuldrechtsreform zum 1.1.2002 wurde das bis dahin ungeschriebene Rechtsinstitut des Verschuldens bei Vertragsverhandlungen (cic) kodifiziert (§ 311 BGB). Bedeutung hat das Verschulden beim Vertragsabschluss vor allem für die Verletzung vorvertraglicher Pflichten nach § 241 Abs. 2 BGB. Dem Wortlaut nach verlangt § 241 Abs. 2 BGB nur die Pflicht zur Rücksicht, nicht aber aktives Handeln des Schuldners. Dennoch ist mit Rücksicht auf die Absicht des Gesetzgebers davon auszugehen, dass nicht nur **Schutzpflichten** von der Norm erfasst werden, sondern vor allem auch **Aufklärungspflichten.**[1847] Der Vermieter ist nämlich verpflichtet, den Mieter über sämtliche Eigenschaften und Rechtsverhältnisse mit Bezug auf die Mietsache zu informieren, soweit sie für den Mieter von Interesse und Bedeutung sind (§ 241 Abs. 2 BGB). Fehleinschätzungen, Unaufmerksamkeiten und Vergesslichkeit des Mieters können dem Vermieter aber nicht angelastet werden. Das gilt insbes. dann, wenn im Geschäftsleben erfahrene, branchenkundige Partner in Verhandlungen miteinander stehen.[1848] 607

Ein Anspruch aus Verschulden beim Vertragsschluss wird durch die Gewährleistungsregeln grds. dann verdrängt, wenn die Pflichtverletzung die **Beschaffenheit** der Mietsache betrifft und die Sache dem Mieter überlassen worden ist,[1849] weil sonst die sich aus § 536b BGB ergebende Beschränkung gegenstandslos würde. Nach Auffassung des BGH[1850] liegt ein Wertungswiderspruch vor, wenn der Vermieter unter den Voraussetzungen des § 536b BGB einerseits trotz fahrlässiger Falschangaben bzw. fahrlässigen Unterlassens von (richtigen) Angaben über vorliegende Mängel nicht haften müsse, der Mieter aber über cic eine Haftung realisieren könnte. Die sich aus § 536b BGB ergebende Beschränkung des Anspruchs aus § 536a BGB wäre damit weitgehend gegenstandslos. Das gilt aber nicht für **den Fall der arglistigen Täuschung** durch den Vermieter sowohl vor[1851] als auch nach[1852] Übergabe der Mietsache, da in diesen Fällen auch § 536b BGB die Haftung aus § 536a BGB nicht ausschließt. Solche Fälle können zB die Täuschung über behördliche Auflagen[1853], über die Anordnung der Zwangsverwaltung[1854], über die Abgabe einer eidesstattlichen Versicherung[1855], über die fehlerhafte Zusicherung einer bestimmten Höhe der Betriebskosten[1856] oder über das Vorhandensein notwendiger Stellplätze[1857] betreffen. 608

Die Beschränkung der Haftung aus cic nach Übergabe der Mietsache auf vorsätzliches Handeln wird insbes. von Emmerich[1858] kritisiert. Da nunmehr auch im Kaufrecht die Lieferung einer mangelhaften Sache als Pflichtverletzung gilt (§§ 433, 437 Nr. 3 BGB), sollte man auch im Mietrecht nicht zögern, die Haftung aus cic auch wegen Fahrlässigkeit generell neben die Gewährleistungsrechte zu stellen. Tatsächlich ist die **Privilegierung** des Vermieters nach Übergabe der Mietsache wenig schlüssig, da der Mieter in diesem Vollzugsstadium des Vertrages wegen der schon aufgewendeten Kosten und den finanziellen Folgen einer Vertragsabwicklung eher schutzwürdig ist als vor Übergabe. 609

---

1846 BGH NJW-RR 1990, 446 (447) = MDR 1990, 542.

1847 Palandt/*Grüneberg* BGB § 241 Rn. 7; BGH NJW 1997, 2813 = WuM 1997, 617 = MDR 1997, 921 = ZMR 1997, 565 = ZfIR 1997, 523 = ZIP 1997, 1594; LG Mannheim NZM 1999, 407 = NJW-RR 1999, 1023.

1848 BGH MDR 1981, 134 = GE 1981, 433 = BB 1981, 700 = WPM 1980, 1365.

1849 BGH WuM 1981, 92 = NJW 1980, 777 = MDR 1980, 306 = ZMR 1980, 105; für einen generellen Ausschluss *Evans-von Krbek* NJW 1980, 2792; dagegen *Emmerich* PiG 46 (1995), 119 (123).

1850 BGH WuM 1981, 92 = NJW 1980, 777 = MDR 1980, 306 = ZMR 1980, 105.

1851 *Tröster* NZM 1998, 697 (702).

1852 *BGH NJW* 1997, 2813 = WuM 1997, 617 = MDR 1997, 921 = ZMR 1997, 565 = ZfIR 1997, 523 = ZIP 1997, 1594; LG Nürnberg-Fürth NZM 2000, 384.

1853 BGH NJW 1997, 2813 = WuM 1997, 617 = MDR 1997, 921 = ZMR 1997, 565 = ZfIR 1997, 523 = ZIP 1997, 1594.

1854 OLG Hamm NJW-RR 1988, 784 = MDR 1988, 585 = BB 1988, 1842.

1855 AG Hamburg-St. Georg ZMR 2011, 303.

1856 LG Arnsberg NJW-RR 1988, 397; LG Frankfurt a. M. WuM 1979, 24 = ZMR 1979, 112; AG Tiergarten MM 1993, 399; AG Leverkusen WuM 1990, 63; AG Rendsburg WuM 1990, 63 = NJW-RR 1988, 398.

1857 BGH WuM 1997, 617 = NJW 1997, 2813 = MDR 1997, 923 = ZIP 1997, 1594.

1858 *Emmerich* NZM 2002, 362 (363); *Derleder* WuM 2002, 407; *Blank* WuM 2004, 243 (246).

610 Für eine Anwendung der cic nach Übergabe der Mietsache bleiben somit – folgt man dem BGH – nur Verstöße gegen vorvertragliche Aufklärungspflichten, die nicht mit der Beschaffenheit der Mietsache begründet werden.[1859] Der Vermieter haftet nicht für fehlgeschlagene **Gewinnerwartungen.**[1860] Die Erwartung, in den Mieträumen als Unternehmer Gewinne zu erzielen und nicht in Verluste zu geraten, gehört grds. zum **Risikobereich** des Mieters[1861] (→ Rn. 12 ff.), es sei denn, der Vermieter ist nach den Vertragsbedingungen verpflichtet, seinerseits die Voraussetzungen für einen bestimmten Kundenkreis zu schaffen.[1862]

611 Für Ansprüche aus cic wegen Verletzung von Schutz- und Aufklärungspflichten gilt die **Beweislastverteilung** nach **Organisations- und Gefahrenkreisen**[1863] (→ Rn. 485 ff.). So muss der Verpflichtete darlegen und beweisen, dass er alles Erforderliche zum Schutz bzw. zur Aufklärung des Vertragspartners getan hat und der Beitrag zur Schadensursache nicht aus seinem Gefahrenkreis stammt.[1864] Verteidigt sich der Verpflichtete damit, dass der Schaden auch bei ordnungsgemäßer Aufklärung entstanden wäre, ist er hierfür beweispflichtig.[1865]

## XI. Geschäftsgrundlage

612 Wird die Geschäftsgrundlage gestört, so kann die Anpassung des Vertrages verlangt werden[1866], soweit einem Teil unter Berücksichtigung aller Umstände das Festhalten am unveränderten Vertrag nicht zugemutet werden kann (§ 313 Abs. 1 BGB). Die Geschäftsgrundlage ist die bei Vertragsschluss zu Tage getretene und vom Gegner in ihrer Bedeutung erkannte und nicht beanstandete **Vorstellung** einer Partei vom Fortbestand oder Eintritt bestimmter Umstände.[1867] Die Geschäftsgrundlage wird getragen durch das Prinzip der Vertragstreue, das nur durchbrochen werden darf, wenn ein Festhalten am Vertrag zu untragbaren, mit Recht und Gerechtigkeit nicht zu vereinbarenden Ergebnissen führt und deshalb einer Partei ein Festhalten nach Treu und Glauben nicht zugemutet werden kann.[1868] Dabei ist auch auf die Risikoverteilung der Vertragspartner zu achten.[1869]

613 Die Geschäftsgrundlage ist einerseits abzugrenzen von dem **Vertragsinhalt.** Enthält der Vertrag somit Regelungen für das Fehlen, den Wegfall oder für Veränderungen bestimmter Umstände, schalten diese die Anwendung des Rechtsinstitutes „Wegfall der Geschäftsgrundlage (WGG)" aus. Daher geht auch die **ergänzende Vertragsauslegung** (§ 157 BGB) einer Prüfung der Geschäftsgrundlage voraus. Aus den gleichen Erwägungen geht auch die Anwendung des § 275 Abs. 1 BGB vor, weil diese Vorschrift die Grenzen der Leistungspflicht regelt.[1870] Wird nämlich eine Partei nach § 275 BGB frei, kann sie über das Rechtsinstitut des WGG nicht zur Vertragsanpassung gezwungen werden. Zur Abgrenzung von § 275 Abs. 2 BGB[1871] → Rn. 559, 579 ff.

614 Andererseits ist die Geschäftsgrundlage zu trennen vom **einseitig gebliebenen Motiv** einer Partei für den Vertragsabschluss.[1872] Einseitige Erwartungen einer Partei, die für ihre Willensbildung maßgebend waren, gehören nur dann zur Geschäftsgrundlage, wenn sie in den dem Vertrag zu Grunde liegenden gemeinschaftlichen Geschäftswillen beider Parteien aufgenommen worden sind. Dabei ist im Zweifel eine Aufnahme als Geschäftsgrundlage zu verneinen;[1873] daher reicht eine bloße Mitteilung an die andere Partei über die Erwartungen nicht aus.[1874]

---

[1859] BGH NJW 1989, 1793 = NJW-RR 1989, 1161 = MDR 1989, 441 = GE 1989, 353; **aA** LG Hamburg WuM 1987, 354.
[1860] OLG Düsseldorf MDR 1991, 446 = DWW 1991, 50; ZMR 1996, 256.
[1861] BGH NJW 1970, 1313 = MDR 1970, 755.
[1862] OLG München ZMR 1999, 707 = NZM 2000, 189.
[1863] BGHZ 99, 101 = NJW 1987, 639 = MDR 1987, 227.
[1864] *Franke* ZMR 2000, 733 (740).
[1865] OLG Stuttgart NJW-RR 1988, 276.
[1866] Umf. zur Geschäftsgrundlage *Kluth/Freigang* NZM 2006, 641; zur prozessualen Durchsetzung des Anspruchs *Wieser* JZ 2004, 654.
[1867] BGH BB 1960, 574; 1969, 696; NJW 1976, 565; 1980, 2241 = ZMR 1980, 308.
[1868] OLG Celle NJW-RR 1996, 1099; LG Hamburg NZM 2000, 1221 = ZMR 2001, 193 mAnm *Schläger.*
[1869] BGH NJW 1981, 2405 = ZMR 1981, 368 = MDR 1982, 135 = GE 1982, 137.
[1870] *Hirsch* ZMR 2006, 1 (3).
[1871] *Ausf. Hirsch ZMR 2006, 1 (3 ff.).*
[1872] Palandt/*Grüneberg* BGB § 313 Rn. 9.
[1873] BGH XII ZR 8/00, NZM 2002, 659; Palandt/*Heinrichs* BGB § 313 Rn. 5.
[1874] BGH NJW-RR 1993, 774.

Für die Anwendung des § 313 Abs. 1 BGB (objektive Geschäftsgrundlage) sind folgende kumulative Voraussetzungen erforderlich: **615**

- Es müssen sich nach Vertragsschluss Umstände entscheidend **verändert** haben.
- Die Umstände dürfen nicht **Inhalt** des Vertrages geworden sein.
- Die Parteien müssten, wenn sie die Änderungen vorausgesehen hätten, den Vertrag **nicht oder mit anderem Inhalt** geschlossen haben.
- Das Festhalten am unveränderten Vertrag muss für den einen Teil unter Berücksichtigung aller Umstände des Einzelfalles, insbes. der vertraglichen oder gesetzlichen Risikoverteilung, **unzumutbar** sein.

Tritt daher lediglich eine **vorhersehbare** Entwicklung ein, kann dies nicht zur Korrektur des Vertragsinhalts über das Rechtsinstitut des Wegfalls der Geschäftsgrundlage führen. Soweit nachträgliche Mängel vorliegen,[1875] die den Vertragszweck stören, gehen die §§ 536ff. BGB als ausschließliche Sonderregelungen dem Wegfall der Geschäftsgrundlage vor.[1876] Neben den Gewährleistungsvorschriften, die bei Vertragsstörungen gem. § 543 Abs. 2 Nr. 1 BGB auch eine Auflösung des Vertragsverhältnisses vorsehen, darf zB über das Rechtsinstitut des Wegfalls der Geschäftsgrundlage das Vertragsverhältnis nicht verlängert werden, weil die gesetzliche Regelung sonst in ihr Gegenteil verkehrt würde.[1877] Der gleiche Gesichtspunkt kommt zum Tragen, wenn der Vermieter über das Rechtsinstitut des Wegfalls der Geschäftsgrundlage eine Vertragsanpassung vom Mieter deshalb verlangt, weil eine von ihm verwendete Formularklausel, zB über Schönheitsreparaturen, unwirksam ist.[1878] Die mangelhafte Geschäftsgrundlage darf auch nicht zum Zweck einer Beweiserleichterung gebraucht werden. **616**

Maßgeblich für die Anwendung dieses Rechtsinstituts ist zudem, ob das realisierte Risiko einer Partei zugewiesen ist. Nur wenn dies verneint wird, kommt eines Anpassung oder eine Auflösung des Vertrages in Betracht. Die Risikoverteilung richtet sich nach den ausdrücklichen oder stillschweigenden Abreden der Parteien sowie nach dem anzuwendenden dispositiven Recht.[1879] Das **Währungsrisiko** und die damit verbundene Verschiebung des Äquivalenzverhältnisses sowie das Risiko, dass die Mietpreise unverhältnismäßig steigen, trägt der Vermieter.[1880] Das Währungssystem geht vom sog. Nominalwertprinzip aus, wonach eine Geldschuld immer gleich zu behandeln ist. Eine schleichende Geldentwertung kann daher nur mit Hilfe einer Wertsicherungsklausel aufgefangen werden. Ohne besondere Anhaltspunkte hat der BGH das Risiko einer Geldentwertung von 60% als für den Vermieter noch hinnehmbar angenommen.[1881] **617**

Die Erwartung, in den zu gewerblichen Zwecken überlassenen Räumen **gewinnbringende Geschäfte** abzuschließen und nicht etwa Verluste zu machen, gehört zum Risikobereich des Mieters und ist grds. nicht Geschäftsgrundlage des gewerblichen Mietverhältnisses[1882] (→ BGB § 535 Rn. 240). Der Vermieter muss den Bestand des Mietverhältnisses nicht vom wirtschaftlichen Erfolg des Mieters abhängig machen.[1883] Demnach ist auch eine auf die fehlende Geschäftsgrundlage gestützte fristlose Kündigung unzulässig, auch wenn die Erfüllung des Vertrages Verluste mit sich bringt.[1884] Ebenfalls ist es generell dem Risikobereich des Mieters zuzurechnen, wenn sich das Geschäftsumfeld grdl. ändert,[1885] zB sich der Umsatz wegen der Einrichtung **618**

---

1875 BGH WuM 1992, 313 = NJW-RR 1992, 267.

1876 BGH NJW 1992, 1384.

1877 *Stötter* NJW 1971, 2281 (2282).

1878 *Blank* WuM 2004, 243 (248).

1879 BGH XII ZR 66/03, NJW 2006, 899 = GuT 2006, 19 = NZM 2006, 54 = AK-MietPrax § 536 BGB Nr. 11.

1880 BGH WuM 1986, 285 = NJW 1986, 2698 = NJW-RR 1986, 1270 = ZMR 1986, 354 = MDR 1986, 662.

1881 BGH WuM 1986, 285 = NJW 1986, 2698 = NJW-RR 1986, 1270 = ZMR 1986, 354 = MDR 1986, 662; WuM 1985, 298 = NJW 1985, 2524 = MDR 1985, 747 = BGHZ 94, 257.

1882 BGH NJW 2000, 1714 = GE 2000, 671 = NZM 2000, 492; NJW-RR 2000, 1535; BGH ZMR 1995, 295 (297); OLG Düsseldorf MietRB 2004, 229 mAnm *Hoffmann;* OLG Dresden ZMR 2002, 261; OLG Naumburg WuM 1997, 675; OLG Düsseldorf BB 1994, 1456; OLG Hamburg WuM 1987, 145 = NJW-RR 1987, 657 = ZMR 1987, 173 = GE 1987, 725 = MDR 1987, 587 = DWW 1987, 98.

1883 BGH NJW 1978, 2390 = MDR 1978, 924 = ZMR 1978, 263.

1884 OLG München ZMR 1996, 135.

1885 BGH NJW 1981, 2405 = ZMR 1981, 368 = MDR 1982, 135 = GE 1982, 137.

einer verkehrsberuhigten Zone verringert[1886], oder wenn sich der Mieter allein wegen einer nachträglichen Veränderung der Umstände wirtschaftlich ungünstiger steht als zu erwarten war.[1887]

**619** Beteiligt sich der Vermieter jedoch ausdrücklich am unternehmerischen Risiko des Mieters, indem er zB die **Funktionsfähigkeit** eines **Einkaufszentrums** garantiert, ist ein Anspruch des Mieters auf vorzeitige Beendigung des Vertrages gegeben, wenn der Mieter nur Verluste macht.[1888] Davon kann aber nur ausgegangen werden, wenn Vermieter und Mieter zur Verwirklichung eines bestimmten Erfolges dergestalt zusammenwirken, dass der Mieter vertraglich in das Vermietungskonzept eingebunden wird, etwa durch den Verzicht auf den Verkauf bestimmter Waren, durch die Verpflichtung zur Erhaltung bestimmter Öffnungszeiten, die Pflichtmitgliedschaft in einer Werbegemeinschaft und dergleichen.[1889]

**620** Verträge, die in der **ehemaligen DDR** abgeschlossen wurden, können ebenfalls unter dem Gesichtspunkt des Wegfalls der Geschäftsgrundlage zu bewerten sein.[1890]

**621** Rechtsfolge des Wegfalles der Geschäftsgrundlage ist der Anspruch einer Partei auf **Anpassung** des Vertrages an die veränderten Umstände bzw. an die nicht eingetretenen Vorstellungen. Ist eine Vertragsanpassung nicht möglich oder einer Partei nicht zumutbar, kann der benachteiligte Vertragsteil vom Vertrag **zurücktreten**[1891] bzw. bei Dauerschuldverhältnissen **kündigen.** Einer Kündigungsfrist bedarf es in diesen Fällen idR nicht. Einzelheiten zur Kündigung wegen Wegfalls der Geschäftsgrundlage → BGB § 543 Rn. 229 ff.).

**622** Abweichend von der objektiven Geschäftsgrundlage (§ 313 Abs. 1 BGB), bei der sich die Umstände nach Vertragsschluss entscheidend verändert haben müssen, erfordern die Voraussetzungen der subjektiven Geschäftsgrundlage (§ 313 Abs. 2 BGB), dass ein **gemeinsamer Motivirrtum** der Parteien vorliegt oder dass sich nur eine Partei falsche Vorstellungen gemacht hat und die andere Partei diesen Irrtum ohne eigene Vorstellungen hingenommen hat (also Kenntnis hatte).

### XII. Mieterhöhung

**623** Im Mieterhöhungsverfahren nach § 558 BGB bleiben Mängel unberücksichtigt. Eine Ausnahme gilt, wenn die Mängel auf die Beschaffenheit einen unmittelbaren Einfluss haben, weil dem Vermieter ihre Beseitigung aus wirtschaftlichen oder sonstigen Erwägungen iE nicht zumutbar ist, so dass faktisch eine **Dauerbeeinträchtigung** des Wohnwertes vorliegt.[1892] Das gilt auch, soweit die Mängel aus technischen Gründen unbehebbar sind. Dem Mieter bleibt es dann nach den allgemeinen Vorschriften unbenommen, den erhöhten Mietzins zu mindern.[1893]

## K. Verlust des Minderungsrechts

### I. § 536 b BGB

**624** Der Mieter verliert sein Minderungsrecht, wenn die Voraussetzungen des § 536 b BGB vorliegen.[1894] Er verliert aber nicht seinen Erfüllungsanspruch und zwar auch dann nicht, wenn er den Mangel bei Abschluss des Vertrages kennt.[1895]

---

1886 OLG Celle NJW-RR 1996, 1099.

1887 BGH XII ZR 8/00, GuT 2002, 134 = AK-MietPrax § 557 a BGB Nr. 1 = ZMR 2002, 654 = NJW 2002, 2384 = NZM 2002, 659 = GE 2002, 1056.

1888 OLG Celle NJW 1978, 2510 = VersR 1979, 264; OLG Koblenz NJW-RR 1989, 400; umf. zum Problem Einkaufscenter *Joachim* GuT 2005, 99 ff.; GuT 2005, 135 ff.

1889 BGH WuM 2000, 593 (596) = NJW 2000, 1714 = NZM 2000, 492; OLG Naumburg WuM 1997, 676; OLG Hamburg MietRB 2004, 228 mAnm *Leo;* KG GE 2001, 1670; zur formularvertraglichen Verpflichtung zum Beitritt in eine Werbegemeinschaft Fritz GewerberaumMietR Rn. 127 a mwN.

1890 BGHZ 120, 10 = NJW 1993, 259 = MDR 1993, 91 = WPM 1992, 2144; NZM 2002, 913.

1891 BGH V ZR 92/03, MDR 2004, 680.

1892 LG Mannheim WuM 1977, 124.

1893 *OLG Düsseldorf* WuM 1994, 324 = NJW-RR 1994, 399 = MDR 1994, 371.

1894 S. dort.

1895 OLG Köln WuM 1995, 35 = NJW-RR 1993, 466 = MDR 1993, 973 = VersR 1993, 1112; zur Verwirkung des Mängelbeseitigungsanspruchs s. *Both* AnwZert MietR 2/2009 Anm. 3.

## II. § 536c BGB

625 Verletzt der Mieter seine Pflicht, ihm bekannte oder ohne weiteres erkennbare Mängel dem Vermieter anzuzeigen, verliert er das Recht zur Minderung, zur Kündigung und zum Schadensersatz, soweit der Vermieter infolge **der Unterlassung der Anzeige** außerstande war, Abhilfe zu schaffen[1896] (Einzelheiten → unter § 536c BGB). Da der Vermieter kein allgemeines Besichtigungsrecht an der Mietsache hat, muss er sich auf die Mängelanzeigen verlassen dürfen. So kann eine Mithaftung des Mieters auch dann gegeben sein, wenn er einen vorhandenen Mangel grob fahrlässig übersieht.[1897]

626 Der Vermieter ist **beweispflichtig,** dass die Abhilfe wegen der Unterlassung nicht möglich war sowie dafür, dass der Mieter den Mangel kannte oder kennen musste.[1898]

## III. Sonstige Gründe

627 Hat der Mieter den Mangel durch eine vertragswidrige Nutzung der Mietsache **selbst verschuldet** oder ist er **seiner Sphäre** zuzurechnen, kann er grds. kein Minderungsrecht geltend machen.[1899] Dies ergibt sich aus dem Rechtsgedanken, dass der Gläubiger kein Recht beanspruchen darf, das er aus seinem vertragswidrigen Verhalten ableitet. Hinsichtlich der Beweislastverteilung gelten die gleichen Grundsätze wie zum Schadensersatzanspruch des Vermieters (→ Rn. 485 ff.). Wäre der Mangel allerdings auch bei vertragsgemäßer Nutzung entstanden, ist die Haftung des Vermieters allenfalls nach dem Grundsatz des Mitverschuldens eingeschränkt.[1900] Dieser Grundsatz gilt auch, wenn der Mangel auch auf ein schuldhaftes Verhalten des Mieters zurückzuführen ist.[1901] Dagegen ist es für das Minderungsrecht des Mieters ohne Belang, dass der Mangel auf seinem – vertragsgemäßen – Verhalten beruht.[1902]

628 Ebenfalls wird man dem Mieter das Minderungsrecht absprechen müssen, wenn er die Mängelbeseitigung **verhindert oder mutwillig erschwert**[1903], zB indem er dem Vermieter die Besichtigung des Mangels verwehrt.[1904] Dies ergibt sich aus § 536c BGB, wonach schon beim bloßen Unterlassen der Anzeige des Mangels das Minderungsrecht entfallen kann.[1905] Die Mängelbeseitigung wird auch dadurch verhindert, wenn der Mieter schwer erkrankt ist, zB an Covid-19, und der Vermieter deshalb die Durchführung der Reparaturen verschieben muss (zur Duldung der Instandsetzung → § 555a BGB Rn. 28). Die Umstände der Verhinderung sind zwar nicht vom Mieter schuldhaft herbeigeführt, liegen aber regelmäßig in seinem Gefahrenkreis, sodass das Rechtsinstitut der Mietminderung für den Mieter unter dem Gesichtspunkt der unzulässigen Rechtsausübung (§ 242 BGB) ausgeschlossen sein kann[1906]. Der Grundsatz der unzulässigen Rechtsausübung verlangt weder Vorsatz noch sonst ein Verschulden[1907], so dass die Verwirklichung eines allgemeinen Lebensrisikos seine Anwendung nicht ausschließt. Letztendlich muss in diesen Fällen die Frage der Minderung bei umfassender Würdigung der Interessenlage im Einzelfall beantwortet werden.

629 Eine das Minderungsrecht ausschließende Erschwerung der Maßnahme ist aber nicht schon dann anzunehmen, wenn der Mieter nicht die für die Instandsetzung notwendige Baufreiheit schafft. Er hat die Maßnahmen grds. nur zu dulden, so dass allein der Vermieter für den ggf. notwendigen Auf- und Abbau der Möbel verantwortlich ist.[1908] Der Mieter ist aber nach Treu und Glauben

---

1896 Zu weitgehend LG Berlin GE 2006, 913.
1897 BGH VIII ZR 143/75, WuM 1978, 88 = NJW 1977, 1236 = MDR 1977, 743 = ZMR 1978, 50.
1898 BGH VIII ZR 279/85, WuM 1987, 215 = NJW 1987, 1072 = MDR 1987, 575 = ZMR 1987, 169.
1899 BGH VIII ZR 113/10, WuM 2011, 97 = AK-MietPrax § 536 BGB Nr. 37 = NZM 2011, 198 = ZMR 2011, 371 = GE 2011, 261; WuM 1992, 133 = NJW 1992, 1036 = MDR 1992, 371 = BGHZ 116, 334; OLG Karlsruhe WuM 1984, 267 =NJW 1985, 142; LG Kiel WuM 1982, 187; LG Lüneburg WuM 1987, 271 = ZMR 1987, 336; *Hassold* NJW 1975, 1865; *Franke* ZMR 1996, 297 (298).
1900 LG Frankfurt/Oder ZMR 2011, 125 = GE 2011, 410 für Schimmel; zur Anwendung des § 254 BGB bei der Garantiehaftung vgl. BGH WuM 1978, 88 = NJW 1977, 1236 = MDR 1977, 743 = VersR 1977, 741.
1901 LG Bonn WuM 1991, 262 = ZMR 1991, 300; zur Beweislast AG Hamburg ZMR 2012, 963.
1902 LG Bochum WuM 1992, 431 zur Nutzung einer Innendusche; **aA** LG Berlin MM 1999, 394.
1903 LG Hamburg ZMR 2008, 456; LG Berlin GE 2005, 621: AG Stuttgart ZMR 2012, 367; AG Frankfurt a. M. ZMR 2009, 45; AG Stuttgart-Bad Cannstatt WuM 2008, 594; AG Pinneberg ZMR 2007, 459.
1904 LG Berlin ZMR 2021, 391; LG Berlin GE 2014, 193.
1905 *Franke* ZMR 1996, 297.
1906 AA *Föller* WuM 2020, 249 (255).
1907 Guhling/*Günter* BGB § 536 Rn. 413.
1908 LG Berlin GE 2009, 781.

verpflichtet, ggf. seine privaten und höchstpersönlichen Sachen und Unterlagen so zusammenzustellen bzw. zu sichern, dass sie bei einem notwendigen Transport bzw. bei erforderlichen Umstell- und Umräumarbeiten nicht beschädigt werden bzw. verloren gehen.[1909] Ein Minderungsausschluss kann im Einzelfall aber angenommen werden, wenn der Mieter eine notwendige bauliche Instandsetzungsmaßnahme dadurch verhindert, dass er sie von ungerechtfertigten Forderungen abhängig macht[1910] oder eine damit einhergehende Modernisierung **nicht dulden möchte.**[1911] Dabei ist allerdings zu unterscheiden, ob der Vermieter die Instandsetzung anlässlich der Modernisierung durchführen, die Maßnahmen also nur zeitgleich ausführen will, oder ob er den Mangel aus wirtschaftlichen Erwägungen nur mit einer instand setzenden Modernisierungsmaßnahme beheben will. Im ersten Fall darf der Mieter die Instandsetzung nicht verhindern; das Minderungsrecht kann ihm daher verwehrt werden. Im letzten Fall kann bei einer Verweigerung der Duldung dem Mieter das Minderungsrecht nur verwehrt werden, wenn die umfassende Abwägung der widerstreitenden Interessen ergibt, dass der Mieter die Modernisierungsmaßnahme dulden muss (§ 555d BGB). Anderenfalls würde die Duldung der Instandsetzung praktisch zur nicht geschuldeten Duldung der Modernisierung führen. Auch wenn es für den Vermieter unwirtschaftlich ist; er muss in diesem Fall auf die Durchführung der Modernisierung verzichten, wenn nicht die Voraussetzungen einer Duldung nach § 555d BGB vorliegen (zur modernisierenden Instandsetzung → BGB § 555b Rn. 84f.).

**630** Das Recht zur Minderung wird dem Mieter auch abgesprochen, wenn er die Veränderungen an der Mietsache **selbst gewünscht** oder **durchgeführt**[1912] hat und sich durch die Veränderung eine Einschränkung der Gebrauchstauglichkeit ergibt,[1913] weil er damit regelmäßig die aus der Veränderung resultierenden Risiken übernimmt. Dabei ist aber eine differenzierte Betrachtungsweise geboten, da es auf die Art des Mangels ankommt. Der Gewährleistungsausschluss kann sich nur auf solche Mängel beziehen, die mit der Bauausführung selbst zusammenhängen. Der Vermieter, der zB auf Wunsch des Mieters ein neues Fenster einbaut und anlässlich des Wanddurchbruchs wegen unsachgemäßer Arbeit die Elektroleitung beschädigt, kann sich zu seiner Entlastung nicht darauf berufen, dass der Mieter die Maßnahme mit seinem Wunsch veranlasst habe. Folgewirkungen, die nicht ihre Ursache in einer mangelhaften Bauausführung finden, sind dem Risikobereich des Mieters zuzurechnen. Somit liegt es im **Risikobereich** des Mieters, wenn der Vermieter die Räume auf Wunsch des Mieters umbaut und diese dann nicht mehr den genehmigungsrechtlichen Anforderungen für den vorgesehenen Betrieb entsprechen oder wenn auf Wunsch des Mieters Heizungsrohre isoliert werden und mangels begleitender baulicher Maßnahmen Feuchtigkeit auftritt.[1914]

**631** Hat sich der Mieter wirksam verpflichtet,[1915] die Kosten für Kleinreparaturen zu tragen, so ist er beim Vorliegen eines solchen Bagatellschadens[1916] gleichwohl zur Minderung berechtigt, sofern nicht eine nur unerhebliche Minderung der Tauglichkeit (§ 536 Abs. 1 S. 3 BGB) gegeben ist. Eine **Formularvereinbarung,** wonach der Wohnraummieter verpflichtet ist, die Bagatellreparaturen selbst vorzunehmen, verstößt gegen § 307 BGB.[1917]

---

[1909] Bub/Treier MietR-HdB/*Kraemer/Schüller* Kap. III A Rn. 2647; Spielbauer/Schneider/*Kellendorfer* 2013 BGB § 555a Rn. 15; Lützenkirchen MietR/*Dickersbach* BGB § 555a Rn. 50.

[1910] BGH XII ZR 65/14, WuM 2015, 619 = AK-MietPrax § 555a BGB Nr. 1 = NZM 2015, 538 = GE 2015, 905 = NJW 2015, 2419 = ZMR 2015, 842; LG Berlin GE 2005, 621.

[1911] LG Berlin NZM 1999, 1137.

[1912] KG ZMR 2004, 908.

[1913] BGH VIII ZR 199/60, MDR 1962, 399 = BB 1962, 234; OLG München NJW-RR 1996, 1162 = ZMR 1996, 434; OLG Düsseldorf ZMR 1992, 149 = ZMR 1992, 149 = DWW 1992, 81; *Franke* ZMR 1996, 297; Bub/Treier MietR-HdB/*Kraemer/Ehlert* Kap. III B Rn. 3262.

[1914] BGH MDR 1962, 399 = BB 1962, 234.

[1915] *BGH WuM 1989*, 324 = NJW 1989, 2247 = NJW-RR 1989, 1160; WuM 1992, 355 = NJW 1992, 1759 = DWW 1992, 207.

[1916] Zum Begriff *Zinburg* ZMR 1984, 110 (111).

[1917] BGH WuM 1992, 355 = NJW 1992, 1759 = DWW 1992, 207.

## § 536a Schadens- und Aufwendungsersatzanspruch des Mieters wegen eines Mangels

**(1) Ist ein Mangel im Sinne des § 536 bei Vertragsschluss vorhanden oder entsteht ein solcher Mangel später wegen eines Umstands, den der Vermieter zu vertreten hat, oder kommt der Vermieter mit der Beseitigung eines Mangels in Verzug, so kann der Mieter unbeschadet der Rechte aus § 536 Schadensersatz verlangen.**

**(2) Der Mieter kann den Mangel selbst beseitigen und Ersatz der erforderlichen Aufwendungen verlangen, wenn**

**1. der Vermieter mit der Beseitigung des Mangels in Verzug ist oder**

**2. die umgehende Beseitigung des Mangels zur Erhaltung oder Wiederherstellung des Bestands der Mietsache notwendig ist.**

### Systematische Übersicht

## Alphabetische Schnellübersicht



## A. Überblick

1 § 538 BGB aF wurde mit der Mietrechtsreform zum 1.9.2001 als § 536a BGB weitgehend übernommen.[1] Abs. 1 blieb bis auf geringfügige sprachliche Änderungen inhaltlich unverändert. Mit der **Schuldrechtsmodernisierung** zum 1.1.2002 hat der Gesetzgeber die Worte „wegen Nichterfüllung" gestrichen.[2] Damit wurde § 536a BGB an die Terminologie des allgemeinen Leistungsstörungsrechts angepasst. Praktische Auswirkungen hat diese Gesetzesänderung nicht (umstritten; → Rn. 92ff.).

Abs. 2 nimmt den Aufwendungsersatzanspruch nach § 538 Abs. 2 BGB aF und den bisher in § 547 Abs. 1 S. 1 BGB aF geregelten Verwendungsersatzanspruch auf, um Unklarheiten, die nach altem Recht aufgetreten waren, zu beseitigen. Das Verhältnis der beiden Tatbestände war nach altem Recht wegen der unterschiedlichen Terminologie problematisch und hatte zu vielfältigen Abgrenzungsschwierigkeiten geführt.[3]

2 § 536a Abs. 1 BGB verpflichtet den Vermieter in drei Fällen, an den Mieter Schadensersatz zu leisten. Nach der 1. Alternative liegt eine Schadensersatzpflicht schon dann vor, wenn der Mangel bei Abschluss des Vertrages vorhanden war **(Garantiehaftung)**[4]. Die zweite Alternative führt zum Schadensersatzanspruch des Mieters, wenn ein Mangel im laufenden Mietverhältnis entsteht und der zum Mangel führende Umstand vom Vermieter zu vertreten ist. Letztendlich haftet der Vermieter, wenn er mit der Beseitigung des Mangels in Verzug gerät. Nach Abs. 2 kann der Mieter unter bestimmten Voraussetzungen den Mangel auch selbst beheben und dem Vermieter hierfür die Kosten der Ersatzvornahme als Aufwand in Rechnung stellen. Dieses grundsätzliche Recht hat der Mieter verwirkt, wenn er die Ausführung der Mängelbeseitigung durch den Vermieter verhindert.[5]

3 Die Ansprüche aus § 536a BGB stehen neben den Rechten aus § 536 BGB. Neben diesen vertraglichen Ansprüchen bleiben die **deliktischen Ansprüche,** insbes. wegen Verletzung der Verkehrssicherungspflicht, unberührt. Wegen Verletzung von **Nebenpflichten** (§ 241 Abs. 2 BGB) können Ansprüche aus § 280 BGB (pVV) oder aus § 311 BGB (cic) gegeben sein. Diese Neben-

---

[1] Nachw. bei *Börstinghaus/Eisenschmid* Neues MietR S. 51ff.
[2] *Vgl. Art. 1 Abs. 1 Nr. 33b* Schuldrechtsmodernisierungsgesetz.
[3] Schmidt-Futterer/*Eisenschmid* Mietrecht 7. Aufl. 1999, BGB § 538 Rn. 124ff.
[4] Zur Beschränkung der Haftung auf das negative Interesse s. *Schreindorfer* DMT-Bilanz 2011, 180, 185ff.
[5] LG Berlin GE 2016, 59.

pflichten betreffen nicht die Beschaffenheit der Mietsache selbst, sondern nebenvertragliche Schutz-, Aufklärungs- und Erhaltungspflichten.[6]

§ 536a BGB ist auf sog. Träger-Bewerber-Verträge, auf Grund derer dem Bewerber vorläufig entgeltlich die Nutzung des ihm später zu übereignenden Hauses überlassen worden ist, entsprechend anwendbar.[7] **4**

Soweit ein Vertretenmüssen Haftungsvoraussetzung ist (Alt. 2 u. 3 sowie Abs. 2 Nr. 1), ist § 276 BGB zu prüfen. Ist die Sache völlig zerstört, finden die Regeln über die Unmöglichkeit Anwendung. Bei nur teilweiser Zerstörung muss geprüft werden, ob das Wiederherstellungsverlangen die Opfergrenze überschreitet[8] (→ BGB § 536 Rn. 502 ff.). **5**

## B. 1. Alternative – Vorhandensein des Mangels bei Vertragsschluss

Nach den Materialien zum BGB beruht die Haftung für anfängliche Mängel auf einer stillschweigenden Garantie des Vermieters, dass die Sache bei Vertragsschluss die versprochene oder zugesicherte Tauglichkeit zum vertragsgemäßen Gebrauch aufweist.[9] Dies hat der Gesetzgeber mit der Reform des Mietrechts zum 1. 9. 2001 bestätigt. Fallen der Zeitpunkt des Vertragsschlusses sowie der Beginn des Mietverhältnisses durch Übergabe der Mietsache auseinander, so ist der maßgebende Zeitpunkt grds. der des **Vertragsschlusses.**[10] Wird ein Mietvertrag über eine erst noch herzustellende Sache abgeschlossen, ist bislang höchstrichterlich noch nicht entschieden, ob der maßgebende Zeitpunkt die **Fertigstellung** oder die **Übergabe** der Mietsache[11] ist (→ Rn. 18; → BGB § 536 Rn. 555 f.). **6**

Unerheblich – wie bei § 536 BGB – ist, ob der Mangel vom Vermieter verschuldet wurde.[12] Auch ist unerheblich, ob der Vermieter den Mangel überhaupt erkennen und vermeiden konnte.[13] Der Mangel muss lediglich bei Vertragsschluss vorhanden sein. Dass er zu diesem Zeitpunkt eine schädigende Wirkung gezeigt hat, ist nicht erforderlich.[14] Es ist somit ausreichend, wenn bei Vertragsschluss nur die **Gefahrenquelle** vorhanden war oder die Schadensursache vorlag.[15] Somit trägt der Vermieter sogar die Gefahr aller geheimen Mängel,[16] wie zB bei einem Rohrbruch, wenn die Leitungen von Anfang an unzureichend dimensioniert waren oder wenn mangels ordnungsgemäßer Konstruktion Deckenputz herunterfällt.[17] Die Garantiehaftung greift somit bereits dann ein, wenn bei Vertragsschluss nur die Ursachen der späteren Schädigung vorhanden waren.[18] Treten daher Schäden auf, weil rostverschmutztes Leitungswasser Korrosionsschäden verursacht, haftet auch hierfür der Vermieter auf Schadenersatz.[19] **7**

Der Vermieter haftet aber nicht, wenn sich aufgrund eines vertraglich vereinbarten Zustandes ein Risiko verwirklicht[20] oder sich eine auf **außergewöhnlichen** Umständen beruhende Gefahr verwirklicht[21] (→ BGB § 536 Rn. 9). Allein ungewöhnliche Niederschlagsmengen reichen für die **8**

---

[6] BGH NJW 1957, 826.
[7] BGHZ 56, 136.
[8] BGH WuM 1990, 546 = NJW-RR 1991, 204 = ZMR 1991, 19 = MDR 1991, 329; NJW 1959, 2300.
[9] MüKoBGB/*Häublein* § 536a Rn. 7; Staudinger/*Emmerich* BGB § 536a Rn. 1; Herrlein/Kandelhard/*Kandelhard* BGB § 536a Rn. 2, 3; DHF/*Franke* BGB § 536a Anm. 51 jeweils mkritAnm; Bub/Treier MietR-HdB/*Kraemer/Ehlert* Kap. III B Rn. 3301.
[10] Staudinger/*Emmerich* BGB § 536a Rn. 5.
[11] BGHZ 9, 320.
[12] BGHZ 9, 320; 63, 333 = NJW 1975, 645; BGHZ 68, 294 = NJW 1977, 1285.
[13] Emmerich/Sonnenschein/*Emmerich* BGB § 536a Rn. 3.
[14] BGH NJW 1963, 804 = MDR 1963, 303; BGH MDR 1972, 411 = BB 1972, 1207; OLG Karlsruhe ZMR 1991, 378.
[15] BGH XII ZR 189/08, NZM 2010, 668 (670) = NJW 2010, 3152 = ZMR 2011, 360; NJW 1968, 886; NJW-RR 1990, 1099; AG München ZMR 2012, 880 zum Hotelzimmermietvertrag.
[16] BGH MDR 1972, 411; OLG Frankfurt a. M. NJW-RR 1986, 108 = MDR 1985, 1027 = VersR 1986, 374; LG Köln WuM 1990, 386; Emmerich/Sonnenschein/*Emmerich* BGB § 536a Rn. 3; Staudinger/*Emmerich* BGB § 536a Rn. 4.
[17] BGH NJW 1963, 804; 1972, 944 = MDR 1972, 599.
[18] BGH NJW 1972, 944 = MDR 1972, 599; AG Gießen WuM 2000, 354.
[19] OLG Karlsruhe ZMR 1991, 378.
[20] BGH XII ZR 23/04, GuT 2006, 189 = NZM 2006, 582 = AK-MietPrax § 536a BGB Nr. 2 = GE 2006, 903 mAnm *Eisenschmid*.
[21] BGH NJW 1971, 424; OLG Koblenz NJW 1966, 2017 = VersR 1967, 234.

Annahme solcher Umstände nicht aus.[22] Hat der Vermieter Kellerräume, in denen sich ein Kanalrevisionsschacht befindet, zu dem Zweck vermietet, dass dort Möbel ausgestellt und verkauft werden und weiß der Vermieter, dass bei stärkeren Regenfällen in den Kellerräumen mit einem Rückstau aus dem Kanal zu rechnen ist, so liegt darin ein anfänglicher Mangel.[23]

9 Unter dem Gesichtspunkt der mangelnden **Vorhersehbarkeit** hat das OLG Frankfurt a. M.[24] allerdings einen anfänglichen Mangel bei einer ähnlichen Konstellation verneint (→ BGB § 536 Rn. 145 f.). Nach einer Entscheidung des OLG München[25] sind Gefahrenquellen außerhalb der Mietsache, gegen die der Vermieter sich mangels Vorhersehbarkeit nicht schützen kann, nicht als Fehler anzusehen.[26] Der Vermieter muss nicht allen Eventualitäten vorbeugen. Die Lage vermieteter Räume in einem Gebiet, das nur bei außergewöhnlichen Witterungsverhältnissen hochwassergefährdet ist, stellt daher keinen Fehler der Mietsache dar.[27]

10 Die Haftung des Vermieters erfasst auch das Fehlen einer **zugesicherten** Eigenschaft (§ 536 Abs. 2 BGB). Der Vermieter ist daher schadensersatzpflichtig, wenn er eine bestimmte Tragfähigkeit von Decken zusichert und daraus ein Schaden entsteht.[28]

11 Die strenge Haftung nach der 1. Alternative des § 536 a Abs. 1 BGB gilt auch für einen **Erwerber** des Grundstücks, der ohne Verschulden für Schäden des Mieters haftet, die diesem nach dem Eigentumswechsel aus einem Mangel der Mietsache entstehen, der bereits beim Abschluss des Mietvertrages mit dem Veräußerer vorlag.[29] Etwas anderes kann nur gelten, wenn zwischen dem Mieter und dem Erwerber ein neuer Mietvertrag geschlossen wurde und der Erwerber damit erkennbar die Haftung für die ursprünglichen Mängel ausschließen wollte.[30]

## I. Maßgeblicher Zeitpunkt

12 Das Vorliegen eines anfänglichen Mangels bestimmt der Zeitpunkt des **Vertragsschlusses,** auch wenn das Mietverhältnis erst später beginnt (→ BGB § 536 Rn. 21 ff.).[31] Dies gilt auch bei einem formlosen Vertrag, selbst wenn er später schriftlich festgelegt und bestätigt wird. Die Parteien können Abweichendes vereinbaren.[32]

13 Im Falle einer Vertragsänderung im laufenden Mietverhältnis bei Beibehaltung der Vertragsparteien ist wie folgt zu differenzieren: Wird ein Mietvertrag über die vorgesehene Mietzeit hinaus verlängert und wird der Vertrag um Regelungen ergänzt, die nicht einen aufgetretenen Mangel betreffen, erfolgt damit kein „Einschnitt" in den Vertrag. Vorhandene Mängel gelten mit der **Verlängerung** des Vertrags nicht als anfängliche Fehler und unterliegen damit nicht der Garantiehaftung der 1. Alternative.[33]

14 Wird das Mietverhältnis nicht nur **verlängert** oder in einzelnen Punkten **ergänzt** oder **verändert,** sondern schließen die Vertragsparteien – auch anlässlich einer Verlängerung – einen **neuen Vertrag,** trifft den Vermieter die Garantiehaftung für die zum Verlängerungszeitpunkt vorhandenen Mängel.[34] Das gilt auch, wenn ein formlos abgeschlossener Vertrag durch einen schriftlichen Vertrag ersetzt wird, es sei denn, der Vermieter hat diese Garantie erkennbar nicht übernehmen wollen.[35] Es obliegt in diesen Fällen dem Vermieter, sich bei Vertragsschluss deutlich

---

22 BGH ZMR 1962, 82; OLG Düsseldorf NJW-RR 1988, 906 = ZMR 1988, 222.
23 OLG Düsseldorf NJW-RR 1988, 906 = ZMR 1988, 222.
24 OLG Frankfurt a. M. WuM 1984, 78.
25 OLG München WuM 1991, 681.
26 Bub/Treier MietR-HdB/*Kraemer/Ehlert* Kap. III B Rn. 3306.
27 BGH NJW 1971, 424.
28 BGH MDR 1964, 915.
29 BGH VIII ZR 22/04, WuM 2005, 201 = NZM 2005, 253 = NJW 2005, 1187 = ZMR 2005, 354 = DWW 2005, 103 = GE 2005, 361 = AK-MietPrax § 566 BGB Nr. 4; BGHZ 49, 350.
30 BGH NJW 1968, 885.
31 Staudinger/*Emmerich* BGB § 536 a Rn. 5; Bub/Treier MietR-HdB/*Kraemer/Ehlert* Kap. III B Rn. 3302, 3310.
32 Staudinger/*Emmerich* BGB § 536 a Rn. 5.
33 Wolf/Eckert/Ball MietR-HdB Rn. 336; Bub/Treier MietR-HdB/*Kraemer/Ehlert* Kap. III B Rn. 3311.
34 *Wolf/Eckert/Ball* Gewerbl. Miet-/Pacht-/LeasingR-HdB Rn. 336; Bub/Treier MietR-HdB/*Kraemer/Ehlert* Kap. III B Rn. 3311.
35 BGH NJW 1968, 885; Staudinger/*Emmerich* BGB § 536 a Rn. 5; Bub/Treier MietR-HdB/*Kraemer/Ehlert* Kap. III B Rn. 3311.

und unmissverständlich von der Haftung freizuzeichnen.[36] Der Mieter hat § 536b BGB zu beachten.

Findet mit Zustimmung des Vermieters unter Aufrechterhaltung der Identität des Mietvertrages ein **Parteiwechsel** auf der Mieterseite[37] statt, bleibt maßgeblicher Zeitpunkt für die Garantiehaftung der Abschluss des ursprünglichen Vertrages. Mängel, die erstmalig bei dem neuen Mieter eintreten, führen daher im Regelfall nur bei Verschulden zur Vermieterhaftung. Hat der Vermieter allerdings mit dem Nachfolger oder einen vom Mieter gestellten Ersatzmieter einen **neuen Vertrag** geschlossen, trifft den Vermieter für zu diesem Zeitpunkt vorhandene Mängel die Garantiehaftung,[38] was er nur durch einen vertraglichen Ausschluss vermeiden kann.[39] 15

Der **Grundstückserwerber** haftet auch für einen beim Veräußerer aufgetretenen anfänglichen Mangel, wenn dieser erst nach dem Eigentumswechsel zu einem Schaden führt[40], da nach § 566 BGB keine Verschlechterung der Rechtsposition des Mieters mit dem Vermieterwechsel eintreten darf. 16

Waren die Schäden schon vor Eigentumserwerb eingetreten, entfällt allerdings die Garantiehaftung des Erwerbers.[41] Er haftet in diesen Fällen nur bei Verzug (§ 536a Abs. 1 Alt. 3 BGB).[42] 17

§ 536a BGB gilt entsprechend, wenn die Mietsache erst **nach Abschluss des Vertrages** hergestellt werden soll und der Mangel bei deren Übergabe oder spätestens bei deren Fertigstellung vorliegt.[43] Dann bezieht sich die Garantie auf den Zeitpunkt der Übergabe bzw. Fertigstellung der Sache[44] (→ Rn. 6). Es ist nicht erforderlich, dass der Mangel in diesem Zeitpunkt bereits sichtbar hervorgetreten ist. Es genügt, wenn seine Ursache, und damit die Ursache der späteren Schädigung des Mieters, bei Vertragsschluss oder Übergabe angelegt ist. Werden zB durch Baumängel Wasserschäden am Eigentum des Mieters verursacht, liegt ein Fall der Garantiehaftung vor.[45] Die verschuldensunabhängige Haftung kommt in solchen Fällen auch in Betracht, wenn die Baumängel nicht unmittelbar den Mieträumen anhaften (zB durch Baugerüst).[46] 18

Die Garantiehaftung des Vermieters entfällt, wenn der bei Vertragsschluss vorliegende Mangel bis zum Zeitpunkt der vereinbarten Übergabe beseitigt wird.[47] 19

Wartet der Mieter aber nicht bis zur Fertigstellung und nimmt das **unfertige** Gebäude in Gebrauch, muss er bis zur Fertigstellung allgemein mit Mängeln rechnen und die entsprechenden Unannehmlichkeiten in Kauf nehmen.[48] 20

Die Garantiehaftung besteht auch gegenüber Dritten, die in den **Schutzbereich** des Mietvertrages einbezogen sind[49] (→ Rn. 76f.). 21

### II. Behördliche Beschränkungen als anfängliche Sachmängel

Fehlende behördliche Genehmigungen oder öffentlich-rechtliche Beschränkungen (→ BGB § 536 Rn. 78ff.) können den vertragsgemäßen Gebrauch der Mietsache beeinträchtigen. Ein Mangel **bei Vertragsschluss** liegt zB vor, wenn angemietete Räume nicht vertragsgemäß als Verkaufsstätte genutzt werden können, weil die dafür notwendige behördliche Genehmigung nicht vorliegt[50] oder wenn bereits bei Abschluss des Mietvertrages Baufehler vorlagen, die später zu einem Bezugsverbot führten.[51] Weiterhin liegt ein **anfänglicher** Sachmangel vor, wenn gegen eine 22

---

[36] BGHZ 49, 350.
[37] *Leßmann* JA 2000, 485.
[38] *Eisenschmid* PiG 1997, 77 (91).
[39] Bub/Treier MietR-HdB/*Kraemer/Ehlert* Kap. III B Rn. 3311; *Piper* NJW 1961, 300.
[40] BGHZ 49, 350; LG Berlin GE 1992, 677.
[41] Emmerich/Sonnenschein/*Emmerich* BGB § 536a Rn. 4, § 566 Rn. 35.
[42] Bub/Treier MietR-HdB/*Kraemer/Ehlert* Kap. III B Rn. 3312.
[43] BGH NJW 1963, 804 = MDR 1963, 303; BGHZ 9, 320; OLG Naumburg ZMR 2000, 381; Bub/Treier MietR-HdB/*Kraemer/Ehlert* Kap. III B Rn. 3310; Fischer-Dieskau/Pergande/Schwender WohnungsbauR/*Franke* 2017 BGB § 596a Anm. 3.2.2.
[44] BGH NJW 1953, 1180 = MDR 1953, 539; OLG Naumburg ZMR 2000, 381.
[45] BGH WuM 1994, 422 = NJW 1994, 2231 = ZMR 1994, 400 = MDR 1994, 1010.
[46] OLG München ZMR 1996, 322.
[47] Bub/Treier MietR-HdB/*Kraemer/Ehlert* Kap. III B Rn. 3310.
[48] DHF/*Franke* § 536a Anm. 3.2.2, anders als bei Neubaufeuchtigkeit; → BGB § 536b Rn. 6.
[49] Bub/Treier MietR-HdB/*Kraemer* Kap. III B Rn. 1382.
[50] BGH NJW 1980, 777.
[51] BGH NJW 1963, 804 = MDR 1963, 303 = BB 1963, 204.

behördliche Anordnung zur Gebrauchsbeschränkung der Mietsache Rechtsmittel eingelegt wurde und durch die damit verbundene Ungewissheit über den künftigen Gebrauch die gegenwärtigen Interessen des Mieters beeinträchtigt werden.[52]

**23** Von einem anfänglichen Mangel ist aber dann nicht auszugehen, wenn die zum Eingreifen berechtigte Behörde zunächst zulässigerweise – bei gleicher Ausgangslage – von einer rechtmäßigen Nutzung ausgeht und erst später – **nach Überlassung** der Mietsache – eine andere rechtliche Bewertung trifft.[53] Ebenso nicht ausreichend ist die irrtümliche Annahme eines Mangels, so dass der Mieter keinen Schadensersatz verlangen kann, wenn er auf Grund eines solchen Irrtums eine Ersatzsache gemietet hat.[54] Hat es aber der Mieter vertraglich selbst übernommen, den Mangel der Mietsache zu beseitigen, so ist die behördliche Erlaubnisversagung nur dann als ein dem Vermieter zuzuordnender Mangel anzusehen, wenn der Mieter tatsächlich alles getan hat, um den Mangel auszuräumen.[55]

**24** Soweit behördliche Beschränkungen den vertragsgemäßen Gebrauch der Mietsache beeinträchtigen und einen Mangel darstellen, setzt ein solcher anfänglicher Mangel iSd § 536a Abs. 1 Alt. 1 mindestens voraus, dass schon im Zeitpunkt der Gebrauchsüberlassung mit einem späteren behördlichen Einschreiten während der vereinbarten Vertragszeit **zu rechnen ist.**[56] Das ist stets dann der Fall, wenn die Behörde nicht nur berechtigt, sondern auch **verpflichtet** ist, die vertraglich vorgesehene Nutzung der Mietsache zu untersagen. Brandschutzmäßige Beanstandungen der Behörde, die nicht ohne weiteres behebbar sind und die zur Versagung der Gaststättenerlaubnis führen, stellen daher einen anfänglichen Mangel der Mietsache dar, für den der Vermieter auch ohne Verschulden einzustehen hat.[57] Ein Rechtsmangel ist schon bei Beginn des Mietverhältnisses anzunehmen, wenn der Mieter die Räume in einer Wohnanlage nicht vertragsgemäß nutzen kann, weil eine Zweckbindung in der Teilungserklärung entgegensteht.[58]

### III. Anfängliche Rechtsmängel/unterlassene Räumung

**25** Kann der Vermieter die Räume nicht übergeben, weil der Vormieter nicht auszieht, ist zu differenzieren: Unterlässt der Vormieter **vertragswidrig** die Räumung, dann kann der Vermieter die Räume wegen anfänglicher subjektiver Unmöglichkeit nicht übergeben. Er haftet somit gem. § 311a BGB auf Schadensersatz oder auf Ersatz der Aufwendungen. Der Vermieter ist zum Schadens- bzw. Aufwendungsersatz aber nur verpflichtet, wenn er das Leistungshindernis bei Vertragsschluss kannte bzw. seine Unkenntnis zu vertreten hat, was in der Praxis selten anzunehmen ist (aber → Rn. 26).

**26** Nach OLG Frankfurt a. M.[59] soll der Vermieter nur schuldhaft handeln, dem Nachmieter also nur auf Schadensersatz haften, wenn er konkrete Erkenntnisse hatte, dass der Vormieter nicht räumen will. Üblicherweise müsse der Vermieter davon ausgehen können, dass der Vormieter die Räume frei mache. Diese Auffassung ist nicht unbedenklich. Bei der Übergabe handelt es sich **nicht** um eine **Nebenpflicht** des Vermieters. Vielmehr gehört die Übergabe der Mietsache zum **Kern** der mietvertraglichen Pflichten. Daher ist es gerechtfertigt, diese vertraglich bindende Erklärung des Vermieters für die termingerechte Übergabe regelmäßig als eine Garantiezusage (vgl. § 276 BGB) aufzufassen, wenn nicht ausdrücklich etwas anderes vereinbart wurde.[60] Anderenfalls ginge das Risiko der Überlassung allein zu Lasten des Mieters, obwohl das Hindernis der Überlassung dem Gefahrenbereich des Vermieters zuzuordnen ist. Unter dieser Prämisse würde der Vermieter auch haften, wenn man für den Fall der nicht rechtzeitigen Räumung nachträgliche Unmöglichkeit

---

[52] BGH NJW 1971, 555 = MDR 1971, 294 = BB 1971, 375.

[53] BGHZ 9, 320; 63, 333 = NJW 1975, 645; 68, 294 = NJW 1977, 1285.

[54] AG Bühl MDR 1989, 64.

[55] OLG Düsseldorf DWW 1991.

[56] BGH NJW 1977, 1286; OLG Düsseldorf DWW 1991, 236; Emmerich/Sonnenschein/*Emmerich* BGB § 536a Rn. 5.

[57] OLG Düsseldorf DWW 1993, 100; ZMR 1993, 275.

[58] OLG Düsseldorf WuM 1999, 37.

[59] OLG Frankfurt a. M. WuM 2000, 116; MDR 1999, 1190 = NZM 1999, 966 = ZMR 1999, 814 mAnm *Stapel; sa Gruber WuM 2002, 252* (254).

[60] *Oechsler* NZM 2004, 881 (885); *Kraemer* NZM 2004, 721 (724); *Stapel* Anm. zu OLG Frankfurt a. M. ZMR 1999, 814; Emmerich/Sonnenschein/*Emmerich* BGB § 536a Rn. 4; **aA** BGH WuM 1992, 687 = NJW 1992, 3226 = MDR 1992, 1147 = ZMR 1993, 7.

annehmen würde mit den Haftungsvoraussetzungen der §§ 275, 280 BGB, weil das Vertretenmüssen der Leistungsstörung durch den Vermieter ebenfalls unter dem Gesichtspunkt der Garantiehaftung zu werten wäre (→ BGB § 536 Rn. 533 ff., 576). Zu dem gleichen Ergebnis gelangt man, wenn die rechtzeitige Überlassung als **Beschaffungsrisiko** angesehen wird[61] (§ 276 BGB).

Hat der Vermieter dem Nachmieter die Übergabe auf den vereinbarten Termin **garantiert,** obwohl er wusste, dass der Vormieter nicht rechtzeitig wird räumen können, dann sind Schadensersatzansprüche des Vermieters gegen den ersten Mieter wegen der Ansprüche des Nachfolgemieters gegen den Vermieter idR gem. § 254 BGB zur Gänze ausgeschlossen.[62]

Im Einzelfall kann aber bei verspäteter Übergabe nicht (Teil-)Unmöglichkeit sondern **Verzug** vorliegen.[63] Dann richtet sich die Schadensersatzpflicht des Vermieters nach den §§ 280, 286 BGB, wenn er die Pflichtverletzung, also die verzögerte Übergabe, gem. §§ 286 Abs. 4 BGB zu vertreten hat. Im Gegensatz zu § 311 a BGB wird bei § 286 Abs. 4 BGB nicht auf die Kenntnis, sondern auf die Pflichtverletzung wegen der „verzögerten Leistung" abgestellt. Dabei wird sich der Vermieter das Verhalten des nicht räumenden Vormieters nicht zurechnen lassen müssen, da er nicht Erfüllungsgehilfe des Vermieters ist[64]. 27

Kann der Vermieter die Räume nicht übergeben, weil der Vormieter oder ein sonstiger Dritter sie zu Recht in Besitz hat, liegt ein Rechtsmangel vor, für den der Vermieter ebenfalls gem. § 536 a Abs. 1 Alt. 1 BGB (Garantiehaftung) einstehen muss.[65] 28

Besonderheiten bestehen bei Rechtsmängeln insofern, dass sie sich erst auswirken, wenn der Dritte sein Recht **geltend macht** (→ BGB § 536 Rn. 281 ff.). Daher ist zu unterscheiden zwischen dem **Bestand** des Rechts und seiner **Ausübung.**[66] Für die Frage nach dem anfänglichen oder nachträglichen Rechtsmangel ist der Bestand des Rechts bei Vertragsabschluss maßgebend. 29

Ein Rechtsmangel ist daher schon bei **Abschluss** des Mietvertrages angelegt, wenn der Mieter die Räume in einer Wohnanlage nicht vertragsgemäß nutzen kann, weil eine Zweckbindung in der Teilungserklärung entgegensteht.[67] Der Schadensersatzanspruch kommt aber erst in Betracht, wenn der Dritte sich auf sein Recht beruft. 30

## IV. Anfängliche Mängel außerhalb der Raummiete

Ein anfänglicher Mangel liegt vor, wenn der **Fußbodenbelag** einer Kegelbahn bei Witterungsumschlägen zu schwitzen beginnt[68] oder wenn ein von Anfang an verrostetes oder nicht isoliertes Rohr später undicht wird.[69] Wird ein Pkw auf einem **Hotelparkplatz** durch herabfallendes Geäst beschädigt, haftet der Hotelinhaber auch ohne Verschulden für den Schaden.[70] Die gleiche Haftung trifft den Betreiber eines **Campingplatzes.**[71] Wird der **Pflug** des Pächters einer Ackerfläche beschädigt, weil sich im Boden eine mit Sand überdeckte und dadurch nicht erkennbare Betonplatte befand, muss der Verpächter für den Schaden einstehen.[72] 31

## V. Haftungsbeschränkung bei Richt- und Grenzwerten

Die strenge Haftung des Vermieters rechtfertigt sich durch die Notwendigkeit eines umfassenden Mieterschutzes.[73] Im Bereich der **Umweltmängel** wird allerdings von Derleder[74] iRd § 536 a Abs. 1 BGB eine teleologische Eingrenzung der Garantiehaftung gefordert, weil der Vermieter 32

---

[61] *Kraemer* NZM 2004, 721 (724).
[62] OLG München ZMR 1989, 224.
[63] BGH WuM 1992, 687 = NJW 1992, 3226 = MDR 1992, 1147 = ZMR 1993, 7; *Emmerich* NZM 2002, 362 (364).
[64] *Gruber* WuM 2002, 252 (254).
[65] IE *Kluth/Grün* NZM 2002, 473 (479).
[66] AnwK WohnraummietR BGB § 536 a Rn. 36.
[67] OLG Düsseldorf WuM 1999, 37.
[68] BGH MDR 1972, 411 = BB 1972, 1207.
[69] LG Berlin GE 1992, 677; LG Köln WuM 1990, 386.
[70] BGHZ 63, 333 = NJW 1975, 645.
[71] OLG Frankfurt a. M. NJW-RR 1986, 108 = MDR 1985, 1027 = VersR 1986, 374.
[72] OLG München NJW-RR 1990, 1099 = VersR 1992, 96.
[73] Staudinger/*Emmerich* BGB § 536 a Anm. 1 a.
[74] *Derleder* PiG 31 (1986), 13 (32).

nicht ohne Rücksicht auf Verschulden für Risiken haften soll, die nach dem Stand von Technik und Wissenschaft bei Beginn des Mietverhältnisses nicht erkennbar waren. Ob dies ausreicht, die eindeutige Wertentscheidung des Gesetzgebers für die Garantiehaftung des Vermieters einzuschränken, ist fraglich. Richtig ist, dass die Haftung des Vermieters bei Vorliegen derartiger Mängel sehr weit reichend ist. Allerdings wird der Mieter in diesen Fällen – will er nicht gesundheitliche Schäden in Kauf nehmen – die Wohnung aufgeben und einen Wohnungswechsel vornehmen. Die hierdurch entstehenden Transaktionskosten sind idR nicht unerheblich und müssen, wenn man die Garantiehaftung verneint, vom Mieter allein getragen werden.

**33** Das BayObLG[75] geht einen anderen Weg, kommt aber mit *Derleder* zu einem gleichen Ergebnis. Bei der Prüfung wissenschaftlich-technischer Standards, zB die Kontrolle bestimmter Richtwerte und Grenzwerte, soll grds. der Zeitpunkt des Vertragsschlusses maßgebend sein. Haben sich im Laufe des Mietverhältnisses die Richt- oder Grenzwerte aber **geändert,** darf dies nicht den Vermieter rückwirkend belasten, sonst müsste er für spätere, schärfere Bewertungen von Grenz- und Vorsorgewerten im Rahmen der Garantiehaftung nachträglich einstehen. Soll mit dem neuen Wert ein unerwünschtes Risiko vermindert werden,[76] dann gilt die Garantiehaftung grds. erst mit der Einführung des neuen Wertes. Der neue Richtwert ist somit für das Mietverhältnis ab dem Änderungszeitpunkt maßgeblich (→ BGB § 536 Rn. 25 ff.).

## VI. Abweichende Vereinbarungen

**34** Es ist herrschende Auffassung, dass die verschuldensunabhängige Haftung des Vermieters (§ 536a Abs. 1 Alt. 1 BGB) für anfängliche Sachmängel als eine für das gesetzliche Haftungssystem untypische Regelung auch **formularmäßig** abbedungen werden kann.[77] In der Praxis wird es daher regelmäßig bei Ansprüchen nach § 311a BGB bleiben.

**35** Eine so weit gehende Haftungsbeschränkung ist aber bei Rechtsmängeln durch Allgemeine Geschäftsbedingungen nicht möglich, weil es sich hier um einen Spezialfall anfänglichen Leistungsvermögens handelt und die Gebrauchsgewährungs- und Überlassungspflicht – eine **Kardinalpflicht** (→ BGB § 536 Rn. 460, 469) – des Vermieters in besonderer Weise berührt wird[78].

## VII. Mitverschulden des Mieters

**36** Auch im Rahmen der Garantiehaftung kommt ein **mitwirkendes Verschulden** des Mieters in Betracht (§ 254 BGB),[79] wobei aber zu beachten ist, dass den Mieter keine Prüfungspflicht trifft.[80] Ein Mitverschulden ist anzunehmen, wenn sich der Mangel erst oder verstärkt durch die Fahrlässigkeit des Mieters auswirkt,[81] wie bspw. die Entstehung von Feuchtigkeit beim ursächlichen Zusammenwirken von fehlender Wärmedämmung am Gebäude und falschem Lüftungsverhalten des Mieters.

**37** Hat der Mieter einen Mangel nicht gem. § 536c BGB angezeigt, entfällt ein Schadensersatzanspruch, soweit der Vermieter infolge der Unterlassung der Anzeige nicht Abhilfe schaffen konnte (→ BGB § 536c Rn. 35).

## C. 2. Alternative – Verschulden des Vermieters nach Vertragsschluss

**38** Für Mängel, die nach Vertragsschluss entstehen, haftet der Vermieter nur bei Verschulden (Vertretenmüssen). Für die Frage der Entstehung des Mangels kommt es nicht auf den Zeitpunkt an, an dem er erkennbar hervortritt, sondern darauf, wann **die Ursache** für den Mangel gesetzt worden

---

75 BayObLG WuM 1999, 568 = DWW 1999, 350 = NZM 1999, 899 = ZMR 1999, 753 mAnm *Schläger.*

76 Einschränkend *Schläger* ZMR 2002, 85 (89).

77 BGH NJW-RR 1993, 519 = ZMR 1993, 320 = DWW 1993, 170; WuM 1992, 316 = NJW-RR 1991, 74 = ZMR 1992, 241; OLG Stuttgart WuM 1984, 187; BayObLG WuM 1985, 49; LG Mönchengladbach ZMR 1993, 420; Staudinger/*Emmerich* BGB § 536a Rn. 45; *Fielenbach* NZM 2013, 841 (843).

78 *Kraemer* NZM 2004, 221 (224).

79 *BGH NJW 1963, 1449* = MDR 1963, 585 = BB 1963, 668; BGHZ 68, 281 = WuM 1978, 88 = NJW 1977, 1236 = ZMR 1978, 50; NJW-RR 1991, 970 = WPM 1991, 736.

80 Staudinger/*Emmerich* BGB § 536a Rn. 25; Bub/Treier MietR-HdB/*Kraemer/Ehlert* Kap. III B Rn. 3314.

81 BGH NJW-RR 1991, 970 = WPM 1991, 736.

ist (→ BGB § 536 Rn. 21 ff.). Die Verschuldenshaftung kommt regelmäßig dann in Betracht, wenn der Vermieter oder sein Erfüllungsgehilfe, das ist ua der Hausmeister oder der von ihm beauftragte Handwerker, zB bei Reparaturarbeiten eine schädigende Handlung vornehmen[82] oder wenn der Vermieter gegen seine Obhuts- und Überwachungspflichten verstößt.[83] Diese gehen aber nicht so weit, dass der Vermieter Vorkehrungen gegen ein völlig fern liegendes Fehlverhalten Dritter[84] oder ganz außergewöhnliche Umstände treffen muss.[85] Weiterhin ist zu beachten, dass der Vermieter nur insoweit eine Überwachungs- und Kontrollpflicht hat, als ihm auch Zugang zu den Gebäudeteilen und Gemeinschaftseinrichtungen eingeräumt ist. Die Anforderungen an den Vermieter, die mitvermieteten technischen Einrichtungen laufend zu überprüfen, dürfen nicht überspannt werden[86] (Einzelheiten → Rn. 44 ff.; → BGB § 535 Rn. 144 ff.). Sind die Räume und Einrichtungen ausschließlich dem Mieter überlassen worden, darf sich der Vermieter auf die Mängelanzeige des Mieters nach § 536 c BGB verlassen.[87]

Hat der Vermieter Kenntnis von einem gefahrdrohenden Zustand, muss er diese Gefahr auf Grund seiner Fürsorgepflicht abwenden. **39**

## I. Verschulden

Ein Verschulden liegt vor, wenn **nach Vertragsschluss** ein Mangel entsteht, den der Vermieter gem. §§ 276–278 BGB zu vertreten hat.[88] Dabei spielt der Inhalt des Vertrages eine besondere Rolle, da er eine strengere oder mildere Haftung des Schuldners begründen kann (§ 276 Abs. 1 S. 1 BGB). Wird zB der Treppenbenutzer durch die Anbringung eines Warnschildes nur auf die Gefahren aufmerksam gemacht, die durch ordnungsmäßiges Bohnern entstehen, so haftet der Vermieter gleichwohl für Schäden infolge fehlerhafter Pflege.[89] Befindet sich der Mieter in Annahmeverzug, haftet der Vermieter nur noch für Vorsatz und grobe Fahrlässigkeit.[90] Ein Mitverschulden (§ 254 BGB) des Mieters kann anspruchsmindernd berücksichtigt werden[91] (→ Rn. 49). **40**

Der **gewerbliche Zwischenmieter** hat dafür einzustehen, dass der Untermieter für die vorgesehene Dauer des Untermietverhältnisses unter Berücksichtigung der eingeschränkten Möglichkeiten zur Kündigung gem. § 573 BGB den Gebrauch behält.[92] Grundsätzlich ist davon auszugehen, dass in der Untervermietung die Übernahme aller Risiken liegt, die sich aus dem Hauptmietvertrag für den Untermieter ergeben können. Der Zwischenmieter hat daher die Kündigung des Hauptmietverhältnisses durch den Hauptvermieter wegen Zahlungsverzuges gegenüber dem Untermieter zu vertreten[93] (→ BGB § 536 Rn. 298 ff.). Der bloße Hinweis darauf, dass der Vermieter nicht Eigentümer der Wohnung sei, ist unzureichend, da er über die Ausgestaltung des gewerblichen Mietverhältnisses nichts aussagt.[94] **41**

## II. Haftung für Erfüllungsgehilfen

Der Vermieter haftet für alle Personen, die er zur Erfüllung einer dem Mieter gegenüber bestehenden Pflicht einsetzt. Erfüllungsgehilfe ist jede Person, die vom Vermieter für Verrichtungen bei, in oder an der Mietsache bestellt wird.[95] Daher ist der Handwerker, der vom Vermieter **42**

---

[82] LG Mannheim WM 1976, 150 = ZMR 1977, 154.
[83] BGH NJW 1967, 154.
[84] OLG Frankfurt a. M. WuM 1991, 88.
[85] OLG Frankfurt a. M. WuM 1991, 88; OLG München WuM 1991, 681.
[86] BGH VersR 1966, 81.
[87] LG Hamburg ZMR 1991, 440 = DWW 1992, 83.
[88] Emmerich/Sonnenschein/*Emmerich* BGB § 536a Rn. 6; zur Haftung bei Mängeln am Gemeinschaftseigentum einer WEG-Anlage LG Frankfurt a. M. WuM 2008, 400.
[89] BGH NJW 1967, 154.
[90] LG Düsseldorf DWW 2000, 26 zum Verlust eines Schlüssels.
[91] Staudinger/*Emmerich* BGB § 536a Rn. 25.
[92] LG Ulm WuM 1989, 285; Emmerich/Sonnenschein/*Emmerich* BGB § 536a Rn. 6.
[93] BGHZ 63, 132 = NJW 1975, 44 = MDR 1975, 134 = ZMR 1977, 149 = BB 1974, 1506; Staudinger/*Emmerich* BGB § 536a Rn. 11.
[94] LG Ulm WuM 1989, 285.
[95] BGH NJW 1987, 1323 = MDR 1987, 208; BGHZ 62, 119 = NJW 1974, 692; OLG Karlsruhe NJW-RR 1988, 528 = ZMR 1988, 52; zur Haftungsdifferenzierung bei leitenden und einfachen Angestellten s. *Fielenbach* NZM 2013, 841 (847) mwN.

zur Erfüllung seiner Instandsetzungspflicht eingeschaltet wird, Erfüllungsgehilfe des Vermieters.[96] Der Vermieter muss allerdings nur für solche Handlungen des Erfüllungsgehilfen einstehen, die dieser in Ausübung der **ihm übertragenen Verpflichtung** begeht.[97] Für die bei Gelegenheit der schuldrechtlichen Verpflichtung begangenen Handlungen haftet der Vermieter als Geschäftsherr nicht. Allerdings reicht es für die Haftung gem. § 278 S. 1 BGB aus, wenn die schädigende Handlung noch in einem inneren Zusammenhang mit der übertragenen Aufgabe steht.[98]

**43** In einer **Wohnungseigentumsanlage** ist der Verwalter bzgl. der ordnungsgemäßen Instandsetzung und Instandhaltung des Gemeinschaftseigentums (§ 21 Abs. 5 Nr. 2 WEG) Erfüllungsgehilfe des Vermieters. Andere **Mieter** im Haus sind idR nicht Erfüllungsgehilfen des Vermieters, es sei denn, sie haben vertraglich Vermieterpflichten übernommen.[99] Daher kommt eine Haftung des Vermieters wegen Störungen durch Mitmieter nur dann aus § 536 a BGB in Betracht, wenn er pflichtwidrig nicht gegen den Störer einschreitet und dadurch in Verzug gerät.[100]

### III. Überwachungs- und Obhutspflichten

**44** Zwar haftet der Vermieter im Rahmen dieser Vorschrift für Verstöße gegen seine Gebrauchserhaltungspflicht gem. § 535 Abs. 1 S. 2 BGB, dabei sind aber auch Verstöße gegen seine Prüfungs- und Überwachungspflichten denkbar, soweit er bei regelmäßiger Kontrolle den Sachmangel hätte vermeiden können.[101] Den Vermieter trifft eine **Prüfungspflicht** sowie eine **Überwachungspflicht** hinsichtlich der Mietsache, damit Schäden von vornherein unterbunden und vermieden werden können. So ist der Vermieter generell nur dann verpflichtet, notfalls unter Hinzuziehung eines fachkundigen Handwerkers in Abständen die technischen Geräte in der Mietwohnung zu überprüfen, wenn sie sich nicht im ausschließlichen Obhutsbereich des Mieters befinden und konkrete Anhaltspunkte für einen Überprüfungsbedarf vorliegen[102] (iE → BGB § 535 Rn. 144 ff.). In den anderen Fällen ist zu Gunsten des Vermieters zu berücksichtigen, dass der Mieter gem. § 536 c BGB verpflichtet ist, Verschlechterungen der Mietsache dem Vermieter anzuzeigen. Er darf daher darauf vertrauen, dass der Mieter seiner Pflicht ordnungsgemäß nachkommt.[103] Der Mieter hat aber keine **Prüfungs-** und **Untersuchungspflicht** (Einzelheiten → BGB § 536 c Rn. 1 ff.).

**45** Bei Verletzung der **Kontrollpflicht** haftet der Vermieter dem Mieter zB für Wasserschäden, die darauf beruhen, dass sich in einer höher gelegenen Wohnung ein Riss in der Zuleitung zu einem Wasserboiler gebildet hat.[104] Die Kontrollpflicht findet nach Treu und Glauben dort ihre Grenze, wo die Kontrolle einen **unzumutbaren** Aufwand erfordert und keine Gewähr für eine dauerhafte Funktionstauglichkeit bietet.[105]

**46** Im Rahmen der **Verkehrssicherungspflicht** ist der Vermieter gehalten, für einen Kinderspielplatz das Gras auch an weniger zugänglichen Stellen regelmäßig soweit abzumähen, dass dort evtl. liegende gefährliche Gegenstände rechtzeitig erkannt und unverzüglich beseitigt werden können.[106] Dies gilt erst recht dann, wenn Umstände bekannt sind, die das Vorhandensein einer derartigen Gefahr nahe legen. Für eine jedermann sichtbare und erkennbare Gefahr muss der Vermieter allerdings keine Vorsorgemaßnahmen treffen[107] (→ BGB § 535 Rn. 139 ff.).

**47** Soweit Geräte vermietet sind, deren Funktionstüchtigkeit von einer regelmäßigen Wartung abhängt, hat der Vermieter einen auf unzureichende Wartung zurückzuführenden Schaden zu ver-

---

[96] OLG Hamm ZMR 1996, 199 = NJW-RR 1996, 969; Wolf/Eckert/Ball MietR-HdB Rn. 339.
[97] BGHZ 31, 358 = NJW 1960, 669; BGHZ 123, 1 = NJW 1993, 3061.
[98] Zu den hiermit verbundenen Abgrenzungsfragen Erman/*Westermann* § 278 Rn. 39 ff.
[99] Staudinger/*Emmerich* BGB § 535 Rn. 135; → BGB § 536a Rn. 10.
[100] LG Hamburg WuM 1987, 218.
[101] OLG Rostock GE 2020, 1249 = ZMR 2020, 1019; Guhling/Günter/*Günter* § 536 a Rn. 45.
[102] LG Berlin GE 2011, 133; BGH VIII ZR 321/07, WuM 2008, 719 = NZM 2008, 927; Guhling/Günter/*Günter* BGB § 536 a Rn. 45.
[103] BGH VIII ZR 321/07, WuM 2008, 719 = NZM 2008, 927 = NJW 2009, 143 = MDR 2009, 75 = GE 2008, 1555 = AK-MietPrax § 535 BGB Nr. 35; sa OLG Celle ZMR 2009, 683; *Gsell* NZM 2010, 71 (72).
[104] OLG Hamm DB 1981, 1873.
[105] *BGH WuM 1993, 123* = NJW-RR 1993, 521 = ZMR 1993, 151 = MDR 1993, 866; AG Wedding GE 1999, 717 zur Überprüfung von Rohrleitungen.
[106] OLG Hamm DWW 1990, 203.
[107] OLG Köln WuM 1992, 620 = DWW 1992, 338 = VersR 1993, 1494.

treten, es sei denn, er hat die Wartung wirksam auf den Mieter übertragen.[108] Der Vermieter haftet auch dann, wenn Einrichtungen oder Anlagen sachwidrig installiert oder fehlerhaft angebracht sind, so dass die Mietsache nur in der Befürchtung einer drohenden Gefahr benutzt werden kann. Die Einstandspflicht des Vermieters ändert sich nicht deshalb, weil die mangelhafte Anlage aus DDR-Zeiten stammt.[109]

### IV. Abweichende Vereinbarungen

Die Haftung für Schäden aus Pflichtverletzungen, die nicht das Leben, den Körper oder die Gesundheit betreffen, mit Vorsatz oder grober Fahrlässigkeit des Vermieters oder mit Vorsatz und grober Fahrlässigkeit eines gesetzlichen Vertreters oder Erfüllungsgehilfen kann wegen § 309 Nr. 7 lit. b BGB nicht durch **Formularvertrag** oder durch **Verbrauchervertrag** ausgeschlossen werden. Ausgeschlossen sind auch Haftungsbeschränkungen für Schäden aus der Verletzung des Lebens, des Körpers oder der Gesundheit, die auf Fahrlässigkeit des Verwenders oder seines Erfüllungsgehilfen beruhen (§ 309 Nr. 7 lit. a BGB). Das einfache Nichtstun des Vermieters bei plötzlich eintretenden Schäden stellt ein grobes, zum Schadensersatz verpflichtendes Fehlverhalten dar.[110] Für leichte Fahrlässigkeit kann sich der Vermieter auch dann nicht freizeichnen, wenn er sich von der Haftung für die Schlecht- oder Nichterfüllung von sog. **Kardinalpflichten** befreien will (→ BGB § 536 Rn. 426 ff.). 48

### V. Mitverschulden

Unter dem Gesichtspunkt des **Mitverschuldens** kann zu berücksichtigen sein,[111] dass der Mieter fahrlässig die Anzeige nach § 536 c BGB unterlassen hat. Diese Vorschrift ist nämlich insoweit einschränkend auszulegen, als dass der dort normierte völlige Ausschluss des Schadensersatzanspruchs nur gerechtfertigt ist, wenn der Mieter das für jedermann Naheliegende nicht zur Kenntnis genommen hat. Ansonsten muss von einer **abgestuften** Haftung ausgegangen werden.[112] 49

Problematisch kann die Haftungsgrundlage sein. § 280 Abs. 1 S. 1 BGB gibt dem Mieter Schadensersatz ohne Anzeigepflicht und Fristsetzung, während die Anwendung des § 536 a Abs. 1 BGB über § 536 c BGB Abs. 2 bei unterlassener Anzeige ausgeschlossen ist. Allerdings darf über § 280 BGB nicht die spezielle Rechtsfolge umgangen werden[113]. Daher wird § 280 Abs. 1 BGB von § 536 a Abs. 1 BGB verdrängt.

Benutzt bspw. ein Mieter jahrelang eine **offensichtlich** schadhafte Treppe ohne den Zustand zu rügen, muss er den Schaden durch einen Sturz weitgehend selbst tragen.[114] Wer somit trotz Kenntnis eines Mangels nichts unternimmt, um den Schadenseintritt oder die Vergrößerung eines Schadens zu vermeiden, ist mitverantwortlich.[115] 50

## D. 3. Alternative – Verzug

Neben der Garantiehaftung und der Verschuldenshaftung der 2. Alternative haftet der Vermieter auch, wenn er mit der Beseitigung eines Mangels – selbst wenn er die Entstehung des Mangels nicht zu vertreten hat – in Verzug ist und dem Mieter dadurch ein Schaden entsteht.[116] Praktische Bedeutung erlangt die Vorschrift regelmäßig nur dann, wenn der Vermieter einen **nachträglichen Mangel nicht zu vertreten hat**[117], weil er in den anderen Fällen schon nach den anderen Alternativen des § 536 a Abs. 1 BGB haftet. Daher sind hier bspw. die Fälle anzusiedeln, bei denen Dritte, zB Mitmieter, den Mietgebrauch stören, soweit sie nicht als Erfüllungsgehilfen des Vermieters tätig 51

[108] Zur Wirksamkeit der Übertragung im Wohnraummietverhältnis BGH WuM 1991, 381 = NJW 1991, 1750 = MDR 1991, 628 = ZMR 1991, 290 = DWW 1991, 212 = GE 1991, 615.
[109] AG Potsdam WuM 1994, 524.
[110] AG Wiesbaden WM 1980, 245.
[111] BGH WuM 1978, 88 = NJW 1977, 1236 = MDR 1977, 743 = ZMR 1978, 50.
[112] OLG Karlsruhe NJW-RR 1988, 528 = ZMR 1988, 52.
[113] *Oechsler* NZM 2004, 881 (886).
[114] OLG Karlsruhe MDR 1963, 756.
[115] LG Hamburg WuM 1999, 513.
[116] AG Pankow-Weißensee GE 2014, 197.
[117] AG Hamburg WuM 2015, 490 zum Defekt einer Garagen-Doppelrampe.

werden.[118] Die Verzugs-Haftung wegen Mängel, die auf das Verhalten Dritter zurückzuführen sind, wird nicht dadurch beschränkt, dass der Mieter von Gewerberaum die Pflicht zur Instandsetzung übernommen hat. Derartige **Übernahme-Klauseln** sind eng auszulegen und erfassen daher die durch Dritte verursachten Schäden nicht[119] (→ BGB § 536 Rn. 460ff.).

**52** Die Verzugsvoraussetzungen richten sich nach § 286ff. BGB. Der Vermieter kommt mit der Mängelbeseitigung in Verzug, wenn der Mieter den **fälligen** Mängelbeseitigungsanspruch entweder abgemahnt hat oder wenn wegen der Mängelbeseitigung ein fester Termin vereinbart war (§ 286 Abs. 2 BGB). Darüber hinaus muss wegen § 286 Abs. 4 BGB der Vermieter die Verzögerung der Leistung zu vertreten haben.

## I. Fälligkeit

**53** Der Verzug begründet nicht etwa die **Fälligkeit** der Leistungspflicht des Vermieters. Vielmehr ist der Vermieter gem. § 271 BGB schon bei Auftreten des Mangels verpflichtet, diesen zu beseitigen. Dem Verzug geht daher in aller Regel eine Anzeige des Mieters nach § 536 c BGB voraus.

## II. Mahnung

**54** Gem. § 286 Abs. 1 BGB setzt der Verzug des Vermieters grds. eine Mahnung des Mieters voraus. Für die Annahme einer Mahnung reicht eine **Anzeige** nach § 536 c BGB allein nicht aus.[120] Allerdings werden Mahnung und Anzeige in der Praxis häufig **zusammenfallen,** so dass der Erklärungswert der Anzeige genau zu prüfen ist.[121] Bloße Hinweise sind jedoch nicht als Mahnungen anzusehen, da sie aus der Sicht des Vermieters als Erklärungsempfänger nicht zweifelsfrei als Aufforderungen zur Mängelbeseitigung verstanden werden müssen. Erscheint es aus der Sicht eines Vermieters auch möglich, dass ein Mieter nur auf einen bestehenden Mangel hinweist, liegt keine Mahnung und damit kein Verzug vor.[122] Bei der Bewertung eines solchen Hinweises ist allerdings zu berücksichtigen, ob ein Mieter im Interesse des Hausfriedens sein Schreiben besonders höflich abgefasst hat. Erkundigt sich der Mieter beim Vermieter über die Adresse und Telefonnummer des Handwerkers, kann darin eine Mahnung liegen.[123]

**55** Die Ursache des Mangels muss der Mieter nicht mitteilen. Der Vermieter muss aber erkennen können, um welchen Fehlerkomplex es sich handelt, weil er anderenfalls nicht zur Mängelbeseitigung imstande ist. Er muss aus der Mitteilung des Mieters also erkennen können, welche Leistung von ihm verlangt wird.[124] Zu hohe Anforderungen sind daran nicht zu stellen, weil der Vermieter auf Grund seiner **Fürsorgepflicht** (→ BGB § 535 Rn. 99ff.) gehalten ist, den Hinweisen des Mieters nachzugehen. Betrifft der Mangel Gemeinschaftseinrichtungen des Hauses, kann sich ein Mieter nicht darauf berufen, dass schon ein anderer Mieter den Vermieter gemahnt habe.

**56** In der Mahnung muss **keine Frist zur Mängelbeseitigung** gesetzt werden. Zur Mahnung gehört lediglich eine Leistungsaufforderung, aus der erkennbar wird, dass das Ausbleiben der Leistung rechtliche Folgen haben wird.[125] Nach Zugang der Mahnung muss der Vermieter grds. **unverzüglich** handeln (vgl. § 286 Abs. 4 BGB, → Rn. 120ff.).[126] Ihm muss aber je nach Schaden eine angemessene Frist für die Durchführung der Mangelbeseitigung eingeräumt werden, die sich auch nach den Zeitplänen des beauftragten Handwerkers richten kann.[127]

**57** Hat der Mieter einen fälligen – und durchsetzbaren – Anspruch auf Mängelbeseitigung, kommt der Vermieter in den Fällen des § 286 Abs. 2 BGB bei Vertretenmüssen auch dann in Verzug, wenn ausnahmsweise eine Mahnung **entbehrlich** ist. Dies ist in folgenden Fällen anzunehmen:

---

[118] Staudinger/*Emmerich* BGB § 536a Rn. 10; Bub/Treier MietR-HdB/*Kraemer/Ehlert* Kap. III B Rn. 3322.
[119] BGH XII ZR 158/01, GuT 2005, 213 = GE 2005, 1185 = ZMR 2005, 844 = DWW 2005, 372 = NZM 2005, 863 = AK-MietPrax § 538 BGB Nr. 17; OLG Koblenz WuM 1990, 16 = NJW-RR 1990, 20 = ZMR 1989, 464 = GE 1990, 649; Bub/Treier MietR-HdB/*Kraemer/Paschke* Kap. III B Rn. 3075.
[120] LG Mannheim NJW-RR 1996, 1357.
[121] OLG Rostock ZMR 2020, 1019 (1020).
[122] AG Neuss WuM 1989, 565 = DWW 1990, 25.
[123] LG Itzehoe WuM 1988, 87.
[124] *LG Duisburg WuM 1999, 112.*
[125] BGH MDR 1952, 155 = BB 1952, 42.
[126] Bub/Treier MietR-HdB/*Kraemer/Ehlert* Kap. III B Rn. 3327.
[127] *Breckerfeld* NZM 2000, 1172.

- Einer Mahnung bedarf es nicht, wenn für die Leistung eine Zeit **nach dem Kalender** bestimmt ist (§ 286 Abs. 2 Nr. 1 BGB). Diese Fallgruppe wird in den hier erörterten Problembereichen selten auftreten; allenfalls dann, wenn sich die Parteien, zB nach Rücksprache mit einem Handwerker, auf einen Termin zur Mängelbeseitigung einigen. Dann bedarf es nach erfolglosem Ablauf dieses Termins keiner weiteren Aufforderung des Mieters, um die Verzugsfolgen herbeizuführen. 58
- Gem. § 286 Abs. 2 Nr. 2 BGB ist eine Mahnung entbehrlich, wenn der Leistung ein Ereignis vorauszugehen hat und eine angemessene Zeit für die Leistung in der Weise bestimmt ist, dass sie sich von dem **Ereignis an nach dem Kalender berechnen** lässt. Hier kann daran gedacht werden, die Mängelanzeige des Mieters als „Ereignis" anzusehen. Von diesem Ereignis an lässt sich die Zeit für die Leistung aber nicht nach dem Kalender bestimmen. Enthält aber die Anzeige eine „Leistungs"-Frist, ist regelmäßig von einer Mahnung auszugehen, so dass es des Sondertatbestandes nicht bedarf. 59
- Verweigert der Schuldner **ernsthaft und endgültig die Leistung,** bedarf es gem. § 286 Abs. 2 Nr. 3 BGB ebenfalls keiner Mahnung. Dies hatte unter dem früheren Recht schon die Rspr. erkannt.[128] Es wäre auch überflüssige Förmelei, wollte man den Mieter zur Mahnung verpflichten, wenn der Vermieter nachdrücklich seine Verantwortung ablehnt. 60
- Letztlich ist eine Mahnung entbehrlich (§ 286 Abs. 2 Nr. 4 BGB), wenn aus besonderen Gründen unter **Abwägung der beiderseitigen Interessen** der sofortige Eintritt des Verzuges gerechtfertigt ist. Ohne Anlass für eine Ausuferung von Sondertatbeständen zu geben, wollte der Gesetzgeber hiermit lediglich die bisherigen Ausnahmetatbestände fixieren.[129] Dabei kommen in Betracht: 61

Der Vermieter kündigt nach einer Mitteilung des Mieters die Mängelbeseitigung zu einem bestimmten Termin an. Diese Fallvariante betrifft die sog. **Selbstmahnung,** mit der der Schuldner seine Leistungsbereitschaft anerkennt.[130] 62

Ebenso bedarf es auf Grund besonderer Umstände keiner Mahnung, wenn sich der Vermieter einer Mahnung dadurch entzieht, indem er **nicht mehr erreichbar** ist. Dieser Fall ist denkbar, wenn der Vermieter, zB wegen Überschuldung, sich den Gläubigern entziehen will. 63

Letztendlich ergeben sich Fälle aus dem Vertragsinhalt selbst, die eine besondere Mahnung entbehrlich machen, bspw. bei **Gefahr im Verzug** (Wasserrohrbruch). Weiter Beispiele → Rn. 117 ff.). 64

§ 286 Abs. 3 BGB (30 Tagesfrist) findet hier keine Anwendung, weil diese Vorschrift den Verzug bei einer Entgeltforderung behandelt. **Entgeltforderungen** sind solche, mit denen der Gläubiger das Entgelt für eine auf Grund eines gegenseitigen Vertrages erbrachte Leistung verlangt.[131] Entgeltforderungen sind daher nur Geldforderungen.[132] 65

Anspruchsberechtigt sind alle Personen, die in den **Schutzbereich** des Mietvertrages einbezogen sind. 66

## III. Verzug

Haben die Parteien einen **Termin** für die Behebung des Mangels vereinbart, ist damit für die Vornahme der Leistung eine Zeit nach dem Kalender bestimmt. Kann der Mangel bis zu dem Termin nicht behoben werden, ist eine weitere Mahnung für den Eintritt des Verzuges nicht erforderlich (→ Rn. 56 ff.). Ist für die Vornahme der Leistung – was regelmäßig anzunehmen sein wird – keine Zeit nach dem Kalender bestimmt, kommt der Vermieter durch die Mahnung in Verzug (§ 286 Abs. 1 S. 1 BGB). 67

Der Eintritt des Verzuges entfällt nicht deshalb, weil – zB bei Lärm- und Geruchsbelästigung durch ein Restaurant – der Störer **Vertragspartner** des Vermieters ist. Dem Vermieter kann in diesem Fall zum Vorwurf gereichen, dass er sich nicht energisch genug gegen den Störer zur Wehr setzt und ggf. mit rechtlichen Schritten droht.[133] Der Verzug ist beendet, sobald der Vermieter den Mangel beseitigt hat. 68

---

128 LG Berlin ZMR 1988, 182 = GE 1987, 1271.
129 BT-Drs. 14/6040, 146.
130 BGH NJW 1963, 1823 = MDR 1963, 914; NJW-RR 1997, 622.
131 Palandt/*Grüneberg* BGB § 286 Rn. 27.
132 MüKoBGB/*Ernst* § 286 Rn. 76.
133 LG Hamburg WuM 1987, 218.

69 Der Verzug ist auch beendet, wenn der Mieter in **Annahmeverzug** gerät.[134] Letzteres ist denkbar, wenn der Mieter die Reparatur durch den Vermieter ablehnt[135] oder wenn er dem vom Vermieter beauftragten Handwerker nicht den zur Mängelbeseitigung notwendigen Zutritt zur Wohnung gewährt.[136] Im Einzelfall ist zu prüfen, ob der Vermieter ein dem Gesetz entsprechendes Leistungsangebot abgegeben hat (§ 294 BGB). Danach ist die Leistung so anzubieten, wie sie zu bewirken ist. Dafür reicht eine Mitteilung des Vermieters an den Mieter nicht aus, dieser möge sich mit dem Handwerker in Verbindung setzen.[137] Entfällt der Verzug, verliert der Mieter auch sein Recht, gem. Abs. 2 Nr. 1, einen Vorschuss zwecks Selbstbeseitigung des Mangels zu verlangen[138] (→ Rn. 146 ff.).

### IV. Verschulden

70 Hat der Vermieter aber die unterbliebene Beseitigung des Mangels **nicht zu vertreten,** zB bei Unmöglichkeit, weil der Vermieter gegen Störungen deshalb nicht einschreiten kann, weil er sie als ortsüblich (§ 906 Abs. 2 BGB) hinnehmen muss, oder bei Vorliegen der Opfergrenze, also einer wirtschaftlichen Unzumutbarkeit (→ BGB § 536 Rn. 555 ff.), kann der Schuldnerverzug mangels Verschulden gem. § 286 Abs. 4 BGB entfallen und damit auch das Selbsthilferecht des Mieters. Der Vermieter kann sich aber keineswegs auf einen Rechtsirrtum über seine Mängelbeseitigungspflicht berufen, was insbes. bei unwirksam vereinbarten Instandsetzungsklauseln zu Lasten des Mieters in Betracht kommt.[139]

### V. Abweichende Vereinbarungen

71 Der Vermieter kann sich in den Grenzen der §§ 307, 309 Nr. 7 BGB von der Haftung freizeichnen; iE → Rn. 47, 100 ff.

## E. Schadensersatz

72 Gem. § 536 a BGB haftet der Vermieter dem Mieter auf Schadensersatz, wenn entweder der Mangel schon bei Vertragsschluss vorlag (§ 536 a Abs. 1 Alt. 1 BGB), der Mangel erst nach Vertragsschluss entstanden ist und der Vermieter den Mangel zu vertreten hat (§ 536 a Abs. 1 Alt. 2 BGB) oder wenn der Vermieter mit der Beseitigung des Mangels in Verzug geraten ist (§ 536 a Abs. 1 Alt. 3 BGB). Der Schadensersatz ist auf das **positive Interesse** gerichtet und steht neben dem Erfüllungsanspruch.[140] Der Mieter ist daher so zu stellen, wie er bei ordnungsgemäßer Erfüllung des Vertrages, dh ohne den Mangel, stünde. Es ist aber nicht nur jeder unmittelbare Mangelschaden, sondern auch jeder Folge- und Begleitschaden zu ersetzen.

73 Der **Erwerber** des Grundstücks haftet für einen Schaden auch dann, wenn der Mangel zwar schon zum Zeitpunkt der Veräußerung vorlag, der Schaden aber erst nach dem Erwerb eingetreten ist.[141] Etwas anderes kann nur gelten, wenn ein neuer Vertrag geschlossen wurde und der Erwerber damit erkennbar die Haftung für die alten Mängel ausschließen wollte.[142]

74 Der **Erwerber** haftet aber auch, wenn der Veräußerer sich vor Eigentumsübergang in einer Verzugslage befand. Tritt der Schaden dann nach dem Eigentumsübergang ein, ist für die Ansprüche des Mieters allein der Erwerber verantwortlich[143]. Dies ergibt sich aus dem mieterschützenden Charakter des § 566 BGB, der verhindern will, dass der Mieter aufgrund des Veräußerungsvorgangs

[134] Zu den Voraussetzungen vgl. *Kinne* GE 2007, 516 (517).
[135] LG Berlin GE 1990, 543.
[136] LG Berlin GE 1999, 1498.
[137] KSB MietR/*Schach* BGB § 536 a Rn. 6.
[138] LG Berlin GE 1989, 151.
[139] Bub/Treier MietR-HdB/*Kraemer/Ehlert* Kap. III B Rn. 3329.
[140] Zur Beschränkung der Haftung auf das negative Interesse bei der Garantiehaftung *Schreindorfer* DMT-Bilanz 2011, 180, 185 ff.
[141] BGH NJW 1968, 885; BGHZ 49, 350.
[142] *BGH NJW 1968*, 885.
[143] BGH VIII ZR 22/04, WuM 2005, 201 = NJW 2005, 1187 = NZM 2005, 253 = GE 2005, 361 = DWW 2005, 103 = AK-MietPrax § 566 BGB Nr. 4 = ZMR 2005, 354; Staudinger/*Emmerich* BGB § 566 Rn. 54; **aA** MüKoBGB/*Häublein* § 566 Rn. 39; Wolf/Eckert/Ball Gewerbl. Miet-/Pacht-/LeasingR-HdB Rn. 1379.

seine Rechtspositionen verliert.[144] Dem Mieter bleibt seine Rechtsposition aber nur gewahrt, wenn er seinen Anspruch bei Fälligkeit der Person gegenüber geltend machen kann, die zu diesem Zeitpunkt Vermieter ist, gegen deren laufende Mietforderungen er ggf. aufrechnen kann und die ihm notfalls mit dem Wert des Grundstücks für seine Forderungen haftet.

Der Anspruch auf Schadensersatz verjährt grds. in drei Jahren gem. § 195 BGB. 75

## I. Ersatzberechtigte

Anspruchsberechtigt sind neben dem Mieter auch die Personen, die in den **Schutzbereich** des Mietvertrages einbezogen sind.[145] Diese Personen haben bei Vorliegen eigener Schäden einen selbständigen vertraglichen Schadensersatzanspruch gegen den Vermieter (Vertrag mit Schutzwirkung für Dritte).[146] 76

Dies betrifft nur solche Personen, die mit der Leistung des Vermieters wie der Gläubiger selbst in Berührung kommen **(Leistungsnähe)**[147] und denen der Mieter Schutz und Fürsorge zu gewähren hat **(Einbeziehungsinteresse).** Davon kann in aller Regel nur dann ausgegangen werden, wenn zwischen ihm und dem Dritten ein Rechtsverhältnis mit personenrechtlichem Einschlag besteht, wie es zB bei mietrechtlichen, familienrechtlichen oder arbeitsrechtlichen Beziehungen der Fall ist.[148] Das trifft bei Mietverträgen nicht nur für Familienmitglieder und Lebensgefährten zu, sondern auch für Hausangestellte oder sonstige Hilfspersonen und Arbeitnehmer,[149] die nach dem Inhalt des Mietvertrages bestimmungsgemäß an dem Gebrauch der Mietsache teilhaben oder ihn anstelle des Mieters für diesen ausüben.[150] Welche Personen sonst noch in Betracht kommen, ist unter dem Gesichtspunkt zu prüfen, ob der Mieter, der hinsichtlich ihm nicht gehörender Gegenstände **obhutspflichtig** ist, durch die Gewährung des ungefährdeten Gebrauchs der Mieträume nicht nur die Unversehrtheit seiner eigenen, sondern auch der Sachen Dritter gesichert sehen will, die sich berechtigterweise in den Räumen befinden.[151] Um den Kreis der in die Schutzwirkungen eines Mietvertrages einzubeziehenden Personen nicht uferlos auszudehnen, ist darauf abzustellen, ob nach dem Inhalt des Vertrages bestimmungsgemäß auch ein Dritter mit der Mietsache – vertragslos – in Berührung kommt und auf diese Weise Sach- oder Personenschaden erleidet oder – umgekehrt – selbst in die Gefahr gerät, die Mietsache zu beschädigen oder ihren Zustand sonst zu verschlechtern.[152] Ist ein Verein Mieter der Räumlichkeiten, sind die Mitglieder des Vereins in den Schutzbereich des Mietvertrages einbezogen.[153] Dies ist bspw. auch bei Vorbehaltslieferanten und Sicherungseigentümern im Rahmen eines Mietvertrages über Gewerberaum zu bejahen;[154] ebenso für den Einlagerer von Gütern in den Räumen des vom Lagerhalter abgeschlossenen Mietvertrages zur gewerblichen Lagerung von Waren.[155] 77

Erfolgt die **Einlagerung von Gegenständen** aber nicht in Ausübung eines Gewerbes, sondern aus privaten Gründen, ist eine Einbeziehung in den Schutzbereich des Vertrages nur anzunehmen, wenn der Vermieter erkennen kann, dass ein Dritter mit der Mietsache in Berührung gerät. Der Sicherungseigentümer von Hausrat, den der Sicherungsgeber in einem zu diesem Zweck privat angemieteten Raum eingelagert hat, ist daher grds. nicht in den Schutzbereich des Mietvertrages 78

---

144 BGH VIII ZR 22/04, WuM 2005, 201 = NJW 2005, 1187 = NZM 2005, 253 = GE 2005, 361 = DWW 2005, 103 = AK-MietPrax § 566 BGB Nr. 4 = ZMR 2005, 354.

145 BGH NJW 1983, 2935 = MDR 1983, 742 = VersR 1983, 441; NJW 1977, 2208 = MDR 1978, 127 = VersR 1977, 1006; MDR 1968, 402; MüKoBGB/*Häublein* § 536a Rn. 13; Staudinger/*Emmerich* BGB § 536a Rn. 18.

146 BGHZ 49, 350.

147 BGH NJW 1995, 1739; WuM 1978, 234 = NJW 1978, 883 = ZMR 1978, 180 gegen den Untermieter.

148 BGH NJW 1977, 2208 = MDR 1978, 127 = VersR 1977, 1006; GuT 2005, 118 = ZMR 2005, 520 bei mietvertraglicher Abrede über Campingplatz; OLG Rostock NJW-RR 2007, 1092.

149 BGH NJW 1983, 2935 = MDR 1983, 742 = VersR 1983, 441; NJW 1977, 2208 = MDR 1978, 127 = VersR 1977, 1006; MDR 1968, 402; OLG Düsseldorf VersR 1974, 1113; LG Berlin ZMR 2014, 725; BGHZ 2, 94 zum Krankenhausaufnahmevertrag.

150 BGHZ 61, 227 = NJW 1973, 2059 = MDR 1974, 36.

151 BGHZ 49, 350; NJW 1970, 419 = JZ 1970, 375.

152 BGH NJW 1976, 1843; MDR 1977, 134 = ZMR 1977, 180.

153 BGH NJW 1965, 1757 = MDR 1965, 901 = JZ 1965, 572.

154 BGHZ 49, 350.

155 BGH NJW 1970, 419 = MDR 1970, 321 = JZ 1970, 375 = VersR 1970, 162.

einbezogen.[156] Dies gilt grds. auch für den **Untermieter,** der daher keine Ansprüche aus § 536a BGB gegen den Hauptvermieter hat.[157] Er muss sich an seinen Vermieter, den Hauptmieter, halten. Dies gilt sowohl bei der Wohnraummiete als auch bei der Geschäftsraummiete.

## II. Umfang des Schadens

79 Zu ersetzen ist zunächst das **positive Interesse** des Mieters sowie aller sonstigen in den Schutzbereich einbezogenen Personen.[158] Der Schaden beurteilt sich nach einem Vergleich der infolge des haftungsbegründenden Ereignisses eingetretenen Vermögenslage mit derjenigen, die ohne jenes Ereignis eingetreten wäre. Diese sog. Differenzhypothese umfasst zugleich das Erfordernis der **Kausalität** zwischen dem haftungsbegründenden Ereignis und der dadurch eingetretenen Vermögensminderung. Der Schaden ist der Nachteil, der darin besteht, dass der Mieter die Leistung mangelhaft erhält. Hierbei handelt es sich insbes. um den Minderwert, um die Mängelbeseitigungskosten, die dem Mieter entstanden sind sowie um den entgangenen Gewinn (§ 252 BGB).[159]

80 Der Vermieter hat auch alle **Mangelfolgeschäden**[160] und sonstige Begleitschäden zu ersetzen, also alle Nachteile, die durch den Mangel verursacht sind und über das reine Erfüllungsinteresse hinausgehen; also Verdienstausfall oder Schäden an vom Mieter eingebrachten Sachen.[161]

81 Das 2. SchadÄndG[162] hat ua im Bereich der Sachschäden Änderungen gebracht. Zunächst bleibt es dabei, dass der Geschädigte, der einen Sachschaden erlitten hat, frei darüber entscheiden kann, ob er die Herstellung des ursprünglichen Zustandes (Integritätsinteresse) durch den Schädiger ausführen lässt oder ob er stattdessen den dafür erforderlichen Geldbetrag verlangt. Dem bisherigen Gesetzeswortlaut konnte aber nicht entnommen werden, ob unter dem „dafür erforderlichen Geldbetrag" (§ 249 S. 2 BGB aF) der Betrag für eine wirklich vorgenommene Schadensbeseitigung durch Reparatur in einer Fachwerkstatt oder – bei unverhältnismäßig hohen Reparaturkosten – durch Ersatzbeschaffung bei einem Fachhändler zu verstehen ist oder auch der Betrag für eine nur gedachte derartige Schadensbeseitigung. Die höchstrichterliche Rspr. hat sich bzgl. der Abrechnung des reinen Sachschadens für eine fiktive Schadensabrechnung ausgesprochen,[163] die auch die **Mehrwertsteuer** umfasste. Dies hatte zur Folge, dass der Geschädigte etwa bei Selbstvornahme der Reparatur bzw. Ersatzbeschaffung bei einem Privatmann einen ungleich höheren Betrag vereinnahmen konnte, als er verauslagt hatte und ein Unternehmer nach Abzug der öffentlichen Abgaben an Gewinn erzielen würde. Aus diesem Grunde sieht § 249 Abs. 2 BGB ab 1.8.2002 nunmehr vor, dass die gesetzliche Umsatzsteuer nur dann und nur insoweit zu ersetzen ist, als sie zur Schadensbeseitigung tatsächlich anfällt.[164] Damit bleibt die Möglichkeit einer fiktiven Abrechnung erhalten, ihr Umfang wird aber gemindert.

82 Der Vermieter hat selbst Körperschäden[165] zu ersetzen. Im Falle der Gesundheitsbeeinträchtigung fallen unter die Ersatzpflicht allerdings nur Heilungskosten und ggf. ein Ausgleich für die Erwerbsminderung.[166] Ansprüche auf **Schmerzensgeld** können nur nach §§ 823, 847 BGB verlangt werden, wenn das schädigende Ereignis vor dem 1.8.2002 eingetreten ist[167] (Art. 229 § 8 EGBGB). Lag das schädigende Ereignis nach dem 31.7.2002, kann auch Schmerzensgeld gem.

---

[156] BGH WuM 1985, 60 = NJW 1985, 489 = MDR 1985, 400 = ZMR 1985, 47 = JZ 1985, 196.

[157] BGH WuM 1978, 234 = NJW 1978, 883 = MDR 1978, 486 = ZMR 1978, 180.

[158] LG Potsdam WuM 2015, 350.

[159] OLG München ZMR 1996, 322; Emmerich/Sonnenschein/*Emmerich* BGB § 536a Rn. 11.

[160] BGH NJW 1975, 645; 1971, 424; OLG Karlsruhe WuM 1984, 7; LG Kassel WuM 1982, 188; *Peters* NJW 1978, 665 (670) mwN; str., vgl. Nachweise bei Staudinger/*Emmerich* BGB § 536a Rn. 19, 20.

[161] Staudinger/*Emmerich* BGB § 536a Rn. 19, 20 mwN.

[162] Zweites Gesetz zur Änderung schadensersatzrechtlicher Vorschriften (2. SchadÄndG) v. 19.7.2002 (BGBl. I 2674).

[163] BGHZ 54, 82 = NJW 1970, 1454; BGHZ 61, 56 = NJW 1973, 1647; BGHZ 61, 346 = NJW 1974, 34.

[164] BT-Drs. 14/7752, 13.

[165] BGH NJW-RR 1991, 970; NJW 1962, 908 = MDR 1962, 565 = JZ 1962, 635; Fischer-Dieskau/Pergande/Schwender WohnungsbauR/*Franke* 2017 BGB § 536a Anm. 6.1; Staudinger/*Emmerich* BGB § 536a *Rn. 19; Wolf/Eckert/Ball* Gewerbl. Macht-/Pacht-/LeasingR-HdB Rn. 343; MüKoBGB/*Häublein* § 536a Rn. 13.

[166] Lützenkirchen MietR/*Lützenkirchen* BGB § 536a Rn. 141.

[167] KG GE 2006, 908; LG Berlin MM 2004, 168.

§ 253 Abs. 2 BGB verlangt werden.[168] Dabei ist das „schädigende Ereignis" nicht der Eintritt der Rechtsguts – oder Interessenverletzung auf Seiten des Geschädigten, sondern das für die Rechtsguts- oder Interessenverletzung ursächliche menschliche Verhalten bzw. der entsprechende Vorgang beim Betrieb einer gefährlichen Einrichtung.[169] Somit entfällt hier zum einen der Rückgriff auf das Deliktsrecht und zum anderen kann der Schmerzensgeldanspruch auch bei unverschuldeter Verletzung des Körpers, der Gesundheit oder Freiheit entstehen.[170]

Die verschuldensunabhängige (Garantie-)Haftung kann in Grenzen für Sachmängel **formularvertraglich** abbedungen werden[171]. § 309 Nr. 7 a BGB steht dem nicht entgegen, da danach ein Haftungsausschluss bei Körper- und Gesundheitsschäden nur dann unwirksam ist, wenn der Schaden auf einer vom Verwender oder seines gesetzlichen Vertreters oder seines Erfüllungsgehilfen fahrlässigen Pflichtverletzung beruht. § 309 Nr. 7 a BGB gilt aber für die Verschuldenshaftung aus § 536 a Abs. 1 BGB und umfasst – in analoger Anwendung – auch den Schmerzensgeldanspruch.[172] Nicht nur iRd § 831 BGB (Haftung für Verrichtungsgehilfen), sondern auch bei einem gem. § 278 BGB zuzurechnendem Verschulden eines Erfüllungsgehilfen kann nun eine Haftung auf Schmerzensgeld in Betracht kommen. Bei der Vertragshaftung ergibt sich in diesem Zusammenhang die Besonderheit, dass kein Entlastungsbeweis bzgl. eines Auswahl- oder Überwachungsverschuldens geführt werden und auch das Verschulden selbständiger Unternehmer zugerechnet werden kann.[173] Im Rahmen einer Mietvertragsbeziehung kann dies besonders für die Haftung nach § 536 a Abs. 1 Alt. 2 BGB Bedeutung erlangen, wenn der Vermieter zB einen Hausmeister, eine Reinigungskraft oder einen selbständigen Handwerker mit Aufgaben aus seinem Pflichtenkreis betraut und diese Personen durch eine unsachgemäße Ausführung der Aufgaben den Körper oder die Gesundheit des Mieters schuldhaft verletzen. 83

Es kann daran gedacht werden, den mietrechtlichen Schadensersatzanspruch gem. § 536 a Abs. 1 BGB bei Vorliegen der **Bagatellgrenze** aus § 536 Abs. 1 S. 3 BGB auszuschließen. Da aber § 536 Abs. 1 S. 3 BGB eine erst später eingefügte, typische Sonderregelung für die Minderung darstellt, kann hieraus eine Begrenzung für den Schadensersatzanspruch nicht hergeleitet werden.[174] Zunächst war im Rahmen der Reformberatungen eine Regelung vorgesehen, wonach ein Anspruch auf Schmerzensgeld mit Ausnahme von Vorsatztaten nur dann bestehen sollte, wenn der Schaden unter Berücksichtigung seiner Art und Dauer nicht unerheblich ist.[175] Diese Bagatellklausel ist jedoch im Rechtsausschuss des Deutschen Bundestages gescheitert, da die Ergebnisse der Rspr. bereits auf der Grundlage des alten Rechts als angemessen angesehen wurden. Die von der Rspr. bisher iRd § 847 BGB auf Grund des Gedankens der Billigkeit angenommene Bagatellschwelle[176] soll nach Auffassung des Gesetzgebers gleichermaßen für die Gefährdungs- und Vertragshaftung gelten und fortentwickelt werden.[177] 84

Der Vermieter muss auch erhöhte Verbrauchskosten nach Ausfall der Heizung durch den Betrieb von Elektroradiatoren[178] oder den Mehrverbrauch durch mangelhafte Thermostatventile[179] ersetzen. Unterbringungskosten für Möbel[180] müssen genauso erstattet werden wie ggf. Maklerkosten[181] (zur Rentabilitätsvermutung → Rn. 91 ff.). Der Vermieter kann den gewerblichen Mieter regelmäßig nicht darauf verweisen, dass er ein Ersatzobjekt auch ohne Zuhilfenahme des Maklers hätte finden können.[182] Ist durch den Mangel ein Schaden am Mobiliar des Mieters entstanden, ist 85

---

[168] § 253 Abs. 2 BGB idF des Zweiten Gesetzes zur Änderung schadensersatzrechtlicher Vorschriften (2. SchadÄndG) – BGBl. I 2674.
[169] BT-Drs. 14/8780, 44.
[170] Zur analogen Anwendung des § 253 BGB bei schweren Grundrechtsverletzungen AG Reinbek ZMR 2008, 719.
[171] *Horst* NZM 2003, 537 (539) mit einer umfangreichen Darstellung zum mietrechtlichen Schmerzensgeldanspruch.
[172] Palandt/*Grüneberg* BGB § 309 Rn. 42.
[173] Palandt/*Grüneberg* BGB § 278 Rn. 7.
[174] *DHF/Franke* § 536 BGB aF Anm. 8.3; § 536 a Anm. 6.7.
[175] BT-Drs. 14/7752.
[176] BGH WuM 1992, 195 = NJW 1992, 1043 = MDR 1992, 349.
[177] BT-Drs. 14/8780, 21.
[178] LG Berlin GE 1990, 611; AG Bensheim WuM 1987, 315 zu Sachverständigenkosten.
[179] AG Ahrensburg WuM 1986, 213.
[180] LG Münster WuM 1980, 17.
[181] LG Mannheim NZM 1999, 406 = NJW-RR 1999, 1023; LG Köln NJW-RR 1993, 524 = ZMR 1992, 544; LG Mannheim ZMR 1991, 108.
[182] BGH NZM 2000, 496.

ggf. bei der Schadensbewertung ein Abzug **„Neu für Alt"** vorzunehmen. Die Bewertung des beschädigten Mobiliars erfolgt aber nicht nach seinem Verkaufswert. Vielmehr hat der Vermieter hinsichtlich der Höhe des Schadens zu berücksichtigen, dass die vom Mieter benutzten Möbel keinen bestimmten Verkaufserlös erzielen, sondern weiter genutzt werden sollten. Daher ist in diesen Fällen nicht von den gebräuchlichen Werten aus der Versicherungswirtschaft, sondern von höheren Werten auszugehen.[183]

**86** Im Bereich der gewerblichen Miete gehören zudem der Ersatz für **entgangenen Gewinn,**[184] die Kosten für die Unterstellung von Gewerbeeinrichtungen sowie die Krankheitskosten der Arbeitnehmer,[185] wenn die Erkrankung auf die schlechte Beschaffenheit der Mieträume zurückzuführen ist, zum ersatzfähigen Schaden. Diese weit gehende Haftung wird mit dem berechtigten Vertrauen des Mieters darauf begründet, dass ihm durch die Beschaffenheit der Sache bei ihrem Gebrauch kein Schaden entsteht.[186]

**87** Unter den Schadensersatz fallen auch Aufwendungen, die durch notwendige **Deckungsgeschäfte** erforderlich werden, wie zB Hotelunterbringung, Umzugskosten und der Mehrpreis für die neue Wohnung. Ist daher eine Mietwohnung mit erheblichen Mängeln behaftet und gibt der Mieter sie aus diesem Grunde auf, so hat der Vermieter die Umzugskosten[187] sowie ggf. die Kosten der Herrichtung der neuen Wohnung[188] zu tragen, wenn er die erforderliche Mängelbeseitigung nicht durchgeführt oder abgelehnt hat.[189] Hat der Mieter, der Rollstuhlfahrer ist, seine bisherige Wohnung **behindertengerecht** ausgestattet und kündigt er das Mietverhältnis fristlos wegen nicht beseitigter Mängel, so erfasst sein Schadensersatzanspruch auch die Kosten, die für die behindertengerechte Ausstattung der neuen Wohnung erforderlich sind (→ Rn. 92ff.).[190]

**88** Ein eventueller Schaden aus der Differenz zwischen der **Miete** für die alte Wohnung und dem Mietzins für die neue Wohnung ist seiner Natur nach auf die Zeit der vertraglichen Bindung der Parteien begrenzt.[191] Der Schadensersatz kann nur für den Zeitraum verlangt werden, in dem der Vermieter zur Leistung verpflichtet ist und am Vertrag gegen seinen Willen festgehalten werden kann.[192] Bei einem Zeitmietvertrag ist dies der Ablauf der Vertragszeit, während bei einem Vertrag auf unbestimmte Zeit dies der Zeitpunkt ist, zu dem der Vermieter berechtigterweise hätte kündigen können.[193] Dem kann der Vermieter entgegenhalten, dass der Mieter ohnehin das Mietverhältnis gekündigt oder dass sich die Mietdifferenz wegen einer möglichen Mieterhöhung für die alte Wohnung gesenkt oder aufgehoben hätte.[194] Da die Leistung des Schadensersatzes in erster Linie durch Herstellung des Zustandes zu erfolgen hat, der bestehen würde, wenn der zum Schadensersatz verpflichtende Umstand nicht eingetreten wäre, kann der Mieter den Schadensersatz nur in der Weise verlangen, dass der Vermieter den der Vertragsleistung entsprechenden Betrag zu dem Tage zahlt, der dem Fälligkeitstermin entsprechen würde.[195] Der Vermieter muss also nur sukzessive in monatlichen Teilbeträgen Schadenersatz leisten.

**89** Darüber hinaus sind auch die Kosten der **Rechtsverfolgung** zu ersetzen, einschließlich der Kosten notwendiger Gutachten[196] und besonderer Beweisverfahren.[197] Umfasst die Schadensersatzforderung auch eine Wertminderung der Mieträume, darf nicht erneut gemindert wer-

---

[183] OLG Celle NJW-RR 1996, 521 = ZMR 1996, 197 = NJWE-MietR 1996, 123.
[184] BGH WPM 1991, 736 = NJW-RR 1991, 970.
[185] Staudinger/*Emmerich* BGB § 536a Rn. 18, 19 mwN.
[186] BGH WuM 1962, 516 = NJW 1962, 908 = MDR 1962, 565 = JZ 1962, 635; WuM 1971, 244 = NJW 1971, 424.
[187] LG Potsdam WuM 2015, 350; LG Saarbrücken WuM 1991, 91; LG Ulm WuM 1989, 285; LG Duisburg WuM 1989, 14; LG Kassel WuM 1982, 188; MüKoBGB/*Häublein* § 536a Rn. 14.
[188] BGH WuM 1974, 213; LG Essen WuM 1989, 372.
[189] LG Berlin GE 2012, 551; LG Hamburg WuM 1989, 285; zum Zurechnungszusammenhang s. BGH MDR 1974, 838.
[190] LG Hamburg WM 1987, 218.
[191] BGH ZMR 1965, 188.
[192] BGH NJW 1972, 625 = MDR 1972, 411; ZMR 1965, 188; MDR 1964, 915 = BB 1964, 819.
[193] Herrlein/Kandelhard/*Kandelhard* BGB § 536a Rn. 9.
[194] Zur Beweislast *Eisenhardt* MDR 1999, 1481.
[195] BGH WuM 1979, 236 = ZMR 1979, 351 = MDR 1979, 1016; MDR 1964, 319.
[196] *LG Berlin GE 2012, 551*; AG Koblenz WuM 1987, 19; AG Bensheim WuM 1987, 315; AG Hamburg WuM 1984, 299.
[197] LG Köln WuM 1990, 387; LG Offenburg WuM 1984, 300; LG Hannover WuM 1980, 221; AG Gelsenkirchen WuM 1990, 204.

den.[198] Erfolgte eine Mietminderung, ist diese auf den Schadensersatzanspruch wegen des Minderwertes anzurechnen, da ein durch Minderung abgegoltener Verlust nicht noch einmal im Wege des Schadenersatzes verfolgt werden darf.

Bei **nutzlosen Aufwendungen** handelt es sich um freiwillige Vermögensopfer, unabhängig davon, in wessen Interesse sie erbracht werden. Auch die eigene Arbeitskraft kann ein solches Vermögensopfer sein.[199] Nutzlose Aufwendungen konnten nach der bis 31.12.2001 geltenden Rechtslage im Rahmen eines Schadensersatzes bei der Wohnraummiete grds. nicht erstattet werden. Denn Vermögensschäden wurden im Allgemeinen nach der sog. Differenzmethode durch einen rechnerischen Vergleich der durch das schädigende Ereignis eingetretenen Vermögenslage mit derjenigen, die sich ohne dieses Ereignis ergeben hätte, ermittelt.[200] Für die zu Beginn des Mietverhältnisses angeschafften Einrichtungsgegenstände, wie Teppiche und Gardinen, oder für gezahlte Maklerprovisionen konnte daher kein Schadensersatz verlangt werden. Denn diese Investitionen sind unabhängig von dem Zustand der Mietsache getätigt worden und wären regelmäßig auch ohne den Mangel entstanden[201]. Der Mieter konnte lediglich Ersatz der Aufwendungen verlangen, die er anstelle der jetzt nutzlosen nochmals für ein Ersatzobjekt machen musste[202]. 90

Bei gewerblichen Mietverhältnissen konnte – und kann – der Mieter dagegen auch im Rahmen seines Schadensersatzanspruchs Ersatz der nutzlosen Aufwendungen verlangen, die er im Vertrauen auf die Vertragstreue des Vermieters gemacht hat. Dem liegt im gewerblichen Mietverhältnis der Gedanke zu Grunde, dass sich bei störungsfreiem Verlauf des Mietverhältnisses die Aufwendungen des Mieters amortisiert hätten. Sie müssen daher ersetzt werden, wenn sie sich wegen des Mangels als nutzlos erweisen. Der Bundesgerichtshof hat solche nutzlosen Aufwendungen regelmäßig als erstattungsfähig angesehen, weil im Allgemeinen eine – widerlegbare[203] – **„Rentabilitätsvermutung"** bestehe,[204] dass der enttäuschte Vertragspartner seine Aufwendungen durch Vorteile aus der vereinbarten Gegenleistung wieder erwirtschaften kann. Der Schaden liegt in diesen Fällen daher nicht in den Aufwendungen als solchen, sondern in dem Verlust der im Falle der Vertragserfüllung bestehenden Kompensationsmöglichkeit.[205] So fällt unter den Schadensersatz auch der Ersatz der infolge der Versagung einer behördlichen Erlaubnis nutzlos gewordenen Aufwendungen[206] oder die Kosten eines Wohnmobils, wenn der Mieter später wegen der Mängel des Wohnmobils die Fahrt abbrechen muss.[207] Die Rentabilitätsvermutung ist widerlegt, wenn der Vermieter nachweist, dass die Aufwendungen auch ohne den Mangel nutzlos gewesen wären;[208] zB wenn er beweisen kann, dass der Mieter auch bei mangelfreier Mietsache keinen Gewinn erwirtschaftet hätte.[209] Waren sowohl der Mieter als auch der Vermieter berechtigt, das Vertragsverhältnis aufzulösen, und ist von beiden Parteien die Auflösung des Vertrages betrieben worden, ist die „Rentabilitätsvermutung" widerlegt, so dass in diesem Fall hinsichtlich der Maklerkosten kein ersatzfähiger Frustrationsschaden vorliegt.[210] Soll der Mietvertrag erst mit Eintritt einer bestimmten Bedingung in Kraft treten und macht der Mieter in dieser unsicheren Vertragsphase Aufwendungen, kann er sie nicht ersetzt verlangen, wenn die Bedingung nicht eintritt.[211] Die Rentabilitätsvermutung galt regel- 91

---

198 BGHZ 92, 177 = NJW 1985, 132 = MDR 1985, 221 = WPM 1984, 1541; Emmerich/Sonnenschein/*Emmerich* BGB § 536a Rn. 10.

199 *Reim* NJW 2003, 3662 (3663).

200 BGHZ 123, 96 = NJW 1993, 2527 = MDR 1993, 1077 = BB 1993, 1685; BGHZ 98, 212 = NJW 1987, 50 = MDR 1987, 109 = NJW-RR 1987, 14 = ZMR 1987, 253 = GE 1987, 33.

201 LG Duisburg WuM 1989, 14; zum Schaden des Vermieters, wenn der Mieter die Wohnung nicht bezieht LG Stuttgart WuM 1997, 206.

202 BGH NZM 2000, 496; LG Mannheim MDR 1969, 313 = WuM 1969, 40.

203 BGHZ 99, 182 (196); 114, 193 = NJW 1991, 2277 = MDR 1991, 967; GuT 2004, 120.

204 BGHZ 71, 234 = NJW 1978, 1805 = MDR 1978, 1009; BGHZ 114, 193 = NJW 1991, 2277 = MDR 1991, 967; BGHZ 123, 96 = NJW 1993, 2527 = MDR 1993, 1077 = BB 1993, 1685; ZMR 1994, 253 = DWW 1994, 249; BGHZ 136, 102 = WuM 1997, 617 = NJW 1997, 2813 = MDR 1997, 921 = ZMR 1997, 565; BGH WuM 2000, 34; *Grunsky* JZ 1997, 764 (770).

205 BGH NJW 2000, 2342 = NZM 2000, 496 = ZMR 2000, 590 = MDR 2000, 875 mAnm *Horst.*

206 OLG Düsseldorf ZMR 1992, 446 = DWW 1992, 366.

207 OLG Karlsruhe NJW-RR 1988, 954 = ZMR 1988, 223 = MDR 1988, 580.

208 BGHZ 114, 193; OLG München ZMR 1995, 401.

209 OLG München ZMR 1995, 401.

210 BGHZ 123, 96 = NJW 1993, 2527 = MDR 1993, 1077; umf. BGHZ 99, 182 = NJW 1987, 831 = MDR 1987, 399 = ZMR 1987, 138; LG Mannheim MDR 1969, 313 = WuM 1969, 40.

211 BGH ZMR 1994, 253 = DWW 1994, 249 für Konzessionserteilung.

mäßig nicht bei Wohnraummietverhältnissen[212] und auch dann nicht, wenn der Mieter mit der Anmietung der Räume ideelle Zwecke verfolgte.[213]

92 Für Mietverträge als Dauerschuldverhältnisse gilt ab 1.1.2002 (für Mietverhältnisse, die vor dem 1.1.2002 begründet worden sind, ab 1.1.2003 (Art. 229 § 5 S. 2 EGBGB) das neue Schuldrecht. Nach der bis 31.12.2001 geltenden Fassung des § 536a BGB konnte der Mieter „Schadensersatz wegen Nichterfüllung" verlangen. Nach der Neufassung hat der Mieter Anspruch auf „Schadensersatz". Mit der Streichung der Worte „wegen Nichterfüllung" im Abs. 1 ist keine inhaltliche Änderung verbunden (→ Rn. 1). Weiter ist zu beachten, dass der Mieter nunmehr nach seiner Wahl Schadensersatz (positives Interesse) oder – anders als nach dem bis 31.12.2001 geltenden Recht – Ersatz seiner vergeblichen Aufwendungen verlangen (§ 284 BGB) kann. Der **Aufwendungsersatz** ist seiner Höhe nach begrenzt auf diejenigen Aufwendungen, die der Mieter im Vertrauen auf die Vertragserfüllung gemacht hat und billigerweise machen durfte (§ 284 BGB). Außerdem besteht die Besonderheit, dass der Aufwendungsersatzanspruch entfällt, wenn die Aufwendungen auch bei der Vertragserfüllung ihren Zweck nicht erreicht hätten. Auf eine **Rentabilitätsvermutung** kommt es nicht an.[214] Durch § 284 BGB soll die unterschiedliche Behandlung von Wohnraummietverhältnissen einerseits und Geschäftsraummietverhältnissen andererseits beseitigt werden. Nach der Vorstellung des Gesetzgebers sollen frustrierte Aufwendungen unabhängig davon erstattungsfähig sein, ob der Mietvertrag zum Zwecke der Gewinnerzielung oder zu sonstigen Zwecken abgeschlossen wird.[215] Das schließt aber nicht aus, dass der Gläubiger unter Verzicht auf § 284 BGB alternativ im Rahmen seines Erfüllungsinteresses **(positives Interesse)** seine frustrierten Aufwendungen unter Einbeziehung der Rentabilitätsvermutung geltend macht.[216]

93 Fraglich kann allerdings sein, ob § 284 BGB neben § 536a BGB anwendbar ist.[217] Die Zweifel ergeben sich aus dem Umstand, dass die allgemeinen Vorschriften (§§ 280ff. BGB) nach der Übergabe der Mietsache an den Mieter von den Gewährleistungsvorschriften (§§ 536ff. BGB) verdrängt werden und dass Aufwendungsersatz alternativ zum „Schadensersatz statt der Leistung" gewährt wird. Nach § 536a BGB hat der Mieter dagegen nur Anspruch auf „Schadensersatz".

94 Nach der hier vertretenen Ansicht ist der Begriff „Schadensersatz" in § 536a BGB aber in einem umfassenden Sinne zu verstehen, da der Gesetzgeber dem Gläubiger die Geltendmachung des Aufwendungsersatzes erleichtern wollte[218]. Nach § 536a BGB kann der Mieter sowohl Schadensersatz neben der Leistung als auch Schadensersatz statt der Leistung verlangen[219]. Der letztgenannte Fall wird etwa vorliegen, wenn der Mieter nach § 543 Abs. 2 Nr. 1 BGB kündigt und im Anschluss hieran Schadensersatzansprüche geltend macht. Hierbei kann es sich nur um Schadensersatz statt der Leistung handeln. In einem solchen Fall ist § 284 BGB neben § 536a BGB anwendbar, wenn der Mieter bspw. auch den (Aufwendungs-)Ersatz der Maklerkosten für die alte Wohnung verlangt.[220] Die Richtigkeit dieser Auslegung wird durch die Regelung in § 314 Abs. 4 BGB bestätigt. Durch diese Vorschrift wird klargestellt, dass die Berechtigung, „Schadensersatz" zu verlangen, durch die Kündigung nicht ausgeschlossen wird. Mit dem Begriff „Schadensersatz" in § 314 Abs. 4 BGB kann aber nur der Schadensersatz statt der Leistung gemeint sein, weil der Anspruch auf die Leistung durch die Kündigung entfällt. Allerdings darf für Vermögensnachteile der Geschädigte keine doppelte Kompensation erhalten.[221] § 536a Abs. 1 BGB und der damit begründete Schadenersatzanspruch setzt nicht eine wirksame Kündigung voraus. Entscheidend ist lediglich, dass ein Mangel vorliegt, der entweder von Anfang an vorhanden war, oder der nachträglich entstand, aber

---

[212] LG Gießen NJW-RR 1995, 524 = ZMR 1995, 312 (313); LG Saarbrücken WuM 1991, 91; offen gelassen LG Mannheim NZM 1999, 407 = NJW-RR 1999, 1023.

[213] BGH NJW 1987, 831 = MDR 1987, 399 = ZMR 1987, 138.

[214] Gesetzesbegründung zu § 284 BGB, BT-Drs. 14/6040, 142, 143; *Emmerich* NZM 2002, 362 (364).

[215] Gesetzesbegründung zu § 284 BGB, BT-Drs. 14/6040, 142, 143; so auch BGH NJW 2005, 2848; *Gsell* NJW 2006, 125.

[216] *Lorenz* NJW 2003, 26 (28); *Derleder* NJW 2004, 969; *Unberath* ZMR 2004, 309; *Reim* NJW 2003, 3662.

[217] So die hM, Blank/Börstinghaus/*Blank* BGB § 536a Rn. 39; MüKoBGB/*Häublein* § 536a Rn. 17; *Emmerich*/Staudinger BGB § 536a Rn. 24; Palandt/*Weidenkaff* BGB § 536a Rn. 14.

[218] S. Gesetzesbegründung zu § 314 BGB BT-Drs. 14/6040, 178: „Absatz 4 stellt ... klar, dass die Kündigung die nach anderen Vorschriften ... bestehenden Möglichkeiten, Schadensersatz statt der Leistung zu verlangen, unberührt lässt"; *Oechsler* NZM 2004, 647 (649); *Kraemer* NZM 2004, 271 (274).

[219] *LG Berlin ZMR 2014, 725.*

[220] *Emmerich* FS Blank, 2006, 145 (149).

[221] BGH VIII ZR 275/04, BGHZ 163, 381 = NJW 2005, 2848; LG Berlin ZMR 2014, 725; zur Schadensberechnung *Benicke/Hellwig* NJW 2014, 1697ff.

der Vermieter eine ihm zur Mängelbeseitigung gesetzte Frist fruchtlos hat verstreichen lassen (Verzug) bzw. die Mängel verschuldet hat.[222]

Für die Pflicht zur Erstattung des Schadens kommt es nicht darauf an, dass der Vermieter auch bei Anwendung äußerster Sorgfalt den Schaden nicht hätte vermeiden können.[223] Hat der Mieter wegen Schäden an seinem eingebrachten Eigentum, die durch Baumängel entstanden sind, sowohl einen Schadensersatzanspruch gegen den Vermieter als auch gegen den Bauunternehmer, so haften ihm beide als Gesamtschuldner.[224] 95

## III. Mitverschulden

Hat der Mieter den Schaden mit verschuldet, etwa durch Nichteinhaltung von Handwerksterminen,[225] kann sein Ersatzanspruch gem. § 254 BGB gemindert oder ganz ausgeschlossen sein.[226] 96

Ein **Mitverschulden** des Geschädigten gem. § 254 BGB ist auch bei der verschuldensunabhängigen Garantiehaftung des Vermieters nach § 536a Abs. 1 Alt. 1 BGB möglich,[227] auch wenn sich der Mangel durch Fahrlässigkeit erst oder besonders schwer auswirkt.[228] 97

Der Mieter hat den Mangel somit **unverzüglich** anzuzeigen, damit er möglichst schnell behoben werden kann. Der Mieter hat aber weder eine Prüfungspflicht, noch die Pflicht, Mängeln nachzuforschen.[229] Bei zugesicherten Eigenschaften scheidet ein Mitverschulden regelmäßig aus, da es auch keine Ermittlungspflicht des Mieters gibt, ob eine Zusicherung richtig ist.[230] Unter Umständen ist ihm aber zuzumuten, sich möglichst umgehend um ein neues Objekt zu bemühen. 98

§ 254 BGB setzt nicht die Verletzung einer **Rechtspflicht** voraus.[231] Als mitwirkendes Verschulden kann es daher ausreichen, wenn der Mieter den Mangel nicht selbst soweit beseitigt, dass ein weiterer Schaden vermindert oder verhindert wird[232] und dies dem Mieter zumutbar war. Nicht gefolgt werden kann der Auffassung, dass der Schadensersatzanspruch des Mieters auch dadurch begrenzt sein kann, dass er den Vermieter unter Androhung der fristlosen Kündigung und unter Fristsetzung nach § 543 Abs. 3 BGB aufgefordert hat, den Mangel zu beseitigen und dann nach erfolglosem Fristablauf nicht in angemessener Zeit sondern erst später kündigt.[233] Anderenfalls würde der Vermieter begünstigt, der bewusst und vorsätzlich seinen Instandsetzungsverpflichtungen nicht nachkommt und der ggf. die Notlage des Mieters, rechtzeitig eine angemessene Ersatzwohnung zu finden, auch noch haftungsbegrenzend für sich ausnutzen kann. Diese Überlegung gilt grds. auch für den Fall, dass der Mieter einen gesundheitsgefährdenden Zustand der Wohnung über einen längeren Zeitraum hinnimmt, ohne nach § 569 Abs. 1 BGB zu kündigen. Ein Mitverschulden kann im Einzelfall nur gerechtfertigt sein, wenn der Mieter einen Wohnungswechsel ohne jeglichen sachlichen Grund unterlässt, also schikanös handelt. 99

## IV. Haftungsausschluss

Der Schadensersatzanspruch gem. § 536a BGB setzt keinen **erheblichen** Mangel voraus, wie er für § 536 Abs. 1 S. 3 BGB von Bedeutung ist (→ BGB § 536 Rn. 46). Der Schadensersatzanspruch des Mieters ist aber ausgeschlossen, wenn der Mieter Kenntnis von dem Mangel (§ 536b BGB) besitzt oder selbst den Mangel verschuldet hat.[234] Im Rahmen des § 536b BGB reicht es aus, wenn 100

---

[222] BGH VIII ZR 191/12, WuM 2013, 538 = AK-MietPrax § 536a BGB Nr. 10 = NJW 2013, 2660 = NZM 2013, 675 = GE 2013, 1129 = ZMR 2014, 24 zur vollmachtlosen Kündigung, entgegen BGH VIII ZR 281/06, WuM 2007, 570 = AK-MietPrax § 543 BGB Nr. 8 = NJW 2007, 2774 = NZM 2007, 561.

[223] BGH NJW 1971, 424.

[224] BGH WuM 1994, 422 = NJW 1994, 2231 = ZMR 1994, 400 = MDR 1994, 1010.

[225] Bub/Treier MietR-HdB/*Kraemer/Ehlert* Kap. III B Rn. 3323.

[226] AG Darmstadt WuM 1980, 8.

[227] *BGH NJW-RR* 1991, 970; WuM 1978, 88 = NJW 1977, 1236 = MDR 1977, 743 = ZMR 1978, 50; MDR 1970, 223; KG GE 1989, 355.

[228] BGH NJW-RR 1991, 970.

[229] BGH WuM 1978, 88 = NJW 1977, 1236 = MDR 1977, 743 = ZMR 1978, 50.

[230] BGH MDR 1964, 915.

[231] MüKoBGB/*Häublein* § 536a Rn. 19.

[232] OLG Düsseldorf WuM 2003, 386 = GE 2003, 877; OLG Karlsruhe NJW-RR 1988, 528 = ZMR 1988, 52; Bub/Treier MietR-HdB/*Kraemer/Ehlert* Kap. III B Rn. 3315.

[233] Bub/Treier MietR-HdB/*Kraemer/Ehlert* Kap. III B Rn. 3315.

[234] Bub/Treier MietR-HdB/*Kraemer/Ehlert* Kap. III B Rn. 3336; DHF/*Franke* § 536a BGB Anm. 3. 6.

dem Mieter der Mangel infolge **grober Fahrlässigkeit** unbekannt geblieben ist (§ 536b S. 2 BGB). Von dieser Annahme kann ausgegangen werden, wenn wertvolle Möbel von Schimmelpilz befallen wurden, weil sie der Mieter in Räumlichkeiten aufgestellt hat, deren schlechter baulicher Zustand ihm von Anfang an bekannt war.[235] Hat der Mieter den Mangel der Mietsache selbst verschuldet, setzt der Haftungsausschluss aber voraus, dass der Schaden nicht ohne Verschulden des Mieters eingetreten wäre.[236] Soweit der Schaden allerdings auch auf eine vertragswidrige Nutzung des schuldhaft handelnden Mieters zurückzuführen ist, muss über § 254 BGB die Haftung ausgeglichen werden.[237]

**101** Die Haftung kann **vertraglich** ausgeschlossen oder begrenzt werden. Sowohl im kaufmännischen bzw. unternehmerischen Geschäftsverkehr[238] als auch bei Wohnraummietverhältnissen ist der Ausschluss durch **Formularvertrag** wegen Mängeln der Mietsache unwirksam, wenn der Gewährleistungsausschluss auch grobe Fahrlässigkeit des Vermieters bzw. Vorsatz und grobe Fahrlässigkeit eines gesetzlichen Vertreters oder Erfüllungsgehilfen umfasst (§§ 307, 310 BGB bzw. § 309 Nr. 7 BGB).[239] Auch ein Haftungsausschluss für leichte Fahrlässigkeit ist unter dem Blickpunkt des § 307 BGB als unzulässig abzulehnen, wenn es sich um die Verletzung vertragswesentlicher Pflichten, also um **Kardinalpflichten** des Vermieters handelt, auf deren Erfüllung der Mieter – weil sie regelmäßig seiner eigenen Obhut entzogen sind – angewiesen ist.[240] Eine solche Klausel gefährdet den Vertragszweck, weil der Mieter derartige Schäden nicht durch eigene Vorsicht abwenden kann und zudem üblicherweise nur der Vermieter in der Lage ist, sich durch Abschluss einer Haus-Haftpflichtversicherung vor solchen Schäden zu schützen[241] (zum Haftungsausschluss → Rn. 178ff.).

**102** Somit kann ein vertraglicher Ausschluss für **fahrlässiges** Handeln des Vermieters dann bejaht werden, wenn der Mieter das ausgeschlossene Risiko auch beherrschen kann oder für ihn versicherbar ist. Das wird aber nur für gewerbliche Mietverträge gelten können, da bei Wohnraummietverträgen dem Mieter die Pflicht zum Abschluss von Versicherungsverträgen nicht neben der Miete auferlegt werden darf und beherrschbare Risiken nur insoweit anzunehmen sind, wie sie im Bereich der **Kleinreparaturen** angenommen werden.[242] Sind im gewerblichen Mietverhältnis dem Mieter bestimmte Instandhaltungspflichten überbürdet worden, muss ihm deutlich vor Augen geführt werden, dass er das ihm übertragene Risiko selbst zu beherrschen hat, und sich nicht auf die Einhaltung der Sorgfaltspflicht durch den Vermieter verlassen darf. Dies lässt sich auch bei gewerblichen Mietverhältnissen nur erreichen, wenn die haftungsausschließende Klausel die Freizeichnung unmissverständlich und transparent[243] darlegt.[244]

**103** Die Abrede in einem gewerblichen Mietvertrag, der Mieter habe das Mietobjekt umfassend gegen Schäden zu versichern, soll nach OLG Düsseldorf[245] einen wirksamen Haftungsausschluss zugunsten des Vermieters beinhalten. Ein solcher Haftungsausschluss ist jedoch an § 307 BGB zu messen und hält einer Inhaltskontrolle nicht stand. Die umfassende Überbürdung aller Risiken belastet den Mieter über Gebühr, zumal er danach auch für solche Schäden einstehen muss, die er weder beherrschen kann oder die von Dritten verursacht werden. Dies ist auch bei gewerblichen

---

[235] LG Hamburg WuM 1999, 513.

[236] DHF/*Franke* § 536a Anm. 3. 6.

[237] AG Darmstadt WuM 1980, 8 zum Wasserschaden.

[238] Zum Begriff des Unternehmers iSd §§ 24, 25 AGB-Gesetz vgl. BT-Drs. 13/8444, 47ff. zum Handelsrechtsreformgesetz (BGBl. I 1474) sowie Art. 2 lit. c der EG Richtlinie über missbräuchliche Klauseln in Verbraucherverträgen (ABl. L 95 v. 21.4.1993, S. 29); sa § 241a Abs. 3 BGB.

[239] BayObLG WuM 1985, 49 = NJW 1985, 1716 = MDR 1985, 500 = ZMR 1985, 92 = GE 1985, 299; Bub/Treier MietR-HdB/*Kraemer/Ehlert* Kap. III B Rn. 3332, 1418; *Kraemer* NZM 2004, 721 (724); einschränkend OLG Koblenz NZM 2000, 622 für Lagervertrag.

[240] So wohl auch Bub/Treier MietR-HdB/*Kraemer/Ehlert* Kap. III B Rn. 3333, 3318; OLG Koblenz NZM 2000, 622; **aA** OLG Stuttgart WuM 1984, 187 = NJW 1984, 2226 = MDR 1984, 669 = ZMR 1984, 309 = GE 1984, 525; OLG Hamburg ZMR 1985, 236.

[241] BGH VIII ARZ 1/01, WuM 2002, 141 = NJW 2002, 673 = NZM 2002, 116 = ZMR 2002, 184 = MDR 2002, 330 mAnm *Lützenkirchen*.

[242] BGHZ 108, 1 = WuM 1989, 324 = NJW 1989, 2247 = ZMR 1989, 327; BGHZ 118, 194 = WuM 1992, 355 = NJW 1992, 1759 = ZMR 1992, 332; *Schmitz/Reischauer* NZM 2002, 1019f.; zweifelnd zur Anforderung „*Beherrschbarkeit*" *Fielenbach* NZM 2013, 841 (844).

[243] Zum Transparenzgebot s. *Schumacher* NZM 2003, 13ff.

[244] *Schmitz/Reischauer* NZM 2002, 1019 (1020); zweifelhaft insoweit OLG Düsseldorf NJW-RR 1999, 735.

[245] OLG Düsseldorf WM 1994, 674 = DWW 1995, 110.

Mietverhältnissen nicht mehr mit den Grundgedanken der mietrechtlichen Regeln, namentlich des Äquivalenzverhältnisses, vereinbar.[246]

Schäden, die auch bei einem rechtmäßigen Verhalten des Schädigers entstanden wären, sind vom Schutzzweck der Haftungsnorm grds. nicht ausgeschlossen **(rechtmäßiges Alternativverhalten).**[247] Im Rahmen der Beweislast muss der Schädiger beweisen, dass der Schaden auch bei einem rechtmäßigen – nicht! unrechtmäßigen[248] – Verhalten eingetreten wäre.[249] Dabei reicht es nicht aus, dass beim rechtmäßigen Vorgehen der Schaden möglicherweise, also mit einer gewissen Wahrscheinlichkeit gleichfalls entstanden wäre.[250] **103a**

## F. Selbstbeseitigungsrecht des Mieters (Abs. 2)

In der Vergangenheit (vor dem 1.9.2001) war für eigene Maßnahmen des Mieters umstritten, ob er Aufwendungen nur dann ersetzt verlangen konnte, wenn der Vermieter mit der Mängelbeseitigung in Verzug war oder ob er gem. § 547 BGB aF auch ohne Verzug des Vermieters **Aufwendungsersatz** erhielt. Der Gesetzgeber hat nunmehr eine Klarstellung bewirkt. Während nach Abs. 2 Nr. 1 der Mieter den Mangel selbst beseitigen und Aufwendungsersatz verlangen kann, wenn der Vermieter mit der Beseitigung des Mangels in Verzug ist, hat der Mieter nach Abs. 2 Nr. 2 dieses Recht nur, wenn die Aufwendungen notwendig, wenn sie also zur umgehenden Beseitigung des Mangels zwecks Erhaltung oder Wiederherstellung des Bestands der Mietsache erforderlich waren. Damit hat sich der Gesetzgeber der hM zur Auslegung des § 547 Abs. 1 BGB aF angeschlossen und sie in das neue Recht übernommen.[251] **104**

Mit der sprachlichen Neufassung der Vorschrift wurde der bisherige Begriff „notwendige Verwendungen" zu Gunsten des Begriffs „erforderlichen Aufwendungen, die … notwendig sind" ersetzt und der einheitliche Sprachgebrauch zu §§ 994ff. BGB aufgegeben. Eine inhaltliche Änderung ist darin nicht zu sehen. **105**

### I. Selbstbeseitigungsrecht bei Verzug des Vermieters

Der Anspruch auf **Aufwendungsersatz** gem. § 536a Abs. 2 Nr. 1 BGB setzt zunächst voraus, dass ein Mangel vorliegt. Aufwendungen des Mieters, die **nicht** einer Mangelbeseitigung dienen, kann er nur nach anderen Vorschriften verlangen (→ Rn. 133ff.). Ein Mangel liegt vor, wenn die Sollbeschaffenheit der Mietsache von der Istbeschaffenheit abweicht, die Mietsache also nicht den vertraglich vereinbarten Anforderungen entspricht (zum Mangelbegriff → BGB § 536 Rn. 19ff.). Der Aufwendungsersatzanspruch kann auch wegen Beseitigung nur unerheblicher Mängel geltend gemacht werden. **106**

Für die Anwendung des § 536a Abs. 2 BGB ist es gleichgültig, ob es sich um einen anfänglichen Mangel handelt oder ob dieser nachträglich aufgetreten ist. Unbeachtlich ist auch, ob der Vermieter den Mangel zu vertreten hat[252], er muss nach Nr. 1 lediglich das Unterlassen der Leistung (Reparatur) zu vertreten haben (§ 286 Abs. 4 BGB). Das Selbsthilferecht zur Mängelbeseitigung erstreckt sich auf alle vom Mietvertrag **miterfassten Teile** der Mietsache. Hierzu gehören nicht nur das Zubehör, sondern alle Räume, Gegenstände und Einrichtungen, an denen der Mieter ein Mitbenutzungsrecht hat. Hierzu zählen insbes. Treppen, Hausflure und Gemeinschaftsräume wie die Waschküche, einschließlich der Maschinen oder der Fahrstuhl.[253] Die Erneuerung einer Etagenheizung kann selbst dann vom Mängelbeseitigungsrecht des Mieters gedeckt sein, wenn dieser die Anlage mit Einverständnis des Voreigentümers auf eigene Kosten **107**

---

[246] BGH XII ZR 158/01, GuT 2005, 213 = GE 2005, 1185 = ZMR 2005, 844 = DWW 2005, 372 = NZM 2005, 863 = AK-MietPrax § 538 BGB Nr. 17; *Fielenbach* NZM 2013, 841 (845).

[247] BGH XII ZR 153/15, WuM 2017, 18 = GE 2017, 42; PWW/*Luckey* BGB § 249 Rn. 62f.; Erman/*Ebert* BGB Vor §§ 249–253 Rn. 70ff.; Palandt/*Grüneberg* BGB Vor § 249 Rn. 64.

[248] BGH IX ZR 94/03, NJW 2006, 2767; BGH XII ZR 153/15, WuM 2017, 18 = GE 2017, 42.

[249] BGH VIII ZR 170/91, NJW 1993, 520.

[250] BGH VIII ZR 170/91, NJW 1993, 520; PWW/*Luckey* BGB § 249 Rn. 64; Palandt/*Grüneberg* BGB Vor § 249 Rn. 66 mwN.

[251] BR-Drs. 439/00, 102.

[252] Bub/Treier MietR-HdB/*Kraemer/Ehlert* Kap. III B Rn. 3340.

[253] Staudinger/*Emmerich* BGB § 536a Rn. 28; Bub/Treier MietR-HdB/*Kraemer/Ehlert* Kap. III B Rn. 3340.

eingebaut hat.[254] Auch die Pflege des Balkons kann zu den erstattungsfähigen Aufwendungen gehören.[255]

**108** Ist der Vermieter mit der Beseitigung des Mangels in Verzug geraten, kann der Mieter gem. § 536a Abs. 2 BGB die Mietsache selbst in Ordnung bringen[256]. Dies gilt auch bei Vorliegen solcher Mängel, mit deren Beseitigung sich der Vermieter von Anfang an in Verzug befand.[257] Dieser gesetzlich geregelte Fall eines **Selbsthilferechts** – keine Pflicht! – entspricht dem Selbsthilferecht des Bestellers beim Werkvertrag gem. § 637 Abs. 1, 3 BGB. Das Selbsthilferecht des Mieters ist nicht an die Voraussetzungen der GoA (§§ 677 ff. BGB) gebunden.[258] Die in Mietverträgen häufig zu findende Formulierung, wonach es dem Mieter verboten ist, bauliche Veränderungen vorzunehmen oder wonach der Mieter bauliche Veränderungen nur mit Zustimmung des Vermieters vornehmen darf, schließt das Recht zur Selbsthilfe nach Abs. 2 nicht aus. Eine solche Vereinbarung betrifft im Zweifel nur die Veränderung einer mangelfreien Sache.[259] Das Beseitigungsrecht des Mieters wird nicht durch das Recht auf Schadensersatz gem. Abs. 1 berührt. Der Mieter hat insoweit ein Wahlrecht.[260] Er kann darüber hinaus auch den Mietzins mindern (§ 536 BGB). Das Minderungsrecht entfällt allerdings mit Beseitigung des Mangels durch den Mieter. Hat der Mieter das Mietverhältnis gem. § 543 Abs. 2 Nr. 1 BGB gekündigt, kann er dennoch berechtigt sein, den Mangel selbst zu beheben; zB wenn der Mieter trotz Kündigung auf die Nutzung der Mietsache noch eine gewisse Zeit angewiesen ist, weil er die neuen Räume noch nicht beziehen kann. Wie lange der Mieter trotz Kündigung den mangelhaften Zustand hinzunehmen hat, ist eine Frage der Zumutbarkeit.

**109** Hat der Mieter einen Mangel der Mietsache selbst beseitigt, ohne dass die Voraussetzungen des § 536a Abs. 2 BGB vorlagen, muss er die zur Beseitigung des Mangels entstandenen **Kosten** selbst tragen[261] (→ Rn. 133). Das Recht des Mieters, Ersatz seiner Aufwendungen nach § 536a Abs. 2 BGB zu verlangen, kann auch durch § 536b BGB ausgeschlossen sein.[262]

**110** Den Mieter trifft keine Pflicht zur **Reparatur;** er ist hierzu lediglich berechtigt. Führt er sie aber in Eigenregie durch, muss er die erforderliche Sachkunde walten lassen. Verursacht der Mieter bei der Mängelbeseitigung, zB durch unsachgemäße Bedienung eines Gerätes, einen Schaden, ist er dafür verantwortlich.[263] In Ausnahmefällen kann ein Unterlassen der Mängelbeseitigung aber auch ein Mitverschulden begründen, wenn zB der Vermieter nicht rechtzeitig unterrichtet wird[264] und der Mieter durch sein Handeln bei zumutbarem Aufwand dem Vermieter einen größeren Verlust ersparen kann.

**111** Aufträge an Handwerker darf der Mieter nicht im Namen des Vermieters, sondern nur im eigenen Namen vergeben. § 536a Abs. 2 BGB verschafft keine Vertretungsmacht.

### 1. Mahnung

**112** Der Verzug setzt in seinem objektiven Tatbestand regelmäßig voraus, dass der Vermieter vom Mieter gemahnt wurde[265] (§ 286 Abs. 1 S. 1 BGB). Die Mahnung muss die Aufforderung enthalten, den Schaden zu beheben, wobei die Mängel iE zu konkretisieren sind. Eine Mängelanzeige, zu der der Mieter nach § 536c Abs. 1 BGB ohnehin verpflichtet ist, ersetzt die Mahnung nicht.[266] Die **Mahnung** kann aber zusammen mit der Mängelrüge erklärt werden. Davon ist auszugehen, wenn der Mieter zum Ausdruck bringt, dass er die geschuldete Leistung unverzüglich verlangt.[267] Unbeachtlich ist, wenn der Mieter den Vermieter wissen lässt, dass er eine Behebung der Mängel begrüßen würde. Die Mahnung des Mieters muss klar und deutlich zum Ausdruck bringen, dass

---

254 AG Friedberg WuM 1987, 52.
255 AG Hamburg WuM 1990, 424 zur Beseitigung von Taubendreck.
256 LG Berlin ZMR 2003, 189; AG Osnabrück WuM 2004, 469.
257 LG Berlin ZMR 1988, 182 = GE 1987, 1271; LG München I ZMR 1987, 225.
258 HM; *Weimar* ZMR 1975, 163 (164).
259 MüKoBGB/*Häublein* § 536a Rn. 31; Bub/Treier MietR-HdB/*Kraemer/Ehlert* Kap. III B Rn. 3363.
260 OLG Hamm WuM 1983, 76 = NJW 1983, 1332 = DWW 1983, 147 = ZMR 1983, 348 = GE 1983, 271.
261 LG Mannheim ZMR 1991, 107 = NJW-RR 1991, 1108.
262 BGH MDR 1976, 571.
263 AG Gießen NJW-RR 2008, 392.
264 *Kossmann Wohnraummiete-HdB* § 63 Rn. 4.
265 Zur Kritik dieser Regelung *Artz* FS Blank, 2006, 5 (12).
266 OLG Düsseldorf ZMR 1993, 115.
267 LG Berlin MM 1994, 175.

er auf der Beseitigung des Mangels besteht.[268] Sie wird nicht dadurch entbehrlich, dass sich der Vermieter in einem Vergleich zur Durchführung bestimmter Arbeiten bereit erklärt hat.[269] Vgl. auch die Ausführungen unter → Rn. 54 ff.

Da die Mahnung keiner **Fristsetzung** bedarf, vielmehr der Verzug unmittelbar mit der Mahnung eintritt, stellt sich die Frage, ob der Mieter unmittelbar nach Zugang der Mahnung zur Selbstvornahme schreiten darf oder ob der Mieter dem Vermieter die Möglichkeit der Schadensbehebung in einer bestimmten Zeit ermöglichen muss. Der Respekt vor dem Eigentum gebietet es[270], von einer angemessenen Frist seit der Mahnung auszugehen, innerhalb der der Vermieter den Mangel beheben muss.[271] Dabei ist auf einen objektiven Maßstab eines gewissenhaften Vermieters abzustellen.[272] Erst danach, wenn dem Vermieter insoweit ein Vorwurf zu machen ist, darf der Mieter nach Nr. 1 in Eigenregie mit der Mängelbeseitigung beginnen[273] (→ Rn. 54 ff.). 113

Haben die Parteien einen Termin für die Behebung des Mangels vereinbart, ist damit für die Vornahme der Leistung eine Zeit nach **dem Kalender** bestimmt. Kann der Mangel schuldhaft anlässlich des Termins nicht behoben werden, ist eine weitere Mahnung durch den Mieter nicht erforderlich. 114

Hat der Vermieter die unterbliebene Beseitigung des Mangels nicht zu vertreten, entfällt der Schuldnerverzug (§ 286 Abs. 4 BGB) und damit auch das Selbsthilferecht des Mieters. Ist die Mängelbeseitigung aus Witterungsgründen unzweckmäßig oder sinnlos, liegt (zeitweilig) kein Verzug vor[274] (sa § 536 c BGB). 115

Der Verzug des Vermieters endet mit dem Annahmeverzug des Mieters.[275] Der zunächst eingetretene Verzug des Vermieters bei der Mängelbeseitigung entfällt zB, wenn er dem Mieter ein den Annahmeverzug begründendes Angebot zur Mängelbeseitigung macht und dieser das Angebot ablehnt[276] (→ Rn. 69). 116

### 2. Entbehrlichkeit der Mahnung

In einigen Fällen ist das Selbstbeseitigungsrecht des Mieters entgegen dem Wortlaut des § 536 a Abs. 2 Nr. 1 BGB nicht von den formalen Voraussetzungen einer Mahnung abhängig. § 286 Abs. 2 BGB beschreibt die Voraussetzungen, unter denen eine Abmahnung für den Verzugseintritt entbehrlich ist. Für den Anwendungsbereich des § 536 a Abs. 2 Nr. 1 BGB kommen die Fälle des § 286 Abs. 2 Nr. 3, 4 BGB in Betracht (→ Rn. 60 ff.). 117

**a) Vermieter verweigert die Leistung.** Gem. § 286 Abs. 2 Nr. 3 BGB bedarf es für den Eintritt des Verzuges keiner Mahnung, wenn der Schuldner die Leistung **ernsthaft und endgültig verweigert.** In diesen Fällen wurde bereits nach altem Recht die Entbehrlichkeit der Mahnung unter dem Gesichtspunkt von Treu und Glauben (§ 242 BGB) anerkannt.[277] Allerdings sind an das Vorliegen einer ernsthaften und endgültigen Erfüllungsverweigerung strenge Anforderungen zu stellen. Die Weigerung muss als letztes Wort aufzufassen sein.[278] 118

Eine Mahnung ist somit entbehrlich, wenn der Vermieter eine – nicht vereinbarte oder nicht zulässige – Kostenbeteiligung für die Reparatur verlangt oder die Erfüllung verweigert. Im letzteren Fall setzt dies aber voraus, dass der Vermieter im Zeitpunkt der Erklärung tatsächlich noch in der Lage war, die Mängel auf seine Kosten zu beseitigen.[279] 119

**b) Besondere Gründe für den Verzugseintritt.** Der Verzugseintritt setzt gem. § 286 Abs. 2 Nr. 4 BGB keine Mahnung voraus, wenn aus besonderen Gründen unter Abwägung der beiderseitigen Interessen der **sofortige Eintritt des Verzugs** gerechtfertigt ist. Hier können folgende Fallgruppen unterschieden werden: 120

---

268 *Weimar* ZMR 1975, 163 (164).
269 LG Berlin NZM 2000, 458.
270 *Artz* FS Blank, 2006, 5 (12).
271 KG MDR 2000, 1240; Blank/Börstinghaus/*Blank* BGB § 536 a Rn. 58.
272 *Dauner-Lieb/Dötsch* NZM 2004, 641 (643); zum Erfordernis einer Nachfrist Herrlein/Kandelhard/*Kandelhard* BGB § 536 a Rn. 19 ff.
273 Sa KSB MietR/*Schach* BGB § 536 a Rn. 9.
274 DHF/*Franke* § 536 a BGB Anm. 11.
275 Staudinger/*Emmerich* BGB § 536 a Rn. 30.
276 LG Berlin GE 1990, 543; 1989, 151.
277 BGHZ 65, 372; 2, 310.
278 Palandt/*Grüneberg* BGB § 286 Rn. 24.
279 LG Mannheim BB 1977, 365.

121 **Gefahr im Verzug.** Schon nach altem Recht konnte der Mieter bei einer unaufschiebbaren Notmaßnahme den Mangel beheben und Aufwendungsersatz verlangen, ohne die Mängelbeseitigung zuvor ausdrücklich beim Vermieter angemahnt zu haben[280] Dies versteht sich von selbst, da der Notfall ein Zuwarten verbietet. Der Vermieter hatte bspw. auch für die Kosten aufzukommen, die durch eine von dem Mieter veranlasste Tätigkeit des Elektro-Notdienstes zur Beseitigung eines Stromausfalles entstanden sind, wenn die eingetretene Störung der Stromversorgung auf einen Mangel in der elektrischen Anlage zurückgeht, für den der Mieter nicht verantwortlich ist.[281] Um eine **Notmaßnahme**[282] handelte es sich regelmäßig auch, wenn die Heizung ausfällt und der Fehler durch den Werkskundendienst behoben werden muss,[283] selbst wenn die Maßnahme keinen dauerhaften Erfolg hat. Wenn die Wohnungstür trotz **Reparatur** nicht mehr schließbar ist, besteht für den Mieter wegen der **Einbruchsgefahr** ein dringendes objektives Interesse an der Erneuerung der Tür, so dass er die Kosten hierfür auch ohne Aufforderung an den Vermieter zur Durchführung dieser Arbeiten verlangen konnte.[284] Weiterhin soll der Mieter auf eine Mahnung verzichten können, wenn nur bei sofortiger Beseitigung des Mangels nicht unerhebliche **Schäden abgewendet** werden können[285] oder der Beseitigungsanspruch des Mieters bei Zuwarten uninteressant und der Schaden nur noch größer würde.[286]

122 Auch nach der Neufassung des § 536 a Abs. 2 BGB bleiben die Fälle, bei denen der Mieter ohne Mahnung des Vermieters Aufwendungsersatz verlangen kann, Ausnahmen. Regelmäßig bedarf es zwar in **Notfällen** keiner Mahnung, was aber die grundsätzliche Pflicht zur Einschaltung des Vermieters nicht entbehrlich macht (→ Rn. 113).

123 Bei einem Wasserrohrbruch hinter dem Sperrventil ist es im Interesse des Mieters, dass die schadhafte Stelle sofort behoben wird. Andererseits kann der Vermieter, wenn er nicht im selben Haus wohnt, nicht sofort tätig werden. Neben dem Zeitraum bis zur Unterrichtung durch den Mieter (Telefonat) benötigt er einen Zeitvorlauf, zB um den Handwerker zu rufen oder ggf. die schadhafte Stelle selbst zu reparieren. Die allein durch die Kommunikationswege bedingte **Verzögerung** hat der Vermieter nicht zu vertreten (§ 286 Abs. 4 BGB). Es liegt somit kein Verzug vor, wenn der Vermieter zwar nicht unmittelbar eingreifen kann, aber doch unverzüglich (§ 121 BGB) tätig wird, um den Mangel zu beheben. Daher ist der Aufwendungsersatz ausgeschlossen, wenn der Mieter in dem obigen Beispiel sofort einen Handwerker in der Nachbarschaft beauftragt, anstatt zuerst den Vermieter zu unterrichten und nach dem weiteren Vorgehen zu befragen.

124 Hat der Mieter vor Beauftragung des Handwerkers **vergeblich** versucht, den Vermieter zu erreichen, und war ein weiteres Zuwarten dem Mieter nicht zumutbar, ist zwar die Mahnung gem. § 286 Abs. 2 Nr. 4 BGB entbehrlich. Gleichwohl ist zu fragen, ob der Vermieter die Verzögerung auch zu vertreten hat (§ 286 Abs. 4)[287]. Das wird man dann annehmen müssen, wenn der Vermieter dauerhaft abwesend ist und nicht mit einer Vertretung für solche Fälle Vorsorge getroffen hat. Problematisch bleiben daher die Fälle, bei denen der Vermieter nur vorübergehend nicht erreichbar ist. Da der Vermieter aber immer mit einem technischen Defekt im Bereich der Hausanlagen rechnen muss, obliegt es seiner **Fürsorgepflicht** (→ BGB § 535 Rn. 99 f.), dem Mieter aus seiner fehlenden Erreichbarkeit keine Nachteile entstehen zu lassen. Erfordert der Mangel ein sofortiges Tätigwerden des Mieters, würde es gegen Treu und Glauben verstoßen, wenn sich der Vermieter seiner Verantwortung mit dem Argument seiner Abwesenheit entziehen könnte. Im Übrigen werden diese Fälle häufig deckungsgleich sein mit den Fällen des § 536 a Abs. 2 Nr. 2 BGB[288], bei denen es auf den Verzug nicht ankommt (→ Rn. 129 ff.).

125 **Fälle der Selbstmahnung.** Ein besonderer Grund für die Entbehrlichkeit einer Mahnung ist auch gegeben, wenn der Schuldner seine Leistung ausdrücklich angekündigt hat, dennoch aber nicht tätig wird.[289]

---

280 LG Hagen WuM 1984, 215 = ZMR 1984, 315; Staudinger/*Emmerich* BGB § 536 a Rn. 35.
281 AG Bonn WuM 1987, 219.
282 Blank WImmoT 2010, 75 (80), spricht in Abgrenzung zu § 536 a Abs. 2 Nr. 2 BGB von Eilmaßnahmen.
283 LG Heidelberg WuM 1997, 42 = NJWE-MietR 1997, 99; kein Notfall: AG Brandenburg WuM 2012, 343.
284 AG Frankfurt a. M. WuM 1988, 157.
285 So bei Gefahr durch Wespen- oder Hornissennester, AG Würzburg GE 2014, 1067; AG Meppen WuM 2003, 355.
286 *Kossmann Wohnraummiete-HdB* § 62 Rn. 9.
287 *Dauner-Lieb/Dötsch* NZM 2004, 641 (643).
288 *Derleder* WImmoT 2006, 155 (168).
289 OLG Köln NJW-RR 2000, 73.

**Fehlerhafte Leistung des Schuldners.** Erbringt der Schuldner wissentlich eine fehlerhafte oder falsche Leistung, unterlässt aber die Bewirkung der geschuldeten Leistung, ist eine Mahnung entbehrlich.[290] Nimmt der Vermieter somit wissentlich eine von vornherein untaugliche Reparatur vor, braucht der Mieter zur Durchsetzung seines Kostenerstattungsanspruchs für notwendige Selbstvornahme keine Mahnung auszusprechen[291]. 126

**Vereitelung der Mahnung.** Wenn der Schuldner selbst entscheidende Zustellungshindernisse setzt, darf er sich auf das Scheitern von Zustellungsversuchen nicht berufen.[292] 127

**Keine Mahnung bei unzureichender Reparatur.** Hat der Mieter nach vergeblicher Mahnung zur Reparatur selbst einen Handwerker beauftragt, ist eine weitere Anmahnung nicht erforderlich, wenn sich beim Reparaturauftrag zeigt, dass nur eine Erneuerung des schadhaften Gerätes den Mangel beheben kann.[293] Soweit auch in diesen Fällen eine Mahnung für erforderlich gehalten wird,[294] ist dem entgegenzuhalten, dass sich die Mahnung auf die Behebung des Mangels und nicht auf die Art und Weise der Mangelbeseitigung richtet. 128

## II. Selbstbeseitigungsrecht zum Erhalt des Bestands der Mietsache

Gem. § 536 a Abs. 2 Nr. 2 BGB hat der Mieter ein Selbstbeseitigungsrecht sowie einen Anspruch auf Ersatz der erforderlichen Aufwendungen auch dann, wenn die umgehende Beseitigung des Mangels zur Erhaltung oder Wiederherstellung des **Bestands der Mietsache** notwendig ist. Dieses Recht knüpft im Gegensatz zum Aufwendungsersatzanspruch nach Nr. 1 nicht an das Vorliegen der Verzugsvoraussetzungen an. Vielmehr erhält der Mieter seinen Anspruch auch dann, wenn die Aufwendungen notwendig waren, wenn sie also zur umgehenden Beseitigung des Mangels zwecks Erhaltung oder Wiederherstellung des Bestands der Mietsache erforderlich sind. Es handelt sich somit um Verwendungen, die auch der Eigentümer selbst hätte aufwenden müssen, um die Sache wiederherzustellen oder zu erhalten.[295] Der Begriff ist nach allgemeiner Ansicht restriktiv auszulegen.[296] 129

Die Wiederherstellung betrifft die Ersetzung zerstörter Gebäudeteile, die Erhaltung sowie die Ausbesserung von Gebäudeteilen, die in ihrer Substanz gefährdet sind. Arbeiten, die darauf abzielen, eine drohende Gefahr abzuwenden, zählen ebenfalls zu den der Erhaltung dienenden Maßnahmen. Hierzu gehören zB die Bebauung des Grundstücks mit einem Schutzdeich oder der Aufbau einer Stützmauer zur Verhinderung des Einsturzes.[297] Es muss sich daher um Maßnahmen handeln, ohne die das Gebäude oder wesentliche Teile schwer beschädigt oder auf Dauer unbrauchbar würden.[298] Hierzu gehört zB die Erneuerung des erheblich schadhaften Dachstuhls einschließlich der Dacheindeckung oder der Elektro- und Sanitärinstallation, die Beseitigung von Feuchtigkeitsschäden im Wand- und Fußbodenbereich,[299] etwa durch Einbau einer Drainage,[300] die Beseitigung eines Rohrbruchs[301] oder Wiederherstellung des Schmutzwasserabflusses,[302] die Reparatur der Heizung[303] oder der Einkauf von Heizöl,[304] sofern die Mietsache wegen des drohenden Frostes Gefahren ausgesetzt ist. 130

Bei diesen Fallgruppen sind **Überschneidungen** zu Nr. 1 denkbar. So führt der Brennerausfall im Herbst zu keiner drohenden Gefahr für den Bestand der Mietsache, da Frostschäden nicht zu 131

---

[290] BGH NJW 1985, 2526 = MDR 1985, 927 zum Kaufrecht.
[291] AG Wetzlar WuM 2005, 715.
[292] OLG Köln VersR 1989, 642.
[293] LG Itzehoe WuM 1988, 87.
[294] LG Hamburg WuM 1988, 87; *Horst* ZAP 1035, 1038.
[295] BGH WuM 1994, 201 = NJW-RR 1993; 522, Staudinger/*Emmerich* BGB § 536 a Rn. 38.
[296] OLG München NJWE-MietR 1997, 76 = ZMR 1997, 235; *Gather* PiG 53 (1997), 26.
[297] OLG Hamburg WuM 1986, 82 = ZMR 1985, 237.
[298] Herrlein/Kandelhard/*Kandelhard* BGB § 536 a Rn. 17; weitergehend Sternel MietR Kap. VIII Rn. 283, der über den Wortlaut der Vorschrift hinaus den ungestörten Gebrauch der Mietsache als ausreichend ansieht.
[299] BGH WuM 1994, 201 = NJW-RR 1993, 522 zu § 547 BGB aF.
[300] BGHZ 131, 220 = NJW 1996, 921 = MDR 1996, 1113.
[301] LG Hagen WuM 1984, 215 = ZMR 1984, 375; AG Schöneberg GE 1988, 305.
[302] AG Saarburg WuM 2008, 725, zweifelhaft, ob Bestand der Mietsache betroffen ist; BGH V ZR 88/95, NJW 1996, 921 zum Verwendungsbegriff des § 994 BGB.
[303] LG Rottweil WuM 1989, 288; AG Münster WuM 2009, 665; Ausnahme: AG Brandenburg an der Havel GE 202, 758.
[304] AG Weilheim WuM 1987, 221.

befürchten sind. Auch die Beseitigung eines Wasserrohrbruchs muss nicht zwingend in die Fallgruppe der Nr. 2 eingeordnet werden. Betrifft bspw. der Rohrbruch nur einen Nebenstrang, der abgesperrt werden kann, ist zu prüfen, ob nicht zunächst dem Vermieter die – kurzfristige – Gelegenheit zur Reparatur eingeräumt werden muss (→ Rn. 123).

**132** Für den Anspruch des Mieters kommt es **nicht** darauf an, ob er mit Fremdgeschäftsführungswillen gehandelt hat. § 536 a Abs. 2 Nr. 2 BGB knüpft allein an die objektive Notwendigkeit der Maßnahme an.

## III. Aufwendungsersatz aus GoA

**133** Vom Anspruch auf Aufwendungsersatz gem. § 536 a Abs. 2 BGB zu unterscheiden ist der Anspruch gem. § 539 Abs. 1 BGB.[305] § 539 Abs. 1 BGB hat die Regelung in § 547 Abs. 2 BGB aF aufgegriffen, ohne diese inhaltlich zu verändern. § 536 a Abs. 2 BGB steht zu der Vorschrift des § 539 Abs. 1 BGB in einem Ausschließlichkeitsverhältnis[306] (→ Rn. 167; zum Verhältnis zu § 555 a Abs. 3 BGB → BGB § 555 a Rn. 41 ff.).

**134** Sprachlich wurde der Begriff „Verwendungen" ersetzt durch „Aufwendungen", um auch innerhalb des Gesetzes einen einheitlichen Sprachgebrauch sicherzustellen.[307] Damit wurde aber der einheitliche Sprachgebrauch zu §§ 994 ff. BGB aufgegeben, ohne dass damit inhaltliche Änderungen beabsichtigt waren.

## IV. Ungerechtfertigte Bereicherung

**135** Liegen die Voraussetzungen des § 536 a Abs. 2 BGB sowie des § 539 Abs. 1 BGB nicht vor, zB weil mit der Investition des Mieters weder ein Mangel behoben wurde, noch der Mieter mit Fremdgeschäftsführungswillen gehandelt hat, kann uU ein Anspruch aus ungerechtfertigter Bereicherung in Betracht kommen.[308] So liegt der Fall, wenn der Mieter Schönheitsreparaturen am Ende des Mietverhältnisses vornimmt, weil er glaubt, dazu aufgrund der vereinbarten (unwirksamen) Formularklausel verpflichtet zu sein[309] (→ Rn. 168).

## V. Inhalt und Umfang des Aufwendungsersatzanspruchs

**136** Kommt der Vermieter seiner Verpflichtung, einen Mangel zu beseitigen, nicht nach und gerät der Mieter dadurch in die Lage, dies selbst veranlassen zu müssen, kann von ihm nicht mehr verlangt werden, als dass er eine **Fachfirma** mit der Reparatur beauftragt. Der Mieter darf den Mangel auch selbst beheben. In diesem Fall schuldet er aber eine **fachgerechte** Ausführung der Arbeiten. Fehlt es daran, kann er die Aufwendungen über § 536 a Abs. 2 BGB nicht ersetzt verlangen.[310]

**137** Der Anspruch auf Aufwendungsersatz entsteht mit der Vornahme der Verwendung.[311] Befand sich der Vermieter mit der Mängelbeseitigung in Verzug und nimmt der Mieter nach einem Eigentümerwechsel die Aufwendung vor, steht ihm der Ersatzanspruch gem. § 536 a Abs. 2 BGB gegen den Erwerber des Grundstücks zu.[312]

**138** Der Ersatzanspruch erfasst die erforderlichen Aufwendungen. Es gelten die Regelungen der §§ 256, 257 BGB. Maßgeblich ist, was der Mieter nach reiflicher Überlegung unter dem Gesichtspunkt der **Wirtschaftlichkeit,** ggf. nach Einholung eines **fachmännischen Rates,**[313] als angemes-

---

305 *Blank* WImmoT 2010, 75 (80 ff.).

306 BGH VIII ZR 222/06, WuM 2008, 147 = NJW 2008, 1216 = GE 2008, 325 = ZMR 2008, 281 = NZM 2008, 279 = AK-MietPrax § 536 a BGB Nr. 4; MüKoBGB/*Bieber* § 539 Rn. 2; Palandt/*Weidenkaff* BGB § 536 a Rn. 6; *Horst* DWW 2012, 242; § 539 ist anwendbar bei berechtigter GoA; *Kuhn* ZMR 2009, 177; vgl. Sonderfall AG Hamburg ZMR 2009, 930.

307 BR-Drs. 439/00, 106.

308 *Blank* WImmoT 2010, 75 (84 ff.).

309 BGH VIII ZR 302/07, WuM 2009, 395 = NZM 2009, 541 = NJW 2009, 2590 = GE 2009, 901 = AK-MietPrax § 812 BGB Nr. 5.

310 *AG Osnabrück WuM 2005, 48.*

311 OLG Celle NJW 1962, 1918; unklar AG Potsdam WuM 1995, 267.

312 BGH NJW 1965, 1225 = MDR 1965, 563; LG Berlin NJW-RR 1990, 23 = MM 1992, 65.

313 LG Berlin GE 1991, 987; 1987, 39; 1985, 309.

sen ansehen darf, um die Sache in einen vertragsgemäßen Zustand zu versetzen.[314] Es kommt aber nicht darauf an, ob der Vermieter die Arbeiten hätte billiger ausführen können.[315] Der Mieter ist grds. nicht verpflichtet, ein **Ausschreibungsverfahren** durchzuführen. Nur wenn die Beseitigung des Schadens nicht dringend ist, kann der Mieter gehalten sein, Kostenvoranschläge einzuholen.[316] Ohne besondere Anhaltspunkte für eine überhöhte Rechnung des Handwerkers darf er diese akzeptieren. Drängt sich dem Mieter allerdings der Eindruck einer überhöhten Rechnung auf, kann er verpflichtet sein, diese auch dann zu kürzen, wenn der Handwerker mit einem Rechtsstreit droht.[317] Hat der Vermieter es aber in der Hand gehabt, selbst für die Beseitigung des Mangels zu sorgen, dann trägt er das Risiko einer überhöhten Rechnung.[318]

Ist im Falle des Abs. 2 Nr. 2 der Mangel provisorisch behoben worden, stellen spätere – endgültige – Reparaturmaßnahmen keine Aufwendungen nach Nr. 2 sondern allenfalls nach Nr. 1 dar, mit der Folge, dass der Aufwendungsersatz Verzug erfordert.[319] Kommen **mehrere Möglichkeiten** der Mängelbeseitigung in Betracht, muss der Mieter dem Vermieter grds. die Möglichkeit der Leistungsbestimmung einräumen; zB bei der Entscheidung, ob eine Einrichtung repariert oder neu angeschafft werden soll. Entscheidet der Vermieter diese Frage nicht, geht das Leistungsbestimmungsrecht auf den Mieter über, welches er dann unter Berücksichtigung der Interessen des Vermieters, insbes. unter Wahrung der Wirtschaftlichkeit, ausüben darf. Der Mieter kann dabei aber auch in Erwägung ziehen, dass der Vermieter, da er von seinem Bestimmungsrecht keinen Gebrauch gemacht hat, die Auswahl dem Mieter überlassen wollte. **139**

Zu den Aufwendungen gehören in erster Linie die Kosten für Handwerkerleistungen sowie Materialkosten. Hierzu gehören ferner die eigenen Arbeitsleistungen sowie die Arbeitsleistungen freiwilliger Helfer,[320] soweit sie ohne das schädigende Ereignis nicht erbracht worden wären, sowie Belastungen und Schulden.[321] Der Mieter kann gem. § 257 BGB verlangen, dass er von den eingegangenen Schulden freigestellt wird. Gem. § 256 BGB sind die Aufwendungen zu verzinsen. Die Zinshöhe beträgt grds. 4% (§ 246 BGB). Handelt es sich bei den Vertragsparteien um ein beiderseitiges Handelsgeschäft, betragen die Zinsen gem. § 352 Abs. 1 HGB 5%. Schuldet der Vermieter Aufwendungsersatz für eine Mängelbeseitigung, zB nach einem Wassereinbruch, darf er, weil es sich um einen Ausgleich für den Erfüllungsanspruch handelt, nicht im Wege eines Abzuges **„Neu für Alt"** anteilige (nicht fällige) Schönheitsreparaturen des Mieters berücksichtigen[322] (zur Höhe des Schadensersatzes → Rn. 79ff.). **140**

Ersatzfähig können auch notwendige Sicherungsmaßnahmen sein, zB das Anbringen von Schlössern.[323] **141**

Der Mieter kann, wenn die Wiederherstellung des ursprünglichen Zustandes wirtschaftlich unvertretbar wäre, den Schaden auch abweichend vom ursprünglichen Zustand so beheben, dass er den Mindestanforderungen der Technik entspricht.[324] Er kann uU auch die Kosten für Ersatzgeräte verlangen, wenn die Reparatur nicht mehr sinnvoll erscheint.[325] Umstritten ist dabei, ob es wegen dieses Umstandes einer erneuten Mahnung des Vermieters bedarf.[326] Eine erneute Mahnung könnte nur unter dem Gesichtspunkt der **Schadensminderung**[327] gefordert werden, da der **142**

---

314 BGH NJW 1973, 46 = MDR 1973, 129 = JZ 1973, 168 zum Werkvertragsrecht; Emmerich/Sonnenschein/*Emmerich* BGB § 536a Rn. 17.

315 Wolf/Eckert/Ball Gewerbl. Miet-/Pacht-/LeasingR-HdB Rn. 311.

316 *Gather* DWW 1997, 169 (184).

317 KG GE 1994, 155.

318 LG Berlin MM 1994, 175.

319 AG Münster WuM 2009, 665.

320 BGH NJW 1996, 921 = MDR 1996, 1113 = BB 1996, 658 = GE 1996, 539 zum Eigentümer-Besitzer-Verhältnis; NJW 1973, 46 = MDR 1973, 129 = JZ 1973, 168 zum Werkvertragsrecht; Bub/Treier MietR-HdB/*Kraemer/Ehlert* Kap. III B Rn. 3351.

321 *Gather* DWW 1997, 169 (184).

322 LG Berlin MM 1986, Nr. 11, 29; GE 1996, 1181; *Sternel* WuM 2002, 585 (586); *Eisenschmid* NZM 2002, 889 (890).

323 Bub/Treier MietR-HdB/*Kraemer/Ehlert* Kap. III B Rn. 3353.

324 LG Köln WuM 1994, 73.

325 LG Berlin GE 1985, 309.

326 Verneinend LG Itzehoe WuM 1988, 87; Kossmann Wohnraummiete-HdB § 63 Rn. 2; bejahend LG Gießen WuM 1996, 557; LG Hamburg WuM 1988, 87.

327 OLG Düsseldorf DWW 2007, 67 zur Vermeidung von Anwaltskosten; zur Behauptungs- und Beweislast s. BGH WuM 2006, 25.

Verzug regelmäßig durch die erste Mahnung schon vorliegt. Andererseits ist aber zu berücksichtigen, dass dem Vermieter seine Untätigkeit in besonderem Maße angelastet werden muss, wenn er nach den gesamten Umständen, zB wegen des Alters des Gerätes oder der Art des Schadens, mit einem Austausch rechnen konnte.

143 Der Mieter kann darüber hinaus auch **eigene Leistungen** in Ansatz bringen.[328] Vergleichbare Regelungen finden sich in § 27 Abs. 2 II. BV zugunsten des Eigentümers. Die Höhe ist mit einer in der Bauhandwerker-Branche entsprechenden Zahlung anzusetzen. Dabei wird der Kenntnis- und Ausbildungsstand des Mieters für eine derartige Maßnahme eine Rolle spielen.

144 Für die Geltendmachung des Aufwendungsersatzanspruchs ist es ohne Belang, dass die Reparaturmaßnahme keinen Erfolg hatte, wenn den Mieter hieran kein Verschulden trifft. Allerdings trifft den Mieter in diesen Fällen bzgl. des verbliebenen Mangels[329] eine erneute Anzeigepflicht.

145 Als Aufwand gilt auch der Abkauf eines **Drittrechts** oder eine **Abstandszahlung** an den Dritten zum Gebrauchsverzicht. Dies wird teilweise abgelehnt, weil das Beseitigungsrecht nur auf die Ausübung des Rechts und nicht auf den Bestand des Rechts abzielt[330] (→ BGB § 536 Rn. 306). Dem ist aber entgegenzuhalten, dass es dem Mieter erlaubt sein muss, Sicherheit über den Gebrauch der Mietsache zu erhalten, da die Gebrauchsausübung durch den Dritten immer drohend im Raum steht.

## VI. Vorschuss

146 Es ist stRspr des BGH,[331] dass der zur Ersatzvornahme Berechtigte einen Anspruch auf Leistung eines Vorschusses in Höhe der voraussichtlich zur Mängelbeseitigung erforderlichen Kosten hat.[332] Dieser Vorschussanspruch ist von der Rspr. aus Billigkeitserwägungen (Treu und Glauben) geschaffen worden und kann daher im Einzelfall auch zugunsten des Vermieters ausgeschlossen sein.[333] Der Anspruch besteht nur, wenn der Vermieter eine Pflicht zur Mängelbeseitigung hat,[334] er mit der Beseitigung des Mangels in Verzug ist und der Vermieter nicht ein tatsächliches Angebot zur Mängelbeseitigung unterbreitet hat.[335] Eine Fristsetzung mit Ablehnungsandrohung ist entbehrlich. Ebenfalls ist nicht erforderlich, dass der Mieter zunächst den Vermieter auf Mängelbeseitigung in Anspruch nimmt, um dann im Wege der Vollstreckung den Anspruch auf Vorschuss (§ 887 ZPO) durchzusetzen.[336]

147 Der Kostenvorschuss besteht in Höhe des **voraussichtlichen** Aufwandes zur Mängelbeseitigung.[337] Dieser bestimmt auch den Gegenstandswert bei einer Klage auf Vorschuss.[338]Der Vorschuss ist zeitnah zu verwenden. Der zeitlichen Rahmen ist jedoch abhängig von den Umständen des Einzelfalls.[339] Über den Vorschuss muss nach Abschluss der Arbeiten abgerechnet werden. Der Mieter ist verpflichtet, insoweit Rechnung zu legen. Verzugszinsen aus der verspäteten Vorschusszahlung stehen dem Mieter zu und bleiben bei der Abrechnung des Kostenvorschusses außer Betracht.[340]

148 Mit eigenen Ansprüchen kann der Vermieter wegen der **Zweckgebundenheit** regelmäßig nicht gegen den Anspruch auf Vorschuss aufrechnen.[341] Anderenfalls würde § 536a Abs. 2 BGB

---

[328] Zum Umfang der eigenen Leistungen s. *Eisenschmid* Anm. zu BGH VIII ZR 302/07, AK-MietPrax § 812 BGB Nr. 5 = WuM 2009, 581 = NJW 2009, 2590 = NZM 2009, 541 = ZMR 2009, 829.

[329] OLG Düsseldorf NJW-RR 1987, 1232 = ZMR 1987, 376.

[330] AnwK WohnraummietR BGB § 536a Rn. 39.

[331] BGHZ 47, 272; 56, 136; 61, 28 = NJW 1973, 1457; 68, 372 = WuM 1984, 307 = NJW 1977, 1336 = MDR 1977, 831 = ZMR 1979, 21.

[332] KG WuM 1988, 142 = NJW-RR 1988, 1039 = ZMR 1988, 219 = DWW 1988, 140; LG Berlin GE 2010, 127.

[333] BGHZ 56, 136; LG Berlin NZM 1999, 119 bei schikanösem Verhalten des Mieters.

[334] LG Berlin GE 1998, 619.

[335] VerfGH Berlin GE 2005, 982; KG WuM 1988, 142 = NJW-RR 1988, 1039 = ZMR 1988, 219 = DWW 1988, 140.

[336] Bub/Treier MietR-HdB/*Kraemer/Ehlert* Kap. III B Rn. 3356.

[337] AG Hamburg ZMR 2014, 457.

[338] OLG Rostock, ZMR 2020, 396.

[339] *BGH VIII ZR 63/11*, AK-MietPrax § 543 BGB Nr. 23 = GE 2012, 1489 = GuT 2012, 127 = ZMR 2012, 610.

[340] BGHZ 94, 330 = NJW 1985, 2325 = MDR 1985, 924.

[341] Bub/Treier MietR-HdB/*Kraemer/Ehlert* Kap. III B Rn. 3356.

ausgehöhlt, da Sinn und Zweck der Vorschrift gebieten, dem Mieter die Mängelbehebung zu ermöglichen.[342]

Allerdings kann der Mieter grds. gegen eine Mietzinsforderung des Vermieters auch mit dem Aufwendungsersatzanspruch aufrechnen.[343] **149**

Der Anspruch des Mieters auf Zahlung eines Kostenvorschusses zur Mängelbeseitigung ist **abtretbar,** denn die Abtretung berührt nicht den Bestand des Mietvertrages, sondern soll lediglich die Vermögenseinbuße des Mieters ausgleichen.[344] **150**

Stehen auf der Mieterseite mehrere Mieter, kann der Anspruch auf Vorschuss auch von einem einzelnen Mieter durch Leistungsklage **an alle** geltend gemacht werden.[345] **151**

Ist der Mieter zur Vorfinanzierung nicht in der Lage, kann in eilbedürftigen Fällen der Anspruch auch im Wege einer **einstweiligen Verfügung** verfolgt werden. **152**

Hat der Mangel bereits im Zeitpunkt einer Veräußerung des Grundstücks bestanden und wurde er von dem früheren Vermieter nicht beseitigt, kann der Anspruch auf einen Vorschuss für die zur Mängelbeseitigung durch den Mieter erforderlichen Aufwendungen dann gegen den Erwerber des Grundstücks geltend gemacht werden (§ 566 BGB), wenn erst dieser mit der Beseitigung des Mangels in Verzug gekommen ist.[346] **153**

## VII. Verwirkung

Der Aufwendungsanspruch **verjährt** nach § 548 Abs. 2 BGB.[347] Er kann trotz der kurzen Verjährungsfrist verwirkt sein, wenn der Mieter eine ungebührlich lange Zeit verstreichen lässt, ehe er mit seinem Anspruch hervortritt.[348] Dabei ist noch ungeklärt, ob nach einer Mieterhöhung, ähnlich wie bei der Mietminderung, der Anspruch auf Aufwendungsersatz wieder aufleben kann. Dafür spricht, dass jedenfalls bei schwerwiegenden Mängeln der aus Treu und Glauben hergeleitete Grundsatz der Verwirkung auch verlangt, dass der Anspruchsverlust angemessen ist.[349] **154**

## VIII. Sonstiges

Ist der Vermieter nach **Verurteilung** zur Vorschusszahlung bereit, die notwendigen Arbeiten durchzuführen, geht diese Leistung der Vorschusszahlung vor.[350] § 536 a Abs. 2 BGB gibt dem Mieter nur ein Selbsthilferecht, während er den endgültigen Geldanspruch (Schadensersatzanspruch) nur über Abs. 1 erlangt. Ist der Mangelbeseitigungsanspruch des Mieters tituliert, kann dieser nach § 887 ZPO vollstreckt werden. Dafür kann sich der Mieter zur Durchführung der Arbeiten in Eigenregie ermächtigen und den notwendigen Kostenvorschuss ausurteilen lassen.[351] **155**

Die Ansprüche des Mieters gem. § 536 a Abs. 2 BGB entstehen mit der Vornahme der Aufwendungen. Sie werden daher auch zu diesem Zeitpunkt fällig. Im Falle eines späteren Eigentümerwechsels hat der Mieter daher grds. seine Ansprüche beim alten Eigentümer geltend zu machen. **156**

Eine **Differenzierung** der Rechte des Mieters nach Beitrittsgebiet und den alten Bundesländern lässt sich jedenfalls heute nicht mehr rechtfertigen, da durch das Mietenüberleitungsgesetz[352] (§§ 12–17 MHG) die rechtlichen Rahmenbedingungen zur Wirtschaftlichkeit des Hausbesitzes im gesamten Bundesgebiet vereinheitlicht wurden. **157**

---

342 OLG Stuttgart WuM 1989, 199 = GE 1989, 627 = ZMR 1989, 191 zum Hausgeld nach WEG; KG WuM = NJW-RR 1988, 1039 = ZMR 1988, 219; LG Kleve WuM 1989, 14.
343 *Weimar* ZMR 1975, 163 (164).
344 LG Berlin GE 1990, 543.
345 LG Berlin GE 1994, 997; **aA** LG Berlin ZMR 1999, 712.
346 LG Berlin ZMR 1987, 19 = MDR 1987, 142; GE 1987, 39.
347 BGH NJW 1974, 743 = MDR 1974, 838.
348 BGH NJW 1959, 1629 = MDR 1959, 754; LG Berlin GE 1994, 403; AG Köln ZMR 1995, 260.
349 *Schläger* ZMR 1995, 261; **aA** AG Köln ZMR 1995, 260.
350 LG Berlin GE 2018, 877; GE 1989, 151.
351 *Flatow* AnwZertMietR 1/2012 Anm. 1 mit weiteren Ausführungen zum Vollstreckungsverlauf.
352 MÜG v. 6.6.1995, BGBl. I 748.

## G. Verjährung

158 Der Schadenersatzanspruch nach § 536a Abs. 1 BGB verjährt gem. § 195 BGB nach drei Jahren. Dabei sind die Höchstgrenzen des § 199 BGB zu beachten. Die kurze Verjährungsfrist des § 548 BGB ist auf mietvertragliche Schadenersatzansprüche des Mieters nicht anwendbar.[353]

159 Die Verwendungsersatzansprüche des Mieters nach § 536a Abs. 2 BGB verjähren dagegen in der Frist des § 548 BGB[354] innerhalb von sechs Monaten nach Beendigung des Mietverhältnisses.[355]

## H. Verhältnis zu anderen Vorschriften

### I. Minderung

160 § 536a BGB ist neben § 536 BGB anwendbar. Bei **Sachmängeln** dann, wenn die Mietsache übergeben worden ist,[356] sonst gelten die allgemeinen Vorschriften. Bei **Rechtsmängeln** gilt § 536a BGB schon vor Übergabe (→ BGB § 536 Rn. 544 ff.).

### II. Kündigung

161 Der Anwendungsbereich des § 536a Abs. 1 BGB wird durch eine Kündigung des Mieters nicht ausgeschlossen.[357] Vielmehr kann der Mieter gerade den Schaden ersetzt verlangen, der durch eine fristlose Kündigung verursacht wurde, wie zB Umzugskosten etc (→ Rn. 79 ff.).

162 Auch die Anwendung des § 536a Abs. 2 BGB wird durch eine ordentliche Kündigung nicht ausgeschlossen, weil das Vertragsverhältnis bis zum Ablauf der Kündigungsfrist fortdauert und der Mieter bis zu diesem Zeitpunkt einen Anspruch auf Mängelfreiheit hat. Der Anspruch auf Vorschuss kann allerdings dann gegen Treu und Glauben verstoßen, wenn wegen einer vorgesehenen Vertragsbeendigung schon aus zeitlichen Gründen, zB bei kurzen Kündigungsfristen, die Herstellung des vertragsgemäßen Gebrauchs innerhalb der restlichen Vertragszeit nicht möglich ist und daher **willkürlich** erscheint.

163 Ist das Vertragsverhältnis beendet und wurde dem Mieter eine **Räumungsfrist** gewährt, wird § 536a BGB in engen Grenzen entsprechend anzuwenden sein. Dabei wird man die zulässigen Maßnahmen aber auf die **Sicherstellung** von Strom, Wasser und Heizenergie sowie auf die Gefahrenabwehr begrenzen müssen (→ BGB § 535 Rn. 251). Diese Begrenzung ist sachgerecht, da der Erfüllungsanspruch nur bis zur Beendigung des Vertrages fortwährt und der Aufwendungsersatz bzw. der Anspruch auf Vorschuss lediglich der Durchsetzung des Erfüllungsanspruchs dient.

### III. Unmöglichkeit

164 Unter Umständen können die allgemeinen Vorschriften den speziellen Gewährleistungsrechten vorgehen (iE → BGB § 536 Rn. 529 ff.). Da nach der ganz herrschenden Meinung nach Übergabe der Mietsache die speziellen mietrechtlichen Gewährleistungsvorschriften Anwendung finden, geht § 536a Abs. 2 BGB den allgemeinen Vorschriften vor, da Aufwendungen des Mieters zur Mängelbeseitigung vor Übergabe der Mietsache nicht in Betracht kommen.

### IV. Pflichtverletzung (pVV)

165 PVV kann allein oder neben § 536a BGB angewendet werden, wenn nicht unmittelbar die Beschaffenheit der Mietsache betroffen ist.[358] Die gegenüber der Gewährleistung aus § 536a BGB

---

353 BGH WuM 1994, 203 = NJW 1994, 2236 = GE 1994, 275 = MDR 1994, 613 = ZMR 1994, 150; OLG Koblenz NJW-RR 1991, 1317 = MDR 1991, 597 = VersR 1992, 616; LG München I WuM 1991, 584 = NJW-RR 1991, 975.

354 BGH NJW 1974, 743 = MDR 1974, 838.

355 *Blank* WImmoT 2010, 75 (90, 91).

356 *BGH WuM 1978, 86* = NJW 1978, 103 = MDR 1978, 306.

357 BGH NJW-RR 1995, 715 = ZMR 1995, 480 = DWW 1995, 279; OLG Hamm WuM 1983, 76 = NJW 1983, 1332 = ZMR 1983, 348 = DWW 1983, 147.

358 BGH NJW 1957, 826; *Graf v. Westphalen* NZM 2002, 368 (375).

subsidiäre Haftung des Vermieters aus positiver Vertragsverletzung (§ 280 BGB) kommt dann in Betracht, wenn es um die Verletzung von **nicht leistungsbezogenen** Nebenpflichten gem. § 241 Abs. 2 BGB, insbes. um **Informations-** und **Hinweispflichten** geht.[359] Die Pflichtverletzung des Vermieters darf somit keinen Mangel der Mietsache zur Folge haben.[360] Das ist bspw. der Fall, wenn der Vermieter schuldhaft seine Pflicht verletzt, die vom Mieter eingebrachten Sachen vor Schaden zu bewahren. Zudem zählen hierzu die Fälle der unberechtigten Kündigungen durch den Vermieter.

### V. cic und Geschäftsgrundlage

Wegen der Sonderregelung in § 536a BGB sind sowohl das Rechtsinstitut cic als auch die Regeln über den Wegfall der Geschäftsgrundlage grds. unanwendbar.[361] Bis zum Zeitpunkt der Übergabe der Mietsache kann aber ein Anspruch aus cic in Betracht kommen[362] (iE → BGB § 536 Rn. 607 ff.). **166**

### VI. Sonstige Aufwendungen

§ 539 Abs. 1 BGB verweist auf § 536a Abs. 2 BGB und schließt damit aus, dass der Mieter sowohl nach der einen als auch nach der anderen Vorschrift Ersatz seiner Aufwendungen verlangen kann. Handelt es sich somit um Aufwendungen zur Beseitigung von Mängeln, ist der Mieter verpflichtet, den Vermieter gem. § 536a Abs. 2 Nr. 1 BGB zunächst in Verzug zu setzen. Versäumt er dies, ist ein Rückgriff auf § 539 Abs. 1 BGB nicht erlaubt.[363] **167**

Andererseits erhält der Mieter seine Aufwendungen für andere Maßnahmen als für die Mängelbeseitigung nur erstattet, wenn die Voraussetzungen **der GoA** vorliegen (Rechtsgrundverweisung). Der Mieter erhält danach gem. § 539 Abs. 1, § 683 BGB für nützliche bauliche Veränderungen und Umbauten Verwendungsersatz, wenn die Arbeiten dem wirklichen oder mutmaßlichem Willen des Vermieters entsprechen.[364]

### VII. Ungerechtfertigte Bereicherung

Macht der Mieter Verwendungen auf das Grundstück, die zu einer Erhöhung des Verkehrswertes führen, kommt bei fehlendem Geschäftsführungswillen ein Anspruch des Mieters aus § 812 BGB in Betracht.[365] Die Bereicherung ergibt sich nach der Rspr. der XII. Zivilsenats nicht aus dem Wert der Aufwendung, sondern aus der **Wertsteigerung des Mietobjektes**[366] oder aus den Vorteilen, die der Vermieter aus dem erhöhten objektiven **Ertragswert** der Mietsache tatsächlich erzielen kann.[367] Anhaltspunkt dafür ist in erster Linie die Zahlung eines höheren Mietzinses durch den Nachmieter.[368] Ein Bereicherungsanspruch des Mieters scheidet aus, wenn der Vermieter mit **168**

---

[359] BGH XII ZR 6/12, AK-MietPrax § 535 BGB Nr. 52 = NZM 2013, 191 = GE 2013, 209; NJW 1957, 826.

[360] OLG München WuM 1991, 681.

[361] BGH WuM 1992, 313 = NJW-RR 1992, 267 = ZMR 1992, 239.

[362] BGH NJW 1997, 2813 = MDR 1997, 923 = ZMR 1997, 565 = ZIP 1997, 1594 = ZfIR 1997, 523; BGHZ 85, 267 = NJW 1983, 446 = ZMR 1983, 93 = DWW 1983, 17 = MDR 1983, 394 = GE 1983, 117; vgl. hierzu *Tröster* NZM 1998, 697 (701).

[363] BGH VIII ZR 222/06, WuM 2008, 147 = NJW 2008, 1216; NZM 2007, 279 = ZMR 2007, 281 = GE 2007, 325 = AK-MietPrax § 536a BGB Nr. 4; *Dauner-Lieb/Dötsch* NZM 2004, 641; zweifelnd Staudinger/*Emmerich* BGB § 536a Rn. 41.

[364] Weitergehend BGH WuM 1993, 123 = NJW-RR 1993, 521 = ZMR 1993, 151 = MDR 1993, 866; GE 2007, 1049 (Landwirtschaftssenat) zum Mängelbeseitigungsanspruch aus GoA (Reparaturkosten für ein Abflussrohr).

[365] BGH WuM 1994, 201 = NJW-RR 1993, 522 = GE 1993, 643; AG Wedding WuM 1989, 15; Bub/Treier MietR-HdB/*Kraemer/Ehlert* Kap. III B Rn. 3361.

[366] LG Berlin MM 1995, 68; GE 1995, 425; 1994, 403; weiter gehend AG Stuttgart WuM 1990, 206.

[367] BGH XII ZR 43/02, NZM 2006, 15 = GuT 2006, 32 = ZMR 2006, 45; BGH ZMR 1999, 93 = NZM 1999, 19.

[368] BGH NJW 1967, 2255; 1985, 313 = ZMR 1985, 44 = MDR 1985, 666; WuM 1985, 88 = NJW 1985, 2527 = MDR 1985, 665 = ZMR 1985, 94 = DWW 1985, 158.

der baulichen Maßnahme von vornherein nicht einverstanden war.[369] Bereicherungsschuldner ist im Falle eines Eigentümerwechsels der Erwerber, nicht aber beim Erwerb im Wege der Zwangsversteigerung.[370]

169 Ausnahmsweise können aber auch die tatsächlichen Aufwendungen des Mieters zu erstatten sein. Das ist bei der Vornahme von nicht geschuldeten Schönheitsreparaturen der Fall, die der Mieter aufgrund einer entsprechenden, vermeintlich wirksamen, Formularklausel durchgeführt hat. Hier dienen die Aufwendungen des Mieters der Erfüllung seiner angeblichen Leistungspflicht, die eine Hauptleistung ist und nach Auffassung des VIII. Zivilsenats[371] in vollem Umfang wieder erstattet werden muss.

## VIII. Unerlaubte Handlung

170 Neben den vertraglichen Schadensersatzansprüchen aus § 536a BGB können deliktische Ansprüche geltend gemacht werden. Die **Verkehrssicherungspflicht** tritt selbständig neben die vertragliche Haftung. Die deliktische Haftung wird somit auch nicht durch einen Ausschluss nach § 536b BGB berührt.[372]

## IX. Eigentümer-Besitzer-Verhältnis

171 Hat der Mieter nach rechtlicher Beendigung des Mietverhältnisses Investitionen getätigt, kommen Aufwendungsersatzansprüche gegen den Eigentümer gem. §§ 994ff. BGB in Betracht, da nach herrschender Meinung[373] die §§ 994ff. BGB auch für den nachträglich unberechtigten Besitzer gelten, wenn die Verwendung nach Wegfall der Berechtigung erfolgt. § 994 Abs. 1 BGB gibt einen Anspruch auf Aufwendungen für notwendige Verwendungen des gutgläubigen Besitzers (→ BGB § 539 Rn. 67).

172 § 994 Abs. 2 BGB gibt nur einen Anspruch auf Aufwendungen für notwendige Verwendungen nach GoA (§§ 683, 677 BGB), wenn der Besitzer bösgläubig ist, also bspw. selbst gekündigt oder die Vermieterkündigung anerkannt hat. Für den Fremdgeschäftsführungswillen reicht es, wenn der Nutzer neben den eigenen Interessen „auch" ein fremdes Geschäft führen wollte. § 996 BGB gibt uU einen Anspruch auf sonstige, nützliche Verwendungen. Die Regelung ist abschließend. Die kurze Ausschlussfrist des § 1002 BGB ist zu beachten.

## I. Haftungsausschlüsse

173 Für § 536a BGB gelten dieselben Ausschlusstatbestände wie für § 536 BGB. Allerdings ist § 536 Abs. 4 BGB nicht entsprechend anwendbar, so dass ein vertraglicher Haftungsausschluss in den Grenzen der §§ 305ff. BGB möglich bleibt.[374] Aufwendungsersatzansprüche des Mieters nach Abs. 2 können im Wohnraummietverhältnis formularvertraglich weder ausgeschlossen noch eingeschränkt werden.[375]

## I. Kenntnis – § 536b BGB

174 Liegen die Voraussetzungen des § 536b BGB vor, ist ein Schadensersatzanspruch ausgeschlossen (Einzelheiten s. dort).[376]

---

[369] LG Berlin GE 1994, 403.
[370] *Horst* MDR 2009, 477 (480).
[371] BGH VIII ZR 302/07, AK-MietPrax § 812 BGB Nr. 5 = NJW 2009, 2590 = WuM 2009, 395 = NZM 2009, 541 = GE 2009, 901.
[372] BGH VersR 1961, 886.
[373] Palandt/*Bassenge* BGB Vor § 994 Rn. 9; AnwK WohnraummietR BGB § 539 Rn. 35; *Horst* MDR 2009, 477 (479).
[374] *MüKoBGB/Häublein* § 536a Rn. 21; *Fielenbach* NZM 2013, 841 (843).
[375] BGH VIII ZR 343/08, WuM 2010, 235 = AK-MietPrax § 536 BGB Nr. 31 = NZM 2010, 356 = GE 2010, 480 = ZMR 2010, 517; MüKoBGB/*Häublein* § 536a Rn. 31.
[376] Zum Erfüllungsanspruch bei Kenntnis s. *Schmidt* NZM 2013, 705 (712f.).

## II. Verletzung der Anzeigepflicht – §536c BGB

Hat der Mieter seine Anzeigepflicht nach §536c Abs. 2 BGB verletzt, verliert er zu den dort aufgezeigten Grenzen seinen Anspruch auf Schadensersatz (Einzelheiten s. dort). 175

## III. Verursachung des Mangels durch Mieter

Der Mieter handelt gegen Treu und Glauben (venire contra faktum proprium), wenn er für die Herbeiführung des Mangels verantwortlich ist und dennoch gegenüber dem Vermieter die Gewährleistung ausüben will. Denn der Mieter darf aus seinem vertragswidrigen Verhalten **keine Vorteile** ziehen. 176

## IV. Entstehung des Mangels im Risikobereich des Mieters

Übernimmt der Mieter zulässigerweise bestimmte Instandhaltungen oder baut er selbst Einrichtungen in die Wohnung ein, ohne dem Vermieter die Unterhaltungslast vertraglich aufzubürden, dann liegt die Gebrauchstauglichkeit dieser Sachen ausschließlich im Gefahren- und Verantwortungsbereich des Mieters. In diesen Fällen ist daher die Gewährleistung ausgeschlossen. 177

## V. Vertraglicher Ausschluss

### 1. Garantiehaftung

Es ist herrschende Auffassung, dass die verschuldensunabhängige Garantiehaftung des Vermieters für anfängliche Sachmängel (§536a BGB Abs. 1 Alt. 1 BGB) als eine für das gesetzliche Haftungssystem untypische Regelung auch **formularmäßig** abbedungen werden kann.[377] Eine Grenze findet die Abdingbarkeit der Haftung nach §536a BGB für alle Arten von Mietverträgen auch bei individualvertraglicher Regelung bei arglistigem Verschweigen des Mangels (§536d BGB), welches aber stets das Vorliegen einer Offenbarungspflicht voraussetzt.[378] Diese Regelung beruht auf dem Gedanken des §276 Abs. 3 BGB, wonach die Haftung für Vorsatz im Voraus nicht erlassen werden kann.[379] §536d BGB gilt sowohl für Sach- als auch für Rechtsmängel. 178

Die Garantiehaftung des Vermieters für Sachmängel der Mietsache wird allerdings nicht allein dadurch ausgeschlossen, dass im Formularmietvertrag die Haftung des Vermieters lediglich für die im Laufe des Mietverhältnisses entstehenden Mängel zulässigerweise eingeschränkt wird.[380] Wird aber eine allgemein gehaltene **Haftungsfreizeichnung** für Schäden vereinbart, dann muss durch Auslegung ermittelt werden, ob der Haftungsausschluss auch solche Schäden erfasst, die durch solche Mängel verursacht wurden, die bei Vertragsschluss schon vorhanden waren.[381] 179

### 2. Verschuldenshaftung

Für den Fall der Verschuldenshaftung ist unstrittig, dass bei grob fahrlässigem Verschulden des Vermieters oder bei vorsätzlichen oder grob fahrlässigen Vertragsverletzungen eines gesetzlichen Vertreters oder Erfüllungsgehilfen[382] wegen §309 Nr. 7 bzw. §307 BGB[383] eine formularmäßige 180

---

[377] BGH WuM 1992, 316 = NJW-RR 1991, 74 = ZMR 1992, 241 = DWW 1992, 14; OLG Köln NJW-RR 2001, 1302; OLG Stuttgart WuM 1984, 187= NJW 1984, 2226 = ZMR 1984, 309; BayObLG WuM 1985, 49 = NJW 1985, 1716 = MDR 1985, 500 = ZMR 1985, 92; Bub/Treier MietR-HdB/*Kraemer/Ehlert* Kap. III B Rn. 3316; DHF/*Franke* §536a BGB Anm. 10.1.1; *Agatsy* ZMR 2019, 248 m. w. N.

[378] Kossmann Wohnraummiete-HdB §62 Rn. 19.

[379] Bub/Treier MietR-HdB/*Kraemer/Ehlert* Kap. III B Rn. 3403.

[380] OLG Hamburg WuM 1990, 71 = NJW-RR 1990, 1484 = ZMR 1990, 11 = DWW 1990, 201.

[381] BGH XII ZR 327/00, NZM 2002, 784 = NJW 2002, 3232 (3234) = AK-MietPrax §536b BGB Nr. 1 = DWW 2002, 265 GE 2002, 1191 = MDR 2002, 1361 = ZMR 2002, 899; OLG Düsseldorf WuM 1999, 279; *Lützenkirchen* WuM 2000, 55 (61).

[382] BayObLG WuM 1985, 49 = NJW 1985, 1716 = ZMR 1985, 92 = MDR 1985, 500; *Fielenbach* NZM 2013, 841 (843).

[383] LG Bückeburg NJWE-MietR 1997, 146.

Haftungsfreizeichnung nicht in Betracht kommt. Das gilt auch für **gewerbliche** Mietverhältnisse.[384]

181 Werden vorformulierte Vertragsbedingungen verwendet, besteht allerdings keine einheitliche Meinung darüber, ob sich der Vermieter im Rahmen der 2. und 3. Alternative des § 536a Abs. 1 BGB für **einfache** Fahrlässigkeit freizeichnen kann.[385] Dies ist jedenfalls ausgeschlossen, wenn sich der Vertragspartner von Pflichten freizeichnen will, die zur Erreichung des Vertragszwecks erforderlich sind[386] oder nach Treu und Glauben,[387] wenn der Mieter nach der Verkehrsauffassung oder nach dem vereinbarten Vertragsinhalt besonders auf die Mangelfreiheit des Mietobjektes vertraut hat.[388] Inzwischen hat der BGH[389] zur Frage der zulässigen Haftungsfreizeichnung für Schäden an den Gegenständen des Mieters, die durch Mängel der Mietsache verursacht sind (Verletzung von **Kardinalpflichten**), Stellung genommen (→ Rn. 100ff.) und den formularvertraglichen Haftungsausschluss für leichte Fahrlässigkeit dann als unzulässig abgelehnt, wenn der Mieter das ausgeschlossene Risiko **nicht beherrschen** und auch **nicht versichern** kann.[390]

182 Auch im Falle des Verzuges kann sich der Vermieter nicht generell von der Haftung für einfache Fahrlässigkeit formularmäßig freizeichnen. Die Klausel in Allgemeinen Geschäftsbedingungen eines Mietvertrages – auch über Gewerberäume –, wonach der Vermieter für die rechtzeitige Fertigstellung der Mieträume nur im Falle von Vorsatz oder grober Fahrlässigkeit haftet, verstößt gegen § 307 BGB, weil die rechtzeitige Gebrauchsüberlassung durch den Vermieter eine nicht abdingbare **Kardinalpflicht** des Mietvertrages ist.[391]

### 3. Sonstige Ausschlüsse

183 Das Selbsthilferecht sowie der Anspruch auf Aufwendungsersatz gem. § 536a Abs. 2 BGB können formularvertraglich ebenfalls nicht abbedungen werden.[392] Es würde den Mieter, der auf seine Kosten eine Verpflichtung des Vermieters erfüllt, unangemessen iSd § 307 BGB benachteiligen, wenn er die Aufwendungen hierfür selbst tragen müsste.[393] Für den Vermieter ist kein berechtigtes Interesse erkennbar, warum er sich von den Folgen **eigener** Vertragsverletzungen sollte freizeichnen können.

184 Wird dagegen die Haftung formularvertraglich ausgeschlossen, wenn der Mieter die gesetzlich vorgesehene Anzeige sowie die Aufforderung zur Mängelbeseitigung (§ 536c BGB) unterlässt, ist dies zulässig.[394]

185 Soweit die Haftung des Vermieters wirksam ausgeschlossen wurde, erstreckt sich der Haftungsausschluss auch auf andere Haftungsnormen, wie zB auf deliktische Ansprüche,[395] da eine Beschränkung der Haftung nur sinnvoll erscheint, wenn sie sich auf den gesamten Gefahrenbereich bezieht.

---

[384] OLG Hamm ZMR 1996, 199; = MDR 1996, 256 = NJW-RR 1996, 969 = NJWE-MietR 1996, 201; einschränkend OLG Koblenz NZM 2000, 622.

[385] OLG Stuttgart WuM 1984, 187 = MDR 1984, 669 = ZMR 1984, 309; OLG Hamburg ZMR 1985, 236; LG Mannheim ZMR 1990, 220; AG Flensburg DWW 1987, 262.

[386] BGH NJW-RR 1986, 271 = MDR 1985, 569 = BB 1985, 884 = WPM 1985, 522; AG Dortmund WuM 2004, 469.

[387] OLG Stuttgart WuM 1984, 187= NJW 1984, 2226 = ZMR 1984, 309; DHF/*Franke* BGB § 536a Anm. 10.2.2.

[388] BGH VersR 1967, 254 = DB 1967, 118; NJW-RR 1986, 271 = MDR 1985, 569 = WPM 1985, 522.

[389] BGH VIII ARZ 1/01, WuM 2002, 141 = NJW 2002, 673 = NZM 2002, 116 = ZMR 2002, 184 = MDR 2002, 330 mAnm *Lützenkirchen* (Vorlagebeschluss LG Hamburg WuM 2001, 233).

[390] MüKoBGB/*Häublein* § 536a Rn. 22; Bub/Treier MietR-HdB/*Kraemer/Ehlert* Kap. III B Rn. 3318.

[391] OLG Düsseldorf DWW 1993, 197; *Kraemer* NZM 2004, 721 (724).

[392] BGH VIII ZR 343/08, WuM 2010, 235 = NZM 2010, 356 = MDR 2010, 562; *Horst* MDR 2009, 477 (479); MüKoBGB/*Häublein* § 536a Rn. 31; **aA** *Weimar* ZMR 1975, 163.

[393] LG Frankfurt a. M. WuM 1984, 214 = ZMR 1984, 375; AG Dortmund WuM 1993, 606; Bub/Treier *MietR-HdB/Kraemer/Ehlert* Kap. III B Rn. 3363.

[394] OLG Hamburg WuM 1991, 328 = NJW-RR 1991, 1296 = MDR 1991, 1170 = ZMR 1991, 262 = DWW 1991, 216 = GE 1991, 621.

[395] OLG Frankfurt a. M. VersR 1973, 425.

## J. Beweislast

Macht der Mieter einen Schadensersatzanspruch wegen eines anfänglichen Mangels geltend, so muss er den Mangel beweisen.[396] Außerdem muss der Mieter beweisen, dass der Mangel oder dessen Ursache bereits **beim Vertragsschluss** vorhanden war.[397] Für Mängel, die nach Vertragsschluss auftreten, haftet der Vermieter bei Verschulden. In diesen Fällen hat der Mieter das vorsätzliche oder fahrlässige Verhalten des Vermieters oder dessen Erfüllungsgehilfen gem. § 278 BGB zu beweisen. Wird der Schadensersatzanspruch darauf gestützt, dass sich der Vermieter mit der Mangelbeseitigung in **Verzug** befunden hat, so obliegt dem Mieter auch die Beweislast für die Verzugsvoraussetzungen. In allen drei Fällen des § 536a Abs. 1 BGB muss der Mieter außerdem den Eintritt des **Schadens, dessen Höhe** und den **Kausalzusammenhang** zwischen dem Mangel und dem Schaden beweisen. Eine Beweislastumkehr tritt nicht dadurch ein, dass der Mieter nicht in der Lage ist, die erforderlichen Tatsachen zu ermitteln.[398] Liegt die Schadensursache allerdings im Herrschafts- und Einflussbereich des Vermieters, ist eine Umkehrung der Beweislast für die Pflichtverletzung des Vermieters, deren Ursächlichkeit und das Vertretenmüssen anzunehmen[399] (zur Beweislast zum Verschulden → BGB § 536 Rn. 488 ff.). 186

Weil der Mieter wegen des ihm fremden Mietobjektes nicht die gleichen Kenntnisse haben kann wie der Vermieter, kann er sich auch auf den **prima-facie-Beweis** stützen.[400] Bei ungeklärter Schadensursache kommt es darauf an, ob der Schaden in einem Bereich entstand, der der unmittelbaren Einflussnahme, Herrschaft und Obhut des Mieters unterlag. Diesen Herrschaftsbereich muss der Vermieter darlegen und beweisen[401]. Gegebenenfalls muss er die Möglichkeit ausräumen, dass die Schadensursache aus seinem Verantwortungs- und Pflichtenkreis oder demjenigen eines anderen Mieters desselben Hauses herrührt. Ist dieser Beweis geführt, so hat sich der Mieter umfassend hinsichtlich Verursachung und Verschulden zu entlasten.[402] Bei **Wohnraummietverhältnissen** ist eine abweichende Regelung durch formularmäßige Klauseln wegen § 309 Nr. 12 lit. a BGB unwirksam.[403] 187

Entsteht Streit, ob der Vermieter einen Mangel behoben hat, so trägt er für den Erfolg der Maßnahme die Beweislast.[404] 188

Die Beweislast für sämtliche Voraussetzungen des **arglistigen** Verschweigens trägt der Mieter[405]. 189

---

396 MüKoBGB/*Häublein* § 536a Rn. 32.

397 LG Mannheim WuM 1998, 663.

398 OLG Hamburg WuM 1990, 71 = NJW-RR 1990, 1484 = ZMR 1990, 11 = DWW 1990, 201; BGH XII ZR 47/04, NZM 2006, 659 = ZMR 2006, 680 = GE 2006, 966; **aA** OLG Düsseldorf TranspR 1993, 21.

399 BGH WuM 2006, 147 = NJW 2006, 1061 = NZM 2006, 258 = ZMR 2006, 356 = AK-MietPrax § 536a BGB Nr. 1; NJW 1964, 33 = MDR 1964, 139; OLG Hamm ZMR 1997, 520; Blank/Börstinghaus/*Blank* BGB § 536a Rn. 43; MüKoBGB/*Häublein* § 536a Rn. 32.

400 BGH WuM 1978, 168 = NJW 1978, 2197 = MDR 1978, 835 = ZMR 1979, 74 alles pVV.

401 MüKoBGB/*Häublein* § 536a Rn. 32.

402 BGH WuM 1978, 168 = NJW 1978, 2197 = MDR 1978, 835 = ZMR 1979, 74; NJW 1964, 33 = MDR 1964, 139; OLG Hamburg WuM 1991, 328 = NJW-RR 1991, 1296 = MDR 1991, 1170 = ZMR 1991, 262 = DWW 1991, 216 = GE 1991, 621; OLG Karlsruhe WM 1984, 267 = NJW 1985, 142 = ZMR 1984, 417 = DWW 1985, 51.

403 Staudinger/*Emmerich* BGB § 536a Rn. 46.

404 OLG Hamm NJW-RR 1995, 525.

405 Kossmann Wohnraummiete-HdB § 62 Rn. 20.

## § 536b Kenntnis des Mieters vom Mangel bei Vertragsschluss oder Annahme

**[1]Kennt der Mieter bei Vertragsschluss den Mangel der Mietsache, so stehen ihm die Rechte aus den §§ 536 und 536a nicht zu. [2]Ist ihm der Mangel infolge grober Fahrlässigkeit unbekannt geblieben, so stehen ihm diese Rechte nur zu, wenn der Vermieter den Mangel arglistig verschwiegen hat. [3]Nimmt der Mieter eine mangelhafte Sache an, obwohl er den Mangel kennt, so kann er die Rechte aus den §§ 536 und 536a nur geltend machen, wenn er sich seine Rechte bei der Annahme vorbehält.**

### Systematische Übersicht



### Alphabetische Schnellübersicht



## A. Zweck und Anwendungsbereich

1 Der Grundgedanke des § 536b BGB ist, dass sich der Mieter in Widerspruch zu seinem eigenen Verhalten setzt, wenn er die Mietsache in Kenntnis eines Mangels anmietet und dennoch die Gewährleistungsrechte geltend machen will. Das Gesetz unterstellt daher einen **Verzicht** des Mieters auf die Gewährleistungsrechte, wenn er durch sein Verhalten die Sache als vertragsgemäß anerkennt.[1] In diesen Fällen bringt der Mieter zum Ausdruck, dass ihm die Mietsache trotz deren Mangelhaftigkeit den vereinbarten Preis wert ist.[2] Da es sich bei der Minderung nicht um einen Anspruch des Mieters handelt, sondern das Gesetz diese Folge bei einer mangelhaften Mietsache unmittelbar anordnet, kann streng genommen der Mieter auch nicht auf sein Recht aus § 536 BGB verzichten. Die dogmatisch richtige Einordnung des § 536b BGB steht daher noch aus.[3]

2 § 536b BGB schließt die Gewährleistungsrechte des Mieters aus, wenn er den Mangel bei Abschluss des Vertrages kennt (S. 1). Darüber hinaus sind ihm die Gewährleistungsrechte versagt, wenn dem Mieter der Mangel infolge **grober Fahrlässigkeit** unbekannt geblieben ist, es sei

---

[1] BGH NJW 1979, 713 = MDR 1979, 488 = ZMR 1980, 86 zum Kaufrecht; kritisch Bub/Treier MietR-HdB/*Kraemer/Ehler* BGB Rn. 3366.

[2] *OLG Düsseldorf WuM 1994, 324 = NJW-RR 1994, 399* = MDR 1994, 371; **aA** *Köhler* JZ 1989, 761, 771; WoBauR/*Franke* BGB § 536b Anm. 4, die den Sinn der Regelung darin sehen, zum Schutz beider Vertragsparteien Kosten und Risiken zu vermeiden.

[3] DTM-Bilanz 2011/*Lehmann-Richter* S. 134 ff.

denn, der Vermieter handelte arglistig (S. 2) oder wenn der Mieter eine mangelhafte Sache annimmt, obwohl er den Mangel **kennt** und er sich nicht seine Rechte wegen des Mangels bei der Annahme **vorbehalten** hat (S. 3). Der noch in § 539 BGB a. F. enthaltene Verweis auf das Kaufrecht wurde durch Klartext ersetzt.

Die Vorschrift gilt gleichermaßen für das Vorliegen von Sachmängeln wie auch von Rechtsmängeln. Die unterschiedliche Behandlung dieser Sachverhalte nach altem Recht wurde mit der Mietrechtsreform ab 1. 9. 2001 beseitigt. Damit sind auch die nach altem Recht bestehenden Abgrenzungsprobleme entfallen. Somit verliert der Mieter nicht nur beim Sachmangel sein Gewährleistungsrecht, wenn er den Mangel grob fahrlässig nicht kennt und der Vermieter den Mangel nicht arglistig verschwiegen hat, sondern auch beim **Rechtsmangel,** was bislang ausgeschlossen war. Das Gleiche gilt für den Fall, dass der Mieter eine mit einem Rechtsmangel behaftete Sache annimmt, obwohl er den Rechtsmangel kannte und er sich nicht seine Rechte bei Annahme vorbehielt. 3

Die Vorschrift gilt grundsätzlich für alle Mietverhältnisse. Eine Einschränkung muss hinsichtlich § 536b S. 1 BGB indes für Mietverträge gelten, die **vor dem 3. 10. 1990** im Geltungsbereich der neuen Bundesländer abgeschlossen wurden.[4] Dies folgt aus dem Gesetzeszweck, weil dem in der ehemaligen DDR geltenden ZGB Überlegungen zum Äquivalenzverhältnis und zur Kosten- und Risikominimierung des Vermieters fremd waren (→ § 536 Rdn. 40 ff.). § 536b BGB ist abdingbar.[5] 4

Haben die Parteien einen Mietvertrag stillschweigend verlängert (§ 545 BGB) oder den Vertrag durch eine Verlängerungsvereinbarung fortgesetzt,[6] wurde in der Vergangenheit § 536b BGB entsprechend angewandt, weil sonst der Mieter allein durch die Verlängerung des Vertrages besser gestellt würde.[7] Hieran soll sich durch die Mietrechtsreform 2001 nichts geändert haben, wenn die Verlängerung einem Neuabschluss des Vertrages gleichkommt.[8] Rückt man richtigerweise mit dem BGH[9] allerdings auch in diesen Fällen von der analogen Anwendung ab (vgl. → Rn. 37 ff.), muss sich der Vermieter, wenn der Mieter nunmehr wegen des schon bestehenden Mangels die Miete mindert, auf Verwirkung (dazu → Rn. 40) berufen.[10] Damit hat der Vermieter aber nur Erfolg, wenn er von dem Mangel wusste, weil er erst durch dieses subjektive Moment einen – erforderlichen – Vertrauenstatbestand begründen kann.[11] Hat er erst nach der Vertragsverlängerung von dem Mangel erfahren, ist § 536c BGB zu prüfen, wenn der Mieter trotz Kenntnis den Mangel nicht angezeigt hatte. Übt der Mieter in Kenntnis eines Mangels eine Verlängerungsoption aus, ohne sich Minderung oder Schadensersatz vorzubehalten,[12] gelten die vorstehenden Überlegungen entsprechend.[13] 5

Soweit gelegentlich die Auffassung vertreten wird, die Anwendung des § 536b BGB (§ 539 BGB aF) sei auch auf den Herstellungs- und Instandsetzungsanspruch des Mieters auszudehnen,[14] kann dem mit der hM (→ Rn. 48 f.) nicht gefolgt werden.[15] 6

[4] LG Potsdam GE 1997, 1397.

[5] BGH XII ZR 126/00, GuT 2004, 56 = NZM 2004, 27 = ZMR 2004, 249 = GE 2004, 47 = NJW-RR 2004, 12; OLG Düsseldorf DWW 2009, 309.

[6] OLG Köln ZMR 2001, 533; OLG Düsseldorf ZMR 1994, 402; KG GE 1989, 941; OLG Hamm NJW-RR 1988, 590 = MDR 1988, 410; LG Leipzig GE 2005, 993; AG Hamburg WuM 1989, 172.

[7] OLG Brandenburg ZMR 2014, 719; kritisch *Riesenhuber* ZMR 1994, 393; *Wichert* ZMR 2000, 65.

[8] OLG Koblenz ZMR 2014, 883 = MietRB 2014, 291.

[9] BGH XII ZR 15/12, NJW 2015, 402 = NZM 2015, 84 = GE 2014, 1616; BGH XII ZR 84/14, WuM 2015, 721 = NZM 2015, 861; GE 2015, 1527 = ZMR 2016, 106 = MietPrax-AK/*Eisenschmid* BGB § 536b Nr. 12; Erman/*Lützenkirchen* BGB § 536b Rn. 12.

[10] *Lepczyk* jurisPR-MietR 25/2015 Anm. 1.

[11] *Sternel* MietR aktuell Rn. VIII 417.

[12] BGH NJW 1970, 1740; KG GE 1989, 941; **aA** Erman/*Lützenkirchen* BGB § 536b Rn. 11 f.

[13] BGH XII ZR 84/14, WuM 2015, 721 = NZM 2015, 861 = GE 2015, 1527 = ZMR 2016, 106 = MietPrax-AK BGB § 536b Nr. 12; BGH XII ZR 15/12, NJW 2015, 402 = NZM 2015, 84 = GE 2014, 1616 = MietPrax-AK BGB § 536b Nr. 11.

[14] LG Berlin GE 1993, 99; 1991, 989; vgl. auch BGH WuM 1997, 488; **aA** LG Berlin MM 1997, 235.

[15] *Börstinghaus* MDR 1997, 1085; *Schenkel* NZM 1998, 502, 503.

## B. Tatbestandsvoraussetzungen

### I. Kenntnis des Mieters (Satz 1)

7 Kennt der Mieter beim Abschluss des Vertrages den Mangel, stehen ihm die Rechte aus §§ 536, 536a BGB nicht zu. Dabei ist **positive Kenntnis** vom Mangel bei Vertragsschluss erforderlich.[16] Es genügt nicht bereits die Kenntnis des Mieters vom äußeren Erscheinungsbild eines Mangels, solange der Mieter nicht auch das Wissen um die Ursachen und die konkreten Auswirkungen des Mangels auf die Gebrauchstauglichkeit der Mietsache hat.[17] Ein Mangelverdacht reicht somit nicht aus[18]. Der Mieter verliert daher nicht deshalb sein Minderungsrecht, weil er bei Vertragsschluss gewusst hatte, dass eine angemietete Scheune in der Vergangenheit zum Zuschneiden von Asbestplatten genutzt worden ist.[19] Ähnliche Überlegungen gelten auch bei typischen Neubaumängeln, wie z. B. **Neubaufeuchtigkeit.** Daher ist der Mieter auch dann nicht mit Minderungs- oder Schadensersatzansprüchen ausgeschlossen, wenn er bei Anmietung wusste, dass es sich um einen Neubau handelt[20] (→ auch § 536 BGB Rn. 238).

8 Für die Annahme der Kenntnis reicht es ebenfalls nicht aus, wenn der Mieter allgemein von einem schlechten Zustand der Mietsache ausgeht. Er muss vielmehr Kenntnis von einem **konkreten** Mangel haben, zB von dem Zustand des Teppichbodens bei Besichtigung der Mieträume.[21] Die Kenntnis der Umstände, wie etwa Lage[22] oder Materialien des Objektes, die zum Mangel führen können, kann die Anwendung des § 536b S. 1 BGB nicht begründen.[23] Ebenso reicht für die Annahme einer positiven Kenntnis von Raumlänge und -höhe (und damit von der Wohnungsgröße) nicht die Tatsache aus, dass der Mieter die Räume nutzt.[24] Weiß der Mieter lediglich von den tatsächlichen örtlichen Verhältnissen, die Voraussetzung eines Bauverbotes sind, liegt damit noch keine Kenntnis vor.[25] Mietet der Wohnungssuchende Räume an, obwohl er weiß, dass diese in einem hochwassergefährdeten Gebiet liegen, schließt dies das Minderungsrecht wegen eingetretenen **Hochwassers** nicht aus, auch wenn der Mieter in Kenntnis der Gefährdung den vollen Mietzins bezahlt hat. Es liegt auch keine Kenntnis von Lärmstörungen vor, wenn der Mieter bei Anmietung gewusst hat, dass die Wohnung in einem Haus liegt, in dem sich eine Gaststätte,[26] eine Schuhmacherwerkstatt[27] oder ein Büro[28] befindet. Keine Kenntnis des Mieters von der Größe der Wohnung ist anzunehmen, nur weil er sie vor Einzug besichtigt hat.[29] Aber auch wenn er jahrelang dort wohnt, kann regelmäßig keine Kenntnis von der exakten Größe unterstellt werden.[30] Die Kenntnis erlangt er erst durch eine Vermessung der Räume.[31]

---

[16] LG Mannheim WuM 1996, 338; AG Hamburg-Wandsbek ZMR 2013, 967; AG Charlottenburg GE 2010, 129.

[17] OLG Düsseldorf ZMR 2006, 518; LG Köln WuM 1990, 387; LG Stendal WuM 1994, 525; Emmerich/Sonnenschein/*Emmerich* BGB § 536b Rn. 6; *Schmidt* NZM 2013, 705, 707; **aA** AG Steinfurt WuM 1996, 759.

[18] *Lehmann-Richter* NZM 2012, 849, 853.

[19] LG Mannheim WuM 1996, 338.

[20] LG Lübeck WuM 1988, 351; Bad Schwartau WuM 1988, 55; Nürnberg WuM 1988, 155; Mannheim WuM 1977, 138; LG Hamburg WuM 1976, 205 = ZMR 1977, 305.

[21] AG Wetzlar ZMR 2009, 543.

[22] LG Berlin WuM 2016, 168 zum Wildschweinbefall.

[23] LG Berlin GE 2002, 1068 zum feuchten Wintergarten bei einfach verglasten Scheiben; LG Köln WuM 1996, 334 für das Fehlen einer Abwasserhebeanlage; LG Frankfurt a. M. WuM 1990, 384 = ZMR 1990, 17 für Bleiwasserrohre; Wolf/Eckert/Ball Gewerbl. Miet-/Pacht-/LeasingR-HdB Rn. 358; Bub/Treier MietR-HdB/*Kraemer/Ehlert* Kap. III Rn. 3376.

[24] LG München I NZM 2014, 433; AG Koblenz WuM 2015, 443.

[25] BGH BB 1962, 1392 = WPM 1962, 1379.

[26] AG Bonn WuM 1990, 497; AG Köln WuM 1990, 291.

[27] AG Gelsenkirchen WuM 1978, 66 = ZMR 1978, 238.

[28] LG Karlsruhe DWW 1987, 234.

[29] Börstinghaus Flächenabweichungen/*Börstinghaus* Rn. 350, 462.

[30] LG Krefeld WuM 2012, 674; *Eisenschmid,* Anm. zu BGH VIII ZR 30/10, MietPrax-AK BGB § 536 *Nr. 39; Emmert jurisPR-MietR 1/2013* Anm. 1; so aber *Börstinghaus* jurisPR-MietR 10/12 Anm. 1 sowie NZM 2012, 177, 185.

[31] LG Krefeld WuM 2012, 674 = NZM 2012, 858; AG Koblenz WuM 2015, 443; *Emmert* jurisPR-MietR 1/2013 Anm. 1.

Unerheblich ist es dagegen, wenn der Mieter lediglich die Tragweite der Gebrauchsbeeinträchtigung unterschätzt oder etwaige Möglichkeiten der Mängelbehebung überschätzt.[32] Somit ist die Fehleinschätzung des Mieters bei Übernahme der Mietwohnung über Umfang und Dauer der Gebrauchsbeeinträchtigung als Kenntnis des Mangels zu werten,[33] zB bei der Fehleinschätzung der vor Anmietung des Objektes in ihrem Ausmaß erkennbaren Baumaßnahmen auf einem Nachbargrundstück, die den Gebrauchswert nachhaltig beeinträchtigen.[34] Die Ausweitung des Tatbestandsmerkmals „Kenntnis" auf Gebrauchsbeeinträchtigungen, hinsichtlich deren Tragweite sich der Mieter irrt, ist nur gerechtfertigt, wenn es dem Pendant, nämlich dem Gewährleistungsrecht des Mieters, nicht widerspricht.[35] Dort darf der Mieter nur bei einem konkreten Mangel sein Gewährleistungsrecht ausüben. Allerdings reicht es für die Annahme eines konkreten Mangels aus, wenn eine Mietsache nur in dem **Bewusstsein** einer Gefahrverwirklichung genutzt werden kann.[36] Somit kann der Mieter sein Gewährleistungsrecht dann nicht ausüben, wenn er bei Vertragsschluss wusste, dass die Mietsache nur unter Hinnahme eines Gefährdungspotentials nutzbar ist, ohne allerdings die Tragweite der Beeinträchtigung kennen zu müssen (zum unbebauten Nachbargrundstück vgl. aber § 536 BGB Rdn. 138). 9

Grundsätzlich darf der Mieter, solange nicht konkrete Anhaltspunkte entgegenstehen, davon ausgehen, dass der Vermieter vertragstreu ist und ein mangelfreies Objekt übergeben wird. Hat der Vermieter bei Abschluss des Mietvertrages – ggf. stillschweigend – zugesagt, offensichtliche Unfertigkeiten zu beheben, verstößt es gegen Treu und Glauben, wenn er sich auf die Kenntnis des Mieters beruft.[37] Gleiches gilt, wenn der Vermieter bei der Wohnungsübergabe selbst davon ausgegangen ist, dass Abhilfe erforderlich sei.[38] Ergibt sich eine Beeinträchtigung des Gebrauchs der Mietsache, weil der Vermieter auf Wunsch des Mieters die Mietsache verändert hat, hindert dies die Ausübung des Gewährleistungsrechtes nicht. Der Vermieter hat mit Durchführung der Baumaßnahme den „vertragsgemäßen" Gebrauch hergestellt, für den er einzustehen hat.[39] 10

Für die Annahme der Kenntnis eines Rechtsmangels reicht es aus, wenn der Mieter über den Umfang des Rechts informiert ist. Er muss die **rechtlichen Folgen** der ihm bekannten Tatsachen kennen.[40] Die Kenntnis des Mieters von dem Recht des Dritten allein ist allerdings nicht ausreichend. Erforderlich ist zudem, dass der Mieter sich auch darüber im Klaren ist, dass der Dritte sein Recht möglicherweise geltend machen wird, und der Mieter dieses Risiko bewusst in Kauf nimmt.[41] Für die Annahme eines Haftungsausschlusses wegen Kenntnis genügt es somit nicht, wenn der Mieter die Tatsachen kennt, aus denen der Rechtsmangel folgt, aber daraus die falschen rechtlichen Schlussfolgerungen zieht.[42] Ist der Mieter über die tatsächlichen Umstände informiert, die einem Bauverbot zugrunde liegen, ohne das Bauverbot selbst zu kennen, reicht dies für die Anwendung des § 536b S. 1 BGB nicht aus.[43] 11

Er kann sich aber nicht darauf berufen, dass er über die rechtliche und wirtschaftliche Tragweite des Rechts im Unklaren geblieben ist.[44] Ein **unbeachtlicher Irrtum** über die Tragweite des Rechts liegt beispielsweise vor, wenn der Erwerber in der Zwangsversteigerung von bestehenden Pachtrechten weiß, er aber hinsichtlich der Kündigungsmöglichkeiten von falschen Vorstellungen 12

---

32 BGH NJW 1979, 713 = MDR 1979, 488 = ZMR 1980, 86; OLG Hamm NJW-RR 1997, 773; OLG Nürnberg ZMR 1960, 300; LG Stendal WuM 1994, 525; LG Düsseldorf WuM 1992, 368; MüKoBGB/*Häublein* § 536b Rn. 4; Bub/Treier MietR-HdB/*Kraemer/Ehlert* Kap. III. Rn. 3375.

33 LG Düsseldorf WuM 1992, 368; AG Köpenick GE 2006, 855; AG Hamburg-Wandsbek ZMR 2013, 967 zum Hubschrauberlärm; AG Prüm WuM 2002, 264.

34 OLG München WuM 1993, 607 = NJW-RR 1994, 654; LG Berlin ZMR 2014, 731.

35 So *Sternel* WuM 2002, 244, 248.

36 OLG Hamm WuM 1987, 248 = NJW-RR 1987, 968 = ZMR 1987, 267 = DWW 1987, 226 = GE 1987, 779.

37 OLG Hamburg WuM 1995, 653 = MDR 1996, 358 = ZMR 1995, 533 = GE 1996, 49; KreisG Görlitz WuM 1993, 113.

38 AG Braunschweig WuM 1996, 702.

39 *Sternel* WuM 2002, 244, 249.

40 BGH WuM 1996, 32 = NJW 1996, 46 = ZMR 1996, 15 = MDR 1996, 248; (VIII ZR 114/77) NJW 1979, 713 = MDR 1979, 488 = ZMR 1980, 86 = BB 1979, 292 zu § 439 BGB aF; NJW 1952, 1131; Emmerich/Sonnenschein/*Emmerich* BGB § 536b Rn. 7.

41 BGH XII ZR 215/94, WuM 1996, 32 = NJW 1996, 46 = ZMR 1996, 15 = MDR 1996, 248 zu § 539 BGB a.; *Schmidt* NZM 2013, 705, 707.

42 BGH NJW 1952, 1131; Blank/Börstinghaus/*Blank/Börstinghaus* BGB § 536b Rn. 6.

43 BGH NJW 1979, 713 = MDR 1979, 488 = ZMR 1980, 86 = BB 1979, 292.

44 BGH NJW 1979, 713 = MDR 1979, 488 = ZMR 1980, 86; OLG Hamm NJW-RR 1997, 773.

ausgegangen ist oder wenn irrtümlich angenommen wird, bei der Selbstnutzung einer dem WoBindG unterliegenden Eigentumswohnung müsse keine Fehlbelegungsabgabe gezahlt werden.[45]

13 Die Gewährleistungsrechte des Mieters werden nicht ausgeschlossen, wenn dem Vermieter bekannte Mängel sich im Laufe der Mietzeit für den Mieter unzumutbar **verschlechtern.**[46] Der Vermieter ist auch in solchen Fällen gehalten, den vertragsgemäßen – wenn auch mangelhaften – Zustand zu erhalten und ggf. im Laufe der Mietzeit völlig unbrauchbar gewordene Teile zu reparieren und ggf. auszuwechseln.[47] In diesen Fällen liegt aber kein anfänglicher, sondern ein nachträglicher Mangel der Mietsache vor.

14 Dem Mieter schadet ein formularmäßiges Anerkenntnis nicht, wenn er den Mangel tatsächlich nicht erkannt hat.[48] Bei der Wohnraummiete ist zudem das Verbot einer **Bestätigungsklausel** gem. § 309 Nr. 12 lit. b BGB zu beachten.

15 Der Mieter kann bei Kenntnis vom Mangel bei Vertragsschluss weder mindern noch Schadensersatz oder Aufwendungsersatz gem. § 536a Abs. 2 BGB verlangen. Ersatzansprüche wegen des Fehlens zugesicherter Eigenschaften oder wegen eines Rechtsmangels sind bei Kenntnis des Mieters von dem Mangel ebenfalls ausgeschlossen. Hat der Mieter Kenntnis vom Mangel, stehen ihm die Rechte aus §§ 536, 536a BGB selbst dann nicht zu, wenn der Vermieter den Fehler **arglistig** verschwiegen hat[49] (zum Verlust des Kündigungsrechts gem. § 543 Abs. 2 Nr. 1 vgl. → § 543 Rn. 42f.). Der Mieter wurde in diesem Fall nicht getäuscht, so dass das Äquivalenzverhältnis von Leistung und Gegenleistung nicht gestört ist. Hat der Vermieter nach Vertragsschluss die Behebung des Mangels versprochen, behält der Mieter sein Gewährleistungsrecht, da er sich mit dem mangelhaften Zustand der Mietsache gerade nicht zufrieden geben wollte.[50] Wird die Sache erst nach Vertragsschluss fertig gestellt, ist der für die Kenntnis maßgebende Zeitpunkt die Übergabe der Sache.[51]

16 Bei einer **Mehrheit von Mietern** genügt nach hM die Kenntnis nur eines Mieters, um zum Nachteil aller Mieter die Rechtsfolgen des § 536b BGB auszulösen.[52] Bei einem **Mieterwechsel** ist zunächst zu entscheiden, ob der Mietvertrag bei gleichem Inhalt unverändert mit dem neuen Mieter fortgesetzt wird oder ob es sich zB wegen der inhaltlich veränderten Absprachen um einen neuen Mietvertrag handelt. Im letzteren Fall kommt es grundsätzlich hinsichtlich der Kenntnis des Mangels auf den neuen Mieter und nicht auf die Kenntnis des alten Mieters bei Abschluss des Ursprungsvertrages an.[53] Das gilt allerdings nicht bei einer Identität der Personen des fortgesetzten Mietverhältnisses.[54]

## II. Grobe Fahrlässigkeit (Satz 2)

17 Der Mieter verliert auch dann seine Rechte aus §§ 536, 536a BGB, wenn er grob fahrlässig die Mängel nicht erkannt hat. Der Haftungsausschluss erstreckt sich auf Sachmängel, Rechtsmängel und zugesicherte Eigenschaften. Der Begriff „grob fahrlässig" ist derselbe wie in § 277 BGB.[55] Der Mieter handelt grob fahrlässig, wenn er die erforderliche Sorgfalt bei Vertragsschluss in einem **ungewöhnlich** hohem Maße verletzt und dasjenige unbeachtet lässt, was im gegebenen Fall **jedem** hätte einleuchten müssen.[56] Zu einer grob fahrlässigen Unkenntnis iSd § 536b BGB gehört

---

[45] OLG Hamm NJW-RR 1997, 773.

[46] BGH VIII ZR 317/13, WuM 2014, 278 = GE 2014, 665.

[47] Bub/Treier MietR-HdB/*Kraemer/Ehlert* Kap. III. Rn. 3378; vgl. aber LG Berlin ZMR 1989, 259 = GE 1989, 409.

[48] BGH NJW 1973, 1498 = MDR 1973, 927 = BB 1973, 998.

[49] BGH WuM 1972, 58 = NJW 1972, 249 = MDR 1972, 318; OLG Düsseldorf BB 1991, 799; Bub/Treier MietR-HdB/*Kraemer/Ehlert Kap.* III Rn. 3389; Wolf/Eckert/Ball Gewerbl. Miet-/Pacht-/LeasingR-HdB Rn. 361; Erman/*Lützenkirchen* BGB § 536b Rn. 7.

[50] Wolf/Eckert/Ball Gewerbl. Miet-/Pacht-/LeasingR-HdB Rn. 360.

[51] BeckOK BGB/*Ehlert* BGB § 536b Rn. 10; Franke WoBauR/*Franke* § 536b Anm. 5.2; **a A** MüKoBGB/*Häublein* § 536b Rn. 4.

[52] BGH WuM 1972, 58 = NJW 1972, 249 = MDR 1972, 318; Wolf/Eckert/Ball Gewerbl. Miet-/Pacht-/LeasingR-HdB Rn. 317; Staudinger/*Emmerich* BGB § 536b Rn. 8.

[53] Wolf/Eckert/Ball Gewerbl. Miet-/Pacht-/LeasingR-HdB Rn. 365.

[54] Franke/WoBauR/*Franke* BGB § 536b Anm. 5; *Eisenschmid* PiG 1997, 77, 91.

[55] *Emmerich/Sonnenschein/Emmerich* BGB § 536b Rn. 9.

[56] BGH VIII ZR 302/78, WuM 1981, 92 = NJW 1980, 777 = MDR 1980, 306 = ZMR 1980, 105; ZMR 1962, 82; BGH VIII ZR 310/80, WuM 1982, 296 = NJW 1982, 874 = MDR 1982, 573 = ZMR 1983, 62; KG GE 1991, 1195; OLG Naumburg VuR 2005, 471 mit Anm. *Sexauer.*

auch, dass die Umstände, die auf bestimmte Unzulänglichkeiten hindeuten, den Verdacht eines dadurch begründeten Mangels besonders nahe legen und dass der Mieter dennoch weitere **zumutbare** Nachforschungen unterlassen hat, sofern bei einer auch nur oberflächlichen Prüfung der Mangel ohne weiteres zu erkennen gewesen wäre.[57] Eine besondere Prüfungspflicht hat der Mieter nicht.[58]

Grobe Fahrlässigkeit liegt zB vor, wenn der Mieter die Wohnung anmietet, ohne sie vorher besichtigt zu haben.[59] Auswirkungen kann ein solches Verhalten aber nur für solche Mängel haben, die der Mieter im Falle einer Besichtigung hätte erkennen müssen.[60] Anders kann der Fall aber dann liegen, wenn der Mieter die Räume wegen der großen Entfernung nicht vor Anmietung besichtigen kann und er sich auf die Auskünfte und Beschreibungen des Vermieters verlassen muss.[61] Dann ist auch zu prüfen, ob nicht der Vermieter bestimmte Eigenschaften zugesichert hat.[62] Grobe Fahrlässigkeit hinsichtlich der Kenntnis des Umstandes eines weiteren Trassenausbaus kann vorliegen, wenn der Mieter eine Wohnung, die an einer S-Bahn-Trasse gelegen ist, anmietet und er sich über den Ausbau trotz entsprechender Bekanntmachungen in Zeitungsanzeigen nicht erkundigt[63]. **18**

Bloße Zweifel des Mieters rechtfertigen regelmäßig nicht den Vorwurf der groben Fahrlässigkeit.[64] Sein subjektiver Eindruck bei der Besichtigung der Wohnung, die angegebene Wohnungsgröße sei zweifelhaft, führt noch nicht zur groben Fahrlässigkeit, wenn er den Angaben des Vermieters vertraut.[65] Den Mieter trifft keine **Erkundungs-** und **Untersuchungspflicht.**[66] Insbesondere ist er in keinem Fall gehalten, bei Besichtigung und Prüfung der Räumlichkeiten einen Sachverständigen hinzuzuziehen.[67] Dem Mieter wird auch keine besondere **Nachforschungspflicht** auferlegt.[68] Vor allem muss sich der Mieter nicht ausdrücklich nach vorhandenen Mängeln erkundigen. Er muss auch keinen diesbezüglichen Gerüchten nachgehen, sondern kann darauf vertrauen, dass der Vermieter ihm ein mangelfreies Objekt übergibt.[69] **19**

Nur ausnahmsweise kann dem Mieter aber eine unterlassene Prüfung angelastet werden. Mietet er ein Gewerbegrundstück und musste er die dazu notwendigen Vorschriften genau kennen, liegt grob fahrlässiges Handeln vor, wenn er übersieht, dass das Grundstück nur bedingt für den von ihm beabsichtigten Betrieb geeignet ist.[70] Eine bestehende **Prüfungspflicht** des Mieters kann durch eine Individualvereinbarung verschärft werden, soweit es sich um Mängel handelt, die leicht und mit zumutbarem Aufwand hätten festgestellt werden können.[71] **Formularvertraglich** scheitert eine dahin abzielende Vertragsklausel bei Wohnraummietverhältnissen an § 309 Nr. 12 lit. b BGB[72] und bei Gewerberaummietverhältnissen regelmäßig an §§ 307, 310 BGB.[73] **20**

Die Feststellung einer grob fahrlässigen Unkenntnis ist bei Vorliegen eines Rechtsmangels nicht immer problemlos möglich. Ist der Mieter über die den Rechtsmangel begründenden Umstände **21**

[57] OLG München ZMR 1995, 401; Emmerich/Sonnenschein/*Emmerich* BGB § 536 b Rn. 10; Wolf/Eckert/Ball Gewerbl. Miet-/Pacht-/LeasingR-HdB Rn. 362.

[58] LG Berlin ZMR 2014, 733.

[59] LG Berlin GE 1996, 471; LG Hamburg zitiert bei *Sternel* II Rn. 664 Fn. 30; *Feuerlein* GE 2002, 1110, 1112; **aA** Erman/*Lützenkirchen* BGB § 536 b Rn. 6.

[60] AG Bad Segeberg ZMR 2015, 557; AG Spandau GE 2009, 54; Bub/Treier MietR-HdB/*Kraemer/Ehlert* Kap. III Rn. 3385 verlangt zusätzlich, dass der Mieter mit Mängeln rechnen musste.

[61] Staudinger/*Emmerich* BGB § 536 b Rn. 14.

[62] Bub/Treier MietR-HdB/*Kraemer/Ehlert* Kap. III Rn. 3385.

[63] LG Berlin GE 2009, 53.

[64] OLG Düsseldorf DWW 1991, 236.

[65] BGH VIII ZR 295/03, WuM 2004, 336 = NZM 2004, 453 = NJW 2004, 1947 = MietPrax-AK BGB § 536 Nr. 3; *Feuerlein* GE 2002, 1110, 1112.

[66] BGH WuM 1978, 88 = NJW 1977, 1236 = ZMR 1978, 50 = MDR 1977, 743; WuM 1981, 92 = NJW 1980, 777 = ZMR 1980, 105 = MDR 1980, 306; *Wolf/Eckert/Ball* Rn. 362.

[67] BGH BGHZ 68, 281 = WuM 1978, 88 = NJW 1977, 1236 = MDR 1977, 743 = ZMR 1978, 50; WuM 1981, 92 = NJW 1980, 777 = ZMR 1980, 105 = MDR 1980, 306; Bub/Treier MietR-HdB/*Kraemer/Ehlert* Kap. III Rn. 3384.

[68] BGH ZMR 1962, 82; LG München I NZM 2014, 433.

[69] Staudinger/*Emmerich* BGB § 536 b Rn. 13.

[70] BGH WuM 1982, 296 = NJW 1982, 874 = ZMR 1983, 62 = MDR 1982, 573.

[71] Bub/Treier MietR-HdB/*Kraemer/Ehlert* Kap. III Rn. 3385.

[72] Bub/Treier MietR-HdB/*Kraemer/Ehlert* Kap. III Rn. 3386.

[73] Bub/Treier MietR-HdB/*Kraemer/Ehlert* Kap. III Rn. 3386.

informiert, zieht er aber die falschen rechtlichen Schlussfolgerungen, kann die grobe Fahrlässigkeit ausgeschlossen sein (→ Rn. 11). Sie soll in diesen Fällen aber dann gegeben sein, wenn der Mieter bewusst das Risiko einer Gebrauchsbeeinträchtigung eingeht.[74]

22 Nach altem Recht reichte die grob fahrlässige Unkenntnis über das Fehlen einer zugesicherten Eigenschaft nicht aus, um einen Gewährleistungsausschluss anzunehmen.[75] In diesem Fall musste Kenntnis vom Mangel vorliegen, weil § 539 S. 2 BGB aF nur auf Abs. 1 des § 537 BGB aF verwies, während das Fehlen oder der Wegfall einer **zugesicherten Eigenschaft** in Absatz 2 dem Mangel gleichgestellt wurde. Da nunmehr in § 536b BGB eine Gesamtverweisung auf §§ 536, 536a BGB vorgenommen wurde, erfasst die Verweisung auch zugesicherte Eigenschaften nach § 536 Abs. 2 BGB, so dass nunmehr auch die grobe Fahrlässigkeit das Gewährleistungsrecht bei zugesicherten Eigenschaften ausschließt, wenn nicht Arglist vorliegt.

### III. Vorbehaltlose Annahme (Satz 3)

23 Die vorbehaltlose Annahme schließt die Gewährleistung aus, wenn der Mieter zum Zeitpunkt der Annahme der Mietsache den Mangel kannte. Aus den vorgenannten Gründen (Rn. 22) gilt dies auch dann, wenn es sich bei dem Mangel um eine fehlende zugesicherte Eigenschaft handelt.[76] Die Annahme ist gleich bedeutend mit der Einräumung des **tatsächlichen Besitzes** an der Mietsache, also mit der Überlassung iSd § 535 BGB.[77] Hat der Vermieter aber die Beseitigung des Mangels anlässlich der Übergabe versprochen, ist ein Vorbehalt unnötig.[78]

24 Für den Gewährleistungsausschluss nach S. 3 ist Kenntnis des Mieters erforderlich. Die grob fahrlässige Unkenntnis ist dagegen unschädlich.[79] Für den Ausschluss der Gewährleistung ist es auch unerheblich, ob der Vermieter den Mangel arglistig verschwiegen hat[80] (vgl. auch → Rn. 15).

25 Der Vorbehalt ist eine **empfangsbedürftige** Willenserklärung. Er kann nach h. M. **formlos** erklärt werden,[81] weil er nicht den Vertragsinhalt bestimmt, sondern der Ausübung eines aus dem Mietvertrag folgenden Rechtes dient. Dies ist wegen § 550 BGB von Bedeutung.

26 Man unterscheidet zwischen dem **qualifizierten** und dem **einfachen** Vorbehalt.[82] Zum einen kann der Mieter den Mietzins zahlen mit der Maßgabe, dass beim Vermieter im Falle der Rückforderung die Beweislast für das Bestehen des Anspruchs verbleiben soll.[83] Dieser „qualifizierte" Vorbehalt ist regelmäßig bei Zahlungen zur Vermeidung der Zwangsvollstreckung aus vorläufig vollstreckbaren Titeln oder bei Vorbehaltsurteilen anzunehmen. Er lässt die Schuldtilgung offen und verhindert den **Eintritt der Erfüllung** iSd § 362 BGB.

27 Zum anderen kann mit dem Vorbehalt zum Ausdruck gebracht werden, dass mit der Zahlung kein Anerkenntnis iSd § 212 Abs. 1 Nr. 1 BGB verbunden sein soll. Damit eröffnet sich der zahlende Mieter die Möglichkeit, den Mietzins ggf. nach § 812 BGB zurückzufordern, ohne dass dies durch § 814 BGB ausgeschlossen wird.[84] Dieser „einfache" Vorbehalt führt zur **Erfüllung** gem. § 362 BGB, so dass der Mieter im Rückforderungsprozess die **volle Beweislast** auch für den Rechtsgrund der Zahlung trägt. In der außergerichtlichen Mietpraxis ist regelmäßig von dem „einfachen" Vorbehalt auszugehen.

---

[74] BGH WuM 1996, 32 = ZMR 1996, 15 = NJW 1996, 46; Wolf/Eckert/Ball Gewerbl. Miet-/Pacht-/LeasingR-HdB Rn. 363.

[75] BGH WuM 1981, 92 = NJW 1980, 777 = ZMR 1980, 105 = MDR 1980, 306.

[76] So schon zum alten Recht *Erman/Jendrek* BGB § 539 Rn. 4; MüKoBGB/*Voelskow,* 3. Aufl., BGB § 539 Rn. 13; Emmerich/Sonnenschein/*Emmerich* BGB § 539 Rn. 11; Bub/Treier MietR-HdB/*Kraemer/Ehlert* Kap. III Rn. 3389; *Wolf/Eckert/Ball* Rn. 325; Franke WoBauR/*Franke* BGB § 539 Anm. 8.

[77] OLG Hamburg ZMR 2005, 856; Bub/Treier MietR-HdB/*Kraemer/Ehlert* Kap. III Rn. 3390; Erman/*Lützenkirchen* BGB § 536b Rn. 7.

[78] Franke WoBauR/*Franke* BGB § 536b Anm. 8.

[79] Bub/Treier MietR-HdB/*Kraemer/Ehlert* Kap. III Rn. 3389.

[80] Emmerich/Sonnenschein/*Emmerich* BGB § 536b Rn. 4; Bub/Treier MietR-HdB/*Kraemer/Ehlert* Kap. III Rn. 3389; strittig: **aA** *Wolf/Eckert/Ball* Rn. 361.

[81] Bub/Treier MietR-HdB/*Kraemer/Ehlert* Kap. III Rn. 3391; Erman/*Lützenkirchen* BGB § 536b Rn. 8.

[82] BGH LwZR 6/05, NJW 2007, 1269 = MDR 2007, 387; siehe auch *Harsch* ZMR 2017, 223.

[83] *BGHZ 86, 267* = NJW 1983, 1111 = MDR 1983, 397 = BB 1983, 401; NJW 1984, 2826 = MDR 1984, 830.

[84] BGHZ 83, 278 = NJW 1982, 1147 = MDR 1982, 562; NJW 1984, 2826 = MDR 1984, 830; siehe FS Börstinghaus 2020/*Gsell/Haag,* S. 153, 162.

28 Die Mängel, derentwegen sich der Mieter seine Rechte vorbehalten will, müssen genau bezeichnet werden.[85] Ein wirksamer Vorbehalt setzt somit die eindeutige Bezeichnung des Mangels voraus, so dass formelhafte Verwendungen wie „unter Vorbehalt des Gewährleistungsrechtes" nicht genügen. Ein Vorbehalt kann in der **Aufforderung** des Mieters an den Vermieter liegen, den Mangel zu beseitigen.[86] Hat der Mieter dagegen zwar eine Mietminderung angekündigt, aber dennoch über längere Zeit den Mietzins weiter bezahlt, ist die Annahme eines Vorbehaltes fraglich.[87] Ständige Hinweise auf einen Fehler begründen noch keinen Vorbehalt.[88]

29 Hat der Vermieter die Beseitigung des Mangels zugesagt[89] oder wird der Vorbehalt unterlassen, weil berechtigterweise davon ausgegangen werden kann, dass der Mangel ohnehin bald behoben wird (Besichtigung der noch nicht fertig gestellten Wohnung; nicht hergerichteter Außenanlagen oder eine nicht geräumte Baustelle), besteht das Gewährleistungsrecht auch ohne Vorbehalt fort.[90] Das gilt auch, wenn der Mieter lediglich einer zeitlichen Verschiebung der gebotenen Ausbesserung nicht widerspricht.

30 Beauftragt der Vermieter den Mieter, einen von diesem angezeigten Mangel der Mietwohnung auf seine Kosten beseitigen zu lassen, und führt die Reparatur nicht zur **vollständigen** Beseitigung des angezeigten Mangels, so trifft den Mieter eine **erneute** Anzeigepflicht[91] – und damit auch die Pflicht zum erneuten Vorbehalt – bezüglich des verbliebenen Mangels, wenn er seine Gewährleistungsrechte erhalten will.[92]

31 Besichtigt der Mieter bei der Wohnungsübergabe die Räume und erkennt dabei Mängel, die er aber zunächst als geringfügig oder tolerabel einstuft und hinnimmt, kann er später darauf keine Mietminderung stützen. Will er trotz Kenntnis des Mangels sein Minderungsrecht nicht verlieren, muss er sich dies vorbehalten.[93] Hat der Mieter ein **Übergabeprotokoll** unterzeichnet, welches detailliert Mängel aufführt, schließt dies ein späteres Minderungsrecht wegen dieser Mängel grundsätzlich aus.[94] Etwas anderes gilt, wenn die Parteien davon ausgegangen sind, dass die Mängel noch durch den Vermieter behoben werden sollen.[95]

## IV. Vorbehaltlose Mietzahlung

32 Die Fälle, bei denen ein Mangel von Anfang an vorlag und sich für den Mieter daraus zunehmende Beeinträchtigungen im laufenden Mietverhältnis ergeben oder bei denen der Mieter im laufenden Mietverhältnis einen Mangel erstmalig feststellt und der Mieter dennoch vorbehaltlos den Mietzins weiter bezahlt, werden nunmehr über § 536c BGB geregelt, während nach dem Recht vor dem 1.9.2001 die Rechtsprechung[96] und Literatur[97] diesen Sachverhalt über § 539 BGB aF analog lösten[98] (→ Rn. 37 ff.). Die auf den Mieter von Gewerberaum abgestimmte Rechtsprechung wurde zu Unrecht auch auf den Wohnraummieter angewandt.[99] Mit der Regelung in § 536c BGB wird nunmehr dem Umstand Rechnung getragen, dass der Mieter, wollte er in der Vergangenheit seine Rechte wahren, zum Streit gezwungen wurde. Die neue Vorschrift wirkt daher **streitvermeidend,** weil den Parteien ein längerer Zeitraum zur Verfügung steht, in dem sie

---

85 Emmerich/Sonnenschein/*Emmerich* BGB § 536b Rn. 12.

86 Emmerich/Sonnenschein/*Emmerich* BGB § 536b Rn. 12.

87 LG Köln WuM 1977, 5.

88 AG Frankfurt a. M. WuM 1992, 242 = NJW-RR 1992, 971.

89 BGH WPM 1976, 385; Emmerich/Sonnenschein/*Emmerich* BGB § 536b Rn. 12; Erman/*Lützenkirchen* BGB § 536b Rn. 8.

90 BGH NJW 1974, 2233; LG Hannover ZMR 1979, 47; LG Mannheim MDR 1974, 756 = WuM 1974, 52; einschränkend LG Köln WuM 1988, 15; Bub/Treier MietR-HdB/*Kraemer/Ehlert* Kap. III Rn. 3392.

91 OLG Düsseldorf ZMR 1991, 24; AG Hamburg, ZMR 2020, 314.

92 OLG Düsseldorf NJW-RR 1987, 1232 = ZMR 1987, 376.

93 LG Hannover WuM 1986, 311.

94 OLG Hamburg ZMR 2005, 856; LG Düsseldorf DWW 1991, 284; LG Berlin ZMR 1990, 420 = GE 1991, 523; *Franke* ZMR 1996, 295.

95 AG Braunschweig WuM 1996, 702.

96 BGH WuM 1997, 488 = NJW 1997, 2674 = GE 1997, 1163; NJW 1974, 2233 = MDR 1975, 134; OLG Frankfurt a. M. WuM 2000, 116; OLG Koblenz WuM 1999, 330.

97 Erman/*Jendrek,* 11. Aufl., BGB § 536b Rn. 8; Bub/Treier MietR-HdB/*Kraemer,* 3. Aufl., 1998, Kap. III Rn. 1413; Emmerich/Sonnenschein/*Emmerich,* 8. Aufl., BGB § 537 Rn. 36.

98 OLG Naumburg NJW 2002, 1132 = NZM 2002, 251 = GE 2002, 394 nach neuem Recht (§ 536b BGB).

99 *Wiek* GuT 2002, 67, 68.

sich über den Mangel und ggf. seine Ursachen austauschen können. Der Gesetzgeber war mit Riesenhuber[100] und Wichert[101] der Auffassung, dass diese Fälle schon nach früherem Recht über § 545 BGB aF hätten gelöst werden müssen und hat daher die den § 545 BGB aF übernehmende Vorschrift des § 536c BGB direkt dem Minderungsausschluss (§ 536b BGB) nachgestellt.[102]

33 Der Ausschluss der Gewährleistungsrechte setzt, wenn der Mieter während der Mietzeit einen Mangel erkennt, grundsätzlich gem. § 536c BGB voraus, dass der Mieter die Mängelanzeige **schuldhaft** unterlassen hat. Das Verschuldenserfordernis wurde nicht gesondert formuliert, da dies für entbehrlich gehalten wurde,[103] weil der Mieter den Schaden **unverzüglich** (vgl. § 121 Abs. 1 S. 1 BGB), also „ohne schuldhaftes Zögern" anzuzeigen hat.

34 Hat der Mieter zunächst einen während des Mietverhältnisses aufgetretenen Mangel bei vollständiger Zahlung des Mietzinses hingenommen, weil er den Vermieter im Guten zur Mängelbeseitigung bewegen will, muss er regelmäßig keinen **Rechtsverlust** mehr befürchten[104] (s. aber dazu Rn. 41 ff.). Auch wenn sechs und mehr Monate seit Auftreten des Mangels verstrichen sind, was nach dem Recht vor dem 1.9.2001 gem. der Rechtsprechung[105] und Literatur[106] zum Verlust der Gewährleistungsrechte analog § 539 BGB aF führen konnte, kann der Mieter dennoch, weil zB seine Bemühungen erfolglos waren, grundsätzlich noch seine Gewährleistungsrechte geltend machen.[107] Allerdings wird ihm regelmäßig ein rückwirkender bereicherungsrechtlicher Anspruch wegen überzahlter Miete versagt bleiben, wenn er mit der Zahlung nicht ausdrücklich einen Vorbehalt erklärt hat.[108]

35 Zahlt der Mieter vorbehaltlos die Miete weiter, obwohl er den Mangel kennt und diesen dem Vermieter angezeigt hat, kann er sein Minderungsrecht auch für die Zukunft verwirken (→ Rn. 41 ff.). Von einer vorbehaltlosen Mietzinszahlung[109] kann nicht ausgegangen werden, wenn der Mieter den Mangel rügt und zunächst in der Erwartung die volle Miete weiter zahlt, der Vermieter werde den Mangel demnächst abstellen.[110] Allerdings darf sich der Mieter nicht immer wieder vertrösten lassen. Wird trotz einer entsprechenden Zusage des Vermieters der Mangel nicht über längere Zeit behoben, bedarf es seitens des Mieters eines ausdrücklichen Vorbehalts bei der Mietzinszahlung, wenn er sein Minderungsrecht erhalten will.[111] Dies gilt auch, wenn der Mieter trotz der Mängel der Mietsache den Mietzins in der dem Vermieter mitgeteilten Erwartung weiterzahlt, seine Zahlungen vom Versicherer des Verursachers der Mängel ersetzt zu bekommen.[112] Macht der Mieter deshalb keinen Vorbehalt, weil der Mangel nicht als dauerhaft erkennbar war und nur als vorübergehend angenommen wurde, zB wenn auf dem Grundstück Baumaterial abgeladen wird, sind die Gewährleistungsrechte nicht aus geschlossen.[113] Der Mieter setzt mit seiner vorbehaltlosen Zahlung auch dann keinen Vertrauenstatbestand, wenn der Vermieter – auf Verlangen des Mieters[114] – Abhilfe zugesagt hat.[115]

---

[100] *Riesenhuber* ZMR 1994, 393.
[101] *Wichert* ZMR 2000, 65.
[102] BR-Drs. 439/00 S. 103.
[103] BR-Drs. 439/00 S. 104.
[104] AG Rudolstadt NZM 2002, 163 = NJW-RR 2002, 877; AG Pinneberg ZMR 2002, 603; AG Schöneberg MM 2002, 540; *Wiek* WuM 2002, 540 mablAnm zu LG Frankfurt a. M. WuM 2002, 537.
[105] BGH WuM 1997, 488 = NJW 1997, 2674 = MDR 1997, 1112 = GE 1997, 1163; OLG Naumburg ZMR 2001, 617; OLG Köln DWW 2001, 274 = ZMR 2001, 533; OLG Frankfurt a. M. WuM 2000, 116; OLG Koblenz WuM 1999, 330 = ZMR 1999, 483 = NZM 1999, 1100; LG Düsseldorf DWW 1999, 184; 1999, 353; LG Berlin ZMR 1997, 354; LG Aachen WuM 1992, 243; LG Köln WuM 1988, 15; AG Rostock WuM 1996, 31 = NJ 1996, 204; AG Frankfurt/M. WuM 1992, 242 = NJW-RR 1992, 971; ZMR 1999, 718.
[106] Statt vieler: Bub/Treier MietR-HdB/*Kraemer,* 3. Aufl., Kap. III. Rn. 1413; Wolf/Eckert/Ball Gewerbl. Miet-/Pacht-/LeasingR-HdB Rn. 369.
[107] AG Pinneberg ZMR 2002, 603.
[108] BGH VIII ZR 274/02, WuM 2003, 440 = NJW 2003, 2601 = NZM 2003, 679 = ZMR 2003, 667 = GE 2003, 1145 = MietPrax-AK BGB § 536b Nr. 3; BGH NJW 1982, 1147 = MDR 1982, 562.
[109] Zum Anerkenntnis durch vorbehaltlose Zahlung vgl. BGH VIII ZR 265/07, NJW 2009, 580 = GuT 2009, 122 = MDR 2009, 192.
[110] BGH NJW 1974, 2233; OLG Stuttgart WuM 1997, 619; OLG Düsseldorf WuM 1995, 435 = ZMR 1995, 400 = DWW 1996, 192; ZMR 1987, 329 = DWW 1987, 354; ZMR 2002, 739; LG Düsseldorf DWW 1999, 184; vgl. auch *Kandelhard* NZM 2005, 43, 47.
[111] OLG Stuttgart WuM 1997, 619.
[112] BGH MDR 1973, 213 = BB 1973, 170 = ZMR 1973, 80.
[113] *AG Bad S*egeberg WuM 1992, 477.
[114] Emmerich/Sonnenschein/*Emmerich* BGB § 536b Rn. 12; *Wolf/Eckert/Ball* Rn. 371.
[115] BGH WuM 1997, 488 = NJW 1997, 2674; NJW 1976, 892 = MDR 1976, 571 = BB 1976, 483; KreisG Görlitz WuM 1993, 113; Bub/Treier MietR-HdB/*Kraemer/Ehlert* Kap. III Rn. 3394.

So wie die vorbehaltlose Mietzahlung im Einzelfall zum Nachteil des Mieters gereichen kann, steht die vorbehaltlose Annahme einer geminderten Miete ebenfalls unter dem Diktat der **Verwirkung**[116]. Der Vermieter ist somit gehalten, beim Streit über die Minderung die verringerte Miete nicht vorbehaltlos anzunehmen, sondern dem Mieter seine Bedenken mitzuteilen. Unterlässt er dies, kann jedenfalls eine rückwirkende Geltendmachung der geminderten Beträge verwirkt sein.[117] Ist die Verwirkung eingetreten, bindet sie auch einen nach §§ 566, 578 BGB eintretenden Erwerber.[118] 36

## V. Verwirkung

Die Oberlandesgerichte Naumburg,[119] Dresden[120] und Celle[121] haben in Fortführung der Rechtsprechung[122] zu § 539 BGB aF § 536b BGB entsprechend angewandt[123] auf Fälle, bei denen der Mieter einen Fehler der Mietsache erst nach Abschluss des Vertrages oder Überlassung der Mietsache erkennt, aber gleichwohl, ohne die ihm bekannten Mängel zu beanstanden, den Vertrag über geraume Zeit fortsetzt.[124] Diese Rechtsprechung ist nunmehr aufgrund der Entscheidungen des VIII.[125] und des XII.[126] Zivilsenats des BGH nicht mehr anzuwenden. Mit seinen Urteilen hat der BGH den Willen des Gesetzgebers bestätigt, wonach die vorbehaltlose Mietzahlung über einen Zeitraum von einem halben Jahr nicht zum automatischen Verlust des Minderungsrechtes beim Mieter führt. Für nach dem Inkrafttreten des Mietrechtsreformgesetzes (1.9.2001) fällig gewordene Mieten scheidet somit eine analoge Anwendung des § 536b BGB, der an die Stelle des § 539 BGB aF getreten ist, aus. Insoweit beurteilt sich die Frage, ob und in welchem Umfang ein Mieter wegen eines Mangels die Miete mindern kann, grundsätzlich nach § 536c BGB. Dies gilt auch für Mietverträge, die vor dem 1.9.2001 abgeschlossen worden sind. Für alle „Altfälle" (Mängel) vor dem 1.9.2001 gilt § 539 BGB aF analog, da wegen solcher Mängel die Minderungsansprüche noch unter Geltung des alten Rechts entstanden waren.[127] Daneben treten § 814 BGB sowie das Rechtsinstitut der Verwirkung.[128] 37

Der Mieter kann somit sein Minderungsrecht bis zu dem in § 536c Abs. 2 S. 2 BGB beschriebenen Zeitpunkt verlieren, wenn er den Mangel **nicht angezeigt** hat. Zahlt er trotz des dem Vermieter ordnungsgemäß angezeigten Mangels zunächst über einen längeren Zeitraum und ohne jeden Vorbehalt die Miete ungekürzt weiter, kann er regelmäßig die „Überzahlung" nicht zurückfordern 38

---

[116] Vgl. LG Aachen WuM 1992, 243 (17 Monate).

[117] BGH XII ZR 224/03, NJW 2006, 219 = GuT 2006, 25 = NZM 2006, 58 = ZMR 2006, 107 = MietPrax-AK BGB § 536b Nr. 7; BGH VIII ZR 171/03, MietPrax-AK BGB § 536b Nr. 4 = WuM 2004, 198 mit Anm. *Wiek* = NZM 2003, 355.

[118] AG Dortmund WuM 1994, 535.

[119] OLG Naumburg NJW 2002, 1132 = NZM 2002, 251 = GE 2002, 394 = ZMR 2003, 355; wohl auch OLG Düsseldorf GuT 2002, 74.

[120] OLG Dresden WuM 2002, 541 = NZM 2002, 662; ZMR 2003, 346.

[121] OLG Celle ZMR 2002, 657; vgl. auch OLG Koblenz ZMR 2002, 744 ohne Begründung für die Abweichung vom gesetzgeberischen Willen.

[122] Vgl. zuletzt KG GE 2001, 1195 = ZMR 2002, 111 mAnm *Wichert*.

[123] Sa LG Frankfurt a. M. GE 2003, 259; LG Berlin GE 2003, 254; AG Tiergarten GE 2003, 191; krit. *Wichert* ZMR 2003, 330.

[124] Zu § 536b BGB a F vgl. BGH WuM 1992, 313 = ZMR 1992, 239 = NJW-RR 1992, 267; WPM 1967, 850; WPM 1967, 515; BB 1961, 1070; OLG Koblenz WuM 1999, 330 – für Pachtzins; OLG Hamm MDR 1988, 410; OLG Düsseldorf ZMR 1987, 329 = DWW 1987, 354; LG Berlin GE 1990, 313; LG Lübeck WuM 1979, 189; LG Heidelberg WuM 1997, 42; AG Frankfurt a. M. WuM 1992, 242 = NJW-RR 1992, 971; Bub/Treier MietR-HdB/*Kraemer/Ehlert* Kap. III Rn. 3393 mwN.; kritisch Staudinger/*Emmerich* BGB § 537 Rn. 100, der die Anwendung des § 242 BGB als ausreichend ansieht.

[125] BGH VIII ZR 274/02, WuM 2003, 440 = NJW, 2601 = NZM 2003, 679 = GE 2003, 1145 = MietPrax-AK BGB § 536b Nr. 3; krit. *Gerber* NZM 2003, 825.

[126] BGH XII ZR 33/04, NZM 2006, 929 = GE 2006, 1606 = ZMR 2007, 98 = MietPrax-AK BGB § 536b Nr. 8; BGH XII ZR 24/02, GuT 2005, 56 = DWW 2005, 153 = GE 2005, 662 = ZMR 2005, 770 = MietPrax-AK BGB § 536b Nr. 5; BGH XII ZR 269/01, GuT 2005, 162 = MietPrax-AK BGB § 536b Nr. 6; BGH XII ZR 15/12, NJW 2015, 402 = NZM 2015, 84 = GE 2014, 1616 bei Ausübung einer Verlängerungsoption.

[127] BGH VIII ZR 274/02, WuM 2003, 440 = NJW, 2601 = NZM 2003, 679 = GE 2003, 1145 = MietPrax-AK BGB § 536b Nr. 3.

[128] MüKoBGB/*Häublein* BGB § 536b Rn. 9.

(§ 814 BGB).[129] Hat der Mieter aber unter Vorbehalt gezahlt, steht dem § 814 BGB nicht entgegen, weil ein bei der Leistung gemachter **Vorbehalt** die Anwendung dieser Vorschrift ausschließt.[130] Die Erfüllungswirkung wird durch diesen einfachen Vorbehalt nicht ausgeschlossen (vgl. → Rn. 26 f.).[131] Das gilt auch für den Fall, dass der Mieter zunächst der Ausgang eines selbständigen Beweisverfahrens abwarten will.[132] Der Mieter kann den überzahlten Betrag auch mit der nächsten Mietzinszahlung verrechnen. Soweit bei Wohnraummietverhältnissen vertragliche Vereinbarungen, auf die das Verbraucherrecht über Allgemeine Geschäftsbedingungen gem. §§ 305 ff. BGB Anwendung finden, eine Aufrechnung verbieten, sind diese unzulässig (vgl. → § 556 b Rn. 31 ff.).

39 Der Mieter kann sein Minderungsrecht auch unter den allgemeinen Voraussetzungen der **Verwirkung**[133] verlieren. Die Verwirkung kommt in Betracht, wenn der Berechtigte sein Recht über längere Zeit nicht geltend macht und sich der Verpflichtete darauf einrichten durfte und auch darauf eingerichtet hat, dass der Berechtigte sein Recht nicht mehr geltend machen wird.[134] Der Verpflichtete muss somit Vermögensdispositionen getroffen haben, die diesen Schluss zulassen.[135] Dafür reicht es nicht aus, wenn nur die Bildung von Rücklagen unterlassen wurde.

40 Bei der Annahme eines solchen Rechtsverlustes unter Vertrauensgesichtspunkten (Verwirkung) sind das **Zeit-** sowie das **Umstandsmoment** im Einzelfall zu berücksichtigen.[136] Die Umstände sind nicht statisch zu sehen. Vielmehr besteht zwischen dem Zeitmoment und dem Umstandsmoment eine **Wechselwirkung** insofern, als der Zeitablauf umso kürzer sein kann, je gravierender die sonstigen Umstände sind, und das umgekehrt an diese Umstände desto geringere Anforderungen gestellt werden, je länger der abgelaufene Zeitraum ist[137]. Das Zeitmoment ergibt daraus, dass der Mieter über einen längeren Zeitraum seinen Anspruch nicht geltend macht. Daher lässt sich daraus kein Umstandsmoment ableiten. Allein die vorbehaltlose Zahlung des Mietzinses kann ebenfalls keinen entsprechenden Vertrauenstatbestand beim Vermieter setzen, wenn der Mieter den Mangel angezeigt hat. Dann weiß der Vermieter vom Mieter, dass das Äquivalenzverhältnis gestört ist, und darf aus einer solchen Mitteilung keinen Vertrauenstatbestand **zum Nachteil** seines Vertragspartners ableiten. Zudem darf dem Mieter nur aus der Tatsache, dass er seinen Vertragspflichten nachkommt, kein Nachteil entstehen.[138] Die bloße Untätigkeit des Vermieters, seinen Mietzahlungsanspruch geltend zu machen, reicht für das Umstandsmoment nicht aus.[139] Erst recht kann dann nicht eine Verwirkung angenommen werden, wenn der Mieter Nachzahlungen leistet, die nicht eindeutig die Tilgung der bisher geminderten Miete bezwecken[140]. Ein Rechtsverlust kann auch durch eine Vereinbarung im Mietvertrag ausgeschlossen werden, zB indem dort festgehalten wird, dass bei „wiederholt geübter Nachsicht" der Vertragspartner daraus keine Rechte herleiten kann.[141]

41 Ungeklärt sind die Auswirkungen bezüglich des zulässigen Minderungsbetrages, wenn der Mieter eine **geringere** Mietminderung als zulässig vornimmt. Grundsätzlich steht dem Mieter in einem solchen Fall gegen den Vermieter kein Rückforderungsanspruch wegen überzahlter Miete in Höhe des nicht geltend gemachten Minderungsbetrages zu, wenn er nicht einen entsprechenden Vorbehalt gemacht hat. Daher kann der Mieter auch nicht etwa seine zu gering bemessene Mietminderung nachholen, wenn die Überzahlung nur dadurch zustande kommt, dass der Vermieter bei der nachfolgenden Betriebskostenabrechnung erhebliche Nachzahlungen verlangt und dadurch rechnerisch weitere Minderungsbeträge entstehen (dazu → § 536 Rn. 372 ff.). Der Mieter weiß,

---

[129] Blank/Börstinghaus/*Blank/Börstinghaus* BGB § 536b Rn. 31.
[130] BGH VIII ZR 274/02, WuM 2003, 440 = NJW 2003, 2601 = NZM 2003, 679 = ZMR 2003, 667 = GE 2003, 1145 = MietPrax-AK BGB § 536b Nr. 3; BGH NJW 1982, 1147 = MDR 1982, 562.
[131] AG München NZM 2016, 314.
[132] LG Berlin GE 2007, 151.
[133] Zu den Voraussetzungen s BGH VII ZR 23/02, GE 2003, 456 = NJW 2003, 824; LG Berlin GE 2008, 268; 2003, 254.
[134] BGH XII ZR 33/04, NJW 2007, 147 = WuM 2007, 72 = NZM 2006, 929 = MietPrax-AK BGB § 536b Nr. 8.
[135] KG GE 2012, 545.
[136] BGH VIII ZR 334/07, WuM 2010, 36 = MietPrax-AK BGB § 556 Nr. 44 = ZMR 2010, 279 = GE 2010, 197.
[137] BGH XII ZR 24/02, NJW 2006, 219 = GuT 2006, 25 = NZM 2006, 58 = ZMR 2006, 107 = MietPrax-AK BGB § 536b Nr. 5.
[138] *Both GE 2009, 239;* Herrlein/Kandelhard/*Kandelhard* BGB § 536b Rn. 15.
[139] OLG Düsseldorf NZM 2010, 820.
[140] OLG Düsseldorf NZM 2003, 63 = ZMR 2003, 102.
[141] BGH XII ZR 126/00, GE 2004, 47 = GuT 2004, 56 = NZM 2004, 27 = ZMR 2004, 249.

dass der Vermieter für den Zeitraum, in dem die Wohnung mangelhaft ist, noch eine **Betriebskostenabrechnung** erstellen wird und erst dann die tatsächliche Höhe der geschuldeten Miete feststeht. Somit zahlt der Mieter in Kenntnis der möglichen Nichtschuld. Eine nachträgliche Korrektur der Minderung scheidet somit für den Mieter wegen § 814 BGB aus (Einzelheiten → § 536 Rn. 372 ff.).

## VI. Wiederaufleben des Minderungsrechts

Die eingetretene Verwirkung wirkt nicht auf Dauer. Sternel[142] weist zu Recht darauf hin, dass auch bei der Anwendung des § 536 c BGB (→ dort Anm. 36) die Rechtsfolge des Minderungsausschlusses nur so lange aufrechterhalten wird, bis der Mieter seinen vertraglichen Pflichten nachkommt, also den Mangel anzeigt, und der Vermieter für Abhilfe sorgen kann. Die Rechtsfolgen der Verwirkung können nicht weiter reichen als die gesetzliche Regelung, zumal der Vermieter nach Kenntnis vom Mangel wegen seiner Pflicht und Möglichkeit zur Instandsetzung keinen schutzwürdigen Vertrauenstatbestand geltend machen kann. 42

Ein Wiederaufleben des **verwirkten** Minderungsrechts kommt beispielsweise in Betracht, wenn sich die den Mangel begründenden Umstände erheblich verändern (zB: Zunahme der Lärmbelästigung durch einen Müllschlucker infolge der Veränderung der Müllzusammensetzung seit der Wiedervereinigung),[143] wenn sich im Laufe der Mietzeit ein Mangel erheblich verstärkt[144] Anders ist dies aber, wenn die Parteien, ohne dass der Mieter einen Vorbehalt macht, einen bereits abgelaufenen Vertrag verlängern oder den Gebrauchszweck der Mietsache ändern. 43

Der häufigste Fall des Wiederauflebens der verwirkten Gewährleistungsrechte stellt die Vertragsänderung durch eine **Mieterhöhung** zB nach den §§ 556 ff.[145] oder nach dem WoBindG dar, wenn hierdurch das Äquivalenzverhältnis verschoben wird.[146] Für Mieterhöhungen bei preisgebundenem Wohnraum wird eine wesentliche Verschiebung des Äquivalenzverhältnisses gefordert.[147] Davon ist auszugehen, wenn die nach der Mieterhöhung vom Mieter zu erbringende Leistung mit Rücksicht auf die Mängel der Räume der Gegenleistung (Überlassung der Räume) objektiv nicht entspricht.[148] Es kommt nicht auf die Art der Mieterhöhung an. Unerheblich ist somit, ob sich der Vermieter mit dem Mieter einigt oder ob sich der Vermieter zur Begründung seines Mieterhöhungsverlangens auf §§ 556 ff. BGB, auf eine Anpassungsklausel[149] oder auf eine Gesetzesänderung[150] beruft. Unbeachtlich ist es auch, ob die Mietänderung für den Mieter überraschend eintritt oder ob sie auf Grund einer Änderungsklausel vorhersehbar war.[151] 44

Das Wiederaufleben des Minderungsrechts erfolgt aber nicht automatisch mit Eintritt der veränderten Umstände. Vielmehr muss der Mieter dem Vermieter die veränderte Situation anzeigen, so wie er auch den verwirkten Mangel anzeigen musste.[152] Hat der Vermieter allerdings an den veränderten Umständen **selbst mitgewirkt** (zB bei einer Vertragsänderung), besteht kein Grund, ihm weiterhin den zum Zeitpunkt der Verwirkung gewährten Vertrauensschutz einzuräumen und von dem Mieter eine Erklärung dahingehend zu verlangen, dass er nunmehr das Minderungsrecht erneut ausüben will.[153] 45

---

142 *Sternel* MietR aktuell, Rn. VIII 419.

143 LG Dresden NJWE-MietR 1997, 197, *Sternel* MietR aktuell, Rn. VIII 420.

144 LG Düsseldorf WuM 1998, 20 bei zunehmend optischer Beeinträchtigung; AG Schöneberg MM 1995, 28 bei Gaststättenlärm; zur Wiedereröffnung einer Tankstelle vgl. OLG Düsseldorf ZMR 1994, 559.

145 LG Berlin GE 2003, 326; AG Osnabrück NJW-RR 1995, 971; AG Bonn WuM 1986, 93; AG Köln WuM 1984, 198; AG Frankfurt/Oder GE 1997, 495 zur GrundmietenVO; einschränkend LG Berlin MM 1991, 331, das eine wesentliche Verschiebung fordert; **aA** LG München I NJW-RR 2000, 675 = NZM 2000, 616 zu § 2 MHG.

146 BGH MDR 1965, 654 = BB 1965, 690; ZMR 1961, 257; OLG Köln DWW 2001, 274; OLG Düsseldorf DWW 1973, 278; LG Hamburg WuM 1983, 290; LG Frankfurt a. M. WuM 1990, 425; LG Köln WuM 1990, 17; KreisG Grimma NJ 1992, 466.

147 BGH NJW 1961, 1253 = MDR 1961, 683 = ZMR 1961, 257 = BB 1961, 616 zu § 18 1. BMG.

148 BGH NJW 1961, 1253 = MDR 1961, 683 = ZMR 1961, 257 = BB 1961, 616; AG Braunschweig WuM 1990, 148.

149 OLG Düsseldorf WuM 1994, 324 = NJW-RR 1994, 399 = MDR 1994, 371.

150 BGH NJW 1961, 1253 = MDR 1961, 683 = BB 1961, 616; MDR 1965, 654 = BB 1965, 690.

151 LG Düsseldorf WuM 1998, 20.

152 LG Berlin GE 2004, 628.

153 LG Berlin GE 2004, 480.

46 Ist der Mieter „wieder" zur Minderung berechtigt, lebt der Gewährleistungsanspruch nur für die Zukunft und **nicht für die Vergangenheit** wieder auf, da der Mieter durch die Mieterhöhung nicht besser gestellt werden darf. Aus diesem Grund ist auch der Minderungsbetrag der Höhe nach auf die Verschiebung des Äquivalenzverhältnisses (Mieterhöhung)[154] zu begrenzen, während das Recht zur Kündigung in vollem Umfang wiederauflebt, weil es nicht teilbar ist.[155] Für die Berechnung des Minderungsbetrages ist der gesamte Mietzins maßgebend, dessen Höhe allerdings durch den Mieterhöhungsbetrag begrenzt wird.

47 Bei einem Mieterwechsel auf Grund einer Abspaltung nach dem **Umwandlungsgesetz** soll das Minderungsrecht nicht wieder aufleben, da in diesen Fällen der Vermieter auf die Vertragsänderung keinen Einfluss hat.[156]

## C. Rechte des Mieters

### I. Erfüllungsanspruch

48 Der Anspruch des Mieters auf Erfüllung des Mietvertrages bleibt bestehen.[157] Das gilt auch, wenn der Mieter den Mangel bei Abschluss des Mietvertrages kennt.[158] Ist eine Formularklausel vereinbart, wonach der Mieter die Räume als für den vertragsgemäßen Gebrauch tauglich anerkennt, bezieht sich das **Anerkenntnis** nur auf den Gewährleistungsanspruch, nicht aber auf den Erfüllungsanspruch.[159] Der Mieter kann somit ungeachtet des Mangels seinen Herstellungsanspruch durchsetzen.

49 Dasselbe gilt für das Zurückbehaltungsrecht des Mieters aus § 320 BGB.[160] Der Mieter kann somit auch dann die Einrede des nichterfüllten Vertrages erheben, wenn er die Mietminderung wegen § 536b BGB nicht mehr geltend machen kann. Allerdings ist im Einzelfall zu prüfen, ob sich die Kenntnis des Mieters vom Mangel im Rahmen des § 320 Abs. 2 BGB auswirkt[161] (→ § 536 Rn. 423). Wegen der Nähe des **Zurückbehaltungsrechts** zum Erfüllungsanspruch – es dient seiner Durchsetzung –, wird eine Einschränkung nur in Ausnahmefällen anzunehmen sein. Allein die Kenntnis des Mieters vom Mangel ist nicht ausreichend, sein Zurückbehaltungsrecht zu beschränken.

50 Haben die Mietvertragsparteien einen konkret gegebenen schlechten Bauzustand aber als vertragsgemäß vereinbart, so sind insoweit auch Erfüllungsansprüche des Mieters ausgeschlossen.[162] Es bedarf somit immer einer genauen Prüfung des Einzelfalls, ob mit der vorbehaltlosen Kenntnis der Mangel nicht in die Sollbeschaffenheit der Mietsache einbezogen wurde. Hier ist den Parteien eine mietvertragliche Klarstellung anzuraten.[163]

---

[154] OLG Köln DWW 2001, 274 = ZMR 2001, 533; OLG Düsseldorf DWW 1973, 278; LG Dresden NJWE-MietR 1997, 197; AG Frankfurt/Oder GE 1997, 495; AG Köln ZMR 1995, 260; Bub/Treier MietR-HdB/*Kraemer/Ehlert* Kap. III Rn. 3396.

[155] KG GE 2001, 989.

[156] KG NZM 2002, 562.

[157] BGH WuM 1982, 296 = NJW 1982, 874 = MDR 1982, 573 = ZMR 1983, 62; WuM 1981, 92 = NJW 1980, 777 = ZMR 1980, 105 = MDR 1980, 306; NJW-RR 1990, 60 = ZMR 1990, 211 = MDR 1990, 146; LG Essen WuM 1983, 139 = ZMR 1983, 131; kritisch Wolf/Eckert/Ball Gewerbl. Miet-/Pacht-/LeasingR-HdB Rn. 355; Bub/Treier MietR-HdB/*Kraemer/Ehlert* Kap. III Rn. 3368.

[158] BGH XII ZR 139/05, GuT 2007, 208 = NZM 2007, 484 = ZMR 2007, 605 = GE 2007, 840 = MietPrax-AK BGB § 536b Nr. 9; OLG Köln WuM 1995, 35 = NJW-RR 1993, 466 = MDR 1993, 973 = VersR 1993, 1112; AG Ludwigshafen WuM 1981, 12; *Artz* WimmoT 2013, 75, 81; *Köhler* JZ 1989, 761, 771; **aA** LG Berlin 1993, 99.

[159] OLG Köln WuM 1995, 35 = NJW-RR 1993, 466 = MDR 1993, 973 = VersR 1993, 1112.

[160] BGH NJW 1982, 2242 = MDR 1982, 836 = ZMR 1983, 272 = JZ 1982, 723; NJW 1989, 3222 = MDR 1990, 146 = ZMR 1990, 211; Emmerich/Sonnenschein/*Emmerich* BGB § 536b Rn. 1; Franke WoBauR/*Franke* BGB § 536b Anm. 4; **a A** LG München I NZM 2001, 620.

[161] BGH NJW 1989, 3222 = MDR 1990, 146 = ZMR 1990, 211; **aA** LG Düsseldorf DWW 1999, 184; vgl. auch BayObLG WuM 1999, 392 = ZMR 1999, 616 = NJW-RR 1999, 1241 = GE 1999, 835 = NZM 1999, *660*.

[162] BGH WuM 1994, 201 = NJW-RR 1993, 522 = GE 1993, 643; KG WuM 1984, 42; LG Düsseldorf DWW 1991, 284; LG Mannheim ZMR 1990, 220; LG Berlin ZMR 1990, 420.

[163] *Lammel* in jurisPR-MietR 14/2007 Anm. 1.

## II. Ansprüche aus §§ 536, 536a BGB

Kennt der Mieter den Mangel beim Abschluss des Vertrages, verliert er grundsätzlich sein Recht zur Mietminderung (§ 536 BGB), seinen Schadensersatzanspruch (§ 536a Abs. 1 BGB) sowie den Anspruch auf Aufwendungsersatz[164] (§ 536a Abs. 2 BGB). 51

Für grobe Fahrlässigkeit gilt § 536b S. 2 BGB, wonach eine Haftung des Vermieters nur bei dessen arglistigen Verhalten in Betracht kommt. 52

Die ausdrückliche Anerkennung des vertragsmäßigen Zustandes des Anwesens im Mietvertrag steht den Ansprüchen des Mieters aus § 536 nicht entgegen, denn sie bezieht sich nur auf Mängel, die ihm bei Abschluss des Vertrages bekannt waren.[165] Wegen §§ 307, 309 Nr. 12 lit. b BGB-Gesetz sind solche Anerkenntnisse von Tatsachen in Formularverträgen regelmäßig unwirksam. 53

## III. pVV

Der Haftungsausschluss des § 536b BGB bezieht sich nach umstrittener Ansicht nicht auf Ansprüche aus positiver Vertragsverletzung wegen Begleitschäden und wegen Verletzung von nicht leistungsbezogenen Nebenpflichten[166] (§ 280 Abs. 1 BGB iVm § 241 Abs. 2 BGB). 54

## IV. c. i. c.

Ein Anspruch aus c. i. c. (§ 311 Abs. 2 BGB) kann bei Verletzung von Aufklärungspflichten in Betracht kommen. Den Vermieter trifft eine **Aufklärungspflicht** hinsichtlich ihm bekannter Mängel sowie hinsichtlich solcher Umstände, die dem Mieter ersichtlich unbekannt und für den Vertragsabschluss von Bedeutung sind.[167] Eine Haftung aus c. i. c. wegen Verletzung der Aufklärungspflicht kommt nach Übergabe der Sache aber grundsätzlich nicht in Betracht, soweit die **Beschaffenheit** der Mietsache betroffen ist, weil die Gewährleistungsvorschriften insoweit eine abschließende Regelung getroffen haben.[168] Nach Übergabe der Sache ist eine Haftung aber aus vorsätzlicher c. i. c. (Arglist) möglich[169] (→ auch § 536 Rn. 529ff.). 55

## V. Unerlaubte Handlung

Unberührt von § 536b BGB bleiben **Deliktsansprüche.**[170] Die Haftung zB wegen Verletzung der Verkehrssicherungspflicht des Vermieters steht daher selbständig neben der Vertragshaftung.[171] 56

## VI. Kündigung

§ 536b BGB schließt das Kündigungsrecht des Mieters gem. § 543 Abs. 2, 4 BGB aus. Das Kündigungsrecht gem. § 569 Abs. 1 BGB bleibt davon allerdings auch bei Kenntnis des Mieters vom Mangel unberührt[172] (S. 2). Bei Mietverhältnissen über Räume, die keine Wohnräume sind (ua Gewerberaum), lässt sich das Kündigungsrecht **vertraglich** ausschließen, da § 578 Abs. 2 BGB nicht auf § 569 Abs. 5 (Verbot anderweitiger Vereinbarung) verweist. Dennoch wird sich ein Kündigungsausschluss, auch wenn er individualvertraglich erfolgt, regelmäßig als treuwidrig erweisen, weil das Festhalten am Vertrag trotz einer Gesundheitsgefährdung des Mieters oder seiner Mitbenutzer sich regelmäßig als sittenwidrig erweist. Hat der Vermieter den Mangel arglistig verschwiegen, so kann 57

---

164 BGH NJW 1976, 892 = MDR 1976, 571 = BB 1976, 483; MüKoBGB/*Häublein* § 536b Rn. 11.

165 BGH NJW 1973, 1498 = MDR 1973, 927.

166 Emmerich/Sonnenschein/*Emmerich* BGB § 536b Rn. 1; **aA Franke** WoBauR/*Franke* BGB § 536b Anm. 4.

167 Blank/Börstinghaus/*Blank/Börstinghaus* BGB § 536b Rn. 17.

168 BGH WuM 1981, 92 = NJW 1980, 777 = MDR 1980, 306 = ZMR 1980.

169 BGH NJW 1997, 2813 = ZfIR 1997, 523 = ZIP 1997, 1594.

170 Emmerich/Sonnenschein/*Emmerich* BGB § 536b Rn. 1; MüKoBGB/*Häublein* Münch § 536b Rn. 11; Bub/Treier MietR-HdB/*Kraemer/Ehlert* Kap. III Rn. 3370; Franke WoBauR/*Franke* BGB § 536b Anm. 4.

171 BGH BB 1961, 989 = VersR 1961, 886; Wolf/Eckert/Ball Gewerbl. Miet-/Pacht-/LeasingR-HdB Rn. 331.

172 BGHZ 29, 289 = NJW 1959, 1424; Wolf/Eckert/Ball Gewerbl. Miet-/Pacht-/LeasingR-HdB Rn. 354; Franke WoBauR/*Franke* BGB § 536b Anm. 4.

der Mieter trotz Kenntnis des Mangels auch gem. § 543 Abs. 1 BGB kündigen, wenn durch den Täuschungsversuch das Vertrauen nachhaltig erschüttert worden ist.[173]

## D. Beweislast

58 Der Vermieter hat die Kenntnis des Mieters sowie dessen grob fahrlässige Unkenntnis vom Mangel zu beweisen.[174]

59 Den Mieter trifft dagegen die Beweislast, wenn er sich auf einen ausgeübten **Vorbehalt** berufen will oder wenn er seinen Anspruch auf eine Zusicherung baldiger Abhilfe des Vermieters oder auf arglistiges Verschweigen stützt.[175]

---

[173] Einschränkend Bub/Treier MietR-HdB/*Kraemer/Ehlert* Kap. III Rn. 3372.

[174] *BGH WPM 1962, 1379.*

[175] OLG Düsseldorf ZMR 2009, 752; Blank/Börstinghaus/*Blank/Börstinghaus* BGB § 536b Rn. 35; Emmerich/Sonnenschein/*Emmerich* BGB § 536b Rn. 11; Bub/Treier MietR-HdB/*Kraemer/Ehlert* Kap. III Rn. 3400; Erman/*Lützenkirchen* BGB § 536b Rn. 16.

## § 536c Während der Mietzeit auftretende Mängel; Mängelanzeige durch den Mieter

**(1) [1]Zeigt sich im Laufe der Mietzeit ein Mangel der Mietsache oder wird eine Maßnahme zum Schutz der Mietsache gegen eine nicht vorhergesehene Gefahr erforderlich, so hat der Mieter dies dem Vermieter unverzüglich anzuzeigen. [2]Das Gleiche gilt, wenn ein Dritter sich ein Recht an der Sache anmaßt.**

**(2) [1]Unterlässt der Mieter die Anzeige, so ist er dem Vermieter zum Ersatz des daraus entstehenden Schadens verpflichtet. [2]Soweit der Vermieter infolge der Unterlassung der Anzeige nicht Abhilfe schaffen konnte, ist der Mieter nicht berechtigt,**

**1. die in § 536 bestimmten Rechte geltend zu machen,**
**2. nach § 536a Abs. 1 Schadensersatz zu verlangen oder**
**3. ohne Bestimmung einer angemessenen Frist zur Abhilfe nach § 543 Abs. 3 S. 1 zu kündigen.**

### Systematische Übersicht



### Alphabetische Schnellübersicht



### A. Zweck und Anwendungsbereich

Die Anzeigepflicht ist ein Teil der dem Mieter obliegenden allgemeinen Obhutspflicht.[1] Die Obhutspflicht ergibt sich aus dem Umstand, dass der Mieter wegen seines umfassenden Besitzrechtes[2] den Vermieter regelmäßig von jeglichem Zugriff auf die Mietsache ausschließen kann. Daher ist dem Mieter im Gegenzug die **Pflicht** auferlegt, dem Vermieter erkennbare Mängel zu melden.[3] Der Vermieter muss die Gelegenheit erhalten, seinen Erhaltungspflichten gem. § 535 BGB nachzukommen und das Objekt wieder in einen ordnungsgemäßen Zustand zu versetzen.[4] Das gebietet nicht nur der wirtschaftliche Aspekt des Vermietens, sondern auch das zwischen den Parteien bestehende Rechtsverhältnis, da vorhandene Mängel Gewährleistungsrechte des Mieters auslösen. Aus § 536c BGB darf aber weder eine **Reparaturpflicht** noch eine **Prüfungs-** oder **Nachfor-** 1

[1] KG NZM 2003, 28; MüKoBGB/*Häublein* BGB § 536c Rdn. 1; Staudinger/*Emmerich* BGB § 536c Rdn. 1.
[2] BVerfG WuM 1993, 377 = NJW 1993, 2035 = MDR 1993, 728 = ZMR 1993, 405 = GE 1993, 796 = DWW 1993, 224.
[3] BGHZ 68, 281 = WuM 1978, 88 = NJW 1977, 1236 = MDR 1977, 743 = ZMR 1978, 50; OLG Düsseldorf GE 2016, 856; *Schmidt* NZM 2013, 705, 708.
[4] Bub/Treier MietR-HdB/*Kraemer/von der Osten* III. A Rdn. 2399.

**schungspflicht** des Mieters abgeleitet werden.[5] Daher ist es zu weitgehend, dem Mieter regelmäßige Kontrollpflichten aufzuerlegen.[6]

2 Bei unterlassener oder verspäteter Anzeige ist der Mieter von seinem Recht zur Mietminderung (§ 536 BGB), auf Schadensersatz (§ 536a BGB) oder zur Kündigung nach § 543 Abs. 3 S. 1 BGB ausgeschlossen, soweit der Vermieter infolge der Unterlassung oder Verspätung nicht in der Lage war, Abhilfe zu schaffen (Einzelheiten s. Rdn. 36ff.). Der Mieter ist darüber hinaus ggf. dem Vermieter zum Schadensersatz verpflichtet (s. Rdn. 30ff.).

3 Die Pflicht zur Mängelanzeige ist **keine Obliegenheit,** sondern eine echte Nebenleistungspflicht.[7] Daher findet § 278 BGB Anwendung, wenn der Mieter diese Aufgabe einem Dritten überträgt.

4 Zudem kann bei einem **Mitverschulden** § 254 BGB in Betracht kommen, um einen sachgerechten abgestuften Ausgleich zwischen den Interessen des Mieters und des Vermieters zu erreichen.[8] Im Einzelfall kann dies dazu führen, dass die wegen Verletzung seiner Anzeigepflicht grundsätzlich bestehende Pflicht des Mieters zum Schadensersatz auf Grund der erheblich schwerwiegenderen Pflichtverletzung des Vermieters entfällt.[9]

5 § 536c BGB gilt für alle Mietverhältnisse und findet auch auf Leasingverträge Anwendung.[10] Über § 581 Abs. 2 BGB gilt § 536c BGB auch für die Pacht.

## B. Tatbestandsvoraussetzungen

6 Die **Anzeigepflicht** des Mieters besteht zum einen, wenn sich im laufenden Mietverhältnis ein Mangel zeigt und zum anderen, wenn im Laufe der Mietzeit eine Vorkehrung zum Schutze der Sache gegen eine nicht vorhergesehene Gefahr erforderlich wird. Außerdem entsteht die Pflicht zur Anzeige, wenn sich ein Dritter ein Recht an der Sache anmaßt. Somit bezieht sich die Anzeigepflicht nicht auf Mängel, die schon vor tatsächlicher Überlassung der Mietsache vorhanden waren.[11]

### I. Mangel

7 Der wichtigste und in der Praxis bedeutsamste Anwendungsfall des § 536c BGB ist die Pflicht des Mieters zur Anzeige von Mängeln im laufenden Mietverhältnis. Der Mangel ist weiter gefasst als in § 536 BGB. Hiermit ist jede **signifikante** Verschlechterung des Mietobjektes gemeint, ohne Rücksicht darauf, ob dadurch die Brauchbarkeit der gemieteten Sache für den Mieter beeinträchtigt wird.[12] Als Mangel gilt jedes Hervortreten eines schlechten Zustandes der Mietsache,[13] der dem Vermieter Anlass zum Eingreifen geben kann.[14]

8 Führt die Reparatur nicht zur vollständigen Beseitigung des angezeigten Mangels, so trifft den Mieter eine **erneute** Anzeigepflicht bezüglich des verbliebenen Mangels.[15] Das gilt allerdings dann nicht, wenn die fortbestehende Mangelhaftigkeit der Mietsache dem Vermieter oder einem Dritten, dessen Wissen sich der Vermieter zurechnen lassen muss, bekannt ist.[16]

---

[5] BGH WuM 1976, 152 = MDR 1976, 753 = ZMR 1977, 209; Wolf/Eckert/Ball Gewerbl. Miet-/Pacht-/LeasingR-HdB Rn. 655.

[6] *Sternel* MietR aktuell (2009) Rn. VI 248; anders aber KG GE 2001, 1603 = NZM 2003, 27.

[7] BGH NJW 1985, 132 = MDR 1985, 221 = BB 1984, 2219; Staudinger/*Emmerich* BGB § 536c Rdn. 2; *Erman/Lützenkirchen* BGB § 536c Rdn. 2.

[8] BGH BGHZ 68, 281 = WuM 1978, 88 = NJW 1977, 1236 = MDR 1977, 743 = ZMR 1978, 50; LG Karlsruhe WuM 1998, 22; *Kraemer/von der Osten* in Bub/Treier III. A Rdn. 2411.

[9] LG Karlsruhe WuM 1998, 22.

[10] BGH WuM 1987, 215 = NJW 1987, 1072 = ZMR 1987, 169 = MDR 1987, 575; Staudinger/*Emmerich* BGB § 536c Rdn. 2.

[11] Staudinger/*Emmerich* BGB § 536c Rn. 6; *Sternel* MietR aktuell (2009) Rn. VI 248.

[12] BGHZ 68, 281 = WuM 1978, 88 = NJW 1977, 1236 = MDR 1977, 743 = ZMR 1978, 50; Bub/Treier MietR-HdB/*Kraemer/von der Osten* III. A Rn. 2401; Palandt/*Weidenkaff* BGB § 536c Rn. 7.

[13] BGH WM 1978, 88 = NJW 1977, 1236 = ZMR 1978, 50 = MDR 1977, 743; Wolf/Eckert/Ball Gewerbl. Miet-/Pacht-/LeasingR-HdB Rn. 655.

[14] *BGHZ 68, 281 = WuM 1978*, 88 = NJW 1977, 1236 = MDR 1977, 743 = ZMR 1978, 50.

[15] OLG Düsseldorf ZMR 1991, 24 = DWW 1991, 17; NJW-RR 1987, 1232 = ZMR 1987, 376; ZMR 1991, 24 = DWW 1991, 17; LG Berlin GE 2011, 58; AG Hamburg, ZMR 2020, 314.

[16] OLG Düsseldorf ZMR 1991, 24 = DWW 1991, 17.

Der Mieter hat grundsätzlich alle Mängel anzuzeigen, gleichgültig ob sie in den gemieteten **Räumen,** im **Treppenhaus** oder in sonstigen **Gemeinschaftsräumen** und -anlagen sowie an den nicht mitvermieteten, aber zur Mietsache gehörenden oder zum Gebrauch überlassenen, Teilen, wie beispielsweise an den Außenfassaden des Gebäudes, am Dach oder im Hof auftreten[17] (Einzelheiten →Rn. 19f.). Es kann sich um **Mängel aller Art** handeln, wie zB Schäden an den Wasser-, Strom- und Elektrizitätsinstallationen oder an Türen[18] und Fenstern. Auch das Auftreten von Ungeziefer oder das Ausbreiten von Hausschwamm kann als Mangel anzeigepflichtig sein. 9

## II. Erkennbarkeit

Der Mangel muss sich zeigen. Das ist offensichtlich, wenn der Mieter den Mangel erkannt hat. Es genügt aber auch, wenn er infolge **grober Fahrlässigkeit** vom Mieter übersehen wurde.[19] Der Mieter handelt grob fahrlässig, wenn er einen offensichtlichen Mangel nicht erkannt hat; hiervon ist auszugehen, wenn der Mangel jedem Mieter bei Beachtung üblicher Sorgfalt hätte auffallen müssen.[20] Nur wenn der Mieter insoweit das für **jedermann** nahe Liegende nicht zur Kenntnis genommen hat, sind die Rechtsfolgen des §536c BGB zu seinen Lasten gerechtfertigt.[21] §536c BGB ist somit nicht anzuwenden, wenn der Mangel zwar einem aufmerksamen und gewissenhaften Mieter auffällt, aber nicht unbedingt jedem Mieter.[22] 10

Der Umfang dessen, was jedermann erkennbar ist, muss den Umständen des Einzelfalles, wie zB den besonderen Kenntnissen der eingesetzten Hilfspersonen, entnommen werden. Hat sich der Mieter über das Vorliegen eines Mangels geirrt, führt dies grundsätzlich nicht zu einem Schadensersatzanspruch des Vermieters wegen **nutzloser Aufwendungen** für die Überprüfung der Anzeige. Es darf dem Mieter nicht zum Schaden gereichen, wenn er in Erfüllung seiner Obhutspflicht irrtümlich einen Schaden meldet; es sei denn, der Mieter zeigt den vermeintlichen Mangel mutwillig, vorsätzlich oder grob fahrlässig an.[23] 11

Der Mieter genügt seiner Anzeigepflicht, wenn er dem Vermieter einen entsprechenden **Verdacht** äußert.[24] Es ist nicht Aufgabe des Mieters, gleichsam wie ein Sachverständiger die Mängel zu bezeichnen.[25] Im Rahmen des Zwecks der Vorschrift reicht es auch, wenn er dem Vermieter den Mangel identifizierbar beschreibt.[26] Den Mieter trifft auch keine Untersuchungs- oder Nachforschungspflicht hinsichtlich **verborgener** Mängel der von ihm mitbenutzten Räume und Anlagen.[27] 12

Gelangt beispielsweise Duschwasser unterhalb der Duschtasse in das Abwassersystem, entsteht die Anzeigepflicht erst, wenn für den Mieter eine **Verstopfung** des Duschtassenabflusses erkennbar ist[28] oder wenn sich ihm ein entsprechender Verdacht aufgedrängt hat.[29] Mängel hinsichtlich der Wärmedämmung sowie der Fensterdichtigkeit lassen sich erfahrungsgemäß bei einer Besichtigung der Wohnung nicht feststellen. Daher muss der Mieter eine geraume Zeit in der Wohnung wohnen, um auf diese Fehler aufmerksam zu werden.[30] 13

---

[17] Bub/Treier MietR-HdB/*Kraemer/von der Osten* III. A Rn. 2402; Erman/*Lützenkirchen* BGB §536c Rn. 3.
[18] *Hanke* PiG 46, 1995, 83, 92.
[19] BGHZ 68, 281 = WuM 1978, 88 = NJW 1977, 1236 = MDR 1977, 743 = ZMR 1978, 50.
[20] BGHZ 68, 281 = WuM 1978, 88 = NJW 1977, 1236 = MDR 1977, 743 = ZMR 1978, 50; OLG Hamburg RE vom 26.4.1991, WuM 1991, 328 = NJW-RR 1991, 1296 = MDR 1991, 1170 = GE 1991, 621 = ZMR 1991, 262 = DWW 1991, 216.
[21] BGHZ 68, 281 = WuM 1978, 88 = NJW 1977, 1236 = MDR 1977, 743 = ZMR 1978, 50; OLG Düsseldorf GE 2008, 1425 = GuT 2008, 440; OLG Frankfurt/M. WuM 1992, 56 = NJW-RR 1992, 396 = ZMR 1992, 198.
[22] Wolf/Eckert/Ball Gewerbl. Miet-/Pacht-/LeasingR-Hdb Rn. 655.
[23] AG Neukölln *GE 1995, 1419; Blank/Börstinghaus* BGB §536c Rn. 30f.; aA Erman/*Lützenkirchen* BGB §536c Rn. 4.
[24] Staudinger/*Emmerich* BGB §536c Rn. 7.
[25] LG Köln WuM 1990, 17.
[26] AG Erfurt WuM 2004, 660.
[27] BGHZ 68, 281 = WuM 1978, 88 = NJW 1977, 1236 = MDR 1977, 743 = ZMR 1978, 50; OLG Düsseldorf GuT 2008, 440 = GE 2008, 1425.
[28] LG Berlin WuM 1987, 387 = GE 1987, 929.
[29] Staudinger/*Emmerich* BGB §536c Rn. 8.
[30] LG Köln MDR 1966, 761.

### III. Notwendigkeit von Vorkehrungen

14 Der Mieter ist verpflichtet, den Vermieter vor nicht vorhergesehenen Gefahren zu warnen, welche die Tauglichkeit der Mietsache zum vertragsgemäßen Gebrauch beeinträchtigen können. Der Vermieter soll dadurch die Möglichkeit erhalten, rechtzeitig Vorkehrungen zu treffen, also **Schutzmaßnahmen** zu ergreifen. Dabei ist zB zu denken an eine drohende Überschwemmung durch **Hochwasser,** an mögliche Sturmschäden, aufgebrochene Haustüren sowie an die Gefahr einer Brandstiftung.[31] Es kommt aber nicht darauf an, ob von der Gefahr die Beeinträchtigung des vertragsgemäßen Gebrauchs zu befürchten ist. Daher ist für die Entstehung der Anzeigepflicht nicht die Schutzmaßnahme das erforderliche Kriterium, sondern allein die Entstehung des Gefahrenzustandes.[32] Für den Mieter muss aber die **Gefahrenlage** erkennbar sein (→ Rn. 10 ff.).

15 Der Mieter muss dem Vermieter auch Verschlechterungen der Mietsache anzeigen, die zwar auf einen vertragsgemäßen Gebrauch zurückzuführen sind, aber eine Schadensquelle darstellen können.[33] Darunter fallen aber regelmäßig nicht vom Mieter übernommene **Schönheitsreparaturen,**[34] da der Vermieter einerseits anhand der üblichen Fristenpläne weiß, wann regelmäßig Schönheitsreparaturen auszuführen sind und andererseits bei Unterlassung oder Verzögerung der Schönheitsreparaturen ein weiter gehender Schaden kaum vorstellbar ist.

### IV. Eingriffe Dritter

16 Die Anzeigepflicht besteht auch dann, wenn sich ein Dritter ein Recht an der Sache „anmaßt". Der Ausdruck „anmaßen" wird dem Sinn und Zweck der Vorschrift nicht gerecht. Gleichwohl hat der Gesetzgeber keine Veranlassung gesehen, den Begriff zu ersetzen. Sinn der Regelung ist, mit der Anzeigepflicht des Mieters dem Vermieter die Möglichkeit einzuräumen, das Recht des Dritten überprüfen zu können. Der Mieter kann nämlich die **Berechtigung des Dritten** nicht beurteilen, weil er regelmäßig etwaige vertragliche Beziehungen des Vermieters mit dem Dritten nicht kennt. Es reicht daher aus, dass ein Dritter das Recht geltend macht.[35] Es ist gleichgültig, um welche Art von Rechten es sich dabei handelt. Es kommen dingliche, obligatorische, private und öffentliche Rechte in Betracht.[36] Unerheblich ist, ob der Mieter durch die Geltendmachung des Rechts des Dritten berührt wird.

### V. Anzeige

#### 1. Pflicht

17 Die Anzeigepflicht besteht während des gesamten Mietverhältnisses und endet nicht etwa bei vorzeitigem Auszug des Mieters.[37] Sie ruht auch nicht, wenn der Mieter sein Gebrauchsrecht vorübergehend nicht ausübt, denn die Anzeigepflicht dient nicht dem Interesse des Mieters, sondern dem des Vermieters. Daher ist der Mieter auch verpflichtet, dem Vermieter den Wegfall des Mangels anzuzeigen[38]. Die Anzeigepflicht besteht nicht nur während des rechtlichen Bestands des Mietverhältnisses. Hat der Mieter die Sache schon vorher **in Besitz** genommen, ist er ab dem Zeitpunkt der tatsächlichen Übergabe anzeigepflichtig.[39] Gibt der Mieter die Mietsache **nicht bei Beendigung** des Vertragsverhältnisses zurück, bleibt er bis zur Rückgabe zur Anzeige verpflichtet.[40] Mängel, die sich **vor Überlassung** der Mietsache gezeigt haben, braucht der Mieter nicht anzuzeigen, da er davon ausgehen darf, dass dem Vermieter der Mangel bekannt ist.[41]

---

[31] LG Berlin GE 1991, 521.
[32] Staudinger/*Emmerich* BGB § 536c Rn. 9.
[33] AG Rosenheim DWW 1994, 360; MüKoBGB/*Häublein* BGB § 536c Rn. 4.
[34] MüKoBGB/*Häublein* BGB § 536c Rn. 4.
[35] MüKoBGB/*Häublein* BGB § 536c Rn. 8.
[36] Bub/Treier MietR-HdB/*Kraemer/von der Osten* III. A Rn. 2405.
[37] LG Lübeck WuM 1991, 482, 536c.
[38] *AG Berlin*-Mitte GE 2006, 974.
[39] Staudinger/*Emmerich* BGB § 536c Rn. 6.
[40] BGH NJW 1967, 1803 = MDR 1967, 835 = VersR 1967, 1193; MüKoBGB/*Häublein* BGB § 536c Rn. 3.
[41] Bub/Treier MietR-HdB/*Kraemer/von der Osten* III. A Rn. 2401.

Die Anzeige muss dem Vermieter eine Vorstellung von dem Mangel vermitteln. Es reicht dabei aus, dass der Mieter den Mangel schlagwortartig beschreibt[42]. 18

In dem Umfang wie der Vermieter dem Mieter den Gebrauch der Sache eingeräumt hat, ist der Mieter zur Anzeige verpflichtet. Insoweit erstreckt sich die Pflicht zur Anzeige auf alle Mängel, die sich während des Mietverhältnisses zeigen. Sie ist nicht auf Verschlechterungen innerhalb der angemieteten Räume begrenzt, sondern erstreckt sich auch auf andere mitbenutzte oder mitvermietete Teile des Gebäudes, wie zB auf den Hausflur, das Treppenhaus, den Aufzug, den Speicher, die Kellerräume, die Außenfassade, das Dach und auf sonstige Einrichtungen (beispielsweise Kinderspielplatz oder Container-Stellplatz[43]). Ob sich die Anzeigepflicht des Mieters aus § 536c BGB auch auf Maßnahmen erstreckt, die allein den Gebrauch der Mietsache beeinträchtigen, **ohne** auf die Substanz des Mietgegenstandes Einfluss zu nehmen, wie zB beim Auswechseln eines Schlosses, das den Mietgebrauch für den Mieter unmöglich macht, oder ob in diesen Fällen auf § 242 BGB zurückzugreifen ist, hat der BGH ausdrücklich offen gelassen.[44] Wenn aber die Gebrauchstauglichkeit und -möglichkeit für den Mieter beeinträchtigt ist, kann er wegen § 536 BGB seine Gewährleistungsrechte ausüben, so dass zum Schutze des Vermieters auch in diesen Fällen § 536c BGB anzuwenden ist. 19

Der Mieter ist auch zur Anzeige verpflichtet, wenn sich der Mangel an nur mitbenutzten Flächen und Räumen (Treppenhaus, Aufzug, Zugänge) zeigt. Hiervon muss dann eine Ausnahme gemacht werden, wenn der Vermieter oder ein von ihm bestellter **Hausmeister** mit im Haus wohnt.[45] Die Verantwortung des Mieters erstreckt sich aber grundsätzlich nicht auf Teile des Objektes, die nicht vermietet sind und auch nicht mit genutzt werden. Ausnahmsweise kann aber auch wegen solcher Bauteile eine Anzeigepflicht des Mieters in Betracht kommen, wenn sich der Mangel auf seine Wohnung (zB Durchregnen) oder auf den vermieteten oder mitgenutzten Teil des Hauses auswirkt.[46] 20

Haben die vom Vermieter veranlassten Mängelbeseitigungsarbeiten nicht zu einem dauerhaften Erfolg geführt, so trifft den Mieter regelmäßig eine erneute Anzeigepflicht.[47] Hat es der gewerbliche Mieter vertragsgemäß übernommen, den angezeigten Mangel selbst zu beseitigen, und geschieht dies nicht in ausreichendem Umfang und der erforderlichen Qualität, muss er diesen Umstand ebenfalls dem Vermieter anzeigen.[48] 21

Der Untermieter muss den Mangel gegenüber dem Hauptmieter anzeigen. Die Anzeige gegenüber dem Hauptvermieter (Eigentümer) genügt nicht.[49] 22

## 2. Form

Die Anzeige bedarf keiner besonderen Form und kann daher auch mündlich erfolgen. Durch **Formularvertrag** kann bei der Wohnraummiete zum Nachteil des Mieters nichts Abweichendes vereinbart werden.[50] Daher kann formularmäßig auch nicht die **Schriftform** der Anzeige vorgeschrieben werden. Als sog. rechtserhebliche Handlung erfordert die Anzeige keine Geschäftsfähigkeit,[51] weder für die Abgabe noch für den Empfang. Sie darf nicht gegenüber Dritten,[52] zB einem Handwerker, sondern muss gegenüber dem Vermieter oder dessen Vertreter, zB dem Hauswart, erfolgen, wobei für den Zugang der Anzeige § 130 BGB entsprechend gilt.[53] Daher ersetzt eine Anzeige an die Polizei nicht die Anzeige an den Vermieter, da dieser dadurch nicht in der Lage versetzt wird, Maßnahmen zum Schutz der vermieteten Räume zu treffen.[54] Der Mieter trägt 23

---

42 LG Berlin GE 2006, 1173.

43 KG NZM 2003, 27 zu Fremdmüllablagerungen.

44 BGH XII ZR 142/99, NJW-RR 2002, 515 = NZM 2002, 217; bejahend *Blank/Börstinghaus* BGB § 536c Rn. 32.

45 Bub/Treier MietR-HdB/*Kraemer/von der Osten* III. A Rn. 2402; Erman/*Lützenkirchen* BGB § 536c Rn. 6.

46 Emmerich/Sonnenschein/*Emmerich* BGB § 536c Rn. 2; Staudinger/*Emmerich* BGB § 536c Rn. 5; *Erman/Lützenkirchen* BGB § 536c Rn. 5.

47 OLG Düsseldorf ZMR 1991, 24 = DWW 1991, 17.

48 OLG Düsseldorf NJW-RR 1987, 1232 = ZMR 1987, 376.

49 OLG Düsseldorf OLG-Rp Düsseldorf 1993, 350 für Pachtverhältnisse.

50 Staudinger/*Emmerich* BGB § 536c Rn. 24.

51 Staudinger/*Emmerich* BGB § 536c Rn. 12; Bub/Treier MietR-HdB/*Kraemer/von der Osten* III. A Rn. 2406.

52 AG Köln MDR 1974, 47.

53 AG Hamburg WuM 1988, 359; Emmerich/Sonnenschein/*Emmerich* BGB § 536c Rn. 5; Bub/Treier MietR-HdB/*Kraemer/von der Osten* III. A Rn. 2406.

54 LG Berlin GE 1991, 521.

aber nicht das Risiko eines **schuldlos** verspäteten Zugangs.[55] Zwar liegt der Zweck der Vorschrift darin, dem Vermieter die Möglichkeit der Abhilfe zu geben; das rechtfertigt aber nicht die Übernahme einer Zugangsgarantie durch den Mieter. Aus Absatz 2 S. 1 ergibt sich, dass die Haftung auf Schadensersatz nur bei schuldhaftem Unterlassen in Betracht kommt.[56] Die Haftungsanforderung kann bei einer Verzögerung der Anzeige (= Unterlassen in der gebotenen Frist) gem. Abs. 1 S. 1 (unverzüglich = ohne schuldhaftes Zögern) nicht höher sein als bei ihrem vollständigen Unterlassen (= bis zum Zeitpunkt der Kenntnis des Vermieters).

### 3. Frist

24 Die Anzeige des Mieters hat **unverzüglich** (§ 121 Abs. 1 S. 1 BGB) zu erfolgen. Der Mieter muss also seiner Pflicht ohne schuldhaftes Zögern nachkommen. Je ernster die Gefahr, desto dringender hat die Anzeige zu erfolgen. Je nach Dringlichkeit kann eine sofortige telefonische Benachrichtigung des Vermieters erforderlich sein. Andererseits kann bei kleineren abgeschlossenen Schäden ein Zuwarten von ein bis zwei Wochen als unschädlich zu bewerten sein.[57] Die Dringlichkeit hat der Mieter **sorgfältig zu prüfen,** da er für eine eventuelle Fehleinschätzung nach § 276 BGB haftet. Er sollte daher seine Anzeige im Zweifel nicht verzögern. Mit der unverzüglichen Mängelanzeige hat der Mieter seine mietvertragliche Pflicht erfüllt. Danach fallen alle Maßnahmen zur Beseitigung des Mangels und der Vorsorge zur Schadensabwendung in den Verantwortungsbereich des Vermieters.[58]

### 4. Wegfall der Anzeigepflicht

25 Das **Besichtigungsrecht** des Vermieters (→ unter § 535 BGB Rn. 206 ff.) schließt die Anzeigepflicht des Mieters weder aus noch wird sie von ihr begrenzt. Auch wenn der Mieter abwesend ist, gehört es grundsätzlich zu seinen Obhutspflichten, notfalls einen Dritten mit der Überwachung der Wohnung zu betrauen, der die Anzeigepflicht übernehmen kann. Für dessen Fehlverhalten hat der Mieter nach §§ 276, 278 BGB einzustehen.

26 Die Anzeigepflicht entfällt, wenn der Vermieter den Mangel kennt[59] oder wenn er nach einem Reparaturversuch genau weiß, dass der Mangel noch fortbesteht.[60] Dabei ist es unerheblich, ob die Kenntnis auf eigener Anschauung beruht oder durch einen Dritten vermittelt wird.[61] Der Mieter ist von der Anzeigepflicht auch befreit, wenn der **Erfüllungsgehilfe** des Vermieters, zB der Hausmeister oder der Hausverwalter, den Mangel kennt, weil er beispielsweise mit dem Mieter in einem Objekt wohnt. Diese Kenntnis muss sich der Vermieter zurechnen lassen.[62] War der Mangel für den Vermieter offensichtlich, entfällt ebenfalls eine Anzeigepflicht des Mieters;[63] nicht dagegen, wenn der Vermieter den Mangel nur fahrlässig nicht erkannt hat.[64] Offensichtlich bekannt ist der Mangel jedenfalls dann, wenn der Vermieter aus dem Vorprozess den Mangel kennt und keine Anstalten trifft, den Mangel zu beheben. Dann ist es auch für ihn klar, dass sich der mangelhafte Zustand des Mietobjektes weiter verschlechtert.[65] Der Mieter hat keine vertragliche Pflicht, nach Schäden an der Mietsache oder mitvermieteten Grundstücksteilen außerhalb seines unmittelbaren Machtbereichs und Einflussbereichs zu forschen.[66]

---

55 AG Hamburg WuM 1988, 359; Bub/Treier MietR-HdB/*Kraemer/von der Osten* III. A Rn. 2406.
56 Im Ergebnis: Kinne/Schach/Bieber MietR/*Schach* BGB § 536c Rn. 7.
57 Bub/Treier MietR-HdB/*Kraemer/von der Osten* III. A Rn. 2406.
58 LG Lübeck WuM 1987, 151.
59 BGH VIII ZR 317/13, WuM 2014, 278 = GE 2014, 665; OLG Düsseldorf GE 2008, 1425 = GuT 2008, 440; OLG Hamburg RE vom 26.4.1991, WuM 1991, 328 = NJW-RR 1991, 1296 = MDR 1991, 1170 = GE 1991, 621 = ZMR 1991, 262 = DWW 1991, 216; OLG Saarbrücken WuM 1989, 133 = NJW-RR 1988, 652; OLG Karlsruhe ZMR 1988, 52 = NJW-RR 1988, 528; LG Berlin WuM 2020, 72.
60 OLG Düsseldorf ZMR 1991, 24 = DWW 1991, 17.
61 OLG Düsseldorf ZMR 1991, 24 = DWW 1991, 17; LG Berlin MDR 1986, 938 = GE 1986, 1011.
62 OLG Düsseldorf ZMR 1991, 24 = DWW 1991, 17; OLG Karlsruhe NJW-RR 1988, 528 = ZMR 1988, 52.
63 BGH VIII ZR 317/13, WuM 2014, 278 = GE 2014, 665; OLG Karlsruhe NJW-RR 1988, 528 = ZMR *1988, 52.*
64 Staudinger/*Emmerich* BGB § 536c Rn. 15.
65 BGH VIII ZR 317/13, WuM 2014, 278 = GE 2014, 665.
66 BGH WM 1976, 152 = ZMR 1977, 209 = MDR 1976, 753.

Übt der Vermieter die Obhut über bestimmte Sachen selbst aus, ist der Mieter insoweit von der Anzeigepflicht befreit. Daraus folgt, dass bei einem Beherbergungsvertrag der Gast grundsätzlich keine Pflicht zur Anzeige hat.[67] Den Mieter trifft auch keine Anzeigepflicht, wenn die Beseitigung des Mangels oder die Abwendung der Gefahr offenkundig unmöglich ist und keine Ausweitung des Mangels droht.[68] Bei großen Gefahrenlagen, wie zB bei Brandgefahr, kann der Mieter dagegen verpflichtet sein, Sofortmaßnahmen zu ergreifen und die Feuerwehr anzurufen.[69] 27

Hat der Mieter **vertraglich die Instandhaltungspflicht** übernommen, tritt grundsätzlich an die Stelle der Anzeigepflicht die Verpflichtung zur Durchführung der entsprechenden vertraglich vereinbarten Reparatur.[70] Dabei ist allerdings zu beachten, dass im Wohnraummietverhältnis die formularvertragliche Abwälzung der Pflicht zur Vornahme von Kleinreparaturen unzulässig ist.[71] Soweit zB im kaufmännischen Verkehr derartige vertragliche Abreden getroffen werden, kann dennoch im Einzelfall, insbesondere bei schweren Mängeln, ein Interesse des Vermieters an der Kenntnis vom Mangel gegeben sein. In diesen Fällen ist daher der Mieter ebenfalls zur Anzeige verpflichtet. 28

Der Umstand, dass in einem **Mehrparteienhaus** auch die Mitmieter zur Anzeige verpflichtet sind, kann den Mieter nicht entlasten. Daher darf sich der Mieter nicht darauf verlassen, dass ein anderer Mieter den Mangel anzeigen werde und deshalb die Anzeige an den Vermieter unterlassen. Zeigt auch der andere Mieter schuldhaft den Mangel nicht an, haften beide Mieter gem. §§ 830, 840 BGB als Gesamtschuldner.[72] 29

## C. Rechtsfolgen

### I. Schadensersatz

Verletzt der Mieter seine Anzeigepflicht, indem er eine erforderliche Anzeige unterlässt, ist er grundsätzlich zum Ersatz des daraus entstehenden Schadens verpflichtet (Abs. 2 S. 1). Der unterlassenen Anzeige ist die verspätete Anzeige gleichzustellen. Der Anspruch des Vermieters auf Schadensersatz setzt voraus, dass der Mieter **schuldhaft** gehandelt hat. Ein schuldhaftes Handeln kann entfallen, wenn der Mieter in dem Glauben sein durfte, dass dem Vermieter der Mangel schon bekannt ist.[73] Für das Handeln seiner Vertreter oder Erfüllungsgehilfen hat der Mieter einzustehen.[74] Für das Verschulden ist einfache Fahrlässigkeit ausreichend. Hat der Mieter den Mangel übersehen, ist grobe Fahrlässigkeit erforderlich.[75] Sie liegt vor, wenn jedem Mieter der Mangel oder die Gefahr auffallen musste (→ Rn. 10). 30

Zudem setzt die Schadensersatzpflicht voraus, dass zwischen der unterlassenen oder verspäteten Anzeige und dem eingetretenen Schaden ein **ursächlicher** Zusammenhang besteht. Daher tritt für den Mieter kein Rechtsverlust ein, wenn der Schaden auch bei rechtzeitiger Anzeige eingetreten wäre oder wenn dem Vermieter nach verspäteter Anzeige zur Schadensabwendung noch hinreichend Gelegenheit blieb.[76] Der Vermieter muss also in der Lage gewesen sein, den Schaden bei rechtzeitiger Anzeige zu vermeiden.[77] 31

Der Schadensersatzanspruch ist auf Herstellung des Zustandes gerichtet, der bei rechtzeitiger Anzeige hätte geschaffen werden können. Der Mieter muss den Mangel also nicht selbst beseitigen. Die Durchführung der Maßnahmen zur Beseitigung des Mangels und zur Vorsorge zur Schadens- 32

---

67 BGH NJW 1963, 1449.

68 BGHZ 68, 281 = WuM 1978, 88 = NJW 1977, 1236 = MDR 1977, 743 = ZMR 1978, 50; Palandt/*Weidenkaff* § 536c Rdn. 8; MüKoBGB/*Häublein* BGB § 536c Rn. 10.

69 *Hanke* PiG 46, 1995, 83, 92.

70 Bub/Treier MietR-HdB/*Kraemer/von der Osten* III. A Rn. 2415.

71 BGH WuM 1992, 355 = NJW 1992 = 1759 = MDR 1992, 669 = DWW 1992, 207 = ZMR 1992, 332; WuM 1989, 324 = NJW 1989, 2247 = NJW-RR 1989, 1160 = MDR 1989, 907 = ZMR 1989, 327 = DWW 1989, 195 = GE 1989, 669.

72 *Hanke* PiG 46, 1995, 83, 92; Bub/Treier MietR-HdB/*Kraemer/von der Osten* III. A Rn. 2412.

73 OLG Düsseldorf GE 2002, 1262.

74 MüKoBGB/*Häublein* BGB § 536c Rn. 11.

75 BGHZ 68, 281 = WuM 1978, 88 = NJW 1977, 1236 = MDR 1977, 743 = ZMR 1978, 50; MüKoBGB/*Häublein* BGB § 536c Rn. 6.

76 OLG Düsseldorf GE 2002, 1262; 2002, 1261.

77 LG Kiel WuM 1998, 282.

abwendung fällt vielmehr in den **Verantwortungsbereich** des Vermieters.[78] Allerdings muss der Mieter alles unterlassen, was zu einer weiteren Schädigung oder Gefährdung der Mietsache führen kann. Kommt der Mieter seiner Anzeigepflicht nur „verspätet" nach, ist der Vermieter für alle Schäden selbst verantwortlich, die auf einem Unterlassen der Mängelbeseitigung ab dem Zeitpunkt der Anzeige beruhen.

**33** Zu dem Schaden gehören in erster Linie die Mehrkosten infolge der Verschlimmerung des Mangels durch die unterbliebene oder nicht rechtzeitige Anzeige. Die Kosten der eigentlichen **Schadensbeseitigung** trägt der Vermieter im Rahmen seiner Erhaltungspflicht. Des Weiteren kommen Schadensersatzansprüche Dritter in Betracht, die bei rechtzeitiger Anzeige vermieden worden wären.[79] Darüber hinaus erfasst der Schadensersatzanspruch auch **Folgeschäden,** die auf den aufgetretenen Mangel zurückzuführen sind, wie zB ein erhöhter Wasserverbrauch bei defektem Druckspüler.[80]

## II. Kündigung

**34** Der Mieter ist bei Verletzung seiner Anzeigepflicht nicht berechtigt, das Mietverhältnis ohne Fristsetzung gem. § 543 Abs. 3 S. 1 BGB zu kündigen. Im Übrigen bleibt das Kündigungsrecht unberührt. Jedoch kann die Kündigung gem. § 543 Abs. 2 BGB nicht auf einen durch die verspätete Anzeige zusätzlich verursachten Mangel oder eine dadurch bedingte Zerstörung der Mietsache gestützt werden.[81]

## III. Rechtsverlust

**35** Der Mieter verliert bei Verletzung der Anzeigepflicht gem. § 536c Abs. 2 S. 1 BGB nicht nur das Kündigungsrecht aus § 543 Abs. 3 S. 1 BGB sondern auch sein Recht auf Mietminderung gem. § 536 BGB sowie auf Schadensersatz gem. § 536a Abs. 1 BGB.[82] Denn bei einem Verstoß gegen die Anzeigepflicht gem. § 536c BGB würde der Mieter mit diesen Ansprüchen etwas fordern, was er sofort wieder als Schadensersatz gem. § 536c Abs. 2 S. 1 BGB zurück zu gewähren hätte.[83] Dem Mieter bleiben aber Ansprüche aus § 536a Abs. 2 BGB sowie deliktische Ansprüche, zB wegen Verletzung der Sicherungs- und Prüfungspflicht.[84]

**36** Der Rechtsverlust gilt nur so lange, wie der Vermieter infolge der unterlassenen oder verspäteten Anzeige des Mieters **nicht für Abhilfe** sorgen konnte.[85] Hat der Mieter somit den Mangel verspätet gemeldet und wird der Vermieter nicht tätig, dann verliert der Mieter zwar seine Rechte für die Zeit **vor der Meldung,** behält aber seine Rechte aus §§ 536, 536a BGB für den Zeitraum danach. Unter Abhilfe versteht das Gesetz die Wiederherstellung des vertragsgemäßen Zustandes gem. § 535 BGB.[86] Der Mieter behält somit seine Rechte, wenn der Schaden oder der Mangel auch bei rechtzeitiger Anzeige eingetreten wäre[87] oder wenn der Vermieter eine ihm zugegangene Erklärung nicht zur Kenntnis nimmt.[88] Der Mieter kann die „verlorenen" Rechte (wieder) geltend machen, wenn er die Anzeige **nachholt,** der Vermieter aber dennoch nicht tätig wird, obwohl ihm dies möglich wäre. Die unterlassene Anzeige führt aber keineswegs zur **Verwirkung** des Mieteranspruchs auf Instandsetzung, weil durch die unterbliebene Anzeige beim Vermieter insoweit kein Vertrauenstatbestand gesetzt wurde (Umstandsmoment).[89]

---

[78] LG Lübeck WuM 1987, 151.
[79] LG Hamburg WuM 2001, 24 zu vermeidbaren Kosten der Ungezieferbekämpfung.
[80] LG Frankfurt/M. WuM 1990, 425.
[81] Bub/Treier MietR-HdB/*Kraemer/von der Osten* III. A Rn. 210.
[82] OLG Düsseldorf GE 2008, 1326; *Emmerich/Sonnenschein* BGB § 536c Rn. 10; Erman/*Lützenkirchen* BGB § 536c Rn. 12; einschränkend Staudinger/*Emmerich* BGB § 536c Rn. 16.
[83] BGH WuM 1987, 215 = NJW 1987, 1072 = ZMR 1987, 169 = MDR 1987, 575.
[84] MüKoBGB/*Häublein* BGB § 536c Rn. 13; Palandt/*Weidenkaff* BGB § 536c Rn. 10; Staudinger/*Emmerich* BGB § 536c Rn. 19.
[85] LG Berlin ZMR 2020, 406; GE 1996, 322; *Emmerich/Sonnenschein* BGB § 536c Rn. 7.
[86] *Staudinger/Emmerich* BGB § 536c Rn. 22.
[87] BGHZ 68, 281 = WuM 1978, 88 = NJW 1977, 1236 = MDR 1977, 743 = ZMR 1978, 50.
[88] AG Hamburg WuM 1988, 359.
[89] LG Berlin MM 1999, 395.

In allen Fällen einer unterlassenen oder verspäteten Anzeige bleibt es, wie bei sonstigen Obhutspflichtverletzungen, bei der Anwendung des § 254 BGB, um einen sachgerechten abgestuften Ausgleich zwischen den Interessen des Mieters und des Vermieters zu erreichen.[90] 37

Der Anspruch auf Mängelbeseitigung (Erfüllung) wird durch § 536c BGB nicht berührt. Das gilt auch für das Zurückbehaltungsrecht zur Durchsetzung des Erfüllungsanspruchs (vgl. dazu § 536 Rn. 409 ff.).[91] Dieser Auffassung hat sich der BGH[92] allerdings nicht angeschlossen. Vielmehr soll das Zurückbehaltungsrecht nach Treu und Glauben ausgeschlossen sein, weil die unterlassene Mängelanzeige als Vertragsverletzung des Mieters nicht dazu führen könne, dass der Mieter eine Kündigung des Vermieters verhindern oder zumindest hinauszögern könne. Dem steht die Überlegung entgegen, dass in § 536c BGB die Rechtsfolgen bei einer unterlassenen Mängelanzeige ausreichend und erschöpfend geregelt sind.[93] 38

## D. Abweichende Vereinbarungen

§ 536c BGB ist nicht zwingend, so dass die Parteien grundsätzlich eine abw. Regelung vereinbaren können. Das gilt insbesondere für Individualvereinbarungen, während bei Formularklauseln erhebliche Einschränkungen zu machen sind. Haben die Parteien eines Wohnraummietverhältnisses wirksam eine **Kleinreparaturklausel** vereinbart, folgt daraus nicht, dass der Wohnraummieter von der Anzeige kleinerer Mängel befreit ist. Denn der Mieter von Wohnraum kann formularvertraglich nicht selbst zur Schadensbeseitigung, sondern nur zur Kostenübernahme verpflichtet werden, so dass die Reparaturpflicht beim Vermieter verbleibt.[94] Anders liegt dies beim gewerblichen Mieter. Hat er vertraglich die Instandhaltungspflicht übernommen, tritt an die Stelle der Anzeigepflicht die Verpflichtung zur Durchführung der Reparatur.[95] 39

Dagegen ist es auch im unternehmerischen Geschäftsverkehr unzulässig, durch **Formularvertrag** dem Mieter weiter gehende **Prüfpflichten** aufzuerlegen oder die Rechtsfolgen über den Rahmen des § 536c Abs. 2 BGB hinaus zu verschärfen.[96] Dies wäre eine unangemessene Benachteiligung und Belastung des Mieters gem. § 307 BGB.[97] Eine Klausel, die den Mieter für Schäden infolge einer nicht rechtzeitigen Anzeige haftbar macht und insoweit den Wortlaut des § 536c BGB – wenn auch verkürzt – wiedergibt, hat rein deklaratorischen Charakter und unterliegt damit keiner Inhaltskontrolle.[98] 40

## E. Beweislast

Der Vermieter ist beweispflichtig für die Voraussetzungen seines geltend gemachten Anspruchs[99], also dafür, dass der Mieter den Mangel zu einem bestimmten Zeitpunkt kannte oder dass der Mangel für den Mieter **offensichtlich** erkennbar war.[100] Zudem muss der Vermieter darlegen und beweisen, dass er gerade wegen der Verspätung bzw. Unterlassung der Anzeige außer- 41

---

[90] BGH BGHZ 68, 281 = WuM 1978, 88 = NJW 1977, 1236 = MDR 1977, 743 = ZMR 1978, 50; Bub/Treier MietR-HdB/*Kraemer/von der Osten* III. A Rn. 2411.

[91] *Derleder* NZM 2002, 676, 680; Staudinger/*Emmerich* BGB § 536 Rn. 60; *Blank* LMK 2011, 313792.

[92] BGH VIII ZR 330/09, MietPrax-AK § 320 BGB Nr 1 = GE 2011, 122 = NZM 2011, 197 = ZMR 2011, 275.

[93] *Blank*/Börstinghaus BGB § 536c Rn. 22.

[94] BGH WuM 1992, 355 = NJW 1992 = 1759 = MDR 1992, 669 = DWW 1992, 207 = ZMR 1992, 332; WuM 1989, 324 = NJW 1989, 2247 = NJW-RR 1989, 1160 = MDR 1989, 907 = ZMR 1989, 327 = DWW 1989, 195 = GE 1989, 669.

[95] Bub/Treier MietR-HdB/*Kraemer/von der Osten* III. A Rn. 2415.

[96] Zum Begriff des Unternehmers iSd § 14 BGB vgl. BT-Drucks. 13/8444 S. 47 ff. zum Handelsrechtsreformgesetz (BGBl. I S. 1474) sowie Artikel 2 lit. c der EG Richtlinie über missbräuchliche Klauseln in Verbraucherverträgen (Abl. EG Nr. L 95 S. 29).

[97] *Emmerich* in Staudinger § 536c BGB Rdn. 24; MüKoBGB/*Häublein* BGB § 536c Rn. 15; einschränkend Bub/Treier MietR-HdB/*Kraemer/von der Osten* III. A Rn. 2415.

[98] BGH WuM 1993, 109 = NJW 1993, 1061 = MDR 1993, 339 = ZMR 1993, 263 = DWW 1993, 74 = GE 1993, 359.

[99] Bamberger/Roth/*Ehlert* § 536c Rn. 15.

[100] MüKoBGB/*Häublein* BGB § 536c Rn. 14; Wolf/Eckert/Ball Gewerbl. Miet-/Pacht-/LeasingR-HdB Rn. 656.

stande war, eine früher mögliche Abhilfe zu leisten und sein Schaden auf der Unterlassung oder Verspätung der Anzeige beruht.[101]

42 Der Vermieter ist ohne Einschränkung gehalten, die Voraussetzungen des § 536c Abs. 2 BGB darzulegen und nachzuweisen.[102] Für den Schadensersatzanspruch des Vermieters gem. § 536c Abs. 2 S. 1 BGB trägt daher der Vermieter die Darlegungs- und Beweislast für die Verletzung der den Mieter treffenden Anzeigepflicht.[103] Nach allgemeinen Grundsätzen trägt der Mieter wegen der zu beweisenden negativen Tatsache die sekundäre Darlegungslast, um dem Vermieter den Beweis zu ermöglichen.

[101] BGH WuM 1987, 215 = NJW 1987, 1072 = MDR 1987, 575 = ZMR 1987, 169; OLG Brandenburg ZMR 2008, 706; MüKoBGB/*Häublein* BGB § 536c Rn. 14.

[102] BGH VIII ZR 279/85, WuM 1987, 215 = NJW 1987, 1072 = ZMR 1987, 169 = MDR 1987, 575; OLG Düsseldorf GE 2002, 1261 = ZMR 2003, 21; **aA** BGH XII ZR 142/99, NZM 2002, 217 = NJW-RR *2002, 515*.

[103] BGH VIII ZR 74/12, WuM 2013, 160 = GE 2013, 204 = MDR 2013, 327; **aA** Palandt/*Weidenkaff* BGB § 536c Rn. 9; aA MüKoBGB/*Häublein* BGB § 536c Rn. 14; Emmerich/Sonnenschein/*Emmerich* BGB § 536c Rn. 9.

## § 536d Vertraglicher Ausschluss von Rechten des Mieters wegen eines Mangels

**Auf eine Vereinbarung, durch die die Rechte des Mieters wegen eines Mangels der Mietsache ausgeschlossen oder beschränkt werden, kann sich der Vermieter nicht berufen, wenn er den Mangel arglistig verschwiegen hat.**

**Systematische Übersicht**



### A. Überblick

1 Die Vorschrift hat durch die Mietrechtsreform eine inhaltliche Änderung erfahren. Anders als in § 540 BGB aF wird nicht mehr die Nichtigkeit der Ausschlussvereinbarung angeordnet, sondern als Rechtsfolge bestimmt, dass sich der Vermieter nicht auf die Vereinbarung berufen kann. Gegen die Empfehlung des Bundesrates, der an der Nichtigkeitsfolge festhalten wollte, hat damit der Gesetzgeber den Vorschlag des Kabinettentwurfs übernommen. Damit sollte dem Anliegen des Mieters stärker Rechnung getragen werden, der regelmäßig kein Interesse an der Nichtigkeitsfolge hat. Dies entspricht auch dem Rechtsgedanken der Regelungen zu den Allgemeinen Geschäftsbedingungen (§§ 305 ff. BGB), der bei einem Verstoß ebenfalls die Fortgeltung des Vertrages im Übrigen vorsieht. Zudem sollten schwierige Auslegungsfragen zu den Auswirkungen einer unwirksamen Ausschlussvereinbarung auf den übrigen Vertrag vermieden werden. Wie bisher (§§ 541, 540 BGB aF) gilt die Vorschrift für Sach- und Rechtsmängel. Dies wird ohne weiteres durch die Anordnung der Vorschrift im Verhältnis zu § 536 BGB deutlich.[1] Die Regelung ist ihrer Natur nach zwingend.[2] Der Gesetzgeber hat daher von einer besonderen Anordnung der Unabdingbarkeit abgesehen.

### B. Anwendungsbereich

2 § 536 d BGB gilt für alle Mietverhältnisse. Die Vorschrift bestimmt, dass sich der Vermieter nicht auf einen Ausschluss oder eine Beschränkung des Gewährleistungsrechtes des Mieters berufen kann, wenn der Vermieter den Mangel arglistig verschweigt. Das Vorliegen der Voraussetzungen des § 536 d BGB führt zur Teil-Unwirksamkeit der Vereinbarung.

3 Die praktische Bedeutung der Vorschrift im Wohnraummietrecht ist gering. Gem. § 536 Abs. 4 BGB ist bei einem Mietverhältnis über Wohnraum jede zum Nachteil des Mieters vom Minderungsrecht abw. Vereinbarung unwirksam. Für Schadensersatzansprüche findet der für Formular- und Verbraucherverträge wesentlich weiter gehende § 309 Nr. 7 BGB Anwendung. Danach kann sich der Verwender des Formulars bzw. der Vertragsklausel, also regelmäßig der Vermieter, nicht auf einen Ausschluss oder eine begrenzte Haftung für Schäden berufen, die auf einer grob fahrlässigen Vertragsverletzung des Verwenders oder auf einer vorsätzlichen oder grob fahrlässigen Vertragsverletzung eines gesetzlichen Vertreters oder Erfüllungsgehilfen des Verwenders beruht. Gegenüber einem Unternehmer ist § 310 Abs. 1 BGB zu beachten, wenn der Vertrag zu seiner gewerblichen oder selbständigen beruflichen Tätigkeit gehört (→ auch § 538 Rn. 24 ff.). Für Verbraucherverträge gilt § 310 Abs. 3 BGB.

### C. Arglist

4 Bei einer Täuschung durch **Verschweigen** eines **offenbarungspflichtigen** Mangels handelt arglistig, wer einen Fehler mindestens für möglich hält[3] und gleichzeitig weiß oder damit rechnet

---

[1] Siehe zum gesamten Nachweis: *Börstinghaus/Eisenschmid* § 536 d S. 71.
[2] BR-Drucks. 439/00 S. 105.
[3] AA Emmerich/Sonnenschein/*Emmerich* BGB § 536 d Rn. 2, der positive Kenntnis des Vermieters vom Mangels fordert.

und billigend in Kauf nimmt, dass der Vertragsgegner den Fehler nicht kennt[4] und bei Offenbarung den Vertrag nicht oder nicht mit dem vereinbarten Inhalt geschlossen hätte.[5] Das Tatbestandsmerkmal der **Arglist** erfasst damit nicht nur ein Handeln, das von betrügerischer Absicht getragen ist, sondern auch solche Verhaltensweisen, die auf bedingten Vorsatz im Sinne eines „Fürmöglichhaltens und Inkaufnehmens" reduziert sind und mit denen kein moralisches Unwerturteil verbunden sein muss.[6] Dem arglistigen Verschweigen steht die arglistige Zusicherung einer nicht vorhandenen Eigenschaft gleich.[7] Keine Arglist liegt vor, wenn der Vermieter – zB auch grob fahrlässig – **darauf vertraut,** dass ein bestimmter Mangel nicht vorliegt, wie beispielsweise ein polizeiliches Verbot, das seit Jahren nicht durchgesetzt wurde[8] oder wenn der Vermieter annahm oder nach Lage des Falles annehmen durfte, dass dem Mieter der Mangel bekannt ist. **Kennt der Mieter** bei Abschluss des Vertrages tatsächlich den Mangel, so soll beim Vermieter auch dann keine Arglist vorliegen, wenn er an eine Täuschung des Mieters glaubte.[9]

**5** Das arglistige Verschweigen eines Mangels erfordert, dass der Vermieter den Mieter täuschen will. Er muss somit bezüglich des Mangels eine **Offenbarungspflicht** haben.[10] Dabei ist § 241 Abs. 2 BGB zu beachten. Eine Pflicht zur wahrheitsgemäßen Angabe vertragswesentlicher Umstände ist zB dann anzunehmen, wenn der Mieter nach der Verkehrsanschauung damit rechnen konnte, dass der Vermieter ihn von dem Mangel unterrichten werde. So kann eine Aufklärungspflicht über besonders schikanöses Verhalten der Nachbarn bestehen.[11] Insbesondere wenn sich der Mieter nach Mängeln erkundigt, ist der Vermieter zur wahrheitsgemäßen Auskunft verpflichtet.[12]

**6** Der Vermieter braucht aber nicht **jeden Nachteil** der Wohnung zu offenbaren. Dies gilt insbesondere für Mängel, die für die Höhe der Miete und den Umfang des Mietgebrauchs nur von untergeordneter Bedeutung sind. Auch bei **offenkundigen** Mängeln braucht der Vermieter keinen besonderen Hinweis zu geben.[13] Denn der Vermieter handelt nicht arglistig, wenn er angenommen hat oder nach Lage des Falles annehmen durfte, dass dem Mieter der Mangel bekannt ist.[14]

**7** Die Arglist eines **Vertreters** oder **Verhandlungsgehilfen** muss sich der Vermieter nach §§ 166, 278 BGB zurechnen lassen.[15] Daher handelt der Vermieter arglistig, wenn er den Hauswart anweist, bei den Vertragsverhandlungen das Vorhandensein eines störenden Betriebes auf dem Grundstück oder in der Nachbarschaft nicht ohne Nachfrage zu erwähnen.[16] Bei mehreren Vermietern genügt bereits die Arglist eines einzigen, um die Rechtsfolge nach § 536 d BGB anzunehmen.[17]

## D. Beweislast

**8** Der Mieter muss die Arglist beweisen.[18] Dazu gehört der Beweis, dass der Vermieter den Mangel gekannt oder für möglich gehalten hat sowie, dass der Mieter bei Kenntnis des Mangels den Vertrag nicht geschlossen hätte (Kausalität).[19]

**9** Der Vermieter muss ggf. beweisen, dass der Mangel geringfügig oder offensichtlich ist oder er dem Mieter den Mangel mitgeteilt hatte bzw. dass das Verschweigen des Mangels den Mieter in seiner Entscheidung nicht beeinflusst hat.[20]

---

[4] BGH NJW 1983, 2699.

[5] BGH NJW 1994, 253 = VersR 1994, 174 = MDR 1994, 1095 = GE 1994, 43; MüKoBGB/*Häublein* BGB § 536 d Rn. 3; Staudinger/*Emmerich* BGB § 536 d Rn. 4, § 539 Rn. 26.

[6] BGH NJW 1995, 1549 = MDR 1995, 897 = NJ 1995, 335 = NJW-RR 1995, 655; NJW 1994, 253 = VersR 1994, 174 = MDR 1994, 1095 = GE 1994, 43.

[7] MüKoBGB/*Häublein* BGB § 536 d Rn. 3; Emmerich/Sonnenschein/*Emmerich* BGB § 536 d Rn. 1.

[8] Staudinger/*Emmerich* BGB § 536 d Rn. 5.

[9] BGH NJW 1972, 249 = MDR 1972, 318; *Blank/Börstinghaus* BGB § 536 d Rn. 2.

[10] *Kossmann* § 62 Rn. 19.

[11] BGH NJW 1991, 1673 = MDR 1991, 761 = GE 1991, 565 zur Aufklärungspflicht des Käufers.

[12] Emmerich/Sonnenschein/*Emmerich* BGB § 536 d Rn. 2.

[13] *Kossmann* § 62 Rdn. 19; Bub/Treier MietR-HdB/*Kraemer/Ehlert* III. B Rn. 3404.

[14] Prütting/Wegen/Weinreich/*Feldhahn* BGB § 536 b Rn. 7; *Emmerich/Sonnenschein* BGB § 536 d Rn. 2; Staudinger/*Emmerich* BGB § 536 d Rn. 5.

[15] Bub/Treier MietR-HdB/*Kraemer/Ehlert* III. B Rn. 3404.

[16] Staudinger/*Emmerich* BGB § 536 d Rn. 5.

[17] Staudinger/*Emmerich* BGB § 536 d Rn. 2; Bub/Treier MietR-HdB/*Kraemer/Ehlert* III. B Rn. 3404.

[18] *MüKoBGB/Häublein* BGB § 536 d Rn. 6; Staudinger/*Emmerich* BGB § 536 d Rn. 7.

[19] *Kossmann* § 62 Rn. 20.

[20] MüKoBGB/*Häublein* BGB § 536 d Rn. 6; Bub/Treier MietR-HdB/*Kraemer/Ehlert* III. B Rn. 3407; Staudinger/*Emmerich* BGB § 536 d Rn. 7.

## § 537 Entrichtung der Miete bei persönlicher Verhinderung des Mieters

**(1) [1]Der Mieter wird von der Entrichtung der Miete nicht dadurch befreit, dass er durch einen in seiner Person liegenden Grund an der Ausübung seines Gebrauchsrechts gehindert wird. [2]Der Vermieter muss sich jedoch den Wert der ersparten Aufwendungen sowie derjenigen Vorteile anrechnen lassen, die er aus einer anderweitigen Verwertung des Gebrauchs erlangt.**

**(2) Solange der Vermieter infolge der Überlassung des Gebrauchs an einen Dritten außerstande ist, dem Mieter den Gebrauch zu gewähren, ist der Mieter zur Entrichtung der Miete nicht verpflichtet.**

### Systematische Übersicht



### Alphabetische Schnellübersicht



### A. Grundlagen

§ 537 BGB regelt die **Pflicht** zur **Entrichtung der Miete,** wenn der Mieter wegen eines in seiner Person liegenden Grundes am Gebrauch gehindert ist. § 537 Abs. 1 S. 1 BGB ordnet den Fortbestand dieses Anspruchs in durch § 537 Abs. 1 S. 2 BGB modifizierter Form an, § 537 Abs. 2 BGB regelt den Wegfall des Anspruchs, solange der Vermieter außerstande ist, dem Mieter den Gebrauch zu gewähren. Der Wortlaut der Norm ist seit Inkrafttreten des BGB im Kern unverändert; die Mietrechtsreform 2001 hat neben einem Paragraphenwechsel und der Aufspaltung in Absätze (zuvor § 552 BGB aF) auch zu für die Auslegung irrelevanten sprachlichen Modernisierungen geführt. 1

2 Die **praktische Bedeutung** der unmittelbaren Rechtsfolgen des § 537 BGB ist eher gering, weil die Nichtnutzung der Mietsache ein atypischer Fall ist. § 537 BGB strahlt aber auf das Verständnis anderer mietrechtlicher Vorschriften aus, was die Relevanz der Norm über ihren direkten Anwendungsbereich hinaus erweitert (→ Rn. 14f.). Aus **theoretischer Sicht** bereitet die Bewältigung der Norm nicht unerhebliche Schwierigkeiten, die insbes. in der Einordnung in das mietrechtliche Leistungsstörungssystem liegen.

### I. Funktion von § 537 Abs. 1 BGB

3 Teilweise wird § 537 Abs. 1 S. 1 BGB als Anspruchsgrundlage angesehen.[1] Die hM veortet die Funktion der Norm hingegen zutreffend beim **Erlöschen** des **Anspruchs** auf **Entrichtung der Miete**[2], was sich schon aus ihrem Wortlaut ergibt. Die beiden Absätze von § 537 BGB haben gegensätzliche Rechtsfolgen, weil § 537 Abs. 1 BGB den Anspruch aus § 535 Abs. 2 BGB – ggf. aber nur teilweise, § 537 Abs. 1 S. 2 BGB – aufrechterhält, während § 537 Abs. 2 BGB als Ausnahme zu § 537 Abs. 1 BGB die Aufrechterhaltung verhindert.

4 § 537 Abs. 1 BGB hat damit bei der Antwort auf die Frage, ob der Anspruch auf die Miete erloschen ist, nur den Charakter einer **Hilfsnorm:** Die Vorschrift wird erst relevant, wenn eine **andere gesetzliche Regelung** das **Erlöschen anordnet.** In diesem Fall kann § 537 Abs. 1 BGB dazu führen, dass diese Rechtsfolge nicht oder nur modifiziert eintritt (→ Rn. 30). Dieser funktionale Anwendungsbereich folgt aus der Rechtsfolge von § 537 Abs. 1 S. 1 BGB *(„wird nicht befreit“).* Für die **Bestimmung** des **Anwendungsbereichs** von § 537 BGB ist damit maßgeblich, nach welchen gesetzlichen Vorschriften der Mieter von der Mietzahlungspflicht befreit wird:

#### 1. Befreiung wegen Unmöglichkeit, § 326 Abs. 1 S. 1 BGB

5 Ein erster Befreiungsgrund ist § 326 Abs. 1 S. 1 BGB. Bei der Frage nach der Unmöglichkeit ist maßgeblich, dass es sich bei der Miete nicht um einen Realvertrag handelt, die **Entstehung** des Anspruchs also nicht die Gebrauchsgewährung durch den Vermieter erfordert. Eine Nichterfüllung durch den Vermieter verhindert deshalb nicht bereits die Entstehung des Anspruchs, kann nach § 326 Abs. 1 BGB aber zu dessen Erlöschen führen. Hier sind **zwei Fälle** zu **unterscheiden,** nämlich das Ermöglichen des Gebrauchs bei gleichzeitiger Nichtausübung desselben durch den Mieter (Fallgruppe 1) und das Nichtermöglichen des Gebrauchs wegen des Unterlassens des Mieters, hieran mitzuwirken (Fallgruppe 2).

6 **a) Gebrauchsgewährung und Nichtnutzung.** Zunächst zur ersten Fallgruppe. Der Vermieter muss nach § 535 Abs. 1 S. 1 BGB dem Mieter die Gebrauchsmöglichkeit eröffnen. Der Anspruch aus § 535 Abs. 1 S. 1 BGB ist mithin **erfüllt,** wenn dem Mieter die **Sache** in der Art und in dem Umfang, wie es der Vertrag vorsieht, **zugänglich gemacht** wird[3]; dafür ist bei manchen Mietsachen eine Besitzverschaffung nicht erforderlich[4]. Ist dies geschehen und übt der Mieter den Gebrauch nicht aus, berührt dies seine Gegenleistungspflicht nicht. Denn der Vermieter hat ordnungsgemäß erfüllt, weshalb für eine Unmöglichkeit kein Raum ist. § 537 Abs. 1 S. 1 BGB, der die Rechtsfolge des § 326 Abs. 1 BGB ausschalten würde, hat in Fallgruppe 1 mithin keine Funktion.[5] Ebenfalls unanwendbar ist § 537 Abs. 2 BGB, der eine Ausnahme zu § 537 Abs. 1 S. 1 BGB ist (→ Rn. 13). Anwendbar ist hingegen § 537 Abs. 1 S. 2 BGB, der unter den dort genannten Voraussetzungen zu einer Kürzung des Mietanspruchs führen kann (→ Rn. 33ff.).

7 **b) Keine Gebrauchsgewährung wegen Nichtnutzung.** Die zweite Fallgruppe ist einschlägig, wenn die Gebrauchsmöglichkeit von einer Mitwirkungshandlung des Mieters abhängt. Relevant ist dies bei der Nutzung von **Räumen,** die nach hM nur möglich ist, wenn der Mieter im Besitz der zugehörigen Schlüssel ist. Nimmt der Mieter die **Schlüssel** nicht entgegen, besteht danach keine Gebrauchsmöglichkeit[6], der Vermieter hat nicht erfüllt.[7] In diesen Fällen ist maßgeb-

---

[1] OLG Köln NZM 1998, 514; Staudinger/*Emmerich* BGB § 537 Rn. 2, 33.

[2] Etwa BGH VIII ZR 13/90, ZMR 1991, 57; Soergel/*Gsell* BGB § 326 Rn. 70; *Köhler,* Unmöglichkeit und Geschäftsgrundlage, 1971, S. 32.

[3] BGH VIII ZR 126/88, ZMR 1989, 212; s. bereits Motive Bd. 2; S. 399 (Mugdan, Bd. 2, Motive S. 222).

[4] BGH XII ZR 14/18, WuM 2019, 74 Rn. 10, mobile Werbefläche.

[5] *BeckOGK/Harke* BGB § 537 Rn. 16.

[6] Vgl. BGH VIII ZR 323/14, NZM 2016, 467; BGH XII ZR 86/01, NJW 2002, 3322.

[7] OLG Düsseldorf MDR 2012, 140; *Beuthien,* Zweckerreichung und Zweckstörung, 1969, S. 84; **aA** etwa Herrlein/Kandelhard/*Kandelhard* BGB § 537 Rn. 9; *Rädler* NJW 1993, 689 (694), was sich angesichts der Tat-

lich, dass der Vermieter seine Gebrauchsüberlassungspflicht zur richtigen Zeit zu erbringen hat. Ist dieser Zeitraum abgelaufen, kann nicht mehr nachgeleistet werden; es tritt Unmöglichkeit nach § 275 Abs. 1 BGB ein **(absolutes Fixgeschäft).**[8] Welches der richtige Leistungszeitraum ist, bestimmen die Parteien. Diese Bestimmung erfolgt meist ausdrücklich, nämlich durch Festlegung eines bestimmten Termins für den Beginn eines auf unbestimmte Zeit laufenden Mietverhältnisses oder durch Festlegung konkreter Anfangs- und Endtermine. Ist die Mietzeit nicht ausdrücklich festgelegt, ist der konkrete Leistungszeitraum im Wege der Auslegung zu ermitteln; scheitert die Auslegung, ist der Vertrag nicht zustande gekommen.[9] Denkbar ist, dass eine zeitlich dem Umfang nach festgelegte Pflicht nach Wahl (§ 262 BGB) zu der einen oder anderen Zeit erbracht werden darf oder einer Partei bei einer dem Umfang nach nicht festgelegten Mietzeit ein entsprechendes Leistungsbestimmungsrecht (§ 315 BGB) zugewiesen bzw. der Mietbeginn an eine Bedingung geknüpft wird. In diesen Fällen wird der Leistungszeitraum durch Ausübung des Wahl- oder Leistungsbestimmungsrechts bzw. den Eintritt der Bedingung festgelegt. In all diesen Fällen ist die Gebrauchsgewährungspflicht eine absolute Fixschuld. Zur Fallgruppe 2 gehören auch Fälle, in denen der Mieter, dem die Gebrauchsmöglichkeit durch Besitzeinräumung vom Vermieter eröffnet wurde, dem Vermieter **vor Vertragsende** den Besitz **zurücküberträgt.** Zwar ließe sich hier argumentieren, dass dem Mieter der Gebrauch bereits gewährt wurde. Indes muss es dem Mieter möglich sein, seine Entscheidung zu revidieren und Rückgabe des Besitzes zu verlangen, was nach § 535 Abs. 1 S. 1 BGB nur möglich ist, wenn der Vermieter erneute Gebrauchsgewährung schuldet.

In der Fallgruppe 2 – Nichterfüllung der Gebrauchsgewährungspflicht wegen des Unterlassens des Mieters, an der Erfüllung mitzuwirken – wird die Leistung des Vermieters mithin stets unmöglich. Dies führt zur Anwendung von § 326 Abs. 1 S. 1 BGB, dessen Rechtsfolge das Erlöschen des Anspruchs auf die Miete ist. Diese Rechtsfolge kann nach **§ 537 Abs. 1 S. 1 BGB** entfallen, was ein **Konkurrenzproblem** zu **§ 326 Abs. 2 S. 1 BGB** offenbart, der ebenfalls den Fortbestand des Mietzinsanspruchs anordnet. Dieses Problem ist im Sinne einer Normenkonkurrenz zu lösen. Denn § 537 Abs. 1 S. 1 BGB liegt keine spezifische, § 326 Abs. 2 S. 1 BGB verdrängende Interessenbewertung zugrunde. Der Gesetzgeber wollte mit § 537 Abs. 1 S. 1 BGB nämlich nur Zweifel am Fortbestand der Pflicht zur Entrichtung der Miete ausräumen, nicht hingegen die Voraussetzungen hierfür abschließend regeln.[10] Deshalb bleibt der Mietzinsanspruch, wenn sowohl die Voraussetzungen von § 326 Abs. 2 S. 1 BGB als auch von § 537 Abs. 1 S. 1 BGB erfüllt sind, in kumulativer Anwendung beider Normen bestehen.[11] Das wird der Regelfall sein, denn wenn die Unmöglichkeit auf einem in seiner Person liegenden Grund (§ 537 Abs. 1 S. 1 BGB) beruht, wird der Mieter wohl stets entweder für die Unmöglichkeit verantwortlich sein bzw. sich in Annahmeverzug (§ 326 Abs. 2 S. 1 BGB) befunden haben. Letzteres gilt jedenfalls dann, wenn man es für den Annahmeverzug ausreichen lässt, dass dieser und die Unmöglichkeit (hier wegen des absoluten Fixschuldcharakters der Miete) gleichzeitig eintreten.[12] Inwieweit § 537 Abs. 1 S. 1 BGB neben § 326 Abs. 2 S. 1 BGB eigenständige Bedeutung hat, hängt davon ab, wie weit man den Begriff der Verantwortlichkeit aus § 326 Abs. 2 S. 1 BGB ausdehnt, insbes. inwieweit man ein schuldhaftes Verhalten voraussetzt. Jede eigenständige Bedeutung verliert § 537 Abs. 1 S. 1 BGB, wenn man für die Verantwortlichkeit auf die Wertung des § 537 Abs. 1 S. 1 BGB zurückgreift.[13] 8

Ein weiteres **Konkurrenzproblem** besteht zwischen **§ 537 Abs. 1 S. 2 BGB** und **§ 326 Abs. 2 S. 2 BGB.** Richtigerweise ist § 537 Abs. 1 S. 2 BGB lex specialis. Denn § 326 Abs. 2 S. 2 BGB betrifft die Verwendung der Arbeitskraft des Schuldners, worum es bei der Überlassung einer Sache 9

---

sache, dass auch hier der Vermieter die Gebrauchsgewährung durch Bereithalten der Schlüssel ermöglicht, durchaus hören lässt.

[8] BGH VIII ZR 349/85, NJW 1987, 832; MüKoBGB/*Häublein* Vor § 536 Rn. 8; Bub/Treier MietR-HdB/*Kraemer* Kap. III Rn. 2829; **aA** *Bach,* Leistungshindernisse, 2017, S. 815ff.

[9] BGH VIII ZR 151/69, BGHZ 55, 248.

[10] Siehe Motive Bd. 2 S. 400 (Mugdan, Bd. 2, Motive S. 223).

[11] Ebenso iE BGH VIII ZR 13/90, ZMR 1991, 57; Soergel/*Gsell* BGB § 326 Rn. 70; *Köhler,* Unmöglichkeit und Geschäftsgrundlage, 1971, S. 33; **aA,** indes mit Unterschieden im Detail, zB OLG Bamberg BeckRS 2010, 11759; Herrlein/Kandelhard/*Kandelhard* BGB § 537 Rn. 10; Schmid/Harz/*Stangl* BGB § 573 Rn. 3. Verneint man den absoluten Fixschuldcharakter der Gebrauchsüberlassung, stellt sich das Konkurrenzproblem zu § 326 Abs. 2 BGB nicht, so *Bach,* Leistungshindernisse, 2017, S. 820.

[12] So BGH VIII ZR 13/90, ZMR 1991, 57; Staudinger/*Schwarze* BGB § 326 Kap. C Rn. 77; **aA** *Köhler,* Unmöglichkeit und Geschäftsgrundlage, 1971, S. 32.

[13] Dafür etwa BeckOGK/*Herresthal* BGB § 326 Rn. 212.

zum Gebrauch nicht geht. Eine analoge Anwendung von § 326 Abs. 2 S. 2 BGB[14] auf diese Fälle ist angesichts von § 537 Abs. 1 S. 2 BGB mangels Gesetzeslücke ausgeschlossen. Hinzu kommt, dass § 537 Abs. 1 S. 2 BGB die böswillige Unterlassung der Verwertung der Gebrauchsmöglichkeit zu Recht nicht erwähnt, weil der Vermieter sich wegen des bestehenden Mietvertrags durch eine Überlassung der Mietsache an Dritte vertragswidrig verhalten würde.

### 2. Befreiung wegen eines Mangels, § 536 Abs. 1 BGB

10 Ein zweiter Befreiungsgrund ist § 536 Abs. 1 BGB. Hat die Mietsache einen Mangel, so führt dies unter den Voraussetzungen des § 536 Abs. 1 BGB zum Erlöschen des Mietzinsanspruchs. Diese Rechtsfolge entfällt nach § 537 Abs. 1 BGB, wenn der Mangel auf einem in der Person des Mieters liegenden Grund beruht. Der Frage, ob § 537 Abs. 1 BGB auch für solche Mängel gilt, haben sich Rspr. und Lit. bislang nicht angenommen. Bisher wird zur Begründung des unstreitigen Ergebnisses, dass ein vom Mieter verursachter Mangel keine Minderung auslöst, entweder auf § 242 BGB[15] oder auf § 326 Abs. 2 S. 1 BGB[16] verwiesen. Überzeugender ist hingegen die **Anwendung** von **§ 537 Abs. 1 BGB,** der die Problematik speziell regelt.[17] Dafür macht es keinen Unterschied, ob der Mieter ein qualitatives Gebrauchshindernis herbeiführt (Beispiel 1: Der Mieter verursacht einen Brandschaden in der Wohnung, deren Gebrauch danach durch Brandgeruch beeinträchtigt wird) oder ein solches quantitativer Natur (Beispiel 2: Durch den vom Mieter verursachten Brand ist ein Zimmer unbewohnbar).

### 3. Ausstrahlung auf die Auslegung anderer Vorschriften?

11 Fraglich ist, welche Bedeutung § 537 Abs. 1 BGB für die Auslegung anderer Normen hat, die das Erlöschen des Anspruchs auf die Miete nicht unmittelbar anordnen, bei wertender Betrachtung aber zu diesem Ergebnis führen. Betroffen sind sowohl § 543 BGB als auch § 313 BGB. § 537 Abs. 1 S. 1 BGB bestätigt das bereits in § 535 Abs. 1 BGB angeordnete Prinzip, nach dem der Vermieter nur die Gebrauchsmöglichkeit, nicht hingegen einen Nutzungserfolg schuldet.[18] Der **Mieter trägt** mithin das **Erfolgsrisiko.** Die Rspr. spricht verbreitet vom Verwendungsrisiko[19], was indes zu Missverständnissen verleitet: Das Risiko, dass die Mietsache wie vertraglich versprochen verwendet werden kann, trägt der Vermieter. Der Mieter trägt hingegen das Risiko, dass sich bei dieser Verwendung der von ihm angestrebte Erfolg einstellt. Selbstverständlich können die Parteien durch Vereinbarung von dieser Risikoverteilung abweichen.[20]

12 Diese Risikoverteilung ist bei der Auslegung von Normen zu beachten, mit deren Hilfe der Mieter die **Befreiung** vom **Erfolgsrisiko** begehrt: Der Nichteintritt des vom Mieter erwünschten Nutzungserfolgs führt weder zur Unmöglichkeit noch zu einem Mangel und dieser Umstand kann grds. auch weder die Kündigung des Mietvertrags[21] noch eine Anpassung des Vertrags nach § 313 BGB rechtfertigen.

13 Ob der vom Mieter gerügte Umstand Teil seines Erfolgsrisikos ist, ist durch Auslegung des Vertrags zu ermitteln. Maßgeblich ist welche **Gebrauchsmöglichkeit** der Vermieter versprochen hat und dementsprechend nach § 535 Abs. 1 S. 1 BGB **schuldet.**[22] Besteht diese Gebrauchsmöglichkeit für einen durchschnittlichen, annahmebereiten und sich pflichtgemäß verhaltenden Mieter, ist der Nichteintritt anderer Umstände Teil des vom Mieter zu tragenden Erfolgsrisikos. Besteht die Gebrauchsmöglichkeit hingegen nicht, kann die Anwendung von auf diese Vertragsstörung reagierenden Normen – §§ 313, 326 Abs. 1 S. 1, §§ 536 Abs. 1, 543 Abs. 2 S. 1 Nr. 1 BGB – nicht mit dem Hinweis auf ein „Verwendungsrisiko" des Mieters verneint werden (auch → Rn. 26 ff.).

14 Diese Erkenntnis ist auch für die durch die **COVID-19-Pandemie** ausgelösten Störungen weiterführend. Führen behördliche Anordnungen dazu, dass dem Geschäftsraummieter die im Vertrag

[14] Siehe dazu etwa Staudinger/*Schwarze* BGB § 326 Kap. C Rn. 96.
[15] BGH XII ZR 65/14, NJW 2015, 2419 Rn. 17.
[16] ZB OLGR Düsseldorf 2000, 184; Staudinger/*Emmerich* BGB § 536 Rn. 63.
[17] Zur Anwendung von § 552 BGB aF (heute § 537 BGB) auf die Minderung s. RGZ 147, 304 (308).
[18] BeckOGK/*Harke* § 537 Rn. 3.
[19] BGH XII ZR 114/14, NJW 2016, 311 Rn. 33 mwN.
[20] *BGH XII ZR 279/97, NJW 2000*, 1718.
[21] Etwa OLG Rostock GE 2020, 1116.
[22] Anschaulich bereits RGZ 79, 92 (94), indes mit unzutreffenden Hilfserwägungen zu § 552 BGB aF (RGZ 79, 92 (95)).

vereinbarte Gebrauchsmöglichkeit – sei es teilweise oder vollständig – untersagt wird, liegt ein **Mangel** gem. § 536 BGB vor.[23] Dieser löst eine entsprechende Minderung der Miete aus.[24] Das sieht die hM indes anders.[25] Dahinter steht die These, die Vertragsauslegung ergebe grds., dass der Vermieter nur zur schlichten Raumüberlassung verpflichtet sei (Vor § 535 Rn. 274 m. Nachw.). Das überzeugt nun allerdings nicht, da der Mieter seine Zahlung doch offensichtlich für eine konkrete Gebrauchsmöglichkeit verspricht, weshalb die Marktmiete auch je nach Nutzungsart variiert. Besteht hingegen die konkrete Gebrauchsmöglichkeit, tritt aber der beabsichtigte Nutzungserfolg nicht oder nicht vollständig ein – etwa weil Kunden aus Furcht vor Ansteckung ausbleiben oder ein Büro wegen Telearbeit nur von wenigen Mitarbeitern genutzt wird –, handelt es sich nicht um einen Mangel. Ob dem Mieter deshalb Rechte aus § 313 BGB zustehen, ist eine Frage des Umfangs der vertraglichen Erfolgsrisikozuweisung. Hier überzeugt die Ansicht, dass es zu weit geht, den Mieter sämtliche durch die COVID-19-Pandemie verursachten Störungen alleine tragen zu lassen.[26]

## II. Funktion von § 537 Abs. 2 BGB

15 Kann der Vermieter dem Mieter den Gebrauch nicht gewähren, führt dies wegen des absoluten Fixschuldcharakters der Gebrauchsüberlassung (→ Rn. 7) zur Unmöglichkeit und nach § 326 Abs. 1 S. 1 BGB zum Wegfall des Anspruchs aus § 535 Abs. 2 BGB. § 537 Abs. 2 BGB scheint auf den ersten Blick diese Rechtsfolge ebenfalls auszusprechen, was allerdings trügt. Die Norm ist vielmehr **lex specialis zu § 537 Abs. 1 BGB.** Denn sie verhindert, dass in den in § 537 Abs. 2 BGB beschriebenen Fällen die Rechtsfolge des § 537 Abs. 1 BGB eintritt, dem Vermieter der Mietzinsanspruch also (zumindest teilweise, § 537 Abs. 1 S. 2 BGB) erhalten bleibt. Treten neben die persönliche Gebrauchsverhinderung die in § 537 Abs. 2 BGB beschriebenen Voraussetzungen, so kommt es mithin nicht (nur) zu einer Anrechnung der durch die Gebrauchsüberlassung erlangten Vorteile, sondern in jedem Fall – unabhängig insbes. davon, ob und was für ein Entgelt der Dritte leistet – zu einem vollständigen Erlöschen des Anspruchs aus § 535 Abs. 2 BGB. § 537 Abs. 2 BGB regelt dieses Erlöschen indes nicht selbständig und steht daher nicht in Konkurrenz zu § 326 Abs. 1 BGB, sondern verhindert nur, dass § 537 Abs. 1 BGB das in einer anderen Vorschrift – § 326 Abs. 1 S. 1 BGB, § 536 BGB – angeordnete Erlöschen des Anspruchs verhindert. Diese Funktionsweise der Vorschrift war früher systematisch besser erkennbar, weil § 537 Abs. 2 BGB bis zur Mietrechtsreform 2001 Satz 3 des nicht aus verschiedenen Absätzen bestehenden § 552 BGB aF entsprach.[27]

## III. Zeitlicher und gegenständlicher Anwendungsbereich

16 Ihrer Funktion (→ Rn. 3 ff.) entsprechend hat § 537 BGB einen weiten **zeitliche Anwendungsbereich,** der mit der Pflicht zur Zahlung der Miete korrespondiert. Die Geltung der Norm ist daher – ebenso wenig wie § 326 Abs. 2 BGB[28] – nicht etwa auf den Zeitraum vor oder nach Gebrauchsüberlassung beschränkt.[29] Intertemporal gilt die Norm auch für Mietverträge, die bei Inkrafttreten der Mietrechtsreform 2001 bereits bestanden, vgl. Art. 229 § 3 EGBGB. § 537 BGB greift nach Beendigung oder bei Unwirksamkeit eines Mietvertrags nicht, weshalb die Vorschrift sich nicht auf Nutzungsersatzansprüche, etwa aus § 546a BGB oder § 812 BGB, auswirkt.

17 § 537 BGB gilt als Regel aus dem allgemeinen Teil des Mietrechts für **jede Art von Mietvertrag.** Damit ist – wie auch sonst bei den §§ 535 ff. BGB – eine Qualifizierung des geschlossenen Vertrags erforderlich, die Schwierigkeiten bereiten kann, wenn der Vertrag nicht nur mietrechtliche

---

[23] LG München I BeckRS 2020, 28189; *Selk* NZM 2021, 369; vgl. etwa auch BGH VIII ZR 287/75, NJW 1977, 1285 (gegen BauNVO verstoßende Vermietung als Diskothek).

[24] Zum selben Ergebnis kann man über § 326 Abs. 1 BGB gelangen, wenn man stattdessen diese Norm anwendet, dafür etwa *Schall* JZ 2020, 388.

[25] Etwa LG Frankfurt a. M. BeckRS 2020, 26613; LG Heidelberg BB 2020, 2450; *Häublein/Müller* NZM 2020, 481 (484) mN zum Streitstand.

[26] Ausf. *Häublein/Müller* NZM 2020, 481 (486 ff.); *Streyl* NZM 2020, 817 (821 ff.); gegen Anwendung von § 313 BGB im konkreten Fall aber LG Frankfurt a. M. BeckRS 2020, 26613; LG Heidelberg BB 2020, 2450.

[27] BeckOGK/*Harke* BGB § 537 Rn. 4 bezeichnet die Aufspaltung der Norm durch die Mietrechtsreform 2001 daher zu Recht als keine weise Entscheidung.

[28] Der BGH wendet diese Norm sowohl vor (BGH XII ZR 32/97, NZM 1998, 766) als auch nach (BGH VIII ZR 48/13, VersR 2014, 999 Rn. 9) Gebrauchsüberlassung an.

[29] OLG Düsseldorf ZMR 1992, 536; *Blank/Börstinghaus* BGB § 537 Rn. 1.

Elemente enthält. Es geht um das allgemeine Problem, wie das anwendbare Recht bei **gemischten Verträgen** zu bestimmen ist.[30] § 537 BGB regelt das Schicksal der Gegenleistung des Mieters für die Gebrauchsüberlassung (→ Rn. 3). Ist eine einheitliche Gegenleistung für ein Bündel von Leistungen versprochen, deren Bestandteil die Gebrauchsüberlassung ist, so ist § 537 BGB nur anwendbar, wenn die Gebrauchsüberlassung dominierenden Charakter hat, wie dies etwa beim **Hotelaufnahmevertrag**[31] der Fall ist. Für den **Fitnessstudiovertrag** gilt danach § 537 BGB, falls die Bereithaltung der Fitnessgeräte und die Nutzung der Räumlichkeiten wesentlicher Vertragsinhalt[32] ist. Zwar hat der BGH in einer Entscheidung aus dem Jahr 1996 eine Anwendung der Norm im Rahmen eines AGB-Kontrollverfahrens verneint.[33] Die Begründung hierfür – wegen der konkurrierenden Gebrauchsmöglichkeit der anderen Nutzer sei nicht sichergestellt, dass der Kunde regelmäßig die Geräte und Einrichtungen nutzen kann, die er gerade nutzen möchte – betrifft indes die Erfüllung durch den Vermieter, die Vorfrage für die Anwendung von § 537 BGB ist (→ Rn. 5). Der BGH hat seine Ansicht daher zu Recht zwischenzeitlich relativiert.[34] An der Überzeugungskraft seines AGB-rechtlichen Ergebnisses – Unwirksamkeit einer Klausel, die den Mieter zur Entgeltzahlung auch dann verpflichtet, wenn er die Einrichtungen des Studios nicht nutzt – ändert dies nichts, weil die Klausel das Risiko der Nichterfüllung durch den Vermieter entgegen § 326 Abs. 1 BGB auf den Mieter abwälzt. § 537 BGB gilt auch für die **nichtmonetäre Miete,** etwa wenn der Mieter neben einer Geldmiete Hausmeisterdienste verspricht. Zum Verfahren der Vorteilsanrechnung in diesen Fällen → Rn. 36.

### IV. Weitervermietungsfälle: Abs. 1 oder Abs. 2?

18 Zwischen § 537 Abs. 1, 2 BGB besteht nach dem Wortlaut ein **Spannungsverhältnis,** wenn der Vermieter die Mietsache einem Dritten weitervermietet. Denn dann fragt sich, ob nach § 537 Abs. 1 BGB der Anspruch auf die Miete unter Anrechnung der Gegenleistung des Dritten teilweise bestehen bleibt oder nach § 537 Abs. 2 BGB vollständig erlischt.

#### 1. Leistungsfähigkeit des Vermieters maßgeblich

19 Auf den ersten Blick liegt es nahe, dieses Problem so zu lösen, dass bei einer **Gebrauchsüberlassung an** einen **Dritten** der Mietanspruch stets nach § 537 Abs. 2 BGB erlischt und die Vorteilsanrechnung nach § 537 Abs. 1 S. 2 BGB sich auf Fälle der Eigennutzung beschränkt. Gegen ein solches Gesetzesverständnis sprechen aber vor allem historische Gründe, weil der Gesetzgeber gerade nicht anordnen wollte, dass der Vermieter bei jeder anderweitigen Verwertung des Gebrauchs seinen Anspruch auf die Miete verliert.[35] Diese Intention lässt sich im Wortlaut von § 537 Abs. 2 BGB nachweisen, weil danach der Vermieter den Anspruch auf die Miete nicht bereits dann verliert, wenn er einem Dritten den Gebrauch überlässt, sondern erst, wenn er sich dadurch außer Stande setzt, dem Mieter den Gebrauch einzuräumen. Damit knüpft das **Konzept** des **historischen Gesetzgebers** an die Leistungsfähigkeit des Vermieters an: Kann er trotz Gebrauchsüberlassung an den Dritten sofort dem Mieter, sobald dieser es verlangt, den Gebrauch (wieder)einräumen, gilt die Anrechnungslösung des § 537 Abs. 1 BGB. Ist dies nicht der Fall, kommt § 537 Abs. 2 BGB mit dem dort geregelten vollständigen Anspruchsverlust zur Anwendung.[36]

20 Diesem Konzept ist in der Sache zu folgen (→ Rn. 53). Übt einerseits der Mieter den Gebrauch nicht aus und kann andererseits der Vermieter den Gebrauch wegen Überlassung an einen Dritten nicht gewähren, ist es denkbar, dass die Unmöglichkeit der Vermieterleistung (→ Rn. 8) auf beiden Umständen beruht. § 537 Abs. 2 BGB regelt diese von beiden Parteien verursachte Unmöglichkeit durch eine besondere Wertung: Nur wenn der Vermieter außerstande ist, für die Zukunft den Gebrauch umgehend (wieder) einzuräumen, geht er seines Anspruchs auf Miete verlustig. Das ist insofern eine überzeugende Interessenbewertung, als der **Mieter** durch seine **Nichtnutzung pri-**

30 Siehe MüKoBGB/*Häublein* Vor § 535 Rn. 30 ff.; Staudinger/*Feldmann/Löwisch* BGB § 311 Rn. 35 ff.
31 OLG Köln NZM 1998, 514; Staudinger/*Emmerich* BGB Vor § 535 Rn. 50.
32 Vgl. zur Einordnung als Mietvertrag BGH XII ZR 42/10, NJW 2012, 1431.
33 BGH XII ZR 55/95, NJW 1997, 193.
34 *BGH XII ZR 62/15, NJW 2016*, 3718 Rn. 12 „vgl. auch § 537 Abs. 1 BGB".
35 Motive Bd. 2 S. 400 (Mugdan, Bd. 2, Motive S. 223).
36 Vgl. Motive Bd. 2 S. 400 (Mugdan, Bd. 2, Motive S. 223); *Mittelstein,* Die Miete nach dem Rechte des Deutschen Reiches, 3. Aufl. 1913, S. 324.

**mär** für die Unmöglichkeit der Vermieterleistung **verantwortlich** ist und dieser Verursachungsbeitrag nur dann hinter das Vermieterverhalten zurücktritt, wenn der Vermieter ihm nicht jederzeit den Gebrauch einräumen kann.

### 2. Ausnahme bei grobem Vertragsbruch des Mieters?

Nach der **Rspr.** ist § 537 Abs. 2 BGB im Falle der Weitervermietung einschränkend auszulegen: 21
Hat ein grober Vertragsbruch den Vermieter veranlasst, die Mietsache zu einem niedrigeren Mietzins weiter zu vermieten, könne sich der Mieter wegen Rechtsmissbrauchs (§ 242 BGB) nicht auf § 537 Abs. 2 BGB berufen. Der Mietzinsanspruch erlischt dann nicht, sondern es kommt lediglich zu einer Anrechnung der erzielten Miete nach § 537 Abs. 1 S. 2 BGB. Der BGH[37] hat dazu bislang **zwei Fallgruppen** entwickelt: Rechtsmissbrauch liege einmal vor, wenn der Mieter die Räume entweder nicht übernimmt oder endgültig auszieht und keine Miete mehr zahlt, falls er nicht aus nachvollziehbaren Gründen irrtümlich davon ausgehen durfte, das Mietverhältnis bestehe nicht (mehr). Die zweite Konstellation betrifft Fälle, in denen aus Sicht des Vermieters nicht eindeutig feststeht, ob der Mieter endgültig ausgezogen ist oder ob der Mieter mit nachvollziehbaren Gründen annehmen konnte, das Mietverhältnis sei beendet[38]. Teilt der Vermieter hier mit, er werde versuchen, die Mietsache im beiderseitigen Interesse weiterzuvermieten und dann nur noch eine eventuelle Mietdifferenz geltend machen und reagiert der Mieter nicht, so soll es dem Mieter regelmäßig verwehrt sein, sich nachträglich darauf zu berufen, er habe die Mietsache nicht endgültig aufgeben wollen.[39] Für eine dritte Fallgruppe, die Verletzung einer Betriebspflicht, hat der BGH[40] bislang nur festgehalten, dass dies nur unter Hinzutreten weiterer (vom BGH nicht benannter) Gründe zur Anwendung von § 242 BGB führen könne. Eine Einschränkung gilt nach Ansicht des BGH in sämtlichen Fallgruppen, wenn der Vermieter die Mietsache ohne hinreichenden Grund unter dem erzielbaren Marktpreis weitervermietet. In der **Lit.** wird die Ansicht des BGH überwiegend gebilligt[41]; der Gesetzgeber hat bei der Mietrechtsreform 2001 auf eine Kodifizierung dieser Judikatur verzichtet[42].

Diese **hM** ist aus verschiedenen Gründen **nicht überzeugend.** Zunächst ist im historischen 22
Gesetzgebungsverfahren ein der hM entsprechender Gesetzesvorschlag, nach dem das Schicksal des Mietanspruchs bei Weitervermietung von den Umständen des Einzelfalls abhängen sollte, verworfen worden.[43] Hinzu kommt, dass eine fallgruppenbezogene Einschränkung von § 537 Abs. 2 BGB mit Rückausnahmen zu Rechtsunsicherheit führt. Der Rückgriff auf § 242 BGB verbietet sich aber vor allem deshalb, weil das hier in Rede stehende Phänomen schadensersatzrechtlich bewältigt werden kann.[44] Begeht der nichtnutzende Mieter nämlich einen Vertragsbruch – etwa Nichtzahlung der Miete –, so berechtigt dies den Vermieter nach § 543 BGB zur fristlosen Kündigung. Anschließend steht es dem Vermieter frei, die Mietsache neu zu vermieten. Für den **Kündigungsfolgeschaden** (hier: Differenz zwischen Alt- und Neumiete) haftet der vertragsbrüchige Mieter nach § 280 BGB (→ BGB § 542 Rn. 102ff.). Die einschränkende Auslegung von § 537 Abs. 2 BGB ist zur Wahrung der Vermieterinteressen also schon nicht erforderlich, weil er dasselbe Ergebnis über §§ 280, 543 BGB herbeiführen kann. Bedeutsamer ist aber, dass der Kündigungsfolgeschaden an bestimmte Voraussetzungen geknüpft ist: So trifft den Vermieter etwa aus § 254 Abs. 2 S. 1 BGB die Obliegenheit, sich um eine Neuvermietung zu bemühen (→ BGB § 542 Rn. 109) und der Anspruch auf die Mietdifferenz ist zeitlich bis zur erstmaligen Kündigungsmöglichkeit des Mieters begrenzt[45]. Diese Wertungen dürfen nicht durch eine auf § 242 BGB gestützte Korrektur von § 537 Abs. 2 BGB umgangen werden. Verzichtet der Vermieter auf die Kündigung, so überzeugt es nicht, ihm im Sinne eines „dulde und liquidiere" einen Schadensersatzanspruch zuzusprechen.[46] Denn

---

[37] BGH XII ZR 198/91, NJW 1993, 1645; BGH XII ZR 339/92, NJW 2000, 1105; BGH XII ZR 13/06, NJW 2008, 1148.
[38] Siehe dazu auch LG Mainz NZM 2000, 714.
[39] BGH XII ZR 198/91, NJW 1993, 1645.
[40] BGH XII ZR 13/06, NJW 2008, 1148 Rn. 25.
[41] Etwa Lützenkirchen MietR/*Lützenkirchen* BGB § 537 Rn. 28f.; Staudinger/*Emmerich* BGB § 537 Rn. 36; diff. Herrlein/Kandelhard/*Kandelhard* BGB § 537 Rn. 27.
[42] BT-Drs. 14/4553, 83, 98.
[43] Protokolle S. 1966 (Mugdan, Bd. 2, Motive S. 848).
[44] Zutr. BeckOGK/*Harke* BGB § 537 Rn. 43.
[45] Etwa BGH VIII ZR 379/03, NJW 2004, 3117.
[46] **AA** BeckOGK/*Harke* BGB § 537 Rn. 43.

der Vermieter führt durch die Weitervermietung das Erlöschen seines Anspruchs auf Entrichtung der Miete selbst herbei. Dieses Verhalten wird gesetzlich (§ 537 Abs. 2 BGB) mit Blick auf den Anspruch aus § 535 Abs. 2 BGB gerade nicht gebilligt. Die Situation ist daher mit der fristlosen Kündigung nicht vergleichbar, die anders als die Weitervermietung in Missachtung des fortbestehenden Vertrags den Zurechnungszusammenhang nicht unterbricht, vgl. § 314 Abs. 4 BGB.

## B. Persönliche Verhinderung des Mieters

**23** § 537 BGB ist anwendbar, wenn der Mieter durch einen in seiner Person liegenden Grund an der Ausübung seines Gebrauchsrechts gehindert wird. Diese Voraussetzung nennt § 537 Abs. 1 S. 1 BGB ausdrücklich; sie gilt aber auch für die Rechtsfolgen aus § 537 Abs. 1 S. 2 BGB und § 537 Abs. 2 BGB, weil diese ihrerseits Ausnahmen zu § 537 Abs. 1 S. 1 BGB sind, nach dem der Anspruch auf die Miete in vollem Umfang erhalten bleibt (→ Rn. 3).

### I. Grundsätze

**24** Nach einem verbreiteten, schon vom RG verwendeten Satz sind in der Person des Mieters liegende Gebrauchshindernisgründe solche, die weder auf der Person des Vermieters noch auf objektiven Umständen beruhen.[47] Damit ist eine genaue Definition indes noch nicht gefunden, sondern lediglich das Abgrenzungsproblem beschrieben. Es liegt darin, die in den Verantwortungsbereich des Mieters fallenden Hindernisse zu identifizieren. Dies ist nur möglich, wenn man die Leistungspflicht des Vermieters in den Blick nimmt.[48]. Die Anwendung von § 537 BGB verlangt also in einem **ersten Schritt** die einzelfallabhängige **Ermittlung,** welchen **Gebrauch** der Vermieter genau versprochen hat und dementsprechend nach § 535 Abs. 1 S. 1 BGB **schuldet.**[49] In einem zweiten Schritt ist zu fragen, ob ein durchschnittlicher, annahmebereiter und sich pflichtgemäß verhaltender Mieter in der Lage gewesen wäre, gerade diesen Gebrauch zu machen.[50]

**25** Es kommt also nicht darauf an, ob irgendein Mieter die Mietsache zu irgendeinem Zweck hätte gebrauchen können, sondern ob **objektiv** die **Möglichkeit** bestand, den **vertragsgemäßen Gebrauch auszuüben.** Wird diese Frage bejaht und hat der Mieter die Mietsache nicht genutzt, beruht dies auf einem in seiner Person liegenden Grund. Unerheblich ist – dies folgt schon aus dem Wortlaut –, ob der Mieter auf den Gebrauch freiwillig oder unfreiwillig verzichtet[51] bzw. ob der persönliche Hinderungsgrund von ihm sonst zu beeinflussen oder gar zu vertreten ist.[52]

### II. Anwendungsfälle

**26** Eine erste Fallgruppe betrifft objektive Nutzungshindernisse, also Umstände, die jedermann die **konkret vereinbarte Nutzung** der Mietsache unmöglich machen. In diesen Konstellationen ist § 537 BGB anwendbar, wenn der Mieter für den Eintritt des Nutzungshindernisses verantwortlich ist, weil er dessen Eintritt beherrschen kann.[53] In allen anderen Fällen beruht der Nichtgebrauch hingegen nicht auf Gründen in seiner Person, weshalb er von der Gegenleistungspflicht befreit wird, soweit dies andere Normen (§ 326 Abs. 1 S. 1 BGB oder § 536 Abs. 1 BGB, → Rn. 5 ff.) anordnen. Zu beachten ist aber, dass die Auslegung des Vertrags ergeben muss, dass der Vermieter gerade zur Gewährung des konkreten, vom Nutzungshindernis betroffenen Gebrauchs verpflichtet ist. Dies hat etwa das RG für einen Fall angenommen, in dem eine technische Anlage gerade zum Zweck der Lagerung von Benzin vermietet worden war und diese Nutzung durch behördliche Maßnahmen unmöglich wurde.[54] Deshalb sind auch **pandemiebedingte Schließungen,** die dem Mieter die

---

47 RGZ 79, 92 (95); 147, 304 (309); BGH VI ZR 30/62, NJW 1963, 341; *Blank/Börstinghaus* BGB § 537 Rn. 5; Staudinger/*Emmerich* BGB § 537 Rn. 7.

48 Zutr. BeckOGK/*Harke* BGB § 537 Rn. 9.

49 Anschaulich bereits RGZ 79, 92 (94), indes mit unzutreffenden Hilfserwägungen zu § 552 BGB aF (RGZ 79, 92 (95)).

50 Ähnlich Sternel MietR Kap. III Rn. 97; Herrlein/Kandelhard/*Kandelhard* BGB § 537 Rn. 12.

51 BGH VIII ZR 299/79, NJW 1981, 43; OLG Köln NJW-RR 1992, 443.

52 *BGH VIII ZR 77/61, NJW 1963, 341.*

53 BGH VIII ZR 77/61, NJW 1963, 341 (Verlust des einzigen Zugangs zur Mietsache); vgl. auch OLG Düsseldorf ZMR 1992, 536.

54 RGZ 94, 267; krit. BeckOGK/*Harke* BGB § 537 Rn. 10.1.

vertraglich vereinbarte Nutzung verbieten, objektive Gebrauchshindernisse (→ Rn. 14). Um ein objektives Nutzungshindernis handelt es sich weiter in dem Lehrbuchfall, in dem die auf einer Insel gelegene Mietsache wegen Unwetters von niemandem erreicht werden kann[55], nicht hingegen, wenn wegen pandemiebedingter Reisebeschränkungen nur der konkrete Mieter die Mietsache nicht erreichen kann[56]. Ein objektives Hindernis liegt aber vor, wenn als Mietzweck „Bäckerei in der Vorkassenzone des X-Marktes" vereinbart ist und der X-Markt seinen Betrieb einstellt.[57]

**Schuldet** der **Vermieter** hingegen nur **irgendeinen Gebrauch,** berührt eine nur einen bestimmten Gebrauch ausschließende objektive Nutzungsbeschränkung die Gebrauchsmöglichkeit des Mieters nicht.[58] Verzichtet der Mieter in diesen Fällen auf die Nutzung, handelt es sich regelmäßig um ein **subjektives Nutzungshindernis,** was zur Anwendung von § 537 BGB führt. So liegen die Dinge etwa, wenn der Mieter Geschäftsräume in der Absicht anmietet, diese zu einem bestimmten Zweck zu nutzen, dies aber nicht Vertragsgegenstand wird und die vom Mieter beabsichtigte Nutzung – aus welchen Gründen auch immer – objektiv nicht erfolgen kann.[59] Ob nur irgendein Gebrauch – also etwa bei Vermietung als „Gewerberäume" nur die Möglichkeit, irgendein Gewerbe zu betreiben – oder jede in Betracht kommende Gebrauchsvariante im Rahmen des Nutzungszwecks – also bei Vermietung als „Gewerberäume" die Möglichkeit, jedes Gewerbe zu betreiben – vereinbart ist, ist eine Frage der Auslegung. Im Zweifel darf der Mieter angesichts der mit einer umfassenden Gebrauchszusage einhergehenden Risiken für den Vermieter, der etwa die bauliche Anpassung zur Ermöglichung der vom Mieter gewählten Nutzungsart schulden würde, nur davon ausgehen, dass der Vermieter irgendeine Gebrauchsmöglichkeit versprechen wollte. Anders ist es, wenn eine konkrete Nutzungsart vereinbart ist (→ Rn. 14). 27

Daneben ist § 537 BGB anwendbar, wenn es zu einer freiwilligen oder unfreiwilligen **Aufgabe des objektiv möglichen Mietgebrauchs** kommt. Beispiele sind etwa der vorzeitige Auszug aus einer Wohnung wegen Umzugs in eine andere Stadt[60], die Schließung eines Geschäfts wegen fehlender Rentabilität[61], aber auch der auf Inhaftierung[62], einem polizeilichen Wohnungsverweis[63] bzw. Tod oder Krankheit[64] beruhende Wegfall der Nutzungsmöglichkeit. § 537 BGB ist daher auch anwendbar, wenn der Mieter einen Messestand[65] oder ein Hotelzimmer[66] zu dem von ihm gewünschten Zweck nicht verwenden kann. Aus praktischer Sicht ist zu beachten, dass in diesen Konstellationen sich die Frage nach der Anwendung von § 537 BGB deshalb nicht stellt, weil bei subjektiven Hindernissen weder § 326 Abs. 1 S. 1 BGB noch § 536 BGB zu einer Befreiung von der Miete führen, die durch § 537 BGB aufgehoben werden müsste (vgl. → Rn. 5 ff.). 27 a

Bei den subjektiven Hindernissen des Mieters ist eine Ausnahme zu machen, wenn der Vermieter den Eintritt des Hindernisses zu verantworten hat. § 537 Abs. 2 BGB regelt diesen Fall allerdings nicht, weil die Norm gerade voraussetzt, dass persönliche Gebrauchsverhinderung des Mieters und Unmöglichkeit der Gebrauchsüberlassung für den Vermieter zusammentreffen (→ Rn. 20). Die Ausnahme folgt aber daraus, dass ein in der Person des Mieters liegender Grund dann ausscheidet, wenn der Grund bei wertender Betrachtung der **Risikosphäre des Vermieters zuzurechnen** ist. Dazu kann es etwa kommen, wenn der Mieter aufgrund der Beschaffenheit der Mietsache erkrankt; für die Dauer des Krankenhausaufenthaltes wird der Anspruch aus § 535 Abs. 2 BGB nicht durch § 537 Abs. 1 BGB aufrechterhalten. Gar nicht erst in den Anwendungsbereich von § 537 BGB fällt die **Vereitelung** der Übertragung des Mietvertrags auf einen **Ersatzmieter:** Wenn der Mieter hierauf einen Anspruch hat[67] und sich der Vermieter dem verweigert, führt dies zu einem 28

---

55 *Köhler,* Unmöglichkeit und Geschäftsgrundlage, 1971, S. 33; MüKoBGB/*Bieber* § 537 Rn. 5; **aA** BeckOGK/*Harke* BGB § 537 Rn. 13.
56 *Hinterseer-Zbib* AnwZertMietR 2/2021 Anm. 1 (juris).
57 **AA** OLG Dresden ZMR 2017, 468.
58 Anschaulich etwa OLG Köln ZMR 2018, 310: sind Räume zum Betrieb einer Gaststätte vermietet, schuldet Vermieter nicht die Möglichkeit der Nutzung als Shisha-Bar.
59 RGZ 92, 93, behördliches Nutzungsverbot; unzutr. OLG Bremen NJW 1953, 1393, Krankheit einer Künstlerin bei der Saalmiete.
60 BGH VIII ZR 247/14, NJW 2015, 3780.
61 OLG Düsseldorf OLGR Düsseldorf 1992, 100.
62 *Blank/Börstinghaus* BGB § 537 Rn. 5; Staudinger/*Emmerich* BGB § 537 Rn. 9.
63 AG Ludwigsburg NZM 2005, 302.
64 OLG Düsseldorf NZM 2001, 669.
65 OLG Frankfurt a. M. MDR 1981, 231.
66 OLG Köln NJW-RR 1992, 443; LG Düsseldorf ZMR 1992, 379.
67 Dazu *Lehmann-Richter* PiG 83 (2008), 181 (186 ff.).

Anspruch aus § 280 BGB auf Freistellung von der Mietleistungspflicht.[68] Das Erlöschen des Anspruchs aus § 535 Abs. 2 BGB beruht mithin nicht auf der in § 537 BGB geregelten Nichtnutzung durch den Mieter, sondern dem pflichtwidrigen Verhalten des Vermieters.

## C. Rechtsfolgen

29 Die Anwendung von § 537 BGB setzt voraus, dass eine andere Vorschrift die Befreiung des Mieters von der Pflicht zur Entrichtung der Miete vorsieht (→ Rn. 5). Beruht der Befreiungsgrund auf einer persönlichen Verhinderung des Mieters, so schaltet § 537 Abs. 1 S. 1 BGB den Befreiungsgrund aus. Die weiteren Regeln in § 537 BGB machen hiervon eine Ausnahme: Nach § 537 Abs. 1 S. 2 BGB kommt es zu einer Vorteilsanrechnung und damit zu einem Teilerlöschen, während § 537 Abs. 2 BGB das vollständige Erlöschen des Anspruchs auf die Miete anordnet.

### I. Aufrechterhaltung des Anspruchs auf Miete (Abs. 1 S. 1)

30 Liegt eine persönliche Verhinderung des Mieters vor und ordnet aus diesem Grund eine andere Norm oder der Vertrag das (teilweise) Erlöschen des Anspruchs aus § 535 Abs. 2 BGB an, beseitigt § 537 Abs. 1 S. 1 BGB diesen Erlöschensgrund. **Zweck** der Norm ist es mithin, den Wegfall des Anspruchs auf Miete in diesen Fällen zu verhindern. Der historische Gesetzgeber wollte mit der Regel Zweifel beseitigen[69]; in der Tat hat die Norm nur einen begrenzten praktischen Anwendungsbereich (→ Rn. 2). Bei der Prüfung des Anspruchs aus § 535 Abs. 2 BGB wirkt sich § 537 Abs. 1 S. 1 BGB **schematisch** wie folgt aus:

- Zunächst ist zu prüfen, ob der Anspruch auf Miete entstanden ist. Dies setzt voraus, dass der Mieter für den in Rede stehenden Zeitraum eine Miete versprochen hat (→ Rn. 6);
- danach ist zu untersuchen, ob Gesetz oder Parteivereinbarung das Erlöschen des Anspruchs anordnen (→ Rn. 5f.);
- anschließend richtet sich der Blick auf § 537 Abs. 1 S. 1 BGB: Ist der Anwendungsbereich der Norm eröffnet (→ Rn. 16f.) und beruht das Erlöschen des Anspruchs auf der persönlichen Verhinderung des Mieters (→ Rn. 23ff.), geht § 537 Abs. 1 S. 1 BGB dem Erlöschensgrund vor. Der Vermieter behält den Anspruch auf Entrichtung der Miete, allerdings ggf. unter Abzug der Umsatzsteuer.[70]

31 Mit Blick auf die **Beweislast** gilt bzgl. der soeben genannten Prüfungspunkte Folgendes: Die erste Voraussetzung hat der Vermieter darzulegen und zu beweisen. Für die zweite Voraussetzung, nämlich das Erlöschen des Anspruchs (etwa nach § 326 Abs. 1 S. 1 BGB oder § 536 BGB) trägt nach allgemeinen Grundsätzen der Mieter die Beweislast (→ BGB § 535 Rn. 586). Eine Besonderheit gilt, wenn das Erlöschen auf der (mutmaßlichen) Nichterfüllung des Vermieters und der sich daraus ergebenden Unmöglichkeit seiner Gebrauchsgewährungspflicht (→ Rn. 8) beruht. Da es sich hierbei aus Sicht des Mieters um eine negative Tatsache handelt, kommen ihm Erleichterungen nach den Grundsätzen der sekundären Darlegungslast zugute.[71] Deshalb muss der Vermieter vortragen, wann und in welcher Art und Weise er die Gebrauchsmöglichkeit eingeräumt hat.[72] Anschließend ist es am Mieter, dies – ggf. durch Beweisführung – zu widerlegen. Die Beweislast für die dritte Voraussetzung (Erlöschensgrund beruht auf einer persönlichen Verhinderung des Mieters), trägt als ihm günstige Tatsache der Vermieter. Auch hier wirken sich aber die Grundsätze der sekundären Darlegungslast aus[73]: Denn es handelt sich bei der persönlichen Verhinderung um einen Umstand aus der Sphäre des Mieters, weshalb dieser zu den Gründen der Nichtnutzung näher vortragen muss.[74]

32 Beruht das Erlöschen nicht auf dem Nichtgebrauch des Mieters, richtet sich die Aufrechterhaltung des Anspruchs aus § 535 Abs. 2 BGB nach allgemeinen Regeln, bei Unmöglichkeit der Ver-

---

68 OLG Celle OLGR Celle 2001, 277; Staudinger/*Emmerich* BGB § 537 Rn. 31.

69 Motive Bd. 2 S. 400 (Mugdan, Bd. 2, Motive S. 223).

70 OLG Rostock OLGR Rostock 2001, 312.

71 Vgl. (nicht zur Miete) BGH V ZR 181/09, NJW 2011, 1279.

72 *Ähnlich OLG Nürnberg BeckRS 2010, 11759*; *Blank/Börstinghaus* BGB § 537 Rn. 5; Lützenkirchen MietR/*Lützenkirchen* BGB § 537 Rn. 17 (Vermieter trifft Darlegungs- und Beweislast für seine Erfüllungsbereitschaft).

73 Siehe allg. etwa BGH VI ZR 559/14, NJW 2016, 3244 Rn. 18 mwN.

74 Für Beweislast des Mieters hingegen OLG Düsseldorf ZMR 2017, 558; MüKoBGB/*Bieber* § 537 Rn. 18.

mieterleistung etwa nach § 326 Abs. 2 S. 1 BGB. Eine **analoge Anwendung** von § 537 Abs. 1 S. 1 BGB kommt nicht in Betracht, weil die Norm einen besonderen, atypischen Sachverhalt (→ Rn. 2) regelt.

### II. Vorteilsanrechnung (Abs. 1 S. 2)

33 Die in § 537 Abs. 1 S. 2 BGB angeordnete Vorteilsanrechnung ist keine spezifisch mietrechtliche Wertung, sondern lässt sich auch in anderen Vorschriften (zB § 326 Abs. 2 S. 2, § 615 S. 2 BGB) sowie in dem (ungeschriebenen) Institut der schadensrechtlichen Vorteilsausgleichung nachweisen. **Normzweck** ist nach allgemeiner Meinung zu verhindern, dass der Vermieter bei Nichtnutzung durch den Mieter besser steht als er stünde, wenn der Mieter den Gebrauch ausgeübt hätte.[75]

#### 1. Allgemeines

34 **Anwendungsvoraussetzung** ist, dass der Mieter iSd § 537 Abs. 1 S. 1 BGB durch einen in seiner Person liegenden Grund an der Ausübung seines Gebrauchsrechts gehindert wird (dazu → Rn. 23 ff.). Es ist unerheblich, ob die Nichtnutzung zur Unmöglichkeit der Vermieterleistung führt und der Anspruch auf die Miete wegen § 537 Abs. 1 S. 1 BGB bestehen bleibt oder ob der Vermieter erfüllt hat (dazu → Rn. 6 ff.).

35 § 537 Abs. 1 S. 2 BGB ist keine allgemeine Anrechnungsnorm, die jeden irgendwie auf dem Nichtgebrauch beruhenden Vorteil (zB Vermieter wird von einem Interessenten auf das leerstehende Objekt angesprochen, aufgrund des Kontakts schließen beide einen Mietvertrag über ein anderes Objekt) zur Anrechnung bringen würde. Die Norm schränkt die Anrechnung vielmehr zum einen dadurch ein, dass es sich um ersparte Aufwendungen bzw. Gebrauchsverwertungsvorteile handeln muss. Außerdem ist erforderlich, dass zwischen dem Nichtgebrauch und dem Vorteil **Kausalität** besteht. Dafür reicht die Feststellung einer äquivalenten Verursachung aus. Eine wertende Beschränkung der anzurechnenden Vorteile, wie es für den schadensersatzrechtlichen Vorteilsausgleich verbreitet vertreten wird, ist bei § 537 Abs. 1 S. 2 BGB nicht gerechtfertigt. Denn der nichtnutzende Mieter verhält sich nach der gesetzlichen Wertung nicht pflichtwidrig, weil ihn keine gesetzliche Gebrauchspflicht trifft. Es geht daher nicht an, die Vorteilsanrechnung zu seinen Lasten einzuschränken.

36 Bei § 537 Abs. 1 S. 2 BGB handelt sich um eine **Einwendung,** deren Berücksichtigung im Prozess daher nicht davon abhängt, dass sich der Mieter hierauf beruft.[76] Ebenso wie bei der schadensersatzrechtlichen Vorteilsausgleichung erfolgt bei Gleichartigkeit eine Anrechnung, bei Ungleichartigkeit von Miete und Vorteil hingegen eine Verurteilung zur Leistung Zug-um-Zug.[77] Steht die Höhe des Vorteils in der letzten mündlichen Tatsachenverhandlung noch nicht konkret fest (zB bei Weitervermietung unter Vereinbarung einer noch nicht zu beziffernden Umsatzmiete), scheidet sowohl eine Anrechnung als auch eine Verurteilung Zug-um-Zug aus. In diesen Ausnahmefällen kann der Mieter später die Vorteilsausgleichung über einen selbständigen Ausgleichsanspruch verlangen.[78] Solche Ansprüche werden aber durch den Wert der Mietforderung begrenzt. § 537 Abs. 1 S. 2 BGB regelt einen Fall der Anrechnung, weshalb vertragliche Aufrechnungsverbote nicht entgegenstehen.[79] Zum Verhältnis von § 537 Abs. 1 S. 2 BGB zu § 326 Abs. 2 S. 2 BGB → Rn. 9, zur Rückforderung überzahlter Miete → Rn. 55.

37 Die **Beweislast** für die Voraussetzungen der Vorteilsanrechnung nach § 537 Abs. 1 S. 2 BGB trägt der Mieter.[80] Allerdings ist der Vermieter nach den Grundsätzen der sekundären Darlegungslast verpflichtet, zur Höhe der Vorteile vorzutragen, wenn dem Mieter der Beweis gelungen ist, dass solche Vorteile nach dem normalen Lauf der Dinge erzielt wurden.[81] Zur Schätzung nach § 287 ZPO → Rn. 40.

---

[75] Etwa Motive Bd. 2 S. 400 (Mugdan, Bd. 2, Motive S. 223).
[76] OLG Düsseldorf ZMR 1985, 382; Herrlein/Kandelhard/*Kandelhard* BGB § 537 Rn. 30.
[77] Vgl. BGH XI ZR 334/11, NJW 2013, 450 Rn. 21.
[78] Vgl. MüKoBGB/*Ernst* § 326 Rn. 89.
[79] Vgl. Staudinger/*Schiemann* BGB Vor §§ 249 ff. Rn. 142.
[80] AllgM, etwa OLG Düsseldorf ZMR 2017, 558.
[81] Vgl. OLG Düsseldorf ZMR 1985, 382; *Blank/Börstinghaus* BGB § 537 Rn. 27; **aA** Lützenkirchen MietR/*Lützenkirchen* BGB § 537 Rn. 17.

### 2. Ersparte Aufwendungen

38 Wie auch in anderen Vorschriften des BGB fehlt in § 537 Abs. 1 S. 2 BGB eine Legaldefinition der Aufwendung. Die Bedeutung erschließt sich aber aus dem Zweck der Norm und dem Gegenbegriff des Vorteils einer anderweitigen Verwendung: Während dieser Begriff Vergünstigungen zur Anrechnung bringt, die dem Vermieter im Falle der Gebrauchsausübung nicht zugeflossen wären, bezweckt der Begriff der Aufwendung den Ausgleich **aufgrund des Nichtgebrauchs ausgebliebener Nachteile.** Unter die Norm fallen damit zum einen Kosten, die dem Vermieter im Falle des Gebrauchs entstanden wären, wegen des Nichtgebrauchs des Mieters aber ganz oder teilweise entfallen sind. Betroffen sind etwa die Kosten der eigenen Anmietung[82], der **Erhaltung** der Mietsache, ihrer **Verwaltung** oder (in der Raummiete) die verbrauchsabhängigen **Betriebskosten** iSd § 1 Abs. 2 BetrKV. Auch andere, durch den Nichtgebrauch entfallene Nachteile sind anrechnungsfähig, etwa der Wegfall einer auf dem störenden Gebrauch des Mieters beruhenden berechtigten Minderung eines Nachbarn. Beim Wegfall des Einsatzes der eigenen Arbeitskraft, etwa wegen Reduzierung der Verwaltungsarbeit aufgrund des vorzeitigen Auszugs des Mieters, handelt es sich hingegen nicht um ersparte Aufwendungen, weil sich dies nicht vermögensmäßig beim Vermieter auswirkt.

39 Ist die Miete **pro rata temporis** zu entrichten, entstehen eine entsprechende Vielzahl von Einzelforderungen des Vermieters. Da es sich bei § 537 Abs. 1 S. 2 BGB um eine Einwendung handelt (→ Rn. 36), richtet sich diese gegen die Forderung(en) auf Miete für den Zeitraum der Nichtnutzung. Bei einer monatlichen Zahlung kommt es mithin zu einer Reduzierung der jeweiligen Monatsmiete. Daran ändert sich nichts, wenn die ersparten Aufwendungen erst später ermittelt werden können, etwa erst nach Eingang der Jahresabrechnungen von Versorgern. Dieser Umstand kann sich allerdings prozessual auswirken; denn wenn zum Zeitpunkt der Entscheidung über den Mietanspruch der Kürzungsbetrag nicht feststeht, ist der Mieter zur ungekürzten Zahlung zu verurteilen (→ Rn. 36).[83] Das betrifft vor allem ersparte **Betriebskosten.** Steht zum Zeitpunkt der Entscheidung der Kürzungsbetrag fest – sei es in Form eines Bruchteils der Miete oder in absoluten Zahlen –, ist dieser Betrag von der Klageforderung in Abzug zu bringen. Umfasst die Klage auch Vorauszahlungen auf die Betriebskosten, sind mithin (auch) diese von einer Kürzung betroffen.[84] Ist Klagegegenstand die Nachforderung aus einer Betriebskostenabrechnung, ist diese – wenn das Gericht ersparte Aufwendungen in Form einer prozentualen Quote feststellt – nach den zur Minderung entwickelten Grundsätzen zu reduzieren.[85] Steht hingegen die Kürzung um einen bestimmten Betrag im Raum, ist das Abrechnungsergebnis um diesen Betrag zu reduzieren, vorausgesetzt, der Vorteilsausgleich wurde nicht bereits auf der Ebene der Vorauszahlungen berücksichtigt.

40 Schwierigkeiten bei der Anwendung von § 537 Abs. 1 S. 2 Var. 1 BGB bestehen häufig im **Tatsächlichen,** weil festgestellt werden muss, dass und in welcher Höhe sich Kosten reduziert haben/weggefallen sind und dass dies gerade auf der Nichtnutzung des Mieters beruht. Typischerweise lässt sich im Prozess zur Überzeugung des Richters nämlich nur feststellen, dass Aufwendungen erspart wurden, nicht aber ihr genauer Betrag. Der Grund hierfür ist, dass sich das hypothetische Nutzungsverhalten des Mieters insbes. mit Blick auf sein kostenverursachendes Verhalten (zB wieviel Warmwasser hätte der nicht erschienene Hotelgast verbraucht?) im Regelfall nicht nachweisen lässt. In diesen Fällen ist eine **Schätzung** der **ersparten Aufwendungen** nach § 287 Abs. 2 ZPO grds. möglich.[86] Erforderlich ist aber, dass der Vortrag der Parteien eine hinreichende Grundlage für eine tatrichterliche Schätzung bietet.[87] § 287 ZPO erlaubt nämlich keine völlig abstrakte Berechnung, etwa in Form der Schätzung einer „Mindestersparnis".[88]

41 **Rspr.** zu ersparten Aufwendungen ist nur vereinzelt veröffentlicht. Bei der Nichtnutzung von mit Frühstück gemieteten Hotelzimmern beziffert das OLG Köln – je nach Preisklasse – die Ersparnis auf zwischen 9% und 20%.[89] Die ersparten Aufwendungen bei der Vermietung eines nicht genutzten Kopiergeräts hat das OLG Düsseldorf auf rund 15% geschätzt.[90] In einem Verfahren

---

82 OLG Düsseldorf ZMR 2017, 558, Weitervermietung.
83 Vgl. Schmid/Harz/*Stangl* BGB § 537 Rn. 15.
84 LG Gießen NJW-RR 1997, 392, indes mit einer abwegigen Kürzung auf null; *Blank/Börstinghaus* BGB § 537 Rn. 11; **aA** Langenberg/Zehelein BetrKostR Kap. E Rn. 69.
85 Vgl. dazu BGH VIII ZR 233/10, NJW 2011, 1806.
86 Siehe etwa OLG Düsseldorf ZMR 1985, 382, Kopiergerät; OLG Köln NZM 1998, 514, Hotelzimmer.
87 *Vgl. BGH VIII ZR 243/12, NJW 2014, 1298 Rn. 21.*
88 Vgl. BGH VI ZR 37/11, NJW 2012, 2267; bedenklich daher OLG Düsseldorf ZMR 1985, 382.
89 OLG Köln NZM 1998, 514; vgl. auch AG Frankfurt a. M. BeckRS 2011, 00479.
90 OLG Düsseldorf ZMR 1985, 382.

über die Miete einer Telekommunikationsanlage ermittelte das LG Düsseldorf ersparte Aufwendungen von 22%.[91]

**3. Verwertungsvorteile**

§ 537 Abs. 1 S. 2 Var. 2 BGB ordnet die Anrechnung von Vorteilen an, die dem Vermieter aus einer anderweitigen – also nicht in der Überlassung an den Mieter liegenden – Verwertung des Gebrauchs zufließen. Voraussetzung der Anrechnung ist zum einen, dass die Gebrauchsmöglichkeit des Vermieters gerade auf der persönlichen Verhinderung des Mieters beruht, da nur dies Regelungsgegenstand von § 537 BGB ist. Daneben ist erforderlich, dass zwischen dem Vorteil des Vermieters und der Nichtnutzung durch den Mieter „Deckungsgleichheit" besteht; der Vorteil muss gerade auf der Verwertung der Gebrauchsmöglichkeit beruhen, die eigentlich dem Mieter zugestanden hätte. Die **Ausgleichsfunktion** der Norm lässt sich auch in **anderen Vorschriften** nachweisen, insbes. in § 285 BGB, dem Recht der Geschäftsführung ohne Auftrag und dem Bereicherungsrecht.[92] Diese Ausgleichsregeln werden durch § 537 Abs. 1 S. 2 Var. 2 BGB nicht verdrängt, sondern es besteht **Anwendungskonkurrenz.** 42

**a) Gebrauchsüberlassung an Dritte.** Überlässt der Vermieter den Gebrauch – sei es ganz oder nur teilweise – einem Dritten, können die dadurch erlangten Vorteile über § 537 Abs. 1 S. 2 Var. 2 BGB auf den Mietanspruch anrechenbar sein. Voraussetzung ist aber, dass die Gebrauchsüberlassung nicht nach **§ 537 Abs. 2 BGB** zum vollständigen Wegfall des Anspruchs aus § 535 Abs. 2 BGB führt (dazu → Rn. 54). 43

Ist § 537 Abs. 1 S. 2 Var. 2 BGB danach anwendbar, ist zum einen die **Gegenleistung** betroffen, die der **Dritte** dem Vermieter für den Zeitraum schuldet, für den dieser Miete vom Altmieter verlangt. Die Anrechnung erfolgt unabhängig davon, ob der Dritte bereits an den Vermieter geleistet hat. Voraussetzung ist aber, dass der Anspruch gegen den Dritten werthaltig ist.[93] Ist dies nicht der Fall, erfolgt keine Anrechnung; der Mieter kann dann aber analog § 255 BGB die Abtretung des Anspruchs gegen den Dritten verlangen.[94] Korrespondiert die Gegenleistung mit einer quantitativ oder qualitativ veränderten Mietsache, ist dieser Umstand bei der Anrechnung zu berücksichtigen (zur Schätzung vgl. → Rn. 40). Erfolgt die Gebrauchsüberlassung an den Dritten **unentgeltlich,** scheidet eine Anrechnung aus[95], falls es sich bei wertender Betrachtung nicht um eine bei → Rn. 46 erörterte Selbstnutzung handelt (Beispiel: Vermieter überlässt die Räume ohne Entgelt Familienangehörigen zur Nutzung). 44

Schwierigkeiten können **atypische Leistungen des Dritten** bereiten, etwa die Übernahme von Renovierungsarbeiten, Einstandszahlungen, Vertragsstrafen oder andere dem Vermieter zufließende Vorteile. Eine Anrechnung nach § 537 Abs. 1 S. 2 Var. 2 BGB setzt die einzelfallabhängige Feststellung voraus, dass es sich hierbei um eine Gegenleistung für die Überlassung des Gebrauchs in dem Zeitraum handelt, für den der Vermieter vom Altmieter ebenfalls Miete verlangt (→ Rn. 42).[96] 45

**b) Selbstnutzung.** Nutzt der Vermieter die Mietsache – sei es ganz oder nur teilweise – selbst, können die dadurch erlangten Vorteile nach § 537 Abs. 1 S. 2 Var. 2 BGB den Mietanspruch reduzieren[97], falls es nicht nach **§ 537 Abs. 2 BGB** zum vollständigen Wegfall des Anspruchs aus § 535 Abs. 2 BGB kommt (→ Rn. 52). Anzurechnen ist der **objektive Wert** der Eigennutzung, dessen Bezifferung allerdings häufig praktische Schwierigkeiten bereitet. Nutzt der Vermieter die Mietsache – sei es ganz oder teilweise – zum dem Mieter versprochenen Zweck (etwa als Wohnung oder als Geschäftsräume), ist die ortsübliche Miete für die genutzte Fläche maßgeblich.[98] Gleiches gilt, wenn der Vermieter die Räume „zweckentfremdet", etwa eine Wohnung als Lager verwendet oder den Leerstand zur Ausführung **von Erhaltungs- oder Modernisierungsmaßnahmen** nutzt. Denn auch hier ist der objektive Wert der Gebrauchsmöglichkeit entscheidend.[99] 46

---

[91] LG Düsseldorf BeckRS 2007, 13144.
[92] Dazu etwa BGH XII ZR 124/02, NJW 2006, 2323.
[93] BGH XII ZR 339/97, NJW 2000, 1105.
[94] OLG Düsseldorf OLGR Düsseldorf 2003, 199.
[95] Staudinger/*Emmerich* BGB § 537 Rn. 14.
[96] Zur Vertragsstrafe s. KG ZMR 1999, 705, das eine Anrechnung ohne weiteres bejaht.
[97] Unstr., etwa MüKoBGB/*Bieber* § 537 Rn. 8.
[98] Blank/Börstinghaus/*Blank,* 5. Aufl. 2017, BGB § 537 Rn. 13; vgl. auch BGH XII ZR 154/97, NZM 2000, 183, zu § 812 BGB.
[99] Wie hier iE OLG Oldenburg NJW 1959, 340; LG Gießen NJW-RR 1996, 264.

47 In **Rspr.** und **Lit.** wird indes verbreitet Abweichendes vertreten, wobei sich verschiedene Meinungen ausmachen lassen. So wird teilweise eine Anrechnung versagt, falls die Mietsache nur vorübergehend selbst genutzt wurde.[100] Dem ist nicht zu folgen, weil der Normzweck eine solche teleologische Reduktion nicht stützt. Der Vorteil einer Durchführung von Erhaltungs- oder Modernisierungsmaßnahmen wird teilweise in der früheren oder besseren Weitervermietung gesehen.[101] Dem ist zu widersprechen, weil es sich hierbei nur um einen mittelbaren Vorteil der eigentlichen Nutzung (Ausführung der Arbeiten) handelt. Andere Stimmen stellen auf den Betrag einer sich wegen der Arbeiten ergebenden Minderung ab.[102] Diese Ansicht überzeugt deshalb nicht, weil Minderung und Vorteilsausgleichung zwei unterschiedliche Rechtsfolgen sind und § 536 BGB schon aus diesem Grund § 537 Abs. 2 S. 2 Var. 2 BGB nicht verdrängt.

48 **c) Keine Anrechnung fiktiver Vorteile.** Die Anrechnung fiktiver Nutzungsvorteile sieht § 537 Abs. 1 S. 2 BGB nicht vor, was die Norm von § 326 Abs. 2 S. 2 BGB unterscheidet. Diese Differenzierung überzeugt. Denn solange der Mietvertrag nicht beendet ist, ist der Vermieter zur Gebrauchsüberlassung verpflichtet. Die in § 537 BGB geregelte persönliche Verhinderung des Mieters ändert daran nichts; dieser kann jederzeit die Gebrauchsüberlassung verlangen. Aus diesem Grund ist dem Vermieter eine anderweitige Verwertung des Gebrauchs nicht zuzumuten, weil er sich gegenüber dem Mieter leistungsbereit halten muss.[103] Dies darf nicht durch eine Anwendung anderer Normen umgangen werden, etwa indem man fiktive Nutzungsvorteile analog **§ 254 BGB** oder über § 326 Abs. 2 S. 2 BGB anrechnet.[104] Zur pflichtwidrigen Weigerung des Vermieters, den Vertrag auf einen Ersatzmieter zu übertragen → Rn. 28.

## III. Ausschluss des Anspruchs auf Miete (Abs. 2)

49 Nach dem Wortlaut von § 537 Abs. 2 BGB ist der Mieter zur Entrichtung der Miete nicht verpflichtet, solange der Vermieter infolge der Überlassung des Gebrauchs an einen Dritten außerstande ist, ihm den Gebrauch zu gewähren. Die vage Beschreibung des **Normzwecks** durch den BGH – es gehe darum, das Gleichgewicht zwischen den gegenseitigen Hauptleistungspflichten zu wahren[105] – ist dahingehend zu präzisieren, dass die Norm zugunsten des Mieters das Erlöschen seiner Entgeltpflicht anordnet, wenn Nichtnutzung und vom Vermieter veranlasste Unmöglichkeit der Gebrauchsüberlassung zusammentreffen (→ Rn. 20).

50 Für die Praxis von erheblicher Bedeutung ist, dass die – hier abgelehnte – **hM** § 537 Abs. 2 BGB nicht anwendet, wenn die Gebrauchsüberlassung an den Dritten durch eine **grobe Vertragsverletzung des Mieters** ausgelöst wurde (→ Rn. 21). In diesen Fällen kommt es nach hM also nicht zu einem vollständigen Erlöschen des Anspruchs aus § 535 Abs. 2 BGB gem. § 537 Abs. 2 BGB, sondern **lediglich** zu einer **Vorteilsanrechnung** nach § 537 Abs. 1 S. 2 BGB.

### 1. Gebrauchsüberlassung an Dritte/Selbstnutzung

51 § 537 Abs. 2 BGB setzt voraus, dass der Vermieter den Gebrauch einem Dritten überlassen hat. Damit ist jede Person gemeint, die weder Mieter noch Vermieter ist. Der Grund für die Gebrauchsüberlassung ist unerheblich, weshalb sowohl die Überlassung aufgrund (irgendeines) Vertrages, aber auch ohne vertragliche Bindung unter die Vorschrift fällt. Die Überlassung muss aber zum Zwecke des **Eigengebrauchs** durch den **Dritten** erfolgen, was etwa bei Nutzung von Räumen durch vom Vermieter beauftragte Handwerker nicht der Fall ist. Außerdem ist erforderlich, dass die Gebrauchsüberlassung auf dem Willen des Vermieters beruht.

52 Der zuletzt geschilderte Fall ist ebenso wenig wie andere Konstellationen, in denen der **Vermieter** die Mietsache **selbst nutzt,** vom Wortlaut der Norm erfasst. Nach herrschender, schon vom RG vertretener Meinung ist § 537 Abs. 2 BGB aber auch in diesen Fällen anwendbar.[106] Diese Analogie

---

[100] *Blank/Börstinghaus* BGB § 537 Rn. 14; ähnlich OLG Düsseldorf GE 2005, 299; Staudinger/*Emmerich* BGB § 537 Rn. 2.

[101] Herrlein/Kandelhard/*Kandelhard* BGB § 537 Rn. 18; wohl auch AG Hamburg ZMR 1993, 610.

[102] Sternel MietR Kap. III Rn. 99; iE ebenso KG NZM 2011, 588.

[103] *IE allgM, etwa KG NZM 2007, 402;* MüKoBGB/*Bieber* § 537 Rn. 8.

[104] BGH VIII ZR 299/79, NJW 1981, 43, zu § 254 BGB.

[105] BGH XII ZR 13/06, NJW 2008, 1148.

[106] Etwa BGH VIII ZR 77/61, NJW 1963, 341.

überzeugt mit Blick auf den Normzweck.[107] Denn es macht bei wertender Betrachtung keinen Unterschied, ob der Vermieter aufgrund von Selbstnutzung oder wegen Überlassung der Mietsache an einen Dritten nicht in der Lage ist, seine Vertragspflicht gegenüber dem Mieter zu erfüllen. Um eine Selbstnutzung handelt es sich vor allem, wenn der Vermieter den vorzeitigen Auszug des Mieters nutzt, um **Baumaßnahmen** – zB Schönheitsreparaturen – in den Räumen ausführen zu lassen. Der Umfang der Baumaßnahmen spielt entgegen einer zumindest missverständlichen Formulierung des BGH[108] bei der Frage, ob es sich um eine der Gebrauchsüberlassung an Dritte gleichgestellte Selbstnutzung handelt, keine Rolle. Dieser Umstand wird erst unter dem Gesichtspunkt der Leistungsfähigkeit des Vermieters relevant (→ Rn. 53). Die **Beweislast** dafür, dass eine Gebrauchsüberlassung an Dritte oder eine Selbstnutzung durch den Vermieter erfolgte, liegt beim Mieter.[109]

### 2. Leistungsfähigkeit des Vermieters

§ 537 Abs. 2 BGB ordnet nicht bei jeder Art der Gebrauchsüberlassung an Dritte/Selbstnutzung das Erlöschen des Anspruchs auf die Miete an. Erforderlich ist vielmehr, dass der Vermieter zur Gebrauchsgewährung an den Mieter außerstande ist. Mit dieser Formulierung ist die Leistungsfähigkeit des Vermieters gemeint: Hätte er trotz Gebrauchsüberlassung an einen Dritten oder Selbstnutzung dem Mieter den Gebrauch (wieder)einräumen können, greift § 537 Abs. 2 BGB nicht ein (→ Rn. 19).[110] Dieser Einschränkung lässt sich wie folgt rechtfertigen: Nutzt der Mieter die Mietsache nicht, ist für den Vermieter nicht absehbar, ob und wann er mit der Aufforderung konfrontiert wird, dem Mieter die Mietsache zu überlassen. Ebenso wie es § 299 BGB für den Annahmeverzug anordnet, kann man vom Vermieter in diesen Konstellationen **nicht** verlangen, sich **laufend leistungsbereit** zu halten. Vielmehr ist dem Vermieter – unabhängig davon, ob er die Mietsache einem Dritten überlassen hat, selbst nutzt oder ob diese nicht in Benutzung ist – eine von den Umständen des Einzelfalls abhängige Reaktionszeit zuzubilligen; er muss nicht sofort, sondern nur **umgehend** erfüllen. Wenn es dem Vermieter innerhalb dieser Frist gelungen wäre, die Nutzung zu beenden, führt § 537 Abs. 2 BGB nicht zum Verlust seines Mietanspruchs. Dahinter stehen ähnliche Erwägungen wie beim rechtmäßigen Alternativverhalten, weil sich dann die Gebrauchsüberlassung an den Dritten bzw. die Selbstnutzung für den Mieter nicht leistungsstörend ausgewirkt hat. Bei der Überlassung von Räumen wird man von einer umgehenden Leistung typischerweise nur sprechen können, wenn die Übergabe nach Ablauf von einem Werktag hätte erfolgen können.[111] 53

Die **Frage** nach der **Leistungsfähigkeit** ist meist eine **hypothetische,** weil der Mieter regelmäßig die Mietsache gerade nicht verlangt, sondern sich später unter Hinweis auf die Gebrauchsüberlassung an Dritte bzw. die Selbstnutzung auf § 537 Abs. 2 BGB beruft. Dann muss ermittelt werden, ob der Vermieter, wäre er zur Leistung aufgefordert worden, umgehend geleistet hätte. Die **Beweislast** hierfür trägt der Vermieter.[112] Stehen **Baumaßnahmen** in Rede, kann deren Umfang nur ein Indiz dafür sein, ob dem Vermieter eine umgehende Gebrauchsgewährung möglich gewesen wäre. Der pauschale Hinweis, es seien nur kleinere Arbeiten ausgeführt worden, entbindet daher weder von konkretem Sachvortrag noch der richterlichen Feststellung, dass die Gebrauchsgewährung auch tatsächlich umgehend hätte erfolgen können.[113] 54

## IV. Rückgewähr überzahlter Miete

Hat der Mieter in Unkenntnis des (teilweisen) Erlöschens des Anspruchs des Vermieters aus § 535 Abs. 2 BGB Miete geleistet, löst dies einen **Rückgewähranspruch** nach § 812 Abs. 1 S. 1 Alt. 1 BGB aus und zwar auch dann, wenn der Mieter bereits rechtskräftig zur ungekürzten Zahlung ver- 55

[107] Sie wird historisch indes nicht gestützt, s. *Jakobs/Schubert,* Die Beratungen des BGB, 2. Aufl. 2011, S. 488ff., weil im Gesetzgebungsverfahren eine entsprechende Regelung trotz entsprechenden Antrags – aus indes undokumentierten Erwägungen – nicht berücksichtigt wurde.

[108] BGH VIII ZR 77/61, NJW 1963, 341.

[109] KG NZM 1998, 659; OLG Celle ZMR 2003, 343; OLG Köln NZM 1998, 514.

[110] Vgl. die Protokolle der 1. Kommission, zitiert bei *Jakobs/Schubert,* Die Beratungen des BGB, 2. Aufl. 2011, S. 490.

[111] Vgl. AG Lüdenscheid NZM 2005, 821 zur Übergabemöglichkeit binnen weniger Stunden.

[112] MüKoBGB/*Bieber* § 537 Rn. 19: Staudinger/*Emmerich* BGB § 537 Rn. 39; Palandt/*Weidenkaff* § 537 Rn. 2; **aA** KG NZM 1998, 659.

[113] Unzutreffend daher AG Neuwied WuM 1992, 189; zumindest missverständlich gelegentlich auch die Lit., zB *Blank/Börstinghaus* BGB § 537 Rn. 24; Palandt/*Weidenkaff* BGB § 537 Rn. 11.

urteilt ist.[114] Kennt der Mieter die das Erlöschen begründenden Tatsachen (etwa die Weitervermietung an einen Dritten), stellt sich die Frage, ob § 814 BGB einer Kondiktion entgegensteht. Für die Anwendung dieser Norm reicht zwar eine „Parallelwertung in der Laiensphäre".[115] Diese Möglichkeit darf aber nicht einfach behauptet werden. Typischerweise wird der Mieter nämlich jedenfalls die konkrete Höhe der Kürzung nicht kennen, was aber erforderlich ist, weil ihm anderenfalls nicht bekannt ist, welchen Betrag der Miete er nicht schuldet.[116] Hinzu kommt, dass der vorleistungspflichtige Mieter zum Zeitpunkt der Fälligkeit typischerweise nicht absehen kann, ob und welche Umstände in der Zukunft nach § 537 BGB seine Zahlungspflicht modifizieren werden.[117]

## D. Abweichende Vereinbarungen

56 § 537 BGB ist – auch in der Wohnraummiete – grds. dispositiv. Der Ausschluss von **§ 537 Abs. 1 S. 1 BGB** ist angesichts der geringen praktischen Bedeutung der Norm (→ Rn. 2) ohne besondere Relevanz. Bedenken gegen eine solche Vereinbarung, die es im Falle der Nichtnutzung bei der sich aus einer anderen Vorschrift ergebenden Rechtsfolge des (teilweisen) Erlöschens des Anspruchs aus § 535 Abs. 2 BGB belässt, bestehen nicht. Dies gilt auch, wenn eine solche Regel in Mieter-AGB enthalten ist, weil es sich bei § 537 Abs. 1 S. 1 BGB nicht um einen wesentlichen Grundgedanken iSd § 307 Abs. 2 Nr. 1 BGB handelt.[118]

57 Modifizierungen der Vorteilsanrechnung nach **§ 537 Abs. 1 S. 2 BGB** können sich zugunsten des Vermieters – Ausschluss oder Beschränkung – oder zugunsten des Mieters – Erweiterung – auswirken. Der Ausschluss der Vorteilsanrechnung in Vermieter-AGB verstößt gegen § 307 Abs. 1 S. 1, Abs. 2 Nr. 1 BGB.[119] Gleiches gilt, wenn die Vorteilsanrechnung an zusätzliche, im Gesetz nicht vorgesehene Voraussetzungen geknüpft wird.[120] Eine angemessene Pauschalierung der Vorteilsanrechnung wird in der Lit. in Anknüpfung an ein obiter dictum des BGH[121] zum Heimvertrag teilweise für wirksam gehalten, wenn die Klausel dem Mieter den Nachweis einer höheren Vorteilsanrechnung eröffnet.[122] Dem ist zu folgen, weil den Mieter kraft Gesetzes hier die Beweislast trifft (→ Rn. 37) und die Regel ihn aus diesem Grund nicht unangemessen benachteiligt. Anders ist es, wenn die Klausel nach dem Grundsatz der kundenfeindlichsten Auslegung[123] so zu verstehen ist, dass die Pauschale verbindlich sei. Eine Erweiterung der Vorteilsanrechnung aus § 537 Abs. 1 S. 2 BGB ist nicht praxisrelevant. Sie entspräche in der Sache aber einer Teilabbedingung von § 537 Abs. 1 S. 1 BGB (denn die Vorteilsanrechnung nach § 537 Abs. 1 S. 2 BGB ist ihrerseits eine Einschränkung von § 537 Abs. 1 S. 1 BGB, → Rn. 36) und wäre daher auch in Mieter-AGB unbedenklich (vgl. → Rn. 56). Ebenfalls keine Bedenken bestehen gegen eine individualvertragliche Modifikation von § 537 Abs. 1 S. 2 BGB zugunsten des Vermieters.[124]

58 Wird die Rechtsfolge des **§ 537 Abs. 2 BGB** in Vermieter-AGB abbedungen, hält dies nach zutreffender allgemeiner Meinung einer Inhaltskontrolle nicht stand.[125] Dabei ist es unerheblich, ob die Anwendung der Norm vollständig oder nur in bestimmten Fällen (zB Gebrauchsüberlassung für einen bestimmten Zeitraum) ausgeschlossen wird, weil es sich stets um eine Abbedingung der Rechtsfolgen der Norm handelt, die den Gegenanspruch nämlich „taggenau" erlöschen lässt (→ Rn. 39). In Mieter-AGB wirksam ist hingegen der Ausschluss der von der hM vertretenen Reduzierung des Anwendungsbereichs der Norm bei groben Vertragsverletzungen, weil es sich bei dieser – hier abgelehnten – Ansicht jedenfalls nicht um einen Leitgedanken iSd § 307 Abs. 2 Nr. 1 BGB handelt. Eine individualvertragliche Abbedingung von § 537 Abs. 2 BGB ist wirksam.[126]

---

[114] Vgl. BAG NJW 1994, 2041, zu § 615 S. 2 BGB.
[115] Etwa BAG NZA 2007, 321.
[116] Ähnlich *Bausch* NZM 2008, 874 (876 f.), zur Minderung.
[117] Vgl. *Lehmann-Richter* MietRB 2010, 19, zur Minderung.
[118] *Blank/Börstinghaus* BGB § 537 Rn. 29.
[119] Vgl. BGH III ZR 310/00, NJW 2001, 2971; Palandt/*Weidenkaff* BGB § 537 Rn. 3.
[120] Lützenkirchen MietR/*Lützenkirchen* BGB § 537 Rn. 15.
[121] BGH III ZR 310/00, NJW 2001, 2971 unter 1. c) cc).
[122] Guhling/Günter/*Boerner* BGB § 537 Rn. 153.
[123] Dazu etwa BGH XI ZR 9/15, NJW 2017, 1018 Rn. 23 mwN.
[124] *Vgl. Staudinger/Emmerich BGB § 537 Rn. 13.*
[125] BGH XII ZR 13/06, NJW 2008, 1148.
[126] Vgl. *Blank/Börstinghaus* BGB § 537 Rn. 28; Staudinger/*Emmerich* BGB § 537 Rn. 38; **aA** BeckOGK/*Harke* BGB § 537 Rn. 45.

## § 538 Abnutzung der Mietsache durch vertragsgemäßen Gebrauch

**Veränderungen oder Verschlechterungen der Mietsache, die durch den vertragsgemäßen Gebrauch herbeigeführt werden, hat der Mieter nicht zu vertreten.**

### Systematische Übersicht



### Alphabetische Schnellübersicht

## A. Grundlagen

1 § 538 BGB stammt aus der **Mietrechtsreform 2001.** Die Vorschrift entspricht aber mit Ausnahme einer für das Normverständnis irrelevanten sprachlichen Anpassung (Mietsache anstatt gemietete Sache) dem bis dato unveränderten § 548 BGB aF.

### I. Entstehungsgeschichte und Normzweck

2 Die 1. Kommission hatte noch vorgeschlagen, die Frage des geschuldeten Sollzustands bei Rückgabe der Mietsache ausdrücklich zu regeln: Nach § 520 des 1. Entwurfs zum BGB sollte der Mieter zur Rückgabe in demselben Zustand verpflichtet sein, in dem er die Mietsache empfangen hatte; für Veränderungen und Verschlechterungen, welche durch den vertragsgemäßen Gebrauch, durch Alter oder durch einen anderen von ihm nicht zu vertretenden Umstand entstanden sind, sollte er jedoch nicht haften.[1] Im weiteren Gesetzgebungsverfahren wurden dann die Worte, die eine ausdrückliche Pflicht zur Rückgabe im status quo ante anordneten, als überflüssig gestrichen und aus demselben Grund die Haftungsbeschränkung auf durch den vertragsgemäßen Gebrauch verursachte Veränderungen oder Verschlechterungen reduziert.[2] Außerdem wurde der heutige § 538 BGB räumlich von der Rückgabepflicht getrennt und eine selbständige Vorschrift.[3] Auf diese Weise wurde die der Vorschrift zugedachte Funktion – **Beschränkung** der Pflicht zur **Rückgabe** im **Zustand status quo ante** – verwässert. Die räumliche Nähe zu § 535 Abs. 1 BGB, der ebenfalls den vertragsgemäßen Gebrauch betrifft, hat ihr Übriges dazu beigetragen, dass der Normzweck von § 538 BGB heute nicht ohne weiteres ins Auge springt.

3 In und Lit. wird die Regel verbreitet als Klarstellung des sich aus § 535 Abs. 1 S. 1 BGB ergebenden Grundsatzes verstanden, nach dem der Mieter für Folgen des vertragsgemäßen Gebrauchs nicht haftet.[4] Diese vergleichsweise allgemeine Aussage bedarf der Präzisierung: § 538 BGB ist ein Gegenrecht des Mieters, durch das die Rechte des Vermieters wegen einer Veränderung der Mietsache beschränkt werden. Diese Beschränkung rechtfertigt sich damit, dass der Vermieter als Gegenleistung, und zwar auch für die Abnutzung der Mietsache, die Miete erhält.[5] § 538 BGB soll mithin eine **Überkompensation** des Vermieters **verhindern.** Die Norm ist mit Blick auf die von ihr erfassten Vermieterrechte allerdings unpräzise formuliert; näher zur Funktionsweise der Norm bei → Rn. 14 ff.

4 § 538 BGB steht in einem offensichtlichen Spannungsverhältnis zu § 535 Abs. 1 S. 1 BGB, weil beide Normen an ein vertragsgemäßes Gebrauchsverhalten des Mieters anknüpfen. Daraus darf aber nicht geschlossen werden, § 538 BGB habe keine eigenständige Funktion und diene nur der Klarstellung. Die Norm ist nämlich vor allem in der **Abwicklungsphase** des Mietverhältnisses von Bedeutung, weil sie hier den Anspruch des Vermieters auf Rückgabe im status quo ante begrenzt (→ Rn. 20). Aber auch im **laufenden Mietverhältnis** kann § 538 BGB zur Anwendung kommen, nämlich wenn ein Vermieterrecht Vertretenmüssen des Mieters voraussetzt (→ Rn. 17); zudem beschränkt der aus §§ 546 Abs. 1, 538 BGB folgende Anspruch auf Beseitigung bestimmter Gebrauchsspuren den Erhaltungsanspruch aus § 535 Abs. 1 S. 2 BGB

---

[1] Mugdan, Bd. 2, Motive S. LXXIV.
[2] Protokolle II S. 1973 (Mugdan, Bd. 2, Motive S. 850).
[3] *Die Beweggründe hierfür* sind nicht dokumentiert, s. *Jakobs/Schubert*, Die Beratungen des Bürgerlichen Gesetzbuchs, Recht der Schuldverhältnisse, Bd. II, 1980, S. 473, 506.
[4] BGH VIII ZR 163/18, NZM 2020, 704 Rn. 43; Staudinger/*Emmerich* BGB § 538 Rn. 1.
[5] So bereits RGZ 86, 222 (224).

(→ Rn. 17). Für die Beweislastverteilung hat die Vorschrift – entgegen der hM[6] – hingegen keine Bedeutung (→ Rn. 44).

### II. Gegenständlicher und zeitlicher Anwendungsbereich

§ 538 BGB gilt als Regel aus dem allgemeinen Teil des Mietrechts für **jede Art von Mietvertrag.** Enthält der Vertrag nicht nur mietrechtliche Elemente, ist § 538 BGB anwendbar, wenn sich die Rechtsfolgen der Veränderung der überlassenen Sache nach Mietrecht richten. Das erfordert in Zweifelsfällen eine Anwendung der allgemeinen Grundsätze über die Bestimmung des anwendbaren Rechts bei gemischten Verträgen.[7] 5

**Zeitlich** ist die Norm ab Überlassung der Mietsache anwendbar.[8] Die Entstehungsgeschichte mag zwar darauf hindeuten, die Norm nur im Abwicklungsstadium anzuwenden (→ Rn. 2). Eine derartige Beschränkung ist indes weder Wortlaut noch Systematik zu entnehmen; sie ist auch teleologisch nicht gerechtfertigt, weil der Normzweck (→ Rn. 3) auch im laufenden Mietverhältnis einschlägig ist.[9] Intertemporal gilt die Norm auch für Mietverträge, die bei Inkrafttreten der Mietrechtsreform 2001 bereits bestanden, vgl. Art. 229 § 3 EGBGB.[10] 6

### III. Abweichende Vereinbarungen

§ 538 BGB ist **kein zwingendes Recht.**[11] Zur Wirksamkeit von Vereinbarungen, die den Mieter verpflichten, vertragsgemäße Veränderungen der Mietsache zu beseitigen oder bei Verursachung solcher Veränderungen Geldersatz zu leisten → Rn. 48 ff. 7

## B. Anwendung der Norm

§ 538 BGB setzt eine Veränderung oder Verschlechterung der Mietsache voraus, die durch den vertragsgemäßen Gebrauch herbeigeführt wurde. Rechtsfolge ist nach dem Wortlaut der Ausschluss des Vertretenmüssens des Mieters; damit ist der allgemeine Charakter der Vorschrift als **Gegenrecht des Mieters** beschrieben. 8

### I. Substanzveränderung

§ 538 BGB betrifft Veränderungen oder Verschlechterungen der Mietsache. Bei der Begriffsbestimmung muss der Normzweck leitend sein, den Mieter, der als Gegenleistung die Miete entrichtet, von bestimmten Folgen des vertragsgemäßen Gebrauchs freizustellen (→ Rn. 3). § 538 BGB betrifft daher den Zustand der Mietsache, weshalb „Veränderung oder Verschlechterung" eine **Modifikation** der **Substanz** beschreiben. Entgegen der missverständlichen Überschrift ist die Vorschrift nicht auf Abnutzungen beschränkt, sondern betrifft jede Art von Veränderung oder Verschlechterung.[12] Die Frage, was beide Merkmale unterscheidet, ist nur theoretischer Natur. Richtigerweise ist jede Verschlechterung der Substanz gleichzeitig eine Veränderung derselben, weshalb der erstgenannte Begriff überflüssig ist.[13] § 538 BGB betrifft nicht nur Veränderungen, die aus objektiver Sicht zu einer Verschlechterung der Mietsache führen sondern auch solche, die die Mietsache verbessern. Andere für den Vermieter nachteilige, aber nicht die Substanz der Mietsache betreffende Änderungen fallen hingegen nicht unter die Vorschrift. Die Rechtfertigung hierfür muss also aus anderen Normen, insbes. aus § 535 Abs. 1 S. 2 BGB, abgeleitet werden. Ein Beispiel 9

---

6 BGH VIII ZR 28/04, NZM 2005, 100 mwN; BeckOGK/*Schmidt* BGB § 538 Rn. 4; Lützenkirchen/*Dickersbach* BGB § 538 Rn. 1; **aA** *Pauly* WuM 1997, 474 (475).

7 Siehe MüKoBGB/*Häublein* Vor § 535 Rn. 30 ff.; Staudinger/*Feldmann/Löwisch* BGB § 311 Rn. 35 ff.

8 BeckOGK/*Schmidt* BGB § 538 Rn. 4; **aA** Bamberger/Roth/Hau/Poseck/*Zehelein* BGB § 538 Rn. 3, bereits vor Übergabe.

9 Siehe etwa BGH VIII ZR 271/07, NJW 2008, 2432.

10 Staudinger/*Emmerich* BGB § 538 Rn. 1.

11 AllgM, etwa MüKoBGB/*Bieber* § 538 Rn. 5.

12 BGH VIII ZR 271/07, NJW 2008, 2432.

13 → BGB § 548 Rn. 14.

ist die Vermietung eines als Restaurantstandort eingeführten Ladenlokals, das vom Mieter nicht betrieben wird, wodurch der zukünftige Vermietungswert geschmälert wird.

10 Ob die Mietsache verändert wurde, ist durch einen **Vergleich** mit dem **Zustand** bei **Überlassung** zu ermitteln. **Beispiele** für Veränderungen gem. § 538 BGB sind in der Raummiete die Verschlechterung des malermäßigen Zustands, die Abnutzungen von Teppich- oder Parkettböden, die Beschädigungen von mitvermieteten Einrichtungsgegenständen oder der Wegfall der Funktionsfähigkeit von technischen Installationen.

## II. Herbeiführung durch vertragsgemäßen Gebrauch

11 § 538 BGB setzt weiter voraus, dass die Veränderung durch einen vertragsgemäßen Gebrauch herbeigeführt wurde. Für das Verständnis dieses Tatbestandsmerkmals ist maßgeblich, ob die Norm als Gegenrecht des Mieters im laufenden Mietverhältnis oder bei Vertragsende eingesetzt wird.

### 1. Laufendes Mietverhältnis

12 Geht es um den Ausschluss von Vermieterrechten während der Vertragslaufzeit, entspricht der Begriff des vertragsgemäßen Gebrauchs den identischen Formulierungen in § 535 Abs. 1 S. 2, § 536 Abs. 1 S. 1 BGB. Dieses Tatbestandsmerkmal ist nicht legal definiert. Das Gesetz verweist vielmehr auf die Parteiabrede („vertragsgemäß"), weshalb der Umfang des Gebrauchsrechts des Mieters durch – notfalls ergänzende – **Vertragsauslegung** zu ermitteln ist.[14] Hier kommt der Auslegung nach der Interessenlage eine besondere Bedeutung zu.[15] Denn die anderen Auslegungsprinzipien[16] – Wortlaut, Begleitumstände, Systematik, Verkehrssitte – sind häufig unergiebig. Die Bestimmung des Umfangs des Gebrauchsrechts wird daher von dem Grundsatz geprägt, dass die Parteien eine Regelung treffen wollten, die den beiderseitigen Interessen entspricht.[17] Bei dieser Abwägung sind – im Gegensatz zur hM[18] – allerdings nur die Interessen der Vertragsparteien maßgeblich.[19] Zu den Details des facettenreichen Gebrauchsrechts während der Vertragslaufzeit ist auf die Kommentierung bei → BGB § 535 Rn. 284 ff. zu verweisen.

### 2. Vertragsende

13 Nach Vertragsende kann der Mieter § 538 BGB dem Anspruch des Vermieters auf Rückgabe im status quo ante entgegenhalten. In dieser Situation geht es nicht mehr darum, ob der Mieter vertragsgemäßen Gebrauch von der Mietsache gemacht hat, sondern um die Frage, ob er die Folgen seines Nutzungsverhaltens zu beseitigen hat oder nicht. Zu den Details → Rn. 29 ff.

## III. Rechtsfolgen

14 Der Wortlaut von § 538 BGB beschreibt seine Rechtsfolgen nur ungenau. Die Vorschrift richtet sich nicht etwa nur gegen Rechte des Vermieters, die ein Vertretenmüssen des Mieters voraussetzen. § 538 BGB ist vielmehr ein **allgemeines Gegenrecht des Mieters;** seine besondere Bedeutung liegt darin, den Rückgabeanspruch des Vermieters mit Blick auf den geschuldeten (baulichen) Zustand der Mietsache zu definieren. Wie die Norm konkret funktioniert, kann daher nur ermittelt werden, wenn in einem ersten Schritt die Rechte des Vermieters wegen Substanzveränderungen herausgearbeitet werden. In einem zweiten Schritt sind dann die Auswirkungen von § 538 BGB auf diese Vermieterrechte zu erörtern. Bei der Untersuchung ist zwischen laufendem und beendetem Vertrag zu unterscheiden.

15 Zu beachten ist, dass der Mietvertrag sich auch auf Ansprüche des Vermieters aus **anderen Gesetzen** auswirken kann. So führt eine vom Mieter verursachte Bodenkontamination, deren

---

[14] Näher *Lehmann-Richter* NZM 2015, 513.

[15] Vgl. zur Tierhaltung BGH VIII ZR 168/12, NJW 2013, 1526; BGH VIII ZR 260/06, NJW 2008, 218.

[16] Dazu etwa Staudinger/*Singer* BGB § 133 Rn. 44 ff.

[17] Vgl. zu diesem Prinzip etwa BGH V ZR 240/02, NJW-RR 2003, 1053; Staudinger/*Roth* BGB § 157 *Rn. 32.*

[18] BGH VIII ZR 168/12, NJW 2013, 1526; BGH VIII ZR 260/06, NJW 2008, 218, zur Berücksichtigung der Interessen der Nachbarn bei der Tierhaltung.

[19] *Lehmann-Richter* NZM 2015, 513.

Beseitigung er mietvertraglich nicht schuldet, nicht zu einem Ausgleichsanspruch des Vermieters nach § 24 Abs. 2 BBodSchG.[20] Zum **„versicherungsrechtlichen Regressverzicht"** → BGB § 535 Rn. 86ff.

### 1. Laufendes Mietverhältnis

Im laufenden Mietverhältnis ist der **Anwendungsbereich** von § 538 BGB **schmal,** weil im Wesentlichen § 535 Abs. 1 S. 1 BGB die Funktion übernimmt, Rechte des Vermieters wegen eines vertragsgemäßen Gebrauchs des Mieters auszuschließen. Im Einzelnen: 16

**a) Rechte des Mieters wegen eines Mangels.** Rechte des Mieters wegen eines Mangels der Mietsache (Anspruch auf Erhaltung (§ 535 Abs. 1 S. 2 BGB) oder Schadens- und Aufwendungsersatz (§ 536a BGB), Minderung (§ 536 BGB), Kündigung (§ 543 Abs. 2 S. 1 Nr. 1 BGB bzw. § 573 Abs. 1 S. 1 BGB)) bestehen nach einem ungeschriebenen Rechtssatz nicht, wenn der **Mieter** den **Mangel zu vertreten** hat.[21] Diese Einwendung des Vermieters gegen die Gewährleistungsrechte kann nach § 538 BGB entfallen, falls danach der Mieter den Eintritt des Mangels wegen vertragsgemäßer Abnutzung nicht zu vertreten hat.[22] Daneben wirkt sich die Ausgestaltung des Wiederherstellungsanspruchs des Vermieters bei Vertragsende durch § 538 BGB (→ Rn. 29) auf die Mängelrechte des Mieters aus: Wegen einer Substanzveränderung, die der Mieter durch seinen vertragsgemäßen Gebrauch herbeigeführt hat, die er bei Vertragsende aber zu beseitigen hat, stehen ihm keine Mängelrechte zu. Denn es wäre ein unauflösbarer Wertungswiderspruch, dem Mieter während des Vertrags Mängelrechte wegen einer Veränderung zuzusprechen, deren Beseitigung der Vermieter bei Vertragsende von ihm verlangen könnte.[23] 17

**b) Beseitigungsanspruch des Vermieters.** Der Anspruch auf Beseitigung der **Folgen eines vertragswidrigen Gebrauchs** richtet sich im laufenden Mietverhältnis nach § 541 BGB, der über seinen Wortlaut auch auf Beseitigung gerichtet ist[24] und nach hM[25] Ansprüche aus § 1004 Abs. 1 BGB verdrängt. Auf diesen Anspruch ist § 538 BGB ohne Auswirkungen, da die Norm an einen vertragsgemäßen Gebrauch anknüpft. Zu Schadensersatzansprüchen → Rn. 39. 18

Verlangt der Vermieter die Beseitigung der Spuren eines **vertragsgemäßen Gebrauchs,** schließt es der Zweck von § 538 BGB (→ Rn. 3) aus, den Mieter während des Vertrags mit einer entsprechenden Nebenpflicht iSd § 241 Abs. 2 BGB zu belasten. Den Mieter trifft daher im unbeendeten Vertrag nicht die Pflicht, Veränderungen der Mietsache, die durch den vertragsgemäßen Gebrauch ausgelöst werden, zu beseitigen.[26] 19

### 2. Vertragsende

Größere Bedeutung hat § 538 BGB – seiner Entstehungsgeschichte entsprechend (→ Rn. 2) – am Vertragsende. Verlangt der Vermieter zu diesem Zeitpunkt die Beseitigung einer Substanzveränderung ist, kann sich diese Rechtsfolge über § 249 Abs. 1 BGB aus einem Schadensersatzanspruch ergeben (dazu → Rn. 39). Daneben kommen Leistungsansprüche in Betracht, um die es in diesem Abschnitt geht. 20

**a) Rückgängigmachung der Folgen vertragswidrigen Gebrauchs.** Ein **Leistungsanspruch** auf Rückgängigmachung von Substanzveränderungen am Vertragsende, die der Mieter während der Mietzeit durch vertragswidrigen Gebrauch herbeigeführt hat, **besteht nicht.** Denn § 546 Abs. 1 BGB, der nach hier vertretener Ansicht im beschränktem Umfang auch auf Beseitigung von Substanzveränderungen gerichtet ist (→ Rn. 25), erfasst vertragswidrige Gebrauchsspuren nicht.[27] Dafür streitet der Zweck von § 546 Abs. 1 BGB, der am Vertragsende für die Auseinandersetzung der Parteien sorgen soll. Bei vertragswidrigen Veränderungen ist eine Anwendung der Norm nicht geboten, weil die Interessen des Vermieters durch das Schadensersatzrecht hinreichend 21

---

[20] BGH XII ZR 163/13, NZM 2004, 916; BGH XII ZR 52/07, NJW 2009, 139.
[21] Siehe zur Kündigung BGH XII ZR 28/96, NJW 1998, 594; zur Erhaltung und Minderung BGH VIII ZR 191/13, BGHZ 203, 256 Rn. 8.
[22] Siehe BGH VIII ZR 271/07, NJW 2008, 2432, Fogging.
[23] *Lehmann-Richter* ZMR 2019, 313.
[24] BGH VIII ZR 5/05, NJW 2006, 1062; → BGB § 541 Rn. 2.
[25] BGH VIII ZB 93/06, NJW 2007, 2180; BGH VIII ZR 5/05, NJW 2006, 1062.
[26] Bedenklich daher BGH XII ZR 15/07, NJW 2009, 510, Mieter ist gesetzlich zur laufenden Reinigung des Teppichbodens verpflichtet.
[27] Langenberg/Zehelein Schönheitsreparaturen Kap. 2 Rn. 110f.

gewahrt werden, das ihm nach § 249 BGB die Wahl zwischen Naturalrestitution und Geldersatz eröffnet. Auch die systematische Unterscheidung zwischen Primär- und Sekundäransprüchen spricht dagegen, dass § 546 Abs. 1 BGB auf Beseitigung der Folgen vertragswidrigen Verhaltens gerichtet ist, da ein solches typischerweise mit Sekundäransprüchen belegt wird.[28] Die in der Lit. vertretene Gegenansicht[29], die in diesen Fällen für einen Vorrang von § 546 Abs. 1 BGB vor dem Schadensersatzanspruch aus §§ 280 Abs. 1, 241 Abs. 2 BGB plädiert, ist daher abzulehnen. Praktisch wirkt sich dies vor allem dahingehend aus, dass ein Anspruch auf Ersatz der Wiederherstellungskosten nicht unter dem Vorbehalt von § 281 BGB steht. Veränderungen, die der Mieter nach Vertragsende vornimmt, sind wegen des Erlöschens des Vertrags stets vertragswidrig, es sei denn, der Mieter hat eine Anwartschaft auf Vertragsfortsetzung.[30]

22 **b) Rückgängigmachung der Folgen vertragsgemäßen Gebrauchs.** Schwierigkeiten bereitet die Bewertung eines nach Vertragsende geltend gemachten Anspruchs des Vermieters auf Beseitigung von Substanzveränderungen, die der Mieter während der Vertragslaufzeit durch **vertragsgemäßen Gebrauch ausgelöst** hat. An dieser Stelle geht es um einen entsprechenden Leistungsanspruch des Vermieters; zum Schadensersatz wegen Verletzung einer solchen Mieterpflicht → Rn. 42.

23 **aa) Anspruchsgrundlage.** Die erste Frage lautet, ob das Gesetz einen Anspruch des Vermieters auf Herstellung eines bestimmten Zustands der Miete bei Rückgabe **(rückgabegemäßer Sollzustand)** vorsieht (zu vertraglichen Ansprüchen s. unter C). Vier Normen kommen in Betracht: §§ 241 Abs. 2, 258 S. 1, § 546 Abs. 1 BGB sowie § 1004 BGB.

24 Der VIII. und XII. Zivilsenat des **BGH** haben in neueren Entscheidungen eine Beseitigungspflicht nach Vertragsende aus § 546 Abs. 1 BGB mit der These abgelehnt, die Norm enthalte keine Regelung darüber, in welchem Zustand die Wohnung zurückzugeben sei.[31] Der Mieter könne aber bei Nichtbeseitigung von durch vertragsgemäßen Gebrauch ausgelösten Substanzveränderungen nach § 280 Abs. 1 BGB wegen Verletzung einer Nebenpflicht (§ 241 Abs. 2 BGB) schadensersatzpflichtig sein.[32]

25 Diese neuere **Rspr.,** die sich nicht in die frühere Rspr. dieser Senate sowie in die übrige Judikatur einfügt[33], ist **abzulehnen.**[34] Grundlage eines Wiederherstellungsanspruchs ist § 546 Abs. 1 BGB.[35] Dafür spricht zunächst die Entstehungsgeschichte, denn für den Gesetzgeber war eine inhaltlich beschränkte Pflicht zur Rückgabe im status quo ante eine Selbstverständlichkeit (→ Rn. 2). Gestützt wird dieses Ergebnis durch teleologische Erwägungen. Denn § 546 Abs. 1 BGB bezweckt eine Auseinandersetzung der Parteien bei Vertragsende. Die Auseinandersetzung der Parteien ist aber nicht darauf beschränkt, durch Herausgabe und Räumung[36] die Sachherrschaft des Vermieters wieder herzustellen. Vielmehr betrifft die Auseinandersetzung im Grundsatz auch die Verpflichtung des Mieters, andere Veränderungen der Mietsache, nämlich solche an ihrer Substanz, rückgängig zu machen. Steht daher mit § 546 Abs. 1 BGB eine Norm zur Verfügung, die auch den baulichen Zustand bei Rückgabe regelt, bedarf es der Ableitung eines Beseitigungsanspruch des Vermieters aus § 241 BGB in Form einer Nebenleistungspflicht[37] ebenso wenig wie einer ergänzenden Vertragsauslegung.

26 Ein Anspruch auf Beseitigung einer Substanzveränderung kann sich daneben (Anspruchskonkurrenz) auch aus **§ 1004 Abs. 1 BGB** ergeben, weil mit Vertragsende auch die Pflicht des Eigentümers erlischt, während der Vertragszeit rechtmäßige Modifizierungen der Mietsache zu dulden.[38]

---

[28] *Lehmann-Richter* ZMR 2019, 313.

[29] *Stieper* ZGS 2011, 557; für Vorrang von § 546 Abs. 1 BGB, aber gegen eine Anwendung von § 281 BGB etwa *Schermaier* JZ 2018, 950; → BGB § 546a Rn. 83.

[30] Vgl. *Lehmann-Richter* PiG 90 (2011), 199.

[31] BGH XII ZR 79/17, ZMR 2018, 922 Rn. 20; BGH VIII ZR 157/17, NJW 2018, 1746 Rn. 24; BGH VIII ZR 416/12, NJW 2014, 143 Rn. 15; BGH XII ZR 79/18, NJW 2019, 1877 Rn. 38.

[32] BGH VIII ZR 416/12, NJW 2014, 143, Nichtbeseitigung eines vertragsgemäßen bunten Wandanstrichs bei Auszug.

[33] Siehe BGH VIII ZR 152/05, NJW 2006, 2115; BGH XII ZR 65/95, WuM 1997, 217 und BGH IX ZR 62/19, ZIP 2020, 2025 Rn. 14.

[34] Zum Folgenden *Lehmann-Richter* ZMR 2019, 313.

[35] Dafür grds. etwa auch *Derleder* WuM 2006, 175; *Schermaier* JZ 2018, 950; *Sternel* NZM 2017, 169 (173); *Streyl NJW 2018, 1723.*

[36] Siehe dazu etwa BGH XII ZR 52/93, NJW 1994, 3232.

[37] So BeckOGK/*Riehm* BGB § 280 Rn. 149.

[38] Vgl. zu diesem Prinzip BGH V ZR 58/62, NJW 1964, 1794.

**bb) Anspruchsumfang.** Unabhängig davon, ob man die Pflicht zur Rückgabe der Mietsache in einem bestimmten Zustand auf § 241 Abs. 2 BGB oder auf § 546 BGB stützt, stellt sich die Frage nach dem Anspruchsumfang.[39] Zu betonen ist erneut, dass es hier um den **kraft Gesetzes geschuldeten Zustand** bei Rückgabe geht; zu vertraglichen Ansprüchen siehe Kap. C. 27

**(1) Beschränkung auf vom Mieter zu vertretende Substanzveränderungen.** Eine Beseitigungspflicht setzt jedenfalls voraus, dass der **Mieter** die **Substanzveränderung zu vertreten** hat. Die Überlassung der Mietsache zum Gebrauch führt nämlich nicht dazu, dass die Gefahr einer zufälligen Verschlechterung auf den Mieter übergeht. Dieser Grundsatz greift auch beim Wiederherstellungsanspruch aus § 546 Abs. 1 BGB.[40] Dieses Ergebnis, nämlich die Beschränkung der Beseitigungspflicht bei Vertragsende auf vom Mieter zu vertretende Verschlechterungen, wird auch durch die Gesetzesgeschichte (→ Rn. 2) gestützt. Der Wiederherstellungsanspruch setzt daher voraus, dass der Mieter die von der Norm erfassten vertragsgemäßen Veränderungen aufgrund eigenen oder fremden, ihm zurechenbaren schuldhaften Verhaltens zu vertreten hat. Daran fehlt es etwa, wenn der Mieter in der Wohnung unvorhersehbar verstirbt, weshalb seine Erben nicht aus § 546 Abs. 1 BGB verpflichtet sind, die Verwesungsspuren zu beseitigen.[41] 28

**(2) Beschränkung durch § 538 BGB auf Folgen des atypischen Gebrauchs.** Seinem Wortlaut nach scheint § 538 BGB einem Anspruch auf Rückgängigmachung von durch den vertragsgemäßen Gebrauch ausgelösten Substanzveränderungen entgegenzustehen. Der BGH erwähnt in seiner Leitentscheidung zur Umdekoration einer Wohnung zwar diese Schranke; seine Argumentation, warum § 538 BGB einer Haftung des Mieters nicht entgegensteht, ist aber nebulös.[42] Bei näherer Betrachtung ist die Unterscheidung des BGH zwischen den Rechten während des Vertrags und dem Sollzustand bei Vertragsende aber überzeugend. Denn die Anwendung von § 538 BGB darf nicht beim Wortlaut stehen bleiben, sondern muss auch den Normzweck in den Blick nehmen. Die Vorschrift soll die Rechte des Vermieters wegen einer durch den Mietgebrauch verursachten Veränderung beschränken, was sich damit rechtfertigt, dass der Vermieter als Gegenleistung die Miete erhält (→ Rn. 3). Es geht mithin darum, den Umfang der Rückgabepflicht im Lichte dieses Normzwecks zu bestimmen: Richtig ist nur ein Ergebnis, dass eine Überkompensation des Vermieters bei Rückgabe vermeidet. Dieser Kompensationsgedanke spricht dafür, dass die Folgen eines atypischen vertragsgemäßen Gebrauchs unter die Beseitigungspflicht aus § 546 Abs. 1 BGB fallen. Denn mit den hierauf beruhenden Folgen muss der Vermieter nicht unbedingt rechnen, weshalb seine Vermietungsentscheidung nicht die Übernahme dieses Veränderungsrisikos beinhaltet. 29

Maßgebliches **Abgrenzungskriterium** ist daher, ob bei Vertragsende Substanzveränderungen wegen eines Gebrauchs vorliegen, mit dem der Vermieter nicht rechnen musste und die er daher bei Vertragsabschluss berechtigterweise außer Betracht lassen durfte. Bei solchen Folgen **atypischen Gebrauchs** fehlt die Rechtfertigung für eine Beschränkung des Anspruchs auf Rückgabe im Zustand status quo ante. Die Wiederherstellungspflicht bezieht sich aus diesem Grund etwa nicht auf Veränderungen, zu denen der Vermieter den Mieter veranlasst und mit denen er daher rechnen musste.[43] Entscheidend ist, ob unter Berücksichtigung des Mietzwecks sich der die Substanzveränderung auslösende vertragsgemäße Gebrauch von dem durchschnittlichen Gebrauch deutlich unterscheidet. Es handelt sich um eine **normativ-typisierende Betrachtung.** Die ausdrückliche vertragliche Gestattung besonderer baulicher Veränderungen durch den Mieter fällt in die Kategorie des atypischen vertragsgemäßen Gebrauchs[44], was zur Rückbaupflicht nach § 546 Abs. 1 BGB führt, wenn die Parteien den Rückbau nicht konkret vereinbart haben (vgl. → BGB § 546 Rn. 44). 30

Dieses Abgrenzungskriterium lässt sich auch in der **Rspr.** des BGH nachweisen. So spricht der BGH in einer Entscheidung aus dem Jahr 2002 zutreffend davon, der Mieter sei nicht verpflichtet, eine durch den vertragsgemäßen Gebrauch notwendigerweise eingetretene Beschädigung der Mietsache zu beseitigen.[45] Besonders deutlich wird das Kriterium des atypischen Mietgebrauchs 31

---

[39] Siehe zum Folgenden *Lehmann-Richter* ZMR 2019, 313.

[40] Vgl. *Hau* NZM 2006, 561.

[41] IE zutr. daher AG Bad Schwartau ZMR 2001, 806.

[42] BGH VIII ZR 416/12, NJW 2014, 143 Rn. 17f.

[43] BGH VIII ZR 316/06, NJW 2007, 3776 Rn. 19 (keine Pflicht des Mieters, aufgrund einer unwirksamen Schönheitsreparatur-AGB angebrachte Tapeten zu entfernen).

[44] *Lehmann-Richter* ZMR 2019, 313.

[45] BGH XII ZR 107/99, NJW 2002, 3234, der an anderer Stelle in der Entscheidung von „ohne besondere Vorkommnisse üblichen" Veränderungen spricht; s. auch BGH XII ZR 15/93, ZMR 1995, 577 „Folgen typischer Gebrauchsbeschädigungen".

aber aus den Entscheidungen des BGH zum Rauchen bzw. der bunt gestrichenen Wohnung: So muss der Mieter Spuren des Rauchens nur beseitigen, wenn sie sich nicht allein durch Schönheitsreparaturen beseitigen lassen, sondern darüber hinausgehende Instandsetzungsarbeiten erfordern[46] und von ihm bunt gestrichene Wände nur dann wieder weiß streichen, falls die Art der Dekoration für breite Mieterkreise nicht akzeptabel ist[47]. Diese Urteile beruhen auf dem zutreffenden Topos, nach dem § 538 BGB eine Bewertung der Substanzveränderung als Folge eines gewöhnlichen oder außergewöhnlichen Mietgebrauchs erfordert.

32 Aus § 538 BGB folgt, dass der Mieter keineswegs verpflichtet ist, die Mietsache stets in einem Zustand zurückzugeben, der eine baldige Weitervermietung ermöglicht. Dieser Satz aus der Umdekorationsentscheidung des BGH[48] betraf den konkreten Sachverhalt und ist nicht verallgemeinerungsfähig. Die **anspruchsbeschränkende Funktion** von § 538 BGB betrifft nicht nur **§ 546 Abs. 1 BGB,** sondern ebenso andere auf Beseitigung gerichtete Normen wie **§ 1004 BGB.** § 258 Abs. 1 S. 1 BGB gibt dem Vermieter indes keinen Anspruch auf Wiederherstellung des status quo ante; ein solcher folgt allein aus § 546 Abs. 1 BGB.[49] Wenn sich aus § 538 BGB ergibt, dass der Vermieter die Folgen der Wegnahme hinzunehmen hat, scheidet ein Wiederherstellungsanspruch nach § 546 Abs. 1 BGB aus. In Rspr. und Lit. wird – ohne indes die Funktion von § 258 Abs. 1 S. 1 BGB und sein Verhältnis zu § 538 BGB zu diskutieren – allerdings ein abweichendes Ergebnis vertreten.[50] Diese Ansicht ist deshalb abzulehnen, weil die Einordnung einer Sache als Einrichtung iSd § 258 BGB kein geeignetes Kriterium ist, um die Mieterpflichten bei Vertragsende zu bestimmen. Diese werden vielmehr speziell und damit vorrangig durch § 538 BGB vorgegeben.

33 **(3) Einzelfälle.** Die Anwendungsbeispiele zur Bestimmung des Umfangs der Rückgabepflicht sind vielfältig. Eine aus §§ 546 Abs. 1, 538 BGB folgende gesetzliche Pflicht zur **Endrenovierung** besteht, wenn der Mieter die Räume in einen **ungewöhnlichen Dekorationszustand** versetzt hat.[51] Das ist nicht bereits dann der Fall, wenn der Mieter die Wohnung nicht in weiß zurückgibt. Maßgeblich ist vielmehr, ob die Räume sich in einem farblichen Zustand befinden, der von vielen Mietinteressenten nicht akzeptiert wird.[52] Es handelt sich um eine Würdigung nach den Umständen des Einzelfalls. Die Rspr. hat Orientierungshilfen gegeben: Ungewöhnlich ist eine Dekoration in kräftigen Farben (rot, gelb, blau)[53], aber auch in Latexfarben[54]. Nicht ungewöhnlich ist hingegen eine Dekoration in hellen, neutralen und deckenden Farben.[55] Es ist im Streitfall Aufgabe des Richters, den konkreten Sachverhalt der einen oder der anderen Fallgruppe zuzuordnen. Da der Anspruch aus § 546 Abs. 1 BGB nicht zu einer Rückgabe in einem verbesserten Zustand verpflichtet, trifft den Mieter eine Endrenovierungspflicht nach dieser Norm nur, wenn er die Wohnung in einem gewöhnlichen Dekorationszustand vom Vermieter erhalten hat.[56] Zur Nichterfüllung der Renovierungspflicht → Rn. 42.

34 Eine Pflicht, **Dübellöcher** oder andere Bohrlöcher zu beseitigen, besteht nur, wenn diese auf einem atypischen Nutzerverhalten beruhen.[57] Mit dem Kriterium des atypischen Gebrauchs lassen sich auch Fälle bewältigen, in denen der Vermieter die Beseitigung von **Verschmutzungen oder Verunreinigungen** verlangt. So hat der BGH etwa entschieden, dass den Geschäftsraummieter aus dem Gesetz keine Pflicht zur Grundreinigung des Teppichbodens trifft.[58] Das ist deshalb zutreffend, weil jeder Vermieter damit rechnen muss, dass er nach Vertragsende die typischerweise auftretenden Gebrauchsspuren beseitigen muss. Deshalb ist etwa auch der Mieter eines Kfz nicht zu dessen Rei-

---

[46] BGH VIII ZR 37/07, NJW 2008, 1439.
[47] BGH VIII ZR 416/12, NJW 2014, 143 Rn. 18.
[48] BGH VIII ZR 416/12, NJW 2014, 134 Rn. 19.
[49] BGH IX ZR 62/19, ZIP 2020, 2025 Rn. 20.
[50] *Blank/Börstinghaus* BGB § 538 Rn. 2; iE auch LG Berlin NJW 2016, 580.
[51] BGH VIII ZR 48/09, NJW 2010, 674 Rn. 16; BGH VIII ZR 224/07, NJW 2008, 2499 Rn. 18.
[52] BGH VIII ZR 416/12, NJW 2014, 143 Rn. 18.
[53] BGH VIII ZR 416/12, NJW 2014, 143.
[54] LG Wuppertal GE 2020, 1052.
[55] Vgl. BGH VIII ZR 224/07, NJW 2008, 2499 Rn. 18. Dort erklärt der BGH durch obiter dictum, dass eine Klausel, die den Mieter zur Rückgabe in hellen, neutralen, deckenden Farben verpflichte, „dem Mieter vielleicht einen etwas engeren Rahmen“ setze als die gesetzliche Pflicht zur Rückgabe in einem gewöhnlichen Dekorationszustand.
[56] *BGH VIII ZR 416/12, NJW 2014, 143 Rn. 13.*
[57] Vgl. LG Berlin GE 2014, 253; für unbeschränkte Beseitigungspflicht hingegen LG Wuppertal GE 2020, 1052; *Sternel* NZM 2017, 169 (181).
[58] BGH XII ZR 15/07, NJW 2009, 510.

nigung und der Mieter von Räumen nicht zu Schönheitsreparaturen verpflichtet – es sei denn, es steht ein atypisches Verhalten in Rede (→ Rn. 30). Darum handelt es sich etwa bei den Spuren, die durch das Unterlassen einer laufenden Reinigung der Wohnung entstehen. Denn da der Vermieter mit einer solchen durch den Mieter rechnen darf, sind diese Spuren vom Mieter bei Vertragsende zu beseitigen.[59] Ist Mietzweck der Betrieb einer Tankstelle und obliegt dem Mieter die Ausstattung mit den hierfür erforderlichen Einrichtungen, so trifft ihn bei Vertragsende die Pflicht zur Beseitigung von Bodenkontaminationen, falls der Mieter die nach den geltenden Umweltstandards erforderlichen Vorkehrungen nicht ergreift.[60] Anders ist es, wenn die Einrichtungen mitvermietet sind und die Kontamination auf einem üblichen Gebrauch der Einrichtungen beruht.[61] Der Raumvermieter muss mit den typischen Verschmutzungen und Beschädigungen der Dekoration der Räume[62], von Türen[63] oder Fenstern, des Teppichbodens[64], anderen Bodenbelägen[65], etwa des Parketts[66] sowie sonstigen Einrichtungsgegenständen[67] rechnen. Maßgeblich sind die Umstände des Einzelfalls, also was ohne außergewöhnliche Vorkommnisse[68] an Verschleiß üblich ist. Ist dem Mieter die **Tierhaltung** gestattet, sind daher die hierdurch verursachten typischen Folgen vertragsgemäß.[69] Durch **Rauchen** verursachte Substanzveränderungen sind nach der Rspr. des BGH solange üblich, wie sie sich noch durch Schönheitsreparaturen (zum Begriff → Rn. 76) beseitigen lassen.[70]

**cc) Beweisfragen.** Die Darlegungs- und Beweislast dafür, dass ihm ein Anspruch auf Rückgabe der Mietsache in einem bestimmten Zustand zusteht, trägt nach allgemeinen Grundsätzen der **Vermieter.** Denn § 546 Abs. 1 BGB enthält nicht etwa eine Pflicht zur Rückgabe im status quo ante, gegen die sich der Mieter mit von ihm zu beweisenden Einwendungen – zB zufällige Verursachung einer Substanzveränderung – verteidigen müsste. Gegen ein solches Normverständnis[71] spricht vor allem, dass während der Mietzeit den Vermieter das Risiko von nicht vom Mieter zu vertretenden Verschlechterungen trifft (§ 535 Abs. 1 S. 2 BGB) und das Vertragsende kein geeignetes Kriterium für einen entsprechenden Gefahrübergang auf den Mieter ist. **35**

Die Beweislast umfasst einmal den Nachweis, dass die gerügte Veränderung der Mietsache bei Übergabe noch nicht vorhanden war. Daneben muss der Vermieter beweisen, dass die Veränderung vom Mieter zu vertreten ist. Ist die Verursachung durch den Mieter streitig, so überzeugt es, mit Blick auf das allgemeine Prinzip der **Beweislastverteilung nach Verantwortungsbereichen**[72] die von der Rspr. beim Schadensersatzanspruch wegen Überschreitung des Gebrauchsrechts entwickelten Beweiserleichterungen (→ Rn. 44) entsprechend anzuwenden. Steht danach die Verursachung der Substanzveränderung durch den Mieter fest, trifft diesen die Beweislast dafür, dass es an einem Vertretenmüssen fehlt.[73] **36**

Ob eine Substanzveränderung als Folge eines **typischen** Mietgebrauchs wegen § 538 BGB nicht zu beseitigen ist, ist hingegen keine Tat-, sondern eine **Rechtsfrage,** weil die Bestimmung des Umfangs der Rückgabepflicht des Mieters durch eine rechtliche Bewertung erfolgt, nämlich danach, mit welchen Abnutzungsspuren der Vermieter typischerweise rechnen musste (→ Rn. 30). Aus dem Charakter der Norm als Gegenrecht folgt, dass der Mieter die Darlegungs- und Beweislast für die **Tatsachen** trägt, die für diese **rechtliche Bewertung erforderlich** sind. Beruft sich etwa **37**

---

[59] Vgl. BGH XII ZR 15/07, NJW 2009, 510 Rn. 13f.
[60] BGH XII ZR 52/07, NJW 2009, 139 Rn. 15; BGH XII ZR 107/99, NJW 2002, 3234.
[61] BGH XII ZR 163/13, NZM 2004, 916.
[62] ZB AG Ravensburg WuM 2007, 262.
[63] ZB AG Saarbrücken ZMR 2017, 751.
[64] ZB BGH XII ZR 15/07, NJW 2009, 510; s. auch AG Magdeburg NZM 2000, 657 (nikotinvergilbter Teppich nicht durch § 538 BGB gerechtfertigt).
[65] ZB OLG Düsseldorf ZMR 2008, 660; AG Gießen ZMR 2015, 132.
[66] KG NZM 2011, 246.
[67] ZB LG Cottbus NZM 2014, 515 (von Kleinkind eingenässte Matratze); AG Charlottenburg 26.6.2013 – 221 C 250/11, juris (Badewanne).
[68] BGH XII ZR 107/99, NJW 2002, 3234.
[69] Siehe LG Koblenz NJW 2014, 2660, mit zweifelhafter Einzelfallwürdigung; AG Saarbrücken ZMR 2017, 751.
[70] BGH VIII ZR 186/14, NJW 2015, 1239 mwN.
[71] Wie es Anfang des letzten Jahrhunderts in Rspr. und Lit. teilweise vertreten wurde, vgl. die Darstellung bei *Mittelstein,* Die Miete nach dem Rechte des Deutschen Reiches, 1913, S. 377.
[72] Dazu etwa BGH VIII ZR 28/04, NZM 2005, 100 Rn. 11.
[73] Vgl. OLGR Köln 1996, 27.

der Mieter auf einen vom Vermieter bestrittenen Nutzungszweck, der die in Rede stehende Substanzveränderung als gewöhnlich erscheinen ließe, ist er hierfür beweispflichtig.

38 **dd) Vorteilsausgleich.** Führt die Erfüllung der Rückgabepflicht dazu, dass der Vermieter die Mietsache in einem **verbesserten Zustand zurückerhält** als sie sich ohne die Substanzveränderung und deren Beseitigung befunden hätte, ist dies im Wege des Vorteilsausgleichs zu berücksichtigen.[74] Der Mieter schuldet Beseitigung der Substanzveränderung nur Zug-um-Zug gegen Herausgabe des Vorteils[75]; hat er beseitigt, ist der Vermieter nach § 812 Abs. 1 S. 1 Alt. 1 BGB zur Vorteilsherausgabe verpflichtet. Ist die Beseitigung der Veränderung wegen eines vom Vermieter geplanten Umbaus der Mietsache sinnlos, steht dem Vermieter kein Ausgleichsanspruch in Geld im Wege der ergänzenden Vertragsauslegung zu.[76]

38a In der **gerichtlichen Praxis** finden sich folgende Aussagen zur **Nutzungsdauer** von Bauteilen, die selbstverständlich nur als Richtschnur dienen können: Schließanlagen 20–25 Jahre[77], Teppichboden in gewerblichen Räumen 10–15 Jahre[78], in Wohnungen zehn Jahre[79], Jalousien weniger als 40 Jahre[80], Styropor-Deckenplatten 10–20 Jahre[81], Maschendrahtzaun 50 Jahre[82], Brauseschlauch zehn Jahre[83], Parkettboden 30 Jahre[84] oder 60 Jahre[85], Parkettbodenversiegelung 12,5 Jahre[86], PVC-Bodenbelag 20 Jahre[87], Treppenbelag zehn Jahre[88], Laminatboden zehn Jahre[89], Holzfenster 40–50 Jahre[90], Einbauküche 25–30 Jahre[91], Sanitäranlagen 20 Jahre[92], Fliesen 20 Jahre[93], Wohnungseingangstüren 30–35 Jahre[94], Tapeten ein vielfaches von zehn Jahren[95], Heizkörper- und leitungen mindestens 40 Jahre[96], Tür- und Fenstergläser rund 80 Jahre[97], Lichtschalter und Steckdosen 15 Jahre[98], Innenwandputz rund 40 Jahre[99].

### 3. Schadensersatzansprüche des Vermieters wegen Substanzveränderungen

39 Verändert der Mieter die Substanz der Mietsache, kann dies zu Schadensersatzansprüchen nach **§ 280 Abs. 1 BGB** oder **§ 823 Abs. 1 BGB** führen.[100] Ob § 538 BGB bei der Anwendung dieser Normen eine Funktion hat, hängt davon ab, welche Pflichtverletzung (§ 280 Abs. 1 BGB) bzw. welches Verursachungsverhalten (§ 823 Abs. 1 BGB) dem Mieter vorgeworfen wird:

40 **a) Verursachung der Substanzveränderung als Pflichtverstoß.** Beruht die Substanzveränderung auf einem Verhalten, mit dem der Mieter die **Grenzen** des **vertragsgemäßen Gebrauchs überschreitet,** ändert § 538 BGB an einer etwaigen Schadensersatzpflicht nichts. Denn die Norm gestattet ein vertragswidriges Gebrauchsverhalten nicht; der Mieter ist nach §§ 280 Abs. 1, 241 Abs. 2 BGB zum Schadensersatz verpflichtet[101]. Beruht die Substanzveränderung

---

[74] Vgl. zum Vorteilsausgleich beim vertraglichen Nacherfüllungsanspruch *Gsell* NJW 2003, 1969 (1971), Kaufvertrag; BGH VII ZR 169/82, NJW 1984, 2457, Werkvertrag.
[75] Vgl. BGH II ZR 103/57, NJW 1958, 1232.
[76] BGH VIII ZR 231/84, NJW 1986, 309.
[77] OLG Dresden GE 2019, 1418.
[78] OLG Frankfurt a. M. BeckRS 2012, 20666.
[79] LG Berlin BeckRS 2018, 46903.
[80] LG Berlin BeckRS 2016, 134216.
[81] KG BeckRS 2005, 8169.
[82] LG Kleve ZMR 2006, 45.
[83] LG Koblenz WuM 2011, 564.
[84] AG Tempelhof-Kreuzberg ZMR 2019, 971.
[85] LG Köln ZMR 2018, 674.
[86] AG Steinfurt BeckRS 2006, 134913.
[87] LG Köln ZMR 2018, 674.
[88] AG Hannover ZMR 2017, 898.
[89] AG Steinfurt BeckRS 2006, 134913.
[90] LG Köln ZMR 2018, 674.
[91] OLG Schleswig NJW-RR 2008, 691.
[92] AG Osnabrück BeckRS 2013, 21555; AG Köln WuM 1988, 106 (Badewanne).
[93] BGH VIII ZR 208/02, NJW 2003, 2234.
[94] LG Köln WuM 2000, 548.
[95] OLG Hamm NJW 2018, 2648.
[96] LG Itzehoe ZMR 2012, 872.
[97] LG Berlin GE 2013, 1005.
[98] *AG Mönchengladbach-Rheydt ZMR* 2013, 724.
[99] LG Coburg BeckRS 2019, 33869.
[100] Siehe nur BGH VIII ZR 157/17, NJW 2018, 1746.
[101] BGH VIII ZR 157/17, NJW 2018, 1746; BGH XII ZR 79/17, NZM 2018, 717.

hingegen auf einem Verhalten, mit dem der Mieter die Grenzen des vertragsgemäßen Gebrauchs **nicht überschreitet,** fehlt es an einer Pflichtverletzung (§ 280 Abs. 1 BGB) bzw. der Widerrechtlichkeit (§ 823 Abs. 1 BGB[102]). Auch in diesem Fall ist § 538 BGB also ohne Bedeutung.

**b) Nichtvermeidung der Substanzveränderung als Pflichtverstoß?.** Aus § 535 Abs. 1 S. 2 BGB folgt, dass der vertragsgemäße Gebrauch selbst keine Pflichtverletzung ist. Die Norm schließt es aber nicht aus, den Mieter mit einer Nebenpflicht iSd § 241 Abs. 2 BGB zu belasten, bei Ausübung des vertragsgemäßen Gebrauchs **Schutzmaßnahmen**[103] zu ergreifen, um jegliche negative Veränderungen der Mietsache zu vermeiden (Beispiel: Abdecken eines Parkettbodens mit Auslegware, um Abnutzung des Holzes durch vertragsgemäßen Gebrauch zu verhindern). Jedenfalls aus § 538 BGB folgt aber, dass den Mieter eine solche Schutzpflicht nicht trifft. 41

**c) Nichtbeseitigung der Substanzveränderung als Pflichtverstoß.** Die einen Anspruch aus § 280 BGB auslösende Pflichtverletzung kann auch in der **Nichtbeseitigung** der **Veränderung** liegen. Das ist in Fällen denkbar, in denen der Mieter nach Vertragsende gem. § 546 Abs. 1 BGB die Beseitigung von durch vertragsgemäßen Gebrauch ausgelösten Veränderungen schuldet (→ Rn. 22). Es handelt sich um einen **Schadensersatz statt der Leistung,** der voraussetzt, dass auch § 280 Abs. 3 BGB (näher → Rn. 142) erfüllt ist.[104] Der BGH sieht dies iErg – indes ohne Erörterung des Problems – anders und gewährt Schadensersatz ohne Nachfrist.[105] Gegen den BGH spricht neben den in der Lit. bereits vorgetragenen Argumenten[106] der Widerspruch zu den Fällen, in denen sich der Mieter ausdrücklich zur Beseitigung der Veränderung verpflichtet hat. Die Haftung wegen Nichterfüllung einer solchen Pflicht steht nämlich unter dem Vorbehalt des § 281 BGB.[107] Es überzeugt nicht, zu einem anderen Ergebnis zu gelangen, wenn es an einer konkreten Beseitigungsabrede fehlt. Denn in beiden Fällen beruht der Pflichtvorwurf auf demselben tatsächlichen Verhalten, nämlich der Nichtausführung von Wiederherstellungsarbeiten. 42

Beim Schadensersatzanspruch statt der Leistung wegen Verletzung der Pflicht zur Rückgabe im Sollzustand ist eine fiktive **Schadensberechnung** unzulässig (→ Rn. 136).[108] Zu beachten ist, dass der Mieter nur für den Nachteil haftet, der auf dem atypischen Gebrauch beruht, nicht hingegen für die typischen Substanzveränderungen.[109] Die Problematik sei pars pro toto für die Umdekorationsfälle (→ Rn. 31) beschrieben. Hier sind zum einen die Mehrkosten zu ersetzen, die der Vermieter zur Beseitigung des ungewöhnlichen Dekorationszustands aufwendet, etwa die Kosten einer nur zur Überdeckung des Farbtons erforderlichen Grundierung. Von den übrigen Kosten ist ein Abzug „neu für alt" vorzunehmen, wenn durch die Renovierungsarbeiten die Wohnung in einen besseren Zustand versetzt wird als sie sich bei Rückgabe befunden hätte, falls der Mieter auf die ungewöhnliche Dekoration verzichtet hätte.[110] Diesen Abzug kann der Richter im Streitfall nach § 287 Abs. 1 ZPO schätzen.[111] Hat der Mieter die Räume nur teilweise in einem ungewöhnlichen Zustand zurückgegeben, fallen die Kosten der Dekoration anderer Raumteile oder Räume nur dann unter die Schadensersatzpflicht, falls anderenfalls ein uneinheitliches dekoratives Gesamtbild entstehen würde.[112] 43

**d) Darlegungs- und Beweislast.** Die Darlegungs- und Beweislast, dass die Veränderung auf einem **Mieterverhalten** beruht, trifft nach allgemeinen Grundsätzen den Vermieter. Indes greift zu seinen Gunsten eine **Beweiserleichterung:** Ist streitig, ob die Mietsache infolge des Miet- 44

[102] Vgl. BGH X ZR 142/03, NJW-RR 2005, 172. Sähe man dies anders, würde § 823 Abs. 1 BGB das Verschulden des Mieters ausschließen, weil die Regelung des Vertretenmüssens in § 538 BGB auch das Verschulden erfasst, vgl. BGH IVa ZR 104/83, NJW 1985, 794.

[103] Zur Obhutspflicht → BGB § 535 Rn. 275 ff.

[104] *Fervers* WuM 2017, 429 (434). Nach *Schermaier* JZ 2018, 590 (591) soll die Fristsetzung generell entbehrlich sein, was nicht überzeugt. Denn der gesetzliche Sollzustand bei der Rückgabe ist häufig alles andere als einfach zu bestimmen, weshalb der Mieter durch das Recht auf einen zweiten Leistungsversuch zu schützen ist.

[105] BGH VIII ZR 416/12, NJW 2014, 143. BGH VIII ZR 157/17, NJW 2018, 1746 und BGH XII ZR 79/17, NZM 2018, 717 betrafen hingegen Fälle eines vertragswidrigen Gebrauchs.

[106] *Fervers* WuM 2017, 429 (434).

[107] BGH VIII ZR 157/17, NJW 2018, 1746 Rn. 17 mN.

[108] Anders ist es, wenn die Überschreitung des vertragswidrigen Gebrauchs die Pflichtverletzung ist, weil dann § 249 Abs. 2 BGB gilt.

[109] BGH VIII ZR 416/12, NJW 2014, 143 Rn. 23.

[110] *Sternel* NZM 2017, 169 (175); s. auch die entsprechende Berechnungsmethode bei LG Gießen BeckRS 2013, 18160, die BGH VIII ZR 416/12, NJW 2014, 143 Rn. 23 in der Revision gebilligt hat.

[111] Vgl. auch *Sternel* NZM 2017, 169 (175), der zur Berechnung auf die üblichen Renovierungsfristen zurückgreift.

[112] *Sternel* NZM 2017, 169 (175); ähnl. Lützenkirchen/*Lützenkirchen* BGB § 535 Rn. 595.

gebrauchs verändert oder verschlechtert wurde, trägt der Vermieter nur die Beweislast dafür, dass die Schadensursache dem Obhutsbereich des Mieters entstammt; den konkreten Nachweis der Art der Verursachung muss er nicht führen.[113] Hierfür muss der Vermieter die Möglichkeit anderweitiger Schadensquellen entkräften. Solche nicht aus dem Bereich des Mieters stammenden alternativen Ursachen müssen aber von einer Partei im Prozess vorgetragen worden sein. Den Vermieter trifft nämlich nicht etwa die Pflicht, die rein abstrakte Möglichkeit anderer Ursachen auszuräumen, für die es keinerlei Anhaltspunkte gibt.[114] Die dem Vermieter obliegende Beweisführung umfasst danach zweierlei: Zum einen muss der Vermieter den Beweis führen, dass eine mögliche Verursachung durch Dritte, für die der Mieter nicht nach § 278 BGB haftet, ausscheidet.[115] Daneben muss er Ursachen aus seinem **Obhuts- und Verantwortungsbereich** ausräumen. In diesen Bereich fällt insbes. der Zustand der Mietsache, weil der Vermieter zu Erhaltung derselben verpflichtet ist, § 535 Abs. 1 S. 2 BGB. Etwas anderes gilt nur, wenn die Erhaltungspflicht des defekten Teils wirksam auf den Mieter übertragen wurde.[116] Der Vermieter muss daher zum einen nachweisen, dass der Schaden an einem Teil der Mietsache nicht auf Verschleiß beruht. Zum anderen ist er mit dem Beweis belastet, dass der Schaden (etwa ein Brand) nicht von einem Mangel der Mietsache (etwa einer schadhaften Elektroleitung) verursacht wurde. Zudem muss der Vermieter die Möglichkeit einer zufälligen Beschädigung ausräumen.[117] Gelingt dem Vermieter der ihm danach obliegende Nachweis, so trägt der Mieter die Beweislast dafür, dass der Schaden nicht von ihm verursacht wurde. Diese Verteilung der Beweislast ist – entgegen der hM[118] – keine Rechtsfolge des § 538 BGB, weil schon der Wortlaut der Norm nichts für eine Beweislastregel hergibt. Sie beruht vielmehr auf dem allgemeinen Prinzip der Beweislastverteilung nach Verantwortungsbereichen.[119]

45 Steht danach eine Verursachung durch den Mieter fest, trifft diesen die Darlegungs- und Beweislast dafür, dass das **Verursachungsverhalten vertragsgemäß** war.[120] Gelingt ihm dieser Nachweis, kann ihn § 546 Abs. 1 BGB bei Vertragsende dennoch zur Beseitigung verpflichten, vorausgesetzt, es handelt sich um Folgen eines **atypischen Gebrauchs** (→ Rn. 30); bei der Würdigung handelt es sich um eine Rechtsfrage (→ Rn. 30). Im Übrigen bestehen für die Verteilung der Darlegungs- und Beweislast bei Ansprüchen wegen Substanzveränderungen keine Besonderheiten. Beim Anspruch aus § 280 BGB richtet sich die Beweislastverteilung bzgl. des **Vertretenmüssens** mithin nach § 280 Abs. 1 S. 2 BGB. § 538 BGB enthält nicht etwa im Umkehrschluss die Aussage, dass der Mieter für die Folgen der Überschreitung des vertragsgemäßen Gebrauchs verschuldensunabhängig haftet. Zur Bedeutung eines Rückgabeprotokolls → Rn. 58.

### IV. Bedeutung außerhalb der Raummiete

46 Die hier (→ Rn. 9 ff.) beschriebenen Grundsätze gelten nicht nur für die Raummiete, sondern auch für die Vermietung anderer Sachen. Das betrifft etwa die **Automiete;** hier folgt aus § 538 BGB, dass der Mieter für die vertragsgemäße Abnutzung des Kfz nicht verantwortlich ist.[121] Ebenso wie in der Raummiete setzt eine Haftung des Mieters nach § 280 BGB daher voraus, dass die Verschlechterung des Kfz durch sein Verhalten eingetreten und es sich nicht um eine Folge typischen Mietgebrauchs handelt (→ Rn. 28 f.). Von besonderer praktischer Bedeutung ist hier die Beweislastverteilung. Es ist offensichtlich, dass der zur Raummiete entwickelte Topos des Obhuts- und Verantwortungsbereichs (→ Rn. 44) für die Kfz-Miete nicht ohne weiteres passt. Denn Kfz befinden sich, wenn sie abgestellt werden, typischerweise im ungesicherten öffentlichen Straßenraum, was für Immobilien nicht gilt. Dennoch wird in der Instanzrechtsprechung teilweise behauptet,

[113] BGH XII ZR 188/92, NJW 1994, 2019 mit der Klarstellung, dass auch die ältere Rspr. (insbes. BGH VIII ZR 288/74, NJW 1976, 1315), aus der teilweise eine andere Beweislastverteilung abgeleitet worden war nicht anders zu verstehen sei; BGH XII ZR 28/96, NJW 1998, 594.

[114] Vgl. BGH LwZR 5/91, NJW 1992, 1036.

[115] BGH VIII ZR 28/04, NZM 2005, 100.

[116] OLG Düsseldorf DWW 1992, 241. Anschaulich BGH XII ZR 188/92, NJW 1994, 2019: Dort war ungeklärt, ob ein Brand durch eine vom Mieter installierte Lampe oder durch ein bauseits verlegtes Kabel verursacht worden war. Der BGH ordnete das Kabel dem Verantwortungsbereich des Vermieters zu, weil die Erhaltungslast für dieses Bauteil nicht auf den Mieter abgewälzt worden sei.

[117] BGH VIII ZR 28/04, NZM 2005, 100 Rn. 11; OLG Hamburg RuS 2009, 156.

[118] *Siehe Fn. 6.*

[119] BGH VIII ZR 28/04, NZM 2005, 100 Rn. 11.

[120] BGH XII ZR 148/06, NJW 2009, 142 Rn. 16; *Gsell* NZM 2010, 71 (78).

[121] AG Rheinbach BeckRS 2015, 14092.

den Kfz-Mieter treffe die Beweislast dass er seine Verpflichtung zur unbeschädigten Rückgabe des Fahrzeugs erfüllt habe.[122] Nach der zutreffenden Gegenansicht gehen unaufklärbare Schadensursachen hingegen zu Lasten des Vermieters.[123] Der Mieter ist im Rahmen seiner sekundären Darlegungslast[124] aber verpflichtet, zu den Umständen der Schadensverursachung vorzutragen. § 538 BGB gilt auch beim sog. **Operatingleasing,** das nach hM als Mietvertrag qualifiziert wird.[125] Inwieweit hier bei Verschlechterungen die bei → Rn. 44 beschriebenen Beweislastgrundsätze greifen, hängt von der Leasingsache ab, konkret, ob diese sich typischerweise dauerhaft in der Obhut des Leasinggebers befindet. Die Rechtsnatur des **Finanzierungsleasings** ist bekanntlich sehr umstritten. Nach Ansicht des BGH[126] ist auch auf diese Vertragsgestaltung „in erster Linie Mietrecht" anzuwenden, was dann zu § 538 BGB führt. Zur in der Praxis üblichen Abbedingung dieser Norm beim Leasing → Rn. 200.

## C. Vertragliche Regeln zur Erhaltungslast

Nach § 535 Abs. 1 S. 2 BGB ist der Vermieter verpflichtet, die Mietsache im vertragsgemäßen Zustand zu erhalten und nach § 538 BGB hat der Mieter vertragsgemäße Veränderungen der Mietsache nicht zu vertreten. In der Praxis sind Vertragsregeln verbreitet, die diese gesetzlichen Vorgaben zu Lasten des Mieters modifizieren, indem sie ihm die Erhaltungslast der Mietsache zuweisen. Ist Bestand oder Umfang der Erhaltungspflicht des Mieters zwischen den Parteien streitig, kann dieser Streit zum Gegenstand einer **Feststellungsklage** gemacht werden.[127] 47

### I. Grundlagen

Die Diskussion um Erhaltungsregeln wird vor allem zu Schönheitsreparaturklauseln in der Wohnraummiete geführt. Das darf aber nicht den Blick dafür verstellen, dass zum einen die Schönheitsreparaturen nur einen Teil der Erhaltungspflicht des Vermieters betreffen und sich zum anderen Vertragsregeln zur Erhaltungslast sich nicht auf Klauseln beschränken, die den Mieter zur Ausführung bestimmter Erhaltungsmaßnahmen verpflichten. Entsprechende Regeln sind zudem auch bei der Vermietung anderer Sachen als Wohnräume verbreitet, weshalb die allgemeinen Grundsätze solcher Vereinbarungen vorab darzustellen sind, bevor anschließend auf die Besonderheiten der einzelnen Vermietungsformen eingegangen wird. 48

#### 1. Typen von Vereinbarungen

Vereinbarungen zur Erhaltungslast lassen sich wie folgt systematisieren: Manche Vereinbarungen haben das Ziel, die Erhaltungslast des Vermieters – sei es ganz oder teilweise – abzubedingen. Dies kann entweder durch eine Vereinbarung erfolgen, die einen bestimmten Zustand der Mietsache für vertragsgemäß erklärt **(Beschaffenheitsregel)** oder dadurch, dass die aus § 535 Abs. 1 S. 2 BGB folgende Erhaltungspflicht des Vermieters ausgeschlossen wird **(Freizeichnungsregel).** Andere Vereinbarungen gehen hierüber hinaus und belasten den Mieter mit der Erhaltungslast **(Abwälzungsregel).** Bei den Abwälzungsregeln gibt es zwei Typen, nämlich Vereinbarungen, die den Mieter mit der Erhaltung der Mietsache in natura belasten **(Vornahmeregel)** und solche, die den Mieter verpflichten, die beim Vermieter hierfür angefallenen Kosten zu ersetzen **(Kostenregel).** Es ist wegen der Vertragsfreiheit grds. möglich, einzelne Regelungstypen miteinander zu kombinieren, also etwa den unrenovierten Zustand eines Teils der Wohnung als vertragsgemäß und hinsichtlich des übrigen Teils eine Vornahmepflicht des Mieters zu vereinbaren.[128] Für die verschiedenen Typen gelten, wie bei → Rn. 94 ff. näher dargestellt wird, **unterschiedliche Wirksamkeitsvoraussetzungen.** 49

---

[122] LG Hamburg BeckRS 2016, 112061.
[123] LG Baden-Baden MDR 2007, 1014; LG Landshut MDR 2011, 1471.
[124] Dazu allg. etwa BGH XII ZR 13/19, NJW 2020, 755 Rn. 35.
[125] MüKoBGB/*Koch* Finanzierungsleasing Rn. 5 mN.
[126] BGH VIII ZR 288/89, NJW 1990, 3016.
[127] BGH VIII ZR 224/07, NJW 2008, 2499 Rn. 12.
[128] *Lehmann-Richter* NZM 2014, 818 (819).

### 2. Rechtsfolgen der verschiedenen Typen

50 Wirksame **Kostenregeln** ändern nichts an der Erhaltungspflicht des Vermieters aus § 535 Abs. 1 S. 2 BGB und lassen daher auch die Mängelrechte des Mieters unberührt. Sind die Voraussetzungen für eine Kostenerstattung erfüllt, führen sie zu einem Zahlungsanspruch des Vermieters.

51 Eine wirksame **Beschaffenheitsvereinbarung** führt dazu, dass der vereinbarte Zustand der Mietsache vertragsgemäß ist. Mängelrechte des Mieters, die sich auf negative Auswirkungen des vereinbarten Zustands stützen, bestehen nicht. Der Mieter kann also weder Beseitigung des vertragsgemäßen Zustands verlangen noch deswegen mindern, kündigen oder die Rechte aus § 536a BGB geltend machen.[129]

52 Eine wirksame **Freizeichnungsregel** beseitigt den Erhaltungsanspruch des Mieters aus § 535 Abs. 1 S. 2 BGB. Damit ist auch der an den Verzug anknüpfende Schadens- bzw. Aufwendungsersatzanspruch aus § 536a BGB ausgeschlossen, weil der Vermieter mangels Pflicht nicht in Verzug geraten kann.[130] Das Recht des Mieters zur Minderung und zur fristlosen Kündigung wird von einem isolierten Ausschluss des Anspruchs aus § 535 Abs. 1 S. 2 BGB hingegen nicht berührt. Hierzu bedarf es einer auch diese Rechte erfassenden Ausschlussvereinbarung, die in der Wohnraummiete indes an §§ 536 Abs. 4, 569 Abs. 5 BGB scheitert.[131]

53 Ist die Pflicht zur **Vornahme** von **Erhaltungsmaßnahmen** wirksam auf den Mieter abgewälzt, hat der Vermieter einen entsprechenden Ausführungsanspruch. Am **mietrechtlichen Charakter** der Vereinbarung ändert dies nichts. Denn § 535 Abs. 2 BGB setzt nicht voraus, dass die Miete in Geld zu entrichten ist.[132] Ein solcher Vertrag, in dem für die Überlassung einer Sache neben Geld auch eine Sachleistung versprochen wird, erfüllt mit seinen sämtlichen Verpflichtungen nur die Kennzeichnung der Miete, führt also nicht etwa zu einem gemischten Vertrag. Für die Pflicht zur Ausführung von Erhaltungsmaßnahmen gilt daher nicht das Werkvertragsrecht[133], was sich insbes. bei der Verjährung auswirkt (→ Rn. 127). Die Vereinbarung einer Erhaltungspflicht des Mieters beinhaltet gleichzeitig den Ausschluss der entsprechenden Pflicht des Vermieters aus § 535 Abs. 2 S. 1 BGB, weil anderenfalls die Parteivereinbarung nicht verwirklicht werden könnte.[134] Dieser Ausschluss führt mittelbar zum Wegfall von § 536a BGB (→ Rn. 52). Verletzt der Mieter seine Erhaltungspflicht, so führt ein deshalb bestehender Mangel weder zur Minderung noch zu einem Kündigungsrecht. Dies rechtfertigt sich damit, dass der mangelhafte Zustand dem Mieter und nicht dem Vermieter zuzurechnen ist.[135] Der Ausschluss von Minderung und Kündigungsrecht ergibt sich indes nicht aus der Vereinbarung – was bei der Wohnraummiete angesichts von §§ 536 Abs. 4, 569 Abs. 5 BGB nicht möglich wäre – sondern aus dem Gesetz: Der Ausschluss der Minderung folgt aus einer Gesamtanalogie zu § 326 Abs. 2 S. 1, § 537 Abs. 1 S. 1 BGB[136], der Ausschluss des Kündigungsrecht beruht auf einer Analogie zu § 326 Abs. 6 BGB.[137]

### 3. Abgrenzung der verschiedenen Typen

54 Welchen Typus von Erhaltungsregel die Parteien im konkreten Fall vereinbart haben, ist in Zweifelsfällen durch **Vertragsauslegung** zu bestimmen.[138] Bestehen Zweifel, welche Variante vereinbart ist und handelt es sich um Vermieter-AGB, so wirkt sich die **Unklarheitenregel** aus **§ 305 c Abs. 2 BGB** wie folgt aus: Hält die Klausel in beiden, vertretbaren[139] Auslegungsvarianten einer Inhaltskontrolle stand, so ist die Variante vereinbart, die den Mieter weniger belastet (also etwa Freizeichnungs- anstatt Vornahmeklausel).[140] Führt hingegen eine Auslegungsvariante zur Unwirksamkeit, so gilt diese, weil die Unwirksamkeit der Klausel für den Mieter stets am Günstigsten ist (sog.

[129] Vgl. BGH XII ZR 23/04, NZM 2006, 582.
[130] *Lehmann-Richter* WuM 2016, 529 (530).
[131] Vgl. *Artz* NZM 2015, 802 (807).
[132] BGH VIII ZR 219/81, NJW 1983, 679.
[133] Vgl. BGH XII ZR 150/93, NJW 1995, 252; BeckOGK/*Schmidt* BGB § 535 Rn. 51.
[134] *Lehmann-Richter* WuM 2016, 529 (530).
[135] BGH VIII ZR 186/76, WM 1977, 227.
[136] Abw. Begründung BGH XII ZR 65/14 NJW 2015, 2479 Rn. 17 (§ 242 BGB).
[137] *Lehmann-Richter WuM 2016*, 529 (531).
[138] Zum Folgenden bereits *Lehmann-Richter* WuM 2016, 529 (532 f.).
[139] Zu diesem Kriterium etwa BGH VI ZR 504/16, VersR 2018, 114 Rn. 22.
[140] Vgl. etwa BGH VIII ZR 224/13, ZMR 2015, 212.

**kundenfeindlichste Auslegung**).[141] Handelt es sich um eine Individualvereinbarung und lässt sich ihr Inhalt nicht durch Auslegung bestimmen, greift § 155 BGB.[142]

Mit diesen Instrumenten sind zunächst Abgrenzungsfragen zwischen **Freizeichnungs- und Abwälzungsregeln** zu lösen, zu denen es kommen kann, wenn die Formulierung zwar mit hinreichender Deutlichkeit erkennen lässt, dass der Vermieter nicht zum Erhalt der Mietsache verpflichtet sein soll, aber unklar ist, ob eine entsprechende Mieterpflicht begründet werden soll. Eine **Beschaffenheitsregel** liegt in Abgrenzung zu einer **Freizeichnungsvereinbarung** vor, wenn der Wortlaut der Regel eindeutig auf eine Festlegung des vertragsgemäßen Zustands der Wohnung abzielt.[143] Umgekehrt handelt es sich um eine Freizeichnungsregel, wenn die Klausel ausdrücklich die Pflicht aus § 535 Abs. 1 S. 2 BGB erwähnt und ausschließt. Schwierigkeiten bereitet die Interpretation von allgemein gehaltenen Regeln (etwa: *„Die Wohnung wird vom Vermieter nicht renoviert"*). Hier ist nämlich nicht nur die Abgrenzung zwischen Beschaffenheitsvereinbarung und Freizeichnungsregel problematisch sondern auch, ob die Regel nicht einem vollständigen Gewährleistungsausschluss enthält. Bei Vermieter-AGB ist diese Auslegung die günstigste iSd § 305 c Abs. 2 BGB, weil sie zur Unwirksamkeit der gesamten Klausel führt (→ Rn. 54). Hält die Regel hingegen sowohl als Beschaffenheits- als auch als Freizeichnungsklausel der AGB-Kontrolle stand, handelt es sich um eine Freizeichnungsklausel, weil dem Mieter bei diesem Verständnis die übrigen Mängelrechte erhalten bleiben (→ Rn. 52). 55

### II. Individualvereinbarungen über die Erhaltungslast

Individualvereinbarungen zur Erhaltungslast sind vergleichsweise selten. Dies liegt zum einen an den strengen Anforderungen, die die Rspr. an das **Aushandeln** (§ 305 Abs. 1 S. 1 BGB) eines vom Vermieter stammenden Klauselentwurfs stellt: Der Vermieter muss die Erhaltungsklausel inhaltlich ernsthaft zur Disposition stellen und sich deutlich und ernsthaft zu gewünschten Änderungen der Klausel bereit erklären.[144] Beim Verbrauchermietvertrag kommt hinzu, dass § 310 Abs. 3 Nr. 1, 2 BGB den Anwendungsbereich der Inhaltskontrolle über den Begriff der AGB hinaus erweitern. Bei **Tarifwahlklauseln** handelt es sich um AGB (→ Rn. 126). Zu den Rechtsfolgen einer individuell vereinbarten Vornahmeregel vgl. → Rn. 127 ff. 56

#### 1. Zustandekommen

Eine Individualvereinbarung über die Erhaltungslast setzt eine zumindest konkludente Vereinbarung der Parteien voraus. Dies ist bei **Beschaffenheitsregeln** etwa der Fall, wenn die Wohnung bei Vertragsbeginn für den Mieter erkennbar renovierungsbedürftig ist (oder einen anderen „Defekt" aufweist) und die Parteien zum Zustand keine weiteren Abreden treffen. Hier einigen sich die Parteien konkludent darauf, dass der unrenovierte Zustand der vertragsgemäßen Beschaffenheit entspricht.[145] Denn der Mieter darf in einem solchen Fall das Angebot des Vermieters nur dahingehend verstehen, dass ihm die Wohnung im aktuellen Zustand überlassen werden soll.[146] Etwas anderes gilt, wenn der Mietvertrag eine Regelung über die Renovierungspflicht des Vermieters enthält. Denn hieraus folgt, dass die Wohnung sich während der Vertragslaufzeit in einem renovierten Zustand befinden soll. Zur Soll-Beschaffenheit bei unwirksamer Renovierungspflicht des Mieters → Rn. 164. 57

Für den konkludenten Abschluss einer **Vornahmeregel** reicht die Vermietung in unrenoviertem oder einem anderweitig reparaturbedürftigem Zustand selbstverständlich nicht aus. Vielmehr muss im Einzelfall aus objektiver Sicht feststehen, dass sich der Mieter zur Ausführung bestimmter Erhaltungsmaßnahmen verpflichten wollte. Maßgeblich ist, ob ein objektiver Vermieter in der konkreten Situation das Verhalten des Mieters in diesem Sinne deuten durfte.[147] Durch die freiwillige Durchführung von Schönheitsreparaturen erklärt der Mieter daher grds. nicht, sich auch für die 58

---

141 Siehe etwa BGH VIII ZR 185/14, NJW 2015, 1594 Rn. 22 mwN.
142 Vgl. *Lehmann-Richter* WuM 2018, 393 (396), zur Möblierungspflicht.
143 Vgl. BGH VIII ZR 22/92, WuM 1994, 201.
144 Etwa BGH XI ZR 600/16, ZIP 2017, 2406 Rn. 26; anschaulich zu einer Renovierungsregel BGH VIII ZR 137/12, NJW 2013, 1668.
145 Vgl. BGH VIII ARZ 9/86, NJW 1987, 2575; *Gsell* NZM 2016, 702 (704).
146 Vgl. BGH XII ZR 54/16, NZM 2017, 812 Rn. 10.
147 Vgl. BGH VIII ZR 279/06, NJW 2008, 283 Rn. 18, zur konkludenten Übernahme von Betriebskosten.

Zukunft zur Ausführung verpflichten zu wollen.[148] Auch die Erklärung des Mieters in einem Rückgabeprotokoll, die Wohnung weise bestimmte Mängel auf, begründet – bei unwirksamer Renovierungsklausel – keine eigenständige Verpflichtung zur Beseitigung, weil eine solche nicht Gegenstand der Gespräche bei der Rückgabe ist.[149] Nichts anderes gilt, wenn der Mieter um Gewährung einer Frist zur Renovierung bittet, da eine solche Erklärung erkennbar auf der Annahme einer bestehenden Renovierungspflicht beruht, es also an einem Willen des Mieters fehlt, sich rechtlich zur Ausführung zu verpflichten.[150] Deshalb führt auch die Erklärung bei Vertragsende, die Räume im renovierten Zustand zu übergeben, nicht zu einer Renovierungspflicht, wenn die Renovierungsklausel im Vertrag unwirksam ist.[151] Bei der Auslegung von Vornahmeklauseln gilt der Grundsatz, dass diese im Zweifel nur für den Fall gelten, dass der Zustand des Mietobjekts sich durch Gebrauch verändert oder verschlechtert hat und deshalb Anlass zu Erhaltungsmaßnahmen besteht.[152]

### 2. Inhaltskontrolle

59 Bei der Inhaltskontrolle von Individualvereinbarung über die Erhaltungslast gelten in der Wohnraummiete besondere Kriterien, die neben die bei sämtlichen Mieterverhältnissen zu beachtenden allgemeinen Kontrollinstrumente treten.

60 **a) Besonderer Kontrollmaßstab in der Wohnraummiete. § 556 Abs. 4 BGB,** der es verbietet, zu Lasten des Wohnraummieters von der gesetzlich zugelassenen Umlage von Betriebskosten abzuweichen, ist für **Kostenregeln** von Bedeutung. Denn § 556 Abs. 4 BGB iVm § 1 BetrKV steht einer Regel entgegen, die den Wohnraummieter verpflichtet, über die in § 2 BetrKV genannten Fälle hinaus die Kosten der Erhaltung der Mietsache zu tragen.[153] Dies ist allerdings eine Mindermeinung. Denn die ganz hM hält in Fortschreibung der Rspr. des BGH aus der Zeit vor Einführung von § 556 Abs. 4 BGB[154] eine Vermieter-AGB über Kleinreparaturen in der Wohnraummiete für wirksam (→ Rn. 70). Damit wird – indes regelmäßig nur inzident[155] – ein Verstoß gegen § 556 Abs. 4 BGB verneint. Nach hier vertretener Ansicht steht § 556 Abs. 4 BGB hingegen jeglichen Klauseln entgegen, die den Mieter mit Erhaltungskosten belasten, soweit es sich nicht um Betriebskosten iSd § 1 Abs. 1 BetrKV handelt. Unwirksam sind daher neben den sog. **Kleinreparaturklauseln** auch Klauseln, mit denen sich der Vermieter die Abnutzung der Wohnung abgelten lässt. Dies betrifft etwa Zahlungspflichten für Renovierungsarbeiten (→ Rn. 71 f.), aber auch Pauschalen für eine Grundreinigung der Wohnung am Vertragsende, wenn man die Reinigung als Instandhaltung und Instandsetzung iSd § 1 Abs. 2 BetrKV einordnet.

61 **Beschaffenheitsvereinbarungen** werden in der Lit. vereinzelt als unwirksame Umgehungsversuche der Normen eingeordnet, welche die Minderung und das Kündigungsrecht gegen abweichende Vertragsgestaltung absichern (§§ 536 Abs. 4, 569 Abs. 5 S. 1 BGB).[156] Das überzeugt in dieser Allgemeinheit nicht. Denn diese Normen verbieten eine negative Beschaffenheitsvereinbarung selbstverständlich nicht.[157] Richtig ist allerdings, dass ein im Gewand einer Beschaffenheitsvereinbarung daherkommender Gewährleistungsausschluss unwirksam ist. Maßgebliches Abgrenzungskriterium ist – in Anlehnung an ein zu § 475 BGB entwickeltes Konzept[158] –, ob der Wohnraummieter sich anhand der Beschreibung des (zukünftigen) Soll-Zustands der Wohnung einen zuverlässigen Eindruck über seine Nutzungsrechte und Nutzungsmöglichkeiten verschaffen kann. Ist dies der Fall, liegt eine Beschaffenheitsvereinbarung vor. Anderenfalls handelt es sich um die

---

[148] MüKoBGB/*Häublein* § 535 Rn. 137.
[149] BGH VIII ZR 163/05, NJW 2006, 2116; *Lehmann-Richter* ZMR 2006, 833 (837).
[150] *Harsch* WuM 2006, 528; **aA** KG WuM 2006, 436.
[151] LG Gießen BeckRS 2013, 18160.
[152] BGH VIII ZR 88/86, ZMR 1987, 257.
[153] *Otto* ZfIR 2004, 145; näher *Lehmann-Richter* AnwZertMietR 5/2018 Anm. 2, juris.
[154] Mietrechtsreformgesetz 2001 (BGBl. 2001 I 1149). Bereits 1993 hatte der BGH (VIII ZR 10/92, NJW 1993, 1061, zu § 4 MHG) allerdings entschieden, dass andere Nebenkosten als Betriebskosten iSd Anlage 3 zur § 27 Abs. 1 II. BV nicht aufgrund einer Vereinbarung auf den Mieter umgelegt werden können; die Rspr. zu den Kleinreparaturklauseln ist allerdings älter, s. *Lehmann-Richter* AnwZertMietR 5/2018 Anm. 2, juris.
[155] Ausnahme bei Schmid/Harz/*Schmid/Harsch* BetrKV § 1 Rn. 11 a, § 556 BGB stelle die bisherige Rspr. zu den Kleinreparaturklauseln nicht in Frage.
[156] Staudinger/*Emmerich* BGB § 535 Rn. 113; **aA** LG Berlin GE 2017, 1556; *Artz* NZM 2015, 801 (806).
[157] *Gsell* NZM 2016, 702 (710).
[158] Siehe zB MüKoBGB/*Lorenz* § 475 Rn. 9.

Übernahme des Veränderungsrisikos, welches das Gewährleistungsrecht dem Vermieter zuweist. Wird dieses Risiko auf den Mieter abgewälzt, handelt es sich um den Ausschluss der Mängelrechte.[159] Wendet man diese Grundsätze auf den malermäßigen Zustand der Wohnung an, so ist es möglich, den renovierungsbedürftigen Zustand der Mietsache auch dann als vertragsgemäß zu vereinbaren, wenn dieser Zustand noch nicht eingetreten ist. Denn ein durchschnittlicher Mieter ist in der Lage, die Auswirkungen des Dekorationszustands auf seinen Wohnkomfort auch dann abzuschätzen, wenn dieser Zustand bei Vertragsbeginn noch nicht vorhanden ist.[160] Zur AGB-Kontrolle solcher Klauseln → Rn. 67.

Auch **Vornahmeregeln** – konkret: über Schönheitsreparaturen – wird teilweise der Vorwurf des Verstoßes gegen § 536 Abs. 4 BGB und/oder § 556 Abs. 4 BGB und/oder § 569 Abs. 5 S. 1 BGB gemacht[161], was zur Unwirksamkeit auch von individuell vereinbarten Renovierungsregeln in der Wohnraummiete führen würde. Der BGH hat einen Verstoß gegen halbzwingendes Gewährleistungsrecht für Vornahmeregeln über Schönheitsreparaturen verneint, für solche über Kleinreparaturen hingegen bejaht.[162] Richtigerweise scheidet ein Verstoß grds. aus[163]: Zwar führen Vornahmeregeln zum Wegfall von Minderung und Kündigungsrecht. Dies beruht jedoch nicht auf einer vertraglichen Abbedingung, sondern auf einer Anwendung des Gesetzes (→ Rn. 53). Es liegt auch keine mit dem Verdikt der Nichtigkeit zu sanktionierende Umgehung von § 536 Abs. 4, § 569 Abs. 5 BGB vor.[164] Denn Regelungsziel ist nicht der Ausschluss von Minderung oder Kündigung, sondern die Begründung einer Erhaltungspflicht des Wohnraummieters. Daher verstoßen Vornahmeregeln auch nicht gegen § 556 Abs. 4 BGB, weil Regelungsziel nicht die Belastung des Wohnraummieters mit Betriebskosten, sondern die Vereinbarung einer Ausführungspflicht ist.[165] Verpflichtet sich der Mieter als Gegenleistung für die Überlassung der Wohnung zur einmaligen Ausführung von Erhaltungsmaßnahmen, so verstößt dies gegen **§ 9 WoBindG,** der allerdings nur auf bestimmten preisgebundenen Wohnraum anwendbar ist. 62

**Freizeichnungsklauseln** verstoßen ebenfalls nicht gegen § 536 Abs. 4 BGB[166], weil die Abbedingung von § 535 Abs. 1 S. 2 BGB die zwingenden Gewährleistungsrechte des Wohnraummieters nicht berührt (→ Rn. 52). 63

**b) Allgemeine Kontrollregeln.** Vereinbarungen zur Erhaltungslast unterliegen – unabhängig vom Typ der Mietsache – den allgemeinen Schranken der Vertragsfreiheit **(§ 138 BGB).** Ob eine Vereinbarung gegen diese Schranke verstößt, ist eine Frage des Einzelfalls. Rspr. und Lit. geben der Vertragsfreiheit hier zu Recht hinreichend Raum. So hat der BGH zur Wohnraummiete etwa festgehalten, dass die Parteien auch einen unter dem Mindeststandard liegenden Zustand als vertragsgemäß vereinbaren können[167] und eine individuell vereinbarte **Endrenovierungsregel** nicht beanstandet.[168] Auch gegen eine individuell vereinbarte Pflicht des Mieters zur Anfangsrenovierung[169] oder zur Entfernung von Tapeten bei Auszug[170] bestehen keine Bedenken. Gleiches gilt für die Übertragung der **Pflege des Gartens.**[171] Zur **Geschäftsraummiete** hat der BGH erklärt, der Mieter könne durch Individualvereinbarung „weitgehend zu Reparaturen und Instandsetzungsarbeiten verpflichtet werden".[172] Die Entscheidung über die Wirksamkeit der streitgegenständlichen Klausel *(„Alle Instandsetzungen und anfallenden Reparaturen in den Mieträumen und am Dach des Mietobjektes sowie am Anschlußgleis, soweit es von der Mieterin genutzt wird, gehen ausschließlich* 64

---

159 *Gsell* NZM 2017, 702 (711); *Lehmann-Richter* WuM 2016, 529 (532).
160 *Lehmann-Richter* WuM 2016, 529 (532).
161 LG Berlin (ZK 67) NZM 2017, 258, Verstoß gegen § 536 Abs. 4 BGB; Staudinger/*Emmerich* BGB § 535 Rn. 111, Verstoß gegen §§ 536 Abs. 4, 556 Abs. 4 BGB; Langenberg/Zehelein Schönheitsreparaturen Kap. 1 Rn. 52, unzulässiger Entzug von Gewährleistungsrechten.
162 BGH VIII ZR 129/91, NJW 1992, 1759. Einen Verstoß verneinen auch LG Berlin GE 2018, 710 (ZK 64); MüKoBGB/*Häublein* § 535 Rn. 143.
163 *Lehmann-Richter* WuM 2016, 529 (537).
164 Vgl. zur Nichtigkeit von Umgehungsgeschäften etwa Staudinger/*Sack/Seibl* BGB § 134 Rn. 144 mwN.
165 *Guhling* NZM 2019, 457 (459).
166 **AA** wohl Langenberg/Zehelein Schönheitsreparaturen/*Langenberg* Kap. I Rn. 130.
167 BGH VIII ZR 22/92, WuM 1994, 201.
168 BGH VIII ZR 71/08, NJW 2009, 1075 Rn. 12.
169 LG Berlin GE 2017, 1556, indes ohne Prüfung von § 305 Abs. 1 S. 1 BGB bzw. § 310 Abs. 3 Nr. 2 BGB; Lützenkirchen MietR/*Lützenkirchen* BGB § 535 Rn. 598.
170 *Blank/Börstinghaus* BGB § 535 Rn. 495.
171 BGH VIII ZR 127/08, ZMR 2009, 188; LG Frankfurt a. M. NZM 2005, 338.
172 BGH XII ZR 220/99, NJW 2000, 2383.

*zu Lasten der Mieterin“)* überließ der BGH dem Berufungsgericht. Auch in einer weiteren Entscheidung[173] fehlt eine verbindliche Stellungnahme zur dortigen Regel *(„Sämtliche notwendigen Reparaturen, Instandsetzungen, Instandhaltungen und Erneuerungen in den gemieteten Räumen gehen zu Lasten des Mieters“).* In der Lit. wird in Umsetzung dieser (die Details offen lassenden) Anordnung vertreten, der Geschäftsraummieter könne zu sämtlichen Instandsetzungsarbeiten in den Mieträumen und am Dach des Gebäudes[174] und der Mieter eines Einfamilienhauses zu dessen Erhaltung[175] verpflichtet werden. Das überzeugt, weil der Investitionsschutz des Mieters bei vorzeitiger Beendigung des Vertrags über § 539 Abs. 1 BGB gewährleistet wird. Ein Verstoß gegen § 138 BGB ist daher nur in krassen Ausnahmefällen denkbar, etwa wenn dem Geschäftsraummieter die Herstellung eines völlig maroden, gebrauchsuntauglichen Objekts aufgegeben wird und eine Laufzeitabsicherung zu seinen Gunsten fehlt.[176] Denn in diesen Fällen droht sein Investitionsschutz nämlich leer zu laufen (→ BGB § 539 Rn. 19, 31).

65 Der AGB-rechtliche **Summierungseffekt** (→ Rn. 101) wirkt sich auf die Wirksamkeit einer Individualvereinbarung nicht aus. Denn wenn eine solche im Zusammenspiel mit einer AGB zu einem Summierungseffekt führt, ist Rechtsfolge nur die Unwirksamkeit der AGB; die Individualvereinbarung ist nicht nach § 139 BGB unwirksam.[177] Denn eine Anwendung von § 139 BGB müsste zur Unwirksamkeit des gesamten Vertrags führen, was mit § 306 Abs. 1 BGB unvereinbar ist und dazu führt, dass § 139 BGB keine Anwendung findet.[178] Die Position des BGH zu dieser Frage ist unklar. In einem Fall, in dem die Individualvereinbarung (Endrenovierung) zeitlich nach der AGB über die laufende Renovierung getroffen wurde, hat er die Unwirksamkeit der Individualvereinbarung verneint[179], in einer anderen Entscheidung, in der beide gleichzeitig vereinbart wurden, hingegen erwogen[180].

## III. Vermieter-AGB in der Wohnraummiete

66 Bei der Kontrolle von Vermieter-AGB zur Erhaltungslast in der Wohnraummiete ist zwischen den verschiedenen Klauseltypen (→ Rn. 49) zu unterscheiden.

### 1. Beschaffenheitsklauseln

67 Vermieter-AGB zur Beschaffenheit verstoßen nur gegen halbzwingendes Wohnraummietrecht, wenn sie in der Sache einen Gewährleistungsausschluss enthalten (→ Rn. 61). Ist dies – wie bei der Vereinbarung einer Verschlechterung des Dekorationszustands (→ Rn. 61) – nicht der Fall, stellt sich die Frage nach der AGB-Kontrolle. Entspricht der in den Vermieter-AGB geregelte Zustand dem bei Vertragsschluss vorhandenen, fehlt es bereits an einer Abweichung vom Gesetz und damit auch an einer unangemessenen Benachteiligung des Mieters, weil dieser Zustand auch ohne die Klausel vertragsgemäß (→ Rn. 57) wäre.[181] Anderenfalls – also bei Vereinbarung eines erst **zukünftig eintretenden „Substandards“** – ist die Klausel nur wirksam, wenn der Mieter die Auswirkungen auf seinen Wohngebrauch abschätzen kann und diese ihn nur unerheblich beeinträchtigen. Es bestehen daher keine Bedenken, bei Vermietung einer unrenovierten, aber noch nicht renovierungsbedürftigen Wohnung, die zukünftige Renovierungsbedürftigkeit in Vermieter-AGB als vertragsgemäß zu vereinbaren.[182] Eine unangemessene Benachteiligung des Mieters liegt darin nicht, weil es ihm möglich ist, sich die Wohnung im renovierungsbedürftigen Zustand – und damit die Auswirkungen auf seinen Wohnkomfort – vorzustellen und weil die Konservierung des Dekorationszustands nicht zu den wesentlichen Grundgedanken der gesetzlichen Regel zählt (→ Rn. 68). Unwirksam ist eine solche Beschaffenheitsklausel allerdings, wenn sie nicht ausdrück-

---

173 BGH VIII ZR 88/86, ZMR 1987, 257.

174 *Guhling* NZM 2019, 457 (459).

175 MüKoBGB/*Häublein* § 535 Rn. 127.

176 Vgl. → BGB § 535 Rn. 76.

177 BGH VIII ZR 71/08, NJW 2009, 1075 Rn. 13; BGH VIII ZR 302/07, NJW 2009, 2590 Rn. 25 für den Fall der getrennten Vereinbarung beider Regeln.

178 *Klimke* JR 2007, 353; **aA** *Blank* NZM 2010, 97 (101).

179 BGH VIII ZR 71/08, NJW 2009, 1075 Rn. 14.

180 *BGH VIII ZR 163/05, NJW 2006,* 2116 Rn. 20.

181 Ebenso *Guhling* NZM 2019, 457 (459).

182 *Lehmann-Richter* WuM 2016, 529 (534); zweifelnd: *Schmidt* NJW 2016, 1201 (1203); *v. Westphalen* WuM 2017, 683 (684).

lich solche Abnutzungsspuren an der Dekoration ausklammert, die nicht auf dem Mietgebrauch beruhen. Denn sonst würde sich nach § 305 c Abs. 2 BGB (→ Rn. 54) die zur Unwirksamkeit führende Auslegung durchsetzen, dass der Mieter auch anderweitig verursachte Folgen hinzunehmen hat.[183] Siehe zur Auslegung einer Beschaffenheitsvereinbarung iÜ → Rn. 55.

### 2. Freizeichnungsklauseln

Nach Teilen der Literatur[184] verstoßen Klauseln, die die Renovierungspflicht des Vermieters ausschließen, gegen § 307 Abs. 1 S. 1 BGB (zur Frage des Verstoßes gegen halbzwingendes Recht → Rn. 63). Das überzeugt nicht. Denn die auf die Dekoration bezogene Erhaltungspflicht des Vermieters ist nicht zum mietrechtlichen Leitbild zu zählen[185], weshalb ein Verstoß gegen § 307 Abs. 2 Nr. 1 BGB ausscheidet. Es fehlt auch iÜ[186] an einer unangemessenen Benachteiligung. Denn zwar geht der Mieter seines Renovierungsanspruchs verlustig; ihm bleiben bei einer Verschlechterung des vertragsgemäßen Zustands aber die Minderung und das Kündigungsrecht erhalten (→ Rn. 52). Zudem kann der Mieter die Abnutzung der **Dekoration** durch sein Wohnverhalten beeinflussen. Eine auf die Dekoration bezogene Freizeichnungsklausel ist daher **nicht** wegen Verstoßes gegen § 307 Abs. 1 S. 1 BGB **unwirksam.**[187] 68

Betrifft die Freizeichnungsklausel nicht die Dekoration, sondern ein **anderes Beschaffenheitsmerkmal** der Wohnung (etwa die Funktionsfähigkeit von Installationsgegenständen), ist ebenfalls maßgeblich, welche Auswirkungen der Wegfall dieses Merkmals auf den vertragsgemäßen Gebrauch hat. Wirksam ist eine Freizeichnungsklausel danach nur, wenn der Mieter ohne spürbare Beeinträchtigung auf die Reparatur verzichten kann. Das ist nur in Ausnahmefällen denkbar, nämlich wenn es um die Erhaltung einer für die Nutzung im Kern bedeutungslosen Sache geht. Eine Stellungnahme des BGH zu diesem Problemkreis liegt für die Reparatur der in § 28 Abs. 3 S. 2 II. BV genannten Installationsgegenstände vor, deren Ausschluss den Mieter nach Ansicht des VIII. Zivilsenats unangemessen benachteiligt.[188] 69

### 3. Kostenklauseln

Nach hM ist es möglich, durch Vermieter-AGB den Mieter mit den Kosten von **Kleinreparaturen** zu belasten. Diese Ansicht fußt auf einer älteren höchstrichterlichen Rspr.; zur Begründung führt der BGH an, eine solche Klausel helfe Streit über Bagatellschäden zu vermeiden und diene daher dem Rechtsfrieden.[189] Nach der hM gelten folgende Wirksamkeitsanforderungen: Die Klausel darf sich nur auf Teile der Mietsache beziehen, die dem häufigen Zugriff des Mieters unterliegen. Gebilligt hat der BGH eine den Wortlaut von § 28 Abs. 3 S. 2 II. BV aufgreifende Formulierung („Schäden an den Installationsgegenständen für Elektrizität, Wasser und Gas, den Heiz- und Kocheinrichtungen, den Fenster- und Türverschlüssen sowie den Verschlussvorrichtungen von Fensterläden").[190] Außerdem muss die Klausel einen Höchstbetrag pro Reparatur sowie eine Höchstgrenze für den Fall vorsehen, dass mehrere Kleinreparaturen innerhalb eines von der Klausel zu bestimmenden Zeitraums anfallen. In einer Entscheidung aus dem Jahr 1992 hatte der BGH gegen einen Höchstbetrag von 150 DM und eine Höchstgrenze von 6% der Jahresbruttokaltmiete keine Bedenken[191]; neuere Judikate ziehen die Grenze bei rund 100 EUR pro Kleinreparatur.[192] Tritt derselbe Kleinreparaturfall mehrfach auf, soll § 242 BGB die Kostenpflicht des Mieters begrenzen.[193] Unwirksam ist nach der Rspr. eine Klausel, wonach sich der Mieter an jeder Repara- 70

---

183 *Lehmann-Richter* WuM 2016, 529 (534).

184 Staudinger/*Emmerich* BGB § 535 Rn. 112; *Lützenkirchen* NZM 2016, 113 (115); *v. Westphalen* WuM 2017, 683 (685).

185 *Schmidt* DMT-Bilanz 2011, 236 (243).

186 Zur Anwendung von § 307 Abs. 1 S. 1 BGB auf eine Klausel, die nicht vom gesetzlichen Leitbild abweicht etwa BGH VIII ARZ 1/97, NJW 1997, 3437.

187 LG Karlsruhe NJW 2016, 2897; MüKoBGB/*Häublein* § 535 Rn. 143.

188 Vgl. BGH VIII ZR 129/91, NJW 1992, 1759.

189 BGH VIII ZR 91/88, NJW 1989, 2247; BGH VIII ZR 129/91, NJW 1992, 1759.

190 BGH VIII ZR 91/88, NJW 1989, 2247; BGH VIII ZR 129/91, NJW 1992, 1759; s. auch LG München I NJW 2016, 2047, Klausel über Beteiligung an Kosten von Renovierungsarbeiten unwirksam.

191 BGH VIII ZR 129/91, NJW 1992, 1759.

192 AG Mitte ZMR 2020, 517, 100 EUR–150 EUR; AG Würzburg WuM 2010, 561, 110 EUR.

193 Bub/Treier MietR-HdB/*Kraemer/Paschke* Kap. III Rn. 2627.

tur mit einem Mindestbetrag zu beteiligen hat.[194] Dieser hM ist grds. zu widersprechen. Denn sie berücksichtigt nicht, dass § 556 Abs. 4 BGB eine Vereinbarung verbietet, die den Mieter mit Kosten von Erhaltungsmaßmaßnahmen belastet. **Entgegen** der **hM** sind **Kleinreparatur-AGB** daher stets **unwirksam** (→ Rn. 60). Deshalb kann der Mieter vertraglich auch nicht mit den Kosten einer Ungezieferbeseitigung belastet werden.[195] Nach § 556 BGB richtet sich auch die Möglichkeit, **Wartungskosten** auf den Mieter umzulegen. Erforderlich ist danach, dass es sich um Betriebskosten handelt (dazu → BGB § 556 Rn. 72 ff.); unwirksam ist eine Klausel, welche die Umlage außerhalb der jährlichen Betriebskostenabrechnung ermöglicht, § 556 Abs. 4 BGB.

71 Mit **Abgeltungsklauseln** – auch Quoten(haftungs)klauseln genannt – bezeichnet man eine Vertragsregel, die den Mieter verpflichtet, für bei Vertragsende noch nicht fällige, von ihm aber grds. geschuldete Schönheitsreparaturen einen Geldbetrag an den Vermieter zu zahlen. Solche Klauseln hat der BGH früher auch in AGB unter bestimmten Voraussetzungen als wirksam anerkannt. Diese Rspr. ist überholt. Abgeltungsklauseln verstoßen – unabhängig von ihrer Formulierung – nach Ansicht des BGH gegen § 307 Abs. 1 S. 1 BGB, weil sie eine sichere Einschätzung der tatsächlichen Kostenbelastung nicht zulassen.[196] Hinzu kommt ein Verstoß gegen § 556 Abs. 4 BGB (→ Rn. 60).

72 Gebilligt hat der BGH eine **Mietzuschlagsklausel,** die den Mieter verpflichtete, als Gegenleistung für die vom Vermieter zu tragenden Schönheitsreparaturen einen monatlichen Geldbetrag zu zahlen, weil es sich um eine nach § 307 Abs. 3 S. 1 BGB kontrollfreie Preisabrede handele.[197] Das ist nicht unproblematisch.[198] Denn nur der Preis für eine „echte" Gegenleistung des Verwenders von AGB unterliegt nicht der Inhaltskontrolle.[199] Da aber keinesfalls gesichert ist, dass der Mieter – etwa bei kurzer Vertragslaufzeit – auch tatsächlich in den Genuss der Renovierungsarbeiten kommt besteht die Gefahr, dass er den Mietzuschlag leistet, ohne die dafür vereinbarte Gegenleistung zu erhalten. Durchgreifende Bedenken bestehen aber vor allem wegen § 556 Abs. 4 BGB (→ Rn. 60). Denn man muss die vertragliche Einigung über den Zweck der Zahlung beim Wort nehmen. Eine Vereinbarung, die dem Mieter das Recht gibt, Schönheitsreparaturen gegen Erstattung des Mietzuschlags in Eigenarbeit auszuführen, ist für den Vermieter verbindlich.[200]

### 4. Vornahmeklauseln über Schönheitsreparaturen

73 Regelungen in **Allgemeinen Geschäftsbedingungen** des **Vermieters,** die den Wohnraummieter zur Ausführung von Schönheitsreparaturen verpflichten, sind ein altbekanntes Rechtsproblem.[201] Nach § 107 Abs. 1 **ZGB-DDR** oblagen die während des Mietverhältnisses in der Wohnung durch vertragsgemäße Nutzung notwendigen Malerarbeiten dem Mieter, was eine entsprechende Vertragsgestaltung entbehrlich machte.[202] Rufen, das Recht der Schönheitsreparaturen im BGB zu **kodifizieren**[203], ist der Gesetzgeber bisher nicht gefolgt. Bisher ist es zwar nicht gelungen, die Rechtsprobleme der Schönheitsreparaturen – insbes. zur Inhaltskontrolle – abschließend zu lösen. Allerdings hat die Rspr. des BGH seit Beginn des Millenniums in vielen Bereichen für Klarheit gesorgt. Vornahmeklauseln über Schönheitsreparaturen werden im Folgenden verkürzt als Renovierungsklauseln oder auch Schönheitsreparatur-AGB und die Vornahme von Schönheitsreparaturen als Renovierung bezeichnet. Zum aus § 546 BGB folgenden Anspruch auf Ausführung von Renovierungsarbeiten → Rn. 33.

74 Selbstverständlich existiert in der Vertragspraxis nicht nur eine Schönheitsreparatur-AGB, sondern eine kaum zu überblickende Gestaltungsphantasie. Auch diese ist Grund für die vergleichsweise unübersichtliche rechtliche Situation. **Typologisch** lassen sich Renovierungsklauseln vor

---

[194] BGH VIII ZR 91/88, NJW 1989, 2247.

[195] OLG Frankfurt a. M. WuM 1992, 57.

[196] BGH VIII ZR 242/13, NJW 2015, 1871 mN.

[197] BGH VIII ZR 31/17, NZM 2017, 594.

[198] Kritik auch bei BeckOGK/*Schmidt* BGB § 535 Rn. 386.1; *Fervers* FS Börstinghaus, 2020, 89.

[199] ZB BGH XI ZR 308/15, NJW 2017, 2538.

[200] BGH VIII ZR 224/13, NZM 2015, 79.

[201] Siehe etwa Schmoeckel/Rückert/Zimmermann/*Oestmann* BGB §§ 535–580a Rn. 38; *Mittelstein,* Die Miete nach dem Rechte des Deutschen Reiches, 1913, S. 196.

[202] Zur Auslegung der Klausel *„Für die malermäßige Instandhaltung während der Dauer des Mietverhältnisses ist der Mieter verantwortlich"* in einem DDR-Mietvertrag s. KG NZM 2000, 1174; s. iÜ zur Rechtslage bei DDR-Mietverträgen → 13. Aufl. 2017, Rn. 137 ff.

[203] Aus jüngerer Zeit etwa *Häublein* VuR 2021, 214 mit dem Vorschlag, die Schönheitsreparaturen grds. aus dem Anwendungsbereich der Erhaltungspflicht des Vermieters auszunehmen.

allem nach dem Umfang der Belastung des Mieters unterscheiden. Dieser betrifft einmal den gegenständlichen Bereich der geschuldeten Arbeiten, also an welchen Bauteilen welche konkreten Maßnahmen auszuführen sind. Daneben ist der Fälligkeitszeitpunkt von Bedeutung; dieses Kriterium hat zu der bei der Inhaltskontrolle gebräuchlichen Aufteilung in Klauseln über die Anfangs- oder Endrenovierung sowie über die Renovierung während des Mietverhältnisses geführt.

**a) Auslegung.** Da das das Recht der Schönheitsreparaturen nicht kodifiziert ist, ist Grundlage einer zwischen den Parteien geltenden Regelung über die Ausführung dieser Arbeiten stets der Mietvertrag. Ist die Bedeutung einer Renovierungsklausel umstritten, bedarf es der Auslegung nach den für AGB entwickelten Grundsätzen (zur Individualvereinbarung → Rn. 58): AGB sind nach hM **objektiv auszulegen.** Entscheidend ist die Sichtweise von verständigen und redlichen Vertragspartnern unter Abwägung der beiderseitigen Interessen der regelmäßig beteiligten Verkehrskreise.[204] Von mehreren vertretbaren[205] Auslegungsvarianten setzt sich nach § 305 c Abs. 2 BGB die dem Mieter günstigere durch (zum Prinzip der kundenfeindlichsten Auslegung → Rn. 54). 75

**aa) Isolierte Verwendung des Begriffs „Schönheitsreparaturen".** Verpflichtet der Vertrag den Mieter zur Ausführung von Schönheitsreparaturen, ohne diesen Begriff zu beschreiben, ist durch Vertragsauslegung zu ermitteln, welche Arbeiten damit gemeint sind. Eine unmittelbar einschlägige gesetzliche Auslegungsregel fehlt, weil § 28 Abs. 4 S. 3 II. BV den Begriff der Schönheitsreparaturen zwar beschreibt, indes nicht die Ausführungspflicht des Mieters, sondern die Ermittlung der Kostenmiete bei bestimmten preisgebundenen Wohnungen betrifft. Dennoch ist es **wohl allg. Meinung,** dass sich der in einem Mietvertrag verwendete Terminus Schönheitsreparaturen nach der **Definition** aus **§ 28 Abs. 4 S. 3 II. BV** richtet.[206] Zu den Schönheitsreparaturen zählen danach nur das Tapezieren, Anstreichen oder Kalken der Wände und Decken, das Streichen der Fußböden, Heizkörper einschließlich Heizrohre, der Innentüren sowie der Fenster und Außentüren von innen. Dieser Rückgriff auf § 28 Abs. 4 S. 3 II. BV vermeidet zwar eine Intransparenz von Schönheitsreparaturklauseln (→ Rn. 93). Er löst aber nicht alle Probleme, die sich bei der Vertragsauslegung ergeben. 76

Zu diesen Problemen gehört zunächst die Frage, was unter dem in § 28 Abs. 4 S. 3 II. BV genannten Begriffen des **(An)streichens** zu verstehen ist. Nach zutreffender Ansicht umfasst der Begriff – weil Teil von Wand und Decke – auch das Streichen von mit Wand oder Decke fest verbundenen Holz- (zB Fußleisten[207] oder Einbauschränken[208]) oder anderen Bauteilen (zB Wasserrohre[209]). Das Streichen der Türen und Fenster erfasst alle von Innen sichtbaren Bauteile[210], also bei Doppelkastenfenstern neben den Innenfenstern auch die Innenseiten der Außenfenster und die Zwischenräume[211]. Das Streichen der Fußböden betrifft das Lackieren oder Aufbringen einer anderen Schutzschicht auf Holz- oder anderen Belägen, vorausgesetzt, dies ist durch ein Anstreichen (und nicht etwa nur durch Einsatz von besonderem Werkzeug, zB Poliermaschinen) möglich. Unter den Begriff des (An)streichens fallen auch die in jedem Fall notwendigen **Vorbereitungshandlungen,** etwa das Verspachteln von Dübellöchern oder das Säubern und Anschleifen von lackierten Holzteilen, weil ein Anstrich anderenfalls nicht ordnungsgemäß durchgeführt werden kann[212], nicht hingegen das vollständige Abziehen von Parkettböden.[213] Auch die Grundreinigung von Bodenbelägen lässt sich nicht unter den Begriff des Streichens subsumieren (→ Rn. 80). 77

Probleme bereitet, ob der Mieter auch zu vorbereitenden Maßnahmen verpflichtet ist, die nicht bei jedem Renovierungsturnus anfallen. Dies betrifft insbes. das Entfernen von Tapeten, von nicht mehr fachgerecht zu überstreichenden Altanstrichen an Türen oder Fenstern oder das Verputzen/Grundieren von Wänden und Decken bzw. das Verkitten von Fenstern zwecks Herbeiführung der Streich- oder Tapezierfähigkeit. Solche als **Grundrenovierung** bezeichneten Arbeiten sind nicht 78

---

[204] Etwa BGH VIII ZR 28/17, ZIP 2018, 81 Rn. 32; BGH VIII ZR 28/17, WuM 2018, 28 Rn. 11.
[205] Anschaulich zB BGH VIII ZR 28/17, WuM 2018, 28 Rn. 11.
[206] BGH VIII ZR 210/08, NJW 2009, 1408 Rn. 10; BGH VIII ARZ 1/84, NJW 1985, 480.
[207] LG Berlin GE 2016, 592; *Blank/Börstinghaus* BGB § 535 Rn. 438; **aA** AG Wedding GE 2011, 697.
[208] LG Marburg 1980, 180; iE auch BGH VIII ZR 192/11, NZM 2012, 527; **aA** LG Berlin NJW 2016, 579; Staudinger/*Emmerich* BGB § 535 Rn. 103.
[209] IE ebenso BGH VIII ZR 192/11, NZM 2012, 527.
[210] AG Hannover WuM 2007, 406.
[211] *Hinterseer-Zbib* AnwZertMietR 11/2018 Anm. 1, juris; Langenberg/Zehelein Schönheitsreparaturen Kap. 1 Rn. 9; **aA** Schmid/Harz/*Harsch* BGB § 535 Rn. 411.
[212] Vgl. Lützenkirchen MietR/*Lützenkirchen* BGB § 535 Rn. 549; Spielbauer/Schneider/*Schneider* BGB § 535 Anh. 1 Rn. 181.
[213] BGH VIII ZR 48/09, NJW 2010, 674 Rn. 12.

Gegenstand der Schönheitsreparaturen iSd § 28 Abs. 4 S. 3 II. BV, weil sie vom Wortlaut der Norm nicht erfasst sind.[214] In Rspr. und Lit. wird indes verbreitet eine aA vertreten. So wird das Entfernen von Tapeten teilweise stets[215], nach aA dann zu den Schönheitsreparaturen gezählt, wenn die Abnutzung der Tapete allein auf den Nutzungszeitraum des Mieters entfällt.[216] Die erstgenannte Ansicht müsste konsequenterweise dazu führen, dass es sich auch bei einer frisch gestrichenen, indes mit „gebrauchter" Tapete vermieteten Wohnung um unrenovierten Wohnraum handelt mit der Folge, dass die hier geltenden strengen Grenzen der Inhaltskontrolle (→ Rn. 103) zur Anwendung kämen. Die zweitgenannte Ansicht vermeidet zwar dieses Ergebnis; ihre Auffassung einer beschränkten Pflicht zur Entfernung von Tapeten findet in § 28 Abs. 4 S. 3 II. BV aber keine Stütze. Macht die Ausführung vom Mieter geschuldeter Schönheitsreparaturen Grundrenovierungsarbeiten des Vermieters erforderlich, so wird der Anspruch des Vermieters erst fällig, wenn er seinerseits die Grundrenovierung erbracht hat.[217]

**79** Aus § 28 Abs. 4 S. 1 II. BV folgt, dass Schönheitsreparaturen nur Arbeiten **innerhalb der Wohnung** sind. Darunter fällt auch ein Wintergarten, nicht hingegen ein Balkon oder eine Loggia[218]. Zu Renovierungsmaßnahmen in von der Wohnung räumlich getrennten Abstellräumen (Keller, Dachboden) verpflichtet eine den Begriff Schönheitsreparaturen verwendende Klausel daher nicht.[219] Bilden solche Räume mit Wohnräumen hingegen eine funktionale Einheit, wie etwa in einem Einfamilienhaus, folgt das Ergebnis, dass der Mieter Bereiche außerhalb der Wohnung nicht zu renovieren hat, jedenfalls aus § 305 c Abs. 2 BGB.[220]

**80** Verpflichtet die Klausel den Mieter zur Ausführung von Schönheitsreparaturen, ohne sich auf bestimmte der in § 28 Abs. 4 S. 3 II. BV genannten Tätigkeiten zu beschränken, kann sich mit Blick auf den konkreten Ausstattungszustand der Wohnung die Frage stellen, ob der Mieter zu im Wortlaut von **§ 28 Abs. 4 S. 3 II. BV** nicht genannten, aber den dortigen Tätigkeiten **verwandten Arbeiten** verpflichtet ist. Der BGH hat dies zur Geschäftsraummiete für den Bodenbelag bejaht: Anstelle des Streichens müsse der Mieter die Maßnahme ergreifen, die für den vorhandenen Boden zu einer Auffrischung der Oberfläche führt; bei **Teppichböden** habe daher eine gründliche Reinigung zu erfolgen.[221] Bei diesen und anderen Erweiterungen des vom Vermieter verwendeten Begriffs der Schönheitsreparaturen handelt es sich methodisch um eine ergänzende Auslegung von AGB zugunsten des Verwenders, die abzulehnen ist. Denn ein Verwender, der bereits den Versuch einer ihm möglichen und zumutbaren Formulierung unterlässt, kann sich nicht auf die ergänzende Auslegung seiner unvollständigen AGB berufen.[222] Deshalb gehört das Abschleifen und Neuversiegeln von Parkettböden ebensowenig zu den Schönheitsreparaturen wie der Austausch eines verschlissenen Teppichbodens. Zu einer ausdrücklichen Erweiterung des Begriffs der Schönheitsreparaturen in Vermieter-AGB auf diese oder andere Maßnahmen → Rn. 172.

**81** Beschränkt sich die Vermieter-AGB auf den Begriff „Schönheitsreparaturen", so kann sich die Frage stellen, ob der Mieter wirklich sämtliche **Tätigkeiten** iSd § 28 Abs. 4 S. 3 II. BV schuldet oder sich dies **nach** dem **Ausstattungszustand bestimmt:** Soll der Mieter etwa zum Tapezieren und Anstreichen oder zum Kalken oder – etwa bei gespachtelten Wänden – nur zum Anstreichen verpflichtet sein? Und wie verhält es sich mit der Anstreichpflicht bei Plastikfenstern oder pulverbeschichteten Heizkörpern bzw. der Tapezierpflicht bei bisher nicht tapezierten Decken? Die Problematik wird, soweit ersichtlich, in Rspr. und Lit. bislang noch nicht allgemein diskutiert. Im Ergebnis scheint man sich aber darüber einig zu sein, dass der Mieter die in der konkreten Woh-

---

214 LG Bautzen WuM 2010, 279, Fensterverkittung; LG Berlin WuM 2017, 134, Beseitigung von Putzschäden; **aA** LG Münster WuM 2005, 605, Grundierung des Putzes.

215 LG Berlin GE 1994, 583; Lützenkirchen MietR/*Lützenkirchen* BGB § 535 Rn. 606; Spielbauer/Schneider/*Schneider* BGB § 535 Anh. 1 Rn. 182.

216 *Blank/Börstinghaus* BGB § 535 Rn. 436; *Harsch* WuM 2006, 651; Langenberg/Zehelein Schönheitsreparaturen Kap. 1 Rn. 489ff.

217 Siehe KGR Berlin 2004, 452; *Blank/Börstinghaus* BGB § 535 Rn. 436; vgl. auch BGH X ZR 70/96, NJW 1998, 2132.

218 MüKoBGB/*Häublein* § 535 Rn. 159; **aA** Schmid/Harz/*Harsch* BGB § 535 Rn. 406. Die in diesem Zusammenhang häufig zitierte Entscheidung BGH VIII ZR 210/08, NJW 2009, 1408 verhält sich hierzu nicht.

219 *Hinterseer-Zbib* AnwZertMietR 11/2018 Anm. 1, juris; Lützenkirchen MietR/*Lützenkirchen* BGB § 535 *Rn. 546.*

220 IE ebenso AG Langen WuM 1997, 40; *Blank/Börstinghaus* BGB § 535 Rn. 435.

221 BGH XII ZR 15/07, NJW 2009, 510 Rn. 26.

222 *Lehmann-Richter* NZM 2009, 349.

nung gebotenen Arbeiten schuldet.[223] Das überzeugt auch unter Anwendung des objektiven Auslegungsmaßstabs bei AGB (→ Rn. 75), weil dieses Ergebnis eine allgemeine Lösung des Interpretationskonflikts ist.[224]

Nicht zu den Schönheitsreparaturarbeiten iSd § 28 Abs. 4 S. 3 II. BV gehören Erhaltungsmaßnahmen, die aufgrund eines Umstandes notwendig werden, die **nicht auf** einer **Abnutzung der Mietsache** beruhen.[225] Beispiele sind etwa Streicharbeiten wegen eines von außen kommenden Wasserschadens oder nach einem Wohnungsbrand. Die Wirksamkeit einer Schönheitsreparatur-AGB setzt nicht voraus, dass diese Beschränkung in der Klausel ausdrücklich genannt wird (→ Rn. 102). 82

**bb) Verwendung anderer Begriffe/Beschreibung der Renovierungspflicht.** Verwendet der Vermieter einen **anderen Begriff,** etwa **„Renovierung",** stellt sich ebenfalls die Frage, welche Arbeiten damit gemeint sein sollen. Zwar ist die Auslegung vertretbar – und bei einer Individualvereinbarung auch vorzugswürdig –, dass damit dasselbe gemeint ist wie mit den in § 28 Abs. 4 S. 3 II. BV genannten Schönheitsreparaturen. Zwingend ist diese Auslegung indes nicht; ebenso vertretbar ist es etwa, den Anstrich der Fenster von außen unter den Begriff der Renovierung zu fassen. Damit kommt auch eine zur Unwirksamkeit führende (→ Rn. 124) Auslegung in Betracht, die nach dem Prinzip der kundenfeindlichsten Auslegung (→ Rn. 54) die Klausel erfasst. Daher sind Klauseln, die den Umfang der vom Mieter geschuldeten Arbeiten nicht beschreiben und als Schlagwort nicht den Begriff Schönheitsreparaturen wählen, stets unwirksam. 83

Auslegungsprobleme ergeben sich auch, wenn die Klausel die **auszuführenden Arbeiten nennt,** der genaue **Umfang** aber **unklar** ist. § 305 c Abs. 2 BGB löst dies wie folgt: Ist eine Auslegungsvariante vertretbar, die zur Unwirksamkeit der Klausel führt, ist diese maßgeblich (→ Rn. 54). Dafür ist zu fragen, ob bei dieser Auslegungsvariante der Maßnahmenkatalog des § 28 Abs. 4 S. 3 II. BV überschritten wäre, weil dies nach hM ein Unwirksamkeitsgrund ist (→ Rn. 124). Anderenfalls setzt sich nach § 305 c Abs. 2 BGB die vertretbare Auslegungsvariante durch, die den Mieter mit den wenigsten Arbeiten belastet. Ein Anwendungsbeispiel sind Klauseln, die den Mieter zum „Streichen der Türen und Fenster" verpflichten, ohne dies ausdrücklich – wie § 28 Abs. 4 S. 3 II. BV – auf die Innenseiten zu beschränken. Ist in einem solchen Fall die Auslegung vertretbar, dass der Mieter auch die Außenseite streichen müsste, führt dies zur Unwirksamkeit der Klausel.[226] 84

**cc) Fälligkeit der Schönheitsreparaturpflicht.** Auslegungsfragen stellen sich auch mit Blick auf die **Fälligkeit** der vom Mieter geschuldeten Leistungen. Denn Vorgaben zu den Ausführungsterminen können zur Unwirksamkeit der Vornahmeklausel führen (→ Rn. 119), weshalb in der Praxis verbreitet auf solche verzichtet wird. Bei solchen Klauseln fragt sich, ob sie wegen Intransparenz (§ 307 Abs. 1 S. 2 BGB) – nämlich der Unklarheit, wann genau der Mieter tätig werden muss – unwirksam sind. Der BGH hat diese Frage im Jahr 1985 mit dem Hinweis verneint, die Fälligkeit des Renovierungsanspruchs könne anhand der in der Vertragspraxis gebräuchlichen Ausführungsfristen hinreichend verlässlich ermittelt werden.[227] Später hat er entschieden, dass Schönheitsreparaturen im laufenden Mietverhältnis auszuführen sind, sobald aus der Sicht eines **objektiven** Betrachters **Renovierungsbedarf** besteht; darauf, ob bereits die Substanz der Wohnung gefährdet ist, komme es nicht an.[228] Für dieses Ergebnis spricht, dass der Vermieter zwecks Vermeidung von Nachteilen (insbes. Insolvenz des Mieters; Reparaturstau) ein Interesse an einer kontinuierlichen Erhaltung der Dekoration hat.[229] Ein Mieter, der sich zur Übernahme der Schönheitsreparaturen verpflichtet, muss die Klausel daher so verstehen, dass er diese Arbeiten bei Bedarf auszuführen hat. 85

Früher stand der BGH auf dem Standpunkt, dass Schönheitsreparaturen nach Ablauf der sog. Regelfristen aus dem Mustermietvertrag des Bundesjustizministeriums von 1976[230] fällig werden.[231] Diese Judikatur ist durch die Rspr. zur Unwirksamkeit starrer Renovierungsvorgaben (→ Rn. 119) 86

---

223 Vgl. AG Freiburg WuM 2001, 897; Spielbauer/Schneider/*Schneider* BGB § 535 Anh. 1 Rn. 169.
224 Vgl. *Stoffels* AGB-Recht Rn. 360.
225 BGH VIII ZR 191/13, NJW 2015, 699 Rn. 39, Brandschaden.
226 BGH VIII ZR 48/09, NJW 2010, 674 Rn. 12. In der Entscheidung BGH VIII ZR 192/11, NZM 2012, 527 hat der VIII. Zivilsenat dieses Ergebnis durch eine systematische Auslegung des konkreten Vertragsmusters vermieden.
227 BGH VIII ARZ 1/84, NJW 1985, 480.
228 BGH VII ZR 270/18, NZM 2020, 710 Rn. 31; BGH VIII ZR 192/04, NJW 2005, 1862.
229 Langenberg/Zehelein Schönheitsreparaturen Kap. 1 Rn. 461.
230 ZMR 1976, 68, Küchen, Bäder und Duschen alle drei, für Wohn- und Schlafräume, Flure, Dielen und Toiletten alle fünf und für andere Nebenräume alle sieben Jahre.
231 BGH VIII ARZ 1/84, NJW 1985, 480.

überholt. Die Frage kann heute nur noch lauten, ob nach Ablauf dieser Fristen eine **tatsächliche Vermutung** für einen **Renovierungsbedarf** besteht. Eine ausdrückliche Antwort des BGH hierauf steht noch aus. Seine Billigung sog. weicher Fristenpläne könnte wegen § 309 Nr. 12 BGB aber dafür sprechen, dass der BGH von einer solchen Vermutung ausgeht (→ Rn. 120).[232] Nach einer Begründung für eine solche Vermutung sucht man allerdings vergeblich. Vielmehr zeigt die Kritik an den Fristen aus dem Mustermietvertrag 1976[233], dass es an den tatsächlichen Grundlagen für eine solche Vermutung fehlt.[234] Es ist daher prozessual unzulässig, allein aus dem Ablauf bestimmter Zeiträume seit der letzten Renovierung die Fälligkeit von Schönheitsreparaturen abzuleiten.

**87** Enthält die Klausel eine Regelung zur Fälligkeit, wird deren Auslegung von **§ 305c Abs. 2 BGB** bestimmt: Ist eine Auslegungsvariante vertretbar, die wegen starrer Vorgaben zur Unwirksamkeit der Klausel führt, ist diese maßgeblich (→ Rn. 54). Anderenfalls setzt sich nach § 305c Abs. 2 BGB die vertretbare Auslegungsvariante durch, die den Mieter mit den wenigsten Arbeiten belastet, also zu einer spätmöglichen Fälligkeit führt. Die Formulierung, dass Schönheitsreparaturen „spätestens bei Ende des Mietverhältnisses" vorzunehmen sind, führt etwa dazu, dass im laufenden Mietverhältnis der Renovierungsanspruch nicht fällig wird.[235] Gleiches gilt (erst Recht), wenn die Klausel daneben festlegt, dass der Mieter Schönheitsreparaturen, die wegen des Zustandes der Wohnung bereits während der Mietdauer notwendig werden, um nachhaltige Schäden an der Substanz der Mieträume zu vermeiden oder zu beseitigen, unverzüglich auszuführen hat.[236]

**88** Für die Bestimmung der Fälligkeit eines vertraglichen Anspruchs auf Vornahme von Schönheitsreparaturen ist es irrelevant, ob der Mietvertrag beendet ist oder nicht. Eine Ausnahme bilden Klauseln, die – wie im soeben genannten Beispiel – neben dem Bedarf nach der Ausführung der Reparaturen noch ergänzend das Vertragsende verlangen. Es ist also keineswegs so, dass der Mieter aus der Vornahmeklausel bei **Vertragsende** stets die Durchführung von Schönheitsreparaturen schuldet. Eine solche Pflicht besteht vielmehr nur, wenn objektiv Renovierungsbedarf besteht. Ist dies nicht der Fall, befindet sich die Wohnung aber in einem für die **Weitervermietung ungeeigneten Dekorationszustand,** so kann aus § 546 BGB eine Renovierungspflicht folgen (→ Rn. 33).

**89** **dd) Inhaltliche Anforderungen an die Schönheitsreparaturarbeiten.** Auch Vorgaben zur Ausführungsart können zur Unwirksamkeit der Vornahmeklausel führen (→ Rn. 121), weshalb in der Praxis verbreitet auf solche verzichtet wird. Dann stellt sich die **Auslegungsfrage,** welche qualitativen Anforderungen an die Schönheitsreparaturarbeiten des Mieters zu stellen sind.

**90** Fehlt eine wirksame Regelung hierzu, so entspricht es zur **Ausführungsqualität** wohl allgM, dass der Mieter fachgerechte Arbeiten in mittlerer Art und Güte (§ 243 BGB) schuldet; eine Ausführung durch einen Fachhandwerkerbetrieb ist nicht erforderlich.[237] Das Pflichtenprogramm des Mieters wird insoweit also durch einen unbestimmten Rechtsbegriff definiert, was im Einzelfall zu Schwierigkeiten bei der Feststellung führen kann, ob die Arbeiten des Mieters dem geforderten Standard entsprechen. Zur Intransparenz – und damit zur Unwirksamkeit (§ 307 Abs. 1 S. 2 BGB) – führt dies indes nicht, weil eine Formulierung, welche die Anforderungen an die Ausführungsqualität näher beschreibt, ihrerseits mit unbestimmten Begriffen auskommen müsste.[238] Denn Schönheitsreparaturen entsprechen mittlerer Art und Güte, wenn sie zu einem ordentlichen Dekorationszustand ohne auffallende Mängel führen[239], wie er bei sorgfältiger und geschickter Ausführung durch einen Laien[240] erwartet werden kann. Ob dieser Standard erreicht ist, muss im Streitfall anhand der Umstände des Einzelfalls bestimmt werden. Als Beweismittel kommt auch der gerichtliche Augenschein in Betracht, weil der Richter ohne Unterstützung durch einen Sachverständigen bewerten kann, ob Dekorationsarbeiten mittlerer Art und Güte vorliegen. Die **Beweislast** für die Ausführungsqualität und damit die Erfüllung des Renovierungsanspruchs trifft den Mieter. Sie geht allerdings nach § 363 BGB auf den Vermieter über, wenn er die Leistung als Erfüllung angenommen hat.

---

[232] Für eine solche LG Berlin NJW 2016, 579; LG Dresden ZMR 2014, 641.
[233] Siehe die Nachweise bei BGH VIII ZR 143/06, NJW 2007, 3632 Rn. 13.
[234] Vgl. *Schmidt* NZM 2011, 561 (568); unzutr. noch *Lehmann-Richter* NZM 2005, 691.
[235] *Langenberg* NZM 2002, 972 (974); **aA** *Kraemer* NZM 2003, 417 (422).
[236] BGH VIII ZR 232/14, WuM 2015, 338.
[237] BGH VIII ZR 294/09, NJW 2010, 2877 Rn. 21; BGH VIII ARZ 1/88, NJW 1988, 2790.
[238] *Vgl. zur Beschränkung des Transparenzgebots auf mögliche und zumutbare Formulierungen etwa* BGH VIII ZR 360/14, NJW 2016, 936 Rn. 36 mwN.
[239] *Blank/Börstinghaus* BGB § 535 Rn. 456; MüKoBGB/*Häublein* § 535 Rn. 167.
[240] *Emmerich* NZM 2000, 1155 (1162).

Mit Blick auf die **Dekorationsart,** also die ästhetische Gestaltung, besteht bei der Ausführung von Schönheitsreparaturen eine Bandbreite von Möglichkeiten. Diese beziehen sich vor allem auf die **Farbwahl.** Fehlt eine Abrede der Parteien (zur Inhaltskontrolle → Rn. 122), ist nach der Rspr. des BGH nicht etwa maßgeblich, was gestalterisch mittlerer Art und Güte entspricht. Nach Auffassung des BGH gibt es nämlich kein schutzwürdiges Interesse des Vermieters, dem Mieter im laufenden Vertrag die Art der Dekoration vorzugeben.[241] Deshalb setzen sich bei der Auslegung der Vornahmeklausel die Interessen des Mieters durch; die farbliche (Um)gestaltung der Wohnung gehört zu seinem vertragsgemäßen Gebrauchsrecht.[242] Dieses Ergebnis, also die **Gestaltungsfreiheit des Mieters,** überzeugt, weil das Interesse des Vermieters, die Wohnung in einem zur Weitervermietung geeigneten Dekorationszustand zurückzuerhalten, über § 546 BGB gewahrt wird (→ Rn. 33). Den vertraglichen Renovierungsanspruch erfüllt der Mieter daher auch, wenn er in ästhetisch ausgefallener Art und Weise renoviert. 91

**ee) Ausführungspflicht des Mieters.** Eine Vornahmeklausel setzt voraus, dass der Vertrag den Mieter zur Ausführung von Schönheitsreparaturen verpflichtet. Maßgeblich ist die Formulierung im Einzelfall, wobei sich die Auslegung nach § 305 c Abs. 2 BGB (→ Rn. 54) richtet. Abzulehnen ist daher das Ergebnis des BGH[243], die Formulierung *„Die Kosten der Schönheitsreparaturen trägt der Mieter“* enthalte eine Vornahmeregelung. Es handelt sich ausweislich des Wortlauts vielmehr um eine (unwirksame, → Rn. 70) Kostenklausel; für eine vermieterfreundliche abweichende Interpretation ist angesichts von § 305 c Abs. 2 BGB kein Raum. Mit dem Prinzip der kundenfeindlichsten Auslegung nach dieser Norm rechtfertigt sich hingegen das Ergebnis des BGH[244], dass die Verpflichtung des Mieters, *„die Räume in ordnungsgemäßem Zustand zu erhalten“* auch die Ausführung von Schönheitsreparaturen umfasst. Denn zur gesamten Erhaltung der Wohnung kann der Mieter nicht wirksam verpflichtet werden (→ Rn. 172), was zur Nichtigkeit der Klausel führt. Vornahmepflichten enthalten nach der Rspr. des BGH auch die Formulierungen *„Schönheitsreparaturen trägt der Mieter“*[245] und *„Die Schönheitsreparaturen werden vom Mieter getragen“*.[246] 92

**b) Transparenzkontrolle.** Nach § 307 Abs. 1 S. 2 BGB kann sich eine unangemessene Benachteiligung des Mieters auch daraus ergeben, dass eine Renovierungsklausel nicht klar und verständlich ist. Verpflichtet die Klausel den Mieter zur Ausführung von „Schönheitsreparaturen“, ohne diese näher zu beschreiben, verhindert der Rückgriff auf § 28 Abs. 4 S. 3 II. BV eine Intransparenz iSd § 307 Abs. 1 S. 2 BGB.[247] Verwendet der Vermieter hingegen ein anderes Schlagwort – zB Renovierung –, so führt die daraus resultierende Unklarheit nach dem Grundsatz der kundenfeindlichsten Auslegung zur Unangemessenheit nach § 307 Abs. 1 S. 1 BGB (→ Rn. 83). Eine Anwendung von § 307 Abs. 1 S. 2 BGB ist hier entbehrlich.[248] Fehlen Vorgaben zur Fälligkeit des Renovierungsanspruchs oder zur Ausführungsqualität, so führt dies nicht zu einem Verstoß gegen § 307 Abs. 1 S. 2 BGB (→ Rn. 85, 90). Zur Transparenz von auf Teilen der Wohnung beschränkten Vornahmeklauseln → Rn. 108. 93

**c) Inhaltskontrolle.** Bei der Inhaltskontrolle von Vornahmeklauseln verfolgte die Rspr. jahrzehntelang eine vergleichsweise liberale Linie. Dies änderte sich Anfang des Millenniums; seitdem hat der BGH in einer Reihe von Entscheidungen die Gestaltungsfreiheit der Vermieter begrenzt. Diese Rspr. hat den Diskurs immer wieder neu befeuert[249], was dazu geführt hat, dass das Erkennen der Grenzen der angemessenen Vertragsgestaltung bis heute ein fortwährender Prozess[250] ist. Ein Produkt dieses Erkenntnisprozesses ist **Rechtsunsicherheit,** weil in der Vergangenheit gebilligte Vertragsgestaltungen vom BGH unter Aufgabe seiner Rspr. verworfen wurden.[251] Da der BGH – zur Recht – ein **Rückwirkungsverbot** solcher Rechtsprechungsänderungen ablehnt[252] ist die 94

---

241 BGH VIII ZR 224/07, NJW 2008, 2499 Rn. 18.
242 BGH VIII ZR 416/12, NJW 2014, 143 Rn. 17.
243 BGH VIII ZR 339/03, NJW 2004, 2961.
244 BGH VIII ZR 339/03, NJW 2004, 2961.
245 Etwa BGH VIII ZR 17/04, ZMR 2005, 437.
246 BGH VIII ARZ 1/84, NJW 1985, 480.
247 BGH VIII ARZ 1/84, NJW 1985, 480; Spielbauer/Schneider/*Schneider* BGB § 535 Anh. 1 Rn. 62; zweifelnd *Hinz* ZMR 2003, 77.
248 Vgl. Staudinger/*Coester* BGB § 307 Rn. 172.
249 Staudinger/*Emmerich* BGB § 535 Rn. 101: „chaotische, ausufernde Diskussion“.
250 MüKoBGB/*Häublein* § 535 Rn. 129.
251 Siehe etwa BGH VIII ZR 185/14, NJW 2015, 1594 (unrenovierte Wohnung).
252 BGH VIII ZR 185/14, NJW 2015, 1594 Rn. 39; **aA** *Lammel* ZMR 2016, 341.

Konsequenz, dass Vermieter die sie begünstigende, vermeintlich rechtssichere Vertragsregel verlieren.

95 Von besonderer Bedeutung ist für die Inhaltskontrolle von Vornahmeklauseln das Prinzip, dass eine **unangemessene Benachteiligung** nicht erst dann vorliegt, wenn sie sich im konkreten Fall verwirklicht hat. Ausreichend ist vielmehr, dass es aufgrund der Formulierung der Klausel zu einer solchen Benachteiligung **hätte kommen können.**[253] Deshalb ist etwa eine Renovierungsklausel mit starren Fristen auch dann unwirksam, wenn im konkreten Fall nach Ablauf der Fristen tatsächlich Renovierungsbedarf besteht.

96 **aa) Keine generelle Unwirksamkeit.** Nach einer in Rspr. und Lit. vertretenen Ansicht sind Vornahmeklauseln **stets unwirksam.** Es werden für diese **Mindermeinung** zwei Begründungen vorgetragen, nämlich zum einen der Verstoß gegen halbzwingendes Recht (§§ 536 Abs. 4, 556 Abs. 4 BGB) zum anderen die Verletzung von § 307 Abs. 2 Nr. 1 BGB, weil die Reparaturpflicht des Vermieters zu den Grundgedanken der gesetzlichen Regelung gehöre.[254]

97 Diesen strengen Standpunkt teilt die **hM** nicht; nach ihr ist die Vereinbarung einer **Renovierungspflicht** des Mieters auch in Vermieter-AGB **grds. möglich.** Dem ist zu folgen (zu den halbzwingenden Normen → Rn. 62).[255] Nach Auffassung des BGH weichen Vornahmeklauseln zwar von einem wesentlichen Grundgedanken der gesetzlichen Regelung ab.[256] Dies führt nach dem Regelbeispiel in § 307 Abs. 2 Nr. 1 BGB aber nicht automatisch, sondern nur „im Zweifel" zu einer unangemessenen Benachteiligung des Mieters. Diese Zweifel räumt der BGH zum einem mit dem Argument aus, die Vornahmeklausel werde in aller Regel bei der Kalkulation der Miete berücksichtigt[257] (sog. Entgeltthese); daneben verweist der BGH auf die allgemeine Verkehrssitte[258]. Insbesondere der Verweis auf die Entgeltthese hat verbreitet Kritik erfahren, da sie als Fiktion erscheint.[259] Indes lässt sich das Argument in § 307 Abs. 3 S. 1 BGB normativ nachweisen: Die Renovierungspflicht des Mieters ist Teil seiner Gegenleistung für die Überlassung der Wohnung und unterläge bei isolierter Betrachtung und strenger Anwendung von § 307 Abs. 3 S. 1 BGB als sog. Preisabrede nicht der Inhaltskontrolle.[260] Hinzu kommt, dass die die auf die Dekoration bezogene Erhaltungspflicht des Vermieters nicht zum mietrechtlichen Leitbild zu zählen ist, was die mit einer Vornahmeklausel zwingend verbundene (→ Rn. 53) Abbedingung von § 535 Abs. 2 S. 2 BGB erlaubt (→ Rn. 68). Zur Rechtfertigung der Vornahmepflicht – bei der sich eine Leitbildabweichung nicht in Abrede stellen lässt – wird in der Lit. darauf verwiesen, der Mieter werde durch die Vornahmeklausel zum pfleglichen Umgang mit der Wohnung animiert, die Renovierungskosten könnten durch Eigenvornahme verringert werden und die schwierige Abgrenzung zur Sachbeschädigung entfalle.[261] Daneben ist auch das vom BGH angeführte Argument der Verkehrssitte überzeugend, weil die Abwälzung der Schönheitsreparaturen seit vielen Jahrzehnten üblich ist.[262] Diese Gesichtspunkte widerlegen in der Summe die Zweifelsregel aus § 307 Abs. 2 Nr. 1 BGB, weshalb Vornahmeklauseln nicht gegen § 307 Abs. 1 S. 1 BGB iVm § 307 Abs. 2 Nr. 1 BGB verstoßen.

98 Damit ist selbstverständlich nicht gesagt, dass sämtliche Vornahmeklauseln – unabhängig von ihrer Gestaltung im Einzelfall – einer Inhaltskontrolle standhalten. Es bedarf vielmehr in einem nächsten Prüfungsschritt einer Inhaltskontrolle nach der Generalklausel des § 307 Abs. 1 S. 1 BGB.[263] Dafür ist zu fragen, ob die konkrete Klausel den Mieter unangemessen benachteiligt. Hier richtet sich der Blick auf die näheren **Kriterien der Inhaltskontrolle.** Zwar hat es der BGH bislang vermieden, seine Judikatur insofern auf ein umfassendes theoretisches Fundament zu stellen.

---

[253] BGH XII ZR 55/95, NJW 1997, 193; Staudinger/*Coester* BGB § 307 Rn. 110.

[254] Siehe (mit Unterschieden im Detail) LG Berlin NZM 2017, 258 (ZK 67); Staudinger/*Bieder* BGB Anh. §§ 305–310 Kap. E Rn. 61; Staudinger/*Emmerich* BGB § 535 Rn. 111; Langenberg/Zehelein Schönheitsreparaturen Kap. 2 Rn. 52.

[255] Zum Folgenden bereits *Lehmann-Richter* WuM 2016, 529 (533f.).

[256] BGH VIII ARZ 1/84, NJW 1985, 480; BGH VII ZR 21/13, NJW 2015, 1874 Rn. 17.

[257] BGH VIII ARZ 1/84, NJW 1985, 480; BGH VIII ZR 181/07, NJW 2008, 2840; BGH VIII ZR 316/06, NJW 2007, 3776.

[258] BGH XII ZR 108/13, NJW 2014, 1444 Rn. 19.

[259] Staudinger/*Emmerich* BGB § 535 Rn. 110 mN; allg. zum Preisargument Staudinger/*Coester* BGB § 307 Rn. 129 mN.

[260] *Lehmann-Richter* WuM 2016, 529 (533).

[261] *MüKoBGB/Häublein § 535 Rn. 143*; ähnl. Ulmer/Brandner/Hensen/*Christensen* Mietverträge Rn. 10; *Schmidt* in DMT-Bilanz 2011, 236 (244).

[262] Vgl. etwa Sternel MietR, 1988, Kap. II Rn. 379 („Abwälzung auf Mieter allgemein gebräuchlich").

[263] Vgl. BGH VIII ARZ 1/97, NJW 1997, 3437.

Seinen Entscheidungen lassen sich aber folgende Anforderungen entnehmen, bei deren Verletzung eine Schönheitsreparaturklausel nach Ansicht des BGH an § 307 Abs. 1 S. 1 BGB scheitert:

- Dem Mieter dürfen nicht mehr Pflichten auferlegt werden als den Vermieter nach § 535 Abs. 1 S. 2 BGB träfen (Topos 1)[264];
- dem Mieter darf während der Mietzeit die Gestaltung der Wohnung nicht diktiert werden (Topos 2)[265];
- der Mieter darf nicht zur Beseitigung von Abnutzungsspuren verpflichtet werden, die er nicht veranlasst hat (Topos 3)[266];
- dem Mieter dürfen keine Renovierungspflichten auferlegt werden, die über den durch § 28 Abs. 4 S. 3 II. BV geprägten Begriff der Schönheitsreparaturen hinausgehen (Topos 4)[267].

Der Gesichtspunkt der Kalkulierbarkeit, mit dem der BGH die Nichtigkeit von Abgeltungsklauseln begründet (→ Rn. 71), ist bei Vornahmeklauseln hingegen nicht einschlägig.[268] Denn die Fälligkeit des Renovierungsanspruchs des Vermieters hängt nur von einer Variable ab, nämlich dem Nutzungsverhalten des Mieters. Diese Unsicherheit ist dem Mieter zumutbar, insbes., da er sein Nutzungsverhalten selbst steuern kann.

Die soeben genannten Kriterien sind Ausprägungen der bei § 307 Abs. 1 S. 1 BGB durchzuführenden **Interessenabwägung.** Sie lassen sich dem dort anerkannten Übermaßverbot, nämlich dem Grundsatz der Erforderlichkeit und Verhältnismäßigkeit[269], zuordnen. Beim Topos 3 kommt das Argument der Kalkulierbarkeit hinzu, weil der Mieter seine Abnutzungsspuren beeinflussen kann. Welche Anforderungen unter Berücksichtigung der genannten Topoi des BGH an Vermieter-AGB konkret bestehen, wird im Folgenden problem- bzw. fallgruppenbezogen erläutert. **99**

**bb) Umfang einer Unwirksamkeit.** Vornahmeklauseln bestehen häufig aus unterschiedlichen Regelungsteilen, etwa zum Umfang der vom Mieter geschuldeten Arbeiten oder zu Art und Weise sowie Zeitpunkt ihrer Ausführung. Von grundsätzlicher Bedeutung ist die Frage, wie sich die Unwirksamkeit eines dieser Regelungsteile auf die Gesamtklausel auswirkt, ob also eine Isolierung des rechtlichen Defekts mit der Konsequenz zulässig ist, dass die Renovierungspflicht dem Grunde nach bestehen bleibt. Hier sind zwei Institute des AGB-Rechts betroffen. Nach dem **Verbot der geltungserhaltenden Reduktion** ist eine Auslegung von fehlerhaften AGB unzulässig, welche die Regel mit dem gerade noch zulässigen Maß aufrechterhält.[270] Der sog. **blue-pencil-Test** beantwortet die Frage nach der Reichweite des Fehlers: Kann der unwirksame Teil einer Klausel gestrichen werden, ohne dass der Sinn des anderen Teils darunter leidet, ergreift die Unwirksamkeit den anderen Teil nicht.[271] Der BGH hat sich bei Schönheitsreparatur-AGB gegen eine großzügige Anwendung des blue-pencil-Tests entschieden, was iErg dazu führt, dass der Defekt eines Teils die Unwirksamkeit der gesamten Renovierungsklausel bedeutet. Nach Ansicht des BGH handelt es sich um eine einheitliche Rechtspflicht, weshalb unwirksame Vorgaben hinsichtlich der zeitlichen Modalitäten, der Ausführungsart oder des gegenständlichen Umfangs der Arbeiten dazu führen, dass die Klausel nicht nur insoweit, sondern insgesamt unwirksam ist.[272] Mit dieser Begründung hat der BGH etwa Vermieter-AGB mit unwirksamen Ausführungsfristen[273], unwirksamen Farbvorgaben[274] oder einer unwirksamen Überschreitung des Maßnahmenkatalogs aus § 28 Abs. 3 S. 4 II. BV[275] insgesamt für unwirksam erklärt. Dieses Ergebnis gilt nach Ansicht des BGH auch dann, wenn der unwirksame Teil und die bei isolierter Betrachtung wirksame Vornahmeklauseln in verschiedenen, sprachlich voneinander unabhängigen Klauseln des Mietvertrags geregelt sind.[276] Eine Ausnahme von Prinzip der Gesamtunwirksamkeit macht der BGH nur bei einer unwirksamen Abgeltungsklausel, deren Nichtigkeit nicht auf eine für sich genommen wirk- **100**

---

264 ZB BGH VIII ZR 361/03, NJW 2004, 2586; BGH VIII ZR 316/06, NJW 2007, 3776.
265 Etwa BGH VIII ZR 198/10, NJW 2011, 514; BGH VIII ZR 224/07, NJW 2008, 2499.
266 BGH VIII ZR 185/14, NJW 2015, 1594.
267 BGH VIII ZR 48/09, NJW 2010, 674.
268 *Lehmann-Richter* WuM 2016, 529 (537).
269 Staudinger/*Coester* BGB § 307 Rn. 162 mN; s. zu Topos 1 auch BGH XII ZR 308/02, NJW 2005, 2206.
270 Etwa BGH VII ZR 308/16, NJW 2017, 3145 Rn. 23.
271 Etwa BGH III ZR 126/15, NJW 2016, 1578 Rn. 37.
272 BGH VIII ZR 48/09, NJW 2010, 674.
273 ZB BGH VIII ZR 106/05, NJW 2006, 2113 Rn. 10.
274 ZB BGH VIII ZR 166/08, NZM 2009, 313.
275 ZB BGH VIII ZR 210/08, NJW 2009, 1408.
276 BGH VIII ZR 21/13, NJW 2015, 1874; BGH VIII ZR 137/12, WuM 2013, 293.

same Vornahmeklausel ausstrahlen soll.[277] In der Lit. wird dieses **Prinzip der Gesamtunwirksamkeit** aus theoretischer Sicht mit guten Gründen kritisiert; zutreffend ist auch, dass diese Linie des BGH letztlich für die Sprengkraft bei der Inhaltskontrolle von Schönheitsreparatur-AGB sorgt.[278]

**101** Renovierungsklauseln sind nach § 307 Abs. 1 S. 1 BGB auch dann unwirksam, wenn sie zusammen mit anderen Klauseln eine Gesamtwirkung entfalten, die den Mieter unangemessen benachteiligt (sog. **Summierungseffekt**).[279] Dies gilt unabhängig davon, ob beide Klauseln bei isolierter Betrachtung wirksam oder unwirksam sind[280] oder ob sich die Verstärkungswirkung aus einer Individualvereinbarung ergibt[281]. Ein Summierungseffekt besteht danach zwischen einer Pflicht zur laufenden Renovierung und einer **Endrenovierungsklausel.**[282] Denn die laufende Reparaturpflicht verstärkt die unangemessene Benachteiligung, die von der Endrenovierungsregel ausgeht. Sie führt nämlich dazu, dass der Mieter in einer größeren Zahl der denkbaren Anwendungsfälle der Endrenovierungsklausel mehr Renovierungsaufwand tragen muss, als das der tatsächlichen Abnutzung entspricht.[283] Diese Verstärkungswirkung ist unabhängig davon, ob es sich bei der Endrenovierungsklausel um eine eigenständige Regelung handelt[284], weil es bei der Summierung stets um das Zusammenspiel zweier unabhängiger Klauseln geht.[285] Die laufende Renovierungsklausel ist auch dann unwirksam, wenn die Endrenovierung nur einen Teil der Arbeiten (Tapetenklausel) umfasst und individualvertraglich vereinbart wurde[286]; die individuelle Endrenovierungsregel bleibt hingegen wirksam (→ Rn. 65). Zwischen einer **Anfangsrenovierungspflicht** und einer solchen über die laufende Renovierung lässt sich ein Summierungseffekt hingegen nicht feststellen.[287] Anders ist es bei Anfangs- und Endrenovierungspflicht[288], weil die Renovierung zu Beginn in einer häufigeren Zahl der Fälle dazu führt, dass bei Vertragsende noch kein Renovierungsbedarf besteht, die Endrenovierungsregel den Mieter also mit überflüssigen Arbeiten belastet. Verneint hat der BGH einen Summierungseffekt zwischen unwirksamer **Abgeltungsklausel** und wirksamer Renovierungsklausel: Ist die Abgeltungsklausel unwirksam, bleibt die Pflicht zur Renovierung bestehen.[289]

**102** **cc) Ausdrückliche Beschränkung auf Abnutzungsspuren des Mieters?.** Die Verpflichtung des Mieters, Schönheitsreparaturen auszuführen, betrifft nicht die Beseitigung von Mängeln, die nicht auf den Mietgebrauch zurückzuführen sind (→ Rn. 82). In der Lit. wird teilweise vertreten, die Schönheitsreparaturklausel müsse diese Einschränkung ausdrücklich nennen, um dem Verdikt der Unwirksamkeit zu entgehen.[290] Die Rspr. hat sich mit diesem mutmaßlichen Unwirksamkeitsgrund – soweit ersichtlich – noch nicht näher auseinandergesetzt. Im Ergebnis hat der **BGH** diese Literaturansicht indes bereits verworfen, weil er Klauseln für wirksam erklärt hat, ohne sich an ihrer unbeschränkten Formulierung zu stoßen.[291] Dies überzeugt, weil die zur Unwirksamkeit führende Auslegungsvariante, wonach der Mieter auch von ihm nicht zu beeinflussende Mängel zu beseitigen hat, fernliegend und daher bei der Inhaltskontrolle nicht zu berücksichtigen ist.[292]

**103** **dd) Überlassung unrenovierten/renovierungsbedürftigen Wohnraums.** Ist die Wohnung bei Überlassung an den Mieter unrenoviert oder renovierungsbedürftig (zu den Begriffen sogleich), so benachteiligt eine Vornahmeklausel den Mieter nach mittlerweile **hM grds. unan-**

---

[277] BGH VIII ZR 73/08, NZM 2009, 197 Rn. 1; BGH VIII ZR 224/07, WuM 2008, 472 Rn. 14.
[278] MüKoBGB/*Häublein* § 535 Rn. 154.
[279] Etwa BGH VIII ZR 163/05, NJW 2006, 2116 Rn. 16.
[280] BGH VIII ZR 308/02, NJW 2003, 2234.
[281] BGH VIII ZR 308/02, NJW 2006, 2116.
[282] BGH VIII ZR 335/02, NJW 2003, 3192; BGH VIII ZR 308/02, NJW 2003, 2234.
[283] Vgl. *Klimke/Lehmann-Richter* WuM 2006, 653.
[284] **AA** BGH VIII ZR 52/06, NJW 2006, 3778 in einer mit seiner sonstigen Rspr. zur Summierung nicht zu vereinbarenden Ausreißerentscheidung.
[285] *Klimke/Lehmann-Richter* WuM 2006, 653.
[286] BGH VIII ZR 308/02, NJW 2006, 2116.
[287] **AA** (ohne konkrete Begründung) LG Hamburg WuM 2004, 88; AG Dortmund WuM 2004, 87.
[288] BeckOK MietR/*Siegmund* BGB § 535 Rn. 5235.
[289] BGH VIII ZR 73/08, NZM 2009, 197 Rn. 1; BGH VIII ZR 224/07, WuM 2008, 472 Rn. 14; *Artz* NZM 2007, 265 (271); **aA** *Klimke/Lehmann-Richter* WuM 2006, 653.
[290] *Bamberger/Roth/Hau/Poseck/Zehelein* BGB § 535 Rn. 423.
[291] BGH VIII ZR 17/04, NJW 2005, 1426 („Schönheitsreparaturen trägt der Mieter"); s. auch BGH VIII ZR 21/13, NJW 2015, 1874 Rn. 15.
[292] *Lehmann-Richter* WuM 2016, 529 (535).

**gemessen.**[293] Dies liegt daran, dass der Mieter beim Eintritt von Renovierungsbedarf faktisch nicht nachweisen kann, dass die auf seinem Mietgebrauch beruhende Abnutzung der Dekoration eine Renovierung nicht erfordert hätte und er so mit der Beseitigung der Nutzungsspuren früherer Bewohner belastet wird.[294] Eine Ausnahme erkennt der BGH an, wenn der Mieter für die Übernahme der Schönheitsreparaturen ausreichend kompensiert wird.[295] Zur Vereinbarung des unrenovierten Zustands als vertragsgemäß → Rn. 67, zur Freizeichnung des Vermieters von seiner Renovierungspflicht in diesen Fällen → Rn. 68.

**(1) Bestimmung des Dekorationszustands.** Der BGH unterscheidet beim Dekorationszustand in der Sache **vier Kategorien:** Wohnungen ohne irgendwelche Gebrauchsspuren (Zustand 1), Wohnungen mit unerheblichen, bei lebensnaher Betrachtung nicht ins Gewicht fallenden Gebrauchsspuren (Zustand 2), renovierungsbedürftige Wohnungen (Zustand 4) und Wohnungen, die zwischen Zustand 2 und Zustand 4 liegen und die vom BGH als unrenoviert bezeichnet werden (Zustand 3).[296] Das Verdikt der Unwirksamkeit (vorbehaltlich einer angemessenen Kompensation) trifft nach Ansicht des BGH Wohnungen mit Dekorationszustand 3 und 4.[297] Die theoretisch und praktisch schwierig zu beantwortende Frage lautet, wo die **Grenze** zwischen Zustand 2 (unerhebliche Gebrauchsspuren) und Zustand 3 (noch kein akuter Renovierungsbedarf, aber mehr als nur unerhebliche Gebrauchsspuren) verläuft.[298] Nach der Daumenregel des BGH ist entscheidend, ob die überlassenen Mieträume den Gesamteindruck einer renovierten Wohnung vermitteln.[299] Richtigerweise muss bei der Qualifizierung die Frage nach einer unangemessenen Benachteiligung des Mieters leitend sein: Droht wegen des Dekorationszustands die Gefahr, dass in Zukunft nicht allein seine Gebrauchsspuren den Renovierungsanspruch des Vermieters begründen, sondern dieser bereits vorher wegen Summierung mit den bei Überlassung vorhandenen Spuren ausgelöst wird? Nur wenn diese Befürchtung offensichtlich unbegründet ist, ist es gerechtfertigt, von unerheblichen Gebrauchsspuren zu sprechen. Es handelt sich um eine im Streitfall dem Richter vorbehaltene Würdigung der Umstände des Einzelfalls.[300] Judikate zu dieser Abgrenzungsfrage liegen bisher nur vereinzelt vor.[301] **104**

Die **Beweislast** für den zur Unwirksamkeit der Vornahmeklausel führenden Dekorationszustand trägt nach Ansicht des BGH der Mieter.[302] Dem wird in der Lit. verbreitet unter Verweis auf § 307 Abs. 2 Nr. 1 BGB widersprochen, weil die Abwälzung der Renovierungsarbeiten danach „im Zweifel" zur Unwirksamkeit führe, der Vermieter mithin zu beweisen habe, dass diese Zweifel wegen Überlassung einer renovierten Wohnung ausgeräumt sind.[303] Der BGH hat dieses Argument bislang nicht gewürdigt.[304] Es lässt sich aber entkräften, wenn man berücksichtigt, dass Vornahmeklauseln grds. nicht gegen § 307 Abs. 2 Nr. 1 BGB verstoßen (→ Rn. 97) und die Belastung durch Überlassung einer unrenovierten Wohnung deshalb lediglich auf der Ebene des § 307 Abs. 1 S. 1 BGB eine Rolle spielt, wo den Mieter die Darlegungslast für die unangemessene Benachteiligung trifft.[305] Deshalb muss der Mieter im Prozess substantiiert vortragen und ggf. beweisen, dass die Wohnung unrenoviert/renovierungsbedürftig war. Entscheidend sind auch hier die Umstände des Einzelfalls. Die Darlegungs- und Beweislast kann durch Vermieter-AGB zum Zustand der Wohnung nicht beeinflusst werden, weil dem § 309 Nr. 12b BGB entgegensteht.[306] Für individuelle Erklärungen des Mieters zum Dekorationszustand gilt dies hingegen nicht; diese können daher seine Darlegungslast erhöhen.[307] **105**

---

[293] BGH VIII ZR 185/14, NJW 2015, 1594 unter Aufgabe seiner früheren Rspr.; BGH VIII ZR 163/18, NZM 2020, 704 Rn. 15.
[294] *Lehmann-Richter* NZM 2005, 691.
[295] BGH VIII ZR 185/14, NJW 2015, 1594 Rn. 35.
[296] Vgl. BGH VIII ZR 185/14, NJW 2015, 1594 Rn. 30f.
[297] BGH VIII ZR 185/14, NJW 2015, 1594 Rn. 30f.
[298] Siehe etwa *Zehelein* NZM 2018, 105 (110).
[299] BGH VIII ZR 185/14, NJW 2015, 1594 Rn. 30f.
[300] BGH VIII ZR 185/14, NJW 2015, 1594 Rn. 31.
[301] LG Berlin ZMR 2015, 714 (erhebliche Gebrauchsspuren bei Renovierungsbedarf der Fenster).
[302] BGH VIII ZR 185/14, NJW 2015, 1594 Rn. 32.
[303] Etwa *Schmidt* NJW 2016, 1201; *v. Westphalen* NZM 2016, 10; *Kappus* NZM 2016, 609 (616).
[304] Fehlanzeige auch noch bei *Lehmann-Richter* NZM 2014, 818 (819).
[305] Vgl. MüKoBGB/*Häublein* § 535 Rn. 153.
[306] Vgl. BGH IVa ZR 173/85, NJW 1987, 1634.
[307] Vgl. LG Berlin GE 2016, 592 (Renovierungszustand laut Übergabeprotokoll „in Ordnung"); LG Karlsruhe NJW 2016, 2897 (Vertragsklausel: „Wohnung wird bei Einzug renoviert", indes ohne Würdigung der AGB-Problematik).

106 Ist die **Wohnung renoviert,** hängt die Wirksamkeit einer Vornahmeklausel nicht davon ab, dass die Klausel den ausdrücklichen Vorbehalt enthält, im Falle einer – ja nicht vorliegenden – Renovierungsbedürftigkeit bei Vertragsbeginn keine Geltung zu beanspruchen.[308]

107 **(2) Uneinheitlicher Dekorationszustand.** Ist der Dekorationszustand in der Wohnung uneinheitlich (zB einige Zimmer sind frisch renoviert, andere hingegen nicht), so ist eine Vornahmeklausel insgesamt unwirksam, die hierauf keine Rücksicht nimmt. Es ist hierfür nicht erforderlich, dass die Wohnung insgesamt – dh an allen ihren Bestandteilen – erhebliche Gebrauchsspuren aufweist. Denn die unangemessene Benachteiligung des Mieters tritt auch dann ein, wenn er zur laufenden Renovierung nur von unrenovierten Teilen einer Wohnung verpflichtet wird. Das **Verbot** einer **geltungserhaltenden Reduktion** von AGB (→ Rn. 100) verbietet es in diesen Fällen, den Klauselverstoß auf die Teile der Wohnung zu beschränken, die dem Mieter unrenoviert überlassen wurden.

108 Noch nicht abschließend geklärt ist die Frage, ob und unter welchen Voraussetzungen die **Vornahmeklausel** auf **Teile der Wohnung beschränkt** werden kann. Teilweise wird eine solche Vertragsgestaltung für unwirksam gehalten, wenn sie die Renovierungslast zwischen den Parteien aufspaltet, weil auf den Mieter ein unangemessener faktischer Druck ausgeübt werde, letztlich doch die ganze Wohnung zu renovieren.[309] Dieser mutmaßliche Druck ist eine unbewiesene These, weshalb gegen eine räumlich beschränkte Vornahmeklausel, welche die allgemeinen Wirksamkeitsanforderungen erfüllt, keine grundsätzlichen Bedenken bestehen.[310] Der Mieter kann daher – ohne dass es einer angemessenen Kompensation bedürfte – bzgl. der renovierten Bauteile zur Ausführung der Schönheitsreparaturen verpflichtet werden.[311] „Teilbar" ist der Renovierungsanspruch immer dann, wenn Schönheitsreparaturen so ausgeführt werden können, dass sie sich auf den renovierungsbedürftigen Teil der Wohnung beschränken lassen, ohne dass zwangsläufig andere Teile mit renoviert werden müssen, um nicht den Gesamteindruck der Dekoration mangelhaft erscheinen zu lassen. Danach ist es etwa möglich, die Fenster in einem oder sämtlichen Zimmern neu zu lackieren, ohne gleichzeitig die Wände streichen zu müssen. Gleiches gilt für den Wand- und Deckenanstrichs nur eines von mehreren Zimmern. Anders ist es beim Anstrich nur einer Wand in einem Zimmer, weil dies zu einem uneinheitlichen Erscheinungsbild der Wände führt. Die Vereinbarung einer nur Teile der Wohnung betreffenden Vornahmepflicht muss allerdings den Transparenzanforderungen des § 307 Abs. 1 S. 2 BGB genügen. Der Vertrag muss mit hinreichender Deutlichkeit erkennen lassen, auf welche Bauteile sich die Renovierungspflicht bezieht.[312] Diesen Anforderungen genügt sowohl der konkrete Ausschluss bestimmter Bauteile/Bereiche (zB *„Die Pflicht des Mieters zur Ausführung von Schönheitsreparaturen bezieht sich nicht auf Heizkörper und Heizrohre und auf die gesamte Küche"*) als auch ein allgemeiner Ausschluss bestimmter Bauteile (zB *„Die Pflicht des Mieters zur Ausführung von Schönheitsreparaturen bezieht sich nicht auf Wände, Decken, Fußböden, Heizkörper, Heizrohre, Fenster und Türen sowie sonstige Bauteile der Wohnung, die bei Übergabe an ihn nicht frisch renoviert waren"*).[313]

109 **(3) Angemessene Kompensation.** Erstreckt sich die Vornahmeklausel auf Bauteile mit nicht nur unerheblichen Gebrauchsspuren, ist sie nach der Rspr. des BGH dennoch wirksam, sofern die Verpflichtung des Mieters zur Beseitigung vorvertraglicher Abnutzungsspuren durch einen vom Vermieter gewährten Ausgleich kompensiert wird, durch den der Mieter so gestellt wird, **als sei** ihm **renovierter Wohnraum überlassen** worden.[314] Nähere Vorgaben zur Berechnung und Gewährung des Ausgleichs hat der BGH bislang nicht gemacht. Er hat aber erklärt, dass der Ausgleich etwa durch die Vereinbarung erfolgen kann, dass der Mieter zeitweise weniger oder gar keine Miete leisten muss.[315] Hieraus folgt, dass die Wirksamkeit der Vornahmeklausel nach Ansicht des BGH nicht voraussetzt, dass dem Mieter der Ausgleich bei Vertragsschluss bereits vollständig vermögensmäßig zugeflossen ist; ausreichend ist die Begründung eines Kompensationsanspruchs gegen

---

[308] BGH VIII ZR 185/14, NJW 2015, 1594 Rn. 28; MüKoBGB/*Häublein* § 535 Rn. 153; **aA** *Hartmann* WuM 2015, 406 (408).

[309] *Zehelein* NZM 2018, 105 (115).

[310] *Lehmann-Richter* WuM 2016, 529 (536); *Cramer/Stangl* ZAP Fach 4, 1667 (1672).

[311] *Artz* NZM 2015, 801 (807); *Cramer/Stangl* ZAP Fach 4, 1667 (1672); *Drettmann* NJW 2015, 3694 (3696).

[312] *Artz* NZM 2015, 801 (807).

[313] **AA** *zur zweiten Formulierung Wieck* WuM 2016, 71 (75); *Zehelein* NZM 2018, 105 (114).

[314] BGH VIII ZR 185/14, NJW 2015, 1594 Rn. 35; europarechtliche Bedenken hat *v. Westphalen* NZM 2018, 1001.

[315] BGH VIII ZR 185/14, NJW 2015, 1594 Rn. 35.

den Vermieter. Im konkreten Fall hat der BGH einen Mietnachlass von einer halben Monatsmiete (318,62 EUR) für Streicharbeiten in drei von vier Zimmern für unzureichend erklärt.[316] Die – nicht sehr umfangreich veröffentlichte – Instanzrechtsprechung zur Höhe der erforderlichen Kompensation ergibt kein einheitliches Bild.[317] Die **Darlegungs- und Beweislast** für die Gewährung einer angemessenen Ausgleichsleistung obliegt dem Vermieter.[318]

In der **Lit.** werden für die **Berechnung** der angemessenen **Ausgleichsleistung** verschiedene Methoden vorgeschlagen. Teilweise wird die erforderliche Ausgleichsleistung nach dem Modell einer umgekehrten Abgeltungsklausel berechnet: Die Höhe der angemessenen Ausgleichszahlung richte sich nach dem Abnutzungsgrad der Wohnung.[319] Andere wollen den Betrag nach der Ersparnis des Vermieters im Einzelfall bemessen[320], wiederum andere Stimmen halten die tatsächlichen Aufwendungen des Mieters für maßgeblich.[321] Richtigerweise muss die Kompensation die Belastung des Mieters durch die Vornahmeklausel vollständig beseitigen. Ist die Wohnung bei Vertragsbeginn renovierungsbedürftig, also ein Anspruch auf Durchführung von Schönheitsreparaturen fällig, verpflichtet die Vornahmeklausel den Mieter zur sofortigen Ausführung der Renovierungsarbeiten.[322] Der Vermieter kann in diesem Fall den Mieter durch einen Verzicht (§ 397 BGB) auf diesen Anspruch kompensieren. Ein neuer Renovierungsanspruch des Vermieters entsteht dann allerdings nur, wenn der Mieter die Wohnung so stark abnutzt, dass diese Abnutzung alleine einen Renovierungsbedarf auslöst, was sich typischerweise nur feststellen lässt, wenn der Mieter bei Einzug freiwillig renoviert.[323] Möchte der Vermieter auf die Anfangsrenovierung nicht verzichten, ist entscheidend, dass der Vermieter den Mieter nach Fristsetzung auf Zahlung eines Vorschusses für die Renovierung in Anspruch nehmen kann, der sich nach den **Ausführungskosten einer Malerfirma** berechnet.[324] In eben dieser Höhe ist der Mieter mithin zu kompensieren.[325] Daran ändert sich nichts, wenn die Wohnung bei Vertragsbeginn erhebliche Gebrauchsspuren aufweist, ohne renovierungsbedürftig zu sein. Denn hier kann der Renovierungsanspruch des Vermieters bereits wegen einer Summierung der vorhandenen und der vom Mieter stammenden Abnutzungsspuren und damit zu einem früheren Zeitpunkt fällig werden als bei isolierter Abnutzung durch den Mieter. Damit ist es denkbar, dass der Mieter einem Renovierungsanspruch ausgesetzt ist, der bei Vermietung einer renovierten Wohnung nicht fällig geworden wäre, nämlich falls der Mieter auszieht, bevor seine Abnutzung bei isolierter Betrachtung Renovierungsbedarf verursacht hätte. Dieser Nachteil wird ebenfalls nur dann kompensiert, wenn der Vermieter dem Mieter Leistungen (Geld, Mietfreiheit etc) in Höhe der Kosten einer vollständigen Renovierung durch einen Fachbetrieb verspricht. **110**

Abstrakt gehaltene **Vereinbarungen zum Ausgleich** (zB *„Für die Übernahme der Wohnung mit erheblichen Gebrauchsspuren erhält der Mieter vom Vermieter einen angemessenen Ausgleich in Geld"*) können eine Vornahmeklausel nicht rechtfertigen, weil sie die Höhe des dem Mieter zustehenden Anspruchs verschleiern und damit die Durchsetzbarkeit des Zahlungsanspruchs mit Unsicherheiten belasten.[326] Sie sind daher nicht geeignet, den Mieter so zu stellen, als sei ihm eine renovierte Wohnung überlassen worden. Bestätigt der Mieter in Vermieter-AGB, der gewährte Ausgleich sei der Höhe nach angemessen, so ist diese Klausel nach § 309 Nr. 12b BGB unwirksam.[327] Für individuelle Erklärungen des Mieters gilt dies hingegen nicht; sie können die Darlegungslast des Vermieters verringern. **111**

---

[316] BGH VIII ZR 185/14, NJW 2015, 1594 Rn. 36.

[317] LG Berlin NJW 2016, 579, eine Nettokaltmiete ausreichend für überarbeitungsbedürftigen Holzfußboden, Scheuerleisten und Türen, nicht gestrichene Heizungsrohre nebst Deckendurchbrüchen und untapezierte Wände in Bad und Küche; LG Berlin GE 2016, 395, 200 DM im Jahr 1969 unzureichend (Wohnungsgröße wird nicht genannt); LG Koblenz BeckRS 2016, 124248, 800 EUR für Grundsanierung und -renovierung eines Geschäftsraums nicht ausreichend.

[318] *BGH VIII ZR* 185/14, NJW 2015, 1594 Rn. 36.

[319] *Artz* WuM 2017, 120.

[320] *Kappus* NZM 2016, 609 (614).

[321] *v. Westphalen* NZM 2016, 10 (14); Diskussion weiterer Modelle bei *Langenberg* NZM 2015, 681 (684 f.).

[322] BGH VIII ZR 185/14, NJW 2015, 1594 Rn. 25.

[323] *Lehmann-Richter* WuM 2016, 529 (536) mit Fn. 67.

[324] BGH VIII ZR 192/04, NJW 2005, 1862.

[325] *Lehmann-Richter* WuM 2016, 529 (536); ebenso iE *Beyer* WuM 2017, 122; *Wieck* WuM 2016, 71 (74).

[326] *v. Westphalen* NZM 2016, 10 (15); tendenziell anders *Beyer* WuM 2017, 122.

[327] Vgl. BGH IVa ZR 173/85, NJW 1987, 1634.

112 Die Frage nach einem **Anspruch** des **Vermieters** auf **Herausgabe des Ausgleichs** kann sich vor allem in zwei Konstellationen stellen. In der ersten Fallgruppe wird eine Wohnung mit Gebrauchsspuren, aber ohne akuten Renovierungsbedarf unter Gewährung eines angemessenen Ausgleichs vermietet; der Mieter renoviert nicht und zieht aus, bevor Renovierungsbedarf entsteht (vorzeitiger Auszug). In der zweiten Fallgruppe ist ein zu geringer Ausgleich gewährt worden mit der Folge, dass den Vermieter die Renovierungslast trifft und der Mieter ebenfalls nicht renoviert (unwirksame Klausel). Für beide Fälle – also unter der Voraussetzung, dass der Mieter nicht renoviert hat – ist es möglich, einen Anspruch des Vermieters auf Herausgabe der Ausgleichsleistung vertraglich zu vereinbaren, und zwar auch in Vermieter-AGB.[328] Eine unangemessene Benachteiligung (§ 307 Abs. 1 S. 1 BGB) liegt darin nicht, weil der Mieter die Herausgabe nur schuldet, wenn er die Ausgleichsleistung nicht verbraucht hat. Fehlt eine ausdrückliche Regelung zur Rückzahlungspflicht, scheitert eine entsprechende ergänzende Vertragsauslegung typischerweise – maßgeblich sind die Umstände des Einzelfalls – daran, dass der Regelungsplan der Parteien nicht unvollständig ist.[329] Ein Anspruch aus § 812 Abs. 1 S. 1 Alt. 1 BGB scheidet aus, weil die Vereinbarung im Mietvertrag, dass der Mieter eine Ausgleichszahlung erhalten soll, in beiden Konstellationen wirksam ist; die Unwirksamkeit der Renovierungsklausel in der Fallgruppe 2 lässt wegen § 306 Abs. 1 BGB die Abrede über die Ausgleichszahlung unberührt. Ein Anspruch aus § 812 Abs. 1 S. 2 Alt. 2 BGB wegen Zweckverfehlung ist ebenfalls zu verneinen[330], weil diese Norm richtigerweise unanwendbar ist, wenn die Leistung auf einem vertraglichen Versprechen beruht.[331] In Betracht kommt aber ein auf § 313 BGB (Wegfall der Geschäftsgrundlage) gestützter Anspruch, der allerdings eine schwerwiegende Vertragsstörung verlangt, an der es – entscheidend sind die Umstände des Einzelfalls – regelmäßig fehlen wird.[332] Ansprüche auf Herausgabe des Ausgleichs fallen nicht unter § 548 Abs. 1 BGB, sondern unterliegen der Regelverjährung.[333]

113 **Vereinbarungen** des Mieters **mit** dem **Vormieter** der Wohnung über deren Zustand sind wegen der Relativität des Schuldverhältnisses für die Frage, ob ihm die Wohnung renoviert oder gegen eine angemessene Kompensation überlassen wurde, irrelevant. Deshalb wirkt sich auch eine Vereinbarung des Mieters mit dem Vormieter, wonach jener dessen Renovierungspflicht gegenüber dem Vermieter übernimmt, nicht zugunsten des Vermieters dergestalt aus, dass der Mieter sich so behandeln lassen müsse, als habe er renovierten Wohnraum erhalten.[334] Zur Übernahme der Renovierungspflicht durch den Nachmieter → Rn. 157.

114 **ee) Anfangs- und Endrenovierungsklauseln.** Anfangs- und Endrenovierungsklauseln ist gemeinsam, dass sie den Mieter zu einem **festen Termin** – nämlich bei Vertragsbeginn oder bei Vertragsende – zur Ausführung von Schönheitsreparaturen verpflichten. Zur Ausstrahlungswirkung auf Klauseln über die laufende Renovierung → Rn. 100, zum Summierungseffekt → Rn. 101.

115 **Endrenovierungsklauseln** sind nach § 307 Abs. 1 S. 1 BGB unwirksam, wenn sie den Mieter bei Vertragsende zum Tätigwerden verpflichten, obwohl kein Renovierungsbedarf (→ Rn. 85) besteht. Denn sie verstoßen gegen das AGB-rechtliche Übermaßverbot (→ Rn. 99), weil sie den Mieter zu Arbeiten zwingen, die durch die von ihm verursachte Abnutzung der Wohnung nicht gerechtfertigt sind.[335] Deshalb ist die Nichtigkeit auch nicht davon abhängig, dass der Mieter auch zur Ausführung der laufenden Schönheitsreparaturen verpflichtet ist.[336] Unerheblich ist, ob sich diese unangemessene Benachteiligung im konkreten Fall verwirklicht hat (→ Rn. 95). Eine unwirksame Endrenovierungsklausel hat der BGH etwa in den Formulierungen erblickt *„Bei Auszug ist die Wohnung fachgerecht renoviert zurückzugeben"*[337], *„Die Mieträume sind bei Auszug in fachmännisch renoviertem Zustand zurückzugeben"*[338]; *„Der Mieter verpflichtet sich, die Wohnung im renovierten*

---

[328] *Lehmann-Richter* MietRB 2018, 310.
[329] Näher *Lehmann-Richter* MietRB 2018, 310.
[330] **AA** MüKoBGB/*Häublein* § 535 Rn. 166 und für die Fallgruppe 1 *Beyer* WuM 2017, 122 (123); iErg wie hier *Artz* WuM 2017, 120 (121 f.).
[331] Vgl. BGH XII ZR 253/90, NJW 1992, 2690; die Rspr. ist zu dieser Frage indes uneinheitlich, näher *Lehmann-Richter* MietRB 2018, 310.
[332] *Lehmann-Richter* MietRB 2018, 310.
[333] *Lehmann-Richter* MietRB 2018, 310.
[334] BGH VIII ZR 277/16, NJW 2018, 3302.
[335] *BGH VIII ZR 48/09, NJW 2010,* 674 Rn. 16.
[336] BGH VIII ZR 316/06, NJW 2007, 3776 Rn. 15.
[337] BGH VIII ZR 316/06, NJW 2007, 3776 Rn. 11.
[338] BGH VIII ZR 308/02, NJW 2003, 2234; BGH VIII ZR 335/02, NJW 2003, 3192.

*Zustand zu übergeben*“[339], „*Zum Vertragsablauf sind die Tapeten zu entfernen und die Decken zu streichen*“[340]. Unwirksam ist auch eine Klausel, die den Mieter bei Auszug vor die Wahl stellt, noch nicht fällige Schönheitsreparaturen in Geld abzugelten oder fachgerecht zu renovieren, weil die „Abwendungsbefugnis“ des Mieter einen Abgeltungsanspruch voraussetzt, der indes in AGB nicht wirksam vereinbart werden kann (→ Rn. 71). Keine Endrenovierungspflicht enthält hingegen die Formulierung, die Wohnung sei „*besenrein*“ oder „*sauber*“ zurückzugeben.[341] Gleiches gilt nach Ansicht des BGH für die Klausel, die Räume seien „*bezugsfertig*“ zurückzugeben.[342]

**Wirksam** ist eine Klausel, wenn sie die **Einschränkung** enthält, dass Schönheitsreparaturen bei Vertragsende nur auszuführen sind, soweit **Renovierungsbedarf** besteht. Keine unwirksame Endrenovierungsklausel enthält daher etwa die Formulierung „*Hat der Mieter die Schönheitsreparaturen übernommen, so hat er spätestens bis Ende des Mietverhältnisses alle bis dahin je nach dem Grad der Abnutzung oder Beschädigung erforderlichen Arbeiten auszuführen*“.[343] Entgegen früheren Entscheidungen des BGH reicht es aber nicht aus, dass die Endrenovierungspflicht entfällt, falls der Mieter nachweist, dass er während der Vertragslaufzeit entsprechend der Fristen im Vertrag Schönheitsreparaturen ausgeführt hat.[344] Denn auch hier liegt eine bedarfsunabhängige, weil mit starren Fristen verknüpfte Endrenovierungspflicht vor; die abweichende Judikatur ist durch die Rspr. zu den starren Fristenplänen (→ Rn. 119) überholt. **116**

Zur Wirksamkeit einer sog. **Tapetenklausel (Makulaturklausel),** wonach der Mieter bei seinem Auszug die Wand- und Deckentapeten zu beseitigen hat, hat sich der BGH bislang nur für den Fall geäußert, dass die Wohnung **mit Tapeten** vermietet wird; hier ist eine Tapetenklausel unwirksam.[345] Ungeklärt ist die Wirksamkeit, wenn die Wohnung bei Vertragsbeginn **ohne Tapeten** überlassen wird. Hier ist zu differenzieren: Sind dem Mieter die laufenden Schönheitsreparaturen (Vornahmeklausel) übertragen, ist er zum Tapezieren verpflichtet. Die Belastung durch die Tapetenklausel ist dieselbe wie bei einer Endrenovierungspflicht, weil der Vermieter das Tapezieren durch die Vornahmeklausel veranlasst hat und der Mieter zum Entfernen auch von noch funktionstüchtigen Tapeten verpflichtet wird; die Tapetenklausel ist unwirksam. Ist der tapetenlose Zustand hingegen vertragsgemäß und das Tapezieren in das Belieben des Mieters gestellt, liegen die Dinge ähnlich wie bei den auf den Zeitpunkt der Rückgabe beschränkten **Farbklauseln** (→ Rn. 123): Das Tapezieren ist hier Teil des vertragsgemäßen Gebrauchs und da der Vermieter hiermit auch rechnen muss, schließt § 538 BGB einen gesetzlichen Anspruch auf Entfernung der Tapeten aus (→ Rn. 31). Die Tapetenklausel weicht hiervon ab, was die Frage aufwirft, ob der Mieter dadurch unangemessen benachteiligt wird. Dies ist zu verneinen[346], weil die Beseitigung der Tapeten eine vergleichsweise einfache und in ihrem Umfang überschaubare Tätigkeit ist, die der typische Mieter in Eigenarbeit ausführen kann und der Vermieter ein berechtigtes Interesse an einem Konzept hat, Wohnungen stets tapezierfertig zu überlassen, weil dies Streit über die Ausführung von Renovierungsarbeiten – sei es durch Mieter oder Vermieter – vermeiden kann. **117**

Über die Wirksamkeit einer Klausel, die den Mieter zur Ausführung von Schönheitsreparaturen bei Beginn des Mietverhältnisses verpflichtet, hatte der BGH bislang noch nicht zu entscheiden. Leitlinien für die Inhaltskontrolle lassen sich aber seinen Judikaten zur unrenovierten Wohnung und zu den Endrenovierungsklauseln entnehmen: **Anfangsrenovierungsklauseln** benachteiligen den Mieter danach grds. unangemessen, weil sie ihn mit der Beseitigung von Abnutzungsspuren belasten, die nicht auf seinem Gebrauch beruhen.[347] Eine Ausnahme gilt, wenn der Mieter für die Anfangsrenovierung einen angemessenen Ausgleich erhält; die Ausführungen bei → Rn. 109 ff. gelten entsprechend. Fehlt es hieran, sind Anfangsrenovierungsklauseln unwirksam.[348] **118**

---

339 BGH VIII ZR 71/08, NJW 2009, 1075.

340 BGH VIII ZR 163/05, NJW 2006, 2116; zur sog. Tapetenklausel → Rn. 117.

341 LG Berlin NJW 2016, 580. „Besenrein“ bedeutet die Rückgabe der Wohnung ohne grobe Verschmutzungen, BGH VIII ZR 124/05, NJW 2006, 2915.

342 BGH XII ZR 108/13, NJW 2014, 1444 Rn. 27 (Geschäftsraummiete).

343 BGH VIII ZR 230/03, NJW 2004, 2087.

344 So BGH VIII ZR 317/97, NJW 1998, 3114 und auch noch BGH VIII ZR 335/02, NJW 2003, 3192.

345 BGH VIII ZR 152/05, NJW 2006, 2115; BGH VIII ZR 109/05, ZMR 2006, 599.

346 In der Tendenz wie hier *Blank* NZM 1998, 705; MüKoBGB/*Häublein* § 535 Rn. 156; **aA** *Lützenkirchen* NZM 1998, 942.

347 Vgl. BGH VIII ZR 48/09, NJW 2010, 674 Rn. 16 (Endrenovierung); BGH VIII ZR 185/14, NJW 2015, 1594 (unrenovierte Wohnung).

348 LG Paderborn 1 S 10/17 BeckRS 2017, 137640; MüKoBGB/*Häublein* § 535 Rn. 145.

119 **ff) Vorgabe der Ausführungsfristen.** Enthält die Schönheitsreparatur-AGB unwirksame Vorgaben, zu welchem Zeitpunkt der Mieter zu renovieren hat, so führt dies zur Unwirksamkeit der gesamten Renovierungsregel (→ Rn. 100). Unwirksam sind nach allg. Meinung Klauseln, die dem Mieter die Renovierung der Wohnung zu festen Terminen diktieren **(starre Fristenpläne).** Sie verstoßen gegen das AGB-rechtliche Übermaßverbot (→ Rn. 98), weil sie den Mieter uU zu Schönheitsreparaturen zwingen, obwohl diese noch nicht fällig sind.[349] Unerheblich ist, ob sich diese unangemessene Benachteiligung im konkreten Fall verwirklicht hat (→ Rn. 95). Starre Renovierungsvorgaben enthalten etwa die Formulierungen *„Der Mieter ist verpflichtet, auf seine Kosten die Schönheitsreparaturen (...) in den Mieträumen, wenn erforderlich, mindestens aber in der nachstehenden Zeitfolge fachgerecht auszuführen ...“*[350], *„Der Mieter ist verpflichtet, die notwendig werdenden Schönheitsreparaturen auszuführen. Auf die üblichen Fristen wird insoweit Bezug genommen (z. B. Küchen/Bäder: 3 Jahre, Wohn- und Schlafräume: 4–5 Jahre, Fenster/Türen/Heizkörper: 6 Jahre)“*[351] oder *„Der Mieter ist verpflichtet, die Ausführung der Schönheitsreparaturen in Küchen, Baderäumen und Duschen in einem Zeitraum von drei Jahren, in Wohn- und Schlafräumen, Fluren, Dielen und Toiletten in einem solchen von fünf Jahren und in anderen Nebenräumen von sieben Jahren durchzuführen, soweit nicht nach dem Grad der Abnutzung eine frühere Ausführung erforderlich ist“*.[352] Offen gelassen hat der BGH die Einordnung als starre Frist für die Formulierung *„Bei normaler Benutzung sind die Schönheitsreparaturen alle ... Jahre auszuführen“*.[353]

120 Kein starrer, sondern ein **flexibler Fristenplan** liegt nach Ansicht des BGH vor, wenn es heißt dass Schönheitsreparaturen *„im Allgemeinen“*[354], *„üblicherweise“*[355], *„regelmäßig“*[356], *„im Regelfall“*[357], *„in der Regel“*[358], *„in der Regel spätestens“*[359], durchzuführen sind oder bei den Klauseln *„Schönheitsreparaturen sind alle ... Jahre durchzuführen, es sei denn, sie sind nicht erforderlich“*[360], *„Lässt in besonderen Ausnahmefällen der Zustand der Wohnung eine Verlängerung der vereinbarten Fristen zu, so ist der Vermieter auf Antrag des Mieters verpflichtet, nach billigem Ermessen die Fristen zu verlängern“*[361], *„die Parteien gehen davon aus, dass alle ... Jahre Renovierungsbedarf eintreten kann“*[362]. Eine andere Frage ist, ob flexible Fristenpläne wirksam sind. Denn **§ 309 Nr. 12 BGB** verbietet eine Regel, durch die zu Lasten des Mieters die Beweislast über die Fälligkeit des Renovierungsanspruchs verändert wird. Flexible Fristenpläne wären daher nur wirksam, wenn nach Ablauf der gewählten Fristen der Mieter ohnehin beweisen müsste, dass kein Renovierungsbedarf besteht. Eine tatsächliche Vermutung für das Vorhandensein von Renovierungsbedarf nach Ablauf bestimmter Fristen ist aber nicht anzuerkennen (→ Rn. 86). Aus diesem Grund verstoßen flexible Fristenpläne unabhängig von ihrer Länge gegen § 309 Nr. 12 BGB, was sich nach dem Prinzip der Gesamtunwirksamkeit (→ Rn. 100) auf die Renovierungspflicht erstreckt. Zu beachten ist, dass der **BGH** die hier vertretene Ansicht jedenfalls iErg nicht teilt. Denn in den in dieser → Rn. 120 zitierten Entscheidungen hat er Vornahmeklauseln gebilligt, die den „üblichen“ Fristenplan (→ Rn. 86) enthielten. Hält man weiche Renovierungsfristen mit der hM für grds. unbedenklich, ist von Bedeutung, dass der BGH Zweifel geäußert hat, ob diese „üblichen“ Fristen den Renovierungszyklus noch zutreffend abbilden.[363] Ein dieses obiter dictum umsetzendes Judikat des BGH steht indes noch. Einig sind sich Rspr. und Lit. aber wohl dahingehend, dass eine Vornahmeklausel mit einem weichen Fristenplan, der kürzere als die „üblichen“ Fristen enthält, unwirksam ist.[364]

---

[349] BGH VIII ZR 361/03, NJW 2004, 2586.
[350] BGH VIII ZR 361/03, NJW 2004, 2586.
[351] BGH VIII ZR 106/05, NJW 2006, 2113.
[352] BGH VIII ZR 360/03, NJW 2004, 3775.
[353] BGH VIII ZR 166/08, NZM 2009, 313.
[354] BGH VIII ZR 242/13, NJW 2015, 1871 Rn. 17; BGH VIII ZR 52/06, NJW 2006, 3778.
[355] BGH VIII ZR 283/07, NJW 2009, 62 Rn. 11.
[356] BGH VIII ZR 143/06, NJW 2007, 3632.
[357] BGH VIII ZR 192/11, NZM 2012, 527 Rn. 3.
[358] BGH VIII ZR 163/05, NJW 2006, 2116 Rn. 15.
[359] BGH VIII ZR 351/04, NJW 2005, 3416.
[360] BGH VIII ZR 21/13, NJW 2015, 1874 Rn. 15.
[361] BGH VIII ZR 378/03, NJW 2005, 425.
[362] *BGH XII ZR 108/13*, NJW 2014, 1444 Rn. 24.
[363] BGH VIII ZR 143/06, NJW 2007, 3632 Rn. 13.
[364] LG Berlin GE 2004, 425; Staudinger/*Emmerich* BGB § 307 Rn. 121; Lützenkirchen MietR/*Lützenkirchen* BGB § 535 Rn. 567.

**gg) Vorgaben zur Art und Weise der Ausführung.** Unwirksam sind Klauseln, die es dem Mieter untersagen, die Schönheitsreparaturen **eigenhändig** auszuführen **(„Fachhandwerkerklauseln")**, weil es ihm dadurch verwehrt wird, die Renovierungskosten zu minimieren.[365] Ob eine Klausel ein solches **Verbot** enthält, ist durch Auslegung (→ Rn. 75) zu bestimmen. Der BGH hat die Frage etwa für die Formulierung bejaht, der Mieter habe Schönheitsreparaturen *„ausführen zu lassen"*[366], hingegen verneint für die Klauseln, die Arbeiten seien *„fachmännisch"*[367] oder *„handwerksgerecht"*[368] auszuführen. 121

Klauseln, die dem Mieter **während seines Nutzungszeitraums gestalterische Vorgaben** machen, sind nach zutreffender Ansicht des BGH unwirksam. Denn die ästhetische Gestaltung der Wohnung gehört zum vertragsgemäßen Gebrauch des Mieters und für einschränkende Regeln fehlt es an einem anerkennenswerten Interesse des Vermieters (vgl. → Rn. 33).[369] Verworfen hat der BGH daher etwa die Vorgabe, der Anstrich habe in neutralen Farbtönen[370] oder in weiß[371] zu erfolgen. Gleiches gilt für eine Klausel, nach der der Mieter nur mit Zustimmung des Vermieters (erheblich) von der bisherigen[372] oder üblichen[373] Ausführungsart abweichen darf. 122

Die Wirksamkeit einer auf den **Zeitpunkt der Rückgabe beschränkten Farbvorgabe** hat den BGH mehrfach beschäftigt. Hierzu hat er festgehalten, dass den Mieter eine Farbklausel nicht unangemessen benachteiligt, wenn sie ausschließlich für den Zeitpunkt der Rückgabe Geltung beansprucht und dem Mieter noch einen gewissen Spielraum lässt.[374] Als ausreichend hat er den gestalterischen Spielraum bei einer Formulierung empfunden, nach der Schönheitsreparaturen in *„neutralen, deckenden und hellen Farben und Tapeten"* auszuführen sind.[375] Konkret gebilligt hat er die Regel *„Lackierte Holzteile sind in dem Farbton zurückzugeben, wie er bei Vertragsbeginn vorgegeben war; farbig gestrichene Holzteile können auch in Weiß oder hellen Farbtönen gestrichen zurückgegeben werden"*.[376] Die Nähe solcher Klauseln zu einer unwirksamen (→ Rn. 115) Endrenovierungsklausel liegt auf der Hand. Entsprechend hat der BGH eine Rückgabeklausel verworfen, wonach der Mieter die Wohnung in neutralem Farbton neu gestrichen übernimmt und sich zur Rückgabe in dem so beschriebenen Zustand verpflichtet.[377] Die entscheidende Frage lautet, ob etwas anderes gilt, wenn die Regel den Mieter nicht zur Rückgabe in einem Neuanstrich verpflichtet. Der BGH bejaht dies, weil der Mieter während der Mietzeit nach Belieben dekorieren und selbst entscheiden könne, ob er bspw. mit einem farbigen Anstrich in Kauf nehmen will, dass er am Ende des Mietverhältnisses einen Neuanstrich in neutralen Farben anbringen muss, obwohl die Dekoration noch nicht abgenutzt ist, oder ob er es vorzieht, die Schönheitsreparaturen schon während des Mietverhältnisses entsprechend der Farbwahlklausel auszuführen.[378] Das ist mit Blick auf § 307 Abs. 1 S. 1 BGB vertretbar: Eine solche Klausel weicht zwar von § 538 BGB ab, weil der Mieter danach nicht zur Beseitigung einer „gewöhnlichen" Dekoration verpflichtet ist (→ Rn. 33). Die Belastung des Mieters in Form der Pflicht zur Beseitigung einer noch nicht ungewöhnlichen, aber auch nicht in hellen, neutralen Farben ausgeführten Dekoration ist indes bei Berücksichtigung des Interesses des Vermieters an einer nahtlosen Weitervermietung vergleichsweise gering. Die Wirksamkeit einer solchen Klausel setzt aber voraus, dass der Mieter die Wohnung in dem Farbzustand erhalten hat, in dem er sie zurückzugeben hat. 123

**hh) Überschreitung des Maßnahmenkatalogs aus § 28 Abs. 4 S. 3 II. BV.** Nach **hM** sind Vermieter-AGB, die den Mieter zu Renovierungsarbeiten verpflichten, die über den Katalog aus § 28 Abs. 4 S. 3 II. BV hinausgehen, nach § 307 Abs. 1 S. 1 BGB bei Fehlen einer angemessenen 124

---

365 BGH VIII ZR 294/09, NJW 2010, 2877.
366 BGH VIII ZR 294/09, NJW 2010, 2877.
367 BGH VIII ARZ 1/88, NJW 1988, 2790.
368 BGH VIII ZR 283/07, NJW 2009, 62, indes ohne nähere Würdigung dieses Klauselteils; krit. *Blank* NJW 2009, 27.
369 BGH VIII ZR 224/07, NJW 2008, 2499 Rn. 17f.
370 BGH VIII ZR 166/08, NZM 2009, 313.
371 BGH VIII ZR 50/09, NZM 2010, 236; s. zur Formulierung „Weißen von Decken und Wänden" BGH VIII ZR 47/11, ZMR 2012, 97 und BGH VIII ZR 344/08, NJW 2009, 3716.
372 BGH VIII ZR 237/11, ZMR 2013, 108; BGH VIII ZR 199/06, NJW 2007, 1743.
373 BGH VIII ZR 143/10, ZMR 2011, 370.
374 BGH VIII ZR 205/11, NJW 2012, 1280 Rn. 9 mwN.
375 BGH VIII ZR 224/07, NJW 2008, 2499 Rn. 18, obiter dictum.
376 BGH VIII ZR 283/07, NJW 2009, 62.
377 BGH VIII ZR 166/08, NZM 2009, 313.
378 BGH VIII ZR 224/07, NJW 2008, 2499 Rn. 18.

Kompensationsregelung **unwirksam.**[379] Verworfen hat der BGH deshalb Klauseln, die den Mieter zum Anstrich von Wohnungseingangstür oder Fenstern auch von außen[380] oder zum Abziehen und Wiederherstellen einer Parkettversiegelung[381] verpflichten; unwirksam sind nach der Rspr.[382] auch Klauseln, die den Mieter zur Beseitigung von Ungeziefer oder dem Austausch gebrochener Glasscheiben verpflichten. Ist also das Auslegungsergebnis vertretbar, dass die konkrete Klausel den Maßnahmenkatalog des § 28 Abs. 4 S. 3 II. BV überschreitet (dazu → Rn. 76), ist ihre Gesamtunwirksamkeit (→ Rn. 100) die Folge. Eine Begründung ist der BGH für dieses Ergebnis indes bislang schuldig geblieben. Insbesondere ist offen, warum die Kompensation für die den Katalog von § 28 Abs. 4 S. 3 II. BV überschreitenden Arbeiten nicht auch aus seiner Entgeltthese (→ Rn. 97) folgt. Soweit in der Lit. Vornahmeklauseln mit ihrer verhaltenssteuernden Wirkung gerechtfertigt werden (→ Rn. 97), wird dieses Argument auch fruchtbar gemacht, um die hier in Rede stehende Wirksamkeitsgrenze für Vermieter-AGB zu erklären.[383]

125 Nach **hier** vertretener **Ansicht** ist hingegen im Einzelfall zu fragen, ob die konkrete Verpflichtung den Mieter **unangemessen benachteiligt** (→ Rn. 98). Dies ist zu bejahen, wenn die Belastung durch die zum Katalog aus § 28 Abs. 4 S. 3 II. BV hinzutretenden Arbeiten für ihn nicht kalkulierbar sind, weil er diese entweder nicht kostengünstig selbst ausführen oder ihren Anfall nicht beeinflussen kann. Unwirksam ist daher etwa die Verpflichtung, Bauteile im Außenbereich, die der Abnutzung durch die Witterung ausgesetzt sind, zu streichen. Keine Bedenken bestehen – entgegen der hM – hingegen etwa für eine Erstreckung der Anstrichpflicht auf Nebenräume, die nicht von § 28 Abs. 4 S. 3 II. BV erfasst sind (dazu → Rn. 79). Diese Räume müssen selbstverständlich in einem renovierten Zustand übergeben werden, sonst ist die Vermieter-AGB unwirksam (→ Rn. 103). Unbedenklich ist auch die Erweiterung um die – nach hiesiger Ansicht nicht von § 28 Abs. 4 S. 3 II. BV erfasste (→ Rn. 78) – Pflicht, Tapeten zu entfernen. Zur Erweiterung der Erhaltungspflicht über den malermäßigen Zustand hinaus → Rn. 172.

126 **ii) Tarifwahlklausel.** Damit wird eine Vertragsgestaltung bezeichnet, die dem Mieter die Wahl zwischen verschiedenen Vermieter-AGB lässt, konkret einem Vertragsmuster mit Vornahmeklausel und einem ohne, indes zu einer höheren Geldmiete. Diese Wahlmöglichkeit führt nicht etwa dazu, dass die vom Mieter ausgesuchte Variante eine Individualvereinbarung iSd § 305 Abs. 1 S. 3 BGB ist; denn beide Varianten sind vom Vermieter vorformuliert und gestellt.[384] Die entscheidende Frage lautet vielmehr, ob das Wahlrecht sich auf die Inhaltskontrolle nach § 307 Abs. 1 S. 1 BGB auswirkt: Kann es dazu führen, eine unangemessene Benachteiligung der vom Mieter gewählten Klausel entfallen zu lassen? In der Lit. wird dies erwogen.[385] Indes sind überzeugende Gesichtspunkte hierfür bislang nicht vorgetragen worden, weshalb eine Tarifwahl am **Ergebnis der AGB-Kontrolle nichts ändert.** Insbesondere führt daher bei Vermietung einer unrenovierten Wohnung die Tarifwahl nicht dazu, dass die gewählte Option mit Vornahmeklausel den Mieter nicht unangemessen benachteiligt. Der Vermieter kann hier nämlich sein Interesse, nicht mit Renovierungsarbeiten belastet zu werden, durch eine Beschaffenheitsvereinbarung (→ Rn. 67) hinreichend wahren.

127 **d) Rechtsfolgen wirksamer Vornahmeklauseln.** Ist der Mieter wirksam zur Ausführung von Schönheitsreparaturen verpflichtet, ist bei den Ansprüchen des Vermieters zwischen Erfüllung, Schadensersatz und einem Zahlungsanspruch wegen Wegfall des Renovierungsinteresses zu unterscheiden. Sämtliche dieser Ansprüche unterliegen der **sechsmonatigen Verjährung** nach **§ 548 Abs. 1 BGB** (→ BGB § 548 Rn. 19). Zum Erstattungsanspruch des Mieters nach dem BaukZuschG → BGB § 539 Rn. 26. Zu Mängelrechten des Mieters → Rn. 53.

128 **aa) Erfüllungsanspruch.** Sind Schönheitsreparaturen fällig (→ Rn. 85), schuldet der Mieter Ausführung im geschuldeten Umfang (→ Rn. 76) und Qualität (→ Rn. 90). Die Durchsetzung des Erfüllungsanspruchs erfolgt im Wege der **Leistungsklage,** die (selbstverständlich) auch schon vor

---

[379] BGH VIII ZR 48/09, NJW 2010, 674 Rn. 11.

[380] BGH VIII ZR 222/09, WuM 2010, 231; AG Hamburg GE 2020, 1326 entnimmt eine solche Pflicht den AGB „Streichen der Innentüren, der Fenster und Außentüren von Innen" (unzutr.).

[381] BGH VIII ZR 137/12, WuM 2013, 293; BGH VIII ZR 48/09, NJW 2010, 674; AG Hamburg GE 2020, 1326 stellt „Pflege und Reinigung" gleich (unzutr.).

[382] OLG Frankfurt a. M. WuM 1992, 57.

[383] *MüKoBGB/Häublein* § 535 Rn. 143.

[384] BGH XI ZR 291/16, ZIP 2018, 1123; BeckOGK/*Lehmann-Richter* BGB § 305 Rn. 169 mN zu der teilweise widersprüchlichen Rspr. des BGH.

[385] MüKoBGB/*Häublein* § 535 Rn. 141; *Kappus* NZM 2016, 609 (619).

Vertragsende erhoben werden kann.[386] Eine solche Klage setzt einen hinreichend bestimmten Antrag (§ 253 Abs. 2 Nr. 2 ZPO) voraus; die vom Vermieter begehrten Maßnahmen müssen so konkret beschrieben werden, dass klar ist, welche Handlungen an welcher Stelle vorzunehmen sind. Die Vollstreckung des auf Ausführung von Schönheitsreparaturen lautenden Urteils erfolgt nach § 887 ZPO.[387] Im **laufenden Mietverhältnis** soll der Vermieter auch die Möglichkeit haben, Klage auf Zahlung eines **Vorschusses** zu erheben.[388] Der BGH begründet dies letztlich mit einer nicht überzeugenden ergänzenden Vertragsauslegung: Da der Vermieter im laufenden Mietvertrag den Erfüllungsanspruch nicht in einen Schadensersatzanspruch umwandeln könne (→ Rn. 143), entspräche es der Billigkeit, ihn so zu stellen, als sei ein Ersatzvornahmerecht vertraglich vereinbart.[389] Zu Mängelrechten des Mieters → Rn. 53.

Der Anspruch erlischt (§ 362 BGB), wenn der Mieter ordnungsgemäß **erfüllt** hat. Dies kann er auch durch Einschaltung von Erfüllungsgehilfen. Führt der **Nachmieter** die Arbeiten aus, so führt dies nur zur Erfüllung, wenn der Nachmieter entweder Erfüllungsgehilfe des Mieters ist oder mit Fremdgeschäftsführungswillen als Dritter iSd § 267 BGB tätig wird.[390] An diesem Willen fehlt es, wenn der Nachmieter in Erfüllung einer (vermeintlichen) Verbindlichkeit gegenüber dem Vermieter tätig wird.[391] Von der Erfüllung der Mieterpflicht durch den Nachmieter zu unterscheiden ist der Fall, in dem der Nachmieter die Renovierungspflicht des Mieters übernimmt, dazu → Rn. 157. **129**

Der Anspruch auf Vornahme von Schönheitsreparaturen kann nach § 275 Abs. 1 BGB ganz oder teilweise wegen **Unmöglichkeit** erlöschen. Dies ist der Fall, wenn eine Person, die nicht Erfüllungsgehilfe des Mieters oder Dritter gem. § 267 BGB ist, die Arbeiten ausgeführt hat und der Mieter seine Abnutzungsspuren daher nicht mehr beseitigen kann.[392] Wird dem Mieter der Zutritt zur Wohnung verweigert, so handelt es sich regelmäßig nur um ein vorübergehendes Leistungshindernis, das ihn nur während seiner Dauer analog § 275 BGB von der Leistungspflicht befreit.[393] Der Mieter kann den Vermieter in einem solchen Fall nach § 295 BGB in Gläubigerverzug setzen, sich aber nicht (analog) § 643 BGB von seiner Pflicht befreien, weil diese Norm auf die mietvertragliche Renovierungspflicht nicht anwendbar ist (→ Rn. 53). Zu den Auswirkungen einer vom Vermieter zu leistenden Grundrenovierung auf seinen Erfüllungsanspruch → Rn. 78. **130**

Die **Beweislast** für den Anspruch auf Vornahme von Schönheitsreparaturen trägt der Vermieter (zur Bedeutung von Fristenplänen → Rn. 86). Ob die Parteien in einem **Rückgabeprotokoll** rechtserhebliche Erklärungen zum Zustand der Wohnung und einer Renovierungspflicht abgeben, ist durch Auslegung und damit nach den Umständen des Einzelfalls zu ermitteln. Im Grundsatz gilt das Folgende[394]: Wird in einem Rückgabeprotokoll die Mietsache von beiden Parteien als mangelfrei bezeichnet, so schließen Vermieter und Mieter einen negativen Anerkenntnisvertrag nach § 397 Abs. 2 BGB, der Ansprüche des Vermieters wegen für ihn erkennbarer Mängel ausschließt.[395] Diesen Vertrag kann der Vermieter, der später solche Mängel entdeckt, weder wegen Irrtums über den Zustand der Mietsache anfechten noch kondizieren. Halten die Parteien im Protokoll einzelne Mängel fest, so schließen sie einen Vergleich, nach dem der Vermieter auf Ansprüche wegen weiterer, nicht protokollierter, aber erkennbarer Mängel verzichtet[396] und der Mieter im Wege des deklaratorischen Anerkenntnisses erklärt, dass die aufgeführten Mängel bestehen.[397] Eine selbständige Pflicht zur Beseitigung enthält das Protokoll hingegen nicht (→ Rn. 58). Die Wirksamkeit dieses Vergleichs bleibt von einer unzutreffenden Einschätzung des Zustands der Mietsache durch eine der Parteien unberührt. Fehlt es hingegen an einem vom Vermieter ausgefertigten Rückgabeprotokoll oder an einem anderen Erklärungszeichen[398], dass der Mieter dahingehend deuten darf, der Vermieter wolle eine bindende Erklärung zum Zustand der Wohnung abgeben, kommt ein Ver- **131**

---

386 BGH VIII ZR 123/05, NJW 2006, 1588.

387 Unstr., etwa Staudinger/*Emmerich* BGB § 535 Rn. 130.

388 BGH VIII ZR 192/04, NJW 2005, 1862; BGH VIII ZR 207/89, NJW 1990, 2376.

389 BGH VIII ZR 207/89, NJW 1990, 2376.

390 Vgl. BGH VIII ZR 150/65, NJW 1968, 491.

391 Vgl. Erman/*Artz* BGB § 267 Rn. 3.

392 Vgl. LG Wiesbaden WuM 1987, 214.

393 Vgl. BGH XI ZR 227/12, NJW 2013, 3437 Rn. 26.

394 *Lehmann-Richter* ZMR 2006, 833; zum Verbraucherwiderruf der Erklärungen in einem Rückgabeprotokoll *Hinz* NZM 2016, 622 (629ff.).

395 Etwa LG Hamburg ZMR 1999, 407; AG Leonberg WuM 2013, 219.

396 Etwa AG Bremen NZM 2017, 810; s. auch BGH VIII ZR 252/81, NJW 1983, 446.

397 Etwa LG Berlin BeckRS 2011, 08805; vgl. auch BGH V ZR 26/15, MDR 2016, 482 Rn. 14.

398 Vgl. dazu etwa KG GE 2003, 524.

zicht des Vermieters auf Renovierungsansprüche nicht in Betracht. Insbesondere hat daher die vorbehaltslose Rücknahme der Wohnung nicht diese Wirkung.[399]

132 **bb) Schadensersatzanspruch nach § 280 BGB.** Grundlage des vertraglichen Schadensersatzanspruchs ist § 280 Abs. 1 BGB, der – je nachdem, ob es sich um einen Schadensersatz wegen Verzögerung oder statt der Leistung handelt – noch um die Voraussetzungen gem. § 280 Abs. 2, 3 BGB ergänzt wird.

133 **(1) Schuldhafte Pflichtverletzung.** Bei der **Pflichtverletzung** kommen zwei Verhaltensweisen in Betracht: Entweder der Mieter hat überhaupt keine Schönheitsreparaturen ausgeführt oder die Ausführung erfolgte – sei es quantitativ oder qualitativ – unvollständig. Zur Schlechtrenovierung bei Unwirksamkeit der Schönheitsreparatur-AGB → Rn. 171.

134 Das **Vertretenmüssen** des Mieters wird nach § 280 Abs. 1 S. 2 BGB vermutet. Im Streitfall ist entscheidend, ob der Mieter unter Anwendung der im Verkehr erforderlichen Sorgfalt (§ 276 Abs. 2 BGB) hätte erkennen können, dass Renovierungsbedarf besteht und er deshalb zur Ausführung von Schönheitsreparaturen verpflichtet war. Von Bedeutung ist, dass nach der Rspr. des BGH an einen unverschuldeten Rechtsirrtum des Mieters – hier: fehlerhafter Rückschluss vom Dekorationszustand auf Nichtbestehen des Renovierungsanspruchs – strenge Anforderungen zu stellen sind und dem Mieter ein Verschulden seiner Berater nach § 278 BGB zugerechnet wird.[400]

135 **(2) Umfang des Schadens.** Zu ersetzen ist der **Schaden,** der nach den allg. Zurechnungsprinzipien durch die nicht oder nicht ordnungsgemäß ausgeführten Schönheitsreparaturen verursacht wurde. Der Anspruch ist von Anfang an nur auf Geld gerichtet, weshalb § 249 BGB keine Anwendung findet.[401]

136 Von besonderer Bedeutung sind die **Kosten der Renovierung.** Es handelt sich hierbei um einen Schadensersatz statt der Leistung (→ Rn. 142). Der Vermieter kann deshalb wahlweise die Differenz zwischen dem Verkehrswert der Wohnung mit und ohne dem verbesserten Dekorationszustand oder die Aufwendungen geltend machen, die zur vertragsgemäßen Ausführung der Schönheitsreparaturen erforderlich sind.[402] Die erforderlichen Aufwendungen muss er **konkret berechnen,** indem er im Prozess darlegt und beweist, in welcher Höhe ihm Aufwendungen entstanden sind. Erstattungsfähig sind damit nicht sämtliche Aufwendungen des Vermieters für die Renovierung, sondern nur jene, die aus objektiver Sicht erforderlich waren. Eine abstrakte Schadensberechnung anhand **fiktiver Renovierungskosten** ist – **entgegen der hM**[403] – **nicht zulässig.** Denn die Nicht- oder nicht ordnungsgemäße Erfüllung der Renovierungspflicht begründet – wie der VII. Zivilsenat zum Werkvertragsrecht überzeugend dargelegt hat[404] – nicht bereits für sich einen Vermögensschaden in Höhe der Kosten der Ersatzvornahme und auf § 249 Abs. 2 BGB kann die fiktive Schadensberechnung nicht gestützt werden, weil es nicht um Beschädigung einer Sache geht.[405] Der Vermögensschaden kann ohne Ausführung von Renovierungsleistungen mangels hinreichender Grundlage auch nicht etwa geschätzt werden. Hält man eine fiktive Schadensberechnung hingegen für zulässig, so trifft den Vermieter die Beweislast, dass die von ihm behaupteten Kosten dem fiktiven Schaden entsprechen[406]; zudem kann diese Art der Schadensberechnung durch eine sog. Ersatzvornahmeklausel vertraglich ausgeschlossen werden.[407]

137 **Beschädigt** der Mieter **bei Ausführung der Schönheitsreparaturen** Teile der Wohnung, an denen er keine Malerarbeiten auszuführen hat (zB Farbkleckse auf Fensterscheiben, Teppichboden

---

399 *Blank/Börstinghaus* BGB § 538 Rn. 12.

400 BGH VIII ZR 102/06, NJW 2007, 428; näher zum Problemkreis *Lorenz* WuM 2013, 209.

401 Vgl. BGH V ZR 26/15, MDR 2016, 482 Rn. 21.

402 Vgl. BGH V ZR 198/11, NJW 2012, 2793 Rn. 31, Kaufvertrag; BGH VII ZR 179/11, NJW 2013, 370 Rn. 10, Werkvertrag.

403 Etwa BGH XII ZR 42/20, NJW-RR 2021, 736 Rn. 15; BGH VIII ZR 378/03, NJW 2005, 425 (Rn. 34 bei juris); aus der Instanzrechtsprechung zB OLG Düsseldorf ZMR 2003, 105; LG Berlin ZMR 2001, 891. Zum Anspruch auf Ersatz der Umsatzsteuer bei der Geltendmachung fiktiver Renovierungskosten KGR Berlin 2004, 452 sowie BGH VII ZR 176/09, NJW 2010, 3085, zum Werkvertrag; zum Schicksal des Anspruchs bei Veräußerung der Mietsache BGH VIII ZR 22/88, NJW 1989, 451.

404 BGH VII ZR 46/17, NJW 2018, 1463 unter Aufgabe seiner früheren Rspr.

405 *Lehmann-Richter* NZM 2018, 315.

406 *Vgl. KG GE 2001, 1402.*

407 OLG Düsseldorf ZMR 2003, 105; LG Frankfurt a. M. WuM 2012, 197 zur Klausel: *„Kommt der Mieter seinen Verpflichtungen trotz schriftlicher Mahnung innerhalb einer ihm gesetzten Frist nicht nach, so kann der Vermieter die erforderlichen Arbeiten auf Kosten des Mieters durchführen lassen."*

oder Wandfliesen), so handelt es sich nicht um einen Schadensersatz statt, sondern neben der Leistung, der ohne weitere Voraussetzungen nach § 280 Abs. 1 BGB zu ersetzen ist.[408] Um einen Schadensersatz statt der Leistung handelt es sich hingegen, wenn der Mieter den Dekorationszustand durch die Vornahme unsachgemäßer Renovierungsarbeiten verschlechtert, etwa indem er lackierte Holzteile mit Wandfarbe streicht, weil dieser Schaden entfallen würde, wenn der Mieter noch ordnungsgemäße Schönheitsreparaturen ausführt.

Kosten, die für die Durchsetzung des Renovierungs- oder Schadensersatzanspruchs des Vermieters entstanden sind, sind nach der Rspr. erstattungsfähig, wenn sie aus Sicht des Vermieters zur Wahrnehmung seiner Rechte erforderlich und zweckmäßig waren.[409] Das hat der BGH für die vorprozessuale Einschaltung eines **Privatgutachters** zwecks Ermittlung des Umfangs des Renovierungsbedarfs bejaht; der Vermieter müsse sich hier grds. nicht auf „Selbstvornahme" (zB Fotos) verweisen lassen.[410] Vorprozessuale **Anwaltskosten** sind ebenfalls erstattungsfähig, weil es sich bei der Durchsetzung des Anspruchs auf Renovierung nicht um eine Bagatellmaßnahme handelt, die ein Vermieter selbst vornehmen könnte.[411] **138**

Zu den erstattungsfähigen Kosten kann auch ein **Mietausfall** zählen (auch → BGB § 546a Rn. 47). Hier geht es einmal um den Zeitraum, um den sich die Wiedervermietung **verzögert.** In diesen Fällen muss der Vermieter regelmäßig vortragen und ggf. beweisen, dass und zu welcher Miete er die Wohnung, wären die Schönheitsreparaturen bei Fälligkeit vom Mieter ausgeführt worden, früher hätte weitervermieten können.[412] Da der Mietausfall zum entgangenen Gewinn nach § 252 BGB gehört, kann bei hinreichender Schadenswahrscheinlichkeit der Tatrichter im Einzelfall bei der Ermittlung des Ausfallschadens aber auch an eine andere Tatsache anknüpfen.[413] Es handelt sich um einen unter § 280 Abs. 2 BGB fallenden Verzögerungsschaden. Hiervon zu unterscheiden ist der Schaden, den der Vermieter **dauerhaft erleidet,** weil der Vermietungswert der Wohnung wegen der ausgebliebenen Schönheitsreparaturen gesunken ist. Hier macht der Vermieter eine Beeinträchtigung des Verkehrswerts und damit Schadensersatz statt der Leistung geltend. Diese Berechnungsmethode kann der Vermieter daher nur alternativ anstelle der Geltendmachung der Renovierungskosten wählen. Gleiches gilt, wenn der Vermieter einen gesunkenen **Verkaufswert** der Immobilie geltend macht oder – was möglich ist – Ersatz der **Kompensationsleistung** verlangt, den er an den **Nachmieter** wegen des unrenovierten Zustands erbracht hat. **139**

Verletzt der Vermieter seine Obliegenheit zur Schadensminderung **(§ 254 Abs. 2 S. 1 BGB),** kann dies zu einer Kürzung seines Schadens führen. Das ist etwa denkbar, wenn der Vermieter die Schönheitsreparaturen nicht zügig ausführen lässt, obwohl ihm dies zuzumuten ist[414] und es aus diesem Grund zu einem Mietausfall kommt oder – mit Blick auf den Mietausfallschaden – er einen ihm zumutbaren Nachmieter ablehnt, der die Wohnung unrenoviert übernommen hätte[415], es sei denn, der Vermieter wollte die Wohnung frisch renoviert weitervermieten. **140**

Eine Anwendung des ungeschriebenen Prinzips der **Vorteilsausgleichung** setzt voraus, dass dem Vermieter durch die Pflichtverletzung Vorteile zugeflossen sind, deren Anrechnung mit dem Zweck des Ersatzanspruchs übereinstimmt, also dem Vermieter zumutbar ist und den Mieter nicht unangemessen entlastet.[416] Nach der hM, die eine Abrechnung anhand fiktiver Renovierungskosten zulässt (→ Rn. 136), scheidet eine Vorteilsausgleichung aus, wenn der Nachmieter die Wohnung renoviert[417]; gleiches müsste dann gelten, wenn sich der schlechte Dekorationszustand auf den Preis der Wiedervermietung oder bei einem Verkauf der Immobilie auf den Verkaufspreis nicht auswirkt. Mangels adäquatem Zusammenhang zur Pflichtverletzung muss sich der Vermieter nicht den Vorteil anrechnen lassen – etwa die Erzielung einer höheren Miete – den er dadurch erlangt, dass sich die Weitervermietung der Wohnung wegen der Ausführung von Schönheitsreparaturen verzögert. **141**

---

[408] Vgl. BGH VIII ZR 157/17, NJW 2018, 1746.
[409] BGH VIII ZR 77/03, NJW 2004, 3042.
[410] BGH VIII ZR 77/03, NJW 2004, 3042.
[411] Vgl. BGH VIII ZR 271/09, NJW 2011, 296.
[412] BGH XII ZR 154/97, NZM 2000, 183.
[413] BGH VIII ZR 326/09, NZM 2010, 815.
[414] Vgl. LG Mannheim WuM 1977, 96; AG Charlottenburg GE 2007, 1495.
[415] Vgl. OLG Düsseldorf ZMR 2007, 780; **aA** Bub/Treier MietR-HdB/*Paschke* Kap. V Rn. 227.
[416] Vgl. etwa BGH X ZR 126/13, NJW 2015, 553 Rn. 14.
[417] BGH VIII ZR 150/65, NJW 1968, 491; **aA** LG Itzehoe WuM 1992, 242; Staudinger/*Emmerich* BGB § 535 Rn. 144.

142 **(3) Schadensersatz statt der Leistung.** Sowohl bei den Renovierungskosten als auch einer dauerhaften Verkehrswertminderung handelt es sich um **Schadensersatz statt der Leistung.**[418] Konkret geht es um Schadensersatz statt einer Teilleistung[419], weil der Mieter als Gegenleistung für die Gebrauchsüberlassung nicht allein die Renovierung, sondern auch die Geldmiete schuldet, letztere aber geleistet wurde. Schadensersatz statt der Leistung kann der Vermieter nur unter den Voraussetzungen aus §§ 281, 282 BGB oder § 283 BGB verlangen, § 280 Abs. 3 BGB. Von besonderer Bedeutung ist **§ 281 BGB.** Danach kann der Vermieter Schadensersatz statt der Leistung erst verlangen, wenn er dem Mieter eine erfolglose angemessene Frist zur Ausführung ordnungsgemäßer Schönheitsreparaturen gesetzt hat (§ 281 Abs. 1 S. 1 BGB), es sei denn, die Fristsetzung ist ausnahmsweise nach § 281 Abs. 2 BGB entbehrlich. Das Erfordernis des erfolglosen Ablaufs einer gesetzten Nachfrist ist durch Vermieter-AGB nicht abdingbar.[420] Ein Schadensersatz statt der Leistung kann vertraglich an weitere Voraussetzungen geknüpft werden, etwa an die aus § 326 Abs. 1 BGB aF bekannte Ablehnungsandrohung.[421]

143 Nach Ansicht des BGH[422] ist **§ 281 BGB** bei **fortbestehendem Mietverhältnis nicht anwendbar;** der Vermieter kann seinen Erfüllungsanspruch daher nicht in einen Schadensersatzanspruch statt der Leistung umwandeln. Dies begründet der BGH mit der Besonderheit, dass die Ausführung von Schönheitsreparaturen während des Mietverhältnisses nicht dem Vermieter, sondern dem Mieter als demjenigen zugute kommt, dem der Gebrauch der Mietsache zusteht. Aus dieser Rspr. folgt aber nicht, der Vermieter könne die Frist stets erst nach Vertragsende setzen. Denn die vom BGH entschiedenen Fälle betrafen die Fristsetzung im unbeendeten Mietverhältnis. Es ist dem Vermieter aber unbenommen, **nach Kündigung** bei fälligem Renovierungsanspruch (eine vor Fälligkeit gesetzte Frist ist unwirksam[423]) dem Mieter eine Frist gem. § 281 Abs. 1 S. 2 BGB zu setzen.[424]

144 Bei der **Fristsetzung** handelt es sich um eine geschäftsähnliche Handlung, für die die Regeln über die Willenserklärung analog gelten.[425] Sie muss vom Vermieter stammen – Stellvertretung und Ermächtigung sind zulässig, wobei § 174 BGB analog gilt[426] – und dem Mieter zugehen. Ob bei Gesamtschuldnern die Fristsetzung allen zugehen muss, um den Schadensersatz statt der Leistung auszulösen oder ob auch eine Einzelwirkung in Betracht kommt – hier: ein Mieter schuldet Schadensersatz statt der Leistung, ein anderer, der keine Fristsetzung erhalten hat, weiter Erfüllung – ist umstritten.[427]

145 **Inhaltlich** muss die Fristsetzung erkennen lassen, warum der Vermieter das Verhalten des Mieters mit Blick auf dessen Schönheitsreparaturpflicht nicht als vertragsgemäß akzeptiert.[428] Dies setzt voraus, dass der Vermieter die aus seiner Sicht **noch zu erbringenden Arbeiten hinreichend deutlich** benennt. Denn die Pflicht zur Ausführung von Schönheitsreparaturen richtet sich nach dem Abnutzungsgrad der Dekoration, weshalb sie in einer Wohnung nicht in allen Bereichen zur selben Zeit fällig werden. Zudem sind die Anforderungen an die konkrete Leistung nicht selbsterklärend (zB Anstreichen oder Tapezieren). Aus diesen Gründen reicht die pauschale Aufforderung, Schönheitsreparaturen auszuführen, zu renovieren oÄ für eine Fristsetzung auch dann nicht aus, wenn der Mieter überhaupt keine Arbeiten vorgenommen hat.[429] Vielmehr ist stets erforderlich, dass der Vermieter mitteilt, welche Arbeiten an welchen Bauteilen/Bereichen der Wohnung noch fehlen.[430] Die Bezeichnung etwaiger Mängel (zB „Anstrich wolkig") ist weder als Fristsetzung ausreichend[431] noch für eine solche (zusätzlich) erforderlich[432], weil Zweck von § 281 Abs. 1 S. 1

418 BGH VIII ZR 157/17, NJW 2018, 1746 Rn. 17 mN.
419 Dazu allg. Staudinger/*Schwarze* BGB § 281 Kap. B Rn. 153.
420 KG NZM 2007, 356.
421 *Sternel* NZM 2017, 169 (177).
422 BGH VIII ZR 192/04, NJW 2005, 1862; s. auch BGH VIII ZR 207/89, NJW 1990, 2376.
423 Vgl. BGH V ZR 316/94, NJW 1996, 1814.
424 LG Berlin WuM 1996, 91; Staudinger/*Emmerich* BGB § 535 Rn. 138; **aA** LG Berlin NZM 2000, 235.
425 Staudinger/*Schwarze* BGB § 281 Kap. B Rn. 19.
426 Vgl. Staudinger/*Schwarze* BGB § 281 Kap. B Rn. 21.
427 Siehe Staudinger/*Looschelders* BGB § 425 Rn. 32; Staudinger/*Schwarze* BGB § 281 Kap. B Rn. 21.
428 Vgl. BGH VII ZR 224/08, NJW 2010, 220 Rn. 16.
429 Wohl unstr., etwa Staudinger/*Emmerich* BGB § 535 Rn. 138.
430 *Vgl. BGH VIII ZR 163/18*, NZM 2020, 704 Rn. 47; BGH VIII ZR 163/05, NJW 2006, 2116 Rn. 21.
431 KG ZMR 2003, 676.
432 Lützenkirchen MietR/*Lützenkirchen* BGB § 535 Rn. 653; **aA** etwa Langenberg/Zehelein Schönheitsreparaturen Kap. 1 Rn. 555.

BGB nicht ist, den Mieter von seiner Pflicht zu überzeugen, sondern ihm die Gelegenheit zur Nacherfüllung zu geben.[433] Ist die Leistungsaufforderung zu umfangreich, weil sie auch Arbeiten enthält, auf die der Vermieter – etwa weil insoweit bereits ordnungsgemäß renoviert wurde – keinen Anspruch hat, führt dies zur Unwirksamkeit des berechtigten Teils der Fristsetzung, wenn der Mieter die Erklärung nicht als Aufforderung zur Bewirkung der tatsächlich geschuldeten Renovierungsarbeiten verstehen muss.[434]

Neben der soeben beschriebenen Leistungsaufforderung muss die Erklärung des Vermieters eine **angemessene Frist** zur Ausführung der Arbeiten enthalten. Angemessen ist eine Frist, die dem Mieter, der sich auf die Durchführung von Renovierungsarbeiten bereits ausreichend vorbereitet hat, Gelegenheit gibt, seine Leistungen zu vollenden.[435] Maßgeblich sind die Umstände des Einzelfalls, also insbes. die Größe der Wohnung und der Umfang der notwendigen Arbeiten. Zu pauschal ist es daher, wenn verbreitet als angemessener Zeitraum 14 Tage genannt werden.[436] Nach der Rspr. des BGH muss der Gläubiger (Vermieter) keinen bestimmten Zeitraum oder Endtermin nennen;[437] ausreichend ist etwa die Aufforderung, sofort, unverzüglich oder umgehend zu leisten.[438] Nennt der Vermieter hingegen einen Endtermin und liegt dieser nicht weit genug in der Zukunft, gilt eine angemessene Frist als gesetzt.[439] **146**

Ohne erfolglosen Fristablauf kann der Vermieter Schadensersatz statt der Leistung – also insbes. die Kosten der Renovierung – nicht verlangen. Zwar hindert ihn nichts daran, die Fristsetzung nachzuholen. Erforderlich ist aber, dass der **Mieter bis zum Ablauf der Frist** auch noch die **Möglichkeit** hat, **nachzuleisten.** Wenn also etwa der Vermieter die Fristsetzung zunächst versäumt, die erforderlichen Renovierungsarbeiten dann selbst vornimmt und erst danach die Frist setzt, scheidet ein Anspruch aus §§ 280 Abs. 1, 3, 281 BGB aus. Denn zum Zeitpunkt der Fristsetzung war der Erfüllungsanspruch bereits nach § 275 BGB erloschen (zu § 283 BGB → Rn. 150).[440] Gleiches gilt, wenn die Unmöglichkeit zwischen dem Setzen und dem Ablauf der Frist eintritt.[441] Hat der Mieter die Wohnung bereits zurückgegeben, setzt ein erfolgloser Fristablauf deshalb auch voraus, dass der **Vermieter** ihm **anbietet,** ihm **Zutritt** zu den Räumen zu **verschaffen.**[442] Dieses Angebot kann auch konkludent erfolgen und wird sich daher regelmäßig aus der Fristsetzung entnehmen lassen. Erfolgt die Fristsetzung erst **nach Verjährung** des Renovierungsanspruchs und beruft sich der Mieter bis zur Geltendmachung von Schadensersatz (s. § 281 Abs. 4 BGB) auf Verjährung, scheidet ein Schadensersatzanspruch statt der Leistung aus.[443] Versäumt der Mieter die Einrede, entsteht der Schadensersatzanspruch[444], der indes ebenso wie der Erfüllungsanspruch nach § 548 Abs. 1 BGB verjährt, wobei eine Hemmung des Erfüllungsanspruchs sich nach § 213 BGB auf den Schadensersatzanspruch erstreckt.[445] **147**

Die **Fristsetzung** ist nach § 281 Abs. 2 BGB **entbehrlich,** wenn der Mieter die Ausführung von fälligen Schönheitsreparaturen – vor einer eventuellen Ersatzvornahme durch den Vermieter[446] – **ernsthaft und endgültig verweigert** hat. Dafür ist erforderlich, dass der Mieter aus objektiver Sicht eine Verweigerungshaltung eingenommen hat und diese Erfüllungsverweigerung als sein letztes Wort aufzufassen ist[447]. Praxisrelevant ist vor allem die Frage, ob im Auszug ohne Vornahme irgendwelcher Renovierungsarbeiten eine Erfüllungsverweigerung iSd § 281 Abs. 2 BGB liegt. Dies ist selbstverständlich denkbar.[448] Zu beachten ist aber, dass es auf die Umstände des **148**

---

[433] Vgl. BGH VII ZR 224/08, NJW 2010, 220 Rn. 16.
[434] Vgl. BGH V ZR 190/98, NJW 1999, 3115.
[435] Vgl. BGH V ZR 134/84, NJW 1985, 2640; **aA** *Kraemer* NZM 2003, 417, Frist muss Ausführung der gesamten Schönheitsreparaturen ermöglichen.
[436] Etwa KG NZM 2007, 356.
[437] BGH VIII ZR 176/14, NJW 2015, 2564 Rn. 11.
[438] BGH VIII ZR 254/08, NJW 2009, 3153 Rn. 10f.
[439] BGH V ZR 134/84, NJW 1985, 2640.
[440] Ein gesetzlicher Anspruch des Vermieters auf Aufwendungsersatz besteht nach der Rspr. in diesen Fällen nicht, weil dem Mieter das Recht zur zweiten Andienung genommen wird, vgl. BGH VIII ZR 100/04, NJW 2005, 1348; diff. *Klimke* DMT-Bilanz 2011, 30.
[441] Vgl. Staudinger/*Schwarze* BGB § 281 Kap. B Rn. 9.
[442] Vgl. BGH X ZR 105/93, NJW 1996, 1745.
[443] Vgl. BGH VII ZR 162/12, NJW 2013, 1431 Rn. 20.
[444] Str., s. Staudinger/*Schwarze* BGB § 281 Kap. B Rn. 11 mN.
[445] *Jacoby* DMT-Bilanz 2011, 337 (339); → BGB § 548 Rn. 60.
[446] Vgl. BGH X ZR 45/07, NJW-RR 2009, 667 Rn. 10.
[447] Vgl. BGH VII ZR 148/10, NJW 2012, 3714 Rn. 12.
[448] BGH XII ZR 281/95, NJW 1998, 1303; BGH VIII ZR 28/70, NJW 1971, 1839.

Einzelfalls ankommt.[449] Ohne Hinzutreten weiterer Anhaltspunkte wird der Vermieter den Auszug regelmäßig nicht als Verweigerungshaltung verstehen dürfen, insbes., weil er stets damit rechnen muss, dass sich der Mieter über die ihn treffende Pflicht im Irrtum befindet. Anders kann es im Einzelfall sein, wenn der Vermieter den Mieter zuvor konkret zur Ausführung von Schönheitsreparaturen aufgefordert hat und der Mieter kommentarlos auszieht[450] oder wenn der Mieter die Ausführung von Arbeiten ankündigt, dann aber ohne Erklärung auszieht.[451]

**149** Die **Fristsetzung** ist nach § 281 Abs. 2 BGB weiterhin **entbehrlich,** wenn unter Abwägung der beiderseitigen Interessen die **sofortige Geltendmachung** des Schadensersatzanspruches aufgrund besonderer Umstände **geboten** ist. Auch hier ist eine Einzelfallwürdigung vorzunehmen.[452] Die Fristsetzung kann danach etwa entbehrlich sein, wenn der Mieter bei der Wohnungsübergabe arglistig Mängel an der Dekoration verschwiegen/kaschiert hat und es dem Vermieter deshalb nicht zuzumuten ist, vom Mieter noch Renovierungsarbeiten entgegenzunehmen.[453]

**150** Ohne Fristsetzung hat der Vermieter nach **§ 283 BGB** Anspruch auf Schadensersatz statt der Leistung, wenn der Mieter die **Unmöglichkeit** der Ausführung von Schönheitsreparaturen zu vertreten hat. Dafür reicht es nicht aus, wenn der Mieter auszieht, ohne renoviert zu haben und der Vermieter deshalb zur Selbstvornahme schreitet.[454] Ein – kaum praxisrelevanter – Anwendungsfall ist die schuldhafte Zerstörung der Mietsache durch den Mieter. Ebenfalls nicht sonderlich praxisrelevant ist der Schadensersatz statt der Leistung nach **§ 282 BGB** wegen Verletzung einer Nebenpflicht durch den Mieter; die außerhalb des Mietrechts genannten Anwendungsbeispiele[455] wie schwere Kränkung des Vertragspartners oder Beschädigung der Sache bei Nachbesserungen können im Einzelfall aber auch in der Miete einmal einschlägig sein.[456]

**151** **(4) Verzögerungsschaden.** Um einen **Schadensersatz wegen Verzögerung der Leistung** handelt es sich insbes. bei einem durch die verspätete Renovierung verursachten Mietausfall[457], aber etwa auch bei Rechtsanwalts- oder Gutachterkosten (→ Rn. 138). Diese Schadenspositionen kann der Vermieter nur unter den zusätzlichen Voraussetzungen des § 286 BGB verlangen, § 280 Abs. 2 BGB. Erforderlich ist, dass der Schaden beim Vermieter erst nach Verzugseintritt entstanden ist; die Kosten eines bereits zuvor beauftragten Rechtsanwalts sind daher zB nicht erstattungsfähig, soweit nicht nach Verzugseintritt neue Gebührentatbestände ausgelöst werden.

**152** Der Verzug des Mieters setzt grds. eine **Mahnung** voraus, also die Aufforderung, fällige Schönheitsreparaturen auszuführen. Es handelt sich um eine geschäftsähnliche Handlung, für die die Regeln über die Willenserklärung analog gelten.[458] Sie muss vom Vermieter stammen – Stellvertretung und Ermächtigung sind zulässig, wobei § 174 BGB analog gilt[459] – und dem Mieter zugehen; bei Mietermehrheit gilt § 425 BGB. **Inhaltlich** muss die Mahnung erkennen lassen, welche Leistungen der Vermieter vom Mieter verlangt. Dies setzt voraus, dass der Vermieter die aus seiner Sicht noch **zu erbringenden Arbeiten hinreichend deutlich** benennt[460]; die Ausführungen zur Fristsetzung nach § 281 Abs. 1 BGB geltend entsprechend (→ Rn. 145).

**153** § 286 Abs. 2 BGB regelt den **Verzugseintritt ohne Mahnung.** Eine kalendermäßige Bestimmtheit/Bestimmbarkeit (§ 286 Abs. 2 Nr. 1, 2 BGB) liegt beim Renovierungsanspruch nur in Ausnahmefällen vor, nämlich wenn die Parteien entweder einen genauen Ausführungstermin festgelegt haben oder sich dieser aus der Vereinbarung eines Ereignisses und eines ab dessen Eintritt laufenden Zeitraums berechnen lässt. Nach § 286 Abs. 2 Nr. 3 BGB tritt Verzug ohne Mahnung auch bei einer ernsthaften und endgültigen Erfüllungsverweigerung des Schuldners ein; dieses Merkmal entspricht der Erfüllungsverweigerung nach § 281 Abs. 2 BGB (→ Rn. 148). Auch für

---

[449] Anders iE *Schermaier* JZ 2018, 590 (591).
[450] BGH XII ZR 105/90, NJW 1991, 2416; KG NZM 2007, 356; ähnl. BGH VIII ZR 28/70, NJW 1971, 1839, wenn Rechtslage mit Blick auf die Renovierungspflicht des Mieters „eindeutig".
[451] BGH VIII ZR 142/80, ZMR 1981, 307.
[452] Vgl. etwa KG NZM 2007, 356, bevorstehender Einzug des Nachmieters nicht ausreichend.
[453] Vgl. (nicht zur Miete) BGH V ZR 249/05, NJW 2007, 835 Rn. 12.
[454] *Klimke* DMT-Bilanz 2011, 30 (33).
[455] Siehe etwa Palandt/*Grüneberg* BGB § 282 Rn. 3.
[456] In diesen Fällen ist es auch denkbar, über § 281 Abs. 2 Alt. 2 BGB ohne fruchtlosen Ablauf einer Nachfrist zum Schadensersatz statt der Leistung zu gelangen, vgl. Staudinger/*Schwarze* BGB § 282 Rn. 12.
[457] *BGH VIII ZR 326/09, NZM 2010, 815;* BGH XII ZR 150/93, NJW 1995, 252.
[458] BGH VII ZR 53/10, NJW 2011, 2120 Rn. 13.
[459] BGH VII ZR 53/10, NJW 2011, 2120 Rn. 13.
[460] Vgl. BGH VIII ZR 163/18, NZM 2020, 704 Rn. 47.

die Auslegung von § 286 Abs. 2 Nr. 4 BGB (sofortiger Verzugseintritt aus besonderen Gründen) ist auf die Erläuterung der Parallelvorschrift in § 281 Abs. 2 BGB zu verweisen (→ Rn. 149).

**cc) Schadensersatzanspruch nach § 823 Abs. 1 BGB.** Die Schlechtausführung von Schönheitsreparaturen begründet keinen Anspruch aus § 823 Abs. 1 BGB, weil die Erfüllung einer Vertragspflicht nicht rechtswidrig ist. Anders ist es, wenn der Mieter anlässlich der Ausführung der Arbeiten andere Bereiche der Mietsache beschädigt. Der Anspruch aus § 823 Abs. 1 BGB steht dann in Gesetzeskonkurrenz zu § 280 Abs. 1 BGB und unterliegt ebenfalls der kurzen Verjährung aus § 548 BGB (→ BGB § 548 Rn. 22). **154**

**dd) Abgeltungsanspruch in Umbaufällen.** Soll die Wohnung nach Vertragsende umgebaut werden und sind Schönheitsreparaturen aus diesem Grund sinnlos, soll sich nach **stRspr des BGH** der Anspruch auf Ausführung der Renovierungsarbeiten im Wege der ergänzenden Vertragsauslegung in einen **Zahlungsanspruch umwandeln.**[461] Voraussetzung ist allerdings, dass der Umbau später auch tatsächlich stattfindet.[462] Der Anspruch ist der Höhe nach auf Herausgabe der ersparten Aufwendungen gerichtet. Hätte der Mieter selbst renoviert, sind dies die Kosten für das notwendige Material sowie ggf. für die Entlohnung von Hilfskräften und der – zu schätzende – Wert seiner Eigenleistung.[463] Diese Berechnung nach den „Selbstkosten" setzt aber voraus, dass der Mieter erfüllungsbereit war; anderenfalls ist herauszugeben, was bei Beauftragung eines Malerfachbetriebs an Kosten angefallen wäre.[464] Für den Anspruch des Vermieters auf Beseitigung einer baulichen Veränderung nach Vertragsende gelten diese Grundsätze nicht.[465] **155**

Diese Rspr. wird in der Lit. zutreffend als „eigenartig" bezeichnet.[466] Sie beruht auf der These, dass die Übernahme der Schönheitsreparaturen zu einer Reduzierung der Geldmiete führt, was bei einem Wegfall der Renovierungspflicht zu einer Lücke in der Gegenleistung des Mieters führe. Diese Entgeltthese ist indes nicht überzeugend (→ Rn. 97). Es liegt in den hier diskutierten Konstellationen daher keine Vertragslücke vor, weil der Regelungsplan – der Mieter soll die *erforderlichen* Schönheitsreparaturen tragen – verwirklicht wurde.[467] Gegen die hM spricht zudem, dass § 556 Abs. 4 BGB die Belastung des Mieters mit Erhaltungskosten verbietet (→ Rn. 60); dieses Verbot muss erst Recht bei fiktiven Erhaltungskosten gelten. Die **hM ist** daher **abzulehnen.**[468] **156**

**ee) Übernahme der Renovierungspflicht durch Nachmieter.** Nach §§ 414 ff. BGB bestimmt sich, ob die Renovierungspflicht wirksam vom Nachmieter übernommen wurde. Wird die **Schuldübernahme** zwischen Vor- und Nachmieter vereinbart, ist nach § 415 BGB die Genehmigung des Vermieters erforderlich.[469] Ob eine Schuldübernahme zustandekommt, ist eine Frage der Umstände des Einzelfalls.[470] Gegenstand der Schuldübernahme kann **nur** ein bereits **fälliger** (dazu → Rn. 85) **Renovierungsanspruch** sein. Denn mit Vertragsende und Auszug des Vormieters kann in dessen Person eine Renovierungspflicht nicht mehr entstehen. Der für die Übernahme einer künftigen Forderung notwendige „Durchgangserwerb"[471] kommt daher bei einem noch nicht fälligen Renovierungsanspruch nicht in Betracht, was einer Schuldübernahme entgegensteht. Scheitert eine Schuldübernahme an der fehlenden Mitwirkung des Vermieters, kommt in Betracht, dass die Vereinbarung zwischen Vor- und Nachmieter ein **Vertrag zugunsten** des **Vermieters** ist. Maßgeblich ist der Parteiwille im Einzelfall, wobei nach der Auslegungsregel des § 329 BGB die Erfüllungsübernahme durch den Nachmieter im Zweifel nicht zu einem Vertrag zugunsten des Vermieters führt.[472] **157**

Die **Schuldübernahme** ist ein auf einem Kausalgeschäft beruhendes Verfügungsgeschäft.[473] Das **Kausalgeschäft** schließen typischerweise **Vor- und Nachmieter;** seine Wirksamkeit richtet sich insbes. nach den Vorgaben des WoVermG. Ob ein Verstoß gegen das **WoVermG** vorliegt, hängt von der Gegenleistung des Vormieters ab. Verspricht der Nachmieter die Übernahme der **158**

---

461 BGH VIII ARZ 1/84, NJW 1985, 480; BGH VIII ZR 260/79, NJW 1980, 2347.
462 BGH XII ZR 76/13, NJW 2014, 1521.
463 BGH VIII ARZ 1/84, NJW 1985, 480.
464 BGH VIII ZR 378/03, NJW 2005, 425; LG Berlin GE 2006, 1038.
465 BGH VIII ZR 231/84, NJW 1986, 309.
466 Staudinger/*Emmerich* BGB § 535 Rn. 135.
467 Dazu allg. BGH VIII ZR 370/13, NJW 2015, 1167 Rn. 24 ff.
468 Ebenso etwa *Blank/Börstinghaus* BGB § 535 Rn. 483.
469 Siehe BGH VIII ZR 277/16, NJW 2018, 3302 Rn. 30.
470 Siehe etwa LG Berlin ZMR 1997, 243; LG Köln WuM 1990, 485.
471 Staudinger/*Rieble* BGB § 414 Rn. 52.
472 MüKoBGB/*Gottwald* § 329 Rn. 10; nicht berücksichtigt von AG Münster WuM 2003, 562.
473 Siehe Staudinger/*Rieble* BGB § 415 Rn. 22.

Renovierungsschuld, damit der Vormieter auf die Vermietungsentscheidung Einfluss nimmt, so verstößt dies gegen § 2 Abs. 2 Nr. 2 WoVermG. Verspricht der Nachmieter die Schuldübernahme (nur) dafür, dass der Vormieter auszieht, richtet sich die Inhaltskontrolle nach § 4a Abs. 1 WoVermG. Zu dieser Norm wird verbreitet vertreten, die Renovierungslast falle unter den Begriff der „Umzugskosten" in § 4a Abs. 1 S. 2 WoVermG, weshalb der Nachmieter sie ohne Gesetzesverstoß übernehmen könne.[474] Dem wird von der Gegenansicht unter Hinweis auf den Gesetzeszweck zu Recht widersprochen.[475] Ist die Übernahme der Renovierungspflicht Gegenleistung für die Übereignung von Mobiliar oder die Überlassung von Aufwendungen in die Mietsache[476] so ist Prüfungsmaßstab § 4a Abs. 2 WoVermG. Schließen **Vermieter** und **Nachmieter** das **Kausalgeschäft,** so gelten die allgemeinen Anforderungen an die Wirksamkeit von Renovierungsvereinbarungen (→ Rn. 94 ff.), weil es keinen Unterschied macht, ob sich der Mieter gegenüber dem Vermieter zur Renovierung verpflichtet oder dazu, den Renovierungsanspruch des Vermieters gegen einen Dritten zu übernehmen. Die Unwirksamkeit des Kausalgeschäfts berührt nach dem Abstraktionsprinzip die Schuldübernahme nicht[477], der Nachmieter hat in diesem Fall aber einen Anspruch auf Rücknahme der Renovierungspflicht[478].

159 Dem Nachmieter stehen die **Einwendungen** des Vormieters **gegen** den **Renovierungsanspruch** zu, § 417 Abs. 1 BGB. Die Einrede der Verjährung löst der Mieterwechsel aber nicht aus. Gegen die Anwendung von § 548 Abs. 1 S. 2 BGB[479] spricht das Sukzessionsprinzip der Schuldübernahme, aus dem folgt, dass der Lauf der Verjährung erst beim Wechsel des Besitzes vom Nachmieter auf den Vermieter beginnt.

160 **Besteht** die **Renovierungspflicht nicht,** die der Nachmieter übernehmen soll, so geht die Schuldübernahme ins Leere. In diesem Fall kann das Kausalgeschäft nur dann in eine originäre, den Mieter verpflichtende Renovierungsvereinbarung umgedeutet werden, wenn es hierfür hinreichende Anhaltspunkte gibt. Denn die Begründung einer neuen Schuld ist mit der Schuldübernahme nicht ohne weiteres gleichzusetzen.[480]

161 **e) Rechtsfolgen unwirksamer Vornahmeklauseln.** Besteht wegen Unwirksamkeit der Schönheitsreparatur-AGB keine Renovierungspflicht des Mieters, stellt sich die Rechtslage mit Blick auf die Renovierungslast wie folgt dar:

162 **(1) Vertragsanpassung, insbes. Mieterhöhungsrecht des Vermieters.** Ein Anspruch des Vermieters auf Anpassung des Vertrags dahingehend, dass der Mieter im Wege der Nachverhandlung eine wirksame Schönheitsreparaturregel zu akzeptieren hat, besteht nicht und der Vertrag ist auch nicht im Wege der Auslegung um seine solche Regel zu ergänzen.[481] Der Vermieter **preisfreien Wohnraums** hat gegen den Mieter auch keinen Anspruch auf Zustimmung zu einer Mieterhöhung in Höhe der Renovierungskosten, weder nach § 558 BGB oder § 313 BGB noch aus ergänzender Vertragsauslegung.[482]

163 Anders ist es mit Blick auf die Mieterhöhung nach hM wegen des Prinzips der Kostenmiete bei Vermietung **preisgebundenen Wohnraums,** wenn die für den Mietvertrag geltenden Regeln einen Mietzuschlag für den Fall vorsehen, dass der Vermieter die Renovierungslast zu tragen hat.[483] Deshalb kommt ein Erhöhungsrecht nicht mehr in Betracht, sobald die Wohnung aus der Mietpreisbindung entlassen wurde.[484] Soweit die gesetzlichen Regeln dies zulassen, kann die Mieterhöhung auch rückwirkend erfolgen.[485] Eine vom Mieter durchgeführte und noch nicht „abgewohnte" Anfangsrenovierung steht nach Ansicht des BGH[486] der Mieterhöhung ebensowe-

---

[474] *Blank* WuM 1993, 503; Staudinger/*Emmerich* BGB Vor §§ 535 ff. Rn. 106; AK-MietPrax/*Eisenschmid* BGB § 535 Rn. 692.
[475] MüKoBGB/*Häublein* Vor § 535 Rn. 98.
[476] Zum weiten Anwendungsbereich von § 4a Abs. 2 WoVermG s. BGH VIII ZR 212/96, NJW 1997, 1845.
[477] Vgl. BGH XI ZR 423/01, BGHReport 2003, 885.
[478] Vgl. MüKoBGB/*Schwab* § 812 Rn. 203.
[479] Die Norm wird von der hM auch angewandt, wenn der Vermieter auf die Besitzerlangung bei einem Mieterwechsel verzichtet, BGH XII ZR 216/90, NJW 1992, 687 (688).
[480] Vgl. BeckOGK/*Heinig* BGB § 414 Rn. 196.
[481] *Lehmann-Richter* ZMR 2005, 170 (171).
[482] BGH VIII ZR 181/07, NJW 2008, 2840; *Lehmann-Richter* ZMR 2005, 170.
[483] BGH VIII ZR 177/09, NJW 2010, 1590, zu § 10 WoBindG; § 28 Abs. 4 II. BV; *Flatow* WuM 2009, 208; *zu den erheblichen europarechtlichen Bedenken* s. MüKoBGB/*Häublein* § 535 Rn. 160.
[484] BGH VIII ZR 87/11, NJW 2012, 145.
[485] BGH VIII ZR 181/12, NZM 2013, 312 Rn. 15 zu § 4 Abs. 8 S. 2 NMV.
[486] BGH VIII ZR 181/12, NZM 2013, 312 Rn. 13.

nig entgegen wie der Umstand, dass der Vermieter dem Mieter zuvor nicht fruchtlos das Angebot unterbreitet hat, anstatt der Mieterhöhung eine wirksame Renovierungsklausel zu akzeptieren[487]. Wenn allerdings der Mieter dem Vermieter das Angebot macht, die unwirksame Renovierungsklausel durch eine gleichlautende – wirksame, weil nicht vom Vermieter gestellte und damit nicht der AGB-Kontrolle unterliegende – Regel zu ersetzen, scheidet ein Mieterhöhungsrecht wegen des Grundsatzes, dass der Verwender sich nicht auf die Unwirksamkeit seiner AGB berufen darf, aus.[488]

**(2) Renovierungsanspruch des Mieters.** Ist die Schönheitsreparatur-AGB unwirksam, trifft die Renovierungslast nach § 535 Abs. 1 S. 2 BGB den Vermieter.[489] Der Mieter hat mithin Anspruch auf Ausführung von Schönheitsreparaturen, sobald der Ist-Zustand der Dekoration soweit hinter dem **Soll-Zustand der Dekoration** zurückgefallen ist, dass aus objektiver Sicht eine Renovierung erforderlich erscheint (→ Rn. 85). Probleme bereitet zunächst die Bestimmung des **Soll-Zustands.** Der BGH hat der Ansicht eine Absage erteilt, dass der Soll-Zustand auch dann die Neudekoration sei, wenn die Wohnung bei Anmietung nicht frisch renoviert war.[490] Das überzeugt, weil aus einer Klausel, die den Mieter verpflichten soll, einen bestimmten Dekorationszustand herbeizuführen, nicht der Wille des Vermieters abgeleitet werden kann, er wolle diesen Dekorationszustand garantieren. Das Gegenteil ist richtig, was wegen der Unwirksamkeit der Klausel bei der Vertragsauslegung indes nicht zu berücksichtigen ist. Es verbleibt daher bei dem allgemeinen Grundsatz, dass sich der dekorative Soll-Zustand der Wohnung nach dem Zustand bei Besichtigung richtet (→ Rn. 57).[491] **164**

Damit steht man vor der weiteren Frage, ab welchem **Grad der Verschlechterung** ein Renovierungsanspruch des Mieters fällig wird. Nach Ansicht des BGH soll es darauf ankommen, ob sich der Soll-Zustand „wesentlich verschlechtert" hat, was tatrichterlich festgestellt werden muss.[492] Der BGH hat sich damit nicht der hier vertretenen Ansicht angeschlossen, nach der es maßgeblich ist, ob bei Vertragsbeginn Schönheitsreparaturen bereits fällig waren, was dann einem Renovierungsanspruch des Mieters entgegensteht. Die Beweislast für eine wesentliche Verschlechterung trifft nach allg. Grundsätzen den Mieter.[493] **164a**

Ist danach ein Renovierungsanspruch des Mieters festgestellt, besteht dieser nach Ansicht des **BGH** nicht unbeschränkt. Denn der BGH entnimmt § 242 BGB eine immanente **Schranke,** dass der Vermieter die Ausführung von Schönheitsreparaturen nur Zug-um-Zug gegen **Zahlung** einer angemessenen **Kompensation** dafür schulde, dass der Mieter nach Ausführung der Arbeiten dekorativ verbesserte Räume bewohne.[494] Die Höhe der Kompensation sei nach § 287 Abs. 2 ZPO zu schätzen; im Regelfall sei die Hälfte der Renovierungskosten angemessen.[495] Bei diesem Gegenrecht des Vermieters handelt es sich, was der BGH indes nicht klar ausspricht, wum einen Anspruch, der bis zur Ausführung der Arbeiten durch den Vermieter oder der Geltendmachung eines Anspruchs des Mieters nach § 536 a Abs. 2 Nr. 1 BGB auf Sicherheitsleistung, danach auf Zahlung gerichtet ist.[496] Macht der Mieter gestützt auf § 536 a Abs. 2 Nr. 1 BGB Aufwendungsersatz oder Kostenvorschuss geltend, ist dieser daher um den Kompensationsbetrag zu kürzen.[497] Rechtstechnisch erfolgt dies durch eine Aufrechnungserklärung.[498] Der für § 536 a Abs. 2 Nr. 1 BGB erforderliche Verzug tritt nicht sofort mit Mahnung, sondern erst nach Ablauf einer angemessenen Reaktionsfrist ein.[499] Der Vermieter kann den Anspruch auf Sicherheitsleistung nach § 273 BGB als Einrede geltend machen, um den Verzugseintritt zu verhindern; die Existenz des Anspruchs allein hindert den Verzugseintritt nicht.[500] Eine wirksame Einrede setzt die zutreffende Bezifferung **164b**

---

[487] BGH VIII ZR 250/16, NZM 2017, 759; **aA** *Börstinghaus* WuM 2005, 675.
[488] Vgl. *Blank/Börstinghaus* BGB § 535 Rn. 424.
[489] BGH VIII ZR 163/18, NZM 2020, 704 Rn. 16.
[490] BGH VIII ZR 163/18, NZM 2020, 704 Rn. 28.
[491] BGH VIII ZR 163/18, NZM 2020, 704 Rn. 24.
[492] BGH VIII ZR 163/18, NZM 2020, 704 Rn. 31; BGH VIII ZR 270/18, NZM 2020, 710 Rn. 32.
[493] *Lehmann-Richter* MietRB 2020, 310.
[494] BGH VIII ZR 270/18, NZM 2020, 710 Rn. 44; für unionsrechtswidrig halten dies *Gsell/Mayrhofer* NZM 2020, 1065; *v. Westphalen* NZM 2021, 409.
[495] BGH VIII ZR 163/18, NZM 2020, 704 Rn. 45.
[496] *Lehmann-Richter* MietRB 2020, 310; vgl. auch BGH VII ZR 50/82, NJW 1984, 1676.
[497] BGH VIII ZR 163/18, NZM 2020, 704 Rn. 49.
[498] *Lehmann-Richter* MietRB 2020, 310.
[499] Vgl. MüKoBGB/*Häublein* § 536 a Rn. 13 mit Fn. 27; s. allg. auch BGH VIII ZR 12/69, ZMR 1971, 27.
[500] BGH VIII ZR 163/18, NZM 2020, 704 Rn. 48.

des Beteiligungsanspruchs voraus.[501] Minderung und Kündigung wegen der Dekorationsverschlechterung sind ausgeschlossen, solange der Mieter den vom Vermieter verlangten Beteiligungsbetrag nicht hinterlegt (§ 273 Abs. 3 BGB), weil bis dahin bei wertender Betrachtung dem Mieter der Mangel zuzurechnen ist.[502] Im Prozess kommt bei „verspäteter" Geltendmachung des Beteiligungsanspruch durch den Vermieter oder bei einer vom Parteivortrag abweichenden Festlegung der Beteiligungsquote durch das Gericht die Anwendung von § 91 a ZPO bzw. § 92 Abs. 2 Nr. 2 ZPO in Betracht.[503]

164c Die soeben beschriebene **Kostenbeteiligung** des Mieters passt nicht in das gesetzliche System (Mieterhöhung für die Zukunft bei Modernisierungen, § 559 BGB; Verbot der Beteiligung des Mieters an Erhaltungskosten, § 556 Abs. 1 S. 3, Abs. 4 BGB, § 1 Abs. 2 Nr. 2 BetrKV).[504] Es handelt sich um eine **Sonderrechtsprechung,** die nur im Kontext der jahrzehntelangen Diskussion über die Verteilung der Dekorationslast verständlich wird. Ihr Anwendungsbereich ist daher auf Fälle zu beschränken, in denen ein Mieter bei Vermietung unrenovierten Wohnraums von seinem Vermieter Schönheitsreparaturen verlangt. Sie ist daher insbes. nicht auf Konstellationen anzuwenden, in denen die Renovierungsinitiative vom Vermieter ausgeht oder auf andere „neu-für-alt" Reparaturen (zB den Austausch einer bei Vertragsbeginn bereits abgenutzten Badewanne).[505]

165 Bei der Art und Weise der Dekoration, insbes. der **Farbwahl,** ist der Vermieter an den Zustand gebunden, der bei Vertragsabschluss vorhanden war[506], weil dieser – wenn die Parteien nichts anderes vereinbart haben – den Soll-Zustand repräsentiert. Zwar hat der Mieter das Recht, sich in der Wohnung gestalterisch nach seinem Geschmack einzurichten (→ Rn. 91). Ein Anspruch, vom Vermieter die Veränderung des dekorativen Soll-Zustands zu verlangen, besteht hingegen nicht.[507] Hat der Mieter den dekorativen Soll-Zustand verändert – etwa eine weiße Wand bunt gestrichen – so hat er aus diesem Grund keinen Anspruch aus § 535 Abs. 1 S. 2 BGB gegen den Vermieter auf Aufrechterhaltung dieser Farbwahl, wenn die Dekoration abgenutzt ist. Umgekehrt kann der Vermieter nicht die Wiederherstellung des ursprünglichen weißen Zustands verlangen, weil die Farbwahl des Mieters während des Mietverhältnisses pflichtgemäß ist (→ Rn. 91). Wenn man der bei → Rn. 164 zitierten, hier abgelehnten Meinung folgt, dass der Mieter auch bei Überlassung unrenovierter Räume einen Renovierungsanspruch hat, steht man vor dem Problem, wie sich der (bei Vertragsschluss ja nicht vorhandene) dekorative Soll-Zustand bestimmt. Die Anhänger dieser Ansicht gehen teilweise von einem Farbwahlrecht des Mieters aus.[508]

166 Der Renovierungsanspruch des Mieters **verjährt** nach hM während des Laufes des Mietverhältnisses nicht.[509] Im Einzelfall kann dem Anspruch aber der Einwand von Treu und Glauben entgegenstehen. Für eine Verwirkung genügt – wie stets – die bloße Nichtgeltendmachung des Anspruchs aber nicht.[510] **Treuwidrig** ist es nach Ansicht des BGH aber, wenn der Mieter vom Vermieter die Beseitigung kleinerer handwerklicher Mängel von Schönheitsreparaturarbeiten verlangt, die er (der Mieter) selbst ausgeführt hat.[511]

167 **(3) Schadens- und Aufwendungsersatzanspruch des Mieters.** Hat der Mieter Schönheitsreparaturen ausgeführt, ohne dazu verpflichtet zu sein, kommt zunächst ein Schadensersatzanspruch gegen den Vermieter aus **§ 280 Abs. 1 BGB** in Betracht. Es ist anerkannt, dass der Vermieter durch die Verwendung unwirksamer Schönheitsreparatur-AGB eine Pflichtverletzung begeht (§§ 241 Abs. 2, 311 Abs. 2 Nr. 1 BGB).[512] Der Vermieter handelt zudem pflichtwidrig, wenn er den Mieter unter Berufung auf die unwirksame AGB zur Ausführung von Schönheitsreparaturen auffordert.[513] Zwar muss der Vermieter einen allgemein erhältlichen Standardvertrag nicht auf seine AGB-Widrigkeit untersuchen lassen; indes wird ihm das Verschulden der Verfasser des vorformulierten Ver-

---

501 *Lehmann-Richter* MietRB 2020, 310.
502 *Lehmann-Richter* MietRB 2020, 310.
503 *Lehmann-Richter* MietRB 2020, 310.
504 *Lehmann-Richter* MietRB 2020, 310.
505 *Lehmann-Richter* MietRB 2020, 310.
506 Spielbauer/Schneider/*Schneider* BGB § 535 Anh. 1 Rn. 187; *Börstinghaus* WuM 2005, 675.
507 BeckOK MietR/*Siegmund* BGB § 535 Rn. 5247.
508 LG Berlin ZMR 2017, 733.
509 BGH VIII ZR 104/09, NJW 2010, 1292.
510 *LG Limburg WuM 2010*, 625.
511 BGH VIII ZR 251/14, NZM 2015, 486.
512 BGH VIII ZR 6/10, NZM 2011, 478 Rn. 2; BGH VIII ZR 302/07, NJW 2009, 2590.
513 KG NJW 2009, 2688.

trags nach § 278 S. 1 BGB zugerechnet.[514] Ein Formulierungsverschulden ist zu bejahen, wenn der Vertragstext sich nicht an die Vorgaben der Rspr. des BGH hält.[515] Inhaltlich ist ein Schadensersatzanspruch des Mieters auf Ersatz des zurechenbaren Schadens gerichtet, zu dem auch die Einschaltung eines Rechtsanwalts zwecks Abwehr des unberechtigten Renovierungsverlangens des Vermieters zu zählen ist.[516] Hat der Mieter renovieren lassen, so umfasst sein Schaden bei Beauftragung eines Unternehmers dessen Vergütung. Bei einer Selbstvornahme steht ihm ein Anspruch auf Ersatz seiner Sachleistungen zu; eine Kompensation für die geleistete Arbeit kann er hingegen grds. nicht verlangen, da es insoweit an einem Vermögensschaden fehlt.[517]

Den gesetzlichen Anspruch auf Ersatz der Renovierungskosten stützt der BGH auf **§ 812 Abs. 1** **168**
**BGB.**[518] Nach seiner Ansicht ist der Anspruch inhaltlich auf Herausgabe des Wertes der üblichen, hilfsweise der angemessenen Vergütung für die Renovierungsarbeiten gerichtet. Mit dieser Sichtweise verträgt es sich nicht, wenn die untergerichtliche Rspr. bei Renovierung im laufenden Mietverhältnis teilweise eine Bereicherung des Vermieters verneint.[519] Sind die Renovierungsarbeiten mangelhaft, ist dies anspruchsmindernd zu berücksichtigen, da der Vermieter nur den objektiven Verkehrswert der Leistungen herauszugeben hat. Führt der Mieter die Arbeiten in Eigenleistung durch, soll sich der Wert der Dekorationsleistungen aber nur nach dem bemessen, was der Mieter billigerweise neben einem Einsatz an freier Zeit als Kosten für das notwendige Material sowie als Vergütung für die Arbeitsleistung seiner Helfer aufgewendet hat oder hätte aufwenden müssen.[520] Der Wert der Eigenleistungen soll im Prozess zu schätzen sein.[521] Einem Anspruch aus berechtigter GoA (§ 683 S. 1, § 670 BGB) hat der BGH unter Hinweis auf den fehlenden Fremdgeschäftsführungswillen des Mieters eine Absage erteilt.[522] Zu beachten ist, dass § 536a Abs. 2 BGB den Anspruch aus § 812 Abs. 1 S. 1 BGB nicht sperrt.[523] Denn zwar steht diese Norm, die den Aufwendungsersatz des Mieters, der einen Mangel beseitigt, an eine Eilmaßnahme oder den Vermieterverzug knüpft, anderen Anspruchsgrundlagen grds. entgegen. Dies gilt aber nicht, wenn – wie hier – der Vermieter durch Verwendung der unwirksamen Schönheitsreparatur-AGB den Mieter von der verzugsbegründenden Mahnung abhält (→ BGB § 539 Rn. 6).

Hat der Mieter auf eine **unwirksame Abgeltungsklausel** eine Zahlung geleistet, führt dies zu **169**
einem Rückzahlungsanspruch aus § 812 Abs. 1 S. 1 Alt. 1 BGB.[524] Wenn der Mieter, um die vermeintliche Zahlungspflicht abzuwenden, noch nicht fällige Schönheitsreparaturen ausgeführt hat, steht ihm ein auf Anspruch nach dieser Norm zu, der auf Herausgabe ersparter Aufwendungen des Vermieters, anderenfalls auf Herausgabe der Wertsteigerung der Mietsache gerichtet ist.[525]

Den bereicherungsrechtlichen Herausgabeansprüchen steht **§ 814 BGB** entgegen, wenn der **170**
Mieter die Unwirksamkeit der Vermieter-AGB kannte. Das setzt im Streitfall konkrete Feststellungen voraus[526]; aus der Tatsache, dass über die Unwirksamkeit von Schönheitsreparatur-AGB in den Medien berichtet wurde, darf nicht auf eine entsprechende Kenntnis des Mieters geschlossen werden.[527] Sämtliche in diesem Abschnitt beschriebenen Ansprüche des Mieters unterliegen unabhängig von ihrer rechtlichen Grundlage nach hM der **Verjährungsfrist** aus § 548 Abs. 1 BGB.[528]

---

[514] *Lehmann-Richter* WuM 2005, 747.
[515] Vgl. BGH VIII ZR 302/07, NJW 2009, 2590 Rn. 12f., der ein Verschulden verneint, wenn der Vermieter eine AGB irrtümlich für eine Individualvereinbarung hält; das erscheint zweifelhaft (*Gsell* NZM 2010, 71 (73)).
[516] KG NJW 2009, 2688.
[517] *Lehmann-Richter* WuM 2005, 747.
[518] BGH VIII ZR 302/07, NJW 2009, 2590.
[519] LG Berlin GE 2015, 918; zur Problematik auch → BGB § 539 Rn. 35.
[520] BGH VIII ZR 302/07, NJW 2009, 2590 Rn. 24; **aA** etwa *Lorenz* NJW 2009, 2576, üblicher Werklohn.
[521] BGH VIII ZR 302/07, NJW 2009, 2590 Rn. 24; s. auch AG Tempelhof-Kreuzberg BeckRS 2011, 06877, 8 EUR pro Stunde; AG Weimar BeckRS 2009, 140112, 12 EUR pro Stunde.
[522] BGH VIII ZR 302/07, NJW 2009, 2590 Rn. 19. Dies ist ein Fremdkörper in der Judikatur des BGH (*Gsell* NZM 2010, 71 (75f.); *Jacoby* ZMR 2010, 335).
[523] *Jacoby* ZMR 2010, 335 (336); *Lehmann-Richter* WuM 2005, 747; **aA** für Renovierung im laufenden Mietverhältnis LG Berlin GE 2014, 872.
[524] BGH VIII ZR 12/12, NJW 2012, 3031.
[525] *Lehmann-Richter* WuM 2005, 747.
[526] LG Freiburg WuM 2005, 384.
[527] AG Nürtingen WuM 2007, 316; anders iE AG München ZMR 2013, 725.
[528] Herausgabe von Renovierungsleistungen: BGH VIII ZR 195/10, NJW 2011, 1866; **aA** etwa *Jacoby* ZMR 2010, 335, Regelverjährung; Herausgabe der Zahlung auf eine Abgeltungsklausel: BGH VIII ZR 12/12, NJW 2012, 3031, **aA** *Klimke/Lehmann-Richter* WuM 2006, 653, Regelverjährung.

171 **(4) Rechte des Vermieters bei unsachgemäßer Renovierung.** Hat der nicht hierzu verpflichtete Mieter unsachgemäß renoviert, ist dieser Umstand bei der Höhe seines Bereicherungsanspruchs zu berücksichtigen (→ Rn. 168). Daneben kommt ein **Schadensersatzanspruch** des Vermieters nach §§ 280 Abs. 1, 241 Abs. 2 BGB in Betracht. Ein solcher Anspruch setzt neben schuldhaft mangelhaft ausgeführten Schönheitsreparaturen einen Schaden des Vermieters voraus. Nach Ansicht des BGH ist erforderlich, dass wegen der mangelhaften Durchführung dem Vermieter höhere Beseitigungskosten entstehen als entstanden wären, wenn der Mieter überhaupt keine Arbeiten durchgeführt hätte.[529] Nach hM soll der Schaden daher in der Differenz zwischen den Kosten der Renovierung der Wohnung im Zustand ohne die mangelhaften Arbeiten und den Kosten der Renovierung der Wohnung mit den mangelhaften Arbeiten liegen.[530] Diese Sichtweise ist unzutreffend. Denn es geht um einen Fall der Sachbeschädigung; hier kann der Vermieter nach § 249 BGB entweder Naturalrestitution oder den hierfür erforderlichen Geldbetrag verlangen. Hat der Mieter – wie im soeben zitierten BGH-Fall – etwa „wolkig" gestrichen, schuldet er mithin einen Neuanstrich bzw. den hierfür erforderlichen Geldbetrag. Die Tatsache, dass der Vermieter, hätte der Mieter die Wohnung unrenoviert zurückgegeben, ohnehin renoviert hätte, ist mit Blick auf die Schadensverursachung unbeachtlich. Denn es handelt sich nicht um eine Reserveursache, weil es nicht darum geht, dass der Schaden (im Beispiel: wolkiger Anstrich) auch auf andere Weise eingetreten wäre. Relevant ist aber der Umstand, dass der Mieter eine abgenutzte Dekoration beschädigt hat: Der Anspruch des Vermieters ist nach den Grundsätzen des **Abzugs „neu für alt"** zu kürzen. Schadensmindernd wirkt es sich nach § 254 Abs. 1 BGB zudem aus, wenn der Vermieter schuldhaft die unwirksamen Schönheitsreparatur-AGB verwendet hat (→ Rn. 167), weil ihm dann die Schadensverursachung durch den Mieter zuzurechnen ist.

### 5. Vornahmeklauseln zu anderen Erhaltungsmaßnahmen als Schönheitsreparaturen

172 Nach der Rspr. des BGH sind Vermieter-AGB über die malermäßige **Instandhaltung** der Wohnung durch den Mieter, die den Katalog aus § 28 Abs. 4 S. 3 II. BV überschreiten, nach § 307 Abs. 1 S. 1 BGB **stets unwirksam** (→ Rn. 124). Nichts anderes gilt nach **hM** – folgerichtig – für Vornahmeklauseln, die andere Erhaltungsmaßnahmen betreffen.[531] Zu denken ist etwa an die Pflicht, technische Einrichtungsgegenstände (zB Herd, Gastherme) oder andere Bauteile zu reparieren. Nach hier vertretener Ansicht ist diese pauschale Sichtweise nicht überzeugend (→ Rn. 125). Vielmehr ist im Einzelfall zu fragen, ob die Vornahmeklausel den Mieter unangemessen benachteiligt. Dies ist bei anderen als Schönheitsreparaturmaßnahmen jedenfalls dann zu bejahen, wenn die in Rede stehende Reparatur nicht kostensparend in Eigenregie ausgeführt werden kann. Unwirksam sind aus diesem Grund Klauseln, die den Mieter verpflichten, **Installationsgegenstände** für Elektrizität, Wasser und Gas, Heiz- und Kocheinrichtungen, Fenster und Türverschlüsse sowie die Verschlussvorrichtungen von Fensterläden in gebrauchsfähigem Zustand zu erhalten.[532] Gleiches gilt, wenn dem Mieter eines Einfamilienhauses die vollständige oder teilweise Pflicht zur Erhaltung des Gebäudes aufgegeben wird. Unwirksam ist – entgegen der hM, die dies zu den Schönheitsreparaturen zählt (→ Rn. 80) – auch eine Vermieter-AGB, die den Mieter zur Grundreinigung eines mitvermieteten **Teppichbodens** verpflichtet. Gleiches gilt für die Pflichten, **Parkettböden** abzuschleifen und neu zu versiegeln[533] oder einen Teppich zu erneuern[534].

173 Gegen § 307 Abs. 1 S. 1 BGB verstößt auch eine Klausel, welche den Mieter mit der **Wartung** von Einrichtungsgegenständen – insbes. von **Gasthermen** – belastet. Denn zum einen hat der Mieter hier nicht die Möglichkeit einer kostengünstigen Selbstvornahme. Vor allem aber birgt die Verletzung der Wartungspflicht ein hohes Schadensrisiko, etwa wenn der Einrichtungsgegenstand Schaden nimmt oder gar durch eine Fehlfunktion einen Schaden am Gebäude verursacht wird.[535] Der Vermieter muss daher selbst für die Wartung sorgen; sein pekuniäres Interesse wird über die

---

[529] BGH VIII ZR 166/08, NZM 2009, 313 Rn. 14.

[530] LG Frankfurt a. M. NZM 2001, 191; LG Potsdam ZMR 2009, 618; Spielbauer/Schneider/*Schneider* BGB § 535 Anh. 1 Rn. 235.

[531] Etwa BGH VIII ZR 129/91, NJW 1992, 1759; MüKoBGB/*Häublein* § 535 Rn. 130; → BGB § 535 Rn. 63.

[532] *BGH VIII ZR 129/91, NJW 1992, 1759.*

[533] BGH VIII ZR 137/12, NJW 2013, 1668.

[534] OLG Hamm WuM 1991, 248; AG Dortmund WuM 2015, 27.

[535] AG Hannover ZMR 2014, 458.

Möglichkeit gewahrt, Wartungskosten iRd § 556 BGB auf den Mieter umzulegen.[536] Zu beachten ist aber, dass der BGH in einer älteren Entscheidung angedeutet hat, eine Wartungsverpflichtung sei bei gleichzeitiger Vereinbarung einer Höchstbetragsgrenze wirksam.[537]

Klauseln, die den Mieter verpflichten, die Wohnung laufend zu **reinigen,** sind bislang nicht bekannt geworden. Hier besteht auch kein Regelungsbedarf; der Vermieter ist hierzu aufgrund einer teleologischen Reduktion von § 535 Abs. 1 S. 2 BGB nicht verpflichtet[538] und ein die Wohnung grob verunreinigendes Nutzungsverhalten des Mieters ist vertragswidrig mit der Folge des § 541 BGB. Anders ist es bei der Reinigung von Gemeinschaftsflächen (zB Treppenhaus) oder beim Winterdienst auf dem Grundstück/den angrenzenden Gehwegen. Solche Vornahmeklauseln können bereits an § 305 c Abs. 1 BGB scheitern, wenn der Mieter im konkreten Fall mit ihnen nicht rechnen musste.[539] Gegen § 307 Abs. 1 S. 2 BGB verstößt eine Klausel, die den Mieter ohne nähere Beschreibung, was genau darunter fallen soll, zur „ordnungsgemäßen Reinigung der Mietsache" verpflichtet.[540] Bei der Inhaltskontrolle gilt das zu den Wartungsklauseln (→ Rn. 173) Gesagte entsprechend: Unangemessen ist es, wenn die Reinigungspflicht den Mieter mit größeren Haftungsrisiken belastet. Unwirksam ist aus diesem Grund wegen der Gefahr der Verletzung der Verkehrssicherungspflicht[541] eine Klausel, die dem Mieter die Reinigung – auch den **Winterdienst** – der Zugänge zur Mietsache auferlegt.[542] Eine Ausnahme gilt wegen § 307 Abs. 3 BGB, wenn die Dienste Teil der Hauptleistung des Mieters sind (Hausmeisterwohnung). 174

Ist ein Garten mitvermietet, kann sich die Frage nach der Wirksamkeit von Klauseln stellen, die den Mieter mit **Gartenarbeit** belasten (zur Individualvereinbarung → Rn. 64). Maßgeblich ist auch (→ Rn. 172) hier, ob der Mieter in der Lage ist, die in Rede stehende Tätigkeit in Eigenregie auszuführen. Keine Bedenken bestehen daher gegen eine Regel, die dem Mieter einfache Arbeiten (zB Bewässern, Rasenmähen, Jäten von Unkraut, Rückschnitt kleinerer Sträucher) auferlegt.[543] Unwirksam (§ 307 Abs. 1 S. 1 BGB) ist hingegen eine Klausel, die den Mieter mit Tätigkeiten belastet, die hierüber hinausgehen (zB Fällen von Bäumen). Nach § 307 Abs. 1 S. 2 BGB unwirksam sind Klauseln, die den Umfang der Arbeiten nicht näher beschreiben (zB: *„Der Mieter verpflichtet sich, den Garten zu pflegen"*), weil für den Mieter nicht hinreichend deutlich wird, welche Arbeiten von ihm abverlangt werden.[544] Bezieht sich die Klausel – wie im Beispiel – auf „Gartenpflege", könnte man zwar daran denken, die Transparenzlücke durch Rückgriff auf § 2 Nr. 10 BetrKV zu schließen.[545] Das Verdikt der Unwirksamkeit wird dadurch aber nicht vermieden, weil einige der dort genannten Arbeiten – etwa die Erneuerung von Pflanzen und Gehölzen – den Mieter unangemessen belasten. Ist die Übertragung der Gartenarbeit AGB-rechtlich gescheitert, bedeutet dies nicht, dass der Vermieter nach § 535 Abs. 1 S. 2 BGB sämtliche gärtnerische Tätigkeiten schuldet, weil die Norm in teleologischer Reduktion einfache Pflegemaßnahmen (Bewässern, Rasenmähen, Jäten, Rückschnitt kleinerer Sträucher) nicht erfasst (→ Rn. 174). Vgl. zum Problemkreis auch → BGB § 535 Rn. 345 sowie zu § 307 Abs. 3 BGB → Rn. 174 aE. 175

## IV. Vermieter-AGB in der Geschäftsraummiete

Auch in der Geschäftsraummiete sind Vermieter-AGB verbreitet, in denen die gesetzliche Regel über die Erhaltungslast des Vermieters (§ 535 Abs. 1 S. 2 BGB) zu Lasten des Mieters modifiziert wird. Anders als in der Wohnraummiete hat sich der BGH zu den Grenzen der Vertragsfreiheit hier aber bislang nur punktuell geäußert, weshalb die **Rechtsunsicherheit** noch vergleichsweise groß ist. Zu den Wirksamkeitsschranken bei **Individualvereinbarungen** → Rn. 64. 176

---

536 Vgl. BGH VIII ZR 119/12, NJW 2013, 597.
537 BGH VIII ZR 38/90, NJW 1991, 1750.
538 Vgl. BGH VIII ZR 188/16, NZM 2018, 900 Rn. 9.
539 LG Frankfurt a. M. WuM 1988, 120; **aA** LG Köln NJW-RR 2013, 646.
540 **AA** LG Aachen NJW-RR 1988, 783.
541 Siehe etwa den Sachverhalt OLG Naumburg NZM 2014, 466.
542 **AA** OLG Frankfurt a. M. NJW 1989, 41; LG Köln NJW-RR 2013, 646.
543 Vgl. OLG Düsseldorf NZM 2004, 866; *Caspers* AnwZertMietR 19/2018 Anm. 1, juris.
544 Anders im Wege einer unzulässigen teleologischen Reduktion OLG Düsseldorf NZM 2004, 866. Eine Reduktion entsprechender Vertragsregeln findet sich auch in anderen Entscheidungen (zB LG Hamburg ZMR 2003, 265), in denen allerdings offen bleibt, ob es sich um Vermieter-AGB handelte.
545 Dagegen aber OLG Düsseldorf NZM 2004, 866.

### 1. Grundsätzliches

177 Die Diskussion um die AGB-Kontrolle in der Geschäftsraummiete wird von zwei grundsätzlichen Fragen dominiert. Die erste ist allgemeiner Natur und betrifft § 305 Abs. 1 S. 1, 3 BGB, die – jedenfalls dem Wortlaut nach – für die Einordnung einer Vertragsregel als AGB oder Individualvereinbarung nicht danach differenzieren, ob der Vertrag zwischen Unternehmern oder mit einem Verbraucher geschlossen wird. Der BGH hat es bekanntlich bisher abgelehnt, an das Vorliegen einer Individualvereinbarung im unternehmerischen Verkehr geringere Anforderungen zu stellen.[546] Auch hier ist eine AGB-Kontrolle also regelmäßig eröffnet, wenn der Vermieter eine vorformulierte Vertragsklausel in die Vertragsverhandlungen einführt. Dies führt zum zweiten Problem, nämlich dass das für die Inhaltskontrolle maßgebliche gesetzliche Leitbild (§ 307 Abs. 2 Nr. 1 BGB) bei der Erhaltungslast aus § 535 Abs. 1 S. 2 BGB folgt und damit in Wohn- und Geschäftsraummiete identisch ist. Soweit eine Klausel also von diesem Leitbild abweicht, ist sie in Wohn- und Geschäftsraummiete gleichermaßen im Zweifel unwirksam. Die maßgebliche Frage lautet daher, ob und ggf. in welchen Fällen die **Besonderheiten des unternehmerischen Verkehrs** es rechtfertigen, dass – im Anwendungsbereich des § 307 Abs. 2 Nr. 1 BGB – die Zweifelsregel nicht eingreift und bei § 307 Abs. 1 S. 1 BGB die Interessenabwägung zugunsten des Vermieters ausgeht. Hier ist im Ausgangspunkt anerkannt, dass Besonderheiten, die sich daraus ergeben, dass die Parteien Unternehmer sind, bei der Inhaltskontrolle berücksichtigt werden können.[547] Maßgeblich sind die Auswirkungen der in Rede stehenden AGB im Einzelfall, weshalb mit dem pauschalen Argument, Unternehmer seien weniger schutzwürdig, ein AGB-Verstoß nicht verneint werden darf. Das verdeutlicht etwa die Entscheidung des BGH zu den Endrenovierungsklauseln in der Geschäftsraummiete.[548]

178 Im Gegensatz zur Wohnraummiete besteht bei der Vermietung von Geschäftsräumen ein erhebliches Spektrum an Nutzungsarten. Dies führt zu der Frage, wie sich die vereinbarte Nutzungsart auf das Prinzip der **generalisierenden Betrachtungsweise**[549] bei der AGB-Kontrolle auswirkt: Ist eine Klausel als unwirksam zu verwerfen, wenn sie geeignet ist, in irgendeinem Geschäftsraummietvertrag den Mieter unangemessen zu benachteiligen oder ist erforderlich, dass diese Gefahr gerade beim vereinbarten Vertragszweck (abstrakt) besteht? Überzeugend ist es, die Frage im zuletzt genannten Sinne zu beantworten, weil das AGB-Recht gruppentypische Differenzierungen zulässt.[550] Eine Unterscheidung nach Mietertypen ist bzgl. Kaufleute und Unternehmern denkbar[551], iÜ aber mangels objektiver Kriterien abzulehnen.[552]

179 Bei der AGB-Kontrolle ist zwischen den **verschiedenen Regelungstypen** zur Erhaltungslast zu unterscheiden (→ Rn. 49). Zu beachten ist, dass die Einbeziehungskontrolle sich nicht nach § 305 Abs. 2 BGB, sondern nach allgemeinen rechtsgeschäftlichen Grundsätzen richtet, § 310 Abs. 1 S. 1 BGB.

### 2. Beschaffenheitsklauseln

180 Vermieter-AGB zum Erhaltungszustand, die den **Zustand bei Vertragsabschluss** wiedergeben, weichen nicht vom Gesetz ab und benachteiligen den Mieter mithin nicht unangemessen (vgl. → Rn. 57). Anders ist es, wenn ein zukünftiger Erhaltungsbedarf als vertragsgemäß vereinbart wird. Hier bedarf es zunächst der Abgrenzung zur Freizeichnungsklausel, bei der maßgeblich ist, ob dem Mieter das nicht überschaubare Risiko der nachträglichen Änderung der Beschaffenheit der Geschäftsräume auferlegt wird; in diesem Fall handelt es sich um eine Freizeichnungsregel (→ Rn. 61). Anderenfalls liegt eine Beschaffenheitsklausel vor, die einer Inhaltskontrolle nur standhält, wenn der Zustand, dessen **zukünftige Verschlechterung** vertragsgemäß sein soll (zB Wegfall eines Lastenaufzugs) für den vertragsgemäßen Gebrauch nur von untergeordneter Bedeutung ist.

---

[546] Siehe etwa BGH XI ZR 233/16, NJW 2017, 2995 Rn. 23 f.; zur Kritik aus der Lit. s. zB BeckOGK/*Lehmann-Richter* BGB § 305 Rn. 158.1.

[547] Etwa Staudinger/*Coester* BGB § 307 Rn. 225; *Stoffels* AGB-Recht Rn. 553 a.

[548] BGH XII ZR 308/02, NJW 2005, 2006: „Zwar trifft es zu, daß der geschäftserfahrene Unternehmer nicht in gleichem Maße schutzbedürftig ist wie ein Verbraucher … Für den hier betroffenen Regelungsbereich gelten diese Überlegungen aber nicht".

[549] *Siehe etwa BGH VII ZR 308/16*, NJW 2017, 3145 Rn. 14.

[550] BGH V ZR 200/88, NJW 1990, 1601; Staudinger/*Coester* BGB § 307 Rn. 111 f.

[551] Staudinger/*Coester* BGB § 307 Rn. 112; s. auch BeckOGK/*Hörndler* BGB § 578 Rn. 140.

[552] Vgl. BGH XI ZR 151/91, NJW 1992, 1097.

Das ist etwa für den Dekorationszustand zu bejahen (vgl. → Rn. 67), im Beispiel des Lastenaufzugs aber typischerweise zu verneinen.

### 3. Vornahmeklauseln

Die Wirksamkeitsgrenzen von Klauseln, die den Geschäftsraummieter zur Ausführung von **Erhaltungsmaßnahmen** verpflichten, sind noch nicht abschließend geklärt. Vergleichsweise breit erörtert wird die Problematik zu den Schönheitsreparaturen, wohl weil hier die Frage nach der Geltung der zur Wohnraummiete entwickelten Prinzipien naheliegt. Für andere Erhaltungsmaßnahmen wird die Diskussion hingegen nicht in dieser Tiefe geführt. Dies ist zum einen methodisch bedauerlich, weil die Schönheitsreparaturen nur einen Teil der Erhaltungslast ausmachen und es misslich ist, die Problematik von einem Spezialfall her zu betrachten. Auch wirtschaftlich ist diese Herangehensweise wenig überzeugend, weil die Schönheitsreparaturen ökonomisch nur einen Teil der Erhaltungslast betreffen. **181**

Wird der Geschäftsraummieter mit Erhaltungspflichten belastet, so liegt darin eine **Abweichung** von **wesentlichen Grundgedanken** der gesetzlichen Regelung, weil dem Gesetz eine solche Pflicht des Mieters fremd ist. Dies führt nach dem Regelbeispiel in § 307 Abs. 2 Nr. 1 BGB „im Zweifel" zu einer unangemessenen Benachteiligung des Mieters und damit zur Unwirksamkeit der Vermieter-AGB. Ebenso wie bei den Schönheitsreparatur-AGB in der Wohnraummiete (→ Rn. 97) stellt sich daher die Frage, ob Umstände vorliegen, welche die Zweifelsregel aus § 307 Abs. 2 Nr. 1 BGB entkräften und ob daneben die Interessenabwägung nach der Generalklausel (§ 307 Abs. 1 S. 1 BGB) zugunsten des Vermieters ausgeht. **182**

**a) Schönheitsreparaturen.** Nach **allg. Meinung** ist es in der Geschäftsraummiete **grds. zulässig**, den Mieter mit Schönheitsreparaturarbeiten zu belasten.[553] Dies überzeugt aus den bei → Rn. 97 für die Wohnraummiete dargelegten Gründen. Es stellt sich daher die Frage, welche Maßstäbe bei der Auslegung und Inhaltskontrolle von Vornahmeklauseln in Vermieter-AGB gelten. **183**

Zur **Auslegung** hat der BGH entschieden, dass sich bei Verwendung des Begriffs Schönheitsreparaturen die Auslegung nach § 28 Abs. 4 S. 3 II. BV richte und auch die Grundreinigung des Teppichbodens umfasse[554]; die zuletzt genannte ergänzende Auslegung ist abzulehnen (→ Rn. 80). Die Verpflichtung zur *„bezugsfertigen"* Rückgabe begründet nach Ansicht des BGH keine Endrenovierungspflicht.[555] Der Mieter schuldet – bei Fehlen einer abweichenden Vereinbarung – nicht die Ausführung durch einen Fachbetrieb[556] (vgl. → Rn. 80) und ebensowenig wie in der Wohnraummiete besteht eine Vermutung für die **Fälligkeit** der Arbeiten nach Ablauf bestimmter Fristen (→ Rn. 86).[557] Auch iÜ gelten für Auslegungsfragen die Ausführungen zur Wohnraummiete entsprechend (→ Rn. 75 ff.). **184**

Bei der **Inhaltskontrolle** gelten die bei → Rn. 98 beschrieben Topoi 1–3 auch für die Geschäftsraummiete, nicht hingegen der – schon für die Wohnraummiete nicht überzeugende (→ Rn. 125) – Topos 4. In der Geschäftsraummiete ist es daher grds. denkbar, dass der Mieter zu weitergehenden Maßnahmen als Schönheitsreparaturen verpflichtet wird (näher → Rn. 187 ff.). Das Prinzip der Gesamtunwirksamkeit (→ Rn. 100) greift nach der Rspr. auch in der Geschäftsraummiete.[558] Unwirksam sind danach Vornahmeklauseln mit einem **starren Fristenplan**[559] sowie eine Endrenovierungsklausel[560]. Der Summierungseffekt zwischen einer Klausel über die laufende Renovierung und eine **Endrenovierung** (vgl. → Rn. 101) führt zur Unwirksamkeit beider Klauseln.[561] Ob bei Überlassung **unrenovierter Geschäftsräume** ohne angemessene Kompensation eine Vornahmeklausel wirksam ist (vgl. → Rn. 103), hatte der BGH bislang nicht zu entscheiden; **185**

---

553 ZB BGH XII ZR 84/06, NJW 2008, 3772 Rn. 12; aus der Lit. etwa v. Westphalen/Thüsing VertrR/AGB-Klauselwerke/*Drettmann* Geschäftsraummiete Rn. 52.

554 BGH XII ZR 15/07, NJW 2009, 510.

555 BGH XII ZR 108/13, NJW 2014, 1444. Zur Einordnung einer Endrenovierungsregel als Individualvereinbarung s. BGH XII ZR 200/06, NZM 2009, 397.

556 v. Westphalen/Thüsing VertrR/AGB-Klauselwerke/*Drettmann* Geschäftsraummiete Rn. 52; Lindner-Figura/Oprée/Stellmann Geschäftsraummiete-HdB/*Hübner* Kap. 13 Rn. 178.

557 *Blank/Börstinghaus* BGB § 535 Rn. 507; anders KG NZM 2005, 181.

558 Vgl. BGH XII ZR 84/06, NJW 2008, 3772.

559 BGH XII ZR 84/06, NJW 2008, 3772.

560 BGH XII ZR 308/02, NJW 2005, 2006.

561 BGH XII ZR 308/02, NJW 2005, 2006.

in der Instanzrechtsprechung und Lit. wird die Frage aber zu Recht überwiegend verneint.[562] Die Sonderrechtsprechung des BGH[563] (→ Rn. 164 ff.) zur Kostenbeteiligungspflicht des Mieters ist auf die Geschäftsraummiete aber nicht zu übertragen.[564] Auch zu einer **Anfangsrenovierungsklausel** fehlt bislang ein BGH-Urteil; das Meinungsbild ist gespalten.[565] Richtigerweise sind solche Klauseln aus den bei → Rn. 148 dargelegten Gründen unwirksam; dass der Geschäftsraummieter sich die Räume typischerweise bei Vertragsbeginn dekorativ herrichtet, vermag eine entsprechende *Pflicht* nicht zu rechtfertigen. Ebenfalls noch nicht höchstrichterlich geklärt ist die Frage, ob **Fachhandwerkerklauseln** wirksam sind[566]; die Frage ist zu verneinen[567] (vgl. → Rn. 121), weil auch der Geschäftsraummieter ein berechtigtes Interesse daran hat, Schönheitsreparaturen in kostensparender Eigenarbeit auszuführen. Ebenso wie in der Wohnraummiete führen **flexible Fristenpläne** zu einer Umkehr der Beweislast (→ Rn. 120); die hM sieht darin – indes ohne Problematisierung – keinen AGB-Verstoß.[568] Dies überzeugt nicht, weil Beweislastregeln auch im unternehmerischen Verkehr in besonderem Maße Ausprägungen des Gerechtigkeitsgebots sind.[569]

**186** Mit Blick auf die **Rechtsfolgen** gelten die Ausführungen zur Wohnraummiete entsprechend (→ Rn. 127). Insbesondere ist der Mieter nach Ansicht des BGH zur Zahlung einer Geldentschädigung verpflichtet, wenn fällige Schönheitsreparaturen bei Vertragsende wegen eines später auch tatsächlich ausgeführten Umbaus sinnlos werden.[570]

**187** **b) Weitergehende Erhaltungsmaßnahmen.** Im Jahr 2005 hat es der **BGH** unter Verweis ua auf eine eigene, indes nicht direkt einschlägige Entscheidung[571] als hM bezeichnet, dass die Verpflichtung zur **Instandhaltung und Instandsetzung** formularmäßig auf den Mieter übertragen werden kann, soweit sie sich auf **Schäden** erstrecke, die dem **Mietgebrauch** oder der **Risikosphäre des Mieters** zuzuordnen sind.[572] Diesen Satz hat der XII. Zivilsenat später wiederholt.[573] In einer anderen Entscheidung spricht er deutlicher davon, dass diese hM der Rspr. des Senats entspreche.[574] Inhaltlich betrafen die Entscheidungen jeweils keine Vornahme-, sondern Kostenklauseln (→ Rn. 49). Die hM hält angesichts dieser Judikate die Abwälzung von Erhaltungsmaßnahmen **im Inneren** der Mieträume AGB-rechtlich für zulässig, falls sich die Pflicht nicht auf die Beseitigung anfänglicher[575] oder von Dritten verursachter Mängel bezieht. Die Abwälzung von Erhaltungsmaßnahmen im **Außenbereich** (etwa am Dach) ist nach hM in Vermieter-AGB hingegen unzulässig.[576] Unwirksam sind daher nach wohl allg. Meinung etwa sog. Dach-und Fach-Klauseln[577], die den Mieter auch zur Erhaltung der Gebäudehülle verpflichten.[578] Gleiches muss dann – erst Recht – für die sog. triple-net-Vermietung gelten, bei der der Mieter neben der gesamten Erhaltung der Immobilie auch die Versicherungskosten und die Steuer- und Abgabenlast übernimmt.[579] Es handelt sich nämlich nicht um einen besonderen Vertragstyp, dem ein von § 535 Abs. 1 S. 2 BGB abweichendes Leitbild zugrunde liegen würde.[580]

---

[562] Etwa OLG Celle NJW 2016, 3732; OLG Dresden ZMR 2019, 458; *Guhling* NZM 2019, 457 (462); **aA** bei kaufmännischen Mietern *Müller* NZM 2016, 185.

[563] BGH VIII ZR 163/18, NZM 2020, 704.

[564] *Lehmann-Richter* MietRB 2020, 310.

[565] Für Unwirksamkeit zB MüKoBGB/*Häublein* § 535 Rn. 146; **aA** etwa Guhling/Günter/*Boerner* BGB § 535 Rn. 143; *Blank/Börstinghaus* BGB § 535 Rn. 506a.

[566] Für Wirksamkeit etwa Lindner-Figura/Oprée/Stellmann Geschäftsraummiete-HdB/*Hübner* Kap. 13 Rn. 178; **aA** zB OLG Düsseldorf NJW 2011, 1011. Die Entscheidung BGH VIII ZR 252/81, NJW 1983, 446 betraf nicht die AGB-Kontrolle.

[567] Ebenso *Guhling* NZM 2019, 457 (463).

[568] BGH XII ZR 108/13, NJW 2014, 1444 Rn. 24; Guhling/Günter/*Boerner* BGB § 535 Rn. 140.

[569] BGH VIII ZR 16/05, NJW 2006, 47 Rn. 22.

[570] BGH XII ZR 76/13, NJW 2014, 1521.

[571] BGH VIII ZR 88/86, ZMR 1987, 257. Dort ging es nicht um die AGB-Kontrolle, sondern um die Auslegung einer Vertragsregel.

[572] BGH XII ZR 158/01, NZM 2005, 863.

[573] BGH XII ZR 56/11, NJW 2014, 3722 Rn. 22.

[574] BGH XII ZR 112/10, NJW 2013, 41 Rn. 17.

[575] OLG Düsseldorf ZMR 2019, 930; OLG Frankfurt a. M. Grundeigentum 2020, 1623.

[576] Etwa BeckOGK/*Hörndler* BGB § 578 Rn. 142 f.; Lindner-Figura/Oprée/Stellmann Geschäftsraummiete-HdB/*Hübner* Kap. 13 Rn. 165; Lützenkirchen MietR/*Lützenkirchen* BGB § 535 Rn. 1127.

[577] Zum (unklaren) Begriff BeckOGK/*Hörndler* BGB § 578 Rn. 147.

[578] *Etwa OLGR Rostock 2009*, 933; Lützenkirchen MietR/*Lützenkirchen* BGB § 535 Rn. 1124.

[579] *Guhling* NZM 2019, 457 (462).

[580] Abw. Tendenz bei *Würdinger,* Der Triple-Net-Mietvertrag – Typus und Gestaltungsfreiheit, 2017, S. 210; ähnlich *Koops,* Die Zulässigkeit von Triple-Net-Mietverträgen, 2013, S. 231.

Bei der **Würdigung** dieses Meinungsbild fällt auf, dass die Begründungen, warum solche Vornahmeklauseln trotz des abweichenden gesetzlichen Leitbilds (→ Rn. 177) wirksam sein sollen, vergleichsweise knapp ausfallen. Der BGH hat seine Ansicht bislang gar nicht begründet; in der Lit. finden sich zwei Rechtfertigungen: Dass übernommene Risiko sei für den Mieter kalkulierbar[581] bzw. diese Vertragsgestaltung sei seit langem branchenüblich[582]. Das Argument der Kalkulierbarkeit der Nachteile kann einen Leitbildverstoß allerdings in keinem Fall rechtfertigen.[583] Bei einer vom Leitbild abweichenden Verkehrssitte ist dies anders; sie kann aber nur ein Indiz für die Angemessenheit einer AGB sein[584], weshalb es **weiterer Gründe bedarf,** um die in Rede stehende **AGB zu rechtfertigen.** Hier lässt sich zum einen der Gesichtspunkt der Streitvermeidung anführen, mit dem der BGH in der Wohnraummiete Kleinreparaturklauseln rechtfertigt (→ Rn. 70). Dieses Argument kann aber selbstverständlich nicht die vollständige Abwälzung der Erhaltungslast auf den Mieter begründen, weil sonst das gesetzliche Leitbild der § 535 Abs. 1 S. 2, § 538 BGB ausgehöhlt würde. Dies erkennt auch die hM, indem sie die Erhaltungspflicht räumlich auf den Alleinbesitz des Mieters beschränkt. Indes handelt es sich hierbei um ein zu pauschales Kriterium, das die Interessen des Mieters nicht hinreichend berücksichtigt. Denn der Gesichtspunkt der **Streitvermeidung** reicht nicht aus, um den Mieter mit einem derart umfassenden Reparaturrisiko zu belasten. Dies ist vielmehr nur dann gerechtfertigt, wenn sich die Erhaltungspflicht des Mieters auf Bereiche der Mietsache beschränkt, bei denen die Gefahr einer Beschädigung durch vertragswidrigen Gebrauch besteht und deshalb die Abgrenzung zwischen vertragsgemäßen – und damit nach dem Gesetz vom Vermieter zu beseitigenden – und vertragswidrigen Folgen virulent werden kann. Diese Abgrenzungsproblematik kann sich insbes. bei den in § 28 Abs. 3 S. 2 II. BV genannten Bauteilen ergeben, weshalb die diesbezügliche Abwälzung keinen Bedenken begegnet. Gleiches gilt, wenn dem Mieter die Erhaltung der Fußböden oder der Fensterscheiben aufgegeben wird. Ob eine Vornahmeklausel gegenständlich angemessen ist, ist daher entgegen der hM nicht allein durch eine räumliche Betrachtung (Herrschaftsbereich des Mieters), sondern zudem durch eine wertende Betrachtung zu entscheiden. Neben dem Kriterium der Streitvermeidung kann die Rechtfertigung einer Vornahmeklausel sich auch aus anderen Gesichtspunkten ergeben, etwa aus dem Charakter als **sale-and-lease-back-Geschäft**[585] oder als **Immobilienleasingvertrag**[586]. Bei den Dekorationsarbeiten rechtfertigt der Gesichtspunkt des Sachzusammenhangs die Einbeziehung des Außenanstrichs von Fenstern und Türen, weil es ökonomisch unsinnig ist, dass Mieter und Vermieter den Anstrich dieser Bauteile koordinieren, anstatt die Arbeiten aus einer Hand auszuführen. **188**

Zuzustimmen ist der hM, dass eine Vornahmeklausel den Mieter grds. unangemessen benachteiligt, wenn sie ihn zur Beseitigung von **bei Vertragsbeginn bereits vorhandenen oder von Dritten verursachten Schäden** verpflichtet.[587] Die Klausel muss sich also auf Mängel beschränken, die auf dem Mietgebrauch beruhen. In der Lit. wird an dieser Stelle zu Recht die Bedeutung des Transparenzgebots bei der Vertragsgestaltung betont.[588] Denn die Klausel muss ihren insofern beschränkten Anwendungsbereich hinreichend deutlich machen, ansonsten ist sie nach dem Prinzip der kundenfeindlichsten Auslegung insgesamt unwirksam (→ Rn. 54).[589] Das wird in der Rspr. häufig nicht beachtet, sondern eine unzulässige (→ Rn. 100) geltungserhaltende Reduktion durchgeführt.[590] Daneben ist von Bedeutung, dass es den Mieter auch unangemessen benachteiligt, wenn er den Nachweis zu führen hat, dass ihn im konkreten Fall keine Beseitigungspflicht trifft. Denn wenn ihm dieser Nachweis nicht gelingt, obwohl der Mangel tatsächlich auf einem bei Vertragsbeginn bereits vorhandenen Umstand beruht, träfe ihn die – inhaltlich unangemessene – Beseitigungspflicht. Noch nicht ausdrücklich höchstrichterlich geklärt ist, ob die Erhaltungspflicht sich **189**

---

[581] Etwa Guhling/Günter/*Boerner* BGB § 535 Rn. 118; Ulmer/Brandner/Hensen/*Christensen* Mietverträge Rn. 38.
[582] Lindner-Figura/Oprée/Stellmann Geschäftsraummiete-HdB/*Hübner* Kap. 13 Rn. 165.
[583] MüKoBGB/*Häublein* § 535 Rn. 133.
[584] Staudinger/*Coester* BGB § 307 Rn. 111; Ulmer/Brandner/Hensen/*Fuchs* BGB § 307 Rn. 144.
[585] MüKoBGB/*Häublein* § 535 Rn. 112.
[586] BGH VIII ZR 302/87, NJW 1989, 1279.
[587] Ausnahmen können sich wiederum aus Besonderheiten des konkreten Vermietungsmodells ergeben, etwa beim sale-and-lease-back-Geschäft, weil den Mieter dort als Voreigentümer das Risiko bei Mietvertragsabschluss vorhandener Mängel traf, was es rechtfertigt, diese Risikotragung im Mietvertrag fortzuschreiben.
[588] MüKoBGB/*Häublein* § 535 Rn. 134.
[589] OLG Frankfurt a. M. Grundeigentum 2020, 1623.
[590] Etwa OLG Köln BeckRS 2016, 09421; ähnl. OLG Naumburg NZM 2000, 1183; richtig hingegen OLG Düsseldorf ZMR 2019, 930.

auch auf Mängel beziehen darf, die bei Vertragsbeginn zwar noch nicht konkret vorhanden, aber in ihrer Entstehung bereits angelegt waren. Nach hier vertretener Ansicht ist diese Frage zu bejahen, weil auch in diesen Fällen der Gesichtspunkt der Streitvermeidung (Verursachung durch Mieter ja oder nein) eine Erhaltungspflicht des Mieters rechtfertigt und wegen der hier vertretenen gegenständlich beschränkten Zulässigkeit von Vornahmeklauseln (→ Rn. 188) keine „überbordende" Belastung des Mieters droht. Anders sieht es aus, wenn man mit der hM (→ Rn. 187) die Abwälzung der Erhaltungslast sämtlicher dem Mieter zum Alleingebrauch zugewiesener Bauteile zulässt. Hier droht insbes. bei der Vermietung mit kostspieligen **„gebrauchten" technischen Einrichtungsgegenständen** (zB Aufzüge, Lüftungsanlagen) eine erhebliche finanzielle Belastung, wenn diese Bauteile durch Verschleiß reparaturbedürftig werden. Auf der Grundlage der hM muss man daher eine Klausel als unangemessen verwerfen, die den Mieter mit der Reparatur von Bauteilen belastet, die nicht allein aufgrund des Gebrauchs durch den Mieter mangelhaft werden (zu diesem Topos → Rn. 98); enthält die Klausel diese Einschränkung nicht, obwohl die Geschäftsräume zumindest teilweise im „gebrauchten" Zustand vermietet wurden, ist die Klausel insgesamt unwirksam (vgl. → Rn. 107).[591]

**190** In welchem **Umfang** eine Vermieter-AGB den Geschäftsraummieter zur **Erhaltung** verpflichtet, ist in Zweifelsfällen durch **Auslegung** zu ermitteln. Verpflichtet der Vertrag den Mieter zur Rückgabe in „bezugsfertigem Zustand", muss der Mieter die Mieträume nach Ansicht des BGH nicht frisch renovieren, sondern in einem Erhaltungszustand zurückgeben, der es dem Vermieter ermöglicht, einem neuen Mieter die Räume in einem bezugsgeeigneten und vertragsgemäßen Zustand zu überlassen.[592] Beschränkt der Vertrag die Erhaltungspflicht entweder auf die „Instandhaltung" oder auf die „Instandsetzung", stellt sich die Frage, welche Maßnahmen unter den einen oder den anderen Begriff fallen. Ein Rückgriff auf § 1 Abs. 2 Nr. 2 BetrKV hilft nicht weiter, weil die Begriffe dort nicht getrennt definiert werden. Auch ein anderer, eindeutiger gesetzlicher Anknüpfungspunkt für die Auslegung fehlt.[593] Das spricht dafür, dass die isolierte Verwendung dieser Begriffe ohne nähere Definition zur Unwirksamkeit wegen Intransparenz (§ 307 Abs. 1 S. 2 BGB) führt.[594] Zur Bedeutung von § 305 c Abs. 2 BGB bei der Auslegung → Rn. 54.

**191** Mit Blick auf die **Rechtsfolgen** gelten die Ausführungen zum Renovierungsanspruch in der Wohnraummiete entsprechend (→ Rn. 127). Die Rspr., die den Vermieter im laufenden Mietverhältnis auf einen Anspruch auf Ausführung von Schönheitsreparaturen beschränkt, (→ Rn. 143) beruht auf einer dekorationsspezifischen Sichtweise und gilt für die Ausführung anderer Erhaltungsmaßnahmen daher nicht.

### 4. Freizeichnungsklauseln

**192** Klauseln, in denen der Geschäftsraumvermieter seine Erhaltungspflicht abbedingt, wird weder in Rspr. noch Lit. besondere Aufmerksamkeit geschenkt, weshalb das Meinungsbild nicht leicht auszumachen ist. Da aber mit der Abwälzung der Erhaltungspflicht stets die Abbedingung der entsprechenden Vermieterpflicht einhergeht (→ Rn. 53), ist **innerhalb der Grenzen zulässiger Vornahmeklauseln** auch die isolierte **Freizeichnung** zugunsten des Vermieters **möglich.**[595] Auf der Grundlage der hM (→ Rn. 187) bedeutet dies, dass sich der Vermieter in AGB wirksam von der Erhaltung der Flächen und Anlagen befreien kann, die dem alleinigen Gebrauch des Mieters unterliegen, soweit nicht bei Vertragsschluss vorhandene oder später von Dritten verursachte Mängel betroffen sind. Da dem Mieter bei der isolierten Freizeichnung seine übrigen Mängelrechte erhalten bleiben (→ Rn. 52), ist die Belastung durch eine solche Klausel geringer als bei den Vornahmeklauseln, bei denen diese Rechte nicht bestehen (→ Rn. 53). Dies spricht dafür, eine Freizeichnung nicht auf den Bereich zulässiger Vornahmeklauseln zu beschränken. Maßgeblich muss die von den Umständen des Einzelfalls geprägte Frage sein, ob trotz des Verzichts auf die Erhaltung des in Rede stehenden Bauteils dem Mieter der **vertragsgemäße Gebrauch** ohne größere Einschränkungen **möglich** bleibt.

---

[591] OLG Frankfurt a. M. Grundeigentum 2020, 1623; *Guhling* NZM 2019, 457 (462).

[592] BGH XII ZR 108/13, NJW 2014, 1444 Rn. 27; s. auch OLG Koblenz MDR 2017, 997: Klausel verpflichtet zum bodengleichen Verschließen von Wasserleitungsrohren.

[593] Siehe zum Begriffswirrwarr BeckOGK/*Hörndler* BGB § 578 Rn. 145.

[594] *Anders Guhling NZM 2019*, 457 (461). Die Aussage des BGH VIII ZR 123/06, NJW 2007, 1356 Rn. 10, Instandhaltung und Instandsetzung seien „weitgehend inhaltsgleiche Begriffe", verdeutlicht indes die Schwierigkeiten bei der Abgrenzung.

[595] Ebenso *Guhling* NZM 2019, 457 (463).

### 5. Kostenklauseln

Sie verpflichten den Mieter, dem Vermieter die Kosten der Erhaltung der Mietsache (teilweise) zu erstatten. Konstruktiv kann dies durch Vereinbarung einer Pauschale oder durch durch Vereinbarung der Kostenerstattung nach Abrechnung erfolgen (→ BGB § 556 Rn. 4). **193**

Kostenklauseln **unterliegen** der **Inhaltskontrolle** nach § 307 Abs. 1 S. 1 BGB; die Bereichsausnahme in § 307 Abs. 3 S. 1 BGB ist nicht einschlägig.[596] Denn die AGB weichen vom Gesetz ab, da nach § 535 Abs. 1 S. 1 BGB der Vermieter die Erhaltungskosten zu tragen hat.[597] In Vermieter-AGB sind Vornahmeklauseln auch nach hM, unwirksam, die sich auf **gemeinsam mit anderen Mietern genutzte Flächen und Anlagen** beziehen (→ Rn. 187). Es stellt sich daher die Frage, ob der Mieter verpflichtet werden kann, sich anteilig – wie bei der Umlage von Betriebskosten – an den Kosten der Erhaltung dieser Flächen und Anlagen zu beteiligen. Der BGH hält dies für möglich, vorausgesetzt, die Belastung ist höhenmäßig begrenzt[598], was auf weitgehende Zustimmung in der Lit. gestoßen ist.[599] Über die Wirksamkeit einer konkreten Kostengrenze hatte der BGH bislang nicht zu entscheiden; die Instanzgerichte und Lit. nennen unterschiedliche Zahlen.[600] Diese **hM ist abzulehnen,** weil kein schutzwürdiges Interesse des Vermieters anzuerkennen ist, den Mieter insofern entgegen dem gesetzlichen Leitbild – nach § 535 Abs. 1 S. 2 BGB hat der Vermieter die Kosten der Erhaltung zu tragen – mit dem Kalkulationsrisiko der Erhaltung der Mietsache auch nur teilweise zu belasten. Insbesondere greift der Gesichtspunkt der Streitvermeidung bei Gemeinschaftsflächen nicht, weil hier stets auch andere Schadensquellen als das Verhalten des einzelnen Mieters in Betracht kommen. Solche Kostenklauseln verstoßen daher gegen §§ 307 Abs. 1 S. 1, Abs. 2 Nr. 1 BGB.[601] **194**

Klauseln, die den Mieter verpflichten, die Kosten der Erhaltung der von ihm **alleine genutzten Flächen und Anlagen** zu tragen, haben die Gerichte bislang – soweit ersichtlich – noch nicht näher beschäftigt. Das verwundert deshalb nicht, weil der Mieter nach hM hier zur Ausführung der Erhaltungsmaßnahmen verpflichtet werden kann (→ Rn. 187), wodurch sich Kostenklauseln praktisch erübrigen. Bei der Würdigung solcher Klauseln gilt im Ausgangspunkt, dass für die Eigenflächen des Mieters eine wirksame Umlage von Reparaturkosten in Vermieter-AGB mit Blick auf den Gesichtspunkt der Streitvermeidung in Betracht kommt. Den Interessen des Mieters ist aber durch eine Kostengrenze Rechnung zu tragen. Denn anders als bei den Vornahmeklauseln kann der Mieter die Kostenentwicklung nicht durch Selbstausführung steuern. Überzeugend ist eine die typischerweise höheren Mieten von Geschäftsräumen berücksichtigende modifizierte Übertragung der doppelten Kappungsgrenze, die die Rspr. für die wohnraummietrechtlichen Kleinreparaturklauseln (→ Rn. 70) entwickelt hat.[602] **195**

**Abgeltungsklauseln,** die den Mieter verpflichten, für bei Vertragsende noch nicht fällige, von ihm aber grds. geschuldete **Schönheitsreparaturen** einen Geldbetrag an den Vermieter zu zahlen, verstoßen nach der Rspr. des BGH zur Wohnraummiete – unabhängig von ihrer Formulierung – gegen § 307 Abs. 1 S. 1 BGB, weil sie eine sichere Einschätzung der Kostenbelastung nicht zulassen (→ Rn. 71). In der Lit. wird teilweise vertreten, dass dies in der Geschäftsraummiete jedenfalls bei fester Vertragslaufzeit und Nutzung durch den Mieter oder ihm bekannte Personen nicht gelte.[603] Daneben wird erwogen, dass Abgeltungsklauseln mit einer Obergrenze wirksam sein könnten.[604] Diese Versuche, Abgeltungsklauseln in der Geschäftsraummiete zu rechtfertigen, überzeugen nicht. Dabei kommt es nicht einmal auf die – indes zu bejahende – Frage an, ob das Argument der Unkalkulierbarkeit des BGH auch in der Geschäftsraummiete einschlägig ist. Denn auch bei Kalkulierbarkeit des Abgeltungsanspruchs fehlt es an einem hinreichenden Grund, der eine solche Vertragsgestaltung, die von § 535 Abs. 1 BGB abweicht, rechtfertigen könnte. Denn die Argumente, die für **196**

---

[596] IE allgM, s. etwa BGH XII ZR 158/01, NZM 2005, 863.
[597] *Lehmann-Richter* ZMR 2012, 837; *Streyl* NZM 2014, 409 (413).
[598] BGH XII ZR 56/11, NJW 2014, 3722 Rn. 21; BGH XII ZR 112/10, NJW 2013, 41 Rn. 17; BGH XII ZR 158/01, NZM 2005, 863.
[599] Etwa Guhling/Günter/*Boerner* BGB § 535 Rn. 121; *Streyl* NZM 2014, 409; krit. zB Staudinger/*Emmerich* BGB § 535 Rn. 149.
[600] Etwa KGR Berlin 2004, 131, monatlich 1 DM pro qm Mietfläche; LG Essen NZM 2016, 265; *Bub* NZM 1998, 789 (793), 10% der Jahresmiete.
[601] Näher *Lehmann-Richter* ZMR 2012, 837 (841); aA *Guhling* NZM 2019, 457 (461).
[602] *Lehmann-Richter* ZMR 2012, 837 (841).
[603] *Boerner* NZM 2015, 686 (690); *Zehelein* NZM 2017, 137 (142f.); aA *Guhling* NZM 2019, 457 (463).
[604] Etwa Lindner-Figura/Oprée/Stellmann Geschäftsraummiete-HdB/*Pietz/Oprée* Kap. 16 Rn. 156.

die grds. Zulässigkeit von Vornahmeklauseln über Schönheitsreparaturen sprechen (→Rn. 97) greifen hier nicht: Die Entgeltthese ist eine Fiktion; für eine Verkehrssitte solcher Klauseln ist nichts ersichtlich und die Abgrenzung zur Sachbeschädigung stellt sich nicht, wenn bei Vertragsende kein Renovierungsbedarf besteht. Es verbleibt das Argument, dass die Abgeltungsklausel den Mieter zum pfleglichen Umgang mit den Räumen animiert; diese Anreizwirkung geht indes bereits von der – zwingend mit einer Abgeltungsklausel verbundenen – Vornahmeklausel aus. Abgeltungsklauseln für **andere Erhaltungsmaßnahmen** als Schönheitsreparaturen sind aus eben diesen Gründen gleichfalls unwirksam.

## V. Vermieter-AGB außerhalb der Raummiete

**197** Vornahme-, Freizeichnungs- oder Kostenklauseln bei der Vermietung anderer Sachen als Räume weichen ebenfalls vom **gesetzlichen Leitbild ab** (→Rn. 177), weshalb es besonderer Gründe bedarf, um das Verdikt der Unwirksamkeit zu vermeiden.

**198** Bei der **Kfz-Miete** ist eine Vermieter-AGB unwirksam, die den Mieter zur Reparatur verpflichtet.[605] Unangemessen ist auch die Pflicht, die laufenden Inspektionen zu übernehmen, falls bei Verletzung dieser Pflicht ein – vom Mieter zu ersetzender (§ 280 BGB) – Schaden an der Mietsache droht (vgl. →Rn. 173). Unwirksam sind auch Klauseln, die den Mieter verschuldensunabhängig zum Ersatz von Schäden am Kfz verpflichten.[606] Dies gilt sowohl für direkte Haftungsregelungen als auch für solche, die zu Lasten des Mieters die Beweislast (zu dieser →Rn. 46) modifizieren, etwa durch die Klausel, dass Kfz sei unbeschädigt übergeben worden.

**199** Auch bei der Vermietung **anderer Mobilien** belastet es den Mieter unangemessen, wenn ihm die vollständige Erhaltung der Mietsache auferlegt wird. Deshalb hat der BGH zu Recht die Klausel in einem Mietvertrag verworfen, die dem Mieter die Haftung für Verschlechterungen einer Fernschreibeanlage, die üblicherweise versichert werden können, auferlegte.[607]

**200** Besonderheiten gelten beim **Leasing.** Beim Finanzierungsleasing kann dem Leasingnehmer nach hM in AGB das Verschlechterungsrisiko zugewiesen werden. Dies bedeutet, dass der Anspruch auf Erhaltung der Leasingssache ausgeschlossen werden kann.[608] Darüberhinaus soll der Finanzierungsleasingnehmer auch zur Erhaltung verpflichtet werden können.[609] Für das Operatingleasing gelten diese Besonderheiten hingegen nicht, weil es hier an dem für die Rechtslage beim Finanzierungsleasing maßgeblichen Amortisationsprinzip fehlt.[610] Gleichwohl akzeptiert der BGH im Rahmen des Kfz-Leasing auch beim sog. Kilometervertrag, der nicht auf eine Vollamortisation gerichtet ist, eine Klausel über die verschuldensunabhängige Haftung des Leasingnehmers für den sog. Minderwert. Wirtschaftlich kommt das einer zumindest teilweisen Erhaltungspflicht des Leasingnehmers gleich, denn der Minderwert liegt nach den Vertragsmustern in der Differenz des Ist-Zustands bei Rückgabe im Vergleich zu einem dem Alter und der vertragsgemäßen Fahrleistung entsprechenden Erhaltungszustand unter Berücksichtigung von normalen Verschleißspuren.[611] Diese Rspr. ist abzulehnen. Minderwertklauseln verstoßen gegen das Leitbild aus § 535 Abs. 1 BGB. Dieses gilt auch für den Kfz-Kilometervertrag, da hier leasingspezfische Besonderheiten mangels fehlender Amortisation nicht erfolgreich ins Feld geführt werden können.

---

[605] **AA** OLG Saarbrücken NJW-RR 1997, 248 (Muldenkipper).
[606] OLG Saarbrücken NJW-RR 1997, 248.
[607] BGH XII ZR 100/91, NJW 1992, 1761.
[608] BGH VIII ZR 226/86, NJW 1988, 198; zu den Details der AGB-Kontrolle Staudinger/*Stoffels* Leasingrecht Rn. 204ff.
[609] MüKoBGB/*Koch* Finanzierungsleasing Rn. 95; Staudinger/*Stoffels* Leasingrecht Rn. 210ff., jeweils mN.
[610] Vgl. MüKoBGB/*Koch* Finanzierungsleasing Rn. 26.
[611] BGH VIII ZR 334/12, NJW 2014, 1171.

## § 539 Ersatz sonstiger Aufwendungen und Wegnahmerecht des Mieters

**(1) Der Mieter kann vom Vermieter Aufwendungen auf die Mietsache, die der Vermieter ihm nicht nach § 536a Abs. 2 zu ersetzen hat, nach den Vorschriften über die Geschäftsführung ohne Auftrag ersetzt verlangen.**

**(2) Der Mieter ist berechtigt, eine Einrichtung wegzunehmen, mit der er die Mietsache versehen hat.**

### Systematische Übersicht



### Alphabetische Schnellübersicht



### A. Allgemeines

1 § 539 BGB regelt die Kompensation des Mieters für Investitionen in die Mietsache. Dafür gewährt ihm § 539 Abs. 1 BGB einen Aufwendungsersatzanspruch, während § 539 Abs. 2 BGB ihm das Recht gibt, Einrichtungen wegzunehmen. **Normzweck** ist der Schutz des Mieters, da verhindert wird, dass seine Investitionen kompensationslos in das Vermögen des Vermieters übergehen. Denn ohne die Verweisung in § 539 Abs. 1 BGB auf das Recht der GoA wären diese Vorschriften nicht ohne weiteres anwendbar, weil dem Mieter in Form des Mietvertrags häufig eine Berechtigung iSd § 677 BGB zusteht (→ Rn. 5); gleiches gilt für Bereicherungsansprüche. Das Wegnahmerecht in § 539 Abs. 2 BGB flankiert den Aufwendungsersatzanspruch; es ist vor allem dann von Bedeutung, wenn dem Mieter Ersatz für eine Einrichtung nach § 539 Abs. 1 BGB nicht zusteht.[1]

---

[1] Motive Bd. 2 S. 394 f. (Mugdan, Bd. 2, Motive S. 220): „Ist … für den Mieter von der Anwendung der Grundsätze über die Geschäftsführung ohne Auftrag und über die Bereicherung nach Lage der Sache ein günstiges Ergebnis nicht zu erwarten, so entspricht das Recht der Wegnahme nur der Billigkeit."

2 § 539 BGB gilt als Regel aus dem allgemeinen Teil des Mietrechts für jede Art von Mietvertrag. Es handelt sich um Vertragspflichten, die nach § 566 BGB – oder nach anderen, identisches anordnenden Normen (→ BGB § 566 Rn. 42f.) – auf den Erwerber übergehen (auch → Rn. 61).[2] Ist der Mieter gleichzeitig Miteigentümer der Mietsache, ist entscheidend, im Rahmen welches Rechtsverhältnisses (Miete oder Gemeinschaft) die Investition erfolgte.[3] Enthält der Vertrag nicht nur mietrechtliche Elemente, steht man bei der **Anwendbarkeit** von § 539 BGB vor dem Problem des **gemischten Vertrags**. Es überzeugt, § 539 BGB auch auf den gemischten Vertrag anzuwenden, weil die Norm die Rechtsfolgen einer Investition in zum Gebrauch überlassenen fremden Eigentum spezifisch regelt. **Zeitlich** ist § 539 BGB ab Überlassung der Mietsache anwendbar. Die Ansprüche aus § 539 BGB können selbstverständlich auch nach Ablauf der Mietzeit noch geltend gemacht werden[4], ihre Verjährung richtet sich nach § 548 Abs. 2 BGB. Intertemporal gilt die Norm auch für Mietverträge, die bei Inkrafttreten der Mietrechtsreform 2001 bereits bestanden, vgl. Art. 229 § 3 EGBGB.[5] Die Vorschrift regelt nur die Ansprüche zwischen den Vertragsparteien, nicht hingegen **Ansprüche von/gegen Dritte,** etwa eines Untermieters gegen den Hauptvermieter. Diese können sich – vorbehaltlich einer Abtretung – mithin nicht auf § 539 BGB stützen; gleichzeitig steht die Norm Ansprüchen dieser Personen aus anderem Grund (dazu → Rn. 61) nicht entgegen.

3 Liegt die Aufwendung darin, dass der Mieter die Mietsache mit einer Einrichtung versehen hat, stellt sich die Frage nach dem **Verhältnis zwischen § 539 Abs. 1 BGB und § 539 Abs. 2 BGB.** Teilweise wird das Problem auf Tatbestandsebene verortet und versucht, den Begriff der Aufwendung und den der Einrichtung danach zu unterscheiden, ob nach dem Mietvertrag, hilfsweise dem Mieterwillen, eine Entfernung bei Vertragsende erfolgen soll; in diesem Fall soll nur das Recht aus § 539 Abs. 2 BGB bestehen.[6] Dies überzeugt schon wegen des in der Praxis häufig nicht feststellbaren Abgrenzungskriteriums nicht. Nach aA soll § 539 Abs. 2 BGB vorrangig sein.[7] Richtigerweise stehen die beiden Absätze zueinander in **elektiver Konkurrenz.**[8] Diese unterscheidet sich von der Wahlschuld (§ 262 BGB) darin, dass verschiedene Rechte – bei § 539 BGB Anspruch (§ 539 Abs. 1 BGB) und Aneignungsrecht (§ 539 Abs. 2 BGB) – in einem sich gegenseitig ausschließenden Verhältnis stehen.[9] Da die elektive Konkurrenz gesetzlich nicht geregelt ist, sind ihre Rechtsfolgen aus Sinn und Zweck der jeweiligen Norm zu entwickeln.[10] Hier überzeugt es zunächst, dass der Mieter das Recht hat, zwischen § 539 Abs. 1 BGB und § 539 Abs. 2 BGB zu wählen, weil § 539 BGB seinem Schutz dient.[11] Ein ius variandi des Mieters ist indes nicht anzuerkennen. Denn der Vermieter muss sich auf die Wahl verlassen können, weil er wissen muss, ob er die Mietsache mit oder ohne die Einrichtung weitervermieten kann. Zudem kann die auf § 539 Abs. 2 BGB gestützte Aneignung nicht einseitig rückgängig gemacht werden, weshalb mit Wegnahme ein Anspruch aus § 539 Abs. 1 BGB entfällt.[12] Das Bedürfnis des Vermieters nach Klarheit rechtfertigt auch eine analoge Anwendung von § 264 Abs. 2 BGB. Tritt an die Stelle des Wegnahmrechts ein Anspruch auf **Entschädigung nach § 552 Abs. 2 BGB** (→ BGB § 552 Rn. 14), geht dieser dem Anspruch aus § 539 Abs. 1 BGB vor.[13] Dies liegt daran, dass § 552 Abs. 1 BGB die wirtschaftliche Kompensation für eine Einrichtung besonders regelt; auch wenn der Vermieter diese geleistet hat, kann der Mieter nicht noch ergänzend nach § 539 Abs. 1 BGB vorgehen.[14]

---

[2] AG Warendorf WuM 1990, 291; vgl. auch BGH VIII ZR 246/86, NJW 1988, 705.
[3] BGH VIII ZR 233/72, NJW 1974, 743.
[4] Im Gesetzgebungsverfahren wurde der Antrag, das Wegnahmerecht auf die Mietzeit zu beschränken, abgelehnt (Protokolle II S. 1945f. (Mugdan, Bd. 2, Motive S. 841)).
[5] Zu in der DDR geschlossenen Altverträgen s. BGH VIII ZR 387/04, NZM 2007, 682 Rn. 9.
[6] LG Hamburg ZMR 2012, 871; Schmid/Harz/*Riecke* BGB § 539 Rn. 36.
[7] Palandt/*Weidenkaff* BGB § 539 Rn. 8. BGH VIII ZR 136/86, NJW 1987, 2861 stützt diese Ansicht nicht, weil die dortigen Ausführungen bei IV 3 der Entscheidungsgründe das Verjährungsrecht, nicht hingegen die Konkurrenz auf der Anwendungsebene betreffen.
[8] Staudinger/*Bittner* BGB § 262 Rn. 10; vgl. auch BGH V ZR 38/52, NJW 1954, 265. Die Anerkennung des gesetzlich nicht geregelten Instituts der elektiven Konkurrenz und seine Abgrenzung zur Wahlschuld sind umstritten, s. *Pöschke* JZ 2010, 349; *Stamm* JZ 2015, 920.
[9] *Pöschke* JZ 2010, 349 (352).
[10] *Pöschke* JZ 2010, 349 (352).
[11] **AA** *OLGR Braunschweig 2000, 200.*
[12] BGH V ZR 38/52, NJW 1954, 265.
[13] Lützenkirchen MietR/*Lützenkirchen* BGB § 552 Rn. 32.
[14] Staudinger/*Emmerich* BGB § 552 Rn. 8.

## B. Aufwendungsersatz nach Abs. 1

4 § 539 Abs. 1 BGB stammt aus der Mietrechtsreform 2001.[15] Bis dato sprach das Gesetz nicht von Aufwendungen, sondern von Verwendungen und unterschied zwischen notwendigen Verwendungen, die ohne weiteres zu ersetzen waren und sonstigen Verwendungen, deren Ersatz sich nach den Vorschriften der GoA bestimmte, § 547 BGB aF. Die notwendigen Verwendungen iSd § 547 Abs. 1 S. 1 BGB aF sind seit 2001 in § 536a Abs. 2 Nr. 2 BGB geregelt.[16] **Schuldner** eines Anspruchs aus § 539 Abs. 1 BGB ist die Person, die bei Fälligkeit des Anspruchs Vermieter ist.[17]

5 Es handelt sich um einen vertraglichen Anspruch, dessen Voraussetzungen und Rechtsfolgen indes nicht vollständig in § 539 Abs. 1 BGB, sondern durch Verweis auf die Vorschriften der GoA geregelt sind. Diesbezüglich wird § 539 Abs. 1 BGB allgemein als Rechtsgrundverweisung eingeordnet.[18] Daran ist zutreffend, dass die Norm nicht bloß auf die Rechtsfolgen der GoA verweisen kann. Dies liegt schon daran, dass in §§ 683f. BGB zwei verschiedene Erstattungsansprüche geregelt sind und es unklar wäre, welche dieser beiden Rechtsfolgen § 539 Abs. 1 BGB in Bezug nehmen würde. Es handelt sich aber nicht um eine vollständige Rechtsgrundverweisung, weil die GoA voraussetzt, dass der Geschäftsherr ohne Berechtigung handelt (§ 677 BGB). Typischerweise ist es aber so, dass der Vermieter Aufwendungen in die Mietsache (etwa Umbauten) vertraglich gestattet und der Mieter daher mit Berechtigung tätig wird. Bei einer vollständigen Rechtsgrundverweisung würde also nur der vertragswidrig handelnde Mieter in den Genuss eines Aufwendungsersatzanspruchs nach § 683 S. 1 BGB gelangen, andere Mieter wären auf den minderwertigen Bereicherungsausgleich beschränkt. Da dieses Ergebnis nicht überzeugt, handelt es sich bei § 539 Abs. 1 BGB um eine **partielle Rechtsgrundverweisung,** die sich nicht auf das Merkmal „ohne Berechtigung" in § 677 BGB bezieht.[19] Auf diesem Standpunkt steht letztlich auch die allgemeine Meinung, die diesem Merkmal bei der Erörterung von § 539 Abs. 1 BGB keine Beachtung schenkt.

### I. Konkurrenzen

6 § 539 Abs. 1 BGB nennt § **536a Abs. 2 BGB,** ohne allerdings das Konkurrenzverhältnis ausdrücklich zu lösen. Nach Ansicht des BGH ist § 536a BGB die speziellere Vorschrift: Dient die Aufwendung des Mieters der Mangelbeseitigung, kann Ersatz nur nach § 536a BGB verlangt werden, was der BGH insbes. damit begründet, dass anderenfalls der Mieter vollendete Tatsachen schaffen und Ersatz nach § 539 Abs. 1 BGB fordern könne, ohne dem Vermieter durch Mahnung Gelegenheit zur Mängelbeseitigung zu geben.[20] Eine Ausnahme ist aber in jedem Fall anzuerkennen: Weist der Wortlaut von unwirksamen Vermieter-AGB die Last der Mängelbeseitigung dem Mieter zu, besteht für den Mieter, der die Unwirksamkeit nicht kennt, keine Veranlassung, den Vermieter zur Mängelbeseitigung aufzufordern. In diesen Fällen, in denen der Vermieter letztlich vereitelt, dass die Voraussetzungen des § 536a Abs. 2 BGB vom Mieter eingehalten werden, ist § 539 Abs. 1 BGB auch bei der Mängelbeseitigung anwendbar.[21]

7 Die Verweisungskette aus §§ 539 Abs. 1, 684 S. 1 BGB führt zur unmittelbaren Anwendung des **Bereicherungsrechts,** wenn der Mieter die Aufwendungen zwar für den Vermieter, aber nicht seinem Interesse/Willen entsprechend erbringt (→ Rn. 21). Fehlt hingegen der Wille des Mieters, für den Vermieter zu handeln, scheiden Ansprüche aus GoA aus und es stellt sich die Frage, ob der Verweis in § 539 Abs. 1 BGB abschließend ist, also einer direkten Anwendung der §§ 812ff. BGB entgegensteht. Der BGH hat hierzu noch nicht ausdrücklich Stellung genommen, scheint aber von einer Anwendungskonkurrenz auszugehen.[22] Dies ist auch der Standpunkt der

---

15 BGBl. 2001 I 1149.

16 BT-Drs. 14/4553, 41. Die Regel des § 547 Abs. 1 S. 2 BGB aF, wonach der Mieter die Fütterungskosten eines Tieres zu tragen hatte, hat die Mietrechtsreform 2001 mangels Praxisrelevanz nicht überstanden (BT-Drs. 14/4553, 42). Diese Rechtsfolge wird sich jetzt im Regelfall aus einer Vertragsauslegung ergeben.

17 BGH XII ZR 17/90, NJW 1991, 3031 (3032).

18 Etwa BGH VIII ZR 302/07, NJW 2009, 2590 Rn. 16; BT-Drs. 14/4553, 42.

19 Zum selben Ergebnis kommt auf der Basis einer vollständigen Rechtsgrundverweisung *v. Preuschen-v. Lewinski,* Baumaßnahmen des Mieters auf fremdem Grund und Boden, 2006, S. 208f., indem sie das Merkmal „ohne Berechtigung" aus § 677 BGB einschränkend auslegt.

20 BGH VIII ZR 222/06, NJW 2008, 1216 Rn. 20ff.; **aA** Staudinger/*Emmerich* BGB § 539 Rn. 4a; *Gsell* NZM 2010, 71 (74).

21 *Lehmann-Richter* WuM 2005, 747.

22 Vgl. BGH VIII ZR 387/04, NZM 2007, 682; VIII ZR 128/00, NJW 2001, 3118.

Lit.[23], was überzeugt, weil nichts dafür spricht, den Mieter gegenüber dem Vermieter schlechter zu stellen als einen Dritten.[24] Der Vorrang von § 536a Abs. 2 BGB (→ Rn. 6) greift allerdings auch gegenüber unmittelbar auf §§ 812 ff. BGB gestützten Ansprüchen.

8 Eine Konkurrenzsituation zwischen § 539 Abs. 1 BGB und **§§ 994 ff. BGB** besteht nicht, wenn der Mieter während der Mietzeit die Aufwendungen vorgenommen und seinen Ersatzanspruch geltend gemacht hat. Denn in diesem Fall sind nach der Rspr. die §§ 994 ff. BGB wegen des Besitzrechts des Mieters unanwendbar. Macht der (früher) berechtigte Besitzer seinen Ersatzanspruch hingegen nach Ablauf des Besitzrechts geltend, sollen nach Ansicht des BGH die §§ 994 ff. BGB zur Anwendung kommen, falls das das Besitzrecht begründende Rechtsverhältnis Ansprüche auf Verwendungsersatz nicht abweichend regelt.[25] Eine solche Ausnahme liegt hier in Form des § 539 Abs. 1 BGB vor, weshalb die §§ 994 ff. BGB während des Besitzrechts des Mieters vorgenommene Aufwendungen nicht betreffen. Dies gilt sowohl für im laufenden Mietverhältnis vorgenommene Aufwendungen als auch für solche nach Beendigung des Vertrags, die mit Billigung des Vermieters erfolgen (etwa Renovierung nach Vertragsende).[26] Im atypischen Fall, dass der Mieter eigenmächtig nach Vertragsende – oder bei nichtigem Mietvertrag[27] – Aufwendungen vornimmt, greift § 539 Abs. 1 BGB hingegen nicht und Ersatzansprüche richten sich nach §§ 994 ff. BGB.[28]

9 § 1 **BaukZuschG** ordnet in bestimmtem Umfang die Rückerstattung eines an den Vermieter mit Rücksicht auf die Vermietung einer Wohnung auf Grund vertraglicher Verpflichtung geleisteten **verlorenen Zuschusses** an (→ Rn. 23). Ein Konkurrenzverhältnis zu § 539 Abs. 1 BGB besteht nicht. Zwar ist § 1 BaukZuschG nach Wortlaut und Normzweck nicht auf Geldleistungen beschränkt[29] und kann daher auch auf Aufwendungen iSd § 539 Abs. 1 BGB anwendbar sein. Wenn sich der Mieter aber – wie es § 1 BaukZuschG voraussetzt – zu dem Zuschuss verpflichtet hat, ist § 539 Abs. 1 BGB wegen der darin liegenden Abbedingung der Norm nicht anwendbar (→ Rn. 13). Aus demselben Grund besteht auch kein Konkurrenzverhältnis zwischen § 539 Abs. 1 BGB und **§ 547 Abs. 1 BGB.** Zwar kann auch eine Aufwendung in die Mietsache eine Vorauszahlung der Miete darstellen (→ BGB § 547 Rn. 9), indes besteht auch in diesem Fall eine Leistungspflicht des Mieters, die einer Anwendung von § 539 Abs. 1 BGB entgegensteht. Die Erstattung von in Aufwendungsform geleisteter, im Voraus entrichteter Miete bestimmt sich daher allein nach § 547 Abs. 1 BGB. Zum Verhältnis zwischen **§ 539 Abs. 1 BGB und § 539 Abs. 2 BGB** → Rn. 3.

## II. Abweichende Vereinbarung

10 § 539 Abs. 1 BGB ist dispositiv. Es ist daher möglich, den Anspruch des Mieters aus § 539 Abs. 1 BGB zu modifizieren, aber auch gänzlich auszuschließen. Konkret sind Zustandekommen und Wirksamkeit abweichender Vereinbarungen zu unterscheiden.

### 1. Vertragsauslegung

11 Ob die Parteien eine Regel zum Aufwendungsersatz getroffen haben, ist eine **Frage** des **Einzelfalls.** Unproblematisch sind hier konkrete Vertragsregeln (zB *„Ansprüche des Mieters wegen Aufwendungen in die Mietsache sind ausgeschlossen"*). Häufig ist es allerdings so, dass dem Mieter im Vertrag bestimmte Veränderungen der Mietsache gestattet werden, eine konkrete Regel zu seinen Aufwendungsersatzansprüchen aber fehlt. Wenn es dafür hinreichende Anhaltspunkte gibt, kann hier die Vertragsauslegung zu einem Anspruchsausschluss führen. Der BGH hat dies in einem Fall bejaht, in dem der Vertrag die Kompensation für bauliche Veränderungen regelte, aber zur Kompensation für eine vom BGH nicht als bauliche Veränderung eingestufte, dem Mieter gestattete Gartenbepflanzung schwieg.[30] Die Entscheidung verdeutlicht, dass es eines konkreten Anknüpfungspunk-

---

[23] *Reuter/Martinek,* Ungerechtfertigte Bereicherung, Teilband 2, 2016, S. 271; *v. Preuschen-v. Lewinski,* Baumaßnahmen des Mieters auf fremdem Grund und Boden, 2006, S. 227.
[24] Siehe bereits Motive Bd. 2 S. 394 f. (Mugdan, Bd. 2, Motive S. 220).
[25] BGH V ZR 88/95, NJW 1996, 921.
[26] *Lehmann-Richter* WuM 2005, 747.
[27] OLG Brandenburg BeckRS 2019, 6000.
[28] *Etwa MüKoBGB/Bieber* § 539 Rn. 7; Staudinger/*Thole* BGB Vor §§ 994 BGB Rn. 20 mN; **aA** etwa Staudinger/*Emmerich* BGB § 539 Rn. 22.
[29] Vgl. etwa LG München I MDR 1980, 230.
[30] BGH VIII ZR 387/04, NZM 2007, 682.

tes bedarf, um eine Regelung, die dem Mieter die Vornahme bestimmter Aufwendungen gestattet, ergänzend dahingehend auszulegen, damit würden gleichzeitig Ansprüche aus § 539 Abs. 1 BGB ausgeschlossen. Dem Mieter darf ein solcher Verzichtswille also nicht einfach unterstellt werden. Denn anderenfalls liefe § 539 Abs. 1 BGB faktisch leer: Ein redlicher Mieter wird die Maßnahmen an der Mietsache nämlich nur durchführen, wenn ihm dies vertraglich gestattet ist. Aus der **Gestattung** allein kann daher nicht der Ausschluss seines im Gesetz verbrieften Ersatzanspruchs folgen.

Haben die Parteien vereinbart, dass der Mieter bei Vertragsende zum **Rückbau verpflichtet** ist, 12
so folgt hieraus der Ausschluss von § 539 Abs. 1 BGB.[31] Denn mit dieser Regelung ist ein Aufwendungsersatzanspruch nicht zu vereinbaren, da der Vermieter zu erkennen gibt, dass er mit den Investitionen des Mieters (finanziell) nichts zu tun haben will.

Um die Abbedingung von § 539 Abs. 1 BGB geht es auch, wenn dem Mieter die **Vornahme** 13
von Veränderungen nicht nur gestattet ist, sondern er sich hierzu gegenüber dem Vermieter **verpflichtet** hat. Eine solche Vereinbarung enthält die (konkludente) Abrede, dass dem Mieter keine Ansprüche nach § 539 Abs. 1 BGB zustehen.[32] Denn die Vereinbarung würde entwertet, wenn dem Mieter aus der Erfüllung seiner Verpflichtung unmittelbar und sofort ein Ersatzanspruch gegen den Vermieter erwachsen würde. Zu § 1 BaukZuschG → Rn. 9.

### 2. Wirksamkeitsschranken

Ist eine Vereinbarung über die Abbedingung von § 539 Abs. 1 BGB getroffen, stellt sich die 14
Frage nach ihrer Wirksamkeit. **Individualvereinbarungen** sind unproblematisch: Es ist nämlich nicht sittenwidrig, wenn der Mieter auf Ersatzansprüche wegen Aufwendungen verzichtet, deren Vornahme ihm letztlich freistehen. Dies gilt im Grundsatz auch für den Ausschluss im Falle vorzeitiger Vertragsbeendigung.[33] Ist der Ausschluss solcher Ersatzansprüche ausnahmsweise im konkreten Fall sittenwidrig, ist die Regel geltungserhaltend zu reduzieren (§ 139 BGB).[34]

Beim Ausschluss von § 539 Abs. 1 BGB durch **Vermieter-AGB** ist zu differenzieren. Keine 15
Bedenken bestehen gegen eine Klausel, die dem Mieter für die Fälle des regulären Vertragsverlaufs Ersatzansprüche abspricht. Denn die Aufwendungen sind dem Mieter freigestellt und es ist ihm möglich, bei ihrer Vornahme abzuschätzen, ob sich die Investition mit Blick auf die Nutzungsverbesserung rentieren wird. Eine unangemessene Benachteiligung (§ 307 Abs. 1 S. 1 BGB) scheidet daher aus. Problematisch wird es aber zum einen, wenn die Vermieter-AGB so formuliert ist, dass der Ausschluss oder die Beschränkung des Aufwendungsersatzanspruches auch Ansprüche aus § 536a Abs. 2 BGB erfasst. Eine solche Klausel ist wegen des Verbots der geltungserhaltenden Reduktion[35] insgesamt unwirksam. Denn § 536a Abs. 2 BGB kann durch Vermieter-AGB nicht ausgeschlossen werden.[36] Probleme bestehen zum anderen, wenn sich die Klausel ihrem Wortlaut nach auch auf Konstellationen erstreckt, in denen der Mieter Aufwendungsersatz wegen vorzeitiger Vertragsbeendigung verlangt. Der Ausschluss von solchen Ansprüchen benachteiligt den Mieter unangemessen, weil ihm die Möglichkeit genommen wird, seine Investitionen „abzunutzen".[37] Enthält die Klausel keine entsprechende Einschränkung, so folgt aus dem Verbot der geltungserhaltenden Reduktion ihre Unwirksamkeit auch dann, wenn der Mieter nicht nach vorzeitiger Vertragsbeendigung Ersatz verlangt.

---

[31] Vgl. MüKoBGB/*Bieber* § 539 Rn. 10.

[32] BGH XII ZR 202/94, ZMR 1996, 122; Lützenkirchen MietR/*Dickersbach* BGB § 539 Rn. 47; **aA** Herrlein/Kandelhard/*Kandelhard* BGB § 539 Rn. 7. Zum selben Ergebnis kommt man, wenn man Ansprüche aus GoA und aus Bereicherung an der Vertragsabrede („mit" Auftrag bzw. Rechtsgrund) scheitern lässt, so *Greiner,* Die Haftung auf Verwendungsersatz, 2000, S. 286, 316.

[33] BGH V ZR 93/12, NJW 2013, 3364 Rn. 9; OLG Karlsruhe NJW-RR 1996, 1394.

[34] Vgl. BGH XII ZR 202/94, ZMR 1996, 122.

[35] Dazu etwa BGH VII ZR 308/16, NJW 2017, 3145 mN.

[36] BGH VIII ZR 343/08, NZM 2010, 356 Rn. 28, Wohnraummiete; allg. Bub/Treier MietR-HdB/*Bub* Kap. II Rn. 1632; MüKoBGB/*Häublein* § 536a Rn. 33.

[37] v. Westphalen/Thüsing VertrR/AGB-Klauselwerke/*Drettmann* Geschäftsraummiete Rn. 156; *Derleder* WuM 2006, 175 (181); Lindner-Figura/Oprée/Stellmann Geschäftsraummiete-HdB/*Pietz/Oprée* Kap. 16 Rn. 266. Auf eine Einordnung als unzulässige Vertragsstrafe (vgl. dazu Lützenkirchen MietR/*Dickersbach* BGB § 539 Rn. 49) kommt es daher iErg nicht an.

### III. Aufwendungen auf die Mietsache

16 § 539 Abs. 1 BGB ist nur anwendbar, wenn der Mieter Ersatz einer Aufwendung auf die Mietsache verlangt. In der Lit. werden teilweise Aufwendungen ausgeklammert, welche die Mietsache grdl. verändern.[38] Dies überzeugt schon dem Wortlaut nach nicht, weil unter Aufwendungen allgemein **freiwillige Vermögensopfer** verstanden werden[39] und darunter auch die Mietsache verändernde Maßnahmen fallen. Auch der Normzweck gebietet eine einschränkende Auslegung nicht, weil sich das Problem der Ersatzansprüche des Mieters, das durch § 539 Abs. 1 BGB geregelt werden soll, auch bei verändernden Maßnahmen stellt.[40]

17 Das freiwillige Vermögensopfer des Mieters muss sich auf die Mietsache beziehen. § 539 Abs. 1 BGB erfasst daher nur Aufwendungen, die sich auf die **physische Beschaffenheit** der Mietsache auswirken. An diesem Sachbezug fehlt es etwa, wenn der Mieter Verbindlichkeiten des Vermieters begleicht, um die Versorgung der Mietsache mit Strom oder Wasser aufrecht zu erhalten. § 539 Abs. 1 BGB verlangt aber nicht, dass der Sachbezug von Dauer ist, weshalb auch die Reinigung der Mietsache unter den Aufwendungsbegriff fällt.[41]

18 In der Lit. wird der Aufwendungsbegriff teilweise in verschiedene **Kategorien** unterteilt. Dafür wird zum einen zwischen „erforderlichen (notwendigen)" und „sonstigen" Aufwendungen unterschieden und nur die letztgenannten § 539 Abs. 1 BGB zugeordnet.[42] § 539 BGB nennt in der Überschrift nur den Begriff „sonstige Aufwendungen"; das Antonym „erforderliche/notwendige" Aufwendungen dient der Beschreibung des Phänomens, dass zur Beseitigung eines Mangels gemachte Aufwendungen nur nach § 536 a Abs. 2 BGB ersatzfähig sind (→ Rn. 6). Ähnliches gilt für die Unterscheidung der „sonstigen" Aufwendungen in „nützliche" Aufwendungen und „Luxusaufwendungen".[43] Auch hier geht es um die Beschreibung eines Ergebnisses der Rechtsanwendung, nämlich dass bei bestimmten Aufwendungen („Luxusaufwendungen") eine Ersatzpflicht des Vermieters typischerweise ausscheidet.

### IV. Anspruch nach den Regeln der berechtigten GoA

19 Ein Aufwendungsersatzanspruch nach §§ 539 Abs. 1, 683 S. 1, §§ 677, 670 BGB setzt zunächst voraus, dass der Mieter für den Vermieter – also mit **Fremdgeschäftsführungswillen** – die Aufwendungen auf die Mietsache gemacht hat. Dieser Wille wird bei einem objektiv fremden Geschäft nach der Rspr. vermutet.[44] Ein objektiv fremdes Geschäft setzt allerdings voraus, dass die Aufwendungen des Mieters ihrem Inhalt nach in den Rechts- und Geschäftskreis des Vermieters fallen. Das ist bei Aufwendungen zwecks Erhaltung der Mietsache wegen § 535 Abs. 1 BGB zu bejahen[45], die indes wegen des Vorrangs von § 536 a Abs. 2 BGB grds. nicht zu Ansprüchen aus § 539 Abs. 1 BGB führen (→ Rn. 6). Macht der Mieter hingegen Aufwendungen zu anderen Zwecken, fehlt es an der nötigen Verknüpfung mit dem Zuständigkeitsbereich des Vermieters.[46] Der bloße Umstand, dass durch die Aufwendung das Vermietervermögen vermehrt wird, reicht nicht aus.[47] Bei solchen objektiv eigenen Geschäften muss der Wille, auch für den Vermieter zu handeln, daher hinreichend deutlich nach außen in Erscheinung treten.[48] Daran wird es in der Praxis typischer-

---

[38] *Blank/Börstinghaus* BGB § 539 Rn. 2; Lützenkirchen MietR/*Dickersbach* BGB § 539 Rn. 15, wohl in Rezeption der Rspr. des BGH (V ZR 22/52, BGHZ 10, 171) zum Verwendungsbegriff aus § 547 Abs. 2 BGB aF.

[39] Etwa BGH III ZR 264/15, NJW-RR 2016, 1387 Rn. 17 mwN; wie hier Herrlein/Kandelhard/*Kandelhard* BGB § 539 Rn. 4.

[40] Die Vertreter der einschränkenden Auslegung müssten Ersatzansprüche nach § 951 BGB erwägen (vgl. BGH V ZR 22/52, BGHZ 10, 171), was zum Bereicherungsrecht führt. Dorthin wird man auch bei Anwendung von § 539 Abs. 1 BGB regelmäßig gelangen, weil es bei verändernden Aufwendungen an den Voraussetzungen von § 683 BGB fehlen wird, → Rn. 19.

[41] **AA** MüKoBGB/*Bieber* § 539 Rn. 4; Herrlein/Kandelhard/*Kandelhard* BGB § 539 Rn. 5.

[42] Etwa BeckOGK/*Emmerich* BGB § 539 Rn. 6; Staudinger/*Emmerich* BGB § 539 Rn. 3.

[43] Staudinger/*Emmerich* BGB § 539 Rn. 3; Schmid/Harz/*Riecke* BGB § 539 Rn. 10.

[44] Siehe etwa BGH III ZR 53/11, NJW 2012, 1648 Rn. 16 mwN.

[45] **AA** BGH VIII ZR 302/07, NJW 2009, 2590 Rn. 20 für Renovierung aufgrund unwirksamer AGB.

[46] *Vgl. BGH XII ZR 43/02, NZM 2006, 15 Rn. 22;* KG ZMR 2016, 862.

[47] Vgl. BGH VIII ZR 302/07, NJW 2009, 2520 Rn. 20; **aA** *Damrau-Schröter,* Zivilrechtliche Aspekte der „Mietermodernisierung", 1994, S. 229.

[48] BGH XI ZR 41/08, NJW 2009, 1879 Rn. 22 mwN.

weise fehlen[49], weshalb der Anspruch aus §§ 539 Abs. 1, 683 S. 1 BGB treffend als „totes Recht" bezeichnet wird.[50] Ist der Mieter vertraglich zur Vornahme der Aufwendungen verpflichtet, stellt sich die Frage nach einem Fremdgeschäftsführungswillen nicht, weil dann Ansprüche aus § 539 Abs. 1 BGB abbedungen sind (→ Rn. 13).

Gelingt der Nachweis des Fremdgeschäftsführungswillens, ist nach § 683 S. 1 BGB weiter erforderlich, dass die Aufwendungen im Zeitpunkt ihrer Vornahme dem **Interesse** und **Willen** des Vermieters entsprachen. Im Interesse des Vermieters liegt eine Aufwendung, die für ihn objektiv nützlich ist.[51] Die Beweislast hierfür trifft den Mieter.[52] Lässt sich der tatsächliche Wille nicht feststellen, entspricht der mutmaßliche Wille der Interessenlage.[53] Ob die Aufwendung dem objektiven Interesse (und damit auch dem mutmaßlichen Willen) des Vermieters entsprach, hängt von den Umständen des Einzelfalls ab. Nach der Rspr. des BGH sind strenge Anforderungen zu stellen; die bloße Duldung von Maßnahmen, zu deren Untersagung der Vermieter berechtigt wäre, genügt nicht.[54] Gleiches gilt für die vertragliche Gestattung der Aufwendung, weil diese die mietrechtliche Duldungsebene, nicht hingegen die Frage nach einer Ersatzpflicht betrifft.[55] Widersprach die Aufwendung dem Interesse des Vermieters, kann dieser das Handeln des Mieters **genehmigen** (§ 684 S. 2 BGB). Dies setzt voraus, dass der Vermieter die Ergebnisse der Aufwendungsmaßnahme für sich beansprucht und als auf seine Rechnung vorgenommen akzeptiert.[56] Dies ist eine Frage des Einzelfalls. Ohne Hinzutreten weiterer Umstände reicht aber in der Raummiete das Verlangen, eine Einrichtung in den Räumen zu lassen, nicht aus.[57] Denn der Vermieter übt hier nur sein in § 552 Abs. 1 BGB verankertes Abwendungsrecht aus, was das Gesetz nicht mit einem vollen Aufwendungsersatz, sondern (nur) mit einer angemessenen Entschädigung verknüpft. 20

### V. Anspruch nach den Regeln der unberechtigten GoA

Handelte der Mieter **mit Fremdgeschäftsführungswillen,** aber nicht im Interesse des Vermieters, verweisen §§ 539 Abs. 1, 684 S. 1 BGB auf das Bereicherungsrecht. § 684 S. 1 BGB ist nach hM eine Rechtsfolgenverweisung.[58] In diesem Fall ist also nicht zu prüfen, ob der Vermieter durch Leistung oder in sonstiger Weise auf Kosten des Mieters etwas erlangt hat. Maßgeblich ist nur, ob der Vermieter aufgrund der Aufwendung bereichert ist. Dies richtet sich nach allgemeinen bereicherungsrechtlichen Grundsätzen, weshalb der objektive Wert der in die Mietsache eingebauten Sachen und/oder der erbrachten Werk- oder Dienstleistungen zu ersetzen ist.[59] Die besonderen Grundsätze der Berechnung der Bereicherung bei der Aufwendungskondiktion (dazu → Rn. 28 ff.) gelten hier nicht. 21

## C. Aufwendungsersatz nach anderen Vorschriften

§ 539 Abs. 1 BGB regelt den Aufwendungsersatz des Mieters nicht abschließend. Im laufenden Mietverhältnis kann es in Ausnahmekonstellationen zur Anwendung von § 536 a BGB kommen (→ Rn. 6). Typischerweise stellt sich die Frage nach einem Aufwendungsersatz aber am Vertragsende. 22

[49] Vgl. BGH XII ZR 43/02, NZM 2006, 15 Rn. 22; OLG Brandenburg 3 U 73/18 BeckRS 2019, 24879; **aA** Herrlein/Kandelhard/*Kandelhard* BGB § 539 Rn. 12 f.

[50] *Wollschläger,* Die Geschäftsführung ohne Auftrag, 1976, S. 212; folgend *Greiner,* Die Haftung auf Verwendungsersatz, 2000, S. 276.

[51] Vgl. etwa BGH V ZR 208/06, NJW-RR 2008, 683 Rn. 21.

[52] Staudinger/*Bergmann* BGB § 683 Rn. 73.

[53] Siehe etwa BGH VIII ZR 140/04, NJW-RR 2005, 1426; Staudinger/*Bergmann* BGB § 683 Rn. 28.

[54] BGH XII ZR 136/96, NZM 1999, 19.

[55] OLG Düsseldorf ZMR 2010, 679; **aA** *Damrau-Schröter,* Zivilrechtliche Aspekte der „Mietermodernisierung", 1994, S. 234.

[56] BeckOGK/*Thole* BGB § 684 Rn. 19.

[57] **AA** *Damrau-Schröter,* Zivilrechtliche Aspekte der „Mietermodernisierung", 1994, S. 238.

[58] BGH III ZR 81/74, WM 1976, 1056; Staudinger/*Bergmann* BGB § 684 Rn. 5 mN auch zur Gegenansicht.

[59] Siehe statt vieler *Greiner,* Die Haftung auf Verwendungsersatz, 2000, S. 300 ff.; Staudinger/*Lorenz* BGB § 818 Rn. 26 f. mwN.

### I. Baukostenzuschussgesetz

23 Art. VI des Gesetzes zur Änderung des 2. Wohnungsbaugesetzes, anderer wohnungsbaurechtlicher Vorschriften und über die Rückerstattung von Baukostenzuschüssen[60] wird verbreitet und auch hier als Baukostenzuschussgesetz bezeichnet. Das BaukZuschG regelt den Anspruch des Mieters einer Wohnung bei Vertragsende auf **Erstattung** eines an den Vermieter geleisteten **verlorenen Zuschusses.** Nach § 5 BaukZuschG sind die Regeln des BaukZuschG zugunsten des Mieters zwingend. Das Gesetz ist heute weitgehend in Vergessenheit geraten, bislang aber vom Gesetzgeber trotz angeblicher Bedeutungslosigkeit[61] nicht aufgehoben worden.

24 Zwischen § 1 BaukZuschG und § 539 Abs. 1 BGB besteht kein **Konkurrenzverhältnis** (→ Rn. 9). Anders ist es mit dem Bereicherungsrecht; liegen die Voraussetzungen aus § 1 BaukZuschG vor, ist für eine Anwendung von **§ 812 BGB** kein Raum, weil das BaukZuschG eine spezialgesetzliche Regelung enthält.[62] Es dient nämlich dazu, die Rspr. des BGH zum Bereicherungsausgleich bei nicht auf die Miete anrechenbaren Zuschüssen im Haftungsausmaß zu verstärken.[63] Das BaukZuschG regelt Konstellationen, in denen der Mieter dem Vermieter Geld- oder Sachleistungen[64] verspricht, die der Herstellung der Mietwohnung gewidmet sind und – deshalb „verlorener" Baukostenzuschuss[65] – nicht unter § 547 BGB fallen. Das Verhältnis zu **§ 547 BGB** ist daher Folgendes: Handelt es sich bei dem Zuschuss um eine Mietvorauszahlung (sog. anrechenbarer Baukostenzuschuss), kommt § 547 Abs. 1 BGB zur Anwendung. Anderenfalls (verlorener Baukostenzuschuss) richtet sich der Anspruch des Mieters nach dem BaukZuschG. Der ursprüngliche „Gleichklang" zwischen beiden Regelungen (Anspruch nach Rücktritts- bzw. – falls der Vermieter das Vertragsende nicht zu vertreten hat – Bereicherungsrecht) ist durch die Miet- und Schuldrechtsreformen 2001 bzw. 2002 gestört worden, weil § 547 BGB – anders als seine Vorgängernormen (§ 557a Abs. 1, 543 Abs. 1 BGB aF) – nicht mehr auf das Rücktrittsrecht verweist. Die Tilgungsregel in § 2 BaukZuschG (→ Rn. 27) dient ebenfalls der Gleichstellung beider Zuschussarten, weil es die sich nur beim verlorenen Zuschuss ergebende Frage beantwortet, für welchen Zeitraum der Zuschuss geleistet wurde.

#### 1. Voraussetzungen

25 § 1 S. 1 BaukZuschG setzt voraus, dass der Mieter mit Rücksicht auf die Vermietung einer Wohnung auf Grund vertraglicher Verpflichtung einen verlorenen Zuschuss geleistet hat. Die Formulierung **„mit Rücksicht auf die Vermietung"** ist nicht dahingehend zu verstehen, dass der Rechtsgrund in einem neben dem Mietvertrag bestehenden, eigenen Vertrag liegen muss. Diese Interpretation überzeugt wegen des Gesetzeszwecks[66] nicht, den Mieter vor dem Verlust nicht abgewohnter Leistungen zu schützen. Es fallen daher auch im Mietvertrag wurzelnde Leistungen unter die Norm[67], was deshalb von Bedeutung ist, weil der Mieter Zuschüsse typischerweise verspricht, um in den Genuss des Gebrauchs zu kommen.

26 Unerheblich ist, ob der **Zuschuss** des Mieters in Geld oder in nichtmonetärer Form (etwa in Form von Arbeit) erbracht wird[68], weshalb auch Aufwendungen iSd § 539 Abs. 1 BGB erfasst sind. Für die Abgrenzung zu § 547 BGB sorgt das Merkmal **„verloren"**, aus dem sich ergibt, dass es bei § 1 S. 1 BaukZuschG an einer Verrechnungsabrede (dazu → BGB § 547 Rn. 6ff.) fehlen muss.[69] Das BaukZuschG ist mithin nur auf Leistungen des Mieters anwendbar, die nicht die Gegenleistung für einen bestimmten Zeitraum der Gebrauchsüberlassung sind (Beispiel: Der Mieter verpflichtet sich, bei Einzug bestimmte Baumaßnahmen auszuführen, ohne dass eine Verrechnung mit der laufenden Miete vereinbart wird). Es ist – dies folgt aus dem Wortlaut – nicht erforderlich, dass der Zuschuss

---

[60] BGBl. 1961 I 1041.
[61] Bei der Mietrechtsreform wurde die Regelung aus diesem Grund nicht in das BGB übernommen (BT-Drs. 14/4553, 35).
[62] Sternel MietR Kap. III Rn. 196.
[63] BT-Drs. 3/2704, 4.
[64] BGH VIII ZR 91/58, NJW 1959, 872.
[65] Siehe etwa BGH VIII ZR 54/58, BGHZ 29, 289.
[66] BT-Drs. 3/2704, 4.
[67] ***AA*** *evt. Schmid/Harz/Sommer* BGB § 547 Rn. 1.
[68] LG München I MDR 1980, 230. Vgl. auch BGH VIII ZR 91/58, NJW 1959, 872; VIII ZR 166/10, NZM 2012, 301 Rn. 13, jeweils nicht zum BaukZuschG.
[69] BGH VIII ZR 163/64, NJW 1966, 1705 unter I 2a.

besonders umfangreiche Baumaßnahmen betrifft; auch kleiner Reparatur- oder Modernisierungsmaßnahmen sind erfasst.[70] Vom Mieter geschuldete laufende **Schönheitsreparaturen** fallen hingegen nicht unter das BaukZuschG. Denn sie dienen dazu, die vom Mieter verursachten Abnutzungsspuren zu beseitigen, weshalb der Gesetzeszweck nicht einschlägig ist, den Mieter vor nicht abgewohnten Investitionen zu schützen. Für Anfangs- oder Endrenovierungsregeln gilt dies hingegen nicht.

### 2. Rechtsfolgen

Hat der Vermieter die **Vertragsbeendigung zu vertreten** (dazu → BGB § 547 Rn. 32ff.), so ist er nach § 1 S. 1 BaukZuschG verpflichtet, den Zuschuss, soweit er nicht nach § 2 BaukZuschG durch die Dauer des Mietverhältnisses als getilgt anzusehen ist[71], „nach Maßgabe des § 347 des Bürgerlichen Gesetzbuchs" zu erstatten. Dieser Verweis ist im Rahmen der Änderung des Rücktrittsrechts durch die Schuldrechtsreform 2002 nicht angepasst worden. Der Verweis diente dazu, die Rechtsfolge aus § 543 Abs. 1 BGB aF zu den anrechenbaren Baukostenzuschüssen zu übernehmen (→ Rn. 24). Dies spricht gegen einen dynamischen Verweis[72], da es dem Gesetzgeber nicht um eine Koppelung an das Rücktrittsrecht in seiner jeweiligen Fassung, sondern um den Gleichklang mit dem heutigen § 547 Abs. 1 BGB ging, der indes seit 2001 nicht mehr auf das Rücktrittsrecht Bezug nimmt. Der Umfang der Erstattungspflicht ist daher weiterhin § 347 BGB aF zu entnehmen. Hat der Vermieter die **Vertragsbeendigung nicht zu vertreten,** enthält § 1 S. 1 BaukZuschG eine Rechtsfolgenverweisung[73] auf das Bereicherungsrecht. Die Tilgungsregel aus § 2 BaukZuschG gilt hier, wie sich aus dem Wortlaut ergibt, nicht. Zur Bestimmung des Umfangs der Bereicherung → Rn. 32 sowie → BGB § 547 Rn. 46ff. Der Anspruch aus § 1 BaukZuschG **verjährt** nach § 4 BaukZuschG innerhalb eines Jahres ab Vertragsende. Er richtet sich gegen die Person, die bei Fälligkeit Vermieter ist[74], weil es sich um einen vertraglichen Anspruch handelt, der daher nach § 566 BGB, § 57 ZVG auf den Rechtsnachfolger übergeht. Gläubiger ist, wer den Zuschuss geleistet hat; war das ein Dritter, so steht diesem der Anspruch zu.[75] § 556c BGB ist auf verlorene Baukostenzuschüsse nicht anwendbar, weil es an der Verrechnungsabrede fehlt (→ Rn. 26), die aber für die Bestimmung erforderlich ist, in welchem Umfang die Leistung des Mieters den Zeitraum nach Vertragsende betrifft (auch → BGB § 566c Rn. 23). 27

## II. Bereicherungsrecht

§ 539 Abs. 1 BGB enthält eine Rechtsfolgenverweisung auf das Bereicherungsrecht, die voraussetzt, dass der Mieter die Aufwendungen auf die Mietsache mit Fremdgeschäftsführungswillen, aber nicht im Interesse des Vermieters gemacht hat (→ Rn. 21). Fehlt es hieran, scheidet ein Anspruch aus Bereicherungsrecht nicht etwa von vorneherein aus. Denn die Anwendung der §§ 812ff. BGB kann sich dann sowohl unmittelbar aus diesen Normen als auch – soweit die Voraussetzungen dieser Vorschrift erfüllt sind – aus § 951 BGB ergeben, der nach hM eine Rechtsgrundverweisung[76] auf die §§ 812ff. BGB enthält. Bei der Anwendung von § 812 Abs. 1 S. 1 BGB sind **zwei Konstellationen** zu unterscheiden: Erbringt der Mieter durch die Aufwendung eine Leistung, ist Anspruchsgrundlage § 812 Abs. 1 S. 1 Alt. 1 BGB (Leistungskondiktion) anderenfalls ist § 812 Abs. 1 S. 1 Alt. 2 BGB (Nichtleistungskondiktion) einschlägig. War der Wohnraummieter zur **Aufwendung** in die Mietsache **verpflichtet,** so richten sich seine Ersatzansprüche bei Vertragsende nach § 547 BGB bzw. nach dem BaukZuschG; für eine (ergänzende) Anwendung des Bereicherungsrechts ist in diesen Konstellationen kein Raum (→ Rn. 24). 28

[70] LG Köln WuM 1990, 485; AG Aachen WuM 1986, 336.
[71] Danach gilt ein Zuschuss in Höhe einer ortsüblichen Jahresmiete durch eine Mietdauer von vier Jahren als getilgt.
[72] Zur Auslegung von Gesetzesverweisungen BVerfG NJW 1982, 2859.
[73] BGH VIII ZR 166/70, BGHZ 56, 285.
[74] Sternel MietR Kap. III Rn. 196.
[75] BGH VIII ZR 207/64, NJW 1967, 561.
[76] BGH V ZR 269/13, NJW 2015, 229 Rn. 20.

### 1. Aufwendungskondiktion

29 Im Folgenden geht es zunächst um die praxisrelevantere sog. Aufwendungskondiktion, bei der eine Leistung des Mieters fehlt und die daher eine Nichtleistungskondiktion iSd § 812 Abs. 1 S. 1 Alt. 2 BGB ist.[77]

30 **a) Grundsätze der hM.** Bei der Frage, ob der Vermieter durch eine Aufwendung des Mieters **etwas erlangt** hat, legt die hM – anders als sonst bei § 812 Abs. 1 S. 1 BGB – keinen gegenständlichen Maßstab an.[78] Es wird also nicht gefragt, ob der Vermieter das Eigentum an mit der Mietsache verbundenen Sachen erworben oder Werkleistungen erlangt hat. Entscheidend ist vielmehr, ob beim Vermieter eine Vermögensvermehrung eingetreten ist.[79] Dabei kommt es nach der Rspr. nur auf die Erhöhung des Ertragswerts an, soweit der Vermieter diesen früher als vertraglich vorgesehen durch anderweitige Vermietung zu einem höheren Mietzins realisieren kann.[80] Veräußert der Vermieter das Mietobjekt während der Mietzeit, so hat der BGH inzident der Sichtweise eine Absage erteilt, wonach die Bereicherung in einer Erhöhung des Verkaufswerts liegt. Denn in den **Veräußerungsfällen** richtet sich der Bereicherungsanspruch gegen den Erwerber, wenn dieser durch vorzeitige Vertragsbeendigung in den Genuss eines erhöhten Vermietungserlöses gelangt.[81] Dies gilt auch in der Zwangsversteigerung.[82] Den Fall, dass der Vermieter nach vorzeitigem Vertragsende die Mietsache veräußert, hatte der BGH bislang nicht zu entscheiden. Auf der Basis seiner Rspr. liegt es aber näher, hier nicht die Erhöhung des Verkaufserlöses[83], sondern die fiktiven Mietsteigerungen für maßgeblich zu halten.

31 Bei der Prüfung, ob ein **Rechtsgrund fehlt,** hält der BGH die Laufzeitvereinbarung für maßgeblich: Endet der Mietvertrag vor dem vorgesehenen Endtermin, falle der Rechtsgrund insoweit weg.[84] Der Grund für die vorzeitige Vertragsbeendigung ist irrelevant. Es spielt daher insbes. keine Rolle, ob der Mieter das vorzeitige Ende zu vertreten hat.[85] Denn das Bereicherungsrecht hat keinen pönalen Charakter. Für die Beschränkung des Mieteranspruchs gelten die Grundsätzen über die aufgedrängte Bereicherung.[86]

32 Die **Höhe** des **Wertausgleichs** bestimmt der BGH danach, wie viel mehr Miete der Vermieter nach vorzeitiger Vertragsbeendigung erzielt hat oder hätte erzielen können; die Beweislast liegt beim Mieter.[87] Maßgeblich ist der auf die nicht genutzte Restlaufzeit entfallende Mehrbetrag.[88] Eine vom Vermieter bereits gewährte Aufwendungsentschädigung ist abzuziehen[89] und „Sonderzahlungen" des neuen Mieters an den Vermieter für die Aufwendungen des Vormieters sind zu berücksichtigen.[90] Der Bereicherungsanspruch wird nur pro rata temporis fällig, ist also nicht bereits bei Vertragsende in voller Höhe zu leisten.[91] Die **Verjährung** richtet sich nach Ansicht des BGH nicht nach § 548 Abs. 1 BGB[92] sondern es gilt die Regelverjährung, wobei zu beachten ist, dass der Anspruch erst mit dem vorzeitigen Vertragsende entsteht.[93]

33 Die Aufwendungskondiktion kann im Mietvertrag ausgeschlossen werden.[94] Im Zweifel wird die Auslegung des Vertrags aber ergeben, dass eine allgemein formulierte Ausschlussklausel sich auf die vorzeitige Vertragsbeendigung nicht erstreckt (zur geltungserhaltenden Reduktion bei Vermie-

---

[77] BGH XII ZR 66/07, NJW 2009, 2374 Rn. 8.

[78] Siehe NK-BGB/*v. Sachsen-Gessaphe* § 812 Rn. 69.

[79] Bamberger/Roth/Hau/Poseck/*Wendehorst* BGB § 812 Rn. 151; NK-BGB/*v. Sachsen-Gessaphe* § 812 Rn. 101.

[80] BGH XII ZR 202/94, ZMR 1996, 122; XII ZR 43/02, NJW-RR 2006, 294 Rn. 25; ähnl. bereits BGH VIII ZR 54/58, BGHZ 29, 289; V ZR 22/52, BGHZ 10, 171.

[81] BGH XII ZR 71/07, NZM 2009, 783 Rn. 14; XII ZR 43/02, NJW-RR 2006, 294 Rn. 25.

[82] BGH XII ZR 66/07, NJW 2009, 2374; krit. *Eckert* NZM 2009, 768.

[83] Dafür *Eckert* NZM 2009, 768.

[84] BGH XII ZR 66/07, NJW 2009, 2374 Rn. 8.

[85] Vgl. BGH VIII ZR 16/59, ZMR 1960, 141.

[86] Dazu etwa MüKoBGB/*Schwab* § 818 Rn. 217 ff.

[87] BGH XII ZR 43/02, NJW-RR 2006, 294.

[88] Ist der Mietvertrag wegen Formmangels vorfristig kündbar (§ 550 S. 1 BGB), ändert dies nichts daran, dass die Restlaufzeit sich nach der Parteiabrede zur Vertragsdauer bemisst, BGH XII ZR 66/07, NJW 2009, 2374.

[89] BGH XII ZR 43/02, NJW-RR 2006, 294.

[90] BGH XII ZR 202/94, ZMR 1996, 122.

[91] BGH VIII ZR 54/58, BGHZ 29, 289; VIII ZR 2/66, NJW 1968, 888; vgl. auch BGH XII ZR 66/07, NJW *2009, 2374.*

[92] BGH XII ZR 43/02, NJW-RR 2006, 294.

[93] BGH VIII ZR 2/66, NJW 1968, 888.

[94] BGH VIII ZR 69/66, NJW 1968, 1625.

ter-AGB → Rn. 15).[95] Mit Blick auf die Inhaltskontrolle ist von Bedeutung, dass der BGH Regeln, die bei vorzeitigem Vertragsende den Aufwendungsersatzanspruch ausschließen (sog. **Verfallklauseln**) den Vorschriften über die Vertragsstrafe unterwirft.[96] Dies führt in der Wohnraummiete zu ihrer Unverbindlichkeit (§ 555 BGB). Bei anderen Mietverhältnissen greift § 343 BGB, was zu einem teilweisen Bereicherungsausgleich führen kann.[97] Wird nicht nur der Aufwendungsersatz, sondern gleichzeitig auch das Wegnahmerecht (§ 539 Abs. 2 BGB) ausgeschlossen, kann aber – abhängig vom Wert der zurückzulassenden Investitionen – im Einzelfall die Grenze zur Sittenwidrigkeit überschritten sein.[98] In Vermieter-AGB sind **Ausschlussklauseln** wegen des Leitcharakters (§ 307 Abs. 2 Nr. 1 BGB) des Bereicherungsausgleichs stets unwirksam[99], während gegen der Höhe nach angemessene und hinreichend transparente Pauschalierungen keine Bedenken bestehen. Denn eine solche Regel hat für den Mieter den Vorteil, dass er sich nach Vertragsende nicht über die Höhe seines Ausgleichsanspruchs streiten muss.

**b) Stellungnahme.** Die dargestellte Rspr. des BGH fügt sich zwar nicht geräuschlos in die bereicherungsrechtliche Dogmatik ein, führt aber in der **Geschäftsraummiete** zu **interessengerechten Ergebnissen** und ist in der Lit. wohl aus diesem Grund verbreitet auf Zustimmung gestoßen.[100] Ihre Prämisse ist, dass der Mieter die Nutzung seiner Investitionen durch eine Laufzeitvereinbarung absichern kann; macht er hiervon keinen Gebrauch, fällt ihm das Risiko zu, dass sich Investitionen für ihn nicht rentieren. **34**

In der **Wohnraummiete überzeugt** dieses **Argument** allerdings **nicht.** Denn hier sind Laufzeitvereinbarungen unüblich, weil der Bestandsschutz des Mieters bereits aus dem Gesetz (§ 573 BGB) folgt. Findet ein Wohnraummietvertrag sein Ende, funktioniert daher die beschriebene Methode nicht, wonach sich die Bereicherung nach dem Mehrertrag der erzielten oder erzielbaren Miete in der „Restlaufzeit“ berechnet. Denn es fehlt schlicht an einem vereinbarten Endtermin. Dies darf nun nicht dazu führen, dass ein Anspruch aus Aufwendungskondiktion ausscheidet. Denn dies würde die gesetzliche Wertung missachten, die dem Wohnraummieter gerade umfassenden Bestandsschutz gewährt. Bei der Wohnraummiete sind daher die allgemeinen Grundsätze der Bereicherung anzuwenden: Es ist bei Vertragsende der abgezinste objektive Wert der in die Mietsache eingebauten Sachen und/oder der erbrachten Werk- oder Dienstleistungen zu ersetzen[101] und der Vermieter über die Grundsätze der aufgedrängten Bereicherung[102] zu schützen. **35**

### 2. Leistungskondiktion

Bei durch sein Nutzungsinteresse motivierten Baumaßnahmen des Mieters fehlt es typischerweise an einer Leistung iSd § 812 BGB. Zu einem Anspruch aus Leistungskondiktion nach § 812 Abs. 1 S. 2 Alt. 2 BGB kann es nach der Rspr. aber kommen, wenn der Mieter Aufwendungen in die Mietsache vornimmt in der Erwartung, **später Eigentümer der Mietsache zu werden** und diese Erwartung enttäuscht wird.[103] Dafür müssen sowohl die Aufwendungen – typischerweise bauliche Maßnahmen – als auch der spätere Eigentumserwerb auf einer tatsächlichen Willensübereinstimmung zwischen Mieter und Vermieter (Eigentümer) beruhen.[104] Der Anspruch ist auf die Abschöpfung des Wertzuwachses gerichtet, den das Grundstück infolge der Baumaßnahmen erfahren hat; er unterliegt der Regelverjährung.[105] **36**

Einen Anspruch aus Leistungskondiktion bejaht der BGH auch, wenn der Mieter aufgrund einer **unwirksamen AGB Schönheitsreparaturen** ausführt; die Leistungen des Mieters sind **37**

---

95 Vgl. BGH XII ZR 202/94, ZMR 1996, 122; XII ZR 136/98, BeckRS 2000, 30139266.

96 BGH VII ZR 101/59, NJW 1960, 1568.

97 OLG Karlsruhe NJW-RR 1986, 1394; Staudinger/*Emmerich* BGB § 539 Rn. 15.

98 Anders BGH V ZR 59/64, NJW 1967, 1223, indes nicht zu einer vorzeitigen Vertragsauflösung sowie OLG Karlsruhe NJW-RR 1996, 1394.

99 Vgl. Lützenkirchen MietR/*Dickersbach* BGB § 539 Rn. 49; Staudinger/*Wiegand* BGB § 951 Rn. 3.

100 Etwa Staudinger/*Emmerich* BGB § 539 Rn. 13; *Larenz/Canaris,* Lehrbuch des Schuldrechts: Besonderer Teil, Bd. II/2, 13. Aufl. 1994, § 68 unter I 2c; anders aber zB *Reuter/Martinek,* Ungerechtfertigte Bereicherung, Teilband 2, 2016, S. 271, nur Anspruch auf Herausgabe der Aufwandsersparnis des Vermieters.

101 Vgl. BGH VIII ZR 22/92, NJW-RR 1993, 522 (524).

102 Siehe MüKoBGB/*Schwab* § 818 Rn. 220ff.

103 BGH BGH V ZR 93/12, NJW 2013, 3364; V ZR 128/00, NJW 2001, 3118; krit. Staudinger/*Emmerich* BGB § 539 Rn. 18.

104 Vgl. BGH V ZR 93/12, NJW 2013, 3364 Rn. 6 mwN.

105 BGH V ZR 93/12, NJW 2013, 3364 Rn. 13f. mwN.

nach dem Wert der üblichen, hilfsweise einer angemessenen Vergütung zu ersetzen (→ BGB § 538 Rn. 168).[106] Die Verjährung richtet sich nach § 548 Abs. 2 BGB.[107]

### III. Schadensersatzanspruch

38 Endet der Mietvertrag aufgrund einer vom Vermieter zu vertretenden Pflichtverletzung, löst dies einen Schadensersatzanspruch des Mieters aus.[108] Liegt die Pflichtverletzung in einem Mangel der Mietsache, ist Grundlage § 536 a Abs. 1 BGB, anderenfalls § 280 Abs. 1 BGB. Zum erstattungsfähigen Schaden des Mieters können auch Aufwendungen in die Mietsache zählen (→ BGB § 536 a Rn. 90 ff.). Die Verjährung richtet sich nach § 548 Abs. 2 BGB (→ BGB § 548 Rn. 48). Zu § 536 a BGB auch → Rn. 6.

### IV. §§ 994 ff. BGB

39 Ansprüche aus dem Eigentümer-Besitzer-Verhältnis kommen nur im **atypischen Fall** in Betracht, dass der Mieter eigenmächtig nach Vertragsende Verwendungen vornimmt (→ Rn. 8). Ist der Mieter bzgl. seines fehlenden Besitzrechts bösgläubig, führt dies nach § 994 Abs. 2 BGB zur Anwendung der Regeln über die GoA. Anderenfalls kann er nach § 994 Abs. 1 BGB für notwendige Verwendungen Ersatz verlangen mit Ausnahme der Erhaltungskosten der Mietsache, falls er diese noch nutzt. Ersatz anderer als notwendiger Verwendungen stehen nach § 996 BGB nur dem gutgläubigen Mieter und nur insoweit zu, als der Wert der Mietsache bei Rückgabe noch erhöht ist.

## D. Wegnahmerecht (Abs. 2)

40 Das Wegnahmerecht des Mieters aus § 539 Abs. 2 BGB war bei Inkrafttreten des BGB in § 547 Abs. 2 S. 2 BGB aF geregelt. Das 2. Mietrechtsänderungsgesetz hat es nach § 547 a Abs. 1 BGB aF verschoben.[109] Die Mietrechtsreform 2001 hat das Recht dann in § 539 Abs. 2 BGB sprachlich, nicht hingegen inhaltlich modifiziert.[110] Seine Wurzel ist einerseits das ius tollendi des Römischen Rechts, es lässt sich aber auch in anderen historischen Regelwerken nachweisen.[111] In der Raummiete schränken die §§ 552, 578 Abs. 2 BGB das Wegnahmerecht durch eine Abwendungsbefugnis des Vermieters ein. Zum **Normzweck** → Rn. 1.

41 Ob der **Mieter berechtigt** ist, die Mietsache mit einer Einrichtung zu versehen, regelt nicht § 539 Abs. 2 BGB, sondern richtet sich danach, ob die Maßnahme vom vertragsgemäßen Gebrauch gedeckt ist oder nicht.[112] § 539 Abs. 2 BGB verhält sich auch nicht zu der Frage, unter welchen Voraussetzungen vom Mieter stammende Einrichtungen Teil der **Gewährleistungspflicht des Vermieters** werden. Die Antwort muss durch Vertragsauslegung gewonnen werden: Maßgeblich ist, ob sich aus dem Vertrag ergibt, dass die Einrichtungen unter die Gebrauchsgewährungspflicht des Vermieters fallen sollen. Typischerweise wird die Frage zu verneinen seien, weil Einrichtungen des Mieters nicht in den Zuständigkeitsbereich des Vermieters gehören.[113] Stammt die Einrichtung allerdings vom Vormieter, so kommt eher in Betracht, dass sie Bestandteil der Mietsache sein soll.[114]

42 Ist das Wegnahmerecht mit der Abwendungsbefugnis aus § 552 Abs. 1 BGB belastet, setzt seine Ausübung nicht voraus, dass der Mieters zuvor den **Vermieter** von seiner Wegnahmeabsicht in **Kenntnis setzt,** um ihm Gelegenheit zur Abwendung zu geben.[115] Eine solche Beschränkung

---

[106] BGH VIII ZR 302/07, NJW 2009, 2590 Rn. 23 f., Wert der Eigenleistungen sind nach § 287 ZPO zu schätzen; andere Lösung etwa bei *Lehmann-Richter* WuM 2005, 747.
[107] BGH VIII ZR 195/10, NJW 2011, 1866; **aA** *Jacoby* ZMR 2010, 335.
[108] Siehe bereits BGH VIII ZR 54/58, BGHZ 29, 289 unter VI.
[109] BGBl. 1964 I 457.
[110] BGBl. 2001 I 1149.
[111] Siehe *Brinkmann,* Das Wegnahmerecht des Mieters, 1922, S. 3 ff.
[112] Etwa Lützenkirchen MietR/*Dickersbach* BGB § 539 Rn. 83; anders und methodisch unzutr. LG Lüneburg *WuM 1995, 701.*
[113] BGH VIII ZR 315/09, NZM 2010, 735 Rn. 12.
[114] Vgl. BGH XII ZR 54/16, NZM 2017, 812.
[115] OLG Köln ZMR 1994, 509.

von § 539 Abs. 2 BGB ist weder nach dem Wortlaut dieser Norm noch nach dem Zweck des § 552 Abs. 1 BGB geboten (→ BGB § 552 Rn. 5).

**Vereitelt** der **Vermieter** die Ausübung des Wegnahmrechts, so kann darin eine zum Schadensersatzanspruch nach § 280 Abs. 1 BGB führende Pflichtverletzung liegen. Dafür reicht es aus, dass sich der Vermieter im konkreten Fall des nicht existenten Rechts berühmt, er könne dem Mieter die Wegnahme rechtsverbindlich untersagen.[116] Der Vermieter handelt fahrlässig, wenn sein Rechtsstandpunkt einer Plausibilitätskontrolle nicht standhält.[117] Nach § 249 Abs. 1 BGB ist der Mieter dann so zu stellen wie er stünde, wenn er sein Wegnahmerecht ausgeübt hätte.[118] Schadensersatz in Geld schuldet der Vermieter unter den Voraussetzungen der §§ 250f. BGB. Der Anspruch verjährt analog § 548 Abs. 2 BGB (→ BGB § 552 Rn. 16). 43

Wendet man – dazu sogleich – mit der hM § 539 Abs. 2 BGB auch auf Mietereigentum an, entsteht ein **Konkurrenzverhältnis** zu Herausgabeansprüchen, insbes. aus § 985 BGB. Dieses löst die hM zugunsten von § 539 Abs. 2 BGB (→ Rn. 52). Liegt in der Verbindung der Mietsache mit einer Einrichtung eine Maßnahme der Mängelbeseitigung, sperrt § 536a Abs. 2 BGB das Wegnahmerecht des Mieters nicht[119], weil beide Normen unterschiedliche Rechtsfolgen haben. Zum Verhältnis zwischen § 539 Abs. 1 BGB und § 539 Abs. 2 BGB → Rn. 3, zu Ansprüchen Dritter → Rn. 2. 44

## I. Einrichtung

§ 539 Abs. 2 BGB setzt eine Einrichtung voraus, ohne den Begriff näher zu erläutern. Die Begriffsbestimmung wird maßgeblich von der Frage geprägt, ob Einrichtungen nur Sachen sind, die in das Eigentum des Vermieters übergegangen sind oder ob auch Mietereigentum erfasst ist. 45

### 1. Definition der hM

Nach ganz hM[120] ist es unerheblich, ob die Einrichtung im **Eigentum des Mieters oder des Vermieters** steht. Diese Sichtweise führt zu einer Beschränkung des Eigentums des Mieters, der nicht nach § 985 BGB Herausgabe verlangen kann, sondern auf den der kurzen Verjährung nach § 548 Abs. 2 BGB unterworfenen Wegnahmeanspruch beschränkt ist (→ Rn. 52). Gegenständlich definiert die hM den Begriff der Einrichtung dahingehend, dass es sich um eine Sache handeln muss, die irgendwie – namentlich durch Verschraubung oder sonstige Befestigung – **körperlich** mit der Mietsache **verbunden** wird und deren wirtschaftlichem Zweck dienen soll.[121] Mobiliar fällt daher nicht unter § 539 Abs. 2 BGB.[122] Verbreitet wird zudem verlangt, dass die Sache **wegnahmefähig** ist, ihre Entfernung also ohne erhebliche Beschädigung[123] oder anderen Nachteil für den Vermieter[124] möglich ist (auch → Rn. 57). 46

Die **Rspr.** hat als Einrichtung etwa angesehen: Badezimmereinrichtung und Zentralheizung[125]; Kinoeinrichtung[126]; Baracken, Holzschuppen, gemauerte Lkw-Werkstatt, Verladerampe, Beleuchtungsmasten, Sickerschächte, Pflastersteine, Lavalit[127]; Bowlingbahn[128]; Fußbodenbelag, in Leichtbauweise errichtete Zwischenwand und Holzpodest[129]; Klima- und Telefonanlage, EDV-Verka- 47

---

116 Lützenkirchen MietR/*Lützenkirchen* BGB § 552 Rn. 28; allg. BGH V ZR 133/08, NJW 2009, 1262; vgl. auch BGH VIII ZR 5/68, ZMR 1969, 340, zu einer § 552 Abs. 1 BGB vergleichbaren Vertragsklausel.

117 Vgl. BGH V ZR 133/08, NJW 2009, 1262.

118 Vgl. OLG Düsseldorf OLGZ 1990, 224.

119 **AA** *v. Preuschen-v. Lewinski,* Baumaßnahmen des Mieters auf fremdem Grund und Boden, 2006, S. 176.

120 BGH VIII ZR 326/80, NJW 1981, 2564; aus der Lit. etwa BeckOGK/*Emmerich* BGB § 539 Rn. 34; *Damrau-Schröter,* Zivilrechtliche Aspekte der „Mietermodernisierung", 1994, S. 76 mN zur früher vertretenen Gegenansicht; Schmid/Harz/*Riecke* BGB § 539 Rn. 35; für eine Beschränkung der Norm auf im Eigentum des Mieters stehende Sachen hingegen *Lohmann/Ungerer* ZMR 2013, 167.

121 BGH VIII ZR 136/86, NJW 1987, 2861.

122 BGH XII ZR 17/90, NJW 1991, 3031.

123 ZB KGR Berlin 2006, 375; Spielbauer/Schneider/*Spielbauer* BGB § 539 Rn. 18.

124 OLG Naumburg ZMR 2018, 748, Außentür.

125 BGH VIII ZR 5/68, ZMR 1969, 340.

126 BGH VIII ZR 136/86, NJW 1987, 2861.

127 BGH VIII ZR 326/80, NJW 1981, 2564. Die ältere BGH-Rechtsprechung (BGH V ZR 38/52, NJW 1954, 265), nach der Gebäude tendenziell nicht als Einrichtung qualifiziert wurden, ist überholt (aA Lützenkirchen MietR/*Dickersbach* BGB § 539 Rn. 88).

128 BGH XI ZR 156/05, NJW 2007, 216.

129 BGH XII ZR 54/16, NZM 2017, 812.

belung[130]; Einbauküche[131], Kunstinstallationen[132]; Türen, Türfutter, Toiletten und Waschtisch[133]; Sicherheitsschloss[134]; Holzpaneele[135], eine Leichtbauhalle[136] sowie noch umsetzbare Bäume.[137] Nicht als Einrichtung eingeordnet wurden etwa frei auf dem Grundstück aufgestellte Container[138], Bodenfliesen[139], Aufschüttungen[140] oder eine Unterputz-Elektroanlage.[141]

**2. Stellungnahme**

48 Die **Anwendung** von § 539 Abs. 2 BGB auf **Mietereigentum überzeugt** aus verschiedenen Gründen **nicht.** Zunächst regelt § 539 Abs. 2 BGB ebenso wie § 539 Abs. 1 BGB die Abschöpfung eines Vermögensvorteils beim Vermieter, der nur vorliegt, falls die Einrichtung in das Eigentum des Vermieters übergegangen ist. Teleologische Erwägungen führen zu keinem anderen Ergebnis: Die Erstreckung der Norm auf Einrichtungen des Mieters lässt sich zunächst nicht damit rechtfertigen, dass die Norm anderenfalls nur vereinzelt zur Anwendung käme.[142] Denn der Gesetzgeber hat das Wegnahmerecht gerade für den Ausnahmefall des Eigentumsverlustes geschaffen.[143] Auch die in § 258 S. 1 BGB genannte Pflicht zur Wiederherstellung des ursprünglichen Zustands nach Wegnahme erfordert die Erstreckung auf im Eigentum des Mieters stehende Einrichtungen nicht.[144] Denn der Umfang dieser Pflicht bestimmt sich – unabhängig von der Eigentumslage – nach §§ 546 Abs. 1, 538 BGB (→ BGB § 538 Rn. 32).[145] Maßgeblich ist aber vor allem, dass die Beschränkung der Eigentumsrechte des Mieters durch § 539 Abs. 2 BGB nicht interessengerecht ist. Denn zum einen ist es keineswegs so, dass der Vermieter anderenfalls – also bei Nichtanwendung von § 539 Abs. 2 BGB auf mietereigene Einrichtungen – zu Ausbau und Herausgabe derselben an den Mieter nach § 985 BGB verpflichtet wäre. Wenn nämlich der Mieter nach § 985 BGB vorgeht, kann der Vermieter einredeweise (§ 273 BGB)[146] seinen Anspruch aus § 546 BGB entgegenhalten, der auf Ausbau nebst Folgenbeseitigung[147] gerichtet ist (→ BGB § 546 Rn. 44). Nicht überzeugend ist auch das Ergebnis der hM, dass nach Ablauf der Frist aus § 548 Abs. 2 BGB ein Recht des Vermieters zum Besitz an den Einrichtungen des Mieters entstehe. Es ist nämlich unklar, wie die Verjährung eines Anspruchs zu einem Besitzrecht führen kann.[148] Zudem ist nicht einzusehen, warum der Mieter gerade bei Einrichtungen innerhalb kurzer Frist sein Eigentum faktisch verlieren soll, bei Mobiliar hingegen nicht. Die Verbindung mit der Mietsache ist insofern kein taugliches Differenzierungskriterium. Der Erstreckung von § 539 Abs. 2 BGB auf Mietereigentum bedarf es letztlich auch nicht, um ein Recht zur Trennung (und damit uU zum Eingriff in das Mietereigentum) zu begründen, weil ein solches aus § 903 BGB folgt.[149]

49 § 539 Abs. 2 BGB ist daher **entgegen der hM** auf Sachen beschränkt, die im **Eigentum des Vermieters** stehen. Daraus folgt, dass eine Einrichtung nur Sachen sind, die durch Verbindung nach § 946 BGB in das Eigentum des Vermieters übergegangen sind. Dies richtet sich nach den

---

130 LG Hamburg ZMR 2012, 871.
131 LG Bonn ZMR 2017, 245; aA *Derleder* WuM 2006, 175.
132 OLG Frankfurt a. M. ZMR 2016, 441.
133 OLG Düsseldorf GE 2012, 129; anders für Außentür OLG Naumburg ZMR 2018, 748.
134 LG Karlsruhe WuM 1988, 22.
135 AG Hamburg-Altona WuM 2008, 27.
136 BGH IX ZR 62/19, ZIP 2020, 2025.
137 OLG Köln ZMR 1994, 509.
138 OLG Hamm 30 V 162/12 BeckRS 2016, 20447.
139 AG Homburg WuM 2012, 674; aA BeckOGK/*Emmerich* BGB § 539 Rn. 33.
140 OVG Lüneburg DVBl 2011, 1551.
141 KGR Berlin 2006, 375.
142 So aber *Brinkmann,* Das Wegnahmerecht des Mieters, 1922, S. 25.
143 Motive Bd. 2 S. 394 (Mugdan, Bd. 2, Motive S. 220): Recht wird von Belang, wenn durch die Verwendung eine Eigentumserweiterung eintritt, während es sich in anderen Fällen von selbst versteht.
144 **AA** *Brinkmann,* Das Wegnahmerecht des Mieters, 1922, S. 25.
145 Das wurde im ersten Entwurf zutr. erwähnt („Der Miether hat außerdem, unbeschadet der Vorschrift des § 520, das Recht, die durch eine Verwendung entstandene Einrichtung wegzunehmen."), Mugdan, Bd. 2, Motive S. LXXII. § 520 idF des ersten Entwurfs entsprach inhaltlich den heutigen §§ 546 Abs. 1, 538 BGB; s. Mugdan, Bd. 2, Motive S. LXXIV.
146 Zur Anwendung der Norm auf § 985 BGB s. BGH XII ZR 142/95, ZMR 1998, 137.
147 *BGH IX ZR 62/19, ZIP 2020,* 2025 Rn. 14.
148 Vgl. Staudinger/*Thole* BGB § 985 Rn. 221 ff.
149 Blank/Börstinghaus/*Blank* BGB § 539 Rn. 23; *v. Preuschen-v. Lewinski,* Baumaßnahmen des Mieters auf fremdem Grund und Boden, 2006, S. 177; vgl. auch BGH V ZR 141/10, NJW 2011, 1068 Rn. 9.

Umständen des Einzelfalls. Ein Eigentumsübergang scheidet aus, wenn die Sache nach § 95 BGB lediglich zu einem vorübergehenden Zweck mit der Mietsache verbunden wird. Diese Annahme liegt regelmäßig nahe, wenn sich die Verbindung leicht und ohne nachteilige Folgen für die Einrichtung trennen lässt und die Sache zur Befriedigung der Nutzungsbedürfnisse des Mieters mit der Mietsache versehen wurde.[150]

Ob der Mieter vor der Verbindung Eigentümer der Sache war, ist schon nach dem Wortlaut der Norm unerheblich.[151] Das Verhältnis des **Dritteigentümers** zum Vermieter ist Folgendes: Ist die Sache nicht Vermietereigentum geworden, steht einem Anspruch des Dritten aus § 985 BGB während der Mietzeit entgegen, dass der Vermieter nicht Besitzer ist. Anders ist es hingegen nach Vertragsende; der Anspruch aus § 985 BGB unterliegt nicht der Verjährungsfrist aus § 548 Abs. 2 BGB.[152] Hat der Dritte sein Eigentum verloren, scheitern Ansprüche gegen den Vermieter aus Aufwendungskondiktion (§ 951 Abs. 1 S. 1, § 812 Abs. 1 S. 1 Alt. 1 BGB) während der Mietzeit daran, dass der Vermieter nichts erlangt hat; nach Vertragsende kommt jedoch ein Anspruch in Betracht (→ Rn. 30). Übt der Mieter aber sein Aneignungsrecht aus, entfällt eine Bereicherung des Vermieters. Das Verhältnis des Dritteigentümers zum Mieter richtet sich nach ihrem vertraglichen Rechtsverhältnis; fehlt ein solches, ist der Mieter dem Dritten nach § 812 Abs. 1 S. 1 Alt. 2 BGB zur Übereignung der nach § 539 Abs. 2 BGB angeeigneten Sache verpflichtet. 50

## II. Rechtsfolgen

Nach ihrem Wortlaut gewährt die Norm dem Mieter eine Berechtigung, was die Rechtsfolgen nur abstrakt beschreibt. Konkret ist zwischen dem Realakt der Wegnahme und dem Eigentumserwerb zu unterscheiden, was zu einer **janusköpfigen Rechtsfolge** führt. Das ist im Mietrecht nicht ohne Vorbild, sondern lässt sich auch bei den Duldungsvorschriften der §§ 555 a Abs. 1, 555 d Abs. 1 BGB nachweisen.[153] Soweit § 539 Abs. 2 BGB in der Lit. teilweise als Gestaltungsrecht bezeichnet wird[154], ist dies unzutreffend, weil die Norm Ansprüche sowie einen Rechtfertigungsgrund enthält (→ Rn. 53, 55). Die Rechte aus § 539 Abs. 2 BGB entstehen aufschiebend bedingt mit Abschluss des Mietvertrags; Bedingung ist, dass der Mieter die Mietsache mit einer Einrichtung versieht. 51

Die Sichtweise der **hM,** nach der § 539 Abs. 2 BGB auch auf Mietereigentum anwendbar ist (→ Rn. 46), zwingt zu einer Differenzierung auf der Rechtsfolgenseite: Hat der Mieter das Eigentum an den Einrichtungen verloren, regelt § 539 Abs. 2 BGB die Wiederaneignung (näher → Rn. 55 ff.). Ist er hingegen Eigentümer der Einrichtungen geblieben, so beschränkt die Vorschrift nach hM den Anspruch aus § 985 BGB.[155] Der Mieter soll dann nicht mehr nach dieser Vorschrift Herausgabe verlangen können, sondern auf die Duldung der Wegnahme nach § 539 Abs. 2 BGB beschränkt sein. Die Sprengkraft der hM liegt darin, dass nach Verjährung des Anspruchs aus § 539 Abs. 2 BGB (sechs Monate nach Vertragsende, § 548 Abs. 2 BGB[156]) der Mieter – bei Erhebung der Verjährungseinrede – seine **Ansprüche aus §§ 985 ff. BGB verliert,** weil dem Vermieter dann ein Recht zum Besitz nach § 986 BGB zustehen soll, das sowohl gegenüber einem Rechtsnachfolger des Mieters als auch zugunsten eines Nachmieters[157], nicht hingegen einem Dritten wirken soll, dessen Sachen der Mieter eingebracht hat.[158] Schadensersatzansprüche wegen Eigentumsverlusts aus **§ 823 Abs. 1 BGB** bei Veräußerung der Mietsache hat der Mieter nach Ansicht des BGH nicht[159]; in der Lit. wird für die Beschädigung der Einrichtung teilweise etwas anderes vertreten.[160] 52

---

150 BGH XII ZR 17/90, NJW 1991, 3031; OLG Frankfurt a. M. ZMR 2016, 441.

151 KGR Berlin 2004, 539; OLG Frankfurt a. M. ZMR 2016, 441.

152 KGR Berlin 2004, 539.

153 *Lehmann-Richter* NZM 2011, 572.

154 *Bruns* NZM 2016, 873 (877); *Heitgreß* WuM 1982, 31 (33).

155 Grdl. BGH VIII ZR 326/80, NJW 1981, 2564. Konsequenterweise wird für andere Herausgabeansprüche (insbes. aus § 812 Abs. 1 BGB) dasselbe zu gelten haben (*v. Preuschen-v. Lewinski,* Baumaßnahmen des Mieters auf fremdem Grund und Boden, 2006, S. 183).

156 Die Geltendmachung eines Vermieterpfandrechts am Eigentum des Mieters hemmt nach hM die Verjährung nicht, BGH VIII ZR 326/80, NJW 1987, 2861.

157 RGZ 109, 128 (131); BGH VIII ZR 326/80, NJW 1981, 2564; VIII ZR 326/80, NJW 1987, 2861.

158 BGH XI ZR 156/05, NJW 2007, 216.

159 BGH VIII ZR 136/86, NJW 1987, 2861.

160 *v. Preuschen-v. Lewinski,* Baumaßnahmen des Mieters auf fremdem Grund und Boden, 2006, S. 181.

### 1. Duldungspflicht

53 § 539 Abs. 2 BGB gestattet dem Mieter, die Einrichtung von der Mietsache zu trennen.[161] Insoweit ist dem Mieter der Eingriff in das Eigentum des Vermieters gestattet. Es handelt sich um eine Duldungspflicht; der Vermieter ist nicht etwa zum Ausbau der Einrichtung verpflichtet.[162] Duldung bedeutet, dass der Vermieter die Einwirkungen auf sein Eigentum hinnehmen muss. Er muss also sämtliche Handlungen unterlassen, die darauf gerichtet sind, die Einwirkungen zu unterbinden. Zu einem Handeln verpflichtet § 539 Abs. 2 BGB hingegen nicht. Eine Handlungspflicht kann sich aber als – auch nachvertragliche – Nebenpflicht ergeben: Setzt die Trennung eine Handlung voraus, die der Vermieter ohne weiteres vornehmen kann, so ist er hierzu verpflichtet.[163] Ein praxisrelevantes Beispiel ist das Öffnen der Wohnungstür, um die Trennung nach Vertragsende zu ermöglichen. Die Duldungspflicht enthält gleichzeitig einen Rechtfertigungsgrund, der zB Ansprüchen des Vermieters aus § 823 Abs. 1 BGB oder § 1004 BGB entgegensteht.[164]

54 Der Duldungsanspruch ist nach Ansicht des BGH **abtretbar.**[165] Dem ist mit der Einschränkung zu folgen, dass eine Abtretung nur an eine Person erfolgen kann, die bereits aneignungsberechtigt ist (→ Rn. 61) oder vom Vermieter jedenfalls die Gestattung der Aneignung verlangen kann. Denn die Duldungspflicht soll den Eigentumserwerb ermöglichen, weshalb sie nicht selbständig übertragen werden kann, da dies zu einer Veränderung ihres Inhalts führen würde (§ 399 Abs. 1 BGB).[166] Ein Verstoß gegen die Duldungspflicht kann zu einem Schadensersatzanspruch nach § 280 BGB führen.

### 2. Pflicht zur Aneignungsgestattung

55 § 539 Abs. 2 BGB ist darauf gerichtet, dem Mieter den Erwerb des Eigentums an der von der Mietsache getrennten Einrichtung zu ermöglichen.[167] Wie der Eigentumserwerb konkret erfolgt, regelt § 539 Abs. 2 BGB indes nicht näher. Weder die neuere Lit. noch die Rspr. schenken der Frage größere Beachtung; der **BGH** spricht schlicht davon, dass „sich in der Wegnahme die (Wieder-)Aneignung vollzieht"; der Anspruch auf Gestattung sei dinglicher Natur.[168]

56 Ob der BGH mit diesen Worten § 539 Abs. 2 BGB als gesetzliches Aneignungsrecht sui generis[169] einordnet, ist offen. Eine solche Sichtweise wäre abzulehnen, weil sich der Eigentumserwerb des Mieters mit Hilfe der §§ 956 f. BGB erklären lässt (näher → Rn. 60). § 539 Abs. 2 BGB verpflichtet den Vermieter – vergleichbar der Erlaubnis des Pächters zur Fruchtziehung nach § 581 Abs. 1 BGB[170] – daher nur, dem Mieter die Aneignung zu gestatten. Die **Aneignungsgestattung** selbst ist eine in Erfüllung dieser Pflicht vorgenommene, vom Mietvertrag zu unterscheidende **Verfügung.**[171] Daraus folgt, dass die hM, die § 539 Abs. 2 BGB als dingliches Recht einordnet[172], unzutreffend ist: Ihrer systematischen Stellung entsprechend enthält die Vorschrift lediglich die **schuldrechtliche Pflicht,** den Eigentumserwerb zu gestatten. Dieser Anspruch des Mieters ist abtretbar.[173]

### 3. Gesetzliche Schranken

57 Ist der Vermieter im Besitz der Mietsache, so kann er nach **§ 258 S. 2 BGB** die Wegnahme solange verweigern, bis ihm für den mit der Wegnahme verbundenen Schaden Sicherheit geleistet

---

[161] Etwa *Blank/Börstinghaus* BGB § 539 Rn. 23.
[162] Unstr. AG Münster WuM 2002, 217.
[163] Deutlicher als heute das Gesetz noch § 491 Abs. 2 des zweiten Entwurfs („Ist der Miether nicht mehr im Besitze, so ist der Vermiether verpflichtet, die Wegnahme der Einrichtung zu gestatten"), Mugdan, Bd. 2, Motive S. LXXII.
[164] Vgl. Bamberger/Roth/Hau/Poseck/*Fritzsche* BGB § 997 Rn. 11.
[165] Vgl. BGH XII ZR 17/90, NJW 1991, 3031.
[166] Vgl. BeckOGK/*Röver* BGB § 258 Rn. 19.
[167] BGH VIII ZR 326/80, NJW 1981, 2564.
[168] BGH VIII ZR 326/80, NJW 1981, 2564.
[169] Dafür *Brinkmann,* Das Wegnahmerecht des Mieters, 1922, S. 29 ff.
[170] *Siehe etwa MüKoBGB/Harke* § 581 Rn. 3.
[171] Vgl. MüKoBGB/*Oechsler* § 956 Rn. 4 sowie Rn. 2 zur dogmatischen Einordnung der Verfügung.
[172] BGH VIII ZR 326/80, NJW 1981, 2564; aus der Lit. etwa MüKoBGB/*Bieber* § 539 Rn. 16.
[173] Vgl. BGH XII ZR 17/90, NJW 1991, 3031.

wird. Solange ein **Vermieterpfandrecht** an der Einrichtung besteht, kann der Vermieter die Wegnahme ebenfalls verweigern.[174] In der Raummiete kann der Vermieter die Wegnahme zudem unter den Voraussetzungen des **§ 552 Abs. 1 BGB** abwenden. Wird die Einrichtung zerstört, erlischt das Recht aus § 539 Abs. 2 BGB. Ist hingegen die teilweise oder vollständige **Zerstörung** der **Einrichtung** Folge der Wegnahme, berührt dies das Recht des Mieters aus § 539 Abs. 2 BGB grds. nicht. Soweit teilweise durch die Forderung, die Einrichtung müsse „wegnahmefähig" sein (→ Rn. 46), etwas anderes vertreten wird, überzeugt dies nicht. Eine solche einschränkende Auslegung ist durch den Normzweck nicht gedeckt, der eine Bereicherung des Vermieters auf Kosten des Mieters verhindern soll (→ Rn. 1). Sie ist in der Raummiete auch systemwidrig, weil der Vermieter hier nach § 552 BGB Abs. 1 BGB das Wegnahmerecht durch eine Entschädigungszahlung abwenden muss und daher nicht durch Berufung auf fehlende Wegnahmefähigkeit in den Genuss der Mieterinvestition gelangen darf.[175] Wird durch die Wegnahme die **Mietsache irreparabel geschädigt,** führt dies ebenfalls nicht zum Wegfall des Wegnahmerechts.[176] Dem Vermieter steht in diesem Fall vielmehr analog § 251 BGB ein Schadensersatzanspruch zu.[177]

#### 4. Wiederherstellung des status quo ante

57a Neben dem Eigentumserwerb (→ Rn. 60 ff.) ist bei den Folgen der Wegnahme § 258 Abs. 1 S. 1 BGB zu beachten. Danach hat der Mieter die Mietsache auf seine Kosten in den vorigen Stand zu versetzen. § 258 Abs. 1 S. 1 BGB enthält aber keine Anspruchsgrundlage; Die Wiederherstellungspflicht folgt vielmehr aus **§ 546 Abs. 1 BGB** (→ BGB § 538 Rn. 23 ff.).[178] Übt der Insolvenzverwalter das Wegnahmerecht aus, so ist die Wiederherstellungspflicht nach der Rspr. keine Masseverbindlichkeit, wenn der Insolvenzverwalter dabei den Rahmen einer teilweisen Erfüllung der Räumungspflicht nicht überschreitet.[179]

#### 5. Abweichende Vereinbarungen

58 Das Wegnahmerecht kann in der **Wohnraummiete** gem. § 552 Abs. 2 BGB nur gegen einen angemessenen Ausgleich ausgeschlossen werden (näher → BGB § 552 Rn. 29). Im Übrigen ist § 539 Abs. 2 BGB nach allgM kein zwingendes Recht.[180] **Ob** die Parteien das Wegnahmerecht **ausgeschlossen** haben, ist eine **Frage** des **Einzelfalls.** Aus der bloßen Gestattung, die Mietsache mit einer Einrichtung zu versehen, folgt der Ausschluss aber nicht. Hat sich der Mieter hingegen hierzu verpflichtet, wird darin typischerweise die (konkludente) Abrede liegen, dass der Mieter nicht zur Wegnahme berechtigt ist.[181] Denn die Vereinbarung würde entwertet, wenn dem Mieter aus der Erfüllung seiner Verpflichtung unmittelbar ein Ersatzanspruch gegen den Vermieter erwachsen würde.

59 Erfolgt der **Ausschluss** des Wegnahmerechts außerhalb der Wohnraummiete **individualvertraglich,** soll dies nach allgM unbedenklich sein.[182] Dem ist grds. zuzustimmen; eine Ausnahme ist aber beim Ausschluss von Aufwendungsersatzanspruch und Wegnahmerecht im Falle vorzeitiger Vertragsbeendigung denkbar (→ Rn. 14). Ein kompensationsloser Ausschluss in **Vermieter-AGB** wird teilweise für wirksam gehalten.[183] Zu folgen ist der Gegenmeinung: Eine solche Ausschlussklausel zwingt den Mieter, auch wertvolle Sachen zurückzulassen und benachteiligt ihn aus diesem Grunde unangemessen (§ 307 Abs. 1 S. 1, Abs. 2 Nr. 1 BGB).[184] AGB-rechtlich unbedenklich ist

---

[174] BGH VIII ZR 136/86, NJW 1987, 2861.

[175] Zutr. *Derleder* WuM 2006, 175.

[176] BeckOGK/*Emmerich* BGB § 539 Rn. 42; Lindner-Figura/Oprée/Stellmann Geschäftsraummiete-HdB/*Pietz/Oprée* Kap. 16 Rn. 304.

[177] OLG Frankfurt a. M. ZMR 1986, 358; Staudinger/*Bittner* BGB § 262 Rn. 5.

[178] BGH IX ZR 62/19, ZIP 2020, 2025 Rn. 20 ff.

[179] BGH IX ZR 62/19, *ZIP 2020, 2025.*

[180] Auf dem Boden der – hier abgelehnten – hM, die die Norm als dinglich qualifiziert (→ Rn. 46), ist dieses Ergebnis wegen der sachenrechtlichen Typenfixierung (dazu Staudinger/*Heinze* BGB Einl. zum Sachenrecht Rn. 94) allerdings keine Selbstverständlichkeit.

[181] BGH XII ZR 202/94, ZMR 1996, 122; Lützenkirchen MietR/*Dickersbach* BGB § 539 Rn. 47.

[182] LG Braunschweig ZMR 2008, 453; Lützenkirchen MietR/*Dickersbach* BGB § 539 Rn. 81; Guhling/Günter/*Krüger* BGB § 552 Rn. 12.

[183] v. Westphalen/Thüsing VertrR/AGB-Klauselwerke/*Drettmann* Geschäftsraummiete Rn. 155; Bub/Treier MietR-HdB/*Emmerich* Kap. V Rn. 363.

[184] *Ghassemi-Tabar/Leo* AGB im Gewerberaummietrecht II. Teil Rn. 338.

hingegen der Ausschluss des Wegnahmrechts gegen Leistung einer der Höhe nach angemessenen und hinreichend transparenten Entschädigung.

### III. Eigentumserwerb nach §§ 956f. BGB

60 Der Eigentumserwerb des Mieters richtet sich – → Rn. 56 – entgegen der hM nicht direkt nach § 539 Abs. 2 BGB, sondern nach den §§ 956f. BGB. Ob und in welchem Umfang dem Mieter die danach erforderliche Gestattung erteilt wurde, ist eine Frage des Einzelfalls. Regelmäßig erklärt der Vermieter aber die **Gestattung** konkludent mit **Abschluss des Mietvertrags.**[185] Sie ist widerruflich, indes nicht, solange sich der Mieter in Besitz der Mietsache befindet und die Pflicht zur Aneigungsgestattung andauert, § 956 Abs. 1 S. 2 BGB.[186] Aus Sinn und Zweck von § 539 Abs. 2 BGB sowie aus § 548 Abs. 2 BGB folgt, dass diese Pflicht nicht mit Vertragsende erlischt. Denn die Wegnahme ist gerade in der Abwicklungsphase des Mietvertrags relevant und der Regelung zur Verjährung des Wegnahmerechts bedürfte es nicht, wenn der Vermieter die Aneignungsgestattung frei widerrufen könnte. Solange sich der Mieter im Besitz der Mietsache befindet, ist der Widerruf mithin nur wirksam, wenn der Gestattungsanspruch des Mieters nicht (mehr) besteht bzw. durchsetzbar wäre. Das ist insbes. bei Verjährung der Fall.

61 Nach § 956 BGB erwirbt der Mieter nur Eigentum, wenn die Person, welche ihm die Gestattung erteilt hat, anderenfalls das Eigentum an der getrennten Sache erwerben würde. Stammt die Gestattung vom Vermieter, ist diese Voraussetzung nach § 956 Abs. 1 BGB erfüllt, wenn der Vermieter Eigentümer der Mietsache ist. Anderenfalls führt seine Gestattung nach § 956 Abs. 2 BGB zum Eigentumserwerb des Mieters, wenn dem Vermieter der Eigentumserwerb vom Eigentümer gestattet wurde. Dies betrifft vor allem die **Untervermietung**[187]; auf die Erlaubnis zur Untervermietung kommt es nicht an.[188] Gleiches gilt bei der **Nachvermietung:** Lässt der Vormieter von ihm eingebrachte Einrichtungen zurück, kann er als obligatorisch Aneignungsberechtigter gem. § 956 Abs. 2 BGB dem Nachmieter die Aneignung gestatten.[189] Die Gestattung des Vermieters wirkt gegenüber seinem **Rechtsnachfolger**[190], also insbes. beim Vertragsübergang nach § 566 BGB. Im Falle der **Vermieterinsolvenz** richtet sich die Fortwirkung der Gestattung nach § 55 Abs. 1 Nr. 2 InsO.[191]

62 Den Eigentumserwerb knüpft § 956 BGB neben der Gestattung an eine weitere Voraussetzung, die sich danach richtet, ob der Mieter in Besitz der Mietsache ist oder nicht. In diesem Fall wird der Mieter durch **Trennung,** anderenfalls dann Eigentümer, wenn er die abgetrennte Einrichtung in Besitz genommen hat.

## E. Prozessrecht

63 Macht der Mieter im Prozess einen **Aufwendungsersatzanspruch** geltend – sei es im Wege der Leistungsklage oder der Verteidigung gegen einen Vermieteranspruch – trifft ihn die Darlegungs- und Beweislast für die anspruchsbegründenden Tatsachen. Dies betrifft stets die Aufwendungen auf die Mietsache. Abhängig von der konkreten Anspruchsgrundlage treten weitere Voraussetzungen hinzu, nämlich beim Anspruch aus berechtigter GoA (→ Rn. 19) der Fremdgeschäftsführungswille, das Interesse des Vermieters sowie die Höhe der Aufwendungen, beim Anspruch aus unberechtigter GoA (→ Rn. 21) der objektive Wert der Aufwendungen und beim Bereicherungsanspruch (→ Rn. 28) insbes. die Höhe der Bereicherung des Vermieters.

64 Bei der Durchsetzung des **Wegnahmerechts** aus § 539 Abs. 2 BGB ist zu differenzieren. Ist der Mieter im Besitz der Mietsache und bestreitet der Vermieter das Wegnahmerecht, kann das Recht Gegenstand einer (negativen) Feststellungsklage nach § 256 ZPO sein; zu Abwehrklagen des Vermieters während der Besitzzeit des Mieters → BGB § 552 Rn. 18. Ist der Mieter nicht mehr im

---

185 Vgl. Staudinger/*Heinze* BGB § 956 Rn. 12.
186 Vgl. Staudinger/*Heinze* BGB § 956 Rn. 38f.
187 BGH IX ZR 452/00, BeckRS 2002, 30241584; vgl. auch BGH VIII ZR 189/68, NJW 1969, 40.
188 Vgl. BGH V ZR 441/00, ZIP 2002, 1849.
189 *Vgl. BGH XII ZR 17/90*, NJW 1991, 3031 unter unzutreffender Einordnung des Vorgangs als Abtretung.
190 RGZ 78, 35 (36); vgl. auch BGH XII ZR 17/90, NJW 1991, 3031 (3033).
191 Staudinger/*Heinze* BGB § 956 Rn. 26.

Besitz der Mietsache, scheitert eine Feststellungsklage am Vorrang der Leistungsklage[192]: Der Mieter muss Klage auf Duldung der Wegnahme erheben. Eine Herausgabeklage wäre unbegründet; der Herausgabeantrag ist nicht in einen Duldungsantrag umzudeuten.[193] Wegen § 253 Abs. 2 Nr. 2 ZPO sind die betroffenen Einrichtungsgegenstände in der Duldungsklage genau zu bezeichnen. Dies gilt insbes. für ihre räumliche Lage; hier kann sich der Verweis auf einen – dem Titel zwecks Ermöglichung der Vollstreckung beizufügenden – Lageplan anbieten.[194] Aus einem Duldungstitel kann auch die Vollstreckung einer Handlungspflicht (→ Rn. 53) des Vermieters erfolgen, welche die Ausführung zu duldender Maßnahmen erst ermöglicht. Denn diese sind Teil der Duldungspflicht und nach § 890 oder § 892 ZPO zu vollstrecken.[195] Der **Streitwert** einer Duldungsklage bemisst sich nach dem Verkehrswert der Einrichtung nach ihrer Trennung von der Mietsache (§ 6 ZPO).[196] Hat der Vermieter die aus § 539 Abs. 2 BGB geschuldete Aneignungsgestattung (→ Rn. 56) nicht erteilt, kann diese durch Leistungsklage verfolgt werden; die Vollstreckung richtet sich nach § 894 ZPO. Die Darlegungs- und Beweislast für sein Wegnahmerecht trifft den Mieter.

[192] Dazu etwa BGH VI ZR 506/14, NJW-RR 2016, 759.
[193] OLG Düsseldorf NZM 1999, 668; LG München I ZMR 2016, 375.
[194] Vgl. zur Räumung → ZPO § 885 Rn. 14.
[195] Vgl. BGH I ZB 58/06, NJW-RR 2007, 863; BGH I ZB 126/05, NJW 2006, 3352; *Lehmann-Richter* WuM 2010, 729.
[196] BGH XII ZR 30/91, NJW 1991, 3221.

## § 540 Gebrauchsüberlassung an Dritte

**(1) [1]Der Mieter ist ohne die Erlaubnis des Vermieters nicht berechtigt, den Gebrauch der Mietsache einem Dritten zu überlassen, insbesondere sie weiter zu vermieten. [2]Verweigert der Vermieter die Erlaubnis, so kann der Mieter das Mietverhältnis außerordentlich mit der gesetzlichen Frist kündigen, sofern nicht in der Person des Dritten ein wichtiger Grund vorliegt.**

**(2) Überlässt der Mieter den Gebrauch einem Dritten, so hat er ein dem Dritten bei dem Gebrauch zur Last fallendes Verschulden zu vertreten, auch wenn der Vermieter die Erlaubnis zur Überlassung erteilt hat.**

### Systematische Übersicht



### Alphabetische Schnellübersicht

## A. Anwendungsbereich und Bedeutung der Vorschrift

Die Vorschrift gilt für Mietverhältnisse aller Art sowie für die Pacht (Ausnahme: § 584a Abs. 1 BGB: kein Kündigungsrecht des Pächters nach § 540 Abs. 1 BGB). Sie stellt in Abs. 1 S. 1 klar, dass der Mieter den Mietgebrauch grds. nur in eigener Person ausüben darf. Dies beruht auf der Vorstellung des Gesetzgebers, dass es für den Vermieter wesentlich sei, welche Person den Mietgebrauch ausübe. Die Miete sei ein persönliches von gegenseitigem Vertrauen getragenes Rechtsverhältnis, ein Untermieter dürfe dem Vermieter nicht aufgedrängt werden.[1] Die Überlassung des selbständigen Gebrauchs an Dritte bedarf deshalb der Erlaubnis des Vermieters. Der Mieter kann die Erlaubnis grds. nicht erzwingen. Wird die Erlaubnis verweigert, so hat der Mieter allerdings ein Sonderkündigungsrecht, sofern nicht in der Person des Untermieters ein wichtiger Grund vorliegt. Wird einem Dritten der selbständige Mietgebrauch ohne Erlaubnis überlassen, so liegt eine Vertragswidrigkeit vor, die den Vermieter unter den weiteren Voraussetzungen des § 541 BGB zur Unterlassungsklage, ggf. zur außerordentlichen fristlosen (§ 543 Abs. 2 Nr. 2 BGB) oder zur ordentlichen Kündigung (§ 573 Abs. 2 Nr. 1 BGB) berechtigt. Außerdem kann der Vermieter Schadensersatzansprüche nach § 280 BGB geltend machen. Einen Anspruch auf Herausgabe des Untermietzinses hat der Vermieter dagegen nicht (→ Rn. 15). In § 540 Abs. 2 BGB ist bestimmt, dass der Mieter das Verschulden eines Dritten, der an seiner Statt den Mietgebrauch ausübt, zu vertreten hat. Bei der Wohnraummiete ist neben § 540 BGB auch § 553 BGB zu beachten. Danach hat der Mieter einen Anspruch auf Erteilung der Erlaubnis zur Überlassung eines Teils der Mieträume an einen Dritten (sog. „Abvermietung"). 1

## B. Die Fälle der Gebrauchsüberlassung

Die Regelung des § 540 Abs. 1 S. 1 BGB umfasst jede Überlassung des Gebrauchs, gleichgültig ob dies auf Grund eines Vertrags (Miete, Leihe, Abtretung der Mieterrechte) oder auf Grund eines rein tatsächlichen Tuns oder Duldens erfolgt. Die Dauer der Gebrauchsüberlassung spielt keine Rolle. Deshalb ist auch die kurzfristige Überlassung der Mietwohnung an Touristen oder Geschäftsleute ein Fall der Gebauchsüberlassung nach § 540 BGB, d. h. ohne Erlaubnis vertragswidrig.[2] Nach heute hM[3] ist es gleichgültig, ob dem Dritten ein selbständiges Besitzrecht an der Sache eingeräumt wird (Untermiete) oder ob der Dritte lediglich zur Mitbenutzung der Mietsache berechtigt sein soll (Aufnahme eines Lebensgefährten). 2

Eine Ausnahme gilt lediglich für die Aufnahme der nächsten Familienangehörigen, von zum Haushalt gehörenden Angestellten und von Personen, die der Mieter zu seiner Pflege bedarf. Diese Personen dürfen auch ohne Erlaubnis des Vermieters in die Wohnung aufgenommen werden (→ Rn. 24). Gleiches gilt für die Aufnahme solcher Personen, die kein eigenständiges Besitzrecht haben, wie die Angestellten des Mieters einer gewerblichen Sache oder die Besucher eines Wohnungsmieters (→ Rn. 40). 2a

### I. Untermiete

#### 1. Rechtsnatur

Die Untermiete wird in § 540 Abs. 1 S. 1 BGB als ein in der Praxis besonders häufiger (und wichtiger) Fall der Gebrauchsüberlassung ausdrücklich erwähnt. Die Untermiete ist rechtsbegrifflich Miete; sie liegt demgemäß vor, wenn die gesamte Sache oder ein Teil der Sache gegen Entgelt einem Dritten (dem Untermieter) überlassen wird. Bei der Raummiete ist wesentlich, dass dem Dritten zumindest ein Teil der Räume zur ausschließlichen Benutzung zur Verfügung steht. Die Aufnahme eines Dritten mit der Absicht, dass dieser die Wohnung insgesamt mitbenutzt, wird eben- 3

---

[1] Prot II 183.

[2] BGH VIII ZR 210/13, NJW 2014, 622; LG Berlin WuM 2015, 31.

[3] BGH VIII ZR 294/08 NZM 2010, 120; BGH VIII ZR 371/02, NJW 2004, 56 = NZM 2004, 22 = WuM 2003, 688; OLG Hamm NJW 1982, 2876 = WuM 1982, 318 = DWW 1982, 308 = ZMR 1983, 49; BayObLGZ 1983, 285 = WuM 1984, 13; BayObLG GE 1997, 1465; Staudinger/*V. Emmerich* BGB § 540 Rn. 3; Palandt/*Weidenkaff* BGB § 540 Rn. 4; MüKoBGB/*Bieber* § 540 Rn. 3; BeckOK BGB/*Wiederhold* BGB § 540 Rn. 3; Erman/*Lützenkirchen* BGB § 540 Rn. 7.

falls als Untervermietung bezeichnet,[4] hier sind die Begrifflichkeiten etwas unklar. Für die Annahme einer Untermiete reicht es jedenfalls aus, wenn dem Dritten ein einziger Raum zur alleinigen Benutzung überlassen wird; der Umstand, dass ihm an den übrigen Räumen ein Mitbenutzungsrecht zusteht, schadet nicht.[5] Die Wirksamkeit des Untermietvertrags hängt nicht von der Genehmigung des Hauptvermieters ab.[6] Die Parteien des Untermietvertrags können den Vertrag allerdings unter der aufschiebenden Bedingung der Erlaubniserteilung schließen oder vereinbaren, dass das Zustandekommen des Vertrags von der Erteilung der Erlaubnis abhängen soll.[7] Die Vereinbarung einer auflösenden Bedingung ist in der Gewerbemiete genauso tauglich. Für die Wohnraummiete gilt § 572 Abs. 2, der Untervermieter könnte sich auf eine aufschiebende Bedingung nicht berufen. Bei einem unbedingt geschlossenen Untermietvertrag hat der Untermieter einen Anspruch auf Schadensersatz, wenn der Mieter die Mietsache wegen der Verweigerung der Erlaubnis nicht überlassen kann.

**2. Verhältnis zwischen Mieter und Untermieter**

4 Die einzige Besonderheit der Untermiete besteht darin, dass der Untervermieter die Sache seinerseits nur gemietet hat. Im Verhältnis des Mieters zum Untermieter ist dies ohne Bedeutung. Für den Untermietvertrag gelten die allgemeinen Bestimmungen des Mietrechts. Wird der Untermietvertrag auf längere Zeit als ein Jahr abgeschlossen, so bedarf er der Schriftform.[8]

5 Der **Umfang der Gebrauchsbefugnisse** des Untermieters richtet sich nach den Vereinbarungen im Untermietvertrag. Dabei ist zu beachten, dass der Hauptmieter dem Untermieter nicht mehr Rechte übertragen kann, als ihm selbst gegenüber dem Hauptvermieter zustehen.[9] Werden dem Untermieter gleichwohl weitergehende Rechte eingeräumt, so hat dies auf die Wirksamkeit des Untermietvertrags aber keinen Einfluss. Insbesondere kann der Hauptmieter nicht verlangen, dass der Untermieter auf Rechte aus dem Untermietvertrag verzichtet. Lediglich der Eigentümer kann den Untermieter aus § 1004 BGB in Anspruch nehmen. In diesem Fall kann der Untermieter gegenüber dem Hauptmieter die Rechte aus §§ 536 ff. BGB, § 543 Abs. 2 Nr. 1 BGB geltend machen.

6 Ist das Untermietverhältnis als Wohnraummietverhältnis zu beurteilen, so gelten für den Untermietvertrag die besonderen Schutzvorschriften zugunsten des Wohnungsmieters, und zwar auch dann, wenn das Hauptmietverhältnis ein gewerbliches Mietverhältnis darstellt (zB bei gewerblicher Zwischenvermietung[10]). Die Dauer des Untermietvertrags kann bei der Wohnraummiete nicht an den Bestand des Hauptmietverhältnisses geknüpft werden. Eine Vereinbarung, wonach das Untermietverhältnis zusammen mit dem Hauptmietverhältnis enden soll ist zwar wirksam; gleichwohl kann der Hauptmieter sich wegen § 572 Abs. 2 BGB nicht auf die Klausel berufen.[11] Zur Frage, ob das Untermietverhältnis wegen der Beendigung des Hauptmietverhältnisses gekündigt werden kann → BGB § 573 Rn. 210.

7 Bei der Gewerberaummiete kann vereinbart werden, dass das Untermietverhältnis mit dem Hauptmietverhältnis enden soll, weil § 572 BGB dort nicht gilt.

8 Die Art und Weise der Rückgabe der Mietsache richtet sich ebenfalls nach den allgemeinen Vorschriften. Eine Besonderheit gilt hinsichtlich der Beseitigung von baulichen Veränderungen, wenn das Hauptmietverhältnis beendet wird. Hier entfällt die Verpflichtung zur Herstellung des ursprünglichen Zustands, wenn der Hauptvermieter hierauf verzichtet.[12]

---

[4] *Häublein* PiG 85 (2009), 117 (124); inzident wohl auch BGH VIII ZR 4/05 NZM 2006, 220, der hier von „Untermieterlaubnis" spricht; umstr. aA Schmidt-Futterer, 14. Aufl. 2019, Rn. 3.

[5] LG Berlin GE 1992, 153; AG Tempelhof 23 C 226/13 – juris.

[6] BGH XII ZR 178/03, NZM 2006, 699 (700).

[7] OLG München ZMR 2019, 269 = BeckRS 2018, 31968; *Harsch* MDR 2013, 754 (755); Staudinger/*V. Emmerich* BGB § 540 Rn. 37.

[8] BGH VIII ZR 166/80, NJW 1981, 2246 = WuM 1981, 261 = ZMR 1981, 311.

[9] Schmid ZMR 1998, 567 (568); BeckOK MietR/*Müller* BGB § 555 d Rn. 8.

[10] *BGH VIII ARZ 16/18*, NJW 1982, 1696 (1697); OLG Zweibrücken NJW-RR 1995, 270; Drasdo, WuM 2019, 1 (2).

[11] LG Osnabrück WuM 1994, 24 zu § 565 a BGB aF.; *Harsch* MDR 2018, 569, 575.

[12] LG Berlin ZMR 1982, 281.

### 3. Verhältnis zwischen Hauptvermieter und Untermieter

Zwischen dem Hauptvermieter und dem Untermieter bestehen keine vertraglichen Beziehungen.[13] Der Untermieter ist auch nicht in den Schutzbereich des Hauptmietverhältnisses einbezogen.[14] Dies folgt aus der Erwägung, dass der Untermieter idR eigene Ansprüche gegen den Mieter geltend machen kann. Etwas anderes muss danach gelten, wenn ausnahmsweise nur der Hauptmieter den Anspruch und nur der Untermieter den Schaden hat, wie bei einer Haftung nach § 536a, wenn der Hauptvermieter den Mangel zu vertreten hat.[15] **9**

Macht der Untermieter von der Mietsache einen weitergehenden Gebrauch als er dem Hauptmieter zustünde, so hat der Hauptvermieter – falls er Eigentümer ist – Unterlassungsansprüche nach § 1004 BGB (→ Rn. 5). **10**

Will der Hauptvermieter **Erhaltungs- oder Modernisierungsarbeiten** durchführen, so richtet sich die Duldungspflicht des Mieters nach den §§ 555a, 555b BGB. Der Untermieter muss die Modernisierung durch den Hauptvermieter ebenfalls unter den Voraussetzungen der § 555b–§ 555d BGB dulden. Der Mieter ist dem Hauptvermieter gegenüber verpflichtet, den Duldungsanspruch geltend zu machen.[16] Der Hauptvermieter hat gegenüber dem Untermieter keinen Duldungsanspruch. Liegen in der Person des Untermieters Härtegründe iSd § 555d Abs. 2 S. 1 BGB vor, so entfällt die Duldungspflicht. Der gegenüber dem Mieter bestehende Anspruch des Hauptvermieters auf Duldung entfällt, wenn der Mieter alles ihm Zumutbare getan hat um den Untermieter zur Duldung zu bewegen. Nach hier vertretender Auffassung kann der Hauptvermieter in diesem Fall gegenüber dem Mieter nach § 543 Abs. 1 oder § 573 BGB kündigen[17] → BGB § 555d Rn. 12. In der Wertung geht es darum, ob der Untermieter in den Schutzbereich des § 555d Abs. 2 BGB einbezogen ist.[18] Das ist zu verneinen. Die Erlaubnis zur Untervermietung bedeutet nicht, dass der Vermieter ein zusätzliches Risiko bei der Realisierung von Modernisierungsarbeiten übernehmen will.[19] Bei der Vermietung eines Teils der Wohnung stellt sich die Frage, ob der Mieter verpflichtet ist, eine Kündigung nach § 573a BGB auszusprechen.[20] Das ist nicht der Fall. Der Mieter soll die Möglichkeit haben aber nicht verpflichtet sein, ein zerrüttetes Mietverhältnis mit dem in der Wohnung lebenden Untermieter problemlos zu beenden; die Vorschrift dient also nicht der Durchsetzung der Interessen des Hauptvermieters. Dem Vermieter bleibt das oben genannte Kündigungsrecht zum Hauptmietvertrag. **10a**

Gerät der Mieter mit der Zahlung des Mietzinses in Verzug, so hat der Hauptvermieter keinen Anspruch auf den Untermietzins. In der Gewerbemiete kann der Vermieter sich absichern. Hier ist eine Klausel wirksam, mit der der Mieter für den Fall der Untervermietung seine Rechte aus den Untermietverträgen abtritt.[21] Die Abtretung ist ein Äquivalent dafür, dass dem Hauptvermieter kein Vermieterpfandrecht an den vom Untermieter eingebrachten Sachen zusteht.[22] Etwas anderes folgt nicht aus einer Entscheidung des OLG Hamburg dazu, dort war eine Klausel lediglich am Bestimmtheitsgebot zum Umfang der Abtretung gescheitert.[23] In der Wohnraummiete käme eine Sicherungsabtretung des Untermietzinses allenfalls bei einer Begrenzung auf drei (Haupt-)Mieten infrage, wenn der Mieter sonst keine Sicherheiten zu stellen hätte (§ 551 Abs. 4 BGB). Angesichts der Unsicherheit des Entstehens und der Werthaltigkeit von Untermietforderungen wird das in der Praxis nicht vorkommen.[24] Der Vermieter kann schließlich – auch in der Wohnraummiete – aus einem Titel gegen den Hauptmieter dessen Anspruch auf den Untermietzins pfänden und sich zur Einziehung überweisen lassen. **11**

---

[13] BGH NZM 2001, 286 (287); OLG Düsseldorf, GE 2011, 1370.

[14] BGH VIII ZR 47/77, NJW 1978, 883; BGH VI ZR 174/11, NZM 2013, 147.

[15] OLG Saarbrücken NJW 1993, 3077 (3078) zu § 538 BGB aF; aA Bub/Treier MietR-HdB/*Kraemer* Rn. III 3038.

[16] LG Berlin NZM 2014, 824; BeckOK MietR/*Müller* BGB § 555d Rn. 9.

[17] Umstr. Wie hier *Jablonski* GE 2015, 234; Spielbauer/Schneider/*Ettl* § 555d Rn. 3; dagegen *Eisenschmid* 14. Aufl. 2019, § 555d Rn. 11; Blank/Börstinghaus/*Blank* BGB § 555d Rn. 50 und Schmidt-Futterer/*Blank*, 14. Aufl. 2019, § 540 Rn. 4a.

[18] Offen gelassen von LG Berlin NZM 2016, 721 (723).

[19] BeckOK MietR/*Müller* BGB § 555d Rn. 8.

[20] So *Jablonski* GE 2015, 234.

[21] OLG Düsseldorf NZM 2009, 360 (361).

[22] OLG Düsseldorf NZM 2009, 360 (361).

[23] OLG Hamburg WuM 1999, 278; dazu näher Schmidt-Futterer/*Blank*, 14. Aufl. 2019, Rn. 12.

[24] Nach OLG Celle WuM 1990, 103 (105) wäre die formularmäßige Abtretung in der Wohnraummiete auch wegen eines Abweichens vom gesetzlichen Leitbild unwirksam.

### 4. Rechtslage nach Beendigung des Hauptmietverhältnisses

12 Wird das zwischen dem Vermieter und dem Mieter bestehende Mietverhältnis durch Kündigung oder Anfechtung beendet, so gehen die vom Mieter (Untervermieter) begründeten Mietverhältnisse nicht auf den Hauptvermieter über. An dieser Rechtsfolge ändert sich nichts, wenn die Parteien des Hauptmietverhältnisses den Übergang der Untermietverhältnisse vereinbaren. Anders ist es nur, wenn alle Untermieter dem Vertragsübergang zustimmen. Eine solche Zustimmung kann auch konkludent erteilt werden.[25]

13 Der Hauptvermieter kann die Räume auch von dem Untermieter herausverlangen (§ 546 Abs. 2; s. dort). Der Untermieter ist seinerseits verpflichtet, die Nutzung der Sache zu unterlassen, sie dem Hauptvermieter herauszugeben und ihm die Nutzungsmöglichkeit einzuräumen, er tritt der Herausgabeschuld des Hauptmieters kraft Gesetzes bei.[26] Alternativ kann der Hauptvermieter nach der Rechtsprechung den Untermieter auf Herausgabe der Räume an den (bisherigen) Mieter in Anspruch nehmen.[27] Räumt der Untermieter nicht freiwillig, so muss der Hauptvermieter den Untermieter auf Räumung verklagen. Aufgrund eines Titels gegen den Hauptmieter kann der Hauptvermieter nicht gegen den Untermieter vollstrecken.[28] Der Untermieter von Wohnraum kann sich gegenüber dem Hauptvermieter seinerseits nicht auf den mietrechtlichen Bestandsschutz berufen. Eine Ausnahme gilt für die gewerbliche Zwischenvermietung (→ § 565 BGB). Durch die Rückgabe der Räume an den Untervermieter wird der Untermieter auch im Verhältnis zum Hauptvermieter von dem Rückgabeanspruch befreit.[29]

14 Nach Beendigung des Hauptmietverhältnisses schuldet der Hauptmieter für die Zeit der Vorenthaltung eine **Nutzungsentschädigung nach § 546 a BGB** in Höhe der bisherigen oder der ortsüblichen Miete. Übersteigt der Untermietzins diesen Betrag, so kann der Vermieter, wenn er auch Eigentümer ist, verlangen, dass der **Mehrerlös** an ihn ausgekehrt wird **(§ 546 Abs. 1, § 987 Abs. 1, § 99 Abs. 3 BGB).**[30] Ist der Hauptvermieter nicht Eigentümer und ist der Herausgabeanspruch auch noch nicht rechtshängig (sonst gilt über § 292 BGB wiederum § 987 BGB), hat der Hauptmieter die gezogenen Nutzungen nach **§§ 812, 818 Abs. 1 BGB** herauszugeben.[31] Daneben kann der Eigentümer als Vermieter auch den Untermieter in Anspruch nehmen, wenn dieser von der Beendigung des Hauptmietverhältnisses Kenntnis hat. Der Untermieter ist in diesem Fall gem. **§ 990 Abs. 1, § 987 Abs. 1 BGB** zur Herausgabe der **Nutzungen** verpflichtet, die er ab dem Zeitpunkt zieht, zu dem er erfährt, dass er nicht mehr zum Besitz der Räume berechtigt ist (Eintritt der „Bösgläubigkeit"). Unter den Nutzungen in diesem Sinne ist bei dem selbst nutzenden Untermieter nicht der vereinbarte Untermietzins, sondern der objektive Mietwert der untervermieteten Räume zu verstehen.[32] Zieht der Untermieter (Unter-Untervermietung) tatsächlich höhere Nutzungen, hat er diese herauszugeben.[33] „Bösgläubig" ist der Untermieter, wenn er weiß, dass das Hauptmietverhältnis beendet ist und er vom Eigentümer zur Räumung aufgefordert wird. Ist der vormalige Hauptvermieter nicht Eigentümer, kommen wieder Ansprüche aus **§§ 812 Abs. 1 Satz 1, 818 Abs. 2 BGB** in Betracht.[34] Gerät der Untermieter mit der Herausgabe in Verzug, hat der Eigentümer gegen den Untermieter auch einen **Schadensersatzanspruch** aus §§ 990 Abs. 2 iVm §§ 280, 286 BGB.[35] Dieser Anspruch ist dann von Bedeutung, wenn nur Teile der Räume untervermietet waren. Hier richtet sich die Nutzungsentschädigung nur auf die untervermieteten Räume, der Schadensersatz umfasst aber ggf. den Mietausfallschaden für die gesamte Wohnung. Dieser Anspruch besteht auch dann, wenn der Hauptmieter „seine" Räume bereits geräumt hat und der Untermieter nur für die untervermieteten Räume Besitz in Anspruch nimmt. Es ist dem

---

[25] OLG Düsseldorf GE 2011, 1370.
[26] BGH VIII ZR 41/18, BGHZ 79, 232 = NJW 1981, 865 (866).
[27] OLG München NJW-RR 1989, 524; KG ZMR 2013, 26.
[28] BGH IXa ZB 116/03, NJW-RR 2003, 1450 (1451) = NZM 2003, 802; OLG Celle NJW-RR 1988, 913.
[29] BGH XII 215/94, NJW 1996, 46 (47); OLG München NJW-RR 1989, 524. Guhling/Günter/*Krüger* § 546 Rn. 59.
[30] BGH V ZR 218/13, NZM 2014, 582.
[31] BGH IX ZR 279/13, NZM 2015, 337 (345) = NJW 2015, 1109, 1118; BGH XII ZR 154/97, NZM 2000, 183 (184) = NJW-RR 2000, 382 (383).
[32] BGH V ZR 218/13, NZM 2014, 582; BGH XII ZR 154/97, NZM 2000, 183 (184) = NJW-RR 2000, *382 (383).*
[33] Vgl. für den Anspruch gegen den Hauptmieter BGH XII ZR 76/08, NZM 2009, 701.
[34] LG Köln 89 O 148/04, juris = BeckRS 2005, 10323.
[35] BGH V ZR 26/20, NZM 2021, 135 = WuM 2021, 113 (114).

Eigentümer – von Ausnahmefällen abgesehen – nicht zumutbar, nur die schon frei gewordenen Teile der Räume neu zu vermieten.[36] Die strikte Anwendung dieser Vorschriften hätte allerdings zur Folge, dass der Eigentümer vom Hauptmieter eine Nutzungsentschädigung in Höhe der Miete für das gesamte Mietobjekt und vom Untermieter (zusätzlich) den objektiven Mietwert der untervermieteten Räume verlangen könnte. Auf diese Weise bekäme der Vermieter im Falle der Vorenthaltung mehr, als ihm nach dem Hauptmietvertrag zusteht. Da ein solches Ergebnis grob unbillig wäre räumt der BGH dem Eigentümer ein Wahlrecht ein: **(1)** Der Eigentümer kann lediglich einen Nutzer verklagen und auf eine Inanspruchnahme des anderen Nutzers verzichten.[37] **(2)** Stattdessen kann der Eigentümer aber auch beide Nutzer in Anspruch nehmen. In diesem Fall wendet der BGH auf das Verhältnis der beiden Nutzer die Vorschrift des § 421 BGB analog an.[38] Danach haften die beiden Nutzer – soweit ihre Verpflichtungen sich decken – als Gesamtschuldner. Der Eigentümer kann also die Leistung nach seinem Belieben von jedem der Nutzer ganz oder zu einem Teil fordern. Bis zur Bewirkung der ganzen Leistung bleiben sämtliche Nutzer verpflichtet. Umgekehrt kann der Untermieter nach §§ 994, 996, 1000 BGB Verwendungsersatzansprüche gegen den Eigentümer geltend machen.

### 5. Untervermietung ohne Erlaubnis

Ein ohne Erlaubnis des Vermieters abgeschlossener Untermietvertrag ist gleichwohl wirksam 15
(→ Rn. 3). Solange der Hauptvermieter nichts gegen die Nutzung der Räume durch den Untermieter unternimmt, muss dieser auch den vollen Mietzins an den Hauptmieter bezahlen. Streitig ist, ob der Hauptvermieter den **Untermietzins** oder einen Teil hiervon **vom Mieter herausverlangen** kann. In der Lit. wird diese Frage zT mit unterschiedlichen Begründungen bejaht.[39] Von der ganz hM wird ein Anspruch auf Herausgabe des Untermietzinses dagegen verneint.[40] Diese Auffassung trifft zu, weil sich ein solcher Anspruch aus keiner der in Betracht kommenden Gesetzesbestimmungen herleiten lässt. Ein Anspruch nach §§ 987, 990, 99 Abs. 3 BGB scheidet aus, weil es an einer Vindikationslage fehlt.[41] Eine entsprechende Anwendung dieser Vorschriften ist nicht veranlasst, weil die Rechte des Vermieters durch die Möglichkeiten der Erhebung einer Unterlassungsklage (§ 541 BGB) und der Kündigung (§ 543 Abs. 2 Nr. 2, § 573 Abs. 2 Nr. 1 BGB) hinreichend gewahrt sind. Ein bereicherungsrechtlicher Anspruch aus § 812 Abs. 1 Satz 1 (Eingriffskondiktion) scheidet aus, weil der Hauptvermieter insoweit nicht in eine Rechtsposition eingreift, die dem Gläubiger zu ausschließlicher Verwertung zugestanden hätte.[42] Hat der Hauptvermieter die Kündigung ausgesprochen und Räumungsklage erhoben, so gelten nach Eintritt der Rechtshängigkeit die Ausführungen zu → Rn. 14. Fordert der Hauptvermieter den Untermieter mit der Drohung, er werde andernfalls Räumung und Herausgabe der Räume verlangen, zur Mietzahlung an sich selber auf, so kann der Untermieter den Mietzins an den Hauptvermieter entrichten. Regelmäßig kann dieses Verhalten wohl als Angebot auf Abschluss eines neuen Mietvertrags mit dem bisherigen Untermieter ausgelegt werden.[43] Allerdings gilt dies nur dann, wenn das Hauptmietverhältnis beendet ist.[44]

---

[36] BGH V ZR 26/20, NZM 2021, 135 (135) = WuM 2021, 113.

[37] BGH V ZR 85/65, WPM 1968, 1370 = MDR 1996, 128.

[38] BGH V ZR 218/13, NZM 2014, 582 = WuM 2014, 347 (349).

[39] *Diederichsen* NJW 1964, 2296 und Staudinger/*V. Emmerich* BGB § 540 Rn. 50: Anspruch aus § 816 Abs. 1 S. 1 BGB analog; *Probst* JR 1997, 24: vertraglicher Anspruch; *Theuffel* JuS 1997, 886: Anspruch aus § 812 Abs. 1 S. 1 Alt. 2 BGB.

[40] BGH VIII ZR 235/63, NJW 1964, 1853; BGH XII ZR 194/93, BGHZ 131, 297 = NJW 1996, 838 (840); V ZR 228/00, NJW 2002, 60 (61); OLG Celle WuM 1995, 655; LG Hildesheim WuM 1990, 341; *Mutter* MDR 1993, 303; Erman/*Lützenkirchen* BGB § 540 Rn. 16; MüKoBGB/*Bieber* § 540 Rn. 22; BeckOK BGB/*Wiederhold* BGB § 540 Rn. 24; Palandt/*Weidenkaff* BGB § 540 Rn. 14; wohl auch Bub/Treier MietR-HdB/*Kraemer/von der Osten* Kap. III Rn. 2540; *Kern* NZM 2009, 344, 345.

[41] BGH V ZR 154/70, BGHZ 59, 51 (58); BGH XII ZR 194/93, BGHZ 131, 297 = NJW 1996, 838 (840).

[42] BGH V ZR 206/11 – NZM 2012, 800, 801 (zur unberechtigten Untervermietung durch den Wohnungsberechtigten).

[43] OLG Hamm NJW-RR 1987, 1304 (1305) = WuM 1987, 346 (348).

[44] Vgl. den Fall OLG Hamm NJW-RR 1987, 1304 (1305) = WuM 1987, 346.

### 6. besondere Formen der Untermiete

16 **a) Zwischenvermietung.** Eine sog. „Zwischenvermietung" liegt vor, wenn der Eigentümer von Wohn- oder Gewerberäumen nicht unmittelbar an die Endnutzer vermietet, sondern einen Dritten – den Zwischenvermieter – einschaltet. Rechtlich ist das zwischen dem Eigentümer und dem Zwischenvermieter bestehende Mietverhältnis als Hauptmietverhältnis zu bewerten, während das Mietverhältnis zwischen dem Zwischenvermieter und dem Endnutzer als Untermietverhältnis anzusehen ist. Für das Hauptmietverhältnis gelten grds. die Vorschriften über die gewerbliche Miete. Beim Untermietverhältnis kommt es darauf an, ob die Räume vom Zwischenvermieter zu Wohn- oder zu Gewerbezwecken vermietet werden; im erstgenannten Fall gilt Wohnungsmietrecht, im letztgenannten Fall Geschäftsraummietrecht. Wird das Hauptmietverhältnis beendet, so greift bei der Wohnraummiete § 565 BGB, mit der Folge, dass der Hauptvermieter in das Untermietverhältnis eintritt. Allerdings setzt diese Vorschrift voraus, dass die Untervermietung mit Genehmigung des Hauptvermieters erfolgt ist („Soll der Mieter … weitervermieten"). Fehlt die Genehmigung, so liegt eine unberechtigte Untervermietung vor, so dass der Hauptvermieter den Herausgabeanspruch aus § 985 BGB geltend machen kann. Ist § 565 BGB erfüllt, hat der Hauptvermieter bei Beendigung des Hauptmietvertrags gegen den Zwischenvermieter einen Anspruch auf Herausgabe (des mittelbaren Besitzes), nicht aber auf Räumung.[45] Ein Herausgabeanspruch des Hauptvermieters gegen den Untermieter (Endmieter) entsteht nicht, weil er nach § 565 BGB zum Mieter des Hauptvermieters geworden ist.

17 Hat der Zwischenvermieter die angemieteten Räume entgegen den vertraglichen Vereinbarungen mit dem Hauptvermieter nicht zu Gewerbezwecken sondern zu Wohnzwecken vermietet, so liegt ebenfalls eine unberechtigte Untervermietung vor, weil der Eigentümer nicht mit dem Eingreifen der Schutzbestimmungen des Wohnraummietrechts rechnen musste. Die Regelung des § 565 BGB gilt für diese Fälle nicht. Der Hauptvermieter kann das Hauptmietverhältnis nach § 543 Abs. 2 Nr. 2 BGB kündigen und den Untermieter nach § 546 Abs. 2 BGB auf Herausgabe in Anspruch nehmen.[46] Der Untermieter ist auf Schadensersatzansprüche gegen den Zwischenvermieter beschränkt. Der Zwischenvermieter kann dem Untermieter nicht nach § 573 Abs. 1 BGB kündigen. Teilweise wird die Ansicht vertreten, dass hiervon eine Ausnahme gelten soll, wenn die Räume einer Zweckentfremdungsverordnung unterliegen und aus diesem Grund eine gewerbliche Nutzung unzulässig ist. Wäre nur eine Vermietung als Wohnraumraum rechtlich zulässig gewesen, sei der Hauptvermieter nicht schutzwürdig. Es greife dann der Schutz des Wohnraummieters auch im Verhältnis zum Hauptvermieter.[47]

18 **b) Wohngemeinschaft.** Der Begriff der „Wohngemeinschaft" hat weder in der Rechts- noch in der Umgangssprache eine einheitliche Bedeutung. Hier wird unter einer Wohngemeinschaft ein lockerer Zusammenschluss von mehreren Personen verstanden, die eine Wohnung oder ein Haus gemeinsam bewohnen.[48] Für ein derartiges Nutzungskonzept stehen mehrere Gestaltungsmodelle zur Verfügung.[49]

19 **aa) Alle Mitglieder der Wohngemeinschaft.** Bei dem in der Praxis wohl häufigsten Modell sind alle Mitglieder der Wohngemeinschaft Partei des Mietvertrags. Im Innenverhältnis werden die Mitglieder idR durch einen Gesellschaftsvertrag verbunden sein,[50] dessen Zweck die Beschaffung und Unterhaltung einer Unterkunft darstellt. Sollen einzelne Mitglieder aus dem Mietvertrag ausscheiden und andere an deren Stelle treten, so muss dies in Form eines Mieterwechsels vereinbart werden (befreiender Schuldnerwechsel). Die Mieter haben in der Regel einen Rechtsanspruch gegen den Vermieter, dass dieser einen bestimmten Mieter aus dem Vertrag entlässt und an dessen Stelle mit einen anderen Mieter abschließt.[51] Bei der Vermietung an eine Wohngemeinschaft ergibt sich nach wohl herrschender Auffassung nämlich aus dem Vertragszweck, dass der Vermieter einen Wechsel der einzelnen Mitglieder hinzunehmen hat.[52] Diese Ansicht ist nach Meinung des BVerfG

---

[45] *Harsch* MDR 2018, 569 (574).

[46] BVerfG 1 BvR 596/93, NJW 1993, 2601 = WuM 1994, 123.

[47] BVerfG 1 BvR 596/93, NJW 1993, 2601 (2602) = WuM 1994, 123.

[48] Staudinger/*V. Emmerich* BGB § 540 Rn. 82.

[49] Sechs Modelle unterscheidet Staake/von Bressendorf Wohngemeinschaften-HdB/*Staake* S. 8 ff; zwei Grundmodelle benennt Blank/Börstinghaus/*Blank/Börstinghaus* BGB § 535 Rn. 253.

[50] LG Saarbrücken NJW-RR 1992, 781 (782); LG Berlin WuM 2016, 553 (554); Blank/Börstinghaus/*Blank/Börstinghaus* BGB § 535 Rn. 253.

[51] **AA** Schmidt-Futterer/*Blank*, 14. Aufl. 2019, Rn. 19.

[52] LG Berlin WuM 2016, 553 (554); LG Frankfurt a. M. WuM 2012, 192 (194); LG Karlsruhe WuM 1992, 45; LG Frankfurt a. M. WuM 1991, 33; LG München I WuM 1982, 189; LG Hamburg WuM 1995, 697; LG

verfassungsrechtlich nicht zu beanstanden.[53] Die Gegenauffassung meint, der Austausch der Wohngemeinschaftsmitglieder liege im Interesse der Mieter liegt; deshalb sei es sachgerecht, ihnen die Sorge für eine entsprechende Vertragsgestaltung aufzuerlegen.[54] Fehle eine solche Vereinbarung, so bleibe den Mietern immer noch der Anspruch auf Erteilung der Erlaubnis zur Untervermietung.[55] Die aus der Wohngemeinschaft ausscheidenden Mitglieder bleiben bei dieser Lösung weiterhin Mieter; in dieser Eigenschaft haften sie insbes. für den Mietzins und die Erfüllung aller weiteren Mieterpflichten. Der herrschenden Ansicht ist zu folgen. Der Vertrag ist dahin auszulegen, dass der – naheliegende und zu erwartende – Austausch einzelner Mieter von beiden Seiten konkludent gebilligt wird. Die Lösung über eine Untervermietung hätte zur Folge, dass die Mieter ggf. über Jahre und Jahrzehnte in einer dann gänzlich anderen Lebenssituation noch an einen alten „WG-Vertrag" gebunden wären. Das widerspricht der erkennbaren Interessenlage der Parteien. Der Vermieter kann seinerseits das Recht zum Mieterwechsel vertraglich ausschließen, wenn er die für ihn möglicherweise ungünstige Rechtsfolge des Austritts der ursprünglichen und des Eintritts neuer Vertragspartner vermeiden will. Das ist auch durch AGB möglich, weil es die ersten Mieter nicht unangemessen belastet und dem gesetzlichen Leitbild des Mietvertrags auch nicht widerspricht. Schließlich kann der Vermieter auch einem konkreten Mieterwechsel widersprechen, wenn ein bestimmter neuer Mieter unzumutbar wäre.[56] § 553 Abs. 1 S. 2 ist entsprechend anwendbar. Dabei kann angesichts der Haftungsstruktur hier auch die mangelnde Bonität des neuen Mieters zur Unzumutbarkeit führen.[57]

**bb) Nur ein Mitglied der Wohngemeinschaft.** Die zweite Möglichkeit zur Vertragsgestaltung ist darin zu sehen, dass ein Mitglied der Wohngemeinschaft den Mietvertrag abschließt und hierbei vereinbart, dass er das Recht haben soll, weitere Mitglieder in die Räume aufzunehmen. Das zwischen den Bewohnern bestehende Innenverhältnis kann hier als Untermiete (falls den Mitgliedern einzelne Räume zur ausschließlichen Benutzung vermietet werden) oder als BGB-Gesellschaft (falls alle Räume gemeinsam genutzt werden) zu bewerten sein. Diese Gesellschaft ist Innengesellschaft. Nur der vertragsschließende Mieter haftet im Verhältnis zum Vermieter.[58] Von der Ausgestaltung des Hauptmietvertrages hängt es ab, wie viele Untermieter (Gesellschafter) der Hauptmieter in die Wohnung aufnehmen darf. Hat der Hauptvermieter eine generelle Erlaubnis zur Untervermietung (zur Aufnahme beliebiger Gesellschafter) erteilt, so ist eine spätere Mitwirkung des Hauptvermieters beim Bewohnerwechsel weder möglich noch nötig. Bei einer personengebundenen Erlaubnis kann der Mieter die bestehenden Untermietverhältnisse zwar ohne Mitwirkung des Hauptvermieters beenden. Die Aufnahme neuer Untermieter (Gesellschafter) ist dagegen von einer Erlaubnis abhängig, auf deren Erteilung der Hauptmieter allerdings regelmäßig einen Anspruch haben wird. Bei Unklarheiten über den Umfang der Genehmigung wird im Zweifel von einer umfassenden, generellen Erlaubnis auszugehen sein. 20

**cc) GbR.** Seit Anerkennung der Rechtsfähigkeit der GbR kommt es schließlich auch infrage, dass die Mitglieder der (geplanten) WG sich zu einer Außengesellschaft zusammenschließen, die ihrerseits ausdrücklich als GbR die Wohnung anmietet. Auch hier haften alle Mieter akzessorisch als Gesamtschuldner (§ 128 HGB entspr.). Der Mitgliederwechsel unterliegt von vornherein nicht der Zustimmung des Vermieters.[59] Dauerschuldverhältnisse mit einer GbR bestehen auch bei einem Gesellschafterwechsel unverändert fort.[60] Für die Mitglieder der GbR ist das umgekehrt allerdings mit dem Risiko der fünfjährigen Nachhaftung nach § 736 Abs. 2 BGB, § 160 HGB, (auch) für Verbindlichkeiten aus dem Mietvertrag verbunden, die erst nach ihrem Ausscheiden fällig werden.[61] 20a

---

Heidelberg WuM 2001, 358; AG Gießen WuM 2018, 709 (710); AG Greifswald WuM 2019, 576; *Jacobs* NZM 2008, 111 (115); aA LG Göttingen WuM 1993, 341; LG Berlin GE 1994, 1265.

[53] BVerfG 1 BvR 1046/91, WuM 1992, 45; 1 BvR 1750/92, 1993, 104 = ZMR 1993, 210.

[54] So Schmidt-Futterer/*Blank*, 14. Aufl. 2019, Rn. 19.

[55] So Schmidt-Futterer/*Blank*, 14. Aufl. 2019, Rn. 19; LG Köln WuM 1991, 483; LG Hamburg WuM 1992, 432; LG Berlin GE 1994, 1265; LG Berlin GE 1996, 1053; AG Gießen WuM 2018, 709 (710).

[56] LG Berlin, WuM 2016, 553 (554); LG Berlin 65 S 375/16, BeckRS 2017, 152982.

[57] LG Berlin WuM 2016, 553 (554f); LG Karlsruhe NJW 1985, 1561 (1562).

[58] Zur Abgrenzung zwischen Innen- und Außen-GbR als Mieter ausführlich *Streyl* NZM 2011, 377 (380).

[59] *Jacobs* NZM 2008, 111 (116); Bub/Treier MietR-HdB/*Landwehr* Rn. II 2636.

[60] BGH II ZR 331/00, NJW 2001, 1056 (1057); OLG Düsseldorf NZM 2003, 237.

[61] BGH II ZR 356/98, NJW 2000, 208 (209), II ZR 330/00, NJW 2002, 2170 (2171); *Jacobs* NZM 2008, 111 (117); BeckOK BGB/*Schöne* BGB § 736 Rn. 14.

20b **c) Untervermietung an Touristen.** Einen Sonderfall der Untervermietung bildet auch die Untervermietung an Touristen. Auch bei Anmietung über Plattformen kommt zwischen Mieter und Feriengast ein regulärer Mietvertrag (§§ 535, 549 Abs. 2 Nr. 1) zustande.[62] Die Vermietung an Touristen ist aber dadurch gekennzeichnet, dass die Vermietung nur für einen kurzen Zeitraum erfolgt, etwa für einige Tage oder Wochen.[63] Dementsprechend erfolgt ein häufiger Wechsel der Untermieter. Es ist mit mehr Störungen im Haus und einer erhöhten Abnutzung zu rechnen. Die Untervermietung an Touristen unterscheidet sich grundlegend von der üblichen Untervermietung. Daher deckt eine allgemeine Untervermietungserlaubnis die kurzfristige Vermietung an Touristen nicht ab.[64] Das Gleiche gilt für die Untervermietung an Medizintouristen (näher → BGB § 553 Rn. 11).[65]

## II. Sonstige Formen selbständiger Gebrauchsüberlassung

21 Eine Überlassung iSv § 540 Abs. 1 S. 1 BGB liegt immer dann vor, wenn der Dritte auf Grund der Vereinbarung mit dem Mieter ein selbständiges Besitzrecht an der Sache erwirbt, dergestalt, dass er die Sache unter Ausschluss des Mieters gebrauchen darf. Hierzu gehört die unentgeltliche Überlassung einer Wohnung an einen Dritten im Wege der **Leihe.** Hiervon ist die **Gefälligkeit** (Gestattung) zu unterscheiden (→ BGB Vor § 535 Rn. 10). Maßgebendes Unterscheidungsmerkmal, ist wie sonst auch, dass die Parteien beim Gefälligkeitsverhältnis keine Rechtsbindung begründen wollen.[66] Die gefälligkeitsweise Gebrauchseinräumung ist unverbindlich. Sie unterscheidet sich von der Leihe dadurch, dass der Dritte kein Besitzrecht an der Wohnung erwerben soll. Ein Indiz für die Leihe ist es umgekehrt, wenn nach dem Willen der Parteien der Nutzer vor einer willkürlichen Abkürzung der Nutzungszeit geschützt sein soll.[67] Die Abgrenzung ist im Einzelfall schwierig. Das Verhalten der Parteien ist auszulegen. Bei Unternehmern spricht eine Vermutung für einen rechtlichen Bindungswillen.[68] Ein Indiz für bloße Gefälligkeit ist es, wenn die Nutzung der Wohnung durch den Dritten im Interesse des Mieters erfolgt. Für die Annahme einer Leihe spricht, wenn der Besitz der Wohnung für den Dritten von maßgeblicher Bedeutung ist.[69] Ebenso kann die Dauer der Überlassung für eine Leihe sprechen. Ein Gefälligkeitsverhältnis ist etwa gegeben, wenn der Mieter einem Dritten die vorübergehende Benutzung der Wohnung gestattet oder wenn sich ein Dritter im Interesse des Mieters gefälligkeitshalber bereit erklärt, die Wohnung zu benutzen, etwa um sie zu bewachen oder während der Abwesenheit des Mieters zu versorgen.[70] Eine Leihe (bei Entgeltlichkeit: Untervermietung) liegt vor, wenn Eltern ihren Wohnsitz verlegen, die bisherige Mietwohnung aber beibehalten, hierfür weiterhin den Mietzins bezahlen und die Wohnung durch ihre Kinder selbständig nutzen lassen.[71] Auch ein **Wohnungstausch** mit einem Dritten während der Ferienzeit beruht idR auf vertraglicher Grundlage.[72] Erst recht gilt das bei einem auf Dauer angelegten Wohnungstausch.

22 Für die Anwendung des § 540 BGB kann es nach diesseitiger Auffassung nicht auf die Einordnung als Leihe oder Gefälligkeitsverhältnis ankommen, sondern darauf, ob für eine gewisse Dauer ein Dritter das Mietobjekt anstelle des Mieters nutzt und darauf wie sonst der Mieter einwirkt.[73] Maßgebend ist, ob die Belange des Vermieters betroffen sind. Das hängt nicht davon ab, ob zwischen Mieter und Nutzer ein Rechtsverhältnis besteht. Ist das Mietverhältnis beendet, so benötigt der Vermieter auch im Falle der Leihe für die **Zwangsräumung** sowohl einen Titel gegen den Mieter als auch gegenüber dem besitzenden Dritten. Auch hier ist nicht maßgebend, ob der Mieter

[62] *Henke/Singbartl/Zintl* NZM 2018, 1, 4.
[63] *Meyer-Abich* NZM 2020, 19, 24.
[64] BGH VIII ZR 210/13, NZM 2014, 158 (159) = NJW 2014, 622 = WuM 2014, 142, 143f; *Meyer-Abich* NZM 2020, 19, 24.
[65] AG München ZMR 2016, 467.
[66] BGH IX ZR 12/05, NJW 2009, 1141, 1142 mwN; MüKoBGB/*Häublein* vor § 535 Rn. 18.
[67] OLG Koblenz NJW-RR 2008, 1613.
[68] Lindner-Figura/Oprée/Stellmann Geschäftsraummiete-HdB/*Lindner-Figura* Kap. 1 Rn. 28.
[69] MüKoBGB/*Häublein* Vor § 535 Rn. 18; BGH VIII ZR 279/16, NZM 2017, 729 (731) = WuM 2017, 631 (632).
[70] *Sternel MietR, 3. Aufl. 1988,* Kap. II Rn. 243.
[71] AG Schöneberg GE 1987, 289 (dort: Untervermietung).
[72] AG Gelsenkirchen ZMR 2019, 136.
[73] Spielbauer/Schneider/*Spielbauer* § 540 Rn 7; **aA** Schmidt-Futterer/*Blank,* 14. Aufl. 2019, Rn. 21.

dem Dritten ein Besitzrecht eingeräumt hatte. Entscheidend für das Erfordernis eines Titels nach § 750 ZPO sind nur die tatsächlichen Besitzverhältnisse, nicht das materielle Besitzrecht (Einzelheiten → ZPO § 885 Rn. 24ff.).[74]

Wird ein **Gewerbebetrieb, eine Arztpraxis oder eine Anwaltskanzlei** in gemieteten Räumen ausgeübt, so liegt in der **Übergabe der Räume an einen Erwerber** des Unternehmens eine Überlassung nach § 540 BGB. Dies gilt nicht nur dann, wenn zwischen dem Veräußerer und dem Erwerber des Unternehmens ein Untermietvertrag geschlossen wird. § 540 BGB verbietet auch eine Abtretung der Mieterrechte.[75] Ebenso ist anerkannt, dass eine Gebrauchsüberlassung an einen Dritten gegeben ist, wenn der Mieter gewerblicher Räume einen Gesellschafter aufnimmt und den Gewerbebetrieb nunmehr als **Gesellschaft bürgerlichen Rechts** weiterführt.[76] Den Besitz übt nämlich infolge des Wechsels die rechtsfähige GbR aus.[77] Im Verhältnis zum Vermieter ist er hierzu nur berechtigt, wenn dieser seine Erlaubnis erteilt oder in einen Mieterwechsel eingewilligt hat. Anders ist es, wenn lediglich die Gesellschaftsform umgewandelt wird, die Gesellschafter aber gleich bleiben.[78] Der **Wechsel der Gesellschafter** bei einer juristischen Person oder einer Personenhandelsgesellschaft spielt keine Rolle, weil hier die Gesellschaft Partei des Mietvertrags ist und bleibt.[79] Nichts anderes gilt für die Außen-GbR. Geschäftsführer von juristischen Personen oder Personengesellschaften üben den Besitz für die Gesellschaft aus (Organbesitz). Ein Wechsel des Geschäftsführers ist demzufolge nicht als Besitzerwechsel anzusehen.[80] Bei der Universalrechtsnachfolge wird die Sache nicht einem Dritten überlassen, vielmehr tritt in der Person des Mieters ein Wechsel ein. 23

### III. Einräumung von Mitbesitz

#### 1. Ehegatten, Verwandte, Lebenspartner iSd § 1 LPartG

Nach heute hM gilt § 540 Abs. 1 S. 1 BGB grds. auch dann, wenn der Mieter dritte Personen für längere Zeit in die Wohnung aufnehmen will und zwar dergestalt, dass der Dritte das Recht haben soll, die gesamte Wohnung neben oder zusammen mit dem Mieter zu nutzen.[81] 24

Nicht jeder Mitbewohner ist Dritter iSd. § 540 Abs. 1 Satz 1. Zwar wäre nach allgemeinen Auslegungsgrundsätzen „Dritter", jeder der nicht Partei des Hauptmietvertrags ist.[82] Für die Aufnahme von weiteren Personen in den Haushalt des Mieters nimmt die herrschende Meinung aber eine andere Auslegung vor. Die engen Angehörigen gelten nach hM hier nicht als Dritte.[83] Das betrifft den Ehegatten des Mieters[84] dessen Kinder und die Stiefkinder.[85] Auf die Minderjährigkeit[86] die Erziehungsbedürftigkeit oder die wirtschaftliche Unselbständigkeit der Kinder kommt es hierbei nicht an;[87] maßgeblich ist allein die enge verwandtschaftliche Bindung. Der **Lebens-**

---

[74] BGH I ZB 39/08, NZM 2008, 805.

[75] BGH I ZR 99/68, NJW 1970, 556 (557).

[76] BGH XII ZR 43/99, NJW 2001, 2251 (2252) = NZM 2001, 621 = ZMR 2001, 702 (703); Guhling/Günter/*Guhling* § 540 Rn. 14; Staudinger/*V. Emmerich* BGB § 540 Rn. 76; Bub/Treier MietR-HdB/*Kraemer/von der Osten* Kap. III Rn. 2493.

[77] MüKoBGB/*Schäfer* § 854 Rn. 43 mwN.

[78] BGH LwZR 15/09, NZM 2010, 280; BGH VIII ZR 195/64, NJW 1967, 821.

[79] Linder/Figura/Oprée/Stellmann Geschäftsraummiete-HdB/*Stellmann* Kap. 1 Rn. 18; *Häublein* PiG 85 (2009), 117 (128).

[80] *Häublein* PiG 85 (2009), 117 (128).

[81] OLG Hamm NJW 1982, 2876 = WuM 1982, 318 = DWW 1982, 308 = ZMR 1983, 49; BayObLG NJW 1998, 1324 (1325) = WuM 1997, 603 (604); Erman/*Lützenkirchen* BGB § 540 Rn. 7; *B. Heilmann* NZM 2016, 74 (76).

[82] So für die vollständige Gebrauchsüberlassung auch BGH VIII ZR 294/08, NZM 2010, 120 = WuM 2010, 30 (31).

[83] BGH VIII ZR 371/02, BGHZ 157, 1 (5) = NJW 2004, 56 (57) = WuM 2003, 688 (689); XII ZR 143/11, NZM 2013, 786 (787) = WuM 2013, 485 (486); MüKoBGB/*Bieber* § 540 Rn. 5; aA *Schmid* WuM 2014, 115, der einen Gleichlauf der Begrifflichkeit befürwortet, eine schlüssige Gestattung aber schon mit Vertragsabschluss annimmt.

[84] BGH XII ZR 143/11 WuM 2013, 485 (486) = NZM 2013, 786 (787).

[85] OLG Hamm WuM 1997, 364 (365); Staudinger/*V. Emmerich* BGB § 540 Rn. 6.

[86] Anders für Stiefkind: LG Berlin GE 1991, 571: nur bei Minderjährigkeit; AG Berlin-Neukölln GE 1991, 187, nur wenn auch die Ehefrau des Mieters in der Wohnung lebt.

[87] LG Potsdam WuM 2012, 612; offen gelassen von LG Berlin WuM 2016, 734 (jeweils: volljähriges Kind).

**partner** iSv **§ 1 Abs. 1 LPartG** ist dem Ehegatten gleichgestellt, er gilt als Familienangehöriger (§ 11 Abs. 1 LPartG).[88] Die Aufnahme dieses Personenkreises gehört nach allgemeiner Auffassung zum vertragsgemäßen Mietgebrauch; eine Genehmigung des Vermieters hierzu ist nicht erforderlich.[89] Teilweise werden auch die Enkelkinder zu dem privilegierten Personenkreis gerechnet.[90] Bei den **Eltern des Mieters** kommt es nach dem Rechtsentscheid des BayObLG v. 6. 10. 1997[91] auf die Umstände des Einzelfalls an. Maßgeblich sind Art und Größe der Wohnung, sowie deren Belegung und Eignung für die Aufnahme weiterer Personen. Auch die Gründe und Motive der Aufnahme sind zu berücksichtigen. IdR bedarf die Aufnahme der Eltern keiner Erlaubnis, weil es von weiten Teilen der Bevölkerung als angemessen und selbstverständlich angesehen wird, die Eltern in die eigene Wohnung aufzunehmen, wenn hierfür ein Bedarf besteht und der erforderliche Platz vorhanden ist.[92]

25 Genehmigungspflichtig ist demgegenüber die Aufnahme **sonstiger Verwandter;** dies gilt nach dem Rechtsentscheid des BayObLG v. 29. 11. 1983[93] bereits für den Bruder eines Mieters.[94] Nicht privilegiert sind Personen, die mit dem Mieter nur verschwägert sind.[95]

26 Das Recht zur Aufnahme des Ehegatten und der nahen Verwandten besteht nur, solange der Mieter die Wohnung noch in eigener Person nutzt. Das Recht zur Aufnahme des Ehegatten und der nahen Verwandten kann vertraglich nicht ausgeschlossen werden.[96] Dies gilt auch für Individualvereinbarungen, weil die Befugnis zur Aufnahme dieses Personenkreises durch Art. 6 GG geschützt wird.

27 Auch **Hausangestellte** und **Pflegepersonen** darf der Mieter ohne Erlaubnis des Vermieters aufnehmen.[97] Dabei geht es streng genommen schon nicht um eine Gebrauchsüberlassung, weil die Hausangestellten keinen Mitbesitz begründen. Sie sind nur Besitzdiener (→ Rn. 40).[98] Will man Mitbesitz annehmen, sind sie jedenfalls nicht Dritte.[99]

28 Allerdings darf durch die Aufnahme der genannten Personen **keine Überbelegung** eintreten. Dies gilt ausnahmslos, ohne dass es auf ein Verschulden des Mieters ankommt. Deshalb ist eine Überbelegung auch dann vertragswidrig, wenn eine ursprünglich vertragsgemäß belegte Wohnung durch die Geburt von Kindern überbelegt wird.[100] Für die Feststellung der Überbelegung gibt es keine allgemeingültigen Kriterien. In erster Linie ist das Verhältnis der Anzahl der Zimmer und der Größe der Räume zu der Anzahl der Bewohner maßgebend. Als Faustregel kann insoweit gelten, dass keine Überbelegung vorliegt, wenn auf jede erwachsene Person oder auf je zwei Kinder bis zum 13. Lebensjahr ein Raum von jeweils ca. 12 $m^2$ entfällt.[101] Soweit die Bundesländer Wohnungsaufsichtsgesetze erlassen haben, in denen hinsichtlich der Wohnungsgröße Mindestanforderungen festgelegt worden sind, können auch diese Wertentscheidungen berücksichtigt werden.[102] So legen § 7 des Wohnungsaufsichtsgesetzes Berlin und § 9 Des Wohnungsaufsichtsgesetzes Nordrhein-Westfalen fest, dass für jede Person mindestens 9 $m^2$, für Kinder unter sechs Jahren 6 $m^2$ vorhanden sein müssen. Auch die allgemeine Wohnungsmarktlage wird eine Rolle spielen.[103] Ein „Zusammenrücken" der Familienmitglieder kann bei einem Wohnungsmangel eher auf soziale Akzeptanz stößt, als in den Zeiten eines ausgeglichenen Wohnungsmarkts.[104] Im konkreten Fall

---

[88] Erman/*Lützenkirchen* BGB § 540 Rn. 6; Staudinger/*V. Emmerich* BGB § 540 Rn. 6; Palandt/*Weidenkaff* BGB § 540 Rn. 5; **aA** wohl MüKoBGB/*Bieber* § 540 Rn. 5 unter Hinweis auf BGH NJW 2004, 56, diese Entscheidung betrifft aber nicht den Lebenspartner iSd LPartG.

[89] BayObLG NZM 1998, 29 (31) = GE 1997, 1463.

[90] AG Wiesbaden ZMR 2012, 368; AG Koblenz WuM 1989, 175; Staudinger/*V. Emmerich* BGB § 540 Rn. 6.

[91] BayObLG NZM 1989, 29 = NJW 1998, 1324.

[92] AA *Häublein* PiG 85 (2009), 117 (131).

[93] BayObLG WuM 1984, 13 = ZMR 1984, 87.

[94] Ebenso LG Berlin GE 1991, 881.

[95] AG Berlin-Schöneberg GE 1990, 265.

[96] BayObLG NJW 1984, 60 = WuM 1983, 309 = ZMR 1984, 13; MüKoBGB/*Bieber* § 540 Rn. 6.

[97] BayObLG NZM 1998, 29 (30); GE 1997, 1463 (1464).

[98] BeckOGK/*Emmerich* BGB § 540 Rn. 23; Guhling/Günter/*Guhling* § 540 Rn. 11.

[99] MüKoBGB/*Bieber* § 540 Rn. 5.

[100] BGH VIII ZR 1/93, NJW 1993, 2528 (2530) = WuM 1993, 529 (530); AG München ZMR 2016, 636.

[101] *AG Nürnberg WuM 1991, 690; AG München ZMR 2016, 636.*

[102] LG Berlin GE 1991, 625; s. auch AG Berlin-Schöneberg GE 1990, 265.

[103] AG Tempelhof 23 C 226/13, BeckRS 2014, 119609 und juris.

[104] AG Limburg WuM 1990, 509; AG Köln WuM 1990, 508.

sind alle Umstände des Einzelfalls zu würdigen.[105] Hier gibt es eine recht umfangreiche Einzelfallrechtsprechung.[106]

Zu der Frage, unter welchen Voraussetzungen der Vermieter wegen der Überbelegung kündigen kann → BGB § 573 Rn. 198. 29

Ist das Mietverhältnis beendet, so benötigt der Vermieter für die Zwangsräumung einen **Räumungstitel** gegen alle Personen, die selbständigen (Mit-)Besitz an den Räumen ausüben (→ BGB § 885 Rn. 24). Zur Zwangsräumung des Ehegatten des Mieters ist also auch dann ein Räumungstitel erforderlich, wenn dieser nicht Partei des Mietvertrags ist. Gleiches gilt für den Lebenspartner und den nichtehelichen Lebensgefährten des Mieters, wenn er Mitbesitz begründet hat.[107] Die minderjährigen Kinder eines Mieters haben im Allgemeinen keinen eigenen Besitz. Sie müssen deshalb mit dem Mieter räumen; ein besonderer Räumungstitel ist nicht erforderlich. Daran ändert sich in der Regel nichts, wenn sie volljährig werden.[108] Generell ist zu beachten, dass sich die Besitzverhältnisse maßgebend davon abhängen, wer nach der Verkehrsanschauung die tatsächliche Sachherrschaft (§ 854 BGB) ausübt.[109] So hat ein volljähriges Kind, dem in dem Objekt nach Erreichen der Volljährigkeit eine abgeschlossene Teileinheit (Einliegerwohnung) eingeräumt wird, durchaus selbständigen Besitz.[110] Ähnlich sind die Besitzverhältnisse der sonstigen Verwandten eines Mieters (Eltern, Geschwister, etc) zu bewerten. Auf die Voll- oder Minderjährigkeit der Verwandten kommt es nicht entscheidend an; allerdings spricht auch hier die Vermutung dafür, dass Minderjährige neben ihren Eltern keinen eigenen Mietbesitz haben. 30

### 2. Nichteheliche Lebensgemeinschaft/Partnerschaft

In jüngerer Zeit wieder umstritten ist, ob die Aufnahme eines Lebensgefährten zum vertragsgemäßen Gebrauch gehört, also genehmigungsfrei möglich ist. 31

Die Rspr. und die hM im Schrifttum vertreten die Ansicht, dass die Aufnahme eines Lebensgefährten nicht zum vertragsgemäßen Gebrauch der Mietsache gehöre.[111] Dies hat zur Folge, dass die Aufnahme des Dritten nur dann möglich ist, wenn die Voraussetzungen des § 553 BGB vorliegen. Allerdings werden an das berechtigte Interesse iSv § 553 BGB keine hohen Anforderungen gestellt (→ BGB § 553 Rn. 4). Im Regelfall habe, so der BGH, der Mieter einen Anspruch auf die Erlaubnis.[112]

Der Gegenauffassung zufolge ist der Partner einer Lebensgemeinschaft ist vielmehr dem Ehegatten des Mieters gleichzustellen. Der Mieter könne den Partner auch ohne Erlaubnis des Vermieters in die Wohnung aufnehmen. Er müsse die Aufnahme des Partners nur anzeigen.[113] 32

Diese Auffassung meint, die Aufnahme verheirateter oder unverheirateter Partner oder naher Verwandter sei als Ausfluss des grundgesetzlich in Artikel 2 Abs. 2 GG geschützten Persönlichkeitsrechts des Mieters zu begreifen, sein Privatleben in Wahrnehmung des Gebrauchsrechts in den

---

105 OLG Hamm NJW 1983,48 = WuM 1982, 323; AG Stuttgart WuM 2012, 150 (151).

106 Fälle, in denen Überbelegung bejaht wurde: BVerfG NJW 1994, 41 = GE 1993, 1205; BGH WuM 1993, 529 = ZMR 1993, 508; OLG Hamm NJW 1983, 48 = WuM 1982, 323; BayObLG WuM 1983, 309 = NJW 1984, 60 = ZMR 1984,13; LG Mönchengladbach NJW-RR 1991, 1113 = ZMR 1991, 110; AG Stuttgart WuM 2012, 150; AG München ZMR 2016, 636 = BeckRS 2016, 7507; AG Duisburg ZMR 1990, 183; AG Neukölln GE 1988, 633.

Fälle, in denen Überbelegung verneint wurde: LG Kempten NJW-RR 1996, 264; LG Berlin GE 1986, 659 = WuM 1987, 221 (Kurzwiedergabe); LG Darmstadt WuM 1987, 393; LG Köln WuM 1983, 327. Vgl. die Einzeldarstellung mit den jeweiligen Sachverhalten bei Schmidt-Futterer/*Blank*, 14. Aufl. 2019, Rn. 28.

107 BGH I ZB 56/07, NJW 2008, 1959.

108 BGH I ZB 56/07, NJW 2008, 1959 (1960); OLG Hamburg NJW-RR 1991, 909 (910).

109 BGH I ZB 61/19, NJW 2020, 2276 (3379) = WuM 2020, 507 (508).

110 LG Saarbrücken DGVZ 2018, 183.

111 *BGH VIII ARZ 2/84*, NJW 1985, 130 = WuM 1985, 7; BGH VIII ZR 371/02, BGHZ 157, 1 = NJW 2004, 56 = NZM 2004, 22 = WuM 2003, 688; OLG Hamm NJW 1982, 2876 = WuM 1982, 318 = ZMR 1983, 49; NJW 1992, 513 = WuM 1991, 668; Bub/Treier MietR-HdB/*Kraemer/von der Osten* Kap. III Rn. 2501; Staudinger/*V. Emmerich* BGB § 540 Rn. 7; Palandt/*Weidenkaff* BGB § 540 Rn. 5; Erman/*Lützenkirchen* BGB § 540 Rn. 6; *Heilmann* NZM 2016, 74 (76); **aA** ein Teil der früheren instanzgerichtlichen Rspr.: LG Hamburg WuM 1980, 255; LG Mannheim DWW 1981, 176; ebenso *Sternel* MietR aktuell Kap. VI Rn. 161.

112 BGH VIII ZR 371/02, BGHZ 157, 1 = NJW 2004, 56 = NZM 2004, 22 = WuM 2003, 688.

113 *Sternel* MietR aktuell Rn. VI 161 f.; *Schneider* WuM 1999, 195 (199); Schmidt-Futterer/*Blank*, 14. Aufl. 2019, Rn. 32.

eigenen vier Wänden frei zu gestalten.[114] Durch das Mietrechtsreformgesetz sei zudem die Rechtsstellung der nichtehelichen Lebensgemeinschaft und der gleichgeschlechtlichen Partnerschaft gestärkt worden, wie die Vorschriften der §§ 554 Abs. 2, 563, 563a, 574, 577 Abs. 4 BGB zeigen würden.[115] Der Partner habe also in wesentlichen Fragen eine dem Ehegatten vergleichbare Rechtsposition.

Die allein verbleibende Anzeigepflicht folge daraus, dass der Partner in den Schutzbereich des Mietverhältnisses miteinbezogen sei; der Vermieter habe deshalb ein Recht zu wissen, wer sich in seinem Hause aufhält. Wo bestimmte Betriebskosten nach dem Verhältnis der Kopfteile umgelegt würden, bestehe die Anzeigepflicht auch aus diesem Grunde.[116]

33 Für die herrschende Auffassung spricht zunächst der Wortlaut der Norm. „Dritter" ist im Ausgangspunkt jede Person, die nicht Partei des Mietvertrags ist.[117] Danach bedarf eine einschränkende Auslegung der Rechtfertigung. Sie besteht für die Familie des Mieters wegen ihrer engen, unter dem ausdrücklichen Schutz der Verfassung (Art. 6 GG) stehenden persönlichen Beziehung.[118] Ein ähnlicher Schutz ist für die nichteheliche Lebensgemeinschaft verfassungsrechtlich und einfachgesetzlich nicht gegeben. An diesem Verständnis hat die Mietrechtsreform nichts geändert.[119] Diese Auslegung entspricht auch der Gesetzesgeschichte. Der Gesetzgeber hätte im Rahmen der Mietrechtsreform eine dem § 563 Abs. 2 Satz 3 BGB entsprechende Regelung in § 553 BGB aufnehmen können, wenn er die Gleichstellung des Lebensgefährten gewollt hätte. Dazu hätte der Gesetzgeber angesichts der bekannten höchstrichterlichen Rechtsprechung zu dieser Frage Anlass gehabt.[120] Die Gesetzesbegründung zum Mietrechtsreformgesetz spricht aber umgekehrt die nichteheliche Lebensgemeinschaft direkt in der Entwurfsbegründung zu § 553 BGB an: der Mieter habe regelmäßig einen Anspruch auf Erlaubnis.[121] Also verlangt nach der Vorstellung des Gesetzgebers die Aufnahme des Lebensgefährten eine Erlaubnis.

Der herrschenden Meinung ist auch inhaltlich zuzustimmen. Es bedarf eines Ausgleichs zwischen den – beiderseits verfassungsrechtlich geschützten – Belangen des Mieters und des Vermieters. Dieser ist herzustellen, indem dem Mieter im Regelfall ein Anspruch auf Zustimmung zur Gebrauchsüberlassung zugesprochen wird. Das erlaubt dem Vermieter, die Erlaubnis im Einzelfall bei Unzumutbarkeit des neuen Mitbewohners zu versagen. Es kann eine Einschränkung des Mieters verbleiben, weil im Anwendungsbereich des § 553 nur ein nachträglich entstandenes Interesse berücksichtigt wird.[122] Diese Beschränkung ist aber durch eine entsprechende Auslegung des § 553 BGB einzugrenzen, etwa in dem das Interesse auch dann als „nachträglich" gewertet wird, wenn in einer bestehenden Partnerschaft auf den Wunsch, zusammenzuziehen abgestellt wird (→ BGB § 553 Rn. 12).

33a Hat der Mieter einen Dritten in die Wohnung aufgenommen (zB seinen Ehegatten, Lebenspartner oder Lebensgefährten) so gilt für die Haftung dieser Person im Falle der Vorenthaltung die unter → Rn. 13 dargestellte Rechtslage.

## IV. Besucher

34 Es entspricht allgemeiner Ansicht, dass der Mieter ohne besondere Erlaubnis des Vermieters Besucher empfangen darf.[123] Dies gilt sowohl für die Geschäftsraum- als auch für die Wohnraum-

[114] *Schneider* WuM 1999, 195 (199); AG Schöneberg NJW 1979, 2051 (2052).
[115] *Sternel* MietR aktuell Rn. VI 161.
[116] Schmidt-Futterer/*Blank,* 14. Aufl. 2019, Rn. 32.
[117] BGH XII ZR 143/11, NJW 2013, 2507; BGH VIII ZR 371/02, BGHZ 157, 1 (5) = NJW 2004, 56 (57) = NZM 2004, 22 (23) = WuM 2003, 688 (689); Staake/von Bressendorf Wohngemeinschaften-HdB/*Wiedemann* § 23 Rn. 10.
[118] BGH VIII ZR 371/02, BGHZ 157, 1 (5) = NJW 2004, 56 (57) = NZM 2004, 22 (23) = WuM 2003, 688 (689).
[119] BGH VIII ZR 371/02, BGHZ 157, 1 (5); NZM 2004, 22 (23) = WuM 2003, 688 (689); abl. *Blank* LMK 2004, 1; *Sternel* MietR aktuell Rn. VI 161.
[120] BGH VIII ZR 371/02, BGHZ 157, 1 (6f) = NJW 2004, 56 (57) = NZM 2004, 22 (23) = WuM 2003, 688 (689).
[121] BT-Drs. 14/4553 S.49.
[122] *Sternel* MietR aktuell Rn. VI 161 aE.
[123] *BGH V ZR 46/06, NJW 2007, 146 (147)*; VIII ZR 371/02, BGHZ 157, 1 (5) = NJW 2004, 56 (57) = NZM 2004, 22 (23) = WuM 2003, 688 (689); Staudinger/*V. Emmerich* BGB § 540 Rn. 5; MüKo/*Bieber* § 540 Rn. 4; *Sternel* MietR aktuell Rn. VI 165; Ermann/*Lützenkirchen* § 540 Rn. 7; Palandt/*Weidenkaff* BGB § 540 Rn. 5; Bub/Treier MietR-HdB/*Kraemer* Kap. III Rn. 3019.

miete. Auf die Anzahl der Besucher und die Häufigkeit der Besuche kommt es grds. nicht an.[124] Der Mieter ist auch berechtigt, seinen Besuchern einen Wohnungs- und Hausschlüssel auszuhändigen. Etwas anderes kann gelten, wenn eine missbräuchliche Benutzung des Schlüssels befürchtet werden muss. Der Vermieter kann auch nicht untersagen, dass die Besucher Hunde mit in die Wohnung nehmen.[125] Der Mieter muss lediglich dafür sorgen, dass das Tier keinen Schaden anrichtet und die übrigen Hausbewohner nicht belästigt. Dies gilt auch dann, wenn die Tierhaltung mietvertraglich ausgeschlossen ist, weil die Duldung des vorübergehenden Aufenthalts eines Hundes nicht als Tierhaltung angesehen werden kann. Die Grenze bildet die regelmäßige Beherbergung eines Hundes, die sich auch als Umgehung eines Verbots zur Hundehaltung ansehen ließe.[126]

**Besucher ist,** wer den Mieter aufgrund besonderer persönlicher Beziehungen aufgesucht hat und sich in dessen Wohnung für eine vorübergehende Zeit aufhält, ohne hierfür ein Entgelt zu entrichten. Die Abgrenzung zwischen den Fällen des kürzerfristigen Besuchs zu den Fällen der längerfristigen Gebrauchsüberlassung kann im Einzelfall schwierig sein. Eine allgemein anerkannte zeitliche Beschränkung des Besuchsrechts existiert nicht. Überschreitet jedoch die Benutzungszeit eine längere Zeit, so wird eine Vermutung dafür sprechen, dass die Aufnahme des Dritten auf Dauer angelegt ist. Diese Frist wird teilweise mit vier bis sechs Wochen,[127] teilweise bei – jedenfalls – drei Monaten[128] angenommen. Die Vermutung kann widerlegt werden. Besondere Gegebenheiten (vorübergehende Aufnahme von Verwandten oder Bekannten in einer Notsituation; Schüleraustausch; Besuch eines Studenten während der Dauer der Semesterferien, etc.) können die Annahme rechtfertigen, dass auch ein längerfristiger Aufenthalt noch als Besuch zu bewerten ist.[129] In diesen Fällen darf durch die Aufnahme der Besucher allerdings keine Überbelegung eintreten (→ Rn. 28). Außerdem muss ein länger dauernder Besuch dem Vermieter angezeigt werden. Dies folgt aus der Erwägung, dass der Besucher in den Schutzbereich des Mietverhältnisses miteinbezogen ist; der Vermieter hat deshalb ein Recht zu wissen, wer sich längere Zeit in seinem Hause aufhält. Wo bestimmte Betriebskosten nach dem Verhältnis der Kopfteile umgelegt werden, besteht die Anzeigepflicht auch aus diesem Grunde. 35

**Einschränkungen des Besuchsrechts** können sich aus dem Vertragszweck ergeben. Wenn eine Wohnung zu Wohnzwecken vermietet wird, darf sie für gewerbliche Tätigkeiten des Mieters nur genutzt werden, wenn damit keine besondere Abnutzung verbunden ist und allenfalls unerheblicher Publikumsverkehr herrscht.[130] Danach darf in einer Wohnung kein Gewerbe mit stärkerem Kundenbesuch betrieben werden, diesen „Besuch" zu empfangen, gehört auch nicht zum vertragsgemäßen Gebrauch.[131] 36

Mit der Überlassung der Mietsache geht das **Hausrecht** auf den Mieter über. Der Vermieter darf ohne Erlaubnis des Mieters die vermieteten Räume grds. weder selbst betreten noch ist er befugt, anderen wirksam den Zutritt zu gestatten oder zu versagen. Dem Mieter steht es zu, einer anderen Person den Zutritt zu den gemieteten Räumen zu erlauben, und zwar auch gegen den Willen des Vermieters[132]. Das Gleiche gilt im Verhältnis zwischen Mieter und Untermieter, hier hat der Untermieter das Hausrecht.[133] Das Hausrecht endet nicht mit einer wirksamen Kündigung, sondern erst mit der Übergabe der Räume. Das gilt auch bei der Zwangsräumung.[134] Bei größeren Mietshäusern behält der Vermieter hinsichtlich der Gemeinschaftseinrichtungen (Treppenhaus, Aufzüge und Flure) idR eine Mitberechtigung.[135] In der Ausübung dieses Rechts ist er aber infolge der Vermietung beschränkt. Insoweit muss er es gegenüber dem Mieter dulden, dass der Besucher die gemeinschaftlichen Hausteile betritt. Die Duldungspflicht endet, wenn der Besucher die Gren- 36a

[124] AG Altenkirchen WuM 1989, 175; AG Berlin-Spandau WuM 1989, 513.
[125] AG Aachen WuM 1992, 432.
[126] AG Frankfurt NJW-RR 1988, 783 (784) = WuM 1988, 157 = ZMR 1988, 343.
[127] Spielbauer/Schneider/*Spielbauer* § 540 Rn. 11.
[128] So AG Frankfurt WuM 1995, 396; Ermann/*Lützenkirchen* § 540 Rn. 7; *Meyer-Abich* NZM 2020, 19.
[129] Ebenso *Sternel* MietR aktuell Rn. VI 165 (mehr als sechs Wochen).
[130] BGH VIII ZR 165/08, NJW 2009, 3157; LG Hamburg WuM 1985, 263; AG Hamburg, WuM 2009, 349; AG Hamburg-Blankenese ZMR 2013, 360.
[131] LG Berlin GE 1988, 947, bei Kosmetikbehandlungen und Verkauf von Kosmetikartikeln.
[132] KG NJW 2015, 3527.
[133] KG NZM 2009, 781.
[134] KG NZM 2009, 781.
[135] KG NJW 2015, 3527; Schönke/Schröder/*Sternberg-Lieben*/*Schittenhelm* StGB § 123 Rn. 17; *Blank* MDR 2016, 1307, 1311.

zen dieses Betretungsrechts überschreitet, etwa indem er die gemeinschaftlichen Hausteile beschädigt oder verunreinigt oder indem er in sonstiger Weise den Hausfrieden stört.[136] Das Hausrecht geht aber auch in diesen Fällen nicht auf den Vermieter über, es bleibt beim Mieter. Der Vermieter kann lediglich nach § 541 BGB verlangen, dass der Mieter störenden Besuchern das Betreten der Räume in Zukunft untersagt.[137] Verstößt der Mieter gegen dieses Verbot und kommt es deshalb zu erneuten Störungen des Hausfriedens durch die Besucher, so kann der Kündigungstatbestand der § 543 Abs. 1, § 569 Abs. 2 BGB gegeben sein. Darüber hinaus kann der Vermieter nach § 569 Abs. 2 BGB kündigen, wenn die Besucher den Hausfrieden stören und wenn auch die weiteren Tatbestandsmerkmale des § 569 Abs. 2 BGB erfüllt sind. Als Ausnahme muss es dem Vermieter gestattet sein, dem Besuch das Betreten zu verbieten, wenn der Besuch zur Begehung strafbarer Handlungen genutzt werden soll (z. B. illegales Glückspiel) oder wenn von dem Besucher eine erhebliche Gefahr für die anderen Hausbewohner ausgeht.[138]

**36b** Bei einer Wohngemeinschaft hat jeder Bewohner das Hausrecht für die in seinem Alleinbesitz stehenden Privaträume.[139] Wegen der Gemeinschaftsräume steht das Hausrecht allen Mitbewohnern gleichrangig zu, weshalb jeder Mitbewohner im Regelfall allein darüber entscheiden kann, wem er den Zutritt zu den Gemeinschaftsräumen gestattet; eine Zustimmung aller ist nicht erforderlich. Die anderen Berechtigten haben grds. kein Widerspruchsrecht. Eine Ausnahme gilt, wenn einem der Mitbewohner der Zutritt des Dritten nicht zugemutet werden kann.[140]

**37** Bei der Wohnraummiete kann das Besuchsrecht vertraglich nicht abbedungen werden, weil es zum Kernbereich der Wohnraummiete gehört.[141] Als sittenwidrig gilt auch die in manchen (älteren) Mietvertragsformularen enthaltene Klausel, wonach der Mieter/die Mieterin nicht berechtigt sein soll, Damen-/Herrenbesuche zu empfangen. Dies gilt auch dann, wenn der Mietpreis besonders niedrig festgesetzt worden ist.[142] Sittenwidrig ist außerdem eine Vereinbarung, wonach der Mieter auf den Besuch bestimmter Verwandter verzichten muss[143] oder wonach der Mieter/die Mieterin keine Ausländer empfangen darf.[144] Eine Ausnahme von diesen Grundsätzen gilt bei Mietverhältnissen über Räume, die Teil eines Wohnheimes sind. Hier kann sich aus dem Heimzweck die Zulässigkeit eines Besuchsverbots oder einer Besuchsbeschränkung ergeben. Außerdem ist eine individualvertragliche Regelung zulässig, wenn dies wegen der besonderen Interessen des Vermieters angezeigt ist, was insbes. bei Mietverhältnissen über Räume, die innerhalb der Vermieterwohnung liegen, der Fall sein kann.

**38** Für das Verhalten seiner Besucher muss der Mieter einstehen, weil diese als seine **Erfüllungsgehilfen** anzusehen sind.[145] § 278 BGB findet Anwendung auf alle Personen, die auf Veranlassung des Mieters hin mit der Mietsache in Berührung kommen, worunter neben den weiteren Haushaltsangehörigen eben auch Besucher fallen. Darüber hinaus kann dem Mieter ein eigenes Verschulden zur Last fallen. Dieses Verschulden kann auch darin liegen, dass der Mieter bei der Auswahl seiner Besucher die erforderliche Sorgfalt außer Acht gelassen hat: Der Mieter darf nämlich solchen Personen den Aufenthalt nicht gestatten, von denen er weiß, dass sie störenden Lärm verursachen, die Nachbarn belästigen oder vermietereigene Gegenstände beschädigen. Ein Verschulden kann außerdem darin liegen, dass es der Mieter unterlässt, gegen einen störenden Besucher einzuschreiten.

**39** Umstritten ist, ob Besucher des Mieters umgekehrt in den **Schutzbereich des Mietvertrags** einbezogen sind, ob sie also etwa bei Vorliegen der Voraussetzungen eines Schadensersatzanspruchs aus § 536 a Abs. 1 BGB oder § 280 BGB selbst einen vertraglichen Schadensersatzanspruch haben.[146]

---

[136] AA AG Altenkirchen WuM 1989, 175.

[137] Ermann/*Lützenkirchen* § 541 Rn. 46.

[138] LK-STGB/*Lilie* StGB § 123 Rn. 30 mwN.

[139] Staake/von Bressendorf Wohngemeinschaften-HdB/*Maume* § 16 Rn. 37.

[140] KG NJW 2016, 1454.

[141] LG Gießen NJW-RR 2001, 8; Staake/von Bressendorf Wohngemeinschaften-HdB/*Maume* § 16 Rn. 20; Staudinger/*Emmerich* BGB Vor §§ 535, 536 Rn. 184.

[142] AG Tübingen WuM 1979, 77 = ZMR 1979, 206.

[143] LG Hagen WuM 1992, 430.

[144] AG Nürnberg WuM 1984, 295.

[145] *BGH VIII ZR 73/16*, NJW-RR 2017, 134 (136) = NZM 2017, 26 (28) = WuM 2017, 23 (24); BGH NJW 1991, 1750 (1752); aA LG Berlin ZMR 2014, 205.

[146] Dafür Schmidt-Futterer/*Blank*, 14. Aufl. 2019, Rn. 37; dagegen – für einen Krankenhausbeherbergungsvertrag – BGH III ZR 102,50, BGHZ 2, 94 = NJW 1951, 596.

Nach diesseitiger Auffassung sind Besucher nicht in den Schutzbereich des Mietvertrags einbezogen. Die Einbeziehung Dritter in die Schutzwirkung eines Vertrags beruht darauf, dass die dritte Person wie der Mieter selbst mit der Leistung des Vermieters in Berührung kommt, also eine gewisse Leistungsnähe vorliegt. Weiter ist nach der Rechtsprechung des BGH erforderlich, dass der Mieter der dritten Person etwa auf Grund eines Arbeitsverhältnisses Schutz und Fürsorge zu gewährleisten hat, was ein Einbeziehungsinteresse des Dritten begründet und dass dies für den Vermieter erkennbar ist.[147] Jedenfalls ist ein qualifizierter sozialer Kontakt Voraussetzung.[148] In der Gewerbemiete sind danach die Mitarbeiter einbezogen,[149] nicht aber gelegentliche Besucher, also Kunden.[150] Nach diesseitiger Auffassung muss die gleiche Differenzierung in der Wohnraummiete gelten. Auch hier kann zwischen Mieter und Besucher ein qualifizierter sozialer Kontakt bestehen, zwingend ist das aber nicht. Gelegentliche Besucher des Mieters sind deswegen auch in der Wohnraummiete nicht in den Schutzbereich des Mietvertrags einbezogen.[151]

### V. Besitzdiener

40 Besitzdiener sind nach der Legaldefinition in § 855 BGB solche Personen, die von den Weisungen des Besitzers abhängig sind und für diesen die tatsächliche Gewalt über die Sache ausüben. Besitzdiener darf der Mieter ohne Genehmigung des Vermieters in die Wohnung aufnehmen; der Mieter muss die Aufnahme lediglich anzeigen. Zu den Besitzdienern gehören die **Angestellten** eines Geschäftsraummieters sowie das **Hauspersonal** des Wohnungsmieters. Hierzu zählt auch das **Pflegepersonal** eines pflegebedürftigen Mieters, wobei es nicht darauf ankommt, ob der Mieter zugleich Arbeitgeber der Pflegeperson ist. Maßgeblich ist nur, dass die betreffenden Personen keinen eigenen Besitz an den Räumen haben. Streng genommen liegt hier kein Fall der selbständigen Besitzüberlassung vor, weil der Besitzdiener nach der gesetzlichen Regelung gerade nicht zum Besitzer wird.

## C. Die Erlaubnis

### I. Gesetzliche Regelung

#### 1. Grundsätzliches

41 Der in § 540 Abs. 1 S. 1 BGB ausgesprochene Grundsatz, wonach die Überlassung der Sache an einen Dritten nur mit Erlaubnis des Vermieters zulässig ist, gilt für alle Mietverhältnisse. Bei der Erlaubnis zur Gebrauchsüberlassung handelt es sich nicht um eine Zustimmung zum Untermietvertrag; die §§ 182–184 BGB sind deshalb nicht unmittelbar anwendbar. Die Erteilung der Erlaubnis hat lediglich zur Folge, dass das vertragliche Recht des Mieters zum Gebrauch der Mietsache erweitert wird.[152] Die Gebrauchsüberlassung ist bei erteilter Erlaubnis nicht vertragswidrig, sondern vertragsgemäß.[153] Dies hat zur Folge, dass sich auch der Dritte gegenüber dem Herausgabeanspruch des Eigentümers aus § 985 BGB auf ein Recht zum Besitz berufen kann. Die Erlaubnis kann für einen konkreten Einzelfall oder generell erklärt werden.[154] Welcher Art die Erlaubnis ist, ist durch Auslegung nach §§ 133, 157 BGB zu ermitteln.

42 Die Erlaubnis ist eine einseitige empfangsbedürftige Willenserklärung.[155] Sie kann gegenüber dem Mieter aber auch – analog § 182 BGB – gegenüber dem Dritten erklärt werden. Die Erlaubnis bedarf keiner **Form.** Auch eine stillschweigende Erteilung der Erlaubnis ist möglich.[156] Eine still-

---

147 BGH, XII ZR 189/08, NJW 2010, 3152 (3153) = NZM 2010, 668 (669).
148 *Zenner* NJW 2009, 1030 (1031).
149 BGH, XII ZR 189/08, NJW 2010, 3152 (3153) = NZM 2010, 668, 669.
150 OLG Rostock, NJW-RR 2007, 1092; Guhling/Günter/*Günter* § 536a Rn. 68.
151 Ebenso OLG Köln MDR 2001, 561.
152 LG München I ZMR 2016, 451.
153 BGH VIII ZR 36/71, BGHZ 59, 3 (7) = NJW 1972, 1267; BGH LwZR 10/07, GuT 2009, 110 (111).
154 MüKoBGB/Bieber § 540 Rn. 15.
155 BGH VIII ZR 36/71, BGHZ 59, 3 (7) = NJW 1972, 1267; OLG Düsseldorf, I-1 U 71/05 – juris (Rn. 54).
156 BGH LwZR 10/07, GuT 2009, 110 (111); BGH VIII ZR 38/90, NJW 1991, 1750 (1751); OLG Düsseldorf, I-1 U 71/05 – juris (Rn. 63 – dort aber im konkrete Fall verneint).

schweigende Erlaubnis kann in der Regel angenommen werden, wenn der Hauptvermieter eine Gebrauchsüberlassung längere Zeit unbeanstandet hingenommen hat.[157]

42a Auch in einem Vertrag, der über eine Laufzeit von mehr als einem Jahr geschlossen worden ist (§ 550 BGB), ist die Erlaubnis formfrei möglich.[158] Streitig ist aber, ob eine Nichteinhaltung der **Schriftform** in diesem Fall zur Kündbarkeit führt.[159] Der BGH hat die Frage nach der Laufzeitschädlichkeit einer vertragsändernden Erlaubnis in dem Urteil v. 23.1.2013[160] offen gelassen. Da es sich aus der Sicht eines möglichen Grundstückserwerbers um eine wesentliche Erweiterung des Gebrauchsrechts handelt, ist es folgerichtig, wenn für die generelle Untermieterlaubnis entsprechend allgemeiner Grundsätze Schriftform verlangt wird. Anders ist es, wenn sich die Untermieterlaubnis nur auf einen konkreten Einzelfall bezieht.[161] Die Frage nach der Laufzeitschädlichkeit i. S. v. § 550 BGB stellt sich nur, wenn nicht der Mietvertrag selbst schon einen Anspruch auf Untermieterlaubnis enthält, andernfalls ergibt sich keine Änderung, sondern nur eine Umsetzung des Vertrags.[162] Für die Erlaubniserteilung nach § 553 BGB gilt nach diesseitiger Auffassung das Gleiche. Hier sieht zwar nicht der Vertrag, wohl aber das Gesetz einen gebundenen Anspruch auf Erlaubniserteilung vor.[163] Durch die konkrete Geltendmachung ändert sich der Vertrag nicht. Wegen des Widerrufs → Rn. 52.

### 2. Kein Anspruch auf Erlaubnis

43 Einen gesetzlichen Anspruch auf Erteilung der Erlaubnis hat der Mieter in der Gewerbemiete vorbehaltlich eines Anspruchs aus § 242 BGB (→ Rn. 45) nicht.[164] Der Mieter kann bei Versagung auch keine Schadensersatzansprüche geltend machen.[165] Er kann lediglich kündigen, falls nicht der Ausnahmetatbestand des § 540 Abs. 1 S. 2 BGB letzter Satzteil eingreift. In der Wohnraummiete gibt es eine Einschränkung. Unter dem Voraussetzungen des § 553 Abs. 1 Satz 1 BGB hat der Mieter einen Anspruch auf Erlaubnis (→ BGB § 553 Rn. 3 ff).

44 Hat ein Vermieter eine konkrete Untervermietung gestattet, obwohl er hierzu nach dem Mietvertrag nicht verpflichtet war, so ist er nicht gehalten, auch weitere Untervermietungen gleicher Art zu erlauben. Eine Untermieterlaubnis bezieht sich im Zweifel nur auf das jeweils in Frage stehende Untermietverhältnis, gilt nur für den Einzelfall.[166]

### 3. Anspruch aus § 242 BGB

45 In eng begrenzten Ausnahmefällen ist ein **Anspruch auf Erteilung der Erlaubnis** denkbar (§ 242 BGB). Durch das Erfordernis der Erlaubniserteilung soll sichergestellt werden, dass die Person des Untermieters dem Vermieter genehm ist und dass der Wert des Objekts durch die Untervermietung nicht geschmälert wird. An diesen Kriterien muss sich der Vermieter orientieren. Verweigert der Vermieter die Erlaubnis aus sachfremden Gründen, so kann das rechtsmissbräuchlich sein.[167]

46 Der Anspruch auf Erteilung der Erlaubnis setzt zunächst voraus, dass der Mieter die Person des Untermieters namentlich benennt, damit der Vermieter prüfen kann, ob der Erteilung der Erlaubnis personenbezogene Gründe entgegenstehen.[168] Weiterhin ist der Mieter verpflichtet, über die

---

157 LG Frankfurt a. M. DWW 1992, 84 bei 18-monatiger Mietdauer; inzident auch LG Hamburg WuM 1977, 184 = ZMR 1978, 85 bei jahrelanger Duldung.

158 Staudinger/*V. Emmerich* BGB § 540 Rn. 12; BeckOK BGB/*Wiederhold* BGB § 540 Rn. 12.

159 **Bejahend** *Sonnenschein* PiG 23 (1986), 167 (173); Guhling/Günter/*Guhling* § 540 Rn. 31; MüKoBGB/*Bieber* § 540 Rn. 16; Schach/Schultz/Schüller/*Leo* § 550 Rn. 130 (jeweils für die generelle Untermieterlaubnis); **verneinend** OLG Köln 1 U 28/15, BeckRS 2015, 16367; Lützenkirchen MietR/*Lützenkirchen* BGB § 540 Rn. 43; BeckOGK/*Emmerich* BGB § 540 Rn. 37 (bezogen aber wohl auf die Einzelerlaubnis).

160 BGH XII ZR 35/11, NJW 2013, 1082.

161 OLG Düsseldorf Urt. v. 18.9.2015 – I-1 U 28/15 – juris; Staudinger/*V. Emmerich* BGB § 550 Rn. 21; *Häublein* PiG 85 (2009), 117 (132).

162 Guhling/Günter/*Guhling* § 540 Rn. 31; BGH XII ZR 35/11, NJW 2013, 1082 (1083).

163 LG Kiel WuM 1994, 610; aA Schmidt-Futterer/*Blank,* 14. Aufl. 2019, Rn. 42.

164 OLG Düsseldorf WuM 1993, 399; OLG Hamm 30 U 120/07, BeckRS 2008, 12185 und juris; Lützenkirchen MietR/*Lützenkirchen* BGB § 540 Rn. 55; MüKoBGB/*Bieber* § 540 Rn. 13; *Harsch* MDR 2013, 754 (755).

165 OLG Düsseldorf WuM 1993, 399; OLG Hamm, 30 U 120/07, BeckRS 2008 12185 und juris.

166 *OLG Düsseldorf NZM 2003,* 945 = WuM 2003, 136; AG Potsdam WuM 1995, 40.

167 OLG Hamm NJWE-MietR 1996, 107; *Lammel* jurisPR-MietR 22/2008 Anm. 5.

168 BGH NJW 2007, 288 (289) = NZM 2007, 127 (128) (Gewerbemiete); BGH VIII ARZ 2/84; BGHZ 92, 213 (222) = NJW 1985, 130 (132); WuM 1985, 7 (9) (zu § 549 Abs. 2 BGB aF) (Wohnraummiete).

berufliche oder sonstige Tätigkeit des Dritten Auskunft zu geben[169]. Außerdem muss der Mieter die Gründe der Untervermietung darlegen. Auch die geplanten Mietbedingungen müssen regelmäßig offen gelegt werden. Dies gilt insbes. bei der Gewerbemiete. Dort umfasst die Auskunft auch die Bonität des vorgesehenen Untermieters. Der Vermieter wird nämlich in aller Regel ein Interesse daran haben, dass das Objekt wirtschaftlich betrieben wird, dass die Inhaber von Ladenräumen oder Gaststätten nicht ständig wechseln und dass die Mietsache nicht ständig leer steht.[170] Weitere Einzelheiten: → Rn. 68.

**Rechtsmissbrauch** kann gegeben sein, wenn der Vermieter die Erlaubnis in der Erwartung verweigert, er könne mit dem vom Mieter ausgewählten Untermieter einen Hauptmietvertrag abschließen und dabei einen höheren Mietzins als bisher erzielen. Ebenso kann die Verweigerung der Erlaubnis rechtsmissbräuchlich sein, wenn die Überlassung an den Dritten die Belange des Vermieters nicht ernsthaft berührt. Das kann bspw. der Fall sein, wenn der Mieter gewerblicher Räume einen Gesellschafter aufgenommen hat, aber sichergestellt ist, dass sich an der Betriebsführung, der Sachherrschaft des Mieters und den Auswirkungen für den Vermieter nichts ändert.[171] 47

Ein aus § 242 BGB folgender Anspruch ist außerdem dann in Betracht zu ziehen, wenn sich die **Geschäftsgrundlage** seit dem Vertragsschluss wesentlich geändert hat **(§ 313 BGB).** Allerdings ist hier die vertragliche Risikoverteilung zu beachten.[172] So muss der Vermieter der Untervermietung nicht zustimmen, nur weil dem Mieter die volle Ausnutzung eines günstigen langjährigen Mietvertrags nicht mehr möglich ist.[173] In jedem Fall kann der Vermieter verlangen, dass der Dritte die Sache entsprechend den Vereinbarungen im Hauptvertrag nutzt. So muss der Vermieter bei Gewerberäumen eine Untervermietung als Wohnung auch nach § 242 BGB nicht erlauben.[174] 48

### 4. Erteilung der Erlaubnis

Wird die Erlaubnis erteilt, so darf der Mieter mit der Sache entsprechend dem Inhalt der Erlaubnis verfahren. Der Untermieter erwirbt aus der Erlaubnis weder Ansprüche gegen den Hauptvermieter noch gegen den Mieter. Im Zweifel ist die Erlaubnis dahingehend auszulegen, dass ein Dritter die Sache in derselben Art und Weise wie zuvor der Mieter nutzen darf. Der Hauptmietvertrag begrenzt insoweit den Untermietvertrag.[175] Soll zugleich der Vertragszweck geändert werden, so bedarf dies einer ausdrücklichen Regelung. Soll die Wohnung vom Untermieter zu gewerblichen Zwecken genutzt werden, so liegt hierin eine Vertragsänderung, die einer besonderen Vereinbarung bedarf. Ein derart geänderter Vertragszweck läge vor, wenn der Mieter die Räume wie ein gewerblicher Zimmervermieter nutzen will,[176] Diese Art der Nutzung ist vom Vertragszweck der Nutzung als Wohnraum nicht mehr umfasst (vgl. Art. 6 § 1 MietRVerbG 1971: Verbot der Zweckentfremdung von Wohnraum). Gleiches gilt für den umgekehrten Fall, wenn Gewerberäume vom Untermieter als Wohnung genutzt werden sollen.[177] 49

Will der Mieter nach Beendigung eines Untermietverhältnisses die Sache einem anderen Untermieter überlassen, so muss (vorbehaltlich einer generellen Untermieterlaubnis) eine erneute Erlaubnis eingeholt werden. Gleiches gilt, wenn der Wechsel des Untermieters auf andere Art und Weise – etwa im Wege des Mieterwechsels herbeigeführt wird. Dies folgt aus dem Gesetzeszweck: Der Vermieter hat ein Recht zu wissen, in wessen Obhut sich die Sache befindet. Der Abschluss eines Anschlussuntermietvertrags mit demselben Untermieter ist aus den genannten Gründen erlaubnisfrei. 49a

---

169 BGH XII ZR 92/04, NJW 2007, 288 (289); BGH VIII ARZ 2/84; BGHZ 92, 213 (222) = NJW 1985, 130; WuM 1985, 7 (9) (zu § 549 Abs. 2 BGB a. F.); aA LG Hamburg NJW-RR 1992, 13 = DWW 1991, 241 = WuM 1991, 585 (586).

170 BGH NJW 2007, 288 (289) = NZM 2007, 128; OLG Hamm NJWE-MietR 1996, 107.

171 OLG Hamburg WuM 1993, 737; Fritz GewerberaumMietR/*Fritz* Rn. 328; *B. Heilmann* NZM 2016, 74 (77).

172 *Lammel* jurisPR-MietR 22/2008 Anm. 5.

173 BGH WPM 1968, 650.

174 OLG Koblenz NJW-RR 1986, 1343 = MDR 1986, 496.

175 OLG Hamm NJW 1992, 916; Guhling/Günter/*Guhling* § 540 Rn. 29.

176 BGH VIII ZR 210/13, NJW 2014, 622, LG Berlin WuM 2015, 31 (jeweils: tageweise Vermietung einer Wohnung an Berlin-Touristen); AG München ZMR 2014, 467 (Weitervermietung an Medizintouristen).

177 OLG Koblenz NJW-RR 1986, 1343 = MDR 1986, 496.

50 Will der Mieter dem Untermieter ein Recht zur weiteren Untervermietung einräumen **(Unter-Unter-Miete),** so bedarf dies einer ausdrücklichen Vereinbarung zwischen dem Hauptvermieter und dem Mieter. Untermieterlaubnisse sind als Ausnahmen von der gesetzlichen Regelung eng auszulegen. Im Zweifel ist der Mieter auf Grund der Untermieterlaubnis daher nicht berechtigt, seinem Mieter die Weitervermietung zu gestatten.[178] Das entspricht auch dem Zweck des Erlaubnisvorbehalts: Er schützt das Interesse des Vermieters, die Herrschaft über die Mietsache nur demjenigen zu überlassen, den er für vertrauenswürdig hält.[179]

51 Die Erlaubnis kann auch **befristet** werden. Hiervon ist bspw. auszugehen, wenn der Mieter ein Zimmer einem Wohnungssuchenden überlassen will, bis dieser eine eigene Wohnung gefunden hat. Eine zu diesem Zweck erteilte Erlaubnis ist dahingehend auszulegen, dass sie nur für die Zeit der Wohnungssuche gilt; hierfür ist ein Zeitraum von einem Jahr ausreichend.[180] In diesem Fall muss der Mieter durch eine entsprechende Ausgestaltung des Untermietvertrags dafür sorgen, dass er die Gebrauchsüberlassung nach Ablauf der Befristung beenden kann. Wird die Gebrauchsüberlassung trotz Ablauf der Befristung fortgesetzt, so liegt ein vertragswidriger Gebrauch vor, weil die durch die Erteilung der Erlaubnis vereinbarte Erweiterung des Gebrauchsrechts nicht mehr besteht.[181] Der Mieter muss alle erforderlichen Schritte unternehmen, um die Gebrauchsüberlassung zu beenden.[182]

### 5. Widerruf der Erlaubnis

52 Durch die Erteilung der Erlaubnis wird der Mietvertrag hinsichtlich des Umfangs des vertragsgemäßen Gebrauchs erweitert. Ein derart umgestaltetes Mietverhältnis kann nach allgemeinen Grundsätzen nur einvernehmlich wieder geändert werden (§ 311 Abs. 1 BGB). Daraus folgt, dass eine einmal erteilte Erlaubnis grundsätzlich nicht widerrufen werden kann, es sei denn, die Parteien hätten – in der Gewerbemiete möglich – einen Widerrufsvorbehalt vereinbart. In der **Gewerbemiete** ist das individualvertraglich möglich,[183] formularvertraglich nicht (Verstoß gegen § 307 Abs. 2 Nr. 1 BGB).[184] In der **Wohnraummiete** würde selbst die individualvertragliche Vereinbarung eines unbeschränkten Widerrufsrechts an § 553 Abs. 3 BGB scheitern.[185] Die Erlaubnis bindet nach § 566 BGB auch den Grundstückserwerber.[186]

53 Ob ein **Widerruf aus wichtigem Grund** möglich bleibt, ist streitig.[187] Es besteht Einigkeit darüber, dass der Vermieter sich nicht mit einer Untervermietung abfinden muss, die den im Hauptmietvertrag vorgesehenen vertraglichen Gebrauch überschreiten. Das gilt etwa bei einer gewerblichen Untervermietung der gesamten Wohnung[188] oder im gewerblichen Bereich bei der Untervermietung zum Betrieb eines Sex-Shops.[189] Das Gleiche gilt, wenn der Umfang der Erlaubnis überschritten wird, etwa bei der vollständigen und unbefristeten Weitervermietung in Ausnutzung einer Untermieterlaubnis für kurze Auslandsaufenthalte des Mieters.[190] In jedem Fall geht es um das nachträglich Eintreten von Umständen, auf Grund derer der Vermieter zur Kündigung des Hauptmietverhältnisses berechtigt wäre.[191] Hier erlaubt die herrschende Meinung den Widerruf

---

[178] OLG Hamm NJW-RR 1992, 783.
[179] OLG Hamm NJW-RR 1992, 783.
[180] LG Berlin WuM 2015, 421 (422).
[181] LG Berlin WuM 2015, 421 (422); aA LG Stuttgart WuM 1992, 122.
[182] LG Berlin WuM 2015, 421 (422); offen gelassen von BGH VIII ZR 5/13, NZM 2014, 128 = NJW-RR 2014, 265 (266) = WuM 2014, 27 (28).
[183] Spielbauer/Schneider/*Spielbauer* BGB § 540 Rn. 47.
[184] BGH VIII ZR 56/86, NJW 1987, 1692.
[185] Klein-Blenkers/Heinemann/Ring/*Hinz* § 553 Rn. 24.
[186] Guhling/Günter/*Guhling* § 540 Rn. 29.
[187] **Dafür** BGH VIII ZR 237/82, BGHZ 89, 308 = NJW 1984, 1031 = MDR 1984, 571; LG München I BeckRS 2016, 3474 = ZMR 2014, 451 (452); LG Berlin WuM 2017, 260 (261) = BeckRS 2017, 106997; AG Halle 2.5.2013 – 93 C 3182/12, juris; BeckOK BGB/*Wiederhold* BGB § 540 Rn. 15; Erman/*Lützenkirchen* BGB § 540 Rn. 11; Staudinger/*V. Emmerich* BGB § 540 Rn. 22; *Palandt/Weidenkaff* BGB § 540 Rn. 9; *B. Heilmann* NZM 2016, 74 (78); **dagegen** MüKoBGB/*Bieber* § 540 Rn. 17.
[188] AG Halle 2.5.2013 – 93 C 3182/12, juris.
[189] BGH VIII ZR 237/82, BGHZ 89, 308 = NJW 1984, 1031 = MDR 1984, 571.
[190] *LG München I BeckRS 2016, 3474* = ZMR 2014, 451.
[191] BGH VIII ZR 237/82, BGHZ 89, 308 = NJW 1984, 1031 = MDR 1984, 571; BeckOK BGB/*Wiederhold* BGB § 540 Rn. 15; Erman/*Lützenkirchen* BGB § 540 Rn. 11; Herrlein/Knops/Spiegelberg/Korff BGB § 540 Rn. 17.

der Erlaubnis letztlich als ein Minus zur Kündigung des Hauptmietvertrags.[192] Die Gegenauffassung sieht vor, dass der Vermieter das Hauptmietverhältnis kündigen kann. Beide Auffassungen dürften in der Praxis in der Regel zum gleichen Ergebnis führen. Nach der Mindermeinung setzt die Kündigung wohl regelmäßig eine Abmahnung – heißt hier: die Beendigung des Untermietverhältnisses – voraus. Nach der herrschenden Auffassung liegt umgekehrt wohl immer ein Kündigungsgrund nach § 543 Abs. 2 Nr. 2 BGB oder § 573 Abs. 2 Nr. 2 BGB vor, wenn der Mieter nach dem Widerruf der Erlaubnis die Untervermietung nicht beendet oder – bei Fehlverhalten des Untermieters – die vertragswidrigen Zustände nicht beseitigt. Systematisch erscheint es richtiger, ein Kündigungsrecht zu bejahen, weil die Ausübung der Untermieterlaubnis außerhalb des vertraglich Gestatteten von Anfang an einen vertragswidrigen Gebrauch i. S. d. § 543 Abs. 2 Nr. 2 oder § 573 Abs. 2 Nr. 1 BGB bedeutet.

Folgt man der herrschenden Meinung, ist der Widerruf wie die Erlaubnis selbst eine einseitige **54**
empfangsbedürftige Willenserklärung, die wirksam wird, wenn sie dem Mieter zugeht. Gegenüber dem Untermieter kann der Widerruf nicht erklärt werden. Fraglich ist, ob dem Widerruf eine **Abmahnung** vorausgehen muss, wenn er auf ein Verhalten des Untermieters gestützt wird. Die entsprechende Anwendung der genannten Vorschriften ist erscheint nach diesseitiger Auffassung nicht geboten.[193] Sie würde letztlich zu einem doppelten Abmahnerfordernis führen (Abmahnung vor Widerruf der Untermieterlaubnis, erneute Abmahnung vor einer darauf gestützten Kündigung). Der Vermieter stünde sich schlechter als beim Fehlverhalten eines Haushaltsangehörigen, obwohl der Mieter sich ein Verschulden dieser Personen gleichermaßen zurechnen lassen muss (§ 540 Abs. 2).

Der Widerruf ist grds. **formlos** möglich. Er bedarf keiner Begründung. Auf Verlangen des Mie- **55**
ters muss der Vermieter jedoch die **Gründe des Widerrufs** mitteilen, damit sich der Mieter sachgerecht verteidigen kann. Eine Unterlassung der Mitteilung hat zwar auf die Wirksamkeit des Widerrufs keinen Einfluss; der Vermieter muss aber Kostennachteile in Kauf nehmen, wenn er im Prozess auf Grund von Umständen obsiegt, die er vorgerichtlich nicht offenbart hat (§ 93 ZPO). Mit dem Zugang des Widerrufs wird die Gebrauchsüberlassung vertragswidrig.[194] Bevor der Vermieter darauf eine Kündigung stützt, muss dem Mieter allerdings eine angemessene Frist zur Beendigung der Gebrauchsüberlassung eingeräumt werden. Grundsätzlich ist dies derjenige Zeitraum, den der Mieter braucht, um ein Untermietverhältnis wirksam zu beenden. Der Widerruf deckt sich inhaltlich mit der Abmahnung im Hauptmietverhältnis.

### 6. Versagung der Erlaubnis

Die Erlaubnis gilt als versagt, wenn der Vermieter dies ausdrücklich erklärt oder wenn er sich auf **56**
die Anfrage binnen einer vom Mieter gesetzten Frist nicht äußert.[195] Andernfalls hätte der Vermieter es in der Hand, durch bloßes Schweigen das Kündigungsrecht nach § 540 Abs. 1 Satz 2 zu vereiteln.[196] Streitig ist, ob das auch gilt, wenn der Mieter mit Fristsetzung um eine generelle Erlaubnis nachsucht, ohne eine konkrete Person zu benennen. Nach herrschender Auffassung gilt hier das Schweigen nicht als Verweigerung. Der Mieter habe gegenüber dem Vermieter keinen Anspruch auf Abgabe einer Erklärung zu der generellen Frage, ob er mit der Untervermietung einverstanden ist, solange der Mieter dem Vermieter keinen konkreten Untermietinteressenten oder – in der Gewerbemiete keinen konkrete Nutzungsart – benenne.[197] Nach der Gegenauffassung gilt auch das Schweigen auf eine generelle Anfrage als Verweigerung, die das Kündigungsrecht auslöst. Auch hier bestehe eine Erklärungspflicht des Vermieters.[198] Andernfalls wäre der Mieter zur aufwändigen Suche nach einem konkreten Untermieter gezwungen, ohne die generelle Bereitschaft des Vermieters einschätzen zu können.[199] Der herrschenden Auffassung ist zuzustimmen. Die Verweigerung

---

[192] BGH VIII ZR 237/82, BGHZ 89, 308 (315) = NJW 1984, 1031 (1032) = MDR 1984, 571; *Hinz* JR 2018, 187 (192).
[193] AA Schmidt-Futterer/*Blank,* 14. Aufl. 2019, Rn. 55.
[194] AA Schmidt-Futterer/*Blank,* 14. Aufl. 2019, Rn. 55.
[195] OLG Hamm OLGR 1992, 275; LG Berlin NZM 1999, 405 (406); LG Nürnberg-Fürth WuM 1995, 587; Jauernig/*Teichmann* § 540 Rn. 6.
[196] LG Nürnberg-Fürth WuM 1995, 587.
[197] KG NJW-RR 2008, 680 (681); OLG Koblenz NJW 2001, 1948 (Rechtsentscheid); OLG Köln NJW-RR 2001, 590 = WuM 2000, 597; aA LG Berlin NJW-RR 1990, 457.
[198] LG Mainz WuM 2000, 484 (485); Lützenkirchen AHB/*J.-T. Callsen* Rn. G I 53.
[199] LG Mainz WuM 200, 484 (485).

entscheidet über ein konkretes Kündigungsrecht. Daraus lässt sich keine Pflicht des Vermieters ableiten, Zwischenentscheidungen zu treffen und mitzuteilen.

Zur Wirksamkeit der Erklärung, durch die eine Untervermietung abgelehnt wird, ist die Angabe von Gründen nicht erforderlich. Da von den Gründen der Versagung aber das Kündigungsrecht des Mieters abhängt, ist der Vermieter verpflichtet, dem Mieter auf Anfrage die Gründe mitzuteilen. Eine unterlassene Mitteilung kann Kostennachteile für den Vermieter zur Folge haben.

**Eine Erteilung der Erlaubnis unter einer Einschränkung oder Modifikation** ist nach den Grundsätzen über das Zustandekommen von Verträgen zu beurteilen. Wird bspw. die Erlaubnis zur Untervermietung beantragt und erteilt der Vermieter die Erlaubnis unter der „Bedingung", dass der Mieter einen Untermietzuschlag bezahlt, so gilt die Erlaubnis als verweigert, wenn die Höhe des Zuschlags nicht festgestellt werden kann. Wird vom Vermieter dagegen ein konkreter Zuschlag genannt, so steht es dem Mieter frei, gegen Zahlung des Zuschlags unterzuvermieten. Verfährt der Mieter entsprechend dem Inhalt der Erlaubnis, so wird der Mietvertrag abgeändert: der Mieter darf untervermieten; er ist aber auch verpflichtet, den in der Erlaubnis genannten Zuschlag zu bezahlen.

### 7. Überlassung der Mietsache ohne Erlaubnis

**56a** Die unbefugte Überlassung der Mietsache an einen Dritten ist als Vertragsverletzung nach § 543 Abs. 2 Nr. 2 BGB zu bewerten, die den Vermieter zur Kündigung berechtigt (Einzelheiten → § 543 BGB Rn. 144 ff.). Zur Rechtslage gilt im Übrigen das oben zur Untervermietung nach Beendigung des Hauptmietvertrags und zur unerlaubten Untervermietung Gesagte (→ Rn. 12 ff, 15 ff.).

## II. Vertragsklauseln

### 1. Generelle Erlaubnis

**57** Ist im Mietvertrag vereinbart, dass der Mieter das Recht zur Untervermietung hat (generelle Erlaubnis), so kann der Mieter nach freiem Ermessen untervermieten. Das Ermessen hinsichtlich der Auswahl des Untermieters und der Art und Weise der Untervermietung wird allerdings durch den Vertragszweck, durch die vertragsimmanenten Schranken und durch § 242 BGB begrenzt. Der Mieter ist auch bei einer allgemeinen Untermieterlaubnis gehalten, den Vertragszweck und die beim Vertragsschluss bekannten Interessen des Vermieters zu berücksichtigen.[200] Ist Wohnraum vermietet, so dürfen die Räume im Zweifel nicht als Geschäftsraum untervermietet werden. Unter Umständen kann die Auslegung einer Klausel ergeben, dass lediglich eine generelle Erlaubnis zur Abvermietung, also der Überlassung nur eines Teils der Wohnung, vereinbart worden ist. In diesem Fall ist der Mieter nicht berechtigt, die Wohnung insgesamt einem Dritten zu überlassen. Bei der Auswahl des Dritten, sowie bei der Ausgestaltung des Untermietvertrags muss der Mieter diejenigen Grenzen des Vertragszwecks beachten, die ihm selbst obliegen (zB keine Vermietung zum Zwecke der Ausübung der Prostitution). Bei der Vermietung von Geschäftsraum gelten vergleichbare Grundsätze.[201] Im Zweifel muss der Mieter bei der Auswahl des Untermieters auch auf Konkurrenzschutzvereinbarungen Rücksicht nehmen, die der Vermieter mit anderen Mietern getroffen hat. Auch hier gilt, dass der Vertragszweck des Hauptvertrags in der Regel auch die Untermieterlaubnis begrenzt.[202] Da das Gebot wechselseitiger Rücksichtnahme zu den mietvertraglichen Nebenpflichten gehört, ist der Mieter im Zweifelsfall verpflichtet, vor der Untervermietung mit dem Hauptvermieter Rücksprache zu nehmen.[203] Für den Widerruf der Erlaubnis gelten die unter → Rn. 52 dargelegten Grundsätze.

### 2. Verbot mit Erlaubnisvorbehalt

**58** Eine Klausel, wonach die Gebrauchsüberlassung an Dritte nur mit Erlaubnis des Vermieters gestattet ist, entspricht im Zweifel der gesetzlichen Regelung. Der Vermieter kann die Erlaubnis nach freiem Ermessen versagen, ist aber darin durch § 242 BGB begrenzt (→ Rn. 45 ff.).[204] Die Erlaubnis muss danach erteilt werden, wenn der Mieter ein berechtigtes Interesse an der Unterver-

[200] OLG Hamm ZMR 1992, 192 = NJW 1992, 916.
[201] *Vgl. die Entscheidung OLG* Hamm ZMR 1992, 192 = NJW 1992, 916.
[202] LG Oldenburg NJW-RR 1989, 81; AG Hamburg-St. Georg ZMR 2014, 130.
[203] LG Oldenburg NJW-RR 1989, 81.
[204] BGH NJW 1982, 376 = ZMR 1982, 11.

mietung hat und dem Vermieter hierdurch keine Nachteile entstehen.[205] Die Erlaubnis kann versagt werden, wenn durch die Untervermietung eine Änderung des vertraglich festgelegten Nutzungszwecks verbunden ist[206] oder wenn der Vermieter eine zugunsten eines anderen Mieters bestehende Konkurrenzschutzklausel beachten muss.[207] Der Vermieter ist bei der Vereinbarung eines Untermietverbots mit Erlaubnisvorbehalt nicht verpflichtet, den Mieter beim Vertragsschluss auf bestehende Mietverträge mit Konkurrenzschutzklauseln hinzuweisen.[208]

Eine Interessenabwägung über die Erteilung der Erlaubnis ist nur möglich, wenn der Mieter die Person des Untermieters namentlich benennt und die zur Beurteilung der Zuverlässigkeit und Bonität erforderlichen Daten offen legt.[209] Die Ausführungen zu → Rn. 46, 68 gelten hier sinngemäß. Außerdem muss der Mieter die Gründe der Untervermietung darlegen. Auch die geplanten Mietbedingungen müssen regelmäßig offen gelegt werden. Dies gilt insbes. bei der Gewerbemiete. Der Vermieter wird nämlich in aller Regel ein Interesse daran haben, dass das Objekt wirtschaftlich betrieben wird, dass die Inhaber von Ladenräumen oder Gaststätten nicht allzu häufig wechseln und dass die Mietsache nicht ständig leer steht.[210] 59

### 3. Erlaubnis mit Verbotsvorbehalt

Ist vereinbart, dass der Vermieter die Untermieterlaubnis aus schwerwiegenden (oder wichtigem) Grund versagen darf, so ist der Mieter grds. zur Untervermietung berechtigt. Der Vermieter kann die Erlaubnis nur versagen, wenn er hierfür gewichtige Gründe geltend machen kann. In einem gewissen Ausmaß muss der Vermieter hier auch eine Änderung der im Hauptmietvertrag vorgesehenen Nutzung hinnehmen.[211] Hier ist immer eine Abwägung im Einzelfall vorzunehmen. Die Verweigerung der Zustimmung ohne wichtigen Grund ist als Pflichtverletzung zu bewerten.[212] Für den Begriff des „wichtigen" oder „schwerwiegenden" Grundes gelten, die Ausführungen zu → Rn. 77. Der Mieter ist verpflichtet, den Vermieter über die Person des Untermieters und die Bedingungen des Untermietvertrags zu informieren, damit der Vermieter prüfen kann, ob ein wichtiger Grund zur Versagung der Untermieterlaubnis vorliegt. Die Ausführungen zu → Rn. 46, 59 gelten auch hier. 60

### 4. Anspruch auf Erlaubnis

Haben die Parteien vereinbart, dass der Vermieter die Erlaubnis erteilen muss, wenn bestimmte Voraussetzungen gegeben sind, so ist der Vermieter in seinem Ermessen gebunden. Der Mieter muss gegenüber dem Vermieter darlegen, dass die vereinbarten Voraussetzungen gegeben sind. Wird in einem solchen Fall die Erlaubnis an Bedingungen geknüpft, die im Mietvertrag nicht vorgesehen sind, so begründet dies das Kündigungsrecht.[213] Es die unter → Rn. 74 dargelegten Rechtsfolgen. Hier kann die Erlaubnis auch im Klageweg durchgesetzt werden. Das rechtskräftige Urteil ersetzt nach § 894 ZPO die Erklärung. 61

Ist vereinbart, dass der Mieter im Falle der Erteilung der Erlaubnis einen „Untermietzuschlag" in einer bestimmten Höhe zu bezahlen hat, so entsteht der Anspruch des Vermieters auf den höheren Mietzins mit der Erlaubniserteilung. Etwas anderes gilt, wenn sich die Höhe des Zuschlags nicht aus dem Vertrag ergibt. In einem solchen Fall hat der Vermieter lediglich einen Anspruch auf Zustimmung zu einer angemessen Mieterhöhung, der im Wege der Zustimmungsklage geltend gemacht werden muss. Dieselbe Rechtsfolge tritt ein, wenn die Mieterhöhung nach dem Wortlaut der Klausel von einer Vereinbarung der Parteien hierüber abhängen soll.[214] Ohne Erlaubnis ist die 62

---

[205] OLG Hamburg WuM 1993, 737, berechtigtes Interesse bejaht, wenn der Mieter von Räumen zum Betrieb einer psychotherapeutischen Praxis einen Dritten aufnehmen will, um hierdurch seine Raumkosten zu verringern.

[206] LG Nürnberg WuM 1991, 344.

[207] BGH NJW 1982, 376 = ZMR 1982, 11.

[208] BGH NJW 1982, 376 = ZMR 1982, 11.

[209] OLG Dresden NZM 2004, 461 (462f) = GuT 2005, 170 (Ls und Kurzwiedergabe).

[210] BGH NJW 2007, 288 (289) = NZM 2007, 127 (128) = GuT 2007, 19 (21) für den Fall dass der Hauptmieter eine Betriebspflicht übernommen hat; OLG Hamm NJWE-MietR 1996, 107.

[211] Vgl. OLG Düsseldorf GuT 2011, 281 = GE 2011, 336 (Ein-Euro-Shop statt eines anspruchsvollen Buchhandelsgeschäfts).

[212] OLG Düsseldorf GuT 2011, 281 = GE 2011, 336.

[213] BGH VIII ZR 36/71, BGHZ 59, 3 = NJW 1972, 1267.

[214] Vgl. BGH XII ZR 194/93, NJW 1996, 838 (839).

Untervermietung vertragswidrig, der Vermieter hat aber – wie sonst auch – keinen Anspruch auf einen Zuschlag.[215]

### 5. Ausschluss der Untervermietung

63 Das Recht zur Untervermietung kann in der **Gewerbemiete** durch **Individualvertrag** ausgeschlossen werden. Dagegen verstößt der Ausschluss durch **Formularvertrag** jedenfalls bei (langfristig) befristeten Gewerbemietverträgen oder bei der Vereinbarung wesentlich verlängerter Kündigungsfristen gegen § 307 BGB.[216] Das Verbot bedeutet nämlich zugleich einen Ausschluss des Sonderkündigungsrechts nach § 540 Abs. 1 Satz 2.[217] Diese Auslegung ist nach hier vertretener Auffassung zwingend, weil andernfalls die Befristung (des Mietvertrags) keinen Sinn mehr ergäbe. Der Vermieter müsste einer Untermietanfrage trotz des Untermietverbots zustimmen oder der Mieter könnte sich trotz der Befristung nach § 540 Abs. 1 Satz 2 BGB lösen. Eben weil das Sonderkündigungsrecht zwingend mit ausgeschlossen ist, liegt eine wesentliche Abweichung vom gesetzlichen Grundgedanken vor. Nach dem gesetzlichen Konzept soll das dem Mieter zugewiesene Verwendungsrisiko gerade durch das Sonderkündigungsrecht abgemildert werden.[218] Eine Bewertung der wechselseitigen Interessen ergibt, dass das Interesse des Mieters an der Untervermietung wesentlich gewichtiger ist, als das Interesse des Vermieters an der Durchsetzung des Verbots. Die Interessen des Vermieters werden durch die Untervermietung kaum beeinträchtigt, weil der Mieter nach § 540 Abs. 2 BGB für den Untermieter haftet. Einen unzumutbaren Untermieter muss der Vermieter schon nach dem Gesetz nicht akzeptieren. Für den Mieter geht es dagegen um die Vermeidung erheblicher wirtschaftlicher Einbußen aus dem Verwendungsrisiko, wenn er die Mieträume infolge einer unvorhergesehenen Veränderung seiner persönlichen oder wirtschaftlichen Verhältnisse nicht mehr sinnvoll nutzen kann.[219]

Nach diesseitiger Auffassung gilt diese Wertung nicht bei einem Mietvertrag, den der Mieter frei kündigen kann.[220] Hier kann der Mieter sich wie sonst auch schlicht durch die Kündigung vom Verwendungsrisiko befreien.[221] Die Kündigungsfrist ist die gleiche wie die Frist des § 540 Abs. 1 Satz 2 (§ 580 Abs. 4). Unwirksam ist wiederum eine Klausel, nach der zwar die Untermietung nicht ausgeschlossen, es aber im Einzelfall bei Ausschluss des Sonderkündigungsrechts in das freie Belieben des Vermieters gestellt wird, ob er einen Untermieter akzeptiert oder nicht.[222] Diese Klausel ist auch bei unbefristeten Verträgen unangemessen, weil der Mieter zunächst die berechtigte Erwartung haben kann, dass einer Untervermietung bei gegebenem Anlass genehmigt werden wird, die Nichterteilung dann aber doch sanktionslos in das Belieben des Vermieters gestellt wird.[223]

In der **Wohnraummiete** ist eine Vereinbarung, die § 553 BGB zum Nachteil des Mieters abbedingt, unwirksam (§ 553 Abs. 3 BGB).[224] Vereinbarungen kämen nur infrage, soweit es um die Untervermietung der gesamten Wohnung geht, hier gelten die gleichen Grundsätze wie gerade zur Gewerbemiete dargestellt.

### 6. Sonstige Regelungen

64 Die in der Vertragsgestaltungspraxis häufig verwendeten Begriffe „Genehmigung“, „Zustimmung“, „Einwilligung“ oder dergleichen haben im Zusammenhang mit der Regelung der Untermiete keine andere Bedeutung als der gesetzliche Begriff der „Erlaubnis“. In einem Formularmiet-

---

[215] BGH XII ZR 194/93, NJW 1996, 838 (839).

[216] LG Bonn NZM 2003, 397; *Kandelhard* BB 1995, 2596 (2602f); Guhling/Günter/*Guhling* § 540 Rn. 46; *Heintzmann* NJW 1994, 1177 (1181); aA *Seyfarth* NZM 2002, 200 (202); Palandt/*Weidenkaff* BGB § 540; Rn. 2; Erman/*Lützenkirchen* BGB § 540 Rn. 2; offen gelassen bei BGH XII ZR 172/94, NJW 1995, 2034 (2035) = BB 1995, 2129 (2130).

[217] BGH VIII ZR 288/89, BGHZ 112, 65 (69) = NJW 1990, 3016 (3017); Lindner-Figura/Oprée/Stellmann Geschäftsraummiete-HdB/*Stellmann* Kap. 18 Rn. 16; *Seyfarth* NZM 2002, 200 (201).

[218] *Kandelhard* BB 1995, 2596 (2598).

[219] BGH XII ZR 172/94, NJW 1995, 2034 (2035) = BB 1995, 2129 (2130).

[220] Vgl. Lindner-Figura/Oprée/Stellmann Geschäftsraummiete-HdB/*Stellmann* Kap. 18 Rn. 16; aA Bub/Treier MietR-HdB/*Kraemer* Rn. III 3024 – für die Wohnraummiete auch LG Hamburg WuM 1992, 689.

[221] Lindner-Figura/Oprée/Stellmann Geschäftsraummiete-HdB/*Stellmann* Kap. 18 Rn. 16.

[222] BGH XII ZR 172/94, NJW 1995, 2034 = BB 1995, 2129.

[223] BGH XII ZR 172/94, NJW 1995, 2034 (2035) = BB 1995, 2129 (2131).

[224] Näher *Hinz* NZM 2019, 649, 650.

vertrag kann nicht wirksam vereinbart werden, dass eine Untermieterlaubnis nur wirksam ist, wenn sie schriftlich erteilt wird.[225] Zwar wäre die mündlich erteilte Erlaubnis ohnehin wirksam (§ 305 b), der Mieter könnte aber durch die Klausel von einer Durchsetzung seiner Rechte abgehalten werden.[226] Bei der Gewerbemiete kann vereinbart werden, dass der Vermieter die Erlaubnis zur Untervermietung auch dann versagen darf, wenn hierdurch seine geschäftlichen Interessen beeinträchtigt werden. Liegt ein derartiger Versagungsgrund vor, so kann der Mieter das Mietverhältnis nicht wegen der Verweigerung der Erlaubnis kündigen.[227] Eine **Formularklausel,** wonach die Erlaubnis widerrufen werden kann **(uneingeschränkter Widerrufsvorbehalt)** verstößt gegen § 307 Abs. 2 Nr. 1 BGB.[228] Wirksam ist eine Formularklausel, nach der ein Widerruf der Erlaubnis aus wichtigem Grund möglich ist; eine solche Klausel steht im Einklang mit der gesetzlichen Rechtslage, die nach h. M. einen solchen Widerruf zulässt (→ Rn. 53). Ein **individualvertraglich** vereinbarter Widerrufsvorbehalt ist möglich. Eine Klausel, wonach der Mieter dem Vermieter für den Fall der Untervermietung den Untermietzins zur Sicherheit abtritt, verstößt in der **Wohnraummiete** gegen § 307 BGB, weil die Dispositionsmöglichkeit des Mieters über den Untermietzins stark eingeschränkt wird, ohne dass dies durch ein Sicherungsbedürfnis des Vermieters gerechtfertigt wäre.[229] Außerdem kann die Klausel bei Übersicherung gegen § 551 BGB verstoßen. In der **Gewerbemiete** ist die Abtretung zur Sicherheit möglich (näher → Rn. 11).

## D. Kündigungsrecht des Mieters bei Verweigerung der Erlaubnis

### I. Allgemeines

Verweigert der Vermieter die Erlaubnis, so kann der Mieter kündigen, wenn nicht in der Person des Dritten ein wichtiger Grund vorliegt (§ 540 Abs. 1 S. 2 BGB). Das Kündigungsrecht gilt für Wohn- und Geschäftsräume, nicht aber für die Pacht (§ 584 a Abs. 1 BGB). Nach der hier vertretenen Ansicht ist in der Gewerbemiete das Sonderkündigungsrecht ausgeschlossen, wenn das Recht zur Untervermietung generell abbedungen wurde (→ Rn. 63).[230] **65**

In der Wohnraummiete gilt zunächst § 553 BGB. Die Regelung erweitert das Recht des Wohnraummieters um den Anspruch auf Erteilung der Erlaubnis zur Untervermietung eines Teils der Mietsache. Diesen Anspruch hat der Geschäftsraummieter nicht. Eine Beschränkung des Kündigungsrechts nach § 540 Abs. 1 Satz 2 ist damit nicht verbunden; anderenfalls wäre der Wohnraummieter gegenüber dem Geschäftsraummieter benachteiligt, was vom Gesetzgeber keinesfalls gewollt ist.[231] Deshalb kann der Wohnraummieter auch dann kündigen, wenn er die Absicht hat, die Mietsache als Ganzes zu vermieten und der Vermieter die dazu erforderliche Erlaubnis verweigert.[232] § 553 ist eine Ergänzung zu § 540.[233] Innerhalb des Anwendungsbereichs des § 553 BGB (teilweise Gebrauchsüberlassung) hat der Mieter nicht nur das Sonderkündigungsrecht Wahl, sondern kann auch er die Erlaubnis einklagen.[234] **66**

Das Kündigungsrecht kann in der **Gewerbemiete individualvertraglich ausgeschlossen** werden.[235] Zu formularmäßigen Ausschluss von Untermieterlaubnis und Kündigungsrecht → Rn. 63. In der **Wohnraummiete** ist bereits umstritten, ob ein **individualvertraglicher** Aus- **67**

---

[225] BGH VIII ZR 38/90, NJW 1991, 1750 (1751) = WuM 1991, 381 (382); OLG Hamm NJW 1993, 826; OLG Frankfurt a. M. WuM 1992, 56; aA OLG Celle WuM 1990, 103 (aber durch die genannte BGH-Entscheidung aufgehoben).

[226] BGH VIII ZR 38/90, NJW 1991, 1750 (1751) = WuM 1991, 381 (382).

[227] OLG Düsseldorf NZM 2005, 421.

[228] BGH VIII ZR 56/86, NJW 1987, 1692 (1693).

[229] OLG Celle WuM 1990, 103; **aA** OLG Düsseldorf GuT 2008, 208 (209), danach ist bei der Gewerbemiete eine Vereinbarung zulässig, wonach der Mieter im Falle der Untermiete sämtliche aus der Untervermietung folgende Ansprüche an den Vermieter abtritt.

[230] BGH VIII ZR 288/89, BGHZ 112, 65 (69) = NJW 1990, 3016 (3017); *Seyfarth* NZM 2002, 200 (201); Linder-Figura/Oprée/Stellmann Geschäftsraummiete-HdB/*Stellmann* Kap. 18 Rn. 16; aA Schmidt-Futterer/*Blank,* 14. Aufl. 2019, Rn. 65.

[231] IE ebenso LG Berlin WuM 1996, 763; GE 1997, 189; 1997, 1581.

[232] BGH VIII ZR 294/08, NZM 2010, 120 = WuM 2010, 30 (31).

[233] *Heilmann* NZM 2016, 74 (75).

[234] BGH VIII ZR 349/13, NJW 2014, 2717 (2719); *Heilmann* NZM 2016, 74 (79).

[235] *Seyfarth* NZM 2002, 200 (202f); Staudinger/*V. Emmerich* § 540 Rn. 29; inzident BGH XII ZR 172/94, NJW 1995, 2034 = BB 1995, 2129.

schluss wirksam ist.[236] Für die Unwirksamkeit spricht, dass das Sonderkündigungsrecht wegen der Verknüpfung von § 540 und § 553 BGB wohl Teil des unabdingbaren Rechts nach § 553 Abs. 3 BGB ist. Jedenfalls ein **formularvertraglicher Ausschluss** ist in der Wohnraummiete unwirksam. Er verstößt gegen § 307 BGB.[237]

## II. Voraussetzungen des Kündigungsrechts

68 Das Kündigungsrecht setzt zunächst voraus, dass der Mieter eindeutig und unmissverständlich[238] um die Erteilung der **Erlaubnis nachgesucht** hat; hierbei muss die Person des Untermieters namentlich benannt werden.[239] Ein Anspruch auf Erteilung einer Untermieterlaubnis „unter Vorbehalt der Person des Untermieters" steht dem Mieter – auch aus Treu und Glauben – nicht zu.[240] Das bedeutet zugleich, dass die Weigerung des Vermieters, sich einer generellen Untermietanfrage des Mieters zuzustimmen, oder auch das Schweigen dazu das Kündigungsrecht nicht auslöst.[241] Nur bei generell und unbefristet erteilter Erlaubnis zur Untervermietung im Mietvertrag hat der Vermieter keinen generellen Auskunftsanspruch über die personenbezogenen Daten der jeweiligen Untermieter.[242] Auf Verlangen des Vermieters muss der Mieter auch diejenigen Daten mitteilen, die der Vermieter braucht, um festzustellen, ob in der Person des Dritten ein wichtiger Grund vorliegt. Im Allgemeinen müssen sowohl personenbezogene als auch – in der Gewerbemiete – vertragsbezogene Daten mitgeteilt werden. Zu den **personenbezogenen Daten** gehören **(1)** der Name des Untermieters, **(2)** dessen Anschrift, **(3)** das Geburtsdatum, **(4)** der Beruf. An **vertragsbezogenen Daten** muss mitgeteilt werden **(5)** die vom Untermieter beabsichtigte Art der Nutzung der Räume,[243] **(6)** die Höhe des Untermietzinses, **(7)** die Laufzeit des Untermietvertrags, **(8)** etwaige Kündigungsmöglichkeiten, ggf. auch **(9)** die Solvenz des Untermieters, wenn dem Mieter eine Betreiberpflicht obliegt.[244] Je nach den Umständen des Einzelfalls können aber auch weitergehende oder geringere Anforderungen an die Informationspflicht gestellt werden. Eine Verletzung der Informationspflicht führt zum Ausschluss des Kündigungsrechts. Anderes ist es, wenn nach der Sachlage davon auszugehen ist, dass der Vermieter auch bei vollständiger Erfüllung der Informationspflicht keine Untermieterlaubnis erteilt hätte.[245]

69 Wenn der Vermieter von vornherein eine Untervermietung **generell und ausnahmslos ablehnt,** steht dem Mieter aber das Kündigungsrecht nach § 540 Abs. 1 Satz 2 ebenfalls zu.[246] Eine generelle Verweigerung ist anzunehmen, wenn die Ablehnung aus Gründen erfolgt, die mit der Person eines bestimmten Untermieters oder mit einer bestimmten vom Mieter vorgeschlagenen Untermietergruppe nichts zu tun haben. Gleiches gilt, wenn die Ablehnung mit Erwägungen begründet wird, die auf jede Form der Untermiete zutreffen. Eine Ausnahme von diesem Grundsatz ist wiederum geboten, wenn Anhaltspunkte dafür bestehen, dass der Mieter ohne konkrete Untervermietungsabsicht nur das Sonderkündigungsrecht provozieren will.[247] Das ist etwa

---

[236] Dafür Schmidt-Futterer/*Blank* 14. Aufl. 2019, Rn. 67 und NZM 2015, 887 (889); dagegen Staudinger/*V. Emmerich* BGB § 540 Rn. 19; differenzierend *Seyfarth* NZM 2002, 200, 202 in Fn. 36.

[237] *Blank* NZM 2015, 887 (889).

[238] OLG Koblenz WuM 2012, 613.

[239] BGH XII ZR 92/04, NZM 2007, 127 = NJW 2007, 288 (289); OLG Koblenz WuM 2001, 272; OLG Celle NJW-RR 2003, 728 = NZM 2003, 396; AG Neuss WuM 1989, 373; AG Tempelhof-Kreuzberg GE 1994, 1267; aA LG Köln WuM 1998, 154.

[240] BGH GuT 2012, 35 = GE 2012, 825.

[241] OLG Celle NZM 2003, 396 (397) = NJW-RR 2003, 728 (729); OLG Koblenz WuM 2001, 272; LG Mönchengladbach WuM 1999, 570; LG Braunschweig WuM 1999, 216; Staudinger/*V. Emmerich* BGB § 540 Rn. 18.

[242] AG Hamburg-St. Georg ZMR 2014, 130.

[243] Dazu OLG Nürnberg NZM 2007, 567 (568); KG NJW-RR 2008, 680 (681) = NZM 2008, 287 = GuT 2008.

[244] Grundlegend BGH XII ZR 92/04, NJW 2007, 288 = NZM 2007, 127 = GuT 2007, 19 = ZMR 2007, 184 = DWW 2007, 64.

[245] OLG Nürnberg NZM 2007, 567.

[246] BGH XII ZR 94/04, NJW 2007, 288 (299) = NZM 2007, 127 (128) = GuT 2007, 19 (21); KG NJW-*RR 1997, 333 (334); LG Berlin* WuM 1994, 468; LG Nürnberg-Fürth WuM 1995, 587; LG Bremen WuM 1987, 152; LG Bielefeld WuM 1998, 557; Guhling/Günter/*Guhling* BGB § 540 Rn. 35; Ermann/*Lützenkirchen* BGB § 540 Rn. 12.

[247] Staudinger/*V. Emmerich* BGB § 540 Rn. 26.

der Fall, wenn der Hauptmieter weiß, dass der Untermieter die Räume gar nicht anmieten will.[248]

Immer ist erforderlich, dass der Vermieter die **Erlaubnis** eindeutig und unmissverständlich[249] **verweigert** hat. Beweispflichtig hierfür ist der Mieter. Zu prüfen ist in jedem Einzelfall, ob eine Verweigerung angenommen werden kann, wenn der Vermieter eine Anfrage des Mieters nicht innerhalb einer gesetzten oder angemessenen Frist beantwortet **70**

Hier ist zu differenzieren. Schweigen kann nur dann als Ablehnung gedeutet werden, wenn ein Anspruch auf Antwort bejaht werden kann. Das ist bei einer generellen Anfrage ohne Benennung eines konkreten Untermieters nicht der Fall (→ Rn. 68). In der Gewerbemiete müssen auch die weiteren Daten zur beabsichtigten Nutzung, zum weiteren Inhalt des Untermietvertrags, zur Bonität des Untermieters (→ Rn. 68) benannt sein, damit der Vermieter gehalten ist, sich zu äußern. Fehlen solche Angaben, stellt das Schweigen des Vermieters weder Zustimmung noch Ablehnung dar. Wenn umgekehrt **a)** die Anfrage nach diesen Vorgaben ausreichend konkret ist, wenn **b)** der Mieter dem Vermieter eine angemessene Frist setzt und schließlich **c)** ankündigt, bei Fristablauf die Erlaubnis als verweigert anzusehen, wird der Vermieter sich an seinem Schweigen festhalten lassen müssen. Hier wird das Schweigen als Ablehnung aufgefasst werden können.[250] **71**

Sucht der Mieter um eine konkrete Erlaubnis nach, sind die Informationen aber nach den o. g. Kriterien (→ Rn. 68) aber unzureichend, so kann der Vermieter nach § 242 BGB gehalten sein, auf diese Lücken hinzuweisen, um dem Mieter Gelegenheit zur Nachbesserung zu geben. Hier kommt es auf eine Wertung im Einzelfall an. **72**

*Unbesetzt* **73**

Hat der Mieter einen **vertraglichen oder gesetzlichen Anspruch auf Erteilung der Erlaubnis,** so ist der Mieter auch dann zur Kündigung berechtigt, wenn der Vermieter die Erlaubnis nur unter Bedingungen erteilt, die im Gesetz oder im Vertrag keine Grundlage haben. Die vertragswidrige Einschränkung der Erlaubnis steht der Versagung gleich.[251] Enthält der Vertrag eine generelle Untermieterlaubnis, untersagt der Vermieter aber gleichwohl eine konkrete (innerhalb des Vertragszwecks liegende) Untervermietung, berechtigt das den Mieter zur Kündigung nach § 540 Abs. 1 Satz 2.[252] In diesem Fall liegt aber zugleich eine Entziehung des vertragsgemäßen Gebrauchs vor.[253] Der Mieter kann nach Verstreichen einer gesetzten Abhilfefrist (§ 543 Abs. 3 BGB) auch fristlos nach § 543 Abs. 2 Nr. 1 BGB kündigen.[254] Auch eine Staffelung ist möglich, so dass der Mieter in erster Linie nach § 543 Abs. 2 Nr. 1 BGB und hilfsweise nach § 540 Abs. 1 S. 2 BGB kündigen kann. Darüber hinaus kann der Mieter bei einer vertragswidrigen Verweigerung der Erlaubnis Schadensersatzansprüche nach § 280 BGB geltend machen.[255] Das betrifft aber nur die Fälle, in denen der Mieter einen Anspruch auf die Erlaubnis hatte, entweder aus einer besonderen vertraglichen Regelung oder aus § 553 Abs. 1 Satz 1 BGB. **74**

Der Vermieter muss die Verweigerung der Erlaubnis zwar nicht von sich aus[256], wohl aber auf Verlangen des Mieters **begründen.**[257] Dies folgt aus dem Umstand, dass der Mieter diese Information zur Beurteilung der Erfolgsaussichten einer Kündigung nach § 540 Abs. 1 Satz 2 benötigt und ggf. auch anhand der Gründe selbst die Bedingungen der Untermieter nachbessern kann.[258] Hat der Vermieter die Gründe der Ablehnung mitgeteilt, – sei es freiwillig, sei es auf Verlangen des Mieters – so muss er sich aus den gleichen Gründen nach § 242 BGB hieran festhalten lassen. Nach dem Zugang der Kündigung durch den Mieter darf die Ablehnung grds. weder auf andere noch auf zusätzliche Gründe gestützt werden. Eine Ausnahme gilt für Gründe, die erst nach dem Zugang **75**

---

248 BGH VIII ZR 294/08, NZM 2010, 120 = NJW-RR 2010, 306.
249 OLG Koblenz WuM 2012, 613 (614).
250 OLG Köln WuM 2000, 597 = NJW 2001, 590 (591).
251 BGH VIII ZR 36/71, BGHZ 59, 3 = NJW 1972, 1267 = WPM 1972, 731.
252 OLG Nürnberg NZM 2007, 567.
253 BGH VIII ZR 237/82, BGHZ 89, 308 = NJW 1984, 1031 = ZMR 1984, 275; OLG Düsseldorf WuM 1995, 585 (III).
254 BGH VIII ZR 237/82, BGHZ 89, 308 = NJW 1984, 1031 = MDR 1984, 571; OLG Düsseldorf WuM 1995, 585 (586); Staudinger/*V. Emmerich* BGB § 540, Rn. 28.
255 LG Berlin GE 2005, 619.
256 Vgl. dazu OLG Köln NJW-RR 1997, 204 = WuM 1997, 620 (621) = DWW 1997, 121 (121 f).
257 Erman/*Lützenkirchen* BGB § 540 Rn. 12; MüKoBGB/*Bieber* § 540 Rn. 18.
258 RGZ 74, 176 (178); MüKoBGB/*Bieber* § 540 Rn. 18; AG Berlin-Tempelhof WuM 2016, 623 (624, zu § 553 BGB).

der Kündigung entstanden oder bekannt geworden sind. Auf ursprünglich vorhandene Gründe darf sich der Vermieter nur berufen, wenn er sie schuldlos nicht gekannt hat.[259]

76 Eine bestimmte **Frist für die Ausübung des Kündigungsrechts** sieht das Gesetz nicht vor. Dem Mieter ist eine Überlegungsfrist zuzubilligen.[260] Allerdings darf der Mieter auch nicht allzu lange zuwarten, weil sonst Verwirkung eintreten kann.[261] Der Ausspruch der Kündigung kann außerdem aus anderen Gründen treuwidrig sein, etwa wenn dem Hauptmieter bekannt ist, dass ein Mietinteresse des benannten Untermieters tatsächlich nicht besteht.[262] Dagegen ist es nicht treuwidrig, wenn der Mieterzuvor schon über eine Entlassung aus dem Mietvertrag verhandelt hatte, dann eine konkrete Untermieterlaubnis erfragt und nach deren Versagung kündigt.[263] Hier kann allenfalls ein Indiz für ein vorgetäuschtes Untervermietungsinteresse vorliegen.
Für die **Kündigungsfrist** gilt bei Wohnraum § 573d Abs. 2 BGB, bei Geschäftsraum § 580a Abs. 4 BGB (s. dort). Im Übrigen gelten für die Kündigung die allgemeinen Vorschriften; bei der Wohnraummiete ist also **Schriftform** erforderlich (§ 568 Abs. 1 BGB). Die Angabe des Kündigungsgrundes gehört nicht zu den Wirksamkeitserfordernissen.

### III. Ausschluss des Kündigungsrechts

77 Das Kündigungsrecht ist ausgeschlossen, wenn in der Person des Dritten ein wichtiger Grund vorliegt. Der **Begriff des wichtigen Grundes** ist umfassend zu verstehen. Ein wichtiger Grund liegt nicht nur dann vor, wenn konkrete Anhaltspunkte dafür bestehen, dass der Dritte den Hausfrieden stören oder die Mietsache beschädigen werde. Der Vermieter kann den Dritten auch dann ablehnen, wenn dieser in den Räumen ein Gewerbe betreiben will, das mit dem Gewerbe des Vermieters oder dem der anderen Mieter konkurriert[264] oder wenn durch die beabsichtigte Nutzung eine Überbelegung eintritt. Ebenso ist ein wichtiger Grund gegeben, wenn zwar gegen die Person des Untermieters nichts einzuwenden ist, aber die Untervermietung zu einer Änderung des vereinbarten Mietgebrauchs führen würde[265], d. h. wenn der Untermieter von der Mietsache einen Gebrauch machen will, der dem Mieter nicht gestattet ist.[266] Hier gilt sinngemäß das Gleiche wie bei der Prüfung einer generellen vertraglichen Untermieterlaubnis (→ Rn. 57). Der Vermieter muss eine Änderung des Vertragszwecks nicht hinnehmen. Das kann der Fall sein wenn der Vertragszweck die beabsichtigte Gewinnerzielung nicht abdeckt, wie bei der gewerblichen Weitervermietung der Räume durch einen Wohnraummieter an Touristen (→ Rn. 20b). Von diesen Fällen abgesehen liegt kein wichtiger Grund allein darin, dass der Mieter durch die Untervermietung Einnahmen erzielen würde, die den von ihm gezahlten Untermietzins übersteigen. Die voraussichtlich kurze Dauer der Untermiete ist ebenfalls kein wichtiger Grund,[267] solange sich nicht bei einer mehrfachen Untervermietung der Vertragszweck ändert wie bei der Untervermietung an Touristen (→ Rn. 20b). Dagegen stellt das baldige Ende des Mietverhältnisses einen wichtigen Grund dar, weil der Vermieter dann ggf. einen weiteren Räumungstitel benötigt.[268] Die Vermögenslosigkeit des Mieters rechtfertigt die Versagung der Untermieterlaubnis nicht. Diese Grundsätze gelten auch für die Erlaubnis zur Unter-Unter-Vermietung.[269]

77a *Unbesetzt*

---

259 RGZ 74, 176 (178); 92, 118 (120); OLG Köln WuM 1997, 620 (621) = DWW 1997, 121.
260 BGH VIII ZR 36/71, BGHZ 59,3 = NJW 1972, 1267 (1268) = WuM 1972, 125 (126).
261 Ermann/*Lützenkirchen* BGB § 540 Rn. 13.
262 BGH VIII ZR 294/08, NJW-RR 2010, 306 (307) = WuM 2010, 30 (31).
263 LG Wiesbaden WuM 1988, 265.
264 OLG Nürnberg NZM 2007, 567 (dort im konkreten Fall verneint).
265 BGH VIII ZR 237/82, NJW 1984, 1031 (1032) = MDR 1984, 571; OLG Köln NJW-RR 1997, 204 = WuM 1997, 620; OLG Düsseldorf DWW 2007, 117 = GuT 2007, 18 (19); OLG Düsseldorf ZMR 2016, 440, Nutzung von Büroräumen durch ambulanten Pflegedienst.
266 BGH VIII ZR 237/82 = NJW 1984, 1031 (1032); OLG Köln WuM 1997, 620; OLG Hamburg WuM 2003, *268 (269) = GuT 2003, 91; OLG Düsseldorf* GuT 2008, 122.
267 LG Landshut WuM 1996, 408.
268 Blank/Börstinghaus/Blank/Börstinghaus BGB § 540 Rn. 18.
269 OLG Dresden MDR 2015, 1227.

## E. Haftung des Mieters für den Dritten (Abs. 2)

§ 540 Abs. 2 BGB bestimmt, dass der Mieter für den Dritten, dem er den Gebrauch überlassen hat, wie für einen Erfüllungsgehilfen einzustehen hat.[270] Die Haftung ist beschränkt auf das Verhalten des Dritten „bei dem Gebrauche" der Mietsache. Hierunter fällt alles, was der Dritte innerhalb der Mietsache tut; hierzu gehören fahrlässige und vorsätzliche Sachbeschädigungen,[271] Störungen des Hausfriedens, unerlaubte Handlungen[272] und Vertragsverletzungen gegenüber dem Hauptvermieter jeder Art. Diese Haftung besteht unabhängig davon, ob die Gebrauchsüberlassung zu Recht oder zu Unrecht erfolgt ist.[273] Das Gleiche gilt für sonstige Gebrauchsüberlassungen an Dritte außerhalb eines Untermietverhältnisses. Für Personen, die nicht „Dritte" sind, weil es keiner Erlaubnis des Vermieters bedarf – also Ehegatten, Kinder, Stiefkinder, Pflegepersonen → Rn. 25, gilt § 540 Abs. 2 BGB nicht. Die Zurechnung erfolgt hier nach § 278 BGB.[274] Das Gleiche gilt für Besucher (→ Rn. 38). Die Verschuldenszurechnung führt auch dazu, dass Gewährleistungsrechte des Mieters entfallen, wenn der Dritte den Mangel zu vertreten hat.[275] 78

In einer **unbefugten Gebrauchsüberlassung** ist darüber hinaus eine Vertragsverletzung des Mieters zu sehen, mit der Folge, dass der Mieter auch aus diesem Grunde haftet, wenn daraus Schäden entstehen. Hierbei handelt es sich um eine Haftung für eigenes Verschulden, so dass es auf das Verschulden des Untermieters nicht ankommt. Die Haftung entfällt, wenn der Mieter nachweisen kann, dass die Überlassung an den Dritten nicht kausal für die Entstehung des Schadens gewesen ist.[276] Soweit ein Insolvenzverwalter unerlaubt untervermietet, haftet er ggf. auch aus § 60 InsO, weil die Pflicht, die Erlaubnis einzuholen, auch einen insolvenzspezifischen Charakter enthält.[277] 79

## F. Beweislast/Prozessuales

Macht der Mieter geltend, dass er auf Grund einer vertraglichen Vereinbarung zur Untervermietung berechtigt sei, so muss er den Bestand der Vereinbarung beweisen. Ist streitig, ob der Vermieter die Erlaubnis zur Untervermietung erteilt hat, so trifft ebenfalls den Mieter die Beweislast. Hat der Mieter das Mietverhältnis nach § 540 Abs. 1 S. 2 BGB gekündigt, so muss er beweisen, dass er um die Erlaubnis nachgesucht hat. Ebenso trifft ihn die Beweislast dafür, dass der Vermieter die Erlaubnis verweigert hat.[278] Behauptet der Vermieter, dass er vor dem Zugang der Kündigung die Erlaubnis erteilt habe, so trifft ihn die Beweislast.[279] Ebenso muss der Vermieter ggf. diejenigen Umstände darlegen und beweisen, aus denen sich ergibt, dass ein wichtiger Grund zur Versagung der Erlaubnis vorgelegen hat. 80

Die Erlaubnis zur Untervermietung muss mit der **Leistungsklage** geltend gemacht werden. („... wird verurteilt die Erlaubnis zur Untervermietung der Büroräume in ..., bestehend aus ..., an Herrn ... zu erteilen"). Mit Rechtskraft des Urteils gilt die Erlaubnis als erteilt (§ 894 ZPO). Der Erlass einer einstweiligen Verfügung ist grds. unzulässig, weil hierdurch die Hauptsache vorweg genommen wird (Ausnahmen → Rn. 81 a).[280] Bei mehreren Mietern ist nach § 432 Abs. 1 BGB jeder einzelne klagebefugt;[281] der Klagantrag muss darauf gerichtet sein, dass die Erlaubnis gegen- 81

---

[270] Mittelstein Miete S. 387 „soweit der Dritte, wenn er Mieter wäre, dem Vermieter haften würde, soll der Vermieter den (schuldlosen) Mieter in Anspruch nehmen dürfen, der seinerseits auf den Dritten zurückgreifen mag."

[271] BGHZ 112, 307 = NJW 1991, 489 = WuM 1991, 31 = ZMR 1991, 60, eine vom Unterpächter einer Gaststätte vorsätzlich herbeigeführte Explosion.

[272] BGH NJW-RR 2017, 134 (136) = NZM 2017, 26 (27) = WuM 2017, 23 (24), Beleidigungen; OLG München NJW-RR 1987, 727; OLG Düsseldorf ZMR 2017, 559, jeweils Unterschlagung der Mietsache durch den Untermieter; AG Wedding GE 2015, 390 (Stromdiebstahl).

[273] *AG Charlottenburg ZMR 2019, 506.*

[274] BGH NJW 1991, 1750, 1752; LG Frankfurt a. M., 11 S 64/19 – juris; *Meyer-Abich* NZM 2020, 19 (25); aA (Zurechnung über § 540 Abs. 2) AG Frankfurt 33 C 2815/18 (51) – juris.

[275] Staudinger/*V. Emmerich* BGB § 540 Rn. 58; AG Charlottenburg/LG Berlin, jeweils GE 2015, 1462.

[276] Staudinger/*V. Emmerich* BGB § 540 Rn. 60.

[277] BGH IX ZR 216/05, NJW 1997, 1596 (1597) = ZVI 2007, 375 (376).

[278] OLG Koblenz WuM 2012, 613 = ZMR 2013, 35.

[279] Inzident OLG Köln WuM 2000, 597.

[280] LG Hamburg WuM 2000, 303.

[281] LG Berlin (ZK 62) NJW-RR 1992, 13; aA LG Berlin (ZK 63) GE 1991, 681.

über allen Mietern zu erteilen ist. Der Umstand, dass das Mietverhältnis bereits gekündigt ist, steht der Klage nicht entgegen. Nach Ablauf der Kündigungsfrist besteht dagegen kein Anspruch auf die Erteilung der Erlaubnis; folgerichtig kann das Gericht die Klage auf Erteilung der Untermieterlaubnis nach § 148 ZPO aussetzen, wenn ein Räumungsrechtsstreit anhängig ist. Eine Pflicht zur Aussetzung besteht nicht.[282] § 148 ZPO räumt dem Gericht ein Ermessen ein, die Aussetzung kann sich etwa bei geringen Erfolgsaussichten des anderen Verfahrens verbieten.[283] Verliert der Dritte während des Rechtsstreits sein Interesse am Bezug der Räume, so kann der Mieter den Rechtsstreit in entsprechender Anwendung des § 91 a ZPO für erledigt erklären.[284]

81a Der Anspruch auf Erteilung der Untermieterlaubnis kann im Ausnahmefall im **einstweiligen Verfügungsverfahren** geltend gemacht werden. Ein Verfügungsanspruch ist gegeben, wenn der Mieter einen Teil des Wohnraums untervermieten muss, weil er ansonsten die Miete nicht bezahlen kann und die finanzielle Engpasssituation nach Abschluss des Mietvertrags entstanden ist (§ 553 Abs. 1 Satz 1). Typischerweise kann diese Situation eintreten, wenn eine vollständige Mietübernahme der Mieter durch den Grundsicherungsträger an der Größe der Wohnung scheitert. Ein Verfügungsgrund liegt vor, wenn der Mieter im Falle der Verweigerung der Erlaubnis mit der fristlosen Kündigung wegen Zahlungsverzugs rechnen muss und die hinreichende Gewissheit besteht, dass dem Vermieter durch die Überlassung der Räume kein ins Gewicht fallender Nachteil erwächst.[285]

82 Der **Streitwert** für eine Klage des Mieters auf Erteilung einer Untermieterlaubnis ist gem. § 48 Abs. 1 GKG, § 3 ZPO nach dem dreieinhalbfachen Jahresbetrags des Untermietzinses zu berechnen.[286] Wirtschaftlich geht es dem Kläger um den Zufluss wiederkehrender Leistungen, so dass der Rechtsgedanke des § 9 ZPO greift.[287] Soweit die zuvor herrschende Meinung auf den Jahresbetrag der Untermiete entsprechend § 41 GKG abgestellt hatte[288], ist das wohl dadurch überholt, dass der BGH 2016 einer Analogie zu den Wertvorschriften des § 41 GKG eine Absage erteilt hat.[289]

## G. „Change of control"-Klauseln

83 Ist die Mietsache an eine juristische Person oder eine Personengesellschaft vermietet, so kann sich ein Personenwechsel in der Geschäftsführung oder ein Gesellschafterwechsel auf das Mietverhältnis auswirken. Zwar werden die Rechtsbeziehungen zwischen dem Vermieter und dem Mieter als solche durch die personelle Veränderung nicht berührt (→ Rn. 23). Gleichwohl kann der Vermieter Nachteile erleiden, wenn in dem Unternehmen des Mieters personelle oder organisatorische Veränderungen erfolgen und damit ein Wechsel in der Kontrolle betreffend die Mietsache verbunden ist. Der Kontroll-, Inhaber oder Gesellschafterwechsel kann ähnliche Auswirkungen wie die Überlassung an einen Dritten haben. Deshalb ist zu fragen ob in einem Gewerbemietvertrag vereinbart werden kann, dass solche Veränderungen der Zustimmung des Vermieters bedürfen („Change of control"-Klausel).[290] Die Regelungen des § 540 BGB, wonach die Überlassung an einen Dritten von der Erlaubnis des Vermieters abhängt und dem Mieter bei verweigerter Zustimmung ein Kündigungsrecht zusteht, können wegen der unterschiedlichen Interessenlage nicht auf die „Change of control"-Klausel übertragen werden. Aus § 307 BGB folgt, dass die fraglichen Klauseln in Formularverträgen nur wirksam sind, wenn schützenswerte Interessen des Vermieters überwiegen.[291] In der Regel ist das nicht der Fall, weil der Vermieter das Risiko eines Gesellschafterwechsels kennt, wenn er an eine Gesellschaft vermietet.[292] Individuell ausgehandelte „Change of control"-Klauseln können sittenwidrig sein, wenn sie iE zu einer Knebelung des Mieters führen.[293]

[282] LG Berlin NJW-RR 1992, 13 (14).
[283] BGH V ZR 192/91, NJW-RR 1992, 1149 (1150).
[284] AA AG Tempelhof-Kreuzberg WuM 1987, 222.
[285] LG Hamburg WuM 2012, 688 = NZM 2013, 143 = ZMR 2013, 192 mAnm *Waßmann.*
[286] KG NZM 2016, 893; LG Berlin GE 2015, 861; OLG Hamburg MDR 2017, 1271.
[287] KG NZM 2016, 893 = NJW-RR 2017, 331.
[288] OLG Saarbrücken OLGR Saarbrücken 2008, 43; OLG Celle NZM 2000, 190 (noch zu § 16 GKG aF).
[289] BGH VIII ZR 43/15, NZM 2016, 890 = NJW-RR 2017, 204 = WuM 2016, 514.
[290] *Dazu näher Disput* NZM 2008, 305; *Windorfer* NZM 2018, 14 (15).
[291] *Disput* NZM 2008, 305 (308).
[292] Staudinger/*V. Emmerich* BGB § 540 Rn. 80.
[293] *Disput* NZM 2008, 305 (308).

Nicht zu verwechseln sind „Change of Control"-Klauseln mit Klauseln zu Umwandlungen des Mieters nach dem Umwandlungsgesetz. Dies kann eine Rechtsnachfolge bedeuten, ein Kontrollwechsel ist damit aber nicht zwingend verbunden.[294] Erst recht ist § 540 BGB nicht einschlägig, weil eine Gebrauchsüberlassung an Dritte nicht vorliegt.[295]

---

[294] *Windorfer* NZM 2018, 14 (15).
[295] Guhling/Günter/*Guhling* § 540 Rn. 12.

## § 541 Unterlassungsklage bei vertragswidrigem Gebrauch

**Setzt der Mieter einen vertragswidrigen Gebrauch der Mietsache trotz einer Abmahnung des Vermieters fort, so kann dieser auf Unterlassung klagen.**

### Systematische Übersicht



### Alphabetische Schnellübersicht



### A. Bedeutung der Vorschrift und Verhältnis zum Kündigungsrecht nach § 543 Abs. 2 Nr. 2 BGB und zum Beseitigungsanspruch nach § 1004 BGB

1 Die Vorschrift stellt zunächst klar, dass der Mieter die Mietsache nur in dem durch den Mietvertrag gewährten Umfang gebrauchen darf. Eine Gebrauchsüberschreitung gibt dem Vermieter das Recht zur Unterlassungsklage (§ 541 BGB). In bestimmten Fällen des vertragswidrigen Gebrauchs kann der Vermieter nach § 543 Abs. 2 Nr. 2 BGB fristlos kündigen. Dabei geht es einerseits um Fälle, in denen der Mieter die Mietsache durch mangelnde Sorgfalt im Umgang erheblich verletzt (§ 543 Abs. 2 Nr. 2, 1. Alt. BGB, andererseits um die unbefugte Gebrauchsüberlassung (§ 543 Abs. 1 Nr. 2, 2. Alt BGB) → § 543 Rn. 144. Sonstige Verletzungen des vertraglichen Gebrauchs können im Einzelfall und unter Abwägung aller Umstände die fristlose Kündigung nach § 543 Abs. 1 BGB rechtfertigen (ausführlich mit Beispielen → § 543 Rn. 152). Die beiden Vorschriften dienen einem unterschiedlichen Zweck: Der **Unterlassungsanspruch** ist nach seiner Rechtsnatur ein **Erfüllungsanspruch;**[1] demgemäß zielt § 541 BGB auf die Wiederherstellung des vertragsgemäßen Zustands. Die Regelungen des § 543 Abs. 1 sowie Abs. 2 Nr. 2 BGB richten sich demgegenüber auf die Beendigung des Mietverhältnisses. Die Rechtsbehelfe haben gemein, dass der Vermieter in der Regel zuvor abmahnen muss; der Mieter soll hierdurch Gelegenheit erhalten, sein vertragswid-

[1] MüKoBGB/*Bieber* § 541 Rn. 1; Staudinger/*V. Emmerich* BGB § 541 Rn. 1; Erman/*Lützenkirchen* BGB § 541 Rn. 2.

riges Verhalten zu ändern.[2] Ebenso ist § 541 und § 543 Abs. 2 Nr. 2 BGB gemeinsam, dass sie kein Verschulden des Mieters voraussetzen.[3] Die beiden Vorschriften unterscheiden sich aber in den übrigen Tatbestandsvoraussetzungen. Für die Unterlassungsklage genügt die Fortsetzung des vertragswidrigen Gebrauchs trotz Abmahnung. Das **Kündigungsrecht** in den Fällen des § 543 Abs. 2 Nr. 2 BGB besteht nur, wenn die Mietsache durch die dort genannten Tatbestände des vertragswidrigen Gebrauchs (Sorgfaltspflichtverletzung oder unbefugte Gebrauchsüberlassung) **erheblich gefährdet** wird und wenn dadurch außerdem die Rechte des Vermieters erheblich beeinträchtigt werden. Eine Gebrauchsüberschreitung ohne Gefährdung der Mietsache rechtfertigt also nach Abmahnung nur die Unterlassungsklage aber nicht die fristlose Kündigung. Wird durch die Gebrauchsüberschreitung zugleich die Mietsache gefährdet, so kann der Vermieter wahlweise auf Unterlassung klagen oder fristlos kündigen. Deshalb ist es nicht sachgemäß, wenn der Vermieter in den Fällen des § 543 Abs. 2 Nr. 2 BGB auf das mildere Mittel der Unterlassungsklage verwiesen wird. Die Möglichkeit der Unterlassungsklage rechtfertigt es aber, an die Voraussetzungen einer Kündigung strenge Anforderungen zu stellen; dies gilt auch für die Kündigung nach § 573 Abs. 2 Nr. 1 BGB. Umgekehrt wird eine Vertragsverletzung in vielen Fällen ihr besonderes Gewicht dadurch erhalten, dass der Mieter sein vertragswidriges Verhalten trotz einer titulierten Unterlassungsverpflichtung fortsetzt. § 541 BGB gibt dem Vermieter einen Unterlassungsanspruch aber nach hier vertretener Auffassung **keinen Anspruch auf ein aktives Tun.** So kann eine Betriebspflicht nicht entsprechend § 541 BGB durchgesetzt werden,[4] Der Begriff „Unterlassung" kann nicht als Anspruch auf aktive Erfüllung aller gebrauchsbezogenen Pflichten ausgelegt werden. Allerdings umfasst der Anspruch nach § 541 BGB neben der Unterlassung auch die **Beseitigung** des jeweiligen vertragswidrigen Zustands.[5]

§ 1004 BGB wird von § 541 BGB verdrängt. Der Vermieter kann also, auch wenn er Eigentü- 2
mer ist, seinen Beseitigungsanspruch nicht auf § 1004 BGB, sondern allein auf § 541 BGB stützen.[6] Das gilt nicht nur für die Raummiete, sondern auch für die Miete beweglicher Sachen. Umgekehrt ist nach Beendigung des Mietverhältnisses § 541 BGB nicht mehr anwendbar. Eine Abmahnung wegen vertragswidrigen Gebrauchs wäre auch ohne jedes Gebrauchsrecht sinnlos. Jetzt greift § 1004 BGB.[7] § 1004 BGB findet auch Anwendung, wenn der Mieter Flächen nutzt, die gerade nicht vermietet sind und an denen auch kein Nutzungsrecht besteht.[8] Die Abgrenzung kann freilich schwierig sein, wenn es gerade um den Umfang des Mietgebrauchs geht – etwa beim Abstellen von Fahrzeugen auf Flächen vor dem Mietobjekt. Hier werden sowohl § 541 BGB[9] als auch § 1004 BGB angewandt.[10]

## B. Vertragsmäßiger und vertragswidriger Gebrauch

Vertragsmäßig bedeutet: den vertraglichen Vereinbarungen entsprechend. Es gelten hier spiegel- 3
bildlich die gleichen Grundsätze wie bei der Ermittlung des vertragsmäßigen Zustands Gebrauchs iSv § 535 Abs. 1 S. 2 BGB.[11] Der vertragsmäßige Gebrauch richtet sich nicht nach objektiven Kriterien, sondern nach den Abreden der Parteien.[12] Sind die Vertragsvereinbarungen auslegungsbedürftig und auslegungsfähig, so ist der Inhalt des vertragsgemäßen Gebrauchs nach §§ 133, 157 BGB durch die Ermittlung des wirklichen Parteiwillens unter Berücksichtigung von Treu und Glauben und der Verkehrssitte festzustellen. Sind die Parteivereinbarungen lückenhaft, so ist der vertragsgemäße Gebrauch im Wege der ergänzenden Vertragsauslegung nach Treu und Glauben mit Rücksicht auf die Verkehrssitte zu ermitteln.[13] Wenn eine Wohnung zu Wohnzwecken vermie-

---

[2] BGH VIII ZB 93/06, NZM 2007, 481 = WuM 2007, 387.
[3] Zu § 541 BGB: Erman/*Lützenkirchen* BGB § 541 Rn. 10.
[4] AA LG Schwerin ZMR 2018, 509; dazu Bieber jurisPR-MietR 20/2018 Anm. 4.
[5] BGH VIII ZR 5/05, NJW 2006, 1062; AG München ZMR 2019, 287.
[6] BGH VIII ZB 93/05, NZM 2007, 481 = WuM 2007, 387: (Wohnraummiete), BGH XII ZR 5/18, NJW 2019, 1062 (Gewerbemiete).
[7] OLG München NZM 2017, 813 (814).
[8] Vgl. den Fall OLG Brandenburg, ZMR 2020, 641, das auch § 1004 BGB anwendet.
[9] AG Frankfurt, 33 C 767/17, BeckRS 2017, 141315.
[10] OLG Brandenburg, 3 U 65/19, BeckRS 2020, 5440.
[11] *Pauly* WuM 2011, 447.
[12] BGH VIII ZR 260/06, NJW 2008, 216 (217) = NZM 2008, 37 (38); BeckOGK/*Emmerich* BGB § 541 Rn. 6.
[13] *Gather* PiG 46 (1995), 61 (63); AG Hamburg-Altona GE 2020,122.

tet wird, darf sie für gewerbliche Tätigkeiten des Mieters nur genutzt werden, wenn damit keine besondere Abnutzung verbunden ist und allenfalls unerheblicher Publikumsverkehr herrscht.[14] Wie bei den Gebrauchsrechten spielen auch im Rahmen des § 541 BGB die Gemeinschaftsflächen eine Rolle. Werden sie überschritten, findet § 541 BGB Anwendung.[15] In der ergänzenden Auslegung ist gerade in der Wohnraummiete die Drittwirkung der Grundrechte zu beachten. Das gilt etwa für das Recht auf Informationsfreiheit (Art 5 Abs. 1 Satz 1 GG) bei der Einrichtung von Parabolantennen durch den Mieter[16] oder für das Recht auf Meinungsfreiheit (Art. 5 Abs. 1 Satz 1 GG) beim Aushang von Plakaten vom Balkon.[17] Eine Drittwirkung der Grundrechte kann auch beim Recht auf individuelle Lebensgestaltung des Mieters in seiner Wohnung nach Art 2 Abs. 1 GG zu beachten sein, etwa beim Rauchen in der Wohnung[18] oder bei der Tierhaltung.[19]

## C. Abmahnung

### I. Rechtsnatur, Zweck

4 Der Unterlassungsklage muss eine Abmahnung vorausgehen. Dabei handelt es sich um eine **rechtsgeschäftsähnliche,** dem Schutz des Mieters dienende, einseitige, empfangsbedürftige Erklärung. Die Abmahnung hat **Warnfunktion:** dementsprechend soll sie den Mieter darüber **informieren,** welches tatsächliche Verhalten vom Vermieter missbilligt wird; außerdem soll der Mieter **Gelegenheit zur Abhilfe** erhalten.[20]

### II. Inhalt, Form

5 Die Abmahnung muss ihrem **Inhalt** nach das, was der Vermieter als vertragswidrig ansieht, so **genau bezeichnen,** dass der Mieter sich danach richten kann.[21] Deshalb genügt es nicht, wenn der Vermieter den Mieter lediglich in mehr oder weniger allgemein gehaltenen Worten auf die Erfüllung seiner Pflichten hinweist.[22] Wird bspw. beanstandet, dass eine Wohnung überbelegt ist, so muss sich aus der Abmahnung ergeben, wie viel Personen die Räume nutzen dürfen. Es ist ungenügend, wenn der Mieter in diesem Falle aufgefordert wird, „die Überbelegung zu beenden" oder „sich eine andere Wohnung zu suchen". Eine Abmahnung liegt vor, wenn der Vermieter den Mieter auffordert, entweder den vertragswidrigen Gebrauch zu unterlassen oder hierfür ein erhöhtes Entgelt zu bezahlen (zB bei Untervermietung oder gewerblicher Nutzung von Wohnräumen).[23] Hier werden dem Mieter nur eben zwei Wege für ein vertragsgemäßes Verhalten aufgezeigt. Wird eine bisher bestehende Erlaubnis widerrufen, so liegt hierin noch keine Abmahnung (zB bei Untervermietung, Tierhaltung). Jedoch kann der Widerruf mit einer Abmahnung verbunden werden.[24]

Es ist nicht erforderlich, dass dem Mieter in der Abmahnung eine bestimmte **Frist** zur Beendigung des vertragswidrigen Gebrauchs gesetzt wird. Die Angabe einer **zu kurzen Frist** schadet nicht; der Vermieter muss mit der Erhebung der Unterlassungsklage lediglich solange zuwarten bis eine angemessene Frist verstrichen ist (→ Rn. 12). Ebenso kann auf die **Androhung der Unter-**

---

[14] BGH VIII ZR 165/08, NJW 2009, 3157; LG Hamburg WuM 1985, 263; AG Hamburg, WuM 2009, 349; AG Hamburg-Blankenese ZMR 2013, 360.

[15] Vgl. etwa die Fälle AG Frankfurt, 33 C 3648/17, BeckRS 2018, 23977; AG Hamburg-Altona GE 2020, 122.

[16] Vgl. BGH VIII ZR 260/06, NJW 2008, 216 (217) = NZM 2008, 37 (38); AG Berlin Lichtenberg, 7 C 177/17; AG Frankenthal, 3 a C 156/18; AG Augsburg WuM 2011, 504 (505).

[17] AG Neukölln, 10 C 3444/17, juris; zum Streitwert in diesem Fall BGH VIII ZB 66/18, NZM 2019, 516.

[18] Näher *Börstinghaus/Pielsticker* WuM 2012, 480; *Paschke* NZM 2008,265 (267); *Wietz* WuM 2014, 518.

[19] Dazu (zu einer Streitwertbeschwerde) BGH VIII ZB 57/16, NZM 2018, 462 (463).

[20] BGH VIII ZR 364/04, NZM 2006, 338; BGH VIII ZR 139/07, NJW 2008, 1303 = NZM 2008, 277; BGH VIII ZR 345/10, WuM 2011, 676.

[21] BGH III ZR 168/98, NZM 2000, 241 (242) zu einem Pachtvertrag; *Sternel* MietR aktuell Kap. IV Rn. 325; Staudinger/*V. Emmerich* BGB § 541 Rn. 7; MüKoBGB/*Bieber* § 541 Rn. 12; BeckOGK/*V. Emmerich BGB § 541 Rn. 12;* Palandt/*Weidenkaff* BGB § 541 Rn. 8.

[22] RGZ 77, 117 (119).

[23] AG Lüdinghausen WuM 1983, 327.

[24] AG Berlin-Tiergarten GE 1992, 391 = BeckRS 1992, 30947059.

**lassungsklage** verzichtet werden;[25] wegen der Rechtslage hinsichtlich der Kündigung nach § 543 Abs. 2 Nr. 2 BGB, → § BGB § 543 Rn. 212).

Da für die Abmahnung aber weder eine besondere **Form,** noch eine schriftliche Begründung erforderlich ist, genügt es, wenn der Vermieter dem Mieter mündlich erläutert, welches Verhalten abgestellt werden soll und sodann eine Abmahnung ausspricht, die hierauf Bezug nimmt.[26] Ebenso kann eine (unwirksame) Kündigung in eine Abmahnung umgedeutet werden.[27] Voraussetzung ist allerdings, dass dann die Kündigung das vertragswidrige Verhalten genau genug bezeichnet hat.[28]

### III. Abmahnungsberechtigter

Nur der Vermieter oder die von ihm hierzu Bevollmächtigten können eine Abmahnung aussprechen. Dem Vermieter stehen diejenigen Personen gleich, die anstelle des Vermieters oder für den Vermieter dessen Befugnisse ausüben (Zwangsverwalter, Insolvenzverwalter, Nachlassverwalter, Testamentsvollstrecker, Nachlass- und Abwesenheitspfleger, Betreuer). Generell sind die Vorschriften über die Willenserklärung entsprechend anzuwenden.[29] Wird die Abmahnung durch einen nicht bevollmächtigten Dritten erklärt, so ist sie unwirksam. Wird die Vollmachtsurkunde nicht vorgelegt, kann die Abmahnung in entsprechender Anwendung von § 174 Abs. 1 BGB zurückgewiesen werden.[30] Der Erwerber einer Wohnung kann erst dann aus eigenem Recht abmahnen, wenn er als Eigentümer im Grundbuch eingetragen ist. Dies gilt auch dann, wenn nach dem Kaufvertrag die Nutzungen bereits mit der Übergabe übergehen sollen und der Erwerber den Besitz an dem Hausgrundstück erlangt hat.[31] Infrage kommt allerdings, dass der Vermieter den Erwerber zur Abgabe von Willenserklärungen aus eigenem Recht und im eigenen Namen ermächtigt.[32] Der BGH hat bisher offen gelassen, ob § 174 auf die Ermächtigung entsprechend anzuwenden ist.[33] 6

### IV. Abmahnungsempfänger

Die Abmahnung muss stets gegenüber dem Mieter erklärt werden, auch wenn ein am Mietverhältnis nicht beteiligter Dritter, etwa ein Familienangehöriger des Mieters, die Vertragsstörung begangen hat.[34] Die Abmahnung ist auch dann gegenüber dem Mieter zu erklären, wenn dieser den Mietgebrauch einem Dritten überlassen hatte und der Dritte von der Mietsache einen vertragswidrigen Gebrauch macht.[35] Der Umstand, dass der Störende in den Schutzbereich des Mietvertrags einbezogen ist, ändert daran nichts, weil der Vermieter hierdurch keine vertraglichen Unterlassungsansprüche erwirbt. Unter Umständen kann der Vermieter gegen den Dritten aber nach § 1004 BGB vorgehen. Die Abmahnung muss dem Mieter entsprechend § 130 BGB zugehen.[36] Bei mehreren Mietern muss der Vermieter jedenfalls den störenden Mieter abmahnen. Es empfiehlt sich vorsorglich die Abmahnung aller Mieter, weil für die Unterlassungsklage streitig ist, ob sie nur gegen den störenden Mieter oder sogar gegen alle Mieter kraft einer Zurechnung des vertragswidrigen Verhaltens erhoben werden kann (→ Rn. 15). 7

---

[25] Bamberger/Roth/*Ehlert* BGB § 541 Rn. 10; Erman/*Lützenkirchen* BGB § 541 Rn. 11; Guhling/Günter/*Mersson* § 541 Rn. 13.

[26] RGZ 77, 117 (120).

[27] BGH VIII ZR 345/10, WuM 2011, 676; KG GE 2005, 236.

[28] Lützenkirchen/*Eisenhardt* AHB, Beendigung des Mietvertrags J.I.7.b Rn. 25 a.

[29] MüKoBGB/*Bieber* § 541 Rn. 12.

[30] OLG Celle WuM 1982, 206; MüKoBGB/*Bieber* § 541 Rn. 12; *Brehsan/Gohrke/Opolony* ZIP 2001, 773 (778).

[31] LG Berlin GE 1985, 95.

[32] Vgl. *Krüger* ZfIR 2014, 424 (424); für das Mieterhöhungsverlangen BGH VIII ZR 203/13, NJW 2014, 1802; für die Kündigung BGH XII ZR 119/95, NJW 1998, 896.

[33] BGH VIII ZR 203/13, NJW 2014, 1802 (1803).

[34] Staudinger/*V. Emmerich* BGB § 541 Rn. 6; BeckOK BGB/*Wiederhold* BGB § 541 Rn. 8; Guhling/Günter/*Mersson* § 541 Rn. 10.

[35] BeckOK BGB/*Wiederhold* BGB § 541 Rn. 8.

[36] MüKoBGB/*Bieber* § 541 Rn. 12.

### V. Entbehrlichkeit der Abmahnung

8 Ausnahmsweise kann die Abmahnung entfallen. Dies ist der Fall, wenn mit Sicherheit feststeht, dass der Mieter das vertragswidrige Verhalten nicht abstellen will oder kann. Weigert sich ein Mieter ernsthaft und endgültig, seine Verpflichtung zu erfüllen, so wäre eine Abmahnung leere Förmelei.[37] Allerdings sind hieran strenge Anforderungen zu stellen. Die Abmahnung kann auch sonst entfallen, wenn die sofortige Klagerhebung aus besonderen Gründen gerechtfertigt ist, etwa wenn der Mieter sich der Abmahnung durch Unerreichbarkeit entzieht.[38] Im Wesentlichen gelten die gleichen Grundsätze wie bei der Mahnung (§ 286 Abs. 2 BGB) oder bei der fristlosen Kündigung wegen Vertragsverletzung (§ 543 Abs. 3 Satz 2 Nr. 1 oder 2 BGB).[39] Die Umstände, die die Abmahnung entbehrlich machen, muss der Vermieter darlegen und beweisen.[40]

### VI. Abweichende Vereinbarungen

9 Das Erfordernis einer Abmahnung kann als Voraussetzung einer Unterlassungsklage sowohl bei der Geschäftsraummiete als auch bei der Wohnraummiete individualvertraglich abbedungen werden.[41] Eine entsprechende Formularklausel verstieße jedoch gegen § 309 Nr. 4 BGB.[42] Zu beachten ist der Unterschied zum Kündigungsrecht. Dort kann die Abmahnung in der Wohnraummiete gar nicht, auch nicht individualvertraglich, als Kündigungsvoraussetzung abbedungen werden (§ 569 Abs. 5 Satz 1 i. V. m. § 543 Abs. 3 BGB).

### VII. Rechtsmittel gegen die Abmahnung

10 **Rechtsmittel** gegen eine unberechtigte Abmahnung bestehen nicht. Der Mieter wird durch die Abmahnung nicht in seinen Rechten beeinträchtigt. Einer Klage auf Beseitigung der Abmahnung fehlt das Rechtsschutzbedürfnis. Ein Anspruch auf Feststellung, dass die Abmahnung zu Unrecht erfolgt ist, besteht ebenfalls nicht.[43] Die Grundsätze zur arbeitsrechtlichen Abmahnung sind nicht auf das Mietrecht übertragbar.[44] Umgekehrt erhält der Vermieter in einem späteren Räumungsrechtsstreit keinen Beweisvorsprung, wenn der Mieter eine zuvor erteilte Abmahnung entgegengenommen hat. Ungeachtet der Abmahnung muss der Vermieter den vollen Beweis für die vorangegangene Pflichtwidrigkeit führen. Zwar ist eine Feststellungsklage zulässig, wenn zwischen den Parteien streitig ist, ob der vom Mieter praktizierte Mietgebrauch den vertraglichen Vereinbarungen entspricht. Der Mieter kann aber nicht im Klageweg klären lassen, ob er eine ihm angelastete Pflichtverletzung begangen hat. § 256 ZPO erlaubt nur die Feststellung eines Rechtsverhältnisses, nicht die isolierte Feststellung von Tatsachen.[45]

## D. Fortsetzung

11 Die Abmahnung soll dem Mieter Gelegenheit geben, die Vertragswidrigkeit zu beenden. Daher ist weitere Voraussetzung der Unterlassungsklage, dass der Mieter den vertragswidrigen Gebrauch **trotz,** heißt: **in Kenntnis** der Abmahnung fortsetzt. Wird die Abmahnung erst in der Klagschrift erklärt, so ist die Klage nicht schlüssig begründet, weil nicht dargelegt ist, dass der Mieter den vertragswidrigen Gebrauch „trotz einer Abmahnung" fortgesetzt hat; eine solche Klage ist als unbegründet abzuweisen. Dies gilt nach der hier vertretenen Ansicht auch dann, wenn zwischen Klager-

---

37 BGH VIII ZR 195/73, MDR 1975, 572; BGH III ZR 168/98, NJW-RR 2000, 717, 718 (zu § 553 BGB).
38 MüKoBGB/*Bieber,* § 541 Rn. 14.
39 Staudinger/*V. Emmerich* BGB § 541 Rn. 8.
40 Zu § 543 BGB: BGH VIII ZR 182/06, NJW 2007, 2177 (2178) = NZM 2007, 439 (440).
41 Staudinger/*V. Emmerich* BGB § 541 Rn. 5.
42 Staudinger/*V. Emmerich* BGB § 541 Rn. 5 Erman/*Lützenkirchen* BGB § 541 Rn. 4 MüKoBGB/*Bieber* § 541 Rn. 198.
43 BGH VIII ZR 139/07, NJW 2008, 1303; LG Berlin GE 1996, 1243 GE 2015, 512; AG Lübeck ZMR 1994, 370; AG Luckenwalde WuM 2000, 673; AG Münster WuM 2006, 456 mit abl. Anm. *Schach* WuM *2006, 669;* **aA** *Weidemann* WuM 2002, 78: Anspruch aus §§ 1004, 823 BGB auf „Entfernung" der Abmahnung oder deren Widerruf.
44 BGH VIII ZR 139/07, NJW 2008, 1303.
45 BGH VIII ZR 139/07, NJW 2008, 1303.

hebung und mündlicher Verhandlung ein **ausreichender Zeitraum** liegt und der Mieter dennoch den beanstandeten Gebrauch fortsetzt oder während der Zeit der Rechtshängigkeit weitere Vertragsverletzungen begeht. Die Klagerhebung kann nicht in die Abmahnung umgedeutet werden, deren Voraussetzung sie ist.[46] Denkbar ist es aber, eine (unwirksame) **Kündigung in eine Abmahnung** für künftige Fälle **umzudeuten.**[47] Das Gleiche gilt auch für eine (mangels Abmahnung) unbegründete Unterlassungsklage, wenn der Mieter nach Prozessende sein Verhalten fortsetzt und es zu einem zweiten Prozess kommt.

Fraglich ist, über welche **Frist** hinweg eine Fortsetzung erfolgen muss, damit die Unterlassungsklage begründet ist. Grundsätzlich gilt, dass der Mieter **unverzüglich,** also ohne schuldhaftes Zögern, alles Erforderliche unternehmen muss, um den vertragsgemäßen Gebrauch wieder herzustellen.[48] Konkret wird dem Mieter zunächst eine Bedenkzeit auch zur Prüfung der Berechtigung zuzubilligen sein.[49] Ist der Mieter als Ausländer der deutschen Sprache nicht hinreichend mächtig, so soll bei der Bemessung der Frist diejenige Zeit berücksichtigt werden, die der Mieter benötigt, um eine Übersetzung zu erlangen.[50] Das erscheint zweifelhaft, weil Sprachschwierigkeiten in den Risikobereich des Mieters fallen. Jedenfalls muss sich der Mieter aber auch um eine sofortige Übersetzung bemühen. Die Berufung auf die fehlende Kenntnis vom Inhalt des Abmahnschreibens ist sonst rechtsmissbräuchlich.[51] 12

Anschließend hängt die Länge der Frist von der **Art der Vertragsverletzung** ab. Wird ein Verhalten beanstandet, das aus wiederkehrenden Vertragswidrigkeiten resultiert, (ruhestörender Lärm, Verstöße gegen die Hausordnung, etc), so kann der Vermieter die Unterlassungsklage erheben, wenn der Mieter die beanstandete Vertragsverletzung einmal wiederholt. Ein weiteres Zuwarten ist entbehrlich; insbes. ist nicht erforderlich, dass eine weitere Wiederholung der beanstandeten Zuwiderhandlung droht.

Muss der Mieter seinerseits Maßnahmen ergreifen, um die Vertragswidrigkeit zu beenden, muss er unverzüglich tätig werden.[52] Im Übrigen sind alle Umstände des Einzelfalls zu berücksichtigen. Wird der Mieter aufgefordert, eine unerlaubte Tierhaltung zu beenden, so muss dem Mieter eine Frist eingeräumt werden, die der Mieter üblicherweise zur anderweitigen Unterbringung des Tieres benötigt, bei gefährlichen Tieren (Giftschlange, bissiger Hund) muss der Mieter aber umgekehrt jegliche Anstrengung unternehmen. Die Frist muss sich nicht an den subjektiven Möglichkeiten des Mieters orientieren.[53] Problematisch ist die Frist, wenn der vertragswidrige Gebrauch in einer unerlaubten Untervermietung liegt. Ein Teil des Schrifttums stellt für die Bemessung der Frist auf die Kündigungsfrist des Untermietverhältnisses ab.[54] Das kann nicht pauschal gelten, weil der Vermieter nicht das Risiko einer etwa vereinbarten längeren Frist im Untermietverhältnis zu tragen hat. Selbst die gesetzliche Frist – etwa sechs Monate bei einer gewerblichen Untervermietung (§ 580 a BGB) – kann im Einzelfall zu lang sein, etwa bei der unzulässigen Untervermietung zum Betrieb eines Sexshops.[55] Hier ist wohl nur die Zeit anzusetzen, die der Mieter braucht, um mit dem Untermieter eine einvernehmliche Beendigung des Untermietverhältnisses auszuhandeln, auch wenn das zusätzliche Aufwendungen erfordert.[56]

Hat der Vermieter dem Mieter in der Abmahnung eine bestimmte Frist gesetzt, so muss er den Ablauf dieser Frist abwarten. Anderenfalls muss der Vermieter mit der Klagerhebung solange zuwarten, bis der angemessene Abhilfezeitraum verstrichen ist. Gleiches gilt, wenn in der Abmahnung eine zu kurze Frist gesetzt worden ist. Wird der Vermieter nach dem Ablauf der gesetzten oder der angemessenen Frist nicht sofort tätig, so geht das Klagerecht nicht verloren. Im Einzelfall kann allerdings **Verwirkung** vorliegen, wenn zwischen dem Fristablauf und der Klagerhebung ein 13

[46] MüKoBGB/*Bieber* § 541 Rn. 13; Bub/Treier MietR-HdB/*Kraemer/von der Osten/Schüller* Kap. III Rn. 2586.
[47] BGH VIII ZR 91/10, NJW 2011, 2570 (2571); OLG Düsseldorf WuM 1996, 410; LG Berlin GE 1995, 569.
[48] MüKoBGB/*Bieber* § 541 Rn. 16. Rn. 2587.
[49] Bub/Treier MietR-HdB/*Kraemer/von der Osten/Schüller* Kap. III Rn. 2587.
[50] Schmidt-Futterer/*Blank,* 14. Aufl. 2019, Rn. 12; vgl. für den rechtsähnlichen Fall der arbeitsrechtlichen Abmahnung BAG NJW 1985, 823.
[51] BAG NJW 1985, 823.
[52] MüKoBGB/*Bieber* § 541 Rn. 16.
[53] Bub/Treier MietR-HdB/*Kraemer/von der Osten/Schüller* Kap. III Rn. 2587.
[54] Schmidt-Futterer/*Blank,* 14. Aufl. 2019, Rn. 12.
[55] Fall des BGH VIII ZR 237/82, NJW 1984, 1031.
[56] *Sternel* MietR aktuell Rn. VI 327.

längerer Zeitraum liegt und der Mieter auf Grund besonderer Umstände davon ausgehen durfte, dass der Vermieter die Sache nicht weiterverfolgen werde.

## E. Unterlassungsanspruch und Unterlassungsklage

### I. Der Unterlassungsanspruch

14 Der Unterlassungsanspruch richtet sich als vertraglicher Anspruch gegen den Mieter. Er kann nicht gegen Dritte gerichtet werden (zur Mietermehrheit → Rn. 15).[57] Er besteht, wenn die o. g. Voraussetzungen – vertragswidriger Gebrauch, Abmahnung, Fortsetzung – erfüllt sind. Ein Verschulden ist nicht Voraussetzung.[58] Ist das beanstandete Verhalten nur deshalb vertragswidrig, weil der Mieter eine dazu erforderliche Erlaubnis nicht eingeholt hat (Tierhaltung, Untervermietung), so kann der Mieter gegen den Unterlassungsanspruch einwenden, dass er einen materiell-rechtlichen Anspruch auf Erteilung einer Erlaubnis habe und das Begehren des Vermieters daher rechtsmissbräuchlich sei.[59]

Der Unterlassungsanspruch aus § 541 BGB unterliegt nach allgemeiner Ansicht der **Verjährung,** wobei die Verjährungsfrist **drei Jahre** beträgt (§ 195 BGB). Die Verjährung beginnt mit dem Schluss des Jahres, in dem der vertragswidrige Gebrauch stattgefunden hat und der Vermieter von den den Anspruch begründenden Umständen Kenntnis erlangt oder ohne grobe Fahrlässigkeit erlangen müsste (§ 199 Abs. 1 BGB). Die Kenntnis des Vermieters setzt voraus, dass dieser auf Grund der ihm bekannten Tatsachen eine Klage erheben kann. Nach inzwischen wohl ganz herrschender Meinung unterliegen Dauerverpflichtungen des Vermieters oder Mieters, die sich nicht in einer einmaligen Handlung erschöpfen, während der Mietzeit nicht der Verjährung. Das gilt bei einmaligen Handlungen auch dann, wenn die Beeinträchtigung andauert (Anbau einer Parabolantenne, unerlaubte Untervermietung).[60] Dies beruht auf der Erwägung, dass der Unterlassungsanspruch bei fortdauernden Verstößen Tag für Tag neu entsteht und dass deshalb der Anspruch schon begrifflich nicht verjähren kann.[61] Bei wiederholten, gleichartigen Störungen (Lärm) entsteht mit jeder Störung ein neuer Anspruch, der die darauf bezogene Verjährung in Gang setzt.[62]

### II. Die Unterlassungsklage

#### 1. Parteien

15 **Kläger** ist der aktuelle Vermieter. Findet zwischen der Abmahnung und der Klagerhebung ein Wechsel in der Person dessen statt, dem die Vermieterbefugnisse zustehen (**Eigentümerwechsel,** Beendigung der Zwangsverwaltung, etc), so wirkt die Abmahnung fort.[63] Es handelt sich um einen gestreckten Tatbestand. Insoweit kann nicht angenommen werden, dass der „vertragswidrige Gebrauch" von dem neuen Vermieter vielleicht anders aufgefasst wird.[64] Der Inhalt des Vertrags bleibt gleich und ist durch Auslegung zu ermitteln.

**Beklagter** ist der Mieter. Bei einer **Mehrheit von Mietern** ist streitig, ob der Vermieter alle oder nur denjenigen Mieter auf Unterlassung in Anspruch nehmen kann, der den vertragswidrigen Gebrauch ausübt. Die wohl hM folgert aus § 425 BGB, dass die Unterlassungsklage nur gegen den störenden Mieter gerichtet werden kann.[65] Für diese Auffassung spricht zunächst, dass es bei der

---

57 Bub/Treier MietR-HdB/*Kraemer/von der Osten/Schüller* Kap. III Rn. 2582.

58 Ermann/*Lützenkirchen* BGB § 541 Rn. 10; Bub/Treier MietR-HdB/*Kraemer/von der Osten/Schüller* Kap. III Rn. 2587.

59 Ermann/*Lützenkirchen* BGB § 541 Rn. 7; Bub/Treier MietR-HdB/*Kraemer/von der Osten* Kap. III Rn. 2583; für die Kündigung BGH VIII ZR 74/10, NJW 2011, 1065, 1066.

60 BGH XII ZR 5/18, NJW 2019, 1062; OLG Celle ZMR 2018, 499; Staudinger/*Peters/Jacoby* § 199 Rn. 111; LG Hamburg ZWE 2014, 31 (33) für den Anspruch aus § 1004; **aA** LG Halle ZMR 2014, 644; LG Saarbrücken Beschl. v. 24.10.2008 – 5 T 48/08, BeckRS 2011, 12816.

61 BGH XII ZR 5/18, NJW 2019, 1062; Erman/*Schmidt-Räntsch* § 199 Rn. 5; für Mieteransprüche auf Mängelbeseitigung entsprechend BGH VIII ZR 104/09, NJW 2010, 1292.

62 OLG Brandenburg Urt. v. 8.11.2007 – 5 U 179/06 – BeckRS 2008, 82; *Jacoby* ZWE 2012, 70 (74).

*63 AA Schmidt-Futterer/Blank,* 14. Aufl. 2019, Rn. 15.

64 So aber Schmidt-Futterer/*Blank,* 14. Aufl. 2019, Rn. 15.

65 Palandt/*Weidenkaff* BGB § 541 Rn. 1; Bub/Treier MietR-HdB/*Kraemer/von der Osten/Schüller* Kap. III Rn. 2582; Staudinger/*V. Emmerich* BGB § 541 Rn. 10; KSB MietR/*Schach* BGB § 541 Rn. 16; **aA** Schmidt-

Vertragswidrigkeit ggf. – je nach Art der Störung – um eine Tatsache geht, die nur in einer Person verwirklicht wird. Gegen die Anwendung des § 425 BGB spricht auch nicht, dass es sich bei § 541 BGB der Sache nach um einen Erfüllungsanspruch handelt (→ Rn. 1).[66] Auch für einen Erfüllungsanspruch kann § 425 BGB Anwendung finden. Die Vorschrift knüpft nur daran an, dass ein Gesamtschuldverhältnis begründet worden ist und erst danach Tatsachen in der Person nur eines Gesamtschuldners eintreten.[67] Hier geht es zudem nicht um die Hauptleistung, also die Mietzahlung, sondern nur um die Beschränkung des erlaubten vertraglichen Gebrauchs. In der Systematik des § 425 BGB ergibt sich danach kein Ausschluss. Die Tatsache eines vertragswidrigen Gebrauchs nach Mietbeginn ist Voraussetzung des Unterlassungsanspruchs, sie kann – wie etwa nachträgliche Unmöglichkeit – Einzelwirkung im Sinne des § 425 BGB haben. Danach kann im Grundsatz § 425 BGB eingreifen. Die Unterlassungsklage wäre gegen diesen Mieter zu richten.[68]

Eine Relativierung erfährt dieses Ergebnis aber dadurch, dass § 425 BGB nicht eingreift, wenn sich aus der Natur des Schuldverhältnisses ein anderes ergibt. In der Miete wird vielfach – auch schlüssig – vereinbart sein, dass die Mitmieter wechselseitig für Vertragswidrigkeiten einzustehen haben.[69] Das ist regelmäßig das Einfallstor für die Passivlegitimation aller Beklagten. So entspricht es wohl der Natur des Wohnraummietverhältnisses, dass die Mitmieter für Lärmstörungen und Streitigkeiten wechselseitig einstehen müssen. In der Auslegung des Vertrags ist zu beachten, dass gerade bei Lärmstörungen aus der Wohnung heraus der konkret störende Mieter nicht ermittelt werden kann.[70] Außerdem ist zu berücksichtigen, dass die Mitmieter in der Regel die Möglichkeit haben, auf den Störer in ihrer Gruppe einzuwirken.[71] Umgekehrt ist die Klage nur gegen den einzelnen Mieter zu richten, wenn nur er – identifiziert – verbotswidrig immer wieder im Treppenhaus raucht. Die Einzelfallprüfung ist hier nicht verzichtbar.

Greift § 425 BGB für den Unterlassungsanspruch ein, ändert das nichts daran, dass der Mietvertrag ggf. insgesamt gekündigt werden kann, wenn sich aus dem Verhalten eines Mieters ein Kündigungsgrund nach § 543 Abs. 1, Abs. 2 Nr. 2 BGB ergibt.[72]

### 2. Darlegungs- und Beweislast, Kosten, Vollstreckung

Der **Vermieter** muss darlegen und beweisen, dass eine **Vertragswidrigkeit** vorgelegen hat, und dass dem Mieter eine der Regelung des § 541 BGB entsprechende **Abmahnung** zugegangen ist. Außerdem muss der Vermieter beweisen, dass der Mieter den vertragswidrigen Gebrauch auch nach Ablauf der gesetzten oder der angemessenen Frist **fortgesetzt** oder eine erneute Vertragswidrigkeit begangen hat. Wendet der Mieter ein, dass die Frist zu kurz bemessen war, so muss er diejenigen Umstände darlegen und beweisen, aus denen sich die Notwendigkeit einer längeren Frist ergibt. **16**

Beendet der Mieter den vertragswidrigen Gebrauch nach Ablauf der gesetzten Frist aber vor Klagerhebung, so ist die Klage mangels Rechtsschutzbedürfnis unzulässig. Die zur Vorbereitung der Klage entstandenen Kosten muss der Mieter ersetzen; dabei handelt es sich um einen Schadensersatzanspruch aus positiver Vertragsverletzung, der allerdings Verschulden voraussetzt. Ggf. findet § 269 Abs. 3 Satz 3 ZPO Anwendung. Eine Beendigung des vertragswidrigen Gebrauchs nach Klagerhebung lässt den Unterlassungsanspruch unberührt; hierdurch tritt also keine Erledigung der Hauptsache ein.

Die Unterlassungsklage kann mit der Androhung eines **Ordnungsgeldes** nach § 890 Abs. 2 ZPO verbunden werden. Auch der Antrag auf Erlass einer **einstweiligen Verfügung** ist möglich, wenn die Voraussetzungen hierfür vorliegen (§ 935 ZPO). Der **Mieter** kann nicht auf Feststellung klagen, dass eine Abmahnung unbegründet war (→ Rn. 10). Zulässig ist allerdings **eine Klage auf Feststellung,** dass ein vertragswidriger Gebrauch nicht gegeben ist oder dass ein bestimmtes, vom **17**

---

Futterer/*Blank,* 14. Aufl. 2019, Rn. 14; *Sternel* MietR aktuell Rn. VI 331; Herrlein/Kandelhard/*Both* BGB § 541 Rn. 18.

[66] So aber *Sternel* MietR aktuell Kap. VI Rn. 331; Herrlein/Kandelhard/*Both* BGB § 541 Rn. 18; Guhling/Günter/*Mersson* BGB § 541 Rn. 21.

[67] BGH VIII ZR 281/82, NJW 1984,793 für Verjährungsunterbrechungen bei einem Erfüllungsanspruch.

[68] Staudinger/*V. Emmerich* BGB § 541 Rn. 10.

[69] Staudinger/*V. Emmerich* BGB § 541 Rn. 10.

[70] Vgl. für den Schadensersatzanspruch bei Beschädigungen der Wohnung OLG Celle MDR 1998, 896.

[71] Vgl. Schmidt-Futterer/*Blank,* 14. Aufl. 2019, Rn. 14, Guhling/Günter/*Mersson* BGB § 541 Rn. 21 (Fn. 20).

[72] OLG Düsseldorf NJW-RR 1987, 1370.

Vermieter beanstandetes Verhalten den vertraglichen Vereinbarungen entspricht. In den Fällen, in denen des nur an der Einholung der Erlaubnis fehlt (→ Rn. 14), kann der Mieter Widerklage auf Erteilung der Erlaubnis erheben. Das Rechtsschutzbedürfnis hierfür ergibt sich aus den jeweils unterschiedlichen Rechtskraftwirkungen.

18 Aus dem Urteilstenor muss sich die Reichweite eines Verbots klar und eindeutig ergeben. Die Entscheidung hierüber darf nicht der Auslegung des Vollstreckungsgerichts überlassen werden. Deshalb muss schon der Klagantrag so gefasst werden, dass Gegenstand und Umfang des Verbots klar erkennbar sind. Anderenfalls ist die Klage unzulässig.[73] Nur im Bereich eines immissionsrechtlichen Unterlassungsantrags (Unterlassung von Lärmbelästigungen) sind die Anforderungen geringer.[74] Ein Vollstreckungstitel setzt demgemäß wohl nicht voraus, dass dort konkrete Grenzwerte (in Dezibel) ersichtlich sind, die nicht überschritten werden dürfen.[75] Allerdings sind der konkrete Lärm und seine Auswirkungen so präzise zu beschreiben, dass der Beklagte sich daran halten kann.[76] Die Angabe eines Wertes in Dezibel ist für den Rechtsanwalt der sicherere Weg.

### 3. Streitwerte

19 Der **Gebührenstreitwert** für die Klage auf Unterlassung eines störenden Mietgebrauchs oder auf Beseitigung einer störenden Einrichtung richtet sich nach dem Interesse des Vermieters an der Herstellung des begehrten Zustands. Wird durch das Verhalten des Mieters der Mietgebrauch anderer Mieter beeinträchtigt, so kann das Vermieterinteresse an Hand möglicher Minderungsbeträge konkretisiert werden. Geht es um die Beseitigung störender Einrichtungen (zB einer Parabolantenne) so ist das Interesse des Vermieters an der Beseitigung der optischen Beeinträchtigung oder der Beeinträchtigung der Gebäudesubstanz, den eintretenden Wertverlust maßgebend.[77] Auf die Höhe der Beseitigungskosten oder auf die Höhe der Kosten, die für die Herstellung eines vertragsgemäßen Zustands aufgewendet werden müssen, kommt es nicht an.

Für die **Bemessung der Beschwer** gilt folgendes: Hat das erstinstanzliche Gericht die Klage abgewiesen und will der Vermieter Berufung einlegen, so ist allein das Interesse des Vermieters an der Beseitigung der optischen Beeinträchtigung oder der Beeinträchtigung der Gebäudesubstanz oder der sonstigen Beeinträchtigung maßgebend. Das zum Streitwert Gesagte gilt entsprechend. Das Interesse am Erfolg eines Rechtsmittels ist bei einem Kläger, dessen Klage in erster Instanz abgewiesen worden ist und der sein Begehren in vollem Umfang weiterverfolgt, identisch mit dem Wert seiner Klage. Wurde der Klage auf Entfernung einer Einrichtung erstinstanzlich stattgegeben und will der Mieter Berufung einlegen, so kommt es für die Beschwer auf die Kosten an, die für die Beseitigung der Einrichtung aufgewendet werden müssen.[78] Darüber hinaus ist auch das Interesse des Mieters am Erhalt der Einrichtung zu berücksichtigen.[79] Wurde der Mieter verurteilt, ein störendes Verhalten zu unterlassen, so kann die Beschwer an Hand möglicher Schadensersatzansprüche beziffert werden, denen der Mieter bei Fortsetzung des störenden Verhaltens ausgesetzt ist (zB Ersatz des Mietausfalls, der dem Vermieter durch eine Minderung der Miete durch andere Mieter entsteht).

## F. Besonderheiten der vermieteten Eigentumswohnung

### I. Überblick

20 Bei der vermieteten Eigentumswohnung gibt es nicht nur den Anspruch des Vermieters gegen den Mieter, für diesen gilt nur § 541 BGB. Der Vermieter ist im Verhältnis zum Mieter an den Vertrag gebunden, auch wenn der dort gestattete Gebrauch den Vorgaben der Wohnungseigentümergemeinschaft widerspricht.[80]

---

73 BGH I ZR 259/00, BGHZ 156, 1 (8) = NJW 2003, 3406 (3408); BGH I ZR 202/07, NJW-RR 2010, 1343 (1344).
74 BGH V ZR 62/91, NJW 1993, 1656.
75 AA LG Berlin GE 2012, 341.
76 OLG Saarbrücken WuM 1995, 269.
77 *BGH VIII ZB 66/18, NZM 2019, 516 (517)*; BGH VIII ZR 31/05, NZM 2006, 637 = NJW 2006, 2639.
78 BGH VIII ZB 32/05, BeckRS 2006, 06829.
79 LG Erfurt GE 2001, 1467.
80 *Blank* WuM 2013, 94 (97).

Neben diesen Ansprüchen können aber Ansprüche der Wohnungseigentümergemeinschaft wie auch einzelner Eigentümer bestehen. Sie können sich gegen den Vermieter als Eigentümer derjenigen Wohnung richten, von der Störungen ausgehen. Dieser Bereich wird hier nicht näher untersucht.[81] Sie können sich aber ggf. auch gegen den Mieter richten. Nur die letzten Ansprüche sind hier näher zu untersuchen (→ Rn. 23). Anders als bei Ansprüchen geht es dabei nicht um die Frage des vertragswidrigen Gebrauchs, sondern darum, ob eine Störung vorliegt. Nur bei einer Störung können Ansprüche infrage kommen.

## II. Störung im WEG-Verhältnis

### 1. Beeinträchtigung

21 Eine Störung verlangt im Ausgangspunkt die Beeinträchtigung des Gemeinschaftseigentums oder eines anderen Sondereigentums. Beeinträchtigung ist jede Einwirkung, insbesondere durch Immissionen. Eine Beeinträchtigung liegt aber auch sonst bei jeder Inanspruchnahme des fremden Sonder- oder Gemeinschaftseigentums vor, etwa bei der Mitnutzung einer Gemeinschaftseinrichtung. Der Mieter, der das Treppenhaus nutzt, beeinträchtigt streng genommen das Gemeinschaftseigentum – damit ist über die Rechtsmäßigkeit naturgemäß noch nichts gesagt. Die Fragestellung wird deutlicher, wenn der Mieter etwa seine Hunde durch das Treppenhaus führt,[82] während die WEG ein Hundehaltungsverbot beschlossen hat.[83]

Die Beeinträchtigung des **Gemeinschaftseigentums** verlangt also **keine zusätzliche fühlbare Belastung,** etwa durch Lärm, Gerüche oder Verschmutzung. Streitig ist, ob auch das **Sondereigentum** schon dadurch rechtlich „beeinträchtigt“ wird, dass nur ein gegen das Binnenrecht der WEG vorliegt, während die anderen Sondereigentümer sonst in **formaler Verstoß** ihrem Sondereigentum nicht fühlbar betroffen werden. Für die Praxis hat der BGH diese Frage aktuell jedenfalls für Zweckbestimmungen bejaht, weil das Sondereigentum durch diese Bestimmungen inhaltlich ausgestaltet werde. Diese Beschränkung werde „spiegelbildlich“ zum Inhalt jedes anderen Sondereigentums, so dass sie durch eine Überschreitung „mittelbar“ beeinträchtigt würden.[84] In dem Fall hatte der Mieter in Räume mit der Zweckbestimmung „Laden“ als Eisdiele betrieben. Konkrete Störungen der anderen Eigentümer hatten sich daraus aber, soweit festgestellt, nicht ergeben. Dennoch sah der BGH alle anderen Sondereigentumsrechte als beeinträchtigt an. Im Ergebnis wurde die Beeinträchtigung aus der Regelwidrigkeit mit abgeleitet.

### 2. Rechtswidrigkeit

22 Maßgebend für die Frage, ob ein Unterlassungsanspruch gegen den Mieter besteht, ist die Frage des Binnenrechts der WEG. Der Vermieter einer Eigentumswohnung kann dem Mieter nicht mehr Rechte verschaffen, als er selbst hat. Das gilt sowohl für das mitgenutzte Gemeinschaftseigentum als auch für das vermietete Sondereigentum.[85] Der Mieter leitet seine Rechtsposition (nur) vom Eigentümer ab.[86] Seine Rechte können nicht weiter reichen als diejenigen des vermietenden Eigentümers.[87]

Im Ausgangspunkt ist jede Beeinträchtigung des Eigentums anderer rechtswidrig. Die Rechtswidrigkeit entfällt, wenn und soweit eine Duldungspflicht besteht. Konkret geht es also immer um einen Rechtfertigungsgrund. Für den Mieter gilt das Gleiche, hier ist § 986 Abs. 1 Satz 1, 2. Alt. BGB entsprechend anzuwenden.[88]

---

[81] Vgl. dazu die systematische Darstellung bei Lehmann-Richter/Wobst WEG-Reform 2020, § 14 (Rn. 1393–1570).

[82] Beispiel nach Lehmann-Richter/Wobst, ZWE 2020, 123 (124).

[83] Vgl. dazu BGH V ZB 5/95, NJW 1995, 2036 = WuM 1995, 447; OLG Hamm ZMR 2005, 897.

[84] BGH VZR 271/18, NJW 2020, 921 (924) = ZWE 2020, 144 (147) = WuM 2020, 48 (51); dagegen etwa Lehmann-Richter/Wobs, WEG-Reform 2020, Rn. 1432 und – ausführlich – in ZWE 2020, 123 (124f).

[85] BGH V ZR 271/18, NJW 2020, 921 (923) = ZWE 2020, 144 (147) = WuM 2020, 48 (51); *Jacoby* ZWE 2012, 70 (73).

[86] BGH V ZR 271/18, NJW 2020, 921 (922f) = ZWE 2020, 144 (146) = WuM 2020, 48 (50); *Jacoby* ZWE 2012, 70 (73); *Bruns* NJW 2011, 337 (338).

[87] *Bruns* NZM 2020, 909 (911); BGH V ZR 295/16, NZM 2020, 664 (666).

[88] BGH V ZR 112/06, NJW 2007, 432 (433); Lehmann-Richter/Wobs WEG-Reform 2020, Rn. 1580.

Eine Duldungspflicht ergibt sich – wenn keine abweichenden Beschlüsse oder Vereinbarungen vorliegen – aus § 14 Abs. 1 Nr. 2 WEG. Jeder Eigentümer muss das Betreten und sonstige Einwirkungen dulden, die den Beschlüssen und Vereinbarungen entsprechen oder „aus denen ihm über das bei einem geordneten Zusammenleben unvermeidliche Maß hinaus kein Nachteil erwächst". Das betrifft Selbsverständlichkeiten wie die Benutzung des Treppenhauses und des Fahrstuhls. Hierzu gehören auch etwa Immissionen im üblichen Bereich, etwa Essensgerüche im Treppenhaus oder Lärmimmissionen, die selbst bei rücksichtsvollem Wohnverhalten unvermeidlich sind.[89]

Die vorrangigen Vereinbarungen und Beschlüsse sind die **vereinbarten** oder **beschlossenen Gebrauchsregelungen,** insbesondere die Hausordnung nach § 19 Abs. 2 Nr. 1 WEG.[90] Eine Gebrauchsregelung kann sich darüber hinaus wie oben gesagt auch aus der **Zweckbestimmung** für ein Sondereigentum ergeben, die in der **Teilungserklärung** enthalten ist.[91] Die Gebrauchsregelungen können die zulässige Nutzung erweitern. In der Regel wird es sich aber um gebrauchsbeschränkende Regelungen handeln. Das sind etwa binnenrechtliche Regelungen, die die Hundehaltung verbieten, die das Musizieren nur zu bestimmten Zeiten zulassen, die Regelungen zur Nutzung eines Wäschekellers enthalten usw. Problematisch für den Mieter kann es sein, dass eine Hausordnung nach § 19 WEG anders als die im Mietvertrag einbezogene Hausordnung[92] nicht der AGB-Kontrolle unterliegt.

## III. Unterlassungsanspruch und gerichtliche Durchsetzung

### 1. Ansprüche der Gemeinschaft

23 Die Gemeinschaft hat nach § 9a Abs. 1 Satz 1 BGB einen eigenen Unterlassungsanspruch aus § 1004 BGB, wenn und soweit das Gemeinschaftseigentum beeinträchtigt ist.[93] Diese Beeinträchtigung kann sich aus den physisch-körperlichen (fühlbaren) Einwirkungen ergeben, wie etwa bei Lärm, Gerüchen, Betreten usw. Sie kann sich auch allein aus dem formalen Verstoß gegen das Binnenrecht ergeben, insbesondere aus dem Verstoß gegen eine Zweckbestimmung des Sondereigentums (Wohnung, Laden, Gaststätte usw., sh. oben → Rn. 21).

Prozessführungsbefugt ist bei der Störung des Gemeinschaftseigentums – nur – die Wohnungseigentümergemeinschaft (§ 9a Abs. 2 WEG, § 14 Abs. 1 WEG).[94] Nach altem Recht war auch der einzelne Eigentümer prozessführungsbefugt, solange nicht die Eigentümergemeinschaft die Geltendmachung an sich zog.[95] Diese nur „gekorene" Wahrnehmungskompetenz ist mit dem WEMoG abgeschafft.[96] Für Verfahren, die schon vor dem 1.12.2020 (Inkrafttreten des WEMoG) anhängig waren, gilt allerdings die Prozessführungsbefugnis eines Eigentümers, der Rechte aus dem gemeinschaftlichen Eigentum geltend macht, zunächst fort. Sie entfällt erst, wenn das vertretungsberechtigte Organ – in der Regel der Verwalter (§ 9b WEG) – dem Gericht Mitteilung von einem entgegenstehenden Willen der Gemeinschaft macht.[97]

Die Durchsetzung erfolgt durch Unterlassungsklage, wobei die WEG durch den Verwalter vertreten wird (§ 9b WEG).

Ansprüche aus § 14 Abs. 2 WEG gegen den Mieter bestehen nicht, weil diese Norm nur schuldrechtlich zwischen den Eigentümern gilt.[98]

Sofern ausschließlich anderes Sondereigentum rechtswidrig beeinträchtigt ist, hat die Gemeinschaft keinen eigenen Anspruch. Die Abwehr dieser Störung ist dem betroffenen Sondereigentümer zugewiesen.[99]

---

[89] Näher Hügel/Elzer/*Hügel/Elzer* WEG § 14 Rn. 33.
[90] BGH V ZR 271/18, NJW 2020, 921 = NZM 2020, 107 = WuM 2020, 48 (noch zu § 15 WEG aF).
[91] BGH V ZR 271/18, NJW 2020, 921 = NZM 2020, 107 = WuM 2020, 48.
[92] Zur AGB-Kontrolle dort: *Drettmann* WuM 2012, 535, 542; *Schmid* NJW 2013, 2145 (2148).
[93] Hügel/Elzer/*Hügel/Elzer* WEG § 14 Rn. 99.
[94] So jedenfalls *Elzer* FE-ZVR 2020, 429759.
[95] BGH V ZR 47/17, NZM 2018, 231; BGH V ZR 271/18, NJW 2020, 921 (922).
[96] *Bruns* NZM 2020, 909 (910); *Schultzy* MDR 2020, 1409 (1411).
[97] BGH V ZR 299/19, WuM 2021, 392.
[98] BGH V ZR 194/14, NJW 2015, 2968 (2969); Hügel/Elzer/*Hügel/Elzer* WEG § 14 Rn. 16.
[99] *Bruns* NZM 2020, 909, 910.

### 2. Ansprüche anderer Sondereigentümer

Der Sondereigentümer hat, wenn sein Sondereigentum rechtswidrig beeinträchtigt ist, seinerseits einen Anspruch aus § 1004 BGB gegen den störenden Mieter der anderen Wohnung. Insoweit bleibt er Anspruchsinhaber wie nach altem Recht und ist prozessführungsbefugt.[100] Das gilt auch dann, wenn zugleich das Gemeinschaftseigentum von den Störungen betroffen ist.[101] Die Prozessführungsbefugnis besteht jedenfalls bei fühlbaren Beeinträchtigungen, insbesondere bei Lärm und Geruchsbeeinträchtigungen. Fraglich ist, ob der Sondereigentümer „für sein Eigentum" auch eine rein formale Beeinträchtigung aufgrund eines Verstoßes gegen Zweckbestimmungen, eingetragene oder sogar nur beschlossene Gebrauchsregeln geltend machen kann. Die Beeinträchtigung des Sondereigentums ist nach der neuen Rechtsprechung des BGH zwar zu bejahen (→ Rn. 21). Dem Sondereigentümer hier eine parallele Ausübungsbefugnis zuzusprechen, würde wohl die Regelung in § 9a WEG unterlaufen. Diese Frage ist aber letztlich noch ungeklärt.[102] 24

## IV. Vertragliche Regelungen

Der Vermieter kann im Mietvertrag die gegenwärtigen Vereinbarungen und Beschlüsse auch zum Gegenstand des Mietvertrags machen. Die Geltung der Hausordnung kann formularvertraglich durch eine statische Verweisung vereinbart werden. Voraussetzung ist, dass der Mieter in zumutbarer Weise vom Inhalt der Hausordnung Kenntnis nehmen kann.[103] 25

Eine dynamische Verweisung ist individualvertraglich möglich, formularvertraglich an § 305c und 308 Nr. 4 BGB zu messen.[104] Das verlangt nach § 305c BGB zunächst den gut sichtbaren Hinweise darauf, dass die vermietete Wohnung eine Eigentumswohnung ist.[105] Die Zumutbarkeitsprüfung muss sich auf den jeweiligen Einzelfall beziehen.[106] Zumutbar sind Änderungen, die allgemeine Verhaltenspflichten konkretisieren (Ruhezeiten, Haustürschließungszeiten, etc). Unzumutbar sind Regelungen die dem Mieter Handlungspflichten auferlegen (Schneeräumen). Eingriffe in die Gebrauchsbefugnisse (Tierhaltung) sind zumutbar, wenn sich der Beschluss der Wohnungseigentümer im Rahmen des ordnungsmäßigen Gebrauchs iSv § 14 Abs. 1 Nr. 2 WEG hält.[107] Ein wirksamer Änderungsvorbehalt muss sich deshalb auf Regelungen im Rahmen des ordnungsgemäßen Gebrauchs iSv § 15 Abs. 2 WEG beschränken; außerdem muss sich aus der Klausel ergeben, dass der mietvertraglich vereinbarte Gebrauch in diesem Rahmen auch durch Mehrheitsbeschlüsse der Wohnungseigentümer eingeschränkt werden kann.[108]

---

100 *Bruns* NZM 2020, 909, 910.
101 BGH V ZR 41/19 – BeckRS 21, 19575 und juris.
102 Gegen eine Doppelkompetenz auch Lehmann-Richter/Wobs WEG-Reform 2020, Rn. 1435.
103 *Armbrüster,* FS Blank 2006, 577 (581); *Häublein* WuM 2009, 435 (436).
104 *Häublein* WuM 2009, 435 (436).
105 *Häublein* WuM 2009, 435 (437).
106 *Armbrüster,* FS Blank, 2006, 577 (581); *Blank* FS Seuß 2007, 53.
107 *Armbrüster,* FS Blank, 2006, 577 (583 ff).
108 *Armbrüster,* FS Blank 2006, 577 (586); Formulierungsvorschlag bei *Häublein* WuM 2009, 435 (437).

## § 542 Ende des Mietverhältnisses

**(1) Ist die Mietzeit nicht bestimmt, so kann jede Vertragspartei das Mietverhältnis nach den gesetzlichen Vorschriften kündigen.**

**(2) Ein Mietverhältnis, das auf bestimmte Zeit eingegangen ist, endet mit dem Ablauf dieser Zeit, sofern es nicht**

**1. in den gesetzlich zugelassenen Fällen außerordentlich gekündigt oder**

**2. verlängert wird.**

### Systematische Übersicht



### Alphabetische Schnellübersicht

## A. Überblick

Mietverhältnisse sind Dauerschuldverhältnisse und als solche wesentlich von einer zeitlichen Dimension geprägt, sie sind aber nicht unbeendbar. § 542 BGB ist die Grundnorm für die wichtigsten Arten der Mietvertragsbeendigung: Kündigung und Zeitablauf. Die Vorschrift gilt entsprechend ihrer systematischen Stellung für alle Mietverhältnisse. Abgesehen von Kündigung und Zeitablauf können Mietverträge durch Rücktritt, Widerruf, Anfechtung, auflösende Bedingung, Aufhebungsvertrag oder Konfusion (→ Rn. 228) bzw. Erlöschen eines Dauerwohn- oder Dauernutzungsrechts (→ Rn. 21) enden. 1

**§ 542 Abs. 1 BGB** entspricht im Wesentlichen dem bis zum 31.8.2001 geltenden § 564 Abs. 2 BGB. Die Vorschrift besagt, dass ein unbefristetes (auf unbestimmte Zeit abgeschlossenes) Mietverhältnis durch **Kündigung** endet, ohne allerdings die Kündigungstatbestände selbst zu regeln. Das Gesetz sieht die Kündigung als Standardbeendigungsform für unbefristete Mietverhältnisse an, ohne dadurch aber die anderen in → Rn. 1 erwähnten Beendigungsformen auszuschließen. Unter den „gesetzlichen Vorschriften", nach denen die Kündigung erfolgen kann, sind die Regelungen über die Kündigungsarten (ordentlich, außerordentlich, fristlos, mit Frist), über die Kündigungsgründe, über die Kündigungsfristen und über die Form- und Begründungserfordernisse zu verstehen. 2

**§ 542 Abs. 2 BGB** regelt die Beendigung von befristeten Mietverhältnissen. Die Vorschrift entspricht dem bis 31.8.2001 geltenden § 564 Abs. 1 BGB. Grundsätzlich endet ein befristetes („ein auf bestimmte Zeit eingegangenes") Mietverhältnis, ein **Zeitmietvertrag,** mit dem Ablauf der Mietzeit. In § 542 Abs. 2 Nr. 1 BGB ist zur Klarstellung bestimmt, dass ein befristetes Mietverhältnis vorzeitig gekündigt werden kann, wenn einem der Vertragspartner ein außerordentliches Kündigungsrecht zusteht. Hierzu gehören alle kraft Gesetzes eingeräumten Möglichkeiten zur außerordentlichen befristeten oder fristlosen Kündigung. Es ist nicht erforderlich, dass der Kündigungstatbestand als „Außerordentliche Kündigung" bezeichnet wird.[1] In § 542 Abs. 2 Nr. 2 BGB ist geregelt, dass ein befristetes Mietverhältnis nicht endet, wenn es verlängert wird. In Betracht kommt eine **Verlängerung durch vertragliche Vereinbarung** oder eine **Verlängerung kraft Gesetzes** in den Fällen des § 545 BGB. Bei der **Wohnraummiete** ist zu beachten, dass eine Befristung nur unter den Voraussetzungen des § 575 BGB möglich ist. Sind diese Voraussetzungen nicht gegeben, so kommt trotz einer vereinbarten Befristung ein unbefristetes Mietverhältnis zustande (§ 575 Abs. 1 S. 2 BGB) für dessen Beendigung § 542 Abs. 1 BGB gilt. Seit dem 1.9.2009 ist eine Befristung außerdem unter den Voraussetzungen des § 1568 a Abs. 5 BGB möglich. 3

[1] LG Berlin GE 2010, 1421 zu § 11 WoBindG (Kündigungsrecht des Mieters nach Mieterhöhung).

## B. Beendigung durch Kündigung (Abs. 1)

4 Unbefristete Mietverträge werden im Regelfall durch Kündigung beendet. Zu weiteren Auflösungs- oder Beendigungsgründen → Rn. 228. § 542 Abs. 1 BGB verleiht die Berechtigung zur Kündigung, stellt diese Berechtigung allerdings unter den **Vorbehalt der sonstigen gesetzlichen Bestimmungen.** Aus diesen ergeben sich vielfältige Beschränkungen. Nur Mietverträge, die keine Wohnraummietverträge sind (also vor allem gewerbliche Mietverhältnisse über Räume und Grundstücke und Mietverhältnisse über bewegliche Sachen), können – vorbehaltlich anderer vertraglicher Regelungen – frei gekündigt werden. Einschränkungen gibt es hier nur hinsichtlich der nach § 580a BGB einzuhaltenden Kündigungsfristen. Fristlose Kündigungen etwa gem. § 543 BGB erfordern einen Kündigungsgrund. Letzteres ist bei Wohnraummietverhältnissen ebenso, hier ist überdies für die Kündigung mit Frist ein Kündigungsgrund notwendig (Hauptfall § 573 BGB). All diese gesetzlichen Vorschriften gestalten das nach § 542 Abs. 2 BGB grds. bei unbefristeten Mietverträgen bestehende Kündigungsrecht allerdings nur aus, indem sie insbes. Kündigungsfristen, Kündigungsgründe oder die Einhaltung bestimmter Formalien vorsehen.

### I. Rechtsnatur

5 Die Kündigung ist ein **Gestaltungsrecht.** Sie beendet das Mietverhältnis für die Zukunft. Durch Auslegung ist die Kündigung abzugrenzen insbes. vom Rücktritt (Umwandlung in ein Rückabwicklungsschuldverhältnis) und der Anfechtung (rückwirkende Vernichtung des Vertrages), die bei der Miete als Dauerschuldverhältnis aber kaum praktische Bedeutung haben. Anders als bei Rücktritt oder Anfechtung werden die erbrachten Leistungen bei der Kündigung nicht rückabgewickelt; es entsteht allerdings mit dem Vertragsende ein gesetzliches Rückgewährschuldverhältnis, das insbes. auf die Rückgabe der Mietsache gerichtet ist (Einzelheiten → BGB § 546a Rn. 10).

6 Die Kündigung ist eine **einseitige empfangsbedürftige Willenserklärung,** deren Wirksamkeit sich nach den allgemeinen Vorschriften der §§ 116–144 BGB richtet und auf die alle allgemeinen Vorschriften über einseitige Rechtsgeschäfte anwendbar sind (§§ 111, 174, 180, 182 Abs. 3 BGB).

### II. Erklärung

7 Eine **Kündigung** ist die eindeutige, unbedingte, einseitige Erklärung einer Mietvertragspartei, den Vertrag für die Zukunft beenden zu wollen. In der Kündigungserklärung muss der Wille zur einseitigen Vertragsbeendigung **hinreichend klar** zum Ausdruck kommen.[2] Gegebenenfalls kann und muss die Erklärung nach dem Empfängerhorizont unter Berücksichtigung aller dem Empfänger erkennbaren Umstände ausgelegt werden.[3] Der Begriff „Kündigung" muss nicht verwendet werden. Verwendet der Mieter stattdessen die Begriffe Rücktritt, Anfechtung oder Aufhebung, dürfte zwar an der Ernsthaftigkeit eines Beendigungswillens selten Zweifel bestehen.[4] Es ist aber sorgfältig auszulegen, welche Rechtsfolge der Erklärende erzielen will, die Rückabwicklung (Rücktritt: Umwandlung in ein Rückabwicklungsschuldverhältnis; Anfechtung: rückwirkende Vernichtung des Vertrages), die einvernehmliche Beendigung (dann Aufhebung) oder die einseitige Beendigung für die Zukunft (dann Kündigung). An die Eindeutigkeit der Erklärung dürfen aus Gründen der Rechtssicherheit **(Bestimmtheitsgrundsatz)** und zum Schutz des Kündigungsempfängers nicht zu geringe Anforderungen gestellt werden.[5] Eine Kündigung liegt nicht vor, wenn die Vertragsbeendigung lediglich in Aussicht gestellt, angedroht oder vorgeschlagen wird. Gleiches gilt für Äußerungen, durch die eine bereits ausgesprochene Kündigung gestützt oder erläutert werden soll. Hierin kommt lediglich zum Ausdruck, dass bei der Prüfung der Wirksamkeit einer bereits erklärten Kündigung die weiteren Gründe oder Erläuterungen berücksichtigt werden sollen. Auch in der Erklärung „Aus diesen Gründen bleibt die Kündigung aufrechterhalten" liegt deshalb keine neue Kündi-

---

[2] *BGH XII ZR 93/99, NZM 2001,* 1077.
[3] BGH VIII ZR 231/17, NZM 2018, 941 Rn. 17; BGH VIII ZR 25/14, NZM 2015, 207.
[4] Für die Erklärung eines Rücktritts BGH VIII ZR 328/85, WuM 1987, 116.
[5] OLG Hamm NJW-RR 1993, 273; LG Wuppertal ZMR 2016, 455.

gung.[6] Verbleiben Unklarheiten ist die Kündigung unwirksam[7]; den Empfänger trifft keine Aufklärungs- oder Nachforschungspflicht.

**Hinreichend eindeutig** ist eine Kündigung weiterhin nur dann, wenn die Person des Kündigenden, des Kündigungsempfängers und das betroffene Mietverhältnis erkennbar sind. Letzteres wird sich meist auch ohne ausdrückliche Bezeichnung aus den beteiligten Personen ergeben, sofern zwischen ihnen nur ein einziger Mietvertrag besteht. Unklare Bezeichnungen der Parteien oder des Mietobjekts schaden nicht, wenn der Empfänger durch Auslegung unter Berücksichtigung aller ihm erkennbaren Umstände den richtigen Erklärungsgehalt ermitteln kann.[8] 8

Eine Kündigung kann auch durch **schlüssiges Verhalten** erklärt werden.[9] So kann der Auszug (oder dessen Ankündigung) eines Mieters als konkludent erklärte Kündigung gewertet werden, wenn andere Motive der Besitzaufgabe für den Vermieter erkennbar ausscheiden. Ebenso kann in der Erklärung des Mieters, er wolle das Mietobjekt nicht beziehen, eine Kündigung gesehen werden.[10] 9

Ist für die Kündigung **Schriftform** notwendig, scheidet eine konkludente Kündigung aus. Der Wille zur Vertragsbeendigung muss in der Urkunde zu Ausdruck kommen; es gilt die Andeutungstheorie (→ BGB § 568 Rn. 9). Schriftform ist gem. § 568 BGB notwendig für die Beendigung von Wohnraummietverhältnissen (s. bei § 568 BGB), ansonsten bei entsprechender Vereinbarung (→ Rn. 37). 10

Besondere Schwierigkeiten bereitet es, stillschweigend erklärte Kündigungen in **gerichtlichen Schriftsätzen** zu erkennen. Schriftformprobleme gem. § 568 BGB stellen sich hier nicht. Auch kann in der Erhebung einer Räumungsklage oder in anderen Prozesshandlungen grds. eine schlüssige Kündigungserklärung liegen. Dass setzt jedoch voraus, dass mit hinreichender Deutlichkeit der Wille erkennbar ist, die Prozesshandlung solle nicht lediglich der Durchsetzung einer bereits außerprozessual erklärten Kündigung dienen, sondern daneben (ausnahmsweise[11]) auch eine materiellrechtliche Willenserklärung enthalten.[12] Auf einen solchen Willen des Vermieters kann idR nur dann geschlossen werden, wenn er sich auf neue Kündigungsgründe oder auf andere Umstände stützt, die die erneute Kündigung für den Fall, dass die erste Kündigung unwirksam gewesen sein sollte, vom Standpunkt des Kündigenden als aussichtsreich erscheinen lassen.[13] Die Rspr. des BGH ist allerdings bei der Umsetzung dieser abstrakten Anforderung nicht ganz einheitlich. Teilweise wird auch als ausreichend erachtet die bloße Darstellung des vorprozessualen Zahlungsverhaltens unter Hinweis darauf, dass dies einen Kündigungsgrund darstelle[14]; eigentlich geht das kaum über eine ordnungsgemäße Klagebegründung mit rechtlicher Einschätzung hinaus. 11

Der Kündigungsempfänger muss zur Kündigung keine Erklärung abgeben. **Widerspricht** er der Kündigung, so ist das für die Wirksamkeit der Kündigung ohne Bedeutung. Unter Umständen kann er durch diese Erklärung aber Anlass zur Erhebung einer Klage auf künftige Räumung wegen Besorgnis der Nichterfüllung geben (§ 259 ZPO). Wegen des Kündigungswiderspruchs bei der Wohnraummiete siehe bei § 574 BGB. Zur **Annahme bzw. Bestätigung einer Kündigung** durch den Kündigungsempfänger → Rn. 185. 12

## III. Kündigungsarten

Das **Gesetz** kennt drei Arten der Kündigung, die ordentliche Kündigung, die außerordentliche Kündigung mit Frist und die außerordentliche fristlose Kündigung. Eine Auslegung dahingehend, welche Art Kündigung erklärt werden sollte, ist meist nicht notwendig, da allen gemeinsam der Beendigungswille ist und die Einordnung sich von selbst daraus ergibt, welche Kündigungstatbe- 13

---

6 LG Münster WuM 1992, 372.

7 LG Berlin ZMR 1992, 346, wenn der Empfänger mehrere Wohnungen gemietet hat und unklar ist, welche Wohnung gekündigt werden soll.

8 BGH VIII ZR 25/14, NZM 2015, 207; OLG Düsseldorf 25.7.2013 – 10 U 114/12, BeckRS 2015, 12325; OLG Koblenz WuM 1999, 694.

9 BGH XII ZR 93/99, NZM 2001, 1077.

10 BGH XII ZR 93/99, NZM 2001, 1077; AG Leipzig WuM 1998, 752.

11 OLG Hamm NJW-RR 1993, 273.

12 BGH VIII ZR 26/03, NJW 2003, 3265; BGH XII ZR 60/95, NJW-RR 1997, 203; BayObLG NJW 1981, 2197.

13 BGH VIII ZR 26/03, NJW 2003, 3265.

14 BGH XII ZR 60/95, NJW-RR 1997, 203.

stände erfüllt sind bzw. erfüllt werden sollen. Relevant kann allenfalls werden, ob der Kündigende eine sofortige (fristlose) Beendigung wollte oder eine solche mit Frist. Zur Bedeutung der Angabe einer Kündigungsfrist hierfür → Rn. 24. Zur Vereinbarung von **Sonderkündigungsrechten** → Rn. 98.

14 **Mehrere Kündigungen** bzw. Kündigungsarten können **in einer Erklärung** kombiniert werden. Wird eine fristlose Kündigung hilfsweise oder vorsorglich mit einer ordentlichen Kündigung verknüpft, bringt der Kündigende damit zum Ausdruck, dass die ordentliche Kündigung in allen Fällen Wirkung entfalten soll, in denen die zunächst angestrebte sofortige Beendigung des Mietverhältnisses aufgrund einer (ggf. auch rückwirkend durch Schonfristzahlung gem. § 569 Abs. 3 Nr. 2 BGB eingetretenen) Unwirksamkeit der fristlosen Kündigung fehlgeschlagen ist.[15]

15 Durch die **ordentliche Kündigung** wird ein unbefristetes Mietverhältnis beendet. Ein unbefristetes Mietverhältnis liegt auch vor, wenn ein ursprünglich befristeter Vertrag nach dessen Ende gem. § 545 BGB fortgesetzt wird (Einzelheiten bei § 545 BGB) oder wenn die Laufzeitregelung in einem befristeten Mietvertrag wegen Schriftformverstoßes gem. § 550 BGB oder in der Wohnraummiete mangels Befristungsgrund gem. § 575 BGB unwirksam ist. Die Parteien können ein zusätzliches Recht zur ordentlichen Kündigung auch für einen Zeitmietvertrag vereinbaren; bei Wohnraummietverträgen ist dies wegen § 575 Abs. 4 BGB aber nur zu Gunsten des Mieters möglich. Grundsätzlich kann die ordentliche Kündigung **frei erklärt** werden, es ist – außer bei der Wohnraummiete – weder ein Grund erforderlich, noch gibt es zeitliche Beschränkungen. Nur die gesetzlichen Kündigungsfristen sind einzuhalten. Für die Wohnraummiete ergeben sie sich aus § 573c BGB, für alle anderen Mietverhältnisse aus § 580a BGB. Anderweitige Vereinbarungen im Mietvertrag sind – außer bei der Wohnraummiete (§ 573c Abs. 4 BGB) – ohne Weiteres möglich (→ BGB § 580a Rn. 17). Bei der **Wohnraummiete** ist das Recht zur freien ordentlichen Kündigung (nur) für den Vermieter eingeschränkt; er braucht in aller Regel gem. § 573 BGB einen Kündigungsgrund (ein berechtigtes Interesse an der Vertragsbeendigung); Ausnahmen von diesem Erfordernis gibt es in § 573a BGB (vom Vermieter selbst bewohntes Gebäude oder Wohnung) und in § 549 Abs. 2, 3 BGB (Kurzzeitmiete wie Hotel oder Ferienwohnung; bestimmte Arten der Untermiete; Vermietung an Personen mit dringendem Wohnbedarf; Studenten- oder Jugendwohnheimmiete).

16 Ausnahmsweise kann die **Ausübung eines freien Kündigungsrechts rechtsmissbräuchlich** sein. Dies setzt voraus, dass der Kündigende eine vertragliche Rechtsposition in einer Weise missbraucht, die mit den guten Sitten nicht zu vereinbaren ist.[16] Das ist auch anzunehmen, wenn die Kündigung lediglich den Zweck verfolgt, dem Gekündigten zu schaden. Für die Annahme eines Rechtsmissbrauchs reicht es aber nicht aus, wenn der Mieter Gewährleistungsansprüche geltend macht und der Vermieter kündigt, um den Anspruch des Mieters abzuwehren.[17]

17 Die **außerordentliche Kündigung** gestattet es, sich vorzeitig vom Mietvertrag zu lösen, also entweder vor dem verabredeten zeitlichen Ende beim Zeitmietvertrag oder vor Ablauf einer Kündigungsfrist beim unbefristeten Vertrag. Von den außerordentlichen Kündigungen hat die fristlose Kündigung erheblich größere praktische Bedeutung als diejenige mit Frist.

18 Die **außerordentliche fristlose** Kündigung erfordert einen wichtigen Grund. Notwendig ist hierfür eine – nicht zwingend schuldhaft verursachte – Vertragsstörung, die aus der Risikosphäre des Gekündigten stammt. Die fristlose Kündigung ist in zwei Vorschriften gesetzlich geregelt, nämlich für alle Mietverhältnisse in § 543 BGB und – ergänzend – für Wohnraummietverhältnisse in § 569 BGB. § 569 Abs. 2 BGB (Störung des Hausfriedens) gilt gem. § 578 Abs. 2 S. 1 BGB auch für die Miete von Räumen, die keine Wohnräume sind. § 569 Abs. 1 BGB (Gesundheitsgefahr) gilt gem. § 578 Abs. 2 S. 3 BGB auch für die Miete von Räumen, die keine Wohnräume, aber doch zum Aufenthalt von Menschen bestimmt sind. § 569 Abs. 3–5 BGB sind gem. § 578 Abs. 3 BGB anwendbar auf Verträge über die Anmietung von Räumen für Personen mit dringendem Wohnbedarf (Einzelheiten s. dort). Zur Anwendbarkeit von § 314 BGB, in dem die Kündigung aus wichtigem Grund bei Dauerschuldverhältnissen geregelt ist, → BGB § 543 Rn. 230; zur Kündigung gem. § 313 Abs. 3 S. 2 BGB wegen Störung der Geschäftsgrundlage → BGB Vor § 535 Rn. 256.

---

[15] *BGH VIII ZR 231/17, NZM 2018, 941.*
[16] BGH KZR 17/68, NJW 1970, 855 zur Kündigung eines Tankstellenvertrags, weil der Pächter sich weigert, ein ihm nachteiliges Rabattsystem einzuführen.
[17] OLG Düsseldorf ZMR 2011, 381.

Die **außerordentliche Kündigung mit Frist** gestattet eine vorzeitige Vertragsbeendigung wegen einer wesentlichen Veränderung der tatsächlichen Umstände, ohne dass ein vertragliches Fehlverhalten notwendig ist. Die Kündigungsfristen sind für Wohnraummietverhältnisse in § 573d Abs. 2 BGB (Sonderregelungen gibt es in §§ 555e, 561 BGB) und in § 580a Abs. 4 BGB für sonstige Mietverhältnisse geregelt. Für Wohnraummietverhältnisse stellt § 573d Abs. 1 BGB klar, dass auch im Fall der außerordentlichen Kündigung mit Frist die §§ 573, 573a BGB gelten, also für den Vermieter ein Kündigungsgrund erforderlich ist; ausgenommen ist nur die Kündigung des Vermieters gegenüber dem Erben des Mieters gem. § 564 BGB. 19

Es gibt **im Mietrecht** folgende außerordentliche Kündigungsrechte mit Frist: § 540 Abs. 1 S. 2 BGB (bei Verweigerung der Untervermietungserlaubnis); § 544 BGB (nach mehr als dreißigjähriger Mietdauer); § 555e (nach Modernisierungsankündigung); § 561 BGB (nach Mieterhöhung); §§ 563 Abs. 4, 563a Abs. 2, 564 S. 2, § 580 BGB (nach Tod des Mieters) 20

**Außerhalb des Mietrechts** gibt es folgende außerordentlichen Kündigungsrechte mit Frist: § 1056 Abs. 2 BGB (nach Beendigung des Nießbrauchs); § 1568a Abs. 3 S. 2 BGB (nach Überlassung der Ehewohnung an einen Ehegatten anlässlich der Scheidung); § 2135 BGB (bei Eintritt des Nacherbfalls[18]); § 30 Abs. 2 Erbbaurechtsgesetz (nach Erlöschen des Erbbaurechts); §§ 31 Abs. 3, 37 Abs. 3 S. 2 WEG (nach Veräußerung des Dauerwohn- bzw. Dauernutzungsrechts durch Zwangsversteigerung). Besondere praktische Bedeutung haben die Kündigungsrechte nach der **Insolvenzordnung** (→ Rn. 125) und das nachfolgend näher dargestellte **Kündigungsrechts des Erstehers gem. § 57a ZVG.** 21

Werden ein vermietetes Haus oder eine vermietete Eigentumswohnung **zwangsversteigert,** so tritt der Erwerber nach § 57 ZVG, §§ 566, 578 BGB auf der Vermieterseite in das Mietverhältnis ein. Der Ersteher hat in diesem Falle ein außerordentliches Kündigungsrecht nach **§ 57a S. 1 ZVG,** und zwar auch dann, wenn das Objekt unter Zwangsverwaltung stand und diese – wie regelmäßig – nicht mit dem Zuschlag endete.[19] Bei der Wohnraummiete muss ein Kündigungsgrund gem. § 573 BGB vorliegen (§ 573d Abs. 1 BGB).[20] Das Kündigungsrecht geht gem. § 57a S. 2 ZVG verloren, wenn die Kündigung nicht für den ersten Termin erfolgt, für den sie zulässig ist. Erster zulässiger Termin ist derjenige, für den die Kündigung dem Ersteher ohne schuldhaftes Zögern möglich ist.[21] Nicht die bloße theoretische Möglichkeit der Kündigung bestimmt also den ersten zulässigen Termin, sondern entscheidend ist, ob sie unter Beachtung der erforderlichen Sorgfalt und nach den Umständen des Einzelfalls tatsächlich möglich war; hieran sind keine überspannten Anforderungen zu stellen, es ist jedoch Sache des Erstehers, die Unmöglichkeit der rechtzeitigen Kündigung nachzuweisen.[22] Ist der Zeitraum zwischen dem Termin der Zwangsversteigerung und dem gesetzlichen Kündigungstermin besonders kurz, hat der Ersteher als neuer Vermieter regelmäßig eine Überlegungs- und Prüfungsfrist von ca. eine Woche.[23] Die Frist beginnt mit dem Wirksamwerden des Zuschlags, mithin mit der Verkündung des Zuschlagsbeschlusses, es sei denn, der Ersteher erlangt erst später Kenntnis von dem Bestehen des Mietvertrags Kenntnis.[24] Innerhalb der Frist soll sich der Ersteher zuverlässige Informationen über den Vermietungsstand beschaffen können. Auf die Angaben des Mieters muss der Erwerber nicht vertrauen, vielmehr kann er Auskünfte beim früheren Vermieter oder beim Verwalter des Mietobjekts einholen.[25] Zur **Teilkündigung nach Zwangsversteigerung** → Rn. 92. 22

## IV. Kündigungsfrist

Die fristlose Kündigung gem. §§ 543, 569 BGB wird sofort mit Zugang wirksam, andere Kündigungen nach Ablauf der Kündigungsfrist. In letzteren Fällen gehört die Angabe der Kündigungsfrist oder des Kündigungstermins nicht zu den Wirksamkeitsvoraussetzungen.[26] **Fehlt die Angabe** 23

---

[18] BGH VIII ZR 278/13, NJW 2015, 2650.
[19] OLG Frankfurt a. M. NZI 2017, 502.
[20] BGH VIII ARZ 16/81, NJW 1982, 1696.
[21] OLG Frankfurt a. M. NZI 2017, 502 mwN.
[22] OLG Frankfurt a. M. MDR 2010, 174.
[23] OLG Frankfurt a. M. NZI 2017, 502 mwN.
[24] OLG Frankfurt a. M. NZI 2017, 502.
[25] OLG Düsseldorf ZMR 2003, 177.
[26] OLG Frankfurt a. M. NJW-RR 1990, 337.

**des Kündigungstermins,** so ist durch Auslegung der Kündigungserklärung zu ermitteln, ob das Mietverhältnis nach Ablauf der gesetzlichen Kündigungsfrist oder fristlos beendet werden soll.

24 Ist in der **Kündigungserklärung eine Frist genannt,** so kann dies unterschiedliche Bedeutung haben. **(1)** Denkbar ist zum einen, dass die Kündigung als **ordentliche befristete Kündigung** gedacht ist. Die Frist muss nicht der gesetzlichen Kündigungsfrist entsprechen, sie kann auch länger, nicht aber kürzer sein (→ Rn. 42). **(2)** Denkbar ist weiter, dass der Kündigende eine fristlose Kündigung unter **freiwilliger Beachtung einer Kündigungsfrist** erklärt, weil der Kündigungsberechtigte einen vom Gesetz abweichenden Kündigungstermin angeben kann.[27] In diesem Fall endet das Mietverhältnis nach Ablauf der Kündigungsfrist. Vor diesem Zeitpunkt kann der Vermieter nur unter der Voraussetzung des § 259 ZPO Klage erheben. Der Mieter muss seinerseits bis zum Ablauf der Frist den Mietzins bezahlen, auch wenn er früher räumt. **(3)** Kündigt der Vermieter, so ist außerdem denkbar, dass der Kündigende lediglich eine **Räumungsfrist** gewähren will. In diesem Fall endet das Mietverhältnis mit dem Zugang der Kündigung.[28] In der Gewährung der Räumungsfrist liegt eine Stundung des Herausgabeanspruchs, so dass der Vermieter vor Ablauf der Frist ebenfalls nur unter der Voraussetzung des § 259 ZPO Klage erheben kann. Der Mietzinsanspruch erlischt mit dem Vertragsende, danach besteht bis zur Räumung des Mieters ein Nutzungsentschädigungsanspruch gem. § 546 a BGB.

25 Eine **Kündigung ohne Zeitangabe** wirkt zum nächstzulässigen Termin.[29] Das gilt auch, wenn der Kündigende sich in einer Kündigungserklärung auf mehrere, zu unterschiedlichen Zeitpunkten wirkende Kündigungsrechte stützt.[30] Ohne gegenteilige Anhaltspunkte ist sein ohne Weiteres erkennbarer Wille dahingehend auszulegen, dass eine schnellstmögliche Beendigung gewünscht ist. An die Angabe einer **längeren als der gesetzlichen Frist** ist der Kündigungsberechtigte gebunden, auch wenn er die Frist irrtümlich falsch berechnet hat, da der Kündigungsempfänger dies als freiwillige Einräumung einer (verlängerten) Kündigungsfrist auffassen darf (→ Rn. 24). Die Angabe einer **kürzeren als der gesetzlichen Frist** ist idR folgenlos: In diesem Fall wird das Mietverhältnis zum nächstzulässigen Termin beendet.[31] Eine Ausnahme kann gelten, wenn der angegebene und der gesetzlich mögliche Beendigungstermin sehr weit auseinander liegen. In diesem Fall kann nicht unterstellt werden, dass der Kündigende die Vertragsbeendigung auch zu diesem Termin aussprechen wollte; es fehlt der Kündigung die Eindeutigkeit.[32]

26 Die Kündigung übernimmt im Dauerschuldverhältnis Miete die Funktion, die der Rücktritt bei einfachen Austauschverträgen hat. Sie kann bereits **vor Überlassung der Mietsache** an den Mieter erklärt werden.[33] Bei der befristeten Kündigung beginnt die Frist in diesem Fall mit dem Zugang der Kündigungserklärung zu laufen.[34] **Vereinbarungen zur Kündigungsfrist** sind möglich[35], wegen § 573 Abs. 4 BGB aber nicht zu Lasten des Wohnraummieters.

## V. Umdeutung

27 Ist eine Kündigung unwirksam, weil die Voraussetzungen des Kündigungstatbestands nicht erfüllt sind, kann sie – wie andere Rechtsgeschäfte auch – nach den Grundsätzen des § 140 BGB in eine Kündigung nach einem anderen Kündigungstatbestand umgedeutet werden. Dabei ist insbes. zu beachten, dass die Erfordernisse (Voraussetzungen) des Ersatzgeschäfts (der Kündigung, in die umgedeutet werden soll) erfüllt sind und es in seinen Wirkungen dem unwirksamen Geschäft (der unwirksamen Kündigung) entspricht. Das bedeutet einmal, dass die unwirksame Kündigung die **Voraussetzungen eines anderen Kündigungstatbestands**[36] erfüllen muss. Daran wird es

[27] OLG Celle MDR 2014, 1250 („Auslauffrist").
[28] BGH XII ZR 214/04, NZM 2006, 820 (nur Ls.).
[29] LG Berlin ZMR 2011, 274.
[30] **AA** *Flatow* NZM 2004, 285, die von einer Unwirksamkeit der Kündigung ausgeht.
[31] OLG Frankfurt a. M. NJW-RR 1990, 337; OLG Düsseldorf NZM 2010, 276; LG Köln ZMR 1992, 343; LG Berlin GE 1991, 575; LG Karlsruhe DWW 1990, 238; LG Aachen WM 1985, 149.
[32] Siehe auch den vergleichbaren Fall BGH VIII ZR 235/12, NZM 2014, 235 Rn. 14.
[33] BGH XII ZR 93/99, NZM 2001, 1077; BGH VIII ZR 88/78, NJW 1979, 1288; KG NZM 2014, 199.
[34] BGH XII ZR 93/99, NZM 2001, 1077; BGH VIII ZR 88/78, NJW 1979, 1288.
[35] *BGH VIII ZR 88/78, NJW 1979, 1288.*
[36] Die Umdeutung in eine Anfechtung ist ebenfalls möglich, aber praktisch kaum gewollt wegen der damit verbundenen Rückabwicklung ex tunc. Zum in der Kündigung ggf. enthaltenen konkludenten Angebot auf Abschluss eines Mietaufhebungsvertrages → Rn. 182.

oftmals fehlen, wenn eine Kündigung (etwa gem. §§ 569 Abs. 4, 573 Abs. 3 BGB) – ggf. unter Wahrung des Schriftformgebots gem. § 568 BGB – begründet werden muss und ein weiterer, tatsächlich verwirklichter Kündigungsgrund in der Kündigung nicht genannt wurde; außerdem kann es fehlen, wenn bestimmte Kündigungstatbestände ausgeschlossen sind wie etwa die ordentliche Kündigung bei einem Zeitmietvertrag.[37] Zum anderen bedeutet das, dass die **Ersatzkündigung die gleiche Wirkung** haben muss. Hinsichtlich ihrer Wirkungen unterscheiden sich die fristlosen Kündigungen von denen mit Frist (Hauptbeispiele: §§ 543, 569 BGB bzw. § 573 BGB).

Vorrangig vor einer Umdeutung ist eine **Auslegung** der Erklärung. Die Wortwahl hat hierauf zwar erheblichen Einfluss, maßgeblich ist aber nicht, ob der Kündigende die Begriffe fristlos oder fristgemäß verwendet, sondern sein Wille zu sofortiger Vertragsbeendigung oder einer solchen in der Zukunft. Gibt er, ohne diese Begriffe zu nennen, einen Beendigungszeitpunkt in der Zukunft an, spricht das für eine Kündigung mit Frist, es sei denn, es handelt sich nur um eine Räumungsfrist. Die Nennung einer falschen (zu kurzen) Kündigungsfrist, ändert nichts am Rechtscharakter der Erklärung. 28

Die **Umdeutung einer unwirksamen fristlosen Kündigung** in eine (ordentliche) Kündigung mit Frist ist zulässig und angebracht, wenn – für den Kündigungsgegner zweifelsfrei erkennbar – nach dem Willen des Kündigenden das Vertragsverhältnis in jedem Falle zum nächstmöglichen Termin beendet werden soll.[38] Grundsätzlich muss sich dieser Wille – insbes. bei schriftlicher Kündigung gem. § 568 BGB – aus der Kündigungserklärung selbst ergeben.[39] Ein Rückgriff auf außerhalb der Kündigungserklärung liegende Umstände zur Ermittlung des Kündigungswillens ist möglich.[40] Bei notwendig schriftlicher Kündigung (s. § 568 BGB) muss der Wille in der Kündigungserklärung zumindest Andeutung finden (→BGB § 568 Rn. 9). Ist für die Kündigung mit Frist ein Kündigungsgrund erforderlich, muss dieser ebenfalls Andeutung finden. An das Vorhandensein und die Erkennbarkeit des (hilfsweisen) Beendigungswunsches mit Frist dürfen keine überspannten Anforderungen gestellt werden. Oftmals wird schon aus der **Art des Kündigungsgrundes** ein unbedingter Beendigungswille deutlich. Das gilt insbes. für Kündigungen wegen Pflichtverletzung oder Zerrüttung des Mietverhältnisses. Die Vorstellung etwa, ein Vermieter wolle einen Problemmieter nur deshalb behalten, weil bei späterem Auszug ein Folgemieter abspringe, ist schon deshalb lebensfremd, weil der tatsächliche Auszugstermin kaum vorhersehbar ist. Anders ist dies bei **Kündigungen wegen Zahlungsverzugs,** bei denen die Anwendung der Schonfristregelung des § 569 Abs. 3 Nr. 2 BGB in Betracht kommt, weil hier auch der Vermieter bereit sein kann, für den Fall der Befriedigung das Mietverhältnis fortzusetzen. Deshalb ist in diesen Fällen bei Fehlen anderer Anhaltspunkte eine ausdrückliche (ordentliche) Kündigung mit Frist zu fordern. Die Hinweispflicht des § 568 Abs. 2 BGB auf die Härtefallregelungen der §§ 574–574b BGB schließt die Umdeutung einer fristlosen in eine ordentliche Kündigung nicht aus[41]; der Wohnraummieter ist bei Fehlen des Hinweises hinreichend durch die Verlängerung der Widerspruchsfrist gem. § 574b Abs. 2 S. 2 BGB geschützt. 29

Die **Umdeutung einer unwirksamen Kündigung mit Frist** in eine fristlose Kündigung ist nach denselben Grundsätzen möglich.[42] Sie scheitert dann, wenn sich aus der Kündigungserklärung ergibt, dass der Kündigende keine sofortige Vertragsbeendigung wünscht, wofür die Angabe einer Kündigungsfrist sprechen kann, sondern sie nicht nur eine Wiedergabe, der für richtig gehaltenen Gesetzeslage darstellt. 30

Haben die Parteien einen **befristeten Kündigungsverzicht** für eine bestimmte Zeit vereinbart und wird das Mietverhältnis weit vor Ablauf der vereinbarten Zeit mit der Drei-Monats-Frist des § 573c BGB gekündigt, so ist die Umdeutung dieser Kündigung in eine Kündigung zum vereinbarten Auslauf der Kündigungsfrist ohne weitere Anhaltspunkte nicht mit der erforderlichen Sicherheit möglich.[43] 31

---

[37] BGH XI ZR 288/02, NZM 2004, 430.

[38] BGH XII ZR 104/12, NJW 2013, 3361; BGH XII ZR 43/17, NZM 2018, 515; BGH VIII ZR 332/79, NJW 1981, 976.

[39] BGH VIII ZR 332/79, NJW 1981, 976.

[40] BGH XII ZR 43/17, NZM 2018, 515; OLG Düsseldorf DWW 1990, 304; OLG Hamburg NZM 1998, 333.

[41] **AA** LG Hamburg WuM 1990, 19.

[42] BGH VIII ZR 326/04, WuM 2005, 584; OLG Celle ZMR 1995, 298.

[43] BGH VIII ZR 235/12, NZM 2014, 235 Rn. 14.

32 Eine Kündigung kann ggf. in ein **Angebot zum Abschluss eines Aufhebungsvertrags** umgedeutet werden; →Rn. 181. Zur **Annahme bzw. Bestätigung einer Kündigung** durch den Kündigungsempfänger →Rn. 185.

33 Eine Kündigung kann grds. auch in eine **Anfechtung** umgedeutet werden. Praktisch wird das aber kaum in Betracht kommen. Denn neben dem eindeutigen Beendigungswillen muss aus der Erklärung auch erkennbar sein, dass der Vertrag rückwirkend vernichtet werden soll.

## VI. Begründung

34 Eine Kündigung muss nur begründet werden, wenn dies gesetzlich oder vertraglich vorgesehen ist. Eine **gesetzliche Begründungspflicht** gibt es nur in der Wohnraummiete, dort bei allen Kündigungstatbeständen, die einen Kündigungsgrund erfordern. Zu einer Zusammenstellung dieser Kündigungstatbestände →BGB § 568 Rn. 8. Da in der Wohnraummiete Kündigungen gem. § 568 BGB schriftlich zu erfolgen haben, können nur solche Gründe zur Vertragsbeendigung führen, die in der schriftlichen Kündigung genannt sind. Zum Nachschieben von Gründen →Rn. 46. Außerhalb der Wohnraummiete ist eine Begründung nicht vorgeschrieben, sie kann aber vertraglich vereinbart werden. Vereinbaren die Parteien die Schriftform für die Kündigung, muss sie alle Erfordernisse der gesetzlichen Schriftform erfüllen, also ggf. auch begründet werden.

35 An den **Inhalt der Begründung** dürfen keine zu hohen oder übertrieben formalistische Anforderungen gestellt werden. Der Kündigungsgrund muss so bezeichnet werden, dass er identifiziert und von anderen Gründen unterschieden werden kann, dh der Kündigungsempfänger muss erkennen können, auf welche Vorgänge oder auf welches Verhalten die Kündigung gestützt werden soll und ob und wie er sich hiergegen verteidigen kann.[44] Je mehr der Kündigungsgegner aus eigener Kenntnis zu dem Kündigungsgrund wissen kann, desto geringer sind die Anforderungen an die Substantiierung[45]; nicht herabgesetzt sind hierdurch jedoch die Anforderungen an die Individualisierung des Kündigungsgrundes. Zu den Anforderungen an die Begründung siehe ansonsten bei den einzelnen Kündigungstatbeständen, die eine Begründung erfordern.

## VII. Schriftform

36 Kündigungen von Wohnraummietverhältnissen (und Mietverhältnissen gem. § 578 Abs. 3 BGB) müssen gem. **§ 568 BGB** schriftlich erklärt werden; siehe näher bei § 568 BGB, auch zu den Formproblemen bei Kündigungen im elektronischen Rechtsverkehr.

37 Andere Mietverhältnisse können formfrei, also auch mündlich, gekündigt werden. **Vertragliche Schriftformvereinbarungen** sind allerdings üblich. Sie können auch formularmäßig wirksam vereinbart werden. Ist das der Fall, so ist unter der Schriftform regelmäßig die Form des § 127 BGB zu verstehen.[46] Danach ist die Schriftform – anders als bei § 568 BGB – (auch) gewahrt, wenn die Erklärung durch Telefax übermittelt wird.[47] Ansonsten muss die schriftliche Kündigung gem. § 127 Abs. 1 BGB, wenn es keine gegenteilige Vereinbarung gibt, alle Erfordernisse der gesetzlichen Schriftform erfüllen, also ggf. auch begründet werden. Eine vereinbarte Schriftform ist im Zweifel gem. § 125 S. 2 BGB Wirksamkeitsvoraussetzung für die Kündigung.[48] Zu Vereinbarungen über besondere Versendungsformen →Rn. 82.

38 Ist für die Kündigung Schriftform notwendig, scheidet eine **konkludente Kündigung** aus. Der Wille zur Vertragsbeendigung muss in der Urkunde zu Ausdruck kommen; es gilt die Andeutungstheorie (→BGB § 568 Rn. 9).

---

[44] Siehe etwa BGH VIII ZR 292/15, NZM 2017, 559 zu § 573 Abs. 1 BGB; BGH VIII ZR 96/09, NJW 2010, 3015 zu § 569 Abs. 4 BGB.
[45] *Flatow* NZM 2004, 286.
[46] BGH II ZR 65/95, NJW-RR 1996, 866.
[47] BGH XII ZR 214/00, NJW 2004, 1320.
[48] BGH XII ZR 35/11, NJW 2013, 1082; BGH XII ZR 214/00, NJW 2004, 1320.

### VIII. Bedingung und Befristung

39 Gestaltungsrechte sind grds. **bedingungsfeindlich.**[49] Der Kündigungsempfänger muss Klarheit über den Eintritt der rechtsgestaltenden Wirkung der Kündigung haben.[50] Eine Kündigung unter einer echten Bedingung ist deshalb unwirksam.[51] Von einer **echten Bedingung** spricht man, wenn die Rechtswirkungen der Kündigung von einem künftigen, objektiv ungewissen Ereignis abhängen sollen.

40 **Zulässig** sind solche Bedingungen, die für den Kündigungsempfänger nicht mit einer untragbaren Ungewissheit über den Rechtszustand verbunden sind.[52] Das ist einmal – wohl eher selten – Fall, wenn der Kündigungsempfänger der Möglichkeit der Kündigung unter einer Bedingung zustimmt[53], weil die Ungewissheit dann jedenfalls nicht untragbar und er nicht einseitig der Gestaltungsmacht des Kündigenden ausgeliefert ist. Außerdem liegt eine untragbare Ungewissheit nicht bei einer **Potestativbedingung** vor.[54] Hier wird der Eintritt der Kündigungswirkung nämlich (ausschließlich!) an das willkürliche Verhalten des Kündigungsempfängers geknüpft.[55] Das kann auch der Ausgleich eines Mietrückstands sein.[56] Der Einwand, eine Nichtzahlung könne auch objektive Gründe haben[57], greift nicht durch. Unklar ist schon, was unter einem objektiven Grund zu verstehen ist: Eine objektive Unmöglichkeit, die Zahlung zu bewirken oder ein objektiver (rechtlich anerkennenswerter) Grund, warum die Zahlungspflicht nicht besteht. Ersteres wäre eine eher theoretische Möglichkeit, die nicht zu einer untragbaren Ungewissheit führt. Letzteres stellt ebenfalls keine unzumutbare Ungewissheit dar, weil die Bedingung klar ist; der Vermieter hätte auch ohne sie kündigen können (allerdings ggf. erfolglos). Um bei einer Potestativbedingung die Ungewissheit des Kündigungsempfängers hinreichend auszuschließen, muss nicht nur die Bedingung selbst klar formuliert sein, vielmehr muss auch der Zeitpunkt des spätesten Bedingungseintritts – etwa durch Fristsetzung – feststehen.[58] Die Rechtswirkungen der Kündigung treten dann ein, wenn die im Kündigungsschreiben gesetzte Frist abgelaufen ist und die Bedingung nicht erfüllt wurde. Wird über das Vermögen des Mieters vor diesem Zeitpunkt das Insolvenzverfahren eröffnet, so kann die Kündigung nicht wirksam werden.[59] Auch die **Änderungskündigung** ist eine Kündigung unter einer Potestativbedingung. Von ihr spricht man, wenn das Mietverhältnis gekündigt und dessen Fortsetzung von der Einwilligung in die Änderung der Mietbedingungen (etwa der Bereitschaft zur Zahlung eines höheren Mietzinses) abhängig gemacht wird. Eine solche Kündigung ist außerhalb der Wohnraummiete (§ 573 Abs. 1 S. 2 BGB) wirksam, weil sie nur vom Willen den Kündigungsempfängers abhängt.

41 **Rechtsbedingungen** sind idR ebenfalls unschädlich, da es sich nicht um echte Bedingungen iSv § 158 BGB handelt. Bei einer Rechtsbedingung nennt der Kündigende lediglich eine Gültigkeitsvoraussetzung für die Kündigung; liegt sie nicht vor, geht die Kündigung ins Leere bzw. ist sie unwirksam. Eine Kündigung enthält etwa eine Rechtsbedingung, wenn sie für den Fall ausgesprochen wird, dass ein Mietverhältnis besteht (bei einem zweifelhaften Vertragsschluss oder einer zweifelhaften Anfechtung). Ähnlich ist es bei mehrfachen Kündigungen. Hier setzt der Kündigende die Kündigungen ggf. in ein Rangverhältnis. So wenn eine **Kündigung „hilfsweise" oder „fürsorglich"** für den Fall erklärt wird, dass das Mietverhältnis nicht bereits durch eine andere Kündigung beendet ist. Die Kündigung selbst ist unbedingt, allerdings verbunden mit der Erklärung, dass ihre Wirksamkeit nachrangig geprüft werden soll.[60] Es ist deshalb zulässig, eine **fristlose Kündigung** hilfsweise oder vorsorglich **mit einer ordentlichen Kündigung zu verknüpfen.**[61]

---

[49] BGH V ZR 23/85, NJW 1986, 2245.
[50] OLG Hamburg NZM 2001, 131; BGH V ZR 23/85, NJW 1986, 2245 (allg. für Gestaltungserklärungen).
[51] BGH VIII ZR 6/04, NZM 2005, 334.
[52] BGH V ZR 23/85, NJW 1986, 2245; OLG Hamburg NZM 2001, 131.
[53] RGZ 77, 307.
[54] *BGH* V ZR 23/85, NJW 1986, 2245; OLG Hamburg NZM 2001, 131.
[55] BGH V ZR 23/85, NJW 1986, 2245; OLG Hamburg NZM 2001, 131.
[56] KG GE 2003, 740; *Flatow* NZM 2004, 284.
[57] So Staudinger/*Rolfs* BGB § 542 Rn. 88, der deshalb von einer unzulässigen Bedingung und damit einer unwirksamen Kündigung ausgeht.
[58] In BGH V ZR 23/85, NJW 1986, 2245; OLG Hamburg NZM 2001, 131 und KG GE 2003, 740 waren jeweils Fristen gesetzt worden.
[59] KG GE 2003, 740.
[60] BGH VIII ZR 6/04, NZM 2005, 334.
[61] BGH VIII ZR 231/17, NZM 2018, 941.

Geschieht dies, bringt der Kündigende damit zum Ausdruck, dass die ordentliche Kündigung in allen Fällen Wirkung entfalten soll, in denen die zunächst angestrebte sofortige Beendigung des Mietverhältnisses aufgrund einer (ggf. auch rückwirkend durch Schonfristzahlung gem. § 569 Abs. 3 Nr. 2 BGB eingetretenen) Unwirksamkeit der fristlosen Kündigung fehlgeschlagen ist.[62] Der Nachrang kann sich auch ohne Klarstellung aus der Natur der Sache ergeben: Hat der Kündigende **mehrere Kündigungen** ausgesprochen, so wird das Mietverhältnis durch die erste wirksame Kündigung beendet[63], die weiteren Kündigungen gehen ins Leere. Zur prozessualen Behandlung mehrerer Kündigungen → Rn. 123.

42 Kündigungen unter einer Befristung sind ähnlich zu beurteilen wie bedingte Kündigungen. Auch hier muss der Kündigungsempfänger Klarheit über den Eintritt der rechtsgestaltenden Wirkung der Kündigung haben. Deshalb sind **befristete Kündigungen** zulässig, wenn der Zeitpunkt des Wirksamwerdens der Kündigung feststeht (Kündigung zum 30.8.) oder zumindest bestimmbar ist (Kündigung zum Ablauf des Monats). Eine Kündigung zu einem ungewissen Zeitpunkt ist hingegen unzulässig (Kündigung zu einem Zeitpunkt, zu dem Ersatzräume bezogen sind).[64] Bei der Wahl der Befristung ist der Kündigende weitgehend frei. Er ist also nicht gehalten, zum Ablauf der bei Kündigungsausspruch nächsten gesetzlichen oder vertraglichen Frist zu kündigen, er kann vielmehr einen (ggf. auch weit in der Zukunft liegenden) Kündigungstermin bestimmen. Die Befristung darf nur nicht kürzer als die gesetzliche oder vertragliche Kündigungsfrist sein. Ist das der Fall, wirkt die Kündigung erst zum Ablauf dieser Frist. Ergänzend → Rn. 24.

## IX. Maßgeblicher Zeitpunkt

43 Die Kündigung wird als einseitige empfangsbedürftige Willenserklärung mit ihrem **Zugang** beim Empfänger wirksam (§ 130 Abs. 1 S. 1 BGB).[65] Bei mehreren Kündigungsempfängern tritt Wirksamkeit erst ein, wenn die Kündigung allen zugegangen ist. Bei einer mündlich ausgesprochenen Kündigung ist das die Wahrnehmung durch den Kündigungsempfänger, bei einer schriftlichen oder sonst wie verkörperten Kündigung kommt es darauf an, wann sie so in den Machtbereich des Empfängers gelangt ist, dass er sie wahrnehmen kann (näher → Rn. 77). Wird in einem prozessualen Schriftsatz gekündigt, kommt es nicht auf dessen Eingang bei Gericht, sondern darauf an, wann der Schriftsatz dem Kündigungsempfänger zugeht.[66]

44 Die **Wirksamkeitsvoraussetzungen,** die die Person des Kündigenden betreffen (einschließlich der Kündigungsbefugnis, die sich aus der Parteistellung, einer Vollmacht oder einer Ermächtigung ergeben kann), müssen zum Zeitpunkt der Abgabe der Kündigungserklärung vorliegen; die Wirksamkeitsvoraussetzungen, die den Inhalt der Kündigung und die Person des Empfängers betreffen, müssen zum Zeitpunkt des Zugangs vorliegen[67]; zu den Besonderheiten der Zahlungsverzugskündigung → BGB § 543 Rn. 185. Der Inhalt einer Kündigung wird bestimmt durch die Voraussetzungen der einzelnen Kündigungsvorschriften (insbes. §§ 573, 543, 569 BGB). Ein späterer Wegfall einer Kündigungsvoraussetzung ändert an der Wirksamkeit der Kündigung nichts, der Vertrag bleibt beendet und kann nur durch Vereinbarung fortgesetzt werden (→ Rn. 95).

45 Kann eine **Kündigung formlos** ausgesprochen werden, müssen die Kündigungsgründe zu zum maßgeblichen Zeitpunkt nur tatsächlich vollständig verwirklicht sein, sie müssen aber nicht benannt werden, und zwar auch dann nicht, wenn die Kündigung entgegen der Notwendigkeit schriftlich erklärt wird. Deshalb ist es dem Kündigenden unbenommen, später – etwa im Prozess – Kündigungsgründe nachzuschieben, sofern sie beim Zugang der Kündigung schon bestanden; für später verwirklichte Kündigungsgründe muss eine neue Kündigung erklärt werden.[68]

46 Ist eine **schriftliche Kündigung** gesetzlich oder vertraglich vorgeschrieben (→ Rn. 34), muss diese auch die Kündigungsgründe benennen, falls der Kündigungstatbestand einen Grund erfordert; ansonsten ist die Kündigung unwirksam. Zu den Anforderungen an die Begründung → Rn. 35. Falls bei Zugang der Kündigungserklärung mehrere Kündigungsgründe verwirklicht

---

[62] BGH VIII ZR 231/17, NZM 2018, 941.
[63] BGH VIII ZR 351/08, NZM 2010, 237; BGH XII ZR 263/98, BGH-Report 2001, 539.
[64] BGH XII ZR 112/02, NJW 2004, 284.
[65] *BGH XII ZR 214/00, NJW 2004, 1320*; KG ZMR 2008, 790 (792).
[66] OLG Dresden ZMR 2019, 580.
[67] Staudinger/*Herrler* BGB § 130 Rn. 37; KG WuM 2019, 579; OLG Dresden ZMR 2020, 497.
[68] BVerfG WuM 1993, 235.

worden sind, können in der Erklärung nicht benannte Gründe (Andeutung reicht, → BGB § 568 Rn. 9) eine Vertragsbeendigung nicht bewirken. Deshalb ist ein Nachschieben von Kündigungsgründen in diesem Fall nicht möglich, es kann und muss eine neue Kündigung ausgesprochen werden.[69] Eine gesetzliche Ausnahme hiervon macht § 573 Abs. 3 S. 2 BGB für die ordentliche Vermieterkündigung von Wohnraummietverhältnissen. Ein Nachschieben eines Kündigungsgrundes liegt nicht vor, wenn er – etwa im Prozess – nur konkretisiert wird, wenn also der zugehörige Lebenssachverhalt mit Einzelheiten angereichert (prozessual: substantiiert) wird, ohne einen völlig neuen Lebenssachverhalt (prozessual: Streitgegenstand) hinzuzufügen.

### X. Kündigender

Zum notwendigen Inhalt einer Kündigung gehört es, dass sich aus ihr ergibt, **wer die Kündigung ausgesprochen hat.** Kündigungsberechtigt sind nur die Vertragspartner. Die (lediglich) dinglich Berechtigten (Eigentümer, Nießbraucher, Erbbauberechtigte) können nicht kündigen. Hierzu müssen sie ggf. erst in den Vertrag eintreten (etwa gem. § 566 BGB, § 57 ZVG oder § 1056 BGB). 47

Ist eine natürliche Person Vertragspartner, muss diese kündigen oder sich hierbei durch einen Dritten vertreten lassen (→ Rn. 50) oder einen Dritten zur Kündigung ermächtigen (→ Rn. 49). Bei **juristischen Personen** muss die Kündigung durch den gesetzlichen Vertreter oder einen rechtsgeschäftlich Bevollmächtigten im Namen der juristischen Person ausgesprochen werden; auch Mitarbeiter einer juristischen Person müssen zum Ausspruch der Kündigung rechtsgeschäftlich bevollmächtigt sein. Bei einer **GbR** und anderen **Personengesellschaften** sind mangels abweichender Vereinbarungen die zur Geschäftsführung berufenen Gesellschafter vertretungsberechtigt (s. § 125 HGB, § 709 BGB). Bei einer Gesamtgeschäftsführung besteht zugleich eine Gesamtvertretungsbefugnis.[70] In diesem Fall muss eine Kündigung durch alle Gesellschafter erfolgen. Das gilt im Grundsatz auch dann, wenn ein Mietvertrag zwischen einem der Gesellschafter und der GbR gekündigt werden soll; ein Ausschluss an der Mitwirkung ist im Einzelfall nur dann und insoweit geboten, wie der Schutz der GbR dieses erfordert, der Ausschluss also sachlich gerechtfertigt ist.[71] Zu Personenmehrheiten → Rn. 67. Zum Zurückweisungsrecht gem. § 174 BGB → Rn. 56. 48

Das Kündigungsrecht als unselbständiges Gestaltungsrecht[72] kann trotz § 413 BGB nicht durch **Abtretung** übertragen werden[73], weil es untragbar erscheint, die Dispositionsbefugnis über den Bestand des stark personal geprägten Vertrages einem Dritten zu überlassen, der in das Rechts- und Pflichtenprogramm nicht einbezogen ist. Allerdings kann sich ein Dritter eine **Ermächtigung** zur Kündigung erteilen lassen.[74] Im Gegensatz zur Kündigung durch einen Bevollmächtigten (→ Rn. 50), der in fremdem Namen handelt, handelt der Ermächtigte im eigenen Namen.[75] Anders als die Abtretung, bei der der das Kündigungsrecht endgültig auf den Abtretungsempfänger übergeht, sind Ermächtigung und Vollmacht grds. widerrufbar, so dass die Dispositionsbefugnis letztlich bei dem Vertragspartner verbleibt. Eine unwirksame Abtretung kann in eine Ermächtigung umgedeutet werden.[76] Im Gegensatz zur Vollmacht ist die Ermächtigung nicht personen- sondern gegenstandsbezogen. Aufgrund dessen hat sie praktische Bedeutung nur im Fall der Veräußerung des Grundstücks für die Phase bis zur Eigentumseintragung; deshalb → BGB § 566 Rn. 46. 49

Der Kündigungsberechtigte kann einen Dritten zum Ausspruch der Kündigung bevollmächtigen. In diesem Fall der **Stellvertretung** muss der Dritte die Kündigung nach dem Offenheitsgrundsatz im Namen des Berechtigten aussprechen. Es genügt allerdings, wenn sich die Fremdbezogenheit aus den Umständen ergibt (§ 164 Abs. 1 S. 2 BGB), was etwa bei einer Kündigung 50

---

[69] OLG Zweibrücken WuM 1981, 178.
[70] BGH XII ZR 146/07, NJW 2010, 861.
[71] OLG Frankfurt a. M. ZMR 2018, 665.
[72] Zur Einordnung s. BGH XII ZR 119/96, NJW 1998, 896.
[73] LG Augsburg NJW-RR 1992, 520; LG Berlin ZMR 1996, 326; LG Hamburg WuM 1993, 48; LG Kiel WuM 1992, 128; LG Osnabrück WuM 1990, 81; Staudinger/*Rolfs* BGB § 542 Rn. 19; offenlassend BGH XII ZR 119/96, NJW 1998, 896; **aA** *Mayer* ZMR 1990, 123; *Fricke* ZMR 1979, 65.
[74] BGH XII ZR 119/96, NJW 1998, 896.
[75] BGH XII ZR 119/96, NJW 1998, 896.
[76] BGH XII ZR 119/96, NJW 1998, 896.

durch einen Hausverwalter anzunehmen ist.[77] Wird der **Offenheitsgrundsatz** verletzt, so ist die Kündigung unwirksam. Eine verdeckte Stellvertretung ist bei der Kündigung nicht zulässig.[78]

51 Neben dem Handeln in fremdem Namen ist für eine wirksame Stellvertretung notwendig, dass der Dritte zum Ausspruch der Kündigung **bevollmächtigt** ist. Für Eheleute gilt nichts anderes, weil die Schlüsselgewalt (§ 1357 BGB) nicht die Befugnis zur Kündigung eines Mietverhältnisses umfasst.[79] Zu Vollmachtklauseln im Mietvertrag → Rn. 89. Zur Vollmacht bei schriftlich zu erklärenden Kündigungen → BGB § 568 Rn. 23. Wie weit eine (Außen-)Vollmacht reicht, ist eine Frage der Auslegung nach dem Empfängerhorizont an Hand der Einzelfallumstände.[80] Hierbei ist zu beachten, dass eine Vollmachtserteilung (§ 167 BGB) auch stillschweigend erfolgen kann; sie bedarf nicht der Form, die für das Rechtsgeschäft bestimmt ist (s. aber § 174 BGB; → Rn. 56).

52 Problematisch ist in diesem Zusammenhang regelmäßig, ob ein **Hausverwalter** Kündigungsvollmacht hat. Davon ist nicht ohne Weiteres auszugehen, wenn er lediglich in die Abwicklung des Mietverhältnisses eingebunden war, da die Disposition über den Vertragsbestand eine andere tatsächliche und wirtschaftliche Tragweite hat als die Betreuung eines laufenden Vertrages. Auch hier sind aber andere Fallgestaltungen denkbar, etwa wenn der Hausverwalter Verträge mit anderen Mietern kündigt. Außerdem dann, wenn er den Vertrag in Vertretung des Vermieters geschlossen hat und ihn weiter betreut[81]; der Vertragsschluss deutet auf eine Dispositionsbefugnis für den ganzen Vertrag hin, die Betreuung auf das Andauern der Vertretung. Allerdings ist nicht von einer Kündigungsvollmacht auszugehen, wenn der Hausverwalter nur den Vertrag für den Vermieter geschlossen hat, dann aber nicht mehr dem Mieter gegenüber aufgetreten ist; dann musste der Mieter von einer punktuellen Vollmacht ausgehen.[82] Letztlich sind das aber nur Indizien für eine tatsächliche Vollmachtserteilung, die derjenige zu beweisen hat, der sich auf die Wirksamkeit der Kündigung beruft. Außerdem können diese Indizien bedeutsam für eine Anscheins- oder Duldungsvollmacht sein.

53 Die einem Rechtsanwalt erteilte **Prozessvollmacht** umfasst auch die Abgabe derjenigen materiell-rechtlichen Erklärungen, die zur Erreichung des Prozessziels erforderlich sind. Deshalb ist ein mit der Durchführung eines Räumungsverfahrens beauftragter Rechtsanwalt auch zum Ausspruch einer oder mehrerer Kündigungen bevollmächtigt.[83] Gleiches gilt, wenn der Rechtsanwalt zur Vertretung in allen Mietangelegenheiten mit einer bestimmten Partei bevollmächtigt ist.[84] Ergänzend zur Kündigung im Prozess → Rn. 122 und → BGB § 568 Rn. 29.

54 Wird die Kündigung durch einen **Nicht-Bevollmächtigten** erklärt, so ist sie unwirksam (§ 180 S. 1 BGB). Eine Genehmigung (nachträgliche Zustimmung, § 184 BGB) führt grds. nicht zur Wirksamkeit der Kündigung, weil § 185 Abs. 2 BGB bei einseitigen Rechtsgeschäften nicht gilt.[85] Hat jedoch der Vertreter ausdrücklich oder stillschweigend behauptet, dass er bevollmächtigt sei und wird dies vom Kündigungsempfänger nicht beanstandet oder ist der Kündigungsempfänger mit dem Handeln ohne Vertretungsmacht einverstanden, so sind gem. § 180 S. 2 BGB die Vorschriften über Verträge entsprechend anwendbar, also §§ 177–179 BGB. Gemäß §§ 177 Abs. 1, 180 S. 2 BGB kann der unberechtigt Vertretene die Kündigung mit Rückwirkung genehmigen. Ein solcher Fall liegt etwa vor, wenn die Kündigung durch einen hierzu nicht berechtigten Mitarbeiter des Vermieters ausgesprochen wird und dieser im Anschluss hieran Räumungsklage erhebt. Die Unterzeichnung des Kündigungsschreibens durch den Mitarbeiter ist als konkludent behauptete Vertretungsmacht und die Erhebung der Räumungsklage durch den Vertretenen als konkludente Genehmigung des Vertreterhandelns zu bewerten. An der rückwirkenden Wirksamkeit der Kündigung ändert sich nichts, wenn der Kündigungsempfänger die Vertretungsmacht während des Räumungsverfahrens bestreitet. Hat der Kündigungsempfänger Zweifel an der Vertretungsmacht

---

[77] KG 31.10.2019 – 8 U 93/19, BeckRS 2019, 39541; BGH VIII ZR 231/13, NJW 2014, 1803 (für ein Mieterhöhungsverlangen).

[78] LG Köln WuM 1997, 219; LG München I WuM 1989, 282; AG Waiblingen WuM 1991, 20.

[79] Staudinger/*Rolfs* BGB § 542 Rn. 22; BGH VIII ZR 326/14, WuM 2016, 353 lehnt die Anwendung von § 1357 BGB für die Änderung eines Mietvertrags ab.

[80] OLG Rostock NZM 2002, 1028. S. zur Vollmacht eines Bürgermeisters OLG Koblenz MDR 2020, 1240.

[81] OLG Düsseldorf WuM 1995, 390.

[82] IErg ebenso LG Berlin WuM 1986, 331.

[83] OLG München ZMR 1996, 557; LG Berlin GE 1994, 1317; LG Berlin GE 2003, 1081. **AA** LG Berlin GE *1997, 429, danach soll* eine Prozessvollmacht nur zum Ausspruch einer Kündigung in einem anhängigen Rechtsstreit berechtigen; zu einer vorprozessualen Kündigung sei der Rechtsanwalt nicht befugt.

[84] LG Berlin GE 1993, 93.

[85] BGH VIII ZR 214/90, NJW 1991, 2552.

des Unterzeichners der Kündigungserklärung, so muss er die Kündigung unverzüglich (→ Rn. 61) zurückweisen.[86]

55 Wird die Wohnung eines Mieters durch dessen **Betreuer** gekündigt, so bedarf die Kündigung der Einwilligung (also der vorherigen Zustimmung, § 183 BGB) des Betreuungsgerichts (§ 1908i BGB iVm § 1831 BGB). Auf diese Weise soll der Betreute vor dem Verlust seiner Wohnung geschützt werden. Eine ohne Einwilligung ausgesprochene Kündigung ist unwirksam (§ 1831 S. 1 BGB). Eine nachträglich erteilte Zustimmung (Genehmigung, § 184 BGB) führt nicht zur Wirksamkeit der Kündigung, weil § 185 Abs. 2 BGB bei einseitigen Rechtsgeschäften nicht gilt[87]; ergänzend → Rn. 54. Zur Kündigung gegenüber einem unter Betreuung stehenden Mieter → Rn. 65.

### XI. Zurückweisungsrecht gem. § 174 BGB

56 Kündigt ein Bevollmächtigter, so hängt die Wirksamkeit der Kündigung nicht davon ab, dass der Kündigungserklärung eine **Vollmachtsurkunde** beigelegt wird. Fehlt die Vollmachtsurkunde, so kann der Empfänger die Kündigung allerdings zurückweisen (§ 174 BGB). Das Zurückweisungsrecht besteht nicht, wenn der Kündigende selbst den Kündigungsempfänger von der Bevollmächtigung in **Kenntnis** gesetzt hat (§ 174 S. 2 BGB); hierfür ist keine Form vorgeschrieben.[88] Wie eine solche Kundgabe wirkt es, wenn der Bevollmächtigte (etwa als Prokurist, Handlungsbevollmächtigter oder Generalbevollmächtigter) Tätigkeiten ausübt oder eine Position bekleidet, die üblicherweise mit entsprechender Vertretungsmacht ausgestattet ist.[89] Eine Kenntniserlangung auf sonstige Weise genügt allerdings nicht.

57 Die Vollmacht muss stets in **Urschrift** (bei notarieller Beurkundung in einer Ausfertigung) vorgelegt werden, eine Abschrift, eine Kopie, eine Telefaxkopie[90] oder die beglaubigte Abschrift eines Rechtsanwalts[91] reichen nicht. Das gilt auch für die durch den Gerichtsvollzieher zugestellte Kündigung[92] oder dann, wenn ein Rechtsanwalt seine Vertretung bereits vor Ausspruch der Kündigung angezeigt hat.[93] Bei einer **mehrstufigen Bevollmächtigung** (Untervollmacht), die etwa vorliegt, wenn ein vom Vermieter bevollmächtigter Hausverwalter seinerseits einen Rechtsanwalt mit der Kündigung beauftragt, kann die Kündigung zurückgewiesen werden, wenn nicht alle Vollmachtsurkunden vorgelegt werden.[94]

58 Die Vollmachtsurkunde ist grds. **bei jeder Kündigung** vorzulegen. Auch ein Rechtsanwalt, der eine Partei bereits in einer anderen Angelegenheit vertreten und dort gekündigt hat, kann allein deshalb noch nicht als kündigungsberechtigter Vertreter angesehen werden; das folgt aus der Erwägung, dass der Rechtsanwalt sein Mandat für jeden Vertretungsfall neu erhält.[95] Etwas anderes gilt, wenn mehrere Kündigungen ausgesprochen worden sind und diese in einem zeitlichen oder sachlichen Zusammenhang stehen. Hier genügt es, wenn die Vollmachtsurkunde einer vorherigen Kündigung beigefügt war.

59 § 174 BGB findet auf eine von einem Rechtsanwalt im Rahmen des gesetzlichen Umfangs seiner **Prozessvollmacht** abgegebenen Kündigung **keine Anwendung.**[96] Ergänzend zur Kündigung im Prozess → Rn. 122 und → BGB § 568 Rn. 29. § 174 BGB ist auch auf gesetzliche Vertretungsverhältnisse unanwendbar[97], weil der **gesetzliche Vertreter** seine Vertretungsmacht nicht nachweisen muss. Das Gleiche gilt, wenn die Vertretungsmacht auf **organschaftlicher Grundlage** beruht.[98] Deshalb ist die Beifügung einer Vollmachtsurkunde entbehrlich, wenn die Kündigung durch den Vorstand eines Vereins (§ 26 BGB), den Gesellschafter einer OHG (§ 125 HGB), den Vorstand einer AG (§ 78 AktG), durch die Geschäftsführer einer GmbH (§ 35 GmbHG) oder durch

---

[86] OLG Düsseldorf ZMR 2006, 927.
[87] BGH VIII ZR 214/90, NJW 1991, 2552.
[88] KG ZMR 2020, 493.
[89] BGH II ZR 107/07, NJW 2009, 293; KG ZMR 2020, 493.
[90] *BGH XI ZR 457/16*, NJW-RR 2018, 116; OLG Hamm NJW 1991, 1185.
[91] BGH VIII ZR 313/79, NJW 1981, 1210.
[92] BGH VIII ZR 313/79, NJW 1981, 1210.
[93] OLG Brandenburg 23.10.2012 – 6 U 29/12, BeckRS 2012, 24712.
[94] OLG München DNotZ 2020, 105. Diff. *Strobel* NJW 2020, 2433: Danach muss die Untervollmacht in Urschrift vorgelegt werden, für die Hauptvollmacht reicht eine Kopie.
[95] LG Hamburg WuM 1987, 209; LG Mannheim WuM 1978, 139.
[96] BGH VIII ZR 72/02, NJW 2003, 963.
[97] BGH LwZR 4/01, NZM 2002, 163.
[98] BGH LwZR 4/01, NZM 2002, 163.

den Vorstand einer Genossenschaft (§ 24 GenG) ausgesprochen wird. Der Grund ist darin zu sehen, dass sich die Vertretungsmacht in diesen Fällen entweder unmittelbar aus dem Gesetz oder aus einem öffentlichen Register ergibt. Kündigt der alleinvertretungsberechtigte Gesellschafter einer **GbR,** so gelten jedoch die allgemeinen Grundsätze, weil der Kündigungsempfänger die Vertretungsverhältnisse der GbR weder aus dem Gesetz noch aus einem öffentlichen Register ersehen kann. Deshalb muss der Gesellschafter einer GbR seine Vertretungsmacht gegenüber dem Kündigungsempfänger nachweisen.[99] Dies kann durch eine unterschriebene Vollmachtsurkunde oder durch Vorlage des Gesellschaftsvertrags geschehen, wenn sich hieraus die Vertretungsbefugnis des Kündigenden ergibt.

**60** Aus der **Zurückweisungserklärung** muss sich ergeben, dass die Zurückweisung wegen der Nichtvorlage der Vollmacht erfolgt.[100]

**61** Die **Zurückweisung** muss **unverzüglich,** also ohne schuldhaftes Zögern (§ 121 Abs. 1 S. 1 BGB) erklärt werden. Schuldhaftes Zögern setzt neben der objektiven Komponente (einem nicht mehr hinnehmbaren Zeitablauf) auch ein subjektives Element (ein vorwerfbares Verhalten) voraus.[101] Der Kündigungsempfänger darf zwar Rechtsrat einholen, er muss dies aber alsbald tun.[102] Eine Zeitdauer von ca. einer Woche ist ohne das Vorliegen besonderer Umstände nicht mehr unverzüglich.[103] Die Rspr. ist allerdings nicht einheitlich.[104] Die Besonderheiten des Einzelfalls sind stets gebührend zu berücksichtigen. Ist der Kündigungsempfänger im Zeitpunkt des Zugangs urlaubsabwesend, so kann die Zurückweisung auch nach 26 Tagen seit dem Zugang der Kündigung unverzüglich sein, wenn der Kündigungsempfänger sofort nach Urlaubsrückkehr tätig wird.[105] Umgekehrt kann ein Zuwarten von elf Tagen als verspätete Zurückweisung bewertet werden, wenn der Gekündigte ständigen Kontakt zu einem Rechtsanwalt unterhält.[106] Bei bereits anhängiger Räumungsklage kann die Zurückweisung auch in einem an das Gericht adressierten Schriftsatz erfolgen; dies ist allerdings nicht empfehlenswert, weil Verzögerungen bei der Weiterleitung des Schriftsatzes zu Lasten des Zurückweisenden gehen.[107] Die **Beweislast** für den rechtzeitigen Zugang der Zurückweisung trägt derjenige, der sich auf die Zurückweisung beruft.[108]

**62** Wird die Vertragungsmacht mangels Vorlage einer ausreichenden Vollmachtsurkunde zurückgewiesen, so wird die **Kündigung unwirksam;** sie kann nicht gem. § 177 BGB genehmigt werden.[109] Eine nach § 174 BGB zurückgewiesene Kündigung kann jederzeit wiederholt werden. Aus dem Umstand, dass der Mieter eine Kündigung nach § 174 BGB zurückgewiesen hat, kann nicht die Besorgnis der Nichterfüllung iSv **§ 259 ZPO** abgeleitet werden.[110]

## XII. Kündigungsempfänger

**63** Zum notwendigen Inhalt einer Kündigung gehört es, dass sich aus ihr ergibt, gegenüber wem die Kündigung ausgesprochen werden soll (→ Rn. 8). Sind **mehrere Personen Vertragspartner,** so muss die Kündigung gegenüber allen am Vertrag Beteiligten erklärt werden (näher zu Personenmehrheiten → Rn. 67). Eine **Außen-GbR** ist teilrechtsfähig und damit keine Personenmehrheit. Wird die Kündigung gegenüber einem rechtsgeschäftlichen Empfangsvertreter des Mieters ausgesprochen, so gelten die Ausführungen zur Kündigungsvollmacht entsprechend (→ Rn. 50; s. auch § 164 Abs. 3 BGB).

**64** Bei **juristischen Personen** muss die Kündigung gegenüber dem gesetzlichen Vertreter oder einem Empfangsbevollmächtigten ausgesprochen werden. Bei einer **GbR** und anderen **Personen-**

---

[99] BGH LwZR 4/01, NZM 2002, 163.
[100] BAG NJW 2012, 1677 Rn. 35.
[101] OLG München ZMR 1997, 286.
[102] LG Hamburg WuM 1998, 725.
[103] So für die arbeitsrechtliche Kündigung BAG NZA 2012, 495 (eine Woche); für den Widerruf eines Darlehensvertrages BGH XI ZR 457/16, NJW-RR 2018, 116 (sechs Tage).
[104] LG Berlin GE 1994, 1317 (drei Wochen nach Zugang der Kündigung nicht mehr „unverzüglich"); LG Berlin NJWE-MietR 1996, 221 (zwei Wochen sind noch rechtzeitig); LAG Düsseldorf NZA 1995, 994 für die arbeitsrechtliche Kündigung (zehn Tage sind bereits zu viel).
[105] OLG München ZMR 1997, 286.
[106] LG Berlin MM 1993, 184.
[107] *LG Hagen WuM 1991, 79.*
[108] BGH V ZR 172/99, NJW 2001, 220.
[109] BAG NZA 2007, 377 Rn. 33.
[110] LG Berlin GE 1997, 429.

**gesellschaften** sind die zur Geschäftsführung berufenen Gesellschafter vertretungsberechtigt (s. § 125 HGB, § 709 BGB). Es genügt, wenn die Kündigung gegenüber der Gesellschaft erklärt wird und einem vertretungsberechtigten Gesellschafter zugeht; das gilt auch dann, wenn den Gesellschaftern die Vertretungsbefugnis gemeinschaftlich zusteht.[111] Bei der Kündigung gegenüber einem Verein genügt die Abgabe der Erklärung gegenüber einem Mitglied des Vorstands (§ 26 Abs. 2 S. 2 BGB). Eine vergleichbare Regelung besteht bei der OHG (§ 125 Abs. 2 S. 3 HGB), bei der KG (§ 125 Abs. 2 S. 3, § 161 Abs. 2, § 170 HGB), bei der AG (§ 78 Abs. 2 S. 2 AktG), bei der GmbH (§ 35 Abs. 2 S. 3 GmbHG) und bei der Partnerschaftsgesellschaft (§ 7 Abs. 3 PartGG).

Soll einem **Geschäftsunfähigen** oder beschränkt Geschäftsfähigen gekündigt werden, so muss die Kündigung gem. § 131 BGB gesetzlichen Vertreter zugehen. Das ist nur der Fall, wenn sie nicht lediglich faktisch in dessen Herrschaftsbereich gelangt, sondern auch an ihn gerichtet oder für ihn bestimmt ist; die bloß irgendwie geartete Kenntniserlangung des gesetzlichen Vertreters von der Kündigung genügt nicht.[112] Das bedeutet, dass sich aus dem Kündigungsschreiben und/oder den Umständen der Kündigungserklärung ergeben muss, dass der gesetzliche Vertreter Adressat der Erklärung in dem Sinn sein soll, dass die Erklärung gezielt in seine Richtung abgegeben wird, die Wirkung der Erklärung aber den Geschäftsunfähigen treffen soll. Eindeutig in diesem Sinn sind Formulierungen wie „An X als gesetzlicher Vertreter des Y“. In weniger eindeutigen Fällen ist eine Auslegung notwendig, meist aber unproblematisch. So etwa in dem Fall, dass die Kündigung zwar an den gesetzlichen Vertreter ohne Nennung dieser Eigenschaft adressiert ist, dann aber das Mietverhältnis des Geschäftsunfähigen gekündigt wird; hieraus wird hinreichend deutlich, dass der gesetzliche Vertreter als solcher und nicht aus einem Eigengeschäft angesprochen werden soll. Nicht ausreichend ist es hingegen, wenn die Kündigung (nur) an den Geschäftsunfähigen gerichtet ist, der gesetzliche Vertreter den Brief aber öffnet.[113] Eine Adressierung an den gesetzlichen Vertreter ist auch dann notwendig, wenn Geschäftsunfähiger einen Empfangsvertreter gem. § 164 Abs. 3 BGB hat. Eine Empfangsvollmacht besagt nur, dass der Empfangsvertreter eine an den Geschäftsunfähigen gerichtete Kündigung entgegennehmen kann, nicht aber, dass er ihn ansonsten rechtsgeschäftlich vertritt.[114] Anders ist es, wenn der Geschäftsunfähige **vor Eintritt der Geschäftsunfähigkeit** einem Dritten wirksam **Vollmacht** erteilt hat. In diesem Fall ist eine Kündigung auch dann wirksam, wenn sie nicht an den Bevollmächtigten gerichtet ist, sondern ihm irgendwie, also auch zufällig zugeht.[115] Hat der Geschäftsunfähige keinen gesetzlichen oder rechtsgeschäftlichen Vertreter, so hat der Vermieter die Möglichkeit, beim zuständigen Familiengericht die Bestellung eines Betreuers anzuregen.[116] Ist nach § 57 ZPO ein Prozesspfleger bestellt, so kann diesem gegenüber gekündigt werden.[117] Steht ein Mieter unter **Betreuung,** *kann* die Kündigung an den Betreuer gerichtet werden, sie kann aber auch an den betreuten Mieter gerichtet werden. Der Betreuer ist gem. § 1902 BGB Vertreter des Betreuten, dieser kann aber weiter selbst rechtsgeschäftlich handeln, also auch Kündigungsempfänger sein, solange nicht Geschäftsunfähigkeit vorliegt oder ein Einwilligungsvorbehalt gem. § 1903 BGB angeordnet ist. Der Einwilligungsvorbehalt hat die rechtlichen Wirkungen einer beschränkten Geschäftsfähigkeit, was zur Unwirksamkeit einer an den Betreuten gerichteten Kündigung führt (§ 1903 Abs. 1 S. 2, § 131 Abs. 2 BGB). Die **Zustellung einer Klage** hat auch dann an einen bestellten Betreuer zu erfolgen, wenn kein Einwilligungsvorbehalt besteht (§ 53 ZPO).[118] 65

Ist der **Erbe eines verstorbenen Mieters unbekannt** und hat der Vermieter die Absicht, das Mietverhältnis durch Kündigung zu beenden, so hat das Nachlassgericht auf Antrag des Vermieters einen Nachlasspfleger zu bestellen → BGB § 564 Rn. 12. Die Kündigung ist gegen den unbekannten Erben zu richten; sie wird wirksam, wenn die Kündigungserklärung dem Nachlasspfleger zugeht. 66

---

111 BGH XII ZR 210/09, ZMR 2012, 261.
112 BAG NJW 2011, 890; BGH V ZR 145/88, BeckRS 2011, 4601; LG Berlin WuM 1982, 111; LG Dresden WuM 1994, 377.
113 OLG Düsseldorf VersR 1961, 878; s. auch den vergleichbaren Fall der Empfangsbotenschaft BGH XI ZR 80/88, NJW 1989, 1671.
114 LG Berlin GE 2000, 281.
115 LG Hamburg ZMR 2016, 627.
116 BayObLG WuM 1996, 275; LG Hamburg NJW-RR 1996, 139; *Schindler* WuM 2018, 255 (264), dort auch zum Verfahren, wenn Zweifel an der Geschäftsfähigkeit während eines Prozesses auftauchen.
117 LG Hamburg NJW-RR 1996, 139.
118 *Schindler* WuM 2018, 255 (264).

### XIII. Personenmehrheiten

67 Gibt es auf Seiten einer oder beider Vertragsparteien mehrere Personen, muss von allen bzw. gegenüber allen gekündigt werden.[119] Die Pflicht des Vermieters zur Gebrauchsüberlassung ist eine unteilbare Leistung iSv §§ 420ff. BGB. Teilkündigungen würden das Mietverhältnis tiefgreifend umgestalten, was mit dem Wesen der unteilbaren Leistung (der **Einheitlichkeit des Mietverhältnisses**) unvereinbar ist. Deshalb sind (personale) Teilkündigungen grds. unwirksam.[120] Das gilt im Ansatz auch dann, wenn einer der **Mieter bereits ausgezogen** oder niemals eingezogen ist.[121] Zu Ausnahmen in diesem und sonstigen Fällen vom Verbot der personalen Teilkündigung → Rn. 72; zur sachlichen Teilkündigung → Rn. 91.

68 Wenn die Einheitlichkeit des Mietverhältnisses eine einheitliche Kündigung erfordert, hat das auch Auswirkungen auf die Kündigungserklärung. Sie muss von allen stammen bzw. gegen alle gerichtet sein, was sich hinreichend deutlich (→ Rn. 7) aus ihr selbst oder den erkennbaren Umständen ergeben muss. Allerdings muss die Kündigung nicht einheitlich erfolgen, also in (nur) einer Erklärung zum selben Zeitpunkt von allen bzw. gegenüber allen abgegeben werden. Das wäre nicht praktikabel.[122] Es würde vielmehr ein unangemessenes Kündigungshindernis darstellen, wenn insbes. eine schriftliche Kündigung mehreren Kündigungsempfängern zugleich zugehen müsste; bei einer Versendung per Post wäre eine wirksame Kündigung dann vielfach kaum zu bewerkstelligen. Die Einheitlichkeit des Mietverhältnisses und dessen einheitliche Beendigung erfordern derartiges nicht. Hierfür reicht es vielmehr aus, dass sich ein Beendigungsakt von allen gegenüber allen feststellen lässt. Das ist auch möglich bei mehreren einzelnen Kündigungserklärungen, die „in bewusstem und gewollten Zusammenhang, wenn auch nicht gleichzeitig"[123] auf dieses gemeinsame Ziel gerichtet sind. Wegen dieses gemeinsamen Ziels müssen die Kündigungen **inhaltlich (aber nicht wörtlich) übereinstimmen.**[124] Wenn *einheitlich* gekündigt wird (etwa in einem einheitlichen Kündigungsschreiben), müssen sich aus der Kündigungserklärung alle notwendigen Beteiligten (Kündigende wie Gekündigte) ergeben (zur Adressierung eines solchen einheitlichen Kündigungsschreibens → Rn. 85). In der Regel erfordert das die namentliche Bezeichnung aller Kündigenden und aller Gekündigten.[125] Es reichen aber auch hinreichend eindeutige Sammelbezeichnungen wie „Eheleute XY". Die bloße Bezeichnung des Mietverhältnisses, das beendet werden soll, genügt hingegen nicht, da sich hieraus nicht ergibt, an wen die Kündigung gerichtet sein soll. Zum Zugang eines einheitlichen Kündigungsschreibens bei mehreren Kündigungsempfängern → Rn. 85. Wenn *nicht einheitlich* gekündigt wird, muss jeder Vertragspartner jedem anderen Vertragspartner gegenüber kündigen (etwa in mehreren gesonderten Kündigungsschreiben), damit das Vertragsverhältnis insgesamt beendet wird. Jede dieser Kündigungen muss den zur Wirksamkeit notwendigen Inhalt aufweisen (zum Inhalt einer schriftlichen Kündigung → BGB § 568 Rn. 9). Allerdings erscheint es nicht erforderlich, bei einer **mehraktigen Kündigung**[126] gegenüber mehreren Kündigungsempfängern in jeder Kündigung alle anderen Empfänger angeben zu müssen. Da sich die Wirksamkeit der Kündigungen schon deshalb nicht allein aus der Einzelkündigung ergibt, weil diese nichts über den Zugang bei den anderen besagt und jeder Empfänger sich darüber bei dem anderen versichern muss, kann auf die ausdrückliche Nennung der anderen in der Kündigung verzichtet werden. Die Verklammerung der Kündigungen ergibt sich notwendig, aber auch hinreichend aus der Bezeichnung des Mietverhältnisses. Das gilt ebenso für schriftlich auszusprechende Kündigungen (§ 568 BGB). Der Zweck des Schriftformgebots (Warn- und Beweisfunktion; → BGB § 568 Rn. 2) ist nicht tangiert. Eine wechselseitige Bezugnahme auf die anderen Kündigungserklärungen und die anderen Kündigungsempfänger ist nicht notwendig[127],

---

[119] Siehe nur BGH VIII ZR 263/09, NZM 2010, 577; BGH VIII ZR 14/04, NZM 2005, 452; BGH VIII ARZ 1/97, NZM 2998, 22; *Wiese* ZMR 2020, 286.

[120] Siehe eing. zur dogmatischen Begründung *Streyl* NZM 2011, 383.

[121] LG Köln WuM 1990, 298; LG Limburg WuM 1993, 47; LG Mannheim WuM 1994, 539; AG Charlottenburg GE 2015, 1537.

[122] *Wiese* ZMR 2020, 289.

[123] So die Formulierung für andere gemeinschaftlich vorzunehmende Rechtshandlungen (s. *Wiese* ZMR 2020, 289). S. auch BGH VIII ZR 44/58, MDR 1959, 571 zur gemeinsamen Erklärung von Gesamtvertretern.

[124] *Wiese* ZMR 2020, 293.

[125] *Staudinger/Herrler* BGB § 130 Rn. 47.

[126] Praktische Bedeutung hat eine Mehrheit von Kündigungsempfängern, möglich ist aber auch eine Mehrheit von Kündigenden.

[127] **AA** *Wiese* ZMR 2020, 290.

sie ergibt sich nach der Andeutungstheorie hinreichend aus der Bezeichnung des zu kündigenden Mietverhältnisses iVm dem Mietvertrag. Da die Frage allerdings höchstrichterlich ungeklärt ist, empfiehlt sich zur Sicherheit eine ausdrückliche wechselseitige Bezugnahme auf die anderen Kündigungen und deren Empfänger.[128] Außerdem müssen die Kündigungserklärungen – gleichgültig, ob sie einheitlich oder mehraktig abgegeben werden – den Kündigungsempfängern in **zeitlichem Zusammenhang** zugehen.[129] Dies gebietet der Grundsatz der Rechtsklarheit und Rechtssicherheit.[130] Der Kündigungsempfänger muss alsbald wissen, ob die an ihn adressierte Kündigung formell wirksam ist; das setzt voraus, dass – bei einer Mehrheit von Kündigungsempfängern – auch die anderen eine Kündigung erhalten haben bzw. – bei einer Mehrheit von Kündigenden – auch die anderen Kündigenden die Kündigung ausgesprochen haben. Bei Fehlen des notwendigen Zusammenhangs stünde während der Schwebezeit nicht hinreichend sicher fest, ob bzw. wann das Mietverhältnis beendet wird.[131] Ein zeitlicher Zusammenhang dürfte – in Anlehnung an die Regelungen der §§ 174, 147 Abs. 2, 108 Abs. 2, 177 Abs. 2 BGB, § 167 ZPO – noch bei einem Zeitraum von zwei Wochen zwischen erstem und letztem Zugang bei den Kündigungsempfängern gegeben sein.[132] Das ist keine starre Grenze, entscheidend dürfte vielmehr sein, ob sich die Kündigungen bei natürlicher Betrachtungsweise als noch zusammenhängend darstellen und die dargestellten Interessen der Kündigungsempfänger an einer geringen Schwebezeit gewahrt sind. Der Zeitfaktor kann deshalb – ähnlich wie bei § 167 ZPO – insbes. bei solchen Verzögerungen relativiert werden, die auf Zustellschwierigkeiten zurückzuführen sind, die aus der Kündigungsempfängersphäre stammen. Für das **Wirksamwerden** einer mehraktigen Kündigung und für den Beginn bzw. die Einhaltung einer Kündigungsfrist ist der Zeitpunkt des Zugangs der letzten Erklärung maßgeblich.

Sind die **Vertragsverhältnisse unklar,** so empfiehlt es sich, gegenüber allen Personen zu kündigen, die als Vertragspartner in Betracht kommen können. Der Kündigende muss zwar damit rechnen, dass die Nichtvertragspartner anwaltliche Hilfe in Anspruch nehmen und dass der Kündigende möglicherweise die dann entstehenden Kosten zu tragen hat. Im umgekehrten Fall ist demgegenüber zu befürchten, dass die Kündigung insgesamt unwirksam ist, weil das Mietverhältnis nur gegenüber allen Vertragspartnern beendet werden kann. **69**

Ist einer der Mieter oder Vermieter nicht zum Ausspruch der Kündigung bereit, so muss er von dem Kündigungswilligen auf **Mitwirkung beim Ausspruch der Kündigung** in Anspruch genommen werden. Ob ein Mitwirkungsanspruch besteht, hängt von den zwischen den mehreren Mietern oder Vermietern bestehenden Rechtsbeziehungen ab. Meist ist die Kündigung einer Mehrheit von Mietern betroffen. Hier liegt in Bezug auf das Mietverhältnis idR eine Gemeinschaft oder GbR zu Grunde, die ihr Ende gefunden hat; im Zuge der Beendigung bzw. Auseinandersetzung entsteht der Mitwirkungsanspruch, sofern nicht berechtigte Belange entgegenstehen.[133] **70**

Ansonsten müssen die Mietvertragsparteien, wollen sie die Wirkungen einer Teilkündigung erzielen, den Vertrag **einvernehmlich abändern.** Das erfordert eine Einigung aller Vertragspartner. Diese Einigung muss nicht notwendigerweise in einem Vertrag erfolgen, möglich sind auch mehrere zweiseitige Verträge. So kann sich der Vermieter mit einem Mieter über dessen Ausscheiden aus dem Mietverhältnis verständigen und mit dem verbleibenden Mieter eine Zustimmungsvereinbarung schließen. Das Recht, einen von mehreren Mietern auszuwechseln, kann sich aus den vertraglichen Vereinbarungen oder etwa bei **Wohngemeinschaften** stillschweigend aus dem Nutzungszweck ergeben. **71**

Trotz der grundsätzlichen Einheitlichkeit des Mietverhältnisses ist **in Ausnahmefällen** eine (personale) **Teilkündigung** möglich bzw. eine Kündigung von allen und gegen alle unnötig (zur sachlichen Teilkündigung → Rn. 91). Ist eine Vertragspartei faktisch aus dem Vertragsverhältnis ausgeschieden, kommt es in Betracht, dass sie bei der Kündigung des Vertrages nicht beteiligt werden muss. Praktisch kommen solche Fälle auf Mieterseite vor, wenn einer der **Mieter ausgezogen** ist. Haben weder der ausgezogene Mieter, noch der verbliebene Mieter, noch der Vermieter ein **72**

[128] Formulierungsbeispiel bei *Wiese* ZMR 2020, 292.
[129] *Wiese* ZMR 2020, 288; OLG Düsseldorf DWW 1987, 293; LG München I WuM 1999, 218; LG Cottbus WuM 1995, 38.
[130] *Wiese* ZMR 2020, 285.
[131] Ähnlich *Wiese* ZMR 2020, 285.
[132] Eing. *Wiese* ZMR 2020, 367.
[133] BGH VIII ZR 14/04, NZM 2005, 452; OLG Köln NZM 1999, 998; OLG Hamburg NZM 2002, 521.

berechtigtes Interesse an der Aufrechterhaltung der vertraglichen Stellung des Ausgezogenen, muss weder ihm gegenüber gekündigt werden, noch muss er (zusammen mit dem Verbliebenen) kündigen.[134] Insbesondere kann sich der verbliebene Mieter gegenüber dem Vermieter nicht darauf berufen, dessen Kündigung sei unwirksam, weil sie nicht gegenüber dem Ausgezogenen erfolgt sei; er muss sich so behandeln lassen, als habe er seine Zustimmung zur Entlassung des Mietmieters erteilt. An einem berechtigten Interesse des verbliebenen Mieters fehlt es etwa, wenn er Ausgleichsansprüche gegen den ausgeschiedenen Mieter in deren Innenverhältnis nicht mehr haben kann, weil ein Anspruch auf Mitwirkung an einer Kündigung bestand (→ Rn. 70). An einem berechtigten Interesse des ausgeschiedenen Mieters fehlt es, wenn eine Fortsetzung des Gebrauchs in der Zukunft ausgeschlossen ist, was sich nach außen insbes. daran festmacht, dass er um Entlassung aus dem Mietvertrag gebeten hat. An einem berechtigten Interesse des Vermieters fehlt es, wenn er Mietzinsansprüche nicht mehr geltend machen will, was sich daran festmacht, dass er zur Entlassung des ausgezogenen Mieters aus dem Mietvertrag bereit war.[135] Will der Vermieter des Ausgezogenen hingegen noch auf Mietzins in Anspruch nehmen, weil er mit einer Entlassung aus dem Vertrag nicht einverstanden war, muss er ihm gegenüber auch kündigen. Kenn er dessen Anschrift nicht, kann er die Kündigung gem. § 132 Abs. 2 BGB öffentlich zustellen lassen. In diesen Fällen der allseitigen Interessenlosigkeit an der Aufrechterhaltung vertraglicher Positionen wird der Grundsatz der Einheitlichkeit des Mietverhältnisses eingeschränkt[136]; der BGH erzielt das gleiche Ergebnis über **Treu und Glauben** (§ 242 BGB).[137]

73 Die **Formularklausel** „Für die Rechtswirksamkeit einer Erklärung des Vermieters genügt es, wenn sie gegenüber einem von mehreren Mietern abgegeben wird" ist unwirksam.[138] Es handelt sich nicht um eine bloße Empfangsvollmacht, die Klausel enthält vielmehr eine Erklärungsfiktion dahingehend, dass der Vermieter seine Erklärungen nur gegenüber einem Mieter abgeben muss. Der Empfänger kann in diesem Fall nicht erkennen, gegen wen sich die Kündigung richten soll, nur gegen ihn oder ggf. auch gegen seine Mitmieter. Die Person des Gekündigten muss sich aber mit hinreichender Sicherheit aus der Kündigungserklärung ergeben.

## XIV. Sonstige Erklärungen mit der Kündigung

74 Bei der ordentlichen Kündigung eines Mietverhältnisses über Wohnraum durch den Vermieter ist ein Hinweis auf § 574 BGB **(Sozialklausel)** ratsam (§ 568 Abs. 2 BGB; → BGB § 568 Rn. 33). Außerdem kann die Erklärung nach § 545 BGB (Widerspruch zu einer **stillschweigenden Vertragsverlängerung**) mit der Kündigungserklärung verbunden werden (→ BGB § 545 Rn. 25). Zur Aufforderung des Vermieters an den Mieter sich über seine **Räumungsbereitschaft** und den Zeitpunkt der Rückgabe zu äußern → BGB § 546 Rn. 128.

## XV. Zugang

75 Die Kündigung muss dem Kündigungsempfänger zugehen, um wirksam zu werden (§ 130 Abs. 1 S. 1 BGB). Der **Zugangszeitpunkt** ist also der Wirkzeitpunkt, mit dem bei fristloser Kündigung das Mietverhältnis endet oder bei Kündigung mit Frist die Kündigungsfrist zu laufen beginnt (Einzelheiten → BGB § 573 c Rn. 6). **Wann Zugang** anzunehmen ist, richtet sich nach den **allgemeinen Vorschriften,** insbes. nach § 130 BGB. Den Zugang bei Geschäftsunfähigen oder beschränkt Geschäftsfähigen regelt § 131 BGB (→ Rn. 65), den Zugang durch öffentliche Zustellung bei Personen unbekannten Aufenthalts regelt § 132 Abs. 2 BGB. Für den Zugang bei Zustellung durch einen Gerichtsvollzieher verweist § 132 Abs. 1 BGB auf die Zustellungsvorschrif-

[134] BGH VIII ZR 14/04, NZM 2005, 452; BGH VIII ZR 124/03, NJW 2004, 1797; BGH VIII ZR 261/17, NZM 2018, 1017 Rn. 20; BGH VIII ZR 83/10, NZM 2010, 815; OLG Frankfurt a. M. WuM 1991, 76; LG Stuttgart WuM 1996, 94.

[135] In BGH VIII ZR 83/10, NZM 2010, 815 wird eine solche Bereitschaft nicht ausdrücklich erwähnt; in BGH VIII ZR 14/04, NZM 2005, 452 und BGH VIII ZR 124/03, NJW 2004, 1797 lag dagegen ein Einverständnis des Vermieters vor; zweifelhaft BGH VIII ZR 83/10, NZM 2010, 815 Rn. 20, wo der Vermieter den Ausgezogenen vorprozessual noch auf Mietzins in Anspruch genommen hatte.

[136] *LG Krefeld WuM 2003, 447.*

[137] BGH VIII ZR 124/03, NJW 2004, 1797; BGH VIII ZR 14/04, NZM 2005, 452; BGH VIII ZR 261/17, NZM 2018, 1017 Rn. 20; BGH VIII ZR 83/10, NZM 2010, 815.

[138] **AA** KG NJW-RR 1986, 173.

ten der ZPO. In diesem Rahmen können nur die wichtigsten Zugangsfragen behandelt werden; für **weitere Einzelheiten** siehe die einschlägigen Kommentierungen zu den genannten Vorschriften.

Bei Kündigungen, die unter **Anwesenden** ausgesprochen werden, gilt § 130 Abs. 1 S. 1 BGB zwar nicht unmittelbar, es sind aber dessen Grundsätze anwendbar.[139] Es ist danach zu unterscheiden, ob es sich um verkörperte Erklärungen (Schriftstücke) handelt oder um nicht verkörperte (mündliche oder konkludente) Erklärungen. Eine **nicht verkörperte Erklärung** liegt auch bei telefonischer oder sonstiger Fernübertragung gem. § 147 Abs. 1 S. 2 BGB vor. Sie geht zu, wenn der Empfänger sie wahrnimmt. Nicht verkörperte Kündigungen haben eine geringe praktische Bedeutung; in der Wohnraummiete sind sie wegen des Schriftformerfordernisses gem. § 568 BGB sogar unwirksam. Eine **verkörperte Erklärung** geht unter Anwesenden mit Übergabe zu.[140] Eine Kenntnisnahme ist nicht notwendig, der Empfänger muss nur die tatsächliche Verfügungsgewalt erhalten.[141] Lehnt der Empfänger die Entgegennahme ab, so gilt die Kündigung mit dem Angebot als zugegangen.[142] Eine Ausnahme gilt, wenn der Empfänger einen hinreichenden Grund für die Annahmeverweigerung hatte. Zu Empfangsboten → Rn. 86; zu Empfangsvertretern → Rn. 87. 76

Den Zugang von Willenserklärungen unter **Abwesenden,** also auch von Kündigungen, regelt § 130 Abs. 1 S. 1 BGB. Der Begriff des Zugangs ist Ausfluss der Empfangstheorie, die besagt, dass der Erklärende nicht nur die Risiken trägt, die sich aus seiner Sphäre ergeben, sondern auch die Transportrisiken, während der Empfänger die Gefahren seines Macht- und Einflussbereichs trägt. Dem Erklärenden wird so Beweis der tatsächlichen Kenntnisnahme erspart.[143] Es genügt danach, wenn die Erklärung so in den Machtbereich des Empfängers gelangt, dass unter gewöhnlichen Verhältnissen mit einer Kenntnisnahme zu rechnen ist.[144] Die Möglichkeit zur Kenntniserlangung ist im abstrakten Sinn zu verstehen, daher ist für den Zugang eine tatsächliche Kenntnisnahme nicht erforderlich war; es genügt, dass die Kündigung üblicherweise – nicht zufällig – alsbald wahrgenommen werden kann.[145] Maßgeblich ist – was aus dem Begriff „gewöhnliche Verhältnisse" bzw. „üblicherweise" folgt – die Verkehrssitte. Nimmt der Empfänger früher tatsächlich Kenntnis, als das üblicherweise zu erwarten ist, ist auf diesen Zeitpunkt abzustellen. 77

Ein Zugang kann nur in einer dafür **vom Empfänger vorgehaltenen Einrichtung** oder einem von ihm dafür bestimmten Ablageort bewirkt werden; es reicht nicht, sie irgendwo in den Räumen eines Mieters abzulegen.[146] Geschieht das, tritt Zugang erst mit der tatsächlichen Kenntnisnahme ein. Generell gilt, dass **ungewöhnliche Übermittlungsversuche** (etwa Einwurf durch ein geklapptes Fenster in die Wohnung, Ausnutzen eines Türspalts zum Durchschieben eines Kündigungsschreibens) so lange keinen Zugang bewirken, bis der Empfänger sie tatsächlich wahrgenommen hat. 78

Wird das Kündigungsschreiben durch den Kündigenden selbst, einen Postdienst oder einen Boten in den **Hausbriefkasten** eingeworfen, so geht es zu, sobald mit der Leerung zu rechnen ist. Das ist im Privathaushalt nach überkommener Ansicht der Vormittag, ausgenommen die Sonn- und Feiertage; ein an einem Samstagnachmittag eingeworfenes Kündigungsschreiben gilt deshalb erst am Montagmorgen als zugegangen. Nach neuerer und überzeugender Ansicht hat sich wegen des Zustellverhaltens der Post bzw. der anderen Dienstleister (Briefzustellung auch am Nachmittag) sowie insbes. wegen veränderter Lebenswirklichkeiten (Berufstätigkeit auch der Ehefrauen) eine veränderte Verkehrsanschauung herausgebildet, die dazu führt, dass eine Briefkastenkontrolle bis 18.00 Uhr erwartet werden kann.[147] Im **Geschäftsverkehr** ist nur während der üblichen Geschäftszeiten mit einer Kenntnisnahme zu rechnen[148], der Samstag scheidet als Zugangstag regelmäßig aus. Etwas anderes gilt für Ladengeschäfte, die samstags geöffnet haben. Wird unter einer **Postfachanschrift** gekündigt, so ist maßgeblich, wann üblicherweise mit einer Leerung zu rech- 79

---

[139] RGZ 61, 414.
[140] BGH II ZR 40/97, NJW 1998, 3344.
[141] BGH IV ZR 297/94, NJW-RR 1996, 641; RGZ 61, 414.
[142] OLG Düsseldorf WuM 1995, 584.
[143] MüKoBGB/*Einsele* § 130 Rn. 11.
[144] Siehe nur BGH XII ZR 214/00, NJW 2004, 1320; BGH VIII ZR 22/97, NJW 1998, 976; BGH XII ZR 148/05, NJW 2008, 843.
[145] BGH XII ZR 214/00, NJW 2004, 1320.
[146] BGH V ZR 92/90, NJW 1991, 2700.
[147] Palandt/*Ellenberger* BGB § 130 Rn. 6 mwN; offenlassend BGH XII ZR 148/05, NJW 2008, 843.
[148] BGH XII ZR 214/00, NJW 2004, 1320; BGH XII ZR 148/05, NJW 2008, 843.

nen ist. Ein Großvermieter oder ein Hausverwaltungsunternehmen haben die Obliegenheit das Postfach täglich zu leeren.

80 Defekte Briefkästen oder ähnliche **Störungen** auf Empfängerseite haben auf den Zugang keinen Einfluss, solange der Empfänger diese Vorrichtung für den Postempfang bereithält. Ebenso ist es bei **Ortsabwesenheit des Empfängers** (wegen Urlaub, Krankheit, Haft oder aus sonstigen Gründen).[149] Jedoch ist zu bedenken, dass der Abwesende nur für allgemein übliche Zugangsformen Vorsorge treffen muss (durch die Bestellung eines Empfangsvertreters, durch einen Nachsendeantrag bei der Post etc). Auf ungewöhnliche Übermittlungsversuche (etwa Einwurf durch ein geklapptes Fenster in die Wohnung, Ausnutzen eines Türspalts zum Durchschieben eines Kündigungsschreibens) muss sich der Abwesende nicht einrichten.

81 Ein Zugang kann nach Treu und Glauben fingiert werden, wenn der Empfänger den **Zugang vereitelt** oder verzögert oder wenn er mit dem Eingang einer Kündigung rechnen muss und nicht dafür sorgt, dass diese ihn erreichen.[150] Allerdings muss der Kündigende idR nach Kenntnis von dem nicht erfolgten Zugang unverzüglich einen erneuten Zustellversuch unternehmen, weil eine empfangsbedürftige Willenserklärung Rechtsfolgen grds. erst dann auslöst, wenn sie zugegangen ist.[151] Welcher Art dieser erneute Versuch des Erklärenden sein muss, hängt von den konkreten Umständen wie den örtlichen Verhältnissen, dem bisherigen Verhalten des Adressaten, den Möglichkeiten des Erklärenden und auch von der Bedeutung der abgegebenen Erklärung ab.[152] Ein wiederholter Zustellungsversuch ist allerdings dann entbehrlich, wenn der Empfänger die Annahme einer an ihn gerichteten schriftlichen Mitteilung grundlos verweigert, obwohl er mit dem Eingang rechtserheblicher Mitteilungen rechnen muss oder wenn er den Zugang der Erklärung arglistig vereitelt.[153] Der Zugang gilt bei einer Zugangsfiktion an dem Tag als erfolgt, zu dem die Abholung frühestens möglich gewesen ist.[154] Ein Großvermieter muss immer mit dem Eingang von Kündigungserklärungen seiner Mieter rechnen.[155] Gleiches gilt für einen Mieter, der sich in Zahlungsverzug befindet oder der nach einer Abmahnung mit Kündigungsandrohung weitere Vertragsverletzungen begangen hat. Außerdem kann der Zugang fingiert werden, wenn der Empfänger die Annahme ohne zureichenden Grund verweigert.[156] Ein hinreichender Grund zur Annahmeverweigerung liegt vor bei fehlerhafter Adressierung oder falls der Empfänger zusätzliches Porto zu bezahlen hätte. Für das Vorliegen einer Zugangsvereitelung ist der Kündigende darlegungs- und beweispflichtig.[157]

82 Ein **Einschreiben** „Eigenhändig" geht mit Empfang zu, da es nur dem Adressaten (oder einem besonders Bevollmächtigten) eigenhändig übergeben werden darf. Ähnlich ist es bei Übergabeeinschreiben oder Einschreiben mit Rückschein, wenn diese dem Adressaten persönlich übergeben werden (was dieser durch seine Unterschrift bestätigt). Wird der Adressat nicht angetroffen, können Übergabeeinschreiben und Einschreiben mit Rückschein unter Hinterlassung eines Benachrichtigungszettels bei der zuständigen Stelle hinterlegt, so tritt der Zugang erst ein, wenn der Empfänger das Einschreiben abholt.[158] Zur Abholung ist der Empfänger grds. nicht verpflichtet.[159] Wird das Schreiben nicht abgeholt, so fehlt es am Zugang[160]; zur Zugangsvereitelung durch Nichtabholung → Rn. 81. Zum Einwurfeinschreiben und zum Beweis des Zugangs → Rn. 88. Eine **Vereinbarung,** wonach eine **Kündigung per Einschreiben** erfolgen muss, kann unterschiedlich ausgelegt werden. Im Regelfall ist davon auszugehen, dass die Übermittlung einer Erklärung durch eingeschriebenen Brief lediglich der Beweissicherung dient.[161] Nach dieser Auslegung hat die Nichtbeachtung der Übermittlungsform keinen Einfluss auf die Wirksamkeit der Erklärung. Es

---

149 BGH XII ZR 214/00, NJW 2004, 1320.
150 BGH IV ZR 202/95, NJW 1996, 1967; BGH VIII ZR 140/75, NJW 1977, 194; OLG Düsseldorf WuM 2004, 270; KG GE 2011, 133; LG Osnabrück WuM 2001, 196.
151 BGH VIII ZR 22/97, NJW 1998, 976; krit. dazu Palandt/*Ellenberger* BGB § 130 Rn. 18.
152 BGH VIII ZR 22/97, NJW 1998, 976.
153 BGH VIII ZR 22/97, NJW 1998, 976.
154 LG Freiburg NZM 2004, 617.
155 LG Göttingen WuM 1989, 183.
156 BGH V ZR 24/82, NJW 1983, 929; KG GE 2011, 133.
157 AG Hamburg WuM 1989, 80.
158 OLG Düsseldorf WuM 2004, 270.
159 *BGH VIII ZR 140/75, NJW 1977, 194.*
160 BGH VIII ZR 140/75, NJW 1977, 194.
161 BGH XII ZR 214/00, NJW 2004, 1320; BGH XII ZR 35/11, NJW 2013, 1082; OLG Hamm NZM 2011, 584.

muss lediglich feststehen, dass die Erklärung dem Empfänger zugegangen ist.[162] Denkbar ist aber auch, dass die Übermittlung per Einschreiben Voraussetzung für die Wirksamkeit der Erklärung sein soll. Eine solche Auslegung ist allerdings nur möglich, wenn dieser Vertragszweck in der Klausel deutlich zum Ausdruck kommt.[163] Zu messen sind derartige Klauseln an § 309 Nr. 13 BGB.

Wird die Kündigung per **Telefax** übermittelt, was bei der Wohnraummiete gem. § 568 BGB formunwirksam ist, so setzt der Zugang voraus, dass der Text vom Empfangsgerät ausgedruckt wird.[164] Wird das Telefax außerhalb der üblichen Geschäftszeit übermittelt, so gilt als Zugangszeitpunkt der Beginn der hierauf folgenden Geschäftszeit.[165] Für den Zugang kommt es aber nicht darauf an, ob der Empfänger von der Erklärung tatsächlich Kenntnis nimmt. Deshalb geht eine Erklärung auch dann zu, wenn der Ausdruck zu einem Zeitpunkt erfolgt, zu dem sich der Empfänger im Urlaub befindet.[166] Will der Empfänger den Zugang verhindern, so muss er entsprechende Vorkehrungen treffen. Wird das Original des Kündigungsschreibens später mit der Post übersandt, so kommt es für die Frage des Zugangs nicht auf den Eingang des Originals, sondern auf den Eingang des Telefax an.[167] sofern eine Kündigung wirksam durch Telefax erklärt werden kann, was nur außerhalb der Wohnraummiete möglich ist, weil hier das Schriftformerfordernis des § 568 BGB nicht greift. Ist gem. § 568 BGB für die Kündigung Schriftform erforderlich, ist der Zugang des Originals maßgeblich. Für den Zugang eines **elektronischen Dokuments** wie etwa einer **E-Mail** gelten die Ausführungen zum Telefax entsprechend. Abzustellen ist aber nicht auf den Zeitpunkt des Ausdrucks, sondern der abrufbaren Speicherung in der Mailbox des Empfängers oder des Providers.[168] Außerdem ist es notwendig, dass der Empfänger mit seiner Mailadresse am Geschäftsverkehr teilnimmt, er diese also, was heutzutage die Regel sein dürfte, als Empfangsvorrichtung bereithält. **83**

Es spielt keine Rolle, ob der Empfänger die Kündigungserklärung verstehen kann, weil es nur auf die abstrakte Kenntnisnahmemöglichkeit ankommt (→ Rn. 77). Deshalb gelten etwa für die **Kündigung ausländischer Mieter** keine Besonderheiten;[169] insbes. ist es nicht erforderlich, dass die Erklärung in die Muttersprache des Ausländers übersetzt oder dass dem Ausländer eine weitere Frist für die Beschaffung einer Übersetzung zugebilligt wird. Die Frage ist allerdings hochstreitig und höchstrichterlich ungeklärt.[170] Zur Kündigung gegenüber einem **Geschäftsunfähigen** und einem **Betreuten** → Rn. 65. **84**

Wird eine Wohnung von **mehreren Mietern** gemeinsam genutzt (etwa von einem Ehepaar), so ist die Kündigung allen Mietern zugegangen, wenn sie in den Briefkasten eingeworfen wird.[171] Sie ist dann in den Machtbereich aller Bewohner gelangt und es besteht die Möglichkeit der Kenntnisnahme. Das gilt auch, wenn die Kündigung nur in einem an alle Mieter gerichteten Schreiben erfolgt. Das Risiko, dass einer der Mieter den anderen die Kündigung (bewusst oder unbewusst) vorenthält, tragen als Auswirkung der Empfangstheorie (→ Rn. 77) Letztere, da es sich um ein Hindernis aus ihrer Empfängersphäre handelt. Für den Zugang muss das Schreiben an alle Gekündigten adressiert sein, da nur der Adressat befugt ist, es zu öffnen; eine Erwähnung aller Gekündigten im Text der Kündigung reicht nicht.[172] Ein Zugang kann in dieser Weise nicht bewirkt werden, wenn einer der Mieter bereits ausgezogen ist oder die Mieträume nie genutzt hat. Dann ist seine Kenntnisnahme am Ort der Mietsache nicht zu erwarten. Dieselben Grundsätze gelten sinngemäß, wenn die Kündigung gegenüber **mehreren Vermietern** erklärt werden muss. **85**

Wenn die Kündigung nicht der gekündigten Vertragspartei selbst zugeht, sondern einem Dritten, so bewirkt das nur dann einen Zugang beim Gekündigten, wenn der Dritte entweder dessen **86**

---

[162] BGH XII ZR 214/00, NJW 2004, 1320.
[163] OLG Naumburg NZM 2000, 90.
[164] BGH XII ZR 214/00, NJW 2004, 1320.
[165] OLG Rostock NJW-RR 1998, 526.
[166] BGH XII ZR 214/00, NJW 2004, 1320.
[167] BGH XII ZR 214/00, NJW 2004, 1320.
[168] LG Hamburg MMR 2010, 654.
[169] LAG Köln NJW 1988, 870; **aA** LAG Hamm NJW 1979, 2488; offenlassend BAG NJW 1985, 823.
[170] Wie hier LAG Köln NJW 1988, 870. **AA** LAG Hamm NJW 1979, 2488. Offenlassend BAG NJW 1985, 823. MüKoBGB/*Einsele* § 130 Rn. 32 sieht mit erheblichen Argumenten kein Zugangsproblem, sondern ein Auslegungs- und Verständnisproblem dahingehend, wie der Empfänger die Erklärung verstehen musste; falls man dem folgt, dürfte es nicht auf ein Wissen des Kündigenden von dem Verständnisproblem ankommen, sondern auf die im Vertrag verwendete Sprache.
[171] BGH VIII ARZ 1/97, NJW 1997, 3437.
[172] *Wiese* ZMR 2020, 292; Staudinger/*Herrler* BGB § 130 Rn. 47.

Empfangsbote oder Empfangsvertreter war. **Empfangsbote** ist, wer vom Kündigungsempfänger zur Entgegennahme von Kündigungen bestellt wurde oder nach der Verkehrsanschauung als bestellt anzusehen und zur Übermittlung geeignet ist.[173] Für den Zeitpunkt des Zugangs kommt es nicht auf den Empfangsboten an, sondern darauf, wann mit einer Aushändigung der Kündigungserklärung an den Empfänger beim normalen Verlauf der Dinge zu rechnen ist.[174] Übermittelt der Empfangsbote die Kündigung verspätet oder gar nicht, so geht das als Folge der Empfangstheorie zu Lasten der Erklärungsempfängers. Zu den Empfangsboten gehört jedenfalls der Personenkreis des § 178 ZPO[175], also im privaten Bereich der Wohnung idR Ehegatten[176], erwachsene Familienangehörige oder Mitbewohner, Kinder nur, soweit sie verständig sind und von ihnen erwartet werden kann, dass sie die Erklärung weitergeben, außerdem Lebenspartner, die Partner einer nichtehelichen Lebensgemeinschaft, die Mitglieder einer Wohngemeinschaft[177] und der Untermieter.[178] Die Übergabe an den Empfangsboten kann auch außerhalb des häuslichen Bereichs erfolgen.[179] Im geschäftlichen Bereich sind die kaufmännischen Angestellten des Kündigungsempfängers als Empfangsboten anzusehen.

**87** Hat der Kündigungsempfänger einen **Empfangsvertreter,** also jemanden, der mit Vertretungsmacht berechtigt ist, Willenserklärungen zu empfangen, so genügt es, wenn die Erklärung dem Vertreter zugeht; in seiner Person müssen die Voraussetzungen des Zugangs erfüllt sein. Hat ein Rechtsanwalt angezeigt, dass er den Mieter vertrete, so ist er zum Empfang von Kündigungen bevollmächtigt.[180] Hat der Vermieter Räumungsklage erhoben, so enthält die zur Abwehr der Räumungsklage erteilte Prozessvollmacht zugleich eine Empfangsvollmacht für die Kündigungserklärung.[181] Der Umfang der Prozessvollmacht kann zwar beschränkt werden; eine solche Beschränkung ist gegenüber dem Vermieter aber nur wirksam, wenn sie dem Gegner bekannt gegeben wird.[182] Wenn allerdings der Kündigende die schriftliche Kündigung einem zur Entgegennahme nicht bevollmächtigten Rechtsanwalt zuleitet, so ist sie erst dann zugegangen, wenn der Rechtsanwalt den Auftrag annimmt, gegen die Kündigung nicht nur wegen Fehlens einer Empfangsvollmacht, sondern auch wegen Fehlens eines Kündigungsgrundes vorzugehen.[183]

**88** **Beweispflichtig für den Zugang** der Kündigung und ggf. den **Zeitpunkt des Zugangs** ist der Kündigende.[184] Dieser Beweis ist nach ganz hM nicht geführt, wenn der Kündigende lediglich nachweisen kann, dass er den Brief bei der Post aufgegeben oder in einen öffentlichen **Briefkasten** (Postsammelstelle) eingeworfen hat.[185] Hieran kann man Zweifel haben angesichts einer Zugangsquote von über 99%.[186] In anderen Rechtsbereichen genügen für eine Überzeugungsbildung geringere Wahrscheinlichkeiten. Dennoch ist der hM zu folgen, weil das Gesetz selbst etwa mit den Zustellungsformen der ZPO zum Ausdruck bringt, dass ein sicherer Zugangsnachweis mit einem einfachen Brief nicht erbracht ist. Beim **Einwurfeinschreiben** begründet die Bestätigung des Einwurfs einen Anscheinsbeweis dafür, dass der Zugang erfolgt ist.[187] Die Bestätigung kann durch eine online-Abfrage oder (prozessual besser geeignet) durch eine Reproduktion des Auslieferungsbelegs, der bei der Post angefordert werden kann[188], belegt werden. Dem Kündigungsadressaten steht die Möglichkeit offen, diese Vermutung durch Vortrag der ernsthaften Möglichkeit eines anderweitigen Geschehensablaufs zu erschüttern; es ist nicht erforderlich, dass der Kündigungsadressat das Gegenteil beweist.[189] Der Anscheinsbeweis bezieht sich iÜ nicht auf den Inhalt des

---

[173] BAG NJW 2011, 2604; BSG NJW 2005, 1303.
[174] BAG NJW 2011, 2604.
[175] BSG NJW 2005, 1303.
[176] BAG NJW 2011, 2604.
[177] BGH VIII ARZ 1/97, NJW 1997, 3437.
[178] **AA** für den Untermieter LG Berlin GE 1994, 705; LG München I NZM 2008, 166.
[179] BAG NJW 2011, 2604.
[180] OLG Rostock NZM 2002, 1028; OLG Düsseldorf ZMR 2002, 189.
[181] BGH XII ZR 77/98, NZM 2000, 382.
[182] BGH XII ZR 77/98, NZM 2000, 382.
[183] BGH VIII ZR 5/79, NJW 1980, 990.
[184] KG WuM 2019, 579.
[185] BGH II ZR 87/61, NJW 1964, 1176; BGH II ZR 132/56, NJW 1957, 1230.
[186] *Ante* NJW 2020, 3487 (3489).
[187] *BGH II ZR 299/15,* NJW 2017, 68 und eingehend *Ante* NJW 2020, 3487 mit Nachweisen auf die Gegenmeinung; *Pütz* NJW 2007, 2450.
[188] Dazu *Ante* NJW 2020, 3487 (3490).
[189] AG Erfurt WuM 2007, 580; s. ergänzend *Ante* NJW 2020, 3487 (3491).

Briefs. Ist streitig, dass das Einwurfeinschreiben die Kündigung enthalten hat, muss dies anderweitig bewiesen werden. Ein **Einschreiben gegen Rückschein** beweist den Zugang nur dann, wenn die Sendung dem Mieter oder einem Empfangsboten ausgehändigt worden ist. Wurde die Sendung dagegen bei der Post niedergelegt, so kann durch den Rückschein allein der Zugang nicht bewiesen werden. Hier muss der Kündigende nachweisen, dass der Empfänger die Sendung abgeholt hat. Bei einer Kündigung per **Telefax** kann der Beweis des Zugangs nicht mit dem Tagesberichtsausdruck des Geräts oder dem OK-Vermerk auf dem Sendebericht geführt werden[190]; ggf. treffen den Empfänger aber Darlegungspflichten über Störungen in seinem Bereich.[191]

## XVI. Vollmachtklauseln

Eine vom Vermieter gestellte Formularklausel, wonach sich mehrere **Mieter** gegenseitig zum **Ausspruch einer Kündigung** bevollmächtigen, verstößt gegen § 307 BGB.[192] Das gilt auch bei gewerblichen Mietverhältnissen.[193] Die Mieter werden unangemessen benachteiligt, wenn sie sich bereits bei Vertragsschluss gegenseitig zur Aufhebung des Vertrags bevollmächtigen müssen; das hat eine „Selbstentrechtung“ des Mieters zur Folge. Wenn sich Mieter gegenseitig allgemein zur Abgabe von Willenserklärungen bevollmächtigen, ist das nur wirksam, wenn die auf Beendigung des Mietverhältnisses gerichteten Erklärungen wie die Kündigung und das Angebot eines Mietaufhebungsvertrages ausdrücklich ausgenommen sind.[194] Ist ausnahmsweise der Mieter Verwender einer solchen Vollmachtklausel, gilt das Entsprechende. Im Übrigen kann sich der Verwender der Klausel nicht zu seinen Gunsten auf die Unwirksamkeit berufen.[195] Eine **wechselseitige Vermietervollmacht** ist dagegen wirksam. Sie benachteiligt zwar den einzelnen Vermieter; dieser ist aber als Verwender des Vertragsformulars nicht geschützt. Der Mieter wird durch die wechselseitige Vermietervollmacht selbst dann nicht benachteiligt, wenn der vertretene Vermieter nicht kündigungswillig ist[196]; bei dem Bestehen eines Kündigungsrechts hat der Mieter keine schützenswerte Rechtsposition. 89

Eine **Empfangsvollmacht** kann hingegen im Mietvertrag auch formularvertraglich vereinbart werden.[197] Dies gilt auch dann, wenn die Vollmacht zur Entgegennahme von Kündigungserklärungen ermächtigt.[198] Im Unterschied zur Situation bei Ausspruch einer Kündigung, ändert sich durch eine solche Klausel die Sachlage nicht wesentlich, da mehrere Mieter während des Zusammenwohnens ohnehin Empfangsboten sind (→ Rn. 86) und eine erteilte Vollmacht widerrufen werden kann, wenn ein wichtiger Grund vorliegt, was bei einem Auszug aus der Wohnung der Fall ist.[199] Das Widerrufsrecht besteht auch dann, wenn der Mieter durch den Wortlaut der Klausel nicht darauf hingewiesen wird. Das Widerrufsrecht darf aber nicht ausgeschlossen werden; sonst ist die Klausel unwirksam. Die Ausübung des Widerrufs kann auch darin gesehen werden, dass der Mieter dem Vermieter seinen Auszug und seine neue Anschrift mitteilt.[200] Das gilt nur für die Wohnungsmiete, bei anderen Mietverhältnissen kann aus dem Wechsel des Wohnorts nicht geschlossen werden kann, dass der Mieter auch den Widerruf einer Empfangsvollmacht erteilen will.[201] Das gilt jedenfalls dann, wenn die Geschäftsbeziehung der Mieter untereinander für den Vermieter erkennbar fortbesteht, was meist nicht der Fall sein dürfte, insbes. dann nicht, wenn die (Mit-)Nutzung des Mietobjekts aufgegeben wurde.[202] 90

---

[190] BGH IV ZR 163/13, NJW-RR 2014, 683, auch zu Nachweisen auf Gegenmeinungen im Hinblick auf neuere technische Entwicklungen; BGH VIII ZR 153/93, NJW 1995, 665.
[191] BGH IV ZR 163/13, NJW-RR 2014, 683.
[192] KG NJOZ 2018, 1450; OLG Düsseldorf ZMR 2008, 44; KG GE 2004, 753; OLG Frankfurt a. M. NJW-RR 1992, 396; OLG Koblenz WuM 1999, 694.
[193] KG NJOZ 2018, 1450; OLG Düsseldorf ZMR 2008, 44; OLG Koblenz WuM 1999, 694.
[194] KG NJOZ 2018, 1450; OLG Düsseldorf ZMR 2008, 44.
[195] OLG Koblenz WuM 1999, 694.
[196] **AA** *Wiese* ZMR 2020, 291; OLG Düsseldorf ZMR 2008, 44.
[197] BGH VIII ARZ 1/97, NJW 1997, 3437.
[198] BGH VIII ARZ 1/97, NJW 1997, 3437.
[199] BGH VIII ARZ 1/97, NJW 1997, 3437.
[200] BGH VIII ARZ 1/97, NJW 1997, 3437.
[201] OLG Dresden ZMR 2017, 391.
[202] Weitergehend OLG Dresden ZMR 2017, 391.

### XVII. Teilkündigung

91 Die Pflicht des Vermieters zur Gebrauchsüberlassung ist eine unteilbare Leistung iSv §§ 420ff. BGB. Teilkündigungen würden das Mietverhältnis tiefgreifend umgestalten, was mit dem Wesen der unteilbaren Leistung (der Einheitlichkeit des Mietverhältnisses) unvereinbar ist. Deshalb sind **Teilkündigungen grds. unwirksam**[203], der Kündigende kann vielmehr immer nur das gesamte Mietverhältnis kündigen. Das gilt auch in solchen Ausnahmefällen, in denen der Vermieter nur an einem (abtrennbaren oder abgetrennten) Teil der Wohnung Interesse hat; das Verfassungsrecht gebietet die Möglichkeit einer Teilkündigung nicht.[204] Ob ein einheitliches Mietverhältnis vorliegt, hängt von den ggf. stillschweigenden Parteivereinbarungen ab. Bei getrennten Verträgen spricht eine Vermutung für die rechtliche Selbständigkeit der jeweiligen Vereinbarungen.[205] Die Einheitlichkeit kann sich aus einem verbindenden Vertragszweck ergeben, aus einer inhaltlichen Abstimmung der Verträge, daraus, dass sie als voneinander abhängig vereinbart werden, aus einer übereinstimmenden Vertragslaufzeit, einer zusammenhängenden Lage, oder ähnlichem.[206] Eine Teilkündigung liegt vor bei der Kündigung einzelner Teile der Mietsache (etwa der mitvermieteten Garage)[207], der Kündigung einer Teilfläche[208], der Kündigung einzelner vertraglicher Absprachen[209] und der Kündigung **einzelner von mehreren Vertragspartnern** (dazu → Rn. 72). Das Verbot der Teilkündigung gilt auch für die Kündigung durch den Insolvenzverwalter des Mieters.[210]

92 Eine gesetzliche – nicht analogiefähige – **Ausnahme** vom Verbot der Teilkündigung enthält **§ 573b BGB** (Einzelheiten dort). Sind mehrere selbständige Eigentumseinheiten auf Grund eines einheitlichen Mietvertrags vermietet (etwa eine Wohnung mit einer Garage, mehrere Eigentumswohnungen, mehrere rechtlich selbständige Grundstücke) und werden die jeweiligen Eigentumseinheiten in der Zwangsversteigerung verschiedenen Bietern zugeschlagen, so werden diese zwar gemeinsam Vermieter; dennoch kann jeder Ersteher in Bezug auf das von ihm erworbene Eigentum das **Kündigungsrecht gem. § 57a ZVG** allein geltend machen (Teilkündigung).[211] Gleiches gilt, wenn das versteigerte Wohnungseigentum Teil eines aus mehreren Wohnungseinheiten bestehenden und insgesamt für einen einheitlichen Zweck vermieteten Objekts ist.[212] Die Beleihbarkeit des Objekts würde ansonsten bei dem Erfordernis der Gesamtkündigung spürbar beeinträchtigt werden.[213] Ist ein weiterer Mieter in einen bereits bestehenden, schriftlich auf längere Zeit als ein Jahr abgeschlossenen Mietvertrag ohne Einhaltung der nach **§ 550 BGB** notwendigen Schriftform eingetreten, kann der formlos beigetretene neue Mieter nach einem älteren Urteil des BGH den Mietvertrag allein wegen des Schriftformverstoßes ordentlich kündigen; der ursprüngliche Mieter bleibt dagegen für die vereinbarte Vertragszeit gebunden.[214] Ob dies angesichts der jüngeren Rspr. des BGH zu § 550 BGB noch haltbar ist, erscheint fraglich.[215] Außerdem dürfte es kaum mit der grundsätzlichen Unteilbarkeit des Vertrages zu vereinbaren sein; Gründe wie zuvor bei einer Kündigung gem. § 57a ZVG sind nicht ersichtlich.

### XVIII. Wirkungen der Kündigung und deren Beseitigung

93 Bei der Kündigung handelt es sich um ein einseitiges Gestaltungsrecht, das seine Gestaltungswirkung mit dem Zugang bei dem Mieter entfaltet (§ 130 BGB) und – sofern der geltend gemachte

---

[203] BGH VIII ZR 251/10, NJW 2012, 224; s. eing. zur dogmatischen Begründung *Streyl* NZM 2011, 383.
[204] BVerfG NJW 1994, 308; *Wiek* WuM 1997, 654; **aA** OLG Karlsruhe NJW-RR 1997, 711 und mit erheblichen Gründen MüKoBGB/*Häublein* § 573 Rn. 29.
[205] BGH VIII ZR 251/10, NJW 2012, 224; LG Berlin WuM 2020, 331.
[206] Siehe etwa BGH VIII ZR 251/10, NJW 2012, 224; OLG Brandenburg ZMR 2020, 641.
[207] BGH VIII ZR 251/10, NJW 2012, 224; OLG Karlsruhe NJW 1983, 1499; LG Stuttgart WuM 1991, 589; AG Havelberg WuM 1993, 265; weitere Fälle bei Staudinger/*Rolfs* BGB § 542 Rn. 96.
[208] OLG Dresden NZM 2012, 84.
[209] AG Plauen WuM 1994, 18 (Vereinbarung über das Anbringen einer Satellitenantenne); AG Düsseldorf WuM 1994, 426 (Recht zur Gartennutzung); LG Aachen WuM 1989, 382 (Kündigung einer Verpflichtung zur Durchführung kleinerer Reparaturen durch den Mieter); weitere Fälle bei Staudinger/*Rolfs* BGB § 542 Rn. 93.
[210] OLG Dresden NZM 2012, 84.
[211] KG NZM 2012, 304.
[212] *BGH XII ZR 113/12, NJW 2014, 536.*
[213] BGH XII ZR 113/12, NJW 2014, 536; KG NZM 2012, 304.
[214] BGH VIII ZR 223/73, NJW 1975, 1653.
[215] Siehe etwa BGH XII ZR 114/14, NJW 2016, 311 (mündliche Mietzinsänderung von 1,5%).

Kündigungsgrund vorliegt und die formellen und materiellen Anforderungen an die Kündigungserklärung erfüllt sind – das Mietverhältnis enden lässt.[216] Zum maßgeblichen Zeitpunkt, zu dem die Kündigungsvoraussetzungen vorliegen müssen → Rn. 43. Vom Zeitpunkt der Wirksamkeit der Kündigung ist deren Wirkungszeitpunkt zu unterscheiden.[217] Die fristlose Kündigung beendet das Mietverhältnis sofort; zur sog. Ziehfrist → BGB § 546 Rn. 76. Die befristete Kündigung beendet das Mietverhältnis zum Ablauf der Kündigungsfrist. Während der Kündigungsfrist ist eine weitere Kündigung wegen eines anderen Kündigungstatbestands möglich. Zur Beendigung des Mietvertrags führt sie aber nur dann, wenn sie fristlos ist oder mit einer kürzeren Kündigungsfrist wirkt als die frühere Kündigung. Zur Wirkung mehrerer Kündigungen → Rn. 41. In bestimmten Fällen kann eine Kündigung nachträglich **unwirksam werden:** Einmal bei einer unverzüglich nach der Kündigung erklärten Aufrechnung, die den Vermieter wegen der Zahlungsrückstände des Mieters befriedigt (§ 543 Abs. 2 S. 3 BGB; Einzelheiten → BGB § 543 Rn. 205); zum anderen bei der Wohnraummiete durch eine nachträgliche Begleichung der Mietrückstände, der sog. **Schonfristzahlung** (§ 569 Abs. 3 Nr. 2 BGB; Einzelheiten → BGB § 569 Rn. 71).

Der Gekündigte darf grds. auf die Rechtswirkungen der Kündigung **vertrauen.** Die **Berufung des Kündigenden auf die Unwirksamkeit** der von ihm erklärten Kündigung stellt ein widersprüchliches Verhalten gem. § 242 BGB dar (venire contra factum proprium).[218] Der Kündigende muss sich so behandeln lassen, als hätte die unwirksame Kündigung das Mietverhältnis beendet; auf ein Verschulden kommt es nicht an.[219] Deshalb kann der Vermieter für die restliche Vertragszeit keine Miete verlangen.[220] Zur **Annahme bzw. Bestätigung einer Kündigung** durch den Kündigungsempfänger → Rn. 185. **94**

Die durch eine wirksam erklärte Kündigung eingetretene Umgestaltung des Mietverhältnisses kann grds. nicht mehr einseitig, sondern nur durch rechtsgeschäftliches Zusammenwirken der Parteien rückgängig gemacht werden.[221] Ein einseitiger **Widerruf** der Kündigung ist deshalb nur möglich, wenn er vorher oder gleichzeitig mit der Kündigung zugeht (§ 130 Abs. 1 S. 2 BGB). Von diesem Ausnahmefall abgesehen ist der Widerruf oder die einseitige **Rücknahme der Kündigung** unzulässig.[222] Allerdings können sich die Parteien dahingehend einigen, dass das Mietverhältnis unverändert fortbestehen soll. Unter Umständen kann der Widerruf in ein Angebot zum Abschluss eines solchen Vertrags umgedeutet werden. In diesem Fall treten die Rechtswirkungen der Kündigung nicht ein, wenn der andere Teil das Angebot annimmt. Eine solche Annahme ist auch stillschweigend möglich, etwa wenn der Vermieter erklärt, dass er die Kündigung zurücknehme und der Mieter mit der Fortsetzung des Mietverhältnisses einverstanden ist.[223] Schließen die Parteien einen Räumungsvergleich, ist damit ohne besondere gegenteilige Anhaltspunkte nicht eine Einigung über eine Vertragsfortsetzung bis zum Ablauf der Räumungsfrist verbunden.[224] Kommt eine Fortsetzungsvereinbarung vor Beendigung des Mietverhältnisses (also vor Ablauf einer Kündigungsfrist) zu Stande, handelt es sich weder um den Neuabschluss eines Mietvertrags noch um die Fortsetzung eines beendeten Mietverhältnisses, sondern um einen **Vertrag über die Aufhebung der Kündigungswirkungen.**[225] Danach sind die Parteien so gestellt, als wäre die Kündigung nicht erfolgt.[226] In diesem Fall ist für die Garantiehaftung des Vermieters nach § 536a Abs. 1 BGB der Zeitpunkt der Überlassung und nicht der Zeitpunkt des Vertrags über die Aufhebung der Kündigungswirkungen maßgeblich. Die Einhaltung der Schriftform nach § 550 BGB ist entbehrlich, wenn beim Ursprungsvertrag die Schriftform gewahrt ist.[227] Kommt eine Einigung über die Aufhebung der Kündigungswirkungen erst nach Vertragsende zu Stande (also nach Zugang einer wirksamen fristlosen Kündigung oder nach Ablauf der Kündigungsfrist), so wird ein neuer Mietvertrag geschlossen, da die Parteien auf einen beendeten Vertrag nicht mehr einwirken können; **95**

---

216 BGH VIII ZR 231/17, NZM 2018, 941 Rn. 22.
217 BGH XII ZR 195/96, NJW 1998, 2664 unter 2.
218 OLG Düsseldorf ZMR 2014, 116; LG Stuttgart WuM 2019, 433.
219 LG Stuttgart WuM 2019, 433.
220 OLG Düsseldorf NZM 2004, 866 (867).
221 BGH VIII ZR 231/17, NZM 2018, 941 Rn. 22.
222 BGH XII ZR 263/98, BGH-Report 2001, 539.
223 BGH XII ZR 195/96, NJW 1998, 2664.
224 BGH VIII ZR 238/18, NZM 2021, 132 Rn. 19.
225 BGH XII ZR 195/96, NJW 1998, 2664.
226 BGH XII ZR 8/19, NJW 2020, 328.
227 BGH XII ZR 195/96, NJW 1998, 2664.

der gekündigte Vertrag kann nicht wieder aufleben.[228] Für die Garantiehaftung gem. § 536a Abs. 1 BGB gilt dann der Zeitpunkt des neuerlichen Vertragsschusses. Außerdem ist die Schriftform des § 550 BGB notwendig, falls der Vertrag eine Laufzeitregelung enthält.[229] Zu beachten ist allerdings, dass eine solche Einigung nach Vertragsende nur dann konstitutiven Charakter für einen neuerlichen Vertragsschluss hat, wenn eine Vertragsfortsetzung nach § 545 BGB nicht zu Stande gekommen ist. Ist das der Fall, kann eine Einigung der Parteien allenfalls den Vertragsinhalt umgestalten.

96 Hat der Kündigende die Kündigung irrtümlich erklärt oder ist er durch Täuschung oder Drohung zum Ausspruch der Kündigung bestimmt worden, so kann er die Erklärung, nach §§ 119, 123 BGB **anfechten.**

## XIX. Vermieter-/Eigentümerwechsel

97 Zur Kündigung im Fall des Vermieterwechsels gem. § 566 BGB → BGB § 566 Rn. 117. Zur Abtretung des Kündigungsrechts und zur Ermächtigung → Rn. 49.

## XX. Vereinbarungen zum Kündigungsrecht

98 Bei Mietverhältnissen, die keine Wohnraumietverhältnisse sind, insbes. bei der **Geschäftsraummiete,** können zugunsten beider Parteien weitere Kündigungstatbestände, sog. **Sonderkündigungsrechte,** vereinbart werden.[230] Wenn die Parteien durch den Abschluss von Zeitmietverträgen frei sind hinsichtlich der zeitlichen Dauer des Vertrages, dann schließt das die zeitliche Disposition durch Schaffung vorzeitiger Beendigungsmöglichkeiten ein. Außerdem kann bei der Geschäftsraummiete das Kündigungsregime der Wohnraummiete vereinbart werden, sowie das Recht zur Teilkündigung durch bzw. gegenüber einzelnen Mietern.[231] Bei solchen Erweiterungen sind die Grenzen des ABG-Rechts zu beachten. Sie betreffen vor allem die Kündigungsfristen (dazu → BGB § 580a Rn. 17), nicht aber Erleichterungen bei den Kündigungsgründen, da unbefristete Verträge ganz ohne Grund (fristgemäß) kündbar sind. Zu Vertragsklauseln, die außerhalb der Wohnraummiete (dort gilt § 568 BGB) für die Kündigung die Schriftform vorsehen, → Rn. 37. Bei der **Wohnraummiete** sind Vereinbarungen, nach denen dem Vermieter beim Eintritt bestimmter Umstände ein Sonderkündigungsrecht zustehen soll, unwirksam; das folgt aus den Nachteilsverboten in §§ 569 Abs. 5, 573 Abs. 4 BGB. Zugunsten des Mieters können aber Sonderkündigungsrechte (etwa für den Fall eines beruflich bedingten Ortswechsels) vereinbart werden. Das einer (Teil-)Kündigung gleichkommende Recht der Mieter, einen von ihnen auszuwechseln, kann sich aus den vertraglichen Vereinbarungen oder etwa bei Wohngemeinschaften stillschweigend aus dem Nutzungszweck ergeben.

99 Zu **Beschränkungen** der **Kündigung aus wichtigem Grund** → BGB § 543 Rn. 240. Das Recht zur **ordentlichen Kündigung** kann (wegen § 573 Abs. 4 BGB nur außerhalb der Wohnraummiete) weitgehend ausgeschlossen werden. Das folgt daraus, dass Zeitmietverträge ohne Weiteres zulässig sind. Eine zeitliche Grenze von 30 Jahren ist aber § 544 BGB zu entnehmen.[232] Kündigungsausschlüsse in AGB sind jedoch gem. § 307 BGB auf ihre Angemessenheit zu überprüfen[233]; hierbei wird es insbes. darauf ankommen, ob der beabsichtigte Verwendungszweck sich mit der vorgesehenen Bindungsdauer vereinbaren lässt. **Vereinbarungen zur Kündigungsfrist** sind ebenfalls möglich[234], wegen § 573 Abs. 4 BGB wiederum nicht zu Lasten des Wohnraummieters. In der **Wohnraummiete** unterliegen Kündigungsausschlüsse den Beschränkungen des § 575 BGB; zu **Kündigungsausschlussvereinbarungen** in der Wohnraummiete deshalb → BGB § 575 Rn. 66.

100 Ein Kündigungsausschluss zugunsten des Mieters kann auch in einem **Vertrag über den Verkauf der vermieteten Wohnung** vereinbart werden. Solche Vereinbarungen finden sich häufig in

---

[228] BGH XII ZR 195/96, NJW 1998, 2664.
[229] BGH XII ZR 195/96, NJW 1998, 2664.
[230] BGH XII ZR 202/99, NZM 2003, 62; s. *Pützenbacher/Kubjetz* NZM 2003, 142 mit einem Klauselvorschlag für den Fall der Umsatzunterschreitung.
[231] *Wiese* ZMR 2020, 287.
[232] *BGH XII ZR 125/18, NJW 2020, 331.*
[233] BGH XII ZR 125/18, NJW 2020, 331 hat einen fünfjährigen Kündigungsausschluss für die Anmietung einer Flüchtlingsunterkunft gebilligt.
[234] BGH VIII ZR 88/78, NJW 1979, 1288.

Verträgen über den Verkauf kommunaler Wohnungen. Derartige Vereinbarungen können ein Vertrag zugunsten Dritter (nämlich des Mieters) sein mit der Folge, dass dieser eigene Rechte auf Beachtung der Kündigungsausschlussvereinbarung erwirbt, die er dem Erwerber direkt entgegenhalten kann (§ 328 BGB).[235] Diese Vereinbarung bindet aber nur den Ersterwerber. Sie geht nicht gem. § 566 BGB auf einen weiteren Erwerber über, da der Mieter an ihr nicht beteiligt ist; ihm steht nur ein Recht gem. § 328 BGB zu, der Mietvertrag selbst wird nicht geändert.[236]

## XXI. Kündigungs(folge-)schäden

Die **Kosten der Kündigung** fallen grds. dem Kündigenden zur Last. Wurde jedoch pflichtwidrig eine unwirksame Kündigung ausgesprochen oder wurde die Kündigung vom Kündigungsempfänger pflichtwidrig veranlasst, können sowohl deren Kosten als auch **weitere Kündigungsfolgeschäden** erstattungsfähig sein.[237] Darüber hinaus kann dem Kündigenden ein Anspruch auf Ersatz solcher Schäden zustehen, die aus der der Kündigung zu Grunde liegenden Pflichtverletzung resultieren, aber unabhängig von der Kündigung eintreten. Das sind etwa **Verzugszinsansprüche** bei Zahlungsverzug oder Schadensersatzansprüche wegen Beschädigung der Mietsache. **101**

### 1. Schadensverursachung durch den Kündigungsempfänger

Ist die Kündigung **durch ein Verhalten des Kündigungsempfängers veranlasst** worden, kann der Kündigende den dadurch entstandenen Schaden ersetzt verlangen.[238] Das sind einmal die Kosten der Kündigung und zum anderen die (Erfüllungs-[239])Schäden, die aus dem vorzeitigen Ende des Mietverhältnisses folgen. **102**

Hat der Mieter die Kündigung des Vermieters veranlasst, ist **Anspruchsgrundlage für den Vermieter** § 280 Abs. 1 BGB und zwar unabhängig davon, ob Kündigungsgrund die Verletzung von Leistungspflichten oder von Nebenpflichten gem. § 241 Abs. 2 BGB war; weder § 281 BGB noch § 282 BGB sind anwendbar. Das gilt auch dann, wenn es um einen Erfüllungsschaden (Schadensersatz statt der Leistung) oder um einen sonstigen Schaden geht. Denn durch die Kündigung sind die wechselseitigen Pflichten für die Zukunft beseitigt worden, eine Fristsetzung zur (Nach-)Erfüllung ist nicht nur sinnlos, sondern sogar kontraproduktiv, wie sich am Mietausfallschaden zeigt. Würde etwa der Vermieter den Mieter unter Fristsetzung für die Zukunft auffordern müssen, Miete zu zahlen, müsste er im Gegenzug den Gebrauch gewähren; das widerspricht den Kündigungswirkungen. Allerdings ist zu beachten, dass die Kündigungstatbestände in aller Regel Verzug voraussetzen (§ 543 Abs. 2 S. 1 Nr. 3 BGB) oder eine verzugsähnliche Abmahnung bzw. Abhilfefrist (§ 543 Abs. 3 BGB). Aus ähnlichen Gründen scheidet eine Anwendung von § 282 BGB aus, weil auch diese Vorschrift im Ansatz die Möglichkeit der Erfüllung weiterer Leistungspflichten voraussetzt. **Aufwendungen** sind – unabhängig von einer Rentabilitätsvermutung[240] – gem. § 284 BGB ersetzbar. Zwar spricht § 284 BGB von einem Schadensersatzanspruch statt der Leistung. Damit ist aber nicht nur der Anspruch gem. § 281 BGB gemeint. Kann der Schadensersatzberechtigte aus einer anderen Anspruchsgrundlage den Erfüllungsschaden geltend machen, kann er statt dieses Erfüllungsschadens Aufwendungsersatz verlangen, ohne dass die besonderen Voraussetzungen des § 281 BGB gegeben sein müssen.[241] **103**

Wenn der Vermieter die Kündigung des Mieters veranlasst, ist **Anspruchsgrundlage für den Mieter** aus denselben Erwägungen ebenfalls § 280 Abs. 1 BGB. Soweit es um Schadensersatzansprüche geht, die in Zusammenhang mit der Mangelhaftigkeit des Mietobjekts und eine dadurch **104**

---

235 BGH VIII ZR 109/18, NZM 2019, 209.

236 BGH VIII ZR 373/96, NJW 1998, 445; **aA** LG Berlin WuM 2020, 652.

237 Siehe zu Haftungsszenarien nach Mietende *Bruns* NZM 2021, 378.

238 Für die Vermieterkündigung: BGH VIII ZR 302/80, NJW 1982, 870; BGH VIII ZR 313/82, NJW 1984, 2687; BGH VIII ZR 296/89, NJW 1991, 221; BGH VIII ZR 379/03, NJW 2004, 3117; BGH XII ZR 162/01, NZM 2005, 340; OLG Frankfurt a. M. ZMR 1993, 65; WuM 1998, 24; KG GE 2001, 1402; 2002, 929. Für die Mieterkündigung: BGH XII ZR 153/15, NJW 2017, 1104; BGH XII ZR 81/97, NJW 2000, 2342; BGH VIII ZR 281/06, NJW 2007, 2474.

239 BGH VIII ZR 313/82, NJW 1984, 2687.

240 Siehe dazu BGH VIII ZR 275/04, NJW 2005, 2848; *Gsell* NZM 2010, 77.

241 Ähnlich MüKoBGB/*Ernst* § 284 Rn. 10; Staudinger/*Schwarze* BGB § 284 Rn. 23. Im Mietrecht ist eine Anwendung von § 284 BGB anerkannt für den Anspruch des Mieters gem. § 536a Abs. 1 BGB, s. *Gsell* NZM 2010, 77.

ausgelöste Kündigung stehen, wird § 280 Abs. 1 BGB allerdings verdrängt durch **§ 536 a Abs. 1 BGB.**[242] Der Anspruch nach § 536 a Abs. 1 BGB ist der Sache nach ein Anspruch auf Ersatz von Mangelfolgeschäden; die Kündigungsfolgeschäden sind ein Unterfall davon. Aufwendungen sind in beiden Fällen gem. § 284 BGB statt eines Erfüllungsschadens ersetzbar.

105 **Schadensersatzauslösend sind alle Kündigungsgründe,** die ein pflichtwidriges und schuldhaftes Verhalten des Kündigungsempfängers zum Gegenstand haben und die ursächlich zur Vertragsbeendigung führen[243]; Verschulden des Vermieters ist nicht erforderlich, wenn der Mieter wegen eines anfänglichen Mangels gem. § 536 a Abs. 1 BGB haftet. Belanglos ist es, ob der Kündigende seine Kündigung auf diesen Kündigungsgrund stützt; entscheidend ist nur, dass der **Kündigungsgrund tatsächlich ursächlich** für die Kündigung war. Kommt etwa der Vermieter schuldhaft seiner Gebrauchsgewährungspflicht nicht nach und kündigt deswegen der Mieter, so kann dieser dennoch Schadensersatz verlangen, wenn er – etwa wegen der besseren Durchsetzbarkeit – nicht fristlos, sondern ordentlich kündigt oder etwa einen Mietaufhebungsvertrag schließt.[244] Ähnliches gilt bei einer formell unwirksamen Kündigung.[245] Nach einer außerordentlichen Kündigung eines befristeten Mietverhältnisses kann der Kündigende Schadensersatz auch dann noch verlangen, wenn es gem. **§ 545 BGB** zunächst zu einer stillschweigenden unbefristeten Vertragsverlängerung kommt und der Kündigungsgegner in der Folge seinerseits ordentlich kündigt.[246]

### 2. Schadensverursachung durch den Kündigenden

106 **Steht dem Kündigenden ein Kündigungsrecht nicht zu,** kündigt er aber dennoch, so liegt hierin eine Pflichtverletzung und der Kündigungsempfänger kann den durch die Kündigung entstandenen Schaden ersetzt verlangen.[247] Im Fall der unberechtigten Vermieterkündigung macht dieser dem Mieter den Gebrauch der Mietsache streitig und verletzt damit seine Vertrags(treue-)pflicht.[248] Ebenso ist es, wenn der Vermieter nicht kündigt, sondern unwirksam anficht[249] oder zurücktritt[250], den Mieter unberechtigt zur Räumung auffordert[251] oder ihm mit der Kündigung droht und diese Drohung nach objektiven Maßstäben geeignet ist, den Mieter zur Räumung zu veranlassen.[252] Im Fall der unberechtigten Mieterkündigung liegt ebenfalls eine Verletzung der Vertragstreuepflicht vor; der Mieter macht das Bestehen des Vertrags streitig und damit den Anspruch auf den Mietzins. Diese Grundsätze gelten auch dann, wenn dem Kündigenden zwar ein Kündigungsrecht zusteht, er dieses aber nur formell unwirksam (etwa ohne Einhaltung der nach § 568 BGB notwendigen Schriftform) ausübt.[253] Die Formeinhaltung mag zwar nur eine Obliegenheit sein, die formell unwirksame Kündigung macht den Vertragsbestand aber genauso streitig wie die materiell unwirksame Kündigung.[254] Außerdem ist zu berücksichtigen, dass die formell unwirksame Kündigung jederzeit formwirksam wiederholt werden kann.[255]

107 **Anspruchsgrundlage** ist § 280 Abs. 1 BGB.[256] § 281 BGB scheidet aus ähnlichen Gründen aus wie bei einem Schadensersatzanspruch des berechtigt Kündigenden gegen den schuldhaft handelnden Kündigungsempfänger (→ Rn. 103). Zwar war die Kündigung eigentlich unwirksam, die Leistungspflichten enden aber dennoch, wenn der Kündigungsempfänger das akzeptiert (→ Rn. 94). Akzeptiert der Kündigungsempfänger die Kündigung nicht, hat er keinen Nichterfüllungsschaden,

---

[242] BGH XII ZR 126/11, NJW 2013, 223 Rn. 35; BGH XII ZR 153/15, NJW 2017, 1104 Rn. 19.
[243] Siehe etwa BGH VIII ZR 371/18, NJW-RR 2021, 201 Rn. 45.
[244] KG GE 1999, 44.
[245] BGH VIII ZR 191/12, NJW 2013, 2660; BGH XII ZR 153/15, NJW 2017, 1104 Rn. 11.
[246] BGH XII ZR 120/16, NZM 2018, 333 (für einen Mietausfallschaden).
[247] BGH VIII ZR 99/14, NJW 2015, 2324; BGH VIII ZR 214/15, NZM 2016, 718 Rn. 11; BGH VIII ZR 255/82, NJW 1984, 1028; BGH IX ZR 265/86, NJW 1988, 1268; BGH XII ZR 197/99, NZM 2002, 291; AG Freiburg WuM 2004, 673; AG Jülich WuM 2006, 562; **aA** *Klinkhammer* NJW 1997, 221; *Fehl* NJW 1975, 1973.
[248] BGH XII ZR 197/99, NZM 2002, 291; BGH VIII ZR 238/18, NZM 2021, 132 Rn. 30.
[249] BGH VIII ZR 144/85, NJW 1987, 432.
[250] BGH VIII ZR 349/85, NJW 1987, 831.
[251] BGH XII ZR 197/99, NZM 2002, 291.
[252] LG Saarbrücken NZM 1998, 304.
[253] *Sternel* NZM 2011, 689; MüKoBGB/*Häublein* § 573 Rn. 140. **AA** BGH VIII ZR 9/10, NJW 2011, 914. S. auch *Siegmund WuM 2017, 614.*
[254] Ähnlich MüKoBGB/*Häublein* § 573 Rn. 140.
[255] *Siegmund* WuM 2017, 621.
[256] BGH VIII ZR 99/14, NJW 2015, 2324 Rn. 15; BGH VIII ZR 214/15, NZM 2016, 718 Rn. 11.

sondern nur sonstige Schäden (insbes. Rechtsverteidigungskosten) und Erfüllungsansprüche. Auch Ansprüche aus unerlaubter Handlung sind möglich.[257]

**Voraussetzung** des Schadensersatzanspruchs ist, dass der Kündigende **schuldhaft** gehandelt hat. Hierbei genügt einfache Fahrlässigkeit.[258] Das Risiko einer fehlerhaften Beurteilung der Rechtslage trägt der Kündigende; deshalb ist er auch dann zum Schadensersatz verpflichtet, wenn er sich über die Rechtslage irrt.[259] Der Kündigungsgegner muss die Pflichtwidrigkeit beweisen.[260] Außerdem muss der Schaden **ursächlich** auf die pflichtwidrige Kündigung zurückzuführen sein. Das ist dann der Fall, wenn das Verhalten des Gekündigten hierdurch herausgefordert wurde und keine ungewöhnliche oder gänzlich unangemessene Reaktion darstellt.[261] Diese Voraussetzung ist jedenfalls dann gegeben, wenn der Kündigende die Kündigungsvoraussetzungen schlüssig dargetan hat und der Kündigungsempfänger keine Veranlassung zu Zweifeln hat.[262] Dann wird ein Schadensersatzanspruch auch nicht zwingend dadurch ausgeschlossen, dass die Parteien sich – ggf. in einem gerichtlichen Vergleich – auf eine einvernehmliche Beendigung des Mietverhältnisses einigen.[263] Ob dies den Zurechnungszusammenhang zwischen der unberechtigten Kündigung und dem später geltend gemachten Schaden unterbricht, ist im Wege der Auslegung danach zu beurteilen, ob die Parteien durch gegenseitiges Nachgeben auch den Streit über den Bestand eines Kündigungsrechts beilegen wollten; an einen Verzichtswillen sind strenge Anforderungen zu stellen, er muss unmissverständlich sein.[264] Ursächlichkeit ist aber nicht nur anzunehmen, wenn der Kündigungsempfänger keinen Anlass hat, an der Wirksamkeit der Kündigung zu zweifeln. Wenn die Pflichtverletzung darin liegt, dass das Vertragsverhältnis streitig gemacht wird, dann muss es auch ausreichen, wenn der Kündigungsempfänger sich diesem Druck beugt, wenn dieser ein gewisses Maß der Ernsthaftigkeit übersteigt. 108

Dem Mieter fällt bei einer Kündigung des Vermieters regelmäßig auch dann kein **Mitverschulden** zur Last, wenn er freiwillig räumt. In der unrechtmäßigen Kündigung oder Räumungsaufforderung liegt nämlich eine schwere Vertragsverletzung, die den Mieter zur fristlosen Kündigung nach § 543 Abs. 1 BGB berechtigen würde.[265] Überdies kann der Vermieter sich gegenüber dem Mieter nicht darauf berufen, dass das Mietverhältnis infolge der Unwirksamkeit der Kündigung fortbesteht (→ Rn. 94). Nur wenn das Fehlen eines Kündigungsgrundes (evident[266]) auf der Hand liegt oder wenn dem Mieter aus anderen Umständen des konkreten Einzelfalles zumutbar ist, sich gegen die Kündigung zu wehren, kann eine Ersatzpflicht des Vermieters für Kündigungsfolgeschäden aus dem Gesichtspunkt mitwirkenden Verschuldens des Mieters ganz oder teilweise entfallen.[267] In diesen Fällen wird es aber meist schon an der Kausalität der Pflichtverletzung für den Schaden fehlen. 109

Kündigt der **Erwerber** eines Mietobjekts vor seiner Eintragung ins Grundbuch, so ist die Kündigung unwirksam. Gleichwohl hat der Mieter keinen Ersatzanspruch, weil zwischen dem Erwerber und dem Mieter vor der Grundbucheintragung kein Vertragsverhältnis besteht. Eine deliktische Haftungsgrundlage besteht nicht. Die Gefahr, von einem Dritten unberechtigt in Anspruch genommen zu werden, zählt zum allgemeinen Lebensrisiko, das der in Anspruch genommene selbst tragen muss.[268] 110

Zum Schadensersatzanspruch des Mieters bei einer Kündigung mit **vorgetäuschtem Eigenbedarf** → BGB § 573 Rn. 76. 111

---

[257] Siehe dazu *Siegmund* WuM 2017, 614.
[258] BGH XII ZR 197/99, NZM 2002, 291; BGH VIII ZR 255/82, NJW 1984, 1028.
[259] BGH IX ZR 265/86, NJW 1988, 1268; BGH XII ZR 197/99, NZM 2002, 291; näher zum Rechts- und Tatsachenirrtum → BGB § 546 a Rn. 93.
[260] *Siegmund* WuM 2017, 614.
[261] BGH IX ZR 149/15, NJW 2017, 1600 Rn. 11.
[262] BGH VIII ZR 231/07, NJW 2009, 2059; *Siegmund* WuM 2017, 615.
[263] BGH VIII ZR 231/07, NJW 2009, 2059; BGH VIII ZR 99/14, NJW 2015, 2324.
[264] BGH VIII ZR 99/14, NJW 2015, 2324; *Siegmund* WuM 2017, 615.
[265] BGH XII ZR 197/99, NZM 2002, 291.
[266] *Siegmund* WuM 2017, 621.
[267] BGH VIII ZR 255/82, NJW 1984, 1028; BGH VIII ZR 180/09, WuM 2010, 512; teilweise weitergehend Staudinger/*Rolfs* BGB § 573 Rn. 238 mwN.
[268] OLG Stuttgart WuM 2007, 64.

### 3. Unmittelbare Kündigungsschäden

112 Zum unmittelbaren Kündigungsschaden zählen insbes. die **Rechtsanwaltskosten** und die Kosten eines Räumungsrechtsstreits, die zum Ausspruch oder zu Abwehr der unrechtmäßigen Kündigung aufgewendet werden müssen.[269]

113 Die aufgewendeten Kosten müssen erforderlich und zweckmäßig sein.[270] Ein **gewerblicher Großvermieter** bedarf in einem tatsächlich und rechtlich einfach gelagerten Fall für den Ausspruch einer Kündigung nicht der anwaltlichen Hilfe.[271] Ein solcher Fall ist bei der Abfassung eines auf Zahlungsverzug gestützten Kündigungsschreibens selbst dann gegeben, wenn die Sachlage nicht einfach und klar ist, weil zur Begründung nur die Angabe erforderlich ist, von welchem Mietrückstand der Vermieter ausgeht und dass er diesen Rückstand als gesetzlichen Grund für die fristlose Kündigung wegen Zahlungsverzugs heranzieht.[272] Unerheblich ist hierbei, ob das Unternehmen eine eigene Rechtsabteilung unterhält, weil ein solches Schreiben auch durch das kaufmännische Personal gefertigt werden kann. Vergleichbare Grundsätze gelten, wenn das Mietverhältnis durch einen **Zwangsverwalter** wegen Zahlungsverzugs des Mieters gekündigt wird.[273] Auch **private Vermieter** dürften idR in der Lage sein, ein Mietverhältnis in einfach gelagerten Fällen ohne Beiziehung eines Rechtsanwalts zu kündigen. Deshalb sind auch hier die Anwaltskosten grds. nicht erstattungsfähig.[274] Etwas anderes gilt für Vermieter ohne hinreichende geschäftliche Erfahrung oder dann, wenn Streit über die Kündigung konkret zu befürchten ist. Erhebt der Rechtsanwalt im Anschluss an die Kündigung eine Räumungsklage, so ist die für die Kündigung entstandene Geschäftsgebühr auf die Verfahrensgebühr anzurechnen, weil die Kündigung als Maßnahme der Beendigung des Mietvertrags denselben Gegenstand betrifft wie die Räumungsklage.[275]

### 4. Kündigungsfolgeschäden des Vermieters

114 Dem **Vermieter** entstehen hauptsächlich **Mietausfallschäden;** hierzu → BGB § 546a Rn. 99. Entstehen im Zuge der Weitervermietung Inserats- oder **Maklerkosten,** so sind diese ebenfalls erstattungsfähig. Der allgemeine mit einem Wohnungswechsel verbundene **Verwaltungsaufwand,** insbes. der Zeit- und Materialaufwand für Wohnungsabnahme, Wahrnehmung von Besichtigungsterminen, Vertragserstellung usw, ist dagegen nicht erstattungsfähig, weil die mit dem Wohnungswechsel verbundene Mühewaltung zum allgemeinen Pflichtenkreis des Vermieters gehört und weil der ohnehin bestehende personelle und organisatorische Verwaltungsaufwand durch Vertragsbeendigungen, die durch einzelne Mieter verschuldet worden sind, nicht messbar erhöht sein wird. Anders kann es sein bei **Fremdkosten,** wie etwa den Kosten für eine Zählerablesung durch den Abrechnungsdienstleister. Neben diesen Schäden kommt auch ein Anspruch auf Erstattung von Prozesskosten in Betracht, wenn der Vermieter den Untermieter auf Herausgabe verklagen muss.

### 5. Kündigungsfolgeschäden des Mieters

115 Die **Schäden des Mieters** in Folge einer Kündigung sind vielfältiger. Zunächst kann er, nachdem er die Unwirksamkeit der Kündigung erkannt hat und zunächst ausgezogen ist, **Wiedereinräumung des Besitzes** an der gekündigten Wohnung verlangen; dieser Anspruch ist jedoch kaum praxisrelevant und bei inzwischen erfolgter Weitervermietung oder Verkauf schwierig durchzusetzen.[276] Möglich, aber ebenso wenig praxisrelevant sind Schmerzensgeldansprüche in besonders schwerwiegenden Ausnahmefällen, die mit einer Verletzung des Persönlichkeitsrechts einhergehen.[277] Relevant als erstattungsfähige Schäden können hingegen sein ein entgangener Gewinn (beim Gewerbemieter), die Aufwendungen für den Wechsel der Mietsache wie **Umzugskosten**[278],

---

[269] OLG Brandenburg ZMR 2020, 641; AG Jülich WuM 2006, 562.
[270] BGH VIII ZR 271/09, NJW 2011, 296.
[271] BGH VIII ZR 271/09, NJW 2011, 296.
[272] BGH VIII ZR 271/09, NJW 2011, 296.
[273] OLG Düsseldorf ZMR 2012, 186.
[274] AG Darmstadt WuM 2011, 562.
[275] BGH VIII ZR 86/06, NJW 2007, 2049.
[276] BGH VIII ZR 313/08, NJW 2010, 1068; *Siegmund* WuM 2017, 617.
[277] *Siegmund WuM 2017, 620* mwN; skeptisch Staudinger/*Rolfs* BGB § 573 Rn. 234; zur Verneinung eines solchen Anspruchs im konkreten Fall LG Berlin WuM 2020, 278.
[278] BGH VIII ZR 44/16, NJW 2017, 2819 Rn. 37; BGH XII ZR 153/15, NJW 2017, 1104; BGH VIII ZR 371/18, NJW-RR 2021, 201 Rn. 41.

Kosten für eine Übergangsmiete und Einlagerungskosten[279], Kosten für die Ummeldung, Umbau- und Montagekosten etwa für eine Einbauküche[280] oder andere Möbel, erhöhte Kosten für die Fahrt von der Arbeitsstätte zur neuen Wohnung[281] etc. Außerdem können die **Kosten der Wohnungssuche** bzw. der Suche nach einem neuen gewerblichen Mietobjekt zu ersetzen sein. Hierzu gehören insbes. Inserats- und Maklerkosten für die *Miete* eines Ersatzobjekts.[282] Die Maklerkosten[283] für den *Kauf* einer Immobilie sind hingegen nach dem Schutzzweck der Norm nicht erstattungsfähig, weil Zweck des Schadensersatzanspruchs nur der Schutz der Vertragspflicht (also der Anmietung) ist.[284] In diesem Fall besteht auch kein Anspruch auf Ersatz fiktiver Maklerkosten, die bei Anmietung des Ersatzobjekts entstanden wären.[285] Zum erstattungsfähigen Schaden können aber Finanzierungskosten für neu angeschaffte Einrichtungsgegenstände, Gardinen etc gehören, die nicht angefallen wären, wenn der Mieter in seiner bisherigen Wohnung verblieben wäre.[286]

Zu ersetzen sind auch die Mehrkosten für die neue Wohnung, insbes. ein **höherer Mietzins.** **116** Dabei sind die Grundsätze der Vorteilsausgleichung zu berücksichtigen. Das bedeutet, dass die Mehrkosten, die auf einem höheren Wohnwert der Ersatzwohnung beruhen, nicht erstattungsfähig sind, sondern nur die Mehrkosten einer insbes. nach Größe und Lage vergleichbaren Wohnung.[287] Das betrifft sowohl die Grundmiete als auch die Betriebskosten. Beweispflichtig hinsichtlich der notwendigen Angaben zu beiden Wohnungen ist der Mieter; zum Schadensnachweis ist meist ein Sachverständigengutachten notwendig.[288] Der Anspruch ist auf den Zeitraum bis zum Ablauf der vereinbarten Vertragsdauer oder bis zur Wirksamkeit der ersten möglichen Kündigung durch den Vermieter beschränkt.[289] Hat der Vermieter – wie häufig bei der Wohnraummiete – keine Möglichkeit zur Vertragsbeendigung, so besteht der Anspruch zeitlich unbegrenzt[290] bzw. so lange bis sich beide Mieten (die der gekündigten Wohnung und die der Ersatzwohnung) durch Mieterhöhungen angeglichen haben. Der Mieter kann diesen Schaden nicht in einer Summe, sondern nur in monatlichen Raten ersetzt verlangen.[291]

**Aufwendungen für die Ersatzräume** (neue Gardinen, Einbauküche, Einrichtungsgegen- **117** stände, Teppich- oder Parkettböden,) gehören nicht zum Schaden, wenn der Mieter hierfür einen entsprechenden, bleibenden Gegenwert erhält.[292] Das folgt ebenfalls (wie bei einem höheren Wohnwert der Ersatzwohnung) aus den Grundsätzen der Vorteilsausgleichung. Anders kann es sein für Anpassungsarbeiten, wenn etwa Gardinen gekürzt oder Küchenarbeitsplatten zugeschnitten werden müssen. Die für die Anschaffung erforderlichen Finanzierungskosten sind allerdings immer erstattungsfähig. **Aufwendungen für die gekündigten Räume** können einen Ersatzanspruch gem. § 284 BGB begründen, wenn sie in den Ersatzräumen nicht mehr genutzt werden können. Das gilt etwa für Gardinen, wenn in der neuen Wohnung weniger oder größere Fenster vorhanden sind. Hat der Mieter sowohl für die Herrichtung der gekündigten Räume als auch für die Herrichtung der Ersatzräume gleichartige Kosten aufgewandt und ist beides im Ansatz erstattungsfähig, so kann er nicht beides ersetzt verlangen, weil er sonst besser stünde als ohne die unberechtigte Kündigung.[293] Zu den Aufwendungen für die gekündigten Räume können auch Maklerkosten für deren Suche gehören.[294] Für sämtliche Aufwendungen dieser Art gilt aber, dass sie nicht erstat-

---

279 BGH VIII ZR 371/18, NJW-RR 2021, 201 Rn. 41.
280 BGH VIII ZR 371/18, NJW-RR 2021, 201 Rn. 41.
281 BGH VIII ZR 44/16, NJW 2017, 2819 Rn. 16.
282 BGH VIII ZR 44/16, NJW 2017, 2819 Rn. 37; BGH VIII ZR 238/18, NZM 2021, 132 Rn. 28.
283 Für die Umzugs- und Umbaukosten gilt das hingegen nicht (BGH VIII ZR 371/18, NJW-RR 2021, 201 Rn. 41).
284 BGH VIII ZR 238/18, NZM 2021, 132 Rn. 28.
285 BGH VIII ZR 371/18, NJW-RR 2021, 201 Rn. 40.
286 AG Saarlouis WuM 1995, 173.
287 BGH VIII ZR 44/16, NJW 2017, 2819 Rn. 40; *Siegmund* WuM 2017, 619.
288 BGH VIII ZR 44/16, NJW 2017, 2819 Rn. 40.
289 BGH XII ZR 153/15, NJW 2017, 1104 Rn. 26.
290 *Siegmund* WuM 2017, 619; MüKoBGB/*Häublein* § 573 Rn. 147. Für die anderen Ansichten des AG Waiblingen WuM 2019, 334 (24 Monate), des LG Hamburg 6.11.2008 – 307 S 72/08, BeckRS 2010, 3213 und AG Coesfeld WuM 2019, 712 (Begrenzung auf 42 Monate entsprechend § 9 ZPO) oder des LG Wuppertal WuM 1997, 681 (hypothetische Dauer von fünf Jahren) gibt es keinen gesetzlichen Anhaltspunkt.
291 Es gilt Ähnliches wie bei einem Mietausfallschaden des Vermieters (→ BGB § 546a Rn. 102).
292 **AA** LG Saarbrücken WuM 1995, 173; LG Hamburg NJW-RR 1993, 333; LG Karlsruhe DWW 1992, 22.
293 BGH XII ZR 81/97, NJW 2000, 2342.
294 BGH VIII ZR 371/18, NZM 2020, 1038 Rn. 19.

tungsfähig sind, wenn bzw. soweit sie ihren Zweck erreicht haben, was bei längerer Mietzeit oder Ablauf einer vereinbarten Mindestmietzeit regelmäßig der Fall ist.[295]

118 Eine an den neuen Vermieter zu leistende **Kaution** ist ebenfalls kein Schaden, weil die Kaution nach § 551 BGB im Vermögen des Mieters verbleibt.[296] Soweit die Kaution durch die Aufnahme eines Kredits finanziert werden muss, gehören die Finanzierungskosten allerdings zum Schaden. Für die Schadenshöhe ist die Differenz zwischen den vom Mieter aufzubringenden Kreditzinsen und den dem Mieter zufließenden Kautionszinsen maßgeblich.

### 6. Rechtmäßiges Alternativverhalten

119 Der Schadensersatzpflichtige kann sich gegenüber dem Ersatzanspruch mit dem Einwand des rechtmäßigen Alternativverhaltens verteidigen. Ein solcher Einwand ist berechtigt, wenn er seinerseits zur Kündigung des Mietvertrags berechtigt wäre, sei es wegen einer Vertragsverletzung des Mieters oder weil ihm ein Recht zur ordentlichen Kündigung zusteht. Voraussetzung ist zudem, dass derselbe Erfolg effektiv herbeigeführt worden wäre; die bloße Möglichkeit, ihn rechtmäßig herbeiführen zu können, reicht nicht aus.[297] Andererseits ist es nicht erforderlich, dass das Kündigungsrecht ausgeübt wird.[298] Es genügt, wenn der Wille zur Vertragsbeendigung mit hinreichender Wahrscheinlichkeit festgestellt werden kann.

## XXII. Prozessuales

120 Wird eine **Räumungsklage rkr.** abgewiesen, so steht damit nicht mit Rechtskraft fest, dass das Mietverhältnis fortbesteht[299]; es steht vielmehr nur fest, dass dem Vermieter – egal aus welchem tatsächlichen oder rechtlichen Grund[300] – im Zeitpunkt der letzten mündlichen Verhandlung kein Räumungsanspruch zustand.[301] Wird umgekehrt der Räumungsklage stattgegeben, so ist nicht rkr. entschieden, dass das Mietverhältnis beendet ist.[302] Aus diesem Grund kann der Vermieter die Räumungsklage mit der Klage auf Feststellung, dass das Mietverhältnis beendet ist, verbinden[303] oder der Mieter gegenüber einer Räumungsklage eine Widerklage auf Feststellung des Fortbestands des Mietverhältnisses erheben. Außerdem kann der Mieter eine auf § 574 BGB gestützte Widerklage auf Fortsetzung des Mietverhältnisses erheben. Wechselseitige Feststellungsklagen sind aber nur zulässig, wenn es um unterschiedliche Folgen (etwa die Beendigung zu verschiedenen Zeitpunkten) geht; ansonsten steht mit dem Ergebnis einer Feststellungsklage auch das kontradiktorische Gegenteil fest. Die Abweisung der Räumungsklage steht einer **erneuten Kündigung** nicht im Wege.[304] Die erneute Kündigung kann auch schon während des Vorprozesses ausgesprochen werden, das Mietverhältnis darf auf Grund dieser Kündigung nur nicht vor der letzten mündlichen Verhandlung des Vorprozesses geendet haben.[305] Der Kündigungsgrund der erneuten Kündigung darf zwar ähnlich sein wie derjenige im Vorprozess; so kann sich etwa ein Vermieter in der erneuten Kündigung wie in der abgewiesenen ersten Kündigung auf einen ähnlichen Eigenbedarf berufen. Der Kündigungsgrund darf allerdings nicht identisch sein, jedenfalls die der ersten Kündigung entgegenstehenden Gründe müssen entfallen oder es muss sonst eine wesentliche Veränderung der Sachlage eingetreten sein.[306]

121 Der **Streitgegenstand einer Räumungsklage** wird nach dem zweigliedrigen Streitgegenstandsbegriff durch den Antrag (das Räumungsbegehren) und den zu Grunde liegenden Lebenssachverhalt (Klagegrund) bestimmt.[307] Dabei stellt nicht jede Kündigung samt den hierzu unterleg-

[295] BGH VIII ZR 371/18, NZM 2020, 1038 Rn. 19.
[296] **AA** LG Saarbrücken WuM 1995, 173.
[297] BGH XII ZR 153/15, NJW 2017, 1104.
[298] KG GE 2002, 258.
[299] BGH VIII ZR 121/63, NJW 1965, 693.
[300] BGH III ZR 43/92, NJW 1993, 3204.
[301] BVerfG NJW 2003, 3759; BGH XII ZR 222/95, NZM 1998, 33; BGH VIII ZR 171/11, WuM 2012, 152.
[302] OLG Celle BB 1978, 576.
[303] OLG Celle BB 1978, 576.
[304] *BGH XII ZR 222/95, NJW 1998, 374; BVerfG* NJW 2003, 3759.
[305] BGH VIII ZR 171/11, WuM 2012, 152.
[306] BGH XII ZR 222/95, NJW 1998, 374; BGH VIII ZR 62/08, NJW 2009, 1139.
[307] BGH XII ZR 104/19, NZM 2020, 1111 Rn. 28.

ten Tatsachen einen eigenen Streitgegenstand dar.[308] Maßgeblich für den Streitgegenstand sind vielmehr die Natur des Räumungsbegehrens und der gesamte Lebenssachverhalt, den der Vermieter *mit Klageerhebung* vorträgt[309]; zu später in den Prozess eingeführten Kündigungen → Rn. 122. Dieser Lebenssachverhalt kann auch mehrere Kündigungen bzw. Kündigungsgründe umfassen. Denn Räumung kann – im Gegensatz etwa zur Zahlung – nur einmal verlangt werden, selbst wenn die Beendigung des Mietverhältnisses aus mehreren Gründen berechtigt sein sollte; eine mehrfache Räumung ist unmöglich. Die Unterteilung des zur Begründung des Räumungsbegehrens unterbreiteten Sachverhalts in – je nach Kündigungsgrund – verschiedene Streitgegenstände ist auch zur Rechtskraftbestimmung nicht notwendig, da sämtliche Beendigungstatbestände erfasst werden, die bis zum Zeitpunkt der letzten mündlichen Verhandlung zur Beendigung des Mietverhältnisses geführt haben (→ Rn. 120).

Eine **Änderung des Streitgegenstands** tritt ein, wenn im Verlauf des Prozesses weitere Kün- **122**
digungen eingeführt werden.[310] Denn dadurch wird der der Klage zu Grunde liegende Lebenssachverhalt (der Klagegrund, nicht aber der Antrag) erweitert. Voraussetzung der Berücksichtigung der neuen Kündigung ist nur, dass die Klageänderung, die mit der Einführung eines neuen Klagegrunds erfolgt, zulässig ist. Eine Klageänderung in erster Instanz beurteilt sich nach § 263 ZPO. Eine in der **Berufungsinstanz ausgesprochene Kündigung** ist ebenfalls eine Klageänderung, deren Zulassung sich nicht nach den §§ 296, 530, 531 ZPO, sondern nach den §§ 263, 264, 533 ZPO bestimmt.[311] Zu den Tatsachen, auf die gem. § 533 Nr. 2 ZPO die klageändernde Kündigung gestützt werden kann, gehören auch unstreitige Tatsachen, selbst wenn sie in der Berufung erstmals vorgetragen wurden.[312] Außerdem gehören dazu solche Tatsachen, die bereits in erster Instanz vorgetragen waren[313]; das gilt auch dann, wenn sie von dem erstinstanzlichen Gericht als unerheblich beurteilt worden sind und deshalb im Urteilstatbestand keine Erwähnung gefunden haben.[314] Ist der erstinstanzliche Räumungsrechtsstreit durch klagabweisendes Urteil abgeschlossen worden und verwirklicht sich während des Laufs der Berufungsbegründungsfrist ein neuer Kündigungstatbestand, so genügt es für die Zulässigkeit der Berufung, wenn diese nur hiermit begründet wird; es bedarf keiner Auseinandersetzung mit den Gründen des angefochtenen Urteils.[315]

Aus den vorgetragenen Kündigungsgründen kann sich das Gericht wegen der Unmöglichkeit **123**
der mehrfachen Räumung frei bedienen.[316] Dabei ist es gleichgültig, ob die Kündigungsgründe sich aus einer oder **mehreren Kündigungserklärungen** ergeben und ob sie ggf. erst später durch Klageänderung in den Prozess eingeführt wurden. Greift ein Kündigungsgrund durch, steht die Begründetheit des Räumungsbegehrens fest. Vor einer Klageabweisung müssen hingegen alle vorgetragenen Kündigungsgründe (oder sonstigen Beendigungsgründe) geprüft werden. Mehrere Kündigungsgründe stehen auch nicht deshalb in einem prozessualen (vom klagenden Vermieter festzulegenden) Rangverhältnis, weil das Mietverhältnis materiell-rechtlich durch die erste wirksame Kündigung beendet wird und alle anderen Kündigungen ins Leere gehen (→ Rn. 41). Der Entscheidungsausspruch bezieht sich nämlich, wie dargelegt, gerade nicht auf das Mietverhältnis oder einen bestimmten Beendigungsgrund, sondern nur auf das Räumungsbegehren, das sich auch bei mehrfacher Kündigung nicht vervielfacht. Deshalb liegt bei einem solchen Vorgehen auch kein Verstoß gegen die Dispositionsmaxime oder § 308 ZPO vor. Anders ist das nur, wenn die Räumung erst zu einem nach der letzten mündlichen Verhandlung liegenden Zeitpunkt begründet ist oder wenn die Feststellung des Nichtbestehens des Mietverhältnisses (→ Rn. 124) für einen bestimmten Zeitpunkt begehrt wird; hier kommt eine Teilklageabweisung in Betracht. Weil idR nur über ein einheitliches Räumungsbegehren entschieden wird, unterbleibt auch – abgesehen von den Fällen der zukünftigen Räumungsverpflichtung und bestimmten Feststellungsklagen –

---

308 **AA** *Fleindl* ZMR 2020, 1 (2).
309 BGH XII ZR 104/19, NZM 2020, 1111 Rn. 28.
310 BGH XII ZR 104/19, NZM 2020, 1111 Rn. 29.
311 BGH VIII ZR 175/14, NJW 2015, 1296; BGH VIII ZR 288/14, WuM 2016, 98.
312 BGH VIII ZR 288/14, WuM 2016, 98.
313 BGH XII ZR 104/19, NZM 2020, 1111 Rn. 29.
314 BGH VIII ZR 157/12, GE 2013, 117.
315 BGH VIII ZB 123/06, NJW-RR 2007, 934.
316 BGH XII ZR 263/98, BGH-Report 2001, 539, unter 2. im vorletzten Absatz; AG München ZMR 2020, 417; **aA** *Fleindl* ZMR 2020, 1 (4). Soweit in BGH VIII ZR 175/14, NJW 2015, 1296 Rn. 14 der Begriff der Eventualklagehäufung verwendet wird, ist das missverständlich, weil er ein Rangverhältnis suggeriert, über das aber nicht entschieden wurde; es wurde vielmehr nur über die Zulässigkeit einer Klageänderung in der Berufung entschieden.

eine **Kostenteilung,** wenn das Gericht mehrere Kündigungen überprüft und nur eine einzige Kündigung für wirksam, die übrigen aber für unwirksam erachtet hat.[317]

124 Eine **Feststellungsklage** zur Klärung des Fortbestands oder der Beendigung des Mietverhältnisses setzt ein konkretes Feststellungsinteresse voraus. Ein allgemeines Klärungsinteresse genügt nicht; notwendig ist vielmehr, dass die Wirksamkeit einer Kündigungserklärung oder eines sonstigen Beendigungsgrundes bestritten wird oder dass ein solcher Streit zu befürchten ist.[318] Der **Klageantrag** darf nicht auf Feststellung der Wirksamkeit oder Unwirksamkeit einer bestimmten Kündigung gerichtet werden, weil es sich hierbei nicht um ein Rechtsverhältnis iSv § 256 ZPO handelt. Vielmehr muss er auf Feststellung des Fortbestands oder der Beendigung des Mietverhältnisses lauten; abweichende Anträge können (und müssen) umgedeutet werden.[319] Soll die Beendigung des Mietverhältnisses festgestellt werden, muss das Datum der Beendigung oder der beendigenden Kündigung genannt werden; anderenfalls ist die Feststellungsklage unschlüssig.[320] Gibt es mehrere Kündigungen, können sie entweder in ein Hilfsantragsverhältnis gestellt werden oder es kann Feststellung der Beendigung zu einem bestimmten Zeitpunkt begehrt werden; in letzterem Fall ist das Gericht nicht an eine bestimmte Prüfungsreihenfolge der Kündigungen gebunden.[321]

## XXIII. Kündigung bei Insolvenz des Mieters

### 1. Fortbestand des Mietverhältnisses

125 Miet- und Pachtverhältnisse über unbewegliche Gegenstände oder Räume bestehen mit Wirkung für die Insolvenzmasse fort (§ 108 Abs. 1 S. 1 InsO). Der BGH hat für den Fall der Insolvenz des Vermieters entschieden, dass diese Vorschrift nur gilt, wenn die Mietsache dem Mieter bereits vor Verfahrenseröffnung überlassen wurde.[322] Auf die Mieterinsolvenz ist diese Entscheidung nicht zu übertragen.[323] Der Vermieter muss die Mietsache weiterhin zur Verfügung stellen und dem (vorläufigen) Insolvenzverwalter die Fortführung des Geschäftsbetriebs ermöglichen. Der Vermieter kann dies nicht von der Begleichung der bereits bestehenden Mietschulden abhängig machen. Zahlt der Mieter (oder der Insolvenzverwalter) gleichwohl, so ist diese Rechtshandlung nach §§ 129, 131 Abs. 1 Nr. 1 InsO anfechtbar. Die erhaltenen Zahlungen muss der Vermieter der Insolvenzmasse nach Bereicherungsgrundsätzen zurück gewähren (§ 143 InsO).

### 2. Kündigungsrecht des Vermieters

126 Der Vermieter hat kein Sonderkündigungsrecht. Die Kündigung wegen Zahlungsverzugs oder Zahlungsunpünktlichkeit nach den § 543 Abs. 2 Nr. 3, §§ 543 Abs. 1, 573 Abs. 2 Nr. 1 BGB wird durch § 112 InsO beschränkt. Bei der Prüfung der Tatbestandsvoraussetzungen des § 543 Abs. 2 Nr. 3 BGB sind nur solche Rückstände zu berücksichtigen, die nach dem Antrag auf Eröffnung des Insolvenzverfahrens (§§ 13, 14 InsO) eingetreten sind (§ 112 InsO). Wegen dieser Rückstände kann der Vermieter kündigen. Ein vom Gericht angeordnetes Allgemeines Verfügungsverbot steht dem nicht entgegen.[324] Hinsichtlich der zuvor eingetretenen Rückstände geht das Kündigungsrecht verloren. Dies gilt auch dann, wenn der Tatbestand des § 543 Abs. 2 Nr. 3 BGB bereits gegeben war, der Vermieter aber von der Möglichkeit der Kündigung keinen Gebrauch gemacht hat. Hat der Vermieter dagegen vor dem Eröffnungsantrag bereits wirksam nach § 543 Abs. 2 Nr. 3 BGB gekündigt (maßgeblich: der Zugang der Kündigungserklärung beim Mieter) so wirkt die Kündigung auch gegenüber dem Insolvenzverwalter. Dieser hat bei der Wohnraummiete die Möglichkeit, die Kündigungswirkung durch nachträgliche Zahlung (§ 569 Abs. 3 Nr. 2 BGB) zu beseitigen.

---

317 IErg ebenso AG München ZMR 2020, 417; *Schopp* ZMR 1993, 530; **aA** AG Herne ZMR 1993, 529; *Fleindl* ZMR 2020, 1.

318 BGH VIII ZR 351/08, NZM 2010, 237.

319 BGH XII ZR 313/98, NJW 2000, 354.

320 BGH XII ZR 263/98, BGH-Report 2001, 539.

321 *BGH XII ZR 263/98, BGH*-Report 2001, 539.

322 BGH IX ZR 185/06, NJW 2007, 3715.

323 *Dahl* NZM 2008, 585.

324 BGH IX ZR 201/06, NJW 2008, 1442.

### 3. Kündigungsrecht des Insolvenzverwalters bei der Gewerbemiete

Der Insolvenzverwalter kann ein gewerbliches Mietverhältnis mit gesetzlicher Frist kündigen (§ 109 Abs. 1 S. 1 InsO). Die Regelung gilt nicht für den vorläufigen Insolvenzverwalter. Die Ausübung des Kündigungsrechts ist an keine Frist gebunden; sie ist nicht auf den ersten Termin beschränkt. Die Kündigungsfrist richtet sich nach § 109 Abs. 1 S. 1 InsO. Sie beträgt einheitlich drei Monate zum Monatsende. Ist im Mietvertrag eine kürzere Frist vereinbart, so ist diese maßgeblich. Längere vertragliche Fristen sind unbeachtlich. Das Kündigungsrecht besteht auch für befristete Mietverhältnisse und für Mietverhältnisse mit einem vereinbarten Kündigungsausschluss. Die Kündigung ist bei der Geschäftsraummiete formfrei; jedoch ist der Insolvenzverwalter an eine vertraglich vereinbarte Schriftform gebunden. 127

Sind **neben dem insolventen Mieter weitere Personen Partei des Mietvertrags** so wird teilweise vertreten, dass lediglich der insolvente Mieter aus dem Mietverhältnis ausscheidet, während es mit den anderen fortbesteht.[325] Nach hM endet das Mietverhältnis dagegen insgesamt.[326] Die Rechtsfolge der Gesamtwirkung beruht auf der Erwägung, dass ein Mietverhältnis nach allgemeinen mietrechtlichen Grundsätzen nur mit Wirkung für sämtliche Mieter gekündigt werden kann. Dieser Grundsatz gilt auch für die Kündigung nach § 109 InsO. Abweichende Vereinbarungen sind möglich. So kann im Mietvertrag vereinbart werden, dass das Mietverhältnis im Falle der Insolvenz eines Mieters mit den anderen fortgesetzt wird. Ebenso bleibt es dem Vermieter unbenommen, mit dem nicht insolventen Mieter einen neuen Mietvertrag abzuschließen. Macht der Insolvenzverwalter von dem Sonderkündigungsrecht Gebrauch, so hat der Vermieter Anspruch auf Schadensersatz (§ 109 Abs. 1 S. 3 InsO). Es ist derjenige Schaden zu ersetzen, der dem Vermieter durch die vorzeitige Vertragsbeendigung entstanden ist. Der Vermieter ist insoweit aber lediglich Insolvenzgläubiger (§ 222 Abs. 1 Nr. 2 InsO) mit Anspruch auf anteilmäßige Befriedigung. 128

### 4. Wohnungsmiete

Für die Insolvenz des Wohnungsmieters gelten neben den allgemeinen Vorschriften die besonderen Bestimmungen über die Verbraucherinsolvenz (§§ 304 ff. InsO). 129

**Vor Eröffnung des Insolvenzverfahrens** gilt Folgendes: Dem Antrag auf Eröffnung des Insolvenzverfahrens muss ein Einigungsversuch mit den Gläubigern vorangehen (§ 305 InsO). Es ist ein Schuldenbereinigungsplan zu erstellen; dieser Plan ist mit dem Antrag auf Eröffnung des Insolvenzverfahrens vorzulegen. Der Plan ist Grundlage für eine Einigung mit den Gläubigern. Der Schuldenbereinigungsplan gilt als angenommen, wenn keiner der Gläubiger widerspricht (§ 308 InsO). In diesem Fall hat der Schuldenbereinigungsplan die Wirkung eines gerichtlichen Vergleichs (§ 308 Abs. 1 S. 2 InsO). Unter bestimmten Voraussetzungen kann das Gericht die Zustimmung eines Gläubigers ersetzen (§ 309 InsO). Bis zur Entscheidung über die Annahme des Plans ruht das Eröffnungsverfahren (§ 306 InsO). Lagen die Voraussetzungen einer Kündigung wegen Zahlungsverzug zum Zeitpunkt der Antragstellung bereits vor und hatte der Vermieter deshalb gekündigt, so bleibt die Kündigung wirksam. War die Räumungsklage bereits vor der Eröffnung des Insolvenzverfahrens anhängig, so wird der Rechtstreit nicht gem. § 240 ZPO unterbrochen, weil der Räumungsanspruch nicht zu den Insolvenzforderungen zählt.[327] Die Regelung des § 569 Abs. 3 Nr. 2 BGB bleibt unberührt. Die Kündigung wird unwirksam, wenn der Vermieter innerhalb der dort genannten Frist vollständig befriedigt wird. Wird der Schuldenbereinigungsplan innerhalb der Frist des § 569 Abs. 3 Nr. 2 BGB angenommen, so reduziert sich die Mietschuld auf den dort ausgewiesenen Betrag. Hat der Vermieter vor dem Eingang des Antrags auf Eröffnung des Insolvenzverfahrens nicht gekündigt, so tritt die Kündigungssperre des § 112 InsO in Kraft. Eine Kündigung wegen der bereits entstandenen Rückstände ist ausgeschlossen. Kommt der Mieter nach Antragstellung erneut in Verzug, so kann der Vermieter kündigen. Die Regelung des § 569 Abs. 3 Nr. 2 BGB gilt auch in diesem Fall. Allerdings ist zu beachten, dass die Kündigung nur dann unwirksam wird, wenn der Vermieter hinsichtlich aller bestehenden Rückstände (auch derjenigen, die vor der Antragstellung entstanden sind) befriedigt wird. 130

---

[325] MüKoInsO/*Eckert* § 109 Rn. 37.
[326] BGH XII ZR 34/12, NJW 2013, 3232; Staudinger/*Rolfs* BGB § 542 Rn. 133; MüKoBGB/*Bydlinski* § 425 Rn. 7.
[327] *Jablonski* GE 2008, 717; **aA** AG Charlottenburg GE 2006, 920.

131 **Nach Eröffnung des Insolvenzverfahrens** gilt Folgendes: Das Mietverhältnis besteht mit Wirkung für die Insolvenzmasse fort (§ 108 Abs. 1 InsO). Die nach Verfahrenseröffnung entstehenden Verbindlichkeiten sind Masseverbindlichkeiten.[328] Dem Insolvenzverwalter steht das Kündigungsrecht des § 109 Abs. 1 S. 1 InsO nicht zu. An die Stelle dieses Rechts tritt das Recht nach § 109 Abs. 1 S. 2 InsO. Danach kann der Insolvenzverwalter gegenüber dem Vermieter erklären, dass Ansprüche, die nach Ablauf der gesetzlichen Kündigungsfrist (§ 573d Abs. 2 BGB) fällig werden, nicht im Insolvenzverfahren geltend gemacht werden können **(„Freigabeerklärung"/„Enthaftungserklärung").** Diese Regelung dient dem Schutz des Mieters. Sie will verhindern, dass der Treuhänder das Mietverhältnis über die Wohnung des Mieters kündigt, um die Mietkaution für die Masse zu vereinnahmen.[329] Auch diese Erklärung ist nicht auf den ersten Termin beschränkt. Die Erklärung unterliegt der Schriftform.[330] Die Erklärung bewirkt, dass die Mietzinsansprüche des Vermieters bis zum Ablauf der Frist des § 573d Abs. 2 BGB Masseverbindlichkeiten sind. Danach entstehende Mietzinsansprüche können nicht mehr gegen die Masse geltend gemacht werden. Das Mietverhältnis wird fortgesetzt. Aus diesem Grunde hat der Verwalter keinen Anspruch auf Rückzahlung der Kaution. Streitig ist, ob die Verwaltungsbefugnisse beim Treuhänder verbleiben (sog. „unechte Freigabe") oder ob diese ab Zugang der Freigabeerklärung beim Vermieter auf den Mieter übergehen („echte Freigabe"). Hiervon hängt die Person des Kündigungsadressaten ab: Nach der Theorie der „unechten Freigabe" muss gegenüber dem Treuhänder gekündigt werden.[331] Folgt man der Theorie der echten Freigabe, so ist die Kündigung gegenüber dem Mieter zu erklären.[332] Der BGH folgt der letztgenannten Ansicht.[333] Er begründet dies mit der Funktion des § 109 Abs. 1 S. 2 InsO und der Gesetzesbegründung: Aus der Gleichstellung der Freigabeerklärung mit der Kündigung („… tritt an die Stelle der Kündigung …") folge, dass die Zuständigkeit für die weitere Vertragsdurchführung auf den Mieter übergeht. Nach dem Ablauf der in § 109 Abs. 1 S. 2 InsO genannten Frist stehen alle Ansprüche aus dem Mietverhältnis dem Mieter zu. Dies hat ua zur Folge, dass das Betriebskostenguthaben an den Mieter und nicht an den Treuhänder auszuzahlen ist.[334]

132 Die **Freigabeerklärung** hat zur Folge, dass die Verwaltungsbefugnis betreffend die Wohnung vom Treuhänder auf den Mieter übergeht. Dieser muss die Miete aus dem ihm verbleibenden Vermögen bezahlen. In § 112 InsO ist geregelt, dass der Vermieter ein Mietverhältnis nach dem Antrag auf Eröffnung des Insolvenzverfahrens nicht kündigen kann, wenn der Zahlungsverzug in der Zeit vor dem Antrag des Mieters auf Eröffnung des Insolvenzverfahrens eingetreten ist. Teilweise wird aus § 112 InsO abgeleitet, dass der Vermieter nur wegen solcher Rückstände nach § 543 Abs. 2 Nr. 3 BGB kündigen kann, die zeitlich nach dem Eröffnungsantrag fällig wurden.[335] Nach der Rspr. des BGH[336] besteht die **Kündigungssperre nur bis zur Abgabe (bzw. dem Wirksamwerden) der Enthaftungserklärung.** Ab diesem Zeitpunkt steht dem Vermieter das Recht zur Kündigung wegen Zahlungsverzug zu, wobei bei der Rückstandsberechnung auch diejenigen Mietrückstände zu berücksichtigen sind, die vor dem Eröffnungsantrag fällig wurden. Der BGH begründet dies in erster Linie mit dem Zweck der Kündigungssperre: Diese dient nicht dem Schutz des Mieters, sondern dem Schutz der Insolvenzmasse. Insbesondere soll die Kündigungssperre bewirken, dass ein für die Fortführung des Schuldnerunternehmens unentbehrliches Mietverhältnis erhalten bleibt.

133 Nach dem Wortlaut des § 112 InsO wirkt die **Kündigungssperre nicht über die Dauer des Insolvenzverfahren hinaus,** mit der weiteren Folge, dass der Vermieter nach der Aufhebung des Insolvenzverfahrens wegen Zahlungsverzug kündigen kann und zwar auch wegen der vor dem Eröffnungsantrag entstandenen Rückstände.[337] Nach anderer Ansicht soll die Kündigungssperre – in analoger Anwendung des § 112 InsO – über das Ende des Insolvenzverfahrens hinaus für die Dauer des Restschuldbefreiungsverfahrens gelten.[338] Der **BGH** lehnt eine entsprechende Anwen-

[328] *Eichner* WuM 1999, 261; *Steder* ZIP 1999, 1879; *Eckert* NZM 2006, 804.
[329] BT-Drs. 14/5680, 16, 17; BGH IX ZB 45/15, WuM 2017, 296.
[330] *Dahl* NZM 2008, 587; MüKoInsO/*Eckert* § 109 Rn. 20.
[331] *Eckert* NZM 2006, 803; *Cymutta* WuM 2008, 441; *Flatow* NZM 2011, 610.
[332] *Pape* NZM 2004, 410.
[333] BGH VIII ZR 107/13, NJW 2014, 1954; BGH IX ZR 136/13, NJW 2014, 2585.
[334] BGH IX ZR 136/13, NJW 2014, 2585.
[335] *So zB Derleder ZAP 2005, Fach 14, 513.*
[336] BGH VIII ZR 19/14, NJW 2015, 3087; BGH IX ZB 45/15, WuM 2017, 296.
[337] Bub/Treier MietR-HdB/*Belz/Lüke* Kap. VIII C Rn. 480.
[338] LG Neubrandenburg WuM 2001, 551; *Flatow* NZM 2011, 607.

dung des § 112 InsO für die Zeit nach Beendigung des Insolvenzverfahrens ab.[339] Es fehle an einer planwidrigen Gesetzeslücke. Der Schutz des Wohnungsmieters erfolge nicht über § 112 InsO, sondern über die allgemeinen Vorschriften, insbes. über das in § 569 Abs. 2 Nr. 2 BGB geregelte Nachholrecht. Vereinzelt wird vertreten, dass der Zahlungsverzug mit der Insolvenzeröffnung endet.[340] Der BGH teilt diese Ansicht nicht. Er führt aus, dass die Insolvenzeröffnung an einem eingetretenen Verzug nicht ändert.[341] Der **Verzug dauert bis zur Befriedigung des Vermieters fort** mit der weiteren Folge, dass der Vermieter die Kündigung auch auf Mietrückstände stützen kann, mit denen der Mieter bereits vor Stellung des Insolvenzantrags in Verzug war.

Streitig ist, ob die **Verwaltungsbefugnisse** beim Treuhänder verbleiben (sog. „unechte Freigabe") oder ob diese ab Zugang der Freigabeerklärung beim Vermieter auf den Mieter übergehen („echte Freigabe"). Hiervon hängt die Person des Kündigungsadressaten ab: nach der Theorie der „unechten Freigabe" muss gegenüber dem Treuhänder gekündigt werden.[342] Folgt man der Theorie der „echten Freigabe", so ist die Kündigung gegenüber dem Mieter zu erklären.[343] Der BGH folgt der letztgenannten Ansicht.[344] Er begründet dies mit der Funktion des § 109 Abs. 1 S. 2 InsO und der Gesetzesbegründung: Aus der Gleichstellung der Freigabeerklärung mit der Kündigung („... tritt an die Stelle der Kündigung ...") folge, dass die Zuständigkeit für die weitere Vertragsdurchführung auf den Mieter übergeht. Nach dem Ablauf der in § 109 Abs. 1 S. 2 InsO genannten Frist stehen alle Ansprüche aus dem Mietverhältnis dem Mieter zu. Dies hat ua zur Folge, dass das Betriebskostenguthaben an den Mieter und nicht an den Treuhänder auszuzahlen ist.[345] Andererseits muss der Mieter die Miete aus dem ihm verbleibenden Einkommen bezahlen. Nach einer vermittelnden Lösung steht die Verwaltungsbefugnis nach der Freigabeerklärung zwar dem Mieter zu. Dieser kann den Mietvertrag kündigen; eine Kündigung durch den Vermieter ist gegenüber dem Mieter auszusprechen. Die pfändbaren Neuforderungen aus dem Mietverhältnis (wie bspw. ein Guthaben aus einer Betriebskostenabrechnung) fallen jedoch in die Masse und sind deshalb an den Treuhänder auszuzahlen.[346] **134**

Die **Kündigungssperre** des § 112 Nr. 1 InsO gilt auch nach der **Freigabe,** so dass der Vermieter das Mietverhältnis wegen eines vor Stellung des Antrags auf Eröffnung des Insolvenzverfahrens eingetretenen Zahlungsrückstands nicht kündigen kann.[347] Vielmehr muss er einen erneuten Zahlungsrückstand abwarten. Wird vor dem Ablauf der in § 109 Abs. 1 S. 2 InsO genannten Frist gekündigt, so ist die Kündigung gegenüber dem Treuhänder abzugeben[348]; nach Fristablauf muss gegenüber dem Mieter gekündigt werden. Die Regelung des § 569 Abs. 3 Nr. 2 BGB bleibt unberührt. Deshalb wird die Kündigung unwirksam, wenn der Vermieter innerhalb von zwei Monaten nach Rechtshängigkeit des Räumungsanspruchs befriedigt wird (§ 569 Abs. 3 Nr. 2 BGB). Erleidet der Vermieter durch die Erklärung des Insolvenzverwalters nach § 109 Abs. 1 S. 2 InsO einen Schaden, (etwa, weil der Mieter die Miete nicht bezahlen kann) so steht ihm ein Schadensersatzanspruch zu (§ 109 Abs. 1 S. 3 InsO). Dabei handelt es sich aber lediglich um eine Insolvenzforderung. Wegen der Schadensminderungspflicht muss sich der Vermieter um eine Weitervermietung bemühen. Wird das Mietverhältnis beendet und steht dem Mieter aus der Kaution ein Guthaben zu, so ist dieses nach der Vorstellung des Gesetzgebers der Insolvenzmasse zuzuführen.[349] Anders ist es, wenn der Rückzahlungsanspruch nach der Enthaftungserklärung fällig wird. Dann fällt die Kaution nicht in die Insolvenzmasse, sondern steht dem Mieter zur Verfügung und ist an diesen auszuzahlen.[350] **135**

---

339 BGH VIII ZR 19/14, NJW 2015, 3087.
340 Jaeger/*Jacoby,* InsO, 1. Aufl. 2014, InsO § 109 Rn. 65, § 112 Rn. 58.
341 BGH VIII ZR 19/14, NJW 2015, 3087.
342 *Eckert* NZM 2006, 803; *Cymutta* WuM 2008, 441; *Flatow* NZM 2011, 610.
343 *Pape* NZM 2004, 410.
344 BGH VIII ZR 107/13, NJW 2014, 1954; BGH IX ZR 136/13, NJW 2014, 2585.
345 BGH IX ZR 136/13, NJW 2014, 2585; BGH IX ZB 45/15, NJW 2017, 1747.
346 *Hinz* NZM 2014, 146; *Jakoby* ZMR 2016, 176.
347 *Derleder* FS Blank, 2006, 673 (687); *Flatow,* Insolvenz und Zwangsverwaltung bei Mietverhältnissen, 2. Aufl. 2009, S. 33; *Jacoby* ZMR 2016, 179; **aA** BGH VIII ZR 19/14, NJW 2015, 3087; MüKoInsO/*Eckert* § 109 Rn. 59; *Pape* ZMR 2009, 890; *Hinz* NZM 2014, 150.
348 BGH VIII ZR 327/11, NJW 2012, 2270.
349 Gesetzesbegründung BT-Drs. 14/5680, 27 zu Nr. 11.
350 BGH IX ZB 45/15, WuM 2017, 296.

136 Die Enthaftungserklärung wirkt auch gegenüber dem **Erwerber der Mietsache,** wenn sie in Unkenntnis des Eigentumsübergangs dem alten Vermieter gegenüber abgegeben wurde.[351] Den Veräußerer trifft die Pflicht, den Erwerber über die Existenz einer Enthaftungserklärung zu informieren. Wird diese aus dem Kaufvertrag ableitbare nachträgliche Informationspflicht verletzt, kann der Erwerber den Veräußerer auf Schadensersatz in Anspruch nehmen.

### 5. Räumungsklage

137 Die Räumungsklage muss gegen den Insolvenzverwalter gerichtet werden, wenn dieser die Mietsache im **Verwaltungsbesitz** hat oder für die Masse nutzt (Aussonderungsanspruch nach § 47 InsO).[352] Hierfür reicht es aus, wenn der Insolvenzverwalter das Recht für sich in Anspruch nimmt, die Mietsache für die Masse zu gebrauchen und darüber zu entscheiden, ob, wann und in welcher Weise er die Mietsache an den Vermieter zurückgibt. Es ist nicht erforderlich, dass der Insolvenzverwalter die Sache in Besitz genommen hat, weil die Verwaltungsbefugnis kraft Gesetzes im Zeitpunkt der Insolvenzeröffnung vom Gemeinschuldner auf den Insolvenzverwalter übergeht (§ 80 InsO). Diese Grundsätze gelten idR auch dann, wenn das Mietverhältnis bereits **vor Insolvenzeröffnung beendet** worden ist, der Mieter aber seine Rückgabeverpflichtung noch nicht erfüllt hat. Die Räumungskosten fallen in diesem Fall der Insolvenzmasse zur Last. Ein gegen den Insolvenzverwalter ergehendes **Räumungsurteil wirkt auch gegen den Mieter,** so dass der Vermieter die Zwangsvollstreckung nach § 885 ZPO betreiben kann (Räumung durch den Gerichtsvollzieher). Der Mieter kann allerdings aus eigenem Recht Räumungsfrist- und Vollstreckungsschutzanträge stellen. Übt der **Insolvenzverwalter keinen Verwaltungsbesitz** aus und nimmt er die Sache auch nicht für die Insolvenzmasse in Anspruch, so ist die Mietsache nicht massebefangen. In diesem Fall kann nur der Mieter auf Räumung und Herausgabe in Anspruch genommen werden.[353] Ein solcher Fall wird regelmäßig bei der Wohnungsmiete vorliegen. Der Herausgabeanspruch begründet ein Aussonderungsrecht (§ 47 InsO). Der Räumungsanspruch ist Insolvenzforderung.[354]

### 6. Lösungsklauseln

138 **Vertragliche Lösungsklauseln** für den Fall der Mieterinsolvenz sind bei der Wohnraummiete unzulässig. Für die Geschäftsraummiete wird die Zulässigkeit von Lösungsklauseln in der Lit. teils bejaht,[355] teils verneint.[356] Nach der hier vertretenen Ansicht ergibt sich die Unwirksamkeit von Lösungsklauseln aus § 119 InsO.[357] Danach sind Vereinbarungen unwirksam, durch die im Voraus die Anwendung der §§ 103–118 InsO ausgeschlossen oder beschränkt wird. Die Vorschrift ist eindeutig. Die in der vor Inkrafttreten des Gesetzes geführten Diskussion über die Zulässigkeit vertraglicher Lösungsrechte hat im Gesetz keinen Niederschlag gefunden.

### 7. Nicht vollzogene Mietverhältnisse

139 Sonderregelungen gelten für noch nicht vollzogene Mietverhältnisse: War dem Mieter die Mietsache zur Zeit der Eröffnung des Insolvenzverfahrens noch nicht überlassen, so können sowohl der Vermieter als auch der Verwalter vom Vertrag zurücktreten (§ 109 Abs. 2 InsO). Tritt der Verwalter zurück, so steht dem Vermieter – wie im Falle des § 109 Abs. 1 S. 2 InsO – ein Schadensersatzanspruch zu. Die Ausübung des **Rücktrittsrechts** kann grds. bis zur Überlassung (Übergabe) der Mietsache ausgeübt werden. Sowohl der Vermieter als auch der Verwalter können allerdings den jeweils anderen Teil auffordern sich über den Rücktritt zu erklären. Wird binnen zwei Wochen nach Zugang der Aufforderung keine Erklärung abgegeben, so geht das Rücktrittsrecht verloren.

---

[351] BGH IX ZR 29/11, ZInsO 2012, 733.
[352] BGH XII ZR 53/93, NJW 1994, 3232.
[353] BGH XII ZR 53/93, NJW 1994, 3232; BGH IX ZR 84/07, NZM 2008, 606.
[354] *Dahl* NZM 2008, 590.
[355] *Minuth/Wolf* NZM 1999, 292.
[356] BGH II ZR 394/12, NJW 2014, 698; OLG Hamm NZM 2002, 343; *Eckert* ZIP 1996, 902; *Rademacher* MDR 2000, 59; *Pape* NZM 2004, 402.
[357] Ebenso OLG Hamm NZM 2002, 343; OLG Düsseldorf ZMR 2006, 856.

### 8. Kündigung der Mitgliedschaft zu einer Wohnungsgenossenschaft

Nach § 65 Abs. 1 GenG hat jedes Mitglied das Recht, seine Mitgliedschaft durch Kündigung zu beenden. Der **Gläubiger** eines Mitglieds kann das Kündigungsrecht an dessen Stelle ausüben, wenn er einen Pfändungs- und Überweisungsbeschluss betreffend das Geschäftsguthaben erwirkt hat und eine Zwangsvollstreckung in das Vermögen des Mitglieds innerhalb der letzten sechs Monate fruchtlos verlaufen ist (§ 66 Abs. 1 GenG). **140**

Wird über das Vermögen des Mitglieds das Insolvenzverfahren eröffnet, so steht das Kündigungsrecht dem **Insolvenzverwalter** zu; dies wird entweder aus § 80 Abs. 1 InsO oder aus einer analogen Anwendung des § 66 Abs. 1 GenG abgeleitet.[358] Ist die Mitgliedschaft beendet, so ist das Geschäftsguthaben an den Insolvenzverwalter auszuzahlen (§ 73 GenG). Grundsätzlich ist der Insolvenzverwalter bei der Geltendmachung der dem Mieter zustehenden Ansprüche an die Satzungsbestimmungen gebunden. Eine Ausnahme gilt hinsichtlich solcher Bestimmungen, die die gesetzlich vorgesehene Verwertungsmöglichkeit des Insolvenzverwalters vereiteln, indem sie eine Auszahlung des Auseinandersetzungsguthabens tatsächlich ausschließen, ohne dass dies durch schützenswerte Interessen der Genossenschaft oder des Mieters gerechtfertigt ist.[359] Solche Bestimmungen können dem Insolvenzverwalter nicht entgegengehalten werden. Sie unterliegen insoweit einer Ausübungskontrolle gem. § 242 BGB. Die Ausnahme rechtfertigt sich aus der Erwägung, dass Genossenschaftsmitglieder nicht Teile ihres Vermögens der Insolvenzmasse entziehen können, indem sie es als Geschäftsguthaben ansparen. Deshalb kann sich die Genossenschaft gegenüber dem Auszahlungsverlangen des Insolvenzverwalters nicht auf eine Klausel berufen, wonach die Auszahlung des Auseinandersetzungsguthabens ausgeschlossen ist, solange das Mietverhältnis fortbesteht oder der Mieter die Wohnung nicht zurückgegeben hat. Eine solche Klausel ist im Rahmen der Ausübungskontrolle insgesamt unwirksam.[360] **141**

Die **Kündigung** der Mitgliedschaft in einer Wohnungsgenossenschaft durch den Gläubiger oder den Insolvenzverwalter **ist ausgeschlossen,** wenn die Mitgliedschaft Voraussetzung für die Nutzung der Wohnung des Mitglieds ist und das Geschäftsguthaben des Mitglieds höchstens das Vierfache des auf einen Monat entfallenden Nutzungsentgelts ohne die als Pauschale oder Vorauszahlung ausgewiesenen Betriebskosten oder höchstens 2.000 EUR beträgt (§ 67 c GenG). **142**

Gegen die zwangsweise Beendigung der Mitgliedschaft hat der Mieter keinen Anspruch auf **Vollstreckungsschutz;** § 765 a ZPO setzt voraus, dass die Vollstreckungsmaßnahme unmittelbar in die Rechte des Mieters eingreift. In Fällen der vorliegenden Art ist dies nicht der Fall.[361] **143**

## XXIV. Kündigung bei Insolvenz des Vermieters

Im Falle der Insolvenz des Vermieters besteht das Mietverhältnis ebenfalls fort (§ 108 S. 2 InsO). Ein **Sonderkündigungsrecht besteht nicht.** Dies gilt sowohl für den Mieter als auch für den Insolvenzverwalter. Wird die Mietsache vom Verwalter veräußert, so steht dem **Erwerber** ein Sonderkündigungsrecht zu, das zum ersten Termin nach dem Eigentumsübergang ausgeübt werden muss (§ 111 InsO). Bei der **Wohnraummiete** sind hierzu Kündigungsgründe nach § 573 BGB erforderlich. Der Umstand, dass ein Insolvenzantrag mangels Masse abgelehnt worden ist, reicht für eine Kündigung nicht aus, weil der Vermögensverfall einer Mietvertragspartei kein Lösungsrecht begründet. Die Parteien sind durch die Unsicherheitseinrede des § 321 BGB hinreichend geschützt. Danach kann der Vorleistungspflichtige seine Leistung beim Vermögensfall des Vertragspartners so lange zurückhalten, bis der Vertragspartner seinerseits erfüllt hat. Hat der Mieter den **Mietvertrag mit einer GmbH** abgeschlossen und wird die Eröffnung des Insolvenzverfahrens mangels Masse abgelehnt und die GmbH aufgelöst, so gilt nichts anderes. Die Auflösung der GmbH führt nicht zum endgültigen Erlöschen, sondern bewirkt, dass das Abwicklungsverfahren eingeleitet wird. Die GmbH kann weiterhin am Rechtsverkehr teilnehmen. Erfüllt sie ihre Verpflichtung gegenüber dem Mieter nicht, so kann dieser nach § 543 Abs. 2 Nr. 1 BGB fristlos kündigen.[362] **144**

---

358 Pöhlmann/Fandrich/Bloehs/*Fandrich,* GenG, 3. Aufl. 2007, GenG § 65 Rn. 7.
359 BGH IX ZR 56/17, NJW 2018, 2259 Rn. 16.
360 BGH IX ZR 56/17, NJW 2018, 2259 Rn. 16.
361 BGH VII ZB 41/08, NZM 2009, 916.
362 BGH XII ZR 5/00, NZM 2002, 524.

## C. Beendigung durch Zeitablauf (Abs. 2)

### I. Befristete Mietverhältnisse ohne Verlängerungsklausel

#### 1. Mietverhältnis auf bestimmte Zeit

145 Ein Mietverhältnis auf bestimmte Zeit (meist befristetes Mietverhältnis oder Zeitvertrag genannt) iSv § 542 Abs. 2 BGB ist gegeben, wenn es nach den vertraglichen Vereinbarungen nach Ablauf einer bestimmten oder bestimmbaren Zeit ohne weitere Erklärung der Vertragsparteien, insbes. ohne Kündigung enden soll. **Praktische Bedeutung** haben **Zeitmietverträge** nur außerhalb des Wohnraummietrechts, also insbes. bei der gewerblichen Miete. Bei der **Wohnraummiete** unterliegen Zeitmietverträge seit der zum 1.9.2001 in Kraft getretenen Mietrechtsreform den weitgehenden Beschränkungen des § 575 BGB, die gem. § 575 Abs. 4 BGB nicht zum Nachteil des Wohnraummieters abdingbar sind. Für vor dem 1.9.2001 auf bestimmte Zeit geschlossene Wohnraummietverträge gelten gem. Art. 229 § 3 Abs. 3 EGBGB die dort genannten Vorschriften des alten Rechts.

146 Im Anwendungsbereich des § 550 BGB (s. § 578 Abs. 1, 2 BGB), also insbes. bei der gesamten Raum- und Grundstücksmiete (gleichgültig, ob gewerblich oder nicht gewerblich oder ob zu Wohnzwecken) ist für die Wirksamkeit einer Laufzeit von länger als einem Jahr die **Einhaltung der Schriftform** notwendig. Rechtsfolge eines Formverstoßes ist aber nicht die Unwirksamkeit des gesamten Vertrages, sondern nur der Laufzeitregelung. Der Vertrag gilt dann als auf unbestimmte Zeit geschlossen und ist gem. § 542 Abs. 1 BGB nach den gesetzlichen Vorschriften kündbar mit der Einschränkung, dass eine Kündigung erstmals zum Ablauf der Jahresfrist erfolgen kann (§ 550 Abs. 2 BGB).

147 Für den Abschluss eines Zeitmietvertrages ist eine **Befristung iSv § 163 BGB notwendig** („befristetes Mietverhältnis"). Das bedeutet, dass für das Ende des Vertrages ein zukünftiges *gewisses* Ereignis maßgeblich ist. Abzugrenzen ist die Befristung von der Bedingung, bei der das Vertragsende von einem zukünftigen *ungewissen* Ereignis abhängen soll. § 542 Abs. 2 BGB behandelt nur die Befristung. Zu **auflösenden Bedingungen** in Wohnraummietverträgen § 572 Abs. 2 BGB; zu auflösenden Bedingungen in sonstigen Mietverträgen → Rn. 39. Die Abgrenzung von Bedingung und Befristung kann im Einzelfall schwierig sein. Sie hängt von den übereinstimmenden Vorstellungen der Parteien ab.[363] Maßgeblich ist, ob sie sich den Eintritt des Ereignisses als sicher oder nur als möglich *vorstellen*. Ein Mietverhältnis „bis zum Abbruch eines Hauses" ist ein befristetes Mietverhältnis, wenn der Abbruch mit Sicherheit feststeht, der Zeitpunkt des Abbruchs aber ungewiss ist. Wird der Abbruch dagegen nur als Möglichkeit in Erwägung gezogen, so liegt ein auflösend bedingtes Mietverhältnis vor. Ungewissheit besteht auch dann, wenn die Parteien den Eintritt des Ereignisses zwar für wahrscheinlich halten, aber letztlich ungewiss sind, ob es tatsächlich eintritt; lediglich die Gewissheit des Bedingungseintritts führt zur Geltung des § 542 Abs. 2 BGB. Im Zweifelsfall ist nach Beweislastgrundsätzen zu entscheiden. Darlegungs- und beweispflichtig dafür, ob eine Bedingung oder Befristung vorliegt, ist derjenige, der aus einer bestimmten Vertragsgestaltung Rechte für sich herleiten will.[364]

148 Die die Praxis beherrschenden Fälle der Befristung sind die **kalendermäßige Bestimmung** der Vertragszeit (etwa „Das Mietverhältnis dauert bis 31.1.2012") und die Angabe einer **Vertragsdauer** etwa nach Stunden, Tagen, Monaten oder Jahren (etwa „Das Mietverhältnis wird auf die Dauer von fünf Jahren abgeschlossen"). Bei Letzterem muss auch der Vertragsbeginn festgelegt werden. Hierbei genügt die Bestimmbarkeit (etwa „Das Mietverhältnis endet zehn Jahre nach Bezugsfertigkeit des Neubaus").

149 Die Anknüpfung der Befristung an ein in der Zukunft liegendes, aber nach der Vorstellung der Parteien gewisses Ereignis macht deutlich, dass die Mietzeit nicht allein durch Zeitablauf bestimmt werden kann, sondern auch durch den **Eintritt zeitlich unbestimmter Ereignisse** oder durch Erreichung eines bestimmten Zwecks. In der Praxis hat dies kaum Bedeutung. Zwar könnte als Mietzweck für ein Auto etwa „Fahrt nach Berlin" vereinbart werden und der Vertrag würde mit der Ankunft in Berlin enden. Weil die mit derartigen Vereinbarungen verbundenen Unwägbarkeiten aber offenbar sind, werden sie in dieser Weise kaum geschlossen. Falls doch, können Verzögerungen bei der Zweckerreichung über eine entsprechende Anwendung des § 162 BGB gelöst

[363] BayObLG NJW-RR 1993, 1164; BGH VIII ZR 175/73, NJW 1975, 776.
[364] BGH VIII ZR 272/08, NZM 2010, 39.

werden. Das in der Lit. vieldiskutierte Beispiel der Vermietung für die Dauer des Studiums ist durch § 575 BGB obsolet geworden. Zum **Mietverhältnis auf Lebenszeit** → BGB § 563 Rn. 12.

Ein **zeitlich befristeter Kündigungsausschluss** macht das Mietverhältnis nicht zu einem solchen auf bestimmte Zeit. Es weist aber Ähnlichkeiten mit einem Zeitmietvertrag auf, weil es bis zum Ablauf der Kündigungsausschlussfrist nicht gekündigt werden kann. Ein solcher Kündigungsausschluss kann auch bei der Wohnraummiete wirksam vereinbart werden (zu den Grenzen → BGB § 575 Rn. 73). Der Kündigungsausschluss bewirkt nicht, dass das Mietverhältnis mit dem Ablauf der Befristung endet; § 542 Abs. 2 BGB ist deshalb unanwendbar. Die Beendigung eines solchen Mietverhältnisses setzt vielmehr eine Kündigung voraus. Ähnlich ist es bei Mietverträgen, für die eine **Mindestlaufzeit** bestimmt ist (etwa „Das Mietverhältnis wird auf die Dauer von mindestens zwei Jahren abgeschlossen"), was nur außerhalb der Wohnraummiete möglich ist. 150

**2. Vertragsbeendigung**

Ein Mietverhältnis auf bestimmte Zeit **endet automatisch** nach Ablauf der vereinbarten Befristung, wenn es nicht zu einer Verlängerung durch widerspruchslose Fortsetzung des Gebrauchs gem. § 545 BGB kommt. Ein Zusatz, dass der Vertrag enden soll oder, dass es einer Kündigung nicht bedarf, ist überflüssig, aber auch unschädlich; diese Folge ergibt sich ohnehin aus der Natur der Sache und aus § 542 Abs. 2 BGB. Die Vereinbarung einer Befristung (idR einer Vertragslaufzeit) hat nicht nur zur Folge, dass der Vertrag automatisch endet, falls er nicht verlängert wird, sondern auch, dass er grds. nicht vorzeitig beendet werden kann. Eine **ordentliche Kündigung** ist deshalb **ausgeschlossen,** sofern nicht vertraglich ein ordentliches Kündigungsrecht vereinbart wird. Letzteres kann auch formularvertraglich geschehen.[365] Soll das ordentliche Kündigungsrecht aber nur einer der Vertragsparteien zustehen, ist sorgfältig zu prüfen, ob hierin nicht eine unangemessene Benachteiligung des langfristig gebundenen Vertragspartners des Klauselverwenders gem. § 307 Abs. 1 BGB zu sehen ist.[366] Gemäß § 542 Abs. 2 Nr. 1 BGB ist bei Zeitmietverträgen **die außerordentliche Kündigung nicht ausgeschlossen.** Hiervon ist nicht nur die fristlose Kündigung gem. § 543 BGB erfasst, sondern nach dem Wortlaut von § 542 Abs. 2 Nr. 1 BGB alle außerordentlichen gesetzlichen Kündigungen, also auch solche mit Frist (→ Rn. 19). 151

Die Vorschrift des **§ 193 BGB** ist für die Bestimmung des Vertragsendes unanwendbar, weil es sich, wie nach § 193 BGB notwendig, bei dem Vertragsende weder um eine Willenserklärung noch eine Leistung handelt. Ist etwa vereinbart, dass das Mietverhältnis mit dem Ablauf eines bestimmten Monats enden soll, so richtet sich das rechtliche Ende des Vertrags auch dann nach diesem Tag, wenn er auf einen Sonntag, Feiertag oder Sonnabend fällt. Zum Rückgabezeitpunkt → BGB § 546 Rn. 75. 152

Eine **vorzeitige Besitzaufgabe** durch den Mieter lässt das Vertragsende und den Mietzinsanspruch unberührt. Der Vermieter ist zur vorzeitigen Weitervermietung nicht verpflichtet.[367] Die Vorschrift des § 254 Abs. 2 BGB ist unanwendbar, weil dem Vermieter ein vertraglicher Erfüllungsanspruch zusteht. Wird die Mietsache zur Schadensbegrenzung gleichwohl weitervermietet, so ist § 537 BGB zu beachten. 153

**3. Beweislast**

Ist bei einem **Individualvertrag** streitig, ob ein Mietverhältnis befristet ist, so trägt derjenige die Beweislast, der aus der Befristung Rechte für sich herleiten will.[368] Wendet der Mieter gegenüber dem Rückgabeverlangen des Vermieters Vertragsverlängerung ein, so trifft ihn für sein fortbestehendes Recht die Beweislast.[369] Zweifel bei der **Auslegung eines Formularvertrags** gehen zu Lasten des Verwenders.[370] Enthält ein Formularvertrag sowohl eine Klausel für eine Befristung als auch eine Klausel für ein unbefristetes Mietverhältnis und ist unklar, welche von beiden Möglich- 154

---

365 BGH XII ZR 273/98, NJW 2001, 3480.
366 BGH XII ZR 273/98, NJW 2001, 3480.
367 LG Gießen NJW-RR 1995, 395; **aA** LG Braunschweig WuM 1998, 220.
368 LG Limburg WuM 2001, 359; OLG Oldenburg ZMR 1987, 425; LG Frankfurt a. M. WuM 1999, 114; LG Dessau WuM 2001, 240.
369 BGH VIII ZR 270/84, NJW-RR 1986, 282.
370 BGH IVa ZR 184/83, NJW 1986, 431; AG Bad Homburg WuM 1999, 114; AG Alsfeld WuM 1999, 116.

keiten die Parteien ausgewählt haben, so ist gem. § 305c Abs. 2 BGB der für den Verwender ungünstigere Sinn zu wählen.[371]

## II. Befristete Mietverhältnisse mit Verlängerungsklausel

155 Die Parteien können einen befristeten Mietvertrag durch Vereinbarung verlängern (zu von Gesetzes wegen eintretenden Vertragsverlängerungen → Rn. 174). Von dieser auf der Vertragsfreiheit beruhenden Selbstverständlichkeit geht auch § 542 Abs. 2 Nr. 2 BGB aus. Durch die Verlängerung entsteht kein neues Mietverhältnis, vielmehr wird das ursprünglich befristete Mietverhältnis fortgesetzt.[372] Wird die **Verlängerung im laufenden Vertrag** vereinbart, ist dies offenbar, weil Vertragsänderungen die Identität des Vertrages nie berühren. Die Verlängerung muss nur vor Ablauf der Vertragszeit erfolgen; die Rechtslage ist insofern ähnlich wie bei Rücknahme einer Kündigung (→ Rn. 95). Wird die **Verlängerung im ursprünglichen Vertrag** durch eine entsprechende **Verlängerungsklausel** vereinbart, tritt die Vertragsverlängerung rechtskonstruktiv durch Schweigen ein[373]; für den Fall, dass die bereits vereinbarte Verlängerung verhindert werden soll, steht einer oder beiden Parteien ein entsprechendes Gestaltungsrecht[374] (meist **Widerspruchsrecht** genannt) zu, das unter bestimmten Bedingungen bzw. innerhalb bestimmter Fristen auszuüben ist: *„Das Mietverhältnis wird für die Dauer von … abgeschlossen. Es verlängert sich um …, falls nicht eine der Parteien widerspricht.“* Auch hier entsteht kein neues Mietverhältnis, die Verlängerung ist im Ursprungsvertrag angelegt. Die Frage, ob ein neues Mietverhältnis entsteht, hat nicht nur akademische Bedeutung, sie entscheidet vielmehr über die Haftung des Vermieters für anfängliche Mängel gem. § 536a Abs. 1 BGB[375], über die Mangelkenntnis des Mieters gem. § 536b BGB[376], über den Beginn der Kündigungsfristen und über die Nachhaftung eines Gesellschafters gem. § 160 HGB.[377]

156 Falls in einer (typischen) Verlängerungsklausel der **Begriff der Kündigung verwendet** wird, ist hiermit ohne weitere gegenteilige Anhaltspunkte das erwähnte Gestaltungsrecht des Widerspruchs gemeint.[378] Beide Begriffe werden in Zusammenhang mit Verlängerungsklauseln meist synonym verwendet. Eine Kündigung wäre nur notwendig, wenn der Vertrag nicht ohnehin wegen Zeitablaufs enden würde. Wenn also ein echtes Kündigungsrecht gemeint wäre, dann wäre die Vertragskonstruktion grds. anders als bei einer Verlängerungsklausel: Bei Wahl einer Verlängerungsklausel beträgt die Vertragslaufzeit bspw. fünf Jahre, die sich mangels Widerspruchs um weitere fünf Jahre verlängert. Bei Wahl eines Kündigungsrechts beträgt die Vertragslaufzeit hingegen zehn Jahre mit der Vereinbarung der Möglichkeit zur ordentlichen Kündigung nach fünf Jahren. Die Auswirkungen dieses konstruktiven Unterschieds sind gering. Der einzig greifbare Unterschied ist, dass für das Widerspruchsrecht § 193 BGB gelten soll[379], für Kündigungen gilt die Vorschrift hingegen nicht.[380] Ersteres ist schon deshalb zweifelhaft, weil dem die Auffassung zu Grunde liegt, der Widersprechende gebe eine Willenserklärung ab, durch die ein Angebot auf Vertragsverlängerung abgelehnt werde. Richtigerweise handelt es sich um die Ausübung eines Gestaltungsrechts, das der Kündigung so wesensverwandt ist, dass es ebenfalls von der Anwendung des § 193 BGB ausgenommen werden sollte.

157 In Verlängerungsklauseln können die Parteien nach Ablauf der ursprünglichen Befristung **unterschiedliche Arten der Verlängerung** vorsehen: Es kann eine weitere, einmalige Verlängerung um eine bestimmte Zeit geben (etwa für weitere fünf Jahre), es kann eine wiederkehrende Verlängerung um eine bestimmte Zeit geben (etwa um jeweils ein Jahr), solange bis ein Widerspruch erklärt wird, oder es kann eine Verlängerung auf unbestimmte Zeit geben. In letzterem Fall gelten ab dem Beginn der Verlängerungszeit die allgemeinen (gesetzlichen) Kündigungsregeln; in

---

[371] LG Gießen ZMR 1996, 609; LG Berlin GE 1997, 189.

[372] BGH II ZR 330/00, NZM 2002, 604; **aA** noch BGH VIII ZR 74/73, NJW 1975, 40, es komme ein inhaltsgleicher neuer Vertrag zu Stande.

[373] BGH XII ZR 84/14, NZM 2015, 861 Rn. 13.

[374] So für das konstruktiv verwandte Optionsrecht BGH XII ZR 15/12, NJW 2015, 402.

[375] So für das konstruktiv verwandte Optionsrecht BGH XII ZR 15/12, NJW 2015, 402; BGH XII ZR 84/14, NZM 2015, 861.

[376] So für das konstruktiv verwandte Optionsrecht BGH XII ZR 15/12, NJW 2015, 402; BGH XII ZR 84/14, NZM 2015, 861.

[377] *BGH II ZR 330/00*, NZM 2002, 604.

[378] So ist wohl auch BGH II ZR 330/00, NZM 2002, 604 zu verstehen (unter II.2.).

[379] BGH VIII ZR 74/73, NJW 1975, 40.

[380] BGH III ZR 172/04, NJW 2005, 1354.

den beiden ersteren Fällen gilt das, was oben zu Mietverhältnissen auf bestimmte Zeit ausgeführt wurde (→ Rn. 145).[381]

Verlängerungsklauseln bedürfen gem. § 550 BGB der **Schriftform,** wenn sie zur Folge haben, dass das Mietverhältnis auf längere Zeit als ein Jahr verlängert wird.[382] **158**

Verlängerungsklauseln können auch **formularvertraglich** vereinbart werden.[383] Die Regelung des § 309 Nr. 9 BGB ist auf Mietverträge aller Art weder unmittelbar noch analog anwendbar[384]; § 308 Nr. 5 BGB gilt nicht für Verlängerungsklauseln.[385] Verlängerungsklauseln sind aber **nur wirksam,** wenn nach deren Wortlaut hinreichend deutlich feststeht, bis wann das Widerspruchsrecht auszuüben ist. Diese Klarheit ist meist gegeben, weil der Zeitpunkt idR zumindest bestimmbar ist, was ausreicht. So etwa, wenn, wie häufig, das Widerspruchsrecht mit Hilfe des Vertragsbeginns berechnet wird und dieser von einem dem Widerspruchsberechtigten bekannten Ereignis (etwa Überlassung des Mietobjekt) abhängt. Die Bestimmbarkeit kann fehlen, wenn mehrere Anknüpfungspunkte für den Vertragsbeginn in Betracht kommen wie etwa die Überlassung an vertragsfremde Personen.[386] Ist die Widerspruchsfrist nicht eindeutig zu ermitteln, so ist die Klausel wegen fehlender **Transparenz** unwirksam (§ 307 Abs. 1 S. 2 BGB).[387] Möglich sind auch Klauseln, die eine **frühestmöglichen Widerspruch** regeln, also etwa frühestens sechs Monate vor Ablauf der verlängerten Vertragslaufzeit; für den Widersprechenden stellt eine solche Fristennotierung keinen erheblichen Nachteil dar, der Widerspruchsempfänger wird hingegen vor übereilten Widersprüchen geschützt.[388] **159**

Der **Widerspruch** ist eine einseitige **empfangsbedürftige Willenserklärung;** es gelten die allgemeinen Vorschriften der §§ 116ff. BGB. Insoweit unterscheidet er sich nicht von der Kündigung. Deshalb ist es unschädlich, wenn der Widerspruch in Form einer Kündigung erklärt wird.[389] Zur Geltung von § 193 BGB → Rn. 156. Wird der Widerspruch durch einen Vertreter erklärt, so gilt § 174 BGB (→ Rn. 56). Sind auf einer Seite mehrere Personen beteiligt, gilt das zur Kündigung Ausgeführte entsprechend (→ Rn. 67). **160**

Ist in einem befristeten Mietvertrag vereinbart, dass der Mieter das **Recht haben soll, nach Ablauf der ursprünglichen Vertragszeit einen neuen Mietvertrag abzuschließen,** so liegt ein befristetes Mietverhältnis vor, das mit dem Ablauf der Ursprungsbefristung ohne Weiteres endet. In der Vertragsvereinbarung ist zugleich eine Abschlussoption zu sehen, die den Vermieter verpflichtet, dem Mieter die Sache zu angemessenen Bedingungen, insbes. zu einem ortsüblichen oder marktüblichen Mietzins anzubieten; der Vermieter ist nicht berechtigt, den Abschluss des neuen Vertrags durch unbillige oder willkürliche Mietbedingungen zu vereiteln.[390] **161**

### III. Befristete Mietverhältnisse mit Verlängerungsoption

Unter einer Verlängerungsoption ist eine Vereinbarung zu verstehen, wonach einer der Vertragspartner (idR der Mieter) das Recht haben soll, einen befristeten Vertrag vor Ablauf der Vertragszeit durch einseitige Erklärung auf eine weitere bestimmte Zeit zu verlängern.[391] Durch die **162**

---

[381] Soweit der BGH entschieden hat (BGH V ZR 116/90, NJW 1991, 1348), dass ein Mietverhältnis mit wiederkehrender Verlängerung auf bestimmte Zeit wie ein unbefristetes Mietverhältnis zu behandeln sei, weil die Vertragsbeendigung nicht durch Zeitablauf, sondern durch Kündigung herbeigeführt werde, betraf dies eine Besonderheit in der Übergangsregelung des Bundeskleingartengesetzes, die nur für Dauerkleingärten gilt (§ 16 Abs. 4 BKleingG). Auch wenn der BGH Recht hat, dass eine solche Verlängerungskonstruktion wertungsmäßig einem unbefristeten Vertrag mit besonderen Kündigungsregeln nahesteht, handelt es sich rechtskonstruktiv doch um einen Zeitmietvertrag mit Verlängerungsklausel.

[382] Für das konstruktiv verwandte Optionsrecht: BGH XII ZR 65/13, NZM 2014, 308 Rn. 28; BGH VIII ZR 225/86, NJW-RR 1987, 1227; OLG Frankfurt a. M. NZM 1998, 1006.

[383] Eing. *Schneehain/Stütze* NZM 2010, 883.

[384] *Schneehain/Stütze* NZM 2010, 883 mwN.

[385] *Schneehain/Stütze* NZM 2010, 885 mwN.

[386] BGH XII ZR 1/17, NZM 2018, 125; BGH XII ZR 31/17, NJW 2018, 1811 jeweils zu einem Vertrag über Werbeflächen auf Autos, bei dem unklar war, ob auf die Überlassung des Fahrzeugs an den Vermieter der Werbeflächen oder den tatsächlichen Nutzer des Wagens abzustellen war.

[387] BGH XII ZR 1/17, NZM 2018, 125; BGH XII ZR 31/17, NJW 2018, 1811.

[388] *Borutzki-Pasing* jurisPR-MietR 6/2021 Anm. 4; **aA** LG Heilbronn 15.7.2020 – 2 S 30/19, BeckRS 2020, 29405.

[389] OLG Düsseldorf WuM 2002, 606.

[390] BGH XII ZR 88/90, NJW-RR 1992, 517.

[391] BGH XII ZR 84/14, NZM 2015, 861 Rn. 13.

Ausübung der Option entsteht kein neues Mietverhältnis, vielmehr wird das ursprünglich befristete Mietverhältnis fortgesetzt.[392] Das bedeutet, dass hinsichtlich der Haftung des Vermieters für anfängliche Mängel gem. § 536a Abs. 1 BGB[393], der Mangelkenntnis des Mieters gem. § 536b BGB[394], des Beginns der Kündigungsfristen und der Nachhaftung eines Gesellschafters gem. § 160 HGB[395] auf den Beginn des ursprünglichen Mietverhältnisses und nicht auf den Wirkungszeitpunkt der Option abzustellen ist.

163 Die **Optionsvereinbarung** bedarf gem. § 550 BGB der **Schriftform,** wenn die Ausübung der Option zur Folge hat, dass das Mietverhältnis auf längere Zeit als ein Jahr verlängert wird.[396]

164 Ein Optionsrecht kann auch **formularvertraglich vereinbart** werden.[397] Die Formularklausel darf allerdings nicht so formuliert werden, dass die Vertragsverlängerung faktisch im Belieben des Vermieters steht; andernfalls verstößt sie gegen § 307 BGB.[398] Ein Verstoß gegen diese Vorschrift kann auch dann vorliegen, wenn eine Partei auf sehr lange Zeit an den Vertrag gebunden ist, während sich die Gegenpartei jederzeit vom Vertrag lösen kann.[399]

165 Die Ausübung der Option erfolgt durch einseitige **empfangsbedürftige Willenserklärung;** es gelten die allgemeinen Vorschriften der §§ 116ff. BGB. Wird die Option durch einen Vertreter erklärt, so gilt § 174 BGB (→ Rn. 56). Sind auf einer Seite mehrere Personen beteiligt, gilt das zur Kündigung Ausgeführte entsprechend (→ Rn. 67). Die Erklärung ist gegenüber dem jeweiligen Vertragspartner abzugeben. Steht das Mietobjekt unter Zwangsverwaltung, so muss die Option gegenüber oder von dem Zwangsverwalter erklärt werden.[400] Hat ein Eigentümerwechsel stattgefunden, so kann der Mieter, der hiervon keine Kenntnis erlangt hat, die Verlängerungsoption nach §§ 407, 412 BGB wirksam gegenüber dem früheren Vermieter geltend machen; der Erwerber muss diese Erklärung gegen sich gelten lassen.[401]

166 Die **Ausübung** des aus der Optionsvereinbarung folgenden Rechts ist **formlos möglich,** weil das Schriftformerfordernis des § 550 BGB nur für Vertragsänderungen gilt, durch die Optionserklärung jedoch kein neuer Vertrag zustande kommt, sondern unmittelbar auf das bestehende Mietverhältnis einwirkt, indem sie die ursprünglich vereinbarte Vertragslaufzeit ändert und ihr einen neuen Zeitabschnitt hinzufügt.[402] In der Regel sehen die Mietverträge vor, dass die Option schriftlich ausgeübt werden muss. Eine solche Vereinbarung ist wirksam und hat zur Folge, dass eine mündlich erklärte Option keine Vertragsverlängerung bewirkt.[403] Die allgemeine Schriftformklausel („Änderungen und Ergänzungen des Vertrags bedürfen der Schriftform") genügt hierfür allerdings nicht, weil die Ausübung der Option weder zu einer Vertragsänderung noch zu einer Vertragsergänzung führt.[404] Soll die Schriftform auch für die Optionserklärung gelten, so muss sich dies aus der Vereinbarung zweifelsfrei ergeben. Für die Wahrung der durch Rechtsgeschäft bestimmten schriftlichen Form genügt auch, soweit nicht ein anderer Wille anzunehmen ist, die telekommunikative Übermittlung (§ 127 Abs. 2 BGB), also auch die Übermittlung per Telefax oder per E-Mail.[405] Eine Vereinbarung, wonach die Option „per Einschreiben" erklärt werden muss, dient im Allgemeinen lediglich Beweiszwecken. Deshalb ist die Optionserklärung in einem solchen Fall auch dann wirksam, wenn sie dem Empfänger durch gewöhnlichen Brief zugeht.[406]

167 Eine gesetzliche **Frist für die Ausübung des Optionsrechts** besteht nicht. Eine solche Frist kann allerdings vereinbart werden oder sich aus der (ggf. ergänzenden) Auslegung der übrigen Vertragsvereinbarungen ergeben. Ist etwa bei Kombination von Verlängerungsklausel und Options-

---

392 BGH XII ZR 15/12, NJW 2015, 402.
393 BGH XII ZR 15/12, NJW 2015, 402; BGH XII ZR 84/14, NZM 2015, 861.
394 BGH XII ZR 15/12, NJW 2015, 402; BGH XII ZR 84/14, NZM 2015, 861.
395 BGH II ZR 330/00, NZM 2002, 604.
396 BGH XII ZR 65/13, NZM 2014, 308 Rn. 28; BGH VIII ZR 225/86, NJW-RR 1987, 1227; OLG Frankfurt a. M. NZM 1998, 1006.
397 OLG Hamburg NJW-RR 1992, 74; eingehend *Schneehain/Stütze* NZM 2010, 882. Von eine grundsätzlichen AGB-rechtlichen Zulässigkeit geht auch der BGH in BGH XII ZR 84/14, NZM 2015, 861 aus.
398 OLG Hamburg NJW-RR 1990, 1488.
399 OLG Hamburg NJW-RR 1992, 74.
400 BGH XII ZR 78/17, NZM 2019, 172.
401 BGH XII ZR 197/99, NZM 2002, 291.
402 BGH XII ZR 78/17, NZM 2019, 172.
403 *KG GE 2017, 1159.*
404 BGH XII ZR 78/17, NZM 2019, 172.
405 KG GE 2017, 1159.
406 OLG Hamm ZMR 1995, 248; OLG Dresden NZM 2017, 442.

recht eine lange (zweijährige) Widerspruchsfrist vereinbart, ist die Option ggf. unverzüglich nach Zugang des Widerspruchs zu erklären.[407] Ohne Vereinbarung kann und muss das Optionsrecht spätestens **bis zum Ablauf der vereinbarten Vertragszeit** ausgeübt werden.[408] Es erlischt mit Ablauf der regulären Vertragsdauer, wenn es nicht ausgeübt wird.[409] Theoretisch können sich die Parteien auch auf eine Optionsausübung nach Vertragsende verständigen; an die Eindeutigkeit eines solchen Willens sind aber hohe Anforderungen zu stellen.[410] Verlängert sich das Mietverhältnis gem. § 545 BGB auf unbestimmte Zeit, so lebt das mit Vertragsende erloschene Optionsrecht nicht wieder auf; die Gebrauchsfortsetzung kann nicht als Ausübung der Option durch konkludente Handlung bewertet werden.[411] Hat der Vermieter vor Ablauf der Vertragszeit Klage auf künftige Räumung erhoben, so kann der Mieter auch nach Eintritt der materiellen Rechtskraft des Räumungsurteils ein noch nicht verfristetes Optionsrecht ausüben.[412]

Wird das **Optionsrecht nicht ausgeübt,** endet das Mietverhältnis durch Zeitablauf.[413] Im Falle der **Ausübung der Option** wird das **Mietverhältnis zu den Bedingungen verlängert,** die für den Fall der Geltendmachung des Rechts getroffen worden sind. Fehlen solche Vereinbarungen, so wird das Mietverhältnis zu den bisherigen Bedingungen fortgesetzt. Dies gilt auch für den Mietpreis.[414] Insbesondere bei einer sehr langen Verlängerungszeit kann die (ggf. ergänzende) Auslegung der Optionsklausel aber ergeben, dass nach Ablauf der Mietzeit ein dann angemessener (ortsüblicher) Mietzins[415] geschuldet wird.[416] Ist vereinbart, dass über den Mietzins oder die Mietbedingungen bei der Ausübung der Option neu verhandelt werden soll, so ist die angemessene (ortsübliche) Miete geschuldet, falls eine Einigung scheitert.[417] Während des Verlängerungszeitraums ist das Kündigungsrecht des Vermieters ausgeschlossen. **168**

Ein **Optionsrecht erlischt** nicht nur mit Vertragsende[418], sondern auch, sobald es ausgeübt und damit verbraucht worden ist.[419] In einem Vertrag über die Verlängerung eines Mietvertrags, dessen Option bereits ausgeübt worden ist, ist deshalb eine unmissverständliche Vereinbarung der Parteien erforderlich, wenn das Optionsrecht wieder aufleben soll.[420] Auch ein noch nicht ausgeübtes Optionsrecht erlischt regelmäßig, wenn die Parteien das ursprüngliche Mietverhältnis durch Vereinbarung um mehr verlängern, als es nach der Option hätte verlängert werden können.[421] Soll der Mieter auch für die Verlängerungszeit ein Optionsrecht haben, muss das vereinbart werden. Gleiches gilt, wenn sich die Parteien nach verspäteter Optionsausübung mündlich auf die Fortsetzung des Mietverhältnisses einigen.[422] Anders dürfte es sein, wenn die Verlängerungszeit nur eine von mehreren Optionen übersteigt und die Parteien die Fortgeltung der Parteivereinbarungen iÜ bestätigen.[423] In jedem Fall aber sind die Parteivereinbarungen sorgfältig daraufhin zu untersuchen, ob sich aus ihnen, was möglich ist, Abweichungen zu den vorstehenden Grundsätzen ergeben. Der wirkliche Parteiwille ist maßgeblich, der sich auch aus den Verhandlungen der Parteien vor Abschluss der Verlängerungsvereinbarung ergeben kann.[424] Allerdings muss hierbei das Schriftformgebot des § 550 BGB gewahrt sein, dh, der Wille muss sich in der Urkunde zumindest angedeutet haben. In besonderen Einzelfällen kann ein Optionsrecht nach den Grundsätzen des Wegfalls der Geschäftsgrundlage (§ 313 BGB) entfallen.[425] **169**

---

[407] BGH VIII ZR 64/84, NJW 1985, 2581.
[408] BGH VIII ZR 196/81, NJW 1982, 2770; OLG Dresden ZMR 2018, 997; OLG Köln ZMR 1996, 495; OLG Frankfurt a. M. NZM 1998, 1006; LG Berlin GE 1995, 1209.
[409] OLG Celle ZMR 2014, 782.
[410] BGH VIII ZR 196/81, NJW 1982, 2770.
[411] OLG Celle ZMR 2014, 782.
[412] BGH VIII ZR 116/84, NJW 1985, 2481.
[413] OLG Hamburg NJW-RR 1998, 807.
[414] OLG Düsseldorf MDR 1995, 794.
[415] Siehe dazu BGH XII ZR 88/90, NJW-RR 1992, 517.
[416] OLG Düsseldorf NZM 2000, 462.
[417] OLG Saarbrücken NJWE-MietR 1997, 104; s. auch BGH XII ZR 88/90, NJW-RR 1992, 517.
[418] OLG Celle ZMR 2014, 782.
[419] BGH XII ZR 42/93, NJW-RR 1995, 714.
[420] BGH XII ZR 42/93, NJW-RR 1995, 714; OLG Frankfurt a. M. 14.10.2019 – 12 U 145/19, BeckRS 2019, 39140.
[421] BGH VIII ZR 196/81, NJW 1982, 2770.
[422] OLG Hamburg NZM 1998, 333; OLG Frankfurt a. M. 14.10.2019 – 12 U 145/19, BeckRS 2019, 39140.
[423] *Burbulla* ZMR 2020, 745.
[424] LG Bamberg ZMR 2020, 743.
[425] BGH XII ZR 209/97, NZM 2000, 1226 (Entfall des Optionsrechts bei einer Vermietung von Räumen an US-Streitkräfte nach deren Abzug aus Berlin).

170 **Haftung des Bürgen für Verbindlichkeiten nach Ausübung der Option.** In § 767 Abs. 1 S. 3 BGB ist geregelt, dass die Verpflichtung des Bürgen nicht erweitert wird, wenn der Hauptschuldner – hier der Mieter – nach der Übernahme der Bürgschaft ein Rechtsgeschäft vornimmt, durch das weitere Verbindlichkeiten entstehen. Das ist der Fall, wenn die Parteien nach Ablauf der Vertragszeit einen neuen Mietvertrag abschließen. Fraglich ist, ob dieselbe Rechtsfolge gilt, wenn der Mieter von einem vertraglich vereinbarten Optionsrecht Gebrauch macht. § 767 Abs. 1 S. 3 BGB bezweckt nicht nur, den Bürgen vor einer späteren Erhöhung seiner Verpflichtung, der er nicht zugestimmt hat, zu schützen, die Vorschrift soll auch verhindern, dass Gläubiger und Hauptschuldner durch eine nachträgliche Absprache das Haftungsrisiko des Bürgen in einer Weise verschärfen, die für ihn bei Abschluss des Bürgschaftsvertrages nicht erkennbar war.[426] Dies trifft auf eine Vertragsverlängerung durch die Ausübung einer Option nicht zu, weil die Möglichkeit der Optionsausübung im Mietvertrag durch eine entsprechende Optionsklausel angelegt und das Haftungsrisiko damit absehbar war.[427]

## IV. Kombination Verlängerungsklausel und Optionsrecht

171 Optionsrecht und Verlängerungsklausel können kombiniert werden. Haben die Parteien einen befristen Mietvertrag mit Verlängerungsklausel abgeschlossen und zusätzlich ein Optionsrecht zu Gunsten des Mieters vereinbart[428], so ist das Verhältnis des Verlängerungswiderspruchs zum Optionsrecht im Wege der Auslegung zu ermitteln. In der Regel hat das **Interesse an der Verlängerung des Mietverhältnisses Vorrang** gegenüber dem Beendigungsinteresse.[429] Dies folgt aus dem Wesen des Optionsrechts. Der Berechtigte soll in der Lage sein, durch einseitige Erklärung – auch gegen den Willen des Vertragspartners – eine Verlängerung des Vertrages herbeizuführen.[430] Deshalb gilt: Beide Regeln gelten kumulativ[431], so dass bei Aufeinandertreffen einer Verlängerungsklausel und einer Verlängerungsoption der Mieter nach Verlängerungswiderspruch des Vermieter regelmäßig durch Erklären der Option das Auslaufen des Mietvertrages verhindern kann.[432]

172 Ist nach dem Wortlaut der Klauseln lediglich das **Widerspruchsrecht fristgebunden,** während für die Erklärung der Option keine Frist vereinbart ist, so gilt im Wege der ergänzenden Vertragsauslegung, dass die Option noch bis zum Ablauf der Vertragszeit ausgeübt werden kann.[433] Bei einer langen (zweijährigen) Widerspruchsfrist ist die Option aber bei entsprechender Interessenlage an einer zügigen Klärung des Vertragsendes ggf. unverzüglich nach Zugang des Widerspruchs zu erklären.[434] Widerspruchsfrist und Optionsfrist können auch gleich lang sein.[435] Widerspricht der Vermieter der Vertragsverlängerung am letzten Tag der Frist, ist dem Mieter die Ausübung der Option zwar nicht mehr möglich; dem kann er aber durch frühzeitige Optionsausübung entgegen wirken.

173 Die Kombination von Verlängerungsklausel und Optionsrecht hat also folgende **Wirkung:** Widerspricht keine der Parteien, so wird das Mietverhältnis auf Grund der Verlängerungsklausel fortgesetzt. Im Falle des Widerspruchs kann der Optionsberechtigte die Vertragsbeendigung durch Ausübung der Option verhindern.[436] Wird das Optionsrecht nach einem Widerspruch nicht oder verspätet ausgeübt, so endet der Mietvertrag mit dem Ablauf der ursprünglich vereinbarten Vertragszeit.

---

[426] BGH IX ZR 181/04, NJW 2006, 228 Rn. 19.

[427] **AA** OLG Düsseldorf ZMR 2016, 615.

[428] Klauselbeispiel nach OLG Dresden ZMR 2018, 997: „1. Das Mietverhältnis beginnt am 1.1.2008 und endet am 31.12.2017. 2. Das Mietverhältnis verlängert sich automatisch um weitere 10 Jahre, wenn es nicht innerhalb einer Frist von 3 Monaten vor Ablauf des Mietvertrages, d. h. bis zum 31.8.2017 gekündigt wird. 3. Dem Mieter wird die Option eingeräumt auf eine Verlängerung des Mietvertrages um weitere zehn Jahre." Weitere Klauselbeispiele bei BGH XII ZR 241/03, NZM 2006, 137; BGH IX ZR 203/91, NJW 1992, 2281; BGH VIII ZR 64/84, NJW 1985, 2581.

[429] OLG Dresden ZMR 2018, 997.

[430] *Derleder/Pellegrino* NZM 1998, 555.

[431] BGH IX ZR 203/91, NJW 1992, 2281.

[432] OLG Dresden ZMR 2018, 997; BGH IX ZR 203/91, NJW 1992, 2281.

[433] *BGH VIII ZR 64/84, NJW 1985, 2581.*

[434] BGH VIII ZR 64/84, NJW 1985, 2581.

[435] OLG Düsseldorf 11.7.2013 – 24 U 136/12, BeckRS 2013, 16681.

[436] BGH IX ZR 203/91, NJW 1992, 2281.

### V. Sonstige Verlängerung befristeter Verträge

174 Zeitmietverträge können sich gem. **§ 545 BGB** kraft Gesetzes auch ohne Vereinbarung (auf unbestimmte Zeit) verlängern, wenn der Mieter nach Ablauf der Mietzeit den Gebrauch der Mietsache fortsetzt und nicht einer Partei der Vertragsfortsetzung innerhalb von zwei Wochen widerspricht. Sofern gem. **§ 575 BGB** ausnahmsweise eine Befristung von Wohnraummietverhältnissen möglich ist, hat der Mieter einen Anspruch auf Verlängerung, wenn der Grund der Befristung später eintritt oder wegfällt. Die Anwendung der Sozialklausel gem. **§ 575a Abs. 2 BGB** bewirkt hingegen keine Verlängerung der vereinbarten Vertragszeit, sondern nur dessen vollständige Ausschöpfung trotz außerordentlicher Kündigung mit Frist.

175 Nicht zu einer Verlängerung im eigentlichen Sinn kommt es, wenn ein befristeter Vertrag **gem. § 550 BGB formunwirksam** ist. Rechtsfolge eines Formverstoßes ist nicht die Unwirksamkeit des gesamten Vertrages, sondern nur der Laufzeitregelung. Der Vertrag gilt dann als auf unbestimmte Zeit geschlossen und ist gem. § 542 Abs. 1 BGB nach den gesetzlichen Vorschriften kündbar mit der Einschränkung, dass eine Kündigung erstmals zum Ablauf der Jahresfrist erfolgen kann (§ 550 Abs. 2 BGB). Auf diese Weise kann es ohne Kündigung zu einer längeren Laufzeit als vereinbart kommen.

## D. Mietaufhebungsverträge

176 Mietverträge können nach dem Grundsatz der Vertragsfreiheit jederzeit im Wege der Vereinbarung aufgehoben werden. Ein Anspruch darauf besteht aber nicht[437]; zu Ausnahmen → Rn. 202. Für den Mietaufhebungsvertrag besteht ein praktisches Bedürfnis. Er wird insbes. abgeschlossen, wenn ein befristeter Mietvertrag vor Ablauf der vereinbarten Vertragszeit enden soll, der Mieter nach vorangegangener Kündigung vor Ablauf der Kündigungsfrist ausziehen will oder einer von mehreren Mietern aus dem Vertrag ausscheiden und das Mietverhältnis mit dem anderen Mieter fortgesetzt werden soll. Gegen Aufhebungsvereinbarungen bestehen **keine rechtlichen Bedenken.** Etwas anderes gilt nur für solche Vertragsgestaltungen, durch die der **Bestandsschutz des Wohnungsmieters** umgangen werden soll. Hiervon ist etwa auszugehen, wenn der Mieter bereits bei Beginn des Mietverhältnisses ein bindendes Angebot zum Abschluss eines Aufhebungsvertrags abgeben soll, das der Vermieter dann nach Belieben annehmen könnte.[438]

### I. Zustandekommen des Vertrags

177 Sind auf der Mieterseite oder Vermieterseite **mehrere Personen** Partei des Mietvertrags, so müssen alle Vertragspartner an dem Aufhebungsvertrag mitwirken. **Bevollmächtigung** ist möglich, zur formularvertraglichen Bevollmächtigung im Mietvertrag gilt dasselbe wie zur Kündigungsvollmacht (→ Rn. 89). Bei Eheleuten ist die Regelung des § 1357 BGB unanwendbar, weil der Abschluss eines Mietaufhebungsvertrags kein Geschäft zur Deckung des Lebensbedarfs der Familie darstellt.[439]

178 Wollen die Parteien erreichen, dass **einer von mehreren Mietern aus dem Vertrag ausscheiden** und das Mietverhältnis mit dem anderen Mieter fortgesetzt werden soll, so müssen hieran alle Personen mitwirken, die den Mietvertrag abgeschlossen haben. Ein von mehreren Personen begründetes Mietverhältnis kann nur von allen Beteiligten wieder aufgehoben oder umgestaltet werden.[440] Aus der Tatsache, dass sich Eheleute getrennt haben, kann die Zustimmung des nicht am Aufhebungsvertrag Beteiligten zur Vertragsumgestaltung nicht ohne weiteres hergeleitet werden.[441] Das folgt aus der Einheitlichkeit des Mietverhältnisses (→ Rn. 67). Wird der scheidende Mieter ohne Mitwirkung des verbleibenden Mieters aus dem Vertrag entlassen, so liegt ein Vertrag zu dessen Lasten vor, weil der verbleibende Mieter hierdurch einen zur anteiligen Mietzahlung verpflichteten Gesamtschuldner verlöre (§ 426 Abs. 1 BGB). Ein Vertrag mit diesem Inhalt ist unwirksam. Allerdings wird man Verträge zwischen dem Vermieter und dem scheidenden Mieter dahin

---

437 *Streyl* NZM 2005, 365.
438 *Sonnenschein* PiG 26 (1987), 66.
439 LG Köln WuM 1990, 142; BGH VIII ZR 326/14, WuM 2016, 353 (für die Änderung eines Mietvertrags).
440 OLG Celle WuM 1982, 102; BayObLG WuM 1983, 107; *Sonnenschein* PiG 26 (1987), 67.
441 BayObLG WuM 1983, 107.

gehend umdeuten können, dass der Vermieter den scheidenden Mieter nicht mehr in Anspruch nehmen kann; im Innenverhältnis zu den anderen Mietern bleibt aber auch der scheidende Mieter zur anteiligen Mietzahlung verpflichtet; etwas anderes gilt, wenn im Innenverhältnis abweichende Regelungen bestehen.

**179** Wie jeder Vertrag kommt auch der Mietaufhebungsvertrag durch **Angebot und Annahme** zustande. Der Mietaufhebungsvertrag ist in aller Regel auch dann **formlos** wirksam, wenn der Mietvertrag schriftlich abgeschlossen worden ist. Gesetzliche Schriftformerfordernisse gibt es nicht. § 550 BGB gilt nur für Abschluss und Änderung von Mietverträgen; die Vorschrift schließt iÜ formlose Abreden nicht aus, sondern knüpft an sie ggf. nur die Folge der Unwirksamkeit einer Laufzeitregelung. Vereinbarte Formerfordernisse können jederzeit formlos aufgehoben werden, was stillschweigend (auch ohne dahingehendes Bewusstsein) durch den Abschluss des Aufhebungsvertrages geschieht.[442] Ebenso ist wegen des Vorrangs der Individualvereinbarung (§ 305 b BGB) bei der Aufhebung von formluarvertraglich vereinbarten sog. doppelten Schriftformklauseln, mit denen auch die Aufhebung des Formerfordernisses der Schriftform unterworfen wird.[443] Lediglich die Aufhebung einer individualvertraglich vereinbarten doppelten Schriftformklauseln bedarf der Form.[444]

**180** Die Bewertung einer Erklärung als Angebot zum Abschluss eines Mietaufhebungsvertrags ist nur gerechtfertigt, wenn mit hinreichender Deutlichkeit zum Ausdruck kommt, dass sich der Erklärende hierdurch binden will. An den **Bindungswillen** dürfen nicht zu geringe Anforderungen gestellt werden.[445] Besteht zwischen den Parteien kein Streit über das Vertragsende und schließen sie eine Vereinbarung zur Abwicklung des Mietverhältnisses (etwa durch Vereinbarung eines Auszugstermins), kann das Nichtbestehen des Vertrags Geschäftsgrundlage einer solchen Vereinbarung gem. § 313 BGB sein, die wegfällt, wenn tatsächlich eine Vertragsbeendigung nicht eingetreten ist.[446]

**181** Der Mietaufhebungsvertrag kann auch durch **konkludentes Verhalten** zustande kommen. Erforderlich ist, dass sich die Parteien über die Mietaufhebung einig sind; hierüber darf kein Zweifel bestehen.[447] Auch bei einer stillschweigenden Vertragsaufhebung sind Angebot und Annahme notwendig. Dem Verhalten der Parteien muss zu entnehmen sein, dass sie eine einvernehmliche (!) Vertragsbeendigung wollen. Mit einer **Kündigung** schreibt sich der Kündigende nämlich gerade die Rechtsmacht zur einseitigen Vertragsbeendigung zu. Will er zusätzlich oder bei Unwirksamkeit der Kündigung im Wege der Umdeutung gem. § 140 BGB ein Angebot auf Abschluss einer Aufhebungsvereinbarung machen, muss sich dies hinreichend deutlich für den Kündigungsempfänger aus der Kündigung oder den Begleitumständen ergeben.[448] Ähnlich ist es bei der Reaktion des Kündigungsempfängers auf die Kündigung. Ein Schweigen reicht nicht aus. Ein Gekündigter ist weder verpflichtet, sich zur Kündigung noch zu einem Angebot auf Mietaufhebung zu erklären. Erklärungen oder tatsächliches Verhalten dürfen sich nicht nur als Reaktion auf die Kündigung (als Ausübung einseitiger Rechtsmacht) darstellen, sondern als (zustimmende) Reaktion auf ein (erkanntes) Vertragsangebot.

**182** **Konkret** bedeutet das folgendes: Eine **unwirksame Kündigung** kann grds. nicht in ein Angebot auf Abschluss eines Mietaufhebungsvertrages umgedeutet werden.[449] Ebenso wenig ist in einer wirksamen Kündigung oder in der Androhung einer Kündigung[450] ein solches Angebot mitenthalten. Anders kann das sein (die Einzelfallumstände entscheiden!), wenn sich aus der Kündigung hinreichend sicher und erkennbar die über die Gestaltungserklärung hinausgehende zusätzliche Erklärung entnehmen lässt, die Vertragsbeendigung mit Zustimmung des Kündigungsgegners herbeiführen zu wollen.[451] Nicht notwendig erscheint es, dass der Kündigende die Unwirksamkeit

---

[442] BGH VIII ZR 97/74, NJW 1976, 1395 (für individualvertraglich vereinbarte Formerfordernisse); BGH XII ZR 312/02, NJW 2006, 138 (für formularvertraglich vereinbarte Formerfordernisse).
[443] BGH XII ZR 69/16, NJW 2017, 1017.
[444] BGH VIII ZR 97/74, NJW 1976, 1395; BAG NJW 2003, 3725.
[445] OLG Naumburg WuM 1998, 283; OLG Düsseldorf NZM 1999, 970; LG Wuppertal ZMR 2016, 117.
[446] BGH VIII ZR 191/18, NJW-RR 2021, 84.
[447] VerfG Bbg WuM 2015, 231.
[448] BGH VIII ZR 299/79, NJW 1981, 43.
[449] *BGH VIII ZR 299/79*, NJW 1981, 43.
[450] OLG Naumburg WuM 1998, 283.
[451] BGH VIII ZR 299/79, NJW 1981, 43; BGH VIII ZR 255/82, NJW 1984, 1028; OLG Köln MDR 2002, 390; OLG Dresden NZM 2012, 84.

der Kündigung erkannt hat.[452] Denn der Wunsch nach einvernehmlicher Vertragsbeendigung kann auch zur Erlangung von Rechtssicherheit erwünscht sein. So kommt eine stillschweigende Vertragsaufhebung etwa zu Stande, wenn der Erklärung des Kündigenden zu entnehmen ist, dass er mit einer Stellungnahme des Kündigungsempfängers rechnet und der Empfänger zustimmend reagiert.[453] Außerdem dann, wenn sie den beiderseitigen Interessen entspricht[454]; das ist etwa möglich, wenn sich die Parteien zwar über die Wirksamkeit ihrer jeweils erklärten Kündigungen und die sich daraus ergebenden Rechtsfolgen streiten, aber beide darin einig sind, dass der Vertrag nicht mehr weiter durchgeführt werden, sondern aufgehoben sein soll.[455]

Ein stillschweigender Mietaufhebungsvertrag ist auch anzunehmen, wenn der Vermieter *in Gegenwart des Mieters* mit einem Dritten einen **Anschlussmietvertrag** abschließt.[456] Hier kommt durch die Weitervermietung hinreichend klar zum Ausdruck, dass der bisherige Mieter aus dem Vertrag entlassen werden sollte, weil der Vermieter den Gebrauch nicht mehr gewähren kann. Der Umstand, dass das Anschlussmietverhältnis in der Folgezeit wieder aufgelöst wird, ändert am Zustandekommen des Aufhebungsvertrags nichts.[457] Anders ist es, wenn der Vermieter die Weitervermietung ohne Einbeziehung des Mieters vornimmt[458]; hier kommt es schon nicht zum Austausch von Willenserklärungen, die Weitervermietung erfolgt vielmehr idR deshalb, um die Nachteile eines Leerstands zu minimieren.[459] Die Folgen sind nach § 537 Abs. 2 BGB zu beurteilen. **183**

Ähnliche Maßstäbe wie an den Erklärungsgehalt einer Kündigung sind an den Erklärungsgehalt eines bloßen **Auszuges des Mieters** anzulegen. Hierin kann (!) ein Angebot auf Mietaufhebung zu sehen sein, das der Vermieter annehmen kann. Es sind aber gleichfalls (hohen) Anforderungen zu stellen. In der Regel kommt in dem Auszug nach einer Vermieterkündigung nichts anderes zum Ausdruck, als dass der Mieter dem Druck der Kündigung nachgibt, und nach einer Eigenkündigung nichts anderes, als dass er nach wirksamer Vertragsbeendigung seiner Räumungspflicht nachkommt. Anders ist es bei einem Auszug des Mieters ohne vorherige Kündigung. In diesem Fall ist ein Angebot zum Abschluss eines Mietaufhebungsvertrags jedenfalls dann naheliegend, wenn ein Kündigungsrecht nicht besteht und ein anderer Grund für die Besitzaufgabe nicht erkennbar ist. Der Vermieter kann ein solches Angebot ausdrücklich oder stillschweigend annehmen; hierfür sind aber besondere Anhaltspunkte erforderlich, da nicht anzunehmen ist, dass er sich ohne Weiteres seiner vertraglichen Rechte begibt. In der **Entgegennahme der Schlüssel** oder in der Verwahrung der zurückgelassenen Gegenstände des Mieters liegt für sich allein jedenfalls keine stillschweigende Annahme[460], weil dem Vermieter idR schon aus Gründen der Obhut über das Mietobjekt nichts anderes übrigbleibt, als die Schlüssel entgegenzunehmen oder die Sachen des Mieters zu verwahren. **184**

Oftmals äußert sich der Kündigungsempfänger zur Kündigung bestätigend. Solche **Annahme- oder Bestätigungserklärungen** machen aus einer unwirksamen Kündigung keine wirksame Kündigung, weil die Kündigung als Gestaltungsrecht die Rechtslage ohne Zutun des Empfängers umgestaltet oder eben nicht.[461] Die Äußerung zu einem Akt einseitiger Rechtsausübung darf nicht mit dem Konsensualakt einer Vereinbarung verwechselt werden. Das schließt allerdings nicht jedes Rechtserheblichkeit einer solchen Bestätigung aus. Einmal kann hierin bei entsprechenden Anhaltspunkten ausnahmsweise entsprechend dem vorstehend zur Kündigungserklärung Ausgeführten eine Willenserklärung zum Abschluss eines Mietaufhebungsvertrages zu sehen sein. Ansonsten kommt als rechtserheblicher Erklärungswert ein deklaratorisches Schuldanerkenntnis über das Bestehen einer Schuld (der Räumungspflicht gem. § 546 BGB) ab einem bestimmten Zeitpunkt in Frage. Ein Anerkenntnisvertrag erfordert allerdings einen Streit oder eine Unsicherheit über die Sach- bzw. Rechtslage.[462] Deshalb ist ein **deklaratorisches Anerkenntnis** „einer Kündigung" nur möglich, wenn die Parteien sich darüber auseinandergesetzt haben. Hierzu reicht es nicht aus, dass der Kündi- **185**

[452] So aber BAG NZA 1986, 28 für die Kündigung eines Arbeitsvertrages.
[453] BGH VIII ZR 299/79, NJW 1981, 43; BGH V ZR 51/13, NZM 2014, 790 Rn. 33.
[454] BGH VIII ZR 299/79, NJW 1981, 43; BGH V ZR 51/13, NZM 2014, 790 Rn. 33.
[455] BGH V ZR 51/13, NZM 2014, 790 Rn. 31.
[456] AG Nordhorn WuM 1997, 36.
[457] IErg ebenso LG Saarbrücken WuM 1997, 37.
[458] **AA** wohl LG München NJWE-MietR 1997, 25 = WuM 1996, 766.
[459] OLG Düsseldorf NJW-RR 1988, 202.
[460] OLG Köln ZMR 1998, 91; OLG Naumburg WuM 1998, 283; KG NZM 2007, 402; 2014, 912; LG Wuppertal ZMR 2016, 117; LG Düsseldorf DWW 1996, 280.
[461] OLG Hamm NZI 2020, 322.
[462] BGH IV ZR 222/74, NJW 1976, 1259.

gende den Gegner ohne weiteren Anlass zur Stellungnahme oder Akzeptanz der Kündigung aufgefordert hat. Mit einer solchen Aufforderung bringt er nur eine allgemeine Unsicherheit eines jeden Gläubigers über die Erfüllungsbereitschaft zum Ausdruck; notwendig sind vielmehr konkrete Anhaltspunkte für eine Unsicherheit. Erklärt der Kündigungsempfänger ohne Streit oder Unsicherheit oder auf eine allgemeine Anfrage, die Kündigung zu akzeptieren, hat dies mangels Rechtsbindungswillen keine rechtliche Bedeutung. Ansonsten würde jede Ankündigung einer Erfüllung ein Anerkenntnis bzw. ein Angebot auf ein solches darstellen. Ähnliches gilt für eine Äußerung des Mieters, er habe eine neue Wohnung gefunden.[463]

**186** Die Beendigung des Hauptmietvertrags hat zur Folge, dass (auch) der **Untermieter** gegenüber dem Hauptvermieter zur Herausgabe verpflichtet ist. Der Mietaufhebungsvertrag ist folglich mit erheblichen Nachteilen für den Untermieter verbunden. Deshalb stellt sich die Frage, ob die Parteien das Hauptmietverhältnis auch dann aufheben können, wenn der Hauptmieter dem Untermieter vertraglich zur Gebrauchsgewährung verpflichtet ist. In einem solchen Fall ist nur ausnahmsweise eine Sittenwidrigkeit gem. § 138 Abs. 1 BGB gegeben, nämlich dann, wenn für den Vermieter und den Hauptmieter kein vernünftiger Grund für die Beendigung des Mietverhältnisses besteht und der Zweck des Mietaufhebungsvertrags allein darin liegt, dass der Eigentümer wieder Alleinbesitz an dem Mietobjekt erlangt.[464] Anders ist es, wenn die Parteien vernünftige Gründe für die Vertragsaufhebung haben.[465] Weiter setzt die Anwendung des § 138 Abs. 1 BGB voraus, dass der Mietaufhebungsvertrag die Rechtsstellung des Untermieters tatsächlich verschlechtert. Daran fehlt es, wenn der Hauptmieter in der Lage ist, das Untermietverhältnis zeitnah zu beenden.[466]

## II. Inhalt des Mietaufhebungsvertrags

**187** Zu den wesentlichen Bestandteilen eines Mietaufhebungsvertrags gehört die Einigung über die Beendigung des Mietverhältnisses. Sind über den **Beendigungszeitpunkt** keine besonderen Regelungen getroffen, so wird der aus der Vertragsbeendigung folgende Räumungs- und Herausgabeanspruch sofort fällig. Soll die Mietsache nach den Vorstellungen der Parteien erst zu einem späteren Zeitpunkt herausgegeben werden, so müssen sich die Parteien auch über den Zeitpunkt der Fälligkeit einigen. Ist der Zeitpunkt kalendermäßig bestimmt, so kommt der Mieter zum Leistungszeitpunkt ohne weitere Mahnung in Verzug.[467] Zur – ggf. stillschweigenden – **Abbedingung von § 545 BGB** → BGB § 545 Rn. 11.

**188** Die Regelung der **Art und Weise der Rückgabe** steht im Belieben der Parteien. Beschränkt sich der Aufhebungsvertrag auf die Einigung über die Vertragsbeendigung, so richten sich die Modalitäten der Rückgabe nach den Vereinbarungen im ursprünglichen Mietvertrag; ist im Mietvertrag insoweit nichts geregelt, so sind die gesetzlichen Bestimmungen maßgebend. Die Modalitäten der Rückgabe können im Aufhebungsvertrag auch abweichend von den Vereinbarungen im Mietvertrag geregelt werden.

**189** Aus dem Fehlen besonderer Vereinbarungen über die Erfüllung der Renovierungspflicht, der Rückzahlung der Kaution und dergleichen kann nicht gefolgert werden, dass die betreffende Verpflichtung der einen oder der anderen Partei erlassen werden sollte. Gleiches gilt für Schadensersatzansprüche wegen einer Pflichtverletzung, die zur Vertragsaufhebung geführt hat. An einen **Verzicht auf bestehende Forderungen** sind hohe Anforderungen zu stellen, der Verzichtswille muss – auch unter Berücksichtigung sämtlicher Begleitumstände – unmissverständlich sein.[468] Bei einem stillschweigenden Verzicht bedarf es regelmäßig bedeutsamer Umstände, die auf einen solchen Verzichtswillen schließen lassen.[469] Haben die Parteien eine erhebliche (!) Abfindung vereinbart, kann darin eine Abgeltung weitergehender Ansprüche zu sehen sein.[470] In der Höhe der Abfindung muss sich aber das Risiko Wiederspiegeln, das sich nach der Höhe der Ansprüche, auf die verzichtet wird, bemisst sowie nach der von den Parteien angenommenen Wahrscheinlichkeit ihres Bestehens.

---

[463] LG Düsseldorf WuM 1991, 673.
[464] BGH XII ZR 76/17, NZM 2018, 601.
[465] BGH XII ZR 76/17, NZM 2018, 601.
[466] BGH XII ZR 76/17, NZM 2018, 601.
[467] *BGH XII ZR 208/96, NZM 1999, 371.*
[468] BGH VIII ZR 214/15, NZM 2016, 718 Rn. 14; BGH VIII ZR 99/14, NJW 2015, 2324 Rn. 19.
[469] BGH VIII ZR 99/14, NJW 2015, 2324 Rn. 19.
[470] BGH VIII ZR 99/14, NJW 2015, 2324 Rn. 19.

190 **Die Parteien des Mietaufhebungsvertrags können Abfindungszahlungen des Vermieters zugunsten des Mieters** (solche Abfindungen unterliegen nicht der Besteuerung[471]) für den pünktlichen Auszug oder für die Vertragsaufhebung als solche vereinbaren. Welcher dieser Zwecke verfolgt wird, ist von praktischer Bedeutung, wenn der Mieter die Mietsache verspätet zurückgibt. Ist der Vertragstext unklar, so kommt es auf die übereinstimmenden Vorstellungen der Parteien an. Bleiben diese Vorstellungen ebenfalls unklar, so kann das von den Parteien in Wirklichkeit gewollte häufig aus den objektiven Gegebenheiten hergeleitet werden.[472] Das Zeitmoment (der pünktliche Auszug) ist von untergeordneter Bedeutung, wenn der Aufhebungsvertrag geschlossen wurde, weil der Vermieter das Mietverhältnis nicht durch Kündigung beenden konnte oder weil das Vorliegen eines Kündigungsgrundes zweifelhaft war.[473] Für diesen Fall ist davon auszugehen, dass eine verspätete Rückgabe den Anspruch auf die Abstandszahlung nicht berührt. Liegt demgegenüber ein Kündigungsgrund vor und wird der Aufhebungsvertrag geschlossen, um eine schnellere Rückgabe zu erreichen (etwa bei formeller Unwirksamkeit der Kündigung, bei langer Kündigungsfrist oder bei einem Räumungsrechtsstreit), so steht das Zeitmoment im Vordergrund, mit der Folge, dass der Zahlungsanspruch entfällt, wenn der Mieter nicht rechtzeitig räumt.[474] Ist nach der Sachlage davon auszugehen, dass die Abstandszahlung sowohl für die Vertragsaufhebung an sich als auch für eine frühzeitige Rückgabe vereinbart worden ist, so kann eine ergänzende Vertragsauslegung zu dem Ergebnis führen, dass die Zahlung bei verspäteter Räumung nur in verminderter Höhe zu leisten ist.[475] Sofern ein **Nachmieter eine Abfindung an den Vermieter** dafür zu leisten hat, dass der Mieter die Wohnung räumt, kann eine solche Vereinbarung gem. § 4a WoVermittG unwirksam sein.[476]

191 Die Vereinbarung einer **Vertragsstrafe** verstößt (nur) bei der Wohnraummiete gegen § 555 BGB. Diese Vorschrift gilt auch für Mietaufhebungsverträge. Zwar soll durch § 555 BGB in erster Linie verhindert werden, dass entsprechende Vereinbarungen im Mietvertrag getroffen werden. Von dem Wortlaut und dem gesetzgeberischen Zweck des § 555 BGB werden darüber hinaus aber auch die Mietaufhebungsverträge erfasst. Das Verbot der Vertragsstrafe beruht auf der Erwägung, dass dadurch der gesetzliche Schutz des Mieters für den Fall der Beendigung des Mietverhältnisses ausgehöhlt werden könnte. Insbesondere kann ein Mieter durch das mit der Vertragsstrafe verbundene finanzielle Risiko gehindert sein, etwa eine Räumungsfrist oder Vollstreckungsschutz zu verlangen. Zu formularvertraglichen Vereinbarungen im Wohnraummietvertrag über **Pauschalabfindungen des Vermieters bei vorzeitiger Vertragsauflösung** → BGB § 555 Rn. 711.

## E. Ersatzmieter

192 Wie bereits ausgeführt, besteht grds. **kein Anspruch auf Abschluss eines Mietaufhebungsvertrages** (→ Rn. 176). Die Parteien können einen solchen Anspruch aber vereinbaren. Es besteht kaum Veranlassung für die Gewährung eines bedingungslosen Rechts auf einen solchen Vertrag, weil stattdessen einfacher ein Kündigungsrecht vereinbart werden bzw. die Vereinbarung eines Kündigungsausschlusses (→ BGB § 575 Rn. 66) unterbleiben kann. Kündigungsausschlussvereinbarungen haben nur bei der Wohnraummiete Bedeutung, weil das mit ihnen verfolgte Ziel, eine kalkulierbare Vertragsdauer herzustellen, bei anderen Mietverträgen durch Befristungen oder die Kombination von Befristungen und Verlängerungsregelungen hergestellt werden kann. Auf Vermieterseite ist ein Anspruch auf Mietaufhebung nur für den Vermieter von Wohnraum von Interesse, da er hierdurch von den Kündigungsbeschränkungen des § 573 BGB befreit würde. Aus eben diesem Grund wäre eine solche Vereinbarung aber unwirksam, weil sie eine Umgehung des Nachteilsverbots in § 573 Abs. 4 BGB (und auch des Nachteilsverbots in § 572 Abs. 2 BGB) darstellt.

193 **Praktische Bedeutung** hat deshalb nur die **Vereinbarung** eines von bestimmten Voraussetzungen abhängigen Anspruchs auf Vertragsaufhebung, nämlich das Recht des Mieters vorzeitig aus dem Vertrag entlassen zu werden, wenn ein **Ersatzmieter (Nachmieter)** zur Verfügung steht, der bereit ist, das Mietverhältnis fortzusetzen. Neben einer Vereinbarung kann das Recht des Mieters

471 BFH NZM 2001, 56.
472 LG Nürnberg-Fürth WuM 1995, 181.
473 LG Mannheim WuM 1988, 87.
474 LG Frankfurt a. M. WuM 1990, 196.
475 LG Nürnberg-Fürth WuM 1995, 181.
476 Siehe dazu *Himmen* ZMR 2020, 997.

zur Ersatzmieterstellung auch aus einer **einseitigen Gewährung des Vermieters** (→ Rn. 197) oder aus einem **gesetzlichen Recht** (→ Rn. 200) folgen.

194 **Konstruktiv** kann die Fortsetzung des Mietverhältnisses mit dem Ersatzmieter auf verschiedene Weise bewirkt werden[477]: Einmal durch zwei zweiseitige Verträge, nämlich einen Mietaufhebungsvertrag mit dem Bestandsmieter und einen neuen Mietvertrag mit dem Ersatzmieter. Dieser neue Mietvertrag kann denselben oder einen anderen Inhalt haben wie der alte Mietvertrag. Alternativ können die Parteien einen dreiseitigen Vertrag zwischen Vermieter, Bestandsmieter und Ersatzmieter schließen, mit dem der Bestandsmieter entlassen und der Ersatzmieter Partei des Mietvertrages wird. Das ist eine Vertragsübernahme. Schließen Vermieter und Ersatzmieter aus Anlass dieser Vertragsübernahme weitere Vereinbarungen zu ihrem zukünftigen Vertragsverhältnis, so handelt es sich um Änderungen des ursprünglichen Vertrages, da bei einer Vertragsübernahme die Identität des Vertrages gewahrt bleibt. Die Frage, ob ein neues Mietverhältnis entsteht, hat uU nicht nur akademische Bedeutung, sie kann vielmehr für die Haftung für anfängliche Mängel gem. § 536a Abs. 1 BGB, für die Mangelkenntnis des Mieters gem. § 536b BGB und für den Beginn der Kündigungsfristen Bedeutung haben. Wenn sich ein neuer Vertrag als inhaltliche Fortsetzung des alten Vertrages darstellt, weil dessen Regelungen vollständig oder nahezu vollständig übernommen werden, ist stillschweigend vereinbart, dass als Vertragsbeginn der Beginn des ursprünglichen Mietverhältnisses gelten soll; hierdurch wird dasselbe Ergebnis erzielt wie bei einer Vertragsübernahme. Enthält der neue Vertrag wesentliche Änderungen oder ist aus sonstigen Gründen anzunehmen, dass Vermieter und Ersatzmieter ihre Rechtsbeziehung auf eine neue, vom Ursprungsvertrag gelöste Grundlage stellen wollen, dann ist der Beginn des neuen Vertrags für die genannten Vorschriften maßgeblich.

### I. Vereinbarung

195 Der Mieter hat einen vertraglichen Anspruch auf Abschluss eines Aufhebungsvertrags, wenn im Mietvertrag eine Ersatzmieterklausel enthalten ist. Eine **echte Ersatzmieterklausel** liegt vor, wenn der Vermieter an den vom Mieter benannten Nachfolger gebunden sein soll und mit ihm kontrahieren muss; von einer **unechten Ersatzmieterklausel** spricht man, wenn dem Mieter nur das Recht zum vorzeitigen Ausscheiden aus dem Vertrag bei Stellung eines Ersatzmieters zustehen soll, ohne dass der Vermieter verpflichtet ist, mit dem Nachfolger einen Mietvertrag abzuschließen.[478] Im Zweifel liegt jedenfalls bei der Gewerbemiete eine echte Ersatzmieterklausel vor, weil der Mieter ein Interesse daran haben kann, seine Investitionen an den Nachfolger weiterzugeben und sich diese (teilweise) erstatten zu lassen. Außerdem spricht meist der Wortlaut derartiger Klauseln für eine Verpflichtung des Vermieters zum Vertragsschluss; der Begriff des Ersatz- oder Nachmieters deutet auf einen Vertragsschluss mit diesem. Die der unechten Ersatzmieterklausel eigentümlichen Beschränkungen müssen sich deshalb entweder aus der Klausel selbst oder aus den Umständen ergeben.[479] Diese Grundsätze entheben aber nicht einer sorgfältigen Prüfung der Einzelfallumstände, wie sie sich bei Abschluss der Vereinbarung der Ersatzmieterklausel darstellen.

196 In der Regel enthalten die Ersatzmieterklauseln die Beschränkung, dass der **Nachfolger „zumutbar"** sein muss, dass der Vermieter den Nachfolger „aus wichtigem Grund" ablehnen kann oder dass der Mieter „die Bonität des Nachfolgers" nachzuweisen hat. Solche und ähnliche Regelungen werden dahingehend ausgelegt, dass der Nachfolger hinsichtlich seiner wirtschaftlichen Verhältnisse und seiner Person dem bisherigen Mieter entsprechen muss.[480] Der Sinn einer solchen Beschränkung liegt in der Absicherung des Vermieters gegen das mit dem Mieterwechsel verbundene Mietausfallrisiko. Auch ohne eine ausdrückliche Regelung ist aber ohne Weiteres davon auszugehen, dass der Vermieter nur zumutbare Nachfolger akzeptieren muss. Zu Einzelfragen der Zumutbarkeit → Rn. 214.

197 Eine Vereinbarung darüber, dass der Mieter einen Ersatzmieter stellen darf, kann auch **stillschweigend** dadurch zu Stande kommen, dass der Vermieter im Einzelfall **auf eine Frage oder Bitte des Mieters** hin sich hierzu bereit erklärt.[481] Auch in diesem Fall ist die Vereinbarung dahin-

---

[477] Siehe BGH XII ZR 6/96, NJW 1998, 531.
[478] OLG Frankfurt a. M. NJW-RR 1992, 143; LG Dresden ZMR 2020, 1027.
[479] *OLG Frankfurt a. M. NJW-RR 1992, 143.*
[480] OLG Düsseldorf MDR 1995, 570, dann aber zu Unrecht im Fall verneint, weil anstelle eines Arztehepaares ein einzelner Arzt in den Mietvertrag eintreten soll.
[481] So etwa in BGH VIII ZR 247/14, NJW 2015, 3780.

gehend zu verstehen, dass der Ersatzmieter zumutbar sein muss. Es ist aber sorgfältig an Hand der Einzelfallumstände zu prüfen, ob der Vermieter mit seiner Reaktion auf die Bitte des Mieters schon eine Rechtsbindung eingehen oder nur die wohlwollende Prüfung eines Ersatzmieters in Aussicht stellen wollte. Teilweise wird dies vorschnell ohne Prüfung bejaht[482], teilweise vorschnell unter bloßem Hinweis auf die Freiwilligkeit der Erklärung verneint.[483] Maßgebliche Kriterien sind etwa ein Eigeninteresse des Vermieters, der Verlauf des bisherigen Mietverhältnisses, ein für den Vermieter erkennbares Verlassen auf die Zusage[484] und die (wirtschaftliche und persönliche) Bedeutung des Ausscheidens für den Mieter. Insbesondere Letzteres kann zur Annahme eines Rechtsbindungswillens führen, wenn nämlich die Bedeutung so groß ist, dass die Grenze zum gesetzlichen Anspruch auf Ersatzmieterstellung tangiert oder überschritten ist.

Vielfach beschränken sich ausdrückliche oder stillschweigende Vereinbarungen auf die bloße **198** Regelung des Rechts zur Ersatzmieterstellung. In diesen Fällen richten sich die sonstigen **Voraussetzungen,** unter denen dies geschehen kann, nach den Vorgaben, unter denen ein gesetzliches Recht zur Ersatzmieterstellung besteht.

Eine **Klausel,** die so gefasst ist, dass die Entscheidung über den Nachfolger im Belieben des Ver- **199** mieters steht, verstößt bei der echten Ersatzmieterklausel gegen § 307 BGB.[485]

## II. Gesetzliches Recht

### 1. Herleitung

Es ist anerkannt, dass ein *Wohnungsmieter* in Härtefällen einen Anspruch auf Entlassung aus **200** dem Vertrag hat, wenn er einen geeigneten Ersatzmieter benennt.[486] Diese Rechtspraxis ist nicht leicht zu begründen.[487] Es gibt grds. kein Recht des Mieters auf vorzeitige Vertragsaufhebung. Das folgt nicht nur aus allgemeinen vertragsrechtlichen Grundlagen (pacta sunt servanda); für das Mietrecht kommt hinzu, dass der historische Gesetzgeber des BGB das jederzeitige Recht des Mieters auf Gestellung eines Ersatzmieters beraten, aber nicht hat Gesetz werden lassen, sondern sich vielmehr ausdrücklich gegen entsprechende Regelungen des Preußischen Landrechts entschieden hat.[488] Es bedurfte daher des Rückgriffs auf § 242 BGB, um diese historischen Wurzeln jedenfalls in Ausnahmefällen hinter sich zu lassen. Allerdings verstößt ein Vermieter, der einen Mieter am Vertrag festhalten will, nicht ohne Weiteres gegen Treu und Glauben. Rechtsmissbrauch wegen Fehlen eines schutzwürdigen Eigeninteresses, kann einem Vermieter, der am Vertrag festhalten will, in der Regel nicht vorgeworfen werden. Zwar mag er die Miete durch einen Ersatzmieter ebenso regelmäßig erhalten wie vom ausscheidewilligen Mieter; es gibt aber für einen Vermieter noch erhebliche andere Kriterien, die in der **Person des Mieters** wurzeln: „Der Vermieter kann auch bei Aufnahme eines neuen in jeder Hinsicht zuverlässig erscheinenden Mieters nie schon mit hinreichender Sicherheit beurteilen, ob sich zu diesem ein ungestörtes Vertragsverhältnis entwickeln wird. Die Persönlichkeit eines Vertragspartners lässt sich häufig erst zutreffend beurteilen, wenn das Dauerrechtsverhältnis schon eine Zeitlang in Kraft ist. Dann zeigen sich manchmal Eigenschaften, die zu einer erheblichen Beeinträchtigung des Hausfriedens oder einer übermäßigen Abnutzung der Mietsache führen. Auf diese Weise kann im Einzelfall eine beträchtliche Belastung für den Vermieter eintreten, mit der er ursprünglich nicht zu rechnen brauchte und die zu beseitigen ihm erhebliche Schwierigkeiten bereitet. Bei einem Mietvertrag über Wohnräume hängt der ungestörte Vertragsablauf häufig in einem Maße wie bei wenigen anderen Verträgen von dem persönlichen Verhältnis der Vertragspartner zueinander ab, das wiederum von vielen Einzelfaktoren, die vorher nicht alle berechenbar sind, beeinflusst wird. Für den Vermieter ist es daher meistens von erheblicher Bedeutung, mit welcher Person er es als

---

482 OLG München ZMR 1995, 156; OLG Düsseldorf MDR 1990, 724; OLG Koblenz ZMR 2002, 344; LG Hannover WuM 1995, 697; LG Hamburg WuM 1986, 326; LG Saarbrücken WuM 1997, 37; AG Siegburg ZMR 2003, 202.

483 OLG Hamburg WuM 1997, 214; OLG Düsseldorf NZM 1999, 970.

484 OLG Hamburg WuM 1997, 214.

485 BGH XII ZR 221/90, NJW-RR 1992, 1032 (für eine Ersatzmieterklausel in einem Mietvertrag über einen Marktstand).

486 Siehe nur BGH VIII ZR 81/03, NZM 2004, 216; BGH VIII ZR 240/02, NJW 2003, 2739 aE.

487 Siehe auch *Streyl* NZM 2005, 365.

488 Siehe zur Gesetzesgeschichte *Wiechardt* ZMR 1982, 161; außerdem OLG Karlsruhe NJW 1981, 1741.

Mieter zu tun hat."[489] Das in der Person des Ersatzmieters liegende Risiko zu meiden, ist ein verständliches Anliegen eines Vermieters.

201 Nahe liegender erscheint es, das jedem Vertrag, besonders aber Dauerschuldverhältnissen immanente Rücksichtnahmegebot des § 241 Abs. 2 BGB als Grundlage für einen Anspruch auf Ersatzmieterstellung heranzuziehen. Es schützt auch die Vermögensinteressen des Mieters, die berührt sind, wenn er ohne Nutzen Miete bezahlen muss. Letztlich geht es aber um das Verwendungsrisiko des Mieters, das an sich auch nicht über das Rücksichtnahmegebot auf den Vermieter abgewälzt werden kann. Allerdings kann man annehmen, dass durch langjährige tatsächliche Übung und Gerichtspraxis sich eine Rechtsüberzeugung oder ein Gewohnheitsrecht über eine partielle Verschiebung des Verwendungsrisikos gebildet hat. Das erscheint auch deshalb zulässig, weil der Gesetzgeber die Frage bei der Mietrechtsreform nicht geregelt und damit die Praxis nicht beschnitten hat – anders als der historische Gesetzgeber des BGB, dessen ausdrücklicher Wille es war, alte Vorschriften über die Gestellung eines Ersatzmieters nicht zu übernehmen.

202 **Inhaltlich** geht der Anspruch des Mieters auf **Entlassung aus dem Mietverhältnis.** Den Abschluss eines Vertrages mit dem Ersatzmieter kann er nicht verlangen[490], dies ist nur bei Vereinbarung über das Recht zur Stellung eines Ersatzmieters möglich (→ Rn. 195). Denn die Rücksichtnahme gebietet nur die Entlastung des Mieters durch Abkürzung der vertraglichen Bindungszeit durch Entlassung aus dem Vertrag, nicht aber eine Rücksichtnahme des Vermieters auf die sonstigen Interessen des Mieters (auf Überlassung an einen bestimmten Ersatzmieter) oder eines Ersatzmieters, zu dem keine rechtliche Beziehung besteht. Die Vertragsfreiheit des Vermieters würde zu sehr beschränkt.

### 2. Gewerbemiete

203 Das Recht des Mieters, einen Ersatzmieter zu stellen, kann für die Gewerbemiete grds. nicht anders beurteilt werden als für die Wohnraummiete, wenn man das Recht als Ausfluss von Treu und Glauben oder des Rücksichtnahmegebots betrachtet[491]: Auch der Gewerbemieter kann in Härtefällen ein erhebliches, das Bestandsinteresse des Vermieters überwiegendes Interesse an der Beendigung des Vertrags haben; die Art der Härtefälle wird sich freilich unterscheiden. Die Interessen des Gewerbemieters sind durch die Möglichkeit der Untermiete nicht immer hinreichend geschützt.[492] Zwar kann der Gewerbemieter, anders als der von § 572 BGB betroffene Wohnraummieter, den Untermietvertrag auflösend bedingt vom Bestand des Hauptmietvertrags abhängig machen; das würde aber zu unnötigen Differenzierungen führen zwischen Gewerbemietverhältnissen, bei denen das Recht zur Untervermietung zulässigerweise[493] ausgeschlossen ist, und solchen Gewerbemietverhältnissen, die zur Untermiete berechtigen. Die Möglichkeit zur Untermiete kann aber Einfluss darauf haben, unter welchen Umständen dem Gewerbemieter ein Recht auf Ersatzmieterstellung zusteht.

### 3. Berechtigtes Interesse

204 Die Voraussetzungen, wann ein berechtigtes Interesse des Mieters an der Stellung eines Ersatzmieters anzunehmen ist, sind höchstrichterlich ungeklärt.[494] Es ist aber mit der Instanzrechtsprechung davon auszugehen, dass das **berechtigte Mieterinteresse dasjenige des Vermieters am Bestand des Vertrags ganz erheblich übersteigt.**[495] Die Notwendigkeit des *erheblich* übersteigenden Interesses folgt schon daraus, dass der Grundsatz der Vertragsbindung nur ausnahmsweise ohne gesetzliche Grundlage gelockert werden darf.

---

[489] OLG Karlsruhe NJW 1981, 1741.

[490] OLG München ZMR 1995, 580.

[491] OLG München NJW-RR 1995, 393; ZMR 1995, 580; *Lehmann-Richter* PiG 83 (2008), 181; *Häublein* PiG 85 (2009), 147.

[492] *Streyl* NZM 2005, 366; **aA** OLG Naumburg WuM 2002, 537; KG MDR 2012, 756; *Schulz* ZMR 1985, 8.

[493] Dazu *Seyfarth* NZM 2002, 201.

[494] *Offen gelassen in BGH VIII ZR 247/14, NJW 2015, 3780;* s. auch die Analyse der zuvor ergangenen Rspr. des BGH bei *Streyl* NZM 2005, 366.

[495] Siehe nur grdl. OLG Karlsruhe NJW 1981, 1741; *Streyl* NZM 2005, 366; außerdem OLG Hamm WuM 1995, 577; OLG Oldenburg WuM 1981, 125; *Kandelhard* NZM 2004, 847; *Hinz* NZM 2003, 661.

Notwendig ist danach eine **Abwägung aller wechselseitigen Interessen** des Einzelfalls. Für das Mieterinteresse sind dabei nur solche Umstände zu berücksichtigen, die er nicht bewusst zur Verbesserung seiner Wohnungssituation herbeigeführt hat und die ihm das Festhalten am Vertrag unzumutbar machen.[496] Das Vermieterinteresse ist hingegen darauf gerichtet, einen zu häufigen Mieterwechsel zu vermeiden und an der Person des Mieters allein deshalb festhalten zu können, weil jeder neue Vertragspartner Unwägbarkeiten bei der Vertragsabwicklung mit sich bringt.[497] **205**

Ein **berechtigtes Interesse liegt nicht vor,** wenn der Mieter nur deshalb ausziehen will, weil er eine qualitativ bessere, billigere, verkehrsgünstigere oder aus ähnlichen Gründen für ihn wirtschaftlich besser geeignete Wohnung beziehen möchte oder wenn er Wohneigentum erwerben möchte.[498] Auch bei der Geschäftsraummiete reicht der Wunsch, den Betrieb auf einem eigenen Grundstück fortzusetzen, nicht aus.[499] **206**

**Ein berechtigtes Interesse liegt vor** (sofern nicht erhebliche Vermieterinteressen entgegenstehen): Bei einer schweren Krankheit, die die Wohnung ungeeignet werden lässt. Bei Gebrechlichkeit oder Pflegebedürftigkeit, die den Umzug in ein Heim sinnvoll erscheinen lässt oder gar notwendig macht.[500] Bei einem beruflich bedingten Ortswechsel.[501] Bei der Gründung[502] oder einer wesentlichen Vergrößerung der Familie.[503] Bei dem Scheitern einer Ehe oder Lebenspartnerschaft oder dem sonstig bedingten Wegfall eines Mitbewohners (etwa durch Tod), wenn die Wohnung für den verbliebenen Mieter ungeeignet (etwa zu groß) wird und nicht mehr versorgt werden kann; die finanzielle Belastung spielt hingegen keine Rolle, da wirtschaftliche Gründe unmaßgeblich sind („Geld hat man zu haben"). Bei der **Geschäftsraummiete** liegt ein berechtigtes Interesse vor, wenn der Mieter sein Geschäft verkaufen will oder wenn die Räume infolge der Ausweitung des Geschäftsbetriebs nicht mehr ausreichen. **207**

Das berechtigte Interesse des Mieters wiegt umso schwerer, **je länger die restliche Vertragszeit** dauert. Denn je länger die Bindung an den Vertrag noch dauert (etwa durch die Vereinbarung eines Kündigungsausschlusses), desto stärker ist das Grundrecht auf freie Entfaltung der Persönlichkeit berührt und desto stärker muss in die Abwägung der beiderseitigen Zumutbarkeit einfließen, dass die Vertragsdauer die Lebensplanung eines Mieters erheblich einschränken kann.[504] Nach Ablauf einer bestimmten Zeit des Mietverhältnisses müssen die Interessen des Vermieters an einem Vertrag gerade mit diesem Mieter und sein Interesse, einen zu häufigen Mieterwechsel zu vermeiden, hinter dem Interesse des Mieters, sein Leben neu zu gestalten, zurücktreten und es sollten vernünftige, nachvollziehbare Gründe für eine Vertragsbeendigung ausreichen, um ein erheblich überwiegendes Interesse des Mieters anzunehmen.[505] In unserer schnelllebigen Zeit sollten es eher maximal fünf als zehn Jahre sein. Dies dürfte der Intention des Gesetzgebers der Mietrechtsreform von 2001 entgegenkommen, der mit § 573c Abs. 1, 4 BGB das Mobilitätsinteresse des Mieters stärken wollte.[506] **208**

Demgegenüber muss sich der Mieter am Vertrag festhalten lassen, wenn die **restliche Vertragsdauer verhältnismäßig kurz** ist.[507] Dies gilt unabhängig vom konkreten Aufhebungsinteresse. Allgemein gilt, dass der Mieter jedenfalls keinen Anspruch auf **Abkürzung der gesetzlichen Kündigungsfrist** hat.[508] Das Gesetz sieht eine solche Frist als angemessen und hinnehmbar an. In besonderen Ausnahmefällen mag etwas anderes gelten. **209**

---

496 OLG Karlsruhe NJW 1981, 1741 (1743).
497 *Streyl* NJW 2015, 3782.
498 OLG Karlsruhe NJW 1981, 1741.
499 OLG Düsseldorf MDR 1994, 1008.
500 *Kniep/Gerlach* DWW 1996, 299.
501 LG Hamburg WuM 1988, 125.
502 LG Hannover WuM 1988, 12 (für eine Eheschließung); AG Wiesbaden WuM 1988, 400 (für eine Lebenspartnerschaft).
503 LG Köln WuM 1989, 283; LG Landshut WuM 1996, 542.
504 *Streyl* NZM 2005, 361 (366).
505 *Streyl* NZM 2005, 366.
506 BT-Drs. 14/4553, 39 = NZM 2000, 430.
507 OLG Oldenburg WuM 1982, 124 (für eine restliche Vertragszeit von drei Monaten).
508 LG Berlin GE 1995, 249; MDR 1988, 498; LG Flensburg WuM 1976, 161; LG Berlin WuM 1979, 77; AG Miesbach WuM 1989, 22.

### 4. Ersatzmietverhältnis

210 Der Ersatzmieter muss bereit sein, **in den bestehenden Mietvertrag einzutreten,** so wie dieser steht und liegt, oder einen Folgevertrag zu denselben Bedingungen abzuschließen. Dem Vermieter kann durch das Rücksichtnahmegebot allenfalls ein anderer Mieter, nicht aber ein anderes Mietverhältnis zugemutet werden. Deshalb muss der Vermieter keinen Ersatzmieter akzeptieren, der einen **Vertrag mit anderem Inhalt** abschließen möchte, etwa ein unbefristetes statt eines befristeten Mietverhältnisses[509] oder ein Mietverhältnis mit einem anderen Nutzungszweck.[510] Deshalb entfällt die Verpflichtung zum Abschluss eines Vertrages mit dem Ersatzmieter, sobald dieser Änderungswünsche anmeldet.[511] Der Vermieter kann solche Verhandlungen ablehnen. Es steht ihm allerdings frei, eigene Interessen in die Vertragsverhandlungen einzubringen. Eine Verpflichtung zum Abschluss eines Aufhebungsvertrags wird auf diese Weise nicht begründet.[512]

### 5. Person des Ersatzmieters

211 Der Mieter muss den Ersatzmieter stellen, der Vermieter muss ihn nicht selbst suchen. Der Mieter muss über die Person des Nachfolgers diejenigen **Informationen** liefern, die der Vermieter benötigt, um sich ein hinreichendes Bild über die persönliche Zuverlässigkeit und wirtschaftliche Leistungsfähigkeit des Nachfolgers zu machen.[513] Hierzu können gehören Angaben zu den Familienverhältnissen, eine Selbstauskunft nebst Verdienstbescheinigung, die Vorlage des bisherigen Mietvertrags, Personalausweiskopien, eine Bonitätsauskunft sowie eine Bescheinigung des Ersatzmieters, dass dieser den Mietvertrag vorbehaltlos, dh ohne Änderungswünsche, unterschreiben werde.[514]

212 Der Mieter muss nur einen **einzigen Nachfolger** benennen[515]; er trägt dann allerdings das Risiko, dass der Vermieter gegen dessen Person rechtserhebliche Einwände geltend machen kann. An der Benennung mehrerer Nachfolger ist der Mieter nicht gehindert; er hat allerdings keinen Einfluss darauf, welchen der mehreren Personen der Vermieter auswählt.[516]

213 Die **Verpflichtung zur Benennung eines Ersatzmieters entfällt,** wenn der Vermieter erklärt, dass er hierauf verzichte[517] oder wenn der Vermieter einen Aufhebungsvertrag generell ablehnt.

214 Der Ersatzmieter muss **zumutbar** sein. Die Frage der Zumutbarkeit ist auf Grund einer eingehenden „Würdigung aller Umstände des Falles" zu beantworten.[518] Nach einer häufig verwendeten Formel ist die Zumutbarkeit zu bejahen, wenn der Ersatzmieter hinsichtlich seiner wirtschaftlichen Verhältnisse und seiner Person dem bisherigen Mieter entspricht.[519] Dieses Kriterium greift aber teilweise zu kurz und versagt insbes. dort, wo sich der bisherige Mieter als unzuverlässig erwiesen hat. Deshalb ist die teilweise vertretene Ansicht abzulehnen, wonach ein Vermieter einen Ersatzmieter nicht wegen solcher Umstände ablehnen könne, die er beim Mieter hingenommen habe.[520] Man gelangt zu sachgerechten Ergebnissen, wenn man fordert, dass der Ersatzmieter hinsichtlich seiner privaten, familiären und wirtschaftlichen Lebensumstände **hinreichende Gewissheit für eine ordnungsgemäße Vertragserfüllung** bieten muss.[521] Auf besondere, nachvollziehbare Vorstellungen des Vermieters ist Rücksicht zu nehmen. So ist es idR nicht zu beanstanden, wenn der Vermieter nur an bestimmte Bevölkerungsgruppen vermieten will, etwa nur an ältere Ehepaare[522] oder nur an Familien mit Kindern. Jedoch darf sich der Vermieter nicht von unsach-

---

509 OLG Düsseldorf DWW 1998, 20.
510 OLG Koblenz NZM 2019, 588 (Pizzeria statt Apotheke).
511 OLG Düsseldorf NJWE-RR 1996, 176.
512 OLG Düsseldorf NJWE-RR 1996, 176.
513 BGH VIII ZR 247/14, NJW 2015, 3780.
514 BGH VIII ZR 247/14, NJW 2015, 3780; OLG Düsseldorf ZMR 2006, 855; krit. *Blank* NZM 2015, 887.
515 LG Saarbrücken WuM 1995, 313; *Eisenschmid* PiG 33 (1991), 133; **aA** AG Halle WuM 1986, 314; *Röchling* NJW 1981, 2783 (mindestens drei Nachfolger).
516 BGH VIII ZR 219/61, NJW 1963, 1299; LG Saarbrücken WuM 1995, 313.
517 LG Landshut WuM 1996, 542.
518 BGH VIII ZR 244/02, NZM 2003, 277.
519 *So etwa OLG Düsseldorf MDR 1995*, 570.
520 So aber LG Hamburg WuM 1986, 326; AG Hannover WuM 1980, 206.
521 LG Bremen ZMR 2001, 545.
522 LG Flensburg WuM 1976, 161.

lichen Erwägungen leiten lassen oder Anforderungen stellen, die mit der geltenden Rechtsordnung nicht im Einklang stehen.

Ein Nachfolger für die Pacht einer Gaststätte ist **nicht unzumutbar** und darf nicht allein deshalb zurückgewiesen werden, weil er Kaufmann ist, wenn die Gaststätte auf Grund ihres Zuschnitts auch von einem Kaufmann geführt werden kann.[523] Die Ablehnung eines Nachfolgers darf nicht allein mit seiner Ausländereigenschaft begründet werden.[524] Hierin kann eine diskriminierende Ungleichbehandlung iSd **AGG** liegen.[525] Etwas anderes wird gelten, wenn mit der Ausländereigenschaft besondere Risiken verbunden sind. Die für die Ablehnung sprechenden tatsächlichen Umstände muss der Vermieter darlegen und beweisen. **215**

**Unzumutbar** ist ein Nachfolger, der auf Grund seiner finanziellen Verhältnisse keine Gewähr dafür bietet, dass er die Miete bezahlen kann.[526] Einen Nachfolger mit Untervermietungsabsicht oder mit der Absicht zur teilgewerblichen Nutzung muss der Vermieter ebenfalls nicht akzeptieren.[527] Ebenso kann der Vermieter von Gewerberaum einen Ersatzmieter ablehnen, wenn dieser die Räume zu Wohnzwecken nutzen will.[528] **216**

Ist die **Bonität des Nachfolgers zweifelhaft,** so müssen die Parteien mehrere Möglichkeiten zur Minderung des Mietausfallrisikos in Betracht ziehen (etwa Übernahme einer Mithaftung des bisherigen Mieters; Beibringung einer selbstschuldnerischen Bankbürgschaft; Hinterlegung einer Kaution in Höhe einer oder mehrerer Jahresmieten). Insoweit besteht eine **Verhandlungspflicht,** mit der Folge, dass sich der Vermieter vertragswidrig verhält, wenn er die Akzeptanz des Nachfolgers von der Erfüllung bestimmter Vorgaben abhängig macht.[529] **217**

### 6. Zeitpunkt

Sind die oben dargelegten Voraussetzungen gegeben, so kann der Mieter verlangen, dass er ab dem Zeitpunkt der Eintrittsbereitschaft des Ersatzmieters aus dem Mietverhältnis entlassen wird.[530] Ist der Vermieter lediglich mit der Entlassung des Mieters, nicht aber mit der Stellung des Ersatzmieters einverstanden, so hat der Vermieter Anspruch darauf, dass zwischen dem Verlangen nach Aufhebung des Mietverhältnisses und dessen Beendigung eine Frist eingehalten wird, die der gesetzlichen Kündigungsfrist entspricht, weil diese Bindungsfrist vom Gesetz als jedenfalls angemessen angesehen wird.[531] Gleiches gilt, wenn sich der Vermieter noch nicht sicher ist, ob er mit dem vom Mieter benannten Ersatzmieter einen Vertrag abschließen soll.[532] **218**

### 7. Verlangen

Der Mieter muss seinen Anspruch auf Vertragsaufhebung gegenüber dem Vermieter geltend machen. Das Aufhebungsverlangen ist rechtlich ein Angebot zum Abschluss eines Mietaufhebungsvertrags bzw. eines Vertragsübernahmevertrages. Zur Form → Rn. 179. Inhaltlich muss das Aufhebungsverlangen den Wunsch des Mieters nach vorzeitiger Vertragsaufhebung zum Ausdruck bringen. Aus dem Aufhebungsverlangen muss sich außerdem ergeben, aus welchen Gründen die vorzeitige Vertragsbeendigung begehrt wird. Diese Gründe müssen hinreichend substantiiert dargelegt werden, damit der Vermieter erkennen kann, ob er verpflichtet ist, den Mieter vorzeitig aus dem Vertrag zu entlassen.[533] Über die Person des Ersatzmieters muss der Mieter hinreichend genaue Angaben machen. Zunächst kann sich der Mieter auf die Angabe von Namen und Anschrift sowie die Erklärung beschränken, dass der Ersatzmieter den Vertrag wie er steht und liegt übernehmen und ihn in finanzieller und sonstiger Hinsicht erfüllen wolle. Gegebenenfalls muss er die Angaben dann auf Nachfrage des Vermieters ergänzen (→ Rn. 211). **219**

---

523 BGH VIII ZR 135/82, MDR 1984, 393.
524 Für die Miete von Geschäftsraum: BGH VIII ZR 259/67, WPM 1970, 93; OLG Frankfurt a. M. ZMR 2000, 607. Für die Wohnraummiete: LG Hannover WuM 1977, 223; LG Saarbrücken WuM 1995, 313.
525 *Derleder* WuM 2005, 9.
526 LG Gießen WuM 1996, 23.
527 LG Gießen WuM 1996, 23.
528 OLG Frankfurt a. M. MDR 2000, 825.
529 BGH XII ZR 95/93, NJW 1995, 3052 (die Zahlung eines Geldbetrags zur Risikoabgeltung).
530 LG Hamburg WuM 1980, 235.
531 LG Düsseldorf ZMR 1979, 45; LG Landshut WuM 1996, 542.
532 LG Gießen ZMR 1997, 80.
533 LG Berlin GE 1996, 741.

## III. Rechtsfolgen

### 1. Beim Abschluss eines Aufhebungsvertrages

220 Schließt der Vermieter mit dem Ersatzmieter ab, so kommt zwischen dem Vermieter und dem Ersatzmieter ein neues Mietverhältnis zustande, das denselben Inhalt wie das bisherige Mietverhältnis hat; zur rechtlichen Konstruktion → Rn. 194. Ein solcher Vertrag endet mit dem Ablauf der ursprünglichen Vertragszeit, wenn das ursprüngliche Mietverhältnis befristet war, ansonsten besteht es als unbefristetes Mietverhältnis fort. Den Vertragsparteien steht es frei, stattdessen einen Vertrag mit anderem Inhalt abzuschließen.

221 Zu welchem **Zeitpunkt** sich die Rechtsänderungen vollziehen, ist eine Frage des Einzelfalls und der Auslegung der getroffenen Absprachen.[534] Sie können in Bezug auf das Ausscheiden des Mieters schon in der Vereinbarung über die Stellung eines Ersatzmieters abstrakt für einen zukünftigen, bestimmbaren Zeitpunkt getroffen werden. Sie können aber auch erst im Zuge der Vereinbarungen mit dem Ersatzmieter festgelegt werden. In Betracht kommen jeweils insbes. der Zeitpunkt des Vertragsschlusses mit dem Ersatzmieter, der Zeitpunkt des Vertragsbeginns mit ihm oder der Vollzug dieses Mietverhältnisses, also die Übergabe an den Ersatzmieter.[535] Ohne (ausdrückliche oder stillschweigende) Absprachen dürfte es den Interessen der Parteien entsprechen, wenn die Aufhebung des Mietverhältnisses an den Vollzug des Nachfolgevertrags geknüpft wird, weil der Vermieter dann nicht nur lückenlos über einen Schuldner verfügt, sondern die Erfüllungswahrscheinlichkeit durch den Einzug erheblich steigt.

222 Der Ersatzmieter **haftet** unabhängig von der gewählten Vertragskonstruktion, also auch bei einer Vertragsübernahme, ohne entsprechende vertragliche Vereinbarung nicht für die Verbindlichkeiten des Mieters[536], weil der Vertragseintritt ex nunc erfolgt.[537] Der Mieter haftet seinerseits nicht für die Verbindlichkeiten des Ersatzmieters[538]; anderes würde dem Zweck der Ersatzmieterstellung widersprechen. Eine Haftung des Mieters kommt in Betracht, wenn dieser für den Ersatzmieter eine Bürgschaft übernommen hat oder dessen Mietschuld beigetreten ist.

### 2. Bei unberechtigter Weigerung

223 Lehnt der Vermieter den Abschluss eines Aufhebungsvertrages ab, obwohl der Mieter einen Anspruch darauf hat, kann der Mieter **Erfüllung** verlangen. Er kann auf Abschluss eines solchen Vertrages klagen. Auf Abschluss eines Vertrages mit dem Ersatzmieter kann dieser nur klagen, wenn der Vermieter eine entsprechende Pflicht hat (→ Rn. 195 und → Rn. 202). Es handelt sich um einen echten Vertrag zu seinen Gunsten.

224 Überdies begeht der Vermieter mit einer unberechtigten Ablehnung eine Pflichtverletzung und haftet dem Mieter auf **Schadensersatz.** Anspruchsgrundlage ist § 280 Abs. 1 BGB[539], wenn man, wie hier vertreten (→ Rn. 201), eine Verletzung des Rücksichtnahmegebotes annimmt. Der unberechtigten Weigerung steht es gleich, wenn der Vermieter den Vertragsschluss an Bedingungen knüpft, die in den vertraglichen Vereinbarungen oder in dem gesetzlichen Rechtsverhältnis keine Stütze finden. Der Schadensersatzanspruch unterliegt nicht der kurzen Verjährung des § 558 BGB.[540] Der Schadensersatzanspruch ist insbes. auf Freihaltung von den gegen ihn gerichteten Ansprüchen des Vermieters gerichtet (insbes. den Mietzinsansprüchen)[541], andere Schäden sind aber ebenfalls möglich.

225 Schließlich stellt eine unberechtigte Ablehnung eine Pflichtverletzung iSd § 543 Abs. 1 BGB dar, so dass der Mieter nach einer Abhilfefrist (§ 543 Abs. 3 BGB) fristlos **kündigen** kann.[542]

---

534 BGH VIII ZR 117/11, NZM 2012, 341.
535 BGH VIII ZR 117/11, NZM 2012, 341 mit Nachweisen auf die unterschiedliche Instanzrechtsprechung.
536 OLG Düsseldorf DWW 1992, 114.
537 *Eisenschmid* PiG 33 (1991), 134.
538 LG Köln WuM 1989, 18.
539 *Häublein PiG 85 (2009), 145.*
540 OLG Frankfurt a. M. ZMR 2000, 607.
541 BGH VIII ZR 244/02, NZM 2003, 277, ohne allerdings eine Anspruchsgrundlage zu nennen.
542 *Lehmann-Richter* PiG 83 (2008), 187; *Häublein* PiG 85 (2009), 145.

### 3. Bei berechtigter Weigerung

Weigert sich der Vermieter zu Recht, mit dem Ersatzmieter einen Mietvertrag abzuschließen, so besteht der ursprüngliche Mietvertrag unverändert fort. Der Vermieter ist nicht verpflichtet, die Räume anderweitig zu vermieten. Der Vermieter kann die Räume, falls der Mieter auszieht, leer stehen lassen und den bisherigen Mieter auf Erfüllung in Anspruch nehmen. Die Vorschrift des § 254 BGB (Schadensminderungspflicht) gilt nicht, weil der Vermieter keinen Schadenersatzanspruch, sondern einen vertraglichen Erfüllungsanspruch geltend macht. Im Fall der (ggf. späteren) Weitervermietung ohne Vertragsaufhebung gilt § 537 BGB. 226

## IV. Beweislast

Der Mieter muss beweisen, dass die tatsächlichen Voraussetzungen für das Recht zur Ersatzmieterstellung vorliegen.[543] In einem solchen Fall kann sich der Vermieter nicht darauf beschränken, die Geeignetheit des Ersatzmieters zu bestreiten. Vielmehr muss er konkret vortragen, welche Gründe zur Ablehnung des Ersatzmieters geführt haben.[544] 227

## F. Sonstige Beendigungsgründe

Weitere Beendigungsgründe sind: 228

- Der Widerruf gem. § 355 BGB des Mieters als Verbraucher nach Vertragsschluss mit einem Vermieter, der Unternehmer ist.
- Die Anfechtung gem. §§ 119, 123 BGB.[545] Der Vertrag ist mit ex-nunc-Wirkung rückabzuwickeln. Zu dem vom Mieter geschuldeten Nutzungsersatz → BGB § 546 a Rn. 103.
- Die Konfusion. Ein Mietverhältnis erlischt durch Konfusion, wenn der Mieter nachträglich das mit dem Recht zur Gebrauchsnutzung verbundene Eigentum an der Mietsache erwirbt.[546]
- Eine Störung der Geschäftsgrundlage gem. § 313 BGB.
- Ein Rücktritt. Die gesetzlichen Rücktrittsrechte werden nach der Überlassung der Mietsache durch das mietrechtliche Gewährleistungsrecht verdrängt; zum mietrechtlichen Gewährleistungsrecht → BGB § 535 Rn. 528. Für vertragliche Rücktrittsrechte bei der Wohnraummiete gilt § 572 Abs. 1 BGB. Bei anderen Mietverhältnissen können vertragliche Rücktrittsrechte vereinbart werden. Hierdurch stehen sich die Parteien ähnlich, was die weitere Verfügbarkeit über die Mietsache angeht, wie bei jederzeit ordentlich kündbaren Mietverhältnissen auf bestimmte Zeit. Unangemessenheiten iSv § 307 BGB können sich in dieser Beziehung allenfalls aus einem zu kurzen Wirkzeitpunkt des Rücktritts ergeben; es dürften die gleichen Grenzen gelten wie für die Abkürzung von Kündigungsfristen (→ BGB § 580 a Rn. 17). Ansonsten kommt es bei einem Rücktritt zur Rückabwicklung der beiderseitigen Leistungen, was idR bei einem Dauerschuldverhältnis wie der Miete zu Unzuträglichkeiten und hohem Aufwand führt. Deshalb ist sorgfältig auszulegen, ob die Parteien tatsächlich einen Rücktritt vereinbaren oder vielleicht nur eine Kündigungsregelung treffen wollten. Größere praktische Bedeutung hat ein vertragliches Rücktrittsrecht (Stornierungsrecht) nur bei der Hotelzimmermiete, wo sie sich auch aus einem Handelsbrauch ergeben kann.[547]
- Der Eintritt einer auflösenden Bedingung. Für Wohnraummietverhältnisse gilt zu Lasten des Mieters das Verbot des § 572 Abs. 2 BGB. Bei anderen Mietverhältnissen können auflösende Bedingungen iSv § 158 Abs. 2 BGB vereinbart werden[548]; ob hiermit ein Ausschluss des Rechts zur ordentlichen Kündigung verbunden ist, ist eine Frage der Auslegung des konkreten Vertrages.[549] Wird eine auflösende Bedingung in AGB vereinbart, sind §§ 307 ff. BGB zu beachten.[550]

---

543 LG Gießen NJW-RR 1997, 1441.
544 BGH VIII ZR 244/02, NZM 2003, 277.
545 BGH XII ZR 67/06, NJW 2009, 1266; s. näher MüKoBGB/*Häublein* § 535 Rn. 45, Vor § 535 Rn. 90.
546 BGH VIII ZR 323/14, NZM 2016, 467.
547 Siehe BGH VIII ZR 21/75, NJW 1977, 385; OLG Köln NZM 1998, 514.
548 BGH XII ZR 95/07, NZM 2009, 433; KG NZM 2007, 41; OLG Bremen ZMR 2007, 363.
549 BGH XII ZR 95/07, NZM 2009, 433.
550 KG NZM 2007, 41.

Größere praktische Bedeutung haben auflösende Bedingungen nur bei der Untermiete, wenn der Bestand des Untermietvertrages vom Bestand des Hauptmietvertrages abhängig gemacht wird (→ BGB § 540 Rn. 6).

## § 543 Außerordentliche fristlose Kündigung aus wichtigem Grund

**(1) [1]Jede Vertragspartei kann das Mietverhältnis aus wichtigem Grund außerordentlich fristlos kündigen. [2]Ein wichtiger Grund liegt vor, wenn dem Kündigenden unter Berücksichtigung aller Umstände des Einzelfalls, insbesondere eines Verschuldens der Vertragsparteien, und unter Abwägung der beiderseitigen Interessen die Fortsetzung des Mietverhältnisses bis zum Ablauf der Kündigungsfrist oder bis zur sonstigen Beendigung des Mietverhältnisses nicht zugemutet werden kann.**

**(2) [1]Ein wichtiger Grund liegt insbesondere vor, wenn**

**1. dem Mieter der vertragsgemäße Gebrauch der Mietsache ganz oder zum Teil nicht rechtzeitig gewährt oder wieder entzogen wird,**

**2. der Mieter die Rechte des Vermieters dadurch in erheblichem Maße verletzt, dass er die Mietsache durch Vernachlässigung der ihm obliegenden Sorgfalt erheblich gefährdet oder sie unbefugt einem Dritten überlässt oder**

**3. der Mieter**

**a) für zwei aufeinander folgende Termine mit der Entrichtung der Miete oder eines nicht unerheblichen Teils der Miete in Verzug ist oder**

**b) in einem Zeitraum, der sich über mehr als zwei Termine erstreckt, mit der Entrichtung der Miete in Höhe eines Betrages in Verzug ist, der die Miete für zwei Monate erreicht.**

**[2]Im Falle des Satzes 1 Nr. 3 ist die Kündigung ausgeschlossen, wenn der Vermieter vorher befriedigt wird. [3]Sie wird unwirksam, wenn sich der Mieter von seiner Schuld durch Aufrechnung befreien konnte und unverzüglich nach der Kündigung die Aufrechnung erklärt.**

**(3) [1]Besteht der wichtige Grund in der Verletzung einer Pflicht aus dem Mietvertrag, so ist die Kündigung erst nach erfolglosem Ablauf einer zur Abhilfe bestimmten angemessenen Frist oder nach erfolgloser Abmahnung zulässig. [2]Dies gilt nicht, wenn**

**1. eine Frist oder Abmahnung offensichtlich keinen Erfolg verspricht,**

**2. die sofortige Kündigung aus besonderen Gründen unter Abwägung der beiderseitigen Interessen gerechtfertigt ist oder**

**3. der Mieter mit der Entrichtung der Miete im Sinne des Absatzes 2 Nr. 3 in Verzug ist.**

**(4) [1]Auf das dem Mieter nach Absatz 2 Nr. 1 zustehende Kündigungsrecht sind die §§ 536b, 536d entsprechend anzuwenden. [2]Ist streitig, ob der Vermieter den Gebrauch der Mietsache rechtzeitig gewährt oder die Abhilfe vor Ablauf der hierzu bestimmten Frist bewirkt hat, so trifft ihn die Beweislast.**

### Systematische Übersicht

## Alphabetische Schnellübersicht

## A. Grundlagen

### I. Überblick

§ 543 BGB regelt nach seiner systematischen Stellung **für alle Mietverhältnisse** deren Beendigung durch außerordentliche fristlose Kündigung aus wichtigem Grund. Sie gilt Kraft Bezugnahme auch für die **Pacht** (§ 581 Abs. 2 BGB) und – mit Modifikationen bei der Zahlungsverzugskündigung – für die **Landpacht** (§ 594e BGB). Eine § 543 BGB vergleichbare Regelung gibt es für die Kündigung von **Heimplätzen** in § 12 WBVG. 1

Die Vorschrift besteht aus dem **Grundtatbestand** der außerordentlichen fristlosen Kündigung aus wichtigem Grund in § 543 Abs. 1 BGB, der – verschuldensunabhängig – eine vorzeitige Lösungsmöglichkeit vom Vertrag für die Fälle schafft, in denen dem Kündigenden ein Zuwarten bis zur regulären Beendigung (Ablauf einer Kündigungsfrist oder Zeitablauf) unzumutbar ist. Dieser generalklauselartige Kündigungsgrund wird durch die **besonderen Kündigungstatbestände** des § 543 Abs. 2 BGB für typische Fälle konturiert; zum Verhältnis der Kündigungstatbestände untereinander → Rn. 10. Die besonderen Kündigungstatbestände betreffen die **Kardinalpflichten des Mietverhältnisses,** die Gebrauchsgewährungspflicht bzw. die Verletzung des Gebrauchsrechts und die Mietzahlungspflicht: § 543 Abs. 2 S. 1 Nr. 1 BGB gewährt dem Mieter ein Kündigungsrecht, wenn der Vermieter seiner Gebrauchsgewährungspflicht nicht nachkommt. § 543 Abs. 2 S. 1 Nr. 2 BGB gewährt dem Vermieter ein Kündigungsrecht, wenn der Mieter das Mietobjekt gefährdet oder unbefugt Dritten überlässt. § 543 Abs. 2 S. 1 Nr. 3 BGB gewährt dem Vermieter ein Kündigungsrecht, wenn der Mieter seiner Mietzahlungspflicht nicht nachkommt. **Ergänzt wird § 543 BGB** in § 569 BGB für die Wohnraummiete um die außerordentliche fristlose Kündigung wegen Gesundheitsgefahr, wegen Hausfriedensstörung und wegen Nichtleistung der Mietsicherheit; außerdem gibt es dort besondere Regelungen für die Zahlungsverzugskündigung. Gemäß § 578 Abs. 2 BGB gilt der Kündigungstatbestand der Hausfriedensstörung für die gesamte Raummiete, derjenige der Gesundheitsgefährdung nur für die Miete von Räumen, die zum Aufenthalt von Menschen bestimmt sind. Nach § 569 Abs. 5 BGB können die Parteien bei der Wohnraummiete keine Vereinbarungen treffen, die zum Nachteil des Mieters von §§ 543, 569 BGB **abweichen** oder weitere außerordentlich fristlose Kündigungstatbestände schaffen (näher → Rn. 241). Neben einem Kündigungsgrund erfordert eine fristlose Kündigung, die wegen einer Pflichtverletzung erfolgt, gem. § 543 Abs. 3 BGB grds. eine **Abmahnung** oder das Setzen einer Abhilfefrist. Entbehrlich ist das nur bei einer Zahlungsverzugskündigung, bei offensichtlicher Erfolglosigkeit oder wenn aus besonderen Gründen eine sofortige Kündigung gerechtfertigt erscheint. Ansonsten sind nur bei der Kündigung von Wohnraummietverhältnisses besondere **Formalien** zu beachten: Gemäß § 568 BGB muss die Kündigung dort schriftlich ausgesprochen werden und gem. § 569 Abs. 4 BGB muss der Kündigungsgrund im Kündigungsschreiben angegeben werden. 2

Zu **anderen Möglichkeiten der Vertragsbeendigung** siehe bei § 542 BGB. Zur (ggf. auch *fristlosen) Kündigung* bei **Wegfall der Geschäftsgrundlage** → BGB Vor § 535 Rn. 256. 3

### II. Entstehungsgeschichte

Nach dem **bis zur Mietrechtsreform** geltenden Recht[1], also bis zum 1.9.2001, waren die Tatbestände der fristlosen Kündigung in verschiedenen Vorschriften geregelt: § 542 BGB aF: Kün- 4

[1] Siehe eing. *Kraemer* NZM 2001, 553 (555).

digungsrecht des Mieters bei mangelhafter Mietsache; § 544 BGB aF: Kündigungsrecht des Mieters bei gesundheitsgefährdender Beschaffenheit der Mietsache; § 553 BGB aF: Kündigungsrecht des Vermieters bei Verletzung von Vertragspflichten durch den Mieter; § 554 BGB aF: Kündigungsrecht des Vermieters bei Zahlungsverzug; § 554a BGB aF: Kündigungsrecht beider Vertragsteile bei Hausfriedensstörungen und ähnlichen Vorfällen. In § 543 BGB wurden diese Kündigungstatbestände mit geringen inhaltlichen Änderungen zusammengefasst.

### III. Gesetzlicher Maßstab für den wichtigen Grund

5 § 543 BGB ist zusammen mit dem ihn ergänzenden § 569 BGB der einzige gesetzliche Kündigungstatbestand, der eine sofortige (fristlose) Beendigung des Mietverhältnisses erlaubt. Erforderlich ist hierfür ein wichtiger Grund. Der Maßstab für die Schwere des Grundes ist weitgehend **autonom** aus den beiden Vorschriften **zu bestimmen.** Denn für eine *fristlose* Kündigung ist eine – nicht zwingend erforderlich[2], aber doch regelmäßig[3] schuldhaft verursachte – Vertragsstörung notwendig, die aus der Risikosphäre des Gekündigten stammt (→ Rn. 16). Die außerordentliche Kündigung *mit Frist* (→ BGB § 542 Rn. 19) gestattet hingegen eine vorzeitige Vertragsbeendigung wegen einer wesentlichen Veränderung der tatsächlichen Umstände, ohne dass ein vertragliches Fehlverhalten notwendig ist. Die ordentliche Kündigung ist im Grundsatz frei, also ohne Anlass oder Grund möglich; nur der Vermieter von Wohnraum braucht als Ausprägung des sozialen Mietrechts einen Kündigungsgrund, nämlich ein berechtigtes Interesse gem. § 573 BGB. An eine Vertragsstörung knüpft hierbei nur das Regelbeispiel des § 573 Abs. 2 Nr. 1 BGB an, das eine schuldhafte, nicht unerhebliche Pflichtverletzung des Mieters verlangt. Dieser Kündigungstatbestand ist strukturell mit § 543 Abs. 2 S. 1 Nr. 2 BGB verwandt. Nach letzterer Vorschrift ist zwar ein Verschulden nicht erforderlich, aber doch eine *erhebliche* Verletzung der Vermieterrechte (die auch aus einem Verschulden herrühren kann) anstatt einer *nicht unerheblichen* Pflichtverletzung in § 573 Abs. 2 Nr. 1 BGB. Auch wenn dieser Unterschied kaum konkret bestimmbar und damit rechtssicher vorhersehbar ist[4], hat er doch insofern Bedeutung, als dass an die fristlose Kündigung höhere Anforderungen zu stellen sind als an die ordentliche Kündigung wegen Pflichtverletzung. **Bei der ordentlichen Kündigung reichen Pflichtverletzungen von geringerem Gewicht**[5]; absolut gering darf das Gewicht aber nicht sein („nicht unerheblich").[6] Das drückt sich auch durch die Rechtsfolge aus[7]: Der Kündigungsgrund wiegt bei §§ 543, 569 BGB so schwer, dass eine sofortige Lösung vom Vertrag möglich ist; bei der ordentlichen Kündigung ist eine begrenzte Vertragsfortsetzung hingegen zumutbar. Man kann daran zweifeln, ob sich dieser Unterschied in der Rechtswirklichkeit widerspiegelt[8] und der Kündigungstatbestand des § 573 Abs. 2 Nr. 1 BGB notwendig ist angesichts der kaum vorhandenen Möglichkeit, eine fristlose Kündigung innerhalb kurzer Zeit zwangsweise durchzusetzen. Trotz dieser Rechtswirklichkeit hat das Vorhandensein von § 573 Abs. 2 Nr. 1 BGB aber die genannten Auswirkungen auf die Auslegung von § 543 BGB.

6 Zu wissen, dass an den wichtigen Grund des § 543 BGB höhere Anforderungen zu stellen sind als an die für eine ordentliche Kündigung notwendige Pflichtverletzung, besagt jedoch kaum etwas über die **absolute Schwere des Grundes.** Die (Un-)Zumutbarkeit ist eine hohe Hürde.[9] Es ist ein **strenger Maßstab** anzulegen[10] und dem Bestandsinteresse des Mieters ein hoher Stellenwert zuzumessen.[11] Notwendig ist das Überschreiten der Grenze der Zumutbarkeit, also des Untragbaren. Das erfordert eine **ganz erhebliche Störung,** die es rechtfertigt, den Vertrag sofort vorzeitig zu beenden, ohne dass sich der Gekündigte darauf vorbereiten oder einstellen kann, weil weder eine Kündigungsfrist noch die Vertragszeit ablaufen müssen.

7 **Konkretes Maß** für die Erheblichkeit geben zunächst die Regeltatbestände der §§ 543 Abs. 2, 569 BGB (zum Verhältnis der Regeltatbestände zum Grundtatbestand → Rn. 10), aber auch die

---

[2] BT-Drs. 14/4553, 44 und BT-Drs. 14/5663, 76.
[3] *Blank* ZMR 2020, 83 (84); *Häublein* ZMR 2005, 1 (2).
[4] MüKoBGB/*Häublein* § 573 Rn. 62.
[5] BGH VIII ZR 364/04, NJW 2006, 1585; *Blank* ZMR 2020, 83 (85).
[6] *Häublein* ZMR 2005, 1 (6).
[7] *Häublein* ZMR 2005, 1 (6).
[8] *Blank ZMR 2020, 83 (85).*
[9] *Blank* ZMR 2020, 83 (84); s. auch BVerfG NJW 1994, 41.
[10] BGH XII ZR 188/08, NZM 2010, 901 Rn. 11; BGH XII ZR 5/00, NZM 2002, 524.
[11] *Blank* ZMR 2020, 83 (84).

Kasuistik, die sich über lange Zeit hinweg entwickelt hat und die in ihrer Breite (nicht notwendig in jeder Einzelentscheidung) Ausdruck dafür ist, wann nach allgemeiner Rechtsüberzeugung eine (auch nur kurze) Vertragsfortsetzung unzumutbar und eine (sofortige) Vertragsbeendigung möglich ist. Diese Kasuistik darf und muss aber insbes. bei der die Praxis beherrschenden Vermieterkündigung kritisch hinterfragt werden dahingehend, ob die vom Mieter verursachte Vertragsstörung ein derartiges Gewicht hat, dass ihm die Wohnung als sein grundrechtlich geschützter[12] Lebensmittelpunkt oder die Betriebsstätte als Mittelpunkt seiner Erwerbstätigkeit genommen werden darf.[13] Weiterhin müssen – wegen deren Ausstrahlungswirkung auf das Zivilrecht – die **Grundrechte** der Beteiligten berücksichtigt werden, insbes. das Recht auf Leben und körperliche Unversehrtheit.[14] Das kann zur Folge haben, dass ein wichtiger Grund für eine außerordentliche Kündigung wegen besonders schwerwiegender **persönlicher Härtegründe** auf Seiten des Mieters trotz einer erheblichen Pflichtverletzung nicht vorliegt[15] oder auf Seiten des Vermieters trotz einer an sich nicht ausreichenden Pflichtverletzung des Mieters anzunehmen ist. Hier kommen insbes. auf Mieterseite schwerwiegende gesundheitliche Beeinträchtigungen oder **Suizidgefahren** in Betracht, die durch die Kündigung und/oder den Verlust der Wohnung ausgelöst werden.[16] Zur Berücksichtigung von Härtegründen bei den **typisierten Kündigungstatbeständen des § 543 Abs. 2 BGB** → Rn. 10.

§ 543 Abs. 1 BGB erfordert eine **negative Zukunftsprognose** für eine gedeihliche Entwicklung des Vertragsverhältnisses, wenn die Vorschrift darauf abstellt, dass dem Kündigenden eine Vertragsfortsetzung nicht zumutbar ist.[17] Eine Vertragsstörung aus der Vergangenheit soll und muss etwas darüber aussagen bzw. ein Indiz dafür sein, wie sich die Vertragserfüllung in Zukunft gestaltet. Es ist schon deshalb keine sichere Vorhersage notwendig, weil eine solche unmöglich ist. Maßgeblich ist vielmehr, ob eine Vertragsstörung **nach der Lebenserfahrung** geeignet ist, das für die Durchführung eines Dauerschuldverhältnisses notwendige Vertrauen nachhaltig zu stören. Die Unzumutbarkeit kann einmal in der Gefahr der Wiederholung bestehen. Sie kann aber auch das persönliche Verhältnis der Vertragspartner betreffen. Eine Vertragsstörung (etwa eine Beleidigung) kann der anderen Partei den (jedenfalls gelegentlich notwendigen) Kontakt – und sei er auch nur geschäftlich – unzumutbar machen. Es ist allerdings bei jeder Form der Unzumutbarkeit nicht auf die **subjektive Befindlichkeit** des Kündigenden Rücksicht zu nehmen, es ist vielmehr – in gewisser Weise typisierend bzw. nach einem objektiven Maßstab[18] – zu prüfen, wo nach der gesellschaftlichen Norm in den beteiligten Verkehrskreisen die Grenze des Hinnehmbaren für einen durchschnittlichen Vertragspartner überschritten ist. Bei ganz enger personaler Beziehung von Vermieter und Mieter (wie etwa bei der Untervermietung eines Zimmers in der selbst bewohnten Wohnung) können allerdings die personalen Besonderheiten Gewicht erlangen. **8**

Die Kündigung **psychisch kranker oder schuldunfähiger Mieter** wirft besondere Probleme auf.[19] Sie ist zwar nicht ausgeschlossen, die fristlose Beendigung eines Mietverhältnisses ist aber idR nur gerechtfertigt, wenn der Gekündigte den Kündigungsgrund schuldhaft verursacht hat (→ Rn. 16). Ein schuldloses Verhalten kann bei verständiger Würdigung des Verhaltens bzw. der Umstände durch den Kündigenden nicht zu einer nachhaltigen Vertrauensstörung führen. Gälte das absolut, wäre eine Kündigung bei deren schuldloser Veranlassung nie möglich. Die Vertrauensstörung ist zwar das wichtigste, nicht aber das einzige Element, aus dem eine Vertragsfortsetzung unzumutbar sein kann. Auch ohne Vertrauensstörung kann ein Zustand unzumutbar sein. Derartiges muss der Kündigende hinnehmen, wenn der Grund hierfür aus seiner Sphäre stammt oder sonst wie von außen an das Mietverhältnis herangetragen wird. Anders ist das, wenn der Grund aus der Sphäre des Mieters stammt. Bei Schuldlosigkeit muss das Maß des Zumutbaren aber in einer Weise überschritten sein, dass die fehlende oder eingeschränkte Verantwortlichkeit des Mieters zurücktritt.[20] Bei der im Rahmen der Zumutbarkeitsprüfung anzustellenden umfassenden Abwägung sind die Wertentscheidungen des Grundgesetzes (insbes. auch Art. 3 Abs. 3 S. 2 GG und eine daraus **9**

[12] BVerfG NJW 1993, 2035.
[13] Ähnlich *Kraemer* NZM 2001, 553 (554).
[14] BGH VIII ZR 73/16, NZM 2017, 26 Rn. 24.
[15] BGH VIII ZR 73/16, NZM 2017, 26 Rn. 24.
[16] BGH VIII ZR 218/03, NZM 2005, 300.
[17] *Häublein* ZMR 2005, 1.
[18] *Kraemer* NZM 2001, 553 (556).
[19] Eing. dazu *Schindler* WuM 2018, 255.
[20] Ähnlich BT-Drs. 14/5663, 76.

folgende erhöhte Toleranzbereitschaft) zu beachten[21], aber auch die Folgen einer Vertragsfortsetzung für den Vermieter, wie etwa die Gefahr weiterer Schäden für die Mietsache, Mietminderungen oder Kündigungen anderer Mieter oder sonstige finanzielle oder persönliche Belastungen. Auf der anderen Seite sind die Folgen einer Vertragsbeendigung für den nicht oder nur eingeschränkt verantwortlichen Mieter zu bedenken, wie etwa Verschlechterung des Gesundheitszustands auf Grund der Bindung an die Wohnung oder das Lebensumfeld, Schwierigkeiten bei der Wohnungssuche oder gar eine Suizidgefahr. Eine fehlende oder eingeschränkte Schuldfähigkeit des Mieters ist bei der Kündigung nach der Generalklausel des § 543 Abs. 1 BGB bzw. bei einer Kündigung wegen Hausfriedensstörung gem. § 569 Abs. 2 BGB im Rahmen der anzustellenden umfassenden Einzelfallabwägung zu berücksichtigen und bei der Kündigung wegen Gefährdung der Mietsache gem. § 543 Abs. 2 S. 1 Nr. 2 BGB im Rahmen der Prüfung der Erheblichkeit der Verletzung der Vermieterrechte. Die Zahlungsverzugskündigung gem. § 543 Abs. 2 S. 1 Nr. 3 BGB hängt ohnehin Verschulden des Mieters am Zahlungsverzug ab. Ein Kündigungsrecht gem. § 543 Abs. 1 BGB wurde **bejaht** bei einem schuldunfähigen Mieter, der die Wohnung massiv unter Wasser gesetzt hat bei dem Versuch, ein vom ihm gelegtes Feuer zu löschen, und der schon vorher wiederholt massiv gestört hatte.[22]

## IV. Verhältnis der Kündigungstatbestände untereinander

10 Nach der Generalklausel des § 543 Abs. 1 BGB – ebenso bei der Kündigung wegen Hausfriedensstörung, die ein Anwendungsbeispiel der Generalklausel ist (→ BGB § 569 Rn. 33) – darf ein wichtiger Kündigungsgrund nur nach Abwägung aller Umstände des Einzelfalls angenommen werden. Diese Abwägung ist entbehrlich, wenn die **Regeltatbestände** der §§ 543 Abs. 2, 569 Abs. 1, 2 a BGB, die eigene Kündigungstatbestände sind, eingreifen. Sind deren Voraussetzungen erfüllt, liegt **immer ein wichtiger Grund** vor und eine fristlose Kündigung ist möglich.[23] Eine Abwägung der Einzelfallumstände ist weder notwendig noch erlaubt, eine Zumutbarkeitsprüfung unterbleibt.[24] Allerdings ist in ganz besonderen Ausnahmefällen aus dem verfassungsrechtlichen Gebot des Gesundheits- und Lebensschutzes (also bei schwerwiegender **Gesundheits- oder bei Suizidgefahr**) schon auf der materiell-rechtlichen Ebene und nicht erst vollstreckungsrechtlich im Rahmen von § 765 a ZPO (dazu → ZPO § 765 a Rn. 16) eine Berücksichtigung von Umständen geboten, die außerhalb der eigentlichen Voraussetzungen des Regeltatbestands liegen[25]; „normale" Härtegründe iSv § 574 BGB reichen nicht aus.[26] Abgesehen von diesen Ausnahmefällen muss der Pflichtverletzung des Gekündigten bei den Regeltatbeständen ein gewisses Gewicht zukommen[27], weil ansonsten die nach § 543 Abs. 1 BGB erforderliche Unzumutbarkeit der Vertragsfortsetzung, die in den Regeltatbeständen typisiert wurde, nicht gegeben wäre. Im Gesetz kommt das dadurch zum Ausdruck, dass § 543 Abs. 2 S. 1 Nr. 2 BGB eine **„erhebliche" Verletzung** der Vermieterrechte durch vertragswidrigen Gebrauch fordert. Nach dem Wortlaut von § 543 Abs. 2 S. 1 Nr. 1 BGB scheint zwar jede Verletzung der Gebrauchsgewährungspflicht zur Kündigung zu berechtigen; unerhebliche Einschränkungen sind aber ausgeschlossen (→ Rn. 96). Abgesehen davon kommt einem geringeren Verstoß ggf. schon deshalb das notwendige Gewicht zu, weil der gekündigte Vermieter trotz Abmahnung oder Abhilfefrist die Hauptleistungspflicht nicht ordnungsgemäß erbracht hat. Bei der Zahlungsverzugskündigung ergibt sich das notwendige Gewicht ausschließlich aus Art und Höhe des Zahlungsrückstands; die Zahlen können und müssen nicht gewichtet werden.

---

[21] BGH VIII ZR 218/03, NZM 2005, 300 Rn. 300; OLG Karlsruhe ZMR 2002, 418.

[22] AG Düsseldorf ZMR 2021, 238.

[23] BGH VIII ZR 175/14, NJW 2015, 1296 Rn. 21; BGH XII ZR 33/04, NJW 2007, 147 Rn. 10; BGH VIII ZR 73/16, NZM 2017, 26 Rn. 20.

[24] BGH VIII ZR 175/14, NJW 2015, 1296 Rn. 21; BGH XII ZR 33/04, NJW 2007, 147 Rn. 10; BGH VIII ZR 73/16, NZM 2017, 26 Rn. 20.

[25] BGH VIII ZR 218/03, NZM 2005, 300. Dort findet die Berücksichtigung der grundrechtlichen Wertungen zwar im Rahmen von § 543 Abs. 1 BGB statt; aus der Formulierung in II.4. „insbesondere" geht aber hervor, dass dies nicht nur bei Tatbeständen zu geschehen hat, die eine Einzelfallabwägung erfordern. Der Gesundheits- und Lebensschutz ist vielmehr bei allem staatlichen Handeln zu berücksichtigen (s. etwa *Schmidt-Räntsch* ZfIR 2011, 849).

[26] BGH VIII ZR 73/16, NZM 2017, 26 Rn. 20; BGH VIII ZR 175/14, NJW 2015, 1296 Rn. 21.

[27] BGH XII ZR 33/04, NJW 2007, 147 Rn. 20 für § 543 Abs. 2 Nr. 1 BGB.

Soweit ein Regeltatbestand der §§ 543 Abs. 2, 569 Abs. 1, 2a BGB nicht vollständig verwirklicht ist, kann wegen deren Spezialität nicht auf die Generalklausel des § 543 Abs. 1 BGB zurückgegriffen werden (zur Kündigung wegen Hausfriedensstörung gem. § 569 Abs. 2 BGB → BGB § 569 Rn. 33). Die Regeltatbestände haben vielmehr eine **Negativwirkung** dahingehend, dass nach dem Gesetz ein wichtiger Grund nicht vorliegt, wenn sie nicht (vollständig) erfüllt sind.[28] Unter die Generalklausel des § 543 Abs. 1 BGB fallen deshalb nur solche Umstände, die nicht abschließend von §§ 543 Abs. 2, 569 Abs. 1, 2a BGB erfasst sind, die also nicht deren Pflichtverletzungstypen entsprechen. Das schließt nicht aus, dass einzelne Elemente der Regeltatbestände auch iRd § 543 Abs. 1 BGB Bedeutung haben können; es muss dann aber darüber hinausgehende Umstände geben, damit ein eigenständiger Kündigungsgrund und nicht nur ein abgeschwächter Regeltatbestand vorliegt.[29] 11

## V. Konkurrenzen

Die Kündigung übernimmt im Dauerschuldverhältnis Miete die Funktion, die der **Rücktritt** bei einfachen Austauschverträgen hat. § 543 BGB wird – anders als das Mängelgewährleistungsrecht der §§ 536 ff. BGB[30] – auch vor Überlassung der Mietsache nicht durch die Regeln des allgemeinen Leistungsstörungsrechts verdrängt; die Kündigung gem. § 543 BGB kann deshalb (wie alle Kündigungen) **vor Überlassung der Mietsache** an den Mieter erklärt werden.[31] Auch das allgemeine Schuldrecht enthält mit §§ 313, 314 BGB Vorschriften über die Kündigung aus wichtigem Grund. Zu den Vertragslösungsmöglichkeiten gem. § 313 Abs. 3 BGB bei einer **Störung der Geschäftsgrundlage** → BGB Vor § 535 Rn. 256. Zum Verhältnis zur außerordentlichen Kündigung gem. **§ 314 BGB** → Rn. 231. Zum Verhältnis zu **§ 569 BGB** → Rn. 10. 12

# B. Kündigung aus wichtigem Grund (Abs. 1)

## I. Allgemeines

Nach § 543 Abs. 1 S. 1 BGB (und ähnlich nach § 569 Abs. 2 BGB; → BGB § 569 Rn. 33) kann jede Partei das Mietverhältnis aus wichtigem Grund außerordentlich fristlos kündigen. Ein wichtiger Grund liegt nach § 543 Abs. 1 S. 2 BGB vor, wenn dem Kündigenden unter Berücksichtigung aller Umstände des Einzelfalls, insbes. eines Verschuldens der Vertragsparteien, und unter Abwägung der beiderseitigen Interessen die Fortsetzung des Mietverhältnisses bis zum Ablauf der Kündigungsfrist oder bis zur sonstigen Beendigung des Mietverhältnisses nicht zugemutet werden kann. Es gilt nicht das (familienrechtliche) Zerrüttungsprinzip, das besagt, dass die Vertragsbeziehung gescheitert und das Vertrauensverhältnis zerstört ist. Für eine Kündigung ist mehr als das erforderlich; maßgeblich ist nach dem Gesetz die **Unzumutbarkeit der Vertragsfortsetzung.**[32] Hierzu gehört dreierlei. Zunächst muss der Kündigungsgrund aus der Sphäre des Kündigungsgegners stammen (→ Rn. 14). Weiter liegt eine Unzumutbarkeit nur dann vor, wenn das Vertrauensverhältnis der Parteien nach einem objektiven Maßstab (→ Rn. 8) so gestört ist, dass eine **gedeihliche oder auch nur erträgliche Vertragsfortsetzung ausgeschlossen** und eine sofortige Vertragsbeendigung angemessen erscheint.[33] Hierbei ist ein **strenger Maßstab** anzulegen[34], den man als gesteigerte Form der Zerrüttung bezeichnen könne. Es reicht nicht, dass es nicht mehr „richtig funktioniert", es muss unerträglich sein. Schließlich muss der Grund für die Unzumutbarkeit vertragsbezogen sein und auf einem **konkreten Anlass,** meist einer Pflichtverletzung, beruhen.[35] Das Gesetz verschleiert die Notwendigkeit eines konkreten Kündigungsanlasses, wenn es von der Berücksichtigung aller Umstände spricht. Ausgangspunkt ist hierbei der Umstand (die Pflichtverletzung), der Anlass zur Kündigung gibt – der Kündigungsgrund. Aber erst nach Berücksichtigung und Abwägung aller Umstände, die zu Gunsten und zu Lasten sowohl des Kündigenden 13

---

[28] Staudinger/*Emmerich* BGB § 543 Rn. 2; *Lehmann-Richter* ZMR 2017, 372 (376).
[29] *Häublein* ZMR 2005, 1.
[30] MüKoBGB/*Häublein* Vor § 536 Rn. 7.
[31] BGH XII ZR 93/99, NZM 2001, 1077; BGH VIII ZR 88/78, NJW 1979, 1288; KG NZM 2014, 199.
[32] BGH VIII ZR 120/66, NJW 1969, 37.
[33] *Häublein* ZMR 2005, 1.
[34] BGH XII ZR 188/08, NZM 2010, 901 Rn. 11; BGH XII ZR 5/00, NZM 2002, 524.
[35] BGH LwZR 20/01, NZM 2002, 660.

wie des Gekündigten sprechen, lässt sich feststellen, ob es sich um einen *wichtigen* Grund iSv § 543 Abs. 1 S. 2 BGB handelt. Grundsätzlich zur **Schwere des Grundes** und des **Beurteilungsmaßstabs** → Rn. 5. Soweit gelegentlich der Begriff der **Zerrüttungskündigung** verwendet wird, handelt es sich nicht um eine eigenständige Kategorie von Kündigungsgründen. Denn die Verwirklichung eines Kündigungsgrundes ist nach der gesetzlichen Vorstellung immer mit einer (Zer-)Störung der das Mietverhältnis tragenden Vertrauensgrundlage und damit einer Zerrüttung verbunden. Der Begriff der Zerrüttungskündigung besagt vielmehr, dass die Vertrauensgrundlage derart gestört ist, dass sie auch durch eine Abmahnung oder Abhilfeaufforderung nicht wiederhergestellt werden kann und zur Kündigung ohne Abmahnung oder Abhilfeaufforderung berechtigt.[36]

14 Der Kündigungsgrund muss aus der **Risikosphäre des Kündigungsgegners** stammen.[37] Es entspricht allgemeinen Grundsätzen, dass sich niemand von seinen vertraglichen Pflichten lösen kann aus Gründen, für die er das Risiko trägt oder die er gar schuldhaft verursacht hat.[38] Ausnahmen kommen in ganz engen Grenzen nur bei einer Störung der Geschäftsgrundlage in Betracht (→ BGB Vor § 535 Rn. 256). Dann ist aber nicht § 543 Abs. 1 BGB Anknüpfungsnorm, sondern § 313 Abs. 3 S. 2 BGB. Soweit früher auch bei einer Störung der Geschäftsgrundlage § 543 Abs. 1 BGB als Kündigungsnorm herangezogen wurde[39], ist dies seit der Kodifizierung in § 313 Abs. 3 S. 2 BGB obsolet. Kündigungsgründe aus dem Risikobereich des Kündigenden oder Kündigungsgründe, auf die der Kündigungsgegner keinen Einfluss hat oder haben muss, berechtigen also nicht zur Vertragsbeendigung gem. § 543 Abs. 1 BGB.[40] Wichtig ist es aber, im Einzelfall die Risikosphären richtig zu bestimmen; praktische Relevanz hat hier vor allem die Einordnung der **Mangelverursachung durch den Mieter** (dazu → Rn. 104). **Beispiele:** Ein Vermieter kann nicht aus wichtigem Grund kündigen, wenn zur Erhaltung des Mietgebrauchs Instandsetzungs- oder Instandhaltungsarbeiten erforderlich sind, welche die Opfergrenze überschreiten[41] (ggf. kommt aber eine Störung der Geschäftsgrundlage in Betracht). Ebenso ist es, wenn der Vermieter das Gebäude abreißen und das Gelände anderweitig bebauen will; das Risiko, dass eine Rendite erwirtschaftet werden kann, liegt beim Vermieter.[42] Ein Mieter kann nicht fristlos kündigen, wenn er seinen Wohnsitz berufsbedingt verlegen will oder Familienzuwachs bekommt, weil das Risiko der sinnvollen Verwendung der Mietsache beim Mieter liegt; uU hat der Mieter einen Anspruch gegen den Vermieter auf Abschluss eines Mietaufhebungsvertrags bei Stellung eines Ersatzmieters (näher → BGB § 542 Rn. 192). Ebenso hat der Mieter von Geschäftsraum kein Kündigungsrecht bei schlechter Wirtschaftslage[43] oder Umsatzrückgang. Der Umstand, dass ein Gewerbemieter sein Geschäft wegen einer schweren Erkrankung nicht weiterführen kann, berechtigt ebenfalls nicht zur Kündigung.[44]

15 Bei einer **Mehrzahl von Vertragspartnern** auf einer Seite ist das Fehlverhalten eines von ihnen ausreichend.[45] Beendet wird das gesamte Mietverhältnis, nicht nur die Vertragsbeziehung zum Störer (→ BGB § 542 Rn. 67). Zur Risikosphäre des Kündigungsempfängers gehört ansonsten auch das **Fehlverhalten Dritter,** wenn sie in dessen Pflichtenkreis einbezogen sind.[46] Das sind die **Erfüllungsgehilfen** iSv § 278 BGB[47] oder die Dritten iSv § 540 Abs. 2 BGB. Erfüllungsgehilfen auf Mieterseite sind damit alle Personen, denen der Mieter, die ihm qua Vertrag zugewiesene Ausübungsbefugnis überlässt[48], also etwa Mitbewohner[49], Untermieter, Besucher[50], Handwerker, Personal etc. Es ist aber ggf. sorgfältig zu prüfen, ob der vertragsfremde Dritte tatsächlich das Vertrau-

---

[36] BGH XII ZR 188/08, NZM 2010, 901 Rn. 21; OLG Celle ZMR 2009, 192; OLG Düsseldorf ZMR 2012, 183.
[37] Siehe nur BGH XII ZR 185/93, ZMR 1996, 309; BGH III ZR 231/12, NJW 2013, 2021.
[38] BGH XII ZR 71/01, NZM 2005, 17.
[39] Siehe etwa BGH XII ZR 230/94, NJW 1996, 714.
[40] BGH XII ZR 185/93, ZMR 1996, 309.
[41] OLG Dresden ZMR 2013, 429 (Instandhaltungskosten in Höhe einer 37-fachen Jahresmiete bei Vermietung von Gaststättenräume in historischer Burg).
[42] OLG Dresden NZM 2003, 356.
[43] BGH I ZR 18/02, NJW 2005, 1360; *Pützenbacher/Kubjetz* NZM 2003, 140 (141).
[44] OLG Düsseldorf NZM 2008, 807; OLG Rostock ZMR 2020, 938.
[45] *Streyl* NZM 2011, 377 (387).
[46] *Kraemer* NZM 2001, 553 (559).
[47] BGH VIII ZR 73/16, NZM 2017, 26 Rn. 17; BGH VIII ZR 102/06, NJW 2007, 428 Rn. 18; BGH VIII *ZR 64/09, NJW 2009, 3781; BGH VIII ZR* 59/20, NZM 2020, 885.
[48] Eing. MüKoBGB/*Häublein* § 573 Rn. 78.
[49] BGH VIII ZR 102/06, NJW 2007, 428 Rn. 18.
[50] BGH VIII ZR 73/16, NZM 2017, 26 Rn. 17; BGH VIII ZR 59/20, NZM 2020, 885.

ensverhältnis hinreichend gestört hat.[51] Daran kann es etwa fehlen, wenn der Dritte in Zukunft mit der Vertragsbeziehung (etwa durch Auszug) nichts mehr zu tun haben wird. Das **Jobcenter** (oder ein ähnlicher Amtsträger) ist nicht Erfüllungsgehilfe des Mieters in Bezug auf die (pünktliche) Mietzahlung, weil es im Rahmen der Daseinsvorsorge staatliche Transferleistungen an einen Bürger erbringt und so ausschließlich hoheitliche Aufgaben wahrnimmt, um die Grundsicherung des Hilfebedürftigen zu gewährleisten[52]; zur Relevanz der finanziellen Leistungsfähigkeit des Mieters → Rn. 198.

Ein **Verschulden** des Kündigungsgegners an der Entstehung des Kündigungsgrundes (meist eine Pflichtverletzung) ist nicht zwingend erforderlich, um eine Unzumutbarkeit der Vertragsfortsetzung bejahen zu können[53]; das ergibt sich sowohl aus der Gesetzgebungsmaterialien[54] als auch dem Wortlaut von § 543 Abs. 1 S. 2 BGB („insbesondere"). Wenn aber § 543 Abs. 1 S. 2 BGB den wichtigen Grund wortgleich zu § 314 Abs. 1 S. 2 BGB definiert, jedoch im Gegensatz zu dort das Verschulden als zu berücksichtigen Umstand hervorhebt, stellt das Gesetz klar, dass bei schuldlosem Handeln die Anforderungen an die Unzumutbarkeit (deutlich) höher sind als bei schuldhaftem Handeln.[55] Eine Unzumutbarkeit wird bei **fehlendem Verschulden** in aller Regel ausscheiden, weil ein schuldloses Handeln kaum geeignet ist, die Vertrauensgrundlage zu zerstören. Anders kann das in praktisch relevanter Häufigkeit sein bei nachhaltigen Störungen durch **psychisch kranke oder schuldunfähige Mieter,** die den Vermieter beleidigen, bedrohen oder angreifen bzw. den Hausfrieden gem. § 569 Abs. 2 BGB stören; zu den Besonderheiten einer Kündigung in solchen Fällen → Rn. 9. Ein **wechselseitiges Verschulden** schließt die Annahme eines wichtigen Grundes nicht von Vornherein aus, jedoch ist dieser Umstand bei der Interessenabwägung zu berücksichtigen. Der Verschuldensanteil des Kündigenden darf des des Kündigungsgegners aber nicht überwiegen.[56] **16**

Zum **Rechts- und Tatsachenirrtum** → BGB § 546a Rn. 93. Anders als bei der Zahlungsverzugskündigung gem. § 543 Abs. 2 S. 1 Nr. 3 BGB, bei der eine Würdigung der Einzelfallumstände nicht erfolgt (→ Rn. 158), ist aber bei der Kündigung gem. § 543 Abs. 1 BGB Art und Berechtigung des Irrtums zu berücksichtigen. Je offensichtlicher der Irrtum, desto stärker wirkt er zu Lasten des Irrenden und umgekehrt. **17**

Die Kündigung gem. § 543 Abs. 1 BGB bedarf oftmals keiner vorherigen **Abmahnung.** Zwar ist diese nach § 543 Abs. 3 S. 1 BGB eigentlich Voraussetzung, falls das Mietverhältnis wegen der Verletzung einer Pflicht aus dem Mietvertrag außerordentlich gekündigt werden soll. Eine Abmahnung ist jedoch entbehrlich, wenn die Pflichtverletzung (etwa eine Tätlichkeit oder Beleidigung), wegen derer gekündigt wird, so schwerwiegend ist, dass die Vertrauensgrundlage auch durch eine Abmahnung nicht wiederhergestellt werden könnte (sog. Zerrüttungskündigung).[57] Dogmatisch ist dies als ein Fall der Entbehrlichkeit gem. § 543 Abs. 3 S. 2 Nr. 1 BGB einzuordnen.[58] Bei Pflichtverletzungen mit Wiederholungscharakter und/oder Wiederholungsgefahr verleiht aber erst eine Abmahnung und ein neuerlicher Verstoß das notwendige Gewicht.[59] Hier verbleibt es beim grundsätzlichen Erfordernis der Abmahnung gem. § 543 Abs. 3 BGB. Exemplarisch hierfür steht die Kündigung wegen nachhaltig unpünktlicher Mietzahlung. Anders ist es ggf. auch, wenn die Zerrüttung auf das Verhalten solcher Dritter zurückzuführen ist, die die Mietsache nicht ständig nutzen, wie etwa Besucher, Handwerker etc.[60] Hier kann (und muss) die Abmahnung dazu führen, dass der Dritte nicht mehr mit dem Mietverhältnis in Berührung kommt und so weitere Störungen ausgeschlossen sind. Das gilt allerdings nur, wenn der Mieter selbst an der Störung des Dritten weder beteiligt war noch sie sonst irgendwie gefördert hat. **18**

---

[51] *Kraemer* NZM 2001, 553 (559); ähnlich KG NJW 1998, 2455.

[52] BGH VIII ZR 64/09, NJW 2009, 3781 (für den Fall der Kündigung wegen nachhaltig unpünktlicher Mietzahlung). Diese Rspr. ist stark umstritten: wie der BGH etwa *Harke* NZM 2016, 449 (454); **aA** etwa *Lorenz* WuM 2013, 202 (206); *Rieble* NJW 2010, 816.

[53] BGH LwZR 20/01, NZM 2002, 660; BGH VIII ZR 218/03, NZM 2005, 300.

[54] BT-Drs. 14/5663, 76.

[55] BT-Drs. 14/5663, 76.

[56] *Kraemer* DWW 2001, 110 (112f.).

[57] BGH XII ZR 188/08, NZM 2010, 901 Rn. 21; OLG Düsseldorf ZMR 2012, 183.

[58] OLG Celle ZMR 2009, 192.

[59] BGH VIII ZR 301/10, NZM 2012, 22.

[60] AG Stuttgart 11.12.2020 – 35 C 4053/20, BeckRS 2020, 35622.

19 Ob der Kündigungsgrund so wichtig (schwer) iSv § 543 Abs. 1 BGB wiegt, dass dem Kündigenden eine Vertragsfortsetzung unzumutbar ist, lässt sich erst nach einer **Würdigung und Abwägung aller Umstände des Einzelfalls** feststellen. Zur Bestimmung der Schwere des Kündigungsgrundes → Rn. 5. Abzuwägen ist das Interesse des Kündigenden an einer (sofortigen) Beendigung des Vertrages gegen das Interesse des Kündigungsempfängers an dessen Bestand. In diese Abwägung ist alles einzubeziehen, was die Schwere des Kündigungsgrundes ausmacht, also Erschwerendes und Entlastendes von Seiten des Kündigenden und des Kündigungsgegners. Dazu gehören insbes. **Art und Ausmaß einer Pflichtverletzung, deren Folgen und insbes. das Maß des Verschuldens.** Die objektive Schwere einer Pflichtverletzung, deren Folgen und das Verschulden können miteinander korrespondieren, sie können aber auch gegenläufig sein. So kann eine fährlässige Pflichtverletzung erhebliche Folgen haben (etwa eine Streupflichtverletzung mit massiven Gesundheitsschäden), eine vorsätzliche Tat aber nur geringe Folgen (etwa eine Beleidigung leichter Art). Die gegenläufigen Einflussgrößen sind dann gegeneinander abzuwägen. Bei der anzustellenden Zukunftsprognose (→ Rn. 8) sind die Auswirkungen der Pflichtverletzung auf das Verhältnis der Parteien zu berücksichtigen, wozu auch gehört, ob sie im selben Mietobjekt leben bzw. aufhältig sind, oder ob – wie etwa bei Mietverhältnissen mit Großvermietern – das persönliche Verhältnis von untergeordneter Bedeutung ist. Das Verhalten bzw. **Mitverschulden** des Kündigenden sind ebenfalls zu berücksichtigen. Bei provozierten Pflichtverletzungen scheidet eine Kündigung regelmäßig aus.[61] Jedenfalls aber ist die Pflichtverletzung des Gekündigten erheblich geringer zu bewerten. Zu den Besonderheiten bei der Kündigung von **psychisch kranken oder schuldunfähigen Mietern** → Rn. 9. Bedeutung kann es auch haben, wenn das Mietverhältnis vor der zur Kündigung veranlassenden Vertragsstörung schon lange Zeit unbeanstandet durchgeführt wurde.[62] Der Kündigungsgrund kann sich aus **mehreren kleineren Vertragsverletzungen** ergeben, die für sich genommen eine Kündigung nicht rechtfertigen würden. Hierzu kann ggf. auf frühere Vertragsverletzungen des Kündigungsgegners zurückgegriffen werden.[63] Bei der Wohnraummiete ist jedoch zu beachten, dass dies wegen der Schriftform- und Begründungsgebots der §§ 568, 569 Abs. 4 BGB in der Kündigung wenigstens angedeutet sein muss. Nicht notwendig ist eine Andeutung hingegen, wenn es sich nur um ein präzisierendes Detail des zum Kündigungsgrund gehörenden Lebenssachverhalts handelt. Die Zeitdauer bis zur ordentlichen Beendigung des Mietvertrages spielt hingegen keine Rolle bei der Abwägung, dh, die Anforderungen an die Schwere des Kündigungsgrundes werden nicht mit längerer **Restlaufzeit** geringer.[64] Zwar erscheint es vordergründig plausibel, dass eine zerrüttete Situation umso unzumutbarer ist, je länger sie dauert. Hierbei wird jedoch verkannt, dass die Zeit oftmals heilende Wirkung entfaltet. Sollte das nicht so sein, sollte es im Gegenteil weitere Vertragsstörungen geben, kann später gekündigt werden. Der Kündigungsgrund muss vielmehr unabhängig von der Laufzeit eine Schwere haben, dass prognostisch (→ Rn. 8) auf absehbare Zeit eine gedeihliche Vertragsentwicklung nicht möglich erscheint.

20 Die anzustellende Interessenabwägung erlaubt bzw. erfordert ggf. auch eine **Folgenberücksichtigung** dahingehend, was – je nach Parteisicht – die Fortsetzung des Vertrages bzw. dessen Beendigung bedeutet. Praktische Relevanz hat das vor allem für einen gekündigten Mieter, der seinen Lebensmittelpunkt bzw. den Ort seiner Erwerbstätigkeit verliert. Diese Folge ist allerdings der Kündigung wesensimmanent und sie spiegelt sich eben darin wider, dass nur bei Vorliegen eines Grundes gekündigt werden kann: Ist der Grund so schwerwiegend, dass eine Vertragsfortsetzung unzumutbar ist, dann sind damit die üblichen Folgen einer Kündigung berücksichtigt. Deshalb müssen bei der Interessenabwägung auf Seiten des Kündigungsgegners **nur außergewöhnliche Kündigungsfolgen** besonders abgewogen werden bzw. auf Seiten des Kündigenden außergewöhnliche Folgen durch eine Vertragsfortsetzung. In dieser Weise als außergewöhnlich sind – wegen deren Ausstrahlungswirkung auf das Zivilrecht – insbes. schwere **Beeinträchtigungen der Grundrechte** der Beteiligten zu berücksichtigen, insbes. das Recht auf Leben und körperliche Unversehrtheit.[65] Deshalb kann bei einer drohenden schwerwiegenden Gesundheitsbeeinträchtigung, Lebensgefahr oder einem sonstigen **schweren Härtegrund** das Bestehen eines wichtigen Grundes für eine außerordentliche Kündigung trotz einer (ggf. auch erheblichen) Pflichtverletzung

[61] BGH VIII ZR 33/85, WuM 1986, 60.
[62] *LG Berlin WuM 2019, 592.*
[63] BGH XII ZR 188/08, NZM 2010, 901 Rn. 11.
[64] **AA** OLG Celle ZMR 2008, 886; *Häublein* ZMR 2005, 1.
[65] BGH VIII ZR 73/16, NZM 2017, 26 Rn. 24.

zu verneinen sein.[66] Die Abwägung hat aber umfassend zu sein. Es spielt auch eine Rolle, welche Auswirkungen der Fortbestand des Mietverhältnisses für die anderen Bewohner und den Vermieter hat (Minderungen oder Kündigungen anderer Mieter, Schadensersatzforderungen, Schädigung der Mietsache etc).[67]

Die nachfolgende Zusammenstellung ist eine systematische Aufbereitung der umfangreichen **Kasuistik** der Kündigung gem. § 543 Abs. 1 BGB. Die dortigen Ergebnisse beziehen sich idR nur auf die Frage, ob bestimmte Pflichtverletzungen grds. geeignet sind, einen wichtigen Grund iSv § 543 Abs. 1 BGB darzustellen. Das enthebt nicht der Aufgabe, im zu beurteilenden Fall die oben genannten Voraussetzungen zu prüfen und die Einzelfallumstände zu ermitteln, die erst eine endgültige, **auf den Fall bezogene Abwägung** erlauben. 21

## II. Unpünktliche Mietzahlung

Grundsätzlich regelt § 543 Abs. 2 S. 1 Nr. 3 BGB die Voraussetzungen, unter denen dem Mieter wegen Zahlungsverzugs gekündigt werden kann, abschließend (→ Rn. 10). Diese Regeltatbestände kennzeichnet jedoch das *endgültige* Ausbleiben der laufenden Mietzahlung während eines bestimmten Mindestzeitraums und in einer bestimmten Mindesthöhe. Hiervon zu unterscheiden ist die unpünktliche Mietzahlung. Zwar bleibt auch hierbei die Zahlung nach Fälligkeit zeitweise aus, sie wird allerdings relativ bald nachgeholt. Prototypisch ist der Fall, dass die Zahlung irgendwann im laufenden Monat eingeht anstatt zum vereinbarten oder gesetzlichen Fälligkeitszeitpunkt. Das stellt einen substantiell anderen Pflichtverletzungstyp dar als die Regeltatbestände des § 543 Abs. 2 S. 1 Nr. 3 BGB, auch wenn die Abgrenzung nicht immer trennscharf möglich ist, weil etwa bei einer zweimaligen Unpünktlichkeit der Tatbestand des § 543 Abs. 2 S. 1 Nr. 3 a) BGB erfüllt ist, falls eine der beiden Unpünktlichkeiten länger als einen Monat andauert. Jedenfalls ist die **Eigenständigkeit dieses Pflichtverletzungstyps** seit langem anerkannt[68], so dass die Regeltatbestände der § 543 Abs. 2 S. 1 Nr. 3 BGB keine Sperrwirkung entfalten. 22

Die unpünktliche Mietzahlung muss das Vertrauensverhältnis in einer Weise stören, dass eine **Vertragsfortsetzung unzumutbar** erscheint, weil der Vermieter in Zukunft nicht mehr mit einer ordnungsgemäßen Erfüllung seitens des Mieters rechnen kann.[69] Die Unpünktlichkeit darf sich danach **nicht als bloße Lästigkeit** für den Vermieter darstellen, sie muss vielmehr ein erhebliches Gewicht erlangen. Unpünktliche Mietzahlungen können den Vermieter aus verschiedenen Gründen belasten: Er kann zur Finanzierung des Mietobjekts, zur Begleichung seiner Verbindlichkeiten oder zur Bestreitung seines Lebensunterhalts auf den rechtzeitigen Zahlungseingang angewiesen sein; unpünktlicher Zahlungseingang erhöht seinen Verwaltungs- und Überwachungsaufwand; das Vertrauen in die persönliche Zuverlässigkeit und die wirtschaftliche Leistungsfähigkeit wird gestört. Der Blick auf die Regeltatbestände des § 543 Abs. 2 S. 1 Nr. 3 BGB zeigt, dass eine oder einige wenige Unpünktlichkeiten in keinem Fall ausreichen können; eine zur Zahlungsverzugskündigung vergleichbare Schwere der Vertragsstörung ist vielmehr erst bei Verwirklichung folgender **Voraussetzungen** erreicht, wobei die Art des Mietverhältnisses gleichgültig ist: Der Mieter muss den vereinbarten Zahlungstermin nachhaltig, dh fortdauernd überschreiten (dazu unter a). Der Vermieter muss den Mieter aus diesem Grund gem. § 543 Abs. 3 BGB abgemahnt haben (dazu unter b). Der Mieter muss nach der Abmahnung erneut unpünktlich zahlen (dazu unter c). Das Vertrauen des Vermieters in die Wiederherstellung einer pünktlichen Zahlungsweise muss enttäuscht worden und insgesamt so nachhaltig erschüttert sein, dass die Vertragsfortsetzung unzumutbar ist[70]; diese Prüfung verbietet schematische Lösungen, sondern erfordert eine **wertende Betrachtungsweise** unter Berücksichtigung der Gesamtumstände[71] (dazu unter d). Es kommt hingegen nicht darauf an, ob zum Zeitpunkt des Kündigungsausspruchs Mietrückstände bestehen; 23

---

[66] BGH VIII ZR 73/16, NZM 2017, 26 Rn. 24; BGH VIII ZR 218/03, NZM 2005, 300.

[67] *Schindler* WuM 2018, 255 (258).

[68] Ursprünglich BGH VIII ZR 76/67, MDR 1969, 657; weiterhin BGH VIII ZR 364/04, NJW 2006, 1585; BGH VIII ZR 66/08, NZM 2009, 315; BGH VIII ZR 191/10, NJW 2011, 2201; BGH VIII ZR 91/10, NJW 2011, 2570; BGH VIII ZR 301/10, NZM 2012, 22; BGH VIII ZR 265/86, NJW-RR 1988, 77; OLG Düsseldorf ZMR 2009, 196.

[69] Staudinger/*Emmerich* BGB § 543 Rn. 69.

[70] BGH VIII ZR 364/04, NJW 2006, 1585; BGH VIII ZR 66/08, NZM 2009, 315 Rn. 21; BGH VIII ZR 91/10, NJW 2011, 2570.

[71] BGH VIII ZR 66/08, NZM 2009, 315 Rn. 21; BGH VIII ZR 364/04, NJW 2006, 1585.

§ 543 Abs. 2 Nr. 3 S. 2 BGB ist unanwendbar.[72] Wenn der Mieter **pünktlich, aber nachhaltig unvollständig** zahlt, kann der Vermieter erst kündigen, wenn die Voraussetzungen des § 543 Abs. 2 Nr. 3 erfüllt sind.[73]

### 1. Nachhaltige Unpünktlichkeit

24 Eine **Vertragsverletzung durch unpünktliche Mietzahlung** liegt immer dann vor, wenn der Zahlungstermin ohne rechtfertigenden Grund überschritten wird und dies dem Willen des Vermieters widerspricht. Hat der Vermieter die Zahlungsüberschreitung in der Vergangenheit geduldet, so folgt hieraus nur, dass er die Vertragsverletzung hingenommen hat. Eine Billigung des vertragswidrigen Zahlungsverhaltens kann aus der Duldung allein nicht hergeleitet werden. Ebenso wenig liegt hierin eine stillschweigende Vertragsänderung. Eine unpünktliche Mietzahlung ist auch dann als Vertragswidrigkeit zu bewerten, wenn die Mietsache mangelhaft ist; ein Zurückbehaltungsrecht kann der Mieter nur hinsichtlich der Höhe des Mietzinses, nicht hinsichtlich des Zahlungszeitpunkts geltend machen.[74]

25 Die unpünktliche Mietzahlung erfüllt nur dann den Tatbestand des § 543 Abs. 1 BGB, wenn sie **nachhaltig** ist. Gelegentliche Zahlungsunpünktlichkeit führt nicht zur Unzumutbarkeit der Vertragsfortsetzung, sie sind lediglich lästig. Eine erhebliche Pflichtverletzung setzt im Gegensatz zu einer nur gelegentlichen Zahlungsunpünktlichkeit vielmehr voraus, dass der Mieter über einen längeren Zeitraum schleppend zahlt.[75] Ein fester Grenzwert ist bisher nicht anerkannt und angesichts der Notwendigkeit, bei der Zumutbarkeitsprüfung die Einzelfallumstände zu berücksichtigen, auch kaum zu finden. Das schließt jedoch nicht aus, eine gewisse **Mindestschwelle** anzunehmen, die überschritten sein muss, um eine Zerrüttung annehmen zu können. Diese Schwelle dürfte erreicht sein, wenn der Mieter innerhalb eines Jahres sechs Zahlungstermine oder mehr überschreitet.[76] Die Jahresfrist dient dazu, Fälle auszuscheiden, in denen der Mieter über einen langen Zeitraum hinweg immer mal wieder eine Miete verspätet zahlt. Wird die Mindestschwelle nicht überschritten, kommt eine Kündigung idR nicht in Betracht, weil die Pflichtverletzung schon objektiv nicht derart schwer wiegt, dass ein Verlust des Mietverhältnisses gerechtfertigt erscheint. Allenfalls bei Hinzutreten besonderer Umstände mag sich aus einer Gesamtwürdigung etwas anderes ergeben. Als solcher Umstand kommt etwa in Betracht, dass der Mieter ankündigt, sein Zahlungsverhalten nicht zu ändern. Wird hingegen die Mindestschwelle überschritten, besteht nicht automatisch ein Kündigungsrecht, es müssen vielmehr die nachfolgenden Voraussetzungen geprüft werden, an deren Schluss eine Abwägung der Einzelfallumstände steht. Hierbei spielt die Zahl der unpünktlichen Zahlungen ggf. eine maßgebliche Rolle.

26 Die **Dauer der Unpünktlichkeit** spielt für das Kriterium der Nachhaltigkeit keine Rolle.[77] Wer als Vermieter auf pünktlichen Mieteingang angewiesen ist, weil er selbst zu bestimmten Zeitpunkten regelmäßige Zahlungen zu leisten hat, wird auch durch eine um wenige Tage verspätete Zahlung durchaus belastet.[78] Allerdings ist die Dauer der Fristüberschreitung bei der Prüfung der der Unzumutbarkeit der Vertragsfortsetzung zu berücksichtigen.

---

[72] BGH VIII ZR 364/04, NJW 2006, 1585.

[73] AG Mitte/LG Berlin GE 2015, 386.

[74] KG GE 2002, 258; LG Berlin GE 2015, 1532.

[75] OLG Düsseldorf ZMR 1992, 192; LG Heilbronn WuM 1992, 10; LG Berlin WuM 1988, 56; LG Kiel WuM 1977, 141.

[76] *Nachhaltigkeit bejahend:* BGH VIII ZR 265/86, NJW-RR 1988, 77 (neun Zahlungstermine); BGH VIII ZR 364/04, NJW 2006, 1585 (sieben Zahlungstermine); BGH VIII ZR 91/10, NJW 2011, 2570 (15 Zahlungstermine); BGH VIII ZR 76/67, MDR 1969, 657 (ca. 20 Zahlungstermine); OLG Hamm NJW-RR 1993, 1163 (vier Zahlungstermine, wenn der Mieter schon früher unpünktlich bezahlt hat); OLG Düsseldorf ZMR 2009, 196 (neun aufeinander folgende Monate); LG Köln WuM 1991, 485 (48 Zahlungstermine); LG Itzehoe WuM 1991, 99 (12 Zahlungstermine); LG Berlin GE 1993, 1097 (drei Zahlungstermine); LG Frankfurt a. M. NZM 2011, 152 (sechs Zahlungstermine in neun Monaten); AG Tempelhof-Kreuzberg GE 1981, 817 (mehr als 12 Zahlungstermine); AG Paderborn ZMR 2020, 851 (vier Zahlungstermine). *Nachhaltigkeit verneinend:* KG WuM 2019, 579 (vier Zahlungstermine); LG Lüneburg WuM 1995, 705 (acht Zahlungsüberschreitungen innerhalb eines Jahres).

[77] **AA** LG München WuM 1991, 346 (Verspätungen von bis zu einer Woche sollen unerheblich sein); AG Hamburg ZMR 1978, 267.

[78] OLG Düsseldorf ZMR 1992, 192.

### 2. Abmahnung

Die nachhaltige Unpünktlichkeit allein macht die Vertragsfortsetzung für den Vermieter nicht unzumutbar. Zwar besteht eine oftmalige Pflichtverletzung, die aber nichts über die Bedeutung und die Auswirkungen für den Vermieter aussagt sowie nichts über eine Kenntnis des Mieters hiervon. Es ist deshalb anerkanntermaßen bei nachhaltig unpünktlicher Mietzahlung vor der Kündigung eine Abmahnung gem. § 543 Abs. 3 BGB erforderlich, um den Mieter zur vertragsgemäßen Leistung zu veranlassen. Die in § 543 Abs. 3 S. 2 BGB genannten Ausnahmen, die eine Abmahnung entbehrlich machen, dürften bei unpünktlicher Zahlung keine praktische Relevanz haben. 27

Die Abmahnung muss so **konkret gefasst** sein, dass der Mieter sein Fehlverhalten erkennen und für Abhilfe sorgen kann. Das gilt insbes. bei nur ganz kurzzeitigen Fristüberschreitungen. In der Regel dürfte die Angabe der konkreten Monate erforderlich sein, in denen unpünktlich gezahlt wurde. Bei immer gleicher Unpünktlichkeit genügen hingegen allgemeinere Angaben, bei eindeutigen Fristüberschreitungen können Details ganz entbehrlich sein. 28

### 3. Erneuter Verstoß

Wird die Zahlungsunpünktlichkeit alsbald nach Zugang der Abmahnung beendet, so kann der Vermieter nicht kündigen; die Abmahnung hat vielmehr ihr Ziel erreicht, den Mieter zur Vertragserfüllung anzuhalten. Setzt der Mieter hingegen sein pflichtwidriges Verhalten fort, ist eine Kündigung möglich. Allerdings muss zwischen der Abmahnung und der Kündigung ein **ausreichender Zeitraum** liegen, damit dem Mieter Zeit zur Umstellung seines Zahlungsverhaltens bleibt. Wenige Tage zwischen dem Zugang der Abmahnung und dem nächsten Fälligkeitstermin erscheinen zu knapp.[79] Das gilt insbes. dann, wenn der Vermieter die Überschreitung der Zahlungstermine zuvor jahrelang hingenommen hat.[80] 29

Ist eine ausreichende Zeit für die Änderung des Zahlungsverhaltens vergangen, *kann* – vorbehaltlich der Einzelfallumstände – **ein einziger erneuter Verstoß** für eine Kündigung ausreichen (→ Rn. 39). Unmaßgeblich ist, ob zum Zeitpunkt des Kündigungsausspruchs Mietrückstände bestehen; § 543 Abs. 2 Nr. 3 S. 2 BGB ist unanwendbar.[81] Wird die Zahlungsunpünktlichkeit erst nach dem Zugang der Kündigung beendet, so bleibt die Wirksamkeit der Kündigung hiervon unberührt.[82] Wenn der Vermieter mit der Kündigung zu lange wartet, kann sein Kündigungsrecht verwirkt sein (näher → Rn. 230). 30

### 4. Unzumutbarkeit

Die vorstehenden Voraussetzungen (nachhaltige Unpünktlichkeit, Abmahnung, erneuter Verstoß) stellen keine den Regeltatbeständen des § 543 Abs. 2 BGB vergleichbaren Typisierung dar (→ Rn. 10). Deren Erfüllung entbindet deshalb nicht von der in § 543 Abs. 1 BGB vorgeschriebenen Abwägung unter Berücksichtigung aller Umstände des Einzelfalls. Die Abwägung muss, damit die Kündigung wirksam ist, zum Ergebnis haben, dass das Vertrauen des Vermieters in die Wiederherstellung einer pünktlichen Zahlungsweise enttäuscht worden und insgesamt so nachhaltig erschüttert ist, dass die Vertragsfortsetzung unzumutbar ist[83]; diese Prüfung verbietet schematische Lösungen, sondern erfordert eine **wertende Betrachtungsweise** unter Berücksichtigung der Gesamtumstände.[84] 31

Bei der Abwägung stehen die **wirtschaftlichen Nachteile,** die der Vermieter infolge der unpünktlichen Zahlung erleidet, idR nicht im Vordergrund. Das vollständige Ausbleiben der Mietzahlung wird von § 543 Abs. 2 S. 1 Nr. 3 BGB erfasst und ein bloßer Zinsverlust wird über Verzugsansprüche gem. §§ 286, 288 BGB ausgeglichen. Bedeutsam kann allerdings sein, wenn der Vermieter zur Finanzierung des Mietobjekts, zur Begleichung seiner Verbindlichkeiten oder zur Bestreitung 32

---

[79] LG Berlin GE 1987, 1109 = WuM 1988, 57 für den Fall, dass zwischen der Abmahnung und dem Zugang der Kündigung nur einmal die Miete nicht bei Fälligkeit eingegangen ist; AG Neuss DWW 1990, 280 für eine am Monatsersten erfolgte Abmahnung und eine zur Monatsmitte erklärte Kündigung.

[80] LG Berlin WuM 2016, 490.

[81] BGH VIII ZR 364/04, NJW 2006, 1585.

[82] BGH VIII ZR 265/86, NJW-RR 1988, 77; LG Köln WuM 1991, 485; AG Frankfurt a. M. NJW 1993, 78.

[83] BGH VIII ZR 364/04, NJW 2006, 1585; BGH VIII ZR 66/08, NZM 2009, 315 Rn. 21; BGH VIII ZR 91/10, NJW 2011, 2570.

[84] BGH VIII ZR 66/08, NZM 2009, 315 Rn. 21; BGH VIII ZR 364/04, NJW 2006, 1585.

seines Lebensunterhalts auf den rechtzeitigen Zahlungseingang angewiesen ist. Ansonsten ist für den Vermieter vielmehr maßgeblich, dass ein unpünktlicher Zahlungseingang seinen **Verwaltungs- und Überwachungsaufwand** erhöht und – vor allem – dass sein **Vertrauen** in die persönliche Zuverlässigkeit und die wirtschaftliche Leistungsfähigkeit **gestört** ist.[85]

33 Das bedeutendste Kriterium bei der Abwägung sind sicherlich **Art und Ausmaß der Unpünktlichkeit.** Je öfter der Mieter unpünktlich gezahlt hat und je länger die Unpünktlichkeit dauert, desto größer ist der Vertrauensverlust. Erschwerend wirkt es, wenn der Vermieter auf Grund der Zahlungsweise des Mieters gerichtliche Hilfe in Anspruch nehmen musste[86] oder wenn der Mieter trotz mehrfacher Abmahnung sein Verhalten fortgesetzt hat.[87] Auch kann es eine bedeutsame Rolle spielen, worauf die Unpünktlichkeit beruht. Zahlt der Mieter trotz ausreichender Geldmittel unpünktlich, kann darin zum Ausdruck kommen kann, er missachte bewusst die Belange des Vermieters; das geht bei der Abwägung zu Lasten des Mieters. Es kann aber bei immer gleicher Unpünktlichkeit auch zum Ausdruck kommen, der Mieter vertrete eine andere Auffassung über den Zeitpunkt seiner Zahlungspflichten. Das stellt keine bewusste Missachtung der Vermieterinteressen dar und ist auch nicht in gleichem Maß zu einer Vertrauenserschütterung geeignet, weil der Vermieter mit regelmäßigem Zahlungseingang rechnen kann.

34 Auch wenn ein **Verschulden** des Mieters für die Kündigung gem. § 543 Abs. 1 BGB nicht zwingend erforderlich ist (→ Rn. 16), ist es doch – neben dem Ausmaß der Unpünktlichkeit – das bedeutsamste weitere Äbwägungskriterium für die Unzumutbarkeit der Vertragsfortführung. Gemäß § 276 BGB hat der Mieter Vorsatz und Fahrlässigkeit zu vertreten hat, wenn nicht eine verschuldensunabhängige Einstandspflicht gegeben ist. Eine solche unverschuldete Einstandspflicht gibt es für Geldschulden („Geld hat man zu haben"); auch eine unverschuldete Zahlungsunfähigkeit befreit nicht von der Leistungspflicht.[88] Sie gilt aber nur dort, wo das Gesetz ein Vertretenmüssen ausreichen lässt, nicht aber dann, wenn ein Verschulden (Vorsatz oder Fahrlässigkeit) erforderlich ist.[89] Deshalb ist ein Verschulden nicht erforderlich bei einer Kündigung wegen Zahlungsverzugs nach §§ 543 Abs. 2 S. 1 Nr. 3 BGB. Bei der Kündigung wegen Zahlungsunpünktlichkeit nach § 543 Abs. 1 kommt es dagegen auf das Verschulden an, weil die Vorschrift das Verschulden als maßgebliches Kriterium nennt. Daraus folgt, dass ein **unverschuldeter Geldmangel** bei der Interessenabwägung zugunsten des Mieters zu berücksichtigen ist.[90] Das **Verschulden wird** nach § 280 Abs. 1 S. 2 BGB allerdings **vermutet.**[91] Es liegt insbes. vor, wenn der Mieter falsch gewirtschaftet hat, wenn er infolge unnötiger Kreditaufnahmen überschuldet ist[92] oder wenn er sich nicht rechtzeitig um **staatliche Unterstützungsleistungen,** insbes. um Wohngeld[93], gekümmert hat. An die Sorgfaltspflichten des Mieters sind in dieser Beziehung hohe Anforderungen zu stellen. Der Mieter wird regelmäßig darlegen und ggf. auch beweisen müssen, dass er die Leistung rechtzeitig und unter Vorlage der erforderlichen Unterlagen beantragt, bei Verzögerungen auf eine pünktliche Zahlung gedrungen und insbes. auf eine bereits erfolgte Abmahnung des Vermieters und die deshalb drohende Kündigung hingewiesen hat.[94] Wird die Miete nur teilweise von staatlichen Stellen übernommen, so hat der Mieter für die Rechtzeitigkeit des von ihm zu bewirkenden Anteils die aufgezeigten Sorgfaltsanforderungen zu erfüllen.

35 Das Verhalten von **Erfüllungsgehilfen** wird dem Mieter gem. § 278 BGB zugerechnet (→ Rn. 15). Das **Jobcenter** ist nach der umstrittenen Rspr. des BGH[95] nicht Erfüllungsgehilfe des Mieters bei der Mietzahlung, weil es hoheitliche Aufgaben wahrnimmt, um die Grundsicherung des Hilfebedürftigen zu gewährleisten. Selbst wenn man diese Meinung nicht teilt, dann kann man dasselbe Ergebnis mit der Überlegung erreichen, dass das Jobcenter als vertragsfremder Dritter durch sein Tun nicht in der Lage ist, das Vertrauensverhältnis zum Vermieter hinreichend zu stören.

---

[85] BGH VIII ZR 91/10, NJW 2011, 2570.
[86] BGH VIII ZR 265/86, NJW-RR 1988, 77.
[87] BGH VIII ZR 91/10, NJW 2011, 2570.
[88] AllgM, s. nur BGH VIII ZR 175/14, NJW 2015, 1296 Rn. 18; *Lorenz* WuM 2013, 202 (204).
[89] *Lorenz* WuM 2013, 202 (204).
[90] BGH VIII ZR 64/09, NJW 2009, 3781 Rn. 26; *Lorenz* WuM 2013, 202 (208).
[91] BGH VIII ZR 173/15, NZM 2016, 635 Rn. 19.
[92] LG Berlin GE 1994, 705.
[93] LG Berlin GE 1994, 705.
[94] *BGH VIII ZR 173/15, NZM 2016, 635.*
[95] BGH VIII ZR 64/09, NJW 2009, 3781; BGH VIII ZR 175/14, NJW 2015, 1296; BGH VIII ZR 173/15, NZM 2016, 635. Diese Rspr. ist stark umstritten: Wie der BGH etwa *Harke* NZM 2016, 449 (454); **aA** etwa *Lorenz* WuM 2013, 202 (206); *Rieble* NJW 2010, 816.

Auch wenn man aber eine Zurechnung des Jobcenterverschuldens unterlässt, scheidet eine Kündigung nicht immer dann aus, wenn die Zahlungsunpünktlichkeit nicht vom Mieter selbst, sondern vom Jobcenter zu verantworten ist. Das Verschulden ist zwar ein wichtiges, aber keineswegs ein notwendiges Kriterium für die Kündigung nach § 543 Abs. 1 BGB (→ Rn. 16). Die Abwägung kann ergeben, dass die Umstände derart unzumutbar sind, dass ausnahmsweise auf ein Verschulden des Mieters verzichtet werden kann. Hierbei dürfte es sich allerdings um ganz besondere Ausnahmefälle handeln.

Zum **Rechts- und Tatsachenirrtum** → BGB § 546 a Rn. 93. Anders als bei der Zahlungsverzugskündigung gem. § 543 Abs. 2 S. 1 Nr. 3 BGB, bei der eine Würdigung der Einzelfallumstände nicht erfolgt (→ Rn. 10), ist aber bei der Kündigung wegen nachhaltiger Unpünktlichkeit gem. § 543 Abs. 1 BGB Art und Berechtigung eines Irrtums zu berücksichtigen. Je offensichtlicher der Irrtum, desto stärker wirkt er zu Lasten des Mieters und umgekehrt. 36

**Zugunsten des Mieters** kann sprechen, wenn dieser in schlechten Einkommensverhältnissen lebt[96] oder in eine Notlage geraten ist[97]; er muss in einem solchen Fall aber rechtzeitig um eine Hilfestellung nachsuchen. Zur Verringerung des Vertrauensverlustes trägt auch bei, wenn der Mieter beim Vermieter wegen eines Dispenses von der pünktlichen Zahlung nachsucht[98] oder diesen wenigstens informiert. 37

Aus der **rügelosen Hinnahme der Unpünktlichkeit** durch den Vermieter kann der Mieter weder eine vertragsändernde Wirkung noch einen Vertrauenstatbestand herleiten.[99] Allerdings hat eine widerspruchslose Hinnahme Einfluss auf die Zumutbarkeitsprüfung. Ein solches Verhalten erweckt den Anschein, dass der Vermieter „den wiederkehrenden Vertragsverletzungen kein erhebliches Gewicht beimisst und er keine wesentliche Beeinträchtigung seiner Interessen sieht".[100] In diesen Fällen kommt der Abmahnung und dem Verhalten des Mieters nach der Abmahnung besondere Bedeutung zu. 38

Eine **einmalige Zahlungsunpünktlichkeit nach der Abmahnung** reicht idR für eine Kündigung aus.[101] Das ist allerdings keine feststehende Regel. Insbesondere das Maß des Mieterverschuldens an der erneuten Unpünktlichkeit kann ein wichtiger Grund für eine Ausnahme sein. Abgesehen davon muss der Mieter nach der Abmahnung hinreichend Gelegenheit zu einer Verhaltensänderung gehabt haben. Weiterhin sind Ausnahmen denkbar bei Bagatellfällen, wenn der Mieter aus irgendwelchen Gründen mit einer Kündigung nicht zu rechnen brauchte[102] oder insbes. dann, wenn der Vermieter die Zahlungsüberschreitung vor der Abmahnung lange widerspruchslos hingenommen hat. In letzteren Fällen sind die Vermieterinteressen trotz des langdauernden Verstoßes nicht in besonderem Maß beeinträchtigt, erst die Abmahnung verleiht ihnen überhaupt Gewicht. Eine Unzumutbarkeit der Vertragsfortsetzung kann deshalb mur angenommen werden, wenn nach der Abmahnung eine nachhaltige Unpünktlichkeit folgt, also die Überschreitung von einigen Zahlungsterminen. 39

Hat der Mieter sein **Zahlungsverhalten geändert** und nach der Abmahnung eine längere Zeit pünktlich gezahlt, berechtigt eine neue Unpünktlichkeit nicht zur (sofortigen) Kündigung, weil das Vertrauen des Vermieters jedenfalls teilweise wiederhergestellt war und nicht sofort wieder vollständig erschüttert sein wird. Das gilt insbes. dann, wenn die Unpünktlichkeit auf anderer Ursache beruht. Deshalb ist in diesen Fällen eine erneute Abmahnung erforderlich. Die Anforderungen an Anzahl und Dauer der unpünktlichen Zahlungen können herabgesetzt sein, je nachdem, wie lange die früheren Verstöße zurückliegen. 40

### III. Sonstige Nichterfüllung von Zahlungspflichten

Die Regeltatbestände der Zahlungsverzugskündigung gem. § 543 Abs. 2 S. 1 Nr. 3 BGB schließen trotz deren Negativwirkung (→ Rn. 10) eine Kündigung des Vermieters gem. § 543 Abs. 1 41

[96] LG Braunschweig WuM 1987, 201; LG Lüneburg WuM 1995, 705.
[97] LG Köln WuM 1990, 548.
[98] LG Frankfurt a. M. NZM 2011, 152.
[99] BGH VIII ZR 301/10, NZM 2012, 22.
[100] BGH VIII ZR 191/10, NJW 2011, 2201; OLG Karlsruhe NZM 2003, 513 (515); LG Berlin GE 2014, 323.
[101] BGH VIII ZR 301/10, NZM 2012, 22; BGH VIII ZR 364/04, NJW 2006, 1585; BGH VIII ZR 66/08, NZM 2009, 315 Rn. 23; KG GE 2013, 618; LG Berlin GE 2007, 1190.
[102] KG GE 2013, 618; LG Berlin GE 2014, 323; AG Tempelhof-Kreuzberg WuM 2013, 304.

BGB wegen der Verletzung von Zahlungspflichten durch den Mieter nicht grds. aus. Die Regeltatbestände beziehen sich nämlich nur auf Rückstände mit der laufenden Mietzahlung über mehrere Zahlungstermine (→ Rn. 161), Rückstände mit anderen Zahlungspflichten (auch einer **Einmalmiete;** → Rn. 161) stellen einen **anderen Pflichtverletzungstyp** dar. Hinsichtlich der Höhe des für eine Kündigung notwendigen Rückstands geben die Regeltatbestände der Zahlungsverzugskündigung einen guten Anhaltspunkt. Ansonsten ist jedoch zu beachten, dass – anders als bei den Regeltatbeständen – eine **Abmahnung** gem. § 543 Abs. 3 BGB notwendig ist sowie eine **Abwägung der Einzelfallumstände** nach den dargestellten Maßstäben (→ Rn. 19), also insbes. unter Berücksichtigung eines des Verschuldens dahingehend zu erfolgen hat, ob die Vertragsfortsetzung für den Vermieter unzumutbar ist.

**1. Erfüllungsverweigerung**

42 Eine Kündigung gem. § 543 Abs. 1 BGB ohne Zahlungsrückstand ist möglich, wenn der Mieter seine Zahlungspflichten endgültig und bestimmt verweigert und erklärt, dass er keine Miete zahlen werde.[103] Hieran sind aber hohe Anforderungen zu stellen, um die Regeltatbestände der Zahlungsverzugskündigung nicht zu unterlaufen. Das Ausbleiben der Zahlung muss sicher feststehen; nur dann ist es dem Vermieter unzumutbar das tatsächliche Ausbleiben abzuwarten. Deshalb kommt etwa bei einer Minderung des Mieters eine sofortige Kündigung selbst dann nicht in Betracht, wenn der Mieter deren Fortsetzung ankündigt, weil eine Mängelbeseitigung oder eine Weiterentwicklung des Mangels nicht ausgeschlossen sind und auch das Vermieterverhalten maßgeblich ist. Der Vermieter darf aber durch sein eigenes Verhalten den Erfolg seiner Kündigung nicht steuern dürfen. Die gem. § 543 Abs. 3 S. 1 BGB grds. erforderliche Abmahnung dürfte in den Fällen der Erfüllungsverweigerung idR entbehrlich sein, weil sie offensichtlich keinen Erfolg iSv § 543 Abs. 3 S. 2 Nr. 1 BGB verspricht. Bei einer Mehrheit von Mietern berechtigt die Ankündigung der Zahlungseinstellung nur dann zur Kündigung, wenn sie von allen Mietern abgegeben wird.[104]

**2. Kaution**

43 Für die **Wohnraummiete** gibt es mit § 569 Abs. 2a BGB eine besondere Kündigungsvorschrift, wenn der Mieter die vereinbarte Kaution (Mietsicherheit) nicht leistet; eine Kündigung gem. § 543 Abs. 1 BGB scheidet damit aus (→ BGB § 569 Rn. 54). Der Anwendungsbereich von § 569 Abs. 2a ist aber insbes. auf die erstmalige Pflicht zur Sicherheitsleistung zu Beginn eines Mietverhältnisses beschränkt (Einzelheiten und weitere Beschränkungen → BGB § 569 Rn. 54). Eine Kündigung wegen (anfänglicher oder späterer) Nichtleistung bzw. Nichtwiederauffüllung der Mietsicherheit kommt aber bei allen Mietverhältnissen, die keine Wohnraummietverhältnisse sind, in Betracht, insbes. also bei der **Gewerberaummiete.**[105] Bei Wohnraummietverhältnissen kommt sie in Betracht bei Nichterfüllung eines Wiederauffüllungsanspruchs, bei Nichtleistung einer im laufenden Mietverhältnis vereinbarten (Zusatz-)Sicherheit und bei Nichtleistung einer nicht durch Zahlung zu erbringenden Sicherheit, also insbes. bei einer Bürgschaft (→ BGB § 569 Rn. 61).

44 Die Kaution befriedigt regelmäßig ein legitimes Sicherungsbedürfnis des Vermieters, weshalb die Nichtzahlung der Kaution grds. eine erhebliche Vertragsverletzung darstellt und weshalb der Vermieter vor der Kündigung idR nicht auf die Einklagung der Kaution verwiesen werden kann.[106] Notwendig ist ein **erheblicher Kautionsrückstand;** eine Orientierung an den Mietrückständen, die zur Zahlungsverzugskündigung ausreichen, erscheint als Ausgangspunkt angemessen. Bei der dann anzustellenden Würdigung der Einzelfallumstände ist die **gesetzgeberische Wertung des § 569 Abs. 2a BGB** zu berücksichtigen, mit dem bei der Wohnraummiete eine fristlose Kündigung ohne weitere Abmahnung erlaubt wird, wenn der Mieter mit einer Kaution von zwei Monatsmieten (ohne Betriebskostenvorauszahlungen) in Verzug ist. Bei der Übertragung auf andere Mietverhältnisse dürfte aber nicht der absolute Kautionsrückstand maßgeblich sein, sondern das Verhältnis von geschuldeter zu bis zur Kündigung geleisteter Kaution.[107] Besteht ein Ver-

---

[103] BGH VIII ZR 394/03, NJW 2005, 2552; BGH VIII ZR 64/09, NJW 2009, 3781 Rn. 20.

[104] BGH VIII ZR 64/09, NJW 2009, 3781 Rn. 21.

[105] BGH XII ZR 36/05, NZM 2007, 400 Rn. 18; OLG Düsseldorf NJW-RR 1995, 1100; OLG München *NJWE-MietR 1996, 127;* OLG Celle ZMR 1998, 272; OLG München NZM 2000, 908; OLG Düsseldorf ZMR 2011, 284; KG NZM 2013, 124.

[106] BGH XII ZR 36/05, NZM 2007, 400 Rn. 18.

[107] MüKoBGB/*Häublein* § 569 Rn. 30.

zug in Höhe von ⅔ (das ist das Verhältnis von Geschuldetem zu bis zum Erreichen der Kündigungsschwelle Gezahlten bei § 569 Abs. 2a BGB), dürfte die Einzelfallabwägung idR zu Gunsten des Vermieters ausgehen. Bei einem geringeren Kautionsrückstand ist zu beachten, dass der Vermieter bei dem Ausbleiben der Kaution zunächst nur in seinem Sicherungsinteresse betroffen ist und – anders als bei den Mietzinszahlungen – nicht in seinem Interesse am Erhalt der Gegenleistung. Deshalb erscheint – anders als bei Überschreiten der § 569 Abs. 2a BGB entnehmbaren Grenze – eine allgemeine Betroffenheit des Sicherungsinteresses nicht ausreichend, es müssen vielmehr konkrete Gefahren für das Vermietervermögen hinzukommen wie etwa die Entstehung von Mietrückständen, Zahlungsverweigerung oder Zahlungsunvermögen.[108] Die Kündigung setzt nicht voraus, dass die Mietsache bereits übergeben ist; vielmehr kann der Vermieter auch schon vor der Übergabe kündigen, wenn ihm der Vollzug des Mietverhältnisses mit Rücksicht auf das Verhalten des Mieters nicht zugemutet werden kann.[109] Vor der Kündigung ist eine **Abmahnung** oder Abhilfefrist erforderlich, es sei denn, sie wäre ausnahmsweise gem. § 543 Abs. 3 S. 2 BGB entbehrlich. Die Regelung des § 569 Abs. 2a Abs. 1 S. 3 BGB, die einen Verzug ohne Abmahnung ausreichen lässt, kann hier nicht entsprechend angewendet werden angesichts der eindeutigen Bestimmung in § 543 Abs. 3 S. 1 BGB. Grundsätzlich setzt die Kündigung wegen Nichtzahlung der Kaution voraus, dass sich der **Vermieter selbst vertragstreu** verhält. Zwar hat der Mieter auch bei mangelhafter Mietsache idR kein Zurückbehaltungsrecht an der Kaution.[110] Bei der nach § 543 Abs. 1 BGB notwendigen Einzelfallabwägung ist aber zu berücksichtigen, dass die Mietsache im vertragswidrigen Zustand angeboten wird. Der Mieter ist nur dann zur Übernahme verpflichtet, wenn das Mietobjekt den vertraglichen Vereinbarungen entspricht, also keine Mängel aufweist, wobei geringfügige Sach- oder Rechtsmängel vernachlässigt werden können.[111] Eine Kündigung wegen Nichtzahlung der Kaution wird oftmals erst lange nach Fälligkeit der Sicherheit ausgesprochen; in diesen Fällen ist sorgfältig zu prüfen, ob das Kündigungsrecht nicht wegen Überschreitung der **Ausübungsfrist** verwirkt ist (→ Rn. 230).

### 3. Betriebskostennachzahlung

45 Die Weigerung des Mieters zur Bezahlung restlicher Betriebskosten nach Erhalt einer Betriebskostenabrechnung kann ebenfalls zur Kündigung gem. § 543 Abs. 1 BGB berechtigen; bei der anzustellenden **Einzelfallabwägung** sind aber verschiedene Besonderheiten zu beachten.[112] Maßgeblich ist zwar zunächst die Höhe der Nachforderung.[113] Ist die Nachforderung nicht höher als eine Monatsmiete, so kommt eine Kündigung grds. nicht in Betracht. Auch insoweit ist es sachgerecht, wenn auf die in § 569 Abs. 3 Nr. 1 BGB getroffene Wertentscheidung zurückgegriffen wird. In der Regel wird sogar eine Rückstandshöhe von zwei Monatsmieten erforderlich sein, weil dies dem Regelmodell des § 543 Abs. 2 S. 1 Nr. 3b BGB für einen sich über längere Zeit entwickelnden Zahlungsrückstands entspricht.[114] Darüber hinaus ist aber in besonderer Weise zu berücksichtigen, dass die Höhe eines Betriebskostensaldos sich nicht unmittelbar aus den vertraglichen Vereinbarungen, sondern erst aus einer vom Vermieter zu erstellenden, teilweise hochkomplexen Abrechnung ergibt, deren Einsatzgrößen dem Mieter im Ansatz unbekannt sind. Das berechtigt den Mieter zur kritischen Überprüfung und auch zu Streit über die Abrechnung. Ein berechtigtes, auch vor Gericht ausgetragenes Streiten bewirkt deshalb für sich allein genommen keine Unzumutbarkeit der Vertragsfortsetzung, auch wenn der Mieter iErg einem Rechts- oder Tatsachenirrtum (dazu → BGB § 546a Rn. 93) unterlegen ist. Es kommt vielmehr – neben der Höhe des Rückstands – auf die **Stichhaltigkeit der Einwendungen** gegen die Abrechnung an.[115] Bei stichhaltigen Einwendungen kann ein Streit darum auch aus verständiger Sicht des Vermieters nicht zur Zerrüttung des Vertragsverhältnisses führen. Anders ist das bei querulatorischen oder geklärten Einwendungen.[116] Zu

---

108 OLG Düsseldorf NJW-RR 1995, 1100.
109 OLG Düsseldorf NJW-RR 1995, 1100; OLG Celle NZM 2003, 64; OLG München NJWE-MietR 1996, 127; OLG Celle ZMR 1998, 272; KG GE 2005, 236; OLG Celle ZMR 2002, 505.
110 BGH XII ZR 255/04, NZM 2007, 401 Rn. 25.
111 BGH XII ZR 255/04, NZM 2007, 401 Rn. 26.
112 *Sternel* WuM 2009, 699 (705).
113 LG Köln WuM 1985, 131; LG Berlin GE 2015, 452.
114 So iErg auch *Sternel* PiG 90 (2011), 175 (179).
115 *Sternel* WuM 2009, 699 (705); *Hinz* NZM 2010, 57 (61); zu weitgehend OLG München ZMR 2001, 535, wonach die Stichhaltigkeit der Einwendung belanglos zu sein scheint.
116 *Sternel* PiG 90 (2011), 175 (179).

Rechtsfragen trifft den Mieter dabei eine Erkundigungspflicht. Zur Klärung tatsächlicher Fragen muss er Einblick in die Belege nehmen. Um überhaupt Einwendungen machen zu können, ist dem Mieter eine angemessene Überprüfungszeit zuzugestehen; vor deren Ablauf scheidet eine Kündigung aus[117], die notwendige **Abmahnung** geht ins Leere. Kann der Mieter eine Nachforderung nicht in einer Summe bezahlen, weil er keine Rücklagen gebildet hat, so hindert das die Kündigung, wenn der Mieter mit einer Nachzahlung in dieser Höhe nicht zu rechnen brauchte. Insoweit ist zu Lasten des Vermieters auch zu bedenken, dass dieser in der Lage ist, sich durch angemessene Vorauszahlungen zu sichern.[118] Allerdings muss der Mieter zu Ratenzahlungen bereit sein. Ist der Mieter sowohl mit periodisch wiederkehrenden Zahlungsverpflichtungen als auch mit einer Nachzahlung aus der Betriebskostenabrechnung in Verzug, so richtet sich die Kündigungsbefugnis allein nach § 543 Abs. 2 Nr. 3 BGB, weil anderenfalls die Schutzrechte des Mieters aus § 569 Abs. 3 BGB tangiert werden.[119]

#### 4. Prozesskosten

46 Die Weigerung (oder das Unvermögen) zur Zahlung von Prozesskosten aus einer vorangegangenen Mietstreitigkeit ist zwar als Pflichtverletzung iSd § 543 Abs. 1 BGB zu bewerten, weil die Prozesskosten in einem inneren Zusammenhang mit dem Mietverhältnis stehen.[120] Es muss sich aber um **Kosten in erheblicher Höhe** handeln; in Orientierung an § 543 Abs. 2 S. 1 Nr. 3 BGB dürfte ein Betrag von ein bis zwei Monatsmieten erforderlich sein. Außerdem sind eine Abmahnung gem. § 543 Abs. 3 BGB und eine Abwägung der Einzelfallumstände erforderlich. Eine Kündigung ist allerdings nach einem Räumungsprozess in den Fällen der **Schonfristzahlung** gem. § 569 Abs. 3 Nr. 2 BGB nicht möglich.[121] Nach dieser Vorschrift wird eine fristlose Kündigung unwirksam, wenn der Vermieter bis zum Ablauf von zwei Monaten nach Zustellung der Räumungsklage hinsichtlich der fälligen Miete und der fälligen Entschädigung nach § 546 a Abs. 1 BGB befriedigt wird. Die Rechtsfolge hängt nach der Vorstellung des Gesetzgebers nur vom Ausgleich der Mietrückstände, nicht aber von der Bezahlung angefallener Verzugszinsen oder Prozesskosten ab. Diese gesetzgeberische Wertung würde unterlaufen, wenn der Vermieter diese Beträge zum Gegenstand einer Kündigung machen könnte.[122]

#### 5. Sonstige Zahlungspflichten

47 Die Nichterfüllung anderer Zahlungsansprüche des Vermieters ist nach ähnlichen Grundsätzen zu beurteilen wie vorstehend zu Kaution, Betriebskostensalden und Prozesskosten dargelegt. So sind etwa **Baukostenzuschüsse, titulierte Schadensersatzansprüche**[123] oder **Zahlungsansprüche aus einem Vergleich** bei entsprechender Höre als kündigungsrelevant anzusehen.

### IV. Vertragswidriger Gebrauch

48 Eine Kündigung wegen vertragswidrigen Gebrauchs, der zu einer Gefährdung der Mietsache geführt hat, beurteilt sich nach dem Regeltatbestand des § 543 Abs. 2 Nr. 2 BGB. Wegen des Sachzusammenhangs werden die Folgen eines (sonstigen) vertragswidrigen Gebrauchs ohne eine solche Gefährdung, die nach Generalklausel des § 543 Abs. 1 BGB zur Kündigung berechtigen können, dort behandelt (→ Rn. 152).

### V. Straftaten, Tätlichkeiten und öffentlich-rechtliche Verbote

49 Begeht eine der Vertragsparteien Straftaten, Tätlichkeiten oder verstößt sie gegen öffentlich-rechtliche Verbote, kann dies eine Kündigung gem. § 543 Abs. 1 BGB rechtfertigen. In solchen Handlungen kann gleichzeitig ein **vertragswidriger Gebrauch** zu sehen sein oder, insbes. wenn

[117] AG Hamburg-Bergedorf ZMR 2013, 203.
[118] LG Köln WuM 1994, 207.
[119] *Hinz* NZM 2010, 57 (62).
[120] *BGH VIII ZR 267/09, NJW 2010, 3020 Rn. 19.*
[121] BGH VIII ZR 267/09, NJW 2010, 3020.
[122] BGH VIII ZR 267/09, NJW 2010, 3020.
[123] LG Berlin ZMR 2020, 503.

auf Opferseite andere Hausbewohner betroffen sind, eine **Störung des Hausfriedens** gem. § 569 Abs. 2 BGB (→ BGB § 569 Rn. 37). Ergänzend zum vertragswidrigen Gebrauch → Rn. 124.

**Straftaten** sind besonders geeignet, das Vertrauensverhältnis nachhaltig zu zerstören. Allerdings müssen sie **Bezug zum Mietverhältnis** haben. Wurden sie vor Vertragsbeginn begangen, müssen sie mit der Vertragsanbahnung in Zusammenhang stehen; dazu → Rn. 72. Straftaten ohne Bezug zum Mietverhältnis sind aus Sicht einer verständigen Vertragspartei, auf die abzustellen ist (→ Rn. 8), nicht geeignet, die Vertragsfortsetzung unzumutbar zu machen. Allenfalls in ganz besonderen Ausnahmefällen kann Unzumutbarkeit bei Straftaten ohne direkten Vertragsbezug anzunehmen sein. In Betracht kommt das etwa bei Schwerstverbrechern, weil jeglicher Umgang mit solchen Tätern für die meisten Menschen eine extreme Belastung darstellt. Bei einem Vertragsbezug ist eine niedrigere Schwelle der Strafbarkeit ausreichend, notwendig ist aber – wie bei jeder Kündigung gem. § 543 Abs. 1 BGB – eine sorgfältige Abwägung der Einzelfallumstände. Straftaten gegen die Person lassen nicht nur die Pflicht zur eigenen Leistungserbringung gegenüber dem Straftäter, sondern insbes. den im Mietverhältnis immer wieder notwendigen persönlichen Kontakt unzumutbar werden. Straftaten gegen das Vermögen berühren das Vertrauen in die zukünftige Pflichtenerfüllung des Straftäters und dessen Redlichkeit. 50

Der Bezug zum Mietverhältnis besteht nicht nur, wenn sich die Straftat gegen den Vertragspartner als *Opfer* richtet, sondern auch, wenn von ihr **Dritte,** dem Vertragspartner persönlich nahestehende Personen oder solche Personen betroffen sind, die Berührung mit der Vertragsdurchführung haben. Dazu gehören Familienangehörige, (enge) Freunde, Stellvertreter, Betreuer[124], Hausverwalter[125], Mitarbeiter[126], Handwerker, Untermieter, Hausbewohner.[127] Ebenso muss nicht zwingend einer der Mietvertragsparteien der *Straftäter* sein, das Mietverhältnis ist ebenso betroffen, wenn die Straftat von dem soeben genannten Personenkreis begangen wird. Das erfordert keine **Zurechnung** der Straftat im rechtlichen Sinn (§ 278 BGB), nicht einmal eine (rechtliche) Einbeziehung in den Pflichtenkreis des Mietverhältnisses; die Straftat muss nur dem Risikobereich des Gekündigten zuzuordnen sein. Denn genauso, wie die Vertrauensstörung auf Opferseite aus der Verletzung von nahestehenden, aber nicht mit der Vertragsdurchführung betrauten Personen resultieren kann, ist dies auf Täterseite der Fall. Je ferner allerdings Opfer oder Täter den Vertragsparteien stehen und je weniger sie mit der Vertragsdurchführung zu tun haben, desto weniger kommt eine Unzumutbarkeit der weiteren Vertragsdurchführung in Betracht. 51

Praktisch kündigungsrelevant sind insbes. die **Straftaten gegen die Ehre** wie Beleidigung, üble Nachrede, Verleumdung. **Beleidigung** ist der Angriff auf die Ehre eines anderen durch Kundgabe der Nichtachtung oder Missachtung (§ 185 StGB). Bloße Unhöflichkeiten (Verweigerung einer Begrüßung, Schreiben ohne Eingangs- und Schlussformel etc) genügen nicht. Gleiches gilt für Handlungen, die dem anderen Teil zwar missliebig sind, die aber keinen ehrverletzenden Charakter haben.[128] Äußerungen im Familienkreis, die in der Erwartung getan werden, dass sie innerhalb dieses Kreises bleiben, erfüllen ebenfalls nicht den Tatbestand einer Beleidigung und können die Vertrauensgrundlage nicht zerstören. Eine Beleidigung kann auch in Form einer sog. **„Schmähkritik"** begangen werden, wenn der beleidigende Charakter aus der Form der Äußerung oder aus den Umständen, unter welchen sie geäußert wird, hervorgeht. Das ist nur anzunehmen, wenn in der Äußerung nicht mehr die Auseinandersetzung in der Sache, sondern jenseits auch polemischer und überspitzter Kritik die Diffamierung der Person im Vordergrund steht[129], wie etwa dann, wenn kein Sachzusammenhang zu den eigentlich streitigen Fragen zu erkennen ist.[130] Eine **üble Nachrede** gem. § 186 StGB liegt vor, wenn gegenüber einem Dritten Tatsachen behauptet werden, die geeignet sind, den hiervon Betroffenen verächtlich zu machen oder ihm sonst zu schaden.[131] Die üble Nachrede ist zwar straflos, wenn der Täter nachweisen kann, dass die Tatsache der Wahrheit 52

---

124 BGH VIII ZR 73/16, NZM 2017, 26.
125 LG Köln WuM 1981, 233; AG Gelsenkirchen-Buer ZMR 1998, 353.
126 LG Berlin GE 1986, 56.
127 AG Dortmund DWW 1996, 282; AG Frankfurt a. M. NZM 2000, 961.
128 LG Berlin GE 1992, 723 (Aushang eines dem Vermieter nachteiligen Gerichtsurteils durch den Mieter).
129 BVerfG NJW 1991, 95.
130 OLG Hamm NJOZ 2015, 1965 (Bezeichnung des Vermieters als Person mit „einer verdorbenen charakterlichen Natur"); OLG Koblenz MDR 2020, 1240 (Vorwurf mit Methoden zu handeln, die denen des NS-Terrorregimes gleichen).
131 LG Potsdam ZMR 2012, 627 (Mieter erklärt gegenüber dem Baufinanzierer des Vermieters, dass sich dieser möglicherweise in Vermögensverfall befindet).

entspricht. Es kann aber auch dann eine Vertragsverletzung vorliegen, wenn der Täter kein anerkennenswertes Interesse an der Verbreitung der Tatsache geltend machen kann. Beweispflichtig für die üble Nachrede ist der Kündigende; der Gekündigte trägt die Beweislast für die Wahrheit seiner Behauptung und für sein berechtigtes Interesse an der Verbreitung der Behauptung.[132] Die **Verleumdung** gem. § 187 StGB ist ein Sonderfall der üblen Nachrede. Sie liegt vor, wenn der Täter wider besseres Wissen eine unwahre Tatsache behauptet oder verbreitet. Für die Beweislast gilt das zur üblen Nachrede Gesagte.

53 Äußerungen mit ehrverletzendem Charakter, die im Rahmen der **Wahrnehmung berechtigter Interessen** iSv § 193 StGB fallen, sind unter Berücksichtigung des Grundrechts der Meinungsfreiheit zu bewerten und rechtfertigen im Allgemeinen keine Kündigung. Dabei umfasst der Grundrechtsschutz nicht nur sachlich-differenzierte Äußerungen, sondern auch Kritik, die pointiert, polemisch oder überspitzt erfolgen darf. Die Grenze zulässiger Meinungsäußerungen liegt nicht schon da, wo eine polemische Spitze für die Äußerung sachlicher Kritik nicht erforderlich ist.[133] Eine Grenze bilden erst Äußerungen, die als „Schmähkritik" im oben dargelegten Sinn zu bewerten sind.[134] **Beispiele für die Wahrnehmung berechtigter Interessen:** Pressearbeit eines Wohnprojekts gegen den Verkauf des Hauses ohne diffamierenden oder herabsetzenden Inhalt[135]; Äußerung im Fernsehen, der Vermieter versuche, den Mieter rauszuekeln[136]; Behauptungen eines Rechtsanwalts in prozessualen Schriftsätzen, der Vermieter habe Zeugen zu einer falschen Aussage angestiftet, falsche Anschuldigungen bei einer Behörde erhoben, falsche eidesstattliche Versicherungen abgegeben und Zeugen bestochen, wenn in jenem Verfahren „Merkwürdigkeiten" zu Tage getreten sind, die für die Richtigkeit der Vorwürfe sprechen könnten[137]; Vorwurf des versuchten Prozessbetrugs in der Klageschrift[138]; Behauptung, die Miete verstoße gegen § 5 WiStG im Rahmen eines Mieterhöhungsprozesses.[139]

54 Auch Nötigung gem. § 240 StGB kann eine kündigungsrelevante Straftat sein. Eine **Nötigung** wird dadurch verwirklicht, wenn ein Vertragspartner den anderen mit Gewalt oder einem empfindlichen Übel bedroht, um auf diese Weise seine Interessen durchzusetzen; die Zweck-Mittel-Relation muss verwerflich sein. Ein solches Verhalten rechtfertigt idR die Kündigung.[140] Bloßes Gerede („Ich warne Sie!") reicht für eine Nötigung allerdings nicht aus.

55 **Körperverletzungen** gem. §§ 223 ff. StGB können einen wichtigen Kündigungsgrund darstellen. Die Kündigungsrelevanz einer Körperverletzung ergibt sich schon aus der damit verbundenen gesundheitlichen Beeinträchtigung. Aber auch eine Gewaltanwendung ohne Körperverletzung im strafrechtlichen Sinn, also eine **Tätlichkeit** wie etwa eine leichte Ohrfeige, ein leichter Schlag oder ähnliches, wird von den Opfern vielfach als nachhaltig beeindruckend und verstörend empfunden. Ähnliches gilt bei einer **Bedrohung**[141] oder bei Hervorrufen einer bedrohlichen Situation etwa durch Gewaltausübung gegen Sachen.

56 Weiterhin kommen **Straftaten gegen das Vermögen** des Vertragspartners oder ihm nahestehender Personen, also insbes. Diebstahl und Betrug (zum Eingehungsbetrug → Rn. 75), als Kündigungsgrund in Betracht. Praktisch relevant ist hierbei der **Stromdiebstahl** durch den Mieter, wenn dieser Mieter Stromleitungen anzapft und auf diese Weise Energie verbraucht ohne dafür zu bezahlen.[142] Bei Geringfügigkeit der Stromentnahme kann dem Fehlverhalten die notwendige Schwere

[132] *Reichert-Leininger* ZMR 1985, 402.
[133] BVerfG NJW 1991, 95.
[134] Siehe etwa die – zu Gunsten der Meinungsfreiheit ausfallende – Abwägung in AG Augsburg WuM 2019, 715.
[135] LG Cottbus WuM 2021, 94.
[136] AG Augsburg WuM 2019, 715.
[137] OLG München NJWE-MietR 1996, 270.
[138] OLG Brandenburg 22.8.2012 – 3 U 67/11, BeckRS 2012, 18812; AG Köln WuM 1995, 202.
[139] AG Reutlingen WuM 1991, 98.
[140] LG Mannheim WuM 1985, 264 (Drohung des Mieters, den Vermieter in der Nachbarschaft wegen angeblicher sittlicher Verfehlungen anzuschwärzen); LG Mannheim WuM 1978, 50 (Bedrohung mit einer Geiselnahme um Reparaturarbeiten zu erzwingen); AG Lichtenberg GE 2011, 1239 (Drohung des Mieters das Haus anzuzünden, wenn seine Forderungen nicht erfüllt werden).
[141] *LG Hamburg ZMR 2014, 794 (Bedrohung* einer Hausbewohnerin mit einer Eisenstange); AG Warendorf WuM 1996, 412 (Bedrohung des Vertragspartners mit einer Pistole).
[142] LG Köln NJW-RR 1994, 909; AG Potsdam WuM 1995, 40; AG Neukölln GE 1995, 501. AG Wedding GE 2015, 390.

fehlen.[143] Abzustellen ist hierbei aber nicht auf den tatsächlichen Verbrauch, sondern darauf, was der Mieter beabsichtigt hat: Wollte er dauerhaft Strom entnehmen, wird aber früh entdeckt, wiegt das schwerer, als wenn er die Energie ohnehin nur kurz und vorübergehend nutzen wollte.

Der Mieter kann nach § 543 Abs. 1 BGB zur Kündigung berechtigt sein, wenn der Vermieter **57** einen **Hausfriedensbruch** (und damit zugleich eine verbotene Eigenmacht) begeht, indem er die Mieträume ohne Einwilligung des Mieters betritt[144] oder mit einem Nachschlüssel in die Wohnung eindringt[145]; das Verschulden der von ihm beauftragten Handwerker muss sich der Vermieter zurechnen lassen.

Schließlich hat eine **Straftat** ggf. auch dann hinreichenden Bezug zum Mietverhältnis, wenn sie **58** **innerhalb des Mietobjekts** begangen wird. Ein solcher Fall kann gegeben sein, wenn der Mieter in seiner Wohnung mit Heroin handelt[146], wenn er in der Wohnung Cannabis-Pflanzen in erheblichem Umfang (43 Blumentöpfe) anbaut[147], wenn ein Gastwirt in der gemieteten Gaststätte Rauschgift aufbewahrt[148] oder wenn er vertragswidrig einen Bordellbetrieb unterhält.[149] Oftmals wird in diesen Fällen auch eine Störung des Hausfriedens gem. § 569 Abs. 2 BGB oder ein sonstiger vertragswidriger Gebrauch (→ Rn. 152) vorliegen.

Nicht nur strafbewehrte Handlungen können zur Kündigung gem. § 543 Abs. 1 BGB berechti- **59** gen, sondern auch niederschwelligere Handlungen, die gegen ein **öffentlich-rechtliches Verbot** verstoßen. Relevant sind hierbei insbes. Verbote, die der Gefahrenabwehr dienen. Deshalb kann etwa ein Kündigungsgrund dann bestehen, wenn der Mieter in der Wohnung Sprengstoff herstellt.[150] Meist wird in diesen Fällen auch ein vertragswidriger Gebrauch (→ Rn. 124).

Eine **Abmahnung** ist bei Straftaten als Kündigungsgrund meist entbehrlich, weil die Vertrau- **60** ensgrundlage nicht wiederhergestellt werden kann[151] (→ Rn. 227). Etwas anderes gilt etwa, wenn eine einmalige Beleidigung für sich betrachtet kein besonderes Gewicht hat und sich die Unzumutbarkeit erst aus einer Wiederholung ergibt.[152]

Auch Straftaten berechtigen nur dann zur Kündigung, wenn sie so schwer wiegen, dass dem **61** anderen Teil die **Fortsetzung des Mietverhältnisses unzumutbar ist.** Das erfordert eine umfassende Würdigung der Einzelfallumstände, bei der die Schwere der Tat und die Schwere der Schuld, insbes. ein vorsätzliches Handeln, die bedeutendste Rolle spielen. Viele Straftaten haben für sich genommen ein solches Gewicht, dass die Unzumutbarkeit der Vertragsfortsetzung auf der Hand liegt. Das wird etwa bei den meisten vorsätzlichen Körperverletzungen der Fall sein. **Weniger schwere Fälle** können sein: Eine Beleidigung stellt sich als weniger verletzend und eine Körperverletzung als weniger schwerwiegend dar, wenn sie aus einer Provokation heraus oder in ohnehin streitiger Atmosphäre erfolgt oder wenn sie als eine momentane und vereinzelt gebliebene Unbeherrschtheit zu bewerten sind.[153] Ähnliches gilt, wenn auch der andere Teil Gewalt angewendet hat.[154] Generell liegt kein Kündigungsgrund vor in einer Notwehr- oder notwehrähnlichen Situation.[155] Beweispflichtig für entlastende Umstände wie etwa eine Provokation oder eine Notwehrsituation ist der Täter.[156] Weiterhin sind die in den beteiligten Kreisen oder im Haus üblichen Umgangsformen ggf. entlastend zu berücksichtigen[157], ebenso die soziale Herkunft eines Beleidi-

---

[143] KG WuM 2004, 721.
[144] OLG Celle WuM 2007, 201.
[145] LG Berlin GE 1999, 572; AG Heidelberg WuM 1978.
[146] AG Pinneberg NZM 2003, 553.
[147] AG Köln WuM 2008, 595.
[148] AG Frankfurt a. M. NJW-RR 1990, 911.
[149] AG Berlin-Mitte GE 1994, 813.
[150] AG Hannover ZMR 2020, 845.
[151] BGH XII ZR 188/08, NZM 2010, 901; LG München ZMR 2016, 449; AG München ZMR 2016, 466; LG Berlin GE 2008, 871; AG Brühl WuM 2008, 596.
[152] LG Mannheim WuM 1981, 17; LG Münster WuM 1991, 688; AG Köln WuM 1987, 388.
[153] OLG Düsseldorf ZMR 2011, 282; AG Charlottenburg GE 2015, 389 (Bezeichnung von Mitarbeitern des Vermieters als „faul" und als „talentfreie Abrissbirne").
[154] LG Mannheim ZMR 1977, 306 = WuM 1978, 68; AG Wedding MM 1992, 246, wonach kein Kündigungsgrund vorliegt, wenn der Mieter den Vermieter mit Gewalt am Betreten der Wohnung hindert.
[155] AG Frankfurt a. M. WuM 1998, 343 (Mieter schlägt dem Vermieter oder dessen Beauftragten eine Kamera aus der Hand, um zu verhindern, dass in der Wohnung Aufnahmen gemacht werden); LG Bonn WuM 1994, 73 (Schuss aus einer Gaspistole nach einer vorangegangenen Gewalttätigkeit jugendlicher Bewohner).
[156] LG Berlin GE 1991, 933.
[157] LG Oldenburg WuM 1983, 317.

gers sowie sein Sprach- und Ausdrucksvermögen.[158] Schließlich kann es an der Unzumutbarkeit fehlen, wenn der Betroffene die Straftat, insbes. eine Beleidigung, selbst nicht in besonderem Maß ernst genommen hat. Zur (schwierigen) Einzelfallabwägung bei **psychisch kranken oder schuldunfähigen Mietern** → Rn. 9.

62 **Ausreichend für eine Kündigung:** Kündigung eines Gewerbemietvertrags durch den Mieter, wenn der Vermieter gegenüber Dritten ohne berechtigtes Interesse beleidigende Behauptungen aufstellt, die geeignet sind, den Gewerbetrieb nachhaltig zu beeinträchtigen[159]; Bezeichnung eines Vermieters in einem Zeitungsartikel als „Halunken mit der höflichen Maske"[160]; Wahrheitswidriger Vorwurf, der Vermieter habe bereits einen Meineid geschworen[161]; Vorwurf mit Methoden zu handeln, die denen des NS-Terrorregimes gleichen[162]; Beleidigungen und Bedrohung der Nachbarn[163]; Beleidigung eines Hausbewohners als „Saujude", „Drecksack" oder „altes Schwein"[164]; Vorwurf gegenüber dem Vermieter auf Facebook, er würde „Entmieten durch Vergasen" betreiben[165]; Beschimpfung einer Nachbarin als „Hure"[166]; Pöbeleien gegenüber dem Hausverwalter auf einem Transparent[167]; Bespucken und beleidigen des Hausmeisters mit den Ausdrücken „Halt's Maul" und „Blödes Arschloch"[168] oder mit „Scheiß Ausländer"[169]; Schreiben an den Vermieter mit beleidigendem Inhalt[170]; Beleidigung des Vermieters als „Huso" (Hurensohn) auf Facebook[171]; Äußerung, der Vermieter sei „ein Drecksack, den man erschießen müsste"[172]; Äußerung „Sie sind ein Massenmörder"[173]; Mieter tritt die Wohnungstür eines Nachbarn ein[174]; tätlicher Angriff auf einen Mitarbeiter der Hausverwaltung[175]; Tätlichkeiten des Ehemannes einer Mieterin gegen einen Hausbewohner[176]; Bedrohung eines als Zeuge benannten Mitmieters dadurch, dass blutverschmierte Prozessunterlagen an dessen Tür gehangen werden.[177]

63 **Nicht ausreichend für eine Kündigung:** Ausübung unmittelbaren Zwangs gegenüber einem Vermieter, der unbefugt die Wohnung betreten hat[178]; vereinzeltes „Götz-Zitat"[179]; Bezeichnung als Strolch[180]; wechselseitige Beleidigungen[181] oder einmalige Beleidigung während eines Streits[182]; Beleidigung bei Provokation durch unredliches Verhalten, einen abfälligen Gesprächston, durch andere Vertragsverletzungen oder Unhöflichkeiten[183]; Äußerungen, die im Zustand der Erregung während eines Streitgesprächs fallen.[184]

---

[158] AG Dortmund WuM 1978, 85.
[159] BGH XII ZR 188/08, NZM 2010, 901.
[160] LG Köln DWW 1988, 325.
[161] AG Schwelm WuM 1985, 265.
[162] OLG Koblenz MDR 2020, 1240.
[163] AG München WuM 2018, 84.
[164] AG Dortmund DWW 1996, 282.
[165] LG München I ZMR 2021, 232.
[166] LG München I ZMR 2018, 47; AG München ZMR 2020, 319.
[167] AG Gelsenkirchen-Buer ZMR 1998, 353.
[168] AG Frankfurt a. M. 30.3.2017 – 381 C 1469/16, BeckRS 2017, 148772.
[169] AG Gronau WuM 2019, 435.
[170] LG München I ZMR 2017, 812.
[171] AG Düsseldorf ZMR 2019, 870.
[172] **AA** LG Stuttgart DWW 1988, 45.
[173] **AA** LG Berlin GE 1990, 537, weil die Äußerung in einer Situation der Erregung gefallen ist.
[174] LG Berlin GE 1984, 83.
[175] LG Berlin GE 2008, 871.
[176] AG Brühl WuM 2008, 596.
[177] LG München I NZM 2013, 25.
[178] BGH VIII ZR 289/13, NJW 2014, 2566.
[179] LG Offenburg WuM 1986, 250.
[180] AG Berlin-Charlottenhof GE 1988, 527.
[181] LG Mannheim WuM 1981, 17; AG Kassel WuM 1984, 199.
[182] AG München ZMR 2020, 41.
[183] *AG Hamburg WuM 1994, 382* (Beleidigung und Bedrohung, wenn der Vermieter die Mieter zuvor erheblich unter Druck gesetzt hatte, um sie zur Räumung des Hauses zu bewegen); AG Köln WuM 1988, 126 (Beschimpfung des Vermieters, weil er den Keller eines Mieters aufgebrochen hat).
[184] AG Rosenheim WuM 1980, 186; AG Hanau WuM 1980, 136.

## VI. Strafanzeigen

Die Erstattung einer Anzeige bei der Staatsanwaltschaft, der Polizei oder einer anderen Behörde kann grds. eine erhebliche Vertragsverletzung iSv § 543 Abs. 1 BGB darstellen; hieran sind aber **besondere Anforderungen** zu stellen, da es mit dem Rechtsstaatsprinzip nicht vereinbar ist, wenn die berechtigte Wahrnehmung staatsbürgerlicher Rechte zu zivilrechtlichen Nachteilen führt.[185] Voraussetzung ist daher – der Verleumdung oder üblen Nachrede nicht unähnlich – ein unredliches, wissentlich unwahres oder leichtfertiges Verhalten des Anzeigeerstatters.[186] Es reicht deshalb nicht aus, dass ein gegen den Angezeigten eingeleitetes Ermittlungsverfahren mangels hinreichenden Tatverdachts eingestellt wurde.[187] Vielmehr ist über die Unzumutbarkeit der Vertragsfortsetzung unter Berücksichtigung des Grundsatzes der Verhältnismäßigkeit und aller Umstände des Einzelfalls zu entscheiden. Ausgangspunkt und von besonderer Bedeutung ist dabei, dass mit einer behördlichen Anzeige grds. ein **staatsbürgerliches Recht** in Anspruch genommen oder gar eine Pflicht ausgeübt wird.[188] Ist dennoch ausnahmsweise eine hinreichend schwere Vertragsverletzung anzunehmen, ist eine **Abmahnung** idR aus ähnlichen Gründen entbehrlich wie bei einer Beleidigung oder üblen Nachrede (→ Rn. 60). 64

Beruht die Anzeige auf vom Anzeigeerstatter **erfundenen Tatsachen** ist die Kündigung idR berechtigt.[189] Gleiches gilt, wenn die Anzeige **leichtfertig** erstattet worden ist.[190] Es kommt in diesen Fällen nicht darauf an, ob der Anzeigeerstatter mit der Anzeige Ziele verfolgt, die an sich billigenswert sind. Auch kommt es nicht auf die Unwahrheit der Tatsachen an sich an, da ein Anzeigeerstatter den Sachverhalt vor der Anzeige nicht ermitteln muss. Der Verstoß gegen den Grundsatz der Verhältnismäßigkeit liegt vielmehr in der Verwendung des unlauteren und allgemein missbilligten Mittels der Verleumdung, indem der Anzeigeerstatter wider besseres Wissen oder unter Außerachtlassung einfacher (!), ihm zugänglicher und naheliegender Überprüfungsmöglichkeiten falsche Tatsachen zur Grundlage der Anzeige macht.[191] Im Ausnahmefall kann das Verhalten des Angezeigten mit zu berücksichtigen sein, wenn er etwa seinerseits mit unlauteren Mitteln gegen den Anzeigeerstatter vorgegangen ist. 65

Beruht die Anzeige auf **wahren Tatsachen** oder Tatsachen, die der **Anzeigeerstatter für wahr hält,** handelt er aber **nicht zur Wahrung eigener Interessen,** kann der denunziatorische Charakter der Anzeige in den Vordergrund rücken. Hierzu gehören diejenigen Fälle, in denen der Anzeigeerstatter eine Straftat oder Ordnungswidrigkeit seines Vertragspartners, von der er selbst nicht betroffen ist, zum Anlass einer Anzeige nimmt. Maßgeblich für die Unzumutbarkeit der Vertragsfortsetzung ist, ob die Anzeige nach den Gesamtumständen angemessen erscheint. Eine Kündigung kommt nicht in Betracht, wenn der Anzeigeerstatter aus staatsbürgerlicher Verantwortung handelt[192], also insbes. dann, wenn mit der Anzeige auf Missstände aufmerksam machen will, deren Beseitigung im öffentlichen Interesse liegt.[193] Anders ist es, wenn die Anzeige aus Böswilligkeit, aus nichtigem Anlass oder zur bloßen Schadenszufügung erstattet worden ist. 66

Nimmt der Anzeigeerstatter **wahre oder aus seiner Sicht möglicherweise wahre Tatsachen** zum Anlass einer Anzeige und er handelt hierbei zur **Wahrung eigener Interessen,** berechtigt das idR nicht zur Kündigung.[194] Hierzu gehören diejenigen Fälle, in denen möglicherweise eine Straftat, eine Ordnungswidrigkeit oder ein rechtswidriger Zustand vorliegen können 67

---

185 BVerfG NZM 2002, 61.

186 BVerfG NZM 2002, 61.

187 So aber AG Gummersbach ZMR 2010, 864.

188 BVerfG NZM 2002, 61.

189 Ebenso BAG NJW 2004, 1547 (für die arbeitsrechtliche Kündigung); LG Berlin GE 1990, 1079; LG Frankfurt a. M. WuM 1994, 15.

190 AG Friedberg/Hessen WuM 1986, 338.

191 Ähnlich LG Freiburg GE 2019, 1114.

192 LG Wiesbaden WuM 1995, 707 (Anzeige wegen des Verdachts von Kindesmissbrauch).

193 Vgl. für das Arbeitsrecht EGMR NJW 2011, 3501.

194 Ähnlich BAG NJW 2004, 1547 (für arbeitsrechtliche Kündigung); OLG München ZMR 1997, 458 (Mieter wendet sich an das Bauamt, um zu erfahren, ob eine von ihm gemietete Wohnung den öffentlich-rechtlichen Sicherheitsvorschriften genügt); LG Osnabrück WuM 1990, 429 (dringender Verdacht, dass ein Dritter in die Wohnung des Mieters eingedrungen ist); AG Bergisch Gladbach WuM 1983, 236 (Mieter wendet sich an das Bauamt wendet, weil er glaubt, dass sich das Haus in einem baurechtswidrigen Zustand befindet); LG Frankfurt/Oder ZMR 2014, 206 (Strafanzeige des Mieters wegen eigenmächtigen Betretens der Mietsache durch den Vermieter); LG Freiburg GE 2019, 1114 (Strafanzeige wegen Prozessbetruges zu Lasten des Mieters).

(etwa Mietpreisüberhöhung; Nötigung; Beleidigung; Körperverletzung; Hausfriedensbruch; mangelhafter Bauzustand) und der Anzeigeerstatter ein eigenes Interesse an der Aufklärung der Tat, am behördlichen Eingreifen oder der Bestrafung des Täters hat.[195] Es ist aber zu berücksichtigen, dass nicht jede unberechtigte Forderung Anlass für den Verdacht einer Straftat gibt; hierfür müssen aus Sicht des Anzeigeerstatters vielmehr konkrete Anhaltspunkte vorhanden sein. Ist das nicht der Fall, ist ein Streit über die Berechtigung eines Anspruchs zivilrechtlich auszutragen. Eine Strafanzeige ist in solchen Fällen unangemessen und kann einen Kündigungsgrund darstellen.[196]

**68** Der Kündigende ist **beweispflichtig** dafür, dass der Anzeigeerstatter vorsätzlich oder leichtfertig eine falsche Anzeige erstattet bzw. nicht zur Wahrung eigener oder berechtigter Interessen gehandelt hat[197]; ein ungeklärter Sachverhalt geht zu seinen Lasten.[198] Das entspricht dem Grundsatz, dass der Kündigende – mit Ausnahme des Verschuldens und rechtfertigender Umstände – die Voraussetzungen des Kündigungsrechts zu beweisen hat.[199] Überdies würde die Wahrnehmung der staatsbürgerlichen Rechte, die mit der Anzeige ausgeübt werden, durch das Risiko der Beweisführung und damit das Kündigungsrisiko zu stark beeinträchtigt.[200] Dem Anzeigeerstatter können aber zu subjektiven oder sonstigen aus seiner Sphäre stammenden Umständen sekundäre Darlegungspflichten treffen. Wird der Angezeigte in einem Strafverfahren freigesprochen, weil sich der Tatvorwurf nicht mit der für eine Verurteilung erforderlichen Sicherheit feststellen lässt, so ist damit der Beweis für einen Vorsatz oder eine Leichtfertigkeit des Anzeigeerstatters nicht geführt.[201]

## VII. Prozessverhalten

**69** Der Umstand, dass eine Vertragspartei Partei häufig gerichtliche Hilfe in Anspruch nimmt, um ihre Rechte aus dem Mietverhältnis durchzusetzen, rechtfertigt für sich allein keine Kündigung.[202] Das gilt auch im Bagatellbereich. Anders kann es sein, wenn **Prozesse ohne jeglichen berechtigten Anlass** provoziert werden; Ansatzpunkt für eine Kündigung ist dann aber die in dem Verhalten zum Ausdruck kommende allgemeine Leistungsverweigerung. Auch erheblich nachteilige, **ehrenrührige** oder gar beleidigende **Äußerungen,** die zur Rechtsverteidigung in einem Rechtsstreit gemacht werden, rechtfertigen eine Kündigung nicht, wenn sie im Hinblick auf die konkrete Prozesssituation (!) zur Rechtswahrung nicht ungeeignet und bei Berücksichtigung der Bedeutung des Mietverhältnisses nicht unangemessen sind[203]; sie sind idR durch § 193 StGB gedeckt (Wahrnehmung berechtigter Interessen; → Rn. 53). Anders ist das, wenn sie keinen Bezug zum Rechtsstreit haben, sondern lediglich der Herabsetzung des Prozessgegners dienen.[204] Demgegenüber kann ein Grund zur fristlosen Kündigung vorliegen, wenn sich eine Partei im Prozess **unredlicher oder unverhältnismäßiger Mittel** bedient.[205] Allerdings ist auch hier das Verhalten der Gegenseite zu berücksichtigen. Ein wahrheitswidriger Sachvortrag berechtigt nicht zur Kündigung, wenn auch der Kündigende wahrheitswidrig vorgetragen hat. Gleiches kann gelten, wenn ein Mieter versucht, einen Zeugen zur Falschaussage zu bewegen, um sich so gegen eine unberechtigte Kündigung zu wehren.[206] In Fällen dieser Art ist auf Grund einer Abwägung aller Umstände zu prüfen, ob der anderen Partei eine Fortsetzung des Mietverhältnisses zugemutet werden kann.[207]

## VIII. Verhalten bei Auseinandersetzungen

**70** Jede Vertragspartei ist berechtigt, ihre Interessen an der Mietsache so wahrzunehmen, wie sie dies für richtig hält. Bestehen hinreichende Anhaltspunkte für eine Vertragsverletzung, so ist es

[195] LG Freiburg GE 2019, 1114.
[196] BVerfG NZM 2002, 61.
[197] LG Osnabrück WuM 1993, 617; **aA** *Reichert-Leininger* ZMR 1985, 402.
[198] AG Gelsenkirchen-Buer ZMR 1982, 54.
[199] BGH LwZR 20/01, NJW 2002, 2168.
[200] Siehe zu diesem Aspekt BVerfG NZM 2002.
[201] AG Hamburg ZMR 2016, 630.
[202] OLG Hamm NJW-RR 1993, 16; AG Lüdinghausen WuM 1980, 137.
[203] OLG München ZMR 1996, 487.
[204] OLG *München ZMR 2019*, 266.
[205] BGH VIII ZR 33/85, WuM 1986, 60 (Versuch der Zeugenbeeinflussung).
[206] KG GE 1987, 571.
[207] BGH VIII ZR 33/85, WuM 1986, 60.

nicht zu beanstanden, wenn der Betroffene zur Wahrung seiner Interessen Schadensersatzansprüche ankündigt.[208] Ein Mieter muss sich nicht auf die herkömmlichen Mittel der Auseinandersetzung beschränken, vielmehr darf er sich mit anderen Mietern zusammenschließen.[209] Außerdem darf er sich an die Öffentlichkeit wenden[210], Transparente oder Plakate in den Fenstern[211] oder ggf. sogar an der Hausfassade[212] aufhängen und Kaufinteressenten auch ungefragt auf Mängel des Hauses hinweisen.[213] Allerdings müssen hierbei die Umgangsformen gewahrt werden und der Mieter darf das Haus nicht wahrheitswidrig „schlecht machen".[214] Auch darf der Vermieter weder angeprangert, noch diskriminiert, noch beleidigt werden. Die Grenze darf nicht zu eng gezogen werden[215], es ist vielmehr zu fragen, ob das Verhalten des Mieters vom Grundrecht der Meinungsfreiheit gedeckt ist. Die Grenzen der Meinungsfreiheit werden erst überschritten, wenn dadurch höherrangige Rechte Dritter verletzt oder Straftaten begangen bzw. unterstützt werden.[216] Der Umstand, dass das Verkaufsinteresse des Vermieters beeinträchtigt wird, genügt hingegen nicht.[217] Zur (schwierigen) Einzelfallabwägung bei **psychisch kranken oder schuldunfähigen Mietern** → Rn. 9.

## IX. Anstößiger Lebenswandel

Der Lebenswandel eines Mieters kann grds. nicht Grund für eine Kündigung sein, wenn er sich 71 im Rahmen des vertragsgemäßen Gebrauchs und der Gesetze bewegt; eine Gefahr für den „guten Ruf" des Vermieters oder des Hauses ist dann unbeachtlich. Deswegen ist es etwa unbeachtlich, wenn der Mieter alkoholabhängig ist und immer wieder betrunken nach Hause kommt.[218] Von Relevanz kann es aber sein, wenn er im betrunkenen Zustand Lärm oder andere Störungen verursacht.[219] In diesem wie in ähnlichen Fällen kommt eine Kündigung wegen Störung des Hausfriedens gem. § 569 Abs. 2 BGB in Betracht.

## X. Aufklärungspflichtverletzungen

Ein Kündigungsrecht gem. § 543 Abs. 1 BGB kann aus der Verletzung von Aufklärungspflichten 72 resultieren. Da die Pflichtverletzung so erheblich sein muss, dass ein Festhalten am Vertrag unzumutbar ist, bietet sich eine **Orientierung an den Grundsätzen der Täuschungsanfechtung** gem. § 123 BGB an, einer Vorschrift, die wie die Kündigung die Lösung vom Vertrag erlaubt.[220] Bei dieser Sicht sind beide Möglichkeiten der Vertragslösung von ähnlichen, wenn nicht identischen Voraussetzungen abhängig. Das ist nicht nur angemessen, weil die wesentliche Rechtsfolge (Vertragslösung) vergleichbar ist, sondern idR auch für den Getäuschten von Vorteil, weil das Dauerschuldverhältnis Miete nicht – wie bei der Anfechtung notwendig – vollständig rückabgewickelt werden muss und für die erbrachten Leistungen ein Bereicherungsausgleich durchzuführen ist. Gemäß § 123 BGB kann der Getäuschte die Vertragsbindung auflösen, wenn er durch Vorspiegelung, Entstellung oder Verschweigen von relevanten Tatsachen getäuscht wurde. Diese Täuschung bezieht sich meist auf den Vertragsschluss. Bei einfachen Austauschverträgen werden während der Vertragsdurchführung idR keine Willenserklärungen oder rechtsgeschäftlichen Erklärungen mehr abgegeben, auf die durch Täuschung Einfluss genommen werden könnte. Das ist beim Dauerschuldverhältnis Miete

---

[208] OLG München ZMR 1997, 458.

[209] LG Kassel WuM 1981, 211 (Interessengemeinschaft zur Verhinderung der Umwandlung von Miet- in Eigentumswohnungen); AG Lübeck WuM 1980, 236 (Engagement als Mietervertreter).

[210] AG Nürnberg WuM 1983, 261, Interview; AG Solingen WuM 1991, 97 (Einschaltung der Presse durch den Mieterverein bei Verdacht auf Mietpreisüberhöhung).

[211] AG Stuttgart NJW-RR 1991, 780 („Wir bleiben hier"); LG Kassel WuM 1981, 211 (Symbol einer Interessengemeinschaft).

[212] AG Berlin-Neukölln 9.1.2018 – 10 C 344/17, juris.

[213] OLG Celle NJW-RR 1991, 781; AG Nürnberg WuM 1983, 261; **aA** LG Hannover WuM 1995, 538.

[214] Insoweit zutr. LG Hannover WuM 1995, 538.

[215] So aber LG München I WuM 1983, 264 (Kündigung bejaht bei einem Transparent mit der wahrheitsgemäßen Aufschrift „In diesem Haus stehen 4 Wohnungen leer, ca. 500 m²"); AG München WuM 1989, 616 (Plakat mit der Aufschrift „Unrecht Gut gedeihet nicht").

[216] AG Wedding WuM 1981, 210; AG Frankfurt a. M. WuM 1981, 211.

[217] VGH Berlin ZMR 2008, 605.

[218] AG Dortmund DWW 1990, 55; AG Dresden DWW 1995, 145.

[219] AG München ZMR 2020, 319.

[220] Ähnlich *Wietz* WuM 2016, 323 (324) und wohl auch BGH XII ZR 279/97, NJW 2000, 1714.

anders, weshalb Kündigungsrechte wegen Täuschung auch noch bei Vertragsdurchführung entstehen können. Soweit sich die Täuschung auf den Vertragsschluss bezieht, ist für eine – spätere – fristlose Kündigung allerdings zu beachten, dass die **Täuschung** noch bis zur Kündigungserklärung **mit hinreichender Schwere nachwirken muss**[221]; ansonsten ist eine Unzumutbarkeit der Vertragsfortsetzung nicht anzunehmen. Das erfordert eine auf den Zeitpunkt der Kündigung und nicht auf den Zeitpunkt der Täuschung abstellende Abwägung der Einzelfallumstände, die auch die **Bedeutung der Täuschung für die Vertragsdurchführung** in den Blick zu nehmen hat.

**73** Für die Anfechtung und damit nach Vorstehendem auch für die Kündigung gem. § 543 Abs. 1 BGB gelten **folgende Maßstäbe**[222]: Arglistige Täuschung ist nicht gleichzusetzen mit Betrug. Notwendig, aber auch ausreichend ist vielmehr, dass der Täuschende von der Unrichtigkeit seiner Angaben oder der Bedeutung verschwiegener Umstände und einer hierdurch bewirkten Einflussnahme auf die Willensbildung des Getäuschten weiß oder sie für möglich hält.[223] Täuschung ist die Erregung oder Aufrechterhaltung eines Irrtums. Sie kann durch positives Tun, also durch Vorspiegelung oder Entstellung von Tatsachen, begangen werden oder durch Unterlassen; die Übergänge sind fließend.[224] Problematisch bei Letzterem ist oftmals die Frage, ob eine **Aufklärungspflicht** bestand. Das ist ohne Weiteres zu bejahen, wenn nach bestimmten Umständen gefragt wird. **Fragen** müssen vollständig und wahrheitsgemäß beantwortet werden[225], sofern die Fragen zulässig sind (→ Rn. 74). Ansonsten[226] besteht keine allgemeine Rechtspflicht, den anderen Teil über alle Einzelheiten und Umstände aufzuklären, die dessen Willensentschließung beeinflussen könnten. Vielmehr ist grds. jeder Verhandlungspartner für sein rechtsgeschäftliches Handeln selbst verantwortlich und muss sich deshalb die für die eigene Willensentscheidung notwendigen Informationen auf eigene Kosten und eigenes Risiko selbst beschaffen. Eine Aufklärungspflicht auch **ohne Nachfrage** besteht dann, wenn der andere Teil nach Treu und Glauben unter Berücksichtigung der Verkehrsanschauung redlicherweise die Mitteilung von Tatsachen erwarten durfte, die für seine Willensbildung offensichtlich von ausschlaggebender Bedeutung sind, was insbes. bei solchen Tatsachen der Fall ist, die den Vertragszweck vereiteln oder erheblich gefährden oder dem Vertragspartner erheblichen wirtschaftlichen Schaden zuzufügen können. Das gilt dann nicht, wenn der Aufklärungsbedürftige im Rahmen seiner Eigenverantwortung gehalten ist, sich selbst über diese Tatsache zu informieren. Er muss allerdings nicht nach Umständen forschen, für die er keinen Anhaltspunkt hat und die so außergewöhnlich sind, dass er mit ihnen nicht rechnen kann. Für die Frage, ob und in welchem Umfang eine Aufklärungspflicht besteht, kommt es wesentlich auf sämtliche Umstände des Einzelfalls an. Insbesondere kommt es auf ein Wissensgefälle[227] und die **Erheblichkeit der Information** an. Erheblich ist die Information dann, wenn die Rechtsfolgen einer Aufklärungspflichtverletzung nicht eintreten sollen[228], sprich: Würde der Umstand, der Gegenstand der Information ist, bei Verwirklichung im Lauf des Mietverhältnisses zur Kündigung berechtigen, ist über ihn aufzuklären. Unwesentliche Nachteile berechtigen nicht zur Kündigung.[229]

### 1. Mieterselbstauskunft

**74** Bei der Vertragsanbahnung stellt der Vermieter dem Mieter oftmals Fragen, die Verhalten und finanziellen Hintergrund des potenziellen Mieters erhellen sollen, um die Gedeihlichkeit eines möglichen Mietverhältnisses abschätzen zu können. Im Ansatz muss der Mieter die Fragen **vollständig und richtig beantworten.**[230] Der Mieter muss aber nicht jegliche Frage beantworten, auf **unzulässige Fragen** darf er schweigen oder die Unwahrheit sagen, ohne dass dies eine Anfech-

[221] *Wietz* WuM 2016, 323 (324). Ein Anfechtungsrecht kann aus ähnlichen Gründen gem. § 242 BGB entfallen (BGH XII ZR 67/06, NJW 2009, 1266 Rn. 45).

[222] Siehe auch grdl. *Wietz* WuM 2016, 323.

[223] BGH VIII ZR 236/06, NJW 2007, 3057 Rn. 29; BGH VII ZR 219/01, NJW 2002, 2776.

[224] *Wietz* WuM 2016, 323 (326).

[225] BGH VIII ZR 224/78, NJW 1979, 1886, zum Autokauf; BGH VIII ZR 107/13, NJW 2014, 1954 (Fälschung einer Vermieterbescheinigung).

[226] BGH XII ZR 192/08, NJW 2010, 3362.

[227] *Gsell* DWW 2010, 122 (123).

[228] *Wietz* WuM 2016, 323 (327).

[229] *OLG Hamburg WuM 1997*, 216 (wahrheitswidrige Erklärung eines Mieters, er habe die Miete für einen bestimmten Monat bereits überwiesen).

[230] BGH VIII ZR 224/78, NJW 1979, 1886 (zum Autokauf); BGH VIII ZR 107/13, NJW 2014, 1954 (Fälschung einer Vermieterbescheinigung).

tung bzw. Kündigung erlaubt oder sonst negative Folgen hat.[231] Das Fragerecht gilt nicht nur für den Vermieter, auch der Mieter ist zu Fragen berechtigt.

### 2. Offenbarungspflicht des Mieters

Nach den eingangs geschilderten Grundsätzen ist der Mieter grds. nicht verpflichtet, den Vermieter von sich aus über seine Einkommens- und Vermögensverhältnisse aufzuklären.[232] Allerdings muss er ungefragt seine **Zahlungsunfähigkeit** offenbaren, wenn er also unter keinen Umständen in der Lage ist, selbst oder durch Dritte die Miete aufzubringen.[233] Ist die Zahlungsfähigkeit ungeklärt (etwa weil nicht sicher ist, ob eine öffentliche Stelle die Mietzahlungen übernimmt), so muss der Mieter den Vermieter hiervon nicht in Kenntnis setzen, wenn die Herstellung der Leistungsfähigkeit nicht unwahrscheinlich erscheint. Denn in diesem Fall steht nicht fest, dass er auf Dauer zahlungsunfähig ist. Bloße Zweifel an der Leistungsfähigkeit begründen keine Offenbarungspflicht.[234] 75

Wenn zu dem Haushalt des Mieters Personen gehören, deren Verhalten auf Grund einer Krankheit oder Behinderung objektiv den Tatbestand der **Hausfriedensstörung** erfüllen, muss der Mieter hierüber aufklären, wenn mit einiger Sicherheit feststeht, dass andere Mieter deswegen berechtigt und relevant mindern werden oder wenn die Störungen ein Ausmaß erreichen, dass der Vermieter auch **ohne Verschulden** (→ Rn. 16) zu einer Kündigung wegen Hausfriedensstörung berechtigt ist.[235] Mit diesem Maßstab wird auf die besonderen Belange von kranken oder behinderten Mietern hinreichend Rücksicht genommen.[236] Denn der Vermieter muss keinen Vertrag akzeptieren, den er nach Vollzug gleich wieder wegen des Eintretens des aufklärungsrelevanten Umstands wieder kündigen darf. 76

Den **Gewerbemieter** kann ausnahmsweise Aufklärungspflicht wegen der **Besonderheit seines Warensortiments** treffen, wenn dieses geeignet ist, den Ruf des Mietobjekts erheblich zu schädigen, gewaltsame Auseinandersetzungen zu provozieren sowie den Vermieter politisch in die Nähe einer rechtsextremen Partei zu stellen, und dieser keine Veranlassung hatte, mit einem solchen Sortiment zu rechnen; bejaht wurde dies für eine Kleidermarke, die nahezu ausschließlich im rechtsextremen Milieu Käufer findet.[237] 77

Über **andere Tatsachen** muss der Mieter grds. nicht von sich aus aufklären, wenn sie nicht seine Hauptpflicht betreffen oder die ordnungsgemäße Vertragsdurchführung mit einiger Sicherheit gefährden. **Beispiele:** Der Mieter eines Aufstellortes für Mobilfunkmasten muss nicht darauf hinweisen, dass der Betrieb der Anlage öffentliche Diskussionen über eine Gesundheitsgefährdung durch elektromagnetische Wellen hervorrufen kann[238]; der Mieter muss nicht offenbaren, dass er in früherer Zeit die eidesstattliche Versicherung abgegeben hat, wenn er aktuell nicht vermögenslos ist[239]; ein ausländischer Mieter muss keine Angaben über seine Aufenthaltsberechtigung machen[240], es sei denn, sein Status wäre wegen drohender sofortiger Abschiebung so unsicher, dass im Falle des Entzugs die ordnungsgemäße Abwicklung des Mietvertrages ernsthaft gefährdet ist[241]; der Mieter muss den Vermieter nicht über anhängige staatsanwaltschaftliche Ermittlungsverfahren informieren.[242] 78

### 3. Aufklärungspflichtverletzungen des Vermieters

Der Vermieter ist ebenfalls gehalten, den Mieter über diejenigen Umstände und Rechtsverhältnisse aufzuklären, die von besonderer Bedeutung für den Vertragsschluss sind.[243] So darf der Ver- 79

---

[231] LG Itzehoe WuM 2008, 281. Allgemein zum Fragerecht des Vermieters und zu Datenschutzbelangen MüKoBGB/*Häublein* Vor § 535 Rn. 84.
[232] LG Ravensburg WuM 1984, 297.
[233] *Wietz* WuM 2016, 323 (330).
[234] *Hille* WuM 1984, 292 (294); *Weichert* WuM 1993, 723 (725).
[235] *Wietz* WuM 2016, 323 (329); **aA** LG Münster NZM 2010, 95.
[236] Wegen dieses Aspekts will LG Münster NZM 2010, 95 eine Aufklärungspflicht gänzlich ablehnen.
[237] BGH XII ZR 192/08, NJW 2010, 3362; OLG Dresden NZM 2012, 727.
[238] OLG Karlsruhe NJW 1994, 2100.
[239] OLG München ZMR 1997, 458; **aA** AG Hagen WuM 1984, 296.
[240] AG Wiesbaden WuM 1992, 597.
[241] Ähnlich *Leroy* NJ 2013, 230 (234).
[242] AG Hamburg WuM 1992, 598.
[243] BGH XII ZR 279/97, NJW 2000, 1714.

mieter keine unzutreffenden Informationen über das Mietobjekt erteilen.[244] Auch muss er den Mietinteressenten auf eine **bevorstehende erhebliche Modernisierungsmaßnahme** hinweisen[245], weil die Modernisierung zu erheblichen Gebrauchsbeschränkungen und zu einer weitreichenden Mieterhöhung führen kann. Zur Hinweispflicht auf **zukünftigem Eigenbedarf** → BGB § 573 Rn. 120. Der Vermieter begeht grds. keine Pflichtverletzung, wenn er mit dem Mieter **Betriebskostenvorauszahlungen** vereinbart, die die Höhe der später anfallenden tatsächlichen Kosten nicht nur geringfügig, sondern auch deutlich unterschreiten; anders ist es nur, wenn der Vermieter die Angemessenheit der Betriebskosten ausdrücklich zugesichert hat oder wenn er sie bewusst zu niedrig bemessen hat, um den Mieter über den Umfang der tatsächlichen Mietbelastung zu täuschen und ihn auf diese Weise zur Begründung eines Mietverhältnisses zu veranlassen.[246]

80 Macht ein Vermieter bei den Vertragsverhandlungen unrichtige Angaben über die in dem Mietobjekt möglichen **Umsätze,** so ist zu unterscheiden: Auf fehlerhafte Angaben allgemeiner oder anpreisender Art ohne einen konkreten, durch Zahlen belegten Hintergrund kann eine Kündigung nicht gestützt werden. Gleiches gilt, wenn der Vermieter erklärt, dass er sich hinsichtlich der mitgeteilten Zahlen nur auf die Unterlagen und Angaben eines Dritten stützen könne.[247] Anders ist es, wenn konkrete Umsatz- und Ertragsangaben aus früheren Zeiten erörtert worden sind, diese sich aber als falsch erweisen.[248]

81 Täuschungshandlungen während der Mietzeit können ebenfalls zur Kündigung berechtigen, wenn dir Vertragsfortsetzung hierdurch unzumutbar wird. So kann ein Kündigungsgrund gegeben sein, wenn der Mieter bei vereinbarter Umsatzmiete mit Täuschungsabsicht **fehlerhafte Umsatzzahlen** angibt. Fahrlässige Falschangaben können idR nicht als schwere Vertragsverletzungen bewertet werden.[249] Anders ist das allenfalls dann, wenn sich die Fehler nach Abmahnung fortsetzen. Ist der Mieter vertraglich verpflichtet, dem Vermieter Einsicht in die Geschäftsunterlagen zu gewähren, so kann ein Kündigungsgrund vorliegen, wenn er die Einsicht verweigert.[250]

## XI. Unberechtigte Kündigung

82 Eine Vertragsverletzung iSv § 543 Abs. 1 BGB ist anzunehmen, wenn ein Vertragsteil eine unbegründete Kündigung ausgesprochen hat. Allerdings rechtfertigt nicht jede unbegründete Kündigung die Annahme, dass die weitere Fortsetzung des Mietverhältnisses unzumutbar sei. Vielmehr kommt es auf die Umstände des Einzelfalls an.[251] Maßgeblich ist insbes., ob der Kündigende aus seiner Sicht einen hinreichend begründeten Anlass zum Ausspruch der Kündigung hatte.

## XII. Duldungs- und Unterlassungspflichten

83 Obliegt es einer Vertragspartei, ein bestimmtes Verhalten zu unterlassen oder bestimmte Maßnahmen der anderen Vertragspartei zu dulden, kommt eine Kündigung gem. § 543 Abs. 1 BGB wegen einer Verletzung dieser Pflicht nicht erst dann in Betracht, wenn vor Ausspruch der Kündigung einen **Duldungs- oder Unterlassungstitel** erstritten wurde; es ist vielmehr auch ohne das unter Abwägung aller Einzelfallumstände zu prüfen, ob die Pflichtverletzung so schwer wiegt, dass die Vertragsfortsetzung unzumutbar ist.[252] Eine Abmahnung gem. § 543 Abs. 3 BGB ist grds. erforderlich; ein Duldungs- oder Unterlassungstitel ersetzt eine Abmahnung. Praktisch relevant sind vor allem die Pflichten des Mieters zur Duldung des Betretens der Mietsache und zur Duldung von Modernisierungsmaßnahmen.

84 Der Vermieter kann das Recht haben, die Wohnung des Mieters in bestimmten Fällen zu betreten oder durch seine Erfüllungsgehilfen (Hausverwalter, Hauswart, Handwerker, Ableser von Zwi-

---

[244] BGH XII ZR 279/97, NJW 2000, 1714.
[245] *Wietz* WuM 2016, 323 (332).
[246] BGH VIII ZR 195/03, NJW 2004, 1102; zust. *Wietz* WuM 2016, 323 (332) auch mit nachweisen auf die erheblichen Gegenmeinungen.
[247] OLG Düsseldorf WuM 2003, 138.
[248] OLG München ZMR 2001, 708.
[249] **AA** OLG Düsseldorf NZM 2001, 1033.
[250] *KG MDR 2012, 516.*
[251] OLG Düsseldorf WuM 1997, 556.
[252] BGH VIII ZR 281/13, NJW 2015, 2417; s. auch LG Köln ZMR 2020, 1032 (Weigerung zur Einholung einer Baugenehmigung).

schenzählern) betreten zu lassen. Das setzt aber stets einen besonderen Anlass voraus; eine Formularklausel, die dem Vermieter ein Besichtigungsrecht auch ohne besonderen Anlass einräumt, verstößt gegen § 307 Abs. 1 BGB.[253] Der Mieter muss die Besichtigung bei Bestehen eines solchen Anlasses dulden, anderenfalls handelt er vertragswidrig. Eine einmalige Verhinderung des **Besichtigungsrechts** berechtigt den Vermieter idR noch nicht zur fristlosen Kündigung; ein wichtiger Grund für eine außerordentliche Kündigung liegt vielmehr erst dann vor, wenn das Besichtigungs- und Betretungsrecht des Vermieters durch das Verhalten des Mieters nachhaltig und schuldhaft verhindert wird.[254] Anders ist das, wenn für die Besichtigung ein dringender Anlass besteht, der Mieter dies weiß und er gleichwohl die Besichtigung verweigert.[255] Gleiches gilt, wenn der Vermieter einen Duldungstitel erwirkt hat und der Mieter sich gleichwohl weigert, den titulierten Anspruch zu erfüllen; der Vermieter ist in diesem Fall nicht auf die Vollstreckung nach § 890 ZPO beschränkt.[256] Will ein Vermieter ein Besichtigungsrecht gegen den Willen des Mieters eigenmächtig erzwingen, so darf sich der Mieter hiergegen wehren. Eine Kündigung des Vermieters ist regelmäßig auch dann nicht berechtigt, wenn der Mieter die Grenzen erlaubter Notwehr geringfügig überschreitet; bei der erforderlichen Interessenabwägung ist das Fehlverhalten des Vermieters zu berücksichtigen.[257] Hingegen kann der Mieter bei **unberechtigtem Betreten** der Mietsache seinerseits fristlos kündigen.[258]

Behindert der Mieter eine vom Vermieter geplante **Instandhaltungs- oder Modernisierungsmaßnahme,** indem er den Zutritt verweigert, ist bei der notwendigen Prüfung der Einzelfallumstände von Bedeutung, welche Maßnahmen der Vermieter durchführen will, wie dringend die Maßnahmen sind, in welchem Maße der Mieter hierdurch beeinträchtigt wird, welche wirtschaftliche Bedeutung die sofortige Duldung für den Vermieter hat, welche Nachteile dem Vermieter durch eine Verzögerung der Maßnahmen entstehen, ob der Mieter befürchten muss, dass der Vermieter die ihm obliegenden Wiederherstellungspflichten nur unzureichend erfüllt und ob dem Vermieter seinerseits Vertragsverstöße zur Last fallen.[259] So scheidet eine Kündigung aus, wenn die Modernisierungsankündigung nicht den gesetzlichen Vorschriften entspricht[260] oder wenn die Installation von Rauchmeldern zu kurzfristig mit wenigen Terminalternativen angekündigt wird.[261] Sie scheidet aber nicht allein deshalb aus, weil der Mieter plausible Gründe für die Duldungsverweigerung hat; er trägt insofern das Risiko eines Irrtums.[262] Das Maß seines Verschuldens ist aber ein Abwägungsumstand. **85**

Ebenso kann nach § 543 Abs. 1 gekündigt werden, wenn der Vermieter wegen eines pflichtwidrigen Verhaltens des Mieters (Untervermietung, Tierhaltung, Verursachung von Lärm etc) einen Unterlassungstitel erwirkt hat und der Mieter das vertragswidrige Verhalten gleichwohl fortsetzt oder wenn der Mieter – ohne zur **Unterlassung** verurteilt worden zu sein – hinreichend schwerwiegend und trotz Abmahnung dem Unterlassungsgebot zuwider gehandelt hat.[263] Oftmals kommt in diesen Fällen eine Kündigung wegen sonstigen vertragswidrigen Gebrauchs (→ Rn. 152) oder wegen Störung des Hausfriedens gem. § 569 Abs. 2 BGB in Betracht. Zur (schwierigen) Einzelfallabwägung bei **psychisch kranken oder schuldunfähigen Mietern** → Rn. 9. **86**

## XIII. Sonstige Fälle

Ein Kündigungsrecht gem. § 543 Abs. 1 BGB wurde in folgenden Fällen bejaht: Der Vermieter **betritt den Balkon der Mietwohnung** trotz des gegenteilig geäußerten Willens des Mieters.[264] Unterlassen Abrechnung von **Betriebskosten** trotz Abmahnung und Weigerung zur Auszahlung **87**

---

253 BGH VIII ZR 289/13, NJW 2014, 2566.
254 OLG Dresden NZM 2017, 442; AG München ZMR 2021, 247; AG Konstanz WuM 2021, 180.
255 LG Frankfurt a. M. MietRB 2015, 323 (Besichtigung zur Klärung der Ursache eines Wasserschadens).
256 BGH VIII ZR 221/09, WuM 2011, 13.
257 BGH VIII ZR 289/13, NJW 2014, 2566.
258 BGH VIII ZR 371/18, NJW-RR 2021, 201 Rn. 19.
259 BGH VIII ZR 281/13, NJW 2015, 2417 Rn. 32.
260 KG WuM 2015, 666.
261 AG Gießen 19.1.2021 – 39 C 114/20, BeckRS 2021, 663.
262 BGH VIII ZR 281/13, NJW 2015, 2417 Rn. 26.
263 BGH VIII ZR 328/19, NZM 2020, 105 (unangeleintes Laufenlassen eines Hundes auch auf dem Kinderspielplatz entgegen der Hausordnung und mehrerer Abmahnungen).
264 BGH VIII ZR 371/18, NJW-RR 2021, 201 Rn. 19.

eines Guthabens[265]; bei Vorlage gefälschter Unterlagen[266]; bei Abrechnung von Betriebskosten, die in Wirklichkeit nicht angefallen sind.[267] Eine längere Untätigkeit des Mieters trotz Abhilfefrist nach Erhalt eines (höheren) **Vorschusses für die Mangelbeseitigung.**[268] Der Mieter hat zwar mit Genehmigung des Vermieters, aber ohne **Einholung einer Baugenehmigung** das Mietobjekt ausgebaut, weigert sich aber trotz Abmahnung bei entsprechender vertraglicher Pflicht beharrlich, den Zustand zu legalisieren.[269] Ist der Mieter nach den Vereinbarungen im Mietvertrag verpflichtet, **Umbau-, Sanierungs- oder Modernisierungsarbeiten** durchzuführen, so kann der Vermieter zur Kündigung berechtigt sein, wenn der Mieter diese Vertragspflicht trotz Abmahnung nicht erfüllt; steht der Pflichtverletzung des Mieters eine gleichartige Pflichtverletzung des Vermieters gegenüber, so ist dieser Umstand im Rahmen der Interessenabwägung zu berücksichtigen[270]; idR wird die Abwägung ergeben, dass eine Kündigung ausscheidet.

## C. Nichtgewährung bzw. Entziehung des Gebrauchs (Abs. 2 S. 1 Nr. 1)

### I. Überblick

88 Nach § 543 Abs. 2 S. 1 Nr. 1 BGB liegt ein Kündigungsgrund vor, wenn dem Mieter der **vertragsgemäße Gebrauch** der Mietsache vollständig oder teilweise nicht rechtzeitig gewährt oder wieder entzogen wird. Auf die **Erheblichkeit** der Verletzung der Gebrauchsgewährungspflicht kommt es, von unerheblichen Bagatellen abgesehen, nicht an (näher → Rn. 96). Vor der Kündigung ist grds. eine erfolglose Abhilfefrist oder **Abmahnung** gem. § 543 Abs. 3 BGB erforderlich. **Ausgeschlossen** ist eine Kündigung gem. § 543 Abs. 4 S. 1 BGB, wenn dem Mieter Mängelgewährleistungsrechte wegen Kenntnis des Mangels iSv § 536b BGB oder wegen vertraglichen Ausschlusses gem. § 536d nicht zustehen (→ Rn. 118) oder wenn er selbst den Mangel (schuldhaft) verursacht hat (→ Rn. 104).

89 Der Kündigungstatbestand des § 543 Abs. 2 S. 1 Nr. 1 BGB sanktioniert – in gleicher Weise wie dessen Vorgängervorschrift § 542 BGB aF – die **Verletzung der Gebrauchsgewährungspflicht** als zentraler Vertragspflicht des Vermieters. Aus diesem Zweck folgt, dass **nur der Mieter** nicht aber der Vermieter wegen (eigener) Verletzungen der Gebrauchsgewährungspflicht **kündigen kann,** auch wenn sich das, anders als bei § 542 BGB aF, nicht aus dem Wortlaut der Vorschrift ergibt. Der Leistungspflichtige kann sich der Erfüllung seiner Verpflichtungen nicht durch Kündigung entziehen, der Kündigungsgrund muss vielmehr aus der Sphäre des Kündigungsgegners stammen (→ Rn. 14).

90 § 543 Abs. 2 S. 1 Nr. 1 BGB gilt für **alle Mietverhältnisse,** außerdem gem. §§ 581 Abs. 2, 594e Abs. 1 BGB für alle Pacht- und Landpachtverhältnisse sowie für Leasingverträge.[271] Sondervorschriften für die Wohnraummiete bestehen nicht, abgesehen davon, dass § 543 BGB insgesamt gem. § 569 Abs. 5 BGB zu Gunsten des Wohnraummieters halbzwingend ausgestaltet ist (→ Rn. 241). Ergänzt wird § 543 Abs. 2 Nr. 1 BGB durch § 569 Abs. 1 BGB, der – für die **gesamte Raummiete,** soweit die Räume zum Aufenthalt von Menschen bestimmt sind (§ 578 Abs. 2 S. 3 BGB) – ein Kündigungsrecht wegen **gesundheitsgefährdender Beschaffenheit** vorsieht (→ BGB § 569 Rn. 8).

91 Die Regelung umfasst die **Fallgruppen** der Nichtgewährung des Gebrauchs zu Beginn des Mietverhältnisses und der nachträglichen Gebrauchsentziehung. Zur ersteren Fallgruppe gehören die nicht rechtzeitige Überlassung der Mietsache und die Überlassung in nicht vertragsgemäßem Zustand. Zur letzteren Fallgruppe gehören die Störungen des Gebrauchs nach Überlassung, deren praktisch wichtigster Anwendungsfall die nachträgliche Entstehung von Mängeln ist. Auch wenn das Gesetz zwischen der **(anfänglichen) Nichtgewährung** und der **(nachträglichen) Entziehung des Gebrauchs** unterscheidet, ist das für die Anwendung des Kündigungstatbestands selbst nicht von wesentlicher Bedeutung. Zentral ist hierfür vielmehr die Frage nach der Beeinträchtigung des **vertragsgemäßen Gebrauchs.** Auswirkungen hat die Unterscheidung aber für die sons-

---

265 OLG Düsseldorf DWW 1991, 78.
266 LG Gießen WuM 1996, 767.
267 LG Berlin GE 2003, 1081.
268 *BGH VIII ZR 63/11*, ZMR 2012, 610.
269 LG Köln ZMR 2020, 1032.
270 KG NZM 2018, 607.
271 BGH VIII ZR 182/91, NJW 1993, 122.

tigen Rechte des Kündigenden, hier insbes. für die Frage, ob diese Rechte sich nach den Regeln des allgemeinen Schuldrechts oder den mietrechtlichen Gewährleistungsregeln richten.

### II. Anwendungsbereich und Konkurrenzen

Zum Verhältnis von § 543 Abs. 2 S. 1 Nr. 1 BGB **zu § 543 Abs. 1 BGB** → Rn. 10. Zum Verhältnis **zu § 569 Abs. 1 BGB** → Rn. 90. **92**

Der **Erfüllungsanspruch** nach § 535 BGB und das Kündigungsrecht nach § 543 Abs. 2 S. 1 Nr. 1 BGB können *nach Überlassung der Mietsache* nicht nebeneinander geltend gemacht werden, wohl aber nacheinander. Ein Mieter kann nicht gleichzeitig Erfüllung verlangen und sich sofort vom Vertrag lösen wollen. Falls er kündigen will, muss er dem Vermieter durch Abhilfefrist oder Abmahnung gem. § 543 Abs. 3 BGB idR (also außer in den Fällen der Entbehrlichkeit gem. § 543 Abs. 3 S. 2 BGB) zunächst Gelegenheit zur Erfüllung geben und zu deren Entgegennahme bereit sein. Eine hilfsweise für den Fall der Nichterfüllung ausgesprochene Kündigung ist wirksam (→ Rn. 224). Der Mieter muss nicht kündigen, er kann sich auf den Erfüllungsanspruch beschränken und diesen ggf. einklagen. **93**

Die Kündigung übernimmt im Dauerschuldverhältnis Miete die Funktion, die der Rücktritt bei einfachen Austauschverträgen hat. § 543 BGB wird deshalb auch *vor Überlassung der Mietsache* nicht durch die Regeln des allgemeinen Leistungsstörungsrechts verdrängt; die **Kündigung** gem. § 543 Abs. 2 S. 1 Nr. 1 BGB kann (wie alle Kündigungen) **vor Überlassung der Mietsache** an den Mieter erklärt werden.[272] Es ist allerdings danach zu unterscheiden, ob der Überlassungsanspruch schon fällig ist, ob also die Mietzeit schon begonnen hat. Ist das der Fall, hat der Mieter einen Erfüllungsanspruch und der Mieter kann wegen Verletzung des Erfüllungsanspruchs kündigen, wenn die Voraussetzungen des § 543 Abs. 3 BGB erfüllt sind[273]; außerdem kann er die Mietsache zurückweisen, ohne in Annahmeverzug zu geraten. Ist der **Überlassungsanspruch noch nicht fällig,** besteht noch kein Erfüllungsanspruch. Eine Kündigung kann dennoch ausnahmsweise ausgesprochen werden, wenn (etwa wegen Unmöglichkeit) sicher ist, dass der Gebrauch nicht wie geschuldet gewährt werden wird. Die bloße Ungewissheit, ob der Gebrauch rechtzeitig und vertragsgemäß gewährt werde, reicht grds. nicht.[274] Ausnahmsweise kann in solchen Fällen eine Kündigung aber dann möglich sein, wenn dem Mieter die Ungewissheit wegen besonderer Umstände nicht zugemutet werden kann. **94**

Die **Gewährleistungsrechte der §§ 536, 536 a Abs. 1 BGB** wegen Mangelhaftigkeit der Mietsache, die erst *nach Überlassung der Mietsache* bestehen und das allgemeine Leistungsstörungsrecht außer im Fall der völligen Zerstörung der Mietsache verdrängen[275], werden durch § 543 Abs. 2 S. 1 Nr. 1 BGB nicht berührt; für den Schadensersatzanspruch ergibt sich das auch aus § 314 BGB. Gemäß § 536 a BGB hat der Vermieter sowohl den Schaden zu ersetzen, der bis zur Kündigung bereits eingetreten ist, als auch für den durch die Kündigung verursachten Schaden einzustehen (zum Kündigungsfolgeschaden → BGB § 542 Rn. 104). Soweit nicht die Mangelhaftigkeit in Rede steht, gilt Ähnliches für die Ansprüche des Mieters gem. § 280 BGB (→ BGB § 542 Rn. 103). *Vor Überlassung der Mietsache* gelten die Regeln des allgemeinen Schuldrechts, insbes. die auf die Besonderheiten des Mietrechts angepassten Unmöglichkeitsvorschriften sowie das Schadensersatzrecht des § 311 a Abs. 2 BGB.[276] **95**

### III. Erheblichkeit

Eine erhebliche Verletzung der Gebrauchsgewährungspflicht ist nach dem Wortlaut von § 543 Abs. 2 S. 1 Nr. 2 BGB nicht erforderlich. Auch muss die Vertragsfortsetzung nicht unzumutbar iSv § 543 Abs. 1 BGB sein[277]; ergänzend → Rn. 10. Ein Kündigungsrecht ist vielmehr im Ansatz bei **96**

---

272 BGH XII ZR 93/99, NZM 2001, 1077; BGH XII ZR 254/01, NJW 2005, 2152; BGH VIII ZR 88/78, NJW 1979, 1288; KG NZM 2014, 199.
273 BGH XII ZR 255/04, NZM 2007, 401 Rn. 30.
274 LG Hamburg MDR 1974, 583.
275 MüKoBGB/*Häublein* Vor § 536 Rn. 8.
276 MüKoBGB/*Häublein* Vor § 536 Rn. 8 ff., auch zu den Wertungswidersprüchen zur verschuldensunabhängigen Haftung des Vermieters für anfängliche Mängel in § 536 a Abs. 1 BGB.
277 KG ZMR 2015, 538.

**jeglicher Verletzung der Gebrauchsgewährungspflicht** gegeben; **ausgenommen sind nur unerhebliche Bagatellen.**[278] Besteht die Verletzung der Gebrauchsgewährungspflicht in einem Mangel der Mietsache, ist Unerheblichkeit anzunehmen, wenn ein **Fall von § 536 Abs. 1 S. 3 BGB** vorliegt; auf die hierzu entwickelten Grundsätze kann verwiesen werden (→ BGB § 536 Rn. 46). Bei dieser Auslegung entspricht die Vorschrift der Vorgängerregelung § 542 Abs. 2 BGB aF. Dort war allerdings bei nur unerheblichen Vorenthaltungen des Gebrauchs eine Kündigung ausdrücklich ausgeschlossen. Diese Beschränkung des Kündigungsrechts wegen unerheblicher Bagatellen wurde in die jetzige Gesetzesfassung ohne weitere Begründung nicht übernommen.[279] Es ist aber davon auszugehen, dass dies keine inhaltliche Änderung bewirken sollte, weil es einem allgemeinen Grundsatz der modernen Gesetzgebung entspricht, Vertragslösungsrechte bei unerheblichen Pflichtverletzungen auszuschließen (vgl. § 323 Abs. 5 S. 2 BGB). Ebenso führt nur diese Sicht zu einem Gleichklang mit dem eng mit § 543 Abs. 2 S. 1 Nr. 1 BGB zusammenhängenden Mängelgewährleistungsrecht, das in § 536 Abs. 1 S. 3 BGB eine Minderung wegen eines unerheblichen Mangels ausschließt. Es wäre widersprüchlich, wenn der Mieter zwar nicht mindern, aber kündigen könnte.

97 Angesichts des Verzichts auf das Erheblichkeitserfordernis und auf ein Verschulden kommt dem **Abmahn- bzw. Abhilfeerfordernis** gem. § 543 Abs. 3 BGB besondere Bedeutung zu (→ Rn. 218). Die Einhaltung bzw. die Entbehrlichkeit sind streng zu prüfen.

## IV. Nutzungswille des Mieters

98 Der Mieter ist nicht verpflichtet, die Mietsache zu nutzen. Deshalb hängt sein Kündigungsrecht gem. § 543 Abs. 2 S. 1 Nr. 1 BGB grds. nicht von der tatsächlichen Beeinträchtigung ab, sondern nur davon, ob das Erbrachte in nicht unerheblicher Weise hinter dem Geschuldeten zurückbleibt (→ Rn. 96). Anders ist das, wenn feststeht, dass der Mieter das Mietobjekt aus Gründen, die in seiner Person liegen, ohnehin nicht nutzen kann oder will, selbst wenn der **Vermieter zur (mangelfreien) Gebrauchsgewährung nicht in der Lage** ist.[280] In diesem Fall wird dem Mieter der Gebrauch nicht vorenthalten, weil er ihn nicht mehr ausüben will; eine schwere Vertragsstörung kann nicht bejaht werden.[281] Der Mieter ist in dieser Situation hinreichend durch §§ 536, 536a BGB und insbes. durch § 537 Abs. 2 BGB geschützt. Er kann zwar den Vertrag nicht durch Kündigung auflösen, er ist aber von der Mietzahlungspflicht ganz oder teilweise befreit, wenn Mängel vorliegen oder das Mietobjekt Dritten überlassen wurde.

99 Ein fehlender **Nutzungswille** im vorstehenden Sinn liegt nicht schon dann vor, wenn der Mieter von dem Mietobjekt nicht so Gebrauch macht, wie es vertraglich vorgesehen oder beabsichtigt war. Notwendig erscheint vielmehr, dass er **sich der Gebrauchs*möglichkeit* begeben** hat oder sie objektiv nicht ausüben kann[282], was idR mit einer Besitzaufgabe bzw. einem Besitzverlust verbunden ist, und er die Gebrauchsmöglichkeit nicht wiedererlangen will. Nur diese Sicht ist mit dem Grundsatz vereinbar, dass den Mieter keine Gebrauchspflicht trifft[283]; nur mit dieser Sicht wird auch berücksichtigt, dass die Erheblichkeit der Verletzung der Gebrauchsüberlassungspflicht (von Bagatellen abgesehen) für das Kündigungsrecht keine Rolle spielt. Ein Kündigungsrecht besteht aber auch bei einem so verstandenen Nutzungswillen dann wieder, wenn der **Mieter die Erfüllung verlangt** und der Vermieter nicht erfüllungsbereit ist.[284]

---

[278] BGH XII ZR 33/04, NZM 2006, 929 Rn. 20; KG ZMR 2015, 538; OLG Brandenburg ZMR 2021, 381; OLG Köln 7.9.2012 – 1 U 50/11, BeckRS 2012, 19425; OLG Düsseldorf NJOZ 2012, 1059; *Kraemer* NZM 2001, 553 (559).

[279] *Kraemer* NZM 2001, 553 (559).

[280] BGH VIII ZR 77/61, NJW 1963, 341; ebenso OLG Hamm NZM 2011, 277; OLG Celle ZMR 2002, 187.

[281] BGH VIII ZR 77/61, NJW 1963, 341.

[282] Ein objektives Gebrauchshindernis mit Besitzverlust bestand in BGH VIII ZR 77/61, NJW 1963, 341, auch wenn der BGH nicht ausdrücklich ausgesprochen hat, dass es nicht nur auf den Willen des Mieters, sondern auch auf das tatsächliche Fehlen einer Gebrauchsmöglichkeit ankommt. In diesem Sinn ist wohl auch BGH VIII ZR 173/68, BeckRS 1970, 106570 (insoweit nicht abgedr. in NJW 1970, 1791) zu verstehen.

[283] *Wegen dieses Grundsatzes* betont BGH XII ZR 254/01, NJW 2005, 2152, dass es für das Kündigungsrecht nur auf die Abweichung des tatsächlichen vom vereinbarten Zustand ankommt.

[284] BGH VIII ZR 77/61, NJW 1963, 341; BGH VIII ZR 173/68, BeckRS 1970, 106570 (insoweit nicht abgedr. in NJW 1970, 1791).

## V. Anfängliche Nichtgewährung des Gebrauchs

Das Kündigungsrecht wegen (anfänglicher) Nichtgewährung des Gebrauchs kann entstehen, wenn dem Mieter der Mietgebrauch ganz oder zum Teil **nicht rechtzeitig** gewährt wird oder wenn die Mietsache in einem **vertragswidrigen (dh mangelhaften) Zustand** angeboten bzw. übergeben wird.[285] Maßgeblich ist, ob das vom Vermieter angebotene bzw. überlassene Mietobjekt bei Mietbeginn zeitlich und/oder qualitativ hinter dem zurückbleibt, was dieser nach dem Vertrag oder dem Gesetz schuldet. Das sind die Hauptanwendungsfälle der Kündigung wegen Nichtgewährung des Gebrauchs. Weiterhin kann ein solches Kündigungsrecht bei **Unmöglichkeit** der Gebrauchsüberlassung und bei **Erfüllungsverweigerung** des Vermieters[286] entstehen. 100

Das Kündigungsrecht setzt grds. voraus, dass der Vermieter **(schon) zur Gebrauchsgewährung verpflichtet** ist. Diese Pflicht besteht erst ab dem Beginn der vereinbarten Mietzeit. Der Beginn der Mietzeit ist nicht zwingend identisch mit der Überlassung der Mietsache; § 543 Abs. 2 S. 1 Nr. 1 BGB gewährt vielmehr gerade für den Fall ein Kündigungsrecht, dass die Überlassung nicht pünktlich erfolgt. Die **Kündigung** kann demnach auch schon **vor Überlassung der Mietsache** erklärt werden. Zur Kündigung vor Beginn der Mietzeit → Rn. 94. 101

Für die **Rechtzeitigkeit der Überlassung** kommt es auf die vertraglichen Vereinbarungen an. Ist hinsichtlich des Beginns der Mietzeit keine ausdrückliche Regelung getroffen und lässt sich der Mietbeginn auch nicht aus den Umständen entnehmen, so wird der Überlassungsanspruch sofort fällig (§ 271 Abs. 1 BGB). Anders ist das, wenn der Vertragsbeginn an ein unbestimmtes Ereignis geknüpft ist (etwa den Auszug des bisherigen Mieters oder die Fertigstellung bzw. Renovierung der Wohnung). Dann tritt Fälligkeit erst nach angemessener Frist zur Leistungsbewirkung ein, weil der Mieter nach den Umständen (§ 271 Abs. 1 BGB) nicht die sofortige Überlassung erwarten kann. 102

Die Mietsache wird in einem **vertragswidrigen, zur Kündigung berechtigenden Zustand** angeboten bzw. überlassen, wenn sie die für den vertragsgemäßen Gebrauch notwendige Beschaffenheit oder eine zugesicherte Eigenschaft iSv § 536 Abs. 2 BGB nicht aufweist.[287] Der Begriff des vertragsgemäßen Gebrauchs in § 543 Abs. 2 S. 1 Nr. 1 BGB ist identisch mit dem in § 535 Abs. 1 BGB. Eine (teilweise) Nichtgewährung des Gebrauchs liegt also vor, wenn die Mietsache **mangelhaft** ist.[288] Das gilt gleichermaßen für Sach- wie für Rechtsmängel. Nur unerhebliche Mängel bleiben außer Betracht (→ Rn. 96). Ist streitig, ob die Mietsache vom Vermieter in einem vertragsgemäßen Zustand angeboten worden ist, so trifft die **Beweislast** den Vermieter, weil ein Fall des § 363 BGB mangels Überlassung noch nicht vorliegt.[289] 103

Der Grund für die Nichtgewährung des Gebrauchs spielt keine Rolle. Es kommt hierbei insbes. nicht auf ein **Verschulden** des Vermieters an[290], weil die Kündigung allein an objektive Umstände wie die Mangelhaftigkeit oder die verzögerte Überlassung anknüpft. Deshalb spielt es auch keine Rolle, wer die Gebrauchsstörung verursacht hat. Sie muss nicht unmittelbar vom Vermieter ausgehen, auch **Störungen Dritter** begründen ein Kündigungsrecht. Eine Verschuldenselement ist aber dennoch vorhanden wegen der Notwendigkeit, eine Abhilfefrist gem. § 543 Abs. 3 BGB zu setzen.[291] Das Kündigungsrecht entfällt, wenn der **Mieter den Mangel schuldhaft verursacht** hat[292]; gleiches gilt für ihm zuzurechnende Personen (→ Rn. 15). Eine Verursachung ohne Verschulden reicht nicht aus. Um Wertungswidersprüche zu vermeiden, muss das Kündigungsrecht diese Frage gleich beantworten wie das Minderungsrecht; es wäre widersprüchlich, wenn der Mieter wegen eines Mangels zwar mindern, nicht aber kündigen könnte (oder umgekehrt). Bei § 536 BGB wird die Frage, unter welchen Bedingungen bei Mangelverursachung durch den Mieter das Minderungsrecht entfällt, durch Anwendung des in § 326 Abs. 2 BGB enthaltenen Rechtsgedankens gelöst. Dort wird auf die Verantwortlichkeit des Gläubigers (hier des Mieters) abgestellt. Die 104

[285] BGH XII ZR 254/01, NJW 2005, 2152.
[286] OLG Köln ZMR 1997, 230.
[287] BGH XII ZR 254/01, NJW 2005, 2152.
[288] BGH XII ZR 254/01, NJW 2005, 2152.
[289] OLG Köln ZMR 1997, 230; s. auch zu dem dahinterstehenden allgemeinen Grundsatz BGH IV ZR 545/68, NJW 1969, 875.
[290] BGH VIII ZR 63/73, NJW 1974, 2233; BGH VIII ZR 281/06, NJW 2007, 2474 Rn. 10.
[291] So wohl auch BGH VIII ZR 281/06, NJW 2007, 2474 Rn. 10.
[292] *Kraemer* NZM 2001, 553 (559); BGH VIII ZR 288/74, NJW 1976, 1315, zu § 324 BGB aF; auch → BGB § 538 Rn. 28.

Bedeutung des Begriffs der Verantwortlichkeit ist höchstrichterlich ungeklärt.[293] Für den Ausschluss des Minderungsrechts (und damit wegen des notwendigen Gleichlaufs auch des Kündigungsrechts) erscheint es notwendig, dass der Mieter die Mangelverursachung zu vertreten, dh gem. § 276 BGB vorsätzlich oder fahrlässig verschuldet haben muss. Würde bloße Verursachung ausreichen, würde ihm die Sachgefahr für das Mietobjekt, die gem. § 535 Abs. 1 S. 2 BGB grds. der Vermieter trägt, unangemessen weit zugewiesen.[294] Das ist kein Verstoß gegen den Grundsatz, dass der Kündigungsgrund nicht aus der Sphäre des Kündigenden stammen darf (→ Rn. 14). Denn wenn die Sachgefahr dem Vermieter zugewiesen ist, dann stammt auch der Kündigungsgrund der Mangelhaftigkeit aus seiner Sphäre. Zur Beweislast für die Mangelverursachung → Rn. 253.

105 Zu **Beispielsfällen** aus der Rspr. → Rn. 116.

## VI. Nachträgliche Gebrauchsstörung

106 Der Mieter ist auch zur Kündigung berechtigt, wenn ihm die Möglichkeit zum vertragsgemäßen Gebrauch der Mietsache im Verlauf der Mietzeit wieder entzogen oder er darin behindert wird (Gebrauchsentziehung bzw. **Gebrauchsstörung**). Zum **Verschulden** der Gebrauchsstörung und zur **Verursachung durch den Mieter** → Rn. 104.

107 Es gibt Gebrauchsstörungen, die **nicht mit einer Mangelhaftigkeit einhergehen.** Das ist etwa der Fall, wenn dem Mieter der vertragsgemäße Gebrauch streitig gemacht wird, indem der **Vermieter die vereinbarte Nutzung untersagt**[295] oder indem er **unrechtmäßig kündigt.**[296] Der Widerruf einer bloßen Gebrauchsgestattung, auf die der Mieter keinen vertraglichen Anspruch hat, rechtfertigt die Kündigung hingegen nicht.[297]

108 Die meisten Gebrauchsstörungen beruhen allerdings auf einer **Mangelhaftigkeit** des Mietobjekts: Tritt ein Sach- oder Rechtsmangel auf, geht das nach der Mangeldefinition des § 536 BGB immer mit einer Einschränkung des Gebrauchs einher mit der Folge, dass der Mieter – vorbehaltlich einer Abhilfeaufforderung gem. § 543 Abs. 3 BGB – gem. § 543 Abs. 2 S. 1 Nr. 1 BGB kündigen kann.[298] Ausgeschlossen ist das Kündigungsrecht nur bei unerheblichen Mängeln gem. § 536 Abs. 1 S. 3 BGB (→ Rn. 96).

109 Die Störung muss grds. bereits eingetreten sein[299], weil das Gesetz das Kündigungsrecht an den „Erfolg" anknüpft, nicht aber an die bloße Befürchtung oder **Gefahr der Gebrauchsstörung.** Die Gefahr einer Gebrauchsstörung kann aber zur Kündigung berechtigen, wenn sie einer eingetretenen Störung qualitativ gleichsteht. Das ist jedenfalls dann der Fall, wenn ihr Eintritt sicher feststeht, wie etwa bei einer angekündigten ernsthaften Erfüllungsverweigerung.[300] Es kann aber ausnahmsweise auch dann der Fall sein, wenn eine langwährende Unsicherheit darüber besteht, die Mietsache ggf. nicht zum vertragsgemäßen Gebrauch nutzen zu können[301] oder wenn allein das Bestehen der Gefahr die Nutzung unzumutbar macht. Eine langwährende Unsicherheit vermag insbes. bei Gewerbemietern, die notwendige Planung von Geschäftsabläufen oder Geschäftsentwicklungen (Investitionen) übergebührlich zu erschweren. Gefahren sind ggf. dann unzumutbar sein, wenn sie die körperliche Unversehrtheit betreffen, wie etwa bei nicht konkreten Einsturz- oder Feuergefahren. Praktisch relevant sind vor allem **behördliche Nutzungsverbote** (die allerdings nur dann einen Mangel und damit eine Gebrauchsstörung darstellen, wenn sie auf der konkreten Beschaffenheit der Mietsache beruhen und nicht in den persönlichen oder betrieblichen Umständen des Mieters ihre Ursache haben[302]). In der Regel muss die Behörde die Nutzung des

---

[293] Dazu *Streyl* WuM 2016, 135 (138). Soweit in BGH VIII ZR 288/74, NJW 1976, 1315 und in BGH XII ZR 28/96, NJW 1998, 594 auf ein Vertreten abgestellt wurde, geschah dies zu § 324 BGB, der dies im Gegensatz zu § 326 Abs. 2 BGB ausdrücklich vorsah. Soweit in BGH VIII ZR 113/10, NZM 2011, 198 und in BGH VIII ZR 191/13, NJW 2015, 699 ohne nähere Problematisierung nur darauf abgestellt wurde, dass die Ursache des Mangels aus der Sphäre des Mieters stammte, lag tatsächlich ein Verschulden vor.

[294] Siehe ergänzend *Streyl* WuM 2016, 135 (138).

[295] LG Itzehoe ZMR 2012, 555.

[296] BGH VIII ZR 238/18, NZM 2021, 132 Rn. 30.

[297] OLG Düsseldorf WuM 2001, 113.

[298] BGH VIII ZR 281/06, NJW 2007, 2474.

[299] BGH XII ZR 77/12, NZM 2014, 165 Rn. 20.

[300] *Siehe etwa BGH XII ZR 126/11*, NJW 2013, 223 Rn. 34.

[301] BGH XII ZR 77/12, NZM 2014, 165 Rn. 20.

[302] BGH XII ZR 153/15, NJW 2017, 1104 Rn. 15; näher zum Mangelbegriff bei behördlichen Verboten → BGB § 536 Rn. 78.

Mietobjekts durch ein sofort vollziehbares oder unanfechtbares Verbot bereits untersagt haben.[303] Vorbereitungshandlungen, wie etwa die Anhörung der Beteiligten, reichen nicht. Ohne vollziehbares Verbot ist dem Mieter zuzumuten, die behördlichen Anordnungen auf ihre Rechtmäßigkeit überprüfen zu lassen[304], es sei denn, das Verbot ist offensichtlich rechtmäßig oder die durch das bloße Verfahren eingetretene Unsicherheit ist unzumutbar. Bei einem sofort vollziehbaren Verbot muss der Mieter sich nicht auf einen Rechtsstreit hierüber mit ungewissem Ausgang einzulassen.[305] Ein Kündigungsrecht besteht nicht, wenn eine Genehmigung ohne Weiteres jederzeit nachgeholt werden kann.

Für die Entstehung des Kündigungsrechts wegen Mangelhaftigkeit kann vollumfänglich auf die **110** zu § 536 BGB entwickelten Grundsätze und die dazu ergangene Rspr. verwiesen werden. Nachfolgend werden einige praxisrelevante Fallgruppen dargestellt; siehe außerdem die **Beispielsfälle** → Rn. 116.

Eine Gebrauchsstörung kann dadurch eintreten, dass der Vermieter den Mieter durch **Zwang** **111** von der Benutzung der Sache fernhält, etwa durch den **Austausch des Türschlosses**[306], durch eine **Versorgungssperre** von Strom oder Wasser oder durch **Versperren der Zufahrt** über einen nicht unerheblichen Zeitraum[307] oder durch Umbaumaßnahmen.[308] Auch das Selbsthilferecht zur Sicherung des Pfandrechts gem. § 562b BGB ermächtigt den Vermieter nicht, die Zufahrt auf längere Zeit zu versperren.[309] Dem Zwang des Vermieters steht gleich, wenn die Benutzungsgenehmigung versagt (selbst wenn nur noch geringfügige Herstellungsarbeiten ausstehen)[310] oder ein behördliches **Benutzungsverbot** erlassen wird[311] (zur bloßen Gefahr eines solchen Verbots → Rn. 109). Ein Mangel und damit eine Gebrauchsstörung liegt aber nur dann vor, wenn das Verbot auf der konkreten Beschaffenheit der Mietsache beruht und nicht in den persönlichen oder betrieblichen Umständen des Mieters seine Ursache hat.[312] Weil es auf ein Verschulden des Vermieters nicht ankommt (→ Rn. 104), berechtigen auch **Zugangsbeeinträchtigungen,** die nicht der Vermieter veranlasst hat, zur Kündigung, wenn sie nicht unerheblich sind (zur Unerheblichkeit → Rn. 96). Das sind etwa Zugangsbeeinträchtigungen auf Grund staatlicher Baumaßnahmen oder rechtswidrig parkender Fahrzeuge. Meist wird eine nicht nur kurzzeitige vollständige Zugangshinderung notwendig sein.[313]

Eine unzulässige Gebrauchsstörung liegt ebenfalls vor, wenn der Vermieter die Mietsache **sanieren und modernisieren** will, der Mieter zur Duldung nicht verpflichtet ist und die geplanten **112** Arbeiten zur Folge haben, dass der Mieter die Räume nicht mehr vertragsgemäß nutzen kann.[314] Die Kündigungsrechte nach § 555e BGB und nach § 543 Abs. 2 Nr. 1 BGB schließen sich nicht aus.[315] Der Mieter muss nicht abwarten, bis die Gebrauchsentziehung tatsächlich eintritt; vielmehr darf er die Kündigung bereits vor Beginn der Arbeiten aussprechen, wenn feststeht, dass der Vermieter das Vorhaben nicht aufgibt.[316]

Widerspricht der Vermieter trotz allgemein erteilter Erlaubnis zur **Untervermietung** dieser im **113** Einzelfall ohne ausreichenden Grund, so ist der Mieter nicht nur zur außerordentlichen befristeten Kündigung nach § 540 Abs. 1 S. 2 BGB, sondern auch zur fristlosen Kündigung nach § 543 Abs. 2 Nr. 1 BGB berechtigt.[317] Im Verhältnis des Untermieters zum Mieter liegt eine Gebrauchsentziehung vor, wenn der Untermieter nach der Beendigung des Hauptmietverhältnisses vom Hauptver-

---

303 BGH XII ZR 153/15, NJW 2017, 1104 Rn. 16; BGH XII ZR 77/12, NZM 2014, 165 Rn. 20.
304 BGH XII ZR 77/12, NZM 2014, 165 Rn. 20.
305 BGH XII ZR 153/15, NJW 2017, 1104.
306 AG Darmstadt WuM 1978, 29; AG Ahrensburg WuM 1984, 199.
307 OLG Düsseldorf DWW 2016, 332, wobei aber nicht klar ist, ob das OLG ein Kündigungsrecht nur bei der für erwiesen gehaltenen mehrwöchigen Zufahrtssperre annimmt, was zu weitgehend wäre, da nur unerhebliche Gebrauchshindernisse das Kündigungsrecht ausschließen (→ Rn. 96).
308 OLG München 28.10.2020 – 7 U 6561/19, BeckRS 2020, 29286.
309 OLG Düsseldorf DWW 2016, 332.
310 BGH VIII ZR 88/86, NJW-RR 1987, 906.
311 BGH XII ZR 153/15, NJW 2017, 1104.
312 BGH XII ZR 153/15, NJW 2017, 1104 Rn. 15; näher zum Mangelbegriff bei behördlichen Verboten → BGB § 536 Rn. 78.
313 Näher *Kluth/Böckmann* NZM 2003, 882 (884).
314 BGH XII ZR 126/11, NJW 2013, 223.
315 BGH XII ZR 126/11, NJW 2013, 223.
316 BGH XII ZR 126/11, NJW 2013, 223.
317 BGH VIII ZR 237/82, NJW 1984, 1031.

mieter nach § 546 Abs. 2 BGB auf Räumung in Anspruch genommen wird.[318] Gleiches gilt, wenn dem Untermieter wahlweise angeboten wird, entweder die Miete in Zukunft an den Eigentümer zu zahlen oder zu räumen.[319]

**114** Dagegen liegt keine Gebrauchsstörung vor, wenn der Mieter die Mietsache deshalb nicht ungestört nutzen kann, weil **häufig eingebrochen** wird. Die Gefährdung des Eigentums durch Straftaten dieser Art gehört zum allgemeinen Lebensrisiko, das jedermann selbst zu tragen hat[320]; anders ist das nur, wenn der Vermieter geschuldete Sicherungsmaßnahmen unterlässt.

**115** Bei der Anmietung eines Ladengeschäfts in einem **Einkaufszentrum** hat der Mieter regelmäßig die Vorstellung, dass das Einkaufszentrum vom Publikum angenommen wird und dass sich der Kundenstrom positiv auf die eigenen Umsätze auswirkt. Wird diese Erwartung nicht erfüllt, so liegt regelmäßig kein Kündigungsgrund nach § 543 Abs. 2 Nr. 1 BGB vor. Das gilt auch dann, wenn die mangelnde Akzeptanz auf einer ungenügenden Zahl von Parkplätzen oder einer unzureichenden Belegung der einzelnen Läden beruht. Die hierdurch bedingten Auswirkungen auf den Kundenstrom stellen ohne besondere Absprachen keinen Mangel im Rechtssinne dar, sondern gehören zum allgemeinen unternehmerischen Verwendungs- und Gewinnerzielungsrisiko, das der Mieter zu tragen hat.[321]

## VII. Beispielsfälle

**116** Für das Kündigungsrecht gem. § 543 Abs. 2 Nr. 1 BGB spielt es keine Rolle, ob es sich um eine anfängliche Nichtgewährung des Gebrauchs handelt oder um eine nachträgliche Gebrauchsstörung bzw. Gebrauchsentziehung. Auf diese Unterscheidung wird deshalb bei der Darstellung der Beispielsfälle verzichtet.

**117** Verletzung von **Bauvorschriften:** Formaldehyd in der Raumluft[322]; bauordnungsrechtlich ungenügende Raumhöhe, wenn in den angemieteten Räumen ein Jugendfreizeitzentrum eingerichtet werden soll[323]; die Lichtverhältnisse in gewerblich genutzten Räumen werden durch die Nachbarbebauung stärker beeinträchtigt als zulässig[324]; eine gemietete Ferienwohnung ist nicht in sich abgeschlossen ist[325]; gewerbliche Räume können wegen Fehlens einer behördlichen Genehmigung nicht zu den vertraglich vereinbarten Zwecken genutzt werden.[326] Ausfall der **Heizung** während der Heizperiode[327]; die Gasinstallationen befindet sich nicht im gebrauchsfähigen Zustand.[328] Verletzung einer **Konkurrenzschutzklausel** im Mietvertrag oder des vertragsimmanenten Konkurrenzschutzes.[329] **Lärmstörungen** durch andere Mieter[330]; Belästigungen durch Großbaustelle in der Nachbarschaft.[331] **Umfeld des Mietobjekts:** Umsatzrückgang durch umfangreiche Baumaßnahmen im Straßenbereich[332]; erhebliche Geruchsbelästigungen durch eine städtische Kläranlage[333]; Unterhaltung eines bordellartigen Betriebes im Haus[334]; Prostitution in der Nachbarwohnung.[335] Befall einer Wohnung mit **Ungeziefer** (Kakerlaken).[336] Verstoß gegen **vertragliche Vereinbarungen:** der Vermieter ist verpflichtet, gewerblich zu nutzende Räume nach einem vereinbarten Plan umzugestalten, der Umbau ist aber nicht plangerecht[337]; die tatsächliche **Wohn-**

[318] BGH VIII ZR 69/73, NJW 1975, 44.
[319] OLG Hamm NJW-RR 1987, 1304.
[320] KG NZM 1998, 437; **aA** OLG Naumburg NZM 1998, 438.
[321] BGH XII ZR 279/97, NJW 2000, 1714 = NZM 2000, 492; NZM 2000, 1005; OLG Rostock DWW 2002, 331.
[322] LG München I NJW-RR 1991, 975.
[323] LG Berlin GE 1992, 553.
[324] OLG Hamm ZMR 1983, 273.
[325] LG Berlin GE 1988, 629.
[326] OLG Düsseldorf NJW-RR 1988, 1424; OLG Hamburg ZMR 1995, 533.
[327] KG ZMR 2008, 790.
[328] AG Wuppertal WuM 1983, 327.
[329] BGH XII ZR 51/19, NJW 2020, 1507 Rn. 39; OLG Düsseldorf ZMR 2014, 202.
[330] LG Duisburg WuM 1988, 264.
[331] OLG Köln NJW 1972, 1814; LG Hamburg WuM 1986, 313.
[332] OLG Dresden NZM 1999, 317.
[333] LG Augsburg WuM 1986, 137.
[334] *AG Hamburg-Wandsbek* WuM 1984, 280; AG Kassel WuM 1984, 280; LG Kassel WuM 1987, 122.
[335] AG Köln WuM 2003, 145; AG Osnabrück WuM 2008, 84.
[336] LG Freiburg WuM 1986, 246.
[337] BGH XII ZR 254/01, NJW 2005, 2152.

**oder Nutzfläche** ist kleiner ist als die im Vertrag angegebene Fläche und die Abweichung beträgt mehr als 10%[338]; in einem gewerblichen Mietverhältnis ist eine Quadratmetermiete vereinbart und die wirkliche Fläche liegt um 7,2% unter der Vertragsfläche.[339] Unzulässige **Videoüberwachung.**[340] **Zustand des Mietobjekts:** Klopfgeräusche aus der Heizung zur Nachtzeit und in den frühen Morgenstunden[341]; Feuchtigkeitsschäden nach Fenstermodernisierung im Altbau[342]; Feuchtigkeit, Nässe und Schimmel in der Wohnung[343]; starke Feuchtigkeit infolge eines Baumangels[344]; Feuchtigkeit und muffiges Raumklima[345]; ständige Wasseraustritte aus der Decke[346], nicht hingegen, wenn diese nur marginal in nicht genutzten Bereichen auftreten[347]; wiederholter Wassereinbruch in den Verkaufsraum eines Lebensmittelmarktes[348]; Wasserschaden auftritt mit der Folge, dass die Möbel von der Wand abgerückt und für die Dauer von eineinhalb Monaten Trocknungsgeräte aufgestellt werden müssen[349]; Überflutung des Kellers infolge von Rheinhochwasser[350]; rostverfärbtes Trinkwasser[351]; Weigerung des Vermieters zur Reparatur einer einbruchgeschädigten Wohnungstür, so dass die Räume nicht mehr verschlossen werden konnten[352]; Erstellung eines Gerüstes zum Schutz von Passanten gegen herabfallende Teile der Fassade, wenn hierdurch das Erscheinungsbild eines Geschäftshauses beeinträchtigt und Kunden vom Betreten des Geschäfts oder dem Betrachten der Auslagen abgehalten werden.[353]

### VIII. Gesetzliche Ausschlusstatbestände (Abs. 4 S. 1)

**118** Nach § 543 Abs. 4 S. 1 BGB finden auf das Kündigungsrecht des § 543 Abs. 2 S. 1 Nr. 1 BGB die Vorschriften der §§ 536b, 536d BGB entsprechende Anwendung. Zum Ausschluss des Kündigungsrechts bei schuldhafter Mangelverursachung durch den Mieter → Rn. 96.

**119** Gemäß **§ 536b BGB** iVm § 543 Abs. 2 S. 1 Nr. 1 BGB ist die Kündigung ausgeschlossen, wenn der Mieter den **Mangel bei Vertragsschluss kennt** oder grob fahrlässig nicht kennt; das Gleiche gilt, wenn er ihn bei Überlassung kennt, die Mietsache aber vorbehaltlos annimmt. Die Kenntnis oder grob fahrlässige Unkenntnis muss sich auf die konkreten gebrauchsbeeinträchtigenden Umstände einschließlich ihrer Auswirkungen auf die Gebrauchstauglichkeit beziehen.[354] Es genügt also nicht, dass der Mieter ganz allgemein weiß oder damit rechnet, dass ein Mangel auftreten kann, etwa durch künftigen Baulärm, weil sich in der Nachbarschaft ein unbebautes Grundstück befindet, oder durch Hochwasser, weil das Mietobjekt in der Nähe eines Flusses liegt.[355] Erforderlich ist vielmehr, dass der Mieter erkennt (oder infolge grober Fahrlässigkeit nicht erkennt), dass die Mietsache mangelhaft ist oder in absehbarer Zukunft mangelhaft wird. Haben mehrere Mieter gemeinschaftlich eine Sache gemietet, reicht es aus, wenn nur einem der Mieter der Mangel bekannt war.[356] Positive Kenntnis führt immer zum Ausschluss des Kündigungsrechts; dies gilt auch dann, wenn der Vermieter sich arglistig verhalten hat.[357] Grob fahrlässige Unkenntnis schadet nicht, wenn der Vermieter den Mangel arglistig verschwiegen hat. Hat sich ein ursprünglich vorhandener Mangel während der Mietzeit nicht nur unerheblich verstärkt, so lebt das Kündigungsrecht wieder auf.[358]

---

338 BGH XII ZR 254/01, NJW 2005, 2152; BGH VIII ZR 142/08, NJW 2009, 2297.
339 OLG Dresden NZM 2019, 784.
340 AG München ZMR 2019, 772; zu den Anforderungen an eine zulässige Videoüberwachung BGH VI ZR 176/09, NJW 2010, 1533; KG NZM 2009, 736.
341 LG Darmstadt WuM 1980, 52.
342 LG Düsseldorf WuM 1992, 187.
343 BGH VIII ZR 281/06, NJW 2007, 2474.
344 AG Osnabrück WuM 1986, 326.
345 OLG Düsseldorf MDR 2006, 1276.
346 LG Stuttgart NZM 1998, 483.
347 OLG Brandenburg ZMR 2021, 381.
348 OLG Düsseldorf MDR 2012, 1086.
349 LG Köln ZMR 2012, 625.
350 OLG Düsseldorf ZMR 2006, 923.
351 LG Köln WuM 1987, 122.
352 AG Saarbrücken 13.4.2017 – 120 C 397/15, BeckRS 2017, 120877.
353 KG ZMR 2015, 538.
354 KG ZMR 2015, 538.
355 OLG Düsseldorf ZMR 2006, 923.
356 BGH VIII ZR 88/70, NJW 1972, 249.
357 BGH VIII ZR 88/70, NJW 1972, 249.
358 KG NZM 2002, 69.

Die Kenntnis des Mieters vom Mangel schadet nicht, wenn der Vermieter vor oder bei Vertragsschluss die Beseitigung des Mangels zugesagt hat.[359] Durch eine rügelose Fortzahlung der Miete in Kenntnis des Mangels geht das Kündigungsrecht (außer evtl. durch Verwirkung; → Rn. 230) nicht verloren.[360]

120 Die **entsprechende Anwendung des § 536 d BGB** hat zur Folge, dass eine Vereinbarung über den Ausschluss oder die Beschränkung des Kündigungsrechts nichtig ist, wenn der Vermieter den Mangel arglistig verschweigt.

### IX. Beweislast (Abs. 4 S. 2)

121 § 543 Abs. 4 S. 2 BGB enthält eine Beweislastregelung für den Fall der Kündigung wegen einer verspäteten Gebrauchsüberlassung und für den Fall der Kündigung wegen einer unterlassenen oder verspäteten Abhilfe (Mangelbeseitigung). Zur Beweislast für eine **Mangelverursachung durch den Mieter** → Rn. 253.

122 Ist streitig, ob die Mietsache **rechtzeitig übergeben** worden ist, so muss der Vermieter die Rechtzeitigkeit der Übergabe beweisen. Ist streitig, ob sich die Mietsache **bei der Übergabe in einem vertragsgemäßen Zustand** befunden hat, so muss der Vermieter die Mangelfreiheit beweisen, weil unter dem Begriff des „Gebrauchs" in § 543 Abs. 4 S. 2 BGB der „vertragsmäßige Gebrauch" iSd § 543 Abs. 2 S. 1 Nr. 1 BGB zu verstehen ist. Hatte sich der Vermieter vertraglich zur Durchführung von Arbeiten verpflichtet und ist der Umfang dieser Arbeiten streitig, so muss der Vermieter auch beweisen, dass keine weiteren als die tatsächlich durchgeführten Arbeiten vereinbart worden sind.[361]

123 Hat jedoch der Mieter die ihm zum Gebrauch überlassene Sache **als Erfüllung angenommen,** so muss er gem. § 363 BGB ihre Mangelhaftigkeit beweisen, wenn er deshalb den Mietvertrag kündigt.[362] Die Voraussetzungen des **Abhilfe**erfordernisses bzw. seiner Entbehrlichkeit (§ 543 Abs. 3 BGB) muss als solche (Ausspruch und Zugang) der Mieter beweisen.[363] Der Vermieter trägt hingegen gem. § 543 Abs. 4 S. 2 BGB die Beweislast dafür, dass er den **Mangel vor Fristablauf beseitigt** hat. Ebenso muss er beweisen, dass der Mietgebrauch durch den Mangel nur unerheblich beeinträchtigt worden ist.[364]

## D. Vertragswidriger Gebrauch

### I. Überblick und Abgrenzung

124 Während § 543 Abs. 2 S. 1 Nr. 1 BGB dem Mieter ein Kündigungsrecht wegen Störungen des Gebrauchs gewährt, die aus der Vermietersphäre stammen, regelt § 543 Abs. 2 S. 1 Nr. 2 BGB das Pendant für den Vermieter, wenn der Mieter den vertragsgemäßen Gebrauch überschreitet. Allerdings erfasst die Vorschrift nicht sämtliche Fälle des vertragswidrigen Gebrauchs, sondern nur die **Gefährdung der Mietsache** durch Vernachlässigung der dem Mieter obliegenden Sorgfalt (→ Rn. 127) und deren **unbefugte Überlassung an einen Dritten** (→ Rn. 143). Ergänzt wird § 543 Abs. 2 Nr. 2 BGB durch § 569 Abs. 2 BGB, der für die gesamte Raummiete gilt (§ 578 Abs. 2 BGB) und ein Kündigungsrecht wegen **Störung des Hausfriedens** vorsieht.

125 Die verbleibenden **sonstigen Fälle des vertragswidrigen Gebrauchs** beurteilen sich nach der Generalklausel des § 543 Abs. 1 BGB[365], werden aber wegen des Sachzusammenhangs hier behandelt (→ Rn. 152). Bei der **Abgrenzung** ist zu beachten, dass die Anforderungen der Regeltatbestände des § 543 Abs. 2 S. 1 Nr. 2 BGB nicht unterlaufen werden dürfen (näher → Rn. 10). Deshalb darf eine Kündigung nach der Generalklausel nicht geprüft oder gar bejaht werden, wenn als Typus des vertragswidrigen Gebrauchs eine Überlassung der Mietsache an einen Dritten oder eine (potenzielle) Sachgefahr für das Mietobjekt (eine Beeinträchtigung von dessen körperlicher

359 BGH XII ZR 33/04, NJW 2007, 147.
360 BGH XII ZR 33/04, NJW 2007, 147.
361 OLG Köln ZMR 1997, 230.
362 *BGH VIII ZR 154/84, NJW 1985, 2328.*
363 BGH VIII ZR 182/06, NJW 2007, 2177.
364 BGH VIII ZR 160/74, NJW 1976, 796.
365 AllgM, s. nur *Kraemer* NZM 2001, 553 (560).

Integrität) Kündigungsanlass, die durch den Mieter bzw. ihm zuzurechnende Personen verursacht wurde. Viele der typischen Fälle des vertragswidrigen Gebrauchs können, müssen aber nicht mit einer Sachgefahr verbunden sein. So kann ein verbotenes Tier andere Mieter belästigen, aber auch Schäden an der Wohnung verursachen. Wenn die Kündigung darauf gestützt wird, dass ein Hund durch seine Pfoten das Parkett beschädigt oder zu beschädigen droht, steht eine Sachgefahr in Rede, für die (nur) die Voraussetzungen von § 543 Abs. 2 S. 1 Nr. 2 BGB maßgeblich sind. Wenn die Kündigung darauf gestützt wird, dass ein Hund durch sein Bellen andere Mieter belästigt, steht mangels Sachgefahr ein sonstiger vertragswidriger Gebrauch in Rede, für den (nur) die Voraussetzungen von § 543 Abs. 1 BGB maßgeblich sind.

§ 543 Abs. 2 S. 1 Nr. 2 BGB ist § 553 BGB aF nachgebildet. Die **Regelungsgehalte der alten und der neuen Vorschrift** sind aber nicht identisch. Nach § 553 BGB aF konnte der Vermieter kündigen, wenn der Mieter einen vertragswidrigen Gebrauch trotz Abmahnung fortsetzt, der die Rechte des Vermieters in erheblichem Maße verletzt. Die unerlaubte Untervermietung und der Gefährdung der Mietsache waren nach früherem Recht nur beispielhaft genannte Fälle der Rechtsverletzung („insbesondere“). Der Begriff „insbesondere“ ist entfallen, weshalb nicht mehr jeder vertragswidrige Gebrauch erfasst wird, sondern nur zwei bedeutende Anwendungsfälle. Die Regelung des § 543 Abs. 2 S. 1 Nr. 2 BGB bleibt also hinter § 553 BGB aF zurück, ohne dass sich ein entsprechender Wille aus den Gesetzgebungsmaterialien ergibt, in denen nur eine sprachliche Kürzung als Grund für die Änderung angegeben wurde.[366] Dennoch ist eine erweiternde Auslegung iSv § 553 BGB aF nicht angezeigt. Das würde nicht nur dem klaren Wortlaut widersprechen, sondern auch den Umstand negieren, dass die sonstigen, in § 543 Abs. 2 S. 1 Nr. 2 BGB nicht geregelten Fälle des vertragswidrigen Gebrauchs von der Generalklausel des § 543 Abs. 1 BGB zufriedenstellend erfasst werden (→ Rn. 152). 126

## II. Gefährdung der Mietsache (Abs. 2 Nr. 2 Alt. 1)

Der Kündigungstatbestand der Gefährdung der Mietsache hat – neben dem Abmahn- bzw. Abhilfeerfordernis gem. § 543 Abs. 3 BGB – **drei Voraussetzungen:** Es muss eine – erhebliche – Sachgefahr (eine Gefahr für deren körperliche Integrität) bestehen, diese Gefahr muss auf einer Vernachlässigung der Sorgfaltspflicht des Mieters beruhen und sie muss zu einer – erheblichen – Verletzung der Vermieterrechte geführt haben. Anknüpfungspunkt ist nicht die Sachgefahr, sondern eine vertragswidrige Nutzung des Mieters. Das Gesetz misst diesem vertragswidrigen Verhalten allerdings nur dann Kündigungsrelevanz nach dem Regeltatbestand des § 543 Abs. 2 S. 1 Nr. 2 Alt. 1 BGB zu, wenn es mit einer (erheblichen) Sachgefahr und einer (erheblichen) Beeinträchtigung der Vermieterrechte verbunden ist. Wegen sonstigen vertragswidrigen Verhaltens kann der Vermieter gem. § 543 Abs. 1 BGB kündigen (→ Rn. 152). 127

Die Frage, ob die erhebliche **Beeinträchtigung der Vermieterrechte eine eigenständige Tatbestandsvoraussetzung** ist oder ob die erhebliche Gefährdung der Mietsache bereits für sich allein der wichtige, die außerordentliche Kündigung rechtfertigende Grund ist, ist allerdings höchstrichterlich ungeklärt.[367] Der Gesetzeswortlaut lässt beide Deutungen zu: Den Begriff „dadurch“ in § 543 Abs. 2 S. 1 Nr. 2 BGB kann man im Sinne von „schon dadurch“ verstehen oder ihm eine Kausalität dahingehend entnehmen, dass durch die Sachgefährdung eine *erhebliche* Beeinträchtigung der Vermieterrechte verursacht worden sein muss. Nur in letzterem Fall wäre die Beeinträchtigung der Vermieterrechte eine eigenständige Tatbestandsvoraussetzung. Nach altem Recht (§ 553 BGB aF) war eine eigenständige Prüfung der Beeinträchtigung der Vermieterrechte nicht vorzunehmen.[368] Der Gesetzgebungsgeschichte ist nicht zu entnehmen, ob eine Änderung in dieser Hinsicht gewollt war. Das steht dem hier vertretenen Verständnis vom eigenständigen Tatbestandsmerkmal nicht entgegen. Es ist nämlich nicht zu verkennen, dass § 543 Abs. 2 S. 1 Nr. 2 BGB andere, in der Gesetzesbegründung ebenfalls nicht beschriebene Änderungen enthält; diese betreffen eine Verschiebung von Kündigungsgründen aus dem Regeltatbestand in die Generalklausel des § 543 Abs. 1 BGB (→ Rn. 126). Nur dann, wenn man in der Beeinträchtigung der Vermieterrechte eine eigenständige Tatbestandsvoraussetzung sieht, können Verschuldensgesichtspunkte 128

[366] Ebenso *Kraemer* NZM 2001, 553 (560).
[367] Offenlassend BGH LwZR 10/07, NZM 2008, 728 und BGH LwZR 4/07, ZMR 2008, 359 für die Kündigung wegen unbefugter Gebrauchsüberlassung gem. § 543 Abs. 2 S. 1 Nr. 2 Alt. 2 BGB.
[368] BGH VIII ARZ 1/93, NJW 1993, 2528 unter IV.3.a.; BGH VIII ZR 186/83, NJW 1985, 2527.

(→ Rn. 131) bzw. anerkannte Ausnahmen vom Kündigungsrecht bei unerlaubter Gebrauchsüberlassung (→ Rn. 151) dogmatisch angemessen berücksichtigt werden. Das spricht erheblich für ein eigenständiges Tatbestandsmerkmal. Ziel ist aber nicht, wie in § 543 Abs. 1 BGB die Unzumutbarkeit der Vertragsfortsetzung durch umfassende Einzelfallabwägung festzustellen, sondern es geht nur um die **hinreichende Schwere der Beeinträchtigung der Vermieterrechte** (näher → Rn. 136); für leichtere Beeinträchtigungen gibt es die Möglichkeit der Unterlassungsklage gem. § 541 BGB. Die Beeinträchtigung als solche liegt bei jeder Gefährdung der Mietsache (und jeder unerlaubten Gebrauchsüberlassung) ohne Weiteres vor.

### 1. Sorgfaltspflichtverletzung

129 Grundsätzlich ist es gem. § 535 Abs. 1 S. 2 BGB Sache des Vermieters, die Mietsache in einem zum vertragsgemäßen Gebrauch geeigneten Zustand zu erhalten. Auch der Mieter hat aber Sorgfaltspflichten in Bezug auf die Mietsache: Ihn trifft eine allgemeine **Obhutspflicht,** zu der auch die **Einhaltung des vertragsgemäßen Gebrauchs** iSv § 538 BGB gehört.[369] Aufgrund dieser Obhutspflicht hat der Mieter die Mietsache schonend und pfleglich zu behandeln sowie alles zu unterlassen, was zu einer – von dem ihm zustehenden vertragsgemäßen Gebrauch (§ 538 BGB) nicht umfassten – Verschlechterung oder einem Schaden an dieser führen kann; gegen diese Pflicht, die auch Konsequenz des auf den Mieter übertragenen Besitzes an der Mietsache ist, kann ein Mieter jedoch nicht nur im unmittelbaren Umgang mit dieser verstoßen, sondern auch durch einen Gebrauch, der schädigende Einwirkungen Dritter hervorzurufen geeignet ist.[370] Alle Substanzveränderungen der Mietsache, die auf vertragsgemäßem Gebrauch iSv § 538 BGB beruhen (dazu näher bei §§ 535, 538 BGB), stellen also keine Sorgfaltspflichtverletzung dar. Zu den Sorgfalts- bzw. Obhutspflichten, die über das Unterlassen des vertragswidrigen Gebrauchs hinausgehen, gehören insbes. Verkehrssicherungspflichten (→ BGB § 535 Rn. 275). Weiterhin trifft den Mieter nach § 536c Abs. 1 BGB als spezielle Ausprägung der Obhutspflicht eine **Anzeigepflicht,** wenn die Mietsache mangelhaft wird, wenn gewisse Vorkehrungen zum Schutz der Sache gegen eine nicht vorhergesehene Gefahr erforderlich werden oder wenn sich ein Dritter ein Recht an der Sache anmaßt (dazu näher bei § 536c BGB). Schließlich können Sorgfaltspflichten kraft ausdrücklicher Vereinbarung bestehen, insbes. dann, wenn der Mieter eigentlich dem Vermieter obliegende **Instandhaltungs- und Instandsetzungspflichten** wirksam übernommen hat (dazu → BGB § 535 Rn. 71 und → BGB § 538 Rn. 47).

130 Bei einer **Mehrzahl von Mietern** ist die Sorgfaltspflichtverletzung eines von ihnen ausreichend.[371]

### 2. Verschulden

131 In der Regel muss den Mieter ein **Verschulden** an der Sorgfaltspflichtverletzung treffen.[372] Das folgt aus verschiedenen Erwägungen. Schon der Begriff der Pflichtverletzung legt nahe, dass nur ein schuldhaftes Verhalten zur Kündigung berechtigen soll. Die Obhutspflicht ist keine Erfolgspflicht, sondern eine Verhaltenspflicht.[373] Wenn Verschulden nicht erforderlich ist, würde sie sich der Erfolgspflicht oder gar der Garantie annähern. Eine Garantiehaftung des Mieters für den unveränderten Zustand der Mietsache ist aber mit dem Wesen des Mietvertrages kaum vereinbar. Die Folgen einer Veränderung der Mietsache treffen vielmehr unabhängig von seinem Verschulden allein den Vermieter, wie sich an der schuldlos eintretenden Minderung gem. § 536 BGB zeigt (weswegen es iÜ gerechtfertigt ist, dass für die Kündigung des Mieters gem. § 543 Abs. 2 S. 1 Nr. 1 BGB wegen Gebrauchsstörungen ein Verschulden des Vermieters nicht notwendig ist; → Rn. 104). Das gilt nach dem Rechtsgedanken des § 326 Abs. 2 BGB auch, wenn der Mieter den Mangel zwar verursacht hat, hieran aber schuldlos war.[374] Es wäre widersprüchlich, wenn der Mieter wegen eines Zustands, den er schuldlos verursacht hat, zwar mindern, gleichzeitig aber auch gekündigt werden könnte. Es ist allerdings nicht zu verkennen, dass die Fortsetzung des Mietverhältnisses **für den**

---

369 *Kraemer* FS Blank, 2006, 281.

370 BGH VIII ZR 49/16, NZM 2017, 144.

371 *Streyl* NZM 2011, 377 (387); ebenso OLG Düsseldorf NJW-RR 1987, 1370.

372 **AA,** *für ein* einschränkungslos verschuldensloses Kündigungsrecht LG Köln MDR 1974, 232; *Kraemer* NZM 2001, 553 (561), Staudinger/*Emmerich* BGB § 543 Rn. 29.

373 *Streyl* WuM 2016, 135.

374 Eing. zu dieser höchstrichterlich letztlich ungeklärten Frage *Streyl* WuM 2016, 135 (138).

**Vermieter dennoch unzumutbar** sein kann. Paradigmatisch hierfür steht der Fall des **schuldunfähigen Mieters,** der die Mietsache mit der Gefahr der krankheitsbedingten Wiederholung beschädigt. Wäre ausnahmslos ein Verschulden für die Kündigung gem. § 543 Abs. 2 S. 1 Nr. 2 Alt. 1 BGB erforderlich, würde der Vermieter, der mangels Verschulden keinen Schadensersatz erlangen kann, sich noch nicht einmal zur Verhinderung weiterer Schäden vom Vertrag lösen können. Dieser Konflikt ist in gleicher Weise aufzulösen wie in § 543 Abs. 1 BGB: Dort ist das Verschulden wesentliches Abwägungsparameter der Einzelfallprüfung und eine Unzumutbarkeit der Vertragsfortsetzung ohne Verschulden nur ganz ausnahmsweise anzunehmen. Bei der Kündigung wegen Gefährdung der Mietsache gem. § 543 Abs. 2 S. 1 Nr. 2 Alt. 1 BGB ist das Verschulden des Mieters in ähnlicher Weise ein wesentliches **Bemessungsparameter** bei der Prüfung, ob die Rechte des Vermieters *erheblich* verletzt sind (dazu → Rn. 136); eine schuldlose Kündigung hat Ausnahmecharakter. Bei dieser Sicht löst sich auch der (scheinbare) Wertungswiderspruch zu § 573 Abs. 2 Nr. 1 BGB, der für die ordentliche Kündigung ebenfalls ein Verschulden des Mieters fordert. Weitergehend zu den Besonderheiten bei der Kündigung von psychisch kranken oder schuldunfähigen Mietern → Rn. 9.

Ähnliches wie für das Verschulden des Mieters gilt für die **Zurechnung von Sorgfaltspflichtverletzungen Dritter.**[375] Hierzu, insbes. zum erfassten Personenkreis, kann auf die Ausführungen zu § 543 Abs. 1 BGB verwiesen werden (→ Rn. 15). 132

### 3. Gefährdung der Mietsache

Die Sorgfaltspflichtverletzung muss eine erhebliche Gefährdung der **Mietsache** zur Folge haben. Der Begriff der Sache ist entsprechend dem Schutzzweck des § 543 Abs. 2 S. 1 Nr. 2 Alt. 1 BGB weit auszulegen. Er bezeichnet nicht nur die gemieteten Räume im engeren Sinn, sondern schließt auch das Gebäude mit ein. 133

Eine Gefährdung liegt dann vor, wenn die Mietsache durch die Sorgfaltspflichtverletzung in ihrer Sachsubstanz[376] **bereits geschädigt** worden ist oder wenn der Eintritt eines Schadens nach der Sachlage signifikant höher ist als bei einem vertragsgerechten Verhalten.[377] Letzteres ist der Fall, wenn auf Grund konkreter Umstände ein **Schadenseintritt in absehbarer Zukunft droht.** Je erheblicher die Auswirkungen sind, desto geringer sind die Anforderungen an die Gefährdung. 134

Das Tatbestandsmerkmal **„erheblich"** beschreibt nicht den Grad der Wahrscheinlichkeit des Schadenseintritts sondern stellt klar, dass nur Gefährdungen von einigem Gewicht die Kündigung rechtfertigen können. Das Gesetz verwendet in § 543 Abs. 2 S. 1 Nr. 2 Alt. 1 BGB zweimal den Begriff „erheblich", einmal bei der Gefährdung der Mietsache und zum anderen bei der Beeinträchtigung der Vermieterrechte. Die Schwere des Kündigungsgrundes ist aber nicht doppelt zu prüfen, sondern nur, da es um die Berechtigung des Vermieters zur Vertragsauflösung geht, bei letzterem Merkmal. Die Erheblichkeit der Gefährdung ist ein rein sachbezogenes Merkmal, mit dem nur *offensichtliche* Fälle ausgeschlossen werden sollen, die eine Berücksichtigung weiterer Einzelfallumstände nicht erfordern. Ausgeschlossen sind damit Schäden oder Gefährdungen, die zwar über den vertragsgemäßen Gebrauch hinausgehen, die aber per se nicht geeignet sind, die Vermieterbelange erheblich zu beeinträchtigen, weil sie entweder zu geringfügig sind oder dem Mieter bei üblichem Nutzungsverhalten „mal passieren können". 135

### 4. Erheblichkeit

Die durch die Sorgfaltspflichtverletzung bedingte erhebliche Gefährdung der Mietsache muss zu einer erheblichen Beeinträchtigung der Vermieterrechte geführt haben. Während das Merkmal der Erheblichkeit der Gefährdung sachbezogen ist (→ Rn. 135), geht es bei der Erheblichkeit der Beeinträchtigung der Vermieterrechte um die Schwere des Kündigungsgrundes. Als Regeltatbestand typisiert § 543 Abs. 2 S. 1 Nr. 2 Alt. 1 BGB den wichtigen Kündigungsgrund der Überschreitung des vertragsgemäßen Gebrauchs. Die mit der Typisierung verbundene Entbehrlichkeit einer Abwägung *aller* Einzelfallumstände und das Unterlassen einer Zumutbarkeitsprüfung (→ Rn. 10) sind aber nur dann gerechtfertigt, wenn die Fälle des Regeltatbestandes typischerweise eine ähn- 136

---

[375] Zu den Problemen, die sich ergeben, wenn man ein Verschulden des Mieters für entbehrlich hält *Kraemer* NZM 2001, 553 (561).

[376] LG Berlin ZMR 2011, 873; LG Frankfurt a. M. ZMR 2012, 352.

[377] Ähnlich LG Frankfurt a. M. ZMR 2012, 352; LG Berlin ZMR 2011, 873.

liche Schwere aufweisen, wie es nach der Generalklausel des § 543 Abs. 1 BGB geboten ist. Das wird bei § 543 Abs. 2 S. 1 Nr. 2 Alt. 1 BGB durch das Merkmal der Erheblichkeit sichergestellt. Das bedeutet, dass nicht sämtliche Umstände zu berücksichtigen sind, insbes. nicht sämtliche mit der Kündigung verbundenen Folgen für den Mieter wie etwa Wohnungsverlust oder sonstige Härten. Der Regeltatbestand des § 543 Abs. 2 S. 1 Nr. 2 Alt. 1 BGB ist vielmehr ein **vermieterbezogener Kündigungsgrund.** Wenn die Vermieterrechte erheblich beeinträchtigt sind, ist damit zugleich festgestellt, dass die gegenläufigen Mieterinteressen am Erhalt des Mietverhältnisses (und damit die Folgen der Kündigung für den Mieter) zurückstehen müssen (zu Ausnahmen wegen Gesundheits- und Lebensschutzes → Rn. 7).

**137** Zur Feststellung der Erheblichkeit sind alle **Umstände des Einzelfalls** zu berücksichtigen, die notwendig sind, um die hinreichende Schwere der Beeinträchtigung der Vermieterrechte zu prüfen.[378] Eine sofortige Beendigung des Mietverhältnisses muss gerechtfertigt erscheinen, woran aus verfassungsrechtlichen Gründen hohe Anforderungen zu stellen sind.[379] Die Folgen der Vertragsbeendigung für den Mieter bleiben allerdings unberücksichtigt (→ Rn. 136), maßgeblich sind vielmehr lediglich die Umstände, die sich auf die vertragswidrige Nutzung sowie die daraus resultierende Gefahr für die Mietsache beziehen.[380] Das sind **insbes.** das Ausmaß des Schadens bzw. der Gefährdung, Bestehen und Ausmaß des Mieterverschuldens oder der ihm zuzurechnenden Personen (zu Letzterem → Rn. 15), die Nachhaltigkeit des Verstoßes und die Wiederholungsgefahr. Zu den Besonderheiten bei der Kündigung von **psychisch kranken oder schuldunfähigen Mietern** → Rn. 9.

**138** Pflichtverletzungen mit **geringen Auswirkungen** berechtigen nicht zur Kündigung. Dies gilt auch dann, wenn der Mieter den Vertragsverstoß vorsätzlich begeht oder wenn das vertragswidrige Verhalten über längere Zeit fortgesetzt wird. Der Vermieter wird hierdurch nicht rechtlos gestellt, weil er Unterlassungsklage nach § 541 BGB erheben kann. Hierzu gehören auch die Fälle der Sachgefährdung, in denen die Vertragsparteien über Art und Umfang des zulässigen Mietgebrauchs streiten. Etwas anderes kommt in Betracht, wenn der Unterlassungs- oder Leistungsanspruch tituliert ist und der Mieter gleichwohl an seinem Verhalten festhält. Pflichtverletzungen mit ganz **erheblichen Auswirkungen** können umgekehrt auch dann zur Kündigung berechtigen, wenn dem Mieter kein Verschulden zur Last fällt. Es kommt dabei nicht darauf an, ob die Mietsache schon beschädigt worden ist, eine konkrete Gefährdung genügt; je erheblicher die Auswirkungen sind, desto geringer sind die Anforderungen an die Gefährdung.

### 5. Beispielsfälle

**139** Viele der typischen Fälle des vertragswidrigen Gebrauchs können, müssen aber nicht mit einer Sachgefahr verbunden sein. Ist Letzteres nicht der Fall, kommt eine Kündigung wegen **sonstigen vertragswidrigen Gebrauchs** in Frage, für die (nur) die Voraussetzungen von § 543 Abs. 1 BGB maßgeblich sind. Zur Abgrenzung → Rn. 125; zur Rechtsprechungsübersicht in diesen Fällen → Rn. 155.

**140** Es ist bei der Analyse insbes. der verneinenden Entscheidungen zu beachten, dass das Kündigungsrecht nicht allein deshalb entsteht, weil eine Abhilfeaufforderung, wie oftmals in den dargestellten Fällen, nach einer Pflichtverletzung erfolglos geblieben ist. Zwar kann eine **erfolglose Abhilfeaufforderung** dem Kündigungsgrund mehr Gewicht verleihen, weil sich die Pflichtverletzung dann als hartnäckiger erweist; das bedeutet aber nicht zwingend, dass ein hinreichend schwerer Kündigungsgrund vorliegt. Das ist vielmehr unter Einbeziehung der erfolglosen Abhilfeaufforderung im Einzelfall zu prüfen. Der Kündigende kann sich nicht durch Abhilfeaufforderung den Kündigungsgrund quasi selbst schaffen. Insbesondere bei geringfügigen Verstößen des Mieters gegen den vertragsgemäßen Gebrauch scheidet eine Kündigung oftmals aus. Der Kündigungswillige ist in diesen Fällen nicht rechtlos. Er kann **auf Erfüllung bzw. Unterlassung klagen.** Wird danach das pflichtwidrige Verhalten allerdings nicht eingestellt, dürfte dieses Verhalten idR dem Kündigungsgrund die notwendige Schwere geben.

---

[378] Ähnlich BGH VIII ARZ 1/93, NJW 1993, 2528 zu § 553 BGB aF.

[379] BVerfG NJW 1994, 41.

[380] *Ähnlich BGH VIII ARZ 1/93*, NJW 1993, 2528 zu § 553 BGB aF. Soweit dort festgestellt wird, die Kündigung stelle „... regelmäßig einen so schweren Eingriff in den persönlichen Lebensbereich der Benutzer dar, dass an deren Voraussetzungen strenge Anforderungen zu stellen" seien, wird damit nicht eine direkte Folgenberücksichtigung gefordert, sondern nur, die Erheblichkeitsschwelle nicht zu gering anzusetzen.

**Bauliche Veränderungen:** Geringfügige Eingriffe in die bauliche Substanz sind dem Mieter ohne Weiteres erlaubt, falls sie zu einer sinnvollen Nutzung notwendig sind; sie gehören zum vertragsgemäßen Gebrauch; weitergehende bauliche Veränderungen können ggf. mit Genehmigung des Vermieters erlaubt sein.[381] Erlaubte Veränderungen berechtigen nicht zur Kündigung, solche in denen ein Genehmigungsanspruch besteht, nur im Ausnahmefall. Als Kündigungsgrund relevant sind vor allem unerlaubte Veränderungen. Bauliche Veränderungen sind idR mit einem Eingriff in die Bausubstanz und damit einer Beschädigung verbunden und stellen deshalb eine Sachgefahr dar. Anders ist das etwa bei bloßen Befestigungen. Ohne Beschädigung oder sonstige Sachgefährdung ist nicht eine Kündigung wegen Sachgefährdung, sondern gem. § 543 Abs. 1 BGB wegen sonstigen vertragswidrigen Gebrauchs zu prüfen (→ Rn. 152). Zur Abhilfefrist bei Beschädigungen → Rn. 228. Urteile: Ja, wenn der Mieter Wasserleitungen installiert hat und der Vermieter von einem Dritten zu Recht auf Beseitigung in Anspruch genommen wird[382]; nein: wenn der Mieter ohne Genehmigung des Vermieters am Balkon einen Sicht- und Windschutz oder Insektengitter an den Fenstern anbringt[383]; nein, wenn der Mieter ohne Erlaubnis des Vermieters einen Taubenschlag errichtet[384]; ja, beim eigenmächtigen Ausbau eines Dachbodens zu Wohnzwecken[385]; nein, bei der Installation einer Holzkonstruktion zur Aufnahme eines Hochbetts[386]; nein, bei Errichtung einer Trennwand aus Holz in der Diele[387]; ja, beim Entfernen einer Innenwand[388]; nein, wenn der Mieter ohne Erlaubnis des Vermieters Fußbodenfliesen verlegt hat, dessen Kleber er für leicht lösbar hielt[389]; nein, wenn der Mieter einer Halle ein Fenster zumauert[390]; nein, wenn der Mieter einer Gaststätte eine Entlüftungsanlage installiert.[391] **Beschädigung:** Zur Abhilfefrist bei Beschädigungen → Rn. 228. Ja, wenn der Ehemann einer Mieterin Gas ausströmen lässt, um eine Explosion zu erzeugen[392]; nein, wenn der Mieter ein Schloss ausgetauscht hat[393]; nein, wenn der Mieter eine Zimmertür mit einem Loch versehen hat, um seiner Katze einen Durchschlupf zu schaffen[394]; ja, wenn der Mieter die Durchführung notwendiger Instandsetzungsarbeiten behindert und dies zu einer Gefährdung der Bausubstanz führt[395]; ja, wenn der Mieter das Haus mit Enteignungsparolen besprüht.[396] **Brand:** Nein, wenn der Mieter durch einmalige Unachtsamkeit einen Wohnungsbrand verursacht hat[397]; nein, wenn der Wohnungsbrand durch die unbeaufsichtigten Kinder des Mieters verursacht worden ist[398]; ja, wenn der Mieter des nachts wiederholt Essen anbrennen ließ und deshalb die Gefahr eines Wohnungsbrandes zu befürchten ist.[399] **Gemeinschaftsflächen:** Nein, wenn der Mieter Gegenstände im Treppenhaus aufstellt und damit keine Sachgefahr verbunden ist.[400] **Geruch:** Nein, wenn aus der Wohnung einer unter Inkontinenz leidenden Mieterin unangenehme Gerüche dringen.[401] **Müll/Vermüllung/Messie:** Die Vermüllung als solche oder ein unaufgeräumter, chaotischer, zugestellter Zustand der Mietsache ist noch keine vertragswidrige Nutzung. Es ist darauf zu achten, die eigenen Ordnungs- und Sauberkeitsvorstellungen nicht zum vertraglichen Maßstab zu machen. Notwendig ist eine konkrete (oder bereits eigetretene) Gefährdung der Mietsache in ihrer Substanz (Schimmel, Brandgefahr, Ungezieferbefall, nicht mehr zu beseitigender Schmutz etc) oder eine erhebliche Belästigung der Mitmieter durch Geruch oder Ungeziefer. Da bei Letzterem keine Sachgefahr vorliegt, ist nicht eine Kündigung wegen Sach- 141

[381] Zur Abgrenzung *Streyl* NZM 2017, 785.
[382] LG Gießen NJW-RR 1994, 1102.
[383] AG München ZMR 2012, 365.
[384] AG Jülich WuM 2006, 562.
[385] LG Hamburg WuM 1992, 190.
[386] AG Berlin-Schöneberg GE 1992, 1159.
[387] LG Düsseldorf WuM 1979, 214.
[388] LG Lüneburg WuM 2013, 223.
[389] AG Birkenfeld WuM 1993, 191.
[390] OLG Düsseldorf WuM 1996, 410, zweifelhaft.
[391] OLG Frankfurt a. M. NZM 1999, 125.
[392] AG Helmstedt WuM 1989, 569.
[393] AG Köln WuM 1987, 273.
[394] AG Erfurt WuM 2000, 629.
[395] LG Berlin ZMR 2011, 873.
[396] AG Berlin-Neukölln ZMR 2019, 970.
[397] LG Wuppertal WuM 1992, 370.
[398] AG Siegen WuM 1990, 503.
[399] LG Duisburg DWW 1991, 342.
[400] AG Hamburg 16.12.2020 – 49 C 209/20, juris.
[401] AG München WuM 2006, 621.

gefährdung, sondern gem. § 543 Abs. 1 BGB wegen sonstigen vertragswidrigen Gebrauchs zu prüfen (→ Rn. 152). Eine Vermüllung wird oftmals durch sog. Messies herbeigeführt. Wenn deren Verhalten durch eine Persönlichkeitsstörung oder psychische Erkrankung bedingt ist, die die Steuerungsfähigkeit einschränkt, sind an das Kündigungsrecht höhere Anforderungen zu stellen (→ Rn. 9). Urteile: Ja, wenn der Mieter Gerümpel und Müll in der Mietwohnung lagert und hierdurch die Mitmieter durch Gerüche belästigt werden, die Bausubstanz konkret gefährdet wird oder Belange des Brandschutzes betroffen sind[402]; nein, wenn weder die Bausubstanz gefährdet ist noch Gerüche entstehen[403]; nein, wenn es nur Verschmutzung (auch durch Exkremente) und Unordnung gibt, aber keine Substanzgefahr oder Gefahr für den Hausfrieden[404]; nein, wenn weder Schimmel entstehen kann noch die Statik gefährdet ist[405]; nein, beim Ablagern von Sperrmüll in der Wohnung, wenn die Mietsache hierdurch nicht gefährdet wird[406]; ja, wenn der Mieter Abfall, Kartons, Zweiräder oder Gartengeräte so im Kellerflur lagert, dass andere Mieter ihre Kellerräume schwer erreichen können und der Brandschutz nicht mehr gewährleistet ist[407]; ja, wenn der Mieter seine Wohnung so vermüllt, dass es bestialisch stinkt und Ungezieferbefall droht[408]; ja, wenn der Mieter trotz titulierter Verpflichtung seine Wohnung nicht entmüllt und aus der Wohnung deshalb üble Gerüche dringen[409]; nein, wenn es bei Öffnen der Wohnungstür nach altem Menschen bzw. unsauber riecht[410]; ja, wenn die Wohnung stark verunreinigt, vermüllt sowie durch Feuchtigkeit und Schimmel beschädigt und die Nachbarn durch die von der Wohnung ausgehenden üblen Gerüche belästigt werden[411]; ja, wenn der Mieter seine Wohnung so vermüllt, dass sich Ungeziefer (Kakerlaken) ausbreiten.[412] **Parabolantenne:** Nein, wenn der Mieter ohne Erlaubnis des Vermieters eine Satellitenantenne anbringt.[413] **Schönheitsreparaturen:** Nein, wenn der Mieter die Schönheitsreparaturen nicht fristgemäß ausführt und hiermit keine Gefährdung der Mietsache verbunden ist[414]; ja, wenn der Mieter rkr. zur Durchführung von Schönheitsreparaturen verurteilt ist und er diese Verpflichtung gleichwohl nicht erfüllt.[415] **Überbelegung:** Ja wenn eine Überbelegung nicht nur unerhebliche Auswirkungen auf die Wohnsubstanz oder auf das Zusammenleben der Hausgemeinschaft hat, wobei es insbes. auf die Ausstattung und den Zuschnitt der bewohnten Räume, auf vertragliche Regelungen über die Durchführung von Schönheitsreparaturen, auf das Alter und die Lebensgewohnheiten der Wohnungsnutzer sowie auf die Zusammensetzung der übrigen Hausbewohner ankommt.[416] **Wasserschaden:** Ja, wenn der Mieter innerhalb der letzten beiden Jahre 16 Wasserschäden in den darunter liegenden Wohnungen verursacht hat[417]; ja, wenn der Mieter vier Wasserschäden in vier Jahren mit erheblichen Auswirkungen verursacht[418]; ja, wenn der Mieter die Wohnung unbeheizt lässt, ohne die Wasserleitungen vor dem Einfrieren zu schützen[419]; nein, wenn der Mieter fahrlässig einen Wasserschaden verursacht und keine Wiederholungsgefahr besteht, dies gilt unabhängig von der Höhe des Schadens.[420]

142 **Sonstiges:** nein, wenn der Mieter in gewerblich genutzten Räumen Munition und brennbare Flüssigkeiten lagert und damit keine konkrete Gefahr verbunden ist[421]; ja, wenn der Mieter einer EG-Wohnung in dem zur Wohnung gehörenden Garten uriniert[422]; ja: wenn ein Familienangehö-

---

[402] LG Berlin ZMR 2011, 873.
[403] AG Gießen 19.1.2021 – 39 C 114/20, BeckRS 2021, 663.
[404] LG Berlin GE 2015, 1599.
[405] LG Münster WuM 2020, 782.
[406] AG Friedberg/Hessen WuM 1991, 686.
[407] AG Dortmund DWW 1990, 179.
[408] AG Hamburg-Harburg ZMR 2011, 644.
[409] AG Rheine WuM 2008, 218.
[410] LG Berlin GE 2015, 1599.
[411] AG München ZMR 2019, 40.
[412] AG Schöneberg GE 2009, 1501.
[413] LG Berlin GE 2009, 1316; LG Kleve ZMR 1995, 313; AG Altötting NJW-RR 1992, 660.
[414] KG WuM 2015, 666; LG Münster WuM 1991, 33; LG Itzehoe WuM 1989, 76; AG Hamburg-Altona WuM 2000, 418.
[415] AG Münster WuM 2007, 70.
[416] BGH VIII ARZ 1/93, NJW 1993, 2528.
[417] AG Görlitz WuM 1994, 668.
[418] AG Wiesbaden NJW-RR 1992, 76.
[419] *LG Görlitz WuM 1994*, 669.
[420] LG Berlin MDR 2017, 512.
[421] OLG Stuttgart ZMR 2005, 953.
[422] AG Köln WuM 2012, 272.

riger des Mieters Lärm verursacht, indem er nachts zwischen 1:00 Uhr und 1:30 Uhr die Wohnungstür mit lautem Knall zuschlägt und der Mieter es zulässt, dass seine Kinder um 23:00 Uhr noch Fußball im Garten spielen[423]; nein, wenn der Mieter in der Wohnung Wäsche trocknet, ohne dass hierdurch die Mietsache gefährdet wird.[424]

### III. Unerlaubte Gebrauchsüberlassung (Abs. 2 Nr. 2 Alt. 2)

#### 1. Überblick

Die Kündigung wegen unbefugter Gebrauchsüberlassung gem. § 543 Abs. 2 S. 1 Nr. 2 Alt. 2 BGB ist ein besonders geregelter Fall der Kündigung wegen vertragswidrigen Gebrauchs. Nach dieser Vorschrift, die für alle Mietverhältnisse gilt, kann der Vermieter kündigen, wenn der Mieter die Rechte des Vermieters dadurch in erheblichem Maße verletzt, dass er die Mietsache unbefugt einem Dritten überlässt. Die Vorschrift besteht aus **zwei Tatbestandselementen,** nämlich der unbefugten Gebrauchsüberlassung als vertragswidrige Handlung des Mieters und der dadurch bedingten erheblichen Rechtsverletzung auf Vermieterseite als Handlungserfolg. Die Tatbestandselemente müssen kumulativ vorliegen. Das war nach § 553 BGB aF anders, es war nicht erforderlich, dass neben der unbefugten Gebrauchsüberlassung zusätzlich eine Beeinträchtigung der Vermieterrechte festgestellt wird.[425] Die Frage, ob eine erhebliche Beeinträchtigung der Vermieterrechte notwendig ist, ist allerdings, genauso wie bei der Kündigung wegen vertragswidrigen Gebrauchs gem. § 543 Abs. 2 S. 1 Nr. 2 Alt. 1 BGB, höchstrichterlich ungeklärt; hierzu → Rn. 128. 143

#### 2. Gebrauchsüberlassung

Das Kündigungsrecht entsteht, wenn der Mieter eine unbefugte Gebrauchsüberlassung trotz Abhilfefrist gem. § 543 Abs. 3 BGB nicht beendet (zur Abhilfe in diesen Fällen → Rn. 223). Pflichtverletzung ist allerdings nicht erst die Gebrauchs*belassung,* sondern schon die Gebrauchs*überlassung,* so dass der Vermieter bei ausnahmsweiser Entbehrlichkeit der Abmahnung schon mit Gebrauchsüberlassung kündigen kann. Die Gebrauchsüberlassung ist dann unbefugt, wenn sie **ohne Erlaubnis des Vermieters** erfolgt ist. 144

Das **Tatbestandsmerkmal** der unbefugten Gebrauchsüberlassung an einen Dritten ist **identisch mit demjenigen in § 540 Abs. 1 S. 1 BGB.** In § 543 Abs. 2 S. 1 Nr. 2 Alt. 2 BGB wird eine Konsequenz der unbefugten Gebrauchsüberlassung geregelt, nämlich die Möglichkeit der Kündigung des Mietverhältnisses durch den Vermieter. Wegen der Identität der **Voraussetzungen** kann zur näheren Bestimmung auf § 540 BGB verwiesen werden. 145

Ist eine **juristische Person Partei des Mietvertrags,** so liegt im Wechsel der Gesellschafter oder des Geschäftsführers keine Überlassung an einen Dritten, da die Gesellschaft den Besitz ausübt, handelnd durch die Person des Geschäftsführers (Organbesitz). Dasselbe gilt für **Personenhandelsgesellschaften.**[426] Bei der **GbR** ist zu unterscheiden: Ist eine Außen-GbR Partei des Mietvertrags, so übt diese wegen ihrer Teilrechtsfähigkeit den Gebrauch aus; ein Gesellschafterwechsel ist ebenso wenig eine Gebrauchsüberlassung wie bei einer Personenhandelsgesellschaft. Wurden die Räume dagegen von mehreren Personen angemietet, die in einer Innen-GbR verbunden sind, so gelten die Grundsätze über die Mietermehrheit. Die Gebrauchsausübung durch einen neuen Gesellschafter bedarf dann einer Erlaubnis des Vermieters (näher, auch zur **Wohngemeinschaft** → BGB § 540 Rn. 18). 146

Betreibt der Mieter als Einzelkaufmann in den gemieteten Räumen ein Handelsunternehmen oder ein sonstiges Gewerbe, so darf er das Mietobjekt nur mit Erlaubnis des Vermieters einem **Erwerber des Unternehmens** überlassen; das gleich gilt, wenn ein weiterer Gesellschafter in das einzelkaufmännische Unternehmen eintritt.[427] Denn der Erwerber bzw. der neue Gesellschafter werden nicht Mieter[428]; auch europarechtliche Arbeitnehmerschutzvorschriften verlangen das 147

---

423 LG Frankfurt a. M. ZMR 2012, 352.
424 AG Naumburg WuM 1992, 680.
425 BGH VIII ZR 186/83, NJW 1985, 2527.
426 *Häublein* PiG 85 (2009), 117 (128).
427 BGH XII ZR 43/99, NJW 2001, 2251.
428 BGH XII ZR 43/99, NJW 2001, 2251.

nicht.[429] Eine Gebrauchsüberlassung an einen Dritten liegt dagegen nicht vor, wenn der Vermieter die Sache an einen Rechtsträger iSd Umwandlungsgesetzes (OHG, KG, Partnerschaftsgesellschaft, GmbH, AG, KG auf Aktien, eingetragene Genossenschaft, eingetragener Verein, genossenschaftlicher Prüfungsverband, Versicherungsverein auf Gegenseitigkeit) vermietet hat und die Mieterin nach den Vorschriften des UmwG ihre Form wechselt oder ihr Vermögen etwa im Wege der identitätswahrenden **Umwandlung** auf einen anderen Rechtsträger überträgt.[430] Dabei tritt die übernehmende Gesellschaft kraft Gesetzes in das Mietverhältnis ein (§ 20 UmwG).

148 Die **unbefugte Gebrauchs*belassung*** ist als Unterfall der Gebrauchsüberlassung anzusehen. Sie liegt vor, wenn der Mieter die Mietsache weiterhin dem Dritten belässt, obwohl der Vermieter die Erlaubnis hierzu wirksam widerrufen hat. Jedoch fehlt es an einer Pflichtverletzung, wenn der Mieter die ihm gegebenen legalen Möglichkeiten zur Beendigung der Untervermietung ausgeschöpft hat.[431] Dazu gehört ggf., den Dritten auf Räumung in Anspruch zu nehmen oder zu versuchen, ihn durch zumutbare finanzielle Anreize zur Nutzungsaufgabe zu bewegen.

### 3. Erheblichkeit

149 Da die Kündigung wegen unbefugter Gebrauchsüberlassung ein Unterfall der Kündigung wegen vertragswidrigen Gebrauchs ist, gelten zu Erheblichkeit der Beeinträchtigung der Vermieterrechte dieselben Grundsätze wir dort (→ Rn. 136). Bei der Erheblichkeit der Beeinträchtigung der Vermieterrechte geht es um die **hinreichende Schwere** des Kündigungsgrundes.

150 Die Erheblichkeit ist **regelmäßig zu bejahen,** wenn eine unbefugte Gebrauchsüberlassung vorliegt. Denn ein Vermieter hat nicht nur ein erhebliches Interesse daran, wer sein Vertragspartner ist, sondern auch daran, wer das Mietobjekt tatsächlich nutzt. Art und Intensität der Nutzung sowie die dabei aufgewandte Sorgfalt können erhebliche Unterschiede bei der Abnutzung und Gefährdung des Mietobjekts bedeuten. Die Prüfung der Erheblichkeit dient deshalb praktisch vor allem dazu, Umstände zu berücksichtigen, die die Erheblichkeit mindern. Solche Umstände können im Ausmaß der Gefahr durch Fremdnutzung zu sehen sein. Dauert die Gebrauchsüberlassung etwa nur kurz, kann eine Erheblichkeit zu verneinen sein. Auch das Interesse des Mieters an der Aufnahme des Dritten kann eine Rolle spielen, ebenso das Verschulden des Mieters (grds. zur Berücksichtigung von Verschulden → Rn. 131). Eine bewusste Missachtung des Vermieterwillens oder ein bewusstes Verschleiern der Gebrauchsüberlassung spricht hier für die Erheblichkeit der Vertragsverletzung[432]; ein – wenn auch verschuldeter – Rechtsirrtum spricht dagegen.[433] Die Erheblichkeit dürfte zu verneinen sein, wenn es dem Mieter nach Ablauf einer befristeten Untermieterlaubnis oder nach dem Widerruf der Erlaubnis nicht gelingt, den Untermieter zur Räumung zu bewegen.[434]

151 Erheblichkeitsmindernd wirkt sich vor allem aus, wenn der Mieter gegen den Vermieter einen vertraglichen oder gesetzlichen (§ 553 Abs. 1 BGB) **Anspruch auf Erteilung der Erlaubnis** hat. Zwar muss er die Erlaubnis des Vermieters vor der Gebrauchsüberlassung einholen und bis dahin ist sie unbefugt.[435] In aller Regel wird es aber an einer erheblichen Verletzung der Rechte des Vermieters fehlen, wenn der Mieter einen Anspruch auf Erteilung der Erlaubnis hat.[436] Erst recht gilt das, wenn die Erlaubnis beantragt, aber vom Vermieter unberechtigt verweigert oder verzögert wird.

## IV. Sonstiger vertragswidriger Gebrauch

152 Soweit ein vertragswidriger Gebrauch der Mietsache nicht von den beiden Regeltatbeständen des § 543 Abs. 2 S. 1 Nr. 2 BGB erfasst werden, kommt eine Kündigung nach der Generalklausel

---

[429] EuGH NJW 2008, 3483.
[430] BGH LwZR 20/01, NZM 2002, 660; BGH LwZR 15/09, NZM 2010, 280.
[431] BGH VIII ZR 5/13, NZM 2014, 128.
[432] OLG Hamm WuM 1997, 364.
[433] BayObLG NJW-RR 1990, 461.
[434] LG Stuttgart WuM 1992, 122.
[435] OLG Dresden ZMR 2016, 24; OLG Hamm WuM 1997, 364.
[436] BGH VIII ZR 74/10, NJW 2011, 1065 (die Entscheidung erging zur ordentlichen Kündigung, die nur *wegen des Fehlens der Erlaubnis* bei Anspruch auf eine solche für rechtsmissbräuchlich gehalten wurde); OLG Dresden ZMR 2016, 24; LG Hamburg ZMR 2020, 513; LG Berlin GE 2003, 880; 2011, 1159; AG Tempelhof-Kreuzberg GE 2012, 66; LG Kiel WuM 1991, 548; LG München I WuM 1991, 548; LG Berlin GE 1991, 879; 1986, 505; 1981, 439; LG Köln WuM 1991, 548; LG Hamburg WuM 1994, 535.

des § 543 Abs. 1 BGB in Betracht. Bei der Anwendung der Generalklausel ist zu beachten, dass die Anforderungen der **Regeltatbestände** (Gefährdung der Mietsache und unbefugte Gebrauchsüberlassung) **nicht unterlaufen** werden dürfen (näher → Rn. 10). Deshalb darf eine Kündigung nach der Generalklausel nicht geprüft oder gar bejaht werden, wenn als Typus des vertragswidrigen Gebrauchs eine Überlassung der Mietsache an einen Dritten oder eine Sachgefahr für das Mietobjekt (eine Beeinträchtigung von dessen körperlicher Integrität) in Rede steht, die durch den Mieter bzw. ihm zuzurechnende Personen verursacht wurde. Zur **Abgrenzung** → Rn. 125.

Zur Feststellung, ob ein sonstiger vertragswidriger Gebrauch zur Kündigung berechtigt, ist die Unzumutbarkeit der Vertragsfortsetzung für den Vermieter nach den Maßstäben des § 543 Abs. 1 BGB einschließlich der Einhaltung des Abmahn- bzw. Abhilfeerfordernisses des § 543 Abs. 3 BGB zu prüfen. Das erfordert – anders als bei den Regeltatbeständen des § § 543 Abs. 2 S. 1 Nr. 2 BGB (→ Rn. 10) – eine **Zumutbarkeitsprüfung unter umfassender Berücksichtigung aller Einzelfallumstände** einschließlich einer Folgenberücksichtigung für den Mieter (näher → Rn. 19). Zu den Besonderheiten bei der Kündigung von **psychisch kranken oder schuldunfähigen Mietern** → Rn. 9. **153**

Aus der **nachfolgenden Übersicht** ergibt sich, in welchen Fällen die Rspr. ein Kündigungsrecht wegen sonstigen vertragswidrigen Gebrauchs bejaht bzw. verneint hat. Siehe ergänzend die Rechtsprechungsübersicht zur Gefährdung der Mietsache → Rn. 139. Es ist bei der Analyse insbes. der verneinenden Entscheidungen zu beachten, dass das Kündigungsrecht nicht allein deshalb entsteht, weil eine Abhilfeaufforderung, wie oftmals in den dargestellten Fällen, nach einer Pflichtverletzung erfolglos geblieben ist. Zwar kann eine **erfolglose Abhilfeaufforderung** dem Kündigungsgrund mehr Gewicht verleihen, weil sich die Pflichtverletzung dann als hartnäckiger erweist; das bedeutet aber nicht zwingend, dass ein hinreichend schwerer Kündigungsgrund vorliegt. Das ist vielmehr unter Einbeziehung der erfolglosen Abhilfeaufforderung im Einzelfall zu prüfen. Der Kündigende kann sich nicht durch Abhilfeaufforderung den Kündigungsgrund quasi selbst schaffen. Insbesondere bei geringfügigen Verstößen des Mieters gegen den vertragsgemäßen Gebrauch scheidet eine Kündigung oftmals aus. Der Kündigungswillige ist in diesen Fällen nicht rechtlos. Er kann **auf Erfüllung bzw. Unterlassung klagen.** Wird danach das pflichtwidrige Verhalten allerdings nicht eingestellt, dürfte dieses Verhalten idR dem Kündigungsgrund die notwendige Schwere geben. **154**

**Bauliche Veränderungen:** → Rn. 141. **Betriebspflicht:** Ja, wenn der Mieter eines Ladenlokals gegen eine vertraglich vereinbarte Betriebspflicht verstößt.[437] **Gemeinschaftseinrichtungen:** Nein, wenn der Mieter im Dachboden Gerümpel abgelagert hat und dieses trotz Aufforderung nicht entfernt[438]; nein, wenn der Mieter Gegenstände im Treppenhaus abgestellt hat und andere Mieter nicht gestört werden.[439] **Geruchsbelästigung:** Ja, wenn der Mieter seine Wohnung nicht pflegt, so dass die Nachbarn durch einen unzumutbaren Geruch belästigt werden[440]; ja bei Geruchsbelästigung wegen Vermüllung der Wohnung[441]; ja, wenn aus Gründen mangelnder Hygiene älterer Mieter ein unangenehmer Geruch in das Treppenhaus und in andere Wohnungen gelangt[442]; ja, wenn von einer Imbissgaststätte erhebliche Geruchsbelästigungen ausgehen.[443] **Hausordnung:** Nein, wenn der Mieter entgegen einer Regelung der Hausordnung die Hauseingangstür nicht abschließt.[444] **Lärm:** Ja bei wiederholter, grundloser Lärmentwicklung insbes. zur Nachtzeit[445]; ja bei mehrfachem Gegröle des alkoholisierten Mieters im Treppenhaus[446]; ja bei lautem Musikhören[447]; nein, wenn der Mieter einmalig Lärm verursacht hat[448]; nein bei sozialadäquatem **155**

437 OLG Celle ZMR 2011, 948; OLG Dresden ZMR 2016, 26.
438 AG Köln WuM 1986, 94.
439 AG Köln WuM 1984, 2.
440 LG Hamburg WuM 1988, 18; AG Münster WuM 1988, 19; AG Saarbrücken DWW 1994, 186; AG Rheine ZMR 2008, 803.
441 AG Münster WuM 2011, 372.
442 AG Wetzlar NZM 2014, 238.
443 OLG Brandenburg NJOZ 2009, 3736.
444 LG Trier WuM 1993, 192.
445 LG Köln ZMR 2016, 705; AG Frankfurt a. M. MietRB 2020, 199; AG Berlin Tempelhof-Kreuzberg WuM 2016, 27.
446 AG München ZMR 2020, 319.
447 LG Dortmund ZMR 2018, 324.
448 LG Lübeck WuM 1989, 627; LG Köln WuM 1977, 56.

**Kinderlärm.**[449] **Messie:** → Rn. 141. **Müll:** → Rn. 141. **Parabolantenne:** Nein, wenn der Mieter ohne Erlaubnis des Vermieters eine Satellitenantenne anbringt.[450] **Prostitution:** Ja, wenn der Mieter in den gemieteten Räumen ein Bordell betreibt[451]; ja, wenn eine Mieterin in der Wohnung der Prostitution nachgeht.[452] **Rattenbefall:** Ja, wenn er akut und nachhaltig ist.[453] **Rauchen:** Grundsätzlich nein, Rauchen in der Wohnung ist im Allgemeinen vertragsgemäß; anders, wenn der Mieter einfache und zumutbare Maßnahmen, wie etwa regelmäßiges Lüften, unterlässt und es auf diese Weise zu nachhaltigen und schwerwiegenden Störungen der übrigen Mieter kommt.[454] **Rauschgift:** Ja, wenn der Mieter in den Mieträumen mit Rauschgift handelt[455]; ja, wenn auf dem Mietgrundstück oder in der Wohnung Cannabis- und Marihuana-Pflanzen vorgefunden werden.[456] **Tauben:** Ja, wenn der Mieter Tauben füttert und die dadurch bewirkten Immissionen in hygienischer und akustischer Hinsicht sich als erhebliche Belästigung für andere Mieter auswirken oder eine Gefährdung des Mietobjekts zur Folge haben[457]; ja, wenn der Mieter trotz eines rechtskräftigen Unterlassungstitels mit dem Taubenfüttern fortfährt[458]; nein, wenn der Mieter ohne Erlaubnis des Vermieters einen Taubenschlag errichtet.[459] **Tierhaltung:** Ja, aber sehr zweifelhaft bei vertragswidriger Tierhaltung, wenn der Mieter zwei Katzen hält[460]; ja, wenn der Mieter in der Wohnung mehrere Igel hält und die übrigen Mitbewohner durch den Tiergeruch belästigt werden[461]; ja, wenn die Tierhaltungserlaubnis widerrufen worden ist, weil der Hund des Mieters einen Hausbewohner gebissen hat und der Mieter den Hund gleichwohl nicht abschafft[462]; ja, wenn die Mieterin mehrere Katzen und einen Hund hält und hierdurch erhebliche Geruchsbelästigungen verursacht werden[463]; nein, wenn durch die Tierhaltung keine Beeinträchtigung eintritt[464]; nein, wenn der Vermieter die Hundehaltung bei einem Nachbarn duldet[465]; nein, wenn der Mieter gelegentlich für einige Stunden einen Hund mit in die Wohnung nimmt[466]; nein, wenn der Mieter in einer kleinen Wohnung zwei Hunde und zwei Katzen hält[467]; nein, wenn der Mieter ohne Erlaubnis zwei Kampfhunde hält, ohne dass konkrete Anhaltspunkte für die Gefährlichkeit der Tiere vorliegen.[468] **Vermüllung:** → Rn. 141. **Überbelegung:** → Rn. 141. **Überschreitung des Mietgebrauchs:** Nein, wenn in einer Halle, die zum Betrieb eines „Konzeptions- und Design-Centers" vermietet worden ist, Theateraufführungen veranstaltet werden[469] (in diesem Zusammenhang ist zu bedenken, dass der Mieter umso freier ist, je allgemeiner der Gebrauchszweck umschrieben wird); nein: wenn der Mieter von Räumen zum Betrieb einer Praxis für Psychiatrie und Psychotherapie in erheblichem Umfang Drogenersatztherapie betreibt[470]; ja, für die Kündigung des Untervermieters, wenn der Untermieter den vertraglich vereinbarten Gebrauch überschreitet und der Hauptvermieter dem Untervermieter deswegen die Kündigung androht[471]; ja, wenn Räume zum Betrieb eines „Tele-Cafés mit Internetangeboten" vermietet sind und der Mie-

---

[449] BGH VIII ZR 226/16, NZM 2017, 694, auch zu den Grenzen, in denen Kinderlärm ertragen werden muss. Das Urteil betrifft die Frage der Mangelhaftigkeit der Wohnung bei Kinderlärm; es ist ohne Weiteres übertragbar auf die Kündigung.

[450] LG Berlin GE 2009, 1316; LG Kleve ZMR 1995, 313; AG Altötting NJW-RR 1992, 660.

[451] AG Mönchengladbach-Rheydt ZMR 1993, 171; AG Berlin-Mitte GE 1994, 813.

[452] LG Lübeck NJW-RR 1993, 525; s. aber auch AG Aachen ZMR 2007, 41.

[453] OLG Düsseldorf GE 2016, 857.

[454] BGH VIII ZR 186/14, NJW 2015, 1239.

[455] LG Berlin GE 1990, 255; s. zur Pflichtwidrigkeit der Aufbewahrung von illegalen Betäubungsmitteln in der Wohnung BGH VIII ZR 49/16, NZM 2017, 144.

[456] AG Linz NJW-RR 1991, 1225; AG Köln WuM 2008, 595.

[457] AG Frankfurt a. M. WuM 1977, 66.

[458] LG Düsseldorf 27.11.1992 – 21 S 112/92, BeckRS 1992, 30946566.

[459] AG Jülich WuM 2006, 562.

[460] LG Berlin GE 1987, 1111.

[461] AG Spandau GE 2015, 1605.

[462] LG Berlin GE 1993, 97.

[463] LG Berlin GE 1996, 1433.

[464] LG Berlin GE 1995, 621.

[465] LG Freiburg WuM 1986, 247.

[466] AG Waldbröl WuM 1981, 160.

[467] LG Berlin GE 1981, 35, zweifelhaft.

[468] *LG Offenburg WuM 1998*, 285, zweifelhaft.

[469] OLG Düsseldorf WuM 1996, 410.

[470] OLG Köln NJW 2011, 314.

[471] KG ZMR 2011, 543.

ter dort Getränke und Lebensmittel zum Kauf („Spätkauf") anbietet.[472] **Zweckwidrige Nutzung:** Nein, wenn der Mieter die Wohnung zu Gewerbezwecken nutzt und dies keine Außenwirkung hat[473]; ja, wenn der Mieter in der Wohnung eine Skiwerkstatt betreibt und dafür wirbt[474]; ja, wenn der Mieter in der Wohnung ein Elektrogewerbe betreibt und im Keller und in der Garage Materialien lagert[475]; ja, wenn ein Kfz-Stellplatz als Kfz-Werkstatt genutzt wird[476]; ja, wenn der Mieter Gewerberäume vertragswidrig zu Wohnzwecken nutzt[477]; nein, wenn der Mieter Gewerberäume in einem gemischt genutzten Haus teilweise zu Wohnzwecken nutzt.[478]

## E. Zahlungsverzug (Abs. 2 Nr. 3)

### I. Allgemeines

Nach § 543 Abs. 2 S. 1 Nr. 3a BGB kann der Vermieter kündigen, wenn der Mieter für zwei aufeinander folgende Termine mit der Entrichtung der Miete oder eines nicht unerheblichen Teils der Miete in Verzug ist. Nach § 543 Abs. 2 S. 1 Nr. 3b BGB besteht das Kündigungsrecht, wenn der Mieter in einem Zeitraum, der sich über mehr als zwei Termine erstreckt, mit der Entrichtung der Miete in Höhe eines Betrages in Verzug ist, der die Miete für zwei Monate erreicht. 156

Die Kündigung wegen Zahlungsverzugs gem. § 543 Abs. 2 S. 1 Nr. 3 BGB ist der praktisch **wichtigste Grund zur vorzeitigen Beendigung von Mietverträgen.** Die Vorschrift ist durch die Mietrechtsreform 2001 in das Gesetz eingefügt worden und – ohne Inhaltsänderung – der Vorschrift des § 554 BGB aF BGB nachgebildet. Sie gilt für alle Mietverhältnisse. Für die **Wohnraummiete** sind zusätzlich § 568 Abs. 1 BGB (Schriftform), § 569 Abs. 3 BGB (besondere Schutzvorschriften) und § 569 Abs. 4 BGB (Begründungszwang) zu beachten. Für die Landpacht gibt es eine Sonderregelung in § 594e Abs. 2 BGB. In der **Insolvenz des Mieters** ist das Kündigungsrecht durch § 112 InsO beschränkt. 157

**Zweck** der Vorschrift ist einmal der Schutz des Vermieters, der im Regelfall schon wegen der Lasten der Mietsache auf die pünktliche Zahlung des Mietzinses angewiesen ist und daher des Schutzes vor Zahlungsunfähigkeit oder -unwilligkeit des Mieters bedarf.[479] Gleichzeitig bewirkt sie aber auch den Schutz des Mieters, wenn sie bestimmte Anforderungen an den Zahlungsrückstand stellt und nicht jedes geringfügige oder nur ganz kurzfristige Ausbleiben der Zahlung ausreichen lässt.[480] Deshalb und wegen der Negativwirkung der Regeltatbestände des § 543 Abs. 2 BGB (→ Rn. 11) kann bei **Nichterfüllung der Voraussetzungen** der Zahlungsverzugskündigung in § 543 Abs. 2 S. 1 Nr. 3 BGB nicht auf die Generalklausel des § 543 Abs. 1 zurückgegriffen werden, wohl aber kommt eine **ordentliche Kündigung** gem. § 573 Abs. 2 Nr. 1 BGB in Betracht. Ein Rückgriff auf § 543 Abs. 1 BGB ist hingegen möglich, wenn ein anderer Pflichtverletzungstyp betroffen ist. Das ist der Fall bei nachhaltig unpünktlicher Mietzahlung oder dann, wenn andere Zahlungen als die Miete iSv § 543 Abs. 2 S. 1 Nr. 3 BGB betroffen sind, weil der Vorschrift ein enger Mietbegriff zu Grunde liegt, der nur laufende Mietzahlung umfasst (→ Rn. 161). Gemäß § 543 Abs. 1 BGB kann deshalb etwa wegen Rückstands mit einer Einmalmiete oder rückständiger Betriebskostennachzahlung gekündigt werden (→ Rn. 41). Sind die Voraussetzungen der Zahlungsverzugskündigung in § 543 Abs. 2 S. 1 Nr. 3 BGB erfüllt, ist im Unterschied zur Kündigung gem. § 543 Abs. 1 BGB eine Abwägung der Einzelfallumstände für den Erfolg der Kündigung nicht durchzuführen[481]; in ganz besonderen Ausnahmefällen kann dies aus Gründen des Lebens- und Gesundheitsschutzes anders sein (→ Rn. 10). 158

Zum Kündigungsrecht bei **Veräußerung der Mietsache** → BGB § 566 Rn. 122. Eine isolierte Abtretung des Kündigungsrechts ist nicht möglich (→ BGB § 542 Rn. 49). Eine **Abtretung** der 159

[472] KG ZMR 2015, 119.
[473] AG Köln WuM 1991, 577; LG Hamburg WuM 1985, 263; LG Frankfurt a. M. WuM 1996, 532; zur Notwendigkeit der Außenwirkung der gewerblichen Tätigkeit BGH VIII ZR 213/12, NJW 2013, 1806.
[474] AG München ZMR 2019, 351.
[475] AG Lüdinghausen WuM 1983, 327.
[476] LG Berlin GE 1991, 1253.
[477] OLG Düsseldorf NJW-RR 1987, 1370.
[478] OLG Köln NJW-RR 1996, 265.
[479] BVerfG NJW 1989, 1917.
[480] BGH VIII ZR 71/86, NJW 1987, 2506.
[481] BGH VIII ZR 175/14, NJW 2015, 1296 Rn. 21.

Mietforderung hat nicht eine automatische (Mit-)Abtretung des Kündigungsrechts wegen Zahlungsverzugs zur Folge.[482] Auch nach einer Abtretung kann der Vermieter die Kündigung auf das Ausbleiben der abgetretenen Ansprüche stützen, da er allein von der damit verbundenen Vertragsstörung betroffen ist; ergänzend kann auf die vergleichbare Lage bei Veräußerung der Mietsache verwiesen werden (→ BGB § 566 Rn. 122).

**160** Ob ein Zahlungsverzug vorliegt ist im Prozess von dem Gericht zu prüfen, das über die Wirksamkeit der Kündigung zu entscheiden hat. Die **Rechtskraft eines Zahlungsurteils** ersetzt diese Prüfung nicht. Die Rechtskraft beschränkt sich auf den unmittelbaren Streitgegenstand, beim Zahlungsurteil also darauf, ob dem Vermieter gegenüber dem Mieter ein Zahlungsanspruch in der zugesprochenen Höhe zusteht. Ob die Voraussetzungen für eine fristlose Kündigung gegeben sind, ist damit nicht rkr. geklärt; das betrifft insbes. die Frage, ob und wann ein Zahlungsverzug vorlag.[483] Wird eine Zahlungsklage ganz oder teilweise mit der Begründung abgewiesen, dass die Miete wegen eines Mangels gemindert ist, so handelt es sich hinsichtlich der Begründung um eine Vorfrage, die nicht von der Rechtskraft der Zahlungsklage erfasst wird.[484] Das für die Entscheidung des auf spätere Zahlungsrückstände gestützten Räumungsrechtstreits zuständige Gericht ist deshalb nicht an die Feststellungen gebunden, die im Rahmen einer Zahlungsklage zur Minderung getroffen wurden. Will der Vermieter erreichen, dass die Minderungsberechtigung rkr. festgestellt wird, muss er eine (Zwischen-)Feststellungsklage erheben.

## II. Mietbegriff in § 543 Abs. 2 Nr. 3 BGB

**161** Miete iSv § 543 Abs. 2 S. 1 Nr. 3 BGB ist die Grundmiete zuzüglich der ggf. vereinbarten Betriebskostenvorauszahlung oder Betriebskostenpauschale[485] bzw., allgemein ausgedrückt, nur die **regelmäßig wiederkehrenden Leistungen** des Mieters im Gegensatz zu einmaligen Zahlungspflichten.[486] Nach der Vorstellung des Gesetzes ist eine Zahlungsverzugskündigung berechtigt, wenn der Mieter mit nicht unerheblichen Leistungen in Verzug geraten ist, die er nach dem Mietvertrag in vorher feststehenden Beträgen zu ebenfalls im Voraus fest bestimmten Terminen, den „Zinsterminen", zu erbringen hatte.[487] Dementsprechend stellt die Vorschrift nicht allein auf die Höhe des Mietrückstands ab, sondern auch darauf, dass die Miete an *mehreren* Terminen ganz oder teilweise ausbleibt. Damit geht das Gesetz von der in der Praxis vorherrschenden monatlichen Mietzahlung aus. Der Rückstand mit **einmalig zu erbringenden Leistungen** des Mieters (einschließlich einer **Einmalmiete**) ist für die Zahlungsverzugskündigung gem. § 543 Abs. 2 S. 1 Nr. 3 BGB deshalb irrelevant, es kommt aber eine Kündigung gem. § 543 Abs. 1 BGB in Betracht (→ Rn. 41).

**162** Zu den regelmäßig wiederkehrenden Leistungen des Mieters gehört zunächst die **Grundmiete** in der tatsächlich geschuldeten Höhe. Außerdem gehören dazu alle gesetzlich zulässigen, vertraglich wirksam vereinbarten und periodisch wiederkehrenden Leistungen, die mit der Überlassung der Mietsache in Zusammenhang stehen, wie **Betriebskostenvorauszahlungen**[488] bzw. eine Betriebskostenpauschale (näher, auch zu Einschränkungen → Rn. 164), **Untermietzuschläge, Zuschläge für gewerbliche Nutzung** oder die besonders vereinbarte Vergütung für die Überlassung von Einrichtungsgegenständen **(Möblierungszuschlag).** Ist eine besondere Miete für die Überlassung einer **Garage** oder eines Stellplatzes vereinbart, so ist zu unterscheiden: Der für die Garage ausgewiesene Betrag gehört dann zur Miete, wenn bzgl. Garage und sonstigem Mietobjekt ein einheitliches Mietverhältnis vorliegt (dazu → BGB Vor § 535 Rn. 20 und → BGB § 549 Rn. 23). Liegen demgegenüber zwei getrennte Mietverhältnisse vor, so ist die Verzugsberechnung getrennt vorzunehmen; die beiden Mietverhältnisse sind dann getrennt zu kündigen und können ein unterschiedliches Schicksal nehmen.

**163** **Nicht zur Miete** iSv § 543 Abs. 2 S. 1 Nr. 3 BGB gehören alle **einmaligen (Sonder-)Leistungen** wie Baukostenzuschüsse, Mietvorauszahlungen oder Kautionen.[489] Gleiches gilt für Ver-

---

[482] BGH V ZR 134/84, NJW 1985, 2640.
[483] BGH VIII ZR 39/18, NJW 2019, 1745; BGH VIII ZR 12/18, NJW 2019, 2308.
[484] BGH VIII ZR 12/18, NJW 2019, 2308.
[485] BGH XII ZR 134/06, NJW 2008, 3210.
[486] *Staudinger/Emmerich BGB § 543 Rn. 49.*
[487] OLG Koblenz NJW 1984, 2369; *Lehmann-Richter* ZMR 2017, 372 (375).
[488] LG Köln WuM 1980, 255; LG Berlin NJW-RR 1986, 236; OLG Naumburg WuM 1999, 160.
[489] LG Hamburg WuM 1974, 54; LG Bielefeld WuM 1992, 124.

zugszinsen[490], Schadensersatzbeträge[491] oder Ansprüche auf Bezahlung von Prozesskosten.[492] Zu Betriebskostennachzahlungen → Rn. 165. Haben sich die Parteien wegen Mietrückständen verglichen oder die Miethöhe rückwirkend durch Vereinbarung festgelegt, handelt es sich wegen der novierenden Wirkung des **Vergleichs** bzw. der Vereinbarung nicht mehr um eine regelmäßig wiederkehrende Zahlung; eine solche Zahlungsverpflichtung steht vielmehr der Einmalzahlung nahe.[493] Das gilt selbst dann, wenn eine Ratenzahlung bewilligt wurde und der Rückstand zwei Monatsmieten erreicht. Denn bei einem Ratennachlass handelt es sich nicht um Mietzahlungstermine iSv § 543 Abs. 2 S. 1 Nr. 3 BGB, sondern um eine Stundung. Gegebenenfalls ist in diesen Fällen aber eine Kündigung gem. § 543 Abs. 1 BGB möglich (→ Rn. 41).

Zur Miete gehören die **Betriebskostenvorauszahlungen** iSv § 556 Abs. 2 BGB[494] oder eine **Betriebskostenpauschale,** weil es sich um wiederkehrende Zahlungspflichten handelt, die idR mit der Grundmiete fällig werden. Erreichen die rückständigen Vorauszahlungsbeträge den kündigungsrelevanten Betrag, so kann die Kündigung auch ausschließlich hierauf gestützt werden; es ist also nicht erforderlich, dass der Mieter daneben auch mit der Grundmiete im Rückstand ist.[495] Zur Tilgungswirkung unvollständiger Zahlungen → Rn. 184. Soweit der Vermieter nach Eintritt der **Abrechnungsreife,** die im Wohnraummietrecht gem. § 556 Abs. 3 BGB und ansonsten nach den vertraglichen Vereinbarungen eintritt, den Anspruch auf die Vorauszahlungen verliert[496], kann das auf sein bereits entstandenes Kündigungsrecht Auswirkungen haben.[497] Ein einmal entstandenes Kündigungsrecht erlischt unter den Voraussetzungen des § 543 Abs. 2 S. 2 BGB, also im Falle der Bezahlung des vollständigen (dazu → Rn. 204) Rückstands vor dem Zugang der Kündigung. Sind ausnahmsweise nur die Vorauszahlungen rückständig, erlischt ein Kündigungsrecht mit Abrechnungsreife, weil der Anspruch auf die Vorauszahlungen trotz deren Nichtbegleichung untergeht. Das ist sowohl dogmatisch als auch in der Sache angemessen, da nicht nur der Mieter seine Pflicht zur Vorauszahlung verletzt hat, sondern auch der Vermieter seine Pflicht zur Abrechnung. Rückständige Grundmiete muss aber vollständig beglichen sein. 164

Der **Nachzahlungsbetrag aus einer Betriebskostenabrechnung** gehört dagegen nicht zur Miete iSv § 543 Abs. 2 S. 1 Nr. 3 BGB.[498] Gleiches gilt für solche Zahlungen, die der Mieter – wie nicht selten in der Gewerbemiete vorkommend – vereinbarungsgemäß von Fall zu Fall auf Anforderung des Vermieters zu leisten hat (etwa bei Lieferung von Heizöl oder aufgrund eines kommunalen Gebührenbescheids).[499] Daran ändert sich auch nichts deswegen, weil Betriebskostennachzahlungen als wiederkehrende Leistungen iSv § 216 Abs. 3 BGB angesehen werden.[500] Den Verjährungsvorschriften liegen grds. andere Wertungen zu Grunde als der Zahlungsverzugskündigung. Bei der Betriebskostennachzahlung weiß der Mieter ohne Prüfung weder ohne Weiteres, wieviel er zu zahlen hat, noch kann er den Zeitpunkt der Zahlung planen, weil er auf die Erstellung der Abrechnung keinen Einfluss hat. Der Nichtbegleichung einer Betriebskostennachforderung rechtfertigt es deshalb nicht, dem Vermieter ein der Einzelfallabwägung entzogenes Kündigungsrecht einzuräumen.[501] Möglich ist aber eine Kündigung gem. § 543 Abs. 1 BGB (→ Rn. 45). 165

Für den Verzug mit der **Nutzungsentschädigung** nach § 546a BGB gilt § 543 Abs. 2 S. 1 Nr. 3 BGB nicht. Eine Kündigung ist in solchen Fällen entbehrlich, weil das Mietverhältnis bereits beendet ist. Hat der Vermieter dem Mieter eine außergerichtliche Räumungsfrist gewährt und kommt der Mieter in dieser Zeit mit der Zahlung der Nutzungsentschädigung in Verzug, so kann der Vermieter die Wohnung sofort herausverlangen, indem er die mit der Räumungsfristgewäh- 166

---

490 LG Berlin ZMR 1989, 94.

491 AG Köln WuM 1980, 255.

492 LG Mannheim WuM 1975, 97; LG Duisburg WuM 1992, 189.

493 OLG München NZM 2003, 554.

494 OLG Naumburg WuM 1999, 160; LG Berlin GE 1990, 491; LG Köln WuM 1980, 255; LG Berlin NJW-RR 1986, 236.

495 LG Berlin NJW-RR 1986, 236; *Hinz* WuM 2021, 137 (142).

496 BGH VIII ZR 258/19, NZM 2010, 736.

497 Siehe das Beispiel bei *Hinz* WuM 2021, 137 (142).

498 OLG Koblenz NJW 1984, 2396; LG Freiburg ZMR 1981, 370; LG Hagen WuM 1980, 255; LG Berlin WuM 1980, 255; LG Köln WuM 1994, 207; AG Köln WuM 1978, 211; AG Berlin-Tiergarten MM 1993, 148; *Weber* ZMR 1992, 41 (42).

499 LG Augsburg WuM 1983, 151.

500 Für § 216 Abs. 3 BGH VIII ZR 263/14, NZM 2016, 762, der offen gelassen hat, ob diese Einordnung auch auf § 543 Abs. 2 S. 1 Nr. 3 BGB zu übertragen ist.

501 *Lehmann-Richter* ZMR 2017, 372 (375); *Schwab* NZM 2019, 36 (41).

rung verbundene Stundungsabrede widerruft.[502] Eine gerichtliche Räumungsfrist kann in Fällen dieser Art verkürzt werden (§ 721 Abs. 3 ZPO).

### III. Kündigungsrelevanter Mietrückstand

#### 1. Berechnung

167 Der Mieter muss mit der den vorstehenden Grundsätzen entsprechenden Miete über eine bestimmte Zeit hinweg in bestimmter Höhe in Rückstand geraten sein (Zeit- und Betragsfaktor[503]). Ob ein Mietrückstand kündigungsrelevant ist hängt von **folgenden Berechnungsfaktoren** ab: Die Höhe des Rückstands berechnet sich aus der Differenz des im maßgeblichen Zeitraum Geschuldeten (dazu unter 4.) zum tatsächlich Geleisteten (dazu unter 5.). Welcher Rückstand erforderlich ist, richtet sich nach einem Zeitfaktor, der in den einzelnen Kündigungstatbeständen des § 543 Abs. 2 S. 1 Nr. 3 BGB unterschiedlich ist (dazu unter 2.). Der weitere Faktor zur Bestimmung des Rückstands (der Betragsfaktor) ist die Miethöhe, die meist, aber nicht zwingend identisch mit der vereinbarten Miete ist (dazu unter 3.). Maßgeblicher Zeitpunkt für das Kündigungsrecht ist das erstmalige Entstehen eines kündigungsrelevanten Rückstands (dazu unter 6.). Die **Miethöhe** ist notwendig zur Berechnung der absoluten Höhe des kündigungsrelevanten Rückstands, sie ist also nicht etwas, das der Mieter schuldet, sondern ein Rechenfaktor zur Bestimmung des Grenzwerts, den der Rückstand erreichen muss, damit der Vermieter kündigen darf. Im Normalfall ist das Geschuldete mit der Miethöhe identisch, in bestimmten Fällen kann es aber davon abweichen (→ Rn. 178). Ein **Beispiel** mag das verdeutlichen: Die vereinbarte Miete beträgt 1.000 EUR. Bei mangelbedingter Minderung um 10% schuldet der Mieter tatsächlich nur 900 EUR. Weil die Minderung, wie sich aus dem Nachfolgenden (→ Rn. 174) ergibt, auf die Miethöhe als Rechenfaktor keinen Einfluss hat, ist für das Erreichen eines zweimonatigen Kündigungsrückstands ein Grenzwert von 2.000 EUR maßgeblich. Da der Mieter tatsächlich aber nur 900 EUR monatlich schuldet, genügt zur Erreichung des kündigungsrelevanten Rückstands nicht eine zweimalige vollständige Nichtzahlung der Miete, der Mieter muss vielmehr auch in dem dritten Monat mit mindestens 200 EUR rückständig sein.

#### 2. Kündigungstatbestände

168 Die Regelung des § 543 Abs. 2 S. 1 Nr. 3 BGB enthält **drei Kündigungstatbestände,** die sich wie folgt voneinander **abgrenzen:** Die beiden Kündigungstatbestände in *Nr. 3a* sind dadurch gekennzeichnet, dass sich der kündigungsrelevante Rückstand über zwei aufeinanderfolgende Zahlungstermine hinweg entwickelt haben muss, wohingegen sich der kündigungsrelevante Rückstand in *Nr. 3b* aus mehreren, nicht notwendig aufeinanderfolgenden Zahlungsterminen stammen kann. Während nach Nr. 3a der Rückstand mindestens eine Miete plus 1 Cent betragen muss, stellt das Gesetz in Nr. 3b höhere Anforderungen und lässt nur einen Rückstand von zwei Mieten genügen. Mit dem Wortlaut von Nr. 3a wäre es allerdings auch zu vereinbaren, wenn sich ein Rückstand von einer Miete plus 1 Cent über mehrere Termine hinweg entwickelt hat und der Verzug mindestens zwei Termine lang andauert.[504] Bei einem derartigen Wortlautverständnis würde aber der Vorschrift des Nr. 3b nur klarstellende Bedeutung zukommen. Das ist mit dessen eigenständiger Formulierung und der Gesetzgebungsgeschichte nicht zu vereinbaren.[505]

169 Wenn § 543 Abs. 2 S. 1 Nr. 3 BGB den Begriff „Termin" verwendet, dann sind damit die Zahlungstermine gemeint, zu denen die Miete fällig wird. Dabei geht das Gesetz vom tatsächlichen **Regelfall der monatlichen Mietzahlungspflicht** aus. Die Regelungen sind aber genauso anzuwenden, wenn die Miete etwa nach Wochen, Quartalen oder Jahren bemessen ist.[506] Dass es bei Vereinbarung einer Jahresmiete mehr als ein Jahr dauert, bis ein Kündigungstatbestand verwirklicht ist, ist der Vertragsfreiheit geschuldet und verfassungsrechtlich unbedenklich.[507]

---

502 OLG Hamm MDR 1977, 928.
503 *Lehmann-Richter* ZMR 2017, 372 (373).
504 Siehe *Blank* NZM 2009, 113 mwN; Staudinger/*Emmerich* BGB § 543 Rn. 52a.
505 *BGH XII ZR 134/06, NJW 2008, 3210* Rn. 36; bestätigt durch BGH XII ZR 65/14, NJW 2015, 2419; überzeugend auch *Lehmann-Richter* ZMR 2017, 372 (374); *Hinz* WuM 2021, 137 (138).
506 BGH XII ZR 61/07, NZM 2009, 30.
507 BVerfG WuM 1992, 668.

Nach **Nr. 3a** ***Alt. 1*** kann der Vermieter kündigen, wenn sich der Mieter für **zwei aufeinander folgende Termine vollständig mit der Entrichtung der Miete in Verzug** befindet. Hat der Mieter bei vereinbarter monatlicher Zahlungsweise etwa in dem Monat Januar keine Miete bezahlt, so entsteht das Kündigungsrecht (rechnerisch) mit dem Ablauf des dritten Werktags des Monats Februar, weil zu diesem Zeitpunkt die Februarmiete fällig wird. Ist eine Jahresmiete vereinbart, kann das dazu führen, dass ein langer Zeitraum vergeht, bis ein ausreichender Rückstand aufgebaut ist. 170

Nach **Nr. 3a** ***Alt. 2*** kann der Vermieter kündigen, wenn sich der Mieter mit der Entrichtung eines nicht unerheblichen Teils der Miete in Verzug befindet. Der Rückstand muss aus zwei aufeinander folgenden Verzugsterminen stammen (→ Rn. 168). Das **Erheblichkeitskriterium** bezieht sich auf den Gesamtrückstand. Es ist nicht erforderlich, dass der Rückstand bezogen auf jeden einzelnen Zahlungstermin erheblich ist. Ein sehr geringer Rückstand zu dem einen Zahlungstermin (Extremfall: 1 Cent) kann sich also mit einem hohen Rückstand in dem weiteren Zahlungstermin (Extremfall: eine volle Miete) zu einem nicht unerheblichen Rückstand addieren.[508] Die Gegenansicht[509], die mit gewichtigen Argumenten für beide Zahlungstermine einen erheblichen Rückstand fordert, verkennt zweierlei: Gerät ein Mieter mit der Miete für zwei aufeinanderfolgende Termine in Verzug, ist das, anders als bei einem sich langsam entwickelnden Rückstand, für beide Seiten ein erhebliches Warnsignal; auch der Mieter weiß, dass er zum zweiten Mal gegen seine Zahlungspflicht verstößt und welche Sorge um seine Zuverlässigkeit das beim Vermieter auslösen muss. Vor allem aber würde ein wichtiger Zahlungsverzugstatbestand seiner Klarheit und der Freiheit von Abwägungsnotwendigkeiten beraubt, wenn für jeden Einzelrückstand ein Erheblichkeitskriterium eingeführt würde.[510] Die **Erheblichkeitsschwelle** ist für die **Wohnraummiete** in § 569 Abs. 3 Nr. 1 BGB (ausgenommen sind gem. § 569 Abs. 3 Nr. 1 S. 2 BGB Wohnräume zum vorübergehenden Gebrauch gem. § 549 Abs. 2 Nr. 1 BGB) dahingehend definiert, dass der rückständige Teil der Miete nur dann als nicht unerheblich anzusehen ist, wenn er die Miete für einen Monat übersteigt. Das bedeutet, dass der Gesamtrückstand den Betrag von **einer Monatsmiete *plus 1 Cent* innerhalb von zwei Terminen** erreichen muss. Ist eine Mietzahlung in anderen Zeitabschnitten vereinbart (etwa wochen- oder quartalsweise oder jährlich), ist die Erheblichkeitsschwelle angesichts des klaren und aus Mieterschutzgründen maßgeblichen Wortlauts von § 569 Abs. 3 Nr. 1 BGB auf eine Monatsmiete umzurechnen[511]; ergänzend zur vergleichbaren Problematik in Nr. 3b → Rn. 172. In den Fällen der Wochenmiete bedeutet das, dass vor Erreichen der Erheblichkeitsschwelle meist schon der Kündigungsgrund von Nr. 3a *Alt. 1* verwirklicht ist; in den Fällen der Quartals- oder Jahresmiete bedeutet das, dass die Erheblichkeitsschwelle mit dem Ausbleiben der ersten Miete erreicht ist, dass aber bis zur Kündigung die Fälligkeit der nächsten Miete („für zwei aufeinanderfolgende Termine") abgewartet werden muss. Die Erheblichkeitsschwelle des § 569 Abs. 3 Nr. 1 BGB gilt faktisch ebenso für Mietverhältnisse, die nicht Wohnraummietverhältnisse zum dauerhaften Gebrauch sind (insbes. **Geschäftsraummiete**), weil die insoweit maßgeblichen Kündigungsvoraussetzungen jedenfalls nicht strenger sein können als bei der Wohnraummiete.[512] Mehr noch, § 569 Abs. 3 Nr. 1 BGB enthält eine allgemeine Wertung, von der außerhalb der Wohnraummiete nur bei Hinzutreten besonderer Umstände im Einzelfall in der Weise abgewichen werden kann, dass ein geringerer Rückstand als eine Miete plus 1 Cent ausreicht.[513] Solche besonderen Umstände können sein die Kreditwürdigkeit des Mieters, die finanzielle Situation des Vermieters und die Auswirkungen des konkreten Zahlungsrückstands auf diese.[514] Von dieser Abweichungsmöglichkeit sollte extrem vorsichtig und nur in ganz besonderen, für den Mieter klar auf der Hand liegenden Fällen Gebrauch gemacht werden, da die Tatbestände der Zahlungsverzugskündigung eigentlich abwägungsfeindlich sind und klar und einfach handzuhaben sein sollen.[515] 171

[508] BGH VIII ZR 126/86, NJW-RR 1987, 903; *Hinz* WuM 2021, 137 (138).

[509] LG Berlin WuM 2020, 73 (Revision anhängig zu BGH VIII ZR 32/20). In diese Richtung auch MüKoBGB/*Häublein* § 569 Rn. 42.

[510] Siehe zur Abwägungsfeindlichkeit der Zahlungsverzugstatbestände nachfolgend und BGH VIII ZR 175/14, NJW 2015, 1296 Rn. 21; ähnlich wie hier *Hinz* WuM 2021, 137 (138).

[511] MüKoBGB/*Häublein* § 569 Rn. 41.

[512] BGH XII ZR 134/06, NJW 2008, 3210.

[513] BGH XII ZR 65/14, NJW 2015, 2419.

[514] BGH XII ZR 65/14, NJW 2015, 2419.

[515] *Lehmann-Richter* ZMR 2017, 372 (375) lehnt aus diesen Gründen mit erheblichen Gründen eine Abweichung gänzlich ab.

172 Nach **Nr. 3b** besteht das Kündigungsrecht, wenn der Mieter in einem Zeitraum, der sich über mehr als zwei Termine erstreckt, mit der Entrichtung der Miete in Höhe eines Betrages in Verzug ist, der die Miete für zwei Monate erreicht. Mit diesem Kündigungstatbestand will das Gesetz ein Springen bei der Mietzahlung sanktionieren. **Maßgeblich ist die Höhe des Rückstands,** er muss nicht in aufeinanderfolgenden Zahlungsterminen entstehen. Der Vermieter kann vielmehr kündigen, wenn erstmals ein sich ggf. über längere Zeit erhöhender Rückstand **in Höhe von zwei Monatsmieten erreicht wird.** Es ist nicht erforderlich, dass dieser Betrag überschritten wird. Die Behandlung von **Mietzahlungspflichten in anderen Zeitabschnitten** (etwa wochen- oder quartalsweise oder jährlich) ist problematisch und ungeklärt. Nach dem Wortlaut von Nr. 3b, der auf die Monatsmiete abstellt, ist in diesen Fällen aus einer fiktiv zu bildenden Monatsmiete auf den Rückstandsbetrag von zwei Monatsmieten hoch- bzw. runterzurechnen, der sich über mindestens zwei Zahlungstermine hinweg entwickelt haben muss.[516] Das führt dazu, dass sich bei einer Wochenmiete der notwendige Rückstandszeitraum verlängert, weil mehr als zwei Zahlungstermine notwendig sind (und so Widersprüche zum Kündigungstatbestand des Nr. 3a entstehen können), und bei einer Quartals- oder Jahresmiete eine Kündigung nach Nr. 3b faktisch ausscheidet, weil gleichzeitig der Kündigungstatbestand des Nr. 3a Alt. 2 (Mindestrückstand von einer Monatsmiete) verwirklicht ist. Schon aus Mieterschutzgründen ist an der Maßgeblichkeit des Wortlauts festzuhalten und nicht dahingehend zu korrigieren, dass der Rückstand das Zweifache der vereinbarten (Wochen-, Quartals- oder Jahres-)Miete betragen muss. Abgesehen davon ist ein Redaktionsversehen des Gesetzgebers auszuschließen, es ist vielmehr davon auszugehen, dass er in den Kündigungstatbeständen bewusst zwischen der zu einem vereinbarten Zahlungstermin geschuldeten Miete und absoluten Rückstandsbeträgen differenziert hat, nachdem auf Letztere nicht nur in Nr. 3b abgestellt wird, sondern auch in § 569 Abs. 3 Nr. 1 BGB (→ Rn. 171).

### 3. Bestimmung der Miethöhe

173 Die Miethöhe ist ein Einsatzfaktor (Betragsfaktor) zur Bestimmung des kündigungsrelevanten Rückstands, weil dieser sich nach einem Multiplikationsfaktor der Miethöhe richtet (grds.: zweifach; im Fall von Nr. 3a Alt. 2: einfach plus 1 Cent). Im Ansatz ist die vereinbarte Miete maßgeblich. Problematisch sind die Fälle, in denen die tatsächlich **geschuldete Miete von der vereinbarten Miete abweicht** oder in denen sie sich *während* des Rückstandszeitraums verändert. Veränderungen der Miete nach oben wirken sich kündigungsfeindlich, Veränderungen nach unten kündigungsfreundlich aus.[517] Es gelten folgende **Grundsätze: (1)** Beruht die Abweichung des tatsächlich Geschuldeten vom vertraglich Vereinbarten *nicht* auf einem rechtmäßigen Handeln des Vermieters, ist die vertraglich vereinbarte Miete Maßstab für die Miethöhe (→ Rn. 174). **(2)** Gibt es während des Rückstandszeitraums rechtmäßige Änderungen der Miethöhe, so ist die höchste währenddessen geschuldete Miete maßgeblich (→ Rn. 176).

174 Hauptanwendungsfall von **Grundsatz (1)** ist die **Minderung:** Hier ist die vertraglich vereinbarte Miete maßgeblich[518], gleichgültig, ob es sich um einen vorübergehenden oder einen dauerhaften Mangel handelt.[519] Wäre es anders, käme es also auf die geminderte Miete an, könnte der Vermieter bei einem geringeren Rückstand als bei mangelfreiem Mietobjekt kündigen; er darf aber aus seiner Schlechtleistung keinen Vorteil ziehen.[520] Ist die Miete um mehr als 50% gemindert, ist eine Kündigung gem. § 543 Abs. 2 S. 1 Nr. 3a *Alt. 1* BGB auf Grund einer teleologischen Reduktion vollständig ausgeschlossen, weil ansonsten bei vollständigem Ausbleiben der Mietzahlung über zwei Monate zwar Alt. 1 verwirklicht wäre, nicht aber Alt. 2 mit ihren eigentlich geringeren Anforderungen an den Zahlungsrückstand.[521]

175 Aus ähnlichen Gründen wie bei der Minderung (und ebenfalls mit teleologischer Reduktion des § 543 Abs. 2 S. 1 Nr. 3a *Alt. 1* BGB) kommt es für die Rückstandsberechnung auf die vertrag-

---

516 Wie hier Staudinger/*Emmerich* BGB § 543 Rn. 58; **aA** Guhling/Günter/*Alberts* BGB § 543 Rn. 57.

517 *Schwab* NZM 2019, 36 (39).

518 BGH VIII ZR 193/16, NZM 2018, 28 Rn. 19, allerdings ohne nähere Begründung; *Flatow* NZM 2017, 273 (276); *Schwab* NZM 2019, 36 (37); **aA** *Blank* WuM 2017, 647.

519 *Schwab* NZM 2019, 36 (38); **aA** *Börstinghaus* NZM 2020, 433 (444).

520 *Flatow NZM 2017, 273 (276); Schwab* NZM 2019, 36 (37) mit einem Rechenbeispiel.

521 Siehe näher *Schwab* NZM 2019, 36 (37) mit Rechenbeispiel; ebenso *Hinz* WuM 2021, 137 (141), der das Unterlassen der teleologischen Reduktion nicht für unvertretbar hält, weil sich der Mieter mit seiner (geminderten) Zahlungspflicht zweimal vollständig in Verzug befindet.

lich vereinbarte und nicht die wirksame Miete an, wenn eine Mietpreisvereinbarung gegen § 556d BGB **(Mietpreisbremse)** verstößt oder gem. § 5 WiStG, § 291 StGB, § 134 BGB unwirksam ist.[522] Hier kommt hinzu, dass sich der Vermieter zur Begründung der Kündigung selbst auf die Unwirksamkeit und sein eigenes rechtswidriges Verhalten berufen müsste.

**Grundsatz (2)** betrifft rechtmäßige Änderungen der vertraglich geschuldeten Miete während des Rückstandszeitraums. Das sind vor allem **Mieterhöhungen** etwa gem. § 558 BGB (auf die ortsübliche Vergleichsmiete), § 559 BGB (nach einer Modernisierung), § 560 BGB (wegen Betriebskostensteigerungen) oder auf Grund einer Staffelmietvereinbarung. Das sind aber auch **Mietsenkungen** gem. § 560 BGB (wegen verringerter Betriebskosten) oder auf Grund einer Vertragsanpassung an § 313 BGB[523]. Um zuträgliche Ergebnisse zu erzielen, muss man die praktisch wenig relevanten Mietsenkungen ebenfalls in den Blick nehmen. Wenn man nämlich, wie oftmals[524], auf die zuletzt geschuldete Miete abstellt, dann wirken sich Mieterhöhungen kündigungsfeindlich, Mietsenkungen aber kündigungsfreundlich aus.[525] Diese Folge ist angemessen, wenn sich die Miete vor dem Rückstandszeitraum verändert hat. Verändert sie sich aber währenddessen, werden für die Parteien kaum vorhersehbare Zufallsergebnisse erzielt.[526] Weil die Zahlungsverzugskündigung das Mietverhältnis ohne warnende Abmahnung beendet, soll und muss der kündigungsrelevante Rückstand leicht und vorhersehbar festzustellen sein. Hierzu bietet sich als vorzugswürdig an, auf die höchste im Rückstandszeitraum geschuldete Miete abzustellen.[527] Im **praktischen Ergebnis** wird das in den allermeisten Fällen die zuletzt geschuldete Miete sein, weil Mietsenkungen selten sind. 176

Es ist im Ansatz belanglos, wenn die **Miethöhe** zwischen den Parteien **umstritten** ist und erst nach einer gerichtlichen Entscheidung feststeht. In der Wohnraummiete ist allerdings bei **Mieterhöhungsklagen** bei Mieterhöhungen gem. §§ 558–560 BGB die Sperrfrist des § 569 Abs. 3 Nr. 3 BGB zu beachten, wonach eine Kündigung erst zwei Monate nach rechtskräftiger Verurteilung zur Zahlung oder Zustimmung zu der gem. §§ 558–560 BGB erhöhten Miete zulässig ist (Einzelheiten → BGB § 569 Rn. 100). 177

### 4. Bestimmung des Geschuldeten

Für die Bestimmung des Geschuldeten kommt es nicht auf die nach den obigen Grundsätzen bestimmte Miethöhe an, sondern auf das, **was der Vermieter berechtigt fordern kann.** Im Normalfall ist das mit der (vereinbarten) Miethöhe identisch, in bestimmten Fällen kann das Geschuldete aber davon abweichen. Je stärker das Geschuldete von der Miethöhe abweicht, desto später ist ein kündigungsrelevanter Rückstand erreicht. Zur **Berechnung** → Rn. 167. 178

Hauptfall der Abweichung des Geschuldeten von der Miethöhe ist die **Minderung,** die die Miethöhe als bloße Rechengröße nicht ändert (→ Rn. 174). Die Minderung muss bis zum erstmaligen Erreichen des kündigungsrelevanten Rückstands eingetreten sein (zum maßgeblichen Zeitpunkt → Rn. 185). Das ist bei Mietfälligkeit gem. § 556b Abs. 1 BGB in den ersten Tagen eines Monats. **Danach auftretende Mängel** verringern zwar die Zahlungspflicht, haben aber keinen Einfluss mehr auf das iSv § 543 Abs. 2 S. 1 Nr. 3 BGB Geschuldete – selbst dann nicht, wenn durch die Minderung die kündigungsrelevante Grenze unterschritten wird.[528] Denn das Kündigungsrecht war bereits zu Anfang des Monats entstanden, weil der Mieter sich zum Fälligkeitszeitpunkt, als der Mangel noch nicht vorhanden war, pflichtwidrig verhalten hat, indem er die Miete nicht zahlte. Die Minderung wirkt nicht zurück.[529] Hätte der Vermieter sofort nach Erreichen des kündigungsrelevanten Rückstands gekündigt, wäre das Mietverhältnis auch beendet gewesen. Das Kündigungsrecht erlischt in solchen Fällen vielmehr nur, wenn der Vermieter vor der Kündigung vollständig befriedigt wird (§ 543 Abs. 2 S. 2 BGB).[530] Hierzu reicht es dann aus, wenn für den Monat, in dem der Mangel auftrat, die geminderte Miete gezahlt wird, für die Zeit davor muss aber der ganze Rückstand beglichen werden. Sobald **Abrechnungsreife** bzgl. der **Betriebskostenvorauszahlungen** gegeben ist, ver- 179

522 Siehe näher *Schwab* NZM 2019, 36 (38); ebenso *Hinz* WuM 2021, 137 (141); **aA** *Breiholdt* ZMR 2017, 788 (791).
523 LG Krefeld MDR 2021, 925.
524 AG Lübeck NZM 2017, 477; LG Osnabrück WuM 1988, 268; *Flatow* NZM 2017, 273 (276).
525 *Schwab* NZM 2019, 36 (39) mit Rechenbeispielen.
526 Siehe die Beispiele bei *Breiholdt* ZMR 2017, 788 (790) und *Schwab* NZM 2019, 36 (40).
527 *Schwab* NZM 2019, 36 (40).
528 *Flatow* NZM 2017, 273 (277).
529 *Flatow* NZM 2017, 273 (277).
530 *Flatow* NZM 2017, 273 (278).

mindert sich das vom Mieter Geschuldete quasi rückwirkend und ein kündigungsrelevanter Rückstand wird, ähnlich wie bei einer Minderung, erst später erreicht.[531] Zu den Folgen, wenn bei Abrechnungsreife bereits ein kündigungsrelevanter Rückstand erreicht war, → Rn. 164.

180 Ein **Zurückbehaltungsrecht** vermindert das Geschuldete ebenfalls, allerdings nur, solange es besteht. Fällt das Zurückbehaltungsrecht weg, wird der zurückgehaltene Mietanteil sofort zur Zahlung fällig, ohne dass der Mieter allerdings ohne weitere Mahnung in Verzug gerät (→ Rn. 191). Ergibt sich das Zurückbehaltungsrecht aus **§ 320 BGB,** so genügt für den (vorläufigen) Wegfall der Leistungspflicht das bloße Entstehen des Verweigerungsrechts; der Mieter muss sich vorgerichtlich nicht, wohl aber später im Prozess darauf berufen.[532] Das kann auch stillschweigend geschehen, es muss aber deutlich werden, dass die eigene Leistung (des Mieters) im Hinblick auf das Ausbleiben der Gegenleistung (des Vermieters) zurückgehalten wird.[533] Der Einredecharakter des § 320 BGH macht es hierbei notwendig, jedenfalls hilfsweise das Bestehen der Forderung zu unterstellen, an der das Zurückhaltungsrecht geltend gemacht wird.[534] Außerdem muss der Anspruch, auf den das Zurückbehaltungsrecht gestützt wird, konkret bezeichnet sein.[535] Bei einem Zurückbehaltungsrecht aus **§ 273 BGB** gilt Ähnliches, allerdings entfällt der Verzug nicht allein durch das Bestehen der Einrede (wie bei § 320 BGB) oder deren Erhebung, sondern erst durch das Anbieten der eigenen Leistung Zug um Zug.[536]. Die Art, der dem Mieter zustehenden Gegenleistung, spielt grds. keine Rolle; nur bei Geldansprüchen besteht kein Zurückbehaltungsrecht, hiermit muss der Mieter aufrechnen. Ist die **Mietsache mangelhaft,** so besteht – neben der Minderung – ein Zurückbehaltungsrecht aus § 320 BGB an der Miete wegen des Anspruchs auf Herstellung des vertragsgemäßen Zustands. Das Zurückbehaltungsrecht kann anstelle oder neben der Minderung geltend gemacht werden. Nach der – hoch umstrittenen[537] – Rspr. des BGH ist eine **schematische Bemessung** des Zurückbehaltungsrechts **nicht möglich**[538]: Hat der Vermieter seine Leistung teilweise erbracht so kann der Mieter idR nicht die gesamte restliche ungeminderte Miete zurückhalten, das Recht unterliegt vielmehr einer zeitlichen und betragsmäßigen Begrenzung.[539] Eine allgemein gültige Regel zur Bemessung des Zurückbehaltungsrechts existiert nicht. Vielmehr ist die Zurückhaltungsquote aufgrund einer Gesamtwürdigung der Umstände des jeweiligen Einzelfalls unter Berücksichtigung des Grundsatzes von Treu und Glauben zu bestimmen.[540] Dabei muss die Quote in einer angemessenen Relation zu der Bedeutung des Mangels stehen.[541] Das Zurückbehaltungsrecht kann **nur so weit ausgeübt werden,** als es noch seinen Zweck erfüllt, den Vermieter durch den dadurch ausgeübten Druck zur Mangelbeseitigung anzuhalten; ist das nicht mehr zu erwarten, hat es seinen Zweck verfehlt.[542] Für die Annahme der **Zweckverfehlung** genügt es nicht, wenn der Vermieter (im Prozess) den Mangel bestreitet oder wenn er behauptet, er habe den Mangel bereits beseitigt.[543] Die Zweckverfehlung hat iÜ nicht zur Folge, dass das Zurückbehaltungsrecht entfällt; vielmehr darf nur der Druck durch weitere Zurückhaltung nicht erhöht werden.[544] Der BGH hat offengelassen, wo die betragsmäßige Grenze für das Zurückgehaltene liegt und nur ausgeführt, dass ein Betrag, der drei oder vier (ungeminderte) Monatsmieten deutlich übersteigt, sie jedenfalls überschreitet.[545] Daraus kann man folgern, dass **vier Monatsmieten idR das Maximum** der Erlaubten darstellt und nur in besonderen Ausnahmefällen mehr zulässig ist.[546] Ansonsten sind schematische Anwendungen wie die Orientierung an einem mehrfachen des Min-

531 So auch *Hinz* WuM 2021, 137 (139).
532 BGH V ZR 229/90, NJW 1992, 556; BGH XII ZR 141/91, NJW-RR 1993, 519; *Frieling* ZfPW 2018, 467 (473).
533 BGH XII ZR 147/05, NJW 2008, 2254.
534 LG Krefeld 30.6.2021 – 20546/20, BeckRS 2021, 17484 unter Berufung auf BGH XII ZR 147/05, NJW 2008, 2254.
535 BGH XI ZR 181/08, NJW 2010, 1284.
536 BGH VIII ZR 101/69, NJW 1971, 421.
537 Siehe nur *Frieling* ZfPW 2018, 467; *Schwab* NZM 2019, 36 (42); *Blank* WuM 2015, 577.
538 BGH VIII ZR 19/14, NJW 2015, 3087; eing. zu dem Urteil *Hinz* ZMR 2016, 253 (264).
539 BGH VIII ZR 19/14, NJW 2015, 3087 Rn. 65.
540 BGH VIII ZR 19/14, NJW 2015, 3087 Rn. 65.
541 BGH VIII ZR 19/14, NJW 2015, 3087 Rn. 64.
542 BGH VIII ZR 19/14, NJW 2015, 3087 Rn. 63.
543 *BGH VIII ZR 39/18, NJW 2019,* 1745 Rn. 24; s. dazu auch *Streyl* NJW 2019, 2312.
544 *Hinz* ZMR 2016, 253 (262).
545 BGH VIII ZR 19/14, NJW 2015, 3087 Rn. 68.
546 So auch *Hinz* ZMR 2016, 253 (264); *Beyer* jurisPR-MietR 15/2019 Anm. 4.

derungsbetrages oder an den Mängelbeseitigungskosten verboten, vielmehr gilt: **Je schwerwiegender der Mangel, desto eher darf der zurückgehaltene Betrag die Höchstgrenze von vier Monatsmieten erreichen.** Muss schnell viel Druck ausgeübt werden, hält man monatlich viel zurück, dafür aber nur kurze Zeit. Ein hoher Druck muss dem Mangel angemessen sein; das Verhalten des Vermieters kann hierbei eine Rolle spielen. Will der Mieter den Druck permanent ausüben, sind geringe Monatsbeträge zu wählen. Die Art der Druckausübung kann damit vielfältig sein und steht in weitem Maß im Ermessen des Mieters. Sie hat auch Einfluss auf die Höhe der geschuldeten Miete und auf die Entstehung des Kündigungsrechts. Das dem Mieter zustehende Ermessen ist im Regelfall erst dann überschritten, wenn die Sinnlosigkeit der Zurückhaltung feststeht bzw. die genannte betragliche Höchstgrenze erreicht ist, oder dann, wenn die monatliche Druckausübung völlig außer Verhältnis zur Bedeutung des Mangels steht (etwa: vollständige Zurückhaltung bei defekter Klingel). Abgesehen von diesen Grenzen **endet das Zurückbehaltungsrecht** bei Beseitigung des Mangels, bei **Beendigung des Mietverhältnisses,** bei einem Eigentümerwechsel gem. § 566 (→ BGB § 566 Rn. 140), wenn der Vermieter aus tatsächlichen oder rechtlichen Gründen nicht zur Mangelbeseitigung in der Lage ist oder wenn der **Mieter die Mangelbeseitigung vereitelt.** Eine Vereitelung liegt auch dann vor, wenn der Mieter den bestehenden Zustand bis zur Sicherung des Beweises über das Vorliegen eines Mangels aufrecht erhalten will.[547] Mit dem Wegfall des Zurückbehaltungsrechts werden die gesamten zunächst zu Recht eingehaltenen Beträge sofort zur Zahlung fällig, ohne dass der Mieter allerdings ohne weitere Mahnung in Verzug gerät (→ Rn. 191). Nach der Rspr. des BGH[548] ist das **Zurückbehaltungsrecht bei unterlassener Mängelanzeige** nach Treu und Glauben (§ 242 BGB) **ausgeschlossen,** weil es die ihm zukommende Funktion, auf den Schuldner Druck auszuüben, nicht erfüllen könne, wenn dem Vermieter der Mangel nicht bekannt sei, und die unterlassene Mangelanzeige eine Vertragsverletzung darstelle. Das überzeugt nicht, weil die Rechtsfolgen der unterlassenen Mängelanzeige in § 536 c Abs. 2 S. 1 BGB erschöpfend und befriedigend ua durch die dort vorgesehene Schadensersatzpflicht des Mieters geregelt sind.[549]

Das Geschuldete verringert sich (vorübergehend) auch dann, wenn zwischen den Parteien eine **Stundungsvereinbarung** besteht. Für die Annahme einer Stundungsvereinbarung genügt es nicht, wenn der Vermieter in der Vergangenheit eine verspätete Zahlung rügelos entgegengenommen hat. Regelmäßig enthält eine Stundungsvereinbarung den stillschweigenden Vorbehalt des Vermieters, der Mieter werde sich hinsichtlich der künftigen Mietzahlungen vertragsgemäß verhalten. Bei unpünktlicher oder ausbleibender Zahlung entfällt die Stundungsvereinbarung. Das hinsichtlich der Mietrückstände bestehende Kündigungsrecht lebt aber erst wieder auf, wenn der Vermieter den Mieter wegen des Rückstands in Verzug gesetzt hat.[550] 181

Wenn der Mieter, gleichgültig, ob Wohn- oder Geschäftsraummieter, in der Zeit von April bis Juni 2020 auf Grund der **Auswirkungen der Corona-Pandemie** mit der Miete säumig war, gibt es besondere Beschränkungen des Kündigungsrechts (→ Rn. 256). 182

**Verjährte Mietforderungen** dürften nicht zur Kündigung berechtigen. Der Mieter muss die Verjährungseinrede vor der Kündigung nicht erhoben haben.[551] Wenn man nicht die Meinung vertritt, dass schon der Verjährungseintritt den Verzug (und damit eine wesentliche Voraussetzung der Zahlungsverzugskündigung) entfallen lässt[552], ist der Einfluss der Forderungsverjährung allerdings nicht bei der Bestimmung des Geschuldeten zu verorten, sondern bei einem Ausschluss des entstandenen Kündigungsrechts. Die Nichtzahlung der Miete ist als Pflichtwidrigkeit zu bewerten. Gleichwohl kann der Vermieter nicht wirksam kündigen, wenn der Rückstand im Zeitpunkt des Ausspruchs der Kündigung nicht mehr besteht (§ 543 Abs. 2 S. 2 BGB) bzw. wenn eine Aufrechnung mit Gegenansprüchen unverzüglich nach der Kündigung erklärt wird (§ 543 Abs. 2 S. 3 BGB). Gleiches muss gelten, wenn der Zahlungsanspruch auf Grund des Bestehens einer Verjährungseinrede nicht mehr durchgesetzt werden kann. Wegen der in § 543 Abs. 2 S. 3 BGB zum Ausdruck kommenden Wertung muss der Mieter die Verjährungseinrede eigentlich unverzüglich nach der Kündigung erheben. Unterlässt er das, wird eine Kündigung dennoch meist scheitern, weil bei 183

547 BGH VIII ZR 12/18, NJW 2019, 2308 Rn. 47 mAnm *Streyl.*
548 BGH VIII ZR 330/09, NZM 2011, 197.
549 Siehe eing. *Schwab* NZM 2019, 36 (42) sowie LG Flensburg NZM 2018, 902.
550 Zur Notwendigkeit des Verzugs s. eing. *Streyl* NJW 2019, 2312.
551 So aber *Sternel* WuM 2009, 699 (700); iErg wie hier *Hinz* WuM 2021, 137 (139).
552 Offenlassend BGH VIII ZR 184/87, NJW 1988, 1778.

einem Rückstand mit verjährten Forderungen eine Verwirkung des Kündigungsrechts (→ Rn. 230) oder ein Rechtsmissbrauch vorliegen dürfte. Eine unverzügliche Einredeerhebung ist auch erforderlich, wenn der Mieter gem. **§ 313 BGB** einen Anspruch auf Anpassung der Miete hat.[553]

### 5. Bestimmung des Geleisteten

184 Die Bestimmung des im Rückstandszeitraum Geleisteten ist idR unproblematisch. Schwierigkeiten kann allerdings gelegentlich bereiten, wie (Teil-)Zahlungen des Mieters zu verrechnen sind. Vorrangig kommt es auf eine **Tilgungsbestimmung** des Mieters an (§ 366 Abs. 1 BGB). Leistet ein Dritter, muss deutlich werden, dass er auch die Mietschuld zahlen will.[554] Eine Klausel, nach der die Verrechnung ohne Rücksicht auf die Tilgungsbestimmung des Mieters im Belieben des Vermieters stehen soll, ist unwirksam.[555] Eine Tilgungsbestimmung kann auch stillschweigend getroffen werden. Davon ist auszugehen, wenn der Mieter die nach seiner Ansicht geschuldete Miete zum Fälligkeitstermin zahlt.[556] Auch wird davon auszugehen sein, dass der Mieter – für den Vermieter erkennbar und entgegen § 367 Abs. 1 BGB – **zunächst die Hauptforderung und nicht Kosten und Zinsen** tilgen will, um das Kündigungsrisiko zu minimieren.[557] Bei unregelmäßiger Zahlung lässt sich ansonsten meist **kein bestimmter Tilgungswille** feststellen, mit der Folge, dass die gesetzliche **Tilgungsreihenfolge des § 366 Abs. 2 BGB** gilt.[558] Die Vorschrift ist entsprechend anwendbar, wenn der Vermieter den Mietrückstand mit Gutschriften zugunsten des Mieters (etwa aus einer Betriebskostenabrechnung) verrechnet.[559] Hat der Mieter neben der Nettomiete **Betriebskostenvorauszahlungen** zu entrichten und reichen die Zahlungen (ggf. unter Berücksichtigung von Gutschriften) zur Tilgung der Bruttomiete nicht aus, so richtet sich die Tilgungsfolge bei fehlender Tilgungsbestimmung des Mieters ebenfalls nach § 366 Abs. 2 BGB analog.[560] Nach dieser Vorschrift wird zunächst die fällige Schuld, unter mehreren fälligen Schulden diejenige, die dem Vermieter geringere Sicherheit bietet, unter mehreren gleich sicheren die dem Mieter lästigere, unter mehreren gleich lästigen die ältere Schuld und bei gleichem Alter jede Schuld verhältnismäßig getilgt. Hieraus sind folgende **Tilgungsregeln**[561] abzuleiten: **(1)** Aus dem Kriterium der „geringeren Sicherheit" folgt, dass für die Tilgung der jeweiligen Bruttomiete eine unzureichende Zahlung zunächst auf die die darin enthaltene Betriebskostenvorauszahlung anzurechnen ist, weil diese nach Eintritt der Abrechnungsreife nicht mehr geltend gemacht werden kann und daher weniger sicher ist als die Grundmiete. **(2)** Übersteigt eine Zahlung, die in dieser Weise zugeordnet wurde, die für diesen Zeitraum geschuldete Bruttomiete, ist der überschießende Betrag entsprechend zu verrechnen, bis er aufgebraucht ist. **(3)** Bestehen Bruttomietrückstände aus mehreren Jahren, ist zunächst eine Anrechnung auf die ältesten Rückstände vorzunehmen, weil die älteren Rückstände zuerst verjähren und deshalb geringere Sicherheit bieten. **(4)** Für Rückstände aus mehreren Monaten, die im selben Jahr angefallen sind, gilt das ebenso; hier folgt das aber nicht aus dem Kriterium der geringeren Sicherheit, weil sie zum gleichen Zeitpunkt verjähren, sondern aus der Heranziehung des Kriteriums „ältere Schuld". **(5)** Innerhalb eines Jahres (beginnend nach Regel Nr. 3 mit dem am längsten zurückliegenden Monat) ist zunächst auf die ältesten Nebenkostenvorauszahlungsforderungen und anschließend, wenn sämtliche Vorauszahlungen getilgt sind, – wiederum beginnend mit der ältesten Schuld – auf die Grundmieten anzurechnen.

### 6. Maßgeblicher Zeitpunkt

185 Die **Wirksamkeitsvoraussetzungen,** die die Person des Kündigenden betreffen, müssen zum Zeitpunkt der Abgabe der Kündigungserklärung vorliegen; die Wirksamkeitsvoraussetzungen, die den Inhalt der Kündigung und die Person des Empfängers betreffen, müssen zum Zeitpunkt des Zugangs vorliegen (→ BGB § 542 Rn. 44). Dieser Grundsatz bedeutet, dass eine Kündigung wirksam ist, die der Vermieter schon vor Entstehen eines hinreichenden Rückstands, absendet, wenn der

[553] LG Krefeld MDR 2021, 925.
[554] LG Berlin WuM 2021, 351.
[555] BGH VIII ZR 337/82, NJW 1984, 2404.
[556] AG Wesel WuM 1987, 222.
[557] So auch *Hinz* WuM 2021, 137 (143).
[558] *BGH VIII ZR 68/17, NJW 2018, 3448 Rn. 37.*
[559] BGH VIII ZR 68/17, NJW 2018, 3448 Rn. 46.
[560] BGH VIII ZR 68/17, NJW 2018, 3448 Rn. 38.
[561] BGH VIII ZR 68/17, NJW 2018, 3448 Rn. 48ff.

Rückstand dann während der Postlaufzeit noch vor dem Zugang entsteht. Der Grundsatz bedeutet für die Zahlungsverzugskündigung aber nicht, dass ein aufgelaufener kündigungsrelevanter Mietrückstand bei Zugang der Kündigung noch bestehen muss.[562] Aus § 543 Abs. 2 S. 2 BGB folgt vielmehr, dass ein einmal **entstandener kündigungsrelevanter Rückstand so lange fortwirkt** und Grundlage einer fristlosen Kündigung sein kann, bis der Vermieter vollständig (und nicht nur bis knapp unterhalb des kündigungsrelevanten Rückstands; näher → Rn. 204) befriedigt wird.[563]

186 Das **Kündigungsrecht entsteht,** wenn der Mieter erstmals mit einem kündigungsrelevanten Rückstand in Verzug geraten ist. Hierfür ist zunächst der Zeitpunkt der **Fälligkeit** der Mietzahlungspflicht maßgeblich, in der Terminologie des § 543 Abs. 2 S. 1 Nr. 3 BGB „Termin" genannt. Mit Fälligkeit der Miete, die zur Überschreitung der Rückstandsgrenze führt, entsteht der kündigungsrelevante Mietrückstand. Die für das Kündigungsrecht notwendige **Verzug** tritt allerdings erst **mit Ablauf des Fälligkeitstags** ein, nicht schon mit dessen Beginn.[564]

187 Der Vermieter **kann sofort** nach Entstehen des kündigungsrelevanten Rückstands **kündigen.** Er ist nicht gehalten, zunächst eine Zahlungsklage zu erheben.[565] Die Kündigung muss weder angedroht werden, noch muss der Vermieter den Mieter abmahnen (§ 543 Abs. 3 S. 2 Nr. 3 BGB). Eine **Abmahnung** zur Herbeiführung des Verzugs ist aber dann erforderlich, wenn der Mieter sich ausnahmsweise trotz Fälligkeit (etwa mangels Verschuldens oder wegen der Ausübung eines Zurückbehaltungsrechts) nicht in Verzug befunden hat (→ Rn. 190). Hat der Vermieter den Mieter **zur Begleichung der Mietrückstände** aufgefordert und hierfür eine **Zahlungsfrist gesetzt,** so ist eine vor Fristablauf erfolgte Kündigung unwirksam. Mit der Zahlungsfrist bringt der Vermieter konkludent zum Ausdruck, dass er auf das Recht zur Kündigung bis zum Ablauf der Zahlungsfrist verzichte.[566] Zur Frage der **Verwirkung des Kündigungsrechts,** wenn es nicht innerhalb bestimmter Frist nach Entstehung ausgeübt wird, → Rn. 230. Wenn der Mieter, gleichgültig, ob Wohn- oder Geschäftsraummieter, in der Zeit von April bis Juni 2020 auf Grund der **Auswirkungen der Corona-Pandemie** mit der Miete säumig war, gibt es besondere Beschränkungen des Kündigungsrechts (→ Rn. 256).

188 **Fälligkeitstermin** ist entweder der gesetzliche oder der vertraglich vereinbarte Termin. Ist bei der Vermietung von Wohnraum eine Monatsmiete vereinbart, so ist diese nach der gesetzlichen Regelung in § 556b Abs. 1 BGB spätestens bis zum dritten Werktag zu bezahlen. Gleiches gilt gem. § 579 Abs. 2 BGB bei der Vermietung von Räumen, die keine Wohnräume sind (vulgo Geschäftsräume). Für andere Mietverhältnisse gilt § 579 Abs. 1 BGB. Die Parteien können die Fälligkeit der Miete abweichend regeln, weil §§ 556b Abs. 1, 579 BGB – auch formularvertraglich – abdingbar sind. Haben die Parteien etwa eine im Voraus fällige Jahresmiete vereinbart, so kann der Vermieter im Falle des Zahlungsverzugs nach § 543 Abs. 2 S. 1 Nr. 3 BGB erst nach Ablauf eines Jahres kündigen.[567] Soll diese für den Vermieter riskante Rechtsfolge vermieden werden, so muss das Recht zur fristlosen Kündigung abweichend von § 543 BGB geregelt werden, was allerdings, wie aus § 569 Abs. 5 BGB mittelbar folgt, nur außerhalb der Wohnraummiete möglich ist.

## IV. Verzug

189 Für die Zahlungsverzugskündigung reicht nicht allein die Entstehung eines kündigungsrelevanten Mietrückstands, der Mieter muss sich – so der Wortlaut des § 543 Abs. 2 S. 1 Nr. 3 BGB – mit diesem Rückstand auch in Verzug befinden.

190 Verzug tritt nach den Voraussetzungen des § 286 BGB ein. Der nach § 286 Abs. 1 S. 1 BGB grds. erforderlichen **Mahnung** bedarf es nicht, wenn der Leistungszeitpunkt kalendermäßig iSv § 286 Abs. 2 Nr. 1 BGB bestimmt ist. Solches ist entweder gem. § 556b Abs. 1 BGB der Fall oder ergibt sich – praxisbeherrschend – aus den vertraglichen Vereinbarungen. Ausnahmsweise ist das anders, wenn die Miethöhe umsatzabhängig ist, erst aus einer vom Vermieter zu erstellenden Berechnung ersichtlich wird[568] oder von einer Zahlungsaufforderung des Vermieters abhängen soll[569]; dann ist

---

562 *Blank* NZM 2009, 113; *Lehmann-Richter* ZMR 2017, 372 (373).
563 BGH VIII ZR 265/86, NJW-RR 1988, 77; *Blank* NZM 2009, 113.
564 BGH VIII ZR 6/09, NJW 2010, 2208 Rn. 16.
565 BVerfG NJW 1989, 1917.
566 LG Berlin WuM 2017, 655.
567 BGH XII ZR 61/07, NZM 2009, 30.
568 BGH VIII ZR 12/69, ZMR 1971, 27.
569 BGH VIII ZR 58/71, MDR 1973, 44.

neben der Berechnung der Miethöhe eine Mahnung erforderlich. Zur Kündigung bei **verjährten Mietforderungen** → Rn. 183.

191 Besteht ein Zurückbehaltungsrecht gem. § 320 BGB, hat das nicht nur (vorläufigen) Einfluss auf die Höhe des Geschuldeten (→ Rn. 180), auch ein Verzug ist ausgeschlossen.[570] **Entfällt das Zurückbehaltungsrecht** später, so ist der zurückgehaltene Betrag sofort zur Zahlung fällig und kann den Zahlungsrückstand auf ein kündigungsrelevantes Maß heben, wenn der Mieter nicht zahlt. Es ist aber kein Verzugstatbestand erfüllt. Deshalb muss der Vermieter den Mieter zu Zahlung des Zurückgehaltenen hem. § 286 Abs. 1 BGB anmahnen.[571] Ähnlich ist es bei **fehlendem Verschulden des Mieters an dem Ausbleiben der Zahlung.** Entfällt das Verschuldenshindernis, muss der Vermieter den Mieter vor der Kündigung in Verzug setzen.[572]

192 Die Zahlung hat bei kalendermäßiger Fälligkeit am Fälligkeitstag zu erfolgen, **Verzug** tritt allerdings erst **mit Ablauf des Fälligkeitstags** ein, nicht schon mit dessen Beginn.[573] Der **Samstag** ist kein Werktag iSv § 556 b Abs. 1 BGB und damit **kein Fälligkeitstag.**[574]

193 Für die **Rechtzeitigkeit der Zahlung** kommt es **im Überweisungsverkehr** nicht darauf an, dass die Miete auf dem Konto des Vermieters eingegangen ist; es genügt vielmehr, dass der Mieter – bei ausreichend gedecktem Konto – seinem Zahlungsdienstleister den **Zahlungsauftrag am Fälligkeitstag erteilt.**[575] Verzögerungen oder Fehlleitungen durch die Bank führen dann nicht zum Verzug.[576] Im Anwendungsbereich von § 556 b Abs. 1 BGB, der nicht nur für die **Wohnraummiete,** sondern gem. § 579 Abs. 2 BGB für die gesamte Raummiete (also auch die **Geschäftsraummiete**) gilt, folgt die Maßgeblichkeit der Leistungshandlung aus dem Willen des Gesetzgebers zu § 556 b Abs. 1 BGB, mit dem die davor herrschende Rspr. und Praxis kodifiziert werden sollte, die wiederum an dem damaligen Verständnis der §§ 269, 270 BGB orientiert war.[577] Aus der Richtlinie 2000/35/EG zur Bekämpfung von Zahlungsverzug im Geschäftsverkehr ergibt sich nichts anderes.[578] Außerhalb des Anwendungsbereichs des § 556 b Abs. 1 BGB, also bei der **Grundstücksmiete** und der Miete beweglicher Sachen, gilt die Zahlungsverkehrsrichtlinie nur für den Geschäftsverkehr zwischen Unternehmern (b2b) und betrifft auch dort nur die die Berechnung von Zinsen bei Zahlungsverzug, nicht aber sonstige Verzugsfolgen.[579] Zu den sonstigen Verzugsfolgen gehört die an den Zahlungsverzug geknüpfte Zahlungsverzugskündigung gem. § 543 Abs. 2 S. 1 Nr. 3 BGB. Dementsprechend hat die Zahlungsverzugsrichtlinie für die Kündigung keine Bedeutung, sondern allenfalls für den Eintritt des Verzugszinsbeginns bei beidseitig unternehmerisch handelnden Parteien.

194 Die Maßgeblichkeit der Erteilung des **Überweisungsauftrags am Fälligkeitstag** hat folgende **praktische Bedeutung:** Eine Gutschrift des Mietzinses auf sein Konto darf der Vermieter nicht vor dem fünften Werktag eines Monats erwarten, wenn er einen Verzug des Mieters sicher feststellen will, denn bei einer Veranlassung der Überweisung am 3. Werktag des Monats ist diese nach § 675 n Abs. 1 S. 3 BGB spätestens am folgenden Banktag auszuführen und nach § 675 s Abs. 1 S. 1 BGB einen Tag später dem Empfängerkonto gutzuschreiben.[580]

195 In sog. **Rechtzeitigkeitsklauseln** wird oftmals vereinbart, dass es nicht auf die Zahlungsveranlassung, sondern auf den Geldeingang auf dem Vermieterkonto ankommt. Zur (Un-)Wirksamkeit solcher Klauseln in der Wohnraummiete → BGB § 556 b Rn. 17 und bei anderen Mietverhältnissen → BGB § 579 Rn. 18.

196 Im **Lastschriftverfahren,** das auch in AGB vereinbart werden kann[581], hat der Mieter alles ihm Obliegende getan, wenn er am Fälligkeitstag für eine ausreichende Kontendeckung sorgt. Solange

---

570 BGH V ZR 217/08, NJW 2010, 1272 Rn. 23.

571 Siehe eing. *Streyl* NJW 2019, 2312; **aA,** aber ohne jegliche Problematisierung BGH VIII ZR 12/18, NJW 2019, 2308 Rn. 47.

572 IErg ähnlich OLG Dresden MDR 2020, 666 mwN, wo das Abmahnerfordernis allerdings auf Treu und Glauben gestützt wird.

573 BGH VIII ZR 6/09, NJW 2010, 2208 Rn. 16.

574 BGH VIII ZR 129/09, NJW 2010, 2879; krit. dazu → BGB § 556 b Rn. 11.

575 BGH VIII ZR 222/15, NJW 2017, 1596.

576 LG Berlin WuM 2021, 246.

577 BGH VIII ZR 222/15, NJW 2017, 1596 Rn. 21.

578 So überzeugend für die Wohnraummiete BGH VIII ZR 222/15, NJW 2017, 1596 Rn. 32; die Frage ist hochstreitig, **aA** etwa *Herresthal* NZM 2011, 833 (839). Zum Streitstand Staudinger/*Emmerich* BGB § 543 Rn. 53.

579 *Herresthal* NZM 2011, 833 (838).

580 LG Berlin GE 2017, 952.

581 *Herresthal* NZM 2011, 833 (840).

das der Fall ist, kommt er nicht in Verzug.[582] Dagegen tritt Verzug ein, wenn die Abbuchung mangels Kontodeckung scheitert. Die Verpflichtung des Vermieters zum Einzug der künftigen Mieten bleibt hiervon unberührt, es sei denn, die Anhaltspunkte für eine mangelnde Deckung sind auch für die Zukunft so konkret, dass es treuwidrig wäre, wenn sich der Mieter weiterhin auf die bestehende Einzugsermächtigung berufen könnte; ein vorübergehender Liquiditätsengpass reicht hierfür nicht aus.[583] Der Vermieter kann eine Vereinbarung über eine Lastschriftabrede aus wichtigem Grund einseitig widerrufen. Die Widerrufserklärung muss klar und eindeutig sein. Für den Mieter muss ersichtlich sein, dass der Vermieter von der Möglichkeit des Lastschriftverfahrens künftig keinen Gebrauch mehr machen werde. Solange der Widerruf nicht erfolgt, kann sich der Mieter darauf verlassen, dass die Miete per Lastschriftverfahren eingezogen wird. Dies gilt auch dann, wenn der Vermieter in der Vergangenheit wegen Zahlungsverzug gekündigt hat und diese Kündigung durch nachträgliche Zahlung nach § 569 Abs. 3 BGB unwirksam geworden ist.[584]

Der Mieter kommt nicht in Verzug, solange die Zahlung infolge eines Umstands unterbleibt, den er nicht zu vertreten hat (§ 286 Abs. 4 BGB). Nach § 276 Abs. 1 BGB hat der Mieter grds. nur ein **Verschulden** (Vorsatz und Fahrlässigkeit) zu vertreten, es sei denn, aus dem Inhalt des Schuldverhältnisses, insbes. aus der Übernahme einer Garantie oder eines Beschaffungsrisikos, ergibt sich etwas anderes. Zu den Folgen des **Wegfalls des Verschuldenshindernisses** auf den Verzug → Rn. 191. **197**

Etwas anderes im vorgenannten Sinn gilt für die **finanzielle Leistungsfähigkeit** des Mieters. Nach dem Grundsatz der unbeschränkten Vermögenhaftung **(„Geld hat man zu haben")** ist es belanglos, wenn der Mieter als Schuldner ohne sein Verschulden (etwa wegen Arbeitslosigkeit oder Krankheit) nicht in der Lage ist, die Mietforderung zu erfüllen.[585] Das gilt auch, soweit der Mieter, um die Miete entrichten zu können, auf **Sozialleistungen** einer öffentlichen Stelle angewiesen ist und diese Leistungen rechtzeitig beantragt hat; eine Berücksichtigung solcher persönlichen Umstände findet grds. nicht statt, entscheidend ist allein, ob das Ausbleiben der Zahlungen zur Verwirklichung eines Zahlungsverzugstatbestands geführt hat.[586] Denn die Zahlungsverzugskündigung ist vom Gesetzgeber so konzipiert worden, dass bei Erfüllung der tatbestandlichen Voraussetzungen des § 543 Abs. 2 S. 1 Nr. 3 BGB ein wichtiger Grund zur fristlosen Kündigung gegeben ist, ohne dass es der in § 543 Abs. 1 BGB vorgeschriebenen Einzelfallabwägung (bei der ein Verschulden zu berücksichtigen wäre) bedarf oder sie auch nur zulässig wäre (→ Rn. 10). Der Schutz des Mieters erfolgt in Fällen dieser Art über § 569 Abs. 3 Nr. 2 BGB. **198**

Zahlt der Mieter aus **anderen Gründen als seiner fehlenden finanziellen Leistungsfähigkeit** die Miete nicht rechtzeitig und entsteht hierdurch ein kündigungsrelevanter Rückstand, kommt eine Entschuldigung gem. § 286 Abs. 4 BGB in Betracht; der Grundsatz „Geld hat man zu haben" besagt nämlich nicht, dass der Schuldner für die rechtzeitige Erfüllung einer Geldschuld stets und unter allen Umständen verschuldensunabhängig einzustehen hat.[587] So **fehlt es an einem Verschulden** bei einem geschäftsunfähigen Mieter ohne gesetzlichen Vertreter[588]; ist ein Betreuer vorhanden, muss dieser für die Zahlung sorgen.[589] Ein Verschulden fehlt auch dann, wenn der Mieter auf Grund plötzlicher Erkrankung zur pünktlichen Zahlung oder deren Veranlassung nicht in der Lage ist. Gibt es bei einer langandauernden (etwa depressiven) Erkrankung allerdings Phasen, in denen der Mieter zur Besorgung seiner Angelegenheiten in der Lage ist, hat er in einer solchen Phase für eine Sicherstellung der pünktlichen Mietzahlung zu sorgen.[590] Ähnlich ist es bei einem Mieter in Untersuchungs- oder Strafhaft; er kann und muss einen Dritten mit der Mietzahlung beauftragen.[591] Entschuldigt ist der Mieter, wenn darauf vertrauen darf (und deshalb einen Tatsachenirrtum unterliegt), dass die Miete vom **Jobcenter** überwiesen wird, er vom Eintritt des Verzugs keine Kenntnis hat und deshalb nichts unternehmen kann, um den pünktlichen Zahlungseingang sicher zu stellen.[592] Das Verschulden kann auch entfallen, wenn der Mieter sich – wie etwa bei **199**

---

[582] OLG Stuttgart ZMR 2008, 967; LG Berlin ZMR 2008, 971.
[583] OLG Stuttgart ZMR 2008, 967.
[584] LG Berlin ZMR 2008, 971.
[585] BGH VIII ZR 175/14, NJW 2015, 1296 mwN.
[586] BGH VIII ZR 175/14, NJW 2015, 1296.
[587] *Lorenz* WuM 2013, 202 (204, 205).
[588] LG Hamburg NJW-RR 1996, 139.
[589] AG Paderborn ZMR 2021, 53.
[590] LG Berlin ZMR 2020, 111.
[591] LG Aachen WuM 1990, 294.
[592] BGH VIII ZR 236/14, NJW 2015, 1749.

einer Veräußerung der Mietsache gem. § 566 BGB oder nach Tod des Vermieters – berechtigterweise über die Person des Vermieters irrt und deshalb an einen **Nichtberechtigten** oder bei Unsicherheit über die Person des Vermieters gar nicht leistet.[593] Bei Zahlung an einen Nichtberechtigten ist vorrangig zu prüfen, ob nicht befreiend geleistet wurde (→ BGB § 566 e Rn. 17).

200 Für Zahlungsverzögerungen, die durch **Erfüllungsgehilfen** verursacht werden, muss der Mieter gem. § 278 BGB einstehen.[594] Erfüllungsgehilfen sind alle Personen, derer sich der Mieter zur Erfüllung seiner Zahlungspflicht bedient. Grundsätzlich kann auch die vom Mieter beauftragte Bank dazu gehören. Das gilt aber nicht hinsichtlich einer verzögerten oder fehlerhaften Ausführung eines Zahlungsauftrags im Überweisungsverkehr, weil der Mieter nur die rechtzeitige Zahlung veranlassen muss, die Verzögerungsgefahr aber beim Vermieter liegt[595] (→ Rn. 193). Das **Jobcenter** (oder ein ähnlicher Amtsträger) ist nicht Erfüllungsgehilfe, weil es im Rahmen der Daseinsvorsorge staatliche Transferleistungen an einen Bürger erbringt und so ausschließlich hoheitliche Aufgaben wahrnimmt, um die Grundsicherung des Hilfebedürftigen zu gewährleisten.[596] Auf diese Frage dürfte es allerdings bei der Zahlungsverzugskündigung kaum ankommen: Wenn ein kündigungsrelevanter Rückstand erreicht ist, spielt Verschulden und damit die Zurechnung von Verschulden von Erfüllungsgehilfen keine Rolle (→ Rn. 198). Wenn der Mieter auf die (pünktliche Zahlung) des Amtsträgers vertrauen durfte, entfällt sein eigenes Verschulden am Ausbleiben der Zahlung auf Grund eines Tatsachenirrtums (→ Rn. 199).

201 Ein **Rechts- oder Tatsachenirrtum** kann das Verschulden entfallen lassen. Hieran sind aber strenge Anforderungen zu stellen, die allenfalls dann geringer sind, wenn es um die Geltendmachung von Minderungsrechten und einem damit zusammenhängenden Zurückbehaltungsrecht gem. § 320 BGB geht; Einzelheiten → BGB § 546 a Rn. 93. In weiterem Maß ist ein Rechtsirrtum in Form eines sog. **Schätzirrtum** bei der Bemessung einer **Minderung oder eines Zurückbehaltungsrechts** *der Höhe nach* anzuerkennen, da hierbei ein Beurteilungsspielraum besteht, der sich auch in Gerichtsentscheidungen mit unterschiedlichen Ergebnissen bei gleichgelagerten Sachverhalten widerspiegelt.[597] Hier dürften Abweichungen von bis zu 10% des eigentlich Angemessenen bzw. später in einem Gerichtsverfahren an angemessen Erkannten vertretbar sein.[598] Soweit es darum geht, wie das höhenmäßig (auf ca. vier Monatsmieten) begrenzte Zurückbehaltungsrecht zeitmäßig verteilt wird, geht es allerdings nicht um die Frage eines Schätzirrtums, sondern um die richtige Bestimmung des kündigungsrelevanten Rückstands (→ Rn. 179). Ein Rechtsirrtum ist ohne Weiteres anzunehmen, soweit der Mieter zu wenig Miete gezahlt hat, weil er den sog. **Berliner Mietendeckel** befolgt hat, der extern für verfassungswidrig erklärt wurde.[599] Da das fehlende Verschulden Verzug nicht herbeigeführt hat, muss der Vermieter dem Mieter vor einer Kündigung anmahnen.

### V. Ausschluss und nachträgliche Unwirksamkeit der Kündigung

202 Trotz eines kündigungsrelevanten Rückstands, mit dem sich der Mieter in Verzug befindet, kann das Kündigungsrecht vor Wirksamwerden der Kündigung **untergehen** (§ 543 Abs. 2 S. 2 BGB) oder nach Ausspruch der Kündigung **unwirksam werden** (§ 543 Abs. 2 S. 3 BGB bzw. § 569 Abs. 3 Nr. 2 BGB), wenn der Mieter den Vermieter (vollständig) befriedigt. Diese Privilegierung der nachträglichen Befriedigung beruht auf der Wiederherstellung des Vertrauens, die hierdurch eintritt[600] (ergänzend → Rn. 205). Der **Mieter muss** die Voraussetzungen des Ausschlusses der Kündigung **beweisen.**

---

593 BGH VIII ZR 24/05, NJW 2006, 51.

594 BGH VIII ZR 102/06, NJW 2007, 428, zu § 573 BGB.

595 LG Berlin WuM 2021, 246; *Lorenz* WuM 2013, 202 (205).

596 BGH VIII ZR 64/09, NJW 2009, 3781, für den Fall der Kündigung wegen nachhaltig unpünktlicher Mietzahlung; → Rn. 34. Diese Rspr. ist stark umstritten: Wie der BGH etwa *Harke* NZM 2016, 449 (454); **aA** etwa *Lorenz* WuM 2013, 202 (206); *Rieble* NJW 2010, 816.

597 *Harke* NZM 2016, 449 (453); *Hinz* ZMR 2016, 253 (263); *Milger* MDR 2013, 385.

598 So auch *Hinz* ZMR 2016, 253 (263); weitergehend bejaht LG Frankfurt a. M. 30.1.2020 – 11 S 232/19, juris einen entschuldbaren Irrtum bei einer ums Doppelte überhöhten Minderung.

599 *BVerfG NJW 2021, 1377.*

600 *Schwab* FS Börstinghaus, 2020, 379 (380) sieht den Sinn von § 543 Abs. 2 S. 3 BGB in dem Bedürfnis nach Rechtssicherheit über die Wirksamkeit der Kündigung bei nachträglicher Aufrechnung. § 543 Abs. 2 S. 2, 3 BGB müssen aber gemeinsam betrachtet werden; sie dienen einem gemeinsamen Zweck.

### 1. Befriedigung vor Kündigung (§ 543 Abs. 2 S. 2 BGB)

203 Nach § 543 Abs. 2 S. 2 BGB ist die Kündigung ausgeschlossen, wenn der Vermieter vorher (also **vor Zugang der Kündigung**[601]) befriedigt wird. Diese Rechtsfolge gilt für alle Mietverhältnisse. Die **Befriedigung** kann durch Zahlung des Mieters oder eines Dritten (§ 267 BGB) herbeigeführt werden, außerdem durch Aufrechnung (auch → Rn. 205) oder Hinterlegung. Ähnlich wirkt es, wenn die Verzugsfolgen beseitigt werden (durch Annahmeverzug des Vermieters[602]) oder der Mieter durch Erhebung der Verjährungseinrede die Durchsetzbarkeit der Forderung beseitigt (→ Rn. 183). Zu den Folgen, wenn eine **Minderung** der Miete nach Erreichen des kündigungsrelevanten Rückstands oder bzgl. der **Betriebskostenvorauszahlungen Abrechnungsreife** eintritt, → Rn. 179. Für die **Rechtzeitigkeit einer Zahlung** kommt es auf die vom Mieter zu erbringende Leistungshandlung an[603]; dazu → Rn. 193.

204 Durch die Zahlung wird die Kündigung nur dann ausgeschlossen, wenn der Vermieter hierdurch **vollständig** hinsichtlich aller bis zum Zeitpunkt der Zahlung bestehenden Mietrückstände befriedigt wird.[604] Teilzahlungen sind nicht ausreichend, insbes. reicht es nicht aus, den Rückstand nur unter das kündigungsrelevante Maß zu drücken.[605] Ganz geringfügige verbleibende Rückstände können gem. § 242 BGB unbeachtlich sein.[606] **Nicht** notwendig ist es allerdings, **sämtliche Zahlungsrückstände aus dem Mietverhältnis** zu tilgen. Denn § 543 Abs. 2 S. 2 BGB bezweckt nur die Beseitigung der Kündigung wegen Zahlungsverzugs, weshalb nur solche Rückstände zu tilgen sind, die in eine Rückstandsberechnung einfließen dürfen. Das sind die Mieten iSv § 543 Abs. 2 S. 1 BGB (dazu → Rn. 161), nicht aber etwa Betriebskostennachzahlungen, Schadensersatzansprüche, Zinsen, Prozesskosten oder ähnliches. Wäre es anders, würden Zahlungspflichten einbezogen, die bei der abwägungsfreien Zahlungsverzugskündigung eigentlich deshalb nicht zu berücksichtigen sind, weil, deren Ausbleiben allein nicht einen hinreichend sicheren Schluss auf die Unzumutbarkeit der Vertragsfortsetzung ermöglicht. Im Übrigen folgt das Ergebnis auch aus einem Gleichlauf zu der strukturell vergleichbaren Regelung in § 569 Abs. 3 Nr. 2 BGB[607], die ebenfalls nur den Ausgleich kündigungsrelevanter Mietrückstände (und nach der Kündigung aufgelaufener Nutzungsentschädigung) erfordert.[608] Zahlungen unter (sog. einfachem) **Vorbehalt** haben dann Erfüllungswirkung, wenn mit ihm nur die Anwendung von § 814 BGB ausgeschlossen werden soll.

### 2. Aufrechnung nach Kündigung (Abs. 2 S. 3)

205 Eine **Aufrechnung** kann auch noch **nach Zugang der Kündigung** zu deren Unwirksamkeit führen, wenn sie unverzüglich (ohne schuldhaftes Zögern) erklärt wird (§ 543 Abs. 2 S. 3 BGB)[609]; zur Aufrechnung vor der Kündigung → Rn. 203. Die Aufrechnung macht die Kündigung nur dann unwirksam, wenn sie den Vermieter **vollständig befriedigt**[610]; dazu → Rn. 203. Durch die Vorschrift wird die rückwirkende Kraft der Aufrechnung (§ 389 BGB) in Bezug auf die Kündigung (nicht aber in Bezug auf die sonstigen Folgen wie etwa die Beseitigung des Verzugs) erheblich modifiziert.[611] Würde § 389 BGB uneingeschränkte Geltung haben, könnte eine Gegenforderung des Mieters, die vor Fälligkeit der kündigungsrelevanten Mieten bestand, den Verzug des Mieters durch (irgendwann erklärte) Aufrechnung rückwirkend auf den Zeitpunkt der Aufrechnungslage beseitigen und so die Kündigung zu Fall bringen, wenn der Rückstand auf diese Weise unter das

---

[601] BGH VIII ZR 261/15, NJW 2016, 3437 Rn. 22.
[602] Staudinger/*Emmerich* BGB § 543 Rn. 63.
[603] BGH VIII ZR 364/04, NJW 2006, 1585 Rn. 10.
[604] Eing. BGH VIII ZR 193/16, NZM 2018, 28; BGH VIII ZR 12/69, ZMR 1971, 27; BGH VIII ZR 261/15, NJW 2016, 3437 Rn. 23; zur Maßgeblichkeit des Zeitpunkts der Zahlung BGH VIII ZB 44/03, NJW-RR 2005, 217.
[605] BGH VIII ZR 193/16, NZM 2018, 28 Rn. 30.
[606] BGH VIII ZR 236/14, NJW 2015 (1749, 43 EUR aus einem weiter zurückliegenden Zeitraum); LG Berlin WuM 1997, 216 (2,31 DM); verneint LG Bonn WuM 1992, 607 (ca. 30 DM bei ca. 583 DM Miete).
[607] Beiden Vorschriften liegt ein identisches Verständnis der vollständigen Befriedigung zu Grunde (BGH VIII ZR 261/15, NJW 2016, 3437 Rn. 23).
[608] BGH VIII ZR 267/09, NJW 2010, 3020.
[609] BGH VIII ZR 261/15, NJW 2016, 3437 Rn. 22.
[610] BGH VIII ZR 261/15, NJW 2016, 3437 Rn. 23.
[611] So auch *Schwab* FS Börstinghaus, 2020, 379, der das Ausmaß der Modifikation aber wohl wegen des von ihm für richtig gehaltenen Zwecks der Vorschrift, Rechtssicherheit über die Wirksamkeit der Kündigung bei nachträglicher Aufrechnung zu schaffen, teilweise anders sieht.

kündigungsrelevante Maß gesenkt wird; eine nach Fälligkeit der kündigungsrelevanten Mieten entstandene Gegenforderung könnte das hingegen nicht, weil zum Zeitpunkt des Eintritts der Aufrechnungslage das Kündigungsrecht schon bestand und deshalb durch eine Rückwirkung auf den Zeitpunkt der Aufrechnungslage nicht mehr beseitigt werden kann. § 543 Abs. 2 S. 3 BGB ändert nach seinem Wortlaut beides: Im ersten Fall (Aufrechnungslage besteht bei Fälligkeit der kündigungsrelevanten Mieten) reicht nicht ein Gegenanspruch, der den Rückstand durch (irgendwann erklärte) Aufrechnung gerade eben unterhalb des kündigungsrelevanten Maßes drückt[612]; der Rückstand muss vielmehr vollständig (und – anders als nach § 389 BGB – unverzüglich) beseitigt werden.[613] Im zweiten Fall ist (wiederum anders als nach § 389 BGB) auch eine nachträgliche Aufrechnungslage ausreichend, um die Kündigungswirkung rückwirkend zu beseitigen; dies aber wiederum nur bei vollständiger (und unverzüglicher) Befriedigung.[614] Grund für diese Modifikation des § 389 BGB ist die Aufrechterhaltung des Mietverhältnisses, die nach dem Gesetz gerechtfertigt erscheint, weil das Vertrauen des Vermieters durch die vollständige, zeitnahe Befriedigung (und nur durch sie, nicht durch Teilbefriedigung oder eine später erklärte Aufrechnung) wiederhergestellt ist. Zu einer solchen Wiederherstellung des Vertrauens würde es nicht kommen, wenn man in ersterem Fall eine Aufrechnung nur gerade bis unterhalb des kündigungsrelevanten Maßes ausreichen lassen würde oder wenn man dem Mieter beliebig Zeit für die Aufrechnung lassen würde. Für das Vertrauen des Vermieters spielt die Rückwirkungsfiktion des § 389 BGB keine Rolle. Das Vertrauen wird nämlich nicht nur gestört, wenn der Mieter die Befriedigung durch Zahlung von Geld unterlässt, sondern auch dann, wenn er bei Fälligkeit der Miete die Befriedigung durch Aufrechnung unterlässt. Die **Aufrechnungslage** darf allerdings **nicht erst nach der Kündigung entstanden** sein.[615] Die Kündigung stellt insofern eine Zäsur dar, als der Mieter vor ihr jedenfalls die Möglichkeit gehabt haben muss, den Vermieter zu befriedigen; nur dann ist der Vertrauensverlust – abgesehen von den Fällen der Schonfristzahlung gem. § 569 Abs. 3 Nr. 2 BGB – nach dem Gesetz gering genug, um die Kündigung unwirksam zu machen. Auch eine Aufrechnung mit dem Rückforderungsanspruch der Kaution nicht möglich, weil dieser Anspruch ebenfalls erst nach der Beendigung des Mietverhältnisses fällig wird.

206 In manchen Mietverträgen ist – wirksam[616] – vereinbart, dass die Aufrechnung eine bestimmte Zeit vor Fälligkeit der Miete **angezeigt** werden muss. Aufrechnungen nach Vertragsbeendigung gem. § 543 Abs. 2 S. 3 BGB werden hiervon ersichtlich nicht erfasst[617]; bei einem anderen Verständnis müsste das Einfluss auf die Unverzüglichkeit der Aufrechnung haben und die Frist entsprechend verlängern. Anders ist es bei **Aufrechnungsausschlüssen** in gewerblichen Mietverträgen, sofern sie wirksam sind. Würde der Mieter unverzüglich nach der Kündigung aufrechnen können, könnte er das Aufrechnungsverbot umgehen, indem er eine Kündigung provoziert.

207 Die Aufrechnung muss **unverzüglich** iSv § 121 Abs. 1 BGB nach Zugang der Kündigung erklärt werden. Das bloße Bestehen der Aufrechnungslage führt noch nicht zur Unwirksamkeit der Kündigung.[618] Unverzüglichkeit ist nicht mehr nach zwei Monaten gegeben[619], idR wird sie innerhalb von zwei Wochen erklärt werden müssen.[620] In der **Wohnraummiete** kann die Aufrechnung wegen der Schonfristregelung in § 569 Abs. 3 Nr. 2 S. 1 BGB faktisch bis zu zwei Monate nach Rechtshängigkeit erklärt werden; nur bei unverzüglicher Aufrechnung findet aber die Regelung in § 569 Abs. 3 Nr. 2 S. 2 BGB keine Anwendung.

### 3. Schonfristzahlung und Sperrfrist (§ 569 Abs. 3 Nr. 2, und 3 BGB)

208 In der Wohnraummiete kann eine **Begleichung des Mietrückstands nach Zugang** der Kündigung, die sog. Schonfristzahlung (auch Nachholrecht genannt), gem. § 569 Abs. 3 Nr. 2

612 So aber *Schwab* FS Börstinghaus, 2020, 379 (388).
613 BGH VIII ZR 261/15, NJW 2016, 3437 Rn. 23.
614 *Schwab* FS Börstinghaus, 2020, 379 (390).
615 BGH VIII ZR 20/59, NJW 1959, 2017.
616 BGH VIII ZR 191/10, NJW 2011, 2201; BGH VIII ZR 301/10, NZM 2012, 22.
617 Siehe zum Problem auch *Niebling* ZMR 2011, 709; *Lindner* DWW 2019, 44 (47). *Schwab* FS Börstinghaus, 2020, 379 (384) hält Klauseln, die die Aufrechnung zum Zweck einer Zahlungsverzugskündigung nicht ausnehmen, für unwirksam.
618 *BGH VIII ZR 96/09, NJW 2010,* 3015 Rn. 43.
619 BGH VIII ZR 261/15, NJW 2016, 3437 Rn. 24.
620 Siehe nur OLG Brandenburg 24.2.2010 – 3 U 112/09, BeckRS 2010, 5598; KG 15.11.2010 – 8 U 80/10, BeckRS 2014, 9630 sowie die zu § 121 BGB ergangene.

BGB zu deren Unwirksamkeit führen (Einzelheiten → BGB § 569 Rn. 71). In der Wohnraummiete gibt es außerdem bei **Mieterhöhungsklagen** wegen Mieterhöhungen gem. §§ 558–560 BGB die Sperrfrist des § 569 Abs. 3 Nr. 3 BGB, die eine Kündigung erst zwei Monate nach rechtskräftiger Verurteilung zur Zahlung bzw. Zustimmung zu der gem. §§ 558–560 BGB erhöhten Miete zulässig macht (Einzelheiten → BGB § 569 Rn. 100).

### VI. Rechtsmissbräuchliche Kündigungen

Zahlungsverzugskündigungen können in besonderen Ausnahmefällen trotz des Vorliegens ihrer Voraussetzungen rechtsmissbräuchlich sein. Das kann insbes. in Betracht kommen, wenn der Vermieter von seinem Kündigungsrecht nicht innerhalb einer angemessenen **Ausübungsfrist** Gebrauch macht; näher → Rn. 230. Abgesehen davon dürfte **Rechtsmissbrauch** vorliegen, wenn der Zahlungsrückstand für den Vermieter erkennbar auf einem Versehen beruht[621] (dann ist eine Abmahnung erforderlich), wenn die Parteien über eine längere Zeit über die Berechtigung einer Mietminderung verhandelt haben[622] oder wenn der Rückstand eingetreten ist, weil sich der Vermieter geweigert hat, eine **Erklärung über die Miethöhe** auszufüllen, die der Mieter zur Erlangung von staatlichen Unterstützungsleistungen benötigt hätte.[623] Ein Rechtsmissbrauch liegt nicht vor, wenn der Vermieter kündigt, obwohl er einen **Bürgen** mit unbeschränkter Haftung in Anspruch nehmen könnte.[624] Etwas anderes kann gelten, wenn der Bürge erkennbar zahlungsbereit ist und der Vermieter gleichwohl kündigt, ohne mit dem Bürgen Kontakt aufzunehmen. Auf eine in der Höhe beschränkte Mietkaution muss sich der Vermieter nicht verweisen lassen.[625] Hat der Vermieter den Mieter **zur Begleichung der Mietrückstände** aufgefordert und hierfür eine **Zahlungsfrist gesetzt,** so ist eine vor Fristablauf erfolgte Kündigung unwirksam. Mit Zahlungsfrist bringt der Vermieter konkludent zum Ausdruck, dass er auf das Recht zur Kündigung bis zum Ablauf der Zahlungsfrist verzichte.[626] 209

### VII. Konkurrenzen

Liegt ein Zahlungsverzug vor, kann der Vermieter fristlos gem. § 543 Abs. 2 S. 1 Nr. 3 BGB und/oder bzw. hilfsweise ordentlich gem. **§ 573 Abs. 2 Nr. 1 BGB** kündigen. Zum Verhältnis mehrerer Kündigungen → BGB § 542 Rn. 41. 210

### VIII. Besonderheiten bei Insolvenz des Mieters

Zu den Besonderheiten einer Zahlungsverzugskündigung bei Insolvenz des Mieters → BGB § 542 Rn. 126. 211

## F. Abhilfefrist bzw. Abmahnung (Abs. 3)

### I. Allgemeines

Besteht der wichtige Grund, der zur Kündigung berechtigen soll, in der Verletzung einer Pflicht aus dem Mietvertrag, so ist die Kündigung gem. § 543 Abs. 3 S. 1 BGB grds. erst nach erfolglosem Ablauf einer angemessenen Abhilfefrist oder nach erfolgloser Abmahnung zulässig. **Zweck** ist es, den Kündigungsgegner zu warnen, dass sein vertragswidriges Verhalten nicht mehr hingenommen wird, und ihm Gelegenheit zu geben, sein Verhalten zu ändern.[627] § 543 Abs. 3 BGB entspricht der allgemeinen Vorschrift des § 314 Abs. 3 BGB. Soweit § 543 Abs. 3 BGB eine „angemessene“ 212

[621] OLG Hamm WuM 1998, 485; *Sternel* PiG 90 (2011), 175 (183).
[622] AG Hamburg-Blankenese WuM 1987, 388.
[623] **AA** LG Köln WuM 1995, 104.
[624] BGH VIII ZR 26/71, MDR 1972, 411.
[625] BGH VIII ZR 26/71, MDR 1972, 411.
[626] LG Berlin WuM 2017, 655.
[627] BGH VIII ZR 139/07, NJW 2008, 1303; BGH VIII ZR 129/09, NJW 2010, 2879; BGH VIII ZR 345/10, WuM 2011, 676.

Abhilfefrist vorschreibt, ist das kein sachlicher Unterschied; auch die Frist des § 314 Abs. 3 BGB muss angemessen sein.[628] § 543 Abs. 3 BGB ist formularvertraglich nicht abdingbar.[629]

213 Abhilfefrist bzw. Abmahnung sind – so der Wortlaut – nur notwendig, wenn wegen einer **Pflichtverletzung** gekündigt werden soll. Das kann eine Haupt- oder Nebenleistungspflicht sein. Eine Pflichtverletzung des Kündigungsgegners ist bei fristlosen Kündigungen gem. § 543 BGB die Regel. Ausnahmen sind allerdings insbes. dann denkbar, wenn die Unzumutbarkeit der Vertragsfortsetzung aus einer vom Vermieter unverschuldeten Mangelhaftigkeit resultiert, die so schwerwiegend ist, dass ein Abwarten bis zur Mangelbeseitigung nicht zumutbar und sofortige Beendigung des Vertrages geboten erscheint. In diesen und ähnlichen Fällen ist eine Abhilfefrist entbehrlich. Hierbei wird es sich aber um besondere Ausnahmen handeln. In der Regel muss der Mieter dem Vermieter die Möglichkeit zur Mangelbeseitigung geben. Eine zögerliche Mängelbeseitigung ist eine Pflichtverletzung, die zur Anwendung von § 543 Abs. 3 BGB führt.

214 Der **Unterschied zwischen Abhilfefrist und Abmahnung** besteht in dem Ziel, das verfolgt wird. Eine Abhilfefrist ist zu setzen, wenn der Kündigungsgegner durch aktives Tun einen Erfolg herbeiführen soll, dies aber nicht sofort bewirken kann, sondern hierzu bei der gebotenen Eile eine gewisse Zeit benötigt; eine Abmahnung ist auszusprechen, wenn der Kündigungsgegner den Erfolg (idR sofort) durch Unterlassen bewirken soll.[630] Gegebenenfalls kann aber auch eine Abmahnung mit einer Frist versehen werden bzw. muss eine Zeit abgewartet werden, nämlich dann, wenn eine sofortige Unterlassung nicht möglich oder zumutbar ist, etwa wegen der Notwendigkeit einer Überprüfung der Sach- bzw. Rechtslage.[631]

215 Abhilfefrist und Abmahnung sind **rechtsgeschäftsähnliche Handlungen**[632], die dafür geltenden Regeln sind anwendbar. Einer besonderen Form bedarf es nicht. Sieht der Mietvertrag Schriftform vor, was bei der Wohnraummiete wegen § 569 Abs. 5 BGB unzulässig ist, hat das regelmäßig nur beweissichernde, keine konstitutive Bedeutung. Eine (unwirksame) Kündigung kann ggf. in eine Abmahnung umgedeutet werden.[633] Die Erklärung muss **von allen gegenüber allen** Vertragsparteien (oder von bzw. gegenüber deren Vertretern) ausgesprochen werden und zugehen[634]; für mehrere Kündigungsgegner gilt das schon deshalb, weil nur so zuverlässig der Zweck von Abhilfefrist bzw. Abmahnung erreicht werden kann. Es gelten dieselben Grundsätze wie für die Kündigung von bzw. gegenüber Personenmehrheiten (dazu → BGB § 542 Rn. 67).

216 Mit der Abhilfefrist bzw. der Abmahnung muss die fristlose Kündigung nicht angedroht werden[635], es muss also **keine qualifizierte Abmahnung** ausgesprochen werden. Die Erklärungen müssen aber den ernsthaften Wunsch der Verhaltensänderung erkennen lassen. Es gilt Ähnliches wie zur verzugsbegründenden Mahnung. Die Setzung einer Abhilfefrist trägt die **Ernsthaftigkeit** dabei schon in sich. Die Abmahnung muss hingegen deutlich erkennen lassen, dass der Vertrag gefährdet ist.[636] Deshalb reichen etwa bloße Mängelanzeigen nicht aus.[637] Ansonsten ist eine so **genaue Bezeichnung des vertragswidrigen Verhaltens notwendig,** dass der Empfänger weiß, wonach er sich richten soll.[638] Mängel müssen etwa in einer Weise beschrieben werden, dass der Vermieter erkennen kann, welche Mängel er beseitigen muss.[639] Auf Umstände, die in den Erklärungen nicht aufgeführt sind, kann die Kündigung nicht gestützt werden.[640]

217 Die Abhilfefrist muss fruchtlos abgelaufen bzw. die Abmahnung erfolglos geblieben sein. Das **Kündigungsrecht entsteht** (frühestens) mit Fristablauf bzw. erster Zuwiderhandlung. Auf ein Verschulden kommt es im Ansatz nicht an[641], ein fehlendes Verschulden ist aber ggf. bei der

[628] BGH III ZR 157/10, NJW-RR 2011, 1618.
[629] KG NZM 2007, 41.
[630] *Häublein* ZMR 2005, 1 (5).
[631] BGH VIII ZR 364/04, NJW 2006, 1585 Rn. 16.
[632] BGH VIII ZR 139/07, NJW 2008, 1303.
[633] BGH VIII ZR 345/10, WuM 2011, 676.
[634] LG Heidelberg NZM 2001, 91.
[635] BGH VIII ZR 281/06, NJW 2007, 2474 Rn. 11 (für die Abhilfefrist); BGH VIII ZR 3/11, NJW 2012, 53 (für die Abmahnung).
[636] BGH VIII ZR 3/11, NJW 2012, 53.
[637] OLG Düsseldorf NJW-RR 1989, 50; OLG Hamm NJW-RR 1993, 16.
[638] BGH III ZR 168/98, NJW-RR 2000, 717.
[639] *OLG Naumburg* WuM 2000, 246 = ZMR 2000, 381.
[640] OLG Naumburg ZMR 2000, 382; Staudinger/*Emmerich* BGB § 543 Rn. 76; Sternel MietR, 1988, Kap. IV Rn. 463.
[641] Staudinger/*Emmerich* BGB § 543 Rn. 76.

Abwägung der Einzelfallumstände gem. § 543 Abs. 1 BGB zu berücksichtigen (→ Rn. 16). Stellt der Pflichtige sein vertragswidriges Verhalten vor Zugang der Kündigung ein, so kann dies nach dem Rechtsgedanken des § 543 Abs. 2 S. 2, 3 BGB bei der anzustellenden Einzelfallabwägung dazu führen, dass das Kündigungsrecht erlischt.

Ein Kündigungsrecht entsteht nicht allein deshalb, weil eine Abhilfeaufforderung nach einer Pflichtverletzung erfolglos geblieben ist. Zwar kann eine **erfolglose Abhilfeaufforderung dem Kündigungsgrund mehr Gewicht verleihen,** weil sich die Pflichtverletzung dann als hartnäckiger erweist; das bedeutet aber nicht zwingend, dass ein hinreichend schwerer Kündigungsgrund vorliegt. Dessen Bestehen ist vielmehr unter Einbeziehung der erfolglosen Abhilfeaufforderung im **Einzelfall** zu prüfen. Der Kündigende kann sich nicht durch Abhilfeaufforderung den Kündigungsgrund quasi selbst schaffen. Insbesondere bei geringfügigen Verstößen des Mieters gegen den vertragsgemäßen Gebrauch scheidet eine Kündigung oftmals aus (zu Beispielsfällen → Rn. 141). Der Kündigungswillige ist in diesen Fällen nicht rechtlos. Er kann **auf Erfüllung bzw. Unterlassung klagen.** Wird danach das pflichtwidrige Verhalten allerdings nicht eingestellt, kann dies dem Kündigungsgrund die notwendige Schwere verleihen. 218

Zwischen Abmahnung und erneutem Pflichtverstoß muss ein **zeitlicher Zusammenhang** bestehen.[642] Liegt das abgemahnte Verhalten zu lange zurück, ist die Vertrauensgrundlage oftmals allein durch Zeitablauf und ungestörte Vertragsdurchführung wiederhergestellt und ein neuerlicher Pflichtverstoß stellt sich als eigenständiger Kündigungsgrund dar, der eine erneute Abmahnung erfordert. Ab wann eine derartige Zäsur anzunehmen ist, lässt sich nicht allgemein festlegen, sondern hängt von den Einzelfallumständen, insbes. von Art und Schwere des Pflichtverstoßes ab. Hiervon hängt auch ab, ob frühere, weiter zurückliegende Verstöße ggf. für die Bejahung einer Wiederholungsgefahr eine Rolle spielen können, wenn sich daraus etwa ein Verhaltensmuster ableiten lässt. Zur **Verwirkung** des Kündigungsrechts wegen Zeitablaufs nach zu langem Zuwarten mit der Kündigung nach Ablauf einer Abhilfefrist oder nach erneutem Pflichtverstoß trotz Abmahnung → Rn. 230. 219

Wird in der Erklärung gem. § 543 Abs. 3 BGB für den Fall des fruchtlosen Fristablaufs oder der Nichtbeachtung der Abmahnung **eine andere Folge als die fristlose Kündigung angekündigt,** muss nach Fristablauf bzw. bei Zuwiderhandlung nicht zwingend erneut eine Erklärung gem. § 543 Abs. 3 BGB abgegeben werden.[643] Es hängt vielmehr von den Einzelfallumständen ab, ob der sofort gekündigt werden kann oder erst **nach einer erneuten Abmahnung** bzw. Abhilfefrist. Eine sofortige Kündigung ist jedenfalls dann möglich, wenn eine Erklärung gem. § 543 Abs. 3 BGB aus den Gründen des § 543 Abs. 3 S. 2 BGB entbehrlich ist, was etwa bei ausdrücklicher Pflichtenleugnung der Fall ist.[644] Ansonsten kommt es darauf an, ob die Ankündigung einer anderen Folge als einer Kündigung nach den Einzelfallumständen ein Vertrauen beim Gegenüber begründet, eine Kündigung werde nach fruchtlosem Fristablauf bzw. Zuwiderhandlung jedenfalls dann noch nicht ausgesprochen.[645] Eine solche Relativierung kommt nicht darin zum Ausdruck, dass das die angekündigte Folge nur vorbehalten, nicht aber als sicher eintretend bezeichnet wird.[646] Eine erneute Erklärung gem. § 543 Abs. 3 BGB kann aber erforderlich sein, wenn der Pflichtige objektiv der Meinung sein durfte, er habe mit den bisherigen Bemühungen alles Erforderliche getan.[647] 220

## II. Abhilfefrist

Die **Dauer der Abhilfefrist** richtet sich nach den Umständen des Einzelfalls. Die Frist muss so bemessen werden, dass der Pflichtige bei gehöriger Anspannung in der Lage ist, die Vertragswidrigkeit abzustellen. Dabei kommt es auch auf die Dringlichkeit der Abhilfe an.[648] Es ist nicht erforderlich, eine kalendermäßige Frist zu setzen.[649] Die Erklärung muss aber erkennen lassen, bis wann mit der Abhilfe gerechnet wird. Hierfür reicht die Forderung nach „unverzüglicher" Abhilfe 221

---

[642] AG Stuttgart 11.12.2020 – 35 C 4053/20, BeckRS 2020, 35622.
[643] So aber OLG Hamm NJW-RR 1991, 1035; OLG Düsseldorf 29.11.2007 – 10 U 86/07, BeckRS 2008, 949; offenlassend BGH VIII ZR 281/06, NJW 2007, 2474.
[644] BGH VIII ZR 281/06, NJW 2007, 2474; OLG Düsseldorf MDR 2012, 1086.
[645] OLG Celle MDR 2014, 1250.
[646] OLG Celle MDR 2014, 1250.
[647] OLG Düsseldorf NZM 2003, 553 (Kündigung wegen Rattenbefalls).
[648] OLG Düsseldorf ZMR 1999, 26.
[649] BGH VIII ZR 254/08, NJW 2009, 3153, zu § 281 Abs. 1 BGB; für § 543 Abs. 3 BGB können keine anderen Maßstäbe gelten.

aus.[650] Eine zu kurze Frist führt nicht zum Verlust des Kündigungsrechts, sondern wirkt zum angemessenen Zeitpunkt.[651] Es kommt nur darauf an, ob zum Zeitpunkt des Kündigungsausspruchs eine **angemessene Frist abgelaufen** war.

222 An eine **zu lange Frist** ist der Kündigende gebunden; ansonsten setzt er sich dem Vorwurf widersprüchlichen Verhaltens aus. Reicht dem Pflichtigen eine angemessene Frist nicht aus, muss er um eine **Fristverlängerung** nachsuchen. Eine **Abkürzung der Frist** kommt in Betracht, wenn sich die Umstände während des Fristenlaufs wesentlich ändern.

223 **Maßgeblich für die Fristbemessung** sind bei einem Mangel etwa der Schadensumfang, der Umfang der Gebrauchsbeeinträchtigung und die Dringlichkeit der Mangelbeseitigung, die Gefahr weitergehenden Schadeneintritts und die Umstände, welche die Dauer der Mangelbeseitigung beeinflussen.[652] Weiter kann berücksichtigt werden, ob der Mangel bereits bekannt war.[653] Wird wegen des Verhaltens anderer Mieter Abhilfe begehrt, so muss die Frist so bemessen werden, dass der Vermieter Unterlassungs- oder Räumungsansprüche geltend machen kann.[654] Gleiches gilt, wenn der Mieter den Dritten im Fall der unbefugten Gebrauchsüberlassung zur Räumung veranlassen muss. Der Ausgang eines Rechtstreits muss im Allgemeinen aber nicht abgewartet werden; es dürfte dann meist ein Fall des § 543 Abs. 3 S. 2 Nr. 2 BGB vorliegen (→ Rn. 227). Hat der Pflichtige selbst einen bestimmten Zeitpunkt für die Abhilfe genannt, so muss er sich idR hieran festhalten lassen.[655]

224 Die Abhilfefrist kann **mit der Kündigungserklärung verbunden** werden.[656] Es handelt sich dann um eine Kündigung unter einer (unechten) Bedingung (Potestativbedingung). Solche Kündigungen sind zulässig angesehen, weil die Erfüllung der Bedingung in der Hand des Kündigungsempfängers liegt (→ BGB § 542 Rn. 40). Wird die Bedingung erfüllt, so wird die Kündigung gegenstandslos; wird sie nicht erfüllt, so führt dies zur Beendigung des Mietverhältnisses. Dies gilt idR auch dann, wenn die Frist nur geringfügig überschritten wird.

### III. Abmahnung

225 Hat sich der Pflichtige in einem oder mehreren **Einzelfällen** vertragswidrig verhalten, so setzt die Kündigungsbefugnis voraus, dass er nach der Abmahnung erneut eine gleichartige Vertragsverletzung begangen hat, es sei denn die Abmahnung wäre gem. § 543 Abs. 3 S. 2 BGB entbehrlich. An das Kriterium der Gleichartigkeit dürfen allerdings keine überhöhten Anforderungen gestellt werden.

226 Ist wegen einer **Dauervertragswidrigkeit** abgemahnt worden, so muss das vertragswidrige Verhalten zum Zeitpunkt des Zugangs der Kündigung noch bestehen. Ist die Vertragswidrigkeit zu diesem Zeitpunkt bereits beendet, so ist die Kündigung wirkungslos.[657] Wird die Vertragswidrigkeit erst nach dem Zugang der Kündigung beendet, so hat dies auf die Wirksamkeit der Kündigung keinen Einfluss.[658] In diesen Fällen ist aber sorgfältig zu prüfen, ob die Kündigung nicht zu früh erklärt worden ist. Hiervon kann ggf. dann ausgegangen werden, wenn der Pflichtige bereits Erfolg versprechende Schritte zur Beseitigung der Vertragswidrigkeit eingeleitet hat.

### IV. Entbehrlichkeit

227 Gemäß § 543 Abs. 3 S. 2 Nr. 3 BGB sind Abhilfefrist bzw. Abmahnung generell entbehrlich bei der **Zahlungsverzugskündigung** gem. § 543 Abs. 2 S. 1 Nr. 3 BGB (zu Ausnahmen → Rn. 187) und beim **Kautionsverzug** (§ 569 Abs. 2a BGB). Bei einer **Kündigung gem. § 543 Abs. 1 BGB** ist eine Abmahnung gem. § 543 Abs. 3 S. 2 Nr. 1 BGB entbehrlich, wenn die Pflichtverletzung (etwa eine Tätlichkeit oder Beleidigung), wegen derer gekündigt wird, so schwerwiegend ist, dass die Vertrauensgrundlage auch durch eine Abmahnung nicht wiederhergestellt werden könnte (sog.

---

[650] RGZ 75, 354; BGH VIII ZR 254/08, NJW 2009, 3153, zu § 281 Abs. 1 BGB; für § 543 Abs. 3 BGB können keine anderen Maßstäbe gelten.
[651] LG Frankfurt a. M. WuM 1987, 55; BGH VIII ZR 254/08, NJW 2009, 3153, zu § 281 Abs. 1 BGB; für § 543 Abs. 3 BGB können keine anderen Maßstäbe gelten.
[652] OLG Düsseldorf ZMR 1999, 26.
[653] LG Frankfurt a. M. WuM 1987, 55.
[654] AG Lübeck DWW 1988, 180.
[655] *OLG Hamburg ZMR 2001, 26.*
[656] OLG Hamburg ZMR 2001, 26.
[657] LG Duisburg NJW-RR 1986, 1345.
[658] BGH VIII ZR 265/86, NJW-RR 1988, 77; OLG Koblenz ZMR 1993, 72.

**Zerrüttungskündigung**).[659] Ansonsten sind Abhilfefrist bzw. Abmahnung gem. § 543 Abs. 3 S. 2 BGB entbehrlich, wenn sie offensichtlich keinen Erfolg versprechen oder wenn die sofortige Kündigung aus besonderen Gründen unter Abwägung der beiderseitigen Interessen gerechtfertigt ist.

**Mangelnde Erfolgsaussicht** liegt vor, wenn eine Änderung der Vertragswidrigkeit nicht zu erwarten ist. Hiervon ist auszugehen, wenn innerhalb eines zumutbaren Zeitraums keine Abhilfe möglich ist, etwa weil es sich um ein Fixgeschäft handelt (Miete einer Ferienwohnung zu Urlaubsbeginn; Miete eines Messestandes), weil der Vermieter die Beeinträchtigung wegen Unmöglichkeit gar nicht oder auf absehbare Zeit nicht beseitigen kann[660] (etwa bei einer Flächenabweichung) oder weil nicht abzusehen ist, ob und wann der Räumungsanspruch gegen den Vormieter oder einen störenden Dritten Erfolg hat. Bei schuldunfähigen oder psychisch gestörten Mietern kann Entbehrlichkeit gegeben sein, wenn der Mieter krankheitsbedingt zu einer Verhaltensänderung nicht in der Lage ist.[661] Bei Beschädigungen der Mietsache durch den Mieter muss eine Abhilfefrist nicht gesetzt werden, weil der Vermieter nicht verpflichtet ist, dem Mieter die Reparatur zu ermöglichen[662]; er kann das aber tun. Gegebenenfalls kann aber eine Abmahnung notwendig sein, wenn sich der Kündigungsgrund erst aus der Gefahr einer wiederholten Beschädigung ergibt. Ein Fall mangelnder Erfolgsaussicht liegt auch vor, wenn die Abhilfe bereits ernsthaft und endgültig verweigert wurde[663] oder wenn angekündigt wurde, eine Gebrauchsstörung auf jeden Fall zu begehen.[664] An die Entbehrlichkeit sind die gleichen strengen Anforderungen zu stellen wie bei § 281 Abs. 2 BGB.[665] Es genügt etwa nicht, dass der Vermieter das Vorhandensein eines Mangels bestreitet. Die Weigerung zur Mängelbeseitigung muss vielmehr so eindeutig und endgültig sein, dass eine Fristsetzung als bloße Förmelei erscheint.[666] Bei der Prüfung dieser Voraussetzung kann auch das Verhalten nach Ausspruch der Kündigung berücksichtigt werden. So kann etwa aus einem aggressiven Verhalten des Mieters im Räumungsprozess geschlossen werden, dass er auch auf eine Abmahnung nicht reagiert hätte.[667] Der Umstand, dass der Pflichtige von sich aus Abhilfe angeboten hat, macht die Fristsetzung hingegen nicht entbehrlich, weil er in einem solchen Fall nicht mit einer Kündigung als Reaktion rechnen muss. Eine Fristsetzung kann allerdings entbehrlich sein, wenn der Pflichtige nur (!) eine ungeeignete Abhilfe anbietet.[668] **228**

Eine **sofortige Kündigung ohne Fristsetzung** ist möglich, wenn aufgrund besonderer Umstände ein weiteres Zuwarten nicht möglich oder zumutbar ist.[669] Das ist insbes. bei schwerwiegenden Vertragsverletzungen (→ Rn. 227) oder dann anzunehmen, wenn Abhilfemaßnahmen (zu) lange dauern oder gravierende Auswirkungen auf die Mietsache haben[670], etwa weil zur Beseitigung eines Mangels sehr umfangreiche oder lange dauernde Sanierungsmaßnahmen erforderlich sind[671] oder weil ein Prozess von ungewisser Dauer zu führen ist. Zur Entbehrlichkeit bei Kündigung wegen Gesundheitsgefahr gem. § 569 Abs. 1 BGB → BGB § 569 Rn. 8. **229**

## G. Ausübungsfrist/Verwirkung

Umstritten (auch in der BGH-Rechtsprechung[672]) und letztlich ungeklärt ist die Frage, ob und nach welchen Bedingungen es einer Mietvertragspartei verwehrt ist, nach längerem Zuwarten seit Entstehung des Kündigungsgrundes noch gem. §§ 543, 569 BGB zu kündigen. **230**

[659] BGH XII ZR 188/08, NZM 2010, 901 Rn. 21; OLG Celle ZMR 2009, 192; OLG Düsseldorf ZMR 2012, 183.
[660] OLG Düsseldorf ZMR 2006, 923; LG Hamburg WuM 1986, 313; *Häublein* ZMR 2005, 1 (5).
[661] AG Düsseldorf ZMR 2021, 238.
[662] BGH VIII ZR 157/17, NJW 2018, 1746.
[663] BGH VIII ZR 195/73, MDR 1975, 572; *Häublein* ZMR 2005, 1 (5).
[664] BGH XII ZR 126/11, NJW 2013, 223 (Durchführung vom Mieter nicht zu duldender Modernisierungsmaßnahmen).
[665] BGH VIII ZR 195/73, MDR 1975, 572.
[666] Siehe etwa des Fall BGH VIII ZR 281/06, NJW 2007, 2474 (hartnäckiges Mangelleugnen und Bestreiten der Pflicht zur Mangelbeseitigung im Prozess).
[667] LG Frankfurt a. M. ZMR 2012, 352.
[668] OLG Brandenburg ZMR 2017, 387.
[669] Zweifelhaft AG Osnabrück WuM 2008, 84 für Prostitution in der Nachbarwohnung.
[670] OLG Düsseldorf DWW 1993, 99.
[671] AG Darmstadt WuM 1980, 131 (Unbewohnbarkeit der Wohnung wegen erforderlicher Umbauten).
[672] BGH VIII ZR 296/15, NZM 2016, 791 (für die Wohnraummiete); BGH XII ZR 36/05, NZM 2007, 400 (für die Gewerberaummiete).

### I. § 314 Abs. 3 BGB

231 Problematisch ist hierbei insbes. das Verhältnis von § 543 BGB zu § 314 BGB. Letztere Vorschrift regelt in Abs. 3, dass eine Kündigung aus wichtigem Grund nur innerhalb angemessener Frist nach Kenntnis vom Kündigungsgrund möglich ist. §§ 314, 543 BGB regeln beide die Kündigung von Dauerschuldverhältnissen aus wichtigem Grund. Nach dem Willen des Gesetzgebers der Schuldrechtsreform, mit der § 314 BGB erstmals kodifiziert wurde, gehen die Vorschriften des besonderen Schuldrechts als leges speciales denen der allgemeinen Vorschrift des § 314 BGB vor; sie sollten weder aufgehoben noch geändert werden.[673] Schon dies gebietet, die Anwendung der Regeln des § 314 BGB iRd § 543 BGB vollständig auszuschließen, denn auch eine bloß ergänzende Anwendung von Regelungselementen des § 314 BGB stellt eine Änderung von § 543 BGB dar.[674] Damit sind auch §§ 314 Abs. 3, 4 BGB unanwendbar, die in § 543 BGB bzw. dessen Vorgängervorschriften keine Entsprechung haben.[675] § 314 Abs. 3 BGB regelt die **Frist zur Ausübung des Kündigungsrechts;** § 314 Abs. 4 BGB enthält eine Aussage zu möglichen Schadensersatzansprüche des Gekündigten. Diese Folge ist allerdings – auch in der Rspr. des BGH[676] – umstritten. § 543 BGB soll nach einer verbreiteten Meinung[677] nur Vorrang haben, soweit die Vorschrift ausdrückliche bzw. abschließende Regelungen enthält. Bestätigt wird der hier vertretene abschließende Charakter des § 543 BGB durch den Willen des Gesetzgebers der in etwa zeitgleich zur Schuldrechtsreform in Kraft getretenen Mietrechtsreform, mit der die davor verstreuten, aber inhaltsgleichen Kündigungstatbestände in § 543 BGB zusammengefasst wurden. In der Gesetzesbegründung wird nämlich ausdrücklich klargestellt, dass der Gesetzgeber von einer Regelung in § 543 BGB absehen wollte, die Kündigung müsse innerhalb einer angemessenen Zeit seit der Kenntnis vom Kündigungsgrund ausgesprochen werden.[678] Er hat sowohl eine feste Frist wie in § 626 BGB als auch eine offene Frist abgelehnt; Ersteres, weil dies der Vielgestaltigkeit der Mietverhältnisse nicht gerecht werde, Letzteres, weil dies keine Vereinfachung darstelle.[679]

### II. Verwirkung

232 Das bedeutet aber nicht, dass der hinter § 314 Abs. 3, 4 BGB stehende Rechtsgedanke keine Bedeutung hätte, im Gegenteil. Für § 314 Abs. 4 BGB ist das offenbar. Daraus, dass die Vorschrift keine Ergänzung von § 543 BGB darstellt, folgt nicht, dass dem Kündigenden Schadensersatzansprüche gegen den Gekündigten verwehrt sind; in § 543 BGB fehlt nur die klarstellende Wirkung, die § 314 Abs. 4 BGB allein zukommt.[680] Ähnlich ist es bei § 314 Abs. 3 BGB. Der Gesetzgeber der Mietrechtsreform ging ohne Weiteres davon aus, dass von einem Kündigungsrecht in angemessener Frist Gebrauch gemacht werden muss, wenn er sich ausdrücklich auf die bisherige Rspr. zur Verwirkung desselben bezog und eine gesetzliche Regelung nur deshalb ablehnte, weil dies keine Vereinfachung bringe.[681] Mit anderen Worten: § 314 Abs. 3 BGB ist zwar iRd § 543 nicht direkt anwendbar, wohl aber der darin enthaltene allgemeine **Rechtsgedanke,** dass der andere Teil in angemessener Zeit Klarheit darüber erhalten soll, ob von der Kündigungsmöglichkeit Gebrauch gemacht wird, und dass nach längerem Abwarten nicht mehr angenommen werden kann, die Fortsetzung des Vertragsverhältnisses sei unzumutbar.[682] Das Gesetz geht seit der Schuldrechtsreform davon aus, dass § 313 Abs. 3 BGB einen allgemeinen Rechtsgrundsatz enthält, der immer dann gilt, wenn es keine entgegenstehende Regelung gibt.[683] Die Frage, ob § 313 Abs. 3

[673] BT-Drs. 14/6040, 177.
[674] **AA** *Meier* ZfIR 2016, 710.
[675] BGH VIII ZR 296/15, NZM 2016, 791 Rn. 35; KG NZM 2014, 912.
[676] Gegen eine Anwendung von § 314 Abs. 3: BGH VIII ZR 296/15, NZM 2016, 791; für eine Anwendung des § 313 Abs. 3 BGB: BGH XII ZR 36/05, NZM 2007, 400; offenlassend BGH LwZR 20/09, NZM 2010, 552.
[677] Siehe nur BGH XII ZR 36/05, NZM 2007, 400; OLG Dresden MDR 2016, 27; OLG Hamm NZM 2011, 277; Staudinger/*Emmerich* BGB § 543 Rn. 2; *Kunze/Tietzsch* WuM 2016, 616 (619); *Häublein* ZMR 2005, 1 (2) und eing. *Harke* WuM 2017, 241 (243) sowie *Meier* ZfIR 2016, 710.
[678] BT-Drs. 14/4553, 44.
[679] BT-Drs. 14/4553, 44.
[680] *BT-Drs. 14/6040, 178.*
[681] BT-Drs. 14/4553, 44.
[682] Zu diesem Rechtsgedanken BT-Drs. 14/6040, 178; *Harke* WuM 2017, 241 (243).
[683] IErg ebenso BGH LwZR 20/09, NZM 2010, 552.

BGB im Rahmen von § 543 anwendbar ist, ist damit weitgehend juristische Semantik. Wenn man das, wie hier vertreten, ablehnt, dann ist der Rechtsgedanke bei § 242 BGB **(Verwirkung)** zu verorten.[684] Man könnte auch erwägen, bei zu langem Zuwarten mit der Kündigung eine Unzumutbarkeit der Vertragsfortsetzung zu verneinen.[685] Das hätte aber entweder zur Folge, dass es ein Ausübungshindernis bei den Regeltatbeständen des § 543 Abs. 2 BGB gar nicht gibt, weil dort eine Zumutbarkeitsprüfung nicht stattfindet (→Rn. 10), oder man müsste bei den Regeltatbeständen auf Verwirkung zurückgreifen, also je nach Kündigungstatbestand einen unterschiedlichen dogmatischen Ansatz wählen.[686]

### III. Fristbemessung

233 Eine Verwirkung ist grds. bei **allen Kündigungstatbeständen** der §§ 543, 569 BGB möglich, auch bei der Zahlungsverzugskündigung.[687] Die Bemessung der Ausübungsfrist erfordert eine auf den **Einzelfall bezogene Prüfung,** eine schematische Anwendung fester Fristen ist ausgeschlossen. Dem Grundgedanken des § 314 Abs. 3 BGB, der auch diese spezielle Form der Verwirkung prägen muss, ist aber zu entnehmen, dass bei der Bestimmung der Ausübungsfrist das **Zeitmoment im Vordergrund** steht und das Umstandsmoment in den Hintergrund rückt.[688] Das folgt schon aus dem Zweck der Verwirkung in diesen Fällen, dem Kündigungsgegner in angemessener Zeit Klarheit darüber zu verschaffen, ob von der Kündigungsmöglichkeit Gebrauch gemacht wird; überdies gibt der Kündigungsberechtigte mit dem längeren Zuwarten objektiv zu erkennen, dass für ihn die Fortsetzung des Vertragsverhältnisses trotz des Vorliegens eines Grunds zur fristlosen Kündigung nicht unzumutbar ist.[689]

234 Bei der **konkreten Fristbemessung** ist dem Kündigungsberechtigten einmal eine Entschließungs- und Beratungszeit zuzubilligen. Hinzu kommt, insbes. bei einem Zahlungsverzug, eine Beobachtungszeit, wenn der Berechtigte eine Zeitlang abwarten will, wie sich das Verhalten des Gegners entwickelt und ob sich der Vertrag entgegen der typisierenden Sicht des Gesetzes doch noch gedeihlich fortsetzen lässt. Aus dem Kündigungsrecht darf über eine zu kurz bemessene Frist zur Ausübung des Kündigungsrechts keine faktische Kündigungspflicht werden; nachsichtige oder geduldige Kündigungsberechtigte dürfen nicht „bestraft" werden. Im Zweifel ist die Frist zu Gunsten des Kündigungsberechtigten zu bemessen, da er ein Recht verlieren soll, das er wegen einer Vertragsstörung hat, die aus der Sphäre des Gegners stammt.

235 Nach diesen Grundsätzen dürften die Ausübungsfristen meist **zwischen zwei und sechs Monaten** liegen. Das entspricht auch den bisherigen **Rechtsprechungsergebnissen:** Die Ausübungsfrist wurde **eingehalten** bei Kündigung sieben Wochen nach Pflichtverletzung[690]; vier Monate nach Nichtleistung der Kaution[691]; ein Jahr nach Mangelkenntnis bei umfangreicher Ursachenaufklärung und Gesprächen der Parteien.[692] Die Ausübungsfrist wurde **nicht eingehalten** bei Kündigung drei Monate nach Zahlungsverzug[693]; sechs Monate nach Mangelkenntnis[694]; sechs Monate nach Pflichtverletzung[695]; 15 Monate nach unpünktlicher Mietzahlung[696]; 15 Monate nach Kenntnis der unbefugten Gebrauchsüberlassung.[697]

---

684 BGH VIII ZR 296/15, NZM 2016, 791 Rn. 35.
685 BGH VIII ZR 265/86, NJW-RR 1988, 77.
686 So wohl BGH VIII ZR 206/09, NZM 2011, 32.
687 BGH LwZR 20/09, NZM 2010, 552; BGH XII ZR 291/01, NZM 2005, 703 (beide für die Geschäftsraummiete bzw. Pacht); BGH VIII ZR 296/15, NZM 2016, 791 (für die Wohnraummiete, im Fall wurde eine Verwirkung aber wegen fehlender Verwirklichung des Umstandsmoments verneint). **AA** für die Wohnraummiete wegen der Möglichkeit der Schonfristzahlung gem. § 569 Abs. 3 Nr. 2 BGB *Harke* WuM 2017, 241 (245), der aber übersieht, dass das berechtigte Vertrauen in eine zeitnahe Ausübung des Kündigungsrechts unabhängig von dieser gesetzlichen Heilungsmöglichkeit entsteht.
688 Zu eng BGH VIII ZR 296/15, NZM 2016, 791, wenn dort nach sieben Monaten Zahlungsverzug positive Anhaltspunkte für ein Vertrauen des Mieters, der Vermieter werde nicht kündigen, gefordert werden.
689 BGH LwZR 20/09, NZM 2010, 552.
690 OLG Dresden NZM 2012, 727.
691 BGH XII ZR 36/05, NZM 2007, 400.
692 OLG Köln 7.9.2012 – 1 U 50/11, BeckRS 2012, 19425.
693 BGH LwZR 20/09, NZM 2010, 552.
694 OLG Hamm NZM 2011, 277.
695 OLG München NJW-RR 2002, 631.
696 LG Leipzig WuM 2020, 419.
697 OLG Düsseldorf ZMR 2003, 177.

236 Die Ausübungsfrist beginnt mit **Kenntnis des Kündigungsgrundes.** Das entspricht der Wertung von § 314 Abs. 3 BGB. Wenn eine Abmahnung oder Abhilfefrist vorausgegangen ist, ist die Kenntnis von der Fortsetzung des vertragswidrigen Verhaltens maßgeblich.

### IV. Ausschluss der Verwirkung

237 Eine Verwirkung ist **ausgeschlossen** bei **Dauerverstößen**[698] oder wenn eine Pflichterfüllung immer wieder angemahnt wird. Letzteres kommt insbes. bei **wiederholten Zahlungsaufforderungen** in Betracht.[699] Bei erneuter Abmahnung kann ein verwirktes Kündigungsrecht auch wiederaufleben. Außerdem kann ein verwirktes Kündigungsrecht wegen Zahlungsverzugs **wiederaufleben,** wenn zu einem länger zurückliegenden kündigungsrelevanten Rückstand ein neuer Mietrückstand hinzukommt, selbst wenn dieser für sich genommen nicht zur Kündigung berechtigen würde.[700] Bei einer Kündigung des Mieters wegen **Gesundheitsgefährdung** gem. § 569 Abs. 1 BGB schadet ein (eigentlich zu langes) Zuwarten nach der Ratio des Gesetzes, die Gesundheit des Mieters zu schützen, nicht, eine Verwirkung ist ausgeschlossen (→ BGB § 569 Rn. 32).

## H. Kündigungserklärung

238 Zu den allgemeinen Kündigungsvoraussetzungen → BGB § 542 Rn. 4 ff. Bei der **Wohnraummiete** muss gem. § 568 BGB eine Kündigung, also auch eine fristlose Kündigung gem. § 543 BGB, **schriftlich** erklärt (→ BGB § 568 Rn. 4) und gem. § 569 Abs. 4 BGB **begründet** werden (→ BGB § 569 Rn. 108). Für andere Mietverhältnisse, insbes. also für die **Geschäftsraummiete,** gelten diese Erfordernisse nicht (Ausnahme: Mietverhältnisse gem. § 578 Abs. 3 BGB).

## I. Kündigungswirkungen und deren Beseitigung

239 Zu den Kündigungswirkungen und deren Beseitigung (Rücknahme, Verzicht auf die Rechte aus der Kündigung und Widerruf der Kündigung) → BGB § 542 Rn. 93. Zur nachträglichen Unwirksamkeit gem. § 543 Abs. 2 S. 3 BGB durch eine unverzüglich nach der Kündigung erklärte Aufrechnung, die den Vermieter wegen der Zahlungsrückstände des Mieters befriedigt, → Rn. 203. Zur nachträglichen Unwirksamkeit gem. § 569 Abs. 3 Nr. 2 BGB bei der Wohnraummiete durch eine nachträgliche Begleichung der Mietrückstände, der sog. **Schonfristzahlung,** → BGB § 569 Rn. 71.

## J. Abweichende Vereinbarungen

240 § 543 BGB normiert für die Miete den allgemeinen Rechtsgrundsatz, dass Dauerschuldverhältnisse aus wichtigem Grund gekündigt werden können; es handelt sich in seinem Kern um **zwingendes Recht.**[701] Deshalb kann § 543 Abs. 1 BGB nicht abbedungen werden.[702] Allerdings sind Modifizierungen der Regeltatbestände des § 543 Abs. 2 BGB und des Abmahnerfordernisses in § 543 Abs. 3 BGB möglich. Hierbei ist zu beachten, dass durch diese Vorschriften die Grundnorm des § 543 Abs. 1 BGB konturiert wird und eine **Modifizierung** nicht zur Aushöhlung des Kündigungsrechts führen darf.[703] Aus dieser grundsätzlichen Erwägung dürften im Ansatz nur geringfügige Modifizierungen zulässig sein.[704] Wegen des im Kern zwingenden Charakters von § 543 Abs. 1 BGB gilt das auch für Individualvereinbarungen, allerdings darf hier das Ausmaß der Modifikation etwas größer sein.

[698] OLG Dresden ZMR 2016, 27.
[699] BGH XII ZR 291/01, NZM 2005, 703.
[700] BGH XII ZR 291/01, NZM 2005, 703.
[701] BT-Drs. 14/6040, 176.
[702] *BT-Drs. 14/4553*, 43; BGH XII ZR 42/10, NJW 2012, 1431; BGH VIII ZR 327/11, NJW 2012, 2270 Rn. 26; BGH LwZR 11/91, NJW 1992, 2628.
[703] BGH VIII ZR 126/86, NJW-RR 1987, 903.
[704] *Sonnenschein* NJW 1980, 1713 (1718).

## I. Wohnraummiete

Für die Wohnraummiete gibt es eine mieterschützende Sondervorschrift in § 569 Abs. 5 BGB. Sie gilt auch für solche Wohnraummietverhältnisse, die ansonsten keinen Kündigungsschutz genießen wie etwa solche iSv § 549 Abs. 2, 3 BGB. Sie erfasst nach ihrem Wortlaut nur die Vereinbarung über eine außerordentliche fristlose Kündigungsbefugnis. Für **ordentliche Kündigungen** mit Frist gilt § 573 Abs. 4 BGB, für den Rücktritt und die **auflösende Bedingung** gilt § 572 BGB. Nach § 569 Abs. 5 S. 1 BGB ist eine **zum Nachteil des Mieters** von § 569 Abs. 1–3 BGB und von § 543 BGB abweichende Vereinbarung unwirksam. Nach § 569 Abs. 5 S. 2 BGB ist ebenso unwirksam eine Vereinbarung, nach der der Vermieter berechtigt sein soll, aus anderen als den im Gesetz, also in §§ 543, 569 BGB zugelassenen Gründen außerordentlich fristlos zu kündigen. Letzteres ist lediglich eine Hervorhebung eines Beispielsfalls des Nachteilsgebots. Das Nachteilsverbot ist verletzt, wenn die Parteien einen Kündigungsgrund vereinbaren, der im Gesetz überhaupt nicht vorgesehen ist, etwa ein fristloses Kündigungsrecht zugunsten des Vermieters, wenn der Mieter in Vermögensverfall gerät und die eidesstattliche Versicherung abgibt. Zum anderen können die Tatbestandsvoraussetzungen der gesetzlichen Kündigungsgründe nicht zu Lasten des Mieters verändert werden; deshalb ist eine Vereinbarung unwirksam, wonach der Vermieter bei geringeren Rückständen, als in § 543 Abs. 2 Nr. 3 BGB genannt, zur Kündigung berechtigt sein soll. Insgesamt ergibt sich aus dem Zusammenspiel von §§ 569 Abs. 5, 572 BGB, dass zu Lasten des Wohnraummieters keine über die im Gesetz genannten oder über das Gesetz hinausgehenden außerordentlichen, einseitigen Beendigungsmöglichkeiten geschaffen werden dürfen. **Zugunsten des Mieters** können weitere Kündigungsgründe vereinbart (etwa für den Fall eines beruflich bedingten Ortswechsels oder den Umzug in ein Altersheim) oder allgemein die fristlose Kündigung erleichtert werden; allerdings muss auch hier das Recht zur Beendigung eines Dauerschuldverhältnisses aus wichtigem Grund in seinem Wesensgehalt respektiert werden.[705] Zu **Rechtzeitigkeitsklauseln** → Rn. 195. 241

§ 569 Abs. 5 BGB erfasst in erster Linie die Vereinbarungen im Mietvertrag. Solche dem Mieter nachteilige Vereinbarungen sind stets unwirksam, unabhängig davon, ob sie formular- oder individualvertraglich getroffen werden. Die Vorschrift gilt aber gleichermaßen für Vereinbarungen, die während der Mietzeit getroffen werden und für bestimmte Fälle eine fristlose Kündigung außerhalb der §§ 543, 569 BGB zugunsten des Vermieters vorsehen.[706] Dabei spielt es keine Rolle aus welchem Anlass und in welcher Form die Vereinbarung getroffen wird. Deshalb kann auch in einem **gerichtlichen Vergleich** über die Fortsetzung eines gekündigten Mietverhältnisses nicht vereinbart werden, dass der Vermieter zur fristlosen Kündigung unter erleichterten Voraussetzungen berechtigt sein soll, wenn der Mieter die Miete erneut mit Verspätung bezahlt. Bei einer – nicht selten in Räumungsvergleichen geschlossenen – Vereinbarung, wonach der Mieter die Mietsache an den Vermieter ohne Kündigung herauszugeben hat, wenn er mit seiner Zahlungspflicht in Verzug gerät oder bestimmte sonstige Bedingungen nicht erfüllt, handelt es sich um eine unzulässige auflösende Bedingung (→ BGB § 572 Rn. 12). Die Möglichkeit der Parteien zum Abschluss eines **Mietaufhebungsvertrags** wird durch § 569 Abs. 5 S. 2 BGB nicht berührt; zu Mietaufhebungsverträgen → BGB § 542 Rn. 176. 242

Eine gegen § 569 Abs. 5 BGB **verstoßende Regelung ist nichtig.** Die Wirksamkeit des übrigen Vertrags wird dadurch nicht berührt. Dies folgt aus dem mieterschützenden Charakter der Regelung. Eine dem Mieter günstige Vereinbarung ist wirksam. Eine Vereinbarung, die dem Mieter **teilweise günstig, teilweise ungünstig** ist, bleibt nach dem Gesetzeszweck mit dem günstigen Teil aufrechterhalten. Ist etwa vereinbart, dass der Vermieter nach Abmahnung zur fristlosen Kündigung berechtigt ist, wenn der Mieter mit mehr als zwei Monatsmieten in Rückstand gerät, so ist diese Vereinbarung teils günstiger als § 543 Abs. 2 Nr. 3 BGB (diese Vorschrift erfordert eine Abmahnung nicht), teils ungünstiger (für § 543 Abs. 2 Nr. 3 BGB ist Verzug erforderlich, ein Rückstand genügt nicht). Dies hat zur Folge, dass der Vermieter nur dann fristlos kündigen kann, wenn die gesetzlichen Voraussetzungen des § 543 Abs. 2 Nr. 3 BGB gegeben sind und der Mieter außerdem abgemahnt worden ist.[707] 243

---

705 BGH VIII ZR 126/86, NJW-RR 1987, 903.
706 AG Friedberg WuM 1991, 686.
707 BGH VIII ZR 71/86, NJW 1987, 2506.

244 In den „Nutzungsverträgen" von **Wohnungsgenossenschaften,** die als Mietverträge zu qualifizieren sind[708], findet sich regelmäßig folgende Klausel: „Während des Fortbestehens der Mitgliedschaft wird die Genossenschaft von sich aus das Nutzungsverhältnis grds. nicht auflösen. Sie kann jedoch in besonderen Ausnahmefällen das Nutzungsverhältnis schriftlich unter Einhaltung der gesetzlichen Fristen kündigen, wenn wichtige berechtigte Interessen der Genossenschaft eine Beendigung des Nutzungsverhältnisses notwendig machen". Eine solche Regelung beschränkt nur das Recht zur ordentlichen Kündigung, nicht aber das Recht zur Kündigung gem. § 543 BGB.[709]

### II. Gewerbemiete

245 Wegen des Eingangs dargestellten, im Kern zwingenden Charakters von § 543 Abs. 1 BGB ist Grundvoraussetzung einer Abweichung, dass der Kündigende ein berechtigtes Interesse an einer sofortigen Vertragsbeendigung hat und ihm eine Vertragsfortsetzung nicht zuzumuten ist.[710] Das Recht zur fristlosen Kündigung darf nicht in sein **Belieben** gestellt werden, weil ansonsten die Vertragsbindung als solche in Frage gestellt wird. Die sich aus dem Gesetz ergebenden Leitbilder sind zu beachten. Grundsätzlich muss ein Kündigungstatbestand wegen einer Vertragsverletzung an eine vorherige **Abmahnung** geknüpft werden.[711] **Nicht abdingbar** ist die Kündigung wegen **Hausfriedensstörung** gem. § 569 Abs. 2 BGB, soweit dieser Kündigungstatbestand außerhalb der Wohnraummiete gem. § 578 BGB anwendbar ist.[712] Zwar gilt nicht das Nachteilsverbot des § 569 Abs. 5 BGB, bei der Kündigung wegen Hausfriedensstörung handelt es sich aber um einen Beispielsfall der unabdingbaren Generalklausel des § 543 Abs. 1 BGB (→ BGB § 569 Rn. 33). Die Kündigung wegen **Gesundheitsgefährdung** gem. § 569 Abs. 1 BGB ist ebenfalls unabdingbar, soweit sie außerhalb der Wohnraummiete gem. § 578 BGB möglich ist.[713] Das folgt aus ihrem Zweck; der Gesundheitsschutz ist unverzichtbar.

246 Ein **Absenken des kündigungsrelevanten Rückstands** unter die in § 543 Abs. 2 S. 1 Nr. 3 BGB normierten Grenzen erscheint jedenfalls formularvertraglich unzulässig. Ansonsten würde schon Verzug mit einer Monatsmiete zur Vertragsbeendigung ausreichen. Nach dem Gesetz ist zwar nur ein geringfügig höherer Verzug notwendig (eine Monatsmiete plus 1 Cent); dieser muss sich aber über mindestens zwei Zahlungstermine hinweg aufgebaut haben. Würde genau eine Monatsmiete ausreichen, könnte hingegen bei schon eintägigem Verzug gekündigt werden. Möglich ist hingegen ein **Heraufsetzen** des kündigungsrelevanten Rückstands. Damit das Kündigungsrecht des Vermieters aber nicht ausgehöhlt wird, darf es nur moderat erfolgen, eine Verdopplung der Beträge erscheint als noch angemessen. Das Erfordernis des **Verzugs** mit der Mietzahlung kann formularvertraglich nicht durch einen bloßen verschuldenslosen „Rückstand" ersetzt werden.[714] Generell gilt, dass eine von § 543 Abs. 2 Nr. 3 BGB abweichende Vereinbarung klar und eindeutig gefasst sein muss.[715] Deshalb sind Klauseln unwirksam, wenn die Höhe des zur Kündigung berechtigenden Verzugs nicht hinreichend genau bestimmt ist.[716] Zu **Rechtzeitigkeitsklauseln** → Rn. 195.

247 Eine Klausel, dass dem Vermieter im Falle der Nichtzahlung der vereinbarten **Kaution** ein Kündigungsrecht zustehen soll, ist wirksam.[717] Das gleiche gilt für eine Klausel, die bei **unbefugter Überlassung** der Mietsache § 543 Abs. 2 Nr. 2 BGB als Kündigungsgrund ausschließt.[718] Lösungsklauseln, die zu Gunsten des Vermieters an den **Insolvenz**antrag oder die Insolvenzeröffnung anknüpfen, sind unwirksam iSv § 119 InsO, weil sie im Voraus das Wahlrecht des Insolvenzverwalters nach § 103 InsO bzw. sein Kündigungsrecht gem. § 109 InsO ausschließen.[719]

---

[708] BGH VIII ZR 327/11, NJW 2012, 2270 Rn. 10.
[709] BGH VIII ZR 327/11, NJW 2012, 2270 Rn. 23.
[710] BGH VIII ZR 247/89, NJW 1991, 102 (für einen Leasingvertrag).
[711] KG NZM 2007, 41; LG Hannover MDR 1984, 670.
[712] Staudinger/*Emmerich* BGB § 569 Rn. 70; **aA** MüKoBGB/*Häublein* § 569 Rn. 59.
[713] Staudinger/*Emmerich* BGB § 569 Rn. 70; **aA** MüKoBGB/*Häublein* § 569 Rn. 59.
[714] BGH VIII ZR 71/86, NJW 1987, 2506; BGH VIII ZR 154/88, NJW 1989, 1673.
[715] BGH VIII ZR 126/86, NJW-RR 1987, 903.
[716] *BGH XII ZR 64/96, NZM 1998, 718.*
[717] OLG Düsseldorf ZMR 2017, 726.
[718] OLG Hamm NJW-RR 1995, 750.
[719] BGH IX ZR 169/11, NJW 2013, 1159.

Das Kündigungsrecht wegen **nicht rechtzeitiger Überlassung** kann nur für den Fall formularmäßig ausgeschlossen werden, dass die Verzögerung der Übergabe nicht vom Vermieter zu vertreten ist. Umfasst der Ausschluss dagegen auch die Kündigung in den Fällen des Verzugs oder der vom Vermieter zu vertretenden Unmöglichkeit, so verstößt die Klausel gegen § 309 Nr. 8a BGB. Außerdem verstößt der formularmäßige Ausschluss des Kündigungsrechts dann gegen § 307 Abs. 2 BGB, wenn er zeitlich unbefristet ist: gerade der Geschäftsraummieter, der zur Erhaltung seiner wirtschaftlichen Existenz auf Mieträume angewiesen ist, hat nach Ablauf einer angemessenen Frist ein gewichtiges Interesse an der Beendigung des Mietvertrags, wenn ihm das Mietobjekt nicht rechtzeitig übergeben oder wieder entzogen wird. **248**

## K. Schadensersatz

Zu Schadensersatzansprüchen in Zusammenhang mit einer berechtigten wie einer unberechtigten Kündigung **(Kündigungsfolgeschäden)** → BGB § 542 Rn. 101. **249**

## L. Darlegungs- und Beweislast

Die Darlegungs- und Beweislast für **sämtliche Kündigungsvoraussetzungen** trägt nach allgemeinen Grundsätzen der Kündigende. Deshalb muss er Art und Ausmaß einer Pflichtverletzung bzw. den Umfang des Gebrauchsrechts beweisen. Das Vorbringen des Kündigenden kann einem Sachvortragsverwertungsverbot unterliegen, wenn sein Vortrag auf Informationen beruht, die er unter Verletzung des allgemeinen Persönlichkeitsrechts des Gekündigten auf grundrechtswidrige Weise etwa durch Einsatz überwachungsstaatlicher Ausforschungsmethoden erlangt hat.[720] Bei der Zahlungsverzugskündigung muss der Vermieter die Höhe der vertraglich vereinbarten Miete und die sonstigen Rückstandsvoraussetzungen beweisen, wozu auch gehört, dass der Rückstand zum Zeitpunkt des Zugangs der Kündigung schon bestand.[721] Der Kündigende trägt ebenfalls die Beweislast für die Einhaltung des **Abmahn- oder Abhilfeerfordernisses** gem. § 543 Abs. 3 BGB bzw. der Voraussetzungen, unter denen es entfällt.[722] **250**

Soweit **Verschulden** erforderlich ist, wird es gem. § 280 Abs. 1 S. 2, § 286 Abs. 4 BGB vermutet, der Kündigungsgegner muss sich also entlasten; das gilt auch für die Voraussetzungen eines Rechts- und Tatsachenirrtums.[723] Der Kündigungsgegner trägt gleichfalls die Darlegungs- und Beweislast für solche Umstände, die ein Kündigungsrecht entfallen lassen. Dazu gehören insbes. die rechtzeitige **vollständige Befriedigung** des Vermieters hinsichtlich der Mietrückstände gem. § 543 Abs. 2 S. 2 BGB und die unverzügliche **Aufrechnung** gem. § 543 Abs. 2 S. 3 BGB. Für ersteres muss er nicht nur den Zeitpunkt der Zahlung, sondern auch den Zeitpunkt der Kündigung beweisen.[724] Außerdem gehören dazu die Einreden gegenüber einem Zahlungsrückstand wie etwa die **Erfüllung** von Zahlungspflichten (§ 362 BGB) oder Bestehen und Höhe eines **Minderungsrechts** (§ 363 BGB).[725] **251**

Zur Beweislast bei der Kündigung wegen **Nichtgewährung des Gebrauchs** gem. § 543 Abs. 2 S. 1 Nr. 1 BGB gibt es in § 543 Abs. 4 S. 2 BGB eine besondere Vorschrift (→ Rn. 121). **252**

Bei einer Kündigung des Vermieters wegen **Beschädigung der Mietsache** durch den Mieter gem. § 543 Abs. 2 S. 1 Nr. 2 BGB hat der Vermieter die Beschädigung zu beweisen. Ist ihm das gelungen, ist aber streitig, ob der Schaden durch eine vom Mieter zu vertretende Sorgfaltspflichtverletzung eingetreten ist, muss der Vermieter beweisen, dass die Schadensursache in den Bereich des Mieters fällt. Es gilt die Sphärentheorie. Der Vermieter trägt die Darlegungs- und Beweislast dafür, dass die Ursache im Verantwortungs- bzw. Obhutsbereich des Mieters liegt.[726] Hierzu genügt es, sämtliche Ursachen aus seinem eigenen Verantwortungs- bzw. Obhutsbereich auszuschließen; ist dies gelungen, muss der Mieter sich wiederum entlasten.[727] **253**

---

[720] LG Berlin WuM 2020, 278.
[721] KG WuM 2019, 579.
[722] BGH VIII ZR 182/06, NJW 2007, 2177 Rn. 14.
[723] BGH VIII ZR 173/15, NZM 2016, 635 Rn. 19; BGH XII ZR 48/10, WuM 2012, 323.
[724] BGH VIII ZR 25/60, MDR 1960, 1006.
[725] BGH VIII ZR 154/84, NJW 1985, 2328.
[726] BGH XII ZR 71/01, NZM 2005, 17; BGH XII ZR 188/92, NJW 1994, 2019.
[727] BGH XII ZR 71/01, NZM 2005, 17; BGH XII ZR 188/92, NJW 1994, 2019.

254 Der Mieter muss beweisen, dass ihm die Gebrauchsüberlassung an Dritte iSv § 543 Abs. 2 S. 1 Nr. 2 BGB **(Untervermietung)** gestattet wurde oder dass ihm ein Anspruch auf Erteilung der Untermieterlaubnis zusteht.

### M. Prozessuales

255 Zum Kündigungsprozess → BGB § 542 Rn. 120. Zur Kündigung während eines Prozesses → BGB § 542 Rn. 11, 122a.

### N. COVID-19-Pandemie

256 Auf Grund der Anfang 2020 ausgebrochenen Corona-(COVID-19-)Pandemie kam es ab Frühjahr 2020 zu starken Beschränkungen des wirtschaftlichen und gesellschaftlichen Lebens. Um die damit verbundenen Folgen abzumildern, hat der Gesetzgeber mit Art. 240 EGBGB temporär geltende Eingriffe in das Vertragsrecht vorgenommen. So hat er mit **Art. 240 § 2 EGBGB** das Kündigungsrecht des Vermieters bei Miet- und Pachtverhältnissen beschränkt. Die Vorschrift lautet:

257 *(1) Der Vermieter kann ein Mietverhältnis über Grundstücke oder über Räume nicht allein aus dem Grund kündigen, dass der Mieter im Zeitraum vom 1. April 2020 bis 30. Juni 2020 trotz Fälligkeit die Miete nicht leistet, sofern die Nichtleistung auf den Auswirkungen der COVID-19-Pandemie beruht. Der Zusammenhang zwischen COVID-19-Pandemie und Nichtleistung ist glaubhaft zu machen. Sonstige Kündigungsrechte bleiben unberührt.*

*(2) Von Absatz 1 kann nicht zum Nachteil des Mieters abgewichen werden.*

*(3) Die Absätze 1 und 2 sind auf Pachtverhältnisse entsprechend anzuwenden.*

*(4) Die Absätze 1 bis 3 sind nur bis zum 30. Juni 2022 anzuwenden.*

258 Art. 240 EGBGB ist nach einem nur dreitägigen Gesetzgebungsverfahren **zum 1.4.2020 in Kraft** getreten. Die Schnelligkeit war dem Ausmaß der Krise geschuldet und muss bei der Gesetzesauslegung berücksichtigt werden; insbes. dürfte es angemessen sein, den Gesetzeszweck stärker in den Vordergrund zu stellen und Unzulänglichkeiten bei der Gesetzesformulierung zu korrigieren. Der Gesetzgeber erwartete bzw. befürchtete, dass die Pandemie zu Einnahmeausfällen bei den Mietern führen, staatliche Hilfe nicht rechtzeitig genug bereitstehen und es deshalb zur vermehrten Entstehung von kündigungsrelevanten Zahlungsrückständen kommen würde.[728] **Zweck** von Art. 240 § 2 EGBGB ist es, solche pandemiebedingten Zahlungsverzugskündigungen zu verhindern, damit die Wohnraummieter nicht ihre „Heimstatt" und die Gewerbemieter nicht die Grundlage ihrer Erwerbstätigkeit verlieren.[729] Art. 240 § 2 EGBGB verschafft dem Mieter **kein Leistungsverweigerungsrecht** hinsichtlich der Miete. Er bleibt vielmehr zum Fälligkeitszeitpunkt **zur Zahlung verpflichtet** und gerät bei Nichtzahlung in Verzug.[730] Es können also Verzugszinsen anfallen. Art. 240 § 2 EGBGB beschränkt lediglich die Kündigungsmöglichkeit des Vermieters wegen eines pandemiebedingt in der Zeit von April bis Juni 2020 entstandenen Zahlungsverzugs; von der in Art. 240 § 4 Abs. 1 Nr. 2 EGBGB vorgesehenen Verlängerungsmöglichkeit des Zeitraums bis September 2020 hat der Gesetzgeber keinen Gebrauch gemacht.

259 Die Vorschrift ist gem. § 2 Abs. 1 S. 1, Abs. 3 EGBGB anwendbar auf **alle Miet- und (Land-) Pachtverhältnisse** über Räume und Grundstücke; auch die Unternehmenspacht ist eingeschlossen, sofern zum Unternehmen ein Grundstück gehört.[731] Der Zweck der Nutzung spielt keine Rolle, gleichgültig ist also, ob es sich um Wohn- oder Geschäftsräume handelt. Gemäß § 2 Abs. 2 EGBGB ist die Regelung für alle von ihr erfassten Mietverhältnisse zu Gunsten des Mieters, auch des unternehmerisch handelnden Mieters, **halbzwingend.**

260 Wenn das Gesetz formuliert, dass der Vermieter nicht kündigen könne, weil der Mieter trotz Fälligkeit die Miete nicht leistet, dann bedeutet das nach dem Wortlaut eine Einschränkung solcher Kündigungsvoraussetzungen, die an das Zahlungsverhalten des Mieters hinsichtlich der Zahlungen anknüpfen, die die Miete betreffen. Das würde die laufende Mietzahlung, deren Pünktlichkeit und Betriebskostennachzahlungen erfassen. Die beiden letzteren berechtigen nur nach § 543 Abs. 1 BGB bzw. § 573 Abs. 2 Nr. 1 BGB zur Kündigung. Beide Tatbestände setzen Verschulden voraus

---

728 *BT-Drs. 19/18110*, 16, 35.
729 BT-Drs. 19/18110, 18, 36.
730 BT-Drs. 19/18110, 35.
731 MüKoBGB/*Häublein* EGBGB Art. 240 § 2 Rn. 10; s. auch BT-Drs. 19/18110, 37.

und erfordern eine Wertung des Mieterverhaltens. Schon in diesem Rahmen wäre die Pandemiebedingtheit des Zahlungsrückstand erheblich zu Gunsten des Mieters zu berücksichtigen; der Schutz durch § 2 EGBGB erscheint entbehrlich. Deswegen und weil das Gesetz offenbar nur das **Ausbleiben der laufenden Mietzahlung** im Blick hatte, sind von § 2 EGBGB lediglich die darauf beruhenden Kündigungstatbestände der **(fristlosen) Zahlungsverzugskündigung** gem. § 543 Abs. 2 S. 1 Nr. 3 BGB (ggf. iVm § 569 Abs. 3 Nr. 1 BGB) und der auf einen Zahlungsverzug gestützten **ordentlichen Kündigung** wegen nicht unerheblicher Pflichtverletzung gem. § 573 Abs. 2 Nr. 1 BGB erfasst[732], nicht aber Kündigungen wegen Nichtleistung von Betriebskostensalden, Kaution (→ Rn. 265), sonstiger einmaliger Zahlungen oder wegen unpünktlicher Mietzahlung.[733] Damit entspricht der Mietenbegriff in § 2 EGBGB demjenigen in § 543 Abs. 2 S. 1 Nr. 3 BGB (dazu → Rn. 161). Kündigungen aus anderen Gründen als dem Ausbleiben von Zahlungspflichten sind gem. § 2 Abs. 1 S. 3 EGBGB ohnehin nicht ausgeschlossen.

Die hinter § 2 EGBGB stehende **Dogmatik** erschließt sich nicht ohne Weiteres. Sie ist zu verstehen, wenn man § 2 Abs. 4 EGBGB in den Blick nimmt, wonach die Regelung nur bis zum 30. 6. 2022 anzuwenden ist. Hieraus ergibt sich eine **zeitliche Zäsur,** zu unterscheiden ist die Zeit davor und die Zeit danach. Wenn § 2 EGBGB ab dem 30. 6. 2022 nicht mehr anzuwenden ist, bedeutet das, dass ab diesem Datum ein Rechtszustand herrscht, als hätte es die Vorschrift nicht gegeben.[734] Eine Zahlungsverzugskündigung ist dann ausschließlich nach den Voraussetzungen des § 543 Abs. 2 S. 1 Nr. 3 BGB oder des § 573 Abs. 2 Nr. 1 BGB zu prüfen. Liegen die Voraussetzungen am 1. 7. 2022 vor, kann der Vermieter die Kündigung aussprechen. Das bedeutet, dass die Rückstände aus der Zeit von April bis Juni 2020 nicht zwingend **vollständig** zurückgeführt sein müssen; maßgeblich ist allein, ob bei Berücksichtigung aller Rückstände ein Kündigungstatbestand verwirklicht ist.[735] Am 30. 6. 2022 und davor ist eine **Kündigung** des Vermieters hingegen noch **unwirksam**[736], wenn es für den kündigungsrelevanten Zahlungsrückstand auf ein Ausbleiben von Zahlungen in der Zeit von April bis Juni 2020 ankommt. § 2 EGBGB ist nämlich kein Ausübungshindernis für ein bereits entstandenes Kündigungsrecht, die Vorschrift schließt vielmehr das Entstehen eines Kündigungsgrundes aus. Bis zum 1. 7. 2020 müssen die Kündigungstatbestände deshalb so geprüft, insbes. die kündigungsrelevanten Mietrückstände so ermittelt werden, **als gebe es die von April bis Juni 2020 fällig gewordenen Mietzahlungspflichten nicht.**[737] Bei dieser Sicht löst sich dann auch der Streit[738] um die Frage, ob dem Vermieter ein Recht zur Kündigung zusteht, wenn ein Teil des kündigungsrelevanten Rückstands vor April oder nach Juni 2020 entstanden ist und nur in Zusammenwirken mit den Rückständen aus dieser Zeit ein Kündigungstatbestand gegeben ist, der sich an der Formulierung im Gesetz, der Vermieter könne „nicht allein aus dem Grund kündigen", festmacht. Ohne Berücksichtigung der Rückstände aus April bis Juni 2020 ist ein Kündigungsrecht nicht gegeben. Eine andere Sicht würde der gesetzgeberischen Intention widersprechen, bei kurzfristigen, pandemiebedingten Zahlungsausfällen Folgen für den Bestand des Mietverhältnisses zu verhindern.[739] Denn auch wenn ein pandemiebedingter Rückstand nur teilweise zur Verwirklichung des notwendigen Zahlungsrückstands beitragen würde, bliebe er jedenfalls mitursächlich für den Verlust des Mietverhältnisses. Diese Sicht widerspricht nicht dem in § 2 Abs. 1 S. 3 EGBGB zum Ausdruck gekommenen gesetzgeberischen Willen, Kündigungen aus anderen als pandemiebedingten Gründen nicht auszuschließen.[740] Dieser Wille kann vielmehr auch so verstanden werden, dass eine Kündigung dann weiter möglich sein soll, wenn sie in keiner Weise Pandemiefolge ist, sprich bei einer Zahlungsverzugskündigung ausschließlich auf außerhalb von April bis Juni 2020 entstandener Rückstände gestützt werden kann.[741] Schließlich fügt sich die 261

---

[732] BT-Drs. 19/18110, 36; MüKoBGB/*Häublein* EGBGB Art. 240 § 2 Rn. 11.

[733] MüKoBGB/*Häublein* EGBGB Art. 240 § 2 Rn. 11.

[734] *Zehelein,* Miete in Zeiten von Corona, 2. Aufl. 2021, § 2 Rn. 32 sieht § 2 EGBGB als Verbotsgesetz gem. § 134 BGB an.

[735] Wie hier MüKoBGB/*Häublein* EGBGB Art. 240 § 2 Rn. 36.

[736] Ähnlich MüKoBGB/*Häublein* EGBGB Art. 240 § 2 Rn. 28.

[737] **AA** wohl *Föller* WuM 2020, 249 (252).

[738] Siehe dazu die Positionen von *Klimesch/Walther* ZMR 2020, 353 (355) auf der einen und *Föller* WuM 2020, 249 (251) auf der anderen Seite.

[739] Ähnlich *Klimesch/Walther* ZMR 2020, 353 (355); MüKoBGB/*Häublein* EGBGB Art. 240 § 2 Rn. 33.

[740] BT-Drs. 19/18110, 36.

[741] Das deutet sich auch in folgender Formulierung in der Gesetzesbegründung zu § 2 Abs. 1 S. 3 EGBGB an: „aufgrund von Mietrückständen zu kündigen, die in einem früheren Zeitraum aufgelaufen sind bzw. die aus einem späteren Zeitraum resultieren werden" (BT-Drs. 19/18110, 36).

Sicht besser in den Zweck von §§ 543, 573 BGB. Eine Unzumutbarkeit der Vertragsfortsetzung iSv § 543 BGB oder eine erhebliche Pflichtverletzung iSv § 573 BGB kann nämlich nicht ohne Weiteres angenommen werden, wenn der Zahlungsrückstand auch nur teilweise auf Gründen beruht, die in einer weltweiten Katastrophe ihre Wurzel haben.

**262** Die Nichtzahlung der **von April bis Juni 2020 fällig gewordenen** (entgegen des missverständlichen Wortlauts nicht fällig gewesenen[742]) **Mieten** muss auf den Auswirkungen der Pandemie beruhen, damit die Kündigungssperre greift. Die Gesetzesbegründung gibt hierzu keine näheren Erläuterungen. Der Zweck von § 2 EGBGB (→ Rn. 258) gebietet folgende Sicht: Wenn die Regelung dem Gewerbemieter das Mietverhältnis als Grundlage seines Erwerbs sichern will, dann ist eine **pandemiebedingte Kausalität** nicht erst dann anzunehmen, wenn der Mieter vollständig zahlungsunfähig ist. Vielmehr darf der **Gewerbemieter,** die ihm zur Verfügung stehenden finanziellen Mittel so einsetzen, dass sein Betrieb die Krise überstehen kann.[743] Hierzu darf er der Mietzahlung eine nachrangige Priorität geben. Dem Mieter steht bei der Priorisierung ein weites Ermessen zu, das sich nur im Rahmen des unternehmerisch Vernünftigen bewegen muss. So verstanden bedeutet pandemiebedingte Kausalität, dass die zur Verfügung stehenden finanziellen Mittel so begrenzt sind, dass sie nicht auch noch zur Befriedigung des Vermieters ausreichen. Diese Begrenztheit muss auf pandemiebedingte Umsatzeinbußen zurückzuführen sein, also solche Umsatzeinbußen, die nicht entstanden wären, wenn man die Pandemie hinwegdenkt. Das kann der Fall sein bei unmittelbaren pandemiebedingten Einwirkungen auf den Betrieb, wie Betriebsschließungen, Betriebsbeschränkungen oder Auflagen. Das kann aber auch der Fall sein bei mittelbaren Auswirkungen der Pandemie auf den Geschäftserfolg durch Verschlechterung der wirtschaftlichen Lage oder wegen einer Corona-Erkrankung des Mieters, seiner Mitarbeiter oder seiner Angehörigen.[744] Staatliche Förder- und Hilfsmaßnahmen sind zu berücksichtigen.[745] Ebenso sind Rücklagen des Mieters und Kreditmittel zu berücksichtigen.[746] Weder im Wortlaut des Gesetzes noch in der Begründung gibt es Anhaltspunkte dafür, dass ein finanziell potenter Mieter von dem Kündigungsrisiko befreit sein soll; die Möglichkeit der erleichterten Beweisführung, die das Gesetz dem Mieter gewährt, ist kein hinreichender Grund[747], selbst wenn das bedeutet, dass der Beweisaufwand steigt, weil der Mieter ggf. auch das Nichtvorhandensein anderer Mittel als der laufenden Umsätze belegen muss (→ Rn. 263). Die Pandemie ist vielmehr nur dann (mit-)ursächlich für die Nichtzahlung, wenn der Mieter nicht erfüllen kann, nicht hingegen schon dann, wenn er zwar weniger, aber selbst bei der ihm zuzugestehenden Priorisierung noch ausreichende finanzielle Möglichkeiten hat. Unter Verhältnismäßigkeitsgesichtspunkten ist in diesen Fällen eine Beschränkung des Kündigungsrechts nicht gerechtfertigt. Der Einsatz von Rücklagen oder eine Kreditaufnahme muss allerdings unternehmerischer Vernunft entsprechen, was in der Krise oftmals nicht der Fall sein dürfte. Der Mieter ist nicht gehalten, alle Rücklagen aufzulösen oder den Kreditrahmen vollständig auszuschöpfen; er darf auch die mögliche zukünftige Entwicklung in den Blick nehmen, insbes. die Zeit nach dem Auslaufen von § 2 EGBGB. Abgesehen davon sind alle anderen finanziellen Mittel, die der Mieter neben den laufenden Umsätzen hat, nur relevant, sofern sie zum maßgeblichen Zeitpunkt tatsächlich liquide zur Verfügung stehen. Maßgeblicher Zeitpunkt ist die Fälligkeit der Miete.[748] Abzustellen ist auf das Gesamtvermögen der Rechtsperson des Mieters, nicht aber auf eine Konzernsituation[749], die Situation der Gesellschafter oder des unselbständigen Betriebsteils, dem das Mietobjekt zugeordnet ist. Das Gesetz stellt allein auf den Mieter ab und dessen Leistungsfähigkeit, weder aber die Leistungsfähigkeit Dritter oder auf Rentabilität. Ob die Gesellschafter oder eine Konzernmutter zur Bereitstellung der Miete bereit sind, ist eine unternehmerische Ermessensentscheidung. Ähnlich ist es bei dem **Wohnraummieter.** Auch hier ist nicht vollständige Zahlungsunfähigkeit notwendig, auch hier geht es um angemessene Priorisierung, wenn der Wohnraummieter wegen pandemiebedingter Einkommensausfälle nicht alle Verbindlichkeiten befriedigen kann. Es ist offensichtlich, dass es dem Mieter erlaubt sein muss, von seinen Mitteln etwa zunächst Nahrung zu beschaffen. Ansonsten muss er sich einschränken, ihm steht

---

742 MüKoBGB/*Häublein* EGBGB Art. 240 § 2 Rn. 12.
743 KG NZM 2021, 403.
744 MüKoBGB/*Häublein* EGBGB Art. 240 § 2 Rn. 16.
745 *Schmidt-Kessel/Möllnitz* NJW 2020, 1103 (1105); *Klimesch/Walther* ZMR 2020, 353 (355).
746 *Schmidt-Kessel/Möllnitz* NJW 2020, 1103 (1105); *Klimesch/Walther* ZMR 2020, 353 (355).
747 So aber wohl *Nissen/Elzer* MDR 2020, 761 (764); OLG Nürnberg MDR 2021, 56.
748 So wohl auch OLG Nürnberg MDR 2021, 56.
749 **AA** *Schmidt-Kessel/Möllnitz* NJW 2020, 1103 (1106); *Klimesch/Walther* ZMR 2020, 353 (356).

hierbei, wie dem Gewerbemieter ein gewisses Ermessen zu. Anderweitige Verbindlichkeiten darf er vorrangig vor der Miete bedienen, er wird aber von den Möglichkeiten des Moratoriums nach Art. 240 § 1 EGBGB, das ua ein Leistungsverweigerungsrecht bei Verbraucherdarlehensverträgen vorsieht, Gebrauch zu machen haben. Die Einnahmeausfälle können bedingt sein durch pandemiebedingte Arbeitslosigkeit, Kurzarbeit oder – bei selbständig tätigen Wohnraummietern – durch Umsatzeinbußen. Auch der Wohnraummieter hat Rücklagen einzusetzen und ggf. Kredite oder staatliche Unterstützung in Anspruch zu nehmen, wenn dies bis zum Fälligkeitstag möglich ist. Rücklagen wird der Mieter aber nicht vollständig auflösen müssen, eine Orientierung an den Freibeträgen bei der Prozesskostenhilfe bietet sich an. Ähnliches gilt für die Kreditaufnahme; hier muss die Belastung zur Rückführung des Kredits zudem zumutbar sein.

Der Mieter muss den Zusammenhang zwischen Nichtzahlung und Pandemie nachweisen. § 2 Abs. 1 S. 2 EGBGB erleichtert ihm dies insofern, als danach eine Beweisführung durch **Glaubhaftmachung** möglich ist. Das ist der Maßstab des § 294 ZPO, bei dem als Überzeugungsmaßstab überwiegende Wahrscheinlichkeit ausreicht.[750] Außerdem gibt es nicht die Beschränkung auf die Beweismittel der ZPO für das Hauptverfahren, vielmehr sind alle geeigneten Beweismittel erlaubt, insbes. die eidesstattliche Versicherung (auch des Mieters selbst). Die Regelung des § 294 Abs. 2 ZPO, wonach nur präsente Beweismittel zugelassen sind, gilt allerdings nicht, sie ist auf den Eilrechtsschutz zugeschnitten.[751] Die Glaubhaftmachung muss nicht schon im Zeitpunkt des Unterlassens der Zahlung erfolgen (auch wenn das sinnvoll sein mag und der Mieter dem Vermieter auf dessen Frage schon vorprozessual zur Auskunft verpflichtet ist[752]), sondern erst „im Streitfall"[753], also im Räumungsrechtsstreit. Der Nachweis des Kausalzusammenhangs kann etwa durch den Antrag oder die Bescheinigung über die Gewährung staatlicher Leistungen, durch Bescheinigungen des Arbeitsgebers oder andere Einkommensnachweise oder – bei Unternehmen – durch betriebswirtschaftliche Auswertungen oder Bestätigungen des Steuerberaters geführt werden.[754] Bei Gewerbemietern wird regelmäßig ausreichen, dass der Betrieb durch Rechtsverordnung oder behördliche Verfügung untersagt oder erheblich eingeschränkt wurde[755], wie es etwa im Frühjahr 2020 bei Gaststätten, Hotels und sonstigen Geschäftslokalen in weitem Umfang der Fall war. Dieser Umstand dürfte idR sogar offenkundig und damit gar nicht beweisbedürftig sein.[756] Notwendig sind allerdings zusätzliche Angaben dazu, dass der Betrieb seinen Umsatz ausschließlich oder jedenfalls überwiegend durch Gäste/Kunden im Geschäftslokal erwirtschaftet. Zum Zusammenhang zwischen Nichtzahlung und Pandemie gehört auch die Darlegung und ggf. der Beweis, dass Rücklagen, aus denen die Miete hätte bestritten werden können, nicht in ausreichendem Maß vorhanden waren (→ Rn. 262). Daran sind keine besonderen Anforderungen zu stellen. Ohne ausdrückliches Bestreiten des Gegners ist die entsprechende Behauptung stillschweigend in dem Vortrag enthalten, der Mieter habe die Miete pandemiebedingt nicht zahlen können.[757] Bestreitet der Vermieter das Nichtvorhandensein von Rücklagen, muss der Mieter substantiieren, wofür regelmäßig etwa die Vorlage einer Bilanz, Steuererklärung oder Ähnlichem aus dem Vorjahr ausreicht, aus der sich evtl. Rücklagen ergeben oder nicht. **263**

Wenn man § 2 EGBGB als Vorschrift zur temporär anderen Bestimmung des kündigungsrelevanten Rückstands versteht (→ Rn. 261), gibt es bei der Anwendung der **Heilungsvorschriften** von § 543 Abs. 2 S. 2, 3, § 569 Abs. 3 Nr. 2 BGB keine Besonderheiten.[758] Ein Ausschluss oder eine **Verwirkung des Kündigungsrechts** (dazu → Rn. 230) tritt nicht ein, wenn der Vermieter wegen Rückständen aus Frühjahr 2020 erst ab Juli 2022 kündigt, da ihm eine frühere Kündigung gesetzlich verwehrt wurde und der Mieter kein Vertrauen entwickeln konnte. Auch schließt § 2 EGBGB **264**

---

[750] BT-Drs. 19/18110, 36.

[751] Eing. *Nissen/Elzer* MDR 2020, 761 (765); **aA,** aber ohne Begründung *Klimesch/Walther* ZMR 2020, 353 (357).

[752] MüKoBGB/*Häublein* EGBGB Art. 240 § 2 Rn. 25. AG Idstein ZMR 2021, 245 nimmt aus Billigkeitsgründen eine Mitteilungspflicht an. Das erscheint als zu weitgehend, die Sachlage unterscheidet sich nicht grds. von anderen Einwendungen des Mieters gegen seine Zahlungspflicht, die allein in seiner Person wurzeln und über die der Vermieter per se keine Kenntnisse hat.

[753] BT-Drs. 19/18110, 36; AG Ludwigsburg WuM 2021, 424.

[754] BT-Drs. 19/18110, 36; OLG Nürnberg MDR 2021, 56.

[755] BT-Drs. 19/18110, 36.

[756] OLG Nürnberg MDR 2021, 56.

[757] Eine ausdrückliche Erklärung fordern *Klimesch/Walther* ZMR 2020, 353 (357).

[758] So auch MüKoBGB/*Häublein* EGBGB Art. 240 § 2 Rn. 37.

die Anwendung von § 313 BGB **(Störung der Geschäftsgrundlage)** nicht aus[759]; näher zu § 313 BGB → BGB Vor § 535 Rn. 256.

**265** Wie dargelegt (→ Rn. 260) schließt § 2 EGBGB eine Kündigung gem. § 543 Abs. 1 BGB wegen **Nichtleistung einer Kaution** nicht grds. aus. Das gilt auch für den Wiederauffüllungsanspruch des Vermieters, wenn dieser sich aus der Kaution befriedigt hat. Das gilt aber nicht für einen Wiederauffüllungsanspruch wegen Rückständen, die unter das Privileg des § 2 EGBGB fallen.[760] Zunächst dürfte eine solche Kündigung unwirksam sein, weil sie eine Umgehung von Art. 240 § 2 EGBGB darstellt.[761] Abgesehen davon müsste der Vermieter überhaupt ungehinderten alleinigen Zugriff auf die Sicherheit haben, um sich aus ihr befriedigen zu können; das ist nur bei der Barkaution und allenfalls noch bei der Bürgschaft auf erstes Anfordern der Fall.[762] Ist ein solcher faktischer Zugriff gegeben, steht die Treuhandabrede einer Verwertung der Sicherheit auch im laufenden Gewerbemietverhältnis entgegen[763], es sei denn, die Forderung des Vermieters wäre unstreitig.[764] Vor allem aber wäre, dies alles hintangestellt, eine Kündigung nach der Rspr. des BGH[765] wohl nicht möglich, weil in die anzustellende Interessenabwägung (→ Rn. 44) die gesetzgeberische Wertung des § 2 EGBGB einzubeziehen wäre.[766]

---

[759] Eing. *Streyl* NZM 2020, 817 (823).
[760] *Lindner* AnwZert MietR 6/2020 Anm. 2.
[761] So auch wohl *Mahdi/Rosner* NZM 2020, 421 und *Klimesch/Walter* ZMR 2020, 353 (357).
[762] *Mahdi/Rosner* NZM 2020, 418.
[763] *Sittner* NJW 2020, 1169 (1173).
[764] *Mahdi/Rosner* NZM 2020, 417.
[765] BGH XII ZR 255/04, NZM 2007, 401.
[766] MüKoBGB/*Häublein* EGBGB Art. 240 § 2 Rn. 31 nimmt sogar eine Analogie an.

# § 544 Vertrag über mehr als 30 Jahre

**[1] Wird ein Mietvertrag für eine längere Zeit als 30 Jahre geschlossen, so kann jede Vertragspartei nach Ablauf von 30 Jahren nach Überlassung der Mietsache das Mietverhältnis außerordentlich mit der gesetzlichen Frist kündigen. [2] Die Kündigung ist unzulässig, wenn der Vertrag für die Lebenszeit des Vermieters oder des Mieters geschlossen worden ist.**

**Systematische Übersicht**



## A. Regelungszweck

1 Die Norm verfolgt zwei unterschiedliche Ziele. Zum einen geht sie davon aus, dass das Rechtsinstitut der Miete begriffsmäßig zeitlich begrenzt ist. Das wird dadurch verstärkt, dass auch keine Vertragsdauer vereinbart werden darf, die rein tatsächlich zu einer unbegrenzten Mietzeit führt. Damit soll nach den Motiven[1] eine Art Erbmiete verhindert werden, also eine eigentümerähnliche dingliche Stellung des Mieters, die das Mietobjekt letztlich dem Rechtsverkehr entzieht.[2] Historisch hat aber ein Paradigmenwechsel stattgefunden: während die Ablösung ua der Erbpacht durch das preußische Ablösegesetz von 1850 das Obereigentum des „Pachtherrn" aufgehoben und zum vollständigen Eigentum des Erbpächters geführt hatte, wird jetzt das Eigentum des Vermieters geschützt; es soll nicht mehr durch Zeitablauf verloren gehen. Zum anderen wird eine Ausnahme davon im Interesse des Mieters bei den Lebenszeitverträgen gemacht. Hier will der Gesetzgeber die persönlichen Motive an einer derartigen Vertragsgestaltung respektieren. Hierin kommen die beiden großen Elemente der liberalen Wirtschaftsauffassung des 19. Jahrhunderts zum Tragen: Eigentumsschutz und Vertragsfreiheit: Das Eigentum soll nur durch Vertrag begrenzt werden können, soweit nicht die Verkehrsinteressen (deshalb die Begrenzung auf 30 Jahre, der Zeitraum der alten unvordenklichen Verjährung) entgegenstehen. Das Modell, das unterschiedslos für alle Mietverhältnisse galt, funktionierte aber nur solange, wie eine theoretische Parität der Marktteilnehmer (= Vertragspartner) gegeben war. Diese Parität endete jedenfalls für Wohnraummietverhältnisse spätestens mit dem 1. Weltkrieg und wurde durch mieterschützende Eingriffe in das Eigentum des Vermieters versucht wieder herzustellen.[3] Die Norm dient inzwischen auch dazu, im Rahmen der Überprüfung von Allgemeinen Geschäftsbedingungen bei Gewerbemietverträgen, die darin vereinbarten langen Laufzeiten zu rechtfertigen.[4]

2 Die Vorschrift ist über ihren Wortlaut hinaus auf alle miet- und pachtähnlichen Verträge anwendbar, also auf alle Rechtsverhältnisse, die auf die Gewährung eines Gebrauchs- und/oder Nutzungsrechts gerichtet sind.[5] Maßgebend ist die durch Besitzübergabe dokumentierte Trennung von Eigentum und Besitz; durch diese Trennung könnte sich nach 30jähriger Dauer die sachenrechtliche Zuordnung verdunkeln.

3 Der Anwendungsbereich der im Allgemeinen Teil des Mietrechts stehenden Norm ist durch den im Besonderen Teil des Wohnraummietrechts platzierten § 575 BGB stark eingeschränkt. Danach ist der Zeitmietvertrag für **Wohnraummietverhältnisse** zwar nicht mehr zeitlich, dafür aber gegenständlich beschränkt. Zulässig ist danach der Wohnraummietvertrag über eine Dauer von 30 Jahren, aber nur, wenn die Befristungsgründe der Nr. 1–3 des § 575 Abs. 1 BGB vorliegen. Ohne solche Gründe ist die Befristung nach § 575 Abs. 4 BGB unwirksam.[6]

4 Unter formaler Betrachtung gilt das gleiche für Wohnraummietverträge auf Lebenszeit von Vermieter oder Mieter. Denn bei einem solchen Vertrag handelt es sich ebenfalls um einen befristeten

---

[1] Mugdan, Bd. II, Motive S. 413.
[2] BGH IX ZR 76/00, NZM 2004, 190 (191).
[3] Schmoeckel/Rückert/Zimmermann/*Oestmann* §§ 535–580a Rn. 5–7.
[4] OLG Stuttgart NZM 2020, 465; BGH XII ZR 125/18, NZM 2020, 54 Rn. 25; LG Bremen 14.7.2020 – 3 S 294/18 – juris.
[5] RGZ 121, 11; LG Rostock 3.7.2015 – 1 S 106/13, juris, für Leihvertrag; Soergel/*Heintzmann* BGB § 544 Rn. 2; Lützenkirchen MietR/*Lützenkirchen* BGB § 544 Rn. 2.
[6] BGH VIII ZR 290/18, GE 2018, 1457.

Vertrag[7] mit der Folge, dass die in § 575 Abs. 1 S. 1 BGB genannten Gründe vorliegen müssten.[8] Dieser formalen Betrachtungsweise steht aber der Zweck des § 575 BGB entgegen: grds. sollte es keine Zeitmietverträge über Wohnraum mehr geben. Damit war dem Bestandsinteresse des Wohnraummieters unter Berücksichtigung der eingeschränkten Kündigungsmöglichkeiten nach § 573 BGB Genüge getan. Um aber dem Wohnungsmarkt auch solchen Wohnraum zur Verfügung zu stellen, der in absehbarer Zeit diesem allgemeinen Markt (durch Eigennutzung oder Umbau) wieder entzogen werden sollte, wurde der beschränkte Zeitmietvertrag des § 575 BGB eingeführt. Schutzziel war daher nicht das Bestandsinteresse des Mieters, sondern das Erlangungsinteresse des Vermieters. Hatte dieser sich außerhalb der Gründe des § 575 BGB gebunden, hat er auf seinen Schutz verzichtet und kann eine Unwirksamkeit der Lebenszeitbindung unter Hinweis auf § 575 Abs. 1 S. 1 BGB nicht geltend machen. Die Lebenszeitbindung stellt im Regelfall auch keine Benachteiligung des Mieters dar[9], so dass § 575 Abs. 4 BGB nicht eingreift.[10]

5 Die Norm ist in ihrem ersten Teil zwingend; das Kündigungsrecht nach 30 Jahren kann daher nicht ausgeschlossen werden;[11] es darf auch nicht von besonderen Voraussetzungen abhängig gemacht werden, die praktisch zu einem Kündigungsausschluss führen.[12] Dieser Zwang verstößt weder gegen industrielle Investitionsinteressen[13] noch gegen den Grundsatz der Vertragsfreiheit[14]: Zum einen besteht kein Zwang zur Kündigung, so dass von einer Befristung des Vertrages nicht gesprochen werden kann, zum anderen ist die Frist Ausdruck des gleichrangigen Freiheitsinteresses der Verfügung über das Eigentum. Außerdem soll – volkswirtschaftlich – die neue Schaffung von res extra commercium vermieden werden, also der Entzug von fungiblen Wirtschaftsgütern aus dem Wirtschaftskreislauf.

6 Dagegen kann bei einem **Lebenszeitvertrag,** der **kein Wohnraummietvertrag** ist, eine Vereinbarung dahingehend getroffen werden, dass unter bestimmten Voraussetzungen die Kündigung nach Ablauf von 30 Jahren zulässig sein soll. Denn dieser Teil der Norm dient lediglich privaten Interessen und ist entsprechend disponibel.

7 Anderes gilt wiederum für den **Wohnraummietvertrag.** Eine Vereinbarung dahingehend, dass der Lebenszeitvertrag nach 30 Jahren unter bestimmten Voraussetzungen kündbar sein soll, macht ihn in jedem Fall zu einem unter § 575 BGB fallenden Zeitmietvertrag. Handelt es sich bei den vereinbarten Kündigungsgründen nicht um solche des § 575 Abs. 1 S. 1 Nr. 1–3 BGB, wird dieser Wohnraummietvertrag gem. § 575 Abs. 1 S. 2 BGB zu einem Vertrag auf unbestimmte Zeit und er kann bei Vorliegen der Kündigungsgründe des § 573 BGB ordentlich gekündigt werden, wobei lediglich die Fristen des § 573 c BGB zu beachten sind.

8 Die Bindung an den Vertrag (Wohnraummietvertrag), entweder auf 30 Jahre oder auf Lebenszeit, kann nur eintreten, wenn die Schriftform des § 550 BGB gewahrt worden ist.[15] Die notwendige Form wird nicht dadurch eingehalten, dass testamentarisch ein lebenslanges Wohnrecht zugewendet wird;[16] auch die bloße Erklärung gegenüber dem Mieter, auf Dauer in der Wohnung verbleiben zu dürfen, schafft kein formgerechtes lebenslanges Mietverhältnis.[17] Fehlt es an dieser Form, kann der Vertrag trotz der vereinbarten langen Dauer gem. § 550 S. 2 BGB bereits nach Ablauf eines Jahres gekündigt werden.

9 Der Abschluss eines Mietvertrages über die Dauer von 30 Jahren hinaus macht diesen nicht unwirksam, auch nicht teilweise für den die 30 Jahre übersteigenden Zeitraum.[18] Vielmehr ist er nur kündbar. Denn die Norm will nicht verhindern, dass der Vertrag rein tatsächlich mehr als 30 Jahre dauert. Sie verfolgt lediglich den Zweck, dass keine vertragliche Bindung über 30 Jahre hinaus eingegangen wird.[19]

---

[7] RE BayObLG NJW-RR 1993, 1164.
[8] *Hinz* NZM 2003, 662.
[9] Blank/Börstinghaus/*Blank* BGB § 575 Rn. 85.
[10] Anders noch → 13. Aufl. 2017, Rn. 2.
[11] HM Palandt/*Weidenkaff* BGB § 544 Rn. 2.
[12] OLG Celle MDR 1990, 154; RGZ 73, 341.
[13] Die hierfür zB angeführten Windkraftanlagen haben eine Betriebsdauer von ca. 20 Jahren; dazu OLG Karlsruhe BeckRS 2018, 25319.
[14] So aber *Wiese* ZMR 2017, 122 ff. durchgehend.
[15] BGH VIII ZR 134/57, NJW 1958, 2062; BGH VIII ZR 290/18, GE 2018, 1457.
[16] *LG Berlin WuM 1991, 498.*
[17] AG Spandau MM 1990, 352.
[18] RG Warneyer 1915, 248.
[19] *Roquette* MietR BGB § 567 Rn. 2.

## B. Kündigungsrecht, Satz 1

Das Kündigungsrecht ist davon abhängig, dass **vertraglich** eine Laufzeit von mehr als 30 Jahren vereinbart wird. Das ist nicht nur bei einer ausdrücklichen Befristung des Mietvertrages gegeben. Vielmehr liegt dieses Tatbestandsmerkmal auch vor, wenn die Laufzeit des Vertrages an den Eintritt eines bestimmten Ereignisses geknüpft ist, welches aller Voraussicht nach später als nach 30 Jahren eintreten wird, so zB eine Nutzung des Mietobjekts, solange der Betrieb des Mieters besteht,[20] oder Nichtausübung eines Vorkaufsrechts.[21] **10**

Auch ein Mietvertrag auf unbestimmte Zeit fällt dann in den Anwendungsbereich der Norm, wenn für **beide** Vertragspartner das **Kündigungsrecht** auf die Dauer von mehr als 30 Jahren generell und nicht nur für einzelne Kündigungsgründe[22] **ausgeschlossen** ist.[23] Eine formularvertraglich festgelegte einseitige Bindung auf 30 Jahre bei weitgehend **beliebiger** Kündbarkeit seitens des anderen Vertragspartners verstößt gegen § 307 BGB[24] mit der Folge, dass der Vertrag nicht mehr als auf 30 Jahre abgeschlossen angesehen werden kann. Das gleiche gilt für den Fall, in dem die Zulässigkeit einer Kündigung von wirtschaftlichen Bedingungen abhängig gemacht wird, zB vom Ersatz erbrachter Investitionen, mögen diese auch auf eine Vertragsdauer von 30 Jahren berechnet worden sein.[25] Denn hierbei handelt es sich entgegen dem gesetzlichen Tatbestandsmerkmal nicht mehr um eine klare berechenbare Frist, sondern um Bewertungen, von denen die Kündigung nicht abhängen soll. **11**

Der Mietvertrag mit einer kürzeren Laufzeit fällt dann unter § 544 BGB, wenn seine Verlängerung über 30 Jahre hinaus durch die Ausübung eines vertraglich vereinbarten **Optionsrechts** erzwungen werden kann und entsprechend verlängert wird.[26] **12**

**Nicht** unter § 544 BGB fallen langfristig bindende **Vorverträge oder bindende Vertragsangebote;** denn sie behindern nicht die tatsächliche Verfügbarkeit über das Mietobjekt.[27] Das gleiche gilt für **Kettenverträge,** die zwar insgesamt über 30 Jahre gedauert haben, deren jeweilige Verlängerung aber im Belieben der Vertragsparteien gestanden hat.[28] Schließlich gehören auch Verträge auf unbestimmte Zeit nicht hierher, die zwar rein tatsächlich länger als 30 Jahre bestanden haben, denen jedoch keine rechtliche Bindung für diese Laufzeit zugrunde gelegen hat. **13**

Ob eine dreißigjährige **Bindung** vorliegt, muss sich aus dem Mietvertrag ergeben, ist also vom Zeitpunkt des Vertragsschlusses an zu beurteilen und nicht nachträglich nach dem tatsächlichen Ablauf der 30-Jahresfrist. **14**

Die **Kündigung** ist erst **nach Ablauf der 30 Jahre** zulässig. Berechnet wird die Frist ab dem vertraglich vereinbarten Übergabezeitpunkt.[29] Zwar spricht der reformierte Gesetzestext nur von „Überlassung", aus der Gesetzesbegründung ergibt sich aber, dass damit die vertraglich vereinbarte Überlassung, nicht die tatsächlich – davon abweichende – durchgeführte Überlassung maßgebend sein soll;[30] das gilt auch bei einem Vermieterwechsel nach § 566 BGB, der an der vertraglichen **15**

---

20 BGH III ZR 193/90, NJW-RR 1992, 780.

21 OLG Hamburg ZMR 1998, 28.

22 LG Nürnberg-Fürth WuM 2019, 623.

23 OLG Dresden VIZ 1994, 88; LG Berlin GE 1992, 151; OLG Frankfurt a. M. NZM 1999, 419; offen gelassen von BGH VIII ZR 200/17, WuM 2018, 437 Rn. 16.

24 FAKomm MietR/*Harz,* 4. Aufl. 2014, BGB § 544 Rn. 14; OLG Hamm ZMR 1988, 386; OLG Hamburg NJW-RR 1992, 74; im Grunde ebenso OLG Düsseldorf ZMR 2002, 741; unentschieden OLG Hamm NZM 1999, 753. Dem steht BGH XII ZR 273/98, WuM 2001, 440 nicht entgegen, da die Entscheidung auf einer Interessenabwägung im Einzelfall beruht (was dogmatisch bei der Überprüfung von Formularklauseln an sich nicht zulässig ist). BGH VIII ZR 294/03, WuM 2004, 543 stellt für die Zulässigkeit eines formularvertraglichen Kündigungsverzichts auf die Geltung für beide Seiten ab; ebenso BGH VIII ZR 30/08, NZM 2009, 153.

25 Str., Erman/*Lützenkirchen* BGB § 544 Rn. 3; Staudinger/*Emmerich* BGB § 544 Rn. 5a, 6; Palandt/*Weidenkaff* BGB § 544 Rn. 4; MüKoBGB/*Bieber* § 544 Rn. 5; Bub/Treier MietR-HdB/*Fleindl* Kap. IV Rn. 442.

26 RGZ 130, 143; OLG Düsseldorf ZMR 2002, 189; OLG Hamm Info M 2011, 170 = BeckRS 2011, 00538.

27 OLG Hamm NZM 2002, 218; MüKoBGB/*Bieber* § 544 Rn. 2; aA Lützenkirchen MietR/*Lützenkirchen* BGB § 544 Rn. 3; BeckOGK/*Mehle* BGB § 544 Rn. 6; Staudinger/*Emmerich* BGB § 544 Rn. 2; die hier in Bezug genommene Entscheidung RG BayZ 1927, 290, befasst sich aber mit der Auswirkung einer (verneinten) Nichtigkeit des Hauptvertrages auf den Vorvertrag.

28 RGZ 165, 1; OLG Düsseldorf 3.11.1988 – 10 U 58/88, juris; Lindner-Figura/Oprée/Stellmann Geschäftsraummiete-HdB/*Zöll* Kap. 9 Rn. 42; *Sommer* MietRB 2014, 335 (336).

29 Staudinger/*Emmerich* BGB § 544 Rn. 8; Blank/Börstinghaus/*Blank* BGB § 544 Rn. 19; Lützenkirchen MietR/*Lützenkirchen* BGB § 544 Rn. 25; aA Schmid/Harz/*Harz* BGB § 544 Rn. 20.

30 BT-Drs. 14/4553, 44.

Überlassung nichts ändert.[31] Ergibt sich die 30jährige Bindung allerdings erst aus einem Verlängerungsvertrag, berechnet sich die Frist ab diesem Vertragsschluss.[32] Eine vorfristige Kündigung, die vor Ablauf des 30-Jahres-Zeitraumes erklärt wird, wenn auch mit Wirkung der Kündigungsfrist erst nach Ablauf der 30 Jahre, ist unwirksam.[33]

16 Nach Ablauf der 30 Jahre kann entsprechend dem neuen Wortlaut außerordentlich mit der gesetzlichen Frist gekündigt werden. Für Wohnraummietverhältnisse richtet sich diese Frist nach § 575a Abs. 3 BGB, dh die Kündigungsfrist beträgt drei Monate abzüglich dreier Karenztage; bei sonstigen Mietverhältnissen gilt die Fristenregelung des § 580a Abs. 4 BGB. Die Kündigung kann, muss aber nicht sofort nach Ablauf der Vertragslaufzeit ausgesprochen werden. Durch die Fortsetzung des Mietverhältnisses geht das Kündigungsrecht nicht verloren oder wird nicht verwirkt. Der Kündigung kann auch nicht der Einwand des Rechtsmissbrauchs entgegengehalten werden, wenn die gekündigte Vertragspartei erhebliche Investitionen für das Mietobjekt erbracht hat, die sich nach 30 Jahren noch nicht amortisiert haben.[34] Allerdings kann auf die Ausübung des Kündigungsrechts verzichtet werden mit der Folge, dass sich die Vertragslaufzeit auf weitere 30 Jahre verlängert.[35]

17 § 544 BGB gibt ein formelles Kündigungsrecht, allein abhängig vom Ablauf der 30 Jahre. Im **Wohnraummietrecht** brauchen infolge der Neuregelung des Zeitmietvertrages in § 575 BGB – dessen Voraussetzungen bei einem Wohnraummietvertrag auf 30 Jahre vorliegen müssen – **keine** weiteren materiellen **Kündigungsgründe** mehr vorzuliegen; denn die in § 575 BGB aufgezählten Beendigungsgründe ersetzen insoweit die Kündigungsgründe. Ferner gelten die in den §§ 574–574c BGB enthaltenen mieterschützenden Vorschriften nicht. Allerdings kann der Mieter eines über 30 Jahre hinaus befristeten Wohnraummietvertrages kein Fortsetzungsverlangen nach § 575 Abs. 2, 3 BGB stellen; dem steht der Gesetzeszweck des § 544 BGB entgegen, der insoweit durch den Gesetzgeber auch nicht für Wohnraummietverhältnisse eingeschränkt worden ist. Insgesamt zeigt sich auch hierin die mangelnde systematische Abstimmung zwischen § 544 BGB und § 575 BGB im Bereich des Wohnraummietrechts.

## C. Kündigungsausschluss, Satz 2

18 Die Kündigung allein für Nicht-Wohnraummietverträge (→ Rn. 2, 3) ist – trotz der Vermutung, dass derartige Verträge länger als 30 Jahre dauern werden –, ausgeschlossen, wenn der Vertrag auf die Lebenszeit des Vermieters oder des Mieters abgeschlossen worden ist; dem stehen Verträge gleich, in denen das Kündigungsrecht auf Lebenszeit ausgeschlossen ist.[36] Nicht gleichzustellen sind dem Verträge, deren Dauer an den Betrieb eines Gewerbes gekoppelt ist; denn das vertragsbeendende Ereignis knüpft zwar an die Person des Mieters an, ist aber unabhängig von dessen Lebensdauer.[37]

19 Die Vereinbarung über die Bindung der Vertragszeit an die Lebensdauer muss ausdrücklich getroffen werden und gilt nur für natürliche Personen als Vertragspartner. Besteht zB die im Vertrag aufgenommene **Mieterseite aus mehreren Personen,** so ist für die Vertragsdauer die Lebenszeit des Längstlebenden maßgebend, es sei denn, es ist ausdrücklich eine andere Regelung getroffen worden. Auf juristische Personen sowie Personenhandelsgesellschaften ist die Vorschrift nicht anwendbar, da diese keine natürliche Lebenszeit haben.[38]

20 Ausgeschlossen ist bei den Lebenszeitverträgen nur die ordentliche Kündigung; zulässig bleiben die **fristlosen außerordentlichen Kündigungen.** Während seiner Laufzeit kann der Vertrag nicht unter Hinweis auf den Wegfall oder eine Veränderung der Geschäftsgrundlage beendet werden, auch nicht bei dringendem Eigenbedarf.[39] Ein Grundstückserwerber ist ebenfalls an die Laufzeit des Vertrages gebunden.[40]

---

[31] OLG Karlsruhe ZMR 2008, 533; BGH XII ZR 163/12, NJW 2014, 3775 Rn. 16.
[32] BGH XII ZR 168/94, NJW 1996, 2028; OLG Düsseldorf ZMR 2011, 629 (630) unter II 2 aa) 2.
[33] OLG Celle NJW-RR 1994, 1473.
[34] BGH VIII ZR 92/65, MDR 1968, 233; einschränkend OLG Düsseldorf WuM 2001, 555.
[35] Mittelstein Miete S. 483.
[36] Staudinger/*Emmerich* BGB § 544 Rn. 10.
[37] Mittelstein Miete S. 484; aA LG Stuttgart NJW-RR 1992, 908.
[38] *Sommer* MietRB 2014, 335 (337).
[39] *AG Geesthacht* WuM 1990, 80; Staudinger/*Emmerich* BGB § 544 Rn. 12; zur Frage der Sittenwidrigkeit eines Lebenszeitvertrages s. LG München I ZMR 2019, 594; **aA** OLG Schleswig NZM 2008, 341 bei Koppelung von Verwaltervertrag mit dem Mietvertrag. Dem widerspricht aber die Regelung des § 576, → BGB § 576 Rn. 1.
[40] LG Hannover WuM 1991, 349.

21 Mit dem Tod der Bezugsperson endet der Mietvertrag automatisch; die Erben des Erblassers treten mithin nicht in diesen Vertrag ein. Allerdings haben Familienangehörige eines Wohnraummieters, an dessen Lebenszeit der (Alt-)Vertrag[41] gebunden war, in analoger Anwendung des § 563 BGB ein Recht auf Eintritt in den Mietvertrag.[42] Dieser Vertrag stellt aber nur einen solchen auf unbestimmte Zeit und nicht auf Lebenszeit der nunmehrigen Mieter dar.

22 Die Norm enthält auch für Wohnraummietverträge keine Übergangsvorschrift. Dennoch ist davon auszugehen, dass die Altverträge analog der Übergangsvorschrift zu § 575 BGB, Art. 229 § 3 Abs. 3 EGBGB,[43] weitergelten.

---

[41] → Rn. 22.
[42] BayObLG NJW-RR 1993, 1164.
[43] Siehe dazu *Lindner* Anh. § 575 Rn. 1.

# § 545 Stillschweigende Verlängerung des Mietverhältnisses

**[1]Setzt der Mieter nach Ablauf der Mietzeit den Gebrauch der Mietsache fort, so verlängert sich das Mietverhältnis auf unbestimmte Zeit, sofern nicht eine Vertragspartei ihren entgegenstehenden Willen innerhalb von zwei Wochen dem anderen Teil erklärt. [2]Die Frist beginnt**

**1. für den Mieter mit der Fortsetzung des Gebrauchs,**

**2. für den Vermieter mit dem Zeitpunkt, in dem er von der Fortsetzung Kenntnis erhält.**

**Systematische Übersicht**



**Alphabetische Schnellübersicht**



## A. Überblick und Zweck

1 § 545 BGB regelt die Rechtsbeziehungen der Parteien nach dem Ablauf der Mietzeit, wenn der Mieter den Mietgebrauch fortsetzt. In diesem Fall gilt das bereits beendete Mietverhältnis kraft Gesetzes als auf unbestimmte Zeit verlängert, wenn keine Partei ihren entgegenstehenden Willen erklärt. Auf diese Weise soll der **Eintritt eines vertragslosen Zustands** verhindert und innerhalb der kurzen Zeit von zwei Wochen **Rechtsklarheit** zwischen den Vertragsteilen darüber geschaffen werden, ob der Vertrag fortbesteht oder nicht.[1] Die gesetzliche Rechtsfolge der Vertragsverlängerung tritt unabhängig vom Willen der Parteien ein. Deshalb kommt es nicht darauf an, ob die Vertragsverlängerung ihrem Willen entspricht oder ob die Parteien übereinstimmend die Vertragsbeendigung wollen. Die Rechtsfolge des § 545 BGB kann nur durch die Widerspruchserklärung oder eine vertragliche Abbedingung der Vorschrift verhindert werden. Die Regelung wirkt sich in der Rechtspraxis oftmals zugunsten des Mieters aus; gleichwohl hat sie keine mieterschützende Funktion, sondern beruht ausschließlich auf praktischen Erwägungen.

## B. Entstehungsgeschichte

2 § 545 BGB entspricht dem bis zum 31.8.2001 geltenden § 568 BGB aF. Der durch das MietRRefG etwas geänderte Wortlaut beruht auf sprachlichen Erwägungen.[2] Gleichwohl besteht ein Unterschied zu § 568 BGB aF. Nach dieser Vorschrift beruhte die Vertragsfortsetzung auf einer Fiktion, also auf dem vermuteten Willen der Parteien. Nunmehr erfolgt die Vertragsfortsetzung

[1] *BT-Drs. 14/4553, 44; BGH XII ZR 120/16, NZM 2018, 333;* BGH VIII ZR 10/14, NJW 2014, 2568; BGH VIII ZR 323/14, NZM 2016, 467 Rn. 34; BGH VIII ZR 156/86, NJW-RR 1988, 76; BayObLG NJW 1981, 2759.

[2] BT-Drs. 14/4553, 44.

kraft gesetzlicher Anordnung. Eine sachliche Änderung ist damit nicht verbunden.[3] Auch wenn § 545 BGB vielfach[4] als nicht interessengerecht bewertet wurde, weil die Regelung meist zu sachwidrigen Ergebnissen führt, hat der Gesetzgeber die Vorschrift gleichwohl beibehalten und dies mit dem Bedürfnis nach Rechtssicherheit begründet.[5]

## C. Anwendungsbereich

3 § 545 BGB gilt nach der systematischen Stellung für **alle Mietverhältnisse,** also für die Miete von Wohn-, Geschäfts- und sonstigen Räumen, für die Grundstücksmiete, für Pachtverhältnisse[6], für Kleingartenpachtverträge[7], für die Miete beweglicher Sachen, für Leasingverträge[8] sowie für alle mietähnlichen Verträge.[9] Bei der Landpacht wird § 545 BGB durch § 594 S. 2–4 BGB verdrängt.[10] Die Vorschrift findet auch zwischen den Parteien eines Untermietvertrags Anwendung.[11] Auf die **Leihe** kann § 545 BGB weder unmittelbar noch entsprechend angewendet werden.

## D. Tatbestandsvoraussetzungen

4 § 545 BGB setzt voraus, dass der Mietgebrauch nach Ablauf der Mietzeit fortgesetzt wird. Das erfordert ein (rechtlich) beendetes Mietverhältnis, das der Mieter faktisch weiterführt. Widerspricht dem nicht eine Partei fristgemäß, wird der ursprüngliche Vertrag kraft Gesetzes verlängert.

### I. Mietverhältnis

5 Es kann nur ein Mietverhältnis fortgeführt werden, das vorher bestanden hat. § 545 BGB kann und soll deshalb nicht für jede vertragslose Nutzung einen Vertrag konstruieren, es soll nur die Rechtsunsicherheit nach Ablauf eines – wirksamen – Vertrages beseitigt werden (→ Rn. 1). Deshalb greift die Vorschrift nicht ein bei einer **Anfechtung** des Mietvertrages, die diesen ex tunc vernichtet. Kraft dieser Rückwirkung hat nie ein Vertrag bestanden, der fortgesetzt werden könnte. Im Ergebnis ebenso ist es bei einem **Widerruf** gem. § 312 Abs. 4, 355 BGB; hier folgt das aus § 361 BGB, der weitere Folgen als die im Widerrufsrecht geregelten verbietet. Auch ist § 545 BGB wegen seines Ausnahmecharakters nicht entsprechend anzuwenden, wenn die Parteien einen aufschiebend bedingten Mietvertrag abgeschlossen haben und der Mieter die Mietsache in Besitz nimmt, obwohl die Bedingung endgültig nicht eingetreten ist[12]; hier gab es noch keinen fortsetzungsfähigen Vertrag.

6 Ein (gerichtlicher oder außergerichtlicher) **Räumungsvergleich** ist kein Mietvertrag, der durch Fortsetzung des Gebrauchs nach Ablauf der Räumungsfrist fortgesetzt werden könnte. Ebenso ist es bei der **gerichtlichen Gewährung einer Räumungsfrist** gem. §§ 721, 794 a ZPO oder bei Vollstreckungsschutz gem. § 765 a ZPO; außerdem besteht hier schon wegen der hoheitlichen Entscheidung keine Möglichkeit zum Widerspruch. Abgesehen vom Bestehen eines fortsetzungsfähigen Mietverhältnisses kommt bei all diesen freiwilligen oder angeordneten Duldungen der weiteren Nutzung jedenfalls ein stillschweigender Widerspruch des Vermieters zum Ausdruck; die Duldung soll nach ihrem Zweck nur vorläufig sein. Zur (einseitigen) Gewährung von Räumungsfristen → Rn. 20.

---

3 *Haase* ZMR 2002, 558; BT-Drs. 14/4553, 44; aber → Rn. 15.
4 *Gather* DWW 1980, 293; *Giebner* ZMR 1970, 3; *Both* GE 1998, 847; *Eckert* NZM 2001, 414.
5 BT-Drs. 14/4553, 44.
6 BGH VIII ZB 100/85, ZMR 1986, 274; OLG München ZMR 2001, 347.
7 BGH V ZR 116/90, NJW 1991, 1348.
8 OLG Celle OLGR Celle 1994, 289; offen gelassen in BGH VIII ZR 155/88, NJW 1989, 1730.
9 OLG Hamm ZMR 1995, 206 (für den Vertrag über die Überlassung eines Hotelzimmers an eine Gemeinde zum Zwecke der Unterbringung von Asylbewerbern).
10 OLG Köln AgrarR 1990, 263.
11 OLG Düsseldorf MDR 1993, 45.
12 **AA** LG Mannheim WuM 1996, 272.

## II. Ablauf der Mietzeit

7 Die Zeit der Gebrauchsüberlassung muss abgelaufen sein, dh, der Vertrag muss **rechtlich beendet** sein. Der Zeitpunkt des rechtlichen Vertragsendes ist aber nicht automatisch gleich dem Beginn der Widerspruchsfrist (→ Rn. 23). Der **Beendigungsgrund** ist **belanglos.**

8 Bei einem **befristeten Mietverhältnis** tritt Vertragsbeendigung mit Ablauf der Vertragszeit ein. Dabei spielt es keine Rolle, ob das Vertragsende auf einer **Vereinbarung** oder auf richterlichem Gestaltungsakt gem. **§§ 574 a, 574 c BGB (Sozialklausel)**[13] beruht.

9 Wird das Mietverhältnis vom Vermieter oder Mieter im Wege der **ordentlichen Kündigung** beendet, so kommt es für das Mietende auf den Ablauf der Kündigungsfrist an. Wird mit einer kürzeren als der gesetzlichen oder vertraglich vereinbarten Frist gekündigt, so ist die gesetzliche oder vereinbarte Frist maßgeblich. Bei einer Kündigung mit einer längeren als der vereinbarten oder gesetzlichen Frist, tritt diese an die Stelle der gesetzlichen oder vertraglichen Frist, weil es sich bei Letzteren nur um Mindestfristen handelt; dem Kündigenden steht es frei, für einen weiter in der Zukunft liegenden Termin zu kündigen. Das Mietverhältnis endet mit dem Ablauf des letzten Tages der jeweils geltenden Kündigungsfrist. Zu Vereinbarungen über die Aufhebung der Kündigungswirkung → BGB § 542 Rn. 95.

10 Bei der **außerordentlichen fristlosen Kündigung** tritt das Vertragsende sofort mit dem Zugang der Kündigung ein. § 545 BGB findet auch auf diese Kündigung Anwendung.[14] Der Wortlaut enthält keine Einschränkungen. Auch wenn es sein mag, dass sich aus dem Beendigungsgrund der unbedingte Beendigungswille des Kündigenden ergibt[15], ist ein Beendigungswille für jede Kündigung erforderlich. In der fristlosen Kündigung kann aber ein stillschweigender Widerspruch gegen die Vertragsfortsetzung liegen (→ Rn. 20).

11 Der Ablauf der Mietzeit kann auch durch einen **Mietaufhebungsvertrag** bestimmt werden.[16] Vertragsende ist der im Mietaufhebungsvertrag bezeichnete, in der Zukunft liegende Zeitpunkt. Belanglos ist es, in wessen Interesse der Aufhebungsvertrag abgeschlossen worden ist.[17] § 545 BGB greift hingegen nicht, wenn die Parteien seine Anwendung im Aufhebungsvertrag (oder schon vorher im Mietvertrag → Rn. 30) ausgeschlossen haben. Der Abschluss eines Mietaufhebungsvertrags beinhaltet für sich allein, ohne Hinzutreten weiterer Umstände allerdings noch keinen konkludenten Ausschluss des § 545 BGB. Der Aufhebungsvertrag ist vielmehr auszulegen, falls er keine ausdrückliche Regelung enthält. Kommt in ihm ein unbedingter Beendigungswille zum Ausdruck, dürfte § 545 BGB regelmäßig ausgeschlossen sein.[18] Das ist etwa der Fall, wenn nicht nur das Vertragsende vereinbart wird, sondern auch eine (ggf. vollstreckbare) Räumungsverpflichtung.

## III. Gebrauchsfortsetzung durch den Mieter

12 Die Vertragsverlängerung tritt nur ein, wenn der Mieter den „Gebrauch der Mietsache" fortsetzt. Das Merkmal **„Gebrauch"** ist nicht iSd bloßen Behaltens der Sache zu verstehen.[19] Erforderlich ist, dass der Mieter die Sache im Sinne eines „weiter so" nutzt.[20] Dabei ist unerheblich, ob der vom Mieter ausgeübte Gebrauch den vertraglichen Vereinbarungen entspricht; maßgeblich ist nur, dass der Mieter Art und Umfang des Mietgebrauchs so ausübt, wie er ihn vor der Vertragsbeendigung ausgeübt hat.[21] Eine aktive Nutzung ist deshalb nicht erforderlich, der Mieter kann also ortsabwesend sein, wenn er dies vor Vertragsbeendigung schon war; es gilt nichts anderes als während der Mietzeit. Die Gebrauchsfortsetzung ist andererseits meist mehr als die Vorenthaltung iSv § 546 a BGB. Eine solche Vorenthaltung erfordert nämlich nur eine irgendwie geartete Nutzung, nicht aber zwingend eine „Weiternutzung wie bisher" (→ BGB § 546 a Rn. 39). Deshalb tritt keine Vertragsfortsetzung ein, wenn der Mieter zwar ausgezogen ist, aber (nur) noch nicht geräumt

---

[13] Staudinger/*Emmerich* BGB § 545 Rn. 4.
[14] BGH VIII ZR 150/79, NJW 1980, 1577.
[15] So *Ganschezian-Finck* NJW 1971, 2051; *Schopp* ZMR 1971, 56.
[16] LG Mannheim WuM 1977, 229.
[17] **AA** AG Borken WuM 1996, 273, danach soll § 545 BGB aF zur Anwendung kommen, wenn die Mietaufhebung auf Wunsch des Vermieters erfolgt.
[18] *BGH VIII* ZR 184/66, MDR 1969, 658; LG Mannheim WuM 1977, 229.
[19] BGH VIII ZR 184/66, MDR 1969, 658.
[20] BGH VIII ZR 100/85, NJW-RR 1986, 1020; BGH VIII ZR 184/66, MDR 1969, 658.
[21] BGH VIII ZR 323/14, NZM 2016, 467 Rn. 34; BGH VIII ZR 156/86, NJW-RR 1988, 76.

hat. Gleiches gilt, wenn der Mieter nach der Vertragsbeendigung (nur) noch Schönheitsreparaturen oder Schadensbeseitigungsmaßnahmen durchführt oder wenn er die **Räumung vollendet** sowie in den Fällen der Schlechterfüllung der Rückgabepflicht.

Maßgeblich sind die **objektiven Gegebenheiten.** Auf die Vorstellungen des Mieters über den Grund oder die Wirkung der Gebrauchsfortsetzung kommt es nicht an. Deshalb tritt die Verlängerung auch dann ein, wenn das Mietverhältnis durch eine Kündigung des Vermieters beendet worden ist und der Mieter den Mietgebrauch fortsetzt, weil er die Kündigung für unwirksam erachtet. **13**

Der Eigennutzung steht es gleich, wenn der Mieter die Sache **einem Dritten überlassen** hatte und dieser den Gebrauch fortsetzt, weil die Drittüberlassung (meist **Untervermietung**) ebenfalls eine Form des Mietgebrauchs darstellt.[22] Ein Fall der Drittüberlassung liegt auch dann vor, wenn der Mieter schon vor der Vertragsbeendigung und unabhängig von ihr ausgezogen war, die Räume von einem Nichtmieter (etwa dem Ehegatten oder dem Lebensgefährten) genutzt wurden und diese nach der Vertragsbeendigung ihre Nutzung fortsetzen. Es kommt dabei nicht darauf an, ob der Mieter einen entgegenstehenden Willen hatte und den Besitz nicht mehr vermitteln wollte.[23] **14**

Die Fortsetzung des Gebrauchs ist ein **Realakt,** weil an dessen tatsächlicher Vornahme kraft Gesetzes Wirkungen geknüpft sind, nämlich die Verlängerung des Mietverhältnisses gem. § 545 BGB. **Geschäftsfähigkeit** ist zwar für Realakte grundsätzlich nicht erforderlich, damit diese die ihnen vom Gesetz beigelegte Rechtswirkung erzeugen; das ist aber für jeden Realakt besonders zu prüfen.[24] Vorliegend scheint eine Anwendung der §§ 104ff. BGB geboten, weil ansonsten das tatsächliche Handeln des Geschäftsunfähigen Rechtswirkungen erzeugen würde, nicht aber der von ihm zur Zerstörung der Rechtswirkung auszusprechende Widerspruch. Abgesehen davon hätte bei anderer Sicht die Neufassung von § 545 BGB entgegen der Vorstellung des Gesetzgebers doch zu einer Änderung der Rechtslage geführt, da § 568 BGB aF auf den fiktiven Willen der Parteien abstellte (→ Rn. 2). Eine **Anfechtung** der rechtlichen Wirkung der Gebrauchsfortsetzung ist hingegen nicht möglich. **15**

Bei einer **Mehrheit von Mietern** genügt es nicht, dass der Gebrauch nur von einem der Mieter fortgesetzt wird.[25] Wenn es nach dem Vorgesagten (→ Rn. 14) darauf ankommt, dass die bei Vertragsbeendigung bestehende Nutzung andauert, stellt der Auszug eines (oder mehrerer) Mieter aus Anlass der Vertragsbeendigung eine erhebliche objektive Nutzungsveränderung dar. Die personelle Identität ist nicht mehr gewahrt.[26] Abgesehen davon folgt wohl aus der Unteilbarkeit der Gebrauchsüberlassung[27], dass nur alle Mitmieter gemeinsam rechtsgestaltend durch Realakt auf sie einwirken können. **16**

## IV. Widerspruchserklärung

Die Rechtsfolge der Vertragsverlängerung tritt nicht ein, „sofern … eine Vertragspartei ihren entgegenstehenden Willen … dem anderen Teil erklärt". Beide Parteien können also der Fortsetzung des Mietverhältnisses widersprechen. Die Erklärung ist eine einseitige, empfangsbedürftige, bedingungsfeindliche Willenserklärung. Der Widerspruch muss dem jeweiligen **Vertragspartner gegenüber** erklärt werden. Es gelten im Ansatz die gleichen Regeln wie zur Kündigungserklärung. Siehe deshalb insbesondere zur Bevollmächtigung und zum Zurückweisungsrecht bei Nichtvorlage einer Vollmachtsurkunde bei der Kommentierung zu § 542 BGB. **17**

Ein wesentlicher Unterschied besteht nur bei einer **Mehrheit von Mietern oder Vermietern** auf Seiten der widersprechenden Partei. Gibt es hier eine Personenmehrheit, genügt es, wenn einer der Beteiligten widerspricht.[28] Gibt es hingegen auf Seiten des Widerspruchsempfängers eine Personenmehrheit, muss der Widerspruch, wie bei einer Kündigung, allen gegenüber erklärt werden. Das folgt wiederum aus der schon angesprochenen (→ Rn. 16) Unteilbarkeit der Gebrauchsüberlassung, nach der rechtsgestaltende Erklärungen grundsätzlich von allen gegenüber allen ausgespro- **18**

---

[22] BGH VIII ZR 100/85, NJW-RR 1986, 1020.
[23] BGH VIII ZR 100/85, NJW-RR 1986, 1020.
[24] MüKoBGB/*Spickhoff* Vor § 104 Rn. 16.
[25] So auch Staudinger/*Emmerich* BGB § 545 Rn. 9; **aA** AnwK WohnraummietR/*Lammel* BGB § 545 Rn. 15.
[26] Hierauf stellt BGH VIII ZR 323/14, NZM 2016, 467 Rn. 34 bei dem Ausscheiden eines Mitmieters ab.
[27] Siehe dazu *Streyl* NZM 2011, 384.
[28] OLG Rostock NZM 2004, 423; **aA** *Pütz* WuM 2004, 531.

chen werden müssen.[29] Die Ausnahme, dass für den Widerspruch die Erklärung einer von mehreren Vertragsparteien ausreicht, ist dadurch begründet, dass nicht der Widerspruch der gestaltende Akt ist, sondern die Fortsetzung des Gebrauchs in bisheriger Form durch alle Mieter und die widerspruchslose Hinnahme durch alle Vermieter. Dieser Realakt muss von allen ausgeübt werden. Um die Wirkung des Realaktes zu zerstören, reicht der Widerspruch eines einzelnen, weil dann nicht mehr alle gemeinsam handeln.

19 Der Widerspruch bedarf keiner **Form** und keiner Begründung. Es muss – ohne Bedingung oder Auflage[30] – nur zum Ausdruck kommen, dass der Erklärende mit der Verlängerung des Mietverhältnisses auf unbestimmte Zeit nicht einverstanden ist. Der Widerspruch kann deshalb auch **konkludent** erklärt werden.[31] Der Wille des Erklärenden, die Fortsetzung des Vertrages abzulehnen muss allerdings hinreichend deutlich zutage treten.[32]

20 Der Widerspruch kann **mit der Kündigung** erklärt werden.[33] In dem Ausspruch einer **fristlosen Kündigung** liegt aber nicht in jedem Fall zugleich eine (stillschweigende) Widerspruchserklärung nach § 545 BGB.[34] Die Entscheidung, ob eine außerordentliche Kündigung des Vermieters bereits die Erklärung beinhaltet, die Fortsetzung des Vertrags abzulehnen, hängt vielmehr von den Umständen des Einzelfalls ab. Maßgebend ist das Gewicht der Kündigungsgründe und die Bedeutung, welche der Vermieter ihnen nach dem Inhalt der Erklärung beigemessen hat.[35] So kann die Kündigung zugleich als Widerspruchserklärung gelten, wenn die wegen einer besonders schweren Vertragsverletzung erklärt wird und sich aus ihr ergibt, dass der Kündigende die Fortsetzung des Mietverhältnisses als unzumutbar ansieht.[36] Diese Annahme wird insbesondere dann nahe liegen, wenn die Kündigung auf § 543 Abs. 1 BGB oder § 569 Abs. 2 BGB gestützt wird, weil zum Tatbestand dieser Vorschriften die Unzumutbarkeit der Vertragsfortsetzung gehört.[37] Wird dem Mieter vom Vermieter (zB mit dem Ausspruch der fristlosen Kündigung) eine **Räumungsfrist** gewährt oder der Herausgabeanspruch sonst wie gestundet, so ist dies als gleichzeitiger, konkludent erklärter Widerspruch zu werten.[38] Für die Annahme einer Vertragsverlängerung ist hier kein Raum, der entgegenstehende Fortsetzungswille wird gleichsam mit der Fristbewilligung miterklärt.[39] Der Ablauf der Räumungsfrist soll das Ende jeglichen Nutzungsrechts sein, die Gebrauchsfortsetzung soll (nur) auf einer Stundung des Herausgabeanspruchs beruhen. In dem **Verlangen nach Räumung** der Mietsache liegt gleichfalls idR ein Widerspruch gegen die Vertragsfortsetzung[40], ebenso in der Erhebung einer (ggf. mit einer Kündigung verbundenen) **Räumungsklage.**[41] Gleiches gilt für den Klagabweisungsantrag des Vermieters, wenn der Mieter Klage auf Feststellung des Fortbestands des Mietverhältnisses erhoben hat.[42] Erst recht ist für die Anwendung des § 545 BGB kein Raum, wenn während eines anhängigen Räumungsrechtsstreits eine Kündigung erklärt wird und das Mietverhältnis auf Grund dieser Kündigung endet.

21 **Weitere Beispiele:** In der Bitte um Mitteilung des Räumungstermins, in einem Schreiben mit dem Verlangen um Bestätigung der Beendigung des Mietverhältnisses[43] oder in der Aufforderung zur Durchführung einer Schlussrenovierung kann eine konkludente Widerspruchserklärung liegen. Gleiches gilt, wenn der Mieter zum Ausdruck bringt, dass er auszugsbereit sei und nur noch auf die Fertigstellung der Ersatzwohnung warte[44], wenn der Vermieter mitteilt, dass er bei unterlassener

---

[29] *Streyl* NZM 2011, 384.
[30] BayObLG NJW 1981, 2759.
[31] BGH XII ZR 120/16, NZM 2018, 333; BGH VIII ZR 156/86, NJW-RR 1988, 76.
[32] BGH XII ZR 120/16, NZM 2018, 333; BGH VIII ZR 156/86, NJW-RR 1988, 76.
[33] BGH XII ZR 120/16, NZM 2018, 333 Rn. 17; OLG Hamburg NJW 1981, 2258; OLG Schleswig NJW 1982, 449.
[34] BGH XII ZR 120/16, NZM 2018, 333; OLG Köln ZMR 1996, 24; **aA** LG Itzehoe WuM 1982, 298.
[35] BGH XII ZR 120/16, NZM 2018, 333.
[36] BGH VIII ZR 156/86, NJW-RR 1988, 76; OLG Rostock NZM 2004, 423; *Lehmann-Richter* PiG 90 (2011), 200.
[37] BGH VIII ZR 156/86, NJW-RR 1988, 76.
[38] OLG München ZMR 2001, 347; OLG Schleswig NJW 1982, 449.
[39] OLG München ZMR 2001, 347; OLG Schleswig NJW 1982, 449.
[40] BGH XII ZR 120/16, NZM 2018, 333; BGH XII ZR 178/03, NZM 2006, 699; krit. mit erheblichen Gründen *Lehmann-Richter* PiG 90 (2011), 201.
[41] BGH VIII ZR 10/14, NJW 2014, 2568 Rn. 29; OLG Hamm 23.5.2019 – 18 U 19/16, BeckRS 2019, *48107*.
[42] BGH V ZR 116/90, NJW 1991, 1348.
[43] OLG München OLGR München 1994, 63.
[44] OLG Hamm OLGR Hamm 1993, 221.

Räumung „gerichtliche Hilfe" in Anspruch nehme[45], oder anlässlich der Mietzahlungen erklärt, dass er die Leistungen des Mieters als Nutzungsentschädigung betrachte. Schließlich kann ein konkludent erklärter Widerspruch vorliegen, wenn der Vermieter eine höhere Miete fordert[46], weil hierin zum Ausdruck kommt, dass das Mietverhältnis jedenfalls nicht zu den bisherigen Bedingungen fortgesetzt werden soll.[47]

### V. Widerspruchsfrist

Die Widerspruchsfrist beträgt **zwei Wochen.** Für die Bestimmung des **Fristendes** gelten §§ 188, 193 BGB. Wird der Widerspruch durch Klageerhebung erklärt, so ist er rechtzeitig, wenn die Klage innerhalb der Frist anhängig wird; § 167 ZPO ist anwendbar.[48] §§ 187, 193 BGB gelten hingegen nicht für den **Fristbeginn,** weil das Gesetz hierfür besondere Regelungen vorgesehen hat. § 545 S. 2 BGB differenziert für den Fristbeginn danach, ob der Mieter oder der Vermieter widerspricht. Frühester Beginn ist in jedem Fall das rechtliche Vertragsende (dazu → Rn. 7). 22

Die Frist beginnt **für den Mieter** gem. § 545 S. 2 Nr. 1 BGB mit der Fortsetzung des Gebrauchs. Das ist im Ansatz der auf das rechtliche Ende des Mietverhältnisses folgende Tag. Endet das Mietverhältnis etwa mit dem Ablauf des 31.1., so beginnt die Frist für den Mieter am 1.2. Wegen der objektiven Anknüpfung an den Ablauf der Mietzeit ist nicht erforderlich, dass der Mieter von der Beendigung des Mietverhältnisses Kenntnis hat. Da § 545 BGB der Fortsetzung des Gebrauchs als Realakt Bedeutung zumisst, indem das Gesetz hieran die Vertragsverlängerung knüpft, kann die Frist aber unter Umständen geringfügig später zu laufen beginnen als mit dem rechtlichen Vertragsende. Von einer Fortsetzung kann nämlich nur gesprochen werden, wenn der Mieter die Nutzung schon hätte aufgeben müssen. Ist die Pflicht zur Rückgabe der Mietsache erst nach dem rechtlichen Vertragsende zu erfüllen (etwa, weil dieses auf ein Wochenende fällt) oder ist dem Mieter eine Ziehfrist zu gewähren (dazu → BGB § 546 Rn. 73), dann verschiebt sich der Fristbeginn des § 545 S. 2 Nr. 1 BGB entsprechend. 23

Die Frist beginnt **für den Vermieter** mit Ablauf des Tages, an dem er von der Gebrauchsfortsetzung Kenntnis erlangt. Maßgeblich ist positive Kenntnis. Fahrlässige Unkenntnis reicht nicht aus, weil § 545 BGB das Kennenmüssen nicht der Kenntnis gleichstellt. Den Vermieter trifft auch keine Erkundungspflicht. Es genügt nicht, wenn der Vermieter lediglich weiß, dass der Mieter die Mietsache weiterhin in Besitz hat. Die Kenntnis muss sich auf die Gebrauchsfortsetzung beziehen. Bei **mehreren Vermietern** müssen alle Vermieter von der Gebrauchsfortsetzung Kenntnis haben.[49] Allerdings muss sich der Vermieter die Kenntnis eines Vertreters zurechnen lassen (§ 166 Abs. 1 BGB analog). Deshalb genügt es idR, wenn bei einer Mehrheit von Vermietern derjenige Kenntnis besitzt, der während der Mietzeit die Vermietungsgeschäfte getätigt hat. Ebenso muss sich der Vermieter die Kenntnis eines Hausverwalters zurechnen lassen. Auf die Kenntnis eines Hausmeisters kommt es hingegen nicht an, es sei denn, dass dieser auch mit der rechtlichen Abwicklung des Mietverhältnisses beauftragt ist. Bei einem **Eigentumswechsel** in der Schwebezeit tritt der Erwerber in das Abwicklungsverhältnis ein (→ BGB § 566 Rn. 48). Deshalb trifft diesen eine Fortsetzung des Vertrages gem. § 545 BGB und er muss den Widerspruch erklären, soweit der Veräußerer das nicht schon vor dem Eigentumsübergang getan hat. Die Frist beginnt auch für den Erwerber mit der Kenntnis der Gebrauchsfortsetzung, wozu auch die Kenntnis von der Vertragsbeendigung gehört, die er als erst nach Vertragsende Eintretender nicht zwingend hat. 24

Der Widerspruch kann wie jede fristgebundene Erklärung bereits **vor Fristbeginn** – also auch vor Vertragsbeendigung – erklärt und muss nicht mit Vertragsende wiederholt werden. Ein mit der Kündigung erklärter Widerspruch ist – unabhängig von der Länge der Kündigungsfrist – möglich und ausreichend.[50] Endet der Vertrag nicht durch Kündigung, dürfte aber ein Zusammenhang mit der Vertragsbeendigung zu fordern sein. Andernfalls, wenn also etwa der Widerspruch schon direkt nach Vertragsschluss erklärt werden könnte, würde man praktisch ein einseitiges Recht zur 25

---

45 LG Bonn WuM 1992, 617.
46 BGH VIII ZR 184/66, MDR 1969, 658.
47 **AA** OLG Hamm NJWE-MietR 1997, 268.
48 BGH VIII ZR 10/14, NJW 2014, 2568.
49 BayObLG NJW 1981, 2759; Staudinger/*Emmerich* BGB § 545 Rn. 12a.
50 BGH VIII ZR 184/09, NJW 2010, 2124; BGH XII ZR 120/16, NZM 2018, 333 Rn. 17.

Abbedingung von § 545 BGB ermöglichen. Deshalb muss es bei einem Zeitmietvertrag oder einem Mietaufhebungsvertrag (→ Rn. 11) entweder hinreichende Anhaltspunkte für eine Gebrauchsfortsetzung geben[51] und/oder – ähnlich wie bei der Kündigung – einen zeitlichen Zusammenhang zwischen dem Widerspruch und dem bevorstehenden Vertragsende.[52]

## E. Rechtsfolgen bei Vertragsfortsetzung

26 Unterbleibt ein wirksamer Widerspruch, so wird das Mietverhältnis durch die Gebrauchsfortsetzung auf unbestimmte Zeit verlängert. Es entsteht kein neues Mietverhältnis; vielmehr wird das bisherige Mietverhältnis unverändert und unter Wahrung seiner Identität fortgesetzt.[53] Die **Vertragsbedingungen** bleiben unverändert (aber zur Schwebephase → Rn. 29). Für die Garantiehaftung nach § 536 a BGB kommt es nach allg. Ansicht auf den Zeitpunkt des ursprünglichen Vertragsschlusses an. Eine vereinbarte Kaution bleibt erhalten. Bei einer Bürgschaft haftet der Bürge im Zweifel aber nicht für solche Mietverpflichtungen, die nach einer Vertragsfortsetzung gem. § 545 BGB entstanden sind.[54] Außerdem werden alle Mietbedingungen gegenstandslos, die an eine ursprünglich vereinbarte Befristung oder sonstige Laufzeitregelung anknüpfen, zB Verlängerungsklauseln, Sonderkündigungsrechte, die im Hinblick auf die Befristung vereinbart worden waren[55], Optionsregelungen[56] und dergleichen.

27 Die gesetzliche Rechtsfolge tritt **unabhängig vom Willen der Parteien** ein.[57] Deshalb kommt es nicht darauf an, ob die Vertragsverlängerung dem Willen der Parteien entspricht oder ob die Parteien übereinstimmend keine Vertragsbeendigung wollen. Auch ein Irrtum hinsichtlich der Rechtsfolgen der Gebrauchsfortsetzung ist unbeachtlich; eine **Anfechtung** ist aus diesem Grunde ausgeschlossen. Zu Vereinbarungen über die Aufhebung der Kündigungswirkung → BGB § 542 Rn. 95.

28 Weil ein Mietverhältnis auf unbestimmte Zeit entsteht, richten sich die **Kündigungsfristen** des verlängerten Mietverhältnisses nach dem Gesetz, im Fall des § 573 c Abs. 1 S. 2 BGB ist die gesamte Mietzeit maßgeblich, also auch die vor der Verlängerung gem. § 545 BGB abgelaufene Mietzeit. Die Verlängerung des beendeten Mietverhältnisses führt nicht zu einer **Präklusion von Kündigungsgründen,** so dass einer erneuten Kündigung aus denselben Gründen grundsätzlich nichts entgegen steht.[58] Die Rechtskraft einer vorherigen klagabweisenden Entscheidung bezieht sich nicht auf den Kündigungsgrund. Unbeschadet hiervon ist in solchen Fällen aber zu prüfen, ob der ursprüngliche Kündigungsgrund noch vorliegt. Daran kann es etwa fehlen, wenn ein vorhanden gewesenen Mietrückstand zwischenzeitlich getilgt ist (§ 569 Abs. 3 Nr. 2 BGB) oder wenn eine Vertragsverletzung längere Zeit zurückliegt und die Fortsetzung des Mietverhältnisses im Hinblick auf die zwischenzeitliche Entwicklung nicht mehr als unzumutbar anzusehen ist.

29 Problematisch ist die Rechtslage während der **Schwebephase** zwischen Vertragsende und Ablauf der Widerspruchsfrist.[59] Wenn der ursprüngliche Vertrag unverändert und unter Wahrung seiner Identität fortgesetzt wird[60], dann beruht das – ähnlich wie bei der Sozialklausel des § 569 Abs. 3 Nr. 2 BGB oder bei der nachträglichen Aufrechnung gem. § 543 Abs. 2 S. 3 BGB – auf einer gesetzlichen Fiktion. Bis zum Ende der Schwebephase mussten die Parteien davon ausgehen, dass der Vertrag beendet sei und sie nur nachvertragliche Pflichten treffen (→ BGB § 546 a Rn. 10). Da die gesetzliche Fiktion der Vertragsfortsetzung das reale Handeln der Parteien nicht mehr rückwirkend beeinflussen kann, können an die Nichterfüllung nicht nachholbarer vertraglicher Pflichten, soweit sie über die nachvertraglichen Pflichten hinausgehen, keine Folgen geknüpft werden.[61] Das betrifft etwa Mängelbeseitigungspflichten des Vermieters oder Betriebspflichten des Mieters.[62]

---

51 BGH VIII ZR 184/66, MDR 1969, 658.
52 Zu eng LG Mannheim WuM 1977, 229, wenn es zweieinhalb Monate für zu lang hält.
53 BGH VIII ZR 323/14, NZM 2016, 467 Rn. 34.
54 LG Gießen ZMR 1995, 33; Staudinger/*Emmerich* BGB § 545 Rn. 16.
55 OLG Hamm NJWE-MietR 1997, 268.
56 OLG Köln ZMR 1996, 433.
57 OLG Koblenz WuM 2002, 552.
58 Palandt/*Weidenkaff* BGB § 545 Rn. 10; **aA** AG Tempelhof-Kreuzberg MDR 1988, 146.
59 *Siehe zum Problemaufriss Leo/Götz* NZM 2019, 601.
60 BGH VIII ZR 323/14, NZM 2016, 467 Rn. 34.
61 IErg ebenso *Leo/Götz* NZM 2019, 603.
62 Beispiele von *Leo/Götz* NZM 2019, 602.

Praktisch hat das zur Folge, dass sie gesetzliche Fiktion in der Schwebezeit hauptsächlich die Mietzinspflicht des Mieters betrifft (→ BGB § 546 a Rn. 24).

## F. Rechtsfolgen bei Vertragsbeendigung

Liegen die Voraussetzungen des § 545 BGB nicht vor oder ist die Vorschrift wirksam abbedungen (dazu → Rn. 30), bleibt der Vertrag trotz der Gebrauchsfortsetzung durch den Mieter beendet. Ein Verzicht oder eine **Verwirkung** des Räumungsanspruchs gem. § 546 Abs. 1 BGB oder des Herausgabeanspruchs gem. § 985 BGB kommt auch bei längerer Untätigkeit des Vermieters bezüglich der Rückgabe nicht in Betracht; zu prüfen ist allerdings der konkludente Abschluss eines **neuen Mietvertrages.** Näher dazu → BGB § 546 Rn. 80. 30

## G. Abweichende Vereinbarungen

Nach allgemeiner Ansicht kann § 545 BGB vertraglich ausgeschlossen werden, sowohl durch Individual- als auch durch **Formularvereinbarung.**[63] Eine AGB-Klausel bei der **Wohnungsmiete** muss so formuliert sein, dass sie einmal der Einbeziehungskontrolle gem. § 305 Abs. 2 Nr. 2 BGB standhält, was eine Inhaltswiedergabe erfordert[64]; außerdem muss ein rechtlich nicht vorgebildeter Vertragspartner die Bedeutung und die Folgen der Regelung erkennen können (§ 307 Abs. 1 S. 2 BGB).[65] Wirksam ist die Klausel „Setzt der Mieter den Gebrauch der Mietsache nach Ablauf der Mietzeit fort, so gilt das Mietverhältnis nicht als verlängert. § 545 BGB findet keine Anwendung, weil die Rechtsfolge des § 545 BGB erläutert wird.[66] Die Klausel „Wird nach Ablauf der Mietzeit der Gebrauch der Sache vom Mieter fortgesetzt, so findet § 545 BGB keine Anwendung" ist dagegen unwirksam, weil die Vorschrift nur einem Juristen verständlich ist, der vom Inhalt des § 545 BGB Kenntnis hat.[67] 31

Außerdem darf der Ausschluss nicht an versteckter oder unerwarteter Stelle vereinbart werden (§ 305 c Abs. 1 BGB). So ist die formularmäßige Abbedingung des § 545 BGB unwirksam, wenn sie unter der Überschrift „Entschädigungspflicht nach Beendigung des Mietverhältnisses" enthalten ist.[68] 32

In einem Formularmietvertrag kann nicht wirksam vereinbart werden, dass ein Widerspruch nur wirksam ist, wenn er **schriftlich** ausgesprochen wird. Eine solche Klausel verstößt gegen § 307 Abs. 1 BGB, weil hierdurch der rechtlich unzutreffende Eindruck erweckt wird, dass mündliche Erklärungen auch dann unwirksam sind, wenn die Parteien einvernehmlich von der Schriftform abweichen wollen. 33

Bei **Gewerbemietverhältnissen** ist eine gesetzesverweisende Klausel wirksam. Es genügt, wenn vereinbart wird, dass bei „Beendigung des Mietverhältnisses § 545 BGB für beide Vertragsparteien keine Anwendung" findet. Es ist nicht erforderlich, dass die Rechtsfolge des § 545 BGB in der Klausel erläutert wird.[69] 34

## H. Darlegungs- und Beweislast

Die Beendigung des Mietverhältnisses durch Zeitablauf, Kündigung oder Aufhebungsvertrag ist die Regel, die Verlängerung des Vertrags nach § 545 BGB die Ausnahme. Deshalb muss der Vermieter im Räumungsverfahren nichts zu den Voraussetzungen des § 545 BGB vortragen. Vielmehr muss derjenige, der sich auf § 545 BGB beruft, die Fortsetzung des Gebrauchs durch den Mieter beweisen[70], der Gegner den Widerspruch und dessen Rechtzeitigkeit. 35

---

[63] BGH VIII ZR 38/90, NJW 1991, 1750 = WuM 1991, 381 = DWW 1991, 212 = ZMR 1991, 290; OLG Hamm NJW 1983, 826 = WuM 1983, 48 = ZMR 1983, 97 = DWW 1983, 19.
[64] *Lehmann-Richter* PiG 90 (2011), 201.
[65] OLG Schleswig NJW 1995, 2858; LG Berlin WuM 1996, 707.
[66] BGH VIII ZR 38/90, NJW 1991, 1750.
[67] OLG Schleswig NJW 1995, 2858; **aA** LG Erfurt WuM 2008, 283 mzustAnm *Lammel* WuM 2008, 659.
[68] LG Kassel WuM 1990, 29.
[69] OLG Rostock NZM 2006, 584; KG GE 2014, 460; eing. *Lehmann-Richter* PiG 90 (2011), 202.
[70] OLG Düsseldorf MDR 1990, 1115.

## § 546 Rückgabepflicht des Mieters

**(1) Der Mieter ist verpflichtet, die Mietsache nach Beendigung des Mietverhältnisses zurückzugeben.**

**(2) Hat der Mieter den Gebrauch der Mietsache einem Dritten überlassen, so kann der Vermieter die Sache nach Beendigung des Mietverhältnisses auch von dem Dritten zurückfordern.**

### Systematische Übersicht



### Alphabetische Schnellübersicht

## A. Überblick und Zweck der Vorschrift

§ 546 Abs. 1 BGB regelt eine Selbstverständlichkeit: Da Miete Gebrauchsüberlassung auf Zeit bedeutet, hat der Mieter die Mietsache nach Beendigung des Mietverhältnisses zurückzugeben. Diese Pflicht würde sich ohne gesetzliche Regelung ohne Weiteres aus einer Auslegung des Mietvertrages ergeben; der Vermieter wäre nicht auf den Herausgabeanspruch nach § 985 BGB bzw. den Bereicherungsanspruch gem. § 812 BGB beschränkt. Deshalb hat § 546 Abs. 1 BGB entgegen vielfach geäußerter Meinung[1] keine eigenständige Bedeutung; insbes. ist sie nicht notwendig, um dem Vermieter, der nicht Eigentümer ist, dem also auch nicht der Herausgabeanspruch gem. § 985 BGB zusteht, die Rückerlangung des Mietobjektes zu sichern. Es handelt sich bei § 546 Abs. 1 BGB vielmehr um die **Kodifizierung einer selbständigen (nach)vertraglichen Leistungspflicht**[2], die nicht in dem synallagmatischen Zusammenhang von Leistung (Gebrauchsüberlassung) und Gegenleistung (Mietzinszahlung) steht, sondern der Abwicklung des Vertrages[3] bzw. der Auseinandersetzung der Parteien[4] bei Vertragsende dient. Zum **sonstigen Rechtsverhältnis** zwischen Mieter und Vermieter **nach Beendigung des Mietverhältnisses** und den neben der Rückgabe bestehenden Ansprüchen, Rechten und Pflichten siehe bei der Kommentierung zu § 546a BGB. 1

Detailregelungen fehlen in § 546 Abs. 1 BGB. So wird nicht ausdrücklich geregelt, in welchem Zustand das Mietobjekt zurückzugeben ist. Hier spielt neben § 538 BGB und den vertraglichen Vereinbarungen der **Zweck** der Vorschrift eine Rolle, dem Vermieter wieder Besitz und Nutzung des Mietobjektes zu ermöglichen. 2

**§ 546a BGB ergänzt § 546 Abs. 1 BGB,** indem dort für den Fall, dass der Mieter das Mietobjekt nicht zurückgibt, dem Vermieter ein Anspruch auf Nutzungsentschädigung zugestanden 3

[1] Siehe zB Staudinger/*Rolfs* BGB § 546 Rn. 3.

[2] Blank/Börstinghaus/*Blank* BGB § 546 Rn. 1 spricht von einem gesetzlichen Rückgewährschuldverhältnis. Die vielfach zu findende Betonung des vertraglichen Charakters des Anspruchs dient wohl hauptsächlich der Abgrenzung zu dinglichen Ansprüchen; so auch AnwK WohnraummietR/*Lammel* BGB § 546 Rn. 7.

[3] Staudinger/*Rolfs* BGB § 546 Rn. 1, 3. Soweit einzelne Rückgabepflichten, insbes. erhebliche Rückbaupflichten vor der Schuldrechtsreform als Hauptpflichten charakterisiert wurden, ist dies wegen der der einheitlichen Behandlung von Haupt- und Nebenleistungspflichten in §§ 280 ff. BGB bedeutungslos geworden (so auch *Kraemer* FS Blank, 2006, 281 (288)).

[4] Eing. *Lehmann-Richter* ZMR 2019, 313.

wird und weitergehender Schadensersatz vorbehalten bleibt – bei der Wohnraummiete allerdings nur unter den Einschränkungen des § 571 BGB.

4 § 546 Abs. 2 BGB gewährt dem Vermieter ein **Rückforderungsrecht gegenüber einem am Mietvertrag unbeteiligten Dritten,** dem der Mieter – berechtigt oder unberechtigt – den Gebrauch überlassen hatte. Vertragliche Ansprüche hat ein Vermieter gegen einen solchen Dritten nicht und einen dinglichen Herausgabeanspruch nur dann, wenn er selbst Eigentümer der Mietsache ist. Diese Lücke schließt § 546 Abs. 2 BGB. Sie gilt aber nicht nur für den eigentumslosen Vermieter, sondern gibt jedem Vermieter einen direkten Rückforderungsanspruch gegen den Dritten.[5]

## B. Entstehungsgeschichte

5 Vor der zum 1.9.2001 in Kraft getretenen Mietrechtsreform war die Rückgabepflicht des Mieters und des Dritten in § 556 Abs. 1, 3 BGB aF geregelt. Der früher in § 556 Abs. 2 BGB aF enthaltene Ausschluss des Zurückbehaltungsrechts findet sich seit der Mietrechtsreform in § 570 BGB. Ein eigener Paragraf wurde notwendig wegen der neuen systematischen Gliederung des Mietrechts in allgemeine Vorschriften und solche über Wohnraum; letztere gelten aber gem. § 578 BGB weitgehend auch für die sonstige Raum- und Grundstücksmiete. Der Ausschluss des Zurückbehaltungsrechts sollte nur für die Rückgabe von Räumen und Grundstücken greifen.

## C. Anwendungsbereich

6 § 546 BGB findet nur Anwendung, wenn ein **Mietverhältnis** (wirksam) bestanden hat, da in beiden Absätzen der Vorschrift von „Beendigung des Mietverhältnisses" die Rede ist. Zur vertragslosen Aufnahme eines Lebenspartners in die Wohnung → BGB § 540 Rn. 24. Ist ein Mietvertrag von Anfang an (etwa wegen Verstoßes gegen §§ 134, 138 BGB) oder rückwirkend (wegen Anfechtung[6]) nichtig, dann kann § 546 BGB nicht Anspruchsgrundlage des Rückgabeanspruchs sein.[7] Stattdessen kommen als Anspruchsgrundlage insbes. §§ 985, 812 BGB in Betracht.

7 Wegen seiner systematischen Stellung gilt § 546 BGB für **alle Arten von Mietverhältnissen,** es kann sich also um Miete beweglicher wie unbeweglicher Sachen handeln oder um Nutzungsverträge von Wohnungsgenossenschaften.[8] Bei einem (echten) (Miet-)**Vertrag zu Gunsten Dritter** gem. § 328 BGB ist der Dritte (der Nutzer) Schuldner des Rückgabeanspruchs gem. § 546 Abs. 1 BGB, nicht der Mieter; wenn der Dritte/Nutzer dem Mieter des Besitz überlassen, ist der Mieter gem. § 546 Abs. 2 zur Rückgabe verpflichtet.[9] Verträge über Werkmietwohnungen gem. § 576 BGB sind ebenfalls Mietverträge, Verträge über Werkdienstwohnungen iSv § 576b BGB aber nur, wenn Mietrecht Anwendung findet, was dann der Fall ist, wenn der Dienstverpflichtete die Wohnung selbst ausgestattet hat oder dort mit seiner Familie lebt bzw. mit Personen, mit denen er einen gemeinsamen Haushalt führt.[10] Für **Pachtverträge** gilt § 546 BGB ebenfalls (§ 581 Abs. 2 BGB), für die Landpacht ist allerdings die weitgehend ähnliche Vorschrift des § 596 BGB einschlägig. **Gestattungsverträge** sind trotz gewisser mietrechtlicher Elemente keine Mietverträge (→ BGB § 566 Rn. 28), bei **gemischten Verträgen** (etwa Heimverträgen) entscheidet das vorherrschende Vertragselement über den Vertragscharakter ( → BGB § 549 Rn. 11). Auf eine Nutzungsüberlassung auf Grund **dinglicher Wohnrechte** (etwa § 1093 BGB, § 31 WEG) oder auf Grund **öffentlich-rechtlicher Wohnungszuweisung** (etwa zur Vermeidung von Obdachlosigkeit[11]) ist § 546 BGB mangels Bestehen eines Mietverhältnisses nicht anwendbar. In diesen Fällen kann ein Räu-

---

[5] Zum Konkurrenzverhältnis von § 546 Abs. 1, 2 BGB zu § 985 BGB → Rn. 11.

[6] Die rückwirkende Vernichtung von Mietverträgen durch Anfechtung wegen arglistiger Täuschung gem. § 123 BGB ist möglich, vgl. BGH XII ZR 67/06, NJW 2009, 1266. Der BGH hat nicht über die Zulässigkeit einer Anfechtung wegen Eigenschaftsirrtums gem. § 119 Abs. 2 BGB entschieden; s. dazu *Dötsch* NZM 2011, 457.

[7] Staudinger/*Rolfs* BGB § 546 Rn. 6. Wohl aber kann § 546 BGB für die Ausgestaltung der auf einer anderen Anspruchsgrundlage beruhenden Rückgabepflicht bedeutsam sein (→ Rn. 8).

[8] Blank/Börstinghaus/*Blank* BGB § 546 Rn. 2.

[9] *Lehmann-Richter* ZMR 2010, 820.

[10] Staudinger/*Rolfs* BGB § 546 Rn. 4.

[11] Es entsteht zwischen Vermieter und Behörde „eine Art öffentlich-rechtliches Verwahrungsverhältnis", das die Behörde – auch bei Vorliegen eines Räumungstitels – im Wege des Folgenbeseitigungsanspruchs verpflich-

mungsanspruch nach Beendigung der Einweisung aber wiederaufleben, wenn der Eingewiesene dem von der Einweisung betroffenen Eigentümer gem. § 546 Abs. 1 BGB oder § 546 Abs. 2 BGB zur Rückgabe verpflichtet war, weil der Eigentümer nur für die Dauer der Beschlagnahme daran gehindert ist, aus einem ggf. bestehenden privatrechtlichen Räumungstitel zu vollstrecken.[12] Zum Anspruch auf Nutzungsentschädigung in diesen Fällen (auch gegen die Behörde) → BGB § 546a Rn. 9.

In den (erwähnten und ggf. weiteren) Fällen der Nutzungsüberlassung, denen kein oder kein wirksamer Mietvertrag zu Grunde liegt und in denen es für das Ende der Nutzungsberechtigung keine besonderen Vorschriften gibt (wie etwa bei der Leihe in § 604 BGB), können für die Rückgabepflichten die zu § 546 BGB entwickelten Grundsätze **entsprechende Anwendung** finden.[13] Das betrifft aber zum einen nur die nähere Ausgestaltung der Rückgabe; eine Anspruchsgrundlage für die Rückgabe selbst (vertragliche Pflichten, Schadensersatz, §§ 985, 812 BGB) muss in jedem Fall vorhanden sein. Zum anderen sind die Besonderheiten des jeweiligen Rückgabeanspruchs zu beachten. Kann die Rückgabe bspw. ausschließlich auf § 985 BGB gestützt werden, beschränken sich die Pflichten auf die Besitzverschaffung; Räumung, Rückbau oder ähnliches wird danach nicht geschuldet. **8**

Zu Herausgabe- bzw. Rückgabepflichten nach dem **Tod des Mieters** → BGB § 563 Rn. 63. **9**

Für Miet-, Pacht- und Überlassungsverträgen, die vor dem 3.10.1990 in den **neuen Bundesländern** geschlossen wurden, können sich aus Art. 232 EGBGB und den Regelungen des Schuldrechtsanpassungsgesetzes (SchuldRAnpG) Besonderheiten bei den Rückgabepflichten ergeben. **10**

## D. Konkurrenzen

Das Rückgabebegehren kann neben § 546 Abs. 1 BGB auch auf einen Herausgabeanspruch gem. § 985 BGB gestützt werden, wenn der **Vermieter gleichzeitig Eigentümer** oder dinglich Berechtigter (etwa Erbbauberechtigter) der Mietsache ist. Beide Ansprüche stehen in Anspruchskonkurrenz zueinander, können also gleichzeitig geltend gemacht werden[14] und teilen wegen § 986 BGB ihr Schicksal: Besteht der Mietvertrag noch, sind die Voraussetzungen des § 546 Abs. 1, 2 BGB nicht erfüllt und es besteht gleichfalls ein Recht zum Besitz iSv § 986 BGB.[15] Abgesehen von diesem Gleichlauf bestehen aber auch Unterschiede zwischen den Anspruchsgrundlagen: § 985 BGB beschränkt sich auf die bloße Besitzverschaffung, also insbes. den Zugang zu ermöglichen und die Wegnahme zu dulden[16]; zur unterschiedlichen Beweislast beider Anspruchsgrundlagen → Rn. 143. Weitergehende dingliche Ansprüche auf Räumung, Wegnahme von Einrichtungen und Rückbau können sich – neben dem vertraglichen Anspruch aus § 546 Abs. 1 BGB[17] – uU aus § 1004 BGB ergeben.[18] Besitzschutzansprüche gem. §§ 859, 861 BGB bestehen hingegen grds. nicht, da der Vermieter die Besitzeinräumung idR unbedingt schuldet und sie nicht unter den Vorbehalt vertragsgemäßen Verhaltens stellen kann; anders kann das ggf. bei besonderen Mietverhältnissen sein, etwa bei der Nutzung eines jedermann zugänglichen privaten Parkplatzes.[19] Ein Recht zum Besitz[20] gem. § 986 BGB kann nach dem Wortlaut und der systematischen Stellung der Vorschrift grds. nur dem Herausgabeanspruch gem. § 985 BGB, nicht aber dem Rückgabeanspruch gem. § 546 Abs. 1 BGB entgegen gehalten werden[21]; einem Vermieter ist es aber gem. § 242 BGB idR verwehrt, die Rückgabe der Mietsache gem. § 546 BGB zu verlangen, wenn er sie sogleich wegen eines Rechts zum Besitz auf Grund anderer Rechtsgrundlage wieder herausgeben müsste.[22] **11**

---

tet, nach Wegfall des Einweisungsgrundes für die Räumung zu sorgen (BGH III ZR 160/94, NJW 1995, 2918); allg. zur behördlichen Einweisung *Günther/Traumann* NVwZ 1993, 130.

[12] BGH III ZR 160/94, NJW 1995, 2918.

[13] Blank/Börstinghaus/*Blank* BGB § 546 Rn. 3.

[14] BGH VIII ZR 89/59, NJW 1961, 499; Staudinger/*Rolfs* BGB § 546 Rn. 84.

[15] BGH VIII ZR 41/80, NJW 1981, 865; BGH VIII ZR 89/59, NJW 1961, 499.

[16] BGH XII ZR 158/09, NZM 2011, 75; BGH XII ZR 115/11, NJW 2013, 1881.

[17] BGH XII ZR 158/09, NZM 2011, 75.

[18] Siehe dazu BGH V ZR 179/06, NJW 2007, 2182 sowie eing. *Katzenstein* NZM 2008, 594 und *Dickersbach* DWW 2009, 215.

[19] BGH V ZR 160/14, NJW 2016, 863.

[20] Siehe dazu den Fall BGH XII ZR 116/96, NZM 1998, 779.

[21] BGH XII ZR 116/96, NZM 1998, 779; BGH V ZR 191/14, NJW 2016, 1242 Rn. 21.

[22] BGH XII ZR 116/96, NZM 1998, 779 (Ls. 1 gibt den Entscheidungsinhalt insofern verkürzt und unvollständig wieder).

12 Ist – bei wirksamem[23], aber beendetem – Mietvertrag der **Vermieter nicht Eigentümer** der Mietsache, steht ihm als Anspruchsgrundlage für sein Rückgabeverlangen nur § 546 Abs. 1 bzw. § 546 Abs. 2 BGB gegen den Mieter bzw. den Untermieter/Dritten zu. Diese Ansprüche erstrecken sich auch auf solche Flächen, die nicht mitvermietet waren, die der Mieter aber während der Mietzeit unberechtigt genutzt hat.[24] Der Eigentümer, der nicht Vermieter ist, kann die Herausgabe vom Besitzer (Mieter oder Untermieter/Dritter) nicht gem. § 546 BGB, sondern nur gem. § 985 BGB verlangen, dies aber jederzeit und unabhängig vom Bestehen eines Mietvertrages oder dessen Beendigung, sofern der Besitzer nicht ein Besitzrecht gem. § 986 BGB hat, das gegenüber dem Eigentümer wirkt. Gegebenenfalls ist § 986 Abs. 1 S. 2 zu beachten; war dem mittelbaren Besitzer (Mieter) vom vermietenden Eigentümer nur Eigenbesitz erlaubt worden, kann der Eigentümer von einem Untermieter oder Dritten die Herausgabe verlangen, allerdings nicht an sich, sondern an den Mieter (mittelbaren Besitzer).[25] Grundsätzlich kann der Mieter dem Rückgabeanspruch des Vermieters nicht entgegenhalten, ein Dritter sei Eigentümer der Mietsache.[26] Verlangen allerdings bei Verschiedenheit von Eigentümer und Vermieter beide gleichzeitig Herausgabe bzw. Rückgabe vom Mieter jeweils an sich selbst (der Eigentümer gem. § 985 BGB, der Vermieter gem. § 546 BGB) bzw. könnten sie das tun, so geht der dingliche Anspruch des Eigentümers vor, da eine solche Konstellation voraussetzt, dass der Vermieter dem Eigentümer gegenüber nicht mehr zum Besitz berechtigt ist. Ist das doch noch der Fall, dann kann der Eigentümer nur Herausgabe an den Vermieter als mittelbaren Besitzer verlangen. Beides folgt aus § 986 Abs. 1 BGB.[27] Beachtet der Mieter den **Vorrang des dinglichen Herausgabeanspruchs** nicht, so wird er zwar durch eine Rückgabe an den Vermieter gegenüber dem Eigentümer frei, weil er den Besitz verliert; dadurch können aber Schadensersatzansprüche aus §§ 989, 990 BGB entstehen.[28] Kann der Mieter die Berechtigung des Herausgabeanspruchs des Eigentümers nicht abschließend beurteilen, kann er, um Schadensersatzansprüchen des Vermieters vorzubeugen, diesem im Prozess gem. § 76 ZPO (Urhebernennung) den Streit verkünden.[29]

13 Bei anfänglich bzw. durch Anfechtung rückwirkend **unwirksamem Mietvertrag** bestehen vertragliche Rückgabeansprüche gem. § 546 BGB nicht. Der Eigentümer, der zugleich Vermieter des unwirksamen Mietvertrages war, kann sein Herausgabeverlangen sowohl auf § 985 BGB als auch zusätzlich auf § 812 BGB (Fehlen oder Wegfall des Rechtsgrundes) stützen.[30] Der Vermieter auf Grund eines unwirksamen Vertrages, der nicht Eigentümer ist, hat nur den Bereicherungsanspruch.[31] Ähnlich ist es bei einem **Widerruf des Mietvertrages gem. § 355 BGB,** so er denn ausnahmsweise (s. § 312 Abs. 4 BGB) in Betracht kommt. Zwar ist der Mietvertrag bis zum Widerruf wirksam[32], die Rückabwicklungspflichten und damit auch die Rückgabepflichten (zum Nutzungsersatz → BGB § 546 a Rn. 5) ergeben sich aber aus § 355 Abs. 3 BGB, nicht aus § 546 BGB. Weitergehende Ansprüche verbietet § 361 BGB.

14 Der Rückforderungsanspruch des Vermieters gegen einen **Untermieter oder einen sonstigen Dritten gem. § 546 Abs. 2 BGB** vorrangig gegenüber dem gleichzeitig bestehenden[33] Rückgabeanspruch des Mieters gegen den Untermieter gem. § 546 Abs. 1 BGB[34]; dh, der Untermieter kann sich gegenüber dem Vermieter nicht darauf berufen, er müsse/dürfe an den Mieter zurückgeben und der Mieter kann nicht Rückgabe an sich statt den Vermieter verlangen. Dem Vermieter steht vielmehr ein Wahlrecht zu. Das folgt daraus, dass der Anspruch gem. § 546

---

[23] Die Wirksamkeit des Mietvertrages ist nicht davon abhängig, dass der Vermieter Eigentümer der Mietsache ist (BVerfG NJW 2013, 3774).

[24] BGH XII ZR 52/08, NJW 2010, 2652.

[25] *Henseler* ZMR 1964, 36; s. auch AG Stuttgart ZMR 1979, 117.

[26] RG JW 1925, 472 Nr. 15 mAnm *Raape;* Staudinger/*Rolfs* BGB § 546 Rn. 16.

[27] Siehe dazu eing. Staudinger/*Thole,* 2019, BGB § 986 Rn. 74 ff. und *Henseler* ZMR 1964, 37; ferner *Raape* JW 1925, 472 (473) (Anm. zu RG JW 1925, 472). Zum Vorrang des sachenrechtlichen Herausgabeanspruchs vor schuldrechtlichen Ansprüchen und deren Konkurrenzverhältnis s. die umfassende Darstellung bei Staudinger/*Thole,* 2019, BGB § 985 Rn. 341 ff.

[28] Staudinger/*Thole,* 2019, BGB § 985 Rn. 341 ff.; *Raape* JW 1925, 472 (473) (Anm. zu RG JW 1925, 472).

[29] Siehe dazu *Henseler* ZMR 1964, 38 und die einschlägigen ZPO-Kommentare.

[30] Staudinger/*Rolfs* BGB § 546 Rn. 59.

[31] Staudinger/*Rolfs* BGB § 546 Rn. 59.

[32] *MüKoBGB/Fritsche,* 8. Aufl. 2018, § 355 Rn. 43.

[33] KG ZMR 2013, 26.

[34] **AA** OLG München NJW-RR 1989, 524 und wohl auch OLG Hamm ZMR 2017, 560, wenn es trotz eines Mietvertrages des Untermieters mit dem Vermieter einen Rückgabeanspruch des Mieters bejaht.

Abs. 2 BGB nur deshalb existiert, um dem Vermieter den Rückerhalt der Mietsache zu erleichtern bzw. in den Fällen zu sichern, in denen der Mieter hierzu nicht in der Lage oder willens ist (→ Rn. 86). In solchen Fällen den Mieter quasi als Durchgangstation zu benutzen, wäre sinnwidrig und könnte sogar die endgültige Rückgabe an den Vermieter vereiteln, hinauszögern oder erschweren. Das Interesse des Mieters auf Besichtigung des Mietobjektes zur Feststellung evtl. Schäden steht nicht entscheidend entgegen[35], da dieses Interesse durch eine zeitnahe Besichtigung zusammen mit dem Vermieter befriedigt werden kann; besteht eine solche Besichtigungsmöglichkeit nicht (etwa weil der Mieter keine Kenntnis von der Rückgabe erlangt oder ihm die Besichtigung verwehrt wird), beginnt die Verjährungsfrist des § 548 BGB nicht zu laufen (allgemein zu den Grundsätzen des Verjährungsbeginns → BGB § 548 Rn. 34). Gibt der Untermieter die Mietsache dennoch an den Mieter zurück, so wird er gegenüber dem Vermieter frei, wenn er seinen sonstigen Rückgabepflichten genügt hat (dazu → Rn. 101 und 104); er macht sich aber möglicherweise schadensersatzpflichtig. Der Vermieter kann sich auf Grund eines Räumungstitels gegen den Mieter dessen Rückgabeanspruch gegen den Untermieter gem. § 886 ZPO pfänden und überweisen lassen. So kann er verhindern, dass der Untermieter die Mietsache an den Mieter herausgibt. Für eine Vollstreckung benötigt er einen Titel gegen den Dritten, den er aber unabhängig von § 546 Abs. 2 BGB auf Grund der Überweisung selbst einklagen kann.[36] Durch eine Herausgabe an den Vermieter wird der Dritte auch gegenüber dem Mieter befreit.[37]

## E. Rückgabe gem. Abs. 1

### I. Voraussetzungen der Rückgabepflicht

Die Rückgabepflicht hängt von der **Beendigung des (wirksamen) Mietvertrages** ab. Der Rückgabeanspruch und die Räumungspflicht entstehen aufschiebend bedingt bereits mit Abschluss des Mietvertrags.[38] Der Grund der Vertragsbeendigung spielt keine Rolle, solange er den Vertrag nicht – wie bei der Anfechtung – rückwirkend vernichtet. Bei von Anfang an unwirksamem oder rückwirkend vernichtetem Vertrag bestehen Ansprüche aus §§ 985, 812 BGB (→ Rn. 13). Zu den Folgen eines Widerrufs von Mietverträgen gem. § 355 BGB → Rn. 13. Zur vertragslosen Aufnahme eines Lebenspartners in die Wohnung → BGB § 540 Rn. 24. Beendigungsgründe können Kündigung, Zeitablauf, Aufhebungsvertrag, Verwaltungsakt etc sein. Wird bei der Wohnraummiete eine Kündigung wegen Zahlungsverzugs durch Begleichung des Miet- und Nutzungsentschädigungsrückstandes innerhalb der **Schonfrist gem. § 569 Abs. 3 Nr. 2 BGB** wirkungslos[39], dann erlischt auch die Rückgabepflicht. Bei einer **Vertragsverlängerung gem. § 545 BGB** wird die Kündigung ebenfalls wirkungslos, das Mietverhältnis gilt als rückwirkend fortgesetzt.[40] Ähnlich ist es bei einer Fortsetzung des Mietverhältnisses auf Grund der **Sozialklausel der §§ 574–574c BGB**[41]; hier kommt eine Rückwirkung insbes. bei Anwendung des § 574b Abs. 2 BGB in Betracht: Wenn ein Härtegrund gem. § 574 BGB durch Widerspruch gegen die Kündigung geltend gemacht wird, dann sind die Kündigungswirkungen gehemmt bzw. in der Schwebe[42], bis die Verhandlungen der Parteien über eine Fortsetzung des Vertrages beendet sind oder das Gericht über eine Fortsetzung entschieden hat. Während des Schwebezustandes ist auch die Räumungspflicht suspendiert.[43] Kommt es nicht zur Vertragsfortsetzung, entfällt der Schwebezustand und der Mieter ist zur Räumung verpflichtet. Zur Räumungsklage in diesen Fällen → Rn. 128. Zu vertraglichen oder gerichtlichen/behördlichen Räumungsfristen → Rn. 79; zur Verwirkung bzw. zu einem konkludenten Neuabschluss eines Mietvertrages → Rn. 80. Zum sonstigen Rechtsverhältnis zwischen 15

---

[35] So aber OLG München NJW-RR 1989, 524.
[36] Wolf/Eckert/Ball Gewerbl. Miet-/Pacht-/LeasingR-HdB Rn. 1334; Staudinger/*Rolfs* BGB § 546 Rn. 88.
[37] BGH XII ZR 215/94, NJW 1996, 46; LG Berlin GE 2011, 819.
[38] BGH IX ZR 62/19, NZM 2021, 38.
[39] Vorher ist das Mietverhältnis durch die Kündigung beendet worden, nach Begleichung des Rückstandes lebt es wieder auf (BGH IX ZR 66/05, NJW 2007, 1591).
[40] Staudinger/*Rolfs* BGB § 546a Rn. 14.
[41] Staudinger/*Rolfs* BGB § 546a Rn. 14.
[42] Die dogmatischen Einzelheiten sind umstr., über das Ergebnis besteht aber Einigkeit.
[43] MüKoBGB/*Häublein* § 574a Rn. 4.

Mieter und Vermieter nach Beendigung des Mietverhältnisses und den neben der Rückgabe bestehenden Ansprüchen, Rechten und Pflichten siehe bei der Kommentierung zu § 546a BGB.

16 Bei der Vermietung von Räumen und Grundstücken hat der Mieter gem. § 570 BGB kein **Zurückbehaltungsrecht** gegenüber dem Rückgabeanspruch aus § 546 Abs. 1 BGB.[44] Nicht anwendbar ist § 570 BGB auf den Rückgabeanspruch bei der Miete von beweglichen Sachen.[45] Gegenüber einem solchen Anspruch kann der Mieter bei Bestehen von Gegenansprüchen ggf. ein Zurückbehaltungsrecht geltend machen. Dieses Zurückbehaltungsrecht berechtigt ihn allerdings nicht zur weiteren Nutzung, sondern nur zum Behalten (→ BGB § 570 Rn. 4); nutzt der Mieter die Sache dennoch, kommt § 546a BGB zur Anwendung.[46]

17 Die Durchführung eines **selbständigen Beweisverfahrens** schiebt den Rückgabeanspruch nicht hinaus. Der Beweis kann grds. auch gesichert werden, wenn die Mietsache wieder der Sachherrschaft des Vermieters unterliegt.[47] Die Befürchtung von Manipulationen des Beweisergebnisses rechtfertigt kein anderes Ergebnis, da solche Befürchtungen auch auf Seiten des Vermieters bestehen können, wenn der Mieter den Besitz behält. Abgesehen davon dürfte schon ein Anspruch, den Zustand vor einer Begutachtung nicht zu verändern, außer im Falle einer entsprechenden Vereinbarung nicht bestehen.[48] Im Übrigen schützen die Regeln über die Beweisvereitelung.[49] Dieses Ergebnis entspricht iÜ auch der Wertung des § 570 BGB.[50]

## II. Grundsätzliches zum Begriff der Rückgabe bzw. Räumung

18 Der Mieter darf die Mietsache benutzen, aber nicht endgültig behalten, verändern oder zerstören. Daraus folgt, dass er sie nach Ende der Mietzeit nicht nur herauszugeben und zu räumen, sondern grds. **in dem Zustand zurückzugeben hat, den sie bei Anmietung hatte.**[51] Diese Sicht wird durch die Gesetzgebungsgeschichte bestätigt, nach der im ersten Entwurf zum BGB noch ausdrücklich stand, die gemietete Sache sei in demselben Zustand zurückzugeben, in dem sie sich bei Anmietung befand, was dann aber wegen der angenommenen Selbstverständlichkeit dieser Pflicht nicht Gesetzesfassung wurde.[52] Allerdings lässt sich der konkret geschuldete Zustand nicht – unmittelbar – § 546 Abs. 1 BGB entnehmen[53], er ergibt sich vielmehr aus § 538 BGB, den vertraglichen Regelungen und aus einer an Verkehrssitte und den berechtigten Interessen der Parteien orientierten Auslegung des Mietvertrags.[54] Denn Nutzung führt idR zu Abnutzung oder Veränderung. Da der Mieter gem. § 538 BGB Veränderungen oder Verschlechterungen, die durch einen vertragsgemäßen Gebrauch entstanden sind, nicht zu vertreten hat, darf er die Mietsache in dem Zustand zurückgeben, der durch einen solchen Gebrauch entstanden ist. Weitergehende Veränderungen muss er beseitigen bzw. rückgängig machen. Das gilt auch für Veränderungen, insbes. Substanzbeschädigungen, die auf vertragswidrigem Gebrauch beruhen und wegen derer dem Vermieter ein Schadensersatzanspruch zusteht (zu dieser streitigen Frage → BGB § 546a Rn. 83). Sind Grundstücke oder Räume zurückzugeben und befinden sich dort Sachen oder Einrichtungen des Mieters, sind diese zu entfernen, das Mietobjekt ist zu räumen.[55] Das gilt auch für solche Flächen, die **nicht mitvermietet** waren, die Mieter der aber während

---

[44] Wohl aber, wenn ausschließlich gesetzliche Herausgabeansprüche etwa aus § 985 BGB in Betracht kommen (→ BGB § 570 Rn. 5).

[45] Staudinger/*Rolfs* BGB § 570 Rn. 4.

[46] BGH VIII ZR 87/74, NJW 1975, 1773; Staudinger/*Rolfs* BGB § 546a Rn. 17.

[47] So auch *Wiek* INFO M 2008, 175.

[48] LG Berlin ZMR 2014, 727.

[49] So auch *Wiek* INFO M 2008, 175; s. allg. zur Beweisvereitelung BGH VII ZR 64/07, NJW 2009, 360.

[50] Das OLG Düsseldorf NZM 2008, 489 begründet das hier vertretene Ergebnis denn auch mit einer Anwendung des § 570 BGB; dazu aber → BGB § 570 Rn. 6. Zum Anspruch auf Nutzungsentschädigung während eines selbständigen Beweisverfahrens → BGB § 546a Rn. 51.

[51] BGH VIII ZR 152/05, NJW 2006, 2115; BGH XII ZR 107/99, NJW 2002, 3234; BGH IX ZR 62/19, NZM 2021, 38 Rn. 13; OLG Düsseldorf ZMR 2010, 959; *Streyl* NJW 2018, 1724; *Streyl* NZM 2017, 786; *Schermaier* JZ 2018, 950 (951); zur teilweise anderslautenden Rspr. und zur weiteren Begründung → Rn. 22; auch → BGB § 538 Rn. 25.

[52] *Haase* JR 1983, 364 (365); *Katzenstein* NZM 2008, 600; *Streyl* NJW 2018, 1724; *Schermaier* JZ 2018, 951.

[53] *BGH VIII ZR 416/12, NJW 2014, 143 Rn. 15.*

[54] Siehe dazu *Streyl* NZM 2017, 793.

[55] BGH IX ZR 62/19, NZM 2021, 38 Rn. 13; BGH VIII ZR 96/87, NJW 1988, 2665 und grdl. *Lehmann-Richter* ZMR 2019, 313.

der Mietzeit unberechtigt genutzt hat.[56] Die **Gegenauffassung**[57] zählt zu den Rückgabepflichten aus § 546 Abs. 1 BGB nur Besitzverschaffung und Räumung und nimmt iÜ eine Pflichtverletzung wegen Überschreitung des Gebrauchsrechts an. Das würde aber nicht nur der Gesetzgebungsgeschichte widersprechen, es wäre auch unklar, warum zwar die Räumung, also die Wegschaffung von Gegenständen und Einrichtungen, zur Wiedererlangung der Sachherrschaft gehören soll, nicht aber die Beseitigung sonstiger Veränderungen. Konsequent wäre allenfalls, die Rückgabe auf die Besitzverschaffung zu beschränken; das würde aber bedeuten, dass der Vermieter, der ein ungeräumtes Mietobjekt zurückerhält, nicht Nutzungsentschädigung gem. § 546 a BGB, sondern allenfalls Schadensersatz verlangen kann. Das ist mE mit dem Zweck der Nutzungsentschädigung nur schwer vereinbar und entspricht nicht der stRspr des BGH zu § 546 a BGB (→ Rn. 22). Der Zweck des § 546 BGB, der Auseinandersetzung der Parteien bzw. der Abwicklung des Vertrages an dessen Ende zu dienen, wird vielmehr nur verwirklicht, wenn die Vorschrift umfassend, also im Sinne der Pflicht zur Herstellung des Status quo ante verstanden wird. Damit finden alle Pflichten zur Beseitigung von Zustandsveränderungen der Mietsache ihre Grundlage in § 546 BGB.[58] Dies betrifft auch Zustandsveränderungen, die auf vertragswidrigen Substanzverletzungen (Beschädigungen) beruhen; zu dieser hochproblematischen Fallgruppe → BGB § 546 a Rn. 83. Damit ist der Rechtscharakter der unterschiedlichen Rückgabepflichten nicht festgelegt. Es handelt sich zwar durchgängig um Leistungspflichten, auf diese ist aber insbes. das Regime des § 281 BGB nicht unbesehen anzuwenden, das dem historischen Gesetzgeber unbekannt war; weder der Gesetzgeber der Schuldrechtsreform noch der Gesetzgeber der Mietrechtsreform 2001 haben Mietrecht und allgemeines Schuldrecht miteinander harmonisiert. In Bezug auf die Besitzverschaffung als Teil der Rückgabeverpflichtung gem. § 546 BGB etwa ist die Anwendung von § 281 Abs. 4 BGB deshalb problematisch, weil der Mieter hierdurch in die Situation des „Zwangskaufs" geraten könnte (dazu → BGB § 546 a Rn. 86); der Besitzverschaffungsanspruch hat vielmehr Elemente eines vindikatorischen Anspruchs. Dies belegt die Möglichkeit, unterschiedliche Arten von Leistungspflichten unter § 546 BGB zu fassen. Sie müssen sich nur auf die Rückgabe bzw. den bei Rückgabe geschuldeten Zustand beziehen und entstehen zum Rückgabezeitpunkt. Neben den echten Leistungspflichten gem. §§ 280, 281 BGB, zu denen etwa der Anspruch auf Räumung und der Anspruch auf Beseitigung vertragsgemäßer Veränderungen gehört (→ BGB § 538 Rn. 22), gehören hierzu weiter die modifizierten Leistungsansprüche wie der Besitzverschaffungsanspruch, aber auch der schadensersatzähnliche Anspruch auf Beseitigung von vertragswidrigen Veränderungen (Beschädigungen; dazu → BGB § 546 a Rn. 83).

Es ist anerkannt, dass nicht jede Verletzung der Pflichten, die nach der vorerwähnten Meinung bestehen (also nicht nur Besitzverschaffung und Räumung, sondern auch Wiederherstellung des geschuldeten Zustands) zur Nichterfüllung der Rückgabepflicht aus § 546 Abs. 1 BGB führt. Es ist vielmehr zu unterscheiden zwischen Nichterfüllung und Schlechterfüllung.[59] Korrekter bzw. weniger missverständlich wäre es, von der „nicht vollständigen Erfüllung aller Rückgabepflichten" zu sprechen. Wird die Pflicht zur Rückgabe der Mietsache als solcher (dazu näher sogleich) verletzt, dann liegt ein Fall der Nichterfüllung oder – in Ausnahmefällen – der Teilerfüllung vor. Eine Verletzung sonstiger Pflichten bei oder anlässlich der Rückgabe hinsichtlich des Zustandes des Mietobjekts ist hingegen eine Schlechterfüllung. Die Unterscheidung ist insbes. bedeutsam für den Nutzungsentschädigungsanspruch gem. § 546 a BGB, der dem Vermieter – ggf. neben Schadensersatzansprüchen – nur bei Nichterfüllung zusteht, wohingegen der Vermieter bei Schlechterfüllung auf Schadensersatz gem. §§ 280 ff. BGB beschränkt ist (dazu → BGB § 546 a Rn. 75 ff.). Deshalb hat sich die **Abgrenzung zwischen Nichterfüllung und Schlechterfüllung** an § 546 a BGB zu orientieren.[60] Eine Orientierung an § 548 BGB ist schon allein deshalb nicht tunlich, weil dort wegen des 19

[56] BGH XII ZR 52/08, NJW 2010, 2652.

[57] AnwK WohnraummietR/*Lammel* BGB § 546 Rn. 22; ähnlich *Kandelhard* NJW 2002, 3292; neuerdings auch BGH VIII ZR 157/17, NJW 2018, 1746 Rn. 24 und BGH XII ZR 79/17, NZM 2018, 717, allerdings in dieser Beziehung wohl die eigene frühere Rspr. missverstehend (so auch *Schermaier* JZ 2018, 951); näher → Rn. 22.

[58] *Lehmann-Richter* ZMR 2019, 313 und → BGB § 538 Rn. 25, der allerdings Schadensersatzansprüche wegen Beschädigungen gem. § 280 Abs. 1 BGB ausnimmt.

[59] BGH VIII ZR 96/87, NJW 1988, 2665.

[60] So auch wohl BGH VIII ZR 96/87, NJW 1988, 2665, wenn dort der enge Zusammenhang zwischen §§ 546, 546 a BGB betont wird und eine Verbindung zwischen Vorenthaltung und Rückgabe hergestellt wird.

unterschiedlichen Zwecks der Vorschriften von Rückerhalt anstatt von Rückgabe die Rede ist (→ BGB § 548 Rn. 2, 34).

20 Dem Wortlaut nach bedeutet Rückgabe zunächst **Besitzverschaffung,** dh, der Mieter muss seine Sachherrschaft aufgeben und sie dem Vermieter verschaffen.[61] Das ist notwendige, aber, wie oben erwähnt, **nicht immer ausreichende Bedingung für die Erfüllung.** Man besitzt eine Sache nämlich nicht um des Besitzes willen, sondern um sie selbst oder durch Weitervermietung zu nutzen. Wenn diese Nutzungsmöglichkeit trotz formaler Besitzverschaffung eingeschränkt oder unmöglich ist, dann stellt sich die Frage, ob die Rückgabeverpflichtung gem. § 546 BGB schlecht oder gar nicht erfüllt ist. Klassische Fälle sind das Belassen von Gegenständen in erheblichem Umfang in dem Mietobjekt (Möbel in der Wohnung, eine Ladung Sand auf dem Lkw etc) oder die Rückgabe einer beschädigten Sache (fehlende Seiten in einem Buch). In all diesen Fällen ist die Nutzung des Mietobjekts durch den Vermieter eingeschränkt oder unmöglich. Wenn aber jede Nutzungseinschränkung auf Vermieterseite trotz Besitzverschaffung dazu führen würde, eine vollständige Nichterfüllung der Rückgabepflicht anzunehmen, dann würde jede Beschädigung oder vertragswidrige Veränderung der Mietsache einen Nutzungsentschädigungsanspruch gem. § 546 a BGB zur Folge haben, da dieser Anspruch nur die Nichtrückgabe und eine dadurch bedingte Vorenthaltung der Mietsache voraussetzt. Das widerspräche dem Zweck des § 546 a BGB, der dem Vermieter einen Ausgleich dafür verschaffen soll, dass ein Mieter trotz Beendigung des Vertrages über die Mietsache verfügt. Dem Vermieter wird ohne Nachweis eines konkreten Schadens eine Entschädigung in Höhe des vereinbarten Mietzinses zugestanden, wenn sich nach Vertragsende an den tatsächlichen Verhältnissen nichts ändert, wenn also der Mieter die Mietsache mehr oder weniger vollständig weiter nutzt.[62] Der Entschädigungsanspruch aus § 546 a Abs. 1 BGB beruht zwar nicht auf einem Vertrag, weil er gerade die Beendigung des Mietverhältnisses voraussetzt; er ist jedoch kein Schadensersatzanspruch oder schadensersatzähnlicher Anspruch[63], sondern nach hM[64] vertragsähnlicher Natur („ein vertraglicher Anspruch eigener Art"), der an die Stelle des ursprünglichen Mietzinsanspruchs tritt. Die Entschädigung ist nämlich für die weitere (Möglichkeit der) Nutzung der Sache zu zahlen, hat also ihre Ursache in der Gewährung einer Leistung.[65] Der Begriff der Nutzungsentschädigung stützt diese Sicht; käme es darauf an, was dem Vermieter (schadensrechtlich) entgangen ist, würde man von Nutzungsausfall sprechen müssen. Der Begriff der Vorenthaltung in § 546 a BGB beinhaltet ebenfalls keine schadensrechtliche Komponente, sondern besagt nur etwas dazu, dass der weiteren Nutzung der Wille des Vermieters entgegenstehen muss. Für den Fall, dass die weitere Nutzung der Mietsache mit dem Besitz des Mieters einhergeht, erscheint eine derart verstandene Nutzungsentschädigung ohne weiteres angemessen und deshalb ist eine **Nichterfüllung** der Rückgabepflicht immer dann anzunehmen, **wenn der Mieter Besitzer bleibt.**[66] Dem gleichzustellen sind aber die Fälle, in denen der Vermieter zwar schon Besitzer geworden ist, in denen ihm die Mietsache aber dadurch vorenthalten wird, dass der Mieter sie faktisch weiternutzt, selbst wenn er keine Sachherrschaft im besitzrechtlichen Sinn mehr hat.[67] Es kommt also nicht vornehmlich darauf an, dass der Vermieter die Mietsache nur eingeschränkt nutzen kann, sondern darauf, dass dies auf der **Weiternutzung in irgendeiner Form durch den Mieter** beruht.[68] Die Nutzungsbeeinträchtigung auf Vermieterseite wäre bei diesem Verständnis nur ein Reflex, aber nicht Ausgangspunkt der Abgrenzung von

---

[61] BGH VIII ZR 96/87, NJW 1988, 2665.

[62] LG Köln MDR 1966, 239.

[63] So aber – ohne weitere Begründung – BGH VIII ZR 16/60, NJW 1961, 916; OLG Frankfurt a. M. NJW-RR 1988, 1213; OLG Karlsruhe ZMR 1987, 261.

[64] BGH VIII ZR 213/82, NJW 1984, 1527; BGH VIII ZB 66/02, NJW 2003, 1395; BGH XII ZR 16/00, NZM 2003, 871; BGH VIII ZR 96/87, NJW 1988, 2665; BGH VIII ZR 246/75, NJW 1977, 1335.

[65] BGH XII ZR 142/95, NZM 1998, 192; näher → BGB § 546 a Rn. 19.

[66] RG JW 1910, 939 Nr. 15; OLG Hamburg WuM 1977, 73.

[67] So auch BGH VIII ZR 304/81, NJW 1983, 1049, wenn dort der Fall des Schlüsselbehalts durch den Mieter dem Zurücklassen der Einrichtung bei Schlüsselrückgabe gleichgestellt wird. Das OLG Brandenburg ZMR 1997, 584 stellt demgegenüber wohl auf die Verhinderung der Nutzung durch den Vermieter ab, was aber nach der hier dargelegten Ansicht nicht das taugliche Kriterium für die Abgrenzung der Nichterfüllung von der Schlechterfüllung ist.

[68] *LG Köln MDR 1966, 239,* das darauf verweist, dass in dem ersten Entwurf des BGB zu § 546 a BGB noch von einer Fortsetzung des Gebrauchs die Rede war und dass die Begründung des zweiten Entwurfs ebenfalls auf die Weiternutzung der Mietsache durch den Mieter abstellte; KG MDR 2011, 591; OLG Brandenburg ZMR 2014, 28; OLG Brandenburg ZIP 2015, 1790 (Rn. 40 bei juris).

Nichterfüllung zu Schlechterfüllung. Eine Schlechterfüllung liegt hingegen bei allen anderen Arten der Nutzungsbeeinträchtigung vor und berechtigt nicht zu Ansprüchen aus § 546a BGB, wohl aber zu Schadensersatzansprüchen aus §§ 280ff. BGB.[69] Ein **Beispiel** mag das verdeutlichen: Wenn der Mieter die Schlüssel zur Wohnung zurückgibt, aber seine Möbel dort belässt, benutzt er die Räume faktisch als Lager weiter und enthält sie so dem Vermieter vor; diesem steht Nutzungsentschädigung zu.[70] Wenn der Mieter die Elektroinstallation einer Wohnung bis zur Funktionslosigkeit beschädigt hat oder wenn er eine von ihm eingezogene Zwischenwand nicht beseitigt hat, kann der Vermieter die Wohnung zwar auch nicht oder nicht einschränkungslos nutzen; damit ist jedoch nicht eine faktische Weiternutzung durch den Mieter verbunden, weshalb dem Vermieter nicht Nutzungsentschädigung gem. § 546a BGB zusteht, sondern „nur" Schadensersatz, der ggf. einen Mietausfallschaden einschließt.

**Praktisch bedeutet das,** dass das Mietobjekt zurückgegeben ist, wenn der Mieter dem Vermieter den Besitz vollständig verschafft und, was insbes. bei der Raummiete relevant ist, die von ihm eingebrachten Gegenstände und Einrichtungen entfernt, also räumt; bei der Grundstücksmiete müssen auch vom Mieter errichtete bauliche Anlagen beseitigt werden. Das entspricht allgemeiner Meinung[71], auch wenn teilweise nicht deutlich wird, dass nicht die Nutzungseinschränkung auf Vermieterseite entscheidend ist, sondern die Weiternutzung (mit oder ohne Besitz) durch den Mieter. 21

Irgendeine Form der Weiternutzung versteht wohl auch der **BGH**[72] unter dem in § 546a BGB verwendeten Begriff der Vorenthaltung. Wenn er davon spricht[73], dass der Zustand der Mietsache für die Bejahung einer Rückgabe keine Rolle spiele, dann bezog sich das auf Verschlechterungen („verwahrloster Zustand"[74]) und die Nichtbeseitigung von Einrichtungen. Bloße Verschlechterungen schließen danach eine Vorenthaltung aus[75], bei der Nichtbeseitigung von Einrichtungen hängt es davon ab, ob das zu einer nur teilweisen Räumung des Mietobjekts führt[76], was regelmäßig anzunehmen ist. Ein vertragswidriger Zustand führt also nach Meinung des BGH nicht immer zur Nichterfüllung und damit nicht zwingend zu Ansprüchen auf Nutzungsentschädigung gem. § 546a BGB führt.[77] Der BGH hat mit seiner Feststellung, für die Rückgabe spiele der Zustand der Mietsache keine Rolle, nicht ausgeschlossen, dass ein vertragswidriger Zustand eine Schlechterfüllung der Rückgabepflicht darstellen kann. Dies gilt jedenfalls für die frühere Rspr. In zwei neueren Entscheidungen behauptet der BGH allerdings (unter mE fehlerhafter Berufung auf seine frühere Rspr.), § 546 Abs. 1 BGB könne nichts dazu entnommen werden, in welchem Zustand das Mietobjekt zurückzugeben und welche Pflichten am Vertragsende zu erfüllen seien.[78] § 546 Abs. 1 BGB soll sich, ohne dass dies näher begründet wird, in dem Gebot der Rückgabe – also der Besitzverschaffung (und Räumung) – erschöpfen. Der BGH hat den Begriff der Rückgabe in seiner früheren Rspr. aus der Perspektive des § 546a Abs. 1 BGB – Nutzungsentschädigung bei verspäteter Rückgabe – entwickelt.[79] Bei dieser den Vermieter erheblich privilegierenden Norm – er muss einen kausalen Schaden nicht gem. § 287 ZPO, § 252 BGB nachweisen, sondern nur eine Weiternutzung durch den Mieter – hat die Beschränkung des Begriffs der (Nicht-)Rückgabe ihren Sinn, 22

---

[69] Siehe näher zu möglichen Schadensersatzansprüchen, deren Abgrenzung zueinander und zur Notwendigkeit der Fristsetzung gem. § 281 BGB im Falle der Schlechterfüllung von Rückgabepflichten bei der Kommentierung zu § 546a BGB.

[70] Das schließt gem. §§ 546a Abs. 2, 571 BGB die Geltendmachung weiteren Schadensersatzes nicht aus.

[71] BGH VIII ZR 304/81, NJW 1983, 1049 mAnm *Haase* JR 1983, 364, der das Urteil zwar als unklar kritisiert, aber zu ähnlichen Ergebnissen kommt; BGH VIII ZR 96/87, NJW 1988, 2665; BGH VIII ZR 148/64, NJW 1966, 1409; OLG Brandenburg ZMR 1997, 584; OLG Köln DWW 1996, 189.

[72] Siehe etwa BGH XII ZR 53/93, NJW 1994, 3232; BGH VIII ZR 304/81, NJW 1983, 1049; BGH VIII ZR 96/87, NJW 1988, 2665. In letzterer Entscheidung geht der BGH von einer Teilräumung aus, die ein Fall der Nichterfüllung sei.

[73] Siehe etwa BGH VIII ZR 96/87, NJW 1988, 2665 und BGH VIII ZR 304/81, NJW 1983, 1049.

[74] BGH VIII ZR 96/87, NJW 1988, 2665 und BGH VIII ZR 304/81, NJW 1983, 1049.

[75] BGH VIII ZR 304/81, NJW 1983, 1049.

[76] BGH VIII ZR 96/87, NJW 1988, 2665.

[77] In den BGH-Fällen ging es um einen derartigen Anspruch bzw. um einen Annahmeverzug des Vermieters.

[78] BGH VIII ZR 157/17, NJW 2018, 1746 Rn. 24 und BGH XII ZR 79/17, NZM 2018, 717; anders früher der für das Gewerbemietrecht zuständige XII. Senat in BGH XII ZR 136/12, NZM 2015, 254 Rn. 16 unter Berufung auf BGH XII ZR 158/09, NZM 2011, 75 Rn. 8, wo ausdrücklich auf § 546 BGB als Anspruchsgrundlage abgestellt wird; anders auch der für das Kleingartenrecht zuständige BGH-Senat in BGH III ZR 266/12, NZM 2013, 315 Rn. 16 sowie BGH IX ZR 62/19, NZM 2021, 38 Rn. 13.

[79] *Streyl* NJW 2018, 1724; *Schermaier* JZ 2018, 950.

ansonsten leitet sie aber fehl. Neben der Nichterfüllung gibt es nämlich die Schlechterfüllung der Rückgabepflicht. Eine Schlechterfüllung liegt vor, wenn der Zustand der Mietsache nicht dem geschuldeten Zustand entspricht, wenn also etwa der Mieter nicht in den ursprünglichen Zustand zurückbaut. Gibt der Mieter „schlecht" zurück, besteht kein Anspruch nach § 546a Abs. 1 BGB auf Nutzungsentschädigung, der ein vertragsähnlicher Anspruch für die Weiternutzung der Mietsache (unabhängig von irgendwelchen Weitervermietungsmöglichkeiten) ist; der Vermieter kann aber ggf. einen Schadensersatzanspruch wegen Mietausfalls haben, wenn er bei vertragsgemäßem Zustand hätte weitervermieten können. Daraus, dass § 546a Abs. 1 BGB negativ eine Nichterfüllung der Rückgabepflicht voraussetzt, kann nicht geschlossen werden, § 546 Abs. 1 BGB schreibe positiv ebenfalls nur die Besitzverschaffung in geräumtem Zustand als Erfüllungshandlung vor.[80] Das Gegenteil erscheint vielmehr richtig.[81] § 546 Abs. 1 BGB ist – wie → Rn. 18 dargelegt – die passende Norm (und Anspruchsgrundlage) für die (umfassende) Beantwortung der Frage nach dem bei Mietende geschuldeten Zustand. Kommt der Mieter also anderen Pflichten in Zusammenhang mit der Rückgabe (anderen als Besitzverschaffung und Räumung) nicht nach, so kann der Vermieter Erfüllung dieser Einzelpflichten oder Schadensersatz gem. § 280 BGB ggf. iVm § 281 BGB verlangen.[82]

### III. Einzelheiten zu Rückgabe bzw. Räumung

**23** Wie oben ausgeführt ist es zur Erfüllung der Rückgabepflicht notwendig, dem Vermieter den Besitz an der Mietsache zu verschaffen. Ohne das liegt in aller Regel[83] ohne weiteres eine Nichterfüllung der Rückgabepflicht vor. Auch mitvermietetes Zubehör ist zurückzugeben und die Mietsache muss sich in einem vertragsgemäßen Zustand befinden. Ein Verstoß hiergegen stellt aber nur dann eine Nichterfüllung der Rückgabepflicht dar, wenn er faktisch mit einer Weiternutzung durch den Mieter verbunden ist und dem Vermieter die Mietsache so vorenthalten wird; die Nichterfüllung hat zur Folge, dass neben Schadensersatzansprüchen auch Nutzungsentschädigung gem. § 546a BGB in Betracht kommt. Alle anderen Verstöße gegen die Rückgabepflicht sind eine Schlechterfüllung, die den Mieter (nur) schadensersatzpflichtig gem. §§ 280ff. BGB machen kann.[84] Der Mieter hat auch solche Flächen zu räumen und herauszugeben, die **nicht mitvermietet** waren, die er aber während der Mietzeit unberechtigt genutzt hat.[85]

#### 1. Besitzverschaffung

**24** Die Rückgabe der Mietsache erfordert in aller Regel (zu den Ausnahmen → Rn. 30) eine **Veränderung der Besitzlage zu Gunsten des Vermieters.**[86] Der Mieter muss dem Vermieter den unmittelbaren Besitz verschaffen.[87] Besondere Übergabeverhandlungen oder der Austausch von

---

[80] *Streyl* NJW 2018, 1724.

[81] So wohl auch der für das Kleingartenrecht zuständige BGH-Senat in BGH III ZR 266/12, NZM 2013, 315 Rn. 16; früher auch der für das Gewerbemietrecht zuständige XII. Senat in BGH XII ZR 136/12, NZM 2015, 254 Rn. 16 unter Berufung auf BGH XII ZR 158/09, NZM 2011, 75 Rn. 8, wo ausdrücklich auf § 546 BGB als Anspruchsgrundlage abgestellt wird.

[82] So ausdrücklich BGH VIII ZR 304/81, NJW 1983, 1049; BGH VIII ZR 416/12, NJW 2014, 143 Rn. 15 (allerdings ist hier mE die Abgrenzung von § 280 BGB zu § 281 BGB misslungen; auch → Rn. 50 und → BGB § 546a Rn. 83) und wohl auch BGH XII ZR 52/08, NJW 2010, 2652 Rn. 18; letztere Entscheidung betraf allerdings eine verjährungsrechtliche Problematik.

[83] Zu Ausnahmen → Rn. 30.

[84] Siehe näher zu möglichen Schadensersatzansprüchen, deren Abgrenzung zueinander und zur Notwendigkeit der Fristsetzung gem. § 281 BGB im Falle der Schlechterfüllung von Rückgabepflichten bei der Kommentierung zu § 546a BGB.

[85] BGH XII ZR 52/08, NJW 2010, 2652.

[86] BGH XII ZR 68/00, NJW 2004, 774 Rn. 21; BGH XII ZR 149/98, NJW 2000, 3203 Rn. 29; BGH XII ZR 105/90, NJW 1991, 2416. Soweit in einigen dieser Urteile (etwa BGH XII ZR 68/00, NJW 2004, 774) und in der Lit. (etwa Staudinger/*Rolfs* BGB § 546 Rn. 9) davon die Rede ist, der Vermieter müsse sich durch Ausübung der unmittelbaren Sachherrschaft ungestört ein umfassendes Bild von der Mietsache machen können, *so ist dies nicht* das eigentliche Ziel der Besitzverschaffung, sondern nur deshalb besonders erwähnt, weil es Voraussetzung für den Beginn der kurzen Verjährung gem. § 548 Abs. 1 S. 2 BGB; in den entschiedenen Fällen ging es nämlich durchweg um den Verjährungsbeginn.

[87] BGH VIII ZR 147/69, NJW 1971, 2065.

Willenserklärungen sind für eine Besitzübertragung nicht erforderlich.[88] Sie mögen zwar insbes. bei der Miete von Räumen und Grundstücken üblich sein; die Besitzverschaffung als tatsächlicher Vorgang kann aber auch auf jede sonstige geeignete Weise herbeigeführt werden. Wann das der Fall ist, richtet sich nach den besitzrechtlichen Vorschriften (§ 854 BGB).[89] Danach vollzieht sich ein Besitzerwerb durch Erlangung der tatsächlichen Gewalt, die durch einen nach außen erkennbaren Sachherrschaftswillen (Besitzbegründungswille) getragen ist[90]; hierzu reicht uU (etwa bei einem nicht eingefriedeten Grundstück) eine bloße Einigung mit dem bisherigen Besitzer aus, wenn der Besitzerwerber sogleich die Sachherrschaft ausüben kann (§ 854 Abs. 2 BGB).[91]

Eine Besitzveränderung zu Gunsten des Vermieters erfordert es meist, dass der Mieter den (eigenen) Besitz endgültig und vollständig aufgibt.[92] Zwingend ist die **Besitzaufgabe** aber nicht, da der Mieter selbst weder unmittelbarer noch mittelbarer Besitzer der Mietsache (gewesen) sein muss.[93] Ist er das nicht oder nicht mehr, kann er den Vermieter nicht darauf verweisen, dieser könne den besitzenden Dritten (etwa einen Untermieter gem. §§ 546 Abs. 2, 985 BGB; zu Mitmietern → Rn. 63) selbst und unmittelbar auf Herausgabe in Anspruch nehmen[94]; auch reicht es nicht aus, wenn der Mieter dem Vermieter seinen Herausgabeanspruch gegen den Dritten abtritt.[95] Der Mieter hat vielmehr durch Inanspruchnahme des Dritten dafür zu sorgen, dass der Vermieter den Besitz an der Mietsache (zurück-)erhält[96] und frei über sie verfügen kann.[97] Unerheblich ist, ob der Mieter seinerseits gegen den Dritten einen Anspruch auf Herausgabe hat[98], denn er hat aus eigenem Antrieb veranlasst, dass der Mietgegenstand in den Besitz des Dritten gelangt ist und deshalb von ihm nicht zurückgegeben werden kann.[99] Das Fehlen eines Herausgabeanspruchs des Mieters gegen den Dritten hat nicht die Unmöglichkeit der Leistung (Rückgabe) an den Vermieter und damit den Untergang des Erfüllungsanspruchs gem. § 275 BGB zur Folge, weil es zumindest möglich ist, dass der Mieter durch entsprechende Vereinbarungen die Freimachung der Mietsache erreicht.[100] Der Mieter, der keinen eigenen Rückgabeanspruch gegen den Dritten hat (etwa weil er seinem Untermieter mangels Kündigungsgrund nicht kündigen kann), kann aber zur Durchsetzung des Rückgabeanspruchs verlangen, dass der Vermieter, der den Dritten nicht selbst in Anspruch nehmen will, ihm seinen Rückgabeanspruch aus § 546 Abs. 2 BGB abtritt.[101] Dann kann der Mieter aus dem abgetretenen Recht vorgehen. Der Vermieter ist nicht verpflichtet, selbst von § 546 Abs. 2 BGB Gebrauch zu machen, da diese Vorschrift seine Rechte erweitern, ihm aber keine Einschränkungen auferlegen soll.[102] Zur Unmöglichkeit der Rückgabe → Rn. 84. **25**

Wegen des im Vordergrund stehenden Erfordernisses, dem Vermieter den Besitz zu verschaffen, erschöpft sich die Pflicht des Mieters auch nicht darin, den Besitz aufzugeben[103] oder zu erklären, ein Recht zum Besitz und zur Nutzung der Mietsache nicht mehr zu haben.[104] Deshalb darf er die **Mietsache** (einen Mietwagen etwa) nicht einfach irgendwo **abstellen** oder zurücklassen oder das Mietgrundstück bzw. die Mieträumlichkeiten **verlassen,** um seiner Rückgabepflicht zu genügen. Das gilt selbst dann, wenn der Mieter den Vermieter davon informiert und die Schlüssel an der **26**

---

88 Für die Notwendigkeit einer tatsächlichen Übergabe AnwK WohnraummietR/*Lammel* BGB § 546 Rn. 29.
89 OLG Brandenburg NZM 2000, 463; Staudinger/*Rolfs* BGB § 546 Rn. 9.
90 Palandt/*Herrler* BGB § 854 Rn. 3.
91 OLG Hamm NZM 2013, 234; Palandt/*Herrler* BGB § 854 Rn. 6; etwas weitgehend OLG Koblenz 21.10.2013 – 5 U 507/13, BeckRS 2013, 200430, wenn es den Ablauf des Pachtvertrages genügen lässt.
92 BGH XII ZR 68/00, NJW 2004, 774 Rn. 21; OLG Brandenburg NZM 2000, 463.
93 BGH V ZR 185/91, NJW 1993, 55; BGH VIII ZR 147/69, NJW 1971, 2065; OLG Düsseldorf NJW-RR 1987, 911.
94 Staudinger/*Rolfs* BGB § 546 Rn. 11.
95 BGH VIII ZR 147/69, NJW 1971, 2065.
96 BGH XII ZR 76/08, NZM 2009, 701; BGH V ZR 185/91, NJW 1993, 55; BGH VIII ZR 147/69, NJW 1971, 2065; OLG Düsseldorf NJW-RR 1987, 911.
97 BGH VIII ZR 147/69, NJW 1971, 2065.
98 BGH VIII ZR 147/69, NJW 1971, 2065.
99 BGH XII ZR 123/93, NJW 1996, 1886; BGH VIII ZR 213/82, NJW 1984, 1527.
100 BGH VIII ARZ 4/95, NJW 1996, 515.
101 Blank/Börstinghaus/*Blank* BGB § 546 Rn. 9, der dies wohl zu Recht aus BGH XII ZR 123/93, NJW 1996, 1886 ableitet, einer Entscheidung zur gewerblichen Zwischenmiete.
102 BGH VIII ZR 213/82, NJW 1984, 1527.
103 BGH VIII ARZ 4/95, NJW 1996, 515; BGH VIII ZR 147/69, NJW 1971, 2065.
104 OLG Düsseldorf NJW-RR 1987, 911; Staudinger/*Rolfs* BGB § 546 Rn. 11.

Mietsache zurücklässt[105], da dies eine Sachherrschaft nicht begründet, sondern nur die Möglichkeit, sich diese zu verschaffen, ohne sie schon zu haben.

**27** Anders ist es allerdings dann, wenn der Mieter dem Vermieter die **Schlüssel** zu dem Mietobjekt zukommen lässt bzw. wenn der Vermieter sich nach Besitzaufgabe die zurückgelassenen Schlüssel verschafft hat oder sie sonst wie zurückerhält.[106] Der Besitz an einer verschlossenen bzw. verschließbaren Sache macht sich nämlich idR daran fest, wer den Schlüssel hat, es sei denn, er wäre nur Besitzdiener.[107] Nach einer Schlüsselrückgabe hat allein der Vermieter die Fähigkeit, die unmittelbare Sachherrschaft auszuüben; diese Möglichkeit reicht zur Besitzbegründung aus.[108] Sofern sich aus den Umständen nicht gegenteilige Anhaltspunkte ergeben, ist mit einer kommentarlosen Übersendung der Schlüssel eine konkludente Besitzaufgabe des Mieters verbunden[109]; das gilt nicht nur bei Räumen, sondern auch bei eingefriedeten Grundstücken[110] und abschließbaren beweglichen Sachen. Der für einen Besitzübergang notwendige Besitzwille auf Seiten des Vermieters dürfte ebenfalls meist vorhanden sein, und zwar selbst dann, wenn er von dem Zugang des Schlüssels (noch) nichts weiß oder wenn die Rückgabe seinem Willen widerspricht.[111] Für den ersteren Fall (Nichtwissen) gilt nämlich, dass sich der natürliche Besitzwille auf alle sich in seinem Herrschaftsbereich befindlichen eigenen Gegenstände bezieht, ohne dass ein konkretes Bewusstsein hinsichtlich jedes einzelnen Gegenstandes vorhanden sein muss.[112] Für letzteren Fall gilt, dass ein fehlender Rücknahmewille nicht zwingend mit einem fehlenden Besitzwillen gleichzusetzen ist. Der fehlende Rücknahmewille beruht oftmals nur auf einer rechtlichen (Fehl-)Einschätzung der Vertragssituation und besagt wenig über den Besitzwillen bei aufgedrängter Sachherrschaft. Ohne einen Besitzwillen des Vermieters nach der Besitzaufgabe durch den Mieter würde ein besitzloser Zustand entstehen, der den Interessen des Vermieters noch weniger entspricht.[113] Dies wird besonders deutlich, wenn man sich vorstellt, ein Dritter würde versuchen, sich die Mietsache anzueignen; dem würde der Vermieter widersprechen. Die jedem Besitz innewohnenden Elemente der Erkennbarkeit und des Besitzwillens[114] sind deshalb gegeben[115]: Erkennbar ist der Besitz an der Inhaberschaft des Schlüssels; der Besitzwille ist jedenfalls sozusagen hilfsweise für den Fall der Aufdrängung des Schlüssels vorhanden. Entscheidend sind allerdings immer die Einzelfallumstände, so dass in besonderen Sachlagen ein Besitzbegründungswille nicht vorliegen mag. Sofern ausnahmsweise der Besitz an der Mietsache auf den Vermieter ohne dessen bewusste Kenntnis übergeht, ist allerdings nicht auch von einer Rückgabe gem. § 546 Abs. 1 BGB auszugehen, weil das Ziel der Rückgabe, die Erlangung der freien Verfügungsgewalt[116], ohne entsprechende Kenntnis nicht erreicht ist[117]; auch würde die kurze Verjährungsfrist des § 548 Abs. 1 BGB zu früh in Gang gesetzt, da der Vermieter nicht die Möglichkeit der Überprüfung des Mietobjekts auf seinen ordnungsgemäßen Zustand hätte.[118] Will der Vermieter den besitzverändernden Folgen der Schlüsselübergabe entgehen, muss er dies unverzüglich deutlich machen, indem er die Schlüssel entweder nicht annimmt oder dem Mieter zurückgibt.[119] Ein bloßer Widerspruch reicht – von Ausnahmen abgesehen – angesichts des dargelegten natürlichen Besitzbegründungswillens nicht aus. Zum Recht des Mieters auf vorzeitige Rückgabe der Mietsache → Rn. 77.

---

[105] BGH VIII ARZ 4/95, NJW 1996, 515.

[106] OLG Düsseldorf NZM 2006, 866; OLG München ZMR 1989, 298.

[107] BGH V ZR 70/16, MDR 2017, 700 Rn. 10 (für Fahrzeugschlüssel); ähnlich OLG Brandenburg NZM 2000, 463; OLG Düsseldorf MDR 2003, 82.

[108] BGH XII ZR 68/00, NJW 2004, 774 Rn. 25.

[109] OLG Düsseldorf NZM 2006, 866; LG Krefeld WuM 2019, 78; **aA,** aber ohne Begründung LG Köln DWW 1987, 236; LG Hannover NZM 2005, 421.

[110] KG GE 2003, 46.

[111] LG Krefeld WuM 2019, 78. Möglicherweise nimmt der BGH höhere Anforderungen an: s. BGH XII ZR 68/00, NJW 2004, 774 Rn. 25; BGH VIII ZR 8/11, NJW 2012, 144; BGH V ZR 70/16, MDR 2017, 700.

[112] Palandt/*Herrler* BGB § 854 Rn. 4 zum generellen Sachherrschaftswillen.

[113] So auch *Streyl* NJW 2014, 666.

[114] Siehe dazu BGH V ZR 70/16, MDR 2017, 700.

[115] LG Krefeld WuM 2019, 78.

[116] *BGH VIII ZR 147/69*, NJW 1971, 2065.

[117] LG Krefeld WuM 2019, 78.

[118] Näher bei → BGB § 548 Rn. 36 sowie *Streyl* NJW 2014, 666.

[119] Palandt/*Herrler* BGB § 854 Rn. 5.

Erforderlich ist grds. die Überlassung **aller Schlüssel**[120] einschließlich selbstbeschaffter Zusatzschlüssel.[121] Verbleiben noch Schlüssel beim Mieter, dann spricht das meist gegen einen Besitzaufgabewillen des Mieters und gegen eine alleinige Sachherrschaft des Vermieters, so dass der Vermieter meist nicht den Alleinbesitz, sondern allenfalls Mitbesitz zusammen mit dem Mieter hat. Eine rein formale Betrachtungsweise verbietet sich aber in die eine wie in die andere Richtung, letztlich kommt es bei wertender Betrachtungsweise nicht auf den Besitz an den Schlüsseln an, sondern auf den Besitz an dem Mietobjekt insgesamt.[122] So ist bspw. der Besitz übergegangen, wenn beide Vertragsparteien einen der überlassenen Schlüssel schlicht vergessen haben, da der Mieter dann keinen Besitzwillen mehr hat. Ähnlich ist es bei einem verlorenen bzw. nicht auffindbaren Schlüssel[123] oder in Fällen der Unmöglichkeit der Schlüsselrückgabe.[124] In diesen und anderen Fällen mag zwar noch ein Anspruch auf Rückgabe des vergessenen Schlüssels bestehen bzw. auf Schadensersatz wegen des Verlustes, die Rückgabepflicht hinsichtlich der Mietsache insgesamt ist aber erfüllt, weil die Besitzaufgabe des Mieters endgültig ist.[125] Das ist auch der Fall, wenn der Mieter im Einverständnis mit dem Vermieter einen Schlüssel behält, um seiner Renovierungspflicht[126] oder sonstigen Pflichten[127] nachzukommen oder um das Mietobjekt Nachmietinteressenten zu zeigen.[128] Ein Besitzwechsel zu Gunsten des Vermieters findet hingegen nicht statt, wenn dieser zwar die Schlüssel zurückerhält oder sonst wie die Möglichkeit des Zugangs zu dem Mietobjekt hat, das aber ausnahmsweise nicht mit einer endgültigen Besitzeinräumung verbunden sein soll.[129] Derartiges kann etwa vorkommen bei bloßer Verschaffung des Zutritts zu Besichtigungszwecken durch potenzielle Nachmieter bzw. den Vermieter oder zur Mängelbeseitigung.[130] Auch wenn Dritte über die Schlüssel verfügen, etwa eine Behörde, die nach Zugangsverschaffung zur Gefahrenabwehr oder nach einem Brand das Schloss ausgewechselt hat, ist das nicht mit einem Besitzwechsel zu Gunsten des Vermieters verbunden, weil der Dritte idR Besitzmittler des bisherigen Besitzers, also des Mieters, sein möchte.[131] 28

Durch die **Zwangsvollstreckung** aus einem vorläufig vollstreckbaren Urteil oder bei freiwilliger Rückgabe nach Erlass eines solchen Urteils wird zwar eine Besitzveränderung bewirkt, dennoch tritt – wie allgemein bei vorläufig vollstreckbaren Titeln – eine Erfüllung des Räumungsanspruchs (und auch eine Erledigung des Rechtsstreits[132]) nicht sofort, sondern erst mit Rechtskraft des Urteils ein[133]; anders kann das sein, wenn dem Vermieter eine Wiedereinräumung des Besitzes an den Mieter etwa wegen Neuvermietung unmöglich geworden ist oder bei entsprechenden (ausdrücklichen oder stillschweigenden) Erklärungen der Beteiligten. Ähnlich ist es bei einer Besitzerlangung durch **verbotene Eigenmacht** des Vermieters, da dem Mieter in diesem Fall noch Besitzschutzansprüche auf Rückgängigmachung der Besitzverlustes zustehen.[134] Verzichtet der Mieter nach einer Zwangsvollstreckung oder einer verbotenen Eigenmacht auf Wiedereinräumung des Besitzes, führt das aber mit dem Verzicht zur endgültigen Erfüllung. 29

Zur Rückgabe ist **nicht immer eine Besitzveränderung notwendig:** Weigert sich der Vermieter zu Unrecht, die ihm vom Mieter zur Rückgabe angebotene Mietsache zurückzunehmen, so gerät er in **Annahmeverzug** mit der Folge einer Haftungserleichterung zugunsten des Mieters; es reduziert sich dessen Obhutspflicht, weil er nach § 300 Abs. 1 BGB nur noch Vorsatz und grobe 30

---

[120] BGH VIII ZR 285/09, NJW 2011, 143 Rn. 55; OLG Köln ZMR 2006, 859; OLG Hamburg WuM 2004, 471; OLG Hamm NZM 2003, 26; OLG Düsseldorf MDR 2003, 82; OLG Brandenburg NZM 2000, 463; OLG Düsseldorf NJW-RR 1996, 209; OLG München DWW 1987, 125.

[121] OLG Düsseldorf NJW-RR 1996, 209; zu Zusatzschlüsseln auch → Rn. 34.

[122] OLG Düsseldorf DWW 2006, 333; OLG Naumburg NZM 2019, 409; OLG Köln ZMR 2006, 859; OLG Brandenburg NZM 2000, 463; OLG Hamburg WuM 2004, 471; KG ZMR 2012, 693.

[123] OLG Hamburg WuM 2004, 471.

[124] BGH VIII ZR 285/09, NJW 2011, 143 Rn. 55.

[125] OLG Naumburg NZM 2019, 409; OLG Köln ZMR 2006, 859; OLG Düsseldorf GuT 2009, 180; 2008, 359; OLG Hamburg ZMR 1995, 18.

[126] OLG Düsseldorf ZMR 2013, 629; DWW 2006, 333; KG NZM 2001, 849.

[127] OLG Düsseldorf ZMR 1987, 215 (für die Versorgung von Pflanzen nach Vertragsbeendigung); LG Essen ZMR 2012, 103 (für eine Zählerablesung).

[128] OLG Koblenz NZM 2006, 181.

[129] BGH XII ZR 68/00, NJW 2004, 774 Rn. 21.

[130] BGH XII ZR 149/98, NJW 2000, 3203 Rn. 29; KG ZMR 2012, 693.

[131] BGH XII ZR 68/00, NJW 2004, 774 Rn. 21; BGH VIII ZR 48/13, VersR 2014, 999.

[132] BGH V ZR 115/13, NJW 2014, 2199; BGH VIII ZR 155/10, NJW 2011, 1135 Rn. 11.

[133] BGH V ZR 115/13, NJW 2014, 2199; BGH VIII ZR 188/03, NJW 2004, 1736 unter Verweis auf BGH VIII ZR 315/81, NJW 1983, 1111; OLG Düsseldorf ZMR 2011, 629; LG München I NZM 2013, 25.

[134] OLG Düsseldorf ZMR 2007, 193.

Fahrlässigkeit zu vertreten hat.[135] Der Vermieter darf die Rücknahme ohne Folgen für seine Ansprüche auf Nutzungsentschädigung und Schadensersatz nur verweigern, wenn der Mieter sie in einem Zustand zurückgeben will, der einer Nichterfüllung gleichkommt (näher → Rn. 36 und → BGB § 546 a Rn. 39; zum Recht des Mieters auf vorzeitige Rückgabe → Rn. 77). Der Eintritt des Annahmeverzuges kann aber nicht ohne weiteres mit der Erfüllung der Rückgabeverpflichtung gleichgesetzt werden, weil hierdurch keine Veränderung der Besitzverhältnisse zugunsten des Vermieters eintritt.[136] Eine solche Besitzveränderung ist vielmehr nur entbehrlich bei Erfüllung der Voraussetzungen des § 303 BGB, da nach dieser Vorschrift für die Herausgabe eines Grundstücks die Besitzaufgabe ausreicht, wenn der Vermieter sich in Verzug befindet und die Besitzaufgabe angedroht wurde.[137] Für den Verzug reicht gem. § 295 BGB ein wörtliches Angebot des Mieters aus[138], da der Vermieter an der Besitzverschaffung am Ort der Mietsache mitwirken muss (→ Rn. 81). Die Androhung ist gem. § 303 S. 2 BGB entbehrlich, wenn sie untunlich ist; das ist bspw. der Fall, wenn der Vermieter zu einem vereinbarten Rückgabetermin nicht erscheint oder die Rücknahme unberechtigterweise verweigert.[139] Auf die Rückgabe von beweglichen Mietsachen ist § 303 BGB nicht anwendbar; hier kann der Mieter aber gem. § 372 BGB hinterlegen oder gem. § 383 BGB versteigern, um sich von der Rückgabepflicht zu befreien.[140] Angesichts dieser Möglichkeiten, die Rückgabepflicht bei Weigerung des Vermieters zu erfüllen, ist die teilweise für solche Fälle befürwortete Analogie zu § 162 Abs. 1 BGB (Bedingungsvereitelung) nicht notwendig.[141] Zu den Auswirkungen einer unberechtigten Weigerung des Vermieters auf den Nutzungsentschädigungsanspruch → BGB § 546 a Rn. 45. Eine bloße Besitzaufgabe (ohne die Anwendung des § 303 BGB bzw. Hinterlegung, Versteigerung) reicht ausnahmsweise aus, wenn der Mieter neben dem Vermieter nur **Mitbesitzer** ist (§ 856 BGB) und der Vermieter durch die Besitzaufgabe Alleinbesitzer wird; ggf. ist hierzu eine Schlüsselrückgabe notwendig. Hatte der Mieter **keinen Besitz** an der Mietsache (weil die vereinbarte Nutzungsart das nicht vorsah und erforderte), so geschieht die Rückgabe durch Einstellung des Gebrauchs.[142] Eine Veränderung der Besitzlage zugunsten des Vermieters ist für eine Rückgabe gleichfalls dann nicht notwendig, wenn **Haupt- und Untermietverhältnis** enden und der neue Hauptmieter mit dem alten Untermieter einen neuen Vertrag schließt. Der Vermieter muss sich dann fiktiv so behandeln lassen, als sei die Mietsache zum Ende des Mietvertrages mit dem ausgewechselten Hauptmieter zurückgegeben worden.[143] Ähnlich ist es, wenn ein neuer Mieter die Mietsache dem rückgabepflichtigen (Vor-)Mieter untervermietet; der (Vor-)Mieter kann sein Besitzrecht dann von dem Untervermieter ableiten und ist zur Rückgabe (Besitzverschaffung) an den Vermieter nicht mehr verpflichtet; die Berechtigung zur Untervermietung ist dabei belanglos.[144]

### 2. Rückgabe von Zubehör, insbes.insbesondere der Schlüssel

**31** Die Rückgabepflicht umfasst auch mitvermietetes **Zubehör.**[145] Dazu können etwa die mitüberlassenen Möbel und Haushaltsgeräte gehören, aber auch Fahrzeugpapiere oder ein Kindersitz bei einem Mietwagen etc. Verletzt der Mieter seine Rückgabepflicht, haftet er gem. §§ 280 ff. BGB auf Schadensersatz wegen Schlechterfüllung[146], nicht aber wegen Nichterfüllung, da hierin –

---

[135] OLG Düsseldorf WuM 1997, 218.

[136] OLG Düsseldorf NZM 1999, 1142; WuM 1997, 218; **aA** wohl LG Mannheim WuM 1974, 202, das im Rahmen eines Anspruchs auf Nutzungsentschädigung von einer Erfüllung der Rückgabepflicht ausgeht, wenn sich der Vermieter in Annahmeverzug mit den Schlüsseln befindet.

[137] OLG Naumburg NZM 2019, 409; OLG Düsseldorf NZM 1999, 1142; *Horst* MDR 1998, 193; OLG Düsseldorf WuM 1997, 218; OLG Hamburg WuM 1977, 73 und wohl auch OLG Hamburg WuM 1990, 75 kommen bei Weigerung des Vermieters zu einem ähnlichen Ergebnis, auch wenn sie § 303 BGB offenbar übersehen.

[138] OLG Naumburg NZM 2019, 409.

[139] OLG Düsseldorf NZM 1999, 1142; BezG Cottbus WuM 1994, 146.

[140] OLG Düsseldorf NZM 1999, 1142.

[141] Für eine solche Analogie Staudinger/*Rolfs* BGB § 546 Rn. 18 unter Berufung auf LG Mannheim WuM 1974, 202, das aber keine Aussagen hierzu enthält.

[142] Staudinger/*Rolfs* BGB § 546 Rn. 13.

[143] BGH XII ZR 216/90, NJW 1992, 687.

[144] BGH VIII ZR 252/81, NJW 1983, 446.

[145] *BGH VIII ZR 157/74, NJW 1975, 2103.*

[146] BGH VIII ZR 285/09, NJW 2011, 143 Rn. 55; s. näher zu möglichen Schadensersatzansprüchen, deren Abgrenzung zueinander und zur Notwendigkeit der Fristsetzung gem. § 281 BGB im Falle der Schlechterfüllung von Rückgabepflichten bei der Kommentierung zu § 546 a BGB.

mit Ausnahme des Behalts von Schlüsseln – nicht eine Weiternutzung der Mietsache insgesamt zu sehen ist. **Heizöl** kann zwar Zubehör iSv § 97 BGB sein.[147] Es ist dennoch idR bei Vertragsende nicht eine gleich große Menge Öl, wie sie bei Vertragsbeginn vorhanden war, zurückzugeben, wenn das Öl zum Verbrauch bestimmt war und mit den Nebenkosten vom Vermieter abgerechnet wird; dann wird die Rückgabepflicht durch die Kostenerstattungspflicht ersetzt. Anders kann es dann sein, wenn der Mieter nach dem Mietvertrag selbst für die Beschaffung zuständig ist.[148] Zur Pflicht des Mieters, von ihm beschafftes Heizöl zu entfernen bzw. seinem Anspruch auf Kostenerstattung, → Rn. 41.

Hauptanwendungsfall der Pflicht zur Rückgabe von Zubehör ist die Rückgabe der **Schlüssel** 32 zur Mietsache[149], also der Schlüssel zu den Mieträumlichkeiten, zu dem Tor des Mietgrundstücks, dem Mietwagen, dem Hotelsafe etc. Einem Schlüssel stehen gleich andere Türöffner wie Karten oder elektronische Chips. Ein Zahlencode kann naturgemäß nicht zurückgegeben werden; der Mieter darf den Code nach Übertragung des Besitzes an der Mietsache auf den Vermieter aber nicht mehr benutzen.

Es sind **sämtliche Schlüssel** zurückzugeben, die der Vermieter dem Mieter zur Verfügung 33 gestellt hat. Das folgt schon aus der Zubehöreigenschaft. Soweit ausnahmsweise eine Rückgabe der Mietsache als solcher anzunehmen ist, obwohl nicht alle Schlüssel zurückgegeben wurden (→ Rn. 28), so hat der Vermieter dennoch, soweit noch möglich, einen Anspruch auf Herausgabe auch dieser Schlüssel; wenn sie dem Mieter zu einem besonderen Zweck belassen wurden (zB Renovierung), besteht der Anspruch spätestens nach Erfüllung des Zwecks.

**Selbst gefertigte Ersatzschlüssel** hat der Mieter ebenfalls dem Vermieter auszuhändigen oder 34 zu vernichten.[150] Das folgt aus der oben dargestellten Besitzverschaffungspflicht. Ohne Rückgabe bzw. Vernichtung der Schlüssel findet nämlich grds. ein Besitzübergang nicht statt, da der Inhaber des Schlüssels meist auch die Sachherrschaft über die Mietsache hat.[151] Händigt der Mieter die Schlüssel dem Vermieter aus, hat er keinen Anspruch auf Erstattung der Kosten für die Zusatzschlüssel[152], weil er sie hätte vernichten dürfen.

Sind Schlüssel **verloren** gegangen oder **beschädigt** worden, dann verletzt der Mieter zwar 35 nicht hinsichtlich des Mietobjekts als solchem seine Rückgabepflicht[153], wohl aber hinsichtlich der Schlüssel. Hat er die Beschädigung bzw. den Verlust zumindest fahrlässig verursacht, dann ist er gem. §§ 280, 241 Abs. 2 BGB schadensersatzpflichtig[154], ggf. auch gem. § 823 BGB. Der vertragliche Anspruch zu Gunsten des Vermieters ist dem Grunde nach unproblematisch, wenn er selbst Eigentümer der Schlüssel bzw. der Schließanlage ist. Wenn ein Dritter, also nicht oder nicht allein der Vermieter, Eigentümer einer Schließanlage ist, wie es bei Wohnungseigentum oder Untermiete regelmäßig der Fall ist, so stehen dem Vermieter Ansprüche (ggf. auf Freistellung[155]) nur zu, wenn er seinerseits von dem Eigentümer berechtigterweise in Anspruch genommen wird.[156] In diesem Fall gibt es keine Vertragsbeziehung des Dritten zum Mieter, der Dritte ist auch nicht in den Schutzbereich des Mietvertrages zwischen dem Mieter und dem Vermieter einbezogen (kein Vertrag mit Schutzwirkung zu Gunsten Dritter).[157] Eigene vertragliche Schadensersatzansprüche können dem Dritten (etwa der Wohnungseigentümergemeinschaft bzw. dem Hauptvermieter) deshalb nur gegen den vermietenden Wohnungseigentümer bzw. (Unter-)Vermieter zustehen, wenn zwischen diesen beiden ein Vertrag oder – wie im Falle des Wohnungseigentums[158] – ein gesetzliches

---

[147] LG Aachen NZM 2009, 276; LG Braunschweig ZMR 1986, 120.

[148] LG Aachen NZM 2009, 276; LG Kiel WuM 1986, 277, die aber nicht danach differenzieren, wen die Beschaffungspflicht für das Öl trifft und ob die Heizenergie zu den abrechenbaren Nebenkosten gehört.

[149] OLG München DWW 1987, 125.

[150] Staudinger/*Rolfs* BGB § 546 Rn. 17; AnwK WohnraummietR/*Lammel* BGB § 546 Rn. 28; *Schmid* MDR 2010, 1370.

[151] Ähnlich OLG Brandenburg NZM 2000, 463; OLG Düsseldorf MDR 2003, 82.

[152] Staudinger/*Rolfs* BGB § 546 Rn. 17; *Schmid* MDR 2010, 1370; für eine Kostenerstattung AnwK WohnraummietR/*Lammel* BGB § 546 Rn. 28.

[153] *Flatow* NZM 2011, 661 geht von der Verletzung einer Obhutspflicht aus; das ist zutr., wenn das Mietverhältnis noch nicht beendet ist.

[154] BGH VIII ZR 205/13, NJW 2014, 1653; KG NJW-RR 2008, 1245; *Walker* MDR 1987, 982; *Flatow* NZM 2011, 663.

[155] BGH VIII ZR 205/13, NJW 2014, 1653 Rn. 11.

[156] *Flatow* NZM 2011, 663.

[157] *Flatow* NZM 2011, 663.

[158] BGH VIII ZR 205/13, NJW 2014, 1653 Rn. 12.

Schuldverhältnis besteht; das Verschulden des Mieters wird dem Vermieter gem. § 278 BGB zugerechnet.[159] Direkte deliktische Ansprüche des Dritten gegen den Mieter sind möglich, dürften praktisch aber selten sein, da das Verlieren von Schlüsseln wohl nur ein Unterlassen darstellt und der Mieter gegenüber dem Dritten keine Garantenstellung hat, für dieses Unterlassen also nicht haftet.[160] Da Verlust oder Beschädigung idR im Obhutsbereich des Mieters eintreten, hat der Mieter sich, wenn § 280 BGB Anspruchsgrundlage ist, sowohl hinsichtlich der Pflichtverletzung als auch des Verschuldens zu entlasten.[161] Verschulden ist etwa bei einem Schlüsseldiebstahl ausgeschlossen, es sei denn, der Mieter hätte den Diebstahl schuldhaft ermöglicht oder erleichtert.[162] Das ist nicht schon dann der Fall, wenn der Mieter den Wohnungsschlüssel während eines Krankenhausaufenthaltes nicht bei der Klinikverwaltung verwahren lässt, sondern in ein abschließbares Wertfach im Krankenzimmer legt, das aufgebrochen wird.[163] Verschulden ist aber gegeben, wenn ein Schlüssel in einer Notebooktasche aufbewahrt und diese Tasche unter den Autositz geschoben wird, aber dennoch von außen sichtbar bleibt, und so einen Anreiz für einen Diebstahl bietet.[164] Verschulden ist auch gegeben, wenn die Angestellten einer Arztpraxis (mit Drogentherapie) die Praxisschlüssel auf einem Behandlungstisch unbeaufsichtigt liegen lassen.[165] Arbeitnehmer des Mieters sind dessen Erfüllungsgehilfen.[166] Bei Schlüsselbeschädigung oder -verlust hat der Mieter die Kosten für die Beschaffung eines Ersatzschlüssels zu tragen.[167] Bei Verlust des Schlüssels kommen weitergehende Ansprüche auf Ersatz der Kosten für einen Austausch des Wohnungsschlosses oder des Hauseingangsschlosses, ggf. sogar der gesamten Hausschließanlage und provisorische Sicherungsmaßnahmen[168] in Betracht. Konkret hängt das davon ab, inwieweit die Sicherheitsbelange eines Nachfolgemieters oder anderer Bewohner des Hauses von dem Schlüsselverlust betroffen sind[169]; das ist letztlich eine Einzelfallabwägung[170], bei der zu prüfen ist, ob noch ein Zurechnungszusammenhang zwischen dem Abhandenkommen des Schlüssels und der Entscheidung des Vermieters besteht, das Schloss oder die Schließanlage auswechseln zu lassen.[171] Für das Fehlen der Gefahrerhöhung ist der Mieter beweispflichtig[172], im Zweifel darf der Vermieter also Schloss bzw. Schließanlage austauschen.[173] Ist der Schlüssel praktisch für jedermann unauffindbar verloren (zB versunken im See[174]) oder kann ein Finder einen Bezug zu dem Mietobjekt nicht herstellen (zB Verlust im Ausland), dann erhöht der Verlust die Gefahr eines ungewollten Eindringens in das Mietobjekt nicht[175]; es reicht die Ersatzbeschaffung eines Schlüssels, ein Schlossaustausch ist nicht notwendig. Kann ein Finder oder Dieb den Bezug zu dem Mietobjekt herstellen (zB bei Abhandenkommen zusammen mit Ausweispapieren), ist jedenfalls der Austausch des Wohnungsschlosses notwendig. Passt in diesen Fällen der Wohnungsschlüssel auch für das Haustürschloss oder kommt allein bzw. zusätzlich der Haustürschlüssel abhanden, dann dürfte der Austausch des Haustürschlosses (ggf. handelt es sich um eine Schließanlage) regelmäßig nur dann notwendig sein, wenn ein Unbefugter im dann zugänglichen Teil des Hauses nennenswerten Schaden anrichten kann, weil dort beispielweise Gegenstände der Mieter oder des Vermieters gelagert oder abgestellt sind; durch die Zugangsmöglichkeit zum Haus wird hingegen die Gefahr des Eindringens in die einzelnen Wohnungen meist nicht nennenswert erhöht, da in einem Mehrfamilienhaus angesichts der größeren Zahl der Bewohner und deren Besucher eine Kontrolle der Personen, die Zugang zum Haus haben, ohnehin kaum

---

[159] BGH VIII ZR 205/13, NJW 2014, 1653 Rn. 12f.; *Flatow* NZM 2011, 663.
[160] *Flatow* NZM 2011, 663.
[161] BGH VIII ZR 205/13, NJW 2014, 1653; KG NJW-RR 2008, 1245; LG Hamburg NZM 1999, 410; *Flatow* NZM 2011, 662.
[162] AG Hamburg NZM 2000, 618; *Walker* MDR 1987, 982.
[163] AG Ahrensburg ZMR 2010, 858.
[164] KG NJW-RR 2008, 1245.
[165] AG Frankfurt a. M. ZMR 2010, 862.
[166] KG NJW-RR 2008, 1245; AG Frankfurt a. M. ZMR 2010, 862.
[167] *Flatow* NZM 2011, 661.
[168] OLG Dresden GE 2019, 1418.
[169] BGH VIII ZR 205/13, NJW 2014, 1653.
[170] LG Mannheim WuM 1977, 121; LG Wiesbaden NZM 1999, 308; *Schmid* MDR 2010, 1369; *Flatow* NZM 2011, 661; *Hinz* JR 2015, 263.
[171] *Flatow* NZM 2011, 661.
[172] *Hinz JR 2015, 263; Schmid* MDR 2010, 1369; *Horst* MDR 1998, 192.
[173] *Flatow* NZM 2011, 660 (661 ff.).
[174] LG Mannheim WuM 1977, 121.
[175] LG Münster WuM 1989, 508; *Walker* MDR 1987, 982 (983); *Ruthe* NZM 2000, 365.

möglich ist.[176] Ist ein Austausch notwendig, ist ein Abzug „Neu für Alt" zu machen; hierbei kann eine Lebensdauer einer Schlüsselanlage von ca. 25 Jahren zu Grunde gelegt werden.[177] Ein Ersatzanspruch besteht allerdings nur, wenn der Vermieter die betroffenen Schlösser tatsächlich hat austauschen lassen, da nicht schon die Gefährdung die Vermögenseinbuße darstellt, sondern erst die Ersatzbeschaffung, die adäquat kausal durch die Gefährdung veranlasst wurde.[178] Wird die Klage auf Schadensersatz, bei der ein Schlossaustausch nicht erfolgt ist, abgewiesen, hindert dies nicht eine neuerliche Klage nach Schlossaustausch, weil der Kläger sich zur Begründung auf einen erst nach Rechtskraft des früheren Urteils entstandenen Sachverhalt beruft.[179] Eine Feststellungsklage dahingehend, dass der Mieter zum Schadensersatz für den Fall des tatsächlichen Schlossaustauschs verpflichtet ist, soll wegen des Vorrangs der Leistungsklage grds. ausgeschlossen sein.[180] Das erscheint jedenfalls dann zweifelhaft, wenn die Verjährung unterbrochen werden soll. Allerdings schwindet nach langer Zeit des Zuwartens mit dem Schlossaustausch die Gefährdung, was den Feststellungsanspruch (wie auch einen Geldersatzanspruch) meist unbegründet machen wird. Ein Mitverschulden des Vermieters kommt gem. § 254 Abs. 2 S. 1 BGB in Betracht, wenn der Vermieter den Mieter bei Anmietung nicht darauf hingewiesen hat, dass bei einem Schlüsselverlust ungewöhnlich hohe Kosten für den Austausch der Schließanlage entstehen können.[181] Allerdings ist eine Warnung unnötig, wenn der Mieter die Gefahr kennt oder kennen kann; außerdem ist sie idR nur vor Vertragsschluss zielführend, weil der Mieter wohl nur dann wirksame Gegenmaßnahmen ergreifen, nämlich die Anmietung unterlassen kann. **Mietvertragsklauseln,** die eine verschuldensunabhängige Ersatzpflicht für einen Schlüsselverlust vorsehen oder einen Schlossaustausch unabhängig von der konkreten Notwendigkeit, benachteiligen den Mieter unangemessen und verstoßen gegen § 307 BGB.[182] Zur **Verjährung** der Ersatzansprüche des Vermieters bei Schlüsselverlust → BGB § 548 Rn. 64.

### 3. Zustand der Mietsache bei Rückgabe

Wie eingangs ausgeführt (→ Rn. 18) muss der Mieter die Mietsache in dem Zustand zurückgeben, in der sie sich bei Gebrauchsüberlassung befand, ausgenommen sind Veränderungen und Verschlechterungen, die durch den vertragsgemäßen Gebrauch eingetreten sind. Der Mietvertrag oder sonstige Parteivereinbarungen können diesen Grundsatz modifizieren; bedeutsam sind hierbei insbes. Vereinbarungen zur Renovierung von Wohn- oder Geschäftsräumen (Schönheitsreparaturen). Der Mieter hat die Rückgabepflichten auch für solche Flächen zu erfüllen, die **nicht mitvermietet** waren, die er aber während der Mietzeit unberechtigt genutzt hat.[183] Die **Rückgabe im ursprünglichen Zustand** bedeutet, dass der Mieter die eingebrachten Sachen entfernen (Räumung), Einrichtungen beseitigen, Schäden beheben und Umbauten rückgängig machen muss; außerdem hat er die Mietsache ggf. zu reinigen. Nicht jeder Verstoß gegen diese Pflichten führt allerdings dazu, dass trotz einer Besitzveränderung zu Gunsten des Vermieters von einer Nichterfüllung der Rückgabepflicht insgesamt ausgegangen werden kann. Entscheidend für diese Frage ist vielmehr, ob in einem Verstoß gegen diese Pflichten eine Weiternutzung durch den Mieter zu sehen ist.[184] Das ist vor allem der Fall, wenn in nennenswertem Umfang Gegenstände oder Einrichtungen des Mieters in der Mietsache verbleiben[185], was vornehmlich bei der Raum- und Grundstücksmiete relevant werden kann, aber bspw. auch bei der Miete von Schiffen, Bussen, Lkw. Weiterhin kommt in Betracht das Unterlassen der Beseitigung von baulichen Anlagen, die der Mieter errichtet hat.[186] 36

[176] LG München I ZMR 2020, 755; LG Hamburg NZM 1999, 410 (zur verschuldensunabhängigen Haftung); *Walker* MDR 1987, 983; **aA** für ein Gewerbemietobjekt, aber ohne nähere Ausführungen zur Gefahrerhöhung KG NJW-RR 2008, 1245 und OLG Dresden GE 2019, 1418.

[177] OLG Dresden GE 2019, 1418.

[178] BGH VIII ZR 205/13, NJW 2014, 1653; *Flatow* NZM 2011, 662; *Hinz* JR 2015, 263.

[179] *Blank* IMR 2014, 231.

[180] LG Freiburg 24.3.2013 – 9 S 154/12, BeckRS 2013, 15702.

[181] LG München I ZMR 2020, 755; LG Berlin GE 2020, 930; AG Bad Schwalbach NJWE-MietR 1997, 174; AG Wolfratshausen NZM 2014, 32; *Schmid* MDR 2010, 1369; *Ruthe* NZM 2000, 366; *Horst* MDR 1998, 192; *Hinz* JR 2015, 263.

[182] OLG Brandenburg NZM 2004, 905; AG Berlin-Spandau WuM 2013, 532; *Flatow* NZM 2011, 611; *Walker* MDR 1987, 983; *Ruthe* NZM 2000, 365; *Schmid* MDR 2010, 1369.

[183] BGH XII ZR 52/08, NJW 2010, 2652.

[184] Einzelheiten → Rn. 20.

[185] Einzelheiten → Rn. 37.

[186] Einzelheiten → Rn. 44.

Andere Verstöße gegen die Rückgabepflicht stellen lediglich eine Schlechterfüllung dar. Die Unterscheidung zwischen Nichterfüllung und Schlechterfüllung ist insbes. wichtig für § 546 a BGB, da Nutzungsentschädigungsansprüche ua eine Nichterfüllung der Rückgabepflicht zur Voraussetzung haben.[187] Bei einer Schlechterfüllung der Rückgabepflichten stehen dem Mieter ggf. Schadensersatzansprüche gem. § 280 BGB ggf. iVm § 281 BGB zu.[188]

37 **a) Räumung von Gegenständen bzw. Einrichtungen.** Der Mieter, der zu Teilleistungen nicht berechtigt ist[189], hat das Mietobjekt vollständig zu räumen, dh alle von ihm eingebrachten (Inventar-)Gegenstände und alle Einrichtungen, mit denen er das Mietobjekt versehen hat, zu entfernen[190] und zwar auch dann, wenn sie nicht ihm, sondern einem Dritten gehören[191] oder wenn er das Eigentum daran auf einen Dritten überträgt oder aufgibt[192]; ebenso, wenn die Gegenstände von einem Dritten über längere Zeit gegen den Willen des Mieters auf das Mietobjekt verbracht wurden, ohne dass dieser dem Vermieter davon Anzeige gemacht hätte.[193] Die **Räumungspflicht** gilt unabhängig vom Zustand des Mietobjektes oder der eingebrachten Gegenstände, dh, es sind auch veränderte, unbrauchbare oder zerstörte Sachen wegzuschaffen, dies ggf. sogar aus untergegangenen Mieträumen.[194] Letzteres kann insbes. relevant werden, wenn bei einem Brand des Mietobjektes die eingebrachten Sachen so kontaminiert werden, dass besondere Entsorgungsmaßnahmen und -kosten anfallen[195]; auch die Mitversicherung von Aufräumkosten in der Gebäudeversicherung des Vermieters ändert daran nichts.[196] Ist die Räumung allerdings wegen eines Verschuldens des Vermieters erheblich erschwert, etwa weil er den Brand verursacht hat, dann ist der Schadensersatzanspruch des Mieters gegen den Vermieter – neben dem Ersatz für die Gegenstände – auf Freihaltung von der Räumung gerichtet.[197] Außerdem ist der Mieter ggf. erst dann zur Räumung verpflichtet, wenn der Vermieter die Gebäudereste entfernt hat, so dass das Räumungsgut zugänglich wird.[198] Die Räumungspflicht betrifft hauptsächlich vermietete Räume oder Grundstücke, kann aber darüber hinaus bei allen Mietsachen in Betracht kommen, in denen der Mieter Gegenstände aufbewahren kann (Schiffe, Flugzeuge, Kraftfahrzeuge, Safes etc). Der Mieter hat auch solche Flächen zu räumen, die **nicht mitvermietet** waren, die er aber während der Mietzeit unberechtigt genutzt hat.[199]

38 **Einrichtungen** sind im Gegensatz zu sonstigen Gegenständen nach hM bewegliche Sachen, die mit der Mietsache vorübergehend verbunden werden, um ihrem wirtschaftlichen Zweck zu dienen.[200] Ein Verbinden liegt nicht schon bei jedem Befestigen vor, entscheidend ist vielmehr, ob die Befestigung ein Umfallen oder Herabfallen verhindern soll (dann keine Einrichtung, sondern sonstiger Gegenstand) oder ob sie der körperlichen Verbindung mit dem Mietobjekt dienen soll (dann Einrichtung). Die Verbindung mit der Mietsache muss ohne Zerstörung wieder trennbar sein[201], ansonsten liegt eine bauliche Änderung vor.[202] Einrichtungen sind etwa – ohne dass es auf

---

[187] Näher → BGB § 546 a Rn. 39.

[188] Siehe näher zu möglichen Schadensersatzansprüchen, deren Abgrenzung zueinander und zur Notwendigkeit der Fristsetzung gem. § 281 BGB im Falle der Schlechterfüllung von Rückgabepflichten bei der Kommentierung zu § 546 a BGB.

[189] BGH VIII ZR 96/87, NJW 1988, 2665; BGH VIII ZR 48/13, VersR 2014, 999 Rn. 15.

[190] BGH VIII ZR 96/87, NJW 1988, 2665; BGH VIII ZR 48/13, VersR 2014, 999; BGH VIII ZR 152/15, NJW 2006, 2115; KG GE 2009, 448.

[191] Anders bei Vermietereigentum, → Rn. 40.

[192] BGH XII ZR 53/93, NJW 1994, 3232.

[193] OLG Düsseldorf 1.3.2016 – 24 U 152/15, BeckRS 2016, 9627.

[194] BGH IX ZR 82/94, NJW 1996, 321; BGH VIII ZR 48/13, VersR 2014, 999; OLG Düsseldorf DWW 2006, 65; KG GE 1995, 249.

[195] BGH IX ZR 82/94, NJW 1996, 321 (für einen durch Verbrennung kontaminierten Teppich in einem brandzerstörten Gebäude); OLG Düsseldorf DWW 2006, 65 (für eine verkohlte Ladeneinrichtung in einem brandzerstörten Haus).

[196] BGH VIII ZR 48/13, VersR 2014, 999 Rn. 17 mwN.

[197] BGH IX ZR 82/94, NJW 1996, 321 erkennt das Verschulden des Vermieters (nicht aber die Unaufklärbarkeit des Geschehens oder eine zufällige Zerstörung) als Ausnahme an, sagt aber nichts über den dogmatischen Weg.

[198] KG GE 1995, 249.

[199] BGH XII ZR 52/08, NJW 2010, 2652.

[200] *BGH VIII ZR 136/86, NJW 1987, 2861*; OLG Düsseldorf ZMR 2010, 959; s. näher und krit. zum Einrichtungsbegriff der hM, insbes. deren Erstreckung auf mietereigene Einrichtungen, → BGB § 539 Rn. 46.

[201] Blank/Börstinghaus/*Blank* BGB § 539 Rn. 22; krit. *Schmid* WuM 2015, 9 (10) und → BGB § 539 Rn. 57.

[202] *Blank* PiG 79 (2007), 4.

die Eigentumsverhältnisse ankommt[203] – Türen, Schlösser, Waschbecken, Badewannen, Küchenzeilen, Einbauschränke, Teppichboden oder Laminat (bei vollflächig fester Verklebung handelt es sich um eine bauliche Änderung), umpflanzbare Pflanzen[204] etc. Für die Räumungspflicht ist diese Unterscheidung zwischen Gegenständen und Einrichtungen weitgehend bedeutungslos, sie spielt vor allem für das Wegnahmerecht gem. § 539 Abs. 2 BGB und dessen Abwendung gem. § 552 BGB eine Rolle. Aus der gesetzlichen Regelung des Wegnahmerechts für Einrichtungen in § 539 Abs. 2 BGB ist jedenfalls nicht zu schließen, dass der Mieter insoweit nicht die Pflicht zur Räumung hätte; die Vorschrift soll dem Mieter vielmehr in Ergänzung zu § 539 Abs. 1 BGB auch dann einen Anspruch auf Wegnahme verschaffen, wenn er nach dem Einbau nicht mehr Eigentümer ist.[205] Davon unabhängig besteht gem. § 546 Abs. 1 BGB die Pflicht zur Wiederherstellung des bei Mietvertragsbeginn bestehenden Zustandes, der auch die Beseitigung der vom Mieter eingebrachten Einrichtungen erfordert.[206] Dabei kommt es grds. nicht darauf an, ob die Einrichtung von dauerhaftem Nutzwert für die Mietsache oder den Vermieter ist.[207] Eine solche Betrachtungsweise würde die Entscheidungsfreiheit des Vermieters über die Abwendung der Wegnahme gem. § 552 BGB unterlaufen und ihn in seiner eigenen Dispositionsfreiheit über die Ausgestaltung der Mietsache behindern. Der Vermieter hat grds. ein Recht und ein Interesse daran, die Mietsache – vorbehaltlich der Veränderungen durch vertragsgemäßen Gebrauch und vorbehaltlich besonderer Vereinbarungen – so zurückzuerhalten, wie er sie dem Mieter überlassen hat. Deshalb sind Einrichtungen (genauso wie sonstige Gegenstände) unabhängig von der Eigentumslage zu entfernen, also auch dann, wenn der Vermieter gem. §§ 93 ff. BGB Eigentümer geworden ist bzw. wenn ein Dritter Eigentümer der Einrichtung ist.[208] Die Räumungspflicht korrespondiert insofern mit dem Wegnahmerecht des Mieters gem. § 539 Abs. 2 BGB bzw. dem damit in Verbindung stehenden Gestattungsanspruch gem. § 258 BGB, der dinglichen Charakter hat (→ BGB § 548 Rn. 52). Wenn die Einrichtung von dauerhaftem Nutzwert für die Mietsache oder den Vermieter ist, dürften die Anforderungen an einen konkludenten Verzicht des Vermieters auf eine Entfernung (Räumung) allerdings gering anzusetzen sein; in Extremfällen bieten Treu und Glauben und das Schikaneverbot ausreichende Korrekturmöglichkeiten.[209] Hat der Mieter einzelne dem Vermieter gehörende Einrichtungen während der Mietzeit gegen eigene ausgetauscht (etwa Sanitäreinrichtungen), so muss er den ursprünglichen Zustand wiederherstellen und die Einrichtungen des Vermieters wieder anbringen.[210]

Trotz seiner grundsätzlichen Räumungspflicht **darf bzw. muss** der Mieter alle oder einzelne **39**
**Gegenstände oder Einrichtungen zurücklassen,** wenn er dies mit dem Vermieter ausdrücklich oder stillschweigend vereinbart hat oder wenn der Vermieter insoweit auf die Räumung verzichtet hat.[211] Darf der Mieter nicht zurückbauen, kann er sich schadensersatzpflichtig machen, wenn er es dennoch tut, da er die Mietsache dann insoweit beschädigt.[212] Die bloße Erlaubnis des Vermieters zur Einbringung besonderer Gegenstände stellt aber regelmäßig keinen solchen Verzicht dar[213]; hierfür müssen vielmehr konkrete Anhaltspunkte vorliegen. Das ist meist der Fall bei Einrichtungen, die erforderlich waren, um den Mietgegenstand in einen vertragsgemäßen Zustand zu versetzen[214]; das folgt allein schon aus dem Rechtsgedanken des § 536 a Abs. 2 BGB.[215] Erst recht ist es der Fall, wenn der Mieter vertraglich zu der Einrichtung (oder einem Umbau) verpflichtet war.[216] Die

---

[203] Staudinger/*Emmerich* BGB § 539 Rn. 24.
[204] Kritisch zum Kriterium der Umpflanzbarkeit *Schmid* WuM 2015, 9.
[205] Blank/Börstinghaus/*Blank* BGB § 539 Rn. 24.
[206] BGH VIII ZR 96/87, NJW 1988, 2665; BGH VIII ZR 136/86, NJW 1987, 2861; BGH VIII ZR 231/84, NJW 1986, 309; BGH VIII ZR 326/80, NJW 1981, 2564; OLG Düsseldorf ZMR 1990, 218; LG Düsseldorf NJW-RR 1987, 1043.
[207] So aber LG Hamburg WuM 1988, 305; *Horst* DWW 1996, 181.
[208] **AA** *Lohmann/Ungerer* ZMR 2013, 167, die die Räumungsverpflichtung von der Eigentumslage abhängig machen wollen.
[209] So auch LG Hamburg WuM 2010, 448.
[210] *Blank* PiG 79 (2007), 5; OLG Köln OLGR Köln 1992, 113.
[211] OLG Brandenburg ZMR 2010, 23 Rn. 22; OLG Düsseldorf ZMR 1990, 218.
[212] OLG Brandenburg ZMR 2010, 23 Rn. 23.
[213] OLG Köln NZM 1998, 767; OLG Düsseldorf ZMR 1990, 218; AnwK WohnraummietR/*Lammel* BGB § 546 Rn. 18.
[214] OLG Düsseldorf ZMR 2012, 438; OLG Brandenburg ZMR 2010, 23 Rn. 22; KG GE 2009, 448; OLG Düsseldorf ZMR 1990, 218; Staudinger/*Rolfs* BGB § 546 Rn. 25.
[215] *Horst* DWW 1996, 181; ähnlich wohl AG Dortmund WuM 1992, 125.
[216] Bub/Treier MietR-HdB/*Scheuer/Emmerich* Kap. V Rn. 42.

Grenze zwischen einer hiernach notwendigen Einrichtung und einer bloß vom Mieter für wünschenswert gehaltenen Ausstattung, ist im Einzelfall nicht leicht zu ziehen; am ehesten tauglich als Maßstab dürfte sein, ob die Mietsache ohne die Einrichtung mangelhaft gewesen wäre, ob es also eigentlich Vermieterpflicht gewesen wäre, die Einrichtung bereitzustellen.[217] Gegenstände, die der Mieter seinem Nachfolger überlassen hat, dürfen ebenfalls in den Räumen verbleiben[218]; für die Wirksamkeit solcher Ablösungsvereinbarungen ist ggf. § 4a Abs. 2 S. 2 Wohnungsvermittlungsgesetz (WoVermittG) zu beachten.[219] Scheitert das **Nachfolgemietverhältnis** allerdings, kann der Mieter auch später noch zur Räumung herangezogen werden. Das ist nicht mehr möglich, wenn die Mietsache dem Nachfolger bereits – wenn auch nur kurzfristig – überlassen war. War das hingegen noch nicht der Fall, sondern nur beabsichtigt, dann hängt die weitere Räumungspflicht des Mieters davon ab, ob der Vermieter den Zustand der Räume endgültig akzeptiert hat, also auch für den Fall, dass das Nachfolgemietverhältnis scheitern sollte. **Gegenstände, die der Mieter bei Mietbeginn vorgefunden hat,** muss er nicht entfernen – gleichgültig, ob sie vom Vormieter, dem Vermieter oder einem sonstigen Dritten stammen. Anders ist das nur, wenn der Mieter sie durch Vereinbarung mit dem Berechtigten (idR wird das ein Vormieter sein) übernommen hat; dann gelten sie als von dem Mieter eingebracht und unterliegen seiner Räumungspflicht.[220] Das damit verbundene Risiko, anlässlich eines Rückbaus verdeckte Schäden vorzufinden und beseitigen zu müssen, die durch die Verbindung der Einrichtung mit der Mietsache entstanden sind, trägt der Mieter (und nicht der Vermieter), da die Übernahme der Einrichtung mit einer Schuldübernahme verbunden ist, der Mieter also auch den Rückbau so zu erfüllen hat wie der Vormieter.[221] Findet der Mieter bei Mietbeginn Gegenstände oder Einrichtungen in der Mietsache vor, dann darf er ohne gegenteilige Anhaltspunkte oder Vereinbarungen davon ausgehen, sie seien mitvermietet.[222] Der Vermieter hat zu beweisen, dass der Mieter Gegenstände bzw. Einrichtungen von dem Vormieter übernommen hat.[223] Eine Vertragsklausel „Vom Vormieter übernommene Gegenstände und Einrichtungen gelten als nicht zur Mietsache gehörig und als vom Mieter eingebaut bzw. eingebracht" ersetzen eine konkrete Bezeichnung der übernommenen Gegenstände nicht, sondern geben nur einen ohnehin geltenden Grundsatz wieder.[224] AGB-Klauseln, die konkret genug sind, verstoßen gegen das Verbot unangemessener Benachteiligung gem. § 307 BGB, weil sie dem Mieter Pflichten auferlegen, die nicht aus dem Mietgebrauch herrühren.[225] Ähnlich wie bei der Beseitigung von Umbauten[226] dürfte der Mieter nach Treu und Glauben auch berechtigt sein, solche Einrichtungen zurückzulassen, deren Entfernung für ihn mit erheblichem Aufwand verbunden ist, die der Vermieter aber wegen einer **beabsichtigten Sanierung oder eines Umbaus bzw. Abrisses** ohne Mehraufwand ohnehin beseitigen würde.[227] Einen Ausgleich in Geld schuldet der Mieter in diesen Fällen im Gegensatz zu sinnlosen Schönheitsreparaturen nicht, da die Rückgabepflicht anders als bei der Reparaturpflicht keine Gegenleistung für die Gebrauchsüberlassung ist.[228]

**40** Der Mieter muss solche Gegenstände zurücklassen, die **Vermietereigentum** sind[229] bzw. – ohne dass der Vermieter Eigentümer sein müsste – von ihm als **Zubehör mitvermietet** wurden. Das gilt aber nicht für Einrichtungen, die nur wegen ihrer Verbindung mit der Mietsache Eigentum des Vermieters geworden sind.[230] Verlangt der Vermieter aber berechtigterweise das Belassen der Einrichtung gem. § 552 BGB, so darf der Mieter insoweit nicht räumen.[231] Die Räumungspflicht

---

[217] Ähnlich KG GE 2009, 448; Staudinger/*Rolfs* BGB § 546 Rn. 25.
[218] Blank/Börstinghaus/*Blank* BGB § 546 Rn. 31.
[219] Siehe dazu BGH VIII ZR 212/96, NJW 1997, 1845.
[220] OLG Düsseldorf DWW 2009, 308; OLG Köln NZM 1998, 767; Staudinger/*Rolfs* BGB § 546 Rn. 24; AnwK WohnraummietR/*Lammel* BGB § 546 Rn. 20.
[221] **AA** AG Köln WuM 2008, 216.
[222] LG Berlin GE 1989, 999; AG Berlin-Schöneberg GE 2000, 814.
[223] *Blank* PiG 79 (2007), 5.
[224] AG Berlin-Schöneberg GE 2000, 814.
[225] KG WuM 2019, 78; AnwK WohnraummietR/*Lammel* BGB § 546 Rn. 20 mwN.
[226] Dazu → Rn. 45 ff.
[227] Ähnlich wohl Blank/Börstinghaus/*Blank* BGB § 546 Rn. 31; *Horst* DWW 1996, 181, letzterer bezugnehmend auf BGH VIII ZR 231/84, NJW 1986, 309, das einen Rückbau und nicht die Entfernung von Einrichtungen betraf.
[228] *BGH VIII ZR 231/84, NJW 1986, 309.*
[229] OLG Brandenburg ZMR 2010, 23 Rn. 22.
[230] **AA** *Lohmann/Ungerer* ZMR 2013, 168; näher → Rn. 38.
[231] Blank/Börstinghaus/*Blank* BGB § 546 Rn. 32.

bzw. das Räumungsrecht entfallen weiterhin, wenn (und soweit) der Vermieter ein **Vermieterpfandrecht** gem. § 562 BGB an den eingebrachten Gegenständen geltend macht.[232] Wenn der Vermieter sein Pfandrecht auf bestimmte Gegenstände beschränkt, dann beschränkt sich die Räumungspflicht entsprechend. Ein Verzicht auf das Vermieterpfandrecht lässt die Räumungspflicht wiederaufleben; allerdings muss dem Mieter dann ein angemessener Zeitraum zur Erfüllung eingeräumt werden.[233] Wenn und solange der Mieter der Räumungspflicht auf Grund der Geltendmachung des Vermieterpfandrechts nicht nachkommt, liegt keine Vorenthaltung der Mietsache iSv § 546a BGB vor, so dass ein Anspruch des Vermieters auf Nutzungsentschädigung ausscheidet.[234] Eine Räumungsklage (nicht aber eine bloße Herausgabeklage bzw. der auf Herausgabe gerichtete Teilanspruch) ist abzuweisen, wenn sich das Vermieterpfandrecht auf alle eingebrachten Gegenstände erstreckt.[235] Das dürfte allerdings nur ausnahmsweise der Fall sein, da es – auch in Gewerbemietobjekten – meist eine mehr oder weniger große Anzahl von unpfändbaren Gegenständen gibt. In diesem Fall ist uneingeschränkt zur Räumung zu verurteilen; die Frage, welche Gegenstände gepfändet sind, ist anlässlich der Vollstreckung zu klären.

War der Mieter verpflichtet, das **Heizöl** für die Beheizung der Mieträumlichkeiten selbst zu **41**
beschaffen, so muss er den bei Vertragsende vorhandenen Heizölrest nicht entfernen, der Vermieter ist vielmehr verpflichtet, den Restbestand zum Tagespreis zu kaufen.[236] Letztlich dürfte es sich dabei um eine Nebenpflicht aus dem Mietvertrag handeln, die sich aus einer ergänzenden Vertragsauslegung ergibt; entsprechendes hätten die Parteien bei Vertragsschluss vereinbart, wenn sie daran gedacht hätten, da eine Entfernung des Heizöls durch den Mieter sinnlos erscheint, während der Vermieter es nutzen kann. Die Pflicht zum Kauf besteht deshalb auch dann, wenn der Vermieter das Heizöl wegen eines Umbaus der Heizanlage nicht mehr verwenden kann[237], es sei denn der Mieter hatte rechtzeitig Kenntnis von der Umstellung und konnte beim Kauf entsprechend disponieren. Zur Pflicht des Mieters, verbrauchtes Heizöl wiederaufzufüllen, → Rn. 31.

Eine Sonderstellung können **Namens-, Firmen- und Reklameschilder**[238] einnehmen. **42**
Soweit der Vermieter derartige Schilder selbst angebracht hat, was bei der Wohnungsvermietung (Klingelschilder) oder der Vermietung von Büroräumen zur Erzielung eines einheitlichen Aussehens nicht ungewöhnlich ist, hat er und nicht der Mieter sie nach Vertragsende vorbehaltlich anderweitiger Vereinbarungen abzumontieren. Ansonsten ist der Mieter im Rahmen seiner Räumungspflicht grds. gehalten, die Schilder zu entfernen.[239] Zur Beseitigung der mit der Entfernung zu Tage tretenden Anbringungsspuren (Dübellöcher, Farbunterschiede in der Fassade) ist der Mieter nicht verpflichtet, weil die Anbringung des Schildes und die damit verbundenen Spuren einen vertragsgemäßen Gebrauch darstellen; insoweit kann nichts anderes gelten, als für Dübellöcher bzw. Anbringungsspuren von Möbeln innerhalb der Mieträume.[240] Für die Angehörigen der freien Berufe ist anerkannt, dass sie ein Praxisschild auch nach Vertragsende noch eine gewisse Zeit angebracht lassen dürfen, um auf den Umzug und die neuen Räumlichkeiten hinzuweisen.[241] Als Zeitraum für dieses Recht, das ggf. auch mit einer einstweiligen Verfügung durchsetzbar ist, werden sechs Monate als angemessen angesehen.[242] Herzuleiten ist das Recht aber nicht aus § 242 BGB[243], sondern aus einem über das eigentliche Vertragsende hinausreichenden Gebrauchsrecht des Mieters an der Fassade des Mietobjekts. Das Hinweisschild darf allerdings nicht in erhebliche Konkurrenz mit dem Praxisschild eines Nachfolgemieters treten. Umstritten ist, ob nicht nur Angehörige freier Berufe, sondern auch andere Gewerbetreibende zur Anbringung derartiger Schilder berechtigt sind. Das dürfte zu bejahen sein[244], weil das Interesse an dem Verbleiben des

---

232 KG NZM 2005, 422; Staudinger/*Rolfs* BGB § 546 Rn. 20.
233 So auch OLG Koblenz NZM 2018, 564.
234 Zu den Einzelheiten → BGB § 546a Rn. 52.
235 KG NZM 2005, 422.
236 LG Freiburg WuM 1982, 206; AG Oberndorf WuM 1990, 195; AG Otterndorf WuM 1989, 375; Staudinger/*Rolfs* BGB § 546 Rn. 21.
237 **AA** LG Stuttgart WuM 1991, 27; Staudinger/*Rolfs* BGB § 546 Rn. 21.
238 Allg. dazu → BGB § 535 Rn. 519.
239 Staudinger/*Rolfs* BGB § 546 Rn. 25.
240 Dazu → BGB § 538 Rn. 34.
241 OLG Düsseldorf NJW 1988, 2545; RGZ 161, 338.
242 OLG Düsseldorf NJW 1988, 2545.
243 So aber OLG Düsseldorf NJW 1988, 2545; RGZ 161, 338.
244 So auch Staudinger/*Rolfs* BGB § 546 Rn. 25; **aA** Blank/Börstinghaus/*Blank* BGB § 546 Rn. 41.

Schildes nicht von der Art des Gewerbes abhängt. Die Auslegung des Mietvertrages wird deshalb regelmäßig bei allen Gewerbetreibenden zu einem Recht an einem Hinweisschild für eine Übergangszeit führen. Das gleiche gilt für Wohnungen, wenn dort zulässiger Weise ein Nebenerwerb ausgeübt wurde.[245]

43 Zwar ist der Mieter nicht zu **Teilleistungen** berechtigt, er muss also vollständig räumen.[246] Dennoch führt nicht jedes Belassen von Gegenständen bzw. Einrichtungen in dem Mietobjekt zur Nichterfüllung der Räumungspflicht mit der Folge, dass Nutzungsentschädigungsansprüche gem. § 546a Abs. 1 BGB möglich sind. Wenn es sich vielmehr um einige wenige Gegenstände bzw. Einrichtungen handelt, die geringen Raum einnehmen und deren Beseitigung nur einen unerheblichen Aufwand an Mühe, Transport und Kosten erfordern **(Bagatellgrenze),** ist vielmehr von einer bloßen Schlechterfüllung auszugehen.[247] Eine wertende Betrachtung muss zu dem Ergebnis führen, dass der Vermieter den Gebrauch der Sache sofort ausüben kann.[248] Auch in diesem Fall trifft den Mieter zwar auch weiterhin die Pflicht zur Räumung, also zur Entfernung der restlichen Gegenstände, es bestehen auf Seiten des Vermieters aber keine Ansprüche auf Nutzungsentschädigung, sondern nur auf Schadensersatz[249], der allerdings auch einen Mietausfallschaden umfassen kann. Will der Vermieter die Resträumung selbst durchführen und die Kosten hierfür beim Mieter als Schaden liquidieren, ist eine Fristsetzung gem. § 281 Abs. 1 BGB notwendig, wenn sie nicht ausnahmsweise gem. § 281 Abs. 2 BGB entbehrlich ist.[250] Der Ablauf einer gem. § 281 Abs. 1 BGB gesetzten Frist führt noch nicht zum Untergang des Erfüllungsanspruchs zu Gunsten des Schadensersatzanspruchs; dies geschieht gem. § 281 Abs. 4 BGB erst mit dem Schadensersatzverlangen.[251] Zu den Aufbewahrungs- und Obhutspflichten des Vermieters → Rn. 59. In folgenden Fällen hat die Rspr. das Zurücklassen von Gegenständen bzw. Einrichtungen als **erheblich** angesehen und eine Nichterfüllung der Rückgabe trotz Besitzveränderung zu Gunsten des Vermieters bejaht: Siebzehn große Flüssigkeitstanks[252]; Baumaterial, Schutt und ein schrottreifer Lkw[253]; Möbel (Schränke, Küche)[254]; eine Waschmaschine und eine Einbauküche[255]; ein begehbarer Kühlraum[256]; einige Maschinen, Kraftfahrzeuge und ein Tresor[257]; erhebliche Teile eines Gaststätteninventars[258]; entsorgungspflichtige Kunststoffabfälle[259]; Deckenabhängungen, Lüfter, Abluftrohre, Einbauleuchten, Installationen zur Versorgung der Theke in einer Pizzeria[260]; ein Verkaufscontainer, mehrere Mülltonnen, mehrere Kubikmeter Sperrmüll.[261] Es handelte sich hierbei aber um derart eindeutige Fälle, dass sie als Abgrenzung zur unerheblichen Zurücklassung kaum taugen. **Unerheblichkeit** und damit bloße Schlechterfüllung hat die Rspr. in folgenden Fällen angenommen, wobei es keine Rolle spielt, wer Eigentümer des zurückgelassenen Gutes ist[262]: Ein Kraftfahrzeug[263], wobei dies nur zutr. sein dürfte, wenn der Vermieter über die Autoschlüssel verfügt; ein Duschvorhang, Hängevorrichtungen im Schlafzimmer, Gegenstände im Keller[264]; weniges Gerümpel[265]; wenige

245 Dazu → BGB § 535 Rn. 520.
246 BGH VIII ZR 96/87, NJW 1988, 2665; BGH VIII ZR 48/13, VersR 2014, 999.
247 BGH XII ZR 53/93, NJW 1994, 3232 (Rn. 46 bei juris); BGH VIII ZR 48/13, VersR 2014, 999 Rn. 15; BGH VIII ZR 304/81, NJW 1983, 1049; OLG Düsseldorf GE 2011, 1681; 2005, 796; 2005, 299; ZMR 2004, 27; OLG Brandenburg ZMR 1997, 584; s. auch BGH VIII ZR 96/87, NJW 1988, 2665 für Einrichtungen.
248 OLG Brandenburg ZMR 2020, 642.
249 BGH VIII ZR 304/81, NJW 1983, 1049; OLG Brandenburg ZMR 1997, 584.
250 Siehe näher zu möglichen Schadensersatzansprüchen, deren Abgrenzung zueinander und zur Notwendigkeit der Fristsetzung gem. § 281 BGB im Falle der Schlechterfüllung von Rückgabepflichten bei der Kommentierung zu § 546a BGB.
251 LG Berlin GE 2010, 1341; näher → BGB § 546a Rn. 85.
252 BGH VIII ZR 96/87, NJW 1988, 2665.
253 BGH XII ZR 53/93, NJW 1994, 3232 (Rn. 45 bei juris).
254 LG Köln NJW-RR 1996, 1480.
255 LG Gießen WuM 2013, 437.
256 OLG Brandenburg ZMR 2020, 642.
257 OLG Düsseldorf GE 2005, 796.
258 OLG Koblenz NZM 2006, 181.
259 OLG Köln DWW 1996, 189.
260 OLG Düsseldorf DWW 2009, 308.
261 KG GE 2010, 1201.
262 *AG Frankfurt a. M. WuM 1989, 238;* Staudinger/*Rolfs* BGB § 546 Rn. 29.
263 OLG Düsseldorf ZMR 1988, 175.
264 BezG Cottbus WuM 1994, 146.
265 OLG Köln DWW 1996, 189.

Gegenstände für den Sperrmüll[266]; wenige leicht transportable Einrichtungsgegenstände in einem Gewerbeobjekt[267]; fest verklebter Teppichboden, ein Türöffner, eine Sprechanlage, eine Stange und Befestigungshaken im Bad sowie eine Lampe[268]; unbrauchbare Gegenstände (ein Cola-Automat, ein Stapel Autoscheiben, ein Tisch, einige Stühle) auf einer 960 qm großen Fläche[269]; Wandschrank und Bett[270], wobei das in dieser Allgemeinheit zweifelhaft sein dürfte, es kommt vielmehr auf Größe und Transportfähigkeit von Schrank und Bett an; eine Lampe, ein Stuhl, mehrere Regalbretter, Taschen mit Wäsche sowie eine Waschmaschine, wobei dies wegen der Waschmaschine zweifelhaft erscheint[271]; **Müll** und Unrat in geringer Menge.[272]

**b) Rückbau von Bauten und Umbauten.** Der Mieter muss im Rahmen der Rückgabe, die ihn zur Wiederherstellung des ursprünglichen Zustandes verpflichtet (→ Rn. 18), auch Umbauten[273] und sonstige **bauliche Änderungen** ohne Rücksicht auf die damit verbundenen Kosten beseitigen[274]; bei unverhältnismäßigen Rückbaukosten, die bei Vertragsschluss oder Vornahme der Umbauten unabsehbar waren, kommt ein Wegfall der Geschäftsgrundlage in Betracht.[275] Die Rückbaupflicht schließt die Beseitigung evtl. vorhandener Einbauspuren ein[276] und besteht auch dann, wenn der Vermieter seine **Zustimmung** zu den Änderungen gegeben hat[277]; mit einer solchen Zustimmung ist nämlich auch ohne besonderen Vorbehalt grds. nicht das Einverständnis verbunden, eine Änderung auf Dauer, nämlich über das Vertragsende hinaus, hinzunehmen und sich so ggf. bei den Weitervermietungsmöglichkeiten einzuschränken.[278] In Einzelfällen kann das aber anders sein. Es kann insbes. in Betracht kommen bei auf Dauer angelegten, rechtmäßigen[279], nicht nur auf die speziellen Bedürfnisse bzw. den Geschmack des Mieters abgestellten[280] Baumaßnahmen, die nur mit erheblichem Kostenaufwand beseitigt werden können und deren Entfernung das Mietobjekt in einen schlechteren Zustand zurückversetzen würde[281]; hier kann erwartet werden, dass der Vermieter bei Erteilung der Erlaubnis einen Entfernungsvorbehalt macht, so dass in der Zustimmung ausnahmsweise auch ein Verzicht auf den Rückbau zu sehen ist; abzustellen ist bei der Prüfung auf den Zeitpunkt der Zustimmung, nicht auf das Vertragsende. Außerdem kann es in Betracht kommen, wenn ein Grundstück in der begründeten, später aber enttäuschten Erwartung eines künftigen Eigentumserwerbs bebaut wurde.[282] Der Mieter hat auch solche Flächen zurückzubauen, die **nicht mitvermietet** waren, die er aber während der Mietzeit unberechtigt genutzt hat.[283] 44

---

[266] LG Braunschweig WuM 1996, 272. Soweit das KG MDR 2015, 759 von einer Unerheblichkeit bei einer Vielzahl von Sperrmüllgegenständen ausgeht, lässt sich das allenfalls damit rechtfertigen, dass diese sich im Keller einer Gaststätte, also in untergeordneten Nebenräumen befanden; der Aspekt des geringen Beseitigungsaufwands wird dabei aber in bedenklicher Weise außer Betracht gelassen.

[267] LG Erfurt ZMR 1999, 641.

[268] KG MDR 2011, 591.

[269] OLG Düsseldorf ZMR 2004, 27.

[270] LG Berlin GE 2003, 880.

[271] AG Köln WuM 1995, 709.

[272] Staudinger/*Rolfs* BGB § 546 Rn. 29.

[273] Siehe zum Recht des Mieters zu baulichen Veränderungen *Streyl* NZM 2017, 785.

[274] OLG Karlsruhe NJW-RR 1986, 1394; nach *Lohmann/Ungerer* ZMR 2013, 167 soll es für die Rückbaupflicht auf die Eigentumslage ankommen.

[275] *Derleder* WuM 2006, 176 unter Berufung auf BGH XII ZR 107/99, NJW 2002, 3234; diese Entscheidung betraf die Pflicht eines Mieters, sich trotz vertragsgemäßer Nutzung an der Beseitigung von Altlasten eines DDR-Grundstücks zu beteiligen, weil die Altlastenproblematik sich nur wegen der nach der Wiedervereinigung geltenden strengeren Umweltregeln ergeben hatte und die Beseitigungskosten die während der Gesamtlaufzeit des Vertrages geschuldete Miete um ein Vielfaches überschritten.

[276] LG Berlin MDR 1987, 234; AG Hamburg-Altona WuM 2008, 27.

[277] AllgM, s. nur BGH XII ZR 101/97, NZM 1999, 478; OLG Düsseldorf ZMR 2010, 959; KG ZMR 2010, 956; OLG Köln NZM 1998, 767; OLG Frankfurt a. M. WuM 1992, 56 (bei juris unter Rn. 180); OLG Düsseldorf ZMR 1990, 218; AnwK WohnraummietR/*Lammel* BGB § 546 Rn. 18.

[278] Ähnlich auch OLG Frankfurt a. M. WuM 1992, 56 (bei juris unter Rn. 180); zu einem Verzicht auf den Rückbau durch vorbehaltlose Rücknahme → Rn. 54.

[279] AG Warendorf WuM 2001, 488 für einen bauordnungswidrigen Ausbau.

[280] *Derleder* WuM 2006, 176.

[281] OLG Frankfurt a. M. WuM 1992, 56 (bei juris unter Rn. 181), das wegen derartiger Einzelfälle pauschale Wiederherstellungsklauseln gem. § 307 BGB für unwirksam hält, was mE schon deswegen unnötig ist, weil der konkludente Verzicht des Vermieters auf den Rückbau in derartigen Einzelfällen gleichzeitig eine Abbedingung der Klausel gem. § 305b BGB ist; LG Berlin GE 2010, 1269; AG Warendorf WuM 2001, 488; Staudinger/*Rolfs* BGB § 546 Rn. 26.

[282] BGH V ZR 93/12, NJW 2013, 3364 Rn. 8.

[283] BGH XII ZR 52/08, NJW 2010, 2652.

45 **Umbauten** sind Veränderungen oder Ergänzungen von bestehenden Gebäuden wie etwa Wanddurchbrüche, Zusatzwände oder -fenster, fest verklebte Bodenbeläge (lose verlegt mit nur einigen Klebestellen handelt es sich um eine Einrichtung), Verkleidungen von Wänden und Decken[284] etc. **Bauten bzw. Aufbauten** sind vom Mieter erstmals errichtete Gebäude, Gebäudeteile (Anbauten, Terrassenüberdachungen) oder sonstige bauliche Anlagen (Zäune, Teiche, Pfähle etc). Beide Begriffe sind im Zweifel weit zu verstehen und umfassen alle Veränderungen des Mietobjekts, die nicht – wie Gegenstände und Einrichtungen – durch bloßes Wegschaffen zerstörungsfrei beseitigt werden können und die nicht durch Beschädigung oder Abnutzung entstanden sind. Im Rahmen der Rückbaupflicht hat der Mieter deshalb zu entfernen: Ein von ihm errichtetes Gebäude[285], Betonfundamente auf Freiflächen[286], Container[287], verlegte Gasleitungen[288], einen Teppichboden einschließlich evtl. Kleberreste[289], die Verkleidung von Türen, selbst wenn diese bei Mietbeginn renovierungsbedürftig waren[290], Veränderungen zur Ermöglichung behindertengerechten Wohnens iSv § 554 a BGB.[291]

46 Umbauten, die ein Mieter in den **neuen Bundesländern** vor dem 3. 10. 1990 vorgenommen hat und die nach dem ZGB zulässig waren, müssen nicht zurückgebaut werden; sie waren zulässig, wenn ihnen der Vermieter zugestimmt hat oder sie im gesellschaftlichen Interesse lagen.[292] Siehe ansonsten zu Miet-, Pacht- und Überlassungsverträgen, die vor dem 3. 10. 1990 in den neuen Bundesländern geschlossen wurden, Art. 232 EGBGB und die Regelungen des Schuldrechtsanpassungsgesetzes (SchuldRAnpG).

47 Der Mieter darf bzw. muss einen **Rückbau** aus ähnlichen Gründen **unterlassen,** aus denen er Einrichtungen und Gegenstände nicht aus dem Mietobjekt räumen muss; auf die Ausführungen → Rn. 39 kann verwiesen werden; siehe dort auch zu AGB-Vereinbarungen. Darf der Mieter nicht zurückbauen, kann er sich schadensersatzpflichtig machen, wenn er es dennoch tut, da er die Mietsache sann insoweit beschädigt.[293] Zustandsverändernde Maßnahmen muss der Mieter auch dann nicht beseitigen, wenn er sie im Rahmen seiner Verpflichtung zur Vornahme von Schönheitsreparaturen durchführt[294]; auf eine Unwirksamkeit einer Renovierungsklausel kann sich der Vermieter als Klauselverwender in diesem Zusammenhang nicht berufen. Ein Untermieter darf von einem Rückbau absehen, wenn gleichzeitig der Vertrag des Hauptmieters endet und der Eigentümer auf den Rückbau verzichtet.[295] Ein Mieter muss nicht zurückbauen, wenn der Vermieter nach einem gegenüber dem Vormieter erklärten Rückbauverzicht konkludent Eigentümer eines bis dahin nur als Scheinbestandteil errichteten Aufbaus geworden ist.[296] Weiterhin entfällt das Recht des Vermieters, bei Ablauf des Vertrages die Wiederherstellung des alten Zustandes der vom Mieter für seine Zwecke umgebauten Räume verlangen zu können, wenn er die Räume in der Weise umbauen will, dass die Wiederherstellungsarbeiten des Mieters wieder beseitigt werden müssten.[297] Einen Ausgleich in Geld schuldet der Mieter in diesen Fällen im Gegensatz zu sinnlosen Schönheitsreparaturen nicht, da die Rückgabepflicht anders als die Reparaturpflicht keine Gegenleistung für die Gebrauchsüberlassung ist.[298] Schließlich soll das Recht, den Rückbau verlangen zu können, auch entfallen, wenn Mieter und Vermieter nach den baulichen Änderungen einen **neuen Mietvertrag** geschlossen haben, ohne dass sich der Vermieter

---

[284] *Blank* PiG 79 (2007), 4.
[285] BGH VIII ZR 148/64, NJW 1966, 1409. Danach steht das Fehlen einer behördlichen Abbruchgenehmigung der Verurteilung zur Beseitigung nicht entgegen, die Zwangsvollstreckung kann aber erst nach Erteilung einer Genehmigung betrieben werden.
[286] KG GE 2003, 46.
[287] OLG Köln NZM 1998, 767. Ein Container kann zwar zerstörungsfrei von dem Mietobjekt entfernt werden, er ist aber dennoch keine Einrichtung, weil es an der notwendigen körperlichen Verbindung fehlt (→ Rn. 38).
[288] LG Frankfurt a. M. WuM 1989, 562.
[289] Staudinger/*Rolfs* BGB § 546 Rn. 26.
[290] LG Berlin GE 1989, 1115.
[291] Staudinger/*Rolfs* BGB § 546 Rn. 26.
[292] Siehe näher BGH XII ZR 101/97, NZM 1999, 478.
[293] OLG Brandenburg ZMR 2010, 23 Rn. 23.
[294] BGH VIII ZR 152/05, NJW 2006, 2115.
[295] *LG Berlin WuM 1982, 245.*
[296] OLG Düsseldorf NZM 2009, 242.
[297] BGH VIII ZR 231/84, NJW 1986, 309.
[298] BGH VIII ZR 231/84, NJW 1986, 309.

den Rückbau vorbehalten hat, da das Mietobjekt nun in dem veränderten Zustand geschuldet sei.[299] Dem ist jedenfalls nicht generell zu folgen, es muss vielmehr durch Auslegung ermittelt werden, ob in dem Neuabschluss des Vertrages ein Verzicht auf den Rückbau zu sehen ist. In der Regel dürfte das nicht den erkennbaren Interessen des Vermieters entsprechen. Wollte man das anders sehen, würde ähnliches für Einrichtungen gelten müssen, die der Mieter eingebracht hat; sein Wegnahmerecht entfiele.

Ein **Verstoß gegen die Rückbaupflicht** stellt grds. keine Nichterfüllung der Rückgabepflicht dar, sondern eine bloße Schlechterfüllung. Den Mieter trifft zwar auch weiterhin die Pflicht zum Rückbau, es bestehen auf Seiten des Vermieters aber keine Ansprüche auf Nutzungsentschädigung, sondern nur auf Schadensersatz, der allerdings auch einen Mietausfallschaden umfassen kann. Will der Vermieter den Rückbau selbst durchführen und die Kosten hierfür beim Mieter als Schaden liquidieren, ist eine Fristsetzung gem. § 281 Abs. 1 BGB notwendig, wenn sie nicht gem. § 281 Abs. 2 BGB entbehrlich ist.[300] Der Ablauf einer gem. § 281 Abs. 1 BGB gesetzten Frist führt noch nicht zum Untergang des Erfüllungsanspruchs zu Gunsten des Schadensersatzanspruchs; dies geschieht gem. § 281 Abs. 4 BGB erst mit dem Schadensersatzverlangen.[301] Ausnahmsweise stellt eine Verletzung der Rückbaupflicht dann eine Nichterfüllung (mit der Folge, dass Nutzungsentschädigungsansprüche möglich sind) dar, wenn dies quasi mit einer Weiternutzung des Mietobjekts durch den Mieter verbunden ist.[302] Das ist insbes. dann der Fall, wenn es sich bei den baulichen Änderungen um vom Mieter erstmals errichtete Gebäude oder Gebäudeteile handelt[303], was vornehmlich bei der Grundstücksmiete relevant werden dürfte. Wertungsmäßig steht dies dem Zurücklassen von Einrichtungen (→ Rn. 37) gleich. Genau wie bei dem Zurücklassen von Einrichtungen stellt es nur eine Schlechterfüllung und nicht eine Nichterfüllung dar, wenn die nicht beseitigten Aufbauten nur geringen Raum einnehmen und ihre Beseitigung nur einen unerheblichen Aufwand an Mühe, Transport und Kosten erfordern[304]; in der Praxis dürfte das allerdings kaum relevant werden. Siehe näher zu Schadensersatz- und Nutzungsentschädigungsansprüchen bei der Kommentierung zu § 546 a BGB. 48

**c) Reinigung.** Dem Mieter obliegen während der Mietzeit Obhutspflichten. Dementsprechend hat er die Mietsache so zurückzugeben, als wäre er diesen Obhutspflichten nachgekommen.[305] Das beinhaltet bei der Raummiete (nach der Verkehrssitte aber wohl nicht bei der Automiete) idR die Reinigung der Räume, die in besenreinem Zustand zurückzugeben sind. Das bedeutet, dass die Räume auszufegen bzw. zu saugen[306] sind, grobe Verunreinigungen an Böden, Wänden und Decken sind zu entfernen[307], Heizkörper, Fensterrahmen, Türen und Sanitäranlagen sind abzuwischen.[308] Fenster müssen nicht geputzt werden.[309] Eine Grundreinigung von Polstern, Gardinen[310], Teppichen[311] oder Sanitäranlagen[312] schuldet der Mieter nicht, es sei denn, nur durch eine solche Reinigung wären Beschädigungen zu entfernen, die durch einen nicht vertragsgemäßen Gebrauch entstanden sind. Nikotinablagerungen durch (auch exzessives) Rauchen sind keine Beschädigung der Mietsache, sondern Folgen eines vertragsgemäßen Gebrauchs, wenn sie durch die üblichen Schönheitsreparaturen beseitigt werden können.[313] Hat sich der Mieter im Rahmen der Übernahme von Schönheitsreparaturen wirksam zum Streichen des Fußbodens verpflichtet, so ist dies bei Vorhandensein eines Teppichbodens als Pflicht zur Grundreinigung des Teppichbodens 49

---

[299] Staudinger/*Rolfs* BGB § 546 Rn. 28.

[300] OLG Düsseldorf ZMR 2017, 639; s. näher zu möglichen Schadensersatzansprüchen, deren Abgrenzung zueinander und zur Notwendigkeit der Fristsetzung gem. § 281 BGB im Falle der Schlechterfüllung von Rückgabepflichten bei der Kommentierung zu § 546 a BGB.

[301] LG Berlin GE 2010, 1341; näher → BGB § 546 a Rn. 85.

[302] Ähnlich OLG Brandenburg ZMR 1997, 584; dazu auch → Rn. 20.

[303] IErg ebenso KG GE 2003, 46 für Streifenfundamente und Betonflächen auf 10% des Mietgrundstücks.

[304] Ähnlich OLG Brandenburg ZMR 1997, 584; auch → Rn. 43.

[305] OLG Düsseldorf ZMR 2010, 356.

[306] BGH XII ZR 15/07, NJW 2009, 510.

[307] BGH VIII ZR 124/05, NJW 2006, 2915.

[308] OLG Düsseldorf ZMR 2010, 356.

[309] BGH VIII ZR 124/05, NJW 2006, 2915; LG Berlin WuM 2016, 279.

[310] Staudinger/*Rolfs* BGB § 546 Rn. 21.

[311] BGH XII ZR 15/07, NJW 2009, 510.

[312] OLG Düsseldorf ZMR 2010, 356.

[313] BGH VIII ZR 124/05, NJW 2006, 2915; BGH VIII ZR 37/07, NJW 2008, 1439; s. zum Rauchen in der Mietwohnung und zu Rauchverboten auch *Paschke* NZM 2008, 265; *Harsch* WuM 2009, 76.

auszulegen[314]; diese Pflicht hat der Mieter bei entsprechendem Zustand des Teppichbodens bei Rückgabe der Mietsache zu erfüllen. Die Nichterfüllung der Reinigungspflicht berechtigt den Vermieter zu Schadensersatz gem. §§ 280 ff. BGB, sie stellt aber nicht gleichzeitig eine Nichterfüllung der Rückgabe der Mietsache insgesamt dar, sondern nur eine Schlechterfüllung.[315]

50 **d) Vertragsgemäßer Gebrauch, Schäden, Schönheitsreparaturen, Instandsetzung.** Veränderungen bzw. Verschlechterungen, die an der Mietsache durch deren **vertragsgemäßen Gebrauch** eingetreten sind, muss der Mieter nicht rückgängig machen; das folgt aus § 538 BGB.[316] Der Vermieter hat solche Veränderungen auch dann hinzunehmen, wenn sie erheblich sind.[317] Das gilt auch für Bodenverunreinigungen (Kontaminierungen), die der übliche Betrieb des Mieters, der die an Ort und Stelle geltenden Umweltstandards einhält, notwendigerweise mit sich bringt.[318] Der Mieter trägt die Beweislast für die Einhaltung des vertragsgemäßen Gebrauchs, wenn die Kontaminierung in Zusammenhang mit dem Mietgebrauch eingetreten ist.[319] Hat der Mieter vertraglich **Instandsetzungspflichten** übernommen, hat er diese ggf. am Vertragsende zu erfüllen; zur Wirksamkeit derartiger Regelungen → BGB § 538 Rn. 187 und → BGB § 535 Rn. 71. **Schäden,** die der Mieter durch Überschreitung des vertragsgemäßen Gebrauchs schuldhaft selbst herbeigeführt hat oder die ihm zugerechnet werden können, hat er zu entfernen, dh einen ordnungsgemäßen Zustand wiederherzustellen (→ Rn. 18). Nachteilige Veränderungen des Dekorationszustandes des Mietobjekts muss der Mieter trotz vertragsgemäßen Gebrauchs dann beseitigen, wenn er sich wirksam zur Durchführung von **Schönheitsreparaturen** verpflichtet hat und diese Pflicht bei Vertragsende fällig ist (weitergehend zu Schönheitsreparaturen bei § 538 BGB). Außerdem ist der Mieter nach der Rspr. des BGH bei **ungewöhnlicher, ausgefallener Farb- und Materialwahl** zur Renovierung bei Mietende im Wege des Schadensersatzes wegen Verletzung von Rücksichtnahmepflichten gem. § 280 Abs. 1, 241 Abs. 2 BGB verpflichtet, wenn er die Wohnung in neutraler Dekoration übernommen hat.[320] Richtiger erscheint es allerdings, statt der Verletzung einer Rücksichtnahmepflicht gem. § 241 Abs. 2 BGB in Anlehnung an die Rechtslage zu den Rückbaupflichten eine Leistungspflicht anzunehmen mit der Folge der Anwendbarkeit von § 281 BGB; die ungewöhnliche Dekoration ist einem Umbau vergleichbar.[321] Dieser Weg würde auch Abgrenzungsschwierigkeiten zu den Ansprüchen wegen Verletzung von Dekorationspflichten vermeiden. Zur Abgrenzung von Beschädigung und vertragsgemäßem Gebrauch, zur Beweislast in diesen Fällen, und zur Pflicht zur Durchführung von Schönheitsreparaturen und sonstigen Instandsetzungen (einschließlich der Wirksamkeit der dies regelnden AGB-Klauseln) siehe bei § 538. Die Rückgabe der Mietsache in beschädigtem Zustand ist keine Nichterfüllung der Rückgabe der Mietsache insgesamt, sondern nur eine Schlechterfüllung.[322]

### 4. Teilrückgabe

51 Zu Teilleistungen ist der Mieter gem. § 266 BGB nicht berechtigt. Er darf deshalb nicht nur einen Teil der Mieträume zurückgeben, etwa die Gastwirtschaft ohne Wirtewohnung, das Haus ohne Garage etc. Der Vermieter darf aber die Rücknahme der Mietsache wegen einer bloßen Schlechterfüllung einzelner Rückgabepflichten nicht ablehnen, sondern nur dann, wenn trotz Besitzveränderung zu seinen Gunsten von einer faktischen Weiternutzung durch den Mieter auszugehen ist, was bei dem Verbleib von Gegenständen und Einrichtungen bzw. vom Mieter errich-

---

[314] BGH XII ZR 15/07, NJW 2009, 510. Die Entscheidung betrifft zwar ein Gewerbemietverhältnis, die Begründung differenziert aber zu Recht nicht danach, ob Wohnräume oder Gewerberäume betroffen sind.

[315] Zur Abgrenzung von Nichterfüllung und Schlechterfüllung → Rn. 19 sowie zu möglichen Schadensersatzansprüchen, deren Abgrenzung zueinander und zur Notwendigkeit der Fristsetzung gem. § 281 BGB im Falle der Schlechterfüllung von Rückgabepflichten bei der Kommentierung zu § 546 a BGB.

[316] BGH XII ZR 107/99, NJW 2002, 3234.

[317] OLG Düsseldorf ZMR 2004, 573 (für erhebliche, andauernde Geruchsbelästigungen in einer Lagerhalle nach jahrelanger, vertragsgemäßer Lagerung von Tee).

[318] BGH XII ZR 107/99, NJW 2002, 3234; zum Wegfall der Geschäftsgrundlage in diesen Fällen → Rn. 44.

[319] BGH XII ZR 107/99, NJW 2002, 3234.

[320] BGH VIII ZR 416/12, NJW 2014, 143.

[321] Siehe eing. *Streyl* NZM 2017, 793; ähnlich *Fervers* NZM 2018, 325; *Lehmann-Richter* ZMR 2019, 318 und *Sternel NZM 2017, 173; auch → BGB § 538* Rn. 42.

[322] Zur Abgrenzung von Nichterfüllung und Schlechterfüllung → Rn. 20 und zu möglichen Schadensersatzansprüchen, deren Abgrenzung zueinander und zur Notwendigkeit der Fristsetzung gem. § 281 BGB im Falle der Schlechterfüllung von Rückgabepflichten → BGB § 546 a Rn. 83.

teten Gebäuden der Fall ist; zu den Einzelheiten → Rn. 20, 37, 44. Nach Treu und Glauben darf der Vermieter eine Teilleistung weiterhin nicht ablehnen, wenn der Mieter ihm einen abgegrenzten Teil eines Mietobjektes zurückgeben will, der bereits geräumt ist und in Zukunft getrennt von dem übrigen Objekt oder gar nicht mehr vermietet werden soll[323], also etwa bei einer Wohnung mit Garage oder Keller. Nimmt der Vermieter ohne entsprechende Verpflichtung nur einen Teil der Mietsache zurück, so ist er an der Geltendmachung von Nutzungsentschädigung in vollem Umfang nicht gehindert[324]; die Entschädigung ist aber entsprechend § 537 BGB zu kürzen, wenn der Vermieter den zurückgenommenen Teil weitervermietet oder selbst nutzt.[325]

### 5. Hinweis- und Mitteilungspflichten des Mieters

Der Mieter hat die Nebenpflicht aus § 241 Abs. 2 BGB, den Vermieter auf Besonderheiten und **Mängel hinzuweisen,** die dieser selbst nicht ohne Weiteres erkennen kann, wenn hierdurch Gefahren für die Mietsache, den Vermieter oder den Nachmieter drohen.[326] Der Mieter ist bei einer ordentlichen Kündigung oder Beendigung des Mietverhältnisses durch Zeitablauf nicht verpflichtet, dem Mieter seine **Erfüllungsbereitschaft** hinsichtlich der Rückgabe anzuzeigen bzw. entsprechende Anfragen zu beantworten.[327] Der Vermieter kennt vielmehr den spätesten Räumungstermin und muss von einer termingerechten Rückgabe ausgehen; verhält der Mieter sich nicht vertragsgerecht, stehen dem Vermieter Ansprüche auf Nutzungsentschädigung und Schadensersatz wegen Verzugs zu. Wohl aber ist der Mieter kurz vor dem Nutzungsende zu Absprachen hinsichtlich des genauen Übergabetermins gehalten, damit die Übergabe auch praktisch durchgeführt werden kann. Bei einer fristlosen Kündigung bzw. bei Gewährung einer Räumungsfrist hat der Vermieter hingegen aus nachwirkenden nebenvertraglichen Treuepflichten einen Anspruch auf Mitteilung des Räumungstermins, sobald dieser absehbar ist, damit er sich bei der Nachvermietung darauf einstellen kann; ein Verstoß hiergegen kann zu Schadensersatzpflichten des Mieters gem. § 280 Abs. 1 BGB führen.[328] Ein hierdurch bedingter Schaden dürfte aber nur selten über den Kündigungsfolgeschaden hinausgehen. Der Vermieter kann vom Mieter aus einer Nebenpflicht des Mietvertrages Auskunft darüber verlangen, ob er die Mietsache **Dritten überlassen** hat, damit der Vermieter auch gegen diese Personen einen Räumungstitel erwirken kann.[329] Bei **vorzeitigem Auszug** des Mieters, ohne dem Vermieter eine neue Anschrift zu hinterlassen und ihm den Zugang zu dem Mietobjekt für potenzielle Nachmieter zu ermöglichen, hat der Mieter den Mietausfall gem. § 280 Abs. 1 BGB zu ersetzten, wenn daran eine zügige Weitervermietung scheitert.[330] 52

### 6. Übergabeprotokoll; Prüfpflichten des Vermieters

Insbesondere bei der Raum- und Grundstücksmiete kommt es nach Vertragsende zwar meist zu einer Übergabe der Mietsache im Beisein beider Vertragspartner bzw. deren Vertreter. Zwingend nötig ist eine solche Übergabe jedoch nicht (→ Rn. 24), sie unterbleibt insbes. dann häufig, wenn die Parteien sich auf die Zusendung der Schlüssel an den Vermieter beschränken. Weil also für die Erfüllung der Rückgabepflicht nicht unbedingt eine persönliche Übergabe notwendig ist, besteht auch kein Anspruch auf dessen Durchführung, auch nicht zu dem Zweck, den Zustand der Mietsache festzustellen.[331] Gleichwohl können die Parteien im Mietvertrag oder anlässlich der Vertragsbeendigung eine **Übergabeverhandlung** zur Zustandsfeststellung vereinbaren.[332] Vereitelt dann eine der Parteien die Übergabeverhandlung, so kann dies beweisrechtliche Nachteile haben, die bis hin zur Beweislastumkehr führen, wenn der anderen Partei der Beweis faktisch unmöglich 53

---

323 Staudinger/*Rolfs* BGB § 546 Rn. 30.
324 OLG Hamburg WuM 1996, 543.
325 Blank/Börstinghaus/*Blank* BGB § 546 Rn. 47.
326 MüKoBGB/*Bieber* § 546 Rn. 10.
327 Wolf/Eckert/Ball Gewerbl. Miet-/Pacht-/LeasingR-HdB Rn. 1061; **aA** wohl Staudinger/*Rolfs* BGB § 546 a Rn. 8, der sich allerdings auf Rspr. zur außerordentlichen Kündigung beruft.
328 LG Freiburg WuM 1980, 223; LG Mönchengladbach DWW 1992, 215; s. zu den Schadensersatzansprüchen des Vermieters auch bei der Kommentierung zu § 546 a BGB.
329 OLG Hamburg NZM 1998, 758.
330 Staudinger/*Rolfs* BGB § 546 a Rn. 60.
331 So auch *Horst* DWW 2014, 170.
332 *Horst* DWW 2014, 170; dort auch umf. zur Durchführung und rechtlichen Relevanz einer Übergabeverhandlung und der dabei abgegebenen Erklärungen.

gemacht wurde[333]; einen Anspruchsausschluss bewirkt ein bloßes Nichterscheinen zum Übergabetermin aber nicht.[334] Angesichts der Möglichkeit des Mieters, Zeugen oder Sachverständige hinzuzuziehen oder den Zustand fotografisch zu dokumentieren, sind an eine Beweislastumkehr hohe Anforderungen zu stellen. Ohne besondere Vereinbarung hat der Mieter nach Vertragsende gegen den Vermieter auch keinen Anspruch auf Ausstellung einer sog. **Mietschuldenfreiheitsbescheinigung,** einer Bescheinigung also, aus der sich die beglichenen bzw. nicht beglichenen Mietforderungen ergeben.[335]

54 Ohne die Vereinbarung einer Zustandsfeststellung ist der Vermieter nicht verpflichtet, die Mietsache bei Rückgabe oder unverzüglich danach zu untersuchen.[336] Eine solche **Untersuchungspflicht** ist gesetzlich nicht vorgesehen und widerspricht auch den Grundsätzen des Verjährungsrechts, insbes. des § 548 BGB, wonach der Vermieter nach Rückgabe sechs Monate Zeit hat, sich über seine Ansprüche klar zu werden und sie geltend zu machen. Allerdings kann ein Zuwarten mit der Untersuchung zu Beweisschwierigkeiten führen, weil es dem Mieter den Einwand ermöglicht, der (für ihn negative) Zustand sei erst nach Rückgabe eingetreten. Eine **vorbehaltlose Entgegennahme** der Mietsache durch den Vermieter hat keine Rechtswirkung, wenn dieser den Zustand nicht untersucht hat; ein über die Besitzrückerlangung hinausgehender, weiterer Erklärungswert ist dem Handeln des Vermieters in diesen Fällen nicht beizumessen.[337] Anders kann es allerdings sein, wenn der Vermieter ausdrücklich oder konkludent zu verstehen gibt, weitere Ansprüche kämen auf den Mieter nicht zu[338], was insbes. auch dann anzunehmen ist, wenn der Vermieter vorbehaltlos die Auskehrung der Kaution ankündigt.[339]

55 Kommt es zu einer Übergabeverhandlung[340] mit Zustandsfeststellung, so ist deren rechtlicher Gehalt durch **Auslegung** des Einzelfalls zu ermitteln; allgemeine Aussagen sind nur sehr eingeschränkt möglich.[341] Dabei spielt es grds. keine Rolle, ob das Ergebnis der Verhandlung schriftlich niedergelegt oder nur mündlich erörtert wird; eine Urkunde[342] beugt allenfalls Beweisschwierigkeiten vor, der Erklärungsinhalt oder die Verbindlichkeit hängen aber nicht von der Form ab. Einem gemeinsam aufgesetzten Abnahmeprotokoll steht es nach den Grundsätzen des kaufmännischen Bestätigungsschreibens gleich, wenn eine Mietpartei unmittelbar nach Durchführung einer gemeinsamen Begehung die aus ihrer Sicht wechselseitig getroffenen Abreden bestätigt, die andere Partei nicht rechtzeitig widerspricht und beide Seiten Kaufleute sind.[343]

56 Erschöpft sich die Übergabeverhandlung in einer bloßen Zustandsbeschreibung, dann enthält diese Beschreibung idR mindestens ein Zeugnis der Parteien gegen sich selbst[344] (sog. **tatsächliches Anerkenntnis**[345]), das kein Vertrag ist, aber – ähnlich wie eine Quittung – als aussagekräftiges Indiz Beweiserleichterungen zur Folge hat; meistens wird der Beweis über die Richtigkeit des beschriebenen Zustands sogar als geführt anzusehen sein und der Gegner muss den Gegenbeweis erbringen.[346] Das Anerkenntnis über das Bestehen eines Zustands durch dessen Beschreibung in einem Übergabeprotokoll besagt noch nichts über die daraus folgenden Ansprüche des Vermieters. Deshalb kann der Mieter bspw. bestreiten, dass der Zustand von ihm verursacht worden sei, dass er vielmehr schon zu Beginn des Mietverhältnisses bei Übergabe an ihn vorgelegen habe.

---

[333] Anerkannt ist das bei unterlassener Mitwirkung bei einem werkvertraglichen Aufmaß; s. dazu und allg. zur Beweisvereitelung BGH VII ZR 64/07, NJW 2009, 360.

[334] So aber AG Donaueschingen WuM 2015, 730.

[335] BGH VIII ZR 238/08, NJW 2010, 1135.

[336] Für eine Untersuchungspflicht bei Rückgabe AG Neustadt ZMR 2007, 277; MüKoBGB/*Bieber* § 546 Rn. 12 und Soergel/*Heintzmann* BGB § 546 Rn. 8.

[337] Wie hier *Hinz* NZM 2016, 623 mwN auch zur Gegenmeinung.

[338] LG Görlitz WuM 1999, 363 („mit der Schlüsselrückgabe sei die Sache erledigt").

[339] *Hinz* NZM 2016, 624.

[340] Zu einer sog. Vorabnahme, also zur Zustandsfeststellung schon kurz vor Ende des Mietverhältnisses *Hinz* NZM 2016, 627.

[341] OLG Hamm ZMR 2012, 864. Umfassend zur Wohnungsabnahme und zur Wirkung von Übergabeprotokollen *Hinz* NZM 2016, 622; *Emmerich* NZM 2000, 1162; *Lehmann-Richter* ZMR 2006, 834; *Kappus* FS v. Westphalen, 2010, 371; *Schneider* NZM 2014, 743.

[342] Siehe näher zum schriftlichen Abnahmeprotokoll *Hinz* NZM 2016, 624.

[343] *OLG Düsseldorf NZM* 2004, 260.

[344] *Kappus* FS v. Westphalen, 2010, 371 (372); *Hinz* NZM 2016, 625.

[345] Siehe dazu BGH VIII ZR 265/07, NJW 2009, 580.

[346] BGH VIII ZR 265/07, NJW 2009, 580.

Meist wird bei einer Zustandsfeststellung aber nicht ein bloßes tatsächliches Anerkenntnis vorliegen, sondern ein **deklaratorisches Anerkenntnis** gegeben sein.[347] Ein deklaratorisches Anerkenntnis setzt im Gegensatz zum tatsächlichen Anerkenntnis neben den auf den Abschluss des Anerkenntnisses gerichteten Willenserklärungen[348] stets eine Interessenlage voraus, die zur Abgabe eines Anerkenntnisses Anlass gibt. Eine solche Interessenlage kann darin liegen, ein zwischen den Parteien bestehendes Schuldverhältnis insgesamt oder in einzelnen Beziehungen einem Streit oder zumindest einer (subjektiven) Ungewissheit über dessen Bestand oder seiner Rechtsfolgen zu entziehen.[349] Das wird man regelmäßig bei einer Zustandsfeststellung bejahen müssen, die ja gerade den Zweck der gemeinsamen Überprüfung und damit der Streitvermeidung hat.[350] Bei schon bestehendem Streit ist das evident, ansonsten dient es der Streitvermeidung wegen späterer Veränderungen, insbes. wenn neu vermietet werden soll. Der Umfang der Anerkenntniswirkung hängt vom Zweck der Zustandsfeststellung ab. Gab es Streit um einen bestimmten Schaden, kann sich (muss aber nicht) die Feststellung hierauf beschränken. Ist – wie regelmäßig[351] – eine umfassende Zustandsfeststellung beabsichtigt, dann geht die Anerkenntniswirkung dahin, dass alle nicht beschriebenen Schäden bzw. Zustände, soweit sie erkennbar waren, nicht vorhanden sind.[352] Das gilt auch dann, wenn der Vermieter die Untersuchung oberflächlich vornimmt; der Mieter darf dann annehmen, der Vermieter verzichte auf Ansprüche aus Zuständen, die er bei gehöriger Prüfung hätte erkennen können.[353] Bescheinigt der Vermieter die Rückgabe in mangelfreiem Zustand, so liegt darin ein negatives Schuldanerkenntnis gem. § 397 Abs. 2 BGB.[354] Nicht erkennbare (oder vom Mieter kaschierte[355]) Schäden bzw. Zustände werden aber grds. nicht erfasst, es sei denn, dies wird ausdrücklich vereinbart, was wohl nur durch entsprechend deutliche Formulierungen möglich ist. Für die Erkennbarkeit kommt es – auch bei der Gewerberaummiete[356] – nicht auf das Urteilsvermögen eines Fachmannes an, da es für einen Vermieter unzumutbar ist, ggf. eine Vielzahl von Fachleuten hinzuzuziehen, um das Mietobjekt zu überprüfen.[357] Anders mag es allenfalls dann sein, wenn sich die Parteien nicht zu einer allgemeinen Zustandsfeststellung, sondern zu der konkreten Überprüfung eines besonderen Teils des Mietobjektes getroffen haben und der Mieter erwarten konnte, der Vermieter sei zur kompetenten Überprüfung in der Lage oder wenn der Vermieter bei vorhandenem Problembewusstsein über mögliche Schäden ohne nähere Aufklärung und ohne Vorbehalt das Mietobjekt zurücknimmt.[358] 57

Ein deklaratorisches Anerkenntnis ist insbes. naheliegend, wenn die Parteien wegen des Zustands die **Durchführung bestimmter Arbeiten** durch den Mieter (Schönheitsreparaturen, Schadensbeseitigung, Räumung bestimmter Gegenstände, Rückbau etc) oder eine **Entschädigungszahlung** an den Vermieter vereinbaren.[359] Das gilt auch, wenn sich die Parteien eine falsche Vorstellung von dem Ausmaß eines Schadens gemacht haben; das Risiko, diesen nicht aufgeklärt zu haben, kann sich zu Lasten beider auswirken. Voraussetzung einer solchen Anerkenntniswirkung ist aber wiederum, wie ausgeführt, Streit oder Ungewissheit über den Bestand eines Rechtsverhält- 58

---

347 Zur Abgrenzung von anderen Vertragsarten *Hinz* NZM 2016, 625 (626).

348 Dazu *Hinz* NZM 2016, 624 (625).

349 BGH VIII ZR 265/07, NJW 2009, 580. S. auch *Milger* NZM 2009, 497; der Aufsatz befasst sich zwar mit der Anerkenntniswirkung vorbehaltloser Betriebskostennachzahlung, gibt aber die Grundlagen eines deklaratorischen Anerkenntnisses gut wieder.

350 BGH VIII ZR 252/81, NJW 1983, 446; LG Potsdam ZMR 2009, 761; AG Potsdam GE 2010, 627; *Lehmann-Richter* ZMR 2006, 834; **aA** *Kappus* FS v. Westphalen, 2010, 372; LG Lübeck GE 2010, 624.

351 *Lehmann-Richter* ZMR 2006, 834.

352 *Lehmann-Richter* ZMR 2006, 836.

353 *Lehmann-Richter* ZMR 2006, 834 (835); *Kappus* FS v. Westphalen, 2010, 373 (374).

354 AG Neustadt ZMR 2007, 277; *Hinz* NZM 2016, 623, dort auch zur Rechtsnatur eines solchen Anerkenntnisses; s. auch BGH XII ZR 208/96, NJW-RR 1999, 593. Der Anerkenntnisvertrag kommt jedenfalls konkludent zu Stande, da ein solcher Vertrag für den Mieter ausschließlich vorteilhaft ist. Die Anfechtung oder Kondiktion eines solchen Anerkenntnisses durch den Vermieter ist praktisch kaum möglich; s. dazu *Lehmann-Richter* ZMR 2006, 835 (836).

355 *Hinz* NZM 2016, 624.

356 **AA** *Horst* DWW 2014, 173; *Hinz* NZM 2016, 624 und möglicherweise BGH VIII ZR 252/81, NJW 1983, 446, auf die Frage kam es aber in der Entscheidung nicht an, da auch der Vermieter und nicht nur ein Fachmann den Schaden erkennen konnte.

357 *Kappus* FS v. Westphalen, 2010, 374; **aA,** aber ohne nähere Begründung LG München I NZM 2003, 714.

358 LG Hamburg NZM 2001, 339.

359 *Lehmann-Richter* ZMR 2006, 836 nimmt in diesen Fällen einen Vergleichsabschluss an.

nisses.[360] Haben die Parteien den Zustand der Mietsache insgesamt, soweit die Mängel erkennbar waren, festgestellt und nur bestimmte Pflichten bzw. Arbeiten des Mieters festgelegt, so dürfte in dieser Beschränkung idR der Verzicht auf andere möglicherweise aus der Zustandsbeschreibung folgende Ansprüche zu sehen sein[361]; letztlich entscheidend ist die Auslegung der Einzelfallumstände. Zur Erkennbarkeit gilt das soeben Ausgeführte. Verpflichtet sich der Mieter allerdings zu Arbeiten, die er unabhängig vom Zustand schon dem Grunde nach nicht zu leisten hat, so bezieht sich das in der Verpflichtung liegende Anerkenntnis nicht auf den Anspruchsgrund; eine solche Verpflichtung einzugehen besteht nämlich bei einer Übergabeverhandlung kein Anlass.[362] Relevant wird diese Problematik insbes., wenn der Mieter nicht erkannt hat, dass die Schönheitsreparaturpflicht auf ihn in dem Mietvertrag durch eine unwirksame Formularklausel abgewälzt wurde. Der Mieter hat – für den Vermieter erkennbar – keinen Anlass, eine solche unwirksame Klausel durch ein Anerkenntnis zu heilen. Anders ist das allenfalls dann, wenn vor oder während der Übergabeverhandlung Streit über den Anspruchsgrund bestand und dieser Streit beigelegt werden sollte.[363] Ein Anerkenntnis des Mieters in **AGB** verstößt nicht gegen das Verbot der Beweislastumkehr in § 309 Nr. 12 BGB, da eine Beweislaständerung Folge der vom Gesetz vorgesehenen Möglichkeit ist, einen abstrakten Schuldgrund zu schaffen; sie hätte damit ihren Ursprung im Gesetz.[364] Allerdings kann dem Mieter ein **Widerrufsrecht** für einen anlässlich der Übergabe in der Wohnung geschlossenen Vertrag zustehen, wenn die Voraussetzungen der §§ 312 Abs. 4, 312g, 355 BGB erfüllt sind[365]; zur Verjährung der Vermieteransprüche in diesen Fällen → BGB § 548 Rn. 43a.

### 7. Obhuts- und Aufbewahrungspflichten des Vermieters

**59** Lässt der Mieter Gegenstände oder Einrichtungen in dem Mietobjekt zurück, darf der Vermieter sie zwar wegschaffen, aber nicht vernichten, ihn trifft vielmehr grds. eine Obhuts- und Aufbewahrungspflicht. Auch nach dem Ende des Mietverhältnisses eintreffende Post muss der Vermieter aufbewahren und den Mieter davon unterrichten.[366] Die Obhutspflicht besteht unabhängig davon, ob der Mieter den Besitz an der Mietsache unter Zurücklassung von Gegenständen freiwillig aufgegeben hat oder ob der Vermieter dies in verbotener Eigenmacht bzw. vermeintlicher oder berechtigter Selbsthilfe bewirkt hat.[367] Bei Geltendmachung eines Vermieterpfandrechts ergibt sich die Obhutspflicht nach Inbesitznahme durch den Vermieter aus § 1215 BGB, ansonsten aus nach- bzw. nebenvertraglichen Pflichten.[368] Die Obhutspflicht erstreckt sich allerdings nicht auf Müll oder offenkundig wertlose Gegenstände, bei denen eine Aufbewahrung nicht lohnenswert ist und bei denen angenommen werden kann, der Mieter habe das Eigentum an ihnen durch das Zurücklassen aufgegeben[369] (s. auch §§ 885a Abs. 3 S. 2, 885 Abs. 3 S. 2 ZPO); bei Gegenständen von persönlichem Wert oder Erinnerungsstücken ist für eine solche Annahme Zurückhaltung geboten. Zur Absicherung des Vermieters empfiehlt sich jedoch vor einer Vernichtung eine Beweissicherung und eine Beseitigungsandrohung gegenüber dem Mieter. Weil die **Obhutspflicht** eine Nebenpflicht ist, muss sie dem Vermieter unter Abwägung der beiderseitigen Interessen zumutbar sein. Hier ist zu unterscheiden danach, ob der Mieter den Besitz der Mietsache freiwillig aufgegeben und dabei die Gegenstände zurückgelassen hat oder ob sich der Vermieter den Besitz an der Mietsache durch verbotene Eigenmacht bzw. im Wege der (vermeintlichen) Selbsthilfe (→ Rn. 115) wieder verschafft und dabei die Gegenstände vorgefunden hat; in letzteren Fällen ist die Zumutbarkeitsgrenze deut-

---

360 Siehe auch AG Hildesheim NZM 2009, 738.

361 LG Berlin GE 1999, 1053; LG Hamburg NZM 1999, 838; **aA** LG Potsdam ZMR 2009, 761.

362 BGH VIII ZR 163/05, NJW 2006, 2116, durch ausdrückliche Billigung der entsprechenden Ausführungen des Berufungsgerichts, deren Wiedergabe bei juris zu finden ist; AG Hildesheim NZM 2009, 738; *Lehmann-Richter* GE 2009, 1024; ZMR 2006, 837.

363 AG Hildesheim NZM 2009, 738.

364 BGH XI ZR 75/90, NJW 1991, 1677; *Lehmann-Richter* ZMR 2006, 837.

365 Siehe dazu näher *Hinz* NZM 2016, 629.

366 LG Darmstadt NZM 2014, 243.

367 Für die verbotene Eigenmacht bzw. Selbsthilfe: BGH VIII ZR 45/09, NJW 2010, 3434; BGH VIII ZR 326/02, NJW-RR 2004, 493; für das Zurücklassen nach unvollständiger Räumung: BGH VI ZR 191/69, *VersR 1971, 765.*

368 BGH VIII ZR 45/09, NJW 2010, 3434 Rn. 14, für nebenvertragliche Pflichten; LG Lübeck WuM 2010, 439, für § 1215 BGB.

369 BGH VIII ZR 45/09, NJW 2010, 3434 Rn. 16.

lich zu Lasten des Vermieters verschoben. Je länger die Obhut dauert, je mehr Platz sie in Anspruch nimmt und je kostenintensiver sie ist, desto stärker belastet sie den Vermieter; meist geht dies auch damit einher, dass der Verstoß des Mieters gegen die Räumungspflicht immer länger dauert. Auf der anderen Seite sind das Eigentumsinteresse des Mieters und ggf. eine verbotene Eigenmacht des Vermieters zu berücksichtigen. Auch wenn der BGH[370] es nicht erwähnt, wird wegen dieser Zumutbarkeitserwägungen dem Vermieter das Recht zuzugestehen sein, die zurückgelassenen Gegenstände nach Ablauf einer angemessenen Frist[371] und – falls ihm der Aufenthalt des Mieters bekannt ist – nach vorheriger Androhung zu vernichten.[372] Weiterhin ist aber Voraussetzung, dass der Vermieter von der gesetzlich für derartige Fälle vorgesehenen Möglichkeiten Gebrauch gemacht hat, dass er nämlich versucht hat, die Sachen zu **hinterlegen** oder zu versteigern und den Erlös zu hinterlegen (§§ 372, 383 BGB). Erst wenn das sich als unmöglich erwiesen hat (wie etwa bei persönlichen Erinnerungsstücken) oder unzumutbar ist (etwa wegen der Kosten), kommt eine **Vernichtung** in Betracht. Bei **Verletzung der Obhutspflicht** ist der Vermieter dem Mieter gem. § 280 BGB zum Schadensersatz verpflichtet[373]; bei Inbesitznahme durch verbotene Eigenmacht oder im Wege der Selbsthilfe kommen auch Ansprüche aus §§ 823 Abs. 1, 823 Abs. 2, 858, 231 BGB in Betracht (→ Rn. 115), die auch auf Schmerzensgeld gerichtet sein können.[374] Beruht die Schadensersatzpflicht darauf, dass der Vermieter die Gegenstände zu Unrecht versteigert hat, so besteht der Schaden nur in dem Unterschiedsbetrag zwischen deren Wert und dem (herauszugebenden bzw. freizugebenden) Ersteigerungserlös.[375] Wenn der Mieter sich in Annahmeverzug befindet, greift bei verschuldensabhängiger Haftung die Haftungsmilderung nach § 300 BGB; steht der Rückgabetermin kalendermäßig fest (etwa beim Zeitmietvertrag oder bei Kündigung mit Kündigungsfrist), tritt auch ohne Angebot des Vermieters ein Annahmeverzug ein (§ 296 BGB) und überdies ein Schuldnerverzug wegen der Verletzung der Räumungspflicht.[376] Die Obhutspflichten des Vermieter sind erheblich. Er muss die nachweislich in Obhut genommenen Gegenstände vollständig und in einem gegenüber dem Zustand bei Inobhutnahme nicht verschlechterten Zustand wieder herausgeben; im Falle einer Unmöglichkeit der Herausgabe oder einer im Vergleich zum übernommenen Zustand nachweislich eingetretenen Verschlechterung der herauszugebenden Gegenstände hat er sich darüber hinaus gem. § 280 Abs. 1 S. 2 BGB zu entlasten, so dass ihn und nicht den Mieter insoweit die Darlegungs- und Beweislast trifft.[377] Die Umkehr der Darlegungs- und Beweislast geht bei einer durch **verbotene Eigenmacht** oder Selbsthilfe in Besitz genommenen Mietsache noch erheblich viel weiter und erstreckt sich zugleich auf den Bestand, den Zustand und die wertbildenden Merkmale der Gegenstände, die sich dort befunden haben; denn zu den Obhutspflichten gehört auch die Pflicht, die Interessen des durch Ortsabwesenheit und mangelnde Kenntnis von der Inbesitznahme an einer eigenen Interessenwahrnehmung verhinderten Mieters zu wahren, weshalb der Vermieter nicht nur dafür Sorge tragen muss, dass an den in Besitz genommenen Gegenständen während der Dauer ihrer Obhut oder der anschließenden Einlagerung keine Beschädigungen oder Verluste eintreten, er muss vielmehr schon bei Inbesitznahme ein **aussagekräftiges Verzeichnis** der verwahrten Gegenstände aufstellen und deren Wert schätzen lassen, um dem Mieter eine Sicherung seiner Ansprüche zu ermöglichen.[378] Bei einer **freiwilligen Besitzaufgabe** und freiwilligen Zurücklassung von Räumungsgut trifft den Vermieter keine Inventarisierungspflicht, da der Mieter sich selbst in Beweisnot gebracht hat. Kommt der Vermieter einer Inventarisierungs- und Schätzungspflicht nicht nach, ist er verpflichtet, den **Schaden** auszugleichen, der darin liegt, dass der Mieter hinsichtlich Bestand, Zustand und Wert seiner (Einrichtungs-)Gegenstände zur Zeit der Inbesitznahme durch den Vermieter in Beweisnot geraten ist; der Schadensausgleich geht dahin, dass der Vermieter

---

370 BGH VIII ZR 45/09, NJW 2010, 3434.

371 In Betracht zu ziehen ist eine Orientierung an der Monatsfrist der §§ 885a Abs. 4 S. 1, 885 Abs. 4 S. 1 ZPO als Mindestfrist.

372 Ähnlich Wolf/Eckert/Ball Gewerbl. Miet-/Pacht-/LeasingR-HdB Rn. 1076, die das Ergebnis aber aus § 242 BGB herleiten, und AnwK WohnraummietR/*Lammel* BGB § 546 Rn. 25, der das Ergebnis auf § 303 BGB analog stützen will.

373 BGH VIII ZR 45/09, NJW 2010, 3434; zu Schadensersatzansprüchen bei Räumung gem. § 885a ZPO s. *Lehmann-Richter* NZM 2013, 260.

374 AG Berlin-Schöneberg WuM 2019, 595.

375 Herrlein/Kandelhard/*Kandelhard,* 4. Aufl. 2010, BGB § 546 Rn. 30.

376 Herrlein/Kandelhard/*Kandelhard,* 4. Aufl. 2010, BGB § 546 Rn. 29.

377 BGH VIII ZR 45/09, NJW 2010, 3434 Rn. 14; ähnlich LG Lübeck WuM 2010, 439.

378 BGH VIII ZR 45/09, NJW 2010, 3434 Rn. 15; BGH V ZR 175/16, NJW 2017, 3656; AG Berlin-Schöneberg WuM 2019, 595.

beweisen muss, in welchem Umfang Bestand und Wert der Gegenstände von den Angaben abweichen, die der Mieter hierzu gemacht hat, soweit – und das ist eine wichtige Einschränkung – die vom Mieter angesetzten Werte plausibel sind.[379] Dem Mieter kommen überdies die Grundsätze der Schadensschätzung gem. § 287 ZPO zu Gute, die es notfalls auch gebieten, einen Mindestschaden festzusetzen.[380] Eine generelle **formularvertragliche Abbedingung der Schadensersatzpflicht** ist schon wegen § 309 Nr. 7 BGB nicht möglich; eine formularvertragliche Abbedingung der Obhutspflicht und ein sofortiges oder nach kurzer Frist entstehendes Vernichtungsrecht hinsichtlich zurückgelassener Sachen verstößt gegen § 307 BGB, da der Mieter dann den Untergang unabhängig von dem Wert der Gegenstände und unabhängig von einem Verschulden an dem Zurücklassen hinnehmen müsste, während dem Vermieter auf der anderen Seite Schadensersatzansprüche und Nutzungsentschädigung zustehen können.[381] Zulässig dürften aber AGB-Klauseln sein, die ein Entsorgungsrecht nach Ablauf einer bestimmten Zeit[382] vorsehen, soweit in der Klausel die dargelegten Zumutbarkeitserwägungen beachtet werden, also nur konkretisiert würde, was ohnehin für den Vermieter gilt.[383] Dem Vermieter stehen gegen den Mieter gem. § 280 BGB Schadensersatzansprüche zu, die über das mit dem Zurücklassen verbundene Vorenthalten der Mietsache hinausgehen. In Betracht kommen hier insbes. **Lager- und Transportkosten** bzw. die Kosten für eine Hinterlegung oder Versteigerung. Ein Bereicherungsanspruch auf Wertersatz in Höhe des Nutzungswertes der von den zurückgelassenen Gegenständen belegten Flächen ist jedoch wegen des Vorrangs der Nutzungsentschädigungsregelung in § 546 a BGB nicht möglich.[384] Zum **Herausgabeanspruch** des Mieters bzgl. der zurückgelassenen Sachen → BGB § 546 a Rn. 43.

### IV. Gläubiger des Rückgabeanspruchs; empfangsberechtigte Personen

60 Gläubiger des Rückgabeanspruchs gem. § 546 Abs. 1 BGB ist der Vermieter. Steht ein Grundstück unter Zwangsverwaltung, kann ihn nur der Zwangsverwalter geltend machen[385]; die Rückgabe an den Eigentümer ist keine Erfüllung, da dem Eigentümer die Verwaltung und Benutzung gem. § 148 Abs. 2 ZVG untersagt ist.[386] Der Zwangsverwalter kann einen Räumungsanspruch bzw. eine Räumungsklage auch nach der Eröffnung des Insolvenzverfahrens über das Vermögen des Vermieters nicht auf die insolvenzrechtliche Anfechtbarkeit des Mietvertrages (§§ 129 ff. InsO) stützen, weil die Insolvenzanfechtung nicht die Unwirksamkeit des angefochtenen Geschäfts zur Folge hat, sondern nur der Insolvenzmasse einen schuldrechtlichen Anspruch gewährt.[387] Der Ersteher eines Grundstücks, das nach vorangegangener Zwangsverwaltung zwangsversteigert worden ist, ist nicht Rechtsnachfolger des früheren Zwangsverwalters; hat Letzterer gegen den Mieter einen Räumungstitel erstritten, kann der Ersteher die Erteilung einer auf ihn lautenden vollstreckbaren Ausfertigung dieses Titels gem. § 727 ZPO jedenfalls nach der Beendigung der Zwangsverwaltung nicht verlangen, möglich ist aber eine Vollstreckung gem. § 93 ZVG.[388] Bilden mehrere Vermieter eine GbR, so steht dieser auf Grund ihrer Teilrechtsfähigkeit der Rückgabeanspruch zu. Besteht lediglich eine (Eigentümer-)Gemeinschaft, kann jeder Miteigentümer den Rückgabeanspruch (im Prozess als gesetzlicher Prozessstandschafter) geltend machen, jedoch nur Leistung an alle verlangen (§§ 1011, 432 BGB).[389]

61 Den Rückgabeanspruch hat der **Vermieter** auch dann, wenn er **nicht Eigentümer** des Mietobjekts ist; er ist rein schuldrechtlicher Natur. Dementsprechend kann auch der Hauptmieter gegenüber seinem Untermieter die Rückgabe an sich geltend machen.[390] Zu möglichen Konkur-

---

[379] BGH VIII ZR 45/09, NJW 2010, 3434 Rn. 17; OLG Naumburg ZMR 2013, 112.
[380] BGH VIII ZR 45/09, NJW 2010, 3434 Rn. 21 (die Entscheidung ist insgesamt instruktiv zur Schadensschätzung gem. § 287 ZPO); AG Berlin-Schöneberg WuM 2019, 595.
[381] Ähnlich OLG Frankfurt a. M. NJW-RR 1998, 368; AnwK WohnraummietR/*Lammel* BGB § 546 Rn. 27; iErg ebenso für Mietwagen-AGB OLG Hamburg NJW-RR 1989, 881.
[382] In Betracht zu ziehen ist eine Orientierung an der Zweimonatsfrist des § 885 Abs. 4 ZPO.
[383] IErg ebenso Wolf/Eckert/Ball Gewerbl. Miet-/Pacht-/LeasingR-HdB Rn. 1077.
[384] Das folgt aus BGH VIII ZR 304/81, NJW 1983, 1049; **aA** OLG Düsseldorf ZMR 1988, 175.
[385] LG Berlin GE 1999, 112; AG Köln NZM 2000, 64; Staudinger/*Rolfs* BGB § 546 Rn. 7.
[386] AG Köln NZM 2000, 64.
[387] *BGH IX ZR 282/13, NJW* 2015, 164.
[388] BGH VII ZB 47/10, NZM 2012, 724.
[389] BGH II ZR 324/98, NZM 2001, 45, für Mietzinsforderungen.
[390] OLG München NJW-RR 1989, 524; Staudinger/*Rolfs* BGB § 546 Rn. 7.

renzen bei Auseinanderfallen von Eigentum und Vermieterstellung hinsichtlich der Ansprüche aus § 546 Abs. 1 BGB und § 985 BGB → Rn. 11; zum Konkurrenzverhältnis zwischen § 546 Abs. 1, 2 BGB → Rn. 14. Im Gegensatz zum Herausgabeanspruch aus § 985 BGB ist der Rückgabeanspruch gem. § 546 Abs. 1 BGB **abtretbar**[391], Ansprüche aus § 985 BGB können aber mit Ermächtigung des Eigentümers vom Nichteigentümer geltend gemacht werden.[392] Bei einem Eigentumswechsel an einem Grundstück geht der Rückgabeanspruch gem. § 566 Abs. 1 BGB auf den neuen Eigentümer über bzw. entsteht im Falle von § 985 BGB in dessen Person als neuer Eigentümer.[393] Der Erwerber kann einen Räumungstitel, den der Veräußerer erwirkt hat, gem. § 727 ZPO auf sich umschreiben lassen; hierfür reicht der Grundbuchauszug als Nachweis aus.[394]

Die Rückgabe hat an den Vermieter persönlich zu erfolgen oder an eine vom ihm jedenfalls konkludent **zum Empfang berechtigte Person**[395]; für den Beginn der kurzen Verjährung kann es ggf. bedeutsam sein zwischen der sachenrechtlichen Berechtigung zur Empfangnahme (Besitzdienerschaft) und der Zurechnung der Kenntnis vom Besitzwechsel zu differenzieren (näher → BGB § 548 Rn. 36). Ein Verwalter wird regelmäßig empfangsberechtigt sein[396], ebenso der mit der Durchsetzung des Rückgabeanspruchs beauftragte Rechtsanwalt[397], nicht hingegen ein Makler[398] oder ein anderer Mieter des Hauses[399], es sei denn, das wäre mit dem Vermieter besonders vereinbart worden.[400] Bei einem Hauswart oder **Hausmeister** kommt es auf die konkrete Ausgestaltung seiner Tätigkeit an bzw. darauf, ob er vom Vermieter für den konkreten Fall beauftragt wurde.[401] Wird zwischen Vermieter und Mieter vereinbart, die Wohnung direkt dem Nachmieter zu übergeben, so ist dieser Besitzmittler des Vermieters.[402] 62

## V. Schuldner des Rückgabeanspruchs

Schuldner des Rückgabeanspruchs nach § 546 Abs. 1 BGB ist der Mieter, gleichgültig, ob er unmittelbarer oder mittelbarer oder ob er überhaupt Besitzer ist.[403] Zur vertragslosen Aufnahme eines Lebenspartners in die Wohnung → BGB § 540 Rn. 24. Der **Besitzstatus des Mieters** hat nur Einfluss auf die Art, wie er den Rückgabeanspruch zu erfüllen hat, nämlich ob er selbst in Person zurückzugeben oder die Rückgabe Dritter zu veranlassen hat (→ Rn. 25). Auch andere Personen als der Mieter können zur Rückgabe verpflichtet sein; dieser Anspruch richtet sich nach § 546 Abs. 2 BGB. Bei einem (echten) (Miet-)**Vertrag zu Gunsten Dritter** gem. § 328 BGB ist der Dritte (der Nutzer) Schuldner des Rückgabeanspruchs gem. § 546 Abs. 1 BGB, nicht der Mieter; wenn der Dritte/Nutzer dem Mieter des Besitz überlassen, ist der Mieter gem. § 546 Abs. 2 zur Rückgabe verpflichtet.[404] Zur Frage, gegen wen der Vermieter einen Räumungstitel braucht, → Rn. 98, 129. Ist der **Mieter verstorben und dessen Erbe unbekannt,** kann der Vermieter 63

---

[391] BGH XII ZR 76/08, NZM 2009, 701; BGH VIII ZR 197/81, NJW 1983, 112, wo aber offen gelassen wird, ob eine getrennte Abtretung des Rückgabeanspruchs von dem Nutzungsentschädigungsanspruch gem. § 546 a BGB möglich ist, und verneinendenfalls eine Ermächtigung zur Geltendmachung des Anspruchs angenommen wird; aus BGH XII ZR 170/96, NJW 1999, 715 dürfte allerdings zu folgern sein, dass der BGH von einer getrennten Abtretbarkeit ausgeht, weil dort in der Abtretung der Mietzinsansprüche auch eine Mitabtretung der Nutzungsentschädigungsansprüche gesehen, das Schicksal des Rückgabeanspruchs aber nicht problematisiert wird. Ferner OLG München NJW-RR 1996, 907; Staudinger/*Rolfs* BGB § 546 Rn. 7; AnwK WohnraummietR/*Lammel* BGB § 546 Rn. 13.

[392] Zur Ermächtigung auch bei → BGB § 566 Rn. 45.

[393] Einzelheiten dazu bei → BGB § 566 Rn. 51; **aA** Staudinger/*Rolfs* BGB § 546 Rn. 7; OLG München NJW-RR 1996, 907, sämtlich aber ohne nähere Begründung.

[394] LG Köln 13.7.2009 – 10 T 101/09, BeckRS 2009, 89377. Das LG Köln stützt sich allerdings fälschlicherweise nur auf § 985 BGB, nicht aber auf § 566 BGB iVm § 546 BGB, der dem Gläubiger weitergehende Rechte als die bloße Herausgabe gewährt, nämlich insbes. den Räumungsanspruch; auch → Rn. 125.

[395] OLG Hamm NZM 2003, 26; AG Köln WuM 1988, 111; Staudinger/*Rolfs* BGB § 546 Rn. 18.

[396] KG MDR 2002, 272.

[397] *Horst* MDR 1998, 193.

[398] OLG Hamm NZM 2003, 26.

[399] AG Berlin-Wedding GE 2008, 551; Staudinger/*Rolfs* BGB § 546 Rn. 16; *Horst* MDR 1998, 193.

[400] *Horst* MDR 1998, 193.

[401] BGH VIII ZR 402/12, NJW 2014, 684 Rn. 18; KG KGR Berlin 2006, 375; MDR 2002, 272; OLG München ZMR 2010, 285; LG Hannover NZM 2005, 421; *Horst* MDR 1998, 193.

[402] OLG Hamm NZM 2003, 26; LG Berlin WuM 1988, 271; LG Duisburg WuM 1989, 374.

[403] BGH VIII ARZ 4/95, NJW 1996, 515.

[404] *Lehmann-Richter* ZMR 2010, 820.

zur Durchsetzung seines Räumungsanspruchs einen Nachlasspfleger einsetzen lassen (→ BGB § 564 Rn. 12).

64 **Mehrere Mieter** (sowie mehrere Untermieter[405] und auch eine Mehrheit aus Mieter und Untermieter[406]) haften für die Rückgabe der Mietsache als Gesamtschuldner gem. § 431 BGB, da die Rückgabeleistung nicht teilbar ist.[407] Das bedeutet, dass der Vermieter alle Mieter gemeinsam auf Rückgabe in Anspruch nehmen kann oder auch jeden Mieter einzeln bzw. nur einige von ihnen; das gilt auch für die Räumungsklage.[408] Die Rückgabeverpflichtung ist trotz ihrer Unteilbarkeit keine gemeinschaftliche Schuld[409], so dass § 425 BGB anwendbar ist. Allerdings haftet jeder Mieter entgegen § 425 Abs. 2 BGB nicht nur für sein eigenes Verschulden, sondern auch für das Verschulden der Mitmieter, da schuldhaften Pflichtverletzungen bei der Rückgabe der Mietsache sog. Gesamtwirkung zukommt; das ergibt sich gem. § 425 Abs. 1 BGB („soweit sich nicht aus dem Schuldverhältnis ein anderes ergibt") aus der Unteilbarkeit der Rückgabepflicht.[410] Denn jeder Mieter schuldet nicht nur die Aufgabe des eigenen Besitzes, sondern auch die Besitzaufgabe durch seine Mitmieter und hat die Besitzverschaffung an den Vermieter zu bewirken und mit den möglichen rechtlichen und tatsächlichen Mitteln darauf hinzuwirken.[411] Das gilt auch dann, wenn er selbst nie Besitz hatte[412] und der Vermieter hiervon wusste oder er den Besitz bereits aufgegeben hat[413] – sei es nach Vertragsende oder auch davor.

65 Ein **Auszug ggf. weit vor Vertragsende** aus der Mietwohnung ändert also grds. nichts daran, dass der ausgezogene Mietmieter die Rückgabe ebenso schuldet wie ein verbliebener Mitmieter – dies nur nicht durch eigene Besitzaufgabe, sondern er muss auch die Räumung durch die verbliebenen Mitmieter veranlassen. Deshalb reicht die bloße Erklärung, er sei nicht mehr Mieter und mache kein Besitzrecht mehr geltend, nicht aus.[414] Einer Räumungsklage des Vermieters gegen einen nicht besitzenden Mitmieter fehlt das Rechtsschutzbedürfnis nicht, weil er sich nur so wirksam vor einer Wiederinbesitznahme der Mietsache schützen kann.[415] Wenn dem nichtbesitzenden Mitmieter allerdings die **Rückgabe unmöglich** ist, wird er hiervon frei; das ist aber erst anzunehmen, wenn die Bewirkung der Rückgabe durch ihn nach Ausschöpfung aller tatsächlichen (einschließlich der Gewährung von Auszugsprämien) und rechtlichen (einschließlich gerichtlicher Maßnahmen[416]) Möglichkeiten ausgeschlossen erscheint.[417] Erfüllt ein Mietmieter die Rückgabeverpflichtung, dann erlischt der Rückgabeanspruch gegen die übrigen Mitmieter. Genauso ist es, wenn der Gerichtsvollzieher eine **Zwangsräumung** durchführt und den Vermieter in den Besitz der Mieträume einweist; dadurch wird auch der Rückgabeanspruch des Vermieters gegen einen Mitmieter erfüllt, der die Mieträume nicht mehr in Mitbesitz hat.[418] Zur Zwangsvollstreckung aus einem vorläufig vollstreckbaren Urteil → Rn. 29.

---

405 LG Berlin WuM 2016, 692.

406 → Rn. 88.

407 BGH VIII ZR 25/14, WuM 2015, 85 Rn. 19; BGH VIII ARZ 4/95, NJW 1996, 515; BGH VIII ZR 136/74, NJW 1976, 287; s. eing. zur Unteilbarkeit der Rückgabeverpflichtung und zur Unteilbarkeit des Mietverhältnisses *Streyl* NZM 2011, 383 (384).

408 BGH VIII ZR 25/14, WuM 2015, 85 Rn. 19.

409 BGH VIII ZR 136/74, NJW 1976, 287; OLG Düsseldorf NJW-RR 1987, 911; s. allg. zur gemeinschaftlichen Schuld, die sich dadurch auszeichnet, dass sie in gemeinschaftlichem Zusammenwirken zu erbringen ist (etwa ein Orchesterkonzert), MüKoBGB/*Bydlinski,* 5. Aufl. 2009, Vor § 420 Rn. 7.

410 Siehe eing. dazu *Streyl* NZM 2011, 388 für Beschädigungen der Mietsache; für die eigentliche Rückgabe, die Besitzverschaffung, gilt aber nichts anderes; ebenso OLG Düsseldorf NJW-RR 1987, 911; auch der BGH hat in BGH VIII ZR 136/74, NJW 1976, 287 trotz § 425 Abs. 2 BGB die schuldhafte Verletzung der Rückgabepflicht durch einen Mitmieter dem anderen Mieter zugerechnet, wenn nur einer der Mitmieter die Rückgabe vertragsgemäß bewirken kann, weil nur er einen Führerschein hatte und deshalb nur er das gemietete Auto fahren durfte.

411 BGH VIII ARZ 4/95, NJW 1996, 515; KG NJW 2006, 2561; OLG Düsseldorf NJW-RR 1987, 1370; 1987, 911.

412 KG NJW 2006, 2561.

413 BGH VIII ARZ 4/95, NJW 1996, 515.

414 KG WuM 2006, 529; OLG Düsseldorf NJW-RR 1987, 1370.

415 BGH VIII ARZ 4/95, NJW 1996, 515.

416 *LG Berlin GE 2000, 281.*

417 BGH VIII ARZ 4/95, NJW 1996, 515; KG NJW 2006, 2561; OLG Düsseldorf NJW-RR 1987, 1370; KG WuM 2006, 529.

418 BayObLG NJW-RR 1989, 1291.

66 In manchen Konstellationen muss sorgfältig überprüft werden, ob ein (früherer) Mitmieter nicht inzwischen **aus dem Vertrag ausgeschieden** ist und deshalb nicht mehr auf Rückgabe in Anspruch genommen werden kann. Der Auszug eines Ehegatten oder sonstigen Lebenspartners eines Mieters führt zwar noch nicht zu einem Vertragsende mit diesem; das kann aber stillschweigend der Fall sein, wenn der verbliebene Mieter mit Wissen und Billigung einen neuen Partner aufnimmt[419] oder wenn der Vermieter einen neuen Partner wie einen Mitmieter behandelt. Die Einzelfallumstände entscheiden.

67 Rechtsfähige oder teilrechtsfähige **Personengesellschaften** (GbR, oHG, KG) sind selbst Partei des Mietvertrages und als solche zur Rückgabe verpflichtet. Die Gesellschafter (bei der KG nur die Komplementäre) haften zudem persönlich gem. § 128 HGB für die Rückgabe; das gilt in den Grenzen des § 160 HGB auch, wenn sie bei Vertragsende bereits aus der Gesellschaft ausgeschieden sind.[420] Die Rückgabepflicht trifft die Gesellschafter auch für die mit § 546 BGB konkurrierenden Ansprüche aus §§ 812, 985 BGB.[421]

68 Zu Herausgabe- bzw. Rückgabepflichten nach dem **Tod des Mieters** → BGB § 563 Rn. 63; zu den Möglichkeiten des Vermieters, wenn der Erbe des verstorbenen Mieters unbekannt ist, → BGB § 564 Rn. 12.

## VI. Insolvenz des Mieters

69 Im Gegensatz zur Miete beweglicher Gegenstände, für die § 103 InsO gilt[422], bestehen Mietverhältnisse über unbewegliche Gegenstände oder Räume gem. § 108 Abs. 1 InsO nach Insolvenzeröffnung mit Wirkung für die Insolvenzmasse fort. Hinsichtlich der Rückgabepflichten muss deshalb zwischen beweglichen und unbeweglichen Mietsachen unterschieden werden[423]; zum Nutzungsentschädigungsanspruch → BGB § 546a Rn. 34. Auch wenn die Insolvenz des Mieters den Inhalt des Rückgabeanspruchs nicht verändert, so nehmen doch die einzelnen Pflichten bei der Rückgabe von **unbeweglichen Gegenständen oder Räumen** ein unterschiedliches Schicksal.[424] Wenn das *Mietverhältnis vor Insolvenzeröffnung beendet* ist hat der Vermieter, wenn er Eigentümer ist, hinsichtlich der Mietsache selbst ein Aussonderungsrecht gem. § 47 InsO, das die Insolvenzmasse verpflichtet; dieses Recht besteht aber nur in dem Umfang wie bei einem Herausgabeanspruch gem. § 985 BGB.[425] Ist der Vermieter lediglich Untervermieter und nicht dinglich berechtigt, hat er ein aus § 546 Abs. 1 BGB abgeleitetes und hinsichtlich des Umfangs ebenfalls an § 985 BGB angelehntes Aussonderungsrecht.[426] Grundsätzlich hat deshalb der Insolvenzverwalter dem Vermieter den Besitz an der Mietsache zu übertragen, wenn die Mietsache massebefangen ist, dh wenn der Insolvenzverwalter den Besitz nach Insolvenzeröffnung ergriffen, also tatsächliche Sachherrschaft begründet hat und für den Mieter noch innehält[427] oder unter Anerkennung des fremden Eigentums das Recht beansprucht, die Mietsache für die Masse zu nutzen und darüber zu entscheiden, ob, wann und in welcher Weise er sie an den Vermieter zurückgibt.[428] Ist das Mietobjekt (mangels Inbesitznahme

419 Staudinger/*Rolfs* BGB § 546 Rn. 15; s. auch *Streyl* NZM 2011, 385 (386).

420 BGH VIII ZR 15/86, NJW 1987, 2367, für die KG; BGH LwZR 15/09, NZM 2010, 280 Rn. 31, 33, für die OHG; BGH XII ZR 165/06, NZM 2009, 277 Rn. 41, für die GbR; grds. zur Haftung des GbR-Gesellschafters gem. § 128 HGB s. BGH II ZR 331/00, NJW 2001, 1056.

421 So ist jedenfalls BGH XII ZR 165/06, NZM 2009, 277 Rn. 41 zu verstehen, wenn es die Haftung der Gesellschafter in einem obiter dictum bejaht, nachdem das Berufungsgericht sie für Ansprüche aus § 546 BGB und § 985 BGB verneint hatte. Kritisch hinsichtlich des Anspruchs aus § 985 BGB *Eckert* INFO M 2009, 325, weil die Gesellschafter idR keinen Besitz an der Mietsache haben.

422 BGH IX ZR 279/13, NZM 2015, 337 Rn. 30.

423 Werden bewegliche und unbewegliche Gegenstände vermietet, entscheidet der Schwerpunkt des Vertrages, ob § 103 InsO oder § 108 InsO anwendbar ist; vgl. BGH IX ZR 279/13, NZM 2015, 337 Rn. 30.

424 BGH IX ZR 327/99, NJW 2001, 2966; s. auch weitergehend zur Herausgabe der Mietsache in der Mieterinsolvenz *Cymutta* WuM 2008, 582 und eing. *Eckert* NZM 2006, 610, dort auch zu den Folgen – nicht nur für die Rückgabe – einer Verbraucherinsolvenz auf ein Wohnraummietverhältnis.

425 BGH IX ZR 327/99, NJW 2001, 2966; BGH XII ZR 158/09, NZM 2011, 75.

426 BGH IX ZR 84/07, NJW 2008, 2580 Rn. 14.

427 BGH IX ZR 84/07, NJW 2008, 2580; BGH IX ZR 327/99, NJW 2001, 2966. Die Besitzergreifung erfolgt nicht automatisch kraft Gesetzes, der Insolvenzverwalter muss vielmehr die tatsächliche Sachherrschaft erlangen (BGH IX ZR 84/07, NJW 2008, 2580).

428 BGH IX ZR 84/07, NJW 2008, 2580; BGH IX ZR 207/06, GE 2009, 322; LG Mannheim WuM 2006, 694.

durch den Insolvenzverwalter) nicht massebefangen, besteht nach Ende des Mietverhältnisses kein Aussonderungsrecht und der Vermieter kann und muss den insolventen Mieter auf Besitzverschaffung in Anspruch nehmen.[429] Ein Aussonderungsanspruch gegen die Masse besteht auch dann nicht, wenn der Vermieter selbst Besitz an der Mietsache ergreifen kann.[430] Der Besitzverschaffungsanspruch, der einen Mieter treffen kann, wenn er nicht selbst unmittelbarer Besitzer ist (→ Rn. 25), ist nur einfache Insolvenzforderung und nicht Teil des Aussonderungsrechts. Das gleiche (einfache Insolvenzforderung) gilt für die sonstigen Rückgabepflichten, insbes. die Räumungs- und Rückbaupflichten (Wegnahme von Gegenständen und Einrichtungen, Beseitigung von baulichen Veränderungen).[431] Die Masse (in Person des Insolvenzverwalters) ist – unabhängig davon, ob die Mietsache massebefangen war oder nicht[432] – weder zur Herstellung des vertragsgemäßen Zustands verpflichtet noch zur Tragung der Kosten hierfür; es handelt sich um einfache Insolvenzforderungen, die zur Insolvenztabelle gem. § 174 InsO anzumelden sind[433]; ggf. ist der Anspruch gem. § 45 InsO in Geld umzurechnen.[434] Unterbleibt die Anmeldung, kann das mit Rechtskraft der Bestätigung eines Insolvenzplans gem. § 254 b InsO zum Erlöschen der Forderung führen, und zwar auch dann, wenn der Räumungsanspruch erst nach Beendigung des Insolvenzverfahrens fällig wurde, weil das Mietverhältnis erst dann endete.[435] Der Räumungsanspruch ist nur unter den Voraussetzungen des § 55 InsO keine einfache Insolvenzforderung, sondern eine Masseverbindlichkeit, wenn und soweit also der Insolvenzverwalter selbst die Veränderungen – idR bei zunächst fortgesetztem Vertrag[436] – vorgenommen oder Einrichtungen und Gegenstände in das Mietobjekt gebracht bzw. dies zurechenbar veranlasst hat[437]; das ist nicht der Fall, wenn der Insolvenzverwalter die Räumung teilweise vornimmt, obwohl sie ihn überhaupt nicht trifft, und/oder wenn er von dem Wegnahmerecht gem. § 539 BGB Gebrauch macht.[438] Bei vor Insolvenzeröffnung beendetem Mietverhältnis dürften derart entstandene Masseverbindlichkeiten selten sein. Ein gegen den Mieter bei Insolvenzeröffnung bereits begonnener Räumungsrechtsstreit wird zwar gem. § 240 ZPO unterbrochen, der Vermieter kann ihn aber hinsichtlich der Aussonderung (Herausgabe) gem. § 86 Abs. 1 InsO jederzeit aufnehmen, nicht jedoch hinsichtlich der Räumung und der sonstigen Rückgabepflichten.[439] War ein Rechtsstreit nicht anhängig, kann ein neuer, auf bloße Herausgabe gerichteter Prozess trotz Insolvenzeröffnung ebenfalls angestrengt werden.[440] In der Insolvenz des Wohnungsmieters sollte idR nicht der Insolvenzverwalter verklagt werden, sondern der Mieter, weil ein Titel gegen den Insolvenzverwalter eine Vollstreckung gegen den Mieter nicht einschließt[441] und der Insolvenzverwalter wegen der Höchstpersönlichkeit der Wohnung keinen unmittelbaren Besitz hat.[442] Einen vor Insolvenzeröffnung gegen den Mieter erwirkten Titel kann der Vermieter auf den Insolvenzverwalter umschreiben lassen; wenn der Insolvenzverwalter aber nur Aussonderung schuldet, darf die Umschreibung nur hinsichtlich der Herausgabeverpflichtung erfolgen.[443] Zur vollstreckungsrechtlichen Situation → Rn. 132. *Endet das Mietverhältnis nach Insolvenzeröffnung,* dann steht dem Vermieter hinsichtlich

---

[429] BGH IX ZR 84/07, NJW 2008, 2580.

[430] BGH IX ZR 327/99, NJW 2001, 2966.

[431] BGH IX ZR 62/19, NZM 2021, 38.

[432] Massebefangenheit wird idR nur anzunehmen sein, wenn der Mietvertrag bei Insolvenzeröffnung noch nicht beendet war, weil der Insolvenzverwalter nur dann Anlass zur Besitzergreifung hat; zwingend ist das jedoch nicht.

[433] BGH IX ZR 327/99, NJW 2001, 2966; *Cymutta* WuM 2008, 584.

[434] BGH IX ZR 79/18, NZM 2019, 853 Rn. 36; OLG Brandenburg ZIP 2015, 1790; *Cymutta* WuM 2008, 582.

[435] OLG Brandenburg ZIP 2015, 1790. Grund hierfür ist, dass Rückgabe- und damit Räumungsansprüche bereits aufschiebend bedingt mit dem Mietverhältnis entstehen (BGH IX ZR 62/19, NZM 2021, 38) und deshalb gem. § 41 InsO als fällig gelten und folglich zur Tabelle anzumelden sind.

[436] BGH IX ZR 144/07, GE 2008, 865.

[437] BGH IX ZR 279/13, ZIP 2015, 589 Rn. 83; BGH IX ZR 327/99, NJW 2001, 2966; BGH IX ZR 46/05, NZM 2006, 352; BGH IX ZR 161/01, NJW-RR 2002, 1198; *Dahl* NZM 2008, 590; instruktiv OLG Brandenburg ZIP 2015, 1790.

[438] BGH IX ZR 62/19, NZM 2021, 38.

[439] BGH XII ZR 158/09, NZM 2011, 75.

[440] *Eckert* NZM 2006, 613; *Jablonski* GE 2008, 717, der aber wohl zusätzlich einen Räumungsanspruch für gegeben hält.

[441] *Eckert* NZM 2006, 808.

[442] *Flatow* NZM 2011, 616.

[443] *Eckert* NZM 2006, 612.

seines dinglichen oder schuldrechtlichen Rückgabeanspruchs gleichfalls das erwähnte Aussonderungsrecht zu[444] und gleichfalls sind die über eine Herausgabe hinausgehenden Rückgabepflichten danach aufzuteilen, ob sie durch den Insolvenzverwalter veranlasst wurden oder durch den Mieter als Gemeinschuldner[445]; das gilt auch dann, wenn die Kündigung erst nach Insolvenzeröffnung ausgesprochen wurde.[446] Der Vermieter, der den Insolvenzverwalter in Anspruch nimmt, ist für das Ausmaß von dessen Rückgabepflichten beweispflichtig.[447] Ist der Insolvenzverwalter danach zur Räumung als Masseverbindlichkeit verpflichtet, so genügt es nicht, wenn er die zu räumenden Gegenstände freigibt, er hat vielmehr wie ein Mieter zu erfüllen, dh, die Gegenstände wegzuschaffen.[448] Nach Wirksamkeit einer Enthaftungserklärung gem. § 109 Abs. 1 S. 2 InsO, die nur bei Wohnraummietverhältnissen möglich ist, kann der Mieter nach einer Kündigung auf Räumung in Anspruch genommen werden, weil er dann die volle Verfügungs- und Verwaltungsbefugnis über das Mietverhältnis zurückerlangt hat.[449]

Die Eröffnung des Insolvenzverfahrens beendet ein Mietverhältnis über eine **bewegliche Sache** 70
nicht. Miet- und Pachtverhältnisse über bewegliche Sachen unterfallen § 103 InsO; der Insolvenzverwalter kann also den Vertrag an Stelle des Schuldners erfüllen oder die Erfüllung des Vertrags ablehnen. Die Eröffnung des Insolvenzverfahrens führt jedoch nicht zu einem Erlöschen der beiderseitigen Erfüllungsansprüche. Die Ansprüche beider Vertragsparteien auf Leistung und Gegenleistung bleiben vielmehr bestehen; sie verlieren lediglich zunächst, nämlich bis zu einem Erfüllungsverlangen des Insolvenzverwalters, ihre Durchsetzbarkeit. Das bedeutet, dass auch das Besitzrecht des Mieters einer beweglichen Sache endet. Wählt der Insolvenzverwalter nicht[450] die Erfüllung des Mietvertrags, den der Schuldner geschlossen hatte, ist er entsprechend § 546 BGB von der Eröffnung des Insolvenzverfahrens an zur Herausgabe der Mietsachen an den Vermieter verpflichtet.[451]

Gemäß § 21 Abs. 2 S. 1 Nr. 5 InsO kann das Insolvenzgericht anordnen[452], dass nach der **vorläu-** 71
**figen Insolvenzeröffnung** Gegenstände, deren **Aussonderung** oder Absonderung verlangt werden könnte, vom Gläubiger (Vermieter) nicht eingezogen werden dürfen und dass solche Gegenstände zur Fortführung des Unternehmens des Schuldners eingesetzt werden können, wenn sie hierfür von erheblicher Bedeutung sind. Während der ersten drei Monate nach Anordnung der vorläufigen Insolvenzverwaltung[453] ist gem. § 21 Abs. 2 S. 1 Nr. 5 S. 1 Teilsatz 3 InsO ein durch die Nutzung eingetretener Wertverlust an der Mietsache idR durch laufende Zahlungen an den Gläubiger auszugleichen. Der Wertverlust kann eintreten durch vertragsgemäße wie übermäßige Nutzung, aber auch durch Beschädigung und Zerstörung.[454] Der Wertersatzanspruch bemisst sich in allen Fällen nach der Differenz des Wertes der Sache bei Beginn und Ende der Nutzung[455]; bei Beschädigung oder Zerstörung dürfte aber kaum eine laufende Zahlung in Betracht kommen, diese ist vielmehr auf die vertragsgemäße Nutzung zugeschnitten. Nach Ablauf der Dreimonatsfrist ist gem. § 169 S. 2 iVm § 21 Abs. 2 S. 1 Nr. 5 InsO nicht nur der Wertverlust auszugleichen, sondern der vereinbarte (Miet-)Zins als Nutzungsausfallentschädigung zu zahlen. Der daneben (weiter) bestehende Anspruch auf Ausgleich des Wertverlusts hat eigenständige Bedeutung nur bei übermäßiger Nutzung, Beschädigung oder Zerstörung[456]; der Wertverlust durch vertragsgemäße Nutzung ist dann Teil der Nutzungsausfallentschädigung. Sowohl der Wertersatzanspruch gem. § 21 Abs. 2 S. 1 Nr. 5 S. 1 Teilsatz 3 InsO als auch die Nutzungsausfallentschädigung gem. § 169 S. 2 iVm

---

[444] BGH IX ZR 84/07, NJW 2008, 2580 Rn. 14.

[445] BGH IX ZR 79/18, NZM 2019, 853 Rn. 36; BGH IX ZR 161/01, NJW-RR 2002, 1198 unter III.3.b.aa.; *Eckert* NZM 2006, 611.

[446] OLG Brandenburg ZIP 2015, 1790.

[447] BGH IX ZR 327/99, NJW 2001, 2966.

[448] BGH IX ZR 46/05, NZM 2006, 352.

[449] *Flatow* NZM 2011, 616; zur Wirkung der Enthaftungserklärung BGH VIII ZR 107/13, NJW 2014, 1954; BGH IX ZR 136/13, NJW 2014, 2585.

[450] Der Insolvenzverwalter muss sich positiv für den Vertrag entscheiden, Untätigsein oder Nichtrückgabe reichen nicht aus, können aber Nutzungsentschädigungsansprüche gem. § 546a Abs. 1 BGB begründen (BGH IX ZR 81/05, NJW 2007, 1594; auch → BGB § 546a Rn. 34).

[451] BGH IX ZR 81/05, NJW 2007, 1594; krit. dazu *Eckert* NZM 2007, 830.

[452] Zu den Anforderungen an eine wirksame Anordnung s. BGH IX ZR 7/09, NJW-RR 2010, 1283.

[453] Siehe zur Dreimonatsfrist BGH IX ZR 7/09, NJW-RR 2010, 1283.

[454] BGH IX ZR 78/11, MDR 2012, 736 Rn. 23.

[455] BGH IX ZR 78/11, MDR 2012, 736 Rn. 23.

[456] BGH IX ZR 78/11, MDR 2012, 736 Rn. 22.

§ 21 Abs. 2 S. 1 Nr. 5 InsO sind Masseforderungen.[457] Der Differenzbetrag zwischen dem Wertersatzanspruch gem. § 21 Abs. 2 S. 1 Nr. 5 S. 1 Teilsatz 3 InsO und dem Mietzins bzw. der Nutzungsentschädigung gem. § 546a BGB ist – genauso wie der Mietzins bzw. die Nutzungsentschädigung in den Fällen, in denen eine Anordnung nach § 21 Abs. 2 S. 1 Nr. 5 InsO nicht getroffen wird – einfache Insolvenzforderung, § 55 InsO ist nicht analog anzuwenden.[458]

72 Ist **Vermieter ein Gesellschafter des Mieters** (juristische Person), so ist im Falle der Insolvenz der Mieterin der zum 1.11.2008 in Kraft getretene § 135 Abs. 3 InsO zu beachten.[459] Danach kann der Vermieter einen Aussonderungsanspruch für ein Jahr nach Insolvenzeröffnung nicht geltend machen, wenn die Mietsache für die Fortführung des Unternehmens von erheblicher Bedeutung ist. Da die Mieterin (Insolvenzschuldner) bei bestehendem Mietvertrag ohnehin ein Besitzrecht hat, spielt diese Regelung nur bei einem vertragslosen Zustand eine Rolle.[460] Auf die Höhe der geschuldeten Miete kann § 135 Abs. 3 InsO aber Auswirkungen haben.[461]

## VII. Zeitpunkt der Rückgabe

73 Der Zeitpunkt, wann genau die Mietsache zurückzugeben ist, bestimmt sich mangels anderweitiger Regelungen[462] nach § 271 Abs. 1 BGB. Der Wortlaut des § 546 Abs. 1 BGB („nach Beendigung des Mietverhältnisses") ist entgegen mancher anderer Auffassung[463] für eine genauere Bestimmung der Leistungszeit unergiebig. Er drückt nur die Selbstverständlichkeit aus, dass die Rückgabe nach Vertragsbeendigung zu erfolgen hat und nicht schon innerhalb des Gebrauchsüberlassungszeitraums.[464] Soweit teilweise eine Rückgabe „bei" Beendigung befürwortet wird[465], hat das keinen besonderen praktischen Nutzen, da der Übergang von vereinbartem Nutzungszeitraum und der Zeit danach nur einen nicht messbaren Zeitraum dauert (wohl die berühmte juristische Sekunde lang). Das ist zu kurz, um eine Rückgabe zu vollziehen. Für die **Bestimmung der Leistungszeit** sind **gem. § 271 Abs. 1 BGB** zunächst die Parteivereinbarungen maßgeblich, die auch formularvertraglich zulässig sind, dann die Umstände; lässt sich so kein Ergebnis gewinnen, ist sofort zu leisten. Parteivereinbarungen gibt es häufig, etwa bei der Ferienhaus- oder Hotelzimmervermietung; meist wird hier eine Rückgabe schon am Vormittag des letzten Miettages vorgesehen. Das würde sich aber auch aus den Umständen ergeben wegen der erkennbaren Notwendigkeit, die Räumlichkeiten für einen Nachfolger vorzubereiten. Bei der Auto- oder Büchermiete und ähnlichen Mietverhältnissen folgt auch ohne besondere Parteivereinbarung aus den Umständen, dass die Rückgabe während der Geschäftszeit des Vermieters zu erfolgen hat, es sei denn, es gibt Vorrichtungen, die einen Einwurf des Buches oder der Schlüssel des Mietwagens ermöglichen.

74 Problematisch und umstritten ist insbes. der Zeitpunkt für die Rückgabe von **Räumen und Grundstücken** nach längerdauernden Mietverhältnissen. Hierzu gibt es meist keine besonderen

---

[457] BGH IX ZR 78/11, MDR 2012, 736 Rn. 24ff.; BGH IX ZR 7/09, NJW-RR 2010, 1283 Rn. 26.

[458] BGH IX ZR 7/09, NJW-RR 2010, 1283.

[459] Die Vorschrift ist gem. § 103d EGInsO anwendbar, wenn das Insolvenzverfahren vor dem 1.11.2008 eröffnet wurde (BGH II ZR 260/07, NJW 2009, 1277).

[460] *Hörndler/Hoisl* NZM 2009, 379.

[461] Siehe näher die einschlägige Kommentierung zu § 135 Abs. 3 InsO und *Hörndler/Hoisl* NZM 2009, 379 (380).

[462] Gem. Art. 93 EGBGB kann das **Landesrecht** Räumungsfristen für Räume vorsehen. Solche Regelungen gibt es noch in Bremen und Hamburg. Gem. § 25 Hamburger Ausführungsgesetz zum BGB v. 1.7.1958 müssen gemietete Räume, für die vierteljährliche oder längere Kündigungsfristen bestehen, bei Beendigung des Mietverhältnisses bis 12:00 Uhr mittags des auf die Beendigung nächstfolgenden Werktages geräumt werden. § 13 Bremer Ausführungsgesetz zum BGB v. 18.7.1898 lautet: „Bei Wohnungsmieten, welche mit dem Schlusse eines Kalendervierteljahres endigen, beginnt die Räumungsfrist am letzten Tag des Mietverhältnisses mittags 12 Uhr und endigt mit Beginn der Mittagsstunde des folgenden Tages. Ist der folgende Tag ein Sonntag oder allgemeiner Feiertag, so beginnt die Räumungsfrist am letzten Tage des Mietverhältnisses 8 Uhr morgens und endigt an demselben Tage 8 Uhr abends. Der Vermieter oder derjenige, welcher die Wohnung bezieht, ist von Beginn der Räumungsfrist an zur Mitbenutzung der Wohnung berechtigt. Fällt das Ende des Mietverhältnisses auf einen Sonntag oder einen allgemeinen Feiertag, so tritt als letzter Tag des Mietverhältnisses der nächstfolgende Werktag an seine Stelle." Die auf Grund von § 13 Bremer Ausführungsgesetz zum BGB erlassene Verordnung über die Verlängerung der Räumungsfrist bei Wohnungsmieten in den Städten Bremen und Vegesack v. *10.3.1938 ist seit 1998 aufgehoben.*

[463] AG Berlin-Lichtenberg GE 2005, 807; *Pütz* WuM 2002, 414.

[464] So auch das Ergebnis der historischen Auslegung von *Keinert* WuM 2016, 196.

[465] So Staudinger/*Rolfs* BGB § 546 Rn. 31.

Parteivereinbarungen in dem Mietvertrag. Oftmals verabreden die Parteien aber kurz vor Ablauf der Mietzeit einen Termin. Das ist dann der für die Leistungszeit maßgebliche Zeitpunkt; vorher kommt der Mieter nicht in Verzug oder enthält die Mietsache dem Vermieter nicht gem. § 546a BGB vor, so dass er sich selbst dann nicht schadensersatzpflichtig oder nutzungsentschädigungspflichtig macht, wenn der vereinbarte Rückgabezeitpunkt nach dem Ende des Vertragszeitraums liegt – vorausgesetzt, der Vermieter verlangt nicht eine frühere, rechtzeitige Rückgabe, die an der Weigerung des Mieters scheitert. Mangels Vereinbarungen über die Rückgabezeit und sich aus den Umständen ergebenden Notwendigkeiten ist die Rückgabe gem. § 271 Abs. 1 BGB sofort zu bewirken. Das würde bedeuten nach Ablauf des letzten Miettages, also um Mitternacht[466] (zum Zeitpunkt der Rückgabe bei Beendigung durch fristlose Kündigung → Rn. 76). Eine Leistung darf aber **nicht zur Unzeit** bewirkt werden; zur Unzeit gehören, wenn keine Besonderheiten vorliegen, auch die Nachtstunden.[467] Die Rückgabe hat also entweder vor der Unzeit **(bis zum frühen Abend)** oder danach (am Morgen des nächsten Tages) stattzufinden. Meines Erachtens ist ersteres richtig. Zwar wird so die Nutzungszeit des Mieters verkürzt (im anderen Fall würde sie zum Nachteil des Vermieters verlängert[468]), der Mieter kann die Restzeit aber ohnehin nicht sinnvoll nutzen[469], da er zum Rückgabezeitpunkt nicht nur die Besitzverschaffung schuldet, sondern auch die Erfüllung der anderen Pflichten bei Rückgabe, also insbes. Räumung sowie ggf. Rückbau und Beseitigung von Schäden sowie Durchführung von Schönheitsreparaturen, die ebenfalls am Tage der Beendigung des Mietverhältnisses fällig werden.[470]

Fällt der letzte Tag der Mietzeit auf einen **Samstag, Sonntag oder Feiertag,** gilt grds. § 193 **75**
BGB mit der Folge, dass die Rückgabe erst am folgenden Werktag bzw. dessen Ende (früher Abend) zu erfüllen ist.[471] Hierdurch kann eine Verlängerung des Mietverhältnisses um einige Tage eintreten.[472] Für diese Tage steht dem Vermieter der anteilige vereinbarte Mietzins zu, da § 193 BGB die Zeit der vertraglichen Nutzungsberechtigung verlängert.[473] § 193 BGB will dem Schuldner zum Schutz der Sonntagsruhe nur hinsichtlich der Leistungszeit entgegen kommen, ihm aber nicht sonstige Vermögensvorteile verschaffen.[474] Der Mieter kann diesem Anspruch entgehen, indem er von der Möglichkeit Gebrauch macht, die Mietsache früher zurückzugeben, da § 193 BGB ein Recht zur späteren Leistung gewährt, eine Rückgabe am Samstag, Sonntag oder Feiertag

---

[466] So im Ansatz auch AG Berlin-Lichtenberg GE 2005, 807; AnwK WohnraummietR/*Lammel* BGB § 546 Rn. 10, die aber die nachfolgenden Überlegungen nicht anstellen.

[467] MüKoBGB/*Krüger,* 8. Aufl. 2018, § 271 Rn. 35.

[468] Die grundsätzliche Gleichwertigkeit beider Interessen betont zu Recht *Pütz* WuM 2002, 414.

[469] So auch *Keinert* WuM 2016, 198.

[470] BGH VIII ZR 22/88, NJW 1989, 451. In diesem Urteil ging es unmittelbar nur um die Fälligkeit von Schönheitsreparaturen bei Vertragende, aus ihm lässt sich – entgegen *Pütz* WuM 2002, 414 und AG Berlin-Lichtenberg GE 2005, 807 – aber mittelbar auch die Meinung des BGH zum Zeitpunkt der Rückgabe erschließen, da der Zeitpunkt der verschiedenen bei der Rückgabe zu erfüllenden Pflichten gleich ist, wohingegen wohl *Pütz* WuM 2002, 414 und ausdrücklich AG Berlin-Lichtenberg GE 2005, 807 zwischen der Besitzverschaffung als „eigentlicher" Rückgabepflicht und den sonstigen Rückgabepflichten trennen. Für eine Rückgabe am Beendigungstag *Keinert* WuM 2016, 197; *Burbulla* ZMR 2016, 838; *Mutter* ZMR 1991, 330; *Horst* DWW 1996, 182; Blank/Börstinghaus/*Blank* BGB § 546 Rn. 15 mwN; Wolf/Eckert/Ball Gewerbl. Miet-/Pacht-/LeasingR-HdB Rn. 1060. Für eine Rückgabe am Folgetag AG Berlin-Lichtenberg GE 2005, 807; AG Köln WuM 1985, 265; *Pütz* WuM 2002, 414.

[471] OLG Hamm WuM 1981, 40; *Burbulla* ZMR 2016, 838 (839); *Breckerfeld* NZM 2000, 533; *Pütz* WuM 2002, 414; Staudinger/*Rolfs* BGB § 546 Rn. 31, Blank/Börstinghaus/*Blank* BGB § 546 Rn. 15a; AnwK WohnraummietR/*Lammel* BGB § 546 Rn. 10. Auch die Entscheidung BGH VIII ZR 129/09, NZM 2010, 661 dürfte für eine Anwendung des § 193 BGB, also eine Rückgabe am folgenden Werktag sprechen, da dort entscheidend auf die Möglichkeit des Mieters zur rechtzeitigen Erfüllung abgestellt wird; ein Umzug an einem Samstag ist aber kaum zu bewerkstelligen, wenn man – wie viele Mieter – auf die Hilfe gewerblicher Umzugsunternehmen angewiesen ist.

[472] Bei Gründonnerstag als kalendermäßigem Ende wäre die Mietsache tatsächlich erst am Osterdienstag zurückzugeben.

[473] So OLG Frankfurt a. M. NJW 1975, 1971 für einen Darlehensvertrag. Danach muss der Schuldner, der die eigentlich vorher geschuldete Darlehensrate wegen § 193 BGB am folgenden Werktag begleicht, für die durch § 193 BGB gewährte Karenz Darlehenszinsen bezahlen. Dem folgen Staudinger/*Repgen,* 2019, BGB § 193 Rn. 26, 28; MüKoBGB/*Grothe,* 8. Aufl. 2018, § 193 Rn. 13; **aA** Blank/Börstinghaus/*Blank* BGB § 546 Rn. 15a, bzgl. eines Anspruchs aus § 546a BGB und Soergel/*Heintzmann* BGB § 546 Rn. 4 unter Berufung auf *Pütz* WuM 2002, 414, der das Vertragsende in den Vordergrund stellt und einen Nutzungsentschädigungsanspruch wegen fehlender Rückgabepflicht verneint; s. dazu aber sogleich bei der ähnlich gelagerten Problematik nach fristloser Kündigung.

[474] Siehe zum Zweck des § 193 MüKoBGB/*Grothe,* 8. Aufl. 2018, § 193 Rn. 1.

jedoch nicht ausschließt; der Vermieter darf die Annahme nur ausnahmsweise aus Treu und Glauben verweigern.[475] § 193 BGB ist (auch stillschweigend) abdingbar.[476] Von einer solchen stillschweigenden Abbedingung ist bei bestimmten Mietverhältnissen idR auszugehen, so etwa bei der Hotelmiete, der Ferienhausmiete oder – bei entsprechenden Rückgabemöglichkeiten – der Automiete. Eine stillschweigende Abbedingung liegt aber nicht schon darin, dass Nachfolgemietverhältnisse ggf. nicht nahtlos anschließen können, so zB, wenn Mietende eigentlich an einem Samstag ist und der erste Tag der Neuvermietung, die meist ab Monatsbeginn vereinbart wird, auf einen Sonntag fällt. Denn der Wochentag des Mietendes ist – außer bei Zeitverträgen – bei Vertragsschluss meist nicht vorhersehbar, der Wochentag des Vertragsbeginns hingegen schon. § 193 BGB ist nicht anzuwenden, wenn das Ende der Mietzeit nach dem Gesetz auf einen Samstag fällt, wie es bei den Kündigungsfristen nach § 580 a Abs. 1 Nr. 1, 2 BGB der Fall ist bzw. sein kann, außerdem nicht bei den kurzen Kündigungsfristen des § 580 a Abs. 3 BGB (→ BGB § 580 a Rn. 14).

76 Bei **fristloser Kündigung** (egal von welcher Seite) wird das Mietverhältnis sofort mit Zugang der Kündigung beendet. Gemäß § 271 Abs. 1 BGB hat der Mieter sofort zu leisten, also das Mietobjekt zurückzugeben. Sofort in diesem Sinne heißt „ohne schuldhaftes Verzögern" und bedeutet nach Treu und Glauben und unter Berücksichtigung der Verkehrssitte, dass dem Schuldner ein nach den Umständen zu bemessender mäßiger Leistungszeitraum zu gewähren ist.[477] Dieser Zeitraum (sog. **Ziehfrist**), der praktische Bedeutung vor allem für die Kostentragung bei Erhebung einer Räumungsklage und deren Erledigung vor Ablauf der Ziehfrist hat, dient nur der Bewirkung der Rückgabe und der damit verbundenen Pflichten, nicht aber der Suche einer Ersatzwohnung oder der geordneten Aufgabe bzw. Verlegung des Geschäftsbetriebes.[478] Angemessen erscheint idR eine Frist von höchstens einer Woche, innerhalb derer der Mieter ausreichend Zeit zur Räumung hat.[479] Im Einzelfall kann die Frist aber auch kürzer (Einraumappartement mit wenig Räumungsgut und ohne Pflicht zur Renovierung) oder länger (Gewerbeobjekt mit großem Maschinenpark) sein. Auch Erkrankung kann ein Grund für eine längere Ziehfrist sein.[480] Dazu dürfte es aber nicht ausreichen, dass der Mieter die Rückgabe nicht selbst durchführen kann, er muss vielmehr gehindert sein, für eine Räumung durch Dritte zu sorgen. Aus § 128 Abs. 2 S. 5 GVGA ergeben sich keine anderen Fristen. Nach dieser Vorschrift muss zwischen der Ankündigung der Räumung und dem Vollstreckungstermin mindestens ein Zeitraum von drei Wochen liegen. Sie gilt allerdings nur für die Zwangsräumung durch staatliche Gewalt in Person des Gerichtsvollziehers und hat keinen Einfluss auf die schuldrechtlichen Pflichten der Vertragsparteien; anderenfalls würde die Frist des § 128 Abs. 2 S. 5 GVGA faktisch zweimal gewährt, falls es nicht zu einer freiwilligen Räumung kommt. Andere Härtefälle sind durch §§ 721, 765 a, 794 a ZPO[481] auszugleichen. Auch diese prozessualen Vorschriften haben keinen Einfluss auf die materiell-rechtlichen Beziehungen der Parteien[482], also auch nicht auf die Ziehfrist. Sie binden nur die Gerichte und Vollstreckungsorgane; um ihren Schutz zu erlangen muss der Mieter sich deshalb auf Räumung verklagen lassen. Materiell-rechtlich greift zu Gunsten des Mieters nur der Schutz der sog. Sozialklausel; §§ 574 ff. BGB gelten allerdings nur für die ordentliche Kündigung und die außerordentliche Kündigung mit gesetzlicher Frist, nicht aber für die außerordentliche fristlose Kündigung oder die Vertragsbeendigung durch Zeitablauf. Dass die Ziehfrist bei § 271 BGB angesiedelt ist, hat allerdings auch Auswirkungen auf die rechtliche Konstruktion des Anspruchs auf **Nutzungsentgelt** für diesen Zeitraum. Wenn nämlich dem Mieter trotz Vertragsbeendigung noch eine Karenzzeit bis zur Rückgabe zugestanden wird, dann ist die Rückgabepflicht des § 546 Abs. 1 BGB bis zum Ablauf des Zeitraums nicht fällig mit der weiteren Folge, dass eigentlich auch § 546 a BGB, der an die Rückgabepflicht anknüpft, nicht eingreift. Andererseits ist der Mietvertrag durch die Kündigung beendet worden und Mietzins-

[475] MüKoBGB/*Grothe,* 8. Aufl. 2018, § 193 Rn. 13.

[476] Staudinger/*Repgen,* 2019, BGB § 193 Rn. 49.

[477] Staudinger/*Bittner/Kolbe,* 2019, BGB § 271 Rn. 26; ähnlich OLG München NZM 2001, 710, das zwar § 271 BGB nicht erwähnt, aber von sofortiger Räumungspflicht spricht.

[478] Ähnlich wohl OLG München NZM 2001, 710; **aA** LG Hamburg WuM 1975, 227, das jedenfalls dem Wohnungsmieter aus dem Schutzgedanken des sozialen Mietrechts auch die Suche einer Ersatzwohnung ermöglichen will; diese Funktion wird aber prozessual durch § 721 ZPO und materiell-rechtlich durch §§ 574 ff. BGB übernommen.

[479] LG München II WuM 1989, 181; AG Hamburg WuM 1986, 337; Staudinger/*Rolfs* BGB § 546 Rn. 32; *für eine je nach den Umständen längere Frist* LG Hannover NJW-RR 1992, 659.

[480] Staudinger/*Rolfs* BGB § 546 Rn. 32.

[481] Siehe hierzu die Kommentierung dieser Vorschriften.

[482] BGH VI ZR 235/52, NJW 1953, 1586.

ansprüche können eigentlich nicht mehr entstehen. Hier muss man aber – wie oben bei der ähnlich gelagerten Problematik des § 193 BGB – dem Vermieter für die Verlängerung der Nutzungsberechtigung trotz Vertragsbeendigung einen Anspruch auf den vereinbarten Mietzins zugestehen.[483] Letztlich ergibt sich dieser Anspruch aus § 242 BGB, da es nicht gerechtfertigt ist, dem Mieter wegen Treu und Glauben zwar eine Ziehfrist zu gewähren, dem Vermieter aber auf der anderen Seite das Entgelt für die verlängerte Nutzung vorzuenthalten. Man könnte es eine Nutzungsentschädigung ohne Rückgabepflicht nennen, die nicht ungewöhnlich ist, sondern etwa auch bei Gewährung einer Räumungspflicht gem. § 721 ZPO zu zahlen ist.

## VIII. Vorzeitige Rückgabe

Der Mieter hat idR ein **Recht zur vorzeitigen Rückgabe der Mietsache.**[484] Das folgt einmal aus § 271 Abs. 2 BGB.[485] Danach kann der Schuldner die Leistung vor der vereinbarten Zeit bewirken, es sei denn durch eine vorzeitige Leistung würde in die Rechte oder rechtlich geschützten Interessen des Gläubigers eingegriffen.[486] Zum anderen folgt es daraus, dass der Mieter, der grds. zum Gebrauch der Mietsache nicht verpflichtet ist und deren Übernahme bei Vertragsbeginn ablehnen kann, ohne in Schuldnerverzug zu geraten.[487] Aus den Vereinbarungen der Parteien (etwa einer Betriebspflicht) oder den **berechtigten Interessen des Vermieters** kann sich allerdings etwas anderes ergeben. Der an den (endgültigen) Rückerhalt geknüpfte Verjährungsbeginn für Ansprüche des Vermieters wegen Veränderung oder Verschlechterung der Mietsache in § 548 Abs. 1 BGB gehört regelmäßig nicht zu den berechtigten Interessen des Vermieters, die einer vorzeitigen Rückgabe entgegenstehen, da sich der Vermieter hiervor durch geeignete verjährungshemmende Maßnahmen effektiv schützen kann[488]; soweit ihn allerdings ausnahmsweise die rechtzeitige Prüfung und verjährungshemmende Geltendmachung der Ansprüche über Gebühr belasten sollte, darf er die vorzeitige Rückgabe von dem Abschluss einer Verjährungsvereinbarung mit dem Mieter (s. § 202 BGB) abhängig machen. Eine vorzeitige Rückgabe ist ausgeschlossen bei einer Betriebs- oder Bewachungspflicht des Mieters[489], bei einer Umsatzmiete oder wenn der Vermieter aus besonderen Gründen nicht in der Lage ist, die (bewegliche) Mietsache aufzubewahren oder die Obhut über die Mieträume auszuüben.[490] Letzteres dürfte aber nur ausnahmsweise in Betracht kommen angesichts der den Vermieter in Bezug auf das Mietobjekt treffenden Verkehrspflichten, die ohnehin eine regelmäßige Anwesenheit (seiner Person oder von Beauftragten) erfordern. Überdies ist zu bedenken, dass den Mieter auch dann keine Obhutspflichten treffen, wenn er das Mietobjekt gar nicht erst übernommen hat. Die Obhutspflicht ist also nur eine Folge des Besitzes, nicht ein Grund für das Weiterbesitzenmüssen.[491] Ein Recht zur Verweigerung der Rücknahme kurz vor Ablauf der Mietzeit dürfte praktisch gar nicht in Betracht kommen, also etwa in den Fällen, in denen der Mieter einige Tage oder Wochen vor Mietende räumt, weil ihm Ersatzraum schon zur Verfügung steht und ein erneutes Aufsuchen des früheren Mietortes Beschwerlichkeiten mit sich 77

---

483 IErg ebenso AnwK WohnraummietR/*Lammel* BGB § 546 Rn. 10, der sich auf eine Analogie zu § 546a BGB stützt.

484 LG Bonn NJW-RR 2014, 1420; LG Mannheim WuM 1982, 298; BezG Cottbus WuM 1994, 146; Staudinger/*Rolfs* BGB § 546 Rn. 34; Blank/Börstinghaus/*Blank* BGB § 546 Rn. 17; **aA** *Lehmann-Richter* WImmoT 2012, 143; OLG Düsseldorf VersR 1989, 46 (für ein Rückgabeangebot ca. ein Jahr vor Vertragsende); KG NZM 2000, 92 und OLG Düsseldorf NZM 2000, 92 (beide für ein Rückgabeangebot ca. zwei Wochen vor Vertragsende). Das OLG Dresden NZM 2000, 827; *Pauly* NZM 2012, 553; MüKoBGB/*Bieber* § 546 Rn. 16 und wohl auch Wolf/Eckert/Ball Gewerbl. Miet-/Pacht-/LeasingR-HdB Rn. 1059 halten eine Rückgabe kurz (einige Wochen) vor Vertragsende oder ausnahmsweise nach Treu und Glauben für möglich, nicht aber weiter davor, weil der Mieter sich idR damit seiner Obhutspflichten entledigen wolle. Auf die Verlagerung der Obhutspflichten stellen auch *Breckerfeld* NZM 2000, 533 und *Krapf* DMT-Bilanz 2011, 352 ab; *Mutter* ZMR 1989, 132 hält wegen der Obhutspflichten eine Abwägung der Interessen im Einzelfall für notwendig, geht aber regelmäßig von einem Überwiegen des Mieterinteresses an einer vorzeitigen Übergabe aus. Der BGH hat die Frage bisher offengelassen, s. BGH VIII ZR 8/11, NJW 2012, 144.

485 LG Mannheim WuM 1982, 298; **aA** *Breckerfeld* NZM 2000, 533; *Krapf* jurisPR-MietR 1/2012 Anm. 1 mwN.

486 MüKoBGB/*Krüger*, 8. Aufl. 2018, § 271 Rn. 36.

487 → BGB § 535 Rn. 218.

488 Siehe eing. zu den Möglichkeiten BGH VIII ZR 123/05, NJW 2006, 1588 Rn. 11, 12.

489 *Burbulla* ZMR 2016, 839.

490 Staudinger/*Rolfs* BGB § 546 Rn. 34.

491 LG Mannheim WuM 1982, 298.

bringt oder gar unzumutbar ist (etwa bei Umzug in eine entfernte Stadt oder bei urlaubsbedingter Abwesenheit).[492] Auf der anderen Seite darf der Mieter nicht erwarten, der Vermieter habe das Mietobjekt praktisch auf jederzeitigen Zuruf zurückzunehmen.[493] Vielmehr sind seine zeitlichen Dispositionen sowie die sonstigen Umstände (etwa Entfernung seiner Wohnung zum Mietobjekt) zu berücksichtigen, eine Rückgabe zur Unzeit kann nicht verlangt werden. Schließlich muss der Vermieter das Mietobjekt nicht in einem Zustand zurücknehmen, der einer Nichterfüllung der Rückgabepflicht gleichkommt; dazu sowie zu den Folgen einer unberechtigten Weigerung → Rn. 19, 30.

78 Auch bei vorzeitiger Rückgabe ist der Mieter zur **Fortzahlung des Mietzinses** bis zum Vertragsende verpflichtet.[494] Das gilt oftmals selbst dann, wenn der Vermieter die Mietsache noch während der Vertragslaufzeit weitervermietet; zu den Einzelheiten → BGB § 537 Rn. 23.

## IX. Räumungsfrist, Vollstreckungsschutz

79 **Gerichtliche Räumungsfristen** gem. §§ 721, 765 a, 794 a ZPO[495] oder behördliche Verfügungen (Wiedereinweisung zur Verhinderung von Obdachlosigkeit) sind zwar von Einfluss auf den Rückgabezeitpunkt, indem sie die Rückgabe hinausschieben. Derartige Räumungsfristen haben aber lediglich vollstreckungsrechtlichen Charakter und wirken nicht auf die materiell-rechtlichen Beziehungen der Parteien ein, haben also insbes. keinen Einfluss auf den Verzugseintritt und dessen Folgen, auf Nutzungsentschädigungsansprüche und auf Schadensersatzansprüche[496]; das Mietverhältnis bleibt beendet. Bei Wohnraummietverhältnissen ist hinsichtlich der Schadensersatzansprüche jedoch § 571 BGB zu berücksichtigen.[497] Ob und welche materiell-rechtliche Wirkung einer einseitig vom Vermieter bewilligten oder von den Vertragsparteien **vereinbarten Räumungsfrist** zukommt, ist durch Auslegung zu ermitteln[498]: Haben die Parteien ausdrücklich vereinbart, dass der Mieter so lange mit der Räumungspflicht nicht in Verzug kommt, weil ihm gerichtlich Räumungsaufschub (Räumungsfrist oder Vollstreckungsschutz) gewährt wird, so erlangt der prozessuale (vollstreckungsrechtliche) Schutz kraft Parteiwillens materiell-rechtliche Bedeutung.[499] Der Mieter muss dann auch materiell-rechtlich nicht räumen; außerdem fehlt am Rücknahmewillen des Vermieters, so dass Nutzungsentschädigung gem. § 546 a Abs. 1 BGB ausscheidet[500] und mangels Verstoßes gegen die Rückgabepflicht bzw. mangels Verzuges Schadensersatz wegen Vorenthaltung der Mietsache (insbes. Mietausfall) ausgeschlossen ist.[501] Dieselben materiellrechtlichen Wirkungen treten ein, wenn der Vermieter allein (also ohne gleichzeitigen prozessualen Schutz) eine Räumungsfrist gewährt, sofern erkennbar eine Stundung des Anspruchs gewollt ist oder der Vermieter jedenfalls auf Erstattung etwaigen während der Räumungsfrist entstehenden Schadens verzichtet.[502] Die Wirkung einer Räumungsfrist kann aber auch allein auf einen Verzicht zwangsweisen Vorgehens durch des Vermieters mit der Folge begrenzt sein, dass der Mieter bei Ausschöpfung der Frist das Risiko für allen eintretenden Schaden behält und nutzungsentschädigungspflichtig bleiben soll.[503] Im Zweifel ist mit der Bewilligung einer Räumungsfrist durch den Vermieter nur Letzteres gewollt, da dieser sich mit einer Räumungsfrist meist nur in Notwendigkeiten fügt und eine gewisse Planungssicherheit erlangen will, die Mietsache aber dennoch zurückerhalten und nicht auf weitergehende Ansprüche verzichten will.[504] Wenn der Vermieter sich auf

---

[492] OLG Dresden NZM 2000, 827; BezG Cottbus WuM 1994, 146.
[493] BGH VIII ZR 402/12, NJW 2014, 684 Rn. 12; BGH VIII ZR 8/11, NJW 2012, 144.
[494] AllgM, s. nur Staudinger/*Rolfs* BGB § 546 Rn. 34; zum Einfluss der vorzeitigen Rückgabe auf Betriebskosten, Schönheitsreparaturen, Kaution und Haftung s. *Lehmann-Richter* WImmoT 2012, 141.
[495] Einzelheiten hierzu bei der Kommentierung zu diesen Vorschriften.
[496] BGH V ZR 26/20, NZM 2021, 135 Rn. 8; BGH VIII ZR 258/86, NJW-RR 1987, 907; BGH VI ZR 235/52, NJW 1953, 1586; OLG Celle MDR 1967, 1013.
[497] BGH VIII ZR 258/86, NJW-RR 1987, 907; s. näher zu den Wirkungen bei der Kommentierung zu § 571 BGB.
[498] BGH VIII ZR 258/86, NJW-RR 1987, 907.
[499] BGH VIII ZR 258/86, NJW-RR 1987, 907; OLG Celle NJW 1964, 1027.
[500] Näher → BGB § 546 a Rn. 45.
[501] BGH VIII ZR 258/86, NJW-RR 1987, 907.
[502] *BGH VIII ZR* 258/86, NJW-RR 1987, 907.
[503] BGH VIII ZR 258/86, NJW-RR 1987, 907.
[504] BGH XII ZR 214/04, NZM 2006, 820 (nur Ls.); BGH VIII ZR 197/81, NJW 1983, 112; OLG Celle 20.6.2011 – 2 U 49/11, BeckRS 2011, 19206.

Verhandlungen über den Neuabschluss eines Mietvertrages einlässt, dann verzichtet er damit weder auf den Rückgabeanspruch, noch wird ein „einstweiliges Mietverhältnis" begründet, das der Mieter kündigen muss; möglich ist, dass der Rückgabeanspruch während der Verhandlungen gestundet ist.[505]

### X. Verwirkung; Vertragsfortsetzung

Der Rückgabeanspruch kann nicht verwirkt werden.[506] Insbesondere wird er nicht dadurch **verwirkt,** dass der Vermieter ihn nicht unmittelbar nach Vertragsende klageweise geltend macht, da er davon ausgehen darf, der Mieter werde freiwillig erfüllen.[507] Dem Vermieter, der mit der gerichtlichen Durchsetzung des Herausgabeanspruchs zuwartet, kann daraus kein Nachteil erwachsen, wohl aber kann es gem. § 545 BGB zu einer **Vertragsverlängerung** kommen, wenn der Vermieter den Rückerlangungswillen nicht rechtzeitig in Form des Widerspruchs gegen die Vertragsfortsetzung äußert. Der gegenteilige Standpunkt würde iErg darauf hinauslaufen, dass neben die Regelung des § 545 BGB ein weiterer Tatbestand zur Fortsetzung eines beendeten Mietverhältnisses tritt.[508] Das widerspräche dem Zweck des § 545 BGB, einen vertragslosen Zustand zu vermeiden. Bestätigt wird dies, wenn man berücksichtigt, dass dem Vermieter nicht nur der Anspruch aus § 546 BGB zusteht, sondern auch der dingliche Herausgabeanspruch gem. § 985 BGB, dem gegenüber sich der (ehemalige) Mieter sich nicht auf ein Besitzrecht gem. § 986 BGB berufen kann[509]; ansonsten würden Eigentum und Besitz auseinanderfallen, ohne dass klar wäre, unter welchen Umständen der Vermieter den Besitz zurückerlangen könnte. Aus denselben Gründen kommt die Verwirkung eines gerichtlich **titulierten Räumungsanspruchs** nicht in Betracht.[510] Selbst eine unbeanstandete Empfangnahme der weitergezahlten Miete führt zu keinem anderen Ergebnis, da dem Vermieter ein Anspruch auf Nutzungsentschädigung zusteht[511]; dabei schadet es nicht, wenn die Zahlungen ausdrücklich als Miete bezeichnet werden, da der Vermieter nicht gehalten ist, auf einen rechtlich korrekten Sprachgebrauch hinzuwirken.[512] Der Verlust des Räumungsanspruchs kann sich deshalb nur aus einer – auch konkludent möglichen – vertraglichen Einigung ergeben.[513] Wenn der Vermieter den rückgabepflichtigen Mieter wie einen Vertragspartner behandelt, dann kann darin je nach den Einzelfallumständen und entsprechender Mieterreaktion ein **konkludenter Vertragsschluss** liegen. Beispielhaft sei erwähnt, dass der Vermieter die Zustimmung zur Mieterhöhung[514] oder ähnliches begehrt und der Mieter dem nachkommt oder dass der (beendete) Vertrag faktisch über längere Zeit fortgesetzt und als wirksam gelebt wird, ohne dass der Vermieter Räumung verlangt bzw. der Mieter Anstalten zur Räumung macht.[515] Ausnahmsweise kann auch eine längere Mietzinszahlung vertragsbegründenden Charakter haben, nämlich dann, wenn die Parteien nach Vertragsende Verhandlungen über eine Fortsetzung führen und diese wollen, sie aber nicht formell zum Abschluss bringen.[516] Ansonsten können die erheblichen rechtlichen Probleme der längerdauernden vertragslosen Wohnungsnutzung (etwa bei einem Räumungsvergleich mit Verfallklausel bzw. bedingter Räumungsverpflichtung oder bei einem Wohlverhaltensvergleich mit Aussicht auf einen neuen Vertragsschluss nach der Wohlverhaltensphase) hier nicht aufbereitet 80

---

505 KG GE 2002, 128.

506 *Lehmann-Richter* PiG 90 (2011), 203; *Flatow* FS Börstinghaus, 2020, 105 (109) hält eine Verwirkung grds. für möglich, aber nur bei gleichzeitiger Erwirkung eines neuen Mietvertrags.

507 BGH VIII ZR 265/86, NJW-RR 1988, 77.

508 BGH VIII ZR 265/86, NJW-RR 1988, 77.

509 *Meier* ZMR 2015, 443; *Lehmann-Richter* PiG 90 (2011), 203.

510 **AA** OLG Hamm NJW 1982, 341; LG Bonn ZMR 2017, 734, im Einzelfall wurde die Verwirkung aber verneint; AG München ZMR 2017, 902; LG Frankfurt a. M. 24.1.2011 – 2-11 S 298/10 juris; wie hier wohl *Ghassemi-Tabar* NZM 2013, 137; s. ergänzend zum Meinungsstand und den Fallgruppen *Flatow* jurisPR-MietR 5/2019 Anm. 5.

511 OLG Oldenburg DWW 2001, 88; *Lehmann-Richter* PiG 90 (2011), 203. Der Anspruch auf Nutzungsentschädigung kann entfallen, wenn der Vermieter keinen ernsthaften Rücknahmewillen hat; dazu → BGB § 546a Rn. 45.

512 OLG Hamm NJW 1982, 341; *Ghassemi-Tabar* NZM 2013, 137; **aA** AG München ZMR 2017, 902.

513 *Lehmann-Richter* PiG 90 (2011), 203. Ähnlich *Flatow* FS Börstinghaus, 2020, 105 (109), die eine Verwirkung grds. für möglich hält, aber nur bei gleichzeitiger Erwirkung eines neuen Mietvertrags.

514 OLG Oldenburg DWW 2001, 88.

515 *Lehmann-Richter* PiG 90 (2011), 203.

516 BGH XII ZR 66/06, NJW 2009, 433 Rn. 22, 23.

werden.[517] Auch ein konkludenter Vertragsschluss unterliegt nach der älteren Rspr. des BGH[518] dem Schriftformerfordernis des § 550 BGB, wenn die Laufzeit des Vertrages länger als ein Jahr sein soll. Es wird diskutiert[519], ob hieran angesichts der neueren Rspr. des BGH[520] noch festzuhalten sei, weil es danach ausreiche, dass die Vertragsbedingungen eines konkludent abgeschlossenen Mietvertrages in einer der äußeren Form des § 126 Abs. 2 BGB genügenden Urkunde enthalten seien. Diese neuere Rspr. betrifft aber die Fälle einer verlängerten Vertragsannahmefrist, wohingegen es vorliegend um die Neubegründung eines beendeten Vertrages geht. Meines Erachtens ist die neuere Rspr. des BGH so zu verstehen, dass zwischen Erstellung der Vertragsurkunde und Vertragsschluss ein zeitlicher Zusammenhang bestehen muss.

## XI. Ort der Rückgabe

81 **Unbewegliche Mietsachen** (Grundstücke und Räume) können nur am Ort ihrer Belegenheit zurückgegeben werden. Das gilt mangels anderslautender Vereinbarungen auch für die Schlüssel zum Mietobjekt.[521] Der Vermieter hat also keinen Anspruch auf Übersendung der Schlüssel oder Übergabe an seinem Wohnsitz, er muss sie sich im Mietobjekt abholen.

82 **Bewegliche Sachen** sind hingegen gem. § 269 BGB im Zweifel am Wohnsitz des Vermieters zurückzugeben.[522] Das gilt nach der Vorschrift aber nur vorbehaltlich anderer, auch konkludenter Absprachen der Parteien sowie vorbehaltlich der Umstände und den Besonderheiten des Schuldverhältnisses. Hieraus wird sich oftmals ergeben, dass die Rückgabe dort zu erfolgen hat, wo die Mietsache überlassen wurde[523] oder sich vertragsgemäß befinden soll. So muss ein Kraftfahrzeug zur Niederlassung des Vermieters zurückgebracht werden[524] und zwar ohne besondere Absprachen auch dann, wenn es dem Mieter gebracht wurde[525]; das entspricht der Verkehrserwartung und den berechtigten Vermieterinteressen, der eine Abholung von beliebigen Standorten zu einem vertretbaren Mietpreis nicht organisieren kann. Die Pflicht zur Rückgabe am Überlassungsort besteht auch dann, wenn das Kraftfahrzeug aus vom Mieter zu vertretenden Gründen nicht fahrbereit ist.[526] Ist das Fahrzeug hingegen mangelhaft, muss der Vermieter es entweder abholen oder zum Zwecke der Rückführung durch den Mieter instandsetzen. Ein angeliefertes Baugerüst muss der Vermieter[527] an der Baustelle abholen, weil der Mieter einen solchen Rücktransport meist nicht leisten kann, dem Vermieter hingegen die hierfür notwendigen Gerätschaften ohnehin zu Verfügung stehen. Verletzt der Mieter seine Pflicht zur Rückgabe am vertragsgemäßen Ort, muss er dem Vermieter die Überführungskosten gem. §§ 280, 281 BGB ersetzen.[528] Eine Rückgabeklausel in einem gewerblichen Leasingvertrag, die ein Recht des Leasinggebers zur freien Bestimmung von Rückgabeort und Rückgabemodalitäten vorsieht, ist wegen unangemessener Benachteiligung gem. § 307 Abs. 1 S. 1 BGB unwirksam[529]; gleiches dürfte für einen Mietvertrag gelten.

---

517 Siehe dazu eing. *Hinz* WuM 2015, 269.

518 BGH XII ZR 195/96, NJW 1998, 2664.

519 *Leo* GuT 2012, 96.

520 BGH XII ZR 120/06, NJW 2010, 1518.

521 Soergel/*Heintzmann* BGB § 546 Rn. 5; **aA** MüKoBGB/*Bieber* § 546 Rn. 17 und AG Brandenburg NZM 2015, 307, die für die Schlüssel als Rückgabeort den Wohnsitz des Vermieters befürwortet. Für eine solche Aufspaltung gibt es allerdings weder einen gesetzlichen Anhaltspunkt noch ein gerechtfertigtes Vermieterinteresse.

522 MüKoBGB/*Krüger*, 8. Aufl. 2018, BGB § 269 Rn. 41; MüKoBGB/*Bieber* § 546 Rn. 18; BGH VIII ZR 263/15, NJW 2017, 1301 Rn. 22, für die vergleichbare Situation beim Leasing; BGH I ZR 343/98, NJW-RR 2002, 1027, für die vergleichbare Situation bei der Leihe.

523 OLG Düsseldorf ZMR 2008, 125; **aA** wohl Staudinger/*Rolfs* BGB § 546 Rn. 36, der den Wohnsitz des Vermieters als regelmäßigen Rückgabeort ansieht.

524 OLG Düsseldorf ZMR 2008, 125.

525 Wolf/Eckert/Ball Gewerbl. Miet-/Pacht-/LeasingR-HdB Rn. 1070.

526 OLG Düsseldorf ZMR 2008, 125.

527 *Zur Qualifikation des Gerüstvertrages als Miet- oder Werkvertrag s. Pauly* ZMR 2014, 858.

528 Wolf/Eckert/Ball Gewerbl. Miet-/Pacht-/LeasingR-HdB Rn. 1070. Das OLG Düsseldorf ZMR 2008, 125 nimmt einen Anspruch aus Geschäftsführung ohne Auftrag an.

529 BGH VIII ZR 263/15, NJW 2017, 1301.

## XII. Schadensersatz, Nutzungsentschädigung, sonstige Rechtsbeziehungen

Bei Schlecht- bzw. Nichterfüllung der Rückgabepflichten kann sich der Mieter schadensersatzpflichtig machen und bei Nichterfüllung zusätzlich Nutzungsentschädigung gem. § 546 a BGB schulden. Der Schadensersatz beschränkt sich nicht auf den der Nutzungsentschädigung ähnlichen Mietausfallschaden, sondern kann insbes. auch in den Kosten bestehen, die der Vermieter wegen der Ersatzbeschaffung von unterlassenen bzw. schlechterfüllten Rückgabepflichten hatte (zB Räumungskosten). Wegen der im Einzelfall schwierigen Abgrenzung der möglichen Anspruchsgrundlagen werden sämtliche in Betracht kommenden Schäden bzw. die daraus folgenden Ersatzansprüche bei der Kommentierung zu § 546 a BGB behandelt. Bei Wohnraummietverhältnissen ist zusätzlich die Beschränkung der Schadensersatzpflicht des Mieters gem. § 571 BGB zu beachten. Zum **sonstigen Rechtsverhältnis** zwischen Mieter und Vermieter nach Beendigung des Mietverhältnisses und den daraus erwachsenden Ansprüchen → BGB § 546 a Rn. 10. 83

## XIII. Unmöglichkeit

Die Rückgabe der Mietsache ist **unmöglich,** wenn sie untergegangen oder unauffindbar verloren gegangen ist[530], wobei gleichgültig ist, ob die Unmöglichkeit während oder nach Beendigung des Vertrages eingetreten ist.[531] Die Rückgabepflicht des Mieters ist dann gem. § 275 BGB ausgeschlossen. Unmöglichkeit liegt allerdings nicht schon dann vor, wenn der Mieter keinen Besitz mehr hat; ihn trifft vielmehr eine **Besitzverschaffungspflicht** (→ Rn. 24). Erst wenn die Besitzverschaffung unmöglich ist, ist dem Mieter die Rückgabe selbst unmöglich.[532] Das kommt etwa in Betracht, wenn der Mieter die (bewegliche) Mietsache an einen unbekannten oder unauffindbaren Dritten weitergegeben hat, wenn sie ihm gestohlen wurde[533] oder wenn der Vermieter sich den Besitz durch verbotene Eigenmacht verschafft hat.[534] Zur Wohnungseinweisung zur Verhinderung von Obdachlosigkeit → Rn. 7. Im Falle der Unmöglichkeit bestehen mangels Verstoßes gegen die Rückgabepflicht keine Nutzungsentschädigungsansprüche gem. § 546 a BGB, möglich sind aber bei Verschulden des Mieters Schadensersatzansprüche.[535] Der Verstoß gegen eine (mögliche) Besitzverschaffungspflicht stellt jedoch eine Vorenthaltung der Mietsache gem. § 546 a BGB dar. 84

Verlangt der Vermieter nach Ablauf einer Frist gem. § 281 Abs. 1 BGB bzw. bei deren Entbehrlichkeit gem. § 281 Abs. 2 BGB Schadensersatz gem. § 281 Abs. 4 BGB, so geht sein Erfüllungsanspruch unter.[536] Das gilt allerdings nicht unterschiedslos für alle Erfüllungsansprüche, sondern nur für solche Erfüllungsansprüche, für die er Schadensersatz verlangt. Diese Problematik wird hauptsächlich relevant bei der Verletzung der Räumungspflicht (Entfernung von Gegenständen und Einrichtungen) durch den Mieter. Hierbei handelt es sich um eine Pflicht, deren Verletzung zur Nichterfüllung der Rückgabe iSv → Rn. 20 führt. Das hat zur Folge, dass mit dem Schadensersatzverlangen nicht nur der Erfüllungsanspruch untergeht, sondern auch der Anspruch auf Nutzungsentschädigung[537]; es bleibt nur der Schadensersatzanspruch auf Geldleistung.[538] Aus dem **Untergang der Räumungspflicht** folgt aber nicht, dass der Mieter seine Gegenstände nicht mehr abholen bzw. heraus verlangen kann; dieses Recht steht ihm vielmehr weiterhin als Eigentümer gem. § 985 BGB zu. Die schuldrechtliche und die sachenrechtliche Ebene haben somit eine gegenläufige Tendenz. Fraglich und umstritten ist allerdings, ob der Mieter im Falle der Nichterfüllung der (noch möglichen) Rückgabepflicht und entsprechendem Schadensersatzverlangen des Vermieters gem. § 281 Abs. 4 BGB im Wege des Schadensersatzes zu einer Art **Zwangskauf** der 85

---

530 Staudinger/*Rolfs* BGB § 546 a Rn. 22.

531 OLG Köln ZMR 1993, 376.

532 Staudinger/*Rolfs* BGB § 546 a Rn. 27; offenlassend BGH VIII ZR 213/82, NJW 1984, 1527.

533 OLG Köln ZMR 1993, 376.

534 Das KG NZM 2006, 376 (bestätigend KG WuM 2009, 667) hat in einem derartigen Fall eine Nutzungsentschädigung wegen § 242 BGB verneint; ein solcher Anspruch dürfte aber schon wegen Unmöglichkeit der Rückgabe scheitern, was das KG aber nicht diskutiert hat. Das OLG Düsseldorf GuT 2006, 250 verneint einen Rücknahmewillen des Vermieters.

535 Staudinger/*Rolfs* BGB § 546 a Rn. 27.

536 Palandt/*Grüneberg* BGB § 281 Rn. 50.

537 KG GE 2003, 46, zur Rechtslage vor der Schuldrechtsreform; Wolf/Eckert/Ball Gewerbl. Miet-/Pacht-/LeasingR-HdB Rn. 1128.

538 Naturalrestitution ist ausgeschlossen (*Riehm* DMT-Bilanz 2011, 315).

Mietsache verpflichtet werden kann (Erstattung des Wertes der Mietsache gegen Eigentumsübertragung); näher zu dieser Frage → BGB § 546a Rn. 86.

### F. Rückforderungsanspruch gegen einen Dritten gem. Abs. 2

86 § 546 Abs. 2 BGB hat den Zweck, dem Vermieter den Rückerhalt der Mietsache in den Fällen zu sichern, in denen der Mieter nicht oder nicht allein Besitzer ist, sondern Dritte, denen der Mieter den Gebrauch überlassen hat (typischerweise Untermieter oder Angehörige des Dritten). Der Rückgabeanspruch gegenüber dem Mieter umfasst zwar die Pflicht des Mieters dafür zu sorgen, dass der Dritte das Mietobjekt freimacht (→ Rn. 25). Wenn aber der Mieter gegenüber dem Dritten keinen Anspruch auf Rückgabe hat, etwa weil ihm kein Kündigungsrecht zusteht und er die Herausgabe an den Vermieter auch nicht sonst wie, etwa durch Verhandlungen, bewirken kann, würde der Vermieter die Mietsache nicht zurückerlangen können. Das erschien dem Gesetzgeber unbillig, weil der Vermieter mit dem Verhältnis des Mieters zu dem Dritten idR nichts zu tun hat und das Untermietverhältnis seiner Natur nach als vom Fortbestand des Hauptmietverhältnis abhängig ansah.[539] Deshalb gewährt § 546 Abs. 2 BGB dem Vermieter einen eigenen Anspruch gegen den Dritten auf Rückforderung der Mietsache, um ihn weder von den Durchsetzungsmöglichkeiten des Mieters noch von der Abtretung bzw. Pfändung und Überweisung etwaiger Herausgabeansprüche des Mieters gegen den Dritten abhängig zu machen.[540] Der Anspruch aus § 546 Abs. 2 BGB ist deshalb auch nicht auf die Fälle beschränkt, in denen der Vermieter nicht zugleich Eigentümer der Mietsache ist und in denen der Mieter selbst zur Besitzveränderung zu Gunsten des Vermieters nicht willens oder in der Lage ist. Er stellt eine Erweiterung des Rückgabeanspruchs des Vermieters aus § 546 Abs. 1 BGB auf der Grundlage seiner schuldrechtlichen Beziehungen zu dem Hauptmieter dar, dem sich der Dritte unterworfen hat, indem er sich auf das der Gebrauchsüberlassung zu Grunde liegende Rechtsverhältnis mit dem Mieter eingelassen hat.[541]

### I. Allgemeines

87 Der gesetzliche Rückgabeanspruch aus § 546 Abs. 2 BGB, der gleichermaßen bei der Miete von beweglichen wie unbeweglichen Sachen besteht, erweitert das vertragliche[542] Recht des Vermieters auf Rückgabe der Mietsache auf einen Dritten. Es handelt sich deshalb um den Fall eines (allerdings eng begrenzten[543]) **gesetzlichen Schuldbeitritts.**[544] Hierdurch wird zwischen Vermieter und Drittem kein Vertragsverhältnis begründet[545], sondern ein gesetzliches Schuldverhältnis. Da nach § 546 Abs. 2 BGB nicht jeder besitzende Dritte rückgabepflichtig ist, sondern nur derjenige, dem der vertraglich mit dem Vermieter verbundene Mieter den Gebrauch überlassen hat[546], kann der Dritte gegenüber dem Vermieter grds. alle **Einwendungen** geltend machen, die dem Mieter dem Vermieter gegenüber zustehen.[547] Das ergibt sich überdies aus dem Wortlaut des § 546 Abs. 2 BGB.[548] Wenn es nämlich dort heißt, der Vermieter könne „auch" vom Dritten Rückgabe verlangen, so bedeutet das, dass überhaupt ein Rückgabeanspruch gegen den Mieter bestehen muss und dass die konkrete Ausgestaltung der Rückgabepflichten nicht über das hinausgehen darf, was der Mieter schuldet (→ Rn. 104). Zwar gelten zwischen Vermieter und Dritten mangels Vertragsverhältnis nicht die Kündigungsschutzvorschriften der §§ 574 ff. BGB. Der Dritte kann sich aber als Einwendung gegenüber dem Anspruch aus § 546 Abs. 2 BGB auf den Kündigungsschutz des Mieters berufen, den dieser gegenüber dem Vermieter genießt.[549] Dabei kommt es aber nur auf die Härtegründe in der Person des Mieters an, nicht auf diejenigen in der Person des Dritten; das Unter-

---

[539] *Kunze* NZM 2012, 741.
[540] Staudinger/*Rolfs* BGB § 546 Rn. 60; AnwK WohnraummietR/*Lammel* BGB § 546 Rn. 32.
[541] OLG Hamm NJW-RR 1992, 783.
[542] Zum Vertragscharakter des Rückgabeanspruchs → Rn. 1.
[543] Dazu → Rn. 105.
[544] RGZ 136, 33; LG Hamburg WuM 1980, 199; Staudinger/*Rolfs* BGB § 546 Rn. 61.
[545] BGH XII ZB 194/99, NJW 2001, 1355.
[546] OLG Hamm NJW-RR 1992, 783.
[547] *Staudinger/Rolfs BGB* § 546 Rn. 65.
[548] Staudinger/*Rolfs* BGB § 546 Rn. 62 folgert den Einwendungsdurchgriff aus der vertraglichen Grundlage des Anspruchs.
[549] So auch *Kunze* NZM 2012, 741.

mietverhältnis nicht erfüllen zu können, ist für sich allein kein Härtegrund.[550] Praktisch dürfte das nur in Betracht kommen, wenn nicht das gesamte Mietobjekt untervermietet wurde, sondern nur ein Teil (etwa ein Zimmer der Wohnung). Da der Widerspruch gem. § 574a BGB eine Willenserklärung des Mieters erfordert, muss sich der Dritte zur Abgabe dieser Erklärung vom Mieter (notfalls im Wege der einstweiligen Verfügung) ermächtigen lassen.[551] Auf Einwendungen, die ihm gegenüber dem Mieter aus dem zwischen ihnen bestehenden Rechtsverhältnis zustehen, kann sich der Dritte hingegen nicht berufen, insbes. also nicht darauf, er sei aus dem Vertrag mit diesem zum Besitz berechtigt[552], etwa weil der Vertrag mit dem Mieter (noch) nicht kündbar sei oder weil Kündigungsschutzvorschriften eingriffen; solchen Einwendungen will § 546 Abs. 2 BGB gerade begegnen. Bei einer **gewerblichen Weitervermietung** ist allerdings § 565 BGB zu beachten.

Mieter und Dritter sind – soweit ihre Pflichten identisch sind[553] – **Gesamtschuldner** gem. § 431 BGB[554], allerdings geht der Anspruch des Vermieters gegen den Dritten unter, wenn dieser an den Mieter zurückgibt (→ Rn. 101). (Nur) der Vermieter hat ein Wahlrecht, ob der Dritte an ihn oder den Mieter herausgeben soll.[555] Mehrere Dritte sind Gesamtschuldner.[556] Durch eine Herausgabe an den Vermieter wird der Dritte auch gegenüber dem Mieter befreit.[557] Zum Konkurrenzverhältnis von § 546 Abs. 1, 2 BGB → Rn. 14. **88**

## II. Voraussetzungen

Der Anspruch gem. § 546 Abs. 2 BGB setzt die Beendigung eines wirksamen Hauptmietvertrages, die Gebrauchsüberlassung an einen Dritten und die Geltendmachung des Rückgabeanspruchs gegenüber dem Dritten voraus. **89**

### 1. Beendetes Hauptmietverhältnis

Wenn der Anspruch aus § 546 Abs. 2 BGB – wie ausgeführt – auf einem gesetzlichen Schuldbeitritt zu der Rückgabepflicht aus § 546 Abs. 1 BGB beruht, dann setzt er das wirksame Bestehen einer solchen Pflicht voraus. Das bedeutet, dass es einen **wirksamen Mietvertrag** geben muss und dass dieser Mietvertrag beendet wurde (→ Rn. 15). Liegen diese Voraussetzungen nicht vor, kommen zu Gunsten des Vermieters gegen den Dritten nur Herausgabeansprüche gem. §§ 985, 812 BGB in Betracht[558] sowie ggf. Beseitigungs- und Rückbauansprüche gem. § 1004 BGB.[559] Ergänzend gilt zur Beendigung des Hauptmietverhältnisses Folgendes: **90**

Für den Anspruch aus § 546 Abs. 2 BGB kommt es nicht darauf an, ob der Mieter seine tatsächlichen Beziehungen zu der Mietsache aufgegeben hat, sondern nur darauf, ob sein Mietvertrag mit dem Vermieter **rechtlich beendet** ist, was auch dann der Fall ist, wenn der Mieter stirbt und niemand gem. §§ 563ff., 1922 BGB in den Mietvertrag eintritt.[560] Es ist deshalb belanglos, ob der Mieter seinen Besitz schon vorzeitig, dh vor Vertragsende, aufgegeben hat oder ob der Mieter die Nutzung trotz des Vertragsendes fortsetzt.[561] Anders ist das allerdings, wenn der Mieter nach dem rechtlichen Vertragsende (noch) nicht zur Räumung verpflichtet ist.[562] Als Grund hierfür kommen insbes. vertragliche oder gerichtliche **Räumungsfristen** in Betracht. Während einer solchen Räumungsfrist kann der Vermieter vom Mieter Rückgabe nicht verlangen und diese nicht zwangsweise durchsetzen. Da der Anspruch aus § 546 Abs. 2 BGB wie erörtert von der Rückgabepflicht nach § 546 Abs. 1 BGB abhängt, hat der Vermieter in dieser Zeit auch den Rückgabeanspruch gegen **91**

---

550 BayObLG NJW 1970, 1748.
551 Ähnlich *Kunze* NZM 2012, 741, die aber eine Abtretung der Kündigungsschutzrechte annimmt.
552 Staudinger/*Rolfs* BGB § 546 Rn. 65.
553 Dazu → Rn. 104.
554 LG Hamburg WuM 1980, 199; OLG München NJW-RR 1989, 524; Staudinger/*Rolfs* BGB § 546 Rn. 74 mwN.
555 OLG München NJW-RR 1989, 524; Staudinger/*Rolfs* BGB § 546 Rn. 74; auch → Rn. 14.
556 LG Berlin WuM 2016, 692.
557 BGH XII ZR 215/94, NJW 1996, 46; LG Berlin GE 2011, 819.
558 AnwK WohnraummietR/*Lammel* BGB § 546 Rn. 33.
559 Siehe dazu BGH V ZR 179/06, NJW 2007, 2182 sowie *Katzenstein* NZM 2008, 594.
560 Staudinger/*Rolfs* BGB § 546 Rn. 69 mwN auch auf eine Gegenmeinung.
561 Staudinger/*Rolfs* BGB § 546 Rn. 69.
562 OLG Hamm WuM 1981, 40; OLG München 29.1.2015 – 23 U 3353/14, BeckRS 2015, 3556; AG Aachen WuM 1990, 150; Staudinger/*Rolfs* BGB § 546 Rn. 66.

den Dritten nicht.[563] War er bereits entstanden, geht er zwar – genauso wie der Rückgabeanspruch nach § 546 Abs. 1 BGB[564] – mit Beginn des Räumungshindernisses nicht unter, ist aber zeitweise gehemmt. Abgesehen davon ist die Räumungspflicht des Dritten dann hinausgeschoben, wenn nicht dem Mieter, sondern ihm selbst (vertraglich oder gerichtlich) eine Räumungsfrist bewilligt wurde.[565]

92 **Keine Beendigung des Hauptmietvertrages** iSv § 546 Abs. 2 BGB stellt es dar, wenn ein neuer Mieter in den Vertrag eintritt oder den Vertrag ganz übernimmt. Ein solcher Eintritt bzw. eine solche Übernahme kann auf vertraglichen Vereinbarungen oder Gesetz (etwa §§ 563ff., 1922 BGB) beruhen. Schließt der Vermieter nach beendetem Hauptmietvertrag einen neuen Vertrag ab und ist der neue Mieter mit einer Gebrauchsüberlassung an den Dritten einverstanden, so erlischt der Rückgabeanspruch des Vermieters gegen den Dritten.[566]

93 Beenden Vermieter und Mieter das Mietverhältnis nur deshalb ganz oder teilweise, um dem Dritten den Gebrauch durch Geltendmachung des Anspruchs aus Abs. 2 entziehen zu können, so ist diese Vertragsbeendigung wegen **Sittenwidrigkeit** gem. § 138 BGB oder als Scheingeschäft gem. § 117 BGB nichtig.[567]

94 Erhält der Mieter für die Aufhebung des Mietverhältnisses eine **Abfindung** (des Vermieters oder eines Dritten, etwa eines Nachmieters), so kann ein Untermieter, dessen Gebrauch durch die Vertragsbeendigung unmöglich wird oder dessen Vertrag auf Grund entsprechender Vereinbarungen mit dem Hauptmietverhältnis endet, gem. § 285 BGB die Auskehrung der Abfindung an sich verlangen; betrifft die Untermiete nur einen Teil des Mietobjekts, so steht dem Untermieter nur ein entsprechender Anteil der Abfindung zu.[568]

95 Der Vermieter kann den Rückgabeanspruch gegen den Dritten nicht geltend machen, wenn dieser aus dem Mietvertrag zwischen Mieter und Vermieter oder aus anderen Gründen gegenüber dem Vermieter einen **Anspruch auf Abschluss eines eigenen Mietvertrages** für den Fall hat, dass das Mietverhältnis mit dem Mieter endet. Der Vermieter müsste nämlich dann nach Vertragsschluss mit dem Dritten das sofort wieder zurückgewähren, was er auf Grund des Anspruchs gem. § 546 Abs. 2 BGB gerade bekommen hat; das widerspräche § 242 BGB. Eine Vereinbarung zu Gunsten des Dritten in dem Mietvertrag zwischen Mieter und Vermieter bindet allerdings einen Grundstückserwerber gem. § 566 BGB nicht.[569] Erst recht hat der Vermieter keinen Rückgabeanspruch gegen den Dritten, wenn er mit ihm schon einen Mietvertrag geschlossen hat.[570] Ein solcher Vertrag kann auch stillschweigend zu Stande kommen, wenn der Vermieter den Dritten wie einen Mieter behandelt und dieser das akzeptiert. Ein Vertragsschluss liegt allerdings noch nicht darin, dass ein Untermieter die Miete wie bisher nicht an den Hauptmieter, sondern direkt an den Vermieter zahlt.[571]

### 2. Gebrauchsüberlassung an einen Dritten

96 Der Mieter muss nach dem Wortlaut des § 546 Abs. 2 BGB den Gebrauch der Mietsache einem Dritten überlassen haben. Bei mehreren Mietern reicht nach dem Zweck des § 546 Abs. 2 BGB die Überlassung durch einen von ihnen.[572] **Dritter** ist jeder, der nicht der Mieter oder der Vermieter ist. Das schließt auch die Angehörigen des Mieters ein, die mit ihm in der Mietwohnung leben ohne selbst Vertragspartner zu sein, da dem Vermieter gegen diesen Personenkreis mangels vertraglicher Beziehung kein Rückgabeanspruch gem. § 546 Abs. 1 BGB zusteht.[573] Neben den Ange-

---

563 AG Aachen WuM 1990, 150; Staudinger/*Rolfs* BGB § 546 Rn. 69.
564 Dazu → Rn. 79.
565 LG Stade WuM 1987, 62.
566 Staudinger/*Rolfs* BGB § 546 Rn. 71; LG Berlin ZMR 1992, 395, aus diesem Urteil ist allerdings nicht ersichtlich, ob der neue Mieter mit der Gebrauchsüberlassung an den Dritten einverstanden war; das ist notwendig, da ansonsten der Vermieter, wenn er nicht Eigentümer ist, Schwierigkeiten hat, dem neuen Mieter den Gebrauch zu verschaffen.
567 BGH VIII ARZ 16/81, NJW 1982, 1696; Staudinger/*Rolfs* BGB § 546 Rn. 70 mwN.
568 BGH II ZR 6/84, NJW-RR 1986, 234.
569 LG München I WuM 1989, 412; auch → BGB § 566 Rn. 151.
570 AG Köln WuM 1992, 542; dort wird insbes. verneint, dass der Vertragsschluss eines Untermieters mit dem Vermieter eine Vertragsverletzung gegenüber dem Hauptmieter darstellt.
571 OLG Düsseldorf NJW-RR 1988, 202.
572 AG Stuttgart ZMR 1975, 305.
573 OLG Schleswig WuM 1992, 674; LG Frankfurt a. M. WuM 1989, 295.

hörigen des Mieters sind typischerweise Untermieter Dritte iSd § 546 Abs. 2 BGB. Bei einem (echten) (Miet-)**Vertrag zu Gunsten Dritter** gem. § 328 BGB ist der Dritte, zu dessen Gunsten das Gebrauchsrecht vereinbart wurde, Schuldner des Rückgabeanspruchs gem. § 546 Abs. 1 BGB und nicht des Anspruchs aus § 546 Abs. 2 BGB; wenn der Dritte/Nutzer dem Mieter des Besitz überlassen, ist aber der Mieter gem. § 546 Abs. 2 BGB zur Rückgabe verpflichtet.[574]

**Überlassung** bedeutet, dass der Dritte die Mietsache mit Wissen und Wollen des Mieters, mindestens aber mit dessen Duldung, zum Gebrauch erhalten hat.[575] Eigenmacht oder Anmaßung des Dritten reichen nicht aus; in diesen Fällen ist der Vermieter auf Ansprüche aus §§ 812, 823, 862, 985 BGB beschränkt.[576] Bei mehreren Mietern reicht die Überlassung durch einen von ihnen.[577] Für den Rückforderungsanspruch nach § 546 Abs. 2 BGB spielt es keine Rolle, ob der Mieter zur Überlassung berechtigt war, ob er also bspw. untervermieten durfte.[578] **97**

Die Überlassung muss erfolgt sein, um dem Dritten den Gebrauch der Mietsache zu ermöglichen. Gebrauch erfordert **Besitz**[579], allerdings nicht zwingend Allein- oder Eigenbesitz, ausreichend ist auch Mitbesitz oder mittelbarer Besitz[580] des Dritten. Denn nur, wenn er Besitzer ist, ist er in der Lage, den Rückforderungsanspruch des Vermieters gem. § 546 Abs. 2 BGB zu erfüllen, also die Mietsache an ihn zurückzugeben.[581] Ist der Dritte nur Besitzdiener, kann er also nicht Dritter iSv § 546 Abs. 2 BGB sein. Dementsprechend sind für die Räumungsvollstreckung einer Wohnung Titel gegen alle Besitzer und Mitbesitzer erforderlich, nicht aber gegen Besitzdiener. Wer Besitzer, Mitbesitzer, mittelbarer Besitzer oder Besitzdiener ist, richtet sich nach den besitzrechtlichen Vorschriften. Vollstreckungsrechtlich ist ein **Titel notwendig** gegen den Untermieter[582]; Ehegatten und Lebenspartner[583]; gegen nichteheliche Lebensgefährten nur, wenn sich deren Mitbesitz an der Wohnung klar und eindeutig aus den Umständen ergibt[584]; ein **Titel ist nicht notwendig** gegen minderjährige Kinder[585], im Regelfall auch nicht nach Erreichen der Volljährigkeit[586] und nicht bei Kindern, die bei Einzug in die Wohnung schon erwachsen waren, sofern noch eine soziale Abhängigkeit von den Eltern besteht[587]; Hauspersonal[588]; Angestellte des Gewerbemieters.[589] Zu Indizien für eine Besitzerstellung → ZPO § 940a Rn. 22. In der Insolvenz des Dritten sollte nicht nur dessen Insolvenzverwalter verklagt werden, sondern auch der Dritte selbst, weil ein Titel gegen den Verwalter eine Vollstreckung gegen den Dritten nicht einschließt.[590] **98**

Aus einem **Räumungsurteil gegen den Mieter** kann nicht gegen einen Untermieter oder einen in dem Titel nicht genannten Dritten, der selbst Besitz hat, vollstreckt werden.[591] Das gilt wegen des Verbots, staatliche Zwangsmaßnahmen ohne Vollstreckungstitel auszuüben, auch für den Besitzer, der ohne oder gegen Wissen und Wollen des Vermieters (Mit-)Besitz begründet und wider Treu und Glauben über einen erheblichen Zeitraum gegenüber dem Vermieter verheimlicht **99**

---

574 *Lehmann-Richter* ZMR 2010, 820.
575 Staudinger/*Rolfs* BGB § 546 Rn. 67.
576 Staudinger/*Rolfs* BGB § 546 Rn. 67.
577 Staudinger/*Rolfs* BGB § 546 Rn. 67.
578 Staudinger/*Rolfs* BGB § 546 Rn. 68.
579 Staudinger/*Rolfs* BGB § 546 Rn. 68.
580 Für den mittelbaren Besitz OLG Hamm NJW-RR 1992, 783. Bei mittelbarem Besitz kann auch nicht nur die Abtretung des Herausgabeanspruchs gefordert werden; das wird von BGH VIII ZR 202/67, NJW 1970, 241 für einen dinglichen Herausgabeanspruch zu Recht abgelehnt, die gleichen Gründe gelten auch hier. Zudem ist Anknüpfungspunkt für die Rückgabepflicht nach § 546 Abs. 2 BGB nicht der Besitz, sondern die Gebrauchsüberlassung ist; der Gebrauch kann aber auch dadurch ausgeübt werden, dass der Besitz einem anderen überlassen wird, wodurch dann mittelbarer Besitz beim Überlasser entsteht.
581 LG Berlin WuM 2015, 634; Staudinger/*Rolfs* BGB § 546 Rn. 68.
582 BGH IXa ZB 116/03, NZM 2003, 802.
583 Blank/Börstinghaus/*Blank* BGB § 546 Rn. 61.
584 BGH I ZB 56/07, NJW 2008, 1959; dazu *Scholz* ZMR 2009, 99. Ein Umstand, der auf den Besitz des Lebensgefährten schließen lässt, ist die Angabe der Wohnung als Meldeadresse gegenüber dem Einwohnermeldeamt (LG Mannheim DWW 2006, 250 (251)) oder eine Anzeige an den Vermieter (*Springer* WuM 2009, 335).
585 BGH I ZB 56/07, NJW 2008, 1959; AG Wiesbaden NZM 2015, 782.
586 BGH I ZB 56/07, NJW 2008, 1959; AG Wiesbaden NZM 2015, 782; weitere Nachweise bei *Bueb* jurisPR-MietR 10/2018 Anm. 6.
587 AG Wiesbaden NZM 2015, 782; AG Kassel ZMR 2016, 77; *Flatow* jurisPR-MietR 2/2016 Anm. 5.
588 Blank/Börstinghaus/*Blank* BGB § 546 Rn. 61.
589 Blank/Börstinghaus/*Blank* BGB § 546 Rn. 61.
590 So für den Mieter *Eckert* NZM 2006, 808; für den Dritten muss aber das Gleiche gelten.
591 BGH IXa ZB 116/03, NZM 2003, 802.

hat, oder für den Besitzer, der rechtsmissbräuchlich ein tatsächlich nicht bestehendes Untermietverhältnis behauptet.[592] Hat der Mieter die Mietsache erst nach Rechtshängigkeit[593] der gegen ihn gerichteten Räumungsklage an einen Dritten überlassen und ist dieser Besitzer geworden, so wirkt ein stattgebendes Urteil gem. § 325 ZPO auch gegen den Dritten[594], auf den der Vermieter es gem. § 727 ZPO umschreiben lassen kann[595], was allerdings nur selten in Betracht kommen dürfte, weil es voraussetzt, dass die Gebrauchsüberlassung offenkundig ist oder durch öffentliche Urkunden nachgewiesen werden kann (was am ehesten gegeben ist, wenn ein Vollstreckungsversuch den Besitz des Dritten erwiesen hat und der Gerichtsvollzieher dies im Vollstreckungsprotokoll niedergelegt hat; ohne dies ist Klauselerteilungsklage gem. § 731 ZPO möglich, es kann aber auch gleich auf Herausgabe gegen den Dritten geklagt werden). Abgesehen hiervon erstreckt sich die Rechtskraft eines Räumungsurteils gegen den Mieter oder eines Urteils, in dem die Vertragsbeendigung zwischen Vermieter und Mieter festgestellt wird, nicht auf den Dritten, auch nicht kraft materiellrechtlicher Abhängigkeit in der Weise, dass der Dritte die Rückgabepflicht des Mieters nicht mehr leugnen kann, wenn er seinerseits vom Vermieter auf Rückgabe nach § 546 Abs. 2 BGB in Anspruch genommen wird[596]; ein Räumungsrechtsstreit zwischen Vermieter und Drittem kann aber dennoch bis zur Beendigung des Räumungsprozesses zwischen Vermieter und Mieter gem. § 148 ZPO ausgesetzt werden.[597] Der Vermieter kann sich auf Grund des Räumungstitels gegen den Mieter dessen Rückgabeanspruch gegen den Untermieter gem. § 886 ZPO pfänden und überweisen lassen. So kann er verhindern, dass der Untermieter die Mietsache an den Mieter herausgibt. Für eine Vollstreckung benötigt er einen Titel gegen den Dritten, den er aber unabhängig von § 546 Abs. 2 BGB auf Grund der Überweisung selbst einklagen kann.[598] Der Vermieter kann vom Mieter aus einer Nebenpflicht des Mietvertrages **Auskunft** darüber verlangen, welchen Dritten er die Mietsache überlassen hat[599]; diesen Anspruch kann er im Wege der einstweiligen Verfügung verfolgen.[600] Außerdem hat ein räumungspflichtiger Mieter es zu unterlassen, die Mietsache Dritten zu überlassen.[601] Tut er es dennoch, kann eine Klageerweiterung auf den Dritten gem. § 533 ZPO auch noch in der Berufungsinstanz erfolgen und zwar auch dann, wenn die Zustimmung zur Parteierweiterung rechtsmissbräuchlich verweigert wird[602]; auf die Sachdienlichkeit kommt es bei einer Parteierweiterung in der Berufungsinstanz nicht an, auch wenn sie oftmals zu bejahen wäre, was allein schon aus der Wertung des § 940 a Abs. 2 ZPO folgt.[603] Der Mieter kann dem Vermieter nach § 826 BGB zum **Schadensersatz** verpflichtet sein, wenn er vertragswidrig untervermietet, um die Vollstreckung aus einem Räumungsurteil zu verhindern oder zu erschweren; ist eine juris-

---

592 BGH I ZB 39/08, NJW 2008, 3287. Die gegenteilige Ansicht von LG Lübeck DGVZ 2008, 172 (= Vorinstanz der BGH-Entscheidung); AG Hannover NZM 2015, 170; KG NZM 2003, 105; OLG Hamburg MDR 1993, 274; AG Hamburg-St. Georg ZMR 2007, 280 ist nach bzw. angesichts dieser Entscheidung des BGH nicht mehr haltbar. *Klimesch* ZMR 2009, 431 und *Klimesch/Wedel* ZMR 2012, 679 (Nachweise auf weitere kritische Stimmen bei *Klüver* DGVZ 2012, 116) meinen, dieses Urteil stehe einer Zwangsvollstreckung gegen einen nicht im Titel genannten Besitzer nicht entgegen, wenn der Vermieter den Mieter vor dem Prozess nach den Besitzern des Mietobjektes gefragt habe; mE ist das mit dem Urteil nicht vereinbar und schon allein für den Fall nicht haltbar, dass der Besitzer bei Erlangung des Besitzes in gutem Glauben war. Hinzu kommt, dass der Gesetzgeber den durch die BGH-Rechtsprechung bedingten Härtefällen durch Einführung des § 940 a Abs. 2 ZPO begegnen wollte (krit. zum Erfolg dieses Vorhabens *Klimesch/Wedel* ZMR 2012, 679); allein deswegen erscheint ein Rückgriff auf Treu und Glauben in aller Regel nicht möglich. Da § 242 BGB aber grds. auch im Zwangsvollstreckungsverfahren gilt (so auch BGH I ZB 39/08, NJW 2008, 3287 Rn. 10), kann nicht für jeden denkbaren Extremfall eine aus Treu und Glauben folgende, abweichende Handhabung der Räumungsvollstreckung vollständig ausgeschlossen werden (ähnlich *Hinz* NZM 2012, 793).

593 Das schließt auch den Besitzwechsel nach Rechtskraft des Urteils ein, vgl. BGH V ZR 115/80, NJW 1981, 1517 und BGH III ZR 184/81, NJW 1983, 2032.

594 BGH V ZR 115/80, NJW 1981, 1517; BGH VI ZR 259/90, NJW 1991, 2420.

595 *Baer* ZMR 2013, 334.

596 HM, s. nur BGH XII ZR 178/03, NZM 2006, 699 mwN und dem folgend BGH VIII ZR 6/09, NZM 2010, 699; **aA** AG Hamburg NJW-RR 1992, 1487 mwN.

597 LG Berlin NZM 2013, 27.

598 Wolf/Eckert/Ball Gewerbl. Miet-/Pacht-/LeasingR-HdB Rn. 1334; Staudinger/*Rolfs* BGB § 546 Rn. 88.

599 LG Kiel ZMR 2010, 532; OLG Hamburg NZM 1998, 758; *Baer* ZMR 2013, 335.

600 → ZPO § 940 a Rn. 28.

601 *OLG Hamburg NZM 1998*, 758.

602 Siehe BGH VII ZR 5/06, NJW-RR 2008, 176 zu den Voraussetzungen; LG Potsdam GE 2012, 64.

603 Siehe zum Begriff der Sachdienlichkeit bei § 533 ZPO bei BGH XII ZR 110/09, NJW 2011, 2796 und BGH VIII ZR 109/11, NJW 2012, 2662.

tische Person Mieter kommt eine persönliche Haftung des Geschäftsführers wegen eines Missbrauchs der korporativen Haftungsbeschränkung in Betracht.[604]

Gleichgültig ist es im Ansatz, ob der Mieter dem Dritten das Mietobjekt vollständig überlässt oder nur teilweise[605], ob er also bspw. nur ein Zimmer der Wohnung untervermietet oder – unter Aufgabe des eigenen unmittelbaren Gebrauchs – die ganze Wohnung. Entscheidend sind die durch die Gebrauchsüberlassung begründeten Besitzverhältnisse. Hat der Dritte (Mit-)Besitz an dem gesamten Objekt, muss er das gesamte Objekt räumen; hat er (Mit-)Besitz nur an einzelnen Räumen, muss er nur diese zurückgeben.[606] Auch auf das der Gebrauchsüberlassung zu Grunde liegende Rechtsverhältnis kommt es nicht an, gleichfalls nicht darauf, ob es wirksam ist[607]; entscheidend ist allein die **tatsächliche Gebrauchsverschaffung durch den Mieter.** Meist wird es eine Rechtsbeziehung zwischen Drittem und Mieter geben. In Betracht kommen Untermiete, Leihe (etwa bei Überlassung einer Wohnung an Freunde), Unterhaltspflichten (bei Aufnahme von Angehörigen in die Wohnung) etc. Auch Gebrauchsüberlassungsketten sind möglich, so etwa bei mehrfach hintereinander geschalteten Untermietverhältnissen; in diesem Fall hat der Vermieter gegen jeden Untermieter bzw. Unter-Untermieter einen Anspruch, der sich den Besitz nicht eigenmächtig verschafft hat, der ihn vielmehr von einer Gebrauchsüberlassung durch den Mieter ableitet.[608] **100**

Ist bei Ende des Vertrages zwischen Mieter und Vermieter die **Gebrauchsüberlassung beendet,** die der Mieter dem Dritten gewährt hatte, so hat der Vermieter keinen Anspruch aus § 546 Abs. 2 BGB[609], da die Vorschrift die Rechte des Vermieters nur für den Fall erweitern will, dass sein Vertragspartner, der Mieter, nicht die alleinige Herrschaft über das Mietobjekt hat und es deshalb möglicherweise nicht aus eigener Kraft zurückgeben kann oder will; sie will ihm nicht Rechte gegenüber jedem verschaffen, bei dem das während der vergangenen Mietzeit irgendwann einmal so war. Der Dritte muss bei Vertragsende genauso wenig unmittelbarer Besitzer der Mietsache sein wie der Mieter, die Rückgabepflicht besteht vielmehr so lange, wie die Gebrauchsüberlassung (und damit irgendeine Form von Besitz; → Rn. 98) fortbesteht, was auch bei mittelbarem Besitz der Fall ist.[610] Eine vollständige und unbedingte Aufgabe jeglichen Besitzes durch den Dritten während der Vertragslaufzeit (also auch des mittelbaren Besitzes) reicht hingegen regelmäßig aus, um dem Anspruch des Vermieters gem. § 546 Abs. 2 BGB zu entgehen. Das gilt auch dann, wenn das der Gebrauchsüberlassung durch den Mieter zu Grunde liegende Rechtsverhältnis nicht formal beendet sein sollte; die faktische Beendigung der Gebrauchsüberlassung reicht aus. Die Gebrauchsüberlassung ist allerdings nur dann beendet, wenn der Besitz nach der Besitzaufgabe an den Mieter (oder den Vermieter; dazu sogleich) zurückfällt; ist das nicht der Fall, überträgt der Dritte den Besitz vielmehr unter eigener vollständiger Besitzaufgabe an einen anderen Dritten, dann ist die Gebrauchsüberlassung nicht beendet.[611] Der Dritte wird von dem Rückgabeanspruch ebenfalls frei, wenn er nach Vertragsende **an den Mieter anstatt an den Vermieter zurückgibt.**[612] Es fehlt nämlich auch dann an einer (fortbestehenden) Gebrauchsüberlassung. In beiden Fällen (vollständige Besitzaufgabe bzw. Rückgabe an den Vermieter) ist der Vermieter nicht mehr auf den Schutz des § 546 Abs. 2 BGB durch Inanspruchnahme des Dritten angewiesen, um das Mietobjekt zurückzuerhalten. Wegen des Vorrangs des Rückgabeanspruchs des Vermieters, dem die Mietsache letztlich gebührt, kann sich der Dritte, der zunächst an den Mieter zurückgibt, aber uU schadensersatzpflichtig machen, wenn die Rückgabe an den Mieter zu Verzögerungen bei der **101**

[604] OLG München ZMR 2020, 28.

[605] LG Frankfurt a. M. WuM 1989, 295.

[606] LG Berlin WuM 2015, 634; KG GE 2019, 56, für Gemeinschaftsflächen.

[607] Staudinger/*Rolfs* BGB § 546 Rn. 68.

[608] OLG Hamm NJW-RR 1992, 783.

[609] LG Hamburg WuM 1980, 199; OLG München NJW-RR 1989, 524; **aA** wohl OLG München MDR 1997, 833; es ging um Schadensersatz wegen Unmöglichkeit der Rückgabe eines Pkw; angesichts der nachfolgenden Ausführungen dürfte das Urteil jedenfalls mit der gegebenen Begründung, es komme nicht darauf an, ob der Dritte noch Besitz habe, nicht haltbar sein.

[610] BGH VIII ARZ 4/95, NJW 1996, 515; OLG Hamm NJW-RR 1992, 783; OLG München ZMR 2012, 620. Wenn in den Entscheidungen in Zusammenhang mit dem Dritten teilweise davon die Rede ist, dieser müsse nicht Besitzer sein, so ist ersichtlich der unmittelbare Besitz gemeint; im Fall OLG München ZMR 2012, 620 wird der fortbestehende mittelbare Besitz des Dritten ausdrücklich erwähnt, wenngleich die Formulierungen iÜ auch dort missverständlich sind.

[611] BGH VIII ZR 147/69, NJW 1971, 2065.

[612] So auch LG Hamburg WuM 1980, 199; OLG München NJW-RR 1989, 524; MüKoBGB/*Bieber* § 546 Rn. 22.

Rückgabe an den Vermieter führt. Es handelt sich um eine Pflichtverletzung aus dem gesetzlichen Schuldverhältnis, das zwischen dem Vermieter und dem Dritten mit dem Rückgabeanspruch entstanden ist. Zum Konkurrenzverhältnis zwischen § 546 Abs. 1, 2 BGB in den Fällen der Untermiete → Rn. 14.

### 3. Rückforderungserklärung

102 Der Vermieter muss den Rückgabeanspruch gegenüber dem Dritten geltend machen. Das geschieht durch **einseitige, formlose Willenserklärung**[613]; da es sich nicht um eine Kündigung handelt, müssen Kündigungsvoraussetzungen (Schriftform, Vorliegen von Kündigungsgründen, Einhalten von Kündigungsfristen etc) nicht erfüllt sein.[614] Die Erklärung kann auch schon vor dem Ende des Hauptmietverhältnisses abgegeben werden, wird aber erst mit dessen Ende wirksam.[615] Ansonsten entsteht der Rückgabeanspruch mit Zugang der Erklärung, dem Dritten ist aber eine Ziehfrist entsprechend den → Rn. 76 dargestellten Grundsätzen einzuräumen. In der Erhebung einer Räumungsklage ist die Rückforderungserklärung stillschweigend enthalten.[616] Erkennt der Dritte den Anspruch in einem solchen Fall sofort an, hat der Vermieter die Kosten des Rechtsstreits gem. § 93 ZPO zu tragen.[617] Die Rückforderungserklärung ist nicht fristgebunden. Macht der Vermieter den Rückforderungsanspruch über längere Zeit nicht geltend und behandelt er den Dritten wie einen Mieter, was der Dritte geschehen lässt, dann kommt ein konkludenter Vertragsschluss in Betracht.

103 Die Rückforderungserklärung ist **Anspruchsvoraussetzung** für den Rückforderungsanspruch[618] und nicht bloße Fälligkeitsvoraussetzung[619] oder Verzugsvoraussetzung.[620] Das folgt einmal aus dem Wortlaut von § 546 Abs. 2 BGB, wo von einem Forderungsrecht des Vermieters die Rede ist anstatt wie in § 546 Abs. 1 BGB von einer Verpflichtung des Mieters. Zum anderen weiß der Dritte, der Vertragsbeziehungen nur zum Mieter hat, oftmals nichts vom Ende des Vertrages zwischen Mieter und Vermieter, möglicherweise weiß er bei einer Untermiete nicht einmal, dass er nur Untermieter ist und dass die Gefahr der Rückforderung gem. § 546 Abs. 2 BGB besteht. Zwar könnte man vom ihm wegen der bloßen Möglichkeit eines Anspruchs nach § 546 Abs. 2 BGB verlangen, dass er sich um den Bestand des Hauptmietverhältnisses kümmern muss, ähnlich wie er auch dem Risiko ausgesetzt ist, dass sein Vermieter nicht Eigentümer der Mietsache und er deshalb möglicherweise einem Herausgabeanspruch gem. § 985 BGB ausgesetzt ist.[621] Das rechtfertigt aber nicht, sich über den Wortlaut von § 546 Abs. 2 BGB hinwegzusetzen, der – wie ausgeführt – eher dafür spricht, dass die Rückforderungserklärung Anspruchsvoraussetzung ist.

## III. Rückgabepflichten des Dritten

104 Die **Rückgabepflichten des Dritten** gem. § 546 Abs. 2 BGB sind – entgegen einer vielfach apodiktisch geäußerten Ansicht[622] – nicht ohne Weiteres identisch mit denen des Mieter gem. § 546 Abs. 1 BGB. Der Mieter ist zur Besitzverschaffung (einschließlich des Zubehörs) an den Vermieter in dem von ihm innegehaltenen Umfang (→ Rn. 100) verpflichtet, zur Räumung von Gegenständen

---

[613] Soergel/*Heintzmann* BGB § 546 Rn. 12 nimmt eine geschäftsähnliche Handlung an; für die Praxis bedeutet das keinen Unterschied.

[614] Blank/Börstinghaus/*Blank* BGB § 546 Rn. 67.

[615] Blank/Börstinghaus/*Blank* BGB § 546 Rn. 67.

[616] OLG Hamburg NZM 1999, 1052; **aA** Sternel MietR Kap. XIII Rn. 65, der Bedenken hinsichtlich des Erklärungswillens hat; es kommt allerdings nur auf das Verständnis des Erklärungsempfängers an, der in der Klage ohne Weiteres eine Rückforderungserklärung sehen wird, wenn eine solche nicht schon vorprozessual ausgesprochen worden sein sollte.

[617] OLG Schleswig WuM 1993, 541.

[618] RGZ 156, 150; Blank/Börstinghaus/*Blank* BGB § 546 Rn. 67; unklar BGH VIII ARZ 16/81, NJW 1982, 1696, wo das Ende des Besitzrechts des Dritten nur von der Beendigung des Hauptmietvertrages abhängig gemacht wurde und nicht von einer Rückforderungserklärung; diese Frage wurde aber nicht ausdrücklich erörtert, auf sie kam es auch nicht entscheidungserheblich an. In BGH V ZR 85/65, MDR 1969, 128 wurde die Frage ausdrücklich offen gelassen.

[619] AnwK WohnraummietR/*Lammel* BGB § 546 Rn. 34.

[620] *So aber Staudinger/Rolfs BGB § 546* Rn. 73.

[621] So Staudinger/*Rolfs* BGB § 546 Rn. 73.

[622] Staudinger/*Rolfs* BGB § 546 Rn. 75; Wolf/Eckert/Ball Gewerbl. Miet-/Pacht-/LeasingR-HdB Rn. 1332; s. zum Meinungsstand auch *Katzenstein* NZM 2008, 599.

und Einrichtungen, zum Rückbau von Umbauten, zur Beseitigung von Schäden und ggf. zur Renovierung.[623] Würden den Dritten all diese Pflichten treffen, würde das über den Zweck des § 546 Abs. 2 BGB[624], dem Vermieter, der nicht Eigentümer oder sonst dinglich Berechtigter ist, nach dem Ende des Hauptmietverhältnisses und unabhängig vom Fortbestand eines Untermietvertrags eine Rückforderung zu ermöglichen, deutlich hinausgehen.[625] Zwar ist § 546 Abs. 2 BGB nicht auf die Fälle beschränkt, dass der Vermieter nicht Eigentümer der Mietsache ist. Dem Grundgedanken nach ist die Vorschrift aber ein Ersatz für einen fehlenden dinglichen Herausgabeanspruch aus § 985 BGB. Dieser Herausgabeanspruch ist im Wesentlichen auf die Besitzverschaffung begrenzt und gewährt kein Recht auf die Herstellung eines bestimmten Zustandes.[626] Jedenfalls hat letzteres in dem Gesetzeswortlaut keinen ausreichend deutlichen Niederschlag gefunden.[627] Deshalb darf bei der Auslegung der gesetzgeberische Anlass nicht außer Acht gelassen werden. Würde man dem Dritten dieselben Rückgabepflichten auferlegen wie dem Mieter, dann erhielte der Vermieter am Ende des Vertrages quasi einen weiteren Schuldner für eine Vielzahl von Abwicklungspflichten. Eine solche Privilegierung ist durch § 546 Abs. 2 BGB nicht beabsichtigt, Hauptzweck ist – wie ausgeführt – ein eher dingliches Wiedererlangungsinteresse, nicht aber eine Vermehrung der Haftenden. Ein Blick auf die Interessen des Dritten führt zum gleichen Ergebnis. Bei einem Untermieter mag man noch der Meinung sein können, für ihn sei es gleichgültig, ob er die Rückgabepflichten gegenüber dem Mieter oder gegenüber dem Vermieter erfülle. Auch hier kommen aber schon Zweifel daran auf, ob der Vermieter vom Untermieter etwas fordern können soll, was ihm gegenüber dem Mieter nicht zusteht, was der Untermieter aber gegenüber dem Mieter zu leisten hat (bspw. Schönheitsreparaturen); oder ob er Schäden beseitigen muss, die der Mieter verursacht hat. Die Zweifel verstärken sich, wenn man sich eine weitere typische Fallgruppe des § 546 Abs. 2 BGB vergegenwärtigt, nämlich die der Angehörigen, die aus familiären Gründen in die Wohnung aufgenommen wurden und selbst (Mit-)Besitz haben, etwa der Ehegatte. Diese Personen haben keine vertragliche Verpflichtung gegenüber dem Vermieter und wollten dies möglicherweise auch ausdrücklich nicht. Dennoch würden sie, wenn man ihnen dieselben Rückgabepflichten wie dem Mieter auferlegen würde, in ganz erheblicher Weise in das Pflichtenprogramm des Vertrages hineingezwungen mit möglicherweise erheblichen Haftungsrisiken. Dass dies nicht gewollt ist, zeigt schon § 546 a BGB; danach schuldet nämlich nur der Mieter, nicht aber der Dritte Nutzungsentschädigung. Dem kann nicht entgegengehalten werden, der Dritte könne diesen Risiken entgehen, indem er nicht an den Vermieter, sondern an den Mieter zurückgibt.[628] Das mag einem Untermieter möglich sein, einem Angehörigen des Mieters als Dritten iSv § 546 Abs. 2 BGB hingegen praktisch nicht, da Angehöriger und Mieter meist eine Lebensgemeinschaft bilden, die durch den vorzeitigen Auszug eines Mitgliedes auseinanderbrechen würde – ganz abgesehen von der dadurch bedingten finanziellen Belastung.

Aus diesen Gründen ist die Rückgabepflicht des Dritten gem. § 546 Abs. 2 BGB wie folgt zu **105**
**begrenzen:** Alle Pflichten, bei deren Verletzung durch den Mieter von einer Nichterfüllung der Rückgabepflicht auszugehen ist, hat auch der Dritte gegenüber dem Vermieter zu erbringen, um seinen Rückgabepflichten aus § 546 Abs. 2 BGB nachzukommen. Dazu gehört vornehmlich die **Besitzveränderung zu Gunsten des Vermieters.**[629] Außerdem gehört dazu alles, was faktisch mit einer Weiternutzung verbunden ist und so dem Vermieter die Mietsache vorenthält.[630] Deshalb hat der Dritte die Mietsache zu **räumen**[631], Einrichtungen zu entfernen und Aufbauten auf Grundstücken zu beseitigen[632], nicht aber sonstige Umbauten zurückzubauen oder Schäden zu beseitigen (selbstverursachte Schäden allenfalls gem. § 823 BGB[633]). Bei der Räumungs- und Besei-

---

623 Einzelheiten → Rn. 23.

624 Siehe dazu OLG Hamburg WuM 2000, 356 und → Rn. 87.

625 OLG Hamburg WuM 2000, 356.

626 Das übersieht *Katzenstein* NZM 2008, 600.

627 **AA** *Katzenstein* NZM 2008, 600, der aus den ähnlichen Formulierungen in § 546 Abs. 1, 2 BGB eine gleichartige Haftung von Mieter und Drittem folgert. Das ist mE nicht zwingend, das Pflichtenprogramm ist vielmehr durch Auslegung nach dem Gesetzeszweck zu ermitteln.

628 Dazu → Rn. 101.

629 Dazu → Rn. 24.

630 Dazu → Rn. 36.

631 So auch Bub/Treier MietR-HdB/*Scheuer/Emmerich* Kap. V Rn. 71.

632 **AA** – außer für vom Untermieter vorgenommene Änderungen – Bub/Treier MietR-HdB/*Scheuer/Emmerich* Kap. V Rn. 71.

633 Siehe zu den Ansprüchen des Vermieters bei einem sog. Untermieterexzess auch *Burbulla* NZM 2013, 558.

tigungspflicht kommt es nicht darauf an, ob der Dritte die Gegenstände, Einrichtungen, Aufbauten etc selbst eingebracht bzw. erbaut hat.[634] Eine solche Differenzierung ist dem Wortlaut des § 546 Abs. 2 BGB nicht zu entnehmen. Zwar würde dem Zweck der Vorschrift auch dann entsprochen, wenn der Dritte nur das zu räumen bzw. zu beseitigen hätte, was er selbst eingebracht hat. Eine dahingehende Differenzierung wäre aber praktisch kaum handhabbar, da eine pauschale Verurteilung von Mieter und Drittem zur gesamtschuldnerischen Räumung nicht mehr möglich wäre, der Vermieter müsste vielmehr darlegen und ggf. beweisen, was der Dritte zu leisten hat. Das ist vor Besitzerlangung kaum möglich und kann ein Räumungsbegehren uU erheblich hinauszögern. Weil dem Vermieter aber mit § 546 Abs. 2 BGB eine einfache, praktikable Möglichkeit an die Hand gegeben werden sollte, die Mietsache zurückzuerlangen, muss der dadurch bedingte Vorteil, für begrenzte Pflichten einen weiteren Schuldner ohne entsprechende vertragliche Beziehung zu erhalten, als zumindest vom Gesetz in Kauf genommene Bevorzugung hingenommen und der Ausgleich dem Innenverhältnis von Drittem und Mieter überlassen werden. Die Bevorzugung des Vermieters relativiert sich auch dadurch, dass er sich bei jedem hinzutretenden Dritten mit einem weiteren Räumungsschuldner auseinanderzusetzen hat.

**106** Die hiesige Sicht dürfte iErg derjenigen des **BGH**[635] entsprechen, auch wenn es keine weitergehenden Ausführungen hierzu gibt. Dem steht nicht eine Entscheidung des BGH[636] entgegen, wonach die „Herausgabepflicht" des Untermieters regelmäßig auch die Verpflichtung einschließe, „bauliche Änderungen und Einrichtungen, mit denen der Mieter oder Untermieter das Mietobjekt versehen hat, zu entfernen". Diese Formulierung ist zwar sehr weitgehend und könnte auch jegliche Einrichtungen und Umbauten erfassen. Der BGH bezog sich dort auf eine Entscheidung aus dem Jahr 1966[637], die sich aber nicht mit einem Rückbau eines Umbaus befasste (und ihn auch nicht erwähnte), sondern mit dem Abriss eines Gebäudes, der auch nach der hier vertretenen Ansicht vom Dritten zu leisten ist. In einem weiteren Urteil führt der BGH[638] ohne nähere Begründung aus, die Verpflichtungen aus § 546 Abs. 1, 2 BGB seien inhaltlich gleich. Das steht der hiesigen Sicht ebenfalls nicht entgegen, weil es in der Entscheidung nur um die Frage ging, ob der Dritte seine Rückgabepflicht durch bloße Besitzaufgabe erfüllen kann.

**107** Der Vermieter kann verlangen, dass der Dritte die Mietsache statt an ihn an einen Nachmieter zurückgibt.[639] Ein **Zurückbehaltungsrecht** an vermieteten Räumen oder Grundstücken wegen etwaiger Gegenansprüche steht dem Dritten nicht zu; § 570 BGB gilt auch für ihn.[640]

## IV. Ersatzansprüche des Vermieters

**108** Zwischen dem Vermieter und dem Dritten gibt es zwar keine vertraglichen Beziehungen, die Entstehung des Anspruchs aus § 546 Abs. 2 BGB begründet aber ein gesetzliches Schuldverhältnis[641], bei dessen Verletzung der Dritte sich gem. § 280 BGB schadensersatzpflichtig machen kann. Einmal kommt eine Verletzung der Räumungs- und Beseitigungspflicht in Betracht, für die der Dritte bei Beachtung des Fristsetzungserfordernisses in § 281 BGB haftbar sein kann. Zum anderen sind **Ansprüche gegen den Dritten** (meist ist das ein **Untermieter** oder Mitbewohner) wegen Verzugs möglich, die gem. § 286 BGB (ggf. iVm § 990 Abs. 2 BGB[642]) eine Mahnung voraussetzen. Eine Fristsetzung gegenüber dem Mieter oder ein Verzug des Mieters wirken nicht gegen den Dritten.[643] Der Verzugsschaden, den der Dritte dem Vermieter zu ersetzen hat, kann bspw. auf die Erstattung eines Mietausfalls gerichtet sein oder auf Erstattung der Rechtsverfol-

---

634 **AA** OLG Hamburg WuM 2000, 356 wegen einer ungerechtfertigten Besserstellung des Vermieters durch Hinzutreten eines weiteren Schuldners; Blank/Börstinghaus/*Blank* BGB § 546 Rn. 71 verneint eine Rückgabepflicht für solche Einrichtungen und baulichen Veränderungen, die der Dritte mit Einwilligung des Mieters vorgenommen hat, da die diesbezüglichen Rechte auf Entfernung und Rückbau mangels Vertrages zu Gunsten Dritter nur im Verhältnis von Drittem und Mieter gelten würden.

635 Siehe BGH IX ZR 82/94, NJW 1996, 321, wo er von Herausgabe des Grundstücks und Entfernung der eingebrachten Sachen spricht.

636 BGH XII ZB 194/99, NJW 2001, 1355.

637 BGH VIII ZR 148/64, NJW 1966, 1409.

638 BGH VIII ARZ 4/95, NJW 1996, 515.

639 Blank/Börstinghaus/*Blank* BGB § 546 Rn. 69; **aA** LG Berlin ZMR 1992, 395.

640 *OLG Hamm NJW-RR* 1992, 783.

641 OLG Hamm WuM 1981, 40.

642 BGH V ZR 26/20 NZM 2021, 135.

643 OLG Hamm WuM 1981, 40.

gungskosten.[644] Außerdem kann der Dritte Nutzungsersatz in Höhe des objektiven Mietwertes (näher zur Höhe → BGB § 546 a Rn. 104 und → BGB Vor § 535 Rn. 96) nach den Vorschriften über das Eigentümer-Besitzer-Verhältnis gem. §§ 987 ff. BGB schulden, wenn der Vermieter Eigentümer der Mietsache ist.[645] § 988 BGB greift nur gegenüber unentgeltlich nutzenden Dritten, wozu auch der gegenleistungsfrei nutzende Ehegatte gehört.[646] Ein Untermieter dürfte einem unentgeltlich nutzenden Dritten wegen seiner Zahlungspflichten gegenüber dem Mieter nicht gleichzustellen sein[647]; er haftet nur ab Rechtshängigkeit oder Kenntnis. Allerdings reicht die Kenntnis (§ 990 BGB) vom Ende des Hauptmietverhältnisses allein nicht aus, wegen der Bedeutung der Rückforderungserklärung als Anspruchsvoraussetzung[648] tritt die Haftung vielmehr erst ab Rückforderung durch den Vermieter ein.[649] Nutzungsentschädigungspflichtig gem. § 546 a BGB ist hingegen angesichts des eindeutigen Wortlauts der Vorschrift nur der Mieter, nicht aber der Dritte.[650] Befindet sich allerdings der Dritte gegenüber dem Mieter in Verzug, dann muss er dem Mieter im Wege des Verzugsschadensersatzes die Nutzungsentschädigung erstatten, die der Mieter dem Vermieter schuldet.[651] Bereicherungsansprüche können dem Vermieter gegen den Dritten ebenfalls zustehen[652], nicht aber Ansprüche aus Geschäftsführung ohne Auftrag, da der Mieter mit der Untervermietung ein eigenes Geschäft wahrnimmt.[653]

Zu den Ansprüchen des Vermieters **gegen den Mieter** bei verzögerter Rückgabe durch einen **109** Untermieter grundlegend → BGB Vor § 535 Rn. 112 und → BGB § 546 a Rn. 105.[654]

Soweit sowohl der Mieter als auch der Untermieter bzw. der Dritte dem Vermieter (Eigentü- **110** mer) nach § 987 ff. BGB haften, darf der Vermieter sich nicht doppelt befriedigen. Jeder von ihnen haftet vielmehr nur solange weiter, bis der Eigentümer in voller Höhe befriedigt ist.[655] Mieter und Untermieter bzw. Dritter sind damit zwar nicht **Gesamtschuldner,** sie haften aber – ähnlich wie Bürge und Hauptschuldner – wie Gesamtschuldner.[656]

## G. Durchsetzung der Ansprüche aus § 546 Abs. 1 und 2 BGB

Enden Mietverhältnisse durch Zeitablauf oder ordentliche Kündigung, dann wird die Mietsache **111** meist auch fristgerecht zurückgegeben; Streit entsteht ggf. wegen Schäden an der Mietsache oder über die Renovierungspflichten des Mieters. Viele Mietverhältnisse über Wohn- oder Gewerberaum enden aber durch Kündigung wegen Zahlungsverzugs. In diesen Fällen räumt der Mieter oftmals nicht freiwillig und es stellt sich die Frage nach den Möglichkeiten der Durchsetzung des Räumungsanspruchs.

---

644 AG Berlin Charlottenburg GE 2012, 957.

645 Grundlegend → BGB Vor § 535 Rn. 120. BGH V ZR 26/20, NZM 2021, 135 Rn. 6; BGH V ZR 218/13, NZM 2014, 582; BGH XII ZR 221/98, NJOZ 2001, 282; BGH V ZR 136/06, NJW 2008, 221; BGH V ZR 45/94, NJW 1995, 2627; BGH V ZR 85/65, MDR 1969, 128; BGH II ZR 125/58, NJW 1960, 1105; OLG Hamburg WuM 1997, 223; AG Berlin-Neukölln ZMR 2013, 728; LG Berlin WuM 2014, 95; **aA** *Greiner* ZMR 1998, 405 (406). Zu Verwendungsersatzansprüchen des Untermieters gegen den vermietenden Eigentümer s. BGH V ZR 269/13, NJW 2015, 229.

646 LG Berlin WuM 2014, 95.

647 *Schmid* GE 2014, 225.

648 Dazu → Rn. 102.

649 So ausdrücklich LG Köln NJW-RR 1990, 1231. Ebenso möglicherweise, aber nicht ausdrücklich problematisierend BGH XII ZR 221/98, NJOZ 2001, 282; AG Berlin-Neukölln ZMR 2013, 728, wenn dort auf einen Hinweis des Vermieters auf die Vertragsbeendigung bzw. auf die Einreichung der Räumungsklage abgestellt wird. In BGH V ZR 85/65, MDR 1969, 128 und BGH V ZR 26/20, NZM 2021, 135 Rn. 7 hat der BGH die Frage offen gelassen, in BGH V ZR 218/13, NZM 2014, 582 nicht angesprochen. Unklar BGH VIII ARZ 16/81, NJW 1982, 1696, wo das Ende des Besitzrechts des Dritten nur von der Beendigung des Hauptmietvertrages abhängig gemacht wurde und nicht von einer Rückforderungserklärung; diese Frage wurde aber nicht ausdrücklich erörtert, auf sie kam es auch nicht entscheidungserheblich an. In LG Kiel WuM 1995, 540 wird die Problematik nicht erörtert, eine Rückforderungserklärung lag aber vor. Für einen Anspruch ab Kenntnis, aber ohne Erörterung der Bedeutung der Rückforderungserklärung OLG Düsseldorf ZMR 2010, 755; LG Düsseldorf WuM 1988, 163; AG Kempten WuM 1996, 34; Staudinger/*Rolfs* BGB § 546 Rn. 74.

650 Staudinger/*Rolfs* BGB § 546 Rn. 77; s. auch bei der Kommentierung zu § 546 a BGB.

651 Blank/Börstinghaus/*Blank* BGB § 546 Rn. 74.

652 BGB Vor § 535 Rn. 121.

653 BGH XII ZR 194/93, NJW 1996, 838.

654 Zu den Ansprüchen des Vermieters bei einem sog. Untermieterexzess s. *Burbulla* NZM 2013, 558.

655 BGH V ZR 85/65, MDR 1969, 128; OLG Hamburg WuM 1997, 223.

656 BGH V ZR 218/13, NZM 2014, 582; iErg ebenso OLG Hamburg WuM 1997, 223.

## I. Vermeidung einer Kündigung

112 Der Vermieter sollte sich überlegen, ob eine Kündigung überhaupt seinen Interessen entspricht. Wenn Hoffnung auf ein Nachfolgemietverhältnis besteht, dann kann eine Kündigung die Entstehung weiterer Ausfälle durch Zeitablauf verhindern. Wenn in einem ansonsten gedeihlichen Mietverhältnis nur Zahlungsstockungen bestehen, die mutmaßlich in absehbarer Zeit behoben werden, dann kann es klüger sein, den Vertrag bestehen zu lassen und sich mit dem Mieter über eine sinnvolle Begleichung der Rückstände zu einigen, da jeder Mieterwechsel Geld und Mühe kostet. Das setzt aber ein **Gespräch** zwischen den Vertragsparteien voraus, das der Vermieter suchen sollte, da die Lebenserfahrung zeigt, dass ein säumiger Schuldner hierzu selten von sich aus bereit oder in der Lage ist. Für große wie kleine Vermieter kann es sich unter dem Strich auszahlen, schon bei den ersten Anzeichen der Krise, spätestens aber, wenn eine Kündigung erwogen wird, eine professionelle **Schuldnerberatung** anzuregen oder gar (selbst oder durch externe Dienstleister) anzubieten. Selbst wenn ein Gespräch oder eine Schuldnerberatung erfolglos sind, ist ein Mieter in einer solchen Situation des Dialogs anstatt der Stigmatisierung vielfach eher geneigt, dem Räumungswunsch des Vermieters in angemessener Zeit nachzukommen als in einer Situation der Konfrontation, in der die Beteiligten meist nicht mehr miteinander sprechen (können) und nur schriftlich kommunizieren.

113 Kommt es zur Kündigung wegen Zahlungsverzuges, dann kann es bei Wohnraummietverhältnissen im Hinblick auf die Regelung des § 569 Abs. 3 Nr. 2 BGB im ureigenen Interesse des Vermieters sinnvoll sein, wenn er selbst sich bei den **Sozialbehörden** um eine Begleichung des Rückstandes bemüht oder dem Mieter hierbei hilft – und zwar schon vor einem Räumungsprozess, der zunächst einmal weiteres Geld kostet. Viele Mieter sind nämlich nicht oder nur unvollkommen in der Lage, ihre Geschäfte angemessen selbst zu erledigen. Im Räumungsprozess sind die Gerichte an sich zur Benachrichtigung der entsprechenden öffentlichen Stellen verpflichtet; das wird aber nicht immer beachtet oder von den Sozialbehörden angemessen verfolgt oder der Mieter reagiert auf eine danach erfolgende Anfrage der Behörde nicht oder nicht richtig.

## II. Räumung ohne Rechtsstreit

114 Wenn absehbar ist, dass der (nicht zahlende) Mieter nicht freiwillig räumen wird, kann es aus wirtschaftlichen Überlegungen und aus ureigenem Interesse des Vermieters zur Begrenzung des Schadens[657], den er wahrscheinlich nicht ersetzt bekommen wird, sinnvoll sein, dem Mieter Anreize für einen möglichst frühzeitigen Auszug zu bieten. Ein solcher Anreiz kann einmal das Angebot auf Erlass (eines Teils) des Mietrückstandes sein. Da vielfach aber fadenscheinige Gründe für die Außenstände vorgebracht werden, dürfte ein solcher Erlass eher geringe Erfolgsaussichten bieten. Reizvoller ist für die meisten Menschen die Aussicht, direkt Geld in die Hand zu bekommen – etwa das Versprechen, am Auszugstag bei Übergabe der Schlüssel eine bestimmte Summe zu bekommen, die sich evtl. an den Kosten eines Umzugs orientiert **(Auszugsprämie).** Dieses Geld ist für den Vermieter zwar endgültig verloren (anders als die bis zum Auszug aufgelaufenen Rückstände); es kann sich aber unter dem Strich bei zügiger Neuvermietung rechnen, so vorzugehen – abgesehen von den psychischen Belastungen eines Rechtsstreits und einer sich anschließenden Räumung.

115 Der Vermieter darf sich den Besitz an der Mietsache nicht gegen den Willen des Mieters mit Gewalt oder auf sonstige Weise selbst verschaffen; das gilt selbst dann, wenn der Rückgabeanspruch unstreitig, anerkannt oder sogar rkr. tituliert ist.[658] Darin läge eine **verbotene Eigenmacht** gem. § 858 BGB und zugleich eine **unerlaubte Selbsthilfe** gem. § 229 BGB[659], derer sich der Mieter im Wege der Selbsthilfe gem. § 859 BGB erwehren darf oder die er mit einstweiliger Verfügung trotz des Rückgabeanspruchs ohne weiteres rückgängig machen kann.[660] Hat der

---

[657] Mögliche Schadenspositionen sind: Keine Mieteinnahmen bei weiterlaufenden Kosten; Prozesskosten für den Räumungsrechtsstreit, die selbst dann beträchtlich sind, wenn der Mieter sich nicht verteidigt, also Versäumnisurteil ergeht; Räumungskosten für Gerichtsvollzieher und Spedition iHv mehreren 1.000 EUR.

[658] Staudinger/*Rolfs* BGB § 546 Rn. 39; s. auch BGH VIII ZR 45/09, NJW 2010, 3434 Rn. 9.

[659] BGH VIII ZR 45/09, NJW 2010, 3434.

[660] Siehe zur einstweiligen Verfügung bei Besitzschutzansprüchen MüKoBGB/*Schäfer* § 861 Rn. 16 sowie *Lehmann-Richter NZM 2009, 178, der auch* die Widerklagemöglichkeiten des Vermieters auf Räumung im einstweiligen Verfügungsverfahren erörtert und sie wegen § 940a ZPO bei der Wohnraummiete verneint, bei der Gewerberaummiete aber in besonderen Ausnahmefällen als Leistungsverfügung für zulässig hält (→ Rn. 123). Zu den Rechten des Mieters aus anderen Anspruchsgrundlagen s. *Bosch* NZM 2009, 531.

Vermieter die Mietsache allerdings bereits einem Nachmieter überlassen, ist eine einstweilige Verfügung gegen den Vermieter aussichtslos und gegen den Nachmieter nur dann erfolgreich, wenn dieser bei Besitzüberlassung bösgläubig war.[661] Der Vermieter kann sich durch eine verbotene Eigenmacht erheblich schadensersatzpflichtig gem. §§ 823 Abs. 1, 823 Abs. 2, 858, 231 BGB machen.[662] Die Haftung gem. § 231 BGB wegen eines vermeintlichen Selbsthilferechts besteht dabei verschuldensunabhängig auch hinsichtlich der Voraussetzungen und des Umfangs des Selbsthilferechts, der Vermieter kann sich nicht darauf berufen, sich über die Voraussetzungen und den Umfang seines Selbsthilferechts geirrt zu haben.[663] Einen **Nutzungsschaden des Mieters,** der in der Beeinträchtigung der Möglichkeit liegt, die Sache zu gebrauchen, hat der Vermieter aber nicht zu ersetzen, wenn der Mieter kein Recht zum Besitz hatte; die Rückgängigmachung der Besitzstörung verschafft nämlich nicht ein Recht zum Besitz.[664] Die zwangsweise Durchsetzung des Rückgabeanspruchs ist den staatlichen Vollstreckungsorganen vorbehalten.[665] Das gilt auch dann, wenn der Vermieter sich (individuell oder in AGB) ein **vertragliches Selbsthilferecht** zur Wiedererlangung der Mietsache hat einräumen lassen[666], wenn der Mietvertrag gekündigt[667] oder wenn der Aufenthalt des Mieters unbekannt ist.[668] In letzterem Fall ist eine Titelerlangung schon deshalb nicht unmöglich, weil eine Klage auch öffentlich zugestellt werden[669], ebenso eine Kündigungserklärung (§ 132 Abs. 2 BGB). Zu den Möglichkeiten des Vermieters, wenn der Erbe des verstorbenen Mieters unbekannt ist, → BGB § 564 Rn. 12. Der Vermieter darf allerdings dann Besitz von der Mietsache ergreifen, wenn der Mieter ihn erkennbar aufgegeben hat.[670] Zu den **Obhutspflichten** an vorgefundenen bzw. zurückgelassenen Gegenständen, den Inventarisierungspflichten des Vermieters sowie zu Art und Umfang der möglichen **Schadensersatzpflichten** → Rn. 59.

### III. Versorgungssperre

Der Vermieter darf **bei beendetem Mietvertrag** grds. Druck auf den Mieter zur Erfüllung der Räumungspflicht dadurch ausüben, dass er die Versorgungsleistungen einstellt, die er selbst erbringt bzw. durch von ihm beauftragte Versorgungsunternehmen[671] erbringen lässt. Wenn der Mietvertrag beendet ist, besteht **keine vertragliche Gebrauchsgewährungspflicht** mehr.[672] Damit entfällt die Verpflichtung, die Mieträume mit Strom, Wasser und Heizung zu versorgen.[673] Daran können **116**

---

[661] Einzelheiten bei *Lehmann-Richter* NZM 2009, 179 (180).

[662] Seher instruktiv BGH VIII ZR 45/09, NJW 2010, 3434; BGH VIII ZR 277/75, NJW 1977, 1818; BGH VIII ZR 41/80, NJW 1981, 865; Staudinger/*Rolfs* BGB § 546 Rn. 39, 88; Einzelheiten bei *Lehmann-Richter* NZM 2009, 180 und *Bosch* NZM 2009, 533.

[663] BGH VIII ZR 45/09, NJW 2010, 3434 Rn. 9, 10.

[664] BGH VI ZR 259/90, NJW 1991, 2420; BGH VIII ZR 41/80, NJW 1981, 865; BGH VIII ZR 124/78, NJW 1979, 1358; Wolf/Eckert/Ball Gewerbl. Miet-/Pacht-/LeasingR-HdB Rn. 1091; weitere Einzelheiten *Lehmann-Richter* NZM 2009, 180 und *Bosch* NZM 2009, 533, letzterer auch zu Schmerzensgeldansprüchen und Ansprüchen wegen Verletzung des Persönlichkeitsrechts.

[665] BGH VIII ZR 45/09, NJW 2010, 3434.

[666] BGH VIII ZR 277/75, NJW 1977, 1818. Entsprechende Vereinbarungen sind wegen Verstoßes gegen die zwingende gesetzliche Wertung in §§ 229, 858 BGB gem. § 307 BGB unwirksam oder gem. § 138 BGB nichtig (LG Duisburg ZMR 2012, 550; OLG Hamm NJW-RR 1992, 502 (für das Leasingrecht); Wolf/Eckert/Ball Gewerbl. Miet-/Pacht-/LeasingR-HdB Rn. 1088).

[667] BGH VIII ZR 45/09, NJW 2010, 3434.

[668] BGH VIII ZR 45/09, NJW 2010, 3434.

[669] BGH VIII ZR 45/09, NJW 2010, 3434. Allgemein zu den Anforderungen an die Ermittlungspflicht, bevor ein unbekannter Aufenthaltsort angenommen werden darf, s. BGH XII ZR 94/10, WuM 2012, 630.

[670] BGH VIII ZR 45/09, NJW 2010, 3434.

[671] Siehe zu deren Versorgungssperre *Blank* WImmoT 2012, 168; *Streyl* DWW 2009, 88.

[672] *BGH XII ZR 137/07*, NJW 2009, 1947. Das AG Miesbach WuM 1988, 57 folgert aus dem in § 546a BGB geregelten Nutzungsentschädigungsanspruch des Vermieters, dieser müsse eben wegen der Entschädigung für eine Versorgung der Wohnung sorgen. Dem kann nicht gefolgt werden. Die Vorschrift erlegt dem Vermieter keinerlei Pflichten auf, sie soll ihn vielmehr schützen: Wenn er die Wohnung entsprechend dem beendeten Mietvertrag zur Verfügung stellt, erhält er die vereinbarte Miete; wenn er den Gebrauch nur eingeschränkt gewährt, fällt sein Entschädigungsanspruch geringer aus.

[673] So auch LG Münster WuM 2007, 274; LG Berlin GE 2007, 150; krit. *Blank* WImmoT 2012, 167, der meint, mit dem Vertragsende entstehe ein Abwicklungsverhältnis und kein rechtsfreier Raum; dazu → BGB § 546a Rn. 11; s. außerdem umf. *Bross,* Die Zulässigkeit von Versorgungssperren wegen Zahlungsrückständen gegenüber Mietern, 2010, S. 118 ff.

aber ausnahmsweise nachwirkende Pflichten des Vermieters etwas ändern. Solche Pflichten bestehen etwa als Verkehrssicherungspflichten jedermann und damit auch dem Mieter gegenüber oder als nachvertragliche Pflichten (im Rahmen des gesetzlichen Rückgewährschuldverhältnisses), die aber ihre Grenze in der Zumutbarkeit für den Vermieter haben.[674] **Bei unbeendetem Vertrag** ist die Lage anders. Hier geht es nicht um ausnahmsweise nachwirkende Pflichten, sondern darum, ob der Vermieter an der bestehenden Pflicht zur Versorgung ein Zurückbehaltungsrecht gem. § 273 BGB ausüben kann. Das ist entgegen der wohl hM im Ansatz zu bejahen, wenn ein kündigungsrelevanter Rückstand besteht[675]; allerdings ist auch hier – wie für den beendeten Vertrag nachfolgend geschildert – eine Abwägung mit gegenläufigen Interessen des Mieters vorzunehmen und die Sperre anzukündigen. Zur **Durchsetzung** einer Versorgungssperre der benötigt der Vermieter einen Titel, soweit er hierzu in das Besitzrecht des Mieters[676] eingreifen muss. Soweit das nicht notwendig ist, kann der Vermieter auch ohne Titel handeln, also etwa die (in seinem Besitz stehenden) Leitungen kappen bzw. Ventile zudrehen oder das Versorgungsunternehmen zu entsprechenden Maßnahmen veranlassen. Für den vermietenden **Wohnungseigentümer,** der die Versorgung seines Mieters einstellen will, gelten im Grundsatz keine Besonderheiten; im Verhältnis zur Gemeinschaft (nicht zum Mieter) muss er allerdings zum Eingriff in die Versorgungseinrichtungen berechtigt sein. Sperrt die Gemeinschaft die Versorgung der Wohnung des vermietenden Eigentümers etwa wegen Wohngeldrückständen[677], dann hat der Mieter das genauso hinzunehmen wie die Sperre eines Versorgungsunternehmens gegenüber dem Vermieter.[678] Der Mieter ist gem. § 1004 BGB auch zur Duldung des Vollzuges einer solchen Sperre der Gemeinschaft in seinen Mieträumlichkeiten verpflichtet; hierzu benötigt die Gemeinschaft allerdings einen Titel gegen den Mieter.[679]

**117** Die Grenzen der nachvertraglichen Pflichten bei beendetem Vertrag sind im Einzelfall durch **Abwägung** der beiderseitigen Interessen gem. § 241 Abs. 2 BGB zu bestimmen[680]: Es ist – ausgehend vom Ende der Gebrauchsgewährungspflicht – zu prüfen, ob es *ausnahmsweise* Interessen des Mieters gibt, die den Vermieter zeitweise zur Aufrechterhaltung der Versorgung verpflichten. Von diesem Regel-Ausnahme-Verhältnis geht offenbar auch der BGH aus, wenn er ausführt, die nachvertragliche Versorgungspflicht bestehe nur „im Einzelfall".[681] Als Ausfluss von § 241 Abs. 2 BGB steht die Versorgungspflicht unter dem Vorbehalt der Zumutbarkeit für den Vermieter. Von diesem Ausgangspunkt ist zu fragen, ob es nicht ausnahmsweise Interessen des Mieters gibt, die eine Weiterversorgung geboten erscheinen lassen. Wenn man[682] nur auf das Interesse des Mieters an der Versorgung und das Interesse des Vermieters an der Bezahlung dieser Leistung abstellen würde, dann verkürzte man die Belange des Vermieters auf den Erhalt relativ geringer monatlicher

---

[674] BGH XII ZR 137/07, NJW 2009, 1947; näher → BGB § 546a Rn. 10.

[675] Die Frage kann im Rahmen dieser Kommentierung der Rückgabepflichten nach Vertragsbeendigung nicht näher behandelt werden. Es sei nur kursorisch erläutert, dass einem Vermieter, der kündigen und dann die Versorgung einstellen könnte, auch das mildere Mittel des Zurückbehaltungsrechts zustehen muss; außerdem werden bei dieser Sicht Wertungswidersprüche zum Wohnungseigentumsrecht vermieden, wo die Gemeinschaft bei Wohngeldrückständen die Versorgung auch sperren kann, ohne dass der Wohnungseigentümer aus der Gemeinschaft ausgeschlossen wurde (BGH V ZR 235/04, NZM 2005, 626). Siehe näher *Streyl* DWW 2009, 82 (der besitzrechtliche Teil der Ausführungen ist allerdings durch das kurz später ergangene Urteil BGH XII ZR 137/07, NJW 2009, 1947 jedenfalls für die Praxis als überholt anzusehen, weil er von einem anderen, weiteren, auch den Gebrauch umfassenden Besitzbegriff ausgeht. Außerdem → BGB § 535 Rn. 110, *Scheidacker* NZM 2010, 105; *Blank* WImmoT 2012, 163 sowie umf. *Bross,* Die Zulässigkeit von Versorgungssperren wegen Zahlungsrückständen gegenüber Mietern, 2010, S. 99 ff., 115.

[676] Zum Umfang des Besitzrechts hinsichtlich der Versorgung s. BGH XII ZR 137/07, NJW 2009, 1947; *Lehmann-Richter* ZMR 2014, 188; *Blank* WImmoT 2012, 174; *Bross,* Die Zulässigkeit von Versorgungssperren wegen Zahlungsrückständen gegenüber Mietern, 2010, S. 90 ff.; zur Notwendigkeit eines Titels s. BGH V ZR 235/04, NZM 2005, 626; zu dessen Voraussetzungen *Leroy,* Mietnomaden – Möglichkeiten der Prävention und Reaktion, 2012, S. 201 ff.

[677] Siehe dazu BGH V ZR 235/04, NZM 2005, 626.

[678] Siehe zu beiden Konstellationen eing. *Streyl* DWW 2009, 88 ff.; *Blank* WImmoT 2012, 171; außerdem BGH XII ZR 137/07, NJW 2009, 1947 Rn. 34, 35.

[679] Str., s. *Streyl* DWW 2009, 90.

[680] Ähnlich BGH XII ZR 137/07, NJW 2009, 1947 Rn. 16, der sich aber auf § 242 BGB stützt; *Bross,* Die Zulässigkeit von Versorgungssperren wegen Zahlungsrückständen gegenüber Mietern, 2010, S. 125, die die *Abwägung iRd § 273 BGB* vornimmt; Bub/Treier MietR-HdB/*Scheuer/Emmerich* Kap. V Rn. 51.

[681] BGH XII ZR 137/07, NJW 2009, 1947 Rn. 16.

[682] So KG NZM 2011, 778 (779); *Leroy,* Mietnomaden – Möglichkeiten der Prävention und Reaktion, 2012, S. 150; abl. zu dieser Entscheidung mit eingehender Begründung *Streyl* NZM 2011, 765.

Geldbeträge, während das Gebrauchsinteresse des Mieters faktisch umfassend berücksichtigt würde, weil es unmittelbar mit dem Versorgungsinteresse zusammenhängt. Nach einer Kündigung wegen Zahlungsverzugs ist es für den Vermieter im Ansatz unzumutbar, die Versorgung auf eigene Kosten sicherzustellen, wenn der Mieter hierfür keine Gegenleistung erbringt, wenn im Gegenteil – neben möglicherweise schon bestehenden Forderungen – noch weitere Forderungen durch die nur im Mieterinteresse liegende Versorgung entstehen.[683] Anders ist es in den Fällen, in denen nicht Zahlungsverzug der Beendigungsgrund war, der Mieter unverschuldet nicht pünktlich zurückgeben konnte und er die laufende Miete bzw. Nutzungsentschädigung bezahlt. Hier dürfte der Vermieter gehalten sein, die Versorgung aufrecht zu erhalten, da ihm ein finanzieller Schaden meist nicht entsteht.[684] Hat der Vermieter hingegen das Mietobjekt schon weitervermietet und droht ihm Regress seitens des neuen Mieters, so ist dies in die Abwägung der beiderseitigen Interessen einzubeziehen; ähnlich ist es bei einer beabsichtigten Selbstnutzung oder einer Überlassung an Angehörige.[685] Allein diese Konstellation macht deutlich, dass die Fortsetzung oder Wiederaufnahme von Mietzahlungen (bzw. Nutzungsentschädigung) nicht in jedem Fall eine Versorgungssperre ausschließt, aber jedenfalls ein gewichtiger Umstand zu Gunsten des Mieters ist. Die bloße Erstattung der Betriebskosten in Form der Vorauszahlungen dürfte aber regelmäßig nicht ausreichen.[686] Zwar vergrößert sich der Schaden hinsichtlich der vom Vermieter verauslagten Betriebskosten nicht mehr, wohl aber der Schaden durch die Vorenthaltung der Nutzung. Letztlich sind jedoch immer die Einzelfallumstände entscheidend. Zu Gunsten des Mieters kann bei dieser Abwägung bedeutsam sein, ob er durch die Sperre seinerseits einen besonders hohen Schaden (etwa bei der Betriebsführung) erleidet oder ob Gesundheitsgefahren zu befürchten sind, denen der Mieter nicht anderweitig begegnen kann.[687]

Das Vorgesagte gilt im Grundsatz auch bei **Wohnraummietverhältnissen.**[688] Die Schonfrist- **118**
regelung des § 569 Abs. 3 BGB steht dem nicht entscheidend entgegen.[689] Zwar kann der Mieter auf Grund dieser Regelung die Beendigung des Mietverhältnisses rückgängig machen; die Versorgung hingegen ist nicht nachholbar, der Vermieter hätte mehr an Miete erhalten als ihm nach der erbrachten Gegenleistung zusteht. Bei fixen Leistungsterminen ist die fehlende Möglichkeit der Leistungsnachholung aber eine notwendige Folge der Ausübung eines Leistungsverweigerungsrechts (als solches stellt sich die Versorgungssperre auf Grund der Rückwirkungsfiktion des § 569 Abs. 3 BGB dar). Im Dienstvertragsrecht, das wie ein Mietvertrag als Dauerschuldverhältnis ausgestaltet sein kann, ist das anerkannt für den Fall, dass der Arbeitnehmer die Arbeitsleistung verweigerte, weil der Lohn nicht bezahlt wurde oder weil zwingende Arbeitsschutzvorschriften nicht eingehalten wurden. Ebenso kann in dem umgekehrten Fall der grundlosen Arbeitsverweigerung der Dienstberechtigte den Lohn zurückhalten. In beiden Konstellationen richten sich die Folgen der Unmöglichkeit der Leistungsnachholung nach allgemeinem Schuldrecht, nämlich §§ 275, 326 BGB.[690] Da im Mietrecht nach Überlassung der Mietsache das allgemeine Leistungsstörungsrecht durch die Gewährleistungsregeln der §§ 536ff. BGB verdrängt wird[691], ist auf diese Regelungen abzustellen. Bei berechtigter Versorgungssperre hätte danach der Mieter den Mangel selbst verschuldet und kann Gewährleistungsrechte daraus nicht herleiten, also nicht mindern.[692] Bei der einzelfallbezogenen Abwägung, ob eine Versorgungssperre zulässig ist, ist aber zu beachten, dass ein Wohnraummieter – anders als ein Gewerberaummieter – meist zwingend auf die Nutzung der Räumlichkeiten angewiesen ist, weil sie seinen Lebensmittelpunkt und ggf. den seiner Mitbewohner darstellen.[693] Insofern können grundrechtlich geschützte Rechtsgüter stärker betroffen sein als

---

683 BGH XII ZR 137/07, NJW 2009, 1947; *Scheidacker* NZM 2010, 105.

684 AG Berlin-Schöneberg NZM 2011, 72; AG Wetzlar WuM 2015, 151; KG GE 2015, 379.

685 AG Berlin-Schöneberg NZM 2011, 72.

686 **AA** AG Berlin-Schöneberg NZM 2011, 72; LG Frankfurt a. M. INFO M 2011, 65.

687 BGH XII ZR 137/07, NJW 2009, 1947.

688 So auch *Lehmann-Richter* PiG 90 (2011), 208; *Bross,* Die Zulässigkeit von Versorgungssperren wegen Zahlungsrückständen gegenüber Mietern, 2010, S. 110; AG Berlin-Schöneberg NZM 2011, 72; AG Hohenschönhausen GE 2007, 1127.

689 **AA** *Mummenhoff* WuM 2009, 437.

690 MüKoBGB/*Emmerich,* 8. Aufl. 2018, § 320 Rn. 14/15.

691 → BGB § 536 Rn. 532.

692 Zu einem vom Mieter verschuldeten Mangel → BGB § 536 Rn. 627.

693 IdS dürfte BGH XII ZR 137/07, NJW 2009, 1947 zu verstehen sein, wenn dort ausgeführt wird, nachvertragliche Pflichten könnten sich auch aus der Eigenart des beendeten Mietvertrages ergeben und in diesem Zusammenhang die Wohnraummiete erwähnt wird.

bei anderen Mietverhältnissen. Auf der anderen Seite sind aber die finanziellen Belange des Vermieters zu beachten, der nicht in die Lage gedrängt werden darf, durch seine „Opfer" einen Teil der staatlichen Daseinsvorsorge übernehmen zu müssen.

**119** Solange eine gerichtlich gem. § 721 ZPO gewährte **Räumungsfrist** läuft oder Vollstreckungsschutz gem. § 765 a ZPO gewährt wurde, ist die Versorgung aufrecht zu erhalten.[694] Dasselbe gilt während der Schwebezeit (bis zu einer Einigung oder einem Urteil) nach wirksamem Widerspruch gem. der Sozialklausel des § 574 BGB.[695] Nach diesen Regelungen entstehen quasi ein gesetzliches Nutzungsrecht und der Mieter muss deshalb genauso gestellt werden wie bei einem Mietvertrag. Wenn allerdings dann hinsichtlich der Nutzungsentschädigung ein erheblicher Zahlungsrückstand entsteht, wird eine Versorgung nicht mehr geschuldet[696]; das allerdings nur dann, wenn die Räumungsfrist gem. § 721 Abs. 3 ZPO auf Antrag des Vermieters verkürzt wurde[697], weil der Vermieter ansonsten in das hoheitlich gewährte Nutzungsrecht eingreifen würde. Weil die Pflicht des Vermieters zur Aufrechterhaltung der Versorgung ihren Grund in einem gerichtlichen Hoheitsakt hat, entsteht sie nicht schon dann, wenn der Mieter einen Räumungsschutzantrag gestellt hat[698]; bis zur Entscheidung über den Antrag gelten vielmehr die oben dargestellten Grundsätze. Wenn nicht das Gericht Räumungsschutz bewilligt, sondern der Vermieter selbst dem Mieter eine Räumungsfrist einräumt, darf er während dieser Frist die Versorgung ebenfalls nicht sperren[699]; das wäre ein Verstoß das in § 242 BGB gründenden Verbots des venire contra factum proprium (Zuwiderhandlung gegen das eigene frühere Verhalten).

**120** Die nachwirkende Treuepflicht und die Bedeutung der Versorgung sowohl bei Wohnungen wie bei Gewerberäumen gebietet es in jedem Fall, das Einstellen der Versorgung **mit kurzer Frist anzukündigen,** um dem Mieter Gelegenheit zu geben, Schäden an seinem Eigentum (etwa durch unterbliebene Kühlung etc) zu verhindern oder um einstweiligen Rechtsschutz zu erlangen.[700] Eine Frist von zwei Wochen wie in §§ 33 Abs. 2 AVBFernwärmeV und AVBWasserV erscheint angemessen und ausreichend.[701]

**121** **Besitzschutzansprüche** gem. §§ 862, 858 BGB stehen – entgegen der früher wohl hM[702] – einer Versorgungssperre nach Mietvertragsende nicht entgegen, da eine Versorgungssperre des Vermieters nach Ansicht des BGH keine **verbotene Eigenmacht** iSv § 858 BGB darstellt.[703] Die zur Nutzung einer Mietsache erforderlichen Energielieferungen sind – so der BGH – kein Bestandteil des Besitzes und daher nicht Gegenstand des Besitzschutzes, der nur Abwehrrechte gewährt, aber keine Leistungsansprüche.[704] Eine verbotene Eigenmacht liegt auch dann nicht vor, wenn der Vermieter in die Versorgungsbeziehung des Mieters mit Dritten eingreift (Direktbezug vom Versorgungsunternehmen); ein ggf. bestehender Teilbesitz des Mieters an den Versorgungsleitungen[705] wird durch die Unterbrechung nicht gestört, sondern – ähnlich wie bei einer Versorgung durch den Vermieter – nur die besitzrechtlich nicht geschützten Leistungsansprüche des Mieters.[706] Anders

---

[694] BGH XII ZR 137/07, NJW 2009, 1947.

[695] *Lehmann-Richter* ZMR 2014, 189; auch → BGB § 546a Rn. 16.

[696] So wohl auch BGH XII ZR 137/07, NJW 2009, 1947. Erheblich dürfte ein Zahlungsrückstand sein, wenn er bei bestehenden Mietverhältnis zur Kündigung berechtigen würde; s. näher bei *Streyl* DWW 2009, 84.

[697] Dazu → ZPO § 721 Rn. 59.

[698] **AA** AG Berlin-Schöneberg NZM 2011, 72.

[699] LG Frankfurt a. M. INFO M 2011, 65.

[700] So auch BGH XII ZR 137/07, NJW 2009, 1947; *Streyl* DWW 2009, 85.

[701] *Streyl* DWW 2009, 85 *Bross,* Die Zulässigkeit von Versorgungssperren wegen Zahlungsrückständen gegenüber Mietern, 2010, S. 124; MüKoBGB/*Häublein* § 535 Rn. 94 hält zwei Monate für angemessen.

[702] Nachweise bei BGH XII ZR 137/07, NJW 2009, 1947.

[703] BGH XII ZR 137/07, NJW 2009, 1947; *Bross,* Die Zulässigkeit von Versorgungssperren wegen Zahlungsrückständen gegenüber Mietern, 2010, S. 90 ff.; iErg ebenso, aber mit einem anderen dogmatischen Lösungsansatz *Streyl* DWW 2009, 82; ebenso wohl *Wiek* GuT 2009, 191 in einer Besprechung der BGH-Entscheidung.

[704] Eing. BGH XII ZR 137/07, NJW 2009, 1947; ebenso OLG Karlsruhe MDR 2014, 708; krit. wegen eines anderen, weiteren, auch das Nutzungsinteresse umfassenden Besitzbegriffs *Blank* WImmoT 2012, 164; *Streyl* DWW 2009, 87 sowie MüKoBGB/*Schäfer,* 8. Aufl. 2018, § 858 Rn. 6 (ähnlich für die absoluten Nutzungsrechte des § 823 Abs. 1 BGB *Picker* NJW 2015, 2305); s. auch die umfassende Darstellung bei *Leroy,* Mietnomaden – Möglichkeiten der Prävention und Reaktion, 2012, S. 175 ff.

[705] Siehe dazu *Lehmann-Richter* ZMR 2014, 189 unter Anwendung der in BGH V ZR 119/11, NZM 2013, *204 entwickelten Kriterien.*

[706] *Lehmann-Richter* ZMR 2014, 190; **aA** KG NZM 2010, 321; LG Berlin GE 2007, 150 sowie *Streyl* DWW 2009, 88 mwN, letzterer allerdings auf Grundlage eines anderen, weiteren, auch den Gebrauch umfassenden Besitzbegriffs.

wäre es aber etwa in dem Fall, dass der Vermieter dem Lieferanten der Kohle für den Ofen des Mieters den Zutritt verwehrt.

Sperrt der Vermieter die Versorgung, obwohl er es nicht darf, so kann sich der Mieter hiergegen mit einer **einstweiligen Verfügung** in Form der Regelungsverfügung gem. § 940 ZPO wehren. Das setzt einen Verfügungsanspruch und einen Verfügungsgrund voraus. Der Verfügungsanspruch ist der Anspruch auf Versorgung und folgt regelmäßig aus den mietvertraglichen Vereinbarungen. Die Beendigung des Vertrages (bzw. bei bestehendem Vertrag die Voraussetzungen eines Zurückbehaltungsrechts) hat nach den allgemeinen Grundsätzen der Vermieter **darzulegen und zu beweisen.** Kann er dies, steht damit auch im Ansatz fest, dass die Versorgungspflicht entfallen ist, und der Mieter muss darlegen und beweisen, warum er ausnahmsweise gem. § 242 BGB einen Anspruch auf Weiterversorgung hat. Außerdem hat der Mieter die Voraussetzungen des Verfügungsgrundes darzulegen und zu beweisen, also warum eine Entscheidung im einstweiligen Rechtsschutz notwendig ist. Der Verfügungsgrund wird sich aber meist schon aus denselben Gründen ergeben, aus denen ausnahmsweise der Weiterversorgungsanspruch folgt. Oftmals besteht aber Streit über die wirksame Beendigung des Vertrages oder den Zeitpunkt der Beendigung. Im Zweifel müsste dann im einstweiligen Verfügungsverfahren geklärt werden, ob der Vertrag beendet ist oder nicht bzw. ob dem Vermieter ein Zurückbehaltungsrecht zusteht oder nicht. Das wird mit den kurzfristig zur Verfügung stehenden Beweismitteln oftmals nicht annähernd zuverlässig möglich sein. Gerade wenn es um die Behauptung von Mängeln, insbes. Feuchtigkeitsmängeln, geht, ist idR die Erhebung eines Sachverständigenbeweises notwendig. Die unzulänglichen Aufklärungsmöglichkeiten im einstweiligen Verfügungsverfahren gehen nach dem eingangs Gesagten zu Lasten des für die Vertragsbeendigung beweispflichtigen Vermieters, so dass bei (im Hinblick auf die zu Grunde zu legenden Tatsachen) streitiger Vertragsbeendigung von einem Fortbestehen des Mietvertrages und damit von einem Verfügungsanspruch auszugehen ist. Dann ist eine Regelungsverfügung in Form einer Leistungsverfügung möglich, wenn der Gläubiger (also der Mieter) dringend auf die sofortige Erfüllung (die Versorgung mit Strom, Wasser, Heizung) angewiesen ist.[707] Ein **dringender Bedarf des Mieters** an Versorgungsleistungen dürfte meist gegeben sein – es sei denn, der Mieter kann sich die Leistungen durch eigene Verträge mit den Versorgungsunternehmen selbst verschaffen. Wenn ein dringender Bedarf besteht, ist die einstweilige Verfügung zu erlassen. Ist der Vertrag offensichtlich oder unstreitig beendet, weil der Mieter sich gar nicht oder nur unerheblich verteidigt, besteht ein Verfügungsanspruch nur, wenn der Vermieter nach § 242 BGB ausnahmsweise zur Weiterversorgung verpflichtet ist; dann dürfte gleichzeitig auch ein Verfügungsgrund bestehen. Dem Mieter sollte einstweiliger Rechtsschutz aber nur unter der Auflage gewährt werden, dass er eine Nutzungsentschädigung gem. § 546 a BGB an den Vermieter leistet – regelmäßig (→ Rn. 117) in Höhe der vereinbarten Miete (sofern darüber nicht berechtigter Streit besteht), mindestens aber in Höhe der vereinbarten Betriebskostenvorauszahlung. Abgesehen davon ist aber vor einem allzu leichtfertigen Umgang mit einer Versorgungssperre zu warnen. Wird sie zu Unrecht vorgenommen, können erhebliche Schadensersatzansprüche drohen. Der Mieter kann ggf. die (Mehr-)Kosten für auswärtiges Baden, Restaurantbesuche, Hotelkosten etc verlangen, bei der Gewerberaummiete auch entgangenen Gewinn.[708] 122

### IV. Einstweilige Verfügung auf Räumung

Siehe zu den Möglichkeiten, einen Räumungstitel im Wege der einstweiligen Verfügung zu erreichen, bei der Kommentierung zu § 940 a ZPO. 123

### V. Notarieller Räumungstitel

Bei Wohnraummietverhältnissen ist eine notarielle Räumungsverpflichtungserklärung gesetzlich verboten (§ 794 Abs. 1 Nr. 5 ZPO). Bei Gewerberaummietverhältnisses ist sie grds. zulässig[709], als AGB-Klausel dürfte sie aber wegen des Verbots der unangemessenen Benachteiligung gem. § 307 BGB unzulässig sein, wenn sie im Mietvertrag, also vor Entstehen eines Streits über die Räumung, geregelt werden soll; auch Klauseln in Notarverträgen können Allgemeine Geschäfts- 124

---

[707] Zöller/*Vollkommer* ZPO § 940 Rn. 6.
[708] Siehe dazu auch *Herrlein* NZM 2006, 528.
[709] Siehe zur rechtstechnischen Ausgestaltung einer solchen Verpflichtung *Groh* NZM 1999, 698.

bedingungen sein. Abgesehen davon verursacht eine solche Notarurkunde erhebliche Kosten; da sie statistisch in der Mehrzahl der Fälle unnötig sein wird, leidet die Rentabilität des Vertrages hierunter ggf. erheblich. Außerdem steht dem Mieter das Rechtsmittel der Vollstreckungsgegenklage gem. § 767 ZPO zu, was bei Erhebung von schlüssigen Einwendungen regelmäßig auch zu einer Einstellung der Zwangsvollstreckung – allerdings nur gegen Sicherheitsleistung – führen dürfte.

## VI. Räumungsklage

**125** Will oder muss der Vermieter seinen Rückgabeanspruch zwangsweise durchsetzen, muss er auf Rückgabe (Räumung) klagen. Der so erwirkte Titel wird durch den Gerichtsvollzieher vollstreckt. Beantragt der Vermieter – wie üblich – nur Herausgabe und Räumung, so beinhaltet das die Besitzeinweisung und Leerräumung, nicht aber Rückbau und Schadensbeseitigung.[710] Diese Ansprüche können auch noch nach der Räumung geltend gemacht werden.[711] Der Vermieter muss nicht sofort nach Vertragsbeendigung auf Räumung klagen oder aus einem Titel vorgehen, auch ein längeres Zuwarten führt grds. nicht zur Verwirkung des Rückgabeanspruchs; möglich ist uU aber der konkludente Neuabschluss eines Mietvertrages (→ Rn. 80). Zur prozessualen Situation bei **Veräußerung des Grundstücks** bzw. **Zwangsverwaltung** während oder nach einem Rechtsstreit → BGB § 566 Rn. 156.

### 1. Prozessführung

**126** Der Vermieter sollte sorgfältig überlegen, ob er eine Räumungsklage mit der Geltendmachung weiterer Ansprüche (Mietzins, Nebenkostensaldo, Schadensersatz wegen unterlassener Schönheitsreparaturen) verbindet. Er erhält nämlich erst dann ein Räumungsurteil, wenn der gesamte Rechtsstreit entscheidungsreif ist. Der Erlass eines **Teilurteils** gem. § 301 ZPO kommt regelmäßig nicht in Betracht, da Voraussetzung hierfür die Widerspruchsfreiheit zwischen Teilurteil und späterem Schlussurteil ist, diese Widerspruchsfreiheit aber selten garantiert ist, weil die Kündigung meist auf dieselben Zahlungsrückstände gestützt wird, die auch Gegenstand der Zahlungsklage sind.[712] Will der Vermieter sich allerdings den Antrag auf Erlass einer Sicherungsanordnung gem. § 283 a ZPO und, darauf aufbauend, einer Räumungsverfügung gem. § 940 a Abs. 3 ZPO vorbehalten, muss er die Räumungsklage jedenfalls mit einer Klage auf solche Zahlungsansprüche verbinden, die nach Rechtshängigkeit fällig geworden sind (s. näher bei der Kommentierung zu § 283 a ZPO). Ansonsten gibt es für einen Vermieter kaum Mittel zur **Beschleunigung eines Prozesses.** Allenfalls kann er mit der Klage sofort den notwendigen Kostenvorschuss einzahlen anstatt dessen Anforderung abzuwarten. Das kann eine Zeitersparnis von vier bis sechs Wochen (eineinhalb Monatsmieten) bedeuten. Jeder neue Sachvortrag kostet Zeit, da dem Gegner rechtliches Gehör gewährt werden muss. Eine gute Prozessvorbereitung und ein sofortiger vollständiger Sachvortrag sind deshalb unter Beschleunigungsgesichtspunkten zu empfehlen. Eine Beschleunigung durch Erhebung der Klage im **Urkundsprozess** ist nicht möglich, da Räumungsansprüche wegen § 592 ZPO von dieser besonderen Prozessart, die im wesentlichen Zahlungsansprüche zum Gegenstand haben kann, ausgeschlossen sind.[713]

### 2. Antrag

**127** Der Klageantrag richtet sich nach dem Rechtsschutzziel (den Ansprüchen), das der Vermieter verfolgen will. Geht es bei beweglichen Sachen nur um Besitzverschaffung, dann ist die Herausgabe der möglichst genau bezeichneten Sache zu beantragen; sie ist grds. so zu individualisieren, dass sie in der Herausgabevollstreckung gem. § 883 ZPO aufgefunden werden kann. Um Räume oder Grundstücke zurückzuerlangen, wird üblicherweise **Herausgabe und Räumung** begehrt. Die Räumungsvollstreckung erfolgt – wenn nicht nur ein auf Besitzverschaffung gerichteter, beschränkter Vollstreckungsauftrag gem. § 885 a ZPO erteilt wird – gem. § 885 Abs. 1, 2 ZPO dadurch, dass

---

[710] *Derleder* WuM 2006, 177.
[711] *Derleder* WuM 2006, 177.
[712] Instruktiv hierzu BGH VIII ZR 269/06, NZM 2008, 280; BGH VIII ZR 323/18, NJW-RR 2020, 956.
[713] *Sommer/Wichert* ZMR 2009, 503, dort auch allg. zu den Möglichkeiten, im Urkundsprozess Miete und Nutzungsentschädigung einzuklagen.

der Gerichtsvollzieher den Schuldner (Mieter) außer Besitz setzt, den Gläubiger (Vermieter) in den Besitz einweist und die Gegenstände des Schuldners wegschafft. Diese Beschränkung auf Besitzeinweisung und Wegschaffung zeigt, dass andere Rückgabepflichten, die über die Räumung und ihre üblichen Modalitäten hinausgehen, nicht von der Urteilswirkung (und damit nicht von der Rechtskraft) eines derart beschränkten Räumungstitels erfasst sind, sondern gesondert zu beantragen, auszuurteilen und dann nach §§ 887, 888 ZPO zu vollstrecken sind.[714] Das gilt insbes. für **Rückbau- und sonstige Beseitigungspflichten.**[715]

### 3. Zulässigkeit

Die sachliche Zuständigkeit für eine Räumungsklage richtet sich nach §§ 23, 71 GVG; gem. § 23 Nr. 2a GVG sind für Streitigkeiten aus Wohnraummietverhältnissen die Amtsgerichte ausschließlich zuständig. Die Räumungs- bzw. Herausgabeklage gegen einen Dritten gem. § 546 Abs. 2 BGB ist vor dem Gericht zu erheben, vor dem gegen den Mieter geklagt werden muss und zwar unabhängig davon, wie der Dritte das Objekt tatsächlich nutzt; wenn also ein Dritter in einem Gewerbemietobjekt wohnt, dann ist das Landgericht zuständig, wenn die Streitwertgrenze überschritten ist. Die örtliche Zuständigkeit bestimmt sich für die Raummiete nach § 29a ZPO (ausschließlicher Gerichtsstand am Ort der Belegenheit), ansonsten nach den allgemeinen Regeln. Da es sich bei §§ 23 Nr. 2a GVG, 29a ZPO um eine ausschließliche Zuständigkeit handelt, sind Gerichtsstandsvereinbarungen gem. § 40 Abs. 2 Nr. 2 ZPO ausgeschlossen. Steht der Räumungsanspruch in Zusammenhang mit einer Trennung oder Scheidung von Eheleuten, dann kann es sich um eine **sonstige Familiensache** handeln, für die gem. **§ 266 Abs. 1 Nr. 3 FamFG** das Familiengericht zuständig ist; ein solcher Fall kann auch vorliegen, wenn zwischen den Eheleuten ein gewerbliches Mietverhältnis besteht bzw. bestand und ein enger Zusammenhang mit der Trennung/Scheidung vorhanden ist.[716] Einer Räumungsklage fehlt das **Rechtsschutzbedürfnis** nicht deshalb, weil einer von mehreren **Mietern endgültig ausgezogen** ist und den Besitz aufgegeben hat[717]: Zum einen ist nicht auszuschließen ist, dass er sich eines anderen besinnt; zum anderen ist er verpflichtet, für eine Rückgabe durch die verbliebenen Mieter zu sorgen. Ein Rechtsschutzbedürfnis ist auch gegeben, wenn der Vermieter sich die Mietsache im Wege der verbotenen Eigenmacht verschafft hat, solange nicht endgültig klar ist, ob der Mieter Besitzschutzansprüche geltend macht.[718] Zur Zulässigkeit eines Versäumnisurteils vor Ablauf der Schonfrist des § 569 Abs. 3 Nr. 2 BGB → BGB § 569 Rn. 97. Die Klage auf Räumung kann wegen der unterschiedlichen Rechtskraftwirkung mit einer Klage auf Feststellung einer bestimmten Art der Vertragsbeendigung (etwa fristlose Kündigung), mit einer Zahlungsklage (→ ZPO § 283a Rn. 10) oder einer Klage auf künftige Nutzungsentschädigung (→ BGB § 546a Rn. 107) verbunden werden.[719] Unter Umständen kann – nach ordentlicher Kündigung oder bei Mietvertragsbeendigung durch Zeitablauf[720] – auch eine Klage auf **künftige Räumung** erhoben werden, nämlich gem. § 257 ZPO ohne besonderes Vermieterinteresse, wenn der Anspruch auf Räumung eines Grundstücks oder eines Raumes, der anderen als Wohnzwecken dient, an den Eintritt eines Kalendertages geknüpft ist, oder – auch bei Wohnraum[721] – gem. § 259 ZPO, wenn nach den Umständen die Besorgnis gerechtfertigt ist, der Mieter werde sich der rechtzeitigen Leistung entziehen. Fruchtlose Räumungsanfragen des Vermieters, die der Mieter unbeantwortet lässt, reichen hierfür nicht, auch nicht eine Schilderung des Mieters von Schwierigkeiten bei 128

---

714 BGH I ZB 16/06, NJW-RR 2007, 1091; BGH IXa ZB 328/03, NJW-RR 2005, 212; OLG Düsseldorf NZM 2015, 895; GE 2008, 1255; *Flatow* ZMR 2014, 937; *Derleder* WuM 2006, 177; näher → Rn. 133; **aA** wohl das OLG Celle ZMR 2007, 956, das für eine Titulierung eine Erwähnung in den Urteilsgründen ausreichen lässt. Meines Erachtens widerspricht das aber – abgesehen von dem Abweichen von der BGH-Rechtsprechung – dem Begriff der Räumung, der in § 885 ZPO mit Wegschaffung definiert ist, nicht aber mit der Durchführung sonstiger Arbeiten. Außerdem birgt eine solche Sicht Gefahren für den Vermieter, der erst nach Rückerhalt der Mietsache deren Zustand besichtigen kann; wenn unter Räumung auch sonstige Rückgabepflichten verstanden werden, wäre der Titel möglicherweise mit der Vollstreckung verbraucht.

715 Zur Frage, was bzw. was nicht von der Räumungsvollstreckung erfasst wird, → Rn. 133.

716 BGH XII ZB 652/11, NJW 2013, 616.

717 KG WuM 2006, 529; LG Berlin ZMR 2004, 516; *Schuschke* NZM 2005, 688; Staudinger/*Rolfs* BGB § 546 Rn. 46; **aA** LG Berlin GE 2003, 529.

718 OLG Düsseldorf ZMR 2007, 193.

719 Einzelheiten bei Staudinger/*Rolfs* BGB § 546 Rn. 47.

720 Bei fristloser Kündigung kann ohnehin sofort geklagt werden; zu Nebenpflichten in dieser Situation → BGB § 546a Rn. 91.

721 *Both* DWW 2010, 83; Staudinger/*Rolfs* BGB § 546 Rn. 47 mwN.

der Wohnungssuche, erforderlich ist vielmehr ein ernstliches Bestreiten.[722] Der Mieter ist nämlich – wie andere Schuldner auch[723] – grds. nicht verpflichtet, seine Erfüllungsbereitschaft anzuzeigen, so dass eine Untätigkeit des Mieters allein beim Vermieter nicht die (berechtigte) Befürchtung erzeugen kann, er werde ohne gerichtliche Hilfe seinen Anspruch nicht durchsetzen können.[724] Die bloße Untätigkeit auf eine (schriftliche) Anfrage ist zu unterscheiden von einer Reaktion im persönlichen Gespräch; letzteres erfordert erheblich weniger Aktivität und Selbstorganisation seitens des Mieters und eine Untätigkeit bei schriftlicher Anfrage wird in nicht wenigen Fällen auf schlichtes Vergessen zurückzuführen sein. Auch das regelmäßig auf Vermieterseite bestehende Interesse, die Möglichkeit der Weitervermietung oder eines Umbaus des Mietobjektes zeitlich einigermaßen zuverlässig abschätzen zu können, führt im Falle der bloßen Untätigkeit zu keiner anderen Wertung.[725] Zwar besteht die allgemeine Nebenpflicht, die Eingehung eines neuen Mietverhältnisses nicht unnötig zu behindern[726]; die (positive) Anzeige der Erfüllungsbereitschaft könnte aber zu Lasten des Mieters als Anerkenntnis oder Zeugnis gegen sich selbst beurteilt werden und ihn so an der späteren Wahrnehmung seiner (zum Zeitpunkt der Anzeige der Erfüllungsbereitschaft noch nicht erkannten) berechtigten Belange hindern.[727] Außerdem würde der Mieter zu einer Klärung seiner rechtlichen Belange zu einem Zeitpunkt gezwungen, den der Vermieter vorgibt. Bei ganz besonders gewichtigen Vermieterinteressen mag eine Ausnahme zu machen sein. Außerdem kann der Vermieter bei berechtigter, auf konkreten Umständen beruhender Sorge, der Mieter werde nicht rechtzeitig räumen, weil er etwa den Kündigungsgrund bestreitet oder weil er in einem persönlichen Gespräch hierzu jegliche Einlassung zu seinen Absichten verweigert, sofort gem. § 259 ZPO klagen. Er muss dann nicht die **Widerspruchsfrist des § 574b BGB** abwarten, da der Mieter sein Widerspruchsrecht und die damit verbundene Suspendierung der Räumungspflicht noch im Räumungsprozess bzw. nach rechtskräftigem Räumungsurteil im Wege der Vollstreckungsgegenklage geltend machen kann.[728]

### 4. Beklagte

129 Auch wenn sich die Voraussetzungen, die für den Rückgabeanspruch erfüllt sein müssen, meist aus dem Vertragsverhältnis zwischen Vermieter und Mieter ergeben, darf sich die Räumungsklage nicht auf die Person des Mieters beschränken, wenn noch Personen vorhanden sind, die Besitz oder Mitbesitz haben und die auch im Fall der Verurteilung des Mieters nicht herausgabebereit sind; das ergibt sich aus den Voraussetzungen der §§ 750, 885 ZPO.[729] Dabei ist es gleichgültig, von wem dieser Besitz abgeleitet ist (Mieter oder Vermieter) und ob er berechtigt ist oder nicht; es ist vielmehr ein **Räumungstitel gegen alle Besitzer der Mietsache notwendig**[730]; erforderlich ist eine tatsächliche Sachherrschaft, fiktiver Erbenbesitz gem. § 857 BGB reicht nicht aus.[731] Gegen herausgabebereite Besitzer benötigt der Vermieter keinen Titel, auch nicht aus materiell-rechtlichen Gründen, da sowohl mehrere Mieter (→ Rn. 64) als auch der Mieter und Dritte Gesamtschuldner sind.[732] Der Vermieter kann vom Mieter aus einer Nebenpflicht des Mietvertrages Auskunft darüber verlangen, welchen Dritten er die Mietsache überlassen hat, damit der Vermieter auch gegen diese Personen einen Räumungstitel erwirken kann.[733] Der Gerichtsvollzieher überprüft das Besitzrecht nicht, er geht vielmehr von der äußerlich erkennbaren Sachherrschaft aus und kann die Räumung insgesamt ablehnen, wenn er vor der Vollstreckung erfährt, dass es einen Besitzer gibt, gegen den kein Titel vorliegt.[734] Die Anbringung eines Namensschildes an der Klingel

---

[722] OLG Karlsruhe NJW 1984, 2953.
[723] Zöller/*Greger* ZPO § 257 Rn. 6.
[724] OLG Hamm ZMR 1996, 499; AG Hersbruck WuM 2012, 687; **aA** LG Bonn ZMR 2014, 283.
[725] So aber OLG Stuttgart NZM 2000, 95; *Lützenkirchen* GE 2017, 1384.
[726] BGH VIII ZR 238/08, NJW 2010, 1135 Rn. 15.
[727] So BGH VIII ZR 238/08, NJW 2010, 1135 Rn. 17 für den vergleichbaren Fall, dass vom Vermieter die Ausstellung einer Mietschuldenfreiheitsbescheinigung verlangt wird.
[728] OLG Karlsruhe NJW 1984, 2953; Staudinger/*Rolfs* BGB § 546 Rn. 50 mwN.
[729] BGH I ZB 61/19, NJW 2020, 3376 Rn. 29.
[730] BGH I ZB 61/19, NJW 2020, 3376 Rn. 32; BGH IXa ZB 29/04, NZM 2004, 701; *Schuschke* NZM 2005, 10.
[731] BGH I ZB 61/19, NJW 2020, 3376 Rn. 35.
[732] Siehe auch BGH I ZB 61/19, NJW 2020, 3376 Rn. 41.
[733] *LG Kiel ZMR 2010, 532; OLG Hamburg* NZM 1998, 758.
[734] BGH IXa ZB 29/04, NZM 2004, 701; BGH I ZB 61/19, NJW 2020, 3376 Rn. 33. Wenn der Gerichtsvollzieher bei der Räumung von einem weiteren Besitzer erfährt, kann er diesen befragen, ob er herausgabebereit ist; ist das der Fall, kann er mit der Räumung fortfahren.

spricht nach der Verkehrsanschauung für einen (Mit-)Besitz an dem Mietobjekt.[735] Einen Titel benötigt der Vermieter – auch bei treuwidrig oder rechtsmissbräuchlich erlangtem Besitz[736] – gegen die → Rn. 98 genannten Personen. Diese Besitzer sind als Dritte iSv § 546 Abs. 2 BGB materiell-rechtlich zur Rückgabe verpflichtet, wenn der Mieter ihnen den Gebrauch überlassen hat (→ Rn. 99, auch zu den Möglichkeiten einer Rechtskrafterstreckung und einer Titelumschreibung auf nicht im Räumungsurteil genannte Dritte). **Mieter und Dritter** können gleichzeitig verklagt werden, weil sie gesamtschuldnerisch auf Rückgabe haften.[737] Eine gemeinschaftliche Klage gegen alle Besitzer oder Räumungsverpflichtete ist aber nicht zwingend.[738] Die Räumungsverpflichteten sind **einfache Streitgenossen,** bei einer Streithilfe liegt keine streitgenössische Nebenintervention gem. § 69 ZPO vor.[739] Eine Klageerweiterung auf den Dritten gem. § 533 ZPO kann auch noch in der Berufungsinstanz erfolgen, wenn die Zustimmung zur Parteierweiterung rechtsmissbräuchlich verweigert wird[740]; oftmals wird in diesen Fällen auch eine Sachdienlichkeit der Klageänderung zu bejahen sein.[741] Ist der **Mieter verstorben und dessen Erbe unbekannt,** kann der Vermieter zur Durchsetzung seines Räumungsanspruchs einen Nachlasspfleger einsetzen lassen (→ BGB § 564 Rn. 12).

Zum Einfluss der **Insolvenz** des Mieters auf das Räumungsverfahren → Rn. 69 und zum Einfluss auf die Vollstreckung → Rn. 132. **130**

## VII. Räumungsfrist und Vollstreckungsschutz

Dem Mieter kann gem. § 721 ZPO eine Frist zur Räumung der Wohnung bewilligt werden **131** und in Fällen besonderer Härte, die mit den guten Sitten nicht vereinbar wäre, Vollstreckungsschutz nach § 765 a ZPO gewährt werden. Einzelnen hierzu bei den Kommentierungen zu diesen Vorschriften. Zu den Rechten und Pflichten der Parteien während der Räumungsfrist → BGB § 546 a Rn. 16. Bei nachträglich entstandenen Einwendungen gegen die Räumungspflicht kommt auch eine Vollstreckungsgegenklage gem. § 767 ZPO in Betracht, so etwa bei Ausübung eines Optionsrechtes nach der letzten mündlichen Verhandlung[742] über die Klage oder bei Vereinbarungen über einen Räumungsaufschub.[743]

## VIII. Vollstreckung

Die **Herausgabevollstreckung** beweglicher Sachen richtet sich nach § 883 ZPO, die Heraus- **132** gabe und Räumung unbeweglicher Sachen nach §§ 885, 885 a ZPO (s. auch bei der Kommentierung zu diesen Vorschriften). Führt der Gerichtsvollzieher eine Zwangsräumung durch und weist den Vermieter in den Besitz der Mieträume ein, so ist dadurch der Rückgabeanspruch des Vermieters auch gegen einen Mitmieter erfüllt, der die Mieträume nicht mehr in Mitbesitz hat.[744] Zur Zwangsvollstreckung aus einem **vorläufig vollstreckbaren Urteil** → Rn. 29. Die Räumungsvollstreckung gem. § 885 Abs. 2 ZPO (die Wegschaffung der Gegenstände) ist in der **Insolvenz des Mieters** nicht gem. § 89 InsO verboten, weil die Masse durch das Wegschaffen nicht beeinträchtigt wird; das Räumungsgut muss dem Verwalter oder dem Schuldner auf Verlangen ausgehändigt werden.[745] Die durch die Vollstreckung entstehenden Kosten sind einfache Insolvenzforderungen. Mit der bloßen Herausgabevollstreckung gem. § 885 Abs. 1 BGB (Besitzübertragung) ohne gleichzeitige Räumung ist praktisch zwangsläufig verbunden, dass der Vermieter Besitz an den dem Insolvenzschuldner (Mieter) gehörenden Sachen erlangt; will man nicht eine Herausgabevollstreckung insgesamt untersagen, ist dies hinzunehmen, weil der Vermieter die Sachen in Obhut nehmen

[735] OLG Hamburg NZM 2012, 387.
[736] → Rn. 98 im Fußnotenapparat.
[737] Staudinger/*Rolfs* BGB § 546 Rn. 88.
[738] BGH I ZB 61/19, NJW 2020, 3376 Rn. 41.
[739] BGH XII ZB 194/99, NJW 2001, 1355.
[740] LG Potsdam GE 2012, 64.
[741] Siehe zum Begriff der Sachdienlichkeit bei § 533 ZPO bei BGH XII ZR 110/09, NJW 2011, 2796 und BGH VIII ZR 109/11, NJW 2012, 2662.
[742] BGH VIII ZR 116/84, NJW 1985, 2481.
[743] Staudinger/*Rolfs* BGB § 546 Rn. 52.
[744] BayObLG NJW-RR 1989, 1291.
[745] *Eckert* NZM 2006, 612 (613).

muss[746] und der Insolvenzverwalter das Recht hat, die Sachen jederzeit abzuholen.[747] Wird im Rahmen eines Räumungsprozesses zwischen den Parteien eines Wohnraummietverhältnisses in einem **Räumungsvergleich** ein bestimmter Mietrückstand festgestellt und vereinbart, dass der Rückstand ratenweise zu tilgen ist, so stellt die vom Mieter für den Fall der nicht rechtzeitigen Erfüllung der Ratenzahlungspflicht übernommene Verpflichtung in einer **Verfallklausel,** die Mietwohnung zu räumen, jedenfalls dann kein gem. § 555 BGB unwirksames Vertragsstrafeversprechen dar, wenn im Zeitpunkt des Vergleichsschlusses der Räumungsanspruch des Vermieters bei Zugrundelegung des im Vergleich festgestellten Mietrückstands begründet war.[748]

**133** Der Vermieter als Gläubiger kann wählen zwischen der **„klassischen Räumungsvollstreckung"** gem. § 885 Abs. 2 ZPO und dem beschränkten Vollstreckungsauftrag gem. § 885 a ZPO, der nicht auf Räumung, sondern lediglich auf Besitzverschaffung gem. § 885 Abs. 1 ZPO gerichtet ist. Bei der Räumungsvollstreckung gem. § 885 Abs. 2 ZPO hat der Gerichtsvollzieher bewegliche Sachen (Möbel, Hausrat, sonstige Zubehörstücke gem. §§ 97, 98 BGB) sowie Tiere wegzuschaffen (s. auch § 128 Abs. 4 GVGA)[749]; **Rückbau** von Ein-, Um- und Aufbauten, **Schadensbeseitigung und sonstige Rückgabepflichten** gehören nicht zur Räumungsvollstreckung, sie sind – ggf. unter Beachtung der Voraussetzungen des § 259 ZPO – gesondert zu titulieren und nach §§ 887, 888 ZPO zu vollstrecken.[750] Insbesondere muss der Gerichtsvollzieher im Rahmen der Räumungsvollstreckung Gebäude oder Anlagen nicht entfernen und außerdem Anpflanzungen, Erdaufschüttungen oder große Mengen Abfalls nicht beseitigen, wenn das so aufwendig ist, dass es der Beseitigung eines Gebäudes oder einer Anlage gleichkommt[751]; die Abgrenzung kann im Einzelfall aber problematisch sein.[752]

**134** Die Kosten einer „klassischen Räumungsvollstreckung"[753] für Aufbrechen, Einpacken, Wegschaffen und Einlagern können erheblich sein. Vorschüsse in einer Größenordnung von 3.000–4.000 EUR sind üblich.[754] Um die Kosten einer Räumung, die im Wesentlichen durch den Spediteur verursacht werden, gering zu halten, hat der Gesetzgeber mit § 885 a ZPO den nur auf Besitzverschaffung gerichteten **beschränkten Vollstreckungsauftrag** geschaffen (s. näher bei der Kommentierung zu § 885 a ZPO). Davor hat man versucht, ein ähnliches Ergebnis mit anderen Strategien zu erreichen, deren Anwendung – bis auf die Berliner Räumung[755] – auch unter Geltung des § 885 a ZPO nicht ausgeschlossen, aber doch unnötig erscheint.[756] Siehe zu diesen Strategien und deren Risiken in → 11. Aufl. 2013, BGB § 546 Rn. 135 ff.

**135** *frei*
**136** *frei*
**137** *frei*
**138** *frei*
**139** *frei*
**140** *frei*
**141** *frei*

---

[746] Dazu → Rn. 59.
[747] *Eckert* NZM 2006, 613.
[748] BGH VIII ZR 272/08, NJW 2010, 859; krit. dazu und weiterführend zu Räumungsvergleichen *Blank* NZM 2010, 31; s. zu einem ähnlichen Fall auch LG Berlin ZMR 2014, 589, für den eine Verwirkung des titulierten Räumungsanspruchs verneint wird.
[749] OLG Düsseldorf GE 2008, 1255 für bewegliche Sachen; BGH I ZB 19/11, MDR 2012, 999 für Tiere.
[750] → Rn. 127.
[751] BGH IXa ZB 328/03, NJW-RR 2005, 212; OLG Düsseldorf NZM 2015, 895; NJW-RR 2000, 533; LG Limburg DGVZ 2005, 70 (71), der BGH hat den Antrag auf Bewilligung von Prozesskostenhilfe für die zugelassene Rechtsbeschwerde zurückgewiesen.
[752] *Flatow* ZMR 2014, 937.
[753] Siehe zur praktischen Durchführung einer solchen klassischen Räumungsvollstreckung *Hüermann* NZM 2004, 326, *Schuschke* NZM 2005, 681.
[754] *Flatow PiG 79 (2007), 151.*
[755] → ZPO § 885 a Rn. 4.
[756] Siehe zu diesen Strategien *Flatow* PiG 79 (2007), 150 ff. sowie *Schuschke* NZM 2005, 684, *Scholz* ZMR 2010, 1 und *Fischer* WuM 2007, 239 – alle mit weitergehenden Nachweise zu folgenden Ausführungen.

## H. Verjährung

Der Rückgabeanspruch gem. § 546 Abs. 1, 2 BGB einschließlich des Anspruchs auf Rückgabe von Zubehör verjährt innerhalb der Regelverjährungsfrist von drei Jahren (§ 195 BGB)[757], spätestens gem. § 199 Abs. 4 BGB jedoch in zehn Jahren nach Entstehung des Anspruchs. Der Herausgabeanspruch gem. § 985 BGB verjährt gem. § 197 Abs. 1 Nr. 1 BGB in 30 Jahren. **142**

## I. Beweislast

Der Vermieter muss die Voraussetzungen des Rückgabeanspruchs gem. § 546 BGB beweisen, also den Mietvertrag und insbes. dessen Beendigung sowie den Zeitpunkt der Beendigung.[758] Weil der Mieter die Mietsache nicht besitzen muss, ihn vielmehr auch ohne Besitz eine Rückgabepflicht trifft (→ Rn. 25, 63), muss er einen Besitz des Mieters nicht beweisen. Anders ist das bei dem Anspruch gem. § 546 Abs. 2 BGB, der er nur bei Besitz des Dritten besteht (→ Rn. 98). Anders ist das ebenfalls bei dem Herausgabeanspruch gem. § 985 BGB, bei dem der Gläubiger Eigentümer und der Schuldner Besitzer der herausverlangten Sache sein und der Gläubiger beides beweisen muss; der Schuldner des Herausgabeanspruchs hat ein Recht zum Besitz zu beweisen, etwa das Bestehen eines Mietvertrages.[759] Die unterschiedliche Beweislastverteilung der Ansprüche aus § 546 Abs. 1 BGB bzw. aus § 985 BGB kann insbes. Bedeutung erlangen, wenn das Bestehen eines Mietvertrages streitig ist; ist die Frage nicht aufklärbar und deshalb nach Beweislastgrundsätzen zu entscheiden, hat der Vermieter zwar keinen Anspruch gem. § 546 BGB (also auch keinen Anspruch auf Erfüllung der Rückgabepflichten wie Räumung), wohl aber den Herausgabeanspruch gem. § 985 BGB.[760] Der Mieter – bzw. im Falle des § 546 Abs. 2 BGB der Dritte – muss die (rechtzeitige) Erfüllung der Rückgabepflichten gem. § 546 BGB beweisen, also insbes. die Besitzverschaffung, die Räumung und den Rückbau sowie die Rückgabe von Schlüsseln und sonstigem Zubehör.[761] Weil es um Erfüllung geht, die grds. der Schuldner zu beweisen hat, ändert sich an der Beweispflicht des Mieters nichts, wenn es im Rahmen von Nutzungsentschädigungsansprüchen um den Zeitpunkt der Rückgabe und damit die Dauer der Vorenthaltung geht oder wenn es darum geht, ob die Räumungspflicht nicht oder bloß schlecht erfüllt ist.[762] Ist streitig, ob der Mieter Schlüssel oder Zubehör erhalten oder bauliche Veränderungen vorgenommen hat, so hat dies der Vermieter zu beweisen, insbes. muss er den Zustand beweisen, in dem er dem Mieter das Mietobjekt zu Beginn der Mietzeit überlassen hat.[763] Zur Beweislast bei Beschädigungen der Mietsache und Überschreitung des vertragsgemäßen Gebrauchs → BGB § 538 Rn. 35, 44. **143**

## J. Abweichende Vereinbarungen

Abweichende Vereinbarungen der Parteien sind möglich und werden häufig hinsichtlich der Rückgabemodalitäten (Zustand, Zeitpunkt etc) getroffen.[764] Sie dürfen aber den Vertragscharakter nicht ändern, insbes. die Rückgabepflicht nicht insgesamt abbedingen; dann läge ein Mietvertrag nicht mehr vor.[765] Auch eine Kaufverpflichtung am Ende des Vertrages benachteiligt den Mieter unangemessen iSv § 307 BGB.[766] Das OLG Düsseldorf[767] hält eine AGB-Klausel für wirksam, wonach ein Rückbau nur geschuldet ist, wenn ohne ihn, also bei Verbleiben der Ein- und Ausbauten, die weitere Vermietung erschwert sein sollte. Das soll dahingehend auszulegen sein, dass der Rückbauanspruch erst bei entsprechendem Verlangen des Nachfolgemieters entsteht.[768] Bei einer **144**

---

[757] BGH VIII ZR 157/74, NJW 1975, 2103, zu der damals noch geltenden dreißigjährigen Regelverjährung.
[758] *Szabó* DMT-Bilanz 2011, 296; DMT-Bilanz 2011, 300.
[759] BGH V ZR 115/13, NJW 2014, 2199; *Szabó* DMT-Bilanz 2011, 298.
[760] Siehe umf. *Szabó* DMT-Bilanz 2011, 298.
[761] OLG Stuttgart ZMR 2005, 953; OLG Hamm 23.5.2019 – 18 U 19/16, BeckRS 2019, 48107; LG Berlin ZMR 1998, 703; AG Brandenburg NZM 2015, 307, für die Schlüssel.
[762] **AA** Blank/Börstinghaus/*Blank* BGB § 546 Rn. 54; zur Abgrenzung zwischen Nichterfüllung und Schlechterfüllung → Rn. 20.
[763] LG Essen ZMR 2016, 965.
[764] MüKoBGB/*Bieber* § 546 Rn. 26.
[765] AnwK WohnraummietR/*Lammel* BGB § 546 Rn. 2; MüKoBGB/*Bieber* § 546 Rn. 26.
[766] OLG Brandenburg MDR 2000, 1003.
[767] OLG Düsseldorf ZMR 2009, 754.
[768] OLG Düsseldorf GE 2009, 1045.

solchen Klausel ist zwar nicht zu verkennen, dass der Mieter über den Umfang seiner Pflichten bei Vertragsende uU keine Klarheit hat und von den Absichten und ggf. der Willkür des Nachmieters abhängig ist; letztlich ist die Klausel aber dennoch vorteilhaft für ihn, weil sich seine Leistungspflicht allenfalls reduzieren, nicht aber ausweiten kann. Eine Vereinbarung, wonach der Vermieter bei Verletzung der Räumungspflicht das Mietobjekt gegen den Willen des Mieters **selbst öffnen und räumen** lassen darf, ist wegen Verstoßes gegen die zwingende gesetzliche Wertung in §§ 229, 858 BGB gem. § 307 BGB unwirksam oder gem. § 138 BGB nichtig.[769] Eine Klausel, wonach der Vermieter berechtigt sein soll, die Räume zu öffnen, zu reinigen und in einen bezugsfertigen Zustand zu bringen, ohne dass es einer Nachfristsetzung zur Beseitigung der Mängel bedarf, ist gem. § 307 BGB unwirksam, da sie mit dem wesentlichen Grundgedanken der gesetzlichen Regelung, nämlich § 281 Abs. 1 BGB, nicht zu vereinbaren ist und den Mieter unangemessen benachteiligt.[770]

[769] BGH VIII ZR 277/75, NJW 1977, 1818; LG Duisburg ZMR 2012, 550; OLG Hamm NJW-RR 1992, 502, für das Leasingrecht; Wolf/Eckert/Ball Gewerbl. Miet-/Pacht-/LeasingR-HdB Rn. 1088.
[770] KG NZM 2007, 356.

## § 546a Entschädigung des Vermieters bei verspäteter Rückgabe

**(1) Gibt der Mieter die Mietsache nach Beendigung des Mietverhältnisses nicht zurück, so kann der Vermieter für die Dauer der Vorenthaltung als Entschädigung die vereinbarte Miete oder die Miete verlangen, die für vergleichbare Sachen ortsüblich ist.**

**(2) Die Geltendmachung eines weiteren Schadens ist nicht ausgeschlossen.**

### Systematische Übersicht



### Alphabetische Schnellübersicht

## A. Überblick und Zweck der Vorschrift

1 Miete bedeutet entgeltliche Nutzung auf Zeit. Nach Ablauf der Mietzeit hat der Mieter die Mietsache zurückzugeben. Tut er das nicht, kann der Vermieter gem. § 546a Abs. 1 BGB eine **Entschädigung für die Vorenthaltung** verlangen, die sich an der vereinbarten oder der ortsüblichen Miete bemisst. Außerdem wird in § 546a Abs. 2 BGB der Vorschrift klargestellt, dass dieser Nutzungsentschädigungsanspruch nicht den Anspruch des Vermieters auf Schadensersatz nach den allgemeinen Regeln verdrängt; ein solcher (weitergehender) Anspruch bleibt vielmehr ausdrücklich vorbehalten. Für Mietverhältnisse über Wohnraum erfährt der Schadensersatzanspruch des Vermieters jedoch aus sozialen Gründen eine Einschränkung in § 571 BGB. Der Mieter soll sich nicht aus Furcht vor einer Schadensersatzverpflichtung abhalten lassen, sich auf die Sozialklausel in § 574 BGB zu berufen, deren Eingreifen nur schwierig zu prognostizieren ist; außerdem hielt der Gesetzgeber die Ersatzpflicht für einen Verzugsschaden während einer Räumungsfrist gem. §§ 721, 794a BGB für nicht gerechtfertigt.[1]

2 § 546a BGB soll auf den Mieter **Druck ausüben,** die Mietsache zurückzugeben, und dem Vermieter einen Ausgleich dafür verschaffen, dass ein Mieter trotz Beendigung des Vertrages über die Mietsache verfügt.[2] Dem Vermieter wird ohne Nachweis eines konkreten Schadens eine Mindestentschädigung in Höhe des vereinbarten (oder des ortsüblichen[3]) Mietzinses zugestanden, wenn sich nach Vertragsende an den tatsächlichen Verhältnissen nichts ändert; das gilt unabhängig davon, ob der Mieter aus dem vorenthaltenen Mietgegenstand tatsächlich einen entsprechenden Nutzen hat ziehen können.[4] Der historische Gesetzgeber des BGB hat die vereinbarte Miete als Mindestbetrag einer Nutzungsentschädigung für angemessen gehalten, weil sie die Äquivalenzvorstellungen der Parteien zum Wert von Leistung und Gegenleistung zum Maßstab nimmt und Streitigkeiten über die Höhe des konkreten Schadens des Vermieters bzw. der konkreten Bereicherung des Mieters vermeiden hilft.[5] Der Mieter, der die Mietsache nach Beendigung des Mietverhältnisses dem Vermieter vorenthält, sollte nicht besser gestellt werden, als er bei Fortdauer des Mietvertrages gestanden hätte.[6] Das ist gerechtfertigt, weil es nur an ihm liegt, dass er noch im Besitz der Mietsache ist, und weil er es selbst in der Hand hat, sich durch Rückgabe der Mietsache seiner Verpflichtung zu entledigen, wenn ihm die vereinbarte Miete zu hoch ist.[7] Das Recht, die ortsübliche statt der vereinbarten Miete verlangen zu können, wurde geschaffen, um den Vermieter bei steigenden bzw. gestiegenen Mieten während der oftmals langen Dauer eines Räumungsprozesses oder bei längeren Räumungsfristen nicht auf das vereinbarte Mietniveau zu beschränken.[8]

---

[1] Staudinger/*Rolfs* BGB § 546a Rn. 5.

[2] BGH VIII ZR 17/16, NZM 2017, 186 Rn. 25; BGH XII ZR 66/13, NJW 2015, 2795 Rn. 21; BGH VIII ZR 57/05, NZM 2006, 52; BGH VIII ZR 103/03, NZM 2004, 354.

[3] Den ortsüblichen Mietzins zu schulden ist in besonderem Maß geeignet, Druck auf den Mieter auszuüben, wenn er über dem vereinbarten Mietzins liegt; s. auch *Emmerich* NZM 1999, 931.

[4] BGH VIII ZR 57/05, NZM 2006, 52; BGH VIII ZR 155/88, NJW 1989, 1730; LG Köln MDR 1966, 239.

[5] BGH VIII ZR 12/64, NJW 1966, 248; Staudinger/*Rolfs* BGB § 546 Rn. 3.

[6] BGH VIII ZR 57/05, NZM 2006, 52.

[7] *BGH VIII ZR 17/16,* NZM 2017, 186 Rn. 25; BGH VIII ZR 57/05, NZM 2006, 52; BGH VIII ZR 155/88, NJW 1989, 1730.

[8] BGH VIII ZR 17/16, NZM 2017, 186 Rn. 25; BGH XII ZR 215/97, NJW 1999, 2808; *Emmerich* NZM 1999, 930 mwN zur Gesetzgebungsgeschichte.

## B. Entstehungsgeschichte

3 § 546a BGB entspricht im Wesentlichen § 557 Abs. 1 BGB aF. Durch die zum 1.9.2001 in Kraft getretene Mietrechtsreform wurde allerdings der Anspruch auf die ortsübliche Miete auf alle Mietverhältnisse ausgedehnt; davor (seit dem 3. Mietrechtsänderungsgesetz von 1967[9]) gab es Nutzungsentschädigung in Höhe der ortsüblichen Miete nur bei Mietverhältnissen über Räume. Die Beschränkung der Schadensersatzpflicht des Wohnraummieters, die sich jetzt in § 571 BGB findet, war vor der Mietrechtsreform in § 557 Abs. 2–4 BGB aF geregelt.

## C. Anwendungsbereich

4 § 546a BGB baut auf § 546 BGB auf, setzt also einen Rückgabeanspruch gem. § 546 BGB voraus, gleichgültig, ob es sich um Miete beweglicher oder unbeweglicher Sachen handelt. Das ergibt sich schon auf Grund der systematischen Stellung der Vorschrift. Deshalb entspricht der **Anwendungsbereich von § 546a BGB** dem des § 546 BGB; auf die dortigen Ausführungen kann verwiesen werden. Lediglich für Pachtverträge gibt es in § 584b BGB und für Landpachtverträge in § 597 BGB besondere Regelungen, die hinsichtlich der Voraussetzungen des Entschädigungsanspruchs inhaltsgleich zu § 546a BGB sind[10], hinsichtlich der Höhe aber Besonderheiten enthalten. § 546a BGB ist auch auf **Leasingverträge** anwendbar[11] einschließlich der Vollamortisationsverträge.[12] Hat der Leasinggeber seinen Schaden nach vorzeitiger Vertragsbeendigung durch Abzinsung der noch ausstehenden Raten berechnet, kann er vom Leasingnehmer nicht zusätzlich Nutzungsentschädigung verlangen, wenn er aufgrund seiner AGB verpflichtet ist, den Leasinggegenstand sofort nach Herausgabe zu verwerten und den Erlös in voller Höhe dem Leasingnehmer gutzubringen.[13]

5 Wenn **kein Mietverhältnis** bestanden hat oder es nicht wirksam ist, ist § 546a BGB nicht anwendbar, auch nicht analog.[14] In diesen Fällen können aber bei Erfüllung der entsprechenden Voraussetzungen Ansprüche auf Schadensersatz, aus ungerechtfertigter Bereicherung gem. §§ 812ff. BGB oder aus einem Eigentümer-Besitzer-Verhältnis gem. §§ 987ff. BGB gegeben sein[15]; zur Bestimmung der Höhe dieser Ansprüche → Rn. 104. § 292 BGB kommt als Anspruchsgrundlage nicht in Betracht, da es an einem Schuldverhältnis und damit an einer vertraglichen Herausgabepflicht fehlt; für dingliche Herausgabeansprüche gelten §§ 987ff. BGB unmittelbar.[16] Im Fall des **Widerrufs des Mietvertrages gem. § 355 BGB,** so er denn ausnahmsweise (s. § 312 Abs. 4 BGB) in Betracht kommt, gibt es keine Rückgabeansprüche gem. § 546 BGB und folglich auch keine Nutzungsentschädigung gem. § 546a BGB. Bis zum Widerruf schuldet der Mieter Entschädigung („Wertersatz") nur unter den engen Voraussetzungen des § 357 Abs. 8 BGB. Weitere Ansprüche sind § 361 BGB grds. ausgeschlossen, nicht allerdings dann, wenn der Mieter nach dem Widerruf die Verpflichtung zur Rückgabe gem. § 355 BGB verzögert.[17] In diesem Fall kommen Ansprüche gem. §§ 286, 812ff., 987ff. BGB in Betracht, nicht aber (mangels Rückgabeanspruchs gem. § 546 BGB) Ansprüche aus § 546a BGB.[18]

6 **Beispielhaft** für das Fehlen eines Mietverhältnisses und damit das Fehlen von Ansprüchen nach § 546a Abs. 1 BGB sind zu nennen: Von Anfang an (etwa wegen § 138 BGB[19]) nichtige oder rückwirkend durch Anfechtung vernichtete Verträge.[20] – Das **Verhältnis von Vermieter zum Untermieter** oder einem sonstigen **Dritten** (zB dem Ehegatten des Mieters) iSv § 546 Abs. 2 BGB[21]; zu

---

9 Siehe *Emmerich* NZM 1999, 930 zur Gesetzgebungsgeschichte.
10 BGH XII ZR 214/04, NZM 2006, 820.
11 BGH IX ZR 81/05, NJW 2007, 1594; BGH VIII ZR 377/03, NJW-RR 2005, 1081; BGH VIII ZR 103/03, NZM 2004, 354; BGH VIII ZR 155/88, NJW 1989, 1730.
12 BGH VIII ZR 377/03, NJW-RR 2005, 1081; BGH VIII ZR 155/88, NJW 1989, 1730.
13 OLG Karlsruhe NJW-RR 1997, 1004.
14 *BGH XII ZR 115/11*, NJW 2013, 1881 Rn. 11; BGH VIII ZR 51/82, ZMR 1984, 16.
15 BGH XII ZR 115/11, NJW 2013, 1881.
16 MüKoBGB/*Ernst*, 8. Aufl. 2018, § 292 Rn. 1.
17 MüKoBGB/*Fritsche*, 8. Aufl. 2018, § 361 Rn. 4.
18 **AA** *Lindner* ZMR 2016, 361.
19 OLG Düsseldorf ZMR 1988, 221.
20 *Schmid* WuM 2009, 156.
21 OLG Hamburg NZM 1999, 1052; LG Düsseldorf WuM 1988, 163; Staudinger/*Rolfs* BGB § 546 Rn. 74 mwN; *Greiner* ZMR 1998, 404; **aA** OLG Köln NJW 1961, 30, das dieses Ergebnis aus § 546 Abs. 2 BGB folgert, sich damit aber über den eindeutigen Wortlaut des § 546a BGB hinwegsetzt.

den möglichen Ansprüchen gegen einen Untermieter bzw. Dritten iSv § 546 Abs. 2 BGB, der die Mietsache nicht zurückgibt, bei → BGB § 546 Rn. 108, zur Haftung von Mieter und Drittem bei einem (echten) (Miet-)Vertrag zu Gunsten Dritter gem. § 328 BGB → Rn. 29. Wenn die Mietsache schon während der Vertragsverhandlungen überlassen wurde, ein Vertrag aber nicht zu Stande kommt.[22] Wenn Eigentümer und Vermieter eines Mietgrundstücks[23] nicht identisch sind und das Grundstück vor Rückgabe, aber nach Vertragsbeendigung veräußert wird; der Erwerber tritt dann nicht nach § 566 BGB in das Abwicklungsverhältnis ein[24], hat also auch keinen Anspruch aus § 546a BGB, wohl aber aus § 987 ff. BGB ab Eigentumsübergang; Bereicherungsansprüche stehen bis zum Eigentumsübergang dem Vermieter zu.[25] Wenn ein Miteigentümer den übrigen Miteigentümern die Alleinnutzung des gemeinschaftlichen Grundstücks gegen Entgelt überlässt; auf dieses Rechtsverhältnis sind in erster Linie die Regeln des Gemeinschaftsrechts anzuwenden.[26] Wenn der Geschäftsführer der mietenden, aber insolventen GmbH als Gesellschafter einer GbR Besitz an der Mietsache ergreift.[27]

7 § 546a Abs. 1 BGB findet zwar grds. auch im **Verhältnis zwischen Mieter und Untermieter** Anwendung (nicht aber im Verhältnis Vermieter zu Untermieter → Rn. 6); einem Mieter steht aber dann kein Anspruch auf Nutzungsentschädigung gegen seinen Untermieter zu, wenn sein Vertrag mit dem Vermieter ebenfalls beendet ist, da er dann keine eigene Nutzungsberechtigung mehr hat, die ihm durch den Untermieter vorenthalten werden könnte.[28] Ansprüche aus § 987 BGB scheitern daran, dass der Mieter nicht Eigentümer der Mietsache ist. Der Untermieter ist auch nicht auf Kosten des Mieters bereichert. Ein Schadensersatzanspruch wegen Verzugs ist möglich, nicht jedoch die Geltendmachung eines Kündigungsfolgeschadens, da ein solcher Anspruch eine Weitervermietungsmöglichkeit voraussetzt, die aber nicht besteht, wenn der Hauptmietvertrag beendet ist.[29] Endet bei einer **gewerblichen Weitervermietung** das Zwischenmietverhältnis, ist § 546a BGB nicht anwendbar, da den Zwischenvermieter keine Rückgabepflichten treffen; gem. § 565 BGB wird das Mietverhältnis nämlich von dem gewerblichen Vermieter mit dem (End-)Mieter fortgeführt und der Vermieter hat einen eigenen Mietzinsanspruch.[30] Wird dieses neue Mietverhältnis beendet, sind Ansprüche aus § 546a Abs. 1 BGB möglich, sofern nicht vorher ein neuer Zwischenmieter gem. § 565 Abs. 1 S. 2 BGB den Vertrag übernommen hat.[31]

8 Ist der Vermieter auch Eigentümer des Mietgrundstücks[32], geht bei einem **Eigentumswechsel** an dem Grundstück gem. **§ 566 BGB** neben dem Rückgabeanspruch gem. § 546 BGB[33] auch der Anspruch auf Nutzungsentschädigung gem. § 546a BGB sowie ein evtl. Anspruch auf Schadensersatz wegen Räumungsverzugs auf den neuen Eigentümer über, andere Rechte bzw. Pflichten nach der Rspr. des BGH aber grds. nicht.[34]

9 Weist eine Behörde den Mieter durch Verwaltungsakt in die Wohnung ein[35] (etwa zur Vermeidung von **Obdachlosigkeit**), dann kann der Vermieter von dem (ehemaligen) Mieter keine Nutzungsentschädigung verlangen, da nicht der Mieter die Mietsache vorenthält, sondern die Behörde auf Grund der **hoheitlichen Einweisung.**[36] Es entsteht zwischen Vermieter und Behörde „eine Art öffentlich-rechtliches Verwahrungsverhältnis", das die Behörde – auch bei Vorliegen eines Räu-

---

22 BGH XII ZR 154/97, NZM 2000, 183.

23 Für die Vermietung beweglicher Sachen gilt das genauso. Wegen § 566 BGB, der nur für unbewegliche Sachen gilt, war es aber klarzustellen.

24 Anders, wenn der Veräußerer auch Vermieter war (→ Rn. 8 und → BGB § 566 Rn. 51).

25 OLG Düsseldorf ZMR 2007, 33.

26 BGH II ZR 94/96, NJW 1998, 372.

27 OLG Köln ZMR 2006, 862.

28 BGH XII ZR 215/94, NJW 1996, 46; KG ZMR 2013, 26; 2006, 283; OLG Saarbrücken NZM 2006, 180.

29 KG ZMR 2006, 283.

30 KG GE 2012, 1559; Staudinger/*Rolfs* BGB § 546a Rn. 12; AnwK WohnraummietR/*Lammel* BGB § 546a Rn. 17; zur Rechtslage vor Einführung des § 565 BGB s. BGH XII ZR 123/93, NJW 1996, 1886.

31 Staudinger/*Rolfs* BGB § 546a Rn. 12.

32 Zu dem Fall, dass Eigentum und Vermieterstellung auseinanderfallen, → Rn. 6.

33 Einzelheiten → BGB § 566 Rn. 51; **aA** Staudinger/*Rolfs* BGB § 546 Rn. 7; OLG München NJW-RR 1996, 907, sämtlich aber ohne nähere Begründung.

34 *BGH VIII ZR 219/06, NJW 2007*, 1818; BGH VIII ZR 139/77, NJW 1978, 2148; Einzelheiten → BGB § 566 Rn. 51.

35 Hierzu *Günther/Traumann* NVwZ 1993, 130 und OVG Lüneburg NJW 2010, 1094.

36 Staudinger/*Rolfs* BGB § 546a Rn. 21.

mungstitels gegen den Mieter – im Wege des Folgenbeseitigungsanspruchs verpflichtet, nach Wegfall des Einweisungsgrundes für die Räumung zu sorgen.[37] Bis zur Räumung kommen gegen die Behörde Entschädigungsansprüche in Betracht. Anspruchsgrundlage ist, sofern nicht spezialgesetzliche, die allgemeinen Entschädigungsregeln verdrängende landesgesetzliche Vorschriften eingreifen (etwa § 39 Abs. 1 OBG NW), eine Entschädigung wegen enteignenden Eingriffs, wenn es sich um eine rechtmäßige Einweisung gehandelt haben sollte[38], und wegen enteignungsgleichen Eingriffs, wenn die Einweisung rechtswidrig war.[39] Bei einer rechtswidrigen Einweisung kommt eine Kürzung des Anspruchs wegen Mitverschuldens in Betracht, wenn der Vermieter die Einweisung durch Inanspruchnahme von Primärrechtsschutz hätte bekämpfen können.[40] Die Höhe der Entschädigung orientiert sich an der ortsüblichen Miete; meist greifen die Behörden auf die zwischen dem eingewiesenen Mieter und dem Vermieter vereinbarte Miete zurück.[41] Die Entschädigung muss aber ggf. auch weitere Nachteile ausgleichen, die der Vermieter durch die Beschlagnahme erleidet (zB wegen unterbliebener Weitervermietung).[42] Nach dem Ende der Einweisung kann ein Räumungsanspruch des Vermieters gegen den Mieter wiederaufleben, wenn der Eingewiesene dem von der Einweisung betroffenen Eigentümer gem. § 546 Abs. 1 BGB oder § 546 Abs. 2 BGB zur Rückgabe verpflichtet war, weil der Eigentümer nur für die Dauer der Beschlagnahme daran gehindert ist, aus einem ggf. bestehenden privatrechtlichen Räumungstitel zu vollstrecken.[43] Wenn aber eine Rückgabepflicht besteht, ist der Mieter dem Vermieter bei Erfüllung der sonstigen Voraussetzungen auch zur Zahlung von Nutzungsentschädigung verpflichtet; Behörde und Mieter haften dann wie Gesamtschuldner.

## D. Rechtsverhältnis nach Vertragsbeendigung

Nach der Vertragsbeendigung entsteht zwischen den Parteien ein Rückgewährschuldverhältnis, 10
das gerichtet ist auf die **Abwicklung des Vertrages.**[44] Es handelt sich um ein **gesetzliches Schuldverhältnis**[45], das insbes. die Rückgabe der Mietsache durch den Mieter sowie die Erfüllung der sonstigen Rückgabepflichten gem. § 546 BGB zum Inhalt hat. Es umfasst darüber hinaus sämtliche nachvertraglichen Pflichten der ehemaligen Vertragsparteien; das können sowohl Leistungspflichten sein (etwa die Pflicht zur Aufrechterhaltung der Versorgung durch den Vermieter oder die Zahlung von Nutzungsentschädigung durch den Mieter[46]; zu Letzterem → Rn. 24), als auch Rücksichtnahme- und Schutzpflichten iSv § 241 Abs. 2 BGB.[47] Solche nachvertraglichen Pflichten kommen vornehmlich bei verzögerter Rückgabe in Betracht. Der konkrete Inhalt des nachvertraglichen Abwicklungsschuldverhältnisses ist durch Auslegung und Abwägung der beiderseitigen Interessen zu bestimmen. Angesichts der Vertragsbeendigung bestehen insbes. die Vermieterpflichten nur im Rahmen des Zumutbaren.[48] Grundsätzlich ist zu unterscheiden zwischen der einfachen (unerlaubten) Weiternutzung nach Vertragsbeendigung und einer (gestatteten) Weiternutzung auf Grund der Gewährung einer Räumungsfrist durch den Vermieter oder das Gericht (§§ 721, 765a ZPO). Außerdem kann es gesetzliche Schwebezeiten nach Beendigung des Mietverhältnisses geben, während derer das Schicksal des Vertrages offen ist. Eine solche Schwebezeit ist in §§ 574ff. BGB (Sozialklausel) vorgesehen, aber auch in §§ 543 Abs. 2 S. 3, 545, 569 Abs. 3 Nr. 2, §§ 545, 575

---

37 BGH III ZR 160/94, NJW 1995, 2918; BGH III ZR 148/05, NZM 2006, 267; **aA** OLG Köln NJW 1994, 1012.

38 BGH III ZR 3/86, NJW 1987, 2573, dort auch zu den näheren Voraussetzungen eines solchen Anspruchs.

39 OLG Hamm VersR 2000, 643.

40 BGH III ZR 160/94, NJW 1995, 2918.

41 *Günther/Traumann* NVwZ 1993, 130.

42 Soergel/*Heintzmann* BGB § 546a Rn. 9.

43 BGH III ZR 160/94, NJW 1995, 2918.

44 BGH XII ZR 66/13, NJW 2015, 2795 Rn. 18; BGH VIII ZR 213/82, NJW 1984, 1527; *Lehmann-Richter* PiG 90 (2011), 213.

45 Staudinger/*Rolfs* BGB § 546a Rn. 6 und wohl auch *Lehmann-Richter* PiG 90 (2011), 213.

46 *Lehmann-Richter* PiG 90 (2011), 213.

47 *Lehmann-Richter* PiG 90 (2011), 213; **aA** *Derleder* WuM 2011, 552, der ein gesetzliches Schuldverhältnis ablehnt, weil er meint, daraus könnten keine Treu- und Rücksichtnahmepflichten erwachsen. BGH XII ZR 137/07, NJW 2009, 1947 Rn. 16 siedelt jedenfalls die nachvertragliche Pflicht des Vermieters zur Aufrechterhaltung der Versorgung bei § 242 BGB an, was aber unnötig erscheint, wenn man ein gesetzliches Abwicklungsschuldverhältnis annimmt.

48 BGH XII ZR 137/07, NJW 2009, 1947 Rn. 16; *Derleder* WuM 2011, 552.

Abs. 2, 3 BGB.[49] Wenn die Fortsetzung (oder Neubegründung) des Mietverhältnisses nach Ablauf der Schwebezeit nicht mehr vom Willen des Vermieters, sondern nur vom Verhalten des Mieters bzw. von der (gerichtlichen) Feststellung eines bestehenden Rechts abhängt[50], dann ähnelt der Schwebezustand einer gestatteten Weiternutzung, in den anderen Fällen einer unerlaubten Weiternutzung. Letzteres (unerlaubte Weiternutzung) ist etwa bei § 545 BGB der Fall, ersteres (erlaubte Weiternutzung) etwa bei begründeten (nicht aber bei unbegründetem) Widerspruch gem. der Sozialklausel in § 574 BGB.[51] Die Nachholungsrechte der § 569 Abs. 3 Nr. 2, § 543 Abs. 2 S. 3 BGB stellen eine unerlaubte Weiternutzung dar, weil hier – anders als bei einem Widerspruch gem. § 574 BGB – der Mieter noch nichts getan hat zur Rechtewahrung, er hat vielmehr unbedingt zu räumen, eine Räumungsklage wäre (bis zur Nachholungshandlung) begründet.[52] Die nachfolgenden Ausführungen betreffen vornehmlich die Raum- und Grundstücksmiete, sind aber sinngemäß auch auf andere Mietverhältnisse anwendbar.

### I. Unerlaubte Weiternutzung

11 Die Feststellung, dass zwischen den Vertragsparteien ein gesetzliches Schuldverhältnis besteht, wenn der Mieter seinen Rückgabepflichten nicht rechtzeitig oder nicht vollständig nachkommt, besagt nichts über die konkret wechselseitig bestehenden nachvertraglichen Pflichten. Lediglich die Rückgabepflichten des Mieters gem. § 546 BGB und zur Zahlung von Nutzungsentschädigung sind eindeutig Inhalt des gesetzlichen Schuldverhältnisses. Ansonsten muss als **Ausgangspunkt** für die nachvertraglichen Pflichten genommen werden, dass mit der Vertragsbeendigung die wechselseitigen **Erfüllungspflichten erloschen** sind.[53] Der Vermieter ist nicht mehr zur **Gebrauchsgewährung** in dem vertragsgemäßen Zustand verpflichtet[54], der Mieter nicht mehr zur Zahlung der Miete. Bei der Raum- und Grundstücksmiete ist die Gebrauchsgewährungspflicht während der Vertragslaufzeit in aller Regel mit der Einräumung des Besitzes an der Mietsache verbunden.[55] Diesen Besitz darf der Vermieter aber trotz des Wegfalls der Gebrauchsgewährungspflicht nicht stören oder entziehen; das wäre verbotene Eigenmacht, derer sich der Mieter durch einstweilige Verfügung erwehren könnte.[56] Gebrauchsgewährungspflicht und Besitz sind nicht vollständig identisch.[57] Soweit erstere über das Besitzrecht hinausgeht, muss der Vermieter nicht mehr leisten.[58] Auch aus § 546a BGB folgt nichts anderes. Insbesondere kann aus dieser Vorschrift nicht geschlossen werden, der Vermieter müsse quasi das vertragliche Pflichtenprogramm aufrecht erhalten, weil er Anspruch auf die vereinbarte oder ortsübliche Miete als Nutzungsentschädigung hat.[59] Eine solche Sicht würde den Zweck des § 546a BGB verkennen, der dem Vermieter Vorteile verschaffen, ihm aber keine Pflichten auferlegen will. Er gewährt dem Vermieter nämlich einen einfach bestimmbaren Anspruch auf eine Mindestentschädigung für die Vorenthaltung der Mietsache. Will der Vermieter trotz dieses Anspruchs, der von einer im Wesentlichen unveränderten Fortführung der Nutzung ausgeht, das für die Äquivalenz von Gebrauch und Nutzungsentschädigung Erforderliche nicht zur Verfügung stellen, so zwingt ihn § 546a BGB nicht dazu, er muss nach hM nicht einmal Einbußen bei der Höhe der Nutzungsentschädigung hinnehmen, wenn das Mietobjekt mangelhaft wird.[60] Abgesehen von dem Besitzrecht des Mieters, das der Vermieter nicht verletzen

---

49 Siehe zu diesen Schwebezeiten *Lehmann-Richter* PiG 90 (2011), 208 ff.

50 *Lehmann-Richter* PiG 90 (2011), 208 vergleicht das mit einem Anwartschaftsrecht.

51 *Lehmann-Richter* PiG 90 (2011), 210 auch mit Nachweisen zur abweichenden hM bei unbegründetem Widerspruch gem. § 574 BGB; auch → Rn. 16.

52 *Lehmann-Richter* PiG 90 (2011), 211.

53 Staudinger/*Rolfs* BGB § 546a Rn. 6.

54 BGH XII ZR 66/13, NJW 2015, 2795 Rn. 18; BGH XII ZR 137/07, NJW 2009, 1947; LG Berlin GE 2009, 518; *Lehmann-Richter* PiG 90 (2011), 206.

55 Zu Ausnahmen → BGB § 546 Rn. 30.

56 Dazu → BGB § 546 Rn. 115.

57 BGH XII ZR 137/07, NJW 2009, 1947.

58 BGH XII ZR 137/07, NJW 2009, 1947 Rn. 27; AnwK WohnraummietR/*Lammel* BGB § 546a Rn. 7.

59 Das AG Miesbach WuM 1988, 57 folgert aus dem in § 546a BGB geregelten Nutzungsentschädigungsanspruch des Vermieters, dieser müsse eben wegen der Entschädigung für eine Versorgung der Wohnung sorgen. Das LG Hamburg NJW-RR 1986, 441 will einen Mängelbeseitigungsanspruch des Mieters bejahen, wenn sich die Kosten der Reparatur noch durch die voraussichtlich anfallende Nutzungsentschädigung amortisieren. Dagegen zu Recht Blank/Börstinghaus/*Blank* BGB § 546a Rn. 61.

60 Näher → Rn. 68.

darf, gibt es **nachvertragliche Pflichten,** die wechselseitig im Rahmen des Zumutbaren[61] zu erfüllen sind (→ Rn. 10). Die Fortführung von Leistungen kommt insbes. dann in Betracht, wenn der Mieter den Anspruch des Vermieters auf Nutzungsentschädigung ganz oder teilweise befriedigt. Ausgehend von diesen Determinanten ergibt sich **Folgendes:**

12 Der Vermieter darf den **Besitz** des Mieters nicht beeinträchtigen, dh, er darf den Besitz weder stören noch entziehen iSd §§ 861, 862 BGB. Dazu gehört, dass er dem Mieter (und seinen Besuchern[62]) freien und ungestörten Zugang zu dem Mietobjekt[63] und dessen Gemeinschaftseinrichtungen[64] (Waschkeller, Antenne, Telefonanschluss) belassen muss. Besitzstörungen anderer muss der Vermieter aber nicht verhindern; dazu wäre er nur bei bestehendem Vertrag verpflichtet.[65] Weiterhin schuldet der Vermieter grds. keine **Versorgungsleistungen** (Heizung, Wasser, Strom) mehr, er darf aber nicht in die Versorgungsbeziehung eingreifen, die der Mieter selbst mit einem Versorgungsunternehmen abgeschlossen hat.[66] Näher zur der Frage, wann der Vermieter nach Vertragsbeendigung[67] die Versorgungsleistungen einstellen darf bzw. unter welchen Bedingungen er sie fortsetzen muss, → BGB § 546 Rn. 116.

13 Der Vermieter ist dem Mieter zur **Verkehrssicherung** verpflichtet wie jedem Dritten gegenüber.[68] Der Zugang zum Mietobjekt muss gefahrlos möglich sein, auch in der Wohnung dürfen akute, kurzfristig nicht beherrschbare Gefahren für Leben, Gesundheit und Eigentum des Mieters nicht bestehen. In diesem Rahmen ist der Vermieter zur Mängelbeseitigung verpflichtet, ansonsten nicht, da vertragliche Erfüllungspflichten nicht mehr bestehen.[69] Die Abgrenzung zwischen notwendiger Verkehrssicherung und nicht mehr geschuldeter Mängelbeseitigung kann im Einzelfall schwierig sein. Schimmel stellt bspw. immer einen Mangel und ab einem gewissen Ausmaß eine Gesundheitsgefahr dar. Eine Beseitigungspflicht wird dennoch wohl zu verneinen sein, da die Gefahr meist nicht akut ist, sondern ein Gesundheitsschaden sich erst bei einer längeren Exposition einstellt und der Mieter sich ihr einfach durch (den ohnehin geschuldeten) Auszug entziehen kann.[70] Bei Einsturzgefahren oder Glätte im Winter ist das anders. Vor diesen Gefahren hat der Vermieter jeden Dritten zu schützen. Die Beispiele zeigen, dass eine **Mängelbeseitigung nur ganz ausnahmsweise** in Betracht kommen dürfte. Ist der Zustand des Mietobjekts mangelhaft, kann das uU Auswirkungen auf die Höhe der Nutzungsentschädigung haben.[71] Beseitigt der Mieter einen Mangel, dann kommen als Grundlage seiner Ansprüche mangels Mietvertrages nicht §§ 536a, 539 BGB in Betracht, sondern gegen den (ggf. vom Vermieter unterschiedlichen) Eigentümer nur §§ 994ff. BGB[72]; Ansprüche gegen den Vermieter aus angemaßter Geschäftsführung gem. § 687 Abs. 2 BGB scheiden praktisch aus, weil dieser hierfür zunächst seinerseits Ansprüche gem. 667, 678 BGB gegen den Mieter geltend machen müsste.[73]

14 In keinem Fall ist der Vermieter dem Mieter zu einer **Erweiterung des Gebrauchsrechts** verpflichtet, er muss also weder eine Untervermietung, Tierhaltung, die Anbringung einer Parabolantenne oder ähnliches dulden.[74] Gleiches gilt für die Aufnahme weiterer Personen in die Mietwohnung, da hierdurch die Zwangsvollstreckung erschwert wird; bei nächsten Familienangehörigen kann es im Einzelfall bei dringender Notlage nach Treu und Glauben Ausnahmen geben.[75] Besuchern des Mieters muss der Vermieter hingegen den Zugang zum Mietobjekt gestatten.[76]

---

61 BGH XII ZR 137/07, NJW 2009, 1947 Rn. 16; *Derleder* WuM 2011, 552.

62 MüKoBGB/*Bieber* § 546a Rn. 30; *Derleder* WuM 2011, 553; **aA** *Lehmann-Richter* PiG 90 (2011), 207.

63 BGH XII ZR 137/07, NJW 2009, 1947.

64 LG Waldshut-Tiengen WuM 1981, 212; Staudinger/*Rolfs* BGB § 546a Rn. 7; *Derleder* WuM 2011, 552 (553).

65 So auch *Busch* MDR 1960, 359; MüKoBGB/*Bieber* § 546a Rn. 28.

66 BGH XII ZR 137/07, NJW 2009, 1947; *Streyl* DWW 2009, 86 und 88; *Derleder* WuM 2011, 552.

67 Zur Versorgungssperre bei unbeendetem Vertrag s. *Streyl* DWW 2009, 83.

68 BGH XII ZR 66/13, NJW 2015, 2795 Rn. 25; LG Berlin ZMR 1992, 541; *Lehmann-Richter* PiG 90 (2011), 206; *Derleder* WuM 2011, 553; *Busch* MDR 1960, 360; MüKoBGB/*Bieber* § 546a Rn. 28.

69 LG Berlin MDR 1992, 478; LG Hamburg WuM 1987, 390; ZMR 2011, 879; Staudinger/*Rolfs* BGB § 546a Rn. 7; *Busch MDR 1960, 360 (361)*. Das LG Aachen MDR 1992, 578 teilt den Ansatz, zieht die Grenze bei erheblichen Feuchtigkeitsschäden und Streit über die Räumungspflicht im konkreten Fall jedoch recht weit, was angesichts der voraussichtlichen Gewährung einer Räumungsfrist (→ Rn. 16) aber noch gerechtfertigt erscheint.

70 **AA** *Derleder* WuM 2011, 553.

71 Dazu → Rn. 68.

72 *Lehmann-Richter* PiG 90 (2011), 207.

73 *Lehmann-Richter* PiG 90 (2011), 207.

74 Staudinger/*Rolfs* BGB § 546a Rn. 7; *Lehmann-Richter* PiG 90 (2011), 206.

75 *Derleder* WuM 2011, 553 Fn. 12.

76 *Derleder* WuM 2011, 552 (553); **aA** *Lehmann-Richter* PiG 90 (2011), 207.

15 Auch den **Mieter** treffen grds. die vertraglich vereinbarten Pflichten nicht mehr. Da er aber wie jeder (ehemalige) Vertragspartner als Nebenpflicht gem. § 241 Abs. 2 BGB Rücksicht zu üben und das Eigentum und die Rechte des Vermieters zu schützen hat, hat er den **Hausfrieden** zu wahren und es obliegen ihm in Bezug auf die Mietsache **Obhutspflichten.**[77] Weil der Mieter idR Alleinbesitz unter Ausschluss des Vermieters hat, muss er Beeinträchtigungen nicht nur unterlassen, es ist vielmehr gerechtfertigt, das vertragliche Pflichtenprogramm hinsichtlich der Obhutspflichten (einschließlich der Anzeigepflichten gegenüber dem Vermieter[78]) aufrecht zu erhalten.[79] Das umfasst dann auch die Ausführung vereinbarter Kleinreparaturen oder die Durchführung fälliger **Schönheitsreparaturen** sowie die Hausreinigung und den Winterdienst.[80] Zwar ist der Mieter nach Vertragsende zum Gebrauch nicht mehr berechtigt, er hat aber dennoch nicht für Veränderungen oder Verschlechterungen einzustehen, die ansonsten vom **vertragsgemäßen Gebrauch** gem. § 538 BGB gedeckt wären.[81] **Instandhaltungs- und Modernisierungsmaßnahmen** iSv § 554 BGB hat der Mieter als Minus zum Herausgabeanspruch zu dulden[82], auch wenn diese Pflicht eher theoretischer Natur ist, da die Räumung meist ebenso schnell durchgeführt sein dürfte wie die Erwirkung eines Duldungstitels. Zur Pflicht des Mieters, den Rückgabetermin mitzuteilen, bei → BGB § 546 Rn. 52.

## II. Gestattete Weiternutzung

16 Dem Mieter kann die Weiternutzung der Mietsache trotz der Vertragsbeendigung vorübergehend weiter gestattet sein. Das ist etwa der Fall, wenn er mit dem Vermieter eine **Räumungsfrist** vereinbart oder dieser die Rückgabepflicht stundet[83], wenn ihm durch das Gericht eine Räumungsfrist gem. § 721 ZPO eingeräumt wird oder wenn er Vollstreckungsschutz gem. § 765 a ZPO genießt. Ähnlich zu behandeln ist die Schwebezeit nach (wirksamem!) Widerspruch des Mieters gegen die Kündigung gem. der Sozialklausel des § 574 BGB (→ Rn. 10). Durch diese Gestattungen, die vornehmlich bei der Wohnungsmiete vorkommen dürften, entsteht **kein Mietverhältnis** zwischen den Parteien[84], der frühere Vertrag bleibt vielmehr aufgelöst mit den soeben geschilderten Folgen für die wechselseitigen Rechte und Pflichten. Die Gestattung kann aber auf der anderen Seite nicht ohne Einfluss diese Rechte und Pflichten bleiben, da der Mieter entweder durch den Vermieter selbst oder durch das Gesetz eine stärkere Stellung eingeräumt wird als dem Mieter, der sofort räumen muss.[85] Es entsteht ein Nutzungsverhältnis eigener Art.[86] Im Falle der Schwebezeit nach (wirksamem!) Widerspruch des Mieters gegen die Kündigung gem. der **Sozialklausel** des § 574 BGB können die mietrechtlichen Regeln der §§ 535 ff. BGB und des gekündigten Vertrages analog angewendet werden; das frühere vertragliche Rechte- und Pflichtenprogramm bleibt auch in der Schwebezeit aufrechterhalten.[87] Da die Wirksamkeit des Widerspruchs oft erst nach einem Urteil gem. § 574 a Abs. 2 BGB feststeht, sind Streitigkeiten über die Rechte und Pflichten in der Schwebezeit ggf. im einstweiligen Verfügungsverfahren zu klären; möglicherweise ist das die Erklärung dafür, dass die hM[88] auch bei unwirksamem Widerspruch von der Fortgeltung der vertraglichen Pflichten ausgeht. Außerhalb der Fälle eines wirksamem Widerspruchs gem. § 574 BGB ist an Hand des **Zwecks der Gestattung** zu ermitteln, welche Rechte und Pflichten ein solches Nutzungsverhältnis *zusätzlich* zu denen bei einer unerlaubten Weiternutzung nach sich zieht.[89] Es ist

---

[77] AllgM, s. nur MüKoBGB/*Bieber* § 546 a Rn. 27; *Derleder* WuM 2011, 553; LG Hamburg ZMR 2011, 879.
[78] LG Hamburg ZMR 2011, 879 für die Mängelanzeige.
[79] IErg ebenso *Busch* MDR 1960, 360, dessen dogmatische Grundlage unklar ist, der möglicherweise trotz der Vertragsbeendigung eine aus § 242 BGB folgende vertragsähnliche Beziehung zwischen Mieter und Vermieter annimmt.
[80] *Derleder* WuM 2011, 553; iErg ebenso Staudinger/*Rolfs* BGB § 546 a Rn. 8 und LG Hamburg ZMR 2011, 879, die als Begründung den Entgeltcharakter dieser Leistungen anführen.
[81] → Rn. 98 und weiterhin → Rn. 69; **aA** MüKoBGB/*Bieber* § 546 a Rn. 27.
[82] *Lehmann-Richter* PiG 90 (2011), 205.
[83] Hierzu → BGB § 546 Rn. 79.
[84] So auch *Derleder* WuM 2011, 553.
[85] *Lehmann-Richter* PiG 90 (2011), 212.
[86] AG St. Blasien WuM 1996, 286; *Bosch* NZM 2009, 531 spricht von einem vertragsähnlichen Schuldverhältnis.
[87] *Lehmann-Richter* PiG 90 (2011), 213.
[88] Siehe etwa MüKoBGB/*Häublein* § 574 Rn. 29; weitere Nachweise bei *Lehmann-Richter* PiG 90 (2011), 210.
[89] *Müller* MDR 1971, 253.

davon auszugehen, dass der Mieter nicht mittelbar zum Auszug gezwungen werden darf, weil dies den Vollstreckungsschutz vereiteln würde[90]; auf der anderen Seite ist zu berücksichtigen, dass die (Weiter-)Nutzung – anders als bei bestehendem Vertrag – ausschließlich dem Interesse des Mieters dient, was zur Folge hat, dass die Belange des Vermieters nicht über Gebühr beansprucht werden dürfen.[91] Dogmatisch sind die wechselseitigen Pflichten in dem Abwicklungsschuldverhältnis begründet, das mit dem Ende des Mietvertrages entsteht (→ Rn. 10). Aus diesem Abwicklungsschuldverhältnis können auch Hauptleistungspflichten folgen[92], im Fall der gestatteten Weiternutzung etwa die (eingeschränkte) Pflicht zur Gebrauchsgewährung.

17 Der Gebrauch des Mieters ist bei gestatteter Weiternutzung nicht nur besitzrechtlich geschützt, sondern auch durch die Gestattung. Zu einem sinnvollen Gebrauch gehört auch die **Versorgung** mit Wärme, Strom und Wasser, so dass der Vermieter bei einer Gestattung die Versorgung nicht sperren darf.[93] Anders kann das aber sein, wenn die Gestattung von der Zahlung der Nutzungsentschädigung abhängig gemacht wurde; zahlt der Mieter diese nicht, kann der Vermieter die Versorgungsleistungen uU (→ BGB § 546 Rn. 119) zurückhalten. Zur **Mängelbeseitigung** über das hinaus, was die Verkehrssicherung gebietet, ist der Vermieter nur verpflichtet, wenn die Mietsache in dem mangelhaften Zustand nicht sinnvoll zu dem von der Gestattung vorausgesetzten Zweck genutzt werden kann[94]; völlige Mangelfreiheit (etwa Freiheit von Dekorationsmängeln) ist nicht geschuldet, wohl aber Beseitigung von Gesundheitsgefahren wie sie etwa bei längerfristigem Aufenthalt in einer schimmelbelasteten oder erheblich feuchten Wohnung entstehen können.[95] Aus ähnlichen Erwägungen kann der Vermieter zur Abwehr von Störungen durch Dritte verpflichtet sein. Ist der Zustand des Mietobjekts mangelhaft, kann das uU Auswirkungen auf die Höhe der Nutzungsentschädigung haben.[96]

## E. Nutzungsentschädigung (Abs. 1)

18 Wichtigster Teil des nach Vertragsbeendigung entstehenden Abwicklungsschuldverhältnisses ist – neben dem Rückgabeanspruch des Vermieters gem. § 546 BGB – der Nutzungsentschädigungsanspruch gem. § 546a Abs. 1 BGB.

### I. Rechtsnatur des Anspruchs

19 Der Entschädigungsanspruch aus § 546a Abs. 1 BGB beruht zwar nicht auf einem Vertrag, weil er gerade die Beendigung des Mietverhältnisses voraussetzt; er ist jedoch kein Schadensersatzanspruch oder schadensersatzähnlicher Anspruch[97], sondern nach hM[98] vertragsähnlicher Natur („ein **vertraglicher Anspruch eigener Art**"), der an die Stelle des ursprünglichen Mietzinsanspruchs tritt. Die Entschädigung ist nämlich für die weitere (Möglichkeit der) Nutzung der Sache zu zahlen, hat also ihre Ursache in der Gewährung einer Leistung.[99] Ihr liegt – genauso wie bei § 987 BGB – eine

---

[90] *Lehmann-Richter* PiG 90 (2011), 213 mwN.

[91] Das ergibt sich wohl auch aus BGH XII ZR 137/07, NJW 2009, 1947; außerdem AG St. Blasien WuM 1996, 286; *Müller* MDR 1971, 254.

[92] *Lehmann-Richter* PiG 90 (2011), 213.

[93] AllgM, s. nur BGH XII ZR 137/07, NJW 2009, 1947; AG St. Blasien WuM 1996, 286; *Müller* MDR 1971, 254.

[94] LG Berlin ZMR 1992, 541; MDR 1992, 478. Das AG St. Blasien WuM 1996, 286 spricht von einer unbedingt erforderlichen Einrichtung für ein sachlich angemessenes Wohnen. Ähnlich auch *Lehmann-Richter* PiG 90 (2011), 213, der von für die Nutzung unerlässlichen Leistungen spricht, und *Derleder* WuM 2011, 553, der von unerträglichen Zuständen spricht. *Müller* MDR 1971, 255 möchte die Mängelbeseitigungspflicht davon abhängig machen, ob sie – wie bei laufenden Instandsetzungsmaßnahmen – von der Nutzungsentschädigung mit abgegolten ist. Wie → Rn. 11 ausgeführt ist das der falsche Ansatzpunkt. Der Anspruch auf Nutzungsentschädigung bestimmt nicht das Pflichtenprogramm, er ist allenfalls zu kürzen (→ Rn. 68), wenn der Vermieter nicht das erbringt, was bei Bestehen des Mietvertrages als Gegenleistung geschuldet war.

[95] LG Berlin ZMR 1992, 541; LG Aachen MDR 1992, 578.

[96] Dazu → Rn. 68.

[97] So aber *Greiner* ZMR 1998, 403 (404) sowie – ohne weitere Begründung – BGH VIII ZR 16/60, NJW 1961, 916; OLG Frankfurt a. M. NJW-RR 1988, 1213; OLG Karlsruhe ZMR 1987, 261.

[98] BGH VIII ZR 213/82, NJW 1984, 1527; BGH VIII ZB 66/02, NJW 2003, 1395; BGH XII ZR 16/00, NZM 2003, 871; BGH VIII ZR 96/87, NJW 1988, 2665; BGH VIII ZR 246/75, NJW 1977, 1335; OLG Bremen MDR 2009, 1268; OLG Köln ZMR 2006, 772.

[99] BGH XII ZR 142/95, NZM 1998, 192.

Gebrauchsüberlassung zu Grunde, die zum Zweck der Erzielung von Entgelt erbracht wurde; dass ein Vertrag nicht mehr besteht, ändert daran nichts, da es genau wie bei einem Eigentümer-Besitzer-Verhältnis um die **Abwicklung eines gegenseitigen Leistungsverhältnisses** geht.[100]

20 Die Frage, ob es sich bei der Nutzungsentschädigung um einen Schadensersatzanspruch oder einen vertragsähnlichen Anspruch handelt, ist nicht nur theoretischer Natur.[101] Nur bei vertragsähnlicher Natur ist die Nutzungsentschädigung ein **umsatzsteuerpflichtiges Geschäft**[102], dies allerdings nur, wenn die Umsatzsteuerpflicht für den Mietzins vereinbart war und die Umsatzsteueroption gem. § 4 Nr. 12, § 9 UStG für den Mietvertrag auch wirksam ausgeübt war.[103] Weiterhin sind die Regeln über ein **Mitverschulden** aus § 254 BGB nicht anwendbar[104] (etwa in den Fällen, in denen der Vermieter nicht von seinem Rückforderungsanspruch gem. § 546 Abs. 2 BGB gegen einen die Mietsache inne haltenden Dritten Gebrauch macht[105]) und ein **vertragliches Aufrechnungsverbot** des Mieters gegenüber dem Mietzinsanspruch wirkt auch gegenüber dem Nutzungsentschädigungsanspruch.[106] Außerdem hat diese rechtliche Qualifizierung Auswirkungen auf die Frage, ob eine Minderung des Entschädigungsanspruchs zu bejahen ist.[107]

21 Ansprüche aus § 546a BGB wegen Vorenthaltung der Mietsache sind Entschädigungsforderungen iSv § 562 Abs. 2 BGB; sie berechtigen aber nur für abgelaufene Zeiträume zur Geltendmachung des **Vermieterpfandrechts.**[108]

## II. Voraussetzungen

22 Voraussetzung des Entschädigungsanspruchs gem. § 546a Abs. 1 BGB scheint zunächst nur zu sein, dass ein **Mietverhältnis** bestanden hat und inzwischen **beendet** wurde und dass der Mieter die Mietsache nicht zurückgibt. In der Begrenzung des Anspruchs auf die Dauer der Vorenthaltung steckt jedoch überdies ein weiteres Tatbestandselement, dass nämlich dieser Zustand dem **Willen des Vermieters widerspricht.**[109] Nimmt er die Mietsache zu Unrecht nicht zurück oder belässt er sie dem Mieter, steht ihm eine Entschädigung nicht zu. Hingegen kommt es idR nicht darauf an, ob der Mieter die Mietsache tatsächlich noch nutzt. Neben dem Rücknahmewillen muss der Vermieter nicht auch noch eine Nutzungsabsicht haben.[110] Einer Klage auf Nutzungsentschädigung kann das **Rechtsschutzbedürfnis** fehlen, wenn die Zeit für Verwahren und Wegschaffen des Räumungsgutes bei einer Vollstreckung gem. § 885a ZPO betroffen ist, da es sich dann um Kosten der Zwangsvollstreckung gem. § 788 ZPO handelt.[111]

### 1. Beendigung des Mietverhältnisses

23 Der Anspruch aus § 546a Abs. 1 BGB erfordert zunächst die **Beendigung** des (wirksam gewesenen) Mietvertrages. Der Grund der Vertragsbeendigung spielt keine Rolle, solange er den Vertrag nicht – wie bei der Anfechtung – rückwirkend vernichtet. Bei von Anfang an unwirksamem oder rückwirkend vernichtetem Vertrag bestehen ggf. Ansprüche aus §§ 812ff., 987ff. BGB.[112] Beendigungsgründe können Kündigung, Zeitablauf, Aufhebungsvertrag, Verwaltungsakt etc sein.

24 Der Mietvertrag muss **beendet bleiben.** Wird er gem. § 545 BGB fortgesetzt, so schuldet der Mieter nur die vereinbarte Miete, da das Mietverhältnis rückwirkend als fortgesetzt gilt.[113] Ähnlich

---

[100] BGH XII ZR 142/95, NZM 1998, 192.
[101] So aber Staudinger/*Rolfs* BGB § 546a Rn. 34.
[102] BGH VIII ZR 96/87, NJW 1988, 2665; bestätigt in BGH XII ZR 142/95, NZM 1998, 192. Anders ist das bei Schadensersatzansprüchen gem. § 546a Abs. 2 BGB (→ Rn. 101).
[103] BGH XII ZR 76/08, NZM 2009, 701 Rn. 20.
[104] BGH VIII ZR 96/87, NJW 1988, 2665; BGH VIII ZR 213/82, NJW 1984, 1527; dazu auch → Rn. 65.
[105] BGH VIII ZR 213/82, NJW 1984, 1527.
[106] BGH XII ZA 21/99, NZM 2000, 336; OLG Düsseldorf GuT 2007, 438; OLG Karlsruhe ZMR 1987, 261; auch ausf. bei → BGB § 556b Rn. 34.
[107] Dazu → Rn. 68.
[108] RGZ 142, 205 (206); BGH VIII ZR 183/70, NJW 1972, 721 (der BGH spricht in diesem Urteil missverständlich von Schaden anstatt von Entschädigung).
[109] BGH VIII ZR 103/03, NZM 2004, 354.
[110] *OLG München ZMR 1993, 466; LG Berlin GE 2015, 58.*
[111] Näher → ZPO § 885a Rn. 62.
[112] → Rn. 5.
[113] BGH VIII ZR 323/14, NZM 2016, 467 Rn. 34; *Fleindl* NZM 2018, 59.

ist es bei einer Fortsetzung des Mietverhältnisses auf Grund der **Sozialklausel** der §§ 574–574c BGB[114]; hier kommt eine Rückwirkung insbes. bei Anwendung des § 574b Abs. 2 BGB in Betracht. Wenn ein Härtegrund gem. § 574 BGB durch Widerspruch gegen die Kündigung geltend gemacht wird, dann sind die Kündigungswirkungen gehemmt bzw. in der Schwebe[115], bis die Verhandlungen der Parteien über eine Fortsetzung des Vertrages beendet sind oder das Gericht über eine Fortsetzung entschieden hat. Während des Schwebezustandes schuldet der Mieter zunächst den vereinbarten Mietzins und nicht Nutzungsentschädigung; kommt es nicht zur Vertragsfortsetzung, entfällt der Schwebezustand und der Mieter schuldet rückwirkend Nutzungsentschädigung.[116] Wird das Mietverhältnis durch ausdrückliche oder konkludente Parteivereinbarung fortgesetzt[117], ist durch Auslegung der Vertragsbeginn zu ermitteln, um zu klären, ob und ggf. ab wann der Nutzungsentschädigungsanspruch in den Anspruch auf Mietzinszahlung umgewandelt wurde; in diese Auslegung sind auch mögliche Schadensersatzansprüche des Vermieters einzubeziehen, da sie bei einer Umwandlung in einen Mietzinsanspruch wohl erlöschen würden.

Wird bei der Wohnraummiete eine Kündigung wegen Zahlungsverzugs durch Begleichung des Mietrückstandes innerhalb der **Schonfrist** gem. § 569 Abs. 3 Nr. 2 BGB (rückwirkend[118]) wirkungslos und dadurch das Mietverhältnis unverändert fortgesetzt, dann kann es zu Konflikten zwischen der Höhe der nachgezahlten Nutzungsentschädigung und der geschuldeten Miete kommen. Liegt nämlich die ortsübliche Miete über der vereinbarten Miete und hat der Vermieter nach der Kündigung die höhere ortsübliche Miete verlangt, so war die Nutzungsentschädigung in Höhe der ortsüblichen Miete fällig[119] iSd § 569 Abs. 3 Nr. 2 BGB und zur Bewirkung der Unwirksamkeit der Kündigung zu zahlen. Wenn dann aber auf Grund der Fortsetzungsfiktion rückwirkend nur die vereinbarte Miete geschuldet wird, hätte der Vermieter zu viel erhalten. Der Rechtsgrund hierfür wäre auf Grund der Fortsetzungsfiktion nachträglich entfallen und der Vermieter hätte das zu viel Erhaltene nach § 812 BGB zu erstatten. Daraus folgt aber, dass es für den Eintritt der Fortsetzungsfiktion ausreichen muss, wenn der Mieter die Nutzungsentschädigung in Höhe der vereinbarten Miete nachzahlt, um die Wirkungen des § 569 Abs. 3 Nr. 2 BGB herbeizuführen.[120] 25

Vertragliche oder gerichtliche/behördliche **Räumungsfristen** haben auf den Bestand des Mietverhältnisses keinen Einfluss, insbes. kommt hierdurch ein Mietvertrag nicht zu Stande.[121] Deshalb haben Räumungsfristen auch keinen Einfluss auf den Nutzungsentschädigungsanspruch. 26

## 2. Gläubiger des Entschädigungsanspruchs

Gläubiger des Entschädigungsanspruchs gem. § 546a Abs. 1 BGB ist der Vermieter. Steht ein Grundstück unter **Zwangsverwaltung,** kann ihn nur der Zwangsverwalter geltend machen.[122] Wird ein Zwangsverwaltungsverfahren nicht wegen einer Antragsrücknahme (§§ 161 Abs. 4, 29 ZVG) oder der vollständigen Befriedigung des Gläubigers (§ 161 Abs. 2 ZVG) aufgehoben, sondern weil das Grundstück in der Zwangsversteigerung zugeschlagen wurde, ist der Zwangsverwalter auch ohne entsprechende Ermächtigung im Aufhebungsbeschluss befugt, wegen Nutzungen aus der Zeit vor der Zuschlagserteilung Klage zu erheben, sofern der die Zwangsverwaltung betreibende Gläubiger im Zeitpunkt des Wirksamwerdens des Zuschlagsbeschlusses noch nicht vollständig befriedigt ist.[123] Bilden mehrere Vermieter eine **GbR,** so steht dieser auf Grund ihrer Teilrechtsfähigkeit der Entschädigungsanspruch zu. Besteht lediglich eine (Eigentümer-)**Gemeinschaft,** kann jeder Miteigentümer den Anspruch (im Prozess als gesetzlicher Prozessstandschafter) geltend machen, jedoch nur Leistung an alle verlangen (§§ 1011, 432 BGB).[124] 27

114 *Fleindl* NZM 2018, 59; Staudinger/*Rolfs* BGB § 546a Rn. 14; auch → BGB § 574a Rn. 2ff.
115 Die dogmatischen Einzelheiten sind umstritten, über das Ergebnis besteht aber Einigkeit (MüKoBGB/*Häublein* § 574 Rn. 29, § 574a Rn. 4).
116 MüKoBGB/*Häublein* § 574a Rn. 4.
117 Zum konkludenten Neuabschluss eines Mietvertrages → BGB § 546 Rn. 80.
118 BGH VIII ZR 231/17, NJW 2018, 3517; BGH VIII ZR 261/17, NZM 2018, 1017.
119 Zur Fälligkeit der Nutzungsentschädigung in Höhe der ortsüblichen Miete → Rn. 70.
120 So auch *Flatow* NZM 2017, 280 und insbes. *Häublein* ZMR 2018, 8 mit überzeugender methodischer Herleitung sowie *Fleindl* NZM 2018, 64 (65) mit überzeugender historischer Herleitung.
121 Einzelheiten → BGB § 546 Rn. 79.
122 BGH XII ZR 16/00, NZM 2003, 871.
123 BGH XII ZR 181/08, NJW 2010, 3033.
124 BGH II ZR 324/98, NZM 2001, 45, für Mietzinsforderungen.

28 Bei einem **Eigentumswechsel** an einem Grundstück gem. § 566 Abs. 1 BGB geht der Nutzungsentschädigungsanspruch bzgl. der nach dem Eigentumswechsel fällig werdenden Ansprüche auf den neuen Eigentümer über.[125] Der Anspruch ist **abtretbar** und zwar auch unabhängig vom Rückgabeanspruch gem. § 546 BGB[126]; das folgt schon allein aus dem vertragsähnlichen, mietzinsersetzenden Charakter der Nutzungsentschädigung.[127] Im Einzelfall ist durch Auslegung zu ermitteln, ob dem Rückgabeanspruch gem. § 546 Abs. 1 BGB[128] auch der Anspruch auf Nutzungsentschädigung abgetreten werden soll. Die **Abtretung sämtlicher gegenwärtiger und zukünftiger Mietzinsansprüche** umfasst regelmäßig auch die Nutzungsentschädigungsansprüche aus § 546a BGB sowie die damit ggf. konkurrierenden Ansprüche aus §§ 812ff. BGB bzw. §§ 987ff. BGB.[129]

### 3. Schuldner des Entschädigungsanspruchs

29 Nach dem klaren Wortlaut des § 546a Abs. 1 BGB ist Schuldner des Entschädigungsanspruchs nur der Mieter. **Untermieter bzw. Dritte** iSv § 546 Abs. 2 BGB sind zwar zur Rückgabe verpflichtet und möglicherweise zu Schadensersatz bzw. Nutzungsersatz gem. §§ 812ff. BGB bzw. §§ 987ff. BGB[130], nicht aber zur Zahlung von Nutzungsentschädigung gem. § 546a Abs. 1 BGB.[131] Das gilt auch, wenn dem Untermieter eine gerichtliche Räumungsfrist bewilligt wurde.[132] Ähnlich ist es bei einem (echten) (Miet-)**Vertrag zu Gunsten Dritter** gem. § 328 BGB: Die Nutzungsentschädigung ist ein vertraglicher Anspruch eigener Art[133], der an die Stelle des Mietzinsanspruchs tritt. Mietzins und damit Nutzungsentschädigung schuldet aber auch beim Vertrag zu Gunsten Dritter nur der Mieter, nicht – auch nicht neben dem Mieter – der Dritte (Nutzer).[134] Anders ist es bei Schadensersatzansprüchen wegen verspäteter Rückgabe (insbes. Mietausfall). Da der Dritte zur Rückgabe gem. § 546 Abs. 1 BGB verpflichtet ist[135], haftet er auch für die Nichterfüllung der Rückgabepflicht.[136] Für Schadensersatzansprüche wegen Schlechterfüllung der Rückgabepflicht oder sonstige Schadensersatzansprüche aus dem Mietverhältnis kommt es darauf an, wen die verletzte Vertragspflicht traf.[137] Obhuts- und Sorgfaltspflichten (auch die Anzeige gem. § 536c Abs. 2 BGB) treffen den Dritten (Nutzer), so dass er etwa für Beschädigungen der Mietsache haftet; die Pflicht zur Durchführung von Schönheitsreparaturen besteht hingegen, da im Mietvertrag vereinbart und der Dritte hierdurch lediglich berechtigt nicht aber verpflichtet werden kann, nur zwischen Mieter und Vermieter, so dass der Mieter sie auszuführen hat und auch für die Sekundäransprüche des Vermieters einstehen muss.[138]

30 Mehrere Mieter haften als Gesamtschuldner.[139] Da der Entschädigungsanspruch von der Nichterfüllung der Rückgabepflicht abhängt, ändert ein ggf. weit **vor Vertragsende erfolgter Auszug** aus der Mietwohnung grds. nichts daran, dass ein ausgezogener Mitmieter die Nutzungs-

---

[125] AllgM, näher → BGB § 566 Rn. 138.

[126] Staudinger/*Rolfs* BGB § 546a Rn. 38. In BGH VIII ZR 197/81, NJW 1983, 112 und BGH XII ZR 208/96, NJW-RR 1999, 593 wird die Frage offen gelassen, ob eine getrennte Abtretung des Rückgabeanspruchs von dem Nutzungsentschädigungsanspruch möglich ist, verneinendenfalls wird aber eine Ermächtigung zur Geltendmachung des Anspruchs angenommen. Aus BGH XII ZR 170/96, NJW 1999, 715 dürfte allerdings zu folgern sein, dass der BGH von einer getrennten Abtretbarkeit ausgeht, weil dort in der Abtretung der Mietzinsansprüche auch eine Mitabtretung der Nutzungsentschädigungsansprüche gesehen, das Schicksal des Rückgabeanspruchs aber nicht problematisiert wird.

[127] Zum vertragsähnlichen Charakter der Nutzungsentschädigung → Rn. 19.

[128] Zur Abtretbarkeit des Rückgabeanspruchs → BGB § 546 Rn. 61.

[129] BGH XII ZR 170/96, NJW 1999, 715.

[130] Näher → BGB § 546 Rn. 108.

[131] OLG Hamburg NZM 1999, 1052; LG Düsseldorf WuM 1988, 163; Staudinger/*Rolfs* BGB § 546 Rn. 74 mwN; *Greiner* ZMR 1998, 404; **aA** OLG Köln NJW 1961, 30, das dieses Ergebnis aus § 546 Abs. 2 BGB folgert, sich damit aber über den eindeutigen Wortlaut des § 546a BGB hinwegsetzt.

[132] LG Kiel WuM 1995, 540.

[133] → Rn. 19.

[134] *Lehmann-Richter* ZMR 2010, 820 (821).

[135] *Lehmann-Richter* ZMR 2010, 820.

[136] Ähnlich *Lehmann-Richter* ZMR 2010, 821, ohne aber zwischen Nichterfüllung und Schlechterfüllung zu *differenzieren; zu dieser Differenzierung* → Rn. 39.

[137] *Lehmann-Richter* ZMR 2010, 821.

[138] *Lehmann-Richter* ZMR 2010, 821.

[139] Blank/Börstinghaus/*Blank* BGB § 546a Rn. 23.

entschädigung ebenso schuldet wie ein verbliebener Mitmieter – und zwar so lange bis die Räumung durch die verbliebenen Mitmieter erfolgt ist, die der ausgezogene Mitmieter ggf. veranlassen muss.[140] Der Anspruch des Vermieters auf Nutzungsentschädigung kann aber dann scheitern, wenn bzw. solange er die Mietsache von dem verbliebenen Mieter nicht zurückhaben will (etwa wegen Vertragsfortsetzungsverhandlungen); es fehlt dann am Rücknahmewillen des Vermieters.[141]

In manchen Konstellationen muss aber sorgfältig überprüft werden, ob ein (früherer) Mitmieter nicht inzwischen **aus dem Vertrag ausgeschieden** ist und deshalb nicht mehr auf Rückgabe und Nutzungsentschädigung in Anspruch genommen werden kann. Der Auszug eines Ehegatten oder sonstigen Lebenspartners eines Mieters führt zwar noch nicht zu einem Vertragende mit diesem; das kann aber stillschweigend der Fall sein, wenn der verbliebene Mieter mit Wissen und Billigung einen neuen Partner aufnimmt[142] oder wenn der Vermieter einen neuen Partner wie einen Mitmieter behandelt. Die Einzelfallumstände entscheiden. 31

Rechtsfähige oder teilrechtsfähige **Personengesellschaften** (GbR, oHG, KG) sind selbst Partei des Mietvertrages und als solche zur Zahlung von Nutzungsentschädigung verpflichtet. Die Gesellschafter (bei der KG nur die Komplementäre) haften zudem persönlich gem. § 128 HGB[143]; das gilt in den Grenzen des § 160 HGB auch, wenn sie bei Vertragsende bereits aus der Gesellschaft ausgeschieden sind.[144] Der Erwerber eines Handelsgeschäfts kann gem. § 25 HGB für die Pflicht des früheren Inhabers auf Zahlung von Nutzungsentschädigung haften.[145] Der Eintritt eines Gesellschafters in den Betrieb eines Einzelkaufmanns und die Fortführung des Geschäfts durch die neugegründete Gesellschaft führen hingegen nicht kraft Gesetzes (auch nicht gem. §§ 25, 28 HGB) dazu, dass die Gesellschaft Vertragspartei eines zuvor von dem Einzelkaufmann abgeschlossenen Mietvertrags über die weiter genutzten Geschäftsräume wird; zu einem solchen Vertragsübergang ist vielmehr die Mitwirkung des Vermieters erforderlich[146], der bei Vertragsschluss eine Einzelperson und nicht eine Gesellschaft als Mieter akzeptiert hat und zu dessen Lasten auch nicht die Vorschriften des UmwG eingreifen. 32

Mieter ist ebenfalls, wer nach §§ 563 ff. BGB, durch Erbschaft oder sonstige **Rechtsnachfolge** endgültig in den Vertrag eingetreten ist; ein Eintritt in den Mietvertrag nach Vertragsende ist nicht mehr möglich.[147] Der Erbe (nicht aber der Eintretende bzw. Fortsetzende gem. §§ 563, 563 a BGB) kann allerdings das Abwicklungsverhältnis übernehmen und zur Zahlung von Nutzungsentschädigung verpflichtet sein. An der Endgültigkeit des Eintritts fehlt es etwa bei Ausübung des (ex-tunc wirkenden) Ablehnungsrechtes gem. § 563 Abs. 3 BGB, nicht aber bei den in §§ 563 ff. BGB bzw. § 580 BGB vorgesehenen Kündigungsrechten. Zu den Einzelheiten siehe bei der Kommentierung zu §§ 563 ff. BGB. 33

### 4. Insolvenz des Mieters

Ist das Mietverhältnis über eine **unbewegliche Sache** *vor Eröffnung des Insolvenzverfahrens beendet,* die Mietsache aber noch nicht zurückgegeben worden, so sind alle Abwicklungsansprüche einschließlich des Nutzungsentschädigungsanspruchs (zum Rückgabeanspruch → BGB § 546 Rn. 69) bereits vor Eröffnung entstanden und deshalb grds. einfache Insolvenzforderungen gem. §§ 38, 174, 187 InsO; auf die Fälligkeit kommt es nicht entscheidend an.[148] Der Nutzungsentschädigungsanspruch kann eine Masseforderung sein.[149] Eine Masseforderung gem. § 55 Abs. 1 InsO entsteht nach Insolvenzeröffnung nur dann, wenn der Insolvenzverwalter – ohne die Vertragsfortsetzung zu verlangen – die Mietsache nach Verfahrenseröffnung für die Masse in Anspruch nimmt, 34

---

[140] LG Berlin GE 2016, 1444; LG Mannheim MDR 1973, 228. Siehe zur Pflicht eines ausgezogenen Mieters die Räumung der Mitmieter zu veranlassen, bei der Kommentierung zu § 546 BGB.

[141] OLG Hamburg ZMR 2009, 603; näher zum Einfluss von Fortsetzungsverhandlungen auf den Rücknahmewillen → Rn. 50.

[142] Staudinger/*Rolfs* BGB § 546 Rn. 15.

[143] BGH XII ZR 66/06, NJW 2009, 433.

[144] BGH VIII ZR 15/86, NJW 1987, 2367 für die KG.

[145] BGH VIII ZR 111/80, NJW 1982, 577.

[146] BGH XII ZR 43/99, NJW 2001, 2251.

[147] MüKoBGB/*Bieber* § 546 a Rn. 8.

[148] BGH IX ZR 66/05, NJW 2007, 1591 mwN; BGH IX ZR 7/09, NJW-RR 2010, 1283 Rn. 15; OLG Düsseldorf ZMR 2012, 13.

[149] BGH IX ZR 279/13, NZM 2015, 337 Rn. 80.

insbes. indem er Besitz ergreift und den Vermieter dabei gezielt vom Besitz ausschließt.[150] Daran sind keine hohen Anforderungen zu stellen; es gelten die gleichen Grundsätze wie bei § 209 Abs. 2 Nr. 3 InsO.[151] Für eine Nutzung ist der Vermieter beweispflichtig.[152] Sie liegt etwa vor, wenn der Insolvenzverwalter über die Schlüssel der Mietsache verfügt und dort Sachen einlagert oder nach Beendigung des Hauptmietvertrages als Zwischenvermieter Untermietverträge fortsetzt und Mietzahlungen zugunsten der Masse einzieht.[153] Sie liegt hingegen nicht schon dann vor, wenn der Insolvenzverwalter lediglich die Insolvenzmasse insgesamt übernimmt und es bzgl. der Mietsache bei dem bei Verfahrenseröffnung gegebenen Zustand belässt.[154] Außerdem liegt eine Nutzung nicht schon dann vor, wenn er auf ein Herausgabeverlangen des Vermieters nicht reagiert; das würde den Anwendungsbereich des § 55 Abs. 1 InsO überdehnen, der an aktive Handlungen des Insolvenzverwalters anknüpft, denen in § 55 Abs. 1 Nr. 2 InsO nur der Fall gleichgestellt wird, dass der Verwalter das Dauerschuldverhältnis aus Rechtsgründen nicht sofort lösen kann, wobei hierbei jedoch der Gegenleistungsaspekt gewahrt ist.[155] Der Insolvenzverwalter ist allerdings gehalten, von sich aus alles zu unternehmen, um die weitere Inanspruchnahme der Gegenleistung zu verhindern.[156] Dazu muss der (vorläufige) Verwalter den Vermieter ggf. von dessen Überlassungspflicht „freistellen", indem er ihm die weitere Nutzung der Mietsache anbietet. Ist die Rückgewähr des unmittelbaren Besitzes wegen einer fortdauernden Unter- oder Weitervermietung nicht möglich, so ist die Übergabe des mittelbaren Besitzes anzubieten einschließlich des Rechts, den Untermietzins einzuziehen.[157] Bei der Wohnraummiete hat der Insolvenzverwalter wegen der Höchstpersönlichkeit der Wohnung keinen unmittelbaren Besitz, so dass keine Masseforderung entstehen kann; Nutzungsentschädigungsansprüche, die nach Insolvenzeröffnung entstehen, sind deshalb Neuforderungen gegen den Mieter.[158] Wird das Mietverhältnis *nach Insolvenzeröffnung beendet,* sind danach entstehende Nutzungsentschädigungsansprüche Masseforderungen.[159] Das gilt allerdings uneingeschränkt nur, soweit der Insolvenzverwalter den Besitz vorenthält. Geschieht die Vorenthaltung durch Verletzung der Räumungspflicht (Zurücklassen von Gegenständen), entsteht eine Masseverbindlichkeit nur insoweit, als der Insolvenzverwalter zur Räumung verpflichtet war; oblag die Räumung dem Mieter als Insolvenzschuldner, ist der Nutzungsentschädigungsanspruch nur eine Insolvenzforderung.[160] Zur Bestimmung der dem Insolvenzverwalter obliegenden Räumungspflichten → BGB § 546 Rn. 69.

**35** Bei der Miete **beweglicher Sachen** ist die Rechtslage ähnlich, allerdings sind die aus § 103 InsO folgenden Besonderheiten zu beachten. Gemäß § 103 InsO kann der Insolvenzverwalter den Vertrag an Stelle des Schuldners erfüllen oder die Erfüllung des Vertrags ablehnen. Die Eröffnung des Insolvenzverfahrens führt jedoch weder zu einem Ende des Vertrages noch zu einem Erlöschen der beiderseitigen Erfüllungsansprüche. Die Ansprüche beider Vertragsparteien auf Leistung und Gegenleistung (Mietzins und Gebrauchsüberlassung) bleiben vielmehr bestehen; sie verlieren lediglich zunächst, nämlich bis zu einem Erfüllungsverlangen des Insolvenzverwalters, ihre Durchsetzbarkeit.[161] Das bedeutet, dass auch das Besitzrecht des Mieters einer beweglichen Sache endet.[162] Wählt der Insolvenzverwalter nicht[163] die Erfüllung des Mietvertrags, den der Schuldner geschlossen hatte, ist er entsprechend § 546 BGB von der Eröffnung des Insolvenzverfahrens an zur Heraus-

---

150 BGH IX ZR 279/13, NZM 2015, 337 Rn. 77; BGH IX ZR 81/05, NJW 2007, 1594; BGH IX ZR 189/94, NJW 1995, 2783; BGH IX ZR 66/05, NJW 2007, 1591; OLG Düsseldorf ZMR 2012, 13; OLG Hamburg ZMR 2009, 603; OLG Hamburg 30.3.2011 – 4 U 100/07, BeckRS 2011, 22905.

151 *Eckert* NZM 2007, 832; BGH IX ZR 81/05, NJW 2007, 1594.

152 OLG Düsseldorf ZMR 2012, 13.

153 BGH IX ZR 279/13, NZM 2015, 337 Rn. 78.

154 BGH IX ZR 279/13, NZM 2015, 337 Rn. 78; OLG Düsseldorf ZMR 2012, 13; OLG Hamburg ZMR 2009, 603.

155 BGH IX ZR 66/05, NJW 2007, 1591.

156 BGH IX ZR 101/02, NJW 2003, 2454; OLG Rostock ZMR 2007, 367.

157 BGH IX ZR 81/05, NJW 2007, 1594.

158 *Flatow* NZM 2011, 616.

159 *Flatow* NZM 2011, 616; *Eckert* NZM 2006, 611 (612).

160 BGH IX ZR 62/19, NZM 2021, 38; *Eckert* NZM 2006, 611 (612).

161 *BGH IX ZR 81/05,* NJW 2007, 1594; s. dazu eing. *Eckert* NZM 2007, 831.

162 BGH IX ZR 81/05, NJW 2007, 1594.

163 Der Insolvenzverwalter muss sich positiv für den Vertrag entscheiden, Untätigsein oder Nichtrückgabe reichen nicht aus (BGH IX ZR 81/05, NJW 2007, 1594).

gabe der Mietsachen an den Vermieter verpflichtet.[164] Unterlässt der Insolvenzverwalter die Herausgabe entgegen dem Willen des Vermieters, kann dieser Nutzungsentschädigung entsprechend § 546a BGB verlangen.[165] Es handelt sich um eine Masseverbindlichkeit iSv § 55 Abs. 1 Nr. 1 InsO und nicht nur um eine einfache Insolvenzforderung, wenn der Insolvenzverwalter die Sache nutzt, obwohl er dies hätte verhindern können[166]; hierzu gelten dieselben Grundsätze wie bei unbeweglichen Sachen.

Gemäß § 21 Abs. 2 S. 1 Nr. 5 InsO kann das Insolvenzgericht anordnen[167], dass nach der **vorläufigen Insolvenzeröffnung** Gegenstände, deren **Aussonderung** oder Absonderung verlangt werden könnte, vom Gläubiger (Vermieter) nicht eingezogen werden dürfen und dass solche Gegenstände zur Fortführung des Unternehmens des Schuldners eingesetzt werden können, wenn sie hierfür von erheblicher Bedeutung sind. Während der ersten drei Monate nach Anordnung der vorläufigen Insolvenzverwaltung[168] ist gem. § 21 Abs. 2 S. 1 Nr. 5 S. 1 Teilsatz 3 InsO ein durch die Nutzung eingetretener Wertverlust an der Mietsache idR durch laufende Zahlungen an den Gläubiger auszugleichen. Der Wertverlust kann eintreten durch vertragsgemäße wie übermäßige Nutzung, aber auch durch Beschädigung und Zerstörung.[169] Der Wertersatzanspruch bemisst sich in allen Fällen nach der Differenz des Wertes der Sache bei Beginn und Ende der Nutzung[170]; bei Beschädigung oder Zerstörung dürfte aber kaum eine laufende Zahlung in Betracht kommen, diese ist vielmehr auf die vertragsgemäße Nutzung zugeschnitten. Nach Ablauf der Dreimonatsfrist ist gem. § 169 S. 2 InsO iVm § 21 Abs. 2 S. 1 Nr. 5 InsO nicht nur der Wertverlust auszugleichen, sondern der vereinbarte (Miet-)Zins als Nutzungsausfallentschädigung zu zahlen. Der daneben (weiter) bestehende Anspruch auf Ausgleich des Wertverlusts hat eigenständige Bedeutung nur bei übermäßiger Nutzung, Beschädigung oder Zerstörung[171]; der Wertverlust durch vertragsgemäße Nutzung ist dann Teil der Nutzungsausfallentschädigung. Sowohl der Wertersatzanspruch gem. § 21 Abs. 2 S. 1 Nr. 5 S. 1 Teilsatz 3 InsO als auch die Nutzungsausfallentschädigung gem. § 169 S. 2 iVm § 21 Abs. 2 S. 1 Nr. 5 InsO sind Masseforderungen.[172] Der Differenzbetrag zwischen dem Wertersatzanspruch gem. § 21 Abs. 2 S. 1 Nr. 5 S. 1 Teilsatz 3 InsO und dem Mietzins bzw. der Nutzungsentschädigung gem. § 546a BGB ist – genauso wie der Mietzins bzw. die Nutzungsentschädigung in den Fällen, in denen eine Anordnung nach § 21 Abs. 2 S. 1 Nr. 5 InsO nicht getroffen wird – einfache Insolvenzforderung, § 55 InsO ist nicht analog anzuwenden.[173] 36

Ist **Vermieter ein Gesellschafter der Mieterin** (juristische Person), so ist im Falle der Insolvenz der Mieterin der zum 1.11.2008 in Kraft getretene § 135 Abs. 3 InsO zu beachten.[174] Danach kann der Vermieter einen **Aussonderungsanspruch** für ein Jahr nach Insolvenzeröffnung nicht geltend machen, wenn die Mietsache für die Fortführung des Unternehmens von erheblicher Bedeutung ist. Da die Mieterin (Insolvenzschuldner) bei bestehenden Mietvertrag ohnehin ein Besitzrecht hat, spielt diese Regelung nur bei einem vertragslosen Zustand eine Rolle.[175] Die Höhe der geschuldeten Miete bzw. Entschädigung[176] wird in § 135 Abs. 3 InsO für die Fälle der Vermietung durch einen Gesellschafter der Mieterin aber besonders geregelt.[177] 37

### 5. Vorenthaltung der Mietsache

Die Vorenthaltung der Mietsache durch den Mieter ist die Kernvoraussetzung des Nutzungsentschädigungsanspruchs gem. § 546a Abs. 1 BGB. Der Anspruch ist der Ausgleich dafür, dass der 38

---

164 BGH IX ZR 81/05, NJW 2007, 1594. Die entsprechende Anwendung von § 546a BGB ist notwendig, weil es zunächst an einer Beendigung des Mietvertrages fehlt.
165 BGH IX ZR 81/05, NJW 2007, 1594.
166 BGH IX ZR 81/05, NJW 2007, 1594; s. auch BGH IX ZR 66/05, NJW 2007, 1591.
167 Zu den Anforderungen an eine wirksame Anordnung s. BGH IX ZR 7/09, NJW-RR 2010, 1283.
168 Siehe zur Dreimonatsfrist BGH IX ZR 7/09, NJW-RR 2010, 1283.
169 BGH IX ZR 78/11, MDR 2012, 736 Rn. 23.
170 *BGH IX ZR 78/11, MDR 2012, 736 Rn. 23.*
171 BGH IX ZR 78/11, MDR 2012, 736 Rn. 22.
172 BGH IX ZR 78/11, MDR 2012, 736 Rn. 24ff.; BGH IX ZR 7/09, NJW-RR 2010, 1283 Rn. 26.
173 BGH IX ZR 7/09, NJW-RR 2010, 1283.
174 Die Vorschrift ist gem. § 103d EGInsO anwendbar, wenn das Insolvenzverfahren vor dem 1.11.2008 eröffnet wurde (BGH II ZR 260/07, NJW 2009, 1277).
175 *Hörndler/Hoisl* NZM 2009, 379.
176 § 135 Abs. 3 InsO spricht von „Ausgleich".
177 Siehe näher die einschlägige Kommentierung zu § 135 Abs. 3 InsO und *Hörndler/Hoisl* NZM 2009, 379 (380).

Mieter seiner Rückgabepflicht gem. § 546 Abs. 1 BGB nicht nachkommt, was im Wortlaut des § 546a Abs. 1 BGB dadurch zum Ausdruck kommt, dass dort die Nutzungsentschädigung von der Nichterfüllung der Rückgabepflicht abhängig gemacht wird. Deshalb muss das Verständnis der Rückgabepflicht in beiden Vorschriften aufeinander abgestimmt sein. Die bloße Nichtrückgabe reicht jedoch nicht aus, die Mietsache wird vielmehr nur dann iSd § 546a Abs. 1 BGB vorenthalten, wenn der Mieter sie nicht zurückgibt und (kumulativ!) das Unterlassen der Rückgabe dem Willen des Vermieters widerspricht.[178]

39 **a) Nichterfüllung des Rückgabeanspruchs.** Nicht jeder Verstoß gegen die nach § 546 Abs. 1 BGB bestehenden Rückgabepflichten führt zu einem Nutzungsentschädigungsanspruch auf Vermieterseite. Es wird vielmehr gerade im Hinblick auf § 546a BGB zwischen Schlechterfüllung und Nichterfüllung der Rückgabepflichten unterschieden und nur bei letzterem eine nutzungsentschädigungspflichtige Vorenthaltung der Mietsache bejaht; alle anderen Verstöße können aber Schadensersatzansprüche (einschließlich eines Mietausfallschadens) nach sich ziehen. Eingehend zur Begründung → BGB § 546 Rn. 18 ff. Eine **Nichterfüllung der Rückgabepflicht liegt danach idR vor,** wenn der Mieter dem Vermieter den Besitz zum geschuldeten Zeitpunkt nicht vollständig verschafft hat oder – was insbes. bei der Raummiete relevant ist – trotz Besitzverschaffung die von ihm eingebrachten Gegenstände und Einrichtungen nicht entfernt, also nicht geräumt hat; bei der Grundstücksmiete dürfen auch vom Mieter errichtete bauliche Anlagen nicht mehr vorhanden sein, der Mieter muss sie vielmehr beseitigt haben. Das entspricht hM[179], auch wenn teilweise nicht deutlich wird, dass nicht die Nutzungseinschränkung auf Vermieterseite entscheidend ist, sondern irgendeine Form der **Weiternutzung durch den Mieter,** die etwa bei unterlassener Räumung auch dann vorliegen kann, wenn der Mieter keinen Besitz mehr hat (Einzelheiten → BGB § 546 Rn. 20); die Undeutlichkeit mancher Urteile oder Lit. mag der Wortwahl des Gesetzes (Nutzungsentschädigung, Vorenthaltung) geschuldet sein, die aber nicht darüber hinwegtäuschen darf, dass die Entschädigung der Ausgleich für eine (nachvertragliche) Leistung des Vermieters ist, nämlich die Möglichkeit der Nutzung durch den Mieter, und nicht ein Schadensausgleich (→ Rn. 19). Für den Fall, dass der Mieter noch Besitz an der Mietsache hat, ist es für den Anspruch auf Nutzungsentschädigung allerdings belanglos, ob der Mieter den Gebrauch tatsächlich ausübt, ob er also die Mietsache nutzt.[180]

40 Wegen des Zusammenhangs von §§ 546, 546a BGB kann hinsichtlich der **Einzelheiten,** wann eine nutzungsentschädigungspflichtige Nichterfüllung der Rückgabepflicht und wann eine bloße Schlechterfüllung der Rückgabepflicht vorliegt, auf die Kommentierung zu § 546 BGB verwiesen werden. Nichterfüllung liegt danach in aller Regel vor, wenn der Mieter dem Vermieter den Besitz an der Mietsache nicht verschafft; iE und auch zu den Ausnahmen → BGB § 546 Rn. 24 ff. Ferner liegt – auch wenn der Vermieter den Besitz zurückerhalten hat – eine Nichterfüllung vor, wenn der Mieter die Mietsache nicht räumt, also Gegenstände und Einrichtungen nicht entfernt, wobei das Zurücklassen einiger weniger Gegenstände bzw. Einrichtungen nicht schadet, wenn sie geringen Raum einnehmen und ihre Beseitigung nur einen unerheblichen Aufwand an Mühe, Transport und Kosten erfordert; Einzelheiten → BGB § 546 Rn. 37 ff. Schließlich liegt eine Nichterfüllung vor, wenn der Mieter als Verstoß gegen die Rückbaupflicht von ihm errichtete Gebäude oder Gebäudeteile nicht entfernt; Einzelheiten → BGB § 546 Rn. 44 ff. Zweifelsfälle sind entsprechend dem Sinn und Zweck der Nutzungsentschädigung danach zu entscheiden, ob der Verstoß gegen die Rückgabepflicht mit einer (nicht nur unerheblichen) Weiternutzung der Mietsache durch den Mieter verbunden ist. Ist das der Fall, dann liegt Nichterfüllung vor, der bei Erfüllung der weiteren Voraussetzungen einen Nutzungsentschädigungsanspruch gem. § 546a Abs. 1 BGB nach sich ziehen kann. Bei bloßer Schlechterfüllung darf der Vermieter die Rücknahme der Mietsache nicht

---

[178] BGH VIII ZR 214/16, NJW 2017, 2997 Rn. 19, 25.

[179] BGH VIII ZR 304/81, NJW 1983, 1049 mAnm *Haase* JR 1983, 364, der das Urteil zwar als unklar kritisiert, aber zu ähnlichen Ergebnissen kommt; BGH VIII ZR 48/13, VersR 2014, 999 Rn. 15; BGH VIII ZR 326/09, NZM 2010, 815; BGH VIII ZR 96/87, NJW 1988, 2665; BGH VIII ZR 148/64, NJW 1966, 1409; KG ZMR 2012, 693; OLG Celle ZMR 2011, 948; OLG Köln DWW 1996, 189; abw. nimmt Herrlein/Kandelhard/*Kandelhard,* 4. Aufl. 2010, BGB § 546a Rn. 8, 11 eine Nichterfüllung nur dann an, wenn der Mieter den Besitz behält; allerdings ist sein Ausgangspunkt – genauso wie hier vertreten – die Weiternutzung der Mietsache durch den Mieter und es ist dargelegt worden, dass eine jedenfalls faktische Weiternutzung auch ohne Besitz möglich ist (Einzelheiten → BGB § 546 Rn. 20).

[180] Staudinger/*Rolfs* BGB § 546a Rn. 16; Wolf/Eckert/Ball Gewerbl. Miet-/Pacht-/LeasingR-HdB Rn. 1119.

verweigern.[181] Tut er dies doch, so steht ihm keine Nutzungsentschädigung zu (s. näher beim Rücknahmewillen).

Bei der Vermietung von Räumen und Grundstücken hat der Mieter gem. § 570 BGB kein **Zurückbehaltungsrecht** gegenüber dem Rückgabeanspruch aus § 546 Abs. 1 BGB.[182] Nicht anwendbar ist § 570 BGB auf den Rückgabeanspruch bei der Miete von beweglichen Sachen.[183] Gegenüber einem solchen Anspruch kann der Mieter bei Bestehen von Gegenansprüchen ggf. ein Zurückbehaltungsrecht geltend machen. Dieses Zurückbehaltungsrecht berechtigt ihn allerdings nicht zur weiteren Nutzung, sondern nur zum Behalten.[184] Für das bloße Behalten schuldet er keine Nutzungsentschädigung, da ansonsten das Zurückbehaltungsrecht wertlos wäre.[185] Nutzt der Mieter die Sache allerdings, kommt § 546a BGB zur Anwendung.[186] 41

Zum Rückgabezeitpunkt sowie zu Vereinbarungen hierzu → BGB § 546 Rn. 73 ff. sowie → Rn. 47. Zur Wirkung gerichtlicher oder vom Vermieter bewilligter **Räumungsfristen** sowie zur Wirkung der Bewilligung von Vollstreckungsschutz → Rn. 48 sowie → BGB § 546 Rn. 79. Bei **Unmöglichkeit der Rückgabe** besteht ein Anspruch auf Nutzungsentschädigung nicht. Denn der Begriff des Vorenthaltens setzt voraus, dass der Mieter die Sache nicht zurückgibt, obwohl er dazu im Stande wäre[187]; möglich sind aber Schadensersatzansprüche.[188] Unmöglichkeit liegt grds. nicht vor bei Verstoß gegen eine Besitzverschaffungspflicht, wenn also der Mieter durch Inanspruchnahme seiner Mietmieter oder von Untermietern bzw. Dritten iSv § 546 Abs. 2 BGB dafür sorgen muss, dass die Mietsache dem Vermieter zurückgegeben wird.[189] Ein Verstoß gegen diese Pflicht stellt eine Vorenthaltung der Mietsache gem. § 546a BGB dar.[190] Siehe zur Frage, wann das ausnahmsweise anders ist und in welchen Fällen die Rückgabe unmöglich ist, → BGB § 546 Rn. 30, 84. Besonders relevant dürften hier die Fälle sein, dass der Mieter wegen einer vorherigen **verbotenen Eigenmacht** nicht in der Lage ist, das Mietobjekt zurückzugeben.[191] 42

Verlangt der Vermieter nach Ablauf einer Frist gem. § 281 Abs. 1 BGB Schadensersatz gem. § 281 Abs. 4 BGB, so führt das zu dem **Untergang des Erfüllungsanspruchs** hinsichtlich der Pflichten, wegen deren Verletzung der Vermieter dem Mieter die Frist gesetzt hatte.[192] Handelt es sich dabei um eine Pflicht, deren Verletzung zur Nichterfüllung der Rückgabe iSv → Rn. 39 führt, so geht mit dem Schadensersatzverlangen nicht nur der Erfüllungsanspruch, sondern auch der Anspruch auf Nutzungsentschädigung unter.[193] Schadensersatzansprüche auf Geldleistung[194] bleiben aber möglich. Diese Problematik wird hauptsächlich relevant bei der Verletzung der Räumungspflicht (Entfernung von Gegenständen und Einrichtungen). Aus dem Untergang der Räumungspflicht folgt aber nicht, dass der Mieter seine Gegenstände nicht mehr abholen bzw. deren **Herausgabe** verlangen kann; dieses Recht steht ihm vielmehr weiterhin als Eigentümer gem. § 985 BGB zu. Die schuldrechtliche und die sachenrechtliche Ebene haben somit eine gegenläufige Tendenz. Zu den Folgen eines Schadensersatzverlangens bei Verletzung der Pflicht zur Besitzverschaffung („Zwangskauf") → Rn. 86. Zu den Obhutspflichten des Vermieters bei unterlassenen Räumung → BGB § 546 Rn. 59. 43

---

[181] So auch *Fleindl* NZM 2018, 60.
[182] Wohl aber, wenn ausschließlich gesetzliche Herausgabeansprüche etwa aus § 985 BGB in Betracht kommen; Einzelheiten bei der Kommentierung zu § 546 BGB.
[183] Staudinger/*Rolfs* BGB § 570 Rn. 4.
[184] → BGB § 570 Rn. 4.
[185] Blank/Börstinghaus/*Blank* BGB § 546a Rn. 7.
[186] BGH VIII ZR 87/74, NJW 1975, 1773; Staudinger/*Rolfs* BGB § 546a Rn. 17.
[187] BGH VIII ZR 377/03, NJW-RR 2005, 1081, für einen Leasingvertrag; OLG Düsseldorf GE 2006, 189; AnwK WohnraummietR/*Lammel* BGB § 546a Rn. 14. Das KG NZM 2006, 376 folgert das gleiche Ergebnis aus § 242 BGB für den Fall, dass der Vermieter sich die Mietsache durch verbotene Eigenmacht verschafft hat; dabei dürfte es sich aber um eine Unmöglichkeit handeln.
[188] Staudinger/*Rolfs* BGB § 546a Rn. 27.
[189] BGH VIII ZR 213/82, NJW 1984, 1527.
[190] BGH VIII ZR 213/82, NJW 1984, 1527.
[191] Das KG NZM 2006, 376 (bestätigend KG WuM 2009, 667 und KG ZMR 2016, 939) hat in einem derartigen Fall eine Nutzungsentschädigung wegen § 242 BGB verneint; ein solcher Anspruch dürfte aber schon wegen Unmöglichkeit der Rückgabe scheitern, was das KG aber nicht diskutiert hat. Das OLG Düsseldorf GuT 2006, 250 (ähnlich OLG Düsseldorf ZMR 2011, 867) verneint einen Rücknahmewillen des Vermieters.
[192] Palandt/*Grüneberg* BGB § 281 Rn. 50.
[193] KG GE 2003, 46 (zur Rechtslage vor der Schuldrechtsreform); Wolf/Eckert/Ball Gewerbl. Miet-/Pacht-/LeasingR-HdB Rn. 1128.
[194] Naturalrestitution ist ausgeschlossen (*Riehm* DMT-Bilanz 2011, 315).

44 Einem **Mieter** steht kein Anspruch auf Nutzungsentschädigung gem. § 546 a Abs. 1 BGB **gegen seinen Untermieter** zu, wenn der Vertrag des Mieters mit dem Hauptvermieter ebenfalls beendet ist, da er dann keine eigene Nutzungsberechtigung mehr hat, die ihm durch den Untermieter vorenthalten werden könnte.[195] Endet bei einer **gewerblichen Weitervermietung** das Zwischenmietverhältnis, ist § 546 a BGB nicht anwendbar, da den Zwischenvermieter keine Rückgabepflichten treffen; gem. § 565 BGB wird das Mietverhältnis nämlich von dem gewerblichen Vermieter mit dem (End-)Mieter fortgeführt.[196]

45 **b) Rücknahmewille des Vermieters.** Ein Verstoß gegen die (nicht unmögliche) Pflicht zur Rückgabe der Mietsache ist nicht die einzige Voraussetzung des Anspruchs auf Nutzungsentschädigung gem. § 546 a Abs. 1 BGB. Erforderlich ist vielmehr zusätzlich (kumulativ!), dass die **Nichtrückgabe dem Willen des Vermieters widerspricht.**[197] Ansonsten wäre es nämlich nicht gerechtfertigt, dem Vermieter quasi einen Anspruch auf Fortzahlung der Miete zu gewähren. Denn sowohl Mieter als auch Vermieter wären dann mit der weiteren Nutzung einverstanden, was den beendeten Vertrag perpetuieren würde. Eine solche Perpetuierung ist aber gerade nicht beabsichtigt, die Pflicht zur Zahlung von Nutzungsentschädigung soll im Gegenteil Druck auf den Mieter ausüben, der Rückgabepflicht nachzukommen.[198] Im Wortlaut von § 546 a Abs. 1 BGB ist der Rücknahmewille des Vermieters nicht ausdrücklich angesprochen. Er ergibt sich aber einmal aus dem Zweck der Vorschrift und zum anderen aus dem Begriff der Vorenthaltung, der ein Willenselement enthält[199], im Gegensatz zu dem bloß beschreibenden Tatbestandsmerkmal der Nichtrückgabe. Grundsätzlich ist ein Rücknahmewille anzunehmen, weshalb es sich um ein negatives Tatbestandsmerkmal handelt, dessen Nichtvorliegen der Mieter zu beweisen hat.[200] Neben dem Rücknahmewillen muss der Vermieter nicht auch noch eine Nutzungsabsicht haben.[201] Scheitert ein Anspruch auf Nutzungsentschädigung am Rücknahmewillen des Vermieters, kommen Ansprüche aus §§ 812 ff. BGB bzw. §§ 987 ff. BGB in Betracht (näher → Rn. 103); ob bei diesen Ansprüchen nur auf die Nutzungsmöglichkeit statt auf die tatsächliche Nutzung abzustellen ist, ist streitig.[202] Ansprüche auf Schadensersatz wegen Mietausfalls dürften hingegen regelmäßig nicht bestehen, da der Vermieter bei fehlendem Rücknahmewillen keine Weitervermietung betreiben kann.[203] Hat der Vermieter bei Vertragsende aus den nachfolgend geschilderten Gründen zunächst keinen Rücknahmewillen, so entsteht der Nutzungsentschädigungsanspruch erst dann, wenn der **Rücknahmewille später vorhanden** und dem Mieter bekannt ist, weil erst dann alle Voraussetzungen des Anspruchs gegeben sind[204]; die Bekanntgabe an den Mieter ist erforderlich, um ihm die Entstehung des Anspruchs zu verdeutlichen. Ein Nutzungsentschädigungsanspruch entsteht aber nicht rückwirkend.[205] Entfällt der Rücknahmewille des Vermieters, obwohl er ursprünglich bei Vertragsende bestanden hat, dann endet die Nutzungsentschädigungspflicht des Mieters mit dem Wegfall des Rücknahmewillens.[206] Ist der Nutzungsentschädigungsanspruch einmal entfallen, kann er wiederaufleben, wenn später erneut Rücknahmewille vorhanden und dieser dem Mieter bekannt ist.

46 Abzustellen ist auf den Rücknahmewillen des Vermieters. Das gilt grds. auch dann, wenn der Vermieter zwar den **Rückgabeanspruch** gem. § 546 Abs. 1 BGB, nicht aber den Nutzungsentschädigungsanspruch gem. § 546 a Abs. 1 BGB **abgetreten** bzw. zu dessen Ausübung ermächtigt hat.[207] Allerdings muss sich der Wille des Vermieters dann auf Rückgabe an den Zessionar,

---

[195] BGH XII ZR 215/94, NJW 1996, 46; KG ZMR 2006, 283; OLG Saarbrücken NZM 2006, 180; zu anderen Anspruchsgrundlagen → BGB § 546 Rn. 108.

[196] AnwK WohnraummietR/*Lammel* BGB § 546 a Rn. 17; zur Rechtslage vor Einführung des § 565 BGB s. BGH XII ZR 123/93, NJW 1996, 1886.

[197] BGH VIII ZR 214/16, NJW 2017, 2997 Rn. 19, 25; BGH VIII ZR 326/09, NZM 2010, 815; BGH IX ZR 81/05, NJW 2007, 1594; BGH VIII ZR 218/04, NZM 2006, 12; BGH VIII ZR 213/82, NJW 1984, 1527; BGH VIII ZR 197/81, NJW 1983, 112; BGH VIII ZR 177/59, NJW 1960, 909.

[198] BGH VIII ZR 103/03, NZM 2004, 354.

[199] BGH VIII ZR 177/59, NJW 1960, 909.

[200] Blank/Börstinghaus/*Blank* BGB § 546 a Rn. 53.

[201] OLG München ZMR 1993, 466; LG Berlin GE 2015, 58.

[202] Näheres und Nachweise → Rn. 104.

[203] *Streyl* NZM 2017, 633; ähnlich AG Berlin-Schöneberg GE 2012, 756.

[204] Ebenso OLG Celle ZMR 2011, 948.

[205] OLG Hamm NJW-RR 1997, 264.

[206] *Wolf/Eckert/Ball* Gewerbl. Miet-/Pacht-/LeasingR-HdB Rn. 1129.

[207] BGH VIII ZR 197/81, NJW 1983, 112, wo aber offen gelassen wird, ob eine getrennte Abtretung des Rückgabeanspruchs von dem Nutzungsentschädigungsanspruch gem. § 546 a BGB möglich ist, und verneinendenfalls eine Ermächtigung zur Geltendmachung des Anspruchs angenommen wird; aus BGH XII ZR 170/96,

also den neuen Inhaber des Rückgabeanspruchs richten und zusätzlich muss der Zessionar Rücknahmewillen haben.[208] Ansonsten könnte die Situation eintreten, dass der Gläubiger des Entschädigungsanspruchs (der Vermieter) rücknahmebereit ist, der Gläubiger des Rückgabeanspruchs aber nicht, und der Mieter müsste trotz Rückgabebereitschaft Nutzungsentschädigung bezahlen.

Zwar sind an die Intensität des Rücknahmewillens keine besonderen Anforderungen zu stellen, **47**
insbes. ist es nicht erforderlich, dass der Vermieter die Rücknahme „kategorisch" ausschließt oder zu ihr unter keinen Umständen bereit ist[209]; dennoch schließt nicht jede Weigerung, die Mietsache zurückzunehmen, eine Vorenthaltung und damit einen Anspruch auf Nutzungsentschädigung aus. Der Vermieter darf die **Rücknahme** vielmehr immer dann **ablehnen,** wenn sich die Mietsache in einem nicht rücknahmefähigen Zustand befindet. Darunter ist – vorbehaltlich besonderer Vereinbarungen[210] – nicht jeder vertragswidrige Zustand zu verstehen, sondern nur ein solcher Zustand der Mietsache, der einer Nichterfüllung der Rückgabepflicht und nicht bloß einer Schlechterfüllung gleichkommt, da nur die Nichterfüllung der Rückgabepflicht zur Entschädigung gem. § 546a Abs. 1 BGB berechtigt[211]; bei Schlechterfüllung der Rückgabepflicht kann der Mieter sich aber schadensersatzpflichtig (einschließlich eines Mietausfallschadens) machen.[212] Eine Nichterfüllung, bei der der Vermieter ohne negative Folgen für den Nutzungsentschädigungsanspruch die Rücknahme verweigern darf, liegt idR bei Teilrückgabe der Mietsache[213] vor und auch bei Rückgabe ohne Beseitigung der vom Mieter errichteten Gebäude oder Gebäudeteile.[214] Weiterhin darf der Vermieter, was besonders **praxisrelevant** ist, die Rücknahme einer **nicht geräumten Mietsache** verweigern, wenn also der Mieter noch Gegenstände oder Einrichtungen zurückgelassen hat. Bei einem Insolvenzverwalter ist nur auf dasjenige abzustellen, was ihm als Räumungspflicht obliegt[215]; zu den Räumungspflichten des Insolvenzverwalters → BGB § 546 Rn. 69. In jedem Falle darf der Vermieter die Rücknahme dann nicht verweigern, wenn der Mieter nur einige wenige Gegenstände bzw. Einrichtungen zurückgelassen, die geringen Raum einnehmen und deren Beseitigung nur einen unerheblichen Aufwand an Mühe, Transport und Kosten erfordern, weil dann eine bloße Schlechterfüllung vorliegt.[216] Ebenso darf er die Rücknahme nicht verweigern bei allen anderen Arten der Schlechterfüllung der Rückgabepflicht, insbes. bei Verstößen gegen die Rückbaupflicht, bei Verstoß gegen Schadensbeseitigungspflichten und bei Verstoß gegen eine Pflicht zur Ausführung von **Schönheitsreparaturen.**[217] Weigert er sich in diesen Fällen dennoch, die ihm vom Mieter zur Rückgabe angebotene Mietsache zurückzunehmen, so verliert er wegen fehlenden Rücknahmewillens den Anspruch auf Nutzungsentschädigung.[218] Die bloße Anmahnung der Rückgabepflichten ist noch keine Verweigerung der Rücknahme, sondern nur ein Hinweis auf die nach § 546 BGB bestehenden Pflichten.[219] Mit einer unberechtigten Rücknahmeverweigerung gerät der Vermieter in Annahmeverzug mit der Folge einer Haftungserleichterung zugunsten des Mieters; durch den Annahmeverzug reduziert sich seine Obhutspflicht, weil er nach § 300 Abs. 1 BGB nur noch Vorsatz und grobe Fahrlässigkeit zu vertreten hat.[220] Auch bei anderweitig beding-

---

NJW 1999, 715 dürfte allerdings zu folgern sein, dass der BGH von einer getrennten Abtretbarkeit ausgeht, weil dort in der Abtretung der Mietzinsansprüche auch eine Mitabtretung der Nutzungsentschädigungsansprüche gesehen wird, das Schicksal des Rückgabeanspruchs aber nicht problematisiert wird. Ferner OLG München NJW-RR 1996, 907; Staudinger/*Rolfs* BGB § 546 Rn. 7.

[208] Das war in BGH VIII ZR 197/81, NJW 1983, 112 gegeben, kommt in der Entscheidung aber nicht mit der notwendigen Deutlichkeit als Anspruchsvoraussetzung zum Ausdruck.

[209] BGH VIII ZR 214/16, NJW 2017, 2997 Rn. 22.

[210] OLG Köln DWW 1996, 189.

[211] Dazu → Rn. 39 und → BGB § 546 Rn. 18 ff.

[212] Dazu → Rn. 75 ff.

[213] Einzelheiten und Ausnahmen → BGB § 546 Rn. 51.

[214] Einzelheiten → BGB § 546 Rn. 44 ff.

[215] BGH IX ZR 279/13, NZM 2015, 337 Rn. 81, 82.

[216] Einzelheiten → § 546 Rn. 37 ff.

[217] BGH VIII ZR 326/09, NZM 2010, 815.

[218] BGH VIII ZR 96/87, NJW 1988, 2665; BGH VIII ZR 326/09, NZM 2010, 815; OLG Düsseldorf GuT 2008, 208; GE 2006, 327; NZM 2002, 742; KG GE 2003, 46; OLG Hamburg WuM 1990, 75; LG Lüneburg ZMR 2010, 765; **aA** OLG Düsseldorf WuM 1997, 218, das Nutzungsentschädigung bei vertragswidrigem Zustand des Mietobjekts so lange gewähren will, wie nicht eine Besitzveränderung zu Gunsten des Vermieters stattgefunden hat.

[219] OLG Celle ZMR 2011, 948.

[220] OLG Düsseldorf NZM 2002, 742; OLG Hamburg WuM 1990, 75.

tem Annahmeverzug fehlt es an einer Vorenthaltung der Mietsache, so etwa, wenn der Vermieter angebotene bzw. vereinbarte **Übergabetermine** nicht wahrnimmt oder um deren Verlegung bittet oder sich weigert, einen Übergabetermin zu vereinbaren; entscheidend ist allerdings nicht der Annahmeverzug, sondern der sich daraus ergebende fehlende Rücknahmewille, für den der Annahmeverzug aber wiederum ein Indiz ist.[221] Ein Ausschluss des Nutzungsentschädigungsanspruchs gem. § 546a Abs. 1 BGB kann sich im Annahmeverzug des Vermieters auch aus § 302 BGB ergeben.[222] Zur Erfüllung der Rückgabeverpflichtung durch den Mieter im Annahmeverzug → BGB § 546 Rn. 30. In Fällen, die schadensrechtlich ein Mitverschulden darstellen würden, kommt ebenfalls das Fehlen des Rücknahmewillens in Betracht; dazu und zu § 242 BGB → Rn. 65.

48 Ausreichend ist ein grundsätzlicher (latenter[223]) Rücknahmewille des Vermieters.[224] Deshalb ist eine Vorenthaltung der Mietsache auch dann gegeben, wenn der Mieter auf Grund einer gerichtlichen **Räumungsfrist** vorläufig in den Mieträumlichkeiten verbleiben kann oder er Vollstreckungsschutz genießt.[225] Rechtsmittel muss der Vermieter hiergegen nicht eingelegt haben, um seinen Rücknahmewillen bejahen zu können.[226] Der Rücknahmewille geht idR durch die vertragliche Bewilligung einer Räumungsfrist (etwa in einem Räumungsvergleich) nicht verloren, da der Vermieter sich im Zweifel hierdurch nur den Notwendigkeiten fügt, die Mietsache aber gleichwohl zurückerhalten will.[227] Gleiches gilt für eine einseitig vom Vermieter gewährte Räumungsfrist.[228] Letztlich entscheiden aber die Einzelfallumstände. Außerdem zur Wirkung gerichtlicher und oder vom Vermieter bewilligter Räumungsfristen sowie zur Wirkung der Bewilligung von Vollstreckungsschutz → BGB § 546 Rn. 79.

49 Ein grundsätzlicher **Rücknahmewille** kann **ausnahmsweise dann zu verneinen** sein, wenn der Vermieter, der einen Vollstreckungstitel erstritten hat, längere Zeit jegliche Vollstreckungsmaßnahme unterlässt.[229] Ähnlich kann es – auch ohne Vorhandensein eines Vollstreckungstitels – dann sein, wenn sich der Vermieter lange Zeit nicht um die Herausgabe der Schlüssel zu dem Mietobjekt bemüht[230] oder wenn er – nach eindeutiger Besitzaufgabe durch den Mieter und Kenntniserlangung davon – die Mietsache nicht in angemessener Zeit wieder in Besitz nimmt[231] oder die Schlüssel nicht von dem Makler oder dem Hausmeister oder einer sonst nicht vertretungsberechtigten Person zurückfordert, die die Schlüssel von dem Mieter erhalten hat.[232] Der Rücknahmewille darf in diesen Fällen aber nicht vorschnell verneint werden, da es nachvollziehbare Gründe für das Verhalten des Vermieters geben kann (etwa fehlende Mittel für den notwendigen Kostenvorschuss einer Vollstreckung oder voraussehbare Schwierigkeiten bei der Beitreibung von Selbstvornahmekosten einer Räumung[233] oder aus sonstigen in der Person des Vermieters liegenden, nachvollziehbaren Gründen) und grds. der Mieter in der Pflicht steht, die Rückgabe zu bewirken.[234] Entscheidend ist, ob aus den **Umständen des Einzelfalls** geschlossen werden kann, dass es dem Vermieter an dem notwendigen Rückerlangungswillen fehlt, dass er die Rückgabe nicht ernsthaft wünscht.[235] Ist das so, kann bei entsprechenden Anhaltspunkten auch der konkludente Abschluss eines neuen Mietvertrages in Betracht kommen, insbes. dann, wenn der Vermieter den rückgabepflichtigen Mieter wie einen Vertragspartner behandelt (etwa durch Inanspruchnahme auf Zustimmung zur Mieterhöhung), denn darin kann je nach den Einzelfallumständen ein konkludenter Vertragsschluss

---

[221] KG GE 2003, 46; NZM 2001, 849; OLG Köln WuM 1993, 46; OLG Düsseldorf NZM 2002, 742; LG Mannheim WuM 1974, 202, das allerdings mit § 242 BGB argumentiert; s. zum Zeitpunkt der Rückgabe auch bei der Kommentierung zu § 546 BGB.

[222] BGH VIII ZR 263/15, NJW 2017, 1301 Rn. 41.

[223] So die Formulierung von Herrlein/Kandelhard/*Kandelhard*, 4. Aufl. 2010, BGB § 546a Rn. 10.

[224] BGH VIII ZR 214/16, NJW 2017, 2997 Rn. 19; BGH XII ZR 214/04, NZM 2006, 820 (Ls.).

[225] BGH XII ZR 214/04, NZM 2006, 820 (Ls.).

[226] Staudinger/*Rolfs* BGB § 546a Rn. 28.

[227] BGH XII ZR 214/04, NZM 2006, 820 (Ls.); BGH VIII ZR 197/81, NJW 1983, 112.

[228] OLG Celle ZMR 2011, 948.

[229] OLG Düsseldorf GE 2006, 189. Die Annahme des OLG Düsseldorf, auch ständige Rückgabeaufforderungen änderten hieran nichts, erscheint allerdings recht weitgehend, es sei denn, es würde sich um Scheinerklärungen zur Aufrechterhaltung des Nutzungsentschädigungsanspruchs handeln, was aber auch bei Bestehen eines Räumungstitels nicht ohne weiteres bejaht werden kann.

[230] OLG Düsseldorf ZMR 2004, 750.

[231] OLG München ZMR 1985, 289.

[232] *OLG Hamm NZM 2003, 26.*

[233] OLG Hamm ZMR 1996, 372.

[234] Blank/Börstinghaus/*Blank* BGB § 546a Rn. 18.

[235] OLG Düsseldorf NZM 2004, 870; GE 2006, 189.

liegen.[236] Schließen die Parteien etwa einen Räumungsvergleich mit Verfallklausel bzw. bedingter Räumungsverpflichtung oder einen Wohlverhaltensvergleich mit Aussicht auf einen neuen Vertragsschluss nach der Wohlverhaltensphase[237], so fehlt es dem Vermieter jedenfalls vorläufig an einem Rücknahmewillen; in derartigen Vergleichen werden die Zahlungspflichten des Mieters aber meist direkt geregelt, so dass ein Rückgriff auf § 546a BGB entbehrlich ist.

Der Vermieter hat keinen Rücknahmewillen, wenn er zu Unrecht die **Vertragsbeendigung** 50 überhaupt oder deren Zeitpunkt **bestreitet,** weil er bspw. eine Kündigung für unwirksam hält, und deshalb – gleichgültig aus welchem Grund[238] – von einem Fortbestand des Vertrages ausgeht.[239] Das gilt selbst dann, wenn der Mieter – etwa wegen einer Untervermietung – zur Rückgabe nicht in der Lage ist, da die Voraussetzungen der Vorenthaltung (Nichtrückgabe und Rücknahmewille) kumulativ vorhanden sein müssen.[240] Weiterhin fehlt es an einem Rücknahmewillen, wenn der Vermieter dem Mieter nicht – wie vertraglich vorgesehen – den bei Vertragsende besonders zu bestimmenden Rückgabeort mitteilt.[241] Ähnlich soll es sein, wenn der Vermieter mit dem Mieter einen **neuen Vertrag schließen will**[242]; das allein kann aber nicht ausreichen, aus der Art der Verhandlungsführung oder sonstigem Verhalten muss vielmehr deutlich werden, dass die Mietsache bis zum Scheitern der Verhandlungen nicht zurückgegeben werden muss, weil der Vermieter ansonsten grundlos auf die Nutzungsentschädigung verzichten würde, was nicht seiner für den Mieter erkennbaren Interessenlage entsprechen würde.[243]

Wenn der Vermieter dem Mieter die Mietsache nach bereits erfolgter Rückgabe nochmals zur 51 Verfügung stellt, damit dieser einen **vertragswidrigen Zustand beseitigt** (Schlechterfüllung der Rückgabepflicht zB wegen **unterlassener Schönheitsreparaturen,** nichtbeseitigter Schäden oder unterlassenen Rückbaus), so scheitert ein Anspruch auf Nutzungsentschädigung nicht erst am fehlenden Rücknahmewillen des Vermieters, sondern bereits daran, dass eine Rückgabeverpflichtung *aus § 546 BGB,* an die § 546a BGB anknüpft, nicht mehr besteht.[244] Anders ist es, wenn eine Rückgabe an den Vermieter noch nicht erfolgt war: Verweigert in dieser Situation der Vermieter die Rücknahme wegen des Zustands der Mietsache (die Anmahnung der Rückgabepflichten ist noch keine Verweigerung der Rücknahme[245]) oder belässt er dem Mieter zur Durchführung der Arbeiten einen (von mehreren) Schlüsseln, fehlt es am Rücknahmewillen[246]; behält der Mieter das Mietobjekt aber zur Durchführung der Arbeiten trotz entgegenstehenden Rückgabewillens des Vermieters, so sind die Voraussetzungen des Entschädigungsanspruchs erfüllt.[247] Ähnlich ist die Lage, wenn der Mieter die Mietsache mit Zustimmung des Vermieters zur Durchführung eines **selbständigen Beweisverfahrens** behält oder zurückerhält; es fehlt dann am Rücknahmewillen.[248] Ist der Vermieter nicht einverstanden und gibt der Mieter dennoch nicht zurück, macht er

---

236 → BGB § 546 Rn. 80.

237 Siehe zu diesen Fällen der vertragslosen Wohnungsnutzung eing. *Hinz* WuM 2015, 269.

238 BGH VIII ZR 214/16, NJW 2017, 2997 Rn. 21.

239 BGH VIII ZR 214/16, NJW 2017, 2997 Rn. 20; BGH XII ZR 34/12, NJW 2013, 3232; BGH VIII ZR 218/04, NZM 2006, 12; BGH XII ZR 233/03, NJW 2006, 140; BGH VIII ZR 103/03, NZM 2004, 354, für einen Leasingvertrag; BGH VIII ZR 177/59, NJW 1960, 909; OLG Düsseldorf DWW 2007, 414.

240 BGH VIII ZR 214/16, NJW 2017, 2997 Rn. 25; BGH VIII ZR 177/59, NJW 1960, 909.

241 BGH VIII ZR 125/81, NJW 1982, 1747, für einen Leasingvertrag.

242 KG ZMR 1971, 321; OLG Hamburg ZMR 2009, 603, bzgl. eines Nutzungsentschädigungsanspruchs gegen einen von zwei Mietern, weil der Vermieter nur mit dem anderen Mieter Fortsetzungsgespräche geführt hatte; Blank/Börstinghaus/*Blank* BGB § 546a Rn. 18; Staudinger/*Rolfs* BGB § 546a Rn. 29.

243 Auch nach BGH XII ZR 66/06, NJW 2009, 433 (sich anschließend OLG Düsseldorf ZMR 2012, 15) reicht das bloße Führen von Vertragsverhandlungen nicht für die Annahme eines fehlenden Rücknahmewillens aus.

244 So auch LG Wuppertal WuM 1988, 21; iErg ebenso BGH VIII ZR 326/09, NZM 2010, 815; OLG Hamburg WuM 1990, 75. Das LG Wuppertal WuM 1988, 21 möchte in dieser Situation § 546a BGB analog anwenden, weil es keinen entscheidenden Unterschied mache, ob der Mieter die Mietsache nach Beendigung des Mietverhältnisses sogleich behalte, um weitere Arbeiten darin auszuführen, oder ob er sie zunächst kurzfristig zurückgebe, um sie sodann wieder zu übernehmen. Das LG Wuppertal übersieht hierbei, dass auch bei Belassen der Mietsache zur Durchführung von Arbeiten mit Einverständnis des Vermieters ein Rücknahmewille fehlt. Abgesehen davon können dem Vermieter Schadensersatzansprüche zustehen.

245 OLG Celle ZMR 2011, 948.

246 KG NZM 2001, 849; OLG Celle ZMR 2011, 948.

247 KG ZMR 2016, 939.

248 IErg ebenso AG Neuss WuM 1994, 382; Staudinger/*Rolfs* BGB § 546a Rn. 30; zum selbständigen Beweisverfahren auch bei → BGB § 570 Rn. 6 und bei → BGB § 546 Rn. 17.

sich nutzungsentschädigungspflichtig, weil das selbständige Beweisverfahren die Rückgabepflicht nicht hinausschiebt.[249]

52 Macht der Vermieter an allen oder einzelnen Gegenständen, die der Mieter in die Mietsache eingebracht hat, ein **Vermieterpfandrecht** gem. §§ 562ff. BGB geltend, so hindert das den Mieter an der vollständigen Räumung. Das Zurücklassen von Gegenständen stellt grds. eine Nichterfüllung der Rückgabepflicht dar. Da dieser Zustand aber dem Willen des Vermieters entspricht, fehlt es an dem für einen Nutzungsentschädigungsanspruch notwendigen Rücknahmewillen[250] und zwar unabhängig davon, ob das Vermieterpfandrecht wirksam entstanden ist oder nicht.[251] Der Vermieter verhält sich widersprüchlich, wenn er einerseits die vollständige Räumung verhindert und andererseits wegen der unterbliebenen Räumung Nutzungsentschädigung wegen Vorenthaltung verlangt. Die Ausübung des Vermieterpfandrechts lässt nur die Räumungspflicht entfallen, nicht hingegen die Pflicht zur Herausgabe der Mietsache; der Nutzungsentschädigungsanspruch entfällt deshalb dann nicht, wenn der Vermieter zwar ein Vermieterpfandrecht geltend macht, der Mieter aber die Mietsache selbst nicht herausgibt.[252] Ein Verzicht auf das Vermieterpfandrecht lässt die Räumungspflicht wiederaufleben; weil dem Mieter dann ein angemessener Zeitraum zur Erfüllung eingeräumt werden muss, entsteht der Nutzungsentschädigungsanspruch erst nach Ablauf dieses Zeitraums.[253] Die sog. Berliner Räumung[254] setzt die Geltendmachung des Vermieterpfandrechts voraus. Die Berliner Räumung ist als beschränkter Vollstreckungsauftrag in § 885a ZPO Gesetz geworden, die Geltendmachung des Vermieterpfandrechts ist aber nicht mehr notwendig. Deshalb führt die Erteilung eines beschränkten Vollstreckungsauftrags gem. § 885a ZPO nicht mehr zum Verlust des Nutzungsentschädigungsanspruchs. Der Wille des Vermieters, dass der Mieter die Wohnung räumt, bleibt nämlich ebenso bestehen wie die Pflicht des Mieters hierzu (s. § 885a Abs. 4 S. 1 ZPO). Beruft sich der Vermieter aber zusätzlich (also neben der Beschränkung des Vollstreckungsauftrags) auf sein Vermieterpfandrecht, verliert er den Anspruch auf Nutzungsentschädigung.

### III. Höhe der Entschädigung

53 Zur Höhe der Nutzungsentschädigung bestimmt § 546a Abs. 1 BGB, dass dem Vermieter für die Dauer der Vorenthaltung die vereinbarte Miete oder die für vergleichbare Sachen ortsübliche Miete zusteht. Das Vorhandensein **zweier möglicher Bemessungsgrundlagen** (vereinbarte bzw. ortsübliche Miete) bedeutet nicht, dass der Vermieter durch rechtsgestaltende Willenserklärung bestimmen muss, nach welcher der beiden Grundlagen sich sein Anspruch richten soll. Der Entschädigungsanspruch entsteht vielmehr von vornherein in Höhe des vereinbarten Mietzinses oder, wenn der ortsübliche Mietzins höher ist, in Höhe des ortsüblichen Mietzinses.[255] Deswegen ist auch ein Wahlrecht des Vermieters gem. § 263 BGB abzulehnen.[256] Mit der Einführung der Nutzungsentschädigung in ortsüblicher Höhe im Jahre 1967 hat der Gesetzgeber nämlich die Rechtsstellung des Vermieters verbessern wollen, der davor den ortsüblichen Mietzins aus Bereicherungsrecht verlangen konnte, ohne dass dafür eine Gestaltungserklärung notwendig gewesen ist.[257] Die früher hM, die eine ausschließlich in die Zukunft wirkende rechtsgestaltende Willenserklärung annahm[258], ist nicht nur durch die Rspr. des BGH[259] überholt, sondern auch durch den Willen des Gesetzgebers. Die Notwendigkeit einer gestaltenden Willenserklärung war nämlich aus dem Wortlaut des § 557 Abs. 1 BGB aF hergeleitet worden, der eine Entschädigung in Höhe der ortsüblichen Miete „anstelle" der vereinbarten Miete vorsah; diese Formulierung ist anlässlich der Mietrechtsreform durch ein ein-

---

[249] → BGB § 546 Rn. 17.
[250] OLG Koblenz NZM 2018, 564; OLG Dresden NZM 2012, 88; OLG Rostock WuM 2007, 509; KG NZM 2005, 422; OLG Hamburg NJW-RR 1990, 86.
[251] LG Osnabrück WuM 2006, 645.
[252] KG ZMR 2013, 428; 2016, 939.
[253] So auch OLG Koblenz NZM 2018, 564; auch → Rn. 45.
[254] Siehe dazu BGH I ZB 45/05, NJW 2006, 848.
[255] BGH XII ZR 215/97, NJW 1999, 2808; *Emmerich* NZM 1999, 929.
[256] **AA** MüKoBGB/*Bieber* § 546a Rn. 12.
[257] *BGH XII ZR 215/97*, NJW 1999, 2808.
[258] LG Berlin WuM 1993, 351; LG Freiburg WuM 1993, 671; Nachweise auf die Lit. in BGH XII ZR 215/97, NJW 1999, 2808.
[259] BGH XII ZR 215/97, NJW 1999, 2808.

faches „oder" ersetzt worden und die Gesetzesbegründung[260] hat sich hierzu ausdrücklich auf die Rspr. des BGH berufen und sie gebilligt. Zu Vereinbarungen über die Höhe der Nutzungsentschädigung → Rn. 108. Zum Einfluss einer rückwirkenden Unwirksamkeit der Kündigung gem. § 569 Abs. 3 Nr. 2 BGB **(Schonfristregelung)** auf die Höhe der Nutzungsentschädigung → Rn. 25.

### 1. Vereinbarte Miete

Als Mindestentschädigung schuldet der Mieter die **vereinbarte Miete einschließlich Umsatzsteuer**[261], wenn die Umsatzsteuerpflicht für den Mietzins vereinbart war und die Umsatzsteueroption gem. § 4 Nr. 12, § 9 UStG für den Mietvertrag auch wirksam ausgeübt war[262]; zur Minderung → Rn. 68. Aus dem Charakter des Anspruchs als Mindestentschädigung folgt, dass sich der Mieter nicht darauf berufen kann, eine Weitervermietung sei nur zu einem geringeren Mietzins möglich. Ist der Mietzins bei einem Zeitmietvertrag nicht für bestimmte Zeitabschnitte, sondern für die gesamte Vertragslaufzeit vereinbart, so sind für die Bemessung der Nutzungsentschädigung fiktive Zeitanteile zu errechnen.[263] Soweit eine Mietzinsvereinbarung nichtig ist, ist der nichtige Anteil bei der Nutzungsentschädigung nicht zu berücksichtigen, die Entschädigung ist vielmehr auf die höchstzulässige Miete beschränkt; das kommt etwa bei einer Begrenzung der Wiedervermietungsmiete gem. § 556d BGB (Mietpreisbremse) in Betracht[264] oder bei einem Verstoß gegen den sog. Berliner Mietendeckel.[265] Eine (monatliche) **Vertragsstrafe** gehört ebenfalls nicht zur vereinbarten Miete.[266] Bei Leasingverträgen ist die Leasingrate die vereinbarte Miete iSv § 546a Abs. 1 BGB; das gilt aber nach Treu und Glauben ausnahmsweise dann nicht, wenn der Gebrauchswert der Leasingsache völlig außer Verhältnis zu der Leasingrate steht.[267] 54

Hat sich die Miethöhe im Verlauf der Vertragszeit verändert, so ist der zur **Zeit der Vertragsbeendigung** geschuldete Mietzins **maßgeblich.**[268] Die Nutzungsentschädigung kann sich – nach Einhaltung der dafür ggf. vereinbarten Formalien[269] – über den letzten geschuldeten Mietzins hinaus erhöhen, wenn die Parteien eine **Staffelmiete** gem. § 557a BGB, eine **Indexmiete** gem. § 557b BGB oder (bei der Geschäftsraummiete) eine **Wertsicherungsklausel** vereinbart hatten und sich der Mietzins auch bei fortgesetztem Mietverhältnis erhöht hätte.[270] Die hierfür vielfach zu findende Begründung[271], der die Mietsache vorenthaltende Mieter solle nicht besser stehen als bei unbeendetem Vertrag, entstammt aber wohl eher schadensrechtlicher Denkweise und ist deshalb wenig tragfähig. Da es sich bei der Nutzungsentschädigung um einen vertragsähnlichen Anspruch handelt, ist vielmehr darauf abzustellen, dass die Erhöhung den Vereinbarungen der Parteien in dem beendeten Mietvertrag entspricht und deshalb die vereinbarte Miete iSv § 546a Abs. 1 BGB darstellt. Andere Arten von **Mieterhöhungen,** also solche, die nicht schon in dem Mietvertrag angelegt waren, haben deshalb keinen Einfluss auf die Höhe der Nutzungsentschädigung. Das betrifft bspw. Mieterhöhungen gem. §§ 558, 559 BGB, aber auch die Erhöhung der Kostenmiete bei preisgebundenem Wohnraum gem. § 10 WoBindG.[272] Erst recht gilt dies, wenn der Mieter wegen einer Mieterhöhung von seinem Sonderkündigungsrecht gem. § 561 BGB Gebrauch macht; da die Mieterhöhung gem. 55

---

260 BT-Drs. 14, 4553 (abgedr. in NZM 2000, 433 (434)).

261 BGH VIII ZR 96/87, NJW 1988, 2665; bestätigt in BGH XII ZR 142/95, NZM 1998, 192. Anders ist das bei Schadensersatzansprüchen gem. § 546a Abs. 2 BGB (→ Rn. 101).

262 BGH XII ZR 76/08, NZM 2009, 701 Rn. 20.

263 Staudinger/*Rolfs* BGB § 546a Rn. 41.

264 *Artz* NZM 2017, 281.

265 Gesetz zur Mietenbegrenzung im Wohnungswesen in Berlin (MietenWoG Bln – GVBl. 2020, 50).

266 LG Köln ZMR 2020, 123.

267 BGH VIII ZR 377/03, NJW-RR 2005, 1081.

268 Blank/Börstinghaus/*Blank* BGB § 546a Rn. 28.

269 Die Erhöhung kann während der Vertragslaufzeit bspw. von einer Erklärung durch den Vermieter abhängen. Derartige Formalien sind auch für eine Erhöhung der Nutzungsentschädigung zu beachten, da es angesichts der Vertragsähnlichkeit des Entschädigungsanspruchs keinen Anlass gibt, den Vermieter besser zu stellen als während des Vertrages (**aA** Blank/Börstinghaus/*Blank* BGB § 546a Rn. 27).

270 AG München 30.10.2019 – 453 C 16524/18 juris; *Fleindl* NZM 2018, 61; *Lützenkirchen* GE 2013, 1176.

271 Siehe etwa BGH VIII ZR 44/71, MDR 1973, 492; OLG Celle NJW 1964, 1027; Staudinger/*Rolfs* BGB § 546a Rn. 45.

272 *Lehmann-Richter* PiG 90 (2011), 205; LG Hamburg WuM 1991, 550; **aA** für §§ 558, 559 BGB OLG Celle NJW 1964, 1027; LG Kiel NJW 1961, 319; AnwK WohnraummietR/*Lammel* BGB § 546a Rn. 26 sowie für die Kostenmiete Staudinger/*Rolfs* BGB § 546a Rn. 45.

§ 561 Abs. 1 S. 2 BGB in diesem Fall nicht eintritt, kann sich auch die Nutzungsentschädigung nicht nach ihr bemessen.[273] Für die Fälle, in denen der Vermieter während der Vorenthaltung eine Mieterhöhung nicht mehr durchsetzen kann, sieht § 546a Abs. 1 BGB das Recht vor, die ortsübliche Miete zu verlangen.[274]

56 Ist der **Mietzins** ganz oder teilweise nicht in Geld, sondern **durch andere Leistung geschuldet,** so ist der Wert dieser Leistung zu bestimmen. Das kommt etwa bei Werkdienstwohnungen gem. § 567b BGB in Betracht oder bei Hausmeister- bzw. Putzdiensten. Die Bemessung des Wertes richtet sich vornehmlich nach den Parteivereinbarungen bzw. deren Vorstellungen[275], ersatzweise ist die ortsübliche Miete heranzuziehen; §§ 315, 316 BGB sind angesichts des Umstandes, dass der Vermieter nach § 546a Abs. 1 BGB auch die ortsübliche Miete verlangen kann, nicht anzuwenden.[276]

57 Auch die **Betriebskosten** gehören zur vereinbarten Miete. Die Vereinbarungen der Parteien hierzu gelten praktisch fort.[277] Schuldete der Mieter also Vorauszahlungen, so hat er diese fortan als Teil der Nutzungsentschädigung zu erbringen.[278] Nach Abrechnungsreife besteht der Anspruch auf Vorauszahlungen – wie bei bestehendem Mietverhältnis – nicht mehr.[279] Haben die Parteien eine Nebenkostenpauschale vereinbart, so ist weiterhin eine Pauschale geschuldet. Hatte der Mieter vertraglich keine Nebenkosten zu tragen, so bleibt das bestehen, wenn sich die Nutzungsentschädigung an der vereinbarten Miete orientiert. Weil trotz der Beendigung des Mietvertrages in Bezug auf den Mietzins (Höhe, Fälligkeit, vertraglich vereinbarte Mieterhöhung nebst deren Formalien, Zahlung von Betriebskostenvorschüssen) die Vereinbarungen der Parteien praktisch fortgelten, ist auf die Abrechnung auch die Regelung des § 556 Abs. 3 BGB (Abrechnungsfrist mit Nachforderungsausschluss für den Vermieter; Einwendungsfrist für den Mieter) in vollem Umfang anwendbar.[280]

### 2. Ortsübliche Miete

58 Ist die ortsübliche Miete höher als die vereinbarte Miete, so steht dem Vermieter als Entschädigung gem. § 546a Abs. 1 BGB erstere zu. Das gilt – anders als bei der Vorgängerregelung § 557 BGB aF – nicht nur für die Raummiete, sondern auch für die Miete von Grundstücken und beweglichen Sachen. Die Entstehung des Anspruchs auf die ortsübliche Miete hängt nicht von einer entsprechenden Gestaltungserklärung des Vermieters ab (→ Rn. 53), er kann aber verwirkt sein.[281] Zum Einfluss einer rückwirkenden Unwirksamkeit der Kündigung gem. § 569 Abs. 3 Nr. 2 BGB (Schonfristregelung) auf die Höhe der Nutzungsentschädigung → Rn. 25.

59 Der Begriff der ortsüblichen Miete ist in § 546a Abs. 1 BGB nicht definiert. Als **Maßstab** kommt in Betracht die Marktmiete (üblicher Neuvermietungspreis), die Durchschnittsmiete (Durchschnitt aller Mietpreise in einer Gemeinde) oder die ortsübliche Vergleichsmiete gem. § 558 Abs. 2 BGB (Durchschnitt der in den letzten vier Jahren vereinbarten oder geänderten Mieten für nach fünf Wohnwertmerkmalen vergleichbare Wohnungen). Richtigerweise ist nach dem Sinn und Zweck der Regelung auf die **Marktmiete** abzustellen.[282] Der historische Gesetzgeber des BGB hat

---

[273] AG Nidda WuM 1981, 105 (Ls.); Staudinger/*Rolfs* BGB § 546a Rn. 40.

[274] Dies aber erst seit einer Gesetzesänderung im Jahre 1967; hierdurch mag die ältere Rspr. zu erklären sein, die jegliche Art von Mieterhöhungen berücksichtigen will.

[275] LG Hamburg WuM 1991, 550; Staudinger/*Rolfs* BGB § 546a Rn. 40.

[276] **AA** LG Hamburg WuM 1991, 550; Staudinger/*Rolfs* BGB § 546a Rn. 40.

[277] BGH XII ZR 66/13, NJW 2015, 2795 Rn. 32; OLG Dresden NZM 2012, 88; Staudinger/*Rolfs* BGB § 546a Rn. 43; AnwK WohnraummietR/*Lammel* BGB § 546a Rn. 22.

[278] OLG Dresden NZM 2012, 88.

[279] BGH XII ZR 66/13, NJW 2015, 2795 Rn. 32; OLG Dresden NZM 2012, 88.

[280] OLG Dresden NZM 2012, 88; **aA,** den vertragsähnlichen Charakter des Anspruchs verkennend, *Lehmann-Richter* PiG 90 (2011), 207; *Lützenkirchen* GE 2013, 1176. Selbst wenn man § 556 Abs. 3 BGB nicht anwenden wollte, änderte das an der Abrechnungspflicht selbst nichts, was aus dem Wesen des Vorschusses folgt (**aA** *Lehmann-Richter* PiG 90 (2011), 207 wegen des Rechts des Mieters, die Vorschüsse vollständig zurückzufordern, wenn nicht abgerechnet wird). § 556 Abs. 3 BGB außerdem schon deswegen nicht bedeutungslos, weil der Vermieter aus Zumutbarkeitsgesichtspunkten nicht gehalten sein kann, die Abrechnung für das beendete Mietverhältnis vor den Abrechnungen für die übrigen Mietverhältnisse zu erstellen; vor Ablauf der Jahresfrist könnte deshalb der unberechtigte Nutzer eine Abrechnung nicht verlangen oder – wenn der Vermieter der Abrechnungspflicht nicht nachkommt – die Vorschüsse zurückfordern.

[281] LG Berlin GE 2021, 574.

[282] BGH VIII ZR 17/16, NZM 2017, 186 mwN auch auf die Gegenmeinung.

die vereinbarte Miete als Mindestbetrag einer Nutzungsentschädigung für angemessen gehalten, weil dies die Äquivalenzvorstellungen der Parteien zum Wert von Leistung und Gegenleistung zum Maßstab nimmt und Streitigkeiten über die Höhe des konkreten Schadens des Vermieters bzw. der konkreten Bereicherung des Mieters vermeiden hilft.[283] Der Mieter, der die Mietsache nach Beendigung des Mietverhältnisses dem Vermieter vorenthält, sollte nicht bessergestellt werden, als er bei Fortdauer des Mietvertrages gestanden hätte. Das Recht, die ortsübliche statt der vereinbarten Miete verlangen zu können, wurde erstmals 1967 geschaffen.[284] Das geschah deshalb, um den Vermieter bei steigenden bzw. gestiegenen Mieten während der oftmals langen Dauer eines Räumungsprozesses bzw. bei längeren Räumungsfristen nicht auf das vereinbarte Mietniveau zu beschränken.[285] Dieser Zweck zeigt, dass es nicht darauf ankommt, was der Vermieter bei Fortsetzung des Mietverhältnisses vom Mieter durch Geltendmachung einer Mieterhöhung hätte erlangen können, sondern darauf, was bei einer Neuvermietung erzielbar gewesen wäre.[286] Bei einer Neuvermietung spielen aber – anders als bei einer Mieterhöhung auf die ortsübliche Vergleichsmiete gem. § 558 Abs. 2 BGB – die in der Vergangenheit erzielten Mieten grds. keine Rolle, sondern nur die aktuell erzielbaren Mieten.[287] Hinzu kommt, dass die ortsübliche Vergleichsmiete gem. § 558 Abs. 2 BGB nur für die Wohnraummiete gilt, wohingegen die ortsübliche Vergleichsmiete gem. § 546a Abs. 1 BGB für alle Mietverhältnisse zu ermitteln ist. Dass hierbei ein unterschiedlicher Maßstab angewendet werden soll je nachdem, ob es sich um ein Wohnraummietverhältnis handelt oder nicht, ist § 546a BGB nicht zu entnehmen[288]; zur besonderen Problematik bei der Kostenmiete im preisgebundenen Wohnraum → Rn. 61. Der vertragsähnliche Charakter des Entschädigungsanspruchs[289] steht dem nicht entgegen. Er besagt nichts über die Höhe der ortsüblichen Miete, die auf einen außervertraglichen Maßstab Bezug nimmt.

**Maßstab für den Marktmietzins** ist, zu welchem Preis ein vergleichbares Objekt während der Zeit der Vorenthaltung weiterzuvermieten bzw. anzumieten wäre. Ändert sich dieses Preisniveau während der Dauer der Vorenthaltung, so ändert sich auch die Höhe der Nutzungsentschädigung. Es spielt allerdings keine Rolle, ob es dem Vermieter tatsächlich gelungen wäre, die konkret vorenthaltene Mietsache überhaupt oder zu dem marktüblichen Mietzins zu vermieten, entscheidend ist das herrschende Mietniveau.[290] Die bei einer Neu- bzw. Weitervermietung erzielbare Marktmiete muss sich nach dem Wortlaut von § 546a Abs. 1 BGB an vergleichbaren Mietobjekten orientieren, die am Ort der Mietsache existieren. Der Begriff der Orts*üblichkeit* bedeutet dabei, dass nicht vereinzelte Spitzenwerte (nach oben oder unten) maßgeblich sind, sondern ein gewisser Durchschnitt.[291] Existieren am Ort (der Gemeinde) keine vergleichbaren Objekte – etwa weil es sich um ein Sonderobjekt handelt – dann scheidet eine Erhöhung der Nutzungsentschädigung auf Marktmietniveau nicht aus[292], denn auch für Einzel- oder Sonderobjekte gibt es Marktentwicklungen; es ist nicht ersichtlich, dass der Gesetzgeber die Vermieter von Sonder- bzw. Einzelobjekten von der Marktentwicklung fernhalten wollte, im Gegenteil, der Gesetzeszweck wird nur bei Einbeziehung auch dieser Objekte vollständig erreicht.[293] In diesen Fällen bemessen sich die Marktentwicklungen mangels einer Vielzahl von Vergleichsobjekten nach der Wiedervermietungsmiete des konkreten Objekts und seiner Nutzung, ausgerichtet an einem wirtschaftlich vernünftig handelnden Mietinteressenten. Unter Beachtung der Besonderheiten der jeweiligen Vorschriften kann bei der Bestimmung der Marktmiete auf die Regeln in §§ 558, 558a BGB und die dazu entwickelten Grundsätze zurückgegriffen werden, insbes. hinsichtlich der Ermittlung der Miete durch Sachverständigengutachten und durch Vergleichsobjekte.[294] Zu beachten ist allerdings, dass weder die Wartefrist noch die Kappungsgrenze in § 558 Abs. 1 BGB bzw. § 558 Abs. 3 BGB gelten, wohl aber die 60

[283] BGH VIII ZR 12/64, NJW 1966, 248; Staudinger/*Rolfs* BGB § 546 Rn. 3.
[284] Siehe näher bei der Entstehungsgeschichte der Norm.
[285] BGH VIII ZR 17/16, NZM 2017, 186 Rn. 23; BGH XII ZR 215/97, NJW 1999, 2808; *Emmerich* NZM 1999, 930 mwN zur Gesetzgebungsgeschichte.
[286] BGH VIII ZR 17/16, NZM 2017, 186 Rn. 19.
[287] BGH VIII ZR 17/16, NZM 2017, 186 Rn. 22.
[288] BGH VIII ZR 17/16, NZM 2017, 186 Rn. 17.
[289] Dazu → Rn. 19.
[290] Staudinger/*Rolfs* BGB § 546a Rn. 53.
[291] So auch OLG Celle ZMR 2016, 535.
[292] So aber OLG Celle ZMR 2016, 535.
[293] **AA** OLG Celle ZMR 2016, 535, das den auf die Massenmietmärkte zugeschnittenen Gesetzeswortlaut zu sehr in den Vordergrund stellt.
[294] So ist wohl auch BGH VIII ZR 17/16, NZM 2017, 186 Rn. 11 zu verstehen.

Begrenzung der Wiedervermietungsmiete in § 556d BGB (Mietpreisbremse)[295] oder sonstige Mietpreisbegrenzungen. Grundsätzlich sind – anders als bei § 558 Abs. 2 BGB – auch nicht die in den letzten vier Jahren vereinbarten Mieten in die Ermittlung einzubeziehen, sie können aber Anhaltspunkt bzw. Indiz sein für die aktuelle Marktlage, sofern diese sich nicht gerade in einer dynamischen Auf- oder Abwärtsbewegung befindet. Gleichfalls ist eine strenge Beschränkung auf die fünf in § 558 Abs. 2 BGB genannten Wohnwertfaktoren (Art, Größe, Ausstattung, Beschaffenheit und Lage) nicht zulässig, auch wenn andere Bemessungsfaktoren in der Praxis eine geringe Rolle spielen dürften und die Wohnwertmerkmale deshalb für die Mietpreisbildung faktisch meist maßgeblich sein werden.[296] Praktisch bedeutet das, dass bei der Wohnraummiete oftmals im Wege der Schätzung gem. § 287 ZPO eine Orientierung an einem vorhandenen Mietspiegel möglich sein dürfte[297]; dies gilt jedenfalls dann, wenn es keine dynamischen Preisentwicklungen gibt bzw. in letzter Zeit gegeben hat.

61 Auch bei **preisgebundenem Wohnraum** ist die Entschädigung grds. an der ortsüblichen Marktmiete zu orientieren[298]; in § 546a Abs. 1 BGB gibt es keinerlei Anhaltspunkte für eine Differenzierung. Die maximale Höhe der Nutzungsentschädigung ist allerdings durch die höchstzulässige Kostenmiete begrenzt, die der Vermieter bei einer Neuvermietung hätte verlangen dürfen, da ein die Kostenmiete übersteigender Mietzins unwirksam ist (§ 8 Abs. 2 WoBindG).[299] Zwar handelt es sich bei der Nutzungsentschädigung nicht um einen Mietzins; aber einmal hat der Anspruch vertragsähnlichen Charakter[300] und zum anderen würde es den Zwecken der Wohnraumförderung widersprechen, wenn der Vermieter bei vertragsloser Nutzung mehr erhalten könnte als bei Bestehen eines Mietvertrages. Liegt also die Marktmiete unter der Kostenmiete, so kann der Vermieter nur die Marktmiete verlangen. Werden die Voraussetzungen für eine Mieterhöhung gem. § 10 WoBindG erst im Verlauf der Vorenthaltung erfüllt, steht dem Vermieter ab diesem Zeitpunkt die erhöhte Kostenmiete zu[301], sofern nicht die Marktmiete darunter liegt. Das WoBindG hat allerdings einen langsam auslaufenden Anwendungsbereich. Es gilt nämlich gem. § 1 WoBindG, § 50 WoFG nur für solchen Wohnraum, für den die Fördermittel bis Ende 2001 bewilligt wurden.[302] Zum Anwendungsbereich → BGB § 563 Rn. 10.

62 Die Höhe der Marktmiete bzw. der Kostenmiete muss im Prozess[303] bei Bestreiten nachgewiesen werden, die **Formalien der Erhöhung** in § 10 WoBindG oder §§ 558ff. BGB müssen aber nicht eingehalten werden[304], da es – anders als bei der Nutzungsentschädigung, die sich an der vereinbarten Miete orientiert – nicht um die Fortschreibung vertraglicher Rechte und Pflichten, sondern um die Feststellung des ortsüblichen Mietzinses geht; insbes. das Erfordernis eines Erhöhungsverlangens durch den Vermieter würde der erwähnten[305] Rspr. des BGH zuwider laufen, wonach die Entschädigung in Höhe der ortsüblichen Miete ohne Weiteres entsteht, wenn sie höher ist als die vereinbarte Miete.

63 Hinsichtlich der **Betriebskosten** kommt es ebenfalls auf die ortsübliche Mietstruktur an[306], die bei Wohnungen meist die Leistung von abzurechnenden Vorauszahlungen vorsehen wird. Heizkosten sind wegen § 2 HeizkostenV praktisch immer abzurechnen.[307] Entsprach dies auch den vertraglichen Vereinbarungen, so können diese praktisch fortgeschrieben werden (→ Rn. 57, dort auch

---

295 *Fleindl* NZM 2018, 63, auch mit Nachweis auf eine abweichende Meinung; *Lindner* ZMR 2016, 361; *Artz* NZM 2017, 281; *Röck* NZM 2017, 188.

296 So auch BGH VIII ZR 17/16, NZM 2017, 186 Rn. 11.

297 Ähnlich LG Berlin GE 2018, 459; AG Brandenburg 16.6.2021 – 31 C 51/20, BeckRS 2021, 14385 (Zuschlag von 10% zu den Mietspiegelwerten); Staudinger/*Rolfs* BGB § 546a Rn. 54; *Lützenkirchen* GE 2013, 1178.

298 Staudinger/*Rolfs* BGB § 546a Rn. 55; **aA,** nämlich für die Kostenmiete als Maßstab, auch wenn diese über der Marktmiete liegt: *Lützenkirchen* GE 2013, 1178.

299 Staudinger/*Rolfs* BGB § 546a Rn. 55.

300 → Rn. 19.

301 Staudinger/*Rolfs* BGB § 546a Rn. 45.

302 Siehe den Wortlaut des § 50 WoFG sowie *Söfker* WuM 2002, 296.

303 Zu sonstigen prozessualen Fragen → Rn. 107 und *Fleindl* NZM 2017, 282.

304 LG Berlin GE 1996, 127; *Lehmann-Richter* PiG 90 (2011), 205; *Lützenkirchen* GE 2013, 1179; LG Freiburg WuM 1993, 671 hält zwar ein formelles Erhöhungsverfahren nicht für notwendig, wohl aber ein einseitiges *Erhöhungsverlangen.*

305 → Rn. 53.

306 *Lehmann-Richter* PiG 90 (2011), 204.

307 *Lehmann-Richter* PiG 90 (2011), 205.

zur Abrechnung der Vorauszahlungen). Hatten die Parteien demgegenüber eine Inklusiv- oder Teilinklusivmiete oder eine Nebenkostenpauschale vereinbart, so schuldet der Mieter, wenn der Vermieter die ortsübliche Miete als Nutzungsentschädigung verlangt, eine angemessene und abrechenbare Vorauszahlung auf die Nebenkosten.[308]

### 3. Teilleistung

Zu Teilleistungen ist der Mieter gem. § 266 BGB nicht berechtigt. Er darf deshalb nicht nur einen Teil der Mieträume zurückgeben, etwa die Gastwirtschaft ohne Wirtewohnung, das Haus ohne Garage etc. Der Vermieter darf aber die Rücknahme der Mietsache wegen einer bloßen Schlechterfüllung einzelner Rückgabepflichten nicht ablehnen, sondern nur dann, wenn trotz Besitzveränderung zu seinen Gunsten von einer faktischen Weiternutzung durch den Mieter auszugehen ist, was bei dem Verbleib von Gegenständen und Einrichtungen bzw. vom Mieter errichteten Gebäuden der Fall ist; Einzelheiten → Rn. 39. Nach Treu und Glauben darf der Vermieter eine Teilleistung weiterhin nicht ablehnen, wenn der Mieter ihm einen abgegrenzten Teil eines Mietobjektes zurückgeben will, der bereits geräumt ist und in Zukunft getrennt von dem übrigen Objekt oder gar nicht mehr vermietet werden soll[309], also etwa bei einer Wohnung mit Garage oder Keller. Nimmt der Vermieter ohne entsprechende Verpflichtung nur einen Teil der Mietsache zurück, so ist er an der Geltendmachung von Nutzungsentschädigung in vollem Umfang nicht gehindert[310]; die Entschädigung ist aber entsprechend § 537 BGB zu kürzen, wenn der Vermieter den zurückgenommenen Teil weitervermietet oder selbst nutzt.[311] 64

### 4. Mitverschulden des Vermieters; Treu und Glauben

Ein **Mitverschulden** des Vermieters an der Entstehung des Nutzungsentschädigungsanspruchs führt nicht zur Anwendung des § 254 BGB.[312] Wie bereits[313] ausgeführt, handelt es sich bei § 546 a Abs. 1 BGB nämlich nicht um einen Schadensersatzanspruch, sondern um einen vertragsähnlichen Anspruch. Deshalb kommt eine Kürzung des Entschädigungsanspruchs bspw. nicht in Betracht, wenn der Vermieter nicht von seinem Rückforderungsanspruch gegen den Mieter oder gegen einen die Mietsache inne haltenden Dritten iSv § 546 Abs. 2 BGB Gebrauch macht.[314] 65

Daraus folgt aber nicht, dass das Verhalten des Vermieters bei der Abwicklung des Mietverhältnisses stets unerheblich ist. Der Geltendmachung eines Entschädigungsanspruches kann nämlich der Einwand **treuwidrigen Verhaltens** des Vermieters § 242 BGB entgegenstehen.[315] Der Vermieter darf den Mieter bspw. nicht daran hindern, die Räumung des Mietobjektes rechtzeitig durchzuführen, oder in ihm den Eindruck erwecken, er werde die Räumung selbst vornehmen.[316] Weiterhin darf der Vermieter eine Wiederinbesitznahme nicht verzögern, wenn er weiß, dass der Mieter von einer (erfolgreichen) Übersendung der Schlüssel zum Mietobjekt ausgeht, die Schlüssel tatsächlich bei ihm aber nicht angelangt sind.[317] Außerdem kommt in Fallgestaltungen, die eine Anwendung des § 254 BGB erwägenswert erscheinen lassen, in Betracht, dass es dem Vermieter an dem notwendigen Rücknahmewillen fehlt und ein Entschädigungsanspruch daran scheitert (Beispielsfälle → Rn. 45 ff.). 66

Insbesondere bei der **Miete geringwertiger Sachen** (praktisch relevant sind insbes. DVD, CD oder Videokassetten) übersteigt die Nutzungsentschädigung nach kurzer Zeit den Wert der Mietsache. In diesen Fällen wird häufig eine Anwendung von § 254 BGB analog oder von § 242 BGB 67

---

[308] So auch *Schmid* DWW 2013, 83; *Fleindl* NZM 2018, 63.
[309] Staudinger/*Rolfs* BGB § 546 Rn. 30.
[310] OLG Hamburg WuM 1996, 543.
[311] Blank/Börstinghaus/*Blank* BGB § 546 Rn. 47.
[312] BGH VIII ZR 96/87, NJW 1988, 2665; BGH VIII ZR 213/82, NJW 1984, 1527; OLG Bremen MDR 2009, 1268; OLG Hamm ZMR 1996, 372; **aA** ohne nähere Begründung, aber möglicherweise, weil sie § 546 a BGB als Schadensersatzanspruch ansehen (→ Rn. 19) AG Rastatt NZM 2001, 1103; OLG Hamm NJW-RR 1988, 661; LG Köln NJW-RR 1988, 1248.
[313] → Rn. 19.
[314] BGH VIII ZR 213/82, NJW 1984, 1527; KG GE 2003, 46; LG Berlin GE 2009, 908.
[315] BGH VIII ZR 96/87, NJW 1988, 2665; LG Bielefeld NZM 2004, 199; s. auch BGH V ZR 28/96, NJW 1997, 2234 zur entsprechenden Anwendung des § 254 BGB bei Ansprüchen aus § 1004 BGB.
[316] BGH VIII ZR 96/87, NJW 1988, 2665.
[317] OLG Bremen MDR 2007, 515.

befürwortet.[318] Auch der BGH hält das Verlangen einer Leasinggeberin nach Fortzahlung einer Nutzungsentschädigung in Höhe der vereinbarten Leasingrate dann für eine unzulässige Rechtsausübung gem. § 242 BGB, wenn der Zeitwert des Leasinggegenstandes alters- oder gebrauchsbedingt so weit abgesunken ist, dass eine Nutzungsentschädigung in Höhe der vereinbarten monatlichen Leasingrate zu dem verbliebenen Verkehrs- oder Gebrauchswert der Geräte völlig außer Verhältnis steht.[319] Richtigerweise dürfte in all diesen Fällen zunächst krit. zu prüfen sein, ob es nicht dem Vermieter ab einem bestimmten Zeitpunkt an dem notwendigen Rücknahmewillen fehlt. Solange aber der Vermieter den Mieter (oder den Dritten) ernstlich zur Rückgabe auffordert, ist eine Kürzung oder zeitliche Beschränkung des Entschädigungsanspruchs nicht gerechtfertigt. Die gegenteilige Ansicht orientiert sich zu einseitig an der Wertrelation von Mietsache zu Nutzungsentschädigung und vernachlässigt auf diese Weise das Interesse eines Eigentümers am Rückerhalt geringwertiger Sachen; der Nutzungsentschädigungsanspruch dient aber gerade dazu, Druck auf den Mieter zur Rückgabe auszuüben.[320] Überdies wird dem Vermieter durch die Vorenthaltung die Weitervermietungsmöglichkeit genommen und es ist nicht ungewöhnlich, dass die Summe der Mietraten den Zeitwert der Mietsache übersteigt.[321] Dass professionelle Vermieter von Videos oder DVD's wegen der leichten Wiederbeschaffbarkeit oftmals nur ein geringes Rückerlangungsinteresse haben, ist bei der kritischen Prüfung ihres Rücknahmewillens zu berücksichtigen. Die Anwendung von § 242 BGB sollte extremen Ausnahmefällen überlassen bleiben.

### 5. Minderung, Mängel

68 Ist die **Mietsache bei Beendigung der Mietzeit mangelhaft** und deshalb die Miete gemindert, so stellt diese geminderte Miete die vereinbarte Miete iSv § 546 a Abs. 1 BGB dar, da die Minderung kraft Gesetzes eintritt[322]; haben sich die Parteien vor Vertragsende auf eine bestimmte Minderung geeinigt, so gilt das für die Nutzungsentschädigung fort.[323] Wird der Mangel während der Zeit der Vorenthaltung beseitigt, fällt die Minderung fort.[324] Das entspricht auch dem vertragsähnlichen Charakter des Entschädigungsanspruchs (→ Rn. 19), der sich nicht nur bei der Höhe, sondern auch bspw. bei der Fälligkeit (→ Rn. 70) an den Rechten und Pflichten orientiert, die hinsichtlich der Mietzinszahlung während des bestehenden Vertrages bestanden haben. Ist für die Höhe des Entschädigungsanspruchs nicht die vereinbarte Miete maßgeblich, sondern die ortsübliche Miete, so ist die Mangelhaftigkeit der Mietsache deshalb zu berücksichtigen, weil für ein mangelhaftes Mietobjekt nur eine geringere Marktmiete zu erzielen ist.[325]

69 Mängel mindern die Nutzungsentschädigung nach dem BGH und der ihm folgenden hM[326] aber dann nicht, wenn sie erst während der Zeit der Vorenthaltung, also **nach Beendigung des Vertrages entstehen** oder sich verschlimmern. Gleiches gilt, wenn der Vermieter wegen einer Verletzung der gem. § 536 c Abs. 1 BGB bestehenden Anzeigepflicht, erst während der Vorenthaltungszeit von dem Mangel erfährt.[327] Der BGH begründet seine Auffassung mit dem Willen des historischen Gesetzgebers, der dem Vermieter einen einfach durchsetzbaren, von Einwendungen des Mieters freien Ersatzanspruch habe gewähren wollen[328]; so werde auf den Mieter Druck ausgeübt, die geschuldete Rückgabe zu vollziehen.[329] Eine Herabsetzung des Nutzungsentschädi-

---

[318] Für eine Anwendung des § 242 BGB ab dem Zeitpunkt, ab dem redlicherweise mit der Rückgabe nicht mehr gerechnet werden kann, LG Bielefeld NZM 2004, 199; LG Dortmund NJW-RR 1988, 661; Staudinger/*Rolfs* BGB § 546 a Rn. 36.

[319] BGH VIII ZR 377/03, NJW-RR 2005, 1081; OLG Bremen MDR 2009, 1268, iErg verneint.

[320] Ähnlich Wolf/Eckert/Ball Gewerbl. Miet-/Pacht-/LeasingR-HdB Rn. 1134.

[321] Wolf/Eckert/Ball Gewerbl. Miet-/Pacht-/LeasingR-HdB Rn. 1134.

[322] BGH XII ZR 66/13, NJW 2015, 2795 Rn. 13; BGH VIII ZR 116/89, NJW-RR 1990, 884; BGH VIII ZR 16/60, NJW 1961, 916; OLG Düsseldorf WuM 1991, 264; LG Berlin ZMR 1992, 541; **aA** *Lehmann-Richter* PiG 90 (2011), 204, der wegen des Wortlauts von § 546 a Abs. 1 BGB („vereinbarte Miete") immer, dh auch bei Mangelhaftigkeit, auf die ungeminderte Miete abstellen will, was den vertragsähnlichen Charakter des Anspruchs leugnet und dessen Druckfunktion im Sinne eines Strafcharakters überbetont.

[323] BGH VIII ZR 116/89, NJW-RR 1990, 884; KG ZMR 2012, 693.

[324] *Flatow* NZM 2017, 279 mwN auch zur Gegenmeinung.

[325] AnwK WohnraummietR/*Lammel* BGB § 546 a Rn. 30.

[326] BGH XII ZR 66/13, NJW 2015, 2795 mwN; BGH VIII ZR 16/60, NJW 1961, 916; *Lehmann-Richter PiG 90 (2011), 204; Lützenkirchen* GE 2013, 1177.

[327] LG Krefeld MDR 2018, 268.

[328] Dieses Argument widerlegt überzeugend *Zehelein* ZfIR 2015, 657.

[329] BGH XII ZR 66/13, NJW 2015, 2795 Rn. 20f.

gungsanspruchs entsprechend § 536 BGB ist aber nach Meinung des BGH möglich, wenn es um die Störung solcher Verpflichtungen des Vermieters geht, die wegen der Eigenart des Vertrages oder besonderer Belange des Mieters gem. § 242 BGB auch im Abwicklungsverhältnis im Rahmen des Zumutbaren aufrecht zu erhalten sind.[330] Das betrifft etwa die Fälle, in denen eine Versorgungssperre unzulässig wäre[331] oder in denen allgemeine, nicht nur gegenüber dem Mieter bestehende Verkehrssicherungspflichten verletzt werden.[332] Darüber hinaus besteht eine Mängelbeseitigungspflicht nur bei akuten und schwerwiegenden Gefahren für Leben, Gesundheit bzw. hohe Eigentumswerte des Mieters, wenn diesem entweder gesetzlich (insbes. gem. §§ 721, 765a ZPO) die Weiternutzung gestattet war oder wenn er mit nachvollziehbaren Erwägungen vom berechtigten Besitz an der Mietsache ausgehen durfte.[333] Die hM ist abzulehnen[334] Das gebietet der vertragsähnliche Charakter des Anspruchs, der sich nicht nur zu Gunsten des Vermieters in Richtung einer höheren Miete (→ Rn. 58 ff.) auswirken kann, sondern auch zu seinen Lasten, wenn die vertraglich vorausgesetzte Äquivalenz von Leistung und Gegenleistung nicht mehr besteht. Diese Äquivalenz wird als selbstverständlich bei der Ermittlung der ortsüblichen Miete vorausgesetzt, sie muss sich dann aber nicht nur bei Veränderungen des Mietniveaus auswirken, sondern auch bei Veränderungen der Mietsache selbst. Besonders deutlich wird das, wenn der Mangel nicht, wie üblich, ohne Verschulden einer Partei eintritt, sondern vom Vermieter verursacht wird. So ist der Vermieter nach dem Vertragsende nicht mehr zur Gebrauchsgewährung verpflichtet[335], er muss grds. Mängel nicht beseitigen[336] und kann die Versorgungsleistungen einstellen. Wenn er aber aus eigenem Entschluss das bei Vertragsende bestehende Leistungsniveau verringert, ist es nicht gerechtfertigt, ihm die volle vertragliche oder die für ein mangelfreies Objekt ortsübliche Miete zu gewähren. Das Argument des BGH, die Möglichkeit einer Minderung könnte den Mieter bestärken, die Mietsache widerrechtlich zurückzuhalten, wohingegen die Versagung der Minderung Druck auf ihn ausüben würde, leugnet trotz aller gegenteiligen Beteuerung des BGH[337] den vertragsähnlichen Charakter des Entschädigungsanspruchs und gewährt dem Vermieter eines mangelhaften Mietobjektes eine Art Strafschadensersatzanspruch[338], der dem Vermieter eines mangelfreien Mietobjekts in ansonsten ähnlicher Lage versagt bleibt.

### 6. Fälligkeit, Verzug

Die **Fälligkeit** der Nutzungsentschädigung richtet sich nach der Fälligkeit der Miete[339], soweit die Entschädigung die vereinbarte Miete nicht übersteigt (zur höheren ortsüblichen Miete sogleich). Das folgt einmal aus dem vertragsähnlichen Charakter des Anspruchs[340], aber auch aus der Überlegung, dass es für den Vermieter unbillig wäre, die Geltendmachung des Anspruchs bis zum Ende des Besitzes hinauszuschieben.[341] Das bedeutet, dass für die Fälligkeit zunächst die vertraglichen Vereinbarungen maßgeblich sind und mangels solcher die gesetzlichen Regelungen in §§ 579, 556b Abs. 1 BGB.[342] Ist der Zeitpunkt für die Zahlung der Miete nach dem Kalender bestimmt, wie es in § 556b Abs. 1 BGB oder vergleichbaren vertraglichen Regelungen der Fall ist, ist § 286 Abs. 2 Nr. 1 BGB anwendbar und mit der Fälligkeit tritt gleichzeitig Verzug ein.[343] Ansonsten gerät der Mieter durch Mahnung in Verzug oder gem. § 286 Abs. 3 BGB durch eine Rechnung oder eine gleichwertige Zahlungsaufstellung, da die Nutzungsentschädigung eine Entgeltforderung im Sinne dieser 70

---

330 BGH XII ZR 66/13, NJW 2015, 2795 Rn. 23; zum Abwicklungsverhältnis → Rn. 10 ff.
331 Dazu → BGB § 546 Rn. 116 f.
332 BGH XII ZR 66/13, NJW 2015, 2795 Rn. 24 f.; zu den Verkehrssicherungspflichten → Rn. 13.
333 BGH XII ZR 66/13, NJW 2015, 2795 Rn. 26 f.
334 So auch *Zehelein* ZfIR 2015, 657; LG Berlin WuM 1998, 28; ZMR 1992, 541; weitere Nachweise bei BGH XII ZR 66/13, NJW 2015, 2795 Rn. 15.
335 Dazu sowie allgemein zum Rechtsverhältnis nach Vertragsbeendigung → Rn. 10 ff.
336 Deshalb steht dem Mieter bei Mängeln auch ein Zurückbehaltungsrecht an der Nutzungsentschädigung nicht zu (*LG Berlin WuM 1998, 28*).
337 BGH XII ZR 66/13, NJW 2015, 2795 Rn. 21.
338 So auch *Zehelein* ZfIR 2015, 658.
339 AllgM, s. nur BGH VIII ZR 219/72, NJW 1974, 556; BGH VIII ZR 155/88, NJW 1989, 1730; OLG Dresden NZM 2012, 89; KG MDR 2014, 952; **aA** OLG Koblenz ZMR 2010, 759, wenn es § 556b BGB – allerdings ohne Begründung und Auseinandersetzung mit der hM – nicht für anwendbar hält.
340 Staudinger/*Rolfs* BGB § 546a Rn. 44.
341 BGH VIII ZR 219/72, NJW 1974, 556.
342 **AA** OLG Koblenz ZMR 2010, 759 für § 556b BGB – allerdings ohne Begründung.
343 BGH VIII ZR 155/88, NJW 1989, 1730.

Vorschrift ist.[344] Ein **vertragliches Aufrechnungsverbot** für den Mieter gegenüber dem Mietzinsanspruch wirkt auch gegenüber dem Nutzungsentschädigungsanspruch.[345] Eine Regelung, nach der eine Aufrechnung des Mieters an eine vorherige Ankündigung gegenüber dem Vermieter geknüpft wird, verliert ihren Sinn mit der Beendigung des Mietverhältnisses und der Rückgabe des Mietobjekts.[346]

71 Die vertraglichen Vereinbarungen bzw. §§ 579, 556b Abs. 1 BGB sind aber nur maßgeblich für die Fälligkeit der Nutzungsentschädigung, soweit sich diese an der vereinbarten Miete orientiert. Nur in diesem Fall nämlich kann der Mieter seine Schuld kennen. Die Lage ist insofern vergleichbar mit der Abrechnung von Werkleistungen oder von Nebenkosten; in all diesen Fällen kann der Schuldner den zu zahlenden Betrag nicht allein ermitteln, das Verlangen des Gläubigers ist konstitutiv für die Fälligkeit.[347] Wenn die **ortsübliche Miete** höher ist, richtet sich die Fälligkeit des die vereinbarte Miete übersteigenden Betrages nach §§ 579, 556b Abs. 1 BGB.[348] Der Vermieter kann die Entschädigung in Höhe der ortsüblichen Miete auch rückwirkend verlangen.[349] Verzug hinsichtlich der die vereinbarte Miete übersteigenden Entschädigung tritt aber erst mit einer Mahnung gem. § 286 BGB ein, soweit es sich um Ansprüche aus der Vergangenheit handelt, da der Mieter die Höhe des Anspruchs ohne ein Verlangen des Vermieters nicht kennen kann (§ 286 Abs. 4 BGB).

**7. Dauer**

72 Die Vorenthaltung beginnt taggenau[350] mit dem Ende des Mietverhältnisses bzw. dem Beginn der Vorenthaltung und endet mit Erfüllung der Rückgabepflicht in der oben (→ Rn. 39ff.) beschriebenen Weise oder mit der Unmöglichkeit der Rückgabepflicht (→ Rn. 42) oder mit einem Schadensersatzverlangen gem. § 281 Abs. 4 BGB (→ Rn. 43). Zum Einfluss des **Rücknahmewillen** auf die Dauer des Nutzungsentschädigungsanspruchs (Beginn, Ende und Wiederaufleben) → Rn. 45.

73 Der Anspruch auf Nutzungsentschädigung endet **taggenau** mit der Rückgabe und nicht erst mit dem Zeitabschnitt, nach dem der Mietzins bemessen war, bei monatlichen Mietzinsraten also nicht erst mit dem Ablauf des Monats, in dem die Rückgabe erfolgte.[351] Das gleiche gilt im Falle der Zwangsräumung[352] und auch, wenn der Mieter die Mietsache vor Ablauf einer Räumungsfrist zurückgibt.[353] Das folgt aus dem Wortlaut von § 546a Abs. 1 BGB (Dauer der Vorenthaltung) sowie dem Zweck der Vorschrift, Druck zur Rückgabe auf den Mieter auszuüben[354], und bedeutet, dass die Entschädigung auf die im Rückgabemonat bestehende Anzahl von Tagen umgerechnet und dieser „Tagessatz" mit der Zahl der Vorenthaltungstage multipliziert werden muss. Weitergehende Ansprüche, bspw. wegen Mietausfalls, können dem Vermieter gem. § 546a Abs. 2 BGB als Schadensersatz zustehen. Zur Pflicht des Mieters, den Vermieter über den Zeitpunkt der Rückgabe zu informieren, und zu den Folgen eines Verstoßes gegen diese Pflicht → Rn. 91.

## IV. Verjährung

74 Der Nutzungsentschädigungsanspruch gem. § 546a Abs. 1 BGB unterliegt der Regelverjährungsfrist der §§ 195, 199 BGB.[355]

---

[344] OLG Köln ZMR 2006, 772.
[345] BGH XII ZA 21/99, NZM 2000, 336; OLG Karlsruhe ZMR 1987, 261; KG DWW 2013, 181; auch ausf. bei → BGB § 556b Rn. 34.
[346] BGH XII ZA 21/99, NZM 2000, 336.
[347] Ähnlich LG Berlin GE 2018, 459; s. auch Staudinger/*Bittner/Kolbe,* 2019, BGB § 271 Rn. 15.
[348] *Fleindl* NZM 2018, 63; *Lützenkirchen* GE 2013, 1180.
[349] Dazu → Rn. 53.
[350] OLG Dresden NZM 2012, 89.
[351] BGH VIII ZR 57/05, NZM 2006, 52; Staudinger/*Rolfs* BGB § 546a Rn. 33 mit Nachweisen auf die früher herrschende gegenteilige Rspr.
[352] LG Lübeck ZMR 2010, 857.
[353] LG Freiburg WuM 1980, 223; AG Friedberg WuM 1980, 223; Staudinger/*Rolfs* BGB § 546a Rn. 32.
[354] BGH VIII ZR 57/05, NZM 2006, 52.
[355] BGH XII ZR 114/06, NJW 2009, 1488.

## F. Schadensersatz wegen Rückgabepflichtverletzungen (Abs. 2 BGB)

Der einfach geltend zu machende Nutzungsentschädigungsanspruch gem. § 546a Abs. 1 BGB, der kein Schadensersatzanspruch ist[356], gewährt dem Vermieter während der Dauer der Vorenthaltung nur eine Mindestentschädigung, die ihn so stellt, als würde der Vertrag noch bestehen. Der Vermieter ist aber nicht auf diese Mindestentschädigung beschränkt, sondern kann einen weitergehenden **Vorenthaltungsschaden** nach den allgemeinen Schadensersatzvorschriften ersetzt verlangen.[357] Das ist der Regelungsgehalt von § 546a Abs. 2 BGB. Bei Wohnraummietverhältnissen sind hierzu die Einschränkungen der Ersatzpflicht des Mieters in § 571 BGB zu beachten. Ein Vorenthaltungsschaden ist im Wesentlichen (Einzelheiten → Rn. 96ff.) das, was dem Vermieter dadurch entgeht, dass er die Mietsache wegen Verletzung der Rückgabepflichten nicht wie vorgesehen nutzen kann (entgangener Gewinn in Form von **Mietausfall** durch Vorenthaltung), oder was er an zusätzlichen Aufwendungen hat bzw. Dritten (etwa Nachfolgemietern) als Schadensersatz schuldet. Der Schadensersatzanspruch auf Erstattung des Vorenthaltungsschadens kann weitergehen als der Anspruch auf Nutzungsentschädigung. Während nämlich der Mieter Nutzungsentschädigung nur bei Nichterfüllung und nicht bei Schlechterfüllung der Rückgabepflicht[358] schuldet, ist der Schadensersatzanspruch nicht in dieser Weise begrenzt; er kann vielmehr auch im Falle der Schlechterfüllung bestehen, nämlich bspw. dann, wenn die Mietsache vor der Beseitigung von Beschädigungen oder baulichen Veränderungen nicht weitervermietet werden kann. Weiterhin kann der Vermieter neben oder anstatt des Vorenthaltungsschadens einen Anspruch auf Erstattung **sonstiger Schäden**[359] haben, die er erleidet, weil der Mieter die Rückgabepflichten nicht erfüllt und er sich die Erfüllung selbst verschaffen muss. Das sind ggf. die Kosten für eine Räumung und Einlagerung des Räumgutes (einschließlich der Rechtsverfolgungs- und Zwangsvollstreckungskosten), für einen Rückbau, für Reinigung, für Ersatzschlüssel oder Ersatzbeschaffung von sonstigem Zubehör, für Schönheitsreparaturen, für die Beseitigung von Schäden, bei beweglichen Sachen für den Rücktransport zum vertraglichen Rückgabeort etc. 75

Hinsichtlich der **Person von Gläubiger und Schuldner des Schadensersatzanspruchs** sowie hinsichtlich der Insolvenz des Mieters gilt das zur Nutzungsentschädigung Ausgeführte entsprechend (→ Rn. 29ff.). Zur Haftung von Mieter und Drittem bei einem (echten) (Miet-) **Vertrag zu Gunsten Dritter** gem. § 328 BGB → Rn. 29. Auch ein **Nachmieter** kann Schäden erleiden, wenn der Mieter nicht rechtzeitig räumt. Grundsätzlich hat er nur Ansprüche gegen den Vermieter aus deren Vertragsverhältnis und dem darauf beruhenden Anspruch auf (rechtzeitige) Gebrauchsgewährung. Besteht ausnahmsweise ein verbindlicher Überlassungsanspruch (noch) nicht oder sind Ansprüche wegen nicht rechtzeitiger Übergabe zwischen Vermieter und Nachmieter abbedungen, kann sich der Nachmieter idR auch nicht an den Mieter halten. Für eine **Drittschadensliquidation** fehlt es gerade an einem Rechtsverhältnis, das zur Schadensverlagerung führt.[360] Auch entfaltet der Mietvertrag zwischen Vermieter und Mieter keine **Schutzwirkung zu Gunsten Dritter** (den Nachmieter).[361] Anders ist das nur, wenn der Nachmieter Angehöriger des Vermieters ist und zu dessen Gunsten wegen Eigenbedarfs gekündigt wurde, ohne dass dem Angehörigen aber ein verbindlicher vertraglicher Anspruch auf Überlassung zusteht.[362] Da die Schutzwirkung sich aber nur auf den Überlassungsanspruch bezieht, kann der nachmietende Angehörige auch nur wegen verspäteter oder unterbliebener Überlassung Schadensersatz gem. § 280 BGB verlangen.[363] Zur Wirkung gerichtlicher oder vom Vermieter bewilligter **Räumungsfristen** sowie zur Wirkung der Bewilligung von Vollstreckungsschutz → Rn. 48 sowie → BGB § 546 Rn. 79. Endet bei einer **gewerblichen Weitervermietung** das Zwischenmietverhältnis treffen den Zwischenvermieter keine Rückgabepflichten, da das Miet- 76

---

[356] → Rn. 19.

[357] Staudinger/*Rolfs* BGB § 546a Rn. 57.

[358] Zur Abgrenzung von Nichterfüllung und Schlechterfüllung → Rn. 39ff. und eing. → BGB § 546 Rn. 18ff.

[359] In § 546a Abs. 2 BGB ist klarstellend nur der Vorenthaltungsschaden erfasst, um deutlich zu machen, dass der Vermieter wegen der Vorenthaltung nicht auf die Nutzungsentschädigung nach § 546a Abs. 1 BGB beschränkt ist.

[360] *Lehmann-Richter/Keinert* ZMR 2011, 525.

[361] *Lehmann-Richter/Keinert* ZMR 2011, 524.

[362] Eing. *Lehmann-Richter/Keinert* ZMR 2011, 524.

[363] *Lehmann-Richter/Keinert* ZMR 2011, 524.

verhältnis gem. § 565 BGB von dem gewerblichen Vermieter mit dem Mieter fortgeführt wird[364]; Mietausfallschäden entstehen deshalb nicht.

### I. Anspruchsgrundlagen

77 Als Anspruchsgrundlagen für ein Schadensersatzbegehren des Vermieters kommen § 280 Abs. 1 BGB (einfacher Schadensersatz), §§ 280 Abs. 2, 286 BGB (Verzugsschaden) und §§ 280 Abs. 3, 281–283 BGB[365] (Schadensersatz statt der Leistung) in Betracht. Die Abgrenzung dieser verschiedenen Anspruchsgrundlagen ist teilweise problematisch und nicht abschließend, insbes. in vielen Fragen nicht höchstrichterlich geklärt. Umstritten sind vornehmlich die Anwendungsbereiche des Schadensersatzes statt der Leistung und des Verzuges.[366] Bei der Verletzung von Rückgabepflichten dürften die praktischen Auswirkungen der Abgrenzungsschwierigkeiten gering sein, deshalb werden im Folgenden nur die praktisch wichtigen Konstellationen unter Zugrundelegung der derzeit hM dargestellt und auf die abweichenden Meinungen nur kurz hingewiesen.

78 In **Vorwegnahme des Ergebnisses** der nachfolgenden Darlegungen gilt zusammengefasst für die **häufigsten Ansprüche in der Praxis** Folgendes: Schadensersatz wegen Beschädigung der Mietsache kann der Vermieter gem. § 280 Abs. 1 BGB verlangen (→ Rn. 83). Ein Anspruch auf Ersatz der Kosten, die dem Vermieter wegen des Unterlassens bzw. der mangelhaften Ausführung der Rückgabepflichten entstehen, richtet sich nach § 281 BGB (→ Rn. 80). Ein Mietausfallschaden in Folge der Verletzung von Rückgabepflichten unterliegt § 280 Abs. 1 BGB und kann daneben (bei Verzug) gem. § 286 BGB ersatzfähig sein (→ Rn. 80, 87 sowie zur Schadenshöhe → Rn. 99); bei Wohnraummietverhältnissen sind die Einschränkungen der Ersatzpflicht des Mieters in § 571 BGB zu beachten.

#### 1. Abgrenzung

79 Auch soweit sich ein Anspruch nach § 281 BGB oder § 286 BGB richtet, ist eigentliche Anspruchsgrundlage § 280 Abs. 1 BGB; die übrigen genannten Vorschriften verweisen sämtlich hierauf und fordern nur die Erfüllung zusätzlicher Voraussetzungen (so der ausdrückliche Wortlaut von § 280 Abs. 2, 3 BGB). Deshalb sollte zunächst geprüft werden, ob ein Schadensersatzbegehren unter §§ 280 Abs. 2, 286 BGB (Verzugsschaden) bzw. §§ 280 Abs. 3, 281 BGB (Schadensersatz statt der Leistung) fällt, wenn deren zusätzliche Voraussetzungen möglicherweise vorliegen. Wenn ein Verzugsschaden oder ein Schadensersatzanspruch statt der Leistung nicht gegeben sind, kommt quasi als **Auffangtatbestand** ein einfacher Schadensersatz gem. **§ 280 Abs. 1 BGB** in Betracht.[367] Es ist allerdings nicht ausgeschlossen, dass ein Verzugsschaden darüber hinaus zugleich auch ein einfacher Schadensersatz oder ein Schadensersatz statt der Leistung ist; zu diesem Konkurrenzverhältnis → Rn. 80.

80 § 281 BGB **(Schadensersatz statt der Leistung)** betrifft ausschließlich Schäden, die durch Erfüllung oder Nacherfüllung des Leistungsanspruchs (also durch die Rückgabe der Mietsache einschließlich aller dazugehöriger Teilleistungen mit Ausnahme der Pflicht zur Beseitigung von Beschädigungen; Einzelheiten zu Letzterem → Rn. 83) abgewendet werden können.[368] Im Gegensatz dazu erfasst der einfache Schadensersatz gem. § 280 Abs. 1 BGB **(Schadensersatz neben der Leistung)** alle Schäden, die durch eine Pflichtverletzung (Verletzung der Rückgabepflichten) endgültig entstanden sind und die durch Erfüllung bzw. Nacherfüllung nicht beseitigt werden können.[369] Unter

---

[364] AnwK WohnraummietR/*Lammel* BGB § 546a Rn. 17; zur Rechtslage vor Einführung des § 565 BGB s. BGH XII ZR 123/93, NJW 1996, 1886.

[365] Im Folgenden wird der Schadensersatz statt der Leistung auf den praktisch wichtigsten Fall des § 281 BGB reduziert.

[366] Siehe die Darstellungen bei *Mankowski* JuS 2006, 481; *Tiedtke/Schmitt* BB 2005, 615; *Bredemeyer* ZGS 2010, 10 und 71; *Ostendorf* NJW 2010, 2833; *Nietsch* NJW 2014, 2385; *Benicke/Hellwig* NJW 2014, 1697 sowie die umfassenden Erläuterungen von MüKoBGB/*Ernst,* 8. Aufl. 2018, Vor § 275 Rn. 12, § 280 Rn. 58, § 281 Rn. 116, § 286 Rn. 126; Staudinger/*Otto,* 2004, BGB § 280 Rn. E 1 und insbes. Rn. E 13. Sämtliche Ausführungen betreffen allerdings fast ausschließlich das Kaufrecht. Eine höchstrichterliche Grenzziehung zwischen § 280 Abs. 1 BGB und § 286 BGB findet sich in BGH V ZR 93/08, NJW 2009, 2674 und in BGH VIII *ZR 169/12, NJW 2013, 2959* (dazu *Nietsch* NJW 2014, 2385).

[367] Staudinger/*Otto,* 2004, BGB § 280 Rn. E 2.

[368] Palandt/*Grüneberg* BGB § 280 Rn. 18.

[369] Palandt/*Grüneberg* BGB § 280 Rn. 18.

§ 286 BGB **(Verzugsschaden)** fallen ausschließlich die Schäden, die allein durch die Verzögerung der Leistung eingetreten sind und die durch Erfüllung bzw. Nacherfüllung nicht beseitigt werden können.[370] Problematisch ist, nach welcher Vorschrift der praktisch bedeutsame **Vorenthaltungsschaden** (Mietausfall) zu ersetzen ist, bei dem es sich der Sache nach um einen (Mangel-)Folgeschaden handelt. Man könnte meinen, der Mietausfall, der als Folge der Verletzung von Rückgabepflichten eintritt, stelle einen typischen Verzögerungsschaden dar, weil er allein durch Zeitablauf entsteht und durch die spätere Erfüllung nicht mehr zu beseitigen ist. Letzteres besagt aber nur, dass der Mietausfall nicht ein Schadensersatz statt der Leistung gem. § 281 BGB ist[371], es besagt hingegen nichts zu der Abgrenzung von § 280 Abs. 1 BGB zu § 286 BGB. Diese Abgrenzung ist kein rein mietrechtliches Problem, sondern eines, dass in allen Bereichen des Schuldrechts auftreten kann, in denen §§ 280 ff. BGB anzuwenden sind; im Kaufrecht geht es bspw. um Betriebsausfallschäden, wenn eine Maschine nicht oder mangelhaft geliefert wird. Wegen der übergreifenden Problematik ist eine nicht auf das Mietrecht beschränkte Gesamtbetrachtung notwendig. Die hM[372] außerhalb des Mietrechts sieht nicht jede Schlechtleistung zugleich als zeitliche Verzögerung der vertragsgemäßen Leistung an[373], sondern trifft die **Abgrenzung zwischen § 280 Abs. 1 BGB und § 286 BGB** danach, ob der Schaden durch ein Ausbleiben der Leistung[374] (Nichterfüllung) oder eine andere Art der Pflichtverletzung (insbes. Schlechterfüllung, aber auch Nebenpflichtverletzung ua) entstanden ist: Bei einer Nichterfüllung ist Verzug gem. § 286 BGB Voraussetzung für einen Schadensersatzanspruch auf Erstattung des Folgeschadens, bei einer Schlechterfüllung nicht. Diese Sicht entspricht – jedenfalls für das Kaufrecht – dem Willen und der Vorstellung des Gesetzgebers.[375] Tragender Grund[376] für eine solche Abgrenzung ist die Überlegung, dass der Gläubiger typischerweise sofort merkt und alsbald mahnen kann, wenn der Schuldner überhaupt nicht leistet. Wird die Sache hingegen pünktlich, aber mit einem schadensbringenden Mangel geliefert, bemerkt der Gläubiger den Mangel häufig erst mit dem Schadenseintritt (zB, wenn er sich an der fehlerhaften Kreissäge verletzt hat). Müsste er dann erst noch mahnen, könnte er den vorher eingetretenen Schaden nicht ersetzt verlangen.[377] Diese Überlegung trifft auf die mietrechtlichen Rückgabepflichten nur eingeschränkt zu, da eine Nichterfüllung nicht nur dann vorliegt, wenn eine Besitzveränderung zu Gunsten des Vermieters ausbleibt, sondern auch dann, wenn der Mieter die Mietsache zwar zurückgibt, aber nicht räumt (→ Rn. 39 ff.). Die Leistung bleibt dann jedenfalls nicht in dem Sinne aus, dass der Vermieter gar nichts (zurück-)erhält. Das sollte aber nicht dazu führen, die Grenzen der §§ 280 Abs. 1, 286 BGB im gesamten Schuldrecht neu zu bestimmen, es sollte vielmehr akzeptiert werden, dass der tragende Grund für die Abgrenzung nicht in allen Fällen gleichermaßen relevant ist, eine solche Abgrenzung aber auch nicht ausschließt. Es kommt hinzu, dass die Abgrenzung der Nichterfüllung der Rückgabepflichten von deren Schlechterfüllung einer angemessenen Begrenzung des Nutzungsentschädigungsanspruchs gem. § 546 a Abs. 1 BGB geschuldet ist (→ Rn. 39 und → BGB § 546 Rn. 20). Der Vermieter erhält Nutzungsentschädigung nur bei Nichterfüllung. Dann erscheint es aber nicht unbillig, sondern vielmehr sogar angemessen, wenn der Anspruch auf Ersatz eines ggf. weitergehenden Mietausfallschadens von einem Verzugseintritt abhängig ist. Bei bloßer (schuldhafter) Schlechterfüllung hingegen ist ein Mietausfall auch ohne Verzug zu ersetzen, dem Vermieter steht auf der anderen Seite jedoch keine Nutzungsentschädigung zu (→ Rn. 39). Die **praktische Relevanz** dieser Abgrenzung ist deshalb gering, weil sich der Mieter wegen § 286 Abs. 2 Nr. 1, 2 BGB mit Entstehung der Rückgabepflicht idR in Verzug befindet und der Verzugsschadensersatz neben dem einfachen Schadensersatz gem. § 280 Abs. 1 BGB bestehen kann.[378] Ein Verzugsschaden ist allerdings begrenzt auf den Zeitraum, in dem Erfüllung noch möglich ist. Das ist nicht mehr der Fall, wenn

---

370 Palandt/*Grüneberg* BGB § 280 Rn. 13.

371 *Mankowski* JuS 2006, 483.

372 BGH V ZR 93/08, NJW 2009, 2674; Palandt/*Grüneberg* BGB § 280 Rn. 13, 18; MüKoBGB/*Ernst,* 8. Aufl. 2018, Vor § 275 Rn. 14, § 280 Rn. 58; *Mankowski* JuS 2006, 486; *Gsell* FS Canaris, 2007, 341.

373 So aber *Oechsler* NJW 2004, 1828 mwN; *Dauner-Lieb/Dötsch* DB 2001, 2537.

374 MüKoBGB/*Ernst,* 8. Aufl. 2018, Vor § 275 Rn. 14 definiert die Nichterfüllung dahingehend, dass die Leistung schon nach ihrem äußeren Erscheinungsbild nicht bewirkt wird.

375 BGH V ZR 93/08, NJW 2009, 2674 Rn. 14.

376 BGH V ZR 93/08, NJW 2009, 2674 Rn. 17 ff.; *Medicus* JuS 2003, 528; MüKoBGB/*Ernst,* 8. Aufl. 2018, § 280 Rn. 59; *Mankowski* JuS 2006, 486.

377 Die Gegenmeinung, die auch in den Fällen der mangelhaften Leistung § 286 BGB anwenden will, mildert diese Folge teilweise über eine großzügige Anwendung des § 286 Abs. 2 Nr. 4 BGB ab.

378 Es besteht Anspruchskonkurrenz, vgl. MüKoBGB/*Ernst,* 8. Aufl. 2018, § 280 Rn. 62; *Mankowski* JuS 2006, 486; idS ist auch wohl BGH V ZR 93/08, NJW 2009, 2674 Rn. 12 zu verstehen.

der Vermieter von seinem Wahlrecht auf Schadensersatz statt der Leistung gem. § 281 Abs. 4 BGB hinsichtlich aller offenen Rückgabepflichten Gebrauch gemacht hat.[379] In diesem Fall gehen die Schadensersatzansprüche neben der Leistung, also der einfache Schadensersatzanspruch gem. § 280 Abs. 1 BGB und der Verzugsschadensersatzanspruch gem. § 286 BGB, nicht unter und werden nicht Teil (Rechnungsposten) des Schadensersatzanspruchs statt der Leistung, sondern bleiben als selbständige Ansprüche bestehen.[380]

**2. § 281 BGB (Schadensersatz statt der Leistung)**

81 Anspruchsgrundlage eines Schadensersatzanspruchs statt der Leistung sind §§ 280 Abs. 3, 281–283 BGB, die in diesem Rahmen nur in ihren mietrechtlichen Besonderheiten behandelt werden können. Der Anspruch gleicht ausschließlich Schäden aus, die durch Erfüllung oder Nacherfüllung des Leistungsanspruchs (also durch die Rückgabe der Mietsache einschließlich aller dazugehöriger Teilleistungen mit Ausnahme der Pflicht zur Beseitigung von Schäden; s. zu Letzterem → Rn. 83) abgewendet werden können.[381] Praktisch relevant ist dabei vor allem § 281 BGB, der die Nicht- und Schlechterfüllung noch möglicher Leistungspflichten betrifft. Der Vorschrift unterfällt insbes. die Erstattung von Kosten für eigentlich vom Mieter zu erbringende Leistungen wie etwa **Räumung, Rückbau, Schönheitsreparaturen.** Wird die Rückgabe insgesamt oder hinsichtlich einzelner Teilpflichten hingegen unmöglich, ist ggf. § 283 BGB anzuwenden. Ist dem Vermieter ausnahmsweise wegen einer Verletzung von Nebenpflichten (Rücksichtnahmepflichten gem. § 241 Abs. 2 BGB) die Erbringung von Teilpflichten durch den Mieter nicht mehr zumutbar, kann sich ein Schadensersatzanspruch statt der Leistung aus § 282 BGB ergeben.

82 Schadensersatz statt der Leistung wegen Verletzung der Rückgabepflichten steht dem Vermieter grds. nur unter den Voraussetzungen des § 281 BGB zu.[382] Er muss dem Mieter also eine **Frist zur Erfüllung der Rückgabepflichten** gesetzt haben, es sei denn die Fristsetzung wäre gem. § 281 Abs. 2 BGB ausnahmsweise entbehrlich (dazu und zu den Anforderungen an eine Fristsetzung → Rn. 84). Da die Pflicht zur Rückgabe gem. § 546 BGB eine echte Leistungspflicht ist, die sich nicht in der Besitzverschaffung erschöpft[383], sondern sich nach hM auf den Rückbau, die Beseitigung von Beschädigungen an der Mietsache oder sonstiger Schäden auf Grund einer Verletzung von Nebenpflichten iSv § 241 Abs. 2 BGB erstreckt[384], richtet sich auch ein diesbzgl. Schadensersatzverlangen nach § 281 BGB. Zwar haftet der Mieter wegen der Beschädigung bereits während des Mietverhältnisses regelmäßig gem. §§ 280 Abs. 1, 823 BGB. Richtigerweise (→ Rn. 83) gehen diese Ansprüche aber mit Begründung der Rückgabepflicht am Ende des Mietverhältnisses weder unter, noch besteht zwingend ein Exklusivitätsverhältnis zwischen §§ 281, 546 BGB einerseits und §§ 280, 823 BGB andererseits.[385] Es ist vielmehr – ähnlich wie bei § 281 BGB und § 823 BGB möglich[386] – von sog. Anspruchskonkurrenz auszugehen. Der Eigentümer kann also bei der Beendigung des Mietverhältnisses wählen, ob er entweder Erfüllung und sodann Schadensersatz statt der Leistung gem. § 281 BGB oder aber Schadensersatz gem. §§ 280 Abs. 1, 823 BGB verlangt. Der letztgenannte Weg hat den Vorteil, dass eine Fristsetzung nicht erforderlich ist.

83 Die Behandlung von **Schadensersatzansprüchen wegen Nichtbeseitigung von Beschädigungen an der Mietsache** oder sonstiger Schäden auf Grund einer Verletzung von Nebenpflichten iSv § 241 Abs. 2 BGB am Vertragsende ist allerdings problematisch. Das hängt damit zusammen, dass einerseits der exakte Inhalt der (echten, § 281 BGB unterfallenden) Leistungspflichten bei Rückgabe des Mietobjekts iE ungeklärt ist, andererseits aber kein Zweifel daran besteht, dass Ansprüche wegen Beschädigung der Mietsache (oder wegen Verletzung von Nebenpflichten iSv

---

379 MüKoBGB/*Ernst*, 8. Aufl. 2018, § 281 Rn. 117/118, 121.
380 *Mankowski* JuS 2006, 486 (487).
381 Palandt/*Grüneberg* BGB § 280 Rn. 18.
382 BGH VIII ZR 166/08, NZM 2009, 313, für Schönheitsreparaturen; BGH XII ZR 15/07, NJW 2009, 510, für die Reinigung eines Teppichbodens.
383 So aber *Fervers,* WuM 2017, 429 (434).
384 → BGB § 546 Rn. 18.
385 *So aber die bisher* vertretenen Meinungen; Nachweise → Rn. 83.
386 Siehe etwa BGH VIII ZR 334/86, NJW 1988, 52, zu § 377 HGB; BGH VI ZR 252/92, NJW-RR 1993, 1113, zur kaufrechtlichen Gewährleistung; BGH VII ZR 270/83, NJW 1986, 922, zu Fristsetzung gem. § 13 Nr. 5 VOB/B.

§ 241 Abs. 2 BGB[387]; nachfolgend wird lediglich der Hauptfall der Beschädigung betrachtet) vor Vertragsbeendigung nur unter das von § 280 Abs. 1 BGB erfasste Integritätsinteresse fallen, wobei mit Beschädigung im hier zu erörternden Sinn lediglich solche Substanzverletzungen gemeint sind, die dem Mieter nicht gestattet waren.[388] Ausgenommen sind damit zunächst die Folgen eines vertragsgemäßen Gebrauchs, deren Charakteristikum nach § 538 BGB gerade die fehlende Beseitigungspflicht ist, weshalb eine Haftung weder aus § 281 BGB noch aus §§ 280 Abs. 1, 823 BGB in Betracht kommt.[389] Abgrenzungsschwierigkeiten ergeben sich auch dort nicht, wo die Substanzverletzung für sich genommen zulässig war, also keine Haftung gem. §§ 280 Abs. 1, 823 BGB begründen konnte (etwa bei einem gestatteten Umbau), aber gleichwohl (stillschweigend) eine Rückbaupflicht besteht[390]; in einem solchen Fall wird die an sich vertragsgerechte Handlung erst mit Mietvertragsbeendigung vertragswidrig bzw. wird erst dann eine Handlungspflicht des Mieters zum Rückbau ausgelöst. Ähnlich ist es, wenn ausnahmsweise die Folgen eines vertragsgemäßen Gebrauchs zu beseitigen sind (etwa kraft einer wirksamen Abwälzung der Schönheitsreparaturpflicht oder bei ungewöhnlicher Dekoration; dazu → BGB § 546 Rn. 50). Es sind deshalb nicht nur die Rückgabepflicht im engeren Sinne (Besitzverschaffung an der Mietsache und ggf. dem Zubehör) und die Räumungspflicht (Wegschaffung von Gegenständen und Einrichtungen) ausschließlich anhand von § 281 BGB zu beurteilende Leistungspflichten; dasselbe gilt vielmehr auch für die Pflicht zur Renovierung, die Pflicht zum Rückbau von baulichen Veränderungen (dazu → BGB § 546 Rn. 48) und die Pflicht zur Beseitigung einer ungewöhnlichen Dekoration (dazu → BGB § 546 Rn. 50). Zweifelhaft ist lediglich, ob der Mieter anlässlich der Rückgabe auch zur Beseitigung von Beschädigungen verpflichtet ist und ob der Vermieter ihm vor Erlangung eines auf Geldzahlung gerichteten Schadensersatzanspruchs eine Frist gem. § 281 BGB setzen muss.[391] Der **BGH**[392] hat diese Frage dahingehend entschieden, dass der Mieter Schäden an der Sachsubstanz der Mietsache, die durch eine Verletzung von Obhutspflichten entstanden sind, nach § 280 Abs. 1, § 241 Abs. 2 BGB als Schadensersatz neben der Leistung nach Wahl des Vermieters durch Wiederherstellung (§ 249 Abs. 1 BGB) oder durch Geldzahlung (§ 249 Abs. 2 BGB) zu ersetzen hat; einer vorherigen Fristsetzung des Vermieters bedarf es nicht.[393] Der BGH verneint eine Leistungspflicht, weil § 546 Abs. 1 BGB nichts dazu entnommen werden könne, in welchem Zustand das Mietobjekt zurückzugeben und welche Pflichten am Vertragsende zu erfüllen seien; schadensrechtlich sei der Mieter nicht einmal befugt den Schaden zu beseitigen.[394] Dieser Rspr. ist zwar iErg zuzustimmen, denn es leuchtet nicht ein, dass ein Vermieter erst noch eine Frist zur Nacherfüllung soll setzen müssen, weil das Mietverhältnis beendet ist, obwohl bis dahin nur Ansprüche nach §§ 280, 241, 823 BGB bestanden haben. Die Begründung ist aber abzulehnen.[395] Sie widerspricht nicht nur der Sicht des historischen Gesetzgebers, der auch die Beseitigung von Beschädigungen zu den Rückgabepflichten zählte[396], und legt damit ein falsches Verständnis des Rückgabebegriffs in § 546 BGB zu Grunde (dazu → BGB § 546 Rn. 18, 22); mit ihr kann auch der Fall der Beschädigung der Mietsache vor deren Veräußerung nicht befriedigend gelöst werden[397], weil dann ein Schadensersatzanspruch wegen des nach § 566 BGB herrschenden Fälligkeitsprinzips beim Veräußerer verbleiben würde, der faktische Schaden wegen dessen regelhafter Entdeckung erst bei Vertragsende aber beim Erwerber eintritt und der Mieter wegen der kurzen Verjährung des dem Veräußerer zustehenden Anspruchs (dazu → BGB § 548 Rn. 57) praktisch leistungsfrei wird. Leistungsfrei wird er bei Veräußerung auch deswegen, weil nach der Rspr. des BGH der Schaden sich in diesen Fällen nach dem vom Veräußerer erzielten Mindererlös richten soll; ohne Schadenskennt-

387 Siehe dazu *Fervers* NZM 2018, 324 und *Fervers* WuM 2017, 429 (435).

388 Siehe dazu näher *Streyl* NZM 2017, 785.

389 BGH VIII ZR 157/17, NJW 2018, 1746 Rn. 23; *Fervers* NZM 2018, 324.

390 Ebenso *Fervers* NZM 2018, 324; auch → BGB § 546 Rn. 44.

391 Siehe zum Streitstand die Nachweise in BGH VIII ZR 157/17, NJW 2018, 1746 Rn. 11 f.

392 *BGH VIII ZR 157/17, NJW 2018, 1746* unter weitgehender Berufung auf *Fervers* WuM 2017, 429; BGH XII ZR 79/17, NZM 2018, 717.

393 Der Widerherstellungsanspruch und der Geldzahlungsanspruch bestehen nicht nebeneinander, letzterer entsteht vielmehr erst durch den rechtsgestaltenden Akt des Zahlungsverlangens; das kann Auswirkungen bei § 215 BGB für die Aufrechnung einer verjährten Schadensersatzforderung mit einem Kautionsrückzahlungsanspruch haben (KG ZMR 2020, 394).

394 BGH VIII ZR 157/17, NJW 2018, 1746 Rn. 24 ff.; BGH XII ZR 79/17, NZM 2018, 717 Rn. 20.

395 Krit. auch *Schermaier* JZ 2018, 951.

396 *Streyl* NJW 2018, 1724; *Schermaier* JZ 2018, 951.

397 Siehe dazu iE *Streyl* NJW 2018, 1725.

nis ist ein Mindererlös aber nicht zu erwarten (näher → BGB § 566 Rn. 132). Vorzugswürdig ist es deshalb[398], neben dem Schadensersatzanspruch gem. § 280 Abs. 1 BGB eine aus § 546 BGB folgende Leistungspflicht des Mieters bei Ende des Mietverhältnisses dahingehend anzunehmen, die Mietsache in den geschuldeten Zustand – einschließlich der Beseitigung von Beschädigungen – zu versetzen und die Sache in diesem Zustand zurückzugeben (eingehend → BGB § 546 Rn. 18). In Bezug auf zu beseitigende Beschädigungen handelt es sich allerdings nicht um eine echte Leistungspflicht mit der Folge, dass der Vermieter, will er einen Geldausgleich, eine Frist gem. § 281 BGB setzen muss. Derartiges widerspräche einer interessengerechten Auslegung, die berücksichtigen muss, dass dem Vermieter wegen der Beschädigung auch (!) ein Schadensersatzanspruch gem. §§ 241, 280 BGB zusteht.[399] Vielmehr gilt Folgendes: Der Mieter haftet ab Beschädigung aus Delikt und §§ 241, 280 BGB auf Schadensersatz mit der Besonderheit, dass er als Ergebnis einer typisierenden Vertragsauslegung ausnahmsweise zur Wiederherstellung *berechtigt* ist.[400] Bei Vertragsende ist er aus § 546 Abs. 1 BGB zur Wiederherstellung *verpflichtet*. Ist diese Pflicht zur Wiederherstellung nicht bis zur Rückgabe (Besitzverschaffung an den Vermieter) erfüllt, kann dieser ohne Weiteres Geldausgleich verlangen. Im Veräußerungsfall verliert ein Veräußerer seinen Schadensersatzanspruch (vorbehaltlich einer Verjährung) also nicht, es entsteht vielmehr neben diesem Anspruch des Veräußerers mit Vertragsende ein gleichartiger Anspruch des Erwerbers. Veräußerer und Erwerber werden im Zeitpunkt der Rückgabe Gesamtgläubiger gem. § 428 BGB; den Ausgleich haben sie im Innenverhältnis zu suchen.

**84** Ein Verzug des Mieters macht die Fristsetzung gem. § 281 BGB nicht zwangsläufig entbehrlich, sondern nur dann, wenn der Verzug durch Mahnung gem. § 286 Abs. 1 BGB eingetreten ist; jede Fristsetzung gem. § 281 BGB setzt den Mieter aber auch in Verzug.[401] Für das Kaufrecht hat der VIII. Zivilsenat des BGH, der auch für das Wohnraummietrecht zuständig ist, die Anforderungen an eine **Fristsetzung** erheblich herabgesetzt; danach genügt es für eine Fristsetzung gem. § 281 Abs. 1 BGB, wenn der Gläubiger durch das Verlangen nach sofortiger, unverzüglicher oder umgehender Leistung oder vergleichbare Formulierungen deutlich macht, dass dem Schuldner für die Erfüllung nur ein begrenzter (bestimmbarer) Zeitraum zur Verfügung steht; der Angabe eines bestimmten Zeitraums oder eines bestimmten (End-)Termins bedarf es nicht.[402] Diese Rspr. dürfte auf das Mietrecht übertragbar sein. Die Fristsetzung kann **gem. § 281 Abs. 2 BGB entbehrlich** sein, wenn der Mieter die Leistung, die er im Rahmen der Rückgabepflicht zu erfüllen hat, ernsthaft und endgültig verweigert oder wenn besondere Umstände die sofortige Geltendmachung von Schadensersatz rechtfertigen. An das Vorliegen einer Erfüllungsverweigerung sind strenge Anforderungen zu stellen.[403] Der Mieter muss so eindeutig zum Ausdruck bringen, seine Verpflichtung nicht erfüllen zu wollen, dass es ausgeschlossen erscheint, eine Leistungsaufforderung mit Fristsetzung werde ihn umstimmen; die Verweigerung muss als sein letztes Wort aufzufassen sein.[404] Sie ist bei der Rückgabe von Mieträumen regelmäßig anzunehmen, wenn der Mieter durch sein Verhalten vor Vertragsbeendigung eindeutig zum Ausdruck bringt, dass er seinen vertraglich übernommenen Verpflichtungen nicht nachkommen wird und demgemäß bei Vertragsende auszieht, ohne vollständig geräumt zu haben oder – bei offensichtlichem (!) Bedarf[405] – die vereinbarten Instandsetzungsarbeiten (insbes. Schönheitsreparaturen) vorgenommen zu haben.[406] Eine ernsthafte und endgültige Erfüllungsverweigerung kann aber auch in diesen Fällen grds. erst dann angenommen werden, wenn dem Mieter klargemacht wurde, was man von ihm erwartet, der Vermieter ihm also konkret mitgeteilt hat, wo er Defizite sieht.[407] Vorgaben für eine bestimmte Art der Ausfüh-

---

[398] Siehe dazu iE *Streyl* NJW 2018, 1724; *Schermaier* JZ 2018, 951 befürwortet mit erheblichen Argumenten eine teleologische Reduktion des § 281 BGB in diesen Fällen; **aA** *Lehmann-Richter* ZMR 2019, 316 und → BGB § 538 Rn. 21.

[399] *Streyl* NJW 2018, 1724.

[400] Näher *Streyl* NJW 2018, 1724.

[401] Palandt/*Grüneberg* BGB § 281 Rn. 7.

[402] BGH VIII ZR 49/15, NJW 2016, 3654; BGH VIII ZR 176/14, NJW 2015, 2564; BGH VIII ZR 254/08, NJW 2009, 3153; krit. dazu *Höpfner* NJW 2016, 3633; *Koch* NJW 2010, 1636 und *Dubovitskaya* JZ 2012, 328.

[403] KG ZMR 2007, 533; Palandt/*Grüneberg* BGB § 281 Rn. 14.

[404] *KG ZMR 2007, 533; Palandt/Grüneberg* BGB § 281 Rn. 14.

[405] *Klimke* DMT-Bilanz 2011, 33.

[406] StRspr des BGH, s. zuletzt BGH XII ZR 76/13, NJW 2014, 1521 Rn. 27; näher → BGB § 538 Rn. 148.

[407] KG NZM 2007, 356; AG Kassel WuM 2011, 467; auch → BGB § 538 Rn. 148.

rung müssen nicht gemacht werden, das liegt in der Hand des Mieters.[408] Die Anforderungen an die Fristsetzung dürfen insgesamt nicht überspannt werden.[409] Bei Streit über die Berechtigung einer Kündigung ist im Einzelfall genau zu prüfen, ob das mit einer Erfüllungsverweigerung einhergeht.[410] Besondere Umstände iSv § 281 Abs. 2 BGB, die die sofortige Geltendmachung von Schadensersatz rechtfertigen, liegen nicht schon darin, dass ein Nachmieter kurz nach Ablauf einer zu setzenden Frist einziehen möchte.[411] Zwar hat dann der Vermieter uU nicht mehr die Gelegenheit zur rechtzeitigen vertragsgemäßen Herstellung der Mietsache; er muss aber davon ausgehen, der Mieter werde innerhalb der Frist erfüllen, da ansonsten ein Fall der Erfüllungsverweigerung vorläge und eine Frist ohnehin entbehrlich wäre.

Die Leistungspflicht des Mieters bzw. der Leistungsanspruch des Vermieters enden nicht schon mit Ablauf der nach § 281 Abs. 1 BGB notwendigen Frist, sondern gem. **§ 281 Abs. 4 BGB**[412] erst dann, wenn der Vermieter ein Schadensersatzverlangen an den Mieter stellt. Bis dahin kann der Vermieter weiterhin Erfüllung verlangen, ohne an dieses Verlangen aber gebunden zu sein; der Vermieter kann also nach Fristablauf von einem Erfüllungsverlangen zu einem **Schadensersatzverlangen** wechseln, ohne erneut eine Frist setzen zu müssen.[413] Das Schadensersatzverlangen ist eine geschäftsähnliche Handlung, die den Willen des Vermieters eindeutig zum Ausdruck bringen muss; die bloße Ankündigung der Prüfung von Schadensersatzansprüchen reicht bspw. nicht aus. **85**

Fraglich und umstritten ist, ob der Mieter im Falle der Nichterfüllung der Rückgabepflicht aus § 546 BGB und entsprechendem Schadensersatzverlangen des Vermieters gem. § 281 Abs. 4 BGB im Wege des Schadensersatzes zu einer Art **Zwangskauf** der Mietsache verpflichtet ist (Erstattung des Wertes der Mietsache gegen Eigentumsübertragung).[414] Gibt der Mieter die Mietsache nach Beendigung des Vertrages nicht zurück, dann begeht er eine Pflichtverletzung gem. § 280 BGB. Nach der Schuldrechtsreform spielt es keine Rolle mehr, dass die Rückgabepflicht keine synallagmatisch verknüpfte Hauptleistungspflicht ist, da § 280 BGB für alle Leistungspflichten gleichermaßen gilt. Setzt nun der Vermieter in dieser Situation der Pflichtverletzung dem Mieter eine Nachfrist zur Erfüllung gem. § 281 Abs. 1 BGB (oder ist eine solche Frist gem. § 281 Abs. 2 BGB entbehrlich), dann kann er nach Fristablauf Schadensersatz statt der Leistung verlangen. Wenn ein Zwangskauf in Betracht kommt, dürfte zusätzlich jedenfalls zu fordern sein, dass der Vermieter den Mieter auf diese Möglichkeit mit einer Art Ablehnungsandrohung hinweist, weil ein derartiges Interesse des Vermieters sehr ungewöhnlich und damit kaum vorhersehbar erscheint.[415] Sofern der Vermieter Eigentümer des Mietobjekts ist (allein diese Konstellation soll hier betrachtet werden[416]), könnte sein Schaden in dessen Sachwert bestehen[417] und nicht nur in dem Wert des Besitzes, den der Mieter vorenthält.[418] Die Sachlage unterscheidet sich insofern im Ansatz nicht wesentlich von dem Fall der Unmöglichkeit der Rückgabe, der in § 283 BGB geregelt und bei dem wohl unzweifelhaft der Sachwert zu ersetzen ist.[419] Anders als dort „verliert" der Vermieter sein Eigentum zwar nicht wegen Unmöglichkeit, er bleibt vielmehr (zunächst) Eigentümer; er ist aber nach seinem Schadensersatzverlangen gem. § 281 Abs. 4 BGB nicht nur gehindert, die Leistung, also die Rückgabe, noch zu verlangen, er ist überdies verpflichtet, dem Mieter das Eigentum an der Mietsache zu übertragen, wenn der Mieter ihm den Sachwert erstattet. Vermögensmäßig steht er sich deshalb so **86**

---

408 *Klimke* DMT-Bilanz 2011, 32.
409 *Klimke* DMT-Bilanz 2011, 32.
410 BGH VIII ZR 184/87, NJW 1988, 1778.
411 KG NZM 2007, 356.
412 Siehe zu dieser Bestimmung näher bei Palandt/*Grüneberg* BGB § 281 Rn. 49.
413 BGH V ZR 124/05, NJW 2006, 1198; LG Berlin GE 2010, 1341.
414 Dafür: *Klinck* DMT-Bilanz 2011, 302 mwN. Dagegen: *Riehm* DMT-Bilanz 2011, 311 mwN; *Katzenstein/Hüftle* NZM 2004, 603 (604); *Oechsler* NZM 2004, 889; *Kohler* NZM 2014, 729. Dafür bei einem Anspruch auf Herausgabe einer beweglichen Sache aus § 985 BGB: BGH V ZR 89/15, NJW 2016, 3235; s. auch *Fliescher,* Der Zwangskauf im Mietrecht, 2010; *Schaltenbrand,* Schadensersatz statt der Leistung, 2008; *Schüttlöffel,* Der nicht rechtzeitig leistende Sachschuldner zwischen Primär- und Schadensersatzhaftung, 2006.
415 **AA** *Klinck* DMT-Bilanz 2011, 305.
416 Zu den Ansprüchen des gegenüber dem Eigentümer zum Besitz berechtigten wie des unberechtigten Besitzers sowie zu den Konkurrenzen zu den Vindikationsansprüchen des Eigentümers s. *Kohler* NZM 2014, 729.
417 *Klinck* DMT-Bilanz 2011, 307 mwN; *Riehm* DMT-Bilanz 2011, 314, auch zu dem Fall, dass der Vermieter nicht Eigentümer der Mietsache ist.
418 So aber *Katzenstein/Hüftle* NZM 2004, 603 (604); *Oechsler* NZM 2004, 889.
419 *Klinck* DMT-Bilanz 2011, 307.

wie bei einem Untergang der Mietsache. Sämtliche Voraussetzungen eines Zwangskaufes im Wege des Schadensersatzes statt der Leistung gem. § 281 BGB scheinen also eigentlich erfüllt. Aber nicht nur das, es sind auch Konstellationen denkbar, in denen ein solches Verlangen nicht ohne Weiteres rechtsmissbräuchlich erscheint, in denen der Vermieter vielmehr ein berechtigtes Interesse an einem Zwangskauf haben kann. Das wäre etwa der Fall, wenn er das Mietobjekt wegen der unterlassenen Rückgabe nicht schnell genug selbst oder durch Weitervermietung nutzen kann, sich durch einen Deckungskauf ein Ersatzobjekt verschafft (statt des Deckungskaufes kommt freilich auch die Anmietung einer Ersatzsache in Betracht) und so das Interesse an der Rückerlangung verliert.[420] Ein berechtigtes Interesse des Vermieters ist jedoch nicht Voraussetzung eines Schadensersatzanspruchs gem. § 281 BGB; es sollte nur aufgezeigt werden, dass ein Zwangskaufverlangen nicht per se unredlich ist. Fälle berechtigten Interesses werden zwar selten sein, genauso wie es selten sein wird, dass ein Mieter finanziell in der Lage zu einem Zwangskauf ist; am ehesten kommt er bei der Vermietung beweglicher Sachen (etwa DVD oder Bücher) in Betracht. Dennoch darf man die Problematik nicht gering schätzen und sich auf die wirtschaftliche Vernunft und Redlichkeit der Vermieter bzw. auf Treu und Glauben[421] verlassen. Man stelle sich nur vor, in Deutschland gäbe es eine ähnliche Immobilienblase wie diejenige in den USA im Jahre 2008. In einer solchen Situation könnte das Vermieterinteresse an einem Zwangskauf relevante Größenordnungen erreichen. Eine Einzelfallkontrolle über Treu und Glauben ist dann nicht ausreichend. Meines Erachtens ist § 281 BGB einschränkend dahingehend auszulegen, dass ein Zwangskauf im Wege des großen Schadensersatzes bei bloßen Nutzungsüberlassungsverträgen wie der Miete generell ausgeschlossen ist, also unabhängig davon, ob es um Miete von Wohn- oder Gewerberaum oder von beweglichen Sachen handelt.[422] Durch einen Zwangskauf würde nämlich der Mietvertrag (ebenso andere Nutzungsüberlassungsverträge wie Leihe oder Pacht) faktisch umgestaltet in einen Austauschvertrag. Das kommt auch in dem Begriff Zwangskauf, der sich für die Problematik eingebürgert hat, zum Ausdruck. Diese nachträgliche Umgestaltung des Vertrages im Wege des Schadensersatzes ist dem Mietrecht grds. fremd[423]; ein Rücktritt ist bspw. nur bis zum Gefahrübergang möglich.[424] Weiter ist zu berücksichtigen, dass eine Änderung der dinglichen Rechtslage (durch Übereignung des Mietobjekts an den Mieter), zu der der Vermieter in Vollziehung des Schadensersatzanspruchs verpflichtet wäre, in § 255 BGB nur für den Verlust von Gegenständen vorgesehen ist, nicht aber für den Fall der bloßen Nichterfüllung. Genauso wenig wie der Vermieter nach entsprechender Fristsetzung durch ein Schadensersatzverlangen bei Zurücklassen von Gegenständen (Verstoß gegen die Räumungspflicht) Eigentümer dieser Gegenstände wird (→ Rn. 43), wird der Mieter Eigentümer der Mietsache bei einem Verstoß gegen die Besitzverschaffungspflicht. Der dingliche Herausgabeanspruch kann nicht nach Maßgabe des schuldrechtlichen Rückgabeanspruchs erlöschen, und zwar auch dann nicht, wenn die Voraussetzungen des § 281 Abs. 4 BGB erfüllt sind.[425] Das muss dann aber auch Rückwirkungen auf den Inhalt des schuldrechtlichen Schadensersatzanspruchs statt der Leistung haben. Bei beweglichen Sachen ist es erwägenswert, wegen eines praktischen Bedürfnisses einen „Zwangskauf" zuzulassen, weil hier der Gläubiger Probleme haben kann, die Sache bei der Vollstreckung aufzufinden[426]; bei unbeweglichen Sachen (Grundstücken) gibt es diese Probleme allerdings nicht. Selbst wenn man entgegen den obigen Ausführungen einen Zwangskauf für möglich halten sollte, so würde er bei der **Wohnraummiete** jedenfalls an **§ 571 Abs. 1 S. 2 BGB** scheitern, da die Billigkeit eine derartige Schadloshaltung des Vermieters nicht erfordert.[427] Das gilt auch dann, wenn der Vermieter ausnahmsweise ein berechtigtes Interesse an einem Deckungs-

[420] Siehe zu dieser Interessenlage *Klinck* DMT-Bilanz 2011, 303.

[421] Blank/Börstinghaus/*Blank* BGB § 546a Rn. 43 möchte die Fälle einzelfallbezogen über § 242 BGB lösen.

[422] Im Ansatz ähnlich wie hier *Riehm* DMT-Bilanz 2011, 317, der die teleologische Reduktion aber auf die (wenigen Ausnahme-)Fälle beschränken will, in denen der Vermieter kein Interesse mehr an der Herausgabe der Mietsache hat; bei unvertretbaren Sachen, insbes. Immobilien, soll ein fortbestehendes Interesse des Vermieters vermutet werden. Der Gesetzgeber der Schuldrechtsreform hielt einen Zwangskauf für vermeidenswert, hat von einer gesetzlichen Regelung aber letztlich deswegen abgesehen, weil er von nur theoretischen Fallgestaltungen ausging, die über § 242 BGB zu lösen seien; damit ist die hier vertretene Lösung nach dem Willen des Gesetzgebers nicht ausgeschlossen. Siehe zur Gesetzgebungsgeschichte *Klinck* DMT-Bilanz 2011, 302.

[423] **AA** *Riehm* DMT-Bilanz 2011, 323 (324).

[424] *Oechsler* NZM 2004, 889.

[425] *Kohler NZM 2014, 739.*

[426] Siehe dazu BGH V ZR 89/15, NJW 2016, 3235 für den dinglichen Herausgabeanspruch aus § 985 BGB.

[427] *Riehm* DMT-Bilanz 2011, 312; **aA** für die Fälle, dass der Vermieter einen Deckungskauf tätigen muss, *Klinck* DMT-Bilanz 2011, 302.

kauf haben sollte. Abgesehen davon, dass meist statt eines Deckungskaufs auch die Anmietung einer Ersatzsache in Betracht kommen dürfte, ist es dem Vermieter im Rahmen der Billigkeit zuzumuten, sich auf den idR geringeren Vorenthaltungsschaden zu beschränken anstatt den Mieter mit einem nicht gewollten und finanziell schwer oder gar nicht verkraftbaren Kauf zu belasten. Hingegen erscheint es nicht möglich, § 571 Abs. 2 BGB analog auf die Nachfrist des § 281 BGB anzuwenden.[428]

### 3. § 286 BGB (Verzug)

§ 286 BGB ist – neben § 280 Abs. 1 BGB[429] – in mietrechtlichem Zusammenhang insbes. 87
Anspruchsgrundlage für den Ersatz eines Vorenthaltungsschadens (Mietausfall).[430] Befindet sich der Mieter in Verzug mit der Rückgabe insgesamt (fehlender Besitzwechsel) oder der Erfüllung einer der Rückgabepflichten (fehlende Räumung, Rückbau etc)[431], so kann der Vermieter den durch die Verspätung der Leistung eingetretenen Schaden gem. § 286 BGB ersetzt verlangen. § 286 BGB erfasst nicht den Ausgleich des Integritätsinteresses (§ 280 BGB) oder des Leistungsinteresses (§ 281 BGB), sondern ausschließlich das Interesse an der Rechtzeitigkeit der Leistung und den Ausgleich des durch die Verzögerung eingetretenen Schadens.[432] Deshalb kann der Vermieter nach § 286 BGB weder die Kosten für die Beseitigung von Schäden noch die Kosten für die eigentlich vom Mieter zu erbringenden Leistungen (etwa Räumung, Rückbau, Schönheitsreparaturen) verlangen; § 286 BGB dient vielmehr vornehmlich dem Ersatz des **Vorenthaltungsschadens** (Einzelheiten zum Schadensinhalt → Rn. 96 ff.).

Der Anspruch aus §§ 280, 286 BGB setzt einen **Verzug des Mieters mit der Rückgabe-** 88
**pflicht** oder einem Teil davon voraus. Eine Fristsetzung gem. § 281 BGB ist nicht notwendig; jede Fristsetzung gem. § 281 BGB begründet aber auch einen Verzug des Mieters, da eine solche Fristsetzung eine Mahnung gem. § 286 Abs. 1 BGB darstellt.[433] Ein Verzug besteht idR jedoch schon früher und ohne Mahnung, weil die Vertragsbeendigung, bei der der Mieter auch seine Rückgabepflichten zu erfüllen hat, kalendermäßig iSv § 286 Abs. 2 Nr. 1 BGB bzw. § 286 Abs. 2 Nr. 2 BGB feststeht.[434]

Der Verzug endet nicht durch Bewilligung einer gerichtlichen **Räumungsfrist** oder durch die 89
Gewährung von Vollstreckungsschutz, da das Vollstreckungsrecht grds. keinen Einfluss auf die materielle Rechtslage hat.[435] Gleiches gilt idR auch für die vertragliche oder einseitig durch den Vermieter erfolgte Bewilligung einer Räumungsfrist, etwa in einem Räumungsvergleich, da der Vermieter sich hierdurch meist nur den Notwendigkeiten fügt[436]; letztlich entscheiden aber die Einzelfallumstände.[437] Ausführlich zur Wirkung gerichtlicher und oder vom Vermieter bewilligter Räumungsfristen sowie zur Wirkung der Bewilligung von Vollstreckungsschutz → BGB § 546 Rn. 79. Bei Wohnraummietverhältnissen kann ein Schadensersatzanspruch gem. § 571 BGB beschränkt sein, ein Vorenthaltungsschaden etwa entfällt bei gerichtlicher Gewährung einer Räumungsfrist vollständig gem. § 571 Abs. 2 BGB (→ BGB § 571 Rn. 13).

---

428 *Klinck* DMT-Bilanz 2011, 309; auch → BGB § 571 Rn. 14; **aA** *Riehm* DMT-Bilanz 2011, 312.

429 Näher → Rn. 80.

430 BGH XII ZR 136/05, ZMR 2008, 867 und BGH XII ZR 150/93, NJW 1995, 252 jeweils zur Rechtslage vor der Schuldrechtsreform; KG GE 2009, 448 (unvollständig in WuM 2008, 724); Staudinger/*Rolfs* BGB § 546a Rn. 58.

431 Die Nichterfüllung einer Rückgabepflicht reicht für einen Verzug eben mit dieser Pflicht aus und kann einen Anspruch auf Ersatz des Mietausfallschadens begründen (so BGH XII ZR 150/93, NJW 1995, 252 für die Verletzung der Instandsetzungspflicht); **aA** Wolf/Eckert/Ball Gewerbl. Miet-/Pacht-/LeasingR-HdB Rn. 1145, der bei nicht vertragsgemäßem Zustand ohne nähere Begründung allein § 280 Abs. 1 BGB anwenden will.

432 Palandt/*Grüneberg* BGB § 280 Rn. 13.

433 Palandt/*Grüneberg* BGB § 281 Rn. 7.

434 OLG Düsseldorf MDR 1990, 725; NJW-RR 1987, 911; AG Münster WuM 1983, 22. Das AG Fulda WuM 1982, 51 prüft einen Verzug ohne Mahnung gem. § 286 Abs. 2 Nr. 1 BGB bzw. § 286 Abs. 2 Nr. 2 BGB nicht und lehnt mangels Mahnung einen Schadensersatzanspruch ab.

435 BGH V ZR 26/20, NZM 2021, 135 Rn. 8; BGH VIII ZR 258/86, NJW-RR 1987, 907.

436 BGH XII ZR 214/04, NZM 2006, 820 (Ls.).

437 BGH VIII ZR 258/86, NJW-RR 1987, 907.

### 4. § 280 Abs. 1 BGB (Folgeschaden, Nebenpflichtverletzung)

90 Der einfache Schadensersatz gem. § 280 Abs. 1 (Schadensersatz neben der Leistung) erfasst als **Auffangtatbestand** alle Schäden, die durch eine Pflichtverletzung (Verletzung der Rückgabepflichten) endgültig entstanden sind und die durch Erfüllung bzw. Nacherfüllung nicht beseitigt werden können.[438] Dazu gehören auch **Vorenthaltungsschäden (Mietausfall).**[439] Der Mietausfall kann als Folgeschaden aus der Verletzung von Leistungspflichten, die im Rahmen der Rückgabe zu erfüllen sind, eintreten, aber auch durch die Verletzung von Nebenpflichten gem. § 241 Abs. 2 BGB. Der Mietausfallschaden ist bei Wohnraummietverhältnissen ggf. durch § 571 BGB beschränkt (→ BGB § 571 Rn. 10). Zu Ansprüchen wegen **Beschädigung der Mietsache** → Rn. 83.

91 Der Mieter ist bei einer *ordentlichen Kündigung* oder Beendigung des Mietverhältnisses durch Zeitablauf nicht aus einer **Nebenpflicht** gem. § 241 Abs. 2 BGB verpflichtet, dem Vermieter seine Erfüllungsbereitschaft hinsichtlich der Rückgabe anzuzeigen bzw. entsprechende Anfragen zu beantworten.[440] Der Vermieter muss vielmehr von einer termingerechten Rückgabe ausgehen. Wohl aber ist der Mieter kurz vor dem Nutzungsende zu Absprachen hinsichtlich des genauen Übergabetermins gehalten, um die Übergabe auch praktisch durchführen zu können. Außerdem besteht die allgemeine Nebenpflicht, die Eingehung eines neuen Mietverhältnisses nicht unnötig zu behindern.[441] Deshalb hat der Vermieter bei einer *fristlosen Kündigung* bzw. bei Gewährung einer Räumungsfrist einen Anspruch auf Mitteilung des Räumungstermins, sobald dieser absehbar ist, damit er sich bei der Nachvermietung darauf einstellen kann.[442] Ein hierdurch bedingter Mietausfallschaden dürfte aber nur selten über den Kündigungsfolgeschaden hinausgehen. Der Vermieter kann vom Mieter aus einer Nebenpflicht des Mietvertrages gleichfalls Auskunft darüber verlangen, welchen Dritten er die Mietsache überlassen hat, damit der Vermieter auch gegen diese Personen einen Räumungstitel erwirken kann.[443] Zieht der Mieter vorzeitig aus, ohne dem Vermieter seine neue Anschrift zu hinterlassen und ihm den Zugang zu dem Mietobjekt für potenzielle Nachmieter zu ermöglichen, so hat er den Mietausfall zu ersetzten, wenn daran eine zügige Weitervermietung scheitert.[444]

## II. Verschulden

92 Im Gegensatz zu dem Nutzungsentschädigungsanspruch gem. § 546a Abs. 1 BGB setzen Schadensersatzansprüche des Vermieters wegen Rückgabepflichtverletzungen ein **Verschulden** des Mieters voraus. Der Maßstab für das Verschulden ergibt sich aus § 276 BGB. Danach haftet der Mieter für vorsätzliches oder fahrlässiges Verhalten. Letzteres liegt vor, wenn er die im Verkehr erforderliche Sorgfalt außer Acht gelassen hat, wenn er also nach einem objektivierten Maßstab des jeweiligen Verkehrskreises die Pflichtverletzung (die Vorenthaltung, um die es bei § 546a BGB allein geht) erkennen und vermeiden konnte.[445]

93 Die Rückgabepflichtverletzungen können unterschiedliche Ursachen haben. Meist beruhen sie auf der schlichten Nichtbefolgung einer als bestehend erkannten Pflicht: Der Mieter weiß, dass der Vertrag beendet ist, er räumt aber dennoch nicht, etwa weil es an Ersatzwohnraum fehlt, oder er räumt nur unzureichend, weil er die zu räumenden Gegenstände nicht mehr braucht und die Entsorgung meiden will. In diesen Fällen ist ein Mieterverschulden ohne Weiteres gegeben. Bei Streit über Bestehen bzw. Inhalt und Umfang der Räumungspflicht kann die Verschuldensprüfung komplexer sein. Hier ist ggf. bedeutsam, wer das Risiko eines **Rechts- oder Tatsachenirrtums** trägt. Das ist insbes. problematisch bei einem Streit um die Wirksamkeit einer Kündigung, wenn der Mieter meint, die Pflichtverletzung, wegen derer der Vermieter gekündigt hat, sei in Wirklichkeit die berechtigte Wahrnehmung von Gegenrechten. Paradigmatisch ist hierfür der Fall der Zahlungsverzugskündigung nach einer vom Mieter für berechtigt gehaltenen Minderung. Problematisch ist diese Konstellation deswegen, weil für Gläubiger und Schuldner bei der unberechtigten Rechte-

---

438 Palandt/*Grüneberg* BGB § 280 Rn. 18; Staudinger/*Otto,* 2004, BGB § 280 Rn. E 11.
439 Einzelheiten → Rn. 80.
440 Eing. → BGB § 546 Rn. 128.
441 BGH VIII ZR 238/08, NJW 2010, 1135 Rn. 15.
442 *LG Freiburg WuM 1980, 223;* LG Mönchengladbach DWW 1992, 215.
443 LG Kiel ZMR 2010, 532; OLG Hamburg NZM 1998, 758.
444 Staudinger/*Rolfs* BGB § 546a Rn. 60.
445 BGH XII ZR 34/12, NJW 2013, 3232.

wahrnehmung unterschiedliche Maßstäbe gelten und der Mieter im Fall der Minderung Inhaber (Gläubiger) des Minderungsrechts ist, aber gleichzeitig Schuldner des Mietzinsanspruchs. Die nachstehenden Ausführungen sind deshalb nicht nur für Schadensersatzansprüche wegen Rückgabepflichtverletzungen relevant, sondern auch für **Kündigungen wegen schuldhafter Pflichtverletzung** gem. §§ 543, 573 Abs. 2 Nr. 1, § 569 BGB.

Bei der Geltendmachung von unberechtigten Ansprüchen oder der Ausübung von nicht bestehenden Gewährleistungsrechten wegen Mängeln liegt eine schuldhafte Verletzung von Nebenpflichten (Rücksichtnahmepflichten[446]) nur dann vor, wenn **der Gläubiger** eines (vermeintlichen) Anspruchs die eingenommene Rechtsposition für nicht plausibel halten durfte.[447] Er muss lediglich im Rahmen seiner Möglichkeiten sorgfältig, aber ohne besondere Fachkenntnis überprüfen, ob für den Anspruch bzw. das Gestaltungsrecht eine (Mangel-)Ursache vorliegt, die nicht seinem Verantwortungsbereich zuzuordnen ist; bleiben dabei Ungewissheiten, dürfen Ansprüche bzw. (Mangel-) Rechte geltend gemacht werden, ohne dass der Gläubiger Schadensersatzpflichten wegen einer schuldhaften Vertragsverletzung befürchten muss, auch wenn sich das Verlangen iErg als unberechtigt herausstellt.[448] Ähnliches gilt, wenn die zu beurteilende Rechtslage in besonderem Maße unklar ist.[449] Würde man die Geltendmachung von Ansprüchen und Rechten an zu hohe Anforderungen knüpfen und so schadensersatzträchtig machen, würde die übliche Teilnahme am Wirtschaftsleben zu sehr verrechtlicht, insbes. die Gewährleistungsrechte wären teilweise entwertet[450] und die Verfolgung von Ansprüchen und Rechten unzumutbar erschwert.[451] Das Verschulden des Mieters bei Schadensersatzansprüchen wegen Verletzung von Rückgabepflichten bezieht sich jedoch nicht auf derartige Nebenpflichten eines Gläubigers, sondern auf seine (Haupt-)Leistungspflichten **als Schuldner,** nämlich konkret die Pflicht zur rechtzeitigen Rückgabe der Mietsache und – ggf. vorgelagert – seine Pflicht zur Mietzahlung trotz eines von ihm angenommenen Mangels. Das Risiko, das Bestehen einer solchen Hauptleistungspflicht richtig einzuschätzen, muss in höherem Maß beim Schuldner liegen, weil der Gläubiger ansonsten nicht ausreichend vor den Folgen des Ausbleibens der Leistung geschützt wäre; der Geltungsanspruch des Rechts erfordert, dass der Schuldner als Verpflichteter das Risiko eines Irrtums über die Rechtslage selbst trägt.[452] Deshalb ist bei Ausbleiben der Leistung der Verschuldensmaßstab für den Schuldner (Mieter) strenger als bei der Haftung des Gläubigers wegen der Geltendmachung vermeintlich bestehender Ansprüche bzw. Gewährleistungsrechte, auch wenn das Verhältnis beider Fallkonstellationen nicht als endgültig geklärt angesehen werden kann. Meines Erachtens gilt Folgendes[453]: Eine Vorenthaltung ist nicht immer ohne Weiteres erkennbar. Zwar weiß der Mieter idR, dass er eine Sache nicht zurückgibt. Wenn er sich aber über seine Rückgabepflicht irrt, kann es an einer **Erkennbarkeit** im Rechtlichen wie im Tatsächlichen fehlen. Ein solcher Irrtum kommt insbes. bei einem Streit über die Berechtigung oder den Wirkungszeitpunkt einer Kündigung in Betracht. Hier können, je nach Kündigungstatbestand, unterschiedliche Maßstäbe gelten. So ist bei § 573 Abs. 2 Nr. 1 BGB und idR auch bei § 543 Abs. 1 BGB (→ BGB § 543 Rn. 16) auf ein Verschulden abzustellen, bei § 543 Abs. 2 S. 1 Nr. 3 BGB hingegen auf den strengeren Maßstab des Vertretenmüssens, der auch ein verschuldensunabhängiges Einstehen bedeuten kann[454], nämlich insbes. hinsichtlich der finanziellen Leistungsfähigkeit. Bei einem **Rechtsirrtum** verlangt die verkehrsübliche Sorgfalt bei Anlegung eines strengen Maßstabes zunächst, dass der Mieter die Rechtslage sorgfältig prüft, die höchstrichterliche Rspr. beachtet und, soweit erforderlich, Rechtsrat bei einem Fachmann einholt.[455] Je nach Schwierigkeit der Rechtsfrage kann das etwa ein Rechtsanwalt, der Mieterverein oder ein ähnlich Kundiger sein. Dessen Irrtum über die Rechtslage wird dem Mieter aber gem. § 278 BGB zugerechnet mit der Folge, dass ein Verschulden des Mieters anzunehmen ist, dieser aber ggf. bei seinem Berater Rückgriff nehmen

93a (margin number beside the paragraph beginning "Bei der Geltendmachung")

---

446 BGH V ZR 133/08, NJW 2009, 1262 Rn. 17.
447 BGH V ZR 133/08, NJW 2009, 1262 mwN; krit. dazu *Deckenbrock* NJW 2009, 1247.
448 BGH V ZR 133/08, NJW 2009, 1262.
449 BGH XI ZR 356/09, NJW 2011, 1063; BGH VIII ZR 349/13, NJW 2014, 2717 Rn. 33.
450 *Streyl* WuM 2013, 456.
451 BGH V ZR 133/08, NJW 2009, 1262 Rn. 20.
452 BGH VIII ZR 349/13, NJW 2014, 2717 Rn. 34; grds. zu den unterschiedlichen Anforderungen an Gläubiger- und Schuldnerverschulden BGH VIII ZR 281/13, NJW 2015, 2417.
453 Siehe aber auch den Ansatz von *Häublein* PiG 97 (2014), 44ff.
454 Siehe dazu *Häublein* PiG 97 (2014), 40.
455 BGH VIII ZR 103/13, NJW 2014, 2720 Rn. 23, 25; BGH VIII ZR 102/06, NJW 2007, 428; BGH X ZR 157/05, NJW 2006, 3271; BGH VIII ZR 279/00, NJW 2001, 3114.

kann.[456] Wegen dieser Zurechnung von Beraterverschulden kommt ein entschuldbarer Rechtsirrtum des Mieters nur ausnahmsweise in Betracht, nämlich dann, wenn die Beratung in Einklang mit der herrschenden Ansicht in Rspr. und/oder Rechtsliteratur stand und das erkennende Gericht davon abgewichen ist[457], oder wenn die Rechtslage in besonderem Maße unklar ist.[458] Letzteres liegt nicht schon dann vor, wenn ein Rechtsproblem noch nicht *abschließend* höchstrichterlich geklärt ist.[459] In diesen Fällen trägt der (falsch beratene) Mieter das Risiko einer von seiner Meinung abweichenden Beurteilung genauso wie bei einer von seinem Vortrag abweichenden Tatsachenaufklärung oder einer abweichenden Rechtsansicht[460]; das gilt selbst dann, wenn ein Kollegialgericht die Rechtsauffassung des Mieters geteilt hat.[461] Eine in besonderem Maße unklare Rechtslage[462] liegt vielmehr nur vor, wenn das Ergebnis einer (höchst-)richterlichen Beurteilung offen erscheint und es dem Mieter nicht zuzumuten ist, seine Leistung (die Rückgabe der Mietsache) sofort zu erbringen.[463] In Relation zu setzen sind das Maß an Rechtsunsicherheit und das Gewicht des Interesses an sofortiger Rechtsverwirklichung, namentlich die Zumutbarkeit eines Zuwartens bzw. die Befugnis, auch bei Unsicherheit zu handeln.[464] Von einer **Zumutbarkeit für den Vermieter,** auf den Rückerhalt der Mietsache zu warten, wird in derartigen Fällen regelmäßig auszugehen sein, da der Mieter seinen Rechtsstandpunkt mit der Rückgabe faktisch aufgeben müsste und ihn nicht klären lassen könnte. Eine solche Problematik besteht zwar regelmäßig bei ungeklärten Rechtsfragen; die Besonderheit eines Streites um die Rückgabepflicht (und ggf. vorgelagert bei einem Streit um die Gründe, die zu einer Vertragsbeendigung führen, wie etwa bei einem Streit um die Mangelhaftigkeit des Mietobjekts; s. dazu noch nachfolgend) besteht aber darin, dass nicht nur – wie meist sonst – das Vermögen des Schuldners belastet wird, sondern dass der Mieter bei Erfüllung der Rückgabepflicht entgegen seiner Rechtsüberzeugung die Wohnung als seinen grundrechtlich geschützten Lebensmittelpunkt verliert.[465] Bei einem **Tatsachenirrtum** muss es ähnlich sein wie bei einem Rechtsirrtum.[466] Zwar trägt der Mieter grds. – wie jeder Schuldner – das Risiko, dass sich die von ihm zu Grunde gelegte tatsächliche Situation als nicht richtig erweist.[467] Bei gehöriger Anstrengung zur Vermeidung eines Irrtums über die Tatsachen, die die Hinzuziehung von Fachleuten erforderlich machen kann, erscheint eine Unzumutbarkeit der Rückgabe aber nicht ausgeschlossen. Von dem Rechtsirrtum unterscheidet sich der Tatsachenirrtum allerdings dadurch, dass er idR recht zuverlässig und schnell (ggf. mit geeigneten Fachleuten) aufzuklären ist, wohingegen die abschließende Klärung von

---

456 BGH VIII ZR 102/06, NJW 2007, 428; BGH VIII ZR 349/13, NJW 2014, 2717 Rn. 37; BGH VIII ZR 103/13, NJW 2014, 2720 Rn. 25; *Harke* NZM 2016, 454. **AA,** also gegen eine Zurechnung des Beraterverschulden *Lorenz* WuM 2013, 206, weil sich der Mieter des Beraters nicht unmittelbar zur Erfüllung seiner Zahlungspflicht bediene; *Lorenz* übersieht hierbei aber die nahezu zwangsläufige Reflexwirkung der Beratung auf das Zahlungsverhalten des Mieters; außerdem würde der – wenn auch unverschuldet – Rechtsunkundige vor den Folgen eines falschen Rechtsrats bewahrt, obwohl der erwähnte Geltungsanspruch des Rechts ihm und nicht dem Gläubiger das Risiko dafür zuweist (*Häublein* PiG 97 (2014), 49). Wegen dieser Risikozuweisung und der mit der Anwendung von § 278 BGB verbundenen Folgeprobleme befürwortet *Häublein* PiG 97 (2014), 49 (50), den Mieter – ähnlich wie bei der finanziellen Leistungsfähigkeit – im Ansatz verschuldensunabhängig bei Unkenntnis oder Fehleinschätzung der Rechtslage haften zu lassen.

457 Ähnlich BGH VIII ZR 102/06, NJW 2007, 428; BGH X ZR 157/05, NJW 2006, 3271; BGH VI ZR 169/70, NJW 1972, 1045; LG Duisburg NJW-RR 1996, 718; MüKoBGB/*Grundmann,* 8. Aufl. 2018, § 276 Rn. 74.

458 BGH VIII ZR 79/04, NJW 2005, 976, wo allerdings eine in besonderem Maße unsichere Rechtslage nicht definiert wird, sondern ohne nähere Herleitung nur auf das Vorhandensein grundlegender, höchstrichterlich nicht geklärter Abgrenzungsprobleme abgestellt wird; krit. dazu MüKoBGB/*Häublein* § 571 Rn. 5.

459 BGH VIII ZR 349/13, NJW 2014, 2717 Rn. 36; BGH VIII ZR 103/13, NJW 2014, 2720 Rn. 24.

460 Ähnlich BGH VIII ZR 102/06, NJW 2007, 428; BGH V ZB 4/94, NJW 1996, 1216; BGH VIII ZR 349/13, NJW 2014, 2717 Rn. 36.

461 Eing. *Blank* NZM 2007, 789 mwN; **aA** offenbar LG Berlin GE 2009, 1126.

462 Krit. zu diesem Begriff *Häublein* PiG 97 (2014), 47.

463 MüKoBGB/*Häublein* § 571 Rn. 5. Im Ansatz ähnlich die beiden Urteile LG Berlin GE 2009, 1126 (Az. 65 S 114/06 und 65 S 54/08), die aber zu weit gehen, wenn sie allgemein feststellen, der Mieter habe „das gute Recht" die Berechtigung einer Mietminderung und das Vorhandensein von Mängeln gerichtlich klären zu lassen bzw. die Höhe einer vom Gericht für angemessen gehaltenen Minderungshöhe sei nicht vorhersehbar.

464 MüKoBGB/*Grundmann,* 8. Aufl. 2018, § 276 Rn. 74/75 mwN; MüKoBGB/*Häublein* § 571 Rn. 5; *Häublein* NJW 2006, 1554 (1555), zu einer Rechtsunsicherheit bei einer verbraucherschutzrechtlichen Problematik.

465 MüKoBGB/*Häublein* § 571 Rn. 5; *Häublein* PiG 97 (2014), 48.

466 *Für eine Gleichbehandlung* von Tatsachen- und Rechtsirrtum *Harke* NZM 2016, 452; *Hinz* NJW 2013, 338 (339) und wohl auch BGH VIII ZR 138/11, NJW 2012, 2882 Rn. 19 mkritAnm *Blank.*

467 BGH V ZR 67/66, WM 1969, 838 aE; BGH VIII ZR 138/11, NJW 2012, 2882 Rn. 19 mkritAnm *Blank.*

Rechtsfragen die Anrufung der Gerichte mit dem erforderlichen Zeitaufwand erforderlich macht. Soweit also die Tatsachen für den Mieter zuverlässig aufklärbar sind, was meist der Fall sein wird, kommt eine Unzumutbarkeit kaum in Betracht.[468] Beraterverschulden wird dem Mieter auch hier zugerechnet. Eine Aufklärungsmöglichkeit im vorgenannten Sinn besteht etwa auch bei der Eigenbedarfskündigung. Der Mieter kann sowohl beim Vermieter als auch bei der Eigenbedarfsperson Erkundigungen einholen. Zweifel an der Richtigkeit dieser Erkundigungen kann der Mieter gerichtlich klären lassen. Das Risiko des Unterliegens geht aber zu seinen Lasten, es handelt sich nicht um den Fall eines anerkennenswerten Tatsachenirrtums; ansonsten würde das Prozessrisiko in Bezug auf Schadensersatzpflichten zu weitgehend auf den Vermieter als Gläubiger übertragen.[469] Diese strenge Sicht kann – sowohl für den Rechts- wie für den Tatsachenirrtum – nicht aufrecht erhalten bzw. eine Zumutbarkeit für den Vermieter, auf den Rückerhalt der Mietsache zu warten, muss in stärkerem Maß angenommen werden bei solchen Vorenthaltungsschäden, die aus der **Ausübung von Gewährleistungsrechten** durch den Mieter und einer dadurch bedingten verschuldensabhängigen Kündigung durch den Vermieter resultieren. In Bezug auf die Gewährleistungsrechte ist der Mieter nämlich Gläubiger (und gleichzeitig Schuldner der von den Gewährleistungsrechten abhängigen Mietzahlungspflicht); deshalb gilt auch hier der oben geschilderte Plausibilitätsmaßstab[470], bei dessen Einhaltung eine verschuldensabhängige Kündigung wegen Fehleinschätzung des Mangels bzw. der Mangelfolgen (etwa Höhe einer Minderung, nicht aber sonstiger Rechtsfragen) ausgeschlossen ist und Vorenthaltungsschäden mangels Beendigung des Mietvertrages nicht entstehen können.[471] Allein die Anwendung des Plausibilitätsmaßstabes bei verschuldensabhängigen Kündigungstatbeständen verhindert Wertungswidersprüche zur Haftung bei Ausübung von Gewährleistungsrechten im Kaufrecht und macht – verfassungsrechtlich geboten[472] – die Gewährleistungsrechte für den Mieter effektiv, weil er nur dann ohne Furcht vor Kündigung von ihnen Gebrauch machen kann.[473] Ein Streit über den Umfang der Zahlungspflicht des Mieters kann im Wege der Leistungsklage ausgetragen werden; das Kündigungsrecht ist – anders als bei einem auf fehlender finanzieller Leistungsfähigkeit beruhenden Zahlungsausfall[474] – kein legitimes Druck- und Reaktionsmittel, um den Mieter zum Verzicht auf die Geltendmachung solcher Rechte zu bewegen, die er für plausibel halten darf.[475] In noch weiterem Maß ist ein Rechtsirrtum in Form eines sog. **Schätzirrtum** bei der Bemessung einer **Minderung oder eines Zurückbehaltungsrechts** *der Höhe nach* anzuerkennen, da hierbei ein Beurteilungsspielraum besteht, der sich auch in Gerichtsentscheidungen mit unterschiedlichen Ergebnissen bei gleichgelagerten Sachverhalten widerspiegelt.[476] Hier dürften Abweichungen von bis zu 10% des eigentlich Angemessenen bzw. später in einem Gerichtsverfahren als angemessen Erkannten vertretbar sein.[477]

Auch an die **Vermeidbarkeit** sind im Rahmen der Verschuldensprüfung strenge Anforderungen zu stellen, sie erfordert ein tatsächliches Können und ein rechtliches Müssen.[478] Das Können ist idR recht problemlos feststellbar; hierbei ist aber in Bezug auf die Rückgabepflichten nicht nur zu **94**

---

[468] *Hinz* NJW 2013, 338; möglicherweise noch enger als hier BGH VIII ZR 138/11, NJW 2012, 2882 mkritAnm *Blank*. Beide lehnen aber den nachfolgend vertretenen Plausibilitätsmaßstab bei der Ausübung von Gewährleistungsrechten ab.

[469] Zu weitgehend deshalb AG Bremen 8.1.2021 – 9 C 97/20, BeckRS 2021, 20, das ein Verschulden ausschließt bei berechtigten Zweifeln an der Eigenbedarfskündigung.

[470] **AA,** aber ohne Aufarbeitung des geschilderten Wertungswiderspruchs BGH VIII ZR 138/11, NJW 2012, 2882; wie hier *Blank* WuM 2012, 501; *Streyl* WuM 2013, 455 und wohl auch Staudinger/*Emmerich* BGB § 543 Rn. 57b.

[471] Wohl können Verzugsschäden wegen der verzögerten Zahlung der Miete entstehen, die an dem Haftungsprivileg des Plausibilitätsmaßstabes nicht teilnehmen (s. *Streyl* WuM 2013, 456; *Blank* WuM 2012, 501).

[472] BVerfG NJW 1989, 1917; *Streyl* WuM 2013, 457; *Blank* WuM 2012, 501; **aA** *Harke* NZM 2016, 452, der sich auf die gleichrangigen Verfassungsrechte des Vermieters beruft, dabei aber übersieht, dass es beim Mieter um den Verlust der Wohnung geht, beim Vermieter aber nur um eine Anpassung der Kündigungsvoraussetzungen (bei voller Aufrechterhaltung der Zahlungsansprüche); das hat bei der Abwägung der beteiligten Grundrechte eine Rolle zu spielen.

[473] Siehe eing. *Streyl* WuM 2013, 455; *Blank* WuM 2012, 501; **aA** *Häublein* PiG 97 (2014), 46 ff., der bei (trotz sorgfältiger Prüfung) unklarer Rechtslage die Hinterlegung für zumutbar hält, den Aspekt der faktischen Wertlosigkeit der Gewährleistungsrechte aber nicht erörtert.

[474] Siehe dazu BGH VIII ZR 175/14, NZM 2015, 196.

[475] *Blank* WuM 2015, 5; *Schmidt* NZM 2013, 717.

[476] *Harke* NZM 2016, 449 (453); *Hinz* ZMR 2016, 253 (263); *Milger* MDR 2013, 385.

[477] So auch *Hinz* ZMR 2016, 253 (263).

[478] MüKoBGB/*Grundmann*, 8. Aufl. 2018, § 276 Rn. 77/78.

prüfen, ob der Mieter in Person nicht leisten kann, sondern auch daraufhin, ob er die Leistung nicht durch Dritte erbringen bzw. sie nicht organisieren kann. Ein Beinbruch etwa hindert einen Mieter nicht, einen Umzugsunternehmer zu bestellen, wohl aber ein Koma. Bei der Prüfung des rechtlichen Müssens spielen Zumutbarkeitsgesichtspunkte eine Rolle, die teilweise durch Rechtsnormen konkretisiert werden.[479] Eine solche Konkretisierung kann für **Wohnraummietverhältnisse** ggf. §§ 574ff. BGB sowie § 721 BGB entnommen werden; Einzelheiten dazu bei der Kommentierung zu § 571 BGB, wo die Schadensersatzpflicht des Wohnraummieters begrenzt wird.

95 **Mehrere Mieter** haften für die Rückgabe der Mietsache als Gesamtschuldner gem. § 431 BGB, da die Rückgabeleistung nicht teilbar ist.[480] Das bedeutet, dass der Vermieter alle Mieter gemeinsam auf Rückgabe in Anspruch nehmen kann oder auch jeden Mieter einzeln bzw. nur einige von ihnen. Die Rückgabeverpflichtung ist aber trotz der Unteilbarkeit grds. keine gemeinschaftliche Schuld[481], so dass § 425 BGB anwendbar ist, jeder Mieter also nur für sein eigenes Verschulden haftet. Anders kann das sein, wenn nur einer der Mitmieter die Rückgabe vertragsgemäß bewirken kann, weil bspw. nur er einen Führerschein hat; dann wird die schuldhafte Verletzung der Rückgabepflicht durch diesen Mitmieter dem anderen Mieter trotz § 425 BGB zugerechnet.[482] Auf eine Zurechnung des Verschuldens anderer Mitmieter kommt es idR aber nicht an, da jeder Mieter nicht nur die Aufgabe des eigenen Besitzes schuldet, sondern auch die Besitzaufgabe durch seine Mitmieter und die Besitzverschaffung an den Vermieter zu bewirken und mit den möglichen rechtlichen und tatsächlichen Mitteln darauf hinzuwirken hat.[483] Das gilt auch dann, wenn er selbst nie Besitz hatte[484] und der Vermieter hiervon wusste oder er den Besitz bereits aufgegeben hat[485] – sei es nach Vertragsende oder auch davor. Zur Haftung von Mieter und Drittem bei einem (echten) (Miet-)**Vertrag zu Gunsten Dritter** gem. § 328 BGB → Rn. 29.

### III. Anspruchsinhalt, insbesondere Mietausfallschaden

96 Es gibt **zwei Schadensgruppen,** die typischerweise bei Verletzung von Rückgabepflichten auftreten, nämlich einmal die Vorenthaltungsschäden (insbes. Mietausfall, dazu näher unten) und zum anderen die Schäden wegen eigentlich vom Mieter zu erbringender Leistungen wie etwa Räumung, Rückbau, Schönheitsreparaturen sowie wegen Beschädigung der Mietsache. Beide Schadensgruppen können nebeneinander auftreten; wenn der Mieter bspw. nicht räumt, kann der Vermieter den Ersatz der Räumungskosten und zusätzlich den durch die Unterlassung der Räumung entstandenen Mietausfallschaden ersetzt verlangen. Der Anspruch kann ausgeschlossen sein, wenn der Vermieter den Mieter an der Räumung hindert.[486] Gemäß den obigen Ausführungen sind mögliche Anspruchsgrundlagen für Mietausfallschäden § 280 Abs. 1 BGB bzw. § 286 BGB, für Schadensersatz wegen Beschädigung § 280 Abs. 1 BGB und für Schadensersatz statt der Leistung von Räumung, Rückbau und Schönheitsreparaturen § 281 BGB. Andere Schäden als die aus den beiden typischen Schadensgruppen sind nicht ausgeschlossen, die Vielfalt des Möglichen kann hier nicht abschließend erfasst werden. Zum Zwangskauf durch den Mieter → Rn. 86, zur Ersatzpflicht der Kosten für nicht durchgeführte Schönheitsreparaturen siehe bei der Kommentierung zu § 538 BGB.

97 Der Schaden des Vermieters wegen **Vorenthaltung** der Mietsache realisiert sich hauptsächlich in seinem Mietausfall.[487] Aber auch **andere Schäden** sind möglich. In Betracht kommt das bspw.

---

[479] Siehe näher bei MüKoBGB/*Grundmann,* 8. Aufl. 2018, § 276 Rn. 74, 78.

[480] BGH VIII ARZ 4/95, NJW 1996, 515; BGH VIII ZR 136/74, NJW 1976, 287; s. zur Unteilbarkeit auch Palandt/*Grüneberg* BGB § 266 Rn. 3.

[481] BGH VIII ZR 136/74, NJW 1976, 287; OLG Düsseldorf NJW-RR 1987, 911; s. allg. zur gemeinschaftlichen Schuld, die sich dadurch auszeichnet, dass sie in gemeinschaftlichem Zusammenwirken zu erbringen ist (etwa ein Orchesterkonzert), MüKoBGB/*Heinemeyer,* 8. Aufl. 2018, Vor § 420 Rn. 7.

[482] BGH VIII ZR 136/74, NJW 1976, 287.

[483] BGH VIII ARZ 4/95, NJW 1996, 515; KG NJW 2006, 2561; OLG Düsseldorf NJW-RR 1987, 1370; 1987, 911, das allerdings fälschlicherweise mit § 425 BGB argumentiert.

[484] KG NJW 2006, 2561.

[485] BGH VIII ARZ 4/95, NJW 1996, 515.

[486] *AG Potsdam* WuM 2021, 167.

[487] Mietausfall kann nicht nur durch Vorenthaltung der Mietsache entstehen, sondern auch als Kündigungsfolgeschaden; dazu → BGB § 542 Rn. 106; zum Mietausfallschaden bei einem vom Mieter verursachten und durch den Gebäudeversicherer versicherten Wohnungsbrand s. BGH VIII ZR 48/13, VersR 2014, 999.

in folgenden Fällen: Wenn der Vermieter die Möglichkeit eines gewinnbringenden Verkaufs des Mietgrundstücks auf Grund der Vorenthaltung verliert.[488] Wenn der Vermieter das Mietobjekt durch Zwangsversteigerung verliert, weil er wegen des Ausbleibens der höheren Mieteinnahmen aus einer Weitervermietung den Realkredit nicht mehr bedienen kann.[489] Wenn der Mietinteressent zu Pflegeleistungen dem Vermieter gegenüber oder zu einer Renovierung des Mietobjekts bereit gewesen wäre. Wenn der Vermieter seinerseits einem Mietinteressenten wegen der verzögerten oder unterbliebenen Gebrauchsüberlassung Schadensersatz leisten muss.

**Veränderungen oder Verschlechterungen** der Mietsache während der Zeit der Vorenthaltung, die über eine vertragsgemäße Abnutzung gem. § 538 BGB nicht hinausgehen, hat der Mieter nicht zu ersetzen[490], da der Vermieter mit der Nutzungsentschädigung bzw. der entgangenen Miete so gestellt wird wie er bei einer Weitervermietung gestanden hätte; dann wäre die Abnutzung ebenfalls eingetreten. Anders kann es allenfalls dann sein, wenn der Vermieter die Pflicht zur Durchführung von Schönheitsreparaturen wirksam auf einen Nachmieter abgewälzt hätte oder wenn sich feststellen lässt, dass ein konkreter Nachmieter eine geringere Abnutzung verursacht hätte als der vorenthaltende Mieter. Es dürfte aber in der Praxis kaum feststellbar sein, welche Abnutzung auf die vertragliche Mietzeit bzw. auf die Zeit der Vorenthaltung entfällt. **98**

Bei dem eigentlichen **Mietausfallschaden** handelt es sich um eine Form des entgangenen Gewinns gem. § 252 BGB.[491] Die zu dieser Vorschrift entwickelten Grundsätze sind anwendbar. Das bedeutet, dass dem Vermieter auch die Beweiserleichterungen der Vorschrift zu Gute kommen, die besagen, dass er nur die Umstände darlegen und in den Grenzen des § 287 ZPO beweisen muss, aus denen sich nach dem gewöhnlichen Verlauf der Dinge oder den besonderen Umständen des Falles die Wahrscheinlichkeit (nicht die volle Gewissheit[492]) des Gewinneintrittes ergibt[493]; liegt eine solche Wahrscheinlichkeit vor, wird – durch Gegenbeweis widerleglich, an den aber keine zu strengen Anforderungen gestellt werden dürfen – vermutet, dass der Gewinn gemacht worden wäre.[494] Statt dieses nach dem gewöhnlichen Verlauf eintretenden Gewinns kann der Vermieter auch einen ungewöhnlichen entgangenen Gewinn geltend machen, wenn er ihn konkret darlegen und beweisen kann, dh, wenn ihm wegen Nichtdurchführbarkeit eines bestimmten Geschäfts ein Gewinn entgangen ist.[495] Diese Grundsätze haben zur Folge, dass der Vermieter nicht zwangsläufig nachweisen muss, einen bestimmten (Nach-)Mieter ab dem Beginn des Mietausfallzeitraums gehabt zu haben. Es kann vielmehr auch ausreichen, wenn der Vermieter darlegt oder es offensichtlich bzw. gerichtsbekannt ist, dass angesichts des Mietobjektes und der Marktlage üblicherweise ein Mieter innerhalb bestimmter Frist gefunden worden wäre.[496] **Im Einzelnen** ist wie folgt zu differenzieren: Verlangt der Vermieter Schadensersatz für die Zeit direkt nach regulärem, *voraussehbaren Ende eines Vertrages* (beendet etwa durch ordentliche Kündigung oder Zeitablauf), so muss er konkrete Mietinteressenten und den bei ihnen erzielbaren Mietzins benennen[497], weil – ausgenommen bei Wohnungsknappheit[498] – nach dem gewöhnlichen Verlauf eine sofortige Anschlussvermietung ohne vorherige Vermietungsbemühungen unwahrscheinlich ist.[499] Das gilt auch dann, wenn sich die Wohnung wegen einer Pflichtverletzung des Mieters in einem unvermeidbaren bzw. reparaturbedürftigen Zustand befindet[500], da dieser Zustand nichts daran ändert, dass der Vermieter nach dem gewöhnlichen Verlauf eine sofortige Vermietung nicht hätte erreichen können. Kann er konkrete Mietinteressenten, die bei vertragsgemäßer Rückgabe des Mietobjekts zur sofortigen oder baldigen Weitermiete bereit gestanden hätten, nicht benennen, ist für einen Mietausfall darauf abzustellen ist, wann der Vermieter bei damaliger Marktlage – einen vertragsgemäßen Rückgabezeitpunkt unter- **99**

---

488 Staudinger/*Rolfs* BGB § 546a Rn. 62.
489 BGH XII ZR 136/05, ZMR 2008, 867.
490 **AA** Staudinger/*Rolfs* BGB § 546a Rn. 63.
491 BGH XII ZR 136/05, ZMR 2008, 867; BGH VIII ZR 326/09, NZM 2010, 815; BGH IX ZR 149/15, WuM 2016, 752 Rn. 19; KG ZMR 1970, 205 (206); LG Berlin WuM 2016, 279; AG Kerpen WuM 2000, 19.
492 BGH VIII ZR 271/09, GE 2010, 1741.
493 So auch LG Berlin WuM 2016, 279; ähnlich BGH VIII ZR 326/09, NZM 2010, 815; LG Berlin GE 2001, 210; 2001, 926.
494 BGH VIII ZR 271/09, GE 2010, 1741.
495 BGH VIII ZR 271/09, GE 2010, 1741.
496 BGH VIII ZR 326/09, NZM 2010, 815 Rn. 6; LG Berlin GE 2001, 926.
497 BGH XII ZR 154/97, NZM 2000, 183; OLG Düsseldorf DWW 2006, 259; AG Kerpen WuM 2000, 19.
498 AG Kerpen WuM 2000, 19; LG Siegen WuM 2000, 18.
499 So auch LG Berlin WuM 2016, 279.
500 So auch LG Berlin WuM 2016, 279; **aA** AG Wetzlar ZMR 2012, 455.

stellt – wahrscheinlich einen neuen Mieter gefunden hätte.[501] Hätte er vor der tatsächlichen Rückgabe nach dem gewöhnlichen Verlauf niemanden gefunden oder ist das Mietobjekt ohne Verschulden des Mieters gar unvermietbar, so schuldet der Mieter keinen Mietausfallschaden. Stand allerdings dennoch ein konkreter Nachmieter zur Verfügung, der das Mietobjekt überhaupt oder früher als nach dem gewöhnlichen Lauf zu erwarten übernommen hätte, ist auf diesen Zeitpunkt abzustellen. *Endet der Vertrag unvorhergesehen* (meist durch fristlose Kündigung des Vermieters) und gibt der Mieter die Mietsache nicht sofort zurück, dann kann der Vermieter sich nicht schon vor dem Vertragsende auf eine Nachvermietung vorbereiten und einen Nachmieter suchen. Mietausfall *wegen verzögerter Rückgabe* steht ihm deshalb erst ab dem Zeitpunkt zu, ab dem er nach dem gewöhnlichen Verlauf einen Nachmieter gefunden hätte[502]; es kommt aber ein Kündigungsfolgeschaden in Betracht, wenn der Mieter die Kündigung schuldhaft verursacht hat (→ BGB § 542 Rn. 101). Ansprüche auf Schadensersatz wegen Mietausfalls bestehen regelmäßig nicht, wenn der Vermieter keinen Rücknahmewillen hat, da er dann keine Weitervermietung betreiben kann bzw. will.[503] Einer Klage auf Mietausfall kann das **Rechtsschutzbedürfnis** fehlen, wenn die Zeit für Verwahren und Wegschaffen des Räumungsgutes bei einer Vollstreckung gem. § 885a ZPO betroffen ist, da es sich dann um Kosten der Zwangsvollstreckung gem. § 788 ZPO handelt.[504]

**100** Im Rahmen des Zumutbaren kann und muss sich der Vermieter um Schadensminderung (§ 254 BGB) bemühen. Im Gegensatz zum Anspruch auf Nutzungsentschädigung gem. § 546a Abs. 1 BGB ist bei den Schadensersatzansprüchen nämlich ein **Mitverschulden** des Vermieters gem. § 254 BGB – im Prozess bei entsprechendem Tatsachenvortrag von Amts wegen – zu berücksichtigen.[505] So muss er ggf. selbst für einen vermietungsfähigen Zustand sorgen, wenn er zwar den Besitz an dem Mietobjekt zurückerhalten hat, der Mieter aber seine sonstigen Rückgabepflichten in Bezug auf den Zustand des Mietobjektes (etwa Räumung, Rückbau, Schönheitsreparaturen) nicht erfüllt hat und es deshalb unvermietbar war.[506] Dem Vermieter ist aber – bevor ein Mitverschulden angenommen werden kann – eine ausreichende Zeit für eine Zustandsfeststellung (auch mittels selbständigen Beweisverfahrens[507]), für Gespräche mit dem Mieter zur Erzielung einer gütlichen Einigung, für eine Fristsetzung gem. § 281 BGB und für die Selbstvornahme der notwendigen Arbeiten zuzugestehen.[508] Ist ein Rückgabezeitpunkt oder die Herstellung eines vermietungsfähigen Zustands absehbar, dann muss der Vermieter einen Nachmieter suchen. Geschieht dies zu spät oder sind die Bemühungen um einen Nachmieter unzureichend, dann begründet das nur dann eine Anspruchskürzung im Wege des Mitverschuldens, wenn der Vermieter bei gehöriger Anstrengung einen Nachmieter hätte finden können; das hat der Mieter zu beweisen, der Vermieter muss seine Anstrengungen allerdings wegen seiner sekundären Darlegungslast mitteilen.[509] Als Mitverschulden kommt weiterhin in Betracht, wenn der Vermieter schon für einen Zeitpunkt nachvermietet, zu dem der Mieter erkennbar nicht räumen wird.[510] Auf der anderen Seite ist es dem Vermieter nicht zuzumuten, bereits dann nachzuvermieten, wenn der Räumungszeitpunkt durch den säumigen Mieter noch unklar ist.[511] Das Mitverschulden schließt einen Schadensersatzanspruch vollständig aus, wenn der Vermieter sich zu Unrecht weigert, die Mietsache zurückzunehmen (etwa, weil er irrig vom Fortbestand des Vertrages ausgeht), und es deshalb nicht zu einer Weitervermietung kommt.[512] Der Mietausfallschaden kann bei Wohnraummietverhältnissen gem. § 571 BGB beschränkt sein (s. näher dort).

---

501 BGH IX ZR 149/15, WuM 2016, 752 Rn. 19.

502 BGH IX ZR 149/15, WuM 2016, 752 Rn. 19.

503 *Streyl* NZM 2017, 633. Ähnlich AG Berlin-Schöneberg GE 2012, 756.

504 Näher → ZPO § 885a Rn. 62.

505 BGH XII ZR 120/16, NZM 2018, 333 Rn. 28; OLG München ZMR 1989, 224.

506 AG Dülmen WuM 2013, 35.

507 OLG Düsseldorf ZMR 2007, 780, das zutr. darauf hinweist, dass der Vermieter mit der Nachmietersuche schon nach Durchführung des Ortstermins durch den Sachverständigen beginnen muss und nicht erst den Eingang des Gutachtens abwarten darf, wenn er die Reparaturkosten fiktiv abrechnen und tatsächlich nicht reparieren will.

508 IErg ähnlich KG GE 2009, 448 (unvollständig in WuM 2008, 724).

509 BGH XII ZR 120/16, NZM 2018, 333 Rn. 28; OLG Düsseldorf ZMR 2013, 704; BGH XII *ZR 162/01, NZM 2005, 340; OLG* Koblenz ZMR 2009, 282.

510 OLG München ZMR 1989, 224.

511 OLG Düsseldorf GE 2012, 1229.

512 AG Berlin-Schöneberg GE 2012, 756; *Streyl* NZM 2017, 633.

Die **Höhe des Mietausfallschadens** richtet sich nach der Miete, die der Vermieter bei rechtzeitiger bzw. ordnungsgemäßer Rückgabe hätte erzielen können. Das entspricht meist der Nutzungsentschädigung gem. § 546a Abs. 1 BGB. Relevant wird der Mietausfallschaden deshalb meist nur dann, wenn der Vermieter eine höhere als die vereinbarte bzw. die ortsübliche Miete hätte vereinbaren können, was in jedem Fall den Nachweis eines konkreten Mietinteressenten erfordert, da nach dem gewöhnlichen Verlauf iSv § 252 BGB nur die ortsübliche Miete zu erzielen ist. Findet der Vermieter einen Nachmieter zu demselben Mietzins, hat er ab dann keinen Schaden. Wird der Nachmieter seinerseits vertragsbrüchig, so muss der ursprüngliche Mieter wieder den Mietausfall erstatten, sofern seine Pflichtverletzung für die Schadensentstehung noch kausal ist[513]; der Nachmieter haftet nicht vorrangig.[514] Findet der Vermieter einen Nachmieter, aber nur für einen geringeren als mit dem Mieter vereinbarten Mietzins, dann hat der Mieter die Differenz zu erstatten. Findet der Vermieter einen Nachmieter, der einen höheren Mietzins zahlt, muss er diesen Vorteil (den die ursprüngliche Miete überschießenden Anteil) nicht auf einen bis dahin angefallenen Mietausfallschaden anrechnen (kein Vorteilsausgleich).[515] Zeitlich ist der Mietausfallschaden begrenzt auf den Zeitpunkt, bis zu dem ein (Zeit-)Mietvertrag noch gedauert hätte bzw. zu dem der Mieter hätte kündigen können.[516] Wird nur ein Teil des Mietobjekts vorenthalten (etwa ein Raum), so ist dies meist unsächlich dafür, dass das ganze Objekt nicht vermietet werden kann und ein entsprechender Mietausfallschaden für das ganze Objekt entsteht.[517] Der **Mietausfallschaden** erlangt weiterhin dann **selbständige Bedeutung,** wenn ein Anspruch auf Nutzungsentschädigung durch Rückgabe endet, ohne dass ein Nachmieter bereit steht, oder wenn ein Nutzungsentschädigungsanspruch nie bestanden hat, weil nur ein Fall der Schlechterfüllung der Rückgabepflichten vorliegt (→ Rn. 39) oder weil es an dem für die Nutzungsentschädigung notwendigen Rücknahmewillen des Vermieters fehlt. Ein fehlender Rücknahmewillen schließt allerdings ebenfalls einen Mietausfallschaden aus, wenn der Vermieter die Mietsache nicht mehr oder vorläufig nicht mehr vermieten will[518] oder wenn er den Rückgabeanspruch unter (ggf. konkludentem) Verzicht auf den Mietausfall gestundet hat[519], wohingegen ein Nutzungsentschädigungsanspruch bspw. schon dann scheitert, wenn der Vermieter dem Mieter die Mietsache zur Erfüllung von Rückgabepflichten überlässt oder deren Rücknahme wegen Schlechterfüllung solcher Pflichten verweigert (Einzelheiten → Rn. 45 ff.). Zum Schaden gehört auch die Erstattung der **Nebenkosten,** die der Vermieter bei einer Weitervermietung hätte umlegen können. Hierauf kann er einen Vorschuss verlangen, wenn er einen solchen mit einem Nachmieter vereinbart hätte, da er so zu stellen ist, wie er bei einer Weitervermietung gestanden hätte. Die Zahlung der auf die entgangene Miete entfallenden **Umsatzsteuer** kann der Vermieter selbst dann nicht beanspruchen, wenn er gem. § 4 Nr. 12, § 9 UStG für die Umsatzsteuer optiert hat, da der Mietausfallschaden kein Entgelt für eine Lieferung oder sonstige Leistung ist.[520] Bei Nutzungsentschädigung sowie Ansprüchen aus Eigentümer-Besitzer-Verhältnis und Bereicherung ist das anders (→ Rn. 104). **101**

## IV. Fälligkeit

Der Schadensersatzanspruch wird grds. sofort fällig. Das gilt auch für den Mietausfallschaden, er wird nicht erst sukzessive fällig zu den Zeitpunkten, zu denen die jeweiligen Mietzahlungen fällig würden.[521] Weitere Folge davon ist, dass der Mieter mit dem Mietausfallschaden nicht automatisch in Verzug gerät, notwendig ist vielmehr eine Mahnung; ohne diese ist der Vermieter ggf. auf die Prozesszinsen gem. § 291 BGB beschränkt.[522] Auch wenn insbes. nach einer fristlosen Kündigung **102**

---

[513] OLG Düsseldorf ZMR 2001, 528; KG GE 1999, 44.
[514] **AA** KG MDR 2002, 692, das aber die Gesamtschuldnerschaft von Mieter und Nachmieter übersieht.
[515] OLG Düsseldorf NZM 1998, 916.
[516] BGH VIII ZR 379/03, NJW 2004, 3117.
[517] BGH V ZR 26/20, NZM 2021, 135.
[518] LG Siegen WuM 2000, 18; LG Hamburg WuM 1984, 74.
[519] Dazu → BGB § 546 Rn. 79.
[520] BGH XII ZR 120/16, NZM 2018, 333 Rn. 25; BGH XII ZR 136/05, ZMR 2008, 867; BGH XII ZR 142/95, NZM 1998, 192; OLG Frankfurt a. M. ZMR 2013, 29; OLG Naumburg NJW 2012, 3587; **aA** *Weitemeyer* NZM 2006, 890, unter Berufung auf die Rspr. des EuGH; OLG Frankfurt a. M. DWW 1992, 336; OLG Hamm ZMR 1980, 375; Staudinger/*Rolfs* BGB § 546a Rn. 63.
[521] BGH XII ZR 120/16, NZM 2018, 333 Rn. 26 mwN; **aA** noch BGH VIII ZR 183/78, ZMR 1979, 351 und *Kluth/Böckmann/Freigang* NZM 2004, 446; dagegen eing. LG Krefeld NZM 2018, 750.
[522] BGH XII ZR 120/16, NZM 2018, 333 Rn. 26.

eines auf feste Zeit geschlossenen Mietvertrages die gesamte auf die Restlaufzeit entfallende Miete danach im Ansatz sofort als Schadensersatz fällig wird, kann dieser Schaden wegen der ungewissen zukünftigen Mieteinnahmen aus einer Neuvermietung, die im Wege des Vorteilsausgleichs anzurechnen sind, meist nicht sofort in voller Höhe, sondern entweder nur sukzessive geltend gemacht werden oder nachdem die Höhe des Vorteilsausgleichs feststeht.[523]

### G. Bereicherung, Eigentümer-Besitzer-Verhältnis

**103** Die Regelung in § 546a Abs. 2 BGB, die Geltendmachung eines weiteren Schadens sei nicht ausgeschlossen, bedeutet nicht, dass neben der Nutzungsentschädigung nur Schadensersatzansprüche möglich, anderweitige Ansprüche aber gesperrt sind. **§ 546a BGB** enthält nämlich **keine abschließende Sonderregelung;** es besteht vielmehr **Anspruchskonkurrenz.**[524] Das ergibt sich aus dem Zweck der Vorschrift, die den Vermieter besserstellen soll, indem sie ihm ohne Nachweis eines konkreten Schadens eine Mindestentschädigung in Form der Nutzungsentschädigung gewährt, ihm seine sonstigen Rechte aber nicht abschneiden will; angesichts dessen hat § 546a Abs. 2 BGB nur klarstellenden Charakter.[525] Insbesondere kommen neben oder statt Nutzungsentschädigung und Schadensersatz Ansprüche aus ungerechtfertigter Bereicherung gem. §§ 812ff. BGB oder einem Eigentümer-Besitzer-Verhältnis gem. §§ 987ff. BGB ab Rechtshängigkeit bzw. Bösgläubigkeit des Besitzers in Betracht.[526] Bei Wohnraummietverhältnissen ist § 571 BGB zu beachten (→ BGB § 571 Rn. 5). Das Verhältnis von Bereicherungsansprüchen zu Vindikationsansprüchen aus einem Eigentümer-Besitzer-Verhältnis kann hier nicht grds. aufbereitet werden.[527] Für die vorliegenden Zwecke reicht es aus festzustellen, dass nach der Rspr. des BGH[528] bei Weiternutzung der Mietsache nach Beendigung des Mietvertrages Nutzungsersatzansprüche aus Leistungskondiktion (späterer Wegfall des Rechtsgrundes) trotz der Ausschlussregelung des § 993 Abs. 1 BGB gegeben sein können. Die Ansprüche aus §§ 987ff. BGB und insbes. aus §§ 812ff. BGB haben jedoch seit der Erweiterung des Nutzungsentschädigungsanspruchs gem. § 546a Abs. 1 BGB auf die ortsübliche Miete durch das 3. Mietrechtsänderungsgesetz aus dem Jahre 1967 weitgehend an praktischer Bedeutung verloren, da sich damit alle Anspruchsgrundlagen bei der Höhe der zu ersetzenden Nutzungen weitgehend an der ortsüblichen Miete orientieren.[529] **Bedeutung** erlangen sie ggf. dann, wenn Ansprüche aus § 546a BGB (Nutzungsentschädigung oder Schadensersatz einschließlich des Verzugsschadensersatzes gem. §§ 990 Abs. 2, 280 Abs. 1, 286 BGB bei Bösgläubigkeit) nicht bestehen, etwa weil ein Anspruch auf Nutzungsentschädigung am Rücknahmewillen des Vermieters scheitert[530] oder weil der Vermieter keinen (Mietausfall-)Schaden erlitten hat[531]; zur Höhe und zu den Grenzen → Rn. 104. Dazu gehören weiter die Fälle, in denen es keinen oder keinen wirksamen Vertrag gibt[532] oder in denen der Mieter mehr als die vereinbarte Fläche nutzt. Letzteres kommt nicht selten bei Mietern vor, die ihren Pkw ständig auf einem nicht mitgemieteten Stellplatz parken.[533] Bereicherungsansprüche haben eigene Relevanz, wenn Ansprüche aus §§ 987ff. BGB ausscheiden, weil der Vermieter nicht Eigentümer

---

[523] LG Krefeld NZM 2018, 750.

[524] BGH XII ZR 76/08, NZM 2009, 701; *Riehm* JuS 2014, 940.

[525] BGH VIII ZR 12/64, NJW 1966, 248 mit Darlegung der gesetzgeberischen Motive.

[526] Eing. zu den verschiedenen Anspruchskonstellationen → BGB Vor § 535 Rn. 108. BGH VIII ZR 214/16, NJW 2017, 2997 Rn. 29; BGH XII ZR 76/08, NZM 2009, 701; BGH XII ZR 215/97, NJW 1999, 2808 mwN; BGH VIII ZR 246/75, NJW 1977, 1335; BGH VIII ZR 12/64, NJW 1966, 248; OLG Düsseldorf ZMR 2007, 33 (24. Zivilsenat); *Emmerich* NZM 1999, 930; **aA** OLG Köln NZM 1999, 710; OLG Düsseldorf NJW-RR 1994, 596 (10. Zivilsenat); LG Mannheim NJW 1970, 1881.

[527] Siehe dazu etwa Staudinger/*Thole*, 2019, BGB Vor §§ 987–993 Rn. 64ff., 104, 131.

[528] BGH VIII ZR 59/65, NJW 1968, 197. In späteren, im Folgenden erwähnten Entscheidungen wird diese Problematik nicht mehr ausdrücklich behandelt, sondern stillschweigend und als selbstverständlich zu Grunde gelegt, dass bereicherungsrechtliche Ansprüche neben solchen aus §§ 987ff. BGB möglich sind.

[529] *Emmerich* NZM 1999, 930 sieht eine praktische Relevanz der Ansprüche aus §§ 812ff. BGB bzw. §§ 987ff. BGB für den Fall, dass dem Mieter eine besonders günstige Untervermietung gelingt. Das dürfte nicht zutr. sein, da bereicherungsrechtlich solche Nutzungen nicht zu erstatten sind, die auf besonderen Fähigkeiten und Leistungen des Schuldners beruhen (→ Rn. 104).

[530] BGH VIII ZR 214/16, NJW 2017, 2997 Rn. 29; BGH VIII ZR 44/71, MDR 1973, 492, jeweils für einen Bereicherungsanspruch.

[531] *BGH XII ZR 154/97, NZM 2000, 183.*

[532] Siehe BGH XII ZR 115/11, NJW 2013, 1881 zu den Ansprüchen eines Zwangsverwalters bei Gebrauchsüberlassung an eine GbR (ohne Eigentumsübertragung) als Beitragsleistung der Gesellschafter.

[533] OLG Düsseldorf MDR 2009, 1157; AG Kamenz ZMR 2000, 307.

der Mietsache ist.[534] Ist der Vermieter Eigentümer, haftet der Mieter nach Beendigung des Mietvertrages gem. § 990 BGB, sobald er positive Kenntnis vom Vertragsende hat[535]; der Ausspruch einer Kündigung reicht für eine Kenntnis aber nicht immer aus, der Mieter muss vielmehr die Wirksamkeit der Kündigung kennen.[536] Nach Rechtshängigkeit des Rückgabeanspruchs kommt als Anspruchsgrundlage auch § 292 Abs. 2 BGB in Betracht, der allerdings wiederum auf § 987 BGB verweist.[537] Besondere Bedeutung können Vindikationsansprüche bei einer Gebrauchsüberlassung an Dritte, insbes. an **Untermieter,** erlangen; zu möglichen Ansprüchen des Vermieters gegen den Mieter nachfolgend → Rn. 104 und zu den Ansprüchen des Vermieters gegen den Untermieter bzw. gegen den Dritten gem. § 546 Abs. 2 BGB → BGB § 546 Rn. 108. Der Nutzungsentschädigungsanspruch gem. § 546 a Abs. 1 BGB und die Ansprüche aus §§ 812 ff. BGB bzw. §§ 987 ff. BGB sind auf den gleichen wirtschaftlichen Erfolg gerichtet und müssen vom Mieter nur einmal erfüllt werden.[538] Die auf eine der Anspruchsgrundlagen beschränkte **Abtretung** ist allenfalls mit Zustimmung des Mieters möglich, da durch eine solche beschränkte Abtretung, die nur selten dem Willen der Vertragspartner entsprechen wird, eine Gesamtgläubigerschaft entstehen würde, die zur Folge hätte, dass der Schuldner Gefahr liefe, wegen desselben Sachverhalts von verschiedenen Gläubigern verklagt zu werden.[539] Deshalb umfasst die Abtretung der Nutzungsentschädigung, wenn nicht ausdrückliche gegenteilige Anhaltspunkte vorliegen, auch die Ansprüche aus §§ 812 ff. BGB bzw. §§ 987 ff. BGB.[540] Die **Fälligkeit** der Bereicherungs- und Vindikationsansprüche richtet sich – wie bei dem Anspruch auf Nutzungsentschädigung gem. § 546 a Abs. 1 BGB – nach der Fälligkeit der vereinbarten Miete.[541]

Für die **Höhe der Ansprüche aus §§ 812 ff. BGB bzw. §§ 987 ff. BGB** kommt es allein darauf **104**
an, welche Nutzungen dem Mieter durch den Besitz der Mietsache nach Vertragsende zugeflossen sind. Es ist zu unterscheiden zwischen dem Eigengebrauch und der Weiterüberlassung an Dritte (Fruchtziehung in Form von Mietzins).[542] Der Nutzungswert bemisst sich bei einem **Eigengebrauch durch den Mieter** (oder auch einem **Dritten gem. § 546 Abs. 2 BGB**[543]) bei den Vindikations- wie den Bereicherungsansprüchen[544] nach dem objektiven Mietwert der Sache[545], aber eben ermittelt an Hand der mit dem Mieter in dem beendeten Vertrag vereinbarten Nutzungsart[546] und nicht nach der gewinnträchtigsten Nutzungsart (etwa Weitervermietung an Firmen einer anderen Branche oder getrennte Vermietung einzelner Grundstücksteile), die allerdings für einen Schadensersatzanspruch maßgeblich sein kann, wenn der Vermieter sie tatsächlich hätte realisieren können.[547] Unberücksichtigt bleibt ein Mietzinsanteil, der nicht aus der herauszugebenden Sache erzielt wird, sondern ausschließlich auf einer besonderen Leistung oder Fähigkeit des Mieters beruht (etwa auf einem vom Mieter eingerichteten Gewerbebetrieb oder auf werterhöhenden Mieterinvestitionen).[548] Wenn die ortsübliche Miete auch verbrauchsunabhängige Nebenkosten enthält, dann sind diese bei der Bestimmung des Wertersatzes einzubeziehen; verbrauchsabhängige Nebenkosten sind nachzuweisen.[549] Der Wertersatz ist – wie die Nutzungsentschädigung[550], aber anders als ein Miet-

---

[534] BGH XII ZR 154/97, NZM 2000, 183.
[535] BGH XII ZR 115/11, NJW 2013, 1881 Rn. 12.
[536] Die Einzelheiten sind streitig; s. Staudinger/*Thole*, 2019, BGB § 990 Rn. 43 ff.
[537] BGH XII ZR 76/08, NZM 2009, 701.
[538] BGH XII ZR 170/96, NJW 1999, 715; BGH V ZR 218/13, NZM 2014, 582.
[539] BGH XII ZR 170/96, NJW 1999, 715.
[540] BGH XII ZR 170/96, NJW 1999, 715.
[541] AllgM, s. nur BGH VIII R 219/72, NJW 1974, 556; Wolf/Eckert/Ball Gewerbl. Miet-/Pacht-/LeasingR-HdB Rn. 1149.
[542] Siehe etwa BGH XII ZR 76/08, NZM 2009, 701 und BGH V ZR 228/00, NJW 2002, 60 für §§ 987, 988 BGB.
[543] Zum Anspruchsgrund von direkten Ansprüchen des Vermieters/Eigentümers gegen den Dritten → BGB § 546 Rn. 108.
[544] Schadensersatzansprüche, auch solche gem. §§ 990 Abs. 2, 280 Abs. 1, 286 BGB können weitergehend sein; s. BGH V ZR 26/20, NZM 2021, 135 Rn. 9; BGH V ZR 218/13, NZM 2014, 582 Rn. 9.
[545] BGH XII ZR 115/11, NJW 2013, 1881 Rn. 12; BGH XII ZR 76/08, NZM 2009, 701; BGH XII ZR 67/06, NZM 2008, 886; BGH XII ZR 154/97, NZM 2000, 183, für bereicherungsrechtliche Ansprüche; BGH XII ZR 142/95, NZM 1998, 192, für Ansprüche aus Eigentümer-Besitzer-Verhältnis.
[546] BGH VIII ZR 219/72, NJW 1974, 556, die hier interessierenden Passagen finden sich nur in juris.
[547] BGH VIII ZR 219/72, NJW 1974, 556, die hier interessierenden Passagen finden sich nur in juris.
[548] BGH XII ZR 76/08, NZM 2009, 701; BGH V ZR 160/90, NJW 1992, 892.
[549] BGH XII ZR 67/06, NZM 2008, 886.
[550] BGH VIII ZR 96/87, NJW 1988, 2665; bestätigt in BGH XII ZR 120/16, NZM 2018, 333 Rn. 25; BGH XII ZR 142/95, NZM 1998, 192.

ausfallschaden[551] – ein **umsatzsteuer**pflichtiges Geschäft[552], dies aber nur, wenn die Umsatzsteuerpflicht für den Mietzins bei Bestehen eines Mietvertrages (üblicherweise) vereinbart und die Umsatzsteueroption gem. § 4 Nr. 12, § 9 UStG ausgeübt worden wäre.[553] Nach der **Rspr. des BGH** sind nur die **tatsächlich gezogenen Nutzungen** zu erstatten; das gilt sowohl für den bereicherungsrechtlichen Nutzungsersatz[554] als auch für die nach § 987 Abs. 1 herauszugebenden Nutzungen.[555] Sowohl § 818 Abs. 1 BGB als auch § 987 Abs. 1 BGB verwenden nämlich denselben, in § 100 BGB gesetzlich allgemein für diese (und andere) Vorschriften definiert Nutzungsbegriff.[556] Danach sind Nutzungen die Vorteile, die der Gebrauch einer Sache gewährt. Der bloße Besitz soll nach dem BGH nicht für einen Nutzungsersatzanspruch ausreichen, weil die Pflicht zur Herausgabe über das Erlangte hinaus zu einer Verminderung des Vermögens des Bereicherten führen soll[557] bzw. die Grenzen zum Schadensersatz verwischen würde.[558] Dieser Ansatz ist richtig, er verkennt aber, dass schon die mit dem Besitz an einer Wohnung oder sonstigen Räumlichkeiten verbundene *Möglichkeit der Nutzung* einen Marktwert hat und deshalb eine Bereicherung darstellt; der BGH enthebt sich mit seinem vermeintlich einfachen Abstellen auf die tatsächliche Nutzung der notwendigen normativen Bewertung der Nutzungsmöglichkeit.[559] Die damit verbundenen Einzelfragen sind allerdings komplex und können hier nicht abschließend aufbereitet werden. Im Ergebnis dürfte aber eher darauf abzustellen sein, dass die bloße Nutzungsmöglichkeit schon dann ausgleichspflichtig ist, wenn deren Verschaffung von einer autonomen Nutzungsentscheidung des Bereicherungsschuldners gedeckt war; hat sich der Bereicherungsschuldner bzw. Vindikationsschuldner für die Verschaffung der Nutzungsmöglichkeit entschieden, kann er sich hiervon nicht rückwirkend lossagen.[560] Stellt man auf die Nutzungsmöglichkeit ab, ist der (gem. §§ 812, 818 Abs. 1 BGB bzw. § 987 Abs. 1 BGB geschuldete) Nutzungsersatz aber dann auf die tatsächlich gezogenen Nutzungen begrenzt, wenn dem Vermieter der Rücknahmewille fehlt. Da er in dieser Situation weder (wegen fehlendem Weitervermietungswillen) Schadensersatz noch Nutzungsentschädigung gem. § 546a Abs. 1 erhalten würde[561], erscheint es gerechtfertigt, seine bereicherungs- bzw. vindikationsrechtlichen Ansprüche auf die tatsächlich gezogenen Nutzungen zu beschränken; dies entspricht auch der Wertung des § 302 BGB.[562] Die **Bemessung des Wertes der tatsächlichen Nutzung** ist ggf. nicht einfach vorzunehmen, etwa wenn eine Wohnung nur am Wochenende genutzt wird oder nur einige Wochen im Jahr. Meines Erachtens darf man diese Fragen nicht zu kleinteilig beantworten, man sollte vielmehr jeden nicht völlig untergeordneten Gebrauch als Nutzung der gesamten Mietsache ansehen, sofern diese unteilbar ist und solange der Besitz innegehalten wird.[563]

105 Gibt es **keinen Eigengebrauch** durch den Mieter, sondern durch Dritte[564], gilt Folgendes: Bei einer **Untervermietung** kann der Vermieter gegen den Mieter nach Beendigung des Mietverhältnisses einen Anspruch auf Herausgabe des (ggf. über dem objektiven Mietwert liegenden) tatsächlich erhaltenen Untermietzinses (oder anderer Leistungen wie etwa einer Entschädigung für die Vertragsauflösung[565]) ab Rechtshängigkeit oder Kenntnis des Rückgabeanspruchs aus §§ 292 Abs. 2, 987 Abs. 1 BGB[566] haben, da die Nutzungen bei Überlassung an Dritte nicht nach dem objektiven Mietwert bemessen werden, wenn – anders als bei einem Eigengebrauch – tatsächliche Nutzungen in Form von mittelbaren Sachfrüchten iSv §§ 100, 99 Abs. 3 BGB, dazu gehört auch der Mietzins,

---

551 BGH XII ZR 136/05, ZMR 2008, 867; BGH XII ZR 142/95, NZM 1998, 192; auch → Rn. 101.

552 BGH XII ZR 142/95, NZM 1998, 192, für Ansprüche aus Eigentümer-Besitzer-Verhältnis; BGH XII ZR 67/06, NZM 2008, 886, für bereicherungsrechtliche Ansprüche.

553 Staudinger/*Thole*, 2019, BGB § 988 Rn. 24ff.

554 BGH VIII ZR 214/16, NJW 2017, 2997 Rn. 31.

555 BGH V ZR 218/13, NZM 2014, 582 Rn. 9.

556 MüKoBGB/*Stresemann*, 8. Aufl. 2018, § 100 Rn. 8.

557 BGH VIII ZR 214/16, NJW 2017, 2997 Rn. 32.

558 BGH V ZR 218/13, NZM 2014, 582 Rn. 9.

559 Siehe zur Kritik iE *Streyl* NZM 2017, 633; iErg ebenso *Riehm* JuS 2018, 172.

560 → BGB Vor § 535 Rn. 99. Außerdem eing. *Fervers/Gsell* NJW 2013, 3607 sowie ergänzend *Streyl* NZM 2017, 633.

561 → Rn. 45.

562 *Streyl* NZM 2017, 633.

563 Zur Notwendigkeit des Besitzes s. BGH V ZR 218/13, NZM 2014, 582 Rn. 9.

564 Zum Anspruchsgrund von direkten Ansprüchen des Vermieters/Eigentümers gegen den Dritten → BGB *§ 546 Rn. 108; zur Höhe eines* solchen Anspruchs aus einem Eigentümer-Besitzer-Verhältnis gilt das gleiche wie vorstehend zur Höhe des Anspruchs gegen den eigennutzenden Mieter.

565 BGH XII ZR 76/08, NZM 2009, 701.

566 BGH XII ZR 76/08, NZM 2009, 701; s. auch *Riehm* JuS 2014, 941.

gezogen worden sind; belanglos ist es, ob der Eigentümer diese Nutzungen auch selbst gezogen hätte.[567] Die tatsächlich gezogenen Nutzungen (Untermietzins) können unter oder über dem objektiven Mietwert liegen. Liegen sie darüber, gebühren sie dem Eigentümer, der Anspruch ist also nicht auf den objektiven Mietwert oder den vereinbarten Mietzins begrenzt[568]; liegen sie darunter (etwa wegen ausbleibender Zahlungen oder wegen Vermietung unter dem ortsüblichen Mietwert), ist der Anspruch des Eigentümers auf die tatsächlich erhaltenen Nutzungen beschränkt, es sei denn, der Mieter hat nach Rechtshängigkeit oder Bösgläubigkeit Nutzungen schuldhaft nicht gezogen (§ 987 Abs. 2 BGB ggf. iVm § 990 BGB).[569] Bereicherungsansprüche des Vermieters aus Leistungskondiktion (etwa nach Vertragsende oder Anfechtung des Mietvertrages) richten sich bei einer Überlassung des Mietobjekts an Dritte wie beim Eigengebrauch durch den Mieter auch nur auf Erstattung des objektiven Mietwerts, nicht aber auf Herausgabe des tatsächlich geleisteten Untermietzinses oder auf Auskehrung des vom Mieter mit der Untervermietung erzielten Gewinns (Mehrerlös), weil ein solcher Gewinn nicht auf einer rückabzuwickelnden Leistung des Vermieters, sondern auf der eigenen vermögensmäßigen Disposition des Mieters beruht[570], der mit der ihm eingeräumten Gebrauchs- und Verwertungsmöglichkeit ein ihm zugewiesenes Geschäft wahrnahm.[571] Aus dem gleichen Grund steht dem Vermieter während der Dauer des (wirksamen) Vertrages ein Anspruch auf Auskehr des (die Miete übersteigenden) Untermietzinses nicht zu, selbst wenn der Mieter zu einer Untervermietung nicht berechtigt war.[572] Anders kann das dann sein, wenn sich der Eigentümer nicht – wie bei einer (beendeten oder unwirksamen) Vermietung der Fall – freiwillig der Gebrauchs- und Verwertungsmöglichkeiten begeben hat, wenn also etwa ein Fall der Eingriffskondiktion vorliegt.[573] Schadensersatzansprüche stellen auf den vom Vermieter erzielbaren (und wegen der Vorenthaltung entgangenen) Gewinn und nicht auf denjenigen des Mieters ab.

## H. Beweislast

Bei allen Ansprüchen (Nutzungsentschädigung gem. § 546a Abs. 1 BGB, Schadensersatz, Bereicherung, Eigentümer-Besitzer-Verhältnis) muss der Vermieter die Beendigung des Mietvertrages beweisen[574] bzw. bei Bereicherungsansprüchen und solchen aus §§ 987 ff. BGB das Nichtbestehen eines Mietvertrages. Außerdem trägt er die Beweislast für die Höhe des Anspruchs, also die Höhe des Schadens und der Nutzungsentschädigung. Hinsichtlich des Mietausfallschadens kommt ihm – wie oben erwähnt – die Beweiserleichterung des § 252 BGB zu Gute; die ortsübliche Miete kann mit der gebotenen Vorsicht und bei Beachtung der Besonderheiten der Nutzungsentschädigung oftmals gem. § 287 ZPO an Hand vorhandener Mietspiegel geschätzt werden.[575] Die Erfüllung der Rückgabepflichten unterliegt hingegen der Beweislast des Mieters[576], der auch für einen fehlenden Rücknahmewillen des Vermieters beweispflichtig ist[577] sowie dafür, dass zurückgelassene Gegen- **106**

---

567 BGH XII ZR 76/08, NZM 2009, 701; BGH V ZR 228/00, NJW 2002, 60; BGH V ZR 85/65, MDR 1969, 128; OLG Hamburg WuM 1997, 223; krit. dazu Staudinger/*Thole*, 2019, BGB § 987 Rn. 21; *Fervers/Gsell* NJW 2013, 3607 würden mit ihrem Begründungsansatz wohl dazu kommen, dass im Fall der Untervermietung ebenfalls auf den objektiven Mietwert abzustellen ist, auch wenn sie die Untervermietungssituation nicht ausdrücklich diskutieren.

568 BGH XII ZR 76/08, NZM 2009, 701.

569 BGH V ZR 228/00, NJW 2002, 60.

570 BGH XII ZR 67/06, NZM 2008, 886; BGH VIII ZR 235/63, NJW 1964, 1853; OLG Düsseldorf NJW-RR 1994, 596.

571 BGH XII ZR 76/08, NZM 2009, 701.

572 Siehe näher zur Begründung bei BGH XII ZR 194/93, NJW 1996, 838 mit ausführlicher Darstellung des Meinungsstands; **aA** in neuerer Zeit *Koch/Wallimann* JZ 2016, 343, die bei jeder unberechtigten Untervermietung eine Eingriffskondiktion wegen der damit verbundenen unerlaubten Mehrnutzung annehmen. Sie übersehen allerdings, dass nicht jede Mehrnutzung eine Bereicherung des Mieters herbeiführt; die Gewinnchancen, die mit der Anmietung verbunden sind, gebühren vielmehr dem Mieter, der Vermieter hat seine Gewinnchancen durch die Überlassung an den Mieter genutzt. Das Recht des Vermieters, eine Unterlassung der Mehrnutzung verlangen zu können, soll ihm nicht weiteren Gewinn ermöglichen, sondern sonstige aus der Mehrnutzung folgende Nachteile verhindern. Aus § 553 Abs. 2 BGB folgt nichts anderes, die Vorschrift dient dem Ausgleich eines Mehraufwands des Vermieters.

573 BGH V ZR 228/00, NJW 2002, 60.

574 MüKoBGB/*Bieber* § 546a Rn. 17.

575 Einzelheiten → Rn. 59.

576 KG MDR 2014, 952.

577 Blank/Börstinghaus/*Blank* BGB § 546a Rn. 53.

stände nicht die Bagatellgrenze iSv → BGB § 546 Rn. 43 überschreiten.[578] Ansonsten gelten zur Beweislast hinsichtlich der Schadensersatzansprüche die allgemeinen Grundsätze.

### I. Prozessuales

107 Gemäß § 259 ZPO kann eine Klage auf **zukünftig fällig werdende Nutzungsentschädigungsansprüche**[579] (oder Miete) erhoben werden, wenn die Besorgnis gerechtfertigt ist, der Mieter werde sich der rechtzeitigen Leistung entziehen. Das ist nicht nur dann anzunehmen, wenn der Mieter die Pflicht zur Zahlung der Miete oder Nutzungsentschädigung ernsthaft bestreitet, sondern auch dann, wenn aus sonstigen Gründen zu erwarten ist, er werde nicht zahlen.[580] Die Anforderungen an diese Erwartung sind nicht hoch, ein über einen längeren Zeitraum bestehender, die Bruttomiete mehrfach übersteigender Rückstand des Mieters mit Miete oder Nutzungsentschädigung reicht aus[581], er kann[582], muss aber nicht auf Zahlungsunfähigkeit beruhen. Wurde der Mietvertrag allerdings nicht wegen Zahlungsverzugs, sondern aus anderen Gründen beendet, dürfte eine Besorgnis, der Mieter werde sich der rechtzeitigen Leistung entziehen, nicht ohne weiteres in Betracht kommen. In der Regel wird in diesen Fällen für § 259 ZPO vielmehr zu fordern sein, dass der Vermieter zuwartet, ob ein Zahlungsrückstand mit der Nutzungsentschädigung eintritt. Ob stattdessen eine Klage auf zukünftige Leistung gem. §§ 257, 258 ZPO möglich ist, ist umstritten.[583] Die Entscheidung hängt davon ab, ob man annimmt, dass die Nutzungsentschädigung von einer Gegenleistung abhängig ist, da dann eine Klage auf zukünftige Leistung gem. §§ 257, 258 ZPO ausgeschlossen ist. Eine solche Abhängigkeit von einer Gegenleistung wird zu bejahen sein.[584] Der Vermieter ist nach Vertragsbeendigung zwar nicht mehr zur Gebrauchsgewährung verpflichtet, die Höhe der Nutzungsentschädigung ist aber davon abhängig, ob er das vertragliche Pflichtenprogramm fortführt oder nicht.[585] Ein **Klageantrag** auf zukünftige Leistung (Formulierungsvorschlag: „Der Beklagte wird verurteilt, an den Kläger ab dem … bis zum Tag der Räumung und Herausgabe der Mieträumlichkeiten monatlich eine Nutzungsentschädigung iHv … €, fällig an jedem 3. Werktag eines Monats, nebst Zinsen iHv 5 Prozentpunkten über dem Basiszins ab dem jeweiligen Fälligkeitstag zu zahlen."[586]) muss im Verlauf des Rechtsstreits nicht hinsichtlich der fällig gewordenen Beträge umgestellt werden, hinsichtlich solcher vor Schluss der mündlichen Verhandlung fällig gewordener Beträge kann vielmehr auch aus dem Titel auf künftige Leistung vollstreckt werden. Der Anspruch auf Nutzungsentschädigung kann mit der Räumungsklage verbunden werden[587]. Sie kann auch im **Urkundsprozess** gem. § 592 ff. ZPO geltend gemacht werden, wenn der Vermieter die Voraussetzungen durch Urkunden beweisen kann[588], was wohl nur der Fall ist, wenn der Vermieter sich auf die vereinbarte Miete beschränkt und nicht die ortsübliche Miete verlangt.[589] Einer Klage auf Nutzungsentschädigung oder Mietausfall kann das **Rechtsschutzbedürfnis** fehlen, wenn die Zeit für Verwahren und Wegschaffen des Räumungsgutes bei einer Vollstreckung gem. § 885a ZPO betroffen ist, da es sich dann um Kosten der Zwangsvollstreckung gem. § 788 ZPO handelt.[590] Beruft sich der Kläger statt auf den vertraglichen Mietzahlungsanspruch auf § 546a BGB (oder andere gesetzliche Anspruchsgrundlagen), so liegt hierin keine Klageänderung.[591] Das gilt auch dann, wenn der Kläger zunächst im Wege der Stufenklage Auskunft über die Höhe einer Umsatzmiete sowie (noch unbeziffert) Zahlung der nach der Auskunft sich errechnenden Mieten verlangt und später in einem Hilfs-

---

[578] OLG Düsseldorf GE 2011, 1681.
[579] Zu den prozessualen Besonderheiten, wenn der Vermieter als Nutzungsentschädigung die ortsübliche Miete (= Marktmiete; → Rn. 58) verlangt, s. *Fleindl* NZM 2017, 282.
[580] BGH VIII ZB 66/02, NJW 2003, 1395; BGH VIII ZR 146/10, NJW 2011, 2886.
[581] BGH VIII ZR 146/10, NJW 2011, 2886.
[582] So in BGH VIII ZB 66/02, NJW 2003, 1395.
[583] Vgl. die Nachweise in BGH VIII ZB 66/02, NJW 2003, 1395.
[584] *Both* DWW 2010, 88; in der Tendenz wie hier, aber letztlich offenlassend BGH VIII ZB 66/02, NJW 2003, 1395.
[585] Dazu → Rn. 68 und zum Rechtsverhältnis nach Vertragsbeendigung bei → Rn. 10 ff.
[586] Zur Bestimmtheit eines solchen Antrags *Both* DWW 2010, 88.
[587] Eing. dazu *Bochis* NZM 2021, 499.
[588] *Fleindl* NZM 2018, 67; *Sommer/Wichert* ZMR 2009, 507, dort auch allg. zu den Voraussetzungen des Urkundenprozesses.
[589] *Fleindl* NZM 2018, 67.
[590] Näher → ZPO § 885a Rn. 62.
[591] BGH IX ZR 267/13, MDR 2015, 174 Rn. 8.

antrag bezifferte Nutzungsentschädigung für den gleichen Zeitraum.[592] Gemäß Art. 24 Nr. 1 Brüssel Ia-VO/VO (EU) Nr. 1215/2012 sind die Gerichte des Belegungsortes international auch zuständig für Klagen auf Nutzungsentschädigung wegen verspäteter Rückgabe eines (unbeweglichen) Mietobjekts.[593]

## J. Abweichende Vereinbarungen

Von § 546a BGB abweichende Vereinbarungen im Mietvertrag oder in einer Räumungsvereinbarung sind grds. möglich und zwar sowohl durch individualvertragliche Abreden als auch durch formularvertragliche Klauseln.[594] Soweit es sich um Formularverträge handelt, sind – neben § 307 BGB – die Grenzen der § 308 Nr. 7, § 309 Nr. 5, 7 BGB zu beachten[595], im unternehmerischen Rechtsverkehr über § 310 BGB, also nicht direkt, sondern als gesetzgeberische Wertung iRd § 307 BGB. Wenn in AGB vorgesehen ist, dass die Nutzungsentschädigung höher als die vereinbarte bzw. ortsübliche Miete liegen soll oder über die Rückgabe hinaus geschuldet sein soll (anstatt bis zum Rückgabetag bspw. bis zum Monatsende, bis zur Weitervermietung oder bis zur Herstellung des vertragsgemäßen Zustandes durch Schönheitsreparaturen, Rückbauten etc), dann verstößt das gegen den Grundgedanken des § 546a Abs. 1 BGB und ist deshalb unangemessen iSv § 307 Abs. 2 Nr. 1 BGB[596], weil § 546a Abs. 1 BGB dem Vermieter den Vorteil einer einfach durchzusetzenden, verschuldenslosen Mindestentschädigung nur in bestimmter Höhe gewähren will und ihn ansonsten auf verschuldensabhängige Schadensersatzansprüche verweist. Gleichfalls gegen § 307 Abs. 2 Nr. 1 BGB verstößt eine Regelung, nach der die Nutzungsentschädigung nur an die Verletzung der Rückgabepflicht geknüpft ist, nicht aber auch an die Vorenthaltung, also an den Rücknahmewillen des Vermieters.[597] Bei Wohnraummietverhältnissen sind von § 546a BGB abweichende Vereinbarungen, die zugleich zum Nachteil des Mieters von § 571 BGB abweichen, gem. § 571 Abs. 3 BGB unwirksam. **108**

[592] BGH IX ZR 267/13, MDR 2015, 174.
[593] OLG Köln ZMR 2016, 621.
[594] MüKoBGB/*Bieber* § 546a Rn. 25.
[595] MüKoBGB/*Bieber* § 546a Rn. 25.
[596] *Burbulla* ZMR 2016, 842; LG Köln ZMR 2020, 123; OLG Frankfurt a. M. 28.1.2011 – 2 U 135/10, BeckRS 2011, 14076, das sich iRd § 307 BGB aber auf die Wertungen von § 309 Nr. 5b, § 308 Nr. 7 BGB stützt; iErg ähnlich Soergel/*Heintzmann* BGB § 546a Rn. 21, der eine verdeckte Schadenspauschalierung annimmt, eine solche aber dann für zulässig hält, wenn dem Mieter der Nachweis eines geringeren Schadens offenbleibt; s. auch OLG Düsseldorf NZM 2002, 742, das eine Klausel, nach der der Mieter den Mietzins bis zur Herstellung des vertragsgemäßen Zustands fortzuentrichten habe, für unwirksam hält, weil fremdverschuldete Schäden nicht ausgenommen seien.
[597] BGH VIII ZR 103/03, NZM 2004, 354, zu einem Leasingvertrag.

## § 547 Erstattung von im Voraus entrichteter Miete

**(1) [1]Ist die Miete für die Zeit nach Beendigung des Mietverhältnisses im Voraus entrichtet worden, so hat der Vermieter sie zurückzuerstatten und ab Empfang zu verzinsen. [2]Hat der Vermieter die Beendigung des Mietverhältnisses nicht zu vertreten, so hat er das Erlangte nach den Vorschriften über die Herausgabe einer ungerechtfertigten Bereicherung zurückzuerstatten.**

**(2) Bei einem Mietverhältnis über Wohnraum ist eine zum Nachteil des Mieters abweichende Vereinbarung unwirksam.**

### Systematische Übersicht



### Alphabetische Schnellübersicht



### A. Überblick, Zweck und Entstehungsgeschichte

1 In der Regel wird der Mietzins nach Zeitabschnitten bemessen, meist nach Monaten. Für die Raummiete ordnen §§ 556b, 579 Abs. 2 BGB eine Vorauszahlungspflicht für den jeweiligen Zeitabschnitt an. Darüber hinaus kann es die unterschiedlichsten Formen von und Anlässe für Mietvorauszahlungen geben, die höher als der nächste geschuldete Mietzins sind und weiter in die Zukunft reichen. Endet das Mietverhältnis, bevor diese Vorauszahlungen abgewohnt bzw. durch Nutzung der Mietsache abgegolten sind, ist der Vermieter bereichert. § 547 Abs. 1 S. 1 BGB ordnet statt bzw. als spezielle Ausprägung des Bereicherungsausgleichs grds. eine unbedingte, verzinsliche **Erstattungspflicht des Vermieters für die Vorauszahlung** an. Der Mieter wird so vor wirtschaftlichen Einbußen geschützt, die ansonsten mit der Vorauszahlung verbunden sein könnten.[1] Auf die Bereicherung des Vermieters ist aber dann abzustellen, wenn dieser die Beendigung des Mietverhältnisses nicht zu vertreten hat. Das ist Ausdruck des allgemeinen Rechtsgedankens, dass

---

[1] MüKoBGB/*Bieber* § 547 Rn. 1.

jemand, der einen Rücktritt nicht zu vertreten hat, nur nach Bereicherungsrecht haftet.[2] Die Beschränkung auf die Bereicherung kann den Erstattungsanspruch des Mieters nicht nur wegen des Entreicherungseinwandes erheblich beschränken.

§ 547 BGB ist durch die Mietrechtsreform zum 1. 9. 2001 ohne besondere Übergangsvorschrift neu gefasst worden, stimmt aber inhaltlich weitgehend mit der **Vorgängervorschrift** § 557 a BGB aF überein, die ihrerseits seit dem zweiten Mietrechtsänderungsgesetz v. 14. 7. 1964[3] galt; davor gab es eine Erstattungsregelung in § 555 BGB. Im Unterschied zu § 547 BGB verwies § 557 a BGB aF für den vom Vermieter zu vertretenden Rückerstattungsanspruch auf § 347 BGB aF („nach Maßgabe des § 347"), diese Vorschrift verwies weiter auf die Regelungen zum Eigentümer-Besitzer-Verhältnis und schrieb die Verzinsung einer Geldsumme von deren Empfang an vor. 2

## B. Anwendungsbereich

§ 547 BGB gilt – schon auf Grund seiner systematischen Stellung – **für alle Arten von Mietverhältnissen** (also nicht nur für die Raum- und Grundstücksmiete, sondern auch für die Miete beweglicher Sachen) sowie gem. § 581 Abs. 2 BGB für die **Pacht.**[4] 3

Für bestimmte **Sozialwohnungen** gibt es eine besondere Regelung für einmalige Leistungen des Mieters in § 9 WoBindG.[5] Nach § 9 Abs. 1 WoBindG sind einmalige Leistungen des Mieters, die dieser mit Rücksicht auf die Überlassung der Wohnung zu erbringen hat, vorbehaltlich der Ausnahmen in § 9 Abs. 2–6 WoBindG, unwirksam. Die unwirksamen Leistungen sind zurückzuerstatten (§ 9 Abs. 7 WoBindG); die Verjährungsfrist hierfür beträgt ein Jahr nach Mietvertragsende. 4

---

[2] Staudinger/*Rolfs* BGB § 547 Rn. 3.

[3] BGBl. 1964 I 457.

[4] BGH XII ZR 344/97, NJW 2000, 2987.

[5] Nähere Erläuterungen finden sich bei Fischer-Dieskau/Pergande/Schwender WohnungsbauR/*Bellinger* WoBindG § 9. Die Vorschrift lautet:

(1) [1]Eine Vereinbarung, nach der der Mieter oder für ihn ein Dritter mit Rücksicht auf die Überlassung der Wohnung eine einmalige Leistung zu erbringen hat, ist, vorbehaltlich der Absätze 2 bis 6, unwirksam. [2]Satz 1 gilt nicht für Einzahlungen auf Geschäftsanteile bei Wohnungsunternehmen in der Rechtsform der Genossenschaft oder ähnliche Mitgliedsbeiträge.

(2) Die Vereinbarung einer Mietvorauszahlung oder eines Mieterdarlehens als Finanzierungsbeitrag zum Bau der Wohnung ist nur insoweit unwirksam, als die Annahme des Finanzierungsbeitrages nach § 28 des Ersten Wohnungsbaugesetzes oder nach § 50 des Zweiten Wohnungsbaugesetzes ausgeschlossen oder nicht zugelassen ist.

(3) Die Vereinbarung einer Mietvorauszahlung oder eines Mieterdarlehens zur Deckung der Kosten für eine Modernisierung, der die zuständige Stelle zugestimmt hat, ist nur unwirksam, soweit die Leistung das Vierfache des nach § 8 zulässigen jährlichen Entgelts überschreitet.

(4) Ist ein von einem Mieter oder einem Dritten nach § 28 des Ersten Wohnungsbaugesetzes oder § 50 des Zweiten Wohnungsbaugesetzes zulässigerweise geleisteter Finanzierungsbeitrag oder eine nach Absatz 3 zulässige Leistung wegen einer vorzeitigen Beendigung des Mietverhältnisses dem Leistenden ganz oder teilweise zurückerstattet worden, so ist eine Vereinbarung, wonach der Mietnachfolger oder für ihn ein Dritter die Leistung unter den gleichen Bedingungen bis zur Höhe des zurückerstatteten Betrages zu erbringen hat, zulässig.

(5) [1]Die Vereinbarung einer Sicherheitsleistung des Mieters ist zulässig, soweit sie dazu bestimmt ist, Ansprüche des Vermieters gegen den Mieter aus Schäden an der Wohnung oder unterlassenen Schönheitsreparaturen zu sichern. [2]Im Übrigen gilt § 551 des Bürgerlichen Gesetzbuchs.

(6) [1]Eine Vereinbarung, nach der der Mieter oder für ihn ein Dritter mit Rücksicht auf die Überlassung der Wohnung Waren zu beziehen oder andere Leistungen in Anspruch zu nehmen oder zu erbringen hat, ist unwirksam. [2]Satz 1 gilt nicht für die Überlassung einer Garage, eines Stellplatzes oder eines Hausgartens und für die Übernahme von Sach- oder Arbeitsleistungen, die zu einer Verringerung von Bewirtschaftungskosten führen. [3]Die zuständige Stelle kann eine Vereinbarung zwischen den Verfügungsberechtigten und dem Mieter über die Mitvermietung von Einrichtungs- und Ausstattungsgegenständen und über laufende Leistungen zur persönlichen Betreuung und Versorgung genehmigen; sie hat die Genehmigung zu versagen, wenn die vereinbarte Vergütung offensichtlich unangemessen hoch ist.

(7) [1]Soweit eine Vereinbarung nach den Absätzen 1 bis 6 unwirksam ist, ist die Leistung zurückzuerstatten und vom Empfang an zu verzinsen. [2]Der Anspruch auf Rückerstattung verjährt nach Ablauf eines Jahres von der Beendigung des Mietverhältnisses an.

(8) [1]Für Vereinbarungen, die vor dem 1. August 1968 in denjenigen kreisfreien Städten, Landkreisen oder Gemeinden eines Landkreises, in denen zu diesem Zeitpunkt die Mietpreisfreigabe noch nicht erfolgt war, getroffen worden sind, gelten die Vorschriften des Absatzes 7 entsprechend, soweit die Vereinbarungen nach den bis zu diesem Zeitpunkt geltenden Vorschriften unzulässig waren. [2]Das gleiche gilt für Vereinbarungen, die vor dem 1. September 1965 in denjenigen kreisfreien Städten, Landkreisen oder Gemeinden eines Landkreises getroffen worden sind, in denen zu diesem Zeitpunkt die Mietpreisfreigabe bereits erfolgt war.

Aus § 9 Abs. 7 WoBindG folgt im Umkehrschluss, dass für wirksame einmalige Leistungen auch im preisgebundenen Wohnraum § 547 BGB gilt, sofern es sich um Mietvorauszahlungen im Sinne dieser Vorschrift handelt. Für verlorene (Baukosten-)Zuschüsse gilt bei der Wohnraummiete das Baukostenzuschussgesetz.[6] Das WoBindG hat allerdings einen langsam auslaufenden Anwendungsbereich. Es gilt nämlich gem. § 1 WoBindG, § 50 WoFG nur für solchen Wohnraum, für den die Fördermittel bis Ende 2001 bewilligt wurden.[7] Zum Anwendungsbereich → BGB § 563 Rn. 10. Für Altfälle, also solche, bei denen die Vereinbarung über die einmalige Leistung vor dem Außerkrafttreten des Bunderechtes geschlossen wurde und in denen es keine vergleichbare Landesregelung gibt, muss § 9 WoBindG aber weiterhin gelten, weil sonst auf abgeschlossenen Sachverhalte, nämlich die Wirksamkeit einer solchen Vereinbarung, eingewirkt und eine unzulässige echte Rückwirkung vorliegen würde.

## C. Voraussetzungen (Abs. 1)

5 Die Rückerstattungspflicht des Vermieters setzt voraus, dass der Mieter Vorausleistungen auf die Miete (je nach Vereinbarung ggf. auch auf Umlagen und Betriebskostenvorschüsse[8]) für die Zeit nach Beendigung des Mietverhältnisses erbracht hat, dass also das Mietverhältnis beendet ist und die Vorausleistungen noch nicht abgewohnt bzw. durch Nutzung der Mietsache abgegolten sind.[9]

### I. Mietvorauszahlung

#### 1. Definition

6 Auch wenn allgemein von Mietvorauszahlung[10] gesprochen wird, muss sich die Vorausleistung des Mieters nicht auf Geldzahlungen beschränken. Das Gesetz verwendet den Begriff der Vorausentrichtung der Miete. Schon daraus wird deutlich, dass Mietvorauszahlung iSv § 547 BGB **jede Mieterleistung** ist, die nach dem Inhalt des Mietvertrags (oder späterer Vereinbarungen[11]) **Bezug zum Mietzins** hat und mit ihm innerlich verbunden, die also letztlich Gegenleistung für die Gebrauchsüberlassung der Mietsache ist und durch die der Mietzins ganz oder teilweise als für eine bestimmte Zeit im Voraus als erbracht gilt; es ist nicht von Belang, ob diese Vorausleistung im Wege der Zahlung oder auf andere Weise, etwa durch Verrechnung oder Dienst- bzw. Werkleistungen, erbracht wird, genauso wenig wie es von Belang ist, ob die Parteien die Leistung als Vorauszahlung oder sonst wie (bspw. als Darlehen[12]) betrachtet oder bezeichnet haben.[13] Erbringt der Mieter die Vorausleistung anders als durch Zahlung, so entsteht einheitlicher, aber typengemischter Vertrag, bei dem die mietvertraglichen Elemente überwiegen.[14] Auf die Fälligkeit der im Voraus erbrachten Leistung kommt es ebenfalls nicht an, sondern darauf, dass sie für einen Zeitabschnitt in der Zukunft bestimmt war.[15] Nur so wird man dem Zweck des § 547 BGB gerecht, einen Ausgleich zu schaffen. Für diesen Ausgleich nach Beendigung des Vertrages ist es belanglos, ob zur Zeit der Erbringung der Leistung ein nach dem Gesetz fälliger Anspruch bestand; entscheidend ist allein, ob diese vor der Zäsur bewirkte Leistung Erfüllungswirkung für Ansprüche nach der Zäsur hat. Ob der Erwerber eines Grundstücks, der gem. § 566 BGB in den Mietvertrag eintritt, dem Mieter die Mietvorauszahlungen zu erstatten hat, richtet sich nicht allein nach § 547 BGB, sondern auch nach §§ 566b, 566c BGB (s. dort und → Rn. 28).

---

[6] Dazu → BGB § 539 Rn. 23 ff.; zum Konkurrenzverhältnis zu § 547 BGB → BGB § 539 Rn. 9.

[7] Siehe den Wortlaut des § 50 WoFG sowie *Söfker* WuM 2002, 296 und Fischer-Dieskau/Pergande/Schwender WohnungsbauR/*Bellinger* WoFG § 50 Anm. 2.

[8] Staudinger/*Rolfs* BGB § 547 Rn. 7.

[9] Staudinger/*Rolfs* BGB § 547 Rn. 4.

[10] Zur umfassenden Darstellungen der besonderen Mieterleistungen, zu denen die Mietvorauszahlungen gehören, → BGB § 535 Rn. 666 ff.

[11] BGH V ZR 24/54, NJW 1955, 301; BGH VIII ZR 98/61, NJW 1962, 1860.

[12] BGH III ZR 167/68, NJW 1970, 1126.

[13] BGH XII ZR 344/97, NJW 2000, 2987; BGH VIII ZR 133/07, NJW 2008, 2256; *Wunner* NJW 1966, *2285; zur systematischen Darstellungen* zu den besonderen Mieterleistungen, zu denen die Mietvorauszahlungen gehören, → BGB § 535 Rn. 666 ff.

[14] BGH VIII ZR 54/58, NJW 1959, 1425.

[15] Staudinger/*Rolfs* BGB § 547 Rn. 5.

### 2. Beispiele

Der heutzutage[16] wohl häufigste Fall der Mietvorauszahlung folgt aus §§ 556b, 579 Abs. 2 BGB.[17] Dort ist für alle Mietverhältnisse über Räume (im Gegensatz zur Grundstücksmiete; s. § 579 Abs. 1 BGB) die **Vorfälligkeit der Miete** angeordnet, nämlich die Zahlungspflicht des Mieters bis spätestens zum dritten Werktag des Zeitabschnitts, nach dem sie bemessen ist, bei der idR vereinbarten Monatsmiete also bis zum dritten Werktag eines Monats. Endet das Mietverhältnis während eines Monats, so hat der Vermieter den auf die verbleibende Zeit entfallenden Mietanteil einschließlich etwaiger Betriebskostenvorauszahlungen zurückzuerstatten.[18] 7

Bei der Miete von beweglichen Sachen wird häufiger[19], bei der Raummiete gelegentlich eine **Einmalmiete** für einen festen Nutzungszeitraum vereinbart. Endet der Vertrag vorzeitig, so ist der auf die Zeit nach Beendigung des Vertrages entfallende Teil gem. § 547 BGB zurückzuerstatten. Dies gilt nicht bei einer Einmalmiete auf Lebenszeit des Mieters.[20] Hier kann der Mietzins zwar auch im Voraus bezahlt werden, eine Erstattung kommt aber nicht in Betracht, da eine zeitanteilige Aufteilung nicht möglich und von den Vertragsparteien auch wohl nicht gewollt ist.[21] 8

Eine Vorauszahlung liegt auch vor, wenn mit einer **Einmalleistung** der periodisch anfallende Mietzins insgesamt oder zu einem Teil im Voraus für einen bestimmten Zeitraum abgegolten sein soll.[22] Das ist bspw. der Fall, wenn die Parteien vereinbaren, dass eine Einmalzahlung des Mieters den Mietzins für ein Jahr zur Hälfte (oder einem anderen Bruchteil) im Voraus tilgen soll. Meist handelt es sich hierbei um sog. **anrechenbare Baukostenzuschüsse,** mit denen der Mieter dem Vermieter *zweckgebunden*[23] aus dem eigenen Vermögen einen bestimmten Betrag für die Herstellung, Sanierung oder Modernisierung der Mietsache zur Verfügung stellt.[24] Anrechenbar ist der Baukostenzuschuss, wenn eine Verrechnung mit dem Mietzins stattfinden soll (zum verlorenen Baukostenzuschuss → Rn. 13 ff.). Wird der Vertrag beendet, bevor der Zuschuss abgewohnt ist, hat eine Erstattung gem. § 547 BGB zu erfolgen. Statt einer Einmalzahlung an den Vermieter kommt als Vorausleistung (Baukostenzuschuss) auch die eigenhändige Erbringung von Werk- oder Dienstleistungen zur Herstellung, Sanierung oder Modernisierung der Mietsache durch den Mieter in Betracht oder deren Erbringung durch Beauftragung und Bezahlung eines Dritten.[25] Zum Beispiel kann der Mieter sich zur Instandsetzung oder zum Umbau der Räume gegen Verrechnung mit der Miete verpflichten. Ohne die Verrechnungsabrede hätte der Mieter gegen den Vermieter einen Zahlungsanspruch aus dem Werk- oder Dienstvertrag; durch die Verrechnungsabrede wird daraus die Erfüllung des Mietzinsanspruches des Vermieters im Voraus, nämlich eine Mietvorauszahlung gem. § 547 BGB.[26] Die Einordnung als Baukostenzuschuss hat erhebliche Auswirkungen auf einen Bereicherungsausgleich gem. § 547 Abs. 1 S. 2 BGB (→ Rn. 46). Insbesondere bei Eigenleistungen des Mieters ist auf den Bezug zum Mietzins, dh eine Verrechnungsvereinbarung der Vertragsparteien, zu achten, da ein Mieter derartige Arbeiten oftmals aus reinem Eigeninteresse durchführt. Ohne Verrechnungsvereinbarung ist zwar eine Erstattung gem. § 547 BGB ausgeschlossen, es kommt aber ein (bereicherungsrechtlicher) Aufwendungsersatzanspruch bei vorzeitiger Beendigung des Vertrages in Betracht.[27] 9

---

[16] Nach dem II. Weltkrieg hatten anrechenbare und verlorene Baukostenzuschüsse eine große Bedeutung, auf die die Vermieter zur Schaffung von Wohnraum oftmals angewiesen waren.

[17] Blank/Börstinghaus/*Blank* BGB § 547 Rn. 4.

[18] Eine Vorauszahlung gem. § 547 BGB, die immer auf einer ausdrücklichen oder konkludenten Vereinbarung beruht, liegt aber nicht vor, wenn der Mieter länger Miete bezahlt als notwendig. Endet etwa der Vertrag voraussehbar zum 15. Tag eines Monats, zahlt aber der Mieter noch zu Anfang des Monats die volle Miete, so stellt dies keine Vorauszahlung, sondern eine rechtsgrundlose Zahlung dar.

[19] Etwa bei der „Leihe" von Büchern in öffentlichen Bibliotheken; bei die Beendigung des Vertrages durch vorzeitige Rückgabe ist ein Anspruch nach § 547 BGB aber jedenfalls stillschweigend abbedungen.

[20] Siehe etwa die Fallkonstellation in BGH VIII ZR 55/97, NJW 1998, 595.

[21] Die Problematik ist ähnlich wie bei §§ 566b, 566c BGB (→ BGB § 566b Rn. 31).

[22] Zur Periodizität des Mietzinses → BGB § 566b Rn. 30.

[23] Das ist der Unterschied zum Mieterdarlehen; näher → Rn. 10.

[24] BGH VIII ZR 91/58, NJW 1959, 874; BGH V ZR 333/01, NJW 2003, 1317; BGH VIII ZR 166/10, NZM 2012, 301 = WuM 2012, 210 = ZMR 2012, 432.

[25] BGH VIII ZR 91/58, NJW 1959, 874; BGH XII ZR 344/97, NJW 2000, 2987; BGH VIII ZR 166/10, NZM 2012, 301 = WuM 2012, 210 = ZMR 2012, 432.

[26] BGH VIII ZR 133/07, NJW 2008, 2256; BGH VIII ZR 63/69, NJW 1970, 2289; OLG Düsseldorf ZMR 1992, 110.

[27] Siehe dazu bei § 539; außerdem BGH XII ZR 43/02, NZM 2006, 15.

10 Auch ein **Darlehen,** das der Mieter dem Vermieter gewährt, kann eine Mietvorauszahlung sein, nämlich dann, wenn das Darlehen jeweils bei Fälligkeit der Darlehensrate durch die Verrechnung mit dem dann fälligen Mietzins getilgt werden soll und dadurch der Bezug zum Mietzins hergestellt wird.[28] Die tatsächliche Verrechnung von Miete und Darlehenstilgung durch die ständige Praxis der Vertragsparteien kann für die Qualifizierung eines Darlehens als Mietvorauszahlung gleichfalls ausreichen[29], ebenso die Erwähnung der Abwohnbarkeit in dem Darlehensvertrag; weitere, aber nicht zwingende Anhaltspunkte für eine Vorauszahlung sind neben der Verrechnungsabrede die Unkündbarkeit und Unverzinslichkeit des Darlehens.[30] Wird das Darlehen des Mieters dagegen erst mit oder nach der Beendigung des Mietvertrages zur Rückzahlung fällig, ist es also vorher nicht mit der Miete verrechnet worden, so ist zu untersuchen, ob es sich – ggf. trotz eines gewissen (inneren) Zusammenhangs mit dem Mietverhältnis – um ein „echtes" Darlehen handelt oder evtl. um eine Mietvorauszahlung, durch deren Vertragskonstruktion eine nach § 547 Abs. 2 BGB unzulässige Umgehung[31] der Erstattungspflicht beabsichtigt ist, oder um eine verdeckte Mietsicherheit, die bei der Wohnraummiete den Regeln des § 551 BGB zu unterwerfen wäre. Entscheidend für die Beantwortung der Frage ist, ob die Darlehenstilgung einen Bezug zum Mietzins hat.[32] Liegt danach in Wahrheit eine Mietvorauszahlung vor, so ist der Vermieter im Falle des Abs. 1 S. 1 – nicht hingegen bei einem Bereicherungsausgleich gem. Abs. 1 S. 2[33] – zur sofortigen Erstattung verpflichtet; entgegenstehende Vereinbarungen sind gem. § 547 Abs. 2 BGB unwirksam.[34] Eine Mietvorauszahlung als Mieterdarlehen unterscheidet sich von einem anrechenbaren Baukostenzuschuss dadurch, dass der Baukostenzuschuss zweckgebunden für das Mietobjekt zu verwenden ist, während der Vermieter in der Verwendung des Darlehensbetrages und sonstigen Mietvorauszahlungen frei ist.[35] Die Einordnung als Baukostenzuschuss hat erhebliche Auswirkungen auf den Bereicherungsausgleich gem. Abs. 1 S. 2 (→ Rn. 46).

11 Vereinbaren die Parteien eines **Grundstückskaufvertrages,** dass der Veräußerer das Grundstück mietet und ein Teil des Kaufpreises mit der zu zahlenden Miete verrechnet werden soll, so stellt der **Kaufpreisnachlass** ebenfalls eine Mietvorauszahlung dar.[36]

12 Auch **Betriebskostenvorauszahlungen** können ausnahmsweise Mietvorauszahlungen iSv § 547 BGB sein. Es ist wie folgt zu differenzieren: Der Begriff der Betriebskostenvorauszahlung darf nicht dazu verleiten, sie generell dem Anwendungsbereich des § 547 BGB zuzuordnen. Es handelt sich nämlich nicht um Vorauszahlungen auf die Zukunft, sondern um abzurechnende Abschläge, die monatlich fällig werden für eine Leistung, die der Vermieter zum Zeitpunkt der Abschlagszahlung erbringt. Insofern fehlt es an dem Zukunftselement, das einer Vorauszahlung gem. § 547 BGB immanent ist. Die Regelung ist deshalb auf Betriebskostenvorauszahlungen nur anwendbar, wenn diese für zukünftige Abrechnungsperioden gezahlt werden.

### 3. Verlorener (Baukosten-)Zuschuss

13 Verlorene (Baukosten-)Zuschüsse sind keine Mietvorauszahlungen iSv § 547 BGB. Im Unterschied zu anrechenbaren Baukostenzuschüssen (→ Rn. 9) werden sie nämlich nicht mit der Miete verrechnet, sind also **keine Gegenleistung für die Gebrauchsüberlassung.**[37] Sie werden meist

---

[28] BGH V ZR 333/01, NJW 2003, 1317; BGH VIII ZR 96/68, NJW 1970, 1125; zu möglichen Arten von Verrechnungsvereinbarungen s. *Bachmann* ZMR 1961, 33.

[29] BGH VIII ZR 96/68, NJW 1970, 1125; LG Berlin GE 1991, 1035.

[30] BGH VIII ZR 96/68, NJW 1970, 1125.

[31] BGH VIII ZR 166/70, NJW 1971, 1658.

[32] BGH V ZR 333/01, NJW 2003, 1317 Rn. 9.

[33] → Rn. 49.

[34] BGH VIII ZR 166/70, NJW 1971, 1658. Das Urteil hält eine solche Vereinbarung wohl nur hinsichtlich der Erstattungspflicht aus § 547 Abs. 1 S. 1 BGB für unzulässig, wenn es formuliert, dass der Mieter die Vorauszahlung „auf jeden Fall alsbald in vollem Umfang und nicht etwa nur ratenweise zurückerhält, es sei denn, dass die Beendigung des Mietverhältnisses vom Vermieter nicht zu vertreten und dieser nicht bereichert ist". Bei einem Bereicherungsausgleich gibt es ohnehin nur eine ratenweise Erstattung (→ Rn. 47).

[35] *Lindner-Figura/Oprée/Stellmann* Geschäftsraummiete-HdB/*Bartholomäi/Lindner-Figura/Stellmann* Kap. 10 Rn. 220.

[36] BGH XII ZR 344/97, NJW 2000, 2987.

[37] *Wunner* NJW 1966, 2285; OLG Düsseldorf NZM 2001, 1093.

neben der Zahlung des Mietzinses[38] in einer besonderen Zuschussvereinbarung[39] vorgesehen (als Geldzahlung oder als Erbringung von Sach- oder Arbeitsleistungen[40]), beruhen also auf einer Vereinbarung[41], um den Abschluss eines langfristigen Mietvertrages zu erreichen und das Objekt langfristig nutzen zu können.[42] Die Möglichkeit der weiteren langfristigen Nutzung ist kein zwingendes Merkmal der Zuschussvereinbarung, sie kann sich auch darin erschöpfen, den Mietvertragsschluss zu ermöglichen.[43] Die Zuschüsse dienen idR dem Bau, Ausbau, Umbau oder der Ausstattung[44] der Mietsache, weshalb allgemein von Baukostenzuschüssen gesprochen wird.[45] Wie erwähnt kann der Mieter bei Gewährung des Zuschusses von einer Mindestdauer des Mietverhältnisses ausgehen, ohne die er zur Zahlung des Zuschusses oder der Erbringung der Leistungen nicht bereit gewesen wäre, weil ihm der Vertrag insgesamt zu teuer erschienen wäre. Diese Vorstellung drückt sich oft in einer bestimmten Laufzeit des Vertrages aus. Ohne die Vereinbarung einer bestimmten Vertragsdauer kann aus der Vorstellung der Amortisation des Zuschusses nicht auf den (konkludenten) Ausschluss des Kündigungsrechtes geschlossen werden (oder auf eine ungerechtfertigte Härte iSv § 574 BGB), da die Parteien jedenfalls eine Vorstellung über den Zeitraum der Amortisation des Zuschusses haben und dem Mieter ein Ausgleichsanspruch für den Zuschussanteil zusteht, der nicht durch die bisherige Dauer des Vertrages als getilgt anzusehen ist.

Verlorene (Baukosten-)Zuschüsse sind **keine Vorauszahlungen.** Deshalb ist bei Beendigung des Mietvertrages § 547 BGB auf mögliche Ausgleichsansprüche des Mieters nicht anwendbar.[46] Hinsichtlich der Ausgleichsansprüche bei verlorenen Zuschüssen ist zwischen Wohnraummietverhältnissen und sonstigen Mietverhältnissen zu unterscheiden. 14

**a) Gewerbe- und Grundstücksmiete.** Bei anderen als Wohnraummietverhältnissen, also insbes. bei der Gewerberaum- und Grundstücksmiete, sind diejenigen Zuschussanteile, die durch die bisherige Dauer des Vertrages nicht als getilgt anzusehen sind, **nach bereicherungsrechtlichen Grundsätzen zu erstatten,** wenn der Zuschuss auch dem Zweck diente, das Objekt langfristig nutzen zu können. Der Bereicherungsanspruch gem. § 812 BGB scheitert nicht daran, dass der Zuschuss auf Grund der Zuschussvereinbarung der Parteien geleistet wurde; die Zuschussvereinbarung ist kein hinreichender Rechtsgrund für das Behaltendürfen. Wie ausgeführt verbindet der Mieter mit der Verpflichtung hierzu idR eine bestimmte Erwartung, nämlich die einer bestimmten Vertragsdauer[47] und der Amortisation des Zuschusses innerhalb dieser Zeit. Endet der Vertrag vorzeitig, wird die (vom Vermieter erkannte und geteilte[48]) Erwartung des Mieters enttäuscht und er kann den nicht durch die Nutzungszeit getilgten Teil des Zuschusses zurückverlangen.[49] Hatte der Mieter diese Erwartung hingegen nicht, sondern bezweckte er nur die Erreichung des Mietvertragsschlusses, kommt ein Bereicherungsausgleich nach vorzeitiger Beendigung des Vertrages nicht 15

---

[38] Ein verlorener Baukostenzuschuss kommt nicht nur bei Mietverträgen in Betracht, sondern auch bei anderen Arten der Nutzungsüberlassung, etwa bei Leihverträgen (vgl. BGH IVb ZB 153/82, NJW 1985, 315).

[39] *Wunner* NJW 1966, 2286; diese Zuschussvereinbarung muss aber nicht als solche bezeichnet sein, sie ist nur ein besonderer Bestandteil des eigentlichen Mietvertrages.

[40] BGH VIII ZR 166/10, NZM 2012, 301 Rn. 13.

[41] Zu Aufwendungen des Mieters aus anderen Gründen s. bei § 539.

[42] Sehr instruktiv BGH VIII ZR 152/83, NJW 1985, 313 für einen Leihvertrag; ferner *Wunner* NJW 1966, 2286 (2287) und OLG Düsseldorf NZM 2001, 1093.

[43] *Wunner* NJW 1966, 2286 (2287).

[44] Beispiele für Ausstattung sind Zahlungen des Mieters zur Errichtung einer Gemeinschaftsantenne (LG Aachen WuM 1986, 336) oder zur Anschaffung von Einrichtungsgegenständen, wenn diese nicht in das Eigentum des Mieters übergehen oder nicht dessen Wegnahmerecht unterliegen (LG Köln WuM 1990, 485).

[45] *Bachmann* ZMR 1961, 33.

[46] Auch → BGB § 539 Rn. 24.

[47] Bei einem auf unbestimmte Dauer geschlossenen Vertrag wird eine solche Erwartung allerdings nur in Ausnahmefällen berechtigt sein; ein Bereicherungsanspruch ohne eine berechtigte Erwartung einer bestimmten Vertragsdauer erscheint nicht möglich (vgl. BGH VIII ZR 54/58, NJW 1959, 1427).

[48] Eine Willensübereinstimmung ist notwendig (BGH II ZR 250/01, NJW 2004, 512).

[49] BGH XII ZR 66/07, NJW 2009, 2374; BGH VIII ZR 54/589, NJW 1959, 1427 und BGH VIII ZR 25/65, NJW 1967, 2256; *Bachmann* ZMR 1961, 37, die einen späteren Wegfalls des Rechtsgrundes (condictio ob causam finitam) annehmen. Richtigerweise dürfte es sich aber um eine Zweckverfehlung (condictio ob rem) handeln; so auch OLG Düsseldorf MDR 1990, 447 und *Wunner* NJW 1966, 2287; *Walker* LMK 2009, 284366 geht mit beachtlichen Argumenten von einer Eingriffskondiktion aus, weil zwar der Zuschuss eine Leistung sei, nicht aber die vorzeitige Nutzungsmöglichkeit, an Hand derer sich die Höhe der Bereicherung bemesse (dazu → Rn. 46).

in Betracht.[50] Ist der Zuschuss in Raten neben der Miete zu entrichten, entfällt mit dem Ende des Vertrages die Zahlungspflicht; ein weiterer Bereicherungsausgleich ist nicht notwendig.

16 Die meisten verlorenen Zuschüsse sind Baukostenzuschüsse bzw. vereinbarte Eigenleistungen des Mieters. Ihr Zweck erschöpft sich auch ohne besondere Absprache bzw. ohne gegenteilige Anhaltspunkte nicht in der Erreichung des Vertragsschlusses, sondern ist mit der **Erwartung der Amortisation** über eine bestimmte Mietzeit verbunden, ohne dass allerdings – wie bei einem anrechenbaren Zuschuss – eine bestimmte Verrechnung vereinbart wird. Bei der Ermittlung der zum Wertersatz nach § 818 Abs. 2 BGB verpflichtenden Bereicherung handelt es sich nach der Rspr. des BGH[51] um einen Unterfall des **bereicherungsrechtlichen Aufwendungsersatzes**[52] und es ist – genauso wie bei dem bereicherungsrechtlichen Ausgleich eines anrechenbaren Baukostenzuschusses gem. § 547 Abs. 1 S. 2 BGB[53] – zu berücksichtigen, dass der Baukostenzuschuss mit der Errichtung des Bauwerks ungeachtet der vorzeitigen Vertragsbeendigung zunächst seine entsprechend der Zuschussvereinbarung bestimmungsgemäße Verwendung gefunden hat. Demgemäß ist die Bereicherung weder nach den mit dem Zuschuss gedeckten Baukosten noch nach der durch die Mieterleistung geschaffenen Werterhöhung des Bauwerks zu bemessen, sondern es ist nur auf die Vorteile abzustellen, die der Vermieter daraus erzielen kann, dass er vorzeitig in den Genuss derjenigen Nutzungsmöglichkeit des vermieteten Objekts gelangt ist, die dem Mieter für die Zeit nach tatsächlicher Vertragsbeendigung bis zum an sich vorgesehenen Vertragsablauf[54] oder bis zu der vorgesehenen Amortisationsdauer entgangen ist. Die Sachlage ist vergleichbar dem Bereicherungsausgleich für anrechenbare Baukostenzuschüsse gem. § 547 Abs. 1 S. 2 BGB. Zu den Einzelheiten und Ausnahmen → Rn. 46.

17 *frei*

18 Der Bereicherungsanspruch unterliegt der Regelverjährung des § 195 BGB und nicht der kurzen **Verjährung** des § 548 Abs. 2 BGB.[55]

19 Die **Abbedingung** des Anspruchs durch Vereinbarung des Ausschlusses der Rückerstattung des verlorenen Zuschusses ist individualvertraglich zulässig, muss aber eindeutig erkennen lassen, dass der Ausschluss auch für den Fall der vorzeitigen Vertragsbeendigung gelten soll.[56]

20 **b) Wohnraummiete.** Für Wohnraummietverhältnisse gibt es eine besondere gesetzliche Regelung für die Erstattung verlorener Zuschüsse, nämlich das Baukostenzuschussgesetz.[57] Dazu → BGB § 539 Rn. 23 ff.; zum Konkurrenzverhältnis zu § 547 BGB → BGB § 539 Rn. 9.

21 **c) Vermieterwechsel.** Der **Erwerber muss** bei einem Vermieterwechsel gem. § 566 BGB den Bereicherungsanspruch bzw. den Erstattungsanspruch gem. § 346 BGB (iVm dem Baukostenzuschüsse-Rückerstattungsgesetz) **erfüllen.** Nach § 566 BGB tritt er nämlich für die Zeit seines Eigentums in alle Rechte und Pflichten aus dem Mietvertrag ein. Das setzt voraus, dass es sich bei der Erstattungspflicht bzw. bei dem Bereicherungsausgleich um eine mietvertragliche Pflicht handelt und der Anspruch nach dem Eigentumsübergang fällig wird.[58] Letzteres ist ohne Weiteres der Fall, da der Erstattungsanspruch bzw. der Bereicherungsausgleich erst mit der Beendigung des Mietverhältnisses entstehen (→ Rn. 44, 51). Als mietvertraglich sind die Ansprüche ebenfalls zu qualifizieren. Zwar beruht die Leistung des verlorenen Baukostenzuschusses, wie dargelegt, auf einer Zusatzvereinbarung. Dabei handelt es sich aber nicht um einen gesonderten,

---

[50] *Wunner* NJW 1966, 2286 (2287).

[51] StRspr., s. nur BGH VIII ZR 54/58, NJW 1959, 1424; BGH VIII ZR 91/58, NJW 1959, 872; BGH VIII ZR 139/62, NJW 1964, 37; BGH VIII ZR 2/66, NJW 1968, 888; BGH VIII ZR 152/83, NJW 1985, 313; BGH XII ZR 202/94, ZMR 1996, 122; BGH XII ZR 43/02, NZM 2006, 15 und OLG Düsseldorf NZM 2001, 1093; zur Kritik an dieser Rspr. → Rn. 48.

[52] Siehe zB BGH XII ZR 43/02, NZM 2006, 15 und OLG Düsseldorf NZM 2007, 644.

[53] BGH VIII ZR 54/58, NJW 1959, 1424; danach sind Vorauszahlungen und verlorene Zuschüsse bei der Bemessung der zu erstattenden Bereicherung im Ansatz gleich zu behandeln. Zu anrechenbaren Zuschüssen → Rn. 46.

[54] Siehe BGH XII ZR 43/02, NZM 2006, 15 und BGH XII ZR 202/94, ZMR 1996, 122 zu der Begrenzung des Bereicherungsausgleichs auf die vorgesehene Vertragslaufzeit.

[55] BGH VIII ZR 2/66, NJW 1968, 888; OLG Düsseldorf NZM 2001, 1093.

[56] BGH VIII ZR 25/65, NJW 1967, 2255.

[57] Eingeführt durch Art. VI des Gesetzes zur Änderung des II. Wohnungsbaugesetzes, anderer wohnungsrechtlicher Vorschriften und über die Rückerstattung von Baukostenzuschüssen v. 21.7.1961, zuletzt geändert durch das Mietrechtsreformgesetz v. 19.6.2001, BGBl. 2001 I 1149.

[58] Zum Fälligkeitsprinzip → BGB § 566 Rn. 86 und zur Qualifizierung als mietvertragliche Pflicht bei → BGB § 566 Rn. 88.

vom Mietverhältnis unabhängigen Vertrag, sondern um eine Abrede, die dem Abschluss und/ oder der Durchführung des Vertrages dienen soll, die also dessen Bestandteil ist. Es kann iÜ hinsichtlich des Bereicherungsausgleichs (und des Erstattungsanspruchs nach dem Baukostenzuschüsse-Rückerstattungsgesetz als dessen gesetzliche Ausprägung für die Wohnraummiete) für die Anwendung von § 566 BGB nichts anderes gelten als allgemein für bereicherungsrechtliche Aufwendungsersatzansprüche, da es sich bei dem Bereicherungsausgleich von verlorenen Baukostenzuschüssen um einen Unterfall des bereicherungsrechtlichen Aufwendungsersatzes (→ Rn. 16 und → BGB § 566 Rn. 136) handelt. Zu der Problematik, ob der Mieter gegen seinen früheren Vermieter Schadensersatzansprüche haben kann, wenn der Ersteher in der Zwangsversteigerung von seinem Sonderkündigungsrecht gem. § 57 a ZVG Gebrauch macht, → BGB § 566 Rn. 145.

Die Anwendung des § 566 BGB ist nicht beschränkt auf den **rechtsgeschäftlich bedingten Eigentumsübergang,** den Erwerber eines Grundstücks trifft die Pflicht zum Bereicherungsausgleich vielmehr auch dann, wenn der Eigentumsübergang durch **Zuschlag in der Zwangsversteigerung** erfolgt ist.[59] Die gegenteilige Ansicht des OLG Düsseldorf[60], das – außer bei der Wohnraummiete[61] – einen Übergang des Anspruchs auf den Erwerber verneint und sich insbes. auf ältere Rspr. des BGH[62] bezieht, ist mit dem Gesetz nicht vereinbar. Der Verweis in § 57 ZVG auf § 566 BGB ist einschränkungslos. Wohl deshalb argumentieren die beiden vom OLG Düsseldorf in Bezug genommene Urteile des BGH auch nicht mit einer Einschränkung des § 566 BGB, sondern rein bereicherungsrechtlich. Das ältere der beiden Urteile[63] verneint bereicherungsrechtliche Ansprüche, weil die Möglichkeit zur Erzielung eines höheren Mietzinses ihren Rechtsgrund in dem gesetzlichen Kündigungsrecht des Erstehers gem. § 57 a ZVG habe. Diese Argumentation ist aus heutiger Sicht nicht mehr tragfähig, weil sie gleichermaßen für einen rechtsgeschäftlichen Grundstückserwerb gelten müsste, wenn der Erwerber als neuer Vermieter ein bestehendes Recht zur Kündigung wahrnimmt. Außerdem ist sie monokausal auf das Sonderkündigungsrecht gem. § 57 a BGB bezogen und blendet – anders als die sonstige Rspr. des BGH – aus, dass zur Erzielung des Vermögensvorteils nicht nur die Vertragsbeendigung notwendig ist, sondern auch die Erbringung des verlorenen Baukostenzuschusses durch den (vorzeitig) gekündigten Mieter. Abgesehen davon hatte das Urteil nicht einen verlorenen Baukostenzuschuss zum Gegenstand, sondern einen anrechenbaren Zuschuss, also eine Mietvorauszahlung. Hierfür galt damals § 555 BGB, die Vorvorgängernorm des heutigen § 547 BGB, die der BGH auch angewendet hat; für einen Rückgriff auf das Bereicherungsrecht bestand also eigentlich kein Anlass. Das neuere der beiden vom OLG Düsseldorf in Bezug genommenen BGH-Urteile[64] betraf allerdings einen verlorenen Baukostenzuschuss. Es verweist auf das ältere Urteil und fügt hinzu, nur der ursprünglich Berechtigte sei der unmittelbar Bereicherte. Das ist zwar in dem Sinne richtig, dass der ursprüngliche Vermieter und nicht der Ersteher den Baukostenzuschuss erhalten hat; der Zuschuss ist aber in das Mietobjekt geflossen und hat zu einer Erhöhung der Ertragskraft geführt, die nach einem Eigentumswechsel nur der Ersteigerer im Falle der vorzeitigen Beendigung des Mietverhältnisses nutzen kann, weswegen ein Ersteigerer genauso bereichert ist wie ein rechtsgeschäftlicher Erwerber.[65] Mit genau dieser bereicherungsrechtlichen Argumentation hat der BGH[66] schon 2005 bei einem rechtsgeschäftlich bedingten Eigentumsübergang eine Erstattungspflicht des Erwerbers nach ertragswertsteigernden Investitionen des Mieters bejaht, ohne auf die geschilderte frühere Rspr. einzugehen; im Jahre 2009 hat der BGH[67] diese Argumentation auf einen Erwerb in der Zwangsversteigerung übertra- 22

---

[59] BGH XII ZR 66/07, NJW 2009, 2374.

[60] OLG Düsseldorf NZM 2007, 644. Die Revision hiergegen war erfolgreich (BGH XII ZR 71/07, NZM 2009, 783). Der BGH hat die Entscheidung des OLG Düsseldorf aus den nachfolgend dargestellten Gründen aufgehoben; das Urteil in BGH XII ZR 71/07, NZM 2009, 783 entspricht fast wortgleich einer in BGH XII ZR 66/07, NJW 2009, 2374 veröffentlichten Parallelentscheidung.

[61] Lindner-Figura/Oprée/Stellmann Geschäftsraummiete-HdB/*Bartholomäi/Lindner-Figura/Stellmann* Kap. 10 Rn. 228 halten den Erwerber allg., also auch bei Wohnraummietverhältnissen nicht für verpflichtet; so wohl auch *Bachmann* ZMR 1961, 37.

[62] BGH V ZR 4/54, NJW 1955, 302; BGH VIII ZR 156/59, ZMR 1961, 101.

[63] BGH V ZR 4/54, NJW 1955, 302.

[64] BGH VIII ZR 156/59, ZMR 1961, 101.

[65] **AA** *Eckert* NZM 2009, 769.

[66] BGH XII ZR 43/02, NZM 2006, 15.

[67] BGH XII ZR 66/07, NJW 2009, 2374.

gen. Damit hat er die frühere Rspr. konkludent aufgegeben. Das OLG Düsseldorf[68] hält eine Differenzierung nach der Art des Eigentumsübergangs wohl jedenfalls bei verlorenen Baukostenzuschüssen (anders als bei Mietvorauszahlungen) dann für angebracht, wenn die Vereinbarung über den Baukostenzuschuss entgegen dem Schriftformerfordernis des § 550 BGB nicht in der Vertragsurkunde enthalten ist. Das gebiete der Schutz der Realgläubiger und die Notwendigkeit, in der Zwangsvollstreckung angemessene Erlöse zu erzielen. Es ist aber nicht ersichtlich, warum – als Folge davon – die Ersteher gegenüber dem rechtsgeschäftlichen Erwerber bevorzugt werden sollen. Dies zumal, als anerkanntermaßen ein Erwerber auch an Mietverhältnisse gebunden ist, von denen er nichts wusste[69]; das muss dann erst Recht für einzelne mietvertragliche Vereinbarungen gelten.

23 Der Bereicherungsausgleich bzw. der Erstattungsanspruch nach dem Baukostenzuschüsse-Rückerstattungsgesetz sind nicht durch §§ 566 b, 566 c BGB begrenzt, da die Leistung eines verlorenen Baukostenzuschusses (im Gegensatz zum anrechenbaren Baukostenvorschuss) per Definition gerade **keine Verfügung iSv §§ 566 b, 566 c BGB** über den Mietzins oder eine Vereinbarung darüber darstellt.

## II. Vertragsbeendigung

24 Mietvorauszahlungen gem. § 547 BGB sind mit Beendigung des Mietvertrages zu erstatten. Abzustellen ist auf das **rechtliche Ende des Vertrages** (ggf. einschließlich einer stillschweigenden Verlängerung gem. § 545 BGB) und nicht auf die Rückgabe bzw. den Zeitpunkt, ab dem der Mieter keine Nutzungsentschädigung mehr schuldet.[70] Das folgt nicht nur aus dem Wortlaut von § 547 BGB, sondern vermeidet auch Ungereimtheiten bei der Anwendung von § 566 BGB, wenn das Eigentum an dem Mietgrundstück nach rechtlichem Vertragsende aber vor Rückgabe übergeht. Vor Vertragsende muss der Vermieter Vorauszahlungen auch dann nicht erstatten bzw. ist dem Mieter ein Zurückbehaltungsrecht wegen des Erstattungsanspruchs verwehrt, wenn der Vermieter in Vermögensverfall gerät[71], da der Erstattungsanspruch noch nicht fällig und § 321 BGB mangels Gegenseitigkeit von Mietzahlungspflicht und Erstattungsanspruch vor Vertragsende nicht anwendbar ist.

25 **Die Art der Vertragsbeendigung ist belanglos**[72]: § 547 BGB gilt für die ordentliche und die außerordentliche Kündigung und auch dann, wenn sie durch den Insolvenzverwalter gem. § 109 InsO, durch den Erwerber gem. § 111 InsO oder den Ersteigerer gem. § 57 a ZVG[73] erfolgt, außerdem für die Beendigung durch Zeitablauf und für die einverständliche Aufhebung des Vertrages.[74] Zur Beendigung eines Vertrages mit Nachfolgeklausel, also für den Eintritt eines Nachmieters in den Vertrag → Rn. 31. Eine **Anfechtung** vernichtet den Mietvertrag mit ex-tunc Wirkung[75], so dass es auf Grund dieser Rückwirkungsfiktion nie einen wirksamen Vertrag gab; mangels Rechtsgrundes für die Vorauszahlungen ist nicht § 547 BGB, sondern Bereicherungsrecht anzuwenden.[76]

---

[68] OLG Düsseldorf NZM 2007, 644; ähnlich *Eckert* NZM 2009, 769, der allerdings nicht ausdrücklich auf den Schriftformverstoß abstellt, sondern allgemein darauf, dass ein Ersteher aus den in der Zwangsvollstreckung zugänglichen Unterlagen meist die Wertverbesserungen des Mieters nicht ersehen könne; *Eckert* verneint deshalb einen Bereicherungsanspruch des Mieters gegen den Ersteher in allen Fällen, in denen das Mietverhältnis gem. § 57a ZVG beendet wird, und will dem Mieter stattdessen einen Schadensersatzanspruch gegen den ursprünglichen Vermieter gewähren (→ BGB § 566 Rn. 145).

[69] → BGB § 566 Rn. 85.

[70] IErg ebenso Staudinger/*Rolfs* BGB § 547 Rn. 23; AnwK WohnraummietR/*Lammel* BGB § 547 Rn. 5 und BGH VIII ZR 54/58, NJW 1959, 1428, wenn dort auf den Zeitpunkt des Wirksamwerdens der Kündigung abgestellt wird. Für die Maßgeblichkeit der Rückgabe Blank/Börstinghaus/*Blank* BGB § 547 Rn. 11.

[71] Blank/Börstinghaus/*Blank* BGB § 547 Rn. 11.

[72] Staudinger/*Rolfs* BGB § 547 Rn. 12.

[73] BGH V ZR 4/54, NJW 1955, 302.

[74] MüKoBGB/*Bieber* § 547 Rn. 3; **aA** *Strutz* NJW 1968, 1956, weil der Mieter sich bei der einverständlichen Vertragsaufhebung durch entsprechende Vereinbarung die Rückerstattung der Vorauszahlungen sichern könne; diese Ansicht geht fehl, weil der Mieter gerade im Vertrauen auf § 547 BGB, der hinsichtlich der Beendigungsgründe keine Differenzierung enthält, eine diesbezügliche vertragliche Vereinbarung unterlassen kann.

[75] BGH XII ZR 67/06, NJW 2009, 1266.

[76] MüKoBGB/*Bieber* § 547 Rn. 3.

## D. Erstattungsanspruch

### I. Allgemeines

26 Der Anspruch auf Erstattung ist **vertraglicher Natur** und nicht eine bloße Entschädigung; das gilt auch, wenn der Vermieter gem. § 547 Abs. 1 S. 2 BGB die bei ihm vorhandene Bereicherung herauszugeben hat, weil es sich nur um eine Rechtsfolgenverweisung handelt, die den mietvertraglichen Charakter des Anspruchs nicht ändert.[77] Der Erstattungsanspruch wird sofort mit Vertragsbeendigung fällig[78]; zu Ausnahmen (insbes. bei anrechenbaren Baukostenzuschüssen und bei Mieterdarlehen) → Rn. 46, 49. Weil sich das Vertragsende stets kalendermäßig feststellen lässt, tritt gem. § 286 Abs. 2 Nr. 1 BGB auch sofort **Verzug** ein.[79] Gegenüber dem Erstattungsanspruch aus § 547 BGB kann der Vermieter bei verspäteter Rückgabe mit seinen Ansprüchen auf Nutzungsentschädigung und Schadensersatz **aufrechnen** bzw. – soweit die Schadensersatz- und Nutzungsentschädigungsansprüche noch nicht entstanden sind – ein Zurückbehaltungsrecht gem. § 273 BGB geltend machen.[80] In diesen Fällen (bei Ausübung des ZbR, nicht schon bei dessen Bestehen) kommt der Vermieter auch nicht in Verzug mit der Erstattung.[81]

27 Die **Verjährung** des Erstattungsanspruchs richtet sich nach § 195 BGB; er verjährt innerhalb der Regelverjährungsfrist von drei Jahren. Die sechsmonatige Verjährungsfrist des § 548 Abs. 2 BGB gilt auch dann nicht, wenn die Parteien einen Aufwendungsersatzanspruch des Mieters aus §§ 536a Abs. 2, 539 Abs. 1 BGB als Mietvorauszahlung behandeln.[82]

### II. Schuldner des Anspruchs (einschließlich Vermieterwechsel)

28 Schuldner des Erstattungsanspruchs ist derjenige, der zum Zeitpunkt der Beendigung des Mietverhältnisses **Vermieter** ist. Erstattungspflichtig ist also ggf. der **Einzel- oder Gesamtrechtsnachfolger.**[83] Das gilt auch bei einer Rechtsnachfolge[84] gem. § 566 BGB (einschließlich der Verweisungen auf diese Vorschrift, insbes. in § 57 ZVG für die Zwangsversteigerung)[85]; die Begründung hierfür ist ähnlich wie bei dem Übergang des Ausgleichsanspruchs für einen verlorenen Baukostenzuschuss (→ Rn. 21). Anders als bei einem verlorenen Baukostenzuschuss sind allerdings für die Erstattungspflicht von Mietvorauszahlungen durch den Erwerber die Regelungen des § 566c BGB zu beachten[86], weil es sich bei Mietvorauszahlungen um Vereinbarungen über den Mietzins handeln kann, die in die Eigentumszeit des Erwerbers wirken (s. zu Einzelheiten, auch zu den Besonderheiten der Behandlung von anrechenbaren Baukostenzuschüssen, bei der Kommentierung zu § 566c BGB). Die Beteiligten können jedoch vereinbaren, dass der Erwerber ohne die Beschränkung des § 566c BGB an die Absprachen des Vermieters mit dem Mieter über die Mietvorauszahlungen gebunden ist. Dann trifft ihn auch die Erstattungspflicht gem. § 547 BGB in vollem Umfang. Auf eine solche Vereinbarung sind die Regeln über die befreiende Schuldübernahme

---

[77] Grdl. BGH VIII ZR 63/69, NJW 1970, 2290; außerdem BGH V ZR 4/54, NJW 1955, 303, LG Berlin GE 1991, 1035.

[78] Blank/Börstinghaus/*Blank* BGB § 547 Rn. 11. Soweit eine Abrechnungsfrist für den Vermieter diskutiert wird (s. Nachweise bei Blank/Börstinghaus/*Blank* BGB § 547 Rn. 10), überzeugt das nicht, weil dem eine entsprechende Abrechnungspflicht des Vermieters zu Grunde liegen müsste. Es kann sich aber allenfalls um eine Obligation handeln, um den Verzugsfolgen zu entgehen; ansonsten ist es Sache des Mieters wie jedes Anspruchstellers seine Forderung zur Vorbereitung der Geltendmachung zu berechnen. Anders ist es nur bei der Mietsicherheit; die dortige Abrechnungspflicht des Vermieters folgt aber aus der Kautionsabrede und dem Treuhandverhältnis.

[79] Staudinger/*Rolfs* BGB § 547 Rn. 23.

[80] AnwK WohnraummietR/*Lammel* BGB § 547 Rn. 5.

[81] BGH VIII ZR 101/69, NJW 1971, 421.

[82] BGH VIII ZR 133/07, NJW 2008, 2256; BGH VIII ZR 63/69, NJW 1970, 2289 (2290).

[83] Staudinger/*Rolfs* BGB § 547 Rn. 37.

[84] Zu der umstrittenen Frage, ob § 566 BGB eine Rechtsnachfolge anordnet, → BGB § 566 Rn. 9.

[85] BGH V ZR 4/54, NJW 1955, 302; BGHZ 53, 35; BGH VIII ZR 130/68, NJW 1970, 93; LG Berlin GE 1991, 1035; eine Zusammenstellung der Verweisungen auf § 566 BGB findet sich bei → BGB § 566 Rn. 19ff.

[86] BGH VIII ZR 130/68, NJW 1970, 93. Soweit das LG Berlin GE 1991, 1035 meint, Mieterdarlehen, die als Mietvorauszahlung zu qualifizieren seien, fielen allgemein nicht unter § 566c BGB, beruht das wohl auf einem Missverständnis der in Bezug genommenen Entscheidung BGH VIII ZR 98/61, NJW 1962, 1860, die dies nur für Mieterdarlehen in Form von anrechenbaren Baukostenzuschüsse ausgesprochen hatte.

anzuwenden, dh alle Beteiligten müssen mit der Übernahme durch den Erwerber und der Entlassung des Veräußerers aus der Schuld einverstanden sein.[87]

29 Soweit der Erwerber die Vereinbarung über die Anrechnung der Mietvorauszahlung und damit die Erstattungspflicht nicht vertraglich übernommen hat und sie deshalb gem. § 566c BGB ihm gegenüber beschränkt ist, kann der Mieter von dem Veräußerer **(früheren Vermieter)** Schadensersatz gem. § 280 BGB verlangen; die Abrede über die Verrechnung der Vorauszahlung ist nämlich dahingehend auszulegen, der Vermieter wolle dem Mieter dafür einstehen, dass die Verrechnung während der vorgesehenen Vertragsdauer möglich ist und nicht im Falle der (ggf. auch mehrfachen) Veräußerung des Mietgrundstücks wegen §§ 566b, 566c BGB unwirksam wird.[88]

## III. Gläubiger des Anspruchs (einschließlich Nachmieter)

30 Gläubiger des Erstattungsanspruchs aus § 547 BGB ist der **Mieter.** Das gilt auch dann, wenn ein Dritter gem. § 267 BGB die Mietvorauszahlung für den Mieter erbracht hat, da es sich um die im Voraus erbrachte Gegenleistung des Mieters für die Gebrauchsüberlassung handelt. Mehrere Mieter sind idR Mitgläubiger gem. § 432 BGB[89]; die Abtretung der Forderung ist zulässig.

31 Ist ein Mieter, der einen **Nachmieter** gestellt hat (auf Grund einer vertraglichen Nachfolgerklausel oder gem. § 242 BGB[90]), aus dem Vertrag entlassen worden und hat der Nachmieter dem Mieter die noch nicht abgewohnte Mietvorauszahlung ausbezahlt[91], so steht dem Nachmieter bei vorzeitiger Beendigung des Mietverhältnisses der Erstattungsanspruch gem. § 547 BGB gegen den Vermieter zu; die technische Umsetzung des Mieterwechsels, etwa durch Abschluss eines neuen Vertrages, spielt keine Rolle, entscheidend ist, dass der Wechsel sich in Erfüllung des Rechtes auf Nachmieterstellung vollzieht.[92] Ist hingegen zwischen Mieter und Nachmieter kein Ausgleich erfolgt, so kann der Mieter den Erstattungsanspruch sofort bei seinem Ausscheiden aus dem Vertrag und nicht erst bei Beendigung des Vertrages zwischen Vermieter und Nachmieter gegen den Vermieter geltend machen.[93] Das kann zwar den Vermieter belasten, der die Vorauszahlung vorzeitig erstatten muss, folgt aber bei Wohnraummietverhältnissen wohl zwingend aus § 547 Abs. 2 BGB, der ein Abweichen von dem sofortigen Erstattungsanspruch bei Ende des Vertrages verbietet. Bei anderen Mietverhältnissen müssten die Parteien eine Abweichung angesichts des Wortlauts von § 547 Abs. 1 BGB ausdrücklich vereinbaren. Überdies hätte der Vermieter die ihm ungewünschte Folge der Erstattungspflicht nach dem Mieterwechsel dadurch abwenden können, dass er einer Nachmiete ohne einen Ausgleich zwischen den Mietern nicht zugestimmt hätte. Zu einer Zustimmung wäre er nämlich nicht verpflichtet gewesen, weil die (vorzeitige) Erstattungspflicht für ihn einer Vertragsänderung gleichkommt.

## IV. Vertretenmüssen der Vertragsbeendigung

32 Gemäß § 547 Abs. 1 S. 1 BGB hat der Vermieter dem Mieter die Mietvorauszahlungen (nebst Zinsen) ohne weitere Bedingungen zu erstatten. Eine **Einschränkung der Erstattungspflicht** ergibt sich aber aus § 547 Abs. 1 S. 2 BGB. Danach muss der Vermieter das Erlangte nur nach den Vorschriften über die Herausgabe einer ungerechtfertigten Bereicherung herausgeben, wenn er die Beendigung des Mietverhältnisses nicht zu vertreten hat. Das kann für den Vermieter eine Erleichterung sein (→ Rn. 45 ff.). Positiv formuliert bedeutet das: Hat der Vermieter die Beendigung des Vertrages zu vertreten, gilt die uneingeschränkte Erstattungspflicht aus § 547 Abs. 1 S. 1 BGB, hat

---

[87] BGH VIII ZR 169/64, NJW 1966, 1703.

[88] BGH VIII ZR 169/64, NJW 1966, 1703. In dem vom BGH entschiedenen Fall hatte der erste Erwerber die Vereinbarung zur Anrechnung der Vorauszahlungen übernommen, nicht aber der weitere Erwerber bei der darauffolgenden Zwangsversteigerung; der BGH diskutierte auch die Frage, unter welchen Voraussetzungen der ursprüngliche Vermieter aus seiner Haftung entlassen wird.

[89] MüKoBGB/*Häublein* § 535 Rn. 59; *Kraemer* NZM 2002, 470.

[90] Siehe dazu → BGB § 542 Rn. 192.

[91] Die Erfüllung in der Höhe, die auch der Vermieter schulden würde, ist entscheidend, nicht das Bestehen eines Anspruchs gegen den Nachmieter, da der Mieter ansonsten den Erstattungsanspruch aus § 547 BGB gegen den Vermieter ohne echte Kompensation verlöre, was jedenfalls bei Wohnraummietverhältnissen gegen § 547 Abs. 2 BGB verstoßen würde (vgl. Staudinger/*Rolfs* BGB § 547 Rn. 40).

[92] BGH VIII ZR 163/64, NJW 1966, 1705.

[93] Staudinger/*Rolfs* BGB § 547 Rn. 40.

der Mieter sie zu vertreten, gilt Bereicherungsrecht. Aus der negativen Formulierung der Gesetzesfassung ergibt sich aber, dass die Erstattung nach § 547 Abs. 1 S. 1 BGB die Regel und der Bereicherungsausgleich die Ausnahme ist. Das wiederum hat zur Folge, dass den Vermieter in Zweifelsfällen oder bei beiderseitigem Vertretenmüssen die uneingeschränkte Erstattungspflicht (nebst Verzinsung) trifft und dass er **beweisen** muss, dass und warum er die Vertragsbeendigung nicht zu vertreten hat. Das gilt auch im Falle einer ordentlichen Kündigung[94]; der Mieter hat hier aber im Wege der sekundären Darlegungslast zunächst zu behaupten, warum der Vermieter die ordentliche Kündigung zu vertreten habe, und der Vermieter muss dies widerlegen. Wenn in einem Rechtsstreit nichts zum Grund der Vertragsbeendigung vorgetragen wird, kommt eine Beschränkung auf den Bereicherungsausgleich nicht in Betracht.

Nach dem Gesetzeswortlaut darf der Vermieter die Beendigung des Vertrages nicht zu vertreten haben. Der Vermieter hat die Vertragsbeendigung zu vertreten, wenn ihm **die Vertragsbeendigung objektiv zugerechnet** werden kann, wenn der Grund hierfür also aus seiner Sphäre stammt.[95] Vertretenmüssen ist nicht gleichzusetzen mit Verschulden, Verschulden ist nur eine Form des Vertretenmüssens. Vertretenmüssen bedeutet vielmehr Zurechnung.[96] Was zurechenbar ist, ergibt sich aus § 276 BGB; die Vorschrift ist zwar gesetzessystematisch nur den Sekundäransprüchen zugeordnet, aber dennoch für alle Ansprüche maßgeblich, bei denen es auf Zurechenbarkeit ankommt.[97] Nach § 276 BGB muss ein Schuldner grds. nur Vorsatz und Fahrlässigkeit, also Verschulden, vertreten; das gilt aber vorbehaltlich abweichender Absprachen oder abweichender gesetzlicher Anordnungen.[98] Eine solche abweichende gesetzliche Anordnung ist in dem Zweck des § 547 BGB zu sehen. Mietvorauszahlungen verändern das gesetzliche Leistungsgefüge, weil hierdurch der Mieter teilweise für eine lange Zeit vorleistungspflichtig ist. Oftmals geschieht das, um dem Vermieter Liquidität für die Erbringung der geschuldeten Gegenleistung, der Gebrauchsüberlassung, zu verschaffen. Beide Parteien gehen dabei davon aus, dass die Vorausleistung während der beabsichtigten Dauer des Mietverhältnisses abgegolten werden wird. Geschieht das nicht, hat der Vermieter zu viel an Miete erlangt und muss sie erstatten. Da er sich aber auf die beabsichtigte Dauer des Vertrages eingestellt und möglicherweise finanziell entsprechend disponiert hat, kann ihm die uneingeschränkte Erstattungspflicht nur dann auferlegt werden, wenn die Ursache für die Beendigung aus seiner Sphäre stammt. Ein Verschulden ist nicht notwendig, der Vermieter ist mit seinen Dispositionen schon dann nicht mehr schützenswert, wenn die Ursache der Vertragsbeendigung ihm zurechenbar ist; das Interesse des Mieters, die ohne Gegenleistung erbrachte Vorauszahlung wiederzuerlangen, überwiegt dann. 33

Unerheblich ist allerdings, wer den **äußeren Akt der Vertragsbeendigung** vollzogen hat und wie die Beendigung rechtstechnisch umgesetzt wurde. Deutlich wird das am Beispiel der ordentlichen Kündigung des Mieters, die ohne Kündigungsgrund erklärt werden kann. Anlass für die Kündigung kann etwa die Unzufriedenheit mit den Wohnverhältnissen wegen Familienzuwachses sein; diese Beendigung hätte der Vermieter nicht zu vertreten. Anlass kann aber auch ein mangelhafter Zustand der Wohnung oder ein Verhalten des Vermieters sein, wegen dessen der Mieter nur deshalb nicht außerordentlich kündigt, weil er einen Rechtsstreit mit dem Vermieter über die Berechtigung der Kündigung scheut.[99] In diesem Fall hätte der Vermieter die Vertragsbeendigung zu vertreten. Notwendig ist aber, dass der Mieter tatsächlich hätte außerordentlich kündigen können; ansonsten würde an ein Verhalten des Vermieters eine Kündigungsfolge geknüpft, ohne dass ein Kündigungsgrund vorgelegen hätte. 34

Für die **einzelnen Beendigungstatbestände** gilt folgendes: 35

Bei der **ordentlichen Kündigung des Mieters** und der eher exotischen Kündigung gem. § 544 BGB kommt es – wie ausgeführt – darauf an, ob es einen tieferliegenden Anlass für die Kündigung gibt, der dem Vermieter zugerechnet werden kann. Ist das nicht der Fall, hat er die Kündigung nicht zu vertreten.[100] Umgekehrt ist es bei der ordentlichen Kündigung des Vermieters gem. 36

---

[94] **AA** MüKoBGB/*Bieber* § 547 Rn. 14.

[95] IErg ebenso Blank/Börstinghaus/*Blank* BGB § 547 Rn. 16; AnwK WohnraummietR/*Lammel* BGB § 547 Rn. 8.

[96] MüKoBGB/*Grundmann*, 8. Aufl. 2018, § 276 Rn. 4.

[97] MüKoBGB/*Grundmann*, 8. Aufl. 2018, § 276 Rn. 2, 11.

[98] MüKoBGB/*Grundmann*, 8. Aufl. 2018, § 276 Rn. 10.

[99] Ähnlich Staudinger/*Rolfs* BGB § 547 Rn. 14.

[100] **AA** Herrlein/Kandelhard/*Kandelhard*, 4. Aufl. 2010, BGB § 547 Rn. 11, weil sich der Vermieter auf eine ordentliche Kündigung einzustellen habe, was aus den Wertungen des Rücktrittsrechts folge. Abgesehen davon,

§ 573a BGB; hier ist das Vertretenmüssen des Vermieters ausgeschlossen, wenn der tiefergehende Anlass auch zur außerordentlichen Kündigung berechtigen würde. Bei der **ordentlichen Kündigung des Vermieters** gem. § 573 BGB ist nach dem Interesse zu differenzieren, auf das der Vermieter die Kündigung stützt. Schuldhafte Pflichtverletzungen des Mieters (§ 573 Abs. 2 Nr. 1 BGB) hat er nicht zu vertreten, aus seiner Sphäre stammen aber der Eigenbedarf (§ 573 Abs. 2 Nr. 2 BGB)[101], das Interesse an einer angemessenen wirtschaftlichen Verwertung (§ 573 Abs. 2 Nr. 3 BGB)[102], außerdem die Teilkündigung gem. § 573b BGB.

**37** Verhaltenskündigungen und Kündigungen **wegen Verletzung vertraglicher Pflichten** hat derjenige zu vertreten, wegen dessen Verhalten bzw. Pflichtverletzung gekündigt wird.[103] Das betrifft die Tatbestände der §§ 543, 569 BGB.[104] Im Falle des § 569 Abs. 1 BGB hat der Vermieter die Vertragsbeendigung allerdings dann nicht zu vertreten, wenn der Mieter den gesundheitsgefährdenden Zustand selbst herbeigeführt hat.

**38** Die Kündigung des Mieters gem. § 540 Abs. 1 BGB hat der Vermieter zu vertreten, wenn er die **Untermiete** zu Unrecht verweigert hat.[105] Ähnlich ist es bei der Kündigung des Mieters gem. § 554 Abs. 3, 561 BGB, da die **Modernisierung** bzw. das Mieterhöhungsverlangen dem Vermieter zuzurechnen sind[106]; sie hängen nur von seinem Willen ab und der Mieter würde in unzulässiger Weise von einer Kündigung abgehalten, wenn sie Folgen für die Erstattungspflicht hätte. Eine Kündigung gem. § 563 Abs. 4 BGB nach dem **Tod des Mieters** hat der Vermieter nicht zu vertreten, da das Kündigungsrecht in der Person des eintretenden Angehörigen begründet ist. Auch die Kündigung der überlebenden Mieter gem. § 563a Abs. 2 BGB hat ihren Grund in der Sphäre der den Vertrag fortsetzenden überlebenden Mieter.[107] Das Kündigungsrecht gem. §§ 564, 580 BGB dient dazu, dass Vermieter und Erbe einem starken personalen Bezug des Mietverhältnisses und den Veränderungen Rechnung tragen können, die der Tod des Mieters möglicherweise mit sich bringt, es ist ein gesetzlich geregelter Fall des Wegfalls der Geschäftsgrundlage; die Person des Mieters ist für den Vermieter nämlich oft von wesentlicher Bedeutung, auf der anderen Seite hat ein Erbe oft kein Interesse an der Fortführung des Vertrages, weil er schon über Wohnraum verfügt.[108] Der Kündigungsanlass stammt also aus der Sphäre des (verstorbenen) Mieters; auch wenn der Vermieter kündigt, hat dieser die Vertragsbeendigung nicht zu vertreten und er schuldet nur den Bereicherungsausgleich gem. § 547 Abs. 1 S. 2 BGB.[109] Anders mag es – ähnlich wie bei der ordentlichen Kündigung des Mieters – dann sein, wenn die Kündigung nach §§ 564, 580 BGB nur einfacheres Mittel für eine aus anderen Gründen erwünschte und mögliche Vertragsbeendigung ist.

**39** Eine Kündigung gem. § 109 Abs. 1 **InsO** hat der Vermieter nicht zu vertreten, was sich schon an der in § 109 Abs. 1 S. 3 InsO angeordneten Schadensersatzpflicht zeigt.[110] Die **Sonderkündigungsrechte** gem. § 111 InsO, § 57a ZVG, § 37 WEG, § 30 Abs. 2 ErbBRVO, §§ 1056 Abs. 2, 2135 BGB dienen hingegen allein den Interessen des Erwerbers/Ersteigerer bzw. Eigentümers als neuem Vermieter, dem hierdurch die wirtschaftliche Verwertung des Grundstücks erleichtert wird.[111]

**40** Endet ein Mietverhältnis durch **Zeitablauf,** hat dies der Vermieter ebenfalls nicht zu vertreten.[112] Es ist das (erkennbare) Risiko des Mieters, wenn dieser Vorauszahlungen vereinbart und

---

dass dem Gesetz jetzt (im Gegensatz zur Vorgängernorm) der Verweis auf die Rücktrittsvorschriften fehlt und dessen Wertungen deshalb nicht anwendbar sind, darf das Vertretenmüssen der Vertragsbeendigung nicht mit einer möglichen Vorbereitung darauf gleichgesetzt werden.

[101] Blank/Börstinghaus/*Blank* BGB § 547 Rn. 17, der aber zu Unrecht meint, hier würde die gegenteilige Meinung vertreten.

[102] Staudinger/*Rolfs* BGB § 547 Rn. 18.

[103] Blank/Börstinghaus/*Blank* BGB § 547 Rn. 18.

[104] Staudinger/*Rolfs* BGB § 547 Rn. 21.

[105] Blank/Börstinghaus/*Blank* BGB § 547 Rn. 17; Staudinger/*Rolfs* BGB § 547 Rn. 20; **aA** Bub/Treier MietR-HdB/*Scheuer/Emmerich* V.B Rn. 439.

[106] Staudinger/*Rolfs* BGB § 547 Rn. 15.

[107] **AA,** aber ohne nähere Begründung Blank/Börstinghaus/*Blank* BGB § 547 Rn. 17.

[108] Bei → BGB § 564 Rn. 1.

[109] Staudinger/*Rolfs* BGB § 547 Rn. 20; **aA** Blank/Börstinghaus/*Blank* BGB § 547 Rn. 17.

[110] Staudinger/*Rolfs* BGB § 547 Rn. 20. Der BGH geht in NJW 1958, 1582 (VIII ZR 114/57) und NJW 1959, 872 (VIII ZR 91/58) ebenfalls von einer nur bereicherungsrechtlichen Haftung aus; direkt einschlägig ist diese Rspr. aber nicht mehr, da sie auf der auch inhaltlich anderen Vorschrift des § 19 KO beruhte, die ein beiderseitiges Kündigungsrecht für Mieter und Vermieter vorsah.

[111] Ebenso für § 1056 BGB und für § 30 ErbBRVO Staudinger/*Rolfs* BGB § 547 Rn. 20; **aA** für § 57a ZVG und § 37 WEG Staudinger/*Rolfs* BGB § 547 Rn. 20 und AnwK WohnraummietR/*Lammel* BGB § 547 Rn. 13.

[112] Staudinger/*Rolfs* BGB § 547 Rn. 17.

leistet, die die Vertragslaufzeit übersteigen. Anders kann es sein, wenn der Vermieter eine **Verlängerungsoption** nicht ausübt, obwohl der Mieter hiermit rechnen durfte. Dann durfte der Mieter nämlich auch die Erwartung haben, die Vorauszahlung werde durch die Nutzung abgegolten.[113]

Auch bei einem **Aufhebungsvertrag** kann der Vermieter entgegen anderer Literaturmeinungen die Vertragsbeendigung zu vertreten haben; es kommt darauf an, wer die Ursache für den Abschluss der Aufhebungsvereinbarung gesetzt hat bzw. auf wessen Wunsch hin sie geschlossen wurde.[114] Schon dem Wortlaut von § 547 BGB ist eine Beschränkung auf bestimmte Beendigungsformen nicht zu entnehmen. Auch das Argument, niemand werde zum Abschluss eines Aufhebungsvertrages gezwungen, so dass von einem dem Vermieter zurechenbaren Verhalten nicht ausgegangen werden könne[115], greift zu kurz, da Anlass für einen Aufhebungsvertrag auch dem Vermieter zurechenbare, zur Kündigung berechtigende Umstände oder Verhaltensweisen sein können und der Aufhebungsvertrag nur einer geordneten Abwicklung des Vertrages dienen soll. Es ist dann aber zu prüfen, ob dieser Aufhebungsvertrag nicht Vergleichscharakter dahingehend hat, dass die Parteien den Aufhebungsgrund insgesamt dem Streit entziehen wollen. Wenn das so ist, ist nicht von einem Nichtvertretenmüssen des Vermieters auszugehen, vielmehr ist der Regelfall des § 547 BGB anzuwenden, die uneingeschränkte Erstattungspflicht nach § 547 Abs. 1 S. 1 BGB. 41

### V. Unbedingter Erstattungsanspruch (Abs. 1 S.Satz 1)

Hat der Vermieter die Vertragsbeendigung zu vertreten bzw. kann er nicht beweisen, dass er sie nicht zu vertreten hat, so ist er nach § 547 Abs. 1 S. 1 BGB zur Rückerstattung derjenigen Vorauszahlungen verpflichtet, die nach den Vereinbarungen oder Vorstellungen der Parteien bzw. nach der gesetzlichen Wertung (zB im Falle des § 556 b BGB) noch nicht durch die Nutzung der Mietsache abgegolten waren. Die Erstattungspflicht ist nach dem Gesetzeswortlaut unbedingt, insbes. kann sich der Vermieter nicht auf **Entreicherung** berufen.[116] Außerdem folgt aus der Unbedingtheit, dass die Erstattung sofort und vollständig zu erfolgen hat und nicht in Raten erbracht werden darf[117]; gegenteilige Vereinbarungen sind jedenfalls bei der Wohnraummiete wegen § 547 Abs. 2 BGB unwirksam. 42

Hat der Mieter die Vorausleistung nicht in Geld geleistet, so kann nicht auf die Regeln des Rücktrittsrechts (§ 346 BGB) zurückgegriffen werden[118], da der Gesetzgeber der Mietrechtsreform den Verweis auf das Rücktrittsrecht, der in der Vorgängernorm enthalten war, gerade aufgegeben hat. Aus der in § 547 Abs. 1 S. 1 BGB angeordneten Verzinsungspflicht ab Erhalt der Vorausleistung lässt sich vielmehr entnehmen, dass der Gesetzgeber davon ausging, die Vorausleistung sei nicht in Natur zu erstatten, sondern in jedem Fall in ihren Geldwert umzurechnen und dem gemäß auch dann **in Geld zu erstatten,** wenn sie ursprünglich anders als durch Geldzahlung erbracht wurde.[119] Im Einzelfall, bei besonderem Interesse auf Mieter- oder Vermieterseite, sind hiervon nach Treu und Glauben Ausnahmen zuzulassen. 43

Der Vermieter hat die Vorausleistung des Mieters nach § 547 Abs. 1 S. 1 BGB vom Empfang der Leistung an zu **verzinsen.** Diese Pflicht trifft ihn allerdings nicht für die gesamte Mietvorauszahlung, sondern nur für den zurückzuerstattenden Teil.[120] Die Zinshöhe bestimmt sich nach § 246 BGB, beträgt also 4% pro Jahr. Befindet sich der Vermieter in Verzug mit der Rückzahlung, so gilt der Verzugszinssatz aus § 288 BGB. Da der Erstattungsanspruch sofort mit Vertragsbeendigung fällig 44

---

113 IErg ebenso Blank/Börstinghaus/*Blank* BGB § 547 Rn. 17; **aA** Staudinger/*Rolfs* BGB § 547 Rn. 17.

114 Staudinger/*Rolfs* BGB § 547 Rn. 19; **aA** MüKoBGB/*Bieber* § 547 Rn. 10. Das OLG Celle MDR 1978, 492 meint, der Vermieter habe die Aufhebung unabhängig von Ursache und Anlass immer zu vertreten, weil er sich freiwillig daran beteiligt habe; das überzeugt genauso wenig wie die Gegenmeinung, die wegen der freiwilligen Zustimmung des Mieters ein Vertretenmüssen des Vermieters ausschließt, weil beides einer vernünftigen vergleichsweisen Vertragsbeendigung unnötige Hindernisse bereitet.

115 So MüKoBGB/*Bieber* § 547 Rn. 10.

116 Staudinger/*Rolfs* BGB § 547 Rn. 26.

117 BGH VIII ZR 166/70, NJW 1971, 1658.

118 **AA** Staudinger/*Rolfs* BGB § 547 Rn. 27.

119 IErg ebenso AnwK WohnraummietR/*Lammel* BGB § 547 Rn. 10; **aA,** für eine Rückerstattung „in Natur", soweit dies möglich ist, oder von Sachen gleicher Art und Güte Staudinger/*Rolfs* BGB § 547 Rn. 25.

120 Blank/Börstinghaus/*Blank* BGB § 547 Rn. 20.

wird[121] und sich das Vertragsende stets kalendermäßig feststellen lässt, tritt gem. § 286 Abs. 2 Nr. 1 BGB sofort mit Vertragsende Verzug ein.[122]

### VI. Bereicherungsausgleich (Abs. 1 S.Satz 2)

45 Hat der Vermieter die Vertragsbeendigung nicht zu vertreten, schuldet er nur einen Bereicherungsausgleich. Dieser Ausgleich ist eine im Mietvertrag wurzelnde **Vertragspflicht.** § 547 BGB schreibt nämlich ausdrücklich die Rückerstattung des im Voraus entrichteten Mietzinses und nicht etwa eine Entschädigung des Mieters dafür vor, dass er den Gebrauch der Mietsache vorzeitig aufgibt. Der Umstand, dass nach § 547 BGB der Vermieter, wenn das Mietverhältnis aus einem von ihm nicht zu vertretenden Umstand endet, den vorausbezahlten Mietzins nach den Vorschriften über die Herausgabe einer ungerechtfertigten Bereicherung zu erstatten hat, ändert nichts an der vertraglichen Grundlage dieses Mieteranspruchs.[123] Lediglich der Umfang der Vertragspflicht bestimmt sich nach den Regeln der ungerechtfertigten Bereicherung; es handelt sich also um einen **Rechtsfolgenverweis auf das Bereicherungsrecht.**[124] Ein Verschulden des Mieters an der Vertragsbeendigung schließt den Anspruch nicht aus[125], nach dem Gesetz ist ein Verschulden bzw. ein Vertretenmüssen des Mieters gerade Voraussetzung der Beschränkung auf den Bereicherungsausgleich anstelle der unbedingten Erstattungspflicht gem. § 547 Abs. 1 S. 1 BGB. Auch § 254 BGB ist nicht anwendbar, da es sich bei dem Erstattungsanspruch nicht um einen Schadensersatzanspruch handelt.

46 Die Frage, ob der Vermieter noch bereichert ist, beantwortet sich danach, ob die empfangene Vorauszahlung wirtschaftlich gesehen noch im Vermögen des Vermieters vorhanden ist[126] und – anders als bei der unbedingten Rückerstattungspflicht nach § 547 Abs. 1 S. 1 BGB – nicht danach, welcher Teil der Mietvorauszahlung noch nicht durch die Nutzung der Mietsache abgegolten ist.[127] Da die Vertragsbeendigung nur für die Zukunft wirkt, muss die **Bereicherung des Vermieters** nach der Rspr. des BGH[128] dann, wenn die Mietvorauszahlung in einem **anrechenbaren Baukostenzuschuss** bestand (zu verlorenen Baukostenzuschüssen, die nicht § 547 BGB unterfallen, → Rn. 16f.), in der Weise ermittelt werden, dass man feststellt, was der Mieter im Zeitpunkt der Vertragsbeendigung zu Gunsten des Vermieters aufgibt. Diese Betrachtungsweise ergibt, dass der Mieter sein Nutzungsrecht verliert und dass dieses Nutzungsrecht vorzeitig auf den Vermieter übergeht, der nun in der Lage ist, es anderweitig zu verwenden und daraus Nutzen zu ziehen. Wenn also dem auf der Mieterseite eingetretenen vorzeitigen Verlust der Nutzungsmöglichkeit die vorzeitige Nutzungsmöglichkeit des Vermieters entspricht, so kann nach Ansicht des BGH die Bereicherung des Vermieters auch nur in diesem Vermögensvorteil bestehen, der allerdings nicht unmittelbar gleichzusetzen ist mit dem, was der Vermieter durch anderweitige Vermietung der Mietsache erlangt hat und/oder noch erlangt. Denn diesen Vorteil erhält der Vermieter mit Rechtsgrund durch Abschluss eines selbständigen Vertrages mit dem neuen Mieter und damit ohne Leistung des alten Mieters. Insofern fehlt es schon an der Unmittelbarkeit der Vermögensverschiebung. Ent-

---

121 Blank/Börstinghaus/*Blank* BGB § 547 Rn. 11. Soweit eine Abrechnungsfrist für den Vermieter diskutiert wird (s. Nachweise bei Blank/Börstinghaus/*Blank* BGB § 547 Rn. 11) überzeugt das nicht, weil dem eine entsprechende Abrechnungspflicht des Vermieters zu Grunde liegen müsste. Es kann sich aber allenfalls um eine Obligation handeln, um den Verzugsfolgen zu entgehen; ansonsten ist es Sache des Mieters wie jedes Anspruchstellers seine Forderung zur Vorbereitung der Geltendmachung zu berechnen. Anders ist es nur bei der Mietsicherheit; die dortige Abrechnungspflicht des Vermieters folgt aber aus der Kautionsabrede und dem Treuhandverhältnis.

122 Staudinger/*Rolfs* BGB § 547 Rn. 23.

123 BGH VIII ZR 63/69, NJW 1970, 2289.

124 AllgM, s. nur BGH VIII ZR 63/69, NJW 1970, 2289; BGH VIII ZR 166/70, NJW 1971, 1658.

125 LG Mönchengladbach WuM 1989, 78.

126 BGH VIII ZR 63/69, NJW 1970, 2290.

127 So aber wohl Blank/Börstinghaus/*Blank* BGB § 547 Rn. 21, obwohl dort ebenfalls die Entscheidung BGH VIII ZR 63/69, NJW 1970, 2290 erwähnt wird, und AnwK WohnraummietR/*Lammel* BGB § 547 Rn. 13a. Wie hier BGH VIII ZR 54/58, NJW 1959, 1428.

128 Grdl. für anrechenbare Baukostenzuschüsse BGH VIII ZR 54/58, NJW 1959, 1424; s. ferner für die ähnliche Problematik bei einem verlorenen Baukostenzuschuss BGH VIII ZR 91/58, NJW 1959, 872; BGH VIII ZR 139/62, NJW 1964, 37; BGH VIII ZR 2/66, NJW 1968, 888 und OLG Düsseldorf NZM 2001, 1093 sowie für Aufwendungen des Mieters BGH XII ZR 43/02, NZM 2006, 15; BGH VIII ZR 25/65, NJW 1967, 225; BGH VIII ZR 152/83, NJW 1985, 313 und BGH VIII ZR 186/83, NJW 1985, 2527.

scheidend für die Bemessung der Bereicherung ist im Zweifel deshalb das, was der Vermieter wegen des Baukostenzuschusses (und nicht etwa wegen einer Veränderung der Marktlage)[129] nach dem objektiven Ertragswert der Räume *mehr* gegenüber dem hätte erzielen *können,* was der alte Mieter ihm geschuldet hat.[130] Daher kann sich der Vermieter seiner Pflicht, die Bereicherung dem alten Mieter herauszugeben, nicht schon dadurch entziehen, dass er zu derselben oder einer niedrigeren Miete vermietet (vgl. § 819 BGB). Die Miete, die er vom Nachfolger erhält, dürfte allerdings meist ein guter Maßstab dafür sein, wie hoch der Wert des ihm vorzeitig zugefallenen Nutzungsrechtes ist.[131] Eine Mangelhaftigkeit des Mietobjektes ist bei der Beurteilung der Ertragswertsteigerung dann nicht zu berücksichtigen, wenn der Vermieter seiner Pflicht zur Mängelbeseitigung nicht nachgekommen ist.[132] Scheitert eine Neuvermietung hingegen ganz oder eine Zeitlang ohne Verschulden des Vermieters, weil das Objekt nicht vermietbar ist, ist eine Bereicherung insoweit ausgeschlossen.[133] **Ausnahmsweise** kann sich die Bereicherung nach der durch die Mieterleistung geschaffenen **Werterhöhung des Bauwerks** bemessen. Das ist dann der Fall, wenn der Vermieter eine Ertragswertsteigerung durch Vermietung (oder Selbstnutzung) nicht mehr realisiert, weil er das Objekt unvermietet verkauft.[134] Bei der Bemessung der Werterhöhung kommt es – genauso wie bei der Ertragswertsteigerung – nicht auf den tatsächlich erzielten, sondern auf den objektiv erzielbaren Mehrerlös an.

Da der Vermögensvorteil dem Vermieter meist nicht sofort mit der Vertragsbeendigung oder der **47** Neuvermietung zufließt, kann der Mieter die **sofortige Zahlung** des nicht getilgten restlichen Teils der Vorauszahlung nur dann verlangen, wenn es dem Vermieter gelingt, die Mietsache sofort wieder zu vermieten und wenn er vom neuen Mieter eine Vorauszahlung in entsprechender Höhe erhält. Kann der Vermieter eine Vorauszahlung von dem neuen Mieter nicht erlangen, beschränkt sich der Bereicherungsanspruch des Mieters auf eine **laufende Zahlung** in Höhe und nach Fälligkeit der bisher in Bezug auf die Vorauszahlung vereinbarten Verrechnungsquoten.[135] Soweit der BGH demgegenüber und ohne jegliche Auseinandersetzung mit seiner früheren Rspr. in einer neueren Entscheidung[136] zum vergleichbaren Bereicherungsausgleich bei verlorenen Baukostenzuschüssen davon auszugehen scheint, die Ertragswertsteigerung sei – abgezinst[137] – in einem Betrag sofort auszugleichen, ist das abzulehnen, da der Vermieter ggf. zu einer Finanzierung des Bereicherungsausgleichs gezwungen wäre. Der Bereicherungsausgleich ist für die Zeit zu gewähren, über die die Vorauszahlung noch zu verrechnen gewesen wäre. Haben die Parteien eine Verrechnungsdauer nicht vereinbart, ist die Vorauszahlung gleichmäßig auf die Vertragsdauer zu verteilen. Es sind auch Mischformen denkbar, bei denen ein Teil der Vorauszahlung sofort zur Erstattung fällig wird und der Rest sukzessive; das kann etwa dann in Betracht kommen, wenn der Vermieter mit dem neuen Mieter eine geringere Vorauszahlung vereinbart, als es dem nicht getilgten Teil der Vorauszahlung des alten Mieters entspricht.[138] Bei unbefristeten Verträgen kann die Vertragsdauer allerdings keinen Anhaltspunkt für die Dauer des Bereicherungsausgleichs bieten. Wenn sonstige Absprachen oder gemeinsame Vorstellungen der Parteien fehlen, ist auf den Zeitraum abzustellen, in dem sich die mit der Vorauszahlung bewirkte Investition typischerweise amortisiert. Zur Vereinfachung kann die Regelung in § 2 Baukostenzuschussgesetz, das für verlorene Baukostenzuschüsse bei der Wohnraummiete gilt (dazu → BGB § 539 Rn. 23ff.) eine gute Schätzgrundlage iSv § 287 Abs. 2 ZPO bieten. Dieser Rückgriff auf § 2 Baukostenzuschussgesetz hat den Vorzug der Klarheit

---

129 Eine zuschussbedingte Ertragswertsteigerung ist notwendig, weil der Mieter nur Gläubiger derjenigen Bereicherung ist, die auf ihn bzw. seine Leistung zurückzuführen ist. So ausdrücklich in BGH XII ZR 202/94, ZMR 1996, 122; BGH XII ZR 136/98, NZM 2001, 425 und wohl auch BGH XII ZR 43/02, NZM 2006, 15. Frühere Urteile hatten das nicht in dieser Weise erwähnt.

130 BGH XII ZR 66/07, NJW 2009, 2374; BGH VIII ZR 25/65, NJW 1967, 2256; *Artz* LMK 2006, 172089.

131 BGH XII ZR 66/07, NJW 2009, 2374; BGH VIII ZR 25/65, NJW 1967, 2256; BGH VIII ZR 54/58, NJW 1959, 1428.

132 BGH XII ZR 43/02, NZM 2006, 15; *Artz* LMK 2006, 172089.

133 Ähnlich wohl auch BGH XII ZR 66/07, NJW 2009, 2374 Rn. 14, wenn dort von konkreter Vermietbarkeit gesprochen wird.

134 BGH VIII ZR 25/65, NJW 1967, 2255 (Rn. 24 bei juris); *Blank* WImmoT 2010, 90 (91).

135 BGH VIII ZR 54/58, NJW 1959, 1428; ebenso OLG Düsseldorf NZM 2001, 1093 und OLG Düsseldorf NZM 2007, 644 für die sukzessive Erstattung eines verlorenen Baukostenzuschusses.

136 BGH XII ZR 43/02, NZM 2006, 15 Rn. 33.

137 Zur Berechnung der Abzinsung s. BGH XII ZR 43/02, NZM 2006, 15 Rn. 33.

138 BGH VIII ZR 54/58, NJW 1959, 1428 (1429).

und leichteren (kostengünstigeren) Berechenbarkeit für sich. In jedem Fall aber sind zwei Grenzen für den Bereicherungsausgleich zu beachten. Er wird bei einem unbefristeten Mietverhältnis höchstens 30 Jahre geschuldet, was sich aus der Wertung des § 544 BGB ergibt. Außerdem ist er auf den Wert der Aufwendungen des Mieters zu begrenzen, da ansonsten der Vermieter besser stünde als ohne den Baukostenzuschuss.

48 Die **Rspr.** zur Bestimmung der Bereicherung bei anrechenbaren Baukostenzuschüssen ist **nicht unwidersprochen geblieben.** Insbesondere *Wunner*[139] ist ihr mit erheblichen dogmatischen Argumenten entgegengetreten. Danach sollte Anknüpfungspunkt für die Bemessung der Bereicherung nicht der vorzeitige Rückerhalt der Nutzungsmöglichkeit und die damit ggf. verbundenen Vorteile sein, sondern der Erhalt der Vorauszahlung und deren Vorhandensein bei Vertragsende im Vermögen des Vermieters.[140] Der BGH hält aber an seiner Rspr. fest, und zwar nicht nur bei der Erstattung von anrechenbaren und verlorenen Baukostenzuschüssen[141], sondern auch bei bereicherungsrechtlichem Aufwendungsersatz.[142] Dem ist mE für diese Fälle zu folgen[143], weil der Vermieter idR hinsichtlich der Vorauszahlung disponiert hat (bei einem anrechenbaren Baukostenzuschuss etwa durch langfristige Investitionen in die Mietsache) und ihn eine Erstattung uU erheblich belasten kann. Den Baukostenzuschuss lässt er sich nämlich oft deshalb gewähren, weil er aus eigener Kraft zu entsprechenden Leistungen nicht in der Lage ist. Nicht selten werden die Investitionen auch im vorrangigen Interesse des Mieters für dessen spezielle Nutzungszwecke getätigt. Bei einer sofortigen Erstattungspflicht in Höhe der erhaltenen und noch nicht durch Nutzung abgegoltenen Vorauszahlungen würde dem Vermieter das Risiko auferlegt, dass eine Abtragung des Zuschusses in Zukunft zu erreichen ist[144] – und dies, obwohl der Vermieter bei dem Bereicherungsausgleich gem. § 547 Abs. 1 S. 2 BGB die vorzeitige Vertragsbeendigung nicht zu vertreten hat. Das ist allerdings keine bereicherungsrechtliche Argumentation, da das Bereicherungsrecht auf eine Abschöpfung der beim Bereicherten vorhandenen Vermögensvorteile abzielt, sondern eher Ausfluss von Treu und Glauben und von Vertrauensschutzgesichtspunkten. Das gesteht wohl auch der BGH[145] zu, wenn er ausführt, in Wirklichkeit handele es sich um eine nach Bereicherungsgrundsätzen zu bestimmende Entschädigung. Schon wegen ihres Ausnahmecharakters steht die bereicherungsrechtliche Bemessung von Mieterinvestitionen auch nicht der Rspr. des BGH[146] zur Bereicherung des Vermieters entgegen, wenn der Mieter Schönheitsreparaturen auf Grund einer unwirksamen Dekorationsklausel erbracht hat; überdies stellt der BGH[147] – in Abgrenzung zu den hier in Rede stehenden Mieterinvestitionen – zu Recht den Entgeltcharakter der Renovierungspflicht in den Vordergrund und bemisst den vom Vermieter geschuldeten Wertersatz danach, was der Mieter neben einem Einsatz an freier Zeit als Kosten für das notwendige Material sowie als Vergütung für die Arbeitsleistung seiner Helfer aufgewendet hat oder hätte aufwenden müssen.

49 Der Vertrauensschutzgedanke greift zwar nicht nur bei anrechenbaren (oder verlorenen) Baukostenzuschüssen ein, sondern auch bei **frei verwendbaren Zuschüssen,** bspw. dann, wenn die Parteien einem **Mieterdarlehen** durch Anrechnung auf den Mietzins den Charakter einer Mietvorauszahlung gegeben haben. Auch in diesen Fällen hat der Vermieter berechtigterweise langfristige Vermögensdispositionen treffen dürfen. Ein Bereicherungsausgleich, wie ihn der BGH für Baukostenzuschüsse und Aufwendungsersatzansprüche entwickelt hat, ist jedoch nicht möglich, weil es wegen der freien Verfügbarkeit eines solchen Zuschusses, den der Vermieter also bspw. auch zur allgemeinen Lebensführung verwenden kann, keine Ertragswertsteigerung bei der Mietsache gibt, die gerade auf diesen Zuschuss zurückzuführen ist. Eine zuschussbedingte Ertragswertsteigerung ist notwendig[148], weil der Mieter nur Gläubiger derjenigen Bereicherung ist, die auf ihn bzw. seine Leistung zurückzuführen ist. Bei frei verwendbaren Zuschüssen ist der Vermieter dem-

---

139 *Wunner* NJW 1966, 2288. Ähnlich auch OLG Frankfurt a. M. ZMR 1970, 181; *Bachmann* ZMR 1961, 37.
140 *Wunner* NJW 1966, 2288 (2289).
141 BGH VIII ZR 54/58, NJW 1959, 1424; danach sind Vorauszahlungen und verlorene Zuschüsse bei der Bemessung der zu erstattenden Bereicherung im Ansatz gleich zu behandeln. Zu Einzelheiten und Besonderheiten hinsichtlich verlorener Zuschüsse → Rn. 13ff.
142 Siehe zB BGH XII ZR 43/02, NZM 2006, 15; s. auch LG Dortmund ZMR 2008, 389 mwN.
143 So auch Staudinger/*Rolfs* BGB § 547 Rn. 34.
144 Staudinger/*Rolfs* BGB § 547 Rn. 34.
145 BGH VIII ZR 2/66, NJW 1968, 888 aE.
146 BGH VIII ZR 302/07, NJW 2009, 2590.
147 BGH VIII ZR 302/07, NJW 2009, 2590 Rn. 23.
148 So ausdrücklich in BGH XII ZR 202/94, ZMR 1996, 122; BGH XII ZR 136/98, NZM 2001, 425 und wohl auch in BGH XII ZR 43/02, NZM 2006, 15. Frühere Urteile hatten das nicht in dieser Weise erwähnt.

nach zwar in Höhe des erhaltenen Zuschusses bereichert, er muss ihn aber wegen des Vertrauensschutzes wie einen Baukostenzuschuss nicht sofort voll erstatten, sondern ratenweise vereinbarten Verrechnungsquote zu deren jeweiliger Fälligkeit.[149] Eine Entreicherung gem. § 818 Abs. 3 BGB erscheint angesichts dessen jedoch nur schwer vorstellbar.

Es gibt auch Fälle der Bereicherung, bei denen der Vermieter **keinen Vertrauensschutz** in Anspruch nehmen kann, weil die Vorauszahlung (bzw. der verlorene Zuschuss oder die Aufwendung des Mieters) nicht im Hinblick auf eine bestimmte erwartete Vertragsdauer erfolgte bzw. entgegengenommen wurde. Das ist insbes. der Fall bei Vorauszahlungen gem. §§ 556b, 579 Abs. 2 BGB (→ Rn. 7).[150] Hier kann und muss sich der Vermieter auf die sofortige und volle Rückzahlung des Erhaltenen einstellen, er ist in Höhe des Mietzinses (vorbehaltlich einer Entreicherung) bereichert und nicht durch die in Folge des vorzeitigen Rückerhalts der Mietsache eingetretene Ertragswertsteigerung. In diesen Fällen ist der Schutz durch den Entreicherungseinwand gem. § 818 Abs. 3 BGB ausreichend, da langfristige Vermögensdispositionen nicht in Rede stehen. Im Rahmen von § 818 Abs. 3 BGB ist die Vermögenslage des Vermieters bei Empfang der Vorauszahlung mit derjenigen bei Entstehung des Erstattungsanspruchs zu vergleichen. Es gelten die allgemeinen zu § 818 Abs. 3 BGB entwickelten Grundsätze. 50

Den Bereicherungsausgleich hat der Vermieter nur im Falle des **Verzuges** zu verzinsen. Da der Erstattungsanspruch sofort mit Vertragsbeendigung fällig wird[151] und sich das Vertragsende stets kalendermäßig feststellen lässt, tritt gem. § 286 Abs. 2 Nr. 1 BGB sofort mit Vertragsende Verzug ein[152], bei ratenweiser Fälligkeit des Bereicherungsausgleichs erst mit Fälligkeit der jeweiligen Rate. Daneben kommen als Anspruchsgrundlage für einen Zinsanspruch §§ 818 Abs. 4, 819, 292 Abs. 2 BGB in Betracht, nicht hingegen § 818 Abs. 1 BGB, da diese Vorschrift die tatsächliche Ziehung von Nutzungen voraussetzt.[153] 51

## E. Abweichende Vereinbarungen (Abs. 2)

Gemäß § 547 Abs. 2 BGB sind bei **Wohnraummietverhältnissen** auch individualvertraglich vereinbarte Abweichungen von den Regelungen des § 547 Abs. 1 BGB **zum Nachteil des Mieters unzulässig.** Nachteilig für den Wohnungsmieter ist der völlige Ausschluss der Erstattungspflicht, deren Hinausschieben, eine geringere Verzinsung oder die ratenweise Erfüllung.[154] Letzteres ist beim unbedingten Erstattungsanspruch nach § 547 Abs. 1 S. 1 BGB immer nachteilig, weil der Anspruch sofort und in voller Höhe fällig wird; beim Bereicherungsausgleich nach § 547 Abs. 1 S. 2 BGB wird der Anspruch selbst uU in Raten fällig, dann darf die abweichende Vereinbarung die Ratenzahlung nicht ungünstiger gestalten. Nachteilig ist weiter eine Vereinbarung, die dem Mieter unabhängig vom Beendigungsgrund stets nur einen Bereicherungsausgleich gem. § 547 Abs. 1 S. 2 BGB gewährt.[155] Eine unzulässige abweichende Vereinbarung macht nicht den ganzen Mietvertrag unwirksam; dies würde dem Schutzzweck des § 547 Abs. 2 BGB zuwider laufen.[156] 52

---

149 Das Urteil BGH VIII ZR 166/70, NJW 1971, 1658 steht dem nicht entgegen. Zwar hat der BGH hier eine Vereinbarung gem. § 547 Abs. 2 BGB für unwirksam gehalten, die eine sofortige Erstattung des Darlehens ausschloss. Das Urteil hält eine solche Vereinbarung aber wohl nur für die Erstattung gem. § 547 Abs. 1 S. 1 BGB für unzulässig, wenn es formuliert, dass der Mieter die Vorauszahlung „auf jeden Fall alsbald in vollem Umfang und nicht etwa nur ratenweise zurückerhält, es sei denn, daß die Beendigung des Mietverhältnisses vom Vermieter nicht zu vertreten und dieser nicht bereichert ist".

150 Ähnlich ist es bei schlichten Überzahlungen, für die es nie einen Rechtsgrund gegeben hat; sie sind allerdings kein Anwendungsfall des § 547 BGB, sondern von § 812 BGB und insofern nur hinsichtlich der Rechtsfolgen vergleichbar.

151 Blank/Börstinghaus/*Blank* BGB § 547 Rn. 11. Soweit eine Abrechnungsfrist für den Vermieter diskutiert wird (s. Nachweise bei Blank/Börstinghaus/*Blank* BGB § 547 Rn. 11), überzeugt das nicht, weil dem eine entsprechende Abrechnungspflicht des Vermieters zu Grunde liegen müsste. Es kann sich aber allenfalls um eine Obligation handeln, um den Verzugsfolgen zu entgehen; ansonsten ist es Sache des Mieters wie jedes Anspruchstellers seine Forderung zur Vorbereitung der Geltendmachung zu berechnen. Anders ist es nur bei der Mietsicherheit; die dortige Abrechnungspflicht des Vermieters folgt aber aus der Kautionsabrede und dem Treuhandverhältnis.

152 Staudinger/*Rolfs* BGB § 547 Rn. 23.

153 BGH VII ZR 118/60, NJW 1961, 2205.

154 Siehe dazu BGH VIII ZR 166/70, NJW 1971, 1658.

155 Staudinger/*Rolfs* BGB § 547 Rn. 43.

156 Staudinger/*Rolfs* BGB § 547 Rn. 42.

53 Unter § 547 Abs. 2 BGB fallen nicht nur Vereinbarungen, die den Mieter und den (ursprünglichen) Vermieter betreffen, sondern auch solche, die die Erstattungspflicht zu Gunsten eines **Grundstückserwerbers,** der in den Mietvertrag eintritt, abbedingen oder erleichtern; das gilt auch für einen Erwerb in der Zwangsversteigerung.[157] Umgehungsvereinbarungen[158] sind ebenfalls gem. § 547 Abs. 2 BGB unwirksam.

54 **Wirksam sind** – auch bei der Wohnraummiete – solche nachteiligen Vereinbarungen, die der Mieter mit dem Vermieter nach Beendigung des Vertrages bzw. nach Entstehung der Ansprüche trifft; dann kann der Mieter auch zu seinen Ungunsten über seine Rechtsposition verfügen.[159]

55 Bei **sonstigen Mietverhältnissen,** also insbes. solchen über bewegliche Sachen, Grundstücke und Gewerberäume, sind von § 547 Abs. 1 BGB abweichende Vereinbarungen zulässig.[160] Ein völliger Ausschluss der Erstattungspflicht in einem Formularmietvertrag dürfte den Mieter aber gem. § 307 BGB unangemessen benachteiligen, ebenso eine erhebliche Beschränkung des Anspruchs wie etwa die Beschränkung des Mieters auf den Bereicherungsausgleich unabhängig von der Art der Vertragsbeendigung oder die Beschränkung der Erstattung auf volle Jahre des Nichtfortbestehens des Vertrages.[161] Außerdem können solche ausschließenden oder beschränkenden Klauseln überraschend gem. § 305 c BGB sein. Bei Mischmietverhältnissen entscheidet allein der Schwerpunkt des Vertrages (→ BGB § 549 Rn. 24) darüber, ob die Vorschriften über die Wohnraummiete und damit auch § 547 Abs. 2 BGB anwendbar sind.[162]

---

[157] BGH VIII ZR 130/68, NJW 1970, 93.

[158] Siehe bspw. BGH VIII ZR 166/70, NJW 1971, 1658, wo eine Mietvorauszahlung als vom Mietvertrag unabhängiges Mieterdarlehen ausgestaltet war, das auch nach Vertragende weiterlaufen sollte.

[159] Staudinger/*Rolfs* BGB § 547 Rn. 45.

[160] *OLG Düsseldorf ZMR 1992,* 110; OLG Saarbrücken ZMR 2014, 35.

[161] OLG München NJW-RR 1993, 655.

[162] **AA** Staudinger/*Rolfs* BGB § 547 Rn. 46, der danach differenzieren will, ob die abweichende Vereinbarung nur die Wohnräume oder nur die anderen Räume betrifft.

## § 548 Verjährung der Ersatzansprüche und des Wegnahmerechts

**(1) [1]Die Ersatzansprüche des Vermieters wegen Veränderungen oder Verschlechterungen der Mietsache verjähren in sechs Monaten. [2]Die Verjährung beginnt mit dem Zeitpunkt, in dem er die Mietsache zurückerhält. [3]Mit der Verjährung des Anspruchs des Vermieters auf Rückgabe der Mietsache verjähren auch seine Ersatzansprüche.**

**(2) Ansprüche des Mieters auf Ersatz von Aufwendungen oder auf Gestattung der Wegnahme einer Einrichtung verjähren in sechs Monaten nach der Beendigung des Mietverhältnisses.**

### Systematische Übersicht



### Alphabetische Schnellübersicht

## A. Überblick und Zweck der Vorschrift

1 § 548 BGB regelt die Verjährung solcher mietrechtlicher Ansprüche, die erst am Ende der vertraglichen Beziehung entstehen bzw. relevant werden. Die Vorschrift unterscheidet zwischen den Ansprüchen des Vermieters (§ 548 Abs. 1 BGB) und denen des Mieters (§ 548 Abs. 2 BGB). Das hat seinen Grund einmal in der Unterschiedlichkeit der erfassten Ansprüche, insbes. aber in der unterschiedlichen Anknüpfung des Verjährungsbeginns. Während die Verjährung für den Vermieter mit Rückerhalt der Mietsache zu laufen beginnt, ist für die Mieteransprüche die Vertragsbeendigung der maßgebliche Zeitpunkt. Der Mieter kann seine Ansprüche schon während des Mietverhältnisses kennen, hat aber Anlass zur Durchsetzung erst nach der Vertragsbeendigung; der Vermieter hingegen hat idR keinen Einblick in den Zustand der Mietsache und kann sich Klarheit erst nach deren Rückgabe verschaffen.[1] § 548 BGB regelt nicht die Verjährung aller Ansprüche zwischen Mieter und Vermieter, sondern erfasst nur die **typischen Abwicklungsansprüche** (→ Rn. 13). Das sind auf Vermieterseite die Ersatzansprüche wegen Veränderung oder Verschlechterung der Mietsache und auf Mieterseite die Ansprüche auf Ersatz von Aufwendungen und auf Gestattung der Wegnahme von Einrichtungen. Praktische Relevanz haben vornehmlich die Vermieteransprüche wegen unterlassener Schönheitsreparaturen oder der Verletzung von Rückgabe- bzw. Räumungspflichten (einschließlich des daraus resultierenden Mietausfalls).

2 Wie alle kurzen Verjährungsfristen dient § 548 BGB der **schnellen Abwicklung des beendeten Mietverhältnisses** und der schnellen Klarstellung möglicher Ansprüche wegen des Zustands der Mietsache.[2] Es soll einem möglichen, zu beider Nachteil wirkenden **Verlust des Beweisgegenstandes** vorgebeugt werden, weil sich ein Verschulden und der Zustand der Mietsache, der im Zeitpunkt der Rückgabe vorhanden war, nach einer oder ggf. mehreren Weitervermietungen oftmals nicht mehr oder nur noch unzureichend feststellen lassen[3]; außerdem soll der jeweilige Schuldner nicht zu einer Rückstellung wegen möglicher Ansprüche des (ehemaligen) Vertragspartners gehalten sein[4] und die Regelung zum Verjährungsbeginn soll verhindern, dass das laufende Mietverhältnis unnötig mit Auseinandersetzungen belastet wird, indem sie die erfassten Ansprüche während des Mietverhältnisses nicht verjähren lässt.[5] Für den Vermieter begründet § 548 BGB faktisch einen **Zwang zur zeitnahen Untersuchung** der Mietsache. Wegen des Zwecks der schnellen Abwicklung der wechselseitigen, auf dem Zustand der Mietsache beruhenden Ansprüche ist § 548 BGB im Zweifel weit auszulegen.[6] Diese **weite Auslegung** betrifft einmal die Anwendung der Vorschrift auf solche gesetzlichen Anspruchsgrundlagen, die auf demselben Lebenssachverhalt

---

[1] Siehe eing. zur Interessenlage der Parteien an einer Anspruchsverfolgung während und nach Beendigung des Mietverhältnisses *Peters* DMT-Bilanz 2011, 356.

[2] AllgM, s. nur BGH VIII ZR 349/10, NJW 2011, 2717; BGH XII ZR 52/08, NJW 2010, 2652; BGH XII ZR 48/03, NJW 2006, 1963; BGH VI ZR 105/65, NJW 1967, 980; BGH LwZR 4/96, NJW 1997, 2316; BGH V ZR 217/95, NJW 1997, 1983; *Wietz/Streyl* WuM 2014, 702; *Kandelhard* NZM 2002, 930. Diese Meinung entspricht auch den Motiven des historischen Gesetzgebers; s. dazu *Wiek* WuM 2011, 67; grds. krit. zur Sondervorschrift des § 548 BGB *Eckert* DMT-Bilanz 2011, 336 (337).

[3] StRspr, s. nur BGH XII ZR 48/03, NJW 2006, 1963; BGH IX ZR 206/92, NJW 1993, 2797; BGH III ZR 227/84, NJW 1987, 187; BGH VI ZR 105/65, NJW 1967, 980; OLG Düsseldorf DWW 2007, 246; *Kandelhard* NZM 2002, 930.

[4] *Kandelhard* NZM 2002, 930.

[5] *BGH VIII ZR 133/07, NJW 2008*, 2256 Rn. 16; BGH VIII ZR 195/10, NJW 2011, 1866 Rn. 15.

[6] BGH VIII ZR 349/10, NJW 2011, 2717; BGH XII ZR 52/08, NJW 2010, 2652; BGH XII ZR 52/08, NJW 2006, 1963; BGH VI ZR 105/65, NJW 1967, 980; BGH IX ZR 206/92, NJW 1993, 2797; BGH V ZR 217/95, NJW 1997, 1983.

beruhen und mit mietvertraglichen Ansprüchen konkurrieren[7] (zB aus unerlaubter Handlung; dazu → Rn. 22). Außerdem erfasst die weite Auslegung von § 548 BGB auch andere, nicht auf einem Mietvertrag beruhende Formen der Gebrauchsüberlassung (→ Rn. 7), da bei ihnen die gleiche Interessenlage der Parteien nach einer schnellen Abwicklung der wechselseitigen Ansprüche vorhanden ist.[8] § 548 BGB enthält nach der Vorstellung des Gesetzgebers einen **allgemeinen Rechtsgedanken,** den man ebenfalls den vergleichbaren Regelungen in §§ 591 b, 606, 1057 BGB entnehmen kann.[9] Allerdings ist die Vorschrift in beiden Absätzen nicht auf eine Generalbereinigung der wechselseitigen Ansprüche innerhalb kurzer Zeit angelegt.[10] Nach Vertragsende können insbes. noch Mietforderungen offen sein, die in ihrer Höhe oftmals von Gewährleistungsrechten des Mieters und damit auch vom Zustand der Mietsache abhängig sind. Derartige Ansprüche unterliegen nicht der kurzen Verjährung. Die Regelverjährung und nicht die kurze Verjährung gilt aber nicht zufällig für Mietzinsansprüche des Vermieters oder vergleichbare Ansprüche[11], die Differenzierung hat vielmehr einen Grund. Diese (Ersatz-)Ansprüche sind nämlich nicht tatbestandsmäßig, also immer und zwangsläufig, vom **Zustand der Mietsache** abhängig, Mietzinsrückstände gibt es vielmehr auch ohne Streit über Gewährleistungsrechte. Bei den von § 548 BGB erfassten Ansprüchen ist das anders: Veränderungen oder Verschlechterungen gem. § 548 Abs. 1 BGB betreffen durchweg unmittelbar den Zustand der Mietsache, genauso wie die Aufwendungen des Mieters oder die wegzunehmenden Einrichtungen gem. § 548 Abs. 2 BGB.[12] Näher zur Abgrenzung der Ersatzansprüche des Vermieters von seinen Erfüllungsansprüchen → Rn. 13. § 548 BGB ist eine **Sondervorschrift** iSv § 200 BGB, dh, sie enthält nicht nur eine von den allgemeinen Vorschriften abweichende Verjährungshöchstfrist, sondern regelt auch den Verjährungsbeginn eigenständig.[13] Da die Verjährung wegen der Maßgeblichkeit der Rückgabe bzw. des Vertragsendes meist erst nach der Entstehung des Anspruchs beginnt, normiert § 548 BGB – ähnlich wie etwa §§ 208, 771 BGB – der Sache nach eine **anfängliche Verjährungshemmung.**[14] Die Parteien können deshalb – anders als bei einer Stundung – ihre Ansprüche schon vor Verjährungsbeginn, dh, während des noch laufenden Vertrages durchsetzen.[15]

## B. Entstehungsgeschichte

3 Der Regelungsgehalt von § 548 BGB wurde durch die zum 1.9.2001 in Kraft getretene Mietrechtsreform nicht verändert. Im Vergleich zur Vorgängervorschrift § 558 BGB aF[16] gab es lediglich sprachliche Anpassungen an die neue Diktion des Gesetzes („Aufwendungen" statt „Verwendungen")[17]; außerdem wurden die Bestimmungen der Vorschrift neu gegliedert. Für eine kurze Übergangszeit bis zum In-Kraft-Treten des Schuldrechtsmodernisierungsgesetzes zum 1.1.2002 gab es in § 548 Abs. 3 BGB eine dem jetzigen § 204 Abs. 1 Nr. 7 BGB entsprechende Regelung.

## C. Anwendungsbereich

4 § 548 BGB gilt auf Grund seiner systematischen Stellung für **alle Mietverhältnisse** sowie gem. § 581 Abs. 2 für **Pachtverträge.** Eine Regelung für die Landpacht findet sich in § 591 b BGB; sie entspricht inhaltlich § 548 BGB, Wortlaut und Aufbau der Norm sind aber nahezu identisch mit

---

[7] BGH III ZR 227/84, NJW 1987, 187.
[8] BGH XII ZR 233/99, NJW 2002, 1336.
[9] BGH XII ZR 233/99, NJW 2002, 1336.
[10] *Wietz/Streyl* WuM 2014, 701 f.
[11] Etwa Bereicherungsansprüche wegen Überzahlung der Miete oder Ansprüche auf Erstattung von Vorauszahlungen gem. § 547 BGB; zu Letzteren → Rn. 50.
[12] *Wietz/Streyl* WuM 2014, 702; *Streyl* WuM 2010, 605.
[13] *Witt* NZM 2012, 546; näher → Rn. 54.
[14] *Peters* DMT-Bilanz 2011, 356; *Eckert* DMT-Bilanz 2011, 327.
[15] *Peters* DMT-Bilanz 2011, 359.
[16] Zu den Motiven des historischen Gesetzgebers s. *Wiek* WuM 2011, 67.
[17] In den mietrechtlichen Vorschriften wird seit der Mietrechtsreform durchgängig der Begriff der „Aufwendung" verwendet und nicht mehr der Begriff der „Verwendung". Damit war jedoch keine Änderung in der Sache beabsichtigt, die Bedeutung der Begriffe stimmt vielmehr überein und Definitionen aus der älteren Rspr. haben weiterhin Gültigkeit (Staudinger/*Emmerich* BGB § 536 a Rn. 38; s. auch die Begründung der Bundesregierung zur Mietrechtsreform in BT-Drs. 14/4553 (abgedr. in NZM 2000, 432), dort zu §§ 540, 548 des Entwurfs).

§ 558 BGB aF, der Vorgängervorschrift zu § 548 BGB. Für die Leihe gibt es in § 606 BGB und für den Nießbrauch in § 1057 BGB ebenfalls dem § 548 BGB vergleichbare Vorschriften.

5 Auf **Leasingverträge** sind die mietrechtlichen Vorschriften anwendbar, wenn keine leasingtypischen Besonderheiten bestehen.[18] Solche Besonderheiten gibt es bei der Verjährung gem. § 548 Abs. 1 BGB. Der Regelverjährung unterliegen, obwohl diese Ansprüche vom Zustand der Leasingsache abhängen, der Ausgleichsanspruch des Leasinggebers bei vorzeitiger Vertragsbeendigung[19], der Restwertausgleichsanspruch[20] und der Minderwertausgleichsanspruch[21] (→ Rn. 13).

6 Wegen der weiten Auslegung des § 548 BGB (→ Rn. 2) ist die Vorschrift in folgenden Fällen anwendbar, in denen ein Mietvertrag nicht besteht; weitere Fälle sind denkbar und an Hand des Normzwecks zu beurteilen:

7 Bei aus verschiedenen Vertragstypen **gemischten Verträgen** ist zu untersuchen, ob sie einen eigenständigen Regelungsbereich enthalten, der Gebrauchsüberlassungselemente enthält. Ist das so, dann unterliegen die entsprechenden Ansprüche dieses Regelungsbereichs der Verjährungsregelung des § 548 BGB, soweit das nicht im Widerspruch zum Gesamtvertrag steht.[22] § 548 BGB gilt deshalb für Ersatzansprüche eines Auftraggebers, der dem Werkunternehmer unentgeltlich ein Gerät zur Fertigstellung des Werkes zur Verfügung gestellt hatte[23]; für den Rückbauanspruch aus einem privaten Gleisanschlussvertrag[24]; für Ersatzansprüche des Gastwirts wegen Beschädigung der dem Gast auf Grund des Beherbergungsvertrages zur Verfügung gestellten Räume und Gegenstände[25]; für Ansprüche des Filmverleihers wegen Beschädigung der Filmkopie.[26]

8 Zur Erweiterung des Anwendungsbereichs auf **andere Personen** als Vermieter und Mieter bei Bestehen eines Mietvertrages → Rn. 28. Die Verjährung des Ausgleichsanspruchs des Gebäudeversicherers des Vermieters gegen den Haftpflichtversicherer des Mieters nach einer Beschädigung der Mietsache durch den Mieter richtet sich nicht nach § 548 BGB, sondern nach § 195 BGB.[27]

9 § 548 BGB kann (analog[28]) anwendbar sein, wenn **kein Mietvertrag** besteht. Der Regelungszweck der Vorschrift ist nämlich auch einschlägig, wenn es zwar zu einer Gebrauchsüberlassung kommt, der Abschluss eines wirksamen Vertrages aber unterbleibt. Das ist bspw. der Fall bei einem (zB wegen Minderjährigkeit des Mieters[29]) von Anfang an unwirksamen Vertrag[30], bei durch Anfechtung[31] vernichtetem Vertrag[32], bei schuldhaftem Abbruch der Verhandlungen über einen Mietvertrag (vorvertragliche Pflichtverletzung gem. §§ 280 Abs. 1, 311 Abs. 2 BGB)[33] oder bei Ansprüchen gegen einen vollmachtlosen Vertreter des Mieters.[34] Die bisher vom BGH entschiede-

[18] BGH VIII ZR 282/95, NJW 1996, 2860.

[19] Staudinger/*Emmerich* BGB § 548 Rn. 2.

[20] BGH VIII ZR 282/95, NJW 1996, 2860.

[21] BGH VIII ZR 22/12, NZM 2013, 163; BGH VIII ZR 177/99, NJW-RR 2000, 1303; auch → Rn. 13.

[22] BGH XII ZR 233/99, NJW 2002, 1336; BGH XII ZR 217/98, NZM 2002, 605.

[23] BGH XII ZR 233/99, NJW 2002, 1336.

[24] BGH XII ZR 233/99, NZM 2002, 605.

[25] BGH VIII ZR 220/76, NJW 1978, 1426.

[26] Bei einem solchen Vertrag spielen neben den mietvertraglichen Elementen auch die Nutzung von Urheberrechten eine Rolle, vgl. OLG Celle NJW 1965, 1667.

[27] BGH IV ZR 129/099, NZM 2010, 450; BGH IV ZR 5/09, WuM 2011, 577.

[28] BGH VI ZR 260/62, NJW 1964, 1225.

[29] Aus Gründen des Minderjährigenschutzes will Bub/Treier MietR-HdB/*Gramlich* Kap. VI Rn. 86 die kurze Verjährung nur auf Ansprüche gegen den Minderjährigen anwenden, nicht aber, wenn er Gläubiger ist.

[30] BGH VI ZR 105/659, NJW 1967, 980.

[31] Nach BGH XII ZR 67/06, NJW 2009, 1266 ist ein Mietvertrag auch nach Gebrauchsüberlassung wegen arglistiger Täuschung gem. § 123 BGB anfechtbar. Der BGH hat nicht über die Zulässigkeit einer Anfechtung wegen Eigenschaftsirrtums gem. § 119 Abs. 2 BGB entschieden; s. dazu *Dötsch* NZM 2011, 457.

[32] Blank/Börstinghaus/*Blank* BGB § 548 Rn. 41; Bub/Treier MietR-HdB/*Gramlich* Kap. VI Rn. 88; **aA** OLG Hamm NJW 1988, 784, weil der Mieter im konkreten Fall Schadensersatz- und nicht Aufwendungsersatzansprüche geltend gemacht hatte; dieser Einwand trägt nicht, wenn man eine doppelte Analogie (für unwirksame Verträge und für vorvertraglich entstandene Aufwendungsersatzansprüche) für zulässig hält.

[33] BGH XII ZR 48/03, NJW 2006, 1963, der potenzielle Vermieter hatte schon Umbauten im Hinblick auf den beabsichtigten Vertragszweck veranlasst; krit. hierzu *Eckert* DMT-Bilanz 2011, 330, weil es weder einen Mietvertrag noch eine Gebrauchsüberlassung gegeben hatte.

[34] BGH XII ZR 68/00, NJW 2004, 774. Der BGH geht in dem Urteil davon aus, dass die Verjährungsfrist *erst mit der Entstehung des Anspruchs* beginnt, was bei Ansprüchen aus § 179 BGB erst der Fall ist, wenn feststeht, dass eine Genehmigung des Vertrags nicht in Betracht kommt. Das widerspricht nicht nur dem Wortlaut des § 548 BGB, nachdem der Beginn der Verjährungsfrist nicht von der Entstehung des Anspruchs abhängig ist, sondern auch der neueren BGH-Rechtsprechung zum reformierten Verjährungsrecht, die in BGH VIII

nen Fälle betrafen Ansprüche des Vermieters; der Zweck des § 548 BGB spricht aber in gleicher Weise für eine kurze Verjährung von Aufwendungsersatz- und Wegnahmeansprüchen des Mieters bei gescheiterten bzw. nicht zustande gekommenen Verträgen.[35]

Weiterhin ist § 548 BGB entsprechend anwendbar auf Pflichtverletzungen bei einer **Probefahrt** 10
anlässlich von Kaufvertragsverhandlungen über einen Pkw[36] oder während der Probezeit bei einem Kauf auf Probe.[37] Das gilt auch dann, wenn der Verkäufer nicht Eigentümer des Wagens ist, er aber Ansprüche aus abgetretenem Recht des Eigentümers geltend macht.[38] Liegt die Probefahrt in derartigen Fällen ausschließlich im Interesse des Kaufinteressenten (und nicht auch im Interesse des verkaufswilligen Verkäufers), so dürfte ein Leihvertrag vorliegen und § 606 BGB einschlägig sein[39]; ein gemischter Vertrag im obigen Sinn liegt meist nicht vor, da der Abschluss eines Kaufvertrages noch nicht feststeht.

§ 548 BGB ist **unanwendbar,** wenn die Ersatzansprüche des Vermieters nicht den Zustand der 11
Mietsache betreffen. Beispielsweise richtet sich die Verjährung von **Personenschäden** selbst dann nach den allgemeinen Verjährungsregeln, wenn sie durch Veränderungen oder Verschlechterungen der Mietsache verursacht wurden.[40] Zu den Ansprüchen, die der **Regelverjährung** unterliegen und damit aus dem Anwendungsbereich des § 548 BGB fallen, → Rn. 63 ff.

## D. Vermieteransprüche (Abs. 1)

Der kurzen Verjährung des § 548 BGB unterliegen von den Vermieteransprüchen nur die Ersatz- 12
ansprüche wegen **Veränderungen oder Verschlechterungen der Mietsache,** also solche Ansprüche, die aus dem (vertragswidrigen) Zustand der Mietsache bei Rückgabe abgeleitet werden.[41] Die Anspruchsgrundlage (vertraglich, gesetzlich) ist gleichgültig, solange die Ansprüche auf demselben Sachverhalt beruhen. Auch ist es gleichgültig, ob es sich um eine Haupt- oder Nebenpflicht handelt.[42] Außerdem ist die Regelung nicht zwingend auf Ansprüche der am Vertrag beteiligten Personen beschränkt (→ Rn. 28). Abzugrenzen sind die Ersatzansprüche von den nach den allgemeinen Regeln verjährenden sog. Erfüllungsansprüchen, insbes. dem Anspruch auf Zahlung des Mietzinses und auf Rückgabe der Mietsache (→ Rn. 13), den Ansprüchen wegen verspäteter Rückgabe (→ Rn. 64) sowie den Ansprüchen wegen völliger Zerstörung der Mietsache (→ Rn. 32). Die Verjährungsfrist für die Vermieteransprüche beginnt mit dem Rückerhalt der Mietsache. Es handelt sich nicht um eine Verjährungshöchstfrist für solche Ansprüche, die bei Rückgabe der Mietsache noch nicht nach §§ 195 ff. BGB verjährt waren.[43]

### I. Erfasste Ansprüche

#### 1. Abgrenzung der Ersatzansprüche von den sog. Erfüllungsansprüchen

Nach dem Wortlaut des § 548 Abs. 1 BGB gilt die Vorschrift nur für *Ersatz*ansprüche wegen 13
Veränderungen oder Verschlechterungen der Mietsache. Damit werden typische Abwicklungsansprüche aE des Mietverhältnisses erfasst. Das ergibt sich einmal aus dem Verjährungsbeginn, der von der Rückgabe abhängig gemacht ist, die wiederum regelmäßig erst nach Vertragsbeendigung erfolgt. Weiterhin ergibt es sich aus der systematischen Stellung der Norm; auch §§ 546–547 BGB

---

ZR 114/04, NJW 2005, 739 Rn. 24 und BGH VIII ZR 123/05, NJW 2006, 1588 ausdrücklich betont, dass ein Anspruch schon vor dessen Entstehung und auch vor Beendigung des Mietverhältnisses (nämlich bei vorzeitiger Rückgabe) verjähren kann.

35 So wohl auch Bub/Treier MietR-HdB/*Gramlich* Kap. VI Rn. 76.

36 BGH VI ZR 260/62, NJW 1964, 1225. Dabei spielt es keine Rolle, ob die Probefahrt mit einem Vorführwagen oder einem dem konkreten Kaufinteresse unterliegenden Wagen unternommen wird, vgl. BGH VI ZR 131/67, NJW 1968, 1472.

37 BGH VIII ZR 203/91, NJW 1992, 2413.

38 BGH VIII ZR 1/69, NJW 1970, 1736.

39 BGH VI ZR 260/62, NJW 1964, 1225; BGH VI ZR 131/67, NJW 1968, 1472.

40 BGH XII ZR 79/92, NJW 1994, 251.

41 BGH XII ZR 42/20, NJW-RR 2021, 803.

42 BGH VIII ZR 219/81, NJW 1983, 679; BGH VIII ZR 184/87, NJW 1988, 1778; BGH XII ZR 42/20, NJW-RR 2021, 803.

43 So aber *Lehmann-Richter* NZM 2009, 762; dagegen *Peters* DMT-Bilanz 2011, 355; *Eckert* DMT-Bilanz 2011, 332; zur ähnlichen Problematik bei § 548 Abs. 2 BGB → Rn. 54.

enthalten Abwicklungsvorschriften. § 548 Abs. 1 BGB regelt aber nur die Verjährung von Ansprüchen, die den Zustand der Mietsache betreffen. Das folgt sowohl aus dem Wortlaut („Veränderungen oder Verschlechterungen"), als auch aus dem Zweck, dem Verlust des Beweisgegenstandes wegen einer Neuvermietung vorzubeugen (→ Rn. 2). Es unterliegen also nicht alle Ansprüche des Vermieters der kurzen Verjährung, die bei Vertragsende noch bestehen. In Abgrenzung zu den Ersatzansprüchen gem. § 548 Abs. 1 BGB werden diese anderen Ansprüche vielfach als Erfüllungsansprüche bezeichnet.[44] Dabei wird durch § 548 Abs. 1 S. 3 BGB zunächst klargestellt, dass der (Erfüllungs-)Anspruch auf **Rückgabe der Mietsache** (einschließlich Zubehör wie etwa der Schlüssel zum Mietobjekt oder von dem Vermieter gehörenden Einrichtungen) nicht in kurzer Frist verjährt.[45] Die Rückgabe ist überhaupt erst Voraussetzung für den Verjährungsbeginn gem. § 548 Abs. 1 BGB. Mit Rückgabe ist in § 548 Abs. 1 S. 3 BGB nur die Besitzverschaffung gemeint (→ Rn. 36), nicht die Erfüllung sämtlicher Rückgabepflichten gem. § 546 Abs. 1 BGB. Die über die Besitzverschaffung hinausgehenden Pflichten hängen vielmehr in weitem Maß vom Zustand der Mietsache ab und sind deshalb gerade Anwendungsfälle des § 548 Abs. 1 BGB. Das gilt auch für den Anspruch auf Räumung, da ein Zurücklassen der eingebrachten Gegenstände und Einrichtungen Einfluss auf die Vermietbarkeit hat und damit zustandsverändernd wirkt.[46] Für andere Erfüllungsansprüche des Vermieters als den Rückgabeanspruch fehlt es im Gesetz an einer genauen Grenzziehung zu den Ersatzansprüchen. Diese Abgrenzung der in kurzer Frist verjährenden Ersatzansprüche von den anderen Ansprüchen, den sog. Erfüllungsansprüchen, hat insbes. nach dem Zweck des § 548 Abs. 1 BGB zu erfolgen. Einigkeit besteht richtigerweise dahingehend, dass der **Mietzinsanspruch** nicht der kurzen Verjährung unterliegt.[47] Das ergibt sich schon aus dem vom Gesetz verwendeten Begriff des Ersatzanspruchs. Auch wenn der historische Gesetzgeber sich zur Bedeutung dieses Begriffs nicht geäußert hat, so ist durch die Wortwahl doch jedenfalls ausgeschlossen, hierunter auch die Hauptpflicht des Mieters zur Erbringung der für die Gebrauchsüberlassung geschuldeten Gegenleistung (den Mietzins eben) zu verstehen. Dieses Verständnis widerspricht nicht dem Zweck der Regelung, da der Mietzins im Gegensatz zu den Ersatzansprüchen nicht stets vom konkreten Zustand der Mietsache abhängt (→ Rn. 2). Anders ist das zwar, wenn ein Mangel vorliegt. Das rechtfertigt es aber nicht, alle Mietzinsansprüche der kurzen Verjährung zu unterwerfen und den Vermieter auf diese Weise schlechter bzw. anders zu stellen als andere Entgeltgläubiger. Dies zumal, als ein mietzinsrelevanter Streit um den Zustand des Mietobjektes nicht nur bei Vertragsende entstehen kann, sondern jederzeit bei Auftauchen von Mängeln; es geht in den Fällen der Mietzinsminderung also nicht typischerweise um Abwicklungsansprüche bzw. um Ansprüche aus Zuständen, die der Vermieter wegen der frühestens dann bestehenden Untersuchungsmöglichkeit erst nach Rückgabe geltend machen kann. Weitergehende Schlüsse als den Ausschluss der Mietzinsansprüche können aus dem Begriff des Ersatzanspruchs nicht gezogen werden. Er deutet vielmehr fälschlicherweise darauf hin, es seien nur Sekundäranprüche gemeint. Wäre das so, würden sämtliche **Primäransprüche auf Erfüllung** nicht darunter fallen. Erfüllungsansprüche kann es aber gerade aE des Mietverhältnisses in vielfältiger Weise geben: Die Pflicht zur Rückgabe, zur Räumung (Entfernung von Gegenständen und Einrichtungen), zum Rückbau, zur Instandsetzung von Beschädigungen, zur Renovierung etc. Bis auf die Pflicht zur Rückgabe unterliegen all diese Ansprüche nach wohl einhelliger Meinung der kurzen Verjährung – und zwar sowohl die Primäransprüche auf Erfüllung der Pflicht als auch evtl. Sekundäransprüche auf Schadensersatz (→ Rn. 19, 25). Die einhellige Sicht beruht darauf, dass sie *immer* mit dem Zustand der Mietsache, also deren Veränderung bzw. Verschlechterung, zusammenhängen und deshalb vom eingangs geschilderten Zweck des § 548 BGB erfasst werden, zustandsabhängige Ansprüche innerhalb der kurzen Verjährungsfrist zu klären.[48] Bei der Unterscheidung zwischen **zustandsabhängigen Abwicklungsansprüchen** (kurze Verjährung) und dem Gegenleistungsanspruch auf Mietzins (Regelverjährung) verbleibt es auch in Grenzfällen. Problematisch ist hier insbes. die Renovierungspflicht des Mieters, ähnlich kann es bei Instandsetzungspflichten sein. Der BGH sieht die

[44] Allerdings wird der Begriff „Erfüllungsanspruch" in Zusammenhang mit § 548 Abs. 1 BGB mehrdeutig verwendet, nämlich einmal für die Primärpflicht (etwa auf Wiederherstellung; s. etwa BGH VIII ZR 219/81, NJW 1983, 679), zum anderen zur Bezeichnung der Gegenleistung des Mieters für die Gebrauchsüberlassung (Mietzins; s. BGH VIII ZR 149/63, NJW 1965, 151; BGH VIII ZR 282/95, NJW 1996, 2860).

[45] Einzelheiten und Nachweise → Rn. 64.

[46] Nachweise → Rn. 19.

[47] BGH XII ZR 114/06, NJW 2009, 1488.

[48] *Streyl* WuM 2010, 605.

vom Mieter übernommene Pflicht zur Durchführung von **Schönheitsreparaturen** nach der Entgeltthese als Teil der Miete an[49]; allerdings entspricht es ebenso herrschender Ansicht (auch des BGH), dass der entsprechende Anspruch des Vermieters genauso wie daraus folgende Ersatzansprüche der kurzen Verjährung unterliegen.[50] Das erscheint zunächst inkonsequent, weil der Gegenleistungscharakter es zu gebieten scheint, wie bei Mietzinsansprüchen die Regelverjährung anzuwenden. Man muss sich aber vor Augen halten, dass nicht alle Ansprüche, die Preisrelevanz haben, auch im verjährungsrechtlichen Sinn Gegenleistung für die Gebrauchsüberlassung sind.[51] Nach der Konzeption des Gesetzes gehört hierzu vielmehr nur die typische Gegenleistung. Wegen des Dauerschuldcharakters der Miete ist das der nach der Mietzeit bemessene Gegenanspruch, üblicherweise der periodisch zu zahlende Mietzins. Andere Pflichten mit Gegenleistungscharakter entstehen nicht zwangsläufig mit Zeitablauf, sondern punktuell, dh, aus bestimmtem Anlass: Instandsetzungspflichten etwa bei einem Schaden, Renovierungspflichten, wenn die Mietsache abgewohnt und unansehnlich ist, vereinbarte Fristen sind nur ein Anhaltspunkt. In diesem Sinn handelt es sich um Ersatzansprüche, weil sie eine Art unregelmäßigen Sonderausgleich neben dem regelmäßig geschuldeten Mietzins darstellen. Daran ändert sich nichts, wenn die Parteien den Gegenleistungscharakter solcher Leistungen ausdrücklich vereinbaren,[52] wie das bei Schönheitsreparaturen in neueren Mietverträgen nicht selten geschieht. Durch derartige Vereinbarungen können die Parteien die Verjährungsfrist nicht (indirekt) steuern.[53] Das würde dem Zweck des § 548 BGB zuwiderlaufen. Diese Sicht wird bestätigt durch die Praxis der Mietminderung. Eine Minderung wird nur auf den (regulären) Mietzins bezogen, nicht aber auf den Umfang einer Renovierungspflicht (Beispiel: bei 10% Minderung wegen Flächenabweichung müssen nicht nur 90% der Wände gestrichen werden). Nur dann, wenn statt des Mietzinses ganz oder ganz überwiegend eine atypische Gegenleistung vereinbart wird, etwa die Erbringung von Dienstleistungen für den Vermieter, kann das Auswirkung auf die Verjährungsfrist haben. Soweit solche Ansprüche nicht den Zustand der Mietsache betreffen, kann ein verjährungsrechtlicher Konflikt nicht entstehen, da der Anwendungsbereich des § 548 Abs. 1 BGB schon vom Wortlaut her nicht eröffnet ist. Soweit die (nahezu) alleinigen Gegenansprüche den Zustand der Mietsache betreffen (etwa bei Herstellungs- oder Instandsetzungspflichten), hat ausnahmsweise der Gegenleistungscharakter Vorrang mit der Folge, dass diese Ansprüche der Regelverjährung unterliegen.[54] Die Sachlage ist insofern nicht unvergleichbar der Behandlung des Erfüllungsanspruchs des Leasinggebers auf **Minderwertausgleich,** der nach der stRspr des BGH[55] unabhängig von der Bezeichnung des Anspruchs im **Leasingvertrag**[56] der Regelverjährung unterliegt. Teilweise wird hierin ein Wertungswiderspruch zu der dargestellten Abgrenzung der Ersatzansprüche von den Erfüllungsansprüchen bei der Miete gesehen[57], weil es sich ebenfalls um einen vom Zustand der Leasingsache abhängigen Anspruch handelt, der sich ohne Weiteres unter den Wortlaut des § 548 Abs. 1 BGB subsumieren lässt. Die unterschiedliche Behandlung kann aber mit den Besonderheiten des Leasingvertrages erklärt werden.[58] Der Minderwertausgleich wegen übermäßiger Abnutzung (zu hohe Kfz-Laufleistung, Beschädigungen) ist ein Teil des Preises für die Überlassung des Leasingguts.[59] Der Gegenleistungscharakter des Anspruchs auf Minderwertausgleich rechtfertigt allerdings für sich allein die Regelverjährung nicht, weil er keine Besonderheit des Leasing ist; auf Grundlage der Entgeltthese sind – wie dargestellt – auch Ansprüche wegen übertragener Schönheitsreparaturen Teil der Gegenleistung, wenngleich

---

[49] BGH VIII ZR 302/07, NJW 2009, 2590 Rn. 20.

[50] BGH VIII ZR 219/81, NJW 1983, 679; BGH VIII ZR 123/05, NJW 2006, 1588; OLG Düsseldorf ZMR 2009, 753; LG Berlin NZM 2002, 121 (Ls.); *Roth* PiG 83 (2008), 222.

[51] So auch iErg, aber ohne nähere Begründung BGH VIII ZR 149/63, NJW 1965, 151.

[52] Siehe auch BGH XII ZR 42/20, NJW-RR 2021, 803.

[53] Möglich sind aber ggf. direkte Abreden über abweichende Verjährungsfristen für bestimmte Ansprüche; dazu → Rn. 61.

[54] IErg ebenso, aber ohne Begründung OLG Königsberg HRR 1937 Nr. 6; Staudinger/*Emmerich* BGB § 548 Rn. 1; offenlassend BGH VIII ZR 149/63, NJW 1965, 151.

[55] BGH VIII ZR 22/12, NZM 2013, 163, Schadensersatz wegen nicht vertragsgemäßen Zustands; BGH VIII ZR 177/99, NJW-RR 2000, 1303, Minderwertausgleich wegen nicht vertragsgerechten Zustands; BGH VIII ZR 282/95, NJW 1996, 2860, Restwertausgleich.

[56] BGH VIII ZR 22/12, NZM 2013, 163 Rn. 21.

[57] So *Eckert* DMT-Bilanz 2011, 327.

[58] Der BGH wendet auf Leasingverträge Mietrecht ohnehin nur an, wenn keine leasingtypischen Besonderheiten bestehen (s. BGH VIII ZR 282/95, NJW 1996, 2860).

[59] BGH VIII ZR 22/12, NZM 2013, 163 Rn. 18.

nicht so offensichtlich wie beim Leasing. Rechtfertigen kann man die besondere verjährungsrechtliche Behandlung des Anspruchs auf Minderwertausgleich mit der Typisierung im Leasingrecht, die den Preischarakter des Anspruchs auf Minderwertausgleich als Wesensmerkmal des Leasingvertrages in den Vordergrund rückt und den Charakter als typischen Abwicklungsanspruch in den Hintergrund treten lässt. Das zeigt sich schon daran, dass den Leasingnehmer anders als den Mieter keine Primärpflichten auf Vornahme bestimmter Maßnahmen (zB Instandsetzung von Schäden) treffen, sondern nur Zahlungspflichten, die bei der Miete idR erst auf der Sekundärebene als Geldersatzanspruch zu finden sind. Bestimmte Formen des übermäßigen Gebrauchs können beim Leasing gar nicht beseitigt werden, hier ist ausschließlich ein Wertausgleich möglich; das ist etwa der Fall, wenn ein Leasingfahrzeug eine höhere Laufleistung hat als vereinbart. Erst der Wertausgleich führt dazu, dass sich der Vertrag für den Leasinggeber amortisiert.[60] Das Leasinggut wird nämlich aE eines Vertrages meist nicht weiter verleast, sondern verwertet.[61] Die Amortisation (einschließlich der Anschaffungskosten) muss deshalb mit nur einen Vertrag erreicht werden. Hierdurch wird deutlich, dass die vom Leasingnehmer zu tragenden Kosten nicht allein Entgelt für die Gebrauchsüberlassung sind, sondern – unter Berücksichtigung des Restwertes – vollständiger Ausgleich für die Anschaffung und deren Finanzierung (sowie den Gewinn).[62] Der Finanzierungscharakter ist prägend für den Leasingvertrag.[63] Bei der Miete hingegen ist die Anschlussvermietung die Regel, so dass erst der Mietzins mehrerer Mietverhältnisse die Anschaffungskosten erwirtschaften muss; im jeweils bestehenden Mietverhältnis sind neben dem Vermietergewinn „nur" die laufenden Kosten (einschließlich der laufenden, aber nicht notwendig aller Finanzierungskosten für die Anschaffung) zu decken.

### 2. Veränderung bzw. Verschlechterung

14 Die Ersatzansprüche des Vermieters müssen Veränderungen oder Verschlechterungen der Mietsache betreffen. Das Verständnis dieser Begriffe erscheint zunächst einfach, ist aber in Randbereichen genau zu definieren. Jede Verschlechterung ist zugleich eine Veränderung; das Gesetz hätte sich deshalb mit Letzterem begnügen können.[64] Der Begriff der Verschlechterung drückt aber plakativ die Vertragswidrigkeit der Veränderung aus und ist praktisch gleichzusetzten mit einer Beschädigung.[65] Eine Veränderung liegt nicht nur dann vor, wenn der Mieter (oder ihm zuzurechnende Personen) sie herbeigeführt hat; sie ist vielmehr immer dann gegeben, wenn der Zustand der Mietsache bei Rückgabe **nicht dem geschuldeten Zustand entspricht** – etwa weil die Parteien einen bestimmten, zu Vertragsbeginn nicht vorhandenen Zustand vereinbart haben.[66]

15 Der vertragswidrige Zustand zeigt sich idR in einer **Substanzveränderung** der Mietsache. Das muss allerdings nicht zwingend und immer so sein.[67] Der BGH hat vielmehr in zwei Fällen auch anderweitige Veränderungen genügen lassen, nämlich einmal bei einer dauerhafte Beeinträchtigung des Wertes eines verpachteten Unternehmens („Goodwill")[68] und zum anderen bei einer dauerhaften Nutzungsänderung der Pachtsache auch über das Pachtende hinaus (Aufgabe einer „Milchreferenzmenge").[69] Diese Entscheidungen dürften jedoch den Besonderheiten des überlassenen Objekts geschuldet sein. Es handelte sich um Pachtverträge, es bestanden zu Gunsten des Nutzers also über die bloße Nutzungsmöglichkeit hinausgehende Rechte (Fruchtziehung[70]; Betriebsüberlassung[71]). Diese Rechte (die Fruchtziehungsmöglichkeit, den Betrieb) kann der Nutzer (Pächter) verändern oder verschlechtern, ohne dass es zu einer Substanzbeeinträchtigung kommt. Bei der bloßen Miete, die sich vordergründig in der bloßen Sachnutzungsmöglichkeit erschöpft, erscheint

---

[60] BGH VIII ZR 177/99, NJW-RR 2000, 1303; BGH VIII ZR 282/95, NJW 1996, 2860.
[61] BGH VIII ZR 177/99, NJW-RR 2000, 1303.
[62] BGH VIII ZR 318/84, NJW 1986, 1335.
[63] BGH VIII ZR 318/84, NJW 1986, 1335.
[64] So auch → BGB § 538 Rn. 9.
[65] Staudinger/*Emmerich* BGB § 548 Rn. 4.
[66] BGH VIII ZR 219/81, NJW 1983, 679; BGH XII ZR 42/20, NJW-RR 2021, 803.
[67] So aber AnwK WohnraummietR/*Lammel* BGB § 548 Rn. 13 unter Berufung auf BGH XII ZR 149/98, NJW 2000, 3203, das die Frage aber nur aufwirft, aber nicht entscheidet.
[68] BGH IX ZR 206/92, NJW 1993, 2797; OLG Karlsruhe BB 1970, 147.
[69] *BGH LwZR 4/96, NJW* 1997, 2316; BGH LwZR 18/99, NJW-RR 2001, 194; s. dazu auch BGH XII ZR 149/98, NJW 2000, 3203.
[70] BGH LwZR 4/96, NJW 1997, 2316; BGH LwZR 18/99, NJW-RR 2001, 194.
[71] BGH IX ZR 206/92, NJW 1993, 2797; OLG Karlsruhe BB 1970, 147.

es hingegen schwer vorstellbar, dass es einem Mieter gelingt, eine dauerhafte Änderung der Nutzungsmöglichkeiten an der Mietsache herbeizuführen, die nicht mit einer Substanzveränderung verbunden ist (aber → Rn. 16). Dementsprechend unterliegen Schadensersatzansprüche des Vermieters gegen den Mieter wegen pflichtverletzender Lärmbelästigung und darauf begründeter Minderungen der anderen Mieter des Hauses nicht der kurzen Verjährung, sondern der Regelverjährung.[72] Ebenso hat der BGH entschieden für den Fall, dass der Vermieter von der Ordnungsbehörde wegen der Beseitigung von gefährlichen Chemikalien in Anspruch genommen wurde, die das Mietgrundstück nicht beeinträchtigt hatten.[73]

Fraglich ist die verjährungsrechtliche Behandlung solcher Ansprüche des Vermieters (zur Pacht → Rn. 15) wegen vertragswidrigen Gebrauchs, der die Mietsache selbst nicht verändert, wohl aber deren **Verkehrswert** oder deren **Vermietbarkeit** (vorübergehend) beeinflusst. Lagert der Mieter etwa vertragswidrig gefährliches Material auf dem Mietgrundstück oder betreibt er in der Mietwohnung ein Bordell oder kommt er einer Betriebspflicht nicht nach[74], so kann das die Vermietbarkeit bzw. den Verkaufspreis beeinträchtigen oder beides ganz verhindern. Der BGH[75] hat Skepsis gegenüber einer Ausdehnung des § 548 BGB auch auf solche Fälle angedeutet, wobei nicht ganz klar ist, ob sich die Skepsis auf die fehlende Substanzbeeinträchtigung oder auf die nur **vorübergehende Vertragswidrigkeit** bezieht. Meines Erachtens besteht die Skepsis zu Unrecht. Wenn der Mieter die Rückgabepflichten ordnungsgemäß erfüllt, sind derartige „ideelle" Beeinträchtigungen mit der Rückgabe der Mietsache beendet, weil das Bordell nicht mehr unterhalten wird bzw. das gefährliche Lagergut weggeräumt ist. Wenn hingegen die Rückgabepflichten verletzt werden und bspw. das gefährliche Lagergut auf dem Grundstück verbleibt, liegt ohne Weiteres ein vertragswidriger Zustand vor und der deswegen bestehende Ersatzanspruch unterliegt der kurzen Verjährung. Hierzu gehören dann auch Folgeschäden, die aus einer Beeinträchtigung des Verkehrswertes des Mietgrundstücks resultieren. Wertungsmäßig sind beide Fälle gleich zu behandeln; es macht keinen Unterschied, ob der Mieter den vertragsgemäßen Zustand vor oder bei der Rückgabe bzw. vor Vertragsbeendigung wiederherstellt. Weiterhin macht es wertungsmäßig keinen Unterschied, ob die (vorübergehende) Verkehrswertbeeinflussung auf einem substanzverändernden oder einem sonstigen vertragswidrigen Gebrauch beruht. Bei letzterem ist allerdings immer ein hinreichender Bezug zur Mietsache zu beachten, da von § 548 BGB im Ansatz nur zustandsbezogene Abwicklungsansprüche erfasst werden. Ein Bezug zur Mietsache ist ohne Weiteres bei Substanzveränderungen vorhanden. Wie aber schon → Rn. 15 gezeigt, können auch ideelle Beeinträchtigungen eine Veränderung bzw. Verschlechterung darstellen. Eine relevante ideelle Beeinträchtigung liegt – ähnlich wie bei der Pacht – immer dann vor, wenn der Pflichtenkreis des Mieters in Bezug auf die Mietsache bzw. deren Nutzungsmöglichkeit über reine Obhutspflichten hinausgeht; der Unterschied zur Pacht dürfte nur darin zu sehen sein, dass dort der Nutzungsgegenstand nicht nur durch Pflichten beschränkt, sondern auch durch Rechte erweitert wird. Dementsprechend gilt § 548 BGB in den angesprochenen Fällen: Eine Betriebspflicht dient meist dazu, die Attraktivität des gesamten Mietobjektes für alle Mieter zu steigern bzw. hoch zu halten, damit sie höhere Umsätze erzielen und der Vermieter höhere Mieten verlangen kann.[76] Das Verbot, ein Bordell zu betreiben oder gefährliche Chemikalien zu lagern, dient ebenfalls der Erhaltung der Vermietbarkeit. Ein Pflichtverstoß des Mieters kann zu einem Mangel der Mietsache führen, weil die relevanten Verkehrskreise (Neumieter oder auch Grundstückskäufer) Befürchtungen wegen der Nutzbarkeit bzw. des Wertes haben – ähnlich einem Mangelverdacht im Kaufrecht. 16

Wird die Mietsache erst nach dem Vertragsende zurückgegeben, sind **Veränderungen oder Verschlechterungen bis zur Rückgabe** der Mietsache einzubeziehen; außerdem sind einzubeziehen Veränderungen des geschuldeten Zustandes, die sich bei der Rückgabe selbst ergeben.[77] Ansprüche aus der Abwicklung des beendeten Mietverhältnisses fallen nämlich ebenfalls unter den Zweck der Vorschrift, für eine schnelle Auseinandersetzung zu sorgen. Zu derartigen **Abwicklungsansprüchen** gehört bspw. der Ersatz von Beschädigungen während der Vorenthaltung der Mietsache oder wegen vertragswidriger Wegnahme einer Einrichtung des Vermieters.[78] Der ver- 17

---

[72] AG Bremen NZM 2012, 383.
[73] BGH XII ZR 149/98, NJW 2000, 3203.
[74] Für diesen Fall bejaht OLG Frankfurt a. M. ZMR 2015, 18 die Anwendung von § 548 BGB.
[75] BGH XII ZR 149/98, NJW 2000, 3203.
[76] So iErg auch OLG Frankfurt a. M. ZMR 2015, 18.
[77] BGH VIII ZR 29/69, NJW 1970, 1182.
[78] BGH VIII ZR 29/69, NJW 1970, 1182.

tragswidrige Zustand muss bis zur Rückgabe eingetreten sein, daraus resultierende Schäden und Ansprüche können auch erst später entstehen, ohne dass dies den Lauf der Verjährung beeinflussen oder ihn neu in Gang setzen würde (→ Rn. 43).

18 Verursacht der Mieter erst **nach Rückgabe der Mietsache** eine Veränderung oder Verschlechterung, ist eine Anwendung des § 548 BGB grds. nicht mehr möglich, da der Vermieter dem Mieter nun wie ein Dritter gegenüber steht, mit dem er nicht in vertraglicher Beziehung stand. Anders ist das, wenn die Veränderung in Zusammenhang mit nachwirkenden Vertragspflichten steht, die den Zustand der Mietsache betreffen. Praktisch kommen hier insbes. die Fälle in Betracht, in denen der Mieter die Mietsache zurückerhält, um restliche Rückgabepflichten zu erfüllen (Schönheitsreparaturen, Rückbau, Räumung etc) und sie hierbei beschädigt. Es wäre allerdings offensichtlich unbillig, auch hieraus folgende Ansprüche ab der (ersten) Rückgabe verjähren zu lassen, da der Vermieter den vertragswidrigen Zustand bei einer Untersuchung nicht einmal theoretisch hätte entdecken können. Für den Beginn der kurzen Verjährung ist vielmehr auf den erneuten Rückerhalt der Mietsache abzustellen.

19 Zu den Veränderungen und Verschlechterungen in dem soeben dargelegten Sinn gehören **zB** der Dekorationszustand des Mietobjekts[79], insbes. nicht oder schlecht ausgeführte Schönheitsreparaturen[80]; die unterlassene Entfernung von Einrichtungen[81], Gegenständen und sonstigem Räumungsgut[82]; der unterlassene Rückbau bzw. die unterlassene Beseitigung baulicher Veränderungen[83]; die unterlassene Herstellung eines vertraglich vereinbarten Zustands[84]; die Beschädigung der Mietsache durch vertragswidrigen Gebrauch[85], Verletzung der Obhutspflicht[86] oder Unterlassen der Mängelanzeige gem. § 536c BGB[87]; die Beschädigung von nicht zur Mietsache gehörenden Gegenständen, wenn eine Haftung hierfür vereinbart war[88]; unterlassene Instandsetzungs- oder Instandhaltungsarbeiten[89]; die Nicht- oder Schlechterfüllung von Rückgabevereinbarungen oder -vergleichen (sei es auf Durchführung bestimmter Arbeiten oder auf finanzielle Abgeltung solcher Arbeiten)[90]; der unterlassene Abschluss einer Feuerversicherung[91]; die dauerhafte Beeinträchtigung des Wertes eines verpachteten Unternehmens („Goodwill")[92] bzw. die dauerhafte Nutzungsänderung der Pachtsache auch über das Pachtende hinaus (Aufgabe einer „Milchreferenzmenge").[93] **Dazu gehören nicht** (bereicherungsrechtliche) Ansprüche des Vermieters auf Erstattung eines Kostenvorschusses für die Selbstvornahme von Mängelbeseitigungsarbeiten, da der Mieter derartige Arbeiten trotz des Vorschusses nicht schuldet, die Mietsache vielmehr auch im mangelbehafteten Zustand zurückgeben darf; für diese Ansprüche gilt die Regelverjährung.[94] Führt der Mieter hingegen Mängelbeseitigungsarbeiten durch, so unterfallen daraus resultierende Ansprüche des Vermieters wegen Zustandsveränderungen (etwa Schlechtleistung, Beschädigung der Mietsache) der kurzen Verjährung des § 548 BGB. Zur Nichtrückgabe von dem Vermieter gehörenden Gegenständen oder **Einrichtungen oder Zubehör** → Rn. 64 „Rückgabe".

---

[79] BGH VIII ZR 123/05, NJW 2006, 1588; Staudinger/*Emmerich* BGB § 548 Rn. 10.

[80] BGH VIII ZR 123/05, NJW 2006, 1588; OLG Düsseldorf ZMR 2009, 753; NZM 2006, 866. Weitergehend zur (Un-)Verjährbarkeit des Anspruchs auf Durchführung von Schönheitsreparaturen → Rn. 66 und zu möglichen Problemen beim Verjährungsbeginn → Rn. 44.

[81] BGH VIII ZR 184/87, NJW 1988, 1778; OLG Köln NZM 1998, 767.

[82] BGH VIII ZR 123/05, NJW 2006, 1588 Rn. 8; auch → Rn. 13.

[83] BGH VIII ZR 291/78, NJW 1980, 389; BGH XII ZR 217/98, NZM 2002, 605; OLG Düsseldorf NZM 2006, 866.

[84] BGH XII ZR 42/20, NJW-RR 2021, 803; BGH VIII ZR 219/81, NJW 1983, 679; OLG Düsseldorf NZM 2006, 866.

[85] BGH VIII ZR 291/78, NJW 1980, 389; OLG Düsseldorf NZM 2006, 866.

[86] LG Köln VersR 1979, 415; Staudinger/*Emmerich* BGB § 548 Rn. 9.

[87] Staudinger/*Emmerich* BGB § 548 Rn. 9.

[88] BGH VIII ZR 219/81, NJW 1983, 679.

[89] BGH XII ZR 12/13, NJW 2014, 920 Rn. 15; BGH VIII ZR 291/78, NJW 1980, 389; BGH VIII ZR 149/63, NJW 1965, 151.

[90] OLG Düsseldorf NJW-RR 1991, 208; LG Nürnberg-Fürth ZMR 1993, 119.

[91] BGH VIII ZR 193/62, NJW 1964, 545.

[92] BGH IX ZR 206/92, NJW 1993, 2797.

[93] BGH LwZR 4/96, NJW 1997, 2316; BGH LwZR 18/99, NJW-RR 2001, 194; s. dazu auch BGH XII *ZR 149/98, NJW 2000, 3203.*

[94] OLG Celle GuT 2011, 276. Zur fehlenden Pflicht, das Selbsthilferecht auszuüben, s. für das Mietrecht MüKoBGB/*Häublein* § 536a Rn. 26 und für das Werkvertragsrecht BGH VII ZR 320/87, NJW 1988, 2728 sowie BGH VII ZR 213/07, NJW 2010, 1195 Rn. 19, wo auf den fehlenden Willen des Bauherrn abgestellt wird.

### 3. Rechtsgrundlage

20 Auf den Rechtsgrund der Ersatzansprüche (zum Rückgabeanspruch selbst → Rn. 64 „Rückgabe") kommt es nicht an, entscheidend ist allein, dass sie aus dem vertragswidrigen Zustand der Mietsache abgeleitet sind[95] (→ Rn. 2). § 548 BGB bezieht sich deshalb zunächst auf alle möglichen **mietrechtlichen Ansprüche.** Es ist dabei unerheblich, ob die Ersatzpflicht des Mieters auf (miet-) gesetzlicher Anspruchsgrundlage oder vertraglicher Vereinbarung beruht, denn es wäre gleichermaßen mit dem Sinn des § 548 BGB unvereinbar, bei der Verjährung danach zu unterscheiden, ob die Veränderung oder Verschlechterung der Mietsache darauf zurückzuführen ist, dass der Mieter eine gesetzliche Verpflichtung (etwa zur schonenden Behandlung der Mietsache) verletzt hat oder dass er einer besonders vereinbarten vertraglichen Verpflichtung (etwa zur Instandsetzung), die über das gesetzlich geschuldete Maß hinaus geht, nicht nachgekommen ist.[96] Wann eine solche Abrede getroffen wird, ist gleichgültig; auch Vereinbarungen oder Vergleiche nach Vertragsbeendigung unterliegen § 548 BGB.[97] Zu den mietrechtlichen Ansprüchen gehören insbes. alle Ansprüche, die in Zusammenhang mit dem Dekorationszustand des Mietobjekts stehen, also etwa auf Durchführung von Schönheitsreparaturen, auf Schadensersatz wegen deren Unterlassung oder Schlechtausführung oder aus Abgeltungsvereinbarungen, weil das Renovierungsintervall bei Vertragsende noch nicht abgelaufen war (Quotenklausel).[98]

21 Außerdem bezieht sich § 548 BGB – in analoger Anwendung[99] – auch auf solche **konkurrierenden Ansprüche,** die der Vermieter aus anderen Rechtsgründen außerhalb des Mietrechts herleiten kann[100] und die auf demselben Sachverhalt beruhen.[101] Ohne eine solch weite Auslegung würde der dem Schutz des Mieters dienende Zweck der Regelung, eine schnelle Klarstellung und Abwicklung der Ansprüche aus einem beendeten Gebrauchsüberlassungsverhältnis zu gewährleisten, vereitelt, weil sich der Mieter noch anderer, praktisch nicht selten bestehender Ansprüche vergegenwärtigen müsste.[102] § 548 BGB verdrängt deshalb, wenn der Zweck der schnellen Abwicklung des Mietverhältnisses es gebietet, die für die konkurrierenden Ansprüche geltenden allgemeinen Verjährungsfristen der §§ 195ff. BGB und ggf. auch besonders geregelte Verjährungsfristen.[103]

22 Ansprüche aus **unerlaubter Handlung** gem. §§ 823ff. BGB bilden den Hauptanwendungsfall dafür, dass konkurrierende Ansprüche außerhalb des Mietrechts der kurzen Verjährung des § 548 BGB unterworfen werden.[104] Das Maß des Verschuldens ist unerheblich, so dass § 548 BGB auch bei vorsätzlichem Handeln anwendbar ist.[105] Eine Ausnahme sollte lediglich bei einer vorsätzlich sittenwidrigen Schädigung gem. § 826 BGB gemacht werden, da einem solchen Schädiger nicht auch noch das Privileg der kurzen, insbes. kenntnisunabhängigen Verjährungsfrist zu Gute kommen sollte.[106]

23 Ähnlich wie Ansprüche gem. § 823ff. BGB sind deliktische Sondertatbestände, deliktsähnliche Ansprüche und **sonstige Ansprüche** zu behandeln. Nach § 548 BGB richtet sich deshalb die Verjährung von Ansprüchen aus § 1004 BGB[107], aus Geschäftsführung ohne Auftrag[108], aus Bereiche-

---

[95] BGH III ZR 227/84, NJW 1987, 187; BGH XII ZR 52/08, NJW 2010, 2652.

[96] BGH VIII ZR 149/63, NJW 1965, 151; BGH VIII ZR 355/85, NJW 1987, 2072; BGH VIII ZR 219/81, NJW 1983, 679.

[97] BGH XII ZR 52/08, NJW 2010, 2652.

[98] BGH VIII ZR 123/05, NJW 2006, 1588; OLG Düsseldorf ZMR 2009, 753.

[99] BGH III ZR 227/84, NJW 1987, 187.

[100] BGH VIII ZR 149/63, NJW 1965, 151.

[101] BGH III ZR 227/84, NJW 1987, 187.

[102] BGH III ZR 227/84, NJW 1987, 187.

[103] AllgM und stRspr, s. nur zum reformierten Verjährungsrecht BGH VIII ZR 349/10, NJW 2011, 2717 und für die besondere Verjährung von Ansprüchen aus unerlaubter Handlung in § 852 BGB aF BGH VI ZR 259/04, NJW 2006, 2399; BGH V ZR 217/95, NJW 1997, 1983; BGH III ZR 227/84, NJW 1987, 18753.

[104] BGH XII ZR 52/08, NJW 2010, 2652 Rn. 18; BGH VI ZR 259/04, NZM 2006, 624 Rn. 14 mwN.

[105] BGH IX ZR 206/92, NJW 1993, 2797, der dieses Ergebnis nicht nur mit dem weit auszulegenden Zweck des § 548 BGB begründet, sondern auch mit der im Einzelfall schwierigen Abgrenzung von Vorsatz und Fahrlässigkeit.

[106] BGH LwZR 6/00, NJW 2001, 2253, zu der vergleichbaren Verjährungsregelung in § 591b BGB für die Landpacht; in der Tendenz ebenso, aber letztlich offenlassend BGH IX ZR 206/92, NJW 1993, 2797.

[107] BGH V ZR 217/95, NJW 1997, 1983; BGH III ZR 227/84, NJW 1987, 187.

[108] BGH III ZR 227/84, NJW 1987, 187 mzustAnm *Peters* in JZ 1987, 198; OLG Karlsruhe NJW-RR 1994, 594.

rung gem. § 812ff. BGB[109], aus dem Eigentum (dingliche Ansprüche)[110], aus dem StVG[111], aus dem Haftpflichtgesetz[112], aus § 280 Abs. 1 BGB wegen der Verletzung von Nebenleistungspflichten (unterlassener Abschluss einer Feuerversicherung[113]) oder wegen vorvertraglichen Verschuldens[114] und aus § 22 WHG.[115] Notwendig ist immer, dass die Ansprüche eine Veränderung des Zustands der Mietsache bzw. einen abredewidrigen Zustand betreffen.[116] Für Ansprüche nach **§ 24 Bundes-Bodenschutzgesetz** (BBodSchG)[117] gilt die kurze Verjährung allerdings nicht, und zwar auch dann nicht, wenn sie in Zusammenhang mit dem vertragswidrigen Zustand einer Mietsache stehen. Das gilt seit dem 15. 12. 2004 auf Grund der zu diesem Zeitpunkt in Kraft getretenen Regelung in § 24 Abs. 2 S. 3 BBodSchG, die nicht nur eine eigene Verjährungsregelung enthält, sondern die Anwendung des § 548 BGB ausdrücklich ausschließt. Ebenso ist es nach dem Sinn und Zweck des Ausgleichsanspruchs in § 24 BBodSchG für Fälle vor dem 15. 12. 2004.[118]

24 Mit dem auf Zahlung oder sonstige Leistung gerichteten Hauptanspruch verjähren auch etwaige **Nebenansprüche** (§ 217 BGB) sowie Hilfsansprüche.[119] Dazu gehören insbes. Ansprüche auf Ersatz eines Verzugsschadens gem. § 286 BGB[120] oder von Anwalts- und Gutachterkosten.[121] Etwas anderes gilt dann, wenn die Nebenansprüche vor dem Eintritt der Verjährung des Hauptanspruchs bereits gerichtlich geltend gemacht waren.[122]

#### 4. Art und Umfang des Ersatzes

25 Genauso, wie der Rechtsgrund eines Anspruchs für die Anwendbarkeit von § 548 BGB grds. keine Rolle spielt, solange der Anspruch aus dem vertragswidrigen Zustand der Mietsache abgeleitet wird, spielt die Art der als Ersatz geforderten Leistung keine Rolle. Es ist deshalb belanglos, ob der Vermieter einen Primäranspruch etwa auf **(Wieder-)Herstellung bzw. Beseitigung** geltend macht oder einen Sekundäranspruch auf Zahlung.[123] Das ergibt sich nicht nur aus dem Zweck der kurzen Verjährung, eine beschleunigte und abschließende Klarstellung der Ansprüche herbeizuführen[124], sondern auch aus § 213 BGB, nach dessen Wertung ein Gleichlauf der Verjährung von Sekundär- und Primäransprüchen herzustellen ist.[125] Die kurze Verjährungsfrist gilt also bspw. gleichermaßen, wenn der Mieter abredewidrig die mit Erlaubnis des Vermieters veränderte Sache bei Vertragsbeendigung nicht wieder in den früheren Zustand zurückversetzt und der Vermieter einen Anspruch auf Naturalherstellung in Form von Beseitigung der auf dem verpachteten Grundstück errichteten Anlagen oder Gebäude geltend macht[126], wie in dem Fall, dass der Vermieter wegen einer solchen Pflichtverletzung Schadensersatz statt der Leistung gem. § 281 BGB verlangt.[127] Ist der Erfüllungsanspruch verjährt, kann er sich nicht mehr in einen Schadensersatzanspruch umwandeln.[128] Schließlich ist es belanglos, ob die verletzte Pflicht als Gegenleistung für die Gebrauchsüberlassung, also als **Teil der Miete** geschuldet wird, solange sie nur mit dem Zustand der Miet-

---

[109] BGH III ZR 227/84, NJW 1987, 187 mzustAnm *Peters* in JZ 1987, 198.
[110] BGH III ZR 227/84, NJW 1987, 187 mzustAnm *Peters* in JZ 1987, 198.
[111] BGH VIII ZR 175/72, NJW 1973, 2059; BGH III ZR 227/84, NJW 1987, 187.
[112] OLG Karlsruhe NJW-RR 1994, 594.
[113] BGH VIII ZR 193/62, NJW 1964, 545.
[114] BGH XII ZR 48/03, NJW 2006, 1963.
[115] BGH III ZR 227/84, NJW 1987, 187 mzustAnm *Peters* in JZ 1987, 198; OLG Karlsruhe NJW-RR 1994, 594; krit. dazu *Gerauer* ZMR 1991, 413.
[116] BGH XII ZR 48/03, NJW 2006, 1963.
[117] Zum Verjährungsbeginn in diesen Fällen s. BGH III ZR 312/11, NJW 2012, 3777; danach beginnt die Verjährung mit Beendigung der gesamten im Einzelfall erforderlichen bzw. angeordneten Maßnahmen zu laufen.
[118] So BGH XII ZR 52/07, NJW 2009, 139 mit ausführlicher Begründung und Nachweisen auf die Gegenmeinung.
[119] *Lüneborg* NJW 2012, 2145; s. dort auch zur Definition dieser Ansprüche.
[120] BGH XII ZR 150/93, NJW 1995, 252; BGH XII ZR 281/95, NJW 1998, 1303.
[121] AG Leipzig NZM 2015, 83.
[122] BGH XII ZR 150/93, NJW 1995, 252.
[123] BGH XII ZR 12/13, NJW 2014, 920 Rn. 16; BGH VIII ZR 291/78, NJW 1980, 389; BGH XII ZR 217/98, NZM 2002, 605; **aA** *Eckert* DMT-Bilanz 2011, 327.
[124] BGH VIII ZR 291/78, NJW 1980, 389.
[125] *Siehe auch Staudinger/Peters/Jacoby* (2009) § 213 Rn. 6; *Jacoby* DMT-Bilanz 2011, 339.
[126] BGH XII ZR 217/98, NZM 2002, 605.
[127] Zum Verjährungsbeginn bei Ansprüchen gem. § 281 BGB → Rn. 43.
[128] BGH XII ZR 223/01, NZM 2004, 583.

sache zusammenhängt und nicht die ausschließliche oder ganz überwiegende Gegenleistung darstellt (→ Rn. 13).

Nach dem Wortlaut des § 548 BGB betrifft die kurze Verjährung nur Ersatzansprüche wegen 26
des Zustands der **Mietsache** selbst. Hierzu gehören auch diejenigen mitvermieteten Sachen und Sachteile, die dem Mieter nicht zur alleinigen Nutzung zustehen, die er aber mitbenutzen darf (Hauseingang, Flure, Treppenhaus, Aufzug, Waschkeller, Garten etc).[129] Unter Umständen sind aber auch Schäden an **nicht mitvermieteten Sachen oder Flächen**[130] einzubeziehen. Der Zweck der Vorschrift und deren weite Auslegung gebieten es nämlich, einen einheitlichen Sachverhalt einheitlich jedenfalls dann verjähren zu lassen, wenn der anspruchsbegründende Umstand bei angemessener Untersuchung nach Rückgabe mitentdeckt worden wäre. Deshalb verjähren Ansprüche wegen des Zustands nicht mitvermieteter Flächen, die der Mieter während der Mietzeit unberechtigt genutzt und die er mit der Mietsache zu räumen und herauszugeben hat, nach § 548 Abs. 1 BGB.[131] Ein **einheitlicher Schaden** an vermieteten und nicht mitvermieteten Sachen liegt vor, wenn er in innerem Zusammenhang mit der Nutzung des Mietobjekts steht.[132] Das ist idR dann der Fall, wenn es *neben* der Beschädigung der (mit)vermieteten Gegenstände zu *weiteren* Schäden am Eigentum des Vermieters (oder eines Dritten, dem der Vermieter Ersatz geleistet hat, so dass es zu einem Schaden des Vermieters geworden ist[133]) kommt[134], wenn also – etwa wegen Brandes oder Wasseraustritts – nicht nur die Wohnung des Mieters, sondern auch angrenzende Wohnungen desselben Hauses oder ein Nachbarhaus beschädigt werden. Dabei spielt es keine Rolle, wie groß der Schaden an den nicht mitvermieteten Gegenständen ist oder ob er größer ist als an den vermieteten Gegenständen.[135] Die Rechtsstellung des Vermieters wird durch die einheitlich kurze Verjährung aber nur dann nicht über Gebühr beeinträchtigt, wenn er nach Rückgabe der Mietsache in der Lage ist und Veranlassung hat, Art und Ausmaß des Schadens sofort festzustellen[136], was idR voraussetzt, dass die beschädigten nicht vermieteten Gegenstände in seinem unmittelbaren Besitz stehen.[137] Aus diesem Grund kann bspw. ein Vermieter auch noch nach Ablauf der kurzen Verjährungsfrist bei seinem Mieter Regress nehmen, weil er einem Pkw-Eigentümer Ersatz für Schäden leisten musste, die nach einer Obhutspflichtverletzung des Mieters durch herabfallende Gegenstände entstanden waren.[138] Aus diesem Grund dürfte es deshalb – von der nacherwähnten Ausnahme abgesehen – auch nicht ausreichen, wenn der Schaden *ausschließlich* solche Gegenstände betrifft, die nicht mitvermietet wurden, wenn der Schaden also bspw. nur auf anderen Grundstücken als dem Mietgrundstück eingetreten ist.[139] Zum einen bezieht sich die Untersuchung des Vermieters nach Rückgabe der Mietsache idR nämlich nicht auf derartige Schäden; zum anderen erfordert der Schutzzweck des § 548 BGB eine Anwendung nicht, so dass es bei der allgemeinen Verjährung bleiben muss. Der Vermieter – wenn denn er und nicht ohnehin ein Dritter betroffen ist – steht dem Mieter in diesen Fällen nämlich eher wie ein am Mietvertrag nicht beteiligter Drit-

---

[129] BGH VIII ZR 175/72, NJW 1973, 2059.

[130] BGH XII ZR 52/08, NJW 2010, 2652.

[131] BGH XII ZR 52/08, NJW 2010, 2652.

[132] Instruktiv BGH XII ZR 79/92, NJW 1994, 251 (s. zum Verständnis dieser Entscheidung auch BGH XII ZR 149/98, NJW 2000, 3203); außerdem BGH XII ZR 52/08, NJW 2010, 2652; BGH XII ZR 153/03, NJW-RR 2004, 1566; BGH XII ZR 216/90, NJW 1992, 687.

[133] BGH XII ZR 216/90, NJW 1992, 687; OLG Düsseldorf NJW-RR 1988, 912. Der direkte Anspruch eines Dritten unterliegt hingegen allenfalls dann der kurzen Verjährung, wenn es sich bei dem Dritten um den vom Vermieter verschiedenen Eigentümer des Mietobjekts handelt (Einzelheiten → Rn. 30); ansonsten beurteilt sich die Verjährung von Ansprüchen Dritter gegen den Mieter nach den allgemeinen Regeln.

[134] BGH VIII ZR 175/72, NJW 1973, 2059; BGH VI ZR 259/04, NJW 2006, 2399; OLG Düsseldorf NJW-RR 1988, 912.

[135] BGH VIII ZR 175/72, NJW 1973, 2059; BGH XII ZR 216/90, NJW 1992, 687; krit. dazu *Eckert* DMT-Bilanz 2011, 329.

[136] Eing. BGH XII ZR 79/92, NJW 1994, 251 und schon BGH VIII ZR 175/72, NJW 1973, 2059; s. zum Verständnis der ersteren Entscheidung auch BGH XII ZR 149/98, NJW 2000, 3203.

[137] BGH VIII ZR 175/72, NJW 1973, 2059.

[138] OLG Dresden NZM 2007, 803.

[139] Staudinger/*Emmerich* BGB § 548 Rn. 12. Der BGH hat die Frage bisher formal offen gelassen, aber in BGH XII ZR 149/98, NJW 2000, 3203 und BGH VIII ZR 219/81, NJW 1983, 679 eine restriktive Tendenz im hier vertretenen Sinn geäußert. In BGH XII ZR 79/92, NJW 1994, 251 hat er einen Bezug des Schadens an einem entfernten Fischteich, der durch vom Mietgrundstück herrührende Ölverunreinigung eingetreten war, zu dem Mietobjekt abgelehnt und darauf abgestellt, dass der Vermieter keinen Anlass hatte, auf Grund einer Überprüfung der Mietsache nach deren Rückgabe derartige Schäden zu vermuten.

ter gegenüber, dem nur mehr oder weniger zufällig eine Doppelrolle als Vermieter und geschädigter Eigentümer zuwächst; der nach der Rspr. des BGH[140] notwendige innere Zusammenhang zum Mietverhältnis fehlt. Da vermietete Gegenstände in dieser Fallkonstellation nicht betroffen sind, wird auch die schnelle Abwicklung des Mietverhältnisses nicht behindert und der Gefahr des Verlustes von Beweismöglichkeiten wegen einer Weitervermietung muss nicht begegnet werden. Anders ist das allerdings dann, wenn der Mieter gegenüber dem Vermieter vertraglich ausdrücklich die Haftung auch für Schäden an Gegenständen übernommen hat, die nicht zum Mietobjekt gehören[141]; durch eine solche Vereinbarung haben die Parteien eine innere Verbindung zum Mietverhältnis auch für solche Schäden hergestellt, die ausschließlich mitvermietete Gegenstände betreffen. § 548 BGB ist in jedem Fall unanwendbar, wenn die Ersatzansprüche **Personenschäden** betreffen, diese richten sich selbst dann nach den allgemeinen Verjährungsregeln, wenn sie durch Veränderungen oder Verschlechterungen der Mietsache verursacht wurden.[142] Die kurze Verjährung greift ebenfalls nicht ein, wenn der Vermieter einen Schaden durch die Nutzung des Mietobjekts erleidet, das Mietobjekt selbst aber nicht verändert oder verschlechtert wird; in diesem Sinn hat der BGH entschieden für den Fall, dass der Vermieter von der Ordnungsbehörde wegen der Beseitigung von gefährlichen Chemikalien in Anspruch genommen wurde, die das Mietgrundstück nicht beeinträchtigt hatten.[143]

27 Gemäß § 548 BGB verjähren **sämtliche Schadensfolgen,** die aus dem vertragswidrigen Zustand der Mietsache resultieren und deshalb zu einem einheitlichen Schadensbild gehören[144]; das folgt sowohl aus dem Zweck des § 548 BGB, als auch aus dem Grundsatz der Schadenseinheit.[145] Dazu gehören insbes. die Schadensfeststellungskosten, die Verzugsschäden und alle, auch die monatlich neu entstehenden[146] **Mietausfallschäden,** wenn der Vermieter wegen des Zustands an einer Weitervermietung gehindert ist.[147] Auf den Zeitpunkt der Entstehung des konkreten Folgeschadens oder dessen Erkennbarkeit kommt es nicht an.[148]

### 5. Einbeziehung Dritter

28 § 548 BGB regelt unmittelbar nur die Ansprüche zwischen Vermieter und Mieter. Der Schutzzweck der Vorschrift, für eine schnelle Klärung und Abwicklung der Ansprüche zu sorgen, kann es – genauso wie bei der Einbeziehung konkurrierender Ansprüche – gebieten, im Wege der Analogie[149] auch Ansprüche von Dritten gegen den Mieter oder Ansprüche des Vermieters gegen Dritte der kurzen Verjährung zu unterwerfen, obwohl sie am Mietvertrag nicht beteiligt sind. Wenn nämlich bspw. der Vermieter einen für den Schaden mitverantwortlichen Mitbewohner nach Ablauf der für den Mieter geltenden Verjährung in Anspruch nehmen könnte, dann wäre der Mieter mittelbar über § 426 BGB trotz Verjährungsablaufs noch einer Haftung ausgesetzt. Die Verjährung des Ausgleichsanspruchs des Gebäudeversicherers gegen den Haftpflichtversicherer des Mieters richtet sich nicht nach § 548 BGB, sondern nach § 195 BGB.[150]

---

[140] Instruktiv BGH XII ZR 79/92, NJW 1994, 251 (s. zum Verständnis dieser Entscheidung auch BGH XII ZR 149/98, NJW 2000, 3203); außerdem BGH XII ZR 153/03, NJW-RR 2004, 1566; BGH XII ZR 216/90, NJW 1992, 687.

[141] BGH VIII ZR 219/81, NJW 1983, 679; OLG Karlsruhe NJW-RR 1994, 594.

[142] BGH XII ZR 79/92, NJW 1994, 251.

[143] BGH XII ZR 149/98, NJW 2000, 3203.

[144] BGH XII ZR 281/95, NJW 1998, 1303; BGH XII ZR 216/90, NJW 1992, 687; BGH IX ZR 268/91, NJW 1965, 151; *Finger* ZMR 1988, 4.

[145] BGH XII ZR 281/95, NJW 1998, 1303; zum Grundsatz der Schadenseinheit → Rn. 59.

[146] Der Beginn der Verjährungsfrist gilt einheitlich für alle, also auch die weniger als sechs Monate zurückliegenden Mietausfälle, die aus der Pflichtverletzung, ohne dass es auf den jeweiligen monatlichen Entstehungszeitpunkt der Mietausfälle ankommt (vgl. BGH XII ZR 63/96, NJW 1998, 981).

[147] BGH XII ZR 281/95, NJW 1998, 1303; BGH VIII ZR 149/63, NJW 1965, 151; OLG Düsseldorf ZMR 2009, 753; *Finger* ZMR 1988, 4; auch → Rn. 64 „Nutzungsentschädigung".

[148] **AA,** aber noch zum unreformierten Verjährungsrecht, OLG Schleswig WuM 1996, 220. Diese Ansicht widerspricht der jetzigen Rechtslage, zu der in BGH VIII ZR 114/04, NJW 2005, 739 Rn. 24 und BGH VIII ZR 123/05, NJW 2006, 1588 ausdrücklich betont wird, dass ein Anspruch schon vor dessen Entstehung und *auch vor Beendigung des* Mietverhältnisses (nämlich bei vorzeitiger Rückgabe) verjähren kann. Weiterhin → Rn. 43 (zum Zeitpunkt der Schadensentstehung) und → Rn. 35 (zur Erkennbarkeit).

[149] BGH VIII ZR 349/10, NJW 2011, 2717 Rn. 17.

[150] BGH IV ZR 129/09, NZM 2010, 450.

29 **a) Auf Vermieterseite.** Vermieter und Geschädigter bzw. Anspruchsinhaber müssen nicht personenidentisch sein. Ein solches Auseinanderfallen kommt in Betracht, wenn der Vermieter nicht Eigentümer des Mietobjekts ist, also zB bei einer **Untervermietung.** Wird das Mietobjekt beschädigt, stehen dem Vermieter die vertraglichen Ansprüche zu, dem Eigentümer die deliktischen Ansprüche. Außerdem können Vermieterstellung und Anspruchsinhaberschaft auseinanderfallen nach einer Abtretung des Schadensersatzanspruchs oder nach einer Veräußerung der Mietsache. In diesen Fällen würde der Zweck des § 548 BGB nach einer schnellen Klarstellung und Abwicklung der Ersatzansprüche nur unvollkommen verwirklicht und der dadurch beabsichtigte Schutz des Mieters würde leiden, wenn der Eigentümer bzw. der Anspruchsinhaber noch nach der für den Vermieter geltenden kurzen Verjährungsfrist Ansprüche gegen den Mieter geltend machen könnte. Deshalb ist § 548 BGB in folgender Weise analog[151] auf Ansprüche Dritter anzuwenden: War der **Eigentümer** mit der Vermietung einverstanden[152] oder war er mit dem Vermieter wirtschaftlich eng verbunden[153], dann stellt sich die Personenverschiedenheit von Eigentümer und Vermieter als zufällig dar und deshalb unterliegen die Ansprüche des Eigentümers ebenso der kurzen Verjährung wie diejenigen des Vermieters.[154] Dabei spielt es keine Rolle, ob der Eigentümer sie selbst geltend macht oder ob er sie an den Vermieter abgetreten hat[155]; die Verjährungsfrist ändert sich durch eine Abtretung allgemein nicht. Nach diesen Grundsätzen unterliegen Ansprüche gegen einen rechtmäßigen Untermieter der kurzen Verjährung, nicht aber solche gegen einen unrechtmäßigen Untermieter.[156] Ist der unrechtmäßige Untermieter gutgläubig in Bezug auf das Recht zur Untervermietung, ist es nicht unbillig[157], ihm die Einrede der kurzen Verjährung zu verwehren, weil er – im Gegensatz zum Hauptvermieter – hinreichend Gelegenheit hat, sich nach dem Recht zur Untervermietung zu erkundigen. Wird das Mietobjekt nach Beendigung des Mietverhältnisses und Rückgabe **veräußert,** so unterliegen die Ansprüche des neuen Eigentümers ebenfalls der kurzen Verjährung des § 548 BGB.[158]

30 Auf Schadensersatzansprüche der **Wohnungseigentümergemeinschaft** gegen den Mieter einer Eigentumswohnung wegen Beschädigung des Gemeinschaftseigentums findet § 548 Abs. 1 BGB nach Ansicht des BGH[159] hingegen keine Anwendung. Wegen der Verschiedenheit von Eigentümer und Vermieter käme – wie auch schon in den vorgenannten Fällen – nur eine analoge Anwendung in Betracht; allerdings fehle es – so der BGH – sowohl an einer Gesetzeslücke wie an einer vergleichbaren Interessenlage[160]: Anders als bei einer engen wirtschaftlichen Verflechtung von Eigentümer und Vermieter ist die Personenverschiedenheit von Eigentümer und Vermieter bei der Vermietung von Wohneigentum nicht zufällig; die Eigentümergemeinschaft hat auch keinen Einfluss auf die Vermietung.[161] Ebenso hat sie meist keine Kenntnis von einem Auszug des Mieters und deshalb keine Veranlassung zur Untersuchung des Gemeinschaftseigentums; der wirtschaftlich verflochtene Eigentümer kann hingegen eine Untersuchung in seinem Verhältnis zum Vermieter ohne Weiteres sicherstellen.[162] Der Mieter wird nicht über Gebühr belastet, da das Gemeinschaftseigentum nicht derart schnell von Veränderungen betroffen ist wie die weitervermieteten Räume und deshalb dem Verlust des Beweisgegenstandes (→ Rn. 2) nicht derart dringend vorgebeugt werden muss. Trotz dieser gewichtigen Argumente ist das Ergebnis nicht zwingend. Eigentümer des Gemeinschaftseigentums ist nämlich nicht die Gemeinschaft ist, Eigentümer sind vielmehr gem. § 10 Abs. 1 WEG die Wohnungseigentümer[163], so dass jedenfalls eine Teilidentität von Vermieter

---

[151] BGH VIII ZR 349/10, NJW 2011, 2717 Rn. 19.
[152] BGH VIII ZR 349/10, NJW 2011, 2717 Rn. 13; BGH V ZR 217/95, NJW 1997, 1983.
[153] BGH VIII ZR 349/10, NJW 2011, 2717 Rn. 13; BGH XII ZR 269/90, NJW 1992, 1821 (1822), zwei GmbH mit demselben Hauptsitz und demselben Geschäftsführer.
[154] Staudinger/*Emmerich* BGB § 548 Rn. 14.
[155] BGH V ZR 217/95, NJW 1997, 1983; BGH VIII ZR 1/69, NJW 1970, 1736.
[156] Lindner-Figura/Oprée/Stellmann, Geschäftsraummiete HdB/*Fuerst* Kap. 17 Rn. 21.
[157] *Eckert* DMT-Bilanz 2011, 335 sieht hingegen einen nicht befriedigend auflösbaren Widerspruch.
[158] BGH III ZR 227/84, NJW 1987, 187 zu Ansprüchen gem. § 22 WHG.
[159] BGH VIII ZR 349/10, NJW 2011, 2717 mwN auch auf die Gegenmeinung, die hier in der 10. Aufl. 2011 ebenfalls vertreten wurde; krit. zur Begründung, iErg aber übereinstimmend mit dem BGH *Häublein* ZMR 2011, 970; ähnlich auch *Witt* NZM 2012, 547.
[160] BGH VIII ZR 349/10, NJW 2011, 2717 Rn. 17.
[161] BGH VIII ZR 349/10, NJW 2011, 2717 Rn. 19/20.
[162] BGH VIII ZR 349/10, NJW 2011, 2717 Rn. 20/21.
[163] Darauf weisen *Häublein* ZMR 2011, 970 und Schmid DWW 2011, 370 zutr. hin. Geltend zu machen ist der Anspruch aber wohl durch die Gemeinschaft (*Jacoby* ZWE 2012, 74).

und Eigentümer gegeben ist, womit man eine analoge Anwendung von § 548 Abs. 1 BGB hätte rechtfertigen können, zumal die Vermietung von Wohneigentum der Gemeinschaft bzw. den übrigen Wohnungseigentümern nicht nur bekannt ist, sie ist vielfach sogar Zweck ganzer Wohnungseigentumsanlagen oder eines großen Teils davon. Abgesehen davon kann sich Gemeinschaftseigentum in der Wohnung befinden (zB Heizkörper einer Einrohrheizung[164]); hier tritt der Gedanke des Verlusts des Beweisgegenstandes durch Neuvermietung wieder in den Vordergrund. Die Vielzahl der Gläubiger (Wohnungseigentümer) hat auch Einfluss auf den Verjährungsbeginn. Kenntnis iSv § 199 Abs. 1 Nr. 2 BGB muss gem. §§ 432, 429, 425 BGB bei jedem Wohnungseigentümer vorliegen[165]; allerdings kann uU eine Kenntnis des Verwalters den Wohnungseigentümern gem. § 166 BGB zugerechnet werden.[166]

31 **b) Auf Mieterseite.** Die kurze mietvertragliche Verjährung gilt auch dann, wenn es um von § 548 BGB erfasste Ansprüche des Vermieters gegen einen Dritten geht, der – ohne selbst Vertragspartei zu sein – in den Schutzbereich des Mietvertrages einbezogen ist; der Mietvertrag ist ein Vertrag mit Schutzwirkung für Dritte, was nicht nur zur Haftung des Vermieters führen kann, sondern auch zur Privilegierung des Dritten bei der Verjährung.[167] Der entscheidende Gesichtspunkt für den Eintritt der Schutzwirkung ist der Umstand, dass nach dem Inhalt des Vertrages der **Mietgebrauch durch den Dritten gewissermaßen bestimmungsgemäß ausgeübt** wird und dass das erkennbar für den Dritten ebenso wie für den Mieter die Gefahr mit sich bringt, wegen Beschädigung der Mietsache auf Ersatz in Anspruch genommen zu werden.[168] Eine von den Parteien gewollte Einbeziehung in den Schutzbereich des Mietvertrages ist **anerkannt für** zum Hausstand gehörende Personen, insbes. Familienangehörige des Mieters[169], Bedienstete[170], Werkunternehmer/Handwerker[171], den berechtigten Fahrer eines Mietwagens[172], Beherbergungsgäste[173], Besucher. Zur Untermiete → Rn. 29. Wird das Mietobjekt von diesen Personen, denen der Mieter nach den ausdrücklichen oder stillschweigenden Abreden des Vertrages die Mietsache überlassen durfte, beschädigt oder verursachen die Personen andere unter § 548 BGB fallende Ersatzansprüche, so verjähren diese Ansprüche wie diejenigen gegen den Mieter selbst innerhalb von sechs Monaten nach Rückgabe.[174]

### 6. Unmöglichkeit der Rückgabe

32 § 548 BGB passt nicht für den Untergang des Mietobjekts oder dessen Zubehörs[175], weil die Vorschrift auf dessen Rückerhalt als Anfangspunkt der Verjährung abstellt und ein völlig zerstörtes Mietobjekt nicht zurückgegeben werden kann.[176] In § 548 BGB werden dementsprechend auch nur die Ansprüche des Vermieters wegen Veränderungen und Verschlechterungen der Mietsache der kurzen Verjährung unterworfen. Der Begriff der Zerstörung reicht aber weiter als der einer Veränderung oder Verschlechterung. Der Zweck der Vorschrift, eine möglichst schnelle Abwicklung der gegenseitigen Ansprüche zu erreichen und einem Beweisverlust durch Weitervermietung vorzubeugen, erfordert eine Anwendung bei einem Untergang der Mietsache nicht.[177] Deshalb gelten in diesem Fall die **allgemeinen Verjährungsregeln.**[178]

---

[164] *Schlüter* ZMR 2011, 936; s. zu den Eigentumsverhältnissen bei Heizungsanlagen auch BGH V ZR 176/10, NJW 2011, 2958.

[165] BGH V ZR 183/13, NJW 2014, 2861; *Gaier* NZM 2003, 93; *Schmid* DWW 2011, 370.

[166] Siehe dazu BGH V ZR 183/13, NJW 2014, 2861.

[167] BGH VIII ZR 44/75, NJW 1976, 1843; BGH VIII ZR 349/10, NJW 2011, 2717 Rn. 12; BGH VI ZR 259/04, NJW 2006, 2399; BGH VI ZR 150/87, NJW-RR 1988, 1358.

[168] BGH VIII ZR 44/75, NJW 1976, 1843 und grdl. BGH VIII ZR 175/72, NJW 1973, 2059.

[169] BGH VI ZR 259/04, NJW 2006, 2399; BGH LwZR 6/00, NJW 2001, 2253, für die Ehefrau des Mieters.

[170] BGH VIII ZR 175/72, NJW 1973, 2059; BGH VI ZR 150/87, NJW-RR 1988, 1358.

[171] BGH VIII ZR 44/75, NJW 1976, 1843.

[172] BGH VIII ZR 179/65, NJW 1968, 694.

[173] BGH VIII ZR 220/76, NJW 1978, 1426; OLG Köln NJW-RR 1991, 1292 (für Obdachlose, die in einem angemieteten Hotel untergebracht wurden).

[174] Staudinger/*Emmerich* BGB § 548 Rn. 15; krit. hierzu *Peters* DMT-Bilanz 2011, 358 (359), der den Mietvertrag in diesen Fällen als Vertrag zu Lasten Dritter ansieht und §§ 195 ff. BGB anwenden will, soweit diese im konkreten Vergleich mit § 548 BGB zu einer kürzeren Verjährungsfrist führen.

[175] *Bub/Treier MietR-HdB/Gramlich* Kap. VI Rn. 46; auch → Rn. 45.

[176] BGH VIII ZR 129/80, NJW 1981, 2406; BGH VI ZR 259/04, NJW 2006, 2399.

[177] BGH VIII ZR 129/80, NJW 1981, 2406.

[178] BGH VI ZR 259/04, NJW 2006, 2399; OLG Düsseldorf ZMR 1990, 272.

Eine **vollständige Zerstörung** liegt nur dann vor, wenn jedwede Rückgabe ausgeschlossen ist, nicht aber wenn – selbst bei schwersten Gebäudeschäden[179] – noch wieder verwendbare Reste der zurückzugebenden Sache vorhanden sind; ob es sich hierbei um einen wesentlichen (Gebäude-)Teil handelt, ist unerheblich.[180] Es kommt darauf an, ob überhaupt noch etwas zurückgegeben werden kann, so dass eine Wiederherstellung möglich erscheint, auch wenn dies nicht wirtschaftlich sein mag[181]; eine vollständige Wiederherstellung muss aber nicht möglich sein.[182] Deshalb ist ein wirtschaftlicher Totalschaden nicht notwendigerweise eine völlige Zerstörung im hier relevanten Sinn.[183] Sind bei einem abgebrannten Gebäude noch Grundmauern oder sonstige wiederverwertbare Reste (Fundament, Boden) verblieben, so ist eine völlige Zerstörung nicht gegeben.[184] Ob eine völlige Zerstörung vorliegt, wenn neben einem völlig zerstörten Gebäude auch das Grundstück herauszugeben ist, hat der BGH in einer neueren Entscheidung[185] offen gelassen, in einer früheren Entscheidung[186] unter Berufung auf das RG[187] aber schon bejaht. Hierfür spricht[188], dass die Anwendung des § 548 BGB bei untergegangener Mietsache deshalb abgelehnt wird, weil die Vorschrift auf den Rückerhalt der Sache als Anfangspunkt der Verjährung abstellt und eine völlig zerstörte Mietsache nicht zurückgegeben werden kann; hat der Mieter aber neben dem völlig zerstörten Gebäude das Grundstück herauszugeben, ist dieser Anfangspunkt bestimmbar. 33

## II. Beginn der Verjährungsfrist

Gemäß § 548 Abs. 1 S. 2 BGB beginnt die kurze Verjährungsfrist von sechs Monaten für die Ersatzansprüche des Vermieters – unabhängig von der Entstehung der Ansprüche (→ Rn. 43) – mit dem Rückerhalt der Mietsache zu laufen, weil der Vermieter deren Zustand mangels Zutrittsmöglichkeit während der Besitzzeit des Mieters erst nach Rückerhalt überprüfen kann.[189] Der **Begriff des Rückerhalts** ist weder sprachlich noch in der Bedeutung gleichzusetzen mit dem Begriff der Rückgabe in § 546 BGB.[190] Rückerhalt und Rückgabe haben eine unterschiedliche Funktion. Während die Rückgabe für das Ende der Nutzungsberechtigung und die vom Mieter hierbei zu erfüllenden Pflichten in Bezug auf die Mietsache steht, ist die Funktion des Rückerhalts eingeschränkter. Durch den Rückerhalt der Mietsache soll der Vermieter nämlich die Möglichkeit erhalten, die Mietsache auf ihren vertragsgemäßen Zustand zu überprüfen, ob also der Mieter seine Rückgabepflichten erfüllt hat.[191] Das bedeutet, dass der Vermieter die **Möglichkeit zur Untersuchung** haben muss und dass der Mieter keine Einwirkungsmöglichkeiten mehr haben darf, weil ansonsten die Untersuchung des Vermieters nur vorläufig wäre.[192] Der Beginn der Verjährungsfrist hängt nicht von einer vollständigen Räumung oder der Erfüllung der sonstigen Rückgabepflichten ab[193] – im Gegenteil, der Rückerhalt dient gerade der Möglichkeit, die Vertragsmäßigkeit der Mietsache festzustellen. Auch ist die Beendigung des Mietverhältnisses nicht Voraussetzung für den Beginn der Verjährung.[194] Für die Fristberechnung gilt § 187 Abs. 1 BGB.[195] 34

[179] Bub/Treier MietR-HdB/*Gramlich* Kap. VI Rn. 50.
[180] BGH VI ZR 259/04, NJW 2006, 2399; BGH VIII ZR 129/80, NJW 1981, 2406.
[181] BGH VIII ZR 129/80, NJW 1981, 2406; OLG Köln NJW 1997, 1157; OLG Düsseldorf ZMR 2006, 276.
[182] OLG Köln NJW 1997, 1157, für ein Kunstwerk.
[183] BGH VIII ZR 132/82, NJW 1984, 289; BGH VIII ZR 129/80, NJW 1981, 2406; OLG Oldenburg MDR 1982, 492.
[184] BGH VI ZR 259/04, NJW 2006, 2399; BGH VI ZR 150/87, NJW-RR 1988, 1358; BGH VIII ZR 129/80, NJW 1981, 2406; OLG Düsseldorf ZMR 1990, 272.
[185] Siehe BGH VI ZR 259/04, NJW 2006, 2399.
[186] BGH VI ZR 150/87, NJW-RR 1988, 1358.
[187] RGZ 96, 300.
[188] So auch BGH VI ZR 259/04, NJW 2006, 2399, wo die Frage aber letztlich offen gelassen wurde.
[189] *Lehmann-Richter* NZM 2009, 763 will die Ersatzansprüche des Vermieters parallel der Verjährung des § 195 BGB unterwerfen, so dass Ersatzansprüche schon vor Rückerhalt verjährt sein könnten. Das widerspricht, was auch *Lehmann-Richter* zugesteht, dem klaren Wortlaut des Gesetzes.
[190] OLG Düsseldorf WuM 2008, 554; OLG München MDR 2007, 514; OLG Hamm ZMR 1996, 372; **aA** AnwK WohnraummietR/*Lammel* BGB § 548 Rn. 18.
[191] BGH VIII ZR 197/66, NJW 1968, 2241; OLG Düsseldorf ZMR 2009, 753; NZM 2006, 866.
[192] KG ZMR 2005, 455; *Witt* NZM 2012, 548.
[193] OLG München MDR 2007, 514; KG ZMR 2005, 455; OLG Hamm ZMR 1996, 372.
[194] BGH VIII ZR 8/11, NJW 2012, 144.
[195] BGH XI ZR 172/13, NJW 2014, 3435 Rn. 9.

35 Eine Möglichkeit zur Untersuchung besteht nicht, wenn der Vermieter trotz des Rückerhalts aus nicht in seiner Person liegenden Gründen außer Stande ist, die Mietsache zu untersuchen.[196] Der Beginn der Verjährungsfrist setzt aber nicht voraus, dass der Vermieter sie tatsächlich untersucht[197] oder dass er – falls dies geschieht – den vertragswidrigen Zustand erkennt oder erkennen kann.[198] Letzteres kann harte Konsequenzen für den Vermieter haben, ist aber – ähnlich wie bei der kaufrechtlichen Gewährleistung – vom Gesetz zu Gunsten der schnellen Abwicklung des Mietverhältnisses in Kauf genommen. Praktisch wird das Problem der **Erkennbarkeit** besonders häufig relevant in den Fällen der Bodenkontamination; hier schafft der Ausgleichsanspruch in § 24 BBodSchG mit seiner von § 548 BGB unabhängigen Verjährungsregelung eine Erleichterung.[199]

36 In der Regel ist ein derart verstandener Rückerhalt nur bei einer **Veränderung der Besitzverhältnisse zugunsten des Vermieters** gegeben[200] (zu den Ausnahmen → Rn. 39). Die Veränderung der Besitzverhältnisse ist deswegen erforderlich, weil der Vermieter in die Lage versetzt werden muss, sich durch Ausübung der unmittelbaren Sachherrschaft (dh des unmittelbaren Besitzes[201]) und durch freien Zutritt ungestört ein umfassendes Bild von den Mängeln, Veränderungen und Verschlechterungen der Mietsache (einschließlich der zurückgelassenen Gegenstände und Einrichtungen[202]) zu machen[203]; das kann meist nur geschehen, wenn der Mieter den Besitz vollständig und eindeutig (aber nicht notwendig endgültig[204]) aufgegeben[205] und der Vermieter hiervon Kenntnis erhalten hat.[206] **Neben der Besitzübertragung** auf den Vermieter ist also **auch Kenntnis des Vermieters davon** notwendig.[207] Zu den Fällen des Besitzübergangs ohne Kenntnis des Vermieters → BGB § 546 Rn. 27 und nachfolgend. Ist der Vermieter persönlich an dem Besitzwechsel beteiligt, erhält er automatisch nicht nur von der Besitzaufgabe Kenntnis, sondern auch von seinem eigenen Besitz. Das gleiche gilt, wenn er sich bei diesem Vorgang umfassend vertreten lässt: Der Vertreter erlangt für ihn sowohl Besitz (als Besitzdiener), als auch Kenntnis vom Besitzwechsel (als Vertreter); die Kenntnis des Besitzwechsels wird dem Vermieter gem. § 166 BGB zugerechnet, so dass von der Möglichkeit der ungestörten Untersuchung des Mietobjekts auszugehen ist.[208] Die Kenntnis eines Besitzdieners (etwa eines Hauswarts) von der Besitzaufgabe des Mieters wird dem Vermieter nicht automatisch zugerechnet.[209] Das ist vielmehr nur dann der Fall, wenn der Besitzdiener über den reinen Besitzwechsel hinaus mit der Übergabe (Rücknahme) der Mietsache beauftragt war; nur dann ist der Vermieter in der Lage, sich ein umfassendes Bild von deren Zustand zu machen.[210] Es ist nämlich zu unterscheiden zwischen dem Willen des Besitzdieners, die Sachherrschaft für den Vermieter auszuüben, und der Kenntnis des Vermieters von der Besitzergreifung durch den Besitzdiener; die Kenntnis des Besitzdieners kann dem Vermieter nicht

---

[196] BGH VIII ZR 197/66, NJW 1968, 2241 unter Berufung auf RG HRR 1928 Nr. 1586.
[197] BGH VIII ZR 197/66, NJW 1968, 2241 für den Fall, dass der Vermieter die Untersuchung wegen Rechtsirrtums unterlassen hat.
[198] OLG Frankfurt a. M. WuM 2001, 397.
[199] → Rn. 23.
[200] BGH XII ZR 63/18, NZM 2019, 408; BGH VIII ZR 8/11, NJW 2012, 144; BGH XII ZR 153/03, NJW-RR 2004, 1566; BGH XII ZR 105/90, NJW 1991, 2416; OLG München ZMR 2010, 285; OLG Düsseldorf DWW 2007, 246; ZMR 2001, 267.
[201] BGH VIII ZR 197/66, NJW 1968, 2241; OLG Düsseldorf GE 2002, 1196.
[202] → Rn. 19.
[203] BGH VIII ZR 8/11, NJW 2012, 144; *Streyl* NJW 2014, 665.
[204] BGH XII ZR 105/90, NJW 1991, 2416.
[205] BGH XII ZR 105/90, NJW 1991, 2416; BGH XII ZR 149/98, NJW 2000, 3203; BGH VI ZR 259/04, NJW 2006, 2399; BGH XII ZR 48/03, NJW 2006, 1963; BGH XII ZR 68/00, NJW 2004, 774; BGH XII ZR 153/03, NJW-RR 2004, 1566; BGH VIII ZR 197/66, NJW 1968, 2241; Staudinger/*Emmerich* BGB § 548 Rn. 26. Das OLG Düsseldorf ZMR 1989, 463 = NJW-RR 1990, 21 vernachlässigt die Notwendigkeit der Besitzaufgabe und stellt für einen Verjährungsbeginn mE fälschlicherweise nur darauf ab, dass der Vermieter von einer Betriebseinstellung gewusst habe und die Mietsache schon vor der förmlichen Übergabe auf Schadstoffe untersucht habe.
[206] BGH VIII ZR 402/12, NJW 2014, 684 Rn. 13 (eing. zu dieser Entscheidung *Streyl* NJW 2014, 665); BGH XII ZR 68/00, NJW 2004, 774; BGH VI ZR 259/04, NJW 2006, 2399; BGH XII ZR 48/03, NJW 2006, 1963.
[207] BGH VIII ZR 402/12, NJW 2014, 684 Rn. 13. Der BGH spricht nur von Besitzaufgabe. Auf die isolierte *Kenntnis der* Besitzaufgabe kommt es allerdings nicht an, weil sie der Kenntnis des Besitzwechsels immanent ist.
[208] *Streyl* NJW 2014, 666.
[209] BGH VIII ZR 402/12, NJW 2014, 684 Rn. 17.
[210] BGH VIII ZR 402/12, NJW 2014, 684 Rn. 18.

ohne Weiteres zugerechnet werden, sondern nur unter den Voraussetzungen des § 166 BGB.[211] Beauftragt allerdings der Vermieter den Besitzdiener, die Schlüssel zur Wohnung in Empfang zu nehmen, räumt er ihm eine äußere Stellung ein, die typischerweise mit der Übertragung einer der Aufgabe angepassten Vertretungsmacht verbunden ist[212]; das bedeutet, der Besitzdiener (etwa der Hauswart) ist zumindest stillschweigend bevollmächtigter Wissensvertreter des Vermieters in Bezug auf die Kenntnis vom Besitzwechsel.[213] Diese Vollmacht kann zwar durch Erklärung gegenüber dem Mieter eingeschränkt werden, mit Wirkung für den Verjährungsbeginn aber nur dann, wenn der Mieter noch keinen Anspruch auf Rückgabe der Mietsache hatte, weil die Kenntnis des Vermieters von der Besitzaufgabe des Mieters ansonsten über die dargelegte Schutzfunktion hinaus zu einem Instrument der willkürlichen Verjährungsverlängerung werden könnte (weshalb auch AGB-Klauseln hierzu unwirksam sind).[214] Bei einer Zwangsräumung sind die Voraussetzungen der Rückgabe erfüllt, wenn der Gerichtsvollzieher den Vermieter in den Besitz eingewiesen hat.[215] Dass der Vermieter (vorübergehend) die Möglichkeit hat, während des (auch nur mittelbaren) Besitzes des Mieters die Mieträume zu besichtigen, oder er sonst wie Kenntnis von dem vertragswidrigen Zustand erhält, genügt hingegen nicht.[216] Das gilt nicht nur für die Mieträume selbst, sondern für das gesamte Mietobjekt; erhält bspw. der Vermieter vor dem Rückerhalt der Mieträume Kenntnis von Schäden an den Gemeinschaftsflächen, so beginnt die Verjährung nicht schon mit dieser Kenntnis zu laufen, sondern erst mit dem Rückerhalt der Mieträume.[217] Gleichfalls genügt es nicht, wenn der Vermieter – mit Gestattung des Mieters, aber ohne eigene unmittelbare Sachherrschaft zu haben – Reparaturarbeiten an der Mietsache ausführen (lassen) kann[218] oder wenn der Mieter den Besitz aufgibt, ohne dass der Vermieter davon Kenntnis erlangt oder eine Zugangsmöglichkeit erhält.[219] Zur Frage, wann eine Besitzveränderung zu Gunsten des Vermieters eintritt, → BGB § 546 Rn. 24 ff. Diese Frage ist für § 546 BGB nicht anders zu beantworten als für § 548 BGB; es handelt sich um identische besitzrechtliche Vorgänge.[220] Haben allerdings die Parteien für die Zeit nach Besitzübergang einen besonderen Begehungstermin zur gemeinsamen Zustandsfeststellung vereinbart, so beginnt die Verjährung nicht vor diesem Termin zu laufen.[221] Erscheint der Mieter verabredungswidrig nicht zu dem Termin, beginnt die Verjährung zu laufen, da der Vermieter dann allein untersuchen kann.[222]

Die **Besitzaufgabe des Mieters** muss allerdings **nicht immer endgültig** sein. Vielmehr kommt ein Verjährungsbeginn ausnahmsweise auch dann in Betracht, wenn der Vermieter das Mietobjekt insgesamt (oder abgrenzbare Teile davon[223]) für Instandsetzungsmaßnahmen zurückerhält und sich so *unter Ausschluss des Mieters* ungestört ein umfassendes Bild von Beschädigungen am Mietobjekt machen kann, um dann nach Abschluss der Arbeiten das Mietverhältnis unter erneuter Besitzeinräumung fortzusetzen.[224] Die entsprechende Anwendung des § 548 BGB auf derartige Fallgestaltungen ermöglicht entsprechend dem Zweck der Vorschrift eine schnelle Klärung der Ansprüche und ist geeignet, einer Verschlechterung der Beweissituation durch Zeitablauf **37**

---

211 *Streyl* NJW 2014, 666.

212 Siehe etwa OLG Köln NJW-RR 1994, 1501; BGH VIII ZR 38/01, NJW 2002, 1041.

213 *Streyl* NJW 2014, 666.

214 *Streyl* NJW 2014, 667.

215 Blank/Börstinghaus/*Blank* BGB § 548 Rn. 20.

216 BGH XII ZR 105/90, NJW 1991, 2416; BGH XII ZR 149/98, NJW 2000, 3203; BGH VI ZR 259/04, NJW 2006, 2399; BGH XII ZR 68/00, NJW 2004, 774; OLG Düsseldorf GE 2002, 1196.

217 **AA** AG Köln WuM 2012, 375 für den Fall der dem Vermieter bekannten Beschädigung des Aufzuges einige Wochen vor Übergabe der Wohnung.

218 BGH XII ZR 216/90, NJW 1992, 687.

219 Auch → Rn. 39.

220 Etwas anders offenbar OLG Düsseldorf DWW 2007, 246, das aber zu einseitig auf die Möglichkeit des Vermieters zur Untersuchung abstellt und hierbei vernachlässigt, dass eine ungestörte, vom Mieter unbeeinflusste Untersuchung idR nur bei vollständiger Besitzaufgabe durch den Mieter möglich ist; im Fall des OLG Düsseldorf war streitig, ob der Mieter sämtliche Schlüssel zurückgegeben hat (dazu auch → BGB § 546 Rn. 27).

221 OLG München ZMR 2010, 285. Der Rückgriff des OLG München auf Treu und Glauben dürfte aber unnötig sein, die Folge ergibt sich ebenso aus dem Rechtsgedanken des § 203 BGB.

222 *Schmid* DWW 2011, 371.

223 BGH XII ZR 105/90, NJW 1991, 2416; OLG Düsseldorf WuM 1993, 272.

224 BGH VIII ZR 99/85, NJW 1986, 2103; abl. *Eckert* DMT-Bilanz 2011, 333, der von einem gnadenlos harten Urteil spricht.

vorzubeugen.[225] Die obige Definition des Begriffs des Rückerhalts als Herbeiführung einer Sachherrschaft, die den Vermieter durch freien Zutritt in die Lage versetzt, die Mietsache ungestört auf etwaige Mängel zu untersuchen, gewährleistet, dass auch bei fortbestehendem Mietverhältnis der Beginn der Verjährungsfrist eindeutig festgelegt werden kann.[226] Verjährung kann also ausnahmsweise auch bei fortbestehendem Mietverhältnis eintreten, dies aber nur, wenn der Vermieter den Besitz zurückerhält und so in die Lage versetzt wird, sich ungestört ein Bild von der Mietsache zu machen.[227]

38 Eine **Rückgabe** der Mietsache an den Mieter zur Erfüllung seiner Rückgabepflichten (also **für Schönheitsreparaturen, Rückbau, Instandsetzung** etc) ändert nichts am Verjährungsbeginn und führt grds. nicht zu einer Hemmung oder Unterbrechung der Verjährung, und zwar auch dann nicht, wenn dies mit einer Rückübertragung der Sachherrschaft einher geht[228]; anders ist das nur, wenn dies mit dem Abschluss eines Stillhalteabkommens iSv § 205 BGB verbunden ist oder wenn mit der Maßnahme ein Tatbestand verwirklicht wird, der der Verhandlung über die Ansprüche iSv § 203 BGB gleichkommt[229]; weiterhin kann in der Bereitschaft des Mieters, in der vorübergehend zurückgegebenen Mietsache seine Rückgabepflichten zu erfüllen, ein **Anerkenntnis** iSv § 212 Abs. 1 Nr. 1 BGB zu sehen sein, das zu einem **Neubeginn** der Verjährung führt.

39 Die Erlangung der **Sachherrschaft,** dh des unmittelbaren Besitzes, ist aber **nicht in jedem Falle erforderlich,** um die Verjährungsfrist in Lauf zu setzen. Das gilt insbes. dann, wenn es wegen der **Weitervermietung** an einen Dritten zur Erlangung des unmittelbaren Besitzes durch den Vermieter gar nicht kommt.[230] Schließt der Vermieter mit dem **Untermieter** seines Mieters noch während des Bestehens des Mietvertrages seinerseits einen neuen Mietvertrag, der sich zeitlich an den auslaufenden Vertrag anschließt, und behält der Untermieter infolgedessen mit Einverständnis des Vermieters den unmittelbaren Besitz an der Mietsache, dann hat der Vermieter die Mietsache im Augenblick der Beendigung des Mietverhältnisses zurückerhalten und die Verjährung beginnt zu laufen.[231] Er hat nämlich, wenn der Untermieter an sich zur Räumung und Herausgabe bereit ist, bei Ablauf des Mietvertrages die Möglichkeit, die unmittelbare Sachherrschaft auszuüben. Begibt er sich dieser Möglichkeit, indem er den bisherigen Untermieter als Mieter den unmittelbaren Besitz fortsetzen lässt, so wird dadurch der Beginn der Verjährung der Ersatzansprüche nicht zum Nachteil des Mieters hinausgeschoben. Ähnlich ist es, wenn der Untervermieter durch einvernehmliche Vertragsübernahme ausgewechselt wird[232]; auch hier hat sich der (alte) Vermieter freiwillig der Möglichkeit begeben, am Vertragsende in Besitz der Mietsache zu gelangen und sie untersuchen zu können. Weitergehend zum Verjährungsbeginn bei **Parteiwechsel** (Veräußerung der Mietsache, Vertragsübernahme, Ausscheiden eines Mieters) bei → Rn. 56 ff. Zum Verjährungsbeginn, wenn der Untermieter die Mietsache nicht an seinen Untervermieter, sondern auf Verlangen des Hauptvermieters an diesen zurückgibt, → BGB § 546 Rn. 14.

40 Weiterhin ist eine Veränderung der Besitzverhältnisse ausnahmsweise nicht erforderlich, wenn der **Vermieter** den unmittelbaren Besitz und die tatsächliche **Sachherrschaft nie verloren** hatte.[233] Dann ist von einem Rückerhalt iSv § 548 Abs. 1 BGB auszugehen, wenn der Mieter den Gebrauch einstellt und der Vermieter davon erfährt[234] bzw. – bei vorvertraglichem Verschulden ohne Gebrauchsüberlassung – wenn die Verhandlungen ihr tatsächliches Ende gefunden haben.[235]

---

225 BGH VIII ZR 99/85, NJW 1986, 2103.

226 BGH VIII ZR 99/85, NJW 1986, 2103.

227 BGH XII ZR 149/98, NJW 2000, 3203 unter 2.f.

228 OLG Düsseldorf DWW 2007, 246; AG Münster WuM 2017, 711.

229 OLG Düsseldorf DWW 2007, 246.

230 BGH VIII ZR 197/66, NJW 1968, 2241; KG ZMR 2005, 455; OLG München ZMR 1997, 178; s. zu einer weiteren Ausnahme auf Grund der Besonderheiten der inzwischen außer Kraft getretenen Vergleichsordnung BGH IX ZR 236/93, NJW 1994, 1858.

231 BGH VIII ZR 197/66, NJW 1968, 2241.

232 BGH XII ZR 216/90, NJW 1992, 687; OLG Karlsruhe NJW-RR 1994, 594.

233 BGH XII ZR 153/03, NJW-RR 2004, 1566, für ein Leihverhältnis, bei dem der Verleiher eines Flugzeuges auch das Flugpersonal zur Verfügung stellte; BGH XII ZR 48/03, NJW 2006, 1963, für eine Haftung wegen vorvertraglichen Verschuldens ohne Gebrauchsüberlassung, wenn der Vermieter im Hinblick auf einen Vertragsschluss schon mit Umbaumaßnahmen begonnen hatte; krit. hierzu *Eckert* DMT-Bilanz 2011, 330, weil es weder einen Mietvertrag noch eine Gebrauchsüberlassung gegeben hatte.

234 BGH XII ZR 153/03, NJW-RR 2004, 1566, für ein Leihverhältnis, bei dem der Verleiher eines Flugzeuges auch das Flugpersonal zur Verfügung stellte.

235 BGH XII ZR 48/03, NJW 2006, 1963; krit. hierzu *Eckert* DMT-Bilanz 2011, 330, weil es weder einen Mietvertrag noch eine Gebrauchsüberlassung gegeben hatte.

Bei einer **Teilrückgabe** kann die Verjährungsfrist für die zurückgegebenen Teile gesondert zu laufen beginnen. Voraussetzung ist aber, dass es sich um abgrenzbare, selbständig nutzbare Teile handelt[236], an denen der Mieter den Besitz schon vollständig aufgegeben hat und bei denen es sinnvoll[237] und dem Vermieter möglich ist, sie gesondert zu untersuchen.[238] In Betracht kommt das insbes., wenn eine Mieter mehrere Gebäudeteile angemietet hat und bspw. die Wohnung vor dem Keller[239] oder der Garage zurückgegeben wird; im umgekehrten Fall ist krit. zu prüfen, ob dem Vermieter eine gesonderte Untersuchung derartiger Nebenräume zumutbar ist. 41

**Weigert sich der Vermieter** zu Unrecht[240] die Mietsache zurückzunehmen bzw. nimmt er vereinbarte Übergabetermine nicht wahr und kommt er hierdurch in **Annahmeverzug,** so begründet der Annahmeverzug für sich genommen nicht den Lauf der kurzen Verjährung.[241] Vielmehr ist die Auflösung des Konflikts zwischen (unberechtigter) Rücknahmeverweigerung und davon abhängigem Verjährungslauf bei der Miete unbeweglicher Sachen über die für diese Situation geschaffene Regelung des § 303 BGB zu lösen[242] (bewegliche Sachen kann der Mieter hinterlegen oder gem. § 383 BGB versteigern). Es ist nämlich darauf zu achten, dass der Zweck des Rückgabeerfordernisses (ungestörte Untersuchungsmöglichkeit durch den Vermieter und fehlende Einwirkungsmöglichkeit des Mieters auf die Mietsache) möglichst verwirklicht wird; deshalb ist am Erfordernis der Besitzaufgabe durch den Mieter festzuhalten und ein bloßer Annahmeverzug für den Verjährungsbeginn zwar notwendig, aber nicht hinreichend.[243] Ein Verzug verschafft ihm noch nicht die ungestörte Untersuchungsmöglichkeit. Diese erlangt er erst nach einer Besitzaufgabe des Mieters und der Möglichkeit der Besitzergreifung, die wiederum Kenntnis von der Besitzaufgabe voraussetzt. All diese Erfordernisse sind in § 303 BGB[244] erfüllt, einer speziellen Vorschrift über den Annahmeverzug unbeweglicher Sachen: Mit dem Annahmeverzug steht die Pflichtwidrigkeit der Rücknahmeverweigerung fest, weil der Vermieter nicht in Verzug geraten kann, wenn er (noch) nicht zurücknehmen muss; die Androhung der Besitzaufgabe verschafft dem Vermieter die notwendige Kenntnis hiervon; die Besitzaufgabe verhindert Veränderungen des Mieters an der Mietsache. Abgesehen von der Möglichkeit des Mieters, nach § 303 BGB vorzugehen, kann das Rückgabeerfordernis des § 548 BGB meist schon dadurch erfüllt werden, dass der Mieter den Besitz vollständig aufgibt und ihn durch Rücksendung der Schlüssel auf den Vermieter zurücküberträgt[245]; durch die Rücksendung der Schlüssel wird sein Besitzaufgabewille idR hinreichend deutlich[246], ggf. kann und muss er aber besonders geäußert werden.[247] Schließlich wird der Mieter in der Verweigerungssituation hinreichend durch die Regelungen des § 548 Abs. 1 S. 3 BGB (→ Rn. 45) geschützt. 42

Anders als für den allgemeinen Verjährungsbeginn in § 200 BGB vorgesehen ist die **Entstehung des Ersatzanspruchs** nicht Voraussetzung für den Beginn der kurzen Verjährungsfrist. § 548 BGB ist eine anderweitige Bestimmung iSv § 200 S. 1 BGB. Das bedeutet, dass Ersatzansprüche auch schon vor deren Entstehung verjährt sein können.[248] Relevant kann das insbes. bei Ansprüchen auf Schadensersatz statt der Leistung werden, die mit Ablauf der Frist gem. § 281 Abs. 1 BGB (und nicht erst mit einem Schadensersatzverlangen gem. § 281 Abs. 4 BGB) entstehen.[249] Wichtiger 43

---

236 BGH VI ZR 259/04, NJW 2006, 2399 Rn. 23.

237 Insbesondere bei Sachgesamtheiten ist es idR weder sinnvoll noch zumutbar, sie sukzessive zu untersuchen (vgl. OLG Düsseldorf MDR 1972, 695).

238 Staudinger/*Emmerich* BGB § 548 Rn. 32.

239 BGH VI ZR 259/04, NJW 2006, 2399 Rn. 23.

240 Zu der Frage, wann das der Fall ist, → BGB § 546a Rn. 45 und → BGB § 546 Rn. 77.

241 *Witt* NZM 2012, 548; **aA** OLG Brandenburg ZfIR 2018, 736 mAnm *Streyl;* KG ZMR 2005, 455; AG Leipzig NZM 2015, 83 und BGH XII ZR 63/18, NZM 2019, 408; offenlassend BGH VIII ZR 8/11, NJW 2012, 144.

242 Siehe eing. *Streyl* ZfIR 2018, 738.

243 *Witt* NZM 2012, 548; zu weitgehend OLG Brandenburg ZfIR 2018, 736 mAnm *Streyl,* das auf eine Besitzaufgabe verzichtet.

244 Dazu auch → BGB § 546 Rn. 30.

245 Dazu → BGB § 546 Rn. 27.

246 Dazu → BGB § 546 Rn. 27; s. zum Kenntniserfordernis und zum Fall des unbewussten Besitzübergangs weitergehend *Streyl* ZfIR 2018, 739; NZM 2014, 666.

247 IErg ebenso *Witt* NZM 2012, 548.

248 BGH VIII ZR 123/05, NJW 2006, 1588; BGH VIII ZR 114/04, NJW 2005, 739 Rn. 24; BGH VIII ZR 93/04, NJW 2005, 2004; BGH XII ZR 12/13, NJW 2014, 920 Rn. 17; OLG Saarbrücken NZM 2009, 485; *Jacoby* DMT-Bilanz 2011, 339.

249 BGH XII ZR 12/13, NJW 2014, 920 Rn. 17; s. eing. zu dieser nicht unproblematischen Frage MüKo-BGB/*Ernst,* 7. Aufl. 2016, § 281 Rn. 173ff.

Unterfall sind Ersatzansprüche wegen unterlassener Schönheitsreparaturen. Die Verjährungsproblematik verschärft sich bei vorzeitiger, also vor dem Vertragsende liegender endgültiger Rückgabe des Mietobjekts; der Lauf der Verjährungsfrist ist nämlich nicht nur von der Entstehung des Anspruchs unabhängig, sondern auch vom **Vertragsende**[250] – maßgeblich ist allein der Rückerhalt der Mietsache.[251] Bei vorzeitiger Rückgabe darf der Vermieter deshalb mit der Untersuchung der Mietsache und der Feststellung der Ansprüche nicht bis zum Vertragsende zuwarten und ggf. muss er rechtzeitig geeignete verjährungshemmende Maßnahmen treffen.[252] Dabei kommt ihm die Regelung des § 213 BGB zu Gute.[253] Nach dieser Vorschrift wirken Umstände, die zur Hemmung bzw. zum Neubeginn der Verjährung gem. §§ 204 ff. BGB des Primäranspruchs (etwa auf Durchführung von Schönheitsreparaturen) führen, auch verjährungshemmend auf die möglichen Sekundäransprüche (etwa auf Schadensersatz wegen § 281 BGB).[254] Zum Anspruch des Mieters auf vorzeitige Rückgabe → BGB § 546 Rn. 77. Zur Verjährung sich im zeitlichen Verlauf entwickelnder Schäden, insbes. dem Mietausfallschaden und der Nutzungsentschädigung → Rn. 60.

**43a** Schließen die Parteien eine Vereinbarung über die Ersatzansprüche des Vermieters (etwa über deren Verrechnung mit der Kaution) und übt der Mieter ein ihm zustehendes **Verbraucherwiderrufsrecht** erst innerhalb der Frist des § 356 Abs. 3 S. 2 BGB aus, weil er über das Widerrufsrecht nicht belehrt wurde, bleibt die Verjährungsfrist des § 548 Abs. 1 BGB unberührt, so dass der Vermieteranspruch bei Widerrufserklärung bereits verjährt sein kann.[255] Mit Gegenansprüchen kann der Vermieter unter den Voraussetzungen des § 215 BGB aufrechnen, allerdings wird es in diesen Fällen oftmals an einer bereits entstandenen Gegenforderung fehlen, da viele Rückgabeansprüche des Vermieters erst durch Fristsetzung gem. § 281 Abs. 1 BGB als Geldzahlungsansprüche entstehen.[256]

**44** Verursacht der Mieter eine **Veränderung oder Verschlechterung nach Rückgabe** der Mietsache, kommt eine Anwendung des § 548 BGB grds. nicht mehr in Betracht, da der Mieter dem Vermieter nun wie ein Dritter gegenüber steht. Anders ist das, wenn die Veränderung in Zusammenhang mit nachwirkenden Vertragspflichten steht, die den Zustand der Mietsache betreffen. Praktisch sind hier insbes. die Fälle relevant, in denen der Mieter die Mietsache zurückerhält, um restliche Rückgabepflichten zu erfüllen (Schönheitsreparaturen, Rückbau, Räumung etc) und sie hierbei beschädigt. Es wäre allerdings offensichtlich unbillig, auch hieraus folgende Ansprüche ab der (ersten) Rückgabe verjähren zu lassen, da der Vermieter den vertragswidrigen Zustand bei einer Untersuchung nicht einmal theoretisch hätte entdecken können. Für den Beginn der kurzen Verjährung ist vielmehr auf den erneuten Rückerhalt der Mietsache abzustellen, dies aber nur, soweit es um die neuen, im Rahmen der (Nach-)Erfüllung der Rückgabepflichten erstmals entstandenen Veränderungen oder Verschlechterungen geht. Die Anknüpfung an den erneuten Rückerhalt entspricht eher dem in § 548 Abs. 1 BGB zum Ausdruck gekommenen Willen des Gesetzgebers als eine Anknüpfung an § 200 BGB, also ein Verjährungsbeginn mit Entstehung des Anspruchs, die dann konsequenterweise auch kenntnisabhängig ausgestaltet sein müsste.[257] Die Verjährung für die Ersatzansprüche, die auf bereits vorhanden gewesenen Veränderungen beruhen, können für die Dauer der (Nach-)Erfüllung gem. § 203 BGB gehemmt sein.[258]

---

[250] BGH VIII ZR 123/05, NJW 2006, 1588; OLG Düsseldorf NZM 2006, 866; Staudinger/*Emmerich* BGB § 548 Rn. 29. Der BGH weist in der genannten Entscheidung zu Recht darauf hin, dass sich dem Wortlaut des § 548 BGB nichts dafür entnehmen lasse, ein Verjährungsbeginn vor Vertragsende sei nicht möglich.

[251] Vor der Reform des Verjährungs- und des allgemeinen Schuldrechts, also vor 2002, war das anders. Der Beginn der Verjährungsfrist hing damals von der Entstehung des Anspruchs ab, so dass er für Ansprüche auf Erfüllung und für Schadensersatzansprüche wegen Nichterfüllung gem. § 326 BGB aF unterschiedlich war (s. BGH VIII ZR 52/88, NJW 1989, 1854 und *Langenberg* WuM 2002, 71).

[252] Siehe eing. zu den Möglichkeiten BGH VIII ZR 123/05, NJW 2006, 1588 Rn. 11 f.

[253] *Jacoby* DMT-Bilanz 2011, 339.

[254] Umgekehrt dürfte es ebenso sein: Wenn also zunächst wegen des Sekundäranspruchs Hemmungstatbestände eingreifen, wirken sie gleichermaßen auf den Primäranspruch (vgl. *Jacoby* DMT-Bilanz 2011, 340; Staudinger/*Peters/Jacoby*, 2014, BGB § 213 Rn. 6; s. auch BGH VIII ZR 180/14, NJW 2015, 2106.

[255] *Hinz* NZM 2016, 630.

[256] *Hinz* NZM 2016, 630, dort auch zu Handlungsstrategien des Vermieters.

[257] Für einen Verjährungsbeginn mit Entstehung des Anspruchs Soergel/*Heintzmann* BGB § 548 Rn. 12; für die Geltung der allgemeinen Verjährungsregeln Herrlein/Kandelhard/*Kandelhard*, 4. Aufl. 2010, BGB § 548 Rn. 17 unter Berufung auf BGH XII ZR 17/90, NJW 1991, 3031; diese Entscheidung erging jedoch zum *unreformierten* Verjährungsrecht, bei dem ein Verjährungsbeginn, anders als jetzt nach § 200 BGB, nicht vor der Entstehung des Anspruchs möglich war.

[258] So Palandt/*Weidenkaff* BGB § 438 Rn. 16a (aE) für die ähnliche Problematik bei der Nacherfüllung von Kaufverträgen.

### III. Höchstdauer der Verjährung (Abs. 1 S.Satz 3)

Gemäß § 548 Abs. 1 S. 3 BGB verjähren mit dem Anspruch auf Rückgabe gem. § 546 Abs. 1, 2 BGB (gemeint ist der **schuldrechtliche Anspruch des Vermieters Wiederverschaffung** des Besitzes an der Mietsache nebst Zubehör bzw. dem Vermieter gehörenden Einrichtungen; → Rn. 13) auch die Ersatzansprüche des Vermieters iSv § 548 Abs. 1 S. 1 BGB.[259] Die Vorschrift ist nicht nur eine spezielle Ausprägung des § 217 BGB[260], sondern regelt auch **abschließend die Höchstdauer** der mietrechtlichen Verjährung; für eine Anwendung der Verjährungshöchstfristen in § 199 BGB ist angesichts dieser Spezialvorschrift kein Raum.[261] Denn aus der Verknüpfung von Rückgabe- und Ersatzanspruch wird wiederum (genauso, wie aus der Regelung des Verjährungsbeginns in § 548 Abs. 1 S. 2 BGB) deutlich, dass der Vermieter nur durch die Rückgabe verjährungsrechtlich betroffen ist. § 548 Abs. 1 S. 3 BGB gilt nicht, wenn der Ersatzanspruch schon vor der Verjährung des Rückgabeanspruchs rechtshängig gemacht wurde.[262] Für die Verjährung des schuldrechtlichen Rückgabeanspruchs (Besitzverschaffung) nebst der Ersatzansprüche gilt die Regelverjährungsfrist von drei Jahren (§ 195 BGB).[263] Die Verjährung **dinglicher Herausgabeansprüche aus § 985 BGB** richtet sich nach § 197 BGB (dreißigjährige Verjährung). 45

## E. Mieteransprüche (Abs. 2)

Die Verjährung der von § 548 Abs. 2 BGB erfassten Mieteransprüche hat nicht dieselbe praktische Bedeutung wie die Verjährung der Ersatzansprüche des Vermieters. Die Regelung dient aber gleichermaßen der schnellen Abwicklung des Mietverhältnisses und hat ebenso **Ansprüche zum Gegenstand, die den Zustand der Mietsache betreffen** bzw. sich aus deren Zustand ergeben und deren Beweisbarkeit gerade bei einer Weitervermietung typischerweise mit dem Zeitablauf leidet[264] (zur Verjährung sonstiger Ansprüche des Mieters → Rn. 63 ff.). Da der Vermieter während der Besitzzeit des Mieters regelmäßig keinen Zutritt zur Mietsache hat, kann er deren Zustand erst nach Rückerhalt überprüfen. Deshalb hat das Gesetz in § 548 Abs. 1 BGB den Rückerhalt zum Anknüpfungspunkt für den Verjährungsbeginn der Ersatzansprüche des Vermieters gemacht. Der Mieter hingegen kann seine Aufwendungs- und Wegnahmeansprüche schon bei Bestehen des Mietverhältnisses kennen und sie direkt nach dessen Ende geltend machen. Deshalb hat das Gesetz in § 548 Abs. 2 BGB das Vertragsende als Anknüpfungspunkt für den Verjährungsbeginn der Ansprüche des Mieters gewählt. Für die Fristberechnung gilt § 187 Abs. 2 BGB.[265] 46

### I. Erfasste Ansprüche

Der kurzen Verjährung unterliegen Ansprüche des Mieters auf Ersatz von Aufwendungen oder auf Gestattung der Wegnahme einer Einrichtung. Entsprechend dem Zweck der Vorschrift nach schneller Abwicklung und entsprechend der gleichartigen Handhabung in § 548 Abs. 1 BGB gilt dies nicht nur für Aufwendungsersatz- und Wegnahmeansprüche auf mietrechtlicher Grundlage, sondern auch für gleichartige Ansprüche aus konkurrierenden Anspruchsgrundlagen.[266] 47

#### 1. Aufwendungsersatzansprüche

Allgemein sind **Aufwendungen** freiwillige Vermögensopfer für die Interessen eines anderen, hier des Vermieters[267]; die Freiwilligkeit des Vermögensopfers ist nur dann anzunehmen, wenn die 48

---

[259] Staudinger/*Emmerich* BGB § 548 Rn. 38.
[260] *Witt* NZM 2012, 549.
[261] **AA** LG Berlin WuM 2020, 337 (Revision anhängig zu BGH VIII ZR 132/20).
[262] *Witt* NZM 2012, 549.
[263] BGH VIII ZR 157/74, NJW 1975, 2103, zu der damals noch geltenden 30jährigen Regelverjährung; weitergehend → Rn. 64.
[264] BGH VIII ZR 133/07, NJW 2008, 2256 sowie BGH VIII ZR 233/72, NJW 1974, 743, wo darauf hingewiesen wird, dass sich der Vorschlag der historischen Gesetzgebungskommission sogar zunächst nur auf die kurze Verjährung der Mieteransprüche beschränkte; LG Köln WuM 1991, 588; *Wietz/Streyl* WuM 2014, 702.
[265] BGH XI ZR 172/13, NJW 2014, 3435 Rn. 9.
[266] BGH VIII ZR 233/72, NJW 1974, 743.
[267] BGH XII ZR 65/14, NJW 2015, 2419 Rn. 24; *Wietz/Streyl* WuM 2014, 702.

Aufwendung auf einer Leistung beruht.[268] In den mietrechtlichen Vorschriften wird seit der Mietrechtsreform durchgängig der Begriff der „Aufwendung" verwendet und nicht mehr der Begriff der „Verwendung". Damit war jedoch keine Änderung in der Sache beabsichtigt.[269] Die Bedeutung beider Begriffe stimmt iÜ auch weitgehend überein: Verwendungen bezeichnen Aufwendungen auf eine Sache (hier: die Mietsache), Aufwendungen können zu irgendeinem beliebigen Zweck gemacht werden.[270] Da es in § 548 Abs. 2 BGB aber um Ansprüche geht, die sich auf den Zustand der Mietsache beziehen[271], haben die Definitionen aus der älteren Rspr. – vorbehaltlich der nachfolgenden Ausführungen zu Ansprüchen gem. § 536 a Abs. 1 BGB – weiterhin Gültigkeit, dh, dass die Aufwendungen dem Mietobjekt zu Gute gekommen sein und es in seinem Bestand erhalten, wiederhergestellt oder verbessert haben müssen[272]; Zustands*veränderungen,* zu denen insbes. die Bebauung eines Mietgrundstücks mit einem Gebäude gehört, sind hingegen keine Aufwendungen.[273] Die Eigentumsverhältnisse an der Mietsache oder deren Zubehör bzw. Inventar sind für den Verjährungsbeginn belanglos, da § 548 BGB im Ausgangspunkt die Verjährung schuldrechtlicher, an den Mietvertrag anknüpfender Ansprüche regeln soll.[274] Unter § 548 Abs. 2 BGB fallen deshalb jedenfalls **Ansprüche aus §§ 536 a Abs. 2**[275]**, 539 Abs. 1 BGB.**[276] Erheblich problematisch ist die Behandlung von **Schadensersatzansprüchen gem. § 536 a Abs. 1 BGB,** von denen bisher angenommen wird, sie unterfielen nicht der kurzen Verjährung des § 548 Abs. 2 BGB[277], da Schadensersatz ein unfreiwilliges Vermögensopfer voraussetzt. Allerdings können Mangelbeseitigungskosten, die dem Mieter entstehen, zugleich sowohl Schaden gem. § 536 a Abs. 1 BGB als auch Aufwendung gem. § 536 a Abs. 2 BGB sein.[278] Der Zweck des § 548 BGB, zustandsbezogene Ansprüche einer schnellen Klärung zuzuführen, gebietet mE – ähnlich wie bei den nachfolgend behandelten konkurrierenden Ansprüchen – eine ausdehnende Auslegung des § 548 Abs. 2 BGB auf alle Schäden, die zugleich Aufwendungen sind, und ebenso dessen analoge Anwendung auf sog. „reine" Schäden, die nicht zugleich Aufwendungen sind, die aber *zumindest auch* in Zusammenhang mit einer Aufforderung zur Mangelbeseitigung oder deren Durchführung stehen; entscheidend ist, ob der Anspruchsinhalt (also das, was der Mieter auf der Rechtsfolgenseite verlangen kann) selbst einen Bezug zu Verwendungen (zur Mangelbeseitigung) aufweist, ohne dass es darauf ankommt, ob die geforderte Mangelbeseitigung unterblieben oder – vom Mieter oder Vermieter – durchgeführt worden ist.[279] So unterfallen etwa Ansprüche gem. § 536 a Abs. 1 BGB auf Erstattung von Hotelkosten für die Unterbringung während einer Mangelbeseitigung oder auf Ersatz von schimmelgeschädigten Möbeln oder auf Erstattung von Gutachter- und Anwaltskosten zur Vorbereitung bzw. Durchsetzung einer Mangelbeseitigung der kurzen Verjährung.[280] Eine ausdehnende Auslegung bzw. eine Analogie kommt allerdings – in ähnlicher Weise wie bei Vermieteransprüchen – nicht in Betracht für Schadensersatzansprüche gem. § 536 a Abs. 1 BGB im Fall der vollständigen Unmöglichkeit der Mangelbeseitigung und bei Personenschäden auf Mieterseite als Folge unterlassener Mangelbeseitigung.[281] Der Kündigungsentschädi-

---

[268] BGH XII ZR 65/14, NJW 2015, 2419 Rn. 24.

[269] Staudinger/*Emmerich* BGB § 536 a Rn. 38; s. auch die Begründung der Bundesregierung zur Mietrechtsreform in BT-Drs. 14, 4553, abgedr. in NZM 2000, 432, dort zu §§ 540, 548 des Entwurfs.

[270] *Wietz/Streyl* WuM 2014, 702.

[271] Siehe etwa BGH VIII ZR 12/12, NJW 2012, 3031 Rn. 14.

[272] BGH VIII ZR 195/10, NJW 2011, 1866 Rn. 13; BGH VIII ZR 326/84, NJW 1986, 254; BGH VIII ZR 2/66, NJW 1968, 888; OLG Hamm WuM 1996, 474; *Klimke/Lehmann-Richter* WuM 2006, 655.

[273] BGHZ 41, 157; BGH V ZR 22/52, NJW 1953, 1466; OLG Bremen NZM 2002, 292 (nur Ls., vollständig abgedruckt bei juris); **aA** Soergel/*Heintzmann* BGB § 548 Rn. 18, der in der Änderung der Begrifflichkeit in § 548 Abs. 2 BGB (Aufwendungen statt Verwendungen) eine sachliche Änderung sieht in der Weise, dass auch Zustandsveränderungen erfasst sind.

[274] **AA** Bub/Treier MietR-HdB/*Gramlich* Kap. VI Rn. 57 für mitvermietetes, aber nicht dem Vermieter gehörendes Inventar.

[275] AllgM, s. nur OLG Düsseldorf BeckRS 2010, 27739; *Wietz/Streyl* WuM 2014, 701; BGH VIII ZR 233/72, NJW 1974, 743.

[276] AllgM, s. nur Staudinger/*Emmerich* BGB § 548 Rn. 34; BGH VIII ZR 233/72, NJW 1974, 743.

[277] OLG Düsseldorf 29.7.2010 – 24 U 20/10, BeckRS 2010, 27739; KG ZMR 2015, 539 für einen Rechtsmangel; BGH XII ZR 167/92, NJW-RR 1994, 379 für die Rechtslage vor der Mietrechtsreform.

[278] *Wietz/Streyl* WuM 2014, 701 mwN.

[279] Siehe eing. zur Begründung *Wietz/Streyl* WuM 2014, 703 ff.

[280] *Wietz/Streyl* WuM 2014, 704 f.

[281] *Wietz/Streyl* WuM 2014, 703 bzw. 705.

gungsanspruch gem. § 11 Bundeskleingartengesetz verjährt nicht gem. § 548 Abs. 2 BGB, da dieser Anspruch einer öffentlich-rechtlichen Entschädigung gleichkommt.[282] Ob Ansprüche auf Aufwendungsersatz gem. **§ 555a Abs. 3 BGB** der kurzen Verjährung unterfallen ist streitig. Meines Erachtens ist das zu bejahen.[283] Selbst wenn es sich nämlich um eine Art Entschädigungsanspruch für modernisierungsbedingte Einbußen[284] oder um überobligationsmäßige Leistungen des Mieters aus Anlass einer Modernisierung[285] handeln sollte, so erfüllen diese Einbußen/Leistungen doch ohne Weiteres die obige Definition der Aufwendung.[286] Sie betreffen den Zustand der Mietsache und werden deshalb vom Sinn und Zweck der kurzen Verjährung, der schnellen Abwicklung der Ansprüche bei Vertragsende, genauso erfasst wie die anderen genannten Aufwendungsersatzansprüche.[287]

Mit §§ 536a Abs. 2, 539 Abs. 1, 555a Abs. 3 BGB **konkurrierende Ansprüche** unterliegen wegen des Zwecks von § 548 Abs. 2 BGB, das Mietverhältnis schnell abzuwickeln, in analoger Anwendung der Vorschrift gleichfalls der kurzen Verjährung. Das sind – neben den zuvor erwähnten Ansprüchen gem. § 536a Abs. 1 BGB – zunächst Ansprüche aus **Vereinbarungen** der Parteien über einen Ausgleichsanspruch zu Gunsten des Mieters für getätigte Aufwendungen[288]; der Zweck des § 548 Abs. 2 BGB, die Ansprüche schnell zu klären, würde teilweise vereitelt, wenn nur gesetzliche, nicht aber vertragliche Aufwendungsersatzansprüche darunter fielen.[289] Weiterhin können sich konkurrierende Ansprüche aus **Geschäftsführung ohne Auftrag, Bereicherungsrecht oder einem Eigentümer-Besitzer-Verhältnis**[290] ergeben. Diesen Ansprüchen ist – so der BGH[291] – „... gemeinsam, dass sie gewissermaßen eine Notordnung darstellen, deren Zweck es jedenfalls dem Grundsatz nach in erster Linie ist, einen dem Rechtsfrieden dienenden Ausgleich auch in den Fällen zu schaffen, in denen es an einer vertraglichen Regelung fehlt. Das ist die Rechtfertigung dafür, im Falle einer Konkurrenz derartiger Ansprüche mit mietrechtlichen Ansprüchen auf Verwendungsersatz die kurze Verjährung umfassend eingreifen zu lassen. Wenn schon die Abwicklung der vertraglichen Ansprüche nach dem Zweck des Gesetzes rasch vonstattengehen soll, so ist es nur folgerichtig, die Erreichung dieses Zweckes nicht vereiteln zu lassen durch die Berufung auf außervertragliche Ansprüche, die auf demselben Sachverhalt beruhen und die ihrem Wesen nach nur Hilfscharakter tragen." Voraussetzung ist aber, dass die Aufwendungen, die nach diesen Vorschriften bzw. Vereinbarungen zu erstatten sind, einen rechtlichen Bezug zu dem Mietverhältnis haben.[292] Es kommt also darauf an, auf welchem Rechtsverhältnis die Aufwendungen des Mieters beruhen, dh, ob er sie in seiner Eigenschaft als Mieter oder jedenfalls als vermeintlicher Mieter gemacht hat.[293] Bereicherungsansprüche können auch dann als Aufwendungsersatzansprüche iSv § 548 Abs. 2 BGB eingeordnet werden, wenn es sich um eine Leistungskondiktion handelt. Leistungen sind zweckgerichtete Zuwendungen.[294] Dieser Leistungsbegriff schließt aber nicht aus, dass es sich bei einer Aufwendung, also einem freiwilligen Vermögensopfer, gleichzeitig um eine Leistung handeln kann. Das Merkmal der Freiwilligkeit im Aufwendungsbegriff dient nur der Abgrenzung von einem unfreiwillig erlittenen Schaden, nicht der Abgrenzung von Leistung und Aufwendung.[295] Auch ist 49

---

[282] BGH III ZR 181/01, NZM 2002, 698.
[283] Wie hier LG Köln WuM 1991, 588; *Witt* NZM 2012, 548; **aA** Blank/Börstinghaus/*Blank* BGB § 548 Rn. 29.
[284] So Blank/Börstinghaus/*Blank* BGB § 548 Rn. 29.
[285] So AnwK WohnraummietR/*Lammel* BGB § 548 Rn. 27.
[286] → BGB § 555a Rn. 47; dort auch zur Abgrenzung zu § 536a Abs. 2 BGB.
[287] LG Köln WuM 1991, 588.
[288] BGH VIII ZR 233/72, NJW 1974, 743; BGH VIII ZR 195/10, NJW 2011, 1866 Rn. 14; BGH VIII ZR 133/07, NJW 2008, 2256 Rn. 14; BGH VIII ZR 326/84, NJW 1986, 254; OLG Stuttgart OLGR Stuttgart 2006, 455; in diesem Fall handelte es sich um Ausgleich für die Errichtung eines Gebäudes; das stellt eigentlich keine Aufwendung auf die Mietsache dar, sondern eine Zustandsänderung (→ Rn. 48), die Anwendung des § 548 Abs. 2 BGB ist aber dennoch gerechtfertigt, weil die Parteien die Errichtung wie eine Aufwendung behandelt haben.
[289] BGH VIII ZR 233/72, NJW 1974, 743 unter III.2.a.
[290] BGH VIII ZR 233/72, NJW 1974, 743; BGH VIII ZR 195/10, NJW 2011, 1866 Rn. 14; *Klimke/Lehmann-Richter* WuM 2006, 655.
[291] BGH VIII ZR 233/72, NJW 1974, 743.
[292] BGH VIII ZR 286/88, NJW 1989, 2745; BGH VIII ZR 233/72, NJW 1974, 743.
[293] BGH VIII ZR 286/88, NJW 1989, 2745; BGH VIII ZR 233/72, NJW 1974, 743.
[294] *Jacoby* ZMR 2010, 336.
[295] Staudinger/*Schwarze*, 2009, BGB § 284 Rn. 20; *Wieck* WuM 2010, 536; **aA** wohl *Jacoby* ZMR 2010, 336.

dem Begriff des Vermögensopfers nicht zwangsläufig immanent, dass das Opfer ohne Ausgleich bleibt, dass das Vermögen des Opfernden also endgültig um das Opfer geschmälert wird; für einen Vermögensausgleich können vielmehr die Aufwendungsersatzansprüche sorgen. Anders als im Regelfall der Leistung wird ein Vermögensopfer aber nicht *wegen* einer Gegenleistung erbracht. Diese Gegenleistung schließt Aufwendungsersatzansprüche von vornherein aus. Der grundsätzliche Ausschluss von Aufwendungsersatzansprüchen bei Leistungen besagt aber nichts darüber, ob Leistungen nicht auch unter den Aufwendungsbegriff fallen können. Das ist der Fall, weil der Leistende (wegen der Gegenleistung) einen Teil seines Vermögens oder eine vermögenswerte Leistung weggibt. Entsprechend diesen Grundsätzen ist § 548 Abs. 2 BGB **bspw. anwendbar** auf Bereicherungsansprüche und Schadensersatzansprüche nach Renovierung des Mietobjekts auf Grund einer **unwirksamen Schönheitsreparaturklausel**[296] oder nach Instandsetzung auf Grund einer unwirksamen Kleinreparaturklausel[297]; dies wegen des Verjährungsbeginns mit Vertragsende unabhängig davon, ob der Mieter die Unwirksamkeit der Klausel und der sich daraus ergebenden Ansprüche kennen konnte.[298] Bei (tatsächlich durchgeführten) Schönheitsreparaturen handelt es sich um Aufwendungen[299], die immer (→ Rn. 2) mit dem (Dekorations-)Zustand der Mietsache zusammenhängen; damit hängen auch Erstattungsansprüche des Mieters wegen dieser Aufwendungen – gleichgültig ob sie auf Vertrag, Aufwendungsersatzkondiktion, Leistungskondiktion oder schadensersatzrechtlichen Anspruchsgrundlagen beruhen – immer mit dem Zustand der Mietsache zusammen und sie werden vom Zweck der § 548 Abs. 2 BGB erfasst.[300] Gleiches gilt für Ersatzansprüche in den Fällen, in denen der Mieter nicht selbst renoviert, sondern eine Geldleistung auf Grund einer unwirksamen **Abgeltungs-/Quotenklausel** erbringt oder auf Grund einer Vereinbarung mit dem Vermieter bei Vertragsende.[301] Der gezahlte Geldbetrag stellt ebenfalls eine Aufwendung dar; abgesehen davon wäre eine unterschiedliche Behandlung beider Sachlagen (tatsächliche Renovierung bzw. Abgeltung durch Zahlung) nicht gerechtfertigt.[302] Dies einmal wegen des Zwecks der kurzen Verjährung, alle Ansprüche, die den Zustand der Mietsache betreffen, zu erfassen, aber auch weil der Mieter idR das Recht hat, statt des Abgeltungsbetrages die Renovierung selbst durchzuführen; tut er das, würde eine Aufwendung vorliegen und § 548 Abs. 2 BGB ohne Weiteres anwendbar sein. Auch Aufwendungsersatzansprüche wegen **Renovierung nach Vertragsende** sollten mE der kurzen Verjährung unterworfen werden. Das entspricht wohl der Tendenz in der Rspr. des BGH[303]; weitergehend sowie zur Problematik des Verjährungsbeginns in diesen Fällen → Rn. 54. Ein Verjährungsbeginn mit Vertragsende bedeutet, dass auch lang zurückliegende Renovierungen erst sechs Monate nach Rückgabe der Mietsache verjähren. **Nicht anwendbar** ist § 548 Abs. 2 BGB auf den Bereicherungsanspruch des Mieters, der auf die Mietsache Aufwendungen nicht in seiner Eigenschaft als Mieter, sondern deswegen macht, weil er erwartet, seine Ehefrau werde das Mietobjekt erben[304], oder weil er zugleich Miteigentümer des Mietobjekts ist[305]; es fehlt dann an der notwendigen mietrechtlichen Beziehung. Hat ausnahmsweise ein **Untermieter** gegen den (Haupt-)Vermieter Ansprüche auf Aufwendungsersatz, die auf einer zwischen ihm und dem (Haupt-)Vermieter getroffenen Vereinbarung beruhen, verjähren diese Ansprüche in entsprechender Anwendung des § 548 Abs. 2 BGB in sechs Monaten nach Beendigung des Untermietvertrages.[306] Zu **unwirksamen oder sonst wie nicht zustande gekommenen Verträgen** → Rn. 9.

---

[296] BGH VIII ZR 195/10, NJW 2011, 1866 Rn. 14/15 mwN; s. grdl. auch *Streyl* WuM 2010, 603; ebenso LG Kassel NJW 2010, 3666; LG Berlin GE 2010, 1059; *Witt* NZM 2012, 550; **aA** *Jacoby* ZMR 2010, 335; *Blank* WuM 2010, 233; *Wiek* WuM 2010, 535 und WuM 2011, 67.

[297] *Beyer* NZM 2011, 702.

[298] BGH VIII ZR 195/10, NJW 2011, 1866 Rn. 16.

[299] BGH VIII ZR 195/10, NJW 2011, 1866 Rn. 14.

[300] *Streyl* WuM 2010, 605; ebenso auch BGH VIII ZR 12/12, NJW 2012, 3031 Rn. 14; **aA** *Wiek* WuM 2010, 537. Schadensersatzansprüche kommen in Zusammenhang mit Schönheitsreparaturen insbes. in Betracht, wenn den Vermieter ein Verschulden an der Unwirksamkeit der Überwälzungsklausel oder der unberechtigten Inanspruchnahme des Mieters trifft.

[301] BGH VIII ZR 12/12, NJW 2012, 3031 Rn. 13; *Börstinghaus* INFO M 2012, 319; **aA** *Klimke/Lehmann-Richter* WuM 2006, 655; *Wiek* WuM 2011, 68.

[302] BGH VIII ZR 12/12, NJW 2012, 3031 Rn. 13.

[303] BGH VIII ZR 12/12, NJW 2012, 3031 Rn. 13 „Nach der Rechtsprechung des Senats unterliegen sämtliche Ansprüche, die der Mieter wegen der Durchführung von Schönheitsreparaturen gegen den Vermieter *erhebt, der kurzen* Verjährung nach § 548 Abs. 2 BGB …".

[304] BGH VIII ZR 286/88, NJW 1989, 2745.

[305] BGH VIII ZR 233/72, NJW 1974, 743.

[306] Siehe näher BGH VIII ZR 326/84, NJW 1986, 254.

Die kurze Verjährung gilt weiterhin nicht für Ansprüche auf Erstattung von **Vorauszahlungen** auf den Mietzins **gem. § 547 BGB**[307], da hier nicht Ansprüche wegen des Zustands der Mietsache betroffen sind, sondern Ansprüche, die das Äquivalenzverhältnis von Gebrauchsüberlassung und der dafür zu erbringenden Gegenleistung betreffen.[308] Das gilt selbst dann, wenn Gegenstand der Anrechnungsvereinbarung ein unter § 548 Abs. 2 BGB fallender Aufwendungsersatzanspruch ist; dieser wird durch die Anrechnungsvereinbarung unter Änderung seines Rechtscharakters zur Vorauszahlung mit der Folge, dass ein Erstattungsanspruch des Mieters nicht der kurzen Verjährung, sondern der Regelverjährung des § 195 BGB unterliegt.[309] Bereicherungsansprüche wegen eines **verlorenen Baukostenzuschusses** und allgemein Bereicherungsansprüche, die dem Mieter wegen wertsteigernder Investitionen zustehen, unterliegen ebenfalls der Regelverjährung des § 195 BGB und nicht der kurzen Verjährung des § 548 Abs. 2 BGB, weil Gegenstand der Bereicherung und Grundlage für deren Bemessung letztlich nicht der Wert der Aufwendungen, sondern der Nutzungsvorteil für den Vermieter ist.[310] Für Wohnraummietverhältnisse gibt es eine besondere Verjährungsvorschrift in § 4 Baukostenzuschussgesetz[311], die von § 195 BGB abweicht: Die Verjährungsfrist beträgt danach ein Jahr ab Beendigung des Mietverhältnisses. 50

**2. Wegnahmeansprüche**

Neben den Aufwendungsersatzansprüchen unterliegen die Ansprüche des Mieters gem. §§ 539 Abs. 2, 258 BGB der kurzen Verjährung des § 548 Abs. 2 BGB. Die genannten Vorschriften betreffen nur **Einrichtungen,** nicht aber sonstige Gegenstände des Mieters. Einrichtungen sind nach hM im Gegensatz zu sonstigen Gegenständen bewegliche Sachen, die mit der Mietsache vorübergehend verbunden werden, um ihrem wirtschaftlichen Zweck zu dienen.[312] Ein Verbinden liegt nicht schon bei jedem Befestigen vor, entscheidend ist vielmehr, ob die Befestigung der Verhinderung von Umfallen oder Herabfallen dient (dann keine Einrichtung, sondern normaler Gegenstand) oder der körperlichen Verbindung mit dem Mietobjekt (dann Einrichtung). Die Verbindung mit der Mietsache muss ohne Zerstörung wieder trennbar sein[313], ansonsten handelt es sich um eine bauliche Änderung.[314] Einrichtungen sind etwa – ohne dass es auf die Eigentumsverhältnisse ankommt[315] – Türen, Schlösser, Waschbecken, Badewannen, Küchenzeilen, Einbauschränke, lose verlegter Teppichboden oder Laminat (bei fester Verklebung handelt es sich um eine bauliche Änderung), umpflanzbare Pflanzen etc. 51

Gemäß § 548 Abs. 2 BGB verjährt der **Anspruch auf Duldung („Gestattung") der Wegnahme gegenüber dem Vermieter** innerhalb von sechs Monaten. Dieser Gestattungsanspruch hat dinglichen Charakter und modifiziert den Herausgabeanspruch gem. § 985 BGB, indem er ihn beschränkt[316]; der Vermieter schuldet nicht die Herausgabe, die etwa mit einem Ausbau der Einrichtungen verbunden wäre, sondern nach Rückgabe der Mietsache nur noch die Duldung der Wegnahme.[317] Die Verpflichtung des Vermieters zur bloßen Gestattung der Wegnahme führt dazu, dass er solange ein Besitzrecht hat, bis die Wegnahme verlangt wird.[318] Das gilt nicht nur gegenüber dem Mieter, sondern auch gegenüber einem **vom Mieter verschiedenen Eigentü-** 52

---

307 BGH VIII ZR 133/07, NJW 2008, 2256; BGH VIII ZR 63/69, NJW 1970, 2289.

308 Siehe zur Definition der Vorauszahlung BGH VIII ZR 133/07, NJW 2008, 2256 sowie ausf. bei der Kommentierung zu § 547 BGB.

309 BGH VIII ZR 133/07, NJW 2008, 2256; BGH VIII ZR 63/69, NJW 1970, 2289 (2290).

310 BGH XII ZR 43/02, NZM 2006, 15; BGH VIII ZR 2/66, NJW 1968, 888; OLG Düsseldorf NZM 2001, 1093; s. zur Bemessung der Bereicherung eingehend bei der Kommentierung zu § 547 BGB.

311 Eingeführt durch Art. VI des Gesetzes zur Änderung des II. Wohnungsbaugesetzes, anderer wohnungsrechtlicher Vorschriften und über die Rückerstattung von Baukostenzuschüssen v. 21.7.1961, zuletzt geändert durch das Mietrechtsreformgesetz v. 19.6.2001 (BGBl. 2001 I 1149); näher → BGB § 539 Rn. 23.

312 BGH VIII ZR 136/86, NJW 1987, 2861; OLG Düsseldorf ZMR 2010, 959; näher und krit. zum Einrichtungsbegriff der hM, insbes. deren Erstreckung auf mietereigene Einrichtungen, → BGB § 539 Rn. 46.

313 Blank/Börstinghaus/*Blank* BGB § 539 Rn. 21.

314 *Blank* PiG 79 (2007), 4.

315 Staudinger/*Emmerich* BGB § 539 Rn. 24.

316 BGH VIII ZR 326/80, NJW 1981, 2564; erheblich krit. hierzu → BGB § 539 Rn. 48.

317 BGH VIII ZR 326/80, NJW 1981, 2564; BGH VIII ZR 136/86, NJW 1987, 2861.

318 BGH VIII ZR 326/80, NJW 1981, 2564.

**mer** der Einrichtung.[319] Das folgt aus dem dinglichen, also gegen jedermann wirkenden Charakter[320] des Gestattungsanspruchs sowie daraus, dass für die Anwendbarkeit des § 539 Abs. 2 BGB die Eigentumsverhältnisse an der eingebrachten Sache belanglos sind[321]; wenn sie vom Mieter eingebracht wurden (das allein ist nach dem Wortlaut des § 539 BGB Voraussetzung), erfährt der Herausgabeanspruch auch in der Person eines (vom Mieter verschiedenen) Eigentümers die erwähnte Beschränkung auf den Gestattungsanspruch. Das rechtfertigt es, auch den Gestattungsanspruch eines solchen Eigentümers der kurzen Verjährung des § 548 Abs. 2 BGB zu unterwerfen[322] – wegen des starken Schutzes, den § 935 BGB gewährt, allerdings nicht, wenn der Einrichtungsgegenstand dem Eigentümer abhandengekommen ist. Die Interessenlage auf Vermieterseite ist bei Dritteigentum identisch, der Eigentümer, der dem Mieter die Sache überlassen hat und damit rechnen musste, dass sie als Einrichtung genutzt wird, erscheint – außer in den Fällen des § 935 BGB – nicht schutzbedürftig.[323] Solange der **Mieter** (auch noch nach Vertragsende) **Besitzer** der Mietsache ist, ist er auf die Gestattung des Vermieters nicht angewiesen, er kann die Einrichtungen (vorbehaltlich eines Vermieterpfandrechts) aus eigener Macht wegnehmen, und zwar unabhängig davon, ob er deren Eigentümer ist oder nicht.[324]

53 **Neben dem Gestattungsanspruch** verjähren innerhalb der kurzen Verjährungsfrist Schadensersatz- oder Bereicherungsansprüche wegen Eigentumsverlusts (zB nach Veräußerung durch den Vermieter an den Nachmieter)[325]; Schadensersatzansprüche wegen Verletzung des Wegnahmerechts[326]; Ansprüche auf Nutzungsentschädigung gem. §§ 987, 990 BGB, die dann bestehen können, wenn der Vermieter unberechtigt die Wegnahme verweigert[327]; Ansprüche auf Ablösung/Entschädigung des Wegnahmerechts, gleichgültig, ob sie auf Vereinbarung oder Gesetz (§§ 539 Abs. 2, 552 BGB) beruhen[328]; konkurrierende Ansprüche aus Geschäftsführung ohne Auftrag, Bereicherung und unerlaubter Handlung.[329]

## II. Beginn der Verjährung

54 Die Verjährungsfrist beginnt sowohl für mögliche Aufwendungsersatzansprüche des Mieters als auch für seine möglichen Ansprüche auf Gestattung der Wegnahme mit dem **Ende des Mietverhältnisses** zu laufen; das gilt unabhängig von der Anspruchsentstehung.[330] § 548 Abs. 2 BGB enthält nämlich eine Sonderregelung zum Verjährungsbeginn iSv § 200 S. 1 BGB, die dazu führen

---

[319] OLG Frankfurt a. M. ZMR 2016, 441, krit. ist dieses Urteil allerdings deshalb zu sehen, weil es § 548 Abs. 2 BGB auf Schadensersatzansprüche des Mieters bzw. des Dritten anwendet, obwohl die Vorschrift nur die Verjährung des Duldungsanspruchs auf Wegnahme regelt; Staudinger/*Emmerich* BGB § 539 Rn. 24; s. auch RGZ 109, 128; BGH VIII ZR 326/80, NJW 1981, 2564 für einen Eigentumserwerb nach Mietvertragsende.

[320] Zur Herleitung des dinglichen Charakters s. BGH VIII ZR 326/80, NJW 1981, 2564; bestätigt in BGH VIII ZR 136/86, NJW 1987, 2861. Trotz des dinglichen Charakters sind auf den Gestattungsanspruch aber die Regeln anzuwenden, die für Forderungen gelten mit der Folge, dass der Gestattungsanspruch abtretbar ist (s. näher Staudinger/*Emmerich* BGB § 539 Rn. 33).

[321] BGH VIII ZR 148/64, WM 1968, 765 (in NJW 1966, 1409 und MDR 1966, 755 insoweit nicht abgedr.); BGH XI ZR 97/93, NJW-RR 1994, 847, für den Fall, dass der Vermieter Eigentümer geworden ist; Staudinger/*Emmerich* BGB § 539 Rn. 24; erheblich krit. hierzu → BGB § 539 Rn. 48.

[322] Ähnlich LG Berlin GE 2013, 269, das aber – ohne Begründung – von einem Herausgabeanspruch des Eigentümers ausgeht und ausschließlich mit dem Zweck des § 548 BGB argumentiert; abl. *Eisenhardt* INFO M 2013, 69; zust. *Stellwaag* MietRB 2014, 319, der den Gedanken der Gesamtgläubigerschaft zwischen Mieter und Eigentümer heranzieht, die wegen des zwischen den Gesamtgläubigern bestehenden Rechtsverhältnisses gem. § 425 BGB zu einer einheitlichen Verjährung führen müsse.

[323] Ob der BGH dieser Sicht folgen würde, ist angesichts von BGH VIII ZR 349/10, NJW 2011, 2717 allerdings fraglich.

[324] BGH VIII ZR 136/86, NJW 1987, 2861; *Derleder/Bartels* JZ 1997, 985.

[325] BGH VIII ZR 136/86, NJW 1987, 2861, unter IV.3.

[326] OLG Hamm WuM 1986, 280.

[327] BGH VIII ZR 136/86, NJW 1987, 2861 unter II.2.; BGH VIII ZR 326/80, NJW 1981, 2564.

[328] OLG Bremen NZM 2002, 292 (nur Ls., vollständig abgedruckt bei juris); LG Mannheim WuM 1986, 279, dort auch ausf. zum scheinbar abweichenden Wortlaut von § 548 Abs. 2 BGB; **aA** Herrlein/Kandelhard/*Kandelhard,* 4. Aufl. 2010, BGB § 548 Rn. 34; auch → BGB § 552 Rn. 12.

[329] *MüKoBGB/Bieber* § 548 Rn. 23.

[330] BGH VIII ZR 133/07, NJW 2008, 2256 Rn. 15/16, dort ging es zwar vordergründig nur um die Frage, ob statt des rechtlichen Endes auf die tatsächliche Vertragsbeendigung abzustellen sei, der BGH hat sich aber vorbehaltlos für ersteres entschieden.

kann, dass – anders als unter dem unreformierten Verjährungsrecht – auch noch **nicht entstandene Ansprüche** verjähren können.[331] Diese Folge hat der BGH[332] inzwischen mehrfach iRd § 548 Abs. 1 BGB für Ersatzansprüche des Vermieters gem. § 281 BGB akzeptiert. Es ist kein tragfähiger Grund ersichtlich, warum bei § 548 Abs. 2 BGB etwas anderes gelten soll.[333] Insbesondere kann aus dem zu § 548 Abs. 1 BGB leicht unterschiedlichen Wortlaut des § 548 Abs. 2 BGB nichts hergeleitet werden.[334] Zwar ist in § 548 Abs. 2 BGB nicht ausdrücklich von dem Beginn der Verjährungsfrist die Rede. Das lässt aber nicht den Rückschluss zu, es gelte die Regelverjährung und die Bedeutung von § 548 Abs. 2 BGB erschöpfe sich in einer absoluten Höchstgrenze.[335] Denn aus der Angabe des Verjährungsendes und der Verjährungsfrist in der Vorschrift lässt sich durch einfache Auslegung der Verjährungsbeginn bestimmen. Dieses Ergebnis wird bestätigt durch den Zweck der Vorschrift, der auch darin besteht, das Mietverhältnis während seines Bestehens zum Schutz des Mieters nicht mit der Geltendmachung von Aufwendungsersatzansprüchen zu belasten.[336] Deshalb kann es dazu kommen und ist vom Gesetzeszweck ausdrücklich in Kauf genommen, dass weit vor Vertragsende fällig gewordene Aufwendungsersatzansprüche, die nach § 195 BGB bereits verjährt wären, nach Vertragsende innerhalb der kurzen Verjährungsfrist von sechs Monaten noch geltend gemacht werden können.[337] Wegen der ausschließlichen Anknüpfung des Verjährungsbeginns an das Vertragsende kann es aber auch dazu kommen, dass ein Anspruch auf Gestattung der Wegnahme bei Ablauf der Verjährungsfrist noch gar nicht **fällig** war.[338] Wie oben dargelegt wird der Gestattungsanspruch nämlich erst nach dem Besitzverlust des Mieters an der Mietsache relevant und fällig, also idR erst nach Rückgabe und damit nach tatsächlicher Beendigung des Mietverhältnisses. Die Verjährungsfrist beginnt aber schon mit dem rechtlichen Ende (→ Rn. 55) zu laufen und ihr Lauf wird durch die Geltendmachung eines Vermieterpfandrechts nicht gehemmt.[339] Bei längerem Räumungsverzug oder einem Räumungsrechtsstreit liegt das tatsächliche Ende des Vertrages deshalb oftmals nach Ablauf der Verjährungsfrist mit der Folge, dass der Gestattungsanspruch undurchsetzbar wird. Diese Folge hat der Mieter hinzunehmen, der die Rückgabe unberechtigt verweigert.[340] Er kann sich hiervor iÜ **schützen,** indem er bereits vor oder bei der Rückgabe von seinem Wegnahmerecht (das nach → Rn. 52 zu unterscheiden ist von dem Gestattungsanspruch

---

[331] *Jacoby* DMT-Bilanz 2011, 341; Staudinger/*Emmerich* BGB § 548 Rn. 34, 36; **aA** Palandt/Weidenkaff BGB § 548 Rn. 8 unter Berufung auf BGH XII ZR 17/90, NJW 1991, 3031; diese Entscheidung erging jedoch zum unreformierten Verjährungsrecht, bei dem ein Verjährungsbeginn, anders als jetzt nach § 200 BGB, nicht vor der Entstehung des Anspruchs möglich war.

[332] BGH VIII ZR 123/05, NJW 2006, 1588; BGH VIII ZR 114/04, NJW 2005, 739 Rn. 24; BGH VIII ZR 93/04, NJW 2005, 2004.

[333] So auch *Jacoby* DMT-Bilanz 2011, 338; *Peters* DMT-Bilanz 2011, 355; *Witt* NZM 2012, 546; *Blank* WImmoT 2010, 96 (97).

[334] *Jacoby* DMT-Bilanz 2011, 338; *Witt* DMT-Bilanz 2011, 368; **aA** *Eckert* NZM 2008, 314.

[335] *Jacoby* DMT-Bilanz 2011, 338; **aA** MüKoBGB/*Häublein* § 536a Rn. 29; *Eckert* NZM 2008, 314 und *Lehmann-Richter* NZM 2009, 763. Eine entsprechende Regelung war Gegenstand der Überlegungen des historischen Gesetzgebers (Wortlaut des Entwurfs bei *Eckert* NZM 2008, 314; s. auch *Peters* DMT-Bilanz 2011, 355 Fn. 1, 7), sie ist aber gerade nicht Gesetz geworden.

[336] BGH VIII ZR 133/07, NJW 2008, 2256 Rn. 16; BGH VIII ZR 195/10, NJW 2011, 1866 Rn. 15; *Jacoby* DMT-Bilanz 2011, 338. *Eckert* NZM 2008, 314, der – wie zuvor erwähnt – in § 548 Abs. 2 BGB nur eine Höchstgrenze für die ansonsten geltende Regelverjährung sieht, wendet hiergegen ein, der Mieter könne bei Verwirklichung der entsprechenden Voraussetzungen zur Vermeidung einer Verwirkung gezwungen sein, trotz § 548 Abs. 2 BGB seine Ansprüche noch während des Vertrages geltend zu machen. Dabei dürfte es sich aber um Ausnahmefälle handeln und auf derartige Ausnahmefälle kann das Verständnis einer Gesetzeskonstruktion nicht gestützt werden. Dass der Gesetzgeber Ansprüche aus § 536a Abs. 1 BGB nicht § 548 Abs. 2 BGB unterworfen oder eine ähnliche Konstruktion geschaffen hat, mag zwar inkonsequent erscheinen (so *Eckert* NZM 2008, 314 und MüKoBGB/*Häublein* § 536a Rn. 31), lässt aber keine weiteren Rückschlüsse zu und ist als Beispiel gesetzgeberischer Unvollkommenheit hinzunehmen.

[337] So auch *Witt* NZM 2012, 550; **aA** MüKoBGB/*Häublein* § 536a Rn. 31; *Eckert* NZM 2008, 314.

[338] So auch *Jacoby* DMT-Bilanz 2011, 338; *Witt* NZM 2012, 550; **aA** Blank/Börstinghaus/*Blank* BGB § 548 Rn. 39, insbes. unter Berufung auf BGH XII ZR 17/90, NJW 1991, 3031. Die BGH-Entscheidungen betraf aber die Rechtslage zum unreformierten Verjährungsrecht, das den jetzt in § 200 S. 1 BGB enthaltenen allgemeinen Vorbehalt nicht kannte (s. § 198 BGB aF) und deshalb von einem frühestmöglichen Verjährungsbeginn mit Anspruchsentstehung ausging.

[339] OLG Stuttgart MDR 2008, 679. Das folgt aus § 205 BGB. Nach dieser Vorschrift hemmen nur noch vertragliche Leistungsverweigerungsrechte die Verjährung. Die Vorgängervorschrift § 202 BGB aF war weitgehender, aber schon dazu hatte BGH VIII ZR 136/86, NJW 1987, 2861 eine Hemmung nach Ausübung des Vermieterpfandrechts abgelehnt.

[340] OLG Bamberg NZM 2004, 342.

gegen den Vermieter) Gebrauch macht oder indem er geeignete verjährungshemmende Maßnahmen ergreift (etwa eine Verjährungsvereinbarung mit dem Vermieter schließt oder eine Feststellungsklage erhebt[341]). Letzteres könnte der Mieter, der eine **Renovierung** auf Grund einer **unwirksamen Schönheitsreparaturklausel** *nach Vertragsende* vornimmt und deshalb einen **Aufwendungsersatzanspruch** hat (→ Rn. 49), zwar theoretisch ebenfalls; hier ist aber zu berücksichtigen, dass nicht er, sondern der Vermieter die Ursache für die nicht geschuldete Renovierung gesetzt, wenn nicht sogar verschuldet hat. Sofern die Renovierung erst nach Vertragsende erfolgt, sollte das wegen des Gesetzeszwecks zwar nicht zur Folge haben, dass dann die Regelverjährung eingreift[342]; die kurze Verjährung sollte aber erst mit Beendigung der Renovierungsarbeiten zu laufen beginnen.[343] Jedenfalls müsste die Frage wohl genauso behandelt werden wie die ähnliche Problematik bei der Verjährung von Vermieteransprüchen gem. § 548 Abs. 1 BGB (→ Rn. 44).

55 Mit Beendigung des Mietverhältnisses iSv § 548 Abs. 2 BGB ist das **rechtliche Ende des Vertrages** gemeint und nicht dessen tatsächliches Ende (Rückgabe, Räumung).[344] Die Besitzlage zu diesem Zeitpunkt spielt keine Rolle.[345] Rechtlich ist ein Mietverhältnis beendet mit Ablauf einer Kündigungsfrist, mit Zugang einer fristlosen Kündigung, aE der vereinbarten Vertragslaufzeit oder zum vereinbarten Zeitpunkt bei einem Aufhebungsvertrag. Das gilt auch dann, wenn die Parteien über das ob oder den Zeitpunkt der Vertragsbeendigung streiten und ein Rechtsstreit hierüber ggf. erst nach Ablauf der Verjährungsfrist entschieden wird.[346] Auch die Gewährung einer **Räumungsfrist** gem. §§ 721, 794 a ZPO oder von Vollstreckungsschutz gem. § 765 a ZPO lassen die Vertragsbeendigung und damit den Lauf der Verjährungsfrist unberührt.[347] Anders ist es allerdings, wenn es zu einer stillschweigenden **Vertragsverlängerung** gem. § 545 BGB oder zur Anwendung der Sozialklausel gem. § 574 a BGB kommt; in ersterem Fall setzt sich der Vertrag auf unbestimmte Zeit fort, in letzterem Fall beginnt die Verjährungsfrist mit Ablauf der Fortsetzungszeit.[348] Zum Verjährungsbeginn bei **Parteiwechsel** (Veräußerung der Mietsache, Vertragsübernahme, Ausscheiden eines Mieters) → Rn. 56 ff. Ist ein Mietvertrag von Anfang an **unwirksam** oder wird er es später (etwa durch Anfechtung), so ist § 548 BGB ebenfalls anwendbar (→ Rn. 9). Für den Verjährungsbeginn dürfte es auf den Zeitpunkt ankommen, zu dem der Mieter Kenntnis von der Unwirksamkeit erlangt[349]; bei der Anfechtung wäre das die Erklärung bzw. der Zugang der Anfechtung.[350] Hat ausnahmsweise ein **Untermieter** gegen den (Haupt-)Vermieter Ansprüche auf Aufwendungsersatz, die auf einer zwischen ihm und dem (Haupt-)Vermieter getroffenen Vereinbarung beruhen, verjähren diese Ansprüche in entsprechender Anwendung des § 548 Abs. 2 BGB in sechs Monaten nach Beendigung des Untermietvertrages.[351]

### F. Parteiwechsel und kurze Verjährung (Veräußerung der Mietsache, Vertragsübernahme, Ausscheiden eines Mieters)

56 Bei einer Veräußerung der Mietsache gem. § 566 BGB gehen nicht alle Rechte und Pflichten auf den Erwerber über. Für den Übergang von Ansprüchen gilt grds. das Fälligkeitsprinzip, dh, dass Ansprüche, die vor dem Eigentumsübergang fällig geworden sind, dem veräußernden Vermieter zustehen bzw. von ihm zu erfüllen sind, Ansprüche, die danach fällig geworden sind, hingegen dem Erwerber.[352] Das Fälligkeitsprinzip gilt aber nicht ausnahmslos. Ist in der Person des Veräuße-

---

341 *Jacoby* DMT-Bilanz 2011, 341. Einer Feststellungklage fehlt auch nicht das Feststellungsinteresse, weil der Mieter die Wegnahme noch jederzeit vor der Rückgabe vornehmen könnte; der Mieter kann nämlich nicht sicher absehen, ob er nicht (schuldhaft oder schuldlos) in der Zeit bis zur Rückgabe an der Wegnahme gehindert ist und ob der Vermieter die Wegnahme nicht verhindert oder von seinem Vermieterpfandrecht Gebrauch macht.

342 So aber *Wiek* WuM 2011, 68.

343 *Streyl* WuM 2010, 605.

344 StRspr, s. nur BGH VIII ZR 133/07, NJW 2008, 2256 Rn. 15 mwN; OLG Bamberg NZM 2004, 342.

345 Staudinger/*Emmerich* BGB § 548 Rn. 33.

346 OLG Bamberg NZM 2004, 342.

347 Blank/Börstinghaus/*Blank* BGB § 548 Rn. 36.

348 Staudinger/*Emmerich* BGB § 548 Rn. 33.

349 Auf die Kenntniserlangung von der Eigentumseintragung stellt BGH VIII ZR 133/07, NJW 2008, 2256 *zB bei einem Vermieterwechsel* gem. § 566 BGB ab.

350 Blank/Börstinghaus/*Blank* BGB § 548 Rn. 35.

351 BGH VIII ZR 326/84, NJW 1986, 254.

352 BGH XII ZR 71/01, NZM 2005, 17.

rers Verjährung hinsichtlich eines Einzelanspruchs eingetreten, der entgegen dem Fälligkeitsprinzip auf den Erwerber übergehen kann (etwa der Anspruch auf Leistung der Kaution[353]), so ändert sich an der Verjährung durch die Veräußerung nichts, der Anspruch lebt also in der Person des Erwerbers nicht wieder auf, weil sich der Charakter bzw. der Zustand eines Anspruchs durch einen Rechtsübergang grds. nicht ändert.[354] Für Ansprüche, die nicht auf den Erwerber übergehen bzw. nicht ihm gegenüber geltend gemacht werden können, die vielmehr zwischen Veräußerer und Mieter abzuwickeln sind, gilt hinsichtlich der kurzen Verjährung des § 548 BGB Folgendes: Die **Ansprüche des Mieters** auf Aufwendungsersatz und Gestattung der Wegnahme verjähren im Falle der Veräußerung des Mietgrundstücks und **Vermieterwechsel gem. § 566 BGB**[355] innerhalb von sechs Monaten ab sicherer[356] Kenntnis des Mieters von der Eintragung des Erwerbers in das Grundbuch.[357] Dabei kann dahinstehen, ob der Mietvertrag als solcher mit dem Eigentumsübergang endet und in der Person des Erwerbers mit gleichem Inhalt neu entsteht[358] oder ob er nur zwischen Veräußerer (altem Vermieter) und Mieter beendet wird[359] oder ob ein Fall der Rechtsnachfolge gegeben ist (eing. → BGB § 566 Rn. 9ff.). Denn in jedem Fall scheidet der Veräußerer aus dem Vertragsverhältnis aus und das gebietet entsprechend dem Zweck des § 548 BGB, die wechselseitigen Ansprüche aus dem Zustand der Mietsache schnell abzuwickeln, die Anwendung der kurzen Verjährung auf diese Fälle. Der Schutzzweck des § 566 BGB steht nicht entgegen, da die Vorschrift den Mieter nicht vor allen Nachteilen in Zusammenhang mit einem Eigentumswechsel bewahren will, sondern vornehmlich vor dem Verlust des Mietobjekts.[360] Es ist zwar nicht zu leugnen, dass die Möglichkeit der Verjährung dem Mieter bei einem Eigentumswechsel eine gesteigerte (auch rechtliche) Aufmerksamkeit im Hinblick auf die eigenen Ansprüche abverlangt; das ist aber bei sonstiger Beendigung des Mietverhältnisses nicht grdl. anders. Praktisch relevant ist die Problematik nur bei den Aufwendungsersatzansprüchen, die bei Eigentumsübergang bereits fällig waren, nicht hingegen bei noch nicht fälligen Aufwendungsersatzansprüchen und den Wegnahmeansprüchen. Denn der Anspruch auf Gestattung der Wegnahme entsteht – wie oben ausgeführt – erst mit der Rückgabe der Mietsache an den Vermieter und kann deshalb gegenüber dem Veräußerer im Zeitpunkt des Eigentumsübergangs nicht geltend gemacht werden, sondern wegen des bei § 566 BGB geltenden Fälligkeitsprinzips erst bei Vertragsbeendigung dem Erwerber gegenüber.[361] Nach dem Fälligkeitsprinzip treffen den Erwerber auch solche Aufwendungsersatzansprüche, die erst bei Beendigung des Mietvertrages insgesamt fällig werden (dazu → BGB § 566 Rn. 135). Ähnlich wie bei einem Eigentumswechsel gem. § 566 BGB ist die Sachlage in den Fällen des § 565 BGB; deshalb ist auch hier für den Beginn der Verjährungsfrist auf den Vermieterwechsel abzustellen.[362]

In vergleichbarer Weise verjähren die **Ersatzansprüche des gem. § 566 BGB ausgeschiedenen Vermieters** (Veräußerer) nach einem Eigentumswechsel. Zwar ist Anknüpfungspunkt für den Verjährungsbeginn nach § 548 Abs. 1 BGB der Rückerhalt des Mietobjekts und bei einer Veräußerung kommt es hierzu nicht. Der Sinn und Zweck des § 548 BGB gebietet für die Ansprüche des ausgeschiedenen Vermieters aber in gleicher Weise eine Anwendung der kurzen Verjährung wie bei den Ansprüchen des Mieters.[363] Dass es eine Rückgabe nicht gibt, steht nicht entgegen. Sie ist auch ansonsten in Ausnahmefällen entbehrlich, nämlich insbes. dann, wenn es wegen der Weitervermietung an einen Dritten zur Erlangung des unmittelbaren Besitzes durch den Vermieter gar nicht kommt (dazu → Rn. 39). Die Sachlagen erscheinen vergleichbar.[364] Die Verjährung beginnt mit 57

---

353 → BGB § 566a Rn. 10.

354 Siehe etwa BGH VIII ZR 51/75, NJW 1977, 36.

355 Die nachfolgende Problematik spielt nur im Anwendungsbereich des § 566 BGB, also vornehmlich bei der Raum- und Grundstücksmiete eine Rolle, da es nur hier mit dem Eigentumsübergang zu einem Vermieterwechsel kommt. Bei einem Eigentumswechsel an beweglichen vermieteten Sachen ändert sich an der Person des Vermieters nichts.

356 Den Mieter treffen keine Erkundigungspflichten (BGH VIII ZR 133/07, NJW 2008, 2256).

357 BGH VIII ZR 133/07, NJW 2008, 2256; BGH V ZR 268/62, NJW 1965, 1225; Staudinger/*Emmerich* BGB § 548 Rn. 37; *Derleder/Bartels* JZ 1997, 984.

358 So BGH VIII ZR 133/07, NJW 2008, 2256 entsprechend der stRspr zu § 566 BGB; abl. und weitere Nachweise dazu → BGB § 566 Rn. 9ff.

359 So die Begründung in BGH V ZR 268/62, NJW 1965, 1225.

360 Siehe zum Schutzzweck bei der Kommentierung zu § 566 BGB; **aA** *Eckert* NZM 2008, 315.

361 *Derleder/Bartels* JZ 1997, 985; auch → BGB § 566 Rn. 139.

362 Staudinger/*Emmerich* BGB § 548 Rn. 37; **aA** *Derleder/Bartels* JZ 1997, 988.

363 *Eisenhuth/Pütz* WuM 1987, 78; **aA** *Eckert* DMT-Bilanz 2011, 334.

364 So auch *Eisenhuth/Pütz* WuM 1987, 78.

dem Zeitpunkt des Vertragsübergangs (= Eintragung des Erwerbers im Grundbuch) zu laufen und nicht erst mit Kenntnis des Veräußerers vom Anspruch bzw. den anspruchsbegründenden Umständen. Anders als bei den zuvor dargestellten Mieteransprüchen, die dieser kennt, weil er die Aufwendungen und Einbauten selbst getätigt hat, weiß der Veräußerer allerdings praktisch oft nichts von seinem Anspruch, weil viele Mieter im Lauf des Mietverhältnisses gegen ihre Anzeigepflicht gem. § 536c Abs. 1 BGB verstoßen. Das rechtfertigt aber nicht, auf seine Kenntnis abzustellen, weil ansonsten die Gefahr der Unverjährbarkeit bzw. der langlaufenden Verjährung besteht, die mit dem Zweck des § 548 BGB nicht vereinbar ist.[365] Abgesehen davon besteht für den Veräußerer eben wegen der Gefahr der Verjährung Anlass, sich bei der Veräußerung Kenntnis vom Zustand des Mietobjektes zu verschaffen und so seine Rechte zu wahren.

58 Ähnlich wie bei einem Vermieterwechsel gem. § 566 BGB ist es bei einer **rechtsgeschäftlichen Vertragsübernahme,** sei es auf Vermieter- oder Mieterseite[366], oder bei einer **Wohnungsüberlassung gem. § 1568a Abs. 3 BGB.**[367] Zwar wird hierdurch der Vertrag als solcher nicht beendet, der Wechsel des Vertragspartners führt nach Sinn und Zweck der Regelung aber gleichermaßen zur Anwendung der kurzen Verjährung des § 548 BGB ab dem Wirkzeitpunkt der Vertragsübernahme.[368] Wertungsmäßig ist es belanglos, ob der Wechsel der Vertragspartei durch das Gesetz angeordnet wird (wie in § 566 BGB oder in § 1568a Abs. 3 Nr. 2 BGB) oder ob er durch rechtsgeschäftliche Vereinbarung (wie bei der Vertragsübernahme oder bei § 1568a Abs. 3 Nr. 2 BGB) bewirkt wird, da der Mietvertrag für eine der Vertragsparteien beendet wird; beide Fälle sind Regelungsgegenstand des § 548 BGB und deshalb verjährungsrechtlich gleich zu behandeln. Kommt es nicht zur Auswechslung aller Mieter, sondern nur zum **Ausscheiden eines Mieters** aus dem Vertrag, etwa auf Grund entsprechender Vereinbarungen aller Beteiligten[369] oder gem. § 1568a Abs. 3 BGB, greift hinsichtlich der Ansprüche zu Gunsten des bzw. gegen den ausgeschiedenen Mieter ebenfalls die kurze Verjährung des § 548 BGB ab dem Wirkzeitpunkt des Ausscheidens.[370] Im Falle der Wohnungsüberlassung gem. § 1568a Abs. 3 Nr. 2 BGB ist für die Vermieteransprüche aber Kenntniserlangung der gerichtlichen Entscheidung notwendig, soweit dieser am Verfahren nicht beteiligt gewesen sein sollte; außerdem muss er die Möglichkeit zur Untersuchung der Mietsache gehabt haben[371], da der Vertrag – anders als in den Fällen → Rn. 39 – unabhängig von seinem Willen von dem verbliebenen Mieter fortgeführt wird. Die Sachlage ist in Bezug auf den ausgeschiedenen Mieter einem vollständigen Parteiwechsel vergleichbar, weil sein Mietverhältnis mit dem Vermieter beendet wird. Für Mieteransprüche dürfte die kurze Verjährung dennoch praktisch nicht in Betracht kommen, da der ausgeschiedene Mieter mit dem verbliebenen Mieter idR in Mitgläubigerschaft gem. § 432 BGB steht.[372] Es ist kein Grund ersichtlich, warum die Ansprüche des verbliebenen Mieters vor Vertragsende verjähren sollten, so dass bei Mitgläubigerschaft das Ausscheiden eines Mieters insgesamt nicht zum Verjährungsbeginn für gemeinschaftliche Ansprüche führt. Anders kann es sein bei Ansprüchen, die dem ausgeschiedenen Mieter allein zustehen. Soweit der ausgeschiedene und der verbliebene Mieter gesamtschuldnerisch für eine Forderung des Vermieters haften, ist gem. § 425 Abs. 2 BGB ein unterschiedlicher Verjährungslauf für beide Mieter möglich, dh, die Verjährung kann für den ausgeschiedenen Mieters vor derjenigen des verbliebenen Mieters beginnen und enden; der Innenausgleich der Mieter gem. § 426 Abs. 1 BGB unterliegt aber nicht der kurzen Verjährung.[373]

---

[365] *Eckert* DMT-Bilanz 2011, 334 will auf die Rückgabe des Mietobjekts nach Ende des (mit dem Erwerber zunächst fortbestehenden) Mietverhältnisses abstellen. Das ist aber nicht zielführend, weil der Veräußerer hiervon meist nichts erfahren wird.

[366] *Lehmann-Richter* NZM 2009, 766 (767).

[367] Eing. zur Verjährung von Vermieteransprüchen bei Mieterwechsel wegen Tod, Scheidung oder Auflösung einer Mietermehrheit *Blank* NJW 2014, 1985.

[368] Für die Vertragsübernahme: BGH XII ZR 216/90, NJW 1992, 687; OLG Karlsruhe NJW-RR 1994, 594; *Blank* NJW 2014, 1988; *Lehmann-Richter* NZM 2009, 766 (767). Für § 1568a Abs. 3 BGB: *Blank* NJW 2014, 1986.

[369] Siehe dazu *Streyl* NZM 2011, 385.

[370] *Blank* NJW 2014, 1987.

[371] *Ebenso Blank* NJW 2014, 1987; *Götz/Brudermüller* NJW 2010, 8.

[372] Das übersieht *Götz* PiG 92 (2012), 164, die eine Verjährung der Ansprüche nur des ausgeschiedenen Mieters gem. § 548 BGB annimmt.

[373] BGH IV ZR 70/05, NJW 2010, 435.

## G. Allgemeines Verjährungsrecht

59 Wenn nicht die Besonderheiten des § 548 BGB zu Beginn und Dauer der Verjährungsfrist eingreifen, dann gelten auch für solche Ansprüche, die § 548 BGB unterfallen, die Regeln des allgemeinen Verjährungsrechts der §§ 194 ff. BGB[374], außerdem die Regeln zur Fristberechnung in §§ 187 Abs. 1, 188 Abs. 2, 193 BGB.[375] In diesem Rahmen können nur einige wenige mietrechtliche Besonderheiten des allgemeinen Verjährungsrechts behandelt werden. Es kann insbes. relevant werden, dass die Verjährung mehrerer unterschiedlicher Ansprüche (zB mehrere Ersatzansprüche des Vermieters wegen voneinander zu trennender Veränderungen oder Verschlechterungen) **für jeden Anspruch gesondert** zu beurteilen ist.[376] Wegen der einheitlichen Anknüpfung an den Rückerhalt der Mietsache bzw. das Vertragsende spielt das zwar für den Verjährungsbeginn idR keine Rolle, wohl aber für verjährungshemmende bzw. verjährungsunterbrechende Umstände.[377] Im Wege der Klageänderung kann dann bspw. statt eines ursprünglich begehrten Anspruchs ein anderer, verjährter Ersatzanspruch nicht mehr erfolgreich geltend gemacht werden.[378] Eine verdeckte **Teilklage,** bei der also weder für den Beklagten noch für das Gericht erkennbar ist, dass die bezifferte Forderung nicht den Gesamtschaden abdeckt, hemmt die Verjährung nur im beantragten (bezifferten) Umfang.[379] Anders ist das, wenn mit der Klage von Anfang an ein bestimmter Anspruch in vollem Umfang geltend gemacht wird und sich dann Umfang und Ausprägung des Klageanspruchs ändern, nicht aber der Anspruchsgrund.[380] Der Kläger macht dann nicht bzw. nur vordergründig eine Geldsumme, sondern den Schaden insgesamt geltend und unterbricht damit die Verjährung der Ersatzforderung in ihrem betragsmäßig wechselnden Bestand; für die endgültige Bemessung des Schadens ist der Zeitpunkt der letzten mündlichen Verhandlung maßgebend, so dass dem Umfang der Verjährungswirkung durch den ursprünglich geringeren Klageantrag keine Grenzen gezogen werden.[381] Derartige Hemmungssituationen kommen vor allem bei Schäden in Betracht, die der Höhe nach schwer bzw. nur sachverständig beraten abzuschätzen sind oder bei denen sich die Bedingungen für die Schadensbewertung ändern[382], nicht hingegen bei rein durch Zeitablauf sich entwickelnden Mietausfallschäden. Eine Klage auf Ersatz des Mietausfalls für eine bestimmte Zeit hemmt vielmehr nicht die Verjährung für den Mietausfallschaden insgesamt, also weder für vor dem geltend gemachten Zeitraum bereits entstandene Ausfälle, noch für zukünftig entstehende Ausfälle; das folgt daraus, dass es sich um eine (offene) Teilklage handelt.[383] Zur Hemmung wegen weiterer Mietausfälle müsste der Vermieter eine Feststellungsklage erheben. Ähnlich ist es bei dem Anspruch auf **Nutzungsentschädigung** gem. § 546 a Abs. 1 BGB. Zu einem Ersatzanspruch gehören nach dem **Grundsatz der Schadenseinheit** sämtliche auf einem einheitlichen, abgeschlossenen Schadensereignis (Pflichtverletzung) beruhenden Schäden einschließlich der Folgeschäden (zB Verzug oder Mietausfall), soweit schon beim Auftreten des ersten Schadens mit den später eintretenden Schäden zu rechnen war bzw. sie als möglich voraussehbar waren[384]; nur die Verjährung für Schadensfolgen, die selbst für Fachleute nicht vorhersehbar waren, beginnt gesondert mit der Kenntnismöglichkeit des konkreten Schadenseintritts.[385] Der Anspruch entsteht einheitlich auch für die erst noch in der Zukunft fällig werdenden Positionen (einschließlich der Verzugsschäden), sobald ein erster Teilbetrag mit der Leistungsklage geltend gemacht werden kann.[386]

---

374 *Finger* ZMR 1988, 3.

375 BGH XI ZR 172/13, NJW 2014, 3435 Rn. 9.

376 OLG Düsseldorf NJW-RR 1988, 202.

377 AnwK WohnraummietR/*Lammel* BGB § 548 Rn. 21.

378 OLG Düsseldorf NJW-RR 1988, 202.

379 BGH XII ZR 12/13, NJW 2014, 920 Rn. 25.

380 BGH III ZR 135/01, NJW 2002, 2167; BGH XII ZR 12/13, NJW 2014, 920 Rn. 25.

381 BGH XII ZR 12/13, NJW 2014, 920 Rn. 25.

382 Siehe etwa BGH XII ZR 12/13, NJW 2014, 920 Rn. 25, für eine mietrechtliche Instandsetzungspflicht; BGH III ZR 135/01, NJW 2002, 2167, für eine Grundstücksbewertung.

383 MüKoBGB/*Bieber* § 548 Rn. 26; Staudinger/*Peters/Jacoby,* 2004, BGB § 204 Rn. 17, allg. zu Teilklagen.

384 BGH VI ZR 200/15, MDR 2017, 149 Rn. 15; BGH XII ZR 281/95, NJW 1998, 1303; BGH VIII ZR 149/63, NJW 1965, 151; *Krapf* DMT-Bilanz 2011, 344.

385 BGH VI ZR 37/99, NJW 2000, 861; zu weiteren Einschränkungen der Schadenseinheit s. *Ostendorf/von Laer* NJW 2013, 1479.

386 BGH V ZR 309/12, NJW 2015, 1007; nach KG ZMR 2015, 539 ist das bei einer Doppelvermietung dann der Fall, wenn feststeht, dass der Vermieter die Mietsache nicht mehr von dem besitzenden Mieter zurückerlangen und dem besitzenden Mieter überlassen kann.

Der Beginn der Verjährungsfrist gilt grds. also einheitlich für alle Mietausfälle, die aus derselben Pflichtverletzung entstehen, ohne dass es auf den jeweiligen monatlichen Entstehungszeitpunkt der Mietausfälle ankommt.[387] Für Aufwendungsersatzansprüche (aus GoA) gelten die Grundsätze der Schadenseinheit nicht.[388] **Ersatzansprüche,** die als wirtschaftliches Äquivalent an die Stelle des Hauptanspruchs treten wie etwa Schadensersatzansprüche **gem. § 281 BGB,** verjähren grds. wie der Hauptanspruch.[389] Für **Verzugsschäden** (und andere **Nebenansprüche**) bestimmt § 217 BGB, dass sie spätestens mit der Hauptforderung verjähren; das hat Bedeutung in den Fällen, in denen die Verjährungsfrist für den Hauptanspruch kürzer ist als für die verjährungsrechtlich selbständigen, an sich der Regelverjährung unterliegenden Nebenansprüche.[390] **Hilfsansprüche** (wie etwa Auskunfts- und Rechenschaftsansprüche) verjähren wegen ihres akzessorischen Charakters wie der Hauptanspruch.[391] Etwas anderes gilt dann, wenn (und nur soweit[392]) die Nebenansprüche vor dem Eintritt der Verjährung des Hauptanspruchs bereits gerichtlich geltend gemacht waren.[393] Gegenüber einem Anspruch des Mieters auf **Rückzahlung einer Kaution** kann der Vermieter unter den Voraussetzungen des **§ 215 BGB** auch mit verjährten Gegenansprüchen aufrechnen; Ähnliches gilt gem. § 216 BGB für das Befriedigungsrecht des Vermieters aus einem verpfändeten Sparbuch (→ Rn. 65 „Kautionsrückzahlungsanspruch").

**60** Gemäß § 204 BGB wird die Verjährung durch die dort genannten Rechtsverfolgungsmaßnahmen gehemmt, insbes. durch Zustellung des Antrags auf selbständiges Beweisverfahren, Erhebung der Klage oder Zustellung des Mahnbescheids. Die Hemmungswirkung tritt jedoch nur bei einem wirksamen, insbes. gem. § 253 Abs. 2 ZPO hinreichend bestimmten Antrag ein[394], was bei **Mahnbescheidsanträgen,** mit denen eine Vielzahl von Forderungen geltend gemacht werden, oftmals problematisch ist.[395] Für eine Individualisierung genügt die Bezeichnung des Anspruchs unter bestimmter Angabe der verlangten Leistung; der Anspruch muss durch seine Kennzeichnung von anderen Ansprüchen so unterschieden und abgegrenzt werden können, dass er Grundlage eines der materiellen Rechtskraft fähigen Vollstreckungstitels sein kann und der Schuldner bereits im Zeitpunkt der Zustellung des Mahnbescheids erkennen kann, woraus der Gläubiger seinen Anspruch herleiten will, so dass ihm die Beurteilung möglich ist, ob er sich gegen den Anspruch zur Wehr setzen will oder nicht.[396] Bei einer Mehrzahl von Einzelforderungen muss deren Bezeichnung im Mahnbescheid die Zusammensetzung des verlangten Gesamtbetrags aus für ihn unterscheidbaren Ansprüchen ermöglichen, wozu auch die Bezugnahme auf vorprozessuale Schreiben genügen kann, aber auch erforderlich ist; es reicht nicht aus, dass es solche Schreiben gibt, sie müssen im Mahnbescheid erwähnt sein.[397] Ob mehrere Einzelansprüche oder ein einheitlicher Anspruch verfolgt werden, hängt davon ab, ob der Entstehungsgrund einheitlich ist.[398] Eine wirksame, insbes. des Anforderungen des § 253 Abs. 2 ZPO genügende Klageerhebung hemmt die Verjährung auch dann, wenn zum Zeitpunkt der Klageerhebung – von der Sachbefugnis abgesehen – noch nicht alle Anspruchsvoraussetzungen vorliegen, etwa eine für einen Schadensersatzanspruch nach § 281 Abs. 1 S. 1 BGB erforderliche Fristsetzung noch fehlt; denn auch in diesem Fall weiß der Schuldner, dass er sich wegen der Rechtsverfolgung ggf. auf eine Erfüllung nach Ablauf der Verjährungsfrist einstellen muss.[399] Eine (vorübergehende) Rückgabe der Mietsache an den Mieter zur Erfüllung seiner Rückgabepflichten (Schönheitsreparaturen, Rückbau, Instandsetzung etc)

[387] BGH XII ZR 63/96, NJW 1998, 981.
[388] BGH III ZR 273/16, NJW 2018, 2714 Rn. 27.
[389] Siehe eing. *Lüneborg* NJW 2012, 2145, auch zu Ausnahmefällen.
[390] Siehe eing. *Lüneborg* NJW 2012, 2149.
[391] Die Frage ist str., komplex und letztlich ungeklärt. Wie hier *Lüneborg* NJW 2012, 2148 (2149) und wohl auch BGH VI ZR 222/16, NJW 2017, 2755; BGH XII ZB 175/17, NJW 2018, 950; **aA** *Ulrici* NJW 2018, 2001 sowie *Ulrici* JZ 2017, 1177 und wohl auch BGH III ZR 71/11, NJW 2012, 917; BGH VII ZR 39/17, BB 2017, 2194.
[392] BGH XII ZR 281/95, NJW 1998, 1303 unter 1.d.
[393] BGH XII ZR 150/93, NJW 1995, 252.
[394] BGH XII ZR 12/13, NJW 2014, 920 Rn. 21; *Grothe* NJW 2015, 19.
[395] Siehe allg. zu den Anforderungen an Mahnbescheidsanträge *Grothe* NJW 2015, 17.
[396] BGH VIII ZR 46/07, NJW 2008, 1220; OLG Stuttgart ZMR 2020, 645; s. auch BGH VIII ZR 211/09, NJW 2011, 613; *Grothe* NJW 2015, 18.
[397] *BGH VIII ZR 46/07,* NJW 2008, 1220; OLG Stuttgart ZMR 2020, 645; s. auch BGH VIII ZR 211/09, NJW 2011, 613; *Grothe* NJW 2015, 18.
[398] OLG Stuttgart ZMR 2020, 645.
[399] BGH XII ZR 12/13, NJW 2014, 920 Rn. 21.

führt grds. nicht zu einer **Hemmung** oder Unterbrechung der Verjährung der Vermieteransprüche, und zwar auch dann nicht, wenn dies mit einer Rückübertragung der Sachherrschaft verbunden ist[400]; anders ist das nur, wenn zugleich ein vorübergehendes Leistungsverweigerungsrecht gem. § 205 BGB (meist Stundung) zu Gunsten des Mieters vereinbart wird, wenn er also die Arbeiten nicht unverzüglich ausführen muss, oder wenn mit der Rückgabe an den Mieter, damit dieser seine Pflichten erfüllen kann, ein Tatbestand verwirklicht würde, der der Verhandlung über die Ansprüche gem. § 203 BGB gleichkäme[401]; weiterhin kann in der Bereitschaft des Mieters, in der vorübergehend zurückgegebenen Mietsache seine Rückgabepflichten zu erfüllen, ein **Anerkenntnis** iSv § 212 Abs. 1 Nr. 1 BGB zu sehen sein, das zu einem **Neubeginn** der Verjährung führt. Eine **Klage auf Erfüllung** von Rückgabepflichten (Durchführung von Schönheitsreparaturen, Instandsetzung, Rückbau etc) **hemmt** auch einen **Schadensersatzanspruch statt der Leistung** gem. § 281 BGB und umgekehrt; das folgt aus § 213 BGB.[402] Schadensersatz gem. §§ 280, 286 BGB **(Verzug)** wird hingegen nicht von § 213 BGB erfasst, da diese Vorschrift nur für alternative Ansprüche wie § 281 BGB gilt, nicht aber für kumulativ nebeneinander stehende Ansprüche.[403] Deshalb hemmt eine Erfüllungsklage nicht einen Anspruch des Vermieters auf Ersatz des **Mietausfalls,** da dieser sich entweder aus § 280 BGB oder aus § 286 BGB ergibt.[404] Die Verjährung von Ansprüchen auf Mietzins und Nutzungsentschädigung eines Mieters gegen seinen Untermieter wird durch eine **Streitverkündung** iSv § 204 Abs. 1 Nr. 6 BGB auch dann gehemmt, wenn sich die Streitverkündung (nur) auf Gewährleistungsrechte (Minderung) des Streitverkündungsempfängers (Untermieters) bezieht (§ 72 Abs. 1 Alt. 2 ZPO).[405] Die Streitverkündung muss allerdings zulässig sein, was dann der Fall ist, wenn der Streitverkünder der Annahme sein darf, durch die im Vorprozess zu treffenden Feststellungen könne, ein Folgeprozess ganz oder teilweise entbehrlich werden.[406] Weder die Erhebung einer negativen Feststellungsklage durch den Schuldner (etwa dahingehend, dass dem Mieter ein Anspruch auf Kautionsrückzahlung nicht zusteht) noch die Verteidigung des Gläubigers hiergegen genügt, um eine Hemmung der Verjährung zu bewirken.[407]

## H. Abweichende Vereinbarungen

Gemäß § 202 BGB können Verjährungsfristen verlängert oder verkürzt, ein späterer Verjährungsbeginn und Hemmungsgründe vereinbart werden sowie Tatsachen, die den Neubeginn der Verjährung zur Folge haben sollen. Eine Grenze zieht § 202 Abs. 2 BGB nur insofern, als die Verjährungsfrist nicht wirksam über eine Frist von 30 Jahren hinaus ausgedehnt werden kann.[408] § 202 BGB ist eine Vorschrift aus dem allgemeinen Teil des BGB und findet auch auf die Verjährungsregelung in § 548 BGB Anwendung. Die weiten Grenzen des § 202 BGB gelten aber nur für **individualvertragliche Verjährungsvereinbarungen.**[409] **61**

Handelt es sich bei einer Vertragsklausel, die eine von § 548 BGB abweichende Regelung enthält, um eine **allgemeine Geschäftsbedingung,** sind insbes. die Schranken von § 307 BGB zu beachten.[410] § 548 BGB ist keine bloße Zweckmäßigkeitsvorschrift, sondern beruht auf Gerechtigkeitserwägungen; die Vorschrift gehört damit zum wesentlichen Grundgedanken der gesetzlichen **62**

---

400 OLG Düsseldorf DWW 2007, 246.

401 OLG Düsseldorf DWW 2007, 246.

402 Staudinger/*Peters/Jacoby,* 2014, BGB § 213 Rn. 6; *Jacoby* DMT-Bilanz 2011, 339; BGH V ZR 236/03, NJW-RR 2006, 736, für einen Herausgabeanspruch; **aA** noch BGH XII ZR 202/97, NZM 2000, 547, weil ein anderer Streitgegenstand vorliege; diese Entscheidung erging aber zum unreformierten Verjährungsrecht, das eine allgemeine, § 213 BGB entsprechende Vorschrift nicht kannte. Wie der BGH, aber auch § 213 BGB übersehend, OLG Köln MDR 2016, 207, nicht vollständig abgedruckt.

403 Staudinger/*Peters/Jacoby,* 2014, BGB § 213 Rn. 7.

404 Dazu → BGB § 546a Rn. 78.

405 BGH XII ZR 114/06, NJW 2009, 1488. Der Untermieter hatte gegenüber dem Mieter wegen Mängeln gemindert, dieser gegenüber dem Vermieter. Auf die Mietzinsklage des Vermieters hatte der verklagte Mieter dem Untermieter den Streit verkündet.

406 BGH XII ZR 114/06, NJW 2009, 1488.

407 BGH XII ZR 86/11, NJW 2012, 3633.

408 *Kandelhard* NJW 2002, 3295; *Scheffler* ZMR 2008, 513. Bedenken gegen eine individualvertragliche Verlängerung über drei Jahre hinaus hat Lindner-Figura/Oprée/Stellmann, Geschäftsraummiete HdB/*Fuerst* Kap. 17 Rn. 78.

409 BGH VIII ZR 13/17, NJW 2017, 3707 Rn. 38.

410 BGH VIII ZR 13/17, NJW 2017, 3707.

Regelung, dh zum **Leitbild der mietrechtlichen Vorschriften.**[411] Abweichungen in AGB sind deshalb regelmäßig nur zulässig, wenn für die zu regelnden Fälle das dem dispositiven Recht zu Grunde liegende Gerechtigkeitsgebot in Frage gestellt ist und eine andere Regelung als mit Recht und Billigkeit vereinbar erscheint, dh, die Abweichung muss sachlich gerechtfertigt und maßvoll sein.[412] Nach diesem Maßstab sind sowohl **Verlängerungen** der Verjährungsfrist auf ein Jahr als auch eine Anknüpfung des **Verjährungsbeginns** von Vermieteransprüchen gem. § 548 Abs. 1 BGB an das Ende des Mietvertrages (anstatt an den Zeitpunkt des Rückerhalts) regelmäßig gem. § 307 Abs. 2 Nr. 1 BGB unwirksam.[413] Denn zentraler Zweck von § 548 BGB ist die möglichst schnelle Klärung der Ansprüche und es ist nicht ersichtlich, dass dies nicht innerhalb der sechsmonatigen Frist geschehen könnte.[414] Ist das in besonderen Konstellationen in einer relevanten Zahl von Fällen anders (in Betracht kommend etwa bei der **Autovermietung** nach einem Unfall[415]), *kann* eine moderate Verlängerung der Verjährungsfrist durch AGB gerechtfertigt sein. § 309 Nr. 7b BGB kann ggf. einer Verjährungs**verkürzung** im Wege stehen, da sie möglicherweise eine unzulässige Haftungsbeschränkung darstellt.[416] Verjährungsverkürzungen dürften bei § 548 BGB allerdings in der Praxis kaum eine Rolle spielen. Vereinbarungen, die **andere Verjährungsregelungen** abbedingen oder erweitern (zB zur Hemmung), dürften in weiterem Maß zulässig sein als Verlängerungsvereinbarungen, sind aber im Einzelfall an § 307 BGB zu messen; insbes. dürfen auch sie den Zweck des § 548 BGB nicht unterlaufen. So erscheint die formularmäßige Vereinbarung der Hemmung für die Dauer eines außergerichtlichen Sachverständigenverfahrens zur Klärung streitiger Mängel möglich[417] oder eine zeitlich auf zwei bis drei Monate begrenzte Hemmung, um Ermittlungen des Vermieters zu ermöglichen, wenn der Mieter bei Auszug seine neue Anschrift nicht hinterlässt[418]; hier dürfte aber zusätzlich erforderlich sein, dass der Mieter vertraglich zur Anschriftenmitteilung verpflichtet war.

### I. Verjährung mietrechtlicher Ansprüche außerhalb von § 548 BGB

63 Wenn nicht die Regelung des § 548 BGB über die kurze Verjährung eingreift oder ausnahmsweise andere spezielle Verjährungsregelungen (wie etwa in § 197 BGB für dingliche und titulierte Ansprüche, § 24 Abs. 2 S. 3 BBodSchG[419], §§ 8 Abs. 2, 9 Abs. 7 WoBindG[420], § 4 Baukostenzuschussgesetz[421]), dann verjähren mietrechtliche Ansprüche innerhalb der Regelverjährungsfrist des § 195 BGB[422], die drei Jahre beträgt und gem. § 199 BGB mit dem Schluss des Jahres zu laufen beginnt, in dem der Anspruch entstanden ist und in dem der jeweilige Gläubiger Kenntnis von den Anspruchs begründenden Umständen und der Person des Schuldners Kenntnis erlangt hat oder ohne grobe Fahrlässigkeit hätte erlangen müssen. In § 199 BGB gibt es außerdem kenntnisunabhängige Höchstfristen für die Verjährung. Der Anwendungsbereich des **§ 195 ist also negativ abzugrenzen:** Ihm unterfallen alle Ansprüche des Vermieters und des Mieters, die nicht von § 548 BGB erfasst sind. Zum Sonderproblem der Verjährbarkeit des Gebrauchsgewährungsanspruchs (insbes. in Form des Mängelbeseitigungsanspruchs und des Anspruchs auf Durchführung von Schön-

---

411 BGH VIII ZR 13/17, NJW 2017, 3707 Rn. 22.
412 BGH VIII ZR 13/17, NJW 2017, 3707 Rn. 22 und 24.
413 BGH VIII ZR 13/17, NJW 2017, 3707 mAnm *Hartmann* mit Nachweisen auf die abweichenden Meinungen (s. dazu auch → 13. Aufl. 2017, BGB § 548 Rn. 62).
414 BGH VIII ZR 13/17, NJW 2017, 3707 Rn. 27, 29.
415 So ist in BGH VIII ZR 313/84, NJW 1986, 1608 und BGH XII ZR 245/92, NJW 1994, 1788 eine Verjährungsverlängerung für möglich gehalten worden wegen der regelmäßigen Schwierigkeiten eines Kfz-Vermieters, die Verantwortlichkeit für einen Unfall mit dem Mietwagen innerhalb der regulären Verjährungsfrist zu klären; die Wirksamkeit der Klauseln scheiterte allerdings jeweils daran, dass dem Mieter der Verjährungsbeginn regelmäßig unbekannt blieb, weil er von einer Einsicht des Vermieters in die Polizeiakte abhing, und keine Höchstgrenze für die Verjährung vorgesehen war; das war anders bei OLG Stuttgart NJW-RR 2002, 1254, das dementsprechend eine Verlängerungsklausel für wirksam hielt; **aA** LG Dortmund 29.9.2017 – 17 S 47/17 BeckRS 2017, 131116.
416 Siehe etwa BGH VIII ZR 174/12, NJW 2013, 2584.
417 *Schmidt* NZM 2019, 10.
418 *Schmidt* NZM 2019, 9.
419 → *Rn. 23.*
420 Zum eingeschränkten Anwendungs- und Geltungsbereich des WoBindG → BGB § 563 Rn. 10.
421 Näher → BGB § 539 Rn. 23.
422 Staudinger/*Emmerich* BGB § 548 Rn. 16.

heitsreparaturen) und anderer unverjährbarer Ansprüche siehe nachfolgend unter Abschnitt J. Die Verjährung des **Ausgleichsanspruchs des Gebäudeversicherers** des Vermieters gegen den Haftpflichtversicherer des Mieters nach einer Beschädigung der Mietsache durch den Mieter richtet sich nicht nach § 548 BGB, sondern nach § 195 BGB.[423]

Folgende **Ansprüche des Vermieters** unterliegen, soweit nichts anderes gesagt wird, der dreijährigen Regelverjährung des § 195 BGB: **64**

- **Mietzinsansprüche**[424] oder andere als Gegenleistung für die Gebrauchsüberlassung vereinbarte Ansprüche; hängen die Gegenleistungsansprüche vom Zustand der Mietsache ab (wie etwa bei Ansprüchen auf Instandsetzung oder Renovierung des Mietobjekts), dann gilt § 548 Abs. 1 BGB, es sei denn, diese Ansprüche stellen die (nahezu) einzige Gegenleistung dar (→ Rn. 13).
- Ansprüche auf die **Betriebskostenvorauszahlungen.**[425] Der Anspruch auf Vorauszahlungen kann nach Abrechnungsreife (bei der Wohnraummiete innerhalb der Frist des § 556 Abs. 3 BGB, bei der Gewerbemiete regelmäßig binnen eines Jahres nach Ablauf des Abrechnungszeitraums[426]) nicht mehr geltend gemacht werden; der Vermieter kann Betriebskosten allerdings bis zum Betrag der geschuldeten Vorauszahlungen auf Grund einer nach Ablauf der Abrechnungsfrist erteilten Abrechnung verlangen.[427] Ist der Vorauszahlungsanspruch verjährt, ist er lediglich nicht mehr selbständig durchsetzbar, er gilt aber nicht als bezahlt; er kann deshalb noch in eine Betriebskostenabrechnung als offener Posten eingestellt werden.[428]
- Ansprüche auf **Nachzahlung aus Betriebskostenabrechnungen.**[429] Die Verjährungsfrist beginnt gem. § 199 Abs. 1 BGB mit dem Schluss des Jahres zu laufen, in dem die Abrechnung dem Mieter zugeht und fällig ist.[430] Fällig ist sie nur, wenn sie formell ordnungsgemäß erstellt wurde. Ist sie nur teilweise formell ordnungsgemäß, wird eine Nachzahlung, die sich aus diesen Teilen errechnet, zwar fällig, die Verjährungsfrist beginnt aber dennoch erst mit der Erteilung einer insgesamt formell richtigen Abrechnung[431]; aus einer solchen Abrechnung können sich wegen der Ausschlusswirkung des § 556 Abs. 3 S. 3 BGB aber trotz der noch laufenden Verjährungsfrist praktisch keine Ansprüche mehr ergeben. Soweit der Vermieter bei der Gewerberaummiete nicht an die Abrechnungsfrist mit Ausschlusswirkung des § 556 Abs. 3 S. 2, 3 BGB gebunden ist[432], hat er den Beginn der Verjährung durch sein Abrechnungsverhalten in der Hand; es greifen allenfalls die Grundsätze der Verwirkung.[433] Für Nachberechnungen solcher Betriebskostenteile, an deren rechtzeitiger Umlegung der Vermieter innerhalb der Abrechnungsfrist gehindert war (insbes. bei einer Nachbelastung des Vermieters mit Grundsteuern), beginnt die Verjährungsfrist nicht mit dem Zugang der Ausgangsabrechnung zu laufen, sondern – auch ohne Nachforderungsvorbehalt in der Ausgangsabrechnung[434] – erst mit dem Schluss des Jahres, in dem der Vermieter nach Kenntniserlangung der für diese Positionen anspruchsbegründenden Tatsachen (also etwa durch Zugang des Bescheids über die Neufestsetzung der Gewerbesteuer) über die Nachforderung abrechnet[435]; bei der Wohnraummiete muss

---

[423] BGH IV ZR 129/09, NZM 2010, 450; BGH IV ZR 5/09, WuM 2011, 577.
[424] BGH XII ZR 114/06, NJW 2009, 1488.
[425] *Artz* PiG 97 (2014), 77; *Roth* PiG 83 (2008), 220; *Schmid* GE 2009, 289.
[426] BGH XII ZR 22/07, NJW 2010, 1065.
[427] Siehe dazu näher BGH VIII ZR 261/06, NJW 2008, 142.
[428] *Schmid* GE 2012, 871; BGH VII ZR 191/97, NJW 1999, 713 für die ähnlich gelagerte Problematik bei Abschlagsforderungen auf Architektenhonorar; **aA** *Jacoby* ZMR 2017, 786. Anders für den Wohngeldvorschussanspruch einer WEG BGH V ZR 171/11, NJW 2012, 562, wo aber in Rn. 23 ausdrücklich auf die Unterschiede zu gewöhnlichen Abschlagszahlungen einschließlich Betriebskostenvorauszahlungen hingewiesen wird.
[429] BGH VIII ZR 263/14, NJW 2016, 3231 Rn. 13; LG Rostock WuM 2009, 232; *Roth* PiG 83 (2008), 220.
[430] BGH VIII ZR 263/14, NJW 2016, 3231 Rn. 13; LG Düsseldorf NJW 2011, 688; LG Hamburg ZMR 2010, 760; LG Rostock WuM 2009, 232.
[431] BGH VII ZR 288/02, NJW-RR 2004, 445 zur vergleichbaren Lage bei einer teilweise nicht prüffähigen VOB-Rechnung.
[432] Siehe zur Geltung des § 556 Abs. 3 S. 2, 3 BGB bei der Gewerberaummiete BGH XII ZR 22/07, NJW 2010, 1065.
[433] BGH VIII ARZ 5/90, NJW 1991, 836; *Flatow* WuM 2010, 613; *Schmid* ZMR 2013, 269; **aA** und für eine fiktive Fälligkeit bei Abrechnungsreife gem. § 242 BGB KG GE 2003, 117 = KGR Berlin 2003, 139.
[434] *Zühlke* INFO M 2012, 519.
[435] BGH VIII ZR 264/12, NJW 2013, 456; OLG Celle ZMR 2015, 541(für die Gewerberaummiete); LG Berlin GE 2004, 817; 2012, 1096; *Flatow* WuM 2010, 613; *Both* jurisPR-MietR 18/2009 Nr. 4; INFO M

die Nachberechnung zur Vermeidung der Ausschlusswirkung des § 556 Abs. 3 S. 3 BGB innerhalb von drei Monaten nach Kenntniserlangung erfolgen.[436] Die Verjährung einer Nachforderung aus der Ausgangsabrechnung wird durch eine Nachforderung oder einen Nachforderungsvorbehalt nicht beeinflusst.[437]

- **Nutzungsentschädigungsansprüche** gem. § 546 a BGB[438] und damit konkurrierende bzw. diese ergänzende Ansprüche wegen Vorenthaltung der Mietsache aus Schadensersatz, ungerechtfertigter Bereicherung und einem Eigentümer-Besitzer-Verhältnis.[439] Soweit ein Schadensersatzanspruch wegen Mietausfalls nicht auf verspäteter Rückgabe (Nichterfüllung; → BGB § 546 a Rn. 39), sondern auf der Verletzung sonstiger Rückgabepflichten (Schlechterfüllung) beruht, die mit dem Zustand der Mietsache zusammenhängen, unterliegt auch der Schadensersatzanspruch der kurzen Verjährung (→ Rn. 19, 27).
- **Bereicherungsansprüche** und Ansprüche aus einem **Eigentümer-Besitzer-Verhältnis** im Falle eines gescheiterten Vertragsschlusses oder eines unwirksamen Vertrages.[440]
- Bereicherungsansprüche auf Rückzahlung eines **Mängelbeseitigungskostenvorschusses** (→ Rn. 19).
- Zum Anspruch auf Durchführung von **Schönheitsreparaturen** nach deren wirksamer Abwälzung auf den Mieter → Rn. 66.
- Der Anspruch auf Leistung der **Kaution**[441] (einschließlich des Anspruchs gem. § 563 Abs. 3 BGB[442]) oder auf deren Wiederauffüllung.[443] Wenn die Kaution in Teilzahlungen zu leisten ist (s. § 551 Abs. 2 BGB), kann es wegen des Verjährungsbeginns zum Jahresende gem. § 199 Abs. 1 BGB zu unterschiedlichen Verjährungsläufen bei den einzelnen Teilzahlungen kommen.[444] Zum Anspruch auf getrennte Anlage der Kaution gem. § 551 Abs. 3 BGB → Rn. 66. Zu Ansprüchen in Zusammenhang mit der Veräußerung der Mietsache bei → BGB § 566 a Rn. 10, 18 ff., 34.
- Der (schuldrechtliche) Anspruch auf **Rückgabe** (Besitzverschaffung) der **Mietsache** gem. § 546 Abs. 1, 2 BGB einschließlich der Rückgabe von **Zubehör** (etwa der Schlüssel)[445] bzw. von dem Vermieter gehörenden Einrichtungen und einschließlich etwaiger Sekundäransprüche wegen Verletzung der Rückgabeverpflichtung (im Sinne von Wiederverschaffung des Besitzes).[446] Die Regelverjährung ergibt sich einmal schon aus § 548 Abs. 1 S. 3 BGB (→ Rn. 45), aber auch aus der Abgrenzung der Ersatzansprüche von den Erfüllungsansprüchen. Diese Abgrenzung besagt, dass nur der Anspruch des Vermieters auf Wiedereinräumung des Besitzes der Regelverjährung unterliegt, nicht aber sonstige Ansprüche in Zusammenhang mit Rückgabe und Räumung;

---

2011, 111; *Schmid* DWW 2011, 370; **aA** LG Düsseldorf NJW 2011, 688; LG Rostock WuM 2009, 232. Differenzierend *Streyl* WuM 2011, 99.

[436] BGH VIII ZR 264/12, NJW 2013, 456 Rn. 11.

[437] *Schmid* ZMR 2013, 269.

[438] BGH XII ZR 114/06, NJW 2009, 1488; OLG Düsseldorf MDR 2012, 1155.

[439] MüKoBGB/*Bieber* § 548 Rn. 30; BGH VIII ZR 246/75, NJW 1977, 1335, diese zum unreformierten Verjährungsrecht ergangene Entscheidung hat an Bedeutung verloren, da im Gegensatz zu damaligen Gesetzeslage Erfüllungsansprüche grds. der gleichen Verjährung unterliegen wie Schadensersatzansprüche oder andere gesetzliche Ansprüche.

[440] *Schmid* DWW 2013, 82.

[441] KG NZM 2009, 743 mwN; LG Darmstadt NZM 2007, 801; LG Duisburg NZM 2006, 774; LG Bochum WuM 2011, 563.

[442] *Schmid* ZMR 2014, 257. Dieser Anspruch verjährt gem. §§ 195, 199 BGB in drei Jahren ab Schluss des Jahres, in dem der Vermieter Kenntnis von dem endgültigen Eintritt des Mieters erlangt.

[443] *Schmid* ZMR 2014, 256.

[444] *Schmid* ZMR 2014, 256.

[445] BGH VIII ZR 157/74, NJW 1975, 2103, für Zubehör; BGH IX ZR 206/92, NJW 1993, 2797; LG Saarbrücken NJW 1974, 1711, für Zubehör; OLG Köln NZM 1998, 767; AG Wolfratshausen NZM 2014, 32, für Schlüssel; *Roth* PiG 83 (2008), 222; **aA** für abhanden gekommene Teile eines Gerüsts OLG Hamm NJW-RR 1994, 1297; s. dagegen überzeugend LG Saarbrücken NJW 1974, 1711; krit. auch Blank/Börstinghaus/*Blank* BGB § 548 Rn. 56, der meint, verjährungsrechtlich sei eine unterschiedliche Behandlung der Ansprüche des Vermieters wegen der unterlassenen Rückgabe von Zubehör bzw. wegen Rückgabe in beschädigtem Zustand nicht gerechtfertigt.

[446] AG Wolfratshausen NZM 2014, 32; in BGH VIII ZR 355/85, NJW 1987, 2072 werden Ansprüche eines Verpächters auf Ersatz für fehlendes Inventar der kurzen Verjährung unterworfen; ähnlich in BGH VIII *ZR 29/69, NJW 1970, 1182* für Einrichtungen. Das ist in beiden Fällen aber ohne jegliche Erörterung und Problematisierung geschehen und dürfte ein Versehen gewesen sein, es ging vorrangig um Ansprüche wegen unterlassener Instandsetzung, den Rückgabezeitpunkt und Fragen des Beginns und der Hemmung der Verjährung.

Einzelheiten → Rn. 13. Die Verjährung dinglicher Herausgabeansprüche aus § 985 BGB richtet sich nach § 197 BGB (dreißigjährige Verjährung).

- **Unterlassungsansprüche** aus § 541 BGB verjähren grds. gem. §§ 195, 199 BGB[447], was sich schon aus § 199 Abs. 5 BGB ergibt. Hiernach ist zu beachten, dass für den Beginn der Verjährungsfrist gem. § 199 Abs. 1 BGB der Zeitpunkt der Zuwiderhandlung maßgeblich ist; außerdem kommt es zusätzlich auf die Kenntnis des Vermieters als Gläubiger an.[448] Streitig ist, ob mit jeder Zuwiderhandlung ein neuer Unterlassungsanspruch entsteht.[449] Abgesehen davon unterliegt nicht jeder Unterlassungsanspruch überhaupt der Verjährung[450], die Vorschrift enthält vielmehr nur eine besondere Regelung für den Verjährungsbeginn. Der aus § 541 BGB folgende Anspruch des Vermieters auf Unterlassung eines vertragswidrigen Gebrauchs ist vielmehr während des laufenden Mietverhältnisses **unverjährbar,** solange die vertragswidrige Nutzung andauert.[451] Ansonsten würde im Falle einer Verjährbarkeit eine Umgestaltung des Vertrages bzw. der vertraglichen Rechte und Pflichten dauerhaft herbeigeführt. Die Dauerpflicht des Mieters zur Unterlassung ist insofern das Spiegelbild zur Dauerpflicht des Vermieters auf Gebrauchsgewährung, weil Schwerpunkt hierbei die Aufrechterhaltung eines vertragswidrigen Zustands ist und nicht die Vornahme der Pflichtverletzung. Besondere praktische Bedeutung kommt dieser Frage bei dem Anspruch des Vermieters auf **Beseitigung einer Parabolantenne** zu, der unverjährbar ist, weil ein Belassen der Antenne zu einer dauerhaften Vertragsumgestaltung führen würde.[452]
- Ersatzansprüche wegen **Zerstörung der Mietsache.**[453]
- Schadensersatzansprüche des Vermieters gegen den Mieter wegen pflichtverletzender Lärmbelästigung und darauf begründeter Minderungen der anderen Mieter des Hauses.[454]
- Schadensersatzansprüche wegen **Personenschäden;** das gilt selbst dann, wenn sie durch Veränderungen oder Verschlechterungen der Mietsache verursacht wurden.[455]
- Schadensersatzansprüche wegen Vertragsauflösungsverschuldens des Mieters **(Kündigungsfolgeschaden).**[456]
- Zu Ansprüchen aus **Leasingverträgen** → Rn. 5, 13.

Folgende **Ansprüche des Mieters** unterliegen, soweit nichts anderes gesagt wird, der dreijährigen Regelverjährung des § 195 BGB: **65**

- Der Anspruch auf (erstmalige) **Gebrauchsüberlassung;** hierbei gilt § 199 Abs. 5 BGB entsprechend, so dass es für den Verjährungsbeginn auf die erstmalige Verweigerung der Gebrauchsüberlassung ankommt.[457] Wenn man allerdings die erstmalige Gebrauchsüberlassung als Beginn einer Dauerverpflichtung ansieht, dann kann man den Gebrauchsüberlassungsanspruch – ähnlich wie den Gebrauchserhaltungsanspruch[458] – auch für unverjährbar halten.[459] Zu Schadensersatzansprüchen siehe nachfolgend.

---

[447] BGH XII ZR 5/18, NJW 2019, 1062. Ferner AG Hamburg-Altona WuM 2009, 410; LG München I 19.2.2014 – 15 S 4624/13, BeckRS 2014, 10262; LG Halle ZMR 2014, 644, sämtlich für die Beseitigung einer Parabolantenne; weiterhin *Schmid* WuM 2010, 657; *Roth* PiG 83 (2008), 220.

[448] BGH XII ZR 5/18, NJW 2019, 1062.

[449] Dafür BGH V ZR 208/04, NZM 2006, 192 und BGH V ZR 1/11, ZMR 2011, 967 Rn. 7; *Lehmann-Richter* NZM 2009, 764; dagegen Staudinger/*Peters/Jacoby,* 2014, BGB § 199 Rn. 110.

[450] Staudinger/*Peters/Jacoby,* 2014, BGB § 199 Rn. 107; iErg ebenso BGH V ZR 178/14, NZM 2015, 495 Rn. 9, wenn dort für die Unterlassung der zweckwidrigen Nutzung von Teileigentum offengelassen wird, ob eine einheitliche Dauerhandlung den rechtswidrigen Zustand fortlaufend aufrechterhält und die Verjährungsfrist deshalb nicht in Gang gesetzt wird, oder ob wiederholte Störungen jeweils neue Ansprüche begründen; **aA** *Bieber* jurisPR-MietR 5/2018 Anm. 3; krit. zur Rspr. über die Unverjährbarkeit von Ansprüchen in Dauerschuldverhältnissen *Eichel* NJW 2015, 3265.

[451] BGH XII ZR 5/18, NJW 2019, 1062.

[452] Ähnlich *Sternel* PiG 97 (2014), 135 und iErg ebenso AG München 29.1.2013 – 412 C 27581/12 juris; **aA** die Berufungsinstanz LG München I 19.2.2014 – 15 S 4624/13, BeckRS 2014, 10262; AG Hamburg-Altona WuM 2009, 410; LG Halle ZMR 2014, 644.

[453] Nachweise und Einzelheiten → Rn. 32.

[454] AG Bremen WuM 2011, 362.

[455] BGH XII ZR 79/92, NJW 1994, 251.

[456] *Jendrek* NZM 1998, 597.

[457] BGH XII ZR 105/93, NJW 1995, 2548; *Feuerlein* WuM 2008, 385; *Lehmann-Richter* NZM 2009, 764.

[458] → Rn. 66.

[459] Hierzu finden sich auch Anhaltspunkte in BGH XII ZR 105/93, NJW 1995, 2548 unter 2.c.aa; dagegen *Lehmann-Richter* NZM 2009, 764.

– Schadensersatzansprüche wegen **Vertragsverletzungen** des Vermieters (nicht aber aus § 536a Abs. 1 BGB[460]), wegen einer **unberechtigten Kündigung.**[461] Auch Schadensersatzansprüche wegen gänzlich unterbliebener oder verspäteter Überlassung der Mietsache unterliegen der Regelverjährung.[462] Das gilt selbst dann, wenn man den auf Überlassung gerichteten Primäranspruch entsprechend dem Vorstehenden für unverjährbar hält, weil er spätestens mit seiner Umwandlung in einen Schadensersatzanspruch seinen Charakter als Dauerverpflichtung verliert (→ Rn. 66)
– Zum **Mängelbeseitigungsanspruch** und zum Anspruch auf Durchführung von **Schönheitsreparaturen** → Rn. 66.
– Bereicherungsansprüche wegen **zu viel geleisteter Miete.**[463] Bei Rückzahlungsansprüchen wegen **Flächenabweichungen** ist für den Verjährungsbeginn Kenntnis von der Flächenabweichung notwendig[464]; da es für den Verjährungsbeginn gem. § 199 Abs. 1 Nr. 2 BGB nur auf Tatsachenkenntnis, nicht aber auf die Kenntnis der Rechtslage ankommt[465], ist die Kenntnis der Kantenlänge aller Räume und die Raumhöhe ausreichend, nicht aber die nur mit Rechtskenntnis (etwa der Wohnflächenverordnung) und rechtlicher Bewertung zu bewerkstelligende Errechnung der Flächenzahl in Quadratmeter.[466] Die Kenntnis von Kantenlänge bzw. Raumhöhe hat der Mieter aber nicht schon auf Grund bloßen Ansehens bei Nutzung der Mieträume[467], sondern erst durch Nachmessen.[468] Bei preisgebundenem Wohnraum ist ggf. § 8 Abs. 2 WoBindG[469] zu beachten[470]; die dortige Verjährungsfrist gilt nicht für einen Anspruch auf Rückerstattung überzahlter Miete, die auf Grund einer einseitigen Mieterhöhung gem. § 10 WoBindG verlangt wurde.[471]
– Ansprüche auf Erstattung von **Mietvorauszahlungen** gem. § 547 BGB einschließlich solcher Aufwendungsersatzansprüche, die die Parteien vertraglich wie Vorauszahlungen behandeln.[472]
– Bereicherungsansprüche wegen **verlorener Baukostenzuschüsse** oder sonstiger wertsteigernder Investitionen[473]; bei preisgebundenem Wohnraum gibt es für verlorene Zuschüsse eine besondere Regelung in § 4 Baukostenzuschussgesetz.[474]
– Zu Bereicherungsansprüchen nach **Renovierung** des Mietobjekts bzw. nach Abgeltungszahlungen auf Grund einer unwirksamen Renovierungsklausel → Rn. 49.
– Einmalige Leistungen des Mieters von **preisgebundenem Wohnraum** verjähren nach der besonderen Regelung des § 9 Abs. 7 WoBindG.[475]
– Ansprüche aus **Rechtsverhältnissen** der Parteien, die **neben dem Mietvertrag** bestehen[476] wie etwa Werklohnansprüche des Mieters für Werkleistungen an der Mietsache oder Aufwendungen, die der Mieter, der zugleich Miteigentümer des Mietobjekts ist, in seiner Eigenschaft

---

[460] → Rn. 48.
[461] BGH XII ZR 167/92, NJW-RR 1994, 379; OLG Düsseldorf ZMR 2013, 956.
[462] KG ZMR 2015, 539 für einen Fall der Doppelvermietung; MüKoBGB/*Bieber* § 548 Rn. 31 f.; *Jendrek* NZM 1998, 597.
[463] BGH VIII ZR 30/10, NZM 2011, 627, dort auch zur Verjährung von Ansprüchen aus der Zeit vor Inkrafttreten der Mietrechtsreform zum 1.9.2001; LG Dresden ZMR 2011, 465.
[464] BGH VIII ZR 30/10, NZM 2011, 627 Rn. 8; krit. dazu *Börstinghaus* NJW 2011, 3546.
[465] Siehe allg. hierzu *Bitter/Alles* NJW 2011, 2081.
[466] LG Krefeld NJW 2013, 401; *Börstinghaus* NJW 2011, 3546 und *Jacoby* INFO M 2011, 367, der zutr. darauf hinweist, dass ein Mieter zur Vermeidung des Vorwurfs der grob fahrlässigen Unkenntnis gem. § 199 Abs. 1 Nr. 2 BGB ohne Anlass nicht zu Nachforschungen gehalten ist. In BGH VIII ZR 30/10, NZM 2011, 627 Rn. 8 wird eine Kenntnis des Mieters zu einem bestimmten Zeitpunkt lapidar mitgeteilt, ohne die konkret bekannten Umstände anzugeben.
[467] So aber wohl AG Bonn 18.4.2012 – 203 C 55/11, BeckRS 2012, 9244; *Börstinghaus* NJW 2011, 3546 (diese Sicht relativierend in NZM 2012, 177 (185)); *Witt* NZM 2012, 552.
[468] LG Krefeld NJW 2013, 401; AG Koblenz WuM 2015, 443; LG München WuM 2014, 135; *Jacoby* INFO M 2011, 367; *Emmert* jurisPR-MietR 1/2013 Anm. 1 und BGH VIII ZR 44/03, NJW 2004, 2230 Rn. 19 zur vergleichbaren Problematik bei § 536b BGB.
[469] Zum eingeschränkten Anwendungs- und Geltungsbereich des WoBindG bei → BGB § 563 Rn. 10.
[470] MüKoBGB/*Bieber* § 548 Rn. 29; *Roth* PiG 83 (2008), 222.
[471] Str., vgl. OLG Hamm NZM 1998, 152, dort auch Nachweise zur Gegenmeinung.
[472] Nachweise und Einzelheiten → Rn. 50.
[473] Nachweise und Einzelheiten → Rn. 50.
[474] *Näher → BGB § 539 Rn. 23.*
[475] Textwiedergabe, landesrechtlicher Geltungsbereich und Erläuterung bei der Kommentierung zu § 547 BGB.
[476] BGH VIII ZR 233/72, NJW 1974, 743; BGH VIII ZR 286/88, NJW 1989, 2745.

als Miteigentümer gemacht hat[477]; ggf. sind verjährungsrechtliche Besonderheiten dieser Ansprüche (etwa § 634a BGB) zu beachten.

– Der Anspruch auf **Abrechnung der Betriebskosten.**[478] Wenn die Abrechnungsperiode mit dem Kalenderjahr übereinstimmt, dann hat der Vermieter die Abrechnung spätestens mit Ablauf des 31.12. des Folgejahres abzuliefern[479], so dass der Abrechnungsanspruch vorbehaltlich § 193 BGB erst am 1.1. fällig wird und die Verjährungsfrist gem. § 199 Abs. 1 BGB mit dem Schluss dieses Jahres zu laufen beginnt; faktisch beträgt die Verjährungsfrist in diesen Fällen deshalb vier Jahre.[480] Gemäß § 215 BGB ist die Geltendmachung eines Zurückbehaltungsrechts trotz eingetretener Verjährung nicht ausgeschlossen[481]; dazu müssen sich der Anspruch des Vermieters auf Betriebskostenvorauszahlungen, der allein als konnexe Forderung in Betracht kommt[482], und der Abrechnungsanspruch des Mieters in unverjährter Zeit gegenüber gestanden haben.

– Der Anspruch auf **Belegeinsicht** (einschließlich des nach Treu und Glauben in besonderen Fällen bestehenden Rechts auf Übersendung der Belege).[483] Der Anspruch auf Belegeinsicht, der sich auf §§ 259, 242 BGB gründet[484], ist dem Auskunftsanspruch verwandt, der mangels besonderer Vorschriften ebenfalls aus § 242 BGB hergeleitet wird.[485] Beides sind Hilfsansprüche, die der Vorbereitung anderer Ansprüche dienen; es handelt sich deshalb nicht um Nebenansprüche gem. § 217 BGB.[486] Der dienende Charakter des Anspruchs auf Belegeinsicht lässt es aber als angemessen erscheinen, ihn – insofern § 217 BGB ähnlich – verjährungsrechtlich wie den Hauptanspruch zu behandeln.[487] Das bedeutet, dass zwei unterschiedliche tatsächliche Situationen auseinanderzuhalten sind, nämlich die Belegeinsicht zur Überprüfung einer erteilten Abrechnung und die Belegeinsicht zur Erstellung einer Abrechnung durch den Mieter selbst, wenn der Vermieter seiner Abrechnungspflicht nicht nachgekommen ist. Hat der Vermieter eine Abrechnung erteilt, beginnt die Verjährungsfrist mit dem Schluss des Jahres (§ 199 Abs. 1 BGB) zu laufen, in dem die Abrechnung zugeht.[488] Das gilt auch, wenn die Abrechnung ganz oder teilweise formell unwirksam ist, weil auch in diesem Fall ein Recht des Mieters auf Belegeinsicht besteht. Nach Ablauf der Einwendungsfrist des § 556 Abs. 3 S. 5 BGB dürfte es auf Verjährungsfragen regelmäßig (nämlich hinsichtlich der formell wirksamen Teile; hinsichtlich der formell unwirksamen Teile läuft die Einwendungsfrist nicht) nicht mehr ankommen, da der Anspruch auf Belegeinsicht mangels der Möglichkeit, noch Einwendungen zu erheben, untergegangen ist; das gilt aber nur, soweit man annimmt, der Mieter müsse zur Wahrung der Einwendungen die Belege überprüfen[489], bzw. soweit die Einwendungsfrist schuldhaft versäumt wurde. Erteilt der Vermieter gar keine Abrechnung, beginnt die Verjährungsfrist in ähnlicher Weise zu laufen wie bei dem Anspruch auf Abrechnung der Betriebskosten (s. vorstehend), damit sich der Mieter mit Hilfe der Belege in den Stand setzen kann, ein Guthaben zu seinen Gunsten zu errechnen.

– Ansprüche auf Erstattung von **Betriebskostenguthaben** aus Betriebskostenabrechnungen.[490] Die Verjährungsfrist beginnt mit dem Ende des Jahres zu laufen, in dem die Abrechnung erteilt

---

[477] BGH VIII ZR 233/72, NJW 1974, 743.

[478] LG Neubrandenburg WuM 2007, 390; AG Berlin-Schöneberg 19.3.2009 – 109 C 527/08, BeckRS 2009, 21513; *Börstinghaus* jurisPR-MietR 19/2009 Nr. 3; *Leo/Ghassemi-Tabar* NZM 2009, 185; *Schmid* GE 2009, 298.

[479] Für die Wohnraummiete folgt das aus § 556 Abs. 3 S. 2 BGB, für andere Mietverhältnisse gilt ohne besondere Vereinbarung ebenfalls eine Frist von einem Jahr nach Ablauf des Abrechnungszeitraums (BGH XII ZR 22/07, NJW 2010, 1065).

[480] AG Berlin-Schöneberg 19.3.2009 – 109 C 527/08, BeckRS 2009, 21513; *Börstinghaus* jurisPR-MietR 19/2009 Nr. 3; *Artz* PiG 97 (2014), 78.

[481] *Schmid* WuM 2010, 339; *Schmid* GE 2012, 871.

[482] Siehe dazu BGH VIII ZR 191/05, NJW 2006, 2552.

[483] *Wolbers* NZM 2010, 844.

[484] BGH VIII ZR 78/05, NJW 2006, 1419.

[485] Staudinger/*Peters/Jacoby,* 2014, BGB Anh. § 217 Rn. 1.

[486] Für den Auskunftsanspruch: Staudinger/*Peters/Jacoby,* 2014, BGB Anh. § 217 Rn. 1; für das Bucheinsichtsrecht des Handelsvertreters: OLG Düsseldorf NJW 1965, 2352.

[487] Ähnlich für der Auskunftsanspruch Staudinger/*Peters/Jacoby,* 2014, BGB Anh. § 217 Rn. 1; *Lüneborg* NJW 2012, 2148.

[488] So auch *Both* ZMR 2021, 444 (445); dort auch zu Fragen der Verjährungskennung.

[489] Dazu → BGB § 556 Rn. 445.

[490] BGH VIII ZR 263/14, NJW 2016, 3231 Rn. 13, für den Nachforderungsanspruch des Vermieters, der sich verjährungsrechtlich aber nicht vom Erstattungsanspruch des Mieters unterscheidet; *Roth* PiG 83 (2008), 222.

wurde, da derartige Forderungen erst mit der Abrechnung fällig werden.[491] Das gilt auch dann, wenn der Vermieter erst nach Verjährung des Abrechnungsanspruchs des Mieters abrechnet, da sich der Anspruch auf Auskehrung eines Guthabens grdl. von dem nachfolgend erörterten Anspruch auf Rückzahlung der Vorauszahlungen unterscheidet.[492] Ergibt sich ein (weiterer) Anspruch auf Erstattung erst aus einer nachträglichen Korrektur einer Abrechnung zu Gunsten des Mieters, so kommt es für den Verjährungsbeginn auf den Zeitpunkt seiner Kenntnis von den Umständen an, die zu der Korrektur führen; für die Beurteilung einer grobfahrlässigen Unkenntnis gem. § 199 Abs. 1 Nr. 2 BGB kann die Pflicht zur Erhebung von Einwendungen (einschließlich der Pflicht zur Belegeinsicht) gem. § 556 Abs. 3 S. 5 BGB bedeutsam sein. Ähnliches gilt für Bereicherungsansprüche auf Erstattung ungerechtfertigter Betriebskostennachzahlungen; frühester Verjährungsbeginn ist hier allerdings der Schluss des Jahres, in dem der Mieter den Saldo der falschen Abrechnung ausgeglichen hat.[493]

– Ansprüche auf Rückzahlung von **Betriebskostenvorauszahlungen** bei Fehlen einer Abrechnung; die Verjährungsfrist beginnt mit dem rechtlichen Ende des Mietvertrages, zusätzlich muss die Abrechnungsfrist abgelaufen sein[494] (bei Wohnraummietverhältnissen die Jahresfrist aus § 556 Abs. 3 BGB, bei anderen Mietverhältnissen ist idR ebenfalls innerhalb eines Jahres nach Ablauf des Abrechnungszeitraums abzurechnen[495]). Ein Rückforderungsanspruch besteht nach der Rspr. des BGH[496] nicht, wenn der Anspruch auf Erteilung einer Nebenkostenabrechnung bei Beendigung des Mietverhältnisses bereits verjährt ist oder wenn der Mieter während dessen Dauer nicht von der – tatsächlich bestehenden – Möglichkeit Gebrauch gemacht hat, den Abrechnungsanspruch durch Geltendmachung eines Zurückbehaltungsrechts an den laufenden Vorauszahlungen durchzusetzen.
– (Bereicherungs-)Ansprüche bei **unwirksamer Betriebskostenumlagevereinbarung;** dieser Anspruch entsteht sofort mit Zahlung der vermeintlich geschuldeten Vorauszahlung.[497]
– Der Anspruch auf Rückerstattung der **Kaution** gegen den Vermieter[498] einschließlich der Anlagezinsen, bei denen es sich – anders als bei Verzugszinsen – nicht um eine Nebenleistung gem. § 217 BGB handelt.[499] Für den Verjährungsbeginn kommt es auf den Schluss des Jahres an, in dem die Fälligkeit des Kautionsrückzahlungsanspruchs eintrat.[500] Haben die Parteien einen bestimmten Fälligkeitstag (etwa den Ablauf einer bestimmten Frist nach Vertragsende) festgelegt, so kommt es für den Verjährungsbeginn auf diesen Tag an; das gilt auch dann, wenn zu Gunsten des Vermieters ein Zurückbehaltungsrecht wegen noch offener Ansprüche (etwa wegen noch nicht abgerechneter Betriebskosten) besteht oder vereinbart wurde.[501] Haben die Parteien einen bestimmten Fälligkeitstag nicht festgelegt, tritt Fälligkeit ein, wenn der Vermieter die Kaution abrechnet[502] oder wenn eine angemessene Überlegungsfrist abgelaufen ist und dem Vermieter keine Forderungen aus dem Mietverhältnis mehr zustehen, wegen derer er sich aus der Sicherheit befriedigen darf.[503] Gegenüber einem Anspruch des Mieters auf Rückzahlung einer (Bar-) Kaution kann der Vermieter unter den Voraussetzungen des § 215 BGB auch mit verjährten

---

[491] BGH VIII ZR 263/14, NJW 2016, 3231 Rn. 13; *Wiek* GuT 2003, 3; ebenso BGH VIII ZR 210/11, MDR 2012, 828 für Rückzahlungsansprüche wegen Gaspreisüberzahlungen.
[492] So überzeugend *Flatow* jurisPR-MietR 24/2017 Anm. 1; **aA** LG Berlin GE 2017, 720.
[493] *Flatow* WuM 2010, 613.
[494] KG ZMR 2010, 600; AG Peine WuM 2010, 420; AG Berlin-Charlottenburg GE 2010, 1625; LG Berlin NZM 2008, 571; *Leo/Ghassemi-Tabar* NZM 2009, 185.
[495] BGH XII ZR 22/07, NJW 2010, 1065.
[496] BGH VIII ZR 315/11, NJW 2012, 3508; **aA** für einen verjährten Abrechnungsanspruch KG ZMR 2010, 600.
[497] Blank/Börstinghaus/*Blank* BGB § 548 Rn. 51.
[498] BGH XII ZR 86/11, NJW 2012, 3633 Rn. 19; LG Berlin GE 2011, 484; AG Erfurt WuM 2010, 561; *Schmid* WuM 2010, 656; zu den Besonderheiten bei einer Kautionsbürgschaft s. *Schmid* ZMR 2014, 258.
[499] *Schmid* ZMR 2014, 257; Bub/Treier MietR-HdB/*Gramlich* Kap. VI Rn. 124; mittelbar ergibt sich das wohl auch aus den Gründen von LG Lübeck ZMR 2011, 42.
[500] BGH XII ZR 86/11, NJW 2012, 3633 Rn. 23; LG Berlin GE 2011, 484; s. eing. zu Rechtsnatur und Entstehung des Kautionsrückgewährungsanspruchs *Ludley* NZM 2013, 777.
[501] BGH XII ZR 86/11, NJW 2012, 3633 Rn. 22 für ein vereinbartes Zurückbehaltungsrecht.
[502] *BGH VIII* ZR 141/17, NJW 2019, 3371.
[503] BGH VIII ZR 263/14, NJW 2016, 3231; umf. zum Verständnis dieses Urteils *Häublein* ZMR 2017, 445; zur Fälligkeit bei den verschiedenen Kautionsarten s. *Flatow* NZM 2020, 11; zu den prozessualen Folgen s. AG Dortmund WuM 2018, 204.

Gegenansprüchen aufrechnen[504], dh, der Gegenanspruch des Vermieters darf bei Erfüllbarkeit (s. § 387 BGB) des Rückzahlungsanspruchs[505] noch nicht verjährt sein.[506] Der Schadensersatzanspruch aus §§ 241 Abs. 2, 280 Abs. 1, 823 BGB wegen Beschädigung der Mietsache ist zunächst auf Wiederherstellung gerichtet (§ 249 Abs. 1 BGB), so dass es wegen fehlender Gleichartigkeit der Ansprüche so lange an einer Aufrechnungslage fehlt, bis der Vermieter seine Ersetzungsbefugnis nach § 249 Abs. 2 S. 1 BGB ausübt und statt der Herstellung den dafür erforderlichen Geldbetrag verlangt.[507] Ähnlich ist es mit (Geld-)Ansprüchen gem. § 281 BGB, die erst nach Fristsetzung entstehen. Wurde eine dingliche Sicherheit gegeben, etwa ein Sparbuch verpfändet, gilt § 216 BGB, dh, der Vermieter kann sich auch ohne das bei § 215 notwendige Bestehen einer Aufrechnungslage in unverjährter Zeit wegen verjährter Ansprüche aus der Kaution befriedigen. Betriebskostennachforderungen sind – genauso wie die Miete (einschließlich der Betriebskostenvorauszahlungen) – wiederkehrende Leistungen iSd § 216 Abs. 3 BGB; dem Vermieter ist es deshalb nach § 216 Abs. 3 BGB verwehrt, sich wegen bereits verjährter Mieten oder Betriebskostennachforderungen aus der verpfändeten Mietsicherheit zu befriedigen.[508] Wenn der Vermieter wegen einer vom Mieter bestrittenen Forderung mit der unstreitigen Forderung auf Kautionsrückzahlung aufrechnet, kann darin ein Anerkenntnis gem. § 212 Abs. 1 Nr. 1 BGB liegen, das zu einem Neubeginn der Verjährung führt.[509] Die Regelverjährung gilt bei einem verpfändeten Kautionskonto nicht für den Anspruch auf Rückgabe des Sparbuchs gem. § 985 BGB; dieser verjährt gem. § 197 Abs. 1 Nr. 2 BGB in dreißig Jahren und das Besitzrecht des Vermieters gem. § 986 BGB erlischt mit dem Pfandrecht.[510] Allerdings gilt die Regelverjährung auch für den Anspruch des Mieters auf Freigabe der Kaution gem. §§ 1275, 409 Abs. 2 BGB[511]; ohne Freigabe kann der Mieter trotz Erlöschen des Pfandrechts faktisch nicht über das Sparbuch verfügen. Ist der Freigabeanspruch verjährt, kann der Mieter gegen den Vermieter aber noch auf Feststellung des Erlöschens des Pfandrechts klagen[512]; ein stattgebendes Urteil hat in der Praxis gegenüber der Bank eine ähnliche Wirkung wie eine Freigabeerklärung.[513] Außerdem kann er die Freigabe als Anspruch auf Aufhebung der zwischen Mieter und Vermieter hinsichtlich des Pfandes bestehenden Gemeinschaft verlangen; gem. § 758 BGB ist der Aufhebungsanspruch unverjährbar.[514] Bei einem Bereicherungsanspruch wegen zu viel geleisteter Kaution (Verstoß gegen § 551 Abs. 1 BGB) beginnt die dreijährige Regelverjährungsfrist – unabhängig von der Rechtskenntnis der Unwirksamkeit – mit dem Ende des Jahres zu laufen, in dem der das gesetzlich zulässige Maß übersteigende Betrag geleistet wurde.[515] Das bedeutet

---

504 BGH VIII ARZ 2/87, NJW 1987, 2372; eing. und instruktiv OLG Düsseldorf WuM 2002, 495; AG Montabaur ZMR 2013, 973 sowie LG Berlin GE 2013, 1340.

505 Gem. § 387 BGB kommt es für die „Passivforderung" des Mieters, gegen die der Vermieter aufrechnet, nicht auf die Fälligkeit, sondern auf die Erfüllbarkeit („bewirken") an. Der Kautionsrückzahlungsanspruch steht unter der aufschiebenden Bedingung der Beendigung des Mietvertrages (*Ludley* NZM 2013, 777 mwN). Ab dann ist Erfüllbarkeit gegeben (OLG Düsseldorf WuM 2002, 495). Fälligkeit tritt nach Ablauf der Abrechnungsfrist ein.

506 Für eine analoge Anwendung von § 216 BGB in den Fällen, in denen eine Aufrechnungslage mangels Gleichartigkeit der Forderungen nur deshalb nicht existierte, weil die Frist zur Nacherfüllung gem. § 281 BGB nicht gesetzt und abgelaufen war, *Stellwaag* ZMR 2014, 350. *Stellwaag* übersieht zunächst, dass Gleichartigkeit nicht schon mit Fristablauf entsteht, sondern erst mit dem Verlangen gem. § 281 Abs. 4 BGB. Abgesehen davon erscheint eine analoge Anwendung unzulässig, weil er die Differenzierung des Gesetzgebers zwischen der Befriedigung durch Aufrechnung und dinglichen Sicherheiten egalisiert; wer den Schutz des § 216 BGB genießen will, kann eine dingliche Sicherheit vereinbaren (etwa durch Verpfändung eines Sparguthabens). Zwar hat der BGH XI ZR 36/09, NJW 2010, 1144 eine analoge Anwendung von § 216 Abs. 2 BGB bei einem abstrakten Schuldversprechen für zulässig gehalten; durch die Anbindung an eine Grundschuld war aber eine gewisse Verdinglichung der Sicherheit gegeben. Die Mietkaution ist eher mit einer Bürgschaft vergleichbar, auf die § 216 BGB nicht analog anzuwenden ist (BGH XII ZR 63/96, NJW 1998, 981).

507 KG ZMR 2020, 394; zust. *Strake* ZMR 2021, 197 (199); **aA** wohl LG Wuppertal ZMR 2017, 60.

508 BGH VIII ZR 263/14, NJW 2016, 3231 Rn. 18.

509 BGH XII ZR 86/11, NJW 2012, 3633 Rn. 30.

510 *Streyl* WuM 2013, 107; *Schmid* ZMR 2014, 258.

511 Siehe näher *Streyl* WuM 2013, 107; *Schmid* ZMR 2014, 258; LG Oldenburg ZMR 2013, 892, das aber die nachfolgend geschilderten Möglichkeiten, die Freigabe zu erreichen, nicht erörtert.

512 Siehe näher *Streyl* WuM 2013, 107; iErg ebenso, aber ohne Begründung LG Berlin WuM 2013, 106; *Schmid* ZMR 2014, 258.

513 *Streyl* WuM 2013, 107.

514 Siehe näher *Streyl* WuM 2013, 107.

515 BGH VIII ZR 91/10, NJW 2011, 2570.

nicht, dass der Vermieter nach dem Eintritt der Verjährung, die zu viel geleistete Kaution endgültig behalten darf, sie kann aber – aus der Kautionsabrede und nicht aus Bereicherungsrecht[516] – erst mit Fälligkeit des rechtswirksam geleisteten Kautionsbetrags zurückgefordert werden.[517] Der Vermieter darf gegenüber dem unwirksam geleisteten Kautionsanteil auch mit eigenen Gegenansprüchen aufrechnen[518]; dadurch wird zwar die Unwirksamkeitsregelung des § 551 Abs. 4 BGB faktisch umgangen, das ist aber nur eine Folge des Aufrechnungsrechts gem. § 387 BGB und des Umstands, dass der Mieter den Bereicherungsanspruch hat verjähren lassen.[519] Für den Anspruch des Mieters, nach Veräußerung des Mietobjekts die Herausgabe der „Barkaution zur freien Verfügung" an den Erwerber verlangen zu können, gilt die Regelverjährungsfrist des § 195 BGB (→ BGB § 566 a Rn. 21). Der subsidiäre Haftungsanspruch gem. § 566 a S. 2 BGB gegen den Veräußerer verjährt ebenfalls innerhalb der Regelverjährungsfrist des § 195 BGB; näher – auch zum Verjährungsbeginn – → BGB § 566 a Rn. 34; zu sonstigen Ansprüchen in Zusammenhang mit der Veräußerung der Mietsache → BGB § 566 a Rn. 10, 18 ff. Zum Anspruch auf getrennte Anlage der Kaution gem. § 551 Abs. 3 BGB → Rn. 66.

– **Unterlassungsansprüche** aus § 567 S. 2 BGB[520]; § 199 Abs. 5 BGB ist zu beachten.[521]
– Zu den Ansprüchen auf **Barrierefreiheit** gem. § 554 a BGB und auf Erteilung der **Untermieterlaubnis** gem. § 553 BGB → Rn. 66.

## J. Unverjährbare Ansprüche, insbes.insbesondere Mängelbeseitigungsanspruch

66 Problematisch ist die Verjährung des Gebrauchserhaltungsanspruchs, insbes. des Anspruchs des Mieters auf Mängelbeseitigung. Wegen der Besonderheiten der Miete als Dauerschuldverhältnis und wegen der Dauerverpflichtung des Vermieters zur Gebrauchserhaltung und damit zur Mängelbeseitigung ist nach hM[522] der **Gebrauchserhaltungsanspruch unverjährbar.** Die Gegenmeinung[523] möchte hingegen auf die Verjährung der **Mängelbeseitigungsansprüche des Mieters** § 195 BGB anwenden und sie innerhalb von drei Jahren nach Ende des Jahres der Anspruchsentstehung und Kenntnis des Mieters davon verjähren lassen. Die insbes. von *Lehmann-Richter*[524] formulierte Ansicht meint, das Gebrauchserhaltungsrecht sei ein auf die Dauer des Mietverhältnisses angelegtes Stammrecht, das als solches nicht verjähren könne. Aus diesem Stammrecht erwüchsen jeweils Ansprüche auf Beseitigung eines konkreten Mangels, der dann aber, wie jeder andere Anspruch, verjähren könne. Aber auch die Annahme eines Stammrechtes, von dem sozusagen die Einzelansprüche abfallen, ist abzulehnen. Sie dürfte zum einen – ohne dass das hier vertieft werden könnte – nicht den Vorstellungen des Gesetzgebers entsprechen und allgemein unnötig sein[525]; sie passt zum anderen und entscheidend bei der Miete nicht zu dem vereinbarten Pflichtenprogramm. Bei der Annahme eines Stammrechts wird nämlich unterstellt, der Schuldner (Vermieter) müsse nicht ständig leisten, sondern sozusagen nur in der Krise, wenn ein Mangel auftritt.[526] Das geht nicht nur deswegen fehl, weil der Vermieter in nahezu jedem Mietverhältnis auch vorbeugende Pflichten zur Verhinderung von Gebrauchsbeeinträchtigungen hat (etwa Verkehrssicherungspflichten und Überwachungspflichten). Der Vermieter muss den Gebrauch vielmehr immer, zu jedem

---

[516] *Peters* NZM 2011, 803; *Schmid* WuM 2011, 500.

[517] BGH VIII ZR 91/10, NJW 2011, 2570 Rn. 19 („vor dem Rückerhalt der Wohnung nicht verpflichtet"); *Witt* NZM 2012, 552; *Schmid* WuM 2011, 500.

[518] So wohl auch *Witt* NZM 2012, 552; **aA** *Peters* NZM 2011, 803.

[519] Konsequenterweise muss man dann auch eine Pflicht zur treuhänderischen Anlage des zu viel geleisteten Kautionsteils gem. § 551 Abs. 3 S. 3 BGB annehmen; ansonsten stünde der Mieter in Bezug auf diesen Teil schlechter als bei wirksamer Vereinbarung, weil er nicht vor dem Insolvenzrisiko geschützt wäre.

[520] Palandt/*Weidenkaff* BGB § 567 Rn. 4.

[521] Siehe dazu eing. Staudinger/*Peters/Jacoby,* 2014, BGB § 199 Rn. 107 ff.

[522] BGH Xa ZR 8/08, NJW 2010, 235; eingehend *Streyl* WuM 2009, 630; *Both* GE 2009, 239; krit. zur dogmatischen Grundlage der Dauerverpflichtung, von der der BGH ausgeht, aber iErg dem BGH folgend *Eichel* NJW 2015, 3265.

[523] *Lehmann-Richter* NJW 2008, 1197; *Lehmann-Richter* NZM 2009, 764; *Feuerlein* WuM 2008, 385; *Beuermann* GE 2008, 236; *Schmid* ZMR 2009, 585; ferner AG Wetzlar WuM 2009, 172; AG Düren GE 2009, 205; AG Berlin-Mitte/LG Berlin GE 2008, 1196.

[524] *Lehmann-Richter* NJW 2008, 1197; *Lehmann-Richter* NZM 2009, 764.

[525] Siehe dazu näher Staudinger/*Peters/Jacoby,* 2014, BGB § 194 Rn. 16/17.

[526] *Lehman-Richter* NJW 2008, 1198 „Es darf nämlich nicht übersehen werden, dass sich die Erhaltungspflicht des Vermieters erst dann konkretisiert, wenn Mängel der Mietsache eintreten.".

Zeitpunkt der Vertragsdauer gewähren, auch wenn ihm dies oftmals nicht viel Aktivität abverlangen mag. Je nach Ausgestaltung und Besonderheiten des Mietvertrages kann das aber radikal anders sein. Man denke etwa an das (tatsächlich so existierende) Einkaufszentrum mit Tiefgarage, das nur deswegen unterhalb des Erdgeschosses nutzbar ist, weil der Vermieter das Grundwasser ständig abpumpt. Die Gebrauchsgewährungspflicht ist deshalb eine Dauerverpflichtung, die ständig neu entsteht[527]; zu ihr gehört nicht nur, dem Mieter den Gebrauch nicht wieder zu entziehen oder ihn darin zu stören, es ist vielmehr im Gegensatz zu einmaligen Austauschverträgen eine ständige Leistung, eine ständige Pflichtenanspannung[528] notwendig. Allein diese Sicht dürfte auch der Vorstellung der Vertragsparteien entsprechen, die von einer Aufrechterhaltung des Pflichtenprogramms während der gesamten Vertragsdauer ausgehen. Eine Verjährung von Mängelbeseitigungsansprüchen vor Vertragsende würde in diese Vereinbarungen/Vorstellungen der Parteien unzulässig eingreifen. Zwar gestaltet die Verjährung auch bei einem Kaufvertrag das vertraglich geschuldete Pflichtenprogramm für die Zukunft faktisch um, weil verjährte Ansprüche undurchsetzbar werden. Bei einem Kauf und anderen einmaligen Austauschverträgen ist aber nur zu einem bestimmten Zeitpunkt eine bestimmte vereinbarte Leistung zu erbringen; damit ist die Leistungsbeziehung beendet, alles andere ist Abwicklung bzw. Nachwirkung. Bei einem Mietverhältnis hingegen haben die Parteien die Leistung nicht nur für einen bestimmten Zeitpunkt vereinbart, sondern für einen längeren Zeitraum. Sie gehen von der Aufrechterhaltung des Pflichtenprogramms für die gesamte Vertragslaufzeit aus, nur Ansprüche aus bereits vergangenen Leistungszeitpunkten sollen verjähren können. Allein eine solche Sicht dürfte dem Parteiwillen entsprechen und dem Zweck der Verjährung gerecht werden. Beweisschwierigkeiten, denen eine Verjährung ebenfalls vorbeugen soll, treten nicht auf, weil auf die Mangelhaftigkeit gestützte Ansprüche aus der Vergangenheit (etwa auf Rückforderung überzahlten Mietzinses) verjähren können und eine aktuelle Vertragswidrigkeit (Mangelhaftigkeit) ohne Weiteres festgestellt werden kann. Zur Mängelbeseitigung gehört auch der – deshalb ebenfalls unverjährbare[529] – Anspruch des Mieters gegen den Vermieter auf Durchführung von **Schönheitsreparaturen,** sofern diese Pflicht nicht oder nicht wirksam auf den Mieter übertragen wurde. Aber nicht nur dem Mieter stehen Gebrauchserhaltungsansprüche zu, der Vermieter kann gleichfalls derartige Ansprüche haben. Das etwa dann, wenn er vom Mieter im Falle der wirksamen Abwälzung die Erfüllung der Pflicht zur Durchführung von Schönheitsreparaturen oder von **Instandsetzungsmaßnahmen** verlangen will.[530] Auch in dieser Konstellation ist der Anspruch unverjährbar, weil der Rechtscharakter einer Pflicht und damit deren Verjährbarkeit sich nicht dadurch ändert, dass sie auf einen anderen als den gesetzlich vorgesehenen Schuldner übertragen wird.[531] Mit dem **Ende des Mietvertrages** enden die Erfüllungsansprüche, grds. also auch die Ansprüche auf Mängelbeseitigung bzw. Durchführung von Schönheitsreparaturen. Für die Erfüllungsansprüche des Mieters gegen den Vermieter auf Mängelbeseitigung gilt das uneingeschränkt. Wenn allerdings der Mieter auf Grund einer wirksamen Vereinbarung die Pflicht zur Durchführung von Schönheitsreparaturen übernommen hat, ist diese Vereinbarung idR so auszulegen, dass er auch nach bzw. zum Vertragsende die fälligen Schönheitsreparaturen noch ausführen muss. Es greift dann § 548 Abs. 1 BGB, da es sich bei Vertragsende nicht mehr um eine Dauerverpflichtung handelt, sondern um Ansprüche *des Vermieters* wegen des Zustands der Mietsache, deren Verjährung in § 548 Abs. 1 BGB speziell geregelt ist (→ Rn. 19 sowie → Rn. 44 zur Behandlung der Fälle, in denen die Schönheitsreparaturen erst nach Rückgabe ausgeführt wurden). Ähnlich ist es bei **Sekundäransprüchen auf Schadensersatz** wegen Verletzung von Gebrauchserhaltungspflichten. Durch die Umwandlung der Erfüllungs- in eine Schadensersatzpflicht geht der Charakter als Dauerverpflichtung verloren und § 548 Abs. 1 BGB greift ein, soweit es um Ansprüche des Ver-

---

527 BGH VIII ZR 284/05, NZM 2006, 696; BGH IX ZR 163/02, NZM 2003, 472 (beide Urteile befassen sich nicht mit einer Verjährungsfrage, sondern damit, ob einen Erwerber gem. § 566 BGB bzw. einen Insolvenzverwalter die Pflicht zur Beseitigung von Mängeln trifft, die bereits vor ihrer Rechtszuständigkeit entstanden waren; krit. zur Übertragbarkeit dieser Rspr. auf die Verjährungsproblematik *Lehmann-Richter* NJW 2008, 1198 (1199) und *Lehmann-Richter* NZM 2009, 766); AG Berlin-Tiergarten WuM 2009, 453; *Both* GE 2009, 239; krit. zur Annahme einer Dauerverpflichtung *Eichel* NJW 2015, 3265.

528 *Weller* JZ 2012, 882.

529 *Schmid* WuM 2010, 655.

530 Ebenso *Schmid* WuM 2010, 655.

531 Durch die Überwälzung änderte sich unter dem unreformierten Schuldrecht auch nicht der Charakter als Hauptleistungspflicht (BGH VIII ZR 51/75, NJW 1977, 36). Ebenfalls für einen Gleichlauf beider Konstellationen Staudinger/*Emmerich* BGB § 548 Rn. 10a, der allerdings von einer Verjährbarkeit gem. §§ 195, 199 BGB ausgeht.

mieters wegen des Zustands der Mietsache geht; für Sekundäransprüche des Mieters gem. § 536 a Abs. 1 BGB wegen Verletzung der Gebrauchserhaltungspflicht gilt § 548 Abs. 2 BGB hingegen grds. nicht, es sei denn, es wird im Wege des Schadensersatzes Aufwendungsersatz begeht (Einzelheiten → Rn. 48). Die **Duldungspflicht des Mieters** gem. § 555 a Abs. 1 BGB in Bezug auf Erhaltungs- und Instandsetzungsmaßnahmen korrespondiert mit der Mängelbeseitigungspflicht des Vermieters; sie stellt deshalb ebenfalls eine unverjährbare Dauerpflicht dar.[532] Gleiches gilt für andere Duldungspflichten, etwa gem. § 555 d Abs. 1 BGB, § 4 HeizkostenV.[533] **Weitere unverjährbare Dauerpflichten** sind Verkehrssicherungspflichten[534], der Anspruch auf Barrierefreiheit gem. § 554 a BGB[535], der Anspruch auf Zustimmung zur Untervermietung gem. § 553 BGB[536], der Anspruch auf getrennte Anlage der Kaution gem. § 551 Abs. 3 BGB.[537] **Gestaltungsrechte** wie Kündigung oder auch bestimmte Mieterhöhungsverlangen (§§ 557 b Abs. 3, 559, 560 Abs. 1, 4 BGB) sind keine Ansprüche und unterliegen damit gem. § 194 Abs. 1 BGB nicht der Verjährung. Der Mieterhöhungsanspruch gem. § 558 BGB ist ein sog. verhaltener Anspruch, der nicht schon mit der Veränderung des Mietzinsniveaus entsteht, sondern erst mit der Geltendmachung gem. § 558 a BGB[538], so dass eine Verjährung praktisch nicht in Betracht kommt. Zu **Unterlassungsansprüchen gem. § 541 BGB** → Rn. 64. Zum Anspruch des Mieters auf **Freigabe eines verpfändeten Kautionskontos** → Rn. 65.

## K. Beweislast

67 Die Verjährung muss nach den allgemeinen Grundsätzen derjenige beweisen, der sich darauf beruft, also regelmäßig der Mieter.[539] Hemmungstatbestände uÄ hat hingegen der Vermieter zu beweisen.

---

532 *Schmid* WuM 2010, 655.

533 *Schmid* WuM 2010, 655; **aA** *Lehmann-Richter* WuM 2017, 2, der den durch Ankündigung konkretisierten Duldungsanspruch für verjährbar hält.

534 *Schmid* WuM 2010, 655.

535 *Schmid* WuM 2010, 656; **aA** *Lehmann-Richter* NZM 2009, 766.

536 *Schmid* WuM 2010, 656; **aA** *Lehmann-Richter* NZM 2009, 766. § 540 BGB gewährt – anders als § 553 BGB – keinen Anspruch auf Zustimmung zur Untermiete, sondern ein Kündigungsrecht, das als Gestaltungsrecht gem. § 194 Abs. 1 BGB nicht der Verjährung unterliegt.

537 *Schmid* ZMR 2014, 257; *Schmid* WuM 2010, 656. Die Ansprüche des Vermieters auf Leistung und des *Mieters auf Rückerstattung* der Kaution unterliegen hingegen der Regelverjährung; dazu → Rn. 64 und → Rn. 65.

538 *Schmid* WuM 2010, 656.

539 MüKoBGB/*Bieber* § 548 Rn. 30.

## Untertitel 2. Mietverhältnisse über Wohnraum

## Kapitel 1. Allgemeine Vorschriften

### § 549 Auf Wohnraummietverhältnisse anwendbare Vorschriften

**(1) Für Mietverhältnisse über Wohnraum gelten die §§ 535 bis 548, soweit sich nicht aus den §§ 549 bis 577 a etwas anderes ergibt.**

**(2) Die Vorschriften über die Miethöhe bei Mietbeginn in Gebieten mit angespannten Wohnungsmärkten (§§ 556 d bis 556 g), über die Mieterhöhung (§§ 557 bis 561) und über den Mieterschutz bei Beendigung des Mietverhältnisses sowie bei der Begründung von Wohnungseigentum (§ 568 Abs. 2, §§ 573, 573 a, 573 d Abs. 1, §§ 574 bis 575, 575 a Abs. 1 und §§ 577, 577 a) gelten nicht für Mietverhältnisse über**

**1. Wohnraum, der nur zum vorübergehenden Gebrauch vermietet ist,**

**2. Wohnraum, der Teil der vom Vermieter selbst bewohnten Wohnung ist und den der Vermieter überwiegend mit Einrichtungsgegenständen auszustatten hat, sofern der Wohnraum dem Mieter nicht zum dauernden Gebrauch mit seiner Familie oder mit Personen überlassen ist, mit denen er einen auf Dauer angelegten gemeinsamen Haushalt führt,**

**3. Wohnraum, den eine juristische Person des öffentlichen Rechts oder ein anerkannter privater Träger der Wohlfahrtspflege angemietet hat, um ihn Personen mit dringendem Wohnungsbedarf zu überlassen, wenn sie den Mieter bei Vertragsschluss auf die Zweckbestimmung des Wohnraums und die Ausnahme von den genannten Vorschriften hingewiesen hat.**

**(3) Für Wohnraum in einem Studenten- oder Jugendwohnheim gelten die §§ 556 d bis 561 sowie die §§ 573, 573 a, 573 d Abs. 1 und §§ 575, 575 a Abs. 1, §§ 577, 577 a nicht.**

#### Systematische Übersicht



#### Alphabetische Schnellübersicht

## A. Allgemeines

1 § 549 BGB ist die Eingangsvorschrift in das Recht der Wohnraummiete. Ihr **Zweck** ist es, den Anwendungsbereich der §§ 550–577a BGB zu bestimmen. § 549 Abs. 1 BGB ordnet die Anwendung dieser Vorschriften an, § 549 Abs. 2, 3 BGB enthält hierzu Ausnahmeregelungen. Parallelvorschrift für Mietverhältnisse über Grundstücke und andere Räume ist § 578 BGB.

2 § 549 BGB stammt aus der **Mietrechtsreform 2001;** er wurde durch das MietNovG 2015 ergänzt. Abs. 1 ist ohne konkretes historisches Pendant im BGB. Bis zur Mietrechtsreform 2001 waren nämlich die wohnraumspezifischen Regelungen im BGB in der jeweiligen Norm als solche benannt (etwa § 564a BGB aF), während § 10 Abs. 3 MHG mit einer ähnlichen Technik arbeitete wie § 549 Abs. 1 BGB. **Vorläufernormen** von § 549 Abs. 2, 3 BGB waren – inhaltlich indes nicht vollständig deckungsgleich – § 564b Abs. 7 Nr. 1, 2, 3, 5 BGB aF sowie § 10 Abs. 3 Nr. 3–4 MHG. Deren Wurzeln reichen wiederum über das 1. WKSchG 1971 bis zu § 25 Mieterschutzgesetz 1923 zurück. § 564b Abs. 7 Nr. 4 BGB aF nahm – anders als das geltende Recht – auch Wohnraum in Ferienhäusern ausdrücklich vom Anwendungsbereich des sozialen Mietrechts aus. Der **intertemporale Anwendungsbereich** der Vorschriften des Untertitels 2 ist normbezogen zu ermitteln; insoweit wird auf die jeweiligen Einzelkommentierungen verwiesen.

3 Die Aufteilung der Mietverträge mit reduziertem Mieterschutz in zwei Absätze beruht auf einem **unterschiedlichen Schutzniveau:** Der Mieter von Räumen in einem Wohneim iSd § 549 Abs. 3 BGB kann sich auf die sog. Sozialklausel (§§ 574ff. BGB) berufen, der Mieter von Wohnräumen iSd § 549 Abs. 3 BGB nicht. Im übrigen sind die auf Mietverträge nach § 549 Abs. 2, 3 BGB anwendbaren Vorschriften identisch.

4 Die Parteien können die **Anwendung** der **§§ 549ff. BGB** auf ein Mietverhältnis, dass nicht unter § 549 Abs. 1 BGB fällt, **vereinbaren.** Die Bezeichnung des Vertrags als „Wohnraummietvertrag" reicht dafür alleine aber nicht aus; werden einzelne Regeln des sozialen Wohnraummietrechts vereinbart, führt dies nicht per se dazu, dass auf den Vertrag sämtliche (anderen) dieser Regelungen Anwendung finden.[1]

## B. Mietverhältnisse über Wohnraum (Abs. 1)

5 § 549 Abs. 1 BGB ordnet an, dass auf Mietverhältnisse über Wohnraum die §§ 549–§ 577a BGB, ergänzend die §§ 545–548 BGB, anwendbar sind.

### I. Wohnraum

6 Eine **Legaldefinition** des Begriffes „Wohnraum" gibt § 549 Abs. 1 BGB nicht; er **fehlt** auch im übrigen BGB. Der BGH versteht unter einer Wohnung einen selbständigen, räumlich und wirtschaftlich abgegrenzten Bereich, der eine eigenständige Haushaltsführung ermöglicht.[2] Diese zu § 573a Abs. 1 BGB entwickelte Definition gilt bei § 549 Abs. 1 BGB nicht. Dies zeigt zunächst der Wortlaut, da § 549 Abs. 1 BGB keine Wohnung, sondern (lediglich) Wohnraum verlangt.[3] Vor allem streitet aber der Zweck der Sonderregelungen des Untertitels 2 gegen eine derart einengende Interpretation. Diese Vorschriften enthalten das sog. soziale Mietrecht. Sie haben den Zweck, die Deckung des Wohnbedarfs des Mieters abzusichern. Hierfür ist es aber unerheblich, ob eine Wohnung vermietet ist, die eine eigenständige Haushaltsführung ermöglicht, also etwa auch Vorrichtungen für die Zubereitung von Speisen, das Waschen der Wäsche sowie die Körperpflege bereit hält. Ausreichend ist es vielmehr, dass die Räume dem Mieter Obdach gewähren. Wohnraum ist daher jeder Raum, der dazu bestimmt ist, einen nicht nur flüchtigen **Aufenthalt unter Einbezie-**

[1] BGH VIII ZR 66/19, NZM 2021, 218.
[2] BGH VIII ZR 90/10, NZM 2011, 71 Rn. 8.
[3] Eine entsprechende Unterscheidung findet sich bereits in § 4 Wohnungsmangelgesetz (RGBl. 1923 I 754).

**hung des Übernachtens** zu ermöglichen. Wohnraum ist daher etwa auch ein Zimmer ohne Kochmöglichkeit, zB ein Hotelzimmer. Auch die Innenbereiche beweglicher Sachen können Wohnraum sein, etwa Wohnwagen, Hausboote, Wohncontainer oder Gartenhäuser. Bei solchen und anderen Wohnräumen kann sich der Ausschluss aus dem Anwendungsbereich des sozialen Mietrechts indes nach § 549 Abs. 2 BGB ergeben.

### II. Vermietung zu Wohnzwecken

Für § 549 Abs. 1 BGB reicht es nicht aus, dass aus objektiver Sicht Wohnräume vermietet sind. Die diesbezügliche Nutzung muss vielmehr auch vertraglich vereinbart sein. Daher ist § 549 Abs. 1 BGB nicht einschlägig, wenn der Mieter die Räume entgegen dem Vertrag **zweckentfremdet** und eigenmächtig zu Wohnzwecken nutzt.[4] 7

Problematisch sind Konstellationen, in denen objektiv zum Wohnen gewidmete Räume zu dem Zweck vermietet werden, dass der Mieter die Räume Dritten zum Wohnen zur Verfügung stellt **(„Weiterüberlassungsfälle“)**, sei es durch Weitervermietung oder durch andere Formen der Gebrauchsüberlassung. § 549 Abs. 2 Nr. 3 BGB regelt diese Fälle nicht; die Norm nimmt nur das Mietverhältnis mit dem Dritten im bestimmten Umfang vom Schutz des sozialen Mietrechts aus. Auch § 565 BGB verhält sich nicht zur Qualifikation des „Hauptmietvertrags“, sondern regelt das Problem des Übergangs des Vertrags des Dritten, wenn der „Hauptmietvertrag“ endet. Aus § 578 Abs. 3 BGB folgt allerdings, dass der „Hauptmietvertrag“ in den „Weiterüberlassungsfällen“ kein Vertrag über Wohnraum iSd § 549 Abs. 1 BGB ist. Denn der dort für bestimmte „Hauptmietverträge“ angeordneten Geltung des sozialen Mietrechts bedürfte es nicht, wenn die „Weiterüberlassungsfälle“ bereits von § 549 Abs. 1 BGB erfasst wären. Der gesetzgeberische Schnellschuss des § 578 Abs. 3 BGB[5] steht daher der Sichtweise entgegen, dass es sich in den „Weiterüberlassungsfällen“ um Wohnraummietverträge handelt.[6] **§ 578 Abs. 3 BGB** spricht daher auch gegen die teilweise in der Judikatur vertretene Ansicht, dass der Mietvertrag mit einer GbR, deren Gesellschafter in den Räumen wohnen wollen, unter § 549 Abs. 1 BGB fallen kann.[7] Denn § 578 Abs. 3 BGB stellt nicht auf eine Weitervermietung ab, sondern lässt die bloße Überlassung genügen. Die Vorschrift bestätigt mithin die Rspr. des **BGH,** dass es sich um einen Wohnraummietvertrag nur handelt, wenn die Räume dem Mieter vertragsgemäß zur Befriedigung seiner eigenen Wohnbedürfnisse und/oder der Wohnbedürfnisse seiner Familie dienen sollen.[8] Die Einordnung als Wohnraummietvertrag scheidet daher auch dann aus, wenn keine Weitervermietung erfolgt, sondern sich die Gebrauchsüberlassung als Gefälligkeit darstellt oder Teil der Erfüllung arbeits- oder familienrechtlicher Pflichten ist.[9] Zur Vereinbarung der Anwendung des sozialen Wohnraummietrechts in den „Weiterüberlassungsfällen“ → Rn. 4. 8

Eine Sonderform der „Weiterüberlassungsfälle“ ist der Mietvertrag über Wohnraum mit **Drittbegünstigung auf Mieterseite** nach **§ 328 BGB.**[10] Denn der Dritte übt hier als Inhaber des Anspruchs aus § 535 Abs. 1 BGB vertragsgemäß den Wohngebrauch aus, weshalb es sich um ein Wohnraummietverhältnis handelt.[11] Die Tatsache, dass der Mieter nicht selbst wohnen möchte, ist in dieser Konstellation mithin unbeachtlich, weil das diesbezügliche Nutzungsrecht des Mieters aus dem Vertrag zugunsten des Dritten abgespaltet wird. Ob die Parteien einen Mietvertrag nach § 328 BGB oder einen Mietvertrag mit Weiterüberlassungserlaubnis geschlossen haben, ist eine Frage der Vereinbarung im Einzelfall. Erforderlich ist für § 328 BGB vor allem zumindest die Bestimmbarkeit des Dritten, weshalb hier Konstellationen ausscheiden, in denen Wohnräume zur gewerblichen Weitervermietung an unbestimmte Personen vermietet werden. Ein Vertrag zugunsten Dritter kommt aber bei Anmietung zugunsten von Familienangehörigen oder Arbeitnehmern in Betracht. 9

---

4 Etwa OLG Celle ZMR 1999, 470.

5 Eingefügt in das MietAnpG 2019 durch den Rechtsausschuss (BT-Drs. 19/6153, 22).

6 Vgl. *Häublein* FS Börstinghaus, 2020, 211 (213).

7 KG ZMR 2020, 102; aA für Personenhandelsgesellschaften BGH VIII ZR 66/19, NZM 2021, 218 Rn. 25.

8 BGH VIII ZR 66/19, NZM 2021, 218 Rn. 25; BGH XII ZR 125/18, NJW 2020, 331 Rn. 20ff. mwN.

9 So zur Anmietung zwecks Überlassung an Betriebsangehörige LG Hamburg ZMR 1992, 343; **aA** LG Hamburg WuM 1986, 317.

10 Ausf. zum Folgenden *Lehmann-Richter* ZMR 2010, 813; *Beckhaus,* Die Rechtslage bei nicht selbst nutzenden Wohnraummietern, 2020, S. 162ff.

11 *Lehmann-Richter* ZMR 2010, 813; *Beckhaus,* Die Rechtslage bei nicht selbst nutzenden Wohnraummietern, 2020, S. 286.

Hier bestehen indes im Einzelfall erhebliche Abgrenzungsprobleme zwischen einem Vertrag nach § 328 BGB und einem „regulären" Mietvertrag mit Weiterüberlassungserlaubnis. Diese sind im Zweifel zugunsten von § 328 BGB zu lösen, weil die Vorschrift gerade der Bewältigung des beschriebenen Problems dient.[12]

### III. Gemischtes Wohnraummietverhältnis

10 Von einem gemischten Vertrag wird allgemein gesprochen, wenn die Parteivereinbarung verschiedene **Vertragstypen** miteinander **kombiniert.** Das Phänomen der gemischten Wohnraummiete kann dabei in **drei Formen auftreten:** In der Mischung der Vermietung von Wohnraum mit den Elementen eines anderen Vertragstyps („externe Mischung") und in der Mischung von Elementen der Wohnraummiete mit der Miete anderer Sachen („interne Mischung"). Zuletzt ist eine Verbindung dieser beiden Formen denkbar.

#### 1. Mischung von Miete und einem anderen Vertragstyp

11 Die „externe" Mischform ist kein Problem von § 549 Abs. 1 BGB. Denn diese Vorschrift bestimmt nur den mietrechtsinternen Anwendungsbereich, während es bei der Mischung zwischen Miete und einem anderen Vertragstyp um die vorgelagerte Frage geht, ob und in welchem Umfang Mietrecht überhaupt zur Anwendung kommt. Hier ist phänomenologisch danach zu unterscheiden, ob der „Vermieter" oder der „Mieter" auch eine vermeintlich mietrechtsatypische Leistung schuldet. Nicht zu einer Mischform führen die Nebenleistungs- und Rücksichtspflichten der Parteien, etwa die Pflicht des Mieters zur Anzeige von Mängeln (§ 536c Abs. 1 BGB) oder zur Duldung von Erhaltungsmaßnahmen (§ 555a Abs. 1 BGB). Denn diese stehen nicht im Gegenseitigkeitsverhältnis.

12 **a) Einheitlicher Vertrag.** Ein gemischtes Wohnraummietverhältnis setzt voraus, dass die mietrechtsatypische Leistung und die Gebrauchsüberlassung Teil eines Vertrags sind.[13] Daran fehlt es, wenn die mietrechtsatypische Leistung Bestandteil eines neben den Mietvertrag tretenden, **eigenständigen Vertrags** ist. Dies ist etwa bei der sog. **Werkmietwohnung** iSd § 576 BGB der Fall[14], weil die Norm neben der Vermietung auch das Bestehen eines Dienstverhältnisses voraussetzt. In diesen Fällen unterliegen die mietrechtsatypische Leistung und ihre Gegenleistung den Regeln des „anderen" Vertragstyps, im Beispiel des § 576 BGB also dem Dienstvertragsrecht.

13 Ob die Parteien ihre Rechtsbeziehungen in **zwei Verträge** aufgeteilt haben – die ggf., wie bei der Werkmietwohnung, über die Geschäftsgrundlage miteinander verknüpft sind[15] – ist eine **Frage** der Umstände des **Einzelfalls.** Erforderlich sind zwei Leistungen und zwei Gegenleistungen und damit Merkmale, die in der Summe nicht unter § 535 BGB subsumierbar sind. Keine Schwierigkeiten bereiten Konstellationen, in denen diese Zuwendungsverhältnisse offen vereinbart werden: Wenn etwa der Wohnungsnutzer dem Wohnungsüberlasser eine Geldleistung verspricht und umgekehrt dieser jenem ebenfalls für die Leistung von Diensten, sind zwei Verträge die zwingende Folge.

**Beispiel:** A überlässt B eine Wohnung gegen Zahlung von 1.000 EUR/Monat und stellt B gegen ein Entgelt von 4.000 EUR/Monat als Schlosser ein.

14 Ein **Abgrenzungsproblem** ergibt sich hingegen, wenn lediglich drei Leistungsflüsse vereinbart werden. Hier kommt in Betracht, dass hinter diesen drei Zuwendungsverhältnissen vier auf zwei getrennten Verträgen beruhende Leistungspflichten liegen, von denen eine im Wege der Verrechnung erfüllt wird und auf diese Weise verschleiert wird.

**Beispiel:** A überlässt B eine Wohnung, B verspricht Zahlung von 100 EUR/Monat und Hausmeisterleistungen.

Hier ist etwa denkbar, dass die Parteien zwei Verträge geschlossen haben, nämlich einen Mietvertrag und einen Dienstvertrag und gleichzeitig vereinbart haben, dass die Zahlungsverpflichtungen aus beiden Verträgen verrechnet werden und diese Verrechnung einen Saldo zu Lasten des B

---

[12] Näher *Lehmann-Richter* ZMR 2010, 813.
[13] Zum Folgenden bereits *Lehmann-Richter* FS Börstinghaus, 2020, 305.
[14] BAG ZMR 2000, 361.
[15] Etwa *Gernhuber,* Das Schuldverhältnis, 1989, § 7 V 7 Fn. 143.

von 100 Euro/Monat ergeben hat. Für die Feststellung einer solchen Parteiabrede bedarf es allerdings besonderer Anhaltspunkte im Tatsächlichen, aus denen sich die Verschleierung des vierten Leistungsversprechens (im Beispiel: Entgelt für die Dienste) ergibt. Fehlt es an solchen Anhaltspunkten, sind nur die offengelegten Leistungsflüsse als Leistungspflichten zu qualifizieren mit der Folge, dass nur ein Vertrag geschlossen wurde, weil es an der für zwei Verträge notwendigen vierten Leistungspflicht fehlt. In Konstellationen, in denen nur eine Partei eine hybride Leistung erbringt (dazu → Rn. 18 f.) liegt daher regelmäßig nur ein Vertrag vor.

**b) Nichtmonetärer Miete.** Der Mieter hat seine Gegenleistung nach dem Gesetz nicht in einer bestimmten Art und Weise zu erbringen.[16] Es gibt daher bei **formaler Betrachtung keine mietrechtsatypische Gegenleistung** des **Mieters.** Als atypisch kann man aber eine nichtmonetäre Miete dennoch insofern bezeichnen, weil die Geldmiete das Regelungsvorbild des Wohnraummietrechts ist. Bei der Ermittlung des anwendbaren Rechts sind zwei Fallgruppen zu unterscheiden, die rein nichtmonetäre Gegenleistung und die hybride Miete[17]: 15

Verspricht der Wohnraumnutzer für die Gebrauchsüberlassung eine **rein nichtmonetäre Gegenleistung,** liegt ein **gemischter Vertrag** vor (Beispiel: Wohnraumüberlassung gegen Hausmeistertätigkeit). Hier kommt es also zu einer Kollision zwischen Miet- und Werk- bzw. Dienstvertragsrecht. Zur Lösung dieser Kollision sind in der Lit. zum gemischten Vertrag vor allem die Absorptionsmethode (Anwendung des Rechts des dominierenden Vertragstyps) und die Kombinationsmethode (Anwendung des Rechts des Vertragstyps, dem die konkrete Pflicht zuzuordnen ist) entwickelt worden.[18] Bei dem hier vorliegenden doppeltypischen Vertrag wird überwiegend vertreten, entsprechend der Kombinationsmethode das Gesetz anzuwenden, dass die in Rede stehende Leistung vertragstypisch regelt.[19] Das überzeugt, weil das spezifische Recht größere Gewähr einer interessengerechten Lösung bietet. Störungen der Gebrauchsüberlassungspflicht sind daher grds. nach Mietrecht, Störungen der nichtmonetären Gegenleistung hingegen nach ihrem Vertragsrecht, typischerweise Werk- oder Dienstvertragsrecht, zu behandeln. Das Kündigungsrecht unterliegt hingegen insgesamt entweder Mietrecht oder dem Vertragsrecht der nichtmonetären Gegenleistung; maßgeblich ist, ob Gebrauchsüberlassung oder Gegenleistung den Vertrag dominieren.[20] Dies ist eine Frage der Umstände des Einzelfalls. Typischerweise wird aber der Schwerpunkt in der Miete liegen, weil der Wohnungsnutzer zwecks Bestreitens seines Lebensunterhalts seine Arbeitskraft noch anderweitig einsetzen muss, seine Leistung also keine stark prägende Wirkung hat und der Wohnungsüberlasser eine atypische Entlohnung gewählt hat, was wiederum die prägende Wirkung der Gebrauchsüberlassung verdeutlicht.[21] 16

Ein anderer Fall ist die Vereinbarung einer **hybriden Miete:** Bei dieser verspricht der Nutzer die Zahlung von Geld und daneben noch eine Sachleistung (Beispiel: Wohnraumüberlassung gegen Hausmeistertätigkeit und Geldzahlung oder gegen Geldzahlung und Ausführung von Schönheitsreparaturen). Um einen gemischten Vertrag handelt es sich hier nur, wenn die Sachleistung im Wesentlichen gleichberechtigt neben der Gebrauchsüberlassung steht. Das ist typischerweise nicht der Fall, weil die „Aufstockung" durch den Geldbetrag gerade dazu dient, die Ungleichheit auszugleichen. Deshalb handelt es sich bei der hybriden Miete regelmäßig um einen **Mietvertrag:** Denn bereits bei formaler Qualifizierung fällt der Vertrag nur unter § 535 BGB und es fehlt an materiellen Kriterien, die eine Modifikation dieses Ergebnisses rechtfertigen. Die Anwendung des auf die Geldmiete zugeschnittenen gesetzlichen Regelungen ist durch Bildung einer fiktiven Gesamtgeldmiete zu ermöglichen.[22] 17

**c) Hybride Leistung des Wohnraumüberlassers.** Verspricht der Wohnraumüberlasser **neben** der **Gebrauchsüberlassung auch** eine **Zahlung** als Gegenleistung für eine Sachleistung des Nutzers (Beispiel: Arbeitstätigkeit gegen Wohnungsüberlassung und Arbeitslohn in Geld), so sind bei formaler Betrachtung nur die Kennzeichnungen des Vertragstyps der Sachleistung des Nutzers, nicht hingegen des § 535 BGB erfüllt.[23] Um einen gemischten Vertrag handelt es sich hier nur, wenn die Sachleistung im Wesentlichen gleichberechtigt neben der Gebrauchsüberlassung steht. 18

---

[16] Etwa BGH XII ZR 68/01, NJW 2002, 3322.
[17] Ausf. *Lehmann-Richter* FS Börstinghaus, 2020, 305.
[18] Siehe etwa *Larenz/Canaris* SchuldR BT II § 63 I 3.
[19] *Gernhuber,* Das Schuldverhältnis, 1989, § 7 V 7.
[20] BAGE 21, 340.
[21] *Lehmann-Richter* FS Börstinghaus, 2020, 305 (315).
[22] Ausf. *Lehmann-Richter* FS Börstinghaus, 2020, 305 (308, 311 f.).
[23] *Lehmann-Richter* FS Börstinghaus, 2020, 305 (309).

Das ist typischerweise nicht der Fall, weil die „Aufstockung" durch den Geldbetrag gerade dazu dient, die Ungleichheit auszugleichen. Deshalb handelt es sich bei der hybriden Leistung des Wohnungsüberlasser regelmäßig um einen **Dienst- oder Werkvertrag.** Inwieweit auf diesen Vertrag Mietrecht analog anzuwenden ist, wird nicht einheitlich beurteilt.[24] Richtigerweise ist die Frage normbezogen zu beantworten und damit Gegenstand der jeweiligen Einzelkommentierung der §§ 550ff. BGB. Für die Beendigung des Vertrags hält **§ 576b BGB** eine Sonderregelung bereit.

19 Eine andere Konstellation liegt vor, wenn der Wohnraumüberlasser **neben** der **Gebrauchsüberlassung zu anderen, mietvertragsatypischen Sachleistungen** verpflichtet ist. Hier handelt es sich um einen Mietvertrag, wenn die anderen Sachleistungen nur dazu dienen, den versprochenen Gebrauch zu gewähren. So liegen die Dinge, wenn der Vermieter vertragsgemäß Leistungen zur Bewirtschaftung der Mietsache erbringt, insbes. Betriebskostenleistungen. Denn diese haben keine selbständige Funktion, sondern sind Teil der Gebrauchsüberlassung. Liegt hingegen eine selbständige andere Sachleistung vor, ist mit Blick auf die Gegenleistung des Wohnraumnutzers zu differenzieren: Besteht diese in Geld, erfüllt der Vertrag bei formaler Betrachtung die Kennzeichnungen keines gesetzlich geregelten Vertragstyps. Paradebeispiel ist der Hotelaufnahmevertrag. Denn die Zahlung eines Geldbetrags gegen Gebrauchsüberlassung und Dienstleistungen lässt sich weder unter § 535 BGB noch etwa unter § 433, § 611 BGB oder § 631 BGB subsumieren. Es handelt sich daher um einen sog. Typenkombinationsvertrag, bei dem sich das anwendbare Recht richtigerweise grds. nach der sog. Kombinationsmethode (→ Rn. 15) bestimmt, im Kollisionsfall – insbes. bei der Vertragsbeendigung – hingegen nach der Absorptionsmethode (→ Rn. 15).[25]

20 Eine wiederum andere, indes sehr atypische Fallgruppe ist einschlägig, wenn der **Wohnraumnutzer keine Geldleistung** zu erbringen hat (Beispiel: Beratungstätigkeit des Wohnraumnutzers gegen Kost und Logis). Dieser Vertrag erfüllt bei formaler Betrachtung die Kennzeichnung des Dienst- oder Werkvertragsrechts, weil die Gegenleistung bei diesen Vertragstypen nicht zwingend in Geld zu erfolgen hat.[26] Für die Bestimmung des anwendbaren Rechts gelten daher dieselben Grundsätze wie bei der Kombination von Geldleistung und Gebrauchsüberlassung (→ Rn. 17).

### 2. Mischung von Wohnraum- und sonstiger Miete

21 Nun zum **„mietinternen" Mischvertrag,** der auftaucht, wenn Wohnräume in einem Vertrag gemeinsam mit anderen Sachen – typischerweise Räumen oder Grundstücksflächen – zum Gebrauch überlassen werden. Dieses Problem fällt unter § 549 Abs. 1 BGB, weil sich die Frage stellt, inwieweit der Anwendungsbefehl dieser Norm für solche Mischverträge gilt.

22 **a) Einheitlicher Vertrag.** Ausgangspunkt ist auch hier die Frage, ob die Vermietung durch **einen oder** durch **getrennte Verträge** erfolgte. Denn werden Wohn- und andere Räume oder Flächen durch unterschiedliche Verträge vermietet, ist nur der eine Vertrag nach Wohnraummietrecht zu beurteilen. Ob ein Vertrag vorliegt, bestimmt sich nach den Umständen des Einzelfalls. Bei einer einheitlichen Urkunde ist regelmäßig von einem Vertrag auszugehen.[27] Die Vermietung durch unterschiedliche Urkunden spricht zwar nicht entscheidend gegen einen einheitlichen Vertrag, weil auch bei unterschiedlichen Vertragsurkunden der Wille der Parteien dazu führen kann, dass beide Urkunden eine rechtliche Einheit bilden.[28] Indes streitet nach der Rspr. in diesem Fall eine tatsächliche Vermutung für die rechtliche Selbständigkeit der jeweiligen Vereinbarungen.[29]

23 Bei der Anmietung von **Wohnung** und **Garage** ist diese Vermutung nach der Rspr. im Regelfall widerlegt, wenn Wohnung und Garage auf demselben Grundstück liegen.[30] Dies gilt auch dann, wenn die Garage – gleiches muss für andere Nebenflächen gelten – erst Jahre später hinzugemietet wird. Dies wird mit der „dienenden" Funktion der **Nebenfläche** – neben den Garagen kann es etwa auch um Nebenzimmer[31] oder Gartenteile gehen – begründet, die der Mieter nur deshalb nutzen möchte, weil er im Haus wohnt. Getrennte Verträge kommen danach nur zustande,

---

[24] Für die Anwendung von § 536a BGB etwa ArbG Mönchengladbach ZMR 2017, 253; restriktiver hingegen BAGE 124, 92; WuM 1993, 353.

[25] *Larenz/Canaris* SchuldR BT II § 63 I 3b; MüKoBGB/*Häublein* Vor § 535 Rn. 33.

[26] *Lehmann-Richter* FS Börstinghaus, 2020, 305 (309).

[27] Etwa LG Baden-Baden WuM 1991, 34.

[28] Zwingende Voraussetzung ist indes, dass Vermieter von Wohnung und Nebenfläche identisch sind, BayObLG WuM 1991, 78.

[29] BGH VIII ZR 251/10, NJW 2012, 224 Rn. 13.

[30] BGH VIII ZR 251/10, NJW 2012, 224 (Ls. 2).

[31] LG München WuM 1998, 379 (Mansardenzimmer).

wenn ein entsprechender Parteiwille hinreichend deutlich erkennbar geworden ist. Dies kann etwa bei Vereinbarung unterschiedlicher Kündigungsregelungen der Fall sein.[32] Auch in hinreichend transparenten Vermieter-AGB kann die Trennung beider Verträge wirksam vereinbart werden.[33] Die AGB ist mangels Abweichung vom Gesetz nämlich nach § 307 Abs. 3 BGB nicht inhaltskontrollfähig.[34]

Auf die Vermietung von **Wohn- und Geschäftsräumen** in unterschiedlichen Urkunden sind diese Grundsätze nicht übertragbar. Dies folgt aus den unterschiedlichen Parteiinteressen: Im Gegensatz zu Nebenflächen hat die Nutzung von Geschäftsräumen keine der Wohnraumnutzung „dienende" Funktion. Deshalb lässt sich nicht behaupten, der Mieter habe an der Nutzung der Geschäftsräume nur deshalb ein Interesse, weil er gleichzeitig auf dem Grundstück wohnt. Werden Wohn- und Geschäftsräume durch unterschiedliche Urkunden vermietet, wird also durch die Lage auf demselben Grundstück die Vermutung getrennter Verträge nicht widerlegt. Hier bedarf es anderer Anknüpfungspunkte für eine Vermutungswiderlegung, etwa die Verknüpfung von Wohnen und Gewerbe bei einer „Wirtewohnung". 24

**b) Grundsatz: Anwendung von Wohnraummietrecht.** Liegt ein einheitlicher Vertrag mit Mischnutzung vor, stellt sich die Frage nach dem anwendbaren Recht. Zur Lösung sind in der Lit. zum gemischten Vertrag vor allem die Absorptionsmethode (Anwendung des Rechts des dominierenden Vertragstyps) und die Kombinationsmethode (Anwendung des Rechts des Vertragstyps, dem die konkrete Pflicht zuzuordnen ist) entwickelt worden.[35] Der BGH wendet bei Mietverträgen mit Mischnutzung die **Absorptionsmethode** an.[36] Dies überzeugt, weil so schwierige Angrenzungsprobleme vermieden werden. Denn die Kombinationsmethode muss für jeden Fall erneut bestimmen, welches Recht anwendbar ist. Die Zweifelsfragen sind zahlreich, etwa wie sich nach der Kombinationsmethode die Höchstgrenze einer Kaution bestimmt oder ob das Mietervorkaufrecht nach § 577 BGB nur die Wohnfläche erfasst. 25

Damit fragt sich, nach welchen Kriterien es sich entscheidet, ob auf den gemischten Vertrag Wohnraum- oder sonstiges Mietrecht anwendbar ist. Maßgeblich ist nach **hM,** welche **Nutzungsart** nach den **getroffenen Vereinbarungen überwiegt.**[37] Indizien bei der Vertragsauslegung sind nach Ansicht des BGH etwa die Bezeichnung als Wohn- oder Geschäftsraummietverhältnis, das Verhältnis der Nutzflächen, die Verteilung der Gesamtmiete auf die einzelnen Nutzungsanteile, bauliche Gegebenheiten oder ein (anderes) Verhalten der Parteien – auch vor Vertragsschluss –, das Rückschlüss auf einen übereinstimmenden Willen erlaubt.[38] Lässt sich ein Überwiegen der gewerblichen Nutzung nicht feststellen, gilt nach Auffassung des BGH Wohnraummietrecht, damit die zum Schutz des Wohnraummieters bestehenden zwingenden Sonderregelungen nicht unterlaufen werden.[39] 26

Gegen diese subjektive Methode der **hM bestehen** durchgreifende **Bedenken.**[40] Denn die Privatautonomie, auf der diese Methode ruht, ist zum Schutz des Wohnraummieters durch eine Vielzahl halbzwingender Vorschriften eingeschränkt. Deshalb kann, wenn Wohnraum vermietet ist, der gesetzliche Schutz des Wohnraummieters nicht dadurch ausgeschaltet werden, dass die Parteien den Vertrag den Regeln über die Geschäftsraummiete unterstellen. Dies zeigt, dass die Schwerpunktermittlung nur insoweit auf den Parteiwillen zurückgreifen darf, als es um die Vereinbarung des Nutzungszwecks geht. Ist danach auch eine Wohnraumnutzung Vertragsgegenstand, so muss der Schwerpunkt des Vertrags **objektiv bestimmt** werden. Denn nur so wird vermieden, dass durch vertragliche Einigung iErg über nicht disponible Wohnraumschutzregeln verfügt wird. Objektive Abgrenzungskriterien sind vor allem das Verhältnis der Wohn- zur Geschäftsraumfläche, aber auch, welche Nutzungsart bei wertender Betrachtung aus anderen Gesichtspunkten überwiegt. Lässt sich ein Schwerpunkt danach nicht feststellen, kommt – hier ist dem BGH zu folgen – Wohnraummietrecht zur Anwendung, um dem Schutzanliegen des § 549 Abs. 1 BGB Genüge zu tun. 27

---

[32] BGH VIII ZR 254/14, GE 2013, 1650; BGH VIII ZR 245/12, WuM 2013, 421.
[33] AG Frankfurt a. M. WuM 1986, 254; **aA** LG Baden-Baden WuM 1991, 34.
[34] *Lehmann-Richter* MietRB 2011, 84 (85).
[35] Siehe etwa *Larenz/Canaris* SchuldR BT II § 63 I 3.
[36] BGH VIII ZR 376/18, NJW 2014, 2864 Rn. 18.
[37] BGH VIII ZR 376/18, NJW 2014, 2864 Rn. 28.
[38] BGH VIII ZR 376/18, NJW 2014, 2864 Rn. 37f.
[39] BGH VIII ZR 376/18, NJW 2014, 2864 Rn. 39 unter Aufgabe seiner früheren Rspr.
[40] Zum Folgenden *Lehmann-Richter* MietRB 2011, 84 (85ff.).

### IV. Rechtsfolgen

28 § 549 Abs. 1 BGB entscheidet die Konkurrenz zwischen den Vorschriften des Untertitels 1 und des Untertitels 2 zugunsten der letztgenannten Regelungen. Dadurch wird gleichzeitig angeordnet, dass auf Mietverhältnisse über Wohnraum die §§ 549–577 a BGB Anwendung finden, was sich anderenfalls nur aus der Überschrift des Untertitels 2 ergeben würde.

## C. Wohnraum mit begrenztem Mieterschutz (§ 549 Abs. 2 BGB)

29 § 549 Abs. 2 BGB nimmt bestimmten Wohnraum im bestimmten Umfang vom Schutz des sozialen Mietrechts aus.

### I. Vermietung zum vorübergehenden Gebrauch (Abs. 2 Nr. 1)

30 § 549 Abs. 2 Nr. 1 BGB betrifft Wohnraum, der nur zum vorübergehenden Gebrauch vermietet ist. Der reduzierte Mieterschutz ist hier deshalb gerechtfertigt, weil bei einer kurzen Mietdauer die Wohnräume typischerweise nicht den Lebensmittelpunkt bilden. Die Vorschrift **dient** den **Interessen** des **Vermieters,** der aus diesem Grund von den Fesseln des Mieterschutzes befreit ist.

31 Das Merkmal „nur zum vorübergehenden Gebrauch" ist **nicht legaldefiniert.** Insofern war die „Urvorschrift" von § 549 Abs. 2 Nr. 1 BGB (→ Rn. 2) noch auskunftsfreudiger: § 25 Mieterschutzgesetz 1923 sprach nämlich von Vermietung eines Raums „für besondere Zwecke zum vorübergehenden Gebrauch".[41]

32 Die hinter dieser Formulierung stehende Wertung hält die **hM** auch für § 549 Abs. 2 Nr. 1 BGB für überzeugend: Entscheidend soll sein, dass ein vorübergehender Wohnbedarf, der aus besonderem Anlass entsteht, durch die Anmietung gedeckt werden soll.[42] Soll hingegen ein allgemeiner Wohnbedarf – mangels anderweitiger Bleibe – nur vorübergehend befriedigt werden, handele es sich nicht um eine Vermietung zum vorübergehenden Gebrauch.[43] Es bedarf eines Vertragszweck, der sachlich die Kurzfristigkeit der Gebrauchsüberlassung begründet und das Mietverhältnis in Übereinstimmung mit seiner kurzen Dauer nur als ein Durchgangsstadium erscheinen lässt.[44] Teilweise wird formuliert, dass es auf das alleinige Interesse des Vermieters an einer nur vorübergehenden Vermietung nicht ankomme.[45] Andere Gerichte lassen hingegen die für die Gegenpartei erkennbare Kurzvermietungsabsicht genügen.[46] Der Umstand, dass möblierter Wohnraum überlassen wird, indiziert für sich allein nach der Rspr. die Vermietung zum vorübergehendem Gebrauch nicht.[47] Gleiches gilt für eine Befristung des Mietvertrags.[48] Erforderlich sei aber stets, dass die Miete nur als ein Durchgangsstadium erscheint, was voraussetze, dass das Ende des Mietverhältnisses entweder zeitlich genau fixierbar ist oder von einer Bedingung abhängt, deren Eintritt innerhalb einer überschaubaren Frist in naher Zukunft gewiss ist.[49] Das hat die Instanzrechtsprechung etwa für die rund siebenmonatige Anmietung einer Wohnung zwecks Fertigstellung einer wissenschaftlichen Abschlussarbeit verneint.[50]

33 Nach dieser **hM** besteht das Merkmal „zum vorübergehenden Gebrauch" also aus zwei Komponenten, einer kurzen Vertragsdauer und einem **„Sonderanlass"** für den Vertragsschluss. Dieser „Sonderanlass" ist indes ein **Irrweg,** und zwar aus mehreren Gründen. Zunächst ist unklar, wer diesen Sonderanlass festlegt: Genügt die Vorstellung einer Partei oder bedarf es einer Willensübereinstimmung? Näher mag letzteres liegen, was indes mit dem grds. zwingenden Charakter des Wohnraummietrechts nicht in Einklang steht: Denn dann könnten die Parteien durch Vereinbarung eines (angeblichen) Sonderanlasses über diese Schutzregeln disponieren. Auch die Festlegung, was ein Sonderanlass genau ist, ist nicht mit der nötigen Rechtssicherheit möglich: Soll es

---

41 Gesetz über Mieterschutz und Mieteinigungsämter v. 1.6.1923, RGBl. 1923 I 353.
42 OLG Frankfurt a. M. NJW-RR 1991, 268; OLG Hamm NJW 1981, 290.
43 OLG Frankfurt a. M. NJW-RR 1991, 268.
44 OLG Bremen WuM 1981, 8.
45 OLG Frankfurt a. M. NJW-RR 1991, 268.
46 LG Berlin ZMR 2020, 836.
47 *OLG Hamm NJW 1981, 290;* LG Berlin ZMR 2020, 836.
48 OLG Hamm NJW 1981, 290.
49 OLG Hamm NJW 1981, 290.
50 LG Berlin ZMR 2020, 397.

darauf ankommen, ob der Mieter woanders noch über Wohnraum verfügt? Dann würde die Anmietung eines Hotelzimmers nach Wohnungsverlust unter das soziale Mietrecht fallen. Auch die Gesetzesentwicklung widerspricht der These, dass es bei § 549 Abs. 2 Nr. 1 BGB auf einen Sonderanlass ankommt. Denn § 549 Abs. 2 Nr. 1 BGB nennt – anders noch als § 25 Mieterschutzgesetz 1923 – den besonderen Zweck der Anmietung nicht mehr.

Daher ist bei § 549 Abs. 2 Nr. 1 BGB nicht die hinter dem Vertragsschluss liegende Motivation, 34 sondern **allein objektive Umstände** maßgeblich. Diese sind zum einen die **Zeitkomponente,** bei der man sich an § 573c Abs. 1 S. 1 BGB orientieren kann: Ist der Mietvertrag für bis zu drei Monate geschlossen, handelt es sich regelmäßig um einen vorübergehenden Gebrauch. Diese Befristung kann dem Vertrag auch durch Auslegung entnommen werden. Kettenbefristungen fallen als Umgehungsversuch wegen Rechtsmissbrauchs nicht unter die Vorschrift. Neben der Zeitkomponente kann sich der nur vorübergehende Gebrauch auch aus der **Mietsache** ergeben: Ist deren **Beschaffenheit** so, dass sie bei objektiver Betrachtung typischerweise nur vorübergehend angemietet wird, fällt der Mietvertrag unter § 549 Abs. 2 Nr. 1 BGB. Das ist etwa bei Hotelzimmern der Fall, aber auch bei Wohnraum, der in einem Erholungsgebiet nach § 10 BauNVO liegt (Ferienwohnung). Eine Möblierung allein reicht hingegen nicht, weil auch möblierter Wohnraum auf Dauer angemietet wird; dass die Möblierung nicht per se unter Nr. 1 fällt, zeigt zudem Nr. 2. Auch vom Vermieter als Monteurswohnung oder zu anderen „Sonderzwecken" gewidmeter Wohnraum fällt nicht automatisch unter § 549 Abs. 2 Nr. 1 BGB.

### II. Möblierter Einpersoneneinliegerwohnraum (Abs. 2 Nr. 2)

§ 549 Abs. 2 Nr. 2 BGB betrifft Wohnraum, der Teil der vom Vermieter selbst bewohnten Woh- 35 nung ist und den der Vermieter überwiegend mit Einrichtungsgegenständen auszustatten hat, sofern der Wohnraum dem Mieter nicht zum dauernden Gebrauch mit seiner Familie oder mit Personen überlassen ist, mit denen er einen auf Dauer angelegten gemeinsamen Haushalt führt.

Wird Wohnraum **möbliert vermietet,** liegt darin eine Erweiterung der **Gebrauchsgewäh-** 36 **rungspflicht** des Vermieters: Dieser ist nicht nur zur Überlassung der leeren Räume, sondern auch des Mobiliars verpflichtet. Kommt er dieser Pflicht nicht nach, sind Mängelrechte des Mieters die Konsequenz. Denn die Vereinbarung eines bestimmten Ausstattungszustands begründet nicht etwa (nur) eine Nebenpflicht, deren Verletzung über §§ 280 Abs. 1, 241 Abs. 2 BGB zu sanktionieren wäre. Vielmehr definiert die geschuldete Möblierung den vertragsgemäßen Zustand der Mietsache.[51]

#### 1. Entstehungsgeschichte und Normzweck

Die Regelung geht auf das 2. WKSchG zurück.[52] Zuvor hatte § 4 Abs. 2 des 1. WKSchG[53] 37 sämtlichen möblierten Wohnraum, der nicht an eine Familie vermietet war, vom Mieterschutz ausgenommen. Der Gesetzgeber des 2. WKSchG sah hingegen in der Vermietung von möbliertem Wohnraum allein keinen Grund für eine Einschränkung des Bestandsinteresses des Mieters. Er führte daher als weiteres Merkmal ein, dass der Wohnraum Teil der Vermieterwohnung sein muss. Seitdem ruht die diesbezügliche Reduzierung des Mieterschutzes auf zwei Säulen, von denen allerdings nur die erste trägt. Diese Säule ist das aus der **räumlichen Nähe** folgende **besondere Beendigungsinteresse des Vermieters.** Die Möblierungspflicht trägt die Einschränkung des Mieterschutzes hingegen nicht, wie der Gesetzgeber auch selbst erkannt hat.[54] Es handelt sich daher um eine nur aus historischen Gründen verständliche Fortschreibung von § 4 Abs. 2 des 1. WKSchG, die de lege ferenda gestrichen gehört. De lege lata wird man den Zweck des Merkmals dahingehend verstehen können, dass bei einer Möblierung der Mieter typischerweise ein geringeres Bestandsinteresse hat, weil solcher Wohnraum häufig nicht mit einer dauerhaften Nutzungsabsicht angemietet wird.

Trotz Vermietung von möblierten Einliegerwohnraum setzt sich das **Bestandsinteresse** des 38 Mieters durch, wenn die Räume einem **Mehrpersonenhaushalt** überlassen werden. Dahinter

---

[51] *Lehmann-Richter* WuM 2018, 393.
[52] BGBl. 1974 I 3603.
[53] BGBl. 1971 I 1839.
[54] BT-Drs. 7/2011, 7: „Nicht die Ausstattung des Wohnraums, sondern seine enge Einbezogenheit in den Wohn- und Lebensbereich des Vermieters kann eine Ausnahme vom Kündigungsschutz rechtfertigen."

scheint eine Art Übergewichtsbetrachtung zu stehen: Das Bestandsinteresse der Nutzermehrheit verdrängt das Auflösungsinteresse des Vermieters.[55]

**2. Verhältnis zu § 573 a Abs. 2 BGB**

39 Nach § 573 a Abs. 2 BGB kann der Vermieter ein Mietverhältnis über Wohnraum innerhalb der von ihm selbst bewohnten Wohnung kündigen, ohne dass es eines berechtigten Interesses bedarf. Es gilt allerdings eine um drei Monate verlängerte Kündigungsfrist. § 573 a Abs. 2 BGB stellt klar, dass dies nicht gilt, wenn der Wohnraum nach § 549 Abs. 2 Nr. 2 BGB vom Mieterschutz ausgenommen ist. Die maßgeblichen Abgrenzungskriterien sind Möblierungspflicht und Einpersonenhaushalt. Fehlt eines dieser Merkmale, greift das soziale Wohnraummietrecht, indes in Form eines durch § 573 a Abs. 2 BGB eingeschränkten Bestandsschutzes.

40 § 573 a Abs. 2 BGB hält mit dem Kompromiss des freien Kündigungsrecht des Vermieters gegen **Verlängerung der Kündigungsfrist** einen **angemessenen Interessenausgleich** zum Sachproblem der Einliegerwohnung bereit. Angesichts dessen besteht für die komplexe Vorschrift des **§ 549 Abs. 2 Nr. 2 BGB** kein anerkennenswertes Bedürfnis, weshalb sie **de lege ferenda gestrichen** werden sollte.

**3. Teil der Vermieterwohnung**

41 Die vermieteten Wohnräume müssen Teil der Vermieterwohnung sein. Erforderlich ist eine **Funktionsverknüpfung** der beiden Wohnbereiche, die zu spürbaren Gebrauchsüberschneidungen führt. Denn (nur) dann ist es gerechtfertigt, das Interesse des Vermieters an einem selbstbestimmten Wohnen über das Bestandsinteresse des Mieters zu stellen. Eine solche Funktionsverknüpfung liegt zum einen vor, wenn die Parteien Räume gemeinsam nutzen, etwa das Badezimmer oder die Küche. Bei der gemeinsamen Nutzung von Verkehrsflächen (Flur oder Treppenhaus) ist zu unterscheiden: Ist die Vermieterwohnung durch eine Wohnungseingangstür von den Verkehrsflächen abgeschlossen, ist § 549 Abs. 2 Nr. 2 BGB nicht erfüllt.[56] Anders ist es, wenn die Verkehrsflächen sich bei natürlicher Betrachtung im Inneren der Vermieterwohnung befinden, mögen die einzelnen Räume der Vermieterwohnung auch durch Türen von den Verkehrsflächen getrennt sein. Denn dann befindet sich der Mieter bei der Nutzung der Verkehrsflächen in der Vermieterwohnung, was unter § 549 Abs. 2 Nr. 2 BGB fällt.[57] Nicht ausreichend ist hingegen die gemeinsame Nutzung von räumlich von der Vermieterwohnung getrennten Nebenräumen, etwa im Keller.

42 Der Vermieter muss die Räume **selbst bewohnen.** Dafür ist nicht erforderlich, dass der Vermieter ständig anwesend ist.[58] Erforderlich ist aber, dass seine Nutzungsintensität den Ausschluss des Mieterschutzes rechtfertigt. Das ist nicht der Fall, wenn der Vermieter seine Wohnung lediglich in der Art eines Hotelzimmers sporadisch nutzt; man wird die Grenze bei im Durchschnitt drei Übernachtungen im Monat ziehen können.[59]

**4. Pflicht zur Möblierung**

43 § 549 Abs. 2 Nr. 2 BGB setzt weiter voraus, dass der Vermieter nach den vertraglichen Vereinbarungen verpflichtet ist, die Wohnräume ganz oder überwiegend mit **Einrichtungsgegenständen** auszustatten. Hier wird teilweise eine Überwiegensthese vertreten.[60] Sieht man den Zweck dieses Merkmals hingegen darin, ein geringeres Bestandsinteresse des Mieters zu identifizieren (→ Rn. 36), ist die Wohnung nur dann überwiegend eingerichtet, wenn sie dem Mieter ohne ins Gewicht fallende eigene Investitionen das Wohnen gestattet. Zum Wohnen gehört etwa auch Bettwäsche und Geschirr, das in der Lit. hingegen verbreitet nicht unter § 549 Abs. 2 Nr. 2 BGB gefasst wird.[61]

---

[55] Bis zur Mietrechtsreform 2001 waren nur Familienhaushalte besonders geschützt (das geht zurück auf § 565 Abs. 3 BGB idF durch das AbbauG 1960), was eine auf Art. 6 Abs. 1 GG gestützte Rechtfertigung nahelegte. Für andere Haushalte gilt dieses Argument nicht; in der Gesetzesbegründung fehlen konkrete Erwägungen zu diesem Merkmal (vgl. BT-Drs. 14/4553, 46).

[56] Vgl. LG Detmold NJW-RR 1991, 77; AG Schöneberg GE 2012, 756.

[57] Vgl. AG Tübingen WuM 1988, 59.

[58] LG Berlin WuM 1980, 134.

[59] *Strenger BeckOGK/Schmidt* BGB § 549 Rn. 19 (Lebensmittelpunkt).

[60] Etwa Staudinger/*Artz* BGB § 549 Rn. 20 (mehr als die Hälfte der bei voller Möblierung benötigten Einrichtungsgegenstände).

[61] Etwa *Fleindl* WuM 2018, 544 (547).

Maßgeblich ist nicht, wie der Vermieter die Räume ausgestattet hat, sondern in welchem Umfang er hierzu vertraglich **verpflichtet** war. Unter § 549 Abs. 2 Nr. 2 BGB fällt etwa die Vermietung in „vollmöblierten Zustand", weil diese den Vermieter verpflichtet, die Wohnung mit Ausnahme der Verbrauchsgüter so auszustatten, dass der Mieter unmittelbar in die Lage versetzt wird, in der Wohnung leben zu können.[62] Der Begriff „teilmöbliert" ist hingegen ohne weitere Anhaltspunkte nicht auslegungsfähig, was zur Anwendung von § 155 BGB führt.[63] Sind die Räume bei Besichtigung noch mit Sachen des Vornutzers ausgestattet, bedarf eine konkludent vereinbarte Möblierungspflicht besonderer Anknüpfungspunkte.[64] **44**

### 5. Einpersonenhaushalt

§ 549 Abs. 2 Nr. 2 BGB verlangt zuletzt, dass die Räume dem Mieter nicht zum dauernden Gebrauch mit seiner Familie oder mit Personen überlassen sind, mit denen er einen auf Dauer angelegten gemeinsamen Haushalt führt. Der Begriff der **Familie** ist ebenso zu verstehen wie in § 577 a Abs. 1 a S. 1 BGB.[65] Der Begriff des auf **Dauer angelegten gemeinsamen Haushalts** wiederum ist aus § 563 Abs. 2 S. 3 BGB bekannt. Er ist bei § 549 Abs. 2 Nr. 2 BGB wie dort zu verstehen (→ BGB § 563 Rn. 37 ff.). **45**

Ob die Räume dem Mieter zum Gebrauch mit den in § 549 Abs. 2 Nr. 2 BGB beschriebenen Personen überlassen ist, bestimmt sich – ebenso wie bei § 549 Abs. 2 Nr. 1 BGB (→ Rn. 33) – **nach objektiven Umständen.** Maßgeblich ist, ob bei Vertragsschluss[66] die Absicht des Mieters hinreichend deutlich wurde, dass er die Räume mit den beschriebenen Personen beziehen werde. Hinzu kommen muss, dass die Gebrauchsüberlassung an diese Personen vertragsgemäß ist, da ein rechtswidriges Gebrauchsverhalten nicht geeignet ist, den Mieterschutz auszulösen. **46**

## III. Weitervermietung zum Zwecke der Wohlfahrtspflege (Abs. 2 Nr. 3)

§ 549 Abs. 2 Nr. 3 BGB beschränkt den Mieterschutz bei Weitervermietung von Wohnraum durch eine juristische Person des öffentlichen Rechts oder einen anerkannten privaten Träger der Wohlfahrtspflege **(Zwischenvermieter)** an Personen mit dringendem Wohnungsbedarf **(Endmieter).** **47**

### 1. Normzweck und Verhältnis zu § 578 Abs. 3 BGB

Die Regelung ist seit 1990 Gesetz[67]; die Mietrechtsreform 2001 hat sie in einigen Details verändert.[68] § 549 Abs. 2 Nr. 2 BGB soll sicherstellen, dass der Zwischenvermieter das Mietverhältnis mit dem Endmieter fristgerecht beenden kann. Auf diese Weise soll vermieden werden, dass Eigentümer Wohnraum dem Markt vorenthalten, weil sie diesen weder an die Endmieter direkt noch an den Zwischenvermieter vermieten wollen, bei letzterem aus Angst davor, dass sie die Räume wegen Nichtauszug des Endmieters nicht zurückerhalten könnten.[69] Auf diese Furcht reagiert § 549 Abs. 2 Nr. 3 BGB. **Zweck** der Vorschrift ist mithin die **Aktivierung** von **Wohnraumreserven.**[70] **48**

Seit dem MietAnpG 2019[71] unterliegt allerdings auch der Vertrag, mit dem der Zwischenvermieter die Wohnräume anmietet (Hauptmietvertrag), in weitem Umfang den Regeln des sozialen Wohnraummietrechts **(§ 578 Abs. 3 BGB).** Der Eigentümer von Wohnraum kann seitdem insbes. den Hauptmietvertrag nur aus berechtigtem Interesse ordentlich kündigen. Seine Befürchtung, er werde die Räume nicht zu dem von ihm gewünschten Termin zurückerhalten, betrifft seit Inkrafttreten des MietAnpG 2019 am 1. 1. 2019 mithin bereits den Hauptmietvertrag. In der Lit. wird daraus vereinzelt (wohl) geschlussfolgert, dass nach diesem Datum geschlossene Weitervermietungsverträge mit dem Endmieter – entgegen dem Wortlaut des § 549 Abs. 2 Nr. 3 BGB – dem sozialen **49**

---

[62] *Lehmann-Richter* WuM 2018, 393.
[63] *Lehmann-Richter* WuM 2018, 393.
[64] *Lehmann-Richter* WuM 2018, 393.
[65] Dazu BGH VIII ZR 35/19 NJW 2021, 620.
[66] **AA** etwa MüKoBGB/*Bieber* § 549 Rn. 25; Staudinger/*Artz* BGB § 549 Rn. 36 (tatsächliche Verhältnisse bei Berufung auf Mieterschutzvorschriften).
[67] BGBl. 1990 I 926 (WoBauErlG).
[68] BGBl. 2001 I 1194.
[69] BT-Drs. 11/6508, 12.
[70] BT-Drs. 11/6508, 19.
[71] BGBl. 2018 I 2648.

Mietrecht unterliegen.[72] Eine solche Reduktion der Norm auf Null geht indes zu weit. Denn sie kann ihren Zweck in den Fällen weiterhin erfüllen, in denen der Eigentümer darauf vertraut, der Zwischenvermieter werde sich einer einvernehmlichen Auflösung des Hauptmietvertrags zu gegebener Zeit nicht verschließen, auch wenn eine dies vorwegnehmende Befristung an §§ 578 Abs. 3, 575 Abs. 4 BGB scheitert.[73]

### 2. Kreis der Zwischenvermieter

50 Zwischenvermieter muss entweder eine juristische Person des öffentlichen Rechts oder ein anerkannter privater Träger der Wohlfahrtspflege sein.

51 Der Begriff der **juristischen Person des öffentlichen Rechts** bestimmt sich nach allgemeinen Grundsätzen. Erfasst sind alle Rechtsträger, denen aufgrund von Bundes- oder Landesrecht Rechtsfähigkeit zukommt. Dies betrifft neben den Körperschaften auch die öffentlich-rechtlichen Religionsgemeinschaften, Anstalten oder Stiftungen. Nicht erfasst sind hingegen beliehene Personen des Privatrechts, weshalb insbes. kommunale Wohnungsunternehmen nicht unter § 549 Abs. 3 Nr. 3 BGB fallen.[74]

52 Der Begriff der **anerkannten privaten Träger der Wohlfahrtspflege** ist dem übrigen Recht fremd. Da es sich um die Partei eines Mietvertrags handeln muss, setzt das Merkmal „privater Träger" zum einen Rechtsfähigkeit voraus, die – zum anderen – privatrechtlicher Natur sein muss. Erfasst sind neben natürlichen Personen mithin auch alle rechtsfähigen Verbände. Diese Personen müssen Aufgaben der Wohlfahrtspflege erfüllen, was das aus dem Sozialrecht entlehnte Wort „Träger" verdeutlicht. Wohlfahrtspflege ist die planmäßige, zum Wohle der Allgemeinheit und nicht des Erwerbs wegen ausgeübte Sorge für notleidende oder gefährdete Menschen (vgl. § 66 Abs. 2 S. 1 AO). Um einen anerkannten Träger handelt es sich, wenn er die Voraussetzungen des § 52 Abs. 2 Nr. 9 AO erfüllt.

### 3. Zweck der Anmietung

53 § 549 Abs. 2 Nr. 3 BGB setzt voraus, dass der später weitervermietete **Wohnraum** vom Zwischenvermieter **angemietet** wurde, weshalb im Eigentum des Zwischenvermieters stehende Räume nicht erfasst sind. Gleiches gilt bei einer „lease-and-lease-back"-Konstruktion, da hier der Normzweck (→ Rn. 47) nicht einschlägig ist.

54 Erforderlich ist weiter, dass die Anmietung erfolgte, um den Wohnraum Personen mit dringendem Wohnungsbedarf zu überlassen. Diese Überlassung muss Teil der **Einigung zwischen Haupt- und Zwischenvermieter** sein muss. Denn nur dann kann die Vorschrift ihren Zweck (→ Rn. 47) erfüllen, den Hauptvermieter zur Überlassung des Wohnraums zu animieren. Ein geheimer Vorbehalt des Zwischenvermieters ist daher unbeachtlich.

55 Der Kreis der **Personen mit dringendem Wohnungsbedarf** ist gesetzlich nicht definiert. Aus dem Normzweck (→ Rn. 47) folgt, dass es sich um Personen handeln muss, die sich auf dem „ersten Wohnungsmarkt" wegen ihrer persönlichen Kennzeichnung typischerweise nicht selbst mit Wohnraum versorgen können. Erfasst sind zum einen Personen, an die ein Eigentümer Wohnraum regelmäßig nicht vermieten würde. Hierzu gehören etwa Obdachlose, Asylbewerber, Suchtkranke sowie frisch aus der Haft entlassene Personen. Zum anderen geht es um Personen, die zwar noch nicht zu der in diesem Sinne stigmatisierten Mietergruppe zählen, in diese Gruppe aber abzurutschen drohen. Das betrifft vor allem Personen, die von unmittelbarer Obdachlosigkeit bedroht sind, weshalb etwa Räume in einem Frauenhaus[75] unter § 549 Abs. 3 Nr. 3 BGB fallen können. Die bloße Mittellosigkeit des Endmieters reicht hingegen nicht aus.[76]

### 4. Endmieter

56 § 549 Abs. 3 Nr. 2 BGB verlangt **nicht,** dass der Endmieter zum Kreis der soeben beschriebenen **Personen mit dringendem Wohnbedarf** gehört.[77] Dies folgt aus Wortlaut und Normzweck, der

---

[72] *Blank/Börstinghaus* BGB § 549 Rn. 21, § 578 Rn. 16f.

[73] Zu den dadurch ausgelösten Problemen bei der Gestaltung der Laufzeit des Hauptmietvertrags *Häublein* FS Börstinghaus, 2020, 211, mit zutreffender Fundamentalkritik an § 578 Abs. 3 BGB.

[74] *BT-Drs. 11/6508*, 19.

[75] Lützenkirchen MietR/*Lützenkirchen* BGB § 549 Rn. 30.

[76] Lützenkirchen MietR/*Lützenkirchen* BGB § 549 Rn. 29; **aA** etwa Staudinger/*Artz* BGB § 549 Rn. 40.

[77] Ganz hM, etwa Staudinger/*Artz* BGB § 549 Rn. 40.

darauf abzielt, den Hauptvermieter dazu zu bewegen, den Wohnraum zur Verfügung zu stellen (→ Rn. 47). Dieser Anreiz würde beeinträchtigt, wenn der Hauptvermieter befürchten müsste, dass der Endmietvertrag bei einer späteren „Zweckentfremdung" dem sozialen Mietrecht unterfällt.

**5. Hinweisobliegenheit**

57 Der reduzierte Mieterschutz setzt zuletzt voraus, dass der Zwischenvermieter den Endmieter bei Vertragsschluss auf die Zweckbestimmung des Wohnraums und die Ausnahme von den in § 549 Abs. 2 BGB genannten Vorschriften hingewiesen hat. **Regelungszweck** ist der Schutz der Mieterinteressen durch Information, Regelungsvorbild die Informationsobliegenheit beim Zeitmietvertrag.[78] Anders als dort hat der Gesetzgeber von einer **Form** bewußt abgesehen[79], so dass sich insoweit Analogien verbieten.

58 Für den **Hinweis** auf die **Zweckbestimmung** reicht die allgemeine, den Wortlaut des § 549 Abs. 2 Nr. 3 BGB folgende Angabe „Überlassung an Personen mit dringendem Wohnbedarf" aus. Ebenso kann der Zwischenvermieter aber auch den Personenkreis konkreter benennen oder anders beschreiben. Denn diese Information soll es dem Mieter ermöglichen, § 549 Abs. 2 Nr. 2 BGB auf seinen Mietvertrag anzuwenden. Das ist bei beiden Arten der Informationen möglich.

59 Dem **Hinweis** auf die die **Ausnahme** von den in § 549 Abs. 2 BGB genannten **Vorschriften** ist zum einen Genüge getan, wenn der Zwischenvermieter die Normen iE aufzählt. Vergisst er dabei einzelne Vorschriften, ist es eine Frage des Einzelfalls, ob der Endmieter anhand der ihm genannten Normen erkennen kann, in welchem Umfang ihm der Mieterschutz entzogen wird. Denn dies ist der Kern dieses Teils der Informationsobliegenheit, die daher auch – und am zweckmäßigsten – dadurch erfüllt wird, dass nicht die Vorschriften, sondern die Beschreibungen in § 549 Abs. 2 Nr. 2 BGB („Vorschriften über die Miethöhe bei Mietbeginn in Gebieten mit angespannten Wohnungsmärkten, über die Mieterhöhung und über den Mieterschutz bei Beendigung des Mietverhältnisses sowie bei der Begründung von Wohnungseigentum") mitgeteilt werden. Nicht ausreichend, weil nicht hinreichend aussagekräftig ist hingegen ein pauschaler Hinweis (etwa: „Das soziale Mietrecht gilt nicht").

**Formulierungsvorschlag:** Die Mieträume hat der Vermieter zu dem Zweck angemietet, sie Personen mit dringendem Wohnbedarf zu überlassen. Für den Mietvertrag gelten daher nach § 549 Abs. 3 Nr. 3 BGB die wesentlichen mieterschützenden Vorschriften nicht. Konkret finden keine Anwendung die Vorschriften über die Miethöhe bei Mietbeginn in Gebieten mit angespannten Wohnungsmärkten (§§ 556d–556g BGB), über die Mieterhöhung (§§ 557–561 BGB) und über den Mieterschutz bei Beendigung des Mietverhältnisses sowie bei der Begründung von Wohnungseigentum (§§ 568 Abs. 2, 573, 573a, 573d Abs. 1, 574–575, 575a Abs. 1, 577, 577a BGB).

60 Bei **fremdsprachigen Mietern** muss der Vermieter den Hinweis so formulieren, dass er nach den konkreten Umständen davon ausgehen darf, der Mieter werde den Hinweis verstehen. Werden die Vertragsverhandlungen vom Mieter – ggf. mit Hilfe eines Dolmetschers – in deutscher Sprache geführt, reicht daher ein Hinweis auf Deutsch aus, selbst wenn der Mieter des Deutschen nicht hinreichend mächtig ist.[80] Ist Deutsch hingegen nicht die Verhandlungssprache, muss der Hinweis in der Fremdverhandlungssprache erfolgen.[81]

## IV. Rechtsfolgen

61 Für einen Mietvertrag über die von § 549 Abs. 2 BGB erfassten Wohnräume gelten die **mieterschützenden Regelungen** zur Miethöhe (§§ 556d–561 BGB), zur Beendigung des Mietverhältnisses (§§ 568 Abs. 2, 573, 573a, 573d Abs. 1, 574–575, 575a Abs. 1, 577 BGB) sowie das Mietervorkaufsrecht (§ 577a BGB) nicht. Die übrigen wohnraummietrechtlichen Regelungen, etwa § 551 BGB zur Höhe der Kaution oder § 568 Abs. 1 BGB zur Schriftform der Kündigung, sind hingegen auch auf Wohnraum iSd § 549 Abs. 2 BGB anwendbar.

62 Spätestens seit ihrer Ergänzung im Jahr 2015[82] um die sog. Mietpreisbremse (§§ 556d–556g BGB) haben diese ausgeschlossenen Schutzvorschriften **heterogenen Charakter.** Denn die

[78] BT-Drs. 11/6508, 19.
[79] BT-Drs. 11/6508, 19.
[80] Vgl. BGH VII ZR 302/89, NJW 1983, 1489.
[81] Vgl. OLG Frankfurt a. M. NJW-RR 2003, 704.
[82] MietNovG v. 21.4.2015, BGBl. 2015 I 610.

„Mietpreisbremse" zählt nicht zum Bestandsschutz, dem man die Vorschriften über die Beendigung des Mietverhältnisses, über die Mieterhöhung und vielleicht auch noch das Mietervorkaufsrecht zuordnen kann. § 549 Abs. 2 BGB liegen mithin (eher beliebig anmutende) rechtspolitische Erwägungen zugrunde. Das hat letztlich historische Wurzeln: § 549 Abs. 2 BGB geht zurück auf das 1. WKSchG, das neben dem Kündigungsschutz auch die Mieterhöhung betraf. In § 4 Abs. 2 WKSchG wurde der heute in § 549 Abs. 2 Nr. 1, 2 BGB geregelte Wohnraum aus dem Gesetz ausgeklammert. Diese „Gesamtlösung" war überzeugend, da es bei einem freien Kündigungsrecht keinen Sinn macht, dem Mieter Schutz vor Mieterhöhungen zu gewähren, weil der Vermieter eine Änderungskündigung aussprechen kann. Der Schutz vor einer überhöhten Ausgangsmiete hängt mit dem Kündigungsschutz hingegen nicht zusammen.

## D. Studenten- oder Jugendwohnheime (Abs. 3)

63 § 549 Abs. 3 BGB nimmt in bestimmtem Umfang Wohnraum in einem Studenten- oder Jugendwohnheim vom Schutz des sozialen Mietrechts aus. Der reduzierte Mieterschutz bei diesem Typ von Wohnraum besteht seit dem Jahre 1983.[83] Die Vorschrift soll zum einen durch den Ausschluss des Kündigungsschutzes eine Rotation in den Heimen ermöglichen, die anderenfalls nach § 549 Abs. 2 Nr. 1 BGB nicht hinreichend zu gewährleisten wäre.[84] Diese Rotation ist nach der Gesetzesbegründung aufgrund des zu geringen Bestandes an Wohnheimplätzen aus Gründen der Gleichbehandlung geboten. Insofern verfolgt die Regelung einen allgemeinen wohnungspolitischen **Zweck.** Der Ausschluss der Regelung über die Mietzinsbegrenzung dient hingegen den Interessen der Vermieter solcher Heime.[85] Es handelt sich bei § 549 Abs. 3 BGB um eine speziell auf Studenten- und Jugendwohnheime zugeschnittene Regelung[86], die daher **nicht analogiefähig** ist.[87]

### I. Voraussetzungen

64 § 549 Abs. 3 BGB setzt einen Mietvertrag über Wohnraum in einem Studenten- oder Jugendwohnheim voraus, ohne näher zu definieren, was ein solches Heim ausmacht. Zum Begriff des Wohnraums → Rn. 5.

#### 1. Bauliche Gegebenheiten

65 § 549 Abs. 3 BGB knüpft nicht einfach an Wohnraum für Studenten- oder Jugendliche an, sondern verlangt, dass dieser Wohnraum in einem Wohnheim liegen muss. Das zeigt, dass der Wohnraum nicht in jedem Gebäude liegen kann. Erforderlich ist vielmehr, dass nach den konkreten baulichen Gegebenheiten ein objektiver Betrachter das Gebäude als „Wohnheim" bezeichnen würde. Dafür ist erforderlich, dass das Gebäude auf ein **gemeinschaftliches Wohnen zugeschnitten** ist.[88] Dies setzt voraus, dass jeder Bewohner einen Raum für sich bzw. mit mehreren Bewohnern gemeinsam hat, andererseits aber auch für die Wohnbedürfnisse erforderliche Räume oder Einrichtungen (wie etwa Küche, Aufenthaltsraum, Waschgelegenheiten) allen Bewohnern zur gemeinschaftlichen Benutzung zur Verfügung stehen.[89] Maßgeblich ist der Zeitpunkt des Vertragsschlusses.

#### 2. Kreis der Bewohner

66 Das Wohnheim muss **Studenten oder Jugendlichen gewidmet** sein. Auch diese Voraussetzung ist aus objektiver Sicht zu ermitteln; maßgeblich ist der Zeitpunkt des Vertragsschlusses. Bewohnen auch andere Personen das Heim, so ist dies unerheblich, falls dies zahlenmäßig nicht ins Gewicht fällt und dem Heim seine studentische/jugendliche Prägung nicht nimmt.[90]

---

[83] Gesetz zur Erhöhung des Angebots an Mietwohnungen v. 20.12.1982 (BGBl. I 1912).
[84] BT-Drs. 9/2079, 11.
[85] BT-Drs. 9/2079, 11.
[86] BT-Drs. 9/2079, 11.
[87] LG Berlin 67 S 161/93 BeckRS 1993, 09215 (Krankenschwesternwohnheim); BeckOGK/*Schmidt* BGB *§ 549 Rn. 44.*
[88] **AA** LG Konstanz WuM 1995, 539.
[89] Vgl. VGH München BauR 1992, 589.
[90] Vgl. LG Konstanz WuM 1995, 539.

### 3. Rotationsprinzip

Der **BGH** leitet aus dem Zweck der Regelung (→ Rn. 63) zutreffend ab, dass ein Wohnheim ein Rotationsprinzip voraussetzt. Dafür ist ein Belegungskonzept erforderlich, das eine Rotation nach abstrakt-generellen Kriterien praktiziert. Die Dauer des Mietverhältnisses muss dazu im Regelfall zeitlich begrenzt sein und darf nicht den Zufälligkeiten der studentischen Lebensplanung oder dem Belieben des Vermieters überlassen bleiben. Dieses Prinzip muss objektiv feststellbar sein. Der BGH verlangt dafür, dass es sich mit hinreichender Deutlichkeit aus Rechtsnormen, entsprechender Selbstbindung oder jedenfalls einer konstanten tatsächlichen Übung ergeben muss.[91] Die Rotation muss auch praktiziert werden, weshalb die bloße Befristung der Verträge nicht zu einem Rotationspinzip führt.[92] 67

Entscheidender **Zeitpunkt** für die Feststellung des Rotationsprinzips ist der Abschluss des in Rede stehenden Mietvertrags, weshalb es denkbar ist, dass einige Mieter in demselben Heim umfangreichen sozialen Mieterschutz genießen, andere hingegen nicht. 68

### 4. Unerheblich: Höhe der Miete/Trägerschaft/Person des Mieters

Kein Merkmal eines Wohnheims ist eine bestimmte **Miethöhe.** Es ist also nicht etwa erforderlich, dass die Vermietung zu einem besonders günstigen Preis erfolgen muss.[93] Ebenfalls unerheblich ist die Person des **Vermieters.** § 549 Abs. 3 BGB ist also nicht etwa eine Sondervorschrift zugunsten der öffentlich-rechtlich organisierten Studentenwerke.[94] Für die Anwendung von § 549 Abs. 3 BGB spielt es auch keine Rolle, ob der konkrete **Mieter** Student oder Jugendlicher ist. Dieser Umstand kann nur relevant werden, wenn durch die zweckwidrige Vermietung das Gebäude seinen Status als Studenten- oder Jugendwohnheim verliert (→ Rn. 66). 69

## II. Rechtsfolgen

Fällt ein Mietvertrag unter § 549 Abs. 3 BGB, so gelten für ihn dieselben Vorschriften wie für Mietverträge nach § 549 Abs. 2 BGB (→ Rn. 60), indes mit einer Ausnahme: Zugunsten des Mieters greifen die Vorschriften über die **Sozialklausel** (§§ 574–574c BGB). 70

Ist **§ 549 Abs. 3 BGB nicht erfüllt,** kommt in Betracht, dass der Mietervertrag unter § 549 Abs. 2 Nr. 1 BGB (Vermietung zum vorübergehenden Gebrauch) fällt, was indes nur ausnahmsweise der Fall sein wird (→ Rn. 31). Typischerweise wird der Mieter daher unter dem Schutz des vollständigen Wohnraumschutzrechts stehen. Eine Befristung des Mietverhältnisses ist dann nicht möglich (§ 575 Abs. 1 BGB). Eine auf § 573 Abs. 1 BGB gestütze Kündigung mit dem Argument, der Mieter habe sein Studium beendet/aufgegeben und der Vermieter wolle die Räume an einen Studenten neu vermieten, ist nicht anzuerkennen. Dem steht die gesetzgeberische Entscheidung in § 549 Abs. 3 BGB entgegen, nach der sich das Nutzungskonzept des Vermieters nur unter den dort geregelten Bedingungen gegen das Bestandsinteresse des Mieters durchsetzt. 71

[91] BGH VIII ZR 92/11, NJW 2012, 2881 Rn. 18ff.
[92] BGH VIII ZR 92/11, NJW 2012, 2881 Rn. 23.
[93] BGH VIII ZR 92/11, NJW 2012, 2881 Rn. 22.
[94] AG Konstanz WuM 1989, 573. Ein solcher Fall lag auch BGH VIII ZR 92/11, NJW 2012 zugrunde.

## § 550 Form des Mietvertrags

**[1] Wird der Mietvertrag für längere Zeit als ein Jahr nicht in schriftlicher Form geschlossen, so gilt er für unbestimmte Zeit. [2] Die Kündigung ist jedoch frühestens zum Ablauf eines Jahres nach Überlassung des Wohnraums zulässig.**

### Systematische Übersicht



### Alphabetische Schnellübersicht



### A. Regelungszweck

**1** Die bis zur Mietrechtsreform 2001 seit dem In-Kraft-Treten des BGB unveränderte Norm ist Ausdruck der schwierigen Entscheidungsfindung über den rechtlichen Charakter und die Wirkungen des Mietvertrages bei einem Wechsel im Eigentum am Mietobjekt. Im Vordergrund der damaligen Diskussionen stand zunächst die Entscheidung zwischen den beiden Prinzipien „Kauf bricht Miete" oder „Kauf bricht nicht Miete". Im Verlauf der Entscheidungsfindung zum ersten Entwurf des BGB, der dem Prinzip „Kauf bricht Miete" folgte, wurde die Formfreiheit des Mietvertrages hervorgehoben, gleichzeitig aber weiter über seine Eintragungsfähigkeit in das Grundbuch diskutiert und diese letztlich abgelehnt.

**2** Nachdem man sich im zweiten Entwurf für das gegenteilige Prinzip „Kauf bricht nicht Miete" entschieden hatte, tauchte wiederum die Frage der Dokumentation des Inhalts des Mietvertrages auf. Ausführlicher erörtert wurde nochmals seine Eintragungsfähigkeit, letztlich begnügte man sich aber in Abweichung von der allgemeinen Regel der Formfreiheit für schuldrechtliche Verträge mit der vorliegenden Formvorschrift.

**3** Inhaltlich knüpft die Regelung an eine entsprechende Vorschrift des ALR, I, 21, § 269, an, bei der aber das Lösungsrecht vom Vertrag, nicht dessen Dokumentation im Vordergrund stand. Denn der dort niedergelegte Formzwang stand nicht unbedingt im Zusammenhang mit der Bindung eines Grundstückserwerbers an den Mietvertrag, sondern ergab sich aus allgemeinen Vorschriften über die Schriftform bei Verträgen, deren Gegenstandswert über 50 Taler Silber hinausging, ALR I, 5, § 131, worauf ALR I, 21, § 267, ausdrücklich Bezug nahm.

**4** Demgegenüber stellte die Vorschrift in ihrer bisherigen Form den Ersatz für die Eintragung des Mietvertrages in das Grundbuch dar,[1] was sich auch daraus ergibt, dass der Formmangel entgegen § 125 S. 1 BGB nicht zur Unwirksamkeit des Rechtsgeschäfts führte, sondern nur zur Verhinderung einer langfristigen Bindung des Grundstückserwerbers. Dass diese Bindung bei Wohnraummietverhältnissen infolge der sich insbes. aus § 573 BGB ergebenden Kündigungsbeschränkung dennoch besteht, steht dem nicht entgegen; beide Vorschriften sind inhaltlich nicht koordiniert worden. Die bei Formvorschriften iÜ noch genannten Zwecke, wie Beweis des Inhalts und Warnung vor einer langfristigen oder wirtschaftlich schwerwiegenden Bindung, treten demgegenüber in den

---

[1] Protokolle II, 149/150.

Hintergrund.[2] Sie ergeben sich notwendigerweise auch aus dem Formerfordernis, sind aber bei der Auslegung seines Umfangs nicht primär mit heranzuziehen.

Allerdings ist nicht zu verkennen, dass die Praxis im Laufe der Zeit diese Grundlagen der Norm aus den Augen verloren hat und ihre historischen Grenzen nur noch als praxisfremd und praxisschädlich empfindet. Die höchstrichterliche Rspr. ist diesen Bestrebungen mit der von ihr selbst so bezeichneten „Auflockerungsrechtsprechung"[3] gefolgt, so dass der grundbuchrechtliche Zusammenhang[4] weitgehend verloren gegangen ist. Hintergrund ist der Paradigmenwechsel bei der Anwendung der Norm in der Praxis: nicht (mehr) Erwerberschutz steht im Vordergrund, sondern die Vertragsreue eines der ursprünglichen Vertragspartner.[5] Dieses Problem wäre allerdings mit dem Gedanken des Schutzbereichs der Norm besser zu lösen gewesen, womit sich auch die Frage der Erweiterung des Schutzes nicht gestellt hätte; dh auf den Formmangel können sich nur der Erwerber, nicht aber die ursprünglichen Vertragspartner berufen; denn in ihren Händen hätte es gelegen (bzw. liegt es, → Rn. 74–76) den Vertrag formgerecht abzuschließen bzw. die Form nachzuholen. Unter Beachtung von Dogmatik und Methodik sollte an § 311 b angeknüpft werden Die Urkunde über einen längerfristigen Mietvertrag steht an der Stelle von notarieller Beurkundung für den Grundbucheintrag und muss daher ebenfalls die für diesen Bereich geltenden Formerfordernisse erfüllen, wodurch sich eine Fülle der von der höchstrichterlichen Rspr. verursachten Einzelprobleme erledigen: In der Urkunde müssen sämtliche Vertragskriterien ohne Unterscheidung in wichtige und unwichtige Abreden enthalten sein[6] (anders aber Rspr. → Rn. 33); Anlagen müssen in den „Willen" des beurkundeten Vertrages ausdrücklich aufgenommen werden (entsprechend §§ 9, 13 BeurkG; anders die Rspr. zu § 550, → Rn. 38); Änderungen und Ergänzungen der ursprünglichen Urkunde sind nicht nur ebenfalls formbedürftig[7] (anders wiederum Rspr. → Rn. 41–45), sondern sind auch auf der Ursprungsurkunde zu vermerken (§ 44 a BeurkG). Denn nur auf diese Weise wird der jeweils geltende Vertragsinhalt formgerecht dokumentiert (anders Rspr. → Rn. 44). Wird das Formerfordernis punktuell nicht erfüllt, ist aus der Mitwirkungspflicht der vertragschließenden Parteien an der Herbeiführung des beabsichtigten Vertragszieles (iE langfristiger Mietvertrag) ein Anspruch auf Nachholung der Form herzuleiten.[8] Denn § 550 dient nicht dem Schutz der Vertragschließenden, so dass sie durch diese Pflicht keines Schutzes verlustig gehen (anders aber bei → Rn. 4). Damit erübrigen sich die Diskussionen um die sog. Heilungsklauseln (→ Rn. 74). **5**

Systematisch verfehlt steht die Vorschrift jetzt im Abschnitt über Wohnraummietverhältnisse. Kraft der Verweisung in § 578 BGB gilt sie aber sowohl für Mietverhältnisse über Grundstücke als auch sonstige Räume, also insbes. für die Geschäftsraummiete[9]; über § 581 Abs. 2 BGB auch für Pachtverträge, für Landpachtverträge enthält § 585 a BGB eine dem § 550 BGB mit Ausnahme der über zweijährigen Laufzeit entsprechende Vorschrift. **6**

Die durch die Mietrechtsreform geänderte Fassung (Altfassung: § 566 S. 1 BGB: „Ein Mietvertrag über ein Grundstück, der für längere Zeit als ein Jahr geschlossen wird, bedarf der schriftlichen Form" gegenüber der Neufassung „Wird der Mietvertrag … nicht in schriftlicher Form geschlossen …") hat die Frage aufgeworfen, ob es sich jetzt noch um eine gesetzlich vorgeschriebene Schriftform iSd § 126 BGB oder nur noch um eine vereinbarte Form nach § 127 BGB handelt mit der Folge, dass die strengen Erfordernisse des § 126 BGB nur noch „im Zweifel" gelten und die übrigen Erleichterungen des § 127 BGB Anwendung finden.[10] Zusätzlich zur Wortlautinterpretation **7**

---

[2] MüKoBGB/*Bieber* § 550 Rn. 2; Staudinger/*Emmerich* BGB § 550 Rn. 4; zweifelnd an der praktischen Bedeutung dieser zusätzlichen Funktionen auch *Guhling* NZM 2014, 529 (533); weitergehend BGH XII ZR 114/16, NZM 2019, 38 Rn. 35; BGH XII ZR 69/06, NJW 2008, 2178 mAnm *Stapenhorst;* der BGH verwechselt hier wieder einmal Zustandekommen des Vertrages und Formwirksamkeit; richtig dagegen noch BGH XII ZR 121/05, NJW 2007, 3346 mAnm *Lehmann-Richter* ZMR 2007, 940.

[3] So zuletzt BGH XII ZR 234/95, NJW 1998, 58; BGH XII ZR 60/97, NZM 1999, 559; BGH XII ZR 251/97, NZM 2000, 381; wobei zu bezweifeln ist, ob es Aufgabe des BGH ist, ein Gesetz aufzulockern und nicht seiner Wahrung zu dienen. Kritik am BGH zurückweisend *Treier* GS Sonnenschein, 2003, 141 (150).

[4] IdS noch *Schlemminger* NJW 1992, 2249 (2253).

[5] NomosKommentar-BGB/*Riecke* § 550 Rn. 3; *Börstinghaus* DMT-Blanz 2011, 377.

[6] MüKoBGB/*Ruhwinkel* § 311 b Rn. 55.

[7] Palandt/*Grüneberg* BGB § 311 b Rn. 41.

[8] Wenn diese Pflicht schon bei einer vereinbarten Form gilt, so muss sie erst recht bei einer gesetzlichen Form gelten.

[9] *Löwe* NZM 2000, 577 (581).

[10] *Löwe* NZM 2000, 577 (581); *Eckert* NZM 2001, 409.

wird auf die Gesetzgebungsgeschichte verwiesen, wonach es ausdrücklich für entbehrlich erklärt worden ist, die Schriftform zwingend vorzuschreiben.[11]

8 Demgegenüber ist auch angesichts der Umformulierung der Vorschrift daran festzuhalten, dass die Schriftform gesetzlich iSd § 126 BGB vorgeschrieben ist.[12] Die Berufung auf die Gesetzgebungsgeschichte ist nicht zwingend; denn darin heißt es auch, dass die Norm im Wesentlichen unverändert dem bisherigen § 566 BGB entspricht.[13] Methodologisch kann ein Gesetzeszwang sowohl durch eine ausdrückliche Handlungsanweisung als auch durch die Anordnung von Rechtsfolgen für den Fall der Unterlassung der erwünschten Handlung ausgeübt werden.[14] Teleologisch ist der Formzwang zur Erreichung des Gesetzeszweckes, – Information des Grundstückserwerbers –, weiterhin erforderlich.[15] Denn von einer derartigen Information kann bei einer formal umfangmäßig im Belieben der Mietvertragsparteien stehenden Vertragsgestaltung, insbes. unter Berücksichtigung der Möglichkeiten der §§ 126a, 126b BGB, auf die § 127 Abs. 1 BGB ausdrücklich verweist, nicht mehr gesprochen werden.

## B. Formerfordernis

9 Dem Formzwang unterworfen sind nur solche Mietverträge über Grundstücke oder Räume, in deren rechtliche Wirkungen der Grundstückserwerber eintreten kann. Das gilt zunächst für alle (Haupt-)Mietverträge über das Mietobjekt, sowohl über Wohnraum als auch über Gewerberaum.

10 Ferner findet die Vorschrift Anwendung auf gemischte Verträge, die aus mietvertraglichen und sonstigen Elementen (Versorgung, Pflege, andere Dienstleistungen) zusammengesetzt sind, sofern die Zusatzleistungen notwendigerweise auf dem Bestehen des „Miet-“Vertrages aufbauen müssen und der mietvertragliche Anteil an den rechtlichen Beziehungen überwiegt.[16]

11 Die Schriftform gilt auch für einen längerfristigen **Untermietvertrag**[17], obwohl zwischen Untermieter und Hauptvermieter keinerlei rechtliche Beziehungen bestehen. Denn der Erwerber des mit derartig gestaffelten Mietverhältnissen belasteten Grundstücks ist mittelbar auch an diesen Untermietvertrag gebunden, zumal jetzt die Schutzmöglichkeiten für den Untermieter auch gegenüber dem Hauptvermieter mit der Einführung des § 565 BGB erheblich erweitert worden sind.

12 Schließlich bedarf auch der kurzfristige Vertrag der Schriftform, wenn er eine Verlängerungsklausel oder eine **Optionsklausel** enthält, die zu einer über die Jahresfrist hinausgehenden Verlängerung berechtigen.[18] Das gilt auch für die **selbständige Vereinbarung** einer Verlängerungsoption, über deren Verlängerungsdauer keine ausdrückliche Vereinbarung getroffen worden ist. Denn die die Vertragslaufzeit beeinflussende Option ist ein wesentlicher Bestandteil des Mietvertrages und bedarf allein bereits deshalb der Schriftform, vorausgesetzt, der Grundmietvertrag hatte eine längere Laufzeit als ein Jahr.[19] Die **Ausübung** der **Option** bedarf ebenfalls der Form.[20] Denn hierbei handelt es sich dogmatisch um die Annahme eines im Hauptvertrag niedergelegten Vertragsangebots auf Verlängerung dieses ursprünglichen Vertrages.[21] Selbst wenn die Einräumung eines Optionsrechts als Gestaltungsrecht angesehen wird, wird durch dessen Ausübung der Vertrag

---

[11] Herrlein/Kandelhard/*Both* BGB § 550 Rn. 7 in sophistischer Auseinandersetzung mit der hM; in der 5. A. 2021 nicht mehr enthalten nach Bearbeiterwechsel.

[12] *Blank/Börstinghaus,* Neues Mietrecht, 2001, BGB § 550 Rn. 2; *Treier* GS Sonnenschein, 2003, 141 (142).

[13] Begründung des RegE bei *Grundmann,* Mietrechtsreformgesetz, 2001, S. 101.

[14] Davon ging wohl auch die Bund-Länder-Arbeitsgruppe „Mietrechtsvereinfachung“ aus, Bericht mit Textvorschlägen zur Neugliederung und Vereinfachung des Mietrechts, S. 133 Nr. 3.

[15] Staudinger/*Emmerich* BGB § 550 Rn. 3; Lindner-Figura/Oprée/Stellmann Geschäftsraummiete-HdB/*Lindner-Figura* Kap. 6 Rn. 4.

[16] BGH VIII ZR 331/80, NJW 1982, 221.

[17] BGH VIII ZR 166/80, NJW 1981, 2246, der allerdings nur auf das Verhältnis zwischen Unter-Vermieter und Untermieter abstellt.

[18] KG OLGE 8, 396; LG Berlin MM 1996, 165.

[19] BGH VIII ZR 225/86, NJW-RR 1987, 1227; OLG Düsseldorf ZMR 2013, 431; Soergel/*Heintzmann* BGB Vor § 535 Rn. 8; KG GE 2007, 1486, OLG Rostock MietRB 2010, 196, wobei es sich im konkreten Fall nicht um eine Option handelte.

[20] OLG Hamburg ZMR 2012, 100; KG ZMR 2013, 702 Rn. 19; aA BGH XII ZR 78/17, NZM 2019, 172; OLG Dresden BeckRS 2017, 107876 = ZMR 2017, 465; KG ZMR 2018, 209; GE 2017, 1468; allg. MüKoBGB/*Busche* Vor § 145 Rn. 74; Lindner-Figura/Oprée/Stellmann Geschäftsraummiete-HdB/*Zöll* Kap. 9 Rn. 26; die Formbedürftigkeit ist allerdings sowohl in Rspr. wie Lit. umstr., s. iE *Börstinghaus* DMT-Bilanz 2011, 377 (379) bei Fn. 16.

[21] So zB *Enneccerus,* Lehrbuch des Bürgerlichen Rechts, Bd. I, 1931, S. 499.

geändert und jede Änderung eines formbedürftigen Vertrages bedarf wiederum der Form[22] (maßgebend ist die Wirkung, nicht die Ursache). Aus dem vorliegenden Vertrag muss sich aber für den Erwerber ergeben, welche Laufzeit er hat. Unbehelflich ist insoweit der Hinweis, er könne sich erkundigen[23]; das kann er bei jedem formlosen Vertrag tun. Der **BGH** hingegen folgt zu einem dieser Begründung (Erkundigungsmöglichkeit), sieht zum anderen in der Option ein Gestaltungsrecht.[24] Beides ist wenig überzeugend im Hinblick auf den mit § 550 BGB intendierten Schutz eines Erwerbers. Die Erkundigung kann, muss aber nicht zu einem zutreffenden Ergebnis führen; der Urkundsbeweis hat vor dem „Zeugenbeweis" stets Vorrang.

Mangels gesetzlicher Bindung eines Erwerbers bedarf der **Miet-Vorvertrag** nicht der Schriftform.[25] Denn dieser Vertrag gewährt noch kein Besitzrecht am Mietobjekt, sondern lediglich einen Anspruch auf Abschluss des – je nach Laufzeit formbedürftigen – Hauptvertrages. Formbedürftig ist aber die Abrede, dass der Vorvertrag nunmehr als Hauptvertrag gelten solle.[26] **13**

Da ein Erwerber auch beim **Vor-Mietrecht** noch nicht gebunden wird, bleibt dessen Vereinbarung formfrei. Der in Ausübung dieses Rechts zustande gekommene Mietvertrag bedarf dagegen bei entsprechender Vertragsdauer der Schriftform.[27] **14**

Ist ein Mietvertrag formgerecht beurkundet worden, gilt für seinen Inhalt die Vermutung der Richtigkeit und Vollständigkeit. Ein Vertragspartner, der sich auf weitergehende Vereinbarungen beruft, die keinen Niederschlag im schriftlichen Mietvertrag gefunden haben, ist hierfür darlegungs- und beweispflichtig.[28] **15**

Nach der Regel des § 416 ZPO erbringt der formgerecht abgeschlossene Mietvertrag den vollen Beweis dafür, dass die im Vertrag niedergelegten Erklärungen von den Vertragspartnern abgegeben worden sind; die Beweisregel erfasst dagegen nicht den Inhalt der Erklärungen. **16**

Weitergehend ergibt sich aus den §§ 439 Abs. 2, 440 Abs. 2 ZPO, dass die Echtheit der über der Unterschrift stehenden Erklärungen dann vermutet wird, wenn der Gegner des Beweisführers die Echtheit seiner Unterschrift unter dem Mietvertrag anerkennt. Gegenüber dieser gesetzlichen Vermutung ist der Beweis des Gegenteils zulässig. **17**

## I. Vertragsdauer

In Umkehrung des Vorbildes in ALR I, 21, § 269, bei dem der Formmangel die Vertragsdauer auf ein Jahr bestimmte, verlangt § 550 BGB bei einer über ein Jahr hinausgehenden Vertragsdauer die Einhaltung der Schriftform. Für die Berechnung der Vertragszeit ist der Zeitpunkt des vertraglich vereinbarten **Nutzungsbeginns** maßgebend. Nicht abgestellt werden darf auf den Vertragsschluss oder auf den Zeitpunkt der tatsächlichen Nutzung.[29] Ersterer sagt nichts über die zur Nutzung berechtigende Vertragslaufzeit; letzterer ist – ex ante vom Vertragsabschluss her – nicht mit Sicherheit festzustellen (→ Rn. 59). **18**

Eine Laufzeit über ein Jahr hinaus liegt bei Verträgen vor, die auf mehrere Jahre abgeschlossen worden sind (zB auf zwei, fünf oder zehn Jahre). **19**

Eine längere Laufzeit ist bei Verträgen gegeben, die zwar auf unbestimmte Zeit abgeschlossen worden sind, bei denen aber die Möglichkeit einer ordentlichen Kündigung auf die Weise beschränkt ist, dass sie frühestens nach Ablauf eines Vertragsjahres erfolgen darf.[30] Ob eine derartige **20**

---

[22] Dies sieht der BGH anders, BGH XII ZR 78/17, NZM 2019, 172 mAnm *Schweitzer,* der angesichts der Praxis, eine Optionsausübung per Fax durchzuführen, nicht zu Unrecht darauf verweist, dass es sich insoweit um ein Scheinproblem handelt.

[23] So *Börstinghaus* DMT-Bilanz 2011, 377 (381); so auch BGH XII ZR 78/17, NZM 2019, 172 Rn. 27; ebenso KG GE 2017, 1468 (1469); ZMR 2018, 209 (211). Die vom KG gelieferte Begründung, durch die Ausübung der Option werde der Vertrag nicht geändert, ist unzutreffend: die Dauer eines Vertrages gehört zum „wesentlichen" Vertragsinhalt; ihre Änderung ändert damit auch den Vertrag und bedarf somit der Schriftform.

[24] BGH XII ZR 78/17, GE 2019, 182.

[25] RGZ 86, 30; BGH XII ZR 40/05, NJW 2007, 1817 = ZMR 2007, 519 mAnm *Dusil;* OLG Brandenburg ZMR 2010, 23; aA *Michalski* WM 1998, 1997.

[26] BGH V ZR 97/69, NJW 1970, 1596; Staudinger/*Emmerich* BGB § 550 Rn. 6.

[27] Staudinger/*Emmerich* BGB § 550 Rn. 7.

[28] RGZ 62, 49; LG Berlin GE 2001, 1541.

[29] Lindner-Figura/Oprée/Stellmann Geschäftsraummiete-HdB/*Lindner-Figura* Kap. 6 Rn. 14.

[30] BGH VIII ZR 164/58, NJW 1960, 475; BGH VIII ZR 223/06, WuM 2007, 272 mAnm *Lammel* jurPR-MietR 13/2007 Anm. 3; MietPrax-AK/*Eisenschmid* BGB § 550 Nr. 18; BGH XII ZR 117/06, NZM 2008, 687; OLG Düsseldorf GE 2009, 841.

**Kündigungsbeschränkung** vorliegt, ist danach zu entscheiden, ob sich der Mieter darauf berufen kann. Das ist zum einen der Fall, wenn sie im Mietvertrag mit ihm vereinbart worden ist; eine getrennte entsprechende Absprache bedarf aber wiederum der Schriftform.[31] Ist eine diesbezügliche Absprache zwischen dem Veräußerer-Vermieter und dem Erwerber getroffen worden, ist darin ein Vertrag zugunsten Dritter (= Mieter) zu sehen, so dass durch diese nachträgliche die Laufzeit berührende Abrede die Formbedürftigkeit eintritt.[32] Wegen der bei Nichteinhaltung der Form eingreifenden vorzeitigen Kündbarkeit des Vertrages kann darin kein Vertrag zu Lasten des Mieters gesehen werden; denn er kann einer vorfristigen Kündigung des Erwerbers den Einwand des venire contra factum proprium entgegenhalten.[33] Auch im Wohnraummietrecht ist der befristete Ausschluss des Kündigungsrechts zugunsten des Mieters zulässig.[34]

21 Ferner gehören Verträge hierher, die zwar zunächst auf eine Laufzeit unter einem Jahr abgeschlossen worden sind, in denen aber bestimmt ist, dass sich der Vertrag auf bestimmte oder unbestimmte Zeit verlängern soll, wenn er nicht zum Ende der ersten Laufzeit gekündigt wird; auch dies betrifft nur noch Gewerberaummietverträge. Aus dem Zusammenwirken beider vertraglicher Regelungen ergibt sich eine über ein Jahr hinausgehende Vertragsdauer.[35]

22 Wird in einem (Nichtwohnraummiet-)Vertrag die Mietzeit oder auch nur die Aussetzung der Zahlung des Mietzinses an das Abwohnen eines Baukostenzuschusses gekoppelt, liegt, sofern die Höhe den Mietzins für ein Jahr übersteigt, ein längerfristiger Vertrag vor. Denn entweder ist – bei Vorliegen einer Verrechnungsabrede – für die Dauer dieser Verrechnung die Befugnis zur ordentlichen Kündigung ausgeschlossen, oder die Mietzeit ergibt sich aus der Höhe des Baukostenzuschusses und der entsprechenden Mietanteile.

23 Schließlich gelten auch solche Verträge als über ein Jahr dauernd, deren Laufzeit vom zeitlich unbestimmten Eintritt eines Ereignisses abhängig gemacht worden ist (zB Vertrag auf Lebenszeit;[36] bis zur Anmietung oder Fertigstellung einer anderen Wohnung; bis zur Eheschließung, der Arbeitsaufnahme);[37] was bei Wohnraummietverträgen angesichts der zwingenden Voraussetzungen für einen qualifizierten Zeitmietvertrag ebenfalls nicht mehr zulässig ist.[38]

## II. Schriftform

24 Die inhaltlichen Voraussetzungen für die Einhaltung der Schriftform ergeben sich aus § 126 BGB. Neben der dort aufgeführten eigenhändigen Unterzeichnung erfüllen auch die notarielle Beurkundung nach den §§ 8–13 BeurkG sowie der Vertragsschluss im Wege des gerichtlichen Vergleichs, § 127a BGB, §§ 159–163 ZPO, die gesetzliche Schriftform. Zur elektronischen Form → Rn. 47.

25 Die Einhaltung der Schriftform bezieht sich nur auf die **Unterzeichnung** der Urkunde durch ihren Aussteller, nicht auf deren sonstige Ausgestaltung. Die Befolgung der Form dient lediglich der Dokumentation des zwischen den Parteien Vereinbarten, nicht aber der Herbeiführung des materiell richtigen Inhalts, sie gibt den Ist-Zustand wieder, zwingt aber nicht zur Einhaltung des Soll-Zustandes.[39] Entgegen dieser Trennung zwischen Urkunde (= Form) und Vertrag (= Wirksamkeit)[40] hat die gerichtliche Praxis **bisher** im wesentlichen danach unterschieden, in welcher rechtlichen Form der „Vertragsschließende" der Urkunde auftritt (natürliche Person, Personenmehrheit, Gesamtperson oder juristische Person); zum anderen danach, ob der „Vertragsschließende" in Per-

---

[31] BGH VIII ZR 235/11, NZM 2012, 502; OLG Hamburg MietRB 2015, 357; OLG München ZMR 2016, 945.

[32] Soergel/*Heintzmann* BGB § 550 Rn. 3, allerdings unterscheidend zwischen unechtem und echtem Vertrag zugunsten Dritter.

[33] RGZ 103, 381.

[34] BGH VIII ZR 81/03, NJW 2004, 1448 und BGH VIII ZR 379/03, NJW 2004, 3117; → BGB § 575 Rn. 66, 78, 81.

[35] Staudinger/*Emmerich* BGB § 550 Rn. 9.

[36] Dazu auch → BGB § 575 Rn. 81.

[37] BGH VIII ZR 134/57, NJW 1958, 2062; LG Berlin WuM 1991, 498; OLG Frankfurt a. M. OLG Report Frankfurt 1994, 146.

[38] Zu den Einzelheiten → BGB § 542 Rn. 162–164.

[39] *Lindner-Figura/Oprée/Stellmann* Geschäftsraummiete-HdB/*Lindner-Figura* Kap. 6 Rn. 21.

[40] Diese Trennung liegt auch der Entscheidung des BGH XII ZR 120/06, NZM 2010, 319 zugrunde, so in ihrer Anm. dazu *Pleister/Ehrich* ZMR 2010, 595f.; *Disput* ZMR 2010, 827 (829); einengend hingegen nur auf den konkreten entschiedenen Fall *Eupen* NZM 2010, 389.

son unterschreibt oder sich durch einen Dritten hierbei vertreten lässt. Dabei wird aber nicht berücksichtigt, dass zu trennen ist zwischen Erfüllung der Form und den sich aus der Urkunde ergebenden Rechtswirkungen. Denn **Aussteller** der Urkunde iSd § 126 Abs. 1 BGB ist nach hM derjenige, der die beurkundete Willenserklärung abgegeben hat[41], nicht aber derjenige, den die Rechtsfolgen treffen sollen. Inhaltlich müssen daher nach § 550 BGB beide Elemente erfüllt werden: das Schriftformerfordernis des § 126 BGB und der formentsprechende Vertragsschluss. Während es für die Schriftform auf den Aussteller der Urkunde ankommt, bedarf es für den Vertragsschluss eines klarstellenden Hinweises auf die Vertragspartner. Die Trennung zwischen den Erfordernissen der Form und denen des Vertragsschlusses ist auch bei anderen Elementen zu machen, die die Perfektion des Mietvertrages betreffen, so zB die rechtzeitige Annahme eines Vertragsangebots; die Angabe der Zeitspanne zwischen den Annahmeerklärungen der Parteien ist daher keine Frage der Form, sondern des Vertragsschlusses gem. §§ 147 Abs. 2, 150 Abs. 1 BGB;[42] dieser Vertragsschluss muss aber wiederum formgerecht erfolgen![43] Die praktische Missachtung der dogmatischen Strukturen führte zu dem **Missbrauch der Formvorschrift** als Mittel zur Lösung von einem unbequem gewordenen Vertrag. Dieser Erscheinung begegnete dann die Rspr. mit ihrer Auflockerungsrechtsprechung, die letztlich die Vorhersehbarkeit der Entscheidungen nahezu unmöglich gemacht hat. Die Befolgung des Trennungsprinzips erledigt dagegen die problematischen Differenzierungen hinsichtlich der Erfüllung der Form.[44] In seiner neueren Rspr. nähert sich der BGH inhaltlich diesem Trennungsgebot an: Zwar prüft er weiterhin unter dem Rechtsmerkmal „Form", er unterscheidet aber zwischen äußerer Form, die er dem § 550 BGB unterstellt, und einer inneren Form, die jedenfalls nicht unter § 550 BGB zu subsumieren ist.[45] Diese sog. innere Form wird nicht genau definiert, sie stellt aber die materiellen Voraussetzungen für einen Vertragsschluss dar. Die Bezeichnung als „Form" verstellt allerdings den Blick auf die Elemente eines Vertragsschlusses;[46] materielles und formelles Recht sind aber strikt nach ihren jeweiligen Tatbestandsmerkmalen zu trennen. Die **Prüfung eines Vertrages** erfolgt daher in **zwei Schritten:** Erstens muss festgestellt werden, ob überhaupt ein materiell wirksamer Vertragsschluss vorliegt (übereinstimmende Willenserklärungen bzgl. des Inhalts, Parteien, Vertretungsbefugnis); bei einem entsprechend positiven Ergebnis kann zweitens überprüft werden, ob dieser wirksame Vertrag formgerecht abgeschlossen worden ist.[47] Die jüngsten Entscheidungen des BGH stellen daher inhaltlich keine Fortsetzung der Auflockerungsrechtsprechung dar[48] (wenn auch von ihr nicht ausdrücklich Abschied genommen wird), sondern sind Ausdruck der notwendigen Trennung von materiellem und formellem Recht.

Erfüllt wird die **Form** durch die **Unterzeichnung der Urkunde** mit dem Namenszeichen der Aussteller, dh bei einem Vertrag mit den Namenszeichen aller Vertragsparteien. Das gilt auch bei Gesamtpersonen (GbR[49], KG, OHG, juristischen Personen). Bei ihnen leistet die „Gesamtperson" die Unterschrift durch das für sie bestellt Organ; ein Vertretungszusatz ist daher – mangels Vertre- **26**

---

[41] RGZ 76, 191; die Materialien sprechen insoweit stets vom Erklärenden; MüKoBGB/*Einsele* § 126 Rn. 12.

[42] BGH XII ZR 66/07, NZM 2009, 515; BGH XII ZR 120/06, ZMR 2010, 535; KG NZM 2007, 86; OLG Jena NZM 2008, 572; *Pleister/Ehrich* ZMR 2009, 820; aA aber KG ZMR 2007, 535; NZM 2007, 731; OLG Rostock MietRB 2005, 317; Herrlein/Kandelhard/*Both* BGB § 550 Rn. 8.

[43] *Schultz* NZM 2007, 509.

[44] So auch *Disput* ZMR 2010, 827 (829).

[45] BGH XII ZR 98/13, NZM 2015, 662 Rn. 33.

[46] Gerade in dem Fall BGH XII ZR 98/13, NZM 2015, 662 bestanden durchaus berechtigte Zweifel, ob überhaupt ein Mietvertrag zustande gekommen war, so auch die Anm. *Lepczyk* jurisPR-MietR 18/2015 Anm. 4; das gleiche gilt für den Fall einer Erbengemeinschaft (BGH VIII ZR 298/14, MietRB 2015, 226, bei dem ebenfalls Zweifel bestehen könnten, ob überhaupt und wenn ja, mit wem, der Mietvertrag zustande gekommen ist; s. auch zur Erbengemeinschaft OLG Hamburg ZMR 2016, 941.

[47] Leider werden diese unterschiedlichen Merkmale immer noch miteinander verknüpft, so zB MietPrax-AK/*Eisenschmid* BGB § 550 Entscheidung Nr. 41, in seiner Anmerkung, wenn er für die Wahrung der Schriftform verlangt, dass die für den Abschluss des Vertrages notwendige Einigung vorliegt.

[48] So aber die Anmerkungen von *Lepczyk* jurisPR-MietR 18/2015 Anm. 4 und MietPrax-AK/*Eisenschmid* BGB § 550 Entscheidung Nr. 41.

[49] BGH II ZR 331/00, NJW 2001, 1056. Hier gilt aber das Erfordernis der Unterzeichnung mit einem Vertretungszusatz, BGH XII ZR 300/99, GE 2003, 523; BGH XII ZR 65/02, NJW 2003, 3053; BAG NJW 2005, 2572; OLG Köln MietRB 2005, 92; OLG Hamburg ZMR 2019, 264; BGH LwZR 5/19, NZM 2021, 142 (mablAnm *Lammel* jurisPR-MietR 5/2021 Anm. 4) was aber der Anerkennung als Gesamtpersönlichkeit ähnlich einer juristischen Person nicht entspricht; undeutlich insoweit OLG Dresden MietRB 2006, 164.

tung iSd § 164 BGB – nicht erforderlich[50]; die **Instanz-Rechtsprechung** sieht dies ebenfalls unter Verkennung des Unterschieds von Form und Wirkung durchweg **anders.**[51] Besteht eine Vertragspartei aus mehreren Personen und werden diese bei der Unterzeichnung nicht vertreten, müssen grds. alle ihre Unterschrift leisten, da sie in diesem Fall auch Aussteller der Urkunde sind.[52] Die **Unterschrift** muss den Aussteller hinreichend kennzeichnen.[53] Das erfordert nicht unbedingt die Unterzeichnung mit (Vor- und) Zunamen,[54] sondern zulässig ist auch die Verwendung zB nur des Vornamens, eines Pseudonyms, eines Künstlernamens, sofern die betreffende Person unter diesen Bezeichnungen hinreichend identifizierbar ist und mit ihnen am Rechtsverkehr teilnimmt. Anstelle des Namens kann auch mittels der nach den §§ 39, 40 Abs. 6 BeurkG notariell beglaubigten Handzeichen unterschrieben werden. Der Vollkaufmann zeichnet mit seiner Firma, § 17 HGB. **Nicht ausreichend** ist dagegen die Unterzeichnung mit einer Paraphe, die zwar der Zuordnung zum Aussteller dienen kann, aber nicht den Charakter der Endgültigkeit trägt; ferner mit einer Verwandtschaftsbezeichnung oder einem bloßen Titel.

**27** Das Merkmal der **eigenhändigen** Unterzeichnung wird nur durch eine handschriftliche Unterschrift erfüllt. Daher genügt es nicht, wenn die Unterschriftsleistung mittels Stempel[55] Druck, Schreibmaschine, Schreibautomat, Faksimile erfolgt. Nicht ausreichend für die Erfüllung der Form ist ferner die Übersendung des Vertrages im Wege eines „unterzeichneten" Telegramms oder durch Telefax,[56] wobei letzteres mehr ein Problem des Vertragsschlusses ist, da dem Telefax ein „Original" des Vertragsexemplars zu Grunde liegen muss (→ Rn. 31). Wird die elektronische Form (→ Rn. 47) gewählt, ist neben der Namensangabe des Erklärenden als „Unterschrift" (→ Rn. 28) seine elektronische Signatur erforderlich, § 126 a Abs. 1 BGB. Außerhalb des Anwendungsbereichs von § 126 a BGB ist der Vertragsschluss durch E-Mail nicht formwahrend.[57]

**28** Um eine **Frage des Vertragsschlusses** iSd § 550 BGB handelt es sich, wenn die Vertragspartner bei der Unterzeichnung des Mietvertrages durch einen Dritten **vertreten** werden. Dann ist dieser zwar Aussteller der Urkunde. Er muss aber in Verfolgung des Offenkundigkeitsprinzips nach § 164 Abs. 2 BGB klarstellen, dass er **nicht** der **Vertragspartner** sein will. Deshalb ist es bei den Vertretungsfällen erforderlich, dass der Unterschrift des Vertreters ein sein Vertretungsverhältnis kennzeichnendes Merkmal beigefügt wird[58]; der Vertretungszusatz dient in diesen Fällen der Dokumentation, dass alle Vertragspartner ihre Unterschrift geleistet haben[59] Keine Frage der Form, sondern der Wirksamkeit des Vertrages liegt bei einer Vertretung durch mehrere Personen

---

[50] MüKoBGB/*Einsele* § 126 Rn. 13; OLG Düsseldorf MDR 2012, 902 Rn. 54; OLG Koblenz BeckRS 2014, 14502 = ZMR 2015, 20; OLG Köln ZMR 2018, 310; KG ZMR 2018, 306 mAnm *Burbulla* ZMR 2018, 309; in BGH XII ZR 55/14, ZMR 2015, 695 Rn. 24 heißt insoweit ausdrücklich, dass die Vertretungsproblematik keine Frage der Schriftform, sondern des Zustandekommens des Vertrages ist; anders noch *Mettler* MietRB 2018, 247 (250).

[51] OLG Köln MietRB 2005, 257; BGH XII ZR 121/05, NJW 2007, 3346; KG DWW 2007, 374; BGH XII ZR 35/11, NJW 2013, 1082 mAnm *Lammel* jurisPR-MietR 7/2013 Anm. 1; s. auch *Wiek* GuT 2003, 207 aA die in Fn. 40 zitierte Rspr., die aber die Gesamtpersönlichkeit der GbR nicht ausreichend berücksichtigt. Bei BGH XII ZR 132/03, NJW 2005, 2225 wird nicht deutlich, ob eine GmbH Vertragspartnerin gewesen ist. Anders auch LG Berlin GE 2007, 846.

[52] OLG Nürnberg MietRB 2004, 343; LG Hamburg ZMR 2009, 535; BGH XII ZR 69/06, NJW 2008, 2178 mAnm *Stapenhorst;* OLG Köln ZMR 2015, 446; OLG Hamburg ZMR 2016, 941 lässt bei einer Erbengemeinschaft die Bestimmbarkeit deren Mitglieder ausreichen, was aber nicht unbedingt etwas darüber aussagt, ob diese auch Vertragspartner geworden sind; BGH XII ZR 86/07, NZM 2010, 82, Vertretungszusatz erforderlich, um zu erkennen, dass alle Vertragspartner unterzeichnet haben (Rn. 13, 14); ob dies durch die Beifügung eines Betriebsstempels – so OLG Rostock ZMR 2018, 828; KG MietRB 2021, 138 – erfüllt wird, erscheint fraglich; BGH XII ZR 51/19, NZM 2020, 429 Rn. 24, 25, der Stempel muss unterschriftsvertretend die Urkunde jedenfalls abschließen; dazu *Einsele* LMK 2010, 296352; *Schäfer* GWR 2010, 8; *Timme/Hülk* NZG 2010, 177; *Kuxkein* NZM 2010, 148. Das ist aber keine Frage der Form, sondern des wirksamen Vertragsschlusses, so jetzt BGH XII ZR 55/14, ZMR 2015, 695 Rn. 24.

[53] Zur „Wellenlinie" s. OLG Köln NZM 2005, 705; zu weitgehend BGH XII ZR 26/20, NZM 2021, 472, m. insoweit abl. Anm. *Lammel,* juris PR-MietR 12/2021, Anm. 6, da im Gegensatz zu OLG Köln kein Buchstabe erkennbar war.

[54] OLG Hamm BeckRS 2011, 13445.

[55] Anders wohl OLG Rostock ZMR 2018, 828.

[56] BGH IX ZR 259/91, NJW 1993, 1127; OLG Celle ZMR 1996, 26.

[57] *KG GE 2001, 849;* anders jetzt LG Marburg ZMR 2020, 124, dort liegt mit der Übersendung des unterzeichneten Vertrages per E-Mail aber keine (Original-)Urkunde vor, sondern nur eine Kopie.

[58] OLG Nürnberg MietRB 2004, 343.

[59] OLG Düsseldorf MietRB 2012, 38; VerfGH Berlin GE 2012, 121.

vor, von denen aber nur einer – unter Hinweis auf die Vertragspartnerstellung des Vertretenen, nicht aber unter gleichzeitigem Hinweis darauf, dass er auch die anderen Vertreter „vertritt" – unterzeichnet hat[60] Die Vertretereigenschaft kann sich aber auch aus den Umständen ergeben, wenn zB im Vertragsrubrum die Namen der Vertragspartner aufgeführt sind, zu denen der Unterschreibende aber mangels dortiger Erwähnung nicht gehört.[61] Technisch gesehen kann daher der **Vertreter** sowohl mit seinem Namen unter Kennzeichnung seiner Vertreterstellung (sofern sich diese nicht aus der Urkunde selbst ergibt, zB aus dem „Rubrum" der Mietvertragsformulare) als auch mit dem Namen des Vertretenen[62] unterzeichnen …

Der Gesetzeswortlaut verlangt ausdrücklich eine **„Unterzeichnung"** der Urkunde. Das ist keine bloße sprachliche Förmelei, sondern entspricht dem Zweck der Schriftform als Erklärung, dass die verkörperte Willenserklärung vom Aussteller herrührt (s. auch § 416 ZPO), also zeitlich vor der Bestätigung liegen muss. Die Unterzeichnung muss die Urkunde abschließen[63] Deshalb erfüllen Namenszeichnungen oberhalb des Urkundentextes („Oberschrift") oder neben diesem („Nebenschrift") das Formerfordernis nicht.[64] **Zusätze** unter der Unterschrift bedürfen daher zu ihrer Wirksamkeit (bzw. zur Wirksamkeit der gesamten Urkunde, → Rn. 60) erneut der Unterschrift; spätere Zusätze, die oberhalb der Unterschrift angebracht werden, sind dagegen unter dem Gesichtspunkt der Wahrung der Schriftform wirksam.[65] **29**

Das gesetzliche Formerfordernis sollte zwar bei Vertragsschluss erfüllt werden. Die Unterschriften können aber noch später nachgeholt werden mit der Folge, dass die nachteiligen Wirkungen des Formmangels ex tunc entfallen.[66] Mangels Nichtigkeit des gegen die Formvorschrift des § 550 BGB verstoßenden Geschäfts findet § 141 Abs. 1 BGB keine Anwendung; die Rückwirkung der Formerfüllung ist aus einer Analogie zu §§ 141 Abs. 2, 184 Abs. 1 BGB herzuleiten.[67] **30**

### 1. Ursprungsvertrag

Bei Mietverträgen entspricht es der Regel, dass **mehrere** gleichlautende **Urkunden** über die vertraglichen Vereinbarungen erstellt werden, zB ein Formularvertragsexemplar für den Mieter und eines für den Vermieter. In diesen Fällen müssen nicht beide Exemplare von beiden Vertragspartnern unterzeichnet werden, sondern es reicht aus, wenn das jeweils für den anderen Partner bestimmte Exemplar unterschrieben wird, § 126 Abs. 2 S. 2 BGB[68]; das gilt auch für die elektronische Form, § 126a Abs. 2 BGB. Die Schriftform ist allerdings auch gewahrt, wenn ein Vertragsexemplar von beiden vertragschließenden Parteien unterzeichnet worden ist.[69] Nicht ausreichend für die Erfüllung der Schriftform ist ein Briefwechsel über die Annahme des Vertragsangebots[70]; denn in diesem Fall enthält nicht eine Urkunde beide rechtsgeschäftlich relevanten Erklärungen der Parteien, die letztlich den Vertragsinhalt ausmachen.[71] Keine Frage der Erfüllung der Schriftform, sondern ihres Nachweises stellt es dar, wenn die formgerechte Urkunde im Streitfall nicht vorgelegt werden kann.[72] **31**

---

[60] AA (30. ZS) OLG Hamm NZM 2011, 584 = ZMR 2011, 632 mAnm *Späth;* anders hingegen (7. ZS) OLG Hamm MietRB 2012, 311, das in diesem Fall eine stillschweigende Genehmigung der anderen Vertretungsberechtigten annimmt; ähnlich *Leo* NJW 2013, 2393 (2394), dessen Argumentation aber einer petitio principii nahekommt.

[61] BGH XII ZR 132/03, NJW 2005, 2225; OLG Koblenz WuM 2012, 616 mit einem zu weitgehenden Leitsatz.

[62] Dann nach der hM sogar ohne Vertretungszusatz, krit. dazu MüKoBGB/*Einsele* BGB § 126 Rn. 12; Bedenken dagegen *Jauernig* § 126 Rn. 3.

[63] OLG Düsseldorf MietRB 2012, 40; so auch BGH VIII ZR 72/14, WuM 2014, 612 bzgl. Textform.

[64] So bereits die Motive zum BGB bei *Haidlen,* Bürgerliches Gesetzbuch, 1897, BGB § 126 Rn. b; BGH VIII ZR 296/88, NJW-RR 1990, 518; BGH XI ZR 71/91, NJW 1992, 829.

[65] OLG Köln NJW-RR 1989, 1336.

[66] Roquette MietR BGB § 566 Rn. 45; BGH XII ZR 68/02, WuM 2004, 535; Lindner-Figura/Oprée/Stellmann Geschäftsraummiete-HdB/*Lindner-Figura* Kap. 6 Rn. 109; zur Nachholung gehört auch die spätere Genehmigung des Handelns eines vollmachtlosen Vertreters, LG Schwerin BeckRS 2018, 15855; aA Sternel MietR Kap. I Rn. 204, ex nunc-Wirkung; offen gelassen jetzt in Sternel Mietrecht aktuell, 4. Aufl. 2009, Kap. I Rn. 143.

[67] Das übersieht *Streyl* NZM 2015, 28 (29) bei seinem Verdikt über die Sinnlosigkeit von Heilungsklauseln völlig.

[68] OLG Düsseldorf MietRB 2010, 324; BGH XII ZR 129/16, NZM 2018, 394.

[69] OLG Düsseldorf ZMR 2001, 441.

[70] RGZ 59, 245; RG LZ 1930, 840; BGH XII ZR 179/98, NZM 2001, 42.

[71] BGH KZR 51/97, NJW-RR 1999, 689.

[72] OLG Stuttgart MietRB 2010, 359.

32 Von der Erfüllung der Form streng zu trennen ist das **Zustandekommen** des Vertrages[73] (abgesehen vom Vertreterhandeln). Erfolgt der Vertragsschluss in Gegenwart beider Parteien („unter Anwesenden"), werden die diesem zu Grunde liegenden Willenserklärungen sofort mit Unterzeichnung und Austausch der unterzeichneten Exemplare wirksam. Beim Vertragsschluss unter Abwesenden, wenn eine Vertragspartei also sowohl das für sie bestimmte, bereits unterschriebene Vertragsexemplar als auch das noch zu unterschreibende, für den anderen Partner bestimmte Exemplar zugesandt erhält, reicht die Unterschrift unter dem für den Vertragspartner bestimmten und deshalb zurückzusendenden Exemplar nicht aus. Denn nach § 130 Abs. 1 S. 1 BGB muss die Annahmeerklärung dem anderen zugehen; da die Annahme der Form bedarf, muss also das unterschriebene Exemplar des Mietvertrages dem anderen Vertragspartner übersandt werden und diesem auch zugehen, um den Vertrag materiell-rechtlich (im Sinne von übereinstimmenden Willenserklärungen) wirksam werden zu lassen. Von einem Verzicht auf die Übersendung der formgerechten Annahmeerklärung gem. § 151 S. 1 BGB kann gerade bei länger dauernden Mietverträgen nicht ausgegangen werden.[74] Daher reicht auch die schriftliche Bestätigung über die Unterzeichnung des für den anderen bestimmten Vertragsexemplars für das Zustandekommen des Vertrages nicht aus.

33 Der Form wird **inhaltlich** nur Genüge getan, wenn **alle** vertraglichen Vereinbarungen in der formvollendeten Urkunde enthalten sind.[75] Hierbei ist **nicht** zu unterscheiden zwischen wesentlichen und unwesentlichen Vereinbarungen,[76] sondern der formpflichtige Inhalt ist analog den Anforderungen zu § 311b BGB zu bestimmen (→ Rn. 5), da die Formvorschrift des § 550 BGB insoweit die Grundbucheintragung ersetzen sollte. Außerdem stellen die sog. **mietvertraglichen Nebenabreden** im wesentlichen nur eine Konkretisierung der in dem § 535 BGB enthaltenen Hauptpflichten der Mietvertragsparteien dar, so dass sie auch unter diesem Gesichtspunkt formbedürftig sind.[77] Des weiteren sind wesentliche Vertragsbestandteile nicht nur solche, die kraft Gesetzes konstitutiv für den Vertragstyp sind, sondern alles das, was die Vertragsparteien als wesentlich angesehen und deshalb in den Vertrag mit aufgenommen haben.[78] Deshalb sind **nur** die vertraglichen Vereinbarungen formgemäß niederzulegen. Beinhalten diese bestimmte Punkte nicht (zB konkreten Vertragsbeginn bei der Anmietung vom Reißbrett; detaillierte Wohnungsbeschreibung[79]), ist lediglich zu prüfen, ob ein wirksamer Mietvertrag zustande gekommen, nicht aber, ob die Form eingehalten ist (→ Rn. 34); ein nicht vorhandener Vertragsinhalt bedarf logischerweise nicht der Form.[80]

34 Es stellt **keine Frage** der Erfüllung der **Formvorschrift** dar, wenn diese formal zwar eingehalten ist, der „formgerecht" geschlossene Vertrag aber **mehrdeutig** ist oder wesentliche Elemente des geplanten Vertrages gar nicht enthält.[81] Bei letzterem ist unter Anwendung der Regelungen der §§ 154, 155 BGB zu klären, ob bei wesentlichen Punkten, die fehlen, ein Vertrag überhaupt zustande gekommen ist.[82] Mehrdeutigkeiten unterliegen der Auslegung, wofür auch auf außerhalb der Urkunde liegende Umstände zurückgegriffen werden darf,[83] sofern Anhaltspunkte für die Aus-

---

[73] BGH XII ZR 68/02, NJW 2004, 2962.

[74] BGH II ZR 99/98, NJW 1999, 1328.

[75] OLG Hamm ZMR 2014, 721; BGH XII ZR 137/12, ZMR 2014, 439; OLG Düsseldorf BeckRS 2014, 01866; *Schmid* GE 2015, 895 (896).

[76] MüKoBGB/*Einsele* § 125 Rn. 32, § 126 Rn. 7; aus praktischen Erwägungen ebenso *Mettler* MietRB 2018, 278 (279); unklar insoweit BeckOK MietR/*Dittert* BGB § 550 Rn. 136; Soergel/*Heintzmann* BGB § 550 Rn. 6; Staudinger/*Emmerich* BGB § 550 Rn. 34 einerseits und Staudinger/*Emmerich* BGB § 550 Rn. 42 andererseits; **anders** und ohne dogmatisch schlüssige Begründung BGH VIII ZR 71/97, WuM 2008, 290 Rn. 19; BGH XII ZR 69/06, NJW 2008, 2178 unter II 2b; BGH XII ZR 114/14, NZM 2016, 98 Rn. 12.

[77] MüKoBGB/*Bieber* § 550 Rn. 8, 10; *Wolf/Eckert,* Handbuch des gewerblichen Miet- und Pachtrechts, 4. Aufl. 1984, Rn. 95; aA Jauernig/*Teichmann* BGB § 550 Rn. 3; Guhling/Günter/*Schweitzer* BGB § 550 Rn. 42; Lindner-Figura/Oprée/Stellmann Geschäftsraummiete-HdB/*Lindner-Figura* Kap. 6 Rn. 35, 36, wobei der ständige Hinweis auf nicht wesentliche Inhalte zur Rechtsunklarheit führt (das bemerkt selbst *Schweitzer,* ohne daraus die notwendige Folgerung zu ziehen).

[78] OLG München MietRB 2020, 360 = ZMR 2021, 37.

[79] So der Fall AG Gießen ZMR 2004, 759.

[80] Entgegen OLG Dresden ZMR 2005, 41; NZM 2004, 826; OLG Naumburg NZM 2004, 825; wie hier *Durst/Weber* ZMR 2005, 760.

[81] *Schmid* MietRB 2015, 20 (21).

[82] *BGH V ZR 54/98,* NJW-RR 1999, 1030; BGH XII ZR 15/97, NJW 1999, 3257.

[83] BGH XII ZR 55/97, NJW 1999, 2591; LG Hamburg ZMR 2009, 287; OLG Koblenz MietRB 2011, 43; OLG Düsseldorf NZM 2014, 394; OLG Hamm ZMR 2020, 832 m. Anm. *Lammel,* juris-PR-MietR 18/2020, Anm. 3.

legung in der Urkunde selbst enthalten sind.[84] **Demgegenüber** subsumiert die **obergerichtliche Rspr.** diese Mängel unter das Formerfordernis.[85] Insbesondere bei der **Vermietung vom Reißbrett** stellt sie darauf ab, ob das Mietobjekt eindeutig bestimmbar ist.[86] Der damit zusammenhängende Zeitpunkt des Mietvertragsbeginns („Mit der **Übergabe**") wird ebenfalls unter das Problem „Wahrung der Schriftform" subsumiert.[87] Die Prüfung solcher Fallgestaltungen hat stattdessen zweistufig zu erfolgen: Zuerst ist festzustellen, auf was sich die Parteien geeinigt haben.[88] Ist ihre vertragsbegründende Willensübereinstimmung inhaltlich undeutlich geblieben, ist zu prüfen, ob trotzdem ein gültiger Vertrag vorliegt oder ob wesentliche Teile von der Einigung nicht erfasst worden sind.[89] Erst auf der zweiten Stufe hat die Schriftform die Einigung abzubilden. Ihr kommt insoweit keine selbständige Bedeutung zu, sondern sie muss dem übereinstimmenden Parteiwillen folgen. Ist dieser unbestimmt und wird trotzdem ein Vertragsabschluss angenommen, kann auch die Mietvertragsurkunde nicht mehr an Bestimmtheit enthalten.

**Ausgenommen** von der Formbedürftigkeit sind nur solche Abreden, die einen potenziellen **35**
Grundstückserwerber nicht verpflichten können. Dazu gehören einmalige Leistungen aus Anlass des Vertragsschlusses; ferner Vereinbarungen, die lediglich bei Gelegenheit des Vertragsschlusses getroffen werden, sich aber auf den Inhalt des Vertrages selbst nicht auswirken[90] (wie zB Übernahme von Inventar[91]).

Nach dem Gesetzeswortlaut muss die Unterschrift der Parteien bei einem Mietvertrag auf **36**
**„derselben Urkunde"** erfolgen, § 126 Abs. 2 S. 1 BGB, wobei die gleichlautende Urkunde des Satzes 2 immer noch dieselbe Urkunde darstellt. Dieser **Grundsatz der Urkundeneinheit** kann dadurch erfüllt werden, dass bei einer aus mehreren Blättern bestehenden Urkunde die einzelnen Seiten mechanisch so fest miteinander verbunden werden, dass eine Trennung wegen der teilweisen Zerstörung des Urkundenmaterials sichtbar wird.[92]

Darüber hinaus geht die nunmehr wohl überwiegende höchstrichterliche **Rspr.** davon aus, dass **37**
die **Einheit der Urkunde** auch durch die **fortlaufende Paginierung,** fortlaufende Nummerierung der einzelnen Bestimmungen, einheitliche graphische Gestaltung und den inhaltlichen Zusammenhang des Textes gewahrt werden kann.[93] Das gilt nicht nur für Formularverträge, zu denen die Entscheidungen überwiegend ergangen sind und bei denen die genannten Erfordernisse durchweg kraft ihrer Formulareigenschaft erfüllt werden, sondern auch für Individualverträge, sofern dort die besonderen Merkmale vorliegen. Dieser Rspr. ist auch unter dem besonders zu beachtenden Schutzzweck des § 550 BGB[94] zu folgen: die grundbuchvertretende Funktion wird auch durch die in dieser Art ausgestalteten Verträge erfüllt; denn das Grundbuch selbst besteht heute nicht mehr zwingend aus fest zusammengefügten Seiten, sondern auch aus losen Blättern, § 2 GBV. Die Tatsachenlage hinsichtlich der Ausgestaltung von „Urkunden", von der das Gesetz bei seiner Formulierung wohl stillschweigend ausgegangen ist, hat sich insofern geändert und wirkt dadurch auch auf die Auslegung des Gesetzes ein.

Werden dem Mietvertrag besondere **Anlagen** beigefügt (etwa Grundrisse des Mietobjekts), so **38**
genügt allerdings der Verweis darauf im Urkundentext nicht dem Schriftformerfordernis; denn

---

[84] LG Berlin ZMR 2016, 31.

[85] BGH XII ZR 163/97, NZM 1999, 763; OLG Köln WuM 1999, 521; OLG Rostock ZMR 2001, 27 (29); OLG Hamm BeckRS 2011, 13445; OLG Köln BeckRS 2012, 04968; zuletzt noch LG Detmold ZMR 2020, 1025; so wohl auch BGH XII ZR 4/20, NZM 2021, 144.

[86] OLG Hamm ZMR 2010, 441; OLG München ZMR 2009, 611; OLG Naumburg ZMR 2008, 371; KG NZM 2007, 248; LG Gießen WuM 2007, 11; LG Bochum MietRB 2021, 12; OLG Brandenburg ZMR 2021, 475; die Auswahl eines mitvermieteten, aber nicht näher bestimmten Kellers („1 Keller") soll einmal nicht der Schriftform unterliegen, BGH VIII ZR 71/07, WuM 2008, 290, anders aber BGH XII ZR 178/04, NZM 2007, 443, das gesamte Mietobjekt betreffend; richtig dagegen diese Frage als Vertragsschlussproblem behandelnd OLG Frankfurt a. M. ZMR 2007, 532 „Leistungsbestimmungsrecht nach § 315 BGB".

[87] BGH XII ZR 149/05, GE 2008, 195; BGH XII ZR 104/12, WuM 2013, 668; OLG Brandenburg NZM 2008, 406; OLG Köln MietRB 2019, 201; OLG Dresden ZMR 2019, 487.

[88] So legt *Ahlt* DMT-Bilanz 2011, 374, die BGH-Rechtsprechung aus; so wohl auch OLG Jena ZMR 2014, 119.

[89] Das wäre die Lösung im Fall KG NZM 2007, 248, gewesen.

[90] *Huneke* NZM 2015, 478 (479).

[91] OLG Koblenz MietRB 2016, 131.

[92] Darauf stellen im wesentlichen ab OLG Jena ZMR 1997, 291; OLG Brandenburg ZMR 1997, 410.

[93] So jetzt insbes. BGH XII ZR 234/95, NJW 1998, 58; BGH KZR 36/95, NJW 1997, 2182; OLG Naumburg NJ 1997, 543; ZMR 1997, 636; OLG Hamburg HambGE 1996, 155; KG NJWE-MietR 1997, 175.

[94] Davon glaubt nur OLG Dresden WuM 1998, 142 absehen zu können.

insoweit fehlt es (notwendigerweise) an der Einheitlichkeit der Gestaltung.[95] In diesen Fällen müssen die „Anlagen" entweder in den Vertragstext inkorporiert (etwa durch Einkopieren an der entsprechenden Stelle des Vertrages) **oder** mit dem Vertrag insgesamt fest verbunden[96] **oder** unterschrieben werden.[97] Die vom BGH[98] zugelassene sog. „gedankliche" Verbindung stellt keine Erfüllung der Form dar.[99] Davon kann lediglich dann Abstand genommen werden, wenn den Anlagen kein eigener Erklärungsinhalt zukommt, sondern sie lediglich bereits im formgültig abgeschlossenen Vertrag enthaltene Regelungen verdeutlichen sollen.[100]

**39** Eine Vereinbarung zur **Aufhebung** des gesamten formbedürftigen Mietvertrages bedarf ihrerseits nicht der Schriftform, weil nunmehr kein Rechtsverhältnis mehr bestehen soll, dessen Wirkungen auf einen Grundstückserwerber übergehen können. Betrifft die Aufhebungsvereinbarung nur einen **Teil des Mietvertrages,** ist sie dagegen formbedürftig, um den Grundstückserwerber über den Umfang seiner möglichen vertraglichen Verpflichtungen zu informieren.

**40** Ebenso bedarf die Vereinbarung der Parteien, nach erfolgter **Kündigung** des Mietvertrages diesen zu den alten Bedingungen fortzusetzen, wiederum der Schriftform, unabhängig davon, ob der gekündigte Vertrag bereits formgerecht abgeschlossen worden ist. Denn mit der Kündigung und dem Ablauf der Kündigungsfrist ist der Vertrag beendet und kann nur durch einen Neuabschluss, der eben formbedürftig ist, „fortgesetzt" werden.[101] Das gilt hingegen nicht für eine Fortsetzung **vor** Ablauf der Kündigungsfrist, weil der „alte" Vertrag noch Bestand hat.[102] Der Neuabschluss kann aber auch in der Form erfolgen, dass diese formgültige Vereinbarung auf den früheren Mietvertrag verweist.[103]

### 2. Vertragsänderungen

**41** Grundsätzlich ist davon auszugehen, dass Abänderungen eines formbedürftigen und formgerecht abgeschlossenen Vertrages ebenfalls der vorgeschriebenen Form bedürfen.[104] Deshalb ist es unerheblich, ob sich die Änderung auf einen wesentlichen Vertragspunkt oder nur auf sog. Nebenabreden bezieht;[105] denn beim Mietvertrag gibt es keine unwesentlichen Nebenabreden (→ Rn. 33). Das gilt insbes. bei Veränderungen des Mietzinses.[106] Dieser stellt ein notwendiges Tatbestandsmerkmal des „Mietvertrages" dar, und jeder Erwerber hat ein schützenswertes Interesse daran, in welcher Höhe ihm ein Mietzins zustehen wird, ganz abgesehen davon, dass diese Höhe auch für den Kauf des Objekts preisbildend ist. Deshalb kann die Erfüllung der Formvorschrift nicht davon abhängen, ob der Mietzins nur geringfügig verändert wird[107] oder von mehr oder

---

[95] *Kinne* GE 1998, 218; LG Erfurt NZM 2000, 277; OLG Naumburg WuM 2000, 671; aA KG GE 1999, 569.

[96] BGH XII ZR 149/05, GE 2008, 195, allerdings inhaltlich widersprüchlich: feste Verbindung als auch eindeutige wechselseitige Bezugnahme; OLG Düsseldorf ZMR 2011, 629.

[97] BGH XII ZR 70/98, NZM 2000, 907; BGH XII ZR 313/98, NJW 2000, 354; BGH XII ZR 307/98, NZM 2002, 20; OLG Köln NZM 1999, 619; KG ZMR 1999, 705; 2014, 974; LG Berlin ZMR 2020, 399; weitergehend *Lindner-Figura* NJW 1998, 731 (732); BGH VII ZR 93/97, NJW 1999, 1104; KG GE 2001, 1402. Jetzt aber noch lockerer BGH XII ZR 253/01, NJW 2003, 1248, der konkrete Hinweis auf Anlagen reiche aus; hier wird aber Vertragsinhalt mit Vertragsform verwechselt: für ersteren reicht der Hinweis, für letztere iSd Urkundeneinheit keinesfalls; wie soll sich ein Erwerber Kenntnis über nicht beigefügte und/oder selbst gekennzeichnete Anlagen Kenntnis verschaffen?

[98] Siehe *Guhling* NZM 2014, 529 (531).

[99] So die Rspr. zu § 311b, Palandt/*Grüneberg* BGB § 311b Rn. 25.

[100] BGH XII ZR 133/98, NZM 2001, 43; KG GE 2001, 1402; BGH XII ZR 57/07, NZM 2009, 198; KG NZM 2021, 403.

[101] OLG Köln MietRB 2020, 138; Staudinger/*Emmerich* BGB § 550 Rn. 30; BGH XII ZR 195/96, NJW 1998, 2664; Soergel/*Heintzmann* BGB § 550 Rn. 9; anders für eine formularvertragliche Schriftformklausel OLG Düsseldorf NZM 2001, 1125.

[102] *Wolf/Eckert,* Handbuch des gewerblichen Miet- und Pachtrechts, 4. Aufl. 1984, Rn. 117; Lützenkirchen MietR/*Lützenkirchen* BGB § 550 Rn. 78.

[103] BGH XII ZR 75/98, GE 2001, 485.

[104] Mittelstein Miete S. 185.

[105] Erman/*Jendrek,* 12. Aufl. 2008, BGB § 550 Rn. 10, stellt darauf ab, ob Interessen des Grundstückerwerbers durch die Änderung berührt werden können; Staudinger/*Emmerich* BGB aF § 566 Rn. 45f.; kritischer jetzt Staudinger/*Emmerich,* 2021, BGB § 550 Rn. 46–51; Soergel/*Heintzmann* BGB § 550 Rn. 8.

[106] *OLG Frankfurt a. M.* ZMR 2017, 882.

[107] BGH XII ZR 114/14, NZM 2016, 98 mzustAnm *Börstinghaus* jurisPR-BGHZivilR 1/2016 Anm. 1; BGH XII ZR 43/17, NZM 2018, 515; aA KG NZM 2005, 457 unter Abänderung von LG Berlin NZM 2003, 284; OLG Jena NZM 2008, 572, unter Übernahme der unsäglichen 10%-Grenze des BGH bei Flächen-

weniger langer Dauer ist[108] oder vom Vermieter jederzeit einseitig wieder auf den ursprünglichen Vertragsmietzins zurückgeführt werden kann.[109] Ebenso müssen von der gesetzlichen Regelung abweichende Fälligkeitsvereinbarungen formgerecht getroffen werden.[110]

Formbedürftig sind daher insbes. der Austausch des Mietobjekts[111] oder dessen Veränderung hinsichtlich der Größe[112], ein Wechsel des Vertragspartners[113], so der Austausch der Mieter[114] bzw. Beitritt eines weiteren Mieters[115] oder deren zeitweilige Ersetzung,[116] eine Veränderung der Höhe und der Zahlungsweise des Mietzinses,[117] eine Verlängerung der Vertragslaufzeit;[118] ferner Abreden über die Veränderung des Mietobjekts zum Zwecke der vertraglich vorausgesetzten Nutzung.[119] Hinsichtlich der Betriebskosten ist inhaltlich zu differenzieren: formbedürftig als Bestandteil des Mietvertrages sind sowohl die Vereinbarung, dass der Mieter die Betriebskosten zu tragen hat, als auch deren genauer Umfang sowie die Verpflichtung, Vorauszahlungen zu leisten wie auch deren nachträgliche Abänderung hinsichtlich der Höhe.[120] Ferner ist im Mietvertrag die ursprüngliche Höhe festzuhalten sowie das Recht des Vermieters (eines Gewerberaummietvertrages; für den Wohnraummietvertrag ist dieses Recht in § 560 Abs. 4 BGB enthalten), diese Vorauszahlungen entsprechend dem Ergebnis der Abrechnung anzupassen. Nicht formbedürftig ist hingegen die Anpassung selbst.[121] Durch deren „Unkenntnis" wird ein Erwerber nicht belastest, weil die Vorauszahlungen nicht endgültig in sein Vermögen fließen, sondern mit den jährlichen Betriebskosten verrechnet werden, wobei ein evtl. Überschuss auszukehren ist. Darin liegt der Unterschied zu einer Mietanpassung während des Laufes der Mietzeit. Vorausgesetzt wird aber immer, dass der Grundvertrag wegen seiner über ein Jahr hinausreichenden Laufzeit der Schriftform bedurft hätte und dass die Abänderung auch den potenziellen Grundstückserwerber nachteilig betreffen kann. 42

Von der Frage der Formbedürftigkeit ist die der **Erfüllung der Formvorschrift** zu trennen. Werden die Ergänzungen oder Abänderungen des Ursprungsvertrages zwischen den ursprünglichen Vertragsparteien vorgenommen, so können sie diese über ihre damaligen Unterschriften auf den 43

---

abweichungen; OLG Naumburg ZMR 2008, 371; LG Münster MietRB 2011, 12 bzgl. Betriebskostenhöhe; OLG Düsseldorf ZfIR 2014, 321 Rn. 35 zur Miethöhe mAnm *Lammel* jurisPR-MietR 14/2013 Anm. 2.

108 Anders Blank/Börstinghaus/*Blank* BGB § 550 Rn. 54.

109 **AA** BGH XII ZR 192/01, NZM 2005, 456, dessen Hinweis auf den Übergang des Veränderungsrechts bezüglich des Mietzinses auf den Erwerber unbehelflich ist, wenn der Erwerber mangels Form von diesem Recht nichts weiß.

110 BGH XII ZR 198/05, NJW 2008, 365, mit Besprechung *Leonhard* NZM 2008, 353; zur Mietsicherheit s. KG ZMR 2007, 271.

111 BGH VIII ZR 235/11, NZM 2012, 502; dem OLG Zweibrücken MDR 2011, 349 = MietRB 2011, 143, ist daher nicht zu folgen, wenn es den Austausch von Teilflächen für nicht formbedürftig hält; krit. hierzu auch Leo NZM 2012, 710, zu Nr. 6.

112 OLG Dresden ZMR 2016, 27; OLG Köln ZMR 2020, 25.

113 BGH XII ZR 149/05, GE 2008, 195; OLG Brandenburg BeckRS 2010, 08958 = MietRB 2010, 194; OLG Düsseldorf BeckRS 2010, 13331 = ZMR 2010, 756.

114 BGH VIII ZR 223/73, NJW 1975, 1653; BGH XII ZR 296/95, NJW 1998, 62; BGH XII ZR 106/99, NZM 2002, 291; BGH XII ZR 137/12, ZMR 2014, 439; BGH XII ZR 46/19, WuM 2020, 79; OLG Naumburg MietRB 2005, 200; OLG Düsseldorf MietRB 2012, 69; **aA** bzgl. vorzeitiger Beendigung mit Nachmieterstellung OLG Düsseldorf GE 2002, 800; ZMR 2008, 122; anders aber OLG Düsseldorf ZMR 2008, 711; ebenso **aA** hinsichtlich einer Vertragsübernahme BGH XII ZR 29/02, NZM 2005, 584, woraus soll hier eigentlich der Erwerber erkennen, wer sein Mietvertragspartner ist?

115 LG Berlin GE 2008, 479; OLG Celle ZMR 2008, 120, dem insoweit nicht beizustimmen ist, als die Zustimmung des bisherigen Mieters zum Beitritt formlos erfolgen könne; denn beim Eintritt eines weiteren Mieters in ein bereits bestehendes (formpflichtiges) Mietverhältnis handelt es sich um einen dreiseitigen Vertrag.

116 BGH VIII ZR 263/77, NJW 1979, 369.

117 OLG Karlsruhe GE 2001, 694; LG Gießen ZMR 2002, 272; KG GE 2002, 1265; GE 2014, 120; OLG Frankfurt a. M. ZMR 2017, 882; BGH XII ZR 43/17, DWW 2018, 176; aA KG NZM 2005, 457; BGH XII ZR 192/01, NZM 2005, 456.

118 BGH VIII ZR 71/66, NJW 1968, 1229; BGH VIII ZR 296/88, NJW-RR 1990, 518; LG Hamburg ZMR 2014, 794; oder deren ungenaue Beschreibung im Mietvertrag, KG ZMR 2016, 438 (533) sowie der (zeitweilige) Ausschluss der ordentlichen Kündigung, LG Düsseldorf NZM 2017, 808.

119 BGH XII ZR 114/14, NZM 2016, 98 Rn. 29; OLG Frankfurt a. M. MietRB 2016, 282; dazu *Niederstetter* NZM 2017, 550.

120 OLG Brandenburg MietRB 2021, 10 = ZMR 2021, 381; offen gelassen von OLG Hamburg MietRB 2021, 40, da dort die Berufung auf einen etwaigen Formmangel für rechtsmissbräuchlich erachtet wurde.

121 BGH XII ZR 65/13, NZM 2014, 308 f. mAnm *Pfeifer* jurisPR-MietR 9/2014 Anm. 2.

Mietvertragsexemplaren anbringen, wodurch sie durch die frühere Unterzeichnung mit umfasst werden.[122]

44 Wird über die Ergänzung eine **besondere Urkunde** errichtet, reicht es nicht aus, dass diese formgerecht erstellt wird. Zusätzlich ist erforderlich, dass sich aus **beiden** Urkunden ergibt, dass nunmehr beide zusammengenommen den „Mietvertrag", also dieselbe Urkunde iSd § 126 Abs. 2 S. 1 BGB, verkörpern.[123] Es reicht ferner nicht aus, dass lediglich in dem Nachtrag auf die Haupturkunde verwiesen wird[124]; denn maßgeblich bleibt die Ursprungsurkunde, die den Mietvertrag gegenüber dem Grundstückserwerber darstellt. Die obergerichtliche **Rspr.** lässt es demgegenüber **ausreichen,** wenn der formgültige Änderungsvertrag auf den ersten Vertrag Bezug nimmt und zum Ausdruck bringt, dass unter Einbeziehung des Nachtrags dieser ursprüngliche Vertrag weiter gelten solle.[125] Damit wird aber der drittschützende Charakter der Schriftform verkannt, da sich ein Grundstückserwerber nicht mehr darauf verlassen kann, dass der ihm vorgelegte Mietvertrag unverändert weiterhin Gültigkeit hat.[126] Das gleiche gilt für den Fall, dass die Formungültigkeit der Ursprungsurkunde durch eine Nachtragsurkunde „geheilt" werden soll[127]

45 Wird die **Abänderungsvereinbarung** nicht (oder nicht nur) zwischen den Parteien des Ursprungsvertrages geschlossen (zB an deren Stelle sind im Wege des Erbfalls andere Personen getreten), bedarf die Erfüllung der Schriftform zusätzlich der festen körperlichen Verbindung beider Urkunden.[128] Denn angesichts der Änderung der Vertragsparteien kann nur auf diese Weise dokumentiert werden, dass das gesamte Vertragswerk von dem rechtsgeschäftlichen Willen der neuen Parteien getragen wird. Der bloße Verweisungsvermerk auf der ursprünglichen Urkunde reicht deshalb nicht, weil die dortigen Unterschriften nicht von den nunmehrigen Vertragspartnern herrühren.[129] Die **hM** lässt aber auch hier einen bloßen **Verweis** in der Nachtragsurkunde auf den ursprünglichen Mietvertrag genügen, sofern die neue Vertragspartei ihre Mieterstellung gegenüber dem Vermieter oder einem Grundstückserwerber dadurch nachweisen kann.[130] Hier wird nicht beachtet, dass es nicht auf die Möglichkeit eines Nachweises der Mieterstellung gegenüber dem Grundstückserwerber ankommt, sondern darauf, dass sich dieser **vor** Erwerb des Grundstücks über den Umfang der ihn möglicherweise treffenden **schuldrechtlichen** Belastungen informieren kann.

46 Weder einer wechselseitigen Bezugnahme noch einer festen Verbindung bedarf es in dem Fall, dass der **Nachtrag alle Elemente eines Mietvertrages** aufweist und damit die Rechtsbeziehungen der Parteien allein und umfassend regelt.

## C. Elektronische Form

47 An die Stelle der herkömmlichen Schriftform kann auch die elektronische Form des § 126a BGB treten:

**(1) Soll die gesetzlich vorgeschriebene schriftliche Form durch die elektronische Form ersetzt werden, so muss der Aussteller der Erklärung dieser seinen Namen hinzufügen und das elektronische Dokument mit einer qualifizierten elektronischen Signatur nach dem Signaturgesetz versehen.**

---

[122] BGH XII ZR 142/07, NZM 2009, 515 Rn. 32; OLG Hamm BeckRS 2011, 13445.

[123] OLG Düsseldorf ZMR 1994, 213; so auch der Fall BGH VIII ZR 326/86, NJW-RR 1988, 201; BGH XII ZR 162/98, ZMR 2000, 589; OLG München ZMR 2019, 266.

[124] Selbst darauf meint LG Berlin WuM 2020, 77 verzichten zu können; aber woraus soll jetzt der potenzielle Erwerber den Vertragsinhalt ersehen?

[125] BGH XII ZR 175/90, NJW-RR 1992, 654; BGH V ZR 168/98, NJW 1999, 3704 für eine Bestätigung; BGH XII ZR 89/06, NJW 2008, 2181 mAnm *Streyl* WuM 2008, 579; BGH XII ZR 38/12, NZM 2013, 269; BGH XII ZR 55/14, NZM 2015, 490 Rn. 18; OLG Düsseldorf ZMR 2008, 362; KG BeckRS 2014, 15351 = MDR 2014, 1020; KG ZMR 2018, 582; OLG München BeckRS 2018, 31443; LG Berlin WuM 2019, 438.

[126] Krit. auch Staudinger/*Emmerich,* 1997, BGB § 566 Rn. 51 (milder Staudinger/*Emmerich,* 2021, BGB § 550 Rn. 54); *Michalski* WM 1998, 2003.

[127] So aber BGH XII ZR 104/19, NZM 2020, 1111 Rn. 20.

[128] So noch BGH V ZR 8/62, NJW 1964, 395; KG GE 1995, 812, mit jedem Exemplar der Ursprungs*urkunde.*

[129] Staudinger/*Emmerich* BGB § 550 Rn. 53.

[130] Zuletzt BGH XII ZR 296/95, NJW 1998, 62 für einen Mieterwechsel; BGH XII ZR 38/12, GE 2013, 416.

**(2) Bei einem Vertrag müssen die Parteien jeweils ein gleichlautendes Dokument in der in Absatz 1 bezeichneten Weise elektronisch signieren.**

Voraussetzung für die Anwendung dieser Form ist einmal, dass sich aus den jeweiligen Formvorschriften kein Ausschluss dieser neuen Möglichkeit ergibt, § 126 Abs. 3 BGB. Bislang wird hierfür der ausdrückliche Ausschluss der elektronischen Form im Gesetzestext gefordert; diese Form ist aber auch dann ausgeschlossen, wenn eine höher qualifizierte Form im Gesetz gefordert wird als die Schriftform. Denn § 126a BGB tritt ausdrücklich nur an die Stelle der Schriftform, nicht aber sonstiger höherrangiger Formen. Die Ersetzung nachrangiger Formen (zB Textform) durch die elektronische Form ist dagegen möglich. 48

Als zweite Voraussetzung für die Anwendung der elektronischen Form bei empfangsbedürftigen Willenserklärungen ist eine entsprechende Vereinbarung der Parteien erforderlich. § 126 Abs. 3 BGB eröffnet die Möglichkeit zum Ersatz der Schriftform durch die elektronische Form, zwingt aber dem jeweils anderen Vertragspartner diese Form nicht auf. Die Vereinbarung kann ausdrücklich, auch formlos, getroffen werden, aber auch stillschweigend dadurch, dass die Parteien ihren bisherigen Schriftverkehr überwiegend auf elektronischem Wege abwickeln. Für einen Mietvertrag wird letzteres nur bei **Geschäftsraummiete** in Betracht kommen, sofern die Parteien nicht den Mietvertrag als Erstkontakt vereinbaren. Angesichts der technischen Voraussetzungen und der Kosten wird die Vereinbarung über die Anwendung der elektronischen Form für Folgevereinbarungen nicht formularvertraglich erfolgen können. Im **Wohnraummietverhältnis** dürfte die elektronische Form (jedenfalls vorerst) ausscheiden, weil von Privatpersonen nicht erwartet werden kann, dass sie derartige technische Vorkehrungen für den Rechtsverkehr mit dem Vermieter bereit halten. 49

Der Mietvertrag kann dann als elektronisches Dokument erstellt werden. Hinsichtlich des Tatbestandsmerkmals „Dokument" gelten hierfür keine anderen Voraussetzungen als für die herkömmlich erstellten Dokumente. Elektronisch ist das Dokument, wenn es in digitaler Gestalt erstellt worden ist, beim Mietvertrag also als Textdokument oder als E-Mail. Schließlich muss das Dokument auf einen zur dauerhaften Wiedergabe geeigneten Datenträger gespeichert sein (CD-ROM, DVD, Festplatte, digitale Speicherkarten). 50

Dem Dokument muss der Name des Ausstellers hinzugefügt werden. Diesem kommt hier keine Abschlussfunktion, sondern lediglich eine Zuordnungsfunktion zu. Deshalb ist es nicht erforderlich, den Namen als „Unterschrift" anzufügen. Es reicht aus, wenn der Aussteller-Name entweder im Dokumentenkopf oder sonst im Dokument erscheint, wobei aber deutlich werden muss, dass es sich bei dem aufgeführten Namen um den Aussteller handelt.[131] 51

Schließlich bedarf das Dokument einer qualifizierten elektronischen Signatur.[132] Sie muss also den Legaldefinitionen des § 2 Nr. 1–3 SigG entsprechen: es muss sich zunächst um Daten in elektronischer Form handeln, die anderen elektronischen Daten beigefügt oder logisch mit ihnen verknüpft sind und die zur Authentifizierung dienen. Zusätzlich muss die Signatur ausschließlich dem Signaturinhaber zugeordnet sein; seine Identifizierung ermöglichen; mit Mitteln erzeugt werden, die der Schlüsselinhaber unter seiner alleinigen Kontrolle halten kann; mit den Daten, auf die sie sich bezieht, so verknüpft werden, dass eine nachträgliche Veränderung erkannt werden kann; auf einem zum Zeitpunkt ihrer Erzeugung gültigen qualifizierten Zertifikat beruhen; mit einer sicheren Signaturerstellungseinrichtung erzeugt werden. Technisch sind hierfür erforderlich besondere Hard- und Software und von einem Zertifizierungsdienstanbieter ein qualifiziertes Zertifikat. Der Nutzer erhält dann eine Signatur-Chip-Karte; um zu signieren, wird diese unter zusätzlicher Eingabe einer PIN über ein Zusatzgerät in den PC eingelesen. 52

Mit der Signatur wird aber lediglich die nach § 126 Abs. 1 BGB erforderliche Unterschrift durch eine elektronische Signatur ersetzt. Die übrigen Erfordernisse an die Urkunde (vorstehend → Rn. 31–46) müssen auch bei dieser Gestaltung erfüllt werden.[133] Für den Vertragsschluss ist daher die Signatur zweier gleichlautender Dokumente erforderlich, § 126a Abs. 2 BGB, und zwar jeweils des für die andere Partei bestimmten. Dieses Dokument muss dann der anderen Partei zugehen; denn es handelt sich um die Abgabe von Willenserklärungen unter Abwesenden. Hierzu wird es elektronisch übersandt, wobei der Zugang mit der Möglichkeit der Kenntnisnahme abgeschlossen ist. Da die Verwendung der elektronischen Signatur vom Einverständnis der Vertragspartner abhängt, ist davon auszugehen, dass nach erklärtem Einverständnis auch die entsprechenden 53

[131] MüKoBGB/*Einsele* § 126a Rn. 6.
[132] MüKoBGB/*Einsele* § 126a Rn. 7.
[133] *Stellmann/Süss* NZM 2001, 970; MüKoBGB/*Einsele* § 126a Rn. 26.

technischen Empfangsmöglichkeiten vorhanden sind, so dass der Zugang mit Speicherung in der Mail-Box (zu einem Zeitpunkt, in dem normalerweise von dauerndem Zugriff darauf auszugehen ist) vollzogen ist.

## D. Formmangel

54 Der unter Missachtung der gesetzlichen Form abgeschlossene Mietvertrag ist **nicht** nach § 125 S. 1 BGB nichtig; denn die Formvorschrift ist hier kein Element der Perfektion des Vertrages durch Dokumentation übereinstimmender Willenserklärungen, sondern dient lediglich dem Schutz eines Grundstückserwerbers. Diesem relativen Zweck entsprechend genügt es, den Fortbestand des Vertrages in seine Hände zu legen.

55 Mangels Nichtigkeit des Vertrages oder auch nur einer Teilnichtigkeit der über ein Jahr hinausgehenden Laufzeit findet § 139 BGB keine Anwendung. Allerdings können besondere Abreden des Vertrages, die auf eine bestimmte Laufzeit berechnet sind, unter dem Gesichtspunkt des Fortfalls der Geschäftsgrundlage entweder der neuen Laufzeit angepasst werden oder ganz wegfallen.

56 Der formunwirksame Mietvertrag gilt als für unbestimmte Zeit geschlossen; eine vertragliche Regelung, die eine längere Laufzeit vorsieht, wird also durch die gesetzliche Fiktion einer Laufzeit auf unbestimmte Dauer ersetzt. Das gilt selbst dann, wenn die Parteien unter keinen Umständen einen Mietvertrag mit nur unbestimmter Laufzeit abgeschlossen haben würden.[134]

57 Daraus ergibt sich, dass eine während der vertraglichen längeren Befristung ausgeschlossene ordentliche Kündigung unter Einhaltung der gesetzlichen Fristen vorzeitig möglich ist. Beim Wohnraummietvertrag müssen zusätzlich die Kündigungsgründe für eine ordentliche Kündigung durch den Vermieter nach § 573 BGB[135] vorliegen; denn § 550 BGB gewährt kein selbständiges Kündigungsrecht, sondern lässt nur eine vorzeitige Kündigung zu.

58 Das **vorzeitige Kündigungsrecht** steht nicht nur dem **Grundstückserwerber,** sondern auch den **ursprünglichen Vertragspartnern** zu. Es darf allerdings erst zum Ablauf des ersten Jahres ausgeübt werden. Denn der Vertrag hätte wirksam auch ohne Beachtung der Schriftform für diese Frist abgeschlossen werden können, so dass dem Mieter jedenfalls für diese Zeit der Besitz am Mietobjekt ungestört gewährt werden muss.[136] Die vorzeitige Kündigung muss nicht zum erstmöglichen Termin ausgesprochen werden; die Fortsetzung des Vertrages über die Jahresfrist hinaus lässt das Kündigungsrecht nicht erlöschen. Eine Bestätigung des formunwirksamen Rechtsgeschäfts oder eine analoge Anwendung des § 545 BGB kommen nicht in Betracht; denn der Vertrag ist als solcher voll wirksam und endet ohne Kündigung auch nicht automatisch. Davon zu trennen ist die Frage der Wirksamkeit eines durch einen vollmachtlosen Vertreter geschlossenen Vertrages; dessen Rechtshandlung kann nachträglich genehmigt werden und damit den Vertrag wirksam werden lassen.[137]

59 Die **Jahresfrist,** während der der Mieter das Mietobjekt auf jeden Fall nutzen darf, berechnet sich bei in Vollzug gesetzten Verträgen ab dem Zeitpunkt, zu dem nach den vertraglichen Vereinbarungen der Mieter zur Nutzung berechtigt sein sollte, unabhängig davon, ob er die Mietsache in Besitz genommen hat.[138] Ist dagegen die Mietsache dem Mieter weder übergeben worden noch nach dem Vertrag der Übergabezeitpunkt (zB Mietvertrag einer noch herzustellenden Sache) erreicht, berechnet sich die Jahresfrist ab Vertragsschluss, da hier noch kein Besitzschutzinteresse berührt werden kann.[139] Nach der Gesetzesbegründung soll die Mindestlaufzeit auch in diesem Fall ab dem vertraglich vereinbarten Überlassungszeitpunkt beginnen.[140] Bei Anmietung vom „Reißbrett" ist aber nicht einsehbar, warum eine Bindung bis zur Fertigstellung eintreten soll.

60 Formlose, aber formbedürftige **Vertragsänderungen** führen nicht nur dazu, dass – je nach Ausgestaltung – der Änderungsvertrag vorfristig gekündigt werden kann. Vielmehr wirken sie auf

---

134 RG WarnRspr. 1929 Nr. 3.

135 Wobei die Frage der Zulässigkeit der Befristung eines Wohnraummietvertrages ohne Einhaltung des § 575 dahingestellt bleiben kann.

136 Protokolle II, 178.

137 AG Gießen ZMR 2011, 555.

138 Roquette MietR BGB § 566 Rn. 38; Staudinger/*Emmerich* BGB § 550 Rn. 61; *Hannemann* in Münchener Anwaltshandbuch Wohnraummietrecht § 47 Rn. 38; MüKoBGB/*Bieber* § 550 Rn. 20.

139 *BGH VIII ZR 253/85, NJW 1987,* 948; BGH VIII ZR 296/88, NJW-RR 1990, 518 (519); BGH XII ZR 93/99, NZM 2001, 1077.

140 *Grundmann,* Mietrechtsreformgesetz, 2001, S. 101 f.; Herrlein/Knops/Spiegelberg 5. A. 2021, – Karabulut BGB § 550 Rn. 17.

den Grundvertrag dergestalt ein, dass auch dieser infolge der formlosen Änderung insgesamt zu einem nicht der Form entsprechenden Vertrag wird, selbst wenn er ursprünglich formgerecht abgeschlossen worden sein sollte. Die Möglichkeit der vorzeitigen Kündigung gilt mithin für das gesamte Vertragswerk. In diesem Fall berechnet sich die Jahresfrist für die Mindestlaufzeit des abgeänderten Vertrages ab Datum des Abschlusses des Abänderungsvertrages, da nur durch diesen die besondere Wirkung des § 550 S. 1 BGB eingetreten ist.[141]

Die **Einwirkungen** einer Änderung auf den Ursprungsvertrag dahingehend, dass nunmehr ein Recht zur vorzeitigen Kündigung besteht, werden durch den Zweck der Regelung, Schutz eines Grundstückserwerbers, **begrenzt.** In Anlehnung an die Rspr. zur Teilbarkeit von Klauseln in Allgemeinen Geschäftsbedingungen, um auf diese Weise die Unwirksamkeit des nicht vom rechtlichen Mangel betroffenen restlichen Klauselwerks zu vermeiden, lässt sich die Wirkung des § 550 S. 1 BGB dann auf die Neuregelung beschränken, wenn Alt- und Neu-Regelung sinnvoll zu trennen sind und wenn – unter Berücksichtigung des Willens der Parteien entsprechend § 139 Hs. 2 BGB – davon auszugehen ist, dass der formgerechte Ursprungsvertrag jedenfalls auch ohne die Abänderungen aufrechterhalten werden sollte. Das bedingt aber auch die Möglichkeit, dass der Abänderungsvertrag selbständig kündbar sein muss.[142] 61

Beschränkt sich die formlose Abänderung eines formgerecht geschlossenen Mietvertrages auf eine Verlängerung der Laufzeit, ohne die übrigen Regelungen des Vertrages zu berühren, wird nur die neue Laufzeitregelung von den Wirkungen des § 550 S. 1 BGB erfasst, sie gilt mithin für unbestimmte Zeit. Die Laufzeit des Grundvertrages bleibt dagegen in der vereinbarten Form bestehen.[143] Sinnvoll ist diese Trennung allerdings nur, wenn die vereinbarte Dauer des ursprünglichen Vertrages noch nicht abgelaufen ist. 62

Ähnlich kann verfahren werden, wenn in einen bestehenden Mietvertrag ein weiterer Mieter ohne Beachtung der erforderlichen Form eintritt, insbes. hierüber nur eine mündliche Vereinbarung getroffen worden ist. Dann wird der an sich einheitliche Vertrag hinsichtlich der Laufzeit aufgespalten: gegenüber dem neuen Mieter besteht das Kündigungsrecht nach § 550 S. 1 BGB, für den alten Mieter verbleibt es dagegen bei der ursprünglichen Vereinbarung;[144] der Grundsatz, dass ein Mietvertrag über ein Grundstück nur einheitlich gekündigt werden kann, wird unter diesen besonderen Umständen eingeschränkt. 63

Ohne weitere Absprachen[145] besteht **kein Anspruch auf Erfüllung der gesetzlichen Form** (aber → Rn. 74–76).[146] Etwas anderes gilt nur, wenn zwischen den Parteien Vereinbarungen bestehen, die nicht nur zum Abschluss eines Mietvertrages verpflichten, sondern auch die ausdrückliche Verpflichtung beinhalten, diesen in der gesetzlichen Form einzugehen, etwa in der Form einer sog. qualifizierten Schriftformklausel.[147] Die bloße Vereinbarung, einen Mietvertrag schriftlich abschließen zu wollen, reicht hierfür nicht aus. Darunter ist ohne nähere Ausführungen nur die Einhaltung der gewillkürten Schriftform zu verstehen, deren Nichtbeachtung über die Wirkungen des § 550 BGB hinaus zur Unwirksamkeit des nur mündlich abgeschlossenen Vertrages führt, § 154 Abs. 2 BGB.[148] 64

Die **Berufung auf den Formmangel** verstößt im Regelfall nicht gegen § 242 BGB, da ein nicht am Vertrag beteiligter Dritter durch die Form geschützt werden soll.[149] Deshalb soll der Einwand des treuwidrigen Verhaltens auch nicht gegenüber dem **Grundstückserwerber** erhoben werden können.[150] Das gilt jedoch nur insoweit, wie der Schutzzweck der Norm, die Information 65

---

141 BGH VIII ZR 253/85, NJW 1987, 948.

142 Staudinger/*Emmerich* BGB § 550 Rn. 58.

143 BGH VIII ZR 71/66, NJW 1968, 1229; BGH LwZR 4/93, NJW 1994, 1649 (1651).

144 BGH VIII ZR 223/73, NJW 1975, 1653; OLG Düsseldorf GE 2003, 47; ZMR 2013, 794.

145 ZB in einem Vorvertrag über die Begründung eines langfristigen Mietverhältnisses, BGH XII ZR 40/05, NJW 2007, 1817.

146 RGZ 104, 131; auch nicht bei Vorliegen einer sog. salvatorischen Klausel BGH XII ZR 248/99, NJW-RR 2002, 1377; BGH XII ZR 143/05, NZM 2007, 730.

147 RGZ 97, 219; OLG Düsseldorf ZMR 2004, 749; OLG Frankfurt a. M. ZMR 2013, 708; dazu generell *Klimke* WuM 2010, 12ff.; LG Hamburg ZMR 2009, 127; auch *Leo* NZM 2006, 815; *Kreikenbohm/Niederstetter* NJW 2009, 406; dagegen wohl *Timme/Hülk* NZM 2008, 764.

148 RG WarnRspr. 1908 Nr. 492; WarnRspr. 1909 Nr. 82; WarnRspr. 1912 Nr. 160.

149 BGH VIII ZR 34/85, ZMR 1986, 230; BGH VIII ZR 296/88, NJW-RR 1990, 518; BGH XII ZR 134/02, NJW 2004, 1103; OLG Stuttgart NJWE-WettbR 1999, 266.

150 Wolf/Eckert/Ball Gewerbl. Miet-/Pacht-/LeasingR-HdB Rn. 131; Staudinger/*Emmerich* BGB § 550 Rn. 64.

des Dritten sicherzustellen, berührt ist.[151] Erhält der Grundstückserwerber außerhalb des formwidrigen Mietvertrages vollständige Kenntnis von seinem Inhalt (etwa durch einen den mündlichen Vertragsschluss begleitenden Briefwechsel oder entsprechende unstreitige Vertrags-Vorarbeiten), verstößt eine dennoch unter Berufung auf § 550 S. 1 BGB ausgesprochene vorfristige Kündigung gegen Treu und Glauben.[152]

**66** Der Einwand der unzulässigen Rechtsausübung gegenüber einer auf den Formmangel gestützten Kündigung kann gegenüber dem **ursprünglichen Vertragspartner** dann gerechtfertigt sein, wenn dieser den Formmangel bewusst herbeigeführt hat, insbes. dem Begehren des anderen Teils auf schriftliche Abfassung des mündlich Vereinbarten unter Berufung auf seine Vertrauenswürdigkeit widersprochen hat. Das gleiche gilt für den Fall, dass sich der sich auf die Formwidrigkeit Berufende selbst zur Erfüllung der gesetzlichen Schriftform verpflichtet hatte,[153] etwa wenn im Vertrag eine entsprechende Verpflichtung zur Nachholung der Schriftform gem. § 550 BGB enthalten ist.[154] Auch wird der Einwand der Treuwidrigkeit zuzulassen sein, wenn die Einhaltung der Form aus rechtlichen Gründen zunächst nicht möglich war, etwa bei der Ausübung eines Vormietrechts.[155] Schließlich ist besonders bei Gewerberaummietverträgen an die in Bezug auf einen Formmangel häufig gebrauchte allgemeine Formulierung zu denken, dass die Berufung auf den Formmangel zu schlechterdings untragbaren Ergebnissen führen würde[156], etwa wenn sich der gekündigte Vertragspartner mit erheblichen Investitionen auf eine längere Vertragsdauer eingerichtet hat.[157] Treuwidrig ist eine Berufung auf den Formmangel auch dann, wenn die Vertragsänderung zugunsten des sich jetzt auf die Nichteinhaltung des § 550 BGB berufenden Vertragspartners wirkte (zB Mieterhöhung).[158]

**67** **Ausgeschlossen** ist die Berufung auf die unzulässige Rechtsausübung, wenn der jeweilige Vertragspartner selbst nicht schutzwürdig ist, zB wenn er die Formbedürftigkeit selbst kannte oder nur infolge grober Fahrlässigkeit verkannt hat.[159] Ferner kann der Berufung auf unzulässige Rechtsausübung eine eigene Treuwidrigkeit des Kündigungsgegners entgegenstehen, so wenn sich der Formmangel daraus ergeben hat, dass der ursprünglich formgerecht geschlossene Vertrag durch eine zugunsten des Gekündigten wirkende Abänderung formbedürftig geworden ist[160]; der Berufung auf eine Treuwidrigkeit der mit dem Formmangel begründeten vorzeitigen Kündigung steht hier das unzulässige venire contra factum proprium entgegen.

**68** Angesichts der kasuistischen, dogmatisch kaum noch nachvollziehbaren Rspr. zur Frage der Einhaltung oder Nichteinhaltung der Form des § 550 BGB[161] könnte daran gedacht werden, deren Anwendungsbereich hinsichtlich ihrer **Rechtsfolgen** auf den vorrangig in den Schutzbereich der Norm einbezogenen **Grundstückserwerber zu beschränken.**[162] Denn die höchstrichterlich entschiedenen Fälle zeichnen sich dadurch aus, dass einer der ursprünglichen Vertragspartner die Einhal-

---

[151] BGH VIII ZR 223/73, NJW 1975, 1653 (1655).

[152] Bub/Treier MietR-HdB/*Landwehr* Kap. II Rn. 2563 aE; anders OLG Celle ZMR 2017, 389 (391), das einen Anhaltspunkt für eine behauptete mündliche Abrede im Mietvertrag verlangt, was aber den Kern des Einwandes nach § 242 BGB bei einer nur mündlichen Vereinbarung wohl verkennt.

[153] BGH VIII ZR 124/65, ZMR 1968, 86; OLG Rostock NZM 2001, 427; OLG Celle NZM 2005, 219.

[154] Angesichts der Rspr. des BGH zur Unwirksamkeit von Schriftformheilungsklauseln (→ Rn. 74) wird sich der Streit auf den Treuwidrigkeitseinwand verlagern. *Hoffmann* MietRB 2018, 88 (90). OLG Naumburg NZM 2012, 808; *Scheer-Hennings/Quast* ZMR 2009, 180 entgegen OLG Rostock NZM 2008, 646: wer vertraglich zur Vornahme einer Handlung verpflichtet ist, kann aus der vertragswidrigen Nichtvornahme keine Vorteile (iE vorzeitige Kündigung) ziehen; Sternel Mietrecht aktuell, 4. Aufl. 2009, Kap. I Rn. 145; krit. dazu Staudinger/*Emmerich* BGB § 550 Rn. 59, der im wesentlichen auf die zwingende Natur des § 550 BGB abstellt.

[155] BGH VIII ZR 73/69, NJW 1971, 422 (424).

[156] OLG Frankfurt a. M. MietRB 2018, 229 verlangt zusätzlich zur Existenzgefährdung eine besondere Vertrauensgrundlage, was aber die Voraussetzungen verdoppelt.

[157] BGH VIII ZR 296/88, NJW-RR 1990, 518; OLG Celle NJW 2001, 607; LG Deggendorf GuT 2001, 17; AG Pinneberg ZMR 2008, 468; LG Düsseldorf MietRB 2009, 71; LG Frankfurt a. M. NZM 2007, 288; das gilt dann nicht, wenn im Mietvertrag für den Fall der vorzeitigen Kündigung eine Entschädigung vorgesehen ist, OLG Frankfurt a. M. MietRB 2009, 257.

[158] LG Kassel ZMR 1999, 715; OLG Bamberg BeckRS 2011, 08583 unter II.3; LG Berlin ZMR 2016, 949.

[159] OLG Brandenburg NZM 2008, 406.

[160] BGH VIII ZR 223/73, NJW 1975, 1653.

[161] *Unter praxisrelevanten Gesichts*punkten s. dazu *Mettler* MietRB 2018, 247 f.

[162] Dazu ausf. *Lammel* DMT-Bilanz 2011, 418 ff.; *Breiholdt/Breiholdt* DMT-Bilanz 2011, 392; das will *Günter* mit seinem Vorschlag, § 550 BGB in § 566 BGB einzuarbeiten, erreichen, Vortrag DMT 2019, 23 ff. = NZM 2019, 561 ff.; ebenso *Bangert* JZ 2021, 193/196.

tung des langfristigen Vertrages reut und er zum „Notanker“ des § 550 BGB greift. Hierin ist ein Rechtsmissbrauch dieser Norm zu sehen. Das erklärt wohl auch das Bemühen der höchstrichterlichen Rspr., Kündigungen, die sich auf einen Formmangel nach § 550 BGB berufen, zurückzudrängen. Nur sollten diese Anstrengungen nicht in der Auflösung der Formerfordernisse gegründet sein, sondern dort, wo die Berufung auf den Formmangel in den entschiedenen Fällen ihren eigentlichen Prüfungsmaßstab hat, der Regelung von Treu und Glauben. Auf Vorschlag eines richterlichen Mitglieds des XII. Zivilsenats BGH[163]sollte die Schriftformregelung in den § 566 BGB überführt werden. Der entsprechende Gesetzesvorschlag[164] verschlimmbesserte die Rechtslage dadurch, dass versucht wird, sowohl die Interessen des Vermieters als auch die des Mieters zu berücksichtigen.[165] Wenn schon der Gesetzgeber eingreifen müsste, weil der XII. Zivilsenat nicht in der Lage ist, seine Rspr. entsprechend den gesetzlichen Vorgaben zu ändern, könnte der jetzige § 550 BGB um einen Satz ergänzt werden (analog den Mieterschutzbestimmungen): „Eine zum Nachteil des Grundstückserwerbers von den Sätzen 1 und 2 abweichende Vereinbarung ist unwirksam“.[166]

## E. Vereinbarungen über die Schriftform

Vereinbaren die Vertragsparteien für den zu schließenden Vertrag die Einhaltung einer bestimmten Form, kann dies durch die Erfüllung der Tatbestandsmerkmale des § 126 BGB erfolgen, § 127 S. 1 BGB. In Abweichung zu der dortigen Regelung reicht hier im Regelfall auch die telegraphische Übermittlung oder der Vertragsschluss durch einen Briefwechsel aus, § 127 S. 2 BGB. Handelt es sich bei dem Vertrag um einen nicht der Formvorschrift des § 550 S. 1 BGB unterfallenden Mietvertrag, ist er mit Einhaltung der gewillkürten Schriftform formwirksam zustande gekommen. **69**

Wird die gewillkürte Schriftform nicht eingehalten, hat das nicht nur Auswirkungen auf die Dauer des Mietvertrages, sondern auf dessen Wirksamkeit. Denn nach § 154 Abs. 2 BGB gilt die Auslegungsregel, dass der wirksame Vertragsschluss von der Einhaltung der gewillkürten Form abhängen soll. Zum Abschluss des Vertrages ist daher nicht nur die Abgabe von zwei übereinstimmenden Willenserklärungen erforderlich, sondern diese müssen zusätzlich formgerecht dokumentiert werden. **70**

Diese die Wirksamkeit des Vertrages berührende gesetzliche Auslegungsregel gilt aber nur dann, wenn die Einhaltung der Form nach dem Willen der Parteien **konstitutive** Wirkung haben sollte, wenn sie also bewusst die Wirksamkeit des Vereinbarten von dessen formgerechter Niederlegung abhängig gemacht haben.[167] Hierbei wird aber nicht beachtet, dass nach der Fassung des Gesetzes „im Zweifel“ von der konstitutiven Wirkung des Formerfordernisses auszugehen ist, so dass nicht der Wille der Parteien hierfür zu erforschen ist, sondern lediglich das Gegenteil, die bloße deklaratorische Wirkung. Inhaltlich soll diejenige Form als konstitutiv vereinbart sein, die die Parteien anschließend bei der Vertragsunterzeichnung eingehalten haben. **71**

Die Wirksamkeit des Vertrages wird dagegen von der mangelnden Einhaltung der gewillkürten Form dann nicht berührt, wenn diese nur Beweiszwecken dienen sollte, also rein **deklaratorischen** Charakter hat. Davon ist auszugehen, wenn die Vereinbarung über eine besondere Form des Vertrages erst nach dessen Abschluss getroffen worden ist[168] oder wenn der Vertrag trotz des Formmangels bereits in Vollzug gesetzt worden ist, etwa durch Überlassung des Mietobjekts.[169] **72**

---

[163] *Günter* NZM 2019, 561 (569), wobei immerhin erstaunt, dass sein dissenting vote nicht zu einer Rückkehr des Senats zur gesetzeskonformen Auslegung führt.

[164] BR-Drs. 469/19.

[165] Kritik auch bei *Neumann* ZMR 2020, 174; *Leo/Götz* NZM 5/2020, V ff., die insbes. den „Notnagel“ Kündigungsrecht für den Mieter beibehalten wollen; *Schultz/Schultz* GE 2020, 379, die wiederum nur den Erwerberschutz verwirklicht sehen wollen. Die Bundesregierung hat den Vorschlag in ihrer Stellungnahme abgelehnt, BT-Drs. 19/17034, 12; kritisch auch *Bangert* JZ 2021, 193/198.

[166] Die vom Anwaltsverein (Stellungnahme des Deutschen Anwaltvereins durch den AusschussMiet-und Wohnrecht zum Gesetzentwurf des Bundesrates zur Neuregelung des Schriftformerfordernisses im Mietrecht (Initiative: Nordrhein-Westfalen) BT-Drs. 19/17034, 7) vorgeschlagenen Ergänzungen dahingehend, dass der Mieterr den Schriftformmangel beseitigen könnte, übersieht, dass der Erwerber dann an einen Vertrag gebunden wäre, den er möglicherweise bei Kenntnis der vollständigen (formgerechten) Vereinbarung nicht geschlossen hätte.

[167] OLG München ZMR 1997, 293.

[168] So bereits die Materialien zu § 154 Abs. 2 bei *Haidlen,* Bürgerliches Gesetzbuch, 1897, BGB § 154 Abs. 2; RG WarnRspr. 1913 Nr. 44; LZ 1923, 269.

[169] BGH XII ZR 66/06, NZM 2008, 931; KG ZMR 2010, 359.

73 Handelt es sich bei dem der gewillkürten Form unterliegenden Mietvertrag um einen solchen, der auch der gesetzlichen Formvorschrift des § 550 S. 1 BGB unterfallen würde, führt die Nichteinhaltung der gewillkürten Form im Regelfall dazu, dass entsprechend der Auslegungsregel des § 154 Abs. 2 BGB überhaupt kein Mietvertrag vorliegt. Beim Nebeneinander von gewillkürter und gesetzlicher Formvorschrift geht also die gewillkürte mit den entsprechenden Rechtsfolgen vor,[170] für die Anwendung des § 550 BGB bleibt dann kein Raum.[171]

74 Haben die vertragsschließenden Parteien die **Einhaltung** einer bestimmten **Form** für den Vertrag **vereinbart,** ergibt sich aus dieser Vereinbarung selbst der Anspruch der Vertragspartner auf Erfüllung der Formvorschrift. Hierzu gehören auch die sog. **Reparaturklauseln/Schriftformheilungsklauseln,** wonach die Parteien verpflichtet sind, nachträglich einen Mangel in der Schriftform durch Nachholung der entsprechenden Formhandlungen zu beseitigen.[172] Diese Klauseln – mögen sie individualvertraglich oder formularvertraglich vereinbart sein – verstoßen nach **BGH**[173] gegen den zwingenden Charakter des § 550 BGB.[174] Der BGH stützt dieses Ergebnis auf eine grundlegende Zweckänderung des § 550 BGB: Zwar betont er noch formal dessen Erwerberschutz; die Unwirksamkeit der Klausel wird mit dem Schutz der ursprünglichen Vertragsparteien begründet (und kann auch nur damit begründet werden). Dadurch wird die von der Gesetzgebung des BGB bewusst gewollte Sonderstellung des § 550 BGB beseitigt und den allgemeinen Formvorschriften in den §§ 125, 126 BGB angenähert mit der Folge, dass der Norm keine selbständige Existenzberechtigung mehr zukommt.[175] Die Entscheidung ist methodisch fehlerhaft – es handelt sich um ein überflüssiges obiter dictum und um einen Zirkelschluss, da nur auf die eigene Rspr. zur Ausdehnung von Sinn und Zweck der Norm gestützt[176] –, außerdem ist sie dogmatisch nicht haltbar: Denn der normierte Rechtszwang nicht absolut zu sehen, sondern nach dem von ihm verfolgten Zweck (einschränkend) auszulegen.[177] Die Heilungsklausel verwirklicht gerade den Zweck der Norm, Dokumentation des Vertragsinhalts für einen Grundstückserwerber,[178] macht ihn aber nicht obsolet.[179] Darüber hinaus stellt die Klausel einen Ausfluss der Verpflichtung von Vertragsparteien dar, bei der wirksamen Durchführung des Vertrags mitzuwirken.[180] Die Nutzung des Kündigungsrechts aus § 550 BGB trotz eigener Pflichtverletzung verstößt gegen den Grundsatz von Treu und Glauben.[181] Verdeutlicht werden muss aber in diesem Zusammenhang, dass sich diese Verpflichtung **nur** auf die jeweils **vertragschließenden Parteien** erstreckt (bereits → Rn. 66).[182] Da sich diese Beschränkung bereits aus dem Zweck des § 550 BGB ergibt, erscheint es zweifelhaft, ob unter dem Gesichtspunkt des § 307 Abs. 2 Nr. 1 BGB die Einschränkung ausdrücklich in der Formularklausel enthalten sein muss[183] Ein Erwerber tritt trotz § 566 BGB nicht in diese Verpflichtung ein.[184] Denn er wäre dadurch gehalten, erst selbst die Voraussetzungen für eine Kenntnis des Umfangs der auf ihn übergehenden Objekte zu schaffen, was dem Sinn und Zweck des § 550 BGB zuwiderlaufen würde.[185] Entsprechend dem Schutzzweck der Norm kann sich der Erwerber gegenüber dem Mieter auf den Formmangel berufen, nicht aber der Mieter gegenüber dem Er-

[170] BGH XII ZR 258/97, NZM 2000, 548.

[171] RG WarnRspr. 1909 Nr. 82; WarnRspr. 1912 Nr. 160; KG OLGE 39, 176; aA OLG Naumburg WuM 2000, 671.

[172] OLG Koblenz NZM 2013, 767.

[173] BGH XII ZR 114/16, NZM 2018, 38 Rn. 35–39; bestätigt durch BGH XII ZR 43/17, NZM 2018, 515 Rn. 25.

[174] So bereits zB Staudinger/*Emmerich* BGB § 550 Rn. 59; LG Krefeld ZMR 2016, 547 mzustAnm *Dittert* jurisPR-MietR 19/2016 Anm. 4.

[175] So iErg, allerdings mit anderer Begründung, *Häublein* JZ 2018, 755.

[176] Wiederholt in BGH XII ZR 43/17, NZM 2018, 515 Rn. 25.

[177] *Dorn* HKK I §§ 134–137 Rn. 12–14.

[178] So selbst Staudinger/*Emmerich* BGB § 550 Rn. 3.

[179] OLG Frankfurt a. M. ZMR 2015, 709; KG ZMR 2016, 775.

[180] Palandt/*Grüneberg* BGB § 242 Rn. 32.

[181] KG ZMR 2016, 775; OLG Köln MietRB 2016, 709.

[182] Modelle zulässiger „Heilungsklauseln" diskutieren *Lindner-Figura/Reuter* NJW 2018, 897 mit dem Ergebnis, dass keine absolute Sicherheit zu erwarten ist; iErg ebenso *Hoffmann* MietRB 2018, 88.

[183] So aber OLG Düsseldorf BeckRS 2017, 108304 = ZMR 2017, 471.

[184] *KG ZMR 2016, 613; aA Bieber* jurisPR-MietR 2/2016 Anm. 2; zum Verhältnis von § 566 BGB zu § 550 BGB s. kurz *Lammel* jurisPR-MietR 16/2014 Anm. 3; s. auch *Lohn/Schott* ZfIR 2016, 170.

[185] So OLG Düsseldorf ZMR 2013, 276; BGH XII ZR 146/12, ZMR 2014, 717 = NJW 2014, 2102; BGH XII ZR 68/10, NJW 2014, 1087 mAnm *Emmerich* JuS 2014, 648.

werber.[186] Das gleiche gilt für die Berufung auf eine Reparaturklausel: Der Erwerber kann als neuer Vertragspartner die vom Mieter vertraglich übernommene Verpflichtung zur Herstellung eines formgültigen Vertrages geltend machen, um insoweit Rechtsklarheit und Rechtssicherheit herbeizuführen; der Mieter seinerseits kann sich gegenüber dem Erwerber allerdings nicht auf die Reparaturklausel berufen, weil dies den durch §550 BGB gewollten Schutz des Erwerbers beeinträchtigen würde. Ein Erwerber kann auf den ihm gewährten gesetzlichen Schutz verzichten, er kann aber dazu nicht durch einen Vertrag, an dem er nicht beteiligt gewesen ist, gezwungen werden.

Bei sog. **Schriftformklauseln** in Mietverträgen, die die Formbedürftigkeit von Nebenabre- 75 den, Abänderungen und Ergänzungen des Vertrages verlangen, ist danach zu differenzieren, ob der Grundvertrag der Formvorschrift des §550 BGB unterliegt oder nicht. Derartige Klauseln in formbedürftigen Verträgen, die nach ihrem Wortlaut keinen anderen Zweck haben als die Einhaltung der Form, sind – sowohl als Individual – als auch als Formularvereinbarung – wirksam.[187] Denn ihr Regelungsgehalt geht nicht über das hinaus, was sich bereits aus der Gesetzesnorm ergibt; für eine Anwendung des §305b BGB (Vorrang der Individualabrede, die in der späteren formlosen Abänderungsvereinbarung zu sehen wäre) ist daher kein Raum. Im Gegenteil ergibt sich aus dieser Klausel ein Anspruch auf Einhaltung der Schriftform.[188] Auf diese notwendige Differenzierung geht der **BGH**[189] nicht ein, sondern postuliert unabhängig von der an sich gesetzlichen Formbedürftigkeit des langfristigen Mietvertrages den Vorrang einer (auch formlosen) Individualabrede. Dabei wird aber übersehen, dass diese doppelte Schriftformklausel den „Kunden" nicht benachteiligt, sondern von ihm nur etwas fordert, was sich bereits aus dem Gesetz selbst ergibt; Sinn und Zweck des §305b BGB[190] werden in diesem Sonderfall nicht berührt. Im übrigen war im konkreten Fall der Erwerber wegen des Schutzzwecks des §550 BGB nicht an die Schriftformklauseln gebunden, so dass es eigentlich auf den Vorrang einer Individualabrede nicht ankommen konnte.

Handelt es sich bei dem Grundvertrag um keinen nach §550 BGB formbedürftigen Mietvertrag 76 oder geht die Wirkung der Klausel nach ihrem Wortlaut dahin, die Wirksamkeit der ergänzenden Abreden von der Einhaltung der Form abhängig zu machen, ist dies in Formularmietverträgen deshalb unzulässig, weil dadurch der Vorrang von Individualabreden, die auch unter Verzicht auf die Form mündlich abgeschlossen werden können, berührt wird, 305b BGB.[191] Die qualifizierte Schriftformklausel, wonach die Schriftform auch für die Aufhebung der vereinbarten Schriftform gelten soll, ist daher durch mündliche (ausdrückliche) Abreden abänderbar.[192] Individualvertraglich ist die Abrede über die besondere Form von Ergänzungen etc dagegen wirksam.[193]

## F. Textform

Zur Vereinfachung des Rechtsverkehrs und zum Zwecke der Vereinheitlichung bislang verstreut 77 in verschiedenen Gesetzen enthaltener Regelungen für eine unterschriftslose Erklärung ist mit dem Gesetz zur Anpassung der Formvorschriften des Privatrechts und anderer Vorschriften an den modernen Rechtsgeschäftsverkehr v. 13.7.2001 ua in den Allgemeinen Teil des BGB eine neue Formvorschrift, §126b BGB, eingeführt worden, auf die in verschiedenen Normen des Mietrechts verwiesen wird. Wegen des engen Sachzusammenhanges wird sie hier kommentiert:

---

186 Anders möglicherweise OLG Braunschweig ZMR 2016, 108 mit insoweit zweifelnder Anm. *Disput* NZM 2016, 202.

187 AA *Leo* NJOZ 2014, 321; es geht bei diesen Klauseln aber nicht um den Grundsatz „pacta sunt servanda", sondern um eine allgemeine Mitwirkungspflicht – nur – der vertragschließenden Parteien an der Erstellung eines rechtswirksamen – langfristigen – Vertrages. Mit diesen Klauseln wird auch nicht der Regelungszweck des §550 BGB umgangen (was *Streyl* NZM 2015, 28 (30), diskutiert), sondern im Gegenteil gerade erfüllt, nämlich die Dokumentation des Vertragsinhalts gegenüber dem Erwerber, s. *Piepers/Robles y Zepf* NZM 2014, 153 (154).

188 OLG Hamm NZM 2013, 760 Rn. 204–215.

189 BGH XII ZR 69/16, WuM 2017, 131 Rn. 16–19.

190 Dazu ausf. MüKoBGB/*Basedow* §305b Rn. 11–16.

191 OLG München WuM 1989, 128/133 Nr. 8; OLG Frankfurt a. M. WuM 1992, 56 (64); BGH VIII ZR 38/90, NJW 1991, 1750; LG Berlin MM 2008, 334; OLG Brandenburg GE 2012, 1375 jedenfalls für die Wohnraummiete.

192 KG GE 2001, 278; OLG Düsseldorf ZMR 2007, 35; AG Villingen-Schwenningen WuM 2016, 100; anders jetzt wohl KG NZM 2005, 908.

193 OLG Düsseldorf GE 2011, 1680.

**§ 126b BGB ist durch Gesetz Textform vorgeschrieben,** so muss eine lesbare Erklärung, in der die Person des Erklärenden genannt ist, auf einem dauerhaften Datenträger abgegeben werden. Ein dauerhafter Datenträger ist jedes Medium, das

1. es dem Empfänger ermöglicht, eine auf dem Datenträger befindliche, an ihn persönlich gerichtete Erklärung so aufzubewahren oder zu speichern, dass sie ihm während eines für ihren Zweck angemessenen Zeitraums zugänglich ist, und
2. geeignet ist, die Erklärung unverändert wiederzugeben.

**78** In folgenden **Mietrechts-Fällen** genügt die Übermittlung einer Erklärung in Textform: die Mitteilung über Modernisierungsmaßnahmen nach § 554 Abs. 3 S. 1 BGB; die Bestimmung des Übergangs zu einer verbrauchsabhängigen Umlegung von Betriebskosten nach § 556a Abs. 2 S. 1 BGB; die Aufrechnungsmitteilung des Mieters nach § 556b Abs. 2 S. 1 BGB; die Geltendmachung einer Mietänderung bei Vorliegen einer vereinbarten Indexmiete nach § 557b Abs. 3 S. 1 BGB[194]; das Verlangen nach Zustimmung zu einer Mieterhöhung gem. § 558 BGB nach § 558a Abs. 1 BGB; die Geltendmachung einer Mieterhöhung nach Modernisierung, §§ 559, 559b Abs. 1 S. 1 BGB; die Erhöhung einer Betriebskostenpauschale nach § 560 Abs. 1 S. 1 BGB sowie die Anpassung von Betriebskostenvorauszahlungen, § 560 Abs. 4 BGB. Bei diesen Erklärungen handelt es sich weitestgehend um Abänderungen des ursprünglichen Mietvertrages, die an sich der Form des § 550 BGB bedürften. Der Gesetzgeber hat diese Kollision zweier Normbereiche – zum einen Erwerberschutz durch vollständige Dokumentation des Vertragsinhalts, zum anderen Erleichterung des Rechtsverkehrs –, nicht gesehen und damit auch nicht aufgelöst. Jedoch betreffen die jeweiligen Formvorschriften unterschiedliche Bereiche. § 550 BGB will den Vertrag selbst der Schriftform unterwerfen. Die einzelnen Normen über die Form bestimmter mietrechtlicher Erklärungen beziehen sich nur auf diese Erklärungen, nicht aber auf den Vertrag. Für die einzelne Erklärung ist die Sondernorm maßgebend („lex specialis derogat legi generali"). Für die dadurch auch eintretende Abänderung des Vertrages ist dagegen die allgemeine Regelung in § 550 BGB anzuwenden.[195]

**79** Während der RegE die Regelung des ehemaligen § 8 MHG („Erklärungen …, die mit Hilfe automatischer Einrichtungen gefertigt worden sind, muss der Erklärende nicht eigenhändig unterschreiben") auf die in → Rn. 78 aufgeführten Erklärungen mittels eines Abs. 2 in § 550 BGB ausdehnen wollte,[196] befürwortete der Rechtsausschuss die Übernahme der im Allgemeinen Teil geplanten Textform auch in das Mietrecht.[197] Allerdings wurde sowohl in der Gesetzesbegründung als auch in der Ausschussempfehlung zum Formvorschriften-Gesetz der wesentliche Nachdruck auf die unterschriftslose Erstellung gelegt; die Verwendung elektronischer Medien wurde erst aus diesen Kriterien geschlussfolgert.[198] Die Eignung dieser Form für die mietrechtlichen Erklärungen wurde hingegen nicht weiter problematisiert, weil man offenbar davon ausging, dass lediglich die Regelung des § 8 MHG verallgemeinert wird. Nachdem sich der Bundesrat gegen die Textform als allgemeine Formvorschrift ausgesprochen und für die Analogie zu § 8 MHG in geeigneten Fällen votiert hatte, erhielt die Norm ihre als Gesetz verkündete Form erst im Vermittlungsverfahren.[199] Während der ursprüngliche Gesetzesvorschlag lautete: „ist durch Gesetz Textform vorgeschrieben, so muss die Erklärung einem anderen gegenüber so abgegeben werden, dass sie in Schriftzeichen lesbar, die Person des Erklärenden angegeben und der Abschluss der Erklärung in geeigneter Weise erkennbar gemacht ist", so enthielt die Endfassung (bis 2014) zwei Einschübe: einmal muss die Erklärung in einer Urkunde oder auf andere zur dauerhaften Wiedergabe in Schriftzeichen geeignete Weise abgegeben werden, zum anderen ist der Abschluss durch Nachbildung einer Namensunterschrift oder anders erkennbar zu machen. Diese Änderung ist schriftlich nicht begründet worden; nach mündlichen Auskünften soll darin gegenüber der ursprünglichen Fassung keine sachliche Änderung zu sehen sein.

---

[194] Damit erübrigt sich die Frage einer Formbedürftigkeit nach § 550 BGB, was das KG ZMR 2019, 671 wohl übersehen hat.
[195] Dazu auch → *Börstinghaus* Vor § 558 Rn. 62ff.; aA *Nies* NZM 2009, 687.
[196] *Grundmann,* Mietrechtsreformgesetz, 2001, S. 102.
[197] *Grundmann,* Mietrechtsreformgesetz, 2001, S. 195.
[198] BT-Drs. 14/4987, 12, 18–20.
[199] BT-Drs. 14/6353.

Zwar legt der insoweit missverständliche Gesetzeswortlaut nahe, dass in den jeweiligen Fällen die Textform benutzt werden muss. Der Gesetzeszweck, Erleichterung des Rechtsverkehrs, eröffnet dem Erklärenden aber nur die Möglichkeit, sich mindestens dieser Form zu bedienen. Er kann auch auf die Erleichterung verzichten und seine Erklärungen in herkömmlicher Schriftform, also insbes. mit eigenhändiger Unterschrift, abgeben.[200] Allerdings können die Parteien für die genannten Erklärungen keine über die Textform hinausgehenden Form-Erleichterungen vereinbaren. Insofern ist die Regelung zwingend, als sie einen Mindeststandard vorschreibt. **80**

Wie sich aus dem Tatbestandsmerkmal „abgegeben" entnehmen lässt, muss der Erklärende sämtliche formellen Voraussetzungen für die Erfüllung der Textform schaffen; er kann sich nicht darauf berufen, dass der Empfänger selbst auch tätig werden kann, was insbes. für den elektronischen Verkehr von Bedeutung ist (→ Rn. 84–86). **81**

Zunächst kann als Trägermedium der Erklärung eine Urkunde gewählt werden. Nach der herkömmlichen Definition handelt es sich hierbei um eine „verkörperte" Gedankenerklärung, woraus sich ergibt, dass der Urkundsbegriff nur durch einen Gegenstand verwirklicht wird. Im Mietrechtsverkehr ist hierunter im wesentlichen die Papierform zu verstehen. **82**

Die andere Alternative, die dauerhafte Wiedergabe in Schriftzeichen, wird einmal durch die bislang iRd § 8 MHG ausgeschlossenen technischen Vervielfältigungsmöglichkeiten erfüllt, wie Vervielfältigung, Fotokopie, Hektografie, Umdruckverfahren, Durchschrift, vorgefertigte Formulare, Telefax. Denn das diese Möglichkeiten bislang ausschließende Merkmal der Fertigung durch automatische Einrichtungen ist entfallen. Darüber hinaus wird dieses Kriterium auch erfüllt, wenn die Erklärung auf einem Datenträger, wie etwa einer Diskette oder einer CD-ROM, abgespeichert ist (zum Problem des Zugangs in diesen Fällen → Rn. 91). In diesen Bereich gehört auch das Computer-Fax, bei dem zwar der Absender keine Verkörperung hat, diese aber in Kombination mit der vom Empfänger zur Verfügung gestellten Fax-Adresse vornimmt. **83**

Die Gesetzesbegründung zur Altfassung und ihr folgend die wohl überwiegende Meinung ging weiterreichend davon aus, dass auch die Versendung der Erklärung per E-Mail die Textform erfüllt.[201] Dies mag für die Altfassung zweifelhaft gewesen sein.[202] Jedenfalls nach der seit 2014 geltenden Fassung trifft auch den Empfänger der Mitteilung eine Speicherungspflicht, wodurch das Merkmal der dauerhaften Wiedergabe auch von ihm zu erfüllen ist, so dass letztlich der E-Mail-Verkehr für die Erfüllung der Textform genügt.[203] **84**

Die Erklärung muss in Schriftzeichen abgegeben werden. Sie muss also sofort lesbar sein, ohne dass eine Konvertierung in eine lesbare Fassung erfolgt. Ausgeschlossen ist daher die Abgabe in Computer-Maschinenschrift. Andererseits ist es nicht erforderlich, dass lateinische Schriftzeichen verwendet werden. Es können alle Schriftzeichen verwendet werden, die dem bisherigen Geschäftsverkehr zwischen den Parteien entsprechen. Wenn die Bedenken hinsichtlich der dauerhaften Wiedergabe (→ Rn. 83) beiseite gelassen werden, reicht auch die Übermittlung von PC-Bildschirm auf PC-Bildschirm (oder andere Bildschirme, sofern diese die Erklärung auf Grund ihrer Kapazität wiedergeben können) aus. **85**

Ferner muss die Person des Erklärenden (dh eine natürliche Person!) in der Mitteilung genannt werden. Sie kann sich aus der Absenderangabe, aber auch aus dem Text selbst ergeben. Erklärender und Vertragspartner müssen nicht identisch sein, sofern der Erklärende als Vertreter tätig wird.[204] **86**

Schließlich muss die Erklärung abgeschlossen werden, dh wie bei der Schriftform (→ Rn. 29) muss deutlich werden, dass der Umfang der Erklärung begrenzt wird.[205] Diese Begrenzung kann einmal durch eine Nachbildung der Unterschrift erfolgen, da die Unterschrift als solche gerade nicht mehr erforderlich ist. Diese Nachbildung kann sich als eine eingescannte, faksimilierte, kopierte oder getippte Unterschrift darstellen. Insoweit müssen aber Absendername und Unterschriftsname übereinstimmen; denn nur auf diese Weise wird dokumentiert, dass die Erklärung willentlich vom Absender herrührt. Der Abschluss der Erklärung kann aber auch dadurch dokumen- **87**

[200] BT-Drs. 14/4987, 20; *Pfeifer,* Das neue Mietrecht, 3. Aufl. 2003, S. 29 unter Nr. 6c ee.

[201] BT-Drs. 14/4987, 20; s. auch das Muster in Anlage 2 zu § 14 Abs. 1, 3 BGB-InfoV; → *Börstinghaus* Vor §§ 558–560 Rn. 65; Palandt/*Ellenberger* BGB § 126b Rn. 3; *Blank/Börstinghaus,* Neues Mietrecht, 2001, BGB § 556a Rn. 12.

[202] Siehe → 12. Aufl. 2015, § 550 Rn. 84–86.

[203] *Beuermann* GE 2015, 430.

[204] LG Berlin GE 2003, 1156; LG Hamburg ZMR 2004, 680; AG Berlin-Charlottenburg MM 2003, 431; großzügiger LG Berlin MM 2005, 146; iÜ bei → Rn. 25f.

[205] BGH VIII ZR 262/09, GE 2012, 200.

tiert werden, dass eine entsprechende Bemerkung erfolgt, wie etwa „Ende der Erklärung", „diese Mitteilung wird nicht unterschrieben" oder ähnliche Vermerke. Ein Text, der nach dieser Erklärung (ohne erneute Abschlussbemerkung) folgt, wird von der Formvorschrift nicht mehr gedeckt.

**88** Ist die Abgabe der Haupt-Erklärung in Textform zulässig, können auch die Nebenerklärungen, zB beizufügende Vollmachten, Berechnungen der Mieterhöhung oder der Modernisierung sowie der Erhöhung der Indexmiete, in derselben Form abgegeben werden. Die Formbedürftigkeit von Hilfsgeschäften kann nicht strenger beurteilt werden als das Hauptgeschäft. Andererseits bedürfen diese Anlagen nicht der Textform des Hauptgeschäfts, sie können also zB „unterschriftslos" beigefügt werden.[206]

**89** Die Erklärung muss dem Vertragspartner zugehen, dh so in seinen Machtbereich gelangen, dass er sie zur Kenntnis nehmen kann. Das bedeutet für die Übermittlung auf **Datenträgern** (Diskette, CD-ROM), dass beim Empfänger ein entsprechendes Abspielgerät vorhanden ist, was im Wohnraummietrecht nicht unbedingt vorausgesetzt werden darf. Allerdings wird man einen derartig nicht ausgestatteten Empfänger als verpflichtet ansehen müssen, die mangelnde Kenntnismöglichkeit dem Absender mitzuteilen. Im **Fax-Verkehr** kann von einem Zugang nur dann gesprochen werden, wenn der Empfänger mit einer Fax-Nummer im Rechtsverkehr auftritt und das Dokument bei ihm ausgedruckt worden ist, es sei denn, es liegt bei **seinem** Empfangsgerät ein technischer Fehler vor; in diesem Fall ist von einer ihm zuzurechnenden Zugangsvereitelung auszugehen. Beim **E-Mail-Verkehr** ist eine Zusendung ebenfalls nur dann zulässig, wenn der Empfänger (zB auf Briefbögen) seine E-Mail-Adresse für den Rechtsverkehr öffnet. Hinsichtlich des **Zugangs** ist zwischen Wohnraum- und Geschäftsraummiete zu differenzieren. Bei letzterem ist von einer Nachforschungspflicht nach in seiner E-Mail-Box eingegangenen E-Mails auszugehen, weil er im Geschäftsverkehr mit seiner E-Mail-Adresse auftritt. Der Zugang erfolgt daher bei Einlegung der E-Mail in der Mailbox des Empfängers, wenn diese zu gewöhnlichen Geschäftszeiten vorgenommen wird, was sich aus der Mitteilung des Internet-Providers über den Posteingang ergibt.[207] Bei der **Wohnraummiete** ist trotz Bekanntgabe einer E-Mail-Adresse nicht von einer derartigen Nachforschungspflicht auszugehen, so dass der Zugang erst mit Abruf durch den Empfänger erfolgt. Der Absender ist nach allgemeinen Regeln beweispflichtig für den Zugang. Dieser Beweis wird nicht durch den Nachweis der Absendung der E-Mail erbracht. Nutzen Absender und Empfänger den gleichen Internet-Provider, lässt sich der Zeitpunkt der Kenntnisnahme vom Absender abrufen; einige Provider bieten mittlerweile ein elektronisches Empfangsbekenntnis als Zusatzleistung an.[208]

[206] LG Potsdam WuM 2004, 671.
[207] *Ultsch* NJW 1997, 3007; Palandt/*Ellenberger* BGB § 130 Rn. 7 a; LG Nürnberg-Fürth NJW 2002, 1721.
[208] *Beuermann* GE 2015, 431.

## § 551 Begrenzung und Anlage von Mietsicherheiten

**(1) Hat der Mieter dem Vermieter für die Erfüllung seiner Pflichten Sicherheit zu leisten, so darf diese vorbehaltlich des Absatzes 3 Satz 4 höchstens das Dreifache der auf einen Monat entfallenden Miete ohne die als Pauschale oder als Vorauszahlung ausgewiesenen Betriebskosten betragen.**

**(2) [1]Ist als Sicherheit eine Geldsumme bereitzustellen, so ist der Mieter zu drei gleichen monatlichen Teilzahlungen berechtigt. [2]Die erste Teilzahlung ist zu Beginn des Mietverhältnisses fällig. Die weiteren Teilzahlungen werden zusammen mit den unmittelbar folgenden Mietzahlungen fällig.**

**(3) [1]Der Vermieter hat eine ihm als Sicherheit überlassene Geldsumme bei einem Kreditinstitut zu dem für Spareinlagen mit dreimonatiger Kündigungsfrist üblichen Zinssatz anzulegen. [2]Die Vertragsparteien können eine andere Anlageform vereinbaren. [3]In beiden Fällen muss die Anlage vom Vermögen des Vermieters getrennt erfolgen und stehen die Erträge dem Mieter zu. [4]Sie erhöhen die Sicherheit. [5]Bei Wohnraum in einem Studenten- oder Jugendwohnheim besteht für den Vermieter keine Pflicht, die Sicherheitsleistung zu verzinsen.**

**(4) Eine zum Nachteil des Mieters abweichende Vereinbarung ist unwirksam.**

### Systematische Übersicht

## Alphabetische Schnellübersicht



## A. Überblick

### I. Allgemeines

1 § 551 BGB regelt zur Mietkaution in der Wohnraummiete nur einen Ausschnitt der Rechtsfragen, die sich stellen. Geregelt wird zunächst die zulässige Höhe der Mietkaution, die drei Monatsmieten ohne Betriebskostenpauschalen oder -vorauszahlungen nicht übersteigen darf (§ 551 Abs. 1 → Rn. 33). Die Vorschrift legt dann die Fälligkeit des Einzahlungsanspruchs (§ 551 Abs. 1 → Rn. 45) sowie die Anlagepflicht bei der Barkaution fest (→ Rn. 54). Nach § 551 Abs. 3 Satz 1 und 2 BGB hat der Vermieter die Barkaution zu verzinsen. Das Gesetz schafft keinen Anspruch auf Sicherheitsleistung. Die Kaution muss also ggf. im Vertrag vereinbart werden. Eine Ausnahme ent-

hält nur § 563b BGB; beim Eintritt eines Mieters nach §§ 563, 563a BGB kann der Vermieter kraft Gesetzes Sicherheit verlangen (§ 563b BGB Abs. 3 → § 563b BGB Rn. 25). Es gibt keine Regelungen zu den unterschiedlichen Arten der Kaution. Vor allem enthält das Gesetz keine Regelungen zur Abrechnung und zum Rückgewähranspruch nach Mietende. Rechtsgrundlage, Voraussetzungen, Fälligkeit, Verjährung dieses Anspruchs sind durch die Rechtsprechung ausgeformt (→ Rn. 87). Zusätzliche Regelungen zur Kaution in der Wohnraummiete finden sich in § 554 Abs. 1 Satz 3 BGB. Hier kann der Mieter sich im Zusammenhang mit einer baulichen Veränderung zur Leistung einer Sicherheit verpflichten, damit die Erlaubnis der Baumaßnahme dem Vermieter zumutbar ist (→ § 554 Rn. 21).

### II. Entstehungsgeschichte und Normzweck

Die Vorschrift hat ihren Vorläufer in § 550b BGB, der durch das Gesetz zur Erhöhung des 2
Angebots an Mietwohnungen v. 20.12.1982[1] in das BGB eingefügt worden ist. Durch das Vierte Mietrechtsänderungsgesetz wurde § 550b BGB hinsichtlich der Anlagepflicht in Details novelliert. Die Regelungen zur Kautionshöhe und zum Recht auf Ratenzahlung versuchen, das Sicherungsbedürfnis des Vermieters mit dem Schutzbedürfnis des Mieters in Einklang zu bringen. Das Gesetz will den Mieter unter Anerkennung des Sicherungsbedürfnisses des Vermieters vor zu großen Belastungen bewahren und Erschwerungen für den Abschluss neuer Mietverträge entgegenwirken, die in mobilitätshemmender Weise von hohen Kautionsforderungen ausgehen können.[2] Die Verzinsungspflicht hatte vor der gesetzlichen Regelung schon der BGH in dem Rechtsentscheid v. 8.7.1982[3] mit der Erwägung bejaht, dass die Kaution dem Vermieter nicht zur Erlangung von Einkünften sondern nur als Sicherheit für die Erfüllung von dessen Ansprüchen zur Verfügung gestellt werde. Dementsprechend erwarte der Mieter, dass der Vermieter die Kautionssumme verzinse.[4] Das habe zu einem Zinssatz zu geschehen, der bei Spareinlagen mit gesetzlicher Kündigungsfrist üblicherweise erzielt wird.[5] Diesen Rechtsgedanken griff der Gesetzgeber bei Schaffung des § 550b BGB auf und schuf hier zusätzlich zwingendes Recht.[6] Die Verpflichtung des Vermieters zur Anlage einer Barkaution auf einem Sonderkonto, soll den Mieter vor einem Zugriff von Drittgläubigern sichern.[7]

## B. Anwendungsbereich

### I. Sachlicher Anwendungsbereich

Die Vorschrift gilt ausschließlich für die Wohnraummiete, nicht für die Miete von Geschäftsräu- 3
men. Bei **preisgebundenem Wohnraum** ist außerdem § 9 Abs. 5 S. 1 WoBindG zu beachten; danach ist die Vereinbarung einer Sicherheit nur insoweit zulässig, als sie dazu bestimmt ist, Ansprüche des Vermieters gegen den Mieter aus Schäden an der Wohnung oder unterlassenen Schönheitsreparaturen zu sichern. Umstritten ist, ob der Vermieter bei Mietende gleichwohl mit Forderungen auf restliche Miete gegen den Rückzahlungsanspruch aus der Kaution aufrechnen kann.[8] Die herrschende Meinung verneint das, wobei die Begründungen unterschiedlich sind.[9] Nach diesseitiger Auffassung folgt schon aus dem Treuhandcharakter der Kaution ein Aufrechnungsverbot für solche Forderungen, die nicht vom Sicherungszweck erfasst sind. Das Aufrechnungsverbot dauert nach

[1] BGBl. I 1912.
[2] Begr. zum Gesetzesentwurf der Fraktionen der CDU/CSU und FDP vom 5.11.1982, BT-Drs. 9/2079, S. 10.
[3] BGH VIII ARZ 3/82, NJW 1982, 2186 = WuM 1982, 240 = ZMR 1982, 366; im Anschluss an BayObLG NJW 1981, 994 = WuM 1981, 82 = ZMR 1982, 82.
[4] BGH VIII ARZ 3/82, NJW 1982, 2186 (2187).
[5] BGH VIII ARZ 3/82, NJW 1982, 2186 (2187).
[6] Begr. zum Gesetzesentwurf der Fraktionen der CDU/CSU und FDP vom 5.11.1982, BT-Drs. 9/2079, S. 10.
[7] Begr. zum Gesetzesentwurf der Fraktionen der CDU/CSU und FDP vom 5.11.1982, BT-Drs. 9/2079, S. 11.
[8] Dafür: AG Spandau GE 2011, 1488; *Sternel* MietR aktuell Kap. III Rn. 159a; *Dickersbach* WuM 2006, 595 (596); dagegen: AG Köln WuM 2008, 222; LG Berlin ZMR 2002, 666; AG Bremen, 8.11.2019, 3 C 52/18, BeckRS 2019, 27601 und juris; Hannemann/Wiegner/*Bister* MAH § 25 Rn. 190.
[9] Näher *Bellinger* WuM 2007, 177 (178).

Mietende fort. Der BGH hat das für mietvertragsfremde Forderungen entschieden.[10] Für Forderungen, die zwar aus dem Mietverhältnis herrühren, die aber nach § 9 Abs. 5 S. 1 WoBindG durch die Kaution gerade nicht gesichert werden, gilt nichts anderes. Ist bei preisgebundenem Wohnraum ausdrücklich vereinbart, dass die Kaution zur Deckung aller Ansprüche dienen soll, so ist die Vereinbarung insgesamt unwirksam. Bei steuerbegünstigten oder frei finanzierten Wohnungen die mit **Wohnungsfürsorgemitteln** für Angehörige des öffentlichen Dienstes oder ähnliche Personengruppen unter Vereinbarung eines Wohnungsbesetzungsrechts gefördert worden sind (§ 16 NMV) darf gar keine Kaution vereinbart werden, weil dies in den hierfür maßgeblichen Preisvorschriften (§ 1 Abs. 3 und § 16 NMV) nicht vorgesehen ist.[11] Bei **freifinanziertem Wohnraum** gilt als Beschränkung nur, dass die Forderungen sich aus dem konkreten Mietverhältnis ergeben müssen.[12] Es kann vereinbart werden, dass die Sicherheit zur Abdeckung aller Ansprüche des Vermieters verwendet werden kann. Hierzu gehören Zahlungsansprüche aller Art, die sich aus dem Mietverhältnis ergeben (Miete, Betriebskosten, Nutzungsentschädigung, Schadensersatzansprüche) oder mit ihm im Zusammenhang stehen (Prozesskostenerstattungsansprüche).[13] Eine Kaution kann auch durch Formularvertrag vereinbart werden.[14] Angesichts dessen, dass eine solche Vereinbarung inzwischen gänzlich üblich ist[15], ist wohl auch keine drucktechnische Hervorhebung mehr zu verlangen, um eine Unwirksamkeit nach § 305 c BGB zu vermeiden.[16] Fehlt eine ausdrückliche Regelung zu den zu sichernden Forderungen, so ist die Vereinbarung über die Leistung einer Sicherheit bei freifinanziertem Wohnraum in einem umfassenden Sinne[17] und bei preisgebundenem Wohnraum iSd § 9 Abs. 5 S. 1 WoBindG auszulegen. Eine Verwertung für **mietvertragsfremde Forderungen** ist nicht zulässig und kann nicht vereinbart werden (→ Rn. 84).

## II. Zeitlicher Anwendungsbereich, Übergangsrecht

4 **Zulässige Höhe der Kaution.** Die Höchstgrenze des Dreifachen der auf einen Monat entfallenden Miete berechnet sich nach § 551 I BGB nunmehr nach der Miete abzüglich der Betriebskosten, soweit diese als Pauschale oder in Form von Vorauszahlungen aufgebracht werden. Hinsichtlich der Pauschale weicht dies § 550 b BGB a. F. ab und gilt erst für Verträge, die seit dem 1.9.2001 zustande gekommen sind.[18] **Verzinsung der Kaution.** Die § 551 Abs. 3 Satz 1 BGB gilt nicht für Altverträge, die vor dem 1.1.1983 geschlossen worden sind und in denen die Verzinsung durch Vertrag ausgeschlossen ist. Die Zinspflicht konnte in diesen Altverträgen ggf. auch durch Formularverträge wirksam ausgeschlossen werden. Da das Gesetz keine ausdrückliche Zinspflicht vorsah, stellt der Ausschluss durch AGB auch keine unangemessene Benachteiligung i. S. d. § 307 Abs. 1 Satz 1 BGB dar.[19] Anders ist es, wenn in Altverträgen keine Regelung zur Verzinsung der Kaution enthalten ist. In diesem Fall muss der Vermieter die Kaution verzinslich anlegen. Das ergibt die Auslegung des Mietvertrags nach Sinn und Zweck und den beiderseitigen Interessen (§§ 133, 157 BGB). Mit Rücksicht auf die fortschreitende Geldentwertung ist der Mieter daran interessiert, dass das Kautionsguthaben stetig durch Zinsgutschriften anwächst. Dabei ist auch zu berücksichtigen, dass Ansprüche des Vermieters im Laufe der Jahre wiederum schon wegen der Geldentwertung im Nominalwert steigen. Dem stehen Belange des Vermieters nicht entgegen, sein Sicherungsinteresse wird durch die Verzinsung nicht beeinträchtigt.[20]

---

[10] BGH VIII ZR 36/12, NZM 2012, 678 = WuM 2012, 502 = NJW 2012, 3300.
[11] LG München I WuM 1985, 399.
[12] BGH VIII ZR 36/12, NZM 2012, 678 = WuM 2012, 502 = NJW 2012, 3300.
[13] Bub/Treier MietR-HdB/*von der Osten/Schüller* Kap. III Rn. 2033; Staudinger/*V. Emmerich* BGB § 551 Rn. 4a; AnwK WohnraumMietR/*Lammel* BGB § 551 Rn. 14; **aA** für Prozesskosten OLG Hamm WPM 1970, 698.
[14] MüKoBGB/*Bieber* § 551 Rn. 6.
[15] BGH VIII ZR 344/02, NZM 2003, 754.
[16] MüKoBGB/*Bieber* § 551 Rn. 6; BeckOK BGB/*Wiederhold* BGB § 551 Rn. 4; aA Schmidt-Futterer/*Blank*, 14. Aufl. 2019, Rn. 10; *Kraemer* NZM 2001, 737 (738).
[17] Staudinger/*V. Emmerich* BGB § 551 Rn. 4a; *Fritz* Rn. 141 für Gewerbemiete; Palandt/*Weidenkaff* BGB *§ 551 Rn. 7.*
[18] *Derleder* WuM 2002, 239 (241); näher zur historischen Entwicklung *Börstinghaus* NZM 2008, 558.
[19] BGH VIII ZR 92/17, NZM 2019, 212 = WuM 2018, 752.
[20] BGH VIII ARZ 3/82, NJW 1982, 2186 (2187), oben → Rn 2.

## C. Arten der Sicherheitsleistung

### I. Allgemeines

Die Regelungen in § 551 Abs. 1 BGB, § 9 Abs. 5 S. 1 WoBindG gelten für Sicherheiten jeder Art. In welcher **Form** die Sicherheit geleistet werden muss, richtet sich nach den **vertraglichen Vereinbarungen.** Gängig sind die Barkaution (→ Rn. 6), Sparbuch oder Sparkonto (→ Rn. 7), oder Bürgschaft (→ Rn. 9 dort auch zur Abgrenzung zum Schuldbeitritt). Ist eine konkrete Sicherheitsart vereinbart, muss der Vermieter keine andere Sicherheit akzeptieren.[21] Ist insbesondere eine Barkaution vereinbart, so ist der Mieter weder zur Übergabe eines Sparbuchs,[22] noch zur Stellung einer Bürgschaft noch zu anderen Formen der Sicherheitsleistung berechtigt.[23] Eine vertragliche Regelung, wonach der Mieter eine Kaution in Höhe von … EUR zu zahlen hat, ist als Vereinbarung einer Barkaution auszulegen.[24] Dies gilt bei Auslegung sowohl nach dem Wortlaut („zu zahlen"), als auch nach der erkennbaren Interessenlage der Parteien. Der Vermieter kann seine Ansprüche am einfachsten bei der Barkaution realisieren, nämlich durch Aufrechnung. Bei der Verpfändung eines Sparguthabens muss der Vermieter den Mieter dagegen idR auf Zustimmung zur Freigabe der Sparsumme in Anspruch nehmen (→ Rn. 90). Ist die Kaution in Form in einer Bankbürgschaft geleistet worden, so steht sich der Vermieter ebenfalls ungünstiger (→ Rn. 83). Der Mieter wird nicht unbillig belastet, weil er insbesondere beim Sparbuch die gleichen Mittel aufbringen muss. Nur wenn sich auch durch Auslegung nicht ermitteln lässt, welche Art der Sicherheit vereinbart ist, hat der Mieter das Wahlrecht nach § 262 BGB.[25] Ist vereinbart, dass der Mieter die Kaution in Form einer Bankbürgschaft zu erbringen hat, so ist der Mieter in der Auswahl der Bank frei, darf aber keinen anderen Bürgen beibringen.[26] 5

### II. Die Barkaution

Eine **Barkaution** liegt vor, wenn der Mieter nach den vertraglichen Vereinbarungen verpflichtet ist, einen bestimmten Geldbetrag an den Vermieter zu übergeben oder auf ein vom Vermieter benanntes Konto einzuzahlen. Es handelt sich um die in der Praxis häufigste Form der Sicherheitsleistung. Mit der Geldübergabe oder Einzahlung geht das Eigentum vom Mieter auf den Vermieter über.[27] Die Anlagepflicht in § 551 Abs. 3 S 1 BGB setzt das voraus. § 551 Abs. 3 S 3 legt die **treuhänderische** Bindung des Vermieters fest.[28] 6

### III. Sparkonto, Sparbuch, Bankguthaben

Ein Spar- oder Bankguthaben kann als Forderung gegen die Bank verpfändet oder zur Sicherheit abgetreten werden.

#### 1. Verpfändung

Bei der **Verpfändung** zahlt der Mieter einen bestimmten Betrag auf ein Sparkonto oder ein Sparbuch ein, das auf seinen Namen ausgestellt ist. Sodann wird das Recht auf die Sparforderung an den Vermieter verpfändet. Bei einer Verpfändung müssen sich die Parteien dahingehend einig sein, dass ein dingliches Pfandrecht (und nicht lediglich eine schuldrechtliche Verpflichtung)[29] begründet werden soll. Außerdem setzt eine wirksame Verpfändung voraus, dass der Mieter die Verpfändung dem Kreditinstitut anzeigt. Hierfür reicht es nicht aus, dass die Bank vom Verwendungszweck des Sparguthabens Kenntnis hat. Vielmehr muss der Bank mitgeteilt werden, dass die Verpfändung stattgefunden hat und wer der Pfandgläubiger ist.[30] Für die Wirksamkeit der Verpfän- 7

---

21 Lützenkirchen MietR/*Lützenkirchen* BGB § 551 Rn. 29; LG Berlin GE 2015, 514.
22 AG Braunschweig WuM 1987, 257.
23 *Steinig* ZfGWBay 1992, 628.
24 *Kraemer* NZM 2001, 737 (738).
25 Spielbauer/Schneider/*Schneider* BGB § 551 Rn. 15; LG Berlin NJW-RR 1998, 10.
26 AG Lichtenberg/LG Berlin GE 2015, 515.
27 Staudinger/*V. Emmerich* BGB § 551 Rn. 5a; BGH VIII ARZ 3/82, NJW 1982, 2186 (2187).
28 BGH VIII ZR 324/14, NJW-RR 2015, 1289 = NZM 2015, 636 = WuM 2015, 549.
29 Zu den verschiedenen Auslegungsmöglichkeiten BGH VIII ZR 344/82, NJW 1984, 1749.
30 OLG Nürnberg NZM 1998, 660.

dung eines Sparguthabens spielt es keine Rolle, in wessen Hand sich ein etwa ausgestelltes Sparbuch befindet.[31] In der Praxis wird das Sparbuch meist dem Vermieter ausgehändigt. Das Kreditinstitut versieht das Sparbuch idR mit einem Sperrvermerk zugunsten des Vermieters. Der Sperrvermerk hat zur Folge, dass jede Partei nur mit Zustimmung der anderen Partei über die Sparforderung verfügen kann. Wird die Zustimmung nicht freiwillig erteilt, so kann jede Partei den anderen Teil auf Erteilung der Zustimmung in Anspruch nehmen. Das Pfandrecht erstreckt sich auch auf die Zinsen (§ 1289 BGB).

### 2. Abtretung

8 Eine **Sicherungsabtretung** der Sparforderung gem. §§ 398 ff. BGB ist auch dann wirksam, wenn sie dem Kreditinstitut nicht angezeigt wird. Die Sicherungsabtretung setzt lediglich eine Einigung der Parteien darüber voraus, dass die Sparforderung zur Sicherheit für die Erfüllung der Verbindlichkeiten aus dem Mietvertrag dem Vermieter zustehen soll. In der Regel wird die Sicherungsabtretung schlüssig vereinbart, indem der Mieter dem Vermieter ein auf seinen Namen ausgestelltes Sparbuch übergibt.[32] Die Übergabe ist wie bei der Verpfändung nicht Wirksamkeitsvoraussetzung, weil das Sparbuch kein Inhaberpapier ist.[33] Für den Vermieter hat die Sicherungsabtretung den Vorteil, dass er auch ohne Einwilligung des Mieters über die Sparforderung verfügen kann, wenn sich das Sparbuch in seinem Besitz befindet (§ 808 BGB); anders ist es, wenn die Bank (auf Veranlassung des Mieters) einen Sperrvermerk angebracht hat.

## IV. Bürgschaft

Eine gewisse praktische Bedeutung – insbes. bei der Geschäftsraummiete – hat daneben noch die Sicherheitsleistung in der Form der **Bürgschaft.**

### 1. Person des Bürgen

9 **Bürgschaften von Privatleuten** werden in der **Geschäftsraummiete** in erster Linie bei Mietverträgen mit juristischen Personen verlangt, wenn ein Bedürfnis besteht, dass die **Gesellschafter** für die Verbindlichkeiten der Gesellschaft persönlich haften sollen. Bei der **Wohnraummiete** machen Vermieter die Bereitschaft zum Vertragsschluss mit Studenten gelegentlich davon abhängig, dass nahestehende Dritte, häufig die **Eltern,** die Bürgschaft für die Verpflichtungen aus dem Mietvertrag übernehmen.[34]

Die **Bankbürgschaft** spielt in erster Linie in der Geschäftsraummiete eine Rolle. Hier verpflichtet sich eine Bank gegenüber dem Vermieter, für die Verbindlichkeiten des Mieters einzustehen. Ist bei Beendigung des Mietverhältnisses streitig, ob dem Vermieter gegen den Mieter Forderungen zustehen, so wird die Bank die Bürgschaftssumme idR bei der Hinterlegungsstelle des Amtsgerichts hinterlegen (vgl. § 13 HinterlO). Der Vermieter muss dann den Mieter auf Einwilligung zur Auszahlung in Anspruch nehmen.

### 2. Arten der Bürgschaft

10 Bei der **gewöhnlichen Bürgschaft** stehen dem Bürgen alle Einwendungen, die auch dem Hauptschuldner zustehen. Da die Bürgschaft nicht weiter reicht als die Hauptforderung kann der Bürge die Forderung genauso bestreiten wie der Hauptschuldner. Außerdem stehen ihm die Einreden der Anfechtbarkeit und der Aufrechenbarkeit (§ 770 BGB) und vor allem die Einrede der Vorausklage (§ 771 BGB) zu. Bei der **selbstschuldnerischen Bürgschaft** verzichtet der Bürge auf die Einreden der Vorausklage (§ 773 Nr. 1 BGB), behält aber die Möglichkeit, die Hauptforderung zu bestreiten. Das LG Kassel[35] hat in einer vertraglichen Vereinbarung, wonach die Eltern als Bürgen „für die rechtzeitige Zahlung“ der Miete haften, eine Bürgschaft unter Verzicht auf die Einrede der Vorausklage gesehen. Bei einer **Bürgschaft auf erstes Anfordern** muss der Bürge leisten,

---

[31] BGH IX ZR 54/85, NJW-RR 1986, 848 (849).

[32] LG Dortmund WuM 2007, 73; **aA** OLG Nürnberg NZM 1998, 660, danach ist es bei dieser Form der Sicherheitsleistung üblich, dass das Sparkonto als Konto des Vermieters errichtet wird.

[33] BGH IX ZR 54/85, NJW-RR 1986, 848 (849).

[34] *Fervers* NZM 2015, 105 (109).

[35] LG Kassel NZM 1998, 328.

wenn der Vermieter die Zahlung anfordert. Einer schlüssigen Darlegung der Verbindlichkeit bedarf es nicht.[36] Der Vermieter muss lediglich erklären, dass der Anspruch besteht. Der Bürge ist mit allen Einwendungen ausgeschlossen; alle Streitfragen sind im Rückforderungsprozess auszutragen.[37] Eine Ausnahme gilt, wenn die Unbegründetheit der Hauptforderung klar auf der Hand liegt, etwa bei Rechtsmissbrauch.[38] Die Anforderung der Zahlung ist rechtsmissbräuchlich, wenn offenkundig oder mit liquiden Mitteln beweisbar ist, dass der Sicherungsfall nicht vorliegt.[39] Die Prüfungspflichten des Bürgen sind stark eingeschränkt. Der Bürge muss den Mieter benachrichtigten, damit dieser eventuelle liquide Einwendungen zur Abwehr des Bürgschaftsanspruchs mitteilen kann. Bestehen keine liquiden Einwendungen, so kann der Bürge leisten. Entgegenstehende Weisungen des Hauptschuldners muss der Bürge nicht beachten.[40] Hat der Bürge ohne Bestand einer Hauptverbindlichkeit geleistet, so kann er die Zahlung im Rückforderungsprozess kondizieren (§ 812 BGB). Der Mieter kann sich den Kondiktionsanspruch abtreten lassen. Wird der Mieter vom Bürgen in Anspruch genommen, so kann er aus eigenem Recht gegen den Vermieter vorgehen, weil die Anforderung der Zahlung ohne Bestand einer Hauptverbindlichkeit eine Vertragsverletzung darstellt. Hat der Vermieter die Leistung nach materiellem Bürgschaftsrecht zu Unrecht erhalten, so steht sowohl dem Bürgen, als auch dem Mieter ein eigener originärer Rückforderungsanspruch zu. Hierzu zählt auch der Fall, dass der Bürge auf eine verjährte Forderung des Vermieters geleistet hat. Macht der Mieter den Rückforderungsanspruch geltend, so muss der Klagantrag grundsätzlich auf Zahlung an den Bürgen lauten. Ausnahmsweise kann der Mieter Zahlung an sich verlangen, wenn er vom Bürgen im Wege des Rückgriffs (§ 774 Abs. 1 Satz 1 BGB; §§ 675, 670 BGB) in Anspruch genommen wurde.[41]

Für die **mietvertragliche Kautionsvereinbarung** gilt, dass eine Formularvereinbarung über 11
die Beibringung einer Bürgschaft auf erstes Anfordern jedenfalls in der Wohnraummiete als überraschende Klausel nach § 305 c Abs. 1 BGB nicht Vertragsbestandteil wird, außerdem nach § 307 BGB unwirksam ist. Für die Gewerbemiete ist streitig, ob die Vereinbarung an der Angemessenheitskontrolle des § 307 BGB scheitert.[42] Eine unwirksame Formularvereinbarung, mit der der Mieter verpflichtet wird, eine Bürgschaft auf erstes Anforderung beizubringen, bleibt als Vereinbarung zur Beibringung einer normalen Bürgschaft wirksam.[43] Ist in einem **Mietvertrag vereinbart,** dass der Mieter eine **gewöhnliche Bürgschaft** beizubringen hat und beauftragt der Mieter eine Bank, die Bürgschaft gemäß dem Mietvertrag zu übernehmen, so darf die Bank dem Vermieter keine Bürgschaft auf erstes Anfordern anbieten. Geschieht dies dennoch, so ist die Bank gegenüber dem Vermieter zur Zahlung verpflichtet, wenn dieser behauptet, dass ihm eine Forderung gegenüber dem Mieter zustehe. Den Mieter kann die Bank erst in Anspruch nehmen, wenn feststeht, dass die Forderung des Vermieters zu Recht besteht.[44]

### 3. Bürgschaftsvertrag

Die Erklärung des Bürgen bedarf, wenn es sich nicht um das Handelsgeschäft eines Kaufmanns 12
handelt (§ 350 HGB), nach § 766 BGB der **Schriftform.** Hierfür gelten wegen des besonderen Schutzzwecks des § 766 BGB (abw. von § 126 S. 1, § 167 Abs. 2 BGB) zusätzlich Anforderungen.[45] **(1)** Bei einer Bürgschaft ist die Schriftform nur gewahrt, wenn die Urkunde außer dem Willen, für fremde Schuld einzustehen, auch die Bezeichnung des Gläubigers, des Hauptschuldners und der verbürgten Forderung enthält. Es ist insoweit erforderlich, dass im Bürgschaftsvertrag der **Umfang**

---

[36] BGH IX ZR 141/93, NJW 1994, 380 = MDR 1994, 721; *Fischer* NZM 2003, 497; Guhling/Günter/*Geldmacher* Anh. zu §§ 562–562 d Rn. 82.

[37] BGH IX ZR 70/97, NJW 1998, 2280 mwN; *Fischer* NZM 2003, 497.

[38] *Fischer* NZM 2003, 497 (498).

[39] BGH IX ZR 397/98, NJW 2000, 1563 (1564); BGH XI ZR 113/01, NJW 2002, 1493.

[40] *Fischer* NZM 2003, 497 (498).

[41] BGH IX ZR 355/00, NJW 2003, 352 (353); OLG Oldenburg Beschl. v. 9.3.2018 – 11 U 104/17, BeckRS 2018, 3675 und juris.

[42] Dafür *Leo/Ghassemi-Tabar* NZM 2012, 97, 99; *Fischer* NZM 2003, 497 (499); dagegen OLG Karlsruhe NZM 2004, 742; KG GE 2004, 233.

[43] *Fischer* NZM 2003, 497 (499 f.); aA *Leo/Ghassemi-Tabar* NZM 2012, 97, danach entfällt die Verpflichtung zur Stellung der Bürgschaft ersatzlos; der Vermieter muss sich mit dem gesetzlichen Vermieterpfandrecht begnügen.

[44] OLG Köln NZM 2003, 518.

[45] Grundlegend BGH IX ZR 153/95, NJW 1996, 1467 = MDR 1996, 810.

**einer Bürgschaft** jedenfalls durch Auslegung **hinreichend bestimmbar** ist.[46] Die Übernahme einer Bürgschaft für alle nur denkbaren Verpflichtungen eines Schuldners ist unwirksam.[47] Es genügt aber, wenn eine Bürgschaft für alle Verpflichtungen aus dem Mietvertrag übernommen wird. In einem solchen Fall haftet der Bürge auch für die Nutzungsentschädigung nach § 546a BGB, für die Kosten eines Räumungsrechtsstreits einschließlich der Kosten der Zwangsvollstreckung.[48] Eine solche umfassende Mietbürgschaft umfasst auch solche Verpflichtungen, die nur vom Mieter erfüllt werden können **(unvertretbare und höchstpersönliche Verpflichtungen).** Werden diese Verpflichtungen vom Mieter nicht erfüllt, so haftet der Bürge für die Schadensersatzansprüche. **(2)** Der Bürge kann zwar einen **Dritten** zur Abgabe einer Bürgschaftserklärung **bevollmächtigen.** In diesem Fall muss die **Vollmacht** aber abweichend von § 167 Abs. 2 BGB schriftlich erteilt werden.[49] Durch die Übergabe eines **Blanko-Formulars** wird die Schriftform ebenfalls nicht gewahrt, wenn der Bürge den Gläubiger oder einen Dritten nur mündlich ermächtigt, die Urkunde zu ergänzen.[50] Auch hier muss die Vollmacht oder Ermächtigung zur Ergänzung der Urkunde schriftlich erteilt werden.[51]

13 **(3)** Eine **Bürgschaft auf erstes Anfordern** kann **formularvertraglich** grds. nur von Kreditinstituten, Banken, Sparkassen, Versicherungen und von solchen Personen abgegeben werden, die mit den besonderen Risiken dieser Art von Bürgschaft vertraut sind.[52] Individualvertraglich kann jedermann eine Bürgschaft auf erstes Anfordern übernehmen.[53] Es gilt allerdings eine Aufklärungspflicht über die Risiken, wenn dem Gläubiger erkennbar ist, dass der Bürge mit dem Rechtsinstitut der Bürgschaft auf erstes Anfordern nicht hinreichend vertraut ist.[54] Bei Verletzung dieser Hinweispflicht kommt nur ein Vertrag über eine normale Bürgschaft zustande.[55]

### 4. Beschränkung auf drei Monatsmieten in der Wohnraummiete (§ 551 Abs. 1 BGB)

14 Die Vorschrift des § 551 Abs. 1 BGB, wonach die Sicherheit auf das **Dreifache der Monatsmiete** beschränkt ist, gilt auch für die Bürgschaft (→ Rn. 33). Von diesem Grundsatz gelten Ausnahmen bei dem **freiwilligen** Angebot durch den Bürgen, der damit den Vermieter zum Abschluss des Mietvertrags oder auch zur Abwendung einer Kündigung bewegen will. An diese Freiwilligkeit sind allerdings strenge Anforderungen zu stellen (→ Rn. 37).

### 5. Besonderheiten: Dreiseitiges Verhältnis zwischen Vermieter, Mieter und Bürgen

15 Die Bürgschaft ist insoweit gesondert zu betrachten, als dass ein Dritter beteiligt ist, der nicht Partei des Mietvertrags ist. Hier gelten folgende zusätzlichen Grundsätze:[56]

**a) Nichtigkeit nach § 138 Abs. 1 BGB.** Nach der Rsspr. ist die Übernahme einer **Bürgschaft oder Mithaftung** für die Verbindlichkeiten eines Dritten nach § 138 Abs. 1 BGB **nichtig,** wenn zwischen der übernommenen Zahlungsverpflichtung und der finanziellen Leistungsfähigkeit des Mithaftenden ein **grobes Missverhältnis** besteht und weitere dem Gläubiger zurechenbare Umstände vorliegen, auf Grund derer die Mithaftung sittenwidrig erscheint.[57] Solche Umstände können in der Ausnutzung der geschäftlichen Unerfahrenheit oder einer seelischen Zwangslage liegen. Bei Mietverhältnissen werden diese Voraussetzungen idR nicht gegeben sein.[58] Die Übernahme einer Bürgschaft ist auch dann wirksam, wenn der Bürge deren Reichweite mangels ausreichender **Sprachkenntnisse** nicht überblicken kann.[59]

---

[46] BGH IX ZR 98/94, NJW 1995, 1886 (1887).
[47] BGH VII ZR 419/56, BGHZ 25, 318 = NJW 1957, 1873.
[48] LG Hamburg ZMR 2000, 764.
[49] BGH IX ZR 153/95, NJW 1996, 1467 = MDR 1996, 810; KG GE 2003, 118.
[50] BGH IX ZR 153/95, NJW 1996, 1467 = MDR 1996, 810.
[51] BGH IX ZR 153/95, NJW 1996, 1467 (1468) = MDR 1996, 810 (811).
[52] LG Hamburg WuM 2003, 36; LG Rostock DWW 2016, 296; *Fischer* NZM 2003, 497 (498); Palandt/*Sprau* BGB Einf. § 765 Rn. 14; Bub/Treier MietR-HdB/*von der Osten/Schüller* Kap. III Rn. 2148.
[53] BGH IX ZR 79/97 = NJW 1998, 2280; *Fischer* NZM 2003, 497 (498).
[54] BGH IX ZR 79/97 = NJW 1998, 2280 (2281).
[55] BGH IX ZR 79/97 = NJW 1998, 2280 (2281).
[56] *Ausführlicher: Schmidt-Futterer/Blank, 14. Aufl. Rn. 20 ff.*
[57] BGH XI ZR 50/96 = NJW 1997, 1773 m. w. N.
[58] OLG Hamburg NZM 2001, 375; *Schläger* ZMR 2001, 887 (888).
[59] OLG Düsseldorf ZMR 1999, 630.

**b) Mängel der Sicherungsabrede.** Mängel der Sicherungsabrede haben auf die Wirksamkeit des Bürgschaftsvertrages keinen Einfluss. Der Bürge hat aber bei der gewöhnlichen Bürgschaft dieselben Einwendungen wie der Hauptschuldner (§ 768 Abs. 1 S. 1, § 770 BGB). Deshalb kann sich auch der Bürge auf die Unwirksamkeit der Sicherungsabrede berufen.[60] 16

**c) Erweiterung der Verbindlichkeiten.** Die Bürgschaft erstreckt sich grds. nicht auf solche Verpflichtungen, die sich aus einem **nach Übernahme der Bürgschaft geschlossenen Vertrag** zwischen dem Mieter und dem Vermieter ergeben.[61] Wegen dieser Ansprüche kann der Vermieter auch kein Zurückbehaltungsrecht an der Bürgschaftsurkunde geltend machen.[62] Etwas anderes gilt, wenn der Bürge mit einer Erweiterung der Verbindlichkeiten rechnen musste. Bei **Mieterhöhungsvereinbarungen** erstreckt sich die Bürgschaft auch auf den Erhöhungsbetrag, wenn die Vereinbarung eine vertragliche (zB Wertsicherungsklausel) Grundlage hat oder wenn schon nach der Gesetzeslage die Erhöhung beansprucht werden kann (§ 558 BGB). Wird ein ursprünglich befristeter **Mietvertrag vertraglich verlängert,** so gelten die gleichen Grundsätze. Im Zweifel haftet der Bürge nicht für die nach der Befristung entstehenden Verbindlichkeiten. Etwas anderes gilt auch hier, wenn der Bürge mit der Verlängerung rechnen musste, zB weil dem Mieter ein Optionsrecht zustand oder eine Verlängerung vertraglich vorgesehen war. Vergleichbare Grundsätze gelten für Mietzinsansprüche, die nach dem Tod des Mieters entstehen. Für solche Ansprüche haften die Erben. Für deren Schulden hat der Bürge nicht einzustehen.[63] Die Parteien können jedoch vereinbaren, dass der Mieter eine Bürgschaft beizubringen hat, die auch die Mietzinsansprüche nach dem Tod des Mieters umfasst.[64] 17

**d) Neubegründung oder Fortsetzung eines beendeten Mietverhältnisses.** Wird das **Mietverhältnis durch fristlose Kündigung wirksam beendet** und einigen sich die Parteien über eine „Rücknahme" der Kündigungswirkungen, so scheidet eine Fortsetzung des früheren Vertragsverhältnisses nach der Rspr. aus, auch wenn die Parteien so gestellt sind, als sei die Kündigung nicht erfolgt (→ BGB § 542 Rn. 89). In diesem Fall erlischt dir für den Ursprungsvertrag erteilte Bürgschaft. Die Einigung der Parteien über die Fortsetzung des Vertrags führt unter diesen Umständen zur Begründung eines neuen – nunmehr ungesicherten – Mietverhältnisses.[65] 18

**e) Nebenpflichten des Vermieters gegenüber dem Bürgen.** Der Vermieter ist nicht verpflichtet, den Bürgen über die Höhe der Rückstände des Mieters zu **informieren.**[66] Allerdings gerät der Bürge nach § 286 Abs. 4 BGB nicht in Verzug, wenn ihm ohne eigenes Verschulden die Informationen fehlen, die zu einer Überprüfung der Hauptforderung erforderlich sind. Hier ist es Sache des Bürgschaftsnehmers, den Bürgen vorab zu informieren.[67] 19

Der Vermieter ist auch nicht verpflichtet, ein **Kündigungsrecht** umgehend auszuüben, um zur Schonung des Bürgen das Mietverhältnis zu beenden.[68] Der Vermieter hat „diejenigen Schritte zu ergreifen, die er ohne Bürgschaftsvertrag zur Wahrung seiner eigenen Interessen unternommen hätte".[69] Daher kann der Vermieter zum Beispiel mit der Kündigung zuwarten, wenn die Möglichkeit besteht, dass sich die Verhältnisse bessern. Außerdem darf er seine eigenen Interessen an einer zeitnahen Anschlussvermietung wahren. Ist die Weitervermietung auf Grund der Marktlage mit einem Risiko behaftet, so kann der Vermieter von der Kündigung Abstand nehmen.[70]

**f) Kündigung der Bürgschaft.** Ist der Mietvertrag befristet, ist die Kündigung der Bürgschaft grds. ausgeschlossen.[71] Der Bürge übernimmt das Risiko auf eine definierte Zeit. 20

Bei einem unbefristeten Mietverhältnis kann der Bürge in der **Gewerbemiete** die **Bürgschaft durch ordentliche Kündigung mit Wirkung für die Zukunft beenden.**[72] Das Kündigungs-

---

60 *Fischer* NZM 2003, 497 (500).
61 OLG Frankfurt a. M. NZM 2006, 900.
62 OLG Frankfurt a. M. NZM 2006, 900.
63 LG Münster WuM 2008, 481.
64 LG Münster WuM 2008, 481.
65 OLG Düsseldorf ZMR 2013, 628; aA für den Fall, dass die Aufhebung der Kündigung vor Ablauf der Kündigungsfrist vereinbart wird LG Berlin ZMR 2017, 562.
66 OLG Düsseldorf ZMR 2002, 191.
67 BGH VII ZR 53/10, NJW 2011, 2120 (2122).
68 KG GE 2011, 1196.
69 BGH IX ZR 98/94, NJW 1995, 1886 (1888).
70 KG GE 2001, 1196.
71 KG GE 2007, 1247; Guhling/Günter/*Geldmacher* Anh. Zu §§ 562–562d BGB Rn. 198; Sternel MietR aktuell/*Sternel* Kap. III Rn. 219.
72 KG DWW 2012, 134 (135); *Sternel* MietR aktuell Kap. III Rn. 219.

recht wird aus § 242 BGB abgeleitet.[73] Die ordentliche Kündigung ist allerdings erst nach einer angemessenen Zeit und mit einer angemessenen Frist möglich.[74] Der Bürge muss auf die Interessen des Vermieters Rücksicht nehmen; deshalb muss die Kündigungsfrist so bemessen werden, dass sich der Vermieter auf die geänderte Situation einstellen kann. Diese Voraussetzung ist idR gewahrt, wenn die Kündigungsfrist so bemessen wird, dass der Vermieter seinerseits das Mietverhältnis kündigen kann, wenn der Mieter keinen neuen Bürgen stellt.[75] Hat der Vermieter von seinem Kündigungsrecht Gebrauch gemacht, so haftet der Bürge trotz Beendigung der Bürgschaft für diejenigen Verbindlichkeiten des Mieters, die infolge der Vorenthaltung der Mietsache entstehen, insbes. auf die Nutzungsentschädigung.

Ein ordentliches Kündigungsrecht in der **Wohnraummiete** ist zu verneinen. Die Grundsätze von Treu und Glauben verlangen hier kein Kündigungsrecht. Einerseits ist der Bürge schon durch die Begrenzung auf drei Monatsmieten ausreichend geschützt. Andererseits könnte der Vermieter seinerseits auf die Kündigung des Bürgschaftsvertrags nicht mit einer ordentlichen Kündigung des Mietvertrags reagieren. Daneben steht – wiederum in der **Gewerbemiete** – die Möglichkeit einer **außerordentlichen Kündigung** des Bürgschaftsvertrags aus wichtigem Grund nach § 314 Abs. 1 BGB. Ein wichtiger Grund i. S. d. § 314 Abs. 1 Satz 2 BGB ist insbesondere die erhebliche Verschlechterung der Vermögenslage beim Hauptschuldner.[76] Das Ausscheiden des Geschäftsführers aus dem Amt ist kein wichtiger Grund für seine Kündigung als Sicherungsgeber.[77] Das Kündigungsrecht nach § 314 kann formularmäßig nicht ausgeschlossen werden.[78] Es kommt infrage, die Kündigung individualvertraglich für eine begrenzte Zeit oder aus einem bestimmten Grund auszuschließen.[79] Das kann gerade die Verschlechterung in der Vermögenslage des Mieters sein. Auch dieses Kündigungsrecht besteht in der **Wohnraumraummiete** wohl nicht, weil der Bürge ohnehin durch die Begrenzung der Bürgschaft geschützt wird.

**Zur Inanspruchname des Bürgen und den Folgen** → Rn. 94.

### V. Schuldbeitritt

**21** Ein weiteres Sicherungsmittel ist der **Schuldbeitritt.** Beim Schuldbeitritt/der Schuldmitübernahme tritt der Mitübernehmer (Beitrittsschuldner) auf Schuldnerseite in das Schuldverhältnis ein. Mieter und Sicherungsgeber werden **Gesamtschuldner** (§ 421 BGB). Für die **Abgrenzung der Bürgschaft vom Schuldbeitritt** (Schuldmitübernahme) kommt es maßgeblich darauf an, ob nach dem Parteiwillen eine selbständige oder nur eine angelehnte Schuld begründet werden soll; im erstgenannten Fall liegt ein Schuldbeitritt vor, im letztgenannten Fall ist eine Bürgschaft anzunehmen.[80] Die Grenzen sind fließend. Die von den Parteien gewählten Bezeichnungen können ein wichtiges Indiz für den Parteiwillen darstellen, insbes., wenn diese rechtskundig sind. So hat der BGH hat die Mitunterzeichnung des Mietvertrags durch den Geschäftsführer einer GmbH als „Mieter und Mithaftender" als Schuldmitübernahme bewertet.[81] Das LG Gießen hat aus dem Begriff „selbstschuldnerisch", der in § 773 Abs. 1 Nr. 1 BGB verwandt wird, auf eine Bürgschaft geschlossen.[82] Ein Indiz für einen Schuldbeitritt kann darin liegen, dass der Beitretende ein eigenes Interesse an der Erfüllung der Schuld hat.[83] Bleiben Zweifel, wie die Erklärung auszulegen ist, ist von einer Bürgschaft auszugehen.[84]

**22** Der Schuldbeitritt kann einerseits zwischen Mieter und Beitrittsschuldner als Vertrag zugunsten des Vermieters vereinbart werden (§ 328 BGB). Üblicherweise wird aber wohl der Vermieter Ver-

---

[73] Guhling/Günter/*Geldmacher* Anh. Zu BGB §§ 562–562 d Rn. 199.
[74] KG DWW 2012, 133 (135).
[75] KG DWW 2012, 133 (135); Guhling/Günter/*Geldmacher* Anh. Zu BGB §§ 562–562 d Rn. 199.
[76] MüKoBGB/*Habersack* § 765 Rn. 56; BGH III ZR 15/92, NJW-RR 1993, 944.
[77] BGH XII ZR 155/09, NZM 2011, 709.
[78] Guhling/Günter/*Geldmacher* Anh. Zu BGB §§ 562–562 d Rn. 202 a.
[79] Guhling/Günter/*Geldmacher* Anh. Zu BGB §§ 562–562 d Rn. 202 a.
[80] BGH VII ZR 338/84, NJW 1986, 580; OLG Düsseldorf ZMR 2001, 882 (883); LG Gießen NJW-RR 1995, 586.
[81] BGH XII ZR 155/09, NZM 2011, 709 = ZMR 2011, 945; ebenso OLG Düsseldorf ZMR 2001, 882 für die Erklärung des Geschäftsführers, für die „Erfüllung" des Vertrags „persönlich" zu haften.
[82] *LG Gießen NJW-RR 1995, 586.*
[83] BGH VII ZR 301/79, NJW 1981, 47; BGH VII ZR 338/84, NJW 1986, 580; aA *Fervers* NZM 2015, 105 (109).
[84] BGH VII ZR 338/84, NJW 1986, 580; OLG Düsseldorf ZMR 2001, 882 (883).

tragspartner des Beitrittsschuldners sein, weil er die Sicherung verlangt. Der **Vertrag** über einen Schuldbeitritt ist nach der Rechtsprechung grundsätzlich **formfrei** wirksam.[85] Im Schrifttum wird zwar teilweise eine Analogie zu §766 angenommen, wenn auf Seiten des Beitrittsschuldners ein eigenes wirtschaftliches Interesse fehlt.[86] Für die Praxis gilt aber, dass der Beitrittsschuldner sich auch mündlich verpflichten kann. Bei der **Gewerbemiete** kann der Schuldbeitritt in unbeschränkter Höhe neben der Kaution vereinbart werden.[87] Eine **Einschränkung vom Grundsatz der Formfreiheit** besteht nach der instanzgerichtlichen Rechtsprechung bei Mietverhältnissen, die auf **mehr als ein Jahr** geschlossen werden und die bei Nichteinhaltung der Schriftform nach Maßgabe des § 550 BGB gekündigt werden können. In diesem Fall sei auch der Schuldbeitritt formbedürftig und ohne Einhaltung der Schriftform nach § 125 BGB unwirksam.[88] Für die Formbedürftigkeit des Schuldbeitritts komme es auf den Schutzzweck der Formvorschrift zum Hauptvertrag an. Diene sie auch dem Schutz der Vertragsparteien, müsse dieser Schutz auch dem Schuldübernehmer oder Beitretenden zugutekommen.[89] Die Übertragung Rechtsprechung erscheint auf die Fälle, in denen Schuldbeitritt als Mietsicherheit dient erscheint problematisch. Der Beitrittsschuldner würde danach stärker geschützt als der Mieter selbst. Richtiger wäre es hier, dem Beitrittsschuldner wie dem Mieter nur ein Kündigungsrecht einzuräumen, das nach einem Jahr erstmals ausgeübt werden kann.[90]

Für die **Besonderheiten, die sich aus dem Dreieck – Vermieter, Mieter, Beitrittsschuldner** – ergeben, kann – soweit es **Gewerbemietverträge** betrifft – auf die Ausführungen zur Bürgschaft (→Rn. 15ff.) verwiesen werden. Sie gelten hier gleichermaßen.[91] 23

Die **Wirksamkeit eines Schuldbeitritts** bei der **Wohnraummiete** ist ungeklärt, soweit er nicht auf drei Monatsmieten begrenzt ist. Das Problem ergibt sich aus der Verwandtschaft des Schuldbeitritts mit der Bürgschaft. Für die Bürgschaft gilt hinsichtlich der Höhe der Bürgenverpflichtung die Regelung des § 551 Abs. 1 BGB (→Rn. 33). Der Bürge kann also nur in Höhe von drei Monatsmieten in Anspruch genommen werden. Deshalb ist zu fragen, ob beim Schuldbeitritt dieselbe Rechtsfolge gilt. Nach der hier vertretenen Ansicht kommt es darauf an, ob der Beitretende ein eigenes wirtschaftliches Interesse am Zustandekommen des Mietvertrags hat oder ob die Sicherung des Vermieters im Vordergrund steht. Im erstgenannten Fall (Bsp.: Eltern übernehmen die Mithaftung für den Mietvertrag ihrer einkommenslosen Kinder) wird man den Schuldbeitritt ohne die Begrenzung des § 551 Abs. 1 BGB für wirksam ansehen müssen. In anderen Fällen kann in dem Schuldbeitritt aber auch ein (ggf. verdecktes) Sicherungsmittel sein, auf das § 551 BGB Anwendung findet.[92] Obergerichtliche Rspr. hierzu gibt es noch nicht. 24

### VI. Sonstige Sicherheiten

#### 1. Selbständiges Garantieversprechen

Durch das selbständige Garantieversprechen verpflichtet sich eine dritte – vertragsfremde – Person als Garant gegenüber dem Vermieter, eine konkret bezeichnete Verbindlichkeit des Mieters zu erfüllen. Im Unterschied zur Bürgschaft wirkt eine Garantie uneingeschränkt; sie ist im Verhältnis zur Hauptforderung **nicht akzessorisch.**[93] 25

#### 2. Patronatserklärung

In der **Gewerbemiete** kommt auch die Patronatserklärung infrage. In der Patronatserklärung verpflichtet sich der Patron, ein anderes Unternehmen (i. d. R. dem gleichen Konzern angehörig) mit ausreichenden Mitteln auszustatten, damit diese bestimmte oder alle Verbindlichkeiten erfüllen kann. Die sog. **weiche Patronatserklärung** stellt sich dabei nur als Good-Will-Erklärung dar, die 26

[85] *BGH NJW 1991, 3095 (3098);* BGH NJW 1993, 584; OLG Hamm NJW-RR 1993, 113.
[86] MüKoBGB/*Heinemeyer* Vorbem. Vor BGB § 414 Rn. 15 mwN.
[87] Dazu *Horst* NZM 2018,889.
[88] OLG Naumburg GuT 2005, 209 = BeckRS 2005, 30352173; OLG Nürnberg, 9 U 111/04, BeckRS 2005, 05525; ebenso *Horst,* NZM 2018, 889 (896).
[89] So – aber zu § 781 BGB – etwa BGH XI ZR 96/92, NJW 1993, 584.
[90] *Wiek* GuT 2005, 209.
[91] Vgl. etwa BGH XII ZR 155/09, NZM 2011, 709 – Kündigung eines Schuldbeitritts.
[92] *Wiek* WuM 2014, 119 (123); *Schweitzer/Haßler* ZfIR 2017, 615.
[93] OLG Düsseldorf ZMR 2003, 735 (736); *Horst* NZM 2018, 889.

keine einklagbaren Pflichten begründet.[94] Damit ist sie keine taugliche Mietsicherheit. Im Gegensatz begründet die **harte Patronatserklärung** eine rechtsgeschäftliche Einstandspflicht des Patrons gegenüber dem Adressaten der Erklärung.[95] Adressat und damit Vertragspartner können sowohl der Mieter (interne Patronatserklärung) als auch der Vermieter (externe Patronatserklärung) sein. Die Patronatserklärung begründet grds. keine Verpflichtung des Patrons auf Zahlung der Verbindlichkeit, sondern nur eine Unterstützungs- oder Ausstattungspflicht. Gegen den Patron kann der Vermieter aber ggf. Schadensersatzansprüche geltend machen, wenn der Mieter seine Verbindlichkeiten mangels Ausstattung durch den Patron nicht erfüllen kann. Es handelt sich um einen Sekundäranspruch. Nur bei Zahlungsunfähigkeit, insbes. in der Insolvenz der Mieterin, gibt die Rechtsprechung dem Gläubiger einen Direktanspruch.[96] Der Vertrag über eine Patronatserklärung kann formfrei geschlossen werden.[97] Für die Kündbarkeit gelten die gleichen Grundsätze wie bei der Bürgschaft[98] (→ Rn. 20).

### 3. Verpfändung von Wertpapieren

27 Eine Verpfändung von Wertpapieren ist bei der Miete selten: Für Inhaberpapiere (zB Aktien) gilt § 1293 BGB. Für die Entstehung des Pfandrechts sind die Übergabe des Papiers und die Einigung über die Entstehung des Pfandrechts erforderlich (§ 1205 BGB). Der Vermieter ist mangels gegenteiliger Vereinbarungen nur zur Verwahrung, nicht zur Werterhaltung verpflichtet. Der Vermieter ist verpflichtet, Wertpapiere gesondert von seinen eigenen Beständen aufzubewahren. Das folgt gleichermaßen aus § 551 Abs. 3 Satz 3 BGB wie aus § 2 DepotG. Im Fall eines Kursverlustes hat der Vermieter nur dann Anspruch auf Erhöhung der Sicherheit, wenn dies vertraglich vereinbart ist. Das AG Tempelhof bejaht einen Aufstockungsanspruch nach § 240 BGB, wenn der Mieter nach den Vereinbarungen im Mietvertrag eine Kaution in einer bestimmten Höhe (zB drei Monatsmieten) zu leisten hat mit der Maßgabe, dass die Kaution durch Wertpapiere mit entsprechendem Kurswert erbracht werden kann.[99] Hier wird jeweils die Sicherheitenabrede auszulegen sein. Die Dividende erhöht die Sicherheit (§ 1213 Abs. 2, § 1214 BGB). Die Verwertung kann im Wege des freihändigen Verkaufs (§ 1221 BGB) erfolgen.

### 4. Lohnabtretung

28 Vereinzelt lassen sich Vermieter den Lohn- oder Gehaltsanspruch des Mieters abtreten. Diese Form der Sicherung ist gegenwärtig noch so ungewöhnlich, dass eine Formularklausel den Tatbestand des § 305c Abs. 1 BGB erfüllt.[100] Darüber hinaus hat eine Lohnabtretung zur Sicherung der künftigen Ansprüche des Vermieters Knebelungscharakter, weil dadurch die wirtschaftliche Bewegungsfreiheit des Mieters über Gebühr eingeschränkt wird. Viele Mieter haben keine größeren Vermögenswerte; der Arbeitslohn ist hier die einzige Sicherheit, die zur Erlangung eines Kredits oder zur Finanzierung eines Ratenkaufs eingesetzt werden kann. In der formularmäßigen Vereinbarung einer Lohnabtretung liegt deshalb auch ein Verstoß gegen § 307 BGB.[101]

### 5. Weitere Formen der Sicherheitsleistung

29 Weitere Formen der Sicherheitsleistung, wie etwa die **Sicherungsübereignung von Wertgegenständen** oder die **Hinterlegung von Wertpapieren** sind denkbar; sie haben aber in der Praxis keine Bedeutung. Gleiches gilt für **Vertragsgestaltungen mit Sicherungsfunktion,** die gelegentlich neben oder anstelle einer herkömmlichen Kaution gewählt werden. **Beispiele:** Eine Vereinbarung, wonach der Mieter bei Vertragsschluss einen bei Vertragsende zurückzuzahlenden Betrag von 2.500 DM für die Füllung des Öltanks zu hinterlegen hat;[102] eine Regelung, wonach

---

94 Guhling/Günter/*Geldmacher* Anhang zu BGB §§ 562–562d Rn. 228.
95 BGH IX ZR 95/16, NZI 2017, 157.
96 BGH IX ZR 95/16, NZI 2017, 157; BGH IX ZR 9/10, NZG 2011, 913 (915); ausführlich Guhling/Günter/*Geldmacher,* Anhang zu BGB §§ 562–562d Rn. 230.
97 OLG Naumburg BeckRS 2000, 30471155.
98 KG DWW 2012, 133 (135) = ZMR 2012, 618.
99 AG Tempelhof-Kreuzberg GE 2014, 525.
100 LG Lübeck WuM 1986, 14; AG Hamburg-Wandsbek WuM 1985, 144; Derleder/Stapelfeld ZMR 1987, 123 (127).
101 AG Hamburg-Wandsbek WuM 1985, 144.
102 AG Büdingen WuM 1994, 537.

sich der Mieter verpflichtet, bereits beim Einzug einen Betrag für die Endrenovierung an eine vom Vermieter zu benennende Malerfirma zu entrichten;[103] ein „Schlüsselpfand“[104], eine Sonderkaution für die Überlassung einer Kücheneinrichtung;[105] eine „Teppichbodenkaution“.[106] Auf die von den Parteien gewählte Bezeichnung kommt es nicht an. Deshalb ist auch eine als **„Mieterdarlehen“** bezeichnete Leistung an § 551 BGB zu messen, wenn die Umstände ergeben, dass mit dem „Darlehen“ in Wahrheit eine Sicherheitsleistung erbracht werden soll.

#### 6. Hausrat- oder Haftpflichtversicherung

Eine **Hausrat- oder Haftpflichtversicherung des Mieters** ist **keine Sicherheit** des Vermieters. Eine Formularklausel, wonach der Mieter verpflichtet ist, eine solche Versicherung abzuschließen, verstößt gegen § 307 BGB.[107] Eine Individualvereinbarung ist dagegen wirksam. Die **Vorausabtretung der Versicherungsansprüche** bei bestehender Versicherung wäre wiederum eine Sicherheit. Daher kann der Mieter nur in den Grenzen des § 551 BGB zur Vorausabtretung seiner Versicherungsansprüche verpflichtet werden.[108] 30

#### 7. Vollstreckungsunterwerfung

Die **notariell beurkundete Vollstreckungsunterwerfung** (§ 794 Abs. 1 Nr. 5 ZPO) des Mieters wegen der laufenden Mieten ist ebenfalls **keine Sicherheit** nach § 551 BGB.[109] Der Vermieter erlangt nämlich keine zusätzliche Zugriffsmöglichkeit, sondern kann nur wie sonst auch in das Vermögen des Schuldners vollstrecken. Die Erklärung führt nur dazu, dass für den Vermieter das vorgeschaltete Erkenntnisverfahren zur Titulierung entbehrlich wird. Umgekehrt steht dem Mieter die Vollstreckungsabwehrklage offen.[110] Zumindest in der Wohnraummiete dürfte aber eine Formularklausel, die den Mieter zur Abgabe einer Unterwerfungsklausel verpflichtet, als überraschende Klausel nach § 305c BGB unwirksam sein.[111] 31

#### 8. Pflichtanteile

Schließlich sind auch die genossenschaftsrechtlichen **Pflichtanteile,** die der Mieter einer **Genossenschaftswohnung** einzahlen muss, keine Mietsicherheit. Die Verpflichtung zur Zeichnung von Anteilen gehört zum Bereich der Körperschaft. Sie ist von den Regelungen zum Mietvertrag grundsätzlich zu trennen.[112] Das gilt auch, wenn weitere Anteile nach § 7 GenG zu zeichnen sind.[113] 32

## D. Die Kaution bei Mietbeginn und während der Mietzeit

### I. Zulässige Höhe (Abs. 1)

#### 1. Gesetzliche Regelung

Nach § 551 Abs. 1 BGB darf die Kaution eine dreifache Monatsmiete nicht übersteigen. Die Regelung über die Höhe der Kaution gilt nicht nur für die Barkaution, sondern für jede Form der Sicherheitsleistung,[114] also auch für die in → Rn. 7 ff aufgeführten Kautionsformen, insbesondere Sparkonten und Bürgschaften. Eine Sicherheit im Sinne des § 551 BGB liegt immer dann vor, wenn der Vermieter Zugriff auf materielle Vermögenswerte des Mieters erhält. Mehrere Sicherheiten sind zusammenzurechnen; sie dürfen insgesamt die in Abs. 1 bestimmte Grenze nicht überstei- 33

---

103 AG Köln WuM 1992, 369.
104 LG Berlin GE 1990, 817.
105 LG Berlin WuM 1992, 472.
106 AG Aachen WuM 1986, 336.
107 LG Berlin WuM 1993, 261; *Emmert* WuM 2000, 578 (581).
108 *Emmert* WuM 2000, 578 (581).
109 BGH VIII ZR 76/16, NJW 2018, 551 = NZM 2018, 32.
110 BGH VIII ZR 76/16, NJW 2018, 551 (552) = NZM 2018, 32 (33).
111 *Börstinghaus* jurisPR-MietR 16/2017, Anm. 2.
112 *Feßler/Roth* WuM 2010, 67 (68f).
113 *Feßler/Roth* WuM 2010, 67 (69).
114 BeckOGK/*Siegmund* BGB § 551 Rn. 30.

gen. Das gilt auch, wenn sie einzeln den Risiken eines Ausfalls zugeordnet werden, etwa auf Absicherung von Renovierungen, Absicherung des Mietausfalls, Absicherung der Betriebskostennachforderungen usw.[115] Die Vereinbarung einer Vollstreckungserleichterung zählt nicht zu den zu berücksichtigenden Sicherheiten (→ Rn. 31).

Maßgeblich ist die zulässige **Grundmiete.** Eine **Betriebskostenvorauszahlung** oder auch eine **Betriebskostenpauschale** sind nicht zu berücksichtigen. Derjenige Teil der Vorschrift, aus dem sich ergibt, dass Betriebskostenpauschalen bei der Kaution unberücksichtigt bleiben, gilt erst ab 1.9.2001 (→ Rn. 4). Ist eine Pauschalmiete vereinbart, so kann eine Sicherheit in Höhe einer dreifachen Pauschalmiete vereinbart werden.

34 Für die Berechnung der Kaution ist derjenige Mietpreis maßgeblich, der im Zeitpunkt der Kautionsvereinbarung geschuldet wird.[116] **Behebbare Mängel** der Mietsache haben auf die Höhe der zulässigen Kaution keinen Einfluss. Denn die Kaution verfolgt gerade den Zweck, dem Vermieter Sicherheit auch im Falle streitiger Ansprüche, insbesondere auf Grund von Mängeln, zu geben.[117] Eine Ausnahme gilt für **nicht behebbare Mängel,** beispielsweise bei einer Flächenabweichung von mehr als 10%.[118] Bei einer dauerhaften Mietminderung besteht auch kein anerkennenswertes Sicherungsinteresse des Vermieters an einer Mietkaution in Höhe des Dreifachen der vereinbarten Nettomiete.[119]

Ein vorübergehend vereinbarter **Mietnachlass** – etwa wegen Mängeln eines noch nicht restlos fertig gestellten Neubaus – kann entsprechend dem Sinn und Zweck der Regelung vernachlässigt werden.

35 Anlässlich einer vereinbarten **Mieterhöhung** können die Parteien zwar wirksam eine entsprechende Anpassung der Kaution vereinbaren.[120] Die zulässige Höhe bemisst sich nämlich nach der Miete im Zeitpunkt der Kautionsvereinbarung.[121] Der Vermieter hat aber keinen Anspruch auf eine solche Anpassungsvereinbarung.[122] Streitig ist die Wirksamkeit einer Klausel, nach der der Mieter bei jeder Mieterhöhung zur Aufstockung verpflichtet ist **(Nachschusspflicht).**[123] Rechtsprechung dazu ist noch nicht veröffentlicht. Für die Entscheidung kommt es darauf an, ob § 551 Abs. 4 BGB nach seiner Auslegung auch eine dynamische Anpassung verbietet.[124] In **Formularverträgen** zur Wohnraummiete wäre eine entsprechende Klausel jedenfalls aktuell nach diesseitiger Auffassung ohne deutliche drucktechnische Hervorhebung **überraschend** i. S. d. § 305 c Abs. 1 BGB.[125] Wird eine solche Klausel für wirksam gehalten, greift auch wegen des Nachschussbetrags § 551 Abs. 2 BGB, d. h. der Mieter darf den Nachschussbetrag in drei Raten zahlen. Bei einer **Bürgschaft** haben spätere Mieterhöhungen keinen Einfluss auf die Höhe der Verpflichtung.[126]

36 Verstößt die Mietpreisvereinbarung gegen **§ 5 WiStG,** so richtet sich die Höhe der Kaution nicht nach der vereinbarten Miete, sondern nach dem dreifachen Monatsbetrag der höchstzulässigen Miete. Gleiches gilt bei Verstößen gegen **mietpreisbegrenzende Vorschriften** (§ 556 d, 556 e BGB).[127] Diese Grenze gilt unabhängig davon, ob der Mieter eine Rüge nach § 556 g BGB erhoben hatte.[128]

---

[115] AG Aachen WuM 1986, 336, Zusatzkaution für Teppichboden; LG Berlin WuM 1992, 472, Zusatzkaution für Kücheneinrichtung.

[116] BeckOGK/*Siegmund* BGB § 551 Rn. 31.

[117] BGH VIII ZR 347/04, NJW 2005, 2773 (2774) = NZM 2005, 699 (700); KG GE 2003, 525.

[118] BGH VIII ZR 347/04, NJW 2005, 2773 (2774) = NZM 2005, 699 (700); BGH VIII ZR 33/18, NJW 2019, 2464 (2466) = NZM 2019, 536 (538) = WuM 2019, 319 (322).

[119] BGH VIII ZR 33/18, NJW 2019, 2464 (2466) = NZM 2019, 536 (538) = WuM 2019, 319 (322).

[120] Staudinger/*V. Emmerich* BGB § 551 Rn. 9 a; *Derleder* WuM 2002, 239 (241).

[121] BGH VIII ZR 347/04, NJW 2005, 2773 (2774) = NZM 2005, 699 (700) = WuM 2005, 573 (574); *Derleder* NZM 2006, 601 (605).

[122] Staudinger/*V. Emmerich* BGB § 551 Rn. 9 a; BeckOGK/*Siegmund* BGB § 551 Rn. 36; aA Bub/Treier MietR- HdB/*Osten/Schüller* Kap. III Rn. 1998 (Anspruch aus § 240 BGB); Lützenkirchen MietR/*Lützenkirchen* § 551 BGB Rn. 12.

[123] Unwirksam: *Derleder* NZM 2002, 239 (241); wirksam: Bub/Treier MietR-HdB/*Osten/Schüller* Kap. III Rn. 1999.

[124] So *Sternel* MietR aktuell Kap. III Rn. 168; aA Schmidt-Futterer/*Blank,* 14. Aufl. 2019, Rn. 59; zweifelnd Staudinger/*V. Emmerich* BGB § 551 Rn. 9 a.

[125] *Keine Bedenken* gegen eine Formularklausel hat Lützenkirchen MietR/*Lützenkirchen* § 551 BGB Rn. 12.

[126] Staudinger/*V. Emmerich* BGB § 551 Rn. 8.

[127] *Abramenko* MDR 2015, 921 (924).

[128] *Abramenko* MDR 2015, 921 (924).

**2. Ausnahmefälle**

**a) Freiwillig erbrachte Bürgschaften ohne Belastung des Mieters.** Nach dem Grundsatzurteil des BGH v. 7.6.1990 ist **§ 551 Abs. 1, 4 ausnahmsweise nicht anzuwenden,** wenn die Eltern eines Mietinteressenten freiwillig eine Bürgschaft anbieten, um den Vermieter zum **Vertragsschluss** zu bewegen und wenn mit der Bürgschaft **keine besonderen Belastungen** für den Mieter verbunden sind.[129] Die gleiche Rechtslage dürfte bestehen, wenn der Vermieter bewogen werden soll, **einen von mehreren Mietern** aus dem Mietvertrag **zu entlassen,** weil auch dies eine Vertragsänderung im Sinne einer Änderungskündigung bedeutet.[130] Hier geht es darum, den Vermieter zu motivieren, auf einen Schuldner – vielleicht gerade den zahlungskräftigsten – zu verzichten. Gleiches gilt, wenn dem Vermieter während der Mietzeit eine zusätzliche Sicherheit angeboten wird, damit dieser einem in Zahlungsschwierigkeiten geratenen Mieter **nicht kündigt** oder eine Kündigung wieder zurücknimmt.[131] Diese restriktive Auslegung des § 551 Abs. 1 BGB wird mit dem Sinn und Zweck der Vorschrift begründet. Danach soll im Interesse der Mobilität der Mieterschaft durch § 551 Abs. 1 BGB verhindert werden, dass der Abschluss eines Mietvertrags an hohen Kautionsforderungen scheitert. Durch eine ausnahmslos geltende Obergrenze würde der Mietinteressent aber benachteiligt, weil sie dazu führt, dass dieser die Wohnung nicht erhält oder wieder verliert. Unklar ist, ob die Freiwilligkeit schon dann zu verneinen ist, wenn der Vermieter für den **Abschluss des Vertrags** die Bürgschaft **verlangt** hat, ob also nur die **unaufgefordert** angebotene Bürgschaft das Freiwilligkeitskriterium erfüllt.[132] Der 1990 vom BGH entschiedene Fall betraf eine unaufgefordert beigebrachte Bürgschaft. Jedenfalls **im laufenden Vertrag,** also bei der Bürgschaft zur Abwendung einer Kündigung, kommt es dem BGH zufolge nicht mehr darauf an, ob der Dritte die Sicherheit unaufgefordert beibringt oder der Vermieter die Stellung einer solchen Sicherheit verlangt.[133] Mit der Forderung, dass keine **besonderen Belastungen für den Mieter** entstehen dürfen, ist der Rückgriff nach § 774 BGB angesprochen. § 551 Abs. 1 BGB ist uneingeschränkt anzuwenden, wenn feststeht, dass der Bürge im Falle seiner Inanspruchnahme den Mieter in Anspruch nehmen wird (§ 774 BGB). Hiervon ist bei Bürgschaften von Banken oder ähnlichen Institutionen ohne weiteres auszugehen. Bei Bürgschaften unter Verwandten, insbes. bei Bürgschaften von Eltern für die Verbindlichkeiten ihrer Kinder kann man regelmäßig davon ausgehen, dass die Kinder hierdurch nicht belastet werden. Zweifelhaft ist die Rechtslage, wenn die Motive und Interessen des Bürgen und sein Verhältnis zum Mieter unklar bleiben. Insoweit ist es problematisch, die mietvertragliche Wirksamkeit einer Bürgschaft von den Rechtsbeziehungen zwischen dem Mieter und dem Bürgen abhängig zu machen, mit denen der Vermieter gar nichts zu tun hat.[134] Die Rechtsentwicklung ist insoweit noch nicht abgeschlossen. Nach der hier vertretenen Ansicht kann die gesetzliche Obergrenze nur in eng begrenzten Ausnahmefällen überschritten werden, nämlich dann, wenn nach der Lebenserfahrung mit hinreichender Sicherheit feststeht, dass der Mieter durch die Überschreitung der Obergrenze nicht finanziell belastet wird. Jedenfalls kommt es auf eine – so nicht prüfbare – „familiäre Belastung" nicht an.[135] In allen Zweifelsfällen (Freiwilligkeit, keine Belastung) spricht eine **Vermutung** für das Vorliegen einer Sicherheit nach § 551 Abs. 1 Satz 1 BGB.[136] 37

**b) Absicherung besonderer Risiken.** Es sind Fälle denkbar, in denen eine Überschreitung der Obergrenze deshalb geboten ist, weil der Vermieter dem Mieter freiwillig weitergehende Rechte an der Mietsache eingeräumt hat, die zu einem **Sonderrisiko** führen.[137] Hauptanwen- 38

---

[129] BGHZ 111, 361 = NJW 1990, 2380 = WuM 1990, 343 = ZMR 1990, 327; ablehnend Staudinger/*V. Emmerich* BGB § 551 Rn. 7a; *Derleder* WuM 2002, 239 (241); AG Saarbrücken GE 2016, 263: wenn ein Dritter die Übernahme einer Bürgschaft anbietet um den Vermieter zum Vertragsschluss mit dem Mieter zu bewegen; **aA** *Wiek* WuM 2014, 119 (121); MüKoBGB/*Bieber* § 551 Rn. 11; krit. *Derleder* WuM 2002, 239 (241).

[130] *Börstinghaus* NZM 2008, 558 (562).

[131] BGH VIII ZR 379/12, NJW 2013, 1876; LG Kiel NJW-RR 1991, 1291; **aA** Staudinger/*V. Emmerich* BGB § 551 Rn. 10; *Wiek* WuM 2014, 119 (121).

[132] Eine unaufgeforderte Beibringung verlangt OLG Düsseldorf MDR 1998, 464; ebenso *Fervers* NZM 2015, 105 (109); dagegen AG Saarbrücken GE 2016, 263 – auch die „verlangte" Bürgschaft sei zulässig, solange der Mieter nicht belastet werde; ebenso BeckOGK/*Siegmund* BGB § 551 Rn. 34.

[133] BGH VIII ZR 379/12, NJW 2013, 1876; LG Kiel NJW-RR 1991, 1291; sogar für den Vertragsschluss: AG Saarbrücken GE 2016, 263.

[134] *Wiek* WuM 2014, 119 (123).

[135] AA AG Charlottenburg GE 2016, 127.

[136] Staudinger/*V. Emmerich* BGB § 551 Rn. 7b.

[137] BeckOK BGB/*Wiederhold* BGB § 551 Rn. 19.

dungsfall ist die die Gestattung von **baulichen Änderungen.** Hier kann die Gefahr von Schäden oder eine übernommene Rückbauverpflichtung zum Vertragsende gesondert gesichert werden.[138] Für die Fälle des § 554 BGB ist dies gesetzlich geregelt. Ein Umkehrschluss aus § 554 BGB dahingehend, dass eine Zusatzkaution ausschließlich bei Maßnahmen zur Herstellung der Barrierefreiheit vereinbart werden kann, ist nicht angezeigt. § 554 BGB ist – soweit es Nachfolgevorschrift zu § 553a BGB a. F. ist – Ausdruck einer verstärkten Behindertenpolitik.[139] Es kann ausgeschlossen werden, dass der Gesetzgeber nur die Behinderten, nicht aber andere Mieter mit einer zusätzlichen Sicherheit belasten wollte.[140] Das Gleiche gilt für die anderen Erlaubnisgründe in § 554 BGB, also E-Mobilität und Einbruchsschutz. Daher ist etwa die Vereinbarung einer Sonderkaution für die Sicherung der Verpflichtung zur Entfernung einer **Parabolantenne** zulässig.[141] Das Verlangen nach Sicherheitsleistung bei Mietereinbauten kann im Einzelfall **rechtsmissbräuchlich** sein, wenn nur mit ganz **geringfügigen** Kosten zu rechnen ist.[142] Auch in anderen Fällen kann das Kautionsverlangen gerechtfertigt sein, wenn der Vermieter auf Wunsch des Mieters eine zusätzliche Leistung erbringt und diese Zusatzleistung mit einer Erhöhung des Vermieterrisikos verbunden ist. Das kann z. B. die Gestattung der **Hundehaltung** sein, wenn der Mieter keinen Anspruch auf die Gestattung hätte und wenn sich – belegbar – ein besonderes, konkretes Risiko für den Vermieter ergibt.[143] Generelle Aussagen wie etwa „Hunde können Schäden auslösen" reichen dafür nicht aus.

**39** Es wird vertreten, dass die Parteien auch dann eine Zusatzkaution wirksam vereinbaren können, wenn der Vermieter auf Wunsch der Mieter einen von mehreren Mietern aus dem Vertrag **entlässt** und die Vertragsänderung zu einer **Erhöhung des Mietausfallrisikos** führt.[144] Diese Annahme ist nach diesseitiger Auffassung abzulehnen. Das reine Mietausfallrisiko kann nach dem Rechtsgedanken des § 551 Abs. 4 BGB gerade nicht durch eine Zusatzkaution abgedeckt werden. Es würde ein „regulärer" Mietvertrag ohne besondere Risiken mit dem verbleibenden Mieter weitergeführt, gleichwohl mit einer – ggf. drastisch – erhöhten Kaution. Es ergäbe sich auch ein Wertungswiderspruch zu § 563b Abs. 3 BGB und zu § 1568a BGB. Nach § 563b BGB kann der Vermieter von den eintretenden Mietern – deren finanzielle Lage erheblich schlechter als die des verstorbenen Mieters sein kann – erstmals eine Kaution verlangen, aber ausdrücklich nur nach Maßgabe des § 551 BGB. Ebenso kann der Vermieter durch eine Wohnungszuweisung nach § 1568a BGB den zahlungskräftigen Ehegatten als Mieter verlieren. Das löst aber keine Möglichkeit aus, eine Zusatzkaution vereinbaren zu können. Auf einen Mietausfall kann der Vermieter nach dem Gesetz relativ schnell durch Kündigung nach § 543 Abs. 2 Nr. 3 BGB reagieren. Hierin liegt – jenseits der Grenzen des § 551 Abs. 1 BGB – die gesetzliche Risikoverteilung bei Zahlungsausfall. Es bleibt die für den Vermieter gleichwertige Möglichkeit, eine ergänzende Bürgschaft zu vereinbaren, wenn die Vorgaben daran eingehalten sind (→ Rn. 37). Der maßgebende Unterschied liegt darin, dass hier nicht der Mieter zusätzlich verpflichtet wird, sondern dass er gerade keine zusätzliche Belastung erfährt. Vielmehr übernimmt ein Dritter Verpflichtungen, ohne ggf. Regress beim Mieter nehmen zu können. Dieser Bürge kann ggf. der ausscheidende Mieter sein, wenn er denn aus dem Vertrag entlassen werden möchte. Insoweit entspricht die Wertung auch wieder derjenigen des § 1568a BGB. Dort kann ggf. die temporäre Mithaftung des ausscheidenden Ehegatten vereinbart werden – nicht aber eine Überschreitung des zulässigen Kautionsbetrags.[145]

**40** Die Sonderkaution unterliegt der **Zweckbindung** (→ BGB § 554 Rn. 21). Auf Grund dessen kann der Vermieter nicht mit sonstigen Schadensersatzansprüchen gegen den Rückzahlungsanspruch aufrechnen. Insoweit besteht ein Aufrechnungsverbot.[146] Von den Fällen des Sonderrisi-

---

[138] Bub/Treier MietR-HdB/*von der Osten/Schüller* Kap. III Rn. 1994; *Kraemer* NZM 2001, 737 (738); *Mersson* NZM 2002, 313 (318); *Derleder* WuM 2002, 239 (241); BeckOK BGB/*Wiederhold* BGB § 551 Rn. 19; Lützenkirchen MietR/*Lützenkirchen* BGB § 551 Rn. 62; *Sternel* MietR aktuell Kap. III Rn. 170; AG Hamburg WuM 1996, 29 = NJWE MietR 1996, 123; **aA** Staudinger/*V. Emmerich* BGB § 551 Rn. 10.

[139] *Börstinghaus* NZM 2008, 558, 560.

[140] *Kraemer* NZM 2001, 737 (738); *Mersson* NZM 2002, 313 (318); *Derleder* WuM 2002, 239 (241); BeckOK BGB/*Wiederhold* BGB § 551 Rn. 19; **aA** Staudinger/*Emmerich* BGB § 551 Rn. 10.

[141] OLG Karlsruhe NJW 1993, 2815 (2817); Bub/Treier MietR-HdB/*von der Osten/Schüller* Kap. III Rn. 1994; BeckOK BGB/*Wiederhold* BGB § 551 Rn. 19; **aA** *Sternel* MietR aktuell Kap. III Rn. 170.

[142] AG Berlin-Mitte GE 2017, 299 (300).

[143] AG Aachen WuM 2006, 304, dort im konkreten Fall verneint.

[144] *Börstinghaus NZM 2008*, 558 (562).

[145] *Götz/Brudermüller* NJW 2010, 5 (9).

[146] AG Köln NJW-RR 2009, 377 = WuM 2008, 556 mAnm *Lammel* WuM 2009, 34, Kaution für die Sicherung der Rückbauverpflichtung bei Anbringung einer Parabolantenne.

kos abgesehen kann die nach § 551 BGB zulässige Obergrenze nicht durch die Vereinbarung besonderer Sicherheiten umgangen werden.

### 3. Rechtsfolgen bei Überschreitung

Wird die zulässige **Obergrenze überschritten,** so führt dies nicht zur Unwirksamkeit der gesamten Kautionsvereinbarung; vielmehr bleibt die Vereinbarung nach ganz h. M. in der zulässigen Höhe wirksam.[147] 41

**a) Barkaution.** Den überschießenden Betrag einer Barkaution kann der Mieter schon vor Vertragsende nach den Grundsätzen der ungerechtfertigten Bereicherung (§ 812 Abs. 1 Satz 1 BGB) zurückfordern.[148] Ebenso kann er aktiv die Aufrechnung gegen Forderungen des Vermieters erklären, auch wenn ein Aufrechnungsverbot vereinbart ist.[149] Für den **Rückforderungsanspruch** gilt die reguläre **Verjährungsfrist** von drei Jahren (§ 195 BGB). Diese Frist beginnt gem. § 199 Abs. 1 mit dem Schluss des Jahres in dem der Anspruch entstanden ist und „der Gläubiger von den den Anspruch begründenden Umständen … Kenntnis erlangt oder ohne grobe Fahrlässigkeit erlangen müsste". Für die Kenntnis iSd § 199 Abs. 1 BGB reicht es aus, wenn dem Mieter die Tatsachen bekannt sind, aus denen sich der Rückforderungsanspruch ergibt. Es ist nicht erforderlich, dass der Mieter die Rechtslage kennt und zutreffend bewertet.[150] Ist der Rückforderungsanspruch verjährt, so kann der Mieter diesen Teil der Kaution nach Eintritt der Verjährung nicht zurückverlangen, eine Aufrechnung kommt nur noch im Rahmen des § 215 BGB in Betracht.

Zu Lasten des Vermieters besteht im laufenden Vertrag ein gesetzliches Aufrechnungsverbot, weil anderenfalls der Schutzzweck des § 551 BGB nicht erreicht werden könnte.[151] Unbeschadet hiervon ist der Vermieter verpflichtet, auch diesen Teil der Kaution entsprechend § 551 Abs. 2 BGB anzulegen. Bei Mietende hat der Vermieter die gesamte Kaution zurückzuzahlen, falls ihm keine Forderungen gegen den Mieter zustehen.[152] Anderenfalls stellt sich die Frage, ob der Vermieter bei Vertragsende mit seinen Forderungen gegen die insgesamt geleistete Kaution aufrechnen kann oder ob die Aufrechnung auf den zulässigen Teil der Kaution zu beschränken ist. In der Lit. wird teilweise die letztgenannte Ansicht vertreten, anderenfalls „hätte der Eintritt der Verjährung jenen Effekt, den § 551 Abs. 1, Abs. 4 BGB verhindern will".[153] Hieraus wird weiter abgeleitet, dass der Mieter den überschießenden Teil der Kaution jederzeit zurückverlangen kann und dass die Verjährung hierbei keine Rolle spielt. Dabei wird allerdings verkannt, dass der Schutzzweck des § 551 Abs. 1, 2 BGB auf den Abschluss des Mietvertrags zugeschnitten ist und beim Vertragsende keine Rolle spielt. Es ist deshalb nicht angezeigt, die Befugnis des Vermieters zur Aufrechnung zu beschränken.

**b) Bürgschaft.** Der Bürgschaftsvertrag ist, wenn es sich nicht um den Sonderfall der zulässigen freiwilligen Bürgschaft handelt (→ Rn. 37), insoweit nichtig, wie die Obergrenze überschritten wird.[154] Nach der Rspr. kann der Mieter verlangen, dass der Bürge über den Betrag von drei Monatsmieten hinaus nicht in Anspruch genommen wird; auch der Bürge kann dieses Recht einredeweise geltend machen.[155] 42

**c) Forderungsabtretung.** Hat der Mieter die Sicherheit durch Abtretung von Forderungen geleistet die ihm gegen einen Dritten zustehen so ist die Abtretung ist nur bis zur Höhe von drei 43

---

[147] BGH IX ZR 212/88, NJW 1989, 1853; grundlegend BGH VIII ZR 344/02, NJW 2003, 2899; BGH VIII ZR 86/03, NJW 2004, 1240; OLG Celle ZMR 2011, 379 = MDR 2011, 152; Staudinger/*V. Emmerich* BGB § 551 Rn. 11, s. auch → Rn. 71.

[148] BGH VIII ZR 91/10, NJW 2011, 2570 (2571) = WuM 2011, 469 (470); LG Heidelberg NJWE-MietR 1997, 99; AG Köln WuM 1992, 369.

[149] LG Heidelberg NJWE-MietR 1997, 99.

[150] BGH VIII ZR 91/10, NJW 2011, 2570 (2571) = WuM 2011, 469 (470).

[151] LG Bremen NJW-RR 1993, 19; LG Berlin GE 1996, 741; Staudinger/*V. Emmerich* BGB § 551 Rn. 11 a; **aA** *Dickersbach* WuM 2006, 595 (597).

[152] *Witt* NZM 2012, 545.

[153] *Peters* NZM 2011, 803.

[154] LG Hamburg WuM 1989, 139 = DWW 1989, 112; Staudinger/*Emmerich* BGB § 551 Rn. 8; Bub/Treier MietR-HdB/*von der Osten/Schüller* Kap. III Rn. 2137; MüKoBGB/*Bieber* § 551 Rn. 11.

[155] BGH IX ZR 212/88, NJW 1989, 1853 = WuM 1989, 289 = ZMR 1989, 256 = DWW 1989, 255; OLG Düsseldorf MDR 1998, 464; sa Anm. *Eckert* EWiR 1989, 569; Anm. *Haase* JR 1989, 511; *Valentin* ZMR 1992, 1; OLG Köln ZMR 1988, 429 = WuM 1989, 136 mAnm *Eckert* EWiR 1989, 241; LG Hamburg WuM 1989, 138 = DWW 1989, 27 mAnm *Voelskow* DWW 1989, 112; LG Kassel NZM 1998, 328.

Monatsmieten wirksam; iÜ ist sie unwirksam. Der Verstoß gegen § 551 Abs. 1 BGB erfasst nicht nur das (mietrechtliche) Grundgeschäft, sondern nach § 139 BGB auch die Abtretung selbst.[156]

44 **d) Kombination verschiedener Sicherheiten.** Nicht ganz geklärt ist die Rechtsfolge, wenn mehrere Sicherheiten zusammen die zulässige Höhe überschreiten. Gesichert ist insoweit nur, dass die gesetzliche Obergrenze von drei Monatsmieten für die Gesamtheit der Sicherheiten gilt. Mehrere Sicherheiten werden also **zusammengerechnet.**[157] Damit ist allerdings noch nicht entschieden, welche Sicherheit ggf. gekappt wird, um die zulässige Höhe wiederherzustellen. Der BGH hat in einem Fall, in dem Barkaution und Bürgschaft zusammentrafen, entschieden, der Bürgschaftsvertrag sei teilweise unwirksam.[158] Zu begründen ist das wohl nur über eine ergänzende Vertragsauslegung, nach der die Parteien die Barkaution als vorrangige Sicherheit bewerten.[159] Das gilt jedenfalls nach der erkennbaren Interessenlage des Vermieters, weil ihm die Barkaution regelmäßig den einfachsten Zugriff bietet und auch die stärkere Sicherheit ist.[160] Hier ist auf den Einzelfall abzustellen – so kann etwa eine schon geleistete Sicherheit wirksam bleiben, während für die noch nicht geleistete Sicherheit die Unwirksamkeit „greift". Ebenso kann eine spätere Vereinbarung unwirksam sein, wenn die betragsmäßige Überschreitung erst dadurch eintritt.[161]

## II. Der Einzahlungsanspruch (Abs. 2)

### 1. Fälligkeit (§ 551 Abs. 2 BGB)

45 Nach § 551 Abs. 2 S. 1 BGB darf der Mieter eine Barkaution in **drei gleichen Monatsraten** bezahlen. Dies beruht auf der gesetzgeberischen Erwägung, dass der Mieter gerade zu Beginn des Mietverhältnisses durch andere Ausgaben, wie Umzugskosten und Anschaffungskosten für Einrichtungsgegenstände stark in Anspruch genommen ist; andererseits ist das Sicherungsbedürfnis des Vermieters noch gering, weil bei Vertragsbeginn weder Mietrückstände noch Schadensersatzansprüche – etwa wegen unterlassener Schönheitsreparaturen oder Mietschäden vorliegen werden.[162] Die Regelungen über die Ratenzahlung gelten dann, wenn eine „Geldsumme bereit zu stellen ist". Das erfasst unmittelbar die Barkaution. Nach h. M. greift § 551 Abs. 2 auch dann, wenn der Mieter vereinbarungsgemäß ein **Sparbuch** mit der Kautionssumme anzulegen hat.[163] Dem ist zuzustimmen, weil auch ein Sparguthaben in Raten aufgestockt werden kann.[164] Für eine Sicherheitsleistung durch Bürgschaft gilt die Regelung dagegen nicht. Daraus folgt, dass diese Kaution zum Mietbeginn verlangt werden kann.[165]

46 Nach der Formulierung des Gesetzes soll der Mieter zu **drei gleichen monatlichen Teilzahlungen** berechtigt sein. Diese Quotelung ist auf eine Kaution in Höhe von drei Monatsmieten zugeschnitten. Sie gilt aber auch dann, wenn die Kaution in geringerer Höhe vereinbart worden ist. Die **erste Teilleistung** ist zu Beginn des Mietverhältnisses fällig (Abs. 2 S. 2). Unter dem „Beginn des Mietverhältnisses" ist nicht der Vertragsschluss, sondern derjenige Zeitpunkt zu verstehen, zu dem das Mietverhältnis vereinbarungsgemäß beginnen soll.[166] Diese Fälligkeitsregelung gilt unabhängig davon, ob die Miete im Voraus oder am Monatsende bezahlt werden muss. Enthält der Mietvertrag keine nach dem Kalender bestimmte Fälligkeitsregelung für die erste Kautionsrate (z. B. bei Anknüpfung an die Fertigstellung des Gebäudes), so kommt der Mieter erst durch eine Mahnung des Vermieters in Verzug (§ 286 Abs. 1 S. 1 BGB).[167] Die weiteren Teilzahlungen werden

---

[156] OLG Celle ZMR 2011, 379.

[157] BGH IX ZR 212/88, NJW 1989, 1853 = WuM 1989, 289 = ZMR 1989, 256 = DWW 1989, 255; OLG Köln ZMR 1988, 429 (430).

[158] BGH IX ZR 212/88, NJW 1989, 1853 = WuM 1989, 289 = ZMR 1989, 256 (257) = DWW 1989, 255.

[159] Zu der Problematik *Derleder* NZM 2006, 601 (605).

[160] *Wiek* WuM 2014, 119 (120).

[161] *Wiek* WuM 2014, 119.

[162] Gesetzentwurf BT-Drs. 9/2079, 14.

[163] MüKoBGB/*Bieber* § 551 Rn. 12; BeckOGK/*Siegmund* BGB § 551 Rn. 46; *Wiek* WuM 2013, 195 (198); LG München NZM 2001, 583; Gesetzentwurf BT-Drs. 9/2079, 13; inzident auch BGH VIII ZR 344/02, WuM 2003, 495.

[164] **AA** Staudinger/*V. Emmerich* § 551 Rn. 12a – die Quotelung eines Sparguthabens mache keinen Sinn.

[165] *Staudinger/V. Emmerich* BGB § 551 Rn. 15; **aA** wohl *Zehelein* WuM 2013, 133 (135) – bei unteilbaren Leistungen sei die gesamte Kaution erst zum dritten Termin fällig.

[166] LG Mannheim ZMR 1990, 18; *Sternel* MietR aktuell Rn. III 166.

[167] *Wiek* WuM 2013, 195 S. 197.

zusammen mit den unmittelbar folgenden Mietzahlungen fällig (Abs. 2 S. 2), also bei monatlicher Mietzahlung jeweils am dritten Werktag des zweiten und des dritten Mietmonats.

Wird vereinbart, dass der Mieter für eine gewisse Zeit ab Vertragsbeginn **Mietfreiheit** genießt, so hat dies auf die Verpflichtung zur Zahlung der ersten Kautionsrate keinen Einfluss. Unklar ist, ob die Folgeraten dann erst geschuldet werden, wenn die erste und der zweiten Miete zu entrichten sind oder ob es hier bei den allgemeinen Fälligkeitsterminen bleibt. Nach diesseitiger Auffassung bleibt es für die Kaution bei den allgemeinen Terminen, sie werden also zu den Folgeterminen geschuldet, auch wenn noch keine Miete zu zahlen ist.[168] Zwar stellt der Wortlaut auf die folgenden „Mietzahlungen" ab. Die Norm ist aber nach ihrem Sinn und Zweck dahingehend auszulegen, dass die allgemein vorgesehenen Termine – für die Mietzahlungen – gemeint sind und eine ausnahmsweise gewährte Mietfreiheit die Kaution nicht erfasst. Als Sonderregelung zur Entlastung des Mieters ist die Vorschrift eng auszulegen.[169] Die Parteien können vereinbaren, dass § 551 Abs. 2 S. 2 BGB zu Gunsten des Mieters abbedungen wird (§ 551 Abs. 4 BGB). So könnte bspw. vereinbart werden, dass der Mieter die erste Kautionsrate oder die Folgeraten erst zusammen mit der ersten zu zahlenden Miete zu entrichten hat. Eine solche Vereinbarung kann auch stillschweigend getroffen werden. Bei der Vereinbarung einer zeitlich begrenzten Mietfreiheit wird eine solche Auslegung wegen des Sicherungszwecks der Kaution aber regelmäßig nicht in Betracht kommen.

Nicht klar ist die Rechtslage, wenn die Kaution erst **während des Mietverhältnisses** vereinbart wird. Nach einer Auffassung ist der gesamte Betrag sofort fällig, weil § 551 Abs. 2 Satz 3 BGB, also das Recht zur Ratenzahlung, unmittelbar an § 551 Abs. 2 Satz 2 BGB anknüpft. Diese Vorschrift stelle auf den Beginn des Mietverhältnisses ab. Das bedeute dem Wortlaut nach, dass die Fälligkeit für alle Raten (Mietbeginn und folgende zwei Mieten) bereits mit der Vereinbarung eintrete.[170] Insoweit widerspreche eine entsprechende Abrede der Parteien dem Gesetzeswortlaut nicht. Dieses Ergebnis entspreche auch dem Gesetzeszweck. Der Gesetzgeber habe mit der Ratenzahlung darauf reagieren wollen, dass der Mieter zu Mietbeginn mit einer Vielzahl von Ausgaben, etwa für Umzug und Einrichtung bereits belastet sei. Dieser Zweck greife nicht, wenn eine Kaution erst nachträglich vereinbart wird.[171] Nach der Gegenauffassung ist die erste Rate sofort fällig (§ 271 BGB), während die Folgeraten jeweils einen Monat später zu zahlen sind.[172] Nach dem dargestellten Gesetzeszweck und dem Wortlaut erscheint das zwar zunächst schwerer begründbar. Dennoch entspricht diese Auslegung wohl dem Willen des Gesetzgebers, weil keine besondere Regelung für nachträgliche Kautionen bei Schaffung des Kündigungsrechts in § 569 Abs. 2a BGB eingeführt worden ist. Die Regelung stellt auf Verzug mit einem Betrag ab, der der zweifachen Monatsmiete entspricht. Sie knüpft damit erkennbar an fällige Raten an. Gerade vor diesem Hintergrund ist auch die Fälligkeitsregelung mit dem Mietrechtsänderungsgesetz präzisiert worden.[173] **47**

## 2. Zurückbehaltungsrecht des Vermieters (Übergabe der Wohnung)

Der **Vermieter** hat ein **Zurückbehaltungsrecht** an der Wohnung (§ 273 BGB), wenn der Mieter die erste Kautionsrate nicht bezahlt; folgerichtig kann er die Übergabe der Schlüssel kraft Gesetzes von der Zahlung der ersten Kautionsrate abhängig machen.[174] Der Vermieter behält in diesem Fall den Anspruch auf die Miete: Bietet der Vermieter die Überlassung der Mietsache Zug um Zug gegen Zahlung der ersten Kautionsrate an, gerät er mit der Überlassungspflicht nicht in Verzug.[175] Der Mieter gerät in Annahmeverzug (§ 298 BGB). Da die Überlassung wegen der fortschreitenden Zeit nicht nachgeholt werden kann, richtet sich die Verpflichtung des Mieters zur Mietzahlung nach § 326 Abs. 2 BGB. Der Vermieter behält also den Anspruch auf die Miete, weil der Mieter die Nichtzahlung der ersten Kautionsrate zu vertreten hat. Der Mieter ist für diese Zeit **48**

---

168 So auch Staudinger/*V. Emmerich* BGB § 551 Rn. 12b; BeckOK BGB/*Lutz* BGB § 551 Rn. 25; **aA** wohl Schmidt-Futterer/*Blank*, 14. Aufl. 2019, Rn. 61.

169 BeckOK BGB/*Lutz* BGB § 551 Rn. 25.

170 Vgl. BeckOK BGB/*Wiederhold* BGB § 551 Rn. 20; LG Berlin WuM 1988, 266.

171 Staudinger/*V. Emmerich* BGB § 551 Rn. 12b.

172 Palandt/*Weidenkaff* § 551 Rn. 10; BeckOGK/*Siegmund* BGB § 551 Rn. 47; MüKoBGB/*Bieber* § 551 Rn. 12.

173 Vgl. BT Drs. 17/10485 S. 18.

174 Bub/Treier MietR-HdB/*von der Osten/Schüller* Kap. A III Rn. 2021; *Häublein* PiG 97 (2014), 35 (54); *Kraemer* NZM 2002, 737, 739; Guhling/Günter/*Geldmacher* Anh. zu BGB §§ 562–562 d Rn. 23 zur Gewerbemiete; vgl. auch BGH XII ZR 32/97, NJW-RR 1998, 1464 zur Gewerbemiete.

175 OLG Düsseldorf DWW 2006, 425.

auch zu keiner Minderung berechtigt; dies gilt auch dann, wenn die Mietsache zum vertraglich vereinbarten Übergabetermin mangelhaft ist.[176] Das mietvertragliche Gewährleistungsrecht greift vor Überlassung der Mietsache nicht.[177] Etwas anderes kommt in Betracht, wenn der Mangel wegen seiner Art oder seines Umfangs nicht beseitigt werden kann. Wegen des Rechts zur Kündigung → BGB § 543 Rn. 43; → BGB § 569 Rn. 51). Das Zurückbehaltungsrecht nach § 273 BGB entsteht allerdings erst, wenn es gegenüber dem Mieter geltend gemacht wird. Deshalb muss der Vermieter den Mieter zur Zahlung auffordern. Anders ist es, wenn der Mieter die Zahlung endgültig und bestimmt verweigert hat.[178] Wenn der Vermieter schon den Abschluss des Vertrags von der Zahlung der vollen Kaution abhängig macht, stellt das ebenfalls einen Verstoß gegen § 551 Abs. 2 BGB dar.[179] Derartige Kautionszahlungen kann der Mieter aber nicht zurückfordern, weil sie nicht ohne Rechtsgrund geleistet worden sind und weil die vorzeitige Zahlung einer Schuld nach § 813 Abs. 2 BGB keinen Rückforderungsanspruch begründet.

### 3. Zurückbehaltungsrecht des Mieters (Insolvenzfeste Anlage der Kaution)

49 Der Vermieter hat dem Mieter ein **insolvenzfestes Kautionskonto** nachzuweisen (näher → Rn. 59).[180] Daher steht dem Mieter bis zum Nachweis des Kontos ein **Zurückbehaltungsrecht** an der Kaution zu. Die Fälligkeitstermine verschieben sich entsprechend. Das Gleiche gilt für die Folgeraten, wenn der Vermieter nicht auf Verlangen des Mieters nachweist, dass er die bisher eingezahlten Teilbeträge insolvenzfest angelegt hat. Insoweit gilt nichts anderes als bei der laufenden Miete. Auch an der laufenden Miete hat der Mieter ein Zurückbehaltungsrecht bis zur Höhe der Kaution, solange die insolvenzfeste Anlage der bezahlten Kaution nicht belegt ist.[181]

**Kein Zurückbehaltungsrecht** hat der Mieter wegen etwaiger **Mängel.** Anders als die laufenden Mieten steht die Kaution nicht im Gegenseitigkeitsverhältnis zur Gebrauchsüberlassung, so dass ein Leistungsverweigerungsrecht nach § 320 BGB ausscheidet.[182] Auch § 273 BGB gibt dem Mieter kein Zurückbehaltungsrecht, weil sich im Sinne dieser Norm „aus dem Schuldverhältnis … ein anderes ergibt". Der Sinn und Zweck einer Kaution ist es gerade, die Interessen des Vermieters (auch) im Streitfall zu sichern. Das gilt für Mängel im laufenden Mietverhältnis.[183] Es gilt aber auch schon bei anfänglichen Mängeln, derentwegen der Mieter die Übernahme der Mietsache ablehnt. Denn das Sicherungsinteresse des Vermieters kann schon vor Übergabe der Mietsache vorliegen.[184]

Das Bestehen eines Zurückbehaltungsrechts hat zur Folge, dass der Anspruch auf Zahlung der Kaution nicht fällig wird. In einem solchen Fall kann der Vermieter weder nach § 543 Abs. 2 Nr. 3 BGB, noch nach § 569 Abs. 2a BGB kündigen. Ist die Miete wegen eines Mangels gemindert, so hat dies weder auf die Höhe noch auf die Fälligkeit der Kaution einen Einfluss. Dies gilt unabhängig von der Minderungsquote, also auch dann, wenn diese 100% beträgt.

### 4. Aufrechnung

50 Ein Recht zur **Aufrechnung** steht dem Mieter regelmäßig nicht zu. Das gilt jedenfalls dann, wenn die zur Aufrechnung gestellte Forderung des Mieters **streitig** ist, weil sonst wiederum das Sicherungsinteresse des Vermieters beeinträchtigt wäre.[185] Unklar ist die Rechtslage, wenn die Forderungen des Mieters **unstreitig oder rechtskräftig festgestellt** sind. Hier scheidet eine Aufrech-

---

[176] OLG Düsseldorf DWW 2006, 425.

[177] Grundlegend BGH XII ZR 192/95, BGHZ 136, 102 (107) = NJW 1997, 2813; BGH XII ZR 254/01, NZM 2005, 500, 501; BGH XII ZR 12/97, NZM 1999, 124.

[178] OLG Brandenburg BeckRS 2011, 05567.

[179] Vgl. den Wortlaut des § 551 Abs. 2 BGB.

[180] BGH VIII ZR 98/10, NJW 2011, 59 = NZM 2011, 28 = WuM 2010, 752.

[181] BGH IX ZR 132/06, NJW 2008, 1152 = NZM 2008, 203 = WuM 2008, 149; BGH VIII ZR 324/14, NJW-RR 2015, 1289 (1290) = NZM 2015, 736 (737) = WuM 2015, 549 (550).

[182] BGH IX ZR 9/12, NJW 2013, 1243 (1244) = NZM 2013, 145 = WuM 2013, 103 (104); Guhling/Günter/*Geldmacher* Anh. zu BGB §§ 562–562d Rn. 25.

[183] BGH XII ZR 255/04, NZM 2007, 401; OLG München NJW-RR 2000, 1251; KG GE 2003, 525; MüKoBGB/*Bieber* § 551 Rn. 15; *Sternel* MietR aktuell Rn. III 161.

[184] *BGH XII ZR 255/04*, NJW-RR 2007, 884 (885) = NZM 2007, 401; OLG Celle NZM 2003, 64; **aA** Staudinger/*V. Emmerich* BGB § 551 Rn. 16; *Kraemer* NZM 2001, 737 (739); MüKoBGB/*Bieber* § 551 Rn. 15.

[185] OLG München WuM 2000, 304; LG Hamburg WuM 1991, 586; LG Baden-Baden WuM 1989, 73; Lützenkirchen MietR/*Lützenkirchen* BGB § 551 Rn. 46; *Sternel* MietR aktuell Rn. III 160.

nung jedenfalls aus, wenn der Mieter keine Barkaution zu erbringen hat, weil dann die beiderseitigen Forderungen nicht mehr **gleichartig** i. S. d. § 387 BGB sind.[186] Nach diesseitiger Auffassung kommt aber auch bei einer Barkaution und zugleich unstreitigen Forderungen keine Aufrechnung durch den Mieter infrage.[187] Die Forderung des Vermieters auf Beibringung einer Kaution ist nach der gesetzlichen Wertung nicht gleichartig mit einer Zahlungsforderung des Mieters. Jedenfalls ist wohl die Aufrechnung auch bei Annahme einer Gleichartigkeit durch die Kautionsvereinbarung schlüssig ausgeschlossen. Andernfalls wäre mit einer Aufrechnungsbefugnis derjenige Mieter ungerechtfertigt bevorzugt, der die Kaution zunächst trotz Fälligkeit nicht gezahlt hat. Hier hätte der Vermieter bei rechtzeitiger Kautionszahlung das Geld zur Verfügung gehabt und zum Mietende bestimmen können, wegen welcher Forderung auf die Kaution zugreift.[188] Der Mieter hätte auch wegen seiner unstreitigen Forderungen keinen (fälligen) Anspruch auf Rückgewähr der Kaution. Diese Rechtsfolgen würden unterlaufen, wenn der säumige Mieter, der im Laufe des Mietverhältnisses eigene (unstreitige) Forderungen erwirbt, jetzt seinerseits aufrechnen könnte.

### 5. Verzug und Rechtshängigkeit (Zinsansprüche des Vermieters)

**Folgen nach Ablauf der Fristen** Sind die ersten drei Mietmonate verstrichen, so kann der Vermieter die gesamte Kaution verlangen; ein Recht zur Ratenzahlung besteht in diesem Falle nicht mehr.[189] Der Mieter gerät nach § 286 Abs. 2 Nr. 1 BGB **ohne Mahnung** in **Verzug.** Dem Vermieter steht ein Recht zur **fristlosen Kündigung** nach § 569a Abs. 2a BGB zu, sobald ein Betrag erreicht ist, der zwei Monatsmieten entspricht (→ § 569 Rn. 51). **51**

Bei **verspäteter Zahlung einer Barkaution** hat der Vermieter nach § 286 Abs. 2, 286 BGB Anspruch auf diejenigen **Zinsen,** die bei rechtzeitiger Zahlung auf dem Sonderkonto angefallen wären. Insoweit hätte nämlich der Vermieter eine entsprechend höhere Sicherheit für seine Ansprüche erlangt.[190] Die Zinsen sind allerdings kautionserhöhend anzulegen.[191]

Ein Anspruch auf Verzugszinsen nach § 288 Abs. 1 BGB besteht nicht. Zwar ist der Wortlaut des § 288 Abs. 1 BGB erfüllt, wenn der Anspruch auf Leistung einer Barkaution als Geldschuld angesehen wird. Sinn und Zweck der Zinspflicht in § 288 Abs. 1 BGB ist aber die Zuerkennung eines objektiven Mindestschadens.[192] Diese Vorschrift kann daher keine Anwendung finden, wenn ein Betrag nicht zum Vermögen des Geschädigten gehören, sondern von ihm nur treuhänderisch zu verwalten sein soll.[193]

Der Mieter schuldet **Rechtshängigkeitszinsen,** wenn der Vermieter ihn auf Einzahlung der Kaution verklagt.[194] Die Rechtshängigkeit bildet einen selbständigen Rechtsgrund dafür, dass der Schuldner einer Geldschuld den Betrag verzinsen müsse. Die Zinsen sind dem Gläubiger unabhängig davon zuzuerkennen, ob eine Verzinsung des eingeklagten Betrages vertraglich ausgeschlossen ist oder ob ihm nach dem Inhalt des zugrunde liegenden Schuldverhältnisses überhaupt ein Schaden entstehen könnte.[195]

Offen ist allerdings, ob der Vermieter auch die eingenommenen Rechtshängigkeitszinsen der Kaution zuschlagen muss oder ob er sie selbst vereinnahmen und behalten darf. Nach diesseitiger Auffassung darf der Vermieter die Rechtshängigkeitszinsen behalten. Der Anspruch dient hier dazu, den Mieter zur rechtzeitigen Erfüllung anzuhalten. Das hat nicht dem Mieter durch Erhö-

---

186 Vgl. für die Bürgschaft OLG Düsseldorf ZMR 1998, 159.

187 **AA** Lützenkirchen MietR/*Lützenkirchen* BGB § 551 Rn. 46.

188 Zur Abrechnung der Kaution → Rn. 79.

189 LG Berlin WuM 1988, 266 = GE 1988, 729.

190 OLG Düsseldorf Urt. v. 23.3.2000 – 10 U 160/97 – GE 2000, 602 und „juris" Rn. 14 (insoweit nicht abgedruckt in NZM und NJW-RR); LG Frankenthal WuM 2002, 51; LG Nürnberg-Fürth NJW-RR 1992, 335; zustimmend *Lützenkirchen* WuM 2001, 55, 61; *Sternel* MietR aktuell Rn. III 162.

191 *Kraemer* NZM 2001, 737 (738f). OLG Düsseldorf NZM 2001, 48.

192 BGH IV ZR 75/09, NJW 2011, 3648, 3649.

193 OLG Düsseldorf Urt. v. 23.3.2000 – 10 U 160/97 – GE 2000, 602 und „juris" Rn. 13 (insoweit nicht abgedruckt in NZM und NJW-RR); LG Nürnberg-Fürth NJW-RR 1992, 335; **aA** *Kraemer* NZM 2001, 737, 738; Bub/Treier MietR-HdB/*von der Osten/Schüller* Kap. III Rn. 2025.

194 OLG Düsseldorf Urt. v. 23.3.2000 – 10 U 160/97 – GE 2000, 602 und „juris" Rn. 15 (insoweit nicht abgedruckt in NJW-RR und NZM); AG Dortmund NZM 2019, 91; *Schulz* NZM 2019, 92; *Sternel* MietR aktuell, 4. Aufl. 2009, Rn. III 162.

195 OLG Düsseldorf Urt. v. 23.3.2000 – 10 U 160/97 – GE 2000, 602 und „juris" Rn. 15 (insoweit nicht abgedruckt in NJW-RR und NZM); AG Dortmund NZM 2019, 91; *Schulz* NZM 2019, 92; allgemein zu § 291 BGB: BGH VII ZR 266/84, NJW 1985, 2325 (2326) (Vorschussanspruch zur Mängelbeseitigung).

hung seines späteren Rückzahlungsanspruchs zugutezukommen. Ihm darf aus seinem vertragswidrigen Verhalten kein Vorteil erwachsen.[196]

### 6. Erlöschen – Einzahlungsanspruch nach Mietende

52 Der Anspruch auf Zahlung der Kaution kann auch längere Zeit nach Beginn des Mietverhältnisses geltend gemacht werden.[197] Der Anspruch erlischt auch nicht mit der **Beendigung des Mietvertrags;** vielmehr hat ein Vermieter noch solange Anspruch auf Zahlung der Kaution, so lange ihm aus dem beendeten Vertrag noch Forderungen zustehen können.[198] Der Vermieter soll sich gerade nach Vertragsende auf einfache Weise aus der Kaution befriedigen können. Diese Möglichkeit würde ihm genommen, wenn er nach Mietende auf die Geltendmachung der Ansprüche selbst verwiesen würde.[199] Außerdem würde ihm die Möglichkeit der Aufrechnung mit verjährten Forderungen genommen (§ 215 BGB). Der Mieter würde von seiner eigenen Vertragswidrigkeit profitieren. Daher kann der Vermieter wahlweise seinen Anspruch auf die Mietrückstände geltend machen oder auf Zahlung der Kaution klagen.[200]

Nicht abschließend geklärt ist, ob der Vermieter zu einer Klage nach Mietende zu sichernde Ansprüche darlegen muss, damit seine Klage schlüssig ist. Nach einer in Rspr. und Lit. vertretenen Ansicht muss der Vermieter bei der Kautionsklage nach beendetem Mietverhältnis schlüssig darlegen, dass ihm trotz Beendigung des Mietverhältnisses Zahlungsansprüche gegen den Mieter zustehen.[201] Nach der Gegenauffassung trifft den Vermieter keine weitere Darlegungslast. Es liege nur ein Fall der unzulässigen Rechtsausübung vor, wenn der Vermieter nach Beendigung des Mietvertrags die Kaution geltend mache, obwohl er nichts oder nur einen geringen Betrag zu fordern habe.[202] Nach dieser Auffassung müsste der Mieter die Umstände darlegen und beweisen, die den Einwand der unzulässigen Rechtsausübung begründen.[203]

Dieser Auffassung ist in jedem Fall zuzustimmen, solange die Abrechnungsfrist noch nicht abgelaufen ist. Nach der Rechtsprechung des BGH wird der Anspruch des Mieters auf Rückgabe einer Mietsicherheit fällig, wenn eine angemessene Überlegungsfrist abgelaufen ist und dem Vermieter keine Forderungen aus dem Mietverhältnis mehr zustehen, wegen derer er sich aus der Sicherheit befriedigen darf (→ Rn. 88).[204] Dem Vermieter darf nicht – als Folge des Verzugs des Mieters – diese Überlegungsfrist genommen werden. Nach diesseitiger Auffassung ändert sich die Situation aber nach Ablauf der Abrechnungsfrist. Hier wäre der Vermieter besser gestellt, als er es bei Leistung der Kaution wäre, wenn er ohne schlüssige Darlegung eigener Forderungen die Kaution einklagen könnte. Insofern ist nach diesseitiger Auffassung auch kein Grund dafür gegeben, die Abrechnungsfrist bis zur Leistung der Kaution hinauszuschieben.[205] Darin läge eine ungerechtfertigte Besserstellung des Vermieters oder – anders formuliert – eine über den Schadensausgleich hinausgehende Bestrafung des Mieters. Außerdem würde ggf. die in § 548 BGB erkennbare Idee des Gesetzgebers verfehlt, nach der ein Mietverhältnis zügig abgewickelt werden soll.[206] Auch nach Ablauf der Abrechnungsfrist reicht seitens des Vermieters allerdings die schlüssige Darlegung eigener Ansprüche. Bereits das ist eine Abrechnung.[207] Eben diese Darlegung würde auch bei geleisteter Kaution den Vermieter während der Klärung vor dem Insolvenzrisiko des Mieters sichern.

---

[196] Vgl. zum Vorschussanspruch zur Mängelbeseitigung: BGH NJW 1985, 2325 (2326).

[197] LG Karlsruhe WuM 1992, 367.

[198] BGH VIII ZR 332/79, NJW 1981, 976 (977); BGH VIII ZR 65/11, NJW 2012, 996; OLG Celle WuM 1983, 291; OLG Düsseldorf NZM 2001, 380; KG GE 2008, 670; LG Potsdam GE 2004, 690; *Sternel* MietR aktuell Kap. III Rn. 163; Guhling/Günter/*Geldmacher* Anh. zu BGB §§ 562–562d Rn. 41; MüKoBGB/*Bieber* § 551 Rn. 18; Staudinger/*V. Emmerich* BGB § 551 Rn. 13.

[199] OLG Düsseldorf NZM 2001, 380; LG Saarbrücken WuM 1996, 616 (617).

[200] OLG Koblenz DWW 2018, 300; LG Saarbrücken WuM 1996, 616 (617).

[201] OLG Düsseldorf GE 2000, 342 = NZM 2001, 380; Staudinger/*V. Emmerich* BGB § 551 Rn. 13; KSB MietR/*Kinne* BGB § 551 Rn. 11; *Sternel* MietR aktuell Kap. III Rn. 163a.

[202] OLG Celle WuM 1983, 291???; MüKoBGB/*Bieber* § 551 Rn. 18.

[203] So Schmidt-Futterer/*Blank*, 14. Aufl. 2019, § 551 Rn. 63; MüKoBGB/*Bieber* § 551 Rn. 18.

[204] BGH XII ZR 124/97, NJW 1999, 1857; BGH VIII ZR 71/05, NJW 2006, 1422 (1423); BGH VIII ZR 263/14, NJW 2016, 3231.

[205] *Vgl. LG Nürnberg-Fürth WuM 1994,* 708; **AA** OLG Koblenz DWW 2018, 300 (301); KG ZMR 2008, 617; OLG Düsseldorf NJW-RR 1997, 520.

[206] LG Nürnberg-Fürth WuM 1994, 708.

[207] BGH VIII ZR 141/17, NZM 2019, 754.

Endet das Mietverhältnis, nachdem der Vermieter einen Titel auf Zahlung der Kaution erwirkt hat, so kann der Mieter dementsprechend Vollstreckungsgegenklage erheben, wenn der Vermieter nach Ablauf der Abrechnungsfrist (→ Rn. 82) vollstreckt, ohne dass er eine Abrechnung vorgelegt hat.[208]

### 7. Verjährung, Verwirkung

Für den Anspruch auf Zahlung der Kaution gilt die **regelmäßige Verjährungsfrist** von drei Jahren.[209] Die Verjährungsfrist beginnt mit dem Schluss des Jahres in dem die nach der Kautionsvereinbarung die Kaution fällig war.[210] Im Einzelfall kann **Verwirkung** vorliegen, wenn die Kaution längere Zeit nicht geltend gemacht wird und der Mieter darauf vertrauen durfte, dass er nicht mehr in Anspruch genommen wird. Innerhalb der Verjährungsfrist dürfte das kaum je der Fall sein. Eine andere Frage ist die, ob das Kündigungsrecht wegen der Nichtzahlung der Kaution (§ 569 Abs. 2a BGB, in der Gewerbemiete: § 543 Abs. 1 BGB) verwirken kann. Nach Meinung des OLG Koblenz führt ein Abwarten von ca. zehn Monaten dazu, dass das Kündigungsrecht gem. § 314 Abs. 3 BGB nicht mehr ausgeübt werden kann.[211] Nach der hier vertretenen Meinung steht es dem Vermieter frei ob er die Kaution bei Fälligkeit geltend macht oder ob er hiermit zuwartet, bis ein konkretes Bedürfnis nach einer Sicherheit besteht. Vor diesem Zeitpunkt ist eine Verwirkung des Kündigungsrechts ausgeschlossen. Auch danach tritt in aller Regel keine Verwirkung des Kündigungsrechts ein. Der Gewerbemieter ist durch das Abmahnerfordernis des § 543 Abs. 3 Satz 1 BGB geschützt, der Wohnraummieter in § 569 Abs. 2a durch das Nachholrecht (§ 569 Abs. 2a Satz 4 i. V. m. § § 543 Abs. 3 Nr. 2 BGB). 53

Der Anspruch auf Wiederauffüllung der Kaution ist ein eigenständiger Anspruch, für den eine neue Verjährungsfrist gilt.[212] Wegen des Kündigungsrechts des Vermieters (→ § 543 BGB Rn. 43 in der Gewerbemiete und → § 569 BGB Rn. 51 in der Wohnraummiete).

## III. Anlage (Abs. 3)

### 1. Zulässige Anlageformen

Nach § 551 Abs. 3 BGB hat der Vermieter eine Barkaution von seinem Vermögen getrennt bei einem Kreditinstitut anzulegen. Dazu zählt jedes Kreditinstitut i. S. d. § 1 KWG einschließlich der Genossenschaften mit Spareinrichtung.[213] Die **Wahl des Kreditinstituts** steht dem Vermieter frei: er kann das Geld auch bei einer kleinen Privatbank oder bei einer ausländischen Bank im EG-Bereich anlegen. Dem Vermieter obliegt keine Verpflichtung, dasjenige Kreditinstitut auszuwählen, das die höchsten Zinsen zahlt.[214] 54

Der Vermieter muss das Geld getrennt von seinem Vermögen anlegen. Das verlangt bei der Barkaution die Einzahlung auf ein **offenes Treuhandkonto.** Der Zweck des § 551 Abs. 3 S. 1 BGB liegt darin, die Kaution wie ein Treuhandvermögen oder wie Mündelgeld zu behandeln, um sie bei einer Einzelzwangsvollstreckung gegen den Vermieter oder in der Vermieterinsolvenz zu schützen und um das Pfandrecht der Banken an dem Kautionskonto auszuschließen.[215] Diese Rechtsfolge tritt nur bei einem offenen Treuhandkonto – anders auch bezeichnet als **Anderkonto, Sonderkonto**[216] oder **Mietkautionskonto**[217] – ein.[218] Die gesetzeskonforme Anlage der Kaution setzt zweierlei voraus, nämlich zum einen, dass zwischen Vermieter und Mieter eine Treuhandvereinbarung abgeschlossen wird und zum anderen, dass diese Vereinbarung auch dinglich umgesetzt wird.[219] Für die **dingliche Umsetzung** gelten für die Mietkaution im Wesentlichen drei Kriterien, 54a

---

208 LG Nürnberg-Fürth WuM 1994, 708; **aA** OLG Düsseldorf ZMR 1996, 493.
209 KG NJW-RR 2008, 1182; LG Darmstadt NZM 2007, 801; LG Duisburg NZM 2006, 774; LG Bochum WuM 2011, 563.
210 KG NJW-RR 2008, 1182; LG Darmstadt NZM 2007, 801.
211 OLG Koblenz GuT 2011, 391 (392).
212 LG Bochum WuM 2011, 563.
213 Näher *Feßler,* FS 10 Jahre Mietrechtsreformgesetz, 448, 453.
214 Staudinger/*Emmerich* BGB § 551 Rn. 18; MüKoBGB/*Bieber* § 551 Rn. 22; BeckOGK/*Siegmund* BGB § 551 Rn. 54; *Drasdo* NZM 2000, 225 (226).
215 Begründung zum Gesetzesentwurf der CDU/CSU- und FDP-Fraktion zum Gesetz zur Erhöhung des Angebots an Mietwohnungen, BT-Drs. 9/2079, 10; BGH VIII ZR 98/10, NZM 2011, 28 (29).
216 BGH VIII ZR 132/06, NZM 2008, 203.
217 BGH VIII ZR 324/14, NJW-RR 2015, 1289.
218 Staudinger/*V. Emmerich* BGB § 551 Rn. 18.
219 BGH IX ZR 132/06, NJW 2008, 1152 = NZM 2008, 203.

nämlich die **Vermögenstrennung,** das Prinzip der **Offenkundigkeit** und das **Bestimmtheitsprinzip.** Vermögenstrennung bedeutet, dass der Vermieter die Kaution von seinem Vermögen getrennt anlegen muss. Das Prinzip der Offenkundigkeit besagt, dass das Kautionskonto entweder offen als solches ausgewiesen wird oder sonst nachweisbar ausschließlich zur Aufnahme von treuhänderisch gebundenen Fremdgeldern bestimmt ist.[220] Anderenfalls unterliegt die Kaution dem **Pfandrecht der Banken** für Forderungen gegen den Vermieter als Kontoinhaber. Die Anlage einer Barkaution auf einem nicht als Sonderkonto gekennzeichnetem Sparbuch genügt diesen Anforderungen nicht. Die Übergabe des Sparbuchs an einen Treuhänder zum Zwecke der treuhänderischen Verwaltung und Verwahrung ändert daran nichts.[221] Die Bezeichnung eines Kontos als „Mietkonto" reicht hierfür ebenfalls nicht aus,[222] wohl aber die Bezeichnung als „Kautionskonto". Wird der Treuhandcharakter des Kontos später offenbart, so bedarf es einer besonderen Vereinbarung zwischen Bank und Kontoinhaber, dass das Pfandrecht ausgeschlossen sein soll; die Bank kann sich aber schadenersatzpflichtig machen (§ 826 BGB), wenn sie ein Pfandrecht wegen persönlicher Forderungen des Vermieters an solchen Geldern geltend macht, die nach der Offenlegung eingehen.[223] Wird die Kaution auf Verlangen des Mieters **nachträglich auf einem Sonderkonto angelegt,** so kann die **Insolvenzanfechtung** eines kongruenten Deckungsgeschäfts nach **§ 130 InsO** in Betracht kommen.[224] Der Mieter ist allerdings in diesem Fall nicht gehindert im Falle der Krise von der Miete einen Betrag in Höhe der Kautionssumme zurückzuhalten.

55 Es ist nicht erforderlich, dass für jede Kaution ein gesondertes Konto angelegt wird; es genügt, wenn ein **Sammelkonto** für sämtliche Kautionsgelder vorhanden ist.[225] Es kann Schwierigkeiten bereiten, in der Insolvenz, den Kautionsanspruch zu identifizieren und damit den Umfang des Rechts nach § 771 ZPO oder des Aussonderungsrechts nach § 47 InsO zu belegen. Dem lässt sich aber über einen Auskunftsanspruch gegen den Vermieter oder Insolvenzverwalter begegnen.[226] Das Sammelkonto muss freilich seinerseits ausschließlich als Treuhandkonto geführt werden. Deshalb muss das Konto auch hier als „Kautionskonto" deklariert werden; empfehlenswert ist die Angabe des oder der Grundstücke auf denen sich die Mietobjekte befinden. Eine gesetzeskonforme Anlage liegt nicht vor, wenn der Vermieter das Konto auch als Eigenkonto nutzt. Insoweit genügt es nicht, dass sich Treugut und Eigengut klar trennen lassen.[227] Auch beim Sammelkonto verbietet das Bestimmtheitserfordernis jede Vermischung von Fremd- und Eigengeld.[228] Dies kann zu Problemen führen, wenn der Vermieter im Zuge der Verwertung einzelner Kautionen Teilbeträge auf ein Eigenkonto umbucht. In einem solchen Fall stimmt das Kautionskonto mit der Summe der Einzahlungen nicht mehr überein. Dies kann zur Folge haben, dass die jeweils Berechtigten nicht mehr festzustellen sind.[229] Allerdings wird es in einem solchen Fall ausreichen, wenn die einzelnen Mieter ihre Berechtigung anhand der Vertragsunterlagen nachweisen können.[230] Dies ist der Fall, wenn der Mieter belegen kann, dass die Kautionssumme auf dem Treuhandkonto angelegt wurde.

56 **Nach § 551 Abs. 3 S. 2 BGB** können die Vertragsparteien eine **andere Anlageform** vereinbaren. Darunter sind nur solche Anlageformen zu verstehen, bei denen die **Erzielung eines Gewinns** immerhin möglich ist, zB in Form von Zinsen oder einer Dividende.[231] Die bloße Verwahrung des Geldes ist keine Kapitalanlage.

Die „andere Anlageform" muss stets **vereinbart** werden; weder der Vermieter noch der Mieter haben einen Anspruch gegen den anderen Teil, dass die Geldsumme anders als nach S. 1 angelegt wird. Aus der Vereinbarung muss sich ergeben, in welcher konkreten Form die Sicherheit zu leisten

---

220 BGH VIII ZR 324/14, NJW-RR 2015, 1289; BGH VIII ZR 132/06, NJW 2008, 1152 = NZM 2008, 203.

221 AG Homburg WuM 2015, 668 (669).

222 BGH XI ZR 94/98, NJW 1991, 101 = WuM 1991, 50.

223 BGH WuM 1991, 50 = NJW 1991, 101 (102).

224 *Berger* ZfIR 2010, 221 (228).

225 *Schmid* GE 1985, 385; Palandt/*Weidenkaff* BGB § 551 Rn. 12; BeckOGK/*Siegmund* BGB § 551 Rn. 55; Lützenkirchen MietR/*Lützenkirchen,* BGB § 551 Rn. 93f; Palandt/*Weidenkaff* BGB § 551 Rn. 12; zweifelnd Staudinger/*V. Emmerich* BGB § 551 Rn. 18.

226 Lützenkirchen MietR/*Lützenkirchen* § BGB 551 Rn. 94.

227 BGH IX ZR 120/02, NJW-RR 2003, 1375 (1376).

228 *BGH IX ZR 120/02,* NJW-RR 2003, 1375 (137).

229 OLG Schleswig ZIP 1989, 252.

230 So *Derleder* ZIP 1988, 415 (418); zweifelnd *Eckert* ZMR 2010, 9 (14).

231 Begründung zum Entwurf des Mietrechtsreformgesetzes der Bundesregierung, BT-Drs. 14/4553, 48.

ist. Eine generelle Bezeichnung wie Wertpapiere, Aktien, Immobilienfonds etc genügt nicht.[232] **Formularvereinbarungen** sind an § 307 Abs. 1, 2 BGB zu messen.[233]

Es ist nicht erforderlich, dass ein Gewinn wahrscheinlich ist. Auf das mit der Anlage verbundene Risiko kommt es nicht an. Auch **spekulative Anlageformen** sind nicht ausgeschlossen.[234] Das verlangt allerdings grundsätzlich eine **Individualvereinbarung** (§ 307 BGB).[235] Außerdem trifft den Vermieter hier eine Aufklärungspflicht.[236] Der Mieter kann einen Anspruch auf Schadensersatz haben, wenn er auf eine unwirksame Formularklausel geleistet hat oder der Vermieter seine Hinweispflichten verletzt hat.[237]

Entstehen durch die Anlage Verluste, so hat der Mieter keinen Anspruch auf eine Mindestverzinsung oder auf Schadensersatz. Umgekehrt hat der Vermieter keinen Anspruch auf „Wiederauffüllung" der Kaution, wenn sich die Sicherheit infolge einer unrentablen Anlage vermindert.[238] Eine solche „Wiederauffüllungspflicht" kann auch nicht vereinbart werden (Abs. 4). Die Parteien gehen das Verslustrisiko gemeinsam ein.[239]

Auch für die vereinbarte Anlageform gilt die Verpflichtung zur **getrennten Anlage** (§ 551 Abs. 3 Satz 3). Daraus folgt ua, dass der Vermieter zB verpflichtet ist, Wertpapiere gesondert von seinen eigenen Beständen aufzubewahren.

**2. Durchsetzung der Anlagepflicht**

**a) Nachweispflicht.** In § 551 Abs. 3 S. 1, 3 BGB ist bestimmt, dass der Vermieter eine ihm als 57
Sicherheit **überlassene** Geldsumme von seinem Vermögen getrennt anzulegen hat. Die Formulierung „überlassene Sicherheit" spricht dafür, dass der Mieter eine Barkaution zunächst dem Vermieter übergeben und dass dieser sodann die Geldsumme (§ 551 Abs. 3 S. 3 BGB) anlegen muss.[240] Mit dem Sinn und Zweck der Vorschrift steht eine solche Praxis allerdings nicht im Einklang. Nach der Vorstellung des Gesetzgebers soll die Pflicht zur getrennten Anlage der Kaution sicherstellen, dass die Sicherheit im Falle der Insolvenz des Vermieters im Vermögen des Mieters bleibt und dass die kontoführende Bank kein Pfandrecht an der Kaution geltend machen kann.[241] Hieraus leiten der **BGH**[242] und die ganz herrschende Meinung[243] ab, dass der Vermieter ein solches Kautionskonto einzurichten und gegenüber dem Mieter **vor Einzahlung** der Kaution die **Einrichtung nachzuweisen** hat. **Nach Einzahlung** der Kaution hat der Vermieter dem Mieter nachzuweisen, dass er die Kaution gesondert von seinem Vermögen **angelegt hat.**[244] Der Nachweis wird erbracht durch eine Bestätigung des Kreditinstituts, dass die Kaution von Vermögen des Vermieters getrennt angelegt ist. Die Übermittlung einer Kontostandbestätigung genügt nicht; vielmehr muss sich aus dem Nachweis ergeben, dass das Konto als Treuhandkonto geführt wird.[245] Der Anspruch auf die gesetzeskonforme Anlage der Kaution kann mit der **Auskunftsklage** durchgesetzt werden.[246] Eine Verbindung von Auskunfts- und Erfüllungsklage ist möglich (Stufenklage).

---

232 MüKoBGB/*Bieber* § 551 Rn. 21.

233 Bamberger/Roth/*Ehlert* BGB § 551 Rn. 27.

234 BeckOGK/*Siegmund* BGB § 551 Rn. 64; Staudinger/*V. Emmerich* BGB § 551 Rn. 21; *Derleder* WuM 2002, 239 (240).

235 Staudinger/*V. Emmerich* BGB § 551 Rn. 21; *Kandelhard* WuM 2002, 302.

236 BeckOGK/*Siegmund* BGB § 551 Rn. 64; Staudinger/*V. Emmerich* BGB § 551 Rn. 21; *Derleder* WuM 2002, 239 (240).

237 Näher *Kandelhard* WuM 2002, 302 (303).

238 *Kandelhard* WuM 2002, 302 (303); Staudinger/*V. Emmerich* BGB § 551 Rn. 21.

239 Begründung zum Entwurf des Mietrechtsreformgesetzes der Bundesregierung, BT-Drs. 14/4553, 48.

240 Für eine solche Vorleistungspflicht etwa LG Berlin WuM 1988, 266 (zu § 550b aF); *Eckert* ZMR 2010, 9 (13); **aA** *Derleder* WuM 1986, 39; Staudinger/*Emmerich* BGB § 551 Rn. 19.

241 BT-Drs. 9/2079, 10.

242 BGH VIII ZR 98/10, NJW 2011, 59 = WuM 2010, 752 mAnm *Blank* LMK 2010, 311294.

243 LG Mannheim WuM 1990, 293 = NJW-RR 1991, 79; LG Kiel WuM 1988, 266; Staudinger/*V. Emmerich* BGB § 551 Rn. 19; BeckOK BGB/*Wiederhold* BGB § 551 Rn. 33; Erman/*Lützenkirchen* BGB § 551 Rn. 13; *Cymutta* WuM 2008, 441; *Timme* NZM 2008, 429 (431).

244 BGH IX ZR 132/06, NJW 2008, 1152 (1153) = NZM 2008, 203 = WuM 2008, 149 = ZMR 2008, 280; LG Mannheim WuM 1990, 293 = NJW-RR 1991, 79; LG Kiel WuM 1988, 266; Staudinger/*V. Emmerich* BGB § 551 Rn. 19a; BeckOK BGB/*Wiederhold* BGB § 551 Rn. 33; Erman/*Lützenkirchen* BGB § 551 Rn. 13; *Cymutta* WuM 2008, 441; *Timme* NZM 2008, 429 (431).

245 AG Bremen WuM 2012, 16.

246 AG Braunschweig WuM 1987, 257; AG Langenfeld WuM 1987, 350; AG München NJW-RR 1987, 786; AG Tiergarten MM 1992, 24; MüKoBGB/*Bieber* § 551 Rn. 24.

Der Mieter kann auch nach dem rechtlichen Ende des Mietverhältnisses verlangen, dass die Kaution gesetzeskonform angelegt wird. Die Zweckbindung endet erst mit der Rückgewähr der Kaution an den Mieter.[247]

58 **b) Klage und Vollstreckung.** Zu einer Übergabe von Bargeld ist der Mieter ebenso wenig verpflichtet, wie zur Einzahlung der Kautionssumme auf das gewöhnliche Privat- oder Geschäftskonto des Vermieters. Hat der Mieter die Kaution gleichwohl auf ein nicht insolvenzfestes Konto überwiesen oder die Kautionssumme bar übergeben, so kann der Mieter vom Vermieter noch **nachträglich** verlangen, dass die Kautionssumme gesetzeskonform angelegt wird. Wird dieser Anspruch tituliert, so richtet sich die **Vollstreckung nach § 888 ZPO.**[248] Es handelt sich nämlich um eine nicht vertretbare Handlung, weil der Vermieter gegenüber dem Kreditinstitut die erforderlichen Erklärungen abgeben muss.[249]

Auch der Anspruch auf Nachweis der Gesetzeskonformen Anlage kann gerichtlich durchgesetzt werden.[250]

59 **c) Zurückbehaltungsrecht.** Der Mieter kann auch ein **Zurückbehaltungsrecht** an der Miete (bis zur Höhe der Kaution) geltend machen, bis der Vermieter die Kautionssumme angelegt hat.[251] Das gilt auch in der Gewerbemiete.[252] Das Zurückbehaltungsrecht nach § 273 BGB ist nicht von Amts wegen zu beachten, sondern muss im Wege der **Einrede** geltend gemacht werden. Die Einrede ist bedingungsfeindlich; eine bloße Rechtsbedingung ist unschädlich. Deshalb ist die Einrede auch dann wirksam erhaben, wenn der Mieter erklärt, dass er von seinem Zurückbehaltungsrecht Gebrauch mache, „falls der Nachweis nicht bis zum … erbracht wird".[253] Das Zurückbehaltungsrecht kann auch gegenüber einem Zwangsverwalter ausgeübt werden (→ Rn. 96). Das Zurückbehaltungsrecht besteht schon gegenüber der Pflicht auf Zahlung der **ersten Rate.** Der Mieter darf die Kaution zurückhalten, bis der Vermieter ihm ein insolvenzfestes Konto nachgewiesen hat.[254] Bei **ratenweiser** Zahlung der Kaution hat der Mieter auch ein Zurückbehaltungsrecht an **weiteren Raten** bis zum Nachweis der gesetzesgemäßen Anlage der bereits geleisteten Zahlungen.[255]

### 3. Rechtswirkungen

60 **a) Beachtung der Anlagepflicht.** Ist die Kaution entsprechend § 551 Abs. 3 Satz 3, insbesondere unter Beachtung des Offenkundigkeitsprinzips (→ Rn. 54) gesondert vom Vermögen des Vermieters angelegt, hat das folgende **Rechtswirkungen:**

**(1)** Die Gläubiger des Vermieters können das Kautionsguthaben nicht pfänden. Wird dennoch eine solche **Pfändung** ausgesprochen, so hat der Mieter das Interventionsrecht des § 771 ZPO; auf diesem Wege kann er geltend machen, dass die Kautionsforderung nicht zum Vermögen des Vermieters gehört. Das Prozessgericht muss eine solche Pfändungsmaßnahme für unzulässig erklären.

**(2)** Das Kreditinstitut kann nicht auf das Kautionskonto zurückgreifen, wenn der Vermieter anderweitige Verbindlichkeiten gegenüber dem Kreditinstitut nicht erfüllt. Das Pfandrecht gemäß **Nr. 19 der Allgemeinen Geschäftsbedingungen der Kreditinstitute** greift nicht.[256]

**(3)** Wird über das Vermögen des Vermieters das **Insolvenzverfahren** eröffnet, so hat der Mieter ein **Aussonderungsrecht (§ 47 InsO).** Das Kautionsguthaben fällt also nicht in die Insolvenzmasse.[257] Endet das Mietverhältnis im laufenden Insolvenzverfahren, so muss der Insolvenzverwalter über die Kaution abrechnen und den verbleibenden Rest an den Mieter auszahlen (→ Rn. 100).

---

[247] BGH VIII ZR 324/14, NZM 2015, 736.
[248] *Derleder* WuM 2002, 239 (242); *Timme* NZM 2008, 429 (431).
[249] *Derleder* WuM 2002, 239 (242).
[250] *Timme* NZM 2008, 429 (431).
[251] BGH IX ZR 132/06, NJW 2008, 1152 = NZM 2008, 203; VIII ZR 324/14, NZM 2015, 736; *Sternel* MietR aktuell Kap. III Rn. 176; *Kraemer* NZM 2001, 737 (739); *Cymutta* WuM 2008, 441; Staudinger/*Emmerich* BGB § 551 Rn. 19; Herrlein/Kandelhard/*Herrlein* BGB § 551 Rn. 16; BeckOK BGB/*Wiederhold* BGB § 551 Rn. 33; Palandt/*Weidenkaff* BGB § 551 Rn. 12; **aA** aber vor Geltung des § 551 BGB LG Kiel WuM 1988, 266; *Geldmacher* DWW 1999, 249.
[252] OLG Nürnberg MDR 2006, 11.
[253] **AA** AG Bremen WuM 2012, 16.
[254] BGH VIII ZR 98/10, NJW 2011, 59 = NZM 2011, 28 = WuM 2010, 752.
[255] AG Ludwigshafen WuM 1992, 188; MüKoBGB/*Bieber* § 551 Rn. 26; Bub/Treier MietR-HdB/*von der Osten/Schüller* Kap. III Rn. 2093.
[256] BGH II ZR 104/71, NJW 1973, 1754; *Röbbert* DB 1983, 161.
[257] BGH IX ZR 132/06, NJW 2008, 1152 = WuM 2008, 149; *Cymutta* WuM 2008, 441.

**(4) Weiterer Auskunftsanspruch.** Die Anlage auf dem Sonderkonto bewirkt, dass der Vermieter im Hinblick auf das Kautionsguthaben einschließlich der Zinsen wie ein Treuhänder anzusehen ist. Aus diesem Grunde ist der Vermieter verpflichtet, dem Mieter jederzeit **Auskunft** über den Stand des Kautionskontos zu geben.[258]

**b) Nichtbeachtung der Anlagepflicht.** Wird die Kaution nicht gesetzeskonform angelegt, so liegt eine **Vertragsverletzung** vor, die den Vermieter zum **Schadensersatz** verpflichtet. Der Schaden besteht idR in dem durch die unterlassene Anlage entstandenen Zinsverlust; das für Schadensersatzansprüche im Allgemeinen geltende Zinseszinsverbot greift nicht.[259] Nach allgemeinen Grundsätzen ist der Mieter für die Höhe des Zinssatzes beweispflichtig.[260] 61

Die Vorschrift des § 551 Abs. 3 S. 1 BGB ist darüber hinaus als **Schutzgesetz iSv § 823 Abs. 2 BGB** anzusehen.[261] Dies hat zur Folge, dass der Geschäftsführer einer Vermietungs-GmbH persönlich auf Schadensersatz haftet, wenn die Kaution nicht entsprechend dem Gesetz angelegt wird und der Mieter dadurch (zB bei der Insolvenz des Vermieters) einen Schaden erleidet.[262] Darüber hinaus kann der Vermieter von Wohnraum wegen **Untreue (§ 266 StGB)** bestraft werden, wenn er eine Kaution nicht entsprechend § 551 Abs. 3 S. 1 BGB auf einem Anderkonto anlegt und dem Mieter hierdurch ein Vermögensnachteil entsteht.[263] Eine schadensgleiche Gefährdung des Vermögens genügt. Hiervon ist auszugehen, wenn der Vermieter bereits im Zeitpunkt der Einzahlung überschuldet war. Ist dagegen der Vermieter auf Grund seines Vermögens in der Lage, einen entsprechenden Betrag aus eigenen flüssigen Mitteln auszukehren, so fehlt es an einem Nachteil iSd § 266 StGB.[264] In jedem Fall ist Vorsatz erforderlich. Dies setzt voraus, dass der Vermieter die tatsächlichen Umstände erkennt und die Schädigung des Mieters zumindest billigend in Kauf nimmt.[265] Unter Umständen ist auch eine Verurteilung wegen **Betrugs (§ 263 BGB)** möglich. Hiervon kann ausgegangen werden, wenn die wirtschaftlichen Verhältnisse des Vermieters bereits im Zeitpunkt der Einzahlung so angespannt waren, dass der Rückzahlungsanspruch des Mieters bereits aus diesem Grunde gefährdet ist. 62

## IV. Verzinsung (Abs. 3)

Eine Barkaution ist zu dem für Spareinlagen mit dreimonatiger Kündigungsfrist üblichem Zinssatz anzulegen. Für die **Gewerbemiete** gilt das in **ergänzender Vertragsauslegung** ebenfalls, wenn der Mietvertrag keine ausdrückliche Bestimmung zur Verzinsung enthält.[266] An einer **höherverzinslichen Anlage** (zB als Termingeld auf einem offenen Treuhandsammelkonto) ist der Vermieter nicht gehindert;[267] er ist hierzu aber nicht verpflichtet.[268] Die Zinsen stehen auch in diesem Fall dem Mieter in voller Höhe zu.[269] 63

---

[258] Staudinger/*V. Emmerich* BGB § 551 Rn. 26; BeckOGK/*Siegmund* BGB § 551 Rn. 80.

[259] LG Gießen ZMR 1996, 609; AG Bremerhaven WuM 1989, 75.

[260] AG Köln WuM 1989, 17.

[261] LG Hannover NJW-RR 1991, 593; AG Hildesheim WuM 1988, 157 mAnm *Hänlein* WuM 1988, 305; Staudinger/*V. Emmerich* BGB § 551 Rn. 22; Bub/Treier MietR-HdB/*von der Osten/Schüller* Kap. III Rn. 2085; *Sternel* MietR aktuell Kap. III Rn. 179.

[262] AG Hildesheim WuM 1988, 157 mAnm *Hänlein* WuM 1988, 305; AG Aachen WuM 1989, 74; Herrlein/Knops/Spiegelberg/*Herrlein* BGB § 551 Rn. 25.

[263] BGH 5 StR 371/95, NJW 1996, 65; BGH 5 StR 354/07 = NJW 2008, 1827 = NZM 2008, 415 = WuM 2008, 336; OLG Frankfurt a. M. WuM 1989, 138 = ZMR 1990, 9; LG Aachen WuM 1989, 292; LG Hamburg MDR 1990, 269 = WuM 1990, 206; *Pauly* ZMR 1996, 417; Staudinger/*V. Emmerich* BGB § 551 Rn. 22; **aA** OLG Düsseldorf DWW 1993, 333 = WuM 1993, 680 = ZMR 1993, 576 mAnm *Krause* ZMR 1994, 267; LG Bonn NStZ 1993, 343.

[264] BGH 5 StR 354/07, NJW 2008, 1827 (1829) = NZM 2008, 415 (417) = GuT 2008, 210 (211).

[265] BGH NJW 2008, 1827 (1830) = NZM 2008, 415 (418) = GuT 2008, 210 (212).

[266] BGH XII ZR 77/93, BGHZ 127, 138 = NJW 1994, 3287; Guhling/Günter/*Geldmacher* Anh. zu §§ 562–562d Rn. 51; Ermann/*Lützenkirchen* § 551 Rn. 40; ausf. Bub/Treier MietR-HdB/*von der Osten/Schüller* Kap. III Rn. 2108f.

[267] *Beuermann* GE 1992, 890; *Pauly* ZMR 1996, 417.

[268] MüKoBGB/*Bieber* § 551 Rn. 22; BeckOGK/*Siegmund* BGB § 551 Rn. 65; Dauner-Lieb/Langen/*Riecke* § 551 Rn. 30; **aA** *Pauly* ZMR 1996, 417 (419) für Großvermieter.

[269] LG Düsseldorf WuM 1993, 400; grdl. *Buß* ZMR 1996, 8; *Pauly* ZMR 1996, 417 (418); *Sternel* MDR 1983, 265 (269); *Hirte* MDR 1993, 500; *Otto* ZMR 1992, 93; *Hülsmann* WuM 1996, 688; *Derleder* WuM 2002, 239 (242); Staudinger/*V. Emmerich* BGB § 551 Rn. 23, 24; MüKoBGB/*Bieber* § 551 Rn. 25; Palandt/*Weidenkaff* BGB § 551 Rn. 13; **aA** (aber noch zu § 550b AG Köln MDR 1994, 56 = ZMR 1994, 119 = NJW-RR 1994, 27; AG Siegburg DWW 1994, 382; Bub/Treier MietR-HdB/*von der Osten/Schüller* Kap. III Rn. 2113.

64 **Vereinbarungen, die zum Nachteil des Mieters abweichen,** sind nach § 551 Abs. 4 BGB unzulässig.[270] Nach dem Sinn und Zweck der gesetzlichen Regelung soll der Vermieter nämlich aus der Kaution keine über den Sicherungszweck hinausgehenden finanziellen Vorteile erzielen. Eine von dem Kreditinstitut gezahlte **Provision** – etwa weil ein Großvermieter alle Kautionen bei einem bestimmten Kreditinstitut anlegt – muss nach wirtschaftlicher Betrachtungsweise als (vorab bezahlter) Zinsteil angesehen werden. Deshalb ist auch die Provision an den Mieter auszukehren.[271] Es ist auch nicht zulässig, zu vereinbaren, dass bei einer höherverzinslichen Anlage die „überschießenden" Zinsen dem Vermieter zustehen sollen.[272] § 551 Abs. 3 Satz 4 ist im Wortlaut eindeutig: „die Erträge" stehen dem Mieter zu.

65 Die **Zinsen (und Zinseszinsen)** erhöhen die Sicherheit (§ 551 Abs. 3 S. 4 BGB); daraus folgt, dass der Mieter keinen Anspruch auf jährliche Auszahlung des Zinsbetrags hat.[273] Wann die Verzinsungspflicht endet, ist streitig. Einerseits wird vertreten, die Verzinsungspflicht ende mit der Fälligkeit des Kautionsrückzahlungsanspruchs. Weitere Zinsen schulde der Vermieter nur, wenn er mit der Abrechnung und Auszahlung in Verzug gerate.[274] Die Gegenauffassung meint, die Verzinsungspflicht bestehe solange, bis das Kautionskonto tatsächlich aufgelöst wird.[275] Der letzten Auffassung ist zuzustimmen; der Mieter der trotz Fälligkeit (auch ohne Verzug) nicht abrechnet, hat die Kaution weiter zu verzinsen. Die **Kosten der Kontoführung** und -auflösung sind vom Mieter zu tragen.[276] Es mindert die Kaution und damit den Anspruch des Mieters auch, wenn auf dem Kautionskonto sog. **Negativzinsen** anfallen, die auch als **Verwahrentgelte** zwischen Bank und Vermieter vereinbart sein können.[277] Soweit diese zulässig sind,[278] gilt das Gleiche wie bei Kontoführungsgebühren. Allerdings gehört es zu den Nebenpflichten des Vermieters, die Zulässigkeit zu prüfen, die etwa als Preisänderung im laufenden Vertrag problematisch sein kann.[279] Ebenso ist der Vermieter verpflichtet, nach Möglichkeit ein Kautionskonto anzulegen, das keine Negativzinsen oder Verwahrentgelte vorsieht. Dazu kann es auch gehören, etwa von Sammelkonten Abstand zu nehmen, sofern die Verwahrentgelte erst auf größere Einlagen erhoben werden – und sofern nicht umgekehrt die Kontoführungsgebühren bei Einzelkonten noch höher sind.

66 Für die **Versteuerung der Zinsen** gilt, dass die Zinsen nach § 20 Abs. 1 Nr. 7 EStG vom Mieter als Kapitalertrag zu versteuern sind. Der Vermieter schuldet diese Zinsteile, die er tatsächlich nicht erhalten hat, nicht.[280] Die Zinsen werden von der Bank in Höhe von 25% direkt abgeführt (§ 43 Abs. 1 Nr. 7, § 43a Abs. 1 Nr. 1 EStG). Werden mehrere Kautionen auf einem Sammelkonto geführt, hat der Vermieter eine Erklärung zur einheitlichen und gesonderten Gewinnfeststellung abzugeben. Ebenso erhält der Vermieter eine auf seinen Namen – als Treuhänder – lautende Steuerbescheinigung, die er dem Mieter für dessen Steuererklärung zur Verfügung zu stellen hat.[281] Dazu hat er eine Berechnung der auf den Mieter entfallenden Zinsabschlagssteuer zu erstellen und auch diese Berechnung dem Mieter zukommen zu lassen.[282]

Angesichts dieser steuerrechtlichen Anforderungen kann es einfacher sein, wenn der Vermieter für jeden Mieter ein eigenes Kautionskonto anlegt. In diesem Fall ist der Vermieter lediglich verpflichtet, dem Mieter die Zinsabschlagsteuerbescheinigung auszuhändigen.

## V. Verwertung, Wiederauffüllung während der Mietzeit

67 **Verwertung.** Wegen welcher Forderungen der Vermieter schon während der Mietzeit auf die Kaution zugreifen darf, ist umstritten. Nach ganz überwiegender Meinung ist eine Verwertung

[270] *Hirte* MDR 1993, 500; Staudinger/*Emmerich* BGB § 551 Rn. 33.

[271] Ähnlich *Derleder* WuM 2002, 239 (242), danach ist eine Provision nach den Grundsätzen des Treuhandrechts herauszugeben; **aA** *Sternel* MietR, 3. Aufl. 1988, Kap. III Rn. 244; MüKoBGB/*Bieber* § 551 Rn. 25.

[272] jurisPK/*Schur* § 551 Rn. 30; *Hirte* MDR 1993, 500; aA NK-BGB/*Riecke* § 551 Rn. 31.

[273] *Sternel* MDR 1983, 265 (269).

[274] Bub/Treier MietR-HdB/*von der Osten/Schüller* Kap. III Rn. 2112.

[275] AG Wetzlar WuM 1987, 20; AG Hannover NJW-RR 1991, 1111.

[276] *Sternel* MDR 1983, 265.

[277] Näher zu Negativzinsen im Bankrecht: *Edelmann* BB 2018/394.

[278] Vgl. dazu LG Leipzig ZIP 2021, 1533.

[279] Vgl. dazu Staudinger/Piekenbrock/Rodi (2019) Anh zu §§ 305–310 Rn. F91.

[280] *LG Berlin NJW-RR 2000,* 1537.

[281] Schreiben des BMF vom 9.5.1994, NJW 1994, 2600; zum Verfahren im Einzelnen: LG Berlin NJW-RR 2000, 1537; Bub/Treier MietR-HdB/*von Osten/Schüller* Kap. III Rn. 2119f.

[282] Bub/Treier MietR-HdB/*von Osten/Schüller* Kap. III Rn. 2120.

wegen unstreitiger und rechtskräftig titulierter Forderungen möglich.[283] Teilweise wird darüber hinaus vertreten, dass sich der Vermieter selbst dann aus der Kaution befriedigen darf, wenn die Forderungen **bestritten** sind.[284] Das gelte jedenfalls, wenn der Mieter sich in Verzug befinde und dass ihm der Zugriff auf die Kaution angekündigt werde.[285] Eine Beschränkung des Sicherungsrechtes auf unstreitige oder rechtskräftig festgestellte Forderungen werde dem Sicherungsinteresse des Vermieters nicht gerecht.[286] Schon im laufenden Mietverhältnis komme der Kaution auch eine Befriedigungsfunktion zu.[287] Nach anderer Ansicht ist ein Zugriff des Vermieters auf die Kaution während der Mietzeit nur möglich, wenn die Forderung **unstreitig oder rechtskräftig festgestellt oder unmittelbar liquide,** heißt „offensichtlich begründet" ist.[288] Nach der **Rspr. des BGH** ist bei der Wohnraummiete während der Mietzeit eine Aufrechnung mit **streitigen Forderungen nicht zulässig.**[289] Dieser Rechtsansicht ist zuzustimmen. Sie beruht auf der zutreffenden Erwägung, dass der Zweck der Kaution in der materiellen Absicherung, nicht in der Ermöglichung einer einfachen Rechtsdurchsetzung besteht. Mit der Anlagepflicht sollte der Anspruch des Mieters auf Rückgewähr insolvenzfest ausgestaltet werden. Dieses Ziel wird nicht erreicht, wenn der Vermieter wegen streitiger Forderungen auf die Kaution zugreifen kann – nach Feststellung des Nichtbestehens aber insolvent ist.[290] Die Kategorie der „unmittelbar liquiden" oder „offensichtlich begründeten" Forderungen ist nach diesseitiger Auffassung nicht existent. Ob eine Forderung „offensichtlich begründet" ist, wird von den Parteien ggf. höchst unterschiedlich bewertet. Solange der Mieter die Forderung bestreitet, erlaubt der Zweck der insolvenzfesten Anlage daher keinen Zugriff. Diese Beschränkung des Zugriffsrechts gilt in der Regel auch in der **Gewerbemiete.**[291]

Eine **Vertragsregelung,** die einen Zugriff während der Mietzeit auch wegen streitiger Forde- **68**
rungen, gestattet, verstößt gegen § 551 Abs. 3 BGB und ist damit in der **Wohnraummiete** nach § 551 Abs. 4 BGB unwirksam,[292] in der Gewerbemiete ist sie möglich.[293] Behauptet ein Vermieter zu Unrecht, dass ihm Forderungen aus dem Mietverhältnis zustehen und kündigt den Zugriff auf die Kaution an, so kann der Mieter im Wege der **einstweiligen Verfügung** Unterlassungsansprüche geltend machen.[294] Der Mieter darf nicht darauf verwiesen werden, dass er eine zu Unrecht in Anspruch genommene Kaution bei Mietende zurückverlangen könne, weil der betroffene Kautionsteil nach der Aufrechnung oder Entnahme nicht mehr zum Treuhandvermögen gehören würde und in der Insolvenz des Vermieters nicht gesichert wäre. Weil der Mieter aber hierauf einen Anspruch hat, muss er sich bereits während des Mietverhältnisses gegen möglicherweise unberechtigte Entnahmen zur Wehr setzen können. Das Sicherungsbedürfnis des Vermieters wird hierdurch nicht tangiert, weil ihm die Kaution verbleibt.

**Wiederauffüllungsanspruch.** Nach einem **berechtigten Zugriff** kann der **Vermieter Wie-** **69**
**derauffüllung der Kaution** bis zur Höhe von drei Monatsmieten verlangen.[295] Zwischenzeitliche Mieterhöhungen bleiben bei der Berechnung der Kaution auch im Falle der Wiederauffüllung unberücksichtigt, wenn nicht eine Aufstockungsverpflichtung vereinbart ist (→ Rn. 35). Allerdings ist der Vermieter nicht verpflichtet, sich während der Mietzeit aus der Kaution zu befriedigen. Er

---

283 LG Mannheim WuM 1996, 269; LG Wuppertal NZM 2004, 298; LG Halle NZM 2008, 685; Staudinger/*V. Emmerich* BGB § 551 Rn. 26; *Sternel* MietR aktuell Kap. III Rn. 184; *Kraemer* NZM 2001, 737 (741); *Derleder* NZM 2006, 601 (607); *Geldmacher* DWW 2002, 182 (184); DWW 2011, 122; inzident auch BGH VIII ZR 234/13, NJW 2014, 2496 = NZM 2014, 551 = WuM 2014, 418.

284 LG Berlin GE 2003, 1161; MüKoBGB/*Bieber* § 551 Rn. 14; *Kiessling* JZ 2004, 1146 (1153); *Kluth/Grün* NZM 2002, 1015.

285 So *Kluth/Grün* NZM 2002, 1015 (1018).

286 MüKoBGB/*Bieber* § 551 Rn. 14.

287 *Kluth/Grün* NZM 2002, 1015 (1016f).

288 LG Mannheim WuM 1996, 269; LG Wuppertal NZM 2004, 298; LG Halle NZM 2008, 685; Staudinger/*V. Emmerich* BGB § 551 Rn. 26; *Sternel* MietR aktuell Kap. III Rn. 184; *Kraemer* NZM 2001, 737 (741); *Derleder* NZM 2006, 601 (607); *Geldmacher* DWW 2002, 182 (184); DWW 2011, 122.

289 BGH VIII ZR 234/13, NJW 2014, 2496 = NZM 2014, 551 = WuM 2014, 418; ebenso KG ZMR 2016, 619; LG Darmstadt WuM 2008, 726; Spielbauer/Schneider/*Schneider* BGB § 551 Rn. 113; Ermann/*Lützenkirchen* BGB § 551 Rn. 19.

290 BGH VIII ZR 234/13, NJW 2014, 2496 = NZM 2014, 551 = WuM 2014, 418 (419).

291 Aber sehr **str.** Näher Guhling/Günter/*Geldmacher* Anh. Zu BGB §§ 562–562d Rn. 240.

292 BGH VIII ZR 234/13, NJW 2014, 2496.

293 Guhling/Günter/*Geldmacher* Anh. Zu BGB §§ 562–562d Rn. 240.

294 *Ulrici* ZMR 2004, 404.

295 BGH VIII ZR 26/71, MDR 1972, 411; *Kluth/Grün* NZM 2002, 1015 (1018).

kann den Mieter stattdessen auch auf Erfüllung in Anspruch nehmen und/oder (im Falle des kündigungsrelevanten Zahlungsverzugs) kündigen.

Verwertungsrecht und Wiederauffüllungsanspruch bestehen auch aktuell, wenn der Mieter mit Mieten im Zeitraum April bis Juni 2020 in Verzug gerät; weil er wegen der **COVID-19-Pandemie** in finanzielle Schwierigkeiten gerät. Hier ist zwar das Kündigungsrecht ausgeschlossen (Art. 240 § 2 EGBGB). Der Vermieter ist aber berechtigt, sich wegen dieser – sonst unstreitigen – Mietschulden aus der Kaution zu befriedigen.[296] Noch ungeklärt ist, ob die Nichterfüllung des Anspruchs auf Wiederauffüllung nun ihrerseits eine Kündigung des Mietverhältnisses rechtfertigt. Nach diesseitiger Auffassung ist das nicht der Fall, weil andernfalls der von Art. 240 § 2 EGBGB gewollte Kündigungsschutz nicht erreicht wäre.[297]

Wird die Kaution wegen einer streitigen Forderung **vertragswidrig** geschmälert worden, so kann der **Mieter** die **Wiederauffüllung der Kaution** verlangen.[298]

70 Der **Mieter** kann während der Mietzeit nicht über die Kaution verfügen. Er darf, solange das Mietverhältnis besteht, mit dem Kautionsrückzahlungsanspruch **nicht aufrechnen;**[299] er kann insbes. die Kaution nicht „abwohnen".[300] Deshalb ist es unzulässig, wenn der Mieter drei Monate vor Vertragsende die Mietzahlungen einstellt und den Vermieter auf die Kaution verweist. Der Rückzahlungsanspruch wird nämlich frühestens mit der Beendigung des Mietverhältnisses fällig, so dass dem Mieter vorher keine fällige Forderung zusteht, die er nach § 387 BGB aufrechnen dürfte. Der Mieter kann den Vermieter auch nicht auf die Kaution verweisen, um eine Kündigung wegen Zahlungsverzugs nach § 543 Abs. 2 Nr. 3 BGB abzuwenden. Der Vermieter darf in einem solchen Fall, in dem seine Forderung außer Streit ist, zwar auf die Kaution zurückgreifen; er ist hierzu aber nicht verpflichtet.[301]

Eine **Verschlechterung der Vermögensverhältnisse des Vermieters** ist ohne Bedeutung, wenn die Kaution auf einem Treuhandkonto angelegt ist. Der Mieter ist in diesem Fall nicht zur Rückforderung der Kaution berechtigt. Anders ist es, wenn sich die Kaution im Vermögen des Vermieters befindet. Dann kann der Mieter (wie sonst auch) verlangen, dass die Kaution insolvenzsicher angelegt wird. Teilweise wird vertreten, dass der Mieter nach § 321 BGB noch weitergehende Sicherungen verlangen kann (etwa die Eintragung eines Sperrvermerks).[302] Das kann der Mieter im Klagewege durchsetzen. Ein Anspruch auf Auszahlung der Kaution oder eine Aufrechnungsbefugnis vor Mietende und Ablauf der Prüfungsfrist besteht wohl auch in diesem Fall nicht.

## VI. Abweichende Vereinbarungen (Abs. 4)

71 Zum Nachteil des Mieters abweichende Vereinbarungen sind gem. § 551 Abs. 4 BGB unzulässig. Übersteigt die vereinbarte Kautionssumme den Betrag von **drei Monatsmieten,** so ist die Kautionsvereinbarung allerdings nur teilweise unwirksam,[303] so dass der Mieter gleichwohl zur Zahlung von drei Monatsmieten verpflichtet ist; ein bereits gezahlter, überschüssiger Betrag kann zurückgefordert werden (→ Rn. 41). Die Rechtsfolge des § 551 Abs. 4 BGB kann nicht dadurch umgangen werden, dass der Mieter ihm gegen einen Dritten zustehende Forderungen in voller Höhe abtritt. Eine solche Abtretung ist nur bis zur Höhe von drei Monatsmieten wirksam; iÜ ist sie unwirksam.[304] Zur Übersicherung durch Bürgschaft → Rn. 42)

72 Unwirksam sind Vereinbarungen, durch die die **Verzinsungspflicht** beschränkt oder ausgeschlossen wird (zB „Der Mieter leistet bei Abschluss des Mietvertrags eine unverzinsliche Mietsicherheit … in Höhe der dreifachen Monatsmiete"). Der Grund für die Ausschlussvereinbarung spielt keine Rolle. Deshalb ist ein Verzinsungsausschluss auch dann unwirksam, wenn dem Mieter

---

[296] *Föller* WuM 2020, 249 (253).

[297] Näher zu der Problematik *Föller* WuM 2020, 249 (253); *Nissen/Elzer* MDR 2020, 761 (766).

[298] BGH VIII ZR 234/13, NZM 2014, 551 = WuM 2014, 418 (419); KG WuM 1992, 8; AG Rastatt WuM 1989, 73; Staudinger/*V. Emmerich* BGB § 551 Rn. 27; Erman/*Lützenkirchen* BGB § 551 Rn. 19.

[299] AG Aachen DWW 1989, 226.

[300] AG München WuM 1972, 57; LG München I WuM 1996, 541; AG München ZMR 2017, 69; *Lützenkirchen* MDR 2019, 257, 258.

[301] BGH VIII ZR 26/71, WPM 1972, 335; Blank, WuM 2015, 3,6.

[302] AG Itzehoe WuM 1986, 63; *Derleder* WuM 1986, 39; näher Staudinger/*Emmerich* BGB § 551 Rn. 28.

[303] Grundlegend BGH VIII ZR 86/03, NJW 2004, 1240 = NZM 2004, 217 = WuM 2004, 147; Staudinger/*V. Emmerich* BGB § 551 Rn. 11.

[304] OLG Celle MDR 2011, 152.

als Ersatz für die Zinsen günstigere Mietbedingungen (zB eine geringere Miete) eingeräumt werden. Es ist nicht erforderlich, dass sich die Verzinsungspflicht aus der Kautionsvereinbarung ergibt. Die Verzinsungspflicht darf aber nicht ausgeschlossen werden. Eine die **Verzinsungspflicht beschränkende Vereinbarung** liegt auch dann vor, wenn im Mietvertrag geregelt ist, dass dem Mieter nicht die tatsächlich erzielten, sondern nur die gesetzlichen Mindestzinsen zustehen sollen.[305] Die Zinsen können auch nicht durch die Vereinbarung einer Kontoverwaltungs- oder „Verwahrungsgebühr" geschmälert werden.[306] Unwirksam ist eine Vereinbarung, wonach der Mieter für das Anlegen und/oder Auflösen eines Sparbuchs eine Kostenpauschale tragen soll.[307]

Unwirksam sind Vereinbarungen, durch die das **Recht des Mieters auf Ratenzahlung** ausgeschlossen wird.[308] Für die Annahme einer Ausschlussvereinbarung reicht es allerdings nicht aus, wenn im Mietvertrag vereinbart ist, dass der Mieter eine „Kaution von € ... zu zahlen" hat. Die Regelung des § 271 BGB (wonach die Leistung sofort fällig ist) wird hier durch § 551 Abs. 2 BGB verdrängt. Das Verbot kann aber nicht dadurch umgangen werden, dass der Mietvertrag unter der auflösenden oder aufschiebenden Bedingung der Kautionszahlung vor Mietbeginn geschlossen wird. Ebenso scheidet es aus, die Übergabe der Wohnungsschlüssel von der vollständigen Zahlung der Kaution abhängig zu machen.[309] Derartige Bedingungen führen iE zum Ausschluss des Rechts zur Ratenzahlung und sind deshalb unwirksam. Die Wirksamkeit der übrigen Teile der Kautionsvereinbarung bleibt hiervon unberührt.[310] Eine Vereinbarung, wonach der Mieter die Kaution bei Mietbeginn (in voller Höhe) zu bezahlen hat, ist als Fälligkeitsregelung zu bewerten, bei deren Wegfall eine sprachlich und inhaltlich selbständige Regelung über die Kaution verbleibt.[311] Eine Rechtsauffassung, wonach die Kautionsvereinbarung insgesamt unwirksam, der übrige Mietvertrag aber insgesamt wirksam sein soll, verkennt den Parteiwillen: idR ist nicht davon auszugehen, dass der Vermieter den Mietvertrag auch ohne die Kautionsvereinbarung abgeschlossen hätte. 73

Vom Vermieter gestellte Klauseln, die den Mieter verpflichten, einer **spekulativen Anlage** der Sicherheit zuzustimmen, verstoßen gegen § 307 Abs. 1, 2 BGB, weil hierdurch fundamentale Gerechtigkeitsgrundsätze tangiert werden.[312]

Unwirksam sind Vereinbarungen, wonach sich der Vermieter mit der **Rückzahlung** beliebig Zeit lassen kann. Gleiches gilt für die Vereinbarung **überlanger Abrechnungsfristen** und die damit in Zusammenhang stehenden Umgehungsvereinbarungen.[313] Hierzu zählt etwa eine vertragliche Regelung, wonach der Mieter bei Mietbeginn eine als „Mieterdarlehen" bezeichnete Kaution zu zahlen hat, dessen Rückzahlung erst längere Zeit nach Mietende verlangt werden kann. Eine Vereinbarung, wonach eine **Mietkaution verfällt,** wenn die Mietzeit weniger als zwei Jahre beträgt, ist als – unwirksame – Verfallklausel zu bewerten; hierauf ist § 555 BGB anwendbar.[314] Bei **öffentlich gefördertem Wohnraum** ist eine Klausel unwirksam, nach der die Kaution zur Deckung aller Ansprüche aus dem Mietverhältnis dienen soll. Eine solche Regelung verstößt gegen § 9 Abs. 5 S. 1 WoBindG. 74

Auf eine Vereinbarung, wonach das **Mitglied einer Wohnungsbaugenossenschaft** im Falle der Überlassung einer Wohnung (zusätzliche) Geschäftsanteile in bestimmter Höhe zeichnen muss, ist die Regelung des § 551 Abs. 4 BGB nicht anwendbar.[315] Die Regelung in § 551 BGB betrifft nämlich nur solche Vereinbarungen, die dem Vermieter eine Sicherheit gegen Mietausfall, Beschädigung der Mietsache oder der Nichterfüllung vertraglicher Pflichten geben sollen. Die Mitgliedschaft in der Genossenschaft ist aber körperschaftsrechtlicher Natur. Die Geschäftsanteile sind 75

---

305 *Hirte* MDR 1993, 500.

306 AG Hamburg WuM 1990, 426 – seinerzeit noch aus § 9 AGBG.

307 LG München I NZM 1998, 32 = WuM 1997, 612.

308 BGH VIII ZR 344/02, NZM 2003, 754 = WuM 2003, 495 = NJW 2003, 2899; BGH VIII ZR 243/03, NZM 2004, 613 = WuM 2004, 473.

309 BGH VIII ZR 243/03, NZM 2004, 613 = WuM 2004, 473.

310 BGH VIII ZR 344/02, NZM 2003, 754 = WuM 2003, 495; BGH VIII ZR 86/03, NZM 2004, 217 = WuM 2004, 147; BGH VIII ZR 243/03, WuM 2004, 269; 2004, 473 = NZM 2004, 613.

311 BGH VIII ZR 344/02, NZM 2003, 754 unter Ziff. II 2; BGH VIII ZR 86/03, NZM 2004, 217; BGH VIII ZR 243/03, 2004, 613 = WuM 2004, 473; BGH VIII ZR 98/10, NZM 2011, 28 = WuM 2010, 752 (753) Rn. 14).

312 *Kandelhard* WuM 2002, 302.

313 Sternel MietR, 3. Aufl. 1988, Kap. III Rn. 247.

314 AG Karlsruhe WuM 1989, 73; ebenso LG Mannheim WuM 1977, 99 bei Auszug vor Ablauf einer einjährigen Mietzeit.

315 AG Kiel NZM 2012, 610; *Roth* NZM 2008, 356; **aA** AG Saarbrücken WuM 2007, 506 mit abl. Anm. *Feßler/Kegel* WuM 2007, 693.

Eigenkapital der Genossenschaft. Sie könnten auch nicht vom Vermögen der Genossenschaft getrennt werden.[316] Eine Vereinbarung, wonach sich der Mieter zur Gewährung eines Mieterdarlehens verpflichtet, fällt idR ebenfalls nicht unter § 551 BGB. Anders kann es sein, wenn das Darlehen die Funktion einer Mietsicherheit übernehmen soll.

76 Macht der Vermieter den Abschluss eines **Mietvertrags mit einem Minderjährigen** davon abhängig, dass ein **Elternteil** dem Vertrag als **Mitmieter** beitritt, so wird von einem Teil der Rspr. und Lit. die Ansicht vertreten, dass der Vertragsschluss mit dem Elternteil als „Sicherheit" iSv § 551 BGB zu bewerten sei. In diesem Fall könne die Mitunterzeichnung als Schuldbeitritt oder Bürgschaft zu bewerten sein; hierfür gilt § 551 Abs. 1 BGB (näher → Rn. 37).[317] Eine solche Vereinbarung verstößt nach dieser Ansicht gegen § 551 BGB mit der weiteren Folge, dass der Vermieter gegen den Elternteil keine mietvertraglichen Ansprüche erwirbt.[318] Nach der hier vertretenen Auffassung kommt es nur darauf an, ob die Parteien wollen, dass die mitunterzeichnete Person die Rechte und Pflichten eines Mieters erhält.[319] Anders kann es sein, wenn der Mitunterzeichnete nach dem Vertrag nur die Mieterpflichten übernehmen soll. Der Umstand, dass der Mitunterzeichnete die Wohnung nicht selbst nutzt, spielt für die Abgrenzung – wie Allgemein – keine Rolle. Ein Mietvertrag kann auch mit dem Inhalt geschlossen werden, dass der Gebrauch der Sache nicht dem Mieter sondern einem Dritten zustehen soll. Dies gilt etwa für den Mietvertrag zugunsten eines Dritten (§ 328 BGB) und für den Vertrag mit der Abrede, dass der Mieter die Sache weitervermieten oder den Gebrauch einem Dritten überlassen darf. Sind im Kopf eines schriftlichen Vertrags mehrere Personen als Mieter aufgeführt und wird der Vertrag von diesen Personen unterzeichnet, so wird die Auslegung idR ergeben, dass das Mietverhältnis mit der Mietermehrheit zustande gekommen ist. Zu weiteren Fällen, in denen § 551 Abs. 4 BGB i. V. m. dem Treuhandcharakter der Kaution zur Unwirksamkeit einer Vereinbarung führt → Rn. 3.

### VII. Sonderregelungen für Studenten- und Jugendwohnheime (Abs. 3 S. 5)

77 Bei Wohnraum, der Teil eines Studenten- oder Jugendwohnheims ist (zum Begriff → BGB § 549 Rn. 64), besteht für den Vermieter keine Verpflichtung, die Sicherheitsleistung zu verzinsen (§ 551 Abs. 3 S. 5 BGB). Die Regelung beruht auf der Annahme des Gesetzgebers, dass die Betreiber von Jugend- und Studentenwerken ihren Mietern im Hinblick auf den Zinsgewinn eine günstigere Miete einräumen.[320] Bei der Anwendung der Ausschlussvorschrift spielt das gesetzgeberische Motiv allerdings keine Rolle, so dass es nicht darauf ankommt, wie die tatsächlich verlangte Miete kalkuliert worden ist. Die jeweiligen Heimbetreiber haben auch keine Pflicht zur treuhänderischen Anlage oder Verwahrung der Kaution. Die Regelungen über die Höhe der Sicherheit, über die Fälligkeit und über das Recht zur Ratenzahlung gelten aber auch hier.

## E. Die Kaution bei Vertragsende

### I. Vorbehaltslose Rückgabe

78 In der vorbehaltslosen Rückgabe der Kaution bei Vertragsende liegt nach einer Auffassung regelmäßig ein schlüssiges **Anerkenntnis** des Inhalts, dass der Vermieter den Zustand der Mietsache als vertragsgemäß anerkennt und auf die Geltendmachung von Ersatzansprüchen wegen erkennbarer Mängel oder Beschädigungen verzichtet.[321] Richtiger ist es wohl nach §§ 133, 157 BGB, eine Auslegung anhand aller Einzelumstände vorzunehmen.[322] Die spätere Geltendmachung von Schadensersatzansprüchen ist bei einem solchen Anerkenntnis (Verzicht auf die Geltendmachung von Ansprüchen) ausgeschlossen. Die Ansprüche des Vermieters wegen der zum Zeitpunkt der Kautionsrückgabe noch nicht fälligen Betriebskostennachzahlungen werden von dem

---

[316] *Feßler/Kegel* WuM 2007, 693.

[317] Schuldbeitritt: *Derleder* NZM 2006, 601 (605); Bürgschaft: LG Leipzig NJW-RR 2005, 1250 (1252).

[318] LG Lübeck ZMR 2010, 857; LG Leipzig NZM 2006, 175; wohl auch *Sternel* MietR aktuell Kap. III Rn. 173.

[319] *Blank* PiG 88 (2010), 19 (23).

[320] *Gesetzesbegründung BT-Drs. 9/2284*, 3.

[321] OLG München NJW-RR 1990, 20; AG Tiergarten GE 2007, 855; *Harsch* ZMR 2017, 223 (227), Erlassvertrag nach § 397 BGB; Sternel MietR, 3. Aufl. 1988, Kap. III Rn. 254.

[322] *Lützenkirchen* MDR 2019, 257, 258; OLG Düsseldorf ZMR 2013, 626.

Anerkenntnis allerdings im Zweifel nicht erfasst.[323] Es ist nach §§ 133, 157 BGB nicht anzunehmen, dass der Vermieter auf Ansprüche verzichtet, die erst wesentlich später fällig werden und die der Höhe nach auch noch nicht bestimmbar sind.

## II. Abrechnung

Über die Kaution ist nach Mietende und Rückgabe der Mietsache abzurechnen.

### 1. Rechtsnatur der Abrechnung

**a) Einnahmen und Ausgaben.** Die Abrechnung umfasst zwei Bereiche. Einerseits hat der Vermieter die **Einnahmen,** insbesondere die **Zinsen,** und die **Ausgaben** zu der Kaution mitzuteilen. Insoweit greift **§ 259 BGB.** Die Vorschrift gilt der Rechnungslegung für ein verwaltetes Vermögen, wenn die Verwaltung mit Einnahmen und Ausgaben verbunden ist. Die Kaution führt zu Zinseinnahmen. Auf der anderen Seite gibt es Ausgaben wie Kontoführungsgebühren oder einbehaltene Kapitalertragsteuer. Diese Gegenstände gehören in die Abrechnung.[324] Es handelt sich insoweit nach diesseitiger Auffassung nicht um eine Willenserklärung, sondern wie etwa bei der Betriebskostenabrechnung um einen **Rechenvorgang.**[325] 79

**b) Gesicherte Forderungen des Vermieters.** Schwieriger ist die Einordnung insoweit, wie der Vermieter seine Forderungen benennt, die er der Kaution entgegenhält. Es handelt sich nicht um einen reinen Rechenvorgang, weil der Vermieter Willensentscheidungen und eigene Einschätzungen seiner Rechtsposition zugrunde legt. Es handelt sich aber auch nicht zwingend schon um eine Willenserklärung, konkret: Aufrechnungserklärung. Der BGH hat sich zu der Frage dahingehend geäußert, dass der Vermieter in der Abrechnung seine Gegenforderungen aufliste, die er seinerseits aus dem Mietverhältnis gegen den Mieter geltend macht. Damit teile er mit, dass er wegen dieser Forderungen auf die Kaution zugreifen will. Damit „beschränke" der Vermieter sein „Verwertungsinteresse" auf die benannten Forderungen.[326] Die Aufrechnung trennt der BGH ausdrücklich von der Abrechnung. Durch die Aufrechnung erfolge, so der BGH, bei der Barkaution bereits die Verwertung.[327] Die so verstandene Abrechnung kann dem BGH zufolge auch durch schlüssiges Verhalten erfolgen. Es genügt, wenn Vermieter die ihm (seiner Auffassung nach) zustehenden Forderungen aus dem beendeten Mietverhältnis gegen den Mieter klageweise geltend mache, ohne durch einen Vorbehalt kenntlich zu machen, dass noch mit der Geltendmachung weiterer Forderungen zu rechnen sei.[328] Nach diesseitiger Auffassung ist die Kautionsabrechnung daher zunächst als Mitteilung oder Absichtserklärung einzuordnen. Das schließt nicht aus, dass der Vermieter schon zugleich eine Aufrechnung erklärt oder auch einen Forderungsverzicht anbietet, so dass eine Willenserklärung je nach Fallgestaltung vorliegen kann – zwingend ist das aber eben nicht. Die Einordnung als einer Mitteilung bedeutet nicht, dass die reine Absichtserklärung ohne Rechtsfolge bliebe. In der Regel führt sie dazu, dass der Vermieter nach dem Grundsatz des widersprüchlichen Verhaltens (§ 242 BGB) am Nachschieben weiterer Forderungen gehindert ist. Diese Frage ist im Einzelnen bisher ungeklärt. 80

### 2. Abrechnungspflicht oder -obliegenheit

Nach ganz überwiegender Meinung hat der Mieter einen **Anspruch** darauf, dass der Vermieter über die Kaution abrechnet und dabei sowohl die **Kautionshöhe** als auch die von ihm **entgegengestellten Forderungen** benennt.[329] Nach diesseitiger Auffassung trifft das nur insoweit zu, wie die **Rechnungslegung** über die Kautionshöhe, also Einnahmen, heißt: **Zinsen** und Ausgaben betroffen ist. Eine Klage auf Benennung der Forderungen, auf die der Vermieter sein Verwertungs- 81

---

323 **AA** AG Schöneberg GE 1997, 1175.
324 *Hinz* NZM 2019, 76 (77).
325 Zur Betriebskostenabrechnung etwa BGH VIII ZR 263/09, WuM 2010, 356.
326 BGH VIII ZR 141/17, NZM 2019, 754 (755) = WuM 2019, 524 (526).
327 BGH VIII ZR 141/17, NZM 2019, 754 (756) = WuM 2019, 524 (526).
328 BGH VIII ZR 141/17, NZM 2019, 754 (755) = WuM 2019, 524 (526).
329 BGH VIII ZR 141/17, NZM 2019, 755 (755) = WuM 2019, 524 (526); *Both* WuM 2019, 545, 551; *Häublein* ZMR 2017, 445; *Lützenkirchen* MDR 2019, 257; BeckOGK/*Siegmund* BGB § 551 Rn. 89; *Hinz* NZM 2019, 76; Staudinger/*V. Emmerich* BGB § 551 Rn. 29; Schmidt-Futterer/*Blank,* 14. Aufl. 2019, § 551 Rn. 96.

interesse beschränkt, ist nach diesseitiger Auffassung nicht zulässig. Ein solches Urteil wäre auch nicht vollstreckbar. Die Abgabe einer Mitteilung oder „Interessebekundung“ kann nicht nach § 887 oder § 888 ZPO vollstreckt werden. § 887 ZPO scheidet ohnehin aus, weil kein Dritter sich dazu äußern könnte, auf welche Forderungen der Vermieter sein Verwertungsinteresse erstrecken will. Der Vollstreckung nach § 888 ZPO stünde entgegen, dass der Titel nicht hinreichend bestimmt ist. Es wäre nicht prüfbar, ob die Forderungen, die der Vermieter zum Zeitpunkt der letzten mündlichen Verhandlung für die Kaution „im Blick“ hatte, auch diejenigen sind, die er bei Benennung seines Verwertungsinteresses wesentlich später in der Zwangsvollstreckung angeben würde.

Das schließt nicht aus, dass der Mieter eine Klage auf Abrechnung der Kaution erheben kann. Auch die Stufenklage, verbunden mit der Auszahlung des Restbetrags bleibt möglich. Der Titel ist aber verbraucht, sobald der Vermieter (jedenfalls) die Einnahmen und Ausgaben benannt hat. Im Übrigen gilt im Prozess und auch außerhalb eines Prozesses: Hat der Vermieter Gegenforderungen benannt, liegt insoweit eine Abrechnung i. S. der BGH-Rechtsprechung vor. Der Vermieter hat dadurch sein Verwertungsinteresse auf diese Forderungen beschränkt. Nach diesseitiger Auffassung hat der Vermieter, wenn er – nach Abrechnungsreife und Abrechnungsverlangen des Mieters – keine Forderungen benennt, eben auch sein Verwertungsinteresse an der Kaution zur Gänze aufgegeben. Letztlich bedeutet das nach hiesiger Auffassung, dass die Konkretisierung des Verwertungsinteresses eine **Abrechnungs-Obliegenheit** des Vermieters darstellt. Die Angabe des Interesses kann nicht erzwungen werden. Wenn aber der Vermieter trotz Aufforderung (erst recht: Klage) nach Abrechnungsreife keine eigenen Forderungen benennt, kann er sich gegenüber dem Rückzahlungsanspruch auch auf keine eigenen Forderungen mehr berufen. Er hat sein Verwertungsinteresse auf Null beschränkt. Der Mieter hat es dann in der Hand, selbst die Aufrechnung vorzunehmen – oder aber die Kaution heraus zu verlangen und den Vermieter wegen seiner Forderungen auf den Klageweg zu verweisen. Zu einem echten Forderungsverlust des Vermieters führt das bei verjährten Forderungen.

Für die **Praxis** ist ausdrücklich darauf hinzuweisen, dass diese Rechtsfolge bisher so **nicht diskutiert** und **nicht vertreten** wird. Auch der BGH hat sich in der Folge seiner aktuellen Rechtsprechung noch nicht dazu geäußert, was die Rechtsfolge ist, wenn der Vermieter trotz Abrechnungsreife und Aufforderung keine Abrechnung vornimmt, insbesondere ob und wann er damit alle Verrechnungsmöglichkeiten verliert. Üblicherweise wird wohl dem Vermieter selbst dann, wenn er mit der Abrechnung in Verzug ist, wohl zugestanden seine Forderungen immer noch aufzulisten – ggf. auch den Vorteil des § 215 BGB noch wahrzunehmen, so auch in der älteren Rechtsprechung der BGH.[330]

Die Abrechnungspflicht (oder -obliegenheit) besteht auch dann, wenn der Vermieter einen Titel auf Zahlung der Kaution erwirkt hat und hieraus vollstrecken will.[331]

### 3. Abrechnungsfrist

82 Eine gesetzlich geregelte **Abrechnungsfrist** besteht nicht. Es gibt auch keine starre Frist.[332] Vielmehr kommt es schlicht darauf an, wann der Vermieter abrechnen kann. Soweit die ältere Rechtsprechung starre Fristen angenommen hatte,[333] dürfte das durch die BGH-Rechtsprechung überholt sein. Konkret kann die Abrechnungsfrist bei einfachen Fällen zwei oder drei Monate betragen. In durchschnittlichen Fällen ist dem Vermieter üblicherweise eine Frist von sechs Monaten einzuräumen.[334] Die Abrechnungsfrist kann wesentlich kürzer sein, wenn der Vermieter alsbald feststellen kann, welche Ansprüche ihm gegen den Mieter zustehen.[335] Im Einzelfall kommt aber auch längere Frist infrage.[336] Eine erhebliche Verlängerung kann eintreten, wenn und soweit noch

330 BGH VIII ARZ 2/87, NJW 1987, 2372 (2373).

331 LG Nürnberg-Fürth WuM 1994, 708.

332 BGH VIII ZR 71/05, NJW 2006, 1422 (1423) = NZM 2006, 343 = WuM 2006, 197 (198); ebenso OLG Düsseldorf WuM 2003, 621 = ZMR 2003, 921 = DWW 2004, 19 = GE 2003, 1608; *Sternel* MietR aktuell Kap. III Rn. 195.

333 Vgl. etwa LG Köln WuM 1978, 105; AG Dortmund WuM 1981, 235 (zwei Monate); LG Köln WuM 1984, 109; LG Berlin GE 1987, 137; AG Kassel WuM 1984, 226 (drei Monate); LG München WuM 1996, 541 (sechs Monate).

334 OLG Celle NZM 2003, 763 (764); LG Regensburg NJW-RR 1995, 907; *Sternel* MietR aktuell Kap. III Rn. 195.

335 OLG Köln WuM 1998, 154; OLG Düsseldorf WuM 2003, 621 (624).

336 BGH VIII ARZ 2/87, NJW 1987, 2372 (2373); VIII ZR 71/05, NJW 2006, 1422 (1423) = NZM 2006, 343 = WuM 2006, 197 (198); OLG Hamburg NJW-RR 1988, 651 (für den Pachtvertrag).

Betriebskostennachforderungen aus dem laufenden Jahr entstehen können, weil über die Betriebskosten erst im Folgejahr abgerechnet werden kann. Hier ist allerdings unklar, ob der Vermieter ggf. die Kaution mit dem Vorbehalt der Betriebskostenabrechnung abrechnen – und bis auf eine zu erwartende Nachforderung (zzgl. Sicherheitszuschlag) – auskehren muss.[337] In der Instanzrechtsprechung wird vertreten, die Frist zur Kautionsabrechnung laufe nicht ab, bevor die Betriebskostenabrechnung nicht erstellt werden könne.[338] Ebenso wird vertreten, der Vermieter dürfe (nur) einen angemessenen Teil der Kaution einbehalten.[339] Der letzteren Auffassung ist zuzustimmen. Zwar sichert die Kaution auch die noch nicht fälligen Ansprüche.[340] Die allgemeine Treuepflicht verlangt es aber, dass der Vermieter nicht die Abrechnung und Rückzahlung der gesamten Kaution wegen einer einzigen, absehbar weit geringeren Forderung aus einer künftigen Betriebskostenabrechnung hinauszögert.

### III. Verwertung

#### 1. Verwertungsweg

83 Von der Abrechnung ist die Verwertung zu trennen. Die Verwertung erfolgt dadurch, dass der Vermieter auf den Vermögenswert tatsächlich zugreift und ihn seinem Vermögen zuführt. Bei der **Barkaution** erfolgt das durch **Aufrechnung.**[341] Bei einem **Kautionssparbuch** oder einem **Sparkonto** löst der Vermieter das Sparbuch oder Konto auf. Regelmäßig muss er dabei nach den Verpfändungsbedingungen der Bank gegenüber die Pfandreife nicht nachweisen.[342] Bei der **Bürgschaft** nimmt der Vermieter den Bürgen in Anspruch. Stellt die Bankbürgschaft – wie regelmäßig bei der Bankbürgschaft – eine Bürgschaft auf erstes Anfordern dar, muss der Vermieter seine Forderungen dazu nicht darlegen (→ Rn. 10). Die Bank hat in gleicher Höhe einen Aufwendungsersatzanspruch gegen den Mieter aus § 675, 670 BGB).[343] Anders ist es bei privaten Bürgen. Hier muss der Vermieter auch dem Bürgen gegenüber die **Hauptforderung darlegen** und ggf. beweisen (§ 767 ZPO). Soweit der Bürge auf eine berechtigte Forderung leistet, geht die Forderung auf ihn über (§ 774 BGB).

#### 2. Verwertungsbefugnis

84 Es ist streitig, wie weit das unmittelbare Verwertungsrecht des Vermieters reicht.

**a) Mietvertragsfremde Forderungen.** Fraglich ist zunächst, ob der Vermieter gegen den Anspruch des Mieters auf Rückzahlung der Kaution auch mit mietvertragsfremden Forderungen aufrechnen darf. Von der wohl herrschenden Meinung in Rechtsprechung und Schrifttum wird das verneint.[344] Die Gegenauffassung meint, wenn nach Abrechnung noch ein Kautionsrest verbleibe, stehe dem Vermieter auch die Aufrechnung mit sonstigen Forderungen zu.[345] Die Frage entscheidet sich danach, wie die Treuhandabrede zur Kaution auszulegen ist. Allgemein gilt, dass eine Aufrechnung durch schlüssige Vereinbarung ausgeschlossen ist, wenn die wenn die Eigenart des Schuldverhältnisses oder der Sinn und Zweck der geschuldeten Leistung die Aufrechnung als nicht mit Treu und Glauben vereinbar erscheinen lässt.[346] In einem Mietvertrag ist nach diesseitiger Auffassung die Mietkaution von den Parteien tatsächlich nur zur Sicherung der mietvertraglichen

---

337 Insoweit offen bei BGH VIII ZR 71/05, NJW 2006, 1422 (1423) = NZM 2006, 343 = WuM 2006, 197 (198).

338 LG Regensburg NJW-RR 1995, 907; LG München I WuM 2018, 427 (428).

339 LG Berlin MDR 2013, 510; AG Hamburg-Barmbek WuM 2010, 153; AG Ludwigsburg WuM 2018, 720; Lützenkirchen/*Horst/Popiel* AHB III.5 a Rn. 456; Staudinger/V. Emmerich (2021) BGB § 551 Rn. 39.

340 BGH VIII ZR 71/05, NJW 2006, 1422 (1423) = NZM 2006, 343 = WuM 2006, 197 (198); *Sternel* MietR aktuell Kap. III Rn. 196; **aA** Schmidt-Futterer/*Blank*, 14. Aufl. 2019, Rn. 99.

341 *BGH VIII ZR 141/17*, NZM 2019, 754 (755) = WuM 2019, 524 (526).

342 LG Wuppertal NZM 2004, 298 = NJW-RR 2004, 1309.

343 BGH IX ZR 397/98, NJW 2000, 1563.

344 BGH VIII ZR 36/12, NJW 2012, 3300 = NZM 2012, 678 = WuM 2012, 502; ebenso LG Köln Urt. v. 31.7.2007 – 10 S 165/06, BeckRS 2007, 12950 und juris – Rn. 32f.; LG Hamburg ZMR 2016, 876; AG Schöneberg WuM 1990, 426; AG Brandenburg NJOZ 2018, 857 (858), Rn. 13; Blank/Börstinghaus/*Bland/Börstinghaus* BGB § 551 Rn. 109; § 551 Rn. 20; Zeibig, Die Mietkaution, 2012, S. 249.

345 *Dickersbach* WuM 2006, 595 (596f); Ermann/*Lützenkirchen* BGB § 551 Rn. 5.

346 So die Formulierung bei BGH, VIII ZR 36/12 – NZM 2012, 678 (679)= WuM 2012, 502 (503) 10 mwN.

Forderungen vorgesehen. Dieser schlüssig vereinbarte Treuhandcharakter gilt auch noch in der Abrechnung des beendeten Mietverhältnisses. Er endet erst mit Rückgewähr der Kaution.[347] Der ganz herrschenden Meinung ist danach zuzustimmen. Eine mietvertragliche Vereinbarung, wonach der Vermieter auch zur Aufrechnung mit vertragsfremden Forderungen berechtigt ist, dürfte bei der Wohnraummiete gegen § 551 Abs. 4 BGB verstoßen, weil sich der Treuhandcharakter aus der zwingenden Vorschrift des § 551 Abs. 3 S. 3 BGB ergibt. Bei der Geschäftsraummiete dürfte eine abweichende Vereinbarung möglich sein, wenn sie individualvertraglich getroffen wird. Eine Formularklausel dürfte an § 305c Abs. 1 BGB scheitern. Die Kautionsvereinbarung wird von der Unwirksamkeit der Verrechnungsabrede nicht berührt.[348]

**b) Preisgebundener Wohnraum.** Bei **öffentlich gefördertem, preisgebundenem Wohnraum** i. S. d. § 1 WoBindG ist darüber hinaus **§ 9 Abs. 5 S. 1 WoBindG** zu beachten. Danach ist die Vereinbarung einer Sicherheit nur insoweit zulässig, als sie dazu bestimmt ist, Ansprüche des Vermieters gegen den Mieter aus Schäden an der Wohnung oder unterlassenen Schönheitsreparaturen zu sichern. Deshalb kann der Vermieter bei Mietende nicht wegen seiner Forderungen auf restliche Miete oder Betriebskosten gegen den Rückzahlungsanspruch auf die Kaution zugreifen.[349]

85 **c) Streitige Forderungen.** Ebenso streitig ist das Zugriffsrecht wegen streitiger Forderungen. Eine Auffassung meint, der Vermieter dürfe nach Beendigung des Mietverhältnisses auch wegen solcher Forderungen durch Verwertung auf die Kaution zugreifen, die **streitig** seien.[350] Die Gegenauffassung meint, im Streitfall müsse der Vermieter das Bestehen seiner Gegenforderungen zunächst auf dem **Rechtsweg klären** lassen.[351]

Für die Entscheidung kommt es auf die Gewichtung der Funktionen an, die der Kaution zukommen. Für den Vermieter hat die Kaution eine **Sicherungs- und eine Verwertungsfunktion.** In Höhe der Kaution ist er vor dem Risiko einer Mieterinsolvenz geschützt. Verwertungsfunktion heißt, dass er sich ohne Zwangsvollstreckung aus der Kaution direkt wegen seiner Ansprüche befriedigen kann. Umgekehrt steht die Kaution unter einer treuhänderischen Bindung. Der Vermieter muss die Kaution getrennt von seinem Vermögen anlegen (§ 551 Abs. 3 Satz 1 BGB). Das bedeutet, dass auch der Mieter vor der Insolvenz des Vermieters geschützt werden soll. Für den Vorrang der Verwertungsfunktion wird ausgeführt, bei der Kaution gehe es gerade auch darum, der Vermieter sich schnell und einfach befriedigen könne.[352] Soweit auch von einer wirtschaftlichen Befriedigung die Rede ist, wird das immerhin beeinträchtigt, wenn der Vermieter erst den Umweg über einen Prozess machen müsste.[353]

Für den Vorrang der Sicherungsfunktion wird angeführt, dass auch nach Mietende das Insolvenzrisiko des Vermieters nicht auf den Mieter abgewälzt werden dürfe.[354] Die treuhänderische Bindung der Kaution ende nicht schon mit dem Ende des Mietverhältnisses, sondern erst mit der Rückgewähr der Kaution.[355]

Zu treffen ist hier eine reine Wertungsentscheidung. Mit dem Wortlaut des § 551 Abs. 3 BGB wäre beides vereinbar. Die Anlagepflicht besteht nicht unbegrenzt. Vielmehr sind die Verwertungs- und Sicherungsinteressen sind gegeneinander abzuwägen.

Der **BGH** hat sich 2019 für die erste Auffassung entschieden und die Frage damit für die Praxis beantwortet. Der Vermieter könne sich nach Vertragsende **auch wegen der streitigen Forderungen** aus der Kaution befriedigen, weil dann der Sicherungszweck gegenüber dem Recht auf mate-

---

347 Vgl. BGH VIII ZR 36/12, NZM 2012, 678 (679) = WuM 2012, 502 (503).

348 **AA** LG Berlin GE 2012, 755 für eine Vereinbarung in einem Mietvertrag über eine öffentlich geförderte Wohnung wonach die Kaution über den Sicherungsumfang des § 9 Abs. 5 WoBindG hinaus auch als Sicherung für rückständige Betriebskosten dient.

349 So bereits AG Köln WuM 2008, 222; **aA** AG Spandau GE 2011, 1488.

350 BGH VIII ZR 141/17, NZM 2019, 754 (755) = WuM 2019, 524 (526); OLG Hamm ZMR 2016, 619; OLG Karlsruhe NJW-RR 2009, 514; KG MDR 2014, 144; LG Hamburg ZMR 2017, 164; AG Brandenburg NJOZ 2018, 857, 859 Rn. 19f; Lützenkirchen MietR/*Lützenkirchen* BGB § 551 Rn. 149.

351 Vgl. LG Berlin WuM 2017, 527; LG Darmstadt WuM 2008, 726; LG Krefeld WuM 2019, 84; LG Wuppertal NZM 2004, 298; Staudinger BGB/*V. Emmerich* BGB § 551 Rn. 36.

352 Vgl. LG Berlin Urt. v. 15.1.2007 – 62 T 5/07 – juris; AG Brandenburg NJOZ 2018, 857 (859 Rn. 20) *unter Verweis auf BGH VIII ARZ 2/87*, NJW 1987, 2372.

353 OLG Karlsruhe NJW-RR 2009, 514; LG Hamburg ZMR 2017, 164 (165).

354 Staudinger/*V. Emmerich* BGB § 551 Rn. 31.

355 So 2015 noch: BGH VIII ZR 324/15, WuM 2015, 549f. Rn. 7.

rielle Befriedigung zurücktrete.[356] Hat der Vermieter einen vereinbarten Rückgabetermin nicht wahrgenommen mit der weiteren Folge dass über den Wohnungszustand kein Rückgabeprotokoll angefertigt werden konnte, so wird vereinzelt vertreten, dass sich der Vermieter nach Treu und Glauben nur dann auf Mietschäden berufen kann, wenn diese unstreitig sind.[357] Dieser Ansicht ist nicht zu folgen; jedoch kann das Verhalten des Vermieters bei der Beweiswürdigung berücksichtigt werden.

**d) Verjährte Forderungen.** Für den Vermieter ist es ratsam, zunächst mit den Schadenersatzansprüchen und dann mit den Mietansprüchen aufzurechnen. Dies gilt insbes. dann, wenn die Kaution zur Deckung der Gesamtforderungen des Vermieters nicht ausreicht. **Nach Verjährungseintritt** bleibt nur noch die Aufrechnung bzw. Befriedigung aus dem verpfändeten Sparbuch oder Sparkonto (§§ 215, 216 BGB). Voraussetzung für die Aufrechnung ist nach § 215 BGB allerdings, dass der der Anspruch in dem Zeitpunkt, in dem erstmals aufgerechnet werden konnte, noch nicht verjährt war. Die Aufrechnung ist ausgeschlossen, wenn **zum Zeitpunkt des Verjährungseintritts** noch keine **Aufrechnungslage** bestand.[358] Diese Konstellation kann vorliegen, wenn dem Vermieter Schadensersatzansprüche wegen unterlassener Schönheitsreparaturen zustehen. Diese Ansprüche unterliegen der kurzen Verjährung nach § 548 Abs. 1 BGB und entstehen erst mit dem Ablauf einer vom Vermieter gesetzten Frist zur Nacherfüllung. Liegt dieser Zeitpunkt mehr als sechs Monate nach der Rückgabe, so ist der Anspruch verjährt.[359] Das Gleiche gilt, wenn Betriebskostennachforderungen bei Mietende schon verjährt sind. Hier gilt allerdings die dreijährige Regelverjährung (§§ 195, 199 Abs. 1 BGB). 86

Für Ansprüche, die durch ein Pfandrecht (zB eine verpfändete Sparforderung) gesichert sind, besteht dieses Problem für die Schadensersatzforderungen nicht. Es gilt § 216 BGB. Danach kann sich der Vermieter wegen solcher Forderungen aus dem belasteten Gegenstand (der Sparforderung) befriedigen.[360] Umgekehrt ist zu beachten, dass **§ 216 Abs. 3 B**GB bei regelmäßig **wiederkehrenden Leistungen** eine Einschränkung enthält. Hier hindert die Verjährung auch das Befriedigungsrecht. Das betrifft im Mietvertrag vor allem **Nachforderungen aus Betriebskostenabrechnungen.** Sie gehören zu den wiederkehrenden Leistungen, weil es sich um den Saldo aus den wiederkehrenden Vorauszahlungen handelt.[361] Dem Vermieter ist es daher nach § 216 Abs. 3 BGB verwehrt, sich wegen bereits verjährter Betriebskostennachforderungen aus dem Pfandrecht zu befriedigen. Der Anspruch gegen den Bürgen verjährt gem. § 195 BGB. Die Verjährung beginnt mit dem Schluss des Jahres, in dem die gesicherte Forderung fällig wird. Eine Leistungsaufforderung gegenüber dem Bürgen ist nicht erforderlich.[362]

## IV. Rückgewähranspruch des Mieters

### 1. Entstehung

Der Rückgewähranspruch entsteht bereits mit der Leistung der Kaution.[363] Er ist allerdings **aufschiebend bedingt** durch die **Beendigung des Mietverhältnisses** einerseits und die **Rückgabe der Mietsache** andererseits.[364] Die Rückgabe der Wohnung lässt sich als Bedingung auffassen, weil andernfalls noch zwingend laufend neue Ansprüche auf Nutzungsentschädigung entstehen und weil der (vormalige) Vermieter seine Gegenansprüche auch nicht prüfen kann, bevor der die Wohnung nicht zurückerhalten hat. 87

---

[356] BGH VIII ZR 141/17, NZM 2019, 754 (755) = WuM 2019, 524 (526).
[357] AG Donaueschingen WuM 2015, 730.
[358] OLG Düsseldorf WuM 2002, 495 = ZMR 2002, 658; AG Montabaur ZMR 2013, 973.
[359] OLG Düsseldorf WuM 2002, 495 = ZMR 2002, 658; AG Montabaur, ZMR 2013, 973; *Hinz* NZM 2019, 76 (85).
[360] KG GE 2010, 693; **aA** KG WuM 2011, 471.
[361] BGH VIII ZR 263/14, NJW 2016, 3231 = NZM 2016, 762 = WuM 2016, 620.
[362] BGHZ 175, 161 = NJW 2008, 1729; OLG Düsseldorf DWW 2010, 182.
[363] Vgl. BGH, RE v. 8.7.1982 – VIII ARZ 3/82 – NJW 1982, 2186, 2187; Lützenkirchen MietR, 2. Aufl. 2015, BGB § 551 Rn. 137.
[364] AG Brandenburg Urt. v. 22.6.2017 – 31 C 112/16 – NJOZ 2018, 857 Rn. 4; Blank/Börstinghaus/*Blank/Börstinghaus* BGB § 551 Rn. 99; Guhling/Günter/*Geldmacher* Anh. zu BGB §§ 562–562d Rn. 260.

### 2. Fälligkeit

88 Zur Frage der Fälligkeit werden im Wesentlichen zwei Auffassungen vertreten. Die erste Auffassung meint, der Anspruch werde fällig, sobald **Abrechnungsreife** eingetreten ist. Das war wohl lange Zeit – bis zu einer Entscheidung des BGH aus dem Jahr 2016[365] – herrschende Meinung.[366] Im Schrifttum wird es auch aktuell noch vertreten.[367] 2016 hat der BGH entschieden, dass der Anspruch fällig wird, sobald Abrechnungsreife eingetreten ist und wenn außerdem **keine Forderungen des Vermieters** bestehen.[368] Voraussetzung ist also nicht nur der Ablauf einer angemessen Prüfungs- und Überlegungsfrist, sondern zusätzlich der **Wegfall des Sicherungsbedürfnisses.** Die ältere Rechtsprechung hat den Ablauf der Abrechnungsfrist wohl mit der unausgesprochenen Begründung ausreichen lassen, dass der Vermieter andernfalls durch Passivität den Mieter blockieren könnte.[369] Ohne Abrechnung bestehe für den Mieter eine zu große Unsicherheit darüber, ob sein Anspruch nun fällig sei oder nicht. Letztlich ist das ein Argument, das aus dem Grundsatz von Treu und Glauben abgeleitet wird. Dagegen spricht aber, dass der Mieter eben nicht rechtlos gestellt wird, wenn neben dem Ablauf der Abrechnungsfrist auch das Nichtbestehen von Gegenforderungen verlangt wird. Der Mieter kann, wenn nach seiner eigenen Prüfung keine Ansprüche gegeben sind, direkt auf Zahlung klagen.[370] Dort muss er das Nichtbestehen von Ansprüchen dann nur zusätzlich darlegen.[371] Der Auffassung des BGH ist daher zuzustimmen.

### 3. Aufrechnungsbefugnis des Mieters bei der Barkaution

89 Noch ungeklärt ist, ab wann der Mieter die Aufrechnung gegen Forderungen des Vermieters erklären kann, wenn der Vermieter die Kaution nicht abrechnet oder aber nach Abrechnung nicht verwertet. Der BGH hat sich 2019 mit dem Fall befasst, in dem ein Vermieter zwar – nach Auslegung des BGH schlüssig – über die Kaution **abgerechnet,** sie dann **aber nicht verwertet** hatte. Konkret hatte der Vermieter alle seinen Forderungen aktiv eingeklagt, die Kaution aber in dieser Klage unberücksichtigt gelassen.[372] Der BGH baut auf seiner Auffassung auf, dass der Vermieter auch wegen streitiger Forderungen auf die Kaution zugreifen dürfe (→ Rn. 85). Daraus folgert er weiter, dass der Vermieter von dieser Verwertungsbefugnis auch Gebrauch machen müsse. Andernfalls dürfe jetzt der Mieter aufrechnen – und damit die Aufrechnungsreihenfolge festlegen.[373] Für die Praxis ist diese Entscheidung von erheblicher Bedeutung, weil jetzt umgekehrt der Mieter vorrangig die nicht verjährten Forderungen (Mieten) zur Aufrechnung stellen kann und der Vermieter bei der aktiven Geltendmachung der Schadensersatzforderungen an der Verjährungseinrede scheitert. Die Entscheidung des BGH erscheint insoweit problematisch, als dass gerade der Vermieter, der seinem Mieter eine gerichtliche Klärung vor Verwertung ermöglichen will – also dem Mieter das Risiko der Vermieterinsolvenz nicht überbürdet – bestraft wird. Die Praxis kann sich aber auf diese Rechtsprechung einstellen.

Unklar ist allerdings jetzt die Folge für den Vermieter, der schon die **Abrechnung versäumt.** Es erscheint nach diesseitiger Auffassung nicht vertretbar, diesen Vermieter besser zu stellen als denjenigen, der immerhin eine Abrechnung vornimmt und nur die Verwertung hinausschiebt. Das bedeutet, dass in der Konsequenz der neueren Rechtsprechung die **Aufrechnungsbefugnis** auch dann auf den **Mieter** übergeht, wenn der Vermieter **nicht abrechnet.** Der Mieter hat auch in diesem Fall die Möglichkeit, etwa unstreitige nicht verjährte Forderungen vorrangig zur Aufrechnung zu stellen. Der Vermieter wird wegen der streitigen Forderungen auf den Rechtsweg verwiesen

---

365 BGH VIII ZR 263/14, NJW 2016, 3231.

366 Vgl. etwa OLG Düsseldorf MDR 2005, 981; OLG Düsseldorf MDR 2012, 577; OLG Köln WuM 1998, 154; OLG Hamm NJW-RR 1992, 1036; LG Kiel WuM 2001, 238; LG Potsdam, WuM 2005, 772, 773; AG Flensburg WuM 2000, 598; AG Hamburg Urt. v. 20.2.2006 – 644 C 111/05 – „juris" Rn. 37; Lützenkirchen MietR/*Lützenkirchen* BGB § 551 Rn. 144; wohl auch noch BGH VIII ZR 307/08, WuM 2009, 587 (588).

367 jurisPK-BGB/*Schur* Bd. 2, 8. Aufl. 2017, BGB § 551 Rn. 24; Lützenkirchen (AHB)/*Horst*/*Popiel* Rn. K 456, 457; offen gelassen bei Staudinger/*V. Emmerich* BGB § 551 Rn. 39.

368 BGH VIII ZR 263/14, NJW 2016, 3231 Rn. 12; noch enger: keine Geltendmachung von Forderungen durch den Vermieter: AG Dortmund, WuM 2018, 204, 206.

369 Vgl. (inzident) OLG Hamm NJW-RR 1992, 1036; LG Kiel WuM 2001, 238, 239.

370 *Vgl. OLG Karlsruhe NJW-RR 2010,* 585 (586) Ludley, NZM 2013, 777 (782).

371 *Ludley* NZM 2013, 777 (782).

372 BGH VIII ZR 141/17, NZM 2019, 754 = NJW 2019, 3371 = WuM 2019, 524.

373 BGH VIII ZR 141/17, NZM 2019, 754 (756) = NJW 2019, 3371 (3373) = WuM 2019, 524 (526).

und verliert den Vorteil der §§ 215, 216 BGB. Für die **Praxis** ist dringend darauf hinzuweisen, dass hierzu eine **höchstrichterliche Entscheidung noch aussteht.**

### 4. Verjährung

Der Anspruch des Mieters auf Rückzahlung der Kaution verjährt in drei Jahren (§ 195 BGB). Dies gilt auch bzgl. der Kautionszinsen. Die Verjährung beginnt nicht mit dem Ende des Mietvertrags, sondern mit der Fälligkeit des Rückforderungsanspruchs des Mieters.[374] Solange noch Betriebskostenabrechnungen des Vermieters ausstehen, verjährt der Anspruch daher nicht, weil noch Nachforderungen infrage kommen.[375] Der Mieter muss sich hier wohl auch nicht auf die Teilbarkeit einer Barkaution verweisen lassen.

## V. Prozessuales

### 1. Klage auf Rückgewähr

Bei Beendigung des Mietverhältnisses hat der Mieter zunächst die Möglichkeit der **Klage auf Rückgewähr** der gesamten oder eines Teils der Kaution. 90

**a) Gerichtsstand.** Für Streitigkeiten zwischen **Mieter und Vermieter** gilt der besondere Gerichtsstand des § 29 a ZPO. Das gilt auch, wenn der Mieter auf Herausgabe der Bürgschaftsurkunde klagt oder wenn die Klage sich gegen den Beitretenden aus einem **Schuldbeitritt** richtet. Nimmt der **Vermieter den Bürgen** in Anspruch, so gilt hierfür nicht der besondere Gerichtsstand des § 29 a ZPO, sondern der **allgemeine Gerichtsstand.** Die Parteien streiten nicht um Ansprüche aus dem Mietvertrag, sondern um Ansprüche aus einem eigenständigen Rechtsgeschäft, nämlich dem Bürgschafts- oder Garantievertrag.[376] Hieran ändert sich nichts, wenn der Vermieter seine Gegenforderungen einredeweise geltend macht.[377]

Auch wenn der Bürge Herausgabe der Bürgschaftsurkunde verlangt, greift § 29 a ZPO dementsprechend nicht. Der Vermieter muss seine Forderungen innerhalb der Abrechnungsfrist gegenüber dem Mieter oder gegenüber dem Bürgen geltend machen. Unterlässt er dies, so wird der Anspruch auf Herausgabe der Bürgschaftsurkunde fällig.

**b) Prozessführungsbefugnis.** Die Frage der Prozessführungsbefugnis stellt sich bei einer **Mietermehrheit.** Nach **hM** steht der Rückforderungsanspruch aus der Kaution **mehreren Mietern** als **Mitgläubiger** (Gläubiger zur gesamten Hand) zu.[378] Dies hat zur Folge, dass der Vermieter an beide Mieter gemeinsam leisten muss. Die Mieter können (und müssen) den Vermieter gemeinsam auf Rückzahlung der Kaution in Anspruch nehmen. Klagt nur einer der Mieter, so muss er Zahlung an sich und die Mitmieter beantragen; anderenfalls ist die Klage mangels **Prozessführungsbefugnis** als unzulässig zu verwerfen.[379] Anders ist es, wenn der Rückzahlungsanspruch **abgetreten** wird; hier kann der Zessionar Zahlung an sich selbst verlangen. Wird ein mit mehreren Mietern abgeschlossener Mietvertrag beendet und schließt der Vermieter mit einem der Mieter einen neuen Mietvertrag mit der Abrede, dass die von den ursprünglichen Mietern gezahlte Kaution für das neue Mietverhältnis gilt, so steht der Rückzahlungsanspruch nach Beendung des Mietverhältnis demjenigen Mieter zu, der Partei des Anschlussmietvertrags geworden ist.[380] Sind mehrere Mieter Partei des Mietverhältnisses und hat einer der Mieter eine **Sparforderung** an den Vermieter **verpfändet,** so kann der Anspruch nur von **demjenigen Mieter** geltend gemacht werden, der die **Verpfändungserklärung** abgegeben hat.[381]

---

374 BGH VIII ZR 263/14, NZM 2016, 762 = NJW 2016, 3231 = WuM 2016, 620; OLG Düsseldorf NZM 2005, 783; *Sternel* MietR aktuell Kap. III Rn. 200.

375 BGH VIII ZR 263/14, NZM 2016, 762 = NJW 2016, 3231 = WuM 2016, 620.

376 BGH X ARZ 270/03, NZM 2004, 299.

377 OLG Hamm NJW-RR 1992, 1036; AG Köln WuM 2000, 674.

378 OLG Düsseldorf OLGR 2003, 23; KG GE 2012, 688 = MDR 2012, 515; LG Saarbrücken ZMR 1992, 60 (für alle Ansprüche, nicht speziell zur Kaution); LG Gießen NJW-RR 1996, 1162; AG Köpenick GE 2010, 1275; AG Brandenburg GE 2012, 758; AG Pankow-Weißensee GE 2013, 1460; MüKoBGB/*Bieber* § 551 Rn. 30; Palandt/*Weidenkaff* BGB Einf. § 535 Rn. 122; **aA** *Woitkewitsch* ZMR 2005, 426.

379 KG GE 2012, 688.

380 LG Berlin GE 2011, 266.

381 AG Leonberg WuM 2015, 157.

**c) Klagantrag.** Bei der **Barkaution** ist eine Zahlungsklage zu erheben, der Rückgewähranspruch ist eine schlichte **Geldforderung.**[382] Bei einer **Verpfändung** geht der Klagantrag auf **Pfandfreigabe** und ggf. **Übergabe** des Sparbuchs.[383] Ist eine Forderung **sicherungsabgetreten,** muss der Mieter **Rückabtretung** – ggf. wiederum verbunden mit der Übergabe eines Sparbuchs – einklagen. In beiden Fällen ist häufig das Sparbuch mit einem Sperrvermerk versehen, so dass der Mieter die Freigabe einklagen muss. Eine **Klage auf Zahlung der Kautionssumme** ist in Fällen dieser Art **unzulässig.**[384]

War die Mietsicherheit durch die Stellung einer Bürgschaft geleistet worden, kann der Mieter nur auf **Herausgabe der Bürgschaftsurkunde an den Bürgen** klagen.[385] Nach einer abweichenden Auffassung ist daneben auch die Klage des Mieters auf Herausgabe der Urkunde an sich selbst möglich.[386]

**d) Notwendiger Vortrag.** Die Klage setzt voraus, dass der Rückgewähranspruch fällig ist. Dies ist der Fall, wenn mit hinreichender Sicherheit feststeht, welche Ansprüche dem Vermieter gegen den Mieter zustehen und dass unter Berücksichtigung dieser Ansprüche ein Rest zugunsten des Mieters verbleibt. Diese Voraussetzungen muss der Mieter darlegen; anderenfalls ist die Klage unschlüssig. Es genügt nicht, wenn der Mieter lediglich geltend macht, der Vermieter habe nicht abgerechnet, weil der Anspruch erst fällig wird, wenn und soweit keine Gegenforderungen bestehen (→ Rn. 88).[387] Solange die Abrechnungsfrist (→ Rn. 82) noch nicht abgelaufen ist, kann der Mieter weder mit dem Kautionsrückzahlungsanspruch (Barkaution) aufrechnen, noch kann er ihn klageweise geltend machen. Soweit dem Vermieter mit der hM (→ Rn. 82) der Einbehalt der gesamten Kaution wegen etwaiger Betriebskostennachforderungen zugebilligt wird, muss der Mieter außerdem abwarten bis die Frist für die Erteilung der Betriebskostenabrechnung abgelaufen ist.

### 2. Klage auf Abrechnung

91 Ist die Höhe der Kautionszinsen unbekannt, so kann Klage auf Abrechnung über die Zinsen und Kosten verbunden mit einer Klage auf Leistung erhoben werden.[388] Sind dem Mieter die Gegenforderungen des Vermieters – wie häufig – unbekannt, so kann der Mieter nach herrschender Meinung auch insoweit auf Abrechnung klagen.[389] Der Anspruch setzt voraus, dass der Vermieter zur Abrechnung in der Lage ist. Hiervon ist auszugehen, wenn der Vermieter seine ihm gegen den Mieter zustehenden Ansprüche abschätzen kann.

### 3. Stufenklage

92 Der Anspruch auf Abrechnung kann mit der Klage auf Rückgewähr der Kaution verbunden werden. Ergibt sich nach der Abrechnung, dass die Kaution ganz oder zT verbraucht ist, so können die Parteien die Hauptsache ganz oder zT für erledigt erklären. Je nach dem Ergebnis der Abrechnung kann dem Mieter ein materieller Kostenerstattungsanspruch (§ 280 Abs. 2, § 286 BGB) zustehen, der im Rahmen der Kostenentscheidung nach § 91 a ZPO zu berücksichtigen ist. Der Anspruch setzt voraus, dass sich der Vermieter mit der Abrechnung in Verzug befunden hat, der Mieter nicht zuverlässig wissen konnte, ob und in welcher Höhe ihm ein Rückzahlungsanspruch zusteht und der Mieter deshalb zur Klage herausgefordert wurde.[390] Der Anspruch auf Verzugszinsen setzt eine Mahnung voraus.[391] Der Erlass einer **einstweiligen Verfügung** auf Rückzahlung ist auch dann unzulässig, wenn der Mieter dringend auf den Kautionsbetrag angewiesen ist. Eine

---

[382] BGH VIII ZR 141/17, NZM 2019, 754 (755) = NJW 2019, 3371 (3372) = WuM 2019, 524 (525); *Ludley* NZM 2013, 777 (778).

[383] *Ludley* NZM 2013, 777, 781; Bub/Treier MietR-HdB/*Emmerich* Kap. V Rn. 378; näher zum Klagantrag für den Rückgewähranspruch *Lehmann-Richter* WuM 2014, 8.

[384] LG Berlin ZMR 2002, 349; LG Kaiserlautern WuM 2003, 630; AG Tiergarten WuM 1997, 214.

[385] BGH XII ZR 352/00, NZM 2004, 907 (909); OLG Celle NZM 2003, 763; für die Gewährleistungsbürgschaft auch OLG Düsseldorf NJW-RR 2003, 668.

[386] Bub/Treier MietR-HdB/*Emmerich* Kap. V Rn. 379; zur Gewährleistungsbürgschaft BGH, VII ZR 227/07 – NJW 2009, 218 (219).

[387] OLG Karlsruhe NJW-RR 2010, 585.

[388] *Hirte MDR 1993, 500.*

[389] Zu den hier erhobenen Einwänden (→ Rn. 81).

[390] OLG Karlsruhe NJW-RR 2010, 585.

[391] AG Zwickau WuM 1994, 266: mit Fristsetzung.

Klage im **Urkundenprozess** ist ebenfalls nicht möglich, weil der Mieter nicht nur die Leistung der Sicherheit und die Beendigung des Mietverhältnisses, sondern auch den Wegfall des Sicherungsbedürfnisses belegen muss.[392]

#### 4. Speziell Barkaution: Aufrechnung im Prozess

Der **Mieter** kann nach der Rechtsprechung des BGH[393] schon mit der Klage die Aufrechnung 93
mit Gegenforderungen in der von ihm gewählten Rangfolge erklären (und ggf. einen Restbetrag einklagen), wenn der Vermieter über die Kaution abgerechnet, sie aber nicht verwertet hatte (→ Rn. 89). Das Gleiche gilt nach der hier vertretenen Auffassung, wenn die Abrechnungsfrist abgelaufen ist und der Vermieter trotz Aufforderung schon die Abrechnung selbst nicht erstellt hatte (str, Rechtslage offen → Rn. 89). Soweit der Mieter keine Aufrechnung erklärt – etwa weil er alle Forderungen bestreitet, kann freilich weiterhin der **Vermieter** aufrechnen. Die Kaution verliert nicht ihren Sicherungszweck. Der Mieter gewinnt also, wenn der Vermieter die Kaution pflichtwidrig nicht verwertet oder mit der Abrechnung säumig ist (insoweit str.), lediglich die Möglichkeit, eine eigene Rangfolge festzulegen. Das führt freilich in den Fällen der Verjährung zu einem echten Verlust des Vermieters. Rechnet der Vermieter mit Forderungen auf, die der Mieter als berechtigt ansieht, so kann er den Rechtsstreit in der Hauptsache für erledigt erklären. Das Gericht entscheidet dann wie bei der Stufenklage nach § 91 a ZPO über die Verfahrenskosten (→ Rn. 92).

#### 5. Besonderheiten bei der Bürgschaft

Bei einer **befristeten Bürgschaft** muss die Vorschrift des § 777 BGB beachtet werden. 94
Danach ist zu unterscheiden, ob dem Bürgen die Einrede der Vorausklage zusteht oder ob er hierauf verzichtet hat. Im erstgenannten Fall muss der Vermieter den Mieter unverzüglich auf Bezahlung der Forderung in Anspruch nehmen und die Vollstreckung versuchen. Im Falle des Scheiterns des Vollstreckungsversuchs muss der Vermieter dem Bürgen unverzüglich anzeigen, dass er ihn in Anspruch nehme (§ 777 Abs. 1 S. 1 BGB). Steht dem Bürgen – wie häufig – die Einrede der Vorausklage nicht zu, so ist die vorherige Inanspruchnahme des Mieters entbehrlich. Hier muss der Vermieter dem Bürgen aber unverzüglich nach Ablauf der Befristung Anzeige machen (§ 777 Abs. 1 S. 2 BGB).

Bestehen bei Beendigung des Mietverhältnisses keine Verbindlichkeiten, so kann der Mieter den Vermieter auf Freigabe der Sicherheit und auf Rückgabe der Bürgschaftsurkunde an den Bürgen in Anspruch nehmen (→ Rn. 94). Hat der **Bürge geleistet, obwohl dem Vermieter keine Forderungen gegen den Mieter zustehen,** so steht dem Mieter ein Bereicherungsanspruch gegen den Vermieter zu (§ 812 BGB). Gleiches soll nach der Ansicht des KG gelten, wenn der Vermieter den Bürgen in Anspruch nimmt, ohne zuvor über die Kaution abzurechnen.[394] – Das KG verkennt, dass ein Bereicherungsanspruch nur besteht, wenn die Zahlung ohne rechtlichen Grund erfolgt ist; insoweit ist allein auf die materielle Rechtslage abzustellen.

#### 6. Darlegungs- und Beweislast

Der Mieter muss **beweisen,** dass er bei Vertragsbeginn eine **Kaution geleistet** hat.[395] Der Ver- 95
mieter muss beweisen, dass der Rückforderungsanspruch durch Aufrechnung erloschen ist. Der **Vermieter** trägt die Darlegungs- und **Beweislast** für das Bestehen der von ihm **beanspruchten Forderungen.**[396] Ist streitig ob eine Kaution **zurückgezahlt** worden ist, so trifft die Beweislast den Vermieter.[397]

---

392 Staudinger/*V. Emmerich* BGB § 551 Rn. 42.
393 BGH VIII ZR 141/17, NZM 2019, 754 = NJW 2019, 3371 = WuM 2019, 524.
394 KG GE 2013, 1586.
395 Blank/Börstinghaus/Blank/*Börstinghaus,* BGB § 551 Rn. 1.
396 BGH VIII ZR 141/17, NZM 2019, 754 (756) = NJW 2019, 3371 (3373) = WuM 2019, 524 (526).
397 LG Hamburg ZMR 2008, 454.

## F. Zwangsverwaltung/Insolvenz

### I. Zwangsverwaltung

96 Die Anordnung der **Zwangsverwaltung** bewirkt, dass der vom Gericht eingesetzte Zwangsverwalter anstelle des Vermieters in die vor der Beschlagnahme abgeschlossenen und vollzogenen Mietverträge für die Dauer der Beschlagnahme in vollem Umfang eintritt (§ 152 Abs. 2 ZVG). Das betrifft auch die zur Zeit der Beschlagnahme schon bestehenden Ansprüche.[398] Es gibt also keine Zäsur.

#### 1. Rechtsverhältnis Zwangsverwalter – Mieter

**Einforderung der Kaution.** Hatte der **Mieter** die **Kaution noch nicht bezahlt,** so kann ihn der Zwangsverwalter auf Zahlung der Kautionssumme in Anspruch nehmen.[399] Auch in diesem Fall muss der Zwangsverwalter die Kaution in einer § 551 BGB entsprechenden Weise anlegen. Das Gleiche gilt, wenn der Vermieter vor der Beschlagnahme mit Forderungen aus dem Mietverhältnis berechtigt aufgerechnet hat. In diesem Fall steht dem Zwangsverwalter der Wiederauffüllungsanspruch (→ Rn. 69) zu.

**Bildung und Anlage der Kaution.** Hat der Vermieter die **Kaution** an den Zwangsverwalter **ausgekehrt,** hat der Zwangsverwalter über die Kaution abzurechnen und sie ggf. auszukehren. Ist die **Kaution nicht gesondert angelegt,** muss der Zwangsverwalter die Anlage nach § 551 BGB **nachholen.** Ist der Betrag mit dem Vermögen des Vermieters vermischt oder nicht mehr vorhanden, muss der Zwangsverwalter einen der Kautionssumme entsprechenden Betrag aus den Mieteinnahmen entnehmen und diesen als Kaution des Mieters **gesetzeskonform anlegen.**[400] Bis zur Erfüllung dieser **Pflicht zur Bildung der Mietkaution** und einem entsprechenden Nachweis steht dem Mieter ein **Zurückbehaltungsrecht** an der Miete zu. Auch insoweit muss der Zwangsverwalter eben die Pflichten aus dem Mietverhältnis in vollem Umfang erfüllen.[401] Reicht die vorhandene Masse für die Erwirtschaftung der Kaution nicht aus, muss der die Vollstreckung betreibende Gläubiger einen Vorschuss leisten; anderenfalls wird das Verfahren gem. § 161 Abs. 3 ZVG eingestellt.[402] Der die Vollstreckung betreibende Gläubiger kann den Zugriff des Verwalters auf die Mieteinnahmen für die Kaution verhindern, indem er den Vollstreckungsantrag zurücknimmt.[403] Die Pflicht des Zwangsverwalters zur Bildung und Anlage der Kaution gilt auch, wenn der bedingte Anspruch des Mieters auf Rückgewähr bereits von einem Gläubiger des Mieters gepfändet ist – hier rückt der Zwangsverwalter wie der Mieter in die Position des Drittschuldners ein. War die Kaution nicht auf einem Sonderkonto angelegt und hatte der Mieter aus diesem Grund die laufende Miete zurückbehalten, auf einem Sparbuch angelegt und den angelegten Betrag dem Vermieter als Kaution zur Verfügung gestellt, so hat der Zwangsverwalter bei einer späteren Beschlagnahme des Grundstücks keinen Anspruch auf den zurückbehaltenen Mietzinsteil.[404] Dies gilt auch dann, wenn neben der Zwangsverwaltung über das Mietobjekt auch ein Insolvenzverfahren über das Vermögen des Vermieters anhängig ist.[405]

**Rückzahlung der Kaution.** Die Rückzahlungspflicht korrespondiert mit der Pflicht zur Bildung der Kaution, die Anlagepflicht dient der Realisierung einer etwaigen Rückzahlung. Unter der Geltung des bis zum 31.8.2001 geltenden Rechts war streitig, ob der Zwangsverwalter die Kaution auch dann zurückzahlen muss, wenn ihm die **Kautionssumme nicht vom Vermieter ausgehändigt** wird[406] Der BGH stellte allein auf den Eintritt des Zwangsverwalters in das Mietver-

[398] BGH VIII ZR 336/08, NZM 2009, 815 = NJW 2009, 3505 = WuM 2009, 668; LG Lüneburg ZMR 2009, 687.

[399] *Streyl* GuT 2010, 368; *Jakoby* ZMR 2015, 1; → BGB § 566a Rn. 38.

[400] BGH VIII ZR 184/08, NJW 2009,1673 = NZM 2009, 481 = WuM 2009, 289; LG Lüneburg ZMR 2009, 687; *Jakoby* ZMR 2015, 1 (1); **aA** Böttcher/*Keller,* 6. Aufl. 2016, ZVG § 152 Rn. 42; *Berger* ZfIR 2010, 221 (225).

[401] BGH VIII ZR 336/08, WuM 2009, 668 = NJW 2009, 3505 = NZM 2009, 815; LG Mannheim WuM 1990, 293 = NJW-RR 1991, 79; LG Lüneburg ZMR 2009, 687; AG Berlin-Neukölln MM 1993, 112.

[402] *Drasdo* NZM 2018, 6 (7).

[403] *Drasdo* NZM 2018, 6 (8.).

[404] LG Kiel WuM 1989, 18.

[405] *BGH VIII ZR 336/08, NJW* 2009, 3505 = NZM 2009, 815 = WuM 2009, 668.

[406] Dafür BGH VIII ZR 11/03, NZM 2003, 849 = NJW 2003, 3342 = WuM 2003, 630 mit Nachweisen zum damaligen Streitstand; OLG Hamburg NJW-RR 1990, 151 (152) = WuM 1990, 10; OLG Hamburg WuM 2002, 29; dagegen etwa LG Köln WuM 1990, 500; LG Berlin NJW 1978, 1633.

hältnis nach § 152 Abs. 2 ZVG dar. Die Gegenauffassung wandte § 572 Satz 2 BGB (a. F.) analog an; nach dieser Vorschrift war der Erwerber zur Aushändigung der Kaution nur verpflichtet, wenn er sie selbst erhalten hatte. Heute würde die Analogie zu keinem anderen Ergebnis mehr führen, denn nach der aktuellen Regelung in § 566a BGB tritt der Erwerber in die Rechte *und* Pflichten aus der Kautionsvereinbarung ein. Auch der Erwerber ist deshalb auch dann zur Rückzahlung der Kaution (einschließlich der Zinsen)[407] verpflichtet, wenn er diese nicht erhalten hat. Insoweit ergibt sich kein anderes Ergebnis mehr als es § 152 Abs. 2 ZVG vorgibt. Nach der Rspr. des BGH[408] folgt die Auskehrungspflicht für den Zwangsverwalter unmittelbar aus § 152 Abs. 2 ZVG. Diese Ansicht ist zutreffend; die hiergegen gerichtete Kritik[409] ist nicht berechtigt. Der Zwangsverwalter muss über die Kaution abrechnen. Ist die Kaution nicht mehr vorhanden (und noch nicht vom Zwangsverwalter neu gebildet), so kann der Zwangsverwalter die Kaution zwar nur auf Kosten der Gläubiger zurückzahlen. Die Mieter können so auf ein Haftungsvermögen zugreifen, das ihnen ohne Zwangsverwaltung nicht zur Verfügung stünde. Die Besserstellung der Mieter ist aber vom Gesetz gewollt.[410] Über § 152 Abs. 2 BGB hat der Gesetzgeber nur dem Mietvertrag die Bindung des Zwangsverwalters zugeschrieben und damit gezielt den Mieter geschützt.[411] Auch der Treuhandcharakter der Kaution verlangt diese Besserstellung.[412] Umgekehrt wäre der Mieter entgegen § 152 Abs. 2 ZVG schlechter gestellt, wenn er war die Pflichten aus dem Mietverhältnis gegenüber dem Zwangsverwalter erfüllen müsste, sich aber wegen seiner Forderungen (jedenfalls, soweit sie schon vor der Beschlagnahme fällig geworden sind) ausschließlich an den Vermieter halten und deshalb auch kein Zurückbehaltungsrecht geltend machen könnte.[413] Solange die Zwangsverwaltung besteht, muss der Mieter den Zwangsverwalter auf Rückzahlung der Kaution in Anspruch nehmen. Wird die Zwangsverwaltung vor Rechtshängigkeit der Streitsache aufgehoben, so ist die Klage mangels Prozessführungsbefugnis des als Zwangsverwalter in Anspruch genommenen Beklagten als unzulässig abzuweisen.[414] Erfolgt die Aufhebung der Zwangsverwaltung zwischen Rechtshängigkeit und letzter mündlicher Verhandlung, so ist eine Klagänderung (Parteiwechsel) erforderlich; anderenfalls ist die Klage gegen den (früheren) Zwangsverwalter abzuweisen.

**Veräußerung der Mietsache.** Wird die Mietsache während der Zwangsverwaltung veräußert, 97
so tritt der Erwerber nach § 566a BGB in die Rechte und Pflichten aus der Kaution ein. Im Fall der **Zwangsversteigerung** verweist § 57 ZVG auf § 566a BGB. Hat der Mieter eine Barkaution geleistet, muss der Erwerber die Kaution also auch dann auskehren, wenn er sie weder vom vormaligen Vermieter noch vom Zwangsverwalter erhalten hat. Der Erwerber hat seinerseits einen Anspruch gegenüber dem Zwangsverwalter auf Übergabe der Kautionssumme, wenn dieser eine gesondert angelegte, gegenständlich unterscheidbare Kaution übernommen hatte.[415] Streitig ist, ob die Kaution auch dann an den Erwerber weiterzuleiten ist, wenn der Zwangsverwalter sie erst – zu Lasten der Haftungsmasse – neu gebildet hatte.[416] Nach diesseitiger Auffassung ist der Anspruch aus § 566a BGB analog begründet. Auch hier hat das Mietrecht Vorrang vor dem Vollstreckungsrecht.

Ist das **Mietverhältnis zum Zeitpunkt der Beschlagnahme bereits beendet und** hat der Mieter die Mietsache an den Vermieter **herausgegeben,** ist § 152 Abs. 2 ZVG unanwendbar.[417] Die Vorschrift setzt nach ihrem Wortlaut voraus, dass die Wohnung zum Zeitpunkt der Beschlagnahme an den Mieter überlassen *ist;* es genügt also nicht, dass sie vor der Beschlagnahme überlassen *war.* Zum anderen dient die Zwangsverwaltung vornehmlich den Interessen der Gläubiger des Vermieters; diese Interessen würden beeinträchtigt, wenn der Zwangsverwalter die Kaution zurückgeben müsste, obwohl das Mietverhältnis bereits abgewickelt ist.

---

407 AG Wetzlar WuM 2012, 376.

408 BGH VIII ZR 11/03, NZM 2003, 849 (50) = NJW 2003, 3342 (3343) = WuM 2003, 630; BGH VIII ZR 330/03, NJW-RR 2005, 1029 = NZM 2005, 596 = WuM 2005, 460.

409 *Walke* WuM 2004, 185 (187) zu BGH VIII ZR 11/03; *Alff/Hintzen* Rpfleger 2003, 635.

410 BGH VIII ZR 330/03, NJW-RR 2005, 1029 (1031) = NZM 2005, 596 (598) = WuM 2005, 460 (462); BGH VIII ZR 336/08, WuM 2009, 668 = NJW 2009, 3505 = NZM 2009, 815; **aA** *Walke* WuM 2004, 185.

411 BGH VIII ZR 330/03, NJW-RR 2005, 1029 (1031) = NZM 2005, 596 (598) = WuM 2005, 460 (462).

412 BGH VIII ZR 184/08, NJW 2009, 1673 (1674) = NZM 2009, 481; BGH VIII ZR 11/03, NJW 2003, 3342 (3343) = NZM 2003, 849 (850).

413 *Milger* NJW 2011, 1249 (1252).

414 BGH VIII ZR 301/03, NZM 2006, 312 = NJW-RR 2006, 138 = WuM 2005, 463.

415 Zur Problematik eines Befriedigungsrechts des Veräußerers → § 566a Rn. 15.

416 **Dafür** LG Wuppertal WuM 2015, 731 (732); wohl auch *Wedekind/Wedekind* ZfIR 2009, 271, 275; **dagegen** *Berger* ZfIR 2010, 221, 229 (Verteilung an die Gläubiger).

417 BGH VIII ZR 210/05, NJW-RR 2006, 1021 = NZM 2006, 680 = WuM 2006, 403 = ZMR 2006, 603.

Der BGH hat in der genannten Entscheidung offen gelassen, welche Rechtsfolge gilt, wenn die Beschlagnahme zwischen dem rechtlichen Ende des Mietverhältnisses und der Rückgabe erfolgt und der Zwangsverwalter die Nutzungsentschädigung zur Haftungsmasse zieht. § 152 Abs. 2 BGB ist nach diesseitiger Auffassung nicht mehr einschlägig. Das Gesetz ordnet als Rechtsfolge an, dass „der Mietvertrag … dem Verwalter gegenüber wirksam" ist. Das setzt einen noch bestehenden (wirksamen) Mietvertrag voraus und kann sich nicht auf erledigte Mietverträge beziehen. Es greift allerdings die allgemeine Vorschrift des § 152 Abs. 1 ZVG. Ist das **Mietverhältnis beendet** und hat der Mieter die Sache **nicht zurückgegeben,** so ist daher der Zwangsverwalter ist zur Abrechnung und Rückzahlung einer Kaution nicht verpflichtet, wenn er sie nicht erhalten hat.[418] Hätte der Mieter pünktlich geräumt, hätte er sich nur mit dem Vermieter auseinander setzen können – ihn nur deswegen besser zu stellen, weil er sich im Räumungsverzug befindet, wäre nicht gerechtfertigt. Etwas anderes muss freilich gelten, wenn der Schuldner dem Zwangsverwalter eine gesondert angelegte Kaution gegenständlich herausgegeben hat. Hier muss es bei dem Treuhandcharakter der vorhandenen Kaution bleiben.

**Aufhebung der Zwangsverwaltung.** Wird die Zwangsverwaltung nach Versteigerung des Grundstücks aufgehoben, so ist der Verwalter nicht zur Abrechnung verpflichtet; der Mieter muss sich an den Vermieter halten.[419] Wird das Mietobjekt im Anschluss an die Zwangsverwaltung zwangsversteigert so tritt der Erwerber in das Mietverhältnis ein; dieser haftet dann auch auf die Rückgabe der Kaution. Im Falle des Erwerbs der Wohnung durch den Mieter erlischt das Mietverhältnis durch Konfusion. Der Anspruch des früheren Mieters auf Rückzahlung der Kaution kann dann nur noch gegenüber dem früheren Vermieter – nicht gegenüber dem Verwalter – geltend gemacht werden.[420]

**Übergangsrecht.** Auf Mietverhältnisse aus der Zeit vor dem 1.9.2011 gilt noch § 572 aF, der Erwerber haftet nur, wenn er die Kaution erhalten hat. Das Gleiche gilt dann auch für den Zwangsverwalter, wenn der Erwerber zum Vollstreckungsschuldner wird.[421]

### 2. Rechtsverhältnis Zwangsverwalter – Schuldner

98 Der Zwangsverwalter ist befugt, von dem Schuldner (Grundstückseigentümer) die Überlassung einer vor der Beschlagnahme von einem Mieter des Objekts geleisteten Kaution zu verlangen.[422] Diese Befugnis folgt aus § 150 Abs. 2 ZVG. Der Vermieter muss nötigenfalls auf die Kaution zugreifen, um gegen den Mieter gerichtete Ansprüche zu decken.[423] Ist die Kaution nach einer mietvertraglichen Vereinbarung dem WEG-Verwalter ausgehändigt worden, besteht auch ein direkter Anspruch gegen diesen.[424] Hat der Vermieter eine **Kaution entsprechend § 551 BGB gesondert angelegt,** ist sie gegenständlich vorhanden. In diesem Fall kann der Zwangsverwalter verlangen, dass ihm die entsprechenden Urkunden (Sparbuch, Kontounterlagen) ausgehändigt werden, damit der Zwangsverwalter auf die Kaution zugreifen kann. Wird die Kaution gesondert aufbewahrt, so erfolgt die Vollstreckung gem. § 883 Abs. 1 ZPO. Danach hat der Gerichtsvollzieher dem Vermieter die Kaution wegzunehmen und dem Zwangsverwalter zu übergeben. Wird die Kaution nicht vorgefunden, so hat der Vermieter auf Antrag des Zwangsverwalters zu Protokoll an Eides statt zu versichern, dass die Kaution nicht (mehr) vorhanden ist (§ 883 Abs. 2 ZPO). Der Antrag auf Wegnahme und der Antrag auf Abgabe der eidesstattlichen Versicherung können miteinander verbunden werden. Der Beschluss über die Anordnung der Zwangsverwaltung stellt zusammen mit der Ermächtigung des Zwangsverwalters zur Besitzergreifung einen Vollstreckungstitel dar, aufgrund dessen wegen dieses Anspruchs nach § 883 ZPO vollstreckt werden kann.[425] Erklärt der Vermieter, dass er gegen den Rückzahlungsanspruch aus der Kaution mit Mietforderungen aufgerechnet habe, so stellt sich die Frage, ob der Vermieter im Zwangsvollstreckungsverfahren nach § 883

---

418 *Milger* NJW 2011, 1249 (1253).

419 *Streyl* GuT 2010, 368 (370).

420 BGH VIII ZR 189/09, NJW-RR 2010, 1237 = NZM 2010, 698.

421 BGH VIII ZR 381/03, NJW-RR 2005, 962 = NZM 2005, 639; *Milger* NJW 2011, 1249 (1253).

422 BGH VIII ZR 300/14, NJW-RR 2015, 1493 = NZM 2015, 859; Guhling/Günter/*Hintzen* § 152 ZVG Rn. 25.

423 BGH V ZB 6/05, NJW-RR 2005, 1032 (1033) = NZM 2006, 71 (72) = WuM 2005, 405 (406).

424 *BGH VIII ZR 300/14*, NJW-RR 2015, 1493 (1494) = NZM 2015, 859 (860).

425 BGH V ZB 6/05, NJW-RR 2005, 1032 = NZM 2006, 71 = WuM 2005, 405 (407); BGH I ZB 66/07, NJW 2008, 1598 (1599) = NZM 2008, 478 (479) = WPM 2008, 1076; BGH V ZB 280/10, NJW-RR 2011, 1095.

ZPO weitere Einzelheiten offenbaren muss. Dies wird vom BGH verneint: Nach § 883 Abs. 2 ZPO hat der Schuldner alles anzugeben, was geeignet ist, den Verbleib der herauszugebenden Sache aufzuklären. Weiter reicht § 883 Abs. 2 ZPO nicht. Auch sonst sieht das ZVG einen materiell-rechtlichen Auskunftsanspruch des Zwangsverwalters gegen den Schuldner nicht vor. Eine entsprechende Klage wäre unzulässig.[426]

Befindet sich die **Kaution** nicht in den Händen des Vermieters, sondern **in den Händen eines vom Vermieter mit der Wohnungsverwaltung beauftragten Dritten,** so kann der Zwangsverwalter den Dritten auf Herausgabe der Kaution in Anspruch nehmen. Dies folgt aus der Erwägung dass der Zwangsverwalter alle mit dem Mietverhältnis zusammenhängenden Ansprüche und Forderungen der Haftungsmasse zuzuführen hat; hierzu zählt auch der Anspruch des Vermieters auf die Kaution. Ob er eine auf einem Sonderkonto angelegte Kaution sodann dem Mieter zurückgeben muss, hängt davon ab, ob dem Vermieter aufrechenbare Gegenspüche zustehen.[427]

Hat der Vermieter die erhaltene Kautionssumme **nicht gesondert angelegt,** besteht nur eine Geldforderung. Hier wäre der Beschluss über die Anordnung der Zwangsverwaltung zusammen mit der Ermächtigung zur Besitzergreifung kein ausreichender Vollstreckungstitel, um in das Vermögen des Vermieters zu pfänden.[428] Ggf. kann der Zwangsverwalter den Vermieter verklagen. In der Regel dürfte das aber nicht erfolgversprechend sein. Einige Gerichte bejahen auch einen Anspruch des Mieters gegenüber dem Vermieter darauf, dass dieser die Kaution an den Zwangsverwalter aushändigt.[429]

## II. Insolvenz

### 1. Ausgangslage

99 Ausgangslage für die Vermieter- wie für die Mieterinsolvenz ist § 108 Abs. 1 BGB. Miet- und Pachtverhältnisse bestehen mit Wirkung für die Masse fort. Voraussetzung ist also, dass der Mietvertrag im Zeitpunkt der Insolvenzeröffnung schon geschlossen ist. In der Vermieterinsolvenz verlangt der BGH zusätzlich, dass die Mietsache dem Mieter zu diesem Zeitpunkt auch schon überlassen worden ist.[430] Für die Qualität der Forderungen gelten § 108 Abs. 3 InsO und § 55 Abs. 1 Nr. 2 InsO. Die Abgrenzung zwischen Masseforderung und Insolvenzforderung erfolgt danach, für welche Zeit die Forderung zu erfüllen ist. Dabei bildet die Insolvenzeröffnung die Zäsur.

### 2. Vermieterinsolvenz

100 **Anlage der Kaution.** Wird über das Vermögen des **Vermieters** das **Insolvenzverfahren** eröffnet, kann der Mieter vom Insolvenzverwalter **keine Neubildung** und **getrennte Anlage der Kaution** aus der Insolvenzmasse verlangen. Der Anspruch auf getrennte Anlage war bereits i. S. d. § 108 Abs. 3 InsO für die Zeit vor Insolvenzeröffnung zu erfüllen. Es ist keine Dauerverpflichtung wie etwa die Instandhaltungspflicht.[431] Der Mieter ist also gehalten, von Anfang an sein Zurückbehaltungsrecht an der Kaution bis zum Nachweis der getrennten Anlage auszuüben (→ Rn. 59), wenn er sich für den Fall der Vermieterinsolvenz schützen will. **Rückgewähr der Kaution.** Hatte der Vermieter die Kaution vertragsgemäß **gesondert auf einem Treuhandkonto** entsprechend § 551 BGB angelegt, so hat der Mieter in Bezug auf die Kaution ein **Aussonderungsrecht** (§ 47 InsO) (→ Rn. 60).[432] Dies gilt auch dann, wenn der Vermieter die Kaution zunächst in sein Vermögen überführt und erst später ein Treuhandkonto zugunsten des Mieters errichtet hat.[433] Dieser Anspruch ist allerdings nach § 108 Abs. 1 InsO wie auch sonst erst mit der

---

426 LG Berlin MDR 1993, 274; AG Künzelsau ZfIR 2012, 38.

427 BGH VIII ZR 300/14, NZM 2015, 859.

428 BGH V ZB 6/05, NJW-RR 2005, 1032 = NZM 2006, 71 (72) = WuM 2005, 405 (…); Depré/*Depré* § 152 ZVG Rn. 24.

429 LG Köln WuM 1987, 351; 1990, 427; LG Düsseldorf WuM 1992, 542= ZMR 1992, 549; AG Düsseldorf WuM 1992, 432 = ZMR 1992, 549.

430 BGH IX ZR 185/06, NZM 2007, 883 (885) = ZinsO 2007, 1111 (1114).

431 OLG Hamburg NJW-RR 1990, 213, 214 (noch zu § 21 KO).

432 BGH IX ZR 132/06, NZM 2008, 203 = NJW 2008, 1152 = WuM 2008, 149; *Cymutta* WuM 2008, 441.

433 BayObLG NJW 1988, 1796 = WuM 1988, 205 = ZMR 1988, 253 = DWW 1988, 164; OLG Düsseldorf NJW-RR 1988, 782.

Fälligkeit des Herausgabeanspruchs zu erfüllen. Der Insolvenzverwalter kann die Kaution zur Befriedigung von Vermieteransprüchen verwenden.[434] Der Insolvenzverwalter muss also, wie sonst der Vermieter, über die Kaution abrechnen und einen etwa verbleibenden Rest – aus dem gesondert angelegten Betrag – auskehren. Wenn der Vermieter die Barkaution **nicht auf einem Anderkonto angelegt** hat, hat der Mieter nach herrschender Meinung kein Aussonderungsrecht; vielmehr ist der Rückzahlungsanspruch im Insolvenzverfahren als einfache Insolvenzforderung zu behandeln.[435] Dieser Ansicht ist zuzustimmen. Eine nicht vollzogene Treuhandabrede begründet nur schuldrechtliche Schadensersatzansprüche aber keine Zuordnung des nicht getrennten Betrags zu einem fremden Vermögen.[436] Allerdings kann der Mieter **vertragliche und deliktische** (§ 823 Abs. 2 BGB, § 266 StGB) **Schadenersatzansprüche** gegen den Insolvenzschuldner (Vermieter) wegen Verletzung der Anlagepflicht geltend machen (→ Rn. 61). Die deliktischen Ansprüche sind insbes. dann von Bedeutung, wenn die Wohnung von einer juristischen Person vermietet worden ist und die Schadenersatzsumme wegen der Zahlungsunfähigkeit des Vermieters nicht beigetrieben werden kann; hier haftet der gesetzliche Vertreter der Vermietungsgesellschaft persönlich, wenn ihm die gesetzeswidrige Verfügung zuzurechnen ist. Bei natürlichen Personen unterliegt die deliktische Forderung, wenn der Vermieter vorsätzlich gehandelt hat, bei entsprechender Anmeldung nicht der **Restschuldbefreiung** (§ 302 Nr. 1 InsO).

Hat der Mieter seine **Sparforderung verpfändet** oder sicherungsübereignet, so hat er in der Insolvenz des Vermieters ebenfalls ein **Aussonderungsrecht.** Ein Absonderungsrecht nach § 50 InsO kommt nicht in Betracht.[437] Der Mieter ist nämlich nicht Pfandgläubiger (Sicherungsnehmer), wie es § 50 InsO voraussetzt, sondern Verpfänder (Sicherungsgeber). Die Sparforderung ist ein gesondert angelegter Vermögensgegenstand, der nicht in die Masse fällt.

**101** **Veräußerung der Immobilie.** Ist die **Kaution in der Insolvenz des Eigentümers und Vermieters untergegangen,** und veräußert der Insolvenzverwalter die Immobilie, tritt nunmehr der Erwerber in das Mietverhältnis ein (§ 111 InsO). § 566 a BGB gilt unmittelbar. Der Erwerber muss die Kaution abrechnen und zurückgewähren, auch wenn er sich vom Insolvenzverwalter nicht erhalten hat.[438] Wie bei der Zwangsverwaltung gilt, dass der Erwerber seinerseits die Kaution dann vom Insolvenzverwalter herausverlangen kann, wenn sie gesondert nach § 551 Abs. 3 S. 1 angelegt war. Die Gegenauffassung meint, eine Erwerberhaftung gebe es nicht, der Mieter habe eben nur eine Insolvenzforderung. Bei Anwendung des § 566 a BGB werde aber mittelbar doch die Masse belastet, weil der Erwerber die Kaution vom Kaufpreis abziehen werde.[439] Diese Aussage ist zwar richtig, der Gesetzgeber hat diese Konsequenz aber mit der Schaffung des § 566 a BGB gewollt. Letztlich ist die Erwerberhaftung wie eine Belastung des Grundstücks zu sehen.[440] Seinerseits hat der Erwerber analog §§ 566 a, 812 BGB einen Anspruch gegen den Veräußerer auf Aushändigung der vom Mieter gezahlten Kaution.[441] Der Erwerber hat sodann die Wahl, ob er die Kautionssumme gesetzeskonform anlegt oder an den Mieter zurückzahlt.[442] Der Anspruch des Erwerbers richtet sich gegen den Insolvenzverwalter, nach Aufhebung des Insolvenzverfahrens gegen dem vormaligen Vermieter (Insolvenzschuldner). Er ist in jedem Fall Insolvenzforderung.

Hat der Mieter die Kaution an eine vom Vermieter beauftragte **Hausverwaltung** gezahlt so ist zu unterscheiden: Wurde die Kaution auf ein Konto des Vermieters gezahlt oder überwiesen, so spielt die **Insolvenz der Hausverwaltung** für den Anspruch des Mieters auf die Kaution keine Rolle. Wurde die Kaution offen und getrennt vom übrigen Vermögen der Hausverwaltung

---

[434] *Cymutta* WuM 2008, 441.

[435] BGH IX ZR 132/06, NZM 2008, 203 = NJW 2008, 1152 = WuM 2008, 149; OLG Hamburg NJW-RR 1990, 213 = WuM 1990, 5 = ZMR 1990, 103; OLG München ZMR 1990, 413; OLG Schleswig ZIP 1989, 252 = EWiR 1989, 185 mAnm *Eckert; Timme* NZM 2008, 429; *Cymutta* WuM 2008, 441; MüKoInsO/ *J.F. Hoffmann* InsO § 108 Rn. 87; Palandt/*Weidenkaff* BGB § 551 Rn. 12; *Jakoby* ZMR 2015, 1 (3); aA *Derleder* NZM 2004, 568 (578).

[436] BGH IX ZR 132/06, NZM 2008, 203 = NJW 2008, 1152 = WuM 2008, 149.

[437] **AA** *Cymutta* WuM 2008, 441; ebenso Schmidt-Futterer/*Blank*, 14. Aufl. 2019, Rn. 116.

[438] BGH XII ZR 13/10, NZM 2012, 344 = NJW 2012, 1353 = WuM 2012, 278; MüKoBGB/*Häublein* BGB § 566 a Rn. 15.

[439] Jaeger InsO/*Jaeger* InsO § 111 Rn. 20; MüKoInsO/*Schmidt* InsO § 111 Rn. 18; *Jacoby* ZMR 2015, 1 (5); *Cymutta* WuM 2008, 441 (442).

[440] *MüKo/Häublein BGB* § 566 a Rn. 15; BGH XII ZR 13/10, NZM 2012, 344 = NJW 2012, 1353 (1354) = WuM 2012, 278.

[441] LG Wuppertal WuM 2015, 731.

[442] LG Wuppertal WuM 2015, 731.

angelegt (offenes Treuhandkonto), so steht dem Mieter ein Aussonderungsrecht zu.[443] Hat die Hausverwaltung die Kaution nicht ordnungsgemäß angelegt, ist der Mieter in der Regel nicht betroffen. Sein Vertragspartner bleibt der Vermieter. Dort kann er weiterhin Anlage der (weisungsgemäß an die Hausverwaltung) gezahlten Kaution fordern und bis zur Anlage eines entsprechenden Betrags die laufenden Mieten zurückhalten. In diesem Fall muss sich der Vermieter mit der Hausverwaltung auseinandersetzen und hat dort nur einen Schadensersatzanspruch als Insolvenzforderung. Nur wenn – ausnahmsweise – der Vertrag über die Sicherung direkt mit der Hausverwaltung geschlossen wurde, trägt der Mieter das Insolvenzrisiko bei Veruntreuung der Kaution.[444]

### 3. Zusammentreffen von Vermieterinsolvenz und Zwangsverwaltung

102 Der Zwangsverwalter tritt nach der Rechtsprechung des BGH auch dann in den Mietvertrag ein, wenn parallel ein Insolvenzverfahren über das Vermögen des Vermieters eröffnet ist oder wird.[445] Der Zwangsverwalter muss – wie sonst auch – die Kaution bilden und anlegen, dem Mieter steht ein entsprechendes Zurückbehaltungsrecht zu (→ Rn. 96). Das bedeutet, dass der Mieter insoweit im Verhältnis zu den anderen Insolvenzgläubigern besser gestellt wird. Er erhält – vom Zwangsverwalter – volle Befriedigung, obwohl der Anspruch aus § 551 Abs. 3 BGB nur eine Insolvenzforderung ist. Aus diesem Grunde wird die Ansicht vertreten, dass der Zwangsverwalter im Falle der Vermieterinsolvenz nur die Masseverbindlichkeiten voll befriedigen darf.[446] Dem BGH ist zuzustimmen, die Zwangsverwaltung und Insolvenzverfahren stehen nebeneinander. Die Regelung in § 152 Abs. 2 ZVG wird durch das Insolvenzverfahren nicht verdrängt. Anders als der Insolvenzverwalter tritt der Zwangsverwalter in dem gesamten Mietvertrag ein. Die Zäsur der Insolvenzeröffnung (§ 108 Abs. 1 InsO) gilt nur für den Insolvenzverwalter.

### 4. Mieterinsolvenz.

103 **Anspruch auf Einzahlung der Kaution.** In der **Insolvenz des Mieters** kann der Vermieter bis zur Eröffnung des Insolvenzverfahrens den Anspruch auf die Kaution unbeschränkt geltend machen.[447] Teilweise wird vertreten, dass der Kautionsanspruch nach der Verfahrenseröffnung Insolvenzforderung sei, so dass der Vermieter – nach Anmeldung der Forderung zur Insolvenztabelle – Anspruch auf die Quote habe.[448] Dagegen ist einzuwenden, dass die Kaution lediglich Sicherungsmittel ist und nicht zur Befriedigung des Vermieters dient. Deshalb spricht mehr für die Ansicht, dass der Kautionsanspruch nach der Eröffnung des Insolvenzverfahrens weder als Insolvenz- noch als Masseforderung geltend gemacht werden kann.[449] Die Insolvenzordnung gibt den Gläubigern, die noch keine Sicherung erlangt haben, keine Möglichkeit, diese Sicherung im Insolvenzverfahren noch zu erlangen. Erst wenn der Insolvenzverwalter die Enthaftungserklärung nach § 109 Abs. 1 S. 2 InsO abgegeben hat, kann der Vermieter den Mieter wieder auf Einzahlung in Anspruch nehmen.[450] Das Gleiche gilt nach Beendigung des Insolvenzverfahrens. Der Anspruch unterliegt auch nicht der Restschuldbefreiung nach § 301 Abs. 1 InsO, eben weil der Vermieter mit diesem Anspruch kein Insolvenzgläubiger war.

**Anspruch auf Rückzahlung der Kaution.** Endet das Mietverhältnis stellt sich zunächst die Frage nach der **Aktivlegitimation** also die Frage, wer Inhaber des Rückzahlungsanspruchs ist. Mit **Insolvenzeröffnung** setzt der Vermieter das Mietverhältnis auf Mieterseite fort (§ 108 Abs. 1 InsO). Damit steht zunächst auch der Anspruch auf Kautionsrückzahlung der **Masse** zu. Das bleibt auch dauerhaft so, wenn der Insolvenzverwalter die Freigabeerklärung nach § 109 Abs. 1 S. 2 InsO versäumt.[451] Es ändert sich aber mit dem Wirksamwerden der **Freigabeerklärung** nach § 109 Abs. 1 S. 2 InsO. Die Erklärung nach § 109 Abs. 1 S. 2 BGB bewirkt nach der Rechtsprechung des BGH, dass das Mietverhältnis tatsächlich freigegeben wird. Der Mieter erlangt seine Verwaltungs-

---

[443] *Cymutta* WuM 2008, 441.
[444] *Cymutta* WuM 2008, 441.
[445] BGH VIII ZR 336/08, NZM 2009, 815 = NJW 2009, 3505 = WuM 2009, 668.
[446] *Jakoby* ZMR 2015, 1 (4).
[447] *Flatow* NZM 2011, 607 (617).
[448] *Horst* ZMR 2007, 167 (174).
[449] *Flatow* NZM 2011, 607 (618).
[450] *Flatow* NZM 2011, 607 (618).
[451] So wohl der Fall BGH IX ZB 7/17, NJW-RR 2019, 586 = NZM 2019, 367 = WuM 2019, 267.

und Verfügungsbefugnis über den Vertrag vollständig zurück.[452] Das bedeutet, dass auch der Anspruch auf Rückzahlung der Kaution beschlagnahmefrei wird.[453] Diese Auslegung entspricht zwar nicht dem Wortlaut des § 109 Abs. 1 S. 2 InsO, der nur die Passivseite regelt. Nach der Vorschrift können ausdrücklich nur Ansprüche gegen den Mieter nicht mehr im Insolvenzverfahren geltend gemacht werden. Auch wenn § 109 Abs. 1 S. 2 InsO als umfassende zeitliche Zäsur verstanden wird, wäre der Anspruch auf Rückzahlung der Kaution, der (aufschiebend bedingt) schon mit ihrer Einzahlung entsteht, der Masse zuzuweisen.[454] Für die Auffassung des BGH spricht freilich, dass es in der Praxis schwer umsetzbar wäre, Aktiva und Passiva in der Parteienzuständigkeit unterschiedlich zu behandeln. Ebenso spricht dafür, dass so ein Gleichlauf von § 35 Abs. 2 InsO (Freigabe der Selbständigkeit) und § 109 Abs. 1 S. 2 InsO erreicht wird.[455] Wird der Vermieter in einem solchen Fall trotz der BGH-Entscheidung sowohl vom Treuhänder als auch vom Mieter auf Rückzahlung in Anspruch genommen, so kann er die Kaution hinterlegen.

**Verrechnungsmöglichkeiten des Vermieters.** Der Vermieter behält in jeder Phase die gleichen Verrechnungsmöglichkeiten wie auch außerhalb der Insolvenz. Durch die Kaution soll der Vermieter gerade gegen das Insolvenzrisiko des Mieters abgesichert werden.[456] Der Rückzahlungsanspruch wird in jedem Fall nur insoweit fällig, wie das Sicherungsbedürfnis entfallen ist (→ Rn. 88). Es gibt auch keine Beschränkung auf Forderungen, die jünger als ein Jahr sind. Diese Beschränkung gilt nach § 50 Abs. 2 BGB nur für das gesetzliche Vermieterpfandrecht (§ 562 BGB), nicht für die vertraglich vereinbarte Kaution. Das gilt auch dann wenn als Kaution ein Sparguthaben verpfändet wird.

## G. Preisgebundener Wohnraum

104 Bei preisgebundenem Wohnraum, für den die Kostenmiete gilt, ist eine Kautionsabrede nur zulässig, wenn sie dazu bestimmt ist, Ansprüche des Vermieters aus Schäden an der Wohnung oder aus unterlassenen Schönheitsreparaturen zu sichern (§ 9 Abs. 5 WoBindG). Eine auf Grund einer unzulässigen Abrede geleistete Kaution kann der Mieter nach § 9 Abs. 7 WoBindG zurückfordern. Diese Vorschrift ist gegenüber den §§ 812ff. BGB lex specialis. Insbesondere sind die §§ 814, 817 S. 2, § 818 S. 3 BGB unanwendbar.[457] Der Vermieter kann mit Forderungen außerhalb des § 9 Abs. 5 WoBindG gegenüber dem Rückzahlungsanspruch des Mieters nicht aufrechnen (→ Rn. 3).

## H. Gewerbemiete

105 Auf Geschäftsraummietverhältnisse ist § 551 BGB weder unmittelbar noch entsprechend anwendbar. Daraus folgt zunächst, dass die Parteien die **Höhe der Kaution** – bis zur Grenze der §§ 137, 138 BGB[458] – frei vereinbaren können.[459] Die Vereinbarung einer **Nachschusspflicht** – bspw. für den Fall einer Mieterhöhung – ist möglich. Nach der Auffassung des OLG Düsseldorf[460] kann sich eine solche Nachschusspflicht sogar aus den Umständen ergeben (bei langer Vertragslaufzeit und im Voraus vereinbarten Mieterhöhungen). Die Kaution ist **in voller Höhe sofort fällig** (§ 271 BGB).[461] Dem Gewerbemieter steht kein Recht auf Ratenzahlung zu. Es kann vereinbart

---

452 BGH IX ZB 45/15, NZM 2017, 437 = NJW 2017, 1747 = WuM 2017, 296 (297); BGH IX ZR 136/13, NZM 2014, 552 = NJW 2014, 2585 = WuM 2014, 411.

453 BGH IX ZB 45/15, NZM 2017, 437 = NJW 2017, 1747 = WuM 2017, 296; ebenso schon BGH IX ZR 136/13, NZM 2014, 552 = NJW 2014, 2585 = WuM 2014, 411 (für ein Nebenkostenguthaben); a**A** *Lüke* PiG 70 (2004) 165 (168); *Cymutta* WuM 2008, 441 (443); MüKoInso/*Eckert*/*J.F.Hofmann* InsO § 109 Rn. 61; Jaeger InsO/*Jacoby* InsO § 109 Rn. 53.

454 Jaeger InsO/*Jaeger* InsO § 109 Rn. 53.

455 BGH IX ZR 136/13, NZM 2014, 552 (554) = NJW 2014, 2585 (2588) = WuM 2014, 411 (414).

456 *Flatow* NZM 2011, 607 (618); MüKoInsO/*Eckert* InsO § 109 Rn. 33; **aA** *Heinze* ZInsO 2010, 1073 (1076).

457 *Bellinger* WuM 2007, 177 (178).

458 *Heintzmann* WiB 1995, 569 (571).

459 OLG Brandenburg ZMR 2006, 854; Lindner-Figura/Oprée/Stellmann Geschäftsraummiete AGB-Ampel/*Moeser* Kap. 12 Rn. 35, 36; Guhling/Günter/*Geldmacher* Anh. zu BGB §§ 562–562d Rn. 16, 17.

460 OLG Düsseldorf BB 1994, 1814.

461 Guhling/Günter/*Geldmacher* Anh. zu BGB §§ 562–562d Rn. 23; Linder-Figura/Oprée/Stellmann Geschäftsraummiete AGB-Ampel/*Moeser* Kap. 12 Rn. 58.

werden, dass die **Kaution** bereits **vor der Übergabe** zu erbringen ist[462] oder dass die Übergabe von der Zahlung der Kaution abhängen soll. Wird die Kaution nicht geleistet, so steht dem Vermieter ein Zurückbehaltungsrecht hinsichtlich der Überlassungspflicht zu.[463] Der **Mieter** hat auch dann **kein Zurückbehaltungsrecht** an der Kaution (§ 273 BGB), wenn ihm die Mietsache in einem vertragswidrigen Zustand angeboten wird.[464] Da die Sicherheitsleistung der Absicherung des Anspruchs des Vermieters auf künftige Leistungen dient, kann das Sicherungsinteresse auch schon vor Übergabe der Mietsache vorliegen.[465] Etwas anderes muss allerdings dann gelten, wenn der Vermieter die Mangelbeseitigung endgültig und bestimmt verweigert und der Mieter aus diesem Grund noch vor Überlassung der Mietsache vom Vertrag zurücktritt oder – nach seiner Wahl[466] – die fristlose Kündigung erklärt. Beim Rücktritt wird die Einzahlungspflicht undurchsetzbar, bei der berechtigten fristlosen Kündigung ist das Verlangen nach Zahlung der Kaution treuwidrig. Wegen der Kündigung bei Nichtzahlung der Kaution → BGB § 543 Rn. 247). Auch die Frage der **Verzinsungspflicht** kann von den Parteien nach Belieben geregelt werden. Eine vertragliche Regelung über eine Verzinsung oder die Begründung einer Verpflichtung zur zinsbringenden Anlage ist ebenso möglich, wie ein Verzinsungsausschluss. Fehlt eine ausdrückliche Regelung, so ergibt sich eine Verzinsungspflicht zu den für Spareinlagen mit dreimonatiger Kündigungsfrist üblichem Zinssatz im Wege der ergänzenden Vertragsauslegung.[467] Wird die Kaution in diesem Fall nicht verzinslich angelegt, so schuldet der Vermieter Schadenersatz in Höhe der nicht erwirtschafteten Zinsen. Fraglich ist, ob ein **Verzinsungsausschluss** auch formularmäßig vereinbart werden kann. Der BGH hat diese Frage in dem Urteil v. 21.9.1994[468] offen gelassen. Nach der hier vertretenen Auffassung ist ein Verzinsungsausschluss in AGB wirksam.[469] Das gesetzliche Leitbild sieht gerade nur für die Wohnraummiete eine Verzinsung zwingend vor, in der Gewerbemiete bedarf es der ergänzenden Vertragsauslegung. Dann stellt es keine unangemessene Benachteiligung dar, wenn an die Stelle der vertraglichen Lücke eine ausdrückliche Regelung gegen eine Verzinsung – auch in AGB – erfolgt. Der BGH hat für Altverträge aus der Zeit, in der das Gesetz noch keine Verzinsung vorgab, auch für Wohnraum einen formularmäßigen Ausschluss der Verzinsung zugelassen.[470] Nichts Anderes gilt heute in der Gewerbemiete.[471] In der Regel wird es dem Sicherungsbedürfnis beider Parteien entsprechen, wenn die Kaution auf einem **Sonderkonto angelegt** wird. Deshalb ist der Mietvertrag beim Fehlen einer vertraglichen Regelung dahingehend auszulegen, dass die Anlage auf einem Sonderkonto erfolgen soll[472] und dass die Zinsen die Sicherheit erhöhen. Gleiches gilt, wenn die Parteien eine Verzinsungspflicht vereinbart haben, der Vertrag aber keine Regelungen über die Art der Anlage enthält. Ein **formularmäßiger Ausschluss der Anlagepflicht** wäre unangemessen i. S. d. § 307 BGB.[473]

---

462 KG GE 2008, 670; Lindner-Figura/Oprée/Stellmann Geschäftsraummiete/*Moeser* Kap. 12 Rn. 58.

463 BGH XII ZR 32/97, NZM 1998, 766; KG GE 2008, 670; Lindner-Figura/Oprée/Stellmann Geschäftsraummiete/*Moeser* Kap. 12 Rn. 62; Guhling/Günter/*Geldmacher* Anh. §§ 562–562d BGB Rn. 23.

464 BGH XII ZR 255/04, NJW-RR 2007, 884 = NZM 2007, 401 = GuT 2007, 128; Lindner-Figura/Oprée/Stellmann Geschäftsraummiete AGB-Ampel/*Moeser* Kap. 12 Rn. 56.

465 BGH XIIZR 255/04, NJW-RR 2007, 884 = NZM 2007, 401 = GuT 2007, 128.

466 Dazu Bub/Treier MietR-HdB/*Fleindl* Kap. IV Rn. 476; LG München ZMR 2013, 543.

467 BGH XII ZR 77/93, BGHZ 127, 138 = NJW 1994, 3287; OLG Koblenz DWW 1993, 332 = ZMR 1993, 565 = WuM 1993, 667; OLG Düsseldorf NJW-RR 1993, 709 = ZMR 1993, 219; **aA** LG Berlin GE 1994, 765; Lindner-Figura/Oprée/Stellmann Geschäftsraummiete AGB-Ampel/*Moeser* Kap. 12 Rn. 87.

468 BGH NJW 1994, 3287.

469 Ebenso Fritz GewerberaumMietR Rn. 142; Bub/Treier MietR-HdB/*Bub* Kap. II Rn. 1257; Lindner-Figura/Oprée/Stellmann Geschäftsraummiete AGB-Ampel/*Moeser* Kap. 12 Rn. 108; **aA** Sternel MietR, 1988, Kap. III Rn. 232; Wolf/Eckert/Ball MietR-HdB Rn. 792 (Ausnahme: bei Vertragsschluss vor 1983); Schmidt-Futterer/*Blank*, 14. Aufl. 2019, Rn. 118; offen gelassen bei BeckOK BGB/*Wiederhold* BGB § 551 Rn. 49.

470 BGH VIII ZR 92/17, NZM 2019, 212 = NJW-RR 2018, 1485 = WuM 2018, 752.

471 Guhling/Günter/*Geldmacher* Anh. zu BGB §§ 562–562d Rn. 51, 51a.

472 OLG Düsseldorf NJW-RR 1993, 709 = ZMR 1993, 219; OLG Frankfurt a. M. WuM 1989, 138 = ZMR 1990, 9 (bei einer Vereinbarung „Anlage auf einem Sparkonto"); KG GE 1998, 1337; *Heintzmann* WiB 1995, 569 (570); *Kluth/Grün* NZM 2002, 1015; Staudinger/*Emmerich* BGB § 551 Rn. 35; Lindner-Figura/Oprée/Stellmann Geschäftsraummiete AGB-Ampel/*Moeser* Kap. 12 Rn. 100ff.; für den Regelfall eines handelsüblichen Formulars auch Guhling/Günter/*Geldmacher* Anh. zu BGB §§ 562–562d Rn. 56f; **aA** Bub/Treier MietR-HdB/*v. Martius* Kap. III Rn. 790; Erman/*Lützenkirchen* BGB § 551 Rn. 39 Bamberger/Roth/*Ehlert* BGB § 551 Rn. 47.

473 Lindner-Figura/Oprée/Stellmann Geschäftsraummiete AGB-Ampel/*Moeser* Kap. 12 Rn. 101; Guhling/Günter/*Geldmacher* Anh. zu BGB §§ 562–562d Rn. 59.

Für den **Zugriff auf die Kaution während der Mietzeit** und für die Abrechnung bei Vertragsende → Rn. 82, 83. Die Kaution unterliegt auch bei der Gewerbemiete oder der Pacht einer treuhänderischen Zweckbindung. Deshalb kann der Vermieter den Kautionszahlungsanspruch nicht an einen Dritten abtreten.[474] Abweichende Vereinbarungen sind aber möglich. Ist vereinbart, dass die Kaution zur freien Verfügung des Vermieters stehen soll, kann dieser auch während der Mietzeit wegen streitiger Forderungen auf die Kaution zurückgreifen.

[474] OLG Düsseldorf GE 2000, 342 (343).

# § 552 Abwendung des Wegnahmerechts des Mieters

**(1) Der Vermieter kann die Ausübung des Wegnahmerechts (§ 539 Abs. 2) durch Zahlung einer angemessenen Entschädigung abwenden, wenn nicht der Mieter ein berechtigtes Interesse an der Wegnahme hat.**

**(2) Eine Vereinbarung, durch die das Wegnahmerecht ausgeschlossen wird, ist nur wirksam, wenn ein angemessener Ausgleich vorgesehen ist.**

## Systematische Übersicht



## Alphabetische Schnellübersicht



## A. Allgemeines

§ 552 BGB bezieht sich auf das in **§ 539 Abs. 2 BGB** geregelte Wegnahmerecht des Mieters. Abs. 1 enthält eine Einschränkung dieses Rechts, indem er dem Vermieter unter bestimmten Voraussetzungen eine Abwendungsbefugnis zuspricht, Abs. 2 sichert das Wegnahmerecht gegen abweichende vertragliche Vereinbarungen. Beide Regelungen stammen aus dem **2. Mietrechtsänderungsgesetz** von 1964.[1] Die Mietrechtsreform hat sie unter für das Normverständnis irrelevanten sprachlichen Änderungen von § 547 a Abs. 2, 3 aF BGB nach § 552 BGB verschoben. 1

Die Vorschrift gilt gemäß ihrer systematischen Stellung im Untertitel 2. für die **Wohnraummiete.** § 552 Abs. 1 BGB ist nach § 578 Abs. 2 BGB aber auch auf die **Miete sonstiger Räume** anwendbar. Eine darüber hinausgehende Anwendung der Norm auf andere Mietverhältnisse ist nach allgM ausgeschlossen, was überzeugt, weil eine Analogie an der Planmäßigkeit der Gesetzeslücke scheitert.[2] Sind Grundstücksflächen Bestandteil eines Raummietvertrags, ist § 552 BGB auf Einrichtungen in den angemieteten Räumen beschränkt.[3] Dies folgt aus den Grundsätzen des gemischten Vertrags[4], weil bei § 552 BGB eine Anwendung des dortigen spezifischen Raumrechts nur auf die gemieteten Räume problemlos möglich ist (sog. Kombinationsmethode). Praxisrelevant ist dies etwa für Pflanzen im Garten, bei denen § 552 BGB keine Abwendungsbefugnis gewährt. 2

---

[1] BGBl. 1964 I 457.

[2] Vgl. etwa OLG Stuttgart CuR 2020, 73; LG Braunschweig ZMR 2008, 453.

[3] OLG Köln ZMR 1994, 509; Lützenkirchen MietR/*Lützenkirchen* BGB § 552 Rn. 12; **aA** MüKoBGB/*Bieber* § 552 Rn. 3; Spielbauer/Schneider/*Kellendorfer* BGB § 552 Rn. 4.

[4] Siehe allg. MüKoBGB/*Häublein* Vor § 535 Rn. 30.

### B. Abwendungsbefugnis (Abs. 1)

**3** Die Gesetzesmaterialien sind mit Blick auf den **Zweck** von § 552 Abs. 1 BGB unergiebig.[5] Der dortige Hinweis auf „übliche Vertragsklauseln" vermag ein Tätigwerden des Gesetzgebers nämlich nicht zu rechtfertigen. Da die Abwendungsbefugnis den Vermieter begünstigt, dient sie dem Schutz seiner Interessen. Diese liegen nach hier vertretener Ansicht darin, das Eigentum an den Einrichtungen nicht über § 539 Abs. 2 BGB an den Mieter zu verlieren. Wendet man mit der hM (→ BGB § 539 Rn. 57 a) § 539 Abs. 2 BGB hingegen auch auf Mietereigentum an, dient § 552 Abs. 1 BGB nicht der Konservierung des eigentumsrechtlichen status quo. Auf Basis der hM gibt die Norm dem Vermieter vielmehr das Recht, seine Vermögenssphäre zu Lasten des Mieters zu erweitern. Eine überzeugende Rechtfertigung hierfür ist nicht ersichtlich. Zwar kann die Entfernung der Mietereinrichtung die Mietsache beschädigen, indes ist der Mieter zur Folgenbeseitigung verpflichtet (→ BGB § 539 Rn. 48). Es bleibt nur das Nutzungsinteresse des Vermieters, das allerdings eine gesetzliche Pflicht des Mieters, Eigentum zu überlassen, schon wegen des damit verbundenen Eingriffs in die Privatautonomie nicht zu rechtfertigen vermag. Hinzu kommt, dass die methodische Umsetzung eines solchen Vermieterrechts alles andere als problemlos funktioniert (→ Rn. 17). Beide Aspekte stützen daher die Erkenntnis, das die Erstreckung des Wegnahmrechts aus § 539 Abs. 2 BGB auf Mietereigentum ein Irrweg ist.

**4** Der **Rechtsnatur** von § 552 Abs. 1 BGB wird meist keine nähere Aufmerksamkeit geschenkt. Da die Vorschrift dem Vermieter ein Verteidigungsmittel gewährt, handelt es sich um ein Gegenrecht in der Form eines Gestaltungsrechts.[6] Das Gestaltungsrecht ist Teil des Mietvertrags und geht daher nach **§ 566 BGB** – oder nach anderen, identisches anordnenden Normen (→ BGB § 566 Rn. 42 f.) – auf den Erwerber über. Ist das Gestaltungsrecht vor der Veräußerung ausgeübt worden, verbleibt die Zahlungspflicht (→ Rn. 14) beim Veräußerer (Fälligkeitsprinzip, → BGB § 566 Rn. 86).

**5** Der Mieter ist kraft Gesetzes nicht verpflichtet, den Vermieter über die Ausübung des Wegnahmerechts vorab zu informieren.[7] Eine solche **Anzeigepflicht** wurde im Gesetzgebungsverfahren nämlich erwogen, dann aber verworfen.[8] Schon dies spricht gegen eine entsprechende Nebenpflicht (§ 241 Abs. 2 BGB); hinzu kommt, dass der Vermieter seine Rechte auch ohne Information des Mieters wahrnehmen kann, da seine Abwendungsbefugnis nicht etwa erst durch die Wegnahme ausgelöst wird. Eine Anzeigepflicht kann vertraglich vereinbart werden. Dies gilt wegen der geringen Belastung des Mieters auch für Vermieter-AGB.[9] Den Vermieter trifft nach zutreffender allgM **keine Übernahmepflicht;** macht der Vermieter von seiner Abwendungsbefugnis keinen Gebrauch, richtet sich ein Zahlungsanspruch des Mieters daher allein nach **§ 539 Abs. 1 BGB.** Zum Verhältnis zwischen dieser Norm und § 552 Abs. 1 BGB → BGB § 539 Rn. 3.

### I. Gegenständlicher und zeitlicher Anwendungsbereich

**6** Die Abwendungsbefugnis des Vermieters betrifft alle **Einrichtungen,** die nach § 539 Abs. 2 BGB mit einem Wegnahmerecht des Mieters belastet sind. Der Anwendungsbereich von § 552 Abs. 1 BGB folgt mithin dem des § 539 Abs. 2 BGB, weshalb wegen der Details auf die dortige Kommentierung zu verweisen ist.

**7** Das Abwendungsrecht **entsteht** mit Vertragsbeginn; der Vermieter kann es also bereits während der Mietzeit ausüben.[10] Es **erlischt** mit Blick auf seinen Zweck nicht mit Vertragsende[11], weil die Abwendungsbefugnis typischerweise in der Abwicklungsphase praktisch bedeutsam ist. Als Gestaltungsrecht (→ Rn. 4) unterliegt es nicht der Verjährung und es fehlt an einer gesetzlichen Befristung. Seine Verbindung mit dem Wegnahmerecht führt aber dazu, dass es seine praktische Bedeutung verliert, sobald der Anspruch aus § 539 Abs. 2 BGB nach § 548 Abs. 2 BGB verjährt ist (dazu

---

[5] BT-Drs. IV/806, 9.
[6] *Bruns* NZM 2016, 468 (471); *Olivet* ZMR 1979, 321 (323).
[7] OLG Köln ZMR 1994, 509; Blank/Börstinghaus/*Blank* BGB § 552 Rn. 3; Staudinger/*Emmerich* BGB § 552 Rn. 5; **aA** *Bruns* NZM 2016, 468 (469).
[8] Bericht des Rechtsausschusses zu BT-Drs. IV/2195, 3.
[9] ***AA*** *Staudinger/Emmerich BGB* § 552 Rn. 5.
[10] Spielbauer/Schneider/*Kellendorfer* BGB § 552 Rn. 4; Bub/Treier MietR-HdB/*Emmerich* Kap. V Rn. 348; **aA** Staudinger/*Emmerich* BGB § 552 Rn. 3, erst ab Rückgabe.
[11] OLG Naumburg ZMR 2018, 748.

→ BGB § 539 Rn. 60). Hat der Mieter die Einrichtung getrennt, erlischt das diesbezügliche Abwendungsrecht aus § 552 Abs. 1 BGB[12], was aus seiner Funktion als Gegenrecht (→ Rn. 4) folgt.

### II. Berechtigtes Gegeninteresse des Mieters

Das Abwendungsrecht des Vermieters besteht nicht, wenn der Mieter ein berechtigtes Interesse an der Wegnahme hat. Es handelt sich um eine **Einwendung**[13], für die der Mieter die Darlegungs- und Beweislast trägt (→ Rn. 18). Nicht ausreichend ist – entgegen einer verbreiteten Meinung[14] – das bloße wirtschaftliche Interesse an Nutzung oder Verwertung der Einrichtung, weil dieses nach der gesetzlichen Wertung allein durch die Entschädigungsleistung berücksichtigt wird. In Betracht kommen aber sämtliche anderen (immateriellen) Gründe, insbes. ein Affektionsinteresse.[15] Gerichtliche Anwendungsbeispiele sind nicht bekannt, was verdeutlicht, dass die Einwendung keine nennenswerte praktische Bedeutung hat. 8

### III. Ausübung des Abwendungsrechts

Das Abwendungsrecht aus § 552 Abs. 1 BGB greift nicht automatisch, sondern bedarf der Ausübung. Denn es liegt im Ermessen des Vermieters, ob er von seinem Gestaltungsrecht Gebrauch macht. Der Wortlaut legt nahe, dass die Ausübung allein durch Zahlung der angemessenen Entschädigung, also per Realakt, erfolgt. Das kann aber schon deshalb nicht überzeugen, weil dann meist unklar bliebe, ob und mit Blick auf welche Einrichtung der Vermieter von seiner Abwendungsbefugnis Gebrauch gemacht hat. Es bedarf daher einer **Ausübungserklärung,** aus der sich die Antwort auf diese Frage ergibt.[16] Dies entspricht iErg der Rspr. des BGH[17], der aber – ebensowenig wie große Teile der Lit. – dem rechtsgeschäftlichen Charakter der Ausübung des Abwendungsrechts keine Beachtung schenkt. Die Wirksamkeit der Ausübungserklärung richtet sich nach den allgemeinen Regeln über die Willenserklärung. Daneben ist zu beachten, dass eine Gestaltungserklärung die intendierte Rechtsfolge hinreichend klar zum Ausdruck bringen muss.[18] Der Ausübungserklärung muss sich daher jedenfalls durch Auslegung entnehmen lassen, welche Einrichtungsgegenstände vom Abwendungsrecht betroffen sein sollen. Erklärt der Vermieter, er werde keine Entschädigung leisten, steht dies einer wirksamen Ausübungserklärung regelmäßig nicht entgegen, weil die Zahlungspflicht – dazu sogleich – aus dem Gesetz folgt (protestatio facto contraria non valet).[19] 9

§ 552 Abs. 1 BGB verlangt die **Zahlung** der angemessenen Entschädigung. Die Bedeutung ist umstritten: Vereinzelt wird die Ausübung des Gestaltungsrechts hieran geknüpft[20]; andere Autoren halten ein einfaches Zahlungsangebot für ausreichend.[21] Verbreitet wird einschränkend ein den Annahmeverzug begründendes Zahlungsangebot verlangt.[22] Zu folgen ist der Ansicht, nach der die Zahlung oder ihr Angebot für die Ausübung des Abwendungsrechts **keine Rolle** spielen.[23] Denn die Bestimmung der Angemessenheit der Entschädigung ist häufig mit Schwierigkeiten verbunden. Es überzeugt nicht, diese Unsicherheit auf die Ausübung des Gestaltungsrechts durchschlagen zu lassen. Denn die Abwendung des Wegnahmrechts wirkt sich auch auf die Eigentumszuordnung aus (→ Rn. 17) und diese darf nicht mit der Frage belastet werden, ob die geleistete/angebotene Entschädigung angemessen ist oder nicht. Hinzu kommt, dass das Wegnahmerecht letztlich dazu dient, den Mieter, der einen Aufwendungsersatz nach § 539 Abs. 1 BGB nicht zu erwarten hat, zu schüt- 10

---

12 Bub/Treier MietR-HdB/*Emmerich* Kap. V Rn. 350; Palandt/*Weidenkaff* BGB § 552 Rn. 2.

13 **AA** Lützenkirchen MietR/*Lützenkirchen* BGB § 552 Rn. 24, der iErg von einem Gegengestaltungsrecht ausgeht.

14 MüKoBGB/*Bieber* § 552 Rn. 7; Lützenkirchen MietR/*Lützenkirchen* BGB § 552 Rn. 35.

15 Siehe etwa Staudinger/*Emmerich* BGB § 552 Rn. 9.

16 Vgl. *Olivet* ZMR 1979, 321 (323).

17 BGH XII ZR 43/02, NZM 2006, 15 Rn. 23.

18 *Neuner* BGB AT § 20 Rn. 34.

19 Vgl. BGH VI ZR 173/99, NJW 2000, 3429 Rn. 29.

20 Lammel WohnraumMietR/*Lammel* BGB § 552 Rn. 8.

21 *Bruns* NZM 2017, 468 (471); Bub/Treier MietR-HdB/*Emmerich* Kap. V Rn. 352.

22 Etwa KGR Berlin 2001, 188; Staudinger/*Emmerich* BGB § 552 Rn. 4; Lützenkirchen MietR/*Lützenkirchen* BGB § 552 Rn. 24.

23 *Olivet* ZMR 1979, 321 (323); tendenziell auch Spielbauer/Schneider/*Kellendorfer* BGB § 552 Rn. 9.

zen (→ BGB § 539 Rn. 1). Dieses Schutzbedürfnis entfällt, wenn der Mieter Anspruch auf eine angemessene Entschädigung hat. Im Übrigen tritt auch nur die außerhalb des Mietrechts für angemessen erachtete Rechtsfolge ein, wonach derjenige, der durch Verbindung einen Eigentumsverlust erleidet, hierfür in Geld zu entschädigen ist (§ 951 BGB). Die Mieterinteressen werden daher nicht missachtet, wenn die Ausübung der Abwendungsbefugnis nicht an die Zahlung der Entschädigung geknüpft wird. Auf diesem Standpunkt steht letztlich auch der BGH mit seiner Aussage, dass der Anspruch auf angemessene Entschädigung des Mieters entstehe, sobald der Vermieter erklärt, dass er die Wegnahme abwenden will.[24] Das Tatbestandsmerkmal „Zahlung" ist damit keine Voraussetzung der Gestaltung, sondern beschreibt ihrer Rechtsfolge, nämlich die Entstehung des Entschädigungsanspruchs des Mieters.

11 Ebenso wie andere Gestaltungsrechte **erlischt** auch die Abwendungsbefugnis durch ihren wirksamen Gebrauch.[25] Auf die Abwendungsbefugnis kann verzichtet werden. Eine **Verzichtsvereinbarung** ist auch in Mieter-AGB unbedenklich (§ 307 Abs. 1 S. 1 BGB). Der Vermieter wird nämlich nicht unangemessen benachteiligt, weil die Einrichtung ursprünglich vom Mieter stammt und sein Interesse, diese behalten zu können, nicht geeignet ist, das Interesse des Mieters an einem Rückerwerb zu verdrängen.

## IV. Rechtsfolgen

12 Hat der Vermieter sein Gestaltungsrecht **nicht wirksam ausgeübt,** bleibt die Rechtslage unverändert. Der Mieter ist weiterhin zur Wegnahme nach § 539 Abs. 2 BGB berechtigt und um eine dennoch gezahlte Entschädigung rechtsgrundlos bereichert. Hat der Vermieter sich zu Unrecht auf ein Wegnahmerecht berufen, kann dies zu einem Schadensersatzanspruch (§§ 280 Abs. 1, 241 Abs. 2 BGB) führen.

### 1. Erlöschen des Wegnahmerechts

13 Die **wirksame Ausübung** des Gestaltungsrechts führt dazu, dass das Wegnahmerecht aus § 539 Abs. 2 BGB erlischt. Der Mieter ist daher verpflichtet, die Wegnahme zu unterlassen. Der Vermieter kann – dies liegt am gestaltenden Charakter – die Abwendung des Wegnahmerechts nicht einseitig zurücknehmen.[26]

### 2. Anspruch auf angemessene Entschädigung

14 Mit wirksamer Ausübung des Wegnahmerechts entsteht der Anspruch des Mieters auf Zahlung der angemessenen Entschädigung.[27] Diese Rechtsfolge ist im Wortlaut von § 552 Abs. 1 BGB durch das Wort „Zahlung" abgebildet (näher → Rn. 10). Es handelt sich um einen aufschiebend bedingten Anspruch, der mit Abschluss des Mietvertrags entsteht.[28] Zum **Verhältnis** des Entschädigungsanspruch zu **§ 539 Abs. 1 BGB** → BGB § 539 Rn. 3.

15 Bei der Bestimmung der **Höhe** der Entschädigung besteht Rechtsunsicherheit. Das Meinungsbild ist vergleichsweise schillernd und eine klärende Entscheidung des BGH fehlt. Verbreitet wird vom Zeitwert der Einrichtung bei Ausübung des Abwendungsrechts ausgegangen und hiervon die vom Mieter ersparten Kosten des Ausbaus und der Wiederherstellung des früheren Zustandes der Mietsache sowie der mit dem Ausbau der Einrichtung typischerweise einhergehende Wertverlust abgezogen.[29] Diese Ansicht wird iErg regelmäßig dazu führen, dass der Mieter nichts erhält.[30] Nach anderer Auffassung berechnet sich die Entschädigung nach dem Anschaffungswert der Ein-

---

[24] BGH XII ZR 43/02, NZM 2006, 15 Rn. 23; VIII ZR 246/86, NJW 1988, 705.
[25] Siehe etwa *Neuner* BGB AT § 20 Rn. 40.
[26] *Olivet* ZMR 1979, 321 (323); allg. *Schellhase,* Gesetzliche Rechte zur einseitigen Vertragsgestaltung, 2013, S. 64f.
[27] BGH XII ZR 43/02, NZM 2006, 15 Rn. 23.
[28] Vgl. BGH IX ZR 296/17, NJW 2018, 3018 Rn. 10f.
[29] Etwa OLG Düsseldorf OLGZ 1990, 224; Spielbauer/Schneider/*Kellendorfer* BGB § 552 Rn. 13; Lützen*kirchen MietR/Lützenkirchen* BGB § 552 Rn. 30. Die für diese Ansicht gelegentlich in Anspruch genommene Entscheidung BGH VIII ZR 5/68, ZMR 1969, 340 betraf eine vom Wortlaut des § 552 Abs. 1 BGB abweichende Vertragsregel.
[30] Anschaulich OLG Düsseldorf OLGZ 1990, 224.

richtung abzüglich eines Abschlages für die bisherige Abnutzung.[31] Zutreffend ist hingegen die Meinung, die die Entschädigung nach dem Wert bestimmt, die die Einrichtung für den Vermieter hat.[32] Denn das Wegnahmerecht soll Investitionen des Mieters gerade in den Fällen schützen, in denen ein Zahlungsanspruch aus § 539 Abs. 1 BGB nicht besteht (→ BGB § 539 Rn. 1). Aus diesem Grund kann eine Gesetzesinterpretation nicht überzeugen, die letztlich dazu führt, dass der Vermieter gegen Zahlung keiner oder nur einer sehr geringen Entschädigung in den Genuss der Einrichtungen gelangt. Die hier geteilte Meinung führt allerdings dazu, dass eine rein rechnerische Ermittlung der Entschädigungshöhe ausscheidet und diese letztlich zu schätzen ist (§ 287 Abs. 2 ZPO).[33] Grundlagen der Schätzung sind neben den Anschaffungskosten der Einrichtung auch die Einbaukosten; zu berücksichtigen ist daneben der Zeitwert der Einrichtung bei Ausübung des Wegnahmerechts. Soweit in Lit. und Rspr. die Bestimmung der Höhe der Entschädigung unter Verweis auf § 315 BGB teilweise dem Mieter zugewiesen wird[34], überzeugt dies nicht. Denn § 552 Abs. 1 BGB enthält kein gesetzliches Leistungsbestimmungsrecht, sondern einen objektiven Beurteilungsmaßstab.[35]

**Vereinbarungen** über die Entschädigungshöhe müssen sich in der Wohnraummiete an § 552 Abs. 2 BGB messen lassen (→ Rn. 21). In der Geschäftsraummiete gelten die bei → BGB § 539 Rn. 14f. genannten Kontrollkriterien. Da der Entschädigungsanspruch wirtschaftlich an die Stelle des Wegnahmerechts tritt überzeugt es, ihn analog der Frist des § 548 Abs. 2 BGB **verjähren** zu lassen (→ BGB § 548 Rn. 53). Der Anspruch kann durch **Aufrechnung** getilgt werden.[36] 16

### 3. Sachenrechtliche Auswirkungen

**Sachenrechtlich** hat die Abwendung des Wegnahmrechts nach hier vertretener Ansicht keine direkten Konsequenzen, weil sich dieses Recht auf mieterfremde Einrichtungen beschränkt (→ BGB § 539 Rn. 48). Sieht man dies mit der hM anders, fragt sich, ob der Vermieter mit Ausübung des Abwendungsrechts ex lege Eigentümer der bis dato im Mietereigentum stehenden Sachen wird. Dies wird verbreitet vertreten, was auf einen gesetzlichen Aneignungstatbestand hinausläuft.[37] Das erinnert an die Rspr. des BGH zu § 539 Abs. 2 BGB, wonach sich durch die Wegnahme (hier spiegelbildlich: Abwendung derselben) die Aneignung vollziehen soll (→ BGB § 539 Rn. 52). Nach aA soll der Eigentumsübergang – Details werden nicht genannt – nach § 929 BGB erfolgen.[38] Methodisch überzeugt all dies nicht, was unterstreicht, dass die Prämisse der hM, das Wegnahmerecht aus § 539 Abs. 2 BGB erstrecke sich auch auf Mietereigentum, unzutreffend ist. 17

## V. Prozessrecht

Das Bestehen der **Abwendungsbefugnis** kann als Gestaltungsrecht Gegenstand einer Feststellungsklage des Vermieters sein.[39] Hat der Vermieter sein Gestaltungsrecht ausgeübt, kann er den Mieter auf Unterlassung der Wegnahme gerichtlich in Anspruch nehmen.[40] Der **Zuständigkeits- und Gebührenstreitwert** dieser Klagen richtet sich nach dem Verkehrswert der Einrichtungsgegenstände ohne Trennung von der Mietsache. Die Darlegungs- und Beweislast für das Bestehen der Abwendungsbefugnis trägt der Vermieter mit Ausnahme der Einwendung des berechtigten Mieterinteresses. Zu Mieterklagen → BGB § 539 Rn. 64. 18

---

[31] AG Köln WuM 1998, 345; *Damrau-Schröter,* Zivilrechtliche Aspekte der „Mietermodernisierung", 1994, S. 87.

[32] *Blank/Börstinghaus* BGB § 552 Rn. 5; Staudinger/*Emmerich* BGB § 552 Rn. 7; Sternel MietR Kap. IV Rn. 623.

[33] Vgl. *Bruns* NZM 2017, 468 (471); zur Schätzung bei § 251 Abs. 2 S. 1 BGB s. BGH V ZR 222/12, NZM 2013, 282.

[34] ZB AG Köln WuM 1998, 345; *Bruns* NZM 2016, 468 (469); Lützenkirchen MietR/*Lützenkirchen* BGB § 552 Rn. 24; Palandt/*Weidenkaff* BGB § 552 Rn. 3.

[35] Vgl. BGH V ZR 104/91, NJW 1992, 1832; Palandt/*Grüneberg* BGB § 315 Rn. 6.

[36] *Blank/Börstinghaus* BGB § 552 Rn. 6; Bub/Treier MietR-HdB/*Emmerich* Kap. V Rn. 351; **aA** Staudinger/*Emmerich* BGB § 552 Rn. 8.

[37] Etwa *Olivet* ZMR 1979, 321 (323); *Riecke* in NK-BGB § 552 Rn. 14.

[38] *Bruns* NZM 2016, 468 (469).

[39] *Blank/Börstinghaus* BGB § 552 Rn. 13.

[40] Vgl. zu einer einstweiligen Verfügung OLG Düsseldorf OLGZ 1990, 224.

19 Der Mieter kann seinen Anspruch auf **Entschädigung** durch Leistungsklage geltend machen.[41] Da die Entschädigungshöhe von einer richterlichen Schätzung abhängt (→ Rn. 15), ist ein unbezifferter Klageantrag zulässig, wenn in der Klage eine ausreichende Grundlage für die Schätzung sowie die Größenordnung der Entschädigung mitgeteilt wird.[42] Der **Zuständigkeits- und Gebührenstreitwert** richtet sich nach der vom Mieter genannten Richtzahl[43] bzw. bei einem betragsmäßig bezifferten Klageantrag nach diesem. Die Beweislast für die Voraussetzungen des Anspruchs, also dass der Vermieter ein bestehendes Wegnahmerecht des Mieters durch Erklärung abgewendet hat, trifft nach allg. Grundsätzen den Mieter.[44] Gleiches gilt für die Grundlagen der Schätzung des Entschädigungsbetrags. In der Lit. wird mit Blick auf die Entschädigungshöhe auch ein **selbständiges Beweisverfahren** nach § 485 Abs. 2 ZPO für möglich gehalten.[45] Zwar wird das in diesem Verfahren allein zulässige Sachverständigengutachten die Entschädigungshöhe nicht abschließend feststellen, weil diese nicht nur vom Wert der Einrichtung abhängt (→ Rn. 15). Da § 485 Abs. 2 ZPO aber nicht voraussetzt, dass eine abschließende Klärung im Beweisverfahren zu erwarten ist[46], kommt dieses Verfahren auch bei § 552 Abs. 1 BGB in Betracht.

### VI. Abweichende Vereinbarung

20 Die Abwendungsbefugnis des Vermieters aus § 552 Abs. 1 BGB ist nicht zwingend; ihr **Ausschluss** ist auch in Mieter-AGB möglich. Denn die in diesem Fall eintretende Rechtsfolge benachteiligt den Vermieter nicht unangemessen, da durch die Wegnahme lediglich die Eigentumssituation wieder eintritt, die vor der Verbindung der Einrichtung mit der Mietsache bestand. Aus diesem Grund bestehen auch gegen Regeln keine Bedenken, welche die **Ausübung** der Abwendungsbefugnis **erschweren,** etwa durch eine bestimmte Form der Abwendungserklärung oder Festlegung einer höheren als der gesetzlich geschuldeten Entschädigung. Regeln, welche die Ausübung der Abwendungsbefugnis erleichtern, unterfallen als relative Ausschlüsse des Wegnahmerechts des Mieters der Kontrolle nach § 552 Abs. 2 BGB (→ Rn. 25).

## C. Ausschluss des Wegnahmerechts aus § 539 Abs. 2 BGB (Abs. 2)

21 Nach § 552 Abs. 2 BGB ist in der **Wohnraummiete** (→ Rn. 2) eine Vereinbarung, durch die das Wegnahmerecht ausgeschlossen wird, nur wirksam, wenn ein angemessener Ausgleich vorgesehen ist. Die Regel hat **mieterschützende Funktion,** weil nach ihr der Eigentumsverlust des Mieters nur gegen eine angemessene Kompensation erfolgen darf. Da sie mithin das Wegnahmerecht des Mieters absichert, gehört sie systematisch zu § 539 Abs. 2 BGB; die räumliche Trennung vom Wegnahmerecht durch die Mietrechtsreform 2001 (→ Rn. 1) war ein gesetzgeberischer Fehlgriff.

22 Sind andere Sachen als Wohnungen vermietet, ist § 552 Abs. 2 BGB unanwendbar (→ Rn. 2). Dies betrifft insbes. die **Geschäftsraummiete.** Die Wirksamkeit einer Regel, die das Wegnahmerecht des Mieters ausschließt, richtet sich hier nach allgemeinen Prinzipien, → BGB § 539 Rn. 14 f.

23 Im **systematischen Vergleich** zu anderen halbzwingenden Normen im Wohnraummietrecht – etwa § 536 Abs. 4 BGB – fällt die besondere Wortwahl auf, die indes kein gesetzgeberisches Versehen ist: Der Vorschlag, § 552 Abs. 1 BGB insgesamt halbzwingend zu gestalten[47] wurde als zu weitgehend angesehen und daher nicht umgesetzt.[48] Dies erklärt auch, warum in § 552 Abs. 2 BGB nicht wie in § 552 Abs. 1 BGB von „angemessener Entschädigung“, sondern von einem „angemessenen Ausgleich“ die Rede ist. Die unterschiedliche Wortwahl soll gewährleisten, dass eine Ausschlussvereinbarung auch dann wirksam ist, wenn dem Mieter als Kompensation keine volle Entschädigung iSd

---

[41] **AA** wohl *Blank/Börstinghaus* BGB § 552 Rn. 13.
[42] Vgl. BGH III ZR 7/73, VersR 1975, 856, zur Enteignungsentschädigung; MüKoZPO/*Becker-Eberhard* § 253 Rn. 121 ff.
[43] Vgl. BGH X ZR 104/09, MDR 2012, 875.
[44] Vgl. BGH VIII ZR 5/68, ZMR 1969, 340 = NJW 1969, 1855 (Ls.).
[45] *Bruns* NZM 2016, 468 (472); Palandt/*Weidenkaff* BGB § 552 Rn. 3; *Scholl* WuM 1998, 327.
[46] *BGH VI ZB 12/13,* NJW 2013, 3654 Rn. 18.
[47] „Der Vermieter von Wohnraum kann sich auf eine zum Nachteil des Mieters abweichende Vereinbarung nicht berufen“, BT-Drs. IV/806, 2.
[48] Bericht des Rechtsausschusses zu BT-Drs. IV/2195, 3.

§ 552 Abs. 1 BGB versprochen wird.[49] Dieses Konzept führt zu Anwendungsschwierigkeiten, weil die Wirksamkeit einer abweichenden Vereinbarung sich nach einem unbestimmten Rechtsbegriff („angemessener Ausgleich") richtet (näher → Rn. 29).

**Rechtsfolge** eines Verstoßes gegen § 552 Abs. 2 BGB ist die Unwirksamkeit der Vereinbarung; dem Mieter bleibt mithin das Wegnahmerecht aus § 539 Abs. 2 BGB erhalten. Ob die Unwirksamkeit des Ausschlusses des Wegnahmerechts über § 139 BGB sich auf andere Vereinbarungen zwischen den Parteien erstreckt, ist eine Frage des Einzelfalls.[50] 24

## I. Anwendungsbereich

Gegenständlich erfasst § 552 Abs. 2 BGB den Ausschluss des Wegnahmerechts des Mieters aus § 539 Abs. 2 BGB, denn mit dem Wort „das" Wegnahmerecht wird § 552 Abs. 1 BGB und damit § 539 Abs. 2 BGB in Bezug genommen. § 552 Abs. 2 BGB ist zum einen auf Regeln anwendbar, die dem Mieter in jedem Fall das Wegnahmerecht absprechen (zB *„Das Wegnahmerecht des Mieters aus § 539 Abs. 2 BGB wird ausgeschlossen"*), man kann dies als absoluten **Ausschluss** bezeichnen. Die Norm ist ihrem Zweck nach aber auch auf relative Ausschlüsse anzuwenden, die das Wegnahmerecht unter bestimmten Voraussetzungen abbedingen, etwa indem sie es von einer fristgemäßen vorherigen Anzeige an den Vermieter abhängig machen. Erfasst wird daher auch der Ausschluss der Einwendung aus § 552 Abs. 1 BGB, die das Abwendungsrecht des Vermieters am berechtigten Interesse des Mieters scheitern lässt.[51] Denn dies führt – wenn ein derartiges Interesse im konkreten Fall besteht – dazu, dass das gesetzlich gewährte Wegnahmerecht entfällt. Nicht unter die Norm fallen hingegen Regeln, die das Wegnahmerecht nur flankieren, etwa indem sie eine die Ausübung des Wegnahmerechts nicht berührende Anzeigepflicht oder eine Anbietpflicht einführen.[52] 25

Entgegen der hM ist § 552 Abs. 2 BGB auch anwendbar, wenn sich der **Mieter verpflichtet,** die Mietsache mit einer **Einrichtung zu versehen** und gleichzeitig auf ihre Wegnahme verzichtet (dazu → BGB § 539 Rn. 58).[53] Für eine Reduktion der Norm besteht kein Anlass; ob eine etwa im Gegenzug gewährte Mietreduzierung einen angemessenen Ausgleich darstellt, ist eine Frage des Einzelfalls (→ Rn. 29). 26

**Zeitlich** gilt das Verbot aus § 552 Abs. 2 BGB nicht nur für Vereinbarungen bei Abschluss des Mietvertrags. Es erfasst vielmehr jeden Ausschluss des Wegnahmerechts unabhängig davon, wann er vereinbart wird. Denn nur dies wird dem mieterschützenden Zweck der Norm gerecht.[54] Eine zeitliche Grenze besteht auch nicht in der Ausübung der Abwendungsbefugnis: Hat der Vermieter diese wirksam ausgeübt, ist das Wegnahmerecht des Mieters zwar erloschen (→ Rn. 13). Wenn sich die Parteien anschließend auf eine Entschädigung einigen, führt diese Vereinbarung daher nicht mehr zu einem Ausschluss des Wegnahmerechts. Sie unterliegt aber dennoch analog § 552 Abs. 2 BGB der Inhaltskontrolle. Denn der Zweck der Norm, dem Mieter einen angemessenen Ausgleich zu gewähren, ist auch in diesem Fall einschlägig. 27

## II. Angemessener Ausgleich

Aus Wortlaut und Historie (→ Rn. 23) folgt, dass der angemessene Ausgleich nicht in Geld erfolgen muss. Er kann daher in **jeder Gegenleistung** des Vermieters liegen, etwa dem Verzicht auf Vermieterrechte oder der Gewährung besonderer Mieterrechte.[55] Indes muss feststehen – die Beweislast hierfür trifft den Vermieter – das zwischen Ausschluss des Wegnahmerechts und Ausgleichsleistung **Kausalität** besteht: Der Vorteil des Mieters muss sich als „Gegenleistung" für die Abweichung von § 539 Abs. 2 BGB darstellen.[56] 28

---

[49] Bericht des Rechtsausschusses zu BT-Drs. IV/2195, 3.
[50] Vgl. LG Köln ZMR 2011, 956.
[51] **AA** Staudinger/*Emmerich* BGB § 552 Rn. 10.
[52] Staudinger/*Emmerich* BGB § 552 Rn. 10.
[53] **AA** etwa *Blank/Börstinghaus* BGB § 552 Rn. 10; Staudinger/*Emmerich* BGB § 552 Rn. 10; iErg wie hier LG Bonn ZMR 2017, 245.
[54] LG Köln ZMR 2011, 956; *Lehmann-Richter* WuM 2010, 3 (4); **aA** Lützenkirchen MietR/*Lützenkirchen* BGB § 552 Rn. 43.
[55] AllgM, etwa Staudinger/*Emmerich* BGB § 552 Rn. 11.
[56] Staudinger/*Emmerich* BGB § 552 Rn. 11; *Lehmann-Richter* WuM 2010, 3 (6).

29 Wann ein Ausgleich **angemessen** ist, regelt das Gesetz zwar nicht näher. Aus Wortlaut und Materialien (→ Rn. 23) ergibt sich aber, dass der Ausgleich nicht die Entschädigung nach § 552 Abs. 1 BGB erreichen muss.[57] Kriterien, wie die Angemessenheit zu bestimmen ist, sind bislang nicht entwickelt worden. In der Sache geht es um die Saldierung der Vor- und Nachteile der abweichenden Vereinbarung, ein Problem, dass sich auch bei der Abweichung von halbzwingenden Normen stellt.[58] Der Nachteil für den Mieter liegt darin, dass er nicht durch Ausübung seines Wegnahmerechts Eigentümer der Einrichtung wird. Dem ist der Vorteil in Form des vereinbarten Ausgleichs gegenüberzustellen. Anschließend ist durch einen wertenden Vorgang zu entscheiden, ob sich Vor- und Nachteile im Wesentlichen ausgleichen. Falls möglich, können hierbei Vor- und Nachteile in Geld umgerechnet werden (Verkehrswert der Einrichtung, Geldwert des Ausgleichs). Stets ist zu berücksichtigen, dass die Vereinbarung eines Ausgleichs für den Mieter auch den Vorteil hat, dass ein Streit über die Höhe der Angemessenheit der sonst nach § 552 Abs. 1 BGB geschuldeten Entschädigung entbehrlich wird. Lassen sich Vor- und Nachteil betragsmäßig vergleichen, wird man von einem angemessenen Ausgleich in der Regel sprechen können, wenn der Vorteil $^2/_3$ des Nachteils erreicht. Zu beachten ist, dass es – wie stets bei der Bewertung der Wirksamkeit eines Vertrags – auf den Zeitpunkt des Vertragsschlusses ankommt.[59] Kann die Abwägung nicht erfolgen, weil Vor- und/oder Nachteile nicht feststellbar sind, führt dies zur Unwirksamkeit der Regel, weil die Frage nach der Angemessenheit des Ausgleichs in diesem Fall nicht bejaht werden kann.[60] So wird es regelmäßig liegen, wenn sich die Vereinbarung nicht auf konkrete Gegenstände oder auf konkrete Ausgleichsleistungen bezieht. Unwirksam ist daher zB eine Regel, die nur den Gesetzeswortlaut wiedergibt („Das Wegnahmerecht wird gegen Leistung eines angemessenen Ausgleichs ausgeschlossen"). Unbedenklich ist hingegen eine Regel, die dem Mieter Anspruch auf den Zeitwert[61] der Einrichtung gibt.[62]

### III. AGB-Kontrolle

30 Ist der Ausschluss des Wegnahmerechts in Vermieter-AGB enthalten, so fragt sich, ob dieses Recht des Mieters AGB-fest ist. Dafür ist es unerheblich, ob ein angemessener Ausgleich vereinbart wurde oder nicht. Denn wenn man § 539 Abs. 2 BGB zu den wesentlichen Grundgedanken der gesetzlichen Regel zählt, wäre eine Ausschlussklausel im Zweifel unwirksam, § 307 Abs. 2 Nr. 1 BGB. In der Lit. wird dies nicht vertreten und die AGB-rechtliche Schranke bei § 552 Abs. 2 BGB gezogen, weil diese Regel das gesetzliche Leitbild enthält. Wird ein **angemessener Ausgleich** versprochen, ist ein Ausschluss des Wegnahmerechts danach auch in Vermieter-AGB wirksam.[63]

---

[57] Vgl. *Bruns* NZM 2017, 468 (472); Spielbauer/Schneider/*Kellendorfer* BGB § 552 Rn. 20; **aA** Herrlein/Kandelhard/*Kandelhard* BGB § 552 Rn. 6.
[58] *Lehmann-Richter* WuM 2010, 3.
[59] Vgl. BGH XI ZR 32/16, NJW-RR 2017, 241 Rn. 32 mwN.
[60] LG Bonn ZMR 2017, 245; *Lehmann-Richter* WuM 2010, 3 (6).
[61] *Vgl. (nicht zur Wohnraummiete)* die Klausel bei BGH VIII ZR 246/86, NJW 1988, 705.
[62] *Blank/Börstinghaus* BGB § 552 Rn. 10.
[63] v. Westphalen/Thüsing VertrR/AGB-Klauselwerke/*Drettmann* Wohnraummiete Rn. 172; Ulmer/Brandner/Hensen/*Christensen* Mietverträge Rn. 30.

## § 553 Gestattung der Gebrauchsüberlassung an Dritte

**(1) [1]Entsteht für den Mieter nach Abschluss des Mietvertrags ein berechtigtes Interesse, einen Teil des Wohnraums einem Dritten zum Gebrauch zu überlassen, so kann er von dem Vermieter die Erlaubnis hierzu verlangen. [2]Dies gilt nicht, wenn in der Person des Dritten ein wichtiger Grund vorliegt, der Wohnraum übermäßig belegt würde oder dem Vermieter die Überlassung aus sonstigen Gründen nicht zugemutet werden kann.**

**(2) Ist dem Vermieter die Überlassung nur bei einer angemessenen Erhöhung der Miete zuzumuten, so kann er die Erlaubnis davon abhängig machen, dass der Mieter sich mit einer solchen Erhöhung einverstanden erklärt.**

**(3) Eine zum Nachteil des Mieters abweichende Vereinbarung ist unwirksam.**

### Systematische Übersicht



### Alphabetische Schnellübersicht



### A. Anwendungsbereich und Überblick

Die Vorschrift ist als Ergänzung zu § 540 BGB zu lesen und zu verstehen. Nach § 540 BGB ist der 1
Mieter nicht befugt, die Mietsache ohne Erlaubnis des Vermieters einem Dritten zu überlassen, insbes. sie weiter zu vermieten. Die Regelung des § 553 BGB enthält eine für die **Wohnungsmiete** bedeutsame Ausnahme: Danach hat der Mieter von Wohnraum gegen den Vermieter einen Anspruch auf Erteilung der Erlaubnis, wenn er einen Teil seiner Wohnung einem Dritten zum **selbständigen Gebrauch** (→ BGB § 540 Rn. 3, 21) überlassen will. Gleiches gilt, wenn einem Dritten der **unselbständige Mitgebrauch** an der Wohnung eingeräumt werden soll (→ BGB § 540 Rn. 24 ff). **Dritter** ist zunächst jede Person, die nicht Partei des Mietvertrags ist. Im Hinblick auf die Wertungen des Art 6 GG gelten allerdings **Ehegatten,**[1] **Lebenspartner** (§ 1 Abs. 1 LPartG) und nahe **Familienangehörige,** sowie **Hausangestellte** und **Pflegepersonen** (→ § 540 Rn. 24–27). Außerhalb der Wohnraummiete ist § 553 BGB unanwendbar. Der Mieter muss Wohnraummieter sein, dem Dritten darf der Gebrauch **nur zu Wohnzwecken** überlassen werden. Ist dem Hauptmieter die teilgewerbliche Nutzung der Räume gestattet, so kann der Mieter einen Anspruch auf die Erteilung der Untermieterlaubnis geltend machen, wenn dem Untermieter ein Teil der Räume zu Wohnzwecken überlassen werden soll. Es besteht dagegen kein Anspruch, wenn der Untermieter in einem Teil der Räume eine gewerbliche Tätigkeit ausüben will.[2] Dieses Ergebnis folgt auch schon

---

[1] BGH XII ZR 143/11, NZM 2013, 786 (787) = NJW 2013, 2507 = WuM 2013, 485 (486).

[2] LG Berlin GE 1995, 703; Staudinger/*V. Emmerich* BGB § 553 Rn. 4a.

daraus, dass sich aus der Gebrauchsüberlassung keine Änderung des vertraglichen Gebrauchs – Wohnen – ergeben darf. Der Zweck des Hauptmietvertrags begrenzt auch denjenigen des Untermietvertrags.[3]

2 Wird die **Erlaubnis verweigert,** so kann der Mieter Leistungsklage auf Erteilung der Erlaubnis erheben (→ BGB § 540 Rn. 81). Stattdessen kann der Mieter nach § 540 Abs. 1 S. 1 BGB kündigen (→ BGB § 540 Rn. 65). Hat der Vermieter die Erlaubnis zu Unrecht verweigert, so steht dem Mieter darüber hinaus das Kündigungsrecht aus § 543 Abs. 2 Nr. 1 BGB zu (→ BGB § 540 Rn. 74). Stattdessen oder daneben kann der Mieter den entgangenen Untermietzins als Schadensersatz geltend machen.[4] Dies folgt aus der Erwägung, dass die unberechtigte Verweigerung der Erlaubnis als Pflichtverletzung zu bewerten ist. Den Vermieter trifft an der unberechtigten Verweigerung ein Verschulden. Das gilt auch dann, wenn die Rechtslage in der instanzgerichtlichen Rspr. unterschiedlich beurteilt wird.[5] Im Grundsatz trägt der Vermieter das Risiko des Irrtums, nur in äußerst engen Ausnahmefällen wäre ein Rechtsirrtum unverschuldet.[6]

## B. Anspruchsvoraussetzungen

3 Der Anspruch nach § 553 BGB setzt voraus, dass (1) der Mieter ein berechtigtes Interesse an der Aufnahme eines Dritten hat, (2) dieses Interesse nach Abschluss des Mietvertrags entstanden ist und (3) keine überwiegenden Interessen des Vermieters gegen die Gebrauchsüberlassung sprechen. Sind mehrere Personen Mieter, so genügt es, wenn einer der Mieter ein berechtigtes Interesse geltend machen kann. Dies ist insbes. in denjenigen Fällen von Bedeutung, in denen einer von mehreren Mietern die Wohnung verlassen hat und der oder die verbleibenden Mieter einen Dritten aufnehmen wollen, sei es zur Deckung der Wohnkosten, sei es aus anderen wirtschaftlichen oder persönlichen Gründen.

### I. Berechtigtes Interesse

4 Grundlegend für die **Konkretisierung des berechtigten Interesses** ist der Rechtsentscheid des BGH v. 3.10.1984 zu § 549 Abs. 2 BGB aF.[7] Danach reicht der bloße Wunsch des Mieters zur Aufnahme eines Dritten für sich allein nicht aus. Hier könnte der Vermieter nicht prüfen, ob die maßgebenden Umstände nach dem Vertragsschluss entstanden sind.[8] Der Mieter muss also die konkreten Umstände darlegen.[9] Inhaltlich sind an die Annahme eines berechtigten Interesses keine besonders hohen Anforderungen zu stellen. Es genügt, wenn dem Mieter vernünftige Gründe zur Seite stehen, die seinen Wunsch nach Überlassung eines Teils der Wohnung an Dritte nachvollziehbar erscheinen lassen. Dabei ist jedes Interesse des Mieters von nicht ganz unerheblichem Gewicht als berechtigt anzusehen, das mit der geltenden Rechts- und Sozialordnung im Einklang steht.[10] Es kann sich um ein wirtschaftliches aber auch um ein persönliches Interesse handeln.[11] Nach der Rechtsprechung des BGH kann bereits die Absicht des Mieters nach dem Auszug eines bisherigen Wohngenossen nicht allein zu leben, ein solches Interesse begründen.[12] Ein berechtigtes – wirt-

[3] Vgl. BGH VIII ZR 237/82, NJW 1984, 1031 (1032); OLG Hamm NJW 1992, 916 (beide zur Gewerbemiete).

[4] BGH VIII ZR 349/13, NJW 2014, 2717 (2720) = NZM 2014, 631 (633) = WuM 2014, 489 (494); LG Hamburg WuM 2014, 144; Staudinger/*V. Emmerich* BGB § 553 Rn. 10a; *Sternel* MietR aktuell Kap. VI Rn. 207.

[5] BGH VIII ZR 349/13, NJW 2014, 2717 (2720) = NZM 2014, 631 (633) = WuM 2014, 489 (494); LG Hamburg WuM 2014, 144 (145).

[6] BGH VIII ZR 349/13, NJW 2014, 2717 (2720) = NZM 2014, 631 (633) = WuM 2014, 489 (494); LG Hamburg WuM 2014, 144 (145).

[7] BGH VIII ARZ 2/84, BGHZ 92, 213 = NJW 1985, 130 = WuM 1985, 7.

[8] BGH VIII ARZ 2/84, BGHZ 92, 213 (218) = NJW 1985, 130 (131) = WuM 1985, 7 (8).

[9] BGH VIII ARZ 2/84, BGHZ 92, 213 (218) = NJW 1985, 130 (131) = WuM 1985, 7 (8).

[10] BGH VIII ARZ 2/84, BGHZ 92, 213 (219) = NJW 1985, 130 (131) = WuM 1985, 7 (8); BGH VIII ZR 4/05, NZM 2006, 220 = NJW 2006, 1200 = WuM 2006, 147 (148); BGH VIII ZR 105/17, NZM 2018 *325 (330) = NJW 2018, 2397 (2403)* = WuM 2018, 153 (160).

[11] BGH VIII ARZ 2/84, BGHZ 92, 213 = NJW 1985, 130 = WuM 1985, 7; BGH VIII ZR 4/05, NZM 2006, 220; LG Hamburg ZMR 2001, 973 (974); LG Hamburg WuM 2014, 144.

[12] BGH VIII ZR 105/17, NZM 2018, 325 (330) = NJW 2018, 2397 (2403) = WuM 2018, 153 (160).

schaftliches – Interesse ist zu bejahen, wenn der Mieter durch die Untervermietung seine Wohnkosten reduzieren will.[13] Ebenso zählt zu den berechtigten Interessen in diesem Sinn grds. auch die Entscheidung des Mieters, sein Privatleben innerhalb der eigenen Wände nach seinen Vorstellungen zu gestalten, indem er eine weitere Person bei sich aufnimmt um mit dieser eine auf Dauer angelegte Wohngemeinschaft zu bilden.[14] Hierbei spielt es keine Rolle, ob es sich um eine Person des eigenen oder des anderen Geschlechts handelt[15] oder ob ein Ehepaar mit einem Dritten eine Wohngemeinschaft bilden will.[16] Abzugrenzen ist allerdings danach, ob es sich um berechtigte „Interessen des Mieters" handelt. § 553 Abs. 1 BGB legt insoweit die zu berücksichtigenden Interessen abschließend fest.[17] Zu den Interessen eines Mieters kann zwar noch die sittliche Pflicht gehören, einem Verwandten in einer Notlage zu helfen.[18] Allgemeine Humanitäre oder sonst öffentliche Interessen, die der Mieter lediglich fördern möchte, reichen aber nicht mehr aus.[19] Solche Motive sind moralisch anerkennenswert aber keine „Interessen" des Mieters i. S. d. § 553. Die Vorschrift will wohnungsspezifischen Belangen Rechnung tragen.[20] Danach besteht kein berechtigtes Interesse etwa für die Aufnahme von Personen aus Kriegsgebieten und in vergleichbaren Fälle. Hier wird allerdings ohnehin meistens die Grenze zu einem genehmigungsfreien schlichten Besuch (→ § 540 Rn. 35) nicht überschritten sein.

Bei einer **Mehrheit von Mietern** genügt es, wenn einer von ihnen ein berechtigtes Interesse geltend machen kann. Er muss ggf. aber nach § 432 Abs. 1 Satz 2 BGB die Erteilung der Erlaubnis an alle Mieter verlangen.[21]

**Beispiele.** Zu den berechtigten Interessen zählen einerseits **finanzielle und wirtschaftliche Interessen.** Danach liegt ein berechtigtes Interesse vor, wenn sich die wirtschaftlichen Verhältnisse des Mieters nach Abschluss des Mietvertrags so geändert haben, dass er ohne die Einnahmen aus der Untervermietung die Miete nicht aufbringen kann.[22] Das Gleiche gilt, wenn ein Mieter seine Berufstätigkeit einschränken und einen finanziellen Ausgleich in Form des Untermietzinses erreichen will[23] oder wenn ein Mieter zur Kosteneinsparung untervermieten will.[24] Insbesondere kann es um Fälle gehen, in denen ein Mieter in den Grundsicherungsbezug gerät und aus dem Mietanteil dort die Mieter für die Wohnung nicht mehr bezahlen könnte.[25] Das Gleiche gilt, wenn die Miete – etwa nach einer Mieterhöhung – nicht mehr in vollem Umfang durch Transferleistungen gedeckt ist.[26] Allerdings ist es nicht Voraussetzung, dass der Mieter auf die Kostenreduzierung auch angewiesen ist.[27] Eine weitere Fallgruppe bilden die Auflösung einer zuvor bestehenden Wohngemeinschaft[28], 5

---

[13] BGH VIII ZR 4/05, NZM 2006, 220 = NJW 2006, 1200 = WuM 2006, 147 (…); BGH VIII ZR 349/13, NJW 2014, 2717 = NZM 2014, 631 = WuM 2014, 489; BGH VIII ZR 105/17, NZM 2018, 325 (330) = NJW 2018, 2397 (2403) = WuM 2018, 153 (160); LG Berlin WuM 2018, 360; AG München ZMR 2014, 735; AG Berlin-Schöneberg NZM 2016, 195; AG Frankfurt WuM 2016, 209 (210); *Sternel* MietR aktuell Kap. VI Rn. 182.

[14] BGH VIII ZR 371/02, NJW 2004, 56 (58) = WuM 2003, 688 (690).

[15] BGH VIII ZR 371/02, NJW 2004, 56 (57) = WuM 2003, 688 (690); OLG Hamm NJW 1982, 2876 = WuM 1982, 318.

[16] AG Berlin-Wedding GE 1990, 549.

[17] BGH VIII ZR 349/13, NJW 2014, 2717 (2719) = NZM 2014, 631 (633) = WuM 2014, 489 (493); Staudinger/*V. Emmerich* BGB § 553 Rn. 4.

[18] LG Berlin WuM 1994, 326.

[19] LG Berlin WuM 1994, 326, Staudinger/*V. Emmerich* BGB § 553 Rn. 4; BeckOGK/*Emmerich* BGB § 553 Rn. 9; **aA** AG Tempelhof-Kreuzberg Urt. v. 18.11.2016 – 9 C 140/16, juris (dort lag allerdings eine längere Bindung zu dem aufzunehmenden Flüchtling vor, so dass auch persönliche Interessen gegeben waren); *Derleder* WuM 1994, 305; BeckOK BGB/*Wiederhold* BGB § 6634 Rn. 5; Schmidt-Futterer/*Blank,* 14. Aufl. 2019, Rn. 4.

[20] Dauner-Lieb/Langen/*Hinz* BGB § 553 Rn. 5.

[21] Dauner/Lieb/*Hinz* BGB § 553 Rn. 12; inzident auch LG Berlin NJW-RR 1992, 13.

[22] LG Hamburg NJW 2013, 548.

[23] LG Hamburg WuM 1983, 261.

[24] BGH VIII ZR 105/17, NZM 2018, 325 (330) = NJW 2018, 2397 (2403) = WuM 2018, 153 (160); LG Hamburg WuM 1993, 737; LG Berlin Urt. v. 27.3.2008 – 62 S 376/07, juris; LG Berlin WuM 2018, 362.

[25] LG Berlin WuM 2018, 360; vgl. auch die Fälle LG Hamburg NJW 2013, 548; LG Mannheim WuM 1997, 263.

[26] AG Berlin-Schöneberg NZM 2016, 195 = NJW-RR 2016, 263.

[27] LG Berlin Urt. v. 22.9.2017 – 63 S 277/16, juris; **aA** LG Frankfurt WuM 1993, 345 (sehr zweifelhaft).

[28] LG Berlin GE 1996, 1053; **aA** noch LG Berlin MDR 1982, 850 (mit der späteren Rechtsprechung des BGH nicht mehr zu vereinbaren).

einer eheähnlichen Gemeinschaft,[29] des Auszugs des Ehepartners[30] oder sonst der Auszug eines Mitmieters, wenn die verbleibenden Mieter durch die Aufnahme weiterer Mitglieder wirtschaftlich entlastet werden.[31] Der Gesichtspunkt der finanziellen Entlastung ist nach einer Entscheidung des AG Hamburg-Altona unerheblich, wenn der Mieter mehrere Wohnungen im gleichen Haus angemietet hat; dann ist ihm zuzumuten, eine der mehreren Wohnungen aufzugeben. Hier ist eine Einschränkung nach dem Sinn und Zweck des § 553 BGB gerechtfertigt, weil es nicht mehr um den Erhalt der Wohnung als Lebensmittelpunkt geht.[32] **Berufliche Interessen** können i. S. d. § 553 berechtigt sein, wenn ein häufig abwesender Mieter einen Dritten aufnehmen will, um sich während längerer Abwesenheiten dennoch seine Wohnung zu erhalten,[33] die Kosten der doppelten Haushaltsführung zu verringern,[34] oder um in dieser Zeit das Einbruchsrisiko zu vermindern.[35]

6 **Familiäre und vergleichbare persönliche Interessen** sind ebenfalls zu berücksichtigen. Der Mieter kann die Erlaubnis beanspruchen, wenn er (nach Scheitern einer Partnerschaft) ein Mieter mit Kind einen Untermieter mit Kind aufnehmen will, damit die Kinder gemeinsam erzogen werden können.[36] Infrage kommt, dass der Mieter Verwandte aufnehmen will, die in Not geraten sind,[37] oder denen er bei der Lösung familiärer Probleme helfen will.[38] Wenn ein Mieter Angst vor Vereinsamung hat oder wenn ein Mieter nach dem Auszug seiner Ehefrau einen Untermieter aufnehmen will, um den Schwierigkeiten des Alleinlebens zu begegnen, gehört das ebenfalls zu den berechtigten Interessen.[39] Der schlichte Wunsch, nach dem Auszug eines Mitmieters wieder in einer Wohngemeinschaft zu leben, reicht aus.[40] Das Gleiche gilt, wenn ein Ehepartner (auch ohne finanzielle Not) aus noch bestehender aber zerrütteter Ehe eine Person des anderen Geschlechts mit ihren Kindern in der Ehewohnung aufnimmt.[41] Die Grenze ist überschritten, wenn der Wohnungserhalt nur noch aus Gründen der Bequemlichkeit erfolgt.[42]

## II. Teil des Wohnraums

7 Die Regelung in § 553 BGB setzt voraus, dass sich die Gebrauchsüberlassung auf einen Teil der Wohnung beschränkt wird. Dieser Teil des Tatbestandes wird in der instanzgerichtlichen Rspr. und in der Lit. nicht einheitlich ausgelegt: **(1)** In der Rechtsprechung wurde die Ansicht vertreten, dass ein Anspruch auf Erteilung der Untermieterlaubnis nur besteht, wenn die Wohnung weiterhin „Lebensmittelpunkt des Mieters" bleibt.[43] **(2)** Eine andere Meinung fordert, dass dem Mieter „mindestens die Hälfte des Wohnraums zur Eigennutzung verbleibt", nimmt also eine räumliche Trennung vor.[44]

**(3)** Schließlich wird die Auffassung vertreten, dass es genüge, wenn der Mieter jedenfalls Mitgewahrsam an einem Teil der Wohnung behalte. Eine Untermieterlaubnis scheidet nur dann aus, wenn der Mieter „die Sachherrschaft" endgültig und vollständig aufgegeben habe.[45] Dieser Auffassung hat der BGH sich angeschlossen.

---

[29] LG Hamburg WuM 1989, 510; inzident AG Hamburg ZMR 2018, 53; **aA** LG Berlin MDR 1983, 132 (mit der späteren Rechtsprechung des BGH nicht mehr zu vereinbaren).

[30] LG Berlin Beschl. v. 22.2.2019 – 66 S 274/17, juris; LG Berlin MM 1990, 287; AG Kandel FamRZ 1989, 505; AG Büdingen WuM 1991, 585.

[31] LG Berlin GE 1996, 1053; LG Berlin NJW-RR 1990, 457; AG Köln WuM 1995, 654.

[32] AG Hamburg-Altona ZMR 2015, 382.

[33] BGH VIII ZR 349/13, NJW 2014, 2717 = NZM 2014, 631 = WuM 2014, 489; LG Hamburg WuM 2014, 144; AG Tempelhof-Kreuzberg ZMR 2020, 588.

[34] LG Stuttgart WuM 2019, 29; LG Bonn Urt. v. 20.8.2015 6 S 38/15 – BeckRS 2016, 29398 und juris.

[35] AG Köln WuM 1995, 654; **aA** LG Berlin GE 1995, 1277.

[36] AG Hamburg WuM 1985, 87.

[37] LG Berlin GE 1991, 879.

[38] LG Kassel WuM 1989, 72.

[39] LG Berlin WuM 2019, 85 (86); LG Berlin GE 1983, 1111; AG Hamburg WuM 1990, 500; AG Tempelhof-Kreuzberg GE 2019, 1245.

[40] LG Hamburg ZMR 2020, 513; LG Berlin GE 2019, 1245.

[41] LG Berlin GE 1986, 659.

[42] AG Lichtenberg ZMR 2020, 318.

[43] OLG Hamm MDR 1998, 1127 (1128); LG Berlin WuM 1995, 38; LG Berlin GE 1995, 1277; MüKo-*BGB/Bieber* § 553 Rn. 6.

[44] BeckOK BGB/*Wiederhold* BGB § 553 Rn. 4; LG Mannheim WuM 1997, 263.

[45] LG Berlin NJW-RR 1994, 1289; inzident LG Hamburg WuM 1994, 535; Staudinger/*V. Emmerich* BGB § 553 Rn. 7; *Heilmann* NZM 2016, 74 (75).

Betroffen sind letztlich zwei Fallgruppen: In der **ersten Fallgruppe** hat nur der **Untermieter seinen Lebensmittelpunkt** in der Wohnung. Der Mieter selbst wohnt in einer anderen Wohnung. In diesem Fall genügt es, wenn der Mieter „ein Zimmer einer größeren Wohnung zurückbehält, um hierin Einrichtungsgegenstände zu lagern und/oder dieses gelegentlich zu Übernachtungszwecken (Urlaub, kurzzeitiger Aufenthalt) zu nutzen."[46] Sogar bei einer Einzimmerwohnung kommt die Anwendung von § 553 BGB in Betracht, etwa wenn der Mieter persönliche Sachen in der Wohnung belässt und im Besitz der Schlüssel bleibt.[47]

Auch bei zwei Wohnungen könne, so der BGH, der Mieter ein berechtigtes Interesse an der Untervermietung einer der Wohnungen haben, etwa wenn er aus beruflichen Gründen vorübergehend eine Wohnung an einem anderen Ort nutzen müsse.[48]

Nach dem Zweck der Vorschrift solle dem Mieter auch dann die Wohnung erhalten bleiben, wenn er an einem Teil der Räume keinen Bedarf hat. Des Weiteren sei zu bedenken, dass „der Mobilität und Flexibilität" in der heutigen Gesellschaft zunehmende Bedeutung zukomme. Deshalb könne der Mieter auch dann einen Anspruch auf Erteilung der Erlaubnis haben, wenn er sich überwiegend nicht in der Wohnung aufhalte.[49] Voraussetzung hier ist es allerdings – in der BGH-Entscheidung nicht gesondert thematisiert – dass es dem Mieter noch um einen Wohnungserhalt geht. Dazu gehört, dass er grundsätzlich einen Rückkehrwillen hat. Fehlt es daran, kommt eine Anwendung des § 553 BGB nicht mehr in Betracht.[50]

In der **zweiten Fallgruppe** behält der Mieter seinen Lebensmittelpunkt in der Wohnung, 8
räumt dem Untermieter die gesamte Wohnung zum **Mitgewahrsam** ein. In diesem Fall muss nicht einmal ein kleiner Teil der Wohnung seiner alleinigen Sachherrschaft verbleiben. § 553 BGB stellt, so der BGH, weder quantitative noch qualitative Anforderungen.[51]

Der BGH-Rechtsprechung ist zuzustimmen. § 553 BGB schreibt keine „Mindestanteile" des Mieters vor. Es bleibt bei einer Negativabgrenzung: Der Mieter hat keinen Anspruch auf dauernde Überlassung des selbständigen Mietgebrauchs der **gesamten Wohnung.**[52] Erforderlich ist, dass der Mieter die Sachherrschaft (mit) behält, er muss einen „Fuß in der Tür" behalten.[53] Dies gilt auch dann, wenn die Wohnung einem Familienangehörigen[54] dem Partner oder dem Lebensgefährten[55] überlassen wird. Zur Ausübung der Sachherrschaft ist es nicht erforderlich, dass der Mieter ständig in der Wohnung lebt, dass die Wohnung seinen Lebensmittelpunkt darstellt. Auch derjenige Mieter kann die Sachherrschaft ausüben, der die Wohnung nur an den Wochenenden nutzt.[56] Gleiches gilt für einen Mieter, der für **kürzere oder längere Zeit ortsabwesend** ist.[57] Der Mieter kann dem Untermieter sogar gestatten, während seiner Abwesenheit die gesamte Wohnung zu benutzen[58], er darf ihm lediglich nicht die gesamte Wohnung vermieten.

**Einzelfälle.** Die Rechtsprechung hat einen Anspruch bejaht bei längerfristigen beruflich 9
bedingten Abwesenheiten,[59] etwa bei mehrjährigen Auslandsaufenthalten.[60] bei längerer Abwesenheit vom Wohnort.[61] Ein **Anspruch wurde** – allerdings vor den großzügigeren Entscheidungen

---

[46] BGH VIII ZR 349/13, NJW 2014, 2717 = NZM 2014, 631 = WuM 2014, 489.

[47] AG Berlin-Mitte Urt. v. 26.11.2020 – 25 C 16/20, juris.

[48] BGH NJW 2006, 1200 = NZM 2006, 220 = WuM 2006, 147; BGH VIII ZR 349/03, NJW 2014, 2717 = NZM 2014, 631 = WuM 2014, 489.

[49] BGH NJW 2006, 1200 = NZM 2006, 220 = WuM 2006, 147.

[50] LG Berlin WuM 2017, 263 (264); **aA** AG Wedding GE 2015, 456 mit einem allerdings unzutreffenden Verweis auf BGH GE 2003, 1606 = NZM 2004, 22.

[51] BGH VIII ZR 349/13, NJW 2014, 2717 (2718) = NZM 2014, 631 (633) = WuM 2014, 489 (492).

[52] BGH VIII ZR 349/13, NJW 2014, 2717 (2719) = NZM 2014, 631 (634) = WuM 2014, 489 (493); LG Berlin GE 1989, 1111; AG Charlottenburg GE 1987, 1003; NK-BGB/*Hinz* BGB § 553 Rn. 8.

[53] NK-BGB/*Hinz* BGB § 553 Rn. 8.

[54] OLG Frankfurt NJW-RR 1989, 10 (11); LG Berlin GE 1989, 1299; LG Cottbus ZMR 1995, 31; **aA** AG Wedding GE 2015, 456.

[55] AG Neukölln NJW-RR 1997, 584.

[56] LG Berlin MM 1992, 352.

[57] LG Berlin GE 2007, 783; 2011, 1159; AG Tempelhof-Kreuzberg GE 2012, 66: AG Stuttgart BeckRS 2012, 04119.

[58] LG Heidelberg WuM 1987, 316.

[59] BGH NJW 2006, 1200 = NZM 2006, 220 = WuM 2006, 147, 147 = ZMR 2006, 261 = GE 2006, 249; LG Berlin GE 2007, 783.

[60] BGH VIII ZR 349/13, NJW 2014, 2717 = NZM 2014, 631 = WuM 2014, 489; LG Berlin NJW-RR 1994, 1289; AG Berlin-Schöneberg GE 1990, 549.

[61] LG Berlin GE 1994, 931.

des BGH – **verneint:** wenn der Mieter häufiger ortsabwesend ist und der Dritte im Wesentlichen für die Wohnung sorgen soll;[62] wenn der Mieter wegen eines Auslandsaufenthalts monatelang abwesend ist;[63] wenn die berufsbedingte Abwesenheit über vier Jahre andauern soll,[64] wenn der Mieter die Wohnung nur noch ein- bis zweimal die Woche aufsucht.[65]

**10** Eine Besitzaufgabe und keine bloße Untervermietung eines Teils der Wohnung liegt vor, wenn der Mieter nicht nur seinen Lebensmittelpunkt verlagert hat, sondern wenn auch seine Rückkehr in die gemietete Wohnung nach allen Umständen unwahrscheinlich ist.[66] Hier wird die gesamte Wohnung überlassen. Die Untermieterlaubnis wurde mangels Rückkehrwillen versagt, etwa wenn ein Ehepaar die Wohnung nur noch selten nutzt, weil beide Eheleute ihren Lebensmittelpunkt ins Ausland verlegt und die Wohnung ihrem Sohn zur weiteren Nutzung überlassen haben.[67] Auch wenn die Mieter ein „Arbeitszimmer" in der Wohnung behalten, die Wohnung aber sonst für ihren Sohn freigeräumt haben, besteht kein Anspruch auf Untermieterlaubnis.[68] Das kann auch der Fall sein, wenn der Mieter die Wohnung nur noch benötigt, um bei gelegentlichen Besuchen am früheren Wohnort seine Untermieterin zu besuchen.[69] Das Gleiche gilt, wenn die Mieterin seit vielen Jahren im Ausland berufstätig ist und nur gelegentlich in die frühere Wohnung zurückkehrt.[70] Ob der Mieter weiterhin seinen früheren Wohnsitz als Haupt- oder Nebenwohnsitz angemeldet hat, spielt hierbei für die rechtliche Bewertung keine Rolle.[71] Die Anmeldung kann allenfalls im Tatsächlichen ein Indiz darstellen (→ Rn. 23).

**11** **Sonderfall: Vermietung an Touristen.** Der Mieter hat keinen Anspruch auf Erteilung einer Erlaubnis, wenn der die Wohnung tage- oder wochenweise an Touristen oder Geschäftsleute überlassen will.[72] Regelmäßig wird hier wiederum die gesamte Wohnung vermietet, so dass nicht nur ein Teil der Wohnung betroffen ist.[73] Unabhängig davon fehlt es an einem berechtigten Interesse iSd § 553 BGB, weil es dem Mieter nicht um einen Wohnungserhalt oder um das Zusammenleben mit anderen Menschen, sondern vorrangig um die gewerbliche Weitervermietung zur Gewinnerzielung geht. Auch eine generelle Untermieterlaubnis deckt diese Sonderform der tageweisen Überlassung nicht ab.[74] Eine solche Genehmigung gilt bei Auslegung nach §§ 133, 157 BGB für die Überlassung zu regulären Wohnzwecken, die jedenfalls auf eine gewisse Dauer angelegt ist[75] (→ BGB § 540 Rn. 20b).

Die Untervermietung an wechselnde Touristen ohne ausdrückliche Erlaubnis des Vermieters ist vertragswidrig. Dies gilt auch für Maßnahmen des Mieters zur Vorbereitung einer solchen Vermietung. Hierunter fällt insbesondere der Abschluss eines Vertrags mit dem Betreiber einer **(Online) Plattform** zum Zwecke der Vermittlung von Untermietinteressenten.[76] **Gegenüber dem Mieter** steht dem Vermieter ein Unterlassungsanspruch zu. Bei einer ungenehmigten Überlassung ist der Vermieter idR zur fristlosen Kündigung nach § 543 Abs. 1 BGB berechtigt. Grundsätzlich setzt die Kündigung eine Abmahnung voraus.[77] Eine Abmahnung ist jedoch entbehrlich, wenn zweifelsfrei feststeht, dass der Mieter nicht zur Untervermietung berechtigt war und weitere Umstände hinzutreten, auf Grund derer der Vertragsverstoß als besonders schwerwiegend zu bewerten ist.[78] **Gegen-**

[62] LG Mannheim WuM 1997, 369 mit abl. Stellungnahme *Mutter* ZMR 1998, 204.
[63] LG Berlin GE 1995, 569 (dort lag allerdings wohl auch eine Gesamtüberlassung vor); AG Berlin-Neukölln GE 1990, 259.
[64] LG Berlin GE 1995, 1277.
[65] LG Berlin GE 2001, 1133 = ZMR 2002, 49.
[66] LG Berlin WuM 2017, 263 (264); LG Berlin GE 1994, 703.
[67] LG Frankfurt WuM 2002, 92.
[68] LG Cottbus NJW-RR 1995, 524 = ZMR 1995, 31.
[69] LG Berlin WuM 1991, 483.
[70] LG Berlin WuM 1995, 38.
[71] LG Cottbus NJW-RR 1995, 524 (im Sachverhalt).
[72] BGH VIII ZR 210/13, NJW 2014, 622 = NZM 2014, 158 = WuM 2014, 142 (sogar bei erteilter genereller Untervermietungserlaubnis).
[73] Vgl. etwa den Fall AG Hamburg 49 C 47/18 – BeckRS 2018, 47410.
[74] BGH VIII ZR 210/13, NJW 2014, 622622 = NZM 2014, 158 = WuM 2014, 142; AG München ZMR 2016, 467.
[75] BGH VIII ZR 210/13, NJW 2014, 622 = NZM 2014, 158 = WuM 2014, 142; AG München ZMR 2016, 467.
[76] *Zur Rechtsnatur eines solchen Vertrags s. Henke/Singbartl/Zintl* NZM 2018,1,3.
[77] LG Amberg NZM 2018, 34.
[78] LG Berlin WuM 2015, 31, Vermietung an Berlin-Touristen während eines anhängigen Räumungsverfahrens.

**über dem Betreiber der Plattform** hat der Vermieter keine Ansprüche. Zwischen dem Betreiber der Vermittlungsplattform und dem Eigentümer oder Vermieter der Wohnung bestehen keine Vertragsbeziehungen. Deliktische Ansprüche gegen den Betreiber der Plattform stehen dem Vermieter ebenfalls in aller Regel nicht zu.[79]

### III. Nach Vertragsschluss entstandenes Interesse

Das Interesse des Mieters an der Untervermietung oder Aufnahme des Dritten muss nach Abschluss des Mietvertrags entstanden sein. Maßgeblich ist nicht der vereinbarte Mietbeginn oder die tatsächliche Überlassung der Wohnung, sondern der Zeitpunkt zu dem der Mietvertrag abgeschlossen wird.[80] Maßgeblich ist, ob nach Vertragsschluss Umstände eintreten, die den Entschluss des Mieters zur Aufnahme des Dritten als gerechtfertigt erscheinen lassen. Dagegen kommt es nicht darauf an, wann der Entschluss zur Aufnahme des Dritten gefasst wird. Die Abgrenzung zwischen dem bereits vorhandenen und dem nachträglichen Interesse kann im Einzelfall schwierig sein. Sie muss sich am Zweck des Tatbestandsmerkmals orientieren. Es soll verhindert werden, dass der Mieter die Grenzen des vertragsgemäßen Gebrauchs unter Berufung auf § 553 BGB unterläuft.[81] Grundsätzlich ist zu fordern, dass der Mieter konkrete und nachprüfbare Tatsachen vorträgt, aus denen sich ergibt, dass sein Interesse an der Aufnahme des Dritten erst nach Vertragsschluss entstanden ist. Die Situation bei Vertragsschluss muss sich von der späteren Situation deutlich unterscheiden. Dieses Kriterium ist ohne weiteres erfüllt, wenn äußere Umstände eintreten wie etwa eine Trennung, Einkommensminderungen, berufliche Veränderungen. Schwieriger ist die Lage, wenn der Mieter nach Vertragsschluss eine andere Person aufnehmen will, um mit ihr in einer **eheähnlichen Gemeinschaft** zusammenzuleben. Hier kann es an äußerlich belegbaren Umständen fehlen. Es wird hier vertreten, dass es an einem nachträglichen Interesse fehlt, wenn die Beziehung bereits vor Vertragsschluss bestand.[82] Diese Auffassung geht allerdings an der gesellschaftlichen Lebenswirklichkeit vorbei.[83] Es ist geradezu typisch, dass die Partner einer neuen Beziehung anfangs noch nicht zusammenziehen, sondern dafür erst deren Stabilität abwarten.[84] Hier entsteht das Interesse nachträglich, ohne dass der Mieter eine deutlich veränderte Situation durch konkrete und nachprüfbare Tatsachen vortragen könnte. Daher muss es ausreichen, dass der Mieter den nachträglichen Entschluss konkret darlegen kann. Lediglich sehr kurzer Zeitraum zwischen Vertragsschluss und dem Verlangen nach einer Erlaubnis kann ein Indiz dafür sein, dass der Mieter einen schon zuvor gefassten Plan umsetzt. In diesen Fällen muss er allerdings evtl. auch Umstände aus seiner Privatsphäre offenbaren, um die Entwicklung plausibel darzustellen.[85] Allgemein ist in der Bewertung ein großzügiger Maßstab angebracht. 12

**Mieterwechsel kraft Gesetzes.** Streitig ist, ob das Merkmal „nach Abschluss des Mietvertrags" auch gilt, wenn der betroffene Mieter nicht durch Rechtsgeschäft, sondern kraft Gesetzes in den Mietvertrag eintritt. Das betrifft die Gesamtrechtsnachfolge sowie die **Fortsetzung des Mietverhältnisses nach § 563 Abs. 1 oder 2 BGB oder nach § 1568 a BGB.** Nach dem Urteil des BGH vom 31. 1. 2018[86] muss das Interesse auch in diesem Fall nach Abschluss des ursprünglichen Mietvertrags entstanden sein. Der BGH begründet dies mit der Erwägung, dass der Eintretende ohne sein Zutun in vollem Umfang in die Rechtsstellung des ursprünglichen Mieters eintritt. Die Gegenauffassung meint, auf einen Zeitpunkt „nach Vertragsschluss" komme es hier nicht an. Der eintretende Mieter habe gerade keinen „Vertrag geschlossen".[87] Nur bei einem Vertragsbeginn durch Rechtsgeschäft solle durch das Tatbestandsmerkmal verhindert werden, dass der Mieter die eigene Vereinbarung über den Umfang des Mietgebrauchs durch die Berufung auf § 553 unterlaufe. In den Fällen der gesetzlich angeordneten Rechtsnachfolge sei diese Zeitschranke auch nach 13

---

[79] *Henke/Singbartl/Zintl* NZM 2018,1,5.
[80] MüKoBGB/*Bieber* § 553 Rn. 7; Staake/v. Bressendorf Wohngemeinschaften-HdB/*Selzer* § 3 Rn. 13.
[81] Staudinger/*Emmerich* BGB § 553 Rn. 4.
[82] AG Brandenburg, 31 C 230/18 – juris (Rn. 75); *Meyer*-Abich NZM 2020, 19, 20; zweifelnd BeckOK MietR/*Weber* BGB § 553 Rn. 16.
[83] *Bieber* jurisPR-MietR 15/2019 Anm. 1.
[84] *Bieber* jurisPR-MietR 15/2019 Anm. 1.
[85] *Wiek* Anm. zu BGH WuM 2003, 688 in WuM 2003, 690 (691; *Hinz* JR 2004, 377 (381); noch weitergehend (erweitere Darlegungen in jedem Fall) wohl jurisPK-BGB/*Schur* BGB § 553 Rn. 15.
[86] BGH (VIII ZR 105/17) NJW 2018, 2397 (2403).
[87] LG Berlin WuM 2019, 85, 86.

Sinn und Zweck nicht einschlägig. Es genüge für die Anwendung des § 553 BGB, dass der in das Mietverhältnis Eintretende ein Interesse an der Untervermietung oder an der Aufnahme eines Dritten habe.[88] Dieser Auffassung ist zuzustimmen. Der alleinige Zweck, den Missbrauch des § 553 BGB zu verhindern, kann hier nicht einschlägig sein. Der BGH hatte in dem konkreten Fall auch nur über die Frage zu entscheiden, ob es (sogar) erst auf den Zeitpunkt des Eintritts des neuen Mieters ankomme und sich hier für den früheren Zeitpunkt, den Vertragsschluss, entschieden.

### IV. Entgegenstehende Interessen des Vermieters

14 Der Vermieter ist trotz eines berechtigten Interesses des Mieters nicht zur Erteilung der Erlaubnis verpflichtet, wenn in der Person des Dritten ein wichtiger Grund vorliegt, der Wohnraum übermäßig belegt würde oder sonst dem Vermieter die Überlassung nicht zugemutet werden kann (§ 553 Abs. 1 S. 2 BGB). Erforderlich ist ggf. eine Interessenabwägung mit dem Interesse des Mieters.[89]

Im Falle der **Ablehnung der Erlaubnis zur Untervermietung aus personenbezogenen Gründen** sind die Wertentscheidungen des AGG (→ BGB § 535 Rn. 107f.) zu beachten.[90] Deshalb kann der vom Mieter ausgewählte Untermieter nicht allein wegen seiner Rasse oder wegen der ethnischen Herkunft, des Geschlechts, der Religion oder Weltanschauung, einer Behinderung, des Alters[91] oder der sexuellen Identität abgelehnt werden (§ 1 AGG). Der Umstand, dass der Dritte Ausländer ist, rechtfertigt die Versagung der Erlaubnis nicht.[92] Hier kann ggf. auch § 19 Abs. 1 AGG direkt anzuwenden sein, wenn nicht die Ausnahmen des § 19 Abs. 3, Abs. 5 Satz 2 oder 3 AGG greifen.[93] Es müssen konkrete Anhaltspunkte dafür vorliegen, dass der Dritte den Hausfrieden stören oder die Mietsache beschädigen könnte. Ein solcher Fall kann etwa gegeben sein, wenn sich der Dritte bereits in früherer Zeit in dieser Weise verhalten hat. Die **Solvenz** des Dritten spielt keine Rolle, weil der Dritte nicht gegenüber dem Vermieter für die Verbindlichkeiten aus dem Mietverhältnis haftet.[94] Ebenso ist es bei Genossenschaftswohnungen unerheblich, wenn der Untermieter nicht seinerseits Mitglied der Genossenschaft ist.[95] Wegen des Versagungsgrunds der **Überbelegung** → BGB § 540 Rn. 28.

15 Ein **sonstiger Fall der Unzumutbarkeit** ist gegeben, wenn der Vermieter durch die Gebrauchsüberlassung an den Dritten in vergleichbarer Weise unzumutbar belastet würde. Infrage kommen einerseits **wirtschaftliche Gründe.** Die Untermieterlaubnis kann unzumutbar sein, wenn der Mieter einen Teil der Mietsache einem Dritten überlassen will, obwohl das Hauptmietverhältnis alsbald endet.[96] Hier würde der Vermieter durch die Gebrauchsüberlassung zusätzlich belastet, weil der Dritte durch die Überlassung selbständigen Besitz erwirbt, so dass zur Durchsetzung des Rückgabeanspruchs u. U. ein zusätzlicher Räumungstitel erforderlich wird.[97] Anders ist es bei einem anstehenden Verkauf. Der Vermieter kann in einem fortbestehenden Mietverhältnis nicht geltend machen, dass mit einer höheren Personenzahl in den Räumen der erzielbare Verkaufspreis sinken würde.[98] Das folgt aus der Wertung des § 566 BGB. Der Erwerber tritt in das Mietverhältnis ein, der Mieter soll danach aus der Veräußerung keine Nachteile erleiden. Ebenso begründet es keine Unzumutbarkeit, wenn der Mieter in der Vergangenheit einen Teil der Wohnung ohne Erlaubnis des Vermieters untervermietet hat. Diese Umstände sind getrennt zu betrachten.[99] § 553 Abs. 1 Satz 2 BGB kommt keine Straffunktion zu. Denkbar sind andererseits **persönliche Gründe.** Befinden sich die Mieträume innerhalb der Vermieterwohnung, so kann die Gebrauchsüberlassung an einen Dritten wegen des notwendig engeren Zusammenlebens unzulässig

---

[88] LG Berlin WuM 2019, 85 (86).
[89] OLG Hamm NJW 1982, 2876 (2879); Staudinger/*V. Emmerich* BGB § 553 Rn. 11.
[90] AG Berlin-Schöneberg NZM 2016, 195 (dort: Altersdiskriminierung); *Eisenschmid* WuM 2020, 637.
[91] AG Berlin-Schöneberg NZM 2016, 195.
[92] LG Köln WuM 1978, 50 = ZMR 1978, 266; LG Berlin NJW-RR 1994, 1289 (1290).
[93] So jedenfalls NK-BGB/*Hinz* BGB § 553 Rn. 14.
[94] LG Berlin WuM 1993, 344; Staudinger/*V. Emmerich* BGB § 553 Rn. 13; *Meyer-Abich* NZM 2020, 19 (22); Bub/Treier MietR-HdB/*von der Osten/Schüller* Kap. III.A Rn. 2521.
[95] AG Neukölln 3 C 54/14, BeckRS 2014, 125875 und juris.
[96] *LG Berlin GE 2019*, 600; AG Brandenburg 31 C 230/18, NJOZ 2020, 395 (399) und juris.
[97] Staudinger/*V. Emmerich* BGB § 553 Rn 15; LG Berlin GE 2019, 600.
[98] AG Ludwigsburg WuM 2010, 420.
[99] AG Frankfurt WuM 2016, 209; **aA** Schmidt-Futterer/*Blank,* 14. Aufl. 2019, Rn. 13.

sein. Es kann im Einzelfall eine Unzumutbarkeit begründen, wenn der Mieter zugleich der frühere Lebensgefährte der Vermieterin ist und jetzt seine neue Partnerin als Untermieterin aufnehmen möchte.[100] Demgegenüber kann es die Unzumutbarkeit begründen, wenn der Untermieter die polizeiliche Meldepflicht verletzt und Anhaltspunkte für eine unzulässige Vermietung an Touristen bestehen.[101] Hier kann der Vermieter das gestörte Vertrauensverhältnis einwenden. In allen diesen Fällen ist immer eine Einzelfallbewertung erforderlich.

## C. Auskunfts- und Begründungspflichten der Parteien

Der **Mieter** muss gegenüber dem Vermieter die **tatsächlichen Umstände** offen legen, die sein Interesse an der Aufnahme dritter Personen in die Wohnung begründen. Dabei muss deutlich werden, dass und warum diese Umstände erst **nach dem Abschluss des Mietvertrags** entstanden sind.[102] Der Mieter muss daher die Veränderung seiner persönlichen Situation im Vergleich zur derjenigen dartun, die beim Abschluss des Mietvertrags vorgelegen hat. Wird der Anspruch auf Erteilung der Erlaubnis mit wirtschaftlichen Interessen begründet, so muss der Mieter Einzelheiten zu seinen wirtschaftlichen Verhältnissen vortragen.[103] Hat der Mieter persönliche Gründe für die Aufnahme des Dritten, so muss er u. U. auch Einzelheiten aus seiner Privatsphäre offenbaren, die seine Motivation belegen.[104] In diesem Zusammenhang muss der Mieter auch mitteilen, ob es sich bei dem Dritten um einen echten Untermieter handelt oder ob dem Dritten der Mitgebrauch an der gesamten Wohnung eingeräumt werden soll. Die Offenlegung von Einzelheiten, welche die Intimsphäre berühren, ist dabei allerdings nicht veranlasst. Ebenso muss der Mieter dem Vermieter die Gründe für sein Interesse wohl nicht **beweisen,** ihm etwa Sozialhilfebescheide vorlegen[105] 16

Der Mieter muss den **Dritten namentlich benennen,** schon damit der Vermieter prüfen kann, ob der Erteilung der Erlaubnis personenbezogene Gründe entgegenstehen.[106] 17

Weiterhin ist der Mieter verpflichtet, über die berufliche oder sonstige Tätigkeit des Dritten Auskunft zu geben[107]. Außerdem muss der Mieter die Gründe der Untervermietung mitteilen und darlegen, dass diese Gründe erst nach dem Abschluss des Mietvertrags entstanden sind. Im Regelfall muss der Mieter weder einen Untermietvertrag vorlegen, noch muss er Auskunft über die Höhe des Untermietzinses geben.[108] Etwas anderes kann im Einzelfall gelten, wenn dem Vermieter die Überlassung nur bei einem Untermietzuschlag zuzumuten ist und wenn dieser Zuschlag (auch) von der Höhe des vereinnahmten Untermietzinses abhängt[109] (→ Rn. 19).

Die Erlaubnis darf grundsätzlich nicht an **Bedingungen** geknüpft werden. Eine Erlaubnis, die an Bedingungen geknüpft wird, gilt als verweigert.[110] Es kann nicht darauf ankommen, ob die Bedingungen „zumutbar" sind, weil dadurch § 553 BGB eingeschränkt würde.[111] Etwas anderes gilt für Bedingungen, die sich als Einschränkungen ohnehin aus dem Vertrag oder dem Gesetz ergeben. So kann der Vermieter bei Bildung einer Wohngemeinschaft verlangen, dass der Mieter seinen Hauptwohnsitz in der Wohnung behält.[112] Zweifelhaft ist es, ob die Erlaubnis befristet werden kann.[113] Das ist unproblematisch, wenn schon das Verlangen des Mieters bei Auslegung von Anfang an auf eine befristete Erlaubnis (z. B. für die Dauer des Auslandssemesters) gerichtet ist. 18

---

[100] AG Brandenburg 31 C 230/18 – juris (Rn. 84).
[101] AG Tempelhof-Kreuzberg WuM 2016, 623 (624).
[102] BGH VIII ARZ 2/84, BGHZ 92, 213 (218) = NJW 1985, 130 (131 f) = WuM 1985, 7 (8).
[103] LG Berlin WuM 2018, 360 (361); LG Berlin MDR 1993, 45.
[104] BGHZ 92, 213 (218) = NJW 1985, 130 (132); WuM 1985, 7 (8); *Wiek* WuM 2003, 690 (691).
[105] LG Berlin WuM 2018, 360 (361); BeckOGK/*Emmerich* BGB § 553 Rn. 29.
[106] BGH VIII ARZ 2/84, BGHZ 92, 213 (222) = NJW 1985, 130 (132) = WuM 1985, 7 (9); Staudinger/*V. Emmerich* BGB § 553 Rn. 12; KG NJW-RR 1992, 1229 (1230) = WuM 1992, 350 (351); AG München ZMR 2020, 415.
[107] BGHZ 92, 213 (222) = NJW 1985, 130 (132); WuM 1985, 7 (9); LG Hamburg NJW-RR 1992, 13 = DWW 1991, 241 = WuM 1991, 585.
[108] LG Berlin MM 1993, 109.
[109] BeckOGK/*Emmerich* BGB § 553 Rn. 29.
[110] BGH VIII ZR 36/71, BGHZ 59, 3 (7) = NJW 1972, 1267; *Sternel* MietR aktuell Kap. VI. Rn. 203.
[111] **AA** insoweit AG Schöneberg GE 2019, 1584 (Mitteilungspflicht bei Beendigung der Lebensgemeinschaft).
[112] AG Schöneberg GE 2019, 1584.
[113] Bejaht von LG Berlin WuM 2015, 421 = MDR 2015, 640; verneint von LG Berlin Beschl. v. 1.6.2018 – 66 S 293/17, juris.

Eine Befristung durch den Vermieter kommt in gleicher Weise in Betracht, wenn der Wegfall des berechtigten Interesses zu einem späteren Zeitpunkt bereits feststeht, etwa bei einer in der Frist feststehenden berufsbedingten Abwesenheit des Mieters. Der **Vermieter** muss die Verweigerung der Erlaubnis zwar nicht von sich aus, wohl aber auf Verlangen des Mieters **begründen.** Dies folgt aus dem Umstand, dass der Mieter diese Information zur Beurteilung der Erfolgsaussichten einer Klage auf Erteilung der Erlaubnis oder einer Kündigung des Mietverhältnisses benötigt. Hat der Vermieter die Gründe der Ablehnung mitgeteilt – sei es freiwillig, sei es auf Verlangen des Mieters –, so muss er sich hieran festhalten lassen (→ BGB § 540 Rn. 75). Zum **Widerruf** der Erlaubnis → BGB § 540 Rn. 52 ff.

## D. Erhöhung der Miete

19 Nach § 553 Abs. 2 BGB kann der Vermieter die Erlaubnis von der Bereitschaft des Mieters zur Zahlung einer höheren Miete (Grundmiete oder Betriebskosten) abhängig machen, wenn ihm die Überlassung nur bei einer angemessenen Erhöhung der Miete zuzumuten ist (→ BGB § 558 Rn. 25). Rechtsdogmatisch handelt es sich hierbei um eine Vertragsanpassung wegen eines erweiterten Mietgebrauchs.[114] Durch die Erlaubnis wird der Umfang des Gebrauchsrechts des Mieters erweitert; als Gegenleistung hierfür soll der Mieter in eine Erhöhung der Miete einwilligen. Die Mieterhöhung muss also vereinbart werden. Dementsprechend kommt eine Mieterhöhung nach § 553 Abs. 2 BGB wegen einer Gebrauchsüberlassung an einen Dritten von vornherein nicht in Betracht, wenn der Mieter bereits nach den Vereinbarungen im Mietvertrag berechtigt ist, einen Dritten in die Wohnung aufzunehmen. In diesem Fall liegt keine Gebrauchserweiterung vor, so dass für eine nachträgliche Anpassung des Mietzinses keine Notwendigkeit besteht.[115]

Der Vermieter hat nach § 553 Abs. 2 BGB keinen gesetzlichen Anspruch auf Zustimmung zur Mieterhöhung; es steht ihm lediglich frei, die Erlaubnis zu verweigern, wenn der Mieter eine Mieterhöhung zu Unrecht ablehnt. Ist der Mieter mit einer Mieterhöhung einverstanden, so kommt eine **freiwillige Änderungsvereinbarung** iSv § 557 Abs. 1 BGB zustande. Die ursprüngliche Mietzinsvereinbarung wird abgeändert. Verlangt der Vermieter einen unangemessen hohen Zuschlag, bedeutet das eine (ungerechtfertigte) Versagung der Untermieterlaubnis.[116]

Die formellen und materiellen Erhöhungsvoraussetzungen der §§ 558 ff. BGB spielen bei der Mieterhöhung nach § 553 Abs. 2 BGB keine Rolle.[117] Bei einer Mieterhöhung nach § 558 BGB ist der Untermietzuschlag getrennt zu betrachten.[118] Dementsprechend ist bei nachfolgenden Mieterhöhungen die Kappungsgrenze aus der Miete ohne den Untermietzuschlag zu errechnen.[119] Etwas anderes gilt allerdings, wenn die Parteien keinen Zuschlag vereinbaren, sondern sich nur aus Anlass der Untervermietung auf eine einheitlich erhöhte Miete verständigen (näher → BGB § 558 Rn. 158). Zur Begründetheit einer Erhöhung nach § 558 BGB gilt: Es gibt keine abweichende ortsübliche Miete für eine Wohnung mit gestatteter Untervermietung. Der objektive Wohnwert bleibt gleich. Deswegen nehmen insoweit derartige Zuschläge nicht am System Mietwert teil. Ihre Festlegung läuft nach eigenen Gesetzmäßigkeiten (→ Rn. 21). Zu ermitteln ist deswegen bei der Mieterhöhung die ortsübliche Miete nach dem Wohnwert, hinzu kommt der „ortsübliche Untermietzuschlag" für eine vergleichbare Untervermietung.[120] Alternativ ist es nach diesseitiger Auffassung auch möglich, den konkreten Untermietzuschlag unangetastet zu lassen. Für die Ermittlung der zulässigen Miete nach § 5 WiStG oder nach § 556 d BGB gelten dieselben Grundsätze.[121]

20 Die **Kriterien** dazu, wann die Untermieterlaubnis nur mit einem Zuschlag zumutbar ist, sind unsicher. Hier sind alle Umstände des Einzelfalls zu berücksichtigen. Ein Teil des Schrifttums stellt darauf ab, ob die Gebrauchserweiterung „Untermiete gestattet" eine typischerweise am örtlichen

114 Vgl. AG Hamburg ZMR 2018, 53; *Börstinghaus* GE 1996, 88 (90); BeckOK BGB/*Wiederhold* BGB § 553 Rn. 15.

115 AG Hamburg ZMR 2018, 53.

116 LG Berlin Beschl. v. 8.7.2014 – 63 S 152/14, juris.

117 Bub/Treier MietR-HdB/*Kraemer/von der Osten/Schüller* Kap. III Rn. 2524; MüKoBGB/*Bieber* § 553 Rn. 12; *Pauly* WuM 2008, 320; **aA** *Lammel* WohnraumMietR BGB § 553 Rn. 25.

118 *Differenzierend: Staudinger/V. Emmerich* BGB § 558 Rn. 74.

119 LG Berlin NZM 1998, 509.

120 *Blank* WuM 2014, 641 (648); *Fleindl* WuM 2015, 212 (220).

121 Dazu *Flatow* WuM 2015, 191 (193); *Blank* WuM 2014, 641 (648); *Fleindl* WuM 2015, 212 (220).

Markt vergütete Gegenleistung ist.[122] Das erscheint jedenfalls in dieser Allgemeinheit problematisch. § 553 Abs. 2 BGB stellt inhaltlich auf einen Nachteilsausgleich ab.[123] Die sonst gegebene Unzumutbarkeit soll durch einen Zuschlag beseitigt werden. Bei dem Wunsch, eine markübliche Gegenleistung zu realisieren, wenn der Mieter untervermieten möchte, handelt es sich nicht um einen auszugleichenden Nachteil. Daneben gibt es auch keine Daten, die etwa einen ortsüblichen Marktpreis für die Untermieterlaubnis benennen würden. Mietspiegel weisen hier keine Daten aus. Eine Verkehrsanschauung, nach der sich an die Möglichkeit der Wohnungsnutzung durch mehrere Personen eine erhöhte Miete knüpft, ist nach diesseitiger Auffassung nicht belegbar.[124] Auch sonst rechtfertigt eine höhere Belegung nicht in jedem Fall und automatisch einen Zuschlag.[125]

Nach hier vertretender Auffassung kann die Marktlage eine Rolle spielen. Es müssen aber auch sonstige Kriterien berücksichtigt werden, wie etwa eine erhöhte Abnutzung der Wohnung im Einzelfall oder auch die Veränderung der Kalkulation, soweit mit einem Anstieg der Betriebskosten zu rechnen ist, diese aber nicht nach Verbrauch oder Personenzahl abgerechnet werden. Die Bandbreite ist hier genauso groß wie sie es bei den Gründen für die Unzumutbarkeit nach § 553 Abs. 1 Satz 2 ist.

Soll der Dritte neben dem Mieter die Wohnung insgesamt mitbenutzen, etwa in Form einer **nichtehelichen Gemeinschaft** oder einer **Partnerschaft,** so wird es der Üblichkeit entsprechen, wenn sich der Mieter verpflichtet, diejenigen Betriebskosten zu tragen, die durch die Aufnahme des Dritten zusätzlich entstehen. Eine Erhöhung der Grundmiete ist hier nicht angemessen, weil der Vermieter nicht anders gestellt ist, als wenn der Mieter berechtigt wäre, einen Ehegatten oder Verwandten nach § 540 BGB in die Wohnung aufzunehmen. Anders ist es bei der echten **Untermiete.**

Die **Höhe** des Zuschlags ist ebenfalls schwer zu bemessen, weil das Gesetz eben nur den Begriff **angemessen** verwendet. Nach herrschender Meinung sind die festen Sätze des § 26 Abs. 3 NMV im preisfreien Wohnraum nicht heranzuziehen.[126] Diese Zuschläge beruhen auf Gesichtspunkten der Kostenmiete. Sie sind hinsichtlich der Höhe (2,50 EUR monatlich bei Nutzung des untervermieteten Raums durch eine Person und 5 EUR monatlich bei Nutzung des untervermieteten Raums durch zwei und mehr Personen) für den preisfreien Wohnraum unrealistisch. Im Übrigen ist aber der Begriff „angemessen" auch hier nicht gleichzusetzen mit einem (fiktiven) höheren Mietwert, sondern sind wiederum alle einzelnen Umstände zu bewerten. Eine Marktbewertung ist nicht möglich.[127] Eine ortsübliche Miete für „Wohnungen mit Untermieterlaubnis", die als Orientierungsmarke vorgeschlagen wird,[128] dürfte so in keiner Gemeinde ermittelt sein. Vielmehr sind ähnlich wie in § 315 BGB Kriterien der Billigkeit heranzuziehen.[129] Vorgeschlagen werden hier 20% der Untermiete, die der Mieter seinerseits vereinnahmt.[130] Als Alternative werden auch 5 € bis 30 € je aufzunehmender Person zum Ausgleich des erhöhten Aufwands und der erhöhten Sachrisiken des Vermieters genannt.[131] 21

Ob der Untermietzuschlag mit **Beendigung der Untervermietung** wieder entfällt, ist streitig. 22
Diese Frage beantwortet sich danach, wie die Erhöhungsvereinbarung im Einzelfall nach §§ 133, 157 BGB auszulegen ist. Wenn die Parteien für eine befristete Untervermietung einen bestimmten „Zuschlag" vereinbart haben, ist im Zweifel anzunehmen, dass der Zuschlag mit Ende des Untermietverhältnisses auch wieder entfällt.[132] Bei einer unbefristet erteilten Erlaubnis, einer auf Dauer angelegten Untervermietung, dürfte der Zuschlag fortgelten. Es fällt dann in die Risikosphäre des

---

[122] Staudinger/*V. Emmerich* BGB § 553 Rn. 21; Lützenkirchen MietR/*Lützenkirchen* § 553 Rn. 38.

[123] NK-BGB/*Hinz* BGB § 553 Rn. 18; Bub/Treier MietR-HdB/*Kraemer/von der Osten/Schüller* Kap.III Rn. 2523; **aA** Lützenkirchen MietR/*Lützenkirchen* BGB § 553 Rn. 38.

[124] **AA** AG Hamburg ZMR 2008, 213; *Pauly* WuM 2008, 320 (321); Schmidt-Futterer/*Blank,* 14. Aufl. 2019, § 553 Rn. 17.

[125] LG Berlin WuM 2019, 373.

[126] LG Berlin WuM 2019, 85 (87); Staudinger/*Emmerich* BGB § 553 Rn. 16; Bub/Treier MietR-HdB/*Kraemer/von der Osten/Schüller* Kap.III Rn. 2523; Blank/Börstinghaus/*Blank/Börstinghaus* BGB § 553 Rn. 26.

[127] **AA** Schmidt-Futterer/*Blank,* 14. Aufl. 2019, Rn. 19; Staudinger/*V. Emmerich* BGB § 553 Rn. 21.

[128] Bub/Treier MietR-HdB/*Kraemer/von der Osten/Schüller* Kap.III Rn. 2523.

[129] LG Berlin WuM 2019, 85 (87).

[130] So etwa LG Berlin GE 2016, 1093; AG Hamburg, ZMR 2008, 213; *Pauly* WuM 2008, 320 (321); Blank/Börstinghaus/*Blank/Börstinghaus* BGB § 553 Rn. 26; zweifelnd Staudinger/*V. Emmerich* BGB § 553 Rn. 21.

[131] LG Berlin WuM 2019, 85 (87); LG Berlin GE 2019, 1639.

[132] Emmerich/Sonnenschein/*V. Emmerich* BGB § 553 Rn. 11.

Mieters, wenn sich die angedachte Wohnsituation später wieder zerschlägt. Erst recht gilt das, wenn die Wohnsituation unverändert bleibt und nur aus dem Untermietverhältnis eine Lebensgemeinschaft wird.[133]

## E. Abweichende Vereinbarungen

23 Nach § 553 Abs. 3 BGB ist eine Vereinbarung unwirksam, die von den Regelungen der Absätze 1 und 2 zum Nachteil des Mieters abweicht. Hierzu gehören alle Vereinbarungen, durch die der Anspruch des Mieters auf die Aufnahme eines Dritten ausgeschlossen oder von weitergehenden als den gesetzlichen Voraussetzungen abhängig gemacht wird. Nach der gesetzlichen Regelung ist die Untermieterlaubnis an keine bestimmte Form gebunden; deshalb sind Vereinbarungen unwirksam, wonach die Erlaubnis der **Schriftform** oder der **Textform** bedarf.[134] Sogenannte **„Zölibatsklauseln"**, die sicherstellen sollen, dass der Mieter nicht mit einer Person des anderen Geschlechts zusammenlebt, verstoßen gegen § 553 Abs. 1 BGB.[135] Unwirksam sind auch solche Vereinbarungen, durch die ein **mittelbarer Ausschluss** bewirkt wird (Bsp.: „Die Wohnung darf nur durch eine Person genutzt werden").[136] Gleiches gilt für sonstige Regelungen, die **eine maximale Belegung** vorgeben, weil hierdurch eine auf den Einzelfall bezogene Abwägung ausgeschlossen wird.[137] Eine Vereinbarung, wonach für den Fall einer künftigen Untervermietung ein **„Untermietzuschlag"** in einer bestimmten Höhe zu zahlen ist, verstößt gegen § 553 Abs. 2 BGB, weil sich das Ob und die Höhe einer Mieterhöhung nach dem Kriterium der Zumutbarkeit richtet. Hierüber kann nicht generell, sondern nur entsprechend den Gegebenheiten des Einzelfalls entschieden werden.[138] Unwirksam sind Klauseln, die das Recht des Vermieters zum **Widerruf** der Erlaubnis ohne wichtigen Grund vorsehen.[139] Vorausvereinbarungen über die **Sicherungsabtretung des Untermietzinses** verstoßen zwar nicht gegen § 553 Abs. 2 BGB;[140] jedoch liegt ein Verstoß gegen § 307 BGB vor, wenn die Abtretung formularmäßig erfolgt.[141] Darüber hinaus können auch individualvertraglich vereinbarte Sicherungsabtretungen bei der Wohnraummiete gegen § 551 BGB verstoßen, wenn der zulässige Höchstbetrag der Sicherheit von drei Monatsmieten durch eine vom Mieter geleistete Barkaution bereits erreicht ist.[142]

## F. Beweislast/Prozessuales

24 Zunächst → BGB § 540 Rn. 80. Der Anspruch auf Erteilung einer Untermieterlaubnis ist mit der **Leistungsklage** geltend zu machen. Die Erlaubnis kann grds. nicht im Wege der **einstweiligen Verfügung** erlangt werden. Eine Ausnahme gilt, wenn der Mieter dringend auf die Einnahmen aus der Untermiete angewiesen ist, ein auf Erteilung der Erlaubnis gerichteter Titel nicht zeitnah erlangt werden kann und der dem Mieter bei verzögerter Erlaubniserteilung drohende Schaden schwerer wiegt als die dem Vermieter drohenden Nachteile. Diese Voraussetzungen liegen regelmäßig vor, wenn der Mieter ohne die Einnahmen aus der Untermiete die Mietzahlungen nicht vollständig erbringen kann, so dass ihm die fristlose Kündigung droht.[143] Dagegen reicht es nicht aus, wenn der Untermieter abzuspringen droht.[144] Der Mieter muss im Prozess darlegen und beweisen, dass er ein berechtigtes Interesse an der Aufnahme des Dritten hat und dass dieses Inter-

---

[133] AG Kiel WuM 1985, 262 (Verlöbnis zwischen Mieter und Untermieterin).
[134] Artz/Börstinghaus, Wohnraummiete AGB/*Börstinghaus* Rn. 368; *Hinz* NZM 2019, 649 (650).
[135] *Strätz* FamRZ 1980, 434 (438); Staudinger/*Löhnig* Anhang zu BGB §§ 1297 ff Rn. 186.
[136] AG Lörrach WuM 1988, 361.
[137] Artz/Börstinghaus, Wohnraummiete AGB/*Börstinghaus* Rn. 367; Hinz NZM 2019, 649 (650).
[138] LG Hannover WuM 1983, 236; LG Mainz WuM 1982, 191; LG Berlin 27.1.2015 – 16 O 442/14 (Rn. 33), juris; AG Langenfeld WuM 1992, 477; AG Hamburg-Altona WuM 1999, 600; Artz/Börstinghaus, Wohnraummiete AGB/*Börstinghaus* Rn. 369; Staudinger/*V. Emmerich* BGB § 553 Rn. 22.
[139] NK-BGB/*Hinz* BGB § 553 Rn. 24.
[140] **AA** Sternel MietR, 1988, Kap. II Rn. 257, der Mieter habe einen Anspruch auf die Erteilung der Erlaubnis „ohne wenn und aber"; *Lammel* WohnraumMietR BGB § 553 Rn. 28, 31.
[141] OLG Celle WuM 1990, 103; LG Hannover WuM 1989, 511, Verstoß gegen § 3 AGBG; zweifelnd *Thaler/Tachezy NZM 2000, 1043* (1046).
[142] BeckOK BGB/*Wiederhold* BGB § 553 Rn. 19.
[143] LG Hamburg NJW 2013, 548.
[144] **AA** LG Berlin GE 2019, 1638.

esse nach Abschluss des Mietvertrags entstanden ist.[145] Der Vermieter muss diejenigen Umstände darlegen und beweisen, aus denen sich sein entgegenstehendes Interesse ergibt.[146] Die tatsächlichen Voraussetzungen der Unzumutbarkeit der Gestattung ohne Zuschlag nach § 553 Abs. 2 BGB muss der Vermieter darlegen und beweisen. Ist streitig, ob der Mieter dem Untermieter die gesamte Wohnung überlassen hat, so muss der Mieter beweisen, dass er nicht gänzlich ausgezogen ist.[147] Dass nur ein Teil der Wohnung überlassen werden soll, ist Voraussetzung des Gestattungsanspruchs. Die fortgesetzte polizeiliche Anmeldung des Mieters begründet ein Indiz für die fortgesetzte Nutzung. Die Abmeldung spricht umgekehrt dagegen. Vergleichbare Grundsätze gelten, wenn streitig ist, ob der Mieter einen Dritten in die Wohnung aufgenommen hat. Eine polizeiliche Anmeldung begründet hier immerhin ein Indiz dafür, dass der Dritte auf Dauer in den Räumen wohnt.[148]

[145] Staudinger/*V. Emmerich* BGB § 553 Rn. 10; LG Berlin WuM 2015, 421 (422); AG Tempelhof-Kreuzberg 14.8.2015 – 12 C 9/15, BeckRS 2016, 11642.
[146] NK-BGB/*Hinz* BGB § 553 Rn. 22; MüKoBGB/*Bieber* § 553 Rn. 14.
[147] NK-BGB/*Hinz* BGB § 553 Rn. 23; BeckOK BGB/*Wiederhold* BGB § 553 Rn. 23; **aA** LG Berlin 7.6.2005 – 65 S 364/04, BeckRS 2011, 8902; AG Hamburg, ZMR 2012, 785.
[148] **AA** AG Hamburg WuM 1983, 327; LG Köln WuM 1983, 327, wenig aussagekräftiges Indiz.

# § 554 Barrierereduzierung, E-Mobilität und Einbruchsschutz

**(1) [1]Der Mieter kann verlangen, dass ihm der Vermieter bauliche Veränderungen der Mietsache erlaubt, die dem Gebrauch durch Menschen mit Behinderungen, dem Laden elektrisch betriebener Fahrzeuge oder dem Einbruchsschutz dienen. [2]Der Anspruch besteht nicht, wenn die bauliche Veränderung dem Vermieter auch unter Würdigung der Interessen des Mieters nicht zugemutet werden kann. [3]Der Mieter kann sich im Zusammenhang mit der baulichen Veränderung zur Leistung einer besonderen Sicherheit verpflichten; § 551 Absatz 3 gilt entsprechend.**

**(2) Eine zum Nachteil des Mieters abweichende Vereinbarung ist unwirksam.**

## Systematische Übersicht



## Alphabetische Schnellübersicht

## A. Allgemeines

### I. Überblick

1 Die Vorschrift ist erst seit dem 1.12.2020 in Kraft. Sie ist durch das Gesetz zur Förderung der Elektromobilität und zur Modernisierung des Wohnungseigentumsgesetzes und zur Änderung von kosten- und grundbuchrechtlichen Vorschriften (**Wohnungseigentumsmodernisierungsgesetz** – WEMoG – vom 16.10.2020[1]) in das BGB eingefügt worden. § 554 schafft in einem Teilbereich eine Harmonisierung zwischen Wohnungseigentums- und Mietrecht.[2] Die Norm fasst drei Erlaubnistatbestände für bauliche Veränderungen des Mieters zusammen, die alle wortgleich auch in § 20 Abs. 2 WEG enthalten sind.[3] Geregelt werden Veränderungen zur **behindertengerechten Ausgestaltung** der Wohnung (→ Rn. 7), zur **Förderung der Elektromobilität** (→ Rn. 10) und zum **Einbruchsschutz** (→ Rn. 12). Die drei Tatbestände haben keinen anderen thematischen Zusammenhang, als dass bestimmten Veränderungsinteressen des Mieters aus gesamtgesellschaftlichen Interessen ein besonderes Gewicht zugesprochen wird.[4] Die Zusammenfassung in einer Norm dient der besseren Übersichtlichkeit und der Vermeidung von widersprüchlichen Regelungen.[5] Soweit es um die Barrierereduzierung geht, tritt § 554 an die Stelle des jetzt aufgehobenen § 554 a BGB. Die beiden weiteren Erlaubnistatbestände sind neu. Zur Elektromobilität ist im Kontext seit März 2021 auch das GEIG zu nennen, das neue öffentliche Pflichten festlegt (→ Rn. 17).[6]

2 § 554 Abs. 1 Satz 1 BGB gibt dem Mieter einen Erlaubnisanspruch, der nicht an weitere Voraussetzungen geknüpft ist. Dabei verlangt auch nur der erste Erlaubnistatbestand, die Barrierereduzierung, dass die Maßnahme überhaupt dem Gebrauch der Mietsache dient. Die beiden weiteren Fälle – Elektromobilität und Einbruchsschutz – verlangen nicht einmal diesen Bezug. Das bedeutet freilich nicht, dass es hier immer einen Erlaubnisanspruch gibt. Es bedeutet aber, dass über den Anspruch immer erst in der zweitern Stufe, der Prüfung nach § 554 Abs. 1 Satz 2 BGB entschieden wird. § 554 Abs. 1 Satz 2 BGB enthält einen Ausschlusstatbestand. Der Anspruch ist ausgeschlossen, wenn die Veränderung dem Vermieter nicht zugemutet werden kann. Hier findet eine Interessenabwägung zwischen den Interessen des Vermieters und denjenigen des Mieters statt. Dabei sieht der Gesetzgeber das Interesse des Vermieters an der Sicherung des späteren Rückbaus. Insbesondere, aber nicht nur, diesem Interesse dient es, dass der Mieter sich zur Leistung einer besonderen Sicherheit verpflichten kann (§ 554 Abs. 1 Satz 3, → Rn. 21).[7] Wirtschaftlich ist der Vermieter wohl ohnehin dadurch, dass der Mieter die Maßnahmen selbst bezahlen muss, vor unnötigen oder gar schikanösen Ansinnen geschützt. Seiner **Rechtsnatur** nach ist der Anspruch auf Erteilung einer Erlaubnis, also auf **Abgabe einer Willenserklärung** gerichtet. Erst durch die Erlaubnis wird das vertragliche Gebrauchsrecht erweitert, eine bauliche Maßnahme nach § 554 BGB bliebt ohne vorherige Erlaubnis vertragswidrig (→ Rn. 25). Der Anspruch richtet sich zunächst nur auf die Erlaubniserteilung. Soweit **Mitwirkungshandlungen** des Vermieters erforderlich sind, kann sich ein Anspruch ergänzend aus §§ 241 Abs. 1, 242 BGB ergeben.[8] Infrage kommen die Überlassung von Bauzeichnungen, Leitungsplänen, aber auch eine schriftliche Bestätigung der Gestattung zur Vorlage etwa bei Handwerkern.[9] Ggf. kommt auch das Tätigwerden gegenüber der Eigentümergemeinschaft in Frage, wenn die vermietete Wohnung eine Eigentumswohnung ist (→ Rn. 32).

### II. Anwendungsbereich

3 § 554 BGB findet nicht nur in der **Wohnraummiete** Anwendung. Eine Anpassung des **§ 549 BGB** ist mit dem WEMoG nicht erfolgt. Daher ist § 554 BGB dort nicht aufgeführt. Die Vorschrift gilt also auch für Wohnraum, der nur zu **vorübergehendem Gebrauch** vermietet wird, für **Ein-**

---

1 BGBl. I 2020, S. 2187.
2 BT-Drs. 19/18791 S. 86; *Häpp* WuM 2020, 755 (759).
3 Zur Regelung in § 20 WEG ausführlich: *Lehmann-Richter/Wobst* WEG-Reform 2020, Rn. 1161 ff.
4 BT-Drs. 19/18791 S. 88.
5 BT-Drs. 19/18791 S. 86.
6 Gebäude-Elektromobilitätsinfrastruktur-Gesetz – GEIG vom 18. März 2021, BGBl. I, S. 354. Dazu Ahlers/Mühe JR 2021, 122. Hohmann/Beckmann, NVwZ 2021, 837.
7 NK-BGB/*Hinz* BGB § 554 Rn. 45.
8 NK-BGB/*Hinz* BGB § 554 Rn. 20.
9 BT-Drs. 19/18791 S. 88.

**liegerwohnungen,** für Wohnungen zur **Unterbringung von Personen mit dringendem Wohnbedarf** und für Wohnungen in einem **Studenten- und Jugendwohnheim.** Ob sich daraus Probleme in der Praxis ergeben, erscheint zweifelhaft. Mieter dieser Mietverhältnisse werden wohl kaum Einbauten nach § 554 BGB vornehmen wollen. Ebenso ist § 554 außerhalb der Wohnraummiete anwendbar. Die Norm ist in § 578 Abs. 1 BGB genannt, gilt also zunächst für Mietverhältnisse über Grundstücke. Das ergibt Sinn, weil es für einen Wohnraummieter z. B. interessant sein kann, eine Ladestation für sein E-Auto auf einem gesondert angemieteten Stellplatz zu errichten. § 578 Abs. 2 BGB wiederum schreibt die Geltung der Vorschriften aus Abs. 1 auch für sonstige Mietverhältnisse über Räume vor. Die Erlaubnisansprüche bestehen danach auch für **Gewerbemieter.**[10] Der Gesetzgeber hat dies ausdrücklich gewollt, weil die geschützten Interessen nicht wohnraumspezifischer Natur seien.[11]

## B. Anspruchsvoraussetzungen (§ 554 Abs. 1 Satz 1)

### I. Allgemeine Voraussetzungen

#### 1. Bauliche Veränderung

4 Bauliche Veränderung ist jeder **erhebliche Eingriff in die Substanz der Mietsache.**[12] Das erfasst auch die Außenanlagen.[13] Die Abgrenzung zum unerheblichen, also ohnehin zulässigen Substanzeingriff ergibt sich aus der **Auslegung des Vertrags.** Geringfügige Eingriffe, die zu einer sinnvollen Wohnnutzung erforderlich sind, sind ohne Weiteres erlaubt.[14] Weitergehende Eingriffe bedürfen der Erlaubnis. Als Faustformel kann die Frage dienen, ob die Eingriffe mit üblichen Schönheitsreparaturen beseitigt werden können.[15] Danach sind z. B. wenige Dübellöcher zum Anbringen einer Haltestange schon von § 535 Abs. 1 Satz 1 BGB gedeckt,[16] das Bohren zahlreicher, tiefer Dübellöcher für einen Badewannenlift kann bereits eine bauliche Veränderung i. S. d. § 554 BGB darstellen. Bauliche Veränderungen beschränken sich nicht nur auf die Mieträume. Sie können auch **Gemeinschaftsflächen und sonstige Außenbereiche** betreffen.[17] Typische Beispiele wären der Treppelift, die Rampe an der Haustür, oder die Ladestation in der Tiefgarage. Nicht mehr von § 554 BGB gedeckt ist eine **räumliche Erweiterung** des Gebrauchsrechts.[18] Der Mieter kann also etwa nicht verlangen, ihm eine Garage zusätzlich zu überlassen, damit er als Rollstuhlfahrer am Gebäude einen sicheren Stellplatz hat. Er kann aber (vorbehaltlich der Interessenabwägung nach § 554 Abs. 1 Satz 2 BGB) die Erlaubnis verlangen, in der schon mit vermieteten Garage eine Wallbox zu installieren.

#### 2. Zweckdienlichkeit

5 Die Maßnahme muss einem geschützten Interesse dienen. § 554 BGB ist hier wesentlich weiter gefasst als die Vorläufervorschrift des § 554 a a. F. Die Maßnahme muss **nicht erforderlich** sein, um ein berechtigtes Interesse des Mieters zu erfüllen. Sie muss nur einem der Zwecke **dienen.** Der Mieter muss nach § 554 Abs. 1 Satz 1 BGB nicht einmal ein eigenes berechtigtes Interesse verfolgen. Freilich wird er im Streitfall ohne ein eigenes Interesse regelmäßig in der zweiten Stufe der Interessenabwägung (§ 554 Abs. 1 Satz 2 BGB) scheitern.

#### 3. Maßgebender Zeitpunkt

6 Der Anspruch auf Erlaubnis kann vom Vertragsschluss an geltend gemacht werden.[19] Er besteht im Grundsatz auch bis zum Ende des Mietverhältnisses. Für den Erlaubnistatsbestand des § 554

---

[10] BeckOK MietR/*Schüller* BGB § 554 Rn. 5; *Hübner* ZfIR 2020, 37 (48); Homann/Beckmann NVwZ 2021, 837, 842; *Herlitz*, NZM 2020,912, 914; **aA** (aber unter Bezugnahme auf Schrifttum zu § 554 a aF); BeckOGK/*Schepers* § 554 BGB Rn. 84.
[11] BT-Drs. 19/19791, 91.
[12] Staudinger/*Rolfs* § 554 a aF Rn. 8; BeckOK BGB/*Wiederhold* § 554 a aF Rn. 7.
[13] *Horst* DWW 2021, 6 (8).
[14] *Streyl* NZM 2017, 785 (787).
[15] *Streyl* NZM 2017, 785 (787).
[16] *Happ WuM 2020, 755, 757.*
[17] MüKoBGB/*Bieber* § 554 a Rn. 6; BeckOGK/*Schepers* BGB § 554 Rn. 5.
[18] BeckOGK/*Schepers* BGB § 554 Rn. 6.
[19] *Rolfs* NZM 2020, 902, 903.

Abs. 2 Satz 1 ist es nicht einmal erforderlich, dass das Mietverhältnis absehbar fortbesteht.[20] Allerdings wird bei einem Mietverhältnis, das nur noch kurz andauert, die Interessenabwägung nach § 554 Abs. 2 Satz 2 regelmäßig den Anspruch wieder entfallen lassen.[21] Anders als etwa im Rahmen der Untermieterlaubnis nach § 553 (→ § 553 Rn. 12) ist es auch nicht erforderlich, dass die Umstände für die Dienlichkeit erst nach Mietbeginn entstanden sind. Auch hier kann es aber in der Interessenabwägung (Satz 2) eine Rolle spielen, wenn der Mieter vor Vertragsabschluss seine Pläne arglistig verschwiegen hat oder auf Nachfrage nicht offenbart hatte.[22]

## II. Besondere Voraussetzungen – die Erlaubnistatbestände

### 1. Barrierereduzierung

**a) Entstehung.** Die Barrierereduzierung ist der Zweck, der schon in § 554a BGB aF enthalten war. Diese Vorschrift war ein Teil des weiter reichenden Paradigmenwechsels des Bundes in der Behindertenpolitik. Im Vordergrund der staatlichen und gesellschaftlichen Maßnahmen für Menschen mit einer Behinderung stehen nicht mehr Fürsorge, sondern Selbstbestimmung und Teilhabe am gesellschaftlichen Leben. In den Jahren 2000 bis 2002 wurden drei Gesetze verabschiedet, die im Kern die Teilhabe der behinderten Menschen am gesellschaftlichen Leben fördern und stärken wollen.[23] Vor diesem Hintergrund wurde § 554a BGB auf Empfehlung des Rechtsausschusses[24] mit demMietrechtsreformgesetz zum 1. 9. 2001[25] in das BGB aufgenommen worden. Damit wiederum wurde die sog. „Treppenliftentscheidung" in das Gesetz übernommen, mit der das Bundesverfassungsgericht einen entsprechenden Anspruch des Mieters aus § 242 BGB i. V. m. Art. 14 Abs. 1 Satz 1 GG abgeleitete hatte.[26] Die Vorschrift des § 554a BGB sollte die geltende Rechtslage also nicht verändern, sondern lediglich auf der Basis der Entscheidung des BVerfG ein **Signal** setzen, die Verhandlungsposition behinderter Menschen gegenüber dem Vermieter stärken und für mehr Rechtsklarheit und Rechtssicherheit sorgen.[27] 7

**b) Menschen mit Behinderungen.** Die bauliche Veränderung muss dem Gebrauch durch Menschen mit Behinderungen dienen. Der Begriff **Menschen mit Behinderungen** ist in § 3 des Behindertengleichstellungsgesetzes legal definiert. Der Gesetzgeber meint „Menschen, die langfristige körperliche, seelische, geistige oder Sinnesbeeinträchtigungen haben, welche sie in Wechselwirkung mit einstellungs- und umweltbedingten Barrieren an der gleichberechtigten **Teilhabe an der Gesellschaft** hindern können." Als langfristig gilt nach § 3 Satz 2 BGG ein Zeitraum, der mit hoher Wahrscheinlichkeit länger als sechs Monate andauert. Dafür ist weder ein Feststellungsbescheid noch ein Schwerbehindertenausweis erforderlich.[28] Es kommt auch nicht auf den für das Lebensalter typischen Zustand an.[29] Danach kann auch eine allgemein als **„alterstypisch"** angesehene Beeinträchtigung beim Gehen und Treppensteigern eine Behinderung i. S. d. § 3 BGG sein. Maßgebend ist allein, wie bereits in der UN-Behindertenrechtskonvention vom 13. 12. 2006, das Kriterium der Teilhabe.[30] Die Behinderung kann im körperlichen Bereich angesiedelt sein, im Mietrecht wird das in den meisten Fällen um Gehbehinderungen betreffen, auch andere Handicaps sind aber vorstellbar. Beeinträchtigungen im geistigen und seelischen Bereich betreffen den kognitiven, psychomotorischen und intellektuellen Bereich sowie seelische Erkrankungen und die psychisch-funktionalen Fähigkeiten der Persönlichkeit.[31] Sinnesbeeinträchtigungen sind neurologische 8

[20] So aber BeckOGK/*Schepers* BGB § 554 Rn. 17.

[21] *Rolfs* NZM 2020, 902, 903.

[22] BeckOGK/*Schepers* BGB § 554 Rn. 17.

[23] Gesetz zur Bekämpfung der Arbeitslosigkeit Schwerbehinderter – BGBl. I 2000, 1394; Sozialgesetzbuch IX – BGBl. I 2001, 1046; Gesetz zur Gleichstellung behinderter Menschen und zur Änderung anderer Gesetze – BGBl. I 2002, 1467.

[24] BT-Drs. 14/5663, 12, 78.

[25] BGBl. 2001, 1149.

[26] BVerfG 1 BvR 1460/99, NJW 2000, 2658 = NZM 2000, 539 = WuM 2000, 298.

[27] BT-Drs. 14/5663, 78; zur Kritik wegen mangelhafter Umsetzung der internationalen Anforderungen *Wallrabenstein,* 10 Jahre Mietrechtsreform, S. 511, 514.

[28] Dau BGG § 3 Rn. 2.

[29] So noch § 2 SGB IX aF und § 3 BGG aF (in der alten Fassung außer Kraft seit 31. 12. 2017), LG Berlin ZMR 2012, 276 und Schmidt-Futterer/*Eisenschmid,* 14. Aufl. 2019, BGB § 554a Rn. 6 – jeweils zum alten Recht.

[30] *Happ* WuM 2020, 755, 756.

[31] Ausführlich jurisPK-SGB IX/*Luthe* § 2 SGB IX Rn. 65.

Störungen, nicht nur der Verlust des Seh- oder Hörvermögens, sondern etwa auch Erkrankungen wie Demenz oder Multiple Sklerose.[32] Es gibt hier Überschneidungen zwischen einer geistigen Beeinträchtigung und einer Sinnesbeeinträchtigung. Darauf kommt es aber für die Einordnung als Behinderung nicht an, ebensowenig auf die Abgrenzung im Einzelnen. Die Vorgaben des § 3 BGG sind maßgebend auch für die Auslegung des § 554 BGB.

9 **c) Betroffener Personenkreis.** Wie bisher schon bei § 554 a BGB aF ist ohne Weiteres hier der Mieter selbst vom Schutz des § 554 BGB erfasst. Das Gleiche gilt für alle Personen, die berechtigten Mitbesitz an der Wohnung haben, also Haushaltsangehörige, Angestellte, Pflegepersonal. Dazu gehören auch Untermieter bei einer gestatteten Untervermietung nach § 540 oder § 553 BGB, wobei der Erlaubnisanspruch (für den Gebrauch durch den Untermieter) vom Mieter als dem Vertragspartner geltend gemacht werden muss.[33] Es ist unklar, ob auch Besucher zum geschützten Personenkreis gehören. Die spielt vor allem eine Rolle bei Maßnahmen zum behindertengerechten Gebrauch der Räume. Nach altem Recht waren Maßnahmen zu erlauben, die für die „behindertengerechte Nutzung" der Wohnung erforderlich waren. Hier war streitig, ob zur „Nutzung" der Wohnung in diesem Sinne gehörte, behinderte Menschen als Besucher zu empfangen.[34] Dieser Meinungsstreit setzt sich wohl für das neue Recht fort, obwohl es nach dem Gesetzeswortlaut gerade nicht mehr um die Nutzung der Räume geht, sondern nur noch um den Gebrauch.[35] Die neue Vorschrift erfasst nach diesseitiger Auffassung auch Besucher. Das ist insbesondere daraus abzuleiten, dass § 554 BGB anders als die Vorläufervorschrift auch für Gewerbemietverhältnisse gilt. Inbesondere bei Ladenlokalen und Gastronomiebetrieben gehört es zum Hauptzweck der Mieträume, dort auch den Besuch von Publikum zu empfangen. Soweit nach der Gesetzesbegründung den in § 554 genannten Veränderungsinteressen des Mieters aus gesamtgesellschaftlichen Interessen ein besonderes Gewicht zugesprochen werden soll,[36] muss das gerade auch der Barrierefreiheit für Laden- und Restaurantbesucher gelten. Die Norm beschränkt sich nicht mehr auf Wohnungen. Es ist aber im Sinne einer einheitlichen Auslegung zu verlangen, dass dann auch in der Wohnraummiete Besucher mit zum geschützten Personenkreis gehören. Dem Vermieter wird dadurch nichts Unzumutbares abverlangt, weil bei nur gelegentlichen Besuchen von Menschen mit Behinderungen regelmäßig die Interessen des Mieters in der Abwägung nach § 554 Abs. 1 Satz 2 BGB zurückstehen werden. **Beispiele** für bauliche Maßnahmen innerhalb der Wohnung, die dem Gebrauch für Menschen mit Behinderungen dienlich sein können, sind etwa der Einbau behindertengerechter behindertengerechter Duschen, Wannen und Toiletten, die rollstuhlgerechte Verbreiterung von Türen, die Beseitigung von Schwellen, die Neuverlegung von Leitungen sowie das Versetzen von Lichtschaltern.[37] Maßnahmen außerhalb der Wohnung können Rampen oder Treppenlifte sein, die den Zugang zur Wohnung erleichtern oder sogar erst ermöglichen.

### 2. Laden elektrisch betriebener Fahrzeuge

10 Das gesamtgesellschaftliche Ziel, das mit § 554 Abs. 1 Satz 1, 2. Alt. BGB verfolgt wird, ist die Förderung der Elektromobilität. **Elektrisch betriebene Fahrzeuge** sind einerseits die Fahrzeuge, die in § 2 Nr. 1 EMoG[38] aufgeführt sind. Das sind reine Batterieelektrofahrzeuge, von außen aufladbare Hybridelektrofahrzeuge oder Brennstoffzellenfahrzeuge.[39] Mit erfasst werden aber auch alle anderen elektrisch betriebenen Fahrzeuge, also vor allem **E-Bikes** und **Pedelacs,** oder etwa **Elektrorollstühle.**[40] Ebenso gehören auch die zusehends verbreiteten **E-Scooter** zu den elektrisch betriebenen Fahrzeugen. Die infrage kommenden Maßnahmen sind die Installation einer Haushaltssteckdose, die Installation einer Ladestation im Innenbereich **(Wallbox)** oder der Bau

---

[32] jurisPK-SGB IX/*Luthe* § 2 SGB IX Rn. 65.

[33] NK-BGB/*Hinz* § 554 BGB Rn. 7.

[34] So etwa MüKoBGB/*Bieber* BGB § 554a Rn. 4; Schmidt-Futterer/*Eisenschmid,* 14. Aufl. 2019, BGB § 554a Rn. 32; **aA** auch zum neuen Recht Blank/Börstinghaus/*Börstinghaus* BGB § 554 Rn. 11.

[35] Vgl. etwa für die Einbeziehung von Besuchern *Rolfs* NZM 2020, 902, 903, dagegen Blank/Börstinghaus/*Börstinghaus* BGB § 554 Rn. 11; BeckOGK/*Schepers* BGB § 554 Rn. 13f. – aber weiter mit der Begründung, es gehe darum, dass ein Besucher die Wohnung nicht „nutzt".

[36] BT-Drucks. 19/1918791 S. 88.

[37] *Rolfs* NZM 2020, 902, 904.

[38] *BGBl. I 2015, 898.*

[39] BT-Drs. 19/18791, 87.

[40] BT-Drs. 19/18791, 87; *Lehmann-Richter/Wobst* WEG-Reform 2020 Rn. 1169 (zu WEG § 20 Abs. 2 Nr. 2).

einer **Ladesäule** im Außenbereich.[41] Zu den baulichen Maßnahmen rechnen auch die Verlegung der erforderlichen Stromleitungen, außerdem Maßnahmen die zur Umsetzung von Vorgaben des Messstellenbetriebsgesetzes oder zur Teilnahme an einem Flexibilitätsmechanismus nach § 14a des Energiewirtschaftsgesetzes erforderlich sind.[42] In dieser Variante, gehört der „Gebrauch der Mietsache" nicht zu den Tatbestandsmerkmalen. Der Erlaubnisanspruch verlangt überhaupt nur, dass eine Lademöglichkeit installiert werden soll. Der Gesetzgeber nimmt hier die Verfolgung des gesamtgesellschaftlichen Ziels als Voraussetzung zur Begründung des Anspruchs. Ohne weitere Voraussetzungen wird also die Einwendungslast für den Ausschlusstatbestand des § 554 Abs. 1 Satz 2 auf den Vermieter verlagert.

Der Erlaubnistatbestand erfasst Maßnahmen in der **Mietsache.** Das sind vor allem (mit) vermietete Garagen. Infrage kommen auch vermietete Parkplätze. Gehört zu einer gemieteten Gewerbeimmobilie ein Kundenparkplatz, könnten dort Ladesäulen zur Nutzung durch Angestellte oder auch durch Kunden während der Einkaufszeit errichtet werden. Auch hier ergibt sich kein Anspruch auf räumliche Erweiterung des Mietgegenstandes. Der Mieter kann also nicht die Zuweisung eines eigenen Stellplatzes mit einer von ihm zu errichtenenden Ladesäule verlangen.[43] Das schließt nicht aus, dass die bauliche Maßnahme sich auch auf **andere Gebäudeteile oder Flächen** erstreckt, etwa durch das Verlegen von Leitungen.Wenn dem Mieter in einer Tiefgarage ein bestimmter Stellplatz mit vermietet ist, kommt eine Wallbox oder eine Steckdose an der angrenzenden Wand infrage, obwohl die Wand streng genommen nicht mit vermietet ist. Die technischen Schwierigkeiten, die sich vor allem bei größeren Einrichtungen ergeben (z. B. 100 Mieter in einer Tiefgarage), sind bei der Interessenabwägung nach § 554 Abs. 1 Satz 2 BGB zu berücksichtigen (→ Rn. 16, 17). Noch offen ist hier der Umgang mit **Gemeinschaftseinrichtungen,** an denen der Mieter nur ein **Mitbenutzungsrecht** hat. Fraglich ist also, ob der Mieter einen Anspruch auf die Erlaubnis zur Installation von Ladeeinrichtungen in Tiefgaragen oder auf Parkplätzen hat, die nur allen Mieter gemeinsam zur Nutzung zur Verfügung gestellt sind. Die gleiche Frage stellt sich, wenn der Mieter eine Steckdose für sein E-Bike im Fahrradkeller installieren möchte. Die Entscheidung hängt davon ab, wie hier der Begriff der „Mietsache" auszulegen ist. Im Rahmen des § 554a BGB war es einhellige Meinung, dass auch die Gemeinschaftseinrichtungen wie der Eingang oder das Treppenhaus mit erfasst sind, weil gerade diese Einrichtungen für den Zugang zur Wohnung elementar sind. Das Gleiche gilt jetzt für den Erlaubnistatbestand der Barrierereduzierung. Es muss nach diesseitiger Auffassung auch für Ladestationen gelten. Hier ist die Auslegung zwar nicht in gleicher Weise zwingend. Für eine Einbeziehung spricht allerdings die Einheitlichkeit der Auslegung für alle Erlaubnistatbestände. Auch das angestrebte Ziel des Gesetzgebers wird mit einer weiten Auslegung eher erreicht. Danach kann der Mieter im Grundsatz auch die Erlaubnis dazu verlangen, dass er eine Ladestation in einer gemeinschaftlich genutzten Garage oder auf einem allgemeinen „Mieterparkplatz" installiert.[44] Wiederum erwirbt der Mieter damit aber keine zusätzlichen Nutzungsrechte über den Vertragsgebrauch hinaus, kann z. B. nicht verlangen, dass der Stellplatz bei der Säule künftg Elektroautos vorbehalten bleibt oder gar für ihn reserviert wird.[45] Angesichts dessen erscheint es in der Praxis sehr fraglich, ob ein Mieter auf eigene Kosten eine Ladeinfrastruktur wird errichten wollen, deren Nutzung nach Bedarf für ihn nicht zuverlässig gewährleistet ist. Flächen, deren Mitnutzung nur widerruflich gestattet aber nicht vertraglich vereinbart ist, sind nicht erfasst.[46] 11

### 3. Einbruchsschutz

Maßnahmen, die dem Einbruchsschutz dienen, sind bauliche Veränderungen, die geeignet sind, den widerrechtlichen Zutritt zu den Räumen des Mieters zu verhindern, zu erschweren oder jedenfalls unwahrscheinlicher zu machen.Beispiele sind bessere Schließsysteme, stärkere Türen, Türriegel, Türspione, verschließbare Fensterriegel. Infrage kommt wohl auch eine Alarmanlage, die durch ihre Sichtbarkeit oder durch den Alarmton bei einem Einbruchsversuch den Täter abschrecken kann. Hier ergibt sich schon aus dem Zweck, dass auch Gemeinschaftseinrichtungen mit betroffen sein können. Der Anspruch ist also nicht auf die Räume mit dem alleinigen Gebrauchsrecht beschränkt. 12

---

[41] Zu den technischen Details *Hübner* ZfIR 2020, 37 (39–41).
[42] BT-Drs. 19/18791, 87.
[43] NK-BGB/*Hinz* BGB§ 554 Rn. 16; näher *Herlitz* NZM 2020, 912, 916.
[44] So auch NK-BGB/*Hinz* BGB § 554 Rn. 16.
[45] *Herlitz* NZM 2020, 912, 916.
[46] NK-BGB/*Hinz* BGB § 554 Rn. 16.

Die bessere Schließanlage betrifft eben regelmäßig auch die Haustür. In der Gewerbemiete kommen bei größeren Objekten durchaus erhebliche Bauvorhaben infrage. Dem Einbruchsschutz könnten auch Überwachungskameras oder Atrappen solcher Kameras dienen.

## C. Interessenabwägung (§ 554 Abs. 1 Satz 2)

### I. Überblick

13 § 554 Abs. 1 Satz 2 ist als **Ausschlusstatbestand** gestaltet (zu der daraus folgenden Darlegungslast → Rn. 36). Der Anspruch besteht nicht, wenn die bauliche Veränderung dem Vermieter auch unter Würdigung der Interessen des Mieters nicht zugemutet werden kann. Die Vorschrift entspricht den Ausschlusstatbeständen etwa in § 553 Abs. 1 Satz 2 (Erlaubnis der Untervermietung durch den Vermieter) oder in § 555 d Abs. 2 Satz 1 (Duldung einer Modernisierung durch den Mieter).[47] Inhaltlich entspricht die Regelung auch der alten Vorschrift des § 554 a Abs. 1 Satz 2 und 3 BGB a. F. Soweit dort die Interessen der anderen Mieter gesondert genannt waren, gilt das Gleiche heute nach § 554 Abs. 1 Satz 2. Diese Interessen sind über das Vermieterinteresse mit zu berücksichtigen.[48] Das liegt daran, dass der Vermieter eben auch zu den anderen Mietern Rechtsbeziehungen unterhält, die sich ihrerseits gegen Beschränkungen ihres Gebrauchsrechts zur Wehr setzten könnten.[49] Insgesamt verlangt die Vorschrift eine Abwägung der Mieter und Vermieterinteressen.

### II. Mieterinteressen

14 **Allgemeines Veränderungsinteresse.** Auf Seiten des Mieters sind sein eigenes Veränderungsinteresse zu berücksichtigen. Es ergibt sich daraus, dass er einen der Zwecke des § 554 Abs. 1 Satz 1 verfolgt. Ein darüberhinausgehendes spezifisches Interesse spezifisches Interesse muss nicht zusätzlich vorliegen.[50] Die Zweckverfolgung dient immer auch dem gesamtgesellschaftlichen Interesse, das damit im Ausgangspunkt beachtlich ist. Es ist danach nicht möglich, das Mieterinteresse an einer Ladestation etwa mit der Begründung zurückzuweisen, Elektromobilität sei nicht förderungswürdig.

15 **Besondere Interessen.** Insbesondere bei der Erlaubnis von Maßnahmen zur Barrierereduzierung können in der **Wohnraummiete** die besonderen **sozialen und gesundheitlichen Belange des Mieters** eine Rolle spielen. Ein Bespiel wäre der Mieter, der absehbar ohne Treppenlift seine Wohnung aufgeben müsste, der aber kaum Chancen am allgemeinen Wohnungsmarkt hätte. Auch sonst sind hier **individuelle** Interessen zu berücksichtigen. Wenn es etwa in einem Haus schon **Einbrüche in jüngerer Zeit** gegeben hat, kann der Mieter ein besonderes Interesse daran haben, dass ihm die Verbesserung des Einbruchsschutzes jedenfalls auf eigene Kosten gestattet wird, selbst wenn die Mietsache in ihrer Sicherheitsbeschaffenheit nicht von der vertraglich vereinbarten abweicht. In der **Gewerbemiete** könnten **wirtschaftliche** Erwägungen eine Rolle spielen. Der Gewerbemieter könnte sowohl mit einem barrierefreien Mietobjekt als auch mit einer Ladeinfrastruktur für Elektrofahrzeuge seine Marktposition verbessern, indem er seinen Arbeitnehmern und seinen Kunden entsprechende Vorteile bietet. **Keine besondere Einbeziehung öffentlicher Belange.** Nach der Entwurfsbegründung zu § 554 BGB sind in die Abwägung auf Mieterseite zugleich die öffentlichen Belange einzubeziehen, konkret der „Markthochlauf" von Elektrofahrzeugen für einen besseren Klimaschutz und das allgemeine Interesse daran, Menschen mit Behinderungen eine gleichberechtigte Teilhabe am gesellschaftlichen Leben zu ermöglichen.[51] Unklar ist, ob damit gemeint ist, den Veränderungsinteressen des Mieters noch ein zusätzliches Gewicht beizumessen, dass in der Abwägung in die Waagschale fällt. Nach diesseitiger Auffassung ist das abzulehnen.[52] Die Formulierung in § 554 Abs. 1 Satz 2 stellt gerade nur auf die „Interessen des Mieters" dar. Damit sind generell die subjektiven Interessen, gerade in Abgrezung zu öffentlichen Interessen, gemeint. Die systematische Auslegung führt zum gleichen Ergebnis, wie der Abgleich mit § 555 d

[47] BT-Drs. 19/18791, 88.
[48] BT-Drs. 19/18791, 88.
[49] *Vgl. Blank/Börstinghaus/Börstinghaus* BGB § 554 Rn. 24.
[50] BT-Drs. 19/18791, 89.
[51] BT-Drs. 19/18791 89.
[52] Vgl. auch NK-BGB/*Hinz* BGB § 554 Rn. 31; **aA** *Dötsch* ZWE 2020, 215 (224).

BGB zeigt. Dort nennt der Gesetzgeber für die Duldungspflicht des Mieters ausdrücklich die Abwägungspunkte: die Härte für den Mieter, die Interessen des Vermieters und anderer Mieter sowie „von Belangen der Energieeinsparung und des Klimaschutzes". § 554 Abs. 1 Satz 2 verzichtet auf diese Kriterium, das im Diskussionsentwurf des BMJV von 2018 noch enthalten war.[53] Soweit der Gesetzgeber hier eine vergleichbare Vorgabe wie in § 555 d BGB gewollt hätte, hätte er das in das Gesetz auch hineinschreiben müssen. Die „Treppenliftentscheidung" des BVerfG stellt dazu keinen Widerspruch dar – diese Entscheidung erging gerade ohne einfachgesetzliche Regelung unter Anwendung des § 242 BGB. Mit den grundrechtlich geschützten Belangen wurde der Anspruch überhaupt erst begründet.[54] Heute besteht eine einfachgesetzliche Regelung, in der der Gesetzgeber das grundrechtlich geschützte Rechtsgut bereits in eine Anspruchsnorm übersetzt hat.

### III. Vermieterinteressen

Seitens des Vermieters wird zunächst das schlichte Interesse an der **Erhaltung** der Bausubstanz berücksichtigt, das auch als **Konservierungsinteresse** bezeichnet wird.[55] Dieses Interesse ist um so höher zu gewichten, je tiefgreifender in die Bausubstanz eingegriffen wird.[56] Ebenso ist das **Rückbauinteresse** in die Abwägung einzubeziehen, darunter auch die Frage, ob und ggf mit welchem Aufwand nach Mietende ein Rückbau möglich sein wird.[57] Zu berücksichtigen sind auch die **konkreten Beeinträchtigungen** bei umfangreicheren Bauarbeiten, die ihrerseits auch Minderungen der anderen Mieter nach sich ziehen könnten. So könnte der Einbau mehrerer Ladestationen durch mehrere Mieter in einer größeren Tiefgarage die Verlegung neuer Leitungen mit ausreichendem Leitungsquerschnitt verlangen, ebenso begleitende Maßnahmen zur Vermeidung einer Netzüberlastung und mehr.[58] Im Extremfall kann das dazu führen, dass Teile der Tiefgarage über einen Zeitraum für alle anderen Mieter nicht benutzbar sind. Damit ist hier auch der Schnittpunkt zu den in der Abwägung beachtlichen **Interessen der anderen Mieter,** deren Gebrauchsrechte durch die Maßnahmen eingeschränkt werden. Noch wichtiger als diese einmaligen Belastungen können für die Vermieter die **Folgekosten und nachfolgenden Pflichten** sein. Dazu gehören etwa zusätzliche **Wartungs- und Prüfarbeiten** oder erweiterte **Verkehrssicherungspflichten,** daraus folgend ggf. auch Kosten für ergänzende **Sach- und Haftpflichtversicherungen**[59] oder sonstige **Betriebskosten** wie etwa ein zusätzlicher Stromverbrauch. Auch diese Punkte betreffen wohl in erster Linie umfangreichere Arbeiten an der Elektroinstallation. Die Folgekosten und Haftungsfragen werden im Gesetz nicht geregelt, sind auch in der Entwurfsbegründung[60] nicht erwähnt. Ungeachtet der Frage, ob diese Kosten vom Mieter zu tragen sind (→ Rn. 26), macht der Vermieter hier eigene Interessen geltend, weil er im Außenverhältnis als Eigentümer und Vermieter der anderen Mieter regelmäßig der Schuldner bleibt. Zu den Vermieterinteressen gehört auch eine zu befüchtende **Mietminderung** durch die anderen Mieter, soweit in deren Gebrauchsrechte eingegriffen wird.[61] Ebenso ist Voraussetzung, dass eine **Duldungspflicht der anderen Mieter** besteht, sofern es darauf ankommt. Die Duldungspflicht der Mieter folgt zwar ggf. aus § 555 b Nr. 6 BGB. Wenn der Vermieter auch unter Berücksichtigung seiner Pflichten den anderen Mietern gegenüber die Erlaubnis zu erteilen hat, handelt es sich um eine bauliche Veränderung, die er nicht zu vertreten hat und die auch keine Erhaltungsmaßnahme ist. § 555 b BGB verlangt nicht, dass der Vermieter der Bauherr ist. Dass gilt nur als Voraussetzung der Mieterhöhung nach § 559 BGB.[62] Besondere Härten der anderen Mieter, die für sie die Duldungspflicht nach § 555 d Abs. 1 Satz 2 BGB beseitigen, führen aber zugleich dazu, dass dem Vermieter die Erteilung der Erlaubnis nicht 16

[53] Lt. NK-BGB/*Hinz* BGB § 554 Rn. 31; Entwurf (Stand 3.3.2020) abrufbar unter https://www.bmjv.de/SharedDocs/Gesetzgebungsverfahren/Dokumente/Diskussionsentwurf_BMJV_Reform_WEG.pdf?__blob=publicationFile&v=2.

[54] BVerfG 1 BvR 1460/90, NZM 2000, 539 (540) = NJW 2000, 2658 (2659) = WuM 2000, 298 (299).

[55] NK-BGB/*Hinz* BGB § 554 Rn. 23; Blank/Börstinghaus/*Börstinghaus* BGB § 554 Rn. 22; BT-Drs. 19/18791 S. 88.

[56] BeckOGK/*Schepers* BGB § 554 Rn. 43; Blank/Börstinghaus/*Börstinghaus* BGB § 554 Rn. 22.

[57] Staudinger/*Rolfs* BGB § 554 a aF Rn. 13.

[58] Instruktiv: *Hübner* ZfIR 2020, 37, 44.

[59] Vgl. dazu NK-BGB/*Hinz* BGB § 554 Rn. 29.

[60] BT-Drs. 19/18791.

[61] BT-Drs. 19/18791 88; vgl. zu BGB § 554 a aF bereits *Rips* WuM 2003, 429 (430).

[62] Blank/Börstinghaus/*Börstinghaus* BGB § 559 BGB Rn. 9.

zuzumuten ist. Er darf nicht in ein vertragswidriges Verhalten gezwungen werden. So ist eine **Videoüberwachung** ist in aller Regel für den Vermieter unzulässig.[63] Sie muss auf das Verlangen nur eines Mieters entfernt werden.[64] Das gilt erst recht, wenn in der Folge eines solchen Einbaus der Mieter das Geschehen im oder vor dem Haus überwachen will.

17 Als Interesse kann der Vermieter ggf. auch anführen, dass er unabhängig vom Wunsch des Mieters oder auch aus Anlass der Bitte um Erlaubnis die Arbeiten als **Modernisierungsarbeiten** selbst durchzuführen plant. Bei Maßnahmen zur Ladeinfrastrukturin größeren Einheiten kann das sinnvoll sein, um ein Puzzle verschiedener Mietermaßnahmen von Anfang an zu vermeiden.[65] Dem Vermieter können auch die bedingten oder unbedingten Pflichten zur Schaffung von Ladeinfrastruktur und Ladepunkten nach den §§ 8–10 GEIG treffen.[66] Ist dieses Vorhaben ausreichend konkret, führt es zur Unzumutbarkeit für den Vermieter, die Arbeiten aus der Hand zu geben. Umgekehrt hat der Vermieter in diesem Fall die Kosten der Maßnahme zunächst zu tragen und kann sie bei Vorliegen der Voraussetzungen nach § 559 BGB im Wege der Mieterhöhung umlegen.

## IV. Abwägung

18 Die Abwägung der wechselseitigen Interessen kann nur im Einzelfall erfolgen. So kann bei gleicher Interessenlage des Vermieters das Mieterinteresse auf einen barrierefreien Zugang deutlich höher sein als das Interesse auf Verbesserung einer schon vorhandenen Ladeinfrastruktur. Unabhängig davon würde die Abwägung bei allen Maßahmen, die erhebliche Beeinträchtigungen, Folgekosten und dauernde Lasten nach sich ziehen, wohl zu Lasten des Mieters ausgehen, wenn hier keine **ergänzenden Regelungen** erfolgen. Ein Beispiel zeigt schon die „Treppenliftentscheidung" des BVerfG[67], die dem § 554a BGB vorausgegangen war. Dort hatte der Vermieter eben die Verkehrssicherungspflichten und Haftungsrisiken als Folge des Einbaus eingewandt. Dazu führte das Bundesverfassungsgericht aus, das Landgericht hätte aber ggf. dem Antrag „unter entsprechenden Auflagen" stattgeben können.[68] Das Gesetz verfolgt erkennbar die Vorstellung einer Gesamtabsprache, mit der ggf. auch die Befürchtungen oder Beeinträchtigungen der anderen Seite ausgeräumt werden können. Die Vorschrift zur ergänzenden Kaution ist dazu nur ein Punkt, der lediglich wegen der Unabdingbarkeit der Obergrenze nach § 551 Abs. 1 und 4 BGB ausdrücklich geregelt werden sollte.[69] Das kommt in der Vorschrift, die nur von einem Erlaubnisanspruch spricht, nicht unmittelbar zum Ausdruck. Es hätte nahe gelegen, hier einen Absatz einzufügen, der inhaltlich dem § 555f BGB für die Vermietermodernisierung entspricht.

19 Materiellrechtlich kommen als **Beispiele** folgende Regelungen in einer nicht abschließenden Aufzählung in Betracht: Der Mieter kann sich verpflichten, die Arbeiten nur durch **Fachhandwerker** oder sogar durch einen **vom Vermieter ausgeählten Handwerker** ausführen. Der **Mieter** kann eine **Haftpflichtversicherung** abschließen, die die Haftung des Vermieters aus seiner Verkehrssicherungspflicht abdeckt. Der Mieter kann sich verpflichten, die **Kontroll- und Wartungsarbeiten** (ggf: durch Fachpersonal) selbst zu übernehmen oder dafür die laufenden **Betriebskosten** allein zu tragen (abweichende Vereinbarung nach § 556a Abs. 1 Satz 1 BGB). Der Mieter kann sich verpflichten, die laufende **Instandhaltung und Instandsetzung** der Einrichtung (etwa: der Ladesäule, des Treppenlifts) zu übernehmen oder die **Kosten** dafür zu tragen. Der Mieter kann sich vepflichten, die Beträge zu erstatten, die dem Vermieter wegen der **Minderung** der anderen Mieter als Mieteinnahme entgehen.

Der Mieter könnte auf sein **Wegnahmerecht verzichten,** etwa wenn der Verbleib einer Installation (umfangreich neu verlegte Kabel) auch im Interesse des Vermieters liegt. Bei umfangreichen Arbeiten zur Ladeinfrastruktur kann der Mieter ggf. weitgehend auf Belange des Vermieters Rücksicht nehmen, die die Gesamtsteuerung der Stromversorgung betreffen.

20 Einige dieser Regelungen sind in der **Wohnraummiete** problematisch. Es würden evtl. auch solche laufende Kosten umgelegt, die keine Betriebskosten sind (§ 1 Abs. 2 Nr. 2 BetrKV, § 556

---

[63] *Elzer* NJW 2013, 3537 (3539).
[64] *Elzer* NJW 2013, 3537 (3540).
[65] Instruktiv zu dem Problem *Hübner* ZfIR 2020, 37 (48).
[66] *Dazu ausführlich:* Homann/Beckmann NVwZ 2021, 837, 838f.
[67] BVerfG 1 BvR 1460/99, NZM 2000, 539 = NJW 2000, 2658 = WuM 2000, 298.
[68] BVerfG 1 BvR 1460/90, NZM 2000, 539 (540) = NJW 2000, 2568 (2660) = WuM 2000, 298 (299).
[69] BT-Drs. 19/18791 90.

Abs. 4 BGB). Es ließe sich allerdings vertreten, diese Kosten nicht als Betriebskosten (des Grundstücks und des Gebäudes) aufzufassen, sondern als ausgesonderte Folgekosten des Umbaus.[70] Das Wegnahmerecht darf – unabdingbar – nur ausgeschlossen werden, wenn dafür ein angemessener Ausgleich vorgesehen ist (§ 552 BGB). Die Vereinbarung brauchbarer Auflagen ist daher schwieriger als im Wohnungseigentumsrecht (§ 21 Abs. 1 WEG) und in der **Gewerbemiete,** wo die genannten Regelungen alle denkbar wären. Es bleibt in der Abwägung auch immer das Problem, dass abgesehen von einer Zusatzkaution (→ Rn. 21) kaum eine der Auflagen zukunftsfest gestaltet weren könnte. Der Mieter könnte – vertragsbrüchig – die übernommenen Pflichten etwa zur Wartung und zur Aufrechterhaltung einer Haftpflichtversicherung verletzen. Der Vermieter bliebe dann im Außenverhältnis doch in der Haftung. Wenn der Mieter über keine ausreichenden Mittel verfügt oder sogar insolvent ist, scheitert auch der Regress. Letztlich entspricht es aber wohl der Wertung des Gesetzgebers, dem Vermieter zur Verfolgung der gesamtgesellschaftlichen Interessen ein Restrisiko zu belassen. Das Risiko kann bei der Vereinbarung einer Sicherheitsleistung berücksichtigt werden (→ Rn. 22).

## D. Sicherheitsleistung (§ 554 Abs. 1 Satz 3)

### I. Möglichkeit zur Sicherheitsleistung

Der Mieter hat die Möglichkeit, sich zur Leistung einer besonderen Sicherheit zu verpflichten. **21** Mit dem Begriff der „besonderen Sicherheit" wird geregelt, dass diese Sicherheit neben diejenige nach § 551 BGB tritt. Die Begrenzung auf drei Monatsmieten gilt hier nicht. Der Vermieter kann die Sicherheit nicht verlangen, er kann lediglich seine Erlaubnis von der Sicherheit abhängig machen, das auch nur, wenn ihm mit der Sicherheit die Erteilung der Erlaubnis zumutbar ist, ohne aber nicht. Das bestimmt sich nach den Umständen des Einzelfalls.[71] Die Regelung in § 551 Abs. 1 Satz 3 soll hier nur ein Element in die Interessenabwägung einführen, das sonst an § 551 Abs. 1 und 4 BGB scheitern würde. Es handelt sich also, wie es die Gesesetzesformulierung „kann" auch vorgibt, nicht um eine immer bestehende Pflicht, sondern eben nur um eine Möglichkeit, um die Einwände des Vermieters zu beseitigen. Freilich wird die Sicherheitsleistung in nahezu allen Fällen eben doch Voraussetzung der Erlaubnis sein, weil es fast immer zumindest ein abzusicherndes Rückbauinteresse des Vermieters gibt. Die Sicherheitsleistung unterliegt der Zweckbindung. Sie sichert nur die Risiken, die sich aus der baulichen Maßnahme ergeben.

### II. Höhe der Sicherheit

Die Sicherheit soll die Risiken des Vermieters abdecken. Das sind einerseits die zu erwartenden **22** Rückbaukosten, ggf. zuzüglich eines Sicherheitszuschlags für Preissteigerungen.[72] Anders als nach § 554a BGB a. F. dürfen aber nach neuem Recht auch weitere Risiken abgedeckt werden.[73] Das können Risiken aus einer erweiterten Verkehrsicherungspflicht sein, oder aus den erhöhten laufenden Kosten für Wartung und Instandhaltung.[74] Hier kann nach diesseitiger Auffassung selbst dann der Betrag der Sicherheit erhöht werden, wenn der Mieter selbst den Abschluss einer Haftpflichtversicherung, Wartung und laufende Kosten übernimmt. Es bleiben nämlich das Risiko von Vertragswidrigkeiten und das Risiko der Mieterinsolvenz. Es kommen auch Prozesskosten infrage, wenn andere Mieter Einwände erheben, die Miete mindern o. ä. Die Rückbaukosten bleiben außer Betracht, wenn im konkreten Fall der Mieter nicht zum Rückbau verpflichtet ist.[75] Anders als § 554a BGB a. F. schreibt § 554 BGB nicht mehr vor, dass die Sicherheit der Höhe nach „angemessen" sein muss.[76] Die Sicherheit kann zwar anhand der eben genannten Kriterien ermittelt werden, wenn es darum geht, ab welchem Sicherheitenbetrag der Vermieter die Erlaubnis nach § 554 Abs. 1 die Erlaubnis erteilen muss.[77] Im Prozess wäre dementsprechend wie bisher zu ermit-

---

[70] So etwa *Mersson* NZM 2002, 313 (313) zu BGB § 554a aF.

[71] NK-BGB/*Hinz* BGB § 554 Rn. 4.

[72] Blank/Börstinghaus/*Börstinghaus* BGB § 554 Rn. 30; Staudinger/*V. Emmerich* BGB § 554a Rn. 25.

[73] **AA** wohl Blank/Börstinghaus/*Börstinghaus* BGB § 554 Rn. 30.

[74] BeckOGK/*Schepers* BGB § 554 Rn. 67.

[75] AG Charlottenburg GE 2015, 1603.

[76] **AA** BeckOGK/*Schepers* BGB § 554 Rn. 70.

[77] Vgl. NK-BGB/*Hinz* BGB § 554 Rn. 44.

teln, welche Risiken wie zu bewerten sind, wenn der Mieter eine Sicherheit anbietet, der Vermieter eine höhere Sicherheit ansetzt. Die Vereinbarung dürfte aber nach neuem Recht auch wirksam sein, wenn der Mieter freiwillig eine höhere Sicherheit anbietet und der Vermieter dem zustimmt. Darin läge kein Verstoß gegen § 554 Abs. 2 BGB.

### III. Art und Anlage der Sicherheit

23 Für die **Art der Sicherheitsleistung** gelten – wie bei § 551 BGB die vertraglichen Vereinbarungen. Auch hier werden vorrangig die **Barkaution, Sparbuch oder Sparkonto** – mit Abtretung oder Verpfändung – oder eine **Bürgschaft** infrage kommen (→ § 551 Rn. 5). Da dem Mieter eine bestimmte Verpflichtung freigestellt ist, unterliegt es zunächst auch seiner Entscheidungsfreiheit, welche Art von Sicherheit er **anbietet.** Allerdings dürfte die Abwägung nach § 554 Abs. 1 Satz 2 BGB nur dann zu seinen Gunsten beeinflusst werden, wenn die Sicherheit für den Vermieter auch tauglich, heißt: nicht riskant ist. Riskante Sicherheitsleistungen darf der Vermieter ablehnen, ohne befürchten zu müssen, zur Abgabe der Erlaubnis verurteilt zu werden.[78] So reicht die Zusage eines Treppenliftunternehmens, ggf. einen kostenfreien Rückbau vorzunehmen nicht aus, schon weil damit der Vermieter das Insolvenzrisiko dieser Firma zu tragen hätte.[79]

24 Für die **Anlage der Sicherheit** verweist § 554 Abs. 1 Satz 3 auf § 551 Abs. 3 BGB. Der Vermieter muss also eine überlassene Barkaution bei einem Kreditinstitut zu den für Spareinlagen mit dreimonatiger Kündigungsfrist üblichen Zinssatz anlegen (näher → § 551 Rn. 54 ff, 63). Die Kaution ist in jedem Fall vom Vermögen des Vermieters getrennt anzulegen, damit dem Mieter in der Einzelzwangsvollstreckung gegen den Vermieter die Drittwiderspruchsklage (§ 771 ZPO) und in der Vermieterinsolvenz ein Aussonderungsrecht (§ 47 InsO) zusteht (näher → § 551 Rn. 60). Die Sicherheit ist zweckgebunden. Sie darf nur wegen der Ansprüche des Vermieters, die sich aus der Erlaubnis der baulichen Maßnahme ergeben, verwendet werden, also etwa wegen der Rückbaukosten oder auch wegen nicht erstatteter Folgekosten.

## E. Rechtsfolgen

### I. Erlaubnis

25 Der Mieter hat, wenn alle Voraussetzungen erfüllt sind, einen Anspruch auf Erteilung der Erlaubnis. Der Begriff der Erlaubnis ist im BGB nicht im Allgemeinen Teil definiert. Dort sind nur die Zustimmung und die Einwilligung (vorherige Zustimmung) in §§ 182, 183 BGB aufgeführt. Danach lässt sich aus dem Begriff allein nicht ableiten, ob die Erlaubnis vor Beginn der Arbeiten eingeholt werden muss oder ob der Mieter das auch nach deren Durchführung noch nachholen kann. Die wohl ganz herrschende Meinung liest Erlaubnis als „Einwilligung" und verlangt die vorherige Einholung.[80] Dem ist zuzustimmen. Es folgt schon daraus, dass eine Kaution nach § 554 Abs. 1 Satz 3 notwendig vor Beginn der Arbeiten geleistet sein muss.[81] Es entspricht auch der Auslegung des gleichen Begriffs in § 540 und § 553 BGB. Dort wird ebenfalls der Begriff der Erlaubnis verwendet (zur Gebrauchsüberlassung an Dritte). Dort besteht Einigkeit darüber, dass der Mieter die Erlaubnis einholen muss, bevor der die Wohnung einem Dritten (mit) überlässt. Andernfalls liegt eine Vertragswidrigkeit vor, selbst wenn ein Anspruch auf Erteilung der Erlaubnis bestand.[82] In gleicher Weise handelt der Mieter vertragswidrig, wenn er eine bauliche Maßnahme ohne vorherige Einholung der Erlaubnis vornimmt. Auch hier kann ggf. die Pflichtverletzung – wenn darauf eine Kündigung gestützt wird – ein geringeres Gewicht haben, wenn ein Anspruch auf Erteilung der Erlaubnis bestand. Daher ist ggf. mit über den Anspruch zu entscheiden.[83]

---

78 BeckOGK/*Schepers* BGB § 554 Rn. 70.

79 AG Pankow-Weißensee, GE 2013, 555.

80 Blank/Börstinghaus/*Börstinghaus* BGB § 554 Rn. 37; NK-BGB/*Hinz* BGB § 554 Rn. 19; BeckOGK/*Schepers* BGB § 554 Rn. 3.2; Staudinger/*Rolfs* § 554 Rn. 38; **aA** wohl nur *Drasdo* WuM 2002, 123.

81 Staudinger/*Rolfs* § 554 Rn. 38.

82 *BGH VIII ZR 74/10,* NJW 2011, 1065 = NZM 2011, 275 = WuM 2011, 169; BayObLG NJW-RR 1995, 969 = MDR 1995, 689 (Rechtsentscheid); *Pauly* WuM 2008, 320 (321); MüKoBGB/*Bieber* § 553 Rn. 13; Guhling/Günter/*Guhling* § 540 Rn. 48.

83 Vgl. Schmidt-Futterer/*Eisenschmid,* 14. Aufl. 2019, zu BGB § 554 a Rn. 17.

### II. Kosten

Nicht im Gesetz geregelt ist die Frage, wer die Folgekosten zu zahlen hat. Ggf. kann das Gegenstand der Erlaubnis sein (→ Rn. 19). Hier kann der Mieter sich zur Übernahme der Folgekosten als Teil der Erlaubnis bereits verpflichtet haben. Fraglich ist die Regelung, wenn keine Vereinbarung dazu getroffen ist. Das betrifft einerseits **Instandsetzungs- und Instandhaltungskosten,** andererseits laufende **Betriebskosten.** Nach diesseitiger Auffassung sind diese Kosten auch ohne konkrete Vereinbarung sämtlich vom Mieter zu tragen, der die erlaubte Baumaßnahme durchgeführt, etwa den Treppenlift oder die Ladestation eingebaut hat. Diese Kosten rechnen als Folgekosten mit zu den Kosten nach § 554 BGB, die allein den bauwilligen Mieter treffen.[84] Zwar handelt es sich wohl um laufende Kosten einer Einrichtung des Gebäudes, so dass sie nach dem Wortlaut des § 1 BetrKV Betriebskosten wären. Im Zusammenspiel mit § 554 BGB ist aber hier schon nach dem Sinn und Zweck des § 554 BGB eine einschränkende Auslegung vorzunehmen. Es handelt sich i. S. d. § 1 BetrKV nicht um eine „Einrichtung" des Gebäudes, so dass es sich auch nicht um Kosten aus dem Betrieb einer solchen Einrichtung entstehen. Schon aus Gründen der Rechtssicherheit empfiehlt sich aber die klarstellende Vereinbarung in der Absprache zur Erlaubnis.[85] Komplizierter wird die Regelung, wenn mehrere Mieter die Anlage – etwa eine Ladestation – nutzen, die ein Mieter mit Erlaubnis eingebaut hat. Hier bleibt es dabei, dass die nicht nutzenden Mietern nicht nach § 556 BGB mit den Kosten belastet werden können, ebenso wenig der Mieter. Denkbar wäre es, die Kosten entsprechend § 741 BGB zwischen den nutzenden Mietern aufzuteilen.[86] Die Organisation läge aber auch hier bei dem einbauenden Mieter, der Vermieter ist auch damit nicht zu belasten. Ungeklärt ist, ob die anderen Mieter, wenn in ihre Gebrauchsrechte eingegriffen wird, die Miete mindern können – und ob ggf. der Vermieter die **Minderungsbeträge** von dem Mieter, der die bauliche Veränderung vorgenommen hat, ersetzt verlangen kann. Im Hinblick auf die in § 554 verfolgten gesamtgesellschaftlichen Interessen ließe sich vertreten, dass die anderen Mieter jedenfalls geringere Beeinträchtigungen (Baulärm) ohne Minderung zu dulden haben. Hier kommt eine entsprechende Anwendung des § 536 Abs. 1 a BGB in Betracht. Weitergehende Beeinträchtigungen sind kaum vorstellbar; sie dürften regelmäßig dazu führen, dass in der Interessenabwägung nach § 554 Abs. 1 Satz 2 schon der Anspruch auf Erlaubniserteilung entfällt. 26

### III. Wegnahmerecht

Der Mieter hat nach Mietende ein Wegnahmerecht (§ 539 Abs. 2). Dieses Wegnahmrecht kann in der Wohnraummiete generell nur gegen einen angemessenen Ausgleich ausgeschlossen werden (§ 552). Das Verhältnis zu § 554 ist noch offen. Hier ließe sich argumentieren, dass § 554 nach seinem Sinn und Zweck einen Interessenausgleich auch in dem Rahmen erlauben will, der sonst nach den Vorgaben zur Unabdingbarkeit nicht eröffnet ist. Jedenfalls kann der Vermieter aber auch dann, wenn eine Sonderkaution nicht vereinbart war, bei einem Ausbauverlangen nach Rückgabe der Räume Sicherheit nach § 258 Satz 2 BGB verlangen. 27

## F. Nebenpflichten, Obliegenheiten

Der Anspruch auf Erlaubnis kann bauliche Maßnahmen betreffen, die sehr weit in die Gebäudesubstanz eingreifen und die auch eine organisatorische Vorbereitung und Begleitung verlangen.

Dementsprechend gibt es – abzuleiten aus §§ 241 Abs. 1 (Leistungspflichten) oder Abs. 2 (Rücksichtnahme), 242 BGB[87] – **wechselseitige Nebenpflichten** und **Obliegenheiten.**

### I. Vor Erteilung der Erlaubnis

Der Mieter hat die **Obliegenheit,** seinen Erlaubnisanspruch zu **konkretisieren** und bei der 28
Gestaltung insoweit auf die Belange des Vermieters (und der anderen Mieter) **Rücksicht** zu nehmen. Im Stadium vor Erlaubniserteilung handelt es sich naturgemäß nur um eine Obliegenheit.

---

[84] *Mersson* NZM 2002, 313 (318) zu § 554 a aF; *Rolfs* NZM 2020, 902 (906).
[85] *Mersson* NZM 2002, 313 (318).
[86] So Schmidt-Futterer/*Eisenschmid,* 14. Aufl. 2019, § 554 a Rn. 44.
[87] Vgl. zur jeweils einschlägigen Anspruchsgrundlage: NK-BGB/*Hinz* BGB § 554 Rn. 20.

Der Mieter ist nicht im Sinne einer (Neben-)Leistungspflicht verpflichtet, dem Vermieter Einzelheiten seiner Planung vorab mitzuteilen. Ohne Mitteilung erlangt er aber keinen durchsetzbaren Erlaubnisanspruch. Der Vermieter ist nicht gehalten, pauschal dem „Einbau eines Treppenlifts" oder der „Installation einer Wallbox" ohne genaue Daten zum technischen Vorhaben, zu Bauzeiten, zu den zu erwartenden Beeinträchtigungen usw. zuzustimmen. Ohne die näheren Daten ist die Interessenabwägung nach § 554 Abs. 1 Satz 2 von vornherein nicht möglich. In die Interessenabwägung fließt auch ein, ob eine Bauausführung geplant ist, die für den Vermieter und die anderen Mieter möglichst schonend ist. Umgekehrt trifft vorab den Vermieter eine **Informationspflicht.** Er muss dem bauwilligen Mieter die erforderlichen Informationen, z. B. über den Verlauf der Elektroleitungen, die Bausubstanz, u. ä. geben.[88] Diese Pflicht kann dem Anspruch auf Erlaubniserteilung sogar vorausgehen, wenn der Mieter ohne die entsprechenden Daten nicht entscheiden kann, ob die von ihm gewünschte Maßnahme durchführbar ist. Im Ergebnis verlangt schon das Stadium vor der Entscheidung über die Erlaubnis bei größeren Maßnahme eine umfassendes **Zusammenwirken der Mietparteien.** Der Vermieter ist dazu nach § 554 i. V. m. § 242, 241 Abs. 1 BGB verpflichtet, der Mieter wird ohne Zusammenarbeit mit dem Vermieter schlicht keinen Erlaubnisanspruch erwerben. Beide Punkte gewinnen um so mehr an Bedeutung, je umfassender die Arbeiten sind. Anders als nach § 554 a BGB a. F. wird das auch gerade an größere Maßnahmen in Gewerbeobjekten deutlich. In aller Regel wird es ohne konkrete Vereinbarung zu allen Punkten keinen Erlaubnisanspruch geben.[89]

### II. Nach Erteilung der Erlaubnis

29 Nach der Erteilung der Erlaubnis kommen neben den gleichbleibenden **Informationspflichten** auch **Mitwirkungspflichten** infrage. Auf Seiten des **Vermieters** gehört etwa die **schriftliche Bestätigung** der Gestattungserklärung gegenüber Handwerkern und Behörden dazu.[90] Gerade bei geförderten Maßnahmen – etwa für Wallboxen – muss der Eigentümer regelmäßig auch dem Träger der Förderung gegenüber das **Einverständnis erklären.**[91] Zu den Mitwirkungspflichten des Vermieters gehört möglicherweise auch, **andere Mieter auf Duldung** nach § 555 b Nr. 6 BGB **in Anspruch zu nehmen.** Zwar käme es auch in Betracht, die Ankündigungspflicht dem bauwilligen Mieter zu übertragen.[92] Das erscheint aber zweifelhaft, weil die Ankündigung eines Mitmieters wohl keine Duldungspflichten auslöst; hier fehlt es an einem Vertragsverhältnis. In aller Regel dürfte die Ankündigungspflicht nach § 555 c mit den dortigen Form- und Fristerfordernissen allerdings nach § 555 c Abs. 4 BGB entfallen. Da sich die Mitwirkungspflichten aus § 242 BGB ergeben, kann die Einzelfallabwägung auch noch nach Erteilung der Erlaubnis ergeben, dass dem Vermieter ein weiteres Tun nicht mehr zumutbar ist – etwa wenn risikoreiche Prozesse von ihm als Eigentümer oder Vermieter der anderen Mieter zu führen wären. Das Gleiche gilt je nach Fallgestaltung für erforderliche Prozesse nach dem WEG in Wohnungseigentumsanlagen (→ Rn. 35). Auf Seiten des **Mieters** gibt es ebenfalls wiederum Rücksichtnahme und Mitwirkungspflichten, die etwa auch Verschiebungen oder Veränderungen der baulichen Maßnahmen beinhalten können. Hier ist alles vom Einzelfall abhängig.

## G. Unabdingbarkeit (§ 554 Abs. 2 BGB)

30 Die Vorschrift ist zugunsten des Mieters zwingend. Das entspricht in der Wohnraummiete der Regelung in § 554 a Abs. 3 BGB. Denkbar ist es z. B., dass der Vermieter auf eine Sicherheitsleistung oder die Rückbaupflicht verzichtet. Problematisch kann diese Regelung in der **Gewerbemiete** werden. Hier enthalten die Mietverträge ggf. bereits ausformulierte Regelungen.[93] Solche Vereinbarungen können hinfällig werden, wenn sie zum Nachteil des Gewerbemieters von § 554 BGB abweichen. Eine Übergangsvorschrift für bestehende Verträge gibt es zu § 554 BGB nicht. Ob das in der Praxis zu Problemen führen wird, bleibt freilich abzuwarten.

---

88 BT-Drs. 19/18791, 88 – dort allerdings abgeleitet aus § 241 Abs. 2 BGB.
89 *Horst* DWW 2021, 6 (7).
90 BT-Drs. 19/18791, 88.
91 Die kfw Bank gibt eine entsprechene Empfehlung in ihren Merkblättern aus (https://www.kfw.de/PDF/Download-Center/F%C3%B6rderprogramme-(Inlandsf%C3%B6rderung)/PDF-Dokumente/6000004534_M_440_Ladestationen_Elektroautos.PDF)).
92 Offen gelassen auch bei *Horst* DWW 2021, 6 (11).
93 Näher *Hübner* ZfIR 2020, 37 (47).

## H. Die vermietete Eigentumswohnung

### I. Wohnungseigentumsrechtliche Regelung

In § 20 Nr. 2 WEG findet sich die Parallelvorschrift zu § 554 BGB. So wie der Mieter von seinem Vermieter kann der Eigentümer bauliche Maßnahmen zur Barrierereduzierung, zum Einbruchsschutz und zur Elektromobilität verlangen. Die einzelnen Tatbestände für die privilegierten Maßnahmen sind wortgleich zu § 554 BGB. Die Neuerung ist in einem Gesetz, dem **Wohnungseigentumsmodernisierungsgesetz**[94] geschaffen worden (→ Rn. 1). Der Schuldner des Anspruchs aus § 20 Abs. 2 WEG ist die Gemeinschaft der Wohnungseigentümer, weil es sich um einen Teil der ordnungsgemäßen Verwaltung handelt, die in § 18 Abs. 2 Nr. 1 WEG geregelt ist.[95] Der Anspruch wird durch Beschlussfassung nach § 19 Abs. 1 WEG erfüllt.[96] Allerdings können nur **„angemessene"** bauliche Maßnahmen verlangt werden. Außerdem gilt die allgemeine **Veränderungssperre** des § 20 Abs. 4 WEG: Eine Maßnahme die die Anlage grundlegend umgestalten würde oder die einen anderen Wohnungseigentümer ohne seine Zustimmung unbillig benachteiligt, kann nicht verlangt – und darf auch nicht beschlossen – werden.[97] Die **Angemessenheitsprüfung** verlangt die Abwägung der negativen Folgen gegen den privilegierten Zweck. Es handelt sich um einen unbestimmten Rechtsbegriff, der **gerichtlich voll überprüfbar** ist. Die Eigentümer haben also zu dem „ob" der Maßnahme kein Ermessen und keinen Entscheidungsspielraum.[98] Dagegen beschließen die Eigentümer über die **Durchführung** im Rahmen ordnungsgemäßer Verwaltung (§ 20 Abs. 2 Satz 2 WEG). Hier ist der Entscheidungsspielraum entsprechend größer. Die Eigentümer können z. B. die Durchführung durch einen Fachbetrieb vorsehen, in einem angemessenen Rahmen zeitliche Vorgaben machen, bestimmte **Qualitätskriterien** vorgeben. Die Abgrenzung kann im Einzelfall schwierig sein. Die Entscheidung, Leitungen für eine Ladestation auf unter unter Putz zu verlegen, könnte schon zum „ob" der Maßnahme gerechnet werden,[99] sie könnte aber auch nur die konkrete Durchführung betreffen. Die Eigentümer können auch beschließen, die Maßnahme **in eigener Regie** selbst durchzuführen.[100] Die Kosten der Maßnahme trägt bei Maßnahmen nach § 20 Abs. 2 WEG der Eigentümer, der die Maßnahme verlangt (§ 21 ABs. 1 Satz 1 WEG). Das gilt auch für die Folgekosten.[101] 31

### II. Zusammenspiel von § 554 BGB und § 20 Abs. 2 WEG

Im Zusammenhang mit § 554 BGB sind drei Prüfungen – die Interessenabwägung nach § 554 Abs. 1 Satz 2 BGB, die Angemessenheitsprüfung nach § 20 Abs. 2 Satz 1 WEG und die Frage der konkreten Durchführung nach § 20 Abs. 2 Satz 2 WEG miteinander verquickt. Der Mieter hat Anspruch auf Zustimmung zu einer bestimmten Maßnahme – die genau zu bezeichnen ist. Der Vermieter hat sich dazu um eine Beschlussfassung nach § 20 Abs. 2 WEG zu bemühen.[102] Dabei kann nun allerdings die Gemeinschaft der Eigentümer Vorgaben zur Durchführung nachen, die die vom Mieter geplante Maßnahme ändern würden. Weil der Wohnungseigentümer nicht mehr Rechte einräumen kann, als ihm im Verhältnis zur Gemeinschaft selbst zustehen, kann – und muss – der Vermieter jetzt die anfangs angedachte Maßnahme ablehnen.[103] Ein Beispiel wäre das Verlangen des Mieters, die Maßnahme selbst durchzuführen, während die WEG-Gemeinschaft dann die Durchführung selbst an sich zieht. Insoweit fehlt es weiterhin an einer Harmonisierung zur konkreten Durchführung der Maßnahmen. Durchführbar bleibt das Vorhaben in der Praxis wohl nur, wenn sich Mieter, Vermieter und Eigentümergemeinschaft von Anfang an abstimmen. 32

---

[94] BGBl. I 2020, S. 2187.
[95] *Lehmann-Richter/Wobst* WEG-Reform 2020 Rn. 1164.
[96] BeckOGK/*Kempfle* WEG § 20 Rn. 131.
[97] Ausführlich dazu *Lehmann-Richter/Wobst* WEG-Reform 2020 Rn. 1008 ff.
[98] BT-Drs. 19/18791, 63; BeckOGK/*Kempfle* WEG § 20 Rn. 135.
[99] So *Lehmann-Richter/Wobst* WEG-Reform 2020 Rn. 1189.
[100] BeckOGK/*Kempfle* WEG § 20 Rn. 163.
[101] BT-Drs. 19/18791, 67 f.
[102] *Rolfs* NZM 2020, 902 (908).
[103] BeckOGK/*Kempfle* WEG § 20 Rn. 168, 169.

### I. Prozessuales – Klage und Zwangsvollstreckung

33 Für die zwangsweise Durchsetzung muss der Mieter ggf. Klage auf Erteilung der Erlaubnis erheben. Dabei handelt es sich um die Abgabe einer **Willenserklärung.** Die Vollstreckung erfolgt daher nach **§ 894 ZPO.** Mit Rechtskraft gilt die Erlaubnis als abgegeben. Daneben drüfte es erforderlich sein, den Vermieter auf **Duldung** der Arbeiten in Anspruch zu nehmen. Aus einem Urteil nach § 894 ZPO kann die Duldigung nicht vollstreckt werden.[104]

34 Der auf Erlaubniserteilung gerichtete Klagantrag muss so **bestimmt** sein, dass die Fiktion auch greifen kann. Daher müssen alle Modalitäten mit im Klagantrag enthalten sein.[105] Das bedeutet, dass es beispielsweise nicht ausreicht, Klage auf „Erlaubnis des Einbaus eines Treppenlifts" zu erheben. Vielmehr muss präzise angegeben werden, welche Art Treppenlift (Abmessungen, ggf. Marke), zwischen welchen Stockwerken, wand- oder geländerseitig. Anzugeben sind ggf. die weiteren Daten, z. B. Einbau durch eine Handwerkerfirma. Es ist möglich, im Klagantrag auf konkret bezeichnete und beigefügte Anlagen, wie z. B. die Baupläne, Bezug zu nehmen.[106] Für das Gericht gilt dann, dass es zweckmäßig sein kann, auch im Urteilstenor auf die Anlagen Bezug zu nehmen – und diese Anlagen wenn möglich, mit dem Urteil körperlich zu verbinden, auch wenn diese Verbindung nicht immer zu fordern ist.[107] Das Arbeiten mit Anlagen dürfte bei umfangreicheren Maßnahmen (Ladeinfrastruktur mit umfangreicheren Vorarbeiten) kaum zu vermeiden sein. Unklar ist, ob auch der Beginn der Maßnahme und die Dauer in den Klagantrag gehören. Dies ist problematisch, weil sich dann ggf. die Erlaubnis auf den angegebenen Zeitraum beschränkt und Verzögerungen die Erlaubnis hinfällig machen. Hier sollte der Anwalt nach diesseitiger Einschätzung erst auf einen richterlichen Hinweis nach § 139 ZPO genaue Daten nennen. Der Duldungsantrag kann ggf. auf den Antrag zur Erlaubniserteilung verweisen. Die Zwangsvollstreckung erfolgt nach § 890 ZPO oder ggf. auch nach § 892 ZPO.

35 Bis hin zur Undurchführbarkeit problematisch wird die Durchsetzung, wenn **Vermieter und Eigentümer nicht identisch** sind oder (selten) wenn andere Mieter in ihren Besitzrechten betroffen werden. Das betrifft nicht nur die **Untervermietung,** sondern auch die Vermietung durch einen von mehreren Eigentümern (z. B. Eheleuten), nicht zuletzt die **Wohnungseigentümergemeinschaft,** wenn die Arbeiten **Gemeinschaftsflächen** betreffen. Hier müsste der Mieter den Vermieter darauf verklagen, dass dieser seinerseits eine Beschlussfassung nach § 20 Abs. 2 WEG herbeiführt, dass er die Zustimmung der Miteigentümer einholt, dass er notfalls eine Beschlussersetzungsklage (§ 44 Abs. 1 Satz 2 WEG) erhebt, ggf. auch das er die anderen Mieter auf Duldung nach § 555b Nr. 6 BGB in Anspruch nimmt. Ob hier die Klagen vom Mieter selbst im Wege der gewillkürten Prozessstandschaft erhoben werden können, ist offen. Wenn sich durch konkrete Beschlussfassungen Änderungen in der konkreten Durchführung ergeben, müsste er seine Klage auf Erlaubnis entsprechend ändern. Es kommt in Betracht, die Klage des Mieters auf Erlaubniserteilung bis zur Beschlussfassung der Wohnungseigentümer nach § 148 ZPO auszusetzen.[108]

36 Die **Darlegungs- und Beweislast** für den Tatbestand des § 554 Abs. 1 Satz 1 trifft den Mieter, also für den Umstand, dass die beabsichtigte Maßnahme objektiv der Barrierreduzierung oder dem Einbruchsschutz dient. Im Rahmen der Interessenabwägung nach § 554 Abs. 1 Satz 2 BGB trägt jede Seite die Beweislast für diejenigen Umstände, auf die sie ihr Interesse stützt.

---

[104] Blank/Börstinghaus/*Börstinghaus* BGB § 554 Rn. 42.
[105] jurisPK-BGB/*Heilmann* BGB § 554a aF Rn. 29.
[106] *Vgl. generell zu § 253 ZPO: BGH III ZR 200/15, NJW 2016, 2747 (2748) mwN;* zu § 554: Staudinger/*Rolfs* § 554 Rn. 52.
[107] Dazu BGH I ZR 117/97, NJW 2000, 2207 (2208).
[108] *Rolfs* NZM 2020, 902 (908).

# § 555 Unwirksamkeit einer Vertragsstrafe

**Eine Vereinbarung, durch die sich der Vermieter eine Vertragsstrafe vom Mieter versprechen lässt, ist unwirksam.**

### Systematische Übersicht



## A. Entstehungsgeschichte/Anwendungsbereich/Zweck[1]

1 Die Regelung wurde durch das Zweite Mietrechtsänderungsgesetz v. 14.7.1964[2] als § 550a BGB in das BGB eingefügt. Das Mietrechtsreformgesetz v. 19.6.2001[3] hat die Vorschrift inhaltlich unverändert als § 555 BGB übernommen. Die Regelung gilt nur für die **Wohnraummiete** (→ BGB Vor § 535 Rn. 94) und nur für solche Vertragsstrafen, die zugunsten des Vermieters vereinbart werden. Es handelt sich um eine Mieterschutzvorschrift, die verhindern soll, dass sich der Vermieter in Zeiten einer Wohnungsmangellage unangemessene Druckmittel zur Durchsetzung seiner Rechte einräumen lässt. Auf eine Differenzierung zwischen angemessenen Vertragsstrafen einerseits und unangemessenen Vertragsstrafen andererseits hat der Gesetzgeber aus Gründen der Rechtsklarheit allerdings verzichtet.[4] Das Vertragsstrafenverbot gilt für alle Vereinbarungen, auch für solche, die in einem gerichtlichen Vergleich getroffen werden. Für Mietaufhebungsverträge → BGB Anh. § 542 Rn. 1 ff. Bei den **Mischräumen** soll es nach einer verbreiteten Meinung darauf ankommen, ob sich die Vertragsstrafe auf den Geschäftsbereich oder auf den Bereich des Wohnens bezieht.[5] Dies überzeugt nicht, weil die Zuordnung des Mietverhältnisses zur Geschäfts- oder Wohnraummiete (nach der Theorie der überwiegenden Bedeutung der jeweiligen Nutzung) gerade im Hinblick auf die Schutzbedürftigkeit des Mieters erfolgt. Es ergibt wenig Sinn, das Mischmietverhältnis als einheitliches Vertragsverhältnis zu bewerten, hinsichtlich des Mieterschutzes aber zwischen der geschäftlichen und der privaten Nutzung zu unterscheiden. Deshalb gilt § 555 BGB für alle Mischmietverhältnisse, die als Wohnraummietverträge zu bewerten sind.[6]

2 Vertragsstrafenregelungen sind nichtig (§ 134 BGB); § 139 BGB ist nicht anwendbar, weil sonst der Schutz des Gesetzes ins Gegenteil verkehrt würde. Die Regelung des § 555 BGB wird für Formularklauseln ergänzt durch §§ 307, 306, 308 Nr. 7 BGB, § 309 Nr. 5 BGB, die für alle Mietverträge gelten. Bei öffentlich geförderten Wohnraum ist außerdem § 9 WoBindG zu beachten.

## B. Begriff der Vertragsstrafe

3 Unter einer **Vertragsstrafe** versteht man das Versprechen der Zahlung einer Geldsumme (§ 339 BGB) oder einer anderen Leistung (§ 342 BGB) durch den Schuldner für den Fall, dass dieser eine Verbindlichkeit nicht oder in nicht gehöriger Weise, insbes. nicht rechtzeitig (§ 341 BGB) erfüllt. Dem ist nach dem Schutzzweck des § 555 BGB der Fall gleichzustellen, in dem sich ein Dritter für den Mieter zur Zahlung einer Vertragsstrafe verpflichtet.[7] Die Regelung ist entsprechend anzuwenden, wenn der Mieter für diesen Fall auf die Wahrnehmung von Rechten verzichtet. Die Vertragsstrafe verfolgt in erster Linie den Zweck, den Schuldner am Vertrag festzuhalten, insbes. ihn zu einer vertragsgemäßen Erfüllung anzuhalten. In zweiter Linie soll sie dem Vermieter im Verlet-

---

[1] Die Kommentierung wurde verfasst von Hubert Blank. Sie wurde für die vorliegende Auflage lediglich aktualisiert.

[2] BGBl. I 457.

[3] BGBl. I 1149.

[4] Roquette MietR BGB § 550a Rn. 6.

[5] Staudinger/*Emmerich* BGB § 555 Rn. 2; AnwK WohnraummietR/*Lammel* BGB § 555 Rn. 2; BeckOK BGB/*Wiederhold* § 555 Rn. 2.

[6] Wie hier *Sternel* MietR Kap. III Rn. 287; MüKoBGB/*Bieber* § 555 Rn. 2.

[7] Staudinger/*Emmerich* BGB § 555 Rn. 3; BeckOK BGB/*Wiederhold* § 555 Rn. 3; MüKoBGB/*Bieber* § 555 Rn. 4; *Sternel* MietR Kap. III Rn. 288; Erman/*Lützenkirchen* BGB § 555 Rn. 2.

zungsfall eine erleichterte Schadloshaltung ermöglichen.[8] Die Vertragsstrafe ist in ihrer typischen Erscheinungsform ein Druckmittel zur Erfüllung der Hauptforderung.[9] Deshalb ist die Vertragsstrafe immer akzessorisch. Dies unterscheidet die Vertragsstrafe vom **selbständigen Strafversprechen;** hier verspricht der Schuldner eine Zahlung für den Fall, dass er eine Handlung vornimmt oder unterlässt ohne dass dem Gläubiger eine durchsetzbare Handlungs- oder Unterlassungsverpflichtung zusteht. Eine **Verfallklausel** bewirkt einen Rechtsverlust im Falle der Nichterfüllung oder der nicht gehörigen Erfüllung. Ist mit der Vertragsverletzung typischerweise der Eintritt eines bestimmten Schadens verbunden und soll mit der Vereinbarung einer bestimmten Geldzahlung erreicht werden, dass der Gläubiger vom Nachweis des Schadenseintritts und der Schadenshöhe befreit wird, so liegt keine Vertragsstrafe, sondern eine vereinbarte **Schadenspauschalierung** vor. Hierfür ist typisch, dass sich die Höhe der Zahlung am Schaden orientiert. Die Grenze zwischen einer Vertragsstrafe und einer Schadenspauschalierung ist fließend. Ist vereinbart, dass eine Vertragspartei gegen Zahlung einer Geldsumme zum Rücktritt vom Vertrag berechtigt sein soll, so spricht man von einem **Reugeld** (§ 336 Abs. 2 BGB, § 353 BGB); auch das Reugeld ist keine Vertragsstrafe, obwohl die Grenzen auch zwischen diesen beiden Rechtsinstituten fließend sind.

4 Der Anwendungsbereich des § 555 BGB ist umstritten. Weitgehende Einigkeit besteht, dass auf **Verfallklauseln § 555 BGB entsprechend** anwendbar ist.[10] Gleiches wird hinsichtlich des selbständigen Strafversprechens und des Reugelds gelten, weil damit ähnliche Zwecke wie mit der Vertragsstrafe verfolgt werden. Nach der hier vertretenen Ansicht ist § 555 BGB auch für **Schadenspauschalierungen entsprechend anwendbar,** weil die Grenze zwischen der Vertragsstrafe und der Schadenspauschalierung fließend ist. Bei der Zulassung von Schadenspauschalierungen bestünde mithin die Gefahr, dass der durch § 555 BGB bezweckte Schutz durch eine geschickte Vertragsgestaltung umgangen werden könnte.[11] Nach anderer Ansicht fallen Schadenspauschalierungen nur dann unter § 555 BGB, wenn sie in ihrer Wirkung einer Vertragsstrafe gleichkommen, was dann der Fall ist, wenn sie als Druckmittel dienen sollen oder wenn die Pauschale überhöht ist.[12]

## C. Einzelfälle

5 Eine **Formularklausel, wonach der Mieter für den Fall der vorzeitigen Vertragsbeendigung einen Pauschalbetrag zu bezahlen** hat, ist an den §§ 307, 309 Nr. 5 BGB zu messen. Dies bedeutet, dass die Klausel klar und verständlich sein muss (§ 307 Abs. 1 Satz 2 BGB – Transparenzgebot). Der Mieter darf außerdem im Vergleich zur gesetzlichen Regelung nicht unangemessen benachteiligt werden (§ 307 Abs. 2 BGB). Schließlich ist bei der Pauschalierung § 309 Nr. 5 BGB zu beachten. Es gelten folgende **Grundsätze: (1)** Auf der Tatbestandsseite ist sicherzustellen, dass die Ersatzpflicht ausschließlich die Fälle erfasst, in denen die Kündigung des Vermieters auf Grund einer vom Mieter verschuldeten Pflichtverletzung beruht. Dies sind die Fälle der außerordentlichen Kündigung nach §§ 543 Abs. 1, Abs. 2 Nr. 2 und 3, 569 Abs 2, 2a BGB. In diesem Fall schuldet der Mieter kraft Gesetzes Schadensersatz in Form des Kündigungsfolgeschadens (→ § 542 Rn. 112ff.). Dieser Schaden kann pauschaliert werden. Der Pauschalbetrag muss sich an dem tatsächlich und möglicherweise entstehenden Schaden orientieren;[13] aus der Klausel muss sich ausdrücklich ergeben, dass dem Mieter der Nachweis offensteht, dass kein oder nur ein geringerer Schaden entstanden ist. **(2)** Eine Klausel, wonach der Pauschalbetrag auch für den Fall geschuldet wird, dass der Mieter einen nach § 575 BGB wirksam befristeten Vertrag oder einen Vertrag mit einem wirksam vereinbarten Kündigungsausschluss vorzeitig kündigt, ist unwirksam, weil dem Vermieter kein pauschalierungsfähiger Schaden entsteht. In einem solchen Fall ist die Kündigung des Mieters unwirksam, das Mietverhältnis wird nicht beendet mit der weiteren Folge, dass kein Mietausfall entsteht. Der Vermieter hat zwar kraft Gesetzes Anspruch auf Ersatz derjenigen Kosten, die für die Abwehr

[8] KG NZM 1999, 1048 (1049).

[9] BGH VIII ZR 81/65, BGHZ 49, 84 Rn. 26 (juris) = NJW 1968, 149.

[10] BGH VII ZR 101/59, NJW 1960, 1568; *Sternel* MietR Kap. III Rn. 288; Staudinger/*Emmerich* BGB § 555 Rn. 5; MüKoBGB/*Bieber* § 555 Rn. 4.

[11] Ebenso Staudinger/*Emmerich* BGB § 555 Rn. 7; *Sternel* MietR Kap. III Rn. 289; Kossmann Wohnraum*miete-HdB/Meyer-Abich BGB § 76 Rn. 4;* **aA** AnwK WohnraummietR/*Lammel* BGB § 555 Rn. 11.

[12] OLG Hamburg WuM 1990, 244; BeckOK BGB/*Wiederhold* § 555 Rn. 7; Erman/*Lützenkirchen* BGB § 555 Rn. 2; MüKoBGB/*Bieber* § 555 Rn. 4.

[13] OLG Frankfurt NZM 2018, 679.

der unberechtigten Kündigung entstehen. Ein solcher Schaden ist der Pauschalierung nicht zugänglich. **Einzelfälle aus der Rechtsprechung: (1)** Die Klausel „Der Mieter zahlt für den Fall der vorzeitigen Vertragsauflösung zum Ausgleich für den hierdurch entstehenden Verwaltungs- und Vermietungsaufwand „eine Pauschalabgeltung in Höhe von einer Monatsmiete – netto/kalt – ohne besonderen Nachweis des Vermieters" hat das OLG Hamburg[14] für wirksam erachtet. Die Klausel verstößt nach der hier vertretenen Ansicht gegen das Transparenzgebot, weil sie undifferenziert alle Fälle der „vorzeitigen Vertragsauflösung" erfasst. **(2)** Das OLG Karlsruhe[15] hat die Klausel „Sollte das Mietverhältnis auf Wunsch des Mieters vor Ablauf der Vertragszeit bzw. der gesetzlichen Fristen einverständlich beendet werden, zahlt der Mieter als pauschale Abgeltung der Kosten der vorzeitigen Beendigung des Mietverhältnisses an den Vermieter den Betrag der zuletzt vereinbarten Kaltmiete" für unwirksam angesehen. Die Entscheidung ist zutreffend, weil die Klausel in dieser Form gegen § 309 Nr. 5 BGB verstößt. Weiterhin weist das OLG Karlsruhe darauf hin, dass durch die Klausel ein Teilaspekt einer einvernehmlichen Vertragsaufhebung geregelt werde. Bei solchen Aufhebungsvereinbarungen sei es üblich, dass die Modalitäten der Vertragsbeendigung unter Berücksichtigung der Umstände des Einzelfalls ausgehandelt werden. Deshalb müsse ein Mieter nicht damit rechnen, dass einzelne Rechtsfolgen der einvernehmlichen Mietaufhebung bereits im Mietvertrag geregelt sind. Solche Klauseln werden deshalb nicht Bestandteil des Mietvertrags (§ 305 c Abs. 1 BGB). **(3)** Die Klausel: „Wird das Vertragsverhältnis durch eine außerordentliche Kündigung seitens (des Vermieters) vorzeitig beendet oder kündigt der Mieter vorzeitig, ohne dass ein in dem Verhalten (des Vermieters) liegender wichtiger Grund vorliegt, so ist der Vermieter berechtigt, 50% der bis zum Ablauf des nächsten erreichbaren ordentlichen Kündigungsfrist zu zahlenden Gesamtvergütung als pauschalierten Schadensersatz zu verlangen. Dem Mieter bleibt jedoch nachgelassen, nachzuweisen, dass ein Schaden nicht oder in wesentlich geringerem Umfang entstanden ist." verstößt nach Auffassung des OLG Frankfurt[16] gegen §§ 307 Abs. 2 Nr. 1, 307 Abs. 1, 305 Nr. 9 BGB und ist unwirksam.

Eine Vereinbarung, wonach der Mieter auch **im Falle einer** von ihm ausgesprochenen **berechtigten Kündigung** einen **Geldbetrag** zu zahlen hätte, fällt unter § 555 BGB. Bei vertragsgemäßer Beendigung des Mietverhältnisses kann nämlich von einem Schaden keine Rede sein. Hierunter fällt auch die Klausel: „Falls der Mieter vor Ablauf der Vertragszeit kündigt, ist der Vermieter berechtigt, für den damit verbundenen Verwaltungsaufwand einen einmaligen Betrag von 500 DM zu fordern", weil die Klausel nicht zwischen berechtigten und unberechtigten Kündigungen unterscheidet.[17] Ebenso ist eine Klausel unwirksam, wonach der Mieter eine Abstandszahlung zu leisten hat, wenn er den Vertrag vor Ablauf von 12 Monaten kündigt.[18] 6

Eine Vereinbarung, wonach der Mieter beim Ein- oder Auszug einen Betrag von 200 DM zum Ausgleich für die Verursachung **kleinerer Schäden im Treppenhaus** zahlen soll **(Einzugs-/Auszugs-/Umzugspauschale),** wird vom AG Frankfurt[19] als Schadenspauschale bewertet, auf die § 555 BGB anwendbar ist. 7

Gleiches gilt nach Ansicht des AG Charlottenburg[20] für eine Klausel, für die der Mieter für jede **Mahnung des Vermieters** einen Betrag von 10 DM zahlen soll, weil die Höhe der Mahngebühr „in unrealistischer Höhe fingiert" werde.[21] Ist vereinbart, dass der Mieter für den Fall der verspäteten Mietzahlung **Verzugszinsen in einer bestimmten Höhe** zu zahlen hat, so liegt hierin keine Vertragsstrafe, sondern entweder eine vereinbarte Verzugsschadenspauschalierung oder eine schadensunabhängige Vereinbarung von Fälligkeitszinsen.[22] Vereinbarungen mit einer Schadenspauschalierung in einem Formularmietvertrag sind jedenfalls an § 309 Nr. 5 lit. b BGB zu messen. Danach sind Schadenspauschalierungen unwirksam, wenn dem Mieter nicht ausdrücklich der Nachweis gestattet wird, dass kein Schaden oder nur ein geringerer Schaden als die Pauschale entstanden sei.[23] 8

---

[14] OLG Hamburg WuM 1990, 244.
[15] OLG Karlsruhe ZMR 2000, 380.
[16] OLG Frankfurt NZM 2018, 679.
[17] AG Wiesbaden WuM 1996, 25, Verstoß gegen § 11 Nr. 5 AGBG.
[18] AG Dresden WuM 2017, 201 mAnm *Breyer.*
[19] AG Frankfurt WuM 1990, 195.
[20] AG Charlottenburg WuM 1981, 227.
[21] Ebenso AG Darmstadt WuM 1988, 109.
[22] BGH V ZR 13/91, NJW 1992, 2625 für eine entsprechende Vereinbarung in einem Grundstückskaufvertrag.
[23] BGH VIII ZR 154/04, NJW 2006, 1056 Rn. 24 für Mahnkosten.

9 Eine Vereinbarung, wonach eine **Mietkaution verfällt,** wenn die Mietzeit weniger als zwei Jahre beträgt, ist als Verfallklausel zu bewerten; hierauf ist § 555 BGB anwendbar.[24] Gleiches gilt für eine Vereinbarung, wonach beim vorzeitigen Auszug eine **Mietvorauszahlung** verfallen soll.[25]

9a Wird anlässlich eines **Räumungsverfahrens** in einem **gerichtlichen Vergleich** vereinbart, dass das Mietverhältnis fortgesetzt werden soll und dass der Mieter die Mietsache im Falle eines (erneuten) Zahlungsverzugs an den Vermieter herauszugeben hat, so ist der Verzicht des Mieters auf die gesetzlichen Schutzrechte nach der Rspr. des BGH nicht als Vertragsstrafe zu bewerten.[26] Dem ist zuzustimmen. Nach der hier vertretenen Ansicht ist auf eine solche Vereinbarung jedoch die Regelung des § 572 Abs. 2 BGB anzuwenden, mit der Folge, dass der Prozess zwar durch den Vergleich beendet wird, die Lösungsklausel aber unwirksam ist.[27]

## D. Geschäftsraummiete/Pacht

10 Bei der Geschäftsraummiete und bei der Pacht ist die Vereinbarung einer Vertragsstrafe möglich (§§ 339ff. BGB). Die Vereinbarung bedarf in den Fällen des § 550 BGB der Schriftform. Eine formularmäßige Vereinbarung ist denkbar,[28] jedoch sind die Gestaltungsmöglichkeiten durch §§ 307, 309 Nr. 6 BGB stark beschränkt.[29] Danach ist eine Formularklausel unwirksam, wenn sie den Pächter entgegen **Treu und Glauben** unangemessen benachteiligt. Für die Vertragsstrafe wird hieraus abgeleitet, dass die vorgesehene Sanktion nicht außer Verhältnis zum Gewicht des Vertragsverstoßes stehen darf.[30] Ist ein bestimmter Betrag als pauschale Sanktion vorgesehen, ohne dass nach Art, Gewicht und Dauer der Vertragsverstöße differenziert wird, kann die Unangemessenheit schon daraus folgen; eine solche Sanktion wäre nur dann zulässig, wenn dieser Betrag auch angesichts des typischerweise geringsten Vertragsverstoßes noch angemessen wäre.[31] Ebenso liegt ein Verstoß gegen § 307 Abs. 1 S. 1 BGB vor, wenn nach dem Wortlaut der Klausel die Strafe verschuldensunabhängig geschuldet wird[32] oder wenn für Verstöße gegen eine Betriebspflicht eine Vertragsstrafe von 10% der Tagesmiete vereinbart wird.[33] In einem Mietvertrag über ein vom Vermieter noch zu erstellendes Mietobjekt **(„Vermietung vom Reißbrett“)** kann eine Vertragsstrafe für den Fall der Nichterfüllung der Bauverpflichtung vereinbart werden. Eine solche Vereinbarung ist auch dann wirksam, wenn sie keine zeitliche Grenze vorsieht.[34] Anders als beim Bauvertrag muss sich die Höhe der Vertragsstrafe beim Gewerbemietvertrag nicht aus der Vereinbarung ergeben. Ist die Vertragsstrafe für den Fall der verspäteten Übergabe vereinbart, so kommt es darauf an, welchen Gewinn der Mieter bei der pünktlichen Übergabe der Immobilie hätte erzielen können.[35] Durch die Vertragsstrafe kann jede mietvertragliche Haupt- oder Nebenpflicht gesichert werden. Dagegen darf die Vertragsstrafenklausel keinen gesetzesfremden Gehalt haben.[36] Da zwischen der gesicherten Verpflichtung und der Vertragsstrafe Akzessorietät bestehen muss, ist es erforderlich, dass die Verpflichtung wirksam entstanden ist und zum Zeitpunkt der verwirkten Strafe noch besteht. Daran fehlt es, wenn der Mietvertrag vor Verwirkung der Strafe durch Anfechtung vernichtet oder durch Kündigung oder Zeitablauf erloschen ist. Soweit in der Vertragsstrafenregelung nicht anderes vereinbart ist, setzt die Verwirkung der Strafe ein Verschulden voraus. In den Fällen des § 339 S. 1 BGB ergibt sich dies aus dem Umstand, dass danach Verzug vorausgesetzt wird; für § 339 S. 2 BGB gilt aber nichts anderes.[37] Die Wirksamkeit einer Vertragsstrafenregelung hängt allerdings nicht

---

[24] AG Karlsruhe WuM 1989, 73; ebenso LG Mannheim WuM 1977, 99 = ZMR 1978, 54 bei Auszug vor Ablauf einer einjährigen Mietzeit.

[25] AG Bergheim ZMR 1977, 236.

[26] BGH VIII ZR 272/08, NJW 2010, 859 Rn. 11ff.

[27] *Blank* NZM 2010, 31.

[28] BGH VIII ZR 50/83, NJW 1985, 57.

[29] OLG Hamburg DWW 1988, 41, Unwirksamkeit einer Klausel über eine Vertragsstrafe für den Fall der „Nichteinhaltung des Vertrags“ durch den Pächter; OLG Düsseldorf MDR 1996, 465, Unwirksamkeit einer Vertragsstrafenklausel für den Fall einer vom Pächter verschuldeten Kündigung.

[30] BGH XII ZR 18/00, NJW 2003, 2158 Rn. 51 (juris); BGH VIII ZR 26/15, NJW 2016, 1230 Rn. 34.

[31] BGH VIII ZR 26/15, NJW 2016, 1230 Rn. 34.

[32] BGH VIII ZR 50/83, NJW 1985, 57.

[33] OLG Naumburg NJW 2012, 3587.

[34] *BGH XII ZR 18/00, NJW 2003*, 2158; OLG Celle BeckRS 2014, 23078.

[35] OLG Celle ZMR 2014, 354 im Anschluss an BGH XII ZR 18/00, NJW 2003, 2158.

[36] BGH VII ZR 9/97, NJW 1998, 3488; KG NZM 1999, 1048.

[37] BGH II ZR 101/70, NJW 1972, 1894.

davon ab, dass sich das Verschuldenskriterium aus dem Wortlaut der Klausel ergibt; ist das **Verschuldenskriterium** nicht ausdrücklich genannt, so ist die Klausel entsprechend dem gesetzlichen Leitbild zu verstehen.[38] Wie allgemein beim Verzug muss der Mieter beweisen, dass ein Verschulden nicht vorgelegen hat. Das Verschuldenserfordernis kann vertraglich abbedungen werden, allerdings nicht formularmäßig (§ 307 Abs. 1 BGB).[39] Ist vereinbart, dass die Vertragsstrafe für den Fall der verspäteten Übergabe zu zahlen ist, so entsteht der Anspruch, wenn die Übergabe nach dem vereinbarten Zeitpunkt erfolgt. Der Anspruch erlischt jedoch, wenn sich der Mieter die Geltendmachung der Vertragsstrafe bei der Besitzübernahme nicht vorbehält (§ 341 BGB).[40] Es ist nicht erforderlich, dass die Dauer der Zahlungspflicht zeitlich begrenzt wird. Jedoch ist irgendwann eine zeitliche Grenze erreicht, jenseits derer sich das Verlangen nach Fortzahlung der Vertragsstrafe als treuwidrig (§ 242 BGB) erweist.[41]

Vereinbarungen über die Zahlung einer **Schadenspauschale** sind bei der Geschäftsraummiete 11 ebenfalls möglich. Bei Formularvereinbarungen ist § 309 Nr. 5 BGB zu beachten. Danach ist eine Schadenspauschalierung unwirksam, wenn die Pauschale den in den geregelten Fällen nach dem gewöhnlichen Lauf der Dinge zu erwartenden Schaden oder die gewöhnlich eintretende Wertminderung übersteigt, oder dem anderen Vertragsteil nicht ausdrücklich der Nachweis gestattet wird, ein Schaden oder eine Wertminderung sei überhaupt nicht entstanden oder wesentlich niedriger als die Pauschale. Eine Klausel, wonach der Mieter im Falle einer von ihm ausgesprochenen ordentlichen Kündigung eines befristeten Mietvertrags eine Entschädigung zahlen soll, ist nach Ansicht des OLG Frankfurt[42] unwirksam. Bei einem befristeten Vertrag ist eine ordentliche Kündigung vor Ablauf der Vertragszeit ausgeschlossen. Deshalb erleide der Vermieter im Falle einer vorzeitigen Kündigung keinen Schaden. Dies folgt aus der Erwägung, dass durch eine vor Ablauf der Befristung erklärte vorzeitige Kündigung das Mietverhältnis nicht beendet wird, so dass dem Vermieter weiterhin die Rechte aus dem Vertrag zustehen.

38 OLG Celle ZMR 2014, 354.

39 BGH VIII ZR 50/83, NJW 1985, 57, verschuldensunabhängige Vertragsstrafe für den Fall einer vertraglich vereinbarten Mietaufhebung; ebenso OLG Hamm OLGZ 89, 461, Vertragsstrafe für abhanden gekommene Videofilme.

40 OLG Düsseldorf GuT 2005, 155 = ZMR 2006, 35 = GE 2006, 188.

41 OLG Celle ZMR 2014, 354.

42 OLG Frankfurt NZM 2018, 679.

## Kapitel 1a. Erhaltungs- und Modernisierungsmaßnahmen

## Vorbemerkung zu §§ 555a–555f BGB: Entstehungsgeschichte der Erhaltungs- und Modernisierungsregelungen, Gesetzeszweck, Folgen und Anwendungsbereich

### Systematische Übersicht



### Alphabetische Schnellübersicht



### A. Entstehungsgeschichte

**1** Das BGB enthielt ursprünglich keine Regelung zur Duldungspflicht des Mieters für Einwirkungen des Vermieters auf die Mietsache.[1] Erst 1960 wurde durch das Abbaugesetz[2] ein § 28 a in das Mieterschutzgesetz[3] eingefügt, der diesen Fragenkreis regelte. Danach konnte das Mieteinigungsamt auf Antrag des Vermieters den Mieter verpflichten, bauliche Verbesserungen oder die Anbringung von Einrichtungen, durch die der Wohnraum auf Dauer verbessert wurde, bei Zumutbarkeit zu dulden. Im Jahre 1964 wurde durch das zweite Mietrechtsänderungsgesetz (MietRÄndG)[4] § 541 a in das BGB eingefügt.[5] Damit hatte der Gesetzgeber die schon von der Rspr. sowie vom Schrifttum aus § 242 BGB abgeleitete Duldungspflicht des Mieters gesetzlich festgeschrieben.[6] Die Vorschrift umfasste damals zwei Absätze. Der frühere Abs. 2 ist aufgehoben und 1983 mit dem Gesetz zur Erhöhung des Angebots an Mietwohnungen[7] durch § 541 b BGB ersetzt worden. Der Abs. 1 des § 541 a BGB blieb unverändert. Gleichzeitig wurde das im Jahre 1978 eingeführte ModEnG[8], welches in seinem § 20 vorsah, dass der Mieter Modernisierungsmaßnahmen des Vermieters grds. zu dulden hat, soweit die Maßnahmen mit Mitteln öffentlicher Haushalte gefördert wurden oder Energiesparmaßnahmen darstellten, aufgehoben.[9] Ziel dieser gesetzgeberischen Maßnahme war ua die Vereinheitlichung der Duldungspflicht des Mieters sowie die Verbesserung des Schutzes des Mieters vor Luxusmodernisierung, ohne dabei zugleich die sachgerechte Verbesserung älteren Wohnraums zu hemmen.[10]

---

[1] *Müller* GE 1986, 526 mwN.

[2] BGBl. 1960 I 389, G über den Abbau der Wohnungszwangswirtschaft und über ein soziales Miet- und Wohnrecht v. 23.6.1960.

[3] RGBl. 1923 I 353, G über Mieterschutz und Mieteinigungsämter v. 1.6.1923.

[4] BGBl. 1964 I 457, Zweites Mietrechtsänderungsgesetz v. 14.7.1964.

[5] BGH NJW 1972, 723 = MDR 1972, 509 zu § 541 a Abs. 2 BGB idF v. 14.7.1964.

[6] MüKoBGB/*Bieber* § 554 Rn. 2.

[7] BGBl. 1982 I 1912.

[8] *BGBl. 1978 I 993, G zur* Förderung der Modernisierung von Wohnungen und von Maßnahmen zur Einsparung von Heizenergie idF v. 12.7.1978.

[9] Zur Geschichte des § 541 a BGB iE *Emmerich* PiG 16 (1984), 43 (46 ff.).

[10] Vgl. BT-Drs. 9/2079.

Mit dem 4. MietRÄndG[11] wurde die Vorschrift erweitert. Der Mieter muss seit dem 1.10.1993 auch Maßnahmen dulden, die der Schaffung neuen Wohnraums und der Einsparung von Wasser dienen. Mit dem Mietrechtsreformgesetz[12] wurde § 541a BGB zusammen mit § 541b BGB in einer neuen Vorschrift, § 554 BGB, zusammengefasst. § 554 BGB regelte nunmehr einheitlich die Duldungspflicht des Mieters für Erhaltungs- und Modernisierungsmaßnahmen. Der in § 541a BGB aF enthaltene Begriff der „Einwirkung" wurde durch den Begriff der „Maßnahme" ersetzt. Beide Regelungen wurden damit sprachlich harmonisiert. § 541a BGB aF fand sich wieder in Abs. 1 des § 554 BGB und § 541b BGB aF in § 554 Abs. 2–5 BGB. Neben den redaktionellen Vereinfachungen sollte inhaltlich vor allem der Einsatz stromsparender Maßnahmen gefördert werden.[13] Von einer Normierung weiterer duldungspflichtiger ökologischer Maßnahmen, wie zB Maßnahmen zur Verbesserung des Wohnumfeldes, zur Senkung von Schadstoffen oder Schadstoffauswirkungen[14], zur Förderung regenerativer Energien oder zur Einsparung von Betriebs- oder Bewirtschaftungskosten, hatte der Gesetzgeber abgesehen, was im Laufe der Gesetzesanwendung allerdings nicht unumstritten blieb.[15] 2

Die §§ 555a–555f BGB wurden erstmals mit dem MietRÄndG 2013[16] eingefügt. Mit dem Anspruch des Gesetzgebers, die Duldungspflichten des Mieters den Anforderungen an ein modernes, der Energieeinsparung dienenden Systems anzupassen, wurde die Vorschrift des § 554 BGB aF völlig überarbeitet und zwecks besserer Lesbarkeit und Übersichtlichkeit in sechs Vorschriften unterteilt. § 555a BGB regelt die Duldung und Ankündigung von Instandhaltungs- und Instandsetzungsmaßnahmen (Erhaltungsmaßnahmen) einschließlich des Aufwendungsersatzes. Modernisierungsmaßnahmen erhalten in § 555b BGB eine Legaldefinition. Die Modalitäten der Ankündigung solcher Modernisierungsmaßnahmen regelt § 555c BGB, während die Duldungspflicht dieser Maßnahmen in § 555d BGB normiert wurde. § 555e BGB enthält das Sonderkündigungsrecht des Mieters. In § 555f BGB werden Regelungen zur Vereinbarung über Modernisierungs- und Erhaltungsmaßnahmen getroffen. 3

Nach Auffassung des Gesetzgebers sollte auch das Mietrecht einen Beitrag dazu leisten, die energetische Modernisierung und Energieeffizienz im vermieteten Gebäudebestand zu fördern.[17] Vereinzelt wurde auch dort, wo es zur Klarstellung notwendig schien, die Rspr. des BGH[18] kodifiziert, wie bspw. bei der Ankündigungspflicht des Vermieters von Erhaltungsmaßnahmen gem. Abs. 2. 4

Eine über den Anwendungsbereich der § 555a ff. BGB hinausgehende und weiter gehende Duldungspflicht des Mieters kann sich aus Sondervorschriften ergeben; zB aus § 4 Abs. 2 HeizKV[19] sowie aus dem BauGB.[20] Gem. § 175 Abs. 3 BauGB haben der Mieter, der Pächter sowie sonstige Nutzungsberechtigte die Durchführung der Maßnahmen nach § 176 BauGB (Baugebote), § 177 BauGB (Modernisierungs- und Instandsetzungsgebot), § 178 BauGB (Pflanzgebote) sowie § 179 BauGB (Rückbau- und Entsiegelungsgebot) zu dulden. Weitere Duldungspflichten können sich aus § 242 BGB ergeben. 5

---

11 BGBl. 1993 I 1257, Viertes Gesetz zur Änderung mietrechtlicher Vorschriften v. 21.7.1993.

12 Mietrechtsreformgesetz v. 19.6.2001 (BGBl. I 1149).

13 BR-Drs. 439/00, 124.

14 *Derleder* NZM 2001, 170 S. 3, 4.

15 S. jetzt BGH VIII ZR 275/07, WuM 2008, 667 = WuM 2009, 40 = MietPrax-AK § 554 BGB Nr. 3 = NZM 2008, 883 = NJW 2008, 3630 = GuT 2008, 359 = GE 2008, 1485; zust. *Flatow* jurisPR-MietR 10/2008 Anm. 4 zur Fernwärme mit Kraft-Wärme-Koppelung; *Meyer-Harport* NZM 2006, 524 (527); Börstinghaus/Eisenschmid Neues MietR BGB § 559, S. 349; DHF/*Geldmacher* BGB § 554 Anm. 5; LG Hamburg NZM 2006, 536; AnwK WohnraumMietR/*Lammel* BGB § 554 Rn. 48; Bamberger/Roth/*Ehlert* BGB § 554 Rn. 10; *Ringel* WuM 2009, 62; *Wilcken* NZM 2006, 521.

16 G über die energetische Modernisierung von vermietetem Wohnraum und die vereinfachte Durchsetzung von Räumungstiteln – MietRÄndG, BGBl. 2013 I 434.

17 BT-Drs. 17/10485, 18.

18 BGH VIII ZR 110/08, WuM 2009, 290 = AK-MietPrax § 554 BGB Nr. 4 = NJW 2009, 1736 = CuR 2009, 57 = GE 2009, 646 = NZM 2009, 394.

19 BGBl. 1989 I 115, Verordnung über die verbrauchsabhängige Abrechnung der Heiz- und Warmwasserkosten v. 20.1.1989.

20 BGBl. 1997 I 2141 „Gesetz über das Baugesetzbuch" idF und Bek. v. 27.8.1997.

### B. Regelungszweck und Folgen

6 Die Vorschrift des § 555a Abs. 1 BGB ist das Gegenstück zur Erhaltungspflicht (§ 535 S. 2 BGB) des Vermieters. Der Vermieter kann sich der Verpflichtung zur Erhaltung der Mietsache nicht durch Kündigung des Mietverhältnisses entziehen.[21] Ihm muss daher eine andere Möglichkeit eingeräumt werden, sein Gebäude zu erhalten und damit seine Gewährleistungspflicht zu erfüllen. Ohne Duldungspflicht könnte der Mieter wegen seines **Rechts zum ungestörten Mietgebrauch** notwendige Bau- und Reparaturmaßnahmen verhindern und damit dem Vermieter die Erfüllung seiner Pflicht, die Mietsache in dem vertragsgemäßen Zustand zu erhalten, unmöglich machen.

7 §§ 555b–555f BGB sollen einerseits die Verbesserung und Modernisierung von Wohnraum sowie Maßnahmen der Energie- oder Wassereinsparung bei fortbestehendem Mietverhältnis ermöglichen und fördern, andererseits aber auch durch eine **Härteklausel** die Mieter vor Luxusmodernisierungen[22] und dem Hinausmodernisieren schützen. Bei der Wohnraummiete ist nämlich zu beachten, dass der Vermieter nach durchgeführter Modernisierung bei freifinanziertem Wohnraum sowie solchem, der – noch – dem WoFG unterliegt, gem. § 559 BGB sowie bei Wohnraum, der unter die NMV fällt, gem. § 6 NMV iVm § 11 Abs. 6 II. BV, den Mietzins erhöhen kann. Um den unterschiedlichen Belangen der Parteien gerecht zu werden, wurde die Interessenabwägung eingeführt und der Vermieter verpflichtet, **vor Beginn** der baulichen Arbeiten dem Mieter eine qualifizierte Mitteilung über Art, voraussichtlichen Umfang und voraussichtlichem Beginn sowie voraussichtliche Dauer der Maßnahme zukommen zu lassen, aus der sich auch die zu erwartende höhere Miete ergibt. Für **Bagatellmaßnahmen** des Vermieters wurden diese Anforderungen nicht für erforderlich gehalten (§ 555c Abs. 4 BGB). Gem. § 555d Abs. 6 BGB hat der Mieter einen **Aufwendungsersatzanspruch,** um in jedem Fall vor weiteren finanziellen Nachteilen geschützt zu sein.

8 Hat der Vermieter die Modernisierung bei ordnungsgemäßer Ankündigung mit Duldung des Mieters durchgeführt, ist der veränderte bauliche Zustand Vertragsgegenstand geworden. Es kommt dabei nicht darauf an, ob der Mieter der Maßnahme zugestimmt oder sie nur geduldet hat oder einem folgenden Mieterhöhungsverlangen nachgekommen ist.[23] § 555b ff. BGB sowie § 559 BGB sind insoweit völlig selbständige Anspruchsnormen mit eigenständigem Regelungsgehalt.[24] § 555b ff. BGB regeln das „Dürfen" der einseitigen Vertragsänderung hinsichtlich des Vertragsgegenstandes, § 559 BGB dagegen die möglichen rechtlichen Folgen hinsichtlich der Miethöhe im vereinfachten Umlageverfahren. Hat der Mieter bei ordnungsgemäßer Ankündigung die Maßnahme somit geduldet oder ist er zur Duldung verpflichtet, ist mit Abschluss der Maßnahmen das **veränderte** Objekt Gegenstand der mietvertraglichen Leistungspflicht des Vermieters[25] (→ § 555b Rn. 11 ff.). Haben die Parteien eine Modernisierungsvereinbarung nach § 555f BGB geschlossen, ergibt sich daraus, dass der neugeschaffene Zustand vertragsgemäß ist.[26] Ist der vertragsgemäße (geänderte) Zustand hergestellt, ist der Mieter spätestens ab diesem Zeitpunkt nicht mehr berechtigt, eine andere Ausführung der Maßnahmen zu verlangen.[27] Aber auch der Vermieter darf die Maßnahme nicht gegen den Willen des Mieters rückgängig machen, da dies eine unerlaubte einseitige Vertragsänderung wäre.[28] Aus der Weigerung des Mieters allein, den vom Vermieter gem. § 559 BGB erhöhten Mietzins zu zahlen, darf daher keineswegs geschlossen werden, dass der veränderte bauliche Zustand nicht Gegenstand des Mietvertrages ist.[29]

---

[21] LG Gießen WuM 1984, 2; AG Essen ZMR 1997, 423; AG Köln WuM 1984, 2.

[22] BGHZ 117, 217 = WuM 1992, 181 = NJW 1992, 1386 = MDR 1992, 476 = ZMR 1992, 234 = GE 1992, 375.

[23] KG ZMR 1988, 459 (461) = NJW-RR 1988, 1420 = GE 1988, 993 = WuM 1988, 389 = DWW 1988, 371.

[24] Allerdings stellt § 559 BGB nach der Modernisierung das Äquivalenzverhältnis wieder her, so dass eine Verknüpfung nicht zu verkennen ist.

[25] *Gsell* PiG 105 (2017), 21, 24; ähnlich *Sternel* PiG 99 (2015), 95 (98) = NZM 2015, 873 (877 ff.); s. auch *Lehmann-Richter* NZM 2011, 572; offen gelassen BGH VIII ZR 298/13, WuM 2014, 546 = GE 2014, 1133.

[26] *Lindner* PiG 105 (2017), 129, 130.

[27] *Sternel* PiG 99 (2015), 95 (99) = NZM 2015, 873 (877 ff.); AG Schöneberg GE 2000, 1033.

[28] *AG Wedding GE 1985, 369;* **aA** *LG* Berlin GE 1988, 941 vor Erlass des Rechtsentscheids des KG Fn. 168; Blömeke/Blümmel Modernisierung und Instandsetzung von Wohnraum, Teil A Rn. 28.

[29] Für *Gsell* (PiG 105 (2017), 21, 24) spricht u. a. auch das Recht des Vermieters zur Mieterhöhung nach § 559 BGB, dass im Gegenzug die Modernisierungsmaßnahme den Leistungsgegenstand verändert hat.

Ergibt sich für den Mieter nach Abschluss der Arbeiten eine Verschlechterung der Mietsache, ist dieser Mangel durch eine Minderung der Miete auszugleichen und so das Äquivalenzverhältnis wieder herzustellen.[30] Daraus kann auch noch nach Abschluss der Arbeiten ein Kündigungsrecht gem. § 543 BGB aus wichtigem Grund entstehen.[31] Dass der Mieter die Maßnahme dulden und ggf. nach § 559 BGB bezahlen muss, ändert an dem Ergebnis nichts. Denn die Duldungspflicht ergibt sich bei einem Härteeinwand des Mieters erst aus der Abwägung der unterschiedlichen Interessen (§ 555d Abs. 2 BGB), so dass vom Mieter neben der Modernisierung durchaus beispielsweise wegen der baulichen Folgen der Maßnahme auch eine Verschlechterung hinzunehmen sein kann.[32] Abschließend ist dieses Problem noch nicht geklärt. So wird auch vertreten, dass der Mieter gegen den Vermieter einen Schadensersatzanspruch hat, der den Mangel kompensiert.[33] Hiermit nicht zu verwechseln sind die Fälle, bei denen der Vermieter zwecks Durchführung der baulichen Maßnahme bestimmte Bauteile entfernen muss, die er dann aber wieder anzubringen hat, weil sie nicht Gegenstand der Modernisierung sind, wie beispielsweise die (vorübergehende) Entfernung einer Antenne wegen der erforderlichen Dacharbeiten[34] oder die Wiederanbringung von Außenrolläden.[35] In diesen Fällen hat der Mieter einen Wiederherstellungsanspruch. **9**

Anders erscheint die Rechtslage aber dann, wenn der Vermieter seiner Ankündigungspflicht nicht nachgekommen ist, wodurch der Mieter nicht über alle maßgeblichen Umstände der baulichen Maßnahme unterrichtet wurde und die Maßnahme durch seinen Härteeinwand nicht verhindern konnte. In diesen Fällen hat der Mieter dem Vermieter trotz unterlassener Mitteilung oder trotz einer ungenauen Ankündigung vertraut und erkennt erst nach Abschluss der Bauarbeiten, was der Vermieter tatsächlich geplant und durchgeführt hat. Wurde bspw. ein Außenfahrstuhl angekündigt, ohne dem Mieter mitzuteilen, dass infolge der Maßnahme in einem Zimmer ein Fenster zugemauert werden muss, hat der Vermieter die Durchführung der Maßnahme erschlichen. Bei ordnungsgemäßer Ankündigung hätte der Mieter wegen der baulichen Folgen (möglicherweise) einen Härteeinwand gehabt und diese bauliche Umsetzung – wenn möglich nur in seiner Wohnung – verhindert (§ 555d Abs. 2 BGB). Die Wohnung ist daher mangelhaft, was zur Mietminderung führt, und der Mieter hat einen Wiederherstellungsanspruch.[36] Ebenso bleibt ihm sein Kündigungsrecht nach § 543 BGB aus wichtigem Grund.[37] **10**

Von Bedeutung ist auch die Frage, ob die Rechtmäßigkeit einer baulichen Maßnahme ungeschriebenes Tatbestandsmerkmal der baulichen Veränderung iSd § 555b BGB ist[38] oder ob dieser Umstand bei der Härteregelung zu berücksichtigen ist (dazu → § 555b BGB Rn. 12c sowie § 555d Rn. 47b).[39] **10a**

## C. Anwendungsbereich

§ 555a ff. BGB erfassen in ihrem gegenständlichen Bereich die „Mietsache". Vor der Mietrechtsreform 2001 musste der Mieter Einwirkungen auf die Mietsache dulden, die zur „Erhaltung der Mieträume oder des Gebäudes" erforderlich waren (§ 541a BGB aF). Die Duldungspflicht für Modernisierungen bezog sich ua auf Maßnahmen zur Verbesserung der gemieteten Räume oder sonstigen Teile des Gebäudes (§ 541b BGB aF). Mit der Zusammenführung der Vorschriften durch das Mietrechtsreformgesetz[40] in § 554 BGB aF war eine inhaltliche Änderung allerdings nicht verbunden. Vielmehr sollte seinerzeit die unterschiedliche sprachliche Fassung von § 541a BGB aF **11**

---

[30] So iErg LG Berlin ZMR 2019, 943 = WuM 2019, 578; LG Berlin ZMR 2014, 789 = GE 2014, 60; LG Berlin GE 2015, 1292, Verschattung durch angebaute Balkone; *Sternel* PiG 99 (2015), 95 (105) = NZM 2015, 873 (877 ff.); *Hau* NZM 2014, 809 (816); *Sternel* NZM 2010, 721 (726).

[31] *Hau* NZM 2014, 809 (817).

[32] Natürlich besteht ein Mietminderungsrecht dann, wenn die bauliche Maßnahme selbst fehlerhaft ausgeführt wird und dadurch eine Beeinträchtigung entsteht.

[33] LG Düsseldorf GE 2014, 195; *Lehmann-Richter* NZM 2011, 572; Anm. zu LG Berlin ZMR 2014, 206; Kompensation durch Mietminderung, AG Berlin-Charlottenburg WuM 2018, 213.

[34] LG Bremen WuM 2018, 365 zur Wiederherstellung von Sichtschutzwänden.

[35] AG München ZMR 2019, 693.

[36] So auch *Gsell* PiG 105 (2017), 21, 26, wobei Sie zu Recht darauf hinweist, dass vorübergehende Härtegründe zu einem anderen Ergebnis führen müssen; vgl. auch *Hau* NZM 2014, 809 (815).

[37] *Hau* NZM 2014, 809 (817).

[38] So wohl LG Berlin, ZMR 2020, 398; AG Tempelhof-Kreuzberg GE 2018, 59.

[39] Siehe im einzelnen *Eisenschmid* WuM 2017, 440, 444.

[40] G zur Neugliederung, Vereinfachung und Reform des Mietrechts v. 19.6.2001, BGBl. I 1149.

und § 541b BGB aF vereinheitlicht werden. Damit wurde die Vorschrift zugleich sprachlich mit § 559 BGB harmonisiert.[41] Sowohl Räume als auch Teile des Gebäudes werden somit von dem Begriff der „Mietsache" erfasst. Das hat sich auch mit der Neuregelung in § 555a BGB nicht geändert. Zur Mietsache zählen auch Erhaltungsmaßnahmen in der **Nachbarwohnung** (anders bei der Modernisierung, → BGB § 555b Rn. 74), weil die Erhaltung von Teilen des Gebäudes auch der Erhaltung des Gesamtgebäudes und damit indirekt der Mietsache dient. Werden Maßnahmen am Grundstück vorgenommen, muss der Mieter sie iRd § 555a BGB nur dulden, wenn sie der Erhaltung des Gebäudes bzw. seiner Funktionen dienen. Während unter Geltung des alten Rechts vor der Mietrechtsreform 2001 Bedenken geäußert wurden, ob von den Duldungsvorschriften für Modernisierungen auch Maßnahmen an den **Außenanlagen** erfasst wurden,[42] werden mit dem Begriff „Mietsache" in §§ 555a, 555b BGB zweifellos auch solche baulichen Aktivitäten erfasst.

**12** Dem Zweck der Vorschrift des § 555a BGB entspricht es, dass die Duldungspflicht des Mieters von Maßnahmen zur Erhaltung der Mietsache sich zwar grds. auf alle Gebäudeteile und Außenanlagen bezieht, aber in eingeschränktem Sinne nur dann, wenn er in seinem **Mietgebrauch** durch die Maßnahme **beeinträchtigt** wird[43]. Solange der Mieter ungestört seinen Mietgebrauch ausüben kann, bedarf es für die Maßnahmen des Vermieters keiner besonderen mietrechtlichen Anordnung. In diesen Fällen besteht kein Regelungsbedürfnis, den Mieter zu einer Duldung der Maßnahmen anzuhalten. Wegen der weiter gehenden Folgen, die durch Maßnahmen nach § 555b BGB ausgelöst werden, gilt dort die vorgenannte Einschränkung nicht. Aus der Pflicht des Mieters zur Duldung einer Modernisierung lässt sich im Umkehrschluss kein Anspruch des Mieters auf Modernisierung ableiten.[44]

**13** Die Pflicht zur Duldung von Erhaltungs- und Modernisierungsmaßnahmen gilt entsprechend ihrer Stellung im Gesetz zunächst nur für Mietverhältnisse über Wohnräume sowie gem. § 581 Abs. 2 BGB für Pachträume. Über § 578 Abs. 2 BGB gelten die Regelungen über die Duldungspflicht auch für Räume, die nicht Wohnräume sind. Soweit die Vorschriften abweichende Vereinbarungen zum Nachteil des Mieters für unwirksam erklären, gelten diese dagegen nur für Wohnräume, weil die ua für Gewerberäume maßgebliche Verweisungsvorschrift des § 578 Abs. 2 BGB die entsprechenden Regelungen nicht nennt. Die Duldungsvorschriften gelten mangels Verweisung in § 578 Abs. 1 BGB nicht für Mietverhältnisse über reine Grundstücke.

**14** Auch der **Untermieter** wird durch die Vorschrift verpflichtet[45], da anderenfalls der Hauptmieter ihm gegenüber die Erhaltungspflicht nicht erfüllen könnte. Der Hauptvermieter hat allerdings keinen unmittelbaren Anspruch auf Duldung gegenüber dem Untermieter. Er kann nur vom Hauptmieter verlangen, dass dieser den Untermieter zur Duldung veranlasst.[46] Die Modernisierungsvorschriften sind nicht anwendbar auf den Inhaber eines dinglichen Wohnungsrechtes.[47]

**15** Es spielt keine Rolle, ob eine Wohnung freifinanziert oder öffentlich gefördert ist.[48] Die tatbestandlichen Voraussetzungen für die Duldungspflicht sind gleich. Das gilt auch für Wohnungen und Räume in den östlichen Bundesländern, für die bis zum 31.12.1997 das Mietenüberleitungsgesetz galt, welches nur Sonderregelungen zur Mietzinserhöhung, wie zB eine Kappungsgrenze von 3 DM/qm bei bestimmten modernisierungsbedingten Mieterhöhungen, enthalten hatte.

**16** Zeitlich erstreckt sich die Anwendung des § 555a BGB auf die Dauer des Mietverhältnisses. § 555a BGB gilt entsprechend für die Zeit **nach Beendigung** des Mietverhältnisses, wenn der Mieter die Räume rechtmäßig nutzt, weil er zB noch vorübergehend Vollstreckungsschutz genießt.[49] Dies rechtfertigt sich aus der Überlegung, dass der Mieter die Wohnung zwar außerhalb des Vertrages aber innerhalb der Rechtsordnung benutzt. Er hat berechtigten Besitz an der Wohnung und darf daher – auch wenn der Vermieter nicht mehr vertraglich gebunden ist – nicht willkürlich behandelt werden. Bei der Abwägung treten die Interessen des Mieters allerdings in den Hintergrund, da sein vertragsloser Besitz ihn zu weit gehenden Zugeständnissen verpflichtet. Der fehlende Vertrag zwischen Besitzer (Mieter) und Eigentümer (Vermieter) führt somit nicht dazu,

---

41 Vgl. Begr. zu § 554 BGB, Nachw. bei Börstinghaus/Eisenschmid Neues MietR S. 194.
42 *Thomsen* Modernisierung S. 43.
43 *Sternel* ZMR 2001, 937 (942).
44 BGH XII ZR 80/12, NZM 2014, 163 = NJW 2014, 685 = GE 2014, 245 = CuR 2014, 30.
45 *Weimar* ZMR 76, 33.
46 *MüKoBGB/Bieber* § 554 Rn. 13.
47 LG Düsseldorf WuM 1988, 166 zu § 554 BGB aF.
48 BayObLG WuM 1996, 749 für Wohnungen gem. § 87a II. WoBauG; *Franke* DWW 2009, 138 (139).
49 AG Regensburg WuM 1992, 104; *Thomsen* Modernisierung S. 37.

dass die Duldungspflicht entfällt,[50] weil sonst der vertragslose Nutzer besser gestellt wäre, als der vertragsgebundene Mieter.

16a Die Pflicht zur Duldung von Ausstattungen zur Verbrauchserfassung von Wärme und Warmwasser regelt die Spezialvorschrift des § 4 Abs. 2 S. 1 HeizKV, die auch für Gewerberaum Anwendung findet.

## D. Übergangsregelung

17 Grundsätzlich gilt, dass bei einem Dauerschuldverhältnis nach Inkrafttreten einer Rechtsänderung das neue Recht auch auf das bestehende Schuldverhältnis anzuwenden ist.

18 Für die Modernisierungsvorschriften gibt es allerdings eine abweichende Übergangsregelung (Art. 2 § 29 Abs. 1 MietRÄndG)[51]. Auf Mietverhältnisse, die vor Inkrafttreten des neuen Gesetzes entstanden sind, ist § 554 BGB in der alten Fassung anzuwenden, wenn

– dem Mieter die Mitteilung der Modernisierungsmaßnahme gem. § 554 Abs. 3 S. 1 BGB aF vor dem Inkrafttreten des Gesetzes zugegangen ist oder
– bei Maßnahmen, die nur eine unerhebliche Auswirkung auf die Mietsache haben und nur zu einer unerheblichen Mieterhöhung führen (§ 554 Abs. 3 S. 3 BGB aF), der Vermieter mit der Ausführung der Maßnahme vor dem Inkrafttreten des Gesetzes begonnen hat.

19 Von dieser Übergangsregelung sind allerdings die §§ 555a sowie 555f BGB nicht betroffen, da die Übergangsregelung zum einen auf Modernisierungsankündigungen abstellt und nicht auf die Mitteilung von Erhaltungsmaßnahmen. Zum anderen hat § 554a BGB aF die Frage der Modernisierungsvereinbarung nicht geregelt, so dass eine Anwendung unter diesem Gesichtspunkt nicht in Betracht kommt. §§ 555a, 555f BGB gelten somit uneingeschränkt mit Inkrafttreten des Gesetzes.

[50] So LG Berlin NZM 1999, 1137.
[51] BGBl. 2013 I 434; siehe Art. 229 § 29 EGBGB.

## § 555a Erhaltungsmaßnahmen

**(1) Der Mieter hat Maßnahmen zu dulden, die zur Instandhaltung oder Instandsetzung der Mietsache erforderlich sind (Erhaltungsmaßnahmen).**

**(2) Erhaltungsmaßnahmen sind dem Mieter rechtzeitig anzukündigen, es sei denn, sie sind nur mit einer unerheblichen Einwirkung auf die Mietsache verbunden oder ihre sofortige Durchführung ist zwingend erforderlich.**

**(3) [1]Aufwendungen, die der Mieter infolge einer Erhaltungsmaßnahme machen muss, hat der Vermieter in angemessenem Umfang zu ersetzen. [2]Auf Verlangen hat er Vorschuss zu leisten.**

**(4) Eine zum Nachteil des Mieters von Absatz 2 oder 3 abweichende Vereinbarung ist unwirksam.**

### Systematische Übersicht



### Alphabetische Schnellübersicht

## A. Begriff der Erhaltungsmaßnahme und Duldungspflicht (Abs. 1)

### I. Begriff der Erhaltungsmaßnahmen

#### 1. Maßnahme

§ 555a BGB hat inhaltlich die Sprachregelung des § 554 Abs. 1 BGB aF übernommen. Die dort genannten vom Mieter zu duldenden Erhaltungsmaßnahmen werden allerdings präzisiert, in dem sie mit Instandhaltungs- bzw. Instandsetzungsmaßnahmen umschrieben werden. Der Gesetzgeber hat damit aber keine Regelung dazu getroffen, was unter Instandhaltungs- und Instandsetzungsmaßnahmen zu verstehen ist. Im allgemeinen Sprachgebrauch werden unter Instandhaltung im Wesentlichen kleinere, vorbeugende Arbeiten erfasst, die Mängel verhindern sollen[1], während die Instandsetzung größere Arbeiten betrifft, die bereits eingetretene Mängel beheben sollen und sich auch werterhöhend auswirken können. Dies steht jedoch nicht gänzlich im Einklang mit der gesetzlichen Regelung von Instandhaltungs- und Instandsetzungsmaßnahmen in § 1 Abs. 2 Nr. 2 BetrKV. Diese Vorschrift wirkt über § 556 Abs. 1 BGB auch in das BGB hinein. Sie enthält auch eine Legaldefinition. Instandhaltungs- und Instandsetzungsmaßnahmen sind danach Maßnahmen, die darauf abzielen, die durch Abnutzung, Alterung und Witterungseinwirkung entstehenden baulichen oder sonstigen Mängel ordnungsgemäß zu beseitigen. Es ist zu bedenken, dass hier eine gewisse Inkongruenz zu § 555a Abs. 1 BGB besteht. Zum einen spricht die Definition in der Betriebskostenverordnung nur von der Beseitigung, nicht aber von vorbeugenden Maßnahmen. Zum anderen werden nur Maßnahmen erfasst, die durch Abnutzung, Alterung oder Witterungseinwirkung entstehende Mängel beseitigen sollen. Nicht erfasst wird die Beseitigung anderer Mängel, zB solche, die durch mutwillige Zerstörung (etwa Vandalismus oder das Beschmieren von Wänden) hervorgerufen werden. 1

Zudem verwendet das Gesetz in § 177 Abs. 3 BBauG sowie in § 3 Abs. 4 ModEnG die gleiche Definition für den Begriff der Instandsetzung wie § 28 II. BV für den Begriff der Instandhaltung. Es ist versäumt worden, die unterschiedlichen Definitionen für Instandhaltungs- und Instandsetzungsmaßnahmen für diese Vorschrift aufzulösen. In der Praxis wird sich das allerdings kaum auswirken, weil es letztendlich um die Sicherstellung der vom Vermieter gem. § 535 BGB geschuldeten Aufrechterhaltung des vertragsgemäßen Gebrauchs geht und es dabei gleichgültig ist, ob seine darauf zielende Maßnahme die Instandsetzung oder Instandhaltung betrifft. 2

Die Duldungspflicht des Mieters bezieht sich auf „Maßnahmen an der Mietsache". Mit dem Mietrechtsreformgesetz[2] zum 1.9.2001 wurde der Begriff **„Einwirkung"** durch den Begriff „Maßnahme" ersetzt. Der Begriff **„Maßnahme"** wurde auch für § 555a BGB übernommen und geht weiter als der in § 541a BGB aF verwendete Begriff der Einwirkung. Daher fallen unter § 555a BGB zunächst alle Einwirkungen, die den Mieter bei der Ausübung seines Gebrauchsrechts hindern oder einschränken. Unerheblich ist, auf welche Ursachen die zu behebenden Schäden und die damit notwendig werdenden Maßnahmen zurückgehen; ob sie bspw. der Vermieter, der Mieter oder ein Dritter zu vertreten hat. 3

Darüber hinaus sind Maßnahmen grds. aber auch solche Tätigkeiten, die keine unmittelbare Einwirkung auf die Nutzung der Mietsache durch den Mieter nach sich ziehen. Der Mieter muss aber durch die Maßnahmen sonst beeinträchtigt oder belästigt werden, da es anderenfalls nicht verständlich wäre, den Mieter gesondert zur Duldung zu verpflichten. Dagegen beinhaltet der Begriff der Maßnahme nicht, dass der Mieter mit dem Gegenstand der Maßnahme zwingend in Berührung kommt. Daher hat der Mieter auch unter Einschränkung seines vertragsgemäßen Gebrauchs zu dulden, dass der Vermieter einen Balkon der Nachbarwohnung oder die Außenanlage saniert. 4

#### 2. Erhaltung der Mietsache

Die Maßnahmen müssen zur Erhaltung der Mietsache erforderlich sein. Nach dem Recht vor dem 1.9.2001 bezog sich die Duldungspflicht auf Einwirkungen auf die Mietsache, die zur Erhaltung der Mieträume oder des Gebäudes erforderlich waren. Eine inhaltliche Änderung sollte nach dem Willen des Gesetzgebers weder mit der Neufassung des Mietrechtsreformgesetzes 2001 ver- 5

---

[1] OLG Köln ZMR 1994, 158; zum Begriff der Instandhaltung im Rahmen der II. BV *Wall* WuM 1998, 524 (526); *Herzog* NZM 2005, 385.

[2] BGBl. 2001 I 1149.

bunden sein[3], noch mit dem Mietrechtsänderungsgesetz 2013 (MietRÄndG). Sowohl die Verbesserungen an Räumen, an den überlassenen Einrichtungen[4], als auch an Teilen des Gebäudes werden von dem Begriff der „Mietsache" erfasst. In jedem Fall werden von dem Begriff der „Mietsache" die unmittelbar gemieteten Räume und die zur Mitbenutzung überlassenen Räume und Raumteile erfasst. Aber auch alle weiteren Gebäudeteile zählen dazu, zB Gemeinschaftsflächen oder selbst die Nachbarwohnung, da dort ausgeführte Erhaltungsmaßnahmen (anders bei der Modernisierung, → BGB Vorb. §§ 555a–f Rn. 9) der Erhaltung des Gesamtgebäudes und damit indirekt der Mietsache dienen.[5] Letztlich werden von dem Begriff Mietsache auch die Außenanlagen erfasst.[6] Die weite Auslegung der Begriffs „Mietsache" rechtfertigt sich damit, dass der Vermieter grds. uneingeschränkt berechtigt sein muss, seinen Vermieterpflichten auf Gewährung und Erhaltung der Mietsache zum vertragsgemäßen Gebrauch nachzukommen.

6 Die Mietsache iSd § 555a BGB ist nicht betroffen, wenn der Vermieter an anderen Gebäuden auf demselben Grundstück, die **nicht zur Wohnanlage** des vom Mieter genutzten Gebäudes gehören, Arbeiten vornimmt. Gleiches gilt für den Fall, dass der Vermieter Arbeiten auf dem ihm gehörenden Nachbargrundstück durchführen lässt.[7] Die Duldung von Beeinträchtigungen durch derartige Arbeiten ist unter nachbarrechtlichen Gesichtspunkten zu beurteilen.

7 **a) Umfang der Erhaltungsmaßnahmen. Erhaltungsarbeiten** sind das Ausbessern und die Erneuerung schadhafter Teile. Zu den Erhaltungsarbeiten gehören sowohl Instandsetzungsmaßnahmen als auch Instandhaltungen, nicht dagegen Modernisierungen, die durch § 555b BGB erfasst werden. Die Begriffe Instandhaltung und Instandsetzung kannte das BGB bislang nicht. Daher gibt es auch keine klare gesetzliche Abgrenzung (→ Rn. 1). Die Unterscheidung ist im Rahmen dieser Vorschrift für die Praxis aber ohne Bedeutung. Es geht bei den Erhaltungsarbeiten um Maßnahmen, die zur Erhaltung des Gebäudes, einschließlich des Grundstücks, in seinem ursprünglichen wirtschaftlichen Bestand objektiv erforderlich sind.[8]

8 Zu den erforderlichen Erhaltungsmaßnahmen zählen aber nicht nur die reinen Baumaßnahmen, die unmittelbar dem angestrebten Erfolg dienen. **Vorbereitende Arbeiten,** wie zB das Aufstellen von Gerüsten an der Außenfront, das zeitweise Entfernen von Fenstergittern oder Treppengeländern[9] sowie Schlussmaßnahmen, sind ebenso hinzunehmen wie notwendige Besichtigungen vor, nach und während der Bauphase durch den Bauherrn, die Architekten und Handwerker. Darüber hinaus hat der Mieter auch die mit den Baumaßnahmen verbundenen Immissionen hinzunehmen, wie die Belästigungen durch Lärm, Erschütterungen und Schmutz. Gewährleistungsansprüche bleiben davon jedoch unberührt (→ Rn. 64ff.).

9 **b) Die Ersetzung veralteter Bauteile und Anlagen.** Ungeklärt bleibt, ob der Austausch veralteter Bauteile und Anlagen durch moderne Ausstattungen eine Maßnahme zur Erhaltung der Mietsache nach § 555a Abs. 1 BGB oder eine modernisierende Instandsetzung (→ BGB § 555b Rn. 84f.), also eine Modernisierungsmaßnahme darstellt. Eine Modernisierung ließe sich damit rechtfertigen, dass der neue Standard regelmäßig höherwertig ist, weil die technische Entwicklung fortschreitet.

9a Dagegen ist es sachgerechter, die richtige Einordnung als Instandsetzung oder Modernisierung davon abhängig zu machen, ob der Vermieter bei Durchführung der baulichen Maßnahme eine Wahlmöglichkeit hat.[10] Denn der Vermieter ist keinesfalls verpflichtet, den Originalzustand zu erhalten, der bei Beginn des Mietverhältnisses bestanden hat. Das ist häufig schon aus praktischen Gründen nicht möglich, zB wenn für eine technische Anlage Ersatzteile nicht mehr beschafft werden können. Der Vermieter hat vielmehr grds. das Recht, den jeweils neuesten Stand der Technik einzuhalten.[11] Kann er noch zwischen einer Wiederherstellung des ursprünglichen Zustandes und einem modernisiertem Zustand frei entscheiden, liegt eine Modernisierung vor. Bringt die Instand-

[3] Nr. 1 der Begr. des Kabinettsentwurfs zu § 554 BGB; Nachw. bei AK Neues MietR/*Börstinghaus/Eisenschmid* BGB § 554, S. 194.
[4] BGH VIII ZR 10/11, WuM 2011, 671 = AK-MietPrax § 535 BGB Nr. 47 = CuR 2011, 163 = GE 2012, 57 = NJW-RR 2012, 262 = NZM 2012, 154 = DWW 2012, 52 = ZMR 2012, 174.
[5] Zum Begriff der Mietsache *Sternel* ZMR 2001, 937 (941).
[6] *Kinne*/Schach/Bieber, Miet- und Mietprozessrecht, BGB § 555a Rn. 3.
[7] Staudinger/*Emmerich* BGB § 554 Rn. 5.
[8] *Emmerich/Sonnenschein/Emmerich* BGB § 554 Rn. 2; Staudinger/*Emmerich* BGB § 554 Rn. 4.
[9] *Franke* DWW 2009, 15; Erman/*Lützenkirchen* BGB § 554 Rn. 12 mit weiteren Beispielen.
[10] IE *Blank* WuM 2008, 311 (313); *Eisenschmid* WuM 2008, 264.
[11] Kinne/Schach/Bieber MietProzR BGB § 555a Rn. 2.

setzung dagegen notwendigerweise eine Verbesserung mit sich, weil der Markt eine veraltete Technik nicht mehr zulässt, ist der Vermieter auf Grund dieser Situation praktisch gezwungen, eine moderne Technik einzusetzen. Dann liegt eine Ersetzung vor, die der Instandhaltung gleichzusetzen ist[12]. Die Duldung richtet sich dann nach § 555a Abs. 1 BGB.

Abzuleiten ist dieses Ergebnis aus den Vorschriften zum sozialen Mietwohnungsbau (vgl. → § 11 Abs. 4 II. BV). Dort versteht man unter Erneuerung die Ersetzung des gesamten Bauteils, einer Anlage oder Einrichtung durch ein gleichwertiges Bauteil[13]. Führt die Ersetzung zu einem anderen, aber gleichwertigen Zustand oder zwangsläufig infolge der allgemeinen technischen Entwicklung zu Änderungen, so handelt es sich nicht um bauliche Änderungen, sondern um Instandsetzungen oder Erneuerungen.[14] Auf die Kostenmiete hat eine solche Ersetzung keinen Einfluss, da diese Investition schon mit der (Sonder-)Abschreibung in der Kostenmiete berücksichtigt wurde (→ BGB Anh. § 561 Rn. 33f.). Für den preisfreien Wohnraum gilt die gleiche wirtschaftliche Betrachtungsweise. Dieses Ergebnis entspricht auch der Gesetzessystematik. Die Formulierung in § 555a BGB lehnt sich an den Wortlaut des § 21 Abs. 5 Ziff. 2 WEG an. Da zudem § 22 Abs. 2 S. 1 WEG auf die mietrechtliche Terminologie der Modernisierung Bezug nimmt, ist ein einheitliches Gesetzesverständnis geboten. Das WEG versteht die Ersetzung – auch auf höherem Niveau – als Instandsetzung nach § 21 Abs. 5 Nr. 2 WEG[15]. 10

**c) Energetische Maßnahmen (Außenbauteile).** Von der Ersetzung, die vom Vermieter freiwillig durchgeführt wird, ist zu unterscheiden eine bauliche Maßnahme, die den gesetzlichen energetischen Anforderungen genügen muss. § 46 Abs. 1 GEG sieht vor, dass Änderungen an Außenbauteilen gem. Anlage 7 des GEG, wie Außenwände, Fenster, Decken und Dächer etc, so auszuführen sind, dass die energetische Qualität des Gebäudes nicht verschlechtert wird. Nach Abs. 2 des § 46 GEG ist diese Verpflichtung gegenüber anderen öffentlich-rechtlichen Vorschriften zur Standsicherheit, zum Brandschutz, zum Schallschutz, zum Arbeitsschutz oder zum Schutz der Gesundheit nachrangig. Sind weniger als 10% der jeweiligen Bauteilfläche betroffen (Bagatellklausel), ist der Vermieter gem. § 46 Abs. 1 S. 2 GEG nicht an die energetische Vorgabe gebunden. Das betrifft somit die typischen Instandsetzungen. 11

Will der Vermieter im Rahmen seiner Gebäudesanierung mehr als 10% der Fläche des jeweiligen Außenbauteils erneuern, muss er die Standards gem. § 48 GEG einhalten. In diesen Fällen wird die Sanierung nicht nur eine Reparatur, sondern regelmäßig auch eine nachhaltige Energieeinsparung zur Folge haben und damit als Modernisierung zu anzusehen sein (§ 555b Nr. 1, 2 BGB). Der Vermieter muss somit in diesen Fällen insbesondere die Einhaltung der Modernisierungsvorschriften sicher stellen (modernisierende Instandsetzung – § 555b Rn. 84). 12

**d) Energetische Maßnahmen (Heizung).** Anlagen der Heizungs- und Warmwasserversorgung dürfen nicht in einer Weise verändert werden, dass die energetische Qualität des Gebäudes verschlechtert wird. Gem. § 72 Abs. 1 GEG dürfen Eigentümer von Gebäuden bestimmte Heizkessel, die vor dem 1.1.1991 eingebaut oder aufgestellt worden sind, nicht mehr betreiben. Diese Vorschrift zwingt den Vermieter zur Anschaffung eines neuen Heizkessels. Wird daher der alte Heizkessel nur ersetzt (→ Rn. 9ff.) handelt es sich nach der hier vertretenen Auffassung bei dem Kesselaustausch um eine Instandhaltung.[16] Diese Auffassung wird durch folgende Kontrollüberlegung bestätigt. § 72 Abs. 1 GEG verpflichtet den Eigentümer (Vermieter) nur zur Stilllegung der Anlage. Der Vermieter wird somit nicht durch Gesetz verpflichtet, eine neue Anlage einzubauen. Es handelt sich somit streng genommen nicht um eine „nicht zu vertretende Maßnahme". Zum Einbau der neuen Heizungsanlage ist der Vermieter vielmehr nur deshalb gezwungen, weil er dem Mieter die Beheizung der Wohnung mietvertraglich schuldet. Der Einbau ist nur die faktische Konsequenz der Betriebsuntersagung.[17] (zur Dämmung von Leitungen und Armaturen → BGB § 555b Rn. 42; zur Dämmung von Geschossdecken → BGB § 555b Rn. 44). Da die Maßnahme 13

[12] AG Hamburg-St. Georg ZMR 2012, 964; *Blank* WImmoT 2006, 109 (114); **aA** Lützenkirchen MietR/*Dickersbach* BGB § 555a Rn. 39.

[13] *Herzog* ZdWBay 2005, 385.

[14] *Hogenschurz* NZM 2014, 501 (503); Pergande WohnraummietR/*Heix* § 11 II. BV Anm. 10.5; so auch Rundschreiben des BMBau v. 5.1.1973, BBauBl. 1973, 81.

[15] *Abramenko* MietR 2013 § 1 Rn. 8f.

[16] AG Hamburg-St. Georg ZMR 2012, 964; Blank/Börstinghaus/*Börstinghaus* BGB § 559 Rn. 13; *Blank* WImmoT 2006, 109 (115); das Gleiche galt auch für Maßnahmen entspr. § 10a EnEV. Diese Vorschrift ist seit dem 13.7.2013 außer Kraft.

[17] Lützenkirchen MietR/*Dickersbach* BGB § 555b Rn. 81.

der Instandhaltung zuzuordnen ist, scheidet eine Umlage nach § 559 BGB auch unter dem Gesichtspunkt der „nicht zu vertretenen Maßnahme" aus (vgl. § 555b Nr. 6 BGB).

13a **e) Energetische Maßnahmen (Leitungsinfrastruktur).** Nach dem GEIG[18] wird der Eigentümer eines Wohngebäudes bzw. die Eigentümergemeinschaft einer WEG-Anlage verpflichtet, in bestimmten Fällen die Infrastruktur für den Anschluss einer Ladestation herzustellen. Bestehen innerhalb des Wohngebäudes mehr als 10 Stellplätze und werden diese einer größeren Renovierung unterzogen, welche den Parkplatz oder die elektrische Infrastruktur des Gebäudes umfasst, so hat der Eigentümer dafür zu sorgen, dass jeder Stellplatz mit der Leitungsinfrastruktur für die Elektromobilität ausgestattet wird. Das Gleiche gilt für mehr als zehn an das Gebäude angrenzende Stellplätze, wenn diese einer größeren Renovierung unterzogen werden (§ 8 GEIG).

### 3. Erforderlichkeit

14 Die Erhaltungsmaßnahmen müssen erforderlich sein, was bei einer gesetzlichen Verpflichtung selbstverständlich ist. Ansonsten ist dem Eigentümer wegen Art. 14 GG ein breiter **Beurteilungsspielraum** einzuräumen. Ihm obliegt daher grds. die Einschätzung, ob und in welchem Umfang Vorsorge- und Reparaturmaßnahmen notwendig und sinnvoll sind. Dekorarbeiten, die den Fehler nur vertuschen, reichen als Erhaltungsmaßnahme nicht (→ § 536 Rn. 530a). Die Erforderlichkeit der Maßnahme erfordert keine besondere Dringlichkeit.[19] Andererseits reicht die bloße theoretische Möglichkeit eines zukünftigen Schadenseintritts nicht aus. Es ist vielmehr von einem objektiven Standpunkt aus zu prüfen, ob ohne die Arbeiten mit großer Wahrscheinlichkeit Schäden an dem Objekt zu befürchten sind oder ob aus anderen sachlich gebotenen Gründen eine bauliche Maßnahme gerechtfertigt erscheint.[20] Zur modernisierenden Instandsetzung → BGB § 555b Rn. 84f.

15 Tauscht der Vermieter Bleirohre aus, um den innerhalb der Zulässigkeit liegenden **Belastungswert** des Trinkwassers für Blei weiter zu senken, liegt eine Instandhaltung, nicht dagegen eine duldungspflichtige Verbesserungsmaßnahme vor. Ob eine solche Maßnahme geeignet ist, den Gebrauchswert der Mietsache iSd § 559 BGB zu erhöhen, ist sehr zweifelhaft. Mit der Schaffung von Grenzwerten wird nur die Zulässigkeitsschwelle bestimmt, aber keine Wertung innerhalb der zulässigen Bandbreite der Belastung vorgenommen. Die zulässige Bleibelastung in der Nähe des Grenzwertes ist rechtlich betrachtet genauso ungefährlich wie gänzlich unbelastetes Trinkwasser.

Von *Pfeifer*[21] wird in diesem Zusammenhang die Auffassung vertreten, dass der Austausch von Bleirohren (Zuflussleitungen) keine Instandhaltung, sondern eine Modernisierung sei, wenn zum Zeitpunkt der Maßnahme der Bleigehalt im Trinkwasser zwar die zulässige Belastungsgrenze nicht überschreite, aber durch die neuen Rohrleitungen die **Bleikonzentration des Trinkwassers** nach den Anforderungen schon bekannter, künftiger Regelungen verringert werde. Der Vermieter könne so den Anforderungen der Trinkwasserverordnung[22] schon vorab Rechnung tragen, die nach einer gewissen Übergangszeit[23] (→ BGB § 536 Rn. 181f.) den Vermieter verpflichtet, den Belastungswert von Blei im Trinkwasser von 0,01 mg/l nicht zu überschreiten. Diese Meinung verkennt, dass eine Modernisierung nur dann vorliegt, wenn der Vermieter durch die Baumaßnahme der Gebrauchswert der Wohnung erhöhen will. Dies ist aber bei einer derartigen Maßnahme nicht erkennbar. Vielmehr will der Vermieter in dem vorgenannten Fall mit dem Austausch der im Haus liegenden Bleirohre lediglich seiner künftigen Instandsetzungspflicht nachkommen, die wegen der drohenden Gesetzesänderung lediglich zeitlich vorgezogen wird. Zu Blei als Mangel → BGB § 536 Rn. 179ff.

16 Erst recht ist eine Instandsetzung anzunehmen, wenn der Vermieter die Rohre austauscht, nachdem sich die Grenzwerte verschärft haben und dadurch seine aktuellen Belastungswerte unzulässig wurden. Dann kommt der Vermieter mit dem Austausch der Bleirohre nicht einem drohenden, sondern einem aktuellen gesetzlichen Auftrag zur Mängelbeseitigung nach. Die Beseitigung der Bleibelastung erfolgt dann in Vollzug der vertraglichen Verpflichtung zur Herstellung einer vertragsgerechten – gesundheitlich unbedenklichen – Wohnung.

---

[18] Gesetz zum Aufbau einer gebäudeintegrierten Lade- und Leitungsinfrastruktur für die Elektromobilität (Gebäude-Elektromobilitätsinfrastruktur-Gesetz) v. 18.3.2021 – BGBl. I, S. 354.

[19] Erman/*Lützenkirchen* BGB § 554 Rn. 7.

[20] *LG Berlin GE 2015, 1101.*

[21] *Pfeifer* GE 1999, 623 (626).

[22] TrinkwV idF v. 21.5.2001 (BGBl. I 959).

[23] Vgl. § 6 Abs. 2 S. 3 TrinkwV.

Instandhaltungsmaßnahmen liegen auch vor, wenn der Vermieter – auch im Rahmen von Modernisierungsarbeiten – Bauschadstoffe beseitigt. Vor allem in Gebäuden, die vor mehr als 25 Jahren errichtet wurden, finden sich schadstoffhaltige Bauteile.[24] Häufig ist das Gefährdungspotential erst später erkannt worden. Daher wird bei der Modernisierung häufig auch insoweit ein deutlicher Anteil an Instandsetzung vorliegen. Die Schadstoffe reichen von Asbest[25] in brandschutztechnischen Bauteilen, künstliche Mineralfasern (KMF), Mineralkohlenwasserstoffen (MKW), Polychlorierte Biphenyle (PCB)[26], Polycyclische aromatische Kohlenwasserstoffe (PAK) über Pentchlorphenol (PCP) in Holzschutzmitteln. Betroffen sind bspw. asbesthaltige Kabelkanäle, PCB haltige Fugendichtungen, Gussasphalt unter dem Bodenbelag (PAK und MKW) sowie Dacheindeckungen aus Asbestzementplatten.[27] **16a**

### 4. Einzelfälle

Zu den duldungspflichtigen Maßnahmen gehören zB der Austausch brüchiger Wasser- und Abwasserleitungen[28] sowie von Bleirohren[29] (→ BGB § 536 Rn. 180 ff.) oder der Ersatz schadhafter Fenster[30] sowie alle Maßnahmen zur Beseitigung normaler Verschleißschäden, wie die Durchführung von Schönheitsreparaturen.[31] **17**

Soweit allerdings die Schönheitsreparaturen vertraglich dem Mieter auferlegt wurden, entfällt die Pflicht des Vermieters. Anderes gilt jedoch bei Wohnraummietverhältnissen für Kleinreparaturen, da diese formularvertraglich nur im Wege des **Kostenersatzes,** nicht aber als Reparaturpflicht dem Mieter auferlegt werden dürfen.[32] Derartige Vertragsklauseln schränken daher die Instandsetzungspflicht des Vermieters nicht ein. **18**

Der Austausch von Installationen, wie Waschbecken und Badewanne im Badezimmer der Wohnung, ist vom Mieter nach Abs. 1 nur hinzunehmen, wenn diese entweder schadhaft sind oder ihr Ausfall bei sachgerechter Beurteilung zu erwarten ist.[33] Eine Instandsetzung ist auch die Ersetzung einer schadhaften Gemeinschaftsantenne durch eine andere Empfangsanlage bei gleicher Leistung[34] oder die Erneuerung des Treppenhauses[35] sowie der Einbau einer neuen Wohnungseingangstür.[36] Der Mieter muss die Erhaltungsmaßnahmen auch dulden, soweit sie außerhalb der Mieträume durchgeführt werden[37] zB den Anschluss an die Ortskanalisation,[38] die Durchführung von Korrosionsschutzmaßnahmen am Öltank[39] sowie Arbeiten an der Außenfassade, zB bei Schwammbefall[40], mit allen sich daraus ergebenden Konsequenzen. Im Rahmen seiner **Schutzpflicht** (→ BGB § 535 Rn. 102) ist der Vermieter allerdings gehalten, den Mieter auf ein evtl. erhöhtes Einbruchsrisiko durch das Aufstellen eines Baugerüstes hinzuweisen.[41] **19**

Der Mieter ist dagegen nicht verpflichtet, den Ausbau von Dachgauben oder die Entfernung einer Speisekammer zu Gunsten der Erweiterung des Badezimmers zu dulden, weil es sich dabei um eine Umgestaltung der Mietsache handelt.[42] Gleiches gilt dann, wenn der Vermieter Kasten- **20**

---

[24] *Hartmann* ZdWBay 2014, 60.
[25] AG Schöneberg BeckRS 2016, 16398; *Eisenschmid* jurisPR-MietR 4/2017 Anm. 3; *Binder* IMR 2016, 506.
[26] Zur Sanierung PCB-belasteter Gebäude s. die Antwort der BReg. auf die kleine Anfrage der Fraktion DIE LINKE v. 15.1.2014 (BT-Drs. 18/293).
[27] *Hartmann* ZdWBay 2014, 60 (62).
[28] LG Hamburg WuM 1995, 267; sa LG Berlin ZMR 1992, 546 = GE 1992, 1099.
[29] AG Halle-Saalkreis WuM 1992, 683 = DWW 1993, 46.
[30] AG Neuss NJW-RR 1986, 891 = DWW 1986, 180.
[31] Weitere Beispiele bei Emmerich/Sonnenschein/*Emmerich* BGB § 554 Rn. 4.
[32] BGHZ 118, 194 = WuM 1992, 355 = NJW 1992, 1759 = MDR 1992, 669 = DWW 1992, 207 = ZMR 1992, 332 = GE 1992, 663.
[33] LG Hamburg WuM 1995, 267; AG Charlottenburg MM 1993, 111.
[34] KG WuM 1985, 248 = NJW 1985, 2031 = ZMR 1985, 262 = GE 1985, 729.
[35] KG WuM 1984, 42 = GE 1984, 81; LG München I WuM 1993, 736; AG Berlin-Schöneberg MM 1994, 211; AG Hamburg WuM 1995, 652.
[36] LG Köln WuM 1993, 608.
[37] Bub/Treier MietR-HdB/*Kraemer/Schüller* Kap. III A Rn. 2644.
[38] AG Miesbach WuM 1984, 198.
[39] AG Regensburg WuM 1995, 319.
[40] AG Frankfurt a. M. WuM 1992, 12.
[41] OLG Hamburg WuM 1989, 68 = NJW-RR 1988, 1481.
[42] LG Berlin ZMR 1988, 180 = MDR 1988, 321 = GE 1988, 145; AG Neukölln WE 2005, 17; AG Berlin-Mitte MM 2000, 280.

doppelfenster durch isolierverglaste Kunststofffenster[43] ersetzen oder die zur Wohnung gehörende Terrasse überdachen will.[44] Soweit bloße Veränderungen der Mietsache durchgeführt werden sollen, wie zB der Austausch eines Gasherdes gegen einen Elektroherd[45], kann sich eine Duldungspflicht des Mieters nur im Einzelfall aus § 242 BGB ergeben.[46] Umgekehrt kann sich der Austausch eines Elektroherdes durch einen Gasherd wegen des hohen Primärenergiefaktors 2,6 für Strom und des niedrigen Faktors 1,1 für Gas als duldungspflichtige Maßnahme zur Primärenergieeinsparung gem. § 555b Ziff. 2 BGB erweisen (zum Primärenergiefaktor → BGB § 555b Rn. 56 ff.).

## II. Duldungspflicht des Mieters

### 1. Umfang der Duldungspflicht

21 Da der Vermieter zur Erhaltung der Mietsache uneingeschränkt verpflichtet ist, gilt auch die Duldungspflicht des Mieters grds. uneingeschränkt.[47] Die Duldungspflicht des Mieters erfasst somit ua auch Einwirkungen, die durch **bauliche Maßnahmen** entstehen können. So zB Belästigungen durch Schmutz, Staub, Lärm, Gerüche und Erschütterungen. Auch der Entzug von Licht und Luft, zB durch ein **Baugerüst,** kann als vorübergehende Beeinträchtigung zu dulden sein. In der zunehmenden Einbruchsgefahr durch ein Baugerüst liegt eine **Gefahrerhöhung** der Einbruchsversicherung iSv § 23 VVG.

22 Der Mieter hat die notwendigen Einschränkungen hinzunehmen, auch wenn sie für ihn und seine Familie eine Härte bedeuten. Das gilt auch, wenn die Wohnung nur zu vorübergehendem Gebrauch vermietet wurde.[48] Grenzen der Duldung ergeben sich aus der Erforderlichkeit der Maßnahme sowie aus §§ 226, 242 BGB.[49]

23 Der Anspruch des Vermieters auf Duldung einer Instandsetzungsmaßnahme durch den Mieter bedeutet auch, dass dieser die Arbeiten nicht ver- oder behindern darf.[50] Zudem umfasst der Duldungsanspruch auch die **Gestattung des Zutritts** zu den Mieträumen[51], damit der Vermieter die erforderlichen Arbeiten ausreichend planen und sachgerecht ausführen kann. Eine Besichtigung zur Unzeit, zB an Sonn- und Feiertagen oder in den Abendstunden, braucht der Mieter aber nicht zu dulden[52]. Weiter gehende Duldungspflichten können sich aus anderen Vorschriften, zB aus der HeizKV, dem Nachbarrecht sowie aus dem BauGB ergeben.

24 Zur Sichtung des Schadens, zB bei Schwammbefall, ist der Vermieter zu umfangreichen Untersuchungen berechtigt.[53] Müssen defekte, irreparable Gasöfen wegen eines davon ausgehenden Gefahrenrisikos durch eine neue Gasheizungsanlage ersetzt werden, so muss der Mieter die durch die Erneuerung der Heizungsanlage verursachten, unvermeidbaren Nachteile in Bezug auf den Gebrauch seiner Wohnung hinnehmen.[54]

25 Der Mieter darf seine Bereitschaft zur Duldung nicht davon abhängig machen, dass der Vermieter erklärt, er werde für mögliche Schäden aufkommen oder die Kosten der Wiederherstellung übernehmen[55] (zum Aufwendungsersatz → Rn. 41 ff.). Der Vermieter ist allerdings verpflichtet, die Arbeiten so auszuführen, dass **unnötige** Beeinträchtigungen vermieden werden. Auf einen vertretbaren wirtschaftlichen Aufwand ist dabei Rücksicht zu nehmen.

26 Ein Mieter, der die Duldungspflicht nach § 554 Abs. 1 BGB aF bzw. § 555a Abs. 1 BGB hat gerichtlich klären lassen, schuldet **Schadensersatz** wegen der verzögerten Arbeiten ab dem Zeit-

---

[43] LG Berlin MM 2002, 97; WuM 1987, 384; AG Berlin-Mitte MM 2000, 280.
[44] LG Gießen WuM 1998, 278.
[45] LG Berlin GE 2006, 1616; 1997, 185; AG Berlin-Mitte MM 2000, 280.
[46] BGH NJW 1972, 723 = MDR 1972, 509; Emmerich/Sonnenschein/*Emmerich* BGB § 554 Rn. 5; LG Berlin GE 2003, 809.
[47] LG Mannheim WuM 1987, 272; AG Neuss NJW-RR 1986, 891 = DWW 1986, 180.
[48] LG Berlin WuM 1980, 185 = ZMR 1980, 278 für Studentenwohnheim.
[49] BGH NJW 1972, 723 = MDR 1972, 509; MüKoBGB/*Bieber* § 554 Rn. 14.
[50] LG Berlin GE 2002, 1567; MüKoBGB/*Bieber* § 554 Rn. 12; Bub/Treier MietR-HdB/*Kraemer/Schüller* Kap. III A Rn. 2646.
[51] LG Berlin GE 1997, 245; Spielbauer/Schneider/*Kellendorfer* BGB § 555a Rn. 14.
[52] *Kinne/Schach/Bieber Miet*ProzR § 555a Rn. 6; Kossmann Wohnraummiete-HdB § 30 Rn. 10.
[53] AG Charlottenburg GE 2002, 1566; AG Frankfurt a. M. WuM 1992, 12.
[54] AG Münster WuM 1987, 256.
[55] LG Frankfurt a. M. ZMR 1968, 141; AG Neuss NJW-RR 1986, 891 = DWW 1986, 180.

punkt, zu dem er positive Kenntnis von seiner Duldungspflicht erhalten hat.[56] Hat andererseits der Vermieter Verzögerungen der Arbeiten zu vertreten, ist er dem Mieter zum Schadensersatz, zB wegen verlorener Urlaubszeit,[57] verpflichtet.

Ist zur Ausübung der Baumaßnahme die Zustimmung eines Dritten erforderlich, zB des **Landeskonservators,**[58] kann der Mieter die Duldung verweigern, bis die Zustimmung vorliegt. 27

### 2. Zumutbarkeit der Maßnahme

Im Einzelfall können auch Zumutbarkeitserwägungen dazu führen, dass der Mieter die vom Vermieter geplante Maßnahme **nicht** dulden muss. Anders als bei § 555d Abs. 2 BGB findet eine Interessenabwägung nicht statt. Als allgemeines Prinzip jeder Rechtsausübung ist im Rahmen der Duldung aber die Zumutbarkeit zu prüfen.[59] Dabei gilt das Gebot der gegenseitigen Rücksichtnahme.[60] Hierbei kommt es auf die persönlichen Verhältnisse des Mieters an, auf die Dauer und Schwere der Beeinträchtigung sowie auf die Dringlichkeit der vom Vermieter auszuführenden Arbeiten. Ein durch die Baumaßnahme bedingter dreimalige Umzug innerhalb von neun Monaten überschreitet die Grenze des Zumutbaren.[61] Unter Umständen kann auch eine schwerde Krankheit des Mieters dazu führen, dass der Vermieter die Instandsetzung zeitlich verschieben muss. Ist beispielsweise der Mieter an Covid-19 erkrankt und gibt es für ihn keine Ausweichmöglichkeiten innerhalb der Wohnung, um den zu nerwartenden Belastungen durch die Reparaturarbeiten zu entgehen, kann der Vermieter gehalten sein, die Reparaturmaßnahme zu verschieben. Alle Umstände, wie beispielsweise die Einhaltung von Hygienemaßnahmen und vor allem die Dringlichkeit der Maßnahme als auch die Schwere des Schadens sind mit den Gefahren des Mieters für Leib und Leben abzuwägen.[62] 28

Die Zumutbarkeitserwägungen erfassen aber nicht nur die Frage, ob die Maßnahme selbst geduldet werden muss, sondern auch, ob die Art und Weise der Ausführung vom Mieter hinzunehmen ist. So muss der Mieter nicht hinnehmen, dass der Vermieter die Arbeiten **nach Feierabend** selbst oder mit **Nachbarschaftshilfe** ausführt.[63] In der kalten Jahreszeit braucht der Mieter nicht zu dulden, dass der Vermieter die Fenster und Balkontüren der Mietwohnung in langsamer Arbeitsweise selbst streicht.[64] Um die Einwirkungen so gering wie möglich zu halten, dürfen somit die Maßnahmen nicht unnötig in die Länge gezogen werden.[65] Bei Außenputzarbeiten hat es der Mieter hinzu nehmen, dass vor die Hausfassade eine staubdichte Plane für die Gesamtdauer der Arbeiten gehängt wird. Den dadurch **verminderten Lichteinfall** hat der Mieter zu dulden.[66] Muss ein mangelhafter Teppichboden ersetzt werden, darf der Vermieter keine ausgefallenen, sondern nur vielseitig verwendbare Farben auswählen. Er ist aber nicht verpflichtet, unbedingt den Farbwunsch des Mieters zu erfüllen.[67] Das gilt auch bei der Auswahl neuer Fenster.[68] 29

Auch das **Schikaneverbot** gem. § 226 BGB kann im Einzelfall zu einem Ausschluss der Duldungspflicht des Mieters führen. So kann es schikanös sein, wenn der Vermieter trotz jahrelangem Streit mit dem Mieter darauf besteht, eine Instandhaltungsmaßnahme in der Wohnung persönlich auszuführen. 30

---

[56] AG Wedding WuM 1984, 927.
[57] LG Hamburg WuM 1989, 173.
[58] AG Wuppertal WuM 1981, 184.
[59] LG Hamburg NZM 2020, 839.
[60] LG Hamburg NZM 2020, 839; Kossmann Wohnraummiete-HdB § 30 Rn. 11; kann im Fall von COVID-19 von Bedeutung sein, *Agatsy,* ZMR 2020, 806, 808.
[61] AG Bad Schwartau WuM 1984, 215 = ZMR 1984, 375.
[62] *Föller* WuM 2020, 249 (255) → § 536 Rn. 628 zur Mietminderung.
[63] AG Hamburg-Blankenese ZMR 2007, 866; Kossmann Wohnraummiete-HdB § 30 Rn. 11.
[64] LG Kassel WuM 1981, 36.
[65] Kossmann Wohnraummiete-HdB § 30 Rn. 11.
[66] AG Berlin-Mitte GE 1999, 989.
[67] AG Köln WuM 1997, 553.
[68] AG München ZMR 2013, 974.

### 3. Mitwirkungspflicht des Mieters

31 Der Mieter hat keine aktive Mitwirkungspflicht.[69] Die Duldungspflicht aus § 555 a Abs. 1 BGB beschränkt sich auf ein passives Stillhalten[70]. Der Vermieter hat somit den notwendigen Ab- und Umbau der Möbel selbst vorzunehmen.[71] Den Abtransport der Möbel zur Schaffung von Baufreiheit muss der Mieter nur dulden, wenn ihm der Ort der Unterbringung mitgeteilt wird.[72] Der Mieter ist aber nach Treu und Glauben verpflichtet, ggf. seine privaten und höchstpersönlichen Sachen und Unterlagen so zusammenzustellen bzw. zu sichern, dass sie bei einem notwendigen Transport bzw. bei erforderlichen Umstell- und Umräumarbeiten nicht beschädigt werden bzw. verloren gehen.[73] Darüber hinaus notwendige Ausräumarbeiten sowie die Entfernung und Sicherstellung von Dekorationen oder Wertgegenständen obliegt dem Vermieter.[74] Der Vermieter hat keinen Anspruch auf **Aufwendungsersatz,** weil er mit den Arbeiten ein eigenes Geschäft geführt hat.

32 Aus der Duldungspflicht ergibt sich, dass der Mieter die Durchführung der Maßnahme nicht behindern darf. Ihm ist es auch untersagt, die Duldung der Maßnahme davon abhängig zu machen, dass der Vermieter die Maßnahmen umfangreich darlegt und erläutert.[75]

33 Zur Erhaltungspflicht des Vermieters gehört, dass die Wohnung nach Abschluss der Arbeiten wieder in den vertragsgemäßen Stand versetzt wird. Dies umfasst auch **Reinigungsarbeiten** in der Wohnung sowie in den Gemeinschaftsräumen. Soweit Möbel und Einrichtungsgegenstände des Mieters verstellt wurden, sind sie wieder an den ursprünglichen Platz zu bringen.[76]

34 Sofern dies wegen der Instandsetzungsarbeiten notwendig ist, kann der Mieter verpflichtet sein, vorübergehend die Wohnung zu verlassen.[77] Ob er in ein **Hotel** oder in eine **andere Wohnung** ziehen muss, hängt von den Umständen des Einzelfalls, insbes. von der Schwere und der Dauer der durchzuführenden Maßnahme ab. Der Vermieter ist verpflichtet, dem Mieter den Ersatzwohnraum zur Verfügung zu stellen.[78] Keinesfalls ist der Mieter verpflichtet, sich selbst um Ersatzwohnraum zu bemühen.[79] Zudem muss der Vermieter den Ersatzwohnraum so rechtzeitig anbieten, dass der Mieter den Zwischenumzug ausreichend organisieren kann.

Für den Zeitraum der Unbewohnbarkeit entfällt die Mietzahlungspflicht[80] (→ BGB § 555 d Rn. 95).

35 In schwerwiegenden Einzelfällen, zB bei fehlender Standsicherheit des Hauses, kann die Notwendigkeit einer Instandsetzungsmaßnahme den Vermieter auch zur Kündigung des Mietverhältnisses berechtigen.[81] Auch in diesen Fällen kann der Vermieter bei Vorliegen besonderer Umstände verpflichtet sein, dem Mieter eine Ersatzwohnung zu stellen.

## B. Ankündigungspflicht des Vermieters (Abs. 2)

36 In § 555 a Abs. 2 BGB wird geregelt, dass grds. auch Erhaltungsmaßnahmen, die nicht mit einer nur unerheblichen Einwirkung auf die Mietsache verbunden sind, „rechtzeitig" angekündigt werden müssen. Der Vermieter muss einen konkreten Termin nennen. Der Hinweis auf eine

---

[69] LG Berlin WuM 1996, 143 = NJW-RR 1996, 1163; AG Gelsenkirchen WuM 1988, 13; AG Wuppertal WuM 1988, 15; MüKoBGB/*Bieber* § 554 Rn. 12; *Kinne*/Schach/Bieber MietProzR BGB § 555 a Rn. 6; Emmerich/Sonnenschein/*Emmerich* BGB § 554 Rn. 6; Staudinger/*Emmerich* BGB § 554 Rn. 10; Kossmann Wohnraummiete-HdB § 30 Rn. 12; Bub/Treier MietR-HdB/*Kraemer/Schüller* Kap. III A Rn. 2647.

[70] LG Berlin NJW 2016, 2582; WuM 1996, 143 = NJW-RR 1996, 1163; **aA** AG Charlottenburg GE 1983, 35; *Schläger* ZMR 1985, 193.

[71] AG Erfurt WuM 2009, 342; AG Wuppertal WuM 1988, 15; *Voelskow* PiG 16 (1984), 33 (37); Staudinger/*Emmerich* BGB § 554 Rn. 10; einschränkend Hannemann/Horst Neues MietR/*Hors,* 2013 § 2 Rn. 6.

[72] LG Berlin NJW 2015, 93.

[73] Bub/Treier MietR-HdB/*Kraemer/Schüller* Kap. III A Rn. 2647; Spielbauer/Schneider/*Kellendorfer* BGB § 555 a Rn. 15; Lützenkirchen MietR/*Dickersbach* BGB § 555 a Rn. 50.

[74] Spielbauer/Schneider/*Kellendorfer* BGB § 555 a Rn. 15.

[75] AG Wedding GE 2007, 1557.

[76] AG Wuppertal WuM 1988, 15; AG Gelsenkirchen WuM 1988, 13.

[77] Lützenkirchen MietR/*Dickersbach* BGB § 555 a Rn. 51.

[78] Erman/*Lützenkirchen,* 13. Aufl. 2011, Bd. 1, BGB § 554 Rn. 5; LG Berlin WuM 2016, 282; **aA** LG Berlin *MM 1997, 280.*

[79] LG Berlin WuM 2016, 285.

[80] LG Berlin GE 2002, 1269.

[81] LG Braunschweig DWW 1965, 85.

bestimmte Kalenderwoche reicht nicht.[82] Eine besondere Form ist nicht vorgeschrieben, also ist eine mündliche Mitteilung ausreichend.

Der Vermieter muss den Mieter in angemessener Frist rechtzeitig über Art und Umfang der Maßnahme informieren.[83] Die Rechtzeitigkeit orientiert sich dabei an der Dringlichkeit und dem Umfang der Maßnahme[84], sowie an den persönlichen und zeitlichen Planungen des Mieters.[85] Ihr elastischer Inhalt entspricht den Bedürfnissen der Praxis.[86] Aus der vertraglichen Pflicht zur Rücksichtnahme ergibt sich auch die Pflicht zur Angabe des voraussichtlichen Endes der Arbeiten.[87] Je nach der Schwere der mit den Bauarbeiten verbundenen Behinderung des vertragsgemäßen Gebrauchs kann der Vermieter verpflichtet sein, seine Maßnahmen einige Wochen vor Baubeginn anzukündigen.[88] Sofern nicht die Dringlichkeit der Maßnahme eine schnellere Durchführung erfordert, muss sich der Mieter auf die durch die Maßnahmen vorgenommenen Behinderungen durch notwendige (organisatorische) **Vorsorgemaßnahmen** einstellen können.[89] Allerdings ist der Mieter auch gehalten, an einer baldigen Terminabstimmung mitzuwirken.[90] Er kann auch nicht ausschließlich seine Terminwünsche durchsetzen.[91] Bei nicht rechtzeitiger oder ordnungsgemäßer Ankündigung kann der Mieter den Handwerkern den Zutritt verwehren.[92] 37

Für die Pflicht zur Ankündigung kommt es gem. Hs. 2 Alt. 1 auf die Frage an, ob die Erhaltungsmaßnahme mit einer nur unerheblichen Einwirkung auf die Mietsache verbunden ist. Für diesen Fall sieht das Gesetz eine Pflicht des Vermieters zur Ankündigung nicht vor. Die Frage, ob trotz einer nur unerheblichen Einwirkung auf die Mietsache eine erhebliche Beeinträchtigung beim Mieter vorliegt und daher Zumutbarkeitsgesichtspunkte eine Rolle spielen können, ist nach dem Wortlaut ohne Belang. Damit würde die Vorschrift aber in ihrem Sinngehalt beschnitten. Die Ankündigungspflicht des Vermieters dient dem Interesse des Mieters, damit er sich auf die Arbeiten einstellen und ggf. sicherstellen kann, dass während der Arbeiten die Wohnung beaufsichtigt wird. Unabhängig von der Schwere der mit der Behebung des Mangels verbundenen Einwirkung kann es für die Ankündigungspflicht weiter darauf ankommen, ob der Handwerker die Wohnung betreten muss.[93] In diesen Fällen ist wegen des verfassungsrechtlichen Schutzes der Wohnung (Art. 13, 14 GG) immer von einer erheblichen Einwirkung auf die Mietsache auszugehen. Sonst bräuchte der Vermieter nach dem klaren Wortlaut des § 555a Abs. 2 BGB auch dann keine „rechtzeitige" Ankündigung vorzunehmen, wenn die vorzunehmende Erhaltungsmaßnahme einen Zutritt zur Wohnung erfordert. Anders ist dies, wenn der Handwerker nur kleinere Arbeiten zB im Keller durchführen muss, und der Mieter weder durch die Arbeiten selbst noch durch eine Störung seines Wohnbereichs betroffen ist. 38

Bei **Notmaßnahmen,** also bei Gefahr im Verzug, kann eine Unterrichtung des Mieters entbehrlich sein. Daher sieht der Hs. 2 Alt. 2 vor, dass für den Fall einer zwingend erforderlichen sofortigen Durchführung der Erhaltungsmaßnahme der Vermieter keine gesonderte Ankündigung vornehmen muss. Dagegen ist die Ankündigung keinesfalls entbehrlich, nur weil der Mieter der 39

---

82 LG Berlin WuM 2019, 439 = ZMR, 2020, 109.

83 BGH VIII ZR 110/08, WuM 2009, 290 = AK-MietPrax § 554 BGB Nr. 4 = NJW 2009, 1736 = NZM 2009, 394 = GE 2009, 646 = DWW 2009, 219 = ZMR 2009, 440; AG Wedding GE 2007, 1557; AG Hamburg ZMR 2004, 825; AG Köln WuM 1986, 86.

84 BGH VIII ZR 110/08, WuM 2009, 290 = AK-MietPrax § 554 BGB Nr. 4 = NJW 2009, 1736 = NZM 2009, 394 = GE 2009, 646 = DWW 2009, 219 = ZMR 2009, 440; *Theesfeld* jurisPR-MietR 14/2009 Anm. 3.

85 LG Berlin ZMR 2020, 401; Anm. zu BGH VIII ZR 110/08, *Eisenschmid* in AK-MietPrax § 554 BGB Nr. 4; Lützenkirchen MietR/*Dickersbach* BGB § 555a Rn. 42; *Kinne*/Schach/Bieber MietProzR BGB § 555a Rn. 12.

86 *Hinz* ZMR 2012, 153 (154).

87 AG Köln WuM 2015, 669.

88 In Anlehnung an die Modernisierungsankündigung im Regelfall drei Monate: FormB-HdB/*Grüter* 3. Aufl. 2016 § 3 Rn. 25c; für kleiner Maßnahmen im Regelfall 10–14 Tage: Hannemann/Horst/*Horst,* Das neue Mietrecht, 2013, § 2 Rn. 7.

89 LG Berlin WuM 2019, 439 = ZMR, 2020, 109; GE 2016, 527 (528).

90 BGH VIII ZR 110/08, WuM 2009, 290 = NJW 2009, 1736 = NZM 2009, 394 = GE 2009, 646 = CuR 2009, 57.

91 AG Lichtenberg ZMR 2015, 621.

92 AG Aachen WuM 1986, 87; Spielbauer/Schneider/*Kellendorfer* BGB § 555a Rn. 11; Lützenkirchen MietR/*Dickersbach* BGB § 555a Rn. 42.

93 Lützenkirchen MietR/*Dickersbach* BGB § 555a Rn. 43b; aA *DAV* NZM 2012, 105 (106).

Maßnahme zugestimmt hat, wenn damit nicht auch der Zeitpunkt der Durchführung gebilligt wurde.[94]

40 Für die Pflicht zur Ankündigung spielt es keine Rolle, ob der Vermieter aus eigenem Entschluss tätig wird oder ob er die Maßnahme aufgrund einer behördlichen Anordnung oder gesetzlichen Verpflichtung durchführt.[95]

### C. Aufwendungsersatzanspruch des Mieters (Abs. 3)

41 Der Wortlaut des § 555a Abs. 3 BGB entspricht der Vorgängervorschrift § 554 Abs. 4 BGB aF. Lediglich das Wort „musste" wurde durch das Wort „muss" ersetzt. Dies soll der Klarstellung dienen, dass es – wie schon bisher – keine Rolle spielt, ob die Aufwendungen des Mieters im Vorfeld notwendig waren, um die Instandhaltungsmaßnahme zu ermöglichen (Schränke versetzen) oder ob die Aufwendungen erst nach der Maßnahme erforderlich wurden (Schönheitsreparaturen). Der Aufwendungsersatz wird gleichermaßen auch bei Durchführung von Modernisierungsmaßnahmen gem. §§ 555b, 555d Abs. 6 BGB gewährt.

42 Zum Aufwendungsersatz gehören nicht die Umzugskosten, wenn der Mieter nach einer Modernisierungsankündigung von seinem Sonderkündigungsrecht nach § 555e BGB Gebrauch macht. Denn der Aufwendungsersatzanspruch knüpft von seinem Sinn- und Regelungsgehalt her an die Fortsetzung des Mietverhältnisses an.[96] Diesen Gedanken wird man auf den vergleichbaren Fall übertragen müssen, wenn der Mieter wegen bevorstehender umfangreicher Erhaltungsmaßnahmen kündigt und in eine neue Wohnung zieht. Bei gewerblichen Mietverhältnissen kann die Verpflichtung des Vermieters zum Ersatz von Aufwendungen nach § 555a Abs. 3, § 578 Abs. 2 BGB, die der Mieter infolge einer Instandsetzungsmaßnahme tätigen musste, auch formularvertraglich abbedungen werden.[97] Dieser Ansicht wird man nur folgen können, soweit die Mietsache betroffen ist, die dem unmittelbaren Zugriff des Mieters unterliegt.

43 Hat der Mieter Aufwendungen auf Grund modernisierungsbedingter Bauarbeiten (§§ 555b BGB) oder infolge Instandsetzungsarbeiten gehabt, muss der Vermieter diese nach § 555a Abs. 3 BGB oder nach § 555d Abs. 6 BGB iVm § 555a Abs. 3 BGB in angemessenem Umfang ersetzen.[98] Dh, die Aufwendungen müssen je nach Sachlage erforderlich erscheinen[99] (→ Rn. 55). Auf Verlangen hat der Vermieter Vorschuss zu leisten (Abs. 3 S. 2, → Rn. 59).

44 Die Regelung des Abs. 3 berücksichtigt ua, dass es nach Durchführung von Modernisierungs- bzw. Instandsetzungsarbeiten in einer bewohnten Wohnung üblich und zweckmäßig ist, wenn der Mieter selbst bestimmte Arbeiten in seinem Haushalt vornimmt[100] (zB Möbelrücken), was nicht ausschließt, dass andere Arten von Aufwendungen ersetzt werden müssen. Keinesfalls kann aus dieser Regelung herausgelesen werden, dass der Mieter zu irgendeiner **Mitwirkung** verpflichtetet wäre[101] (→ Rn. 31 ff.).

45 Aufwendungsersatz kann ua für Reinigungsarbeiten, für eine Aufsichtsperson, für die Kosten einer Anschlussrenovierung, einer Hotelunterkunft oder für die Einlagerung von Möbeln verlangt werden.[102] In Betracht kommen auch Umzugskosten, wenn der Mieter für die Dauer der Maßnahmen in eine Ersatzwohnung (→ BGB § 555d Rn. 95) ziehen muss oder wenn eine vorübergehende anderweitige Unterbringung sowie einhergehende Pflegeleistungen erforderlich werden[103]. Zieht der Mieter endgültig aus, kommt allerdings eine Erstattung der **Umzugskosten** nicht in Betracht[104]. Eine **Umsatzeinbuße** fällt nicht unter den Aufwendungsanspruch gem. § 555a Abs. 3 BGB. Denn der Aufwendungsersatzanspruch setzt eine freiwillige Aufopferung von Vermögens-

---

[94] *Kinne*/Schach/Bieber MietProzR BGB § 555a Rn. 13.
[95] BGH VIII ZR 110/08, WuM 2009, 290 = AK-MietPrax § 554 BGB Nr. 4 = NJW 2009, 1736; **aA** *Kinne*/Schach/Bieber MietProzR BGB § 555a Rn. 13.
[96] BGH XII ZR 126/11, WuM 2013, 37.
[97] *Baer* ZMR 2012, 676 (679); anders bei Modernisierung.
[98] LG Hamburg WuM 1987, 386.
[99] Bub/Treier MietR-HdB/*Kraemer/Schüller* Kap. III A Rn. 2647.
[100] Kossmann Wohnraummiete-HdB § 31 Rn. 13.
[101] Kossmann Wohnraummiete-HdB § 31 Rn. 12; Bub/Treier MietR-HdB/*Kraemer/Schüller* Kap. III A Rn. 2647.
[102] *Blank/Börstinghaus/Blank* BGB § 555a Rn. 24.
[103] AG Hamburg WuM 2007, 262.
[104] BGH XII ZR 126/11, WuM 2013, 37 = AK-MietPrax § 554 BGB Nr. 11 = NZM 2013, 122 = NJW 2013, 223; **aA** AG Dresden ZMR 2004, 435.

werten für die Interessen eines anderen voraus (→Rn. 48; →BGB § 548 Rn. 48). Daran fehlt es aber bei der Umsatzeinbuße[105].

Der Aufwendungsersatzanspruch ist bei Wohnraummietverhältnissen zwingend (Abs. 4). Dieser Anspruch des Mieters kann daher weder vertraglich beschränkt noch ausgeschlossen werden. Auch ein vertragliches Aufrechnungsverbot mit dem Aufwendungsersatzanspruch ist unzulässig.[106] **45a**

Für gewerbliche Mietverhältnisse gilt § 578 Abs. 2, wonach § 555a Abs. 4 keine Anwendung findet. **46**

## I. Konkurrenzverhältnis zu § 536a Abs. 2 BGB und § 539 Abs. 1 BGB

§ 555a Abs. 3 BGB entspricht der Regelung des § 554 Abs. 4 BGB aF. Wie schon nach altem Recht bleibt umstritten, in welchem Verhältnis der Aufwendungsersatzanspruch nach § 555a Abs. 3 BGB zu dem Aufwendungsersatzanspruch des Mieters nach § 536a Abs. 2 Nr. 1 BGB steht. Nach letzterer Vorschrift kann der Mieter Aufwendungen nämlich regelmäßig nur unter den Voraussetzungen des Verzuges vom Vermieter verlangen. Zudem ist § 539 Abs. 1 BGB zu beachten,[107] wonach der Mieter Aufwendungen auf die Mietsache, die der Vermieter nicht nach § 536a Abs. 2 BGB zu ersetzen hat, nach den Vorschriften über die Geschäftsführung ohne Auftrag **(GoA)** verlangen kann. Dabei handelt es sich um eine Rechtsgrundverweisung, so dass der Mieter insbes. mit Fremdgeschäftsführungswillen gehandelt haben muss,[108] was bei den hier in Rede stehenden Aufwendungen jedenfalls im Regelfall nicht zutreffen wird. **47**

In diesem Zusammenhang bedarf es eher einer Auseinandersetzung mit dem Verhältnis des § 555a Abs. 3 BGB zu § 536a Abs. 2 BGB. Daher ist zunächst der Begriff der Aufwendungen zu untersuchen. Das Bürgerliche Gesetzbuch verwendet den Begriff der Aufwendungen an verschiedenen Stellen (zB außerhalb des Mietrechts §§ 256, 478, 670 BGB), ohne über den Inhalt eine Aussage zu treffen. Aufwendungen umfassen auch **Verwendungen** (zB §§ 994ff. BGB). Letztere werden auf eine Sache gemacht, während Aufwendungen zu einem bestimmten Zweck erfolgen.[109] Es handelt sich dabei um **freiwillige** Vermögensopfer für die Interessen eines anderen,[110] wobei sich eine allgemeine, für alle Normen gültige Definition verbietet, weil der unterschiedliche Zweck bei den, den Aufwendungsersatz regelnden Normen eine unterschiedliche Auslegung erfordert.[111] **48**

§ 555a Abs. 3 BGB regelt den Aufwendungsersatz sowohl infolge von Maßnahmen zur Erhaltung der Mietsache als auch infolge einer Modernisierung (Verweisung in § 555d Abs. 6 BGB). Beiden Maßnahmen ist gemeinsam, dass dann, wenn die Räume des Mieters unmittelbar betroffen sind, regelmäßig auch der vertragsgemäße Gebrauch iSd § 535 BGB beeinträchtigt ist. Daher ist der Vermieter auch verpflichtet, den vertragsgemäßen Zustand nach Abschluss der Erhaltungs- oder Modernisierungsarbeiten wieder herzustellen. Der Vermieter hat diese Maßnahmen selbst veranlasst und durch sein „duldungspflichtiges" Tätigwerden den vertragsgemäßen Gebrauch des Mieters eingeschränkt. Es macht daher keinen Sinn, zwecks Beseitigung solcher Mängel den Mieter zu verpflichten, zunächst den Vermieter in Verzug zu setzen. Allein durch die notwendige Bauüberwachung müssen dem Vermieter alle aufgetretenen Mängel bekannt sein. Zudem treffen ihn erhöhte **Sorgfaltspflichten.** Wegen der Gesamtumstände ist es ihm auch zuzumuten, ohne gesonderte Mahnung die Mängelbeseitigung vorzunehmen (vgl. § 286 Abs. 2 Nr. 4 BGB). Wenn § 536a Abs. 2 Nr. 1 BGB dagegen eine Mahnung verlangt, dann deshalb, weil der Mangel für den Vermieter überraschend auftritt und er zunächst Prüfungs- und Handlungsspielraum behalten soll, die Mietsache wieder instandzusetzen. In solchen Fällen ist es gerechtfertigt, vor Ergreifung von Eigenmaßnahmen den Vermieter zunächst in Verzug zu setzen. Zusammenfassend bleibt festzuhalten, **49**

---

105 BGH XII ZR 65/14, NZM 2015, 538 = GE 2015, 905 = NJW 2015, 2419 = WuM 2015, 619 = ZMR 2015, 842 = MietPrax-AK § 555a BGB Nr. 1; *Günter* WImmoT 2015, 19 (35f.); *Börstinghaus* jurisPR-BGH-ZivilR 14/2015 Anm. 3; Börstinghaus/Blank/*Blank* § 555a Rn. 24.

106 AG Pinneberg WuM 1990, 73.

107 Zur Kritik des Deutschen Mietgerichtstages an der Vorschrift vgl. Nachw. bei AK Neues MietR/*Börstinghaus/Eisenschmid* BGB § 539, S. 83.

108 Nr. 1 der Begr. des Kabinettsentwurfs zu § 539 BGB; Nachw. bei AK Neues MietR/*Börstinghaus/Eisenschmid* BGB § 539, S. 82.

109 Staudinger/*Selb* BGB § 256 Rn. 3.

110 Schmidt-Futterer/*Streyl* BGB § 548 Rn. 48; MüKoBGB/*Krüger* § 256 Rn. 2.

111 Staudinger/*Selb* BGB § 256 Rn. 4.

dass § 555a Abs. 3 BGB auch Aufwendungen des Mieters zur Mängelbeseitigung erfasst, soweit diese durch die Baumaßnahmen des Vermieters erforderlich wurden.

## II. Umfang des Aufwendungsersatzes

50 Als ersatzfähig gelten namentlich Reinigungsarbeiten[112] oder Entgelte für die Beaufsichtigung der Wohnung während der Arbeiten.[113] Ebenso stellen die Demontage und das spätere Wiederanbringen eines Bücherregals[114] oder einer Einbauküche[115] notwendige Aufwendungen des Mieters dar. Erstattungsfähige Aufwendungen liegen auch vor, wenn der Mieter Einrichtungen, mit denen er die Mietsache erlaubterweise versehen hat, entfernen und **ersetzen** muss. Dies wird der Fall sein, wenn ein Fenster durch ein größeres Fenster ersetzt wird und dadurch die Gardinen nicht mehr brauchbar sind oder wenn vom Mieter eingebaute Nachtspeicheröfen entfernt und entsorgt werden müssen, weil der Vermieter eine Zentralheizung einbauen will.[116] Gleiches gilt, wenn der Vermieter anlässlich der Bauarbeiten Einrichtungen entfernt und vertragswidrig nicht wieder installiert hat und nun der Mieter diese Arbeiten nachholen möchte.[117] Auch Aufwendungen zur Trocknung nach einem Wasserschaden fallen unter die Ersatzpflicht.[118] Der Mieter kann auch **eigene** Leistungen in Ansatz bringen. Vergleichbare Regelungen finden sich in § 27 Abs. 2 II. BV zugunsten des Eigentümers. Die Höhe ist mit einer in der Bauhandwerker-Branche entsprechenden Zahlung anzusetzen.[119] Dabei wird der Kenntnis- und Ausbildungsstand des Mieters für eine derartige Maßnahme eine Rolle spielen. Für ungelernte Arbeiter ist ein Stundenlohn von ca. 10–15 EUR anzusetzen.[120] Die „verlorene" **Freizeit** des Mieters, also der reine Zeitaufwand, kann nicht ersetzt werden[121], während unbezahlter genommener Urlaub vergütet werden muss.[122] Dagegen fallen jedoch Kosten für das Beiseitestellen und Abdecken der Möbel[123] sowie für ihre vorübergehende Auslagerung unter den Aufwendungsersatz sowie die Übernachtungskosten eines notwendigen Hotelaufenthaltes[124] und die damit verbundenen höheren Fahrtkosten. Erstattungsfähig sind auch die Mehrkosten einer **Gaststättenverpflegung,** falls üblicherweise selbst gekocht wurde und die Küche wegen der Modernisierungsarbeiten nicht benutzbar war.

51 Vielfach werden dem Mieter auch die Kosten für notwendige Ausbesserungsarbeiten über den Aufwendungsersatz des § 554 Abs. 4 BGB aF (§ 555a Abs. 3 BGB) zugesprochen, zB für Tapete[125], Farbe, Gips und sonstiges Kleinmaterial, obwohl diese für Aufwendungen zur Instandsetzung entstanden sind, die grds. über § 536a Abs. 2 BGB zu ersetzen sind. Dies ist aus den unter → Rn. 49 dargestellten Gründen unbedenklich, weil für diese Fälle § 555a Abs. 3 BGB eine Sonderregelung darstellt.[126] Die erfolgreiche Geltendmachung derartiger Aufwendungen erfordert daher keinen Verzug des Vermieters.

52 Der Anspruch auf Aufwendungsersatz besteht auch für vorzunehmende **Schönheitsreparaturen.** Es ist unerheblich, ob ein vereinbarter Fristenplan schon teilweise abgelaufen ist.[127] Der Mieter muss sich keine Vorteilsausgleichung anrechnen lassen, weil der im Schadensrecht entwickelte

---

[112] LG Essen WuM 1981, 67; AG Hamburg WuM 207, 445, 10 EUR/Std.; AG Schöneberg WuM 1978, 210; AG Gelsenkirchen-Buer WuM 1979, 83; AG Pinneberg WuM 1990, 73; **aA** Bub/Treier MietR-HdB/*Kraemer/Schüller* Kap. III A Rn. 2652.
[113] LG Hamburg WuM 1987, 386.
[114] AG Braunschweig WuM 1990, 340.
[115] AG Lichtenberg MM 2002, 142.
[116] LG Hamburg WuM 1993, 399.
[117] LG Berlin GE 1997, 1341.
[118] AG Tempelhof-Kreuzberg GE 2016, 1280.
[119] AG Hamburg WuM 1999, 364; 1987, 386; AG Braunschweig WuM 1990, 340; AG Kiel WuM 1978, 174; *Harke* WuM 1991, 1 (6).
[120] AG Hohenschönhausen MM 2004, 265; Lützenkirchen MietR/*Dickersbach* BGB § 555a Rn. 66, 15–20 EUR.
[121] *Maciejewski* MM 2001, 197 (198).
[122] Spielbauer/Schneider/*Kellendorfer* BGB § 555a Rn. 18.
[123] AG Hamburg WuM 1999, 364.
[124] LG Hamburg WuM 1987, 387; AG Genthin WuM 1995, 534.
[125] LG Essen WuM 1981, 67 zu § 20 Abs. 3 ModEnG; AG Hamburg WuM 1985, 262; AG Kiel WuM 1978, 174.
[126] *Breckerfeld* NZM 2000, 1172 (1173); **aA** LG Dresden ZMR 1996, 267; Thomsen Modernisierung S. 76; Bub/Treier MietR-HdB/*Kraemer/Schüller* Kap. III A Rn. 2647.
[127] LG Saarbrücken WuM 1979, 140.

Abzug **„Neu für Alt"** hier nicht passt. Hier geht es um die Realisierung des Erfüllungsanspruchs „auf Wiederherstellung", der einem Abzug nicht zugänglich ist.[128] Etwas anderes gilt, wenn der Mieter seiner wirksam übertragenen Renovierungspflicht nicht nachgekommen ist und er die Wohnung ohnehin renovieren musste.[129] Auch dann muss der Mieter aber nicht für etwaige Mehrkosten aufkommen, die infolge der Maßnahmen des Vermieters angefallen sind.

Zu beachten ist allerdings, dass zu den Kosten baulicher Modernisierungsarbeiten auch Aufwendungen zur Wiederherstellung einer durch die Bauarbeiten beschädigten Dekoration zählen.[130] Diese Kosten können auch dann gem. § 559 Abs. 1 BGB umgelegt werden, wenn der Mieter die Arbeiten selbst durchgeführt und der Vermieter ihm die Aufwendungen gem. § 555d Abs. 6 BGB erstattet hat. Wie weit andere Aufwendungen in die Mietberechnung nach § 559 BGB einfließen, ist höchstrichterlich noch nicht geklärt. **53**

Selbst Neuanschaffungen können unter die Ersatzpflicht des Vermieters fallen. Dies gilt nicht nur für Gardinen, sondern auch für Beleuchtungskörper oder Möbel und Einrichtungsgegenstände, wenn die Anschaffung wegen veränderter Grundrisse und Stellflächen erforderlich wurde. In allen Fällen der Neuanschaffung ist aber der Abzug **„Neu für Alt"** zu beachten, um eventuelle Vorteile, die der Mieter aus der **Neuanschaffung** zieht, nicht dem Vermieter aufzubürden.[131] Im Gegensatz zu → Rn. 52 dienen die Aufwendungen nicht der Realisierung des Erfüllungsanspruchs, so dass die Vorteilsausgleichung hier grds. gerechtfertigt ist. **54**

Die Kosten sind in angemessenem Umfang zu ersetzen. Die Begrenzung des Aufwendungsersatzes auf einen angemessenen Umfang bedeutet aber nicht, dass der Mieter selbst einen Teil der Kosten zu tragen hat.[132] Vielmehr bedeutet der Verweis auf die Angemessenheit lediglich, dass die Kosten in einem vernünftigen Verhältnis zu den Verbesserungsmaßnahmen und zu den dadurch bedingten Beeinträchtigungen des Mieters stehen müssen.[133] Der Mieter darf daher keinen **unvernünftigen** Aufwand zu Lasten des Vermieters betreiben.[134] Andererseits kann von dem Mieter aber auch nicht verlangt werden, dass er immer nur den billigsten Weg wählt. Er kann daher grds. seinen gewohnten Lebensstandard beibehalten, auch wenn dies für den Vermieter teuer wird.[135] Die zu erstattenden Kosten müssen aber immer nur soweit ersetzt werden, wie sie objektiv erforderlich gewesen sind.[136] **55**

Aus der „Angemessenheit" ergibt sich auch, dass der Mieter keinen Aufwendungsersatz verlangen kann, wenn er lediglich übliche und ihm ohne weiteres zumutbare Arbeiten in Eigenleistungen vornimmt, wie zB in kleinerem Umfang das Zusammenräumen und Sichern seiner Sachen oder die Durchführung geringfügiger Reinigungsarbeiten. **56**

Die Aufwendungen sind gem. §§ 256, 246 BGB mit 4 % jährlich zu verzinsen. **57**

Keine Aufwendungen sind erhöhte **Betriebskosten** (zB Heizkosten) als Folge der Modernisierung sowie entgangene Einkünfte bei gewerblichen Räumen.[137] Derartige Einbußen sind ggf. unter dem Gesichtspunkt des Schadensersatzes vom Vermieter zu ersetzen. **58**

## III. Vorschuss

Der Mieter kann gem. Abs. 3 S. 2 einen Vorschuss verlangen.[138] Das wird im Regelfall nur bei umfangreichen Baumaßnahmen in Betracht kommen. Solange der Vermieter dem Verlangen des Mieters auf Vorschuss nicht nachgekommen ist, braucht der Mieter die Verbesserungsmaßnahme **59**

---

[128] OLG Hamm BeckRS 1979, 01461; LG Essen WuM 1981, 67; sa *Sternel* WuM 2002, 585 (586); *Eisenschmid* NZM 2002, 889 (890).

[129] LG Aachen WuM 1991, 341 = ZMR 1991, 145; Spielbauer/Schneider/*Kellendorfer* BGB § 555a Rn. 19.

[130] BGH VIII ZR 173/10, WuM 2011, 293 = AK-MietPrax § 559 BGB Nr. 5 = NJW 2011, 1499 = GE 2011, 681 = NZM 2011, 358 = DWW 2011, 184 = ZMR 2011, 622.

[131] *Kinne*/Schach/Bieber MietProzR BGB § 555a Rn. 14; Lützenkirchen MietR/*Dickersbach* BGB § 555a Rn. 65.

[132] So aber Erman/*Jendrek* BGB § 554 Rn. 19.

[133] AG Tempelhof-Kreuzberg GE 2016, 1280.

[134] LG Dortmund WuM 2006, 95.

[135] *Emmerich* PiG 16 (1984), 43 (57).

[136] Emmerich/Sonnenschein/*Emmerich* BGB § 554 Rn. 33; Bub/Treier MietR-HdB/*Kraemer/Schüller* Kap. III A Rn. 2647; Thomsen Modernisierung S. 75.

[137] MüKoBGB/*Bieber* § 554 Rn. 40; Bub/Treier MietR-HdB/*Kraemer* Kap. III A Rn. 1122.

[138] AG Köln WuM 1981, 95 zu § 20 Abs. 3 ModEnG.

nicht zu dulden. Der Mieter hat insoweit ein **Zurückbehaltungsrecht** gem. § 273 BGB.[139] Er kann den Vorschuss auch mit einer einstweiligen Verfügung durchsetzen[140] (→ BGB § 555 d Rn. 88). Der Vorschussanspruch ist nicht zu verzinsen,[141] da er als vorgezogener Aufwendungsanspruch nicht weitergehen kann als der Hauptanspruch. Gem. § 256 BGB ist aber der Ersatzanspruch erst von der Zeit der Aufwendung an zu verzinsen.

**60** In besonders gelagerten Fällen muss der Mieter die Wohnung vorübergehend räumen.[142] Dabei wird es als angemessen angesehen, dass der Mieter den Auszug in Eigenregie organisiert.[143] Der Vermieter ist allerdings verpflichtet, dem Mieter für den Zeitraum der Bauphase eine zumutbare **Ersatzwohnung** oder eine ausreichende **Hotelunterbringung** anbieten[144] (→ BGB § 555 d Rn. 95). Im letzteren Fall hat der Vermieter zwar für die Unterbringung im Hotel Sorge zu tragen, nicht aber die Hotel-**Restaurantverpflegung** – ggf. aber die **Mehrkosten** – zu übernehmen.[145] Für die voraussichtlichen erstattungsfähigen Aufwendungen muss der Vermieter einen Vorschuss zahlen.

### IV. Sonstiges

**61** Der Vermieter kann nicht alle dem Mieter erstattungspflichtigen Aufwendungen für seine spätere Mietberechnung in Ansatz bringen. In Betracht kommen hierfür nur die eigentlichen Baukosten und Baunebenkosten, soweit sie nicht der Instandhaltung dienen. Ansatzfähig sind auch diejenigen Kosten, die dazu dienen, das Mietobjekt nach Durchführung der baulichen Maßnahmen wiederherzustellen (Putz- und Malerarbeiten), insbes. **Schönheitsreparaturen.**[146]

**62** Nicht ansatzfähig sind dagegen **Mietausfall** und **Mietminderungsbeträge.** Ebenso wenig ansatzfähig sind Schadenersatzansprüche des Mieters nach § 536 a BGB.[147] Der Schutzzweck dieser Vorschriften würde in sein Gegenteil verkehrt, wenn der Mieter, machte er von seinen Rechten Gebrauch, mit einer höheren Miete „bestraft" würde und letztlich seine Aufwendungen und sonstigen Einbußen doch selbst tragen müsste.

## D. Abweichende Vereinbarungen

**63** Die Vorschrift kann abbedungen werden. Abs. 4, wonach abweichende Vereinbarungen zum Nachteil des Mieters unwirksam sind, gilt nicht für Vereinbarungen nach Abs. 1. Eine Grenze ergibt sich aus §§ 138, 157, 242 BGB. Dennoch ist im Rahmen von **Geschäftsbedingungen** und **Verbraucherverträgen** eine Erweiterung der Duldungspflicht über den Rahmen des nach Abs. 1 Zumutbaren hinaus unangemessen iSd § 307 Abs. 2 BGB.[148] Wegen der ohnehin nahezu unbegrenzten Duldungspflicht des Mieters dürfte eine solche Erweiterung aber kaum vorkommen. Für eine Unterscheidung zwischen notwendigen und zweckdienlichen Erhaltungsmaßnahmen[149] ist kein Raum. Mit einer eingeschränkten Duldungspflicht würde sich der Mieter letztlich selbst schaden. Die Individualvereinbarung von Mitwirkungspflichten schon beim Mietvertragsabschluss ist möglich.

**63a** Formularvertragliche Vereinbarungen, die über die Duldungspflicht hinaus Mitwirkungspflichten für den Mieter begründen, sind wegen Verstoßes gegen § 307 Abs. 2 Nr. 1 BGB unwirksam. Da sich das Dulden auf ein passives Verhalten beschränkt (→ Rn. 31 ff.), können weiter gehende Ver-

---

[139] AG Aachen WuM 2015, 734; Staudinger/*Emmerich* BGB § 554 Rn. 54; DHF/*Geldmacher* BGB § 554 Anm. 5; *Horst* NZM 1999, 193 (194); AnwK WohnraummietR BGB § 554 Rn. 90; **aA** LG Berlin GE 1992, 39.

[140] AG München ZMR 2013, 364; AG Köln WuM 1981, 95; Bub/Treier MietR-HdB/*Schüller* Kap. III A Rn. 2712; **aA** *Hinz* WuM 2005, 615 (624).

[141] **AA** *Horst* NZM 1999, 193 (194).

[142] LG Braunschweig DWW 1965, 85; LG Saarbrücken NJW 1956, 637; LG Frankenthal MDR 1957, 42.

[143] MüKoBGB/*Artz* BGB § 555 a Rn. 16.

[144] LG Berlin NZM 2016, 721 = WuM 2016, 282; zust. *Eisenschmid* NZM 2016, 721 (724), Anm. zu LG Berlin.

[145] LG Hamburg WuM 1987, 387.

[146] BGH VIII ZR 173/10, WuM 2011, 293 = AK-MietPrax § 559 BGB Nr. 5 = NJW 2011, 1499 = GE 2011, 681 = NZM 2011, 358 = DWW 2011, 184 = ZMR 2011, 622.

[147] *Staudinger/Emmerich BGB § 559 Rn. 42.*

[148] MüKoBGB/*Bieber* § 554 Rn. 43.

[149] Einschränkend *Kinne*/Schach/Bieber MietProzR BGB § 555 a Rn. 16; Lützenkirchen MietR/*Dickersbach* BGB § 555 a Rn. 52.

pflichtungen nicht begründet werden,[150] ohne dass vom wesentlichen Grundgedanken der gesetzlichen Regelung abgewichen würde. Unabdingbar sind die Schadensersatzansprüche des Mieters zum einen wegen § 309 Nr. 7 BGB (Vorsatz und grobe Fahrlässigkeit) und darüber hinaus unter dem Gesichtspunkt, dass die auslösende Ursache des Schadens das Vermieterverhalten war und die Haftung daher aus Billigkeitserwägungen nicht ausgeschlossen werden darf. **Nicht abdingbar** ist das Kündigungsrecht gem. § 543 BGB. Soweit Wohnraum betroffen ist, ergibt sich dies aus § 569 Abs. 5 BGB und iÜ aus § 307 BGB.

## E. Verhältnis des § 555a zu Erfüllungs-, Gewährleistungs- und Kündigungsregelungen

Führt der Vermieter Erhaltungsmaßnahmen durch, muss der Mieter diese hinnehmen. Daher **64** wird in diesem Umfang mit der „vorübergehenden" Gebrauchsbeschränkung der Anspruch des Mieters auf Erfüllung eingeschränkt.[151] Unberührt bleiben somit die Ansprüche des Mieters (§ 535 BGB) auf Beseitigung von Schmutz und Wiederherstellung des vertragsgerechten renovierten Zustandes sowie auf Zurückstellung von Einrichtungsgegenständen.[152] Ersparte Schönheitsreparaturen muss sich der Mieter grds. nicht anrechnen lassen, wenn der Vermieter Dekorationsschäden beseitigt.[153] Nur wenn der Mieter schon fällige Schönheitsreparaturen auszuführen hat, kann ihm der Vermieter dies entgegenhalten. In den anderen Fällen ist dem Vermieter den Einwand **„Neu für Alt"** abgeschnitten, weil es sich hierbei um einen Erfüllungsanspruch handelt, auf den das dem Schadensersatzrecht entliehene Institut der Vorteilsausgleichung nicht passt.[154] Für diese Auffassung spricht, dass es auch dem Mieter versagt ist, bei einer Mieterhöhung nach § 559 BGB dem Vermieter den Einwand der ersparten Instandhaltungen entgegenzusetzen.

Die Anwendung des Abs. 1 kann durch § 555b BGB eingeschränkt werden, wenn Erhaltungs- **65** maßnahmen auch der der Modernisierung dienen. In diesen Fällen richtet sich die Duldungspflicht ausschließlich nach § 555d BGB,[155] um dem Vermieter nicht die Möglichkeit zu geben, durch eine **Verbindung** von Erhaltungs- und Verbesserungsmaßnahmen die Duldungspflicht des Mieters willkürlich zu erweitern.

Die Gewährleistungsrechte des Mieters bleiben unberührt; insbes. sein Minderungsrecht aus **66** § 536 BGB. Je nach Art der Erhaltungsmaßnahme kann die Durchführung der Arbeiten im Einzelfall zu einer **hundertprozentigen** Mietminderung führen.[156]

Führen die Einwirkungen zu weiter gehenden Beschädigungen, kommt auch ein Anspruch auf **67** Schadensersatz, § 536a Abs. 1 BGB, in Betracht. Kommt es zu Verzögerungen der Herstellungsarbeiten, ist auch der Anspruch auf Ersatz der **Aufwendungen** gem. § 536a Abs. 2 BGB nicht ausgeschlossen (aber → Rn. 47 ff.).

In der Regel kommt ein Schadenersatzanspruch nur in Betracht, wenn der Vermieter gem. **68** § 536a Abs. 1 Alt. 2 bzw. Alt. 3 BGB **schuldhaft** gehandelt hat. Ein solches vorwerfbares Verhalten liegt regelmäßig vor, wenn die Schäden bei unsachgemäßer Durchführung der Arbeiten herbeigeführt worden sind. Zu prüfen ist aber auch, ob dem Vermieter wegen der Erforderlichkeit der Maßnahme im Zeitraum des Mietverhältnisses ein Schuldvorwurf zu machen ist.[157]

Umstritten ist, ob der durch die Erhaltungsmaßnahme eintretende Schaden auch deshalb vom **69** Vermieter ersetzt werden muss, weil dieser die Maßnahme **veranlasst** hat.[158] Die diese ablehnende Ansicht betont, dass auch dann, wenn der Schaden durch die Mangelhaftigkeit der Mietsache verursacht wurde, den Vermieter doch regelmäßig kein Verschulden trifft. Das sei nur anders, wenn

---

[150] *Sternel* NZM 1998, 833 (845); Lützenkirchen MietR/*Dickersbach* BGB § 555a Rn. 52; **aA** *Schach* GE 2006, 1446 (1447).

[151] MüKoBGB/*Bieber* § 554 Rn. 7.

[152] Bub/Treier MietR-HdB/*Kraemer/Schüller* Kap. III A Rn. 2652.

[153] Sternel MietR Kap. VII Rn. 170; **aA** AnwK WohnraummietR BGB § 554 Rn. 32; Bub/Treier MietR-HdB/*Kraemer/Schüller* Kap. III A Rn. 2652.

[154] OLG Hamm BeckRS 1979, 01461; LG Essen WuM 1981, 67; *Franke* DWW 2009, 15 (18); sa *Sternel* WuM 2002, 585; *Eisenschmid* NZM 2002, 889.

[155] AG Osnabrück WuM 1990, 291; MüKoBGB/*Bieber* § 554 Rn. 9 jeweils zum alten Recht.

[156] LG Berlin GE 2002, 1269; AG Hamburg WuM 1987, 272; AG Köln ZMR 1980, 87; Kossmann Wohnraummiete-HdB § 31 Rn. 14; Bub/Treier MietR-HdB/*Kraemer/Schüller* Kap. III A Rn. 2650; Börstinghaus Mietminderungstabelle.

[157] Spielbauer/Schneider/*Kellendorfer* BGB § 555a Rn. 22.

[158] LG Berlin GE 1997, 555; Emmerich/Sonnenschein/*Emmerich* BGB § 554 Rn. 7; Staudinger/*Emmerich* BGB § 554 Rn. 52, 51; Soergel/*Kummer* BGB § 541a Rn. 5.

ihm ein vorwerfbares Unterlassen nachgewiesen werden könne. Das ist zB anzunehmen, wenn er es zu einem Reparaturstau hat kommen lassen. Ansonsten ist allein aus dem Umstand, dass die Mietsache instand gesetzt werden muss, dem Vermieter kein Vorwurf zu machen. Diese inzwischen auch vom BGH[159] abgesegnete Auffassung führt aber zu unbilligen Ergebnissen, weil sie zur Folge hat, dass das dem Vermieter obliegende Abnutzungsrisiko (§ 538 BGB) teilweise auf den Mieter übertragen wird.[160] Zudem spricht auch § 276 BGB für die verschuldensunabhängige Haftung, weil der Vermieter nach dem Inhalt des Schuldverhältnisses die **Garantie** für die vertragsgemäße Beschaffenheit übernimmt (vgl. § 535 BGB). Greift der Vermieter einseitig in das Vertragsverhältnis ein, um seiner Instandhaltungs- und Instandsetzungspflicht nachzukommen, ist es nach der hier vertretenen Auffassung gerechtfertigt, ihn auch für dadurch veranlasste Folgeschäden haftbar zu machen.

70 Andererseits ist in diesem Zusammenhang festzuhalten, dass der Vermieter fällige Reparaturen und notwendige Instandhaltungen vornehmen muss, um seinen vertraglichen Pflichten gegenüber dem Mieter auf Gewährung des vertragsgemäßen Gebrauchs nachkommen zu können. Anders als bei der Modernisierung[161] (→ BGB § 555d Rn. 15) kann es hier gerechtfertigt sein, dem Vermieter grds. ein Kündigungsrecht (§ 543 Abs. 1, § 573 Abs. 2 BGB) einzuräumen, wenn der Mieter die Maßnahmen verhindert, weil er irrtümlich glaubt, die Maßnahmen nicht dulden zu müssen. In der unberechtigten, ggf. irrtümlichen Verweigerung einer duldungspflichtigen Maßnahme nach § 555a BGB kann im Einzelfall ein Kündigungsgrund zu sehen sein, ohne dass der Vermieter verpflichtet wäre, zuvor eine Duldungsklage zu erheben.[162]

71 Eine **Kündigung** des Mieters gem. § 543 Abs. 2 Nr. 1 BGB wegen der Vornahme von Erhaltungsmaßnahmen durch den Vermieter kommt in Betracht, wenn die Voraussetzungen des § 536a BGB vorliegen.[163] Das ist bspw. der Fall, wenn eine seit Beginn des Mietverhältnisses bestehende Schadensanlage sich zum Schaden entwickelt und zeigt oder wenn der Vermieter die Durchführung der Maßnahme zu vertreten hat, weil er in der Vergangenheit seiner Erhaltungspflicht schuldhaft nicht oder nur unzureichend nachgekommen ist und der Mieter dadurch Beeinträchtigungen ausgesetzt ist, die nicht unerheblich über das Maß dessen hinausgehen, was er bei ordnungsgemäßer Durchführung der Maßnahme hätte hinnehmen müssen.[164]

72 Die in der Vorauflage vertretene Auffassung, dass der Mieter gem. § 543 BGB auch dann **kündigen** kann, wenn der Vermieter die Erhaltungsmaßnahmen **nicht** verschuldet hat[165], ist unter Zugrundelegung der Entscheidung des XII. Zivilsenats[166] nicht mehr aufrechtzuerhalten. Denn es wäre ein Wertungswiderspruch, wenn dem Mieter ein Schadensersatzanspruch mangels Verschulden des Vermieters versagt wird, dem Mieter aber andererseits gleichzeitig ein weitreichenderes außerordentliches Kündigungsrecht eingeräumt würde.

## F. Schadensersatzanspruch des Vermieters

73 Fraglich kann sein, ob dem Vermieter ein Regressanspruch zusteht, wenn ihm durch die vom Mieter wegen fehlender Duldung verursachte Verzögerung ein Schaden entsteht, wie zB ein zusätzlicher Zinsaufwand oder höhere Handwerkerkosten. Die Schadensersatzpflicht setzt ein Verschulden des Mieters voraus. Dies kann regelmäßig angenommen werden, wenn der Mieter wusste, dass er die vom Vermieter geplante Maßnahme dulden muss und trotzdem deren Durchführung verhindert.

74 Problematisch sind die Fälle, bei denen der Mieter glaubt, nicht zur Duldung verpflichtet zu sein und dabei einem Irrtum unterliegt. In diesem Fall soll der Mieter nur bei einem unvermeidbaren

---

[159] BGH XII ZR 65/14, NZM 2015, 538 = GE 2015, 905 = NJW 2015, 2419 = WuM 2015, 619 = ZMR 2015, 842 = MietPrax-AK § 555a BGB Nr. 1; *Günter* WImmoT 2015, 19 (35f.).

[160] MüKoBGB/*Bieber* § 554 Rn. 8; Emmerich/Sonnenschein/*Emmerich* BGB § 554 Rn. 32.

[161] S. dagegen BGH VIII ZR 281/13, WuM 2015, 416 = GE 2015, 853 = NZM 2015, 536 = NJW 2015, 2417 = ZMR 2015, 693 = MietPrax-AK § 543 BGB Nr. 35.

[162] BGH VIII ZR 281/13, WuM 2015, 416 = GE 2015, 853 = NZM 2015, 536 = NJW 2015, 2417 = ZMR 2015, 693 = MietPrax-AK § 543 BGB Nr. 35; Lützenkirchen MietR/*Dickersbach* BGB § 555a Rn. 61.

[163] Staudinger/*Emmerich* BGB § 554 Rn. 51.

[164] *KG GE 2002, 1561; LG* Berlin GE 1997, 555.

[165] MüKoBGB/*Bieber* § 554 Rn. 8; Emmerich/Sonnenschein/*Emmerich* BGB § 554 Rn. 32.

[166] BGH XII ZR 65/14, NZM 2015, 538 = GE 2015, 905 = NJW 2015, 2419 = WuM 2015, 619 = ZMR 2015, 842 = MietPrax-AK § 555a BGB Nr. 1.

Rechtsirrtum von einer Pflicht zum Schadensersatz befreit sein.[167] Der Mieter muss daher grds. die Rechtslage sorgfältig prüfen und ggf. sachkundigen Rat einholen.[168] Dabei ist allerdings zu bedenken, dass der Vermieter die Duldung des Mieters durch eine entsprechende Klage herbeiführen und so zur Schadensbegrenzung beitragen kann.

## G. Prozessuales

Der Anspruch des Vermieters geht auf Duldung der Maßnahme und der damit verbundenen Einwirkungen, ggf. auf Unterlassung von Behinderungen.[169] Denkbar ist auch eine **einstweilige Verfügung** des Vermieters auf Duldung bzw. auf Unterlassung von Behinderungen[170] oder auf Betreten der Wohnung zum Zwecke der Durchführung der Instandsetzung.[171] Allerdings wird selten ein Verfügungsgrund vorliegen.[172] Ein **Verfügungsgrund** ist aber gegeben, wenn die Instandsetzung besonders dringlich ist,[173] zB weil wegen eines Wasserrohrbruchs eine akute Gefahr für das Gebäude besteht oder wenn die instandsetzungsbedürftigen Wasserrohre in einem Haus nur zeitgleich repariert werden können, weil sonst die Wasserversorgung aller anderen Mieter blockiert wird.[174] Dagegen kann die Eilbedürftigkeit nicht damit begründet werden, dass der Vermieter die Handwerker schon bestellt hat oder die Arbeiten in einem Zuge ausführen lassen will. Denn auf Grund seiner Planungen ist der Vermieter für derartige Organisationsmängel selbst verantwortlich. Gem. § 940 a Abs. 1 ZPO, wonach die einstweilige Verfügung für die Räumung **von Wohnraum** nur bei verbotener Eigenmacht oder einer konkreten Gefahr für Leib und Leben zulässig ist, ist eine nur teilweise Räumung von Wohnraum durch eine einstweilige Verfügung nach des zweiten Fallvariante des § 940 a Abs. 1 ZPO denkbar. 75

Für eine einstweilige Anordnung des Vermieters auf Erlass **einer Nutzungsuntersagung** der Bauaufsichtsbehörde gegenüber seinem Mieter bei Vorliegen gravierender Wohnungsmängel fehlt das allgemeine Rechtsschutzbedürfnis, weil er sein Ziel der Mängelbeseitigung auf dem Zivilrechtsweg erreichen kann.[175] 76

Dieser Gedanke gilt auch im Verhältnis zum Mieter. Kann der Vermieter sein Recht auf Vornahme einer bestimmten Handlung nur auf dem Klageweg durchsetzen, weil das Gesetz ihm einen Selbsthilfeanspruch versagt, handelt er widerrechtlich, wenn er dennoch die vermeintlich gerechtfertigte Handlung vornimmt. Daher kann er dann vom Mieter im Wege der einstweiligen Verfügung angehalten werden, die Störung zu beseitigen, also die Handlung zu unterlassen.[176] 77

Die Voraussetzungen des Duldungsanspruchs muss der Vermieter beweisen. Der **Streitwert** der Klage auf Duldung von Maßnahmen zur Erhaltung der Mieträume bemisst sich nach § 41 Abs. 5 S. 1 GKG. Danach ist der Jahresbetrag einer möglichen Mietminderung maßgeblich. Das gilt auch, wenn der Mieter seinen Instandsetzungsanspruch durchsetzen will. 78

---

[167] Lützenkirchen MietR/*Dickersbach* BGB § 555 a Rn. 58.

[168] BGH VIII ZR 138/11, AK-MietPrax § 543 BGB Nr. 26 = WuM 2012, 499 = NZM 2012, 637 = NJW 2012, 2882 = ZMR 2013, 177 = GE 2012, 1161; *Börstinghaus* jurisPR-BGHZivilR 18/2012 Anm. 4; *Krapf* jurisPR-MietR 19/2012 Anm. 1; BGH VIII ZR 102/06, AK-MietPrax § 573 BGB Nr. 9 = WuM 2007, 24 = NZM 2007, 35 = ZMR 2007, 103 = GE 2007, 46.

[169] Zur Vollstreckung des Duldungsanspruchs s. *Lehmann-Richter* AnwZert MietR 13/2010 Anm. 2.

[170] AG Neukölln GE 1982, 1043; *Franke* DWW 2009, 15 (20); MüKoBGB/*Bieber* § 554 Rn. 44; *Kinne*/Schach/Bieber MietProzR BGB § 555 a Rn. 17.

[171] *Börstinghaus* ZAP 2001 Fach 4, 711 (713).

[172] LG Hamburg WuM 1986, 243; AG Neuss WuM 1986, 244 = NJW-RR 1986, 314; AG Unna WuM 1980, 179.

[173] LG Frankfurt a. M. MDR 68, 328; *Hinz* WuM 2005, 615 (623); *Kinne*/Schach/Bieber MietProzR BGB § 555 a Rn. 17.

[174] LG Berlin GE 1977, 245.

[175] OVG Berlin DWW 1989, 335 = GE 1990, 1153.

[176] LG Berlin WuM 2012, 554 = GE 2012, 1231= ZMR 2013, 113; AG Berlin-Mitte GE 1999, 984.

## § 555b Modernisierungsmaßnahmen

**Modernisierungsmaßnahmen sind bauliche Veränderungen,**

**1. durch die in Bezug auf die Mietsache Endenergie nachhaltig eingespart wird (energetische Modernisierung),**

**2. durch die nicht erneuerbare Primärenergie nachhaltig eingespart oder das Klima nachhaltig geschützt wird, sofern nicht bereits eine energetische Modernisierung nach Nummer 1 vorliegt,**

**3. durch die der Wasserverbrauch nachhaltig reduziert wird,**

**4. durch die der Gebrauchswert der Mietsache nachhaltig erhöht wird,**

**4a. durch die die Mietsache erstmalig mittels Glasfaser an ein öffentliches Netz mit sehr hoher Kapazität im Sinne des § 3 Nummer 33 des Telekommunikationsgesetzes angeschlossen wird,**

**5. durch die die allgemeinen Wohnverhältnisse auf Dauer verbessert werden,**

**6. die auf Grund von Umständen durchgeführt werden, die der Vermieter nicht zu vertreten hat, und die keine Erhaltungsmaßnahmen nach § 555 a sind, oder**

**7. durch die neuer Wohnraum geschaffen wird.**

### Systematische Übersicht



### Alphabetische Schnellübersicht

## A. Entwicklung der Vorschrift

Alle Maßnahmen, die Energie einsparen können, gelten als duldungspflichtige Modernisierung. § 555b BGB hat diese Maßnahmen ins Zentrum gerückt, um klarzustellen, dass auch solche Arbeiten zu dulden sind, mit denen keine Verbesserung des Gebäudes oder des Substanzwertes verbunden ist. Während noch bis 2001 gem. § 541b BGB aF zu den Modernisierungsmaßnahmen nur solche zur Einsparung von Heizenergie gehörten, erweiterte die Mietrechtsreform 2001 den Modernisierungsbegriff auf alle Maßnahmen zur Einsparung von Energie. Dabei hatte der Gesetzgeber vor allem an stromsparende Maßnahmen gedacht, wie zB an den Einbau drehzahlabhängiger Umwälzpumpen, Ventilatoren und Aufzugsmotoren sowie an Energiesparlampen.[1] 1

Indem in der Folgezeit der BGH[2] die Einsparung von Primärenergie als duldungspflichtige Energieeinsparmaßnahme angesehen hatte, wurden auch Gesichtspunkte des **Umweltschutzes**[3] bei der Energieeinsparung maßgebend. So konnten schon nach altem Recht umweltfreundliche Maßnahmen befördert und für den Vermieter interessant gemacht werden[4]. 2

§ 555b BGB verstärkt diese Ansätze und unterscheidet bei Maßnahmen zur Energieeinsparung danach, ob Endenergie oder Primärenergie eingespart wird. Die Differenzierung hat Auswirkungen auf die Rechtsfolgen iRd § 559 BGB. Nur wenn auch Endenergie eingespart wird, kann der Vermieter die Modernisierungsmaßnahme zum Anlass einer Mieterhöhung nach § 559 BGB nehmen. Wird lediglich Primärenergie eingespart, ist § 559 BGB nicht anzuwenden. Allerdings macht das Gesetz hinsichtlich der grundsätzlichen Duldungspflicht keine Unterschiede. 3

---

[1] Nr. 2 der Begr. des Kabinettsentwurfs, BR-Drs. 439/00, 124; Nachw. bei AK Neues MietR/*Börstinghaus/Eisenschmid* BGB § 554, S. 186.

[2] BGH VIII ZR 275/07, WuM 2008, 667 = WuM 2009, 40 = MietPrax-AK § 554 BGB Nr. 3 = NZM 2008, 883 = NJW 2008, 3630 = GuT 2008, 359 = GE 2008, 1485 = CuR 2009, 142; zust. *Flatow* jurisPR-MietR 10/2008 Anm. 4.

[3] *Klinski* WuM 2012, 354 mit Reformvorschlägen zu einem umweltfreundlicheren Mietrecht.

[4] LG Berlin MM 2000, 278; *Blank* WuM 2008, 311 (317); *Schläger* ZMR 1994, 189 (191); zur Kritik s. *Eisenschmid* WuM 2009, 40; *Eisenschmid* in MietPrax-AK § 554 BGB Nr. 3; *Krüger,* Der Modernisierungsbegriff im Miet- und WEG-Recht, 2009, 46f.; zu den Restriktionen im WEG s. *Müller* WImmoT 2009, 253.

## B. Begriffe

### I. Grundlagen der Neuregelung

4 Modernisierungsmaßnahmen dienen weder der Instandhaltung noch der Instandsetzung, denn sie sollen weder das Mietobjekt in einem bestimmten Zustand erhalten, noch bauliche Mängel beheben, sondern in erster Linie den **Gebrauchswert** der Mietsache erhöhen. Reine Verwaltungsmaßnahmen des Vermieters zur Kosteneinsparung sind keine Modernisierung.[5]

5 Mit dem MietRÄndG[6] wurde der Begriff „Modernisierung" erstmals in die Duldungsvorschriften eingeführt und die bisher geltende Legaldefinition in § 559 BGB aF gestrichen. § 559 BGB verweist nunmehr auf den Modernisierungsbegriff in § 555b BGB, der die energetische Modernisierung in den Mittelpunkt rückt, aber die bisher als Modernisierung geltenden Maßnahmen weiterführt.

6 Zudem wurden bauliche Veränderungen als Modernisierung definiert, die aufgrund von Umständen durchgeführt werden, die der Vermieter nicht zu vertreten hat und die keine Erhaltungsmaßnahmen nach § 555a BGB sind (§ 555b Nr. 6 BGB). Bislang wurde die Duldungspflicht für derartige Maßnahmen dem § 242 BGB entnommen.[7] Die Neuregelung führt dazu, dass die behördlich oder gesetzlich vorgeschriebenen Maßnahmen über § 555d Abs. 2 S. 1 BGB einer Härtefallprüfung unterliegen. Eine Mieterhöhung nach Durchführung solcher Modernisierungsmaßnahmen gem. § 559 BGB war schon nach altem Recht möglich.[8]

7 § 555b BGB beschreibt die Modernisierungsmaßnahmen und führt eine Legaldefinition ein. Diese gilt über § 578 Abs. 2 BGB auch für Geschäfts- bzw. Gewerberäume. Darüber hinaus wird der Begriff der „energetischen Modernisierung" eingeführt (Nr. 1). Die Nr. 2 betrifft die Einsparung von Primärenergie in sonstiger Weise sowie den nachhaltigen Klimaschutz. Darunter fallen nicht solche Veränderungen, die generell, also außerhalb energetischer oder klimarelevanter Zielsetzungen, dem Umweltschutz dienen, wie zB die Verlegung von Rasengittersteinen zur Regenwasserversickerung.[9] Nr. 3 erfasst die bauliche Veränderung zur nachhaltigen Einsparung von Wasser. Nr. 4 u. 5 betreffen die nachhaltige Erhöhung des Gebrauchswertes sowie die Verbesserung der allgemeinen Wohnverhältnisse auf Dauer. Nr. 7 übernimmt aus § 554 BGB aF die Modernisierungsmaßnahme im Wege der Schaffung neuen Wohnraums.

8 Der Gesetzgeber will § 555b BGB mit der Vorschrift über die Mieterhöhung gem. § 559 BGB harmonisieren. Dennoch wurde aus regelungstechnischen Gründen der Modernisierungsbegriff zur Primärenergieeinsparung und zum Klimaschutz gem. Nr. 2 und zur Schaffung von Wohnraum gem. Nr. 7 aufgenommen, obwohl diese Maßnahmen von einer Mieterhöhung gem. § 559 BGB ausgenommen sind.

9 Die Modernisierung[10] ist somit ein Sammelbegriff für bauliche Veränderungen, die der Vermieter oder Dritte entsprechend den in § 555b Nr. 1–7 BGB aufgeführten Fallgruppen vornehmen können. Jede der in Nr. 1–7 des § 555b BGB formulierten Modernisierungsmaßnahme weist abschließende Voraussetzungen aus, so dass eine damit ausgelöste Verschlechterung an anderer Stelle ihre Einordnung als Modernisierung nicht absprechen kann. Spart der Vermieter somit durch eine Maßnahme Endenergie ein und bedingt diese bauliche Veränderung zugleich eine Verschlechterung des Gebrauchswertes an anderer Stelle oder führt die Maßnahme gleichzeitig zu einer Verschlechterung der allgemeinen Wohnverhältnisse, ändert dies an der Qualifizierung der Maßnahme als energetische Modernisierung grds. nichts. Unter Umständen kann der Mieter nach § 555d Abs. 2 BGB oder nach Treu und Glauben (§ 242 BGB) die Maßnahme verweigern, wenn die nachfolgende Beeinträchtigung unzumutbar erscheint, zB in den Fällen der Durchführung einer Maßnahme zur Energieeinsparung bei gleichzeitiger Verschlechterung des Wohnwertes (→ siehe hierzu auch BGB Vor §§ 555a–555f Rn. 8ff.).

---

5 **AA** *Blümmel* GE 2001, 1455.

6 G über die energetische Modernisierung von vermietetem Wohnraum, und die vereinfachte Durchsetzung von Räumungstiteln – MietRÄndG, BGBl. 2013 I 434.

7 Schmidt-Futterer/*Eisenschmid,* 10. Aufl. 2011, BGB § 554 Rn. 77 mwN.

8 *Schmidt-Futterer/Börstinghaus,* 10. Aufl. 2011, BGB § 559 Rn. 83.

9 *Pfeifer* MK, Sonderausgabe Oktober 2011, 2.

10 Zur Abgrenzung zum Begriff der Erneuerung *Herzog* ZdWBay 2005, 385, zur Abgrenzung von Maßnahmen der Instandhaltung und Instandsetzung vgl. die Ausführungen unter → BGB § 555a Rn. 9.

Der mit der Verbesserungsmaßnahme bezweckte Erfolg muss auch nach Beendigung der Maßnahme eintreten. Das neue Beschaffenheitsmerkmal der Mietsache wird vom vertragsgemäßen Gebrauch erfasst. Es unterliegt nach Beendigung der Maßnahme dem Gewährleistungsrecht[11]. 10

## II. Die Änderung des vertragsgemäßen Zustands

In der Lit. ist die Frage aufgeworfen worden, ob und ggf. auf welche Art und Weise die baulichen Veränderungen Vertragsbestandteil werden.[12] Nach dieser Auffassung soll es sich bei dem Duldungsanspruch des Vermieters um ein Gestaltungsrecht handeln, den Mietvertrag in Bezug auf die Soll-Beschaffenheit einseitig zu ändern.[13] Der neue Zustand soll dann die vom Vermieter geschuldete Leistung sein, also dem vertragsgemäßen Gebrauch Rechnung tragen (→ BGB Vor §§ 555a–555f Rn. 8ff.). 11

Diese Auffassung wird jedenfalls iErg den Parteiinteressen nicht in jedem Fall ausreichend gerecht. Sie berücksichtigt zB nicht, dass der Vermieter bei der Bauausführung mangelhaft gearbeitet haben kann oder dass selbst bei duldungspflichtigen Bauarbeiten deren Folgen zu einer gegenüber dem unmodernisierten Zustand der Wohnung schlechteren Beschaffenheit führen kann. Errichtet der Vermieter bspw. einen Fahrstuhl an der Außenfassade und führt dies bei der Mieterwohnung zu einem verminderten Lichteinfall oder zu einer Lärmstörung beim Betrieb des Aufzuges, hat der Mieter einerseits ein erweitertes Gebrauchsrecht (Nutzung des Fahrstuhls), andererseits ist er aber auch in seinem Gebrauchsrecht eingeschränkt (mangelnder Lichteinfall/Lärmstörung).[14] Schon nach altem Recht wurde eine Duldungspflicht des Mieters verneint, wenn die geplante Verbesserung des Wohnraums zwar für sich allein gesehen den Tatbestand der Modernisierung erfüllt, aber als Begleiteffekt an anderer Stelle die Mietsache unzumutbar verschlechtert wird. Dies wurde bspw. angenommen, wenn der Vermieter durch seine baulichen Maßnahmen den **Lichteinfall** deutlich verschlechtert hatte.[15] 12

Das Beispiel zeigt, dass die Maßnahme des Vermieters einerseits den Modernisierungsbegriff des § 555b BGB erfüllen, andererseits aber mit der gleichen Maßnahme eine Verschlechterung der Wohnverhältnisse einhergehen kann. Die erreichten Ziele der Maßnahme widersprechen sich. Unter dem Gesichtspunkt der baulichen Folgen (vgl. → § 555d BGB) ist daher zu prüfen, ob mit der Maßnahme eine Härte vorliegt, die unter Würdigung der berechtigten Interessen sowohl des Vermieters als auch anderer Mieter in dem Gebäude sowie von Belangen der Energieeinsparung und des Klimaschutzes nicht zu rechtfertigen ist. Wird eine Härte bejaht, ist der Mieter zur Duldung solcher Maßnahmen nicht verpflichtet. Ist somit im Falle des Einbaus isolierverglaster Fenster von vornherein mit dem Auftreten von **Feuchtigkeitsproblemen** in einer Altbauwohnung zu rechnen, muss der Mieter den Einbau solcher Fenster nicht dulden[16]. Führt der Vermieter die Maßnahme gegen den Mieterwillen dennoch durch, hat der Mieter einen Erfüllungsanspruch auf Wiederherstellung des Zustandes vor Durchführung der Maßnahme.[17] Im anderen Fall muss er die Maßnahme hinnehmen. 12a

Es stellt sich die Frage, ob der veränderte Zustand der Mietsache nach einer Modernisierung die geschuldete Sollbeschaffenheit abbildet. Bejaht man dies uneingeschränkt, muss der Mieter den schlechteren Zustand sowie wegen des enthaltenen Modernisierungsanteils eine Mieterhöhung hinnehmen, ohne wegen der mit der baulichen Maßnahme verbundenen Verschlechterung der Wohnverhältnisses Gewährleistungsrechte geltend machen zu können. Dies wäre ein unbilliges Ergebnis. Die neue Sollbeschaffenheit kann sich nur auf die Modernisierung beziehen[18], nicht aber auf die Verschlechterung. Dass der Mieter diese im Rahmen seiner Duldungspflicht hinnehmen muss, ändert nichts daran, dass das Äquivalenzverhältnis zu seinen Lasten verändert wurde und von 12b

---

[11] AG Berlin-Köpenick WuM 2008, 25.

[12] *Lehmann-Richter* NZM 2011, 572.

[13] Offen gelassen von BGH VIII ZR 105/07, WuM 2008, 219 = AK-MietPrax § 554 BGB Nr. 2 = NJW 2008, 1218 = NZM 2008, 283 = GE 2008, 469 = ZMR 2008, 519.

[14] Sa den Ausgangsfall LG Berlin GE 2015, 916.

[15] LG Berlin GE 2019, 943; GE 2014, 60 = ZMR 2014, 206 mAnm *Lehmann-Richter;* LG Berlin MM 2004, 124; AG Hamburg WuM 1999, 160; AG Tempelhof-Kreuzberg MM 1992, 211.

[16] LG Hamburg NJW-RR 1995, 1101.

[17] AG München ZMR 2019, 691.

[18] *Sternel* PiG 99 (2015), 95 (98), nimmt einen schuldrechtlichen Anspruch des Vermieters auf Umgestaltung an.

ihm durch eine Mietminderung wieder hergestellt werden kann.[19] (→ BGB Vor §§ 555a–555f Rn. 8 ff.).

12c Von Bedeutung ist weiterhin die Frage, ob die Rechtmäßigkeit einer baulichen Maßnahme ungeschriebenes Tatbestandsmerkmal der baulichen Veränderung iSd § 555b BGB ist[20] oder ob dieser Umstand bei der Härteregelung zu berücksichtigen ist (→ § 555d Rn. 47b).[21] Die bauliche Veränderung kann rechtwidrig sein, weil sie beispielsweise gegen Bauvorschriften oder das Datenschutzrecht verstößt. Muss der Mieter aber nur Maßnahmen dulden, die im Einklang mit der Rechtsordnung stehen, was angesichts der Regelung einer „Modernisierung" als selbstverständlich erscheint, liegt bei einer baulichen Veränderung, die rechtswidrig ist, schon keine Modernisierungsmaßnahme vor.

## III. Die einzelnen Modernisierungsmaßnahmen

### 1. Bauliche Veränderung

13 Eine Modernisierungsmaßnahme ist eine bauliche Veränderung, die den Zielen der Nr. 1–7 dient. Gegenüber dem alten Recht wird der Begriff der „Maßnahme" durch den Begriff der „Veränderung" ersetzt. Die „Veränderung" ist ein weitergehender Begriff als der der „Maßnahme". Während die Maßnahme eine zweckbestimmte und zielgerichtete Handlung ist, also einen bestimmten Erfolg herbeiführen will, wird mit dem Begriff Veränderung nur ein neutraler Hinweis auf ein (bauliches) Ergebnis gegeben, ohne dass damit eine Zielrichtung der die Veränderung herbeiführenden Handlung verbunden ist. Ob damit inhaltliche Änderungen gegenüber dem alten Recht verbunden sind, ist fraglich. Der Gesetzgeber will den Begriff weit auslegen und neben Eingriffen in die bauliche Substanz zB auch Veränderungen der Anlagentechnik des Gebäudes erfassen.[22]

14 § 555b BGB gibt keinen Hinweis darauf, wer die baulichen Veränderungen durchführt oder gar bezahlt. Wie schon iRd § 554 BGB aF kommt es für die Duldungspflicht nicht darauf an, wer die Maßnahmen durchführt. Da das Mietverhältnis betroffen ist, muss der Vermieter mit der Maßnahme (des Dritten) einverstanden sein. Anderenfalls hätte der Mieter wegen der verbotenen Eigenmacht (§ 858 BGB) ein Abwehrrecht und müsste die Maßnahme nicht dulden. Die Duldungspflicht des Mieters besteht nur gegenüber dem Vermieter.

### 2. Die Einsparung von Endenergie

15 Der Konflikt zwischen dem Wunsch des Gesetzgebers nach einer möglichst flächendeckenden, energetischen Sanierung des Wohngebäudebestandes und der daraus resultierenden hohen Mietmehrbelastung, die das Umlagesystem des § 559 BGB wegen der starren Anknüpfung an die Investitionskosten mit sich bringt, machten es erforderlich, zwischen End- und Primärenergie zu unterscheiden. Nur Maßnahmen zur Einsparung von Endenergie sind iRd § 559 BGB umlagefähig, da diese auch für den Mieter finanzielle Vorteile bringen. Dagegen kann es je nach der Art der Maßnahme vorkommen, dass zwar – nicht erneuerbare – Primärenergie, nicht aber Endenergie eingespart wird. In diesen Fällen würde der Mieter nach Abschluss der Maßnahme keine finanzielle Entlastung bei den Energiekosten spüren, was den Gesetzgeber bewogen hat, derartige Maßnahmen aus dem Umlagesystem des § 559 BGB herauszunehmen.[23] Die Duldungspflicht des Mieters bleibt davon allerdings unberührt.

16 **a) Die Endenergie.** Um eine energetische Modernisierungsmaßnahme iSd § 555b Nr. 1 BGB annehmen zu können, ist erforderlich, dass durch die bauliche Veränderung **Endenergie** eingespart wird. Die Endenergie besteht aus der Nutzenergie einschließlich der Verluste der Anlagentechnik bei der Übergabe, der Verteilung, der Speicherung und der Erzeugung von Wärme im Gebäude. Während die Nutzenergie nur die Energie meint, die für eine bestimmte Energiedienstleistung am Ort des Verbrauches notwendig ist, erfasst die Endenergie zusätzliche Aufwendungen, die mit dem Betrieb der Anlagen erforderlich sind. Die Bestimmung der Endenergie erfordert somit die Betrach-

[19] *Sternel* PiG 99 (2015), 95 (105); iErg so auch LG Berlin GE 2013, 1589.
[20] So wohl LG Berlin ZMR 2020, 398; AG Tempelhof-Kreuzberg GE 2018, 59.
[21] *Offen geblieben AG Berlin-Tempelhof-Kreuzberg* GE 2018, 59 sowie AG Charlottenburg GE 1985, 367; siehe im Einzelnen *Eisenschmid* WuM 2017, 440, 444.
[22] BT-Drs. 17/10485, 27.
[23] BT-Drs. 17/11894, 10, Beschluss des 6. Ausschusses.

tung, was an Gesamtenergie in die Heizungsanlage eingegeben werden muss, um die angestrebte Wärme zu erreichen.[24] Je kleiner die Verluste gehalten werden, desto größer ist der **Wirkungsgrad** einer Heizungsanlage. Mit dem höheren Wirkungsgrad kann mehr Nutzenergie produziert und somit die Endenergie verringert werden. Je weniger Endenergie eingesetzt wird, desto weniger Primärenergie wird verbraucht (Endenergie = Nutzenergie + Anlagenverluste).

Gradmesser für den Endenergieverbrauch ist auch der sog. **Jahresnutzungsgrad** (JNG) der Anlage. Betreibt der Vermieter eine alte Heizungsanlage mit einem Jahresnutzungsgrad von 70%, dann wird damit die Aussage getroffen, dass 70% der eingesetzten Energie als Nutzenergie verwendet werden und 30% der eingesetzten Energie als Verlust „durch den Schornstein" gehen. Wird diese unwirtschaftliche Heizung ersetzt durch eine neue Heizungsanlage, zB mit einem Jahresnutzungsgrad von 90%, ist damit wegen der Minderung des Energieverlustes eine Einsparung an Heizmaterial und damit eine Einsparung von Endenergie verbunden. Diese Verluste werden mit der sog. **Aufwandszahl** ausgedrückt. Diese beschreibt, wie viel mehr an Energie dem Heizsystem zugeführt werden muss, um die benötigte Heizwärme zu erzeugen. 17

Die Einsparung von Endenergie kann auf vielfältige Weise erfolgen. Dazu sind lediglich Maßnahmen erforderlich, die den Verbrauch von Heizmaterial verringern, weil mit der baulichen Veränderung Verluste vermieden werden oder der Nutzenergiebedarf verringert wird.[25] Die klassischen Maßnahmen, wie Wärmedämmung oder die Ersetzung alter Fenster durch moderne Dreifachverglasungen führen regelmäßig zur Einsparung von Endenergie durch Senkung des Nutzenergiebedarfs. 18

Zweifelhaft erscheint, ob eine Endenergieeinsparung vorliegt, wenn auch **Sonnenkollektoren** (→ Rn. 28) eingesetzt werden, um die Erzeugung von Warmwasser zu unterstützen. Festzuhalten bleibt, dass die einzusetzende Nutzenergie sich nicht verändert, denn der Energiebedarf des Hauses bleibt gleich. Denkbar ist, dass sich mit der neuen Anlage (Sonnenkollektoren) die Verluste verringern und dadurch Endenergie eingespart wird. Zwingend ist das nicht. Allerdings wird **fossile** Nutzenergie – und damit auch Endenergie – eingespart. Der Gesetzgeber nimmt diese Differenzierung allerdings nur verklausuliert vor, indem er in der Begründung zum Gesetzentwurf auf die zu bezahlende Endenergie abstellt.[26] Daraus lassen sich zwei Schlussfolgerungen ableiten. Der Begriff Endenergie beschreibt im Regelfall die verbrauchte fossile Energie, aber auch zu bezahlende erneuerbare Energie, wie bspw. Holzpellets. Energie, die durch Sonnenkollektoren gewonnen wird, ist für den Mieter kostenlos. 19

Missverständlich ist die Begründung des Gesetzgebers[27], dass der Mieter von der Unterstützung durch Sonnenkollektoren profitiert, weil er weniger Energie bezahlen muss. Das ist zwar grds. richtig, denn um den Energieertrag der Sonnenkollektoren kann der fossile Energieverbrauch der Warmwasser- oder Heizungsanlage reduziert werden. Dabei wird aber eine Mehrbelastung des Mieters durch die wegen des vorangegangenen Aufbaus der Sonnenkollektoren vorgenommene Mieterhöhung gem. § 559 BGB ausgeblendet, die weit höher ausfallen kann, als die Energieeinsparung ausmacht. 20

**b) Die Energieeffizienz**[28]**.** Auch die effizientere Nutzung von Energie führt zur End- bzw. Primärenergieeinsparung. Mit der Energieeffizienz werden Maßnahmen erfasst, die den Betrieb der Heizungsanlage optimieren, wie zB ein sog. hydraulischer Abgleich. Darüber hinaus sind Maßnahmen denkbar wie die Dämmung des Warmwasserspeichers, die Einstellung geringerer Vorlauftemperaturen, der Einbau eines Zirkulationsreglers oder die Überprüfung der Thermostatventile. 21

Kritisch bleibt hier anzumerken, dass es sich im Regelfall um Maßnahmen handelt, die der Wartung zuzuordnen und deren Kosten daher den Verwaltungskosten oder den Betriebskosten zuzuordnen sind. Während durch die Harmonisierung der Vorschrift mit § 559 BGB die Aufwendungen nunmehr zu einer Mieterhöhung führen, wären sie bei Einordnung als Verwaltungskosten vom Vermieter zu tragen und als Betriebskosten nur dann auf den Mieter umlegbar, wenn die Umlage vertraglich vereinbart war. Diese nunmehr gefundene Regelung entlastet den Vermieter auch bei den 22

---

[24] LG Berlin GE 2013, 516 zum Wirkungsgrad der Heizungsanlage.
[25] AG Rheine WuM 1987, 127.
[26] BT-Drs. 17/10485, 27f.
[27] BT-Drs. 17/10485, 28.
[28] Die Energie-Effizienz-Richtlinie (EED) der EU (2018/2002) ist in Deutschland nicht umgesetzt. Die Änderung der Heizkostenverordnung steht noch aus und wird im Laufe des Jahres 2021 erwartet. Sie wird im Wesentlichen die Heizkostenverteiler und (Fern)Ablesungen sowie die Verbraucherinformationen betreffen. Einzelheiten hierzu: *Serwe* ZMR 2021, 10.

Kosten der Instandhaltung. Dieser ist nämlich gem. § 535 BGB vertraglich verpflichtet, die Mietsache in einem zum vertragsgemäßen Gebrauch geeigneten Zustand zu erhalten. Bezogen auf die Heizung bedeutet diese Pflicht nach der hier vertretenen Auffassung, dass der Vermieter durch entsprechende Wartung über die Dauer des Betriebs den Jahres-Nutzungsgrad der Anlage optimieren muss.

23 Früher hat sich – weil in den vergangenen Jahrzehnten der Klimaschutz keine Rolle in der Wohnungswirtschaft spielte und die Energiepreise vergleichsweise moderat waren – unter Vermietern die Auffassung durchgesetzt, dass die Wartung und Instandhaltung der Heizungsanlage nur unter dem Gesichtspunkt des „Notwendigsten" gesehen werden muss. Die dadurch bedingte Verminderung des Jahres-Nutzungsgrades der Heizungsanlage um teilweise mehr als 1% jährlich wurde daher in Kauf genommen. Mit der jetzigen Regelung wird wegen der Umlagefähigkeit der entstehenden Kosten für Maßnahmen der Energieeffizienz gem. § 559 BGB ein finanzieller Anreiz geschaffen, diese anlagenbezogenen Maßnahmen nunmehr umfassend durchzuführen.

24 Zu den Maßnahmen zur Verbesserung der Energieeffizienz gehören auch solche, die im Heizungssektor von bestimmten Dienstleistern (Contractoren) angeboten werden (→ § 556c BGB sowie § 1 HeizKV). Damit wird auf diesem sehr problematischen Gebiet ein Stück weit Rechtssicherheit geschaffen.

25 **c) Die Nachhaltigkeit.** Als weiteres Tatbestandsmerkmal des § 555b Nr. 1 BGB wird die „nachhaltige" Einsparung von Endenergie genannt. Die Maßnahmen zur Energieeffizienz müssen ebenfalls nachhaltig sein, was sich zwar nicht zwingend aus dem Wortlaut, aber jedenfalls aus dem Sinnzusammenhang ergibt, da es auch dort um die Einsparung von Endenergie geht.[29]

26 Zum Begriff der Nachhaltigkeit hat der VIII. Zivilsenat erstmalig im Rahmen eines Rechtsentscheids entschieden[30]. Gegenstand der Entscheidung war § 3 Miethöhegesetz. Diese Vorschrift sah vor, dass eine Modernisierung auch dann vorliegt, wenn durch die bauliche Maßnahme nachhaltig Heizenergie eingespart wird. Nachhaltig im Sinne dieser Vorschrift ist die Einsparung schon dann, wenn überhaupt eine messbare Einsparung an Heizenergie erzielt wird und diese dauerhaft ist. Für den Begriff der Nachhaltigkeit ist zudem nicht die Feststellung einer bestimmten Mindestenergieeinsparung erforderlich. Für die Praxis wird aber eine gewisse Mindesteinsparung gefordert, damit überhaupt eine signifikante Einsparung festgestellt werden kann.[31] Der Begriff der Nachhaltigkeit hat somit bis heute lediglich eine zeitliche Komponente dahingehend, dass die Einsparung von Heizenergie nicht nur vorübergehend bestehen darf. Diese Rspr. hat der Senat bestätigt für den preisgebundenen Wohnraum.[32] Für derartige Wohnungen ist eine Modernisierung gem. § 11 Abs. 6 II. BV dann anzunehmen, wenn ua nachhaltig Einsparungen von Energie oder Wasser bewirkt wird.

27 **d) In Bezug auf die Mietsache.** Das weitere Tatbestandsmerkmal des § 555b Nr. 1 BGB verlangt, dass die Modernisierungsmaßnahmen „in Bezug auf die Mietsache" erfolgen müssen. Diese Regelung dient der Abgrenzung zur Nr. 2 und soll verdeutlichen, dass, was auch iRd § 559 BGB berücksichtigt wird, es einen Unterschied ausmacht, ob die Wohnung oder das Wohnhaus selbst energetisch ertüchtigt wird und dem Mieter als Vorteil zugutekommt oder ob es sich um Energieeinsparmaßnahmen handelt, die nur der Allgemeinheit nützen. Letzteres ist mit ganz wenigen Ausnahmen bei der Stromerzeugung durch **Photovoltaikanlagen** und **Windräder** der Fall (→ Rn. 56 ff.), deren Installation somit nicht in den Anwendungsbereich des § 555b Nr. 1 BGB fällt. In Betracht kommen aber auch Maßnahmen, die nur einem Teil des Wohnhauses dienen und daher nicht allen Wohnungen zu Gute kommt, zB die Dämmung von Außenfassaden, die die mit Einzelöfen beheizte Wohnung des Mieters nicht mit umschließen. Auch dann führt die Maßnahme in Bezug auf die Mietsache zu keiner Endenergieeinsparung.[33]

28 Anders als bei den Photovoltaikanlagen und den Windkraftwerken wird mit **Sonnenkollektoren** nicht Strom erzeugt, der dann dem allgemeinen Stromnetz zugeführt wird. Vielmehr wird mit Hilfe von Sonnenkollektoren Wärme erzeugt, indem unmittelbar ein Medium erhitzt wird, das mit Hilfe eines **Wärmetauschers** die Wärme an die Warmwasseranlage des Wohnobjektes abgibt. Für

[29] *Pfeifer* MK, Sonderausgabe Oktober 2011, 2.
[30] BGH VIII ARZ 3/01, WuM 2002, 366 = NJW 2002, 2036 = NZM 2002, 519 = ZMR 2002, 503 = GE 2002, 926.
[31] HWE MietR-HdB/*Emmert* § 19 Rn. 18, mehr als 3% Einsparung.
[32] BGH VIII ZR 151/03, WuM 2004, 288 = AK-MietPrax § 10 WoBindG Nr. 4.
[33] LG Berlin GE 2014, 874.

die Erwärmung des Wassers wird somit die Energie aus der Sonneneinstrahlung unmittelbar genutzt. Ein Bezug zur Mietsache ist somit vorhanden. Mit dem Einsatz von Sonnenkollektoren kann unter günstigen Umständen bis zu 50% des Warmwasserbedarfs abgedeckt werden. Für den Betrieb der Heizungsanlage sind solche Kollektoren in unseren Breitengraden regelmäßig nicht geeignet, weil die gewonnene Wärme im Sommer für den Winterbetrieb nicht oder nur mit hohem Aufwand gespeichert werden kann und im Winter die Sonneneinstrahlung für eine effektive Nutzung zu gering ist (zur Einsparung von Endenergie durch Sonnenkollektoren → Rn. 19).

**e) Wirtschaftlichkeit der Energieeinsparmaßnahme.** Nachdem der BGH in seiner grundlegenden Entscheidung zur Erforderlichkeit einer Wärmebedarfsberechnung[34] im Zusammenhang mit einer Mieterhöhung nach § 3 Miethöhegesetz (heute: § 559 BGB) die Frage der Wirtschaftlichkeit von Energieeinsparmaßnahmen schon kritisch angesprochen hatte, ohne sie zu entscheiden, war die Rspr. zu diesem Problemkreis, basierend auf der Entscheidung des OLG Karlsruhe[35] zunehmend in Zweifel gezogen worden[36]. Nunmehr ist nach Auffassung des BGH der Gesichtspunkt der **Wirtschaftlichkeit** jedenfalls bei der Mieterhöhung nach § 559 BGB unbeachtlich, da eine Kappung der Mieterhöhung nach Modernisierung vom Gesetz grds. nicht vorgesehen ist[37]. Auch aus dem für den sozialen Mietwohnungsbau geltenden Postulat, wonach eine wirtschaftliche Bauausführung zu wählen ist, § 7 Abs. 1 II. BV, könne selbst für diesen Wohnungsbestand eine solche Kappung nicht hergeleitet werden, weil damit nicht auch die Grenzen der Mieterhöhung geregelt würden. 29

Für den Bereich der Duldungspflicht sind die Entscheidungen des BGH nicht von ausschlaggebender Bedeutung. Er braucht also nicht die Kosten der Maßnahme den Ersparnissen aufgrund des dadurch verminderten Energieverbrauchs gegenüberzustellen. Der Mieter, der mit einer „angeblichen" Energiesparmaßnahme konfrontiert wird, muss mit der Ankündigung der Maßnahme nur erkennen können, ob und ggf. in welchen Umfang Energie eingespart werden soll. Das ergibt sich zum einen aus § 555c Abs. 1 Nr. 3 BGB, wonach der Vermieter auch die voraussichtlichen künftigen Betriebskosten in der Modernisierungsankündigung anzugeben hat. Verringern sich voraussichtlich die Energiekosten, kann der Mieter dies an dem mitgeteilten Wert erkennen. Zum anderen darf der Vermieter bei der Ankündigung der Maßnahme gem. § 555c Abs. 3 BGB hinsichtlich der energetischen Qualität der Bauteile auf allgemein anerkannte Pauschalwerte Bezug nehmen. Diese Regelung ist nur verständlich, wenn der Vermieter zur Angabe und Beschreibung von beabsichtigten energetischen Einsparungen verpflichtet ist. Mit der Möglichkeit, auf Pauschalwerte Bezug zu nehmen, soll dem Vermieter die Darlegung der Energieeinsparung erleichtert werden.[38] Ohne Angabe der Betriebskosten könnte der Mieter zudem die erforderliche Abwägung zur Kontrolle seiner Duldungspflicht oder möglicher finanzieller Härten nach § 555d BGB iVm § 559 BGB nicht treffen. Er wäre daran gehindert, die zu erwartende Mieterhöhung (11% der aufgewendeten Kosten als Jahresmiete abzüglich des Betrags der Einsparung) als Härtegrund zu prüfen. Daher ist der Vermieter gehalten, mit der Ankündigung der Energiesparmaßnahme dem Mieter den voraussichtlichen **Energiegewinn** (Endenergie sowie Primärenergie) zu belegen. Dies ist auch nicht unzumutbar, weil der Vermieter, der solche Maßnahmen plant, ohnehin solche Berechnungen regelmäßig vorbereiten lässt. 30

**f) Einzelfälle. aa) Fenster.** Der Einbau von Isolierglasfenstern ist, wenn er einfach verglaste Fenster oder doppelverglaste Fenster durch dreifach isolierverglaste Fenster[39] ersetzt, grds. eine Modernisierungsmaßnahme,[40] wenn die neuen Isolierglasfenster eine wesentlich höhere **Schall-** und/oder **Wärmedämmung** besitzen.[41] Im letzteren Fall wird Endenergie eingespart. Eine 31

---

[34] BGH VIII ARZ 3/01, WuM 2002, 366 = NJW 2002, 2036 = NZM 2002, 519 = ZMR 2002, 503 = DWW 2002, 201; so auch BGH VIII ZR 156/03, AK-MietPrax § 559b BGB Nr. 2 = WuM 2004, 155 = NZM 2004, 252 = DWW 2004, 83 = ZMR 2004, 407.

[35] OLG Karlsruhe WuM 1985, 17 = ZMR 1984, 411 = GE 1984, 1079.

[36] AG Lichtenberg NJW-RR 2003, 1309 bestätigt durch LG Berlin GE 2004, 107; *Schläger* ZMR 2002, 580 (581); *Blümmel* GE 2002, 1244; *Kinne* ZMR 2003, 396 (402).

[37] BGH VIII ZR 151/03, WuM 2004, 288 = AK-MietPrax § 10 WoBindG Nr. 4; BGH VIII ZR 149/03, WuM 2004, 285 = NZM 2004, 336 = NJW 2004, 1738 = DWW 2004, 121 = MDR 2004, 739 = GE 2004, 620 = AK-MietPrax § 10 WoBindG Nr. 2; *Sternel* PiG 73 (2006), 1 (10).

[38] Begr. des Kabinettsentwurfs zu § 555c BGB, Nachw. bei AK MietRÄnderungsG/*Eisenschmid* BGB § 555c Rn. 29.

[39] AG München ZMR 2017, 985.

[40] OVG Berlin GE 1981, 579 zu § 11 AMVOB; LG Berlin GE 1985, 141; zweifelnd AG Berlin-Schöneberg MM 1990, 315 = GE 1991, 189.

[41] LG Berlin GE 1990, 255.

Schalldämmung wirkt sich jedenfalls dann aus, wenn die zur Straßenseite gelegenen Fenster ersetzt werden.[42] Die Isolierverglasung eines **Wintergartens** führt zur Endenergieeinsparung und damit auch zur Wohnwertverbesserung.[43]

32 Der Austausch von einfachverglasten Fenstern gegen Kunststofffenster mit Wärmedämmverglasung in Küche,[44] Toilette und Kammer[45] oder im Keller[46] stellt trotz der geringen Einsparungseffekte wegen des Verzichts des BGH auf qualitative Merkmale bei der Nachhaltigkeit (→ Rn. 25f.) eine Wertverbesserung dar.[47] Sie kann auch gegeben sein, wenn der Vermieter Verbundfenster durch Isolierglasfenster ersetzen will.[48]

33 Eine Wertverbesserung liegt auch im Einbau von **Rollläden,** da diese einen Wärmeschutz und einen Schallschutz bieten.[49]

34 nicht besetzt

35 Keine Modernisierung ist anzunehmen, wenn Kastendoppelfenster durch Verbundfenster ersetzt werden, ohne dass End- oder Primärenergie eingespart wird, da erstere in der Handhabung vielseitiger und einfacher sind.[50] Daher ist bei solchen Maßnahmen regelmäßig von einer Veränderung der Mietsache und nicht von einer Modernisierung auszugehen.[51] **Kastendoppelfenster** können zudem wegen ihrer speziellen Eigenschaften neben ihrer Wärmedämmung auch mehr Wohnkomfort vermitteln als Isolierglasfenster.[52] Deshalb führt eine um 10 dB höhere Schalldämmung, die eine Halbierung des durchgelassenen Schallpegels zur Folge hat, nicht ohne weiteres dazu, dass der Austausch von Kastendoppelfenster gegen Isolierglasfenster als Wohnwertverbesserung einer Altbaumietwohnung anzusehen ist.[53]

36 In Altbauwohnungen kann trotz des Einbaus von isolierverglasten Doppelfenstern anstelle von Einfachfenstern uU dann keine Modernisierungsmaßnahme anzunehmen sein, wenn durch das damit verbundene Erfordernis eines häufigen Lüftens der Wohnung keine nachhaltige Einsparung von Heizkosten (Endenergie) eintritt.[54]

37 Eine Luxusmodernisierung (zum Begriff → Rn. 79) muss der Mieter nicht dulden. Werden Fensterrahmen aus Mahagoniholz statt aus Kiefernholz verwendet, kann darin eine **Luxusmodernisierung** wegen der Verwendung von Tropenholz liegen.[55]

38 **bb) Heizungsanlage.** Schon nach altem Recht war der Mieter verpflichtet, den Einbau von Flachheizkörpern und den Anschluss seiner Wohnung an eine Gaszentralheizung zu dulden, wenn die Wohnung mit **Nachtstromspeicheröfen** ausgestattet war.[56] Mit der Umstellung einer Nachtstromspeicherheizung auf eine Gaszentralheizung geht zwar regelmäßig keine Endenergieeinsparung einher.[57] Aber nachdem der BGH[58] auch die Einsparung von Primärenergie als Modernisierung anerkannt hatte, muss der Austausch von Nachtstromspeicheröfen gegen eine Gaszentralheizung wegen des Primärenergiefaktors für Gas von 1,1, und des hohen Primärenergiefaktors (1,8 aber

---

[42] AG Köln WuM 1987, 273.

[43] VG Berlin GE 1984, 727 zu § 11 AMVOB.

[44] LG Berlin GE 1984, 871 = WuM 1986, 245 zu § 11 AMVOB.

[45] LG Berlin GE 2013, 1341; 1992, 101; MM 1991, 32; LG Berlin GE 1990, 707.

[46] **AA** AG Köln WuM 2012, 316, wobei jedoch der Begriff der Nachhaltigkeit nicht beachtet wurde.

[47] OVG Berlin GE 1988, 951 zu § 11 AMVOB; LG Berlin GE 2011, 1085; 1987, 1113 zu § 11 AMVOB; GE 1986, 1019; **aA** LG Berlin GE 1994, 455; 1984, 871 = WuM 1986, 245 zu § 11 AMVOB; VG Berlin GE 1984, 727 zu § 11 AMVOB; AG Charlottenburg MM 1986, Nr. 11, 31.

[48] LG Berlin MM 2001, 401.

[49] AG Steinfurt WuM 1985, 262; die durchschnittliche Nutzungsdauer wird mit 25–35 Jahren angenommen *Wetekamp* MK 2011, 64 (66).

[50] AG Rostock GE 1996, 1251; AG Berlin-Mitte MM 2003, 195; AG Schöneberg MM 2001, 107; AG Charlottenburg GE 1991, 577; VG Berlin GE 1983, 755; 1983, 131 zu § 11 AMVOB; zum Ersatz von Kastendoppelfenstern durch Aluprofilfenster LG Berlin GE 1993, 425; **aA** bei Austausch durch Holzisolierglasfenster LG Berlin GE 2011, 338; 2013, 1589; Energieeinsparung wurde bejaht: AG Tempelhof-Kreuzberg GE 2014, 1205; AG Schöneberg GE 2014, 1138.

[51] LG Berlin MM 2002, 97; WuM 1987, 384; AG Berlin-Mitte MM 2000, 280.

[52] Umf. zum Problem der Modernisierung bei Kastendoppelfenster *Both* NJ 1997, 468f.

[53] OVG Berlin GE 1985, 687; LG Berlin WuM 2002, 337 (Ls.).

[54] AG Charlottenburg GE 1988, 779.

[55] **AA** LG Hamburg WuM 1986, 344.

[56] LG Hamburg WuM 1990, 18.

[57] AG Siegburg WuM 1994, 612; AG Hamburg WuM 1991, 30; 1993, 41; **aA** LG Hamburg WuM 1990, 18.

[58] BGH VIII ZR 275/07, WuM 2008, 667 = WuM 2009, 40 mAnm *Eisenschmid* = AK-MietPrax § 554 BGB Nr. 3 = NZM 2008, 883 = NJW 2008, 3630 = GuT 2008, 359 = GE 2008, 1485 = CuR 2009, 142.

→ Rn. 62) für Strom regelmäßig als eine energetische Modernisierung anerkannt werden.[59] Dies ist nach neuem Recht wegen § 555b Nr. 2 BGB ohne Zweifel. Zweifel sind dagegen angebracht, ob eine Mieterhöhung nach § 559 BGB möglich ist, da weitergehende Vorteile wie Wohnwertverbesserung oder Endenergieeinsparung nicht ersichtlich sind.[60]

Die Ersetzung eines schlichten Heizkörpers durch einen Handtuchheizkörper ist eine Modernisierungsmaßnahme (Verbesserung des Wohnwertes), da so die Nutzung erweitert wird.[61] 39

**cc) Heizungskessel.** Die Umstellung einer Heizungsanlage von Öl auf Gas stellt eine Modernisierungsmaßnahme dar, wenn durch das neue Heizungssystem eine Einsparung von Endenergie erzielt wird.[62] Wegen des gleich hohen Primärenergiefaktors von 1,1 für Öl und Gas, wird ohne gleichzeitige Einsparung von Endenergie auch keine Primärenergie eingespart. Dagegen kann die Umstellung von Koks auf Fernwärme zur Einsparung von Primärenergie führen (→ Rn. 57 f.).[63] Der Rspr., wonach bei einer Öleinsparung von allenfalls 3% für einen begrenzten Zeitraum von drei Jahren nicht von einer **nachhaltigen** Modernisierung auszugehen ist[64], kann auch im Lichte des § 555b BGB gefolgt werden. Darüber hinaus ist bei nur geringsten Energieeinsparungen die Duldungspflicht wegen des in § 5 GEG festgehaltenen Wirtschaftlichkeitsgrundsatzes, wonach Anforderungen und Pflichten als wirtschaftlich vertretbar gelten, wenn generell die erforderlichen Aufwendungen innerhalb der üblichen Nutzungsdauer durch die eintretenden Einsparungen erwirtschaftet werden können, abzulehnen.[65] 40

Soll unter dem Gesichtspunkt des Klimaschutzes eine Heizungsumstellung vorgenommen werden, muss der Mieter diese gem. § 555b Nr. 2 Alt. 2 BGB dulden, wenn damit auch eine (Primär-) Energieeinsparung verbunden ist gem. § 555b Nr. 2 Alt. 1 BGB.[66] Soweit Maßnahmen zur Verringerung des $CO_2$-Ausstoßes getroffen werden, gehen diese aber regelmäßig mit einer Energieeinsparung einher.[67] Ob somit der Regelung zum Klimaschutz künftig eine hervorzuhebende eigenständige Bedeutung zukommt, bleibt abzuwarten.[68] Erneuert der Vermieter einen Heizkessel, weil § für den alten Kessel den Weiterbetrieb untersagt, liegt eine Instandhaltungsmaßnahme vor (→ BGB § 555a Rn. 13). 41

**dd) Leitungen und Armaturen.** Die Wärmedämmung ist eine Maßnahme zur Energieeinsparung (Endenergie und Primärenergie), gleich, ob sie an Dächern, Wänden, Fenstern und Außentüren, Decken oder wärmeführenden Leitungen vorgenommen wird.[69] 42

Der Eigentümer eines Gebäudes hat dafür zu sorgen, dass bei heizungstechnischen Anlagen bisher ungedämmte, zugängliche Warmwasserleitungen sowie Armaturen, die sich in nicht beheizten Räumen befinden, zur Begrenzung der Wärmeabgabe gedämmt sind. Die Mindestdicke der Dämmschicht ergibt sich aus § 71 Abs. 1 GEG (Anlage 8). Das gilt auch, wenn Warmwasserleitungen oder Armaturen ersetzt werden (§ 69 GEG). Mit diesen Regelungen soll der Wärmeverlust durch ungedämmte oder nur unzureichend gedämmte Warmwasserleitungen und Armaturen vermieden werden. Es wird aus technischer Sicht angeraten, entgegen der Vorschrift auch in beheizten Räumen die Warmwasserleitungen zu dämmen.[70] Gem. § 71 Abs. 2 GEG ist die Dämmmaßnahme für bisher ungedämmte Warmwasserleitungen nicht erforderlich, wenn die für die Nachrüstung erforderlichen Aufwendungen durch die eintretenden Einsparungen nicht innerhalb angemessener Frist erwirtschaftet werden können. 43

Die Durchführung der Dämmung von Geschossdecke(§ 47 Abs. 1 GEG) sowie Leitungen und Armaturen hat der Mieter zu dulden. Ob sich die Duldungspflicht nach § 555a BGB oder 555d BGB richtet, entscheidet sich danach, ob die Maßnahmen als Instandhaltung oder Modernisierung anzusehen sind. 44

---

59 LG Berlin GE 2010, 1622; AG Frankfurt a. M. ZMR 2010, 860 = GE 2010, 1749; AG Münster WuM 1996, 268.
60 Zumal § 10a EnEV 2009 gestrichen wurde, wonach solche Heizsysteme mittelfristig außer Betrieb zu nehmen waren.
61 LG Berlin NZM 2011, 548 = NJW-RR 2011, 951 = GE 2011, 548.
62 AG Pankow/Weißensee ZMR 2015, 466; AG Rheine WuM 1987, 127.
63 OVG Berlin GE 1981, 577; LG Berlin GE 2000, 1541; WuM 1991, 482.
64 OVG Berlin GE 1982, 275 zu § 11 AMVOB.
65 S AG Pankow/Weißensee ZMR 2015, 466.
66 *Fritz* ZMR 1997, 553 (557).
67 *Fritz* ZMR 1997, 553 (557).
68 HWE MietR-HdB/*Emmert* § 19 Rn. 28.
69 KG WuM 2006, 450 = ZMR 2006, 613; *Kinne*/Schach/Bieber MietProzR BGB § 555b Rn. 4.
70 *Volland,* Energieeinsparverordnung, 3. Aufl. 2014, 50.

45 Ausgangsnorm ist – wie schon beim Austausch alter Bauteile und Anlagen – § 535 Abs. 1 S. 2 BGB. Danach ist der Vermieter verpflichtet, die Mietsache in einem „zum vertragsgemäßen Gebrauch geeigneten Zustand" zu erhalten. Hieraus wird teilweise abgeleitet, dass der Vermieter eine Mietsache schuldet, die den Vorgaben des GEG entspricht.[71] Zur Begründung wird darauf verwiesen, dass das Objekt energetisch unwirtschaftlich ist, wenn die gesetzlichen Anforderungen zur Energieeinsparung nicht eingehalten sind. Zudem kann der Mieter die Einhaltung der gesetzlichen Vorschriften als Mindeststandard erwarten. Letztendlich wird darauf hingewiesen, dass gem. § 20a GG der Staat die natürlichen Lebensgrundlagen zu schützen hat, was bei der Auslegung des § 535 BGB zu berücksichtigen ist[72] (→ BGB § 535 Rn. 126 ff.).

46 Die Gegenmeinung verweist darauf, dass der Zustand der Wohnung vertraglich vereinbart wird. Werden Bauvorschriften nicht eingehalten, die den energetischen Zustand des Gebäudes betreffen, berührt dies nicht die Tauglichkeit der Wohnung. Der Mieter muss allenfalls mehr heizen, um die Räume ausreichend zu erwärmen. Damit muss er aber nur höhere Kosten aufwenden, während der vertragsgemäße Gebrauch unbeeinträchtigt bleibt.[73]

46a Geht man von einer Modernisierung in diesen Fällen aus, ist zu entscheiden, ob eine Maßnahme gem. Nr. 1 oder gem. Nr. 6 des § 555b BGB vorliegt. Da der Vermieter zu der Maßnahme nach GEG verpflichtet ist, entspricht es dem Zweck des Gesetzes, Nr. 6 anzuwenden und damit den Minderungsausschluss gem. § 536 Abs. 1a BGB zu verneinen (iE → Rn. 55 f.).

47 **ee) Thermostatventile.** Das Thermostatventil ermöglicht die genaue Regulierung der Wärmezufuhr zum Heizkörper durch automatische Veränderung der Warmwasser-Durchflussmenge.[74] Es trägt damit in zweifacher Weise zur Verringerung der Heizkosten bei. Zum einen, weil der Nutzer die Warmwasser-Durchflussmenge selbst drosseln kann und zum anderen, weil sich das Ventil bei Erwärmung des Raumes durch Fremdwärmequellen (zB Sonne) selbst schließt. Der Einbau von **Thermostatventilen** ist somit eine Endenergiesparmaßnahme, deren Durchführung der Mieter dulden muss.[75]

48 Gem. § 63 GEG sind alle Heizkörper von Zentral- oder Etagenheizungen, die mit Wasser als Wärmeträger betrieben werden, mit „selbständig wirkenden Einrichtungen zur raumweisen Temperaturregelung", also mit Thermostatventilen auszurüsten. Dieser öffentlich-rechtlichen Verpflichtung hat der Vermieter nachzukommen. Der Mieter muss die Nachrüstung gem. § 555b Nr. 6 BGB dulden. Kommt der Vermieter seiner gesetzlichen Pflicht nicht nach, kann der Mieter seinen zivilrechtlichen Anspruch gegen den Vermieter auf Einbau der Thermostatventile geltend machen[76] (umstritten).

49 Zentralheizungen sind ebenfalls nachzurüsten mit Einrichtungen zur Nachtabsenkung bzw. zur Absenkung der Wärmezufuhr in Abhängigkeit von der Außentemperatur (§ 61 GEG).

50 **ff) Ausstattung zur Verbrauchserfassung.** Die Erstausstattung von **Heizkostenverteilern** oder **Wärmemesszählern** hat der Mieter unabhängig von § 555b BGB nach § 4 Abs. 2 HeizKV iVm § 5 Abs. 1 S. 1 HeizKV zu dulden.[77] Die Frage, ob der Austausch solcher Geräte (zB solchen mit Funkablesung) zur verbesserten Erfassung der Werte im laufenden Mietverhältnis vom Mieter nach § 4 Abs. 2 HeizKV zu dulden ist, war bislang in Rspr. und Lit. heftig umstritten.[78] Inzwischen hat sich der BGH[79] der Meinung angeschlossen, die von einer uneingeschränkten Duldungspflicht des Nutzers ausgeht. Zur Erhärtung seiner Auffassung stützt sich der Senat auf die in § 4 HeizKV verfolgte Intention des Verordnungsgebers, mit der Einführung der „Pflicht zur Verbrauchserfassung" im Interesse der Energieeinsparung das Verbrauchsverhalten der Nutzer nachhaltig zu beeinflussen. Die Argumentation überzeugt dennoch nicht, weil die Intention in erster Linie darauf

[71] *Artz* WuM 2008, 259; Schmidt-Futterer/*Eisenschmid* BGB § 535 Rn. 114; MüKoBGB/*Häublein* § 536 Rn. 8.
[72] *Schwintowski* WuM 2006, 115.
[73] KG GuT 2008, 344; *Flatow* NZM 2008, 785; *Beyer* GE 2008, 1472 (1476); *Blank* WuM 2008, 311 (312).
[74] *Blumenstein* ZMR 1987, 401.
[75] LG Berlin GE 1986, 751 = ZMR 1986, 444; AG München ZMR 2017, 985.
[76] AG Gelsenkirchen WuM 1993, 735; *Blumenstein* ZMR 1987, 401 (404); *Schläger* ZMR 1988, 407 (409); *Eisenschmid* PiG (2002), 147 (154); **aA** AG Berlin-Charlottenburg GE 1991, 829.
[77] LG Hamburg WuM 1990, 33; der Einbau elektronischer Erfassungsgeräte als Modernisierung, AG Frankfurt a. M. ZMR 2006, 292 = NZM 2006, 537; Übersichtsbeitrag *Schmid* WuM 2011, 331.
[78] *Dagegen LG Kassel* NZM 2006, 818 = GE 2006, 1614; **aA** AG Berlin-Lichtenberg GE 2010, 1351; AG Frankfurt a. M. NZM 2006, 537; AG Düsseldorf DWW 2008, 98.
[79] BGH VIII ZR 326/10, WuM 2011, 625 = AK-MietPrax § 554 BGB Nr. 7 = NZM 2011, 804 = NJW 2011, 3514 = GE 2011, 1550 = MDR 2011, 1344.

abzielt, die Installation von Erfassungsgeräten zu ermöglichen und nicht, dem Vermieter die Freiheit zu geben, im Laufe eines Mietverhältnisses jeden technischen Fortschritt ungeachtet seiner Sinnhaftigkeit in seinen Mieträumen umzusetzen.[80]

Anders als bei vielen technischen Angeboten zum „smart home" (s. Rdn. 75b)[81] können die Erleichterungen durch eine verbesserte Ablesetechnik aufgrund einer Funkablesung nach der Verkehrsanschauung den Wert einer Wohnung erhöhen (§ 555b Nr. 4 BGB). Der Mieter ist auch dann zur Duldung verpflichtet, wenn ein Messgerät infolge eines Defektes ausgetauscht werden muss (§ 555a Abs. 1 BGB). Eine gesundheitsschädliche Wirkung der Funktechnik ist wissenschaftlich nicht belegt und daher aus Sicht eines objektiven Mieters nicht geeignet, die mit Funkablesesystemen verbundenen Nutzungsvorteile zu entwerten.[82] 51

Problematisch ist bei neueren Funkablesezählern jedoch, dass diese technisch in der Lage sind, umfangreichere Daten zu erheben, als für die Erstellung der (Jahres-)Abrechnung benötigt werden. Insbesondere können – gegenüber der herkömmlichen Auslesung durch einen Ablesedienst vor Ort – weitaus häufiger Verbrauchsdaten erhoben und oftmals auch nahezu in Echtzeit eingesehen werden. Dies bringt einerseits viele Vorteile mit sich, wie zB leichtere und schnellere Einsichtnahme in eigene Verbrauchsdaten und eine bessere Kontrolle der Abrechnungsdaten, führt aber andererseits zu einem datenschutzrechtlichen Problem, weil die Zulässigkeit zur Verarbeitung (zB Weiterleitung) dieser Daten von der Einwilligung des Mieters abhängt. 52

Da der Mieter Modernisierungsmaßnahmen nur dulden muss, wird allein mit der Duldung keine Einwilligung zu Datenverarbeitung erteilt, unabhängig davon, ob sich der Mieter schriftlich zur Duldung der Modernisierung bereit erklärt oder diese nur tatsächlich geduldet hat. Es stellt sich hier die Frage, ob die Rechtmäßigkeit der baulichen Veränderung iSd § 555b BGB – ungeschriebenes – Tatbestandsmerkmal ist. Wird dies bejaht, liegt bei angenommener Rechtswidrigkeit dieser baulichen Veränderung schon keine Modernisierungsmaßnahme vor. Für die Voraussetzungen der Modernisierungsmaßnahme trägt der Vermieter die Beweislast[83], somit auch für ihre Rechtmäßigkeit. 52a

Wird das Erfordernis eines Tatbestandsmerkmals der Rechtmäßigkeit verneint, kommt dieser Aspekt jedoch bei der Härteregelung des § 555d BGB zum Tragen (→ BGB § 555d Rn. 47a). Gem. Abs. 2 S. 1 dieser Vorschrift ist der Mieter nicht zur Duldung einer Modernisierungsmaßnahme verpflichtet, wenn sie für ihn, seine Familie oder einen Angehörigen seines Haushaltes eine Härte bedeuten würde, die auch unter Würdigung der berechtigten Interessen des Vermieters, der andere Mieter im Hause oder unter dem Aspekt der Energieeinsparung nicht zu rechtfertigen ist. Für die Voraussetzungen einer Härte trägt der Mieter die Beweislast.[84] 52b

Nach der hier vertretenen Auffassung verbietet schon der Begriff der Modernisierung das Vorliegen einer rechtswidrigen baulichen Veränderung. Eine Modernisierung soll eine Verbesserungsmaßnahme sein. Ist die Maßnahme rechtswidrig, kann jedenfalls im Rechtssinne nicht von einer Verbesserung, schon gar nicht von einer nachhaltigen Verbesserung gesprochen werden. 52c

Ähnliche datenschutzrechtliche Probleme existieren auch bei intelligenten Stromzählern. Hier sind die datenschutzrechtlichen Risiken teilweise noch höher, da anhand des Stromverbrauchs Rückschlüsse gezogen werden können, welche einzelnen elektrischen Geräte zu welchen Zeitpunkten eingeschaltet wurden. 52d

**gg) Wärmedämmung.** Die Wärmedämmung ist eine Maßnahme zur Energieeinsparung, gleich, ob sie an Dächern, Wänden, Fenstern und Außentüren oder an Decken vorgenommen wird.[85] Dabei kommt es nicht darauf an, ob die Einsparung sich spürbar auf die Kosten des Mieters durchschlägt[86] (→ Rn. 25). 53

80 *Bieber* GE 2011, 1518.

81 S. zum „smart home" *Herlitz,* WoWImmoT 2018, 159ff.

82 BGH VIII ZR 326/10, WuM 2011, 625 = AK-MietPrax § 554 BGB Nr. 7 = NZM 2011, 804 = NJW 2011, 3514 = GE 2011, 1550 = MDR 2011, 1344.

83 Schmidt-Futterer/*Eisenschmid* BGB § 555d Rn. 90.

84 Schmidt-Futterer/*Eisenschmid* BGB § 555d Rn. 90.

85 KG WuM 2006, 450 = ZMR 2006, 613; *Kinne*/Schach/Bieber MietProzR BGB § 555b Rn. 4; zur Kritik an fehlendem Brandschutz der Dämmplatten sowie zu sonstigen Auswirkungen auf das Wohnklima *Kodim* GE 2015, 307.

86 BGH VIII ZR 275/07, WuM 2008, 667 = WuM 2009, 40 mAnm *Eisenschmid* = NZM 2008, 883 = NJW 2008, 3630 = GuT 2008, 359 = GE 2008, 1485 = CuR 2009, 142 zur Fernwärme.

54 Ob Heizenergie eingespart wird, ist anhand der Betrachtung der Dämmwerte vor und nach der baulichen Maßnahme zu entscheiden. Die Energieeinsparung wird belegt durch eine Wärmebedarfsberechnung, die den Nachweis eines verbesserten Wärmedurchgangskoeffizienten U (früher sog. k-Wert) nach Anl. 3 zu § 19 GEG führt.[87] In der Mieterhöhungserklärung wegen Modernisierungsmaßnahmen ist eine ausführliche Erläuterung der Energieeinsparung nicht erforderlich, wenn die hierzu notwendigen Informationen (Verbesserung des Wärmedurchgangskoeffizienten) bereits in dem nach § 555c BGB ergangenen Ankündigungsschreiben enthalten sind und auf dieses Bezug genommen wird.[88] Da der Vermieter nach herrschender Meinung (→ BGB § 535 Rn. 131 f.) keine mietvertragliche Pflicht zur Modernisierung hat, führt nach dieser Auffassung ein Verstoß gegen die Anforderungen des GEG allein nicht zum vertraglichen Schadensersatz (aber → BGB § 535 Rn. 126 ff.). Auch eine Haftung des Vermieters gem. § 823 Abs. 2 BGB scheidet aus, weil das GEG kein Schutzgesetz zu Gunsten des Mieters ist.[89] Allerdings kann im Einzelfall ein Verstoß gegen den Wirtschaftlichkeitsgrundsatz vorliegen, der zum Schadensersatz nach § 280 BGB verpflichtet (→ BGB § 535 Rn. 131 ff.).

55 Zur angemessenen Aufteilung der Modernisierungskosten nach einer Wärmedämmung am Mehrfamilienhaus[90] vgl. § 559 BGB.

55a Von der reinen Dämmmaßnahme zu unterscheiden ist die mit einer Instandhaltung verbundenen Wärmedämmung nach § 48 GEG (→ BGB § 555a Rn. 11 f.). In diesen Fällen stellt sich nämlich die Frage der Konkurrenz von § 555b Nr. 1 BGB (Endenergieeinsparung) und § 555b Nr. 6 BGB (nicht zu vertretende Maßnahme), wenn die bedingte Maßnahme nach GEG durch eine freiwillige Instandsetzung ausgelöst wird und mit einer gesetzlich gebotenen Maßnahme zur Endenergieeinsparung abschließt. Die „Teilmaßnahme" Wärmedämmung kann daher sowohl unter § 555b Nr. 1 BGB als auch unter § 555b Nr. 6 BGB subsumiert werden. Je nachdem, wie man sich entscheidet, hat dies praktische Auswirkungen auf das Minderungsrecht des Mieters, weil im letzteren Fall der Mieter während der gesamten Baumaßnahme bei einer entsprechenden Beeinträchtigung des vertragsgemäßen Gebrauchs die Miete mindern könnte, da der Minderungsausschluss nach § 536 Abs. 1a BGB nur bei energetischen Maßnahmen nach Nr. 1 einschlägig ist.

55b Die gestellte Frage ist mit dem Vorrang des § 555b Nr. 6 BGB zu beantworten. Zu bedenken ist nämlich, dass der Minderungsausschluss nach § 536 Abs. 1a BGB deshalb eingeführt wurde, weil der Gesetzgeber die Mietminderung als Investitionshemmnis für die erwünschte, vom Vermieter aber freiwillig vorzunehmende energetische Modernisierung ansah.[91] Dieser Zweck kann aber bei der bedingten Maßnahme nach GEG nicht erreicht werden, weil der Vermieter nach dem Mietvertrag verpflichtet ist, die Instandsetzung durchzuführen und sich dieser Verpflichtung nicht mit dem Hinweis auf die entstehenden Kosten für die damit bedingte Dämmung entziehen kann. Mit einem Ausschluss der Mietminderung wird dem Vermieter die Durchführung der Dämmung nicht „schmackhaft gemacht", denn sie ist gesetzlich geboten. Daher ist hier der gesetzliche Auftrag in den Vordergrund zu stellen und nicht die freiwillig durchgeführte Maßnahme nach § 555b Nr. 1 BGB.

### 3. Die Einsparung nicht erneuerbarer Primärenergie

56 **a) Der Primärenergiefaktor.** § 555b Nr. 2 sieht vor, dass Modernisierungsmaßnahmen sowohl Maßnahmen zur Einsparung nicht erneuerbarer **Primärenergie** als auch Maßnahmen sind, die das **Klima** nachhaltig schützen. Anders als die von Nr. 1 erfassten Maßnahmen berechtigen die in Nr. 2 genannten Maßnahmen jedoch nicht zur Mieterhöhung nach § 559 und führen nicht zum Minderungsausschluss nach § 536 Abs. 1a BGB. Erforderlich ist zudem, dass die Maßnahmen nachhaltig sein müssen (zum Begriff der Nachhaltigkeit → Rn. 25 f.).

57 Die Primärenergie ist – untechnisch ausgedrückt – eine natürlich vorkommende Energieform bzw. Energiequelle wie bspw. Kohle, Öl, Gas, Sonne und Wind. Zu unterscheiden ist die erneuerbare Primärenergie, wie bspw. Wind und Sonne, von der nicht erneuerbaren Primärenergie, wie Kohle, Öl und Gas. Unter § 555b Nr. 2 BGB fällt nur die nicht erneuerbare Primärenergie.

---

[87] Fehlerhaft daher LG Berlin GE 2015, 189, s. dazu *Flatow* jurisPR-MietR 8/2015 Anm. 2.
[88] LG Berlin GE 2007, 1553 zu § 554 Abs. 3 BGB aF.
[89] *LG Berlin GE 2011, 485.*
[90] LG Münster GE 2010, 848.
[91] Begr. des Kabinettsentwurfs zu § 536a BGB; Nachw. bei AK MietRÄnderungsG/*Eisenschmid* BGB § 536 Rn. 24, S. 21.

Die Einsparung von nicht erneuerbarer Primärenergie kann auf vielfältige Weise erfolgen. Die klassischen Maßnahmen sind Wärmedämmung, Heizungsaustausch oder die Ersetzung älterer Fenster durch Fenster mit moderner Dreifachverglasung. In diesen Fällen wird regelmäßig Endenergie eingespart und damit gleichzeitig Primärenergie. Wie der letzte Halbsatz der Nr. 2 zeigt, werden diese Maßnahmen nicht erfasst, sondern sind in Nr. 1 verortet. Wird somit die Primärenergie nicht durch Einsparung von Endenergie vermindert, muss eine eventuelle Einsparung über den Primärenergiebedarf ermittelt werden.[92] **57a**

Die Ermittlung des Primärenergiebedarfs ist ein Rechenergebnis, nämlich das Produkt aus Endenergie und dem sog. Primärenergiefaktor. Der Primärenergiebedarf berücksichtigt im Unterschied zur Endenergie zusätzlich auch diejenige Energiemenge, die durch vorgelagerte Prozesse außerhalb des Gebäudes zur Gewinnung, Umwandlung und Verteilung benötigt wird. Kurz gesagt handelt es sich um weitere Energie, die neben der Endenergie aufgebracht werden muss, um diese auch bereitstellen zu können, wie zB der Energieaufwand in der Raffinerie zur Gewinnung des Heizöls, für den Transport sowie für die Förderung und Gewinnung der Energie (Bohrung, Holzschlag)[93]. Der so definierte zusätzliche Aufwand wird mit Hilfe eines sog. **Primärenergiefaktors** (s. nachstehende Tab.) ausgedrückt. Im Rahmen der Modernisierungsmaßnahmen interessiert nur der Primärenergiefaktor für „nicht erneuerbare Energien". Das sind die Energieträger, die in ihrem Vorkommen begrenzt und nicht reproduzierbar sind, wie Kohle, Gas und Öl. **57b**

| Endenergie | Faktor | Primärenergie |
|---|---|---|
| 1 kWh | × 1,1 = | 1,1 kWh aus Kohle, Öl, Erdgas, Biogas, Bioöl |
| 1 kWh | x 1,2 = | 1,2 kWh aus Braunkohle |
| 1 kWh | ? = | Ermittlung im Einzelfall bei Fernwärme nach DIN V 18599-9 |
| 1 kWh | × 0,2 = | 0,2 kWh aus Holz (Pellets) |
| 1 kWh | × 0,0 = | 0,0 kWh aus Sonnenenergie, Windenergie, Geothermie, Abwärme, Siedlungsabfälle |
| 1 kWh | × 1,8 (2,8) = | 1,8 kWh (2,8 kWh) aus Strom[94] |

Aus der Tabelle wird ersichtlich, dass die Produktion von 1 kWh Energie aus Kohle, Öl oder Gas einer Primärenergie von 1,1 kWh entspricht. Entsprechend errechnen sich aus 1 kWh Energie aus einer Anlage mit Kraft-Wärme-Kopplung (KWK) 0,7 kWh Primärenergie und aus 1 kWh Energie aus Holzpellets 0,2 kWh Primärenergie. Aus dem Primärenergiefaktor 0,0 ua für Sonnen- oder Windenergie erschließt sich, dass im Wesentlichen nur die fossile Primärenergie eine Rolle spielt. **58**

**b) Das GEG.** Ein praktisches Beispiel für die Nutzung der errechneten Primärenergie gibt das GEG. Dieses Gesetz beschreibt den Primärenergiebedarf von Wohngebäuden in Anlehnung an die DIN V 18599. Anders als bisher erlaubt die Neuregelung eine Anrechnung des Stromertrags auf der Ebene der Primärenergie.[95] **59**

**c) Kraft-Wärme-Kopplung.** Die Frage, ob eine Maßnahme, mit der nur Primärenergie eingespart wird, eine Modernisierung ist, war bislang in Lit. und Rspr. nicht unumstritten.[96] Der BGH[97] hatte sich bislang in nur einer Entscheidung mit der Frage befasst, ob auch die Einsparung von „fossiler" Primärenergie eine duldungspflichtige Modernisierung sein kann. Jedenfalls für die Anlagen der Kraft-Wärme-Kopplung hat der Senat insbes. aus der Vorschrift des § 20 Modernisierungs- und Energieeinsparungsgesetz hergeleitet, dass sowohl die Vorgängervorschriften, nämlich § 541b BGB aF, als auch § 554 Abs. 2 S. 1 BGB aF die Duldung des Anschlusses einer Hausanlage **60**

[92] Vgl. DIN V 18599.

[93] Allerdings wird eine Gesamtenergiebilanz nicht hergestellt. So bleibt bspw. unberücksichtigt der Energieaufwand, der zur Herstellung der für die Förderung, Transport, Produktion etc benötigten Maschinen und Anlagen erforderlich ist.

[94] Anlage 1 Nr. 2.1. der EnEV sieht vor, dass ab dem 1.1.2016 der nicht erneuerbare netzbezogene Anteil mit dem Faktor 1,8 bewertet wird, der Verdrängungsstrommix für KWK mit dem Faktor 2,8.

[95] BR-Drs. 584/19 v. 8.11.2019, S. 136, 137.

[96] *Eisenschmid* WuM 2009, 40 mAnm zu BGH VIII ZR 275/07, WuM 2008, 667 = AK-MietPrax § 554 BGB Nr. 3 = NZM 2008, 883 = NJW 2008, 3630 = GuT 2008, 359 = GE 2008, 1485; zust. *Flatow* jurisPR-MietR 10/2008 Anm. 4 zur Fernwärme mit Kraft-Wärme-Koppelung.

[97] BGH VIII ZR 275/07, WuM 2008, 667 = AK-MietPrax § 554 BGB Nr. 3 = NZM 2008, 883 = NJW 2008, 3630 = GuT 2008, 359 = GE 2008, 1485.

an ein mit Kraft-Wärme-Kopplung gespeistes Wärmenetz erfassen. Ob der Mieter auch andere Maßnahmen zu dulden hat, mit denen lediglich Primärenergie eingespart wird, hatte der Senat ausdrücklich offengelassen. Indessen ist diese Frage nunmehr zugunsten der Duldungspflicht mit der gesetzlichen Neuregelung geklärt.

61 Die Wärmegewinnung mit **Kraft-Wärme-Koppelung** (KWK) nutzt die eingesetzte Energie für die Strom- und Wärmeerzeugung durch einen besseren **Wirkungsgrad** effektiver aus, als wenn isoliert nur Strom erzeugt würde. Daher wird auch bei diesem Verfahren Primärenergie eingespart, indem die bei der Stromerzeugung entstehende Abwärme zur Wärmeerzeugung genutzt wird. Insoweit ist hier kritisch anzumerken, dass sich das Verfahren der Kraft-Wärme-Koppelung bei der Fernwärme nur beim Strom- und Wärmeerzeuger kostensparend auswirkt.[98] Für den Mieter muss das Verfahren keinen kostenmäßigen Vorteil bringen. Darin liegt der Grund, warum diese Form der Primärenergieeinsparung keine Mieterhöhung gem. § 559 BGB zulässt.

62 Es bleibt aber dennoch immer eine Frage des Einzelfalls, ob ein Anschluss der vermieteten Wohnung an eine Anlage mit Kraft-Wärme-Kopplung tatsächlich zur Einsparung von Primärenergie beiträgt. Zu bedenken ist nämlich, dass der Primärenergiefaktor von 0,7 für Fernwärme aus Kraft-Wärme-Kopplungsanlagen nicht automatisch eine Primärenergieeinsparung gegenüber der bisherigen Anlage in der vermieteten Wohnung mit einem Primärenergiefaktor von 1,1 für Gas, Öl oder Kohle (→ Tab. Rn. 57) garantiert.[99] Dies hängt damit zusammen, dass aufgrund der langen Leitungswege von der Erzeugung bis zur Verbrauchseinheit ein hoher Energieverlust stattfindet und darüber hinaus häufig erhebliche Hilfsenergien in Form von Strom für den Pumpenbetrieb eingesetzt werden müssen. Strom aus nicht erneuerbaren Energien hat aber den Primärenergiefaktor 1,8, was sich deutlich auf den gesamten Primärenergiebedarf auswirkt. Da aber allein durch den Anschluss an das Fernwärmenetz die benötigte Nutzenergie (→ Rn. 16) des Hauses gleich bleibt, kann der Anschluss an das Fernwärmenetz ohne begleitende Dämmmaßnahmen leicht zu erhöhten Verbräuchen sowohl von End- als auch insbes. von Primärenergie führen.[100] Hat der Vermieter jedoch eine Ofenheizung durch einen Fernwärmeanschluss ersetzt, liegt darin eine Modernisierung wegen der Verbesserung des Wohnkomforts.[101]

63 **d) Wärmepumpe.** Die Installation von **Wärmepumpen** führt – jedenfalls wenn die Pumpe nicht mit Strom betrieben wird, der aus Kohlekraftwerken produziert wird – regelmäßig zur Einsparung von Primärenergie (vgl. § 5 Abs. 4 EEWärmeG) und ist daher als Energieeinsparmaßnahme zu dulden.

64 Das gilt regelmäßig auch für weitere nach dem EEWärmeG vorgeschriebenen Maßnahmen, wie die Nutzung von Biomasse (§ 5 Abs. 2 EEWärmeG) oder Abwärme § 7 Nr. 1 EEWärmeG).

65 **e) Ausnahmen.** Eine Modernisierung nach § 555b Nr. 2 BGB ist nicht anzunehmen, wenn mit der baulichen Veränderung zur Einsparung nicht erneuerbarer Primärenergie gleichzeitig eine energetische Modernisierung vorliegt, also Endenergie eingespart wird. Dann ist Nr. 1 vorrangig anzuwenden mit der Folge, dass der Vermieter nach Abschluss der Maßnahme gem. § 559 BGB die Miete anheben kann.

### 4. Der nachhaltige Klimaschutz

66 § 555b Nr. 2 BGB erfasst auch Maßnahmen, die das Klima auf sonstige Weise nachhaltig schützen. Der Tatbestand wurde so offen formuliert, dass auch künftige neue Techniken, die dem Klimaschutz dienen, darunter fallen.[102] Dies dürften vor allem Maßnahmen zur Einsparung von $CO_2$ sein. Dagegen ist die Vorschrift nicht anzuwenden auf Maßnahmen, die zwar ökologisch sinnvoll, nicht aber klimarelevant sind. So dient bspw. die Verlegung von Rasengittersteinen zur Regenwasserversickerung[103] nicht dem Klimaschutz, ebenso wenig Maßnahmen zum Auffangen und zur Weiterverwertung von Regenwasser, die aber unter Nr. 3 fallen können (→ Rn. 70). Die Ausnahme bei gleichzeitiger Einsparung von Endenergie (→ Rn. 65) gilt auch hier. Ob somit der

---

[98] BGH VIII ZR 275/07, WuM 2008, 667 = NZM 2008, 883 = NJW 2008, 3630 = GuT 2008, 359 = CuR 2009, 142 = GE 2008, 1485 = WuM 2009, 40 mit abl. Anm. *Eisenschmid;* zust. *Ringel* WuM 2009, 71 (73); LG Hamburg NZM 2006, 536; LG Berlin GE 2005, 1193.

[99] So wohl LG Berlin GE 2007, 849.

[100] *S. Gutachten im Verfahren* LG Berlin 63 S 456/10.

[101] BGH VIII ZR 147/13, NZM 2014, 304.

[102] BT-Drs. 17/10485, 29, Nachw. bei AK MietRÄnderungsG/*Eisenschmid* BGB § 555b Rn. 41, S. 52.

[103] *Pfeifer* MK, Sonderausgabe Oktober 2011, 2.

Regelung zum Klimaschutz künftig eine hervorzuhebende eigenständige Bedeutung zukommt, bleibt abzuwarten.[104]

Mit Hilfe von Windenergieanlagen (Windkraftwerke) wird **Windenergie** in elektrischen Strom umgewandelt. Auch **Solarzellen** zur photovoltaikschen Nutzung können Sonnenstrahlen direkt in Elektrizität umwandeln. So wie bei der Windkraftenergie wird durch den Einbau einer **Photovoltaik-Anlage** zunächst keine Endenergie eingespart, weil auch unter Nutzung dieser Energie der Verbrauch im Haus nicht beeinflusst wird. Allerdings dienen die Anlagen dem Umweltschutz und der Einsparung von Primärenergie, weil sie mit der Stromerzeugung den Bedarf an mit fossiler Energie erzeugten Strom und damit die Verbrennung fossiler Energien vermindern. 67

### 5. Die Reduzierung des Wasserverbrauchs

Der Mieter muss auch Maßnahmen dulden, die der Einsparung von Wasser dienen. Dabei kommt es – wie bei der Einsparung von Primärenergie[105] – nur darauf an, dass sich der tatsächliche Gesamtverbrauch verringert. Eine Erhöhung des Gebrauchswertes, eine Verringerung der Wasserkosten beim einzelnen Mieter[106] oder die Verschaffung eines sonstigen Vorteils für den Mieter ist für die Frage der Duldungspflicht unerheblich. 68

In erster Linie ist bei Maßnahmen zur Wassereinsparung an den nachträglichen Einbau von Wasseruhren zu denken. Da **Wasseruhren** kein Wasser sparen, sondern nur technische Geräte zur Ablesung darstellen[107], liegt die Einsparung in dem häufig verbrauchsbewussteren Nutzerverhalten[108]. Der BGH[109] hat offen gelassen, ob er dieser Auffassung folgt. Er konnte den Einbau als Maßnahme klassifizieren, die der Vermieter – wegen des gesetzlichen Auftrages nach der Hamburger Bauordnung[110] – nicht zu vertreten hat (Nr. 6). Wird der Einbau einer Wasseruhr als Maßnahme zur Reduzierung des Wasserverbrauchs bejaht, ist aber das Vorliegen der zusätzlich in Nr. 3 aufgestellten Anforderung zweifelhaft, wonach die Verminderung des Verbrauchs nachhaltig sein muss. Denn die Reduzierung des Wasserverbrauchs erfolgt in diesen Fällen nur über das Verhalten des jeweiligen Mieters. Ein sparsameres Verhalten mit Wasser kann dann prognostiziert werden, wenn vor dem Einbau der Wasseruhren besonders verschwenderische Mieter von der nicht verbrauchsabhängigen Abrechnung profitiert haben.[111] 69

Weiterhin sind sog. **Durchlaufbegrenzer,**[112] also Spareinrichtungen bei der Toilettenspülung oder bei Duscheinrichtungen, als duldungspflichtige Modernisierungsmaßnahmen anzusehen. Auch Regenwassergewinnungsanlagen[113] oder Einrichtungen zum Gebrauch von Brauchwasser fallen unter die Vorschrift. Zu denken ist dabei zB an das Sammeln von Regenwasser zur Gartenbewässerung, zur Toilettenspülung oder zum Händewaschen. 70

### 6. Gebrauchswert und Wohnverhältnisse

**a) Erhöhung des Gebrauchswerts.** Maßnahmen zur Verbesserung der Mietsache durch nachhaltige Erhöhung des Gebrauchswerts sind in erster Linie alle baulichen Veränderungen, die den objektiven Gebrauchs- und Substanzwert der Räume oder Gebäudeteile im Rahmen ihres Zweckes erhöhen und eine bessere Benutzung ermöglichen[114] (zum Begriff der Mietsache 71

---

104 HWE MietR-HdB/*Emmert* § 19 Rn. 28.

105 OVG Berlin GE 1984, 715 zur Energieeinsparung.

106 MüKoBGB/*Bieber* § 554 Rn. 20.

107 OVG Berlin GE 1981, 579; AG Halle-Saalkreis WuM 1992, 683; 1992, 682.

108 Herrlein/Kandelhard/*Both* BGB § 554 Rn. 48.

109 BGH VIII ZR 41/08, VIII ZR 84/08, WuM 2009, 124 = MietPrax-AK § 559 BGB Nr. 3 = NZM 2009, 150 = NJW 2009, 839 = ZMR 2009, 351 = DWW 2009, 64; *Börstinghaus* jurisPR-MietR 5/2009 Anm. 2; BGH VIII ZR 110/08, AK-MietPrax § 554 BGB Nr. 4 = WuM 2009, 290 = NJW 2009, 1736 = AK-MietPrax § 554 BGB Nr. 4 = CuR 2009, 57 = NZM 2009, 394; *Theesfeld* jurisPR-MietR 11/2009 Anm. 3.

110 Zur Nachrüstungspflicht sa § 44 Abs. 2 LBauO für das Land Schleswig-Holstein v. 22.1.2009, GVOBl. 2009, 6 (bis 2020) sowie § 43 Abs. 2 der Berliner BauO v. 29.9.2005, GVBl. 2005, 495.

111 HWE MietR-HdB/*Emmert* § 19 Rn. 31.

112 *Eisenschmid* PiG (2002), 147; *Fritz* ZMR 1997, 553 (556); *Schläger* ZMR 1994, 189 (190); Herrlein/Kandelhard/*Both* BGB § 554 Rn. 48; MüKoBGB/*Bieber* § 554 Rn. 20; KSB MietR/*Kinne* BGB § 555b Rn. 19.

113 *Fritz* ZMR 1997, 553 (556).

114 KG WuM 1985, 248 = ZMR 1985, 262 = NJW 1985, 2031 = DWW 1985, 204 = GE 1985, 729; KG WuM 1988, 389 = NJW-RR 1988, 1420 = ZMR 1988, 459 = DWW 1988, 371 = GE 1988, 993; KG GE 1984, 763; zweifelhaft beim Einbau bodentiefer Fenster, LG Berlin WuM 2018, 564; LG Karlsruhe WuM 1992, 121; Emmerich/Sonnenschein/*Emmerich* BGB § 554 Rn. 9.

→ BGB § 555a Rn. 5ff.). Zur näheren Bestimmung solcher Maßnahmen kann auf den Katalog in **§ 4 Abs. 1 ModEnG** zurückgegriffen werden, der zwar aufgehoben wurde,[115] gleichwohl aber grds. heute noch zur Begriffsbestimmung und Definition herangezogen werden kann.[116] Die Objektivierung des Modernisierungsbegriffs stellt sicher, dass der Mieter solche Maßnahmen nicht hinnehmen muss, die lediglich für einen kleinen Kreis von Mietern von Bedeutung sind.[117]

**72** Vom Sinn und Zweck der Vorschrift her, nämlich einerseits dem Vermieter die Verbesserung und Modernisierung seines Miethauses zu ermöglichen, andererseits den Mieter davor zu schützen, „hinausmodernisiert" zu werden, umfasst sie darüber hinaus aber auch Maßnahmen zur Verbesserung der Räume, die für die Zwecke, denen die Räume dienen sollen, bedeutsam sind. Bei einer Mietwohnung fällt unter § 555b Nr. 4 BGB somit grds. jede das Mietverhältnis berührende Maßnahme zur Verbesserung der Eigenschaften, die für den **Wohnzweck** Bedeutung haben (zur Abgrenzung von Erhaltungsmaßnahmen → Rn. 84ff.).

**73** Ob somit eine Verbesserung und damit eine Modernisierung vorliegt, ergibt regelmäßig der Vergleich des Zustandes des Objektes vor der geplanten Maßnahme mit dem Zustand der Wohnung nach Durchführung dieser Maßnahme. Für den zum Zeitpunkt der Durchführung der geplanten Maßnahme maßgeblichen Zustand der Wohnung sind grds. auch die vom Mieter vorgenommenen Investitionen und Verbesserungsmaßnahmen zu berücksichtigen.[118] Nur wenn der Mieter vertragswidrig bauliche Veränderungen vorgenommen hat, bleiben diese ohne Beachtung. Ist trotz der vom Mieter durchgeführten baulichen Maßnahmen von einer Modernisierung des Vermieters auszugehen, sind die Mieterinvestitionen im Rahmen der Härteregelung gem. § 554d Abs. 2 BGB unter Anwendung des gleichen Maßstabes[119], zu prüfen.

**74** Von der Vorschrift nicht unmittelbar erfasst wird der Fall, bei dem zB der Vermieter die Wohnung des Mieters zur Verlegung von **Versorgungsleitungen** für die Nachbarwohnung beansprucht.[120] Die Modernisierung der Nachbarwohnung ist keine Verbesserungsmaßnahme der Mietsache (des Mieters) und die Inanspruchnahme der Mietwohnung zwecks Durchführung der Versorgungsleitungen ist für die Erhaltung der Mietsache nicht erforderlich. Es handelt sich bei solchen Maßnahmen um das schon nach altem Recht diskutierte Problem, ob der Mieter nicht nur die Erhaltung der Substanz, sondern auch die Verbesserung der Substanz nach § 555b BGB dulden muss, ohne dass damit die Wohnung und deren Gebrauch selbst verbessert wird.

**75** Unter wirtschaftlichen Gesichtspunkten kann es für den Vermieter eine Erschwernis bedeuten, ihm iRd § 555b BGB die Verbesserung seiner Immobiliensubstanz zu versagen und ihn allein auf die Aufrechterhaltung des Gebäudezustandes bzw. auf die Verbesserung der Mietsache zu verweisen. Andererseits muss der Normzweck beachtet werden, der je nach geplanter Maßnahme eine abgestufte Duldungspflicht des Mieters vorsieht. Danach muss der Mieter Instandsetzungsmaßnahmen regelmäßig dulden und Modernisierungen nur im Rahmen der Interessenabwägung hinnehmen. Da Maßnahmen des Vermieters zur **Substanzverbesserung** weder der einen noch der anderen Kategorie zuzuordnen sind, muss die Duldungspflicht im Einzelfall nach § 242 BGB geprüft werden.[121] Dabei ist der Vermieter über § 242 BGB auch verpflichtet, den Mieter rechtzeitig über Art und Umfang der Maßnahme zu unterrichten.[122] Dem wirtschaftlichen Interesse des Vermieters ist Rechnung zu tragen, aber auch die Schwere des Eingriffs in den ungestörten und vertragsgemäßen Mietgebrauch ist gleichermaßen zu berücksichtigen.[123] Substanzverbesserungen sind zB Ver-

---

[115] Aufgehoben durch Rechtsbereinigungsgesetz v. 16.12.1986 (BGBl. I 2441).

[116] Vgl. aber KG GE 1984, 763; → Rn. 151a.

[117] *Blank* PiG 60 (2000), 79 (85); s. aber auch BGH VIII ZR 253/04, WuM 2005, 576 = NJW 2005, 2995 = NZM 2005, 697 = GE 2005, 1056 = ZMR 2005, 851 = AK-MietPrax § 554 BGB Nr. 1 mAnm *Eisenschmid*.

[118] BGH VIII ZR 110/11, WuM 2012, 448 = MietPrax AK § 554 BGB Nr. 8 = NJW 2012, 2954 = MDR 2012, 448 = GE 2012, 1036; BGH VIII ZR 56/12, WuM 2012, 678 = AK-MietPrax § 554 BGB Nr. 10 = ZMR 2013, 180; BGH VIII ZR 25/12, WuM 2012, 677 = AK-MietPrax § 554 BGB Nr. 9 = NZM 2013, 141 = ZMR 2013, 106; AG Hamburg-Barmbek ZMR 2012, 780.

[119] BGH VIII ZR 25/12, WuM 2012, 677 = AK-MietPrax § 554 BGB Nr. 9 = NZM 2013, 141 = ZMR 2013, 106.

[120] BGH WuM 2009, 290 = NJW 2009, 1736 = CuR 2009, 57 = NZM 2009, 394 = GE 2009, 646; *Sternel* NZM 2001, 1058 (1059); **aA** LG Berlin GE 2012, 205.

[121] *Sternel ZMR 2001, 937 (941, 942);* **aA** AG Hamburg ZMR 2004, 825.

[122] BGH WuM 2009, 290 = NJW 2009, 1736 = CuR 2009, 57 = NZM 2009, 394 = GE 2009, 646.

[123] Thomsen Modernisierung S. 41, zum alten Recht; Vorrang hat regelmäßig das wirtschaftliche Interesse des Vermieters, *Klimesch* ZMR 2014, 346 (349).

schönerungsmaßnahmen der Fassade[124] oder Maßnahmen, die nur Dritten zugutekommen[125] sowie leitungsverdeckende Abhängungen der Zimmerdecken.[126]

Problematisch ist, wann im Falle einer Vergrößerung des Wohnraums eine nachhaltige Erhöhung des Gebrauchswerts anzunehmen ist. Dabei kann angeknüpft werden an die Rspr. des BGH zum Mietmangel bei Wohnflächenabweichung. So wie eine mehr als 10%ige Unterschreitung der vereinbarten Wohnfläche eine Mietmangel indiziert, kann umgekehrt bei einer über 10%igen Erweiterung der richtig vereinbarten Wohnfläche von einer Wohnwertverbesserung ausgegangen werden, die eine Mieterhöhung nach § 559 Abs. 1 BGB ermöglicht. Bleibt die Erweiterung unter dieser Marge, handelt es sich grds. nur um die Schaffung von Wohnraum, die der Mieter zwar regelmäßig dulden muss, aber für den Vermieter keine Mieterhöhung gem. § 559 BGB ermöglicht (→ Rn. 156). In diesen Fällen kann aber dennoch eine Einzelfallbewertung auf eine nachhaltige Gebrauchswertverbesserung schließen lassen. 75a

Die zunehmende Technisierung aller Lebensbereiche führt auch im Bereich der Wohnung zu großen Veränderungen. Smart-Home und Kogni-Home sind Begriffe, die die zukunftsfähige Wohnung beschreiben sollen.[127] In diesen Zusammenhang werden neben vielen anderen kommunizierenden Geräten, zB automatisierte Reinigungsroboter, Intelligente Kühlschränke, kommunizierende Türen und Spiegelschränke genannt. Solchen Einrichtungen ist gemeinsam, dass es zur Herstellung ihrer Funktionsfähigkeit im Regelfall ausreicht, sie mit dem in der Wohnung vorhandenen WLAN-Netz oder Bluetooth-Anschluss zu koppeln. Die Herstellung einer Steckerverbindung bzw. einer Anbindung an das in der Wohnung vorhandene WLAN-Netz bzw. Internet ist aber keine bauliche Veränderung am Gebäude, so dass für diese Fälle die Annahme einer Modernisierung ausscheidet.[128] Generell ist davon auszugehen, dass die bloße Schaffung oder die Veränderung von Einrichtungen und Ausstattungen, jedenfalls wenn sie frei beweglich sind, keine bauliche Maßnahme ist[129], wie bspw. die Auswechslung einzelner technischer Geräte (zB Herd oder Kühlschrank). In den meisten Fällen wird auch zweifelhaft sein, ob die Einrichtungen zu einer nachhaltigen Erhöhung des Gebrauchswertes führen.[130] 75b

**b) Verbesserung der allgemeinen Wohnverhältnisse.** Eine Modernisierung ist auch die dauerhafte Verbesserung der allgemeinen Wohnverhältnisse (§ 555 Nr. 5 BGB). Dies war unter Geltung der (Vor-)Vorgängervorschrift des § 541 b BGB aF nicht ohne Zweifel, da nach dem Wortlaut dieser Vorschrift lediglich Maßnahmen erfasst wurden, die sich auf vorhandene Gebäudeteile, bspw. Bad oder Dusche, bezogen.[131] Der Gesetzgeber hat jedoch mit der Mietrechtsreform 2001 den Bezug auf die Gebäudeteile in § 554 BGB aF nicht übernommen, sondern stattdessen auf die Mietsache abgestellt. Dieser Begriff ist weiter gehend. Mit der nunmehr geltenden Vorschrift wurde auch darauf verzichtet, wohl um klarzustellen, dass die Verbesserung nicht nur das Gebäude betreffen muss. Nunmehr soll jede bauliche Veränderung als Modernisierung gelten, durch die die allgemeinen Wohnverhältnisse auf Dauer verbessert werden. Die Erweiterung des Anwendungsbereichs der Vorschrift erfasst daher auch Maßnahmen zur **Wohnumfeldverbesserung**[132] sowie bspw. auch die Einrichtung eines **Kinderspielplatzes** oder die Schaffung von **Grünanlagen.** In Anlehnung an den inzwischen aufgehobenen[133] § 4 Abs. 2 ModEnG fallen unter die „dauerhafte Verbesserung der allgemeinen Wohnverhältnisse" alle Maßnahmen, die den Außenbereich betreffen und allen Wohnungen zugutekommen, wie zB Kinderspielplätze, Grünanlagen und Stellplätze.[134] Auch an Einrichtungen wie zB **Waschküchen, Müllboxen**[135] und **Fahrradunterstände** ist zu denken. Die Schließung einer vorhandenen Müllabwurfanlage ist dagegen keine 76

[124] AG München ZMR 2013, 974; AG Köln WM 1987, 31.
[125] AG Charlottenburg GE 2013, 625 = ZMR 2014, 368 zum Balkonanbau bei der darüber liegenden Wohnung.
[126] VG Berlin GE 1991, 1103.
[127] *Artz* FS Eisenschmid, 2016, 7; *Herlitz/Cimiano* NZM 2016, 409; *Will,* http://www.mietgerichtstag.de/mietgerichtstage/programme-fr%C3%BCherer-mietgerichstage/mietgerichtstag-2017/; *Schultz,* PiG 105 (2017), 1.
[128] *Herlitz/Cimiano* NZM 2016, 409 (414); ausführlich *Eisenschmid* WuM 2017, 440.
[129] Staudinger/*Emmerich* BGB § 555 b Rn. 6; *Schultz,* PiG 105 (2017), 1, 7.
[130] Zur Duldungspflicht → § 555 d Rdn. 47 a f.
[131] Thomsen Modernisierung S. 43 f., zu § 541 b BGB aF.
[132] Nr. 1 des Kabinettsentwurfs; Nachw. bei AK Neues MietR/*Börstinghaus/Eisenschmid* S. 193 f.
[133] Rechtsbereinigungsgesetz v. 16.12.1986 (BGBl. I 2441).
[134] AG Altona WuM 2005, 778.
[135] LG Berlin GE 2015, 727 mAnm *Beuermann* GE 2015, 688.

Modernisierung, weder unter dem Gesichtspunkt der Gebrauchswerterhöhung noch unter dem Gesichtspunkt der Verbesserung der allgemeinen Wohnverhältnisse, auch wenn im Gegenzug der vorhandene Müllplatz erweitert wird.[136]

77 **c) Der anzulegende Bewertungsmaßstab.** Ob eine Maßnahme zur Verbesserung der Mietsache, also des Gebrauchswerts oder der allgemeinen Wohnverhältnisse vorliegt, ist sowohl nach dem Aufbau der Vorschrift als auch nach ihrem Zweck, dem Hauseigentümer Handlungsfreiheit im Rahmen des für den Mieter Zumutbaren zu gewähren, objektiv zu bestimmen.[137] Der Maßstab, nach dem beurteilt werden muss, ob der Wohnwert verbessert wird, orientiert sich nicht an der Wertung des derzeitigen Mieters, sondern allein an der **Verkehrsanschauung.**[138] Entscheidend ist, ob allgemein in den für das Mietobjekt in Betracht kommenden Mieterkreisen der Maßnahme eine Wohnwertverbesserung zugemessen wird. Sinn und Zweck des § 555 Nr. 5 BGB beschränkt den Vermieter nicht auf die Herstellung eines durchschnittlichen Standards. Der Vermieter darf den Wert seiner Wohnung auch durch eine **überdurchschnittliche Ausstattung** erhöhen und damit die Entwicklung des Wohnungsmarktes vorantreiben. Der Vermieter soll damit kalkulieren können, dass die Wohnung nach Durchführung der Maßnahme von künftigen Mietinteressenten – bei iÜ gleichen Verhältnissen – eher angemietet wird als eine vergleichbare nicht durch diese Maßnahme modernisierte Wohnung.[139]

78 Gem. § 555b Nr. 4 BGB liegt eine Modernisierungsmaßnahme nur vor, wenn der Gebrauchswert der Mietsache nachhaltig erhöht wird. § 555b Nr. 5 verlangt dagegen für Wohnwertverbesserungsmaßnahmen, dass sie auf Dauer angelegt sind. Nach der Rspr. des BGH beinhaltet der Begriff der Nachhaltigkeit lediglich, dass die Maßnahme auf Dauer und nicht nur vorübergehend wirkt[140] (zur Nachhaltigkeit → Rn. 25 f.). Die Begriffe „nachhaltig“ und „auf Dauer“ sind daher synonym.

79 Ausgeschlossen sind **Luxusmodernisierungen**[141], da sie vom Modernisierungsbegriff des § 555b Nr. 4, 5 BGB (§ 559 BGB) nicht erfasst werden.[142] Den Begriff „Luxusmodernisierung“ kennt das Gesetz nicht. Was eine Luxusmodernisierung ist, bleibt nach wie vor offen, da der BGH eine Abgrenzung zur noch zulässigen Modernisierung gehobenen Standards nicht vorgenommen hat. Unter Luxusmodernisierung wird man einen nach durchgeführter Modernisierung erreichten Ausstattungsstandard verstehen müssen, der so hochwertig ist und damit zu so hohen Mieten führt, dass er regelmäßig nur von einem kleinen vermögenden Interessentenkreis nachgefragt wird. Überdurchschnittliche Ausstattungen fallen dagegen nur aus der üblichen Ausstattung einer Wohnung heraus, werden aber von großen Teilen der Wohnungssuchenden – auch mit einem Mietzuschlag – angenommen.

80 **d) Rückbaumaßnahmen.** Sogenannte **Rückbaumaßnahmen**[143] führen objektiv zur Verbesserung des Wohnwertes der verbleibenden Wohnungen. Mit diesen Rückbaumaßnahmen werden nicht nur Hoch- und Plattenbauten vollständig beseitigt, sondern auch verkleinert, indem in der Breite oder in der Höhe Bauteile (Wohnungen) abgetragen werden. Derartige Baumaßnahmen haben positiven Einfluss auf das **Wohnklima** und auf das **Wohnumfeld**[144] und tragen somit zu einer Wohnwertverbesserung bei.

81 Die Anwendung der Modernisierungsvorschrift auf derartige Rückbaumaßnahmen ist aber von ihrem Sinn und Zweck her ausgeschlossen.[145] § 555b Nr. 4, 5 BGB will dem Vermieter ermög-

---

[136] AG Neukölln GE 2016, 868; zweifelnd *Schach* GE 2016, 825.

[137] KG WuM 1985, 248 = ZMR 1985, 262 = NJW 1985, 2031 = DWW 1985, 204 = GE 1985, 729; MüKoBGB/*Bieber* § 554 Rn. 16.

[138] LG Berlin GE 1997, 1031 = NZM 1998, 189; zweifelhaft insoweit OLG Köln MDR 1998, 98 zum Einbau einer Dunstabzugshaube zwecks Vermeidung von Gerüchen in der Nachbarwohnung.

[139] BGH VIII ZR 253/04, WuM 2005, 576 = AK-MietPrax § 554 BGB Nr. 1 = NJW 2005, 2995 = NZM 2005, 697 = MDR 2006, 142 = GE 2005, 1056.

[140] BGH VIII ARZ 3/01, WuM 2002, 366 = NJW 2002, 2036 = NZM 2002, 519 = ZMR 2002, 503 = GE 2002, 926.

[141] BGH VIII ZR 253/04, WuM 2005, 576 = AK-MietPrax § 554 BGB Nr. 1 = NJW 2005, 2995 = NZM 2005, 697 = MDR 2006, 142 = GE 2005, 1056.

[142] NK-BGB/*Hinz* BGB § 554 Rn. 16; *Krüger,* Der Modernisierungsbegriff im Miet- und WEG-Recht, 2009, 30.

[143] Vgl. Bericht der Kommission „Wohnungswirtschaftlicher Strukturwandel in den neuen Bundesländern“, *sog. Leerstandskommission,* November 2000, im Auftrag des Bundesministeriums für Verkehr, Bau und Wohnungswesen.

[144] Herrlein/Kandelhard/*Both* BGB § 554 Rn. 42.

[145] *Franke* DWW 138, 140; **aA** Herrlein/Kandelhard/*Both* BGB § 554 Rn. 42.

lichen, durch bauliche Aktivitäten die wegen ihres Alters nicht mehr marktgerechte Mietsache wieder **marktfähig** zu machen. Die Vorschrift geht davon aus, dass der Vermieter sich in der Vergangenheit lediglich um die Instandsetzung seines Objektes gekümmert hat, nicht aber um die Verbesserung des Mietobjektes und um seine Anpassung an den technischen Fortschritt. Die hier diskutierten Fälle des Rückbaus bei Plattenbauten werden von der Norm deshalb nicht erfasst, weil die Maßnahmen den Wohnraum nicht in Folge der fortschreitenden technischen Entwicklung verbessern, sondern weil sie unternehmerische Fehlentscheidungen oder Folgen der Wiedervereinigung rückgängig machen sollen. Zudem hat der Gesetzgeber in § 555b Nr. 7 (→ schon § 554 Abs. 2 BGB aF) ausdrücklich die Schaffung neuen Wohnraums als Modernisierungsmaßnahme anerkannt und damit den **Abriss von Wohnungen** ausdrücklich ausgenommen. Über § 242 BGB wird der Mieter im Einzelfall dennoch derartige bauliche Maßnahmen dulden müssen. Die Anwendung des § 559 BGB (Mieterhöhung) ist aber ausgeschlossen[146], weil die Norm in Abs. 1 S. 1 auf § 555b BGB inhaltlich Bezug nimmt und der hier angesprochene Tatbestand nicht normiert ist.

**e) Maßnahmen zur Erhöhung der Sicherheit.** Auch Maßnahmen zur Erhöhung der Sicherheit können Verbesserungsmaßnahmen sein, wie zB der Einbau von **Sicherheitsschlössern, Kellervergitterungen** und **Rollläden, Gegensprechanlagen**[147] (zur Videoüberwachung → BGB § 535 Rn. 582 ff.), **Türspione**[148], **Hausumzäunungen**[149] und **Feuerwehrzufahrten**[150]. Dass die jeweilige Maßnahme der Sicherheit dient, hat der Vermieter nachzuweisen.[151] Die Schaffung einer eigenen abgeschlossenen Wohnung durch Einbau einer nur den Mietern zur Verfügung stehenden Treppe stellt eine Modernisierungsmaßnahme dar.[152] 82

**f) Maßnahmen nach einer Wohnwertverbesserung.** Der Vermieter kann auch eine vorgenommene Wertverbesserung erneut verbessern. Dass er in der Vergangenheit zB eine Anlage durch eine Modernisierung erneuert hat, steht einer weiteren Modernisierung der schon erneuerten Anlage nicht entgegen.[153] Die Frage der Wertverbesserung ist grds. an dem **vorhergehenden Standard** zu messen. Im Einzelfall kann sich aus § 242 BGB etwas anderes ergeben, wenn der Vermieter von vornherein im Rahmen einer Gesamtmaßnahme lediglich einen Zwischenzustand schafft, der schon gegenüber dem ursprünglichen Zustand eine Verbesserung darstellt.[154] 83

**g) Modernisierende Instandsetzung.** Soweit die Maßnahmen der Verbesserung dienen und gleichzeitig auch Instandhaltungsarbeiten umfassen, kann die Duldungspflicht umstritten sein, je nachdem, ob die Maßnahmen als Modernisierung – dann § 555b BGB – oder Instandhaltung – dann § 555a BGB – zu werten sind[155] (zur Mieterhöhung → § 559 Rn. 67 ff.). Da § 555a BGB dem Vermieter lediglich das Recht einräumt, die Mietsache im ursprünglichen Zustand zu erhalten, ohne dass sich der Mieter auf den ungestörten Besitz berufen kann, würde bei **gleichzeitiger** Einbeziehung von Verbesserungsmaßnahmen der Anwendungsbereich der Norm überschritten.[156] Richtigerweise ist daher – auch wegen der sich regelmäßig anschließenden Mieterhöhung[157] bzw. wegen eines möglichen Härtefalls – bei einer Maßnahme, die auch zu Verbesserungen, also zu einer Modernisierung führt, von der Anwendung des § 555b BGB auszugehen.[158] Zudem muss verhin- 84

---

[146] **AA** Herrlein/Kandelhard/*Both* BGB § 554 Rn. 42.
[147] **AA** LG Berlin GE 1983, 1067.
[148] LG Berlin GE 2003, 1615.
[149] *Kinne*/Schach/Bieber MietProzR BGB § 555b Rn. 45.
[150] AG Hamburg-Altona WuM 2005, 778.
[151] LG Stuttgart WuM 2011, 416 zum Rückbau der Gasversorgung.
[152] AG Berlin-Schöneberg GE 1991, 195.
[153] LG Berlin GE 2007, 1553; VG Berlin GE 1984, 721 zu § 11 AMVOB.
[154] OVG Berlin ZMR 1990, 75 = GE 1989, 569.
[155] Grundlegend *David/Bosse* WuM 2020, 385; wird eine Modernisierung angenommen, ist bei der Mieterhöhung der ersparte Instandsetzungsteil abzuziehen, BGH, VIII ZR 81/19, WuM 2020, 493 = NZM 2020, 795 = ZMR 2020, 925 = MietPrax-AK § 559 BGB Nr. 8; BGH VIII ZR 88/13, WuM 2015, 165 = NJW 2015, 934 = NZM 2015, 198 = GE 2015, 245.
[156] Thomsen Modernisierung S. 38.
[157] BGH VIII ZR 81/19, NZM 2020, 795 = WuM 2020, 493 = GE 2020, 1046 = NZM 2020, 795 = ZMR 2020, 925 = MietPrax-AK § 559 BGB Nr. 8 zum Abzug des Instandhaltungsanteils; *Beyer,* jurisPR-MietR 21/2020 Anm. 2; *Börstinghaus,* jurisPR-BGHZivilR 19/2020 Anm. 2.
[158] LG Berlin NZM 1999, 1137; GE 1994, 927; LG Köln WuM 1993, 608; AG Osnabrück WuM 1990, 291; *Franke* DWW 2009, 15; *Blank* PiG 60 (2000), 79 (82); MüKoBGB/*Bieber* § 554 Rn. 9; OLG Düsseldorf NZM

dert werden, dass über die **Kombination** von Erhaltungs- und Verbesserungsmaßnahmen die Duldungspflicht des Mieters künstlich ausgedehnt wird.[159]

85 Reine Instandhaltungsmaßnahmen sind dagegen allein nach § 555a BGB zu bewerten, auch wenn verschlissene Teile, Anlagen und Einrichtungen durch neue ersetzt werden[160] (zur Ersetzung → BGB § 555a Rn. 9). Wird eine Instandsetzung wegen einer künftigen vertraglichen oder gesetzlichen Pflicht des Vermieters lediglich **zeitlich vorgezogen,** dann ist darin keine Modernisierung zu sehen. Für den Austausch von Bleirohren → BGB § 536 Rn. 180ff.

86 **h) Weitergehende Maßnahmen.** Während § 555a BGB die Duldungspflicht des Mieters bei Instandhaltungs- und Instandsetzungsmaßnahmen begründet, besteht die Duldungspflicht nach §§ 555b BGB nur für die dort genannten baulichen Veränderungen. Sie gilt nicht für sonstige weitergehende Änderungen der Mietsache, wie zB für rein **ökologische Maßnahmen** (→ Rn. 66) oder für einen **Umbau,** der zum Wegfall ganzer Wohnungen führt oder umgekehrt, wenn eine große Wohnung in mehrere Appartements aufgeteilt werden soll (zum Ausbau zu Wohnraum → Rn. 153). Auch wenn die Mietsache so verändert wird, dass etwas **völlig Neues** entsteht, also ihr Charakter durch weitreichende Ein- und Umbauten grdl. verändert wird, liegt keine Modernisierung vor,[161] wie zB der Umbau einer alten Dachwohnung in ein Luxusappartement.[162] Ebenso muss die Veränderung der **Raumaufteilung** nicht zwangsläufig einen Modernisierungscharakter haben.[163] Die Beurteilung, ob darin eine Wohnwertverbesserung zu sehen ist, unterliegt keiner generalisierenden sondern einer Einzelfallbetrachtung[164] unter Berücksichtigung des konkreten Zuschnitts der Wohnung, der Wohnungsgröße und sonstiger baulichen Details sowie der allgemeinen Wohnbedürfnisse für die in Betracht kommenden Mieterkreise. Auch die bloße Erneuerung einer schon vorhandenen Ausstattung oder die durch die Maßnahme verbundene Änderung des Vertragsinhaltes eines Mietvertrages fällt nicht unter den Modernisierungsbegriff; so zB, wenn erhebliche **Grundrissveränderungen** durchgeführt werden.[165] In solchen Fällen kann sich eine Duldungspflicht des Mieters nur aus § 242 BGB ergeben.[166] Handelt es sich bspw. bei der vom Vermieter geplanten Maßnahme um einen zu gewerblichen Zwecken errichteten Anbau, kann eine Duldungspflicht des Mieters nur dann aus § 242 BGB begründet werden, wenn einerseits dem Vermieter die Unterlassung oder Verschiebung der Baumaßnahme bis zum Ende der Mietzeit nicht zumutbar erscheint und andererseits dem Mieter die durch die bauliche Tätigkeit ausgelöste Störung seines Besitzes zumutbar ist.[167]

87 Allgemein kann in diesen Fällen die Duldungspflicht des Mieters nur bejaht werden, wenn ohne Durchführung der Maßnahmen die **Wirtschaftlichkeit** des Hausbesitzes oder der Verlust des Gebäudes zu befürchten ist. Auch in diesen Fällen ist der Vermieter zur ausreichenden und rechtzeitigen Information des Mieters verpflichtet. Gegebenenfalls kann für den Vermieter das Recht einer Kündigung aus § 573 Abs. 1 oder Abs. 2 Nr. 3 BGB in Betracht kommen.[168]

87a Bei derartigen umfassenden Maßnahmen handelt es sich im Regelfall die Realisierung eines **Gesamtkonzeptes** (→ § 555c Rdn. 51, 52), mit dem die Mietsache grundlegend verändert werden soll. Das Ergebnis einer solchen umfassenden Maßnahme entspricht in diesen Fällen regel-

---

2002, 704 (705) zum WEG; **aA** *Elzer,* 10 Jahre Mietrechtsreformgesetz, 2011, 486, 488; *Schopp* ZMR 1983, 111, wonach der Schwerpunkt der Maßnahmen entscheiden soll.

[159] Staudinger/*Emmerich* BGB § 554 Rn. 6.

[160] AG Münster WuM 1987, 256; AG Neuss DWW 1986, 180 = NJW-RR 1986, 891.

[161] BGH, VIII ZR 28/17, WuM 2018, 28; BGH, VIII ZR 91/70, NJW 1972, 723 = MDR 1972, 509 zu § 541a Abs. 2 BGB idF v. 14.7.1964; LG Göttingen WuM 1990, 205 = ZMR 1990, 59; LG Frankfurt a. M. WuM 1986, 138; LG Kiel WuM 1977, 120; AG Dortmund WuM 1980, 9; AG Lübeck WuM 1977, 182 = ZMR 1978, 120; AG Hagen WuM 1978, 126.

[162] AG Köln WuM 1984, 220 = ZMR 1984, 375.

[163] KG GE 1984, 757; LG Karlsruhe WuM 1992, 121.

[164] BGH VIII ZR 105/07, WuM 2008, 219 = NJW 2008, 1218 = DWW 2008, 17 = NZM 2008, 283 = ZMR 2008, 51 = AK-MietPrax § 554 BGB Nr. 2.

[165] LG Köln WuM 1993, 40 = NJW-RR 1993, 1161; AG Charlottenburg GE 1998, 1403; Emmerich/Sonnenschein/*Emmerich* BGB § 554 Rn. 10; dagegen LG Berlin GE 2013, 1341; LG Marburg WuM 2011, 256.

[166] BGH NJW 1972, 723 = MDR 1972, 509 zu § 541a Abs. 2 BGB idF v. 14.7.1964; LG Göttingen WuM 1990, 205 = ZMR 1990, 59; AG Berlin-Tiergarten GE 1993, 209; Emmerich/Sonnenschein/*Emmerich* BGB *§ 554 Rn. 10; Emmerich PiG 16 (1984)*, 43 (58).

[167] BGH NJW 1972, 723 = MDR 1972, 509 zu § 541a Abs. 2 BGB idF v. 14.7.1964.

[168] BayObLG WuM 1984, 16 = NJW 1984, 372 = ZMR 1984, 59 = MDR 1984, 234 = GE 1984, 77; AG Dortmund WuM 1984, 55.

mäßig einem Neubau.[169] Ist die Situation aber so, dass der Vermieter nicht ein Bündel von Maßnahmen mit dem Ergebnis eines einem Neubau gleichenden Objektes durchführen wollte, sondern lediglich eine Instandsetzung und Modernisierung eines vorhandenen Gebäudes ohne dessen grundlegende Änderung vorzunehmen beabsichtigte, ist von einer Modernisierung auszugehen.[170] Eine trennscharfe Abgrenzung hat der BGH nicht vorgenommen.

**i) Sonstiges.** Der Einbau bisher nicht vorhandener Bäder, Toiletten und Zentralheizungsanlagen in Wohnhäuser stellt die Änderung baulicher Anlagen iSv § 172 Abs. 4 Nr. 1 BauGB dar und bedarf daher auch im Gebiet einer Erhaltungssatzung (§ 172 Abs. 1 Nr. 2 BauGB) grds. nicht der Genehmigung.[171] Voraussetzung ist, dass die Ausbauten der zeitgemäßen Ausstattung einer durchschnittlichen Wohnung unter Berücksichtigung der bauordnungsrechtlichen Mindestanforderungen dienen. Maßnahmen, die allein darauf ausgerichtet sind, die zur Aufteilung des Gebäudes in **Wohnungseigentum** erforderliche Abgeschlossenheit zu erlangen, sind keine Wertverbesserungen.[172] 88

Die Klage eines Mieters gegen die von der Bewilligungsstelle gem. § 6 Abs. 1 NMV ausgesprochene Zustimmung zu einer Modernisierung iSd § 11 Abs. 6 II. BV ist unzulässig, da der Mieter durch diese Erklärung nicht in seinen Rechten verletzt wird.[173] Die Bewilligungsbehörde kann die Zustimmung zu einer Modernisierung unter der auflösenden Bedingung erteilen, dass sich auf Grund der Modernisierung die Miete nicht über einen bestimmten Betrag hinaus von der tragbaren Miete fortentwickelt. Denn es ist Aufgabe der Behörde, zu verhindern, dass öffentlich geförderte Wohnungen durch Modernisierungsmaßnahmen der Gemeinwohlbindung entzogen werden.[174] 89

Der Mieter muss eine Modernisierungsmaßnahme nicht dulden, solange das **Restitutionsverfahren** nicht abgeschlossen ist, infolge dessen ihm als Miteigentümer ein Mitspracherecht zur Modernisierungsmaßnahme zustehen könnte.[175] 90

Die formelle Baurechtswidrigkeit einer geplanten Maßnahme führt dazu, dass der Vermieter keinen Anspruch auf Duldung der Modernisierungsmaßnahme hat.[176] 91

**j) Einzelfälle. aa) Antenne.** – sa Kabelanschluss.

Die technische Entwicklung im Bereich des Fernsehens sowie im Multimedia-Bereich verhilft dem Antennenproblem zu erneuter Aktualität, da das in der Vergangenheit mit hohen Investitionen verlegte Breitbandkabel (sog. Netzebene 3) seine scheinbaren Vorzüge einbüßt.[177] Mit Hilfe der modernen **Satelliten-Empfangstechnik** können die Nutzer nicht nur mehr Programme als der „Kabel-Kunde" konsumieren, sondern sie sind auch in der Lage, diese mit nur einer kleinen und unauffälligen Zimmerantenne in digitalisierter Form zu empfangen. Die erst 2017 erfolgte Umstellung von DVB-T auf DVB-T2 HD ermöglicht digitales Fernsehen bei terrestrischem Empfang in HD-Qualität. Dies wirft Fragen sowohl bei der Duldungspflicht als auch bei der Mieterhöhung auf. 92

Zunächst ist die Maßnahme selbst zu untersuchen, die der Vermieter durchführen will. Handelt es sich lediglich um Arbeiten an der **Hausanlage** (sog. Netzebene 4), ohne dass die Programmleistung erweitert wird, ist regelmäßig von einer Instandsetzung auszugehen, die der Mieter nach § 555 a BGB dulden muss. Solche Maßnahmen liegen bspw. vor, wenn Arbeiten am Hausnetz vorgenommen werden, um den Anforderungen an die Störstrahlfestigkeit zu genügen. 93

Wird die Hausanlage dagegen erstmalig installiert, ist unabhängig von den Empfangssignalen (Kabel, Parabolantenne, terrestrischer Empfang) von einer Modernisierung auszugehen, da die Gemeinschaftsantenne eine Wohnwertverbesserung verspricht. Gleiches wird man annehmen müssen, wenn die Netzebene 4, also die Hausanlage, so aufgerüstet wird, dass Internetzugänge über 94

---

[169] BGH, VIII ZR 28/17, WuM 2018, 28 = NJW 2018, 1008 = NZM 2018, 226–227 = MietPrax-AK § 555b BGB Nr 3 = GE 2018, 49 = ZMR 2018, 301.

[170] BGH, VIII ZR 332/18, WuM 2020, 80 = NZM 2020, 281.

[171] Anders unter Geltung des § 172 BauGB aF: BayObLG WuM 1995, 208 = ZMR 1995, 128 = GE 1995, 187 = DÖV 1995, 432.

[172] LG Stuttgart WuM 1992, 13; Lützenkirchen MietR/*Dickersbach* BGB § 555 b Rn. 12.

[173] VG Berlin MM 1988, Nr. 9, 40.

[174] VG Köln WuM 1986, 378.

[175] KreisG Strausberg WuM 1994, 265.

[176] **AA** AG Charlottenburg GE 1985, 367; siehe dazu Rdn. 12 c.

[177] Einen umfassenden Überblick über Probleme der Breitbandkabelkommunikation gibt *Schalast* TKMR 2002, 428.

dieses Netz ermöglicht werden. Auch die Installation spezieller Online-Dienste des Vermieters ist als Verbesserung der allgemeinen Wohnverhältnisse zu werten, was aus heutiger Sicht nicht mehr zweifelhaft sein dürfte.[178]

**95** Es ist aber dennoch fraglich, ob die Installation solcher Dienste im Netz als Modernisierungsmaßnahme angesehen werden kann. Da für die Annahme einer Modernisierung eine bauliche Veränderung (§ 555b BGB) verlangt wird, ist dies abzulehnen, da die Installation von Software diese Voraussetzungen nicht erfüllt. Auch wenn lediglich der Provider (der Betreiber der Netzebene 3) seine Gebühren ändert, kann der Vermieter diese Kosten allenfalls über eine Betriebskostenumlage (vgl. § 556 BGB) beim Mieter geltend machen. Wird mit der Gebührenerhöhung ein erweitertes Leistungsangebot verbunden, kann dieses nur über eine einvernehmliche Vertragsänderung an den Mieter weitergegeben werden.

**96** Die Umstellung des Fernsehempfangs von einer „terrestrischen" Gemeinschaftsantenne auf den Empfang über Satellit (Gemeinschafts-Parabolantenne) oder Kabel ist heute keine Modernisierungsmaßnahme mehr, weil inzwischen auf allen Empfangswegen Programme in digitaler Form angeboten werden, mit Ausnahme einiger ländlicher Gebiete, die aber bis 2018 ebenfalls mit DVB-T2 HD abgedeckt werden. Daher würde in diesen Gebieten eine Umrüstung des terrestrischen Empfangs auf Kabel oder Parabolantenne nicht nachhaltig sein.

**96a** Diese Einschätzung kann sich ändern, wenn die mit der Umstellung von DVB-T auf DVB-T2 HD (→ BGB § 535 Rn. 290a) verbundenen Rahmenbedingungen auf den Empfang über Parabolantennen oder Kabelnetze ausgedehnt werden. Wegen der zur Zeit noch bestehenden Vorteile einer Parabolantenne bzw. Kabelanschluss bzgl. der Quantität der Programme kann es unter DVB-T2 HD zweifelhaft sein, ob die Umstellung von einer „terrestrischen" Gemeinschaftsantenne auf einen Kabelanschluss als Modernisierung anzusehen ist. Es ist dabei zu bedenken, dass zwar das freie terrestrische Fernsehen keinen Empfang der privaten Sender zulässt, insoweit also ein nur eingeschränktes Programmangebot bietet, dass aber andererseits die Option geboten wird, von der Plattform freenet-TV den Empfang dieser Privatsender in HD-Qualität zu kaufen. Der Empfang der privaten Sender in HD-Qualität muss aber auch zB bei Kabelempfang zusätzlich bezahlt werden. Vermutlich werden sich die Programmanbieter durchsetzen und für alle Empfangswege die geringfügigen Unterschiede ausgleichen und gleiche Rahmenbedingungen schaffen, so dass die Umstellung von einer Empfangsart auf die andere heute keine Modernisierung mehr darstellt. Der Empfang über das Internet Protokoll Television (IPTV in geschlossenen bzw. offenen Netzen) bedarf für eine genaue Einschätzung noch weiterer Beobachtung.

**97** Inzwischen werden die Fernsehprogramme flächendeckend im Kabel (Netzebene 3 – sog. DVB-C) digitaler Form angeboten. Terrestrischer Empfang (DVB-T) als auch der Empfang über Satellit (sog. DVB-S) ist ebenfalls nur noch in digitaler Form, teilweise nur in HD-Qualität (→ § 535 Rn. 290a), möglich.[179] Ältere Geräte bedürfen daher der Unterstützung eines selbständigen Empfangsgerätes, welches die digitalen Signale in analoge umwandelt, eines **Decoders**[180] (sog. Set-Top-Box oder integrierte Fernsehgeräte). Wird aber die qualitative Verbesserung des Fernsehempfangs als duldungspflichtige Modernisierung angesehen (→ Rn. 94), stellt sich die Frage, wer die **Set-Top-Box,** die für ca. 100 EUR zu erwerben ist, zu bezahlen hat.

**98** Auszugehen ist vom vertragsgemäßen Gebrauch (→ BGB § 535 Rn. 48ff.). Der Vermieter schuldet danach die Signale nur bis zur Wohnung des Mieters. Bezüglich der Art der Signale, analog oder digital, ist er verpflichtet, mangels anderer Abrede die verkehrsüblichen anzubieten. Wird somit in einer Region auf die Ausstrahlung analoger Signale gänzlich verzichtet und werden die Programme nur noch digital gesendet, dann schuldet der Vermieter den digitalen Empfang, weil nur dieser **verkehrsüblich** ist. Ist somit die bisherige Haus-Antennenanlage geeignet, digitale Signale an die Steckdose der Mieterwohnung weiterzuleiten, braucht der Vermieter sich nicht um die **Set-Top-Box** zu kümmern.[181] Ist die vorhandene und vom Mieter genutzte Hausantennenanlage dagegen nicht geeignet, die (üblichen) digitalen Signale zu empfangen und weiterzuleiten, muss der Vermieter die Anlage erneuern, was im Regelfall eine Instandsetzung darstellt, weil der

---

[178] BGH VIII ZR 253/04, AK-MietPrax § 554 BGB Nr. 1 = WuM 2005, 576 = NJW 2005, 2995 = NZM *2005, 697 = GE 2005, 1056.*

[179] Sog. DVB-S ab 30.4.2012.

[180] *Kroner* ZdWBay 2005, 104 (105).

[181] *Kinne*/Schach/Bieber MietProzR BGB § 555b Rn. 49; *Schach* GE 2002, 1090.

Vermieter mit der Maßnahme den vertragsgemäßen Gebrauch wieder herstellt. Keinesfalls handelt es sich dabei um eine Maßnahme, die der Vermieter iSd § 555b Nr. 6 BGB nicht zu vertreten hat.[182] Derartige Maßnahmen betreffen nur Verpflichtungen aufgrund gesetzlicher oder behördlicher Gebote.[183] Notwendige bauliche Veränderungen, die aufgrund der vorgefundenen Marktverhältnisse erforderlich werden, fallen nicht darunter. Hier geht es allein um die Frage, was vertragsgemäß ist. Die Anschaffung einer Set-Top-Box ist allerdings Sache des Mieters[184]. Zur Abgabe nach dem UrhG bei Weiterleitung der Signale innerhalb einer Hausgemeinschaft → BGB § 535 Rn. 489a.

*derzeit nicht belegt* **99, 100**

Tabellarische Übersicht zur Duldungspflicht und Mieterhöhung

| Alt / Neu | | A | B | C | D | E |
|---|---|---|---|---|---|---|
| | | **Gemeinschafts-Parabolantenne** | **Kabelanschluss** | **Multimedia** | **Erneuerung und Erweiterung der Hausanlage (Netzebene 4)** | **Internetzugänge (Netzebene 4)** |
| **1** | herkömmliche terrestrische Gemeinschafts-Hausantenne | Duldung + Mieterhöhung – | Duldung + Mieterhöhung – | Duldung + Mieterhöhung + | Duldung + Mieterhöhung + | Duldung + Mieterhöhung + |
| **2** | Kabelanschluss im Haus | Duldung – Mieterhöhung – | ./. | Duldung + Mieterhöhung – (keine bauliche Maßnahme) | Duldung + Mieterhöhung + | Duldung + Mieterhöhung + |
| **3** | Parabol-Mieterantenne | Duldung + Mieterhöhung (kommt auf die Vertragsabrede an) | Duldung + Mieterhöhung + | Duldung + Mieterhöhung + | ./. | Duldung + Mieterhöhung + |
| **4** | DVB-T beim Mieter | Duldung + Mieterhöhung + | Duldung + Mieterhöhung + | Duldung + Mieterhöhung + | ./. | Duldung + Mieterhöhung + |

**bb) Aufzug.** Der Einbau eines Fahrstuhls ist grds. als Wertverbesserung und Modernisierung anzusehen. Die angestrebte Wohnwertverbesserung muss nach objektivem Maßstab für die betreffende Wohnung eine Verbesserung bringen.[185] Dies ist bei dem Einbau eines Fahrstuhls für die Mieter einer Hochparterre-Wohnung zweifelhaft.[186] Die überwiegende Rspr. lässt es aber für die Annahme einer Verbesserung ausreichen, wenn bei einem Gebäude mit mehreren Obergeschossen zzgl. Dachgeschoss ein **Fahrstuhl** eingebaut wird, der auf **halben** Stockwerken und nicht auf der **101**

[182] So aber Grundeigentum (ohne Namen) 2012, 227.

[183] Bspw. der Einbau von Wärmezählern zur Erfassung des Verbrauchs von Warmwasser bis zum 31.12.2013 aufgrund § 9 Abs. 2 S. 1 HeizKV.

[184] LG Berlin GE 2003, 1613; zum Anspruch aus der Sozialhilfe, abl. VG Hannover WuM 2004, 493; *Hitpaß* NZM 2012, 401 (406).

[185] LG Berlin GE 2015, 727 mAnm *Beuermann* GE 2015, 688; GE 2011, 483; 2011, 1555.

[186] VG Berlin MM 1989, Nr. 10, 31 zu § 11 AMVOB; keine Verbesserung: LG Berlin, WuM 2018, 213 = ZMR 2017, 888.

Wohnungsebene hält.[187] In einer bloßen, wenn auch vollständigen Erneuerung einer Aufzugsanlage liegt regelmäßig keine Modernisierung.[188]

102 Es ist zudem sachgerecht und entspricht billigem Ermessen, wenn die Modernisierungskosten nach dem Einbau eines Fahrstuhls nicht gleichmäßig auf alle Mieter umgelegt, sondern die Mieter der oberen Etagen entsprechend ihrer **intensiveren** Nutzung stärker belastet werden.[189] Dies entspricht auch dem Gedanken des § 24 NMV für den sozialen Mietwohnungsbau, der eine differenzierte Betriebskostenumlage zulässt.

103 Eine ordnungsgemäße Modernisierungsankündigung gem. § 555c BGB erfordert, dass beim beabsichtigten Einbau eines Aufzugs auch die zukünftigen Betriebskosten angegeben werden (Abs. 1 Nr. 3).[190] Allein aus der Duldung einer Modernisierung und aus der Zahlung des Modernisierungszuschlages durch den Mieter ergibt sich nicht ohne weiteres auch dessen Verpflichtung, die für den Aufzug anfallenden Betriebskosten im Wege einer **anteiligen Umlage** zu tragen.[191] Nur wenn die Umlage sehr gering ist, soll der Vermieter die **voraussichtliche** Betriebskostenerhöhung nicht im Duldungsverlangen mitteilen müssen[192] (zu den Voraussetzungen der Umlage neuer Betriebskosten → BGB § 555c Rn. 46 ff.).

104 **cc) Badezimmer.** Der Einbau eines Bades stellt objektiv eine Modernisierungsmaßnahme dar[193], selbst wenn bereits eine transportable Duschkabine vorhanden ist. Denn derartige Einrichtungen sind nur eine Behelfslösung gegenüber einem fest eingebauten Dusch- oder Wannenbad.[194] Die Vergrößerung eines Zimmers auf Kosten einer vorhandenen Abstellkammer, die Vergrößerung des Badezimmers[195] auf Kosten einer separaten Toilette und der Speisekammer sowie der Einbau eines Hängebodens anstelle eines früheren Abstellraumes sind keine Wohnwertverbesserungen.[196] Verfügt dagegen eine 1-Zimmer-Wohnung weder über eine Innentoilette noch über eine Waschmöglichkeit, so ist der Einbau eines **Duschbades** mit WC auch dann eine Modernisierung, wenn hierdurch die Küche auf die Hälfte der bisherigen Fläche verkleinert wird.[197] Auch der Wegfall einer „Mädchenkammer" kann trotz der damit verbundenen Grundrissveränderung als Wertverbesserung anzusehen sein, wenn zum Ausgleich die Wohnung mit einem größeren Badezimmer und einem separaten WC ausgestattet wird.[198] Vergrößert der Vermieter die Sanitärfläche und teilt sie in gesonderte WC-Räume und Baderäume entsprechend modernem Wohnkomfort auf, gilt dies als Modernisierung.[199] Dies ist auch bei einer erstmaligen Verfliesung des Bades anzunehmen[200] sowie beim Aufstellen einer Einbaubadewanne anstelle einer freistehenden Wanne.[201] Die Erhöhung der **Verfliesung** im Bad von 1,60 m auf 2 m ist dagegen keine Verbesserung des Wohnwertes der Wohnung.[202] Ebenso kann die alleinige Wandverkachelung im Badezimmer eine Maßnahme ohne Gebrauchswerterhöhung sein.[203]

105 Werden lediglich der Toilettentopf sowie die Badewanne ausgetauscht[204] oder Armaturen und das Handwaschbecken, also die Sanitäreinrichtungen[205] erneuert, liegt darin noch keine Wertverbesserung.[206] Auch der Austausch eines Druckspülers gegen einen Spülkasten sowie der Ersatz von

---

187 LG Berlin GE 2002, 930; NJWE-MietR 1997, 145; AG Berlin-Mitte, WuM 2017, 462; Berlin-Schöneberg GE 1990, 265.

188 VG Berlin GE 1983, 441 zu § 11 AMVOB; Modernisierung wird dagegen bejaht: VG Berlin GE 88, 637 zu § 11 AMVOB.

189 Anders bei der Umlage von Betriebskosten: BGH VIII ZR 103/06, NJW 2006, 3557; LG Berlin GE 1994, 703.

190 So schon LG Berlin MM 1992, 136.

191 LG Berlin GE 2007, 597; MM 1995, 25.

192 AG Schöneberg GE 1993, 163.

193 LG Berlin GE 2011, 338.

194 LG Berlin GE 1990, 255.

195 LG Berlin GE 2015, 727 mAnm *Beuermann* GE 2015, 688.

196 KG GE 1984, 757 zu § 11 AMVOB; LG Hamburg WuM 2017, 640.

197 LG Berlin GE 1992, 39; **aA** AG Schöneberg MM 1993, 292.

198 OVG Berlin GE 1988, 951 zu § 11 AMVOB; LG Berlin GE 2013, 1341.

199 LG Itzehoe ZMR 2012, 872; LG Berlin GE 1997, 1473.

200 AG Gelsenkirchen NZM 1999, 801.

201 OVG Berlin GE 1985, 687.

202 LG Berlin MM 1989, Nr. 3, 21.

203 *LG Hamburg WuM 1984*, 217 = ZMR 1984, 375; **aA** AG Berlin-Mitte GE 2014, 1461.

204 AG Dortmund BeckRS 1995, 10897.

205 AG Gelsenkirchen NZM 1999, 801.

206 LG Itzehoe ZMR 2012, 873; LG Berlin GE 1997, 1473.

Sanitärobjekten sind keine Modernisierung.[207] Als Modernisierung ist dagegen anerkannt worden die Ersetzung eines kleinen Waschbeckens durch ein großes, breites Handwaschbecken sowie die Neuordnung der Badobjekte zwecks besserer Ausnutzung des beschränkten Platzangebotes.[208] Ebenso soll der Einbau einer Dusche zusätzlich einer schon vorhandenen Badewanne[209] sowie die Installation eines wandhängenden WCs als Ersatz für ein Steh-WC als Modernisierung gelten.[210]

**dd) Balkon.** Der Anbau eines Balkons ist im Regelfall keine Luxusmodernisierung.[211] Dennoch führt der Anbau nicht zwingend zu einer Mieterhöhung, da zwar regelmäßig[212], aber nicht in jedem Fall eine Modernisierung vorliegt.[213] Es liegt bspw. dann keine Wohnwertverbesserung vor, wenn der Balkon an der **Nordseite** des Gebäudes errichtet wurde, nur durch einen Abstellraum erreichbar ist und auch die Lichtverhältnisse der Wohnung nicht verbessert werden.[214] Der Anbau eines nach Süden ausgerichteten kleinen Balkons kann dagegen auch dann eine Wohnwertverbesserung sein, wenn die Wohnung schon mit einem anderen (Nord-)Balkon ausgestattet ist.[215] Der Mieter hat in diesem Zusammenhang auch eine bodentiefe Fenstertür bei Verlegung des Heizkörpers als Zutritt zu Balkon hinzunehmen.[216] Die **Ersetzung** eines alten Balkons durch einen neuen Balkon ist keine Wohnwertverbesserung.[217] Der Mieter hat gem. § 242 BGB zu dulden, dass die über ihm liegende Wohnung eines anderen Mieters im Hause einen Balkon erhält.[218] **106**

Ebenso soll es für die Annahme einer Wohnwertverbesserung nicht ausreichen, wenn der Vermieter Balkone anbringen will, um die Wohnungen danach besser verkaufen zu können.[219] Diese Auffassung verkennt, dass die Frage der Wohnwertverbesserung objektiv zu bestimmen ist.[220] Danach kann allerdings kein Zweifel daran bestehen, dass der Anbau eines Balkons für sich betrachtet jedenfalls dann eine Modernisierung darstellt[221], wenn der Balkon gut zugänglich ist, sich in die Wohnung einfügt und mit der Baumaßnahme keine sich zum Nachteil des Mieters auswirkenden Umbauten in der Wohnung verbunden sind[222]. Allerdings kann sich aus dem Umstand, dass der Vermieter die Wohnung nach Modernisierung verkaufen will, ein Gesichtspunkt für die Interessenabwägung iRd § 555 d Abs. 2 ergeben. **107**

Soll ein Balkon abgerissen und durch eine Terrasse ersetzt werden, ist der Mieter mangels einer Modernisierung nicht zur Duldung verpflichtet.[223] Baut der Vermieter einen Balkon in einen **Wintergarten** um, liegt ebenfalls keine Modernisierung vor, weil die Mietsache dadurch gänzlich verändert wird.[224] **108**

**ee) Behindertengerechte Ausstattung.** Die behindertengerechte Ausstattung einer Wohnung durch den Vermieter, zB für einen Mieter, der auf einen **Rollstuhl** angewiesen ist, stellt grds. keine Modernisierung iSd § 555b BGB dar.[225] **109**

Ob die Voraussetzungen einer Modernisierung bei einer Maßnahme zur Herstellung von Barrierefreiheit vorliegen, kann deshalb zweifelhaft sein, weil für die Annahme einer Modernisierung **109a**

---

207 OVG Berlin GE 1985, 687.
208 AG Berlin-Mitte GE 2014, 1461.
209 LG Berlin WuM 2018, 564.
210 LG Berlin NZM 2011, 548.
211 AG München ZMR 2017, 985.
212 LG Berlin GE 2016, 1574.
213 BGH VIII ZR 242/10, WuM 2011, 677 = AK-MietPrax § 554 BGB Nr. 6 = NJW 2012, 63 = ZMR 2012, 94 = NZM 2011, 849 = GE 2011, 1545; LG Berlin WuM 2017, 30 zum Zweitbalkon; LG Berlin WuM 2007, 322; so aber LG München I WuM 1989, 27.
214 AG Hannover WuM 1996, 282; Balkon zur Südseite als Modernisierung LG Leipzig NJW-RR 2013, 1356.
215 Zweifelhaft LG Leipzig NZM 2013, 857; krit. *Herrlein* NJW 2014, 1279 (1282); zur einstweiligen Verfügung auf Unterlassen eines Balkonanbaus s. LG Berlin GE 2015, 512.
216 LG Berlin GE 2015, 788.
217 LG Frankfurt a. M. NZM 2012, 760.
218 LG Berlin GE 2015, 788 mit ähnlicher Begr.
219 AG Münster WuM 1983, 236.
220 KG WuM 1985, 248 = ZMR 1985, 262 = NJW 1985, 2031 = DWW 1985, 204 = GE 1985, 729.
221 LG Berlin GE 2012, 486; 2008, 201; ZMR 2004, 193.
222 LG Berlin WuM 2008, 85.
223 LG Lübeck WuM 2018, 511; AG Konstanz WuM 1997, 553.
224 LG Hamburg WuM 2008, 27; LG Berlin GE 1997, 1031 = NZM 1998, 189; AG Hamburg-Altona ZMR 2008, 214; AG Neukölln GE 1996, 1433.
225 **AA** *Barfknecht* WuM 2012, 252 (254) (zu § 554 Abs. 2 BGB aF); *Horst,* Altersgerechter Umbau als Modernisierungsmaßnahme, 2014, 9 ff., http://www.mietgerichtstag.de/mietgerichtstag-2014/vortr%C3%A4ge-2014/.

entscheidend ist, ob nach objektiver Beurteilung die für die Wohnung in Frage kommenden Verkehrskreise generell in dieser Maßnahme eine Wertverbesserung sehen.[226] Handelt es sich somit um eine Wohnung, die jedermann auf dem Markt angeboten wird, dürfte im Regelfall das Herstellen von Barrierefreiheit nicht als Verbesserung der Wohnverhältnisse oder des Gebrauchswerts empfunden werden, weil diese Maßnahme für einen nicht behinderten Mieter keine Vorteile bietet.

**109b** In dieser Frage kann das inzwischen außer Kraft getretene ModEnG[227] entscheidend weiter helfen. Gem. § 4 Abs. 1 S. 3 ModEnG kann der Gebrauchswert der Wohnung „auch durch besondere bauliche Maßnahmen für behinderte und alte Menschen erhöht werden, wenn die Wohnungen auf Dauer für sie bestimmt sind“. Mit dem Wort „kann“ wird zunächst aufgezeigt, dass nicht jede bauliche Maßnahme in der Wohnung zugunsten behinderter oder alter Menschen automatisch als Modernisierung angesehen wurde. Vielmehr galt das nur für besondere bauliche Maßnahmen. Dies sind Maßnahmen, die eine bessere Nutzung der Wohnung ermöglichen, wie zB der Abbau von Schwellen zum Balkon oder zur Terrasse sowie im Bad zur Dusche. Erfasst werden auch Maßnahmen, die den Zugang zum Gebäude und zur Wohnung barrierefrei gestalten. Darüber hinaus muss die Wohnung auf Dauer für diese Zielgruppe von Menschen bestimmt sein. Das heißt, dass eine Modernisierung nur angenommen werden kann, wenn die Wohnung zum Zeitpunkt der Modernisierung auch von diesem Mieterkreis bewohnt wird und nach Abschluss der Arbeiten auch weiter bewohnt werden soll[228]. Das wird deutlich bei dem Einbau eines Treppenlifts, der für einen jungen Haushalt überflüssig ist und für diesen weder den Gebrauchswert noch die allgemeinen Wohnverhältnisse verbessert. Dies kann natürlich ganz anders bewertet werden, wenn der angesprochene Mieterkreis einen solchen Lift benötigt bzw. ihm das Wohnen erleichtert. Das von *Barfknecht*[229] und *Horst*[230] angeführte Gegenbeispiel einer Modernisierung durch Anlegen eines Kinderspielplatzes, der auch nur für bestimmte Mieterkreise errichtet werde, ist ungeeignet, weil es das Wohnumfeld betrifft und nicht die Wohnung und zudem für beide Mieterkreise objektiv gleichermaßen geeignet ist. Für die hier vertretene Lösung spricht, dass derartige (Umbau-)Maßnahmen lediglich den besonderen Anforderungen bestimmter Mieterkreise an das Wohnen gerecht werden (zum Anspruch des Mieters auf Eigenumbau vgl. § 554a BGB). Für die Annahme einer Modernisierung ist daher entscheidend, ob nach objektiver Beurteilung die für die Wohnung in Frage kommenden Verkehrskreise generell in dieser Maßnahme des Vermieters eine Wertverbesserung sehen.[231]

**110** Andererseits kann im Einzelfall auch der Mieter ein Interesse daran haben, die Wohnung für ihn selbst oder für einen Familienangehörigen behinderten gerecht auszustatten. Dann ist gem. § 554a BGB zu prüfen, ob der Mieter diesen Anspruch gegen den Vermieter durchsetzen kann.

**111** Dem Vermieter ist grds. nicht gestattet, die Wohnung anlässlich einer Modernisierung so umzugestalten, dass eine behindertengerechte Ausstattung verloren geht.[232]

**112** **ff) Fahrstuhl.** – s. Aufzug.

**113** **gg) Fußboden.** Die Versiegelung von bisher nicht versiegeltem **Parkett** ist keine Wertverbesserung.[233] Das Gleiche gilt für die Verfliesung des Fußbodens im Bad anstelle eines bisherigen Estrichs mit Fußbodenentwässerung.[234]

**114** **hh) Gegensprechanlage.** Der Einbau eines Türöffners einschließlich einer Klingel- und Gegensprechanlage ist als Bagatellmaßnahme zu werten.[235] Eine solche Maßnahme muss nicht gem. § 555c Abs. 1 BGB angekündigt werden.

---

[226] BFH DB 1977, 2309 = DStR 1978, 45 zum einkommenssteuerrechtlichen Nutzungswert der Wohnung.
[227] Modernisierungs- und Energieeinsparungsgesetz, aufgehoben mWv 1.1.2002 (BGBl. I 2376).
[228] *Kinne*/Schach/Bieber MietProzR BGB § 555b Rn. 26; *Blank* PiG 60 (2000), 79 (84).
[229] *Barfknecht* WuM 2012, 252 (254).
[230] *Horst,* Altersgerechter Umbau als Modernisierungsmaßnahme, 2014, 11, http://www.mietgerichtstag.de/mietgerichtstag-2014/vortr%C3%A4ge-2014/.
[231] So auch BFH DB 1977, 2309 = DStR 1978, 45 zum einkommenssteuerrechtlichen Nutzungswert der Wohnung.
[232] AG Pankow-Weißensee GE 2012, 1498; aber AG München ZMR 2015, 389 zur Anbringung von Rollläden mit Bedienung durch eine Kurbel; AG München ZMR 2012, 559 zum Anspruch eines Wohnungseigentümers ggü. der Wohnungsgemeinschaft – Zugang zum Balkon mit Rollator.
[233] *OVG Berlin GE 1985*, 877 zu § 11 AMVOB.
[234] LG Berlin MM 1989, Nr. 3, 21.
[235] LG Berlin GE 2015, 727 mAnm *Beuermann* GE 2015, 688; AG Tiergarten GE 1991, 153; AG Wedding GE 1989, 419; AG Charlottenburg GE 1989, 683; LG Berlin GE 1983, 1067.

Für den Einbau solcher Anlagen ist die Hilfe eines **Architekten** regelmäßig nicht erforderlich. Daher können derartige Architektenleistungen nicht bei der Festsetzung des Modernisierungszuschlags berücksichtigt werden.[236] 115

**ii) Haustür.** Die Erneuerung einer Haustür unter dem Gesichtspunkt der **Einbruchsicherung** stellt eine Verbesserung der Mietsache dar. Das gilt insbes. beim Austausch einer in der DDR üblichen Wabentür gegen eine massive Holztür.[237] Wegen ihres vorbeugenden Charakters kann die Maßnahme uU auch als Instandsetzung angesehen werden.[238] 116

**kk) Kabelanschluss.** Der Anschluss an das Breitbandkabel ist grds. eine Maßnahme zur Verbesserung der gemieteten Räume, da er nach allgemeiner Verkehrsanschauung den Gebrauchswert der Wohnung erhöht[239] (→ Rn. 92 ff.). Erforderlich ist aber, dass der Vermieter die Hausanlage (Netzebene 4) erstmalig einrichtet. 117

Unerheblich für die Frage, ob eine Modernisierung vorliegt, ist, ob der Mieter den Anschluss nutzen will.[240] Zusätzlich entstehende **Betriebskosten** für die Wartung der Verteileranlage und die Kosten für den Betriebsstrom der Verstärkeranlage sind – ggf. nach entsprechender Erklärung in der Ankündigung gem. § 555c Abs. 1 Nr. 3 BGB (→ Rn. 46 ff.) – vom Mieter zu tragen.[241] Das gilt aber nicht für die laufenden Grundgebühren des Kabelanschlusses, wenn die Mieter dem Anschluss an das Kabel nicht zugestimmt haben[242]. Für preisgebundenen Wohnraum ergibt sich dies aus § 24a Abs. 2 S. 2 NMVO. Der Rechtsgedanke ist für den freifinanzierten Wohnungsbau ebenfalls anwendbar, wenn der in die Wohnung führende Kabelanschluss verplombt ist, da die Kabelgrundgebühren auch für den Vermieter nur anfallen, wenn die Leistung des Kabelbetreibers auch abrufbar ist. Gleiches gilt für die Anbringung einer Satelliten-Empfangsanlage. 118

Die Duldungspflicht des Mieters beinhaltet nicht automatisch das Recht des Vermieters, die alten Empfangsanlagen abzubauen. Vielmehr ist er zum Betrieb der alten Anlage weiter verpflichtet, wenn der Mietvertrag den mit der Altanlage gewährleisteten Empfang weiterer Programme bzw. Empfangsmöglichkeiten vorsieht.[243] 119

Werden über das neue Empfangsnetz alle Programme eingespeist, die bisher auch vom Mieter empfangen wurden, ist die Beibehaltung der mietereigenen **Einzelantennen** nicht mehr erforderlich. Die Mieter haben somit die Antennen auf eigene Kosten zu entfernen, soweit sie außerhalb der Mietwohnung (zB auf dem Dach) installiert wurden. Der Mieter darf nämlich die nicht vermieteten, aber zur Nutzung überlassenen Gebäudeteile nur benutzen, solange dies zur Ausübung des vertragsgemäßen Gebrauchs erforderlich ist.[244] 120

Will der Vermieter in der Wohnung nur Leerrohre verlegen, um künftig in einem noch ungewissen Zeitraum das Haus für die Glasfasertechnik zu ertüchtigen, ist in einer solchen Maßnahme noch keine Modernisierung zu sehen.[245] Die Maßnahme soll eine Wohnwertverbesserung nur vorbereiten. Es ist aber auch keine Instandsetzungs- oder Instandhaltungsmaßnahme anzunehmen, da die baulichen Arbeiten nicht zur Erhaltung des Gebäudes erforderlich sind. Diese Vorbereitungsmaßnahme fällt weder unter den Begriff der Modernisierung noch den der Erhaltung. Der Mieter hat diese Substanzverbesserung (Rn. 75) ggf. gem. § 242 BGB zu dulden. Handelt es sich dagegen um eine Gesamtmaßnahme, wird also die Glasfasertechnik nach der Verlegung auch ein- 121

---

236 Zur Erforderlichkeit baulicher Maßnahmen BGH VIII ZR 41/08; 84/08, WuM 2009, 124 = MietPrax-AK § 559 BGB Nr. 3 = NZM 2009, 150 = NJW 2009, 839 = ZMR 2009, 351 = DWW 2009, 64.

237 AG Berlin-Hohenschönhausen GE 2000, 1035.

238 LG Köln WuM 1993, 608 zur Wohnungstür.

239 BGH WuM 1991, 381 = NJW 1991, 1750 = MDR 1991, 628 = ZMR 1991, 290 = GE 1991, 615 = DWW 1991, 212; KG WuM 1985, 248 = NJW 1985, 2031 = ZMR 1985, 262 = DWW 1985, 204 = GE 1985, 729 für das Land Berlin; LG Berlin DWW 1985, 286 = NJW-RR 1986, 890; LG Tübingen NJW-RR 1986, 694 = ZMR 1986, 203; LG Berlin GE 2004, 964; AG Neukölln MM 2004, 126; *Pfeifer* FS Blank, 2006, 349 (354); krit. *Schach* GE 2004, 928; AG Karlsruhe DWW 1987, 164; Staudinger/*Emmerich* BGB § 554 Rn. 22.

240 AG Karlsruhe-Durlach DWW 1987, 165.

241 Langenberg/Zehelein BetrKostR/*Langenberg* Kap. C Rn. 5.

242 AG Hannover WuM 2008, 29; AG Hanau WuM 1989, 189; Eisenschmid/Rips/Wall/*Wall,* Betriebskostenkommentar, 4. Aufl. 2015, Rn. 3825; **aA** AG Berlin-Schöneberg GE 2004, 1595.

243 LG Berlin DWW 1985, 286 = NJW-RR 1986, 890; LG Tübingen NJW-RR 1986, 694 = ZMR 1986, 203.

244 Blank/Börstinghaus/*Blank,* 3. Aufl. 2008, BGB § 554 Rn. 13; *Pfeifer* FS Blank, 2006, 349 (372); *Blank* PiG 60 (2000), 79 (85).

245 AG Lichtenberg, ZMR 2020, 193 m. krit. Anm. Agatsy.

geführt, ist eine Modernisierung anzunehmen und die Duldungspflicht des Mieters ergibt sich aus § 555b Ziff. 4 BGB.

122 **ll) Kacheln.** – s. Badezimmer

123 **mm) Küche.** Der Einbau von **Küchenmöbeln** ist keine bauliche Veränderung. Die Geltendmachung eines Modernisierungszuschlags gem. § 559 BGB ist damit ausgeschlossen.[246] Der Austausch eines Gasherdes durch einen Ceran-4-Plattenelektroherd bei gleichzeitiger Verstärkung der Elektrosteigleitung ist eine Modernisierung[247], ebenso soll der Ersatz eines Gasherdes durch einen Induktionsherd eine Modernisierung darstellen.[248]

124 Der durch Versetzen einer Küchentür erreichte Stellflächengewinn kann eine Wertverbesserung sein.[249] Die Herstellung eines Glasausschnittes in einer Tür zum nichtbelichteten Flur führt nicht in jedem Fall zu einer messbaren Wertverbesserung.[250] Der Einbau zusätzlicher Fenster ist dann keine Wohnwertverbesserung, wenn dem Wohnraum dadurch die einzige durchgehende Wand mit Stellfläche genommen wird.[251]

125 **nn) Multimedia.** Der Begriff Multimedia umfasst eine Vielzahl von Angeboten und Diensten im Kommunikationsbereich. Der Ausbau der Kommunikationsnetze mit Breitbandkabeln und Internet ermöglicht die Übertragung digitaler Informationen und damit ein vielfältiges Angebot an Bildern, Sprache, Bildschirm- und Videotexten, Rundfunk, Fernsehen etc. Darüber hinaus ist es möglich, mit dieser technischen Einrichtung Mehrwegdienste in Anspruch zu nehmen, wie zB das **Homeshopping** oder **Notrufeinrichtungen.** Der Netzausbau wird regelmäßig als Modernisierung vom Mieter zu dulden sein (zur Duldungspflicht § 555d BGB). Das Kommunikationsangebot selbst, also die Software sowie die Bereitstellung der Informationen, kann als kostenpflichtiger Service vom Mieter nur über eine Vertragsänderung durchgesetzt werden.

126 **oo) Nebenräume.** Schafft der Vermieter durch den Ausbau vorhandener Räume oder durch die Schaffung neuer Räume in der gleichen Wohnung etwas völlig Neues, liegt keine Wohnwertverbesserung vor.[252]

127 Der Einbau einer zweiten Küche und eines zweiten Bades in einer ungeteilten Wohnung stellt ebenfalls keine Wohnwertverbesserung dar. Vielmehr handelt es sich insoweit lediglich um eine Vermehrung von **Funktionsräumen**[253], da jedenfalls eine zweite Küche keinen zusätzlichen Nutzen, sondern eher Nachteile bringt. Die Beseitigung von Schutt und Gerümpel, die erforderlich ist, um in einem bestimmten Raum Modernisierungsmaßnahmen durchführen zu können, ist noch nicht Teil der Baumaßnahme[254] (→ § 555c Rn. 17ff.).

128 **pp) Rauchwarnmelder.** Rauchmelder dienen dem Schutz des Lebens sowie der Gesundheit. Sie sollen nicht das Gebäude vor Brand- bzw. Sachschäden schützen.[255] Der Staat ist nicht verpflichtet, sie für bestehende Wohngebäude zwingend vorzuschreiben.[256] Sie können als Modernisierungsmaßnahme gelten, da sie die Mietsache mit einem erhöhten Sicherheitsstandard versehen[257]. In der Rspr. wurden Maßnahmen zur **Erhöhung der Sicherheit,** etwa vor Diebstahl und Gewalt, als Verbesserung der Mietsache angesehen[258]. Daher liegt die Dispositionsbefugnis über die einzubauende Marke, die Anzahl der einzubauenden Geräte sowie das zu beauftragende

---

[246] VG Berlin GE 1981, 91 zu § 11 AMVOB; **aA** LG Berlin GE 1989, 99.

[247] LG Berlin GE 2011, 338.

[248] AG Schöneberg WuM 2016, 739 = NZM m. krit. Anm. *Ochs.*

[249] VG Berlin GE 1985, 789 zu § 11 AMVOB.

[250] VG Berlin GE 1985, 789 zu § 11 AMVOB.

[251] VG Berlin GE 1981, 91 zu § 11 AMVOB.

[252] BGH NJW 1972, 723 = MDR 1972, 509 zu § 541a Abs. 2 BGB idF vom 14.7.1964; LG Göttingen WuM 1990, 205 = ZMR 1990, 59; zum Umfang der Duldungspflicht gem. § 242 BGB *Wiese* WuM 1991, 371.

[253] VG Berlin GE 1985, 689 zu § 11 AMVOB.

[254] OVG Berlin GE 1985, 1201 zu § 11 AMVOB.

[255] Umf. *Wall* jurisPR-MietR 24/2014 Anm. 2; Rauchwarnmelder im Wohnungseigentum, *Fritsch* ZMR 2016, 925ff.; *Riecke* NZM 2016, 217ff.

[256] RhPfVerfGH NZM 2005, 695.

[257] AG Halle an der Saale ZMR 2014, 649; AG Hamburg-Barmbek ZMR 2012, 780; AG Burgwedel ZMR 2011, 800; AG Lübeck ZMR 2008, 302; **aA** AG Hamburg-Altona ZMR 2012, 22 = NZM 2012, 306; zur *Beschlusskompetenz einer WEG* s. BGH V ZR 238/11, WuM 2013, 427 = NJW 2013, 3092 = ZMR 2013, 642 = NZM 2013, 512.

[258] LG Köln WuM 1993, 608; AG Hohenschönhausen GE 2000, 1035; AG Magdeburg WuM 1996, 229; AnwK WohnraummietR/*Lammel* BGB § 554 Rn. 40.

Fachunternehmen beim Vermieter[259], soweit nicht die Landesbauordnung etwas anderes festgelegt hat. Die technischen Mindestanforderungen der Rauchwarnmelder sind in der DIN EN 14604 festgelegt.[260] Der Mieter hat den Einbau regelmäßig zu dulden.[261]

129 Zweifelhaft kann sein, ob eine Duldungspflicht auch dann besteht, wenn der Mieter schon zuvor selbst zulässigerweise Rauchwarnmelder installiert hat.[262] Die Installation durch den Mieter gehört zum vertragsgemäßen Gebrauch (→ BGB § 535 Rn. 518). Seit der Entscheidung des BGH[263] zur Berücksichtigung von Modernisierungsmaßnahmen durch den Mieter ist der Auffassung zu folgen, die dem Vermieter grds. keinen Duldungsanspruch gibt. Hat der Mieter zugelassene und funktionierende Rauchwarnmelder eingebaut, ist der vom Vermieter begehrte Zustand bereits hergestellt. Eine Verbesserung ist daher in der geplanten Maßnahme nicht mehr zu sehen.[264] In seiner Entscheidung v. 17.6.2015 hat der BGH[265] die Verbesserung damit begründet, dass der Vermieter, wenn die Wartung der Rauchwarnmelder für das gesamte Gebäude in einer Hand liege, ein hohes Maß an Sicherheit gewährleisten könne. Diese Argumentation überzeugt allerdings nicht, denn der Rauchwarnmelder dient nicht dem Schutz des Gebäudes, sondern dem Schutz des Mieters vor einem Erstickungstod. Das Argument der einheitlichen Wartung ist allenfalls der Verwaltung des Gebäudes zuzuordnen und nicht dem Gesichtspunkt der Verbesserung des Objektes als Modernisierung, wenn der Mieter sich durch den Einbau schon selbst gesichert hat. Allerdings ist der Vermieter auch in diesen Fällen berechtigt, sofern eine öffentlich-rechtliche Pflicht zum Einbau und zur Überwachung der Geräte durch seine Person besteht[266], die Wartung selbst sicherzustellen.

130 Wird die Installation von Rauchmeldern gesetzlich vorgeschrieben[267], liegt eine Maßnahme vor, die der Vermieter nicht zu vertreten hat (§ 555b Nr. 6 BGB[268]). Die gesetzlichen Pflichten orientieren sich an der DIN 14676[269], die Folgendes vorsieht:

„In Wohnungen müssen Schlafräume und Kinderzimmer sowie Flure, über die Rettungswege von Aufenthaltsräumen führen, jeweils mindestens einen Rauchwarnmelder haben. Die Rauchmelder müssen so eingebaut (oder angebracht) und betrieben werden, dass Brandrauch frühzeitig erkannt und gemeldet wird."

131 Landesgesetzliche Regelungen zu Heimrauchmeldern

| | |
|---|---|
| Baden-Württemberg | G idF v. 16.7.2013<br>Rauchmelderpflicht gem. § 15 Abs. 7 LBO BW für alle Neubauten sowie Nachrüstpflicht bis zum 31.12.2014. Sonderregelung für Wartungspflichten. |
| Bayern | G idF v. 11.12.2012<br>Rauchwarnmelderpflicht gem. Art. 46 Abs. 4 BayBO im Neubau sowie Nachrüstpflicht bis 31.12.2017 im Bestand. Sonderregelung für Wartungspflichten. |

259 BVerfG NZM 2016, 306; AG Hamburg-Bergedorf ZMR 2010, 969; zur Beschlusskompetenz einer Wohnungseigentümergemeinschaft LG Braunschweig GE 2014, 1535.

260 *Wall* WuM 2013, 4; für Duldungspflicht AG Hamburg-Blankenese ZMR 2011, 395; AG Hamburg-Wandsbek ZMR 2009, 47 = NJW-RR 2009, 1237; einschränkend AG Hagenow ZMR 2010, 770.

261 Umf. zum WEG *Oppermann/Steege* WuM 2016, 3.

262 Bejahend LG Halle an der Saale ZMR 2014, 986 mAnm *Schach; Schach* jurisPR-MietR 23/2014 Anm. 2; AG Neustadt am Rübenberge, ZMR 2018, 340; AG Halle an der Saale ZMR 2014, 455; zum Meinungsstand *Wall* jurisPR-MietR 24/2014 Anm. 2; *Wall* WuM 2013, 3 (17).

263 BGH VIII ZR 56/12, WuM 2012, 678; VIII ZR 110/11, WuM 2012, 448.

264 AG Hamburg-Barmbek ZMR 2012, 780; AG Hamburg-Altona NZM 2012, 306; *Oppermann/Steege* WuM 2016, 3 (6); *Wall* jurisPR-MietR 24/2014 Anm. 2; **aA** LG Halle BeckRS 2014, 22105, Rev. eingelegt (VIII ZR 216/14); sa *Schach* jurisPR-MietR 23/2014 Anm. 2.

265 BGH VIII ZR 216/14, WuM 2015, 497 (498) = NZM 2015, 588 = NJW 2015, 2488 = ZMR 2015, 760 = AK-MietPrax § 555b BGB Nr. 1 mAnm *Eisenschmid;* ihm folgend AG Halle an der Saale ZMR 2015, 932.

266 BGH VIII ZR 290/14, WuM 2015, 498, die öffentlich-rechtliche Pflicht zum Einbau von Rauchwarnmeldern richtet sich im Zweifel an den Vermieter; so auch *Beyer* jurisPR-MietR 16/2015 Anm. 3.

267 Nachweise (ohne Namen) im Modernisierungsmagazin 2007, 26 (Pflicht im Bestand für die Länder Hamburg, Hessen und Schleswig-Holstein und Mecklenburg-Vorpommern; im Neubau für die Länder Rheinland-Pfalz und Saarland); *Harsch* WuM 2008, 521, Fn. 1.

268 A. A. Riecke ZMR 2019, 106, 107 m.w.N.

269 DIN 14676 idF v. Dezember 2018; Besprechung und Nachweise bei *Serwe* ZMR 2019, 6.

| | |
|---|---|
| Berlin | G idF v. 17.6.2016<br>Rauchwarnmelder im Neubau Pflicht gem. § 48 BauO Bln. für Aufenthaltsräume und Flure (ohne Küche). Nachrüstpflicht im Bestand bis 31.12.2020.<br>Sicherstellung der Betriebsbereitschaft durch Mieter, wenn nicht Vermieter dies übernimmt. |
| Brandenburg | G idF v. 19.5.2016<br>Rauchwarnmelder im Neubau Pflicht gem. § 48 BbgBO für Aufenthaltsräume und Flure (ohne Küche). Nachrüstpflicht bis 31.12.2020. |
| Bremen[270] | G idF v. 4.9.2018<br>Rauchmelderpflicht gem. § 48 Abs. 4 LBauO in Neu- und Umbauten. Nachrüstpflicht in vorhandenen Wohnungen bis zum 31.12.2015. Sicherstellung der Betriebsbereitschaft durch Besitzer. |
| Hamburg[271] | G v. 14.12.2005.<br>Rauchmelderpflicht gem. § 45 Abs. 6 LBauO in Neu- und Umbauten. Nachrüstpflicht in vorhandenen Wohnungen bis zum 31.12.2010. |
| Hessen[272] | G idF v. 28.5.2018<br>Rauchmelderpflicht in Neubauten. Bestandsbauten sind bis 1.1.2020 nachzurüsten. Sicherstellung der Betriebsbereitschaft durch Besitzer, es sei denn, Eigentümer hat sie übernommen. |
| Mecklenburg-Vorpommern[273] | G v. 15.10.2015.<br>Rauchmelderpflicht in allen Wohnungen. |
| Niedersachsen[274] | G v. 3.4.2012<br>Rauchmelderpflicht gem. § 44 Abs. 5 LBauO in Neu- und Umbauten. Nachrüstpflicht in vorhandenen Wohnungen bis zum 31.12.2015. Sicherstellung der Betriebsbereitschaft durch Besitzer. |
| Nordrhein-Westfalen[275] | G idF v. 21.7.2018<br>Gem. § 47 BauO NRW Rauchmelderpflicht in Wohnungen; Betriebsbereitschaft durch unmittelbaren Besitzer, wenn nicht vom Eigentümer übernommen. |
| Rheinland-Pfalz[276] | G idF v. 15.6.2015.<br>Gem. § 44 Abs. 8 LBauO besteht Rauchmelderpflicht in Wohnungen. |
| Saarland[277] | G v. 18.2.2004, geändert durch G v. 16.6.2010.<br>Gem. § 46 Abs. 4 LBauO besteht Rauchmelderpflicht in allen Wohnungen |
| Sachsen | G idF v. 11.5.2016<br>Rauchwarnmelder im Neubau ab 2016 Pflicht gem. § 47 SächsBO. Keine Nachrüstpflicht geplant. |
| Sachsen-Anhalt[278] | G v. 10.9.2013<br>Rauchmelderpflicht gem. § 47 Abs. 4 LBauO in Neubauten. Nachrüstpflicht in vorhandenen Wohnungen bis zum 31.12.2015. |

270 Bremische Landesbauordnung v. 4.9.2018 (BremGbl. 2018, 320).
271 Hamburgische Bauordnung v. 14.12.2005 (Hmb GVBl 2005, 525).
272 Hessische Bauordnung idF v. 28.5.2018 (GVBl. I 2018, 198).
273 Landesbauordnung Mecklenburg-Vorpommern v. 18.4.2006 (GVOBl. M-V 2015, 344).
274 Niedersächsische Bauordnung v. 3.4.2012 (Nds. GVBl. 2012, 46).
*275 BauO NRW v. 21.7.2018 (GV. NRW 2018, 421).*
276 Landesbauordnung Rheinland-Pfalz v. 24.11.1998 (GVBl. 1998, 365), idF v. 15.5.2015.
277 Landesbauordnung v. 18.2.2004 (Amtsblatt 2004, 822).
278 Bauordnung des Landes Sachsen-Anhalt v. 10.9.2013 (GVBl. LSA 2013, 440, 441).

| | |
|---|---|
| Schleswig-Holstein[279] | G v. 22.1.2009.<br>Rauchmelderpflicht gem. § 49 Abs. 4 LBauO in allen Wohnungen.<br>Sicherstellung der Betriebsbereitschaft durch Besitzer. |
| Thüringen[280] | BauO v. 13.3.2014.<br>Rauchmelderpflicht gem. § 46 Abs. 4 ThürBauO in Neubauten sowie genehmigungspflichtigen Umbauten. Nachrüstpflicht bis 31.12.2018. |

Angesichts der geringen Kosten und der unproblematischen Anbringung wird die Auffassung vertreten, dass sich die Installation von Heimrauchmeldern als **unerhebliche** Einwirkung auf die Mietsache darstellt[273] und daher nicht mit der Dreimonatsfrist des § 555c Abs. 1 BGB angekündigt werden muss.[274] 132

Richtig ist, dass die zu erwartende geringe Mieterhöhung und der baulich geringe Eingriff unter dem Gesichtspunkt des Mieterschutzes keine umfassende Modernisierungsankündigung gem. § 555c Abs. 1 S. 2 BGB erfordert. Eine unerhebliche Einwirkung auf die Mietsache liegt aber schon dann nicht mehr vor, wenn der Handwerker für die Durchführung der Maßnahme die Wohnung betreten muss. Anderenfalls könnte mangels einer Ankündigungspflicht des Vermieters sich der Mieter nicht rechtzeitig auf die Durchführung der Maßnahme einstellen, zB im Falle seiner Berufstätigkeit durch Sicherstellung einer Aufsichtsperson oder durch Beantragung eines Urlaubstages bei seinem Arbeitgeber (→ BGB § 555a Rn. 37f.). 133

Heimrauchmelder müssen bislang nach **DIN 14676** einmal jährlich einer Funktionskontrolle unterzogen werden. Die DIN 14676 in der seit Dezember 2018 aktualisierten Fassung unterscheidet 3 Gruppen von Rauchwarnmeldern, die Baugruppen A, B und C, und regelt dementsprechend unterschiedliche Inspektionen und deren Intervalle.[275] Die Wartung, soweit der Vermieter dazu verpflichtet ist, hat der Mieter zu dulden.[276] Sie besteht regelmäßig aus einer Sichtkontrolle, einer kurzen Überprüfung der Funktion sowie einer Kontrolle der Energieversorgung[277]. Da bei den funkbasierten Geräte (Baugruppe B und C) die Baugruppe B nur einen Teil der Wartungsarbeiten über Funk erledigen kann, eine „Vor-Ort-Kontrolle" also erforderlich bleibt, liegt in der Ersetzung einfacher Geräte (Baugruppe A) durch Geräte der Baugruppe B keine Verbesserung. Die Kosten der jeweils erforderlichen Inspektionen können grds. als sonstige **Betriebskosten** gem. § 2 Nr. 17 BetrKV umgelegt werden.[278] 133a

**qq) Satellitenschüssel.** – s. Kabelanschluss 134

**rr) Schallschutz.** Eine Wertverbesserung liegt auch im Einbau von **Rollläden,** da diese einen Wärmeschutz und einen Schallschutz bieten.[279] Auch der Einbau einer Schallschutzwand ist eine duldungspflichtige Maßnahme, da hiermit die Geräuschbeeinträchtigungen in der Wohnung gemindert werden.[280] Es ist für die Annahme einer Verbesserungsmaßnahme unbeachtlich, wenn der Schallschutz neu eingebauter Fenster geringfügig hinter dem technischen Optimum zurückbleibt.[281] 135

**ss) Versorgungsleitung.** Die Erstellung und Verstärkung einer neuen **Elektroinstallation** ist grds. eine Wohnwertverbesserung.[282] Allerdings muss die Maßnahme als Ergebnis den Anschluss weiterer moderner Haushaltsgeräte in der Wohnung des Mieters zulassen.[283] Nach anderer Auffas- 136

---

279 Landesbauordnung für das Land Schleswig-Holstein v. 22.1.2009 (GVOBl. 2009, 6).
280 Thüringer Bauordnung idF der Bekanntmachung v. 25.3.2014 (GVBl. 2014, 49).
273 *Wall* WuM 2013, 3 (17).
274 AG Schwarzenbek ZMR 2008, 721.
275 Siehe im einzelnen *Serve* ZMR 2019, 6; *Riecke* ZMR 2019, 106, 108.
276 AG Hamburg-Blankenese ZMR 2013, 965; *Pfeifer* jurisPR-MietR 8/2014 Anm. 3.
277 *Serve* ZMR 2019, 6, 7.
278 LG München ZMR 2021, 489 = GE 2021, 766; Anm. *Wall* zu LG München, jurisPR-MietR 10/2021, Anm. 1; LG Magdeburg NJW 2012, 544 = GE 2012, 131; AG Burgwedel ZMR 2011, 800; AG Lübeck ZMR 2008, 302; *Wall* WuM 2013, 3 (20); *Schumacher* NZM 2005, 641 (643); *Harsch* WuM 2008, 521; Langenberg/Zehelein BetrKostR/*Langenberg* Kap. A Rn. 159; **aA** LG Berlin NZM 2000, 27; AG Bielefeld GE 2012, 132; → Rn. 277a ff.; nicht Umlagefähig sind die Kosten der Anmietung AG Hamburg-Wandsbek ZMR 2014, 804; **aA** LG Magdeburg NJW 2012, 544.
279 AG Steinfurt WuM 1985, 262.
280 LG Berlin ZMR 1999, 554.
281 LG Berlin WuM 2007, 384.
282 KG GE 1984, 757 zu § 11 AMVOB; LG Berlin GE 2015, 727 mAnm *Beuermann* GE 2015, 688; LG Berlin NZM 1999, 705; AG Pankow-Weißensee GE 2012, 1498.
283 LG Berlin GE 1999, 46; AG Hoyerswerda WuM 1997, 228.

sung soll die Verstärkung einer Steigleitung auch dann eine Modernisierung darstellen, wenn eine Verstärkung der Verkabelung innerhalb der Wohnung des Mieters nicht vorgesehen ist.[284] Genau betrachtet handelt es sich dabei um **Substanzverbesserungen** (→Rn. 75), die dem Vermieter nur über § 242 BGB ermöglicht werden muss.

136a Eine Modernisierung soll mit der Installation einer Ladestromanlage für ein Elektroauto gegeben sein. Die Duldungspflicht des Mieters soll sich grds. aus § 555b Ziff. 2 wegen Primärenergieeinsparung ergeben[285]. Das ist deshalb zweifelhaft, weil die Primärenergieeinsparung nicht mit der Nutzung der Wohnung einhergeht. Andererseits ist festzuhalten, dass in diesem Fall eine Mieterhöhung aufgrund der Installation ausgeschlossen und im Regelfall die unmittelbare Mietsache nicht tangiert ist, da sich ein solcher Ladeanschluss im Außenbereich der Wohnanlage befinden wird. Daher ist der Mieter unter diesem Aspekt ggf. nach Treu und Glauben (§ 242 BGB) zur Duldung verpflichtet. Ob gem. Ziff. 4 des § 556b BGB wegen einer Erhöhung des Gebrauchswerts der Mietsache eine Duldungspflicht besteht, ist wegen des grds. fehlenden Wohnungsbezugs des Elektroautos allenfalls zu bejahen, wenn die Ladestation in einer an den Mieter mitvermieteten Garage oder auf einem an den Mieter mitvermieteten Stellplatz installiert wurde.[286] Die Duldungspflicht ist vielmehr gem. Ziff. 5 wegen einer Verbesserung der allgemeinen Wohnverhältnisse gegeben. Die Fertigstellung einer Leitungsinfrastruktur nach § 8 GEIG (→ § 555a Rn. 13a) im Zusammenhang mit größeren Renovierungsmaßnahmen ist keine Modernisierung, weil damit nur die Infrastruktur, nicht aber der Anschluss selbst geschaffen wird. Zwar wird damit die Bausubstanz verbessert, ohne dass dies jedoch Einfluss auf die Wohnung oder das Wohnen hat, solange nicht auch der Ladepunkt eingerichtet und installiert wird.

137 Wird eine dauernde Überlastung des Leitungssystems behoben, muss von einer **Instandsetzungsmaßnahme** gem. Abs. 1 ausgegangen werden, wenn die Verstärkung der Steigleitung nicht auch eine Verbesserung der Hausanlage mit sich bringt, die spürbaren Einfluss auf die Gebrauchstauglichkeit der Mietsache hat.[287] Davon ist bspw. auszugehen, wenn der Mieter von Wohnraum schon vor Verlegung der neuen Steigleitung moderne Elektrogeräte benutzen konnte und die technische sowie bauliche Erweiterung der Steigleitung lediglich dem Betreiben besonders lastenintensiver (gewerblicher) Einrichtungen diente.[288] Von einer Instandsetzungsmaßnahme ist auch auszugehen, wenn die neue Steigleitung nur deshalb erforderlich ist, weil der Vermieter sonst nicht den erforderlichen Mindeststandard gewähren kann.[289] Häufig bestehen Kabelkanäle aus asbesthaltigen Leichtbauplatten, die aus gesundheitlichen Gründen entfernt und entsorgt werden müssen.[290]

138 Auch wenn die Erneuerung der Steigleitung keine Wohnwertverbesserung darstellt, so kann die Maßnahme dennoch vom Mieter zu dulden sein, wenn sie der Schaffung neuen Wohnraums dient; zB durch den Ausbau des Dachgeschosses.[291]

139 Werden die **Wasserleitungsnetze** sowie die **Abwassernetze** erweitert und erhalten dadurch eine höhere Kapazität, ist von einer Verbesserung der allgemeinen Wohnverhältnisse auszugehen.[292]

140 **tt) Treppenhaus.** Ein beheiztes Treppenhaus zählt idR nicht als wohnwerterhöhendes Merkmal, da der hiermit verbundene Komfort für die Mieter denkbar gering ist[293] und die damit verbundenen, nicht steuerbaren erhöhten Kosten eher als Nachteil empfunden werden. Der Austausch einfachverglaster Fenster durch isolierverglaste Fenster in einem **Treppenhaus** kann regelmäßig als energetische Modernisierung (§ 555b Nr. 1 BGB) angesehen werden.

141 Die Erneuerung der Treppenhausanlage bei gleichzeitiger Verlegung des Zugangs einer Wohnung vom Hinterhaus zum Vorderhaus ist eine vom Mieter hinzunehmende Wertverbesserung.[294] Das Gleiche gilt für die erstmalige Ausstattung von Treppenhäusern mit beleuchteten Treppenlichttastern.[295]

---

[284] LG Berlin GE 1992, 611; MM 1986, Nr. 3, 30; GE 1985, 141.
[285] *Dötsch* ZMR 2018, 477, 478.
[286] *Hinz* ZMR 2020, 374, 381; weitergehend wohl *Aklers/Müke* IR 2021, 122.
[287] LG Berlin NZM 1999, 705; AG Schöneberg MM 1993, 292.
[288] VG Berlin GE 1981, 93 zu § 11 AMVOB.
[289] BGH VIII ZR 281/03, WuM 2004, 527 = NJW 2004, 3174 = NZM 2004, 736 = ZMR 2004, 807 = DWW 2004, 292 = GE 2004, 1090 = AK-MietPrax § 535 BGB Nr. 7.
[290] *Hartmann* ZdWBay 2014, 60 (62).
[291] LG Berlin ZMR 1999, 554.
[292] *Kinne/Schach/Bieber* MietProzR BGB § 555b Rn. 32f.
[293] AG Tiergarten GE 1988, 895.
[294] AG Dülmen WuM 1998, 345.
[295] OVG Berlin GE 1985, 683 zu § 11 AMVOB.

**uu) Türschließanlage.** – s. Gegensprechanlage 142

**vv) Warmwasser.** Eine den Wohnraum verbessernde Modernisierung liegt nicht im Anschluss einer Wohnung an eine zentrale Warmwasserversorgungsanlage, wenn die Wohnung einen **Durchlauferhitzer** hat.[296] Allerdings kann eine solche Maßnahme unter dem Gesichtspunkt der Energieeinsparung zur Duldungspflicht des Mieters führen. 143

Der Einbau eines **Wärmezählers** für Warmwasser, zu dem der Vermieter spätestens bis 31.12.2013 verpflichtet ist (§ 9 Abs. 2 S. 1 HeizKV), stellt eine duldungspflichtige Modernisierung iSd § 555b BGB dar. Mit dem Einbau ist zwar weder eine Verbesserung des Wohnwertes noch eine Energieeinsparung verbunden.[297] Die Duldungspflicht des Mieters ergibt sich aber aus § 555b Nr. 6 BGB iVm § 555d BGB, da der Einbau eine Maßnahme ist, die der Vermieter nicht zu vertreten hat und zudem keine Erhaltungsmaßnahme nach § 555a BGB darstellt. 144

**ww) Wohnumfeld.** Eine Verbesserung der gemieteten Räume liegt auch vor, wenn die Räume nicht selbst und unmittelbar durch die Maßnahmen betroffen sind. Es reicht aus, wenn bspw. das Wohnumfeld so gestaltet wird, dass der Mieter dadurch auch eine Verbesserung seiner Wohnverhältnisse erfährt. Daher kann die Neugestaltung und Begrünung einer Hof- und Rasenfläche eine nach Nr. 5 duldungspflichtige Maßnahme sein,[298] insbes., wenn sie mit einer Entsiegelung der Bodenfläche und einer umfassenden Anpflanzung einhergeht[299]; nicht aber zB die **Dachbegrünung,** die keine Verbesserung der gemieteten Räume bewirkt, sondern lediglich eine Umgestaltung der Mietsache darstellt. Wird mit einer Maßnahme nur der Gebäudewert erhöht, ist die Duldungspflicht nach § 555b BGB ausgeschlossen und die Voraussetzungen der Duldung nach § 242 BGB zu prüfen. 145

Bei Maßnahmen zur Gestaltung des Wohnumfeldes kann eine Luxusmodernisierung vorliegen, wenn bspw. der Vermieter anfällige und exotische **Bepflanzungen** vornimmt, die bei der Pflege einen überdurchschnittlichen Aufwand erfordern.[300] 146

**xx) Wohnungstür.** Der Austausch eines Bartschlosses gegen ein **Sicherheitsschloss** bringt ein Mehr an Sicherheit und ist daher eine Wertverbesserung.[301] – sa Haustür (→ Rn. 116). Wird die Wohnungstür gegen eine Neue ausgetauscht, hat der Vermieter darzulegen, welche Konstruktionsmerkmale den Einbruchsschutz gegenüber der alten Tür erhöhen.[302] 147

**yy) Zentralheizung.** Zur Frage der Wohnwertverbesserung durch den Einbau einer Zentralheizung gibt es vielfältige Rspr. Grundsätzlich ist davon auszugehen, dass der Ersatz von Einzelöfen durch **zentralgesteuerte** Heizungsanlagen eine Modernisierung darstellt. So ist der Einbau einer Gasetagenheizung[303] oder einer Zentralheizung[304] anstelle von Einzelöfen eine Wohnwertverbesserung.[305] 148

Die Umstellung einer Gasetagenheizung auf Ölzentralheizung[306] oder Gaszentralheizung[307] oder die Ersetzung eines Gasherdes durch einen Elektroherd[308] verbessert den Gebrauchswert der Wohnung nicht. Dies sind rein technische **Umstellungen der Heizungsart,** die auch den Wohnwert nicht erhöhen. Damit kann aber eine Einsparung von Primärenergie (Nr. 2) verbunden sein. Die Erweiterung einer Gasetagenheizung soll dagegen eine Modernisierung sein.[309] Die Umstellung von einer Koksheizung auf eine Ölzentralheizung stellt wegen des erhöhten Bedienungskomforts ebenfalls eine Wohnwertverbesserung dar.[310] 149

---

[296] LG Hamburg WuM 2017, 640; AG Charlottenburg MM 1990, 349.
[297] *Kinne* GE 2009, 492.
[298] AG Köln WuM 1987, 31; AG Löbau WuM 1994, 19.
[299] *Fritz* ZMR 1997, 553 (557).
[300] *Fritz* ZMR 1997, 553 (558).
[301] VG Berlin GE 1988, 687 zu § 11 AMVOB.
[302] LG Berlin MM 2001, 401.
[303] LG Berlin GE 1999, 1359; NJW-RR 1992, 144 = MM 1991, 299 = GE 1991, 933; GE 1986, 1069; 1985, 479; WuM 1984, 219; AG Langenfeld WuM 1999, 284; AG Münster WuM 1996, 268; AG Bochum WuM 1983, 140.
[304] LG Berlin GE 2003, 394; VG Berlin GE 1985, 785 zu § 11 AMVOB.
[305] LG Berlin ZMR 2003, 488; VG Berlin GE 1984, 721 zu § 11 AMVOB.
[306] OVG Berlin ZMR 1990, 75 = GE 1989, 569; GE 1986, 1217; sa AG Schöneberg GE 1984, 765.
[307] BGH VIII ZR 110/11, WuM 2012, 448 = MietPrax AK § 554 BGB Nr. 8 = NJW 2012, 2954 = MDR 2012, 448 = GE 2012, 1036; BGH VIII ZR 25/12, WuM 2012, 677 = AK-MietPrax § 554 BGB Nr. 9 = NZM 2013, 141 = ZMR 2013, 106.
[308] AG Hoyerswerda WuM 1997, 228.
[309] VG Berlin GE 1981, 583 zu § 11 AMVOB.
[310] VG Berlin GE 1982, 329; OVG Berlin GE 1986, 95 zu § 11 AMVOB.

150 Wird eine Wohnung zwar stufenweise, jedoch auf Grund eines umfassenden Modernisierungsvorhabens von Ofenheizung über eine Gasetagenheizung auf Ölzentralheizung umgestellt, so ist für den zur Beurteilung einer Wertverbesserung anzustellenden Vergleich von der vor Beginn des Gesamtvorhabens bestehenden Lage auszugehen und der von vornherein nicht auf Dauer vorgesehene Zwischenzustand außer Betracht zu lassen[311] (→ Rn. 83).

150a Kleinere Einschränkungen können von dem Mieter hinzunehmen sein. Wird die Zentralheizungsanlage durch eine zusätzliche Fußleistenheizung erweitert, um Energiekosten einzusparen, ist der Mieter zur Duldung der Maßnahme gem. Nr. 1, 2 verpflichtet, auch wenn Möbelstücke infolge der Modernisierung von den Zimmerwänden abgerückt bleiben müssen (zum Problem der einhergehenden Verschlechterung → Rn. 9).

150b Der Austausch eines 5.000 l fassenden **Heizöltanks** gegen einen, der 30.000 l fasst, stellt keine Wertverbesserungsmaßnahme dar.[312]

### 7. Anschluss an ein Glasfasernetz

150c Mit dem Telekommunikationsmodernisierungsgesetz[313] wurde in § 555b BGB eine neue Ziffer 4a eingefügt. Damit wird klargestellt, dass unter Berücksichtigung des § 3 Nummer 33 TKG, der eine Definition des Begriffs „Netz mit sehr hoher Kapazität" bereitstellt, der erstmalige Anschluss der Wohnung mit einem Glasfaserkabel an ein öffentliches Netz eine Modernisierungsmaßnahme darstellt. Das TKG ist ab 1.12.2021 anzuwenden.

Gemäß § 559 Abs. 1 Satz 2 BGB[314] kann der Vermieter die Miete nur erhöhen, wenn der Mieter seinen Anbieter von öffentlich zugänglichen Telekommunikationsdiensten über den errichteten Anschluss frei wählen kann (→ § 559 Rn. 12b)[315].

Mit Einbau des Glasfaserkabels ist der Vermieter berechtigt, gemäß § 556 bestimmte Kosten umzulegen (zu den Voraussetzungen → § 556 Rn. 220a ff., 289).

### 8. Nicht zu vertretende Maßnahmen

151 Soweit es sich um Maßnahmen handelt, die dem Vermieter durch Gesetz, Verordnung oder gemeindliche Satzung auferlegt werden, ist § 555b Nr. 6 BGB anwendbar (bei Konkurrenz mit Nr. 1 → Rn. 55). Nach altem Recht musste für solche Maßnahmen auf § 242 BGB zurückgegriffen werden[316], um eine Duldungspflicht des Mieters zu begründen. Mit Aufnahme dieser „erzwungenen" baulichen Veränderungen in den Kanon der Modernisierungen des § 555b BGB ist allerdings auch die Härteregelung gem. § 555d BGB anwendbar, was der Gesetzgeber der Mietrechtsreform 2001 noch vermeiden wollte.[317]

152 In Betracht kommen hier zB Maßnahmen des Denkmalschutzes[318] sowie ggf. Verpflichtungen aus dem GEG[319] sowie aus dem GEIG. Aber auch der Einbau von Wärmezählern für die Erfassung des verbrauchten Warmwassers gem. § 9 Abs. 2 S. 1 HeizKV bis zum 31.12.2013 fällt hierunter.[320]

### 9. Schaffung neuen Wohnraums

153 Seit 1993 ist mit dem 4. Mietrechtsänderungsgesetz der Mieter auch verpflichtet, die Schaffung neuen Wohnraums durch Anbau, Ausbau oder Umbau der Wohnung oder des Hauses zu dulden (zum Rückbau von Wohnungen → Rn. 80 ff.). Jetzt findet sich die Regelung in § 555b Nr. 7 BGB. Darunter fallen in erster Linie der **Dachgeschossausbau,** der Ausbau von bisherigen Nebenräumen sowie die Aufstockung eines Gebäudes. Der Sinn und Zweck dieser Gesetzesfassung geht dahin, dass nicht nur solche Maßnahmen hinzunehmen sind, die den Wohnwert erhöhen, also

---

311 OVG Berlin ZMR 1990, 75 = GE 1989, 569.
312 OVG Berlin GE 1990, 1263 zu § 11 AMVOB.
313 Telekommunikationsmodernisierungsgesetz (TKG) in der Fassung vom 23.6."2021 (BGBl. I 1858).
314 Anzuwenden ab 1.12.2021.
315 Siehe auch *Börstinghaus,* MietPrax Arbeitshandbuch CI.
316 BGH VIII ZR 110/08, WuM 2009, 290 = NZM 2009, 394 = NJW 2009, 1736 = GE 2009, 646 = AK-MietPrax § 554 BGB Nr. 4.
317 Begr. des Kabinettsentwurfs v. 19.7.2000, BT-Drs. 14/4553 zu § 554 BGB; Nachw. bei AK Neues *MietR/Börstinghaus/Eisenschmid* S. 194.
318 Umf. *Goliasch* ZMR 1992, 129.
319 BVerwG GE 2013, 1468 zur EnEV.
320 *Kinne* GE 2012, 303 (306).

sich für den Mieter vorteilhaft auswirken, sondern auch solche, die dazu dienen, den **wirtschaftlichen Wert** eines Hausgrundstücks auszuschöpfen.[321] Daher muss der Mieter bspw. das Verlegen von Leitungen und den Zutritt von Handwerkern dulden, soweit dies für den Ausbau notwendig ist.[322] Die Maßnahmen des Vermieters beziehen sich nur auf schon vorhandene Gebäudeteile. Will der Vermieter daher eine Baulücke schließen, kann sich eine Duldungspflicht des Mieters nur aus § 242 BGB ergeben (→ Rn. 86). Zu einer Mieterhöhung nach § 559 BGB führen Maßnahmen nach § 555b Nr. 7 BGB allenfalls dann, wenn sie gleichzeitig zu einer Verbesserung der Bestandswohnung nach Nr. 4 oder 5 führen.[323]

**a) Errichten eines neuen selbständigen Gebäudes.** Wohnraum kann durch Baumaßnahmen in einem neuen selbständigen Gebäude geschaffen werden. Diese Fälle sind für den Mieter dann von Bedeutung, wenn der Vermieter das Grundstück der Mietsache **faktisch aufteilt** und auf ihm ein neues Gebäude errichtet oder **Baulücken** schließt. In diesen Fällen wird dem Bau des neuen Gebäudes regelmäßig eine Kündigung gem. § 573b Abs. 1 Nr. 1 BGB (Einzelheiten → BGB § 573b Rn. 6f.) vorangehen. Die Duldungspflicht ergibt sich in diesen Fällen allenfalls aus § 242 BGB, weil § 555d Abs. 2 BGB nicht den selbständigen Neubau erfasst. 154

**b) Beseitigung von Schäden.** Der Vermieter kann Wohnraum auch dadurch schaffen, dass er Schäden an Gebäuden unter wesentlichem Bauaufwand beseitigt, und dadurch die Gebäude auf Dauer wieder zu Wohnzwecken nutzbar macht (§ 16 Abs. 1 Nr. 2 WoFG). Diese Maßnahme setzt somit voraus, dass die Räume **nicht auf Dauer** nutzbar sind. Davon ist auszugehen, wenn ein Gebäudeteil zerstört ist[324] oder wenn sich der Raum oder der Gebäudeteil in einem Zustand befindet, der aus bauordnungsrechtlichen Gründen eine dauernde, der Zweckbestimmung entsprechende Nutzung nicht gestattet. Unerheblich ist es, ob der Raum oder der Gebäudeteil zum Zeitpunkt der Schadenbeseitigung tatsächlich genutzt wird. 155

**c) Änderung, Nutzungsänderung oder Erweiterung von Gebäuden.** Änderungen, Nutzungsänderungen oder Erweiterungen von Gebäuden sind ebenfalls Schaffung von Wohnraum, wenn die Maßnahmen unter **wesentlichem** Bauaufwand getroffen werden (§ 16 Abs. 1 Nr. 3 WoFG). Von dieser Regelung werden insbes. der Anbau sowie der Ausbau erfasst. Die Rspr., die den Anbau unter Geltung des früheren Rechts nicht als Modernisierung eingestuft hatte, ist daher veraltet.[325] Die Neugestaltung des Hauses muss iE mehr Wohnraum schaffen. Dass mehr Wohnungen entstehen, ist nicht erforderlich.[326] Daher ist bei einer Wohnraumerweiterung immer zu prüfen, ob darin eine nachhaltige Erhöhung des Gebrauchswertes der Mietsache gesehen werden kann, da nur in diesen Fällen der Vermieter zu einer Mieterhöhung gem. § 559 BGB befugt ist (→ Rn. 75a). Wann eine Altbauwohnung nach einem Anbau und nach Durchführung von Modernisierungsmaßnahmen als „bezugsfertig" gilt, richtet sich nach der Verkehrsauffassung.[327] 156

**Ausbau** ist das Schaffen von Wohnraum durch den Ausbau des **Dachgeschosses**[328] oder eine unter wesentlichem Bauaufwand durchgeführte **Umwandlung** von Räumen, die nach ihrer baulichen Anlage und Ausstattung bisher **anderen** als Wohnzwecken dienten (vgl. § 17 Abs. 1 S. 1 II. WoBauG[329]). Dazu kann auch gehören, dass ein Einfamilienhaus ein zusätzliches Staffelgeschoss erhält[330], wobei im Einzelfall zu prüfen ist, ob ein den Charakter des Hauses verändernder Umbau nicht durch Vereinbarung ausgeschlossen wurde.[331] Der Ausbau von **Nebenräumen** zur gewerblichen Nutzung dient nicht der Schaffung von Wohnraum. Hier kann sich eine Duldungspflicht des Mieters nur aus § 242 BGB ergeben[332] (zum Abriss bzw. Rückbau → Rn. 80ff.). 157

Die Durchführung von Heizungsrohren sowie Frischwasserrohren und Abwasserrohren ist vom Mieter zu dulden, wenn dadurch die in dem darüber liegenden Dachgeschoss einzubauende Woh- 158

---

321 BT-Drs. 12/3254, 17.

322 LG Berlin GE 1994, 455; 1994, 927; Staudinger/*Emmerich* BGB § 554 Rn. 17.

323 Zur Abgrenzung von Umbau und Modernisierung s. *Heix* WuM 2019, 58f.

324 BGH VIII ZR 298/13, WuM 2014, 546 = AK-MietPrax § 557 BGB Nr. 11 = ZMR 2015, 13 = GE 2014, 1133.

325 LG Köln WuM 1993, 40 = NJW-RR 1993, 1161; vgl. aber neue Rechtslage AG Pankow-Weißensee GE 2008, 415 = NZM 2008, 769.

326 LG Duisburg NZM 2000, 1000; MüKoBGB/*Bieber* § 554 Rn. 21.

327 OVG Münster WuM 1988, 229.

328 Zum Umfang der Minderung LG Berlin GE 2001, 771.

329 II. WoBauG, aufgehoben durch Art. 2 des Gesetzes zur Reform des Wohnungsbaurechts v. 13.9.2001.

330 BGH VIII ZR 106/07, ZMR 2008, 116.

331 LG Hamburg ZMR 2007, 455; zum vertraglichen Modernisierungsausschluss LG Berlin GE 2016, 1030.

332 *Blank* PiG 60 (2000), 79 (89).

nung an die Bewässerung und Entwässerung sowie an die Heizung angeschlossen wird[333] (→ Rn. 75).

159 **d) Anpassung an geänderte Wohnbedürfnisse.** Wird Wohnraum unter wesentlichem Bauaufwand an geänderte Wohnbedürfnisse angepasst, liegt jedenfalls nach der Begriffsbestimmung des § 16 Abs. 1 Nr. 4 WoFG eine Maßnahme zur Schaffung von Wohnraum vor.[334] Hierbei ist insbes. an den Umbau von Wohnraum zu denken, der den Änderungen in den Wohngewohnheiten Rechnung trägt.[335] Ein Bauaufwand ist den Kosten nach als wesentlich anzusehen, wenn er etwa ein Drittel des für einen vergleichbaren Neubau erforderlichen Aufwands erreicht.[336]

### 10. Übergangsregelung

160 Die Übergangsregelung der Modernisierungsvorschriften für laufende Mietverhältnisse ergibt sich aufgrund des MietRÄndG vom 11.3.2013 aus Art. 229 § 29 EGBGB. Hinsichtlich des § 555b Nr. 4a ist zu beachten, dass diese Vorschrift erst ab 1.12.2021 angewendet werden kann.[337]

---

[333] LG Berlin MDR 1986, 589 = ZMR 1986, 169 = GE 1986, 609; **aA** LG Berlin GE 1994, 455 nach altem Recht.

[334] S. *Heix* WuM 2019, 57 sowie § 556f BGB Rn. 18 zum Begriff der „umfassenden Modernisierung".

[335] BVerwG WuM 1990, 572 = NJW-RR 1990, 1425 = DÖV 1990, 894 zum steuerbegünstigten Wohnungsbau nach § 82 Abs. 2 WoBauG; MüKoBGB/*Bieber* § 554 Rn. 21.

[336] BVerwGE 38, 286 (289 f.); BGH VIII ZR 316/09, VIII ZR 50/10, WuM 2010, 679 = AK-MietPrax § 16 WoFG Nr. 1 = ZMR 2011, 107.

[337] Telekommunikationsgesetz (TKG) in der Fassung vom 23.6.2021.

## § 555c Ankündigung von Modernisierungsmaßnahmen

**(1) [1]Der Vermieter hat dem Mieter eine Modernisierungsmaßnahme spätestens drei Monate vor ihrem Beginn in Textform anzukündigen (Modernisierungsankündigung). [2]Die Modernisierungsankündigung muss Angaben enthalten über:**

**1. die Art und den voraussichtlichen Umfang der Modernisierungsmaßnahme in wesentlichen Zügen,**

**2. den voraussichtlichen Beginn und die voraussichtliche Dauer der Modernisierungsmaßnahme,**

**3. den Betrag der zu erwartenden Mieterhöhung, sofern eine Erhöhung nach § 559 oder 559c verlangt werden soll, sowie die voraussichtlichen künftigen Betriebskosten.**

**(2) Der Vermieter soll den Mieter in der Modernisierungsankündigung auf die Form und die Frist des Härteeinwands nach § 555d Abs. 3 S. 1 hinweisen.**

**(3) In der Modernisierungsankündigung für eine Modernisierungsmaßnahme nach § 555b Nummer 1 und 2 kann der Vermieter insbesondere hinsichtlich der energetischen Qualität von Bauteilen auf allgemein anerkannte Pauschalwerte Bezug nehmen.**

**(4) Die Absätze 1 bis 3 gelten nicht für Modernisierungsmaßnahmen, die nur mit einer unerheblichen Einwirkung auf die Mietsache verbunden sind und nur zu einer unerheblichen Mieterhöhung führen.**

**(5) Eine zum Nachteil des Mieters abweichende Vereinbarung ist unwirksam.**

### Systematische Übersicht



### Alphabetische Schnellübersicht



### A. Die Modernisierungsankündigung

Mit § 555c BGB hat der Gesetzgeber erstmals eine Vorschrift allein für die Ankündigung einer Modernisierungsmaßnahme geschaffen. Abs. 1 entspricht im Wesentlichen § 554 Abs. 3 S. 1 BGB aF. Darüber hinaus wurde in S. 1 eine Legaldefinition der Modernisierungsankündigung eingeführt. 1

Sie wird bei der Härteregelung in § 555d BGB sowie bei dem Sonderkündigungsrecht in § 555e BGB aufgegriffen. Zudem ist die Ankündigung für den Zeitpunkt der Wirkung der Mieterhöhung nach § 559ff. BGB von Bedeutung. S. 1 regelt darüber hinaus Form und Frist der Modernisierungsankündigung, während S. 2 die Inhalte der Ankündigung regelt.

2 In der Modernisierungsankündigung soll der Mieter auf Form und Frist des Härteeinwandes hingewiesen werden (Abs. 2).

3 Abs. 3 enthält eine ergänzende Regelung zum Inhalt der Modernisierungsankündigung.

4 Abs. 4 entspricht § 554 Abs. 3 S. 3 BGB aF. Wegen § 578 Abs. 2 BGB gilt die Vorschrift auch für Geschäfts- und Gewerberäume.

## I. Die Mitteilung durch den Vermieter

5 Die Modernisierungsankündigung gem. § 555c Abs. 1 BGB muss vom Vermieter ausgehen. Ist eine Mietwohnung von einer Bruchteilsgemeinschaft vermietet, kann die von ihr beanspruchte Duldung einer Wohnungsmodernisierung gem. § 432 Abs. 1 S. 1 BGB auch von einzelnen ihrer Mitglieder aus eigenem Recht – klageweise – durchgesetzt werden.[1] Wird die Wohnung im zeitlichen Zusammenhang mit der Durchführung von Modernisierungsmaßnahmen veräußert, so kann der **Erwerber** die Mitteilung erst nach seiner Eintragung ins Grundbuch abgeben (vgl. § 566 BGB).[2] Das Recht des Vermieters auf Duldung von Modernisierungsmaßnahmen ist nicht auf Dritte übertragbar.[3] Auch die Eintragung einer Auflassungsvormerkung reicht nicht aus, den Erwerber für die Geltendmachung des Duldungsanspruchs zu legitimieren.[4] Frühere Erklärungen des noch nicht im Grundbuch eingetragenen Erwerbers werden durch eine **nachträglich** erfolgte Eintragung nicht geheilt.[5]

6 Nachdem der XII. Zivilsenat in einem gewerblichen Mietverhältnis die Ermächtigung (§ 185 BGB) zur ordentlichen Kündigung für wirksam erklärt hat[6], hat nunmehr auch der VIII. Zivilsenat die Ermächtigung des Käufers einer Immobilie zur Durchführung von Modernisierungsmaßnahmen im Wohnraummietverhältnis vor der Grundbucheintragung gebilligt.[7] Die entscheidenden Argumente des VIII. Zivilsenats finden sich in der Auffassung, dass der Käufer ein (rechtliches) Eigeninteresse habe und der Mieter mit der Durchführung der Modernisierung keinen Nachteil erleide, weil schützenswerte Interessen nicht beeinträchtigt würden. Dem Mieter stehen weiterhin Minderungs- und Zurückbehaltungsrechte zu, wenn die baulichen Aktivitäten durch den ermächtigten Dritten zu einer wesentlichen Beeinträchtigung des vertragsgemäßen Gebrauchs führen. Darüber hinaus hat der Mieter gegen seinen Vermieter Erfüllungsansprüche, wenn es zu einem Baustillstand kommen sollte, zB weil der Kaufvertrag nicht vollzogen wird. Die Auffassung des BGH ist aber nicht zwingend. Problematisch ist die Ermächtigung in einem abgewandelten Fall, in dem der Mieter zur Vermeidung der Modernisierung die Wohnung gekündigt hat und wegen eines Streites zwischen den Kaufvertragsparteien die Modernisierung unterbleibt und der Verkauf rückabgewickelt wird.[8] Dann hat der Mieter durch diese Konstruktion seine Wohnung verloren.

7 Der Erwerber ist gehalten, die Ermächtigung offen zu legen; zum einen, um dem Mieter die Möglichkeit einer an den Parteien orientierten Interessenabwägung zu ermöglichen und zum anderen, weil der Mieter die Erklärung sonst zurückweisen kann.[9]

8 Sind mehrere Personen Vermieter bzw. Mieter, so muss die Mitteilung von allen Vermietern ausgehen bzw. an alle Mieter gerichtet sein. Geht das Schriftstück nur einem Mieter zu, reicht dies

---

[1] BGH VIII ZR 242/10, WuM 2011, 677 = AK-MietPrax § 554 BGB Nr. 6 = NJW 2012, 63 = NZM 2011, 849 = ZMR 2012, 94 = GE 2011, 1545.

[2] LG Berlin GE 1999, 1359; AG Charlottenburg GE 1984, 765.

[3] LG Berlin MM 1987, 29.

[4] LG Berlin GE 1983, 1161.

[5] **AA** LG Berlin MM 1991, 32.

[6] BGH WuM 1998, 99 = NJW 1998, 896 = MDR 1998, 271 = ZMR 1998, 214 = DWW 1998, 45 für die Kündigung eines gewerblichen Mietverhältnisses.

[7] BGH VIII ZR 105/07, WuM 2008, 219 = NJW 2008, 1218 = NZM 2008, 469 = GE 2008, 469 = ZMR *2008, 519 = AK-MietPrax § 554 BGB Nr. 2*; sa *Ingendoh* jurisPR 8/2008 Anm. 4.

[8] *Scholz* Anm. zu BGH ZMR 2008, 519.

[9] Offen gelassen BGH WuM 1998, 99 = NJW 1998, 896 = MDR 1998, 271 = ZMR 1998, 214 = DWW 1998, 45.

nur aus, wenn sich die Mieter gegenseitig zum Empfang von Erklärungen des Vermieters bevollmächtigt haben.[10] Eine allein an einen Mieter gerichtete Willenserklärung ist unwirksam.[11]

Die Mitteilung des Vermieters muss **vollständig** sein, insbes. muss sie richtige Angaben zur Wohnung beinhalten, wie bspw. Angaben zum Grundriss bzw. zur Ausstattung.[12] Alle Erklärungen müssen in einer Mitteilung enthalten sein. Eine sukzessive Mitteilung über Art und Umfang der Maßnahmen entspricht nicht den Anforderungen des § 555c BGB.[13] Sinn der Mitteilung ist nämlich, dem Mieter zu ermöglichen, sich ein Bild über die bevorstehenden Arbeiten und ihre Auswirkungen auf das Mietverhältnis zu verschaffen. Dies ist mit einer nur „scheibchenweisen" Information schwerlich möglich.[14] **9**

Wird in der Mitteilung ein Vertreter als Erklärender genannt, muss aus dem Schreiben die Person des Vermieters als Absender erkennbar und das Vertretungsverhältnis offen gelegt sein. Eine entsprechende Vollmachtsurkunde muss im Original beigefügt sein, weil anderenfalls der Mieter die Mitteilung gem. § 174 BGB unverzüglich zurückweisen kann.[15] **10**

Bei der Mitteilung nach § 555c Abs. 1 BGB handelt es sich um eine **einseitige empfangsbedürftige** Willenserklärung[16]. Der Mieter ist umfassend über die beabsichtigten Baumaßnahmen zu informieren, weil diese in das bestehende Vertragsverhältnis ändernd eingreifen. Der Vermieter muss den Mieter aber nicht über jedes Detail informieren, weil die Schutzvorschrift des § 555c BGB den Vermieter die Modernisierung nicht erschweren soll.[17] Das Informationsbedürfnis des Mieters muss aber so detailliert sein, dass er sich ein ausreichendes Bild von den beabsichtigten Maßnahmen machen und prüfen kann, ob diese für ihn eine Härte bedeuten. Anderenfalls würde ihm der Schutz des § 555d BGB entzogen. Spätere wesentliche Änderungen gegenüber den ursprünglichen Angaben machen eine neue Mitteilung erforderlich[18] (→ Rn. 14). Der Vermieter hat grundsätzlich keinen Anspruch darauf, dass sich der Mieter zu seiner Duldung erklärt[19] (→ § 555d BGB Rn. 17a). **11**

## II. Die Modernisierungsmaßnahme

Während § 555a Abs. 2 BGB die Ankündigungspflicht des Vermieters von beabsichtigten Erhaltungsmaßnahmen regelt, schafft § 555c BGB eine Legaldefinition der Ankündigung bei beabsichtigten Modernisierungsmaßnahmen. Die Ankündigung von Modernisierungsmaßnahmen ist form- und fristgebunden, während die Ankündigung nach § 555a Abs. 2 BGB formlos ist und die Frist der Ankündigung sich auf die Rechtzeitigkeit beschränkt. **12**

Die Modernisierungsmaßnahmen sind solche nach § 555b BGB. Es macht also keinen Unterschied aus, ob der Vermieter bspw. energetisch sanieren will oder ob er eine Maßnahme durchführen muss, die er nicht zu vertreten hat. **13**

## III. Die Ankündigungsfrist

Die dreimonatige Ankündigungsfrist ist eine **Mindestfrist.**[20] Das bleibt sie auch nach der Mietrechtsänderung 2013. Entscheidend ist, dass der Vermieter drei Monate warten muss, bevor er mit den Maßnahmen beginnen kann.[21] Vorher wird der Anspruch auf Duldung durch den Mieter nicht fällig.[22] Der Vermieter hat dem Mieter die Mitteilung „spätestens" drei Monate vor Beginn der **14**

---

[10] KG WuM 1985, 12 = NJW-RR 1986, 173 = ZMR 1985, 22 = DWW 1985, 149 = GE 1984, 1167; OLG Schleswig WuM 1983, 130 = NJW 1983, 1862 = MDR 1983, 670 = ZMR 1983, 249.

[11] OLG Celle WuM 1982, 102 = ZMR 1982, 245 = DWW 1982, 185 = OLGZ 1982, 254.

[12] LG Berlin WuM 2015, 670.

[13] LG Hamburg NZM 2001, 332; LG Berlin ZMR 1992, 546 = GE 1992, 1099; KSB MietR/*Kinne* BGB § 555c Rn. 7; *Sternel* NZM 2001, 1058 (1063); **aA** MüKoBGB/*Bieber* § 554 Rn. 36.

[14] *Thomsen* Modernisierung S. 63.

[15] OLG Hamm WuM 1982, 204 = NJW 1982, 2076 = MDR 1982, 851 = ZMR 1982, 374 = DWW 1982, 213 = GE 1982, 741 zu § 2 MHG.

[16] **AA** *Ulrici* NJW 2003, 2053, geschäftsähnliche Handlung.

[17] LG Berlin GE 2018, 55.

[18] LG Hamburg WuM 2005, 60; Kossmann Wohnraummiete-HdB § 44 Rn. 67.

[19] BGH, VIII ZB 44/20, NZM 2021, 506 = WuM 2021, 365 = GR 2021, 753.

[20] *Thomsen* Modernisierung S. 64; *Kinne/Blümmel* DWW 1988, 302.

[21] *Kossmann* Wohnraummiete-HdB § 44 Rn. 76; *Thomsen* Modernisierung S. 64.

[22] LG Kempten WuM 2016, 345; Blank/Börstinghaus/*Blank* BGB § 555c Rn. 29.

Modernisierungsmaßnahme zuzuleiten. Durch die Einfügung des Wortes „spätestens" wurde klargestellt, dass auch frühere Mitteilungen, soweit sie den inhaltlichen Anforderungen genügen, wirksam sein können. Daher ist eine Ankündigung fehlerhaft, wenn die geplanten Arbeiten „in spätestens drei Monaten" ausgeführt werden sollen.[23] Der Vermieter kann daher nur eine längere, nicht aber kürzere Ankündigungsfrist wählen. Allerdings muss die Ankündigung noch in einem engen zeitlichen Zusammenhang zu der Modernisierungsmaßnahme stehen[24] (→ Rn. 37), weil sonst die in § 555e Abs. 1 BGB festgelegte Kündigungsfrist missbraucht werden könnte, zB, um den Mieter möglichst frühzeitig zur Kündigung zu zwingen, wenn er die Folgen der Modernisierung, bspw. die künftige Mieterhöhung, abwenden will.

15 Es ist unschädlich, wenn der Vermieter die zunächst unvollständigen Angaben in einem weiteren Schreiben vor Beginn der 3-Monatsfrist vervollständigt. Entscheidend ist der zeitliche Zusammenhang, der die Nachholung der Information auch für den Mieter erkennbar lassen muss. Der Vermieter darf aber die **Bestandteile** der Ankündigung nicht splitten und dem Mieter über einen längeren Zeitraum nur sukzessiv bekannt geben, ohne die Angaben insgesamt in einer Mitteilung dem Mieter innerhalb des gesetzlich vorgegebenen Zeitraumes zuzuleiten. Das wäre bspw. der Fall, wenn der Vermieter dem Mieter etwa 6 Monate vor Beginn der Bauarbeiten die Art der beabsichtigten Maßnahme mitteilt und erst 3 Monate vor Baubeginn die restlichen Angaben zum voraussichtlichen Umfang und Dauer der Maßnahmen macht. Der Vermieter als Bauherr besitzt alle erforderlichen Daten schon vor Baubeginn, so dass es ihm regelmäßig zumutbar ist, diese dem Mieter übersichtlich und nachvollziehbar in einer einheitlichen Erklärung bekannt zu geben. Zudem würde mit einem solchen Vorgehen der Zeitpunkt der Ausübung des Sonderkündigungsrechts manipuliert (→ Rn. 14).

16 Die Fristberechnung erfolgt nach §§ 187, 188 BGB. Die Frist beginnt mit dem Tag, der dem **Zugang** der Mitteilung beim Mieter folgt.[25] Sie endet an dem Tag, der durch seine Zahl dem Tag des Zugangs entspricht. Fehlt in dem Monat, in dem die Frist endet, der für ihren Ablauf maßgebende Tag, so endet die Frist mit dem Ablauf des letzten Tages des Monats (zum Beginn der Maßnahme → Rn. 37 ff.).

17 Für die Frage, ob die Mitteilung dem Mieter rechtzeitig zugegangen ist, muss auf den „Beginn der Modernisierungsmaßnahme" abgestellt werden. Bloße **Vorbereitungshandlungen** ohne Einwirkungen auf den Mietgebrauch oder das Gebäude reichen nicht aus.[26] Daher sind technische oder planerische Vorbereitungen beim Bauherrn oder seinem Architekten unbeachtlich. Von einem Beginn der Maßnahme kann man nur ausgehen, wenn tatsächlich Baumaßnahmen ergriffen worden sind. Diese müssen sich wiederum auf die Wohnung, das Haus oder das Hausgrundstück beziehen. Plant der Vermieter daher umfangreiche Sanierungsmaßnahmen am Haus und beginnt er mit Maßnahmen außerhalb des Hausgrundstücks, zB mit der Erstellung neuer Parkplätze auf dem **Nachbargrundstück,** dann liegt darin noch kein Beginn der baulichen Maßnahme. Sind für die beabsichtigte Modernisierung nur die Maschinen bereitgestellt worden, dient diese Tätigkeit lediglich der technischen Vorbereitung; ein Baubeginn ist darin nicht zu sehen. Auch die Einleitung von Vorfertigungsarbeiten, die zwecks Herstellung bestimmter Bauteile erforderlich werden kann, stellt keinen Baubeginn dar. Die Maßnahmen des Vermieters müssen einen unmittelbaren Grundstücksbezug aufweisen. Anderenfalls wäre die notwendige Transparenz und Erkennbarkeit der Baumaßnahme nicht gewährleistet.

18 Die Beseitigung von **Schutt** und **Gerümpel,** die erforderlich ist, um in einem bestimmten Raum Modernisierungsmaßnahmen durchführen zu können, ist noch nicht Teil der Baumaßnahme.[27] Solche Maßnahmen können sinnvollerweise auch ohne Modernisierung durchgeführt werden und sind daher dem Bereich der Instandsetzung zuzuordnen.

19 Mit der Modernisierung wird allerdings begonnen, wenn der Vermieter zB das **Haus einrüstet, Zugangswege** zur Baustelle schafft oder wenn **Leitungen** für Strom und Wasser zwecks Versorgung des Baustellenbetriebs verlegt werden. Solche Maßnahmen wären ohne die nachfolgende Modernisierung sinn- und zwecklos und müssen ihr daher zugeordnet werden.[28] Dabei ist es nicht

---

[23] AG Köln MietRB 2005, 89 mAnm *Walburg.*
[24] **AA** *Kinne/Blümmel* DWW 1988, 302.
[25] *AG Berlin-Schöneberg* NJW-RR 1992, 269 = MM 1991, 301.
[26] LG Hamburg WuM 2005, 60; Bub/Treier MietR-HdB/*Schüller* Kap. III A Rn. 2684.
[27] OVG Berlin GE 1985, 1201 zu § 11 AMVOB.
[28] OVG Berlin GE 1985, 1201 zu § 11 AMVOB.

erforderlich, dass die Baumaßnahme einen bestimmten Umfang erreicht haben muss. Es genügt, wenn mit den Arbeiten im Wortsinne begonnen, also der erste Spatenstich gesetzt wurde.

Der Vermieter hat wegen der notwendigen Planungssicherheit ein berechtigtes Interesse daran, möglichst frühzeitig zu erfahren, ob der Mieter die Arbeiten dulden oder Einwände vorbringen will. Dem hat der Gesetzgeber dadurch Rechnung getragen, dass er den Mieter verpflichtet, ggf. Härten bis zum Ablauf des Monats vorzubringen, der auf den Zugang der Modernisierungsankündigung folgt (§ 555 d Abs. 3 BGB). Weiterer Entgegenkommen des Mieters bedarf es daher nicht, so dass er nicht etwa gehalten ist, auf **Nachfrage** des Vermieters diesem den Stand seiner Überlegung mitzuteilen.[29] In der gleichen Frist mutet das Gesetz dem Mieter zu, sich zu entscheiden, ob er das Mietverhältnis wegen der Baumaßnahmen kündigen will. Der Mieter hat somit regelmäßig wenig zeitlichen Spielraum (näheres → § 555 d). **20**

§ 555 c BGB gilt auch bei einer vom Vermieter zugelassenen Modernisierung durch einen Wohnungsnachbarn, soweit der Mieter durch die baulichen Maßnahmen seines Nachbarn im vertragsgemäßen Gebrauch gestört wird. Denn es kommt nicht darauf an, wer die Modernisierungsmaßnahme durchführt. Entscheidend ist, dass der Vermieter die Maßnahme billigt, weil er sonst gegen den Dritten zum Schutz der Mitmieter vorgehen müsste. Daher muss der Mieter solche Maßnahmen nur dulden, wenn alle erforderlichen Voraussetzungen der Duldungsvorschriften vorliegen.[30] **21**

## IV. Die Textform der Modernisierungsankündigung

Der Vermieter muss die Maßnahme in Textform ankündigen (zur Textform → BGB § 550 Rn. 77 ff.). Das Mietrechtsreformgesetz 2001 hat die Textform in § 554 BGB aF erstmals für die Modernisierungsregelungen übernommen. § 126 b BGB soll die Textform als „verkehrsfähige" Form von **unterschriftslosen** Erklärungen installieren. Im Bereich der Modernisierung sah der Gesetzgeber das Informationsbedürfnis im Vordergrund und erachtete daher die Textform als ausreichend.[31] Mit dem Mietrechtsänderungsgesetz 2013 wurde diese Einschätzung aufrechterhalten. **22**

Kennzeichen der Textform ist die Fixierung einer Mitteilung oder Erklärung in lesbare Schriftzeichen. Darüber hinaus müssen der Urheber der Erklärung sowie ihr räumlicher Abschluss erkennbar sein.[32] Da es keiner eigenhändigen Unterschrift bedarf, ist die Fixierung des Textes sowohl auf Papier, Disketten, CD-Roms und USB-Sticks. möglich.[33] Auch gesprochene Mitteilungen entsprechen nicht der Form, selbst wenn sie in **digitalisierter** Form vorliegt und mit Hilfe spezieller Anwendungen in einen sichtbaren Text umgewandelt werden können.[34] **23**

§ 126 b BGB[35] verlangt eine lesbare Erklärung, in der die Person des Erklärenden genannt ist und die auf einem dauerhaften Datenträger abgegeben wird. Die Erklärung muss somit einen Urheber und Absender erkennen lassen. Die Anforderungen richten sich nach den allgemeinen Regeln. Der räumliche Abschluss der Erklärung erfolgt idR durch Setzen des Namens. Der Zugang[36] der Erklärung in Textform setzt voraus, dass die grafischen Zeichen, wie Buchstaben und Ziffern, auch bei dem Empfänger erscheinen und nicht etwa nur in **Maschinensprache** vorliegen.[37] Bei der Wohnraummiete erreicht eine Erklärung per E-Mail den Adressaten, auch wenn die E-Mail-Adresse dem Vermieter bekannt gegeben wurde, erst mit dem Abruf durch den Empfänger. Der Mieter hat keine Nachforschungspflicht bzw. Überwachungspflicht bzgl. des E-Mail-Accounts. Weitere Einzelheiten zur Textform → BGB § 550 Rn. 77 ff. **23a**

## V. Die Angaben zur Modernisierungsmaßnahme

Gem. § 555 c Abs. 1 S. 2 BGB hat der Vermieter dem Mieter spätestens drei Monate vor Beginn der Maßnahme deren Art, sowie voraussichtlichen Umfang, voraussichtlichen Beginn und voraus- **24**

---

[29] So KG ZMR 2010, 180 = GE 2009, 1553 = NZM 2010, 203 = DWW 2010, 146 zu § 554 BGB aF.
[30] OLG München WuM 1991, 481.
[31] Begr. des RegE, BT-Drs. 14/4987, 21.
[32] BT-Drs. 14/4987, 19; s. iE *Mankowski* ZMR 2002, 481 ff.
[33] Zur Zulässigkeit von E-Mails bei Wohnraummietverträgen *Lammel* ZMR 2002, 333 (336).
[34] BT-Drs. 14/4987, 20.
[35] § 126 b BGB idF v. 20. 9. 2013 (BGBl. I 3642).
[36] Zum Zugangsproblem von E-Mails und anderen elektronischen Nachrichten *Nowak* MDR 2001, 841; *Vehslage* AnwBl 2002, 86 (87).
[37] *Mankowski* ZMR 2002, 481 (482).

sichtliche Dauer sowie die zu erwartende Erhöhung der Miete in Textform (§ 126b BGB) mitzuteilen. Damit soll dem Mieter die Möglichkeit der Prüfung gegeben werden, ob er die vom Vermieter angestrebte Modernisierungsmaßnahme dulden muss oder ob er ggf. von seinem außerordentlichen Kündigungsrecht nach § 555e BGB Gebrauch machen will. Gibt der Vermieter mit seinem Ankündigungsschreiben zusätzliche Informationen, die jedoch unrichtig sind und dem Mieter falsche Vorstellungen über Art und Umfang seiner Mitwirkungspflichten vermitteln, ist die Ankündigung unwirksam.[38] Der Vermieter hat daher dem Mieter nur Angaben zu machen, die für die Beurteilung als Modernisierungsmaßnahme und als Grundlage für die vorzunehmende Interessenabwägung notwendig sind. Will der Vermieter bspw. eine energetische Modernisierung vornehmen, sind die Angaben nach Abs. 3 zu machen (→ Rn. 57 ff.). Die formalen Anforderungen der Mitteilungspflicht des Vermieters entfallen, wenn er lediglich Maßnahmen durchführen will, die mit keiner oder nur mit einer unerheblichen Einwirkung auf die vermieteten Räume verbunden sind und zu keiner oder nur zu einer unerheblichen Erhöhung der Miete führen (Abs. 4). Das betrifft aber nur die Anforderungen nach Abs. 2, nicht die Mitteilung selbst und wegen Art. 13, 14 GG erst recht nicht bei Modernisierungsmaßnahmen, soweit zu ihrer Durchführung die Wohnung des Mieters betreten werden muss. (vgl. → § 555a Abs. 2 BGB).

**25** Der Umfang der inhaltlichen Anforderungen an die Mitteilungspflicht[39] hat schon in der Vergangenheit in der Lit. Kritik erfahren,[40] da mit ihnen dem Vermieter die Modernisierung faktisch unmöglich gemacht werde. Der Mieter verdiene keinen Schutz vor Maßnahmen, die materiell im Einklang mit dem Gesetz stünden. Das Modernisierungsrecht dürfe daher nicht so angewendet werden, dass es faktisch zu einem Modernisierungsstopp führe. Dies habe auch das Bundesverfassungsgericht[41] für Mieterhöhungsverlangen des Vermieters postuliert. Der Gesetzgeber hat diese Kritik schon mit dem Mietrechtsreformgesetz 2001 aufgegriffen und die Voraussetzungen für eine wirksame Ankündigung der Modernisierungsvorhaben erleichtert[42], indem der Vermieter nur den voraussichtlichen Umfang der geplanten Maßnahme darlegen musste. Damit sollte insbes. auch dem Umstand Rechnung getragen werden, dass der Vermieter häufig zu präzisen Angaben nicht in der Lage ist.[43] Nach Auffassung des BGH hat die in § 554 Abs. 3 S. 1 BGB aF (§ 555c Abs. 1 BGB) geregelte Mitteilungspflicht nicht zum Ziel, die rechtliche Befugnis des Vermieters zur Durchführung von Modernisierungsmaßnahmen einzuschränken, sondern sie soll dem Mieter lediglich einen ergänzenden Schutz bei der Durchführung von Modernisierungsmaßnahmen gewähren.[44] Diese weite Auslegung der Vorschrift hat der Senat inzwischen bestätigt und sogar noch zu Lasten des Mieters verschärft, indem diesem zugemutet wird, in Zweifelsfragen zu den energetischen Auswirkungen der Modernisierung sachverständige Hilfe in Anspruch zu nehmen.[45] Mit dieser Beschränkung der Mieterrechte ist der Senat dem Vermieterinteresse weiter entgegengekommen und schlägt damit einen Weg ein, den er bei den Anforderungen an die formellen Voraussetzungen einer Betriebskostenabrechnung schon vollendet hat. Mit seiner Entscheidung aus dem Jahre 2007[46] stellte der Senat noch fest, dass die Mitteilungspflicht dem Schutz des Mieters dient, nicht aber den Vermieter in seinem Mieterhöhungsrecht nach Durchführung der Modernisierung beschränken bzw den Modernisierungsanspruch des Vermieters unvertretbar verkürzen[47] soll.

**26** Beide Sichtweisen geben dem Umstand zu wenig Raum, dass mit der Modernisierung der Vermieter den Vertragsgegenstand einseitig ändert und daher nicht nur der Mieter besonders schutzwürdig ist, sondern auch die Duldungstatbestände eine einengende Auslegung erfahren müssen. Bei dem Wunsch, dem Vermieter die Anpassung der Wohnungen an zeitgemäße Wohnverhältnisse

---

38 LG Berlin ZMR 2019, 275.

39 Zum Klageantrag auf Duldung der Modernisierung BGH VIII ZR 242/10, WuM 2011, 677 = AK-MietPrax § 554 BGB Nr. 6 = NJW 2012, 63 = ZMR 2012, 94 = NZM 2011, 849 = GE 2011, 1545.

40 *Steike* DWW 2000, 47 (48) mwN.

41 BVerfG WuM 1986, 237 = NJW 1987, 313 = MDR 1986, 821 = DWW 1986, 173; WuM 1980, 123 = NJW 1980, 1617 = MDR 1980, 732= ZMR 1981, 57.

42 *Jansen* BBauBl. 2001, 12 (16).

43 Begr. zu § 554 BGB Kabinettsentwurf, Nachw. bei AK Neues MietR/*Börstinghaus* S. 193.

44 BGH VIII ZR 242/10, WuM 2011, 677 = AK-MietPrax § 554 BGB Nr. 6 = NJW 2012, 63 = ZMR 2012, 94 = NZM 2011, 849 = GE 2011, 1545.

45 *BGH VIII ZR 55/19*, WuM 2020, 485.

46 BGH VIII ZR 6/07, WuM 2007, 630 = AK-MietPrax § 559 BGB Nr. 1 = NJW 2007, 3565 = ZMR 2008, 186 = NZM 2007, 882 = GE 2007, 1479.

47 BGH VIII ZR 55/19, WuM 2020, 485.

zu ermöglichen oder ihm die Möglichkeit einzuräumen, den Wohnraum energetisch zu ertüchtigen, darf nicht unberücksichtigt bleiben, dass der Vermieter sich vertraglich auch bzgl. des Vertragsgegenstandes gebunden hat und Änderungen diesbezüglich nicht die Regel sondern die Ausnahmen sind. Nach dieser Maßgabe hat der Vermieter dem Mieter ein hinreichendes Bild von dem zu vermitteln, was mit der geplanten Modernisierung voraussichtlich an Änderungen auf ihn zukommt.[48] Diese Vorgehensweise befördert auch das Vertrauensverhältnis zwischen den Vertragsparteien.[49] Der Vorlage eines Bauzeitenplans bedarf es aber regelmäßig nicht.

Es reicht nicht aus, wenn der Vermieter nur allgemein und pauschal die Maßnahmen am und im Haus beschreibt. Die Mitteilung muss vielmehr **individuell** für die Wohnung des Mieters erfolgen[50] (→ Rn. 33). Sie muss die geplante Maßnahme, ihre Bedeutung und ihre Auswirkungen sowie die vermutliche Mietzinserhöhung in angemessenem Umfang so konkret wie möglich beschreiben.[51] Dazu gehört auch die Angabe, ob der Mieter zwecks Durchführung der Modernisierung seine Wohnung vorübergehend verlassen muss und wo der Ersatzwohnraum von Vermieter vorgesehen ist.[52] Der Mieter muss einschätzen können, ob er zur Duldung der Maßnahmen gem. § 555d BGB verpflichtet ist.[53] Die Ankündigung darf daher keine Vorbehalte enthalten.[54] Die Ankündigungspflicht gilt selbst dann, wenn der Vermieter nach Abschluss der Baumaßnahmen keine Mieterhöhung beabsichtigt.[55] **27**

Werden in der Ankündigung die gesetzlichen Anforderungen nicht berücksichtigt, ist die Mitteilung unwirksam.[56] Die Ankündigung muss somit neu erklärt werden.[57] Der Grund hierfür lässt sich beispielhaft belegen. Der Mieter kann zB nur durch detaillierte Angaben zu der Lage der über Putz verlaufenden Steige – und Ringleitungen sowie der Heizkörper[58] prüfen, ob die beabsichtigten Maßnahmen bspw. den räumlichen **Zuschnitt** der Wohnung verändern oder ob sie durch den Verlauf der Leitungen sowie die Lage der Heizkörper **Stellfläche** wegnehmen.[59] Daher sind auch „übliche" Baumaßnahmen detailliert anzukündigen.[60] Dies gebietet auch die Rechtssicherheit, da über das, was „üblich" ist, zwischen Vermieter und Mieter selten Einigkeit bestehen wird. Dient die Maßnahme der Energieeinsparung, muss der Vermieter nachvollziehbar Einzelheiten zur voraussichtlichen **Verbrauchsminderung** darlegen[61] (→ Rn. 57 ff.). **28**

Keinesfalls gilt die Ankündigungspflicht nur für Arbeiten in der Wohnung.[62] Denn die Ankündigung dient der Vorbereitung des Mieters auf alle geplanten Maßnahmen, damit er sich seinen Bedürfnissen entsprechend darauf einstellen und einrichten kann.[63] Die Mitteilungspflicht besteht daher auch für Arbeiten im **Außenbereich,**[64] also außerhalb des Gebäudes. Derartige Maßnahmen außerhalb der Mieträume können zB sein der Einbau eines Fahrstuhls im Treppenhaus[65] oder die Wärmedämmmaßnahme[66] an der Fassade. **29**

Eine Ankündigung nach § 555c Abs. 1 BGB ist auch dann erforderlich, wenn der Vermieter mehrere Bagatellmaßnahmen durchführen will, die insgesamt zu einer erheblichen Beeinträchtigung oder Mieterhöhung führen. Dies gilt auch dann, wenn jede Maßnahme für sich betrachtet **ohne** vorherige Ankündigung durchgeführt werden könnte. Die gleichen Grundsätze sind zu **30**

---

[48] BGH VIII ZR 242/10, AK-MietPrax § 554 BGB Nr. 6 = WuM 2011, 677 = NJW 2012, 63 = NZM 2011, 849 = GE 2011, 1545.
[49] *Schach* jurisPR-MietR 23/2011 Anm. 2.
[50] AG Langenfeld WuM 1999, 284; KSB MietR/*Kinne* BGB § 555c Rn. 38.
[51] LG Berlin GE 1987, 521; WuM 1987, 386 = MDR 1987, 325 = GE 1986, 1121; AG Stuttgart WuM 2006, 33; Staudinger/*Emmerich* BGB § 554 Rn. 44.
[52] AG Berlin Tempelhof-Kreuzberg MM 2017, 30.
[53] AG München ZMR 2017, 985.
[54] KSB MietR/*Kinne* BGB § 555c Rn. 38; *Beuermann* GE 1986, 8.
[55] LG Berlin GE 1990, 763.
[56] LG Berlin WuM 1987, 386 = MDR 1987, 325 = GE 1986, 1121; AG Tempelhof-Kreuzberg MM 1984, 133.
[57] LG Berlin GE 2017, 977.
[58] LG Berlin ZMR 1999, 554; **aA** *Steike* DWW 2000, 47 (50).
[59] AG Köpenick GE 2009, 1051.
[60] LG Berlin GE 1985, 1033; **aA** KSB MietR/*Kinne* BGB § 555c Rn. 38.
[61] LG Berlin GE 1999, 575; LG Nürnberg-Fürth WuM 1993, 670; LG Lübeck WuM 1990, 499.
[62] So aber LG Berlin GE 1996, 415.
[63] *Rathjen* PiG 58 (1999), 15.
[64] LG Berlin WuM 1987, 386 = MDR 1987, 325 = GE 1986, 1121.
[65] LG Berlin WuM 1987, 386 = MDR 1987, 325 = GE 1986, 1121.
[66] LG Düsseldorf WuM 1999, 113.

beachten, wenn im Zuge einer umfangreichen Modernisierung eine oder mehrere **Bagatellmaßnahmen** mit erledigt werden.[67]

### 1. Die Art der Maßnahme

31 Die Art der Maßnahme betrifft das einzelne Werk, also zB den Einbau neuer Fenster, neuer Heizkörper, die Veränderung des Grundrisses oder die Durchführung von Wärmedämmmaßnahmen. Der Vermieter muss somit klar und präzise darlegen, welche baulichen Maßnahmen beabsichtigt sind.[68] Im Einzelfall kann dies dazu führen, dass er auch Angaben über Details oder sogar **Baustoffe** geben muss. Will der Vermieter bspw. eine Dämmschicht aufbringen, muss er dem Mieter auf Nachfrage Angaben machen, ob diese den geltenden Baunormen bzw. dem GEG entspricht. Daher ist der Vermieter auch gehalten, beim Austausch von Heizungsanlagen darzulegen, ob und warum es sich dabei um eine Verbesserung der Mietsache bzw. um eine Energieeinsparungsmaßnahme handelt[69] (→ Rn. 57 ff.).

### 2. Der voraussichtliche Umfang

32 Der Vermieter hat dem Mieter den „voraussichtlichen" Umfang der Maßnahme mitzuteilen. Der Umfang der baulichen Maßnahmen betrifft die Schwere des Eingriffs in die Bausubstanz und in die Wohnsituation des Mieters. Der Vermieter ist überfordert, die **Bauschritte** seiner einzelnen Gewerke in jedem Fall vorauszuplanen. Häufig führen erst im Zuge der Baumaßnahmen auftretende technische Fragestellungen zu neuen Lösungen, die anders geartete Eingriffe als geplant erfordern[70]. Daher ist es sachgerecht, wenn der Vermieter nur den **voraussichtlichen** Umfang der Maßnahme im Ankündigungsschreiben angeben muss. Denn es kann vorkommen, dass aus bautechnischen Gründen Änderungen gegenüber der Ankündigung und der ursprünglichen Planung notwendig werden. Der Begriff „voraussichtlich" befugt aber den Vermieter keinesfalls, während der Baumaßnahme quasi willkürlich Veränderungen gegenüber seiner ursprünglichen Planungsabsicht vorzunehmen. Der Begriff „voraussichtlich" räumt ihm kein freies Ermessen hinsichtlich der Bauausführung ein, sondern gibt ihm lediglich einen **Durchführungsspielraum** im Falle technischer unvorhergesehener Hindernisse.

33 Hinsichtlich der Art und des voraussichtlichen Umfangs der Maßnahme soll der Mieter eine Vorstellung davon bekommen, wie er durch die geplanten Maßnahmen beeinträchtigt wird.[71] Der Umfang der Mitteilungspflicht bleibt insoweit iE streitig. Eine Lösung durch den Gesetzgeber ist nicht erfolgt, auch wenn er den voraussichtlichen Umfang der geplanten Maßnahmen nur „in wesentlichen Zügen" aufzeigen muss. Zwar muss eine Modernisierungsankündigung nicht jede Einzelheit der beabsichtigten Modernisierungsmaßnahme beschreiben und nicht jede mögliche Auswirkung mitteilen. Sie muss aber so konkret gefasst sein, dass sie den Informationsbedürfnissen des Mieters Rechnung trägt, das Ziel der beabsichtigten Modernisierung und die zu dessen Erreichung geplanten Maßnahmen zu erfahren, um ihm darüber eine zureichende Kenntnis zu vermitteln, in welcher Weise die Wohnung durch die geplanten Maßnahmen verändert wird und wie sich diese Maßnahmen künftig auf den Mietgebrauch einschließlich etwaiger Verwendungen des Mieters sowie die zu zahlende Miete auswirken.[72] Diese vom BGH zu § 554 BGB aF aufgestellten Mindestanforderungen werden auch nach neuem Recht einzuhalten sein, da die Formulierung „in wesentlichen Zügen" den Inhalt der vorgenannten BGH-Entscheidung wiedergibt. Dennoch gibt die Formulierung den Gerichten einen weiten Auslegungsspielraum, der bestehende Unsicherheiten nicht vermindert.[73] In diesem Sinne ist es jedenfalls ausreichend, wenn der Vermieter den Austausch aller Fenster im Treppenhaus ankündigt, ohne die Zahl der Fenster zu nennen.[74]

---

[67] **AA** AG Berlin-Tiergarten GE 1991, 153.

[68] AG Berlin-Köpenick GE 2010, 415.

[69] LG Berlin GE 2013, 516 zum Wirkungsgrad der Heizungsanlage.

[70] BGH VIII ZR 242/10, AK-MietPrax § 554 BGB Nr. 6 = WuM 2011, 677 = NJW 2012, 63 = NZM 2011, 849 = GE 2011, 1545.

[71] BGH VIII ZR 242/10, WuM 2011, 677 = NJW 2012, 63 = AK-MietPrax § 554 BGB Nr. 6 = NZM 2011, 849 = GE 2011, 1545.

[72] *BGH VIII ZR 242/10*, WuM 2011, 677 = NJW 2012, 63 = AK-MietPrax § 554 BGB Nr. 6 = NZM 2011, 849 = GE 2011, 1545.

[73] *Hinz* ZMR 2012, 153 (156); *Neuhaus* ZMR 2013, 686 (690).

[74] LG Berlin GE 2016, 977.

Soll eine Wohnung modernisiert werden, so sind im Ankündigungsschreiben die Maßnahmen iE zu beschreiben, so dass der Mieter deren Auswirkungen auf alle Räume, einschließlich auf die Möblierung der Wohnung prüfen kann.[75] Eine ungefähre, stichwortartige Beschreibung der Arbeiten wird daher in aller Regel nicht ausreichen, dem Informationsbedürfnis des Mieters gerecht zu werden.[76] Es ist zu kurz gegriffen, wenn die Auffassung vertreten wird, dass der Vermieter nur solche Maßnahmen in der Ankündigung beschreiben müsse, die Einfluss auf den Zuschnitt der Wohnung hätten. Begründet wird diese Auffassung damit, dass der Gesetzgeber dem Mieter nur darüber Informationen zukommen lassen wollte.[77] Der Gesetzestext lässt dagegen an keiner Stelle erkennen, dass hinsichtlich der baulichen Maßnahmen die Informationspflicht des Vermieters nur den **Zuschnitt** der Wohnung betrifft. Es ist für den Mieter gleichermaßen von Bedeutung, ob er wegen des erstmaligen Anbringens von Heizkörpern oder wegen des Verlegens von über Putz verlaufenden Rohrleitungen **Stellfläche** für seine Möbel verliert. Daher ist es für den Mieter von erheblichem Belang, ob Rohrleitungen auf oder unter Putz verlegt werden und – im ersteren Fall, soweit zB Stellfläche verloren geht – welchen Verlauf sie haben werden.[78] Es genügt daher dem Konkretisierungsgebot des § 555c Abs. 1 Nr. 1 BGB nicht, wenn der Vermieter beim Einbau einer Zentralheizungsanlage keine Angaben über die Größe der Heizkörper macht.[79] Dagegen ist es ohne Einfluss auf die Duldungspflicht, wenn der Vermieter eine Gaszentralheizung angekündigt, aber eine Ölzentralheizung eingebaut hat,[80] weil dies für den Mieter keinen sachlichen Unterschied bedeutet und insbes. keinen Einfluss auf die Ausstattung der Wohnung hat. 34

Die Angaben müssen vollständig in dem Ankündigungsschreiben enthalten sein. Eine nachträgliche Substantiierung führt nicht zu einer Heilung ex tunc.[81] Allerdings muss der Vermieter nicht jedes mögliche Detail dem Mieter ankündigen, zumal technische Einzelfragen ohnehin häufig erst während der Bauphase auftreten und eine andere Form der Durchführung als geplant erforderlich machen.[82] 35

Beim Einbau einer **Gasetagenheizung** (anstelle einer Einzelofenheizung) ist es somit notwendig, dem Mieter die Anzahl der Heizkörper, den Ort ihrer Anbringung und die Größe sowie den Standort der Gastherme mitzuteilen.[83] Bei einer energetischen Modernisierung (§ 555b Nr. 1 BGB) ist regelmäßig auch die Darlegung erforderlich, dass die geplante Maßnahme zu einer Endenergieeinsparung führt[84] (→ Rn. 57). 36

### 3. Voraussichtlicher Beginn der Maßnahme

Schon § 554 BGB aF sah vor, dass der Vermieter nicht den Beginn, sondern den „voraussichtlichen" Beginn der Maßnahme dem Mieter mitteilen muss. Sinn und Zweck dieser Regelung sind darin zu sehen, dass der Vermieter bei einem **unerwarteten verspäteten** Baubeginn nicht verpflichtet wird, das Ankündigungsschreiben an den Mieter mit der Folge eines neuen Fristenlaufes zu wiederholen. Welcher Zeitraum (einige Monate oder gar ein Jahr oder noch länger) dabei noch von dem Begriff „voraussichtlich" erfasst wird, bedarf der Auslegung. Dabei ist nach Auffassung des BGH[85] zu berücksichtigen, dass bei einem umfangreichen Modernisierungsvorhaben eine Einschätzung des voraussichtlichen Baubeginns und der voraussichtlichen Bauzeit bereits im Planungs- 37

---

[75] LG Berlin GE 2011, 1085; LG Hamburg WuM 2005, 60; 1992, 121; 1990, 18; AG Stuttgart WuM 2006, 33; Kossmann Wohnraummiete-HdB § 44 Rn. 63.

[76] *Thomsen* Modernisierung S. 65.

[77] *Steike* DWW 2000, 47 (50).

[78] LG Hamburg WuM 1992, 121; AG Stuttgart WuM 2006, 33; AG Schöneberg GE 1987, 285; Kossmann Wohnraummiete-HdB § 44 Rn. 63; *Mahlstedt* NZM 2019, 905, 909.

[79] AG Hamburg ZMR 2004, 825; AG Neukölln WE 2005, 17; MM 1995, 147; **aA** Herrlein/Kandelhard/*Both* BGB § 554 Rn. 100f.; HWE MietR-HdB/*Emmert* § 19 Rn. 64; KSB MietR/*Kinne* BGB § 555c Rn. 42; KG WE 2005, 16 zum Klageantrag.

[80] LG Berlin WuM 1992, 444 = GE 1992, 679.

[81] LG Berlin GE 2016, 977; AG Neukölln MM 1993, 398.

[82] LG Berlin GE 2001, 853.

[83] LG Berlin GE 1993, 861; 1987, 521; LG Hamburg WuM 1992, 121; 1990, 18; weniger streng LG Berlin GE 1985, 1099.

[84] BGH VIII ZR 47/05, AK-MietPrax § 559b BGB Nr. 3 = WuM 2006, 157, für ein Mieterhöhungsverlangen nach § 559; KG WuM 2006, 450 für eine Modernisierungsankündigung, und für ein Duldungsverlangen nach § 554 vgl. LG Berlin GE 2013, 486; AG München BeckRS 2010, 11678.

[85] BGH, VIII ZR 305/19, ZMR 2021, 572 = NZM 2021, 463 = WuM 2021, 354 = MietPrax-AK § 555c BGB Nr. 3.

stadium auf Grundlage von Erfahrungswerten sowohl hinsichtlich der Dauer einzelner Maßnahmen als auch hinsichtlich der Kapazitäten regelmäßig hinreichend konkret möglich ist. Die Auffassung der Vorinstanz[86], dass zwischen der Ankündigung und dem Beginn der Maßnahme ein enger zeitlicher Zusammenhang bestehen muss, hat der BGH nicht geteilt.[87] Es darf sich bei den vorgestellten Planungen in der Modernisierungsankündigung jedoch nicht um Angaben „ins Blaue" hinein handeln. Soweit der Vorlauf aufgrund des vom Vermieter aufgestellten vorläufigen Zeitplans einen langen Zeitraum erfordert, wird der Mieter nach Einschätzung des BGH dadurch nicht unzumutbar behindert.

**38** Der Vermieter ist gehalten, einen möglichst genauen Termin zu benennen. Dies wird der Tag sein, den er mit den Handwerkern zur Durchführung der Maßnahmen vereinbart hat. Daher wird es dem Vermieter idR möglich sein, ein **konkretes** Datum zu nennen.[88] Ein taggenaues Datum ist aber nicht in jedem Fall erforderlich. Im Einzelfall kann auch die Angabe einer kurzen Zeitspanne von **einigen** Tagen ausreichend sein, zB wenn das Handwerksunternehmen den Baubeginn von der Fertigstellung eines anderen Gewerkes abhängig macht und Verzögerungen nicht auszuschließen sind.[89] Eine ungenaue und daher zu unbestimmte Terminangabe liegt aber regelmäßig vor, wenn der Vermieter den Beginn der Arbeiten **„zwischen Januar und Februar"** angibt oder auf **„Frühjahr"** oder „**Sommer**[90]" hinweist. Denn der Mieter muss seine Planung – etwa **Urlaub** – nach den Angaben des Vermieters einrichten können[91]. Auch der Hinweis des Vermieters, dass mit den Arbeiten **kurzfristig**[92] oder **demnächst**[93] begonnen werden könne, reicht nicht aus.

**39** Da der BGH bei umfangreichen Modernisierungsvorhaben eine auf planerischer Grundlage erfolgte sachgerechte Schätzung des Bauablaufs als ausreichend ansieht (s. Rn. 37), kann der Vermieter in diesem Fällen zwar den Baubeginn festlegen, idR aber keine verbindlichen, konkreten Termine für die einzelnen folgenden Bauabschnitte benennen. Es ist ihm aber zuzumuten, im Zuge der Modernisierung vor Beginn der jeweiligen baulichen Einzelmaßnahmen, sobald der Termin feststeht, den Mieter rechtzeitig zu informieren.

**40** Gibt der Vermieter in der Ankündigung wider besseres Wissen keinen oder einen falschen Termin für den Baubeginn an, ist die Mitteilung hinfällig.[94] Der Vermieter muss dann eine neue vollständige Erklärung unter Einhaltung der dreimonatigen Frist abgeben.[95] Dabei kann bei ansonsten unverändertem Inhalt auf die frühere Mitteilung Bezug genommen werden. Einer neuen Mitteilung bedarf es nicht, wenn die **Verzögerung** aufgrund eines Umstandes eintritt, der in der Sphäre des Mieters liegt[96], oder darauf beruht, dass der Vermieter seinen Duldungsanspruch gerichtlich durchsetzen musste.[97] Im letzteren Fall erhält der Mieter die notwendigen Informationen im Rahmen des Gerichtsverfahrens.

**41** Ändern sich im Laufe der Ankündigungsfrist wesentliche **Planungsbestandteile,** muss der Vermieter dies dem Mieter mitteilen. Dabei kann er aber auf die Inhalte der vorausgegangenen Erklärung Bezug nehmen, wobei für den dreimonatigen Fristlauf dann die letzte ergänzende Erklärung maßgebend ist.[98] Die aus sachlichen Gründen erfolgte Verzögerung löst keinen Schadensersatzanspruch des Mieters aus, wenn dem Vermieter keine Pflichtwidrigkeit vorgeworfen werden kann.[99]

**42** Wegen Abs. 5 darf der voraussichtliche Beginn der Maßnahme nicht in dem Zeitraum zwischen Mitteilung und Ablauf der dreimonatigen Ankündigungsfrist liegen.

---

[86] OLG München ZMR 2020, 31, 33.

[87] So schon *Mahlstedt* NZM 2019, 905, 907.

[88] AG Hamburg WuM 1987, 220; **aA** LG Berlin GE 1985, 1033; AG Langenfeld WuM 1999, 284.

[89] LG Berlin ZMR 1999, 554 für 14-tägige Zeitspanne; LG Köln WuM 1997, 212 hält Angabe der Kalenderwoche für ausreichend; so auch HWE MietR-HdB/*Emmert* § 19 Rn. 68; ebenso Spielbauer/Schneider/*Kellendorfer* BGB § 555c Rn. 6; KSB MietR/*Kinne* BGB § 555c Rn. 46.

[90] LG Berlin WuM 1987, 386 = MDR 1987, 325 = GE 1986, 1121.

[91] AG Hamburg ZMR 2004, 825.

[92] LG Berlin ZMR 1986, 441 = MDR 1986, 852 = GE 1986, 747; AG Hamburg WuM 1987, 220.

[93] LG Berlin ZMR 1999, 554; MüKoBGB/*Bieber* § 554 Rn. 35; ähnlich *Emmert* jurisPR-MietR 7/2005 Anm. 3.

[94] LG Berlin WuM 1989, 287 = MDR 1989, 547 = GE 1989, 415.

[95] LG Berlin WuM 1989, 287 = GE 1989, 415 = MDR 1989, 547; Kossmann Wohnraummiee-HdB § 44 Rn. 67.

[96] AG München ZMR 2017, 985.

[97] *LG Berlin GE 1994, 455.*

[98] LG Berlin GE 1987, 1219; 1990, 765; Kossmann Wohnraummiete-HdB § 44 Rn. 67.

[99] BGH, VIII ZR 199/16, WuM 2017, 454 = NZM 2017, 595 = NJW 2017, 2907 = ZMR 2017, 801–803 = MietPrax-AK § 280 BGB Nr 5.

### 4. Voraussichtliche Dauer der Maßnahme

Das Gesetz spricht von der „voraussichtlichen Dauer“ der Maßnahme, die der Vermieter mitteilen muss. Dh aber nicht, dass der Vermieter bei der voraussichtlichen Dauer nicht festgelegt ist. Die Angabe „Dauer der Arbeiten – **zwei bis drei Monate**“ – ist zu unbestimmt[100] ebenso wie die Angabe der Bauzeit **„von August 2002 bis ca. Dezember 2003“.**[101] Der Vermieter hat die Zeitspanne möglichst genau zu benennen.[102] Die voraussichtliche Dauer ist zumindest nach Tagen bzw. Wochen möglichst **konkret** zu bestimmen. Bei gebündelten, aber nicht untrennbar zusammenhängenden Modernisierungsmaßnahmen muss die voraussichtliche Dauer für jede Maßnahme einzeln angegeben werden.[103] **43**

Ändert sich die voraussichtliche Dauer im Laufe der Modernisierungsarbeiten, muss der Vermieter hierüber dem Mieter eine Mitteilung geben. Grundsätzlich hat der Mieter dann die Möglichkeit, seine Pflicht zur Duldung erneut zu prüfen. Ob im Einzelfall dadurch die Maßnahme verhindert werden kann, hängt von den Gesamtumständen ab.[104] Kleinere Verzögerungen hat der Mieter allerdings hinzunehmen. **44**

### 5. Die zu erwartende Erhöhung der Miete

Der Vermieter muss die zu erwartende **Erhöhung der Miete** sowie die voraussichtlichen künftigen Betriebskosten mitteilen. Die zu erwartende Mieterhöhung ist allerdings nur anzugeben, wenn der Vermieter eine Mieterhöhung gem. § 559 BGB oder 559c BGB beabsichtigt. Hat der Vermieter – fälschlicherweise – angekündigt, dass es sich bei den Maßnahmen um Instandsetzungen handelt, ist er dementsprechend von einer Mieterhöhung nach § 559 BGB ausgeschlossen.[105] **45**

Über erhöhte Betriebskosten hat er den Mieter – abgesehen vom vereinfachten Verfahren nach § 559c BGB (→ Rn. 54a) – auch dann zu unterrichten, wenn keine Mieterhöhung geplant ist.[106] Einigen sich die Parteien im Vorfeld der Modernisierung um einen konkreten Erhöhungsbetrag, wäre die nochmalige Angabe in der Ankündigung reine Förmelei. Eine Angabe zu der zu erwartenden Mieterhöhung ist auch dann nicht notwendig, wenn der Vermieter die Miete nach § 558 BGB anheben möchte. Nach Auffassung des Gesetzgebers handelt es sich bei dieser Regelung um eine Klarstellung, da dies schon altem Recht (§ 554 BGB aF) entspricht.[107] Hinweise auf mögliche Abzüge sind erst bei der Erläuterung gem. § 559b Abs. 1 BGB erforderlich. **45a**

Der Vermieter muss die zu erwartende Mieterhöhung mit einem konkreten Betrag beziffern.[108] Es reicht nicht aus, wenn er nur einen prozentualen Steigerungsbetrag nennt oder wenn er die zu erwartende Erhöhung mit einer Mietspanne angibt. Unterschiedliche Modernisierungsmaßnahmen sind auch mit dem Erhöhungsbetrag[109] getrennt auszuweisen. Die voraussichtliche Mieterhöhung muss aber nicht detailgenau dargelegt werden, da sie die spätere Mieterhöhungerklärung nicht vorweg nimmt.[110] Der Vermieter ist auch nicht verpflichtet, eine Berechnung der angekündigten Erhöhung sowie eine Erläuterung der Angaben vorzunehmen.[111] Diese Anforderung hat der Vermieter im Rahmen der Mieterhöhung nach § 559 BGB einzuhalten.

Neben dem Betrag der Mieterhöhung nach § 559 BGB hat der Vermieter die voraussichtlichen künftigen Betriebskosten mitzuteilen, soweit sich diese durch die Modernisierungsmaßnahme **46**

---

100 LG Berlin GE 1987, 521.

101 AG Hamburg ZMR 2004, 825.

102 LG Berlin GE 2008, 201; LG Köln WuM 1997, 212.

103 AG Hamburg-Blankenese WuM 2010, 151; AG Berlin-Mitte GE 2005, 1133; KSB MietR/*Kinne* BGB § 555c Rn. 47; zur Mieterhöhung bei einheitlich angekündigten, trennbaren Maßnahmen, BGH, VIII ZR 5/20, WuM 2021, 371 = NZM 2021, 504 = GE 2021, 754; *Börstinghaus,* jurisPR-BGHZivilR 13/2021 Anm. 2.

104 Kossmann Wohnraummiete-HdB § 44 Rn. 69.

105 LG Berlin *NZM 2018,* 951.

106 Begr. zu § 555c BGB in BT-Drs. 17/10485, 19, Nachw. bei AK MietRÄnderungsG/*Eisenschmid* BGB § 555c Rn. 29; HWE MietR-HdB/*Emmert* § 19 Rn. 76.

107 BGH VIII ZR 275/07, AK-MietPrax § 554 BGB Nr. 3 = WuM 2008, 667 = ZMR 2009, 264 = GE 2008, 1485 = GuT 2008, 359 = NZM 2008, 883 = NJW 2008, 3630 (3633) = DWW 2008, 376; sa Staudinger/*Emmerich* BGB § 554 Rn. 46.

108 LG Berlin GE 2013, 1656; LG Fulda WuM 1992, 243.

109 LG Berlin GE 2013, 1656.

110 KSB MietR/*Kinne* BGB § 555c Rn. 48.

111 LG Berlin GE 1990, 497; KSB MietR/*Kinne* BGB § 555c Rn. 48.

ändern[112] (→ Rn. 57). Das kann sinnvollerweise nur für Betriebskosten gelten, mit denen der Vermieter den Mieter auch belasten darf.[113] Diese gesetzliche Verpflichtung könnte die Vermutung zulassen, dass der Vermieter in jedem Fall berechtigt sein soll, durch die Modernisierung neu entstandene Betriebskosten auf die Mieter umzulegen. Hatte der Vermieter eine Öffnungsklausel sowie die neue Betriebskostenart schon bei Vertragsschluss vereinbart, zB durch vertragliche Einbeziehung der BetrKV, kann er die nunmehr entstandenen Betriebskosten umlegen.[114] Anders ist dies allerdings dann, wenn weder die Kostenart selbst noch ein Änderungsvorbehalt vereinbart wurde. Der Gesetzestext selbst gibt für diese Fälle keine Auskunft, so dass grds. die divergierenden Meinungen sich nach wie vor gegenüberstehen.

47 Die Auffassung, wonach der Mieter auch im Falle einer Modernisierung nicht verpflichtet ist, eine Umlagenerweiterung hinzunehmen[115], entspricht dem Gesetzeswortlaut. Gem. § 559 BGB darf der Vermieter nur die Miete in dem dort zugelassenen Verfahren erhöhen, also durch Anhebung der Miete mit 11 % der modernisierungsbedingten Investitionen. Dennoch bleibt dem Vermieter die Möglichkeit, über § 558 BGB im Rahmen der ortsüblichen Vergleichsmiete den „neuen“ Betriebskostenanteil zu berücksichtigen; indem er den neuen in der Miete enthaltenen Betriebskostenanteil herausrechnet und nach Anhebung der so ermittelten Nettomiete auf die ortsübliche Vergleichsmiete den Betriebskostenanteil wieder draufsattelt.

48 Die andere Auffassung bejaht eine Umlage der neu entstandenen Betriebskosten mit unterschiedlichen Begründungen. Zum einen habe der Mieter die vertragliche Nebenpflicht, mit dem Vermieter eine Umlagevereinbarung über die neuen Betriebskosten zu treffen[116]. Allerdings müssten die Kosten auch dem Grunde nach als Betriebskosten umlegbar sein. Dies ergebe sich zum einen aus dem Mietvertrag, der keine entgegenstehende Abrede vorsehen darf[117] und zum anderen aus dem Katalog der Betriebskostenverordnung. Des Weiteren wird die Pflicht des Mieters zur Tragung neu entstehender Betriebskosten aus einer ergänzenden Vertragsauslegung abgeleitet[118]. Nach der hier vertretenden Auffassung ist die erste Begründung abzulehnen, weil es zu weit geht, eine vertragliche Nebenpflicht zur Veränderung der Hauptleistungspflicht (Miete) zu konstruieren. Die konstruktiv überzeugendere Lösung über die ergänzende Vertragsauslegung versagt dort, wo der Mieter der Modernisierung ausdrücklich widersprochen hat[119]. Dann ist auch ein hypothetischer „ergänzender“ Wille des Mieters zur Vertragserweiterung nur schwer zu begründen, will man nicht den Grundsatz von Treu und Glauben über Gebühr beanspruchen.

49 Die „voraussichtlichen“ Betriebskosten können nur – zeitnah – geschätzt werden, da viele Positionen, wie zB Heizkosten oder Fahrstuhlkosten, in ihrer Höhe von der Witterung, dem künftigen Preisniveau oder vom Nutzerverhalten abhängig sind. Prognosen über die künftige Entwicklung der Kosten muss der Vermieter dabei nicht aufstellen. Ist die Höhe der künftigen Betriebskosten allein vom Verhalten des Mieters abhängig, wie zB beim Energieverbrauch, dann muss der Vermieter den errechneten Durchschnittsverbrauch angeben. Unter Umständen kann auf einen aktuellen Betriebskostenspiegel Bezug genommen werden.[120] Auf die zwangsläufige Ungenauigkeit der Angabe sollte der Vermieter vorsorglich hinweisen.[121] Teilt der Vermieter dem Mieter in einem Ankündigungsschreiben über beabsichtigte Modernisierungsmaßnahmen mit, dass infolge dieser Maßnahmen keine Erhöhung des Mietzinses erfolgt, muss er keine Angaben über eine theoretisch mögliche Mietzinserhöhung machen.[122]

---

112 So auch LG Berlin GE 2014, 874 zu § 554 BGB aF.
113 *Abramenko* MietR 2013 § 2 Rn. 38; *Dickersbach* WuM 2013, 575 (577).
114 BGH VIII ZR 80/06, WuM 2006, 612 = NJW 2006, 3558 = NZM 2006, 896 = ZMR 2007, 25 = AK-MietPrax § 556 BGB Nr. 20; BGH VIII ZR 167/03, WuM 2004, 290 = NZM 2004, 417 = GE 2004, 613 = ZMR 2004, 430 = AK-MietPrax § 2 Nr. 17 BetrKV Nr. 1; AG Burgwedel ZMR 2011, 800.
115 LG Berlin GE 2007, 597 = MM 2007, 75; *Warnecke* jurisPR-MietR 11/2007 Anm. 3; jurisPK-BGB/*Heilmann,* 4. Aufl. 2008, BGB § 554 Rn. 38; Emmerich/Sonnenschein/*Weitemeyer* BGB § 556 Rn. 64; **aA** Eisenschmid/Wall/*Wall/Rips* Rn. 1765; Langenberg/Zehelein BetrKostR/*Langenberg* BGB § 556 Rn. 253; Schmid Mietnebenkosten-HdB Rn. 3035 c.
116 *Kunze* MDR 2002, 142.
117 Zur ergänzenden Vertragsauslegung in derartigen Fällen OLG Köln ZMR 1995, 69.
118 *Sternel* PiG 99 (2015), 95 (100); Langenberg/Zehelein BetrKostR/*Langenberg* Kap. C Rn. 5; *Dickersbach* WuM 2013, 575 (577).
119 *Flatow DWW 2007, 193* (195).
120 *Dickersbach* WuM 2013, 575 (576).
121 *Pfeifer* MK, Sonderheft Oktober 2011, 4.
122 BayObLG WuM 2001, 16 = NZM 2001, 89 = ZMR 2001, 177 = MDR 2001, 264.

Hat der Mieter das Ankündigungsschreibens zur Modernisierung, welches die vorgesehenen Maßnahmen und den voraussichtlichen Mieterhöhungsbetrag aufführt, zum Zeichen seines Einverständnisses gegengezeichnet, ist darin regelmäßig keine Zustimmung zur Mieterhöhung zu sehen. Der Vermieter muss vielmehr auch in diesem Fall das Verfahren nach § 559 BGB einhalten.[123] Ebenfalls liegt keine Vereinbarung über eine bestimmte Mieterhöhung vor, wenn die Parteien sich darüber verständigen, dass der Mietzins nach Modernisierung nicht einen bestimmten Betrag überschreiten soll.[124] **50**

Will der Vermieter mehrere Maßnahmen durchführen, die notwendigerweise zusammengehören, wie zB die Erneuerung der Wasserinstallation und die Modernisierung des Badezimmers, ist dies in der Ankündigung deutlich zu machen. Der Mieter muss die einzelnen Gewerke erkennen können, die nach Abschluss der **Gesamtmaßnahme** eine Mieterhöhung nach § 559 BGB nach sich ziehen sollen.[125] Innerhalb der einzelnen Gewerke ist allerdings eine rechnerische Nachprüfbarkeit nicht erforderlich. Ein bestimmter Betrag als Ergebnis der Berechnungen des Vermieters reicht jedenfalls dann aus, wenn die Kosten der Einzelmaßnahmen mitgeteilt werden.[126] **51**

Umstritten ist, ob der Vermieter nach den einzelnen **Baufortschritten** eine Mieterhöhung auf § 559 BGB stützen kann, wenn er mehrere selbständige Maßnahmen angekündigt und nicht deutlich gemacht hat, dass nach Abschluss jeder Einzelmaßnahme eine Mieterhöhung folgen soll. Nach der hier vertretenen Auffassung kann in diesen Fällen der Vermieter die höhere Miete nur nach Beendigung und Vollendung aller Baumaßnahmen verlangen, wenn er die voraussichtliche Mieterhöhung in der Ankündigung nicht ebenfalls nach selbständigen Gewerken unterteilt hat.[127] Der Mieter macht sich sonst falsche Vorstellungen über den Beginn der Mietsteigerung, weil er nur die voraussichtliche Dauer der Gesamtmaßnahme kennt. **52**

Hat der Vermieter die angekündigte Mieterhöhung im Ankündigungsschreiben bewusst deutlich **zu niedrig** beziffert und der Mieter daraufhin die Maßnahme geduldet, hat dies Konsequenzen in zweierlei Hinsicht. Zum einen kann der Mieter nach Abschluss der Maßnahmen Härtegründe nachschieben, weil die Ausschlussfrist des § 555 d BGB gem. § 559 Abs. 5 S. 2 BGB keine Anwendung findet, wenn die vorgelegte Mieterhöhung den angekündigten Erhöhungsbetrag um mehr als 10% übersteigt. Bleibt die Mieterhöhung unterhalb der 10% Marke gegenüber der angekündigten Erhöhung, so kann der Vermieter nur die ursprünglich angekündigte Mieterhöhung verlangen. Dies folgt aus der Schadensersatzpflicht des Vermieters, die durch die bewusst fehlerhafte Angabe entstanden ist.[128] Voraussetzung ist allerdings, dass dem Mieter auch ein ursächlicher Schaden entstanden ist. Dieser liegt vor, wenn der Mieter bei wahrheitsgemäßer Angabe die Mieterhöhung nicht hätte zahlen müssen, weil sie nach § 559 Abs. 4 BGB als eine Härte zu berücksichtigen gewesen wäre. Die Beweislast liegt beim Mieter. **53**

§ 559b Abs. 2 BGB steht den vorgenannten Überlegungen nicht entgegen. Die Vorschrift dient nicht dazu, den Schutzgehalt der Modernisierungsvorschriften, namentlich den des § 555c BGB, zu unterlaufen.[129] Sie hat vielmehr gegenüber dem Vermieter **Sanktionscharakter.** Sie gilt daher nur für die Fälle, bei denen dem Mieter kein Härteeinwand zur Seite steht. **54**

Eine Besonderheit ergibt sich durch den in Abs. 1 Satz 2 Nr. 3 eingefügten Verweis auf § 559c BGB. Diese Vorschrift wurde mit den MietAnpG[130] eingefügt und behandelt das vereinfachte Verfahren bei einer Modernisierung. Gem. § 559c Abs. 5 Nr. 1 BGB ist im vereinfachten Verfahren § 555c BGB mit der Maßgabe anzuwenden, dass der Vermieter in der Modernisierungsankündigung angeben muss, dass er von dem vereinfachten Verfahren Gebrauch macht. Gem. der Übergangsvorschrift des Art. 229 § 49 Abs. 1 EGBGB ist § 559c BGB nur anzuwenden, wenn der Vermieter die Modernisierungsmaßnahme nach dem 31.12.2018 angekündigt hat. Dementsprechend **54a**

---

[123] AG Hamburg WuM 1999, 341.

[124] LG Görlitz WuM 1999, 340.

[125] LG Berlin GE 2013, 747; WuM 1991, 164; **aA** LG Fulda WuM 1992, 243 = NJW-RR 1992, 658 = MDR 1992, 577 = ZMR 1992, 393; LG Berlin GE 1990, 497.

[126] LG Berlin GE 2015, 189; LG Fulda WuM 1992, 243 = NJW-RR 1992, 658 = MDR 1992, 577 = ZMR 1992, 393; LG Berlin GE 1990, 497; **aA** LG Berlin WuM 1991, 164 = MDR 1991, 445 = GE 1991, 251.

[127] *Thomsen* Modernisierung S. 66.

[128] LG Bautzen WuM 1999, 45.

[129] LG Berlin GE 1998, 1275.

[130] Gesetz zur Ergänzung der Regelungen über die zulässige Miethöhe bei Mietbeginn und zur Anpassung der Regelungen über die Modernisierung der Mietsache (Mietrechtsanpassungsgesetz – MietAnpG) vom 18.12.2018, BGBl. I, 2648.

kann § 555 c BGB in der ab 1.1.2019 geltenden Fassung nur für Ankündigungen in Betracht kommen, die nach dem 31.12.2018 dem Mieter zugehen. Der Hinweis auf die beabsichtigte Mieterhöhung im vereinfachten Verfahren soll sicherstellen, dass der Mieter nicht irrtümlich von einer fehlerhaften Ankündigung ausgeht.[131] Denn gem. § 559 c Abs. 5 Nr. 2 BGB bedarf es im Rahmen der Ankündigung nicht der Angabe der voraussichtlichen künftigen Betriebskosten, die ansonsten zum Pflichtenprogramm des Vermieter gehört (siehe Rn. 45 a; zur entbehrlichen Hinweis auf den Härteeinwand der Miethöhe siehe Rn. 55 a).

### 6. Der Hinweis auf den Härteeinwand

55 Gem. Abs. 2 soll der Vermieter den Mieter in der Modernisierungsankündigung auf die Form und die Frist des Härteeinwands nach § 555 d Abs. 3 S. 1 BGB hinweisen. Das darf aber nicht so geschehen, dass der Vermieter durch gleichzeitige Mitteilung einer Reihe unnötiger Informationen von dem gesetzlich gebotenen Hinweis ablenkt.[132] Diese Vorschrift ist erst im laufenden Gesetzgebungsverfahren durch den Rechtsausschuss des Deutschen Bundestages eingebracht worden.[133] Sie beschreibt eine Obliegenheit des Vermieters. Die Rechtsfolgen bei einem Verstoß regelt § 555 d Abs. 5 BGB abschließend. Eine iÜ ordnungsgemäße Modernisierungsankündigung ist also wirksam. Anders als bei Vorliegen sonstiger gravierender Mängel der Ankündigungserklärung ändert ein fehlender Hinweis gem. § 555 c Abs. 2 BGB nichts an der Fälligkeit der Duldungspflicht und schiebt auch die Mieterhöhung nach § 559 b Abs. 2 S. 2 BGB nicht heraus.[134] Er führt allerdings zur Aufhebung der Form- und (Ausschluss)-Fristbestimmungen (§ 555 Abs. 5 BGB).

55a Hat sich der Vermieter für das vereinfachte Verfahren nach § 559 c entschieden, entlastet ihn dies von der Hinweispflicht auf den Härteeinwand in Hinblick auf die beabsichtigte Mieterhöhung. Die Berücksichtigung dieses Härteeinwands im Rahmen der Miethöhe gem. § 559 Abs. 4 BGB ist gem. § 559 c Abs. 1 S. 3 BGB ausgeschlossen. Dann bedarf es auch nicht eines Hinweises. Unberührt bleiben die sonstigen Härteeinwände, so dass keineswegs auf die Hinweispflicht des Vermieters nach Abs. 2 verzichtet werden kann. Um dem Mieter gegenüber von vornherein das Verfahren klarzustellen, ist der Vermieter gehalten, wie schon wegen der entbehrlichen Betriebskostenangabe, auf das vereinfachte Verfahren in der Ankündigung hinzuweisen (siehe auch Rn. 54 a).

56 Bei Abs. 2 handelt es sich um eine Soll-Vorschrift. Sie verpflichtet den Vermieter für den Regelfall zur Mitteilung. Sie ist aber nicht zwingend und kann in atypischen Fällen dazu führen, dass der Vermieter von dem Hinweis absehen darf. Daran kann gedacht werden, wenn der Vermieter den Mieter schon vorab in einem in dieser Angelegenheit geführten Schriftwechsel deutlich auf den möglichen Härteeinwand hingewiesen hat. Der Vermieter muss auch nicht einen möglichen Härteeinwand des Mieters vorwegnehmen und ihn zu entkräften suchen, bevor der Mieter in erhoben hat.[135]

### 7. Der Hinweis auf Pauschalwerte

57 Die Angabe gem. Abs. 1 S. 2 Nr. 1 (Art und voraussichtlicher Umfang) beinhaltet bei einer energetischen Modernisierung (§ 555 b Nr. 1 BGB) regelmäßig auch die Darlegung, dass die geplante Maßnahme zu einer Endenergieeinsparung führt.[136] Zwar bedarf es zur Erläuterung einer Mieterhöhungserklärung des Vermieters wegen baulicher Maßnahmen zur Einsparung von Heizenergie nicht der Beifügung einer Wärmebedarfsberechnung.[137] Daher werden an die formalen Anforderungen der Ankündigung solcher Maßnahmen auch keine überzogenen Anforderungen gestellt. Insoweit können an die Ankündigung nach § 555 c Abs. 1 S. 2 Nr. 1 BGB auch keine grundlegend

[131] BT-Drucks. 19/4672, S. 32.
[132] LG Berlin GE 2015, 323.
[133] BT-Drs. 17/11894, Nachw. bei AK MietRÄnderungsG/*Eisenschmid* BGB § 555 c Rn. 7, 32.
[134] BT-Drs. 17/11894, 33, Nachw. bei AK MietRÄnderungsG/*Eisenschmid* BGB § 555 c Rn. 32; krit. *Abramenko* ZMR 2014, 343.
[135] LG Berlin GE 2015, 791.
[136] LG Berlin GE 2013, 516 zum Wirkungsgrad der Heizungsanlage; ähnlich *Zehelein* WuM 2013, 133 (134); BGH VIII ZR 47/05, AK-MietPrax § 559 b BGB Nr. 3 = WuM 2006, 157, für ein Mieterhöhungsverlangen *nach § 559 BGB; KG* WuM 2006, 450 für eine Modernisierungsankündigung und für ein Duldungsverlangen nach § 554 BGB aF vgl. AG München BeckRS 2010, 11678.
[137] BGH VIII ARZ 3/01, WuM 2002, 366 = NJW 2002, 2036 = NZM 2002, 519 = ZMR 2002, 503 = DWW 2002, 201 = MDR 2002, 875 = GE 2002, 926.

weitergehende Anforderungen gestellt werden als an ein Mieterhöhungsverlangen aufgrund einer zuvor durchgeführten energetischen Modernisierung.[138] Aber allein wegen der Pflicht zur Mitteilung der voraussichtlichen Betriebskosten ist der Vermieter gehalten, die gesamte Einsparung an Endenergie jedenfalls in groben Zügen darzulegen. In der Praxis wird es daher dem Vermieter anzuraten sein, die Informationen über die Energieeinsparung zwecks erhöhter Akzeptanz bei den Mietern eher großzügig auszugestalten. Damit kann allerdings dann ein nennenswerter Aufwand zur Ermittlung der technischen Werte verbunden sein, wenn das bauausführende Unternehmen oder der Planungsarchitekt die Zahlen nicht vorliegen hat.[139] Das wird aber die Ausnahme sein. Dennoch wollte der Gesetzgeber hierzu eine ergänzende Regelung schaffen. Nunmehr soll es nach Abs. 3 genügen, wenn der Vermieter bei der Ankündigung auf anerkannte Pauschalwerte Bezug nimmt, wenn er bspw. über die Einsparung von Energie informieren möchte. Dabei kann es sich nur um Standardmaßnahmen handeln. Bei umfassenden vom Standard abweichenden Maßnahmen muss der Vermieter ggf. auf einen Energiebedarfsausweis zurückgreifen, der den energetischen Zustand des Hauses vor der Modernisierung wiedergibt. Hat der Vermieter mehrere energetische Maßnahmen geplant, reicht es aus, wenn er die Energieeinsparung für die Gesamtmaßnahmen nennt[140], in dem er in der Ankündigung die voraussichtliche Veränderung des Wärmedurchgangskoeffizienten nach den Maßnahmen darlegt.[141]

Es muss sich um anerkannte Pauschalwerte handeln. Wer die Anerkennung zu verantworten hat, **58**
sagt das Gesetz nicht.[142] Denkbar sind privatrechtliche Stellen wie der DIN oder der VDI. Darüber hinaus können auch öffentlich-rechtliche Stellen gemeint sein, wie ein Ministerium oder selbständige Oberbehörden, wie das Bundesumweltamt. Andererseits sind auch gesetzliche Vorgaben denkbar, wie technische Werte aus dem GEG.

In der Gesetzesbegründung wird beispielhaft auf die „Bekanntmachung der Regeln zur Daten- **59**
aufnahme und Datenverwendung im Wohngebäudebestand" des Bundesministeriums für Verkehr, Bau und Stadtentwicklung v. 30.7.2009 verwiesen.[143] Diesem Regelwerk können bspw. in seiner Tabelle 2 Wärmedurchgangskoeffizienten für bestimmte, nicht nachträglich gedämmte Bauteile entnommen werden, geordnet nach Baualtersklassen. Den Einspareffekt kann der Vermieter dann durch Vergleich dieses Wertes mit dem Wärmedurchgangskoeffizienten des zu montierenden Bauteils darlegen, der vom Hersteller mitgeteilt wird. Die Bestimmung gilt gem. § 559b Abs. 1 S. 3 BGB entsprechend für das Mieterhöhungsverfahren.

## VI. Entbehrlichkeit der Mitteilung/Bagatellmaßnahme

Es besteht keine förmliche Mitteilungspflicht (→ Rn. 24) nach § 555c Abs. 4 BGB für Maßnah- **60**
men, die mit keinen oder nur unerheblichen Einwirkungen auf die Mietsache verbunden sind und zu keiner oder nur zu einer unwesentlichen Mieterzinserhöhung führen. Die Voraussetzungen müssen **kumulativ** vorliegen.[144] Der Wortlaut der Vorschrift entspricht § 554 Abs. 3 S. 3 BGB aF. Daher ist die Frage nach wie vor ungelöst, ob das Vorliegen einer „unerheblichen" Mieterhöhung subjektiv[145] oder objektiv zu bestimmen ist. Da diese Frage darüber entscheidet, ob der Vermieter die Formalien einer Modernisierungsankündigung einhalten muss, kann nur eine objektive Betrachtung dem Vermieter eine ausreichende Rechtssicherheit geben.

Seit Inkrafttreten des Mietrechtsänderungsgesetzes wird man generell Contracting (§ 556c BGB) **60a**
als Bagatellmaßnahme ansehen können. Entweder erfolgt im Kellergeschoss ein Anschluss an das Fernwärmenetz oder der Brenner wird ausgetauscht. Ein Eingriff in die Wohnung des Mieters ist im Regelfall nicht erforderlich. Da wegen der in § 556c BGB postulierten Warmmietenneutralität mit der Umstellung auch keine Mehrbelastungen auf den Mieter zukommen dürfen, ist generell von einer Bagatellmaßnahme auszugehen, es sei denn, zur Optimierung der Heizungsanlage muss

---

138 BGH, VIII ZR 332/18, WuM 2020, 80 = NZM 2020, 281 = GE 2020, 260 = ZMR 2020, 393 *Börstinghaus,* jurisPR-BGHZivilR 5/2020 Anm. 3.

139 *Hinz* ZMR 2012, 153 (156).

140 BGH VIII ZR 55/19, WuM 2020, 485.

141 BGH, VIII ZR 332/18, WuM 2020, 80 = NZM 2020, 281 = GE 2020, 260 = ZMR 2020, 393; *Börstinghaus,* jurisPR-BGHZivilR 5/2020 Anm. 3.

142 *Börstinghaus* NZM 2012, 697 (701).

143 BT-Drs. 17/10485, 30.

144 Sternel MietR Kap. VII Rn. 166; Thomsen Modernisierung S. 67.

145 AG Rheine WuM 2008, 491; *Börstinghaus* WuM 2009, 282, Anm. zu AG Rheine.

die Wohnung des Mieters in Anspruch genommen werden oder die Umstellung fällt in die Heizungsperiode (→ Rn. 24).

61 Eine **unerhebliche Erhöhung** der Miete muss jedenfalls unter 10 EUR monatlich liegen.[146] Die Geringfügigkeit ist objektiv zu bestimmen und nicht etwa am jeweiligen Einkommen des Meters zu messen. Daher wird der Auffassung nicht gefolgt, die die **Bagatellgrenze** allgemein an prozentualen Mieterhöhungen messen will.[147] Zudem ist die individuelle Belastung des Mieters zum Zeitpunkt der Ankündigung für den Vermieter nicht erkennbar.

62 Von der Anzeigepflicht nach § 555c Abs. 1–3 BGB sind generell auch Maßnahmen befreit, die mit keiner oder nur mit einer unerheblichen Einwirkung auf die vermieteten Räume verbunden sind (aber → Rn. 24) und deren Kosten der Vermieter übernommen hat.[148] Er kann später, sollten die Kosten wider Erwarten höher ausfallen, keine weiter gehende Mietzinserhöhung verlangen.[149]

63 Als Maßnahmen mit **unerheblicher Einwirkung** wurden zB der Anschluss der Wohnung an das Kabelnetz angesehen;[150] ebenso der Einbau von Thermostatventilen[151] oder die Installation einer Klingel-[152] bzw. Gegensprechanlage.[153] Der Abriss eines **Balkons** und seine Ersetzung durch eine Terrasse stellt keine unerhebliche Einwirkung dar.[154] Weitere Beispiele für **Bagatellmaßnahmen** sind ua der Austausch einer Wohnungseingangstür gegen eine einbruchhemmende Tür, wenn der Vermieter die Kosten der Maßnahme allein trägt[155] oder die Errichtung eines Kinderspielplatzes, wenn diese zu einer monatlichen Mieterhöhung von nur einem Euro führt.[156] Diesen Beispielen kann man aber nur zustimmen, wenn man auch den Zutritt zur Wohnung des Mieters und die damit verbundene Belästigung als unerheblich einstuft. Dies ist aber zu verneinen.[157] Daher ist auch angesichts der geringen Kosten und der unproblematischen Anbringung die Installation eines Rauchwarnmelders nicht als unerhebliche Einwirkung auf die Mietsache anzusehen.

64 Die gegenteilige Auffassung muss aber eine vertragliche Nebenpflicht des Vermieters annehmen, den Mieter – entgegen dem Wortlaut des § 555a Abs. 2 BGB und § 555c Abs. 4 BGB – auch bei diesen Bagatellmaßnahmen rechtzeitig über den Einbau zu unterrichten, damit dieser sich auf den Zutritt des Vermieters bzw. seiner Helfer einrichten kann.

65 *derzeit nicht belegt*

## VII. Nichterfüllung, Schlechterfüllung der Mitteilungspflicht

66 Bei einem Verstoß des Vermieters gegen die Ankündigungspflicht auf Grund einer fehlenden oder am Maßstab des § 555c BGB gemessenen unzulänglichen Mitteilung muss der Mieter die Maßnahme nicht dulden, die Duldungspflicht gem. § 555d BGB ist nicht fällig.[158] Duldet der Mieter die Maßnahmen des Vermieters trotz unzureichender Ankündigung, macht dies die Modernisierungsmaßnahme nicht materiell rechtswidrig. Duldet sie der Mieter nicht, muss der Vermieter dem Mieter eine neue – gesetzmäßige – Mitteilung machen.[159] Das wäre beispielsweise der Fall, denn der Mieter den fehlenden Hinweis auf die Betriebskosten beanstandet. Dann kann der Vermieter diesen Einwand auch nicht dadurch entkräften, dass er dem Mieter mitteilt, im – nicht angekündigten – vereinfachten Verfahren modernisieren zu wollen. Das Fehlen einer ordnungs-

---

[146] AG Charlottenburg GE 1991, 255, 30 DM; *Rathjen* PiG 58 (1999), 14; **aA** AG Rheine WuM 2008, 491.

[147] So aber LG Berlin NJW-RR 1992, 144; WuM 1991, 482; *Pfeifer* FS Blank, 2006, 349 (359); Palandt/*Weidenkaff* BGB § 554 Rn. 25; Thomsen Modernisierung S. 67; MüKoBGB/*Bieber* § 554 Rn. 39; sa LG Berlin ZMR 1986, 444 = GE 1986, 751 bei max. 5%; LG Detmold WuM 1990, 121, 7,5%.

[148] LG Köln WuM 1993, 608; Bub/Treier MietR-HdB/*Kraemer* Kap. III A Rn. 1118.

[149] Bub/Treier MietR-HdB/*Schüller* Kap. III A Rn. 2690.

[150] AG Tempelhof-Kreuzberg GE 2007, 1055; AG Hamburg WuM 1990, 498; AG Karlsruhe DWW 1987, 164; zweifelnd *Pfeifer* FS Blank, 2006, 349 (359).

[151] LG Berlin GE 1986, 751.

[152] AG Charlottenburg GE 1989, 683.

[153] AG Berlin-Tiergarten GE 1991, 153.

[154] AG Konstanz WuM 1997, 553.

[155] LG Köln WuM 1993, 608.

[156] LG Berlin MM 1991, 330.

[157] **AA** *Kinne* GE 2014, 1504 (1507).

[158] *KG WuM 1988, 389 = NJW-RR 1988*, 1420 = ZMR 1988, 459 = DWW 1988, 371 = GE 1988, 993; OLG München WuM 1991, 481; LG Hannover WuM 1981, 38 zu § 20 ModEnG; AG Hamburg ZMR 2004, 825; s. aber AG Neukölln GE 2006, 1043.

[159] LG Bremen WuM 2019, 195.

gemäßen Ankündigung kann zudem Auswirkungen auf die Frist für den Härteeinwand des Mieters haben (→ § 555d Abs. 2 S. 2 BGB).

Die gesetzliche Sanktion knüpft aber nur an die fehlende Mitteilung an, nicht an die fehlerhafte Angabe über die Höhe der Betriebskosten. Stellt sich nach Abschluss der Modernisierungsmaßnahme heraus, dass die Betriebskosten höher sind als in der vorangegangenen Erklärung nach § 555c Abs. 1 Nr. 3 BGB angegeben, verpflichtet das den Vermieter im Regelfall nicht zu einer Korrektur. Auch der Wirkungszeitpunkt gem. § 559b Abs. 2 S. 2 Nr. 2 BGB ist nicht betroffen, da diese Vorschrift nur bei der Mieterhöhung (ohne Betriebskosten) anzuwenden ist.[160] **66a**

Da der Vermieter auch dann die voraussichtlichen Betriebskosten angeben muss, wenn sie sich verringern, stellt sich die Frage, ob das Fehlen dieser für die Mieter günstigen Information ebenfalls den Eintritt der Fälligkeit der Duldungspflicht hindert. Dies wird mit dem Argument verneint, dass eine Senkung der Betriebskosten dem Mieter nur Vorteile bringe und ihm insbes. auch im Hinblick auf die Härteregelung nach § 555d Abs. 4 BGB keine Nachteile entstehen.[161] Isoliert betrachtet, ist dies richtig. Dennoch ist diese Auffassung abzulehnen, weil der Mieter ein berechtigtes Interesse daran hat, die auf ihn zukommenden Gesamtkosten zu kennen. Auch wenn sich die Betriebskosten vermindern, so muss der Mieter doch die diesem Sachverhalt zugrunde liegende Baumaßnahme wegen § 559 BGB mit 8% der aufgewendeten Baukosten (anteilig) bezahlen und kann daher nur bei Kenntnis der künftigen voraussichtlichen Betriebskosten entscheiden, ob er sich die Wohnung noch leisten kann oder besser von seinem Sonderkündigungsrecht gem. § 555e BGB Gebrauch macht. **66b**

Darüber hinaus kann sich aus dem Rechtsinstitut der positiven Vertragsverletzung (pFV) eine **Schadensersatzpflicht** ergeben, wenn der Vermieter schuldhaft Falschangaben gemacht hat (§ 280 BGB; siehe auch die Vermutungswirkungen der § 559d BGB). Hat der Vermieter bspw. mit den **Falschangaben** den Mieter zum Auszug veranlasst, zB durch Angabe einer überhöhten Mieterhöhung oder überhöhter Betriebskosten, begründet dieses Verhalten einen Schadensersatzanspruch, zB auf die Umzugskosten (zum Umfang des Schadensersatzes → BGB § 536a Rn. 79ff.) oder auf den Ersatz der Kosten des eingeschalteten Rechtsanwalts[162]. Hat der Vermieter dagegen den Mieter zB über die Höhe der künftigen Miete nach Modernisierung durch Angabe einer bewusst zu niedrigen Erhöhung oder zu niedriger Betriebskosten getäuscht, muss er ggf. diese Angaben seiner Mieterhöhung nach § 559 BGB zu Grunde legen[163]. Macht der Vermieter in diesen Fällen eine Mieterhöhung nach § 558 BGB geltend, bildet aus den gleichen Erwägungen der in der Ankündigung angegebene Erhöhungsbetrag ebenfalls die Obergrenze. **67**

### 1. Vorschusspflicht

Hat der Mieter infolge der modernisierungsbedingten Bauarbeiten **Aufwendungen** gehabt, muss der Vermieter diese nach § 555d Abs. 6 BGB iVm § 555a Abs. 3 BGB in angemessenem Umfang ersetzen[164] (Einzelheiten → BGB § 555a Rn. 50). Auf Verlangen hat der Vermieter hierfür Vorschuss zu leisten. **68**

### 2. Kündigung

Grundsätzlich kann der Vermieter nicht kündigen, um eine Modernisierungsmaßnahme durchzusetzen.[165] Das gilt insbes., wenn der Vermieter durch unterlassene Instandhaltung das Objekt vernachlässigt hat.[166] Vielmehr regelt die spezielle Vorschrift des § 555e BGB den Konfliktfall zwischen Vermieter und Mieter grds. abschließend.[167] Der Vermieter kann aber das Mietverhältnis uU aus berechtigtem Interesse kündigen, wenn dadurch eine Modernisierung – **in einer anderen Wohnung** – erst möglich wird.[168] **69**

---

160 *Dickersbach* WuM 2013, 575 (576).
161 *Dickersbach* WuM 2013, 575 (577).
162 AG Charlottenburg GE 2006, 1621.
163 *Röder* NJW 1983, 2665 (2667); Thomsen Modernisierung S. 69.
164 LG Hamburg WuM 1987, 386.
165 AG Berlin-Tempelhof-Kreuzberg MM 1992, 357 zur Kündigung nach § 554a BGB.
166 LG Frankfurt a. M. WuM 1995, 441 = NJW-RR 1996, 266 = NJWE-MietR 1996, 76.
167 AG Essen ZMR 1997, 423.
168 BayObLG WuM 1984, 16 = NJW 1984, 372 = ZMR 1984, 59 = MDR 1984, 234 = GE 1984, 77.

70 Ist der Mieter rechtskräftig zur Duldung einer Modernisierungsmaßnahme verurteilt worden oder hat er sich in einem gerichtlichen Vergleich zu Duldung verpflichtet, und weigert er sich auch nach gerichtlicher Androhung eines Zwangsgeldes, die Maßnahme zu dulden, kann der Vermieter das Mietverhältnis fristlos kündigen, weil der Mieter die friedensstiftende Funktion des gerichtlichen Verfahrens nicht anerkennt.[169] Dies ist nicht zu übertragen auf Maßnahmen, für die das Betreten der Wohnung durch die Handwerker nicht erforderlich ist. Da sich die Vollstreckung der Duldungspflicht nach § 890 ZPO[170] in den anderen Fällen als schwierig erweisen kann, kann die grundsätzliche Vollstreckungsmöglichkeit das Kündigungsrecht nicht verdrängen. Bei einem Verstoß gegen den rechtskräftigen Tenor des Duldungsurteils liegt eine Pflichtverletzung vor. Im Einzelfall sind aber die Tatbestandsmerkmale der „schuldhaften" sowie der „erheblichen" Pflichtverletzung genau zu prüfen.

71 Neben dem Sonderkündigungsrecht aus § 555 e BGB kann der Mieter gem. § 561 BGB kündigen, wenn der Vermieter nach Abschluss der Modernisierung eine Mieterhöhung gem. §§ 558, 559 BGB geltend macht.

### 3. Schadensersatz

72 Bestreitet der Mieter seine Pflicht zur Duldung der Modernisierungsmaßnahme, ist dies zunächst ohne Folgen. Der Mieter kann grds. seine Rechte wahren, ohne dadurch schadensersatzpflichtig zu werden. Will er daher sein Verhalten einer richterlichen Entscheidung unterstellen, macht er damit von einem Mittel Gebrauch, dass im Rechtsstaat gerade für die Entscheidung und Entwirrung von Streitigkeiten unter Privatpersonen gegeben ist.[171] Verweigert der Mieter daher die Duldung der vom Vermieter beabsichtigten Modernisierungsmaßnahmen unter Berufung auf eine Härte, so liegt darin keine positive Vertragsverletzung, die ihn zum Ersatz des Schadens verpflichtet, der sich auf Grund von Arbeitsverzögerungen ergibt.[172]

72a Hat der Mieter aber Kenntnis von seiner Duldungspflicht, zB nach einer rechtlichen Beratung oder gerichtlichen Entscheidung über diese Frage, kann der Vermieter seinen Anspruch auf Schadensersatz wegen der durch den Mieter verzögerten Modernisierungsarbeiten ab dem Zeitpunkt der positiven Kenntnis von seiner Duldungspflicht geltend machen.[173] Eine Pflicht zum Schadensersatz kann sich für den Mieter auch dann ergeben, wenn er mit seiner Verweigerungshaltung gegen § 242 BGB verstößt und nur deshalb die Modernisierung behindert, weil er den Vermieter **schikanieren** will.[174]

73 Hat der Mieter einen Mietvertrag über Gewerberäume abgeschlossen, unterliegt er als Gewerbetreibender einer gesteigerten Prüfungspflicht. Daher ist es ihm zumutbar, vor der Ablehnung zunächst **Rechtsrat** einzuholen. Der Verstoß gegen die Pflicht zur Einholung von Rechtsrat führt als Verstoß gegen vertragliche Nebenpflichten zur Schadensersatzpflicht (§ 280 BGB iVm § 241 Abs. 2 BGB).

## VIII. Nachteilsverbot

74 Gem. § 555 c Abs. 5 BGB ist eine zum Nachteil des Mieters abweichende Vereinbarung unwirksam. Dennoch kann der Mieter von Wohnraum trotz des Nachteilsverbots in Abs. 5 im Einzelfall auf die Einhaltung der dreimonatigen Frist **verzichten,** wenn dies ihm ausschließlich einen Vorteil bringt. Der Mieter muss also zum Zeitpunkt des Verzichts alle Konsequenzen seines Handelns übersehen können. Das birgt für den Vermieter, der darauf vertraut, ein Risiko. Der Verzicht auf die Einhaltung der Ankündigungsfrist für künftige, iE noch ungewisse Maßnahmen ist aus den vorgenannten Gründen immer unwirksam. Das gilt sowohl beim Abschluss des Mietvertrages als auch bei der Vereinbarung im laufenden Mietverhältnis. Verzichtet der Mieter nachträglich auf die Einhaltung der Frist, hat diese Erklärung die Wirkung, dass er aus einer eventuellen Verletzung der Ankündigungspflicht keine Rechte herleiten werde.[175]

---

169 LG Berlin GE 2010, 548; AG Löbau DWW 1996, 124.
170 AA nach § 887 ZPO Lützenkirchen MietR/*Löfflad* H Rn. 186.
171 BGHZ 20, 169.
172 *AG Berlin-Schöneberg GE 1982, 233* zur finanziellen Unzumutbarkeit gem. § 554 BGB aF.
173 AG Wedding GE 1984, 927; *Horst* NZM 1999, 193 (195).
174 AG Löbau DWW 1996, 124 bei Missachtung einer gerichtlichen Entscheidung.
175 AG Leipzig NZM 2000, 619.

Da § 578 Abs. 2 BGB nicht auf § 555c Abs. 5 BGB verweist, können für den Mieter einer Gewerberaumeinheit nachteilige, von der gesetzlichen Regelung abweichende Vereinbarungen getroffen werden. Das kann bis zu einem völligen Verzicht über Form und Inhalt der Ankündigung führen.[176] **74a**

## IX. Übergangsregelung

Zur Regelung für laufende Mietverhältnisse hat der Gesetzgeber eine Übergangsregelung vorgesehen (→ BGB § 555a Rn. 13f.). **75**

[176] *Neuhaus* ZMR 2013, 686 (690) mit Klauselbeispielen; zur Modernisierungsvereinbarung → § 555f BGB.

## § 555d Duldung von Modernisierungsmaßnahmen, Ausschlussfrist

**(1) Der Mieter hat eine Modernisierungsmaßnahme zu dulden.**

**(2) [1]Eine Duldungspflicht nach Absatz 1 besteht nicht, wenn die Modernisierungsmaßnahme für den Mieter, seine Familie oder einen Angehörigen seines Haushalts eine Härte bedeuten würde, die auch unter Würdigung der berechtigten Interessen sowohl des Vermieters als auch anderer Mieter in dem Gebäude sowie von Belangen der Energieeinsparung und des Klimaschutzes nicht zu rechtfertigen ist. [2]Die zu erwartende Mieterhöhung sowie die voraussichtlichen künftigen Betriebskosten bleiben bei der Abwägung im Rahmen der Duldungspflicht außer Betracht; sie sind nur nach § 559 Absatz 4 und 5 bei einer Mieterhöhung zu berücksichtigen.**

**(3) [1]Der Mieter hat dem Vermieter Umstände, die eine Härte im Hinblick auf die Duldung oder die Mieterhöhung begründen, bis zum Ablauf des Monats, der auf den Zugang der Modernisierungsankündigung folgt, in Textform mitzuteilen. [2]Der Lauf der Frist beginnt nur, wenn die Modernisierungsankündigung den Vorschriften des § 555 c entspricht.**

**(4) [1]Nach Ablauf der Frist sind Umstände, die eine Härte im Hinblick auf die Duldung oder die Mieterhöhung begründen, noch zu berücksichtigen, wenn der Mieter ohne Verschulden an der Einhaltung der Frist gehindert war und er dem Vermieter die Umstände sowie die Gründe der Verzögerung unverzüglich in Textform mitteilt. [2]Umstände, die eine Härte im Hinblick auf die Mieterhöhung begründen, sind nur zu berücksichtigen, wenn sie spätestens bis zum Beginn der Modernisierungsmaßnahme mitgeteilt werden.**

**(5) [1]Hat der Vermieter in der Modernisierungsankündigung nicht auf die Form und die Frist des Härteeinwands hingewiesen (§ 555 c Absatz 2), so bedarf die Mitteilung des Mieters nach Absatz 3 Satz 1 nicht der dort bestimmten Form und Frist. [2]Absatz 4 Satz 2 gilt entsprechend.**

**(6) § 555 a Absatz 3 gilt entsprechend.**

**(7) Eine zum Nachteil des Mieters abweichende Vereinbarung ist unwirksam.**

### Systematische Übersicht



### Alphabetische Schnellübersicht

## A. Überblick

§ 555d Abs. 1 BGB bestimmt, dass Modernisierungsmaßnahmen vom Mieter grds. zu dulden sind. 1

Abs. 2 beschreibt die Härtegründe, mit denen der Mieter die Modernisierung ausschließen oder verzögern kann. Dabei hat der Gesetzgeber, anders als in § 554 Abs. 2 BGB aF, zwecks sprachlicher Straffung der Norm darauf verzichtet, Regelbeispiele für Härtegründe aufzustellen.[1] Daher muss man davon ausgehen, dass die bisher nach altem Recht geltenden Härtegründe auch nach neuem Recht beachtlich sind. Allerdings ist die zu erwartende Mieterhöhung als Härtegrund nicht im Rahmen der Duldung, sondern bei der Mieterhöhung zu berücksichtigen. 2

Neu ist die Schaffung einer Ausschlussfrist für die Geltendmachung der Härte. Mit der Bindung des Härteeinwandes an die Textform sowie an eine Frist soll dem Vermieter die Möglichkeit eingeräumt werden, sich rechtzeitig auf die vom Mieter vorgetragenen Umstände einstellen zu können und so für die Durchführung des Bauvorhabens Planungssicherheit zu erhalten.[2] Der Vermieter profitiert hiervon aber nur, wenn seine Modernisierungsankündigung den gesetzlichen Voraussetzungen des § 555c BGB entspricht (Abs. 3 S. 2). 3

Ähnlich wie bei der Ausschlussfrist für Einwendungen gegen eine Betriebskostenabrechnung kann der Mieter seine Einwände nachholen, wenn er unverschuldet an der Einhaltung der Frist gehindert war. Für den Härteeinwand der hohen Miete gilt das aber nicht unbegrenzt, sondern höchstens bis zum Beginn der Modernisierungsmaßnahme. Zudem ist der Mieter von Form und Frist für seine Härteeinwendungen befreit, wenn der Vermieter in der Modernisierungsankündigung nicht auf die gesetzlichen Anforderungen für Form und Frist des Härteeinwands hingewiesen hat (Abs. 5). 4

Abs. 5 regelt den Aufwendungsersatz. Nach Abs. 6 sind wie im bisherigen Mietmodernisierungsrecht Vereinbarungen unwirksam, die zum Nachteil des Mieters von den gesetzlichen Bestimmungen abweichen. 5

---

[1] BT-Drs. 17/10485, 30, 31, Nachw. bei AK MietRÄnderungsG/*Eisenschmid* BGB § 555d Rn. 34.
[2] BT-Drs. 17/10485, 31, Nachw. bei AK MietRÄnderungsG/*Eisenschmid* BGB § 555d Rn. 34.

## B. Die Duldung von Modernisierungsmaßnahmen

### I. Die Duldungspflicht des Mieters

#### 1. Umfang der Duldungspflicht

6 Abs. 1 bestimmt den Grundsatz, dass der Mieter Modernisierungsmaßnahmen zu dulden hat. Modernisierungsmaßnahmen sind solche baulichen Veränderungen, die in § 555b Nr. 1–7 aufgeführt sind. Im Gegensatz zum bisherigen Recht wurde nunmehr die Duldungspflicht von Modernisierungsmaßnahmen von der nachfolgenden Mieterhöhung gem. § 559 BGB konsequent entkoppelt. Die grundsätzliche Duldungspflicht besteht auch dort, wo keine Kostenumlage möglich ist, wie zB bei der Einsparung von Primärenergie oder bei der Schaffung neuen Wohnraums. Damit wird den besonderen energiewirtschaftlichen, klimaschützenden und wohnungspolitischen Zielsetzungen Rechnung getragen.

7 Die Duldungspflicht kann wie bisher nach Maßgabe des Abs. 2 entfallen, wenn besondere Härtegründe vorliegen. Abs. 2 enthält die bereits nach geltendem Recht vorgeschriebene Härtefallprüfung, allerdings in einer leicht modifizierten Fassung. Die bislang in § 554 Abs. 2 S. 3 BGB aF enthaltenen Abwägungsgründe wurden aus Gründen der sprachlichen Straffung der Norm[3] im Gesetzestext nicht mehr aufgenommen. In der Sache sind sie jedoch wie bislang bei der gebotenen Abwägung zu berücksichtigen.

8 Hat der Vermieter alle Voraussetzungen des § 555c BGB erfüllt, muss der Mieter die Maßnahme dulden, wenn er nicht eine Härte gem. Abs. 2 S. 1 vorbringen kann. Das bedeutet aber noch nicht, dass der Mieter auch die Entfernung von Gegenständen und Einrichtungen zu dulden hat, die bislang Gegenstand des Mietvertrages waren.[4] Unter Duldung ist das passive Verhalten des Mieters in Kenntnis der Vermietermaßnahmen zu verstehen.[5] Passiv verhält sich der Mieter, wenn er dem Vermieter gegenüber der ihm bekannten Modernisierungsabsicht weder mündlich noch schriftlich widerspricht noch diesem den Zutritt verweigert.[6] Wird eine Einrichtung durch eine andere vollständig ersetzt, wie zB bei Installationen oder dem Einbau neuer Fenster, ist die Entfernung der alten Einrichtung vom Mieter hinzunehmen.[7] Kann dagegen die alte Einrichtung noch sinnvoll neben der neuen genutzt werden, ist anhand des Vertrages zu bestimmen, ob der Mieter einen Anspruch auf Weiternutzung der Einrichtung hat. Beispielsweise kann die Beibehaltung eines **Kachelofens** trotz Einbaus einer Zentralheizung sinnvoll, stilvoll oder sonst wünschenswert sein. Auch die Entfernung einer **Dachantenne** nach Installation eines Breitbandkabels ist nur dann unproblematisch, wenn sie keine weiter gehenden Empfangsmöglichkeiten bietet.

9 Lässt sich dem Mietvertrag keine Bestimmung über die Nutzung der alten Einrichtung entnehmen, kann sich die Pflicht des Mieters, die Entfernung derartiger Einrichtungen anlässlich der Modernisierungsmaßnahme zu dulden, nur aus § 242 BGB ergeben.[8] Dabei müssen neben den vertraglichen Absprachen die Interessen des Mieters auf der einen Seite und die wirtschaftlichen Gründe des Vermieters auf der anderen Seite berücksichtigt werden.[9]

10 Wie schon unter → BGB § 555a Rn. 31 ff. ausgeführt, besteht die Duldungspflicht des Mieters nicht nur darin, die Maßnahmen des Vermieters nicht durch aktives Handeln zu behindern. Vielmehr muss er den **Zutritt** des Vermieters und seiner **Handwerker** in die Wohnung gestatten; und zwar nicht nur in der Bauphase, sondern auch schon in der Vorbereitungs- und Planungsphase.[10] Darüber hinaus muss der Mieter auch solche Einwirkungen hinnehmen, die zwangsläufig mit der Durchführung von Baumaßnahmen verbunden sind, wie Lärm, Schmutz und Staub, die – vorübergehende – Sperrung von Gas, Strom oder Wasser sowie die Beeinträchtigungen, die mit der Aufstellung eines Baugerüstes verbunden sind. In Extremfällen kann auch eine Pflicht des Mieters zur

---

[3] BT-Drs. 17/10485, 20, Nachw. bei AK MietRÄnderungsG/*Eisenschmid* BGB § 555d Rn. 34.

[4] KG WuM 1985, 248 = ZMR 1985, 262 = NJW 1985, 2031 = DWW 1985, 204 = GE 1985, 729 für Dachantenne.

[5] KG WuM 1988, 389 = NJW-RR 1988, 1420 = ZMR 1988, 459 = DWW 1988, 371 = GE 1988, 993.

[6] AG Dortmund DWW 2009, 65.

[7] Bub/Treier MietR-HdB/*Schüller* Kap. III A Rn. 2693.

[8] Bub/Treier MietR-HdB/*Schüller* Kap. III A Rn. 2693.

[9] *LG Tübingen NJW-RR 1986,* 694 = ZMR 1986, 203; NJW-RR 1986, 890 = DWW 1985, 286; AG Wuppertal WuM 1988, 105; alle zum Breitbandanschluss.

[10] LG Berlin GE 2014, 938; AG München ZMR 2021, 51; AG Lichtenberg GE 2014, 671 in zeitlicher Hinsicht; *Kossmann* Wohnraummiete-HdB § 44 Rn. 56.

vorübergehenden **Räumung** der Wohnung in Betracht kommen[11]. (zur Frage der Stellung einer Ersatzwohnung siehe Rn. 95f.; zur Härteregelung → Rn. 18ff.).

Auch der **Untermieter** ist zur Duldung der Modernisierung verpflichtet.[12] Der Vermieter hat gegen den Untermieter allerdings keinen unmittelbaren Duldungsanspruch, da zu ihm keine vertraglichen Beziehungen bestehen. Der Vermieter kann aber vom Mieter verlangen, den Untermieter zur Duldung zu veranlassen.[13] Umstritten ist, nach welcher Anspruchsgrundlage der selbst duldungspflichtige Mieter vom Untermieter die Duldung verlangen kann.[14] Nach der hier vertretenen Auffassung kann der Mieter nur nach Maßgabe der §555a ff. BGB die Duldung vom Untermieter verlangen.[15] Mit der Zustimmung des Vermieters zur Untervermietung ist es ihm versagt, das Risiko seiner Modernisierungs-Dispositionen auf den Hauptmieter abzuwälzen. 11

Kann der Hauptmieter zB wegen des Vorliegens einer Härte des Untermieters dem Vermieter die angekündigte Modernisierung nicht gestatten, so liegt darin idR keine Vertragsverletzung, die zur Kündigung berechtigt[16] (aber → Rn. 15). Eine Ausnahme wird man außerhalb der Vermietung von Wohnraum nur dann zulassen müssen, wenn der Hauptmieter gegenüber dem Vermieter die Garantie übernommen hat, auch für persönliche Umstände des Untermieters einstehen zu wollen. Diese enge Betrachtung ist gerechtfertigt, weil §555d BGB den Grundsatz durchbricht, dass Verträge nicht einseitig verändert werden können. Trifft nun der Vermieter einseitig die Entscheidung, den **Mietgegenstand** zu verändern, darf er das Risiko bei der Interessenabwägung im Rahmen der Duldungspflicht nicht auf den (Haupt-)Mieter verlagern; zumal dieser keinerlei Einfluss auf das Vorliegen von Härtegründen beim Untermieter nehmen kann. 12

Auch bei **Bagatellmaßnahmen** hat der Vermieter die Voraussetzungen des §555d BGB zu beachten. Eine Verletzung der Abwägungspflicht des Vermieters mit seinen Interessen und denen des Mieters wird in der Praxis aber selten Auswirkungen haben. Es wird nicht häufig der Fall auftreten, dass eine vom Vermieter geplante Bagatellmaßnahme zu einer Härte des Mieters führt und damit den Vermieter an der Umsetzung seiner Planung hindert. Bagatellmaßnahmen, die zB keine Maßnahmen der in §555b BGB beschriebenen Art sind, muss der Mieter nur unter den Voraussetzungen des §555a BGB oder des §242 BGB dulden. 13

Der Vermieter kann bei einer Klage auf Duldung einer Modernisierungsmaßnahme[17] die Mitteilung nach §555c BGB noch im Laufe des Verfahrens nachholen. In diesem Fall beginnt für den Mieter die **Überlegungsfrist** erst mit der Zustellung der Mitteilung zu laufen. 14

Ist der Mieter zur Duldung nicht verpflichtet, hat der Vermieter die Maßnahme zu unterlassen.[18] Er kann auch keinen Ersatz schon getätigter Aufwendungen vom Mieter verlangen.[19] Ist der Mieter dagegen zur Duldung verpflichtet, glaubt aber irrtümlich, die Durchführung der Maßnahme zunächst verweigern zu können, kann der Vermieter uU gem. §543 Abs. 1, §573 Abs. 2 BGB das Mietverhältnis kündigen.[20] Der Mieter kann sich nicht auf einen entschuldigenden Rechtsirrtum berufen[21]. Die hierzu ergangene BGH-Rechtsprechung ist deswegen problematisch, weil dem Mieter damit jedenfalls bei der Modernisierung[22] das Risiko aufgebürdet wird, dass der Vermieter rechtmäßig handelt.[23] Scheut der Mieter die gerichtliche Auseinandersetzung, muss er möglicherweise die rechtswidrige Handlung des Vermieters dulden. Führt er den gerichtlichen Streit, muss er im Unterliegensfall die Kosten tragen, obwohl die Maßnahme vom Vermieter ausgeht und nur er 15

---

[11] LG Mannheim WuM 1987, 272.

[12] Palandt/*Weidenkaff* BGB §554 Rn. 28.

[13] LG Berlin GE 2014, 938; MüKoBGB/*Bieber* §554 Rn. 13; Bub/Treier MietR-HdB/*Schüller* Kap. III A Rn. 2694.

[14] Vgl. mit Darlegung des Meinungsstandes Thomsen Modernisierung S. 82f.

[15] Bub/Treier MietR-HdB/*Schüller* Kap. III A Rn. 2694.

[16] **AA** Bub/Treier MietR-HdB/*Kraemer* Kap. III A Rn. 1120; Spielbauer/Schneider/*Kellendorfer* BGB §555d Rn. 3.

[17] Zu den Anforderungen einer Duldungsklage s. *Lehmann-Richter* WImmoT 2016, 77.

[18] LG Stuttgart WuM 1987, 252; LG Mannheim WuM 1987, 385.

[19] LG Köln WuM 1994, 465; AG Leverkusen WuM 1994, 465.

[20] BGH VIII ZR 281/13, WuM 2015, 416 = GE 2015, 853 = NZM 2015, 536 = NJW 2015, 2417 = ZMR 2015, 693 = AK-MietPrax §543 BGB Nr. 35.

[21] BGH VIII ZR 281/13, AK-MietPrax §543 BGB Nr. 35; anders kann es beim Tatsachenirrtum sein: BGH VIII ZR 138/11, AK-MietPrax §543 BGB Nr. 26, BGH VIII ZR 136/14, AK-MietPrax §543 BGB Nr. 36.

[22] Anders bei Instandhaltung und Instandsetzung, → BGB §555a Rn. 69a.

[23] *Schmid* MietRB 2015, 195.

das Vertragsverhältnis auf eine neue Grundlage stellen will. Darüber hinaus bezweckt § 543 Abs. 1 BGB nicht, dem Vermieter ein Druckmittel in die Hand zu geben, um sein Duldungsverlangen gegenüber dem Mieter durchzusetzen.[24] Anders ist die Rechtslage dann, wenn der Mieter trotz vorliegenden Duldungstitels die Modernisierungsmaßnahmen nicht zulässt. Dann ist er verpflichtet, ggf. Schadensersatz zu leisten.[25]

### 2. Unterlassungspflicht

16 Hat der Mieter von seinem Sonderkündigungsrecht (§ 555e BGB) Gebrauch gemacht, aber ist er **nach Ablauf** der Kündigungsfrist noch nicht ausgezogen, schadet dies nicht, weil die Duldungspflicht durch die unterlassene Räumung nicht beeinflusst wird. Hat der Vermieter dem Mieter allerdings eine **Räumungsfrist** gewährt, ist zu prüfen, ob darin die Erklärung enthalten ist, mit den Baumaßnahmen in der Wohnung erst nach Auszug zu beginnen. Dies wird aber nur Maßnahmen betreffen, die den Mieter auch berühren. Der Vermieter kann daher auch in solchen Fällen schon mit den Modernisierungsmaßnahmen zB am Haus oder in den anderen Wohnungen beginnen.

### 3. Mitwirkungspflicht

17 Die Vorschrift des § 555d BGB verpflichtet den Vermieter nicht zur Durchführung von Modernisierungsvorhaben.[26] Vielmehr regelt sie die bloße Duldungspflicht des Mieters, dem Vermieter den Zugang zu den Räumen und Raumteilen zu ermöglichen, die von den Modernisierungsvorhaben betroffen sind. Selbstverständlich muss er auch die Durchführung der Modernisierungsmaßnahme selbst dulden. Weiter gehende Pflichten bestehen nicht. Insbesondere ist der Mieter nicht verpflichtet, die **Möbel** selbst oder auf eigene Kosten durch Dritte umräumen zu lassen[27]. Auch unter dem Gesichtspunkt der **Schadensminderungspflicht** kann dem Mieter grds. keine Pflicht zur Mitwirkung auferlegt werden.[28]

17a In der Praxis legt der Vermieter dem Mieter häufig schon mit der Modernisierungsankündigung ein Formular bei, in dem dieser seine schriftliche Zustimmung zur Modernisierung dokumentieren soll. Dies wird unter Hinweis auf § 242 BGB teilweise für zulässig erachtet.[29] Zunächst ist festzuhalten, dass das Gesetz eine solche Mieterverpflichtung nicht kennt. Der Mieter ist nur zur Duldung verpflichtet (→ Rn. 6ff.) und bei Vorliegen der gesetzlichen Voraussetzungen darf der Vermieter seine Maßnahmen einleiten. Zwar hat der Vermieter ein nachvollziehbares Planungsinteresse daran, ob er pünktlich mit seinen Maßnahmen beginnen kann. Das bedeutet aber nicht, dass dadurch der Mieter generell verpflichtet würde, seine Duldungsbereitschaft zu den angekündigten Maßnahmen zu erklären[30], und schon gar nicht schriftlich. Das gilt vor allem innerhalb der Fristenregelung der §§ 555d Abs. 3–5, 555e BGB, denn die dort genannten Zeiträume wurden ihm als Fristen vom Gesetzgeber eingeräumt, um in Härtefällen seine Interessen wahren zu können. Diese gesetzgeberische Wertentscheidung darf durch den Vermieter nicht mit einer Aufforderung an den Mieter, sich zu erklären, unterlaufen werden. Das gilt aber auch für die Zeit nach Ablauf der vorgenannten Fristen, weil ein Schuldner nicht verpflichtet ist, seine Erfüllungsbereitschaft zu bekunden.[31]

## II. Die Härtegründe

18 Der Mieter hat eine Modernisierungsmaßnahme nicht zu dulden, wenn sie für den Mieter, seine Familie oder einen Angehörigen seines Haushalts eine Härte bedeuten würde, die auch unter Wür-

---

[24] So auch Blank/Börstinghaus/*Blank* BGB § 543 Rn. 143 zu § 543 Abs. 2 S. 1 Nr. 3 BGB.

[25] LG Berlin GE 2016, 1389.

[26] AG Berlin-Schöneberg GE 1987, 631; 1990, 613; AG Hamburg WuM 1990, 70; mit ausf. Begr. Thomsen Modernisierung S. 73f.

[27] LG Berlin GE 2014, 938; WuM 1996, 143 = NJW-RR 1996 = GE 1996, 187; Palandt/*Weidenkaff* BGB § 554 Rn. 7; Bamberger/Roth/*Ehlert* BGB § 554 Rn. 33.

[28] **AA** *Hau* NZM 2014, 809 (813); Blömeke/Blümmel Modernisierung Teil A Rn. 26; zu einem Fall der Schadensminderungspflicht s. LG Berlin GE 1989, 883.

[29] KG, WuM 2009, 669 zu § 554a BGB aF; Lützenkirchen MietR/*Dickersbach* BGB § 555c Rn. 19; *Heilmann, jurisPK-BGB Band 2 (8. Aufl. 2017, § 555c,* Rn. 13; *Schur,* jurisPK-BGB Band 2 (8. Aufl 2017) § 555a Rn. 16.

[30] BGH, VIII ZB 44/20, NZM 2021, 506 = WuM 2021, 365 = GE 2021, 753.

[31] OLG Hamm ZMR 1996, 499 zur Räumungsbereitschaft; offen gelassen: LG Berlin WuM 2018, 207 = ZMR 2018, 421.

digung der berechtigten Interessen sowohl des Vermieters als auch anderer Mieter in dem Gebäude sowie von Belangen der Energieeinsparung und des Klimaschutzes nicht zu rechtfertigen ist. Die Vorschrift versucht, einen Kompromiss zu finden, zwischen den Interessen des Vermieters an der Modernisierung seines Wohnungsbestandes und den Interessen des Mieters, vor **Luxusmodernisierungen** und einem **Hinausmodernisieren** geschützt zu werden. Es gilt also, das Vorliegen eines Härtefalls im Rahmen einer umfassenden Abwägung der gegenseitigen Interessen zwischen dem Mieter und dem Vermieter bzw. den anderen Mietern im Haus festzustellen. Daher ist zunächst festzustellen, ob für den Mieter, seine Familie oder einen Angehörigen seines Haushalts eine Härte vorliegt. Je länger die zu beabsichtigten Maßnahmen andauern und je umfangreicher die Modernisierungsmaßnahmen sind, desto eher ist eine Härte anzunehmen.[32] Erst wenn dies bejaht werden kann, sind die berechtigten Interessen sowohl des Vermieters als auch anderer Mieter in dem Gebäude sowie die Belange der Energieeinsparung und des Klimaschutzes zu ermitteln. Am Schluss erfolgt eine Abwägung der Härtegründe des Mieters mit den Interessen des Vermieters bzw. den Belangen der Energieeinsparung und des Klimaschutzes. Fällt die Abwägung zugunsten des Mieters aus, kann er sich mit Erfolg auf seine Härtegründe berufen.

Bei den Härtegründen ist zunächst zu beachten, dass der Härteeinwand der zu hohen Miete **19** zwar vom Mieter in dem Ankündigungsstadium der Modernisierungsmaßnahme schon vorgetragen werden muss. Er kann aber die Modernisierung nicht stoppen. Die Regelung ist nur im Rahmen der Mieterhöhung nach § 559 Abs. 4 BGB von Bedeutung, wo auch die Abwägung mit den Vermieterinteressen (nicht die Interessen der anderen Mieter des Gebäudes oder Belange der Energieeinsparung bzw. des Klimaschutzes) vorgenommen werden muss (→ BGB § 559 Rn. 99 ff.). Klargestellt wird auch, dass bei der Abwägung im Mieterhöhungsverfahren voraussichtliche künftige Betriebskosten zu beachten sind. Dass auch die Betriebskosten bei der Frage, ob eine wirtschaftliche Härte vorliegt, zu berücksichtigen sind, entspricht der bisherigen Rechtslage[33]. Die Neuregelung gilt für alle Modernisierungsmaßnahmen. Der Gesetzgeber war der Auffassung, dass ein Sonderregime nur für ausgewählte Modernisierungen nicht praktikabel gewesen wäre.[34] Kein Fall der wirtschaftlichen Härte liegt vor, wenn die Maßnahme selbst unwirtschaftlich ist.[35]

Im Rahmen des § 555d Abs. 2 BGB sind die sonstigen, eher personalen Härtegründe zu **20** berücksichtigen. Damit erlangt der Vermieter insbes. bei den besonders wichtigen energetischen Modernisierungen weitgehende Baufreiheit und Planungssicherheit, während zugleich die wirtschaftlichen Interessen des Mieters vollumfänglich gewahrt bleiben.[36] Der Begriff der Härte wird nicht näher umschrieben. Die Regelbeispiele des § 554 Abs. 2 BGB aF wurden im Gesetzestext entfernt, ohne allerdings auf ihre inhaltliche Berücksichtigung zu verzichten. Damit hat der Gesetzgeber aber auf eine wichtige Aufklärungsfunktion, wie sie in der bisherigen Norm installiert war, verzichtet.[37]

Bei den Mieterinteressen sind die bisher in § 554 Abs. 2 BGB aF enthaltenen Umstände hervor- **21** zuheben, ohne dass sie wegen der offenen Formulierung des Abs. 2 S. 1 abschließend sein können. So sind die vorzunehmenden Arbeiten, die baulichen Folgen, die vorausgegangenen Aufwendungen des Mieters sowie die zu erwartende Mieterhöhung als Härtegrund geltend zu machen. Hinsichtlich der vorzunehmenden Arbeiten ist regelmäßig eine Härte anzunehmen, wenn der Mieter wegen der zu erwartenden Arbeiten vorübergehend seine Wohnung verlassen und in eine Ersatzwohnung ziehen soll (→ Rn. 28). Die zu erwartende Mieterhöhung ist allerdings nur iRd § 559 Abs. 4, 5 BGB abzuwägen und zu berücksichtigen. Dies führt zu einer Zweiteilung der Härtefallprüfung: Der Vermieter kann nach allgemeinem Prozessrecht jedoch auch Feststellungsklage erheben, um im Streitfall vor Ausführung der Modernisierungsmaßnahme die Zulässigkeit der angekündigten Mieterhöhung notfalls gerichtlich klären zu lassen.

Neu eingefügt wurden zwei zusätzliche Abwägungsgründe. Neben den Interessen von Mieter, **22** Vermieter und anderen Mietern sind nunmehr auch Belange des Klimaschutzes und der Energieeinsparung zu berücksichtigen. Die Vermieterposition wird somit durch die Abwägung der Mieterinteressen mit den Belangen des Klimaschutzes gestärkt. Damit wurde eine grundrechtliche Wert-

---

[32] LG Berlin WuM 2015, 486; GE 2014, 55.
[33] Emmerich/Sonnenschein/*Emmerich* BGB § 554 Rn. 23; *Röder* NJW 1983, 2665; Palandt/*Weidenkaff* BGB § 554 Rn. 22; Soergel/*Heintzmann* BGB § 554 Rn. 14.
[34] BT-Drs. 17/10485, 31, Nachw. bei AK MietRÄnderungsG/*Eisenschmid* BGB § 555d Rn. 34.
[35] AG Pankow/Weißensee WuM 2015, 357 zu § 25 Abs. 1 EnEV.
[36] BT-Drs. 17/10485, 31, Nachw. bei AK MietRÄnderungsG/*Eisenschmid* BGB § 555d Rn. 34.
[37] *Pfeifer* MK, Sonderheft Oktober 2011, 6.

entscheidung (Art. 20a GG), die üblicherweise in zivilrechtlichen Generalklauseln zu berücksichtigen ist, direkt in das Gesetz aufgenommen.[38] Dem kann der Mieter nicht entgegenhalten, dass die vom Vermieter geplante Maßnahme dem Klimaschutz nur in geringem Umfang Rechnung trägt, weil maßgebliche Vorschriften, zB die des GEG, umfangreichere Maßnahmen ermöglichen. Solange somit die Maßnahme Klimaschutzkomponenten enthält, streitet dieser Abwägungsgrund gegen den Härteeinwand des Mieters.

23 Auf besondere volkswirtschaftliche Interessen, die über den Regelungsgehalt der Vorschrift hinausgehen, ist dabei nicht einzugehen.[39] Ist die Wohnung oder ein Teil von ihr untervermietet, sind die Härtegründe des **Untermieters** ebenfalls zu berücksichtigen.

### 1. Die vorzunehmenden Arbeiten

24 Unter diesen Härtegrund fallen zunächst alle Umstände, die sich im Hinblick auf das Alter sowie den Gesundheitszustand des Mieters, seiner Familienangehörigen oder Angehörigen seines Haushalts ergeben. Darüber hinaus sind alle Beeinträchtigungen durch Lärm, Schmutz oder Erschütterungen sowie Beeinträchtigungen der Nutzbarkeit der Räume zu bedenken. Letzteres kann sich gerade bei Gewerberäumen auswirken.

25 Der **Fensteraustausch** in den Wintermonaten ist unzumutbar.[40] Der Vermieter ist in diesen Fällen gehalten, die Bauarbeiten auf einen späteren Zeitpunkt zu verschieben. Das gilt auch bei Krankheit des Bewohners.[41] Tauscht der Vermieter die Fenster dennoch aus, und führt die mangelhaft organisierte Fenstermodernisierung während des Winters zu einer Erkältungskrankheit des Mieters, haftet der Vermieter auf Schmerzensgeld.[42]

26 Ist das Mietverhältnis bereits gekündigt oder steht die Beendigung des Mietverhältnisses aus anderen Gründen bevor, ist es dem Vermieter grds. zuzumuten, den Auszug des Mieters abzuwarten und erst dann mit den Arbeiten zu beginnen.[43] Allerdings muss die Verzögerung organisatorisch möglich sein und sie darf die Baukosten nicht unzumutbar erhöhen.

27 Eine Härte kann sich auch aus in der Person des Mieters liegenden Gründen ergeben.[44] So bspw. dann, wenn der Mieter **körperbehindert** oder schwer erkrankt ist oder in einem hohen Lebensalter steht. Dann können umfangreiche, die Nutzung der Wohnung stark beeinträchtigende Arbeiten unzumutbar sein.[45] Für die Annahme derartiger Härtegründe ist immer eine strenge, am Einzelfall ausgerichtete Prüfung erforderlich, so dass allgemeine Behauptungen über Gesundheitsgefahren nicht ausreichen.[46]

28 Je länger die Maßnahmen andauern und je umfangreicher die Modernisierungsvorhaben sind, desto eher ist eine Härte anzunehmen.[47] Die vorübergehende vollständige Räumung einzelner Zimmer, ein **Zwischenumzug** in eine Ersatzwohnung oder ein Ausweichen **ins Hotel** kommt idR nur in Betracht, wenn ganz besonders schwerwiegende, zwingende Gründe für die Modernisierung sprechen.[48] Da eine zeitweise, verpflichtende Räumung der Wohnung praktisch einem Verlust der Wohnung durch eine Kündigung gleichkommt – wenn auch nur vorübergehend –, kann der Vermieter die zeitweise Räumung der Wohnung nur verlangen, wenn er anderenfalls einen berechtigten Kündigungsgrund gem. § 573 Abs. 2 Ziff. 3 BGB geltend machen könnte. In allen anderen Fällen hat der Bestandsschutz des Mieters an seiner Wohnung Vorrang vor dem Modernisierungsinteresse des Vermieters. Ist das Leben des Mieters im Falle der Räumung zur Durchführung der Modernisierungsmaßnahmen bedroht, scheidet regelmäßig eine Duldungspflicht aus.[49]

---

[38] *Hinz* NZM 2012, 153 (157).
[39] *Kummer* WuM 1983, 227.
[40] AG Charlottenburg MM 1986, Nr. 11, 31; AG Köln WuM 1975, 225.
[41] **AA** AG Berlin-Neukölln GE 1982, 1043.
[42] AG Hannover WuM 1989, 634.
[43] AG Dortmund WuM 1980, 246.
[44] AG Hannover WuM 1979, 166 = ZMR 1979, 312.
[45] AG Hamburg WuM 1988, 359; Staudinger/*Emmerich* BGB § 554 Rn. 32.
[46] AG Wedding GE 1986, 561.
[47] LG Berlin 18.10.2013 – 63 S 387/12, IBRRS 2013, 5284, mAnm *Herlitz* jurisPR-MietR 14/2014 Anm. 4.
[48] *Solche Gründe fehlen beim Einbau einer Fußbodenheizung, wenn ein dreimonatiger Zwischenumzug* erforderlich ist, LG Berlin WuM 2018, 564; LG Berlin 18.10.2013 – 63 S 387/12, – juris, mAnm *Herlitz* jurisPR-MietR 14/2014 Anm. 4; LG Mannheim WuM 1987, 272.
[49] BVerfG WuM 1992, 104 = NJW 1992, 1378.

Der bei einem Heizungseinbau auftretende Lärm und Schmutz führt dann nicht zu einer Härte des Mieters, wenn er den Arbeiten ausweichen kann. So ist es für einen Studenten zumutbar, einige Tage in der Bibliothek zu arbeiten.[50] Auch der Umstand, dass der Mieter ausschließlich nachts arbeitet, führt nicht zwingend zu einer Härte. So ist zunächst zu prüfen, ob nicht die Arbeiten in der Wohnung des Mieters mit dessen Schlafrhythmus koordiniert werden können.[51] Derartige Erschwernisse können dem Mieter aber nur für wenige Tage abverlangt werden. **29**

Ein Dachausbau, der erhebliche Lärmbeeinträchtigungen nach sich zieht, ist dennoch vom Mieter zu dulden, wenn der Vermieter zuvor die Fortsetzung des Vertrages gem. § 574 BGB dulden musste.[52] In den Fällen des § 574 BGB sind besonders strenge Anforderungen an den Einwand der Härte des Mieters zu stellen. **30**

### 2. Die baulichen Folgen

Der Vermieter muss bei der Prüfung der Duldungspflicht des Mieters auch berücksichtigen, welche baulichen Auswirkungen die Modernisierungsmaßnahmen für den Mieter haben. Sie erfassen die Art und Weise der durch die Verbesserung insgesamt bewirkten Veränderungen und sind insbes. dann nicht vom Mieter hinzunehmen, wenn die Wohnung nach Abschluss der Maßnahmen seinen **Wohnbedürfnissen** nicht mehr im gleichen Umfang wie vor den Bauausführungen gerecht wird. **31**

So ist die Änderung des **Zuschnitts** der Wohnung zum Nachteil des Mieters idR eine Härte.[53] Das gilt uU auch für gravierende optische Änderungen.[54] Der Mieter braucht insbes. nicht zu dulden, dass die Art der Nutzung völlig geändert wird, zB wenn seine Wohnung in zwei Appartements umgebaut wird oder wenn seine 2-Zimmer-Wohnung durch Einbau eines Bades zur 1-Zimmer-Wohnung gemacht werden soll oder ein Zimmer durch den Einbau eines Bades verkleinert wird.[55] Ebenfalls ist regelmäßig unzumutbar, wenn die bauliche Maßnahme die ohnehin beengten Wohnverhältnisse noch weiter schmälert[56] und diese damit den Bedürfnissen des Mieters nicht mehr genügen. **32**

Unzumutbar kann eine Modernisierung zudem sein bei dauernder Beeinträchtigung durch Geräusche oder Schmutz, sofern diese Folge der Vermietermaßnahmen ist und durch die Vorteile der Modernisierung nicht aufgewogen werden.[57] Die kurzfristige Beeinträchtigung durch Baulärm und Schmutz sowie die erforderliche Umstellung der Möbel infolge des Einbaus einer Balkontür, begründet noch keine Härte.[58] Dagegen kann eine Härte durch die Einbuße von **Stellfläche** vorliegen, wenn zB durch die Installation von Heizkörpern der Zuschnitt der Wohnung ungünstig verändert wird.[59] Eine Härte liegt für den Mieter auch vor, wenn durch die Schaffung neuen Wohnraums und dem damit verbundenen Umbau die Wohnung des Mieters ein **Fenster** einbüßt oder ein **Zimmer** verliert und damit ein wesentlicher Verlust an Licht und Sonne eintritt.[60] Im Einzelfall kann es schon ausreichen, wenn durch die beabsichtigte Modernisierung sich die **Glasfläche** um ein Drittel verkleinert und dadurch die Wohnung erheblich schlechter belichtet würde[61] (→ BGB Vor §§ 555a–555f Rn. 8ff.). **33**

zurzeit unbesetzt **34**

Eine geplante Grundrissänderung im Bereich zwischen Speisekammer und Küche kann für den Mieter zumutbar sein, soweit durch das Versetzen einer **Trennwand** die Räume keinen völlig anderen Zuschnitt erhalten und eine sachgerechte Nutzung des verbleibenden Raums gewährleistet **35**

---

[50] AG Köln WuM 1990, 388.
[51] AG Langenfeld WuM 1999, 284.
[52] AG Bad Schwartau WuM 1986, 216.
[53] LG Braunschweig WuM 1982, 208.
[54] LG Berlin GE 2017, 977 durch Belüftungssysteme.
[55] LG Frankfurt a. M. WuM 1986, 138; AG Dortmund WuM 1980, 9.
[56] LG Hamburg WuM 1989, 174.
[57] Thomsen Modernisierung S. 50.
[58] LG Leipzig NZM 2013, 857.
[59] LG Frankfurt a. M. WuM 1986, 138; LG Hamburg WuM 1989, 174; Bub/Treier MietR-HdB/*Schüller* Kap. III A Rn. 2705; Thomsen Modernisierung S. 50.
[60] AG Köln WuM 1979, 242.
[61] AG Hamburg WuM 1999, 160.

ist.[62] Auch die eingeschränkte Stellmöglichkeit wegen Einbaus einer Balkontür muss nicht zu einer unzumutbaren Härte führen.[63]

36 Der Mieter muss nicht hinnehmen, dass mit dem Ausbau des Dachgeschosses **Fallrohre** durch sein Wohnzimmer geführt werden. Die Schaffung neuen Wohnraums durch Ausbau soll nicht zu seinen Lasten gehen.[64] Das gilt auch für die Errichtung eines Staffelgeschosses auf ein vermietetes Einfamilienhaus.[65] Auch wenn die Wohnung durch Ein- und Umbauten optisch grdl. verändert wird, liegt eine unzumutbare Härte vor.[66]

### 3. Die vorausgegangene Aufwendung des Mieters

37 Bei der Abwägung der Interessen ist auch zu berücksichtigen, ob sich die Maßnahmen des Vermieters auf die eigenen Aufwendungen des Mieters auswirken. Die Mieterinvestitionen können sich auf die Wohnung, aber auch auf das Gebäude beziehen. Die Art der Aufwendung ist dabei grds. unbeachtlich. So können durch die Modernisierung die eigenen Aufwendungen des Mieters entwertet oder nutzlos werden, ohne dass sich für ihn der Wohnwert verbessert. Daher ist die vom Mieter zulässigerweise vorgenommene Investition schon bei der Frage zu berücksichtigen, ob mit der geplanten Maßnahme des Vermieters unter Berücksichtigung der Mietereinbauten überhaupt eine Modernisierung angenommen werden kann[67] (→ BGB § 555b Rn. 73). Wird dies bejaht, kann für den Mieter, der im Einverständnis mit dem Vermieter eigene Investitionen getätigt hat, die Modernisierung des Vermieters daher eher eine Härte bedeuten als für andere Mieter. Er bedarf daher eines besonderen Schutzes. Im Einzelnen kommt es darauf an, ob der Mieter die Investitionen mit Zustimmung[68], zB auch mit **schweigender** Duldung, des Vermieters getätigt hat. Hat der Mieter die Maßnahmen ohne Einwilligung des Vermieters durchgeführt und ist der Vermieter auch nachträglich nicht zur Genehmigung verpflichtet, sind diese Verwendungen in die Interessenabwägung nicht mit einzubeziehen.

38 Andererseits muss sich der Vermieter an gegebene Zusagen halten.[69] Ist Gegenstand seiner Absprache mit dem Mieter gewesen, dass der Vermieter innerhalb eines bestimmten Zeitraumes keine **vergleichbaren** Investitionen tätigen werde, dann muss er sich daran festhalten lassen.[70] Eine solche Abrede erfolgt konkludent, wenn der Vermieter die vom Mieter erbetene Maßnahme ohne Vorbehalt genehmigt. Der Vermieter muss in diesen Fällen dem Mieter die Gelegenheit bieten, seine Investitionen auch abzuwohnen.[71] Bei einem befristeten Mietverhältnis liegt die Annahme nahe, dass der Vermieter über die gesamte Laufzeit des Vertrages nicht berechtigt sein soll, durch eine Folgemodernisierung die Maßnahme des Mieters zu ersetzen.[72] Hat der Vermieter den Mieter verpflichtet, jederzeit auf Aufforderung die bauliche Maßnahme rückgängig zu machen, dann handelt der Vermieter bei einer entsprechenden Erklärung jedenfalls dann treuwidrig, wenn der Zeitraum zwischen der baulichen Maßnahme des Mieters und dem Rückbauverlangen des Vermieters sehr kurz ist (zur Frage der Restwertentschädigung → BGB § 535 Rn. 452). Haben die Parteien vereinbart, dass der Mieter Energieeinsparmaßnahmen zu dulden hat, muss er dies auch angesichts seiner selbst eingebauten Gasetagenheizung respektieren. Der Vermieter hatte in diesem Fall schon nach altem Recht die Pflicht, die Energieeinsparung nachzuweisen.[73]

39 Feste Regeln, wann von einer Härte ausgegangen werden kann, können nicht aufgestellt werden. Die Härte ist umso größer, je mehr der Mieter im Einvernehmen mit dem Vermieter in die Wohnung investiert hat und je kürzer die Verwendungen zeitlich zurück liegen.[74] Somit müssen

---

[62] LG Berlin GE 1990, 255.
[63] LG Berlin GE 2014, 1007.
[64] AG Berlin-Wedding MM 1991, 167.
[65] BGH VIII ZR 106/07, ZMR 2008, 116.
[66] LG Berlin GE 2016, 977; zB das Abhängen der Decke einer Altbauwohnung LG Berlin GE 2016, 1568.
[67] BGH VIII ZR 110/11, WuM 2012, 448 = AK-MietPrax § 554 BGB Nr. 8 = NZM 2012, 679 = NJW 2012, 2954 = GE 2012, 1036 =ZMR 2013, 22; AG Gelsenkirchen ZMR 2019, 349.
[68] *Röder* NJW 1983, 2665.
[69] KG ZMR 2009, 32.
[70] LG Köln WuM 1978, 8; AG Gelsenkirchen ZMR 2019, 349.
[71] *Damrau-Schröter,* Zivilrechtliche Aspekte der „Mieter-Modernisierung", 1994, 168.
[72] *Damrau-Schröter,* Zivilrechtliche Aspekte der „Mieter-Modernisierung", 1994, 169.
[73] *LG Berlin GE 2007, 294.*
[74] BGH VIII ZR 110/11, AK-MietPrax § 554 BGB Nr. 8 = NJW 2012, 2954 = NZM 2012, 679 = DWW 2012, 295 = ZMR 2013, 22; VIII ZR 25/12, WuM 2012, 677 = GE 2012, 1555; LG Hamburg MDR 1983, 1026 = DWW 1984, 20 = ZMR 1984, 60 = GE 1985, 361.

zeitlich länger zurückliegende und nicht allzu hohe Aufwendungen bei der Bestimmung einer Härte regelmäßig außer Betracht bleiben.[75]

Ferner wird zu berücksichtigen sein, ob der Vermieter durch Verzicht auf eine an sich zulässige Mieterhöhung oder auf einen Teil der Miete die Investitionen des Mieters mitfinanziert hat. Maßgebend ist dabei auch die Dauer des Verzichtes.[76] Darüber hinaus ist von Bedeutung, ob die Maßnahmen für das Haus oder die Wohnung von Bedeutung waren und ob sie ggf. als abgewohnt anzusehen sind.[77] Allgemein ist davon auszugehen, dass eine Investition in Höhe einer Jahresmiete in vier Jahren als **abgewohnt** gilt.[78] Der Vermieter kann diesen Härtegrund allerdings durch Übernahme einer entsprechenden Zahlung oder eines Verzichts auf künftige Mieterhöhungen ausräumen.[79] 40

Ob die dem Mieter für seine bauliche Maßnahme gewährten öffentlichen Mittel zu seinen Gunsten anzurechnen sind, ist umstritten.[80] Richtigerweise wird man die **öffentlichen Mittel** jedenfalls dann dem Mieter zurechnen, wenn es um die Ermittlung der Abwohndauer geht. Sie ist nicht nur maßgeblich für die Berechnung einer Restwertentschädigung, sondern auch dafür, ob der Vermieter durch Folgemaßnahmen die Investition des Mieters nutzlos machen kann. 41

### 4. Die zu erwartende Mieterhöhung

Der Härtegrund der Erhöhung des Mietzinses kommt in erster Linie für den Wohnraummieter in Betracht, wenn der Vermieter nach § 559 Abs. 1 BGB vorgehen will.[81] Hat sich der Vermieter für das vereinfachte Verfahren nach § 559c BGB[82] entschieden (Einzelheiten siehe dort), erübrigt sich dieser Härteeinwand, auf den der Vermieter wegen des Ausschlusses nach § 559c Abs. 1 S. 3 BGB auch bei der Ankündigung nicht hinweisen muss (→ § 555c Rn. 55a). Der Mieter von **Geschäftsräumen** kann sich nur auf diesen Härtegrund berufen, wenn der Vermieter die Möglichkeit der vertraglichen Mietzinsanpassung nach § 559 BGB hat. 42

Die Mieterhöhung erfasst auch die voraussichtlich künftigen Betriebskosten. Das sind diejenigen Betriebskosten, die aufgrund der Modernisierung neu oder erhöht bzw. vermindert entstehen und vom Vermieter umgelegt werden können. 43

### 5. Sonstige Härten

Die unter Abs. 2 Nr. 1–4 genannten Härtegründe sind nur beispielhaft. Daher können auch andere Härtegründe zu einer Verhinderung der vom Vermieter beabsichtigten Modernisierungsmaßnahme führen. Beispielsweise ist eine Härte denkbar bei Berücksichtigung von **persönlichen** Lebensumständen, wie Alter, Krankheit, Ängste[83], psychische Erkrankungen[84], kurz bevorstehende Geburt oder geschäftliche Schwierigkeiten.[85] Auch Nachtarbeit[86], Arbeitslosigkeit und Kurzarbeit, eine Behinderung oder eine unmittelbar bevorstehende Abschlussprüfung[87] können eine Härte darstellen. Ebenso kann ein kurz bevorstehendes Vertragsende den Vermieter verpflichten, die Modernisierungsmaßnahme bis zum Auszug des Mieters zurückzustellen.[88] Im gewerblichen Mietverhältnis ist eine Härte bejaht worden, wenn die umfangreiche und zeitaufwendige Maßnahme des Vermieters wegen der damit notwendigen Einstellung des Betriebs des Mieters für diesen existenzbedrohend ist.[89] Auch die sonstigen Härtegründe sind in die Abwägung mit den Interessen des Vermieters einzubeziehen. Keine Härte wird angenommen, wenn der Mieter als starker Raucher 44

---

[75] LG Berlin GE 2012, 270.
[76] MüKoBGB/*Bieber* § 554 Rn. 25.
[77] LG Berlin GE 1998, 616; AG Berlin-Tempelhof/Kreuzberg GE 2011, 57.
[78] Vgl. § 2 des Gesetzes … über die Rückerstattung von Baukostenzuschüssen v. 21.7.1961 (BGBl. I 104); Bub/Treier MietR-HdB/*Schüller* Kap. III A Rn. 2706.
[79] Krit. Kossmann Wohnraummietvertrag § 44 Rn. 72; → BGB § 157 Rn. 33.
[80] Dafür LG Berlin MM 1999, 169; dagegen LG Berlin ZMR 1999, 554.
[81] Zum Beurteilungszeitpunkt für die wirtschaftliche Leistungsfähigkeit *Börstinghaus* NZM 2014, 689.
[82] Eingefügt durch das MietAnpG v. 18.12.2018, BGBl. I, 2648.
[83] LG Köln WuM 2002, 669.
[84] LG Bremen ZMR 2013, 346; LG Berlin GE 2015, 388.
[85] Bub/Treier MietR-HdB/*Schüller* Kap. III A Rn. 2707; Thomsen Modernisierung S. 58.
[86] AG Bremen WuM 2016, 493.
[87] MüKoBGB/*Bieber* § 554 Rn. 30.
[88] LG Köln ZMR 1970, 237 zu § 541a Abs. 2 BGB aF.
[89] BGH XII ZR 126/11, WuM 2013, 37 = AK-MietPrax § 554 BGB Nr. 11 = NZM 2013, 122 = NJW 2013, 223 = MietRB 2/2013 mAnm *Schach*.

sich gegen den Einbau von Rauchwarnmeldern zur Wehr setzt.[90] Die Duldung ist auch dann nicht ausgeschlossen, wenn die Parteien eine Indexmiete vereinbart haben, die gem. § 557b Abs. 2 BGB eine Mieterhöhung nach § 559 BGB verbietet.[91]

45 In der Regel wird daher die Duldungspflicht zu verneinen sein, wenn der Vermieter selbst Umstände setzt, die unter dem Gesichtspunkt von Treu und Glauben zugunsten des Mieters berücksichtigt werden müssen. Beispielsweise kann sich der Vermieter regelmäßig nicht auf die Duldungspflicht des Mieters berufen, wenn er diesem zuvor die Unterlassung der Maßnahme **zugesagt** hat[92] oder wenn der Vermieter ohne vernünftigen Grund mehrere Maßnahmen in kurzen zeitlichen Abständen durchführt und der Mieter dadurch die Mieträume längere Zeit nicht vertragsgemäß nutzen kann.

46 Zudem kann maßgeblich sein, ob der Vermieter die Wohnung nur deshalb modernisiert, um sie nach Umwandlung in eine Eigentumswohnung besser **verkaufen** zu können. In diesen Fällen modernisiert der Vermieter nämlich nicht, um sein Objekt bei fortbestehendem Mietverhältnis zu verbessern. Vielmehr dient die Wertverbesserung dann ausschließlich der Erzielung eines höchst möglichen Verkaufserlöses, während der Mieter in Folge des Verkaufs dem erhöhten Risiko einer Eigenbedarfskündigung ausgesetzt wird. Die Zielsetzung des Vermieters kommt daher dem Herausmodernisieren sehr nahe, vor dem der Mieter aber durch die Modernisierungsvorschriften geschützt werden soll.

47 Bei der Abwägung mit dem Modernisierungsinteresse des Vermieters gebührt der gesundheitlichen Unversehrtheit des Mieters besondere Aufmerksamkeit.[93] Nach den verfassungsrechtlich gebotenen Grundsätzen[94] verlangt Art. 2 GG in Fällen, in denen ein schwerwiegender Eingriff in das Recht auf Leben und körperliche Unversehrtheit zu besorgen ist, ua eine besonders sorgfältige Nachprüfung des entsprechenden Vortrages und dessen angemessene Berücksichtigung bei der Interessenabwägung.[95]

47a Dem Mieter kann noch ein weiteres Grundrecht zur Seite stehen, nämlich das Grundrecht auf „informationelle Selbstbestimmung" gem. Art. 2 Abs. 1 GG iVm Art. 1 Abs. 1 GG[96] und somit Grundlage des Härteeinwands sein. In Betracht kommt dies, wenn die als zukunftsweisend diskutierten Wohnmodelle von „Smart-Home" und „Kogni-Home" umgesetzt werden und der Mieter solche Einrichtungen dulden soll.[97] Dann kann sein Recht auf informationelle Selbstbestimmung zu einer Härte führen. Auch wenn die Maßnahmen – einzeln betrachtet – über § 28 Abs. 1 BDSG datenschutzrechtlich gerechtfertigt erscheinen, so können die erfassten Daten aber in ihrer Gesamtschau ein Bewegungsprofil des Mieters zulassen, das über die Zweckbestimmung der Einzeldaten hinausgeht (Internet der Dinge). Beispielsweise ist Verarbeitung der vom „intelligenten Kühlschrank" (→ BGB § 555b Rn. 52a) erfassten Daten, sowie die vom elektronischen Heizkostenverteiler oder Wasserzähler, vom kommunikationsfähigen Bewegungsmelder und Heizsystem, vom „Reinigungsroboter", vom „Gesundheits-Avatar"[98], vom Herd und von der Tür für sich alleine betrachtet durch den Vertrag gedeckt (vgl. § 28 Abs. 1 BDSG). Zusammen können sie aber Rückschlüsse zulassen auf die Essgewohnheiten des Mieters, auf eventuelle Zusammenhänge mit seinen Gesundheitsdaten, auf die Häufigkeit von Besuch und zur Reinlichkeit des Mieters, die den Pflegezustand der Wohnung erkennen lässt. Die Erstellung eines solchen Profils wäre vom Datenschutz nicht mehr gedeckt, da damit der Grundsatz der Verhältnismäßigkeit, den der Vermieter als „verantwortliche Stelle" zu beachten hat, verletzt ist.[99] Zudem muss der Vermieter bei seiner Datenerhebung Zurückhaltung üben. Denn es gilt auch der Grundsatz der Datensparsamkeit, wonach durch Vermeidung der Speicherung personenbezogener Daten die Beeinträchtigung des Rechts auf informationelle Selbstbestimmung reduziert werden soll.[100]

---

[90] AG Halle an der Saale ZMR 2014, 649.

[91] BGH VIII ZR 147/13, WuM 2014, 284 = AK-MietPrax § 555d BGB Nr. 1 = GE 2014, 665 = ZMR 2014, 626; *Jahreis* jurisPR-MietR 15/2014 Anm. 3.

[92] LG Köln WuM 1978, 8 = ZMR 1978, 181.

[93] BVerfG WuM 1992, 104 = NJW 1992, 1378; AG Hamburg WuM 1988, 359.

[94] BVerfG WuM 1980, 27 = NJW 1979, 2607 = MDR 1980, 116 = ZMR 1980, 12.

[95] BVerfG WuM 1992, 104 = NJW 1992, 1378.

[96] BVerfG NJW 1984, 419.

[97] *Siehe Eisenschmid* WuM 2017, 440, 443ff.

[98] S. Pressemeldung der Universität Bielefeld v. 8.8.2014.

[99] *Kramer* DSB 2017, 70.

[100] Auernhammer, BDSG, 4. Aufl. 2015, BDSG § 3a Rn. 17.

Noch nicht diskutiert ist die Frage, ob die Rechtmäßigkeit einer baulichen Maßnahme ungeschriebenes Tatbestandsmerkmal der baulichen Veränderung iSd § 555b BGB ist[101] oder ob dieser Umstand bei der Härteregelung zu berücksichtigen ist. Das ist beispielsweise von Bedeutung, wenn nach Einbau elektronischer Funkmessgeräte ständig Daten an die Messdienstfirma übersendet werden, obwohl für die Abrechnung nur der Anfangs- sowie der Endbestand des Verbrauchs benötigt werden (§ 556 Abs. 3 BGB).[102] Liegt keine Einwilligung des Mieters vor, ist die Messung mangels Vorliegen eines anderen Erlaubnistatbestandes gem. Art. 6 Abs. 1 DS-GVO datenschutzwidrig. Muss der Mieter aber nur Maßnahmen dulden, die im Einklang mit der Rechtsordnung stehen, liegt mit dem Einbau der Geräte ohne Mietereinwilligung oder technischer Begrenzung auf die erforderlichen zwei Ablesungen schon keine Modernisierungsmaßnahme vor. **47b**

### III. Die zu berücksichtigenden Personen auf der Mieterseite

Zunächst gilt die Härteregelung zu Gunsten der Interessen des Mieters. Daneben sind aber auch seine **Familienangehörigen** zu berücksichtigen. Zur Familie können alle Angehörigen gezählt werden, die in der Wohnung des Mieters leben. Dazu gehört auch der Lebenspartner gem. § 1 LPartG. Ein bestimmter Grad der Verwandtschaft oder Schwägerschaft ist nicht erforderlich.[103] Entscheidend ist das soziale Band innerhalb, der einem Haushalt zugehörenden Personen, so dass auch der **nichteheliche Lebenspartner** zu berücksichtigen ist.[104] **48**

Schon seit der Neufassung der Vorschrift mit dem Mietrechtsreformgesetz 2001 sind nunmehr auch die Interessen eines Angehörigen des Mieterhaushalts zu berücksichtigen. Das sind die Personen, die mit dem Mieter in seinen Räumen einen **gemeinsamen** Haushalt führen. Somit ist erforderlich und ausreichend, dass die Personen mit dem Mieter gemeinsam wirtschaften.[105] Neben solchen Personen, die zwecks Vermeidung des Wohnens in einem Alters- oder Pflegeheim als Wohngemeinschaft zusammenwohnen,[106] gehören zu den Angehörigen eines Mieterhaushalts auch die Pflegekinder des Mieters oder die Kinder seines Lebenspartners. Entscheidend ist immer auch die Berechtigung der Nutzung gegenüber dem Vermieter.[107] **49**

Anders als § 563 Abs. 2 BGB verlangt § 555d Abs. 2 S. 1 BGB nicht, dass der Angehörige zu einem „auf Dauer angelegten" Haushalt gehört.[108] Daher kommt es bei der Interessenabwägung nicht darauf an, ob die zum Haushalt gehörende Person dort ständig verbleiben möchte. Eine vorübergehende Zugehörigkeit reicht aus. So kann die Aufnahme einer **Hauswirtschaftskraft** für ein Jahr zwar nicht als auf Dauer angesehen werden. Sie muss aber doch als Angehörige des Haushalts gelten. Kurzfristige, tageweise aufgenommene Personen sind allerdings davon ausgenommen,[109] weil sie nicht Haushaltsangehörige, sondern Gäste des Mieters sind. **50**

Bei einer **Mehrheit** von Mietern oder Angehörigen genügt es, wenn die Maßnahme nur für einen der Mieter oder Angehörigen unzumutbar ist.[110] Der Mieter kann aber nicht mit Erfolg vortragen, dass er von ursprünglich mehreren Mitmietern nur noch alleine die Wohnung bewohne und deshalb die Maßnahme für ihn unzumutbar sei.[111] **51**

Im gewerblichen Mietverhältnis sind auf Mieterseite Umstände zu berücksichtigen, die im Hinblick auf die Duldung der Modernisierungsmaßnahme eine Härte bei Mitarbeitern und Beschäftigten begründen. Belange der Kunden sind jedoch ausgeschlossen.[112]

101 So wohl LG Berlin ZMR 2020, 398; AG Tempelhof-Kreuzberg GE 2018, 59.
102 Siehe im einzelnen *Eisenschmid* WuM 2017, 440, 444.
103 Emmerich/Sonnenschein/*Emmerich* BGB § 554 Rn. 20.
104 Zum Begriff der „eheähnlichen Gemeinschaft" BVerfG WuM 1993, 240 = NJW 1993, 643 = ZMR 1993, 317.
105 Blank/Börstinghaus/*Blank* BGB § 555d Rn. 9.
106 Herrlein/Kandelhard/*Both* BGB § 554 Rn. 56.
107 AnwK WohnraummietR BGB § 554 Rn. 56.
108 *Sternel* ZMR 2001, 937 (942) mit Beispielen.
109 MüKoBGB/*Bieber* § 554 Rn. 24; *Sternel* ZMR 2001, 937 (942).
110 AG Bergheim WuM 1996, 415; Emmerich/Sonnenschein/*Emmerich* BGB § 554 Rn. 20.
111 AG Schöneberg GE 1992, 389.
112 *Neuhaus* ZMR 2013, 686 (691).

### IV. Die zu berücksichtigenden Personen auf der Vermieterseite

52 Zunächst sind die Interessen des Vermieters selbst beachtlich. Bei der Abwägung der gegenseitigen Interessen ist daneben zugunsten des Vermieters zu berücksichtigen, wie stark das Interesse der anderen Mieter in der Hausgemeinschaft an der Durchführung der Maßnahme ist. Es sind nur die Interessen der **Mitmieter** in dem von der beabsichtigten Maßnahme betroffenen Gebäude zu berücksichtigen. Dafür spricht zum einen der Wortlaut („Mieter in dem Gebäude") und zum anderen wegen der schwierigen Abgrenzungsfragen die Rechtssicherheit.[113]

#### 1. Die Vermieterinteressen

53 Auf der Seite des Vermieters sind alle „berechtigten" Interessen mit Ausnahme des Interesses an der bloßen Mieterhöhung zu berücksichtigen.

54 In erster Linie zählt die Wertverbesserung des Hausbesitzes als Abwägungskriterium zu Gunsten des Vermieters. Dabei ist zu bedenken, dass der Vermieter sein Mietobjekt dem üblichen Wohnkomfort sowie den jeweiligen technischen und sonstigen nachgefragten Standards anpassen muss, um die **Vermietbarkeit** des Hausbesitzes langfristig zu sichern. Hierzu gehören insbes. Energiesparmaßnahmen, welche die Heizkostenbelastung der Mieter senken oder die Verringerung von fossiler Energie, um damit $CO_2$ einzusparen. Zudem erfordert häufig auch die Änderung der Rechtslage, dass bestimmte Maßnahmen vorgenommen werden müssen, wie zB der Einbau von Thermostatventilen[114] oder anderer Maßnahmen nach GEG sowie Maßnahmen im Rahmen des Anschluss- und Benutzungszwanges nach dem jeweiligen landesspezifischen Kommunalabgabengesetz.

55 Ein berechtigtes Interesse des Vermieters liegt insbes. auch dann vor, wenn er günstige Angebote für die Ausführung der Arbeiten erhält oder wenn auf dem Finanzmarkt günstige **Finanzierungsmittel** zur Verfügung gestellt werden.[115] Auch die bessere kurzfristige Vermietbarkeit kann ein zu berücksichtigendes Interesse sein.

56 Die zu berücksichtigenden Interessen können auch in der Person des Vermieters selbst begründet sein. Solche Besonderheit kann zB vorliegen, wenn der Vermieter selbst im Haus wohnt und aus Altersgründen oder gesundheitlichen Erfordernissen eine Zentralheizung benötigt.

57 Nicht zu berücksichtigen sind die Interessen der Allgemeinheit, wie zB das Interesse an der **Schaffung** von Wohnraum oder Fragen des Naturschutzes. Der Wortlaut des § 555d BGB stellt im Wesentlichen auf die Interessen der Vertragsparteien bzw. der anderen Mieter im Haus ab, so dass für die Einbeziehung von Allgemeininteressen an dieser Stelle kein Raum bleibt.[116]

#### 2. Die Interessen anderer Mieter

58 Die Interessen anderer Mieter sind zu Gunsten des Vermieters insoweit zu berücksichtigen, als die Maßnahme auf ihren Mietgebrauch einwirkt. Interessen außerhalb des Mietgebrauchs bleiben daher unberücksichtigt. Die zu berücksichtigenden Interessen können zB im erwünschten höheren **Wohnkomfort** liegen und damit die Interessen des Vermieters an der Durchführung der Maßnahme verstärken. So kann der Einbau eines Fahrstuhles nicht nur zu einer Werterhöhung des Eigentums des Vermieters, sondern auch zu einer Verbesserung der allgemeinen Wohnverhältnisse der anderen Mieter im Haus führen.[117] Das Gleiche gilt für den Einbau einer Zentralheizung oder für Energieeinsparmaßnahmen, wie bspw. die Wärmedämmung einer Fassade.

59 Die Abwägung betrifft nicht nur Maßnahmen, von denen die anderen Mieter gleichermaßen profitieren, sondern auch solche, die durch die Modernisierung in der Wohnung eines anderen Mieters notwendig werden, wie zB bei der Verlegung von **Versorgungsleitungen.**[118]

60 Das Gesetz bezieht nur die berechtigten Interessen „an der Durchführung der Maßnahme" in die Abwägung mit ein. Interessen anderer Mieter, die gegen die vom Vermieter beabsichtigte Maß-

[113] Herrlein/Kandelhard/*Both* BGB § 554 Rn. 59 zur Modernisierung von Plattenbauten; *Both* NZM 2001, 78.

[114] G zur Einsparung von Energie in Gebäuden (Energieeinsparungsgesetz – EnEG) v. 22.7.1976 (BGBl. I 701).

[115] *MüKoBGB/Bieber* § 554 Rn. 32.

[116] Thomsen Modernisierung S. 59 mit Hinweis auf die Gesetzesmaterialien.

[117] LG Berlin GE 2011, 483; 1996, 1489.

[118] AG Leonberg WuM 1984, 216 = ZMR 1984, 376.

nahme sprechen, werden nicht etwa zu Gunsten des von der Härte betroffenen Mieters berücksichtigt.

Die Vorschrift ist auf das typische Mehrfamilienhaus mit einem Vermieter zugeschnitten und passt daher nicht auf Verhältnisse in Wohneigentums-Anlagen. Daher kann sich die Frage aufdrängen, ob auch die Interessen der anderen **Wohnungseigentümer** sowie die Interessen deren Mieter in die Abwägung einzubeziehen sind.[119] Wegen des klaren Wortlauts und der Tatsache, dass seit 1982 die Vorschrift vier Mal geändert wurde,[120] ohne ihre Anwendung auf WEG-Verhältnisse auszuweiten, muss von einer so weit gehenden Anwendung abgesehen werden. Dies erscheint iÜ auch nicht erforderlich, denn wenn die Maßnahmen Auswirkungen auf andere Wohnungsnutzer in der Wohnungseigentumsanlage haben, dann wird der Modernisierung regelmäßig ein wirksamer Beschluss der Gemeinschaft vorausgehen. Somit fließt dieses Gemeinschaftsinteresse jedenfalls mittelbar in die Abwägung mit ein. Die Interessen der Mieter anderer Wohnungseigentümer sind deshalb nicht zu berücksichtigen, weil sie schon über den zustimmenden Beschluss der Wohnungseigentümer repräsentiert werden und gegen die Maßnahme sprechende Interessen anderer Mieter in die Abwägung nicht einfließen. 61

Die Interessen der Mieter in dem Gebäude sind aber nicht im Sinne einer Mehrheitsentscheidung zu prüfen.[121] Die Berücksichtigung der Interessen der Mitmieter ist nur als eines der in Betracht zu ziehenden Abwägungskriterien zu Gunsten des Vermieters mit heranzuziehen.[122] Daher kann es durchaus vorkommen, dass sich in Grenzfällen die Interessen der Hausgemeinschaft oder nur einzelner Nachbarmieter gegen den sich wehrenden Mieter letztlich nicht durchsetzen. 62

### V. Belange der Energieeinsparung und des Klimaschutzes

Kann der Mieter eine Härte geltend machen, ist diese uU mit den Belangen der Energieeinsparung und des Klimaschutzes abzuwägen. Die Vermieterposition wird somit durch die Abwägung mit den Belangen des Klimaschutzes gestärkt. Diese Vorschrift führt regelmäßig im Bereich der energetischen Modernisierung sowie bei Maßnahmen zur Einsparung von nicht erneuerbarer Primärenergie dazu, dass der Mieter mit seinem Härteeinwand ausgeschlossen ist.[123] Es sind nur ganz selten Fälle (Gefahr für Leib und Leben) denkbar, bei denen der Gedanke der Endenergieeinsparung oder des Klimaschutzes nach Abwägung mit der vom Mieter vorgetragene Härte gänzlich zurücktreten muss. Zudem kann der Mieter dem Vermieter nicht entgegenhalten, dass die von ihm geplante Maßnahme dem Klimaschutz nur in geringem Umfang Rechnung trägt, weil maßgebliche Vorschriften, zB die des GEG, eine höhere Energieeffizienz ermöglichen. Solange somit die Maßnahme dem Klimaschutz nicht zuwiderläuft, ist der Mieter diesem Abwägungsgrund ausgesetzt. Sowohl bei der Einsparung von Endenergie als auch bei der Einsparung nicht erneuerbarer Primärenergie gibt es keine Mengenvorgaben, die mit einer Modernisierungsmaßnahme erreicht werden müssten. 63

### VI. Das Abwägungsgebot

Der Vermieter ist zur Abwägung verpflichtet. Er kann nicht von vornherein einem bestimmten Interesse Vorrang einräumen. Daher verbieten sich auch vertragliche Regelungen, die versuchen, auf eine Abwägung Einfluss zu nehmen oder gar zu steuern (§ 555d Abs. 7 BGB), soweit sich diese nachteilig auf die Mieterinteressen auswirken können. 64

Hervorzuheben ist die Abwägung der Mieterinteressen mit den Vermieterinteressen, wenn es sich um Maßnahmen handelt, die der Vermieter nicht zu vertreten hat. Bei einem Abwägungsergebnis zugunsten des Mieters besteht hier die Gefahr, dass dem Vermieter im verwaltungsgerichtlichen Verfahren Zwangsmittel oder Bußgelder auferlegt werden. Hier muss der Vermieter darauf achten, dass er die besondere Härte des Mieters in das Verwaltungsverfahren einbringt, um nicht zu Lasten des Mieters einen Vollzug der Maßnahme herbeizuführen.[124]

[119] So Blank/Börstinghaus/*Blank* BGB § 555d Rn. 10.
[120] BGBl. 1993 I 1257; 2001, I 1149; 2001, I 1542; 2013, I 434.
[121] **AA** Spielbauer/Schneider/*Kellendorfer* BGB § 555d Rn. 22.
[122] MüKoBGB/*Bieber* § 554 Rn. 32.
[123] Staudinger/*Emmerich* BGB § 555d Rn. 9.
[124] Lützenkirchen MietR/*Dickersbach* BGB § 555d Rn. 42.

### VII. Gewerberaum

65 Gem. § 578 Abs. 2 S. 1 BGB findet auf gewerbliche Mietverhältnisse § 555d Abs. 1–6 entsprechend Anwendung. Abweichend vom Wohnraummietvertrag wäre hier eine Vereinbarung möglich, die die Abwägungskriterien verändern oder die ihnen eine stärkere Gewichtung zu Gunsten des Vermieters zukommen lässt. Dies ist für den Mieter nicht unproblematisch. Für ihn wird vor allem im Vordergrund stehen, ob er während der Bauphase seinen Betrieb weiterführen kann, bzw. in welchem Umfang und für welchen Zeitraum mit Hindernissen und Einschränkungen im Betriebsablauf zu rechnen ist. Dabei ist auch die Arbeitssicherheit sowie die Gesundheit der Mitarbeiter und Angestellten ein wichtiges Härtekriterium.[125] Darüber hinaus streitet für den Mieter die Umsatzeinbuße, wenn er durch die Baumaßnahme seinen Geschäftsbetrieb nicht in vollem Umfang aufrechterhalten kann oder wenn durch Zugangshindernisse ua ein notwendiger Kundenverkehr eingeschränkt wird.[126]

## C. Die Mitteilungspflicht des Mieters

### I. Der Fristbeginn

66 Nach Abs. 3 hat der Mieter seine Härtegründe bis zum Ablauf des Monats zu begründen, der auf den Zugang der Modernisierungsankündigung folgt. Geht die Ankündigung am Ende des Monats dem Mieter zu, beträgt seine Frist zur Geltendmachung der Härtegründe einen guten Monat. Erreicht ihn die Modernisierungsankündigung dagegen am Beginn eines Monats, bleiben ihm knapp zwei Monate Zeit, seine Härtegründe geltend zu machen.

67 Die Härtegründe sind dem Vermieter in Textform (§ 126b BGB) zugänglich zu machen (zu der Ausnahme → Rn. 78). Entscheidend für den Fristablauf ist somit der Zugang der Nachricht beim Vermieter. Für den Zugang ist entscheidend, dass die Nachricht zum einen in den Machtbereich des Empfängers gelangt ist und zum anderen, dass der Empfänger unter normalen Verhältnissen noch am selben Tag vom Inhalt Kenntnis nehmen kann.[127] Bedient sich der Mieter eines Zustellunternehmens, haftet er für deren Verschulden nach § 278 BGB.[128]

68 Dem Mieter wird für die Geltendmachung des Härteeinwands eine Frist auferlegt. Die Frist ist eine Ausschlussfrist (vgl. → Abs. 4) und wurde ähnlich konzipiert wie die Ausschlussfrist gem. § 556 Abs. 3 BGB betreffend einer Betriebskostenabrechnung. Die Regelung soll dem Vermieter für die Durchführung seines Bauvorhabens Planungssicherheit geben. Die Fristbeginn setzt allerdings eine ordnungsgemäß ankündigte Modernisierungsmaßnahme voraus. Unterlässt der Vermieter die Ankündigung oder entspricht diese nicht den gesetzlichen Anforderungen, wird der Fristlauf nicht in Gang gesetzt. Der Fristlauf beginnt somit nur, wenn der Vermieter mit der Modernisierungsankündigung die Vorschrift des § 555c BGB beachtet hat. Macht er bspw. nur oberflächliche Angaben zur Art und zum Umfang der Modernisierung, hindert dies den Lauf der Frist. Das gilt auch, wenn der Vermieter bspw. bei einer energetischen Modernisierung den Nachweis, ggf. mit Pauschalwerten gem. § 555c Abs. 4 BGB (→ BGB § 555c Rn. 57 ff.), zur Einsparung von Endenergie unterlässt. Der Vermieter sollte daher aus Gründen der Sicherheit bei den Angaben zur Modernisierung sich nicht zu knapp fassen, da er sonst riskiert, dass die Ausschlussfrist für den Härteeinwand des Mieters nicht zu laufen beginnt.

69 Beispiele für Fristberechnung: Ist dem Mieter die Ankündigung des Vermieters am 2.6. zugegangen (alternativ: 27.6.), dann beginnt die Dreimonatsfrist am 3.6. (28.6.) gem. § 555c Abs. 1 BGB. Der Beginn der Modernisierungsmaßnahme ist dann frühestens der 2.9. (27.9.). Im Regelfall kann der Mieter daher seinen Härteeinwand nur bis zum 31.7. vorbringen (§ 555d Abs. 3 BGB).

70 Zu beachten ist, dass der Fristablauf für beide Härtekategorien gilt, also für die eher persönlichen Härtegründe sowie für die Härte der zu hohen Miete, auch wenn die Abwägung dieses Härtegrundes mit den berechtigten Interessen des Vermieters erst mit Vorlage der Mieterhöhungserklärung vorzunehmen ist (§ 559 Abs. 4, 5 BGB).

---

[125] *Neuhaus* ZMR 2013, 686 (691).
[126] *Leo/Ramm NZM 2014, 63 (64); Neuhaus* ZMR 2013, 686 (691).
[127] Palandt/*Ellenberger* BGB § 130 Rn. 5; LAG Brandenburg MDR 1999, 368; LG München WuM 1993, 331; Eisenschmid/Wall/*Wall*, Rn. 1866 mwN.
[128] Langenberg/Zehelein BetrKostR/*Langenberg* BGB § 556 Rn. 465.

## II. Ablauf der Frist

71 Werden die Umstände, die eine Härte im Hinblick auf die Duldung oder die Mieterhöhung begründen, nach Ablauf der Frist des Abs. 3 erstmalig vorgebracht, sind sie gem. Abs. 4 S. 1 nur zu berücksichtigen, wenn der Mieter ohne Verschulden an der Einhaltung der Frist gehindert war.

72 Ein fehlendes Verschulden des Mieters nach Abs. 4 kann angenommen werden, wenn der Mieter wegen schwerer Krankheit nicht in der Lage war, rechtzeitig zu antworten oder wenn die Gründe erst nach Ablauf der Frist gem. Abs. 3 entstanden sind[129]. Die Gründe der Fristversäumnis sowie der Härtegrund selbst sind dem Vermieter unverzüglich, also ohne schuldhaftes Zögern (§ 121 BGB), in Textform mitzuteilen.

72a Problematisch kann das „Verschulden" des Mieters sein, wenn er längere Zeit abwesend ist, sich zB im Ausland aufhält, und der Vermieter in der Zeit der Abwesenheit des Mieters die Modernisierungsankündigung versendet. Zwar ist der Mieter grds. verpflichtet, Vorkehrungen zu treffen, dass ihm auch in der Zeit der Abwesenheit wichtige Post zugehen kann, notfalls über einen Vertreter (Freund, Nachbar). Ist der Mieter aber nur für einen üblichen Zeitraum von drei – maximal sechs Wochen – auf Urlaubsreise, ist es ihm nicht zuzumuten, eine Person zu bestellen, die in dem Zeitraum der relativ kurzen, urlaubsbedingten Abwesenheit nicht nur die private Post entgegen nimmt, sondern sie auch öffnet, inhaltlich kontrolliert und eine eventuelle Härte des Mieters ermittelt. Das gilt jedenfalls dann, wenn es vor der Abreise des Mieters keine Hinweise auf eine Modernisierungsabsicht des Vermieters gab. Eine Nachsendung der Post kommt idR wegen der häufig abgelegenen Urlaubsziele in der kurzen Zeit nicht in Betracht. Ergeben sich daher bei der Geltendmachung einer Härte aufgrund der Abwesenheit Verzögerungen, sind diese vom Mieter nicht zu vertreten. Zu vertreten hat der Mieter allerdings Verspätungen, die auf Verzögerungen durch die Bearbeitung der Modernisierungsankündigung durch einen Vertreter, zB Rechtsanwalt, auftreten. Ebenfalls zu vertreten hat er Verzögerungen, die durch die Briefzustellung verursacht wurden, weil die Post Erfüllungsgehilfe des Absenders ist.[130]

73 Eine Frist, bis wann die Härtegründe entstanden sein müssen, gibt es nicht. Es ist daher durchaus möglich, dass der Mieter nach Beginn der baulichen Maßnahmen schwer krank wird und nicht in der Lage ist, die Beeinträchtigungen in seiner Wohnung ohne weitere körperliche Schäden zu erdulden. In solchen Fällen ist daher auch während der schon eingeleiteten Baumaßnahmen eine Interessenabwägung vorzunehmen. Allerdings kommt dem Vermieterinteresse dann besonderes Gewicht zu.

74 Die unverzügliche Mitteilung des Härtegrundes ist Voraussetzung für dessen Berücksichtigung. Daher liegt hierin eine weitere, nachgelagerte „Ausschlussfrist" bzgl. der Härtegründe, die sich gegen die Duldung richten. Denn wenn der Mieter trotz unverschuldeter Säumnis des Härteeinwandes sich für die Mitteilung an den Vermieter wegen der nachgeschobenen Umstände zu lange Zeit lässt, ist er endgültig mit seinem Härteeinwand ausgeschlossen. Im Interesse einer zügigen Baudurchführung muss der Mieter daher ebenfalls schnell handeln. Einige Tage dürften unter Berücksichtigung des Postlaufs ausreichend sein.

75 Während die eher persönlichen Härtegründe im Einzelfall auch später nachgeschoben werden können, gibt es für den Härteeinwand im Hinblick auf die Mieterhöhung einen absoluten Schlusspunkt. Auch wenn der Mieter die Verzögerung der Mitteilung des Härtegrundes nicht zu vertreten hat, kann er diesen Einwand nur bis spätestens zum Beginn der Modernisierungsmaßnahme mitteilen (zum Begriff des „Beginns" → BGB § 555c Rn. 37). Erreicht die Mitteilung den Vermieter zu spät, kann der Mieter mit seinem Einwand grds. nicht mehr gehört werden. Eine weitere Ausnahme sieht allerdings § 559 Abs. 5 S. 2 BGB vor, wenn die tatsächliche Mieterhöhung die angekündigte um mehr als 10% übersteigt (→ BGB § 559 Rn. 120).

75a Da der Mieter grds. bis zum Beginn der Modernisierungsmaßnahme seinen Härtegrund vorbringen muss, kann es vorkommen, dass sich zum Zeitpunkt der Mieterhöhungserklärung (vgl. § 559 Abs. 4 BGB) des Vermieters die Verhältnisse zu Gunsten oder zu Lasten des Mieters geändert haben. § 559 Abs. 5 S. 1 BGB bestimmt, dass nur solche Umstände zu berücksichtigen sind, die gem. § 555d Abs. 3 BGB vom Mieter rechtzeitig mitgeteilt worden sind. Dies hat mehrere Konsequenzen (zur Problematik → BGB § 559 Rn. 108a ff.). Der Mieter kann zum einen bei der Gel-

[129] Zum Fristablauf bei Covid-19 Erkrankungen s. *Föller* WuM 2020, 249 (257).

[130] BGH VIII ZR 107/08, WuM 2009, 236 = AK-MietPrax § 556 BGB Nr. 39 = NZM 2009, 274 = GE 2009, 509; Langenberg/Zehelein BetrKostR/*Langenberg* Kap. G Rn. 62.

tendmachung des Härtegrundes nicht pauschal einen Härtegrund anmelden, um später, sollte ein Härtegrund etwa durch Verlust des Arbeitsplatzes eintreten, diesen nachzuschieben. § 559 Abs. 5 BGB verlangt, dass die Umstände, die eine Härte begründen, rechtzeitig mitgeteilt sein müssen, nicht aber der bloße Härteeinwand. Berücksichtigt werden also nur Härtegründe, deren Umstände bis zum Beginn der Modernisierungsmaßnahme vorlagen und geltend gemacht wurden.

**75b** Zum anderen folgt daraus, dass die Umstände für die Geltendmachung des Härtegrundes zum Zeitpunkt der Mieterhöhungserklärung noch vorliegen müssen (umstritten). Auf den Wirkungszeitpunkt der Mieterhöhungserklärung kommt es nicht an, weil der Vermieter mit dem Erhöhungsbegehren eine einseitige Willenserklärung abgibt, die mit Zugang beim Mieter wirksam wird und den zugrundliegenden Mietvertrag ändert. Würde man auf den Wirkungszeitpunkt abstellen, könnte der Vermieter die Wirkung der Erklärung rückgängig machen, ohne dass dafür eine Rechtsgrundlage im Gesetz erkenntlich ist. Sind die Härtegründe des Mieters bis zur Mieterhöhungserklärung entfallen, muss der Vermieter sie auch nicht berücksichtigen. Ebenso unbeachtlich sind Härtegründe, die nicht angemeldet wurden und nach Beginn der Baumaßnahmen erstmalig entstehen. Muss der Vermieter dagegen bei Abgabe der Mieterhöhungserklärung die Härtegründe beachten, sind sie auf Dauer verbindlich. Der Vermieter kann somit nicht den wegen der Härtegründe eingeräumten Mietnachlass nachholen, wenn es dem Mieter wieder wirtschaftlich besser geht.

## D. Rechtsfolgen bei Verletzung der Hinweispflicht des Vermieters

**76** Gem. § 555c Abs. 2 BGB soll der Vermieter den Mieter in der Modernisierungsankündigung auf die Form und die Frist des Härteeinwands nach Abs. 3 S. 1 hinweisen. Diese Vorschrift ist erst im laufenden Gesetzgebungsverfahren durch den Rechtsausschuss des Deutschen Bundestages eingebracht worden.[131] Sie ist als Obliegenheit ausgestaltet. Ihre Verletzung führt daher nicht zum Schadensersatz.[132] Vielmehr beschreibt die Rechtsfolgen der Obliegenheitsverletzung § 555d Abs. 5 BGB abschließend.

**77** Der Gesetzgeber ist der Auffassung, dass der Mieter hinreichend dadurch geschützt ist, dass dem Vermieter die Berufung auf die Ausschlussfrist versagt bleibt.[133] Denn die Obliegenheit soll lediglich dem Schutz des Mieters vor der Unkenntnis der neu geschaffenen Befristung dienen. Allerdings hat der Gesetzgeber dieses Ziel nur unzureichend umgesetzt. Gem. Abs. 5 S. 2 gilt Abs. 4 S. 2 entsprechend. Das bedeutet für den Mieter, dass er sich nach Beginn der Modernisierungsmaßnahmen nicht mehr auf eine Härte im Hinblick auf die Mieterhöhung berufen kann. Hier wurde zu Lasten des Mieters der Wirtschaftlichkeit Vorrang eingeräumt, obwohl der Vermieter selbst derjenige war, der die Fristversäumung mit dem unterlassenen Hinweis verursacht hat.

**78** Ansonsten führt der unterbliebene Hinweis des Vermieters dazu, dass die Mitteilung des Mieters über seinen Härtegrund nach Abs. 3 form- und fristlos möglich ist. Der Mieter kann somit noch nach Beginn der Maßnahmen die Umstände seines Härtegrundes vortragen. Das kann er in diesem Fall gegenüber dem Vermieter oder seinem Beauftragten auch mündlich erledigen.

## E. Aufwendungsersatz

**79** Abs. 6 schreibt vor, dass die Bestimmung über den Aufwendungsersatz bei Erhaltungsmaßnahmen in § 555a Abs. 3 BGB entsprechend anzuwenden ist. Dies entspricht der bislang geltenden Rechtslage, denn die Vorschrift über den Aufwendungsersatz in § 554 Abs. 4 BGB aF galt bisher sowohl für Erhaltungs- als auch für Modernisierungsmaßnahmen. Die BGH-Rechtsprechung[134], wonach jedenfalls Aufwendungen zur Beseitigung einer zu Bauzwecken beschädigten Dekoration zu den umlegbaren Modernisierungskosten gehören, bleibt weiterhin maßgeblich. Ob diese Rspr. auch auf andere Aufwendungen des Mieters ausgedehnt werden kann, ist nach wie vor offen. Das AG Schöneberg[135] hat dem Mieter Aufwendungsersatz für Töpfe und Pfannen zugesprochen, weil

---

[131] BT-Drs. 17/11894, Nachw. bei AK MietRÄnderungsG/*Eisenschmid* BGB § 555d Rn. 7, 37.

[132] Palandt/*Grüneberg* BGB Vor § 241 Rn. 13.

[133] *BT-Drs. 17/11894, 33,* Nachw. bei AK MietRÄnderungsG/*Eisenschmid* BGB § 555d Rn. 37.

[134] BGH VIII ZR 173/10, WuM 2011, 293 = MDR 2011, 591 = NJW 2011, 1499 = GE 2011, 681 = NZM 2011, 358 = DWW 2011, 184 = ZMR 2011, 622 = AK-MietPrax § 559 BGB Nr. 5.

[135] AG Schöneberg WuM 2016, 739 = NZM 2017, 291 mAnm *Ochs.*

der Vermieter einen Gasherd durch einen Induktionsherd ersetzt hat. Aus Mietersicht ist bei der Geltendmachung von Aufwendungen Vorsicht geboten.[136]

## F. Nachteilsklausel

Von der Vorschrift darf nicht zum Nachteil des Wohnraummieters durch Vereinbarung abgewichen werden. Eine zum Nachteil des Mieters von den gesetzlichen Bestimmungen abweichende (generelle) Vereinbarung ist also unwirksam. Diese Regelung gilt gem. § 578 Abs. 2 BGB nicht für gewerbliche Mietverhältnisses. Abs. 7 entspricht § 554 Abs. 5 BGB aF. Unbenommen bleibt den Vertragsparteien, im Einzelfall abweichende Vereinbarungen zu schließen und damit Erhaltungs- und Modernisierungsmaßnahmen im beiderseitigen Interesse zu regeln (vgl. → § 555f BGB). 80

Zulässig ist somit eine Vereinbarung, wonach der Vermieter sich verpflichtet, Modernisierungsmaßnahmen für eine bestimmte Dauer nur mit Zustimmung des Mieters durchzuführen.[137] 80a

## G. Übergangsregelung

Zur Regelung für laufende Mietverhältnisse hat der Gesetzgeber eine Übergangsregelung vorgesehen (Art. 2 § 29 Abs. 1 MietRÄndG).[138] Auf Mietverhältnisse, die vor Inkrafttreten des neuen Gesetzes entstanden sind, ist § 554 BGB in der alten Fassung anzuwenden, wenn 81

– dem Mieter die Mitteilung der Modernisierungsmaßnahme gem. § 554 Abs. 3 S. 1 BGB aF vor dem Inkrafttreten des Gesetzes zugegangen ist oder
– bei Maßnahmen, die nur eine unerhebliche Auswirkung auf die Mietsache haben und nur zu einer unerheblichen Mieterhöhung führen (§ 554 Abs. 3 S. 3 BGB aF), der Vermieter mit der Ausführung der Maßnahme vor dem Inkrafttreten des Gesetzes begonnen hat (→ BGB Vor §§ 555a–555f Rn. 16).

## H. Prozessuale Fragen

### I. Klage/einstweilige Verfügung

Der Vermieter muss den Duldungsanspruch im Klagewege durchsetzen.[139] Das gilt auch dann, wenn die Maßnahmen Gebäudeteile außerhalb der Mieträume betreffen.[140] Der Vermieter hat grds. auch dann ein Rechtsschutzbedürfnis für die Duldungsklage, wenn die Maßnahme eine Modernisierung im Außenbereich betrifft.[141] Die Klageerhebung zwecks Durchsetzung des Duldungsanspruchs sollte grds. nicht vor Fälligkeit des Anspruchs erfolgen. Stimmt der Mieter nämlich nach Einreichen der Duldungsklage den Maßnahmen zu, bevor der Duldungsanspruch fällig war, trägt der Vermieter die Kosten des erledigten Rechtsstreits.[142] Äußert sich der Mieter aber trotz mehrfacher Aufforderung des Vermieters nicht und erhebt der Vermieter daraufhin eine **Duldungsklage,** hat der Mieter für die Klage Veranlassung gegeben, so dass ihm im Falle der Erledigung der Hauptsache die Kosten auferlegt werden können.[143] Erhebt der Mieter gegenüber der Duldungsklage des Vermieters Widerklage auf Beseitigung von Mängeln, ist die Widerklage als unbegründet abzuweisen, soweit der Vermieter mit der Modernisierung die beanstandeten Mängel beseitigen will.[144] 82

---

136 *Geldmacher* MK, Sonderausgabe, 2011, 1 (7).
137 LG Berlin ZMR 2016, 691 = WuM 2017, 90.
138 BGBl. 2013 I 434.
139 OLG Stuttgart NJW 1973, 908; LG Braunschweig NJW 1975, 782; zu den Anforderungen einer Duldungsklage s. *Lehmann-Richter* WImmoT 2016, 77, zur Vollstreckung des Duldungsanspruchs *Lehmann-Richter* AnwZert MietR 13/2010 Anm. 2.
140 LG Berlin WuM 1986, 138 = MDR 1984, 669 = ZMR 1984, 310 = GE 1984, 489.
141 LG Berlin NJW-RR 1997, 520 = GE 1996, 1489; **aA** LG Berlin WuM 1996, 407; *Hinz* WuM 2005, 615 (624) mwN.
142 LG Hamburg WuM 2010, 152.
143 KG NJW-RR 2010, 442; LG Berlin GE 1997, 621.
144 AG Frankfurt a. M. WuM 1992, 12.

**83** Der Vermieter ist grds. nicht berechtigt, seinen Duldungsanspruch gegen den Mieter im Wege einer **einstweiligen Verfügung** durchzusetzen.[145] Dies hängt damit zusammen, dass eine solche Anordnung (Leistungs- oder Erfüllungsverfügung) die Erfüllung des Anspruchs bedeuten würde. Der Vermieter hätte dann seinen endgültigen Anspruch in einem „verkürzten" Verfahren durchgesetzt (Leistungsverfügung). Dies ist deshalb problematisch, weil das summarische Verfahren der einstweiligen Verfügung für den Antragsgegner mit weniger Rechtsschutzgarantien ausgestattet ist. Daher können solche „Schnell"-Verfahren eher zu Fehlentscheidungen führen, als die Durchführung der mit allen Rechtsschutzgarantien ausgestatteten Erkenntnisverfahren. Zudem können die Abwägungskriterien des § 555d Abs. 2 BGB im Eilverfahren nicht mit der gebotenen Sorgfalt geprüft und behandelt werden. Die einstweilige Verfügung ist als Rechtsinstrument daher regelmäßig nur einsetzbar, wenn es um die Regelung eines vorläufigen Zustandes[146] (§ 940 ZPO) oder um die einstweilige Sicherung eines Anspruchs (§ 935 ZPO) geht. Es wäre somit eine **Vorwegnahme** des Hauptsacheverfahrens, wenn der Mieter zur Duldung der Modernisierung im Wege der einstweiligen Verfügung verpflichtet werden könnte.[147] Denn auch in diesem Verfahren kann es ja nur darum gehen, ob der Mieter trotz seiner Einwände zur Duldung verpflichtet ist.

**84** Ausnahmen von diesem Grundsatz sind möglich.[148] Dabei sind aber strenge Anforderungen an die Schlüssigkeit und Glaubhaftmachung zu stellen[149], da die Leistungsverfügung auf richterlicher Rechtsfortbildung beruht und weit über den gesetzgeberischen Anwendungsbereich des einstweiligen Rechtsschutzes hinausgeht.[150] Daher kommt eine **Leistungsverfügung** nur in Betracht, wenn nicht geringere Maßnahmen genügen[151] und besondere Gründe des Gläubigers über die Anforderungen hinausgehen, die bei einer „normalen" einstweiligen Verfügung ohnehin verlangt werden.[152] Das kann der Fall sein, wenn einem bestehenden Notstand abzuhelfen[153] oder einem künftigen vorzubeugen ist,[154] wenn der Gläubiger dringend auf die sofortige Erfüllung angewiesen ist[155] oder wenn er anderenfalls den Anspruch im ordentlichen Verfahren nicht mehr verwirklichen könnte.[156] Die Voraussetzungen derartiger Leistungs- oder Erfüllungsverfügungen liegen beim Duldungsanspruch des Vermieters iRd § 555d BGB zumeist nicht vor. Die Verfügungen werden daher regelmäßig nicht ohne mündliche Verhandlung oder Anhörung des Gegners ergehen.[157] Sie ersetzen nicht den Hauptprozess.[158]

**85** Die Rspr. hat die Voraussetzungen einer Leistungsverfügung in unterschiedlicher Strenge angewendet. Abgelehnt wurde zB eine Leistungsverfügung, weil der Vermieter durch unsachgemäße Planung und Durchführung seines Modernisierungsvorhabens die Eilbedürftigkeit selbst herbeigeführt[159] bzw. weil er **nicht rechtzeitig** die Zustimmung der Mieter eingeholt hatte.[160] Auch der Wunsch auf Duldung des Einbaus von Thermostatventilen muss im Wege der ordentlichen Klage durchgesetzt werden.[161] Der Vermieter erhält selbst dann keine einstweilige Verfügung, wenn durch den Streit um die Duldungspflicht des Mieters öffentliche Modernisierungszuschüsse zu verfristen drohen oder wenn eine Vertragsbeendigung bevorsteht.[162] Keine einstweilige Verfügung erhält der Vermieter auch dann, wenn er die Arbeiten für eine Wohnanlage terminlich projek-

---

[145] **HM** *Hinz* WuM 2005, 615 (624); *Blank* ZMR 1981, 321 (322); Staudinger/*Emmerich* BGB § 554 Rn. 61; Bub/Treier MietR-HdB/*Kraemer/Schüller* Kap. III A Rn. 2649; *Börstinghaus* ZAP 2001 Fach 4, 711 (714).

[146] AG Büdingen WuM 1982, 2 (Ls.); AG Dortmund WuM 1979, 38.

[147] AG Neuss WuM 1986, 244 = NJW-RR 1986, 314; AG Unna WuM 1980, 179; AG Wuppertal WuM 1980, 180; *Fritsche* Rpfleger 2005, 637 (640).

[148] LG Köln WuM 1984, 199.

[149] BLAH/*Hartmann* Grundzüge ZPO § 916 Anm. 2 C.

[150] *Müller* GE 1986, 534.

[151] BLAH/*Hartmann* Grundzüge ZPO § 916 Rn. 9.

[152] AG Wuppertal WuM 1980, 180; *Müller* GE 1986, 526 (532); Zöller/*Vollkommer* ZPO § 940 Rn. 1.

[153] LG Hamburg WuM 1986, 243; AG Görlitz WuM 1993, 390; Zöller/*Vollkommer* ZPO § 940 Rn. 1; BLAH/*Hartmann* Grundzüge ZPO § 916 Anm. 2 B; Staudinger/*Emmerich* BGB § 554 Rn. 61.

[154] OLG Köln InVo 1996, 154; AG Neuss WuM 1986, 244 = NJW-RR 1986, 314.

[155] BayObLG InVo 1996, 152; Zöller/*Vollkommer* ZPO § 940 Rn. 6.

[156] LG Berlin MM 1996, 452; Zöller/*Vollkommer* ZPO § 940 Rn. 6.

[157] *Müller* GE 1986, 526 (532).

[158] Zöller/*Vollkommer* ZPO § 940 Rn. 7.

[159] LG Berlin MM 1983 Nr. 12, 23.

[160] *AG Schöneberg MM 1983* Nr. 10, 18; AG Unna WuM 1980, 179; **aA** AG Wuppertal MDR 1973, 409; LG Mannheim WuM 1971, 159.

[161] AG Köln WuM 1989, 88.

[162] LG Frankenthal/Pfalz WuM 1993, 418.

tiert hat und diese Terminvorgabe durch den Einspruch des Mieters in Gefahr gerät.[163] Das gilt auch, wenn dem Vermieter durch die Verzögerung der Arbeiten ein zeitlicher und wirtschaftlicher Mehraufwand zugemutet wird.[164]

Dagegen hat der Vermieter mit Erfolg eine **einstweilige Verfügung** beantragt, weil der Mieter ihm den Zutritt zu der Revisionsöffnung im Schornstein untersagte und dadurch Gefahr für Leib und Leben der Mitbewohner bestand[165] oder weil die Gasheizungsanlage aus Sicherheitsgründen dringend saniert werden musste.[166] Auch wenn mit der Maßnahme schon begonnen wurde und mit der Einstellung der Arbeiten den anderen Mietern ein erheblicher Nachteil droht, kann eine Leistungsverfügung gerechtfertigt sein.[167] Auf die Mitwirkung des Mieters ist der Vermieter dringend angewiesen, wenn er die Wohnung zum Zwecke der Ablesung von Heizkostenverteilern betreten will.[168] In zwei älteren Entscheidung des LG Münster aus dem Jahre 1968 und des LG Berlin aus dem Jahre 1980 wurde dem Vermieter im Wege der einstweiligen Verfügung zugesprochen, dass der Mieter den Zentralheizungseinbau zu dulden habe.[169] Diese Entscheidungen sind in Anbetracht der Grundsätze für den Erlass einer Leistungs- bzw. Erfüllungsverfügung nicht unproblematisch und dürfen daher nicht verallgemeinert werden. Das gilt auch für den Fall, in dem der Mieter die Wohnung gekündigt hatte und der Vermieter damit gehört wurde, dass durch die Hinauszögerung der Arbeiten bis zum (kurzfristigen) Auszug des Mieters einerseits weitere Unkosten zu entstehen drohten und andererseits die große Anzahl der anderen Mieter im Haus baldmöglichst in den Genuss der Modernisierung kommen wollten.[170] 86

Der Mieter kann in vielfältiger Weise die einstweilige Verfügung zur Durchsetzung seines Rechts auf Unterlassung von baulichen Maßnahmen durch den Vermieter einsetzen. Kann der Mieter aber allein dadurch die Maßnahme des Vermieters unterbinden, dass er die **Handwerker** nicht in die Wohnung lässt, fehlt es an einem **Verfügungsgrund.**[171] Die einstweilige Verfügung ist dagegen möglich, wenn der Vermieter ohne ordnungsgemäße Mitteilung, soweit sie nicht entbehrlich ist, mit den Bauarbeiten – außerhalb der Wohnung – beginnt,[172] zB bei Aufstellung eines Baugerüstes[173], selbst wenn die Maßnahmen die Wohnung des Mieters nicht unmittelbar berühren[174], bei Anbau eines Balkons[175] oder bei Instandsetzungsarbeiten am Balkon,[176] in der Nachbarwohnung[177] oder wenn er, ohne dazu berechtigt zu sein, Strom, Heizung[178] oder Wasser[179] abstellt oder eigenmächtig an den gemieteten Wohnräumen Veränderungen vorgenommen hat. Der Mieter muss auch die Außenarbeiten des Vermieters nur unter den Voraussetzungen der §§ 555a ff. BGB dulden.[180] Der Mieter kann generell nicht auf das Mieterhöhungsverfahren gem. § 559 BGB verwiesen werden[181] (Ausnahme: § 555d Abs. 2 S. 2 BGB), da die Vorschriften den Mieter nicht 87

---

[163] AG Görlitz WuM 1993, 390; *Fritsche* Rpfleger 2005, 637 (640); *Horst* GE 1999, 172.

[164] LG Berlin MM 1996, 452.

[165] LG Frankfurt a. M. MDR 1968, 328; sa LG Bamberg ZMR 2004, 581 zur Betriebspflicht.

[166] AG Münster WuM 1987, 256.

[167] LG Berlin GE 2013, 1375 (1455) mAnm *Kinne;* AG Neukölln GE 2016, 1219; zur Beweislast LG Berlin GE 2014, 1138.

[168] LG Hamburg DWW 1987, 164; *Fritsche* Rpfleger 2005, 637 (640).

[169] LG Münster WuM 1969, 135; LG Berlin GE 1981, 33.

[170] So AG Berlin-Neukölln GE 1982, 1043; wohl **aA** LG Köln WuM 1971, 41.

[171] AG Tiergarten GE 1986, 47; *Börstinghaus* jurisPR-MietR 15/2012 Anm. 1; *Hinz* WuM 2005, 615 (624).

[172] Str., dafür OLG München WuM 1991, 481; LG Berlin GE 2013, 1376 mAnm *Schach,* innerhalb der Wohnung; GE 2013, 1382 (1454) mAnm *Schach;* WuM 2012, 213 = GE 2012, 1097; GE 2015, 256; LG Gera BeckRS 1995, 12338; Bezirksgericht Potsdam WuM 1993, 599; einschränkend LG Berlin MM 1998, 390; **aA** LG Berlin GE 1999, 317; AG Tiergarten GE 1986, 47; AG Schöneberg GE 1984, 763; *Börstinghaus* ZAP 2001 Fach 4, 711 (716); insbes. zum possessorischen Besitzschutz *Hau* NZM 2014, 809 (812).

[173] LG Berlin ZMR 2014, 792.

[174] LG Berlin WuM 2012, 213; MM 1984, 79; AG Charlottenburg MM 1983 Nr. 8, 16; *Börstinghaus* jurisPR-MietR 15/2012 Anm. 1; **aA** LG Berlin GE 2013, 487; LG Hamburg ZMR 2009, 209; LG Berlin WuM 1996, 407 = MDR 1996, 899 = NJWE-MietR 1996, 244; MM 1988, Nr. 1, 24; AG Charlottenburg MM 1985, 169; GE 1983, 973.

[175] LG Berlin GE 2015, 512.

[176] LG Berlin WuM 2012, 554 = GE 2012, 1231; *Dötsch* jurisPR-MietR 1/2013 Anm. 4.

[177] AG Pankow-Weißensee GE 2007, 989.

[178] LG Berlin NZM 2014, 826.

[179] LG Osnabrück WuM 1980, 198; LG Mannheim ZMR 1978, 140.

[180] Zum possessorischen Besitzschutz des Mieters bei Erhaltungs- und Modernisierungsmaßnahmen *Lehmann-Richter* NZM 2013, 451; *Hau* NZM 2014, 809 (812); *Klimesch* ZMR 2014, 346 (349).

[181] So aber LG Berlin WuM 1996, 407 = MDR 1996, 899; GE 1999, 317; *Rathjen* PiG 58 (1999), 8 (17).

nur vor einer Mieterhöhung nach Durchführung der Maßnahme, sondern vor der Maßnahme schlechthin schützen sollen, wenn er für sich weitergehende Härtegründe geltend machen kann. Mit der einstweiligen Verfügung kann der Vermieter uU zur Einstellung der Arbeiten sowie zur Herstellung des ursprünglichen Zustandes verpflichtet werden.[182]

88 Die Durchsetzung des **Vorschussanspruchs** mit Hilfe der **einstweiligen Verfügung** ist umstritten.[183] Sie wird teilweise deshalb für unzulässig gehalten, weil es regelmäßig an der Anspruchsgefährdung und an der Eilbedürftigkeit fehle, da dem Mieter auch ein Zurückbehaltungsrecht zustehe. Richtig ist, dass dann der Mieter die Duldung nur Zug um Zug gegen die Gewährung des Vorschusses schuldet.[184] Dem muss aber entgegengehalten werden, dass bei Ausübung des Zurückbehaltungsrechts der nicht vertragstreue Vermieter häufig mit einer fristlosen Kündigung gem. § 543 Abs. 2 Nr. 3 BGB reagiert, um damit den Mieter unter Druck zu setzen, so dass über die Frage des Vorschusses plötzlich das gesamte Mietverhältnis auf dem Prüfstand steht. Es dient daher auch dem Rechtsfrieden, wenn ein Gericht über den Vorschuss vorläufig befinden kann.

## II. Streitwert/Beschwer

89 Der Streitwert einer Klage des Vermieters auf Duldung der Modernisierung war in der Vergangenheit umstritten[185], da er nach § 3 ZPO ermittelt werden musste. Nunmehr richtet sich der Wert nach § 41 Abs. 5 GKG. Danach ist zu unterscheiden:

Macht der Mieter Ansprüche auf **Durchführung von Instandsetzungsmaßnahmen** geltend, ist der Jahresbetrag einer angemessenen Mietminderung der richtige Streitwert. Endet das Mietverhältnis ab Klageeinreichung vor Ablauf eines Jahres, ist nach § 41 Abs. 5 S. 2 GKG nicht der Jahresbetrag, sondern der niedrigere zeitanteilige Betrag maßgebend.

Verlangt der Vermieter dagegen die **Duldung der Durchführung von Modernisierungs- oder Erhaltungsmaßnahmen,** ist der Jahresbetrag einer möglichen Mieterhöhung für den Streitwert entscheidend.[186] Beabsichtigt der Vermieter **keine** Mieterhöhung, zB weil er Instandsetzungsmaßnahmen durchführen will, ist der Jahresbetrag einer möglichen Minderung zu ermitteln. Die Kosten der Modernisierungsmaßnahme sind für den Streitwert unbeachtlich.[187] Endet das Mietverhältnis vor Ablauf eines Jahres, ist ein entsprechend niedrigerer Betrag maßgebend.

Gesetzlich nicht geregelt ist der Streitwert für den Fall, dass der Mieter einen Modernisierungsanspruch durchsetzen will. Zweckmäßigerweise wird man diesen Fall nach der möglichen Mieterhöhung beurteilen.

89a Die Beschwer des Vermieters bei Unterliegen des Duldungsbegehrens richtet sich nach dem 3,5-fachen des infolge der Modernisierung zu erwartenden Jahresbetrages der Mieterhöhung. Die Grundsätze der §§ 3, 9 ZPO gelten nicht nur für Klagen auf Zustimmung einer Mieterhöhung nach § 558 BGB, sondern auch für die Klagen auf Zahlung der nach einer Modernisierung auf den Mieter vorgenommenen Mieterhöhung nach § 559 BGB sowie für die solchen Erhöhungen vorgelagerten Duldungsklagen.[188]

---

182 AG Wolgast WuM 1994, 265; abl. wegen Vorwegnahme der Hauptsache AG Köln ZMR 2016, 710.

183 Zulässig AG Köln WuM 1981, 95.

184 *Gsell,* PiG 105 (2017), 21, 32.

185 LG Berlin GE 1998, 249 = NZM 1998, 304; GE 1996, 129; WuM 1995, 547; MM 1993, 110; GE 1991, 151; LG Aachen ZMR 1995, 161; KreisG Weißwasser WuM 1992, 468; LG Fulda WuM 1992, 243 = NJW-RR 1992 = ZMR 1992, 393 für Beschwerdewert; LG Hildesheim WuM 1989, 579 = MDR 1990, 58 für Beschwerdewert; LG Hamburg WuM 1987, 61 = ZMR 1985, 127; **aA** (ein Jahr) LG Berlin GE 1995, 563; 1995, 311; LG Hamburg WuM 1994, 704 = ZMR 1993, 570 = DWW 1993, 264; LG Berlin MM 1992, 389 für Berufungsbeschwer; LG Köln WuM 1989, 566; LG Hamburg WuM 1989, 442 für Beschwerdewert; LG Hannover WuM 1989, 433; LG Berlin MM 1988, Nr. 8, 22; LG Mannheim WuM 1976, 131 = ZMR 1977, 89. LG Berlin ZMR 1999, 554 – 42-fache des Modernisierungszuschlags für Beschwerdewert.

186 *Nach Auffassung des LG Berlin, ZMR 2018,* 940 = GE 2018, 1060 gehört dazu auch die modernisierungsbedingte Erhöhung der Betriebskostenvorauszahlung.

187 LG Hamburg WuM 1994, 704 = DWW 1993, 264 = ZMR 1993, 570.

188 BGH, VIII ZR 112/18, NZM 2019, 135.

### III. Darlegungs- und Beweislast

Der Mieter muss das Vorliegen der Härtegründe beweisen.[189] Die Abwägung mit den Interessen des Vermieters, die dieser zu beweisen hat, erfolgt von Amts wegen. Zudem trägt der Mieter die Beweislast für alle Gegenrechte[190] und grds. auch für etwaige Schadenersatzansprüche[191] und den Aufwendungsersatzanspruch. Der Vermieter ist beweispflichtig für alle Voraussetzungen des Duldungsanspruchs, insbes. hat der Vermieter unter schlüssiger Darlegung des Duldungsanspruchs Art und Umfang der beabsichtigten Arbeiten, die iE sich voraussichtlich ergebende Mieterhöhung[192] sowie die Voraussetzungen für die berechtigten Interessen des Vermieters und der Mitmieter darzulegen.[193] Gegebenenfalls muss der Vermieter auch die Voraussetzungen der Bagatellklausel darlegen und beweisen. Der Zugang der Modernisierungsankündigung ist vom Vermieter, die Voraussetzungen der rechtzeitigen Ausübung des Sonderkündigungsrechts sind vom Mieter zu beweisen. 90

## J. Das Verhältnis der Modernisierungsregelungen zu den Erfüllungs- und Gewährleistungsvorschriften

Die §§ 535–536a BGB bleiben von §§ 555a–f BGB weitgehend unberührt.[194] Zur Einräumung des vertragsgemäßen Gebrauchs kann der Mieter somit Erfüllung[195] und die Wiederherstellung des – unter Berücksichtigung der Modernisierung – vertragsgemäßen Zustandes verlangen. Die allgemeine **Erhaltungspflicht** wird somit durch die Modernisierung nicht berührt. Der Vermieter muss daher nach Abschluss der Arbeiten sämtliche noch verbliebene Beeinträchtigungen des vertragsgemäßen Gebrauchs beseitigen.[196] Der Mieter kann seinem Anspruch auf Wiederherstellung mit Hilfe seines Zurückbehaltungsrechts (§ 320 BGB) Nachdruck verleihen.[197] 91

Beispielsweise kann der Mieter verlangen, dass nach Erneuern der Fenster- und Türanlagen im Zuge einer Modernisierung die Balkontür durch eine solche ersetzt, die sich von außen – wie zuvor auch – abschließen lässt.[198] Waren am Balkon der Mietwohnung vor Erneuerung der Hausfassade zur Aufnahme von Blumenkästen geeignete Metallgitterhalterungen angebracht, dann steht nach Abschluss der Fassadenarbeiten dem Mieter ein Anspruch auf Wiederanbringung oder Erneuerung der Schutzgitterhalterungen für **Blumenkästen** zu.[199] Der Mieter hat auch einen Anspruch darauf, dass funktionsfähige **Außenjalousien** nach einer durchgeführten Wärmedämmung wieder angebracht werden[200] oder dass die sanitäre Außenversorgung beibehalten bleibt.[201] 91a

Daneben kann der Mieter die Miete mindern[202] (zur Minderung aufgrund durchgeführter Modernisierung → BGB Vor §§ 555a–555f Rn. 9 ff.; → BGB § 555b Rn. 11 ff.) oder Schadenersatz verlangen.[203] Das Minderungsrecht besteht zum einen während der Bauphase, wenn zB wegen des mit den Maßnahmen verbundenen Lärms und Schmutzes der Mieter in seinem Wohnen beeinträchtigt wird, sowie zum anderen nach der Bauphase bei nunmehr eingeschränkter oder aufgehobener Nutzbarkeit einzelner Räume. Dabei kommt zB in Betracht ein verringerter **Lichteinfall** durch neue Fenster,[204] die nach Modernisierung und Umbau mögliche Einsichtnahme Dritter 92

---

189 AG Köln NZM 2013, 677; Röder NJW 1983, 2665; Bub/Treier MietR-HdB/*Schüller* Kap. III A Rn. 2702.

190 LG Essen WuM 1983, 139 = ZMR 1983, 131; LG Berlin GE 1984, 1125.

191 BGHZ 109, 205; WuM 1990, 36 = NJW 1990, 453 = MDR 1990, 333.

192 *Kummer* WuM 1983, 227.

193 AG Neukölln WuM 1985, 262; Emmerich/Sonnenschein/*Emmerich* BGB § 554 Rn. 40; Staudinger/*Emmerich* BGB § 554 Rn. 63; MüKoBGB/*Bieber* § 554 Rn. 45.

194 Emmerich/Sonnenschein/*Emmerich* BGB § 554 Rn. 32; offen gelassen BGHZ 109, 205; WuM 1990, 36 = NJW 1990, 453 = MDR 1990, 333.

195 LG Bonn WuM 1990, 388; Staudinger/*Emmerich* BGB § 554 Rn. 50.

196 LG Bonn WuM 1990, 388; AG Hamburg WuM 1985, 262; *Hau* NZM 2014, 809 (815).

197 *Hau* NZM 2014, 809 (815).

198 LG Bonn WuM 1990, 388.

199 AG Berlin-Tempelhof-Kreuzberg MM 1990, 353.

200 LG Berlin GE 1997, 1341; NZM 1998, 432.

201 AG Berlin-Mitte MM 1995, 311.

202 LG Berlin GE 1997, 619; LG Hannover WuM 1986, 311; LG Mannheim WuM 1986, 139; AG Osnabrück WuM 1996, 754 = NJW-RR 1997, 774; AG Köln WuM 1995, 312 für Genossenschaftswohnung; AG Hamburg-Altona WuM 1986, 245.

203 LG Berlin 1997, 619; LG Hamburg WuM 1989, 173.

204 AG Hamburg WuM 1999, 160 zum Duldungsanspruch.

in den **Balkon** des Mieters[205] oder der Verlust von **Stellflächen** durch Heizungsrohre oder Heizkörper. Das Minderungsrecht geht nicht dadurch verloren, dass der Mieter die Arbeiten geduldet hat.[206] Das gilt auch dann, wenn der Mieter einen Mangel erst nach Abschluss der Bauarbeiten erkennen konnte, zB, wenn er lange nach Abschluss der Bauarbeiten wegen der Verarbeitung gesundheitsschädlicher Baustoffe krank wird.

93 Gem. § 536 Abs. 1a BGB ist der Mieter ausnahmsweise mit einer Mietminderung für einen Zeitraum bis zu drei Monaten ausgeschlossen, soweit die Minderung der Tauglichkeit aufgrund einer Maßnahme eintritt, die einer energetischen Modernisierung nach § 555b Nr. 1 BGB dient.

94 Zudem kann der Mieter sein Recht auf Minderung verlieren, wenn der Vermieter zB durch **Ausgleichszahlungen** schon selbst den Mieter für die Nachteile auf Grund der Umbauarbeiten „entschädigt" hat.[207] Wenn Zahlungen dieser Art geleistet werden, ist daher genau zu prüfen, welchem Zweck der Geldausgleich diente.

95 Keinesfalls ist eine das Minderungsrecht einschränkende Leistung dann anzunehmen, wenn der Vermieter wegen des Umfangs der Bauarbeiten ein Hotelzimmer bezahlt oder für eine Ersatzwohnung sorgt. So einig, wie sich Literatur und Rechtsprechung in der Feststellung sind, dass der Mieter bei Vorliegen bestimmter Voraussetzungen (→ Rdn. 28) zu einem vorübergehenden Auszug verpflichtet werden kann, muss man konstatieren, dass die Frage der Nachweispflicht des Vermieters für Ersatzwohnraum[208] noch ungeklärt ist[209]. Die Frage ist jedoch iSd Nachweispflicht[210] zu bejahen, weil anderenfalls der Mieter nicht ausreichend abwägen kann, ob er unter Berücksichtigung aller maßgeblichen Umstände zur Duldung der Modernisierung verpflichtet ist. Anlässlich einer beabsichtigten Modernisierung soll die vom Vermieter zu gebende Information dem Mieter eine sachgerechte Beurteilung der sich ergebenden Lage ermöglichen, insbesondere hinsichtlich seiner Duldungspflicht der für ihn zu treffenden Maßnahmen und der gegebenenfalls zu ziehenden vertragsrechtlichen Konsequenzen.[211] Dieses Prüfungsrecht würde sowohl inhaltlich als auch zeitlich verkürzt. Eine zeitliche Verkürzung ergäbe sich daraus, dass der Mieter mit dem Härteeinwand auch Fristen zu beachten hat (bis zum Ablauf des Monats, der auf den Zugang der Modernisierungsankündigung folgt, Abs. 3 S. 1), die ohne vollständige Information eine ausreichende Prüfung einer derartigen komplexen Gemengelage nicht zulassen. Inhaltlich würde das Prüfungsrecht verkürzt, weil der Mieter nach der Ankündigung erst eine Ersatzwohnung suchen müsste und daher zu diesem Zeitpunkt noch gar nicht weiß, ob er eine angemessene Ersatzunterkunft findet.[212] Die Kosten des Umzuges hat der Vermieter zu tragen. Sie sind keine umlegbaren Modernisierungskosten, weil sie nicht für die Wohnung aufgewendet wurden.[213]

Da der Mieter seine Wohnung nicht nutzen kann, muss er für sie auch keinen Mietzins entrichten.[214] In welchem Umfang er eine **Austauschwohnung** oder die **Hotelunterbringung**[215] bezahlen muss, hängt davon ab, in welchem Umfang er gegenüber dem Gebrauch seiner „alten" Wohnung eingeschränkt ist.[216] Keinesfalls ist er aber verpflichtet, mehr als den vertraglich vereinbarten Mietzins zu zahlen. Hinsichtlich der erforderlichen und vom Vermieter geschuldete Qualität der „angemessenen" Ersatzwohnung ist auf die konkreten Umstände, insbes. auf die Lebensverhältnisse des Mieters abzustellen.[217]

96 Der Vermieter ist zum Schadensersatz verpflichtet, wenn er schuldhaft Rechtsgüter des Mieters beschädigt hat. Das ist bspw. anzunehmen, wenn die Ausführung der Bauarbeiten mangelhaft ist und durch eine erhebliche **Staubentwicklung** eingelagerte Sachen des Mieters geschädigt werden[218] oder wenn der Vermieter schuldhaft den angekündigten Bautermin versäumt und dem Mie-

---

[205] LG Berlin MM 2000, 222.
[206] LG Mannheim WuM 1986, 139; AG Hamburg WuM 1987, 272.
[207] *Harke* WuM 1991, 1 (6).
[208] bejahend AG Hamburg ZMR 2011, 300.
[209] *Elzer* in: Prütting, Wegen, Weinreich, BGB, § 555d Rn. 6; MüKoBGB/*Bieber* 6. Aufl. § 554 aF, Rn. 30.
[210] Zur Konkretisierung des Nachweises im Rahmen der Ankündigung gem. § 555c s. LG Berlin ZMR 2021, 112.
[211] BGH, VIII ZR 242/11, WuM 2011, 677; LG Berlin NJW 2016, 2582.
[212] Siehe LG Berlin WuM 2016, 282 = NZM 2016, 721 mAnm *Eisenschmid*.
[213] Siehe auch *Börstinghaus* bei § 559 BGB Rn. 62.
[214] LG Berlin ZMR 2021, 392; **aA** *Horst* NZM 1999, 193 (194).
[215] *Zur Notwendigkeit eines Hotelaufenthalts s.* AG Hamburg ZMR 2010, 455.
[216] AG Hamburg-Harburg ZMR 2011, 300; *Voscherau,* 10 Jahre Mietrechtsreformgesetz, 2011, 495, 500.
[217] LG München NJW-RR 2016, 393; *Eisenschmid* NZM 2016, 721.
[218] BGHZ 109, 205; WuM 1990, 36 = NJW 1990, 453 = MDR 1990, 333.

ter dadurch ein Schaden entsteht.[219] Für das Verschulden seiner Erfüllungsgehilfen haftet der Vermieter gem. § 278 BGB.

Umstritten ist, ob der Vermieter allein deshalb aus Verschulden gem. § 536a Abs. 1 Alt. 2 BGB haftet, weil er die Modernisierungsmaßnahmen **veranlasst** und in Auftrag gegeben hat.[220] Inzwischen hat sich der BGH[221] im Zusammenhang mit Instandsetzungsmaßnahmen gegen eine derartige Haftung ausgesprochen (→ BGB § 555a Rn. 69 ff.). Die für den BGH maßgeblichen Argumente lassen sich auch gegen eine Haftung aus Veranlassung bei Modernisierungsmaßnahmen einwenden, da auch in diesen Fällen der Vermieter weder rechtswidrig noch schuldhaft handelt.[222] Zudem wurde unter Geltung des § 554 BGB aF hervorgehoben, dass des dem Zweck der Modernisierung widerspräche, wenn der Vermieter mit für ihn vorab nicht absehbaren Schadensersatzansprüchen rechnen müsste.[223] Zudem sei die Bestimmung über den Aufwendungsersatz überflüssig, wenn der Vermieter schon in jedem Fall nach § 536a Abs. 1 BGB zum Schadensersatz verpflichtet wäre. 97

Dem muss allerdings entgegengehalten werden, dass es – insoweit anders als bei Maßnahmen nach § 555a BGB (→ BGB § 555a Rn. 69 ff.) – im Belieben des Vermieters steht, ob er die Maßnahmen durchführt.[224] Er kann daher über das Schadensersatzrisiko frei entscheiden. Im Übrigen handelt es sich bei den §§ 555b–d BGB um **Ausnahmevorschriften** zu Gunsten des Vermieters, die es ihm abw. vom Mietvertrag – auch Zeitmietvertrag – gestatten, den Vertragsgegenstand jedenfalls in tatsächlicher Hinsicht einseitig zu ändern.[225] Dies rechtfertigt es, das dadurch entstehende Risiko der Beschädigung oder des Untergangs der dem Mieter gehörenden Sachen dem Vermieter aufzuerlegen. Die Modernisierungsregelungen enthalten keinen Rechtfertigungsgrund für schädigende Einwirkungen des Vermieters auf die Rechtsgüter des Mieters.[226] 98

Problematisch ist, ob und in welchem Umfang der Mieter seine aufgewendete Zeit als Schadensposition geltend machen kann. Sofern sich für die Tätigkeit des Mieters ein Marktwert ermitteln lässt, liegt ein ersatzfähiger Schaden vor.[227] Daher bekommt der Mieter nach überwiegender Ansicht grds. keine Erstattung für „verlorene" Zeit, wenn er zB bezahlten **Urlaub** für die Zeit der Bauarbeiten in seiner Wohnung genommen hat.[228] Das gilt auch dann, wenn der Mieter nicht berufstätig ist und gar keinen Urlaub nehmen kann.[229] Hat der Mieter aber unbezahlten Urlaub genommen, hat der Ausfall seiner Arbeitsleistung somit einen Marktwert, dann ist der Zeitverlust zu ersetzen, wenn der Vermieter zB eine Terminabsprache mit dem Mieter nicht eingehalten hat.[230] 99

---

219 LG Hamburg WuM 1989, 173.

220 MüKoBGB/*Bieber* § 554 Rn. 8; LG Berlin GE 1997, 619.

221 BGH XII ZR 65/14, NZM 2015, 538 = GE 2015, 905 = NJW 2015, 2419 = WuM 2015, 619 = ZMR 2015, 842 = AK-MietPrax § 555a BGB Nr. 1 mAnm *Eisenschmid; Günter* WImmoT 2015, 19 (35 f.).

222 AnwK WohnraummietR BGB § 554 Rn. 34; Bamberger/Roth/*Ehlert* BGB § 554 Rn. 38.

223 *LG Berlin GE 1997, 619; Horst* NZM 1999, 193 (194).

224 **AA** LG Berlin GE 1997, 619.

225 Umstritten ist, ob sich damit auch die Sollbeschaffenheit ändert, s. nur *Hau* NZM 2014, 809 (816); zu den damit verbundenen Rechtsfragen insbes. bzgl. der Mietminderung → BGB § 555 Rn. 8 ff.

226 Staudinger/*Emmerich* BGB § 554 Rn. 51.

227 BGH NJW 1996, 921 = GE 1996, 539 = MDR 1996, 1113.

228 BGH NJW 1989, 766; 1977, 1446; LG Berlin NJW-RR 1988, 203; AG Mannheim DWW 1995, 288; Palandt/*Grüneberg* § 249 Rn. 68; **aA** LG Hamburg WuM 1989, 173.

229 *Maciejewski* MM 2001, 197 (198).

230 BGH NJW 1996, 921 = GE 1996, 539 = MDR 1996, 1113.

## § 555e Sonderkündigungsrecht des Mieters bei Modernisierungsmaßnahmen

**(1) [1]Nach Zugang der Modernisierungsankündigung kann der Mieter das Mietverhältnis außerordentlich zum Ablauf des übernächsten Monats kündigen. [2]Die Kündigung muss bis zum Ablauf des Monats erfolgen, der auf den Zugang der Modernisierungsankündigung folgt.**

**(2) § 555 c Absatz 4 gilt entsprechend.**

**(3) Eine zum Nachteil des Mieters abweichende Vereinbarung ist unwirksam.**

### Systematische Übersicht



### A. Einführung

1 Wie schon nach altem Recht (§ 554 Abs. 3 S. 2 BGB aF) kann der Mieter auf eine Modernisierungsankündigung mit einer außerordentlichen Kündigung antworten. Neben der dem Mieter eingeräumten Möglichkeit, auf die Mitteilung (§ 555 c BGB) des Vermieters seine Duldungspflicht zu überprüfen (§ 555 d BGB) und ggf. einen Härteeinwand geltend zu machen, soll er auch das Recht erhalten, auf die in der Modernisierung liegende Vertragsänderung des Vermieters mit einer Kündigung zu reagieren. Denn auch wenn dem Mieter die Maßnahme unter den gesetzlichen Voraussetzungen zumutbar ist, kann er doch ein berechtigtes Interesse daran haben, das modernisierte Mietobjekt, zB wegen der angekündigten höheren Miete nach Modernisierung, als Vertragsgegenstand abzulehnen.

### B. Die Kündigung

2 Bei der Kündigung handelt es sich um eine außerordentliche Kündigung. Sie muss nicht begründet werden.[1] Formal gelten für die Kündigung die allgemeinen Vorschriften. Das Kündigungsrecht besteht unabhängig von sonstigen vertraglichen Fristen. Es ist ein außerordentliches Recht und steht daher neben den allgemeinen, nach Gesetz und Vertrag zulässigen Kündigungen; ungeachtet, ob es sich um ein befristetes oder unbefristetes Mietverhältnis handelt. Die Kündigung ist auch zulässig, wenn der Mieter zur Duldung nicht verpflichtet ist.

Sie ist dagegen ausgeschlossen, wenn die Maßnahmen nur mit einer unerheblichen Einwirkung (siehe dazu § 555 a BGB Rn. 38) auf die Mietsache verbunden ist, und nur zu einer unerheblichen Mieterhöhung führt (§ 555 e Abs. 2 BGB iVm § 555 c Abs. 4 BGB).

### C. Die Kündigungsfrist

3 Mit der Neuformulierung wurde der Versuch unternommen, die Regelung verständlicher zu gestalten, ohne damit inhaltlich Veränderungen vorzunehmen.[2] Der Gesetzgeber wollte sicherstellen, dass bei einer rechtzeitig ausgesprochenen Kündigung das Mietverhältnis unabhängig vom konkreten Kündigungszeitpunkt immer mit Ablauf des übernächsten Monats nach Zugang der Modernisierungsankündigung endet.[3]

4 Ob die sprachliche Vereinfachung gelungen ist, erscheint fraglich. Nach Auffassung des Gesetzgebers legt S. 1 fest, dass der Mieter mit Wirkung zum Ablauf des übernächsten Monats, „der auf den Zugang der Modernisierungsankündigung folgt“, kündigen darf.[4] Die Kündigung muss nach

---

[1] *Lützenkirchen/Dickersbach,* Mietrecht, § 555 e Rn. 9.
[2] BT-Drs. 17/10485, S. 32 – Nachweis bei Börstinghaus/Eisenschmid BGB§ 555 e Rn. 19.
[3] BT-Drs. 17/10485, S. 32– Nachweis bei Börstinghaus/Eisenschmid BGB § 555 e Rn. 19.
[4] BT-Drs. 17/10485, S. 32– Nachweis bei Börstinghaus/Eisenschmid BGB § 555 e Rn. 19.

S. 2 bis spätestens zum Ablauf des auf den Zugang folgenden Monats erfolgen. Erreicht die Modernisierungsankündigung den Mieter somit am 10. August, kann er zum Ablauf des 31. Oktober kündigen, unabhängig davon, ob er die Kündigung sofort im August oder erst nach einer längeren Überlegungszeit im September ausspricht.

Dieses Ergebnis ist aus dem Wortlaut der Vorschrift aber nicht zwingend herauszulesen. Denn Satz 1 sagt nur, dass der Mieter „nach Zugang“ der Modernisierungsankündigung zum Ablauf des übernächsten Monats kündigen kann. Dass die Berechnung des Zeitraums mit dem Zugang der Ankündigung beginnt, ist dem Wortlaut nicht zu entnehmen. Vielmehr liegt es näher, die Berechnung von dem Zeitpunkt der Mieterkündigung abhängig zu machen. Würde der Mieter nach dem obigen Beispiel also sich erst im September zur Kündigung entschließen, würde diese – anders als vom Gesetzgeber gewollt – zum Ende des Monats November wirken. **5**

## D. Verstöße gegen die Ankündigungspflicht

Das außerordentliche Kündigungsrecht des Mieters ist nicht davon abhängig, ob die Mitteilung des Vermieters den Anforderungen des § 555c BGB entspricht.[5] Sonst hätte es der Vermieter in der Hand, das Kündigungsrecht des Mieters zu **manipulieren.** Daher besteht das Kündigungsrecht des Mieters unabhängig davon, ob der Vermieter seiner Verpflichtung zur Mitteilung vollständig oder nur teilweise nachgekommen ist. Hat der Vermieter pflichtwidrig keine Mitteilung gemacht, beginnt die Kündigungsfrist erst dann, wenn der Mieter verbindlich von den Modernisierungsabsichten des Vermieters, ggf. durch Dritte, Kenntnis erlangt, spätestens jedoch dann, wenn der Vermieter mit den ankündigungspflichtigen Baumaßnahmen beginnt. Zudem kommt in diesen Fällen auch eine Kündigung des Mieters nach § 543 BGB in Betracht. **6**

## E. Weitere Kündigungsgründe

Modernisiert der Vermieter die Wohnung ohne Ankündigung oder gegen den Willen des nicht zur Duldung verpflichteten Mieters, ergibt sich das Kündigungsrecht auch aus § 543 Abs. 2 Nr. 1 BGB[6], da bei rechtswidrigem Handeln des Vertragspartners das fristlose Kündigungsrecht nicht ausgeschlossen werden darf und zudem der rechtswidrig Handelnde nicht schutzbedürftig ist. **7**

Erhöht der Vermieter nach Abschluss der Modernisierungsmaßnahmen den Mietzins gem. § 559 BGB, kann der Mieter gem. § 561 BGB das Mietverhältnis kündigen. Mieterhöhungen gem. § 10 WoBindG bei preisgebundenen Mietwohnungen führen zu einem Sonderkündigungsrecht des Mieters nach § 11 WoBindG.

## F. Sonstiges

Kündigt der Mieter, kann der Vermieter dennoch vorbereitende Maßnahmen, wie zB das Ausmessen der Gewerke oder die Besichtigung der betroffenen Räumlichkeiten, treffen. Der Mieter hat es auch hinzunehmen, wenn der Vermieter mit Maßnahmen beginnt, die den vertragsgemäßen Mietgebrauch des Mieters nicht beeinträchtigen.[7] **8**

Vertragliche Abreden zum Nachteil des Wohnraummieters sind unzulässig. Da § 578 Abs. 2 BGB nicht auf § 555e Abs. 3 BGB verweist, gilt dies nicht zugunsten des Gewerberaummieters. In diesem Vertragsverhältnis kann zum Nachteil des Mieters zB das Sonderkündigungsrecht nicht nur eingeschränkt, sondern auch ganz ausgeschlossen werden.

---

[5] LG Berlin GE 1999, 573; MM 1995, 187; **aA** LG Essen WuM 1990, 513, das dem Vermieter aber den Mietzins abspricht.

[6] LG Berlin GE 1999, 573; *Leo/Ramm* NZM 2014, 63, 66; einschränkend Lützenkirchen/*Dickersbach,* Mietrecht, § 555e Rn. 15f.; **aA** AnwK WohraumMietR/*Lammel* BGB § 554 Rn. 84; Spielbauer/Schneider/*Kellendorfer* BGB§ 555e Rn. 2.

[7] Palandt/*Weidenkaff* § 554 Rn. 30; *Thomsen,* S. 78.

## § 555f Vereinbarungen über Erhaltungs- oder Modernisierungsmaßnahmen

**Die Vertragsparteien können nach Abschluss des Mietvertrags aus Anlass von Erhaltungs- oder Modernisierungsmaßnahmen Vereinbarungen treffen, insbesondere über die**
**1. zeitliche und technische Durchführung der Maßnahmen,**
**2. Gewährleistungsrechte und Aufwendungsersatzansprüche des Mieters,**
**3. künftige Höhe der Miete.**

### Systematische Übersicht



### Alphabetische Schnellübersicht



### A. Einleitung

1 Die Vorschrift hat Deklarationscharakter. Sie will deutlich machen, dass es neben dem formellen Verfahren nach §§ 555a–555e BGB auch eine einvernehmliche Lösung möglich ist. Mieter und Vermieter können sich nämlich auch über die Durchführung von konkreten Erhaltungs- und Modernisierungsmaßnahmen einigen. Insofern ändern die Vorschriften nichts an der vor ihrer Einfügung bestehenden Rechtslage.[1] Daher bleiben auch die in den §§ 555a ff. und in den §§ 559 ff. jeweils enthaltenen Verbote, abweichende Regelungen zu Ungunsten des Mieters zu vereinbaren, unberührt. Solche den Mieter benachteiligende Vereinbarungen betrafen bereits nach alter Rechtslage nur generelle Abreden, die im Mietvertrag oder in späteren Ergänzungen des Vertrags für den Fall einer Modernisierung oder Erhaltungsmaßnahme getroffen wurden. Individuelle, aus konkretem Anlass getroffene Vereinbarungen, waren und sind – mit Einschränkungen – möglich. Diese Praxis soll nach dem Willen des Gesetzgebers mit der neuen Vorschrift gestärkt werden.[2]

Eine bestimmte Form ist nicht vorgeschrieben, aus Gründen der Beweissicherung aber empfehlenswert.[3] Allerdings ist § 550 BGB zu beachten, bspw. wenn wesentliche Vertragselemente wie die Miethöhe oder die Beschaffenheit der Mietsache verändert werden.[4] Dies kann insbes. für gewerb-

[1] Begr. zum Kabinettsentwurf, Nachw. in AK MietRÄnderungsG/*Eisenschmid* BGB § 555f Rn. 17, S. 92.
[2] *BT-Drs. 17/10485, 33, Nachw.* in Börstinghaus/Eisenschmid/*Eisenschmid* BGB § 555f Rn. 17.
[3] MüKoBGB/*Artz* § 555f Rn. 5; Blank/Börstinghaus/*Blank* BGB § 555f Rn. 3; *Abramenko* MietRB 2013, 278.
[4] Lützenkirchen/*Dickersbach,* Mietrecht, § 555f Rn. 7.

liche Mietverhältnisse von Bedeutung sein, da bei Nichteinhaltung der Form das auf eine bestimmte Zeit abgeschlossene Mietverhältnis als auf unbestimmte Zeit geschlossen gilt (§ 550 S. 1 BGB).

## B. Der Normenkonflikt

2 Wegen der halbzwingenden Normen zum Minderung-, Mieterhöhungs- und Modernisierungsrechts ist es unzulässig, schon vor oder bei Abschluss des Mietvertrages den Mieter zur Duldung von ungewissen in der Zukunft liegenden Modernisierungs- oder Erhaltungsmaßnahmen zu verpflichten. § 555f BGB erlaubt daher eine Vereinbarung über konkrete Maßnahmen erst nach Abschluss des Mietvertrages (→ Rn. 5).

3 Keine Regelungskonflikte ergeben sich bei Vereinbarungen, die den gesetzlichen Vorgaben entsprechen oder die dem Mieter eine günstigere Rechtsposition verschaffen.[5] Noch nicht endgültig geklärt ist das Verständnis über die neue Regelung insbes. in Hinblick auf Ziff. 2, wonach sich die Mietvertragsparteien auch über die Minderung und Aufwendungsersatzansprüche verständigen können. Die Konkurrenz mit den halbzwingenden Normen eröffnet Zweifel, ob nicht bspw. § 536 Abs. 4 BGB eine Vorrangstellung genießt[6] (dazu → Rn. 16). Auch die Regelungen zur AGB-Kontrolle sowie über Haustürgeschäfte geben dem Vermieter für Vereinbarungen nach § 555f BGB keinen Freibrief.[7] Diese Absprachen sind somit an den allgemeinen Regelungen des Privatrechts zu messen.[8] Der Gesetzgeber wollte mit der Vorschrift im Wesentlichen ein Signal setzen, um die – zu wenig geübte – Praxis von Modernisierungsvereinbarungen zu stärken[9]. Dabei sind Zweifelsfragen offen geblieben.

## C. Die Wohnraummiete

4 Die Vorschrift gilt für alle Wohnungen[10], einschließlich der **Genossenschaftswohnungen,**[11] auf die das allgemeine Wohnraummietrecht anwendbar ist.[12]

### I. Nach Abschluss des Mietvertrages

5 Die Vereinbarungen nach § 555f BGB dürfen nur **nach Abschluss** des Wohnraummietvertrages getroffen werden. Dies dient dem Schutz des Wohnraummieters, damit der Mietvertragsabschluss und die Überlassung der Wohnung nicht von weiter gehenden Duldungspflichten abhängig gemacht werden kann.[13] Dem Schutzzweck entspricht es, diese Anforderung auch auf solche Fälle zu erstrecken, bei denen zum Mietvertragsabschluss schon mit der Baumaßnahme begonnen wurde.[14] Problematisch ist die Auffassung, wonach es ausreichen soll, wenn die Modernisierungsvereinbarung dem Mietvertrag mit minimalem zeitlichen Abstand folgt.[15] In diesen Fällen wird die nachfolgende Modernisierungsvereinbarung schon mitverhandelt sein und nur noch formal vollzogen.[16] Der zeitliche Zusammenhang darf keinesfalls so eng sein, dass die Vereinbarungen als einheitliches Verhandlungsergebnis gewertet werden können. Dann wäre nicht sichergestellt, dass die Modernisierungsvereinbarung frei von dem bei der Anmietung der Wohnung bestehenden psychologischen Druck abgeschlossen wurde.[17] Solange der Mieter den Mietvertrag nicht unterzeichnet

---

[5] Blank/Börstinghaus/*Blank* BGB § 555f Rn. 1.

[6] *Hau* PiG Bd. 99 (2011), 31 (42); *Lehmann-Richter* WuM 2010, 3; aber s. auch *Lützenkirchen/Dickersbach* ZMR 2006, 821; Lützenkirchen/*Dickersbach*, Mietrecht, § 555f Rn. 45ff.; *Abramenko* MietRB 2013, 278.

[7] BGH, VIII ZR 29/16, WuM 2017, 406 = NJW 2017, 2823 = ZMR 2017, 628 = MietPrax-AK § 312 BGB Nr 1; *Artz* PiG Bd. 109 (2019), 63, 66; *Hau* PiG Bd. 99,(2011), 31 (42).

[8] *Artz* WImmoT 2014, 139 (142).

[9] Begr. zu § 555f BGB; Nachw. bei Börstinghaus/Eisenschmid/*Eisenschmid* BGB § 555f Rn. 17.

[10] *Zur Vertragsgestaltung* bei baulichen Maßnahmen in der Geschäftsraummiete siehe *Leo* PiG, Bd. 105 (2017), 139ff.

[11] LG München WuM 1986, 312.

[12] OLG Karlsruhe WuM 1985, 77 = NJW-RR 1986, 89 = ZMR 1985, 123 = OLGZ 1986, 437.

[13] LG Leipzig WuM 2010, 243 = GE 2010, 847; LG Berlin MM 2001, 202; Thomsen Modernisierung S. 80.

[14] Blank/Börstinghaus/*Blank* BGB § 555f Rn. 6.

[15] *Abramenko* MietRB 2014, 307 (308).

[16] Die aA von BeckOGK/*Schepers* BGB § 555f Rn. 25, blendet mit ihrem klaren zeitlichen Schnitt diese Fälle aus.

[17] AA *Artz* PiG Bd. 109 (2019), 63, 66.

hat, ist er gegenüber dem Vermieter regelmäßig in der schwächeren Verhandlungsposition.[18] Und er wird im Regelfall nach Unterzeichnung des Mietvertrages nicht von der zuvor getroffenen – mündlichen – Abrede über die Modernisierung abweichen wollen.

5a Diese zeitliche Barriere ist bei Wohnraummietverhältnissen nicht verhandelbar, findet allerdings auf Gewerberaummietverhältnisse keine Anwendung (→ Rn. 29).

## II. Aus Anlass der Maßnahme

6 Vereinbarungen nach § 555f BGB sind im Wohnraummietverhältnis nur zulässig, wenn sie **aus Anlass** einer Erhaltungs- oder Modernisierungsmaßnahme getroffen werden. Die Gesetzesformulierung „aus Anlass" ist auf Initiative des Deutschen Mietgerichtstages ins Gesetz aufgenommen worden[19]. Damit sollte sichergestellt werden, dass die Vereinbarungen nicht generell und für jeden Fall möglich sein sollen, sondern nur dann, wenn der Vermieter eine konkrete[20] Maßnahme ins Auge gefasst hat und diese umsetzen möchte.

7 Daher reicht es nicht aus, wenn nach Abschluss des Mietvertrages eine Vereinbarung nach § 555f BGB getroffen wird, ohne dass dabei eine konkrete, schon fertig geplante Maßnahme ins Auge gefasst wird.[21] Bloße Absichtserklärungen des Vermieters, eine bestimmte Maßnahme durchführen zu wollen, werden der Normanforderung „aus **Anlass** von Erhaltungs- oder Modernisierungsmaßnahmen" nicht gerecht. Die Planungen und Vorbereitungen des Vermieters zur Durchführung seiner Maßnahme müssen weitgehend abgeschlossen sein.[22] Der Mieter hat keine ausreichende Verhandlungsgrundlage, wenn er nicht Beginn, Dauer, Art und Umfang der Maßnahme kennt.[23] Denkbar ist allerdings auch eine Vereinbarung nach Abschluss einer Modernisierungsmaßnahme.[24]

## III. Die einzelnen Inhalte einer Vereinbarung

### 1. Mitteilungspflicht

8 § 555f BGB erlaubt Vereinbarungen insbes. über die zeitliche und technische Durchführung der Maßnahme, die Gewährleistungsrechte und Aufwendungsansprüche des Mieters und über die künftige Höhe der Miete. Mit dem Wort „insbesondere" wird sichergestellt, dass die Aufzählung des Gesetzes nur Beispielscharakter hat[25] und nicht abschließend ist. Dennoch gibt es Vorschriften, die sich einer vertraglichen Absprache entziehen, bspw. die Pflicht des Vermieters zur Ankündigung der Maßnahme gem. §§ 555a, 555c BGB.

9 Der Abschluss einer Vereinbarung nach § 555f BGB setzt idealiter voraus, dass sich die Mietvertragsparteien auf gleicher Augenhöhe zusammensetzen, über die einzelnen Punkte verhandeln und zu einem Ergebnis kommen, das in der Vereinbarung festgehalten wird. Eine solche Besprechung setzt voraus, dass insbes. der Mieter über alle wichtigen Punkte informiert ist, also den Sachstand bekommt, der ihm gem. § 555c BGB formell und materiell zusteht. Zu Recht geht das Gesetz bei den halbzwingenden Normen davon aus, dass bei typisierender Betrachtungsweise die Verhandlungen mit dem Vermieter nicht unter den zuvor beschriebenen Voraussetzungen ablaufen und der Mieter vor Übervorteilung geschützt werden muss. Das muss bei der Anwendung des § 555f BGB beachtet werden, da ein einzelner Mieter dem psychischen Druck des Vermieters, der Modernisieren will, häufig nicht standhalten kann. Daher ist § 555f BGB dahingehend einzuschränken, dass solche Vereinbarungen unzulässig sind, die den Bestandsschutz des Mieters an seiner Wohnung gefährden. Dies ist auch verfassungsrechtlich geboten, da der Besitz der Wohnung Grundrechtsschutz genießt.[26]

---

[18] Lützenkirchen/*Dickersbach*, Mietrecht, § 555f Rn. 51; **aA** MüKoBGB/*Artz* § 555f Rn. 11.
[19] Nachw. Börstinghaus/Eisenschmid/*Eisenschmid* BGB § 555f Rn. 21.
[20] Begr. des Kabinettsentwurfs zu § 555f BGB, Nachw. bei Börstinghaus/Eisenschmid/*Eisenschmid* BGB § 555f Rn. 17, S. 92.
[21] *Artz* WImmoT 2014, 139 (144ff.).
[22] MüKoBGB/*Artz* 555f Rn. 12, *Lindner* PiG 105 (2017), 129, 131.
[23] *Blank/Börstinghaus/Blank BGB* § 555f Rn. 7; MüKoBGB/*Artz* § 555f Rn. 12.
[24] *Sternel* PiG 99 (2015), 95 (109).
[25] Blank/Börstinghaus/*Blank* BGB § 555f Rn. 8; *Abramenko* MietRB 2014, 307 (310).
[26] BVerfG WuM 1993, 377 = NJW 1993, 2035 = MDR 1993, 728 = GE 1993, 796 = ZMR 1993, 405.

Zwar ist richtig, wie teilweise hervorgehoben wird, dass die Ankündigungspflicht in erster Linie das Hemmnis der Mieterduldung überwinden soll[27], was bei einer vertraglichen Regelung überflüssig ist. Zudem kann eine Modernisierungsvereinbarung durchaus auch zum Vorteil des Mieters gereichen, wenn er in den Verhandlungen für sich bestimmte Interessen sichern kann.[28] Das kann die Verneinung der Pflicht zur vollständigen Information durch den Vermieter aber nicht rechtfertigen. Denn § 555 c Abs. 1 BGB hat auch eine Schutzfunktion derart, dass der Mieter nur dulden soll, was gesetzlich erlaubt ist. Das soll der Vermieter mit seiner Ankündigung belegen. Würde der Vermieter ohne jegliche Vorabinformationen zum Gespräch einladen, könnte in einem späteren Streitfall nicht mehr nachgewiesen werden, ob der Vermieter alle erforderlichen Informationen gegeben hat und der Mieter seine Interessen, insbes. seine Härtegründe ausreichend einbringen konnte. Der Gestaltungsrahmen des § 555 f BGB lässt in diesem Punkt aus den vorgenannten Erwägungen eine abweichende Regelung nicht zu.[29] Damit der Mieter mit dem Vermieter auf Augenhöhe verhandeln kann, muss er die gleichen Informationen haben, die der Vermieter im Falle der einseitigen Durchsetzung der Maßnahme dem Mieter geben muss. Das dient iÜ auch dem Vermieter, denn wenn die Verhandlungen scheitern, kann er aufgrund einer umfassenden Unterrichtung nach einer angemessenen Frist mit den Baumaßnahmen beginnen. 10

Scheitert die Vereinbarung, muss der Vermieter die Ankündigung gem. § 555 c BGB nachholen und hat dabei die dort genannten Voraussetzungen einzuhalten. Ein Verweis auf einzelnen Gesprächsprotokolle im Rahmen der versuchten Modernisierungsvereinbarung reicht dafür regelmäßig nicht aus, es sei denn, sie erreichen das Anforderungsprofil des § 555 c BGB. 11

Hat der Vermieter zB nur Interesse an einer Einzelregelung, wie beispielsweise zur künftigen Miethöhe, zur Härteregelung[30] oder nur an einer Abstimmung zur Ausübung des Gewährleistungsrechts während der Baumaßnahmen, bleibt er zur Ankündigung gem. § 555 c BGB verpflichtet. In diesen Fällen ist kaum einzusehen, warum ihm in diesen Fällen gestattet werden sollte, alle formalen und inhaltlichen Voraussetzungen der Ankündigungen nach § 555 c BGB zu ignorieren. 12

zurzeit unbesetzt 13

## 2. Zeitliche und technische Durchführung der Maßnahme

Die **zeitliche** Durchführung der Maßnahme betrifft vor allem die Dauer der Erhaltungs- und Modernisierungsmaßnahmen. Hier lässt sich bspw. eine zeitlich flexible Durchführung von geplanten Maßnahmen vereinbaren[31], wenn der Vermieter die Option schaffen will, aus Zweckmäßigkeitsgründen die bauliche Abfolge bestimmter Maßnahmen zu ändern. Vereinbarungen über den Beginn der Maßnahme können nur getroffen werden, soweit die dreimonatige Ankündigungsfrist nicht verkürzt wird. 14

Die **technische** Durchführung betrifft Art und Umfang der Maßnahme.[32] So können insbes. Maßnahmen in der Wohnung des Mieters hinsichtlich ihrer Durchführung und Folgen besser abgestimmt werden. Die hier zu treffenden Angaben bedürfen idR einer genauen Darstellung der Maßnahmen in Bezug auf die Wohnung des Mieters, was eine individuelle Vereinbarung erforderlich machen dürfte. Auch Vereinbarungen über den technischen Stand der Wohnung nach Abschluss der Arbeiten oder die Verwendung von bestimmten Baumaterialien fallen hierunter.[33] Vorformulierte Regelungen sind daher regelmäßig unzureichend und verstoßen gegen das Transparenzgebot gem. § 307 Abs. 1 S. 2 BGB.[34] 15

## 3. Gewährleistungsrechte und Aufwendungsersatzansprüche des Mieters

**a) Mietminderung.** Gem. § 536 Abs. 4 BGB ist die Vereinbarung über die Mietminderung zum Nachteil des Mieters unwirksam. § 536 Abs. 1 a BGB schließt das Mietminderungsrecht aus, soweit ein Mangel aufgrund einer Maßnahme eintritt, die einer energetischen Modernisierung 16

[27] MüKoBGB/*Artz* § 555 f Rn. 17.
[28] Siehe Beispiele bei *Artz* PiG Bd. 109 (2019), 63, 67.
[29] **AA** Blank/Börstinghaus/*Blank* BGB § 555 f Rn. 9; *Artz* WImmoT 2014, 139 (144); *Abramenko* MietRB 2014, 307 (310).
[30] *Abramenko* MietRB 2014, 307 (310); Lützenkirchen/*Dickersbach,* Mietrecht, § 555 f Rn. 27.
[31] *Abramenko* MietRB 2014, 307 (308).
[32] Blank/Börstinghaus/*Blank* BGB § 555 f Rn. 10.
[33] Lützenkirchen/*Dickersbach,* Mietrecht, § 555 f BGB Rn. 17.
[34] Blank/Börstinghaus/*Blank* BGB § 555 f Rn. 10.

nach § 555b Nr. 1 BGB dient. § 555f BGB hat beide Varianten im Blick. Eine Vereinbarung des Mieters mit dem Vermieter anlässlich einer energetischen Modernisierung bietet die Möglichkeit einer Vereinbarung zum Nachteil des Mieters, zB durch Festlegung eines geringen Mietminderungssatzes oder durch Erschwerungen, indem der Mieter den Minderungsbetrag erst nachträglich geltend machen kann. Es lassen sich aber auch für den Mieter vorteilhafte Regelungen aushandeln, indem bspw. der Mieter durchgehend die Miete mindern darf, auch wenn die Mietminderung gem. § 536 Abs. 1a BGB ausgeschlossen wäre.[35] Im Gegenzug könnte der Vermieter vom Mieter sich andere Leistungen versprechen lassen.[36]

17 Vereinbarungen über die Mietminderung verbieten sich als vorformulierte Klauseln[37], weil die Mietminderung ein Kernelement der Mieterrechte darstellt und damit zu den wesentlichen Grundgedanken des Vertrags zählt. Daher ist auch individualvertraglich ein genereller, nicht konkret an der Modernisierungsmaßnahme ausgerichteter Ausschluss des Mietminderungsrechts unzulässig.[38]

18 **b) Aufwendungsersatzansprüche.** § 555a Abs. 3 BGB sieht vor, dass der Mieter Aufwendungen im angemessenen Umfang ersetzt verlangen kann, die er infolge einer Erhaltungsmaßnahme machen musste. Das Gleiche gilt gem. § 555d Abs. 6 BGB bei Modernisierungsmaßnahmen. Einvernehmliche abweichende Regelungen sind hier insoweit denkbar, als dass über die Höhe des Aufwendungsersatzes eine Verständigung gefunden wurde[39] oder der Mieter beim Anfall bestimmter Aufwendungen auf einen Ersatz verzichtet.

19 § 555f BGB erfasst nicht die Aufwendungen gem. § 536a Abs. 2 BGB.[40] Diese Vorschrift unterscheidet den Aufwendungsersatz beim Verzug des Vermieters sowie zur Erhaltung bzw. Wiederherstellung des Bestands der Mietsache (→ BGB § 536a Rn. 104ff.). Da der Verzug die Pflicht des Vermieters zum Handeln voraussetzt, kann die Vereinbarung nach § 555f BGB mit § 536a Abs. 2 Ziff. 1 BGB nicht kollidieren, es sei denn, der Vermieter würde sich unzulässigerweise von den Rechtsfolgen des Verzugs freizeichnen wollen. Dem Mieter die Aufwendungen zum Erhalt des Bestands der Mietsache aufzubürden, würde auch als Individualvereinbarung[41] unzulässig sein, weil damit dem Mieter der Kern der Vermieterpflichten überbürdet würde.

### 4. Verpflichtung zur Durchführung von Arbeiten

20 Da § 555f BGB keine abschließende Aufzählung über die Art der Vereinbarung vornimmt („insbesondere"), ist auch denkbar, den Mieter mit kleineren Arbeiten zu belasten, zB Mitwirkungspflichten zum entfernen oder Verrücken von Möbeln.[42] Zulässig ist auch die Übertragung solcher Maßnahmen, die den Umfang von Kleinreparaturen nicht überschreiten. Weitergehenden Arbeiten lassen sich im Wohnraummietverhältnis auch individualvertraglich nicht auf den Mieter abwälzen. Damit würde dem Mieter das Risiko der Vertragsabwicklung mit dem beauftragten Handwerksunternehmen sowie die Überwachung und Einhaltung der ordnungsgemäßen Ausführung einer baulichen Maßnahme übertragen, was zu den Kernpflichten des Vermieters gehört und ihre Übertragung auf den Mieter mit Treu und Glauben nicht mehr zu vereinbaren ist. Dies ist nur im Gewerberaummietverhältnis eingeschränkt zulässig. Formularvertraglich kann der Vermieter selbst bei Kleinreparaturen den Wohnraummieter nur zu Zahlung verpflichten[43] und Schönheitsreparaturen darf der Mieter fachkundig ausführen, um seine Kostenbelastung zu senken.[44]

---

[35] MüKoBGB/*Artz* § 555f Rn. 20.

[36] MüKoBGB/*Artz* § 555f Rn. 21.

[37] Blank/Börstinghaus/*Blank* BGB § 555f Rn. 12; zweifelnd *Artz* PiG Bd. 109 (2019), 63, 71.

[38] Staudinger/*V. Emmerich* BGB § 555f Rn. 3; MüKoBGB/Artz, § 555f Rn. 20; aA Lützenkirchen/*Dickersbach,* Mietrecht, § 555f Rn. 19ff.

[39] *Artz* WImmoT 2014, 139 (148); Blank/Börstinghaus/*Blank* BGB § 555f Rn. 17.

[40] Lützenkirchen/*Dickersbach,* Mietrecht, § 555f Rn. 25.

[41] **AA** Blank/Börstinghaus/*Blank* BGB § 555f Rn. 15.

[42] Blank/Börstinghaus/*Blank* BGB § 555f Rn. 23.

[43] BGH VIII ZR 343/08, WuM 2010, 235 = AK-MietPrax BGB § 536 Nr. 31 = NZM 2010, 356 = ZMR 2010, 517 = GE 2010, 480; AG Bremen NZM 2008, 247; BGH XII ZR 158/01, NZM 2005, 863 = GuT *2005, 213 = ZMR 2005, 844 = DWW* 2005, 372 = GE 2005, 1185 = AK-MietPrax BGB § 538 Nr. 17; BGHZ 108, 1 = WuM 1989, 324 = NJW 1989, 2247 = ZMR 1989, 327 = NJW-RR 1989, 1160 = DWW 1989, 195 = GE 1989, 669.

[44] Blank/Börstinghaus/*Blank* BGB § 555f Rn. 15.

### 5. Schadensersatz

21 § 555f Ziff. 2 BGB lässt Vereinbarungen über alle Gewährleistungsrechte dazu.[45] Dazu gehören auch Schadensersatzansprüche des Mieters nach § 536a Abs. 1 BGB. Folgt man der Auffassung, dass der Vermieter schon allein deshalb auf Schadensersatz haftet, weil er die Maßnahme veranlasst hat[46], steht einer Regelung über die Verschuldensfrage 276 Abs. 3 BGB entgegen, wonach die Haftung wegen Vorsatzes dem Schuldner im Voraus nicht erlassen werden kann.[47] Die andere inzwischen auch vom BGH[48] vertretene Auffassung verlangt ein pflichtwidriges Verhalten, welches den Schaden kausal herbeigeführt hat. In diesem Fall wäre eine Regelung über einen individuellen Haftungsausschluss für fahrlässiges Handeln des Vermieters denkbar.[49] Für Erfüllungsgehilfen gilt § 278 S. 2 BGB. Der BGH[50] hat den formularvertraglichen Haftungsausschluss im Wohnraummietverhältnis bei der Verletzung von Instandhaltungspflichten für leichte Fahrlässigkeit dann als unzulässig abgelehnt, wenn der Mieter das ausgeschlossene Risiko nicht beherrschen und auch nicht versichern kann.[51] Eine solche Klausel gefährdet den Vertragszweck, weil der Mieter derartige Schäden nicht durch eigene Vorsicht abwenden kann und zudem üblicherweise nur der Vermieter in der Lage ist, sich durch Abschluss einer Haus-Haftpflichtversicherung vor solchen Schäden zu schützen (dazu → BGB § 536a Rn. 101 ff.).

22 Vergleichbare Formularklauseln sind im gewerblichen Mietverhältnis nur wirksam, wenn die haftungsausschließende Klausel die Freizeichnung von einzelnen Instandhaltungspflichten unmissverständlich und transparent[52] darlegt.[53]

### 6. Die künftige Höhe der Miete

23 Dass sich die Vertragsparteien über die Miete individualvertraglich verständigen können, ergibt sich schon aus § 557 Abs. 1 BGB, wonach die Parteien während des Mietverhältnisses eine Erhöhung der Miete vereinbaren können. Formularvertraglich ist dies allerdings nicht möglich, weil sonst die zu Gunsten des Mieters zwingenden Regelungen zur Mieterhöhung unterlaufen würden. Soll bei der Verhandlung über die Miete nach Modernisierung auch die weitere Entwicklung der Miete geregelt werden, bleibt nur die Möglichkeit der Vereinbarung einer Staffel- oder Indexmiete (§ 557 Abs. 2 BGB). Wird eine Verständigung über die neue Miete nach Modernisierung herbeigeführt, liegt darin regelmäßig auch ein Ausschluss weiterer Mietanpassungen gem. § 559 BGB.[54] Für diese Mieterhöhung ist § 558 Abs. 1 S. 3 sowie Abs. 3 S. 1 anzuwenden.[55]

## IV. Widerrufsrecht bei Verbraucherverträgen

24 Gem. § 312g BGB steht dem Verbraucher ein Widerrufsrecht[56] von mit dem Vermieter als Unternehmer geschlossenen Verträgen auch dann zu, wenn eine Vertragsveränderung erreicht werden soll. Ist der Vermieter selbst Verbraucher, kommt ein Widerrufsrecht von vornherein nicht in Betracht.[57] Verbraucher ist jede natürliche Person, die ein Rechtsgeschäft zu Zwecken abschließt, die überwiegend weder Ihrer gewerblichen noch ihrer selbstständigen beruflichen Tätigkeit

---

45 *Artz* PiG Bd. 109 (2019), 63, 69.

46 MüKoBGB/*Bieber* 6. Aufl. 2012 BGB § 554 Rn. 8; Staudinger/*Emmerich* BGB § 554 Rn. 12; → § 555a Rn. 48 f.

47 *Artz* WImmoT 2014, 139 (147).

48 BGH XII ZR 65/14, NZM 2015, 538 = GE 2015, 905 = NJW 2015, 2419 = WuM 2015, 619 = ZMR 2015, 842 = AK-MietPrax BGB § 555a Nr. 1; *Günter* WImmoT 2015, 19 (35 f.).

49 Weitergehend Lützenkirchen/*Dickersbach,* Mietrecht, § 555f Rn. 22.

50 BGH VIII ARZ 1/01, WuM 2002, 141 = NJW 2002, 673 = NZM 2002, 116 = ZMR 2002, 184 = MDR 2002, 330 mAnm *Lützenkirchen* (Vorlagebeschluss LG Hamburg WuM 2001, 233).

51 MüKoBGB/*Häublein* § 536a Rn. 22; Bub/Treier MietR-HdB/*Kraemer/Ehlert* Kap. III B Rn. 3318; Blank/Börstinghaus/*Blank* BGB § 555f Rn. 14.

52 Zum Transparenzgebot *Schumacher* NZM 2003, 13 ff.

53 *Schmitz/Reischauer* NZM 2002, 1019 (1020); zweifelhaft insoweit OLG Düsseldorf NJW-RR 1999, 735.

54 MüKoBGB/*Artz* § 555f Rn. 26.

55 BGH VIII ZR 287/06, WuM 2008, 355 = GE 2008, 729 = NZM 2008, 441 = NJW 2008, 2031; krit. *Lammel* jurisPR-MietR 15/2008 Anm. 3.

56 Ausführlich zum Widerrufsrecht des Mieters *Fervers* NZM 2018, 640, 642.

57 *Artz* WImmoT 2015, 53 (66).

zugerechnet werden können.[58] Die Vermietung mehrerer Wohnungen an wechselnde Mieter spricht eher für eine professionelle Tätigkeit.[59] Der Änderungsvertrag muss außerhalb der Geschäftsräume geschlossen werden.[60] Das ist zB der Fall, wenn der Vermieter den Mieter vor Durchführung der Modernisierungs- oder Instandhaltungsmaßnahme aufsucht und mit ihm eine Vereinbarung gem. § 555f BGB aushandelt.[61] Der Vermieter kann trotz Widerrufs grundsätzlich die Modernisierungskosten im Wege der Mieterhöhung nach § 559, § 559b BGB geltend machen. Ob er die Mieterhöhung nach § 559b BGB noch wirksam erklären kann, richtet sich nach den Grundsätzen der Verwirkung[62]. Die wirksame Mieterhöhungserklärung wirkt allerdings nur für die Zukunft[63]. Eine ggf. erforderliche Abwicklung der beiderseitigen Leistungen richtet sich nach § 355 Abs. 3 S. 1 BGB, wonach im Falle des Widerrufs die empfangenen Leistungen unverzüglich zurück zu gewähren sind.[64]

Ist der Vermieter Unternehmer iSd § 14 BGB[65], was regelmäßig der Fall sein wird, hat er in dieser Situation den Wohnraummieter über das Widerrufsrecht zu informieren. Die Widerrufsfrist beträgt 14 Tage (§ 355 Abs. 2 S. 1 BGB). Hat der Vermieter den Mieter nicht über sein Widerrufsrecht belehrt, verlängert sich die Widerrufsfrist um maximal ein Jahr (§ 356 Abs. 3 S. 2 BGB). Hat der Vermieter über den Widerruf belehrt, obwohl die Voraussetzungen nicht gegeben sind, sind die Rechtsfolgen noch unklar.[66]

**25** In Betracht zu ziehen ist ein Widerrufsrecht auch dann, wenn der Vermieter die Vereinbarung im Rahmen eines Fernabsatzvertrages geschlossen hat, also ausschließlich unter Verwendung von Briefen, Telefax oder Emails. Ein Fernabsatzvertrag setzt aber voraus, dass der Vertragsschluss im Rahmen eines für den Fernabsatz organisierten Vertriebs- oder Dienstleistungssystems erfolgt (§ 312c Abs. 2 BGB).[67] Ob dies immer einer Einzelfallprüfung bedarf oder ob die Voraussetzung schon angenommen werden kann, wenn der Vermieter eine bestimmte Anzahl von Wohnungen verwaltet, ist nicht abschließend geklärt.[68]

### V. Sonstige Fragen

**26** Die Zustimmung des Mieters unterliegt iÜ als Willenserklärung den allgemeinen Anfechtungsmöglichkeiten gem. §§ 119, 123 BGB. Die **Anfechtung** kommt bspw. in Betracht, wenn der Mieter nicht ausreichend informiert wurde. In diesem Fall ist auch eine Haftung des Vermieters auf Schadensersatz zu prüfen. Daneben bleibt dem Mieter der Einwand der Härte gem. § 555d BGB, sofern das Unterlassen des Härteeinwandes auf eine unvollständige oder falsche Information seitens des Vermieters zurückzuführen war und die Vereinbarung nach § 555f BGB auch die Duldung der Modernisierungsmaßnahme geregelt hat. Ob der Vermieter bei einer Zustimmung des Mieters iRd § 555f BGB den Mietzins entsprechend § 559 BGB anpassen kann, muss sich aus der Abrede ergeben. Die Vereinbarung einer Beschränkung der Mieterhöhung nach Abschluss der Arbeiten ist zulässig.[69]

---

[58] *Blank* Anmerkung zu BGH, VIII ZR 29/16, WuM 2017, 453.

[59] BGH, VIII ZR 29/16, WuM 2017, 406 = NJW 2017, 2823 = ZMR 2017, 628 = MietPrax-AK BGB § 312 Nr 1; zum Vermieter als Unternehmer siehe *Fervers* NZM 2018, 640ff.

[60] *Hinz* WuM 2016, 76 (83).

[61] So der Ausgangsfall BGH, VIII ZR 29/16, WuM 2017, 406 = NJW 2017, 2823 = ZMR 2017, 628 = MietPrax-AK BGB § 312 Nr 1; *Hau* NZM 2015, 435 (440); *Artz* WImmoT 2015, 53ff.

[62] Siehe Schmidt-Futterer/*Börstinghaus* BGB § 559b Rn. 45; MüKoBGB/*Artz* § 559b Rn. 10.

[63] *Blank* jurisPR-MietR 14/2017 Anm. 2; zur Erwähnung der Modernisierungsmieterhöhung in der Widerrufsbelehrung siehe *Börstinghaus* jurisPR-BGHZivilR 13/2017 Anm. 2.

[64] Zum Wertersatz bei Widerruf siehe § 357 Abs. 8 sowie BGH VIII ZR 29/16, WuM 2017, 406 = NJW 2017, 2823 = ZMR 2017, 628 = MietPrax-AK § 312 BGB Nr 1 mAnm. *Börstinghaus;* ausführliche Fallbeispiele mit Erläuterungen finden sich bei *Lindner* ZMR 2018, 190.

[65] Zur Unternehmereigenschaft BGH XI ZR 63/01, NJW 2002, 368 = MDR 2002, 222; *Hau* NZM 2015, 435 (441).

[66] *Kolbe* JZ 2013, 441.

[67] Siehe dazu BGH VIII ZR 94/17, WuM 2018, 765 = NZM 2018, 1011 = ZMR 2018, 114 = MietPrax-AK BGB § 312 Nr. 2 mAnm *Börstinghaus.*

[68] *Lindner ZMR 2015, 261; Brinkmann/Ludwigkeit* NJW 2014, 3270; einschränkend *Artz/Brinkmann/Pielsticker* ZAP Fach 4, 1639; **aA** *Hau* NZM 2015, 435 (441).

[69] Auch für Mieterhöhungen, die die Grenze des § 559 BGB übersteigen, *Abramenko* MietRB 2013, 278 (280).

27 Die Vorschrift ist nicht anzuwenden auf Modernisierungsmaßnahmen, die der Mieter durchführt.[70] Bereitet der Vermieter mehrere gleichlautende Vereinbarungen für seine Mieter im Haus vor, sind wegen des AGB-Charakters der Vereinbarung die §§ 305ff. BGB zu beachten.[71]

## D. Die Gewerberaummiete

28 Bei der Geschäftsraummiete gilt gem. § 578 Abs. 2 BGB die entsprechende Anwendung der Vorschrift. Das gilt auch bei Mischraummietverhältnissen, wenn auf sie das Recht der Gewerberaummiete anwendbar ist.[72]

29 Da im Gewerberaummietverhältnis grundsätzlich abweichende Regelungen zulässig sind[73], ist der Verweis ohne praktische Relevanz. Unberührt bleiben auch die Vorschriften der §§ 307, 310 BGB, soweit es sich um formularvertragliche Vereinbarungen handelt.[74] So ist es möglich, die besonderen Härtetatbestände nach § 555d BGB einzuschränken, auszuschließen oder die Anforderungen an die Ankündigungspflicht des Vermieters zu begrenzen.[75] Der völlige formularmäßige Ausschluss von Mieterrechten ist aber auch im gewerblichen Mietverhältnis nicht schrankenlos zulässig, wenn zB ein Kernbereich vertraglicher Vermieterpflichten auf den Mieter abgewälzt werden soll. Dagegen kann das außerordentliche Kündigungsrecht des Mieters nach § 555e BGB ausgeschlossen werden, weil das allgemeine außerordentliche Kündigungsrecht gem. § 543 BGB verbleibt.

## E. Inkrafttreten

30 Da der Regelungsinhalt dieser Vorschrift bislang nicht normiert war, ist die für § 554 BGB aF und § 536 BGB aF geschaffene Übergangsregelung nicht einschlägig. Die Vorschrift ist ab 1.5.2013 in Kraft getreten.

---

[70] Staudinger/*Emmerich* BGB § 555f Rn. 7; Blank/Börstinghaus/*Blank* BGB § 555f Rn. 2; die gegenteilige Auffassung in der Vorauflage wird aufgegeben.

[71] MüKoBGB/*Artz* 555f Rn. 7; *Lindner* PiG 105 (2017), 129, 131.

[72] Zur Abgrenzung BGH VIII ZR 376/13, WuM 2014, 539 = DWW 2014, 254 = NZM 2014, 626 = GE 2014, 1129 = NJW 2014, 2864; WuM 1986, 274 = NJW-RR 1986, 877 = MDR 1986, 842 = ZMR 1986, 278; Blank/Börstinghaus/*Blank* BGB § 554 Rn. 6.

[73] MüKoBGB/*Artz* 555f Rn. 2; BeckOGK/*Schepers* BGB § 555f Rn. 16.

[74] Staudinger/*V. Emmerich* BGB § 555f Rn. 2.

[75] *Schach* GE 2006, 1447 (1449) mit Klauselvorschlägen.

# Kapitel 2. Die Miete

## Unterkapitel 1. Vereinbarungen über die Miete

### § 556 Vereinbarungen über Betriebskosten

**(1) Die Vertragsparteien können vereinbaren, dass der Mieter Betriebskosten trägt. Betriebskosten sind die Kosten, die dem Eigentümer oder Erbbauberechtigten durch das Eigentum oder das Erbbaurecht am Grundstück oder durch den bestimmungsmäßigen Gebrauch des Gebäudes, der Nebengebäude, Anlagen, Einrichtungen und des Grundstücks laufend entstehen. Für die Aufstellung der Betriebskosten gilt die Betriebskostenverordnung vom 25. November 2003 (BGBl. I S. 2346, 2347) fort. Die Bundesregierung wird ermächtigt, durch Rechtsverordnung ohne Zustimmung des Bundesrates Vorschriften über die Aufstellung der Betriebskosten zu erlassen.**

**(2) Die Vertragsparteien können vorbehaltlich anderweitiger Vorschriften vereinbaren, dass Betriebskosten als Pauschale oder als Vorauszahlung ausgewiesen werden. Vorauszahlungen für Betriebskosten dürfen nur in angemessener Höhe vereinbart werden.**

**(3) Über die Vorauszahlungen für Betriebskosten ist jährlich abzurechnen; dabei ist der Grundsatz der Wirtschaftlichkeit zu beachten. Die Abrechnung ist dem Mieter spätestens bis zum Ablauf des zwölften Monats nach Ende des Abrechnungszeitraums mitzuteilen. Nach Ablauf dieser Frist ist die Geltendmachung einer Nachzahlung durch den Vermieter ausgeschlossen, es sei denn, der Vermieter hat die verspätete Geltendmachung nicht zu vertreten. Der Vermieter ist zu Teilabrechnungen nicht verpflichtet. Einwendungen gegen die Abrechnung hat der Mieter dem Vermieter spätestens bis zum Ablauf des zwölften Monats nach Zugang der Abrechnung mitzuteilen. Nach Ablauf dieser Frist kann der Mieter Einwendungen nicht mehr geltend machen, es sei denn, der Mieter hat die verspätete Geltendmachung nicht zu vertreten.**

*(3a) Ein Glasfaserbereitstellungsentgelt nach § 72 Absatz 1 des Telekommunikationsgesetzes hat der Mieter nur bei wirtschaftlicher Umsetzung der Maßnahme zu tragen. Handelt es sich um eine aufwändige Maßnahme im Sinne von § 72 Absatz 2 Satz 4 des Telekommunikationsgesetzes, hat der Mieter die Kosten nur dann zu tragen, wenn der Vermieter vor Vereinbarung der Glasfaserbereitstellung soweit möglich drei Angebote eingeholt und das wirtschaftlichste ausgewählt hat.**

**(4) Eine zum Nachteil des Mieters von Absatz 1, Absatz 2 Satz 2, Absatz 3** ***oder Absatz 3a*** **abweichende Vereinbarung ist unwirksam.**

#### Systematische Übersicht



* § 556 Abs. 3a BGB sowie § 556 Abs. 4 Var. 4 BGB treten zum 1.12.2021 in Kraft (Art. 61 Abs. 1 TKModG, BGBl. 2021 I 1858).

## Alphabetische Schnellübersicht

## A. Einleitung

1 § 556 BGB ist die zentrale Vorschrift über die Belastung des Mieters mit Betriebskosten der Wohnung. Die Norm regelt zum einen die Möglichkeit, Betriebskosten kraft Vereinbarung auf den Mieter umzulegen (§ 556 Abs. 1, 2, 4 BGB), nämlich entweder als Pauschale oder durch Berechnung der konkret entstandenen Kosten. Zudem beschreibt § 556 BGB einige Modalitäten dieser Berechnung (§ 556 Abs. 3 BGB), indes nicht abschließend, sondern ergänzt durch § 556a BGB. Die Veränderung einer vereinbarten Betriebskostenpauschale oder einer vereinbarten Betriebskostenvorauszahlung regelt § 560 BGB. Diese Normengruppe wird im Folgenden als **„Betriebskostenvorschriften"** bezeichnet. Die Betriebskostenvorschriften haben eine ganz erhebliche praktische Bedeutung, was sich etwa daran zeigt, dass das Thema seit Jahren die Beratungsstatistik des Deutschen Mieterbundes anführt.[1]

2 Die Betriebskostenvorschriften ermöglichen es dem Vermieter lediglich, diese Kosten kraft Vereinbarung auf den Mieter abzuwälzen, verpflichten den **Mieter** aber **nicht** – mit Ausnahme der Heizkosten – **ex lege** hierzu. Nach § 535 Abs. 1, 3 BGB ist vielmehr der Vermieter verpflichtet, die Betriebskosten zu übernehmen.[2] Das Gesetz geht mithin davon aus, dass der Vermieter die aus der Gebrauchsgewährung herrührenden Kosten in die Miete einkalkuliert und diese damit

[1] Siehe etwa Pressemitteilung Deutscher Mieterbund v. 21.12.2019, WuM 2020, 10.
[2] Vgl. BGH VIII ZR 254/17, NZM 2019, 253 Rn. 11; näher *Lehmann-Richter* ZMR 2012, 837.

abgegolten sind.[3] Die Betriebskostenvorschriften erlauben in ihren Grenzen von diesem Grundsatz abweichende Vereinbarungen und regeln in gewissem Umfang die Folgefragen solcher Vereinbarungen. Sie ermöglichen damit die Vereinbarung einer **Kostenmiete** bzgl. der Kosten, die dem Vermieter durch bestimmte Maßnahmen, die hier als **Betriebsmaßnahmen** oder auch Betriebskostenleistungen bezeichnet werden, entstehen.

Die **Systematik** der Betriebskostenvorschriften ist nicht sehr überzeugend. Die Überschrift von § 556 BGB (Vereinbarungen über Betriebskosten) passt nicht zu § 556 Abs. 3 BGB. Dessen gesetzliche Vorgaben zur Betriebskostenabrechnung bilden vielmehr eine Einheit mit § 556a BGB. Die räumliche Trennung des § 560 BGB von diesen Vorschriften liegt daran, dass § 560 BGB dem Mieterhöhungsrecht zugeschlagen wurde; indes ist die inhaltliche Verbindung mit §§ 556f. BGB doch stärker. 3

Die Betriebskostenvorschriften unterscheiden das Pauschalmodell vom Abrechnungsmodell: Beim **Pauschalmodell** leistet der Mieter eine – meist monatlich zu entrichtende – Zahlung für die Betriebsmaßnahmen, die neben die sonstige Miete tritt und nach § 560 Abs. 1–3 BGB modifiziert wird. Beim **Abrechnungsmodell** leistet der Mieter typischerweise monatliche Vorauszahlungen (zwingend ist dies indes nicht, → Rn. 41); der Vermieter rechnet jährlich über die Vorauszahlungen ab (§§ 556 Abs. 3, 556a BGB). Die Vorauszahlungen unterliegen der Veränderung nach § 560 Abs. 4 BGB. Ist weder das Pauschal- noch das Abrechnungsmodell vereinbart, sind Betriebsmaßnahmen durch die vereinbarte Miete abgegolten (Inklusivmodell). Von diesem **Inklusivmodell** gibt es indes Ausnahmen, nämlich einmal für die Heiz- und Warmwasserkosten (§§ 2, 6 Abs. 1 S. 1 HeizkostenV); daneben ermöglicht § 556a Abs. 2 BGB im dort bestimmten Umfang den Wechsel vom Pauschal- oder Inklusivmodell zum Abrechnungsmodell. 4

Neben den an den Gesetzeswortlaut angelehnten **Begriffen** „Betriebskostenvorauszahlungen" und „Betriebskostenpauschale" verwendet die Praxis eine Reihe von Termini, um die **Mietstruktur** zu beschreiben. So wird als „Grundmiete" häufig die Miete bezeichnet, die der Mieter ohne Berücksichtigung einer Abgeltung von Betriebskosten schuldet; ein Synonym ist „Nettokaltmiete" oder „Nettogrundentgelt" (§ 49 Abs. 1 S. 2 GKG). Mit „Bruttokaltmiete" ist hingegen meist eine Mietstruktur gemeint, nach der der Mieter nur die Heiz- und Warmwasserkosten neben der „normalen" Miete zu erstatten hat. Ein ähnliches Vertragsmodell beschreibt das Wort „Teilinklusivmiete", wobei hier offen ist, welche Betriebskostenarten in der „normalen" Miete enthalten sind. Bei der „Inklusivmiete" schuldet der Mieter nach der Vereinbarung hingegen keinerlei Zusatzleistungen für die Betriebskosten, wobei eine solche Vereinbarung im Anwendungsbereich der Heizkostenverordnung nach § 2 HeizkostenV teilweise unwirksam ist (→ Rn. 60). 5

Unterschiedliche Bezeichnungen finden sich auch bei den **Kostentypen.** Für den Bereich der Wohnraummiete gesetzlich definiert ist der Begriff „Betriebskosten" (→ Rn. 146). Hingegen fehlt für den Begriff der „Nebenkosten", den etwa § 49 Abs. 1 S. 2 GKG verwendet, eine Legaldefinition. Rechtlich werden diese oder andere Begriffe relevant, wenn die Parteien sie verwenden und ihre Bedeutung ermittelt werden muss (→ Rn. 58). 6

### I. Geschichte der Betriebskostenvorschriften

Die Berücksichtigung von Betriebskosten bei der Ermittlung der geschuldeten Miete hat eine lange Tradition. Die Wurzeln liegen im **Recht** der **Mietpreiskontrolle** und reichen bis in die erste Hälfte des 20. Jahrhunderts zurück. Zunächst wurden für preiskontrollierte Mietverhältnisse bestimmte Kosten – konkret: für Wasser – als umlagefähig erklärt, ohne dass diese im Gesetz indes als Betriebskosten bezeichnet wurden.[4] Der Oberbegriff Betriebskosten wurde erstmals 1950 in § 21 I. BV verwendet, dort aber noch nicht allgemein definiert, sondern lediglich durch einen Kostenkatalog beschrieben.[5] Im Jahr 1957 erfolgte dann für den preisgebundenen Wohnraum in § 27 II. BV die Ergänzung des Katalogs um die allgemeine, heute noch aus § 556 Abs. 1 BGB bekannte Definition.[6] Weder die Beweggründe für den Katalog aus dem Jahr 1950 noch für die Definition aus dem Jahr 1957 sind dokumentiert. Es kann daher nur vermutet werden, dass die hinter der Umlage der Wasserkosten stehende Erwägung – der Vermieter sollte in Zeiten eines Mietpreisstopps diese von ihm nicht zu kontrollierenden Kosten weitergeben können – auf andere Kostenarten übertragen wurde. 7

---

[3] BGH XII ZR 120/18, NZM 2020, 507 Rn. 13; BGH XII ZR 88/10, NZM 2012, 608 Rn. 13.
[4] Vgl. *Roquette,* Mieten- und Berechnungsverordnungen, 1965, AMVO § 19 Rn. 1.
[5] BGBl. 1950 I 753. Der Katalog entsprach in der Sache § 2 Nr. 1–14 BetrKV.
[6] BGBl. 1957 I 1719.

8 Die Betriebskostenvorschriften für den **preisfreien Wohnraum** reichen zurück zum **1. WKSchG** des Jahres 1971.[7] Die damalige Wiedereinführung des Kündigungsschutzes wurde durch Mieterhöhungsregelungen flankiert; § 3 Abs. 6 WKSchG erlaubte es dem Vermieter, Erhöhungen der Betriebskosten, die unter Verweis auf § 27 II. BV definiert wurden, durch einseitige Erklärung auf den Mieter umzulegen. Begründet wurde dies damit, dass es bei solchen Änderungen, die „schwerlich kalkulierbar" seien und sich „regelmäßig außerhalb der Einflusssphäre des Vermieters" abspielten, billig erscheine, dem Vermieter eine einfache Möglichkeit an die Hand zu geben, die Kostenbelastung weiterzugeben.[8] Rechtstechnisch sah die Vorschrift die Erhebung monatlicher Beiträge zu den erhöhten Betriebskosten vor, und zwar auch dann, wenn eine Inklusivmiete vereinbart war. Es war also nicht die Erstattung von in der Vergangenheit entstandenen Betriebskosten möglich, sondern eine Kostensteigerung gab dem Vermieter das Recht, in Zukunft eine höhere Miete zu verlangen, ein System, das sich heute noch in § 560 BGB findet. Eine Regelung, dass eine Erhöhung bei später wieder gesunkenen Betriebskosten rückgängig zu machen war, fehlte.

9 Durch das **2. WKSchG**[9] erfolgte eine Überarbeitung dieses gesetzlichen Modells. Der anlässlich dieser Reform eingefügte § 4 Abs. 1 MHG sah die Möglichkeit vor, Vorauszahlungen auf die Betriebskosten zu vereinbaren, über die jährlich abzurechnen war. Die (in beschränktem Umfang auch rückwirkende) Weitergabe von Betriebskostensteigerungen auch ohne Abrechnungsvereinbarung ermöglichte § 4 Abs. 2, 3 MHG; nach § 4 Abs. 4 MHG war der Mietzins bei einer Ermäßigung der Betriebskosten herabzusetzen. Zu Lasten des Mieters abweichende Vereinbarungen waren unwirksam (§ 10 Abs. 1 MHG).

10 Im Jahr 1993 wurde durch das **4. MietRÄndG**[10] in § 4 Abs. 6 MHG dem Vermieter die Möglichkeit eingeräumt, den vereinbarten Verteilerschlüssel dahingehend zu ändern, dass die Wasser- und Müllverursachungskosten nach einem verbrauchsabhängigen Schlüssel abgerechnet werden.[11] Die gesetzliche Pflicht zur verbrauchsabhängigen Abrechnung von Heiz- und Warmwasserkosten war bereits 1981 durch die Heizkostenverordnung eingeführt worden.[12]

11 Unter Geltung des ZGB geschlossene **DDR-Mietverträge** sahen keine besonderen Zahlungen des Mieters auf die Betriebskosten vor; nach der Wende hatte der Vermieter aber bis zum 31.12.1997 die Möglichkeit, diese Mietstruktur umzustellen.[13]

12 Durch die **Mietrechtsreform 2001** wurden die Regelungen aus § 4 MHG in modifizierter Form in das BGB überführt. § 556 BGB wurde seitdem **dreimal geändert.** Die ersten Änderungen betrafen jeweils den Betriebskostenbegriff in § 556 Abs. 1 BGB. Das Mietrechtsreformgesetz hatte die Betriebskosten durch Verweis auf § 27 II. BV definiert; dieser Verweis wurde im Jahr 2002 technisch verändert, in der Sache aber beibehalten.[14] Im Jahr 2006[15] erhielt § 556 Abs. 1 BGB dann seine jetzige Fassung, die sich vom alten Recht durch eine eigene Legaldefinition in Satz 2, den Verweis auf die BetrKV in Satz 3 und die Ermächtigungsgrundlage in Satz 4 unterscheidet. Die dritte Änderung betraf die Einführung von § 556a Abs. 3a BGB durch das TKModG.[16]

### II. Funktion und Zweck der Betriebskostenvorschriften

13 Während der Mieter kraft Gesetzes aus energiepolitischen Gründen verpflichtet ist, die Heiz- und Warmwasserkosten zu tragen (§ 2 HeizkostenV), bedarf eine entsprechende Pflicht bei anderen („kalten") Betriebskosten einer Abgeltungsvereinbarung. Die Betriebskostenvorschriften betreffen diese **Abgeltungsvereinbarung.** Kern dieser Normengruppe ist § 556 Abs. 1 BGB, der die Abgel-

---

[7] BGBl. 1971 I 839.

[8] BT-Drs. VI/2421, 4. Für preisgebundenen Wohnraum wurde diese umfassende Möglichkeit erst deutlich später eingeführt, vgl. dazu BR-Drs. 483/83; BR-Drs. 271/80; BR-Drs. 191/79.

[9] BGBl. 1974 I 3603; zur Begründung s. BT-Drs. 7/2011.

[10] BGBl. 1993 I 1257.

[11] Zur Begründung vgl. BT-Drs. 12/5224, 3 (Wasserkosten). Die Kosten der Müllverursachung sind auf Empfehlung des Vermittlungsausschusses in das Gesetz aufgenommen worden (BT-Drs. 12/5342); eine veröffentlichte Begründung ist nicht ersichtlich.

[12] BGBl. 1981 I 261. Zu Vorgängerregelungen *Flatow* FS Derleder, 2015, 81.

[13] *Börstinghaus NZM 2004, 121.*

[14] BGBl. 2001 I 2399.

[15] BGBl. 2006 I 2101.

[16] BGBl. 2021 I 1858.

tungsvereinbarung grds. erlaubt; die weiteren Vorschriften sind Ausfluss dieser gesetzgeberischen Entscheidung, indem sie Gegenstand und Umsetzung einer Abgeltungsvereinbarung näher regeln.

Die Betriebskostenvorschriften sind Teil des Miethöherechts. Sie haben, was auch ihre syste- 14
matische Stellung im Unterkapitel 2 („Regelungen über die Miethöhe") zeigt, einen mietpreisbegrenzenden Zweck. Denn sie geben verbindlich (§§ 556 Abs. 4, 560 Abs. 6 BGB) vor, in welchem Umfang die Vereinbarung einer Kostenmiete zulässig ist.[17] Die Betriebskostenvorschriften **bezwecken** damit den **Schutz** des **Mieters** vor einer umfassenden Kostenmiete. Gleichzeitig hat der Gesetzgeber von einem vollständigen Verbot der Kostenmiete abgesehen. Die Betriebskostenvorschriften erlauben es dem Vermieter vielmehr – aber auch nur –, innerhalb ihres Rahmens das **Betriebskostenkalkulationsrisiko** auf den Mieter abzuwälzen. Das ist indes nicht der primäre Zweck der Regelungen, weil diese Möglichkeit bereits Ausfluss der Vertragsfreiheit ist, die durch §§ 556, 560 BGB gerade beschränkt wird. Es stellt sich allerdings die Frage, warum das Gesetz die Vereinbarung einer Kostenmiete nur bei Betriebskosten zulässt. Die Antwort hierauf liegt im Dunkeln, weil der Gesetzgeber ohne nähere Reflektion seinem Regelungsmodell den Betriebskostenbegriff des öffentlich geförderten Wohnraums (→ Rn. 7) zugrunde gelegt hat.

Ist die Abgeltungsvereinbarung, wie in der Praxis üblich, Bestandteil von **Vermieter-AGB,** 15
wandelt sich das Bild diametral: Gäbe es die gesetzlichen Vorschriften nicht, läge das Ergebnis nahe, dass Abgeltungsvereinbarungen über Betriebskosten wegen Verstoßes gegen das gesetzliche Leitbild (→ Rn. 2) unwirksam sind, § 307 Abs. 1 S. 1, Abs. 2 Nr. 1 BGB. Die Betriebskostenvorschriften, insbes. § 556 Abs. 1 BGB, verhindern dieses Ergebnis, weil die Möglichkeit, eine Abgeltungsvereinbarung zu treffen, danach Teil des gesetzlichen Leitbilds der Miete ist. Dieser Leitbildcharakter ist mithin der zwingende[18] „Beifang" eines Regelungskonzepts, das eine Kostenmiete nur partiell verbietet. Denn die Ausnahme für Betriebskosten hat das Mietrecht prägende Funktion. Deshalb eröffnen letztlich erst die Betriebskostenvorschriften den rechtssicheren Weg zu wirksamen Abwälzungs-AGB.[19] Zusammenfassend ist mit Blick auf den Normzweck somit festzuhalten, dass den **Regelungen** im BGB zu den Betriebskosten im Kern **kein überzeugendes Konzept** zugrunde liegt.

Angesicht der dargestellten AGB-rechtlichen Implikationen wäre es verfehlt, den Betriebskos- 16
tenvorschriften ausschließlich eine mietpreisbegrenzende Funktion zuzusprechen. Richtigerweise haben diese Vorschriften vielmehr eine **mietpreisfixierende Funktion,** indem sie einen verbindlichen Rahmen für die Kostenabwälzung auf den Mieter vorgeben. Die mietpreisfixierende Wirkung beruht auf verschiedenen rechtlichen Instrumenten, zuvorderst dem Betriebskostenbegriff sowie den Ausschlussfristen in § 556 Abs. 3 BGB.

### III. Abgeltung von Betriebskosten als Miete

Bei der Abgeltung der Betriebskosten handelt es sich um Miete gem. § 535 Abs. 2 BGB. Denn 17
die Betriebsmaßnahmen des Vermieters treten nicht etwa selbstständig neben die Gebrauchsgewährung mit der Folge, dass das hierfür vom Mieter zu entrichtende Entgelt als Werk- oder Dienstlohn zu qualifizieren wäre. Zahlungen zur Abgeltung von dem Vermieter entstandenen Betriebskosten stehen daher nicht im Synallagma mit Vorteilen, die dem Mieter durch die abgegoltene Betriebsmaßnahme zugeflossen sind – die Begleichung der Reinigungskosten für das Treppenhaus etwa ist nicht Gegenleistung für den Genuss, den eine gereinigte Treppe mit sich bringt. Als Teil der Miete sind Betriebskostenzahlungen vielmehr Teil der Gegenleistung für die gesamte Gebrauchsgewährung und stehen deshalb keiner konkreten Betriebsmaßnahme des Vermieters gegenüber. Betriebskostenerstattungen des Mieters unterliegen daher den **Regeln über die Miete** iSd § 535 Abs. 2 BGB, weshalb etwa eine mangelhafte Gartenpflege eine Minderung nach § 536 BGB, nicht hingegen nach § 638 BGB nach sich ziehen kann.

Die Betriebskostenvorschriften ermöglichen die Vereinbarung einer – bezogen auf den 18
Betriebskostenanteil – **dynamischen Miete:** Beim Pauschalmodell regelt § 560 BGB die Anpassung der Pauschale, beim Abrechnungsmodell ist die Höhe der Miete davon abhängig, in welchem Umfang Betriebskosten entstanden sind. Aus dieser Dynamik folgt, dass die Betriebskostenvorschriften im Wesentlichen dem Mieterhöhungsrecht zuzuordnen sind. Denn beim Abrechnungs-

[17] Vgl. BT-Drs. 14/4553, 50.
[18] Die Ansicht, dass die §§ 556 f., 560 BGB nicht zum Leitbild der Miete gehören, ist angesichts der prägenden Stellung der Vorschriften nicht überzeugend und wird – soweit ersichtlich – auch nicht vertreten.
[19] Vgl. *Lehmann-Richter* ZMR 2012, 837.

modell sind die vereinbarten Vorauszahlungen des Mieters nicht endgültig geschuldet, weshalb sich durch die Betriebskostenabrechnung die Zahlungspflicht des Mieters erhöhen kann. Auch bei der Betriebskostenpauschale ist bei entsprechender Vereinbarung eine Mieterhöhung möglich (§ 560 Abs. 1 S. 1 BGB). Allerdings besteht hier auch eine gesetzliche Pflicht zur Reduzierung (§ 560 Abs. 3 BGB). Das sich aus der Dynamik der Abgeltungsleistungen des Mieters ergebende **Konkurrenzproblem** zu den **§§ 558ff. BGB** ist dahingehend aufzulösen, dass diese Vorschriften auf die Erhöhung von Betriebskostenvorauszahlungen oder einer Betriebskostenpauschale nicht anwendbar sind.[20] Die Erhöhung dieses Teils der Miete richtet sich vielmehr allein nach den Betriebskostenvorschriften.

19 Die Miete gem. § 535 Abs. 2 BGB kann nach allgemeinen Grundsätzen auch in **nichtmonetärer Form** geleistet werden. Für die Abgeltung von Betriebskosten gilt dies uneingeschränkt, soweit diese in der Grundmiete enthalten sind (Inklusivmiete). Das Abrechnungsmodell ist hingegen für die Geldmiete reserviert, weil die Betriebskosten beim Vermieter in Geld anfallen und Vorauszahlungen auf diese daher ebenfalls in Geld erfolgen müssen. Abweichende Vereinbarungen sind nach § 556 Abs. 4 BGB unwirksam, weil sie eine Abrechnung faktisch unmöglich machen. Beim Pauschalmodell ist es zwar theoretisch denkbar, dass die Pauschale in nichtmonetärer Form erbracht wird, die sich erhöhen oder reduzieren lässt[21]; praxisrelevant ist dies indes nicht.

## IV. Zeitlicher und gegenständlicher Anwendungsbereich von § 556 BGB

20 Art. 229 § 3 EGBG enthält **intertemporale Regelungen** zum zeitlichen Anwendungsbereich des zum 1.9.2001 in Kraft getretenen § 556 BGB. Die rechtliche Beurteilung von Betriebskostenvereinbarungen (§ 556 Abs. 1, 2 BGB) richtet sich mangels Übergangsregel gemäß allgemeinen Grundsätzen[22] nach dem zum Zeitpunkt des Vertragsschlusses geltenden Recht. Im Ausgangspunkt besteht hier kein Unterschied, weil auch nach dem MHG (vgl. → Rn. 9) vom Betriebskostenkatalog abweichende Abwälzungsvereinbarungen unwirksam waren. Denkbar sind hingegen Unterschiede im Detail beim Umfang der umlegbaren Betriebskosten. Die Art der Abrechnung über Betriebskosten richtet sich auch für Altmietverträge aus der Zeit vor dem 1.9.2001 nach geltendem Recht.[23]

21 § 556 BGB gilt gemäß seiner systematischen Stellung im Untertitel 2 für die **Wohnraummiete;** zum Begriff → BGB § 549 Rn. 6ff. Die Regelungen werden von den einschlägigen Sondervorschriften für preisgebundenen Wohnraum des sog. **sozialen Wohnungsbaus** verdrängt (dazu → Rn. 641). Ist ein **dinglich Wohnungsberechtigte** zur Zahlung von Betriebskosten verpflichtet, gilt nach der Rspr. für die Abrechnung der Betriebskosten § 556 Abs. 3 BGB entsprechend.[24] Sind Wohnräume und nicht zum Wohnen dienende Räume oder Flächen in einem einheitlichen Vertrag vermietet **(Mischmietvertrag),** so richtet sich die Anwendung von § 556 BGB danach, ob die Überlassung der Wohnräume den Schwerpunkt des Vertrags bildet (dazu → BGB § 549 Rn. 21ff.). Zum Betriebskostenrecht bei der Vermietung von **Geschäftsräumen** → Rn. 662.

22 Macht der Vermieter im **beendeten Vertrag** die vereinbarte Miete als Nutzungsentschädigung geltend (§ 546a Abs. 1 BGB), so gehören dazu auch die vom Mieter abzugeltenden Betriebskosten.[25] Der Mieter schuldet als Teil der vereinbarten Miete auch die Betriebskosten, soweit sie nach dem Vertrag von ihm zu tragen sind. Daher ist es dem Vermieter unbenommen, auch für den Zeitraum der faktischen Nutzung Betriebskostenabrechnungen zu erteilen.[26] Einen Anspruch auf Abrechnung hat der Nutzer mangels Mietvertrags nicht. Ebenso wenig kann er sich auf § 556 Abs. 3 S. 3 BGB berufen; auch die Einwendungsfrist des Mieters (§ 556 Abs. 3 S. 5 BGB) gilt nicht. Der Nutzer kann aber aus Bereicherungsrecht die Nutzungsentschädigung in Höhe der Vorauszahlungen zurückverlangen, wenn der Vermieter nicht abrechnet.[27]

---

[20] Vgl. BGH VIII ZR 160/03, NZM 2004, 218.
[21] Zu diesem Zweck müsste die nichtmonetäre Pauschale in eine fiktive Geldpauschale umgerechnet werden, um eine Vergleichbarkeit mit den angefallenen Betriebskosten herzustellen, zu dieser Methode *Lehmann-Richter* FS Börstinghaus, 2020, 305 (311).
[22] Siehe etwa BGH XII ZR 241/92, ZIP 1994, 1222.
[23] Vgl. BT-Drs. 14/4553, 75.
[24] *BGH V ZR 60/17, NZM 2018,* 675; BGH V ZR 36/09, WuM 2009, 672.
[25] *Müller* MDR 1971, 254 (255); *Lehmann-Richter* PiG 90 (2011), 199 (204).
[26] OLG Brandenburg 6 U 7/14, BeckRS 2015, 18204.
[27] *Lehmann-Richter* PiG 90 (2011), 199 (204).

§ 556 BGB trifft keine Aussage dazu, zu welchen **Betriebsmaßnahmen** der **Vermieter** zwecks Erfüllung seiner Gebrauchsgewährungspflicht aus § 535 Abs. 1 BGB **verpflichtet** ist. Dies ist eine Frage der konkreten Vertragsgestaltung sowie der allgemeinen Inhaltskontrolle. Auch AGB-rechtlich ist es grds. unbedenklich, wenn der Vermieter eine Wohnung ohne die Pflicht zur Erbringung von Betriebsmaßnahmen vermietet, solange der Mieter die Möglichkeit hat, diese Leistungen nach seiner Wahl von einem Dritten zu beziehen. Paradebeispiel ist die Vermietung eines Einfamilienhauses, das vom Mieter selbständig versorgt wird. Gegen § 556 Abs. 4 BGB verstößt es hingegen, eine an eine Zentralheizung angeschlossene Etagenwohnung ohne Wärmeversorgung zu vermieten und den Mieter gleichzeitig zum Abschluss eines Wärmeversorgungsvertrags mit einem Dritten zu verpflichten.[28] Denn eine solche Vertragsgestaltung dient offensichtlich der Umgehung der mieterschützenden Betriebskostenregelungen. Rechtsfolge ist die Unwirksamkeit auch der Abrede, dass die Wohnung „kalt" vermietet wird, weshalb der Vermieter zur Wärmeversorgung verpflichtet ist. 23

## V. Unzulänglichkeiten der gesetzlichen Regelung

Die Betriebskostenvorschriften sind rechtstechnisch mangelhaft, was zu einer Reihe von Auslegungsschwierigkeiten führt. Die Mängel beruhen letztlich darauf, dass der Gesetzgeber die Vorschriften aus dem Recht des preisgebundenen Wohnraums zu unkritisch in das BGB übernommen hat. Fehl am Platze ist im Mietvertragsrecht bereits die Anknüpfung in § 556 Abs. 1 BGB an den Eigentümer, weil Vermieter auch ein Nichteigentümer sein kann. Das geltende Recht leidet aber vor allem daran, dass es die vom Mieter zu tragenden Betriebskosten nur ungenau beschreibt. Hier geht es vor allem um das Problem, dass Betriebskosten typischerweise nicht isoliert für die vermietete Wohnung anfallen, sondern aus einer Kostenmenge extrahiert werden müssen. Die Methode dieser Extrahierung beschreibt § 556a BGB nur unzulänglich (zu den offenen Fragen → Rn. 154 ff.). 24

Würde man die **Interpretation** des **geschriebenen Rechts** durch die hM im Gesetzeswortlaut abbilden, ergäbe sich der folgende **Gesetzestext.** Dieser soll den Zugang zum geltenden Recht erleichtern, ohne ein Vorschlag de lege ferenda zu sein. Denn aus rechtspolitischer Sicht liegt es näher, das Betriebskostenrecht – mit Ausnahme des aus energiepolitischen Gründen gebotenen Heizkostenrechts – **abzuschaffen** und die Kostenmiete auch für Betriebskosten zu untersagen. Denn Streitanfälligkeit und Komplexität dieses Rechtsgebiets stehen in keinem angemessenen Verhältnis zum Vorteil, den die Vereinbarung einer Betriebskostenmiete den Parteien bringt. 25

*§ 556 BGB Übernahme der Betriebskosten*

*(1) Der Mieter kann sich vorbehaltlich anderweitiger Vorschriften verpflichten,*

*1. eine Pauschale für Betriebskosten zu leisten oder*

*2. entstandene Betriebskosten zu tragen; Vorauszahlungen dürfen nur in angemessener Höhe vereinbart werden.*

*(2) Betriebskosten sind die Kosten, die dem Vermieter oder der Gemeinschaft der Wohnungseigentümer durch den bestimmungsmäßigen Gebrauch der Mietsache oder das Eigentum hieran laufend entstehen und nicht ihrer Erhaltung oder Verwaltung dienen. Die in § 2 der Betriebskostenverordnung bezeichneten Kosten gelten als Betriebskosten.*

*(3) Eine zum Nachteil des Mieters abweichende Vereinbarung ist unwirksam.*

*§ 556a BGB Betriebskostenabrechnung*

*(1) Im Falle des § 556 Abs. 1 Nr. 2 BGB ist der Vermieter zu einer jährlichen Abrechnung verpflichtet; bei der Abrechnung ist der Grundsatz der Wirtschaftlichkeit zu beachten. Der Mieter hat Anspruch auf Einsicht in die Belege.*

*(2) Ein Nachforderungsanspruch setzt eine prüffähige Abrechnung innerhalb der Abrechnungsfrist voraus. Die Abrechnungsfrist endet zwölf Monate nach Ende des Abrechnungszeitraums. Steht der Abrechnung innerhalb dieser Frist ein Umstand entgegen, den der Vermieter nicht zu vertreten hat, so verlängert sich die Frist um einen angemessenen Zeitraum.*

*(3) Einwendungen gegen die Abrechnung hat der Mieter bis zum Ablauf des zwölften Monats nach Zugang einer prüffähigen Abrechnung mitzuteilen. Nach Ablauf dieser Frist gilt die Abrechnung als richtig, es sei denn, der Mieter hat die verspätete Geltendmachung der Einwendung nicht zu vertreten.*

*(4) Eine zum Nachteil des Mieters abweichende Vereinbarung ist unwirksam.*

[28] Siehe den Sachverhalt LG Berlin NZM 2021, 223.

*§ 556b BGB Methode der Kostenverteilung*

*(1) Vorbehaltlich einer Vereinbarung der Parteien kann der Vermieter den Abrechnungszeitraum und die Methode der Zuordnung der Kosten zum Abrechnungszeitraum nach billigem Ermessen festlegen.*

*(2) Betriebskosten, die mehrere Nutzer betreffen, sind nach den vereinbarten Maßstäben zu verteilen. Soweit keine Maßstäbe vereinbart sind, sind die Betriebskosten vorbehaltlich anderweitiger Vorschriften umzulegen*

*1. nach einem Maßstab, der dem unterschiedlichen Verbrauch oder der unterschiedlichen Verursachung Rechnung trägt, anderenfalls nach dem Anteil der Wohnfläche;*

*2. bei Vermietung von Wohnungseigentum nach dem für die Verteilung zwischen den Wohnungseigentümern geltenden Maßstab; widerspricht der Maßstab billigem Ermessen, ist nach Nr. 1 umzulegen.*

*Wird nicht nach Verbrauch oder Verursachung umgelegt, so sind erhebliche, nur einzelne Nutzer betreffende Mehrkosten nach billigem Ermessen vorweg abzuziehen.*

*(3) Der Vermieter kann durch Erklärung in Textform bestimmen, dass Betriebskosten zukünftig abweichend von einer getroffenen Vereinbarung ganz oder teilweise nach einem Maßstab umgelegt werden, der dem erfassten unterschiedlichen Verbrauch oder der erfassten unterschiedlichen Verursachung Rechnung trägt. Die Erklärung ist nur vor Beginn eines Abrechnungszeitraums zulässig. Sind die Kosten bislang in der Miete enthalten, so ist diese entsprechend herabzusetzen.*

*(4) Eine zum Nachteil des Mieters abweichende Vereinbarung ist unwirksam.*

## B. Abgeltungsvereinbarung (§ 556 Abs. 1 S. 1 BGB)

26 Nach § 556 Abs. 1 S. 1 BGB kann vereinbart werden, dass der Mieter Betriebskosten trägt.

### I. Allgemeines

27 § 556 Abs. 1 S. 1 BGB ermöglicht eine vom Gesetz abweichende (→ Rn. 2) Vertragsgestaltung, die den Mieter zur Abgeltung der Betriebskosten durch Zahlung eines neben die sonstige Miete tretenden Betrags verpflichtet. § 556 Abs. 2 S. 1 BGB beschreibt die beiden Gestaltungsmöglichkeiten: Die Abgeltung von Betriebskosten durch den Mieter kann in Form des **Abrechnungs- oder** des **Pauschalmodells** erfolgen (→ Rn. 4). § 556 Abs. 2 S. 1 BGB ordnet dies durch die Formulierung „können vereinbaren, dass Betriebskosten als Pauschale oder als Vorauszahlung ausgewiesen werden" etwas unbeholfen an. Denn Gegenstand der Vereinbarung ist nicht, dass eine Pauschale oder Vorauszahlung im Vertrag ausgewiesen wird, sondern hierdurch wird das Abrechnungs- oder Pauschalmodell vereinbart. Zur Möglichkeit des Vermieters, nachträglich einseitig das Abrechnungsmodell vorzugeben → Rn. 67 sowie → BGB § 556a Rn. 58.

28 § 556 Abs. 1 S. 1 BGB definiert nicht näher, welche Kosten Gegenstand der Abgeltungsvereinbarung seien können. Auch § 556 Abs. 1 S. 2, 3 BGB lassen die klare Aussage vermissen, dass sich die Abgeltungsvereinbarung auf die Betriebskosten der Mietsache beschränken muss. Diese Einschränkung liegt dem Gesetz aber unausgesprochen zugrunde, wie sich insbes. aus den Umlageregelungen des § 556a BGB ergibt. § 556 Abs. 1 S. 1 BGB bezieht sich mithin auf die **Einzelbetriebskosten der Wohnung;** zum Problem wie diese Einzelkosten zu ermitteln sind, wenn beim Vermieter Gesamtbetriebskosten entstehen → Rn. 154 ff.

29 Die Einzelbetriebskosten der Wohnung lassen sich, wie § 2 BetrKV zeigt, in verschiedene **Kostenpositionen** unterteilen. Die Parteien legen fest, auf welche Kostenposition sich ihre Abgeltungsvereinbarung beziehen soll. Denkbar ist, dass sämtliche Kostenpositionen durch eine Pauschale oder durch Abrechnung abgegolten werden; es kommen aber auch **Mischmodelle** in Betracht, in denen der Mieter einige Kostenpositionen durch eine Pauschale begleicht, der Vermieter über andere hingegen abrechnen soll.

30 Typischerweise beziehen sich sowohl Pauschal- als auch Abgeltungsvereinbarungen auf mehrere Kostenpositionen; oft werden die betroffenen Positionen im Vertrag aber nicht näher bezeichnet *(Beispiel: „Der Mieter trägt die Betriebskosten, über die der Vermieter jährlich abzurechnen hat")*. Derartige Vertragsregeln **bündeln** die einzelnen **Abgeltungsvereinbarungen** sprachlich. Sie verschleiern, dass aus rechtlicher Sicht für jede Kostenposition eine isolierte Abgeltungsvereinbarung getroffen wird. Die einzelnen Vereinbarungen sind regelmäßig – also, wenn sich im Einzelfall kein abweichender Wille feststellen lässt – nicht über § 139 BGB miteinander verbunden. Deshalb führt eine „Bündelregelung", die sich zum Teil auf nicht vom Mieter zu tragende Kosten bezieht, regelmäßig

nicht zum Wegfall der Abgeltungspflicht des Mieters iÜ (→ Rn. 84). Auch die fehlerhafte Abrechnung über einzelne Kostenpositionen lässt die Abrechnung iÜ unberührt (→ Rn. 403). Zur Bedeutung eines Vorauszahlungssplittings → Rn. 104.

## II. Zustandekommen von Abgeltungsvereinbarungen

Schließen die Parteien einen Mietvertrag und fehlt eine besondere Vereinbarung über die Abgeltung von Betriebskosten, haben sie sich auf das gesetzliche **Inklusivmodell** geeinigt. Eine gesetzliche Ausnahme besteht nur für die Kosten nach der Heizkostenverordnung. **31**

Abgeltungsvereinbarungen werden typischerweise bei Abschluss des Mietvertrags getroffen. Dies ist aber nicht zwingend; die Abgeltung kann auch nachträglich im Wege der **Vertragsänderung** erfolgen (→ Rn. 66). Beim Zustandekommen ist zwischen Individualvereinbarung und Vermieter-AGB zu unterscheiden. **32**

### 1. Grundsätze

Wie jede vertragliche Regelung ist auch der genaue Inhalt von Abgeltungsvereinbarungen in Zweifelsfällen durch Auslegung zu ermitteln. Ist die Abgeltungsvereinbarung, wie in der Praxis üblich, eine **Vermieter-AGB,** sind die Regeln über die Auslegung von AGB einschlägig. AGB sind nach ihrem objektiven Inhalt und typischen Sinn einheitlich so auszulegen, wie sie von verständigen und redlichen Vertragspartnern unter Abwägung der Interessen der normalerweise beteiligten Kreise verstanden werden.[29] Das AGB-rechtliche **Transparenzgebot** verpflichtet Vermieter, im Rahmen des Möglichen und Zumutbaren die Pflichten des Mieters klar und durchschaubar darzustellen.[30] Es findet sich in zwei Normen: Nach § 305c Abs. 2 BGB gehen Zweifel bei der Auslegung von AGB zu Lasten des Vermieters und nach § 307 Abs. 1 S. 2 BGB kann sich eine unangemessene Benachteiligung des Mieters auch aus der Intransparenz einer Klausel ergeben. **33**

Lässt sich der Klausel nicht im Wege der objektiven Auslegung entnehmen, welches Abgeltungsmodell gemeint ist, so, führt dies nicht per se zur Unwirksamkeit wegen Intransparenz nach § 307 Abs. 1 S. 2 BGB. Denn aus § 305c Abs. 2 BGB ergibt sich, dass allein aus der Existenz verschiedener Auslegungsmöglichkeiten nicht auf Intransparenz nach § 307 Abs. 1 S. 2 BGB geschlossen werden darf, weil **§ 305c Abs. 2 BGB** sonst überflüssig wäre. Sind mindestens zwei Auslegungsmöglichkeiten rechtlich vertretbar[31], dann gilt nach § 305c Abs. 2 BGB die für den **Mieter günstigste Auslegungsvariante.** Dies ist – vorbehaltlich einer zur Unwirksamkeit führenden Auslegung[32] – diejenige, die ihn mit den geringsten Kosten belastet (→ Rn. 47). Von Bedeutung ist, dass § 305c Abs. 2 BGB nach § 310 Abs. 3 Nr. 2 BGB auch anwendbar ist, wenn es sich nicht um AGB gem. § 305 Abs. 1 BGB handelt, der Mieter auf Grund der Vorformulierung auf den Inhalt der Abgeltungsvereinbarung aber keinen Einfluss nehmen konnte. **34**

Handelt es sich um eine Individualvereinbarung, gelten für ihre Auslegungen die **allgemeinen Methoden.** Es ist daher durchaus denkbar, dass die Parteien eine Abgeltungsvereinbarung **konkludent** treffen, wenn die Umstände des Einzelfalls dieses Auslegungsergebnis stützen. Dies ist auch in der Rspr. des BGH anerkannt.[33] Abzulehnen ist indes der Standpunkt des BGH in einem Ausreißer aus dem Jahr 2012, eine individuelle Abgeltungsvereinbarung müsse dem Mietvertrag klar und eindeutig zu entnehmen sein. Dort behauptet der BGH, es bedürfe einer ausdrücklichen, inhaltlich bestimmten Regelung, aus der sich ergebe, dass der Mieter neben der Grundmiete ganz oder anteilig Betriebskosten zu tragen habe und letztere müssten der Art nach konkretisiert werden.[34] Diese These der „klaren und eindeutigen" Regelung ist ein Fehltritt, weil der BGH ein zum Transparenzgebot des § 307 Abs. 2 S. 2 BGB in der Geschäftsraummiete entwickeltes Prinzip[35] unreflektiert auf die Auslegung von wohnraummietrechtlichen Individualvereinbarungen überträgt. Der BGH hat sich daher von dieser Entscheidung später zu Recht distanziert.[36] **35**

---

[29] StRspr, etwa BGH III ZR 255/17, NJW 2018, 2117 Rn. 18.
[30] StRspr, etwa BGH LwZR 5/16, NZM 2018, 126 Rn. 9.
[31] Etwa BGH VIII ZR 74/18, ZIP 2019, 1722 Rn. 20.
[32] Prinzip der kundenfeindlichsten Auslegung, s. etwa BGH VIII ZR 185/14, NJW 2015, 1594 Rn. 22.
[33] Etwa BGH VIII ZR 14/06, NZM 2008, 276 Rn. 10.
[34] BGH XII ZR 88/10, NZM 2012, 608 Rn. 13.
[35] BGH XII ZR 158/01, NZM 2005, 863.
[36] BGH XII 120/18, NZM 2020, 507 Rn. 14.

36 Eine Abgeltungsvereinbarung scheidet regelmäßig aus, wenn sich der **Mieter** verpflichtet, bestimmte **Betriebsmaßnahmen** – etwa die Gartenpflege oder die Hausreinigung – selbst zu **übernehmen.** Denn eine solche Vereinbarung lässt keinen Raum für die Annahme, der Mieter müsse daneben noch Kosten für die Ausführung solcher Maßnahmen durch den Vermieter tragen.[37]

37 Bei der Auslegung sind **zwei Problemkreise** zu unterscheiden. Zunächst geht es um die Frage, ob die Parteien sich auf die Abgeltung von Betriebskosten nach Abrechnung oder durch Pauschalleistung geeinigt haben oder ob die Betriebskosten – mit Ausnahme der Heiz- und Warmwasserkosten (→ Rn. 4) – Bestandteil der Grundmiete sind. Ist eine Abgeltungsvereinbarung getroffen, stellt sich weiter die Frage, welche Betriebskosten die Parteien in diese Vereinbarung einbezogen haben.

**2. Abrechnungsvereinbarung**

38 Eine Abrechnungsvereinbarung kann auf **drei Wegen** geschlossen werden: Entweder durch jeweils isolierte Vorauszahlungs- oder Abrechnungsabrede oder dadurch, dass die Parteien sowohl eine Vorauszahlungs- als auch eine Abrechnungsabrede treffen. Zur Abgrenzung zum Pauschal- oder Inklusivmodell → Rn. 45.

39 **a) Vorauszahlungsabrede.** Die Einigung auf das Abrechnungsmodell beschreibt § 556 Abs. 2 BGB dahingehend, dass die Parteien vereinbaren, dass **Betriebskosten** als **Vorauszahlung ausgewiesen** werden; aus § 556 Abs. 3 BGB folgt, dass über diese Vorauszahlungen abzurechnen ist. Eine Abrechnungsvereinbarung kommt also – vorbehaltlich einer Einigung auf den Gegenstand der Abrechnung (→ Rn. 48) – zustande, wenn die Parteien eine Vorauszahlungsabrede treffen. Einer ausdrücklichen Vereinbarung, dass über diese Vorauszahlungen abzurechnen und der Saldo zu erstatten ist, bedarf es nicht. Denn diese Rechtsfolge ergibt sich aus § 556 Abs. 3 BGB und damit aus dem Gesetz.

40 Eine Vorauszahlungsabrede setzt voraus, dass sich die Parteien auf einen Betrag einigen, den der Mieter, sei es monatlich oder in anderen Intervallen, als **Vorschuss** auf die Betriebskosten **leistet.** Aus der Parteivereinbarung muss also hinreichend deutlich werden, dass die in Rede stehende Zahlung keinen endgültigen Charakter hat, wie es für die Betriebskostenpauschale typisch ist. Davon ist – vorbehaltlich besonderer Umstände des Einzelfalls, die ein anderes Auslegungsergebnis rechtfertigen – auszugehen, wenn die Parteien den gesetzlichen Begriff „Vorauszahlung" verwenden; gleiches gilt etwa für die Synonyme „Vorschuss", „Vorausleistungen" oder „Abschlag".

41 **b) Abrechnungsabrede.** Eine Abrechnungsvereinbarung kann auch dadurch geschlossen werden, dass die Parteien sich auf die **Abrechnung** der angefallenen **Betriebskosten einigen.** Hier sind zwei Konstellationen denkbar: In Betracht kommt, dass der Mietvertrag keine Leistungen auf die Betriebskosten pro rata temporis, aber die Abrechnung über diese Kosten vorsieht. Dieser Fall ist in der Praxis selten, nach der Rspr. des BGH aber zulässig, der § 556 Abs. 2 BGB nämlich nicht die Aussage entnimmt, dass das Abrechnungsmodell zwingend die Vereinbarung von Vorauszahlungen erfordere.[38] Der zweite Fall ist, dass der Mieter sich zu Leistungen auf die Betriebskosten verpflichtet hat, sich dieser Regel aber nicht mit hinreichender Deutlichkeit entnehmen lässt, ob es sich um eine Vorauszahlungs- oder Pauschalvereinbarung handelt. In beiden Fällen kann sich aus einer hinreichend deutlichen Abrechnungsabrede an anderer Stelle im Vertrag ergeben, dass trotz fehlender oder unklarer Vorauszahlungsabrede der Mieter die Abgeltung von Betriebskosten nach Abrechnung schuldet. Ist eine Abrechnungsabrede getroffen, strahlt diese also auch auf eine für sich genommen unklare Vorauszahlungsabrede aus.

**Beispiel:** Im Mietvertrag heißt es einerseits „Betriebskostenzahlung: 200 Euro/Monat" und an anderer Stelle: „Der Vermieter rechnet jährlich über die Betriebskosten ab. Der Mieter hat den Betrag aus der Abrechnung zu erstatten". Hier ist bei isolierter Betrachtung der ersten Regel offen, ob es sich um eine Vorauszahlungs- oder Pauschalabrede handelt. Das erstgenanntes der Fall ist, folgt aber mit hinreichender Deutlichkeit aus der zweiten Vertragsregel, weshalb die erste Regelung nicht unklar iSd § 305 c Abs. 2 BGB ist.

42 Eine Abrechnungsabrede setzt voraus, dass sich die Parteien darauf einigen, dass der **Vermieter** über die Betriebskosten **abzurechnen** und der **Mieter** die Abrechnungsspitze zu **begleichen** bzw.

---

[37] BGH VIII ZR 124/08, NZM 2009, 27 Rn. 2.
[38] Vgl. BGH VIII ZR 195/03, NJW 2004, 1102 (zu § 4 Abs. 1 MHG).

der Vermieter Überzahlungen zu **erstatten** hat. Einer Einigung auf die Modalitäten der Abrechnung, etwa den von ihr erfassten Zeitraum oder die Abrechnungsfrist, bedarf es nicht, auch in nicht in Vermieter-AGB.

Eine Abrechnungsabrede ist daher zum einen getroffen, wenn der Mietvertrag die relevanten Punkte – Abrechnung durch den Vermieter, Erstattung der Abrechnungssumme – ausdrücklich erwähnt *(„Der Vermieter rechnet jährlich über die Betriebskosten ab. Der Mieter hat den Betrag aus der Abrechnung zu erstatten")*. Ausreichend ist aber auch eine **isolierte Abrechnungsregelung** *(„Der Vermieter rechnet jährlich über die Betriebskosten ab")*. Denn die Auslegung einer solchen Regelung als bloße informatorische Mitteilung gegenüber dem Mieter ohne Rechtsfolgen ist fernliegend. Ein verständiger Mieter muss die Regelung vielmehr so verstehen, dass der Vermieter mit der Abrechnung Rechtsfolgen verbinden möchte, nämlich die Erstattung der Abrechnungssumme. 43

### 3. Pauschalvereinbarung

Eine Pauschalvereinbarung setzt voraus, dass sich die Parteien auf eine Leistung des Mieters für die Betriebskosten geeinigt haben, die nicht als Vorschuss zu qualifizieren ist, gleichzeitig aber der in § 560 BGB geregelten Dynamik unterliegen soll. Darum wird es sich regelmäßig handeln, wenn die vom Mieter zugesagte Leistung als „Pauschale" für Betriebskosten bezeichnet ist. Denn dann wird sich typischerweise – maßgeblich sind, wie stets, die Umstände des Einzelfalls – die Auslegung als Pauschalvereinbarung durchsetzen, weil die Parteien die einschlägige gesetzliche Bezeichnung (§§ 556 Abs. 2; 560 Abs. 1 BGB) verwendet haben. 44

### 4. Abgrenzung der Abgeltungsmodelle

Die Frage, welches Abgeltungsmodell die Parteien vereinbart haben, stellt sich in der Theorie bei jedem Mietvertrag. Bei der Abgrenzung der Abgeltungsmodelle ist **stufenweise** vorzugehen. Zunächst ist zu prüfen, ob eine Abrechnungsvereinbarung vorliegt. Ist dies nicht der Fall, ist zu fragen, ob eine Pauschalabrede getroffen wurde. Wird auch diese Frage verneint, liegt eine Inklusivmiete vor. 45

Mit diesem stufenweisen Vorgehen ist das Problem der **mehrdeutigen Verträge** selbstverständliche nicht gelöst. Eine Mehrdeutigkeit, die die Zuordnung zum Abrechnungs- oder Pauschalmodell erschwert, liegt vor, wenn der Vertrag sowohl eine Abrechnungsabrede als auch eine Pauschalabrede enthält.[39] Zwischen Pauschalabrede und Inklusivmodell bestehen Mehrdeutigkeiten, wenn klar ist, dass die Leistung auf Betriebskosten keine Vorauszahlung sein soll, indes unklar ist, ob es sich um eine dynamische Pauschale handelt oder nicht. 46

Bei einer **Individualvereinbarung** ist die Mehrdeutigkeit nach allgemeinen Auslegungsgrundsätzen aufzulösen. Bei **Vermieter-AGB** hilft die Unklarheitenregel aus § 305 c Abs. 2 BGB, nach der die für den Mieter günstigste Auslegungsvariante (→ Rn. 34) maßgeblich ist. Dies ist diejenige, die ihn mit den geringsten Kosten belastet. Dafür bedarf es einer Abrechnung über die Betriebskosten durch den Vermieter. Ergibt diese ein Guthaben, ist dieses auszukehren; ergibt sich ein Nachzahlungsbetrag, kann der Mieter sich auf die Auslegung als Pauschale oder Inklusivmiete berufen. Der Mieter kann während des Mietvertrags zwischen den verschiedenen Auslegungsergebnissen wechseln – also sich im einen Jahr auf die für ihn günstigere Pauschal-, im nächsten Jahr auf die für ihn günstigere Abrechnungsvereinbarung berufen.[40] Zu der Frage, wie sich eine Pauschalabrede auf die nach dem Gesetz zwingend dem Abrechnungsmodell unterworfenen Heiz- und Warmwasserkosten verhält → Rn. 60. 47

### 5. Umfang

Eine Abgeltungsvereinbarung setzt auch die **Einigung** über den Umfang der vom Mieter **abzugeltenden Betriebskosten** voraus. Dies ist vor allem beim Abrechnungsmodell relevant, weil hier durch die jährliche Abrechnung die einzelnen Betriebskostentypen offengelegt werden. Aber auch bei der Pauschale ist der Umfang der Abgeltungsabrede von Bedeutung, wenn diese nach § 560 BGB erhöht oder ermäßigt werden soll. 48

[39] Vgl. den Sachverhalt BGH VIII ZR 274/15, NZM 2016, 720, mitgeteilt bei AG Pfaffenhofen BeckRS 2016, 13040.

[40] Näher *Lehmann-Richter* WuM 2011, 647 (648).

49 **a) Verwendung des Begriffs „Betriebskosten".** Der Betriebskostenbegriff wird in § 556 Abs. 1 S. 2, 3 BGB legaldefiniert (→ Rn. 146); eine Aufschlüsselung nach einzelnen Kostenarten enthält § 2 BetrKV. In der Praxis wird üblicherweise die Bezeichnung „Betriebskosten" verwendet. Folgende Vertragsgestaltungen lassen sich unterscheiden (zur Dynamik der Bezeichnung → Rn. 62):

50 **aa) Keine Beschreibung der Kostenarten.** Zunächst gibt es Konstellationen, in denen die Parteien die (isolierte) Abgeltung von „Betriebskosten" vereinbaren, **ohne** diese **näher** zu **bezeichnen.** Hier sind Neu- und Altmietverträge zu unterscheiden:

51 Bei **nach** Inkrafttreten der **Mietrechtsreform** (1.9.2001) geschlossenen **Verträgen** bezieht sich die Abgeltungsvereinbarung auf die nach § 556 Abs. 1 BGB in Verbindung mit der Betriebskostenverordnung umlagefähigen Betriebskosten.[41] Denn wenn die Parteien einen gesetzlich definierten Begriff verwenden, ist davon auszugehen, dass sie den Begriff in diesem Sinne verstanden haben. Eine Ausnahme macht der BGH für die sonstigen Betriebskosten gem. § 2 Nr. 17 BetrKV: Denn bei diesen Kosten wisse der Mieter nicht, welche Belastung auf ihn zukomme. Da nach § 535 Abs. 3 BGB der Vermieter verpflichtet ist, die auf dem Grundstück ruhenden Lasten zu tragen, sei es erforderlich, die „sonstigen Betriebskosten" iE zu benennen. Anderenfalls beziehe sich die Abgeltungsvereinbarung nur auf die in § 2 Nr. 1–16 BetrKV genannten Kosten.[42]

52 Dieser Ansicht ist für eine **Individualvereinbarung** nicht zu folgen. Denn hier besteht kein besonderes Transparenzgebot; die gesetzliche Definition der Betriebskosten aus § 556 Abs. 1 S. 2, 3 BGB iVm § 1 BetrKV ist für die Auslegung des Vertrags ausreichend. Der Mieter hat daher bei der isolierten Verwendung des Begriffs „Betriebskosten" entgegen der hM auch die sonstigen Betriebskosten gem. § 2 Nr. 17 BetrKV abzugelten.

53 Anders ist es bei **Vermieter-AGB.** Hier führt die bloße Verwendung des Begriffs „Betriebskosten" dazu, dass der Mieter nur die Abgeltung der in § 2 Nr. 1–16 BetrKV genannten Kostenarten schuldet. Dies ergibt sich aus dem AGB-rechtlichen Transparenzgebot (→ Rn. 33), das den Vermieter verpflichtet, die sonstigen Betriebskosten genau zu beschreiben.[43] Wegen der detaillierten gesetzlichen Erläuterung des Betriebskostenbegriffs in § 2 Nr. 1–16 BetrKV ist es aus Transparenzgesichtspunkten hingegen nicht erforderlich, dass die Vermieter-AGB diese Kostenpositionen nennt. Deshalb beschreibt die Klausel, dass der Mieter „die Betriebskosten" zu tragen hat, den Umfang der abzugeltenden Kosten hinreichend deutlich.[44]

54 Bei **Altverträgen** aus der Zeit **vor** der **Mietrechtsreform** gilt iErg nichts anderes. Zwar war bis dato der Begriff der Betriebskosten nicht im BGB definiert. Indes fand sich eine Definition seit Inkrafttreten der 1. BV in den Regeln des öffentlich geförderten Wohnraums.[45] Die Verwendung des Begriffs „Betriebskosten" in Altverträgen entspricht der Verwendung des Begriffs „Schönheitsreparaturen"; in beiden Fällen bestimmt sich ihr genauer Inhalt durch Rückgriff auf die Definition aus dem bei Vertragsschluss geltenden Regeln des öffentlich geförderten Wohnraums.[46]

55 **bb) Bezeichnung der Kostenarten.** In anderen Konstellationen bezeichnet der Vertrag die vom Mieter abzugeltenden Betriebskosten **im Einzelnen.** In diesen Fällen beschränkt sich die Abgeltungspflicht auf die genannten Kostentypen. Ob eine solche abschließende Bezeichnung vorliegt, richtet sich nach den Umständen des Einzelfalls. Das Ergebnis liegt etwa nahe, wenn im Vertragsformular nur für einzelne Kostenpositionen Vorauszahlungen eingetragen sind, für andere dagegen nicht.[47] Ist nach dem Vertragswortlaut der Mieter auch zur Abgeltung der „sonstigen Betriebskosten" verpflichtet, gilt das bei → Rn. 51 ff. gesagte entsprechend.

56 **cc) Verweis auf Rechtsverordnung.** In wieder anderen Konstellationen verwendet die Abgeltungsvereinbarung den Oberbegriff „Betriebskosten" und **verweist** zu dessen näherer Beschreibungen **auf** eine **Rechtsverordnung.** Meist ist dies die BetrKV. Gelegentlich wird, insbes. in älteren Verträgen, aber auch auf Anlage 3 der II. BV (die „Rechtsvorgängerin" der BetrKV) verwiesen. Beide Varianten führen dazu, dass sich die Abgeltungsvereinbarung auf die Betriebskosten

---

[41] BGH VIII ZR 274/15, NZM 2016, 720; BGH VIII ZR 137/15, NJW 2016, 1308.
[42] BGH VIII ZR 167/03, NZM 2004, 417.
[43] *Lehmann-Richter* WuM 2012, 647 (648).
[44] BGH VIII ZR 137/15, NJW 2016, 1308; *Lehmann-Richter* WuM 2012, 647 (648).
[45] § 21 Abs. 1 I. BV (BGBl. 1950 I 753); § 27 Abs. 1 II. BV (BGBl. 1957 I 1719), seit 1.8.1984 Anl. 3 der II. BV (BGBl. 1984 I 553).
[46] Vgl. BGH VIII ZR 137/15, NJW 2016, 1308; zu den Schönheitsreparaturen BGH VIII ZR 210/08, NJW 2009, 1408 Rn. 10.
[47] LG Berlin ZMR 2003, 427; Staudinger/*Artz* BGB § 556 Rn. 51.

bezieht, die in der Rechtsverordnung ausgewiesen sind.[48] Für die „sonstigen Betriebskosten" gilt dies indes nach hM nicht (→ Rn. 51). Verweist der Vertrag – auch in Vermieter-AGB – auf eine zum Zeitpunkt des Vertragsabschlusses aufgehobene Verordnung, handelt es sich nach der Rspr. jedenfalls dann um eine unschädliche Falschbezeichnung, wenn der Verweis dynamisch ist. In diesem Fall ist die geltende Verordnung in Bezug genommen.[49]

**dd) Beschränkung auf bei Vertragsschluss bereits entstehende Kosten?** Selbstverständlich können die Parteien die Abgeltungsvereinbarung auf Betriebskostenarten beschränken, die bei Vertragsschluss für die Mietsache bereits anfallen. In diesem Fall sind später erstmals entstehende Betriebskostenarten nicht gesondert vom Mieter abzugelten. Schwierig ist aber die Frage, unter welchen Voraussetzungen eine solche Abrede konkludent getroffen wird. Konkret geht es um Konstellationen, in denen die Abgeltungsabrede sich dem Wortlaut nach auf Betriebskostenarten erstreckt, die für die Wohnung bei Vertragsschluss gar nicht anfallen. Hier sind bei formaler Betrachtung später erstmals entstehende Betriebskostenarten umlagefähig. Eine vom **Wortlaut abweichende Vertragsauslegung** ist selbstverständlich denkbar, bedarf aber **besonderer Anhaltspunkte.** Solche sind etwa denkbar, wenn die Parteien vor Vertragsschluss über die anfallenden Kosten gesprochen und hierbei zu erkennen gegeben haben, dass nur diese Kosten vom Mieter abzugelten sein sollen. Typischerweise werden solche Anhaltspunkte fehlen; dann setzt sich der Vertragswortlaut durch. Dies entspricht der Rspr. des BGH.[50] 57

**b) Verwendung eines anderen Oberbegriffs.** Probleme bereitet es, wenn der Vertrag den Mieter nicht zur Abgeltung von „Betriebskosten" verpflichtet und die Kostenarten auch nicht näher bezeichnet, sondern durch einen anderen Oberbegriff beschreibt, etwa den der „Nebenkosten". Ob hierin eine unschädliche Falschbezeichnung liegt und die Parteien die Abgeltung der Betriebskosten gem. § 556 Abs. 1 BGB vereinbaren wollten, ist eine Frage der Umstände des Einzelfalls. Im Zweifelsfall ist bei einer **Individualvereinbarung** hiervon aber auszugehen: Denn der Begriff der Nebenkosten wird verbreitet als synonym für Betriebskosten verwendet (vgl. etwa § 41 Abs. 1 GKG, § 3 Abs. 2 S. 2 WoVermittG). Lässt sich der Inhalt einer individuellen Abgeltungsvereinbarung hingegen nicht durch Auslegung bestimmen, greift § 155 BGB. 58

In **Vermieter-AGB** führt eine nicht den Begriff „Betriebskosten" verwendende Pauschalumschreibung hingegen zur Unwirksamkeit der Abgeltungsvereinbarung. Denn bei der Auslegung verbleiben in jedem Fall berechtigte Zweifel, ob damit der Katalog des § 2 BetrKV oder auch weitere Kosten gemeint sind. Dies führt nach § 307 Abs. 1 S. 2 BGB zur Unwirksamkeit der Regel wegen Intransparenz.[51] 59

**c) Pauschale und Heizkosten.** Die Abgeltung von Heiz- und Warmwasserkosten durch Betriebskostenpauschale ist nach § 2 HeizkostenV grds. unzulässig. Haben die Parteien nach dem Wortlaut des Vertrags eine allgemeine – also nicht auf die „kalten" Betriebskosten beschränkte – Pauschale vereinbart, stellt sich in einem ersten Schritt die Frage, ob die Pauschale sich nicht dennoch auf die „kalten" Betriebskosten beschränkt. Handelt es sich um einen **Individualvertrag,** sind – wie stets bei der Auslegung – die Umstände des Einzelfalls maßgeblich. Entscheidend ist, ob es Anhaltspunkte dafür gibt, dass der Vermieter über die Heiz- und Warmwasserkosten trotz Vereinbarung der Betriebskostenpauschale gesondert abrechnen sollte. Für ein solches Ergebnis spricht, dass Vertragsparteien im Zweifel eine den Rechtsvorschriften entsprechende Vereinbarung treffen, hier also nicht gegen § 2 HeizkostenV verstoßen wollen. Umgekehrt spricht es für eine auch die Heiz- und Warmwasserkosten umfassende Betriebskostenpauschale, wenn ihre Höhe erkennbar auf die Abgeltung auch dieser Kosten gerichtet ist. Dann müssen die hierauf entfallenden Kosten durch Schätzung aus der Pauschale herausgerechnet und als Vorauszahlungen bei der Heizkostenabrechnung berücksichtigt werden (zur Methode → HeizkostenV § 2 Rn. 12ff.). 60

Ist die Pauschalvereinbarung eine **Vermieter-AGB,** setzt sich nach § 305c Abs. 2 BGB stets das Ergebnis durch, dass die Pauschale auch die Heiz- und Warmwasserkosten erfasst. Es sind daher aus der Pauschale diese Kosten **anteilig herauszurechnen** (zur Methode → HeizkostenV § 2 Rn. 12ff.), die als Vorauszahlungen für die Heiz- und Warmwasserkosten geschuldet sind. 61

---

[48] BGH VIII ZR 137/15, NJW 2016, 1308 Rn. 15.

[49] BGH VIII ZR 137/15, NJW 2016, 1308 Rn. 16, zum Verweis auf Anl. 3 zu § 27 Abs. 1 II. BV.

[50] BGH VIII ZR 167/03, NZM 2004, 417; der Leitsatz BGH VIII ZR 80/06, NJW 2006, 3558 ist missverständlich formuliert, s. *Milger* NZM 2008, 1 (5); *Blank/Börstinghaus* BGB § 556 Rn. 115a.

[51] *Lehmann-Richter* WuM 2012, 647 (648).

62 **d) Dynamischer oder statischer Betriebskostenbegriff?.** Verändert sich im Laufe des Mietvertrags die gesetzliche Definition der Betriebskosten, ist problematisch, ob für den Mietvertrag die „alte" oder die „neue" Definition maßgeblich ist. Das Problem ist für **Neuverträge** insbes. mit Blick auf § 2 Nr. 15 BetrKV relevant, der durch das TKModG 2021 geändert wurde (→ Rn. 288). Bei **Altverträgen** aus der Zeit vor Inkrafttreten der BetrKV stellt sich allgemeiner die Frage, ob sich der Umfang der abzugeltenden Betriebskosten nach der BetrKV richtet. Bei der Lösung des Problems ist nach der Vertragsgestaltung zu unterscheiden:

63 Ein dynamischer Betriebskostenbegriff scheidet grds. aus, wenn die Parteien die abzugeltenden **Betriebskosten konkret bezeichnet** haben (→ Rn. 55). Denn dann sind nur die benannten Betriebskostenarten vom Mieter zu begleichen. Zu einer Dynamik kann es hier nur kommen, wenn die benannte Betriebskostenart nachträglich in ihrem Umfang geändert wird und dies eine ergänzende Vertragsauslegung rechtfertigt.

64 In anderen Konstellationen bezeichnet die Abgeltungsvereinbarung die Betriebskosten nicht konkret, sondern nur durch den **allgemeinen Begriff „Betriebskosten"** oder durch eine Verweisung (→ Rn. 56). Ob diese Vertragsregel statischer oder dynamischer Natur ist, ist eine Frage der Auslegung. Eine dynamische Verweisung enthält etwa die Formulierung, nach der *„für Art und Umfang der Betriebskosten die Betriebskostenverordnung in der jeweils geltenden Fassung maßgebend"* sein soll.[52] Fehlen hingegen hinreichende Anhaltspunkte, bleibt es beim Betriebskostenbegriff zum Zeitpunkt des Vertragsabschlusses. Denn das Interesse der Parteien, eine ungewisse Erhöhung oder Reduzierung der Miete in Kauf zu nehmen, darf nicht unterstellt werden; im Zweifel ist daher anzunehmen, dass es beim zum Zeitpunkt des Vertragsabschlusses geltenden Pflichtenprogramm sein Bewenden hat. Das gilt auch, wenn die Abgeltungsvereinbarung auf die konkreten Nummern der BetrKV Bezug nimmt und diese nach Vertragsschluss geändert werden, wie es im Jahr 2021 bei § 2 Nr. 15 BetrKV geschehen ist (→ Rn. 288). Zur Wirksamkeit von Mehrbelastungsklauseln in **Vermieter-AGB** → Rn. 67.

## III. Änderung von Abgeltungsvereinbarungen

65 Die Änderung einer Abgeltungsvereinbarung kann durch Änderungsvertrag oder durch einseitige Erklärung des Vermieters aufgrund eines entsprechenden vertraglichen oder gesetzlichen Vorbehalts erfolgen. Zum gesetzlichen Änderungsrecht des Vermieters nach § 556 a Abs. 2 BGB → BGB § 556 a Rn. 58, zur Anpassung nach § 313 BGB → Rn. 686.

### 1. Änderung durch Vertrag

66 Ob die Parteien die Abgeltungsvereinbarung durch Vertrag geändert haben, ist in Zweifelsfällen durch **Auslegung** zu ermitteln. Die Praxis beschäftigt hier immer wieder Konstellationen, in den die Parteien die ursprüngliche Vereinbarung missachten, indem entgegen dem Vertrag über Betriebskosten (nicht) abgerechnet wird und der Mieter dies zu akzeptieren scheint. Der **BGH** hat hier ursprünglich vorschnell Vertragsänderungen bejaht[53], diese Linie aber dann zu Recht verlassen: Erforderlich ist für eine Vertragsänderung ein Verhalten der einen Vertragspartei, das aus der Sicht der anderen Partei einen entsprechenden Vertragsänderungswillen erkennen lässt (Angebot) und umgekehrt ein entsprechendes Verhalten der anderen Partei (Annahme).[54] Dies entspricht allgemeinen Auslegungsgrundsätzen. Wie stets kommt es deshalb auf die Umstände des Einzelfalls an. Der BGH hat als Grundsatz aber postuliert, dass es regelmäßig für eine Vertragsänderung zugunsten des Vermieters **nicht ausreicht,** wenn der Vermieter trotz fehlender Abrechnungsabrede Betriebskostenabrechnungen erteilt, die der **Mieter nicht beanstandet** und begleicht.[55] Ebenso wenig genügt es typischerweise für eine Vertragsänderung zugunsten des Mieters, wenn der **Vermieter** viele Jahre **nicht** über Betriebskostenvorauszahlungen **abrechnet.**[56] Die Nichtabrechnung führt daher auch nicht dazu, dass Vorauszahlungen in eine Pauschale umgewidmet werden.[57]

---

[52] Vgl. BGH VIII ZR 137/15, NJW 2016, 1308.
[53] BGH VIII ZR 146/03, NZM 2004, 418; BGH XII ZR 35/00, NZM 2000, 961.
[54] *Vgl. BGH VIII ZR 14/06,* NJW 2008, 1302 Rn. 10.
[55] BGH XII ZR 56/11, NJW 2014, 3722; BGH VIII ZR 279/06, NJW 2008, 283.
[56] BGH VIII ZR 14/06, NJW 2008, 1302.
[57] BGH VIII ZR 152/15, NZM 2016, 307.

### 2. Einseitige Änderung aufgrund Vorbehalts („Mehrbelastungsklauseln")

In der Praxis sind Vertragsregeln gebräuchlich, die dem Vermieter das Recht geben, die Abgeltungsvereinbarung nachträglich einseitig zu ändern. Solche Änderungsvorbehalte werden unter dem Stichwort „Mehrbelastungsklauseln" diskutiert. Dogmatisch begründen solche Klauseln ein Gestaltungsrecht des Vermieters. Für ein solches Gestaltungsrecht besteht nur ein **eingeschränktes praktisches Bedürfnis,** weil der Vermieter bei Vertragsschluss auch die Abgeltung von Betriebskosten vereinbaren kann, die aktuell noch nicht entstehen (→ Rn. 57). Ein Änderungsvorbehalt ist daher zum einen nur bei den sonstigen Betriebskosten (§ 2 Nr. 17 BetrKV) erforderlich. Denn diese müssen nach hM auch im Individualvertrag besonders bezeichnet werden (→ Rn. 51), was dem Vermieter – der ja nicht weiß, welche sonstigen Betriebskosten in Zukunft ausgelöst werden – bei Vertragsschluss nicht möglich ist. Zum anderen geht es um den Fall, dass der Gesetzgeber den Betriebskostenkatalog um eine Position erweitert, die nicht unter den Betriebskostenbegriff des § 2 Nr. 17 BetrKV fällt. 67

Typologisch sind **zwei Arten** von Mehrbelastungsklauseln zu **unterscheiden.** Die erste Art regelt die Erstreckung auf Betriebskosten, die bei Vertragsschluss für das Mietobjekt noch nicht angefallen sind, aber später neu entstehen (Neukostenklauseln). Bei der zweiten Art geht es um die Ausgliederung von bei Vertragsschluss bereits entstehenden Betriebskosten aus der Inklusivmiete mit der Folge, dass der Mieter diese Kosten zukünftig nach Abrechnung zu tragen hat (Ausgliederungsklauseln). Auf welcher der beiden Konstellationen sich die konkrete Vertragsregel bezieht, ist eine von den Umständen des Einzelfalls abhängige Auslegungsfrage, bei deren Beantwortung für Vermieter-AGB § 305 c Abs. 2 BGB zu beachten ist. In beiden Fällen kommt in Betracht, dass sich die Abgeltungsabrede sogar ohne Mehrbelastungsklausel im Wege der ergänzenden Auslegung auf neue Betriebskostenarten erstreckt (→ Rn. 63). 68

**a) Ausgliederungsklauseln.** Ausgliederungsklauseln (*Beispiel: „Der Vermieter ist berechtigt, Betriebskosten durch Erklärung auf den Mieter im Wege der jährlichen Abrechnung umzulegen"* oder *„Erhöhen sich nach Abschluss dieses Mietvertrags die Betriebskosten, so ist der Vermieter berechtigt, die jährlich entstehende Mehrbelastung umzulegen"*) sind **unwirksam,** und zwar auch als Individualvereinbarung. Denn sie geben dem Vermieter ein einseitiges Mieterhöhungsrecht, da ihm durch die Ausgliederung die Betriebskosten erstattet werden, die Nettomiete aber unverändert bleibt. Das verstößt sowohl gegen § 557 Abs. 4 BGB als auch gegen § 556 a Abs. 3 BGB, der eine solche Ausgliederung nur bei einer § 556 a Abs. 2 BGB entsprechenden jedenfalls teilweisen verbrauchs- oder verursachungsbezogenen Abrechnung erlaubt.[58] 69

**b) Neukostenklauseln.** Auch bei Neukostenklauseln *(Beispiel: „Entstehen Betriebskosten neu, so können diese vom Vermieter umgelegt werden")* sind die soeben geäußerten Bedenken von Bedeutung. Denn § 556 a Abs. 2 BGB betrifft nach hM auch die Umstellung einer Inklusivmiete (→ BGB § 556 a Rn. 60). Folgt man dem, so verstoßen Neukostenklauseln gegen § 556 a Abs. 3 BGB: Denn nach dieser Vorschrift ist die „Ausgliederung" von Betriebskosten aus der Pauschalmiete nur zulässig, wenn die in Rede stehenden Kosten jedenfalls teilweise verbrauchs- oder verursachungsbezogen abgerechnet werden. Von diesen Fesseln sollen Neukostenklauseln den Vermieter aber gerade befreien, was § 556 a Abs. 3 BGB mit der Nichtigkeit sanktioniert. Das ist aber nicht die **hM:** Der BGH hat nämlich selbst gegen eine Neukostenklausel in Vermieter-AGB **keine Bedenken;** in der einschlägigen Entscheidung hielt er § 307 Abs. 1 S. 1 BGB noch nicht einmal für erwähnenswert.[59] 70

Beschränkt man – wie es hier vertreten wird (→ BGB § 556 a Rn. 60) – § 556 a Abs. 2 BGB auf das Abrechnungsmodell, verstoßen Neukostenklauseln nicht gegen § 556 a Abs. 3 BGB. Bei der Prüfung von **§ 307 Abs. 1 S. 1 BGB** ist das Interesse des Vermieters an einer Abgeltung der Betriebskosten gegen das Interesse des Mieters abzuwägen, nicht nachträglich mit Kosten belastet zu werden. Für das Ergebnis des BGH spricht das aus § 556 Abs. 1 BGB folgende gesetzliche Leitbild: Danach kann vereinbart werden, dass der Mieter die Betriebskosten zu tragen hat. Darum geht es auch, wenn die Abgeltungsabrede nachträglich auf neu entstandene Betriebskosten erstreckt wird. Allerdings können sich die Interessen des Vermieters nur durchsetzen, soweit eine Neukostenregel zwingend erforderlich ist, um neu entstandene Betriebskosten abzuwälzen. Das ist nur bei den sonstigen Betriebskosten (§ 2 Nr. 17 BetrKV) und bei einer gesetzgeberischen Erweiterung des 71

---

[58] *Lehmann-Richter* WuM 2012, 647 (649).

[59] BGH VIII ZR 80/06, NJW 2006, 3558 prüft (und verneint) nur einen Verstoß gegen § 307 Abs. 1 S. 2 BGB.

Betriebskostenkatalogs der Fall.[60] Überschreitet die Neukostenklausel diesen Bereich, richtet sich ihre Gesamtunwirksamkeit nach dem blue-pencil-Test[61]. Eine sich auf den zulässigen Bereich beschränkende Neukostenklausel scheitert auch nicht etwa daran, dass sie zu einer „rückwirkenden" Umlage von Betriebskosten berechtigt. Denn dem Interesse des Mieters, nicht mit Kosten aus bereits zurückliegenden Abrechnungsperioden belastet zu werden, trägt die Abrechnungsfrist in § 556 Abs. 3 S. 1 BGB hinreichend Rechnung. Deshalb besteht auch keine Lücke im Abgeltungsverfahren, die durch eine Analogie zu § 560 Abs. 4 BGB zu schließen wäre. Die Abgeltung setzt daher – entgegen der wohl h. M. – keine vorherige **Umlageerklärung** voraus.[62]

### 3. Gesetzliches Änderungsrecht

71a Eine nicht analogiefähige Sonderregelung enthält der ab dem 1. 12. 2021 geltende § 71 Abs. 2 S. 3 TKG. Die Regelung ist Teil des TKModG 2021. Danach kann der Mieter entsprechend § 56 Abs. 3 TKG mit einer Frist von einem Monat gegenüber dem Vermieter die Beendigung der Inanspruchnahme von **Telekommunikationsdiensten** erklären, wenn das Mietverhältnis 24 Monate (Wartefrist) bestand. Die Regelung gilt auch für Altmietverträge, also solche, die bei Inkrafttreten des TKModG bereits bestanden. Dies folgt aus dem Zweck der mietrechtlichen Regelungen im TKModG, dem Mieter Freiheit bei der Wahl von Telekommunikationsdiensten einzuräumen.[63] Dieser Zweck ist auch bei Altmietverträgen einschlägig, weshalb § 71 Abs. 2 S. 3 TKG insoweit Rückwirkung zukommt. Fraglich ist, ob der Mieter eine Wartefrist zu beachten hat. Die Antwort muss weder aus dem Gesetzeszweck[64] noch der zweijährigen Wartefrist abgeleitet werden, die dazu dient, unbillige Härten für Vermieter zu vermeiden.[65] Denn nach § 230 Abs. 4 TKG ist die Kündigung erstmals am 30. 6. 2024 möglich.

71b Methodisch handelt es sich bei § 71 Abs. 2 S. 3 TKG um ein **Gestaltungsrecht** des Mieters, das mit Zugang beim Vermieter wirksam wird. Seine Ausübung führt dazu, dass nach Ablauf eines Monats der Mietvertrag in doppelter Weise geändert wird: Zum einen ist das Entgelt für die Bereitstellung von Telekommunikationsdiensten, insbes. eine Grundgebühr für einen Breitbandkabelanschluss, nicht mehr Bestandteil der Abgeltungspflicht des Mieters. Andere unter § 12 Nr. 15 BetrKV fallende Kosten, etwa der Betriebsstrom der Anlage, sind von dem Änderungsrecht hingegen nicht erfasst. Denn § 71 Abs. 3 S. 3 TKG betrifft nur die Versorgung eines Mieters mit Telekommunikationsdiensten[66], nicht hingegen mit der für deren Inanspruchnahme erforderlichen Infrastruktur. Zum anderen entfällt die Pflicht des Vermieters, den Mieter mit Telekommunikationsdiensten zu versorgen. § 71 Abs. 2 S. 3 TKG gilt mangels Gesetzeslücke für den Vermieter nicht analog. Will sich dieser von seiner Altanlagen-Versorgungspflicht befreien, muss er den Weg der Modernisierung nach § 555 b Nr. 4 a BGB wählen, was zu einer Umstellung des Mietvertrags führt.[67]

71c Nicht missverstanden werden darf ein **älteres Urteil,** in dem der **BGH** en passant behauptet, der Vermieter könne „neue Betriebskosten mittels … **§ 560 Abs. 1 BGB** auf den Mieter verlagern".[68] Weder in § 560 Abs. 1 BGB noch an anderer Stelle findet sich eine gesetzliche Regelung, die zugunsten des Vermieters ein allgemeines Recht zur Anpassung der Abgeltungsvereinbarung begründen würde. Das ist ganz offensichtlich auch der Standpunkt des BGH, der in der Falschabrechnung keine Änderung der Abgeltungsvereinbarung erblickt (Rn. 66), eine Sichtweise, die sich mit einem einseitigen Anpassungsrecht – dass dann durch die Falschabrechnung ausgeübt würde – nicht verträgt. Zum gesetzlichen Änderungsrecht des Vermieters nach **§ 556 a Abs. 2 BGB** → BGB § 556 a Rn. 58.

[60] Zutr. AG Gelsenkirchen ZMR 2018, 772; **aA** AG Köln WuM 2012, 57; zu unkritisch auch noch *Lehmann-Richter* WuM 2012, 647 (649).

[61] Zu diesem etwa BGH IX ZR 140/19, NJW 2020, 1811 Rn. 26.

[62] **AA** mit Nachweisen zum Streitstand LG München I ZMR 2021, 489, das sich zu Unrecht (→ Rn. 71c) auf die BGH-Rspr. beruft.

[63] BT-Drs. 19/26108, 298.

[64] Zu dessen Relevanz für die Bestimmung des intertemporalen Anwendungsbereichs BGH II ZR 260/07, NJW 2009, 1277 Rn. 21.

[65] Vgl. BT-Drs. 19/26108, 393 (RegE) zum nicht Gesetz gewordenen Vorschlag, nach dem die Umlagefähigkeit von TV- und Kabelkosten (§ 12 Nr. 15 BetrKV) zwei Jahre nach Inkrafttreten des TKModG enden sollte.

[66] BT-Drs. 19/26108, 298.

[67] Vgl. Lehmann-Richter NZM 2011, 572.

[68] BGH (VIII ZR 167/03) NZM 2004, 417 unter II 1 b bb.

### IV. Ergänzende Auslegung von Abgeltungsvereinbarungen

Wie andere Vertragsregeln ist auch eine Abgeltungsvereinbarung der ergänzenden Auslegung zugänglich. 72

#### 1. Betriebskosten nach Modernisierung

Der BGH hat diese Methode in einem Fall angewendet, in dem vereinbart war, dass der Mieter die „Antennenkosten" trägt und der Fernsehempfang später auf Breitbandkabel umgestellt wurde. Nach Ansicht des **BGH** führt die ergänzende Vertragsauslegung zur Umlegbarkeit der Breitbandkabelkosten, da es sich dabei um eine duldungspflichtige Modernisierung handelt.[69] Diese Entscheidung wird verbreitet dahingehend **verallgemeinert,** dass aufgrund von duldungspflichtigen Modernisierungsmaßnahmen neu entstehende Betriebskosten stets umlagefähig seien.[70] 73

Dem ist zu **widersprechen.**[71] Der vom BGH entschiedene Sachverhalt lag insofern besonders, als eine sich auf die in Rede stehende Betriebsmaßnahme (Fernsehempfang) beziehende Abgeltungsvereinbarung existierte. Hier ist es vertretbar, der Vereinbarung den Parteiwillen zu entnehmen, dass der Mieter bei einer vom Gesetz zugelassenen Umstellung der Versorgung (Breitbandkabel) stattdessen diese Betriebskosten zu tragen hat. Fehlen hingegen solche konkreten Anhaltspunkte, scheidet eine ergänzende Auslegung des Vertrags aus.[72] Denn der Vermieter hat es durch die umfassende Einbeziehung des Betriebskostenkatalogs (→ Rn. 57) sowie durch Vereinbarung einer Neukostenklausel (→ Rn. 71) in der Hand, die Abgeltung durch Modernisierung neu entstandener Betriebskosten herbeizuführen. Macht er hiervon keinen Gebrauch, ist eine Auslegung zu seinen Gunsten nicht zulässig. Dies gilt mit Blick auf seine Formulierungsverantwortung insbes., wenn es sich um Vermieter-AGB handelt.[73] Auch eine Analogie zu § 559 BGB, dessen Wortlaut durch die Modernisierung ausgelöste Betriebskosten nicht betrifft, rechtfertigt nicht die Umlage solcher Kosten. Zwar könnte § 555 c Abs. 1 S. 2 Nr. 3 BGB dafür sprechen, dass der Vermieter kraft Gesetzes das Recht zur Umlage dieser Kosten hat. Indes kann sich die Ankündigungspflicht auch auf die Fälle beschränken, in denen der Mietvertrag bereits die Umlage der neu entstehenden Kosten erlaubt. § 555 c Abs. 1 S. 2 Nr. 3 BGB ist daher nicht geeignet, das allgemeine Prinzip auszuschalten, nach dem den Vermieter die Betriebskostenlast trifft (→ Rn. 2). 74

Eine ergänzende Auslegung ist nicht auf Modernisierungsmaßnahmen beschränkt, sondern auch in **anderen Konstellationen** denkbar. Sie kommt nach der Rspr. etwa auch in Betracht, wenn der Mieter vertraglich verpflichtet ist, Betriebsmaßnahmen selbst zu erbringen, die Leistungen später aber vom Vermieter erbracht werden.[74] 75

Das konkrete Ergebnis der ergänzenden Vertragsauslegung richtet sich nach den Umständen des Einzelfalls. Es ist also zu klären, ob die Abgeltung durch das **Pauschal- oder Abrechnungsmodell** erfolgt. Die Antwort wird sich typischerweise an dem Abgeltungsmodell orientieren, das für die übrigen Kosten vereinbart ist; fehlt ein solches (Inklusivmiete), scheidet eine ergänzende Auslegung von vorneherein aus. Steht die Abgeltungsmethode fest, ist – ebenfalls aufgrund ergänzender Auslegung – der Rechtsgedanke des § 556 a Abs. 2 S. 3 BGB zu beachten: Ist die Betriebsmaßnahme nicht originär neu, sondern bisher in anderer Form in der Nettomiete enthalten (Beispiel: Umstellung des Fernsehempfangs von Antenne auf Kabel, wenn die Fernsehversorgungskosten bislang in der Nettomiete enthalten waren), sind diese Kosten aus der Nettomiete herauszurechnen (→ BGB § 556 a Rn. 65). Diese Aufgabe stellt sich indes nur, wenn man auf dem – hier abgelehnten – Standpunkt steht, dass die ergänzende Vertragsauslegung die Umlage jeglicher durch Modernisierung verursachter Betriebskosten erlaubt. 76

Sind die neuen Betriebskosten nach dem Ergebnis der ergänzenden Vertragsauslegung vom Mieter nach Abrechnung zu tragen, ist weiter zu fragen, ob für die neuen Betriebskosten auch Vor- 77

---

[69] BGH VIII ZR 202/06, NJW 2007, 3060 Rn. 27. Offen ist, ob der BGH mit der Formulierung „duldungspflichtig" nicht angekündigte Modernisierungsmaßnahmen ausnimmt, da das Mieterhöhungsrecht aus § 559 BGB nach seiner jüngeren Judikatur keine Duldungspflicht voraussetzt (BGH VIII ZR 164/10, NJW 2010, 1120 Rn. 14).

[70] Etwa LG Magdeburg NJW 2012, 544, Rauchwarnmelder.

[71] Krit. auch Staudinger/*Artz* BGB § 556 Rn. 64.

[72] Ähnlich *Dickersbach* WuM 2013, 575 (577); BeckOGK/*Drager* BGB § 556 Rn. 46.1.

[73] Siehe zur ergänzenden Auslegung von Vermieter-AGB *Lehmann-Richter* NZM 2009, 349.

[74] BGH VIII ZR 36/14, NZM 2014, 748 Rn. 22, zur Müllentsorgung; AG Siegburg 112 C 185/18 BeckRS 2019, 29033 (Winterdienst).

auszahlungen geschuldet sind. Das ist – maßgeblich sind die Umstände des Einzelfalls – zwar nicht grds. ausgeschlossen. Indes wird es für ein tragfähiges Auslegungsergebnis insbes. mit Blick auf die Höhe der **Vorauszahlungen** meist an Anhaltspunkten fehlen.[75] Der Vermieter kann dann nur nach § 560 Abs. 4 BGB vorgehen, muss also die erste Abrechnung über die neuen Kosten abwarten.

### 2. Gescheiterte Abgeltungsvereinbarung

**78** Das Problem der ergänzenden Vertragsauslegung stellt sich auch, wenn die Vereinbarung der Abgeltung von Kosten durch den Mieter gescheitert ist. Hier ist zu differenzieren: Beruht das Scheitern darauf, dass eine Vermieter-AGB unwirksam ist, scheidet eine ergänzende Vertragsauslegung zugunsten des Vermieters aus, bei einer Individualvereinbarung ist eine ergänzende Auslegung hingegen möglich (→ Rn. 34 f.).

## V. Unwirksamkeit von Abgeltungsvereinbarungen

**79** Vereinbarungen, nach denen der Mieter Kosten zu erstatten hat, die dem Vermieter bei der Bewirtschaftung der Mietsache entstehen, sind nur in den von § 556 Abs. 1, Abs. 2 S. 2 BGB gesetzten Grenzen wirksam. Dies folgt aus § 556 Abs. 4 BGB, der § 556 Abs. 1 BGB sowie § 556 Abs. 2 S. 2 BGB gegen **abweichende Vereinbarungen** zu Lasten des Mieters absichert. Nicht von § 556 Abs. 4 BGB erfasst ist hingegen § 556 Abs. 2 S. 1 BGB, der zwischen Pauschal- und Abrechnungsmodell unterscheidet. Die Abgeltung der Bewirtschaftungskosten kann daher selbstverständlich auch in Form des Inklusivmodells erfolgen, dass § 535 Abs. 2 BGB zugrunde liegt (→ Rn. 2)[76] oder durch eine Mischung zwischen Pauschal- und Abrechnungsmodell. Zur Wirksamkeit von Änderungsvorbehalten → Rn. 67 ff.

### 1. Voraussetzungen

**80** § 556 Abs. 4 BGB verbietet Abgeltungsvereinbarungen, die sich auf Kosten beziehen, die nicht unter den Betriebskostenbegriff gem. § 556 Abs. 1 BGB fallen. Aus diesem Verbot folgt die besondere Relevanz der Abrede der Parteien über den Umfang der abzugeltenden Kosten: Überschreitet die Abrede den Betriebskostenbegriff (zu diesem → Rn. 146 ff.), ist sie nach § 556 Abs. 4 BGB auch als Individualabrede **nichtig.**

**81** § 556 Abs. 4 BGB verbietet (nur) Abgeltungsvereinbarungen, aber selbstverständlich nicht eine Abrede, nach der eine Zahlung des Mieters die Gegenleistung für die Gebrauchsüberlassung ist. Bei der Abwälzung von Nicht-Betriebskosten ist daher in einem ersten Schritt zu fragen, ob es sich um eine Abgeltungsvereinbarung gem. § 556 Abs. 1 BGB handelt. Das setzt voraus, dass der Vermieter sein Kalkulationsrisiko auf den Mieter abwälzen möchte (→ Rn. 14). Das ist naturgemäß stets der Fall, wenn der Mieter verpflichtet werden soll, die tatsächlich angefallenen Nicht-Betriebskosten zu erstatten. Schwieriger liegen die Dinge hingegen bei einer Pauschale für Nicht-Betriebskosten. Hier handelt es sich nur dann um eine Abgeltungsvereinbarung, wenn sich aus dem Mietvertrag – ggf. unter Berücksichtigung des Prinzips der kundenfeindlichsten Auslegung – ergibt, dass der Vermieter das Recht haben soll, die Pauschale zu erhöhen.[77] Ist dies nicht der Fall, handelt es sich um eine bloße **Offenlegung** der **Kalkulation** der **Nettomiete**[78]; dies ist nach § 556 Abs. 4 BGB nicht zu beanstanden (zur AGB-Kontrolle → BGB § 538 Rn. 72).

**82** Liegt danach eine Abgeltungsvereinbarung vor, so ist etwa eine Vereinbarung unwirksam, die den Mieter verpflichtet, die **Verwaltungskosten**[79] (zum Begriff → Rn. 218) zu tragen, soweit diese nicht in § 2 BetrKV genannt sind. Gleiches gilt für die Verpflichtung des Mieters, sich an den **Erhaltungskosten** (zum Begriff → Rn. 216) der Mietsache zu beteiligen. Entgegen der hM verstoßen daher auch die sog. **Kleinreparaturklauseln** gegen § 556 Abs. 4 BGB (→ BGB § 538 Rn. 60, 70). Denn § 556 Abs. 4 BGB steht jeglichen Klauseln entgegen, die den Mieter mit Erhaltungskosten belasten. Unwirksam sind daher auch Klauseln, mit denen sich der Vermieter konkrete

---

[75] Großzügiger LG Berlin GE 2011, 1161 (Vermieter steht ein Anspruch auf Zahlung angemessener Vorauszahlungen zu, die er durch Erklärung geltend machen kann).
[76] BT-Drs. 14/4553, 50.
[77] Überzeugend BGH VIII ZR 254/17, NZM 2019, 253 Rn. 32.
[78] Vgl. BGH VIII ZR 31/17, NZM 2017, 594.
[79] Etwa BGH VIII ZR 62/19, NZM 2020, 457; BGH VIII ZR 254/17, NZM 2019, 253.

Kosten der Abnutzung der Wohnung abgelten lässt, etwa von Renovierungsarbeiten (→ BGB § 538 Rn. 71). Auch der Abgeltung **anderer Kosten** durch den Mieter, etwa der Finanzierung, steht § 556 Abs. 4 BGB entgegen.

Ist die Abgeltungsvereinbarung Teil von Vermieter-AGB, ist denkbar, dass sie wegen **Intransparenz** unwirksam ist (→ Rn. 59). **83**

### 2. Rechtsfolgen

Ist die unwirksame Abgeltungsvereinbarung, wie üblich, eine Vermieter-AGB, kommt eine **geltungserhaltende Reduktion** nach allgemeinen Grundsätzen[80] nicht in Betracht. Es ist also bei einer Kostenposition, die umlage- und nicht umlagefähige Teile enthält, nicht zulässig, die Abgeltungsvereinbarung bzgl. der umlagefähigen Teile aufrecht zu erhalten. Ob die Unwirksamkeit auf andere, für sich genommen unbedenkliche Vertragsteile ausstrahlt, richtet sich nach dem sog. **blue-pencil-test:** Kann der unwirksame Teil einer Klausel gestrichen werden, ohne dass der Sinn des anderen Teils darunter leidet, ergreift die Unwirksamkeit den anderen Teil nicht.[81] Bezieht sich die Vereinbarung auch auf Nicht-Betriebskosten, so führt dies also regelmäßig dazu, dass die Abgeltungsvereinbarung bzgl. der Betriebskosten wirksam bleibt. **84**

Kombinieren die Parteien, wie üblich, eine **Abrechnungsvereinbarung** mit einer **Vorauszahlungsabrede,** so fragt sich, wie sich die Unwirksamkeit der Abrechnungsvereinbarung auf diese **auswirkt.** Ist die Abrechnungsvereinbarung insgesamt unwirksam, entfällt wegen der insoweit zwingenden Verbindung zwischen beiden Regelungen (→ Rn. 39) auch die Vorauszahlungsabrede. **85**

Schwieriger liegt es, wenn die **Abrechnungsvereinbarung** nur **teilweise unwirksam** ist, weil sie sich neben Betriebskosten auch auf Nicht-Betriebskosten bezieht. Ist die Vorauszahlungsabrede nach Kostenpositionen gesplittet (→ Rn. 104), entfällt insoweit (also teilweise) die Zahlungspflicht des Mieters. Meist wird hingegen eine Pauschalvorauszahlung vereinbart. Handelt es sich um Vermieter-AGB, ist das Ergebnis, dass dann die gesamte Vorauszahlungspflicht des Mieters entfällt, wegen § 306 Abs. 1 BGB naheliegend. Sieht man dies anders und führt der Wegfall von Kostenpositionen zu einer unangemessenen Vorauszahlungshöhe, ist diese nach § 556 Abs. 2 S. 2, Abs. 4 BGB zu reduzieren. **86**

Aus einer unwirksamen Abgeltungsvereinbarung kann der **Vermieter keine Rechte** herleiten. Sollen etwa Kosten, die keine Betriebskosten sind, durch eine Pauschale abgegolten werden, schuldet der Mieter keine entsprechende Zahlung; eine Leistung kann er kondizieren.[82] Soll über Nicht-Betriebskosten abgerechnet werden, schuldet der Mieter keine auf diesen Kosten beruhende Zahlung, es sei denn, die Abrechnung wird nach § 556 Abs. 3 S. 5 BGB bestandskräftig (→ Rn. 453).[83] **87**

Ist die unwirksame Abgeltungsvereinbarung Teil von Vermieter-AGB, so verbietet es das Verbot der geltungserhaltenden Reduktion, den als Pauschale oder Vorauszahlung auf die unwirksamen Kostenpositionen ausgewiesenen Betrag im Wege **ergänzender Vertragsauslegung** als **Bestandteil** der **Nettomiete** anzusehen.[84] Bei einer Individualvereinbarung ist dies hingegen denkbar. **88**

*nicht belegt* **89**

## VI. Rechtsfolgen von Abgeltungsvereinbarungen

Bei den Rechtsfolgen ist nach dem Typ der Abgeltungsvereinbarung zu unterscheiden: **90**

### 1. Pauschalmodell

Beim Pauschalmodell hat der Vermieter **Anspruch** auf Leistung der vereinbarten Pauschale. Neben diesen Anspruch tritt ein **Gestaltungsrecht** zur Änderung der vereinbarten Pauschale, das je nach Vereinbarung nur dem Mieter oder beiden Parteien zusteht, § 560 Abs. 1–3 BGB. **91**

---

[80] Etwa BGH VII ZR 308/16, NJW 2017, 3145 Rn. 23.
[81] Vgl. etwa BGH III ZR 126/15, NJW 2016, 1578 Rn. 37.
[82] BGH VIII ZR 254/17, NZM 2018, 253.
[83] BGH VIII ZR 62/19, NZM 2020, 457.
[84] Vgl. *Lehmann-Richter* NZM 2009, 349. Ohne Würdigung der AGB-Problematik unterschiedliche Ergebnisse bei OLG Düsseldorf NZM 2002, 526; AG München NZM 1999, 415 einerseits und OLG Dresden NZM 2000, 827 andererseits.

### 2. Abrechnungsmodell

92 Die Rechtsfolgen des Abrechnungsmodells sind **komplex.** Es ist zwischen Haupt- und Hilfsansprüchen sowie Gestaltungsrechten zu unterscheiden.

93 Bei den **Hauptansprüchen** geht es zunächst um den Anspruch auf Vorauszahlungen, der dem Vermieter nur zusteht, wenn er vereinbart wurde (→ Rn. 41). Daneben beinhaltet das Abrechnungsmodell die Vereinbarung, dass nach Abrechnung über die Betriebskosten weitere Ansprüche bestehen, nämlich entweder eine Nachzahlung oder die Erstattung von Vorauszahlungen geschuldet ist.

94 Neben diese Hauptansprüche tritt der **Hilfsanspruch** des Mieters auf Abrechnung, der auch das Recht umfasst, Belege einzusehen (→ Rn. 488). Dieser Anspruch hat den Zweck, dem Mieter die Feststellung der Hauptansprüche zu ermöglichen sowie ihre Berechtigung zu überprüfen.

95 Die beim Abrechnungsmodell bestehenden **Gestaltungsrechte** sind zum einen die Änderung vereinbarter Vorauszahlungen nach § 560 Abs. 4 BGB. Daneben hat der Vermieter in bestimmten Konstellationen das Recht, die Modalitäten der Abrechnung einseitig zu bestimmen, etwa durch die Festlegung des Abrechnungszeitraums (→ Rn. 365) oder – nach hM – durch Bildung von Wirtschaftseinheiten (→ Rn. 157).[85]

## VII. Beweislast

96 Die Darlegungs- und Beweislast, dass eine **Abgeltungsvereinbarung getroffen** wurde, trifft den **Vermieter.** Ist die Abgeltungsvereinbarung als solche unstreitig, besteht aber Uneinigkeit darüber, ob die Parteien sich auf das Abrechnungs- oder das Pauschalmodell geeinigt haben, trifft die Beweislast die Partei, die aus dem von ihr behaupteten Modell Rechte ableitet.[86] Im Übrigen zur Beweislast → Rn. 574 ff.

# C. Anspruch auf Vorauszahlungen

97 § 556 Abs. 2 S. 1 BGB verdeutlicht, dass die Parteien Vorauszahlungen für Betriebskosten vereinbaren dürfen; diese Möglichkeit wäre indes auch ohne die Regelung Ausfluss der Privatautonomie. Vereinbaren die Parteien, dass der Mieter Vorauszahlungen für Betriebskosten erbringt, so liegt darin gleichzeitig die Abrede, dass der Vermieter über die Betriebskosten abzurechnen hat und der Mieter den Abrechnungsbetrag schuldet (→ Rn. 39). Die Vereinbarung von Vorauszahlungen ist **keine zwingende Voraussetzung** dafür, dass der Mieter die Betriebskosten nach **Abrechnung** zu tragen hat. Denn hierfür genügt auch eine „isolierte" Abrechnungsabrede (→ Rn. 41). Ob die Parteien sich auf Vorauszahlungen geeinigt haben, ist in Zweifelsfällen durch Auslegung zu ermitteln (→ Rn. 37 ff.).

98 Der Mieter kann sich wegen der Vorauszahlungen in einer **notariellen Urkunde** der **Zwangsvollstreckung** unterwerfen.[87] In Vermieter-AGB ist eine Verpflichtung hierzu aber nach § 307 Abs. 1 S. 1 BGB unwirksam.[88]

## I. Rechtsnatur

99 Die Vorauszahlungen sind Teil der vom Mieter geschuldeten Miete, weshalb **§ 535 Abs. 2 BGB** Grundlage des Zahlungsanspruchs des Vermieters ist (→ Rn. 17). § 535 Abs. 2 BGB bleibt auch Zahlungsgrundlage, wenn über die Betriebskosten abgerechnet wurde; Anspruchsgrundlage wird also nicht etwa die Betriebskostenabrechnung.[89] Zum Verhältnis zwischen Vorauszahlungen und Saldo aus der Betriebskostenabrechnung ergänzend → Rn. 120.

100 Sind die Vorauszahlungen pro rata temporis geschuldet, wie dies etwa bei der Vereinbarung einer monatlichen Zahlung der Fall ist, so bilden sie nach Ansicht des **BGH** zusammen mit der **Nettomiete** für diesen **Zeitabschnitt** materiell-rechtlich eine **einheitliche Forderung.** Als Begründung führt der BGH an, dass der Vermieter eine einheitliche Leistung (Raumüberlassung,

---

[85] *Jacoby* ZMR 2017, 781.
[86] *Blank/Börstinghaus* BGB § 556 Rn. 260.
[87] BGH VIII ZR 76/16, NJW 2018, 551.
[88] Vgl. *Lehmann-Richter* AnwZert MietR 22/2015 Anm. 2 (juris).
[89] *Jacoby* ZMR 2017, 781; **aA** etwa *Fischer* NZM 2018, 929 (933).

Nebenleistungen) erbringt, wofür der Mieter ebenfalls eine einheitliche Gegenleistung schulde.[90] Dem ist zu widersprechen. Denn die Vorauszahlungen sind nicht Gegenleistung für die Gebrauchsüberlassung in dem betreffenden Monat, weil sie ihrem Charakter nach keineswegs zwingend dauerhaft im Vermietervermögen verbleiben sollen.

Die Vorauszahlungsabrede ist grds. mit der **Abrechnungsabrede** iSd § 139 BGB **verknüpft:** Besteht keine Abrechnungsabrede, entfällt auch die Pflicht zur Leistung von Vorauszahlungen. Anders mag es sein, wenn die Abrechnungsabrede nur teilweise unwirksam ist und die Parteien sich auf Gesamtvorauszahlungen geeinigt haben (→ Rn. 86). 101

## II. Rechtsfolgen eines Vorauszahlungssplittings

Bei der Vereinbarung von Vorauszahlungen sind **zwei Modelle** denkbar: Zum einen kann der Vorauszahlungsbetrag mehrere oder sämtliche Betriebskosten betreffen (Gesamtvorauszahlung, Beispiel: *„Als Vorauszahlung für die Betriebskosten schuldet der Mieter im Monat 250 Euro"*). Zum anderen können die Vorauszahlungsbeträge den konkreten Betriebskostenpositionen zugeordnet werden (Vorauszahlungssplitting, Beispiel: *„Als Vorauszahlung für die Aufzugskosten schuldet der Mieter im Monat 20 Euro, als Vorauszahlungen für die Kosten der Beleuchtung 5 Euro"*). 102

Die **Gesamtvorauszahlung** führt zu einer rechtlichen Verklammerung der betroffenen Kostenpositionen. Es gibt insoweit nur einen einheitlichen Anspruch auf die vereinbarte Vorauszahlung und der Vermieter schuldet nur eine einheitliche Abrechnung über die betroffenen Kostenpositionen. Im Prozess ist Streitgegenstand daher die Pflicht, Voraus- oder Nachzahlungen für die betroffenen Kostenpositionen zu leisten.[91] 103

Anders kann es beim **Vorauszahlungssplitting** sein. Hier ist durch Auslegung[92] zu ermitteln, ob die Parteien – durch die Ausweisung getrennter Vorauszahlungen – pro betroffener Kostenposition selbständige Vorauszahlungsansprüche begründen wollten. Diese Auslegung liegt typischerweise nahe, weil nur so die Besonderheit des Vorauszahlungssplittings berücksichtigt wird.[93] Dass die Parteien trotz dieser Vertragsgestaltung eine Gesamtvorauszahlung beabsichtigten, bedarf daher besonderer Anhaltspunkte. Liegen solche nicht vor, ergeben sich diese Rechtsfolgen: 104

1. Ist für eine Kostenposition eine konkrete Vorauszahlung ausgewiesen, ist diese von den Vorauszahlungen für andere Kostenpositionen rechtlich zu trennen, es handelt sich um unterschiedliche Ansprüche und damit auch unterschiedliche Streitgegenstände (→ Rn. 135).
2. Im Prozess muss sich der Klage deshalb – notfalls durch Auslegung – entnehmen lassen, für welche Kostenposition der Vermieter in welcher Höhe Vorauszahlungen geltend macht (§ 253 Abs. 2 Nr. 2 ZPO). Bedeutung kann dieses Gebot insbes. für den Eintritt der Verjährungshemmung haben, wenn eine Nachbesserung durch den Vermieter im Prozess insoweit zu spät käme.[94]
3. Der Vermieter schuldet pro Kostenposition eine Betriebskostenabrechnung, er kann diese aber in einem Abrechnungsdokument bündeln (→ Rn. 331).

## III. Betrag

Ein Anspruch auf Vorauszahlung besteht nur, wenn sich die Parteien auf den Vorauszahlungsbetrag geeinigt haben. Das Gesetz verlangt dafür nicht zwingend die **Einigung** auf einen konkreten Geldbetrag. Es ist daher ausreichend, wenn der Betrag bestimmbar ist[95]; in Vermieter-AGB ist aber das Transparenzgebot (§ 307 Abs. 1 S. 2 BGB) zu beachten. Es ist auch möglich, die Bestimmung nach § 315 BGB einer der Parteien zu überlassen. Soll die Bestimmung durch den Vermieter erfolgen und ist dieses Recht in Vermieter-AGB vereinbart, bedarf es hierfür aber eines berechtigten Interesses, anderenfalls liegt ein Verstoß gegen § 307 Abs. 1 S. 1 BGB vor.[96] 105

---

[90] BGH VIII ZR 68/17, NJW 2018, 3448 Rn. 38.
[91] Vgl. BGH VII ZR 43/07, NJW 2008, 1741, zum Baurecht.
[92] Vgl. BGH VII ZR 155/11, NJW 2013, 3509 Rn. 14, zum Baurecht.
[93] Offenlassend BGH VIII ZR 268/10, NJW 2012, 603 Rn. 11.
[94] Vgl. BGH VII ZR 155/11, NJW 2013, 3509, zum Baurecht.
[95] LG Kassel WuM 1986, 345; Staudinger/*Artz* BGB § 556 Rn. 72.
[96] Vgl. BGH VIII ZR 263/15, NJW 2017, 1301.

### 1. Splittinggebot?

106 In der Praxis verpflichtet sich der Mieter regelmäßig, verschiedene Kostenpositionen nach Abrechnung zu tragen. Rechtlich handelt es sich um die **Bündelung** von **Abgeltungsvereinbarungen** (→ Rn. 104). Dieser Umstand rechtfertigt die allgemeine Meinung, dass der Vermieter in der Abrechnung nach den einzelnen Kostenpositionen zu unterscheiden hat (→ Rn. 338).

107 Für die **Vorauszahlungen** wird ein entsprechendes Aufschlüsselungsgebot indes **nicht vertreten,** ja nicht einmal näher diskutiert. Es ist den Parteien zwar unbenommen, bei den Vorauszahlungen nach den einzelnen Kostenpositionen zu differenzieren (Vorauszahlungssplitting, → Rn. 104); zwingend ist dies nach allgemeiner Meinung indes nicht.[97] Ist die Vorauszahlungsabrede eine Individualvereinbarung, ist dem mit Blick auf die Privatautonomie ohne Einschränkung zuzustimmen. Aber auch für Vermieter-AGB ist das Ergebnis letztlich vertretbar: Der Mieter hat typischerweise kein Interesse an einer Aufschlüsselung nach Kostenpositionen. Die Nachteile, die sich im Einzelfall für ihn aus dieser Vertragsgestaltung ergeben – insbes. die Unsicherheit der Vorauszahlungspflicht bei Teilunwirksamkeit der Abgeltungsvereinbarung (→ Rn. 86) – rechtfertigen es insbes. mit Blick auf ihren temporären Charakter nicht, Gesamtvorauszahlungsabreden nach § 307 Abs. 1 S. 1 BGB als unwirksam zu verwerfen.

### 2. Überhöhungsverbot (§ 556 Abs. 2 S. 2 BGB)

108 Nach § 556 Abs. 2 S. 2 BGB dürfen Vorauszahlungen nur in angemessener Höhe vereinbart werden; spiegelbildlich sind Anpassungen der Vorauszahlungen nach § 560 Abs. 4 BGB auf eine angemessene Höhe vorzunehmen. Die Norm ist **lex specialis** zu anderen, die Miethöhe kontrollierenden Vorschriften.

109 § 556 Abs. 2 S. 2 BGB wurde in der Mietrechtsreform 2001 aus § 4 Abs. 1 S. 1 MHG übernommen; eine nähere Beschreibung ihres **Zwecks** fehlt in beiden Gesetzesbegründungen.[98] Die Norm dient aber dem Schutz des Mieters, der vor unangemessenen finanziellen Belastungen in Form überflüssiger Vorschüsse[99], aber auch vor dem Insolvenzrisiko des Vermieters geschützt werden soll. § 556 Abs. 2 S. 2 BGB schützt hingegen nicht den Vermieter vor zu niedrigen Vorauszahlungen, was daraus folgt, dass der Norm die Rechtstechnik fehlt, wie es in diesem Fall zu einer angemessenen Zahlungspflicht des Mieters kommen soll.

110 **Zeitpunkt** der Kontrolle ist der **Abschluss** des **Mietvertrags.** Verändern sich danach Betriebskosten mit der Folge, dass die Vorauszahlungen in die Unangemessenheit „hineinwachsen", ist darauf nach § 560 Abs. 4 BGB zu reagieren. Die praktische Bedeutung von § 556 Abs. 2 S. 2 BGB ist daher gering.

111 Der BGH definiert das Merkmal **„nur in angemessener Höhe"** (tautologisch) mit „unangemessen überhöht".[100] Treffender ist die Beschreibung, dass angemessen nur kostendeckende Vorauszahlungen sind, was leichte Überschreitungen einschließt.[101] Maßgeblich ist, welche Vorauszahlungshöhe ein Vermieter festlegen würde, der auch die Interessen des Mieters an einem Schutz vor Überzahlungen berücksichtigt. Es handelt sich um einen objektiven Begriff, so dass eine Unkenntnis des Vermieters über die zu erwartenden Betriebskosten (etwa bei einer Erstvermietung) überhöhte Vorauszahlungen nicht rechtfertigen kann. Die Anwendung von § 556 Abs. 2 S. 2 BGB setzt daher in einem ersten Schritt die Ermittlung der zu erwartenden Betriebskosten voraus, die in einem zweiten Schritt mit den Vorauszahlungen zu vergleichen sind. Bei diesem Vergleich ist, wenn die Parteien einen Gesamtvorauszahlungsbetrag vereinbart haben, dieser mit den prognostizierten Gesamtbetriebskosten zu vergleichen. Bei der Vereinbarung von Einzelvorauszahlungen ist ein Vergleich mit den prognostizierten Einzelbetriebskosten vorzunehmen. In einem dritten Schritt ist die Unangemessenheit zu bewerten; Abweichungen von bis zu 10% dürften regelmäßig unbedenklich sein.[102] Verstößt die Vorauszahlungsabrede danach gegen § 556 Abs. 2 S. 2 BGB, so

---

97 Vgl. BGH VIII ZR 137/09, NJW 2010, 1198 Rn. 19, zum preisgebundenen Wohnraum.

98 Fehlanzeige bei BT-Drs. 14/4553, 50 (Mietrechtsreform); BT-Drs. 7/2011, 12 (2. WKSchG) verweist nebulös auf „in jüngster Zeit aufgetauchte Zweifel".

99 BayObLG NJW-RR 1996, 207 (208), zu § 4 Abs. 1 S. 1 MHG.

100 BGH VIII ZR 195/03, NJW 2004, 1102.

101 BayObLG NJW-RR 1996, 207 (208), zu § 4 Abs. 1 S. 1 MHG.

102 Ähnlich BeckOGK/*Drager* BGB § 556 Rn. 93; zu § 560 Abs. 4 BGB hat der BGH einen solchen Zuschlag hingegen verworfen, → BGB § 560 Rn. 73.

hat dies nur ihre **Teilnichtigkeit** zur Folge, nämlich insoweit sie die Höhe angemessener Vorauszahlungen überschreitet.[103]

Die **Darlegungs- und Beweislast** für eine Überhöhung trifft nach allgemeinen Grundsätzen den Mieter. Da er aber typischerweise keine Kenntnisse über die für die Mietsache zu erwartenden Kosten hat, kann er sich zunächst auf allgemeinen Vortrag beschränken, etwa auf die ortsüblichen Betriebskosten vergleichbarer Objekte. Dieser Vortrag gilt nach den Grundsätzen der sekundären Darlegungslast als zugestanden, wenn der Vermieter dem nicht substanziell entgegentritt.[104] **112**

### 3. Gebot der kostendeckenden Kalkulation?

Während das Gesetz damit eine Überhöhung der Vorauszahlungen verbietet, besteht nach der Rspr. des **BGH** grds. **keine Pflicht** des Vermieters, die Vorauszahlungen der Höhe nach an den tatsächlich zu erwartenden Betriebskosten zu bemessen. Nur wenn besondere Umstände vorliegen, begehe der Vermieter eine Pflichtverletzung beim Vertragsschluss, wenn er mit dem Mieter Vorauszahlungen vereinbart, die die Höhe der später anfallenden tatsächlichen Kosten nicht nur geringfügig, sondern auch deutlich unterschreiten.[105] Solche besonderen Umstände können nach der Rspr. etwa darin liegen, dass der Vermieter bei Vertragsschluss die Angemessenheit der Vorauszahlungen ausdrücklich zugesichert oder diese bewusst zu niedrig bemessen hat, um den Mieter über den Umfang der tatsächlichen Mietbelastung zu täuschen und ihn auf diese Weise zur Begründung eines Mietverhältnisses zu veranlassen.[106] **113**

Liegt danach eine schuldhafte Pflichtverletzung des Vermieters vor, ist der **Schadensersatzanspruch** des Mieters aus § 280 Abs. 1 BGB auf Freistellung von der Nachzahlungsforderung gerichtet, soweit die vom Mieter verlangten Kosten die ortsüblichen Betriebskosten überschreiten.[107] **114**

## IV. Fälligkeit und Verjährung

Die Fälligkeit des Anspruchs richtet sich nach der Parteiabrede. Typischerweise wird eine monatliche Leistung vereinbart; denkbar ist aber etwa auch eine Leistung in längeren Zeitabschnitten. Die Höchstgrenze bildet wegen § 556 Abs. 1 S. 1 BGB das Kalenderjahr; eine Einmalvorauszahlung auf die Betriebskosten ist im Lichte dieser Norm als Vorauszahlung für das erste Abrechnungsjahr auszulegen. Die konkrete Fälligkeit der Vorauszahlungen bestimmt sich nach § 556b Abs. 1 BGB.[108] **115**

Der Anspruch auf Vorauszahlungen **verjährt** binnen drei Jahren (§§ 195, 199 Abs. 1 BGB). Daran ändert sich durch die Betriebskostenabrechnung nichts. Denn diese führt nicht etwa dazu, dass zugunsten des Vermieters ein Anspruch auf Leistung der Abrechnungssumme neu entstehen würde. Die Grundlage des Zahlungsanspruchs in Höhe der Vorauszahlungen für das Abrechnungsjahr (§ 535 Abs. 2 BGB) bleibt vielmehr bestehen, weshalb die Verjährung nicht neu beginnt. Die Abrechnung setzt eine neue Verjährungsberechnung vielmehr nur insoweit in Gang, als der Nachzahlungsanspruch darauf beruht, dass die Vorauszahlungen zu niedrig angesetzt waren.[109] Der BGH hat sich zu dieser umstrittenen Frage indes noch nicht geäußert.[110] **116**

## V. Leistungsstörungen

Die Vorauszahlungen sind Teil der Miete gem. § 535 Abs. 2 BGB. Zahlt der Mieter geschuldete Vorauszahlungen nicht, berechtigt dies den Vermieter daher nach den allgemeinen Regeln über die **Kündigung** wegen Zahlungsrückstands zur Beendigung des Vertrags. Von Bedeutung ist hier, dass **117**

---

[103] BayObLG NJW-RR 1996, 207 (208), zu § 4 Abs. 1 S. 1 MHG (allgM).
[104] Vgl. BGH VIII ZR 199/16, NJW 2017, 2907 Rn. 7.
[105] BGH VIII ZR 195/03, NJW 2004, 1102; **aA** etwa *Artz* NZM 2004, 328; *Lehmann-Richter* WuM 2004, 254.
[106] BGH VIII ZR 195/03, NJW 2004, 1102; LG Berlin GE 2012, 1701.
[107] Näher *Lehmann-Richter* WuM 2004, 254.
[108] BGH VIII ARZ 5/90, NJW 1991, 836.
[109] *Jacoby* ZMR 2017, 781; **aA** etwa → BGB § 546 Rn. 64.
[110] BGH VIII ARZ 5/90, NJW 1991, 836 behandelt nur den „Nachzahlungsanspruch" nach Abrechnung, was offen lässt, ob dies nur der die Soll-Vorauszahlungen übersteigende Betrag oder das Saldo zwischen Abrechnungssumme und Ist-Vorauszahlungen ist.

„Miete" iSd absoluten Kündigungsgründe des § 543 Abs. 2 S. 1 Nr. 3 BGB auch die Vorauszahlungen für Betriebskosten sind.[111]

118 Neben der Kündigung ist auch ein Anspruch auf Ersatz des Verzögerungsschadens nach §§ 280, 286 BGB von Relevanz. Der Anspruch auf **Verzugszinsen** nach § 288 Abs. 1 BGB bleibt dem Vermieter auch dann erhalten, wenn später Abrechnungsreife eintritt und die Vorauszahlungen deshalb nicht mehr verlangt werden können.[112] Ein **Zurückbehaltungsrecht** des Vermieters aus § 273 BGB gegen den Anspruch des Mieters auf Abrechnung scheitert hingegen daran, dass nach Abrechnungsreife der Vorauszahlungsanspruch entfällt (→ Rn. 120).

119 Ist die **Mietsache mangelhaft,** entbindet das den Mieter nach Maßgabe des § 536 BGB auch von der Pflicht, Vorauszahlungen zu leisten; es reduziert sich also auch der Anspruch auf die Vorauszahlungen.[113] Zur Folgefrage, wie sich dies auf die Abrechnung auswirkt → Rn. 389.

## VI. Durchsetzungssperre bei Abrechnungsreife

120 Nach **hM** kann der Anspruch auf Betriebskostenvorauszahlungen nicht mehr geltend gemacht werden, sobald den Vermieter die Pflicht trifft (dazu → Rn. 472), die Abrechnung über die Betriebskosten des betreffenden Abrechnungsjahrs zu erstellen.[114] Der BGH spricht in einer Entscheidung davon, dass „der Anspruch untergeht und sich der Anspruch des Vermieters nur noch auf einen Saldo aus der Betriebskostenabrechnung richtet"[115]; in anderen Entscheidungen formuliert er, der Anspruch könne „grundsätzlich nicht mehr geltend gemacht werden"[116] bzw. „stehe dem Vermieter als solcher nicht mehr zu"[117]

121 **Stellungnahme:** Die letzte Formulierung ist treffend. Denn der Anspruch auf die Vorauszahlungen kann nicht untergehen, weil die Betriebskostenabrechnung einen Anspruch auf die Abrechnungssumme nicht neu kreiert (→ Rn. 99). Die Abrechnungsreife steht aber einer Durchsetzung des Vorauszahlungsanspruchs ohne Abrechnung entgegen. Diese Durchsetzungssperre folgt aus der Abrechnungsabrede der Parteien: Der Vermieter ist nur solange zur Geltendmachung von Vorauszahlungen ohne Abrechnung berechtigt, wie er die Abrechnung – und damit die Mitteilung der konkreten Betriebskosten – noch nicht zu erstellen hat.[118]

122 Ein besonderes Problem stellt sich, wenn der Vermieter nach **Soll-Vorauszahlungen abgerechnet** hat und die Ist-Vorauszahlungen diesen Betrag unterschreiten. Nach Ansicht des BGH[119] ist der Vermieter hier grds. auf den (inhaltlich unzutreffenden) Saldo aus der Abrechnung beschränkt; seinem Anspruch auf die Vorauszahlungen stehe die Abrechnungsreife entgegen. Der Vermieter müsse daher die Abrechnung binnen der Frist des § 556 Abs. 3 S. 3 BGB korrigieren, danach könne er den Betrag in Höhe der nicht geleisteten Vorauszahlungen grds. nicht mehr geltend machen. Im konkreten Fall sprach der BGH dem Vermieter unter Hinweis auf § 242 BGB dann aber doch den Betrag der Soll-Vorauszahlungen zu.[120] Nur dieses Ergebnis ist überzeugend. Denn die Durchsetzungssperre soll verhindern, dass der Vermieter Vorschüsse vereinnahmt, obwohl er in der Lage ist, seinen Anspruch konkret zu berechnen. Mit diesem Zweck ist es nicht zu vereinbaren, dem Vermieter im Falle der Abrechnung nach (nicht geleisteten) Soll-Vorauszahlungen seinen (vollen) Betriebskostenabgeltungsanspruch aus der Hand zu schlagen. Die **Durchsetzungssperre gilt** hier, unabhängig von Treueumständen des Einzelfalls, mithin **nicht.**

---

[111] Etwa BGH XII ZR 134/06, NJW 2008, 3210 Rn. 31; OLG Koblenz NJW 1984, 2369; *Lehmann-Richter* ZMR 2017, 372.

[112] BGH XII ZR 112/10, NZM 2013, 85 Rn. 29.

[113] BGH VIII ZR 347/04, NJW 2005, 2773.

[114] BGH VIII ZR 258/09, NJW 2011, 145 Rn. 22; BGH VIII ZR 362/14, ZMR 2016, 519 Rn. 13; krit. *Schmid* NZM 2007, 555.

[115] BGH XII ZR 112/10, NZM 2013, 85 Rn. 29.

[116] BGH VIII ZR 68/17, NJW 2018, 3448 Rn. 48.

[117] BGH VIII ZR 258/09, NJW 2011, 145 Rn. 22; BGH VIII ZR 362/14, ZMR 2016, 519 Rn. 13.

[118] *Jacoby ZMR 2017, 781.*

[119] BGH VIII ZR 133/10, NJW 2011, 1957.

[120] BGH VIII ZR 133/10, NJW 2011, 195 Rn. 15. Argument: Der unterlaufene Fehler war auf den ersten Blick erkennbar.

## VII. Zurückbehaltungsrecht

Ist die Mietsache **mangelhaft,** so erstreckt sich ein dadurch ausgelöstes Zurückbehaltungsrecht an der Miete (dazu → BGB § 536 Rn. 409 ff.) auch auf die Betriebskostenvorauszahlungen. Zu den Auswirkungen auf die Abrechnung → Rn. 389. 123

Hat der Vermieter über ein abgelaufenes Abrechnungsjahr **nicht** fristgemäß **abgerechnet,** so berechtigt dies den Mieter nach hM, die Vorauszahlungen für spätere Abrechnungsperioden gem. § 273 BGB zurückzubehalten.[121] Das Zurückbehaltungsrecht erfasst nach der Rspr. „jedenfalls die weiterlaufenden Vorauszahlungen".[122] Damit hat der BGH bislang keine höhenmäßige Grenze gezogen. Eine solche kann sich in besonders gelagerten Einzelfällen ergeben, wenn die einbehaltenen Vorauszahlungen eine Höhe erreicht haben, die eine weitere Zurückbehaltung wegen einer „Übersicherung" des Mieters treuwidrig erscheinen lassen.[123] Keinesfalls zu übertragen ist die Sonderrechtsprechung des BGH zum Wegfall des Zurückbehaltungsrechts bei Mängeln der Mietsache.[124] Denn sonst könnte der Vermieter durch Verweigerung der Abrechnung den Mieter zur Zahlung zwingen, obwohl diesem aus vergangenen Abrechnungsperioden evtl. Erstattungsansprüche zustehen, deren Durchsetzung mit dem Insolvenzrisiko des Vermieters belastet sind. 124

Hat der Vermieter zwar eine Abrechnung erteilt, aber die damit verbundene **Belegeinsicht** nicht gewährt, besteht ein Zurückbehaltungsrecht aus § 273 BGB an den laufenden Mieten und damit an den laufenden Vorauszahlungen, soweit die Grenzen einer „Übersicherung" nicht überschritten werden. 125

Das Zurückbehaltungsrecht **endet,** sobald der Anspruch des Mieters wegfällt, Praxisrelevant ist die Erfüllung, etwa des Mängelbeseitigungs- oder Abrechnungsanspruchs. Die Verjährung des Anspruchs des Mieters lässt das Zurückbehaltungsrecht hingegen nicht entfallen, § 215 BGB. 126

## VIII. Tilgung

Der Anspruch auf die Vorauszahlungen erlischt nach § 362 Abs. 1 BGB durch **Tilgung.** Eine Ausnahme gilt, wenn der Vermieter die Vorauszahlungen wegen nicht fristgemäßer Abrechnung erstattet hat und später abrechnet (→ Rn. 609). 127

Hat der Mieter **Teilzahlungen** auf die Miete geleistet, stellt sich die Frage, wie sich dies auf den Anspruch auf Vorauszahlungen auswirkt. Dies Antwort gibt § 366 BGB.[125] Sie ist deshalb von Bedeutung, weil Vorauszahlungen nach Abrechnungsreife nach hM nicht mehr isoliert – also ohne dass abgerechnet wird – geltend gemacht werden können (→ Rn. 120). 128

Bei der Anwendung von **§ 366 BGB** ist in einem ersten Schritt zu fragen, ob der Mieter mit Tilgungsbestimmung (§ 366 Abs. 1 BGB) gezahlt hat. Die Tilgungsbestimmung kann auch konkludent erfolgen. Die Zahlung des genauen Betrags einer Monatsmiete wird, auch wenn sie verspätet im Monat erfolgt, regelmäßig eine Tilgungsbestimmung für die Miete dieses Monats enthalten[126]; gleiches gilt für eine (Teil)zahlung zum Fälligkeitstermin.[127] Erfolgt im letztgenannten Fall eine Teilzahlung und fehlt eine Bestimmung des Mieters, inwieweit die Teilzahlung die Nettomiete oder die Vorauszahlungen betrifft[128], so ist die Teilzahlung – nach hM analog, richtigerweise unmittelbar, da es sich um unterschiedliche Forderungen handelt (→ Rn. 100) – gem. § 366 Abs. 2 BGB zu verrechnen: Sie ist nach hM zunächst auf die Nebenkostenvorauszahlung anzurechnen, weil diese nach Eintritt der Abrechnungsreife oder erfolgter Abrechnung grds. nicht mehr geltend gemacht werden kann und daher weniger sicher ist als die Nettomietforderung.[129] Lässt sich eine Zahlung mangels Tilgungsbestimmung des Mieters keinem konkreten Monat zuordnen und sind Mieten aus verschiedenen Monaten offen, ist die Zahlung zunächst im absteigenden Alter auf die Nebenkostenvorauszahlungen 129

[121] BGH VIII ZR 315/11, NJW 2012, 3508; BGH VIII ZR 191/05, NZM 2006, 533.
[122] BGH VIII ZR 191/05, NZM 2006, 533 Rn. 13.
[123] Vgl. BGH X ZR 173/01, NJW 2004, 3484.
[124] BGH VIII 39/18, NJW 2019, 1745 Rn. 23.
[125] BGH VIII ZR 68/17, NJW 2018, 3448 Rn. 37 ff.
[126] LG Berlin GE 2016, 1386; MüKoBGB/*Häublein* § 535 Rn. 199 mit Fn. 816; **aA** OLG Düsseldorf ZMR 2000, 605.
[127] **AA** LG Münster ZMR 2009, 212.
[128] Auch hier ist eine konkludente Tilgungsbestimmung denkbar, etwa wenn der Mieter genau den Betrag der Nettomiete oder der Vorauszahlungen leistet.
[129] BGH VIII ZR 68/17, NJW 2018, 3448 Rn. 48.

(etwa Januar 2021; Februar 2021) und anschließend – wiederum beginnend mit der ältesten Forderung – auf die Nettomietrückstände (etwa Januar 2021; Februar 2021) zu verrechnen.[130]

**130** Sind durch ein **Vorauszahlungssplitting** verschiedene monatliche Vorauszahlungen begründet worden, sind die Vorauszahlungen betreffende Mietzahlungen verhältnismäßig auf die einzelnen Vorauszahlungen zu verrechnen (§ 366 Abs. 2 BGB).

## IX. Gerichtliche Geltendmachung

**131** Bei der gerichtlichen Geltendmachung von Vorauszahlungsansprüchen muss der Vermieter nach § 253 Abs. 2 Nr. 2 ZPO den Streitgegenstand benennen.

### 1. Streitgegenstand

**132** Die Nettomieten für unterschiedliche Zeitabschnitte – typischerweise die einzelnen Monate – betreffen verschiedene Streitgegenstände.[131] Fraglich ist der Streitgegenstand der Vorauszahlungen; hier stellen sich **verschiedene Fragen.**

**133** Als erstes ist festzuhalten, dass die **monatliche Nettomiete** und die monatliche **Vorauszahlung unterschiedliche Streitgegenstände** haben.[132] Denn die Nettomiete soll als Gegenleistung für die Gebrauchsmöglichkeit dauerhaft im Vermögen des Vermieters verbleiben, während dies bei den Vorauszahlungen noch nicht abschließend feststeht. Anders als die Nettomiete haben die Vorauszahlungen damit keinen auf den jeweiligen Monat bezogenen Charakter; sie sind nicht Gegenleistung für den Gebrauch in diesem Monat. Die monatliche Fälligkeit ist hier letztlich allein Praktikabilitätsgesichtspunkten geschuldet.

**134** Beim Streitgegenstand der jeweiligen **Vorauszahlungen** stellt sich stets die Frage, wie sich die **monatlichen Zahlungspflichten** zueinander verhalten. Hier ist festzustellen, dass die Vorauszahlungen für das jeweilige Abrechnungsjahr einheitlich der Abgeltung der sie betreffenden Betriebskosten dieses Jahres dienen; sie haben daher einen **identischen Streitgegenstand.** Deshalb haben dieselbe Betriebskostenposition betreffende Vorauszahlungs- und Nachzahlungsansprüche denselben Streitgegenstand (→ Rn. 142).

**135** Haben die Parteien die Vorauszahlungen nach **Betriebskostentypen aufgesplittet** (vgl. → Rn. 104), fragt sich weiter, ob die Vorauszahlungen für die verschiedenen Betriebskostentypen **unterschiedliche Streitgegenstände** haben. Diese Frage ist zu bejahen, denn aufgrund der Aufschlüsselung handelt es sich um die durch die jeweilige Betriebskostenart voneinander zu trennende Lebenssachverhalte.

**136** Die **Abrechnung** über die Betriebskosten **ändert** den **Streitgegenstand nicht** (→ Rn. 134).

### 2. Saldoklage

**137** In seiner Leitentscheidung zur Saldoklage hat der **BGH** der Ansicht eine Absage erteilt, dass eine Klage, die auf eine Zuordnung einzelner Mietzahlungen zu bestimmten Zeiträumen sowie Nettomieten oder Vorauszahlungen verzichtet, unzulässig sei. Erhebt der Vermieter eine solche Saldoklage, müsse das Gericht vielmehr durch Auslegung den Streitgegenstand analog § 366 Abs. 2 BGB ermitteln.[133] Aus dieser Norm folgen **zwei Auslegungs-/Verrechnungsmethoden:** Zum einen ist eine Anrechnung auf die jeweils ältesten Rückstände vorzunehmen, zum anderen zunächst auf die Nebenkostenvorauszahlungen. Wie diese beiden Verrechnungsmethoden miteinander zu kombinieren sind, hängt davon ab, ob der Kläger die Gutschriften oder Zahlungen des Mieters einzelnen Zeiträumen zugeordnet hat (etwa: Miete Januar 2021) oder nicht.

**138** **Erfolgt eine Zuordnung,** ist regelmäßig davon auszugehen, dass der Kläger die Zahlung auf die zu diesem Termin geschuldete Nebenkostenvorauszahlung und anschließend auf die für diesen Monat geschuldete Nettokaltmiete verrechnet. Übersteigt eine für einen bestimmten Zeitraum erbrachte Zahlung die für diesen Zeitraum geschuldete Bruttomiete, ist der überschießende

---

[130] BGH VIII ZR 68/17, NJW 2018, 3448 Rn. 52.

[131] *Etwa BGH VIII ZR* 94/12, NJW 2013, 1367 Rn. 12ff.

[132] Etwa BGH VIII ZR 68/17, NJW 2018, 3448 Rn. 17, 27; Bub/Treier MietR-HdB/*Fischer/Günter* Kap. XI Rn. 61.

[133] BGH VIII ZR 68/17, NJW 2018, 3448.

Betrag – in absteigendem Alter – auf die ältesten Nebenkostenvorauszahlungsforderungen und anschließend – wiederum beginnend mit der ältesten Schuld – auf die Nettomieten anzurechnen.

**Fehlt eine Zuordnung,** weil der Kläger die Zahlung lediglich von einem Gesamtsaldo abzieht, ist die Zahlung zunächst im absteigenden Alter auf die Nebenkostenvorauszahlungsforderungen (etwa Januar 2021; Februar 2021) und anschließend – wiederum beginnend mit der ältesten Forderung – auf die Nettomietrückstände (etwa Januar 2021; Februar 2021) zu verrechnen. 139

Wenn der Vermieter nach Klageerhebung eine von den soeben beschriebenen Grundsätzen abweichende Erklärung über die Zuordnung erbrachter Zahlungen abgibt, handelt es sich nach Ansicht des BGH entweder um eine **Klageänderung** nach § 263 ZPO (die im Berufungsverfahren ergänzend an § 533 ZPO zu messen ist) oder, wenn sich an dem zugrundeliegenden Lebenssachverhalt nichts ändert, um eine nach § 264 Nr. 2 ZPO jederzeit zulässige Klageänderung.[134] Erfolgt eine solche Erklärung erstmals in der Berufungsinstanz, ist sie nach der Rspr. unabhängig von den Vorgaben des § 531 Abs. 2 ZPO zu berücksichtigen, weil sie kein Angriffs- oder Verteidigungsmittel im Sinne dieser Vorschrift darstellt, sondern zum Angriff selbst gehört.[135] 140

Die Prüfung der **Begründetheit der Klage** kann selbstverständlich ergeben, dass – abweichend von der Auslegung des Klageantrags – Forderungen, die Klagegegenstand sind, bereits erloschen sind, andere – die nicht Klagegegenstand sind – hingegen bestehen, nämlich wenn der Mieter eine abweichende Tilgungsbestimmung bei der Zahlung vorgenommen hat (§ 366 Abs. 1 BGB), dazu → Rn. 128.[136] 141

### 3. Abrechnungsreife

Tritt im Laufe des Prozesses Abrechnungsreife ein, steht dem Anspruch des Vermieters auf Leistung der Vorauszahlungen eine Durchsetzungssperre (→ Rn. 120) entgegen. Diese Sperre kann der Vermieter durch Abrechnung beseitigen. Am Streitgegenstand ändert dies nichts: Der Vermieter macht weiterhin aus § 535 Abs. 2 BGB die Abgeltung der Betriebskosten des Abrechnungsjahres geltend[137], wobei bei einer Aufschlüsselung der Vorauszahlungen nach Betriebskostentypen mehrere Streitgegenstände vorliegen. Verlangt der Vermieter ergänzend eine Nachzahlung, handelt es sich um eine Klageerweiterung nach § 264 Nr. 2 ZPO. Der **BGH** sieht dies indes anders und wendet **§ 264 Nr. 3 ZPO** an.[138] Das Ergebnis ist aber dasselbe: Die Änderung des Klageantrags ist zulässig. 142

## X. Rückforderung

Ein Anspruch des Mieters auf Rückzahlung geleisteter Vorauszahlungen besteht aus § 812 Abs. 1 S. 1 Alt. 1 BGB, wenn der **Rechtsgrund fehlt.** Dies ist insbes. bei einer nicht zustande gekommenen oder unwirksamen Abgeltungsvereinbarung, aber auch dann der Fall, wenn die Vorauszahlungen wegen eines Mangels gemindert sind (→ Rn. 119). Davon zu unterscheiden ist die teilweise Rückzahlung der Vorschüsse **nach Abrechnung** oder wegen Nichtabrechnung, dazu → Rn. 612. 143

## D. Anspruch auf Leistung einer Pauschale

Haben die Parteien sich auf eine Betriebskostenpauschale geeinigt, ist diese Bestandteil der Miete gem. § 535 Abs. 2 BGB. Anders als für die Vorauszahlungen (§ 556 Abs. 2 S. 2 BGB) fehlt im Gesetz eine spezielle Regel über die **Preiskontrolle;** § 560 Abs. 3 BGB regelt nämlich nur die Herabsetzung aufgrund einer nachträglichen Verringerung von Betriebskosten. In der Lit. wird teilweise vertreten, dass auch Pauschalen nur in angemessener Höhe vereinbart werden dürften[139], was iErg eine Analogie zu § 556 Abs. 2 S. 2 BGB bedeutet. Das überzeugt nicht, weil es bei § 556 Abs. 2 S. 2 BGB um die Vermeidung einer Übersicherung des Vermieters geht (→ Rn. 109), die Pauschale hingegen endgültig im Vermögen des Vermieters verbleiben soll. Zu folgen ist daher grds. der Ansicht des BGH, nach der sich der Mieter an der vereinbarten Pauschale festhalten lassen 144

---

[134] BGH VIII ZR 68/17, NJW 2018, 3448 Rn. 64.
[135] BGH VIII ZR 68/17, NJW 2018, 3448 Rn. 67.
[136] BGH VIII ZR 68/17, NJW 2018, 3448 Rn. 45.
[137] *Jacoby* ZMR 2017, 781.
[138] BGH VIII ZR 258/09, NJW 2011, 145 Rn. 22.
[139] *Schmid* WuM 2001, 424; Palandt/*Weidenkaff* BGB § 556 Rn. 6.

muss.[140] Eine Einschränkung ist indes insoweit zu machen, als deren Höhe anhand der allgemeinen Mietpreiskontrollregeln (§ 556d BGB, § 5 WiStG) zu überprüfen ist.

**145** Für den Anspruch auf Leistung der Pauschale gelten auch iÜ die Ausführungen zur Leistung von Vorauszahlungen entsprechend, soweit sie nicht im vorläufigen Charakter der Vorauszahlungen wurzeln: Den Parteien steht es frei, sich auf eine **Gesamtpauschale** oder auf einzelne Pauschalen für konkrete Kostentypen zu einigen. Die **Fälligkeit** der Pauschale richtet sich nach § 556b Abs. 1 BGB. Wird die Pauschale nicht geleistet, berechtigt dies den Vermieter nach den Vorschriften über den Zahlungsverzug zur **Kündigung;** die Pauschale ist „Miete" iSd § 543 Abs. 2 S. 1 Nr. 3 BGB.[141] Ist die Mietsache mangelhaft, ist die Pauschale nach Maßgabe des § 536 BGB **gemindert.**[142] Der Mieter kann sich wegen der Pauschale in einer notariellen Urkunde der **Zwangsvollstreckung** unterwerfen.[143] Der Anspruch auf Leistung der monatlichen Pauschale und der Anspruch auf Leistung der monatlichen Nettomiete haben denselben **Streitgegenstand,** weil beide endgültig im Vermietervermögen verbleiben sollen und damit die Gegenleistung für die Gebrauchsmöglichkeit im betreffenden Monat sind. Sie sind deshalb auch ein einheitlicher Anspruch des Vermieters.

## E. Betriebskostenbegriff (§ 556 Abs. 1 S. 2)

**146** § 556 Abs. 1 S. 2 BGB definiert Betriebskosten als die Kosten, die dem Eigentümer oder Erbbauberechtigten durch das Eigentum oder das Erbbaurecht am Grundstück oder durch den bestimmungsmäßigen Gebrauch des Gebäudes, der Nebengebäude, Anlagen, Einrichtungen und des Grundstücks laufend entstehen.

### I. Grundprobleme

**147** Der Betriebskostenbegriff ist mit **Auslegungsschwierigkeiten** behaftet. Gerichte, aber auch die Kommentarliteratur arbeiten sich weitgehend an Einzelfragen ab, wobei die Entscheidungsfindung häufig auf der Grundlage eines unzureichenden theoretischen Fundaments erfolgt – es wird im Problem, nicht aber im System gearbeitet. Die maßgeblichen **Rechtsfragen** stellen sich **typischerweise** beim **Abrechnungsmodell.** Sie können aber auch bei Vereinbarung des Pauschalmodells relevant werden, wenn nämlich die Pauschale nach § 560 Abs. 1–3 BGB angepasst werden soll. Aber selbst beim Inklusivmodell ist der Betriebskostenbegriff von Bedeutung, wenn nämlich die Bruttomiete durch Vergleich mit Nettomieten erhöht und zu diesem Zweck in eine fiktive Nettomiete umgerechnet wird (→ BGB § 558 Rn. 55).

**148** Bei der Definition der Betriebskosten geht es im Kern um die Abgrenzung zu anderen Kosten – andere Bewirtschaftungskosten des Vermieters, Betriebskosten anderer Vermieter, Betriebskosten anderer Mietsachen. § 556 Abs. 1 S. 2 BGB verwendet deshalb zur Beschreibung des Betriebskostenbegriffs typologische, personelle sowie gegenständliche **Anknüpfungspunkte:**

- in **typologischer Sicht** geht es um die Abgrenzung der Betriebskosten von anderen Bewirtschaftungskosten (dazu → Rn. 149, 204ff.);
- in **personeller Sicht** geht es um die Zuordnung der Kosten zum Vermieter (→ Rn. 174ff.)
- in **gegenständlicher Sicht** geht es um die räumliche Zuordnung durch Beschreibung der Abrechnungseinheit (→ Rn. 154, 185).

#### 1. Enger Betriebskostenbegriff

**149** § 556 Abs. 1 S. 2 BGB entspricht wörtlich § 1 Abs. 1 S. 1 BetrKV. Man kann die Definition in beiden Vorschriften als „Betriebskosten im weiteren Sinne" bezeichnen, weil unter sie etwa auch die Kosten der Erhaltung und der Verwaltung fallen.[144] Aus § 556 Abs. 1 S. 3 BGB ergibt sich aber, dass § 556 BGB ein **engerer Betriebskostenbegriff** zugrunde liegt: Denn danach gilt für die Aufstellung der Betriebskosten die Betriebskostenverordnung fort. Mit dieser Formulierung wird § 2 BetrKV in Bezug genommen, wie sich aus dessen Überschrift („Aufstellung der Betriebskosten") ergibt.

---

[140] BGH VIII ZR 106/11, NJW 2012, 303 Rn. 11.
[141] *Etwa OLG Koblenz NJW 1984, 2369; Lehmann-Richter* ZMR 2017, 372.
[142] BGH VIII ZR 347/04, NJW 2005, 2773.
[143] Vgl. BGH VIII ZR 76/16, NJW 2018, 551.
[144] *Lehmann-Richter* ZMR 2012, 837; vgl. auch BGH VIII ZR 254/17, NZM 2019, 253 Rn. 11.

Betriebskosten iSd § 556 Abs. 1 S. 1 BGB sind also **nur** die in **§ 2 BetrKV** genannten **Kosten.** Diese gesetzliche Definition ist rechtstechnisch mangelhaft, weil die entscheidende Aussage – nämlich die Inkorporation des Katalogs des § 2 BetrKV in das BGB und die daraus folgende Einschränkung des weiten Betriebskostenbegriffes aus § 556 Abs. 1 S. 2 BGB – sich § 556 Abs. 1 S. 2 BGB nicht mit der gewünschten Transparenz entnehmen lässt.[145] Wie die Materialien zeigen, fehlte den Gesetzesverfassern an dieser Stelle das notwendige Problembewusstsein.[146] Zum Verhältnis zwischen dem engen Betriebskostenbegriff und der Aufstellung des § 2 BetrKV → Rn. 223. 150

**2. Einzel- und Gesamtbetriebskosten**

Die Bezeichnung „Betriebskosten" in den §§ 556f., 560 BGB ist auch aus einem weiteren Grund unpräzise. Phänomenologisch lassen sich nämlich **verschiedene Betriebskostentypen** unterscheiden. Es bedarf daher der Klärung, welcher Betriebskostentyp Gegenstand der jeweiligen Vorschrift ist. 151

Zunächst gibt es die Betriebskosten, die dem Vermieter für die vermietete Wohnung entstanden sind; diese werden hier als **Einzelbetriebskosten** bezeichnet. Nur diese Einzelbetriebskosten können Gegenstand einer Abgeltungsvereinbarung nach § 556 Abs. 1 S. 1 BGB sein. § 556 Abs. 1 S. 1 BGB bezieht sich mithin nur auf die Einzelbetriebskosten; gleiches gilt für das Merkmal „Betriebskosten" in §§ 560 Abs. 1 S. 1, Abs. 2 S. 2, Abs. 3 BGB. 152

Von den Einzelbetriebskosten sind die **Gesamtbetriebskosten** zu unterscheiden. Gesamtbetriebskosten ist die der Abrechnungseinheit (→ Rn. 154) zugeordnete Kostenmenge, in der die Einzelbetriebskosten als Teilmenge enthalten sind. § 556a BGB meint diese Gesamtbetriebskosten, wenn er von Betriebskosten spricht. Aber auch § 556 Abs. 1 S. 2 BGB betrifft die Gesamtbetriebskosten, wie sich aus seinem Wortlaut ergibt, der nicht an die vermietete Wohnung, sondern das Grundstück und Gebäude anknüpft. Da die Einzelbetriebskosten Teil der Gesamtbetriebskosten sind, fallen aber auch die Einzelbetriebskosten unter § 556 Abs. 1 S. 2 BGB. Die Gesamtbetriebskosten sind von besonderer Bedeutung, weil typischerweise die Einzelbetriebskosten beim Vermieter nicht isoliert anfallen. 153

**3. Die Extraktion der Einzelbetriebskosten aus einer Kostenmenge**

Die Unterscheidung zwischen den vom Mieter zu tragenden Einzelbetriebskosten und den Gesamtbetriebskosten führt zur **Gretchenfrage** des **Betriebskostenrechts:** Nach welcher **Methode** sind die vom Mieter zu tragenden Einzelbetriebskosten aus einer Kostenmenge zu extrahieren, die auch andere Kosten enthält? Die Problematik wird gelegentlich mit Schlagwörtern beschrieben, die indes nicht immer einheitlich gebraucht werden. Hier wird in weitgehender Anlehnung an den BGH folgende **Terminologie** verwendet: 154

- **Abrechnungseinheit** meint die Summe der Nutzflächen, deren Betriebskosten nach der in § 556a BGB beschriebenen Methode unter den Nutzern verteilt werden.[147] Dabei ist zu beachten, dass die Abrechnungseinheit für jede Kostenposition gesondert zu bilden ist. Die Abrechnungseinheiten können also aus jeweils verschiedenen Nutzflächen bestehen; im typischen Mehrfamilienhaus sind die Abrechnungseinheiten allerdings identisch.
- **Gesamtbetriebskosten** meint die Kostenmenge der Abrechnungseinheit, also die ihr zugeordneten Betriebskosten (→ Rn. 153).
- **Einzelbetriebskosten** sind die dem konkreten Mieter zugeordneten Kosten (→ Rn. 152).
- **Vorwegabzug** meint die Extraktion der Gesamtbetriebskosten aus einer größeren, die Betriebskosten der Abrechnungseinheit überschreitenden Kostenmenge.[148] Konkret geht es um die Bereinigung einer gemischten Kostenmenge um Nichtbetriebskosten (→ Rn. 160) sowie

[145] Dies war bei den früheren Fassungen des § 556 Abs. 1 BGB kaum anders, die einen direkten Verweis auf Normen aus dem öffentlich geförderten Wohnbaurecht enthielten, die ihrerseits zur näheren Definition des Betriebskostenbegriffs auf andere Regelwerke weiterverwiesen („Die Vertragsparteien können vereinbaren, dass der Mieter Betriebskosten iSd § 27 II. BV trägt" bzw. ab 1.1.2002: „Die Vertragsparteien können vereinbaren, dass der Mieter Betriebskosten iSd § 19 Abs. 2 WoFG trägt. Bis zum Erlass der Verordnung nach § 19 Abs. 2 S. 2 WoFG ist hinsichtlich der Betriebskosten nach Satz 1 § 27 II. BV anzuwenden").

[146] Siehe BT-Drs. 16/814, 18.

[147] Vgl. etwa BGH VIII ZR 93/15, NJW 2016, 866 Rn. 8; in der Lit. findet sich als Synonym „Umlegungseinheit", MüKoBGB/*Zehelein* § 556a Rn. 6.

[148] Vgl. BGH VIII ZR 22/13, NZM 2014, 26 Rn. 15 „Bereinigung um nicht umlagefähige Kosten".

um die Bereinigung einer Betriebskostenmenge um die einer gewerblichen Nutzung zuzuweisenden Kosten[149] (→ Rn. 165).

- **Wirtschaftseinheit** benutzt der BGH unter der Konkretisierung „einzelne Wirtschaftseinheit" als Synonym für Abrechnungseinheit.[150] Um eine „größere Wirtschaftseinheit" handelt es sich in der Diktion des BGH hingegen[151], wenn die Gesamtbetriebskosten aus einer größeren Kostenmenge extrahiert werden. Dieses Vorgehen wird hier als **Bündelung** von **Abrechnungseinheiten** bezeichnet (näher → Rn. 158, 381 ff.).
- **Abrechnungskreis** verwendet der BGH unterschiedlich, nämlich einmal als Synonym für Abrechnungseinheit[152], zum anderen als Synonym für Betriebskostenposition[153].

155 **a) Einzelbetriebskosten als Teilmenge der Gesamtbetriebskosten.** Um die Extraktionsmethode geht es vor allem, wenn die Einzelbetriebskosten aus den Gesamtbetriebskosten – also den Betriebskosten der Abrechnungseinheit – herauszulösen sind. Das Gesetz beschreibt diese Methode als **„Umlage";** sie ist in § 556 a BGB geregelt. Sie kommt immer dann zur Anwendung, wenn sich die Einzelbetriebskosten nicht konkret ermitteln lassen. Eine konkrete Ermittlung ist nur ausnahmsweise möglich: Zum einen, wenn ein betriebskostenrechtlicher Vermögensabfluss (→ Rn. 179) sich nur auf die vermietete Wohnung bezieht (Beispiel: Begleichung einer Einzelrechnung über die Wartung der Gasetagenheizung). Zum anderen, wenn der Vermögensabfluss mehrere Wohnungen betrifft, der kostenmäßige Bezug zur Wohnung sich aber ohne Kostenextraktion („Umlage") nach § 556 a BGB ermitteln lässt (Beispiel: Begleichung einer Sammelrechnung über die Wartung der Gasetagenheizungen im Gebäude, die die Einzelbeträge für jedes Heizgerät ausweist). Ergebnis einer solchen konkreten Ermittlung sind **reale Einzelbetriebskosten,** weil diese tatsächlich in der festgestellten Höhe für die vermietete Wohnung entstanden sind.

156 Werden die Kosten hingegen durch Umlage nach § 556 a BGB ermittelt, handelt es sich nur selten um reale Einzelbetriebskosten. Denn insbes. durch eine Umlage nach Wohnfläche wird nicht festgestellt, welche Betriebskosten tatsächlich durch den Gebrauch der Wohnung entstanden sind. Nur in Ausnahmefällen kann die Umlage nach § 556 Abs. 2 BGB zu realen Einzelbetriebskosten führen, etwa bei einer ausschließlichen Verteilung von Müllentsorgungskosten nach elektronisch erfasster Verursachung. Typischerweise ergeben sich bei einer Umlage nach § 556 a BGB hingegen **fiktive Einzelbetriebskosten.** Die gesetzliche Anerkennung der Umlagemethode des § 556 a BGB führt dazu, dass der Mieter diese fiktiven Einzelbetriebskosten zu tragen hat. Ohne § 556 a BGB stünde der Vermieter nämlich vor einem veritablen Beweisproblem: Zwar wäre der Mieter aufgrund der Abgeltungsvereinbarung nach § 556 Abs. 1 S. 1 BGB zur Tragung der Einzelbetriebskosten verpflichtet. Die realen Einzelbetriebskosten könnte der Vermieter aber nicht ermitteln.[154]

157 **b) Bündelung von Abrechnungseinheiten („größere Wirtschaftseinheit").** Die Frage nach der Methode der Extraktion stellt sich auch, wenn die Gesamtbetriebskosten der Abrechnungseinheit Teil einer größeren Betriebskostenmenge sind.[155] Es geht also um eine Bündelung von Abrechnungseinheiten, was der BGH[156] mit dem Schlagwort der Bildung einer „größeren Wirtschaftseinheiten" bezeichnet.

**Beispiel:** Das Gebäude, in dem sich die Wohnung befindet, ist Teil einer grundstücksübergreifenden Mehrhausanlage, die vom Vermieter einheitlich verwaltet wird. Der Vermieter legt die für alle Grundstücke und Gebäude anfallenden Betriebskosten nach dem Flächenanteil sämtlicher Gebäude auf die einzelnen Mieter um. Zu diesem Zweck addiert er auch die Grundsteuer der Grundstücke.

158 Ob Abrechnungseinheiten gebündelt („größere Wirtschaftseinheiten" gebildet) wurden, lässt sich nur feststellen, wenn die **Abrechnungseinheit festgelegt** wird. Nach hier vertretener

---

[149] Etwa BGH VIII ZR 93/15, NJW 2016, 866 Rn. 11.
[150] BGH VIII ZR 22/13, NZM 2014, 26 Rn. 14.
[151] BGH VIII ZR 22/13, NZM 2014, 26 Rn. 14.
[152] BGH VIII ZR 244/18, NZM 2020, 320 Rn. 13.
[153] BGH VIII ZR 268/10, NJW 2012, 603 Rn. 11.
[154] Die allgM hat dem Vermieter vor Einführung des gesetzlichen Umlageschlüssels hier durch ein auf § 316 BGB gestütztes Recht zur einseitigen Bestimmung des Schlüssels geholfen, BGH VIII ZR 10/92, NJW 1993, 1061.
[155] Zutr. die Problembeschreibung bei Versorgung verschiedener Gebäude durch eine gemeinsame Heizungsanlage bei BGH VIII ZR 290/09, NJW 2012, 3229 Rn. 12: Es müsse „zwischen der Zuordnung der für den Betrieb der gemeinsamen Heizungsanlage entstandenen Kosten zu den beiden angeschlossenen Häusern und der Umlage der Gesamtkosten auf die einzelnen Mieter unterschieden werden".
[156] BGH VIII ZR 22/13, NZM 2014, 26 Rn. 14.

Ansicht bestimmt sich die Abrechnungseinheit nach dem Prinzip der kleinstmöglichen Gesamtkostenmenge (→ Rn. 188ff.). Der **BGH** vertritt hingegen eine liberalere Linie und lässt es zu, dass der Vermieter größere Abrechnungseinheiten bildet (näher → Rn. 379ff.). Geht der Vermieter so vor, ist die von ihm gebildete Abrechnungseinheit maßgeblich und die Extraktion erfolgt nach der in § 556a BGB vorgegebenen Methode (→ Rn. 155f.). Es handelt sich dann nicht um das hier beschriebene Problem der Extraktion aus einer größeren Kostenmenge.

Steht nach Bestimmung der Abrechnungseinheit hingegen fest, dass die Gesamtbetriebskosten als Teil einer größeren Kostenmenge – nämlich den Kosten der „größeren Wirtschaftseinheit" – angefallen sind, bedarf es einer Extraktionsmethode. Diese ist nicht in § 556a BGB geregelt, der nur die Extraktion der Einzelbetriebskosten aus den Gesamtbetriebskosten der Abrechnungseinheit betrifft. Der BGH bezeichnet den Vorgang als **Vorwegabzug** (→ Rn. 154). Als Methode hat der BGH die **Extraktion** anhand von Einzelrechnungen gebilligt, die sich auf die jeweiligen Abrechnungseinheiten bezogen.[157] In der Lit. wird verbreitet vertreten, dass auch ein Vorwegabzug durch Schätzung zulässig sei.[158] So geht auch der BGH beim „gewerblichen Vorwegabzug" vor (→ Rn. 165). Eine solche Schätzung führt nun allerdings dazu, dass der Mieter an fiktiven Gesamtbetriebskosten beteiligt wird. Dafür gibt es im Gesetz keine Stütze. Denn § 556 Abs. 1 BGB regelt die realen Gesamtbetriebskosten, weil Satz 2 die Abrechnungseinheit definiert (→ Rn. 185). Der Vorwegabzug muss daher zu **realen Gesamtbetriebskosten** führen. Ist das nicht möglich, so geht dies zu Lasten des Vermieters: Die von ihm behaupteten Kosten entsprechen dann nämlich nicht den Anforderungen des § 556 Abs. 1 S. 2 BGB und sind vom Mieter nicht (anteilig) zu tragen (auch → Rn. 379ff.). Zur Schätzung im Nachzahlungsprozess → Rn. 592. 159

**c) Gesamtbetriebskosten als Teil einer gemischten Kostenmenge.** Sind die Gesamtbetriebskosten dem Vermieter als **Teil** einer Kostenmenge entstanden, die auch Kosten enthält, die **keine Betriebskosten** sind, müssen die Gesamtbetriebskosten ebenfalls extrahiert werden. Der BGH bezeichnet dies als „Bereinigung der Gesamtkosten um nicht umlagefähige Kostenbestandteile"[159]. Paradebeispiel sind die Hauswartkosten, wenn der Hauswart neben den betriebskostenrelevanten Tätigkeiten auch andere Dienste ausführt. 160

Ebenso wie bei der Extraktion der Gesamtbetriebskosten aus einer größeren Betriebskostenmenge müssen auch hier die **realen Gesamtbetriebskosten ermittelt** werden, weil nur diese vom Mieter anteilig zu tragen sind (→ Rn. 159). Diese Sichtweise deckt sich mit der Rspr. des BGH, der fordert, dass die Betriebskosten einerseits und die Nichtbetriebskosten andererseits so aufzuschlüsseln sind, dass die nicht umlagefähigen Kosten herausgerechnet werden können.[160] Zur Schätzung im Nachzahlungsprozess → Rn. 592. 161

Um das Problem einer gemischten Kostenmenge geht es auch, wenn Kosten, die **verschiedenen Betriebskostentypen zugehören,** gemeinsam anfallen. Das ist etwa der Fall, wenn die unter § 2 Nr. 7 BetrKV fallenden Kosten des Aufzugs nicht vom Allgemeinstrom gesondert erfasst werden. Richtigerweise müssen auch hier die realen Kosten der einzelnen Positionen ermittelt werden[161], wobei im Prozess eine Schätzung in Betracht kommt (→ Rn. 592). 162

**d) Einzelbetriebskosten bei gemischter Nutzung der Abrechnungseinheit.** Die Frage nach der Extraktionsmethode stellt sich zuletzt, wenn die Flächen der Abrechnungseinheit sowohl zu Wohn- als auch zu anderen Zwecken genutzt werden. 163

Hier kommen zwei Lösungen in Betracht: Entweder sind auch die durch den gewerblichen Gebrauch verursachten Betriebskosten stets solche gem. § 556 Abs. 1 S. 2 BGB, die nach dem Maßstab des § 556a BGB auch auf die Wohnraummieter zu verteilen sind – das ist überzeugend (→ Rn. 170). Oder aber § 556 Abs. 1 S. 2 BGB regelt nur die „Wohnungsgesamtbetriebskosten"; dann müsste eine (ungeschriebene) Methode gefunden und anerkannt werden, diese Kosten aus den „Mischnutzungsgesamtbetriebskosten" zu extrahieren. 164

Ohne auf diese theoretische Frage einzugehen, hat der **BGH** unter dem Schlagwort **„Vorwegabzug"** die für die Praxis maßgebliche Regeln aufgestellt. Danach gilt im **Ausgangspunkt:** Wird das Grundstück oder Gebäude sowohl zu Wohn- als auch zu anderen Zwecken genutzt, sind auch die durch den gewerblichen Gebrauch entstehenden Betriebskosten solche iSd § 556 Abs. 1 S. 2 BGB. 165

---

[157] BGH VIII ZR 22/13, NZM 2014, 26 Rn. 17.
[158] Dafür etwa *Ludley* PiG 107 (2018), 43 (52); MüKoBGB/*Zehelein* § 556a Rn. 6.
[159] BGH VIII ZR 201/13, NJW 2014, 1732 Rn. 9.
[160] BGH VIII ZR 27/07, NJW 2008, 1801 Rn. 28, zum Hauswart.
[161] OLG Hamburg ZMR 2003, 180.

166 Nach hM richtet sich daher auch bei gemischt genutzten Gebäuden die Umlage der durch den Wohn- und sonstigen Gebrauch verursachten Gesamtbetriebskosten grds. nach § 556a BGB. Das gilt stets für die verbrauchs- oder verursachungsabhängige Umlage, weil es hier für den Wohnraummieter keine Rolle spielt, durch welche Nutzungsart die Gesamtbetriebskosten entstehen, da seine Einzelbetriebskosten konkret ermittelt werden.[162] Aber auch wenn die Gesamtbetriebskosten nach einem Maßstab zu verteilen sind, der nicht zu konkreten Einzelbetriebskosten führt – praxisrelevant ist insbes. der **Flächenanteil** –, ist die Mischnutzung grds. unbeachtlich. Es ist dann also als Nenner des Verteilungsschlüssels etwa die Gesamtnutzfläche des Gebäudes (einschließlich des Gewerbes) maßgeblich.

167 In **Ausnahmefällen** gilt nach der Rspr. des BGH indes etwas anderes: Danach ist ein **Vorwegabzug erforderlich,** wenn durch die gewerbliche Nutzung **erhebliche Mehrkosten** (pro Quadratmeter) entstehen.[163] Dies lässt sich nach der Rspr. des BGH aber nicht pauschal mit dem Hinweis auf erhöhten Publikumsverkehr der Gewerbeeinheiten oder durch einen Vergleich mit den in einem Betriebskostenspiegel ausgewiesenen Durchschnittskosten begründen, sondern kann nur anhand der konkreten Gegebenheiten des Gebäudekomplexes einerseits und der Art der gewerblichen Nutzung andererseits beurteilt werden.[164] Ein Vorwegabzug ist nach der Rspr. des BGH nur ausnahmsweise geboten.[165] Für das Erhebungssystem der Grundsteuer des Jahres 2013 hat der BGH die Notwendigkeit eines Vorwegabzugs etwa grds. verneint.[166] Auch iÜ ist die Rspr. des BGH von Zurückhaltung geprägt.[167] Instanzrechtsprechung und Lit. ergeben ein uneinheitliches Bild, das sich teilweise auch nicht in die Rspr. des BGH einfügt.[168] Die Erforderlichkeit eines Vorwegabzugs kann sich – unabhängig von der Frage der Entstehung erheblicher Mehrkosten durch die gewerbliche Nutzung – auch aus einer **Vereinbarung** der Parteien ergeben.[169]

168 Für die Erforderlichkeit eines Vorwegabzugs ist der **Mieter** darlegungs- und **beweispflichtig.**[170] Dies gilt auch, wenn der gewerblich genutzte Flächenanteil überwiegt.[171] Ist der Mieter auch nach Belegeinsicht nicht in der Lage, die für einen Vorwegabzug der Gewerbeflächen maßgebenden Tatsachen vorzutragen, während der Vermieter über die entsprechende Kenntnis verfügt und ihm nähere Angaben zumutbar sind, kommt zu Gunsten des Mieters nach der Rspr. eine Modifizierung seiner Darlegungslast nach den Grundsätzen über die sekundäre Behauptungslast in Betracht.[172]

169 Den **Rechtsgrund** für die Notwendigkeit eines Vorwegabzug leitet der BGH aus **§§ 315, 316 BGB**[173] ab. Aus §§ 315, 316 BGB ergibt sich dann auch die Extraktionsmethode, mit deren Hilfe nach Ansicht des BGH ein erforderlicher Vorwegabzug durchzuführen ist: Der Vermieter hat den die Wohnraummieter unbillig belastenden Kostenanteil nach billigem Ermessen von der Betriebskostenmenge abzuziehen, die durch den Wohn- und sonstigen Gebrauch verursacht werden.[174]

170 **Stellungnahme:** Im Ergebnis ist diese Rspr. überzeugend, ihre Begründung ist aber unscharf. Denn dogmatisch handelt es sich um eine **ergänzende Auslegung** des Mietvertrags, der um einen **Umlagemaßstab** gem. § 556a Abs. 1 BGB bereichert wird. Die Pflicht des Vermieters zum gewerblichen Vorwegabzug nach billigem Ermessen ist mithin ein vereinbarter Umlagemaßstab iSd § 556a Abs. 1 BGB. Deshalb kann, wie der BGH zutreffend erkennt (→ Rn. 167), ein Vorwegabzug auch ohne weiteres ausdrücklich vereinbart werden. Der Vorwegabzug ist daher nichts anderes als eine Umlage unter Anwendung eines vereinbarten Verteilerschlüssels. Deshalb ist der Vorweg-

---

[162] BGH VIII ZR 207/11, WuM 2012, 405 Rn. 4.

[163] BGH VIII ZR 79/16, NZM 2017, 520 Rn. 20 mwN.

[164] BGH VIII ZR 45/10, NJW 2010, 3363 Rn. 23.

[165] BGH VIII ZR 79/16, NZM 2017, 520 Rn. 20.

[166] BGH VIII ZR 79/16, NZM 2017, 520 Rn. 20.

[167] BGH VIII ZR 78/05, NJW 2006, 1419 Rn. 18, fünf Gewerbebetriebe, darunter ein Job-Center und ein Internet-Café mit 30 Sitzplätzen: Entbehrlichkeit eines Vorwegabzugs aus Rechtsgründen nicht zu beanstanden.

[168] Für Vorwegabzug bei Mehrbelastung über 5% Langenberg/Zehelein BetrKostR/*Zehelein* Kap. F Rn. 162; ähnlich AG Köln WuM 2015, 528; für 10%-Grenze *Schmid* NZM 2014, 572 (574); abwegig LG Aachen WuM 2010, 422 (bei Erhöhung der Gesamtbetriebskosten durch das Gewerbe um mehr als 3%).

[169] BGH VIII ZR 251/05, NJW 2007, 211 Rn. 12; BGH VIII ZR 78/05, NJW 2006, 1419; vgl. auch BGH VIII ZR 79/16, NZM 2017, 520 Rn. 16.

[170] BGH VIII ZR 79/16, NZM 2017, 520.

[171] BGH VIII ZR 46/10, NZM 2011, 118 Rn. 22.

[172] BGH VIII ZR 46/10, NZM 2011, 118 Rn. 22.

[173] *BGH VIII ZR 251/05, NJW 2007, 211* Rn. 16; BGH VIII ZR 79/16, NZM 2017, 520 Rn. 20 („aus Billigkeitsgründen erforderlich").

[174] Vgl. BGH VIII 69/09, NZM 2010, 195 Rn. 12 (aus Rechtsgründen keine Bedenken gegen Vorwegabzug anhand der Differenzmethode bei durch Zwischenzähler gemessenen Wasserverbrauchs der Gewerbeeinheit).

abzug – wie jeder andere Verteilerschlüssel auch – in der Betriebskostenabrechnung anzugeben, um deren formelle Ordnungsmäßigkeit zu gewährleisten. Das sieht die hM indes bekanntlich anders (→ Rn. 339).

**e) Abweichende Vereinbarungen.** § 556 Abs. 4 BGB verbietet Vereinbarungen, die zu Lasten des Mieters vom Betriebskostenbegriff nach § 556 Abs. 1 S. 2, 3 BGB abweichen. Es ist daher **nicht möglich,** den **Betriebskostenbegriff** zu **verändern,** etwa indem der gegenständliche Anknüpfungspunkt für die Ermittlung der Gesamtbetriebskosten abweichend vom Gesetz festgelegt wird, wenn dies zu Nachteilen beim Mieter (etwa: höhere Kostenbelastung, Intransparenz der Abrechnung) führt. 171

#### 4. Zeitprinzip bei der Kostenerfassung

Eine Ermittlung der Gesamtbetriebskosten bedarf auch der Festlegung des **Betrachtungszeitraums.** Beim Abrechnungsmodell folgt aus § 556 Abs. 3 S. 1 BGB, das hier eine jährliche Betrachtung maßgeblich ist. Gleiches gilt nach hier vertretener Ansicht für die Anpassung im Pauschalmodell (→ BGB § 560 Rn. 13). § 556 Abs. 3 S. 1 BGB beantwortet indes nicht die Frage, nach welcher **Methode** die **Entstehung** der Betriebskosten dieses Zeitraums zu ermitteln ist; dazu → Rn. 371. 172

### II. Kosten des Eigentümers oder Erbbauberechtigten

Der Betriebskostenbegriff bedarf einer **persönlichen Zuordnung,** damit die Kosten von typologisch identischen Kosten, die bei anderen Personen anfallen, abgegrenzt werden können (→ Rn. 148). § 556 Abs. 1 S. 2 BGB verlangt deshalb, dass es sich um Kosten handeln muss, die dem Eigentümer (Erbbauberechtigten) entstehen. 173

#### 1. Kosten des Vermieters

Dieser **personelle Bezugspunkt** ist merkwürdig, weil das Mietrecht die Rechtsbeziehungen der Vertragsparteien regelt. Eine Pflicht des Mieters, dem Vermieter Kosten zu erstatten, die einer anderen Person entstanden sind – nämlich dem Eigentümer, wenn dieser mit dem Vermieter nicht personenidentisch ist –, ist zwar nicht ausgeschlossen, wäre aber in besonderem Maße erklärungsbedürftig. Sowohl Entstehungsgeschichte als auch Systematik erhellen indes, dass § 556 Abs. 1 S. 2 BGB dies nicht regelt, sondern der Betriebskostenbegriff voraussetzt, dass es sich um Kosten des Vermieters handelt. Die Erwähnung von Eigentümer und Erbbauberechtigten erklärt sich historisch nämlich damit, dass der Gesetzgeber unkritisch die Formulierung aus dem Recht des öffentlich geförderten Wohnraums übernommen hat (→ Rn. 7).[175] Das an den Vermieter adressierte Wirtschaftlichkeitsgebot (§ 556 Abs. 3 S. 1 BGB) bestätigt, dass das Gesetz mit Betriebskosten die beim Vermieter entstehenden Kosten meint. 174

Allerdings hat der Gesetzgeber durch Einführung des **§ 556a Abs. 2 BGB** im Jahre 2020 dieses System verletzt, weil nach dieser Vorschrift der Mieter einen Anteil der Betriebskosten zu tragen hat, die der Gemeinschaft der Wohnungseigentümer – und damit nicht dem Vermieter – entstanden sind. Allerdings passt dieser Fall letztlich überhaupt nicht zum Wortlaut des § 556 Abs. 1 S. 2 BGB, weil die Gemeinschaft der Wohnungseigentümer nicht Eigentümerin/Erbbauberechtigte des Grundstücks ist. Es handelt sich um einen gesetzgeberischen Ausreißer, der ein gewisses Unverständnis des betriebskostenrechtlichen Systems offenbart. 175

Bei der Nennung von Eigentümer/Erbbauberechtigten handelt sich daher um eine offensichtliche **Falschbezeichnung** des Gesetzgebers. Richtigerweise ist erforderlich, dass die in § 556 Abs. 1 S. 2 BGB beschriebenen Kosten, die ihre Entstehungsquelle im Eigentum/Erbbaurecht am Grundstück oder seinen Bestandteilen/Zubehör bzw. im bestimmungsgemäßen Gebrauch dieser Sachen haben, dem **Vermieter**[176] – im Falle der vermieteten Eigentumswohnung: der Gemeinschaft der Wohnungseigentümer – **entstehen.** Dafür reicht eine „weitergeleitete“ Entstehung aus, wie sie etwa bei der Untervermietung anzutreffen ist, wenn der Vermieter verpflichtet ist, die dem Hauptvermieter entstandenen Kosten zu erstatten. 176

---

[175] Bub/Treier MietR-HdB/*Emmerich* Kap. III Rn. 100; Lützenkirchen MietR/*Lützenkirchen* BGB § 556 Rn. 39; vgl. BT-Drs. 16/814, 50.

[176] Siehe etwa Staudinger/*Artz* BGB § 556 Rn. 16; Schmid Mietnebenkosten-HdB/*Riecke* Rn. 1050.

### 2. Entstandene Kosten

177 Betriebskosten haben eine Ursache, die typischerweise darin liegt, dass der Vermieter für bestimmte Leistungen, etwa die Lieferung von Strom oder Wasser, einem Dritten eine Zahlung als Gegenleistung schuldet. Fraglich ist, ob der Betriebskostenbegriff voraussetzt, dass diese Zahlungen aus dem **Vermögen** des **Vermieters** abgeflossen sind oder ob bereits die Belastung mit einer (der Höhe nach ggf. unklaren) Zahlungspflicht zu Betriebskosten beim Vermieter führt.

178 Der Wortlaut von § 556 Abs. 1 S. 2 BGB *(„Kosten, die … entstehen")* gibt keinen genauen Aufschluss. In der **Lit.** wird in Anlehnung an § 24 Abs. 2 S. 2 II. BV teilweise vertreten, Betriebskosten lägen vor, wenn sie ihrer Höhe nach feststünden oder mit ihrem Entstehen sicher gerechnet werden könne.[177] Nach der Gegenansicht sind nur tatsächlich entstandene Kosten Betriebskosten[178], wobei die genauen Anforderungen an die „Entstehung" nicht beschrieben werden. Als Anknüpfungspunkte werden aber neben der Zahlung auch die Fälligkeit des Anspruchs (Fälligkeitsprinzip) oder der Eingang einer Rechnung (Rechnungsprinzip) erwogen.[179] Im letztgenannten Sinne hat der **BGH** zum Kostenbegriff des § 559 BGB entschieden.[180] Zu § 556 Abs. 1 S. 2 BGB scheint der BGH hingegen der Meinung zu sein, dass eine Umlage voraussetzt, dass die Betriebsmaßnahme bezahlt wurden.[181]

179 Richtigerweise setzt § 556 Abs. 1 S. 2 BGB voraus, dass **Geld endgültig** und **mit Rechtsgrund aus** dem **Vermögen** des **Vermieters abgeflossen** ist. Denn die Betriebskostenregelungen dienen nicht dazu, den Mieter zur Leistung eines Entgelts für eine vom Vermieter erbrachte Nebenleistung zu verpflichten[182], sondern den Rahmen einer Kostenmiete abzustecken (→ Rn. 14). Die damit ermöglichte Kostenbefreiung des Vermieters ist aber erst erforderlich, wenn eine Belastung des Vermieters endgültig eingetreten ist. Weder das Rechnungs- noch das Fälligkeitsprinzip sind daher überzeugend, sondern allein ein **„Zahlungsprinzip".** Der – treffende – Begriff „Abflussprinzip" wird hier deshalb nicht verwendet, weil er herkömmlich eine der beiden Methoden der zeitlichen Zuordnung entstandener Betriebskosten zur Abrechnungsperiode bezeichnet (→ Rn. 371). Beide Fragen sind aber streng zu trennen: Hier geht es um die Frage, ob Betriebskosten entstanden sind; die Zuordnung entstandener Betriebskosten zu einer bestimmten Abrechnungsperiode betrifft ein hiervon zu unterscheidendes Problem.

180 Da der Betriebskostenbegriff somit einen Abfluss aus dem Vermietervermögen voraussetzt, zählen dem Vermieter gewährte **Skonti** oÄ nicht zu den Betriebskosten.[183] Ebenfalls keine Betriebskosten sind **Überzahlungen,** die der Vermieter ohne Rechtsgrund an Versorger geleistet hat. Hierzu gehören etwa Trinkgelder, aber auch Vergütungen, zu deren Erbringung der Vermieter wegen einer unwirksamen Preisabrede nicht verpflichtet war (zur Korrektur von Abrechnungen in diesen Fällen → Rn. 481). Zahlungen auf eine lediglich **verjährte Forderung** sind hingegen Betriebskosten; hier kann aber der Wirtschaftlichkeitsgrundsatz einer Erstattung durch den Mieter entgegenstehen.[184]

181 Es gibt Konstellationen, in denen feststeht, dass dem Vermieter Betriebskosten dem Grunde nach entstanden sind, die **Feststellung** ihrer **Höhe** aber mit Schwierigkeiten verbunden ist. Dazu kommt es, wenn Zahlungen des Vermieters an einen Dienstleister sowohl Betriebskostenmaßnahmen als auch andere Leistungen vergüten. Paradigmatisch ist der Hauswart, der neben Betriebskostentätigkeiten auch Erhaltungs- oder Verwaltungstätigkeiten ausführt (→ Rn. 287). Einschlägig sind aber auch Konstellationen, in denen eine einheitliche Zahlung Leistungen betrifft, die grds. zum Betriebskostenbereich gehören, wegen der Umstände des Einzelfalls aber teilweise herausfallen. Ein Beispiel ist die Begleichung von Wasserrechnungen, wenn das in Rechnung gestellte Wasser teilweise wegen eines Leitungslecks nicht bestimmungsgemäß verbraucht wurde (→ Rn. 202). Es obliegt in diesen Fällen dem Vermieter, die ihm entstandenen Betriebskosten im Streitfall darzulegen und zu beweisen (→ Rn. 582).

---

[177] Lützenkirchen MietR/*Lützenkirchen* BGB § 556 Rn. 45; Langenberg/Zehelein BetrKostR/*Zehelein* Kap. A Rn. 24.
[178] AG Neuss WuM 1988, 309; Schmid/Harz/*Harsch* BetrKV § 1 Rn. 20; *Milger* NZM 2008, 757 (760).
[179] Vgl. *Blank* NZM 2008, 745 (754).
[180] BGH VIII ZR 294/11, NZM 2012, 832.
[181] *BGH VIII ZR 118/19, NZM 2021*, 32 Rn. 16f.
[182] In diese Richtung, indes ohne Begründung, BT-Drs. 14/4553, 50.
[183] Etwa Staudinger/*Artz* BGB § 556a Rn. 20.
[184] Staudinger/*Artz* BGB § 556 Rn. 92.

### 3. Eigenleistungen des Vermieters

Nach wohl **allgM** können Betriebskosten auch entstehen, wenn der Vermieter betriebskostenrelevante Leistungen selbst erbringt, was mit § 1 Abs. 2 S. 2 BetrKV begründet wird.[185] Rechtsfolge ist, dass der Vermieter die Betriebskosten für die von ihm erbrachte Leistung nach den **fiktiven Kosten** eines **Dritten,** indes ohne Umsatzsteuer, berechnen darf. Dies gilt sowohl für einen Vermieter, der seine eigene Arbeitskraft einsetzt als auch für Vermieter, die – so der BGH wörtlich – die Leistungen durch ihre Arbeitnehmer oder durch unselbständige Einheiten erbringen.[186] Was „unselbständige Einheiten" sind, teilt der BGH nicht mit; „unselbständig" ist aber wohl als Abgrenzung zu rechtsfähigen Tochtergesellschaften zu verstehen und damit letztlich mit dem Begriff „Arbeitnehmer" identisch. 182

Dieser **allgM** ist zu **widersprechen.** Sie wird bereits vom Wortlaut nicht gestützt, weil § 556 Abs. 1 S. 3 BGB keineswegs auf die gesamte BetrKV Bezug nimmt, sondern lediglich auf die dortige „Aufstellung der Betriebskosten" und damit auf § 2 BetrKV. § 1 Abs. 1 S. 2 BetrKV ist damit nicht in Bezug genommen, weshalb das Problem der Eigenleistungen nicht mit Hilfe dieser Norm, sondern durch Anwendung des allgemeinen Betriebskostenbegriffs des § 556 Abs. 1 S. 2 BGB zu lösen ist. Gegen eine analoge Anwendung von § 1 Abs. 1 S. 2 BetrKV spricht auch der Zweck der Betriebskostenregelungen. Sie dienen nämlich nicht dazu, den Mieter zur Zahlung eines Entgelts für eine vom Vermieter erbrachte Nebenleistung zu verpflichten, sondern haben eine mietpreisbegrenzende Funktion (→ Rn. 14). Damit ist es nicht zu vereinbaren, fiktive Betriebskosten zu berücksichtigten, die nicht mit den tatsächlichen Kosten des Vermieters identisch sind. Auch bei Eigenleistung des Vermieters sind daher nur ihm tatsächlich entstandene Kosten Betriebskosten gem. § 556 Abs. 1 S. 2 BGB. Der Vermieter kann daher den Einsatz seiner eigenen Arbeitskraft nicht als Betriebskosten geltend machen, die Kosten des Einsatzes von Arbeitnehmern hingegen schon, soweit sie auf der Erbringung von betriebskostenrelevanten Leistungen beruhen. Die Feststellung der Betriebskosten erfordert dann aber ihre Extraktion aus dem an die Arbeitnehmer geleisteten Lohn, dazu → Rn. 160. 183

Zu Lasten des Mieters **abweichende vertragliche Regelungen,** also etwa die Vereinbarungen des Ansatzes fiktiver Kosten entsprechend § 1 Abs. 1 S. 2 BetrKV, sind nach § 556 Abs. 4 BGB unwirksam. 184

## III. Kosten des Grundstücks (Abrechnungseinheit)

Der Betriebskostenbegriff bedarf einer **gegenständlichen Zuordnung,** damit die Kosten von anderen, typologisch identischen Kosten des Vermieters abgegrenzt werden können (→ Rn. 148). Diese Zuordnung nimmt § 556 Abs. 1 S. 2 BGB mit der Anknüpfung an das Grundstück sowie das Gebäude, Nebengebäude, Anlagen oder Einrichtungen des Grundstücks vor. Diese Tatbestandsmerkmale sind von **zentraler Bedeutung,** da sie die **Abrechnungseinheit** definieren, an deren Betriebskosten sich der Mieter nach dem in § 556 a BGB geregelten Verteilerschlüssels zu beteiligen hat. 185

Die hier zu betrachtenden Tatbestandsmerkmale (Grundstück, Gebäude, Nebengebäude, Anlagen, Einrichtungen) sind dem Recht des **öffentlich-geförderten Wohnraums** entnommen (→ Rn. 7). Bei der Auslegung ist der von § 27 II. BV abweichende Wortlaut zu beachten: § 27 Abs. 1 II. BV nennt nämlich ergänzend noch den Begriff der Wirtschaftseinheit. Bis 2006 war durch den Verweis auf § 27 II. BV in § 556 Abs. 1 BGB aF (→ Rn. 12) bei der Bestimmung der Abrechnungseinheit also auch eine etwaige Wirtschaftseinheit zu berücksichtigen. Seit dem 1.1.2007 gilt dies nicht mehr. 186

Bei der Festlegung der Abrechnungseinheit ist eine Einzelbetrachtung nach den einzelnen Betriebskostenmaßnahmen geboten. Es ist nämlich nicht etwa so, dass die Wohnung Teil einer einheitlichen Abrechnungseinheit ist, sondern die Abrechnungseinheit ist nach den **einzelnen Kostenpositionen getrennt** zu ermitteln. Typischerweise wird ein Mehrfamilienhaus zwar eine für sämtliche Betriebskostenpositionen identische Abrechnungseinheit bilden. Zwingend ist dies aber nicht. 187

---

[185] BGH VIII ZR 41/12, NJW 2013, 456 Rn. 10; *Langenberg* NZM 2004, 41 (46); Lützenkirchen MietR/*Lützenkirchen* BGB § 556 Rn. 429; Staudinger/*Artz* BGB § 556 Rn. 15.

[186] BGH VIII ZR 41/12, NJW 2013, 456 Rn. 10.

188 Die **Abrechnungseinheit,** an deren Betriebskosten sich der Mieter zu beteiligen hat, wird in § 556 Abs. 1 S. 2 BGB **legal definiert.** Sie ist über § 556 Abs. 4 BGB einer zum Nachteil des Mieters abweichenden Vereinbarung entzogen.[187] Aus diesem Grund überzeugt die Rspr. des BGH nicht, die es dem Vermieter gestattet, die Abrechnungseinheit festzulegen (→ Rn. 379 ff.).

### 1. Kleinstmögliche Abrechnungseinheit

189 Aus dem Wortlaut von § 556 Abs. 1 S. 2 BGB, der nicht allein an das Grundstück, sondern – kleinteiliger – auch an das Gebäude oder sogar lediglich Anlagen/Einrichtungen anknüpft folgt, dass die Abrechnungseinheit sich nach der **der kleinstmöglichen Gesamtkostenmenge** richtet.[188] Nur diese Menge fällt unter den Gesamtbetriebskostenbegriff aus § 556 Abs. 1 S. 2 BGB, weswegen nur aus dieser Menge nach der in § 556 a BGB beschriebenen Methode die Einzelbetriebskosten extrahiert werden dürfen. Die **Abrechnungseinheit** ist mithin die kleinstmögliche Kostengruppe. Dafür spricht auch, dass die Wirtschaftseinheit seit 1.1.2007 nicht mehr Bezugspunkt des Betriebskostenbegriffs ist (→ Rn. 186). Der **BGH** ist indes aA; er ist bei Bestimmung der Abrechnungseinheit deutlich liberaler, dazu → Rn. 379 ff.

190 Ob im konkreten Fall der vom Vermieter zum Ausgangspunkt der Umlage nach § 556 a BGB gemachte Betrag den kleinstmöglichen Gesamtbetriebskosten und damit den Kosten der Abrechnungseinheit entspricht, ist durch eine wertende Betrachtung zu ermitteln: Maßgeblich ist, ob dem Vermieter nach den konkreten Umständen des Einzelfalls die **Bildung** einer **kleineren Kostenmenge möglich** und **zumutbar** war. Diese Obliegenheit des Vermieters folgt aus dem mieterschützenden Zweck (→ Rn. 14) der Betriebskostenregelungen.

**Beispiel:** Das Gebäude, in dem sich die Wohnung befindet, ist Teil einer grundstücksübergreifenden Mehrhausanlage. Die Gebäude der Mehrhausanlage werden durch eine gemeinsame Heizstation versorgt, weshalb die Heizkosten grundstücks- und gebäudeübergreifend anfallen. Gleiches gilt für die Kosten der Gebäudeversicherung, weil der Vermieter die Mehrhausanlage in einer sog. Sammelversicherung gemeinsam versichert hat. Durch Addition der Grundsteuerbescheide ermittelt der Vermieter zuletzt eine Gesamtgrundsteuer für die Mehrausanlage.

191 Im Beispielsfall sind die Kosten der gemeinsamen Heizstation die Gesamtbetriebskosten gem. § 2 Nr. 4 a BetrKV, weil dem Vermieter eine getrennte Versorgung der einzelnen Gebäude nicht zumutbar ist.[189] Für die Sammelversicherung lässt sich dies hingegen ebensowenig behaupten wie für die addierten Grundsteuerbescheide[190]. Diese Kostenpositionen können daher erst dann nach § 556 a BGB auf den Mieter umgelegt werden, wenn in einem ersten Rechenschritt die Gesamtbetriebskosten des Grundstücks oder Gebäudes aus der Kostenmenge extrahiert wurden (dazu → Rn. 161).

### 2. Räumlich-dienende Verbindung mit der Wohnung

192 Die verschiedenen Merkmale verdeutlichen, dass die Abrechnungseinheit nicht stets mit dem gesamten Grundstück gleichzusetzen ist, auf dem sich die Wohnung befindet. Die Abgeltungspflicht des Mieters bezieht sich vielmehr nur auf Betriebskosten, die die **Teile** des **Grundstücks** betreffen, die ihm entweder zum **(Mit-)gebrauch überlassen** sind **oder** die – wenn sie nicht dem Gebrauch durch Mieter gewidmet sind – jenen Teilen des Grundstücks **zu dienen bestimmt** sind, auf die sich das Gebrauchsrecht des Mieters erstreckt. Ein Beispiel ist etwa der für die Mieter nicht zu betretende Vorgarten.[191]

193 Dies führt dazu, dass der Mieter sich an sämtlichen Betriebskostenpositionen zu beteiligen hat, soweit sie die soeben beschriebene räumlich-dienende Verbindung zu seiner Wohnung aufweisen. An dieser Verbindung fehlt es, wenn der Mieter vom Gebrauch bestimmter Gebäudeteile oder Anlagen **rechtlich ausgeschlossen** ist. Die Betriebskosten solcher Bereiche sind keine Betriebskosten seiner Wohnung; der Mieter ist mithin in Bezug auf diese Kostenposition nicht Teil der Abrechnungseinheit. Ein Beispiel sind etwa die Kosten der Pflege des einem anderen Mieter zur exklusiven Nutzung überlassenen Gartens.[192]

---

187 **AA** iE AG Dortmund WuM 2018, 44.
188 Vgl. LG Bonn NZM 1998, 910; **aA** Schmid Mietnebenkosten-HdB/*Harsch* Rn. 4047.
189 *Ebenso iE BGH VIII ZR 371/04, NJW 2005, 3135.*
190 **AA** iE BGH VIII ZR 73/10, NJW 2011, 368 Rn. 21.
191 Vgl. BGH VIII ZR 135/03, WuM 2004, 399.
192 BGH VIII ZR 135/03, WuM 2004, 399.

Die Verbindung fehlt auch, wenn der Mieter vom Gebrauch **faktisch ausgeschlossen** ist. Ein Beispiel ist etwa der vom BGH entschiedene Sachverhalt, in dem ein Aufzug auf dem Grundstück nur die Wohnungen in einem von mehreren auf dem Grundstück liegenden Gebäuden erschloss: Die Mieter der anderen Gebäude haben die Aufzugskosten nicht zu tragen, weil es sich nicht um Betriebskosten ihrer Mietsache handelt.[193] Gleiches gilt – entgegen der Ansicht des BGH[194] – für den Erdgeschossmieter, wenn das Gebäude, in dem seine Wohnung liegt, einen Aufzug hat. In diesen Fällen kann eine Kostentragung des Mieters nicht vereinbart werden, weil auf diese Weise entgegen § 556 Abs. 4 BGB zu Lasten des Mieters vom Betriebskostenbegriff abgewichen würde. **194**

## IV. Kausale Kosten

Betriebskosten sind nur solche, die *durch* das Eigentum oder *durch* den Gebrauch entstehen. Diesem Merkmal, das den für die Kostentragung des Mieters notwendigen **Kausalzusammenhang** beschreibt, wird in Rspr. und Lit. keine nähere Aufmerksamkeit geschenkt. Es fehlt daher an einer theoretischen Aufarbeitung. **195**

Bei einer weiten **Kausalitätsbetrachtung** lassen sich nahezu alle Kosten als „durch" das Eigentum entstanden einordnen, weil sämtliche Betriebskosten dem Vermieter (zumindest typischerweise) nicht entstanden wären, wenn er nicht Eigentümer des Grundstücks wäre. Denn dann wäre auch die Vermietung durch ihn unterblieben und es wären ihm etwa keine Kosten für die Beheizung der Wohnungen entstanden. Dieser weite Kausalitätsbegriff ist mit § 556 Abs. 1 S. 2 BGB indes nicht zu vereinbaren, weil auf diese Weise die zweite Betriebskostenquelle, nämlich der Gebrauch, obsolet würde. **196**

Mit diesem „System der Doppelquelle" zu vereinbaren ist hingegen die Interpretation, dass aus dem Eigentum entstehende Kosten nur solche sind, die **unmittelbar aus dem Eigentum** folgen, so wie es etwa bei der Grundsteuer der Fall ist. Eine solche „unmittelbare" Kausalitätsbetrachtung ist auch beim **Gebrauch** denkbar und würde etwa die Kosten des verbrauchten Wassers erfassen. Sie würde allerdings dazu führen, dass eine Reihe der in § 2 BetrKV genannten Kosten von der allgemeinen Definition des § 556 Abs. 1 S. 2 BGB nicht erfasst wären. Das würde angesichts von § 556 Abs. 1 S. 3 BGB, der den Katalog des § 2 BetrKV in Bezug nimmt, nicht überzeugen. **197**

Dies zeigt, dass es neben den unmittelbar aus dem Eigentum oder dem Gebrauch entstehenden Kosten noch eine dritte Kategorie gibt, nämlich die der nur **mittelbar** auf **Eigentum oder Gebrauch** beruhenden Kosten. In diese dritte Kategorie fallen etwa die Kosten der Sach- und Haftpflichtversicherung (§ 2 Nr. 13 BetrKV) oder die Kosten der Gartenpflege (§ 2 Nr. 10 BetrKV), soweit sie nicht der Beseitigung von Gebrauchsspuren dienen. Angesichts seines erratischen Charakters muss allerdings der Versuch misslingen, die Kriterien dieser dritten Kostenkategorie aus dem Katalog des § 2 BetrKV zu entwickeln. Leitend muss daher der Gesichtspunkt sein, dass die Betriebskostenregelungen nicht zu einer bei wertenden Betrachtung unangemessenen Kostenbelastung des Mieters führen dürfen (→ Rn. 14). In die dritte Kategorie fallen daher nur solche Kostenpositionen, deren Entstehung bei objektiver Betrachtung unter Berücksichtigung der Umstände des in Rede stehenden Grundstücks mit Blick auf das Eigentum oder den Gebrauch gerechtfertigt sind. In Abgrenzung zum Wirtschaftlichkeitsgrundsatz geht es hier um die Frage, ob eine Kostenposition zu den Betriebskosten zählt oder nicht, nicht hingegen um die Kontrolle der für eine solche Position konkret entstandenen Kosten. **198**

Im Ergebnis lassen sich mithin **drei Kategorien** von „durch" das Eigentum oder den Gebrauch entstehenden Betriebskosten **unterscheiden:** **199**

- In die erste Kategorie fallen unmittelbar im Sinne einer „conditio sine qua non" durch das Eigentum ausgelöste Kosten. Dies sind etwa die Grundsteuer, aber auch Kosten, die aufgrund eines öffentlich-rechtlichen Benutzungszwangs den Eigentümer treffen.
- Die zweite Kategorie betrifft unmittelbar durch den bestimmungsgemäßen Gebrauch ausgelöste Kosten, etwa des von den Nutzern im Gebäude verbrauchten Wassers.
- Die dritte Kategorie sind die im Gegensatz zu den beiden anderen Kategorien von einer Wertung abhängigen Betriebskosten, also die mittelbaren Eigentums- oder Gebrauchskosten.

---

[193] BGH VIII ZR 128/08, NJW 2009, 2058 Rn. 12.
[194] BGH VIII ZR 103/06, NJW 2006, 3557.

### 1. Kosten des bestimmungsgemäßen Gebrauchs

200 Was **Gebrauch** ist, definiert § 556 Abs. 1 S. 2 BGB nicht; auch im allgemeinen Teil fehlt eine Legaldefinition (vgl. § 100 BGB). Es handelt sich nach allgemeinem Verständnis um die mit der Ausübung der mit dem Innehaben eines Rechts einhergehenden Befugnisse, die dort enden, wo eine Sache verbraucht wird.[195]

201 Nicht sämtliche Gebrauchskosten sind Betriebskosten, sondern nur solche, die auf einem **bestimmungsgemäßen** Gebrauch beruhen. Der BGH hat den Begriff bislang nicht allgemein definiert, sondern lediglich erklärt, aus dem Merkmal folge, dass der Gebrauch einen Bezug zur Mietsache haben müsse.[196] An dieser Aussage ist richtig, dass es darum geht, die Abwälzung des Kalkulationsrisikos auf den Mieter (→ Rn. 14) durch ein objektives Kriterium zu beschränken. Die Suche nach einem Bezug zur Mietsache führt dabei aber nicht weiter, weil offen ist, wie dieser Bezug zu bestimmen ist. Überzeugender ist es daher zu fragen, ob die in Rede stehenden **Kosten** aus Sicht eines **objektiven Beobachters** bei einem für vergleichbare Gebäude und Grundstücke üblichen Gebrauch **anfallen können.** Diese **kostenbegrenzende Funktion** rückt das Merkmal in die Nähe des Wirtschaftlichkeitsgebots.[197] Es unterscheidet sich von diesem aber dadurch, dass es nicht an ein unwirtschaftliches Verhalten des Vermieters anknüpft, sondern bestimmte, für die konkrete Mietsache **atypische Kosten** unabhängig hiervon aus dem Betriebskostenbegriff ausklammert.

202 Entstehen besondere Kosten, weil die **Mietsache** einen **Mangel** hat, etwa ein Leck in der Wasserleitung oder einen defekten Wasserhahn, ist mithin maßgeblich, ob mit solchen (erhöhten) Kosten aus objektiver Sicht zu rechnen ist. Das ist bei atypischen Mängeln (Leckage) zu verneinen, bei weniger atypischen Fällen (etwa dem vorübergehenden Defekt eines Wasserhahns) hingegen zu bejahen.[198]

203 Der Betriebskostenbegriff hat eine einschränkende **personelle Komponente,** weil ein bestimmungsgemäßer Gebrauch nur durch bestimmte Personen möglich ist. Offensichtlich ist es allerdings, dass eine Beschränkung auf den Gebrauch des Mieters wegen des an die Gesamtkosten anknüpfenden betriebskostenrechtlichen Umlagesystems ausscheidet. Überzeugend ist es aber, § 556 Abs. 1 S. 2 BGB auf den Gebrauch der **Personen** zu beschränken, denen ein **Nutzungsrecht** zusteht, sei es, weil sie ein solches vom Eigentümer[199] ableiten können oder selbst Eigentümer sind. Gebrauchen hingegen andere Personen das Grundstück und entstehen dadurch Kosten, erfolgt dies nicht bestimmungsgemäß, weshalb es sich nicht um Betriebskosten gem. § 556 Abs. 1 S. 2 BGB handelt. Diese Einschränkung rechtfertigt sich damit, dass § 556 BGB dem Vermieter zwar die Abwälzung des aus der Vermietung folgenden Kalkulationsrisikos ermöglichen, der Zweck der Norm aber der Mieterschutz ist (→ Rn. 14). Es ginge daher zu weit, dem Mieter auch das Risiko zuzuweisen, dass nicht gebrauchsberechtigte Dritte Betriebskosten verursachen. Denn dieses Risiko muss nach allgemeinen Grundsätzen der Vermieter tragen.

204 Auf diesem Standpunkt steht iErg auch der **BGH,** nach dem die Kosten der Pflege einer Gartenfläche, die durch bauplanerische Bestimmungen oder auch durch den Vermieter selbst für die **Nutzung** der **Öffentlichkeit** gewidmet sind, keine Betriebskosten sind.[200] Das maßgebliche Zurechnungskriterium ist, dass der Vermieter als Eigentümer nach allgemeinen Grundsätzen die Gefahr zu tragen hat („casum sentit dominus"). Ist der Vermieter ausnahmsweise nicht Eigentümer, etwa weil er die Wohnung selbst nur angemietet hat, steht er dem Eigentümer näher als der Mieter, was es gleichfalls rechtfertigt, ihm das Risiko der Nutzung durch Unbefugte zuzuweisen.

205 Die Beschränkung auf Kosten, die auf dem Gebrauch nutzungsberechtigter Personen beruhen, wirkt sich in einem weiteren Punkt aus. Für § 556 Abs. 1 S. 2 BGB reicht es nämlich nicht aus, dass die Betriebskosten auf den Gebrauch durch abstrakt nutzungsberechtigte Personen zurückgehen. Erforderlich ist vielmehr, dass der Gebrauch durch diese Personen im konkreten Fall von ihrem

[195] Vgl. Bamberger/Roth/Hau/Poseck/*Fritzsche* BGB § 100 Rn. 4.
[196] BGH VIII ZR 33/15, NZM 2016, 353 Rn. 13.
[197] Siehe etwa AG Neukölln GE 2011, 1089.
[198] Ohne Differenzierung gegen Einordnung als Betriebskosten hingegen LG Rostock WuM 2017, 402; AG *Hannover ZMR 2017*, 403; AG Lichtenberg GE 2007, 1389.
[199] Der Eigentümer kann auch ein Wohnungseigentümer sein (zu dessen Befugnis, das Gebrauchsrecht auf Dritte zu übertragen *Lehmann-Richter* ZWE 2019, 105 (106)).
[200] BGH VIII ZR 33/15, NZM 2016, 353 Rn. 13; LG Berlin WuM 2020, 25.

Nutzungsrecht gedeckt ist.[201] Es überzeugt nämlich nicht, dem Mieter das Risiko zuzuweisen, dass andere Nutzer des Gebäudes in **rechtswidriger Art und Weise** Kosten verursachen. Dieses Risiko muss der Vermieter tragen, der den abstrakt nutzungsberechtigten Personen näher steht als der Mieter, typischerweise deshalb, weil er sie sich als Vertragspartner ausgesucht hat.[202] Der **BGH** sieht dies iErg – indes ohne nähere Begründung – anderes: Nach seiner Ansicht ist es nicht erforderlich, dass die Kosten auf einem rechtmäßigen Gebrauchsverhalten beruhen.[203] Nach hier vertretener Ansicht kann der Vermieter solche Kosten hingegen nicht nach § 556 BGB auf alle Mieter, sondern nur nach § 280 oder § 823 BGB auf den Verursacher abwälzen.

### 2. Kosten des Eigentums (Erbbaurechts)

Der Begriff des Eigentums und des Erbbaurechts ist in § 556 Abs. 1 S. 2 BGB selbstverständlich **206** nicht definiert, denn ihre Bedeutung erschließt sich ohne weiteres aus allgemeinen Grundsätzen. Ein Beispiel ist etwa die Grundsteuer (§ 2 Nr. 1 BetrKV).

### 3. Unmittelbare und mittelbare Eigentums- bzw. Gebrauchskosten

Unter § 556 Abs. 1 S. 2 BGB können auch Kosten fallen, die nur mittelbar auf dem Eigentum **207** oder Gebrauch beruhen. Erforderlich ist aber, dass ihre Entstehung bei objektiver Betrachtung unter Berücksichtigung der Umstände des in Rede stehenden Grundstücks mit Blick auf das Eigentum oder den Gebrauch gerechtfertigt ist (→ Rn. 205). In diese Kategorie fallen aus dem **Katalog** des § **2 BetrKV** etwa die Kosten der Sach- und Haftpflichtversicherung (§ 2 Nr. 13 BetrKV). Diese und die übrigen in § 2 BetrKV geregelten mittelbaren Eigentums- bzw. Gebrauchskosten fallen kraft gesetzlicher Anordnung (§ 556 Abs. 1 S. 3 BGB) unter den Betriebskostenbegriff. Ihrer Umlage auf den Mieter im kann aber im Einzelfall der Wirtschaftlichkeitsgrundsatz entgegenstehen.[204]

Bei sonstigen, unter **§ 2 Nr. 17 BetrKV** fallenden mittelbaren Eigentums- bzw. Gebrauchskos- **208** ten ist hingegen bereits sub specie § 556 Abs. 1 S. 2 BGB im Einzelfall zu prüfen, ob ihre Entstehung gerechtfertigt ist. Anwendungsbeispiele sind etwa die Kosten eines Concierge/Doorman[205] oder eines Wachdienstes[206].

## V. Laufende Kostenentstehung

Betriebskosten sind nur solche, die laufend entstehen. Dem Zweck dieses Merkmals wird meist **209** keine nähere Beachtung geschenkt. Historisch wurzelt es in der Übernahme des Betriebskostenbegriffs des preisgebundenen Wohnraums, bei dem die Wirtschaftlichkeitsberechnung auf die laufenden Aufwendungen zu beziehen ist (§ 2 NMV 1970). Bei der mietrechtlichen **Zweckbestimmung** führt die Gesetzesgeschichte daher nicht weiter; es bedarf mithin einer autonomen Ermittlung des Sinns dieses Merkmals. Der Zweck liegt darin, den Umfang des vom Mieter zu tragenden Kalkulationsrisikos zu begrenzen. Dieses Risiko soll der Mieter nur für gewöhnliche, weil laufend entstehende Betriebskosten übernehmen.[207] Das Merkmal dient mithin der typologischen Definition der Betriebskosten (→ Rn. 148).

Aus diesem Regelungszweck folgt, dass sich die Frage, ob es sich um laufende Kosten handelt, **210** nach einer **ex ante Perspektive** zum Zeitpunkt des Vertragsschlusses beantwortet.[208] Denn der (abstrakte) Umfang der durch den Vertrag vom Mieter übernommenen Betriebskosten muss bei Vertragsschluss feststehen. Maßgeblich ist, ob mit Blick auf das vermietete Grundstück und/oder Gebäude die in Rede stehenden Betriebskosten laufend entstehen können.[209] Deshalb handelt es

---

[201] *Blank/Börstinghaus* BGB § 556 Rn. 7; *Schmid* WuM 2008, 519 (520).

[202] Dies gilt auch bei Vermietung einer Eigentumswohnung, wenn andere Wohnungseigentümer einen nicht bestimmungsgemäßen Gebrauch machen. Denn auch hier steht der Vermieter den anderen Wohnungseigentümern aufgrund der gemeinsamen Mitgliedschaft in der Wohnungseigentümergemeinschaft näher als der Mieter.

[203] Vgl. BGH VIII ZR 33/15, NJW 2016, 1439 Rn. 15, Verunreinigung auf Grünanlage; BGH VIII ZR 137/09, NJW 2010, 1198 Rn. 27, Kosten der Sperrmüllentsorgung.

[204] Vgl. BGH XII ZR 129/09, NJW 2010, 2647, Terrorversicherung.

[205] Vgl. BGH VIII ZR 78/04, NZM 2005, 425.

[206] LG Berlin WuM 2019, 584.

[207] Vgl. BGH VIII ZR 123/06, NJW 2007, 1356 Rn. 14.

[208] Vgl. *Schmid* ZMR 2011, 341 (344).

[209] Vgl. *Blank/Börstinghaus* BGB § 556 Rn. 8; für ex-post-Betrachtung hingegen etwa KGR Berlin 2002, 286.

sich auch dann um Betriebskosten, wenn Kosten erstmals ausgelöst werden, etwa eine Wartungsleistung zum ersten Mal ausgeführt wird. Die Maßnahme wird also keineswegs erst dann zu einer „laufenden", wenn sie in der Vergangenheit bereits mehrfach erfolgt ist.[210]

211 Nach der Rspr. des **BGH** verlangt „laufend" nicht, dass die Kosten jährlich anfallen. Es muss sich lediglich um wiederkehrende Belastungen handeln, so dass auch ein **mehrjähriger Turnus** ausreicht. Das ist nach Ansicht des BGH der Fall bei einer alle vier Jahre erfolgenden Revision der Elektroanlage[211], beim Reinigungsintervall von fünf bis sieben Jahre eines Öltanks[212] sowie der – zeitlich nicht näher eingegrenzten – Entsorgung von Sperrmüll[213]. Die liberale Linie des BGH wird auch daraus deutlich, dass er als Antonym zu laufend „unüberschaubare Zeitabstände" verwendet.[214] Diese Sichtweise ist durchaus **bedenklich,** da durch eine weite Auslegung des Merkmals „laufend" die Gefahr erhöht wird, dass der Mieter mit Kosten belastet wird, die nicht auf seiner Mietzeit beruhen, wie etwa die Entscheidung zur Reinigung eines Öltanks[215] verdeutlicht. Nicht Recht auf der Linie seiner sonstigen Rspr. liegt das Judikat des BGH, nach dem die Kosten einer **Zwischenablesung** wegen **Nutzerwechsel** nicht laufend entstehen.[216]

212 Die **Instanzrechtsprechung** hat eine laufende Entstehung etwa bei dem 12-Jahres-Turnus der Kontrolle von Gasrohren[217] bejaht; nicht laufend sollen hingegen die Kosten für das Fällen von Bäumen[218] oder der Beseitigung von Ungeziefer[219] anfallen. Die Lit. verneint eine laufende Entstehung etwa bei den einmaligen Kosten für die Einrichtung oder das Nachrüsten von repräsentativen Probeentnahmestellen nach § 19 Abs. 2 TrinkwVO.[220] Nicht um laufende Kosten handelt es sich, wenn der Vermieter zwecks Ausführung von Betriebsmaßnahmen **Maschinen** oder andere **Gerätschaften anschafft,** etwa für den Winterdienst. Laufende Kosten verursachen hingegen Verbrauchsmaterialien, etwa Reinigungsmittel.

### VI. Keine Erhaltungs- oder Verwaltungskosten

213 Der Betriebskostenbegriff bedarf einer **typologischen Begrenzung,** damit die Betriebskosten von anderen Kosten des Vermieters abgegrenzt werden können (→ Rn. 148). Eine solche Beschränkung enthält – in wenig transparenter Art und Weise (→ Rn. 150) – § 556 Abs. 1 S. 3 BGB, der auf § 2 BetrKV verweist, der wiederum auf § 1 BetrKV Bezug nimmt. § 556 Abs. 2 BGB klammert die Erhaltungs- und Verwaltungskosten aus. Nicht unter den Begriff der Betriebskosten fallen daher die laufenden Kosten der Instandhaltung und Instandsetzung (Erhaltung) sowie der Verwaltung. Dies ist **unstreitig.**[221]

214 Der **Zweck** dieser **Beschränkung** liegt aus historischer Sicht im Dunkeln (→ Rn. 14). Im Ergebnis begrenzt § 556 Abs. 1 S. 3 BGB das Kostenrisiko des Mieters, was sich bei den Erhaltungskosten wegen ihres weitgehend unüberschaubaren Umfangs rechtfertigen lässt – indes würden andere als regelmäßig anfallende Erhaltungskosten am Merkmal „laufend" scheitern. Auch bei den Verwaltungskosten droht eine fehlende Überschaubarkeit der Kosten – indes besteht dieses sog. Prinzipal-Agent-Problem auch bei anderen Kostentypen, die unter den Betriebskostenbegriff fallen. Die § 556 Abs. 1 S. 3 BGB, §§ 2, 1 Abs. 2 BetrKV stützen daher die Erkenntnis, dass die Betriebskostenregelungen nur eine eingeschränkten Überzeugungsgehalt haben (→ Rn. 16).

215 § 556 Abs. 1 S. 3 BGB iVm §§ 2, 1 Abs. 2 BetrKV ist ein **negatives Tatbestandsmerkmal.** Im Streitfall ist daher zu prüfen, ob die in Rede stehenden Kosten unter diesen Ausschlusstatbestand

[210] **AA** AG Münster WuM 2019, 379 (Kosten einer erstmaligen Dachrinnenreinigung keine Betriebskosten).
[211] Vgl. BGH VIII ZR 123/06, NJW 2007, 1356 Rn. 14.
[212] BGH VIII ZR 221/08, NJW 2010, 226 Rn. 14.
[213] BGH VIII ZR 137/09, NJW 2010, 1198 Rn. 27.
[214] BGH VIII ZR 221/08, NJW 2010, 226 Rn. 14.
[215] BGH VIII ZR 221/08, NJW 2010, 226 Rn. 14.
[216] BGH VIII ZR 19/07, NJW 2008, 575 Rn. 17.
[217] LG Hannover ZMR 2007, 865; AG Münster WuM 2019, 379.
[218] LG München II BeckRS 2010, 7128; AG Köln WuM 2017, 529; AG Potsdam WuM 2012, 203; **aA** AG *Hamburg-Blankenese* ZMR 2014, 804.
[219] AG Mitte IMR 2013, 100; AG München ZMR 2012, 202.
[220] *Lindner* AnwZert MietR 23/2012 Anm. 2 (juris).
[221] Etwa BGH VIII ZR 221/08, NJW 2010, 226 Rn. 11; BGH VIII ZR 146/03, NZM 2004, 418 Rn. 10.

fallen. Dabei ist zu beachten, dass bei den benannten Kostentypen die Zuordnung zum Betriebskostenbegriff durch § 2 BetrKV nicht unter Hinweis auf das negative Tatbestandsmerkmal grds. aufgehoben werden darf (→ Rn. 223).

### 1. Erhaltungskosten (Instandhaltung und Instandsetzung)

Nach **§ 1 Abs. 2 Nr. 2 BetrKV** sind Instandhaltungs- und Instandsetzungskosten solche, die zur Erhaltung des bestimmungsmäßigen Gebrauchs aufgewendet werden müssen, um die durch Abnutzung, Alterung und Witterungseinwirkung entstehenden baulichen oder sonstigen Mängel ordnungsgemäß zu beseitigen. Diese Kosten werden hier, ebenso wie in § 555 a BGB, auch als Erhaltungskosten bezeichnet. Es handelt sich um alle Aufwendungen, die durch **Reparatur** und **Wiederbeschaffung** verursacht werden, die also dazu dienen, Mängel an der Substanz der Immobilie oder ihrer Teile zu beseitigen.[222] Soweit Erhaltungskosten im Katalog des § 2 BetrKV ausdrücklich genannt sind, gehören sie kraft gesetzlicher Fiktion zu den Betriebskosten, etwa die in § 2 Nr. 10 geregelten Kosten der Erneuerung von Pflanzen und Gehölzen. 216

Schwierigkeiten bereitet die Einordnung von **Wartungskosten.** Diese beginnen schon damit, dass der Begriff nicht legal definiert ist. Man wird darunter Kosten verstehen können, die durch die Pflege oder Kontrolle von (technischen) Anlagen, nicht hingegen ihrer Reparatur, ausgelöst werden. Soweit diese Kosten im Katalog des § 2 BetrKV ausdrücklich genannt sind, sind sie kraft gesetzlicher Anordnung Betriebskosten. Anderenfalls muss konkret festgestellt werden, dass es sich nicht um Erhaltungskosten handelt. Nach der Rspr. des **BGH** dienen regelmäßig durchzuführende Maßnahmen zur Überprüfung der Funktionsfähigkeit einer technischen Anlage nicht der Erhaltung.[223] Diese Sichtweise überzeugt nicht (näher → Rn. 302). Folgt man hingegen dem BGH, so muss bei der Abgrenzung zwischen Erhaltungs- und Wartungskosten maßgeblich sein, ob die Maßnahme bei wertender Betrachtung der Reparatur oder nur der Pflege dient, die den Eintritt eines Mangels vorbeugen soll. Deshalb ist etwa die Dachrinnenreinigung, die wegen einer Verstopfung der Entwässerung ausgelöst wird, auch auf Basis der Rspr. des BGH keine Wartung. Anders ist es, wenn die Dachrinnenreinigung ohne konkreten Anlass turnusgemäß ausgeführt wird.[224] 217

### 2. Verwaltungskosten

Keine Betriebskosten sind nach **§ 1 Abs. 2 Nr. 1 BetrKV** die Kosten der Verwaltung.[225] Ebenso wie bei den Erhaltungskosten gehören bestimmte, in § 2 BetrKV genannte Verwaltungskosten kraft gesetzlicher Fiktion zu den Betriebskosten, etwa die Kosten der „Berechnung und Aufteilung" in § 2 Nr. 4 a BetrKV. 218

Bei der Vereinbarung der Abgeltung „sonstiger Betriebskosten" (§ 2 Nr. 17 BetrKV) stellt sich hingegen die Frage, ob die in Rede stehenden Kosten solche sind, die der **Verwaltung** der **Mietsache zuzuordnen** sind. Dies erfordert eine Subsumtion unter den Begriff der Verwaltung, was deshalb Schwierigkeiten bereitet, weil der Begriff trotz der Legaldefinition in § 1 Abs. 2 Nr. 1 BetrKV unklar ist. Nach dieser Definition sind Verwaltungskosten 219

1. die Kosten der zur Verwaltung des Gebäudes erforderlichen Arbeitskräfte und Einrichtungen,
2. die Kosten der Aufsicht,
3. der Wert der vom Vermieter persönlich geleisteten Verwaltungsarbeit,
4. die Kosten für die Prüfungen des Jahresabschlusses,
5. die Kosten für die Geschäftsführung.

Bei den in den Nr. 2, 4 und 5 genannten Kosten mag man durch Auslegung des jeweiligen Merkmals noch zu einem aussagekräftigen Inhalt gelangen.[226] Bei Nr. 1 ist dies hingegen offensichtlich nicht möglich.[227] Denn diese Ziffer definiert den Oberbegriff „Verwaltung" durch Verwen- 220

[222] BGH VIII ZR 62/19, NZM 2020, 457 Rn. 12.
[223] BGH VIII ZR 221/08, NJW 2010, 226 Rn. 12; BGH VIII ZR 123/06, NJW 2007, 1356.
[224] BGH VIII ZR 167/03, NZM 2004, 417.
[225] BGH VIII ZR 62/19, NZM 2020, 457 Rn. 12.
[226] Mit „Aufsicht" sind die Maßnahmen des Vermieters gemeint, der seine Leute beaufsichtigt, LG München I WuM 2000, 258.
[227] Gleiches gilt für Nr. 3, der indes nur die Funktion hat, die Nr. 1, 3–5 mit Blick auf die Eigenleistungsregel in § 1 Abs. 1 BetrKV (→ Rn. 182) zu spiegeln.

dung desselben Begriffes. Zum Scheitern verurteilt sind auch Versuche, den Begriff durch Anlehnung an Beschreibungen in anderen Normen zu definieren[228], und zwar schon deshalb, weil die dortigen Beschreibungen jeweils ihren eigenen Zweck haben. Eine eigenständige **Definition** des Verwaltungsbegriffs aus § 1 Abs. 2 Nr. 1 BetrKV ist bislang ebenfalls **nicht gelungen;** die in der Lit. gemachten Vorschläge („Kosten, die dem Vermieter aus der Wahrnehmung seiner originären Interessen entstehen“[229]; „Kosten, die die Vermietbarkeit herbeiführen und absichern[230]“) sind nicht hinreichend aussagekräftig. Es bleibt daher nur, die in Rede stehenden Kosten mit den benannten Kosten aus § 2 BetrKV zu vergleichen, um auf diese Weise zu ermitteln, ob im Lichte des Katalogs des § 2 Nr. 1–16 BetrKV eine Abgeltung durch den Mieter gerechtfertigt ist.[231] Verwaltungskosten sind danach etwa Notdienstpauschalen[232], die Kosten einer Zwischenablesung beim Nutzerwechsel[233] oder Bank- und Kontogebühren[234]. Siehe zu weiteren Kostenpositionen auch → Rn. 300 ff.

## VII. Glasfaserbereitstellungsentgelt (§ 556 Abs. 3 a BGB)

**220a** Der durch das TKModG 2021 eingeführte § 556 Abs. 3 a BGB regelt, wann ein Glasfaserbereitstellungsentgelt zu den Betriebskosten zählt. Es handelt sich um eine **systematische Monstrosität.** Denn § 556 Abs. 3 a BGB betrifft nur die Telekommunikationskosten. Angesichts dessen hätte sich dem Gesetzgeber § 2 Nr. 15 BetrKV als alleiniger Regelungsort geradezu aufdrängen müssen. Zum Recht des Mieters, die Abgeltungsvereinbarung in Bezug auf die Kabelkosten zu ändern → Rn. 71 a.

**220b** § 556 Abs. 3 a BGB gilt **ab dem 1. 12. 2021** (Art. 61 Abs. 1 TKModG). Sollte dies in einem an diesem Tag bereits bestehenden Mietverhältnis dazu führen, dass Kosten der Glasfaserbereitstellung ab dem Stichtag nicht mehr zu den Betriebskosten gehören, ist dies in der Betriebskostenabrechnung zu berücksichtigen. Wird etwa nach dem Kalenderjahr abgerechnet, sind für das Jahr 2021 also nur 11/12 der Kosten der Glasfaserbereitstellung umlagefähig.

**220c** Der **praktische Anwendungsbereich** von § 556 Abs. 3 a BGB ist gering. Denn schon nach § 2 Nr. 15 BetrKV gehört nur ein Glasfaserbereitstellungsentgelt zu den Betriebskosten, das die Voraussetzungen des § 72 Abs. 1 TKG erfüllt. § 556 Abs. 3 a BGB führt als zusätzliche Schranke eine „wirtschaftliche Umsetzung der Maßnahme“ ein. Maßnahme bezeichnet die Aufrüstung der gebäudeinternen Netzinfrastruktur. Was „wirtschaftliche Umsetzung“ bedeutet, erhellen die Materialien nicht.[235] Es muss sich um Kosten handeln, die bei einer ordentlicher Geschäftsführung, die den Umstand ausblendet, dass die Kosten an den Mieter weitergereicht werden können, gerechtfertigt sind. Bei einer sog. aufwändigen Maßnahme iSd § 72 Abs. 2 S. 4 TKG kommt ergänzend hinzu, dass der Vermieter soweit möglich drei Angebote eingeholt und das wirtschaftlichste ausgewählt hat. Aufwändig ist eine Maßnahme, die insgesamt – also über den Zeitraum des zwischen dem Vermieter und dem Betreiber geltenden Bereitstellungsvertrag – ein Bereitstellungsentgelt von mehr als 300 Euro/Wohnung auslöst.

**220d** § 556 Abs. 3 a BGB steht dem Wirtschaftlichkeitsgrundsatz des § 556 Abs. 3 S. 1 Hs. 2 BGB nahe. Anders als dieser in der Lesart der hM (→ Rn. 459) begrenzt § 556 Abs. 3 a BGB aber den Betriebskostenbegriff. Denn Gegenstand von § 556 Abs. 3 a BGB ist die Regelung der vom Mieter zu tragenden Kosten. Deshalb trifft auch den Vermieter die **Beweislast** dafür, dass die Voraussetzungen der Vorschrift erfüllt sind (vgl. → Rn. 582).

---

[228] Rückgriff auf § 27 WEG aF hingegen bei *Ludley* NZM 2006, 851.

[229] Langenberg/Zehelein BetrKostR/*Zehelein* Kap. A Rn. 26; gegen eine Zuordnung der Kosten anhand der Interessenlage hingegen BGH VIII ZR 62/19, NZM 2020, 457 Rn. 21.

[230] *Wall* Betriebs-/Heizkosten Rn. 2964.

[231] Vgl. BGH VIII ZR 62/19, NZM 2020, 457 Rn. 18 ff.

[232] BGH VIII ZR 62/19, NZM 2020, 457, um Begriff der „Hausverwaltung“ in § 2 Nr. 14 BetrKV.

[233] *LG Leipzig WuM 2019, 639;* BGH VIII ZR 19/07, NJW 2008, 575 Rn. 17 verneint hier das Merkmal „laufend“.

[234] OLG Karlsruhe WuM 1988, 204.

[235] BT-Drs. 19/28865, 474.

## F. Der Betriebskostenkatalog (§ 556 Abs. 1 S. 3, 4 BGB)

Nach § 556 Abs. 1 S. 3 BGB gilt für die Aufstellung der Betriebskosten die Betriebskostenverordnung[236] fort. Diese sprachlich verunglückte Anordnung führt dazu, dass sich der Betriebskostenbegriff des § 556 Abs. 1 S. 2 BGB nach § 2 BetrKV richtet (→ Rn. 149). Die **Betriebskostenverordnung**[237] wurde seit ihrem Inkrafttreten im Jahr 2003 zweimal geändert; die Änderungen betrafen § 2 Nr. 15) BetrKV.[238] 221

Bei § 2 BetrKV lassen sich **zwei Kostentypen** unterscheiden: § 2 Nr. 1–16 BetrKV beschreibt konkret einzelne Kosten („benannte Kosten"), während § 2 Nr. 17 BetrKV unter der Bezeichnung „sonstige Betriebskosten" eine Auffangfunktion hat („unbenannte Kosten"). 222

### I. Verhältnis von § 2 BetrKV zum allgemeinen Betriebskostenbegriff

In der Lit. liest man häufig, die in § 2 BetrKV genannten Kosten seien immer abgeltungsfähig, auch wenn es sich nicht um Betriebskosten handele.[239] Das darf nicht missverstanden werden. Denn es ist selbstverständlich, dass die in § 2 BetrKV genannten Kosten nur dann vom Mieter zu tragende Betriebskosten sind, wenn sie dem Vermieter durch den Gebrauch oder das Eigentum an dem vermieteten Grundstück – und nicht einem anderen Grundstück – entstanden sind. Bei den beiden verbleibenden Merkmalen des Betriebskostenbegriffs aus § 556 Abs. 1 S. 2 BGB – laufende Entstehung und keine Erhaltungs- oder Verwaltungskosten – ist zu differenzieren: Sollen **unbenannte Kosten** über die Öffnungsregel des § 2 Nr. 17 BetrKV den Betriebskosten zugeordnet werden, kommen beide Merkmale uneingeschränkt zur Anwendung, was bereits aus dem Wortlaut der Regelung folgt. Bei den **benannten Kostentypen** ist die Anwendung beider Merkmale hingegen auf die Prüfung beschränkt, ob konkrete, beim Vermieter angefallene Kosten unter den Kostentyp fallen. Die gesetzgeberische Zuordnung des Typs selbst zu den Betriebskosten ist hingegen verbindlich (kann also nicht durch den Hinweis auf § 1 Abs. 2 BetrKV entkräftet werden), und zwar auch dann, wenn es sich letztlich um Erhaltungs- oder Verwaltungskosten handelt. Insofern liegt eine **gesetzliche Fiktion** vor. 223

**Beispiele:** Aufwendungen für die Erneuerung von Gehölzen sind kraft Gesetzes (§ 556 Abs. 1 S. 3, § 2 Nr. 10 BetrKV) Betriebskosten, auch wenn es sich bei wertender Betrachtung um Erhaltungskosten handelt. Ob aber konkrete Aufwendungen, etwa für das Fällen von Bäumen, unter § 2 Nr. 10 BetrKV fallen, ist anhand der Generaldefinition des § 556 Abs. 1 S. 2 BGB zu bestimmen. Gleiches gilt etwa für Sperrmüllkosten mit Blick auf § 2 Nr. 8 BetrKV oder bei § 2 Nr. 4a BetrKV für die nur alle paar Jahre anfallenden Kosten der Reinigung eines Öltanks (vgl. → Rn. 215).

**Rechtstechnisch** operieren die § 2 Nr. 1–16 BetrKV mit einer **gestaffelten Definition:** Es wird zunächst ein Oberbegriff genannt (etwa: „die laufenden öffentlichen Lasten des Grundstücks"), der dann weiter durch Unterbegriffe konkretisiert wird (etwa: „Grundsteuer"). Ob die Unterbegriffe **abschließender Natur** sind, folgt aus der jeweiligen Nummer, die dies durch die Formulierung „namentlich" teilweise ausschließt. Fehlt eine solche Öffnungsklausel, so darf eine Kostenposition, die gegenständlich unter eine der Nummern 1–16 des Katalogs fällt, aus systematischen Gründen nicht § 2 Nr. 17 BetrKV zugeschlagen werden (vgl. → Rn. 298). 224

### II. Öffentliche Lasten (§ 2 Nr. 1 BetrKV)

Nr. 1: „die laufenden öffentlichen Lasten des Grundstücks, hierzu gehört namentlich die Grundsteuer"

Nach § 2 Nr. 1 BetrKV sind die laufenden öffentlichen Lasten des Grundstücks, namentlich die Grundsteuer, Betriebskosten. Diese Kostenposition ist rechtspolitisch umstritten, weil sie der Mieter nicht durch sein Gebrauchsverhalten beeinflussen kann.[240] Dies trifft zwar auch auf andere Kostentypen zu, spricht aber dennoch für eine **restriktive Auslegung.** Denn ein Grund für die Abwälzung des Betriebskostenkalkulationsrisikos auf den Mieter ist bei den „statischen" laufenden 225

---

[236] BGBl. 2003 I 2346 (2347).

[237] Begründung der Verordnung: BR-Drs. 568/03.

[238] Art. 4 des Gesetzes v. 3.5.2012, BGBl. 2012 I 958 sowie Art. 15 TkModG, BGBl. 2021 I 1858.

[239] Etwa BeckOGK/*Drager* BetrKV § 2 Rn. 2.

[240] *Ropertz* ZRP 2019, 90 („Eigentümersteuer").

öffentlichen Lasten des Grundstücks nicht wirklich ersichtlich. Für die Auslegung sollte daher Leitbild sein, ob es sich um eine der Grundsteuer vergleichbare Last handelt.

226 Eine laufende öffentliche Last sind neben der Grundsteuer stetig anfallende **grundstücksbezogene Beiträge** zur Unterhaltung öffentlicher Einrichtungen[241], nicht hingegen eine von der Konfession des Vermieters abhängige Ortskirchensteuer[242] oder eine Fremdenverkehrsabgabe.[243] Auch Erschließungs- oder Straßenausbaubeiträge fallen nicht unter § 2 Nr. 1 BetrKV[244], weil sie nicht „laufend" entstehen. Gleiches gilt für Abgaben wegen standortbezogener Maßnahmen nach § 171 f BauGB.[245] Diese mögen zwar über einen gewissen Zeitraum erhoben werden, was aber an ihrem letztlich temporären Charakter nichts ändert. Ebenfalls nicht unter § 2 Nr. 1 BetrKV fallen die Kosten der Feuerstättenschau, weil diese nicht – wie die Grundsteuer – unmittelbar auf dem Grundstück lasten, sondern sich die Kosten erst mit ihrer Durchführung konkretisieren[246]. Die Kosten können aber auf Grundlage der Rspr. zu den Funktionsprüfungen (→ Rn. 302) über § 2 Nr. 17 BetrKV als Betriebskosten vereinbart werden.

### III. Wasserversorgung (§ 2 Nr. 2 BetrKV)

Nr. 2: „die Kosten der Wasserversorgung, hierzu gehören die Kosten des Wasserverbrauchs, die Grundgebühren, die Kosten der Anmietung oder anderer Arten der Gebrauchsüberlassung von Wasserzählern sowie die Kosten ihrer Verwendung einschließlich der Kosten der Eichung sowie der Kosten der Berechnung und Aufteilung, die Kosten der Wartung von Wassermengenreglern, die Kosten des Betriebs einer hauseigenen Wasserversorgungsanlage und einer Wasseraufbereitungsanlage einschließlich der Aufbereitungsstoffe"

227 Nach § 2 Nr. 2 BetrKV sind die Kosten der Wasserversorgung Betriebskosten. Mit den Kosten der Wasserversorgung befassen sich auch § 2 Nr. 5 a BetrKV und **§ 8 HeizkostenV.** Danach sind die Kosten des Wassers, das dem Mieter als Warmwasser zur Verfügung gestellt wird, nur dann Teil der Heiz- und Warmwasserkosten, soweit sie nicht gesondert – bei den „kalten" Betriebskosten – abgerechnet werden. Dies soll eine doppelte Belastung mit Wasserkosten vermeiden; der Vermieter hat ein Wahlrecht, bei welcher Kostengruppe er die Kosten einstellt. Die Berücksichtigung in der Abrechnung nach der Heizkostenverordnung setzt aber voraus, dass die Wasserversorgung als umlagefähig vereinbart wurden.[247]

228 Die Art und Weise der **Wasserversorgung** ist unerheblich. Fasst man mit der hM auch Eigenleistungen unter den Betriebskostenbegriff (→ Rn. 182), kann daher auch eine Regenwasserrückgewinnungsanlage zu Kosten der Wasserversorgung führen.[248]

229 Die Anwendung des Begriffs **„Wasserverbrauch"** bereitet Schwierigkeiten, wenn Wasser aufgrund eines **Mangels** – etwa eines Rohrbruchs – ungenutzt bleibt. In der Sache geht es hier um das allgemeine Betriebskostenmerkmal des „bestimmungsgemäßen" Gebrauchs (→ Rn. 204).

230 Es ist umstritten, ob die Kosten der **Legionellenprüfung** unter § 2 Nr. 2 BetrKV fallen oder (auch) unter § 2 Nr. 5 BetrKV, § 8 Abs. 2 HeizkostenV.[249] Die Frage wirkt sich aus, wenn es an einer Vereinbarung der Umlage der Kosten iSd § 2 Nr. 2 BetrKV fehlt oder der Vermieter die „falsche" Zuordnung nicht binnen der Frist des § 556 Abs. 3 S. 3 BGB korrigiert. Überzeugend ist die Einordnung bei § 2 Nr. 5 BetrKV, § 8 Abs. 2 HeizkostenV, weil die Legionellenprüfung eine Erwärmung des Wassers voraussetzt.[250] Die Kosten einer allgemeinen Überprüfung der Wasserqualität **(„Trinkwassercheck")** fallen nicht unter § 2 Nr. 2 BetrKV, da sie für den Betrieb der Wasserversorgungsanlage nicht erforderlich sind. Ob man sie zu den sonstigen Betriebskosten (§ 2 Nr. 17 BetrKV) zählt, richtet sich nach der Rspr. zu den Funktionsprüfungen (→ Rn. 302).

---

241 *Wall* Betriebs-/Heizkosten Rn. 3100.
242 LG Landau (Pfalz) NZM 2013, 144.
243 OLG Schleswig ZMR 2012, 866.
244 AG Greiz WuM 1999, 199; *Ruff* WuM 2008, 389.
245 Der Landesgesetzgeber kann dies kompetenzmäßig indes nicht regeln; untauglich daher § 8 Abs. 10 Berliner Immobilien- und Standortgemeinschafts-Gesetz.
246 **AA** AG Soest GE 2014, 129; Lützenkirchen MietR/*Lützenkirchen* BGB § 556 Rn. 68.
247 *LG Berlin GE 2006*, 59.
248 Lützenkirchen MietR/*Lützenkirchen* BGB § 556 Rn. 98.
249 Lützenkirchen MietR/*Lützenkirchen* BGB § 556 Rn. 97.
250 Langenberg/Zehelein BetrKostR/*Zehelein* Kap. K Rn. 140.

Unter den Begriff der **Anmietung** von Wasserzählern gem. § 2 Nr. 2 BetrKV fallen auch funkbasierte Erfassungsgeräte.[251] Die anderen Arten der Gebrauchsüberlassung erfassen das Operating-**Leasing,** nicht hingegen den Kauf. Auch das Finanzierungsleasing fällt nicht unter die Norm, weil es sich hierbei wirtschaftlich um die Finanzierung von Anschaffungskosten handelt. Zu den Kosten der **Eichung** zählen auch die Kosten des Austauschs der Messkapseln[252], nicht hingegen des vollständige Austauschs des Wasserzählers. Eine Pumpen- oder Druckerhöhungsanlage[253] ist eine **hauseigene Wasserversorgungsanlage** ist, aber etwa auch eine Regenwasserrückgewinnungsanlage. 231

## IV. Entwässerung (§ 2 Nr. 3 BetrKV)

Nr. 3: „die Kosten der Entwässerung, hierzu gehören die Gebühren für die Haus- und Grundstücksentwässerung, die Kosten des Betriebs einer entsprechenden nicht öffentlichen Anlage und die Kosten des Betriebs einer Entwässerungspumpe"

Die Entwässerung umfasst sowohl das Schmutz- als auch das Regenwasser. Unterlässt der Vermieter es, das auf dem Grundstück anfallende Sprengwasser nach den hierfür geltenden günstigeren Preisen zu entwässern **(Sprengwasserabzug),** so liegt darin ein Verstoß gegen das Wirtschaftlichkeitsgebot des § 556 Abs. 3 S. 1 BGB.[254] 232

Erfolgt die Entwässerung nicht über das öffentliche Kanalnetz, so liegt eine **nicht öffentliche Anlage** iSd § 2 Nr. 3 BetrKV vor (zB Sickergrube).[255] **Entwässerungspumpen** dienen dazu, dass Abwasser zum Kanalnetz oder zur nicht öffentlichen Entwässerungsanlage zu transportieren. 233

Die Kosten für die **Wartung** (zB Dichtigkeitsprüfung) der gebäudeeigenen Rohranlage fallen nicht unter § 2 Nr. 3 BetrKV. Dies folgt für aus einem systematischen Vergleich, weil § 2 Nr. 3 BetrKV – anders etwa als § 2 Nr. 2 BetrKV – die Anlage nicht nennt (auch → Rn. 302 „Funktionsprüfung"). Ebensowenig Betriebskosten sind, wie aus § 1 Abs. 2 Nr. 2 BetrKV folgt, die Kosten einer **Instandsetzung** (zB Beseitigung einer Rohrverstopfung). Fallen für die Berechnung des Anteils des Mieters Kosten an, gehören diese nicht zu den Betriebskosten.[256] Es handelt sich vielmehr um **Verwaltungskosten,** die – anders als bei § 2 Nr. 2 BetrKV – auch nicht kraft Fiktion den Betriebskosten zugeordnet sind. 234

## V. Heizung und Warmwasser (§ 2 Nr. 4–6 BetrKV)

Nr. 4 „die Kosten

a) des Betriebs der zentralen Heizungsanlage einschließlich der Abgasanlage, hierzu gehören die Kosten der verbrauchten Brennstoffe und ihrer Lieferung, die Kosten des Betriebsstroms, die Kosten der Bedienung, Überwachung und Pflege der Anlage, der regelmäßigen Prüfung ihrer Betriebsbereitschaft und Betriebssicherheit einschließlich der Einstellung durch eine Fachkraft, der Reinigung der Anlage und des Betriebsraums, die Kosten der Messungen nach dem Bundes-Immissionsschutzgesetz, die Kosten der Anmietung oder anderer Arten der Gebrauchsüberlassung einer Ausstattung zur Verbrauchserfassung sowie die Kosten der Verwendung einer Ausstattung zur Verbrauchserfassung einschließlich der Kosten der Eichung sowie der Kosten der Berechnung und Aufteilung oder
b) des Betriebs der zentralen Brennstoffversorgungsanlage, hierzu gehören die Kosten der verbrauchten Brennstoffe und ihrer Lieferung, die Kosten des Betriebsstroms und die Kosten der Überwachung sowie die Kosten der Reinigung der Anlage und des Betriebsraums oder
c) der eigenständig gewerblichen Lieferung von Wärme, auch aus Anlagen im Sinne des Buchstabens a, hierzu gehören das Entgelt für die Wärmelieferung und die Kosten des Betriebs der zugehörigen Hausanlagen entsprechend Buchstabe a oder

---

[251] Vgl. BGH VIII ZR 326/10, NJW 2011, 3514.
[252] BR-Drs. 568/03, 29.
[253] Lützenkirchen MietR/*Lützenkirchen* BGB § 556 Rn. 96; **aA** wohl AG Hamburg-St. Georg WuM 2007, 446.
[254] LG Berlin ZMR 2019, 122.
[255] AG Bergisch-Gladbach WuM 1985, 369.
[256] Schmid Mietnebenkosten-HdB/*Harsch* Rn. 5101; *Wall* Betriebs-/Heizkosten Rn. 3364; abw. Langenberg/Zehelein BetrKostR/*Zehelein* Kap. A Rn. 91.

d) der Reinigung und Wartung von Etagenheizungen und Gaseinzelfeuerstätten, hierzu gehören die Kosten der Beseitigung von Wasserablagerungen und Verbrennungsrückständen in der Anlage, die Kosten der regelmäßigen Prüfung der Betriebsbereitschaft und Betriebssicherheit und der damit zusammenhängenden Einstellung durch eine Fachkraft sowie die Kosten der Messungen nach dem Bundes-Immissionsschutzgesetz;"

Nr. 5: „die Kosten

a) des Betriebs der zentralen Warmwasserversorgungsanlage, hierzu gehören die Kosten der Wasserversorgung entsprechend Nummer 2, soweit sie nicht dort bereits berücksichtigt sind, und die Kosten der Wassererwärmung entsprechend Nummer 4 Buchstabe a oder

b) der eigenständig gewerblichen Lieferung von Warmwasser, auch aus Anlagen im Sinne des Buchstabens a, hierzu gehören das Entgelt für die Lieferung des Warmwassers und die Kosten des Betriebs der zugehörigen Hausanlagen entsprechend Nummer 4 Buchstabe a oder

c) der Reinigung und Wartung von Warmwassergeräten, hierzu gehören die Kosten der Beseitigung von Wasserablagerungen und Verbrennungsrückständen im Innern der Geräte sowie die Kosten der regelmäßigen Prüfung der Betriebsbereitschaft und Betriebssicherheit und der damit zusammenhängenden Einstellung durch eine Fachkraft;"

Nr. 6: „die Kosten verbundener Heizungs- und Warmwasserversorgungsanlagen

a) bei zentralen Heizungsanlagen entsprechend Nummer 4 Buchstabe a und entsprechend Nummer 2, soweit sie nicht dort bereits berücksichtigt sind oder

b) bei der eigenständig gewerblichen Lieferung von Wärme entsprechend Nummer 4 Buchstabe c und entsprechend Nummer 2, soweit sie nicht dort bereits berücksichtigt sind, oder

c) bei verbundenen Etagenheizungen und Warmwasserversorgungsanlagen entsprechend Nummer 4 Buchstabe d und entsprechend Nummer 2, soweit sie nicht dort bereits berücksichtigt sind."

235 § 2 Nr. 4–6 BetrKV regelt in recht **komplexer Art und Weise** die Kosten der Versorgung mit Wärme und Warmwasser. Diese Vorschriften werden hier nur insoweit kommentiert, als sie nicht Gegenstand der Heizkostenverordnung sind, die in diesem Buch gesondert erläutert wird. Zur Pflicht des Mieters, die Kosten der Wärmelieferung nach Umstellung der Wärmeversorgung im laufenden Mietverhältnis zu tragen → BGB § 556c Rn. 1ff.

### 1. Überblick und Verhältnis zur Heizkostenverordnung

236 § 2 Nr. 4–6 BetrKV weist Überschneidungen mit §§ 7f. HeizkostenV auf, ist mit den dortigen Regelungen aber nicht deckungsgleich:

- **§ 2 Nr. 4a BetrKV** regelt die Kosten des Betriebs der zentralen Heizungsanlage; die in der Norm genannten Kosten sind mit § 7 Abs. 2 S. 1 HeizkostenV deckungsgleich, der ergänzend auch die Umlage von Kosten der Verbrauchsanalyse erlaubt. Näher zu diesen Kosten bei → HeizkostenV § 7 Rn. 22ff.
- **§ 2 Nr. 4b BetrKV** betrifft die Kosten des Betriebs einer zentralen Brennstoffversorgungsanlage. Die Heizkostenverordnung kennt diesen Begriff nicht (→ Rn. 238).
- **§ 2 Nr. 4c BetrKV** regelt die Kosten der eigenständigen Lieferung von Wärme. Die in der Norm genannten Kosten sind mit § 7 Abs. 4 HeizkostenV deckungsgleich. Näher zu diesen Kosten bei → HeizkostenV § 7 Rn. 42ff.
- **§ 2 Nr. 4d BetrKV** betrifft Etagenheizungen und Gaseinzelfeuerstätten, die in der Heizkostenverordnung nicht geregelt sind (→ Rn. 239).
- **§ 2 Nr. 5a BetrKV** regelt die Kosten des Betriebs der zentralen Warmwasserversorgungsanlage; die in der Norm genannten Kosten sind mit § 8 Abs. 2 S. 1 HeizkostenV deckungsgleich. Näher zu diesen Kosten bei → HeizkostenV § 8 Rn. 10ff.
- **§ 2 Nr. 5b BetrKV** regelt die Kosten der eigenständigen Lieferung von Warmwasser. Die in der Norm genannten Kosten sind mit § 8 Abs. 4 HeizkostenV deckungsgleich. Näher zu diesen Kosten bei → HeizkostenV § 8 Rn. 16ff.
- **§ 2 Nr. 5c BetrKV** betrifft Warmwassergeräte, die in der Heizkostenverordnung nicht geregelt sind (→ Rn. 243).
- ***§ 2 Nr. 6 BetrKV*** regelt verbundene Heizungs- und Warmwasserversorgungsanlagen, die den Mieter sowohl mit Wärme als auch mit Warmwasser versorgen. Diese Anlagen sind Gegenstand von § 9 HeizkostenV (→ HeizkostenV § 9 Rn. 1ff.).

237 Dieser Vergleich mit der Heizkostenverordnung zeigt, dass von den in § 2 Nr. 4–6 BetrKV geregelten Kosten nur die Anlagen iSd **§ 2 Nr. 4 b, 4 d, 5 c BetrKV** nicht in der Heizkostenverordnung geregelt sind und daher hier einer näheren Betrachtung bedürfen.

### 2. Zentrale Brennstoffversorgungsanlage (§ 2 Nr. 4 b BetrKV)

238 § 2 Nr. 4 b BetrKV betrifft die **veraltete Technik,** bei der Einzelöfen in den Wohnungen aus einer zentralen Anlage mit Brennstoff (typischerweise Heizöl) versorgt werden, der Brennstoff aber in den Wohnungen verbraucht wird.[257] Zu den Betriebskosten solcher Anlagen gehören die Kosten der verbrauchten Brennstoffe und ihrer Lieferung, die Kosten des Betriebsstroms und die Kosten der Überwachung sowie die Kosten der Reinigung der Anlage und des Betriebsraums.

### 3. (Verbundene) Etagenheizungen und Einzelfeuerstätten (§ 2 Nr. 4 d BetrKV)

239 **Etagenheizungen** versorgen aus einer „wohnungszentralen" Anlage allein die in Rede stehende Wohnung mit Wärme; mehrere Wohnungen versorgende Anlagen fallen hingegen unter § 2 Nr. 4 a BetrKV. Denn eine „zentrale" Heizungsanlage ist jede Anlage, die Nutzer gemeinschaftlich versorgt (→ HeizkostenV § 1 Rn. 6). Unter § 2 Nr. 4 d BetrKV fallen aufgrund des Verweises in § 2 Nr. 6 c BetrKV auch **verbundene Anlagen (Gasthermen),** die die Wohnung gleichzeitig mit Wärme und Warmwasser versorgen. **Gaseinzelfeuerstätten** sind die heute nur noch vereinzelt anzutreffenden Anlagen, die nicht die gesamte Wohnung, sondern nur einzelne Räume beheizen; soweit sie lediglich Warmwasser produzieren, fallen sie unter § 2 Nr. 5 c BetrKV.

240 Nach § 2 Nr. 4 b BetrKV gehören die Kosten der **Reinigung** und **Wartung** der Anlagen zu den Betriebskosten. Dazu zählen ausweislich der Norm die Kosten der Beseitigung von Wasserablagerungen und Verbrennungsrückständen in der Anlage, die Kosten der regelmäßigen Prüfung der Betriebsbereitschaft und Betriebssicherheit und der damit zusammenhängenden Einstellung durch eine Fachkraft sowie die Kosten der Messungen nach dem BImSchG. Nicht unter § 2 Nr. 4 b BetrKV fällt die Prüfung der Betriebssicherheit des hausinternen Gasnetzes **(Gasdichtigkeitsprüfung),** weil es sich nicht um eine Prüfung der sich in der Wohnung befindlichen Anlagenteile handelt.[258] Die Kosten einer solchen Prüfung können aber auf der Grundlage der Rspr. zu den Funktionsprüfungen (→ Rn. 302) unter § 2 Nr. 17 BetrKV fallen.

241 Die **Wartungskosten** zählen, wie sich aus dem Wortlaut des § 2 Nr. 4 b BetrKV ergibt, kraft Gesetzes zu den Betriebskosten. Es ist daher nicht erforderlich, dass der Mietvertrag die Wartungskosten ausdrücklich benennt.[259] Wie sonst auch reicht vielmehr die Verwendung des Begriffs „Betriebskosten" aus (→ Rn. 51). Fallen die Wartungskosten wohnungsbezogen an, können sie direkt – also ohne Addition sämtlicher Wartungskosten im Gebäude und Verteilung nach § 556 a BGB – an den Mieter weitergegeben werden (→ Rn. 155). Dies kann auch „außerhalb" der Abrechnung über andere Betriebskosten geschehen, wenn für die Kostenposition des § 2 Nr. 4 b BetrKV eigene Vorauszahlungen verabredetet sind. Denn dann ist eine Teilabrechnung möglich und erforderlich (→ Rn. 104). **Vornahmeklauseln,** die den Mieter zur Wartung verpflichten, sind unwirksam (→ BGB § 538 Rn. 173).

242 Die Kosten des **Brennstoffs** fallen nicht unter § 2 Nr. 4 b BetrKV, was es nicht ausschließt, dass die Parteien diese Kosten über eine ausdrückliche Vereinbarung nach § 2 Nr. 17 BetrKV zu Betriebskosten machen. Denn aus § 2 Nr. 5 BetrKV folgt, dass Brennstoffkosten zum Betriebskostenbegriff zählen. Alternativ ist denkbar, dass der Vermieter dem Mieter Brennstoff durch – vom Mietvertrag getrennten – Kaufvertrag veräußert.

### 4. Warmwassergeräte (§ 2 Nr. 5 c BetrKV)

243 Warmwassergeräte gem. § 2 Nr. 5 c BetrKV sind Anlagen, die nur die Mietwohnung mit Warmwasser versorgen. Konkret geht es vor allem um elektrisch betriebene **Durchlauferhitzer.** Nach § 2 Nr. 5 c BetrKV zählen zu den Betriebskosten die Kosten der Reinigung und Wartung dieser Geräte; dazu gehören die Kosten der Beseitigung von Wasserablagerungen und Verbrennungsrück-

[257] BeckOK MietR/*Pfeiffer* § 556 Rn. 600.
[258] AG Köln BeckRS 2007, 16426; AG Trier WuM 2008, 598; **aA** LG Hannover ZMR 2007, 865.
[259] Missverständlich daher BGH VIII ZR 119/12, NJW 2013, 597 Rn. 10.

ständen im Innern der Geräte sowie die Kosten der regelmäßigen Prüfung der Betriebsbereitschaft und Betriebssicherheit und der damit zusammenhängenden Einstellung durch eine Fachkraft. Die Definition deckt sich mit § 2 Nr. 4 d BetrKV, weshalb auf die dortige Kommentierung (→ Rn. 244) zu verweisen ist. Von § 2 Nr. 6 c BetrKV nicht erfasst sind Kosten der Messungen nach dem BImSchG, die bei **Warmwassergasthermen** anfallen; sie können aber durch ausdrückliche Vereinbarung über § 2 Nr. 17 BetrKV zu Betriebskosten erklärt werden.

### VI. Aufzug (§ 2 Nr. 7 BetrKV)

Nr. 7: „die Kosten des Betriebs des Personen- oder Lastenaufzugs, hierzu gehören die Kosten des Betriebsstroms, die Kosten der Beaufsichtigung, der Bedienung, Überwachung und Pflege der Anlage, der regelmäßigen Prüfung ihrer Betriebsbereitschaft und Betriebssicherheit einschließlich der Einstellung durch eine Fachkraft sowie die Kosten der Reinigung der Anlage“

244 Wird der **Betriebsstrom** des Aufzugs nicht durch einen eigenen Zähler erfasst, stellt sich die allgemeine Frage, wie die die unter § 2 Nr. 7 BetrKV fallenden Stromkosten von den Stromkosten anderer Positionen – insbes. § 2 Nr. 11 BetrKV – zu trennen sind (→ Rn. 162). Richtigerweise müssen die realen Kosten der einzelnen Positionen ermittelt werden[260], wobei im Prozess eine Schätzung in Betracht kommen kann[261] (→ Rn. 592).

245 Kosten einer Notrufbereitschaft fallen als Kosten der **Beaufsichtigung** unter § 2 Nr. 7 BetrKV[262], weil nach der BetrSichV der Betreiber einer Aufzugsanlage sicherstellen muss, dass auf Notrufe aus einem Fahrkorb in angemessener Zeit reagiert wird und Befreiungsmaßnahmen sachgerecht durchgeführt werden. Keine Betriebskosten ist die Miete eines Notrufsystems[263], weil es sich der Sache nach um die erstmalige ordnungsgemäße Herstellung der Mietsache handelt, die – ebensowenig wie die spätere Erhaltung, § 1 Abs. 2 Nr. 2 BetrKV – Betriebskosten auslöst.

246 Zu den regelmäßigen Kosten der **Prüfung** der Betriebsbereitschaft und Betriebssicherheit gehören die nach der BetrSichV vorgeschriebenen wiederkehrenden Prüfungen durch eine zugelassene Überwachungsstelle, aber auch die regelmäßige Überprüfung durch andere Personen, etwa eine Aufzugsfirma, wobei das Wirtschaftlichkeitsgebot einer übermäßigen Anzahl von gesetzlich nicht vorgeschriebenen Prüfungen eine Grenze setzt. Neben den Prüfkosten erfasst § 2 Nr. 7 BetrKV auch die Kosten der **Pflege, Einstellung** und **Reinigung** der Anlage. Zur Pflege und Einstellung gehört auch ein Abschmierdienst, nicht hingegen die Erhaltung der Anlage, zu der auch der Austausch von Kleinteilen zählt.[264] Die Kosten der Reinigung des Fahrkorbs gehören zu § 2 Nr. 9 BetrKV.

247 Erfolgt die Betreuung des Aufzugs auf der Grundlage von Einzelaufträgen des Vermieters, ist die Zuordnung zu § 2 Nr. 7 BetrKV anhand des Gegenstand des Einzelauftrags typischerweise unschwer zu ermitteln. In der Praxis sind indes **Wartungsverträge** die Regel. Die dadurch ausgelösten Kosten fallen nur insoweit unter § 2 Nr. 7 BetrKV, als sie sich auf die dort geregelten Tätigkeiten beziehen. Geht der Umfang des Wartungsvertrags über den Katalog des § 2 Nr. 7 BetrKV hinaus, steht man vor dem allgemeinen Problem, dass Betriebskosten als Teil einer Kostenmenge entstehen, die auch Kosten enthält, die keine Betriebskosten sind (→ Rn. 160). Nach hM darf hier – die Frage wird unter dem Stichwort **„Vollwartungsverträge“** diskutiert, die auch Erhaltungsmaßnahmen zum Gegenstand haben – der Betriebskostenanteil durch **Schätzung** ermittelt werden, wenn eine konkrete Abgrenzung nicht möglich ist.[265] Dieses Vorgehen ist methodisch zweifelhaft (→ Rn. 592 ff.).

248 Die **Umlage** der Aufzugskosten unter den Mietern richtet sich nach § 556 a BGB. Entstehen die Kosten ausnahmsweise nur für einzelne Mietobjekte, weil ein Mieter das exklusive Gebrauchsrecht an dem Aufzug hat, handelt es sich um Einzelbetriebskosten (→ Rn. 152). Einer Verteilung unter den übrigen Mietern ist dann unstatthaft, die Kosten sind nur von dem betroffenen Mieter zu tragen.[266] Gleiches gilt, wenn Mieter nur faktisch vom Gebrauch ausgeschlossen sind (→ Rn. 207).

---

[260] OLG Hamburg ZMR 2003, 180.

[261] Lützenkirchen MietR/*Lützenkirchen* BGB § 556 Rn. 136.

[262] LG Heidelberg ZMR 2014, 987; BR-Drs. 568/03, 31; s. auch BGH VIII ZR 62/19, NZM 2020, 457 Rn. 24.

[263] **AA** Lützenkirchen MietR/*Lützenkirchen* BGB § 556 Rn. 142.

[264] *Blank/Börstinghaus* BGB § 556 Rn. 58; abw. Langenberg/Zehelein BetrKostR/*Zehelein* Kap. A Rn. 97.

[265] Etwa LG Duisburg WuM 2004, 717, 40–50% Instandsetzungsanteil; LG Heidelberg ZMR 2020, 751, 40% Instandsetzungsanteil.

[266] BGH VIII ZR 135/03, WuM 2004, 399.

### VII. Straßenreinigung und Müllbeseitigung (§ 2 Nr. 8 BetrKV)

Nr. 8 „die Kosten der Straßenreinigung und Müllbeseitigung, zu den Kosten der Straßenreinigung gehören die für die öffentliche Straßenreinigung zu entrichtenden Gebühren und die Kosten entsprechender nicht öffentlicher Maßnahmen; zu den Kosten der Müllbeseitigung gehören namentlich die für die Müllabfuhr zu entrichtenden Gebühren, die Kosten entsprechender nicht öffentlicher Maßnahmen, die Kosten des Betriebs von Müllkompressoren, Müllschluckern, Müllabsauganlagen sowie des Betriebs von Müllmengenerfassungsanlagen einschließlich der Kosten der Berechnung und Aufteilung"

#### 1. Straßenreinigung

Wie sich aus dem Wortlaut von § 2 Nr. 8 BetrKV ergibt, ist es unerheblich, ob die Kosten der 249 Straßenreinigung als **öffentlich-rechtliche Gebühr/Abgabe** oder aufgrund einer **privatrechtlichen Beauftragung** anfallen. Deshalb sind etwa auch Leistungen des Vermieters an einen Mieter, der die Straßenreinigung übernimmt, Betriebskosten. Fasst man mit der hM **Eigenleistungen** unter den Betriebskostenbegriff (→ Rn. 182), kann auch die Straßenreinigung durch den Vermieter zu Betriebskosten führen.

Zur Straßenreinigung gehört auch der **Winterdienst.** Hier sind in der Praxis zwei Modelle ver- 250 breitet, nämlich die Vergütung des Dienstleisters nach tatsächlich erbrachter Leistung oder anhand einer Pauschale. Beim letztgenannten Modell kann es in schneearmen Wintern dazu kommen, dass für einige wenige (oder für gar keine) Reinigungen eine vergleichsweise hohe Vergütung gezahlt wird. Dennoch handelt es sich um Betriebskosten, weil sie kausal auf dem Eigentum/Gebrauch beruhen (vgl. → Rn. 211). Überhöhte Kosten sind mithin ein Problem des Wirtschaftlichkeitsgebots aus § 556 Abs. 3 S. 1 BGB.

Die **Anschaffungs-** oder **Erhaltungskosten** von bei der Reinigung eingesetzten Maschinen 251 oder anderen Hilfsmitteln sind mangels „laufender" Entstehung keine Betriebskosten.[267] Anders ist es bei Verbrauchsmaterial, etwa Streusplitt oder Reinigungsmitteln.

#### 2. Müllbeseitigung

Wie sich aus dem Wortlaut von § 2 Nr. 8 BetrKV ergibt, ist es unerheblich, ob die Kosten der 252 Müllbeseitigung als **öffentlich-rechtliche Gebühr/Abgabe** oder aufgrund einer **privatrechtlichen Beauftragung** anfallen.

Nach – hier nicht geteilter (→ Rn. 215) – hM ist es nicht erforderlich, dass die Kosten der Müll- 253 beseitigung durch ein rechtmäßiges Gebrauchsverhalten ausgelöst werden. Deshalb soll auch die Beseitigung **rechtswidrig abgestellten (Sperr)mülls** unter § 2 Nr. 8 BetrKV fallen.[268] Gleiches muss auf Basis der hM dann für die Kosten der von den Mietern unterlassenen Mülltrennung gelten.[269] Die Beseitigung von **Gartenabfällen** gehört zu § 2 Nr. 10 BetrKV.

Nach § 2 Nr. 8 BetrKV zählen zu den Kosten der Müllbeseitigung auch die Kosten des Betriebs 254 von Müllkompressoren, Müllschluckern, Müllabsauganlagen sowie des Betriebs von Müllmengenerfassungsanlagen einschließlich der Kosten der Berechnung und Aufteilung. Die Kosten eines **Müllmanagements** sind hingegen nicht genannt. Dennoch sollen die Kosten nach hM unter § 2 Nr. 8 BetrKV fallen[270]; richtigerweise handelt es sich um keine Betriebs-, sondern um Verwaltungskosten.

### VIII. Gebäudereinigung und Ungezieferbekämpfung (§ 2 Nr. 9 BetrVK)

Nr. 9: „die Kosten der Gebäudereinigung und Ungezieferbekämpfung, zu den Kosten der Gebäudereinigung gehören die Kosten für die Säuberung der von den Bewohnern gemeinsam genutzten Gebäudeteile, wie Zugänge, Flure, Treppen, Keller, Bodenräume, Waschküchen, Fahrkorb des Aufzugs"

---

[267] HM, etwa *Blank/Börstinghaus* BGB § 556 Rn. 59; **aA** LG Berlin GE 2000, 539, Laubsauger und Schneeräumgerät.
[268] BGH VIII ZR 137/09, NJW 2010, 1198 Rn. 27.
[269] So in der Tat AG Frankenthal NZM 2019, 783; **aA** AG Tübingen WuM 2004, 497.
[270] Etwa LG Berlin ZMR 2021, 587; LG Lüneburg GE 2015, 58; *Sentek* NZM 2017, 721 (723).

### 1. Gebäudereinigung

255 Zur Gebäudereinigung gem. § 2 Nr. 9 BetrKV gehört nur die turnusmäßige Säuberung.[271] Der Wortlaut der Vorschrift gibt dies zwar nicht wieder, dieses Gesetzesverständnis ist aber durch das Merkmal „laufend" in § 1 Abs. 1 S. 1 BetrKV geboten. **Besondere Reinigungsmaßnahmen,** etwa im Anschluss an Bauarbeiten, fallen daher nicht unter § 2 Nr. 9 BetrKV. Sie können mangels laufender Entstehung auch nicht durch Vereinbarung über § 2 Nr. 17 BetrKV zu Betriebskosten erklärt werden.[272] Daher sind etwa die Kosten der Beseitigung von **Graffiti** im Gebäude keine Betriebskosten.[273] Eine zu hohe Reinigungsfrequenz verstößt gegen den Wirtschaftlichkeitsgrundsatz.[274]

256 § 2 Nr. 9 BetrKV erfasst nur die in der Norm ausdrücklich genannten Gebäudeteile.[275] Zum Hausflur gehört auch die sich dort befindliche Auslegeware, weshalb etwa die Reinigung von Fußmatten zu § 2 Nr. 9 BetrKV zählt.[276] Die Reinigung andere **Gebäudeteile,** etwa von Fassade oder Dach, fallen nicht unter die Vorschrift.[277] Die diesbezüglichen Kosten der laufenden Reinigung können nach hM aber durch Vereinbarung über § 2 Nr. 17 BetrKV zu Betriebskosten erklärt werden.[278]

257 Die **Anschaffungs-** oder **Erhaltungskosten** von bei der Reinigung eingesetzten Maschinen oder anderen Hilfsmitteln sind mangels „laufender" Entstehung keine Betriebskosten. Anders ist es bei Verbrauchsmaterial, etwa Reinigungsmitteln.

### 2. Ungezieferbekämpfung

258 Die Kosten der Ungezieferbekämpfung werden in § 2 Nr. 9 BetrKV nicht näher definiert. Ungeziefer sind alle Tiere, etwa **Vögel, Nager oder Insekten,** deren Existenz in der Mietsache nach der Verkehrsanschauung ordnungswidrig ist. Ungeziefer gem. § 2 Nr. 9 BetrKV sind daher etwa Ameisen, Taubenzecken, Vogelmilben, Kakerlaken, aber auch Tauben, Ratten, Mäuse oder Wespen.

259 Zu beachten ist, dass nur die turnusmäßige Bekämpfung unter § 2 Nr. 9 BetrKV fällt, was sich aus dem Merkmal „laufend" in § 1 Abs. 1 S. 1 BetrKV ergibt.[279] **Besondere Bekämpfungsmaßnahmen,** etwa die einmalige Beseitigung eines Wespennestes, sind daher nicht erfasst.[280] Sie können aus diesem Grund auch nicht durch Vereinbarung über § 2 Nr. 17 BetrKV zu Betriebskosten erklärt werden.

260 Der Umlage unwirtschaftlicher laufender Bekämpfungsmaßnahmen wird durch den **Wirtschaftlichkeitsgrundsatz** (§ 556 Abs. 3 S. 1 Hs. 2 BGB) Grenzen gesetzt. Die **Umlage** Kosten unter den Mietern richtet sich nach § 556 a BGB. Entstehen laufende Bekämpfungskosten nur für einzelne Wohnungen, handelt es sich um Einzelbetriebskosten (→ Rn. 154). Eine Verteilung unter den übrigen Mietern ist dann unstatthaft, die Kosten sind nur von dem betroffenen Mieter zu tragen.

## IX. Gartenpflege (§ 2 Nr. 10 BetrKV)

Nr. 10: „die Kosten der Gartenpflege, hierzu gehören die Kosten der Pflege gärtnerisch angelegter Flächen einschließlich der Erneuerung von Pflanzen und Gehölzen, der Pflege von Spielplätzen einschließlich der Erneuerung von Sand und der Pflege von Plätzen, Zugängen und Zufahrten, die dem nicht öffentlichen Verkehr dienen"

---

[271] LG Kassel WuM 2016, 741.
[272] Vgl. BGH VIII 167/03, NZM 2004, 417.
[273] LG Berlin GE 2016, 723; vgl. auch OLG Düsseldorf MDR 2012, 1025; **aA** AG Neukölln GE 2017, 422.
[274] LG Hamburg BeckRS 2015, 3186, Treppenhausreinigung zweimal die Woche bei „gehobenem" Gebäude nicht unwirtschaftlich.
[275] LG Kassel WuM 2016, 741.
[276] LG Berlin GE 2007, 1123.
[277] *LG Kassel WuM 2016*, 741.
[278] BGH VIII 167/03, NZM 2004, 417, Dachrinnen; AG Potsdam GE 2007, 917, Jalousien, Lichtschächte.
[279] KG GE 2002, 801; AG Hamburg-Blankenese ZMR 2010, 613.
[280] AG München ZMR 2012, 202.

§ 2 Nr. 10 BetrKV fasst unter dem Oberbegriff „Gartenpflege" die Pflege von drei verschiedenen Außenbereichstypen zusammen. Ihnen ist gemeinsam, dass die Außenbereichsflächen **nicht** zugunsten der **Öffentlichkeit gewidmet** sein dürfen. Dafür ist maßgeblich, ob die Flächen entweder nach den bauplanerischen Bestimmungen der Öffentlichkeit gewidmet sind oder der Vermieter nach dem Gesamteindruck eine solche Widmung vorgenommen hat.[281] Unerheblich soll es hingegen sein, wenn die Pflege der Außenflächen durch **rechtswidrigen Gebrauch** der Mieter oder gar Dritter ausgelöst wird (dazu auch → Rn. 215).[282] **261**

**1. Gärtnerisch angelegter Flächen**

Zu den Kosten der Gartenpflege gehören zunächst die Kosten der Pflege gärtnerisch angelegter Flächen einschließlich der Erneuerung von Pflanzen und Gehölzen. Gärtnerisch angelegt ist jede Fläche, bei der sich jedenfalls eine **„kleine Münze" der Gartengestaltung** erkennen lässt, also auch bloße Rasenflächen oder einfach gehaltene, aber gezielt gepflanzte Beete. Auch die Pflege eines **Dachgartens** fällt unter § 2 Nr. 10 BetrKV.[283] Unerheblich ist, ob die Dachbegrünung – oder ein konventioneller Garten – von den Mietern genutzt werden kann.[284] Denn die Betriebskosten dienen nicht der Abgeltung einer konkreten Betriebsmaßnahme des Vermieters (→ Rn. 17). Daher ist auch eine **Fassadenbegrünung** eine gärtnerisch angelegte Fläche.[285] **262**

**Pflege** sind sämtliche Maßnahmen, die dem Erhalt der gärtnerisch angelegten Flächen in ihrem durch die Erstherstellung bestimmten Zustand dienen. Betroffen sind etwa die Entfernung von störendem Fremdbewuchs, der Flächenschnitt sowie der regelmäßig erfolgende Rückschnitt von Stauden und Gehölzen. Zur Pflege zählt kraft ausdrücklicher Anordnung in § 2 Nr. 10 BetrKV auch die Erneuerung von Pflanzen und Gehölzen. Diese Maßnahmen müsste man anderenfalls der Erhaltung (§ 1 Abs. 2 Nr. 2 BetrKV) zuordnen. Nicht zur Pflege gehört die Erstbepflanzung.[286] Ebenfalls nicht zur Pflege gehören **Kontrollmaßnahmen,** etwa von Bäumen.[287] Das folgt aus dem Wortlaut, solche Maßnahmen dienen nicht den gärtnerisch angelegten Flächen, sondern sollen Erhaltungsbedarf feststellen. Ob man die Kosten solcher Kontrollmaßnahmen zu den sonstigen Betriebskosten (§ 2 Nr. 17 BetrKV) zählt, richtet sich nach der Rspr. zu den Funktionsprüfungen (→ Rn. 302). **263**

Die Auslegung des Pflegebegriffs unterliegt der allgemeinen Definition des § 556 Abs. 1 S. 2 BGB, nach der Betriebskosten **laufend** entstehen müssen (→ Rn. 213). Besondere Pflegemaßnahmen fallen daher nicht unter § 2 Nr. 10 BetrKV. So liegen die Dinge etwa bei Verspannarbeiten zur Sicherung und Entlastung der Baumkrone[288], aber auch bei einem vom Vermieter nur alle Jahrzehnte vorgenommenen Rückschnitt von Bäumen.[289] Aus diesem Grund ist auch das **Fällen von Bäumen** nicht von § 2 Nr. 10 BetrKV erfasst.[290] Der BGH hat diese umstrittene Frage bislang indes noch nicht beantwortet.[291] Aus denselben Gründen fallen auch die Kosten für die Beseitigung von Sturmschäden (etwa Abtransport umgestürzter Bäume) nicht unter § 2 Nr. 10 BetrKV.[292] **264**

Die **Umlage** der Gartenpflegekosten unter den Mietern richtet sich nach § 556a BGB.[293] Entstehen laufende Pflegekosten ausnahmsweise nur für einzelne Mietobjekte, weil ein Mieter das exklusive Gebrauchsrecht an der Gartenfläche hat, handelt es sich um Einzelbetriebskosten **265**

---

281 BGH VIII ZR 33/15, NJW 2016, 1439 Rn. 14; LG Berlin ZMR 2017, 973.

282 BGH VIII ZR 33/15, NJW 2016, 1439 Rn. 15.

283 **AA** etwa LG Karlsruhe WuM 1996, 230, indes mit dem – überholten (→ Rn. 207) – Hinweis auf die fehlende Gebrauchsmöglichkeit; Langenberg/Zehelein BetrKostR/*Zehelein* Kap. A Rn. 154 (Erhaltungskosten des Daches).

284 BGH VIII ZR 135/03, WuM 2004, 399.

285 Langenberg/Zehelein BetrKostR/*Zehelein* Kap. A Rn. 154.

286 Vgl. LG Berlin GE 1999, 909.

287 AG Bottrop WuM 2014, 568; **aA** Langenberg/Zehelein BetrKostR/*Zehelein* Kap. A Rn. 144.

288 **AA** AG Landshut DWW 2004, 126.

289 LG Tübingen WuM 2004, 669; AG Neustadt NZM 2010, 41.

290 LG Berlin GE 2018, 1462; LG München II BeckRS 2010, 7128; AG Köln WuM 2017, 592; **aA** etwa LG Frankfurt a. M. NZM 2005, 338; LG Hannover ZMR 2021, 958; LG München I GE 2020, 1627.

291 Offen gelassen von BGH VIII ZR 124/08, NZM 2009, 27. Ein Revisionsverfahren ist anhängig (BGH VIII ZR 107/20).

292 LG Krefeld WuM 2010, 357; **aA** Langenberg/Zehelein BetrKostR/*Zehelein* Kap. A Rn. 151.

293 AG Pankow-Weißensee ZMR 2006, 48.

(→ Rn. 155). Eine Verteilung unter den übrigen Mietern ist dann unstatthaft, die Kosten sind nur von dem betroffenen Mieter zu tragen.[294]

### 2. Spielplätze

266 Spielplätze sind Bereiche, die der besonderen **Benutzung durch Kinder gewidmet** sind; aus dem systematischen Zusammenhang folgt, dass es in § 2 Nr. 10 BetrKV um Außenspielplätze geht. Die Betriebskosten von Spielplätzen im Gebäude richtet sich nach § 2 Nr. 8 BetrKV (Reinigung) bzw. nach § 2 Nr. 17 BetrKV.

267 **Pflege** des Spielplatzes ist in erster Linie seine Reinigung, aber auch die Wartung der Spielgeräte. Der Bau oder auch die Erneuerung von Spielgeräten ist hingegen nicht erfasst. Zu den Betriebskosten gehört nach ausdrücklicher Anordnung in § 2 Nr. 17 BetrKV hingegen die Erneuerung von Sand, die anderenfalls als Erhaltungsmaßnahme nicht zu den Betriebskostenmaßnahmen zählen würde. Die Kosten von **Spielplatzinspektionen** fallen hingegen nicht unter die Vorschrift.[295] Ob man sie zu den sonstigen Betriebskosten (§ 2 Nr. 17 BetrKV) zählt, richtet sich nach der Rspr. zu den Funktionsprüfungen (→ Rn. 302).

### 3. Plätze, Zugänge und Zufahrten

268 Die Kosten der Pflege von Plätzen, Zugängen und Zufahrten zählen nur insoweit zu den Betriebskosten, als diese Flächen nicht dem nicht öffentlichen Verkehr dienen (dazu → Rn. 208). Unter § 2 Nr. 8 BetrKV fallen nur Flächen im Freien; die Pflege von Flächen im Gebäude gehört zu § 2 Nr. 9 BetrKV. Pflege ist auch der **Winterdienst,** weil ein verkehrsunsicherer Bereich nicht gepflegt ist. Nicht zur Pflege gehören hingegen Maßnahmen, die nicht – wie von § 556 Abs. 1 S. 2 BGB vorausgesetzt – laufend anfallen, bspw. die Begradigung von aufgrund Abnutzung verschobener Gehwegplatten.[296]

269 Die **Umlage** der Kosten unter den Mietern richtet sich nach § 556a BGB. Entstehen laufende Pflegekosten ausnahmsweise nur für einzelne Wohnungen, weil ein Mieter das exklusive Gebrauchsrecht an der Außenfläche hat, handelt es sich um Einzelbetriebskosten (→ Rn. 155). Einer Verteilung unter den übrigen Mietern ist dann unstatthaft, die Kosten sind nur von dem betroffenen Mieter zu tragen. Bei dem nur einer bestimmten Mietergruppe zustehenden Gebrauchsrecht hat die Umlage innerhalb dieser Gruppe zu erfolgen.[297]

## X. Beleuchtung (§ 2 Nr. 11 BetrKV)

Nr. 11: „die Kosten der Beleuchtung, hierzu gehören die Kosten des Stroms für die Außenbeleuchtung und die Beleuchtung der von den Bewohnern gemeinsam genutzten Gebäudeteile, wie Zugänge, Flure, Treppen, Keller, Bodenräume, Waschküchen"

270 § 2 Nr. 11 BetrKV regelt die Kosten der Beleuchtung von Allgemeinflächen. Hierunter fallen **nur** die **Stromkosten,** nicht hingegen die Kosten für den Austausch von Leuchtmitteln.[298] Diese Kosten können, da es sich um eine Erhaltungsmaßnahme handelt, auch nicht nach § 2 Nr. 17 BetrKV zu Betriebskosten erklärt werden.[299]

271 § 2 Nr. 11 BetrKV wird in Betriebskostenabrechnungen verbreitet als „Hausstrom" oder als „Allgemeinstrom" bezeichnet. Dies ist mit Blick auf die formelle Richtigkeit der Abrechnung problematisch (→ Rn. 342) und offenbart daneben einen weiteren Umstand: Typischerweise wird der Beleuchtungsstrom nämlich nicht separat erfasst, sondern fällt als **Teil einer Kostenmenge** an, die entweder auch andere Betriebskosten (zB den bei der Treppenhausreinigung verbrauchten Staubsaugerstrom oder den Betriebsstrom der Gegensprechanlage) oder auch Nichtbetriebskosten enthält (zB entnommener Baustrom). Es handelt sich hier um das allgemeine Problem, nach welcher Methode die Gesamtbetriebskosten – hier: der Beleuchtung – aus einer größeren Kostenmenge zu

---

294 BGH VIII ZR 135/03, WuM 2004, 399.

295 **AA** AG Hamburg-Altona ZMR 2014, 801.

296 Vgl. AG Hamburg-Altona ZMR 2014, 801.

297 *LG Hamburg WuM 1989*, 640, Stellplätze; vgl. auch BGH VIII ZR 135/03, WuM 2004, 399.

298 Etwa OLG Düsseldorf NZM 2000, 762.

299 Langenberg/Zehelein BetrKostR/*Zehelein* Kap. A Rn. 170; **aA** Lützenkirchen MietR/*Lützenkirchen* BGB § 556 Rn. 215.

extrahieren sind. Richtigerweise müssen die **realen Gesamtbetriebskosten ermittelt** werden, weil nur diese vom Mieter anteilig zu tragen sind (→ Rn. 159; zur Möglichkeit der Schätzung im Nachzahlungsprozess → Rn. 592). In der Lit. wird hingegen mit einem de-minimis-Argument behauptet, die Kosten des Betriebs der Gegensprechanlage gehörten zur Kostengruppe des § 2 Nr. 11 BetrKV.[300] Eine Aufteilung der Stromkosten nach Betriebskostengruppen ist indes auf der Grundlage der – hier abgelehnten – Rspr. des BGH zur zulässigen Zusammenfassung von Kostenpositionen (→ Rn. 345) entbehrlich, wenn die Umlage sämtlicher „stromkostenrelevanten" Kostenpositionen nach demselben Schlüssel vereinbart ist und Zwischenzähler fehlen.

### XI. Schornsteinreinigung (§ 2 Nr. 12 BetrKV)

Nr. 12: „die Kosten der Schornsteinreinigung, hierzu gehören die Kehrgebühren nach der maßgebenden Gebührenordnung, soweit sie nicht bereits als Kosten nach Nummer 4 Buchstabe a berücksichtigt sind"

§ 2 Nr. 12 BetrKV betrifft **nur** die Kosten der **Reinigung** des Schornsteins. Nicht erfasst sind daher Kosten einer Feuerstättenschau (dazu auch → Rn. 230), eines Feuerstättenbescheids oder der Reinigung anderer Anlagen.[301] Diese Kosten können aber nach § 2 Nr. 17 BetrKV zu den Betriebskosten gehören. Die Kosten der Reinigung des für eine zentrale Heizungsanlage genutzten Schornsteins fallen, wie § 2 Nr. 12 BetrKV klarstellt, unter § 2 Nr. 4 a BetrKV. **272**

Die **Umlage** der Kosten unter den Mietern richtet sich nach § 556 a BGB. Entstehen die Reinigungskosten aber konkret für einzelne Wohnungen – zB, weil ein Schornstein für den Kaminofen einer Wohnung „exklusiv" genutzt wird –, handelt es sich um Einzelbetriebskosten (→ Rn. 155). Eine Verteilung unter den übrigen Mietern ist dann unstatthaft, die Kosten sind nur von dem betroffenen Mieter zu tragen.[302] **273**

### XII. Sach- und Haftpflichtversicherung (§ 2 Nr. 13 BetrKV)

Nr. 13: „die Kosten der Sach- und Haftpflichtversicherung, hierzu gehören namentlich die Kosten der Versicherung des Gebäudes gegen Feuer-, Sturm-, Wasser- sowie sonstige Elementarschäden, der Glasversicherung, der Haftpflichtversicherung für das Gebäude, den Öltank und den Aufzug"

§ 2 Nr. 13 BetrKV regelt die Kosten einer Sach- und Haftpflichtversicherung. Wie sich aus dem Begriff „namentlich" ergibt, ist die **Aufzählung nicht abschließend,** weshalb auch andere Sach- und Haftpflichtversicherungen erfasst sind.[303] Das führt zu einer besonderen Bedeutung des Wirtschaftlichkeitsgrundsatzes, um ungerechtfertigte Versicherungskosten auszuklammern. Kommt es zu einer **Erstattung** von **Prämien,** reduzieren sich die vom Mieter zu tragenden Betriebskosten entsprechend (→ Rn. 180).[304] **Selbstbehalte** sind keine Betriebskosten[305], schon weil sie nicht „laufend" entstehen. **274**

Durch eine **Sachversicherung** wird eine Sache gegen den Eintritt von Schäden versichert. § 2 Nr. 13 BetrKV nennt hier die Versicherung des Gebäudes gegen Feuer-, Sturm-, Wasser- sowie sonstige Elementarschäden. Sonstige Elementarschäden können etwa durch Explosion oder Blitzschlag, Erdbeben, Erdrutsche aber auch Leitungswasser ausgelöst werden. Elementarschäden sind aber nur solche, die auf Naturereignissen beruhen. Deshalb sind Schädlinge (etwa Hausschwamm), Vandalismus, aber auch durch Terrorismus, keine Elementarereignisse. Diesbezügliche Sachversicherungen fallen dennoch unter § 2 Nr. 13 BetrKV, da das Merkmal „namentlich" klarstellt, dass auch andere Sachversicherungen des Gebäudes erfasst sind.[306] **275**

Die **Glasversicherung** gehört zur Versicherung des Gebäudes, ist nach der Praxis der Versicherer in der (allgemeinen) Gebäudeversicherung aber nicht enthalten. Ihre gesonderte Erwähnung in § 2 Nr. 13 BetrKV hat daher nur klarstellende Funktion. **276**

---

300 Langenberg/Zehelein BetrKostR/*Zehelein* Kap. A Rn. 169; anders zu Recht AG Leipzig WuM 2007, 576.
301 **AA** Langenberg/Zehelein BetrKostR/*Zehelein* Kap. A Rn. 175 f.
302 Vgl. BGH VIII ZR 135/03, WuM 2004, 399.
303 BGH XII ZR 129/09, NZM 2010, 864 Rn. 12.
304 Lützenkirchen MietR/*Lützenkirchen* BGB § 556 Rn. 235.
305 Langenberg/Zehelein BetrKostR/*Zehelein* Kap. A Rn. 199; **aA** *zur Nieden* NZM 2013, 369.
306 BGH XII ZR 129/09, NZM 2010, 864 Rn. 13, Terrorversicherung; LG Braunschweig WuM 2010, 423, Vandalismusversicherung.

277 Die **Haftpflichtversicherung** stellt den Versicherungsnehmer von Ansprüchen frei, die von einem Dritten auf Grund der Verantwortlichkeit des Versicherungsnehmers für eine Tatsache geltend gemacht werden. Als solche Tatsachen nennt § 2 Nr. 13 BetrKV die Verantwortung für das Gebäude, den Öltank und den Aufzug. Andere Tatsachen erfasst § 2 Nr. 13 BertrKV nicht. Die Aufzählung ist indes, wie sich aus der Wendung „namentlich" ergibt, nicht abschließend.

278 Hat der Vermieter eine **Sammelversicherung** abgeschlossen, in denen mehrere Grundstücke oder Gebäude gebündelt werden, steht man vor dem allgemeinen Problem, nach welcher Methode die Gesamtbetriebskosten der Mietsache – hier: die Kosten der Versicherung des Gebäudes, in dem sich die Wohnung befindet – aus einer größeren Kostenmenge – hier: Kosten der Sammelversicherung – zu extrahieren sind. Richtigerweise müssen die realen Gesamtbetriebskosten ermittelt werden, weil nur diese vom Mieter anteilig zu tragen sind (→ Rn. 159; zur Möglichkeit der Schätzung im Nachzahlungsprozess → Rn. 592).[307]

279 Dasselbe Problem stellt sich, wenn die Versicherung auch Risiken abdeckt, die nicht unter § 2 Nr. 13 BetrKV fallen. Namentlich geht es um das in der Gebäudeversicherung mitversicherte **Risiko** eines **Mietausfalls.** Der BGH hat diese Problematik allerdings dahingehend entschieden, dass der Mietausfall in diesem Fall kein eigenständiger Versicherungsfall sei, sondern Bestandteil des Versicherungsfalls der Gebäudeversicherung. Daher falle die Prämie einer solchen „All-Risk-Versicherung" insgesamt unter § 2 Nr. 13 BetrKV.[308]

280 Die Umlage von Versicherungskosten beim Abrechnungsmodell wird durch den **Wirtschaftlichkeitsgrundsatz** beschränkt. Bei den Sachversicherungen muss für das jeweils versicherte Gebäude geprüft werden, ob die in Rede stehende Versicherung im Einzelfall erforderlich und ob die konkret abgeschlossene Versicherung angemessen ist, dh ob ein vernünftiger Vermieter, der ein vertretbares Kosten-Nutzen-Verhältnis im Auge hat, die Versicherung abgeschlossen hätte.[309] Gleiches gilt für eine Haftpflichtversicherung.

281 Ob die Prämien anderer Versicherungen als eine Sach- oder Haftpflichtversicherung Betriebskosten sind, richtet sich nach § 2 Nr. 17 BetrKV. Richtigerweise ist die Frage zu verneinen (→ Rn. 304). Der BGH sieht dies für eine **separate Mietausfallversicherung** ebenso.[310]

## XIII. Hauswart (§ 2 Nr. 14 BetrKV)

Nr. 14: „die Kosten für den Hauswart, hierzu gehören die Vergütung, die Sozialbeiträge und alle geldwerten Leistungen, die der Eigentümer oder Erbbauberechtigte dem Hauswart für seine Arbeit gewährt, soweit diese nicht die Instandhaltung, Instandsetzung, Erneuerung, Schönheitsreparaturen oder die Hausverwaltung betrifft; soweit Arbeiten vom Hauswart ausgeführt werden, dürfen Kosten für Arbeitsleistungen nach den Nummern 2 bis 10 und 16 nicht angesetzt werden"

282 Die Einbeziehung des Hauswarts in den Betriebskostenbegriff ist **problematisch,** weil seine Tätigkeit eine greifbare Nähe zu den nach § 1 Abs. 2 BetrKV ausgeklammerten Erhaltungs- und Verwaltungskosten aufweist. Das verdeutlicht auch § 2 Nr. 14 BetrKV, der den Betriebskostenbereich der Hauswarttätigkeit nicht positiv, sondern negativ beschreibt *(„soweit die Arbeit nicht die Instandhaltung, Instandsetzung, Erneuerung, Schönheitsreparaturen oder die Hausverwaltung betrifft")*. Der Verordnungsgeber scheint also selbst nicht genau gewusst zu haben, welche Kosten er hier regelt. Aus **rechtspolitischer** Sicht ist § 2 Nr. 14 BetrKV daher ein **Fehlgriff,** weshalb es auch nicht verwundert, dass die Kostenposition „Hauswart" in der Praxis besonders streitanfällig ist. Die negativen Tatbestandsmerkmale in § 2 Nr. 14 BetrKV sind sprachlich nicht hinreichend mit § 1 Abs. 2 BetrKV abgestimmt, meinen in der Sache aber dasselbe wie dort: „Erneuerung" gehört zur Instandhaltung und Instandsetzung und „Hausverwaltung" ist mit Verwaltung identisch.

### 1. Betriebskostenrechtliche Hauswarttätigkeit

283 Aus Sicht der Praxis ist es daher zu begrüßen, dass der **BGH** die in den Betriebskostenbereich fallenden Hauswarttätigkeiten ausführlich beschrieben hat: Erfasst sind zum einen **Wartungs-,**

---

307 OLG Brandenburg NZM 2000, 572 (573).
308 *BGH VIII ZR 38/17, NZM 2018, 714 Rn. 18.*
309 BGH XII ZR 129/09, NZM 2010, 864 Rn. 20, Terrorversicherung; AG Leipzig ZMR 2020, 127, Terrorversicherung.
310 BGH VIII ZR 38/17, NZM 2018, 714 Rn. 18, obiter dictum.

**Reinigungs- und Pflegetätigkeiten** sowie zum anderen routinemäßige Tätigkeiten, um in den Gemeinschaftsflächen des Mietobjekts für **Sicherheit und Ordnung** zu sorgen.[311] Hierzu gehören die Überwachung der Verkehrs- und Einbruchssicherheit, die Prüfung, ob haustechnische Anlagen (etwa Abflussanlagen) in ordnungsgemäßem Zustand sind (Frostschutz, Brandschutz) und die Einweisung von Handwerkern in umlagefähige Wartungs-, Reinigungs- oder Gartenpflegearbeiten. Im Ordnungsbereich zählt zu den Aufgaben eines Hauswarts im Wesentlichen die Einhaltung der Hausordnung (etwa Überwachung der Treppenhausreinigung, des Winterdienstes, Einhaltung der Ruhezeiten).[312] Daher ist nach Ansicht des BGH eine **Notdienstpauschale** keine Betriebskosten, weil es sich um Aufwendungen für die als Verwaltungstätigkeiten einzuordnende Entgegennahme von Störungsmeldungen geht.[313]

Aus dieser Entscheidung des BGH ergibt sich, dass die Überwachung und Kontrolle von Perso- **284**
nen, etwa von Handwerkern oder anderen Dienstleistern, nur dann unter § 2 Nr. 14 BetrKV fällt, wenn die Kontrolle der Verkehrssicherheit im Vordergrund steht. Das wird typischerweise nicht der Fall sein, sondern es wird um die Frage gehen, ob die Personen ihre vertraglichen Pflichten gegenüber dem Vermieter erfüllt haben. Diese Maßnahmen fallen als **„Aufsicht"** iSd § 1 Abs. 2 Nr. 1 BetrKV nicht unter den Betriebskostenbegriff.[314]

### 2. Konkrete Kosten

Beim **angestellten Hauswart** gehören nach § 2 Nr. 14 BetrKV zu den Betriebskosten die Ver- **285**
gütung, die Sozialbeiträge und alle geldwerten Leistungen, die der Vermieter dem Hauswart für seine Betriebskostentätigkeit gewährt. Hierzu zählen auch die fiktive Miete bei Überlassung einer „kostenfreien" Hausmeisterwohnung[315] sowie der Beitrag zur Berufsgenossenschaft und Kosten einer Krankheits- oder Urlaubsvertretung[316]. Nicht in § 2 Nr. 14 BetrKV genannt und daher nicht erfasst sind hingegen Sachkosten, etwa für ein Telefon.[317] Gleiches gilt für Lohnbuchhaltungskosten.[318]

Hat der Eigentümer einen Hauswart durch **freien Dienstvertrag** beauftragt, sind die nach dem **286**
Vertrag für die Betriebskostentätigkeit gewährte Vergütung Betriebskosten gem. § 2 Nr. 17 BetrKV.[319]

### 3. Problem des „gemischt" tätigen Hauswarts

Entstehen Hauswartkosten auch aufgrund von **Tätigkeiten,** die **nicht** unter **§ 2 Nr. 14** **287**
**BetrKV** fallen, steht man vor dem allgemeinen Problem, nach welcher Methode die Hauswartkosten gem. § 2 Nr. 14 BetrKV aus einer größeren Kostenmenge – hier: Betriebs- und sonstige Kosten des Hauswarts – zu extrahieren sind. Richtigerweise müssen die realen Gesamtbetriebskosten ermittelt werden, weil nur diese vom Mieter anteilig zu tragen sind (→ Rn. 159; zur Möglichkeit der Schätzung im Nachzahlungsprozess → Rn. 592).

## XIV. Telekommunikation (§ 2 Nr. 15 BetrKV)

Nr. 15: „die Kosten

a) des Betriebs der Gemeinschafts-Antennenanlage, hierzu gehören die Kosten des Betriebsstroms und die Kosten der regelmäßigen Prüfung ihrer Betriebsbereitschaft einschließlich der Einstellung durch eine Fachkraft, *bis zum 30.6.2024 außerdem* das Nutzungsentgelt für eine nicht zu dem Gebäude gehörende Antennenanlage sowie die Gebühren, die nach dem Urheberrechtsgesetz für die Kabelweitersendung entstehen, oder

[311] BGH VIII ZR 62/19, NZM 2020, 457 Rn. 18.
[312] BGH VIII ZR 62/19, NZM 2020, 457 Rn. 19.
[313] BGH VIII ZR 62/19, NZM 2020, 457 Rn. 20.
[314] Vgl. LG München I WuM 2000, 258; *Wall* Betriebs-/Heizkosten Rn. 4431.
[315] AG Köln WuM 1997, 273.
[316] LG Kassel WuM 2016, 740.
[317] *Schmid* GE 2009, 1472; **aA** etwa AG Hannover WuM 1994, 435; *Blank/Börstinghaus* BGB § 556 Rn. 87.
[318] LG Kassel WuM 2016, 740.
[319] Unstr., etwa LG Frankfurt a. M. WuM 1996, 561.

b) des Betriebs der mit einem Breitbandnetz verbundenen privaten Verteilanlage; hierzu gehören die Kosten *des Betriebsstroms, bis zum 30.6.2024 außerdem die weiteren Kosten* entsprechend Buchstabe a sowie die laufenden monatlichen Grundgebühren für Breitbandanschlüsse oder

*c) des Betriebs einer gebäudeinternen Verteilanlage, die vollständig mittels Glasfaser mit einem öffentlichen Netz mit sehr hoher Kapazität iSd § 3 Nummer 33 des Telekommunikationsgesetzes verbunden ist, wenn der Mieter seinen Anbieter von öffentlich zugänglichen Telekommunikationsdiensten über seinen Anschluss frei wählen kann, hierzu gehören die Kosten des Betriebsstroms sowie ein Bereitstellungsentgelt gemäß § 72 Abs. 1 des Telekommunikationsgesetzes.*

*Für Anlagen, die ab dem 1.12.2021 errichtet worden sind, ist Satz 1 Nummer 15 Buchstabe a und b nicht anzuwenden.*"

288 § 2 Nr. 15 BetrKV regelt verschiedene Arten der medialen Versorgung der Mietwohnung. Die Vorschrift ist durch das **TKModG 2021** geändert worden. Die oben kursiv gesetzten Passagen sind ergänzt worden, sie treten zum 1.12.2021 in Kraft. § 2 Nr. 15c BetrKV steht in systematischem Zusammenhang mit § 556 Abs. 3a BGB (dazu → Rn. 220a) sowie mit § 559 Abs. 1 S. 2 BGB (→ Rn. 293i). Zur Änderung der Abgeltungsvereinbarung hinsichtlich der Telekommunikationskosten → Rn. 71a.

289 Das **TKModG 2021** führt bei § 2 Nr. 15 BetrKV zu einem **Paradigmenwechsel.** § 2 Nr. 15a, 15b BetrKV regelten bis dato nämlich die Kosten der Versorgung des Mieters mit Telekommunikationsleistungen, insbes. dem Fernsehen. Nach der Reform durch das TKModG sind Regelungsgegenstand hingegen (nur noch) die Kosten eines Telekommunikationszugangs, wobei es bei Altanlagen einen gewissen Bestandsschutz gibt. Den Systemwechsel bringt § 2 Nr. 15c BetrKV dadurch zum Ausdruck, dass der Mieter über den neuen § 2 Nr. 15c BetrKV an den Investitionskosten für ein gebäudeinternes Glasfasernetz beteiligt werden kann. § 2 Nr. 15a und b BetrKV bleiben bis zum 1.7.2024 unverändert in Kraft, erlauben nach diesem Zeitpunkt aber nur noch die Umlage des Betriebsstroms.

290 Das Verhältnis der Buchstaben zueinander ist Folgendes: § 2 Nr. 15a BetrKV steht zu lit. b und c nicht in Konkurrenz, weil eine Antennenversorgung etwas anderes ist als eine Versorgung durch Kabel. Eine **Konkurrenz** besteht hingegen zwischen lit. b und c, weil eine Glasfaseranlage auch den Begriff des Breitbandkabels erfüllt. Für Neuanlage, also solche, die ab dem 1.12.2021 errichtet sind, löst § 2 Nr. 15 S. 2 BetrKV die Konkurrenz zugunsten von § 2 Nr. 15c BetrKV. Für eine Glasfaser-Altanlage bleibt es dem Vermieter hingegen unbenommen, seine Betriebskostenabrechnung auf § 2 Nr. 15b BetrKV zu stützen. Es besteht mithin Anwendungskonkurrenz. Dies kann für die Grundgebühren Relevanz haben, wenn diese nach § 2 Nr. 15c BetrKV nicht abrechenbar wären, indes nur bis 1.7.2024, weil danach über § 2 Nr. 15b BetrKV nur noch der Betriebsstrom umlegbar ist.

291 Gemeinsame Kostenposition aller Buchstaben ist der **Betriebsstrom.** Hierzu wird verbreitet vertreten, dieser könnte bei Fehlen eines Zwischenzählers aufgrund einer de-minimis-Betrachtung auch unter § 2 Nr. 10 BetrKV abgerechnet werden.[320] Das überzeugt nicht (vgl. → Rn. 275).

292 Die **Umlage** der Kosten unter den Mietern richtet sich nach § 556a BGB. Entstehen die Kosten aber konkret nur für bestimmte Wohnungen – zB, weil andere Wohnungen nicht angeschlossen sind oder von ihrem Recht aus § 71 Abs. 3 S. 3 TKG (→ Rn. 71a) Gebrauch gemacht haben – ist eine Verteilung unter den übrigen Mietern unstatthaft, weil es sich nicht um Betriebskosten dieser Mieter handelt (→ Rn. 207). Unerheblich ist es hingegen, ob einzelne Mieter die Versorgung faktisch nicht in Anspruch nehmen.[321]

### 1. Antennen- und Breitbandkabelanschluss (Nr. 15a und 15b)

293 **§ 2 Nr. 15a BetrKV** regelt das sog. Antennenfernsehen, **§ 2 Nr. 15b BetrKV** betrifft das sog. **Kabelfernsehen.** Das dafür in der Vorschrift verwendete Merkmal „Breitbandnetz" ist kein legal definierter Begriff. Er bezeichnet die in den 1970er Jahre begonnenen Infrastrukturmaßnahmen, die Gebäude über Breitbandkabel an die Fernsehversorgung anschließen.

293a Gemäß § 2 Nr. 15 S. 2 BetrKV sind die Nr. 15a und 15b nur auf **Altanlagen** anzuwenden. Dies sind solche, die vor dem 1.12.2021 errichtet wurden. Bei Neuanlagen richtet sich die Umlage von Telekommunikationskosten mithin nach § 2 Nr. 15c BetrKV.

---

[320] Lützenkirchen MietR/*Lützenkirchen* BGB § 556 Rn. 269; Langenberg/Zehelein BetrKostR/*Zehelein* Kap. A Rn. 222.

[321] AG Frankfurt a. M. 33 C 2941/71 BeckRS 2018, 5399.

Reparaturen gehören nicht zu der in § 2 Nr. 15 a) und b) BetrKV genannten **Prüfung** und **Einstellung** der Anlage. Zu den Betriebskosten gehören nach § 2 Nr. 15 a) und b) BetrKV auch etwaige **Gebühren**[322], die nach dem Urheberrechtsgesetz für die Kabelweitersendung im Gebäude entstehen. Gleiches gilt für ein **Entgelt („Grundgebühr"),** das der Vermieter für die Versorgung mit Fernsehsignalen und/oder die Errichtung der Anlage zahlt. Eine Vergütung, die der Vermieter für die Überlassung des gebäudeinternen Kabelnetzes von einem Anbieter erhält, reduziert nicht die Kosten gem. § 2 Nr. 15 BetrKV, weil es an einer Anrechnungsregelung fehlt.[323] **293b**

Ab dem **1.7.2024** zählen nur noch der Betriebsstrom, beim Antennenfernsehen zusätzlich die Prüfkosten zu den Betriebskosten.[324] Das ist in der Betriebskostenabrechnung zu berücksichtigen. Wird etwa nach dem Kalenderjahr abgerechnet, sind für das Jahr 2024 also nur 1/2 des Nutzungsentgelts umlagefähig. **293c**

### 2. Glasfaseranschluss (Nr. 15 c)

§ 2 Nr. 15 c BetrKV regelt die gebäudeinterne Glasfaser-Verteilanlage. Zu den Betriebskosten gehört neben dem Betriebsstrom ein Bereitstellungsentgelt gem. § 72 Abs. 1 TKG. **Voraussetzung** ist, dass die Verteileranlage mittels Glasfaser mit einem öffentlichen Netz mit sehr hoher Kapazität (§ 3 Nr. 33 TKG) verbunden ist und der Mieter seinen Anbieter frei wählen kann. Auch wenn der Wortlaut dieses Ergebnis nicht zwingend vorgibt, ist erforderlich, dass der Anschluss vom Netzabschlusspunkt in der Wohnung an das öffentliche Netz gebäudeseitig ausschließlich mit Glasfaserkomponenten erfolgt.[325] **293d**

Die Pflicht des Mieters, Kosten nach § 2 Nr. 15 c BetrKV zu erstatten, setzt (wie stets) eine auf diese Kosten bezogene **Abgeltungsvereinbarung** voraus. Hier ist zu differenzieren: Ist § 2 Nr. 15 c BetrKV im Vertrag ausdrücklich genannt, ist die Abgeltung unproblematisch. Gleiches gilt bei einem nach dem 1.12.2021 (dem Inkrafttreten von § 2 Nr. 15 c BetrKV) geschlossenen **Neuvertrag,** in dem allgemein die Abgeltung von Betriebskosten vereinbart oder pauschal – also ohne Bezeichnung konkreter Buchstaben – auf § 2 Nr. 15 BetrKV Bezug genommen wird (→ Rn. 51). Bei vorher geschlossenen **Altverträgen** wird es hingegen an einer Bezeichnung von § 2 Nr. 15 c BetrKV fehlen, falls nicht in Kenntnis des nahenden Inkrafttretens des TKModG vorausschauend gestaltet wurde. Bei Altverträgen ist eine auf § 2 Nr. 15 c BetrKV gestützte Umlage daher nur möglich, wenn ein dynamischer Kostenbegriff (→ Rn. 62) oder eine wirksame Mehrbelastungsklausel (→ Rn. 67) vereinbart wurden. Fehlt es hieran, verbleibt es in Altverträgen bei der Umlage nach § 2 Nr. 15 b BetrKV. Auf Basis der hM unproblematisch ist es allerdings bei Neu- und Altverträgen, wenn die Glasfaser-Verteilanlage erst nach Vertragsschluss errichtet wird. Denn nach hM hat der Mieter die sich aus einer **Modernisierungsmaßnahme** – darum handelt es sich hier gem. § 555 b Nr. 4 a BGB – ergebenden Betriebskosten unabhängig von der Abgeltungsvereinbarung zu tragen (→ Rn. 73). **293e**

Ob es sich um ein vom Mieter abzugeltendes **Bereitstellungsentgelt** handelt, richtet sich nach § 72 Abs. 1 TKG. Das Bereitstellungsentgelt ist die vertraglich versprochene Gegenleistung des Vermieters für die Errichtung der gebäudeinternen Verteileranlage durch den Betreiber eines öffentlichen Telekommunikationsnetzes (zum Begriff § 3 TKG). Bei Wohnungseigentum reicht es, wenn sich der Anspruch gegen die Gemeinschaft richtet. Das Entgelt unterliegt einer Preiskontrolle nach § 72 Abs. 2, 3 TKG. § 72 Abs. 4 TKG verpflichtet den Betreiber, in seiner Rechnung an den Vermieter die Informationen mitzuteilen, die eine Subsumtion unter die Preiskontrollregelungen ermöglichen. Diese Rechnung kann der Mieter einsehen (→ Rn. 488), was ihm die Prüfung ermöglichen soll, ob es sich um Kosten iSd § 2 Nr. 15 c BetrKV handelt.[326] **293f**

Ein Bereitstellungsentgelt kann nicht für jede, sondern nur für bestimmte, in § 72 Abs. 7 TKG geregelte Verteileranlagen verlangt werden. Betriebskosten sind also nur ein Entgelt für diese **„berücksichtigungsfähigen" Anlagen.** Um eine berücksichtigungsfähige **Neuanlage** handelt es sich, wenn sie zwischen dem 2.12.2021 (also nach dem Inkrafttreten des TKModG) und dem 31.12.2027 errichtet worden ist. Berücksichtigungsfähig ist weiter eine **Altanlage,** die zwischen dem 1.1.2015 und dem 1.12.2021 errichtet wurde, wenn Vermieter und Betreiber anlässlich ihrer **293g**

---

[322] Nach BGH I ZR 228/14, NZM 2016, 127 fallen bei Kabelweitersendung innerhalb einer Wohnungseigentümergemeinschaft keine solche Gebühren an.

[323] Lützenkirchen MietR/*Lützenkirchen* BGB § 556 Rn. 271.

[324] BT-Drs. 19/28865, 473.

[325] BT-Drs. 19/28865, 473.

[326] BT-Drs. 19/28865, 451.

Errichtung einen Gestattungsvertrag geschlossen haben, der frühestens am 1.7.2024 endet. Bei diesen Altanlagen ist das Bereitstellungsentgelt in dem Verhältnis zu kürzen, das dem Verhältnis von verstrichener Zeit seit Errichtung zu der Laufzeit des Gestattungsvertrags entspricht (§ 72 Abs. 7 S. 3 TKG).

293h Eine weitere Voraussetzung an die Umlagefähigkeit eines Bereitstellungsentgelts stellt **§ 556 Abs. 3 a BGB** in Gestalt der „wirtschaftlichen Umsetzung der Maßnahme" (dazu → Rn. 220 a).

293i Die Errichtung einer Anlage iSd § 2 Nr. 15 c BetrKV ist gem. § 555 b Nr. 4 a BGB eine **Modernisierungsmaßnahme.** Diese berechtigt nach § 559 Abs. 1 S. 2 BGB nur zu einer **Mieterhöhung,** wenn der Vermieter kein Bereitstellungsentgelt als Betriebskosten umlegt oder umgelegt hat. Zwischen der Modernisierungsmieterhöhung und der Betriebskostenumlage besteht **elektive Konkurrenz.**[327] Diese unterscheidet sich von der Wahlschuld (§ 262 BGB) darin, dass verschiedene Rechte – hier: Anspruch auf Abgeltung von Betriebskosten und Mieterhöhungsrecht – in einem sich gegenseitig ausschließenden Verhältnis stehen.[328] Da die elektive Konkurrenz gesetzlich nicht geregelt ist, sind ihre Rechtsfolgen aus Sinn und Zweck der jeweiligen Norm zu entwickeln.[329] Das Wahlrecht hat im hiesigen Fall der Vermieter, der es durch Geltendmachung des Bereitstellungsentgelt als Betriebskosten oder durch Mieterhöhungserklärung ausübt. Ein ius variandi des Vermieters ist nicht anzuerkennen. Denn der Mieter muss sich auf die Wahl verlassen können.

### XV. Wäschepflege (§ 2 Nr. 16 BetrKV)

Nr. 16: „die Kosten des Betriebs der Einrichtungen für die Wäschepflege, hierzu gehören die Kosten des Betriebsstroms, die Kosten der Überwachung, Pflege und Reinigung der Einrichtungen, der regelmäßigen Prüfung ihrer Betriebsbereitschaft und Betriebssicherheit sowie die Kosten der Wasserversorgung entsprechend Nummer 2, soweit sie nicht dort bereits berücksichtigt sind"

294 **Einrichtungen der Wäschepflege** sind etwa Waschmaschinen, Wäschetrockner und -schleudern sowie Bügelmaschinen.[330] Fehlt ein Zwischenzähler, steht man bei den **Stromkosten** der Einrichtungen vor dem allgemeinen Problem, nach welcher Methode diese zu ermitteln sind. Richtigerweise müssen die realen Kosten des Betriebsstroms ermittelt werden, weil nur diese vom Mieter anteilig zu tragen sind (→ Rn. 159; zur Möglichkeit der Schätzung im Nachzahlungsprozess → Rn. 592). Die **Wasserkosten** sind nur Teil der Betriebskosten der Einrichtungen der Wäschepflege, soweit sie nicht unter der Nr. 2 abgerechnet werden. Dies soll eine doppelte Belastung mit Wasserkosten vermeiden; der Vermieter hat ein Wahlrecht, bei welcher Kostengruppe er die Kosten einstellt. Die Kosten der **Entwässerung** zählen zu § 2 Nr. 3 BetrKV.

295 Reparaturen der Einrichtungen für die Wäschepflege gehören nicht zur in § 2 Nr. 16 BetrKV genannten **Pflege oder Prüfung.** Die **Verwaltungskosten,** die bei Umrechnung und Abrechnung der Kosten nach § 2 Nr. 16 BetrKV entstehen, sind ebenfalls keine Betriebskosten im Sinne der Vorschrift.[331]

296 Die **Umlage** der Kosten unter den Mietern richtet sich nach § 556 a BGB. Wie stets (→ Rn. 207) ist es unerheblich, ob ein Mieter von den Einrichtungen Gebrauch macht oder nicht. Sind die Einrichtungen der Wäschepflege hingegen nur gegen konkretes Entgelt zu gebrauchen (**Münzautomaten**[332]), scheidet eine Umlage aus.[333] Denn in diesem Fall hat sich der Vermieter für eine konkrete Abgeltung auch der Betriebskosten der Einrichtungen entschieden; eine (ergänzende) Abgeltungsvereinbarung scheitert an § 556 Abs. 4 BGB.

### XVI. Sonstige Betriebskosten (§ 2 Nr. 17 BetrKV)

Nr. 17: „sonstige Betriebskosten, hierzu gehören Betriebskosten im Sinne des § 1, die von den Nummern 1 bis 16 nicht erfasst sind"

---

327 Dazu allg. etwa Staudinger/*Bittner/Kolbe* BGB § 262 Rn. 7.
328 *Pöschke* JZ 2010, 349 (352).
329 *Pöschke* JZ 2010, 349 (352).
330 AG Bad Schwalbach ZMR 2019, 409.
331 AG Mühlheim/Ruhr WuM 2000, 424.
332 Zur Preiskontrolle AG Hamburg WuM 2003, 565; AG Pinneberg WuM 1983, 21.
333 Vgl. LG Berlin NZM 2013, 121.

## 1. Allgemeines

Wie sich aus der Bezeichnung „sonstige Betriebskosten" ergibt, benennt § 2 Nr. 17 BetrKV – anders als die Nr. 1–16 – die von der Vorschrift erfassten Kosten nicht näher. Vielmehr verweist § 2 Nr. 17 BetrKV auf den Betriebskostenbegriff des § 1 BetrKV. Daraus folgt, dass die Regelung allein **klarstellende Funktion** hat: Sie steht dem Verständnis entgegen, die benannten Kosten aus den § 2 Nr. 1–16 BetrKV regelten den Betriebskostenbegriff abschließend. **297**

Aus § 2 Nr. 17 BetrKV folgt mithin, dass Betriebskosten auch solche Kosten sind, die in den § 2 Nr. 1–16 BetrKV nicht genannt sind, aber den Tatbestand des § 1 BetrKV erfüllen. Bei dessen **Auslegung** – zu seinen einzelnen Merkmalen → Rn. 173 ff. – müssen **drei Gesichtspunkte leitend** sein: Der erste ist der Zweck der Betriebskostenregelungen, zugunsten des Mieters die Möglichkeit der Vereinbarung einer Kostenmiete einzuschränken (→ Rn. 14). Dieser Zweck spricht dafür, den Betriebskostenbegriff im Zweifel eng auszulegen. Das wird – zweitens – durch die Begründung zu § 2 Nr. 17 BetrKV gestützt, nach der unter diese Nummer nur Kostentypen von untergeordneter Bedeutung sowie solche fallen, die auf neuen Entwicklungen beruhen.[334] Der dritte Gesichtspunkt ist systematischer Natur: Besteht bei einem Kostentyp eine offensichtliche Nähe zu einer der in § 2 Nr. 1–16 BetrKV geregelten Positionen, ist der Kostentyp dort aber nicht bezeichnet, so ist im Zweifel davon auszugehen, dass der unbenannte Kostentyp keine Betriebskostenposition ist. Ein Beispiel sind Versicherungskosten: § 2 Nr. 13 BetrKV enthält eine abschließende Regelung der Versicherungen im betriebskostenrechtlichen Sinne, weshalb andere Versicherungen nicht unter § 2 Nr. 17 BetrKV fallen (→ Rn. 304). Die Systematik verlangt in Zweifelsfällen auch den Vergleich der in Rede stehenden Kostenart mit den benannten Kosten aus § 2 Nr. 1–16 BetrKV, nämlich ob im Lichte des Katalogs eine Abgeltung durch den Mieter gerechtfertigt erscheint. **298**

Sonstige Betriebskosten sind nur dann vom Mieter zu tragen, wenn dies vereinbart ist. Dies setzt nach hM auch außerhalb von Vermieter-AGB eine **ausdrückliche Bezeichnung des Kostentyps** voraus (→ Rn. 73). Eine Ausnahme gilt nach hM, wenn sonstige Betriebskosten erstmals aufgrund einer Modernisierungsmaßnahme entstehen (→ Rn. 51). **299**

## 2. Kostentyp-ABC

- **Bewachungsdienst:** Siehe Concierge-Dienst. **300**
- **Concierge-Dienst:** Der BGH hat sich mit den Kosten eines Concierge-Dienst in einem Zurückweisungsbeschluss aus dem Jahr 2005 befasst. Dort hat er festgehalten, dass die Frage, ob ein solcher Dienst Betriebskosten nach § 2 Nr. 17 BetrKV auslöst, Gegenstand einer tatrichterlichen Würdigung und daher nur aufgrund der jeweiligen Umstände des Einzelfalles zu beantworten sei.[335] Aus dieser Entscheidung folgert die hM, dass Kosten eines Concierge-Dienstes bei einer konkreten praktische Notwendigkeit, insbes. einem Sicherheitsbedürfnis der Mieter, unter § 2 Nr. 17 BetrKV fallen.[336] Das ist vor allem aus systematischen Gründen abzulehnen: Der Concierge-Dienst weist eine greifbare Nähe zum Hauswart auf und die Kosten einer Concierge-Tätigkeit sind in § 2 Nr. 14 BetrKV nicht genannt. Es handelt sich daher nicht um Betriebskosten.
- **Dachrinnen:** Nach der Rspr. des BGH fallen die Kosten einer regelmäßigen Dachrinnenreinigung unter § 2 Nr. 17 BetrKV.[337] Die Gegenansicht ist indes überzeugender, da § 2 Nr. 9 BetrKV die Gebäudereinigung regelt und die Reinigung der Fassade nicht bezeichnet. Ebenfalls nicht unter § 2 Nr. 17 BetrKV fallen die Kosten einer Dachrinnenheizung, weil es sich der Sache nach um eine vorbeugende Erhaltungsmaßnahme handelt.[338] **301**
- **E-Check:** Siehe Funktionsprüfung.
- **Fassadenreinigung:** Siehe Dachrinnenreinigung.
- **Feuerlöscher:** Siehe Funktionsprüfung.
- **Funktionsprüfung:** Nach Ansicht des BGH fallen die Kosten der regelmäßige Überprüfung der Funktionsfähigkeit der elektrischen Anlagen **(„E-Check")** unter § 2 Nr. 17 BetrKV.[339] *Gleiches soll nach der Instanzrechtsprechung für eine die Überprüfung des* **Gasnetzes**[340] oder **302**

---

[334] BR-Drs. 568/03, 34.
[335] BGH VIII ZR 78/04, NZM 2005, 452.
[336] Etwa LG Berlin WuM 2019, 585.
[337] BGH VIII 167/03, NZM 2004, 417.
[338] *Eisenhut* WuM 1987, 88.
[339] BGH VIII ZR 123/06, NJW 2007, 1356 Rn. 11.
[340] LG Hannover ZMR 2007, 865; AG Köln ZMR 2011, 222.

einer **Trockensteigleitung**[341] gelten. Die Lit. fasst teilweise auch die Kontrolle einer **Abwasserleitung** oder von **Fenstern** unter § 2 Nr. 17 BetrKV.[342] Zu den Kosten der Überprüfung der Wasserleitungen **(„Trinkwasser-Check")** liegt noch keine Rspr. vor[343], die Überprüfung von **Brandschutzanlagen und –geräten** (Blitzschutzanlage, Feuerlöscher, Rauchwarnanlagen) wird überwiegend unter § 2 Nr. 17 BetrKV subsumiert[344], ebenso von **Lüftungsanlagen**[345]. Streitig ist die Einordnung von Kosten der Überprüfung einer **Gegensprechanlage.**[346] Diese Linie überzeugt nicht. Die Funktionsprüfung ist als Maßnahme der vorbeugenden Erhaltung keine Betriebskostenmaßnahme.[347] Gleiches gilt für (andere) Maßnahmen der Wartung (dazu auch → Rn. 221), ein Begriff, dem es iÜ an der bei Verwendung in Vermieter-AGB erforderlichen Transparenz ermangelt.

– **Erbbauzinsen:** Sie sind keine Betriebskosten gem. § 2 Nr. 17 BetrKV[348], weil es sich um die Kosten der Anschaffung der Mietsache handelt.
– **Gasleitung:** Siehe Funktionsprüfung.
– **Gegensprechanlage:** Siehe Funktionsprüfung.
– **Graffitibeseitigung:** Die Beseitigung von Graffiti fällt nicht unter § 2 Nr. 17 BetrKV.[349] Denn Betriebskosten sind nur solche, die durch den bestimmungsgemäßen Gebrauch ausgelöst werden (→ Rn. 205).
– **Jalousienreinigung:** Die Reinigung von Jalousien soll unter § 2 Nr. 17 BetrKV fallen[350]; siehe dazu auch Dachrinnenreinigung.
– **Klimaanlagen:** Siehe Lüftungsanlagen.

303 – **Lüftungsanlagen:** Die Stromkosten ihres Betriebs gehören zu den Betriebskosten[351], gleiches gilt für Verbrauchsstoffe, zB Kältemittel. Zu den Kosten einer Funktionsprüfung siehe dort.
– **Notstromaggregat:** Die Kosten fallen unter § 2 Nr. 11 BetrKV, soweit das Aggregat Strom produziert. Andere Kosten des Aggregats, etwa seiner Wartung, sind keine Betriebskosten, da sie in § 2 Nr. 11 BetrKV nicht genannt sind, was den Rückgriff auf Nr. 17 verbietet.[352]
– **Nutzerwechselkosten:** Die Kosten der Verbrauchserfassung und der Abrechnung von Betriebskosten, die wegen des Auszugs eines Mieters vor Ablauf der Abrechnungsperiode entstehen, sind keine Betriebs-, sondern Verwaltungskosten.[353] Eine Ausnahme macht nur § 7 Abs. 2 HeizkostenV. Eine ältere Entscheidung des BGH, in der anklingt, solche Kosten könnten als Betriebskosten vereinbart werden, ist missverständlich formuliert.[354]

304 – **Rauchwarnmelder:** Die Miete für Rauchwarnmelder sind nach zutreffender hM keine Betriebskosten.[355] Denn es handelt sich der Sache nach um die erstmalige ordnungsgemäße Herstellung der Mietsache, die – ebenso wie die spätere Erhaltung, § 1 Abs. 2 Nr. 2 BetrKV – keine Betriebskostenmaßnahme ist. Betriebskosten sind aber nach wohl allgM die Kosten der Wartung, zu der auch eine regelmäßige Funktionsprüfung gehört (näher dazu allgemein unter „Funktionsprüfung").[356] Zu den Betriebskosten gehören auch Stromkosten, etwa aus Batterien.[357]
– **Rauchwarnanlagen:** Die Stromkosten ihres Betriebs gehören zu den Betriebskosten. Zu den Kosten einer Funktionsprüfung siehe dort.

---

341 LG Berlin WuM 2013, 614.
342 Lützenkirchen MietR/*Lützenkirchen* BGB § 556 Rn. 286; aA zu Abwasserleitungen AG Mitte 19 C 176/01 BeckRS 2002, 31005541.
343 Die Einordnung als Betriebskosten bezweifelt *Schmid* ZMR 2015, 12.
344 Vgl. LG Berlin GE 2011, 58; Lützenkirchen MietR/*Lützenkirchen* BGB § 556 Rn. 286.
345 LG Frankenthal NZM 1999, 958.
346 Für § 2 Nr. 17 BetrKV *Blank/Börstinghaus* BGB § 556 Rn. 99; aA AG Hamburg WuM 1988, 308.
347 *Wall* WuM 1998, 524; aA wegen der häufigen Nennung in § 2 Nr. 1–16 BetrKV Bub/Treier MietR-HdB/*Emmerich* Kap. III Rn. 111.
348 AG Mannheim NZM 2009, 28.
349 LG Berlin GE 2016, 723; vgl. auch OLG Düsseldorf MDR 2012, 1025; BR-Drs. 568/03, 32; **aA** AG Neukölln GE 2017, 422.
350 AG Potsdam GE 2007, 917.
351 LG Frankenthal NZM 1999, 958.
352 **AA** wohl AG Koblenz NZM 2000, 238.
353 LG Leipzig WuM 2019, 639.
354 BGH VIII ZR 19/07, NJW 2008, 575; wie hier *Zehelein* WuM 2020, 457.
355 Etwa LG Düsseldorf ZMR 2020, 650; AG Landshut WuM 2020, 184; *Blank/Börstinghaus* BGB § 556 Rn. 100; *Cramer* ZMR 2016, 505 (510); **aA** LG Magdeburg ZMR 2011, 957.
356 Etwa AG Lübeck NZM 2008, 929; *Blank/Börstinghaus* BGB § 556 Rn. 100 mN.
357 AG Lübeck NZM 2008, 929; **aA** Langenberg/Zehelein BetrKostR/*Zehelein* Kap. A Rn. 308.

- **Sauna:** Siehe Schwimmbad.
- **Schwimmbad:** Die Kosten seines Betriebs fallen unter § 2 Nr. 17 BetrKV[358], soweit sie nicht bereits von den übrigen Nummern des § 2 BetrKV erfasst sind.
- **Sicherheitsprüfung:** Siehe Funktionsprüfung.
- **Wartung:** Siehe Funktionsprüfung.
- **Versicherungen:** Sie fallen nicht unter § 2 Nr. 17 BetrKV, die Regelung in § 2 Nr. 13 BetrKV ist abschließend.[359]
- **Pförtnerdienst:** Siehe Concierge-Dienst.
- **Sicherheitsdienst:** Siehe Concierge-Dienst.

### XVII. Verordnungsermächtigung (§ 556 Abs. 1 S. 4 BGB)

Nach § 556 Abs. 1 S. 4 BGB ist die Bundesregierung ermächtigt, durch Rechtsverordnung Vorschriften über die Aufstellung der Betriebskosten zu erlassen. Diese Vorschrift ist seit dem 1. 1. 2007 Gesetz.[360] Von dieser Ermächtigung hat die Bundesregierung **bislang keinen Gebrauch** gemacht. Denn bisher wurde die BetrKV nur durch Gesetz geändert.[361] 305

**Rechtstechnisch** ist § 556 Abs. 1 S. 4 BGB **misslungen.** Denn sobald der Gesetzgeber eine Rechtsverordnung nach § 556 Abs. 1 S. 4 BGB erlässt, wird sich die Konkurrenzfrage zu § 556 Abs. 1 S. 3 BGB stellen, der zur Definition der Betriebskosten auf die BetrKV verweist. Dieses Konkurrenzproblem lässt sich in transparenter Art und Weise nur lösen, wenn gleichzeitig § 556 Abs. 1 S. 3 BGB gestrichen wird, was allerdings ein entsprechendes Tätigwerden der Legislative erfordert. 306

## G. Betriebskostenabrechnung (§ 556 Abs. 3 BGB)

Haben die Parteien sich auf die Abgeltung der Betriebskosten in Form des Abrechnungsmodells (→ Rn. 4) geeignet, steht die geschuldete Miete erst fest, wenn die vom Mieter abzugeltenden Betriebskosten ermittelt sind. Diese Ermittlung bezeichnet das Gesetz als „Abrechnung"; in der Praxis hat sich die konkretisierende Bezeichnung „Betriebskostenabrechnung" durchgesetzt. Für das Normverständnis ist von zentraler Bedeutung, dass das **Merkmal** der „Abrechnung" in den verschiedenen Sätzen des § 556 Abs. 3 BGB **keine einheitliche Bedeutung** hat (→ Rn. 320). 307

### I. Grundlagen

Die Betriebskostenabrechnung ist in einem **Normenbündel** geregelt: § 556 Abs. 3 S. 1 BGB statuiert die Abrechnungspflicht des Vermieters und macht einige Vorgaben zum Inhalt der Abrechnung (jährliche Abrechnung unter Beachtung des Grundsatzes der Wirtschaftlichkeit). Solche Vorgaben enthält auch § 556a Abs. 1, 3 BGB (Abrechnungsmaßstab). § 556 Abs. 3 S. 4 BGB schränkt die Pflicht zur Abrechnung ein (keine Teilabrechnungen). § 556 Abs. 3 S. 2, 3 BGB regeln die Frist für die Abrechnung und die Folgen einer Fristversäumnis. § 556 Abs. 3 S. 5, 6 BGB betreffen die Frist für die Mitteilung von Einwendungen und die Folgen einer Fristversäumnis. 308

#### 1. Funktionen der Abrechnung

Die Abrechnung erfüllt verschiedene Funktionen: 309

**a) Fixierung der Zahlungspflicht. Hauptzweck** der Betriebskostenabrechnung ist es, den Umfang der **Zahlungspflicht** der Parteien zu ermitteln. Damit dient die Abrechnung dem Interesse beider Parteien an einer Fixierung der Pflicht des Mieters aus § 535 Abs. 2 BGB. Je nach Höhe der Vorauszahlungspflicht kann sich eine (zutreffende) Abrechnung zugunsten der einen oder anderen Partei auswirken, weil sie entweder zu einem Nachzahlungsanspruch des Vermieters oder zu einem Erstattungsanspruch des Mieters führt. 310

Schwierigkeiten bereitet die Frage, wie die Fixierung des **Nachzahlungs**- oder **Erstattungsanspruchs** dogmatisch funktioniert. Hier geht es zunächst um die Anspruchsgrundlage. Diese ist 311

---

[358] BR-Drs. 568/03, 34.
[359] Vgl. BGH VIII ZR 38/17, NZM 2018, 714 Rn. 18, zur Mietausfallsversicherung.
[360] BGBl. 2006 I 2101.
[361] Art. 4 des Gesetzes v. 3.5.2012, BGBl. 2012 I 958; Art. 15 TKModG, BGBl. 2021 I, 1858.

nicht etwa die Betriebskostenabrechnung, sondern die mietvertragliche Abgeltungsvereinbarung (→ Rn. 99). Die Nachzahlungs- und Erstattungsansprüche **entstehen** also als **bedingte Ansprüche** bereits mit Abschluss des Mietvertrags. Die Bedingungen unterscheiden sich: Für den Nachzahlungsanspruch ist maßgeblich, dass für den jeweiligen Abrechnungszeitraum die Betriebskosten die Vorauszahlungen übersteigen, für den Erstattungsanspruch, dass sie sie unterschreiten.

**312** Damit ist man bei der Frage, wie diese Bedingungen für den Nachzahlungs- oder Erstattungsanspruch festgestellt werden. Hier geht es um zwei Tatsachen, nämlich zum einen um die Höhe der vom Mieter geleisteten Vorauszahlungen, zum anderen um die Höhe der vom Mieter abzugeltenden Betriebskosten. Beide Umstände lassen sich objektiv feststellen. Es wäre also ein System denkbar, in dem eine der Parteien schlicht einen Nachzahlungs- oder Erstattungsanspruch geltend macht, über dessen Bestehen im Streitfall das Gericht mit den Mitteln des Prozessrechts zu entscheiden hätte. Dieses System liegt dem Abrechnungsmodell indes nicht zugrunde. Vielmehr ist es ein integraler Bestandteil der Vereinbarung dieses Modells, dass zunächst in einer Art **parteiinternem Vorverfahren** eine **Betriebskostenabrechnung** erstellt wird. Diese sich bereits aus der Vereinbarung des Abrechnungsmodells ergebende Voraussetzung[362] hat der Gesetzgeber im Jahr 2001 für die Wohnraummiete in § 556 Abs. 3 S. 1 BGB kodifiziert.

**313** Die vom Vermieter zu erstellende Abrechnung hat mithin den **Zweck,** dem Mieter den sich aus der Abrechnung ergebenden Anspruch – Nachzahlung oder Erstattung – nachvollziehbar zu erläutern. Auf diesem Instrument der **Anspruchsklärung durch Information** der Gegenpartei beruhen auch die Verfahren nach § 558 BGB sowie § 560 Abs. 2 S. 2, Abs. 4 BGB (→ BGB § 560 Rn. 20). Es lässt sich aber auch bei anderen Vertragstypen nachweisen; besonders offensichtlich ist im hiesigen Kontext die Parallele zur prüffähigen bauvertraglichen Schlussrechnung nach § 650g Abs. 4 BGB.

**314** Erkennt man diese **anspruchsklärende Funktion,** stellt sich die Frage, in welchem **Umfang** die Betriebskostenabrechnung diese Wirkung auslöst. Offensichtlich verfehlt ist die These, der Vermieter könne durch die Abrechnung die jeweilige Zahlungspflicht – Nachzahlung oder Erstattung – ohne Würdigung inhaltlicher Fehler verbindlich fixieren. Dadurch würden die Mieterinteressen in eklatanter Weise missachtet. Ähnliches gilt für die Einordnung der Betriebskostenabrechnung als ein nur auf Ermessensfehler zu kontrollierendes Leistungsbestimmungsrecht iSd § 315 BGB. Überzeugend ist vielmehr nur ein System, das den letztlich nur informatorischen Aspekt der Abrechnung beachtet. Dieser Aspekt verbietet es offenkundig, dass der Mieter als Rechtsfolge einer bloßen Informationserteilung mit nach der Abgeltungsvereinbarung der Parteien unberechtigten Forderungen belastet wird.

**315** Als **Zwischenergebnis** ist festzuhalten, dass das Abgeltungsmodell **eine Abrechnung voraussetzt,** damit Nachzahlungs- oder Erstattungsansprüche durchgesetzt werden können. In diesem Sinne ist die allgM zu verstehen, nach der diese Ansprüche erst durch Erteilung der Abrechnung fällig werden.[363] Eine betragsmäßige Fixierung erfolgt durch die Abrechnung zunächst aber nicht.

**316** Nach dem gesetzlichen System erschöpft sich das parteiinterne Vorverfahren in der Wohnraummiete indes nicht in der Erteilung der Abrechnung. Vielmehr hat die Abrechnung nach den gesetzlichen Vorgaben auch eine **schuldfixierende Funktion.** Denn nach § 556 Abs. 3 S. 3 BGB ist der Vermieter grds. mit Nachforderungen ausgeschlossen, die nicht in einer fristgemäßen Betriebskostenabrechnung mitgeteilt wurden. Umgekehrt ist der Mieter nach § 556 Abs. 3 S. 6 BGB grds. mit Einwendungen gegen die Abrechnung ausgeschlossen, die er nicht binnen Jahresfrist nach Erteilung der Abrechnung erhebt. Sowohl die Nichtabrechnung als auch die Abrechnung können aufgrund dieser Regelungen also **Bestandskraftwirkung** haben.

**317** **b) Weitere Funktionen.** Erteilt der Vermieter die Abrechnung, so **erfüllt** er dadurch einen **Anspruch** des Mieters aus § 556 Abs. 3 S. 1, 2 BGB (→ Rn. 465). Die Anerkennung einer Abrechnungspflicht des Vermieters ist nämlich die zwingende Konsequenz einer Wirkung, die die Abrechnung nach hM nicht haben soll: Rechnet der Vermieter nicht fristgemäß ab, so führt dies nach hM grds. nicht dazu, dass der Mieter seine Vorauszahlungen zurückverlangen kann (→ Rn. 618). Würde man die Nichtabrechnung hingegen auf diese Weise sanktionieren, bedürfte es eines Abrechnungsanspruchs des Mieters nicht. § 556 Abs. 3 S. 1, S. 2 BGB wäre dann, was der Wortlaut durchaus zulässt, als Obliegenheit des Vermieters zu verstehen. Auch die Anerkennung eines Anspruchs auf Belegeinsicht (→ Rn. 488) wäre überflüssig, wenn man die Belegeinsicht als Teil der

---

[362] Vgl. etwa BGH VIII ZR 298/80, NJW 1982, 573.
[363] BGH VIII ARZ 5/90, NJW 1991, 836; BGH VIII ZR 261/07, NJW 2008, 2260 Rn. 10.

Abrechnung und damit die Verweigerung derselben als Nichtabrechnung einordnen würde. Dieses auf den ersten Blick einfachere **Alternativsystem** ist bislang noch nicht entwickelt worden; es wäre angesichts des gefestigten Systems der hM auch nur von theoretischem Interesse.

Die Abrechnung ist bei Vereinbarung des Abrechnungsmodells auch für die **Ausschlussfristen** 318
von Bedeutung, weil die Abrechnung die Frist des § 556 Abs. 3 S. 3 BGB wahrt bzw. den Lauf der Frist des § 556 Abs. 3 S. 5 BGB auslöst. Die Betriebskostenabrechnung ist zudem Voraussetzung für eine Änderung der Vorauszahlungen nach § 560 Abs. 4 BGB.

Auch beim **Pauschalmodell** hat die Betriebskostenabrechnung eine Bedeutung, weil eine 319
Anpassung der Pauschale nach § 560 Abs. 1 S. 2 BGB nach hier vertretener Ansicht eine Abrechnung iSd § 556 Abs. 3 BGB verlangt (→ BGB § 560 Rn. 21). Bei Vereinbarung einer Bruttomiete ist nach der Rspr. eine „Betriebskostenaufstellung" erforderlich, um diese Miete iRd § **558 BGB** mit der ortsüblichen Nettomiete zu vergleichen; eine solche Aufstellung ist jedenfalls eine Abrechnung iSd § 556 Abs. 3 BGB.[364]

**2. Die Bedeutung der formellen und der materiellen Ordnungsmäßigkeit**

Die allgM unterscheidet die formelle von der materiellen Ordnungsmäßigkeit der Abrechnung. 320
Diese Unterscheidung ist von großer Bedeutung. Denn die **Rechtsfolgen** der Abrechnung werden **teilweise** bereits von einer **nur formell ordnungsmäßigen** Abrechnung ausgelöst. Im Einzelnen gilt nach hM:

- Die Erfüllung des Abrechnungsanspruchs des Mieters setzt eine formell und materiell richtige Abrechnung voraus (→ Rn. 470);
- für die Wahrung/den Beginn der Fristen kommt es hingegen allein auf die Mitteilung einer formell richtigen Abrechnung an (→ Rn. 438, 532);
- versäumt der Mieter die Einwendungsfrist, kann auch eine materiell ordnungswidrige Abrechnung zu einem Nachzahlungsanspruch des Vermieters bzw. zu einem Verlust eines Erstattungsanspruchs des Mieters führen (→ Rn. 453).

Die Unterscheidung zwischen den formellen und den materiellen Anforderungen an die 321
Abrechnung (dazu im Detail → Rn. 388 ff.) wurzelt in **§ 259 Abs. 1 S. 1 BGB,** den der BGH auf die Betriebskostenabrechnung entsprechend anwendet.[365] Zu § 259 Abs. 1 S. 1 BGB ist nämlich anerkannt, dass der Schuldner den Anspruch bereits durch eine formal zutreffende Rechenschaftslegung erfüllt; inhaltliche Beanstandungen geben keinen Anspruch auf Ergänzung oder Berichtigung.[366] Dies wird mit dem besonderen Rechtsfolgenregime des § 259 Abs. 2 BGB (eidesstattliche Versicherung) begründet.[367] Die Unterscheidung zwischen formal und inhaltlich zutreffender Abrechnung dient bei § 259 BGB mithin der Beschränkung des Umfangs der Rechenschaftspflicht.

Bei **§ 556 Abs. 3 S. 1 BGB** gilt diese Beschränkung hingegen nicht; hier ist zu Recht 322
anerkannt, dass der Vermieter auch eine inhaltlich richtige Abrechnung schuldet (→ Rn. 470). Die Differenzierung zwischen formeller und materieller Seite der Abrechnung wird bei § 556 Abs. 3 BGB von der hM vielmehr bei den Fristenregelungen (§ 556 Abs. 3 S. 3, 5 BGB) fruchtbar gemacht. Die Sichtweise, hier genüge jeweils eine nur formell richtige Abrechnung, bedarf daher einer eigenständigen **Legitimation.** Bei dieser ist zu differenzieren:

Für § **556 Abs. 3 S. 5 BGB** ist es offensichtlich, dass das dortige Merkmal „Abrechnung" nicht 323
ein formell und materiell richtiges Rechenwerk meinen kann, weil gegen eine inhaltlich richtige Berechnung keine Einwendungen des Mieters bestehen, die durch die Vorschrift aber gerade begrenzt werden sollen. Die Frage lautet hier daher, welche Mindestanforderungen erfüllt sein müssen, damit von einer „Abrechnung" gesprochen werden kann. Der Standpunkt des BGH, erforderlich sei eine formell ordnungsgemäße – also prüffähige – Abrechnung[368], gibt hierauf eine klare Antwort, was mit Blick auf die gebotene Rechtssicherheit, aber auch wertungsmäßig überzeugt.

---

[364] Vgl. BGH VIII ZR 41/05, NZM 2006, 101 Rn. 11.
[365] Etwa BGH VIII ZR 244/18, WuM 2020, 210 Rn. 8; BGH VIII ZR 298/80, NJW 1982, 573.
[366] RGZ 100, 150 (152); BGH I ZR 192/56, GRUR 1958, 149 (150); Bamberger/Roth/Hau/Poseck/*Lorenz* BGB § 259 Rn. 12.
[367] Staudinger/*Bittner*/*Kolbe* BGB § 259 Rn. 32.
[368] BGH VIII ZR 27/10, NJW 2011, 1867.

324 Weniger überzeugend ist es hingegen, dass es auch bei **§ 556 Abs. 3 S. 3 BGB** nur auf eine formell richtige Abrechnung ankomme. Eine Begründung für diese These bleibt der BGH schuldig[369]; auch in der Lit. sucht man vergeblich. Die Gegenansicht, nach der § 556 Abs. 3 S. 3 BGB eine formell und materiell richtige Abrechnung verlangt[370], liegt auf den ersten Blick näher: Denn warum sollte man einen Vermieter, der eine fehlerhafte Abrechnung erteilt, die Wohltat der Fristwahrung zuteilwerden lassen? Für die hM lässt sich aber anführen, dass sie die Einwendungsfrist stärkt, weil anderenfalls der Mieter gegen den Nachzahlungsanspruch auch nach Ablauf der Einwendungsfrist geltend machen könnte, der Vermieter habe nicht fristgerecht eine inhaltlich richtige Abrechnung erteilt.

### 3. Rechtsnatur der Abrechnung

325 Bei der Erörterung der Rechtsnatur der Abrechnung sind die **verschiedenen Funktionen** der Abrechnung zu **unterscheiden.** Diese offenbaren: Es gibt in der Praxis zwar ein einziges Dokument über das Rechenwerk. Daraus darf aber nicht geschlossen werden, dass es sich rechtlich ebenfalls um einen einheitlichen Akt handelt. Vielmehr ist bei der Rechtsnatur der Abrechnung ihre schuldfixierende Funktion von der Wirkung der Erfüllung eines Anspruchs des Mieters zu unterscheiden. Der Unterschied zeigt sich etwa daran, dass eine formell richtige Abrechnung eine schuldfixierende Wirkung haben kann (→ Rn. 453), sie indes als Erfüllungshandlung untauglich ist (→ Rn. 470).

326 **a) Schuldfixierende Funktion.** Dient die Abrechnung doch in erster Linie (→ Rn. 310) der Fixierung der Miethöhe, könnte man meinen, die Betriebskostenabrechnung sei eine Gestaltungserklärung, mit der der Vermieter nach § 315 BGB die Leistung des Mieters bestimmt.[371] Der BGH hat dem indes eine Absage erteilt. Nach seiner Ansicht hat die Abrechnung keinen rechtsgeschäftlichen Erklärungswert: Es handele sich nicht um ein Gestaltungsrecht, sondern lediglich um einen Rechenvorgang iSd § 259 BGB, der die materielle Voraussetzung dafür schaffe, dass dem Vermieter die Vorauszahlungen – soweit durch das Abrechnungsergebnis gerechtfertigt – endgültig verbleiben und ein etwaiger Nachzahlungsanspruch fällig wird.[372] In der Lit. ist diese These zutreffend dahingehend präzisiert worden, dass die Betriebskostenabrechnung eine **rechtsgeschäftsähnliche Handlung** in Form einer Wissenserklärung ist.[373] Denn der Umfang der Zahlungspflicht des Mieters steht aufgrund der Abgeltungsvereinbarung im Mietvertrag verbindlich fest, weshalb der Vermieter bei der Abrechnung keinen Spielraum hinsichtlich der Höhe der Zahlungspflicht besitzt. Die Einordnung als rechtsgeschäftsähnliche Handlung lässt sich auch mit den weiteren Funktionen der Abrechnung in Einklang bringen, die das Ziel haben, die Miete iSd § 535 Abs. 2 BGB zu fixieren, nämlich die Vermeidung der Wirkung der Ausschlussfrist (§ 556 Abs. 3 S. 3 BGB) sowie das Auslösen der Jahreseinwendungsfrist (§ 556 Abs. 3 S. 5 BGB).[374]

327 Aus der Einordnung der Betriebskostenabrechnung als Wissenserklärung folgt, dass sie **nicht** selbst Grundlage des Anspruchs auf Nachzahlungen oder auf Rückzahlungen ist. **Anspruchsgrundlage** ist bei einer Nachzahlung vielmehr § 535 Abs. 2 BGB (→ Rn. 99) und damit der Mietvertrag selbst; die Betriebskostenabrechnung hat hier nach hM nur fälligkeitsbegründende Wirkung (→ Rn. 532).[375] Auch ein Rückzahlungsanspruch des Mieters folgt aus dem Mietvertrag, weil dem dort vereinbarten Abrechnungsmodell ein solcher Anspruch immanent ist.[376]

328 Auf die Betriebskostenabrechnung als rechtsgeschäftsähnliche Handlung finden, soweit es um ihre entgeltfixierende Funktion geht, die Regelungen über die Willenserklärungen grds. entsprechende Anwendung. Sie wird durch **Zugang** wirksam. Der Vermieter kann die Abrechnung daher auch durch einen Vertreter erteilen, muss indes unter den Voraussetzungen des **§ 174 BGB** eine Zurückweisung befürchten.[377] Diese Zurückweisung führt dazu, dass die entgeltfixierenden Wirkungen der Abrechnung ausbleiben: Ein Nachzahlungs- bzw. Erstattungsanspruch wird nicht fällig,

---

[369] BGH VIII ZR 115/04, NJW 2005, 219.
[370] *Sternel* ZMR 2001, 937 (939).
[371] So etwa noch LG Hamburg ZMR 1995, 32.
[372] BGH VIII ZR 319/09, NZM 2010, 783 Rn. 6.
[373] *Jacoby* ZMR 2017, 781 (783); ebenso iE BGH XII ZR 62/12, NZM 2013, 648 Rn. 16. Für Willenserklärung hingegen *Kroll,* Das Betriebskostenrecht im Wohnraummietrecht unter besonderer Berücksichtigung wechselseitiger Ausschlüsse, 2020, S. 31.
[374] Siehe *Dickersbach* WuM 2008, 439.
[375] BGH VIII ZR 263/14, NJW 2016, 3231 Rn. 20.
[376] *Jacoby* ZMR 2017, 781 (787).
[377] LG Berlin GE 2002, 860; *Dickersbach* WuM 2008, 439.

die Frist des § 556 Abs. 3 S. 3 BGB wird nicht gewahrt bzw. der Lauf der Frist des § 556 Abs. 3 S. 5 BGB nicht ausgelöst. Unanwendbar sind hingegen die Regelungen über die **Anfechtung,** weil insoweit § 556 Abs. 3 S. 3 BGB die Grenzen der Korrekturmöglichkeit für die Abrechnung speziell bestimmt.[378]

**b) Erfüllungswirkung.** Die rechtliche Einordnung der eine Schuld erfüllenden Handlung ist bekanntlich seit jeher umstritten.[379] Im hiesigen Kontext ist von Bedeutung, dass der Vermieter keine höchstpersönlich Abrechnung schuldet. Er kann sich daher der Hilfe eines **Dritten** bedienen. Weist der Mieter die Abrechnung zwecks Vermeidung des Eintritts ihrer entgeltfixierenden Wirkung zurück (→ Rn. 328), so lässt das den Eintritt der Erfüllungswirkung (§ 362 BGB) unberührt. **329**

**c) Ausübung eines betriebskostenrechtlichen Bestimmungsrechts.** Soweit der Vermieter die Abrechnung nutzt, um ein **betriebskostenrechtliches Bestimmungsrecht** auszuüben – etwa indem er das Abrechnungsprinzip (→ Rn. 375) festlegt –, handelt es sich um eine Willenserklärung (§ 315 BGB). Diese Erklärung verbindet der Vermieter indes lediglich äußerlich mit der Abrechnung.[380] **330**

### 4. Eine oder mehrere Abrechnungen?

Typischerweise verpflichtet sich der Mieter dazu, die Kosten mehrerer Betriebsmaßnahmen nach Abrechnung zu tragen. Haben die Parteien in dieser Konstellation eine einheitliche Vorauszahlung für sämtliche Maßnahmen vereinbart **(Einheitsmodell),** ist auch nur eine einheitliche Abrechnung möglich. Denn der Vorauszahlungsbetrag lässt sich bei diesem Modell nicht den verschiedenen Kostenpositionen zuordnen, was aber Voraussetzung für eine getrennte Abrechnung ist. **331**

Haben die Parteien hingegen einzelne Vorauszahlungen vereinbart **(Vorauszahlungssplitting),** ist eine getrennte Abrechnung der jeweiligen Kostenpositionen möglich. Ob nur eine solche das Tatbestandsmerkmal „Abrechnung" in § 556 Abs. 3 BGB erfüllt, hängt davon ab, ob die Parteien durch das Vorauszahlungssplitting nach Kostenarten getrennte Vorauszahlungs- und Nachzahlungs- bzw. Erstattungsansprüche begründet haben; dieses Ergebnis liegt regelmäßig nahe (→ Rn. 104). In diesem Fall entspricht nur eine getrennte Abrechnung der jeweiligen Kostenpositionen den gesetzlichen Vorgaben. Dies bedeutet indes nicht, dass der Vermieter gezwungen wäre, für jede Kostenposition ein getrenntes Abrechnungsdokument zu erstellen. Er kann die einzelnen Abrechnungen vielmehr in einem einheitlichen Dokument bündeln.[381] Aus **formeller Sicht** ist es hier nicht erforderlich, dass der Vermieter die Vorauszahlungen rechnerisch aufschlüsselt; es reicht die Angabe eines einheitlichen Vorauszahlungsbetrags. Denn die Prüffähigkeit der Abrechnung wird durch eine solche Bündelung nicht beeinträchtigt.[382] Gleiches gilt für die Bündelung des Saldos der Einzelabrechnungen. **332**

### 5. Datenschutz

Die Erhebung der für die Abrechnung der Betriebskosten erforderlichen Daten verstößt nicht gegen die **DSGVO.** Denn sie ist nach Art. 6 Abs. 1 lit. b DSGVO oder Art. 6 Abs. 1 lit. f DSGVO gerechtfertigt.[383] Zur Belegeinsicht → Rn. 505. **333**

## II. Die Anforderungen an das Rechenwerk

§ 556 Abs. 3 BGB schreibt für die Abrechnung keine bestimmte **Form** vor. Mit Blick auf den **Inhalt** des Rechenwerks unterscheidet der BGH in einer langen Rechtsprechungslinie zwischen formellen und materiellen (inhaltlichen) Anforderungen, die im Folgenden erörtert werden. **334**

Bei der **Normanwendung** ist zu beachten, dass das Merkmal der „Abrechnung" in den verschiedenen Sätzen des § 556 Abs. 3 BGB teils ein (nur) formell ordnungsgemäßes, teils aber auch ein zudem inhaltlich richtiges Rechenwerk verlangt (→ Rn. 320). Die Differenzierung zwischen beiden Merkmalen ist mithin kein Selbstzweck, sondern Tatbestandsanwendung. **335**

---

[378] *Jacoby* ZMR 2017, 781 (785).
[379] Monographisch: *Beckhaus,* Die Rechtsnatur der Erfüllung, 2013.
[380] *Jacoby* ZMR 2017, 781 (783).
[381] LG Neuruppin ZMR 2010, 769; vgl. auch BGH VIII 227/09, NJW 2010, 3228 Rn. 11.
[382] Vgl. BGH VIII ZR 268/10, NJW 2012, 603 Rn. 11.
[383] Näher *Flatow* NZM 2020, 623 (627 ff.).

### 1. Prüffähigkeit (formelle Richtigkeit)

336 Die sog. formelle Richtig- oder Ordnungsmäßigkeit einer Betriebskostenabrechnung ist der Prüffähigkeit einer baurechtlichen Schlussrechnung (§ 650g Abs. 4 BGB) vergleichbar. Das Merkmal beschreibt nämlich die **Mindestanforderungen,** die eine Abrechnung aufweisen muss, um **Rechtsfolgen** auslösen zu können. Diese Rechtsfolgen sind die Wahrung der Abrechnungsfrist und die Auslösung der Einwendungsfrist; zudem muss eine Abrechnung formell ordnungsmäßig sein, um bestandskräftig zu werden.

337 Der Begriff der formellen Richtigkeit geht zurück auf eine **Grundsatzentscheidung** des BGH aus dem **Jahr 1981.** Dort hat der BGH erklärt, die Betriebskostenabrechnung solle den Mieter in die Lage versetzen, den Anspruch des Vermieters nachzuprüfen; dazu muss er die Abrechnung gedanklich und rechnerisch nachvollziehen können.[384] Dieses Urteil betont bereits den maßgeblichen Gesichtspunkt, nämlich die **Anspruchsklärung durch Information.** Die Bezeichnung einer solchen Abrechnung als formell richtig fehlte in dieser Entscheidung noch. Zur Entwicklung dieses Topos sah sich der BGH erst durch die Kodifizierung des Betriebskostenrechts genötigt, weil die Einführung der Fristen und der Bestandskraft der Abrechnung eine Abgrenzung der Abrechnungsfehler erforderlich machte (→ Rn. 320). Der Begriff der Prüffähigkeit beschreibt die Problematik präziser als „formelle Ordnungsmäßigkeit", indes ist die letztgenannte Bezeichnung allgemein eingeführt und wird daher auch hier verwendet.

338 Eine Abrechnung ist nach der Rspr. des **BGH** formell ordnungsgemäß, wenn der Mieter in der Lage ist, die zur Verteilung anstehenden Kostenpositionen zu erkennen und anhand des ihm mitgeteilten Verteilerschlüssels den auf ihn entfallenden Anteil an diesen Kosten rechnerisch nachzuprüfen.[385] Der BGH konkretisiert diesen allgemeinen Satz in ständiger Rspr.[386] dahingehend, dass – soweit keine besonderen Abreden getroffen sind –, in die Abrechnung bei Gebäuden mit mehreren Wohneinheiten regelmäßig folgende **Mindestangaben** aufzunehmen sind:

– eine Zusammenstellung der Gesamtkosten,
– die Angabe und ggf. Erläuterung der zugrunde gelegten Verteilerschlüssel,
– die Berechnung des Anteils des Mieters
– und der Abzug von Vorauszahlungen.

339 **Nicht** (mehr) zu den formellen Voraussetzungen zählt der BGH[387] hingegen die Offenlegung eines **Vorwegabzugs** (zum Begriff → Rn. 154) in der Abrechnung, was nicht überzeugt (→ Rn. 170). Die Lit. hat die Formel des BGH weitgehend rezipiert. Der BGH lässt durch die Einschränkung „regelmäßig" sowie die Beschränkung auf „Gebäude mit mehreren Wohneinheiten" Raum für **Ausnahmen** und **Erweiterungen.**

340 **a) Nach Kostenarten unterteilte Gesamtkosten.** Die vom BGH verlangte Zusammenstellung der Gesamtkosten bedeutet nicht, dass der Vermieter die formellen Anforderungen erfüllt, wenn er einen Gesamtbetrag der Betriebskosten nennt. Erforderlich ist vielmehr grds. eine nach Kostenarten unterteilte Angabe der Gesamtkosten (Aufschlüsselungsgebot). Dies gilt auch dann, wenn die Parteien das „Einheitsmodell" (→ Rn. 331) vereinbart haben. Denn nur eine Aufteilung nach Kostenarten gewährleistet eine hinreichende **Prüffähigkeit** der Abrechnung.

341 Gesamtkosten sind die Kosten, die für die in Rede stehende Betriebsmaßnahmenart im Abrechnungszeitraum für die maßgebliche Abrechnungseinheit angefallen sind. Es ist nicht formell fehlerhaft, wenn der Vermieter die sich aus einzelnen Rechnungsposten zusammensetzenden **Gesamtkosten nicht addiert,** sondern nur die einzelnen Rechnungsposten (etwa zwölf Beträge bei monatlich anfallenden Hausmeisterkosten) angibt.[388] Ob die Angaben **zutreffend** sind, ist eine Frage der inhaltlichen Richtigkeit der Abrechnung. Deshalb ist es aus formeller Sicht etwa unschädlich, wenn der Vermieter aus den jahresübergreifenden Abrechnungen seines Energieversorgers die auf das jeweilige Kalenderjahr entfallenden Kosten errechnet, ohne diese Rechenschritte offenzulegen.[389] Gleiches gilt nach hM, wenn die Gesamtkosten im Wege des Vorwegab-

[384] BGH VIII ZR 298/80, NJW 1982, 573.
[385] BGH VIII 227/09, NJW 2010, 3228 Rn. 11.
[386] Etwa BGH VIII ZR 244/18, NZM 2020, 320 Rn. 8 mN.
[387] BGH VIII ZR 93/15, NJW 2016, 866 unter Aufgabe seiner früheren Rspr.
[388] BGH VIII ZR 237/16, WuM 2017, 402 Rn. 5.
[389] BGH VIII ZR 201/13, NJW 2014, 1732 Rn. 9.

zugs ermittelt wurden (→ Rn. 339).[390] Es ist auch nicht erforderlich, dass der Vermieter einzelne Rechnungsbeträge, aus denen sich die Gesamtkosten zusammensetzen, angibt.[391]

Das Aufschlüsselungsgebot verlangt nicht, dass der Vermieter die **Bezeichnungen** in **§ 2 BetrKV** wortgetreu übernimmt. Ausreichend, aber auch erforderlich, ist es, wenn die gewählte Bezeichnung eine Einordnung in den Katalog des § 2 BetrKV mit der gebotenen Klarheit ermöglicht. Denn der Zweck des Aufschlüsselungsgebots liegt darin, dem Mieter die Nachvollziehbarkeit der Kosten zu ermöglichen. Dazu gehört aber auch die Prüfung, ob sich der Vermieter an die Beschränkung auf die umlagefähigen Kosten gehalten hat. Eine solche Prüfung ist etwa möglich, wenn der Vermieter statt „Beleuchtung" (§ 2 Nr. 11 BetrKV) den Begriff „Allgemeinstrom" wählt[392] oder statt von „Sach- und Haftpflichtversicherung" von „Versicherung" spricht[393]. **342**

Noch nicht höchstrichterlich geklärt ist, ob es aus formeller Sicht ausreicht, wenn der Vermieter sich an die **Unterteilung der Nummern in § 2 BetrKV** hält oder ob – und dann: in welchen Fällen – eine weitere Aufschlüsselung geboten ist.[394] Hier ist zu unterscheiden: Haben die Parteien bestimmte Kostentypen im Vertrag genannt, sind die Gesamtkosten dieser Typen anzugeben, eine abweichende Aufteilung ist formell fehlerhaft. Haben die Parteien hingegen nur die Abrechnung von „Betriebskosten" vereinbart, ist eine Unterteilung nach den Nummern in § 2 BetrKV erforderlich, aber auch ausreichend. Ein weitergehendes Aufschlüsselungsgebot innerhalb der einzelnen Nummern, dessen Grenze unklar wäre, ist mit dem Bedürfnis nach Rechtsklarheit nicht zu vereinbaren.[395] Eine Ausnahme gilt für die sonstigen Betriebskosten iSd § 2 Nr. 17 BetrKV, weil diese Nummer keine hinreichend konkreten Kosten bezeichnet.[396] Differenziert der Vermieter überobligatorisch, was ihm grds. freisteht[397], ist dies nur dann ein formeller Fehler, wenn dadurch die Zuordnung der abgerechneten Position zum Katalog des § 2 BetrKV verschleiert und so die Prüffähigkeit der Abrechnung beeinträchtigt wird. **343**

Nach der Rspr. des **BGH** ist eine **Zusammenfassung** von einzelnen **Betriebskostentypen** in Ausnahmekonstellationen formell ordnungsgemäß. Anerkannt hat dies der BGH für die Positionen „Frischwasser" und „Schmutzwasser", sofern auch die Berechnung der Abwasserkosten an den Frischwasserverbrauch geknüpft ist.[398] Ein formeller Fehler ist nach Ansicht des BGH hingegen die Zusammenfassung der Kosten für Grundsteuer und für Straßenreinigung.[399] Gleiches gilt für die Zusammenfassung „Wasserversorgung/Strom", „Straßenreinigung/Müllbeseitigung/Schornsteinreinigung" sowie – bei Fehlen eines sachlichen Grundes – von „Hausmeister/Gebäudereinigung" sowie „Hausmeister/Gebäudereinigung/Gartenpflege".[400] Die Instanzrechtsprechung hat etwa unter der Position „Gartenpflege" die Zusammenfassung der Kosten der Gartenpflege, der Hauswarttätigkeit sowie Baumfällkosten akzeptiert, wenn die Leistungen von einem Unternehmen erbracht und abgerechnet werden, weil dann ein sachlicher Grund für die Zusammenfassung bestehe.[401] **344**

Diese Linie der **Rspr.** mag im Einzelfall zu Kostengerechtigkeit führen, verwässert aber die klaren Vorgaben an die formelle Ordnungsmäßigkeit der Betriebskostenabrechnung. Sie **sollte** daher **aufgegeben** werden. **345**

**b) Umlagemaßstab.** Zur formellen Richtigkeit einer Betriebskostenabrechnung gehört es, dass der Umlageschlüssel – § 556a BGB spricht von Maßstab – **angegeben** wird und dieser – also die gewählte Methode der Verteilung – für den durchschnittlichen Mieter **verständlich** ist. Eine **Erläuterung** des angewandten Maßstabs ist daher nur dann geboten, wenn der Maßstab nicht von sich heraus verständlich ist.[402] Diese Erläuterung kann auch vor oder nach Mitteilung des Rechen- **346**

---

390 BGH VIII ZR 93/15, NJW 2016, 866.
391 BGH VIII ZR 322/08, NJW 2010, 2053.
392 **AA** Langenberg/Zehelein BetrKostR/*Zehelein* Kap. A Rn. 172.
393 BGH VIII ZR 346/08, NJW 2009, 3575 Rn. 7.
394 Siehe etwa Spielbauer/Schneider/*Schneider* BGB § 556 Rn. 423ff.
395 **AA** Spielbauer/Schneider/*Schneider* BGB § 556 Rn. 428.
396 Lützenkirchen MietR/*Lützenkirchen* BGB § 556 Rn. 498.
397 Vgl. BGH VIII ZR 3/17, NZM 2017, 732 Rn. 17, Position „Treppenhausreinigung".
398 BGH VIII ZR 340/08, NZM 2009, 698 Rn. 18.
399 BGH VIII ZR 285/15, ZMR 2017, 464.
400 BGH VIII ZR 285/09, NJW 2011, 143 Rn. 41.
401 LG Berlin GE 2018, 1462.
402 Zu solchen Fällen BGH VIII ZR 295/07, NJW 2009, 283 Rn. 23; BGH VIII ZR 84/07, NJW 2008, 2258 Rn. 15.

werks erfolgen[403]; dies muss aber, um Nachzahlungsansprüche zu sichern, binnen der Abrechnungsfrist geschehen (allg. → Rn. 405).

347 Aus sich heraus **verständlich** ist die Umlage der Kosten nach **Fläche;** einer Erläuterung, wie sich der Flächenschlüssel zusammensetzt, bedarf es nicht. Dies gilt auch, wenn unterschiedliche Flächenschlüssel verwendet werden, weil die Abrechnungseinheiten der einzelnen Betriebskostentypen sich unterscheiden.[404] Ohne weiteres verständlich ist auch die Umlage nach **Miteigentumsanteilen,** die bei Vermietung einer Eigentumswohnung verbreitet ist.[405] Gleiches gilt für die Umlage nach **Personen**[406], auch bei Angaben der Gesamtpersonenzahl mit einem Bruchteil[407] bzw. nach „Betriebskostenmonaten"[408] oder nach **Wohneinheiten**[409].

348 Verwendet der Vermieter in der Abrechnung einen **falschen Umlagemaßstab,** so handelt sich um einen **inhaltlichen Fehler** (→ Rn. 378).

349 **c) Anteil des Mieters.** Die Berechnung des Anteils des Mieters kann auf zwei Wegen formell ordnungsgemäß erfolgen: Entweder wird für jeder **Betriebskostenart** der Anteil **einzeln** ausgewiesen **oder** es wird nur eine **Gesamtsumme** mitgeteilt.[410] Der zuletzt genannte Fall verlangt vom Mieter zwar ein „Rückrechnen", wenn er ermitteln möchte, ob die Gesamtsumme zutreffend berechnet wurde. Das ist ihm aber möglich und zumutbar und beeinträchtigt daher die Prüffähigkeit der Abrechnung nicht.

350 **d) Abzug von Vorauszahlungen.** Die formelle Richtigkeit verlangt nach den Worten des BGH den „Abzug der geleisteten Vorauszahlungen".[411] Diese Formulierung darf nicht missverstanden werden. Es gehört nämlich nicht zur formellen Seite, dass die Vorauszahlungen zutreffend angeben werden. Aus formeller Sicht ist vielmehr ausreichend, dass die Abrechnung **irgendwelche Vorauszahlungen** mitteilt.[412] Gibt der Vermieter keine Vorauszahlungen an, liegt darin nach der Rspr. kein formeller Fehler, weil dies der Angabe des Vorauszahlungsbetrags mit Null entspricht.[413] Das überzeugt, weil die Abrechnung auch in diesen Fällen prüffähig ist[414]; ob die Angaben stimmen, ist mithin eine Frage der inhaltlichen Richtigkeit (→ Rn. 360). Zu hoch oder zu niedrig angesetzte Vorauszahlungen oder der Ansatz der Soll- statt der Ist-Vorauszahlungen begründen daher keinen formellen Mangel.[415]

351 Ein Abzug der Vorauszahlungen setzt voraus, dass ein Rechenergebnis offengelegt wird, also der **Saldo** der **Abrechnung** mitgeteilt wird.[416] Denn anderenfalls ist der Abzug nicht erfolgt. Es reicht daher nicht aus, wenn der Vermieter nur die Vorauszahlungen mitteilt, sie aber nicht vom Abrechnungsanteil des Mieters subtrahiert.

352 Beim **Vorauszahlungssplitting** ist es ausreichend, wenn der Vermieter die Summe der Gesamtvorauszahlungen sowie einen einheitlichen Saldo angibt, weil die Abrechnung auch in diesem Fall prüffähig ist.

353 **e) Sonstige formelle Voraussetzungen.** Die soeben dargestellten Voraussetzungen (Gesamtkosten, Umlageschlüssel, Mieteranteil, Vorauszahlungen) sind nach der Rspr. nur regelmäßige Mindestanforderungen an die formelle Seite der Abrechnung. Es ist daher denkbar, dass weitere Anforderungen hinzukommmen. Dies ist zum einen möglich, wenn die Parteien ergänzende formelle Voraussetzungen vereinbart haben[417], was § 556 Abs. 3 BGB indes nur zugunsten des Mieters erlaubt. Daneben stellt sich die Frage, ob und welche zusätzlichen Anforderungen aus dem Normenbestand, insbes. aus dem Zweck der Abrechnung, abgeleitet werden können:

---

403 BGH VIII ZR 295/07, NJW 2009, 283 Rn. 31; BGH XII ZR 40/20, MDR 2021, 352 Rn. 26f.
404 BGH VIII ZR 244/18, NZM 2020, 320 Rn. 13.
405 BGH VIII ZR 295/07, NJW 2009, 283 Rn. 25.
406 BGH VIII ZR 295/07, NJW 2009, 283 Rn. 29.
407 BGH VIII ZR 181/09, NJW 2010, 3570.
408 BGH VIII ZR 97/14, NZM 2014, 902.
409 BGH VIII ZR 295/07, NJW 2009, 283 Rn. 30.
410 BGH VIII ZR 237/16, WuM 2017, 402 Rn. 5.
411 Etwa BGH VIII ZR 244/18, NZM 2020, 320 Rn. 8 mN.
412 BGH VIII ZR 286/10, WuM 2012, 98 Rn. 3, Angabe der Vorauszahlung mit Null.
413 BGH VIII ZR 197/11, NJW 2012, 1502 Rn. 25; **aA** etwa Langenberg/Zehelein BetrKostR/*Zehelein* Kap. H Rn. 156.
414 *BGH VIII ZA 2/08, NJW 2009, 3575.*
415 BGH VIII ZR 258/09, NJW 2011, 2786 Rn. 16; BGH VIII ZA 2/08, NJW 2009, 3575.
416 Langenberg/Zehelein BetrKostR/*Zehelein* Kap. H Rn. 155.
417 Etwa BGH VIII ZR 244/18, NZM 2020, 320 Rn. 8 mN.

**aa) Rubrum der Abrechnung. Teilweise** wird **gefordert,** die Abrechnung müsse den Vermieter/seinen Vertreter[418], das Abrechnungsobjekt (Mietwohnung[419] und Abrechnungseinheit, auf die sich die Abrechnung bezieht[420]) sowie den Abrechnungszeitraum[421] mitteilen. 354

Bei der **Würdigung** dieses Meinungsbildes muss leitend sein, inwieweit diese Angaben erforderlich sind, um den Anspruch des Vermieters und die Abrechnung gedanklich und rechnerisch nachvollziehen können.[422] Das ist bei den hier als „Rubrum" beschriebenen Angaben durchweg der Fall; fehlen sie, ist die Abrechnung **formell fehlerhaft.** Indes bedeutet dies nicht, dass die Angaben zwingend ausdrücklich in der Abrechnung genannt werden müssen. Denn wenn sie für den Mieter offensichtlich sind – weil er etwa aus dem Nenner des Umlageschlüssels ableiten kann, dass Abrechnungseinheit das Grundstück ist – wäre das Verlangen nach einer ausdrücklichen Bezeichnung in der Abrechnung ein abzulehnender Formalismus. Dementsprechend kann sich auch die Person des Vermieters oder seines Vertreters dem Dokument durch Auslegung entnehmen lassen.[423] 355

**bb) Einheitliches Rechenwerk?.** Der Vermieter ist grds. nicht gehalten, über die Betriebskosten in einem einheitlichen Dokument abzurechnen. Unproblematisch ist es zunächst, wenn der Vermieter über einzelne oder eine Gruppe von Betriebskosten in einem Dokument, über andere Kosten in einem anderen Dokument abrechnet.[424] Die **Zulässigkeit** solcher **Teilabrechnungen** folgt zwar nicht aus einem Umkehrschluss zu § 556 Abs. 3 S. 4 BGB, weil sich diese Vorschrift nur mit einem entsprechenden Anspruch des Mieters befasst.[425] Dem Zweck der Abrechnung, den Mieter über seine Pflicht aus § 535 Abs. 2 BGB zu informieren (→ Rn. 313), werden aber auch Teilabrechnungen gerecht. 356

Geht der Vermieter nach Teilabrechnungen vor – was nur bei einem Vorauszahlungssplitting möglich ist (→ Rn. 104) –, ist die **Ausschlussfrist** des § 556 Abs. 3 S. 3 BGB für jede Teilabrechnung gesondert zu prüfen.[426] Daneben ist es denkbar, dass der Vermieter sein Rechenwerk nicht nach Kostenpositionen, sondern nach anderen Gesichtspunkten auf verschiedene Dokumente verteilt, etwa indem er eine Mindestangabe nachreicht, ohne die Abrechnung vollständig zu wiederholen. Gegen eine solche **Nachbesserung** sprechen aus formaler Sicht keine Bedenken, solange die Summe der vom Vermieter erteilten Informationen den Mieter in die Lage versetzt, die Abrechnung nachzuvollziehen. Ist dies nicht der Fall, ist die Abrechnung insgesamt formell unwirksam. 357

**cc) Prüffähigkeit komplexer Betriebskostenabrechnungen.** Die Betriebskostenabrechnung muss den Mieter in die Lage versetzen, die Abrechnung gedanklich und rechnerisch nachzuvollziehen.[427] Es liegt daher die Frage nahe, ob über die vom BGH entwickelten Einzelkriterien (→ Rn. 338) als formelle Voraussetzung ein **allgemeines Abrechnungs-Transparenzgebot** anzuerkennen ist. Sie stellt sich bei komplexen Abrechnungen, bei denen die vom BGH entwickelten Einzelkriterien allein nicht dazu führen, dass die Abrechnung ohne weiteres verständlich ist. Komplexe Abrechnungen werden insbes. dann erforderlich, wenn der Vermieter die Wohnung des Mieters verschiedenen Abrechnungseinheiten zuordnet und/oder diese Einheiten eine besondere Größe aufweisen. Der Prüfaufwand komplexer Abrechnungen erhöht sich auf formeller Ebene typischerweise durch die Verwendung verschiedener Verteilerschlüssel, die inhaltliche Prüfung wird meist durch die sehr hohen Gesamtkosten mit einer entsprechend hohen Anzahl an Belegen, aber auch durch die häufig anzutreffenden Vorwegabzüge erschwert. Ein weiterer Anwendungsfall ist die **Heizkostenabrechnung** mit ihren vergleichsweise komplexen mathematischen Rechenschritten. 358

Ob besondere Grenzen für die Anerkennung der Prüffähigkeit komplexer Betriebskostenabrechnungen bestehen, ist noch nicht näher erforscht. Die Linie des **BGH** scheint aber klar zu sein: Er mutet dem Mieter auch die Überprüfung inhaltlich schwer verständlicher Rechenwerke 359

---

[418] Vgl. *Lammel* WuM 2014, 387 (389).
[419] Vgl. *Langenberg* WuM 2003, 670.
[420] AG Schöneberg GE 2010, 489.
[421] *Wall* Betriebs-/Heizkosten Rn. 1722.
[422] BGH VIII ZR 298/80, NJW 1982, 573.
[423] Vgl. BGH VIII ZR 22/13, NZM 2014, 26 Rn. 11.
[424] BGH VIII ZR 264/12, NJW 2013, 45.
[425] **AA** etwa LG Berlin ZMR 2013, 42.
[426] BGH VIII ZR 264/12, NJW 2013, 45.
[427] BGH VIII ZR 298/80, NJW 1982, 573.

zu.[428] Das mag für die Heizkostenabrechnung überzeugen, ist der Vermieter hier doch kraft Gesetzes zur Abrechnung verpflichtet. Für die komplexe Abrechnung anderer Betriebskosten, die letztlich im Interesse des Vermieters liegt, ist die Überzeugungskraft dieser Rechtsprechungslinie hingegen zweifelhaft.

**2. Inhaltliche Richtigkeit der formellen Angaben**

360 Eine Betriebskostenabrechnung ist inhaltlich fehlerhaft, wenn die zur formellen Ordnungsmäßigkeit zählenden Angaben **unzutreffend** sind. Beispiele sind etwa die fehlerhafte Angabe der Gesamtkosten[429] oder die fehlerhafte Angabe der Vorauszahlungen.[430] Daneben liegt ein inhaltlicher Fehler vor, wenn der Vermieter entgegen der zwischen den Parteien geltenden **Methode** der **Erfassung** der Betriebskosten abrechnet, also etwa einen falschen Abrechnungszeitraum oder Umlagemaßstab[431] zugrunde legt.

361 Bei den **Fehlerfolgen** ist zu differenzieren: Sind die Angaben in der Betriebskostenabrechnung inhaltlich fehlerhaft, so schuldet der Vermieter eine erneute, vertragsgemäße Rechnungslegung. Trotz des inhaltlichen Fehlers kann ein vom Rechenwerk fehlerhaft ausgewiesener Nachzahlungsanspruch des Vermieters nach § 556 Abs. 3 S. 6 BGB bestandskräftig werden.[432]

**3. Abrechnungszeitraum**

362 Nach § 556 Abs. 3 S. 1 Hs. 1 BGB ist **jährlich** abzurechnen; § 556 Abs. 3 S. 2 BGB nimmt diese Zeitangabe auf und bezeichnet sie als „Abrechnungszeitraum". Die allgM entnimmt daraus das Gebot, dass die Abrechnung den Zeitraum von einem Jahr grds. nicht über- oder unterschreiten darf.

363 **a) Bestimmung des Abrechnungszeitraums.** Das **Gesetz** schreibt mithin einen jährlichen Abrechnungszeitraum vor. Es legt aber nicht etwa das Kalenderjahr als Abrechnungsperiode fest.

364 Die Parteien können den Abrechnungszeitraum **vertraglich festlegen,** also etwa das Kalenderjahr oder einen anderen jährlichen Zeitraum. Haben die Parteien die Einzelabrechnung nach Betriebskostenarten vereinbart (→ Rn. 104), kann die Festlegung für die verschiedenen Betriebskostenarten unterschiedlich erfolgen, also etwa für die „kalten" Betriebskosten die Abrechnung nach dem Kalenderjahr, für die Heizkosten von Juni bis Mai vereinbart werden.[433] Die Vereinbarung eines kürzen Abrechnungszeitraums als ein Jahr scheitert wegen der dadurch erhöhten Überprüfungslast grds. an § 556 Abs. 4 BGB. Nach Ansicht des BGH steht dieses Verbot aber einer einmaligen einvernehmlichen Verlängerung der jährlichen Abrechnungsperiode zum Zwecke der Umstellung auf eine kalenderjährliche Abrechnung nicht entgegen.[434]

365 Häufig schweigt der Vertrag zum Abrechnungszeitraum. Lässt sich diese Lücke nicht durch Auslegung schließen, ist es überzeugend, dass der **Vermieter** das Recht hat, den Zeitraum **festzulegen.**[435] Dies folgt aus **§ 315 BGB.** Das entsprechende Leistungsbestimmungsrecht ist dem Vertrag durch Auslegung zu entnehmen, weil nur der Vermieter die Abrechnung erstellen kann und die hierfür erforderliche Festlegung des Zeitraums ihm daher kraft Natur der Sache zusteht. Die Bestimmung kann auch konkludent erfolgen, insbes. im Rahmen der ersten Betriebskostenabrechnung des Mietverhältnisses.[436] Die Festlegung eines kürzen Abrechnungszeitraums ist wegen Unbilligkeit nach § 315 Abs. 3 S. 1 BGB unverbindlich, was aus § 556 Abs. 4 BGB folgt.

Haben die Parteien eine Einzelabrechnung nach Betriebskostenarten vereinbart (→ Rn. 104), kann der Vermieter für die verschiedenen Betriebskostenarten unterschiedliche jährliche Abrechnungszeiträume festlegen. Schuldet der Vermieter hingegen eine einheitliche Abrechnung, weil die Vorauszahlungen nicht gesplittet wurden, scheitert die Bestimmung unterschiedlicher Abrech-

---

[428] Vgl. BGH VIII ZR 244/18, NZM 2020, 320 und BGH VIII ZR 73/10, NJW 2011, 368, Abrechnung von Betriebskosten in großen Wohnanlagen; BGH VIII ZR 57/07, NZM 2008, 767, Heizkosten.
[429] Etwa BGH VIII ZR 209/15, NJW 2016, 2254.
[430] BGH VIII ZR 240/10, NJW 2011, 2786 Rn. 16.
[431] BGH VIII ZR 116/04, GE 2005, 360; BGH VIII ZR 295/07, NJW 2009, 283 Rn. 23.
[432] Siehe etwa BGH VIII ZR 209/15, NJW 2016, 2254 Rn. 18 (zu niedrig angesetzte Vorauszahlungen).
[433] Vgl. BGH VIII ZR 240/07, NJW 2008, 2328 Rn. 12.
[434] *BGH VIII ZR 316/10*, NJW 2011, 2878.
[435] BGH VIII ZR 240/07, NJW 2008, 2328 Rn. 10.
[436] Zur Unterscheidung zwischen Abrechnung und Ausübung des Bestimmungsrechts *Jacoby* ZMR 2017, 781.

nungszeiträume an § 315 Abs. 3 S. 1 BGB. Die abweichende Ansicht des BGH ist unzutreffend. Denn eine solche Bestimmung widerspricht billigem Ermessen, da sie zu der Unsicherheit führt, wie die Abrechnungsfrist des § 556 Abs. 3 S. 2 BGB zu berechnen ist.[437]

Fraglich ist, unter welchen Voraussetzungen der – sei es durch Vertrag oder nach § 315 BGB durch den Vermieter – bestimmte Abrechnungszeitraum geändert werden kann. Unproblematisch ist eine vertragliche **Änderung,** zu deren Umsetzung nach Ansicht des BGH auch die einmalige Verlängerung der jährlichen Abrechnungsperiode gehören soll (→ Rn. 364).[438] Anders ist es mit einem einseitigen Änderungsrecht des Vermieters. Ein solches besteht nur, wenn es die Parteien vereinbart haben, was zwar auch konkludent erfolgen kann. Regelmäßig wird es hierfür aber an Anhaltspunkten fehlen. Keineswegs reicht es nämlich – entgegen der wohl hM[439] – aus, dass die Änderung für den Vermieter praktisch ist oder sachliche Gründe hierfür bestehen. Denn mit diesem Argument kann eine ohne den Willen des Mieters erfolgende Vertragsänderung nicht gerechtfertigt werden (Privatautonomie). 366

**b) Fehlerfolgen.** Missachtet der Vermieter den festgelegten Abrechnungszeitraum, so ist bei den Fehlerfolgen nach den verschiedenen Funktionen der Abrechnung (→ Rn. 310, 317) zu unterscheiden: 367

**aa) Abrechnungsanspruch.** Eine Abrechnung, die nicht dem festgelegten Abrechnungszeitraum entspricht, führt **nicht** zu einer **Erfüllung** des Abrechnungsanspruchs des Mieters. Der Vermieter schuldet also eine erneute, den Abrechnungszeitraum einhaltende Rechnungslegung. 368

**bb) Nachzahlungsanspruch.** Hinsichtlich eines Anspruchs des Vermieters auf Nachzahlung stellt sich die **Frage,** ob die Missachtung des Abrechnungszeitraums zu einer **formell fehlerhaften** Abrechnung führt. Die Folge wäre, dass ein Nachzahlungsanspruch nicht fällig werden und die Abrechnungsfrist nicht gewahrt wäre. Dies ist **umstritten.** Die Einordnung als formeller Fehler klingt in einer Entscheidung des BGH aus dem Jahr 2010 an. Dort prüft der BGH die Beachtung des Gebots der jährlichen Abrechnung nämlich unter dem Obersatz der formellen Wirksamkeit, indes ohne dass es hierauf iErg ankam.[440] In der Lit. wird die Missachtung dieses Gebots hingegen verbreitet als inhaltlicher Fehler eingeordnet.[441] Konsequenz dieser Ansicht ist, dass der Nachzahlungsanspruch des Vermieters nach § 556 Abs. 3 S. 6 BGB bestandskräftig werden kann. 369

Bei der **Stellungnahme** ist zu differenzieren. Fehlt in der Abrechnung bereits die Mitteilung des Abrechnungszeitraums, so ist die Abrechnung mangels Prüffähigkeit formell ordnungswidrig (→ Rn. 355). Gibt der Vermieter den Abrechnungszeitraum hingegen an und entspricht dieser nicht den geschuldeten Vorgaben, so ist die Einordnung als inhaltlicher Fehler überzeugend. Denn die Abrechnung ist in diesem Fall prüffähig und im Falle ihrer Bestandskraft (§ 556 Abs. 3 S. 6 BGB) steht fest, auf welchen Zeitraum sich der Nachzahlungsanspruch des Vermieters bezieht. Die Situation liegt wertungsmäßig nicht anders, als wenn der Vermieter Kosten aus einem vergangenen Abrechnungszeitraum in verschleiernder Art und Weise in die nächste Betriebskostenabrechnung „verschiebt". Ein fehlerhafter Kostenansatz ist aber als inhaltlicher Abrechnungsfehler allgemein anerkannt (→ Rn. 360). 370

### 4. Methode der Zuordnung der Kosten zum Abrechnungszeitraum

Von der Frage des Abrechnungszeitraums zu trennen, mit dieser aber eng verbunden ist die Methode der Zuordnung, also nach welchen Prinzipien es sich richtet, ob bestimmte Kosten zu dem in Rede stehenden Abrechnungszeitraum gehören. Hier kommen zwei Methoden in Betracht: Es können entweder die dem Vermieter im Abrechnungszeitraum entstandenen (dazu → Rn. 177 ff.) Kosten oder die Kosten berücksichtigt werden, die auf im Abrechnungszeitraum erbrachte Betriebsmaßnahmen entfallen. Die erste Methode wird herkömmlich als **Abfluss**-, die zweite als **Leistungsprinzip** (auch: Kosten- oder Zeitabgrenzungs-, Verbrauchs- oder Anfallprin- 371

---

[437] **AA** BGH VIII ZR 240/07, NJW 2008, 2328 Rn. 22, wonach bei unterschiedlichen Abrechnungsperioden und einheitlicher Abrechnungspflicht die „für die Gesamtabrechnung" (welche das auch immer sein mag) geltende Frist die maßgebliche sein soll.

[438] BGH VIII ZR 316/10, NJW 2011, 2878.

[439] Etwa LG Berlin GE 2009, 780; AG Mitte GE 2016, 1157; Schmid Mietnebenkosten-HdB/*Harsch* Rn. 3406.

[440] BGH VIII ZR 227/09, NJW 2010, 3228 Rn. 16 ff.; für formellen Fehler etwa LG Gießen NZM 2009, 581.

[441] Etwa *Blank* NZM 2008, 745 (749); Langenberg/Zehelein BetrKostR/*Zehelein* Kap. H Rn. 102.

zip) bezeichnet.[442] Das Rechnungseingangs- sowie das Fälligkeitsprinzip sind hingegen keine Methoden der Zuordnung der Kosten zum Abrechnungszeitraum, sondern betreffen die Vorfrage, ob dem Vermieter Betriebskosten überhaupt schon entstanden sind (→ Rn. 177).

372 **a) Gesetzliche Festlegung.** Für die Abrechnung der Heiz- und Warmwasserkosten gilt nach § 7 Abs. 2 **HeizkostenV** zwingend (§ 2 HeizkostenV) das Leistungsprinzip.[443] Für die übrigen **(„kalten") Betriebskosten** schreibt das Gesetz weder das Abfluss- noch das Leistungsprinzip verbindlich vor.[444] Denn der Wortlaut von § 556 Abs. 1 S. 1 BGB ist unergiebig und die Abgeltung lässt sich durch Anwendung beider Methoden erreichen. Deshalb geht der **BGH** zutreffend davon aus, dass sowohl die Zuordnung nach dem Abfluss- als auch nach dem Leistungsprinzip dem Gesetz gerecht wird.[445]

373 Noch nicht entschieden hat der BGH, ob der Vermieter in Fällen des **Mieterwechsels** gehindert sein könnte, Betriebskosten nach dem Abflussprinzip abzurechnen.[446] Richtigerweise ist die Frage zu verneinen.[447] Denn die Erstattung von Betriebskosten ist keine Gegenleistung für empfangene Betriebskostenleistungen (→ Rn. 17), sondern für die Gebrauchsüberlassung allgemein. Es bedarf daher nicht noch des verbreiteten Arguments, die Ermittlung der Betriebskosten nach dem Leistungsprinzip sei dem Vermieter wegen der damit verbundenen praktischen Schwierigkeiten unzumutbar.[448] Bei dieser Methode muss der Vermieter nämlich, wenn die Abrechnung seines Leistungserbringers mit dem mietvertraglichen Abrechnungszeitraum nicht korrespondiert, die ihm entstandenen Kosten nach sachlichen Kriterien (Zeitanteile, Verbrauch, Schätzung) auf die mietrechtlichen Abrechnungszeiträume aufteilen („abgrenzen")[449], ohne dass das Gesetz ihm dafür eine Methode bietet.

374 **b) Festlegung durch die Parteien.** Die Parteien können die Methode der Zuordnung der kalten Betriebskosten **im Vertrag festlegen.** Haben die Parteien die Einzelabrechnung nach Betriebskostenarten vereinbart (→ Rn. 104), kann die Festlegung für die verschiedenen Betriebskostenarten unterschiedlich erfolgen.

375 Typischerweise schweigt der Vertrag zur Zurechnungsmethode. Lässt sich diese Lücke nicht durch Auslegung schließen, ist es überzeugend, dass der **Vermieter** das Recht hat, die Methode **festzulegen.**[450] Dies folgt aus § 315 BGB. Das entsprechende Leistungsbestimmungsrecht ist dem Vertrag durch Auslegung zu entnehmen, weil nur der Vermieter die Abrechnung erstellen kann und die hierfür erforderliche Festlegung der Zuordnungsmethode daher ihm kraft Natur der Sache zusteht. Die Bestimmung kann auch konkludent erfolgen, insbes. im Rahmen der ersten Betriebskostenabrechnung des Mietverhältnisses.[451] Haben die Parteien die Einzelabrechnung nach Betriebskostenarten vereinbart (→ Rn. 104), kann der Vermieter für die verschiedenen Betriebskostenarten unterschiedliche Methoden festlegen.

376 Fraglich ist, unter welchen Voraussetzungen die – sei es durch Vertrag oder nach § 315 BGB durch den Vermieter – bestimmte Methode geändert werden kann. Unproblematisch ist eine vertragliche **Änderung.** Anders ist es mit einem einseitigen Änderungsrecht des Vermieters. Ein solches besteht nur, wenn es die Parteien vereinbart haben, was zwar auch konkludent erfolgen kann. Regelmäßig wird es hierfür aber an Anhaltspunkten fehlen. Keineswegs reicht es aus, dass die Änderung für den Vermieter praktisch ist oder sachliche Gründe hierfür bestehen. Denn mit diesem Argument kann eine ohne den Willen des Mieters erfolgende Vertragsänderung nicht gerechtfertigt werden (Privatautonomie). Den Vermieter trifft auch im Falle des Mieterwechsels keine Pflicht zur Änderung der Zuordnungsmethode (vgl. → Rn. 373).

377 **c) Fehlerfolgen.** Eine Abrechnung unter Verwendung einer falschen Zuordnungsmethode **erfüllt** den Abrechnungsanspruch des Mieters **nicht.** Der Vermieter schuldet also eine erneute, vertragsgemäße Rechnungslegung.

---

[442] BGH VIII ZR 156/11, NJW 2012, 1141 Rn. 11.
[443] BGH VIII ZR 156/11, NJW 2012, 1141.
[444] BGH VIII ZR 27/07, NJW 2008, 1801 Rn. 15 ff.; BGH VIII ZR 49/07, NJW 2008, 1300 Rn. 18 ff.
[445] BGH VIII ZR 27/07, NJW 2008, 1801 Rn. 15 ff.; BGH VIII ZR 49/07, NJW 2008, 1300 Rn. 18 ff.
[446] Siehe den diesbezüglichen Vorbehalt bei BGH VIII ZR 49/07, NJW 2008, 1300 Rn. 24.
[447] **AA** LG Heidelberg WuM 2020, 751, für Grundsteuernachforderungen, die den Zeitraum vor Vertragsbeginn betreffen.
[448] Etwa BGH VIII ZR 49/07, NJW 2008, 1300 Rn. 24; LG Wiesbaden NZM 2002, 944 (nicht zum Mieterwechsel).
[449] *AG Leipzig WuM 2002, 376; Milger* NZM 2008, 757 (760).
[450] Vgl. BGH VIII ZR 27/07, NJW 2008, 1801 Rn. 10.
[451] Zur Unterscheidung zwischen Abrechnung und Ausübung des Bestimmungsrechts *Jacoby* ZMR 2017, 781.

Bezüglich des Anspruchs des Vermieters auf **Nachzahlung** ist die Verwendung der falschen Zuordnungsmethode ein inhaltlicher Fehler, weshalb der Nachzahlungsanspruch des Vermieters nach § 556 Abs. 3 S. 6 BGB bestandskräftig werden kann. Denn die Abrechnung ist in diesem Fall prüffähig. Ein fehlerhafter Kostenansatz, um den es hier geht, ist als inhaltlicher Abrechnungsfehler allgemein anerkannt (→ Rn. 360). **378**

**Beispiel:** Geschuldet ist eine Abrechnung nach dem Leistungsprinzip. V erhält im Juli 2020 eine Rechnung, die sich auf den Wasserverbrauch für 2019 bezieht. Zu diesem Zeitpunkt hat er für das Jahr 2019 bereits abgerechnet. V muss die Abrechnung für 2019 korrigieren. Wenn er stattdessen die Rechnung bei den Gesamtkosten der Abrechnung 2020 berücksichtigt, handelt es sich um einen Fehler, den der Mieter fristgemäß rügen muss.

**5. Abrechnung nach sog. Wirtschaftseinheiten**

Hinter der der Überschrift „Abrechnung nach Wirtschaftseinheiten" stehen **zwei Sachprobleme:** **379**

1. Wie bestimmt sich die Abrechnungseinheit, deren Betriebskosten nach dem Maßstab des § 556a BGB unter den Nutzern zu verteilen sind?
2. Wie ist vorzugehen, wenn die Betriebskosten der Abrechnungseinheit beim Vermieter nicht einzeln, sondern als Teil einer größeren Kostenmenge anfallen?

Der **BGH** verwendet den Begriff der Wirtschaftseinheit, um beide Probleme, nämlich allgemein die kostenmäßige Bündelung der vermieteten Wohnung mit anderen Nutzungseinheiten, zu beschreiben.[452] Mit Blick auf die soeben beschriebenen Probleme weiterführend ist aber seine Unterscheidung zwischen der „einzelnen" und der „größeren Wirtschaftseinheit".[453] Die „einzelne" Wirtschaftseinheit entspricht der hier als Abrechnungseinheit bezeichneten Kostengruppe (→ Rn. 154); der Begriff beschreibt also das Problem 1. Betriebskosten der „größeren" Wirtschaftseinheit enthalten hingegen auch andere Kosten als die der Abrechnungseinheit; der Begriff bezeichnet mithin das Problem 2. **380**

**a) Standpunkt der Rechtsprechung.** Zunächst zur Lösung des Problem 1 durch die Rechtsprechung. Nach Ansicht des BGH[454] kann der Vermieter iRd § 315 BGB **Abrechnungseinheiten** (also „einzelne Wirtschaftseinheiten") **bilden.** Nicht zu beanstanden ist die Zusammenfassung von Gebäuden, die gemeinschaftlich verwaltet werden, zusammenhängend errichtet wurden und in Bauweise, Gesamtwohnfläche und Ausstattung weitgehend baugleich sind.[455] In diesem Fall kann nach Ansicht des BGH insgesamt innerhalb der einzelnen Wirtschaftseinheit abgerechnet werden, auch wenn einzelne Kostenpositionen getrennt abgerechnet werden könnten.[456] **381**

Die **Festlegung** der Abrechnungseinheit erfolgt durch von der Abrechnung zu unterscheidende **Erklärung** des **Vermieters.**[457] Diese Erklärung kann auch stillschweigend in der Abrechnung erfolgen, indem dort nach der einzelnen Wirtschaftseinheit abgerechnet wird.[458] Eine Festlegung der Abrechnungseinheit – und damit auch eine entsprechende Abrechnung – scheidet nach der Rspr. des BGH allerdings aus, wenn die Parteien eine rein **grundstücksbezogene Abrechnung vereinbart** haben. Dafür reicht aber die die Benennung des Orts, an dem die Mietsache belegen ist, nicht.[459] Umgekehrt setzt die Zulässigkeit der Abrechnung nach Wirtschaftseinheiten keine entsprechende (positive) Vereinbarung voraus.[460] Die **Beweislast** für die Zulässigkeit der Bildung einer Abrechnungseinheit trifft den Vermieter.[461] **382**

---

452 BGH VIII ZR 220/17, NJW 2018, 2317 Rn. 22; BGH VIII ZR 73/10, NJW 2011, 368 Rn. 15; BGH VIII ZR 371/04, NJW 2005, 3135.

453 BGH VIII ZR 22/13, NZM 2014, 26 Rn. 14.

454 BGH VIII ZR 73/10, NJW 2011, 368.

455 Zur praktischen Anwendung dieser Voraussetzungen s. LG Berlin 15.2.2008 – 63 S 263/07 (juris); AG Dortmund WuM 2018, 44; NZM 2012, 762; AG Spandau 3.6.2015 – 4 C 357/14 (juris); AG Charlottenburg GE 2013, 1523.

456 BGH VIII ZR 73/10, NJW 2011, 368.

457 *Jacoby* ZMR 2017, 781 (783).

458 BGH VIII ZR 69/11, CuR 2011, 164 Rn. 4.

459 BGH VIII ZR 73/10, NJW 2011, 368.

460 BGH VIII ZR 151/10, ZMR 2011, 458 Rn. 11.

461 LG Aachen 6 S 180/06 BeckRS 2008, 8826; AG Pinneberg ZMR 2017, 815; substantiiertem Vermietervortrag muss der Mieter entsprechend entgegentreten, LG Itzehoe 9 S 49/06 BeckRS 2011, 10984.

383 Ist nach diesen Kriterien eine Abrechnungseinheit in zulässiger Art und Weise gebildet worden, richtet sich die Umlage der Kosten nach § 556a BGB.[462] Mangels abweichender Vereinbarungen ist also der **Flächenanteil** unter Zugrundelegung der Fläche der gebildeten **Abrechnungseinheit** maßgeblich.[463]

384 Angesichts dieser liberalen Linie des BGH zur Bildung von Abrechnungseinheiten ist das Problem 2 – wie sind bei „größeren Wirtschaftseinheiten" die Kosten der „einzelnen Wirtschaftseinheit" (= Abrechnungseinheit) zu ermitteln? – nicht sehr praxisrelevant. Gebilligt hat der BGH die **Extraktion** anhand von Einzelrechnungen, die sich auf die jeweiligen Abrechnungseinheiten bezogen.[464] Mit Blick auf seine Judikatur zum „gewerblichen Vorwegabzug" (→ Rn. 165) dürfte aber auch eine Extraktion nach § 315 BGB von der Rspr. gedeckt sein. Denn auch hier geht es in der Sache um einen Vorwegabzug, nämlich der Kosten der anderen Abrechnungseinheiten.

385 **b) Stellungnahme.** Die Rspr. des BGH zur Bildung von Abrechnungseinheiten **überzeugt nicht.** Denn die Abrechnungseinheit bestimmt sich anhand des in § 556 Abs. 1 S. 1 BGB definierten Betriebskostenbegriffs (→ Rn. 153). Das vom BGH anerkannte Vorgehen, dass der Vermieter die Abrechnungseinheit festlegen kann, weicht mithin vom Gesetz ab. Eine solche Abweichung ist nach § 556 Abs. 4 BGB aber nur durch Vertrag und zudem nur zugunsten des Mieters zulässig. Für ein entsprechendes Gestaltungsrecht des Vermieters fehlt es an einer gesetzlichen Grundlage. Eine Abrechnung nach vom Vermieter festgelegten „Wirtschaftseinheiten" ist daher nicht anzuerkennen. Sind die Betriebskosten der Abrechnungseinheit Teil einer größeren Kostenmenge, müssen sie vielmehr nach einer Methode extrahiert werden, die zu realen Gesamtbetriebskosten führen (→ Rn. 188 ff.); nur diese sind umlagefähig. Geht es etwa um die Kosten einer sog. Sammelversicherung, so setzt die Feststellung realer Gesamtbetriebskosten der Abrechnungseinheit der Mietwohnung komplexen Rechenschritte voraus[465], falls sich die realen Kosten überhaupt extrahieren lassen.

386 Eine **rechtswidrige Abrechnung** nach „Wirtschaftseinheiten" ist nur ein inhaltlicher Fehler, weshalb der Nachzahlungsanspruch des Vermieters nach § 556 Abs. 3 S. 6 BGB **bestandskräftig** werden kann. Denn die Abrechnung ist in diesem Fall prüffähig. Ein fehlerhafter Kostenansatz, um den es hier geht, ist als inhaltlicher Abrechnungsfehler allgemein anerkannt (→ Rn. 360).

### 6. Vorlage von Belegen

387 Zwar hat die Rspr. die formellen Anforderungen an die Abrechnung aus § 259 BGB entwickelt[466] und nach dieser Vorschrift erfasst die Abrechnungspflicht auch die Vorlage von Belegen, soweit solche erteilt zu werden pflegen. Dennoch ist die Vorlage von Belegen nach wohl allgM **nicht erforderlich,** um die **Abrechnungsfrist** (§ 556 Abs. 3 S. 3 BGB) zu wahren oder die **Einwendungsfrist** (§ 556 Abs. 3 S. 2 BGB) auszulösen.[467] Dies überzeugt, weil nach allgemeinen Gepflogenheiten der Abrechnung über Betriebskosten keine Belege beigefügt werden.

388 Da die Abrechnung ohne Belege aber nicht prüffähig ist, hat der Mieter einen **Anspruch** auf Belegeinsicht, der sich auf seine **Nachzahlungspflicht** auswirken kann (→ Rn. 563).

## III. Besondere Abrechnungskonstellationen

### 1. Abrechnung bei Mängeln der Mietsache

389 Gegenstand einer **Minderung** ist die gesamte Miete, also auch der vom Mieter geschuldete Abgeltungsbetrag für die Betriebskosten.[468] Eine Minderung ist daher bei der Abrechnung der Betriebskosten zu berücksichtigen. Wie stets sind formelle und inhaltliche Fragen der Abrechnung zu trennen:

390 **Formell ordnungsgemäß** ist in jedem Fall eine Abrechnung, die sich an die allgemeinen Vorgaben (→ Rn. 320) hält. Der BGH hat in einer Entscheidung aus dem Jahr 2011 indes angedeutet,

---

[462] BGH VIII ZR 173/17, NZM 2019, 288 Rn. 24.
[463] BGH VIII ZR 220/17, NJW 2018, 2317 Rn. 23.
[464] BGH VIII ZR 22/13, NZM 2014, 26 Rn. 17.
[465] *Vgl. Schmid* ZMR 2001, 587 (588).
[466] Grdl. BGH VIII ZR 298/80, NJW 1982, 573.
[467] Etwa KG NZM 1998, 620; *Lützenkirchen* NZM 2018, 266 (268).
[468] BGH XII ZR 255/03, NJW 2005, 1713; BGH VIII ZR 347/04, NJW 2005, 2773.

dass er für die Abrechnung bei Mängeln der Mietsache auch ein hiervon abweichendes Rechenwerk als ordnungsgemäß anerkennt.[469] Denn obiter erklärt er, eine etwaige Nachforderung des Vermieters könne auch dadurch berechnet werden, dass die vom Mieter im Abrechnungszeitraum insgesamt geleisteten Zahlungen der geschuldeten Gesamtjahresmiete (also Jahresbetrag der Nettomiete zuzüglich der abgerechneten Betriebskosten abzüglich des im betreffenden Jahr insgesamt gerechtfertigten Minderungsbetrages) gegenübergestellt werden. Eine solche **„Gesamtabrechnung"** hat insbes. dann unabweisbare Darstellungsvorteile, wenn es um einen einheitlichen Minderungsbetrag (zB 500 EUR) geht, bei dem anderenfalls die Frage der Methode der Verteilung auf die Betriebskosten im Raum steht.[470] Die vom BGH beschriebene Gesamtabrechnung weist nun allerdings nicht die Betriebskostenvorauszahlungen aus, sondern stattdessen die Gesamtzahlungen des Mieters, also Nettomiete und Vorauszahlungen.[471] Mit Blick auf die letztlich verbesserte Prüffähigkeit der Gesamtabrechnung sollte man diesen Schönheitsfehler aber nicht überbetonen. An die Stelle der reinen Betriebskostenabrechnung kann daher eine Abrechnung über die gesamte Mietschuld treten, deren integraler Bestandteil die Betriebskostenabrechnung ist. Auch bei diesem Modell ist mit Blick auf die Prüffähigkeit aber zu fordern, dass der Vermieter die Betriebskosten nach Kostenarten unterteilt (dazu → Rn. 340).

**Inhaltlich richtig** ist die Abrechnung, wenn der Saldo so berechnet wird, dass die dem Vermieter 391
für die Wohnung entstandenen Betriebskosten um die Minderungsquote reduziert und von diesem Betrag die geleisteten Vorauszahlungen des Mieters abgezogen werden.[472] Wird der Saldo hiervon abweichend zu Lasten des Mieters unzutreffend berechnet, weil die Minderung nicht (zutreffend) berücksichtig wird, kann ein etwaiger Nachzahlungsanspruch des Vermieters nach § 556 Abs. 3 S. 6 BGB **bestandskräftig** werden. Der Sache nach geht es um die Abrechnung unzutreffender Gesamtkosten, eine Fallgruppe, die nach hM dem Einwendungsausschluss unterliegt (→ Rn. 360).

### 2. Abrechnung bei Einfamilienhäusern

Die vom BGH entwickelten formellen Mindestvoraussetzungen für eine ordnungsmäßige 392
Abrechnung (→ Rn. 320) betreffen nur Konstellationen, in denen die Betriebskosten der Mietwohnung aus einer Gesamtkostenmenge extrahiert werden müssen. Bei Einfamilienhäusern bedarf es in der Betriebskostenabrechnung daher weder der Angabe von Gesamtkosten noch eines Umlageschlüssels, die es jeweils nicht gibt. Die Abrechnung beschränkt sich also auf die **Angabe der Betriebskosten** sowie der **Vorauszahlungen** des Mieters.[473] Fallen Betriebskosten bei Vermietung eines Einfamilienhauses teilweise für mehrere Wohneinheiten an (zB Doppelhaushälfte), ist nur insoweit eine Abrechnung mit Gesamtkosten und Umlageschlüssel formell geboten.[474]

### 3. Abrechnung bei Eigentumswohnungen

Die Situation der Ermittlung der Betriebskosten einer Eigentumswohnung entspricht der 393
soeben für das Einfamilienhaus beschriebenen: Die Betriebskosten für die Wohnung fallen beim Vermieter nicht als Teilmenge einer größeren Kostenmenge an, sondern entstehen bei ihm unmittelbar in Form der ihn wohnungseigentumsrechtlich treffenden Kosten.[475] Deshalb bedarf es hier keiner Extraktion der Betriebskosten aus einer Gesamtkostenmenge. Der Gesetzgeber hat indes in Verkennung dieses Umstands in **§ 556a Abs. 3 BGB** geregelt, dass „die Betriebskosten" in diesem Fall grds. nach dem wohnungseigentumsrechtlichen Maßstab umzulegen sind. Daraus folgt, dass bei Vermietung einer Eigentumswohnung die Betriebskosten der Gemeinschaft der Wohnungseigentümer die Gesamtbetriebskosten sind und der Anteil des Mieters hieran nach dem Maßstab des § 556a Abs. 3 BGB zu ermitteln ist.

Daher ist bei Vermietung einer Eigentumswohnung eine „reguläre" Betriebskostenabrechnung 394
erforderlich, bei der die Einzelbetriebskosten des Mieters aus den **Gesamtbetriebskosten** der **Gemeinschaft der Wohnungseigentümer** abgeleitet werden. Zur Frage des Abrechnungszeit-

---

[469] BGH VIII ZR 223/10, NJW 2011, 1806 Rn. 16.
[470] Dazu Bub/Treier MietR-HdB/*Kraemer/Ehlert/Schindler* Kap. III Rn. 3246.
[471] Deshalb gegen Anerkennung als Abrechnung gem. § 556 Abs. 3 BGB Bub/Treier MietR-HdB/*Kraemer/Ehlert/Schindler* Kap. III Rn. 3246.
[472] Dazu etwa *Günter* WuM 2012, 299.
[473] BGH VIII ZR 243/10, NZM 2011, 581 Rn. 3.
[474] BGH VIII ZR 243/10, NZM 2011, 581 Rn. 3.
[475] *Blank* NZM 2004, 365 (370); *Lehmann-Richter* ZWE 2019, 105 (109).

raums sowie der Methode der Zuordnung der Kosten zum Abrechnungszeitraum verhält sich § 556a Abs. 3 BGB nicht. Es ist also nicht etwa so, dass aus dem wohnungseigentumsrechtlichen Prinzip der Abrechnung nach dem Kalenderjahr (§ 28 WEG) folgt, dass dieses auch für die Abrechnung gegenüber dem Mieter maßgeblich ist. Gleiches gilt für das im Wohnungseigentumsrecht geltende Abflussprinzip. Die Festlegung des Abrechnungszeitraums und der Kostenzuordnungsmethode richtet sich vielmehr nach allg. Prinzipien (→ Rn. 362, 371). Diese ermöglichen es dem Vermieter, seine Betriebskostenabrechnung durch Wahl des Kalenderjahrs und des **Abflussprinzips** mit der **Jahresabrechnung** (§ 28 Abs. 2 S. 2 WEG) zu synchronisieren.

395 In welcher Höhe der Wohnungseigentümergemeinschaft Betriebskosten entstanden sind, richtet sich nach allg. Grundsätzen. Die in der **Jahresabrechnung** (§ 28 Abs. 2 S. 2 WEG) mitgeteilten Zahlen sind hierfür unerheblich.[476] Auch eine Bestandskraft des Beschlusses nach § 28 Abs. 2 S. 1 WEG ändert hieran nichts. Diese betrifft schon gar nicht die Gesamtkosten[477]; iÜ wirkt der Beschluss gegenüber dem Mieter ohnehin nicht.[478]

396 Eine Abrechnung unter Angabe der Gesamtkosten, des Umlageschlüssels und des Anteils des Mieters ist entbehrlich, soweit bei der Wohnungseigentümergemeinschaft keine Betriebskosten anfallen, weil sie direkt beim vermieteten Wohnungseigentümer entstehen. Paradebeispiel ist die **Grundsteuer.**[479] In diesen Fällen genügt es, wenn der Vermieter in der Abrechnung die Kostenposition und ihren Betrag benennt. Zur Belegeinsicht → Rn. 509, zur vorübergehenden Unmöglichkeit der Abrechnung → Rn. 476, zum Versäumen der Abrechnungsfrist → Rn. 547.

### 4. Abrechnungen beim Parteienwechsel

397 Beim **Vermieterwechsel** verbleiben nach der Rspr. die betriebskostenrechtlichen Rechte und Pflichten bei der Person, die am letzten Tag der Abrechnungsperiode Vermieter war. Der BGH begründet diese Abweichung vom allgemeinen Fälligkeitsprinzip des § 566 BGB mit dem Bedürfnis nach Rechtsklarheit.[480]

398 Bei einem **Mieterwechsel** ist zu unterscheiden: Endet der Mietvertrag, ist gegenüber dem Altmieter abzurechnen; hier gelten die allgemeinen Regeln mit der einzigen Besonderheit, dass die letzte Abrechnungsperiode eine „Rumpfperiode" ist. Kommt es zu einer Vertragsübernahme, ist – vorbehaltlich abweichender Vereinbarungen – die Abrechnung gegenüber der Person vorzunehmen, die bei Fälligkeit des Abrechnungsanspruchs Mieter ist.

### 5. Abrechnung in der Zwangs- und Insolvenzverwaltung

399 Nach der Rspr. des BGH hat der **Zwangsverwalter** eines vermieteten Grundstücks bei einem im Zeitpunkt des Wirksamwerdens der Anordnung der Zwangsverwaltung noch laufenden Mietverhältnis über die vom Mieter geleisteten Betriebskostenvorauszahlungen auch für solche Zeiträume abzurechnen, die vor der Anordnung liegen.[481]

400 In welchem Umfang in der **Insolvenz des Vermieters** den Verwalter eine Abrechnungspflicht trifft, ist umstritten. Dies wirkt sich insbes. darauf auf, ob dem Mieter ein Zurückbehaltungsrecht (→ Rn. 562) zusteht.[482] Einig ist man sich, dass der Insolvenzverwalter Rechnungslegung für Abrechnungsperioden schuldet, die nach Verfahrenseröffnung enden. Teilweise wird vertreten, der Insolvenzverwalter schulde die Abrechnung darüber hinaus auch für Zeiträume, bei denen nach Verfahrenseröffnung Abrechnungsreife eintritt[483] bzw. sogar für solche, bei denen diese Reife schon eingetreten war[484]. Das überzeugt nicht, weil es nach § 108 InsO wie sonst auch auf die Entstehung des Anspruchs ankommt.[485]

401 In der **Mieterinsolvenz** hat der Vermieter gegenüber dem Insolvenzverwalter abzurechnen, § 80 Abs. 1 InsO. Sind aber die Wirkungen der Enthaftungserklärung nach § 109 Abs. 1 S. 2 InsO

---

[476] BGH VIII ZR 50/16, ZMR 2017, 630.
[477] *Lehmann-Richter/Wobst* WEG-Reform 2020 Rn. 869.
[478] BGH VIII ZR 249/15, NJW 2017, 2608 Rn. 24.
[479] BGH VIII ZR 45/11, NZM 2012, 96 Rn. 7.
[480] BGH VIII ZR 168/03, NJW 2004, 851.
[481] BGH VIII ZR 168/05, NJW 2006, 2626.
[482] *Jaeger/Jacoby InsO § 109 Rn. 122.*
[483] Etwa *Derleder* NZM 2009, 8 (15f.).
[484] Etwa *Blank/Börstinghaus* BGB § 556 Rn. 254.
[485] Näher Jaeger/*Jacoby* InsO § 109 Rn. 124.

eingetreten, hat die Abrechnung nach der Rspr. gegenüber dem Mieter zu erfolgen.[486] Zur Zuordnung von Nachforderungs- bzw. Erstattungsansprüchen → Rn. 611, 614.

### IV. Fehlerfolgen

Erfüllt eine Abrechnung nicht die notwendigen Anforderungen, so fragt sich, welche Folgen sich hieraus ergeben. Bei der Antwort ist nach den **Rechtsfolgen** zu **unterscheiden,** die durch die Erteilung der Abrechnung ausgelöst werden: **402**

- Eine formell fehlerhafte Abrechnung führt nicht zur Fälligkeit von Nachzahlungs- und Erstattungsansprüchen und löst die Einwendungsfrist nach § 556 Abs. 3 S. 5 BGB nicht aus (→ Rn. 438, 532);
- eine inhaltlich fehlerhafte Abrechnung erfüllt den Abrechnungsanspruch des Mieters nicht (→ Rn. 470);
- eine inhaltlich fehlerhafte Abrechnung kann nach Ablauf der Einwendungsfrist bestandskräftig werden (→ Rn. 453).

#### 1. Einzelwirkungsprinzip

Hat die Abrechnung einen **formellen Mangel,** so fragt sich, ob dies dazu führt, dass die Abrechnung überhaupt keine Rechtsfolgen auslöst oder wenigstens insoweit, wie die Abrechnung formell einwandfrei ist. Die wohl **allgM** geht zu diesem Problem zu Recht von einer Einzelwirkung des Mangels aus (sog. **„Teilbarkeitslehre“**[487]): Betrifft der formelle Mangel nur einzelne Betriebskosten, ist die Abrechnung iÜ wirksam und löst insoweit Rechtsfolgen aus. Ein Nachzahlungsanspruch des Vermieters wird also in Höhe der nicht vom formellen Fehler betroffenen Kostenposition fällig[488] und insoweit wird auch die Einwendungsfrist zu Lasten des Mieters ausgelöst. **403**

Geht es hingegen um einen **inhaltlichen Mangel,** stellt sich die Frage nach Einzel- oder Gesamtwirkung mit Blick auf Nachzahlungs- oder Erstattungsansprüche nicht. Denn diese entstehen, wenn die Vorauszahlungen des Mieters die von ihm zu tragenden Betriebskosten über- oder unterschreiten. Eine zusätzliche Voraussetzung in Form der Erteilung einer inhaltlich richtigen Abrechnung besteht daneben nicht. Die Erfüllung des Abrechnungsanspruchs richtet sich nach § 266 BGB, es tritt also keine teilweise Erfüllung ein. Der Vermieter bleibt grds. zur vollständigen Abrechnung verpflichtet, die indes auch durch eine Korrektur erfolgen kann (→ Rn. 480). **404**

#### 2. Korrektur von Abrechnungen

Bei der Frage, welche Rechtsfolgen die **Nachbesserung** einer erteilten Abrechnung hat, ist zwischen den verschiedenen Funktionen der Abrechnung (→ Rn. 310, 317) zu unterscheiden, also der Erfüllung des Abrechnungsanspruchs des Mieters, der Auslösung der Fälligkeit von Nachzahlungsansprüchen und der Wahrung/Auslösung der Fristen. Die Kommentierung erfolgt im jeweiligen Sachzusammenhang. **405**

Für eine **Anfechtung** der Abrechnung besteht angesichts der in Form einer Nachbesserung gegebenen Korrekturmöglichkeiten zumindest kein praktisches Bedürfnis.[489] **406**

### V. Zugang der Abrechnung

Die mit der Abrechnung verbundenen Rechtsfolgen (→ Rn. 310, 317) werden nur ausgelöst, wenn die Abrechnung – in der nach der jeweiligen Vorschrift erforderlichen inhaltlichen Gestalt (→ Rn. 320) – dem Mieter zugeht. Dies beschreibt das Gesetz in § 556 Abs. 3 S. 2 BGB mit dem Wort „Mitteilung“, in § 556 Abs. 3 S. 5 BGB mit dem Wort „Zugang“. Aber auch für die nicht ausdrücklich gesetzlich geregelte Auslösung der Fälligkeit von Zahlungsansprüchen ist die **Notwendigkeit** des Zugangs der Abrechnung allgemein **anerkannt.**[490] Das überzeugt schon deshalb, **407**

---

486 BGH IX ZR 163/13, NJW 2014, 2585 Rn. 17; BGH VIII ZR 107/13, NJW 2014, 1954 Rn. 15.
487 Etwa *Milger* NJW 2009, 625 (626); *Streyl* WuM 2016, 676 (681).
488 BGH VIII ZR 27/10, NJW 2011, 1867 Rn. 11; BGH VIII ZR 1/06, NJW 2007, 1059 Rn. 11.
489 *Jacoby* ZMR 2017, 781 (785).
490 BGH VIII ZR 298/80, NJW 1982, 573 (575).

weil auch der Mieter auf diese Information angewiesen ist. Zur Zurückweisung der Abrechnung analog § 174 BGB → Rn. 328.

408 Ob die Abrechnung zugegangen ist, richtet sich nach § 130 BGB analog.[491] Erforderlich ist also zum einen, dass die Abrechnung in den **Machtbereich** des Mieters gelangt. Daneben verlangt der Zugang die Möglichkeit der Kenntnisnahme durch den Mieter.

### 1. Zugang über den Briefkasten

409 Zum Machtbereich des Mieters gehört insbes. sein Briefkasten. Mit Blick auf die Möglichkeit der Kenntnisnahme ist bei der Wahrung der Frist des § 556 Abs. 3 S. 2 BGB entscheidend, ob unter gewöhnlichen Umständen noch binnen der Frist mit einer **Leerung des Briefkastens** durch den Mieter zu rechnen ist. Maßgeblich ist hier die Verkehrsanschauung, wobei es nicht auf die Gewohnheiten des konkreten Mieters, sondern des allgemeinen Rechtsverkehrs ankommt. Die höchstrichterliche Rspr. geht davon aus, dass nach der Verkehrsanschauung Hausbriefkästen im Allgemeinen unmittelbar nach Abschluss der vor Ort üblichen Postzustellzeiten geleert werden.[492] Entsprechend unterschiedlich ist die Instanzrechtsprechung zum Zugangstag bei Einwurf einer Abrechnung in den zu einer Wohnung gehörenden Briefkasten an Silvester.[493] Bei Geschäftsbriefkästen geht nach Ansicht des BGH ein nach dem Ende der für Betriebe dieser Art allgemein üblichen Arbeitszeit eingeworfene Erklärung erst am nächsten Arbeitstag zu.[494]

410 Versendet der Vermieter die Abrechnung per **Einschreiben/Rückschein,** gelangt die Abrechnung nicht etwa durch den Einwurf einer Benachrichtigung in den Mieterbriefkasten über die Niederlegung in den Machtbereich des Mieters.[495] Ob ein später erfolgter Zugang auf den Zeitpunkt des ersten Zustellungsversuchs zurückwirkt **(Rechtzeitigkeitsfiktion),** richtet sich nach der einzelfallabhängigen Frage, ob der Mieter den Zugang vereitelt hat.[496] Dies gilt auch dann, wenn der fristgemäße Zugang daran scheitert, dass der Mieter **umgezogen** ist oder seinen Nachnamen geändert und den Vermieter hierüber nicht informiert hat.[497] Hier ist maßgeblich, ob den Mieter nach den Umständen des Einzelfalls eine Informationsobliegenheit traf.[498] Zur Wahrung der Abrechnungsfrist ergänzend → Rn. 532.

### 2. Digitaler Zugang

411 Die Abrechnung kann auch über das **E-Mail**-Postfach des Mieters zugehen, da dieses zu seinem Machtbereich gehört, wenn es der Mieter gegenüber dem Vermieter insofern „gewidmet" hat. Die Möglichkeit der Kenntnisnahme besteht spätestens am Tag, der auf den Tag folgt, an dem die Abrechnung in der Mailbox des Mieters oder der des Providers abrufbar gespeichert wurde.[499] Erfolgt die Speicherung am letzten Tag der Abrechnungsfrist, ist maßgeblich, ob nach der Verkehrsanschauung noch an diesem Tag mit einem Zugriff auf das Postfach zu rechnen ist. Hier fehlt bislang eine einheitliche Linie, wann Verbraucher üblicherweise das letzte Mal am Tag ihr E-Mail-Postfach aufrufen, während zum geschäftlichen Verkehr verbreitet vertreten wird, dass eine während der üblichen Geschäftszeiten eingegangene E-Mail noch am selben Tag zugeht.[500] Gleiches gilt für den Zeitpunkt des Zugangs eines **Telefaxes,** das mit dem Abschluss des Druckvorgangs am Empfangsgerät des Mieters in dessen Machtbereich gelangt ist[501] oder den Zugang über **andere Digitaldienste.**[502]

---

491 Etwa *Jacoby* ZMR 2017, 781 (785) (unstr.).

492 BAG NJW 2019, 3666 Rn. 15.

493 LG Hamburg NZM 2017, 597, bis 18:00 Uhr ausreichend; LG Waldshut-Tiengen NJOZ 2009, 3746, Einwurf um 17:05 Uhr zu spät.

494 BGH XII ZR 148/05, NJW 2008, 843; s. auch AG Köln NJW 2005, 2930, Zugang per Fax um 19:11 Uhr am 31.12. verspätet.

495 LG Berlin GE 2010, 1345.

496 Zur Zugangsvereitelung allg. etwa BGH XII ZR 164/03, GE 2007, 1550 Rn. 22.

497 AG Bergheim WuM 2013, 253, keine Vereitelung, wenn Mieter sich bei der Meldebehörde umgemeldet hat; AG Frankfurt a. M. BeckRS 2019, 22686, Vereitelung, wenn Mieter nicht über Namensänderung informiert.

498 Vgl. BGH XII ZR 164/03, GE 2007, 1550 Rn. 22.

499 Vgl. AG Hamburg MMR 2018, 551.

500 *BeckOGK/Gomille* BGB § 130 Rn. 76.

501 BGH XII ZR 214/00, NJW 2004, 1320.

502 Vgl. LG Bonn WuM 2020, 293, eine per Messengerdienst um 11:34 Uhr versendete Nachricht geht noch am gleichen Tag zu.

Eine Betriebskostenabrechnung kann auch über ein **digitales Mieterportal** zugehen. Dafür ist aber erforderlich, dass es der Mieter gegenüber dem Vermieter als Zugangseinrichtung „gewidmet“ hat. Ob eine solche Widmung wirksam in Vermieter-AGB erklärt werden kann, ist ungeklärt.[503] Ein festes Intervall, innerhalb dem Mieter typischerweise ein solches Portal aufrufen, lässt sich nicht feststellen, weshalb die Möglichkeit der Kenntnisnahme den Zugang einer Informationsnachricht voraussetzt.[504] **412**

### 3. Zugang über Vertreter/Bote

Der Zugang bei einem **Empfangsvertreter** des Mieters ist mit dem Zugang beim Mieter gleichzusetzen (§ 166 Abs. 2 BGB).[505] Bei anderen Personen ist maßgeblich, ob es sich um einen **Empfangsboten** – dann Zugang, wenn nach dem regelmäßigen Verlauf der Dinge das Eintreffen der Abrechnung beim Mieter zu erwarten war[506] – oder einen **Erklärungsboten** handelt, bei dem die Betriebskostenabrechnung den Machtbereich des Vermieters noch nicht verlassen hat. Empfangsbote ist nur, wer nach der Verkehrsanschauung als „Empfangsstelle“ des Mieters anzusehen ist.[507] Hat der Mieter den Dritten hingegen rechtsgeschäftlich ermächtigt, liegt darin eine Empfangsvollmacht.[508] Die Vollmacht des Prozessbevollmächtigten des Mieters in einem Rechtsstreit um die Betriebskostenabrechnung ermächtigt nach § 81 ZPO auch zur Entgegennahme einer neuen Abrechnung oder einer Abrechnungskorrektur.[509] **413**

### 4. Zugang bei Mietermehrheit

Geht bei Mietermehrheiten die Abrechnung nur einem der Mieter zu, so wird nach Ansicht des BGH (nur) diesem gegenüber die Fälligkeit eines Nachzahlungsanspruchs ausgelöst und nur diesem gegenüber die Abrechnungsfrist gewahrt.[510] Auch der Lauf der Einwendungsfrist darf dann nur zu Lasten dieses Mieters beginnen.[511] Bezüglich dieser durch die Abrechnung ausgelösten **entgeltfixierenden Rechtsfolgen** gilt mithin nach hM das Prinzip der **Einzelwirkung** nach § 425 BGB. **414**

Für die **Erfüllung des Abrechnungsanspruchs** gilt hingegen nach allgemeinen Grundsätzen[512] **Mitgläubigerschaft** (§ 432 BGB), weshalb die übrigen Mieter nach Zugang der Abrechnung bei einem von ihnen weiterhin die Abrechnung verlangen können.[513] Ein etwaiger Erstattungsanspruch steht den Mietern jedenfalls dann als Mitgläubigern zu, wenn sämtlichen die Abrechnung zugegangen ist.[514] Geht die Abrechnung hingegen nur einem der Mieter zu, so spricht die vom BGH zum Nachzahlungsanspruch des Vermieters vertretene Sichtweise (→ Rn. 414) dafür, dass der Erstattungsanspruch nur dieses Mieters fällig wird. Nur dieser wäre dann berechtigt, Leistungen an alle gem. § 432 BGB zu verlangen. **415**

### 5. Darlegungs- und Beweislast

Die Darlegungs- und Beweislast für den Zugang der Abrechnung trifft den **Vermieter.** Dies gilt zum einen, wenn er sich auf den Zugang als Erfüllung seiner Abrechnungspflicht beruft, da nach allg. Grundsätzen der Schuldner für die Erfüllung beweisbelastet ist. Dasselbe gilt, wenn sich der Vermieter auf die durch den Zugang ausgelöste Fälligkeit eines Nachzahlungsanspruchs beruft. Zuletzt trifft den Vermieter die Darlegungs- und Beweislast aber auch, wenn der Mieter sich auf die Ausschlusswirkung des § 556 Abs. 3 S. 3 BGB beruft.[515] **416**

---

503 *Weiler* ZMR 2018, 889 (893).
504 *Weiler* ZMR 2018, 889 (894).
505 LG Cottbus ZMR 2020, 408.
506 Vgl. BGH VIII ZR 303/87, NJW-RR 1989, 757.
507 Vgl. BAG NJW 2011, 2604.
508 Überzeugend: Staudinger/*Singer/Benedict* BGB § 130 Rn. 56.
509 Etwa BGH VIII ZR 298/80, NJW 1982, 573.
510 BGH VIII ZR 263/09, NJW 2010, 1965.
511 *Streyl* NZM 2011, 377 (390).
512 Vgl. BGH VIII ZR 45/19, NZM 2020, 551 Rn. 39.
513 BGH VIII ZR 263/09, NJW 2010, 1965 hat dies offen gelassen.
514 Vgl. BGH VIII ZR 45/19, NZM 2020, 551 Rn. 37.
515 BGH VIII ZR 107/08, NZM 2009, 78 Rn. 11.

## VI. Abrechnungsfrist (§ 556 Abs. 3 S. 2 BGB)

417 Nach § 556 Abs. 3 S. 2 BGB ist die Abrechnung dem Mieter spätestens bis zum Ablauf des zwölften Monats nach Ende des Abrechnungszeitraums mitzuteilen. Die Vorschrift erfüllt **zwei Funktionen:** Zum einen wird mit Fristablauf der Abrechnungsanspruch des Mieters fällig (→ Rn. 438). Zum anderen ist der zwölfmonatige Zeitraum die regelmäßige Ausschlussfrist für Nachforderungen des Vermieters (→ Rn. 532).

418 Die **Berechnung** der Frist setzt in einem ersten Schritt die Ermittlung des Abrechnungszeitraums voraus (→ Rn. 362). Die Frist beginnt am letzten Tag des Abrechnungszeitraums und endet am letzten Tag des zwölften auf den Monat folgenden Monats, in dem der Tag des Fristbeginns liegt.

**Beispiele:** Abrechnungsperiode ist das Kalenderjahr: Die Abrechnungsfrist endet am 31.12. Abrechnungsperiode ist vom 15.6. bis 14.6.: Die Abrechnungsfrist endet am 31.6.

419 Fällt der letzte Tag der Frist auf einen Sonntag, einen am Wohnort des Mieters anerkannten Feiertag oder einen Sonnabend, so gilt **§ 193 BGB.**[516]

420 Nach – hier nicht geteilter – Ansicht des BGH soll es möglich sein, bei einer Pflicht zur einheitlichen Abrechnung über sämtliche Betriebskosten für die Kosten **unterschiedliche Abrechnungszeiträume** festzulegen (→ Rn. 365). Die Abrechnungsfrist soll sich in diesem Fall nach der „für die Gesamtabrechnung" (welche das auch immer sein mag) geltenden Frist richten.[517]

421 Die Parteien können die Abrechnungsfrist **verkürzen.** § 556 Abs. 4 BGB steht dem nicht entgegen, da es sich um eine dem Mieter günstige Änderung handelt.[518] Anders ist es mit einer Fristverlängerung.

## VII. Einwendungsausschluss (§ 556 Abs. 3 S. 5, 6 BGB)

422 § 556 Abs. 3 S. 5, 6 BGB betreffen den Ausschluss des Mieters mit Einwendungen gegen die Abrechnung: Satz 5 enthält die **Obliegenheit** des Mieters, Einwendungen innerhalb eines Jahres nach Zugang der Abrechnung mitzuteilen. Die Verletzung dieser Obliegenheit sanktioniert Satz 6 mit dem **Verlust** der Einwendungen.

423 § 556 Abs. 3 S. 5 BGB ist damit für sich genommen funktionslos und nur im Zusammenspiel mit § 556 Abs. 3 S. 6 BGB von Bedeutung. Dessen **Zweck** liegt darin, im Interesse der Rechtssicherheit den Streitstoff zu fixieren: Binnen Jahresfrist soll zwischen den Parteien Klarheit herrschen, über welche Punkte der Abrechnung gestritten wird.[519] Die Regelung **schützt** damit den **Vermieter,** weil sie verhindert, dass der Mieter nach Ablauf der Jahresfrist noch (neue) Einwendungen vorträgt. § 556 Abs. 3 S. 5, 6 BGB ermöglichen auf diese Weise eine **Bestandskraft** der Abrechnung, die ohne die Regelung sonst nur über das Prozessrecht eintreten würde (→ Rn. 453).

### 1. Verhältnis zum Prozessrecht

424 Damit ist das Verhältnis zum Prozessrecht angesprochen, das verschiedene Aspekte betrifft. Zunächst fragt sich, ob sich der Einwendungsausschluss auf die **Darlegungs- und Beweislast** auswirkt. Diese These findet sich in der Lit.[520]; überzeugend ist sie nicht.[521] Denn § 556 Abs. 3 S. 6 BGB hat (lediglich) eine materielle Fiktionswirkung. Der Vermieter kann sich im Prozess auf diese Fiktionswirkung berufen und muss dann entsprechend vortragen und ggf. Beweis erbringen. Alternativ kann er sich auch auf die „Realität" berufen und muss diese vortragen und beweisen. Aus § 556 Abs. 3 S. 6 BGB folgt aber nicht, dass Vortrag in die eine oder die andere Richtung entbehrlich wäre.

425 Konkurrenzfragen stellen sich auch, wenn zum Schluss der mündlichen Tatsachenverhandlung die Einwendungsfrist des § 556 Abs. 3 S. 5 BGB noch nicht abgelaufen ist. Hier gilt, dass der Mieter gehalten ist, seine Einwendungen im Prozess rechtzeitig vorzutragen. Versäumt er dies, kann er

---

516 *Blank/Börstinghaus* BGB § 556 Rn. 193.
517 BGH VIII ZR 240/07, NJW 2008, 2328 Rn. 22.
518 *BGH VIII ZR 152/15, NZM 2016, 307 Rn. 15.*
519 Vgl. BGH VIII ZR 209/15, NJW 2016, 2254 Rn. 26.
520 Langenberg/Zehelein BetrKostR/*Zehelein* Kap. G Rn. 19.
521 Zutr. *Blank/Börstinghaus* BGB § 556 Rn. 293.

**nicht** unter Hinweis auf § 556 Abs. 3 S. 5 BGB den titulierten Anspruch des Vermieters mit der Klage nach **§ 767 ZPO** abwehren. Dies liegt daran, dass seine Einwendung nach § 767 Abs. 2 ZPO präkludiert ist. Denn der danach maßgebliche Entstehungszeitpunkt ist allein nach objektivem Recht zu bestimmen; es kommt daher nicht darauf an, ab wann die Partei die entsprechenden Tatsachen kannte oder hätte erkennen können.[522] Da die materiellrechtliche Einwendungsfrist unabhängig vom Prozessverlauf ist, wird sie durch richterliche Verfügungen (Klageerwiderungsfrist) nicht beeinflusst.[523]

### 2. Begriff der Einwendungen

Bei den Einwendungen gegen die Abrechnung lassen sich in **drei Kategorien** unterscheiden: Formelle oder inhaltliche Fehler sowie der Umstand, dass keine Belege erteilt wurden. Nur Fehler der zweiten und dritten Kategorie fallen unter § 556 Abs. 3 S. 5, 6 BGB. Ebenfalls nicht von der Regelung erfasst sind Einwendungen, die sich gegen den aus der Abrechnung folgenden Anspruch richten (dazu → Rn. 558). 426

**a) Formelle Mängel.** Die formellen Mängel einer Betriebskostenabrechnung sind bei → Rn. 336 ff. erläutert. Diese Mängel werden vom Einwendungsausschluss nicht erfasst. Denn die Einwendungsfrist wird nur ausgelöst, wenn dem Mieter eine formell richtige Abrechnung zugeht (→ Rn. 532). 427

**b) Inhaltliche Mängel.** Der Einwand, die Abrechnung sei inhaltlich mangelhaft, fällt unter § 556 Abs. 3 S. 5, 6 BGB. Konkret geht es um folgende Einwendungen des Mieters: 428

– bei einzelnen oder sämtlichen Kosten fehle es an einer wirksamen Abrechnungsvereinbarung;
– einzelne oder sämtliche Gesamtbetriebskosten (→ Rn. 154) seien der Höhe nach unzutreffend;
– die Einzelbetriebskosten (→ Rn. 154) seien unzutreffend ermittelt;
– die Vorauszahlungen seien unzutreffend angegeben;
– das Abrechnungsergebnis sei unzutreffend berechnet;
– es liege ein Verstoß gegen das Gebot der jährlichen Abrechnung vor[524];
– es liege ein Verstoß gegen das Wirtschaftlichkeitsgebot vor;
– die Abrechnung verstoße gegen andere, vereinbarte inhaltliche Vorgaben;
– Belegeinsicht sei nicht gewährt (→ Rn. 491).

Die Subsumtion dieser Mängel unter § 556 Abs. 3 S. 5, 6 BGB ist allerdings teilweise **streitig.** Dazu iE:

**aa) Fehlen einer Abrechnungsvereinbarung über sämtliche/einzelne Kosten.** Nach der Rspr. des **BGH** muss der Mieter innerhalb der Einwendungsfrist rügen, dass es sich bei Kosten in der Abrechnung nicht um Betriebskosten iSd § 556 Abs. 1 S. 2 BGB handelt.[525] Das begründet der BGH mit der Befriedungsfunktion der Einwendungsfrist, was überzeugt. Das wesentliche Argument der Gegenansicht[526], die Abrechnung erhalte so eine die Mietzinsabrede ändernde Funktion, was mit § 556 Abs. 4 BGB nicht in Einklang zu bringen sei, ist nicht sehr stark. Denn auch die Bestandskraft trotz anderer inhaltlicher Fehler kann diese Wirkung haben, etwa wenn die Gesamtbetriebskosten zu hoch angesetzt wurden. Der Mieter wird durch den Arglisteinwand (→ Rn. 456) vor einer Verfristung ausreichend geschützt. 429

Ein verwandtes Problem besteht, wenn der Vermieter eine Abrechnung erteilt, obwohl die Parteien – sei es für einzelne, sei es für sämtliche Betriebskosten – das **Inklusiv- oder Pauschalmodell** vereinbart haben. Der **BGH** hat in einem Beschluss aus dem Jahr 2014 zutreffend erklärt, der Mieter müsse hier innerhalb der Einwendungsfrist rügen, dass er zur Abgeltung von Betriebskosten nach Abrechnung nicht verpflichtet sei.[527] In einem Urteil aus dem Jahr 2020 hat er die Frage dann – ohne Erwähnung und vielleicht in Unkenntnis seines Beschlusses aus 2014 – allerdings offen gelassen.[528] 430

---

522 BGH IX ZR 255/99, NJW 2001, 231 (232).
523 AG Leipzig NZM 2008, 126.
524 Etwa LG Berlin GE 2012, 489.
525 BGH VIII ZR 209/15, NJW 2016, 2254.
526 Etwa Langenberg/Zehelein BetrKostR/*Zehelein* Kap. H Rn. 269.
527 BGH VIII ZR 83/13, WuM 2014, 336; **aA** etwa Lützenkirchen MietR/*Lützenkirchen* BGB § 556 Rn. 721.
528 BGH VIII ZR 230/19, NZM 2020, 1106 Rn. 40.

431 **bb) Fehlerhafte Gesamtbetriebskosten.** Die Rüge des Mieters, seine Einzelbetriebskosten seien aus fehlerhaften Gesamtbetriebskosten abgeleitet worden, fällt unter § 556 Abs. 3 S. 5, 6 BGB. Dieser Einwand kann im Detail etwa darauf beruhen, dass die Kosten bei Wahl der richtigen Gesamtmenge der **Höhe** nach **falsch** angesetzt wurden (zB weil tatsächlich weniger Wasserkosten entstanden sind) oder der Vermieter von einer falschen Gesamtmenge ausgegangen ist – etwa indem er eine falsche Abrechnungseinheit zugrunde gelegt hat (dazu → Rn. 381 ff.).

432 **cc) Fehlerhafte Einzelbetriebskosten.** Die Rüge, dass die dem Mieter zugewiesenen Einzelbetriebskosten fehlerhaft sind, kann auf zwei Gründen beruhen. Werden – wie es typischerweise der Fall ist – die Einzelbetriebskosten aus einer Gesamtbetriebskostenmenge extrahiert (→ Rn. 155 ff.), liegt der Fehler in der Verwendung eines falschen Verteilerschlüssels. Dieser Einwand fällt unter § 556 Abs. 3 S. 5, 6 BGB. Gleiches gilt für die Rüge, die konkret für die Wohnung angefallenen Einzelbetriebskosten (zB Betriebskosten bei Vermietung eines Einfamilienhauses) seien der Höhe nach unzutreffend angegeben. Ein anderer Fall ist der Nichtabzug einer Minderungsquote bei Mängeln der Mietsache (→ Rn. 389).[529]

433 **dd) Fehlerhafte Vorauszahlungen/fehlerhafter Saldo.** Der Einwendungsausschluss erfasst nach wohl **allgM** auch die Fehlerhaftigkeit der in die Abrechnung eingestellten Vorauszahlungen des Mieters.[530] Gleiches gilt für den Saldo, wobei dieser einen isolierten Fehler nur aufweist, wenn der Rechenschritt „Einzelbetriebskosten abzgl. Vorauszahlungen" fehlerhaft ist. Ansonsten sind Saldofehler Folgefehler unzutreffender anderer Teile der Abrechnung.

434 **c) Keine Belegeinsicht.** Der Mieter kann dem Nachzahlungsanspruch des Vermieters seinen Anspruch auf Belegeinsicht entgegenhalten (→ Rn. 491). Dieser Einwand unterliegt dem Ausschluss nach § 556 Abs. 3 S. 5, 6 BGB.

435 **d) Wirtschaftlichkeitsgrundsatz.** Nach **hM** begrenzt der Wirtschaftlichkeitsgrundsatz nicht den Betriebskostenbegriff, sondern begründet eine Handlungspflicht des Vermieters, die bei Verstößen über das Schadensersatzrecht abgesichert wird (→ Rn. 459). Bei dieser Einordnung ist es folgerichtig, dass die Rüge einer Verletzung des Grundsatzes der Wirtschaftlichkeit nicht unter § 556 Abs. 3 S. 5, 6 BGB fällt.[531]

436 Indes ist diese Frage noch **nicht höchstrichterlich entschieden.** Nach der auch hier vertretenen Gegenansicht (→ Rn. 462) definiert der Wirtschaftlichkeitsgrundsatz den Betriebskostenbegriff, weshalb die diesbezügliche Einwendung eine solche gegen die Abrechnung ist und daher ohne weiteres von der Ausschlussfrist erfasst wird.

### 3. Versäumen der Einwendungsfrist

437 Der Einwendungsausschluss tritt nur ein, wenn der Mieter die Einwendungsfrist versäumt hat. Die Einwendungsfrist ist grds. eine **Jahresfrist;** sie verlängert sich um eine **Nachholfrist,** wenn der Mieter die Jahresfrist schuldlos versäumt hat. Es gilt das **Prinzip** der **Einzelwirkung;** die Fristwahrung ist also für jede Einwendung gesondert zu prüfen.

438 **a) Jahresfrist.** Die Jahreseinwendungsfrist beschreibt § 556 Abs. 5 S. 6 BGB durch Bezugnahme auf Satz 5, der verlangt, dass der Mieter seine Einwendungen „spätestens bis zum Ablauf des zwölften Monats nach Zugang der Abrechnung" mitteilt. Der Lauf der Frist beginnt danach mit dem Zugang einer Abrechnung. Dafür ist nach hM eine **formell ordnungsgemäße Abrechnung** ausreichend, aber auch erforderlich. Ist die Abrechnung teilweise ordnungsgemäß, läuft für diese Teile des Rechenwerks die Frist an.[532] Für die nicht ordnungsgemäßen Teile der Abrechnung läuft die Frist im Falle der Ergänzung des Rechenwerks an, wenn diese Teile der Abrechnung dem Mieter zugehen (zur Zulässigkeit von Teilabrechnungen → Rn. 356).[533] Beschränkt sich der Vermieter nicht auf eine Ergänzung, sondern erstellt er die Abrechnung insgesamt neu, beginnt die Jahresfrist insgesamt neu zu laufen.[534] Denn dem Mieter ist es nicht zumutbar, die beiden Rechenwerke auf Übereinstimmungen zu vergleichen. Zum Fristbeginn bei Mietermehrheiten → Rn. 414.

---

[529] **AA** Langenberg/Zehelein BetrKostR/*Zehelein* Kap. H Rn. 280.
[530] LG München I ZMR 2016, 453; vgl. auch LG Krefeld ZMR 2011, 641.
[531] So etwa AG Dortmund ZMR 2016, 706; LG Karlsruhe BeckRS 2012, 11897; **aA** etwa *Streyl* NZM 2013, 97 (100); *Flatow* WuM 2012, 235 (237).
[532] BGH VIII ZR 27/10, NJW 2011, 1867 Rn. 15.
[533] Spielbauer/Schneider/*Schneider* BGB § 556 Rn. 539b.
[534] AG Mitte GE 2015, 1296.

Die Methode der **Berechnung** der Jahresfrist ist **umstritten.** Nach einer Ansicht ist die Jahresfrist taggenau zu berechnen, wobei gem. § 187 Abs. 1 BGB die Frist erst am Tag nach dem Zugang der Abrechnung anläuft (zB Zugang am 2.12.2020, Ende am 3.12.2020).[535] Nach der Gegenansicht endet die Frist wegen der Wendung „Ablauf des zwölften Monats" erst am Ende dieses Kalendermonats (im Beispiel also am 31.12.2020).[536] Dies überzeugt mit Blick auf § 192 BGB, weil es in § 556 Abs. 3 S. 5 BGB eben nicht heißt „innerhalb von zwölf Monaten". **439**

**b) Mitteilung der Einwendung.** Nach § 556 Abs. 3 S. 5 BGB muss die Einwendung mitgeteilt werden. **440**

**aa) Allgemeines.** Die Mitteilung ist eine **rechtsgeschäftsähnliche Handlung** in Form einer Wissenserklärung. Für diese gelten hinsichtlich der drohenden Fiktionswirkung des § 556 Abs. 3 S. 6 BGB die Regeln über die Willenserklärungen entsprechend.[537] Die Mitteilung bedarf daher des **Zugangs** beim Vermieter, um wirksam zu werden, § 130 BGB analog. **Stellvertretung** ist analog § 164 BGB zulässig. § 174 BGB ist analog anwendbar.[538] Eine danach wirksam zurückgewiesene Einwendung ist unbeachtlich, was für die Wahrung der Einwendungsfrist von Bedeutung ist. Eine besondere **Form** für die Mitteilung ist nicht vorgeschrieben; der vertraglichen Einführung einer Form zu Lasten des Mieters steht § 556 Abs. 4 BGB entgegen. **441**

Bei **Mietermehrheiten** wirkt die Einwendung eines Mieters auf Basis der Rspr. des BGH auch zugunsten der anderen Mieter.[539] Bei **Vermietermehrheiten** gilt nach § 432 Abs. 2 BGB Einzelwirkung, dh die Einwendung greift nur gegenüber dem Erklärungsempfänger. Wird die Abrechnung gegenüber anderen Vermietern bestandskräftig, scheidet der Erklärungsempfänger aus der Mitgläubigerschaft aus. Ob sich die Forderung um seinen Anteil verringert, ist eine Frage der Auslegung des § 432 Abs. 2 BGB.[540] **442**

Fraglich ist, ob eine Mitteilung auch erforderlich ist, wenn dem Vermieter die Einwendung aus der Vergangenheit bekannt ist, weil sie der Mieter bereits gegen frühere Abrechnungen erhoben hat **(„Dauerrügen").** Der BGH bejaht diese Frage.[541] Dieses Ergebnis lässt sich auf den Zweck der Regelung stützen, der es gebietet, dass für jede Abrechnung nach Fristablauf Klarheit darüber herrscht, welche Einwendung aus Sicht des Mieters bestehen. **443**

**bb) Inhaltliche Anforderungen.** Der Wortlaut des § 556 Abs. 3 S. 5 BGB beschreibt die inhaltlichen Anforderungen an die Mitteilung nicht. Maßgeblich ist daher der Zweck der Norm, im Interesse der Rechtssicherheit den Streitstoff zu fixieren. Dieser Zweck kann nur erreicht werden, wenn aus Sicht des Vermieters deutlich wird, worum in Zukunft noch gestritten wird. Erforderlich ist mithin eine hinreichend **konkrete Rüge** des Mieters, die es erlaubt, einen bestimmten Fehler der Abrechnung – wenn er denn vorliegen sollte – von anderen Fehlern zu unterscheiden. Dies setzt jedenfalls voraus, dass der Mieter mitteilt, gegen welchen Aspekt der Abrechnung er sich wenden möchte. Er muss also etwa mitteilen, dass aus seiner Sicht die Höhe der Gesamtbetriebskosten einzelner, konkret bezeichneter Positionen oder der Umlagemaßstab unzutreffend ist. Unzureichend ist es daher, wenn der Mieter pauschale Einwendungen gegen die Abrechnung insgesamt oder pauschale Rügen gegen einzelne Kostenpositionen erhebt.[542] Die Rüge, das Abrechnungsergebnis sei zu hoch, wird sich aber typischerweise dahingehend auslegen lassen, dass der Mieter den Rechenschritt „Einzelbetriebskosten abzgl. Vorauszahlungen" beanstandet. Beim Anspruch auf **Belegeinsicht** ist erforderlich, dass der Mieter diesen beim Vermieter fristgerecht geltend gemacht hat. **444**

Bezeichnet die Rüge den mutmaßlichen Fehler der Abrechnung hinreichend konkret, fragt sich weiter, ob der Mieter sich – in der prozessrechtlichen Terminologie – auf ein **einfaches Bestreiten** beschränken darf **oder** ob er **substantiiert rügen** muss. Damit hängt die Frage zusammen, inwie- **445**

---

535 LG Berlin GE 2016, 1508.

536 LG Frankfurt/Oder WuM 2013, 40; BeckOGK/*Fervers* BGB § 193 Rn. 3; Schmid Mietnebenkosten-HdB/*Harsch* Rn. 3751.

537 Vgl. zu § 377 HGB *Canaris* HandelsR § 29 Rn. 68.

538 Vgl. BGH X ZR 97/99, NJW 2001, 289 (291), zur reiserechtlichen Mängelanzeige; *Dickersbach* WuM 2008, 439.

539 Vgl. zur Rüge nach § 556g Abs. 2 BGB: BGH VIII ZR 45/19, NZM 2020, 551 Rn. 97.

540 Dafür Staudinger/*Looschelders* BGB § 432 Rn. 63.

541 BGH VIII ZR 185/09, NJW 2010, 2275.

542 Etwa LG Bochum ZMR 2005, 863 („erheblicher Bedenken gegen die Heizkostenabrechnung"); LG Itzehoe ZMR 2012, 953 („Nachzahlung aus der streitgegenständlichen Wärmekostenabrechnung wird nicht akzeptiert").

weit eine Einwendung nur beachtlich ist, wenn der Mieter zuvor die Belege eingesehen hat. Diese Problematik ist umstritten; sie wird im Gewand der Darlegungslast auch für das Prozessrecht diskutiert (→ Rn. 584). Verbreitet wird die Wahrung der Einwendungsfrist an eine vorherige **Belegeinsicht** geknüpft: Rügen, die der Mieter durch eine Einsicht spezifizieren könnte, aber mangels einer solchen nicht spezifiziert hat, seien unbeachtlich.[543]

**446** Zu folgen ist der Gegenansicht[544], die einen solchen **Konnex ablehnt.** Denn nur sie wird dem Zweck der Einwendungsfrist gerecht. Die Frist dient nämlich nicht dazu, den Mieter quasi zu einer Hilfsperson des Vermieters zu machen, der diesen bei der Fehlersuche unterstützt und der, wenn er dies unterlässt, mit einer unberechtigten Forderung sanktioniert wird. Zweck des Einwendungsausschlusses ist es vielmehr allein, den Streitgegenstand zu fixieren. Dafür ist aber keine inhaltlich substantiierte, sondern nur eine gegenständlich hinreichend konkrete Rüge erforderlich. Der Vermieter wird hierdurch nicht unangemessen belastet, weil Fehler der Betriebskostenabrechnung aus seiner Sphäre stammen und er durch die Abrechnung gegenüber dem Mieter keine Kontroll- oder Nachbesserungsmöglichkeiten verliert.[545] Es reicht daher aus, wenn aus der Erklärung des Mieters ersichtlich wird, gegen **welche** der **formellen Pflichtangaben** der Abrechnung er sich **wendet** – die Rügeobliegenheit lässt sich mithin auf die Abrechnungsobliegenheit spiegeln. Aus welchen inhaltlichen Gründen die Rüge erfolgt – also ob sie berechtigt ist oder nicht – muss der Mieter nicht fristgemäß vortragen.

**447** **c) Nachholfrist bei unverschuldeter Verspätung.** Nach Ablauf der Jahresfrist kann der Mieter innerhalb einer Nachholfrist noch Einwendungen vorbringen, deren Verspätung er nicht zu vertreten hat. Praktisch bedeutsam ist der Fall, in dem sich eine Einwendung erst aus einer **Belegeinsicht** ergibt, der Vermieter die Einsichtnahme aber auf einen Zeitpunkt nach Fristablauf **verzögert.**[546] Nicht zu vertreten hat es der Mieter auch, wenn ihm der Vermieter **unrichtige Auskünfte** zur Abrechnung erteilt und so den Blick des Mieters für den Fehler verstellt.[547]

**448** Fraglich ist, ob eine Fristversäumnis, die auf dem Verhalten eines Dritten beruht, dem Mieter iRd § 556 Abs. 3 S. 6 BGB zurechenbar sind. Hier geht es einmal um rechtliche Fehleinschätzungen seiner Berater zur Mangelhaftigkeit der Abrechnung, aber auch um Verzögerungen bei der Übermittlung der Einwendung durch Dienstleister, etwa die Deutsche Post. Allgemein wird eine Zurechnung über **§ 278 BGB** bejaht.[548] Das entspricht der modernen Sichtweise, nach der § 278 BGB grds. auch auf Obliegenheiten anwendbar ist[549] sowie der allgM zur vergleichbaren Vorschrift des § 377 HGB.

**449** Teilweise wird vertreten, dass die Frist stets versäumt ist, wenn der Mieter erst **nach Ablauf der Jahresfrist Kenntnis** von der Fehlerhaftigkeit der Abrechnung erhält. Dies wird mit dem Zweck des Einwendungsausschlusses begründet.[550] Diese Ansicht, die § 556 Abs. 3 S. 6 BGB teleologisch reduziert, überzeugt nicht. Denn der Verlust der Einwendung steht gerade unter dem Vorbehalt des fehlenden Vertretenmüssens, weshalb die gesetzliche Regelung nicht den Zweck hat, zeitnah nach Fristablauf sämtliche Einwendungen auszuschließen. § 556 Abs. 3 S. 6 BGB erlaubt daher auch die Rüge von erst nach Ablauf der Jahresfrist bekannt gewordenen Mängeln. Dies führt nicht etwa dazu, dass der Mieter letztlich unbefristet Einwendungen nachschieben könnte. Denn die verspätete Kenntnis der Rüge hat der Mieter zu vertreten, wenn er sich nicht in zumutbarer Art und Weise über etwaige Fehler der Abrechnung informiert. Zu seinen diesbezüglichen Obliegenheiten gehört es auch, rechtzeitig Einsicht in die Abrechnungsbelege zu nehmen.

**450** **Nach** dem **Wegfall** des **Hindernisses,** welches einer fristgerechten Rüge entgegenstand, muss der Mieter seine Einwendungen innerhalb eines Zeitraums nachschieben, der so bemessen ist, dass das Abwarten nicht als schuldhaft einzustufen ist. Welche **Nachholfrist** hier konkret gilt, hat der

---

[543] LG Hamburg WuM 2018, 88; LG Frankfurt a. M. ZMR 2015, 307; AG Erfurt ZMR 2018, 601; *Blank* NZM 2004, 365 (369); *Hinz* NZM 2009, 97 (99); *Streyl* WuM 2018, 676 (685f.).

[544] *Schmid* ZMR 2002, 727 (730); tendenziell auch *Milger* NZM 2009, 497 (499).

[545] Darin liegt der Unterschied etwa zu § 377 HGB, weshalb es dort (s. etwa BGH X ZR 75/94, NJW 1996, 2228) – anders als hier – angemessen ist, eine substantiierte Rüge zu verlangen.

[546] Vgl. AG Hamburg WuM 2016, 663; *Lützenkirchen* NZM 2002, 513.

[547] *Blank/Börstinghaus* BGB § 556 Rn. 227.

[548] *LG Berlin ZMR 2017, 977,* Berater; LG Berlin GE 2011, 1229, Post; *Schmid* ZMR 2002, 727 (730f.); Langenberg/Zehelein BetrKostR/*Zehelein* Kap. H Rn. 258.

[549] Dazu MüKoBGB/*Grundmann* § 278 Rn. 24.

[550] Langenberg/Zehelein BetrKostR/*Zehelein* Kap. H Rn. 258; **aA** AG Halle ZMR 2013, 811.

BGH noch nicht entschieden.[551] In der Lit. wird eine Frist von zwei bis vier Wochen genannt.[552] In der Rspr. wird teilweise von drei Monaten ausgegangen, was mit der Judikatur des BGH zu § 556 Abs. 3 S. 2 BGB begründet wird, nach der der Vermieter im Regelfall einen Zeitraum von bis zu drei Monaten für die Korrektur einer Abrechnung hat.[553] Da der Einwendungsausschluss des Mieters das Korrelat zur Ausschlussfrist des Vermieters ist[554], hat diese Parallele eine gewisse Überzeugungskraft, auch wenn im Einzelfall die Mitteilung der Einwendung weniger zeitaufwändig sein dürfte als – insbes. bei großen Wohnanlagen – die Korrektur einer Betriebskostenabrechnung.

**d) Darlegungs- und Beweislast.** Ist zwischen den Parteien der Zugang der Rüge des Mieters unstreitig, aber umstritten, ob zum Zeitpunkt des Zugangs die **Jahresfrist** bereits **abgelaufen** war, so trifft den Vermieter die Darlegungs- und Beweislast für den Beginn des Fristlaufs.[555] Streiten die Parteien hingegen um den **Zugang der Rüge** des Mieters, so trifft hierfür nach allgM den Mieter die Beweislast.[556] Dagegen spricht zwar auf den ersten Blick, dass die durch § 556 Abs. 3 S. 6 BGB ausgelöste Fiktionswirkung ein dem Vermieter günstiger Umstand ist. Indes ist es ein allgemein anerkannter beweisrechtlicher Grundsatz, dass bei Ausschlussfristen der Gegner der Partei, die sich auf die Frist beruft, vortragen und beweisen muss, dass er die Handlung innerhalb der Frist vorgenommen habe.[557] 451

### 4. Rechtsfolgen

§ 556 Abs. 3 S. 6 BGB beschreibt die Rechtsfolgen der Fristversäumnis dahingehend, dass der Mieter „Einwendungen nicht mehr geltend machen" kann. 452

**a) Fiktionswirkung.** Diese gesetzliche Formulierung ist wenig präzise. Wenn eine Einwendung nicht mehr geltend gemacht werden kann, so führt dies dazu, dass die Wirkung eintritt, deren Eintritt die Einwendung entgegensteht. Die fehlerhafte Abrechnung hat dann also dieselben Rechtsfolgen wie eine korrekte Abrechnung. Dies verdeutlicht, dass § 556 Abs. 3 S. 6 BGB die **Richtigkeit** der **Abrechnung** bzgl. des von der ausgeschlossenen Einwendung betroffenen Fehlers **fingiert.**[558] § 556 Abs. 3 S. 6 BGB enthält mithin eine verdeckte Rechtsfolgenanordnung[559], weil das Gesetz die sich aus der Fiktion ergebenden Wirkungen nicht benennt. Diese sind: 453

- die Verbindlichkeit der in der Abrechnung ausgewiesenen Forderung des Vermieters oder des Mieters sowie
- der Verlust eines Anspruchs des Mieters aus § 556 Abs. 3 S. 1 BGB auf Nachbesserung der Abrechnung.

Diese Fiktionswirkungen haben **keine rückwirkende Kraft.** Ein sich erst aufgrund der Fiktionswirkung ergebender Anspruch des Mieters wird daher erst mit Fristablauf fällig; ebenso verliert der Mieter seinen Nachbesserungsanspruch nur ex nunc. 454

Die Anerkennung der Fiktionswirkungen steht nicht im Widerspruch zu §§ 556 Abs. 4, 556a Abs. 3 BGB. Sie führt war dazu, dass dem Vermieter ein Anspruch auf Kostenerstattung zusteht, der vertraglich nicht wirksam vereinbart werden könnte. Es steht dem Gesetzgeber aber selbstverständlich frei, die Abrechnung mit einer diesbezüglichen Wirkung zu versehen. Die **mietzinsändernde Wirkung** beruht mithin auf dem **Gesetz,** nicht auf einer Vereinbarung der Parteien. 455

**b) Ausnahme: Bösgläubiger Vermieter.** Der Eintritt der Fiktionswirkung kann nach der Rspr. nach Treu und Glauben ausgeschlossen sein. Der **BGH** hat dies in einem Fall bejaht, in dem 456

---

[551] BGH VIII ZR 89/10, NZM 2011, 546 Rn. 12 (Sachverhalt bei LG Krefeld ZMR 2010, 692): Rüge erst elf Monate nach Erkennbarkeit des Fehlers zu spät.

[552] *Lützenkirchen* NZM 2002, 513.

[553] LG Krefeld ZMR 2010, 692.

[554] BGH VIII ZR 279/06, ZMR 2008, 107 Rn. 25.

[555] *Streyl* WuM 2018, 676 (680); allg. BayObLG NJW 1967, 57.

[556] Etwa LG Berlin GE 2011, 1229; *Hinz* NZM 2009, 97 (100); *Streyl* WuM 2018, 676 (680).

[557] BayObLG NJW 1967, 57; vgl. auch BGH VIII ZR 137/86, NJW 1987, 2235 zu § 377 HGB.

[558] *Jacoby* ZMR 2017, 781 (787). Der Formulierungsvorschlag des Bundesrats („gilt die Abrechnung, soweit keine Einwendungen erhoben wurden, als richtig", BT-Drs. 14/4553, 87) war daher zutreffender als die später auf Geheiß des Rechtsausschusses (BT-Drs. 14/5663, 79) Gesetz gewordene Variante. Die für die Abweichung gegebene Begründung, sie lehne sich aus Gründen der Rechtseinheitlichkeit an die Regelung zum Forderungsausschluss des Vermieters an, offenbart ein merkwürdiges Verständnis von Gesetzgebung: Als handele es sich um einen Schönheits-, nicht um einen Präzisionswettbewerb.

[559] Vgl. zu § 377 HGB *Canaris* HandelsR § 29 Rn. 72.

der Vermieter Kosten abgerechnet hatte, die keine Betriebskosten waren und ihm dieser Umstand bekannt war.[560]

457 Diese Entscheidung hat nicht etwa Einzelfallcharakter, sondern wendet einen allgemeinen Topos an, der aus anderen Fiktionsregelungen bekannt ist: So gilt etwa die Genehmigungswirkung des § 377 HGB nicht zugunsten des arglistig handelnden Verkäufers (§ 377 Abs. 5 HGB) und zugunsten eines Bösgläubigern treten die Wirkungen eines kaufmännischen Bestätigungsschreibens nicht ein[561]. Gleiches muss auch bei § 566 Abs. 3 S. 6 BGB gelten, weshalb die Fiktionswirkung nicht eintritt, wenn der **Vermieter** den **Mangel** der Abrechnung **kannte** oder **hätte kennen müssen.** Die Beweislast hierfür trifft nach allg. Grundsätzen den Mieter. Ein Verneinen der Fiktionswirkung bereits bei mittlerer oder leichter Fahrlässigkeit ist mit Blick auf die durch die Vorschrift angestrebte Rechtssicherheit hingegen nicht angezeigt. Denn Mängel der Abrechnung beruhen typischerweise auf Fahrlässigkeit des Vermieters.

### VIII. Wirtschaftlichkeitsgrundsatz (§ 556 Abs. 3 S. 1 Hs. 2 BGB)

458 Nach § 556 Abs. 3 S. 1 Hs. 2 BGB ist bei der Abrechnung über die Vorauszahlungen für Betriebskosten der Grundsatz der Wirtschaftlichkeit zu beachten. Es besteht Einigkeit, dass dies über den Wortlaut hinaus auch dann gilt, wenn die Parteien (ausnahmsweise) auf Vorauszahlungen verzichtet haben. Der Wirtschaftlichkeitsgrundsatz gilt bei der Abrechnung auch für den Vermieter einer **Eigentumswohnung.**[562] Bei der **Erhöhung** von **Vorauszahlungen** oder **Betriebskostenpauschalen** folgt der Wirtschaftlichkeitsgrundsatz aus § 560 Abs. 5 BGB. Ein Anspruch auf Modernisierung folgt aus dem Wirtschaftlichkeitsgebot nicht.[563] Zum besonderen **Glasfaser-Wirtschaftlichkeitsgrundsatz** des § 556 Abs. 3a BGB → Rn. 220a.

#### 1. Grundlagen

459 Der Wirtschaftlichkeitsgrundsatz ist in der Mietrechtsreform 2001 erst auf Empfehlung des Rechtsausschusses Gesetz geworden. Seine Funktion wird in den Materialien nur unzureichend beschrieben.[564] Es verwundert daher nicht, dass die **Wirkungsweise** des Wirtschaftlichkeitsgrundsatz umstritten ist. Nach Ansicht des **BGH** enthält § 556 Abs. 3 S. 1 Hs. 2 BGB eine vertragliche **Nebenpflicht** des Vermieters. Eine Verletzung dieser Pflicht kann zu einem Schadensersatzanspruch des Mieters führen, der sich auf dessen Freihaltung von den unnötigen Kosten richtet.[565] Nach der überzeugenden Gegenansicht (→ Rn. 462) beschränkt der Wirtschaftlichkeitsgrundsatz hingegen die vom Mieter zu tragenden Betriebskosten.[566] Dieses Prinzip hat sich für die Glasfaserbereitstellungskosten auch der Gesetzgeber zu eigen gemacht: § 556 Abs. 3a BGB beschränkt nämlich diesbezüglich den Betriebskostenbegriff (→ Rn. 220a) und liegt damit auf der Linie der hier allgemein vertretenen Ansicht.

460 Die Rechtsauffassung des BGH erschwert die Durchsetzung des Wirtschaftlichkeitsgrundsatzes in dreifacher Weise, was dazu führt, dass § 556 Abs. 3 S. 1 Hs. 2 BGB in der Praxis regelmäßig ein **zahnloser Tiger** ist:

- der Mieter muss die Voraussetzungen für die Pflichtverletzung des Vermieters darlegen und beweisen (→ Rn. 602);
- der Verstoß gegen den Wirtschaftlichkeitsgrundsatz muss während des Mietvertrags begangen werden, weshalb etwa der Abschluss unwirtschaftlicher Verträge in einem früheren Zeitraum nicht ausreicht[567];
- eine Kürzung der Betriebskosten nach § 556 Abs. 3 S. 1 Hs. 2 BGB setzt Vertretenmüssen des Vermieters voraus (§ 280 Abs. 1 S. 2 BGB).

---

560 BGH VIII ZR 209/15, NJW 2016, 2254 Rn. 28.
561 *Canaris* HandelsR § 23 Rn. 40.
562 LG Duisburg 13 S 185/11 BeckRS 2016, 18791.
563 BGH VIII ZR 261/06, NJW 2008, 124 Rn. 18.
564 BT-Drs. 14/5663, 79 („Der Grundsatz der Wirtschaftlichkeit ist bereits nach geltendem Recht allgemein von der Rechtsprechung anerkannt. Mit der ausdrücklichen Erwähnung im Gesetzestext wird die bestehende Rechtsprechung lediglich klargestellt").
565 BGH VIII ZR 340/10, NJW 2011, 3028 Rn. 13; BGH VIII ZR 243/06, NJW 2008, 440 Rn. 14.
566 Etwa *Blank/Börstinghaus* BGB § 556 Rn. 151.
567 BGH VIII ZR 243/06, NJW 2008, 440 Rn. 14.

### 2. Inhalt des Wirtschaftlichkeitsgrundsatzes

Der **BGH** beschreibt den Wirtschaftlichkeitsgrundsatz so, dass der Vermieter bei Maßnahmen und Entscheidungen, die Einfluss auf die Höhe der Betriebskosten haben, auf ein angemessenes Kosten-Nutzen-Verhältnis Rücksicht zu nehmen habe.[568] Konkretisierend greift der BGH auf § 20 Abs. 1 S. 2 NMV zurück, wonach es auf bei gewissenhafter Abwägung aller Umstände und bei ordentlicher Geschäftsführung gerechtfertigte Kosten ankommt.[569] **461**

Bei der Inhaltsbestimmung weiterführend ist die Erkenntnis, dass § 556 Abs. 3 S. 1 Hs. 2 BGB das sog. **Prinzipal-Agenten-Problem** adressiert, weil der Prinzipal (Mieter) nicht über das notwendige Steuerungsinstrumentarium verfügt und der Agent (Vermieter) keinen Anreiz zur Kostensenkung hat.[570] Die Auslegung des Wirtschaftlichkeitsgrundsatzes muss daher zu einem wirksamen Steuerungsinstrument des Mieters führen. Dies spricht zum einen für die – von der hM abweichende – Einordnung als verschuldensunabhängiges Kostenbegrenzungsinstrument (→ Rn. 459). Hinsichtlich des dem Vermieter abzuverlangenden Verhaltens ist der Verweis auf § 20 Abs. 1 S. 2 NMV überzeugend: Dem Wirtschaftlichkeitsgrundsatz genügt ein Vermieter nur, wenn er bei ordentlicher Geschäftsführung gerechtfertigte Kosten auslöst. **462**

Bejaht wurde ein Verstoß gegen den Wirtschaftlichkeitsgrundsatz in der **Gerichtspraxis** etwa bei der Beauftragung überobligatorischer Wartungsarbeiten[571], einer Grundsteuer, die bei Mitteilung der neuen Nutzungsart nicht erhoben worden wäre[572], der Vorhaltung überdimensionierter Müllgroßcontainer[573], überhöhten Abrechnungskosten (Heizung)[574], überhöhten Reinigungskosten[575], einem weit über dem Markt liegenden Gaspreis[576], zu kurzen Intervallen einer Gasdichtigkeitsüberprüfung[577] oder der Einschaltung abhängiger Unternehmen gegen nicht marktübliche Preise.[578] In der Lit. wird bei der Einschaltung abhängiger Unternehmen („Verflechtungsmodell") teilweise eine darüber hinausgehende Preiskontrolle für erforderlich gehalten.[579] **463**

Der Wirtschaftlichkeitsgrundsatz ist auch das geeignete Kontrollinstrument, wenn der **Vermieter** sich im laufenden Mietverhältnis **entscheidet, erstmals** bestimmte **Betriebskosten auszulösen.** Denn die Wirksamkeit der Abgeltungsvereinbarung setzt nicht voraus, dass die Betriebskosten bei Vertragsbeginn bereits anfallen (→ Rn. 57). Wird eine Betriebsmaßnahme etwa bislang von den Mietern erbracht – Paradebeispiel ist die Treppenhaus- oder Straßenreinigung – verstößt die Vergabe an ein Fremdunternehmen gegen das Wirtschaftlichkeitsgebot, wenn für die Entscheidung keine rechtfertigenden Gründe sprechen.[580] Häufig wird in solchen Fällen indes bereits keine die Maßnahme erfassende Abgeltungsvereinbarung existieren (→ Rn. 36). **464**

## H. Abrechnungsanspruch des Mieters (§ 556 Abs. 3 S. 1 Hs. 1 BGB)

Nach § 556 Abs. 3 S. 1 Hs. 1 BGB ist über die Betriebskosten jährlich abzurechnen. Jedenfalls aus § 556 Abs. 3 S. 2 BGB folgt, dass die Norm den Vermieter adressiert. Es handelt sich um eine **Pflicht** gegenüber dem Mieter, nicht nur eine Obliegenheit. Dies folgt aus dem System der hM, nach dem die Nichtabrechnung grds. nicht die Pflicht zur Erstattung der Vorauszahlungen zur Folge hat. In diesem System ist ein Abrechnungsanspruch zwingend erforderlich, damit der Mieter in die Lage versetzt wird, seine Zahlungspflicht festzustellen (→ Rn. 317). **465**

§ 556 Abs. 3 S. 2 BGB verpflichtet den Vermieter „die Abrechnung mitzuteilen"; dies ist die in § 556 Abs. 3 S. 1 Hs. 1 BGB genannte **Abrechnung über die Vorauszahlungen** für Betriebskosten. Eine Abrechnungspflicht setzt daher nach dem Wortlaut voraus, dass der Mieter Vorauszahlungen schuldet. Haben die Parteien auf eine **Vorauszahlungsabrede verzichtet,** ist § 556 Abs. 3 S. 2 **466**

568 BGH VIII ZR 340/10, NJW 2011, 3028 Rn. 13; BGH VIII ZR 243/06, NJW 2008, 440 Rn. 14.
569 BGH XII ZR 129/09, NZM 2010, 864 Rn. 18.
570 Etwa *Schwintowski* WuM 2006, 115.
571 AG Münster WuM 2019, 379.
572 OLG Brandenburg 11 U 109/15 BeckRS 2019, 11255.
573 AG Naumburg WuM 2016, 249, 1.100 l für 14 Mieter.
574 LG Heidelberg ZMR 2014, 987, Abrechnungskosten 15% der Gesamtkosten.
575 AG Steinfurt WuM 2014, 369, AG Aachen WuM 2010, 425.
576 AG Hamburg-Blankenese ZMR 2011, 885.
577 AG Köln ZMR 2011, 222.
578 Vgl. LG Nürnberg-Fürth MietRB 2003, 30.
579 *Bentrop* WuM 2020, 467.
580 Vgl. zum Problemkreis LG Karlsruhe WuM 1992, 368; AG Magdeburg ZMR 2003, 45.

BGB nach hM aber analog anzuwenden.[581] Das ist wegen des in diesen Fällen durch § 556 Abs. 3 S. 3 BGB vermittelten Schutzes nicht wirklich überzeugend.

**467** Beim **Vermieterwechsel** ist Schuldner des Abrechnungsanspruchs nach der Rspr. die Person, die am letzten Tag der Abrechnungsperiode Vermieter war.[582] Der BGH begründet diese Abweichung vom allgemeinen Fälligkeitsprinzip des § 566 BGB mit dem Bedürfnis nach Rechtsklarheit.[583]

## I. Anspruchsinhalt

**468** Das Gesetz schreibt für die Abrechnung keine **Form** vor, da eine „Mitteilung" auch formlos erfolgen kann. Die Abrechnung kann daher auch **mündlich** erteilt werden; praxisrelevant ist dies indes nicht. Eine mündliche Abrechnung wird nämlich regelmäßig am Transparenzgebot (→ Rn. 338) scheitern. Bedeutung können mündliche Mitteilungen aber haben, wenn der Vermieter auf diese Weise seine Abrechnung nachbessert. Die Vereinbarung einer bestimmten Form ist wirksam; sie scheitert nicht an § 556 Abs. 4 BGB, da eine förmliche Abrechnung die Rechtslage des Mieters verbessert. Denn eine Abrechnung in Text- oder Schriftform ist besser verständlich als eine solche, die mündlich erteilt wird.

**469** Die Abrechnungspflicht ist nach der allgemeinen Regelung in § 269 Abs. 1 BGB eine **Holschuld,** wenn die Parteien nichts anderes vereinbaren. Typischerweise besorgt der Vermieter in der Praxis zwar den Zugang der Abrechnung beim Mieter. Hintergrund ist aber typischerweise nicht seine Bringschuld, sondern der Umstand, dass die entgeltfixierende Wirkung der Abrechnung den Zugang der Abrechnung beim Mieter voraussetzt.

### 1. Anforderungen an die Abrechnung

**470** Mit Blick auf den **Inhalt** der vom Vermieter mitzuteilenden Abrechnung regeln die §§ 556f. BGB nur Teilaspekte. Der BGH unterscheidet in einer langen Rechtsprechungslinie zwischen formellen und materiellen (inhaltlichen) Anforderungen an die Abrechnung (dazu im Detail → Rn. 336ff.). Diese Voraussetzungen betreffen beide den Inhalt der Abrechnung; die formellen Anforderungen beschreiben nämlich die Struktur der Abrechnung, nicht hingegen ihre Form iSd § 125 BGB. Die Pflicht des Vermieters aus § 556 Abs. 1 S. 1 Hs. 1 BGB beschränkt sich nicht auf die Mitteilung einer nur formell richtigen Abrechnung. Vielmehr ist der Vermieter auch zur Erteilung einer **sachlich richtigen Abrechnung** verpflichtet. Denn nur so wird dem Normzweck genügt, der darin liegt, dem Mieter ein Mittel zur Feststellung seiner Zahlungspflicht in die Hand zu geben. Einschränkungen ergeben sich bei einer mangelhaften Abrechnung, deren Fehler der Mieter durch „Selbstabrechnung" beheben kann → Rn. 479. Die Abrechnungspflicht umfasst auch die **Belegeinsicht** (→ Rn. 488).

### 2. Keine Pflicht zu Teilabrechnungen (§ 556 Abs. 3 S. 4 BGB)

**471** Nach § 556 Abs. 3 S. 4 BGB ist der Vermieter zu Teilabrechnungen nicht verpflichtet. Nach den Gesetzesverfassern hat die Regelung nur klarstellende Funktion.[584] Sie ist angesichts der Tatsache, dass § 556 Abs. 3 S. 1 BGB den Vermieter (nur) zu einer jährlichen Abrechnung verpflichtet, in der Tat **überflüssig.** Zu dem – nicht in § 556 Abs. 3 S. 4 BGB geregelten – Recht zu Teilabrechnungen → Rn. 356.

### 3. Fälligkeit und Verjährung

**472** Der Anspruch auf Erteilung einer Abrechnung wird am letzten Tag der Abrechnungsfrist (dazu → Rn. 418) **fällig.**[585] Er **verjährt** nach §§ 195, 199 BGB. Ein etwaiger Nachbesserungsanspruch (dazu → Rn. 479) kann wegen **Zeitablaufs** nach **§ 556 Abs. 5 S. 6 BGB** entfallen (→ Rn. 453).

---

[581] Vgl. BGH V ZR 60/17, NZM 2018, 675 Rn. 13; **aA** etwa *Breiholdt* DMT-Bilanz 2011, 523 (529ff.).
[582] *BGH VIII ZR 22/13, NZM 2014, 26 Rn. 11*; BGH VIII ZR 168/03, NJW 2004, 851.
[583] BGH VIII ZR 168/03, NJW 2004, 851.
[584] BT-Drs. 14/4553, 51.
[585] *Jacoby* ZMR 2017, 781 (786).

**4. Eidesstattliche Versicherung (§ 259 Abs. 2 BGB)**

Teilweise wird vertreten, dass § 259 Abs. 2 BGB bei der Betriebskostenabrechnung keine Anwendung finde.[586] Das überzeugt nicht. Denn nach dieser Vorschrift ist grds. jeder Anspruch auf Rechenschaftsablegung auch mit einem Recht auf eidesstattliche Versicherung verknüpft. Darum geht es auch bei § 556 Abs. 3 S. 1 BGB, weil die Vorauszahlungen ihrer Natur nach nicht endgültig dem Vermögen des Vermieters zugeordnet sind. § 259 Abs. 2 BGB ist daher auch auf die **Betriebskostenabrechnung anwendbar.**[587] Voraussetzung ist aber, dass Grund zu der Annahme besteht, die Betriebskostenabrechnung des Vermieters sei nicht mit der erforderlichen Sorgfalt erteilt worden.[588] **473**

## II. Erfüllung

Der Vermieter erfüllt seine Abrechnungspflicht, wenn dem Mieter eine formell und materiell zutreffende Abrechnung **zugeht** (dazu → Rn. 407). **Mehrere Mieter** sind Mitgläubiger, weshalb Erfüllung erst eintritt, wenn die Abrechnung gem. § 432 Abs. 1 BGB den Mietern gemeinschaftlich oder allen einzeln zugegangen ist. Der Vermieter muss nicht in persona erfüllen, weshalb der Widerspruch des Mieters gegen die Abrechnung durch einen **Dritten** die Erfüllungswirkung nicht beseitigt, § 267 Abs. 1 BGB (zur Fristwahrung in diesem Fall → Rn. 328). **474**

## III. Ausschluss nach § 275 BGB

**Unmöglichkeit** der Abrechnung nach § 275 Abs. 1 BGB liegt einmal vor, wenn die für die Abrechnung erforderlichen Informationen von niemandem beschafft werden können, etwa sich die Gesamtbetriebskosten einer Kostenposition nicht ermitteln lassen. Unmöglichkeit kann sich zum anderen aber auch daraus ergeben, dass die Informationsbeschaffung nur dem Vermieter nicht möglich ist. **475**

§ 275 Abs. 2 BGB schließt den Abrechnungsanspruch aus, wenn die Abrechnung dem Vermieter nur unter **grob unverhältnismäßigem Aufwand** möglich ist. Dies ist kaum denkbar; es reicht etwa nicht aus, dass bei der vermieteten **Eigentumswohnung** der Verwalter die Jahresabrechnung nicht vorlegt.[589] In solchen oder vergleichbaren Konstellationen, in denen der Vermieter vorübergehend keinen Zugriff auf die benötigten Informationen hat, kommt aber eine temporäre Befreiung von der Abrechnungspflicht nach den Grundsätzen der **vorübergehenden Unmöglichkeit**[590] in Betracht. **476**

Steht § 275 BGB dem Abrechnungsanspruch entgegen, so **entfällt** nach dem Rechtsgedanken des § 326 Abs. 1 BGB die **Vorauszahlungspflicht** des Mieters, soweit sie sich auf die Kosten bezieht, deren Abrechnung unmöglich ist. Betrifft die Unmöglichkeit nur einzelne Betriebskosten und ist eine Gesamtvorauszahlung vereinbart, kann geschätzt werden (§ 287 Abs. 2 ZPO). **477**

## IV. Sonderproblem mangelhafte Abrechnung

Erteilt der Vermieter eine mangelhafte Abrechnung fragt sich als erstes, ob der Vermieter damit eine **Pflicht verletzt.** Dies ist zu bejahen: § 556 Abs. 3 S. 1 Hs. 1 BGB verpflichtet den Vermieter, eine formell und inhaltlich ordnungsgemäße Abrechnung vorzulegen (→ Rn. 465). Eine Schlechterfüllung kann daher einen Schadensersatzanspruch des Mieters wegen Pflichtverletzung (§ 280 BGB) begründen. **478**

Die zweite Frage lautet, ob bei Vorlage einer formell oder inhaltlich mangelhaften Abrechnung der Mieter **Nacherfüllung** verlangen kann. Das Gesetz verhält sich hierzu nicht. Nachdem der BGH in einer früheren Entscheidung ohne weiteres von einer solchen Pflicht ausgegangen war[591], **479**

---

586 Langenberg/Zehelein BetrKostR/*Zehelein* Kap. H Rn. 335.
587 LG Potsdam WuM 2001, 289; AG Menden DWW 1990, 212; vgl. auch LG Berlin GE 2012, 829.
588 Vgl. AG St. Goar WuM 1992, 200.
589 *Jacoby* ZMR 2021, 1 (7).
590 Dazu allg. etwa Palandt/*Grüneberg* BGB § 275 Rn. 10.
591 BGH VIII ZR 115/04, NJW 2005, 219 (220).

hat er den Nacherfüllungsanspruch später dahingehend eingeschränkt, dass ein vom Mieter **nicht selbst behebbarer Mangel** vorliegen müsse[592]. Eine dogmatische Begründung für diese in der Lit. weitgehend gebilligte[593] These fehlt. Die Lösung sollte nicht darin gesucht werden, dass der Vermieter auch durch eine mit einem „selbstbehebbaren" Fehler behaftete Abrechnung seine Pflicht aus § 556 Abs. 3 S. 1 Hs. 1 BGB erfüllt. Die Sichtweise des BGH beruht nämlich auf Treuerwägungen, die bei der Bewertung des konkreten Nachbesserungsanspruchs besser am Platze sind als bei einer generellen Beschränkung der Abrechnungspflicht. Denn bei dem hier vorgeschlagenen methodischen Vorgehen kann der Richter nach den Umständen des Einzelfalls, die auch die persönlichen Fähigkeiten des Mieters zu einer „Selbstkorrektur" berücksichtigen, den Nacherfüllungsanspruch des Mieters nach § 242 BGB einschränken.

**480** Besteht im konkreten Fall ein Nacherfüllungsanspruch, so ist der Vermieter nicht etwa zu einer vollständigen Neuabrechnung verpflichtet. Vielmehr kann sich der Vermieter auch auf eine **Nachbesserung** der bereits erteilten Abrechnung beschränken.[594] Denn auch dadurch wird dem Zweck der Vermieterpflicht, den Mieter über die Miethöhe zu informieren, Genüge getan. Die Nachbesserung kann auch mündlich erfolgen, vorausgesetzt, die dem Mieter auf diese Weise mitgeteilte Ergänzung ist hinreichend verständlich (→ Rn. 468). Zur Frage, ob dadurch die Abrechnungsfrist gewahrt wird → Rn. 553.

**481** In besonderen Konstellationen ist es denkbar, dass eine Abrechnung aufgrund veränderter Tatsachen **nachträglich** – also nach ihrer Erteilung – **unrichtig** wird. Dazu kann es kommen, wenn Dritte, die für den Vermieter Betriebsmaßnahmen ausführen, rückwirkend ihre Preise reduzieren. Der Vermieter ist hier zur Korrektur der Abrechnung verpflichtet.[595] Um einen **anfänglichen Fehler** handelt es sich hingegen, wenn es von Anfang an einem Rechtsgrund für den Abfluss der Kosten aus dem Vermietervermögen fehlte, etwa weil Anpassungsklauseln in Versorgerverträgen unwirksam sind. Denn diese Kosten des Vermieters sind keine Betriebskosten und damit nicht umlagefähig (→ Rn. 180). Bei anfänglichen Fehlern besteht keine Korrekturpflicht, weil sonst die Bestandskraftwirkung des § 556 Abs. 3 S. 6 BGB umgangen würde.

## V. Prozessuale Durchsetzung

**482** Der Abrechnungsanspruch ist durch **Leistungsklage** durchzusetzen. Der **Antrag** muss die Abrechnungspflicht mit Blick auf Abrechnungszeitraum und Mietobjekt hinreichend konkretisieren.[596] Die Art und Weise der Abrechnung muss nicht genannt werden.[597] Der Antrag kann daher etwa lauten, *„für den Abrechnungszeitraum (…) über die Betriebskosten der Wohnung (…) abzurechnen"*.[598]

**483** Der **Streitwert** der Abrechnungsklage bemisst sich nach dem Interesse des Mieters an einem sich nach ordnungsgemäßer Abrechnung möglicherweise ergebenden Rückzahlungsanspruch, der ggf. nach Erfahrungswerten zu schätzen und mangels konkreter Anhaltspunkte in der Regel nur mit einem Bruchteil der geleisteten Vorauszahlungen anzusetzen ist.[599] Dieses Interesse ist auch die Rechtsmittelbeschwer des Mieters, während sich der Wert des **Beschwerdegegenstandes** für den Vermieter nach dem Aufwand an Zeit und Kosten für die Erstellung der Abrechnung richtet.[600]

**484** Nach hM handelt es sich bei der Abrechnungspflicht um die Vornahme einer nicht vertretbaren Handlung gem. **§ 888 ZPO,** die durch Androhung und Festsetzung von Zwangsmitteln vollstreckt wird.[601]

**485** Die Abrechnungsklage kann, das ist unstreitig, gem. § 254 ZPO im Wege der **Stufenklage** mit der Klage auf Erstattung von Vorauszahlungen verbunden werden. Ergibt sich aufgrund der Abrechnung, dass ein solcher Anspruch nicht besteht, so ist nach hM insoweit keine Erledigung

---

592 BGH VIII ZR 73/10, NJW 2011, 368 Rn. 16; BGH XII ZR 40/20 MDR 2021, 352 Rn. 30.
593 Etwa Langenberg/Zehelein BetrKostR/*Zehelein* Kap. G Rn. 4.
594 BGH VIII ZR 298/80, NJW 1982, 573 (575).
595 Vgl. Schmid Mietnebenkosten-HdB/*Riecke* Rn. 1042.
596 Vgl. BGH I ZR 12/05, MDR 2008, 525 Rn. 24.
597 LG Kassel WuM 1991, 358.
598 *Vgl. auch die* Tenorierung bei BGH I ZB 94/05, NJW 2006, 2706.
599 BGH VIII ZR 98/16, NZM 2017, 358 mN.
600 BGH VIII ZB 87/06, WuM 2006, 615.
601 BGH I ZB 94/05, NJW 2006, 2706.

der Hauptsache eingetreten; auch § 93 ZPO greift zugunsten des Mieters nicht.[602] Dem Mieter kann aber ein Schadensersatzanspruch wegen der Kosten einer unbegründeten Klage zustehen, die er infolge der Nichterteilung oder der nicht rechtzeitigen Erteilung der Abrechnung erhoben hat. Dieser Anspruch kann durch Feststellungsantrag im Wege der Klageänderung (§ 263 ZPO) im Abrechnungsprozess geltend gemacht werden.[603]

Die **Darlegungs- und Beweislast** für die Erfüllung des – vom Mieter zu beweisenden – Abrechnungsanspruchs trifft nach allgemeinen Grundsätzen den Vermieter. **486**

### VI. Schadensersatzanspruch

Der Verstoß gegen die Abrechnungspflicht ist eine Pflichtverletzung, die nach § 280 BGB zu einem Schadensersatzanspruch des Mieters führen kann. Erforderlich ist neben dem Vertretenmüssen des Vermieters – das nach § 280 Abs. 1 S. 2 BGB vermutet wird – ein kausaler Schaden. Schaltet der Mieter einen **Rechtsanwalt** mit der Überprüfung einer fehlerhaften Abrechnung ein, so ist es eine Frage des Einzelfalls, ob dies angesichts des Mangels eine adäquat-kausale Reaktion auf den Fehler war.[604] Der Beweis, dass die Einschaltung des Rechtsanwalts (auch) wegen des fehlerhaften Teils der Abrechnung erfolgte, obliegt nach allgemeinen Prinzipien dem Mieter. Verzugszinsen nach **§ 288 BGB** auf den zu spät durch die Abrechnung ausgewiesenen Betrag schuldet der Vermieter nicht.[605] Konkret entstandene Verzugszinsen können aber erstattungsfähig sein,[606] ebenso wie etwaige **Prozesskosten** (→ Rn. 485). Etwas anderes gilt für den Schaden, der dem Mieter dadurch entsteht, dass er dem Vermieter eine **unberechtigte Nachzahlung** schuldet, weil er mit Einwendungen nach § 556 Abs. 3 S. 6 BGB ausgeschlossen ist. Diese gesetzliche Wertung darf nicht durch das Schadensersatzrecht umgangen werden. **487**

### VII. Anspruch auf Belegeinsicht

Nach **allgM** steht dem Mieter ein Anspruch auf Einsicht in die Belege der Betriebskostenabrechnung zu.[607] Dieser Anspruch ist gesetzlich nicht näher kodifiziert, was zu einer Reihe von Auslegungsfragen führt. **488**

#### 1. Funktion des Anspruchs

Die Vorlage von Belegen gehört nicht zu den formellen Bestandteilen einer **Abrechnung,** weshalb der Vermieter die Ausschlussfrist des § 556 Abs. 3 S. 3 BGB auch durch eine Abrechnung wahrt, der keine Belege beigefügt sind (→ Rn. 387). Da bei der Betriebskostenabrechnung Belege nicht vorgelegt zu werden pflegen, ohne dass der Mieter dies verlangt, scheidet auch die Einordnung der Belegvorlage als Fälligkeitsvoraussetzung eines Nachzahlungsanspruchs aus. Dies zeigt die Notwendigkeit, einen Einsichtsanspruch anzuerkennen, da nur die Belege die vollständige Überprüfung der Betriebskostenabrechnung ermöglichen. Der Anspruch auf Belegeinsicht kann dem Nachzahlungsanspruch als Einrede entgegengehalten werden (→ Rn. 563). **489**

Im Fall der **Nichtabrechnung** ist es so, dass dieser Umstand nach dem System der allgM keinen Anspruch des Mieters auf Erstattung seiner Vorauszahlungen auslöst (→ Rn. 317). Auch hier ist daher ein Anspruch auf Belegeinsicht erforderlich, um dem Mieter notfalls eine „Selbstabrechnung" zu ermöglichen. **490**

#### 2. Rechtsgrundlage

Der Anspruch auf Belegeinsicht folgt nicht aus § 259 Abs. 1 BGB, sondern aus der Abrechnungspflicht des Vermieters.[608] Anspruchsgrundlage ist mithin **§ 556 Abs. 3 S. 1 Hs. 1 BGB.** Der Belegeinsichtsanspruch ist deshalb nach § 556 Abs. 4 BGB nicht einschränkbar.[609] **491**

---

602 Vgl. BGH III ZR 98/93, NJW 1994, 2895.
603 Vgl. BGH III ZR 98/93, NJW 1994, 2895.
604 Vgl. OLG Düsseldorf NZM 2007, 799; allg. BGH VI ZR 3/94, NJW 1995, 446.
605 BGH XII ZR 44/11, NJW 2013, 859 Rn. 10.
606 Schmid Mietnebenkosten-HdB/*Harsch* Rn. 3385.
607 Ausf. *Sternel* ZMR 2020, 709.
608 Vgl. BGH VIII ZR 189/17, NJW 2018, 1599 Rn. 16.
609 Vgl. *Sternel* ZMR 2020, 709 (710).

492 Der Anspruch ist mit anderen, kodifizierten Einsichtsrechten verwandt, etwa § 166 Abs. 1 Alt. 2 HGB, § 51a Abs. 1 Alt. 2 GmbHG oder § 18 Abs. 4 WEG. Indes ist systematisch zu beachten, dass der betriebskostenrechtliche Einsichtsanspruch Ausfluss der Abrechnungspflicht des Vermieters ist und deshalb gegenständlich durch **§ 259 ZPO konkretisiert** wird.

### 3. Voraussetzungen

493 Da der Anspruch auf Belegeinsicht Bestandteil der Abrechnungspflicht des Vermieters ist, wird er nach Ablauf der Jahresfrist des § 556 Abs. 3 S. 2 BGB **fällig.** Der Mieter kann daher unabhängig von der Erteilung einer Betriebskostenabrechnung Belegeinsicht verlangen. Dieses Verlangen muss der Mieter erklären; vorher ist der Anspruch nicht erfüllbar (→ Rn. 515).[610]

494 Der Anspruch ist **nicht** von einem **besonderen Interesse** an der Belegeinsicht abhängig.[611] Bei **Parteienmehrheit** gilt: Mehrere Mieter sind Mitgläubiger (§ 432 BGB)[612], mehrere Vermieter Gesamtschuldner (§ 427 BGB).

495 Die **Verjährung** richtet sich nach §§ 195, 199 BGB. Von Bedeutung ist dies aber nur, wenn der Vermieter nicht formell ordnungsgemäß abgerechnet hat. Denn der Anspruch auf Belegeinsicht unterliegt in analoger Anwendung von § 556 Abs. 3 S. 5 BGB der **Verfristung.**[613] Dies folgt aus seiner Funktion, die Überprüfung einer vom Vermieter erteilten Abrechnung zu ermöglichen und Einwendungen aufzudecken. Sobald Einwendungen gegen die Abrechnung wegen Fristablaufs ausgeschlossen sind, bedarf es des Beleganspruchs nicht mehr. Eine solche Verfristung des Einsichtsrechts ist auch aus § 166 Abs. 1 Alt. 2 HGB bekannt.[614] Für die Fristwahrung genügt die rechtzeitige Geltendmachung des Einsichtsanspruchs.

### 4. Inhalt des Anspruchs

496 § 259 Abs. 1 BGB ordnet die „Vorlage" von Belegen an. Indes darf aus dieser Formulierung nicht eine abschließende Festlegung der **Vermieterpflicht** entnommen werden, da sich der genaue Inhalt der Belegpflicht nach dem in Rede stehenden Schuldverhältnis richtet.[615] Maßgeblich ist also die Abgeltungsvereinbarung im Mietvertrag. Haben die Parteien dort nichts Näheres zur Belegeinsicht geregelt, ist die Abgeltungsvereinbarung nach allg. Kriterien **auszulegen.** Hier sind vor allem die Interessen der Parteien an einer ausgewogenen Regelung maßgeblich.[616] Auf diesem theoretischen Fundament ruht, auch wenn dies nicht ausgesprochen wird, die im Folgenden darzustellende Rechtsprechung.

497 **a) Grundsatz: Gewährung der Einsichtsnahmemöglichkeit.** Nach Ansicht des BGH ist bei der Betriebskostenabrechnung (nur) die Gestattung der **Einsichtnahme in die Belege** geschuldet.[617] Eine Überlassung der Belege schuldet der Vermieter hingegen nicht. Daher ist der Vermieter grds. auch nicht zur Übersendung von Kopien verpflichtet (zu Ausnahmen → Rn. 519); die Regelung aus § 29 Abs. 2 S. 1 NMVO ist nicht analog anwendbar.[618] Dieses Ergebnis stützt der BGH überzeugend auf eine Interessenabwägung: Der Vermieter könne den Mieter auf die Einsichtnahme verweisen, um den durch die Anfertigung von Fotokopien entstehenden zusätzlichen Aufwand, der auch durch eine Kostenerstattungspflicht des Mieters nicht vollständig entfällt, zu vermeiden und dem Mieter mögliche Unklarheiten im Gespräch zu erläutern.[619]

498 Der Mieter ist nach der Rspr. des BGH berechtigt, sich bei der Einsicht fachkundiger Hilfe zu bedienen, soweit dies erforderlich ist.[620] Dies wird man dahingehend zu verstehen haben, dass der Mieter die Einsichtnahme nicht nur durch einen Dritten durchführen lassen kann, was bereits aus § 362 Abs. 2 BGB folgt, sondern auch einen **Berater** mit zur Einsicht bringen darf.

---

[610] Vgl. BGH VIII ZR 250/17, NZM 2019, 620 Rn. 43f.
[611] BGH VIII ZR 189/17, NJW 2018, 1599 Rn. 18.
[612] **AA** *Sternel* ZMR 2020, 709 (711), Gesamtgläubiger.
[613] *Blank/Börstinghaus* BGB § 556 Rn. 184a; *Wall* Betriebs-/Heizkosten Rn. 2152.
[614] Siehe etwa MüKoHGB/*Grunewald* § 166 Rn. 4.
[615] Vgl. etwa BGH III ZR 105/11, NJW 2012, 58 Rn. 12.
[616] Dazu etwa *Lehmann-Richter* NZM 2015, 513.
[617] BGH VIII ZR 78/05, NJW 2006, 1419 Rn. 24.
[618] BGH VIII ZR 78/05, NJW 2006, 1419 Rn. 23; aA iErg etwa Langenberg/Zehelein BetrKostR/*Zehelein Kap. H Rn. 313, 324;* für einen Anspruch auf Überlassung von Kopien nach erfolgter Einsicht *Beyer* WuM 2011, 399.
[619] BGH VIII ZR 78/05, NJW 2006, 1419 Rn. 21, 24.
[620] BGH VIII ZR 71/06, NZM 2006, 926 Rn. 7.

Nach wohl allgM ist der Mieter berechtigt, sich während der Einsichtnahme mit Hilfe seiner eigenen technischer Geräte **Ablichtungen** von den Belegen anzufertigen.[621] Das überzeugt, weil der Mieter so in die Lage versetzt wird, die Abrechnung auch noch nach der Einsichtnahme unter Heranziehung der Belege in Ruhe zu prüfen. Ein Anspruch auf Nutzung von Geräten des Vermieters besteht nicht, hierfür fehlt eine Rechtsgrundlage. 499

**aa) Leistungsort.** Zum Leistungsort hat sich der **BGH** en passant in Fällen geäußert, in denen der Vermieter die Belegeinsicht am Sitz der (juristischen) Person angeboten hatte, die die Mietsache für ihn verwaltete und die ihren Sitz in der Gemeinde der Mietsache hatte: Dieses Angebot genüge.[622] Wird die Verwaltung in einer anderen Gemeinde geführt, so wird in der **Instanzrechtsprechung und Lit.** teilweise vertreten, dass die Gewährung der Belegeinsicht dann in der Gemeinde der Mietsache geschuldet sei.[623] Den dortigen konkreten Einsichtsort könne der Vermieter bestimmen.[624] Nach aA soll es in diesem Fall darauf ankommen, ob dem Mieter die Reise in die andere Gemeinde zumutbar ist.[625] 500

**Stellungnahme:** Maßgeblich für die Bestimmung des Leistungsortes ist § 269 Abs. 1 BGB, weshalb vorrangig eine ausdrückliche Vereinbarung der Parteien zu beachten ist. Fehlt es an einer solchen, ist der Leistungsort durch Vertragsauslegung (§ 269 Abs. 1 BGB: „Natur des Schuldverhältnisses") zu bestimmen.[626] Erst wenn diese Auslegung unergiebig ist, greift die Zweifelsregel ein, nach der Leistungsort der Sitz des Vermieters ist. Da bei der Vertragsauslegung die Interessen beider Parteien zu berücksichtigen sind, überzeugt das in Rspr. und Lit. entwickelte bewegliche Modell: Für den Ort der Verwaltung als Leistungsort spricht, dass sich dort typischerweise die Belege befinden. Das Kriterium der zumutbaren Entfernung von der Mietsache wiederum verhindert eine übermäßige Belastung des Mieters. Der Nachteil dieses beweglichen Modells ist zwar, dass bei Führung der Verwaltung an einem überweit entfernten Ort der Leistungsort nicht feststeht. Diese Lücke kann aber durch Rückgriff auf **§ 315 BGB** geschlossen werden: Der Vermieter kann also (für jede Abrechnungsperiode) den Ort der Einsichtnahme innerhalb der Gemeinde, in der sich die Mietsache befindet, bestimmen.[627] 501

Einen „digitalen Einsichtsort" (etwa in einem **Mieterportal**) kann der Vermieter nicht mit der Wirkung einseitig festlegen, dass er damit seine Pflicht, Belegeinsicht zu gewähren, erfüllt. Denn der „digitale Zugriff" ist (noch) nicht allgemein verbreitet und damit mit der Möglichkeit, sich an einem physischen Ort einzufinden, nicht vergleichbar. Die Parteien können diese Art der Einsichtnahme aber vereinbaren, und zwar auch ad hoc durch ein entsprechendes Angebot des Vermieters und Annahme desselben durch den Mieter. 502

Besonderheiten gelten, wenn eine **Eigentumswohnung** vermietet ist. Die Belege, auf dies sich das Einsichtsrecht erstreckt (→ Rn. 509), befinden sich typischerweise beim WEG-Verwalter. Der vermietende Wohnungseigentümer hat aus § 18 Abs. 4 WEG einen Anspruch, dass ihm die Wohnungseigentümergemeinschaft Einsicht in die Verwaltungsunterlagen – und damit auch die Betriebskostenbelege – gewährt, was es ihm ermöglicht, Ablichtungen zu fertigen[628], in die er dann seinem Mieter Einsicht gewähren kann. Alternativ kann der Vermieter den Mieter aber auch darauf verweisen, an seiner Stelle direkt Einsicht beim Verwalter zu nehmen[629], falls sich das Verwalterbüro in der Gemeinde der Mietsache befindet. Die Wohnungseigentümergemeinschaft muss diese „Vertretung" bei der Einsichtnahme dulden, weil der Wohnungseigentümer nach § 267 Abs. 2 BGB einen Dritten hierzu ermächtigen kann. Im Ergebnis ist also auch bei der Vermietung einer Eigentumswohnung nach Auslegung des Vertrags ein Bestimmungsrecht des Vermieters hinsichtlich des Leistungsorts – Sitz des Vermieters oder WEG-Verwalterbüro – anzuerkennen. 503

**bb) Erfasste Belege.** Die im Rahmen der Einsichtnahme vom Vermieter vorzulegenden Belege sind gesetzlich nicht definiert. Auch hier bedarf es daher der **Auslegung** der Abgeltungsver- 504

---

621 Etwa LG Potsdam WuM 2011, 631; AG München NZM 2010, 81.
622 BGH VIII ZR 78/05, NJW 2006, 1419 Rn. 25; BGH VIII ZR 71/06, NZM 2006, 926 Rn. 7.
623 Etwa LG Berlin ZMR 2019, 865; Spielbauer/Schneider/*Schneider* BGB § 556 Rn. 498.
624 LG Freiburg NZM 2012, 23.
625 Etwa Staudinger/*Artz* BGB § 556 Rn. 114; Blank/Börstinghaus/*Blank,* 5. Aufl. 2017, BGB § 556 Rn. 185.
626 MüKoBGB/*Krüger* § 269 Rn. 9.
627 Vgl. zum vertraglich vereinbarten Recht, den Leistungsort festzulegen, Staudinger/*Bittner/Kolbe* BGB § 269 Rn. 17.
628 BGH VIII ZR 155/10, NJW 2011, 1137.
629 *Jacoby* PiG 107 (2018), 81 (89); *Blank/Börstinghaus* BGB § 556 Rn. 269a.

einbarung, auf welche Belege sich das Einsichtsrecht des Mieters erstreckt. Leitend muss der Zweck der Belegeinsicht sein, dem Mieter die Überprüfung des Rechenwerks zu ermöglichen.

505 Das Einsichtsrecht erfasst **sämtliche Belege,** die erforderlich sind, um das **Rechenwerk** des Vermieters **nachzuvollziehen.** Soweit dies der Fall ist, steht der Belegeinsicht die **DSGVO** nicht entgegen; die Weitergabe der entsprechenden Daten an den Mieter ist jedenfalls nach Art. 6 Abs. 1 lit. f DSGVO gerechtfertigt.[630]

506 Das Einsichtsrecht erstreckt sich zunächst auf die Nachweise, dass die vom Vermieter angegebenen **Gesamtbetriebskosten** entstanden sind. Da die Entstehung der Gesamtbetriebskosten verlangt, dass Geld endgültig und mit Rechtsgrund aus dem Vermögen des Vermieters abgeflossen ist (→ Rn. 179), sind hier nicht nur die an den Vermieter adressierten Rechnungen, sondern auch Zahlungsbelege[631] vorzulegen. Um die Überprüfung zu ermöglichen, ob das Geld mit Rechtsgrund und zwecks Abgeltung von Betriebskostenmaßnahmen[632] abgeflossen ist, sind auch die zugrunde liegenden Verträge des Vermieters mit den Leistungserbringern vorzulegen.[633] Nicht vom Einsichtsrecht erfasst sind hingegen die Verträge des Leistungserbringers mit seinen Vertragspartnern.[634] Bei Eigenleistungen (→ Rn. 182) soll sich das Einsichtsrecht auf Informationen über Inhalt, Umfang, Zeitpunkt und Dauer der Tätigkeiten erstrecken.[635] Sind die Gesamtbetriebskosten aus einer **größeren Kostenmenge abgeleitet** worden (→ Rn. 157 ff.), sind auch die Belege über die Art und Weise dieser Ableitung vorzulegen. Dies betrifft etwa Stundenzettel eines Hausmeisters, der neben Betriebsmaßnahmen auch andere Tätigkeiten erbringt.

507 Der nächste Punkt betrifft die Belege, die Auskunft darüber geben, auf welche Art und Weise aus den Gesamtbetriebskosten die **Einzelbetriebskosten** des Mieters abgeleitet wurden. Dies betrifft vor allem den Umlagemaßstab. Die Belegeinsicht bezieht sich hier auch auf die Einsicht in die Unterlagen, wie dieser Maßstab konkret gebildet wurde. Beim **Umlageschlüssel** „Wohnfläche" hat der Mieter daher Anspruch auf Einsicht in Grundrisse oder Bauzeichnungen, aus denen sich die Gesamtfläche und die Einzelfläche seiner Wohnung ergeben.[636] Auch bei anderen Umlageschlüsseln sind Belege über Zähler und Nenner vorzulegen. Deshalb kann der Mieter bei einer verbrauchsabhängigen Umlage auch die Einsichtnahme in die Einzelverbrauchsdaten anderer Nutzer des Mietobjekts verlangen.[637] Beim Umlageschlüssel „Personen" sind, soweit der Vermieter hierüber Buch führt, Nachweise über die Belegung der übrigen Wohnung vorzulegen.

508 Die weiteren Angaben in der Betriebskostenabrechnung – nämlich die vom Mieter geleisteten **Vorauszahlungen** sowie das sich danach ergebende Abrechnungsergebnis – sind von einer Belegeinsicht nicht betroffen. Denn der Mieter kann ohne Hilfe des Vermieters nachvollziehen, in welcher Höhe er Vorauszahlungen geleistet hat und die Richtigkeit des Rechenschritts zwecks Erreichung des Abrechnungsergebnisses lässt sich nicht belegen.

509 Bei der vermieteten **Eigentumswohnung** kann der Mieter auch Einsicht in die Belege verlangen, die der Kostenbelastung innerhalb der Wohnungseigentümergemeinschaft zugrunde liegen.[638] Denn diese stellen die Gesamtkosten dar, aus denen nach § 566 a Abs. 3 BGB die Einzelbetriebskosten abzuleiten sind. Zu den Belegen gehören insbes. die Dokumente über den Verteilerschlüssel (Gemeinschaftsordnung, Beschlussprotokolle) sowie die Rechnungen und Versorgungsverträge, aus denen sich die Kostenbelastung der Gemeinschaft der Wohnungseigentümer ergibt.

510 Auf **nicht existente Belege** erstreckt sich das Einsichtsrecht naturgemäß nicht. Diese Tatsache wirkt sich aber zu Lasten des Vermieters aus, wenn es um die Darlegung und den Beweis eines Nachzahlungsanspruchs gegen den Mieter geht, weil den Vermieter die entsprechende Last trifft. Ist zwischen den Parteien streitig, ob bestimmte Belege vorhanden sind oder nicht, muss sich der Mieter hierüber notfalls in der Zwangsvollstreckung Gewissheit verschaffen.

511 **cc) Originale oder Fotokopien?** Diskutiert wird, insbes. unter dem Stichwort „papierloses Büro", ob der Mieter Anspruch auf Einsicht in die Originale der Belege hat oder der Vermieter ihn

---

630 Näher *Flatow* NZM 2020, 623 (629) mwN, auch zu abweichenden Begründungsmodellen.
631 BGH VIII ZR 118/19, NZM 2021, 31; LG Berlin GE 2006, 849; **aA** *Blank* NZM 2004, 365 (369).
632 *Milger* PiG 92 (2012), 189 (194).
633 BGH VIII ZR 189/17, NJW 2018, 1599 Rn. 19; BGH VIII ZR 38/11, ZMR 2012, 542 Rn. 2.
634 BGH VIII ZR 322/12, NJW 2013, 3234 Rn. 10.
635 *Sternel ZMR 2020, 709 (713).*
636 LG Berlin GE 2011, 487; LG Hamburg ZMR 2020, 957; **aA** *Stellwaag* ZMR 2012, 339.
637 BGH VIII ZR 189/17, NJW 2018, 1599 Rn. 17.
638 Vgl. OLG Hamm WuM 1981, 62; *Blank/Börstinghaus* BGB § 556 Rn. 273.

auch auf (digitale) Fotokopien verweisen darf.[639] Im Ergebnis ist zu unterscheiden: Ist der Vermieter im **Besitz** von **Originalbelegen,** erstreckt sich das Einsichtsrechts des Mieters auf die Originaldokumente. Das gebietet sein Zweck, dem Mieter eine möglichst genaue Kontrolle der Abrechnung zu ermöglichen. Ist der Vermieter hingegen nur noch in Besitz von Fotokopien, kann es naturgemäß keinen Anspruch auf Einsicht in Originalbelege geben (§ 275 BGB). Der Anspruch des Mieters beschränkt sich dann auf die Fotokopien, und zwar in der Form, in der sie beim Vermieter vorgehalten werden (physisch oder digital).[640] Die **Darlegungs- und Beweislast** dafür, dass keine Originalbelege vorhanden sind, trifft den Vermieter. Denn ihm obliegt der Nachweis, dass er durch die Gewährung der Einsicht in die Fotokopien den Belegeinsichtsanspruch des Mieters erfüllt hat.

Eine vom Einsichtsrecht zu trennende Frage ist, ob der Vermieter **im Prozess** durch die Fotokopien den ihm obliegenden Beweis der Berechtigung einer etwaigen Nachforderung führen kann. Die bestimmt sich nach allg. prozessrechtlichen Grundsätzen.[641] 512

**dd) Ordnung der Belege.** Die Belege müssen dem Mieter in **geordneter Form** zur Einsicht überlassen werden.[642] Dabei ist leitend, dass die Belege der Überprüfung des Rechenwerks dienen. Die Belegstruktur hat sich daher an den formalen Vorgaben der Abrechnung zu orientieren, weshalb die Belege nach den einzelnen Betriebskostenarten zu sortieren sind. Ebenfalls gesondert zu führen sind die Belege, die die Ableitung der Einzelbetriebskosten aus einer Gesamtkostenmenge nachweisen, also etwa die Belege über die Bildung des Umlageschlüssels oder eines etwaigen Vorwegabzugs. 513

**ee) Erfüllung.** Der Anspruch auf Belegeinsicht wird nicht etwa erst durch tatsächliche Kenntnisnahme des Mieters erfüllt. Denn wäre dies der Fall, könnte sich der Vermieter bei fehlender Mitwirkung des Mieters vom Anspruch nicht befreien, da eine Hinterlegung nach § 372 S. 1 BGB daran scheitert, dass der Mieter keinen Anspruch auf Überlassung der Belege hat und der Vermieter diese vor allem auch behalten muss, um anderen Mietern Einsicht gewähren zu können. Der Vermieter erfüllt den Anspruch daher bereits dadurch, dass er dem Mieter die **Einsicht** in die Belege **ermöglicht.** 514

Damit steht man vor der Frage, zu welchem **Zeitpunkt** der Vermieter diese Einsichtsmöglichkeit gewähren muss. Unproblematisch ist es, wenn die Parteien diesen Zeitpunkt – typischerweise ad hoc aus Anlass einer konkreten Abrechnung – vereinbaren. Problematischer ist es, wenn eine solche Terminabrede fehlt. Hier kann der Vermieter nicht etwa von sich aus dem Mieter Einsichtstermine vorgeben mit der Folge, dass der Einsichtsanspruch anschließend nach § 362 Abs. 1 BGB erlöschen würde. Denn dies würde missachten, dass die Belegeinsicht erst auf Anforderung geschuldet wird, was sich auch mit dem Interesse des Mieters rechtfertigt, sich auf eine Belegeinsicht vorbereiten zu können. Der Anspruch ist daher erst auf ein entsprechendes **Verlangen** des **Mieters** hin erfüllbar.[643] Es handelt sich um eine geschäftsähnliche Handlung, die analog § 130 BGB durch Zugang wirksam wird. Inhaltlich muss ihr das Begehr nach Einsicht, ggf. durch Auslegung, zu entnehmen sein.[644] 515

Hat der Mieter ein solches Verlangen ausgesprochen, stellt sich weiter die Frage, ob eine der Parteien – wenn eine einvernehmliche Terminabrede scheitert – den **Einsichtstermin** vorgeben kann. Der **BGH** hat sich diesem Problem noch nicht konkret gewidmet.[645] In der Lit. wird eine Terminvorgabe durch den Vermieter teilweise abgelehnt und darauf verwiesen, die Parteien müssten sich verständigen.[646] In der **Instanzrechtsprechung** findet sich die Aussage, der Vermieter müsse nach einem Einsichtsbegehren nicht von sich aus tätig werden, sondern es obliege dem Mieter, beim Vermieter zu üblichen Geschäftszeiten zu erscheinen. Nur wenn dann die Unterlagen nicht vorgelegt würden, verweigere der Vermieter die Belegeinsicht.[647] 516

---

639 Ausf. *Lindner* ZMR 2021, 357; *Lützenkirchen* NZM 2018, 266 mN zum Streitstand.

640 *Schmid* ZMR 2003, 15; ebenso iE LG Berlin ZMR 2019, 122; LG Hamburg ZMR 2020, 957, s. dortigen Tenor.

641 LG Hamburg WuM 2004, 97; *Schmid* ZMR 2003, 15 (17).

642 BGH VIII ZR 189/17, NJW 2018, 1599 Rn. 16.

643 Vgl. BGH VIII ZR 250/17, NZM 2019, 620 Rn. 43f.

644 Von LG Berlin GE 2014, 937 verneint, wenn der Mieter nur einen ihm nicht zustehenden Anspruch auf Überlassung von Fotokopien anmeldet (zu formalistisch).

645 Vgl. aber BGH VIII ZR 250/17, NZM 2019, 620 Rn. 43f., wo der BGH eine Vorgabe des Rechnungslegers vor einem Einsichtsbegehr des Empfängers verworfen hat.

646 *Wall* Betriebs-/Heizkosten Rn. 2175a, 2176a.

647 OLG Karlsruhe ZMR 2019, 19; LG Berlin ZMR 2019, 865.

517 **Stellungnahme:** Überzeugend ist es, dass der **Vermieter** den **Einsichtstermin** nach billigem Ermessen **festlegen** kann und muss, § 315 Abs. 1 BGB. Das entsprechende Leistungsbestimmungsrecht ist dem Vertrag durch Auslegung zu entnehmen, weil die Einsicht beim Vermieter erfolgen muss, dem daher auch die Terminhoheit zusteht. Um billigem Ermessen gerecht zu werden, muss der Vermieter eine Reihe von objektiv zumutbaren, alternativen Einsichtsterminen anbieten. Die Termine müssen zudem zeitlich so liegen, dass sie eine effektive Wahrnehmung des Einsichtsrechts ermöglichen. Für welche Dauer die Zugriffsmöglichkeit des Mieters bestehen muss, hängt vom Umfang der Belege ab: Die vom Vermieter festzulegende Einsichtszeit muss so bemessen sein, dass eine Prüfung sämtlicher Belege durch einen durchschnittlichen Mieter erfolgen kann.[648] Der Anspruch kann auch durch sukzessive Einsichtstermine erfüllt werden. Ist die Einsichtszeit abgelaufen, ist der Anspruch erfüllt. Der Mieter kann dann keine erneute Einsicht verlangen. Solange der Vermieter hingegen keine billigem Ermessen gerecht werdende Einsichtstermine bestimmt, hat er den fälligen Anspruch nicht erfüllt und verletzt daher seine Vertragspflicht.

518 Gegenständlich ist erforderlich, dass der Vermieter dem Mieter die **Belege** in der Art und in dem Umfang, wie es geschuldet ist (→ Rn. 504 ff.), zugänglich macht. Bei der üblichen Einsichtnahme im Vermieterbüro ist dies der Fall, wenn der Mieter auf die Belege selbständig **zugreifen** kann.

519 **b) Ausnahme: Überlassung von Fotokopien.** Es steht den Parteien frei, einen Anspruch des Mieters auf Überlassung von Fotokopien **vertraglich** zu **vereinbaren.** Diese Vereinbarung muss nicht zwingend im Ausgangsmietvertrag erfolgen, sondern kann auch ad hoc durch die Zusage des Vermieters getroffen werden, er werde Belege in Kopie überlassen. Entscheidend ist, ob sich nach den Umständen des Einzelfalls ein diesbezüglicher Rechtsbindungswillen des Vermieters feststellen lässt.[649]

520 Für Fälle, in denen eine **Vereinbarung fehlt,** hat der **BGH** per obiter dictum entschieden, dass ein Anspruch auf Übermittlung von Fotokopien nach § 242 BGB ausnahmsweise in Betracht komme, wenn dem Mieter die Einsichtnahme in den Räumen des Vermieters nicht zugemutet werden kann.[650] Wann eine solche Ausnahme vorliegt, hat der BGH bislang nicht konkretisiert. Nach hM soll es auch um Fälle gehen, in denen dem Mieter die Reise zu dem überweit entfernten Sitz des Vermieters nicht zuzumuten sei.[651]

521 Diese hM geht zu weit. Denn in diesen Konstellationen hat der Mieter nach zutreffender allgM einen Anspruch, dass ihm die Belege in der Gemeinde der Mietsache vorgelegt werden (→ Rn. 500). Es überzeugt nun aber weder, dem Mieter diesen Anspruch auf Einsicht in die Originalbelege zu nehmen und ihn stattdessen lediglich auf Fotokopien zu verweisen noch, dem Mieter nur für diesen Fall einen alternativen Anspruch auf Überlassung von Fotokopien zu geben[652]. Maßgeblich muss daher der Hinweis des BGH auf § 242 BGB sein, der den **Ausnahmecharakter** des Anspruchs unterstreicht: Es kann nur um Fälle gehen, in denen dem Mieter die Einsichtnahme in der Gemeinde, in der die Mietsache liegt, nicht zumutbar ist. Das ist bei einer **dauerhafter Erkrankung**[653] oder einer anderen Sondersituation[654] denkbar.

522 Die **Erfüllung** eines Anspruchs auf Belegüberlassung richtet sich nach allg. Vorschriften. Mangels abweichender Vereinbarungen handelt es sich um eine Holschuld (§ 269 Abs. 1 BGB), die durch Übereignung der Papiere erfüllt wird.

523 Übersendet der Vermiete dem Mieter Fotokopien, stellt sich die Frage nach einer **Aufwandserstattung.** Eine solche können die Parteien vereinbaren. Fehlt eine Vereinbarung, ist es gerechtfertigt, dem Vermieter analog § 670 BGB einen Anspruch auf Erstattung der Porto- und Kopierkosten zu gewähren. Die Instanzrechtsprechung zur Höhe der anzusetzenden Kopierkosten ergibt

---

[648] Vgl. AG München NZM 2006, 929.

[649] Vgl. BGH VIII ZR 71/06, NZM 2006, 926 Rn. 8.

[650] BGH VIII ZR 78/05, NJW 2006, 1419.

[651] Etwa AG Halle an der Saale WuM 2014, 337; *Blank/Börstinghaus* BGB § 556 Rn. 189; Langenberg/Zehelein BetrKostR/*Zehelein* Kap. H Rn. 311.

[652] Für eine solches Alternativverhältnis aber LG Freiburg NZM 2012, 23; Staudinger/*Artz* BGB § 556 Rn. 114.

[653] *AG Dortmund WuM* 2011, 631 (Sehbehinderung).

[654] Vgl. LG Berlin NJW 2014, 2593 (Zerrüttung der Vertragsparteien); LG Köln 1 S 79/07 BeckRS 2010, 11200 (200 km weiter Umzug des Mieters nach Vertragsende); s. auch BGH VIII ZR 83/09, WuM 2010, 296 (Umzug des Mieters nach Portugal).

kein einheitliches Bild; verbreitet wird ein Betrag von 0,25/EUR, vereinzelt aber auch von 0,50/EUR pro Kopie genannt.[655]

**c) Eidesstattliche Versicherung.** Unter den Voraussetzungen des **§ 259 Abs. 2 BGB** kann der Mieter verlangen, dass der Vermieter die Vollständigkeit der gewährten Belegeinsicht an Eides Statt versichert (→ Rn. 473). 524

### 5. Prozessuale Durchsetzung

Der Anspruch auf Belegeinsicht wird durch Leistungsklage durchgesetzt. Beim **Klageantrag** ist auf das Bestimmtheitsgebot (§ 253 Abs. 2 Nr. 2 ZPO) besonderes Augenmerk zu richten. Mit Blick auf eine etwaige Zwangsvollstreckung, aber auch, um dem Vermieter eine Rechtsverteidigung zu ermöglichen, muss genau bezeichnet werden, welche Leistung zu erbringen ist.[656] In der Lit. wird daher teilweise verlangt, die Belege müssten iE aufgeführt werden[657], was den Mieter letztlich dazu zwingen würde, den Vermieter erst auf Auskunft über die vorhandenen Belege zu verklagen. Die Instanzrechtsprechung ist im Betriebskostenrecht indes liberaler und lässt allgemeine Klageanträge zu, die den Abrechnungszeitraum und das Abrechnungsobjekt nennen.[658] 525

Die **Darlegungs- und Beweislast** für den Anspruch auf Belegeinsicht trifft nach allgemeinen Grundsätzen den Mieter; der Vermieter hat eine etwaige Erfüllung zu beweisen. Das Urteil wird nach § 888 ZPO **vollstreckt.**[659] 526

## I. Nachforderungsanspruch des Vermieters

Der die Betriebskostenpraxis dominierende Anspruch des Vermieters auf nachträgliche Erstattung von Betriebskosten ist gesetzlich nicht besonders geregelt. Anspruchsgrundlage ist nicht etwa die Betriebskostenabrechnung, sondern § 535 Abs. 2 BGB iVm der Vorauszahlungsabrede aus dem Mietvertrag.[660] Das Gesetz bezeichnet den Anspruch als **„Nachforderung"**, § 556 Abs. 3 S. 3 BGB. 527

### I. Materiell: Saldo zugunsten des Vermieters

Ein Nachforderungsanspruch setzt voraus, dass die im Abrechnungszeitraum entstandenen, vom Mieter zu tragenden Betriebskosten die vom Mieter geleisteten Vorauszahlungen überschreiten. Man kann dies als **materielle Voraussetzung** bezeichnen. Zu den Gegenrechten des Mieters → Rn. 557. 528

Für die Frage, ob unter Berücksichtigung etwaiger Vorauszahlungen des Mieters ein Saldo zugunsten des Vermieters besteht, hat die **Abrechnung** zunächst **keine Bedeutung.** Dies **ändert sich,** falls und soweit die Abrechnung nach § 556 Abs. 3 S. 6 BGB zugunsten des Vermieters **bestandskräftig** wird (→ Rn. 453). 529

Der Vermieter hat daher die Möglichkeit, materielle Fehler der Abrechnung auch nach Ablauf der Abrechnungsfrist zu **korrigieren.** Denn darin liegt lediglich der Nachweis der materiellen Berechtigung seines Nachforderungsanspruchs. Die Korrektur kann sowohl vor als auch nach Fristablauf und auch zu Lasten des Mieters erfolgen.[661] Die **unrichtige Abrechnung** begründet für den Mieter nämlich **keinen Vertrauensschutz;** dieser wird abschließend über § 556 Abs. 3 S. 3 BGB gewährt. Denn die Korrektur der Abrechnung darf nicht zu einer Erhöhung der Nachforderung gegenüber dem Mieter führen (→ Rn. 550). Auch die vorbehaltlose **Erstattung** eines sich aus der Betriebskostenabrechnung ergebenden Guthabens steht einer Korrektur der Abrechnung – präziser: der Geltendmachung eines Nachforderungsbetrags – nicht entgegen.[662] 530

---

[655] Etwa AG Halle an der Saale WuM 2014, 337, 0,25 EUR; LG Berlin WuM 2005, 49, 0,50 EUR.
[656] BGH IVb ZR 355/81, NJW 1983, 1056 (Antrag, „diejenigen Belege beizufügen, aus denen die Richtigkeit des Zahlenmaterials entnommen werden kann", ist zu unbestimmt).
[657] MüKoZPO/*Becker-Eberhard* § 253 Rn. 146.
[658] Vgl. etwa den jeweiligen Tenor bei OLG Düsseldorf WuM 1993, 411; LG Hamburg ZMR 2020, 957.
[659] Vgl. BGH I ZB 94/05, NJW 2006, 2706.
[660] BGH VIII ZR 57/04, NJW 2005, 1499; *Jacoby* ZMR 2017, 781 (786); anders *Lammel* jurisPR-MietR 7/2019 Anm. 2, zu § 670 BGB.
[661] BGH VIII ZR 296/09, NJW 2011, 843; *Flatow* WuM 2010, 606 (607).
[662] BGH VIII ZR 296/09, NJW 2011, 843; BGH XII ZR 62/12, NJW 2013, 2885 Rn. 9.

531 Ist der vom Vermieter für sich reklamierte Saldo zwischen den Parteien streitig, so ist – **vorbehaltlich** des Eintritts der Bestandswirkung nach § 556 Abs. 3 S. 6 BGB oder des Verlustes des Nachzahlungsanspruchs nach § 556 Abs. 3 S. 3 BGB – über die Berechtigung der Forderung des Vermieters nach den **allgemeinen prozessrechtlichen Grundsätzen** zu entscheiden (→ Rn. 574).

### II. Formell: Rechtzeitige Abrechnung durch Vermieter (§ 556 Abs. 3 S. 3 BGB)

532 Neben die soeben beschriebene materielle tritt eine **verfahrensrechtliche Voraussetzung,** nämlich die Abrechnung durch den Vermieter. Verbreitet wird mit dem Zugang der Betriebskostenabrechnung die Fälligkeit des Nachzahlungsanspruchs verbunden.[663] Diese Sichtweise geht zurück auf die Rechtslage vor Kodifizierung des Betriebskostenrechts.[664] Die rechtliche Bedeutung der Abrechnung ist seit der Mietrechtsreform 2001 aber aus § 556 Abs. 3 S. 3 BGB abzuleiten. Danach ist der Vermieter bei verspäteter Abrechnung mit Nachforderungen ausgeschlossen.

533 § 556 Abs. 3 S. 3 BGB hat nach allgM den **Zweck,** den Mieter vor Nachzahlungsansprüchen aus länger zurückliegenden Abrechnungsperioden zu schützen.[665] Die **Rechtsnatur** der Vorschrift ist hingegen unterbelichtet. Typischerweise wird, den Wortlaut umsetzend, von einer „Ausschlussfrist" gesprochen. Nach allgemeinen Grundsätzen würde es sich dann um eine Einwendung gegen den Nachforderungsanspruch handeln.[666] Näher liegt es, die rechtzeitige Abrechnung als Voraussetzung für den Nachforderungsanspruch einzuordnen. Dies erklärt auch zwanglos, warum den Vermieter hierfür die Beweislast trifft (→ Rn. 577).[667]

534 § 556 Abs. 3 S. 3 BGB ist auch anwendbar, wenn die Parteien auf eine **Vorauszahlungsabrede verzichtet** haben.[668] Denn um eine Nachzahlung handelt es sich auch in diesem Fall, da dieser Begriff das Antonym zu Vorauszahlungen ist. Auch der Zweck der Vorschrift streitet für eine Anwendung auf diese Konstellationen.[669]

#### 1. Grundsatz: Zwölf-Monats-Frist des § 556 Abs. 3 S. 2 BGB

535 Nach § 556 Abs. 3 S. 3 BGB iVm § 556 Abs. 3 S. 2 BGB hat der Vermieter grds. binnen zwölf Monaten nach Ende der Abrechnungsperiode Rechnung zu legen. Die **Vereinbarung** einer **kürzeren Frist** ist nach § 556 Abs. 4 BGB möglich, nach der Rspr. des BGH aber auch in Vermieter-AGB nur ausnahmsweise anzunehmen.[670] Zur Fristberechnung → Rn. 417.

#### 2. Ausnahme: Nachfrist

536 Nach § 556 Abs. 3 S. 3 Hs. 2 BGB gilt die Zwölf-Monats-Frist nicht, wenn der Vermieter die verspätete Geltendmachung nicht zu vertreten hat. Der Wortlaut ist unpräzise: Es geht nicht um die verspätete Geltendmachung der Nachforderung, sondern um die verspätete Abrechnung über Betriebskosten, die mit einer Nachforderung des Mieters endet. Die **Beweislast** für die Verlängerung der Zwölf-Monats-Frist trifft, wie sich aus der Wendung „es sei denn" ergibt, den Vermieter.[671]

537 § 556 Abs. 3 S. 3 BGB definiert nicht, was der Vermieter zu vertreten hat. Es greifen daher die allgemeinen Regelungen, also **§ 276 BGB** und **§ 278 BGB.** Zwar betrifft § 556 Abs. 3 S. 3 BGB eine Obliegenheit des Vermieters; auch auf eine solche ist § 278 BGB aber anwendbar.[672]

---

[663] Etwa BGH VIII ZR 27/10, NJW 2011, 1867 Rn. 12.

[664] Siehe die Nachweise bei BGH VIII ZR 57/04, NJW 2005, 1499.

[665] BGH VIII ZR 115/04, NJW 2005, 219; BT-Drs. 14/4553, 27.

[666] *Neuner* BGB AT § 22 Rn. 6.

[667] Es bedarf daher nicht der Bemühungen einer Beweislastumkehr, zu der man bei Einordnung als Einwendung gezwungen ist (dazu BayObLG NJW 1967, 57).

[668] Offen gelassen von BGH VIII ZR 230/19, NZM 2020, 1106 Rn. 40; **aA** LG München II NZM 2012, 342; Staudinger/*Artz,* 2018, BGB § 556 Rn. 106.

[669] *Vgl. BGH V ZR 60/17, NZM 2018, 675 Rn. 13, zum Wohnrecht.*

[670] BGH VIII ZR 152/15, NZM 2016, 307.

[671] BGH VIII ZR 107/08, NJW 2009, 2197 Rn. 13.

[672] MüKoBGB/*Grundmann* § 278 Rn. 24.

**a) Eigenes Verschulden.** Schuldhaft handelt ein Vermieter, der vorsätzlich oder fahrlässig die Abrechnung nicht innerhalb der Frist erstellt. Dabei obliegt es dem Vermieter zunächst, so früh mit der Abrechnung zu beginnen, dass er bei normalem Lauf der Dinge[673] damit rechnen kann, das Rechenwerk so **rechtzeitig fertig** zu **stellen,** dass es der Mieter fristgerecht erhalten wird.[674] Ist diese Voraussetzung erfüllt und verzögert sich die Abrechnung dennoch, ist zu prüfen, ob die Verzögerung auf einem Verschulden des Mieters beruht. Ein Verschulden des Mieters liegt etwa vor, wenn er persönlich mit dem Rechenwerk überfordert ist (dann muss er sich rechtzeitig um fachliche Hilfe bemühen) oder er Hilfsmittel – etwa einen Computer – nicht gewartet oder vorausschauend bedient hat.[675] 538

**aa) Unkenntnis der Gesamtbetriebskosten.** Die Verschuldensfrage stellt sich auch, wenn dem Vermieter **Informationen** zu den Gesamtbetriebskosten **fehlen.** Hier ist zu differenzieren: Rechnet der Vermieter nach dem Leistungsprinzip (→ Rn. 371) ab, ist er ggf. auf Rechnungen der Versorger angewiesen. Er handelt in diesem Fall schuldhaft, wenn er sich nicht rechtzeitig und nachhaltig um die notwendigen Rechnungen der Versorger bemüht.[676] Korrigieren die Versorger ihre Rechnungen für den Abrechnungszeitraum oder schieben sie Rechnungen nach, wird den Vermieter hieran typischerweise kein Verschulden treffen; § 278 BGB greift nicht (→ Rn. 546). Für die Abrechnung nach dem Abflussprinzip (→ Rn. 371) benötigt der Vermieter hingegen keine Rechnungen. 539

Die Unkenntnis der Gesamtbetriebskosten kann auch darauf beruhen, dass der Versorger **mutmaßlich unberechtigte Forderungen** gestellt hat. Betriebskosten sind nämlich nur solche, die dem Vermieter mit Rechtsgrund entstanden sind (→ Rn. 179). Rechnet der Vermieter zu Unrecht erfolgte Zahlungen an den Versorger gegenüber dem Mieter ab, ist die Abrechnung fehlerhaft. Die Frage lautet daher, ob ein Vermieter, der in einer Situation der (rechtlichen) Unsicherheit zunächst davon absieht, seine Zahlungen an den Versorger an den Mieter weiterzureichen, schuldhaft die Abrechnungsfrist versäumt, wenn sich die Zahlung später als rechtmäßig herausstellt. Das wird man nur dann zu bejahen haben, wenn für ein Zurückhalten der Zahlung aus der ursprünglichen Abrechnung offensichtlich kein Grund bestand. Bestehen gegen den Rechtsgrund der Zahlung hingegen Bedenken, handelt ein Vermieter gerade nicht schuldhaft, wenn er dem Mieter die mutmaßlich unberechtigte Zahlung nicht in Rechnung stellt.[677] Denn das Erheben einer unberechtigten Betriebskostenforderung ist rechtswidrig und kann daher sogar strafrechtliche Relevanz haben (§ 263 StGB). 540

Auch in der **Zwangsverwaltung** kann im Einzelfall schuldlose Unkenntnis der Betriebskosten vorliegen.[678] 541

**bb) Unkenntnis des Umlagemaßstabs.** Die Unkenntnis des Umlageschlüssels wird typischerweise auf einem Verschulden des Vermieters oder seiner Erfüllungsgehilfen (→ Rn. 546) beruhen. An einem Vertretenmüssen kann es aber fehlen, wenn es zu nicht vorhersehbaren Komplikationen bei der **Ablesung** von Verbrauchswerten im Gebäude kommt, etwa weil ein Mieter überraschenderweise keinen Zutritt gewährt. 542

**cc) Unkenntnis der Mieteranschrift.** Umstritten ist die Bewertung von Fällen, in denen der fristgemäße Zugang der Abrechnung daran scheitert, dass der Vermieter die Adresse des **umgezogenen Mieters** nicht kennt.[679] Hat der Mieter seine neue Adresse mitgeteilt, so darf der Vermieter auf deren Richtigkeit vertrauen, solange ihm keine Tatsachen vorliegen, die ernsthaft auf etwas Anderes hindeuten.[680] Ist dem Vermieter die Umzugsadresse unbekannt, so darf er innerhalb der üblichen Nachsendefristen die Abrechnung noch an die alte Adresse schicken, da er auf einen Nachsendeauftrag vertrauen darf.[681] 543

---

673 Weshalb etwa eine plötzliche Erkrankung das Verschulden ausschließen kann, vgl. etwa *Flatow* WuM 2010, 606 (611).

674 Vgl. Lützenkirchen MietR/*Lützenkirchen* BGB § 556 Rn. 648.

675 Vgl. AG Annaberg NZM 2008, 686 (unterlassene Computerdatensicherung).

676 Langenberg/Zehelein BetrKostR/*Zehelein* Kap. G Rn. 55; **aA** Lützenkirchen MietR/*Lützenkirchen* BGB § 556 Rn. 654.

677 Ähnlich Lützenkirchen MietR/*Lützenkirchen* BGB § 556 Rn. 657.

678 Näher *Drasdo* NZM 2018, 6 (12).

679 Zu diesem Problem *Langenberg* WuM 2010, 115; *Streyl* ZMR 2011, 188.

680 Vgl. AG Frankfurt a. M. 380 C 2096/18 BeckRS 2019, 22686.

681 Vgl. AG Lichtenberg GE 2009, 1503.

544 Fehlt dem Vermieter eine Umzugsadresse und sind die Nachsendefristen abgelaufen oder erfährt er, dass die ihm bekannte Umzugsdresse falsch ist, so muss er sich rechtzeitig und nachhaltig um ihre **Ermittlung bemühen.**[682] Schuldhafte Verzögerungen bei der Ermittlung gehen daher zu seinen Lasten. Bei der Berechnung des dem Vermieter zurechenbaren Verzögerungszeitraums ist aber auch das Verhalten des Mieters zu berücksichtigen. Bittet etwa der Vermieter kurz vor Ablauf der Abrechnungsfrist den Mieter telefonisch um Mitteilung der neuen Adresse und verweigert der Mieter die Mitwirkung, gereicht es dem Vermieter nicht zum Nachteil, wenn er sich erst dann um andere Arten der Informationsermittlung (etwa Einwohnermeldeamt) bemüht. Teilweise wird – über den hiesigen Standpunkt hinausgehend – hingegen vertreten, ein Mieter, der seinem früheren Vermieter nicht stets seine neue Adresse mitteile, könne sich nicht auf ein Fristversäumnis berufen.[683]

545 **dd) Obliegenheit zur Teilabrechnung.** Steht das Hindernis einer Abrechnung nicht vollständig entgegen, stellt sich die Frage, ob der Vermieter schuldhaft handelt, wenn er die Abrechnung insgesamt zurückstellt, bis das Hindernis behoben ist. In der Lit. wird das Problem unter Hinweis auf § 556 Abs. 3 S. 4 BGB diskutiert.[684] Indes verbietet die Vorschrift Teilabrechnungen nicht (→ Rn. 356). Bei der Lösung wird man daher zu differenzieren haben: Ist dem Vermieter aufgrund der Umlagevereinbarung – konkret: durch ein **Vorauszahlungssplitting** – die Abrechnung über einzelne Kostenpositionen möglich (→ Rn. 104), so kann er sich insoweit nicht auf ein Abrechnungshindernis berufen, das eine andere Position betrifft; er hat über diese Positionen abzurechnen. Gleiches gilt, wenn bei einer Kostenposition die Gesamtkosten sich wohlmöglich noch erhöhen werden (Beispiel: bei der kalenderbezogenen Abrechnung nach dem Leistungsprinzip wird dem Vermieter am 27.12. eine Nachzahlungsrechnung für den Januar in Aussicht gestellt). Hier ist es dem Vermieter möglich, über die ihm derzeit bekannten Gesamtbetriebskosten abzurechnen. Anders ist es, wenn kein Vorauszahlungssplitting vereinbart ist und er den Umlageschlüssel einer Kostenposition nicht kennt. Denn hier kann er keinen (temporären) Gesamtsaldo bilden, den er mit dem einheitlichen Vorauszahlungsbetrag verrechnen kann. In derartigen Konstellationen liegt mithin kein Teil-, sondern ein **Gesamthindernis** für die Abrechnung vor.

546 **b) Verschuldenszurechnung (§ 278 BGB).** Praxisrelevant ist die Frage der **Zurechnung** eines Verschuldens nach § 278 BGB. Dieses setzt voraus, dass ein Erfüllungsgehilfe des Vermieters ein Verschulden an der Fristversäumnis trifft. Maßgeblich ist, ob sich der Vermieter gerade für die Erfüllung seiner Abrechnungsobliegenheit der Hilfe eines Dritten bedient hat. Dies ist der Fall bei von ihm eingeschalteten Personen, die für ihn die Abrechnung erstellen (etwa eine **Hausverwaltung**[685] oder ein Heizkostenunternehmen[686]) oder für ihn die erforderlichen Umlageschlüssel ermitteln. Erfüllungsgehilfen sind auch Unternehmen, derer sich der Vermieter für die Zustellung der Abrechnung bedient, etwa die Deutsche **Post.**[687] Keine Erfüllungsgehilfen sind hingegen die Unternehmen, die den Vermieter mit den Betriebskostenleistungen versorgen.[688]

547 **c) Sonderkonstellation vermietete Eigentumswohnung.** Bei der vermieteten Eigentumswohnung benötigt der Vermieter für die Abrechnung Informationen, die sich im Besitz eines Dritten, nämlich der Wohnungseigentümergemeinschaft, befinden. Denn die Gesamtbetriebskosten entstehen der Wohnungseigentümergemeinschaft (→ Rn. 175). Der Vermieter kann sich, um sein Verschulden auszuschließen, nicht allein darauf berufen, der Verwalter habe die Jahresabrechnung (§ 28 Abs. 2 S. 2 WEG) nicht rechtzeitig vorgelegt.[689] Er muss sich vielmehr darum bemühen, die **erforderlichen Daten** zu erhalten, etwa indem er Einsicht in die Belege der Wohnungseigentümergemeinschaft nimmt (§ 18 Abs. 4 WEG) oder von dieser die Jahresabrechnung verlangt.[690] Werden diese Bemühungen von der Wohnungseigentümergemeinschaft blockiert, ist dies dem Vermieter nicht zuzurechnen. Denn weder die Wohnungseigentümergemeinschaft noch gar der Verwalter[691] sind Erfüllungsgehilfe des Vermieters bei der Erstellung der Betriebskostenabrechnung.

---

[682] AG Bochum 55 C 61/16 BeckRS 2016, 18997; AG Hamburg-Blankenese ZMR 2016, 378; AG Köln WuM 2017, 265.
[683] AG Bad Neuenahr-Ahrweiler NZM 2008, 205; AG Neukölln GE 2009, 1323.
[684] Lützenkirchen MietR/*Lützenkirchen* BGB § 556 Rn. 652.
[685] Vgl. BGH VIII ZR 115/04, NJW 2005, 219.
[686] Etwa LG Berlin GE 2015, 382.
[687] BGH VIII ZR 107/08, NJW 2009, 2197 Rn. 13.
[688] *Flatow* WuM 2010, 606 (611); vgl. BGH VIII ZR 220/05, NJW 2006, 3350, zur Grundsteuer.
[689] BGH VIII ZR 249/15, NJW 2017, 2608 Rn. 17.
[690] Näher *Jacoby* ZMR 2021, 1 (7f.).
[691] BGH VIII ZR 249/15, NJW 2017, 2608 Rn. 42.

**d) Länge der Nachfrist.** Bezöge man das Merkmal „verspätet" auf die Worte „nach Ablauf der Frist" in § 556 Abs. 3 S. 3 BGB, ergäbe sich für das Nachschieben von Nachforderungen keine zeitliche Grenze: Der Vermieter, der die Abrechnungsfrist des § 556 Abs. 3 S. 2 BGB schuldlos verletzt hat, könnte auch noch Jahre später mit dem Ergebnis einer Nachforderung abrechnen. So wird die Vorschrift indes angesichts ihres Zwecks zu Recht nicht interpretiert: Nach allgM ist der Vermieter nach Wegfall des unverschuldeten Abrechnungshindernisses keineswegs zu einer unbefristeten (Neu-)Abrechnung berechtigt. Vielmehr läuft eine **„zweite" Abrechnungsfrist;** wird diese nicht eingehalten, so ist die (Neu-)Abrechnung verspätet iSd § 556 Abs. 3 S. 2 BGB.[692] Dieses Normverständnis überzeugt, weil der Mieter ein Interesse daran hat, dass der Vermieter nach Wegfall des unverschuldeten Abrechnungshindernisses zügig abrechnet. Nach Ansicht des BGH beträgt diese Nachfrist im Regelfall **drei Monate.**[693] Diese Regelfrist kann sich durch vom Vermieter nicht zu vertretende Umstände verlängern.[694] 548

### 3. Wahrung der Abrechnungsfrist

Nach hM reicht zur Wahrung der Abrechnungsfrist der Zugang einer **formell richtigen Abrechnung** (dazu → Rn. 338).[695] 549

Der BGH kompensiert dieses aus Sicht des Mieters unerfreuliche Ergebnis – auch eine an inhaltlichen Fehlern leidende Abrechnung ist fristwahrend – dadurch, dass er den Vermieter der Höhe nach auf die in der Abrechnung mitgeteilten Zahlen beschränkt: Ist die Abrechnung inhaltlich fehlerhaft, ist der Vermieter an einen betragsmäßig zu seinen Lasten wirkenden Abrechnungsfehler gebunden. Er kann also **nach Fristablauf** die Abrechnung **nicht zu Lasten** des **Mieters** betragsmäßig **korrigieren.** Dabei vertritt der BGH eine Einzelbetrachtung: Maßgeblich sind die Angaben zu den einzelnen Betriebskostenpositionen in der binnen der Frist zugegangenen Abrechnung.[696] Es ist dem Vermieter also verwehrt, eine Fehler zu seinen Lasten bei der Kostenposition A durch eine „Verrechnung" mit einem Fehler zu seinen Lasten bei der Kostenposition B aufzuheben. Das überzeugt jedenfalls dann, wenn die Parteien eine Einzelabrechnung der Positionen vereinbart haben (→ Rn. 104). 550

**Beispiel:** Der Anteil des Mieters an den Wasserkosten ist mit 100 Euro, an der Grundsteuer mit 200 Euro angegeben, Gesamtsaldo zu Lasten des Mieters 100 Euro. Richtig wäre hingegen bei der Grundsteuer der Betrag von 100 Euro und bei den Wasserkosten von 200 Euro. Der Vermieter kann nach Fristablauf nicht seine in der Abrechnung ausgewiesene Nachforderung mit dem Argument „retten", unter dem Strich sei die Abrechnung richtig. Der Einwand des Mieters, ihm seien bei der Grundsteuer 100 Euro zu Unrecht berechnet und der Gesamtsaldo mithin null, schlägt durch.

Eine **Alibi-Abrechnung** ist nicht anzuerkennen.[697] Dies sind Rechenwerke, die nur den Schein einer inhaltlich richtigen Abrechnung erwecken sollen, letztlich aber nur dazu dienen, die Frist zu wahren, um dann später eine Inhaltskorrektur mit den zutreffenden Daten nachschieben zu können. Ob eine Alibi-Abrechnung vorliegt, ist eine Frage der Umstände des Einzelfalls. Entscheidend ist, ob die Abrechnung aus Sicht eines objektiven Beobachters von dem Bemühen getragen ist, zu einem richtigen Ergebnis zu gelangen. Eine Vielzahl von Fehlern wird dieser Annahme typischerweise entgegenstehen. 551

Erforderlich ist, dass die Abrechnung binnen der Frist in den **Machtbereich** des **Mieters** gelangt (→ Rn. 408). Scheitert dies an Gründen, die der Vermieter nicht zu vertreten hat, müssen – anders als in der Geschäftsraummiete[698] – nicht die allgemeinen Grundsätze zur Rückwirkung des Zugangs bei dem Empfänger zurechenbaren Zugangshindernissen bemüht werden. In diesen Fällen führt nämlich § 556 Abs. 3 S. 3 Hs. 2 BGB zu einer Nachfrist zugunsten des Vermieters. 552

Auf welche Art und Weise der Vermieter binnen der **Nachfrist abzurechnen** hat, bestimmt sich nach dem weggefallenen Abrechnungshindernis. Hat der Vermieter dem Mieter noch gar keine Abrechnung erteilt, etwa wegen mangelndem Zugang, hat er dies den allgemeinen Anforderungen entsprechend nachzuholen. Er muss also binnen der Nachfrist dem Mieter eine formell 553

---

692 BGH VIII ZR 220/05, NJW 2006, 3350.
693 BGH VIII ZR 220/05, NJW 2006, 3350 Rn. 19.
694 Vgl. BGH VIII ZR 220/05, NJW 2006, 3350 Rn. 20.
695 BGH VIII ZR 115/04, NJW 2005, 219; BGH VIII ZR 22/13, NZM 2014, 26 Rn. 13.
696 BGH VIII ZR 115/04, NJW 2005, 219 unter 2.; s. etwa auch LG Berlin GE 2011, 612.
697 LG Bonn WuM 2015, 358; vgl. auch BGH VIII ZR 115/04, NJW 2005, 219 unter II. 1 a.
698 Vgl. BGH XII ZR 164/03, GE 2007, 1550 Rn. 22.

ordnungsgemäße Abrechnung zustellen. Beschränkt sich das Abrechnungshindernis auf einen Teil der Abrechnung (→ Rn. 545), bedarf es keiner vollständigen Neuabrechnung. Der Vermieter muss dann nur über die die betroffene Kostenposition (neu) in formell richtiger Art und Weise abrechnen. Hat der Vermieter die Vorauszahlungen des Mieters bereits in der Erstabrechnung vollständig verrechnet, ist als Vorauszahlungsbetrag „null" anzugeben.

554 Auswirkungen auf die Nachabrechnung hat auch die zwischen den Parteien geltende **Methode** der **Zuordnung der Kosten** zu einer **bestimmten Abrechnungsperiode** (dazu → Rn. 371). Diese wird relevant, wenn der Vermieter nach Erteilung der ursprünglichen Abrechnung „nachträglich" mit weiteren Kosten belastet wird. Paradebeispiel sind Grundsteuernachforderungen. Gilt für die betroffene Abrechnungsposition das Abflussprinzip, geht es in diesen Fällen nicht stets um eine Nachberechnung iSd § 556 Abs. 3 S. 3 BGB. Entscheidend ist bei diesem Prinzip nämlich allein, wann der Vermieter die Nachforderung beglichen hat; anders ist es beim Leistungsprinzip.[699]

**Beispiel:** Der Vermieter erhält und begleicht im Jahr 2020 eine Grundsteuernachforderung für die Jahre 2017 und 2018. Gilt für diese Kostenposition das Abflussprinzip, sind die Kosten in der Abrechnung für das Jahr 2020 zu berücksichtigen. Anders ist es beim Leistungsprinzip; hier sind die Abrechnungen 2017 und 2018 zu korrigieren.

## III. Keine allgemeine Prüffrist des Mieters

555 Ein Nachzahlungsanspruch wird nach der Rspr. erst mit Zugang einer inhaltlich zutreffenden **Betriebskostenabrechnung** beim Mieter **fällig**[700]; nach hiesiger Ansicht handelt es sich hingegen um eine Anspruchsvoraussetzung (→ Rn. 533).

556 Eine allgemeine **Frist zur Prüfung** der Abrechnung steht dem Mieter nach der Rspr. nicht zu.[701] Das überzeugt, weil der Mieter über sein Recht zur Belegeinsicht geschützt wird: Denn die **Erteilung von Belegen** gehört nach § 259 Abs. 1 BGB zur Abrechnungspflicht (→ Rn. 387). Allerdings ist die Erteilung von Belegen mit der Betriebskostenabrechnung nicht üblich, sondern der Mieter kann erst auf Abruf Einsicht verlangen (→ Rn. 515). Der Nachzahlungsanspruch wird daher auch fällig, wenn der Vermieter der Abrechnung keine Belege beifügt. Macht der Mieter indes sein Einsichtsrecht geltend, führt dies zu einer Einwendung gegen den Nachzahlungsanspruch (→ Rn. 435).

## IV. Gegenrechte des Mieters

557 Der Mieter kann sich gegen den Nachforderungsanspruch des Vermieters mit Einwendungen iSd **§ 556 Abs. 3 S. 5 BGB** verteidigen, also solchen, die sich gegen die Berechnung des Nachforderungsanspruchs richten (dazu → Rn. 426 ff.). § 556 Abs. 3 S. 3, 5 BGB regelt die Gegenrechte des Mieters indes nicht abschließend:

### 1. Verjährung

558 Der Nachzahlungsanspruch des Vermieters **verjährt** nach §§ 199, 195 BGB. Der Beginn der Verjährung setzt nach § 199 Abs. 1 Nr. 1 BGB die Entstehung und damit die Fälligkeit des Nachzahlungsanspruchs voraus. Diese tritt erst mit Erteilung der Abrechnung ein.[702] Die Verjährung beginnt also mit dem Schluss des Jahres, in dem die Abrechnung zugeht. Wird die Abrechnung nachgebessert, so führt dies für die nachgebesserten oder ergänzten Teile der Abrechnung nicht zu einem Neubeginn der Verjährung.[703]

### 2. Verwirkung

559 Werden **Nachzahlungsansprüche nicht geltend** gemacht, ist eine vor Verjährungsende eintretende Verwirkung (§ 242 BGB) zwar denkbar, aber auf seltene Ausnahmekonstellationen beschränkt. Verwirkung setzt voraus, dass der Vermieter den Anspruch längere Zeit nicht geltend

[699] Anschaulich BGH VIII ZR 220/05, NJW 2006, 3350 Rn. 10 ff.
[700] *BGH VIII ZR 57/04*, NJW 2005, 1499.
[701] BGH VIII ZR 189/17, NJW 2018, 1599 Rn. 25 mN zur Gegenansicht.
[702] BGH ARZ 5/90, NJW 1991, 836.
[703] Staudinger/*Jacoby/Peters* BGB § 199 Rn. 19.

gemacht hat, obwohl er hierzu in der Lage war (Zeitmoment) und der Mieter sich mit Rücksicht auf das gesamte Verhalten des Vermieters darauf einrichten durfte und eingerichtet hat, dass dieser seinen Nachzahlungsanspruch nicht mehr geltend machen werde (Umstandsmoment).[704] Angesichts der kurzen Verjährungsfrist von drei Jahren ist richtigerweise ein ganz erhebliches Umstandsmoment für die Verwirkung erforderlich.[705] Der BGH hat in einem Fall die Bejahung dieses Moments durch das Berufungsgerichts nicht beanstandet, in dem der Vermieter nach Erhebung von Einwendungen die Nachzahlungsansprüche für vier Abrechnungsperioden hatte verjähren und nach Erhebung derselben Einwendungen den Anspruch für die folgende Abrechnungsperiode erst nach 3½ Jahren eingeklagt hatte.[706]

Die **Verwirkung** durch **Nichtabrechnung** spielte eine große Rolle vor der Mietrechtsreform 2001, als im Wohnraummietrecht noch keine Abrechnungsfrist galt. Seit Einführung von § 556 Abs. 3 S. 3 BGB ist für einen solchen Rechtsverlust kein Raum mehr: Es ist nicht denkbar, das Zeitmoment vor Ablauf der Abrechnungsfrist zu bejahen. Zur konkludenten Änderung des Mietvertrags bei Nichtabrechnung → Rn. 66. **560**

### 3. Zurückbehaltungsrecht (§ 273 BGB)

Dem Mieter kann gegen den Nachzahlungsanspruch auch ein **Zurückbehaltungsrecht** nach § 273 BGB zustehen. Dieses setzt einen natürlichen und wirtschaftlichen Zusammenhang[707] (Konnexität) mit einem Anspruch gegen den Vermieter voraus, was bei Ansprüchen aus demselben Mietvertrag ohne weiteres der Fall ist. **561**

Ein Anwendungsfall von § 273 BGB ist der Anspruch auf Beseitigung eines **Mangels** der Mietsache. Gleiches gilt für den Anspruch auf Erteilung noch ausstehender **Betriebskostenabrechnungen**[708]; die Rspr. des BGH zum Zurückbehaltungsrecht an den laufenden Vorauszahlungen steht hier nicht entgegen, weil der BGH weitergehende Zurückbehaltungsrechte nicht ausgeschlossen hat.[709] Denkbar ist allerdings, dass das Zurückbehaltungsrecht, insbes. wenn es gemeinsam mit der Zurückbehaltung der laufenden Miete ausgeübt wird, wegen einer „Übersicherung" des Mieters treuwidrig ist.[710] **562**

### 4. Nichtgewährung der Möglichkeit zur Belegeinsicht

Die Nichterfüllung des Anspruchs auf Einsicht in die **Betriebskostenbelege** löst nach Ansicht des BGH ein Zurückbehaltungsrecht des Mieters gegen den Nachzahlungsanspruch aus.[711] Die Rechtsfolgen bestimmt der BGH aber abweichend von den allgemeinen Grundsätzen: Der Zahlungsklage des Vermieters ist nicht Zug-um-Zug gegen Belegeinsicht stattzugeben, sondern sie ist nach § 242 BGB als derzeit unbegründet abzuweisen.[712] Das überzeugt, soll die Belegeinsicht doch inhaltliche Einwendungen gegen den Anspruch ergeben, was eine Zug-um-Zug-Verurteilung offensichtlich nicht rechtfertigt. Gleichzeitig wäre die Abweisung als endgültig unbegründet überschießend. Prozessrechtlich handelt es sich um eine vom Mieter zu erhebende **Einrede.** Sie setzt voraus, dass der Vermieter den Anspruch des Mieters auf Belegeinsicht bislang nicht erfüllt hat (dazu → Rn. 514). **563**

### 5. Verzicht

Der Vermieter kann nach Maßgabe des § 397 BGB auf einen Nachzahlungsanspruch verzichten. Ein solcher Verzicht liegt aber **nicht** allein darin, dass er dem Mieter vorbehaltslos ein **Guthaben** aus der Betriebskostenabrechnung **erstattet.**[713] Dieses Verhalten hindert ihn also nicht, die Abrech- **564**

---

[704] Vgl. etwa BGH XI ZR 25/19, BeckRS 2020, 3950 Rn. 11 mN.
[705] BGH EnZR 23/09, NJW 2011, 212 Rn. 22.
[706] BGH VIII ZR 146/11, NZM 2012, 677.
[707] Etwa BGH X ZR 173/01, NJW 2004, 3484.
[708] Vgl. OLG Düsseldorf ZMR 2008, 708.
[709] BGH VIII ZR 191/05, NZM 2006, 533 Rn. 13 „jedenfalls".
[710] Vgl. BGH X ZR 173/01, NJW 2004, 3484; zur (abzulehnenden) Sonderrechtsprechung bei Mängeln der Mietsache BGH VIII 39/18, NJW 2019, 1745 Rn. 23.
[711] BGH VIII ZR 78/05, NJW 2006, 1419; zu abweichenden Meinungen s. BGH VIII ZR 189/17, NJW 2018, 1599 Rn. 26.
[712] BGH VIII ZR 189/17, NJW 2018, 1599.
[713] Vgl. BGH VIII ZR 296/09, NJW 2011, 843.

nung zu korrigieren und einen Nachzahlungsanspruch geltend zu machen, vorausgesetzt, § 556 Abs. 3 S. 3 BGB steht nicht entgegen.

## V. Prozessrecht des Nachforderungsanspruchs

565 Das Prozessrecht des Nachforderungsanspruchs ist von großer praktischer Bedeutung und wirft eine Reihe teils komplexer Rechtsfragen auf.

### 1. Streitgegenstand

566 Streitgegenstand der Nachzahlungsklage ist der Anspruch des Vermieters gegen den Mieter auf Abgeltung von Betriebskosten für die in Rede stehende Abrechnungsperiode (→ Rn. 134). Ob der Streitgegenstand nach **Betriebskostentypen** zu unterteilen ist, hängt von der Parteivereinbarung ab (→ Rn. 104).[714] Ergibt diese, dass nach einzelnen Kostentypen zu unterscheiden ist, so liegen **verschiedene Streitgegenstände** vor. Das bedeutet, dass sich der Klage – ggf. durch Auslegung – entnehmen lassen muss, für welche Kostenposition der Vermieter in welcher Höhe eine Nachzahlung geltend macht (§ 253 Abs. 2 Nr. 2 ZPO). Ein wichtiges Auslegungsinstrument für den Richter ist eine zu den Prozessakten gegebene Abrechnung, wenn sich aus dieser – ggf. in Kombination mit in anderer Weise vorgetragenen Daten – die auf die einzelnen Positionen entfallenden Kosten entnehmen lassen.

567 Soll durch **Mahnbescheid** die Verjährungsfrist gehemmt werden, ist es eine Frage des Einzelfalls, ob der Mahnbescheid die betroffenen Forderungen hinreichend kennzeichnet. Von Bedeutung ist, dass nach der Rspr. für die Individualisierung der Forderung die Betriebskostenabrechnung auch dann herangezogen werden kann, wenn diese dem Mahnbescheid zwar nicht beigefügt, in diesem aber genannt wird und dem Mieter zugegangen ist.[715]

568 Wird der **Nachzahlungsklage stattgegeben,** steht als kontradiktorisches Gegenteil[716] fest, dass dem Mieter kein Anspruch auf Erstattung von Vorauszahlungen für die in Rede stehende Abrechnungsperiode zusteht. Wird die **Klage abgewiesen,** so stellt dies hingegen nicht etwa einen Rückzahlungsanspruch des Mieters fest; das Urteil steht einer solchen Klage aber auch nicht entgegen.

### 2. Relevanz des Parteivortrags

569 Die Schlüssigkeit der Klage erfordert einen entsprechenden Sachvortrag des Vermieters. Dafür ist die Vorlage der Abrechnung nicht erforderlich. Es ist daher keineswegs so, dass das Gericht die formelle Richtigkeit des Rechenwerks von Amts wegen zu prüfen hat.[717] Erfasst der Sachvortrag des **Vermieters** allerdings – maßgeblich sind die Umstände des Einzelfalls – die von ihm zu den Gerichtsakten gereichte **Abrechnung,** ist dieser Sachvortrag vom Gericht rechtlich zu würdigen und dann auch die Abrechnung auf ihre formelle Richtigkeit zu überprüfen. Der Erhebung einer entsprechenden Einwendung des Mieters bedarf es in diesem Fall nicht.

570 Zu einer gerichtlichen Prüfung der formellen Aspekte kommt es daneben stets, wenn der **Mieter** die **formelle Richtigkeit bestreitet.** Kommt das Gericht zu dem Ergebnis, dass die Abrechnung (teilweise) formell fehlerhaft ist und behebt der Vermieter den Fehler nicht (dazu → Rn. 480), ist zu unterscheiden: Ist die Ausschlussfrist des § 556 Abs. 3 S. 3 BGB am Tag der letzten mündlichen Tatsachenverhandlung noch nicht abgelaufen, so ist die Klage nach hM, da sie die Abrechnung als Fälligkeitsvoraussetzung einordnet, als derzeit **unbegründet abzuweisen.**[718] Nach Ablauf der Ausschlussfrist ist die Klage aber in jedem Fall als (endgültig) unbegründet abzuweisen, weil feststeht, dass der Vermieter den formellen Fehler nicht mehr mit der Wirkung einer Nachzahlungsforderung beheben kann.

571 Hat der Mieter eine begründete **inhaltliche Einwendung** gegen die Abrechnung erhoben, so ist zu unterscheiden: Steht nach dem Parteivortrag und einer etwaigen Beweisaufnahme fest, auf welche Weise der inhaltliche Fehler zu korrigieren ist, hat das Gericht diese Korrektur bei der Bestimmung des Vermieteranspruchs vorzunehmen. Denn die inhaltliche Richtigkeit der Abrech-

---

[714] Unklar BGH XII ZR 34/08, GuT 2009, 43.
[715] *Vgl.* BGH VIII ZR 155/11, NJW 2013, 3509 Rn. 14; s. auch LG Hamburg ZMR 2010, 760.
[716] Dazu etwa BGH V ZR 138/18, ZMR 2019, 419 Rn. 3.
[717] Zutr. *Streyl* WuM 2018, 676 (681); **aA** Langenberg/Zehelein BetrKostR/*Zehelein* Kap. G Rn. 11.
[718] BGH VIII ZR 57/04, NJW 2005, 1499.

nung betrifft die allgemeine Frage, ob und in welcher Höhe ein Anspruch besteht. Wie in anderen Prozessen ist es auch hier die Aufgabe des Gerichts, hierauf eine Antwort aufgrund des festgestellten Sachverhalts zu finden. Ein Beispiel ist etwa die Abrechnung unter Verwendung des falschen Verteilerschlüssels, wenn der richtige Schlüssel zur Überzeugung des Gerichts feststeht.[719] Steht hingegen nur die Fehlerhaftigkeit der Angabe in der Abrechnung, nicht aber das richtige Datum fest, ist die Nachzahlungsklage des Vermieters insoweit als unbegründet abzuweisen.[720] Eine Abweisung als lediglich derzeit unbegründet kommt nicht in Betracht; der Vermieter teilt insoweit das Schicksal mit anderen Klägern, denen es nicht gelingt, die Berechtigung ihres Anspruchs im Prozess darzulegen.

Der Einwand des Mieters, sein Anspruch auf **Belegeinsicht** sei nicht erfüllt worden, führt zur Abweisung der Nachzahlungsklage als **derzeit unbegründet** (→ Rn. 563).[721] **572**

Der Vermieter kann die Mängel der Abrechnung im Prozess durch **Nachbesserung** der Abrechnung (→ Rn. 480) in den Grenzen **des § 296 ZPO** beheben.[722] Bei formellen Fehlern ist daneben die Ausschlusswirkung des § 556 Abs. 3 S. 3 BGB zu beachten. **573**

### 3. Darlegungs- und Beweislast

Die Verteilung der Darlegungs- und Beweislast im Nachzahlungsprozess ist vergleichsweise **komplex.**[723] Die Fiktionswirkung des § 556 Abs. 3 S. 6 BGB modifiziert die allgemeinen zivilprozessualen Grundsätze aber nicht (→ Rn. 424). Zur Beweislast beim Streit um die Wahrung der Einwendungsfrist → Rn. 451. **574**

**a) Vereinbarung des Abrechnungsmodells.** Die Darlegungs- und Beweislast, dass und in welchem Umfang (also bzgl. welcher Betriebskosten) das Abrechnungsmodell vereinbart wurde, trifft den **Vermieter.**[724] Mit dem Vortrag, er habe über Betriebskosten abgerechnet und mache deshalb einen Nachzahlungsanspruch geltend, trägt der Vermieter konkludent die Vereinbarung des Abrechnungsmodells vor. Der **Mieter** kann diesen pauschalen Vortrag ebenso pauschal **bestreiten.**[725] Es ist dann am Vermieter, zur Vereinbarung näher vorzutragen. Der Mieter muss auf den diesbezüglichen Vortrag nach allgemeinen Grundsätzen erwidern; ein Bestreiten mit Nichtwissen scheitert an § 138 Abs. 4 ZPO. **575**

Die Darlegungs- und Beweislast des Vermieters erübrigt sich, wenn der Mieter die fehlende Abrechnungsvereinbarung nach Erteilung der Abrechnung **nicht fristgerecht rügt** (→ Rn. 429) und dieser Umstand – also die Nichtrüge – vorgetragen und bewiesen ist (dazu → Rn. 451). **576**

**b) Fristgerechte Abrechnung.** Der Nachzahlungsanspruch setzt eine formell ordnungsgemäße Abrechnung voraus (→ Rn. 532). Den **Vermieter** trifft daher die Darlegungs- und Beweislast, dass er fristgemäß abgerechnet hat.[726] Mit dem Vortrag, er habe über Betriebskosten abgerechnet und mache deshalb einen Nachzahlungsanspruch geltend, trägt der Vermieter konkludent diese Tatsache vor; der Vorlage einer Abrechnung oder anderer Nachweise bedarf es nicht. **577**

Im Falle eines Bestreitens durch den Mieter liegt die Beweislast für den **Zugang** einer formell ordnungsgemäßen Abrechnung **beim Vermieter** (→ Rn. 416). Der Vermieter muss also beweisen, welches Abrechnungsdokument dem Mieter wann zugegangen ist. Ob das Abrechnungsdokument die Anforderungen an eine formell ordnungsgemäße Abrechnung erfüllt, ist hingegen eine Rechtsfrage. **578**

**c) Gewährung der Belegeinsichtsmöglichkeit.** Die Nichtgewährung der Einsichtsmöglichkeit in die Belege ist der Sache nach ein Fehler der Abrechnung[727], der der Durchsetzbarkeit des Anspruchs entgegensteht (→ Rn. 563). Aus diesem Grund trifft den Vermieter die **Darlegungs- und Beweislast,** dass er dem Mieter die begehrte Einsicht ermöglicht hat. Der Mieter wiederum muss beweisen, dass er innerhalb der Einwendungsfrist die Einsicht verlangt hat. **579**

---

719 Vgl. etwa BGH VIII ZR 116/04, GE 2005, 360.
720 Vgl. OLG Düsseldorf NJW 2020, 71 Rn. 133, zum Baurecht.
721 BGH VIII ZR 189/17, NJW 2018, 1599.
722 OLG Dresden ZMR 2020, 24.
723 Grdl. *Streyl* WuM 2018, 676.
724 BGH XII ZR 170/13, NJW 2015, 855 Rn. 12; *Streyl* WuM 2018, 676 (679).
725 *Streyl* WuM 2018, 676 (681).
726 BGH VIII ZR 107/11, NJW 2009, 2197; Spielbauer/Schneider/*Schneider* BGB § 556 Rn. 347.
727 Vgl. BGH VIII ZR 189/17, NJW 2018, 1599 Rn. 16.

580 **d) Betriebskosten übersteigen Vorauszahlungen.** Der Nachzahlungsanspruch setzt weiter voraus, dass im durch die Abrechnung fixierten **Abrechnungsjahr** die Vorauszahlungen des Mieters die von ihm zu tragenden Betriebskosten unterschreiten. Mit dem Vortrag, er habe über Betriebskosten abgerechnet und mache deshalb einen Nachzahlungsanspruch geltend, trägt der Vermieter konkludent diese Tatsache vor. Der **Mieter** kann diesen pauschalen Vortrag ebenso pauschal **bestreiten.**[728] Dann stellt sich die Frage nach der weiteren Verteilung der Darlegungs- und Beweislast:

581 **e) Entstehung der Gesamtbetriebskosten.** Typischerweise werden die vom Mieter zu tragenden Einzelbetriebskosten aus einer Gesamtbetriebskostenmenge abgeleitet (→ Rn. 154 ff.).

582 **aa) Darlegungs- und Beweislast des Vermieters.** Den **Vermieter** trifft die Darlegungs- und Beweislast dafür, dass die Gesamtbetriebskosten entstanden sind und das Abrechnungsjahr betreffen.[729] Fallen die Gesamtbetriebskosten ihrerseits als Teil einer gemischten Kostenmenge (→ Rn. 159 ff.) an, muss der Vermieter die Gesamtbetriebskosten einerseits und die nicht umlagefähigen sonstigen Kosten andererseits nachvollziehbar aufschlüsseln (sog. **Vorwegabzug,** → Rn. 154).[730] Geht es um den Vorwegabzug von Nichtbetriebskosten der Abrechnungseinheit, so können die Betriebskosten etwa durch eine in Betriebs- und Nichtbetriebskosten aufgeschlüsselte Rechnung[731] des Dienstleisters oder durch Stundenzettel[732] ermittelt werden. Ob die vom Vermieter gewählte Methode des Vorwegabzugs die richtige ist, ist hingegen eine Rechtsfrage (zu dieser → Rn. 159 ff.). Zur Pflicht zum Vorwegabzug bei gemischter Nutzung der Abrechnungseinheit und der diesbezüglichen Beweislastverteilung → Rn. 168.

583 Hat der Mieter den Zahlungsanspruch des Vermieters bestritten, obliegt es dem Vermieter, die Höhe der Gesamtbetriebskosten **konkret vorzutragen.** Dafür ist die Aufschlüsselung nach den einzelnen Betriebskostenpositionen erforderlich. Diesen Vortrag kann der Vermieter durch Verweis auf eine als Anlage in den Prozess eingebrachte Betriebskostenabrechnung erbringen.[733]

584 **bb) Einfaches Bestreiten des Rechenwerks durch den Mieter?. Umstritten** ist, ob der Mieter die Zahlen in der Abrechnung einfach (konkret: mit Nichtwissen) bestreiten darf oder ob die Vortragslast des Mieters von einer vorherigen Belegeinsicht bestimmt wird. Herrschend ist die Auffassung, der Mieter könne die Zahlen in der Abrechnung prozessrechtlich nur beachtlich bestreiten, wenn er vorher von seinem Recht auf Belegeinsicht Gebrauch gemacht habe.[734] Der BGH hat sich dieser Meinung zwar noch nicht ausdrücklich angeschlossen, sich ihr aber deutlich angenähert.[735] Nach der Minderansicht ist hingegen ein Bestreiten mit Nichtwissen zulässig.[736]

585 Zu folgen ist der Minderansicht. Denn die hM beschreitet einen prozessrechtlichen Sonderweg, der nicht trägt. § 138 Abs. 4 ZPO ermöglicht das **Bestreiten mit Nichtwissen** gerade in dem hier vorliegenden Fall, dass sich Tatsachen außerhalb des eigenen Wahrnehmungsbereichs abspielen.[737] Zu diesem Bereich gehören zwar auch Informationen, die bei der Partei selbst nicht vorliegen, von ihr aber beschafft werden können und ihr bei wertender Betrachtung zurechenbar sind.[738] Diese Fallgruppe ist aber offensichtlich nicht einschlägig, weil es hier darum geht, dass der Mieter sich Informationen aus dem Wahrnehmungsbereich des Vermieters verschaffen müsste, der indes sein Gegner im Prozess ist.

586 **f) Umlagemaßstäbe (Einzelbetriebskosten).** Den **Vermieter** trifft die Darlegungs- und Beweislast für die inhaltliche Richtigkeit der erhobenen Forderung, wozu auch die richtige Verteilung der Gesamtbetriebskosten auf den Mieter gehört.[739] Deshalb muss der Vermieter im Streitfall

---

[728] *Streyl* WuM 2018, 676 (681).
[729] Siehe BGH VIII ZR 189/17, NJW 2018, 1599 Rn. 12; BGH XII ZR 170/13, NJW 2015, 855 Rn. 12.
[730] BGH VIII ZR 27/07, NJW 2008, 403 Rn. 28 (Hauswartkosten).
[731] Vgl. BGH VIII ZR 22/13, NZM 2014, 26 Rn. 17.
[732] LG Berlin GE 2018, 1462; LG Mönchengladbach WuM 2013, 376. Wenn der Mieter die Angaben in den Stundenzetteln bestreitet, muss Beweis erhoben werden. Die Zettel erbringen keinen Beweis über die tatsächlich ausgeübte Tätigkeit, AG Pinneberg ZMR 2002, 603.
[733] *Streyl* WuM 2018, 676 (681).
[734] Etwa OLG Düsseldorf GE 2011, 1616; LG Berlin GE 2015, 452; LG Frankfurt a. M. ZMR 2015, 305; Spielbauer/Schneider/*Schneider* BGB § 556 Rn. 515; ähnl. *Streyl* WuM 2018, 676 (686).
[735] BGH VIII ZR 45/11, NZM 2012, 96 Rn. 6; offener noch BGH VIII ZR 27/07, NJW 2008, 1801 Rn. 30.
[736] Schmid Mietnebenkosten-HdB/*Harsch* Rn. 7091.
[737] Zutr. daher etwa BGH VII ZR 143/02, NJW 2003, 2678 zum einfachen Bestreiten der vom Werkunternehmer einseitig ermittelten Massen.
[738] Vgl. BGH VIII ZR 100/97, NJW 1999, 53; Rosenberg/Schwab/Gottwald/*Gottwald* ZivilProzR § 113 Rn. 23.
[739] BGH VIII ZR 189/17, NJW 2018, 1599 Rn. 12; BGH XII ZR 98/17, BeckRS 2018, 616 Rn. 11.

die Richtigkeit sowohl des **Zählers** als auch des **Nenners** der Umlagemaßstäbe darlegen und beweisen.

587 Damit ist man bei den **Anforderungen** an das **Bestreiten** des Mieters. Nach hier vertretener Ansicht kann der Mieter den vom Vermieter vorgetragenen Umlageschlüssel sowohl hinsichtlich Zähler als auch Nenner nach § 138 Abs. 4 ZPO mit Nichtwissen bestreiten (→ Rn. 585). Das entspricht aber nicht der **hM:**

588 Einen **Flächenumlageschlüssel** bestreitet der Mieter nach Ansicht des BGH in beachtlicher Art und Weise nur, wenn er substantiiert darlegt, warum die vom Vermieter angegebenen Quadratmeterzahlen unrichtig sind. Dafür muss er zum Zähler die aus seiner Sicht zutreffende Wohnfläche seiner Wohnung vortragen.[740] Hinsichtlich des Nenners hat der Mieter zu den äußerlich wahrnehmbaren Gegebenheiten, wie Gebäudezuschnitt sowie Anzahl der Wohnungen und Stockwerken, aus denen sich Ansatzpunkte für Zweifel an der behaupteten Gesamtwohnfläche ergeben könnten, vorzutragen.[741] Teilweise wird vom Mieter weitergehend sogar verlangt, seinen Anspruch auf Belegeinsicht auszuüben, um Bedenken gegen den Umlageschlüssel näher zu substantiieren.[742]

589 Beim **Verbrauchsumlageschlüssel** geht es zunächst um die Frage, ob die in der Abrechnung angegebenen Werte denen entsprechen, die vom Erfassungsgerät ermittelt wurden. Die Obliegenheit zu einem substantiierten Bestreiten – also der Angabe des aus Sicht des Mieters ermittelten Wertes – trifft der Mieter nur, soweit er bei verkehrsüblicher Sorgfalt die Zahlen kennen muss.[743] Dafür ist zum einen erforderlich, dass sich die Erfassungsgeräte im direkten Zugriffsbereich des Mieters befinden und der Mieter Kenntnis von dem Tag der Ablesung hat, der später für die Abrechnung maßgeblich sein wird. Zum anderen muss sich aus den Zahlen ohne weitere Rechenschritte der Zähler des Verbrauchsumlageschlüssels ergeben. Alternativ ist denkbar, dass der Mieter vom Versorger oder Vermieter über die Daten informiert wurde.

590 Ein anderes Problem ist, ob die vom Erfassungsgerät ermittelten Zahlen zutreffend sind. Hier geht es um den **Einwand** von **Messfehlern.** Der Mieter kann mit Nichtwissen bestreiten, dass das Erfassungsgerät fehlerfrei funktioniert hat.[744] Es ist dann am Vermieter, den Beweis für die Richtigkeit der Verbrauchsmessung zu erbringen. Beruhen die in die Betriebskostenabrechnung eingestellten Verbrauchswerte auf der Ablesung eines geeichten Messgeräts, spricht nach der Rspr. eine tatsächliche Vermutung dafür, dass diese Werte den tatsächlichen Verbrauch richtig wiedergeben; der Mieter muss diese Vermutung durch die Führung eines Gegenbeweises entkräften.[745] Bei einem nicht (mehr) geeichten Messgerät gilt dies nicht; hier muss der Vermieter die Richtigkeit der abgelesenen Werte im Prozess zur Überzeugung des Tatrichters nachweisen.[746] Das kann etwa durch ein Gutachten über die Messtüchtigkeit des Geräts geschehen; ein Beweisverwertungsverbot folgt aus § 33 Abs. 1 MessG nicht.[747] Zur Schätzung → Rn. 592.

591 **Vereitelt** der **Mieter** die **Ablesung** der Verbrauchswerte (§§ 241 Abs. 2, 280 Abs. 1 BGB), so kann der dem Vermieter deshalb entstandene Schaden in Form der nicht abrechenbaren Verbrauchskosten im Schadensersatzprozess nach § 287 Abs. 1 S. 1 ZPO geschätzt werden. Zum ersatzfähigen Schaden gehören auch Verbrauchskosten, die anderen Mieter gegenüber wegen der Vereitelung nicht abgerechnet werden konnten.

592 **g) Schätzung des Nachzahlungsanspruchs (§ 287 Abs. 2 ZPO).** Fraglich ist, unter welchen Voraussetzungen nach § 287 Abs. 2 ZPO eine Schätzung der Nachzahlungsforderung des Vermieters zulässig ist.

593 **aa) Grundsätzliches.** Zu dieser Frage besteht folgendes Meinungsbild: Nach **hM** sind zunächst die beim Vermieter entstandenen Gesamtbetriebskosten einer Schätzung zugänglich. Zu diesem Problemkreis liegt sowohl Rspr. zum Vorwegabzug, also der Ableitung der Gesamtbetriebskosten aus einer größeren Kostenmenge[748] (→ Rn. 154) als auch zur direkten Schätzung der

---

740 BGH VIII ZR 41/14, NJW 2015, 475 Rn. 18.
741 BGH VIII ZR 41/14, NJW 2015, 475 Rn. 20.
742 LG Itzehoe ZMR 2013, 285 (zum Nenner Gesamtfläche beim Flächenverteilungsschlüssel).
743 LG Berlin NZM 2011, 583.
744 **AA** etwa LG Rostock WuM 2017, 402.
745 BGH VIII ZR 112/10, NJW 2011, 598 Rn. 13.
746 BGH VIII ZR 112/10, NJW 2011, 598 Rn. 13.
747 Vgl. LG Limburg ZMR 2019, 27; Streyl WuM 2017, 560, 564.
748 BGH VIII ZR 27/07, NJW 2008, 1801 Rn. 32, Trennung des Anteils Heizstrom vom Allgemeinstrom; daneben etwa LG Berlin GE 2010, 983, Herausrechnen eines Anteils von nicht die Mietsache betreffenden Reinigungskosten; AG Pinneberg ZMR 2008, 304, Herausrechnen des Anteils von einer anderen Mietsache betref-

Gesamtbetriebskosten[749] vor. Daneben wird eine Schätzung auch bei Ermittlung der Verbrauchskosten des Mieters befürwortet, wenn der Verbrauchsumlageschlüssel wegen Ausfalls/Nichtverwertbarkeit der Messgeräte nicht ermittelt werden kann. In diesem Fall kann nach hM der Verbrauchsumlageschlüssel nach § 287 Abs. 2 ZPO geschätzt werden, etwa auf Grundlage der Verbrauchswerte vergangener Abrechnungszeiträume.[750] Vereinzelt wird dieses Vorgehen in der Lit. kritisiert, weil es an einer tragfähigen Rechtsgrundlage fehle.[751]

**594** **Stellungnahme:** § 287 Abs. 2 ZPO erlaubt die Schätzung der Höhe einer Forderung, wenn diese streitig ist und die vollständige Aufklärung aller hierfür maßgebenden Umstände mit Schwierigkeiten verbunden ist, die zu der Bedeutung des streitigen Teiles der Forderung in keinem Verhältnis stehen. Zunächst ist festzuhalten, dass die Anwendung der Norm auf Betriebskostenforderungen nicht grds. ausgeschlossen ist. Denn § 9a HeizkostenV ist offensichtlich keine abschließende Regelung des Schätzproblems im Betriebskostenrecht. Mithin ist entscheidend, ob die allgemeinen Voraussetzungen von § 287 Abs. 2 ZPO erfüllt sind. Hier stellen sich mehrere Fragen:

**595** § 287 Abs. 2 ZPO setzt seinem Wortlaut nach voraus, dass der **Bestand** der **Forderung** feststeht und lediglich über die Höhe Streit besteht; so wird die Vorschrift auch verbreitet verstanden.[752] Hier liegt das Argument nahe, dass der Anspruch auf Abgeltung der Betriebskosten aufgrund der Regelung im Mietvertrag dem Grund nach feststeht. Betrachtet man als Forderung indes den Nachzahlungsanspruch des Vermieters, so gerät die Überzeugungskraft dieses Arguments ins Wanken.

**596** Beim „Wegfall" des **Verbrauchsumlageschlüssels** stellt sich ergänzend die Frage, ob hier nicht auf den Wohnflächenschlüssel zurückgegriffen werden kann; ist dieser zwischen den Parteien unstreitig, wäre die Höhe der Forderung ohne Schwierigkeiten zu ermitteln, was einer Anwendung von § 287 Abs. 2 ZPO entgegenstünde. Indes ist ein solcher Rückgriff auf einen **Ersatzumlageschlüssel** mangels Rechtsgrundlage abzulehnen (→ BGB § 556a Rn. 29): Die Parteien haben eine Umlage nach tatsächlichem Verbrauch vereinbart; dieser Umstand kann weder im Wege einer ergänzenden Vertragsauslegung noch durch Rückgriff auf § 287 Abs. 2 ZPO ausgeblendet werden.

**597** Eine weitere Frage lautet, ob § 287 Abs. 2 ZPO auch auf Fälle anwendbar ist, in denen die Ermittlung der Höhe der Forderung daran scheitert, dass der Kläger in ihm zurechenbarer Art und Weise in **Beweisnot** geraten ist. Denn so liegen die Dinge, wenn etwa der Verbrauchsverteilerschlüssel oder die auf das Abrechnungsjahr entfallenden Gesamtbetriebskosten nicht ermittelt werden können, da es sich jeweils um einen Umstand handelt, der in der Risikosphäre des Vermieters liegt. Der Wortlaut von § 287 Abs. 2 ZPO sowie der Vergleich zu § 556 Abs. 1 BGB legt es nahe, die Frage zu verneinen. Denn in diesen Konstellationen geht es zum einen nicht um die Vermeidung einer möglichen, aber schwierigen Sachverhaltsaufklärung. Zum anderen ist der Fall nicht mit § 287 Abs. 1 ZPO vergleichbar, weil dort die Erleichterung der Prozessführung zu Lasten der Partei erfolgt, die sich dem Grunde nach schadensersatzpflichtig gemacht hat. Das kann man über den Mieter, der für die Beweisnot des Vermieters nicht verantwortlich ist, nicht sagen. Indes ist offensichtlich, dass die Frage, ob der Vermieter sich in Beweisnot befindet oder nicht, häufig vor einer Beweisaufnahme nicht beantwortet werden kann. Eindeutig sind hier nur die Fälle, in denen der Vermieter keinen Beweis anbietet.[753]

**598** Zusammengefasst ist festzuhalten, dass die hM, die gem. § 287 Abs. 2 ZPO eine Schätzung des Nachzahlungsanspruchs zulässt, vielleicht aus praktischer Sicht überzeugen mag, **methodisch** allerdings **sehr fragwürdig** ist.

**599** **bb) Verfahren.** Nach der Rspr. des **BGH** gelten bei der Anwendung von § 287 Abs. 2 ZPO folgende **Grundsätze:** Erforderlich ist eine Schätzgrundlage, nämlich eine erhebliche, auf gesicherter Grundlage beruhende Wahrscheinlichkeit für die richterliche Überzeugungsbildung. Es

---

fende Betriebskosten; LG Heidelberg ZMR 2020, 751, Herausrechnen des Instandhaltungsanteil beim Aufzugvollwartungsvertrag.

[749] Etwa LG Stuttgart WuM 2017, 589 (Gesamtheizkosten, Schätzung im konkreten Fall abgelehnt).

[750] Etwa LG Limburg ZMR 2019, 27; *Schmid* NZM 1998, 499; *Streyl* WuM 2017, 560; vgl. auch BGH VIII ZR 112/10, NJW 2011, 598 Rn. 13, obiter.

[751] Langenberg/Zehelein BetrKostR/*Zehelein* Kap. F Rn. 105ff.; für Schätzung aber Langenberg/Zehelein BetrKostR/*Zehelein* Kap. J Rn. 49.

[752] Siehe etwa Musielak/Voit/*Foerste* ZPO § 287 Rn. 11; unstr. ist dies aber wohl nicht, s. BeckOK ZPO/*Bacher* § 287 Rn. 10.

[753] So lagen die Dinge in der Hauswartkosten-Entscheidung, in der der BGH eine Schätzung zugunsten des Vermieters nicht in Erwägung gezogen hat, BGH VIII ZR 27/07, NJW 2008, 1801.

ist Sache des Anspruchstellers, diejenigen Umstände vorzutragen und ggf. zu beweisen, die seine Vorstellungen zur Anspruchshöhe rechtfertigen sollen. Enthält der diesbezügliche Vortrag Lücken oder Unklarheiten, so ist es in der Regel nicht gerechtfertigt, dem jedenfalls in irgendeiner Höhe Berechtigten jeden Ersatz zu versagen. Der Tatrichter muss vielmehr nach pflichtgemäßem Ermessen beurteilen, ob nicht wenigstens die Schätzung eines Mindestbetrages möglich ist, und darf eine solche Schätzung erst dann unterlassen, wenn sie mangels jeglicher konkreter Anhaltspunkte völlig in der Luft hinge und daher willkürlich wäre.[754]

Die maßgebliche Frage lautet daher, ob im konkreten Fall eine hinreichende **Schätzgrundlage** besteht. Der Rückgriff auf pauschale „Erfahrungswerte" reicht dafür nicht aus.[755] In Lit. und Instanzrechtsprechung wird etwa die Schätzung des Personenumlageschlüssels auf der Grundlage einer festgestellten Mindestbewohnerzahl[756] und des Verbrauchsumlageschlüssels anhand des Messergebnisses vergleichbarer Zähler[757] für möglich gehalten. Eine Schätzung auf hinreichender Grundlage ist nach hM auch zulässig, um die **Gesamtbetriebskosten** zu ermitteln. Praxisrelevant ist dies etwa, wenn der Hausmeister auch Nichtbetriebsmaßnahmen erbringt. Die maßgebliche Frage lautet dann, ob eine hinreichende Schätzgrundlage besteht, um die Gesamtkosten, die dem Vermieter für den **Hausmeister** entstanden sind, zu bereinigen. Der BGH hat dies iErg verneint, wenn der Vermieter zu den Grundlagen der Bereinigung nichts vorträgt.[758] Ob die Leistungsbeschreibung des Dienstleisters eine hinreichende Schätzgrundlage ist, wird unterschiedlich bewertet.[759] Beim **Aufzugsvollwartungsvertrag** wird eine Schätzung von der hM zugelassen (→ Rn. 247). 600

Das „Herausschätzen" von **Stromkosten,** die eine andere Abrechnungseinheit betreffen auf der Grundlage der Messergebnisse eines anderen Abrechnungszeitraums wird teilweise abgelehnt.[760] Gleiches soll wegen der Ausschlussfrist des § 556 Abs. 3 S. 3 BGB bei der Verteilung **jahrgangsübergreifender Kosten** auf einzelne Abrechnungsperioden gelten[761], was indes nicht so Recht in das Grundkonzept einer Schätzung passt – diesem ist es schließlich immanent, dass der Mieter uU zu einer unberechtigten Zahlung verurteilt wird. 601

**h) Wirtschaftlichkeitsgrundsatz.** Nach hM begrenzt der Wirtschaftlichkeitsgrundsatz nicht den Betriebskostenbegriff, sondern begründet eine Handlungspflicht des Vermieters, die bei Verstößen über das Schadensersatzrecht abgesichert wird (→ Rn. 459). Bei dieser Einordnung ist es folgerichtig, dass nach **hM** der **Mieter** die Darlegungs- und Beweislast für eine Verletzung des Grundsatzes der Wirtschaftlichkeit trägt.[762] Nach der auch hier vertretenen Gegenansicht definiert der Wirtschaftlichkeitsgrundsatz hingegen den Betriebskostenbegriff, weshalb den Vermieter die Darlegungs- und Beweislast dafür trifft, dass er beachtet wurde und es sich mithin um Betriebskosten iSd § 556 Abs. 1 BGB handelt. 602

Nach **hM** trifft den Vermieter grds. **keine sekundäre Darlegungslast,** weil es regelmäßig nicht um interne, für den Mieter nicht ersichtliche Kostenkalkulationen des Vermieters gehe, sondern um objektive Gegebenheiten, wie etwa durch Bescheid festgesetzte öffentlich-rechtliche Gebühren und Abgaben oder die ortsübliche Entlohnung eines Hauswarts oder die Beschaffung von Brennstoff für die Heizungsanlage zu marktüblichen Preisen.[763] 603

Damit ist man bei dem zentralen Problem, welche Anforderungen an den Sachvortrag des Mieters zu stellen sind. Nach der Rspr. des **BGH** reicht der bloße Vortrag, die Kosten seien überhöht und unter Verstoß gegen den Wirtschaftlichkeitsgrundsatz entstanden, nicht aus. Ebensowenig soll die **Substantiierung** unter Verweis auf einen überregionalen Betriebskostenspiegel oder auf die – nicht näher konkretisierten – örtlichen Verhältnisse erfolgen können.[764] Diese (strenge) Rechtsprechungslinie wird in der Lit. dahingehend konkretisiert, dass erforderlich sei, eine konkrete Pflichtverletzung zu bezeichnen. Es genüge, wenn der Mieter gewisse (grobe) Anhaltspunkte für seine 604

---

754 Etwa BGH VIII ZR 88/13, NJW 2015, 934 Rn. 44ff. mN.
755 Vgl. Langenberg/Zehelein BetrKostR/*Zehelein* Kap. A Rn. 208.
756 *Streyl* WuM 2017, 560 (561).
757 *Streyl* WuM 2017, 560 (562).
758 BGH VIII ZR 27/07, NJW 2008, 1801.
759 Als Schätzgrundlage verwendet von AG München ZMR 2012, 202; zurückhaltender AG Münster WuM 2018, 439.
760 OLG Düsseldorf I – 10 U 126/14 BeckRS 2015, 15923.
761 *Streyl* WuM 2017, 560 (561).
762 BGH VIII ZR 340/10, NJW 2011, 3028 Rn. 16.
763 BGH VIII ZR 340/10, NJW 2011, 3028 Rn. 21.
764 BGH VIII ZR 340/10, NJW 2011, 3028 Rn. 18f.

Behauptung hat; eine intensive eigene Marktrecherche sei ebenso wenig erforderlich wie die Einholung von Vergleichsangeboten oder sachverständiger Auskünfte.[765]

605 Verbreitet wird angenommen, dass der Verweis auf einen **regionalen Betriebskostenspiegel** für eine Substantiierung ausreiche[766], vereinzelt wird diesem sogar eine widerlegbare Vermutung für eine Pflichtverletzung entnommen[767]. Bei den **Heizkosten** soll der Mieter eine Pflichtverletzung des Vermieters ausreichend darlegen, wenn er geltend macht, dass dieser den Brennstoff x % über dem – öffentlich zugänglichen – Marktpreis bezogen hat; gleiches gelte für die **Stromkosten.**[768] Bei den Müllkosten soll der Vortrag ausreichen, welche vorgehaltenen Mülltonnen überflüssig seien und welche geschätzten Mehrkosten dadurch entstanden seien[769] oder welche geschätzten Mehrkosten durch das Fehlen einer Mülltrennung ausgelöst wurden.[770] Für einen ausreichenden Vortrag zu den Versicherungskosten soll der Vortrag ausreichen, der Vermieter habe den Vertrag zu x % über dem auf dem Markt erhältlichen Preis abgeschlossen, wobei gewisse Anhaltspunkte für überhöhte **Versicherungskosten** sich etwa auch aus Warentestberichten oder Vergleichsobjekten ergeben können sollen.[771] Beim **Hausmeister** soll die Behauptung ausreichen, dass die Kosten für die näher zu bezeichnende Tätigkeit um x % überhöht seien, weil etwa der Reinigungsturnus zu hoch sei oder die Entlohnung des Hausmeisters über dem Marktpreis liege, den der Mieter über das Internet recherchieren könne.[772] Der bloße Verweis auf **Kostensteigerungen** im Vergleich zum Vorjahr wird teilweise für unsubstantiiert gehalten.[773]

### 4. Urkundenprozess

606 Der Nachforderungsanspruch kann im Urkundenprozess geltend gemacht werden, sofern der Vermieter die anspruchsbegründenden und beweisbedürftigen Tatsachen durch Urkunden belegen kann.[774] Erforderlich ist, wenn der Mieter dem Anspruch nicht substantiiert entgegentritt, nach der Rspr. des **BGH** die Vorlage des Mietvertrags, aus dem sich Abgeltungsvereinbarung ergibt, sowie die Betriebskostenabrechnung mit einem Zugangsnachweis.[775]

607 Da der Mieter typischerweise im Besitz der ihm zugegangenen **Abrechnung** ist, kann sich der Vermieter auf die Vorlage einer Kopie beschränken, wenn die Echtheit der Urkunde und die Übereinstimmung von Original und Kopie unstreitig sind.[776] Der Zugangsnachweis kann durch Vorlage einer Zustellungsurkunde, den Rückschein eines Einschreibens oder die Empfangsbestätigung des Mieters geführt werden. Die schriftliche Bestätigung eines Boten reicht nicht.[777] Bestreitet der Mieter den Anspruch in substantiierter Art und Weise, muss der Vermieter nach der Rspr. den ihm dann obliegenden Beweis mit Urkunden führen.[778] Gelingt ihm das nicht, sollte er nach § 596 ZPO verfahren.

## VI. Anerkenntnis des Mieters

608 Der Mieter kann nach **allg. Grundsätzen** die vom Vermieter geltend gemachte Nachforderung anerkennen, etwa im Rahmen eines Vergleichs. § 556 Abs. 4 BGB steht dem nicht entgegen.[779] **Zahlt** der **Mieter** auf eine unberechtigte Nachforderung, so kann dies deshalb – maßgeblich sind die Umstände des Einzelfalls – zu einem **Schuldanerkenntnis** führen, das Erstattungsansprüchen

---

765 *Milger* NZM 2012, 657 (662); s. auch *Flatow* WuM 2013, 235 (241 ff.); *Hinz* NZM 2012, 137.
766 *Milger* NZM 2012, 657 (662); vorsichtiger etwa *Streyl* WuM 2018, 676 (689); zum Problem der Vergleichbarkeit der Zahlen eines Betriebskostenspiegels mit der gerügten Kostenposition aus der Abrechnung LG Leipzig ZMR 2017, 810.
767 AG Mitte WuM 2018, 430; AG Naumburg WuM 2016, 249.
768 *Milger* NZM 2012, 657 (662 f.).
769 *Milger* NZM 2012, 657 (662).
770 LG Berlin GE 2016, 723.
771 *Milger* NZM 2012, 657 (663).
772 *Milger* NZM 2012, 657 (663); s. auch AG Steinfurt WuM 2014, 369.
773 LG Berlin NZM 2018, 170.
774 BGH VIII ZR 41/14, NJW 2015, 475.
775 BGH VIII ZR 41/14, NJW 2015, 475 Rn. 15.
776 *Both* NZM 2017, 425 (427).
777 *Both* NZM 2017, 425 (427).
778 KG ZMR 2011, 116.
779 BGH VIII ZR 230/19, NZM 2020, 1106 Rn. 41.

entgegensteht. Von praktischer Bedeutung ist, dass der BGH entschieden hat, dass die vorbehaltlose Zahlung für sich genommen die Annahme eines deklaratorischen Schuldanerkenntnisses nicht rechtfertigt.[780] Es müssen also besondere Umstände hinzutreten, um diese Rechtsfolge zu stützen.

### VII. Einzelfragen

Der Nachforderungsanspruch ist abzugrenzen vom Vorauszahlungsanspruch (dazu → Rn. 99). 609
Es handelt sich nach der Rspr. nicht um einen – an eine rechtzeitige Abrechnung geknüpften – Nachforderungsanspruch, wenn der Mieter die **Vorauszahlungen** erfolgreich durch Klage zurückverlangt, der Vermieter anschließend verspätetet abrechnet und die Vorauszahlungen (erneut) verlangt: Dieser Anspruch bleibt ihm erhalten.[781]

Beim **Vermieterwechsel** ist Gläubiger des Nachzahlungsanspruchs nach der Rspr. die Person, 610
die am letzten Tag der Abrechnungsperiode Vermieter war.[782] Diese Person muss auch die Voraussetzungen des Nachzahlungsanspruchs durch Erteilung der Abrechnung herbeiführen.[783] Der BGH begründet diese Abweichung vom allgemeinen Fälligkeitsprinzip des § 566 BGB mit dem Bedürfnis nach Rechtsklarheit.[784]

In der **Insolvenz** des Vermieters ist eine Nachzahlung an den Insolvenzverwalter zu leisten. 611
Soweit sich die Nachforderung auf einen Zeitraum vor Verfahrenseröffnung bezieht, handelt es sich um eine Altforderung, weshalb der Mieter mit einer Insolvenzforderung gegen den zur Masse zu erfüllenden Nachforderungsanspruch aufrechnen kann, § 95 Abs. 1 InsO.[785] In der Insolvenz des Mieters handelt es sich bei dem Nachforderungsanspruch um eine Insolvenzforderung (§ 108 Abs. 3 InsO), soweit sie auf einem Zeitraum beruht, der vor Insolvenzeröffnung liegt, iÜ um eine Masseforderung; der Vermieter ist daher zwecks Qualifizierung seines Anspruchs zu einer „gespaltenen" Abrechnung gezwungen.[786] Besonderheiten gelten nach Eintritt der Wirkungen der Enthaftungserklärung nach § 109 Abs. 1 S. 2 InsO. Hier sind nach der Rspr. Nachzahlungsansprüche, die einen späteren Zeitraum betreffen, Neuforderungen gegenüber dem Schuldner.[787]

## J. Erstattungsanspruch des Mieters

Beim Anspruch des Mieters auf Erstattung geleisteter Zahlungen ist der Anspruch auf Erstattung 612
von Vorschüssen nach Abrechnung von Ansprüchen wegen Nichtabrechnung zu unterscheiden. Zum Rückforderungsanspruch bei fehlendem Rechtsgrund für die Vorauszahlung → Rn. 143.

Beim **Vermieterwechsel** ist Schuldner eines Erstattungsanspruchs nach der Rspr. die Person, 613
die am letzten Tag der betroffenen Abrechnungsperiode Vermieter war.[788] Der BGH begründet diese Abweichung vom allgemeinen Fälligkeitsprinzip des § 566 BGB mit dem Bedürfnis nach Rechtsklarheit.[789]

In der **Insolvenz des Vermieters** ist nach der Rspr. ein Erstattungsanspruch, der sich auf die 614
Zeit bis zur Verfahrenseröffnung bezieht, Insolvenzforderung, für die Zeit danach dagegen Masseforderungen.[790]

### I. Guthaben nach Abrechnung

Endet die inhaltlich richtige Abrechnung mit einem Guthaben des Mieters, so steht diesem ein 615
entsprechender Zahlungsanspruch gegen den Vermieter zu. **Anspruchsgrundlage** ist aber weder § 812 BGB noch gar die Abrechnung, sondern der Mietvertrag in Gestalt der Vorauszahlungs-

[780] BGH VIII ZR 296/09, NJW 2011, 843.
[781] BGH VIII ZR 57/04, NJW 2005, 1499 unter II. 5 c.
[782] BGH VIII ZR 22/13, NZM 2014, 26 Rn. 11; BGH VIII ZR 168/03, NJW 2004, 851.
[783] BGH VIII ZR 22/13, NZM 2014, 26 Rn. 11.
[784] BGH VIII ZR 168/03, NJW 2004, 851.
[785] Jaeger/*Jacoby* InsO § 108 Rn. 118.
[786] BGH IX ZR 7/06, NZM 2007, 162 Rn. 14.
[787] BGH IX ZR 163/13, NJW 2014, 2585.
[788] BGH VIII ZR 22/13, NZM 2014, 26 Rn. 11; BGH VIII ZR 168/03, NJW 2004, 851.
[789] BGH VIII ZR 168/03, NJW 2004, 851.
[790] BGH IX ZR 7/06, NZM 2007 Rn. 14.

abrede.[791] Ein Erstattungsanspruch des Mieters setzt daher voraus, dass seine **Vorauszahlungen** die von ihm zu tragenden **Betriebskosten übersteigen.**

616 Mit Blick auf den **Umfang** des Erstattungsanspruchs ist von Bedeutung, dass dieser **nicht** etwa durch eine vom Vermieter erteilte Abrechnung verbindlich festgestellt wird. Der Vermieter hat vielmehr die Möglichkeit, Fehler der Abrechnung auch nach ihrem Zugang beim Mieter zu **korrigieren,** und zwar auch zu Lasten des Mieters.[792] Die unrichtige Abrechnung begründet für den Mieter keinen Vertrauensschutz. Gleiches gilt für die Auszahlung eines Guthabens: Eine Erstattung führt nicht zu einem deklaratorischen Schuldanerkenntnis, weshalb der Mieter zur Rückzahlung des Betrags verpflichtet ist, der ihm nach der korrigierten Abrechnung zu Unrecht erstattet wurde, § 812 Abs. 1 S. 1 Alt. 1 BGB.[793]

## II. Erstattungsanspruch bei Nichtabrechnung

617 Ein Erstattungsanspruch kommt auch in Betracht, wenn der Vermieter über die Vorauszahlungen nicht vertragsgemäß abrechnet. Hier sind **zwei Fälle** zu unterscheiden: Die Erstattung sämtlicher Vorauszahlungen und die „Selbstabrechnung" durch den Mieter.

### 1. Erstattung sämtlicher Vorauszahlungen

618 Rechnet der Vermieter nicht fristgemäß ab, läge es nahe, als Sanktion einen Anspruch des Mieters auf Rückzahlung der Vorauszahlungen vorzusehen. Das ist aber nicht das System der **hM** (→ Rn. 371). Diese differenziert vielmehr zwischen einem noch laufenden und einem beendeten Mietverhältnis:

619 Im **laufenden Mietverhältnis** ist der Mieter nach hM über das ihm zustehende Zurückbehaltungsrecht an den laufenden Vorauszahlungen (→ Rn. 124) hinreichend geschützt; ein Anspruch auf Rückzahlung der nicht abgerechneten Vorauszahlungen scheidet aus.[794] Das gilt auch dann, wenn der Vermieter fehlerhaft abgerechnet hat.[795] Neben dem Zurückbehaltungsrecht kann der Mieter den Vermieter auf Abrechnung in Anspruch nehmen (→ Rn. 465).

620 Anders ist es, wenn das **Mietverhältnis beendet** ist. Soweit der Mieter deshalb kein Zurückbehaltungsrecht mehr ausüben kann, hat er Anspruch auf Rückzahlung sämtlicher Vorauszahlungen. Der Anspruch betrifft daher nur die Vorauszahlungen für Zeiträume[796], deren Abrechnung der Mieter mangels Fälligkeit im laufenden Vertragsverhältnis nicht verlangen konnte; anderenfalls ist er auch nach Vertragsende auf sein Zurückbehaltungsrecht beschränkt.[797] Der Abrechnungsanspruch darf nach Ansicht des BGH nicht verjährt sein.[798] Die Rückzahlung wird mit Fälligkeit des Abrechnungsanspruchs fällig.[799]

621 Von besonderer Bedeutung ist, dass der Erstattungsanspruch **keinen endgültigen Charakter hat.** Denn der Vermieter kann nach hM auch nach Rechtskraft des der Rückforderungsklage stattgebenden Urteils die Betriebskostenabrechnung mit der Folge nachholen, dass der Mieter zur Leistung der Vorauszahlungen verpflichtet ist. § 556 Abs. 3 S. 3 BGB steht dem nach hM nicht entgegen.[800] Eine Klage des Mieters auf Rückzahlung von Vorauszahlungen, die mangels Erteilung der fälligen Betriebskostenabrechnung Erfolg hat, ist daher nach Ansicht des BGH lediglich „zur

---

[791] BGH VIII ZR 57/04, NJW 2005, 1499; *Jacoby* ZMR 2013, 781 (786).

[792] BGH VIII ZR 296/09, NJW 2011, 843; *Flatow* WuM 2010, 606 (607).

[793] BGH VIII ZR 296/09, NJW 2011, 843 Rn. 10.

[794] BGH VIII ZR 315/11, NJW 2012, 3508; BGH VIII ZR 191/05, NJW 2006, 2552; **aA** etwa *Schmid* WuM 1997, 158.

[795] BGH VIII ZR 288/09, NZM 2010, 857.

[796] Fehlt eine Bestimmung des Abrechnungszeitraums, weil ein solcher im Vertrag nicht ausdrücklich festgelegt ist und der Vermieter mangels Abrechnung sein diesbezügliches Bestimmungsrecht (siehe Rn. 363) nicht ausgeübt hat, soll das Kalenderjahr maßgeblich sein, BGH VIII ZR 240/07 Rn. 62.

[797] BGH VIII ZR 315/11, NJW 2012, 3508 Rn. 10. In Ausnahmefällen, in denen das Zurückbehaltungsrecht ein stumpfes Schwert ist, greift dieses Argument nicht (zB Vertragsende am 31.1.; hier kann ein Zurückbehaltungsrecht die Abrechnung des Vorvorjahres nicht wirksam erzwingen). Nach der Gegenansicht soll die „Rückforderungssperre" nur in der Höhe bestehen, in denen Vorauszahlungen hätten einbehalten werden können, *Langenberg/Zehelein BetrKostR/Zehelein* Kap. G Rn. 11.

[798] BGH VIII ZR 315/11, NJW 2012, 3508 Rn. 10.

[799] Langenberg/Zehelein BetrKostR/*Zehelein* Kap. G Rn. 11.

[800] BGH VIII ZR 57/04, NJW 2005, 1499 unter II. 5 c.

Zeit begründet".[801] Diese Rspr. bringt die Parteiinteressen zu einem angemessenen Ausgleich, auch wenn sie aus dogmatischer Sicht[802] nicht unproblematisch ist. Denn der Vorauszahlungsanspruch des Vermieters ist durch Erfüllung (§ 362 BGB) erloschen; wie diese Wirkung wieder ausgeschaltet wird, wenn der Vermieter die Vorauszahlungen (gezwungenermaßen) erstattet, dann aber nach erteilter Abrechnung wieder verlangt, erläutert der BGH nicht. Das Ergebnis überzeugt letztlich aber deshalb, weil § 556 Abs. 3 S. 3 BGB als Sanktion der nicht fristgemäßen Abrechnung nicht den vollständigen Verlust des Abgeltungsanspruchs vorsieht. Die Linie des BGH ist damit ein vertretbarer Kompromiss zwischen den beiden Extrempositionen, die darin liegen, dass der Mieter entweder auch nach Vertragsende auf Abrechnung klagen muss oder dass er seine Vorauszahlungen endgültig zurückerhält. Dementsprechend ist die Rückzahlungsklage auch abzuweisen, wenn der Vermieter im Prozess eine ordnungsgemäße Abrechnung erteilt[803] und eine vom Mieter mit seinem Rückzahlungsanspruch erklärte Aufrechnung verliert ihre Wirksamkeit, wenn der Vermieter ordnungsgemäß abrechnet.[804] Diese Grundsätze gelten auch für Vorauszahlungen für Betriebskosten, über deren Abrechnung der nach **§ 566 BGB** aus dem Mietverhältnis ausgeschiedene Veräußerer zuständig ist (→ Rn. 467), weil dem Mieter gegenüber dem Erwerber kein Zurückbehaltungsrecht zusteht.[805]

#### 2. Selbstabrechnung durch Mieter

Der Mieter kann seinen Erstattungsanspruch auch auf eine „Selbstabrechnung" stützen.[806] Dies kann vor allem praxisrelevant werden, wenn die vom Vermieter erteilte Abrechnung einem vom Mieter **selbst behebbaren Mangel** aufweist, weil in diesem Fall der Mieter keinen Anspruch auf eine neue Abrechnung hat (→ Rn. 479). Die „Selbstabrechnung" muss dem Vermieter nicht zugehen, um den Anspruch fällig zu stellen. Denn er ist selbst in der Lage, eine ordnungsgemäße Abrechnung zu erteilen und benötigt daher die Abrechnung des Mieters nicht, um seine Zahlungspflicht zu ermitteln. Die Erteilung einer Abrechnung durch den Vermieter ist daher nicht etwa Fälligkeitsvoraussetzung des Erstattungsanspruchs.[807] 622

### III. Darlegungs- und Beweislast

Die Darlegung- und Beweislast für seinen Erstattungsanspruch trifft den **Mieter.** Stützt der Mieter den Anspruch auf eine Abrechnung des Vermieters, die dieser später zu Lasten des Mieters korrigiert, gelten die Grundsätze des außergerichtlichen Geständnisses: Die „alte" Abrechnung ist im Rahmen der freien Beweiswürdigung als Indiz für die Wahrheit der darin erklärten Tatsachen zu berücksichtigen.[808] 623

## K. Abweichende Vereinbarungen

Nach § 556 Abs. 4 BGB ist eine zum Nachteil des Mieters von § 556 Abs. 1, Abs. 2 S. 2 BGB oder § 556 Abs. 3 BGB abweichende Vereinbarung unwirksam. Neben dieses gesetzliche Verbot tritt bei AGB die Kontrolle nach § 307 BGB. 624

### I. Abweichungsverbot (§ 556 Abs. 4 BGB)

Ob eine Abweichung zum Nachteil des Mieters wirkt, lässt sich nicht pauschal sagen, weil es denkbar ist, dass der Nachteil im Einzelfall durch dem Mieter gewährte Vorteile kompensiert wird („Saldierungstheorie").[809] Die folgenden Aussagen stehen daher unter diesem **Saldierungsvorbehalt.** 625

Unwirksam ist nach § 556 Abs. 4 BGB zunächst jede zum Nachteil des Mieters vom **Betriebskostenbegriff** abweichende Vereinbarung. An diesem Verbot scheitern sämtliche Vertragsregelun- 626

[801] BGH VIII ZR 57/04, NJW 2005, 1499; BGH VIII ZR 319/09, NZM 2010, 783 Rn. 4.
[802] Siehe *Jacoby* ZMR 2017, 781.
[803] BGH VIII ZR 57/04, NJW 2005, 1499.
[804] BGH VIII ZR 285/09, NJW 2011, 143 Rn. 45, Rückzahlungsanspruch ist auflösend bedingt.
[805] OLG Naumburg 9 U 16/11, BeckRS 2012, 1599; LG Berlin WuM 2015, 735.
[806] *Schmid* WuM 1997, 158.
[807] Vgl. BGH VIII ZR 57/04, NJW 2005, 1499 unter II. 3c.
[808] Vgl. BGH II ZR 136/02, NJW-RR 2004, 1001.
[809] *Lehmann-Richter* WuM 2010, 3.

gen, nach denen der Mieter – sei es durch eine neben der Nettomiete ausgewiesene Pauschale oder im Wege des Abrechnungsmodells – Bewirtschaftungskosten des Vermieters zu tragen hat. Unwirksam ist daher etwa die Verpflichtung des Mieters, sich an den Kosten von Schönheitsreparaturen, aber auch an solchen kleinerer Erhaltungsarbeiten zu beteiligen (→ BGB § 538 Rn. 60, 72). Gleiches gilt für die Beteiligung an Verwaltungskosten, etwa den Kosten eines Nutzerwechsels (→ Rn. 220). Von § 556 Abs. 1 S. 2 BGB weichen auch Vereinbarungen ab, nach denen die Ermittlung der Gesamtbetriebskosten anders erfolgen soll als nach dem Gesetz vorgeschrieben (→ Rn. 385). Keine abweichende Vereinbarung sind hingegen Regelungen über den Direktbezug von Betriebskostenleistungen bei Dritten, soweit dem Mieter – falls kein öffentlich-rechtliches Versorgungsmonopol besteht – die Wahl des Versorgers frei steht.[810] Anderenfalls greift § 556 Abs. 4 BGB. Zur Wirksamkeit von Vereinbarung über den **Umlagemaßstab** → BGB § 556 a Rn. 12.

627 Auch von den Regelungen des § 556 Abs. 3 BGB kann nicht zu Lasten des Mieters abgewichen werden. Unwirksam sind daher etwa Vereinbarungen, die **Abrechnungs- oder Einwendungsmodalitäten** (zB Verzicht auf Zugang der Abrechnung, Modifikation der Fristen in § 556 Abs. 3 BGB) zu Lasten des Mieters verändern. Das gilt auch für die Verkürzung oder Verlängerung des jährlichen Abrechnungszeitraums, wobei der BGH hier Ausnahmen anerkennt (→ Rn. 366). Ebenfalls gegen § 556 Abs. 4 BGB verstoßen Regelungen, welche die Fälligkeit des Abrechnungsanspruchs des Mieters über den Zeitraum des § 556 Abs. 3 S. 2 BGB hinausschieben, nicht hingegen diesen verkürzen.[811] Erkennt man, dass die **Belegeinsicht** Teil des Abrechnungsanspruchs des Mieters ist (→ Rn. 491), sind auch Vereinbarungen unwirksam, die dieses Recht beschränken, etwa durch eine Erschwerung in Form eines vom gesetzlichen Prinzip abweichenden Einsichtsort.[812]

628 Der Mieter kann aber nach allg. Grundsätzen die vom Vermieter geltend gemachte Nachforderung **anerkennen,** etwa im Rahmen eines Vergleichs. § 556 Abs. 4 BGB steht dem nicht entgegen.[813]

### II. AGB-Kontrolle

629 Verstößt eine Vermieter-AGB gegen **§ 556 Abs. 4 BGB,** so liegt darin gleichzeitig eine unangemessene Benachteiligung nach § 307 Abs. 1 S. 1, Abs. 2 Nr. 1 BGB. Dies wirkt sich neben § 556 Abs. 4 BGB, außer in Verfahren nach dem UKlaG, indes nicht aus.[814]

630 Relevanz hat das AGB-Recht hingegen bei Vereinbarungen, die nicht unmittelbar von § 556 BGB abweichen. Dies ist etwa bei Klauseln zum **Abrechnungszeitraum** der Fall, weil § 556 Abs. 3 S. 1 BGB diesen nicht genau fixiert (→ Rn. 363). Die Festlegung des Zeitraums in Vermieter-AGB ist wirksam, da ohne Vereinbarung der Vermieter ein entsprechendes Bestimmungsrecht hat. Behält sich der Vermieter in AGB die Änderung des Abrechnungszeitraums vor, ist § 308 Nr. 4 BGB einschlägig. Eine Änderung ist dem Mieter zumutbar im Sinne dieser Norm, weil er bei einem Wechsel des Abrechnungsturnus hinreichend über § 556 Abs. 3 S. 3 BGB geschützt wird.[815] Dasselbe gilt für die **Methode der Kostenzuweisung zum Abrechnungszeitraum,** die § 556 Abs. 3 S. 1 BGB ebenfalls nicht vorgibt (→ Rn. 372). Zu sog. **Mehrbelastungsklauseln** → Rn. 67.

## L. Besonderheiten bei preisgebundenem Wohnraum des Sozialen Wohnungsbaus

631 Für sog. preisgebundenen Wohnraum, der verbreitet auch als „Sozialwohnungen" bezeichnet wird, gelten bestimmte betriebskostenrechtliche Sonderregelungen. Der Rechtsanwender steht hier vor **zwei Problemen:** Das erste ist die Zersplitterung dieser Rechtsmaterie, das zweite die Schwierigkeit, für die in Rede stehende Wohnung die Umstände festzustellen, aus denen sich ergibt, welches „soziale Betriebskostenrecht" im konkreten Fall anwendbar ist.[816] Der zuletzt genannte

[810] *Hinterseer-Zbib* AnwZert MietR 23/2019 Anm. 2 (juris), Vermietung Einfamilienhaus.
[811] BGH VIII ZR 152/15, NZM 2016, 307 Rn. 15.
[812] Liberaler Bub/Treier MietR-HdB/*Emmerich* Kap. III Rn. 280 (nur bei erheblichen Einschränkungen).
[813] BGH VIII ZR 230/19, NZM 2020, 1106 Rn. 41.
[814] Anders als bei einem Verstoß gegen § 556 Abs. 4 BGB kommt bei einer AGB-widrigen Klausel allerdings *keine geltungserhaltende* Reduktion in Betracht; praxisrelevant ist dies aber nicht.
[815] *Lehmann-Richter* WuM 2012, 647 (651).
[816] Die Anwendung des Preisrechts des öffentlich geförderten Wohnraums setzt im Prozess entsprechenden Sachvortrag der Parteien voraus, vgl. BGH VIII ZR 279/09, ZMR 2010, 944 Rn. 15.

Punkt richtet sich im Wesentlichen danach, zu welchem Zeitpunkt der Vermieter die Förderung für die Schaffung der Wohnung erhalten hat. Die grundlegende zeitliche Zäsur ist hier das Inkrafttreten des WoFG zum 1.1.2002.

### I. Förderungen nach dem WoFG

Liegt dem Bau der Wohnung eine auf dem WoFG des Bundes beruhende Förderzusage zugrunde, richtet sich die Abgeltung von Betriebskosten nach § 28 Abs. 4 WoFG. Danach darf der Vermieter eine Leistung zur Abgeltung von Betriebskosten nur nach Maßgabe der §§ 556, 556a und 560 BGB fordern, sich versprechen lassen oder annehmen. Die Abgeltung von Betriebskosten richtet sich also bei preisgebundenem Wohnraum dieser Art nach den **allgemeinen Betriebskostenregelungen des BGB.** **632**

Das WoFG des Bundes steht seit der Föderalismusreform gem. Art. 125a GG unter dem Vorbehalt abweichender **Landesgesetze.** Erfolgte die Förderung auf der Grundlage solcher Landesgesetze, richtet sich die Abgeltung von Betriebskosten nach dessen Bestimmungen. Etwa Art. 15 Abs. 1 S. 1 BayWoFG verweist insofern ebenfalls auf die allgemeinen mietrechtlichen Vorschriften. **633**

### II. Altförderungen

Von den Förderungen nach dem WoFG sind Altfälle zu unterscheiden. Dies sind Förderungen aus der Zeit vor dem 1.1.2002 (§ 46 Abs. 1 WoFG) sowie bestimmte Förderungen zwischen dem 1.1.2002 und dem 31.12.2002 (§ 46 Abs. 2 WoFG). Für diese Altfälle gilt nach den genannten Vorschriften das bis zum 1.1.2002 geltende Recht weiter. **634**

Aus betriebskostenrechtlicher Sicht ist bei den Altfällen **§ 8a Abs. 8 WoBindG** die maßgebliche Vorschrift. Diese verweist für die Ermittlung der zulässigen Miete auf die II. BV sowie auf die NMV. Den Anwendungsbereich von § 8a WoBindG bestimmen § 1 WoBindG iVm § 50 WoFG Bund: Danach ist das WoBindG auf Wohnraum, der aufgrund es I. und II. WoBauG oder weiterer, dort bezeichneter Vorschriften gefördert wurde, weiterhin anwendbar. § 50 WoFG erklärt auf diesen Wohnraum zudem die Regelungen der II. BV und der NMV für anwendbar. **635**

Das WoBindG verhält sich zur Betriebskostenabgeltung nicht. Diese ist vielmehr in **§§ 20ff. NMV sowie in § 27 II. BV** geregelt. Die Abgeltung von Betriebskosten bei Vermietung von aufgrund einer Altförderung preisgebundenen Wohnraum richtet sich daher nach diesen Vorschriften. Grundlegend ist die Ausgliederung der Betriebskosten aus dem Begriff der Bewirtschaftungskosten (§ 27 Abs. 3 II. BV): Die Betriebskosten sind vom Vermieter nicht durch eine Anpassung der Wirtschaftlichkeitsberechnung zu erheben, sondern können „neben" der als Nettokaltmiete strukturierten Kostenmiete direkt vom Mieter verlangt werden. **636**

#### 1. Abgeltungsvereinbarung

Die Vereinbarung einer **Betriebskostenpauschale** ist **unzulässig.**[817] Denn § 20 NMV erlaubt nur die Umlage der tatsächlich entstandenen Betriebskosten nach dem Abrechnungsmodell. **637**

Aus § 20 Abs. 1 S. 3 NMV folgt, dass die Umlage von Betriebskosten nach dem **Abrechnungsmodell** eine entsprechende Abgeltungsvereinbarung voraussetzt. Eine wirksame Vereinbarung setzt nicht voraus, dass Vorauszahlungen nach Betriebskostenarten aufgesplittet werden.[818] Allerdings müssen dem Mieter nach § 20 Abs. 1 S. 3 NMV die Art und die Höhe der Betriebskosten bei Überlassung der Wohnung[819] bekannt gegeben werden. Dies soll zum einen einer konkludenten Abgeltungsvereinbarung entgegenstehen.[820] Zum anderen ist abweichend von § 556 Abs. 1 BGB die Mitteilung der Höhe der bisherigen Kosten erforderlich. Ein Verstoß gegen diese Regel hat die Unwirksamkeit der Abgeltungsvereinbarung zur Folge.[821] Vorauszahlungen dürfen, wie nach § 556 Abs. 2 S. 2 BGB, nur in angemessener Höher vereinbart werden, § 20 Abs. 3 S. 1 NMV. **638**

---

817 Schmid Mietenebenkosten-HdB/*Harz* Rn. 2052.
818 BGH VIII ZR 137/09, NJW 2010, 1198 Rn. 19.
819 Darunter wird der Abschluss des Mietvertrags verstanden, etwa LG Köln WuM 1991, 259.
820 *Blum* WuM 2006, 656.
821 OLG Oldenburg ZMR 1997, 416; Schmid/Harz/*Schmid/Schreiber* NMV § 20 Rn. 13 mwN; für Heilung mit Wirkung ex tunc durch Zusendung einer Abrechnung hingegen AG Schöneberg GE 2011, 1622.

639 Anders als nach § 556 BGB hat der Vermieter bei Fehlen einer Abgeltungsvereinbarung stets die Möglichkeit, die bisherige Mietstruktur für die Zukunft durch **einseitige Erklärung** nach § 10 WoBindG zu ändern, indem er die bisher in der Grundmiete enthaltenen Betriebskosten herausrechnet und diesen Betrag als Vorauszahlung auf die abzurechnenden Betriebskosten erhebt.[822] Dieses Recht kann aber ausgeschlossen werden, § 10 Abs. 4 WoBindG.

640 Der **Betriebskostenbegriff,** der die Grenzen einer Abgeltungsvereinbarung markiert, entspricht weitgehend § 556 Abs. 1 BGB. § 20 Abs. 1 S. 1 NMVO verweist nämlich auf § 27 II. BV, der seinerseits auf die BetrKV verweist, die wiederum von § 556 Abs. 1 S. 3 BGB in Bezug genommen wird. In Ergänzung zu diesem Katalog kann nach Maßgabe des § 25 a NMV aber auch ein Umlageausfallwagnis in der Betriebskostenabrechnung umgelegt werden.[823]

641 § 20 Abs. 1 S. 2 NMV regelt den **Wirtschaftlichkeitsgrundsatz.** Er begrenzt nach dem klaren Wortlaut der Norm die umlagefähigen Betriebskosten. Die Norm hat damit eine andere Rechtsfolge als die hM sie § 556 Abs. 3 S. 1 Hs. 2 BGB zuschreibt (→ Rn. 459).

### 2. Betriebskostenabrechnung

642 Die Art und Weise der Abrechnung der Betriebskosten ist in § 20 Abs. 2, Abs. 3 S. 2–4, 21 ff. NMV teilweise abweichend von §§ 556 Abs. 3, 556 a BGB geregelt.

643 **a) Fristen.** Die in § 20 Abs. 3 S. 2, 4 NMV geregelten Abrechnungs- und Ausschlussfristen entsprechen § 556 Abs. 3 S. 2, 3 BGB. Eine Ausschlussfrist für Einwendungen des Mieters besteht hingegen nicht.[824]

644 **b) Umlagemaßstab.** § 20 Abs. 2 S. 2 NMV ordnet an, dass Betriebskosten, die nicht für Wohnraum entstanden sind, vorweg abzuziehen sind. Für den Fall, dass nicht festgestellt werden kann, ob die Betriebskosten auf Wohnraum oder auf Geschäftsraum entfallen, sind sie für den Wohnteil und den anderen Teil des Gebäudes oder der Wirtschaftseinheit im Verhältnis des umbauten Raums oder der Wohn- und Nutzflächen aufzuteilen. Nach hM muss der **Vorwegabzug** in der Abrechnung nicht offen gelegt werden.[825]

645 Soweit in den §§ 21–25 NMV nichts anderes bestimmt ist, sind die Betriebskosten nach dem **Verhältnis der Wohnfläche** umzulegen, § 20 Abs. 2 S. 1 NMV. Der Begriff der Wohnfläche ist objektiv (→ BGB § 556 a Rn. 43) zu bestimmen.[826] Eine vertragliche Abweichung von diesem Maßstab ist nicht möglich.

646 Soweit die §§ 21–25 NMV beim Umlagemaßstab ein **Wahlrecht** einräumen (etwa § 22 a Abs. 2 NMV für die Kosten der Müllbeseitigung), kann dieses durch Vereinbarung der Parteien ausgeübt werden.[827] Fehlt eine Vereinbarung, steht dem Vermieter das Bestimmungsrecht zu; die Grenzen zieht § 315 Abs. 3 BGB.[828] Eine Änderung des einmal bestimmten Maßstabs durch den Vermieter ist mangels gesetzlicher Grundlage – das Leistungsbestimmungsrecht nach § 315 BGB wird durch Ausübung verbraucht – nicht anzuerkennen.[829] § 556 a Abs. 2 BGB gilt nicht analog.[830]

647 **c) Nachforderungen.** Eine Nachforderung setzt die Abrechnung binnen der Frist des § 20 Abs. 3 S. 4 NMV voraus. Dies verlangt eine **formell ordnungsmäßige Abrechnung** nach den zu § 556 Abs. 3 BGB entwickelten Grundsätzen (→ Rn. 338).[831] Die Frist wird durch Zugang beim Mieter gewahrt[832] – „zuzuleiten" in § 20 Abs. 3 S. 4 NMV ist ebenso auszulegen wie „mitzuteilen" in § 556 Abs. 3 S. 3 BGB.

648 § 20 NMV stellt ergänzende Anforderungen an die Abrechnung, die § 556 Abs. 3 BGB fremd sind. Diese sind Voraussetzung für einen Nachforderungsanspruch, indes nicht für die Wahrung der Abrechnungsfrist.[833] § 20 Abs. 4 S. 1, § 4 Abs. 7 S. 1, § 10 Abs. 1 S. 1, 5 WoBindG verlangen für die Erhebung einer Nachforderung eine **schriftliche** Erklärung des Vermieters, falls der Vermieter

---

[822] BGH VIII ZR 121/10, WuM 2011, 280.
[823] LG Itzehoe ZMR 2015, 853.
[824] BGH VIII ZR 371/04, NJW 2005, 3135.
[825] BGH VIII ZR 118/11, NZM 2012, 155 Rn. 18.
[826] BGH VIII ZR 173/17, NZM 2019, 288.
[827] Schmid/Harz/*Schmid/Schreiber* NMV § 20 Rn. 18.
[828] Etwa LG Berlin GE 2002, 1627.
[829] **AA** ohne Begründung LG Itzehoe ZMR 2010, 690.
[830] **AA** *Schmid/Harz/Schmid/Schreiber* NMV § 20 Rn. 18.
[831] BGH VIII ZR 118/11, NZM 2012, 155 Rn. 18, 24.
[832] Schmid/Harz/*Schmid/Schreiber* NMV § 20 Rn. 34.
[833] Vgl. BGH VIII ZR 118/11, NZM 2012, 155 Rn. 18.

die Erklärung nicht mit Hilfe automatischer Einrichtungen gefertigt hat.[834] Außerdem ist nach § 10 Abs. 1 S. 2 WoBindG eine **Erläuterung** der Nachforderung erforderlich. Dafür muss nicht jede Erhöhung erklärt werden, sondern nur solche, die bei einem Vergleich zu den Kosten der Vorjahre nicht nachvollziehbar sind.[835] Die **Fälligkeit** des Nachforderungsanspruchs richtet sich nach § 10 Abs. 2 S. 1 WoBindG.

**d) Belege.** Nach § 29 Abs. 2 S. 1 NMVO kann der Mieter anstelle des aus § 29 Abs. 1 NMVO folgenden Rechts zur Einsicht in die Belege verlangen, dass ihm der Vermieter gegen Erstattung der Auslagen **Ablichtungen** überlässt. Ein digitales Format ist keine Ablichtung, weil es ohne technisches Gerät keine Kenntnisnahme ermöglicht. Der Anspruch ist auf Übersendung gerichtet; seine Nichterfüllung steht einem Nachzahlungsanspruch entgegen.[836] Beim Erstattungsanspruch wird verbreitet ein Betrag von 0,25/Euro[837], vereinzelt aber auch von 0,50/Euro pro Kopie genannt.[838] 649

### 3. Anpassung von Vorauszahlungen

Die Erhöhung von Vorauszahlungen regelt § 20 Abs. 4 NMV durch Verweis auf § 4 Abs. 7, 8 NMV. Der Verweis in diesen Normen führt zu § 10 WoBindG, der neben einer schriftlichen bzw. mit Hilfe automatischer Einrichtungen erstellten Erklärung (→ Rn. 648) auch eine **Erläuterung** verlangt. Diese Voraussetzung dient dazu, dem Mieter die Erhöhung plausibel zu machen. Es überzeugt daher, ebenso wie bei § 560 Abs. 4 BGB dafür die Vorlage einer Abrechnung über die Betriebskosten zu verlangen, die einen Jahreszeitraum umfasst (→ BGB § 560 Rn. 59). Auch die dortigen Ausführungen zur Prognoseentscheidung des Vermieters (→ BGB § 560 Rn. 64) gelten entsprechend. Die **Fälligkeit** des Erhöhungsbetrags richtet sich nach § 10 Abs. 2 S. 1 WoBindG. 650

Ein **Recht** des **Mieters,** die Vorauszahlungen zu reduzieren oder eine entsprechende Erklärung des Vermieters verlangen zu können, sieht die NMV nicht vor. § 560 Abs. 4 BGB gilt insoweit nicht analog, sondern die allgemeinen Regeln über die Preiskontrolle.[839] 651

## M. Bewirtschaftungskosten in der Geschäftsraummiete

Die Heizkostenverordnung gilt nach § 1 HeizkostenV für jeden Nutzer von Räumen, unabhängig vom Nutzungszweck. Die Abgeltung der **Heiz- und Warmwasserkosten** durch den Mieter von Geschäftsräumen richtet sich daher nach der Heizkostenverordnung. Nach § 10 HeizkostenV kann eine rein verbrauchsabhängige Kostenverteilungen vereinbart werden.[840] Zum Problem einer Inklusivmiete oder Heizkostenpauschale → Rn. 60. 652

Außerhalb dieser Kosten fehlen hingegen spezielle gesetzliche Vorschriften über die Abgeltung von Bewirtschaftungskosten durch den Geschäftsraummieter. Dies betrifft die „kalten" Betriebskosten; die Problematik ist aber nicht auf diese Kostengruppe beschränkt. Betroffen ist vielmehr ganz allgemein das Problem, nach welchen Regeln es sich richtet, ob der Geschäftsraummieter zur Zahlung einer **Kostenmiete** verpflichtet werden kann. Mangels gesetzlicher Vorgaben handelt es sich um eine nach **allgemeinen Prinzipien** zu beantwortende Frage der **Vertragsgestaltung.** 653

In der Praxis geht es neben der Vertragsauslegung vor allem um die **Kontrolle vertraglicher Regelungen.** Die Vermietung von Geschäftsräumen erfolgt regelmäßig an Unternehmer iSd § 14 BGB. Dies führt nach § 310 Abs. 1 S. 1 BGB zu einer eingeschränkten Inhaltskontrolle von Vermieter-AGB. Aus diesem Grund wird im Folgenden bei der AGB-Kontrolle nur auf § 307 BGB eingegangen, mag im Einzelfall Geschäftsraum auch einmal an einen Nichtunternehmer (Beispiel: Nutzung als privates Büro) vermietet werden. Zu den Rechtsfolgen einer teilunwirksamen Abgeltungsvereinbarung → Rn. 84. 654

Die folgende Darstellung beschränkt sich auf die Besonderheiten der Kostenumlage in der Geschäftsraummiete. Die **allgemeinen Grundsätze** zur Umlage von Betriebskosten, die ab 655

[834] Dazu BGH VIII ZR 341/03, NZM 2005, 61.
[835] LG Berlin GE 2017, 780.
[836] AG Dortmund WuM 2016, 359.
[837] LG Frankfurt a. M. 2/11 S 182/14, BeckRS 2015, 125673; zum preisfreien Wohnraum: AG Halle an der Saale WuM 2014, 337.
[838] LG Berlin WuM 2005, 49 (preisfreier Wohnraum).
[839] Schmid/Harz/*Schmid/Schreiber* NMV § 20 Rn. 30 (Unwirksamkeit der Überhöhung nach § 8 Abs. 2 S. 1 WoBindG).
[840] BGH XII 46/18, NZM 2019, 474 Rn. 17.

→ Rn. 146 ff. dargestellt sind, finden auch auf die Geschäftsraummiete Anwendung, soweit sie nicht auf wohnungsmietrechtlichen Eigentümlichkeiten beruhen.

### I. Zustandekommen einer Abgeltungsvereinbarung

656 Nach dem **gesetzlichen Leitbild** sind die Bewirtschaftungskosten auch in der Geschäftsraummiete vom Vermieter zu tragen, sog. Inklusivmodell (→ Rn. 4).[841] Eine Abweichung hiervon bedarf einer wirksamen Vereinbarung. Ebenso wie in der Wohnraummiete kommen dafür das Pauschal- oder das Abrechnungsmodell (→ Rn. 4) in Betracht. Fehlt also eine besondere Vereinbarung über die Abgeltung von Bewirtschaftungskosten, haben sich die Parteien auf das **Inklusivmodell** geeinigt. Eine gesetzliche Ausnahme besteht nur für die Kosten nach der Heizkostenverordnung.

657 Das Zustandekommen einer Abgeltungsvereinbarung setzt voraus, dass die Art und Weise (Pauschal- oder Abrechnungsmodell) der Abgeltung sowie die erfassten Kosten im Vertrag **bestimmt** oder zumindest **bestimmbar** sind.[842] Handelt es sich um Vermieter-AGB, kann eine fehlende Bestimmtheit zur Unwirksamkeit führen (→ Rn. 53). Zur **konkludenten Vereinbarung** → Rn. 35.

658 Ebenso wie in der Wohnraummiete kann das **Abrechnungsmodell** auf drei Wegen vereinbart werden: Durch jeweils isolierte Vorauszahlungs- oder Abrechnungsabrede oder dadurch, dass die Parteien sowohl eine Vorauszahlungs- als auch eine Abrechnungsabrede treffen (→ Rn. 38).

659 Eine **Pauschalvereinbarung** setzt voraus, dass sich die Parteien auf eine Leistung des Mieters für die Bewirtschaftungskosten geeinigt haben, die nicht als Vorschuss zu qualifizieren ist. Hier ist von Bedeutung, dass § 560 BGB für die Geschäftsraumvermietung nicht gilt (allgM). Das Recht, die Pauschale anpassen zu können, muss sich deshalb aus dem Vertrag ergeben. Einigen sich die Parteien lediglich auf eine Pauschale für die Bewirtschaftungskosten, besteht ein solches Recht mithin nicht.

660 Für die Beantwortung der Frage, welches Abgeltungsmodell die Parteien vereinbart haben, gelten die zur Wohnraummiete entwickelten **Abgrenzungsregeln** (→ Rn. 45) entsprechend. Gleiches gilt für die **Änderung** von Abgeltungsvereinbarung (→ Rn. 65)

### II. Umfang der Abgeltungsvereinbarung

661 Eine Abgeltungsvereinbarung setzt auch die **wirksame Einigung** über den Umfang der vom Geschäftsraummieter abzugeltenden **Bewirtschaftungskosten** voraus.

#### 1. Grundsätze

662 Je genauer die Parteien die vom Geschäftsraummieter abzugeltenden Kosten bezeichnen, desto weniger **Auslegungsprobleme** ergeben sich. Im Streitfall muss der Richter aber stets die Frage beantworten, ob die vom Vermieter geltend gemachten Kosten unter die vertragliche Abgeltungsvereinbarung fallen. Hier ist bei Vermieter-AGB § 305 c Abs. 2 BGB zu beachten (dazu auch → Rn. 53).[843]

663 Der Vereinbarung einer Kostenmiete sind bei der Geschäftsraumvermietung keine speziellen Grenzen gesetzt. Maßstab der Kontrolle des Umfangs der Kostenmiete ist daher bei **Individualvereinbarungen** § 138 BGB.[844] Dessen Grenzen sind regelmäßig nicht verletzt, auch nicht durch eine triple-net-Vereinbarung.[845]

664 Bei **Vermieter-AGB** richtet sich die Kontrolle nach § 307 Abs. 1 BGB. Danach kann sich die Unwirksamkeit einer Kostenmietklausel sowohl aus ihrer inhaltlichen Unangemessenheit (§ 307 Abs. 1 S. 1 BGB) als auch aus ihrer Intransparenz (§ 307 Abs. 1 S. 2 BGB) ergeben. Daneben steht § 305 c Abs. 1 BGB der Verbindlichkeit überraschender Klauseln entgegen.[846]

---

[841] Näher *Lehmann-Richter* ZMR 2012, 837.
[842] BGH XII ZR 120/18, NZM 2020, 507 Rn. 14.
[843] Siehe etwa BGH XII ZR 83/13, NZM 2016, 315 zur Klausel: „Die Grundsteuer zahlt die Vermieterin. Erhöhungen gegenüber der bei Übergabe des Objekts erhobenen Grundsteuer tragen die Mieter".
[844] BGH XII ZR 120/18, NZM 2020, 507 Rn. 14, 18.
[845] Vgl. LG Regensburg ZMR 2017, 894.
[846] Siehe OLG Hamm NZM 2018, 337.

Nach der Rspr. des BGH verlangt das **Transparenzgebot** aus § 307 Abs. 1 S. 2 BGB eine ausdrückliche, inhaltlich bestimmte Regelung, damit der Geschäftsraummieter sich zumindest ein grobes Bild davon machen kann, welche zusätzlichen Kosten auf ihn zukommen können.[847] **665**

Nach dem Gesetz sind sämtliche Bewirtschaftungskosten vom Vermieter zu tragen.[848] Ob die Vereinbarung einer Kostenmiete deshalb vom Gesetz abweicht und welche Auswirkungen dies auf eine **Inhaltskontrolle** nach § 307 Abs. 1 S. 1 BGB hat, wird nicht breit diskutiert. Nach hier vertretener Ansicht[849] unterliegen Verwaltungskostenklauseln (→ Rn. 682) einer Inhaltskontrolle nach den Grundsätzen des BGH[850] zu den Preisnebenabreden.[851] Auch die Erhaltung betreffende Kostenklauseln sind einer Inhaltskontrolle zu unterziehen (→ BGB § 538 Rn. 193). **666**

### 2. Betriebskosten

Der Betriebskostenbegriff ist für die Wohnraummiete durch **§ 2 BetrKV** legaldefiniert (→ Rn. 221). Soll der Geschäftsraummieter nach dem Vertragswortlaut „die Betriebskosten" tragen, ohne dass diese näher beschrieben werden, betrifft eine **individualvertragliche Abgeltungsvereinbarung** nach hM die zum Zeitpunkt des Vertragsschlusses in § 2 Nr. 1–16 BetrKV benannten Kosten[852]; zur Gegenansicht → Rn. 52. Verwendet der Geschäftsraummietvertrag die Bezeichnungen aus § 2 Nr. 1–16 BetrKV, also etwa Kosten der Gartenpflege oder Kosten der Beleuchtung, so sind diese Begriffe im Sinne der Verordnung zu verstehen.[853] Nennt der Vertrag nur einige der bezeichneten Betriebskosten exemplarisch, etwa durch die Wendung *„sämtliche Betriebskosten, insbesondere …"*, so liegt darin keine Beschränkung auf die exemplarisch genannten Kosten.[854] **667**

Ob dieses Auslegungsergebnis auch für **Vermieter-AGB** gilt, ist offen. Der BGH verlangt hier eine ausdrückliche, inhaltlich bestimmten Regelung, damit der Mieter sich zumindest ein grobes Bild davon machen kann, welche zusätzlichen Kosten auf ihn zukommen können.[855] Die entscheidende Frage lautet, ob der Begriff „Betriebskosten" hinreichend deutlich macht, dass die Kosten iSd § 2 BetrKV gemeint sind. Das ist angesichts der gesetzlichen Definition zu bejahen, wie die Parallelentscheidung des BGH zur Auslegung des Begriffs „Schönheitsreparaturen" in der Geschäftsraummiete verdeutlicht (→ BGB § 538 Rn. 184).[856] Etwas anderes gilt, wenn der Vertrag so formuliert ist, dass keine Beschränkung auf die Betriebskosten iSd § 2 BetrKV erfolgen soll (zB *„sämtliche Betriebskosten ohne Beschränkung auf die in § 2 BetrKV aufgeführten Kosten"*).[857] **668**

Der Mieter wird durch die Pflicht zur Abgeltung der Betriebskosten iSd § 2 BetrKV in Vermieter-AGB **nicht unangemessen benachteiligt.** Denn § 556 Abs. 1 BGB ist die gesetzliche Wertung zu entnehmen, dass auch der Geschäftsraummieter mit **Betriebskosten belastet** werden darf (allgM).[858] **669**

Wirksam ist, auch in Vermieter-AGB, eine **dynamische Verweisung** auf die Betriebskosten gemäß der jeweils geltenden Fassung der BetrKV. Denn die gesetzgeberische Entscheidung, die Umlage bestimmter Kosten auf den Wohnraummieter zuzulassen, schützt den Geschäftsraummieter vor einer unangemessenen Benachteiligung.[859] Ob die Parteien eine solche dynamische Verweisung vereinbart haben, ist eine Frage der Vertragsauslegung (→ Rn. 62). **670**

### 3. Nebenkosten

Der Begriff der „Nebenkosten" ist gesetzlich nicht definiert. Ob hierin eine unschädliche Falschbezeichnung liegt und die Parteien die Abgeltung der Betriebskosten iSd § 2 BetrKV verein- **671**

---

847 BGH XII ZR 120/18, NZM 2020, 507 Rn. 14.
848 *Lehmann-Richter* ZMR 2012, 837.
849 Näher *Lehmann-Richter* ZMR 2012, 837 (838).
850 Dazu etwa BGH XI ZR 516/18, NJW-RR 2020, 1055.
851 Auch BGH XII ZR 112/09, NZM 2012, 83 Rn. 19 geht von einer Inhaltskontrollfähigkeit solcher Klauseln aus.
852 BGH XII ZR 120/18, NZM 2020, 507.
853 Vgl. BGH XII ZR 112/10, NJW 2013, 41 Rn. 13.
854 BGH XII ZR 120/18, NZM 2020, 507 Rn. 26.
855 BGH XII ZR 120/18, NZM 2020, 507 Rn. 14.
856 **AA** etwa OLG Düsseldorf ZMR 2003, 109.
857 Vgl. BGH XII ZR 112/10, NJW 2013, 41 Rn. 13.
858 BeckOGK/*Hörndler* BGB § 578 Rn. 121; näher *Lehmann-Richter* ZMR 2012, 837 (839).
859 Lindner-Figura/Oprée/Stellmann Geschäftsraummiete-HdB/*Beyerle* Kap. 11 Rn. 60.

baren wollten, ist eine Frage der Umstände des Einzelfalls. Im Zweifelsfall ist bei einer **Individualvereinbarung** hiervon auszugehen (→ Rn. 58).[860]

672 In **Vermieter-AGB** führen die Unsicherheiten bei der Auslegung hingegen nach § 307 Abs. 1 S. 2 BGB zur Unwirksamkeit der Abgeltungsvereinbarung wegen Intransparenz (→ Rn. 59).[861] Die Frage nach einer inhaltlichen Unangemessenheit (§ 307 Abs. 1 S. 2 BGB) stellt sich mithin nicht.

### 4. Verwaltungskosten

673 Soll der Geschäftsraummieter nach dem Vertragswortlaut „die Verwaltungskosten" tragen, ohne dass diese näher beschrieben werden, betrifft die Abgeltungsvereinbarung – auch in Vermieter-AGB – nach **hM** die in **§ 1 Abs. 2 Nr. 1 BetrKV** benannten Kosten.[862] Für die Praxis bedeutet dies, dass die konkret vom Vermieter geltend gemachten Kosten unter die in dieser Vorschrift genannten Tätigkeiten *(„Kosten der zur Verwaltung des Gebäudes erforderlichen Arbeitskräfte und Einrichtungen, die Kosten der Aufsicht, der Wert der vom Vermieter persönlich geleisteten Verwaltungsarbeit, die Kosten für die gesetzlichen oder freiwilligen Prüfungen des Jahresabschlusses und die Kosten für die Geschäftsführung")* subsumiert werden müssen. Das bereitet Schwierigkeiten, weil die Definition in § 1 Abs. 2 Nr. 1 BetrKV ihrerseits Fragen aufwirft (→ Rn. 219).[863]

674 Verwaltungskostenklauseln verstoßen nach **hM nicht gegen § 307 Abs. 1 BGB,** und zwar auch dann nicht, wenn sie keine Kappungsgrenze enthalten. Ein Verstoß gegen § 307 Abs. 1 S. 2 BGB (Transparenzgebot) soll wegen der gesetzlichen Definition in § 1 Abs. 2 Nr. 1 BetrKV ausscheiden.[864] Auch einen Verstoß gegen §§ 305 c Abs. 1 BGB sowie gegen 307 Abs. 1 S. 1 BGB verneint der BGH, da die Umlage nicht ungewöhnlich sei und der Geschäftsraummieter durch das Wirtschaftlichkeitsgebot geschützt sei.[865] Dieser **hM ist zu widersprechen.** Denn die Abwälzung von Verwaltungskosten verstößt gegen § 307 Abs. 1 S. 1 BGB, weil sie den Geschäftsraummieter mit dem Kalkulationsrisiko von Kosten für Tätigkeiten belasten, die in erster Linie dem Vermieter zugutekommen.[866]

### 5. Erhaltungs-, Instandhaltungs-, Instandsetzungskosten

675 Die Begriff „Erhaltung" oder „Instandhaltung" und „Instandsetzung" sind durch Heranziehung von § 555 a BGB sowie § 1 Abs. 2 Nr. 2 BetrKV in einer **Individualvereinbarung** auslegungsfähig.

676 Werden die Begriffe in **Vermieter-AGB** verwendet, bestehen auf Basis der Rspr. des BGH zum Verwaltungskostenbegriff (→ Rn. 683) keine Transparenzbedenken nach § 307 Abs. 1 S. 2 BGB. Die Frage der inhaltlichen Unangemessenheit (§ 307 Abs. 1 S. 1 BGB) wird bei → BGB § 538 Rn. 193 ff. erläutert.

### 6. Andere Kostentypen

677 Werden die vom Mieter abzugeltenden Kosten durch andere als die soeben genannten Begriffe beschrieben, ist der Rechtsanwender bei einer **Individualvereinbarung** zu einer Auslegung gezwungen. Diese Auslegung scheitert mit der Folge des § 155 BGB, wenn sich ein Ergebnis nicht ermitteln lässt.[867] Ist die Auslegung hingegen erfolgreich, so bestimmt sich die Wirksamkeit der Pflicht des Mieters, bestimmte Kosten zu übernehmen, nach § 138 BGB.

678 **a) Intransparenz von Vermieter-AGB.** Vermieter-AGB sind nach § 307 Abs. 1 S. 2 BGB bereits dann wegen Intransparenz unwirksam, wenn der im Vertrag gewählte Begriff zwar aus-

---

[860] Vgl. OLG Hamm ZMR 2019, 581; OLG München ZMR 1997, 233.

[861] OLG Düsseldorf ZMR 2008, 45; vgl. auch BGH XII ZR 112/10, NJW 2013, 41 Rn. 13; **aA** etwa OLG Frankfurt a. M. NZM 2018, 789; OLG München ZMR 1997, 233.

[862] BGH XII ZR 112/10, NJW 2013, 41; BGH XII ZR 109/08, NJW 2010, 671 Rn. 24; BGH XII ZR 69/08, NZM 2010, 279 Rn. 9.

[863] Pointiert BeckOGK/*Hörndler* BGB § 578 Rn. 128 („Zirkelschluss").

[864] Nachweise in Fn. 862.

[865] BGH XII ZR 112/09, NZM 2012, 83 Rn. 19.

[866] *Näher Lehmann-Richter* ZMR 2012, 837 (840); für Transparenzverstoß BeckOGK/*Hörndler* BGB § 578 Rn. 123.

[867] So OLG Schleswig SchlHA 2012, 305 für die Regelung *„Nebenabgaben und Kosten, die mit dem Betrieb des Mietgegenstandes zusammenhängen"*.

legungsfähig ist, seine Bedeutung aber nicht im Rahmen des dem Vermieter möglichen und zumutbaren klar und durchschaubar formuliert ist. **Verworfen** hat die Rspr. in Vermieter-AGB daher etwa die Klauseln

- „*Kosten für Versicherungen*“[868],
- „*Kosten der für das Gesamtobjekt notwendigen und/oder üblichen Versicherungen sowie alle für den Betrieb, die Unterhaltung, Bewachung und Verwaltung notwendigen Kosten einschließlich der Gestellung und Unterbringung des hierfür erforderlichen Personals*“[869],
- „*Kosten eines Centermanagers*“[870].

**Keine Bedenken** bestehen nach der Rspr. mit Blick auf das Transparenzgebot gegen die Abgeltung in Vermieter-AGB von 679

- „*Bewirtschaftungskosten*“[871],
- „*Kosten der Beseitigung und Abtransport von Eis und Schnee*“[872],
- „*Kosten der automatischen Türanlage*“[873]
- „*sämtliche Wartungskosten*“[874],
- „*Wasser- und Kanalgebühren, ferner die Müllabfuhrgebühren und Kaminfegergebühren bzw. Kosten für Wegereinigung (Erfüllung der Verkehrssicherungspflicht) und sonstiger öffentlicher Abgaben*“[875],
- „*Kosten der kaufmännischen und technischen Hausverwaltung der Mietsache*“ – der Begriff soll, dem der „Verwaltungskosten“ entsprechen[876].

**b) Unangemessenheit von Vermieter-AGB.** Die Vereinbarung einer Kostenmiete unterliegt der AGB-Kontrolle nach § 307 Abs. 1 S. 1 BGB.[877] Umstritten ist, ob die Umlage von **Bewachungskosten** den Mieter unangemessen benachteiligt. Teilweise wird die Umlage davon abhängig gemacht, dass eine konkrete Gefährdung der Geschäftsraummieter bestehe.[878] Zu folgen ist der Gegenansicht[879], weil mit den Kosten eine neben die Gebrauchsüberlassung tretende Gegenleistung für den Mieter einhergeht.[880] **Herstellungskosten** sollen nicht umlagefähig sein.[881] 680

Der wirtschaftliche Erfolg eines Einkaufszentrums, aber auch anderer Geschäftszentren, hängt auch von zielführenden Werbemaßnahmen ab. Werbemaßnahmen müssen allerdings organisiert und finanziert werden. Hier sind in der Praxis drei Modelle verbreitet[882]: Häufig werden die Werbemaßnahmen von einem Verband, etwa einer GbR oder einem Verein, durchgeführt, den die Mieter über Mitgliedsbeiträge finanzieren.[883] Gelegentlich enthält der Mietvertrag auch eine Regel, wonach der Mieter sich zu Zahlung einer Gebühr an einen die Werbung organisierenden Dritten verpflichtet. Zuletzt gibt es Fälle, in denen der Vermieter seine **Werbekosten** auf den Mieter umlegt. Nur der zuletzt genannte Fall betrifft die hier zu kommentierende Problematik. Die Wirksamkeit einer solchen Vermieter-AGB, die den Mieter zur Zahlung eines Entgelts wegen vom Vermieter veranlasster Werbemaßnahmen verpflichtet, setzt voraus, dass Gegenstand der kostenpflichtigen Werbemaßnahmen sowie die Höhe der Kostenbelastung aus der Klausel hinreichend deutlich werden.[884] 681

---

[868] BGH XII ZR 112/10, NJW 2013, 41 Rn. 12.
[869] BGH XII ZR 158/01, NZM 2005, 863.
[870] BGH XII ZR 56/11, NJW 2014, 3722 Rn. 25; BGH XII ZR 205/09, NJW 2012, 54 Rn. 15.
[871] KG ZMR 2007, 449, nicht überzeugend.
[872] OLG Frankfurt a. M. BeckRS 2008, 142933.
[873] OLG Köln ZMR 2016, 537.
[874] OLG Frankfurt a. M. NZM 2016, 264.
[875] BGH XII ZR 158/01, NZM 2005, 863.
[876] BGH XII ZR 112/09, NZM 2012, 83 Rn. 11.
[877] Näher *Lehmann-Richter* ZMR 2017, 837.
[878] Etwa OLG Celle NZM 1999, 501.
[879] Etwa KG ZMR 2011, 116; BeckOGK/*Hörndler* BGB § 578 Rn. 124.
[880] Zu diesem Topos *Lehmann-Richter* ZMR 2017, 837 (838).
[881] BeckOGK/*Hörndler* BGB § 578 Rn. 121.
[882] Ausf. zur Problematik *Lehmann-Richter* ZMR 2017, 861.
[883] In Vermieter-AGB kann eine Beitrittspflicht des Mieters nicht wirksam begründet werden, *Lehmann-Richter* ZMR 2017, 861.
[884] Vgl. BGH XII ZR 39/04, NJW 2006, 3057; näher *Lehmann-Richter* ZMR 2017, 861.

**7. Umsatzsteuer**

682 Umsatzsteuer auf die Bewirtschaftungskosten schuldet der Mieter nur, wenn dies im Vertrag vereinbart ist.[885] Dafür reicht eine allgemein die Mietzahlungspflicht betreffende Regelung aus, weil auch die Erstattung von Betriebskosten Miete ist.[886] Zudem muss dem Vermieter Umsatzsteuer entstanden sein.[887]

### III. Änderung von Abgeltungsvereinbarungen

683 Die Modifikation einer Abgeltungsvereinbarung kann durch **Änderungsvertrag** erfolgen. Hier gelten die zur Wohnraummiete entwickelten Grundsätze entsprechend (→ Rn. 66).[888] Ebenso wie dort ist auch in der Geschäftsraummiete das Prinzip von besonderer Bedeutung, dass es regelmäßig für eine Vertragsänderung zugunsten des Vermieters nicht ausreicht, wenn der Vermieter trotz fehlender Abrechnungsabrede Betriebskostenabrechnungen erteilt, die der Mieter nicht beanstandet und begleicht.[889]

684 Alternativ kommt ein **Änderungsvorbehalt,** typischerweise zugunsten des Vermieters, in Betracht. Typologisch sind Neukostenklauseln von Ausgliederungsklauseln zu unterscheiden (→ Rn. 67). Werden solche Klausel individualvertraglich vereinbart, bestehen keine Wirksamkeitsbedenken. Anders ist es bei Vermieter-AGB. Ausgliederungsklauseln belasten den Geschäftsraummieter grds. unangemessen mit dem Kalkulationsrisiko des Vermieters. Eine Ausnahme ist wegen der Wertung des § 556 a Abs. 2 BGB nur für Klauseln zu machen, die der dortigen Gestaltungsmöglichkeit entsprechen.[890] Gegen Neukostenklauseln bestehen sub specie § 307 Abs. 1 S. 1 BGB hingegen keine Bedenken bestehen (vgl. → Rn. 71).

685 Ein gesetzliches Recht zur **einseitigen Änderung von Vorauszahlungen** besteht nicht. Ein solches kann aber vereinbart werden, und zwar wegen der Wertung des § 560 Abs. 4 BGB zugunsten des Geschäftsraumvermieters auch in Vermieter-AGB.[891] Die Wirksamkeit in Vermieter-AGB setzt aber voraus, dass, wie es § 560 Abs. 4 BGB vorsieht, der Mieter auch die Herabsetzung verlangen kann.[892] Zur Anpassung von Pauschalen in der Geschäftsraummiete → Rn. 670.

686 Besteht ein Anspruch auf Anpassung der Miethöhe nach **§ 313 BGB,** so kann sich dieser – abhängig sind die Umstände des Einzelfalls – auch auf die Pflicht zur Abgeltung von Betriebskosten beziehen. Praxisrelevant ist dies bei einer Anpassung aufgrund der **COVID-19 Pandemie,** deren mietrechtliche Lösung die hM bekanntlich – nach hier vertretener Ansicht: zu Unrecht (→ BGB § 537 Rn. 14) – in § 313 BGB sieht. Verbreitet wird vertreten, dass entsprechend der Reduzierung der Nettomiete auch die verbrauchsunabhängigen Betriebskosten zu ermäßigen seien.[893]

### IV. Methode der Erfassung der Bewirtschaftungskosten

687 **Zentrale Bedeutung** für die Frage, ob im Abrechnungsmodell Nachforderungs- oder Erstattungsansprüche bestehen, hat neben der Abrechnungsvereinbarung die Methode der Erfassung der vom Geschäftsraummieter zu tragenden Bewirtschaftungskosten. Denn nur wenn diese Methode feststeht, kann entschieden werden, ob die Vorauszahlungen die Bewirtschaftungskosten über- oder unterschreiten oder ob dem Mieter wegen Nichtabrechnung ein Anspruch auf Vorauszahlungserstattung zusteht.

688 Die Bestimmung der Erfassungsmethode verlangt – daneben stehen die vertraglich festgelegten Kostenarten, die Gegenstand der Erfassung sind – eine **Antwort** auf folgende **drei Fragen:**

---

[885] Vgl. BGH XII ZR 137/05, NZM 2006, 138 Rn. 9.
[886] OLG Schleswig ZMR 2001, 618.
[887] BGH XII ZR 120/18, NZM 2020, 507 Rn. 29; zur ergänzenden Auslegung der Miethöheregel, wenn dies nicht der Fall ist BGH XII ZR 79/07, NZM 2009, 237.
[888] Zum Anspruch auf Änderung des Umlagemaßstabs nach § 313 BGB s. OLG Düsseldorf ZMR 2011, 795; DWW 2016, 215.
[889] BGH XII ZR 56/11, NJW 2014, 3722.
[890] *Schmid* Mietenebenkosten-HdB/*Harz* Rn. 2041.
[891] BGH XII ZR 65/13, NJW 2014, 1300 Rn. 26.
[892] **AA** OLG Dresden NZM 2002, 437.
[893] LG Mönchengladbach 12 O 154/20, BeckRS 2020, 30731; Schmidt COVID-19/*Streyl* § 3 Rn. 93.

1. Welcher Zeitraum ist Gegenstand der Erfassung?
2. Wie erfolgt die Zuordnung von Kosten zum Erfassungszeitraum?
3. Nach welcher Methode werden die als Teil einer größeren Kostenmenge anfallenden, vom Geschäftsraummieter zu tragenden Bewirtschaftungskosten extrahiert?

Diese Fragen sind aus dem wohnraummietrechtlichen Betriebskostenrecht bekannt; das Gesetz regelt sie dort nur unvollständig. Diese Regelungen – zur Frage 1: § 556 Abs. 3 S. 1 BGB, zur Frage 3: § 556a BGB – gelten in der Geschäftsraumiete nicht, und zwar auch **nicht analog** (allgM).[894]

### 1. Vertragliche Regelung

689 Den Parteien steht es selbstverständlich frei, die beschriebenen Fragen durch Regelungen im Vertrag zu beantworten. Der Vermieter kann eine vereinbarte Erfassungsmethode, vorbehaltlich eines Änderungsvorbehalts, **nicht einseitig ändern.**[895] Ist die Erfassungsmethode in Vermieter-AGB geregelt, so ist die Klausel an § 305c Abs. 2 BGB sowie an § 307 Abs. 1 BGB wie folgt zu messen:

690 Die **Unklarheitenregel** des § 305c Abs. 2 BGB kann etwa eingreifen, wenn der vereinbarte Umlagemaßstab mehrdeutig ist. Ist zB die Umlage von Kosten nach der Zahl der „Gewerbemieter" vereinbart und wird eine Einheit von einem eingetragenen Verein genutzt, kann § 305c Abs. 2 BGB dazu führen, dass in der Abrechnung eines anderen Mieters auch der Verein zu berücksichtigen ist, auch wenn dieser uU bei rechtlicher Betrachtung kein Gewerbe betreibt. Ist die Umlage nach **Fläche** vereinbart, aber nur die Fläche des Mieters (Zähler) im Vertrag genannt, nicht aber die Gesamtfläche (Nenner), so bestimmt sich die Berechnung der Gesamtfläche nach der für den Mieter günstigsten Methode[896] nur dann, wenn sich die verschiedenen Auslegungsmöglichkeiten (dh die Anwendung konkreter Berechnungsmethoden) aus der Klausel bei objektiver Interpretation entnehmen lassen. Das ist regelmäßig indes nicht der Fall, weshalb unvollständige Umlagemaßstäbe nach §§ 315, 316 BGB durch den Vermieter zu ergänzen sind (vgl. → Rn. 700).

691 Aus dem Blickwinkel der **Inhaltskontrolle** benachteiligt eine Klausel den Mieter unangemessen, die von den zwingenden Umlageregeln der Heizkostenverordnung abweicht. Daneben ist Maßstab für die Inhaltskontrolle von Vereinbarungen zur Erfassungsmethode § 315 BGB.[897] Denn diese Norm ist anwendbar, wenn die Parteien nichts Konkretes vereinbart haben (→ Rn. 700). Ob die Regelung wegen Abweichung von § 315 BGB unwirksam ist, ist anhand des konkreten Sachverhalts zu ermitteln. Dafür ist im Einzelfall zu fragen, ob die Erfassungsmethode noch billigem Ermessen entspricht (dazu → Rn. 704). Nach § 307 Abs. 1 S. 1, Abs. 2 Nr. 1 BGB unwirksam ist etwa eine Klausel, die dem Vermieter das Recht gibt, einen „geeigneten" Umlegungsmaßstab festzusetzen, weil ihn dies von der Abwägung der Interessenlage beider Vertragsteile, auf die im Rahmen einer Bestimmung nach billigem Ermessen abzustellen ist, befreit.[898] Verworfen hat die Rspr. auch einen Umlagemaßstab, der zu einer erheblichen Mehrbelastung kleinerer Mietflächen im Vergleich zu Großmietern mit den Betriebskosten führte.[899]

692 Schweigt der Wortlaut des Vertrags zur Erfassungsmethode, ist eine **ergänzende Vertragsauslegung** vorzunehmen. Dafür ist zu fragen, ob sich Anhaltspunkte dafür ergeben, welche Erfassungsmethode die Parteien vereinbart hätten, wenn ihnen die Lücke im Vertrag bewusst gewesen wäre. Meist wird sich dies dem Vertrag nicht entnehmen lassen. Dann lässt sich die Lücke auch nicht durch Rückgriff auf die wohnraummietrechtlichen Regeln – beim Abrechnungszeitraum § 556 Abs. 3 S. 1 BGB; beim Umlagemaßstab § 556a Abs. 1 BGB – schließen. Denn diese Regelungen sind auf die Geschäftsraummiete nicht anwendbar, was nicht durch eine ergänzende Auslegung umgangen werden darf.[900]

---

[894] Etwa BGH XII ZR 124/09, NJW 2011, 445 Rn. 13; BGH XII ZR 22/07, NJW 2010, 1065 Rn. 19.
[895] OLG Düsseldorf DWW 2016, 215.
[896] Zu den Methoden etwa BeckOGK/*Hörndler* BGB § 578 Rn. 33ff.
[897] Vgl. BGH VIII ZR 10/92, NJW 1993, 1061.
[898] Vgl. BGH VIII ZR 10/92, NJW 1993, 1061.
[899] KG ZMR 2020, 495.
[900] **AA** iErg KG NZM 2017, 368 für den Fall der Lückenschließung bei unwirksamer Umlagemaßstabs-AGB.

### 2. Fehlen einer vertraglichen Regelung

693 Scheitert die ergänzende Auslegung, gilt **§§ 315, 316 BGB.**[901] Dieses Leistungsbestimmungsrecht verhindert, dass unvollständige Vermieter-AGB, also solche, die die Erfassungsmethode nicht regeln, gegen § 307 Abs. 1 S. 2 BGB verstoßen. Denn das Pflichtenprogramm der Parteien lässt sich durch den Rückgriff auf das Gesetz, nämlich §§ 315, 316 BGB, bestimmen.

694 Der **Vermieter** hat mithin das Recht – und die Pflicht (vgl. → BGB § 560 Rn. 36) –, die Erfassungsmethode durch Erklärung gegenüber dem Mieter zu bestimmen. § 316 BGB setzt nach hM nicht voraus, dass die Parteien sich auf ein einseitiges **Bestimmungsrecht** geeignet und lediglich die Person des Bestimmenden nicht vereinbart haben. Vielmehr hat die Regel daneben auch die Funktion, den unvollständigen Vertrag um die fehlende Bestimmungsvereinbarung selbst zu ergänzen.[902]

695 Die Leistungsbestimmung kann auch **konkludent** durch Erteilung einer die Methode umsetzenden Abrechnung erfolgen (→ Rn. 330). Die **Grenzen** der Leistungsbestimmung zieht nach § 315 BGB der Grundsatz des billigen Ermessens. Die Beweislast für einen Verstoß gegen diesen Maßstab trifft den Mieter.[903] Der Vermieter kann, soweit eine Einzelabrechnung von Bewirtschaftungskosten möglich ist (→ Rn. 104), sein Bestimmungsrecht für die einzelnen Bewirtschaftungskosten unterschiedlich ausüben. Eine einmal vom Geschäftsraumvermieter getroffene Bestimmung ist nach allg. Grds. **verbindlich.**[904]

696 Billigem Ermessen entspricht jedenfalls die Festlegung eines jährlichen **Abrechnungszeitraums;** keinesfalls ist das Kalenderjahr zwingend.[905] Aber auch kürzere oder längere Abrechnungszeiträume halten sich regelmäßig noch iRd § 315 BGB. Dessen Rahmen ist aber einerseits überschritten, wenn der Geschäftsraummieter mit übermäßigen Kontrollen der Richtigkeit der Abrechnung belastet wird; die Grenze wird man bei kürzeren als dreimonatigen Intervallen ziehen können. Unbillig sind daneben überlange Abrechnungszeiträume, die wegen der Vielzahl an angefallenen Belegen die Abrechnungskontrolle erschweren und zudem das Risiko eines insolvenzbedingten Ausfalls mit Erstattungsansprüchen erhöhen.

697 Beim Zeitprinzip bei der Kostenerfassung entspricht sowohl die Festlegung des **Leistungs-** als auch des **Abflussprinzips** billigem Ermessen gem. § 315 BGB.

698 Besonders praxisrelevant ist die Bestimmung des **Umlagemaßstabs** durch den Geschäftsraumvermieter. Dieses Recht kann sich, abhängig von der Parteivereinbarung, auf nur den Zähler, nur den Nenner[906] oder beide Zahlen beziehen. Ob der vom Vermieter gewählte Maßstab billigem Ermessen entspricht, bestimmt sich nach den Umständen des Einzelfalls.[907] Die Rspr. hält etwa einen Verstoß des Umlagemaßstabs „Flächenanteil" gegen § 315 BGB für möglich, wenn in manchen Nutzeinheiten deutlich höhere Kosten als in anderen entstehen.[908] Umstritten ist die Billigkeit der Festlegung, die dem Mieter das Leerstandsrisiko zuweist, indem die Umlage im Verhältnis der Fläche des Mieters zu den „tatsächlich vermieteten Mietflächen im Objekt" erfolgen soll.[909]

### V. Voraussetzungen eines Nachforderungs- oder Erstattungsanspruches

699 Das Gesetz regelt weder Nachforderungs- noch Erstattungsanspruch näher. Den Ansprüchen ist gemein, dass sie die Vereinbarung des **Abrechnungsmodells** voraussetzen. Nach hM besteht grds. keine Pflicht des Geschäftsraumvermieters zur Festsetzung kostendeckender Vorauszahlungen.[910]

---

901 Vgl. etwa BGH VIII ZR 10/92, NJW 1993, 1061 sowie den Rechtsentscheid des OLG Hamm NJW 1984, 984.

902 BGH V ZR 82/87, NJW-RR 1988, 970.

903 OLG Düsseldorf ZMR 2000, 215.

904 Lindner-Figura/Oprée/Stellmann Geschäftsraummiete-HdB/*Beyerle* Kap. 11 Rn. 180; **aA** wohl OLG Frankfurt a. M. ZMR 2004, 182.

905 OLG Dresden NZM 2002, 437; OLG Düsseldorf ZMR 2003, 570.

906 Vgl. OLG Düsseldorf NZM 2001, 989.

907 Näher dazu BeckOGK/*Hörndler* BGB § 578 Rn. 143ff.

908 *KG NZM 2002, 954; GE 2001*, 850.

909 Vgl. KG NZM 2017, 368; OLG Düsseldorf 10 U 29/15 BeckRS 2015, 17291, beide sub specie AGB-Kontrolle.

910 BGH XII ZR 21/02, NJW 2004, 2674.

### 1. Nachforderungsanspruch

Voraussetzung eines Nachforderungsanspruchs ist, dass die von der Vereinbarung erfassten **Bewirtschaftungskosten** nach der zwischen den Parteien geltenden Erfassungsmethode (→ Rn. 694) die **Vorauszahlungen** des Mieters **übersteigen.** **700**

Daneben ist erforderlich, dass der Geschäftsraumvermieter dem Geschäftsraummieter die Nachforderung mitteilt. Denn ohne diese Information ist dem Mieter seine Zahlungspflicht unbekannt. Regeln die Parteien die Art und Weise der Information nicht, setzt die **Fälligkeit** des Nachforderungsanspruchs eine **prüffähige Abrechnung** (→ Rn. 723) voraus.[911] Diese Voraussetzung ist der Vereinbarung des Abrechnungsmodells mithin immanent. **701**

Der Nachforderungsanspruch des Geschäftsraumvermieters ist **keiner** speziellen gesetzlichen **Verfristung** unterworfen. § 556 Abs. 3 S. 3 BGB gilt nicht, auch nicht analog.[912] Die Parteien können eine Verfristung vereinbaren; eine Abrechnungsfrist enthält aber auch in Vermieter AGB (§ 305 c Abs. 2 BGB) keine Ausschlussfrist.[913] Haben die Parteien hingegen einen Ausschluss vereinbart, so bestehen auch in Mieter-AGB gegen kürzere Fristen als ein Jahr keine Bedenken. Die Mieter-AGB muss aber einen Vorbehalt für den Fall der unverschuldeten Fristversäumnis enthalten, sonst benachteiligt sie den Vermieter unangemessen (§ 307 Abs. 1 S. 1 BGB).[914] Zulässig ist es, die Fristwahrung an die Beifügung von Belegen zu knüpfen.[915] **702**

Die **Verjährung** richtet sich nach § 195 BGB; der Anspruch entsteht (§ 199 Abs. 1 Nr. 1 BGB) erst mit Zugang der Abrechnung.[916] Die Verwirkung folgt allgemeinen Grundsätzen. Hier ist von Bedeutung, dass allein die Nichtabrechnung über einen längeren Zeitraum regelmäßig nicht zur **Verwirkung** führt.[917] Der Anspruch kann durch **Verzicht** erlöschen; ein solcher kommt aber nicht allein durch Übersendung der Abrechnung und Ausgleich der sich danach ergebenden Forderung zustande.[918] **703**

Anders als in der Wohnraummiete kann die **Abrechnung** des Geschäftsraumvermieters nicht kraft Gesetzes in **Bestandskraft** erwachen. § 556 Abs. 5 S. 6 BGB gilt nämlich nicht. Die Parteien können aber eine dieser gesetzlichen Regelung entsprechende Rechtsfolge vereinbaren. Gegen § 138 BGB verstößt eine **Individualvereinbarung** nur, die dem Mieter Einwendungen gegen die Forderung des Vermieters abschneidet oder deren Ausübung, etwa durch überkurze Fristen, faktisch unmöglich macht.[919] **704**

Der BGH hat sich zur Wirksamkeit von Einwendungsfristklauseln in **Vermieter-AGB** bislang nur obiter geäußert.[920] In der Instanzrechtsprechung wird vertreten, eine Klausel sei wirksam, die eine Ausschlussfrist von vier Wochen für Einwendungen vorsieht, wenn auf die Folgen des Schweigens in der Abrechnung hingewiesen wird.[921] Solche **Ausschlussklauseln** verstoßen indes bereits deshalb gegen § 307 Abs. 1 S. 1 BGB, weil sie dem Geschäftsraummieter auch solche Einwendungen nehmen, die er gar nicht binnen der Frist geltend machen kann. Dies kann insbes. bei Einwendungen der Fall sein, die sich erst aufgrund einer Belegeinsicht ergeben. Auch ist eine starre Frist von vier Wochen nicht ausreichend, da eine Prüfung ohne Beauftragung eines Rechtsanwalts oder einer anderen fachkundigen Person häufig nicht möglich ist.[922] Ausschlussklauseln müssen daher – wie auch § 556 Abs. 3 S. 6 BGB – einen Vorbehalt für den Fall der unverschuldeten Fristversäumnis enthalten; in diesem Fall ist eine Frist von vier Wochen unbedenklich. **705**

Im Übrigen ist wegen der **Details** des Nachforderungsanspruchs auf die **wohnraumrechtliche Kommentierung** zu verweisen (→ Rn. 557 ff.). **706**

---

911 Etwa BGH XII ZR 22/07, NJW 2010, 1065 Rn. 31 ff.; BGH VIII ZR 298/80, NJW 1982, 573.

912 BGH XII ZR 124/09, NJW 2011, 445 Rn. 13.

913 BGH VIII ZR 152/15, NZM 2016, 307 Rn. 16.

914 OLG Jena NZM 2012, 642; OLG München 32 U 2417/17, NJOZ 2019, 677.

915 OLG München 32 U 2417/17, NJOZ 2019, 677.

916 BGH VIII ARZ 5/90, NJW 1991, 836; OLG Celle ZMR 2015, 541.

917 BGH XII ZR 124/09, NJW 2011, 445 Rn. 21.

918 BGH XII ZR 6/13, NJW 2014, 2780, Nachforderung des Vermieters; BGH XII ZR 62/12, NJW 2013, 2885, Guthaben des Mieters.

919 OLG Karlsruhe 9 U 111/16, BeckRS 2018, 23572 hat gegen eine Frist von zwei Wochen keine Bedenken.

920 BGH XII ZR 56/11, NJW 2014, 3722 Rn. 30 ff.

921 OLG Düsseldorf ZMR 2000, 452 (454); in diese Richtung auch BGH XII ZR 56/11, NJW 2014, 3722 Rn. 30 ff.

922 Vgl. KG NZM 2002, 954.

### 2. Erstattungsanspruch des Mieters

707 Beim Erstattungsanspruch des Mieters sind **zwei Konstellationen** zu unterscheiden: Die Überzahlung, weil tatsächlich geringere Bewirtschaftungskosten entstanden sind und die Rückforderung wegen Nichtabrechnung durch den Vermieter.

708 **a) Überzahlung.** Ein Erstattungsanspruch des Geschäftsraummieters besteht, wenn die von der Vereinbarung erfassten **Bewirtschaftungskosten** nach der zwischen den Parteien geltenden Erfassungsmethode (→ Rn. 694) seine **Vorauszahlungen unterschreiten.**

709 Nach der Rspr. des BGH soll der **Anspruch** des Mieters auf **Rückerstattung** zu viel bezahlter Bewirtschaftungskosten „grundsätzlich" erst mit der Erteilung einer formell ordnungsgemäßen Abrechnung **fällig** werden.[923] Dieser Satz darf nicht missverstanden werden: Damit ist nur gesagt, dass vor Ablauf der Abrechnungsfrist (dazu sogleich) ohne Vermieterabrechnung keine Fälligkeit eintreten kann, weil der Vermieter diese Frist ausschöpfen darf. Nach Ablauf der Frist ist der Erstattungsanspruch des Mieters auch ohne Vermieterabrechnung durchsetzbar, wenn der Mieter seinen Anspruch durch „Selbstabrechnung" (dazu → Rn. 632) zutreffend beziffern kann.[924]

710 Der Mieter kann seinen Erstattungsanspruch nur effektiv durchsetzen, wenn ihn der Vermieter über die angefallenen Bewirtschaftungskosten informiert. Aus diesem Grund besteht nach Ablauf der Abrechnungsfrist eine **Pflicht** des **Vermieters,** eine **Abrechnung zu erstellen.**[925] Das denkbare Alternativmodell, dem Mieter bei Nichtabrechnung einen Anspruch auf Rückzahlung seiner Vorauszahlungen zu geben (→ Rn. 317), hat sich auch in der Geschäftsraummiete nicht etabliert. Die Vermieterpflicht beschränkt sich[926] nicht auf die Erteilung einer nur formell zutreffenden Abrechnung. Der Vermieter ist vielmehr zu einer auch inhaltlich richtigen Abrechnung verpflichtet (→ Rn. 470). Einschränkungen ergeben sich bei einer mangelhaften Abrechnung, deren Fehler der Mieter durch „Selbstabrechnung" beheben kann (→ Rn. 479).[927]

711 Die **Abrechnungsfrist** endet nach der Rspr. in der Regel spätestens ein Jahr nach Ablauf des Abrechnungszeitraums, sofern die Parteien nichts anderes vereinbart haben oder der Vermieter eine verspätete Abrechnung nicht zu vertreten hat.[928] Dieser Satz ist in mehrfacher Hinsicht kritikwürdig. Zunächst verwundert, dass der BGH die Fälligkeit des Abrechnungsanspruchs scheinbar von einem Verschulden abhängig machen möchte. Das widerspricht allgemeinen Prinzipien, nach denen sich das Vertretenmüssen nur auf der Sekundärebene auswirkt. Wenig überzeugend ist auch, warum der Geschäftsraumvermieter ein Jahr Zeit haben soll, über die Vorschüsse des Mieters abzurechnen. Offensichtlich ist die Anlehnung an § 556 Abs. 3 S. 2 BGB; der dort geregelten Jahresfrist fehlt aber letztlich eine sich selbst tragende Rechtfertigung. Richtigerweise sollte man die Fälligkeit des Abrechnungsanspruchs des Mieters von den in § 271 Abs. 1 BGB genannten „Umständen" abhängig machen, also davon, wann ein gewissenhafter Kaufmann über die Kosten typischerweise Abrechnung erteilen kann. Eine Frist von drei Monaten scheint hier mehr als großzügig bemessen. Deshalb besteht auch gegen eine Regelung in Mieter-AGB, die den Vermieter zu einer kurzfristigen Abrechnung verpflichtet, keine Bedenken.[929]

712 Für den Abrechnungsanspruch des Mieters gelten iÜ die **Ausführungen** zur **Wohnraummiete** entsprechend (→ Rn. 465 ff.).

713 **b) Nichtabrechnung.** Ist die Abrechnungsfrist (→ Rn. 718) abgelaufen und hat der Vermieter nicht richtig abgerechnet, gelten die vom VIII. Zivilsenat für die Wohnraummiete entwickelten Grundsätze (→ Rn. 617 ff.) nach Ansicht des XII. Zivilsenats auch für die Geschäftsraummiete[930]: Während des Mietverhältnisses kann der Geschäftsraummieter nur weitere **Vorauszahlungen** verweigern.[931] Nach Beendigung kann er Rückzahlung der nicht abrechneten Vorauszahlungen verlangen, wenn er während des noch laufenden Mietverhältnisses nicht die Möglichkeit hatte, insoweit von seinem Zurückbehaltungsrecht Gebrauch zu machen.

---

923 BGH XII ZR 44/11, NJW 2013, 859 Rn. 11.
924 Vgl. BGH VIII ZR 57/04, NJW 2005, 1499 unter II. 3c.
925 BGH XII ZR 44/11, NJW 2013, 859 Rn. 24.
926 BGH XII ZR 40/20, MDR 2021, 352 Rn. 13.
927 BGH XII ZR 40/20, MDR 2021, 352 Rn. 30.
928 BGH XII ZR 22/07, NJW 2010, 1065 Rn. 38.
929 *Vgl. BGH VIII ZR 152/15,* NZM 2016, 307 Rn. 16.
930 BGH XII ZR 22/07, NJW 2010, 1065 Rn. 14.
931 Ob weitergehend ein Recht zum Einbehalt der gesamten Miete bestehen kann, hat der BGH bislang nicht entschieden, vgl. BGH XII ZR 131/10, GuT 2012, 394 Rn. 3.

## VI. Art und Weise der Abrechnung

Das Gesetz macht zur Art und Weise der Abrechnung über Bewirtschaftungskosten keine Vorgaben. §§ 556 Abs. 3, 556a BGB gelten nicht (allgM).[932] 714

### 1. Funktion der Abrechnung

Die Abrechnung erfüllt in der Geschäftsraummiete **zwei Funktionen:** Die Erteilung einer prüffähigen Abrechnung ist Voraussetzung für einen Nachzahlungs- oder Erstattungsanspruch (→ Rn. 708, 716). Mit der Erteilung einer auch inhaltlichen richtigen Abrechnung erfüllt der Vermieter den Abrechnungsanspruch des Mieters (→ Rn. 717). Anders als in der Wohnraummiete hat die Abrechnung hingegen nicht den Zweck, einen Nachforderungsanspruch des Geschäftsraummieters zu fixieren, es sei denn, die Parteien treffen eine diesbezügliche Vereinbarung (→ Rn. 711). 715

### 2. Prüffähige Abrechnung

Die Prüffähigkeit der Abrechnung setzt voraus, dass der Mieter die Abrechnung **gedanklich und rechnerisch nachvollziehen** kann.[933] Diesbezüglich gelten in der Geschäftsraummiete die zur Wohnraummiete unter dem Schlagwort **„formelle Ordnungsmäßigkeit"** entwickelten Anforderungen (→ Rn. 338) entsprechend. Daher ist etwa eine Abrechnung ohne Angabe des Umlageschlüssels nicht prüffähig[934], ebensowenig wie eine Abrechnung, die einzelne Kostenpositionen in intransparenter Art und Weise zusammenfasst.[935] Für sich genommen intransparente Angaben können aber durch Anlagen zur Abrechnung oder aufgrund anderer, dem Mieter zugänglicher Informationsquellen verständlich sein.[936] Zur **Belegeinsicht** → Rn. 488 ff. 716

Der Geschäftsraummieter kann einen formellen Fehler der Abrechnung jederzeit **korrigieren.** Es bedarf dafür nicht zwingend der Erteilung eines vollständig neuen Rechenwerks (→ Rn. 553). Im **Nachforderungsprozess** setzen allerdings die zivilprozessualen Präklusionsvorschriften Grenzen.[937] Fehlt danach eine prüffähige Abrechnung, ist die Klage nach hM als **derzeit unbegründet** abzuweisen.[938] Im Einzelfall kann dem Einwand der fehlenden Prüffähigkeit § 242 BGB entgegenstehen.[939] 717

### 3. Inhaltlich richtige Abrechnung

Die Abrechnung ist inhaltlich fehlerhaft, wenn die zur Prüffähigkeit zählenden Angaben **unzutreffend** sind oder nicht der zwischen den Parteien geltenden Kostenerfassungsmethode entsprechen. Beispiele sind etwa die fehlerhafte Angabe der Gesamtkosten oder die Abrechnung nach dem falschen Abrechnungszeitraum. Der Geschäftsraumvermieter schuldet in diesem Fall eine erneute, vertragsgemäße Rechnungslegung. Im Einzelfall kann dem Nachbesserungsanspruch allerdings § 242 BGB entgegenstehen.[940] 718

Auf den **Nachzahlungsprozess** hat eine fehlerhafte Abrechnung grds. keine direkte Auswirkung. Denn hier bestimmt sich die Berechtigung des Vermieteranspruchs nach allg. Prozessgrundsätzen (→ Rn. 571). Eine Ausnahme gilt, wenn eine vertraglich vereinbarte Bestandskraftwirkung eintritt (→ Rn. 711). 719

## VII. Wirtschaftlichkeitsgrundsatz

Der Wirtschaftlichkeitsgrundsatz (auch → Rn. 458) bezeichnet nach der Rspr. die auf Treu und Glauben beruhende vertragliche **Nebenpflicht** des Vermieters, den Mieter nur mit Bewirtschaftungskosten zu belasten, die bei gewissenhafter Abwägung aller Umstände und bei ordentlicher 720

---

[932] Etwa BGH XII ZR 22/07, NJW 2010, 1065 Rn. 19.
[933] BGH VIII ZR 298/80, NJW 1982, 573.
[934] OLG Dresden ZMR 2020, 24.
[935] OLG Hamburg ZMR 2003, 180.
[936] BGH XII ZR 40/20, MDR 2021, 352 Rn. 17.
[937] OLG Dresden ZMR 2020, 24.
[938] BGH VIII ZR 57/04, NJW 2005, 1499.
[939] BGH XII ZR 40/20, MDR 2021, 352 Rn. 29.
[940] BGH XII ZR 40/20, MDR 2021, 352 Rn. 29.

Geschäftsführung gerechtfertigt sind; maßgebend ist der Standpunkt eines vernünftigen Vermieters, der ein vertretbares Kosten-Nutzen-Verhältnis im Auge behält sind.[941] Der Wirtschaftlichkeitsgrundsatz kommt zur Anwendung, wenn die Parteien die Umlage einer bestimmten Kostenposition wirksam vereinbart haben und es um die Angemessenheit der konkret vom Vermieter abgerechneten Kosten geht.

**721** Ein Verstoß gegen das Wirtschaftlichkeitsgebot kann einen **Schadensersatzanspruch** nach § 280 Abs. 1 BGB auslösen, der auf Freihaltung der gegen das Gebot verstoßenden Kostenumlage gerichtet ist.[942] Die **Beweislast** für die Pflichtverletzung trifft den Mieter. Den Geschäftsraumvermieter soll nach der Rspr. grds. keine sekundäre Darlegungslast treffen, die ihn zur näheren Darlegung der für die Wirtschaftlichkeit erheblichen Tatsachen, etwa eines Preisvergleichs, verpflichten würde.[943] Die Würdigung des Vorbringens zur fehlenden Angemessenheit oder Erforderlichkeit der abgerechneten Kosten liegt nach Ansicht des BGH vornehmlich in der Verantwortung des Tatrichters.[944] Ein Anspruch auf Modernisierung folgt aus dem Wirtschaftlichkeitsgebot nicht.[945]

**722** Ein Anwendungsbeispiel für den Wirtschaftlichkeitsgrundsatz sind etwa die Kosten einer **Terrorversicherung.** Hier muss für das jeweils versicherte Gebäude geprüft werden, ob sie im Einzelfall erforderlich und ob die konkret abgeschlossene Versicherung angemessen ist, dh ob ein vernünftiger Vermieter, der ein vertretbares Kosten-Nutzen-Verhältnis im Auge hat, die Versicherung abgeschlossen hätte.[946]

---

[941] BGH XII ZR 129/09, NJW 2010, 3647 Rn. 18f.
[942] BGH XII ZR 170/13, NJW 2015, 855 Rn. 11.
[943] *BGH XII ZR 170/13, NJW* 2015, 855 Rn. 12, zur Rüge überhöhter Verwaltungskosten.
[944] BGH XII ZR 170/13, NJW 2015, 855 Rn. 13.
[945] BGH XII ZR 80/12, NJW 2014, 685 Rn. 28.
[946] BGH XII ZR 129/09, NJW 2010, 3647 Rn. 20; vgl. auch KG NZM 2011, 487.

## § 556a Abrechnungsmaßstab für Betriebskosten

**(1) Haben die Vertragsparteien nichts anderes vereinbart, sind die Betriebskosten vorbehaltlich anderweitiger Vorschriften nach dem Anteil der Wohnfläche umzulegen. Betriebskosten, die von einem erfassten Verbrauch oder einer erfassten Verursachung durch die Mieter abhängen, sind nach einem Maßstab umzulegen, der dem unterschiedlichen Verbrauch oder der unterschiedlichen Verursachung Rechnung trägt.**

**(2) Haben die Vertragsparteien etwas anderes vereinbart, kann der Vermieter durch Erklärung in Textform bestimmen, dass die Betriebskosten zukünftig abweichend von der getroffenen Vereinbarung ganz oder teilweise nach einem Maßstab umgelegt werden dürfen, der dem erfassten unterschiedlichen Verbrauch oder der erfassten unterschiedlichen Verursachung Rechnung trägt. Die Erklärung ist nur vor Beginn eines Abrechnungszeitraums zulässig. Sind die Kosten bislang in der Miete enthalten, so ist diese entsprechend herabzusetzen.**

**(3) Ist Wohnungseigentum vermietet und haben die Vertragsparteien nichts anderes vereinbart, sind die Betriebskosten abweichend von Absatz 1 nach dem für die Verteilung zwischen den Wohnungseigentümern jeweils geltenden Maßstab umzulegen. Widerspricht der Maßstab billigem Ermessen, ist nach Absatz 1 umzulegen.**

**(4) Eine zum Nachteil des Mieters von Absatz 2 abweichende Vereinbarung ist unwirksam.**

### Systematische Übersicht



### Alphabetische Schnellübersicht

## A. Allgemeines

1 § 556a BGB regelt die **Methode** der **Extraktion** der **Einzelbetriebskosten** des Mieters aus den Gesamtbetriebskosten (zu den Begriffen → BGB § 556 Rn. 151). Das Regelungsziel der Vorschrift ergibt sich aus § 556 Abs. 1 BGB. Entsprechende Abgeltungsvereinbarungen vorausgesetzt, soll eine **Totalkompensation** des Vermieters ermöglicht werden: Die Betriebskosten sollen in vollem Umfang zwischen den Mietern verteilt werden. Der durch das WEMoG 2020 eingefügte § 556a Abs. 3 BGB bricht indes mit diesem Regelungsziel, weil die danach im Ausnahmefall vorgesehene Verteilung der Betriebskosten bei Vermietung einer Eigentumswohnung nach einem anderen als dem wohnungseigentumsrechtlichen Maßstab zu einer Unter- bzw. Überkompensation des Vermieters führt.[1]

### I. System

2 § 556a BGB enthält eine **Umlagemaßstabsleiter:** In erster Linie richtet sich die Umlage nach dem vertraglich vereinbarten Maßstab. Dies folgt aus der Privatautonomie und wird in § 556a BGB deshalb zu Recht nicht ausdrücklich angeordnet, indes aus dem Wortlaut von § 556a Abs. 1–3 BGB („etwas anderes vereinbart") jeweils deutlich. Fehlt eine Vereinbarung, bestimmen § 556a Abs. 1, 3 BGB den Umlageschlüssel, § 556a Abs. 3 BGB für die Vermietung von Wohnungseigentum, § 556a Abs. 1 BGB für alle anderen Konstellationen. § 556a Abs. 2 BGB enthält das Recht des Vermieters, die Mietstruktur umzustellen; diese Regelung passt daher – jedenfalls in ihrer Lesart durch die hM (→ Rn. 60) – nicht zu den übrigen Absätzen.

### II. Anwendungsbereich

3 § 556a BGB regelt nur den Umlageschlüssel der **„kalten" Betriebskosten.** Die Verteilung der Heiz- und Warmwasserkosten richtet sich nämlich nach der vorrangigen HeizkostenV. Die Vorschrift gilt nur für **Wohnraum;** bei preisgebundenem Wohnungen sind vorrangige Regelungen zu beachten (→ BGB § 556 Rn. 654). Zum Umlageschlüssel bei Vermietung von Geschäftsräumen → BGB § 556 Rn. 695 ff.

4 § 556a BGB gilt auch für **Altmietverträge** aus der Zeit vor seiner Einführung durch die Mietrechtsreform (1.9.2001).[2] Zum zeitlichen Anwendungsbereich von Abs. 3 → Rn. 51.

5 **Unanwendbar** ist § 556a BGB in Fällen, in denen es der bei → Rn. 1 beschriebenen **Extraktion nicht bedarf.** Das ist bei der Vermietung eines **Einfamilienhauses** der Fall, weil hier die Einzelbetriebskosten des Mietobjekts direkt als solche beim Vermieter anfallen. Aber auch im **Mehrparteienhaus** können Betriebskosten in **Sonderkonstellationen** unmittelbar für eine bestimmte Wohnung entstehen. Bei diesen Einzelbetriebskosten (→ BGB § 556 Rn. 155) bedarf es naturgemäß keiner Verteilung; die Kosten sind nur von dem betroffenen Mieter zu tragen.[3] § 556a BGB ist in diesen Konstellationen daher nicht anwendbar. Beispiele sind etwa die Kosten der Wartung einer Gasetagenheizung oder der Pflege eines einem Mieter zum Gebrauch zugewiesenen Gartens.

6 Anwendbar ist § 556a BGB hingegen, wenn bestimmte Gesamtbetriebskosten **nicht unter sämtlichen Mietern** zu **verteilen** sind. Hier geht es nämlich nur um die Frage, wie die Gruppe der mit der in Rede stehenden Kostenposition zu belastenden Mieter (Abrechnungseinheit) zu ermitteln ist (→ BGB § 556 Rn. 189 ff.). Ein Beispiel sind etwa die Aufzugskosten, bei denen sich die Frage stellt, ob sie auch von Mietern zu tragen sind, die den Aufzug faktisch nicht sinnvoll nutzen können, weil sie im Erdgeschoss oder sogar in einem anderen Gebäudeteil wohnen.

7 § 556a BGB regelt nur die Extraktion der Betriebskosten des Mieters aus den Gesamtbetriebskosten (→ Rn. 1). Die Vorschrift kommt daher erst zur Anwendung, nachdem die **Gesamtbetriebskosten** bestimmt wurden. Wie die Gesamtbetriebskosten zu ermitteln sind, bestimmt sich mithin **nicht** nach § 556a BGB, sondern ist ein Problem des § 556 Abs. 1 BGB. Ein Ausschnitt aus diesem Problemkreis wird unter dem Schlagwort **„Vorwegabzug"** diskutiert. Hier geht es etwa um die Frage, wie die Gesamtbetriebskosten bei gemischt genutzten Gebäuden zu ermitteln sind,

---

[1] Vgl. *Lehmann-Richter* ZWE 2019, 405 (410).
[2] BGH VIII ZR 97/11, NJW 2012, 226.
[3] BGH VIII ZR 135/03, WuM 2004, 399.

aus denen dann nach der in §556a BGB beschriebenen Methode die Einzelbetriebskosten zu extrahieren sind (→BGB §556 Rn. 160, 165).

### III. Darlegungs- und Beweislast

§556a BGB hat als **Hilfsnorm** praktische Bedeutung nur im Zusammenhang mit einer Betriebskostenabrechnung, deren Bestandteil der Umlagemaßstab ist. Von besonderer Relevanz ist die klageweise Geltendmachung eines Nachzahlungsanspruchs des Vermieters. Zur dortigen Darlegungs- und Beweislast mit Blick auf den Umlagemaßstab →BGB §556 Rn. 586. 8

## B. Vereinbarter Umlagemaßstab

Der gesetzliche Umlagemaßstab nach §556a Abs. 1, 3 BGB ist kein zwingendes Recht. Die Parteien **können** daher einen Umlagemaßstab **vereinbaren.** Eine Ausnahme gilt wegen §2 HeizkostenV nur für die Verteilung der Heiz- und Warmwasserkosten. Etwas Abweichendes ergibt sich auch nicht aus der Rspr. des BGH zur Maßgeblichkeit der tatsächlichen Fläche bei der Betriebskostenumlage. Denn die einschlägige Entscheidung des BGH[4], die an diesem Punkt allerdings die wünschenswerte Klarheit vermissen lässt, beschränkt sich darauf, der Vereinbarung einer Wohnungsgröße im Mietvertrag im Zweifel nur gewährleistungsrechtliche Bedeutung zuzumessen.[5] 9

### I. Zustandekommen einer Maßstabsvereinbarung

Das Zustandekommen einer Maßstabsvereinbarung richtet sich nach allg. Grundsätzen. Jeder Umlagemaßstab besteht zwingend aus einem **„Zähler"** (dem Anteil des Mieters) und einem **„Nenner"** (dem Gesamtanteil). In Zweifelsfällen ist durch Auslegung zu ermitteln, ob und auf welchen konkreten Maßstab sich die Parteien geeinigt haben. Handelt es sich um Vermieter-AGB, greift §305c Abs. 2 BGB. 10

Enthält der Mietvertrag eine Angabe zur **Wohnungsgröße,** so hat diese nach der Rspr. des BGH im Zweifel nur gewährleistungsrechtliche Bedeutung.[6] Soll sie (auch) für die Verteilung der Betriebskosten maßgeblich sein, muss dies daher hinreichend deutlich werden.[7] Weicht der vereinbarte Flächenmaßstab von der nach §556a Abs. 1 BGB maßgeblichen Fläche ab, so stellt sich die Frage nach der Inhaltskontrolle (→Rn. 16). Der Einbau eines **Kaltwasserzählers** in der Wohnung des Mieters führt nach Ansicht des BGH nicht zu einer stillschweigenden Vereinbarung, dass die Wasserkosten verbrauchsabhängig abzurechnen sind.[8] 11

### II. Wirksamkeit einer Maßstabsvereinbarung

Gegen eine **individuelle Maßstabsvereinbarung** werden regelmäßig keine Wirksamkeitsbedenken bestehen. Die Grenzen des §138 BGB können aber in Ausnahmefällen verletzt sein, in denen dem Mieter Betriebskosten in einem Umfang auferlegt werden, die die Kosten bei einer Umlage nach dem gesetzlichen Schlüssel des §556 Abs. 1 BGB krass überschreiten. 12

Regelmäßig ist die Maßstabsvereinbarung eine **Vermieter-AGB.** Solche AGB unterliegen sowohl der Transparenz- als auch der Inhaltskontrolle.[9] Wird das Vertragsformular „individuell" um den Maßstab ergänzt, etwa um die Fläche, stellt sich die Frage, ob die Maßstabsvereinbarung der AGB-Kontrolle unterliegt. Auf Basis der Rspr. des BGH zur Ausfüllung von Lückentexten ist der AGB-Charakter fraglich.[10] Indes wird die Kontrollfähigkeit sich regelmäßig jedenfalls aus §310 Abs. 3 Nr. 2 BGB ergeben. 13

---

[4] BGH VIII ZR 220/17, NJW 2018, 2317.
[5] *Lehmann-Richter/Streyl* NZM 2018, 673.
[6] BGH VIII ZR 220/17, NJW 2018, 2317.
[7] *Lehmann-Richter* PiG (2012), 115 (126).
[8] BGH VIII ZR 188/07, NJW 2008, 1876 Rn. 11.
[9] BGH VIII ZR 183/09, NJW 2010, 3645 Rn. 12; zum Folgenden bereits *Lehmann-Richter* WuM 2012, 647.
[10] Näher BeckOGK/*Lehmann-Richter* BGB §305 Rn. 174f.

### 1. Transparenzkontrolle

14 Transparenzfragen werfen Vereinbarungen auf, die den Umlagemaßstab, also Zähler und Nenner, nicht ausdrücklich vollständig benennen.

Klausel 1: *Die Wasserkosten werden nach der Kopfzahl der einzelnen Mietparteien verteilt.*

Klausel 2: *Die Betriebskosten werden nach Wohnfläche verteilt; die Fläche des Mieters beträgt 100 m².*

15 In beiden Beispielen sind die Umlagemaßstäbe unpräzise: Klausel 1 lässt sich die genaue Verteilung mangels Angabe der Personen (in der Mietwohnung und im Gesamtgebäude) nicht entnehmen und in Klausel 2 fehlen Angaben zur Gesamtfläche bzw. zu deren Berechnung. Das Transparenzgebot (§ 307 Abs. 1 S. 2 BGB) verpflichtet den Vermieter, den Verteilerschlüssel **klar und durchschaubar** zu **formulieren.** Intransparent ist eine Klausel allerdings nur, wenn sich ihre Bedeutung nicht im Wege der Auslegung ermitteln lässt. Dafür ist zu fragen, ob bei einem durchschnittlichen, rechtlich nicht vorgebildeten Mieter nach Lektüre der Klausel berechtigte Zweifel an ihrer Bedeutung bestehen.[11] Klausel 2 ist danach intransparent und gem. § 307 Abs. 1 S. 2 BGB unwirksam, weil ihr der Mieter nicht entnehmen kann, nach welcher Berechnungsmethode die Gesamtfläche im Gebäude zu ermitteln ist.[12] Anders ist es bei Klausel 1, weil dem Vermieter wegen der Fluktuation in einem Mietshaus die genaue Angabe der maßgeblichen Personenzahl im Vertrag schon gar nicht möglich ist. Ihr lässt sich im Wege der Auslegung entnehmen, dass es auf die tatsächliche Zahl der ständigen Bewohner im Haus ankommt.[13]

### 2. Inhaltskontrolle

16 Der vereinbarte Umlagemaßstab muss den Grundsatz der Totalkompensation (→ Rn. 1) beachten. **Unwirksam** ist daher ein Maßstab, der in der Summe mit den Verteilungsmaßstäben anderer Nutzer zu einer **Überkompensation** des Vermieters führt.

17 Führt der vom Vermieter vorgegebene Umlagemaßstab nicht zu einer Überkompensation, aber zu einer anderen Verteilung der Betriebskosten als nach § 556a Abs. 1 BGB vorgesehen, bereitet die Inhaltskontrolle Schwierigkeiten. Da das Gesetz eine Abweichung von § 556a Abs. 1 BGB ausdrücklich zulässt, ist es offensichtlich, dass nicht jede abweichende Vereinbarung den Mieter unangemessen (§ 307 Abs. 1 S. 1 BGB) benachteiligt. Hinzu kommt, dass die Verteilung nach **Wohnfläche** keinen besonderen Gerechtigkeitsgehalt hat (→ Rn. 40). Wird dieser Umlagemaßstab durch einen anderen ersetzt, kommt ein Verstoß gegen § 307 Abs. 1 S. 1 BGB daher nur in Betracht, wenn der gewählte Maßstab **offensichtlich unbillig** ist.

18 Problematisch ist die Abwälzung des nach § 556 Abs. 1 S. 1 BGB dem Vermieter zugewiesenen **Leerstandrisikos.** Hat die Klausel nach ihrem objektiven Inhalt offensichtlich nur diesen Zweck – Beispiel: Umlage nach vermieteter Fläche, Verteilung nur der Grundsteuer nach Personen – liegt darin eine unbillige Benachteiligung iSd § 307 Abs. 1 S. 1 BGB. Anders ist es, wenn der Schlüssel bei objektiver Betrachtung eine Erhöhung der Verteilungsgerechtigkeit anstrebt. Dies ist etwa bei der Vereinbarung des Personenschlüssels bei (auch) verursachungsabhängigen Kostenpositionen – etwa Müll, Aufzug – der Fall.

19 Ist dem Vermieter eine **verbrauchs- oder verursachungsabhängige** Abrechnung (§ 556a Abs. 1 S. 2 BGB) möglich, so benachteiligt ein abstrakter Umlagemaßstab – etwa nach der Fläche – den Mieter unangemessen, wenn der Vermieter an seiner Verwendung kein **berechtigtes Interesse** hat. Denn dann ist die Wahl des Maßstabs offensichtlich unbillig.

20 Beschränkt sich die Unwirksamkeit eines vereinbarten Umlagemaßstabs auf einzelne Kostenpositionen – ein Paradebeispiel ist eine für die Verteilung der „kalten" Betriebskosten unbedenkliche Regelung, die ihrem Wortlaut nach auch die Abrechnung der warmen Betriebskosten umfasst –, so ist es eine Frage des **blue-pencil-Tests**[14], ob dies zur Gesamtunwirksamkeit führt.[15]

---

[11] Vgl. etwa BGH XII ZR 241/03, NZM 2006, 137.

[12] Ausf. *Lehmann-Richter* PiG 92 (2012), 115 (125 ff.), auch zu einer – nach hiesiger Ansicht nicht auslegbaren – *Individualvereinbarung und abweichenden* Lösungskonzepten.

[13] Vgl. zur Auslegung der Klausel BGH VIII ZR 82/07, NZM 2008, 242.

[14] Zu diesem etwa BGH IX ZR 140/19, NJW 2020, 1811 Rn. 26.

[15] Vgl. *Blank* MietRB 2011, 325 (329).

Nach Ansicht des BGH verstößt ein vereinbartes **Bestimmungsrecht,** das es dem Vermieter erlaubt, den Umlagemaßstab nach billigem Ermessen festzulegen, weder als Individualvereinbarung noch als Vermieter-AGB gegen das Gesetz.[16] Das überzeugt nicht.[17] 21

Ebenfalls unwirksam sind **Änderungsvorbehalte** in Vermieter-AGB (*„Der Vermieter ist berechtigt, bei berechtigtem Interesse den Umlageschlüssel nach billigem Ermessen zum Beginn der nächsten Abrechnungsperiode durch Erklärung gegenüber dem Mieter zu ändern."*). Für die Heiz- und Warmwasserkosten entspricht dies der Rspr. des BGH.[18] Für einen auf die „kalten" Betriebskosten beschränkten Änderungsvorbehalt gilt indes nichts anderes[19]: Soweit er die in § 556a Abs. 2 BGB geregelten Kosten erfasst, ist er nach § 556a Abs. 4 BGB unwirksam; iÜ ist ein Änderungsvorbehalt ein in § 557 BGB nicht vorgesehenes Vehikel für eine einseitige Mieterhöhung durch den Vermieter, was § 557 Abs. 4 BGB verbietet. Dieser Gesetzesverstoß führt (auch) zu einem Verstoß gegen § 307 Abs. 1 S. 1, Abs. 2 Nr. 1 BGB.[20] 22

## III. Einzelne Umlagemaßstäbe

In der Praxis relativ verbreitet ist der **Personenschlüssel.** Wie dieser Schlüssel genau zu berechnen ist, richtet sich nach der Vereinbarung der Parteien. Fehlen nähere Anhaltspunkte, wird man auf die Zahl der Personen abzustellen haben, die sich in der Mietwohnung regelmäßig aufhalten und für die Verursachung von Betriebskosten bei abstrakter Betrachtung verantwortlich sind. Daher wird man in den Personenschlüssel auch Säuglinge[21] oder Dauerbesucher[22] einzubeziehen haben. Für die Richtigkeit des Schlüssels ist – wie stets (→ BGB § 556 Rn. 586) – der Vermieter darlegungs- und beweispflichtig. Dies wird den Vermieter in der Praxis häufig vor unüberwindbare Schwierigkeiten stellen, da er – wenn die Parteien nichts Konkretes hierzu vereinbaren, wozu der Praxis dringend zu raten ist – genaugenommen den Ein- und Auszug taggenau dokumentieren müsste. Ist etwa „nach der Kopfzahl der einzelnen Mietparteien" umzulegen, so ist nach der Rspr. des BGH das Melderegister keine hinreichend exakte Grundlage für die Feststellung des Schlüssels.[23] 23

Ist eine Umlage nach **„Einheiten"** vereinbart, gehören dazu auch Einheiten, die nicht zu Wohnzwecken genutzt werden. Der Maßstab **„Wohnungen"** wird in einem gemischt-genutzten Gebäude, bei dem die in Rede stehenden Betriebskostenart auch für anders genutzte Einheiten anfällt, typischerweise in eben diesem Sinne zu verstehen sein. Möglich ist auch die Vereinbarung nach einer Fläche, die nicht der tatsächlichen **Fläche** (dazu → Rn. 43) entspricht, wobei eine solche Maßstabsvereinbarung im Zweifel nicht anzunehmen ist und zudem jedenfalls in Vermieter-AGB die Einigung auf Zähler und Nenner voraussetzt (→ Rn. 15). 24

Haben sich die Parteien auf eine Verteilung nach **Miteigentumsanteilen** bei Vermietung einer Eigentumswohnung geeinigt, sind die im Grundbuch eingetragenen Anteile maßgeblich. Exotische Maßstäbe sind etwa die Verteilung von Wasserkosten nach Zahl der installierten Verbrauchsmaschinen[24] oder die Umlage der Betriebskosten nach dem Verhältnis der Kaltmieten.[25] 25

## IV. Ergänzende Auslegung

Es kommt eine ergänzende Auslegung des Mietvertrags mit dem Ergebnis in Betracht, dass der Parteiabrede ein Umlagemaßstab hinzugefügt wird. Einschlägig sind zwei Konstellationen: 26

### 1. Vorwegabzug

Die erste Konstellation betrifft den Vorwegabzug bei einer **gemischt genutzten Abrechnungseinheit.** Entstehen durch eine gewerbliche Nutzung erhebliche Mehrkosten, sind die 27

[16] BGH VIII ZR 257/13, NJW 2015, 952.
[17] Etwa *Blank/Börstinghaus* BGB § 556a Rn. 50; *Lehmann-Richter* WuM 2012, 647 (650).
[18] BGH VIII ZR 10/92, NJW 1993, 1061 unter II b.
[19] *Lehmann-Richter* ZWE 2009, 345 (352); **aA** etwa LG Berlin ZMR 2016, 544.
[20] Vgl. BGH IV ZR 199/10, NJW 2012, 217.
[21] Lützenkirchen MietR/*Lützenkirchen* BGB § 556a Rn. 99.
[22] AG Frankfurt a. M. WuM 1985, 373.
[23] BGH VIII ZR 82/07, NZM 2008, 24.
[24] AG Hannover WuM 1987, 227.
[25] LG Köln WuM 1989, 583.

gewerblich genutzten Flächen nicht nach dem gem. § 556a BGB maßgeblichen Schlüssel, sondern nach einem Maßstab an den Kosten zu beteiligen, der zu einer angemessenen Berücksichtigung der Kostenverursachung führt (→ BGB § 556 Rn. 167). Dogmatisch beruht diese Rspr. auf einer ergänzenden Vertragsauslegung (→ BGB § 556 Rn. 170).

### 2. Ersatzumlagemaßstab

28 Um die zweite Konstellation geht es, wenn ein vereinbarter Umlagemaßstab faktisch nicht angewendet werden kann. Beispiele sind etwa beim Personenschlüssel die Nichtermittlung der Anzahl der Bewohner oder bei der Vereinbarung der Umlage der Wasserkosten nach Verbrauch die Nichtablesung der Wasseruhren. Nach **Ansicht des BGH** soll in diesen Fällen als Ersatzumlagemaßstab die **Wohnfläche** heranzuziehen sein.[26] In der Lit. wird abweichend vertreten, der „passende" Ersatzumlageschlüssel hänge von der Betriebskostenposition ab.[27]

29 **Stellungnahme:** Der Sache nach legt diese hM die Maßstabsvereinbarung ergänzend aus. Für eine solche ergänzende Auslegung spricht allerdings wenig. Es ist nämlich Sache des Vermieters, dafür Sorge zu tragen, dass der von ihm zugesagte Umlageschlüssel auch angewendet werden kann. Ist dies nicht möglich, verwirklicht sich daher ein in seiner Sphäre liegendes Risiko. Dieser Gesichtspunkt steht einer ergänzenden Auslegung zugunsten des Vermieters entgegen. Im Nachzahlungsprozess mag nach den Grundsätzen der hM eine Schätzung gem. § 287 Abs. 2 ZPO in Betracht kommen (→ BGB § 556 Rn. 592 ff.).

## V. Anspruch auf Änderung des Umlagemaßstabs

30 Ob ein Anspruch auf Änderung des Umlagemaßstabs besteht, richtet sich nach allg. Grundsätzen, mithin – wenn die Parteien keinen Änderungsanspruch vereinbart haben – nach § 313 BGB. Der BGH hat die Anwendung von **§ 313 BGB zugunsten des Vermieters** in einem Fall erwogen, in dem der Flächenschlüssel vereinbart war und der Vermieter wegen des Leerstands von Wohnungen einen Teil der Betriebskosten nicht umlegen konnte. Im konkreten Fall hat der BGH einen Anspruch aus § 313 BGB abgelehnt, da von einer krassen Unbilligkeit, die Voraussetzung für einen Anspruch auf ein Abweichen von dem Flächenschlüssel sei, jedenfalls bei geringfügigen oder kurzfristigen Leerständen nicht gesprochen werden könne.[28] Dieses Ergebnis überzeugt, weil die Anpassung der Maßstabsvereinbarung nach § 313 BGB nur in – bislang nicht bekannt gewordenen – Ausnahmekonstellationen in Betracht kommt.[29]

31 Der BGH hat sich auch bereits zur **Anpassung** des Umlagemaßstabs **zugunsten des Mieters** geäußert. Ein Anpassungsanspruch – Rechtsgrundlage wäre auch hier § 313 BGB – kommt danach in Betracht, soweit es im Einzelfall zu einer krassen Unbilligkeit komme.[30] Führt ein vereinbarter Umlagemaßstab zu dieser Folge, ist er jedenfalls als Vermieter-AGB indes bereits unwirksam (→ Rn. 17). Es kann daher nur um die Änderung des gesetzlichen Umlagemaßstabs in krassen Ausnahmesituationen gehen. Hier hilft der BGH bei der praxisrelevanten Mehrbelastung durch eine gewerbliche Nutzung indes bereits durch den eine Vertragsänderung nicht voraussetzenden Vorwegabzug (→ Rn. 27). Es liegt daher näher auch in anderen Ausnahmesituationen das dem Vorwegabzug zugrunde liegende Instrument der ergänzenden Auslegung fruchtbar zu machen.

## C. Gesetzlicher Umlagemaßstab im „Zinshaus" (§ 556a Abs. 1 BGB)

32 § 556a Abs. 1 BGB enthält die gesetzlichen Umlagemaßstäbe, wie sich aus den einleitenden Worten „haben die Parteien nichts anderes vereinbart" ergibt. Aus § 556a Abs. 3 BGB folgt, das § 556a Abs. 1 BGB nur anwendbar ist, wenn Wohnraum vermietet wird, der keine Eigentumswohnung ist. § 556a Abs. 1 BGB regelt also die typische Vermietung eines **Mehrfamilienhauses** durch eine Person an verschiedene Mieter („Zinshaus").

---

[26] BGH VIII ZR 281/11, ZMR 2012, 615 Rn. 3, zu Wasserkosten.
[27] *Streyl* WuM 2017, 560 (566), Wasserkosten wenn möglich nach Personenschlüssel.
[28] *BGH VIII ZR 159/05, NJW* 2006, 2771.
[29] Ausf. *Lehmann-Richter* PiG 92 (2012), 115 (128).
[30] BGH VIII ZR 188/07, NJW 2008, 1876 Rn. 14 unter Zitierung von BT-Drs. 14/4553, 51; BGH VIII ZR 69/09, NZM 2010, 195 Rn. 16.

Insbesondere der Wohnflächenmaßstab aus § 556a Abs. 1 S. 1 BGB führt nur zu fiktiven Einzelbetriebskosten (→ BGB § 556 Rn. 156), weshalb der These des BGH zuzustimmen ist, das das Gesetz **keine** absolute **Verteilungsgerechtigkeit** bei der Umlage von Betriebskosten anstrebt.[31] 33

## I. Vorrangig: Verbrauch oder Verursachung (Abs. 1 S. 2)

Nach § 556 Abs. 1 S. 2 BGB sind Betriebskosten, die von einem erfassten Verbrauch oder einer erfassten Verursachung durch die Mieter abhängen, nach einem diesem Umstand Rechnung tragenden Maßstab umzulegen. Für die Umlage der Warmwasser- und Heizkosten gilt die vorrangige Heizkostenverordnung. 34

Das Merkmal „Betriebskosten" in § 556a Abs. 1 S. 2 BGB ist im Sinne einer **einzelnen Kostenposition** zu verstehen. Eine einzelne Kostenposition liegt vor, wenn sie Gegenstand einer eigenen Abgeltungsvereinbarung sein kann. Der Verbrauchs-/Verursachungsmaßstab erstreckt sich daher auch auf Kostenanteile innerhalb der Kostenposition, die verbrauchs- oder verursachungsunabhängig anfallen.[32] Ein Beispiel ist etwa die Grundgebühr der Kaltwasserversorgung[33]; nichts anderes gilt aber zB für Wartungskosten, soweit diese zu den Betriebskosten zählen. Für ein **Ermessen** des Vermieters, die Kosten einer einheitlichen Position teils nach Verbrauch/Verursachung, teils nach Fläche zu verteilen, gibt das Gesetz – entgegen der nicht näher begründeten **hM**[34] – nichts her. 35

Ein erfasster Verbrauch oder eine erfasste Verursachung liegen nur vor, wenn ein **konkreter Verbrauch** oder eine **konkrete Verursachung** festgestellt werden kann. Das ist beim Personenschlüssel offensichtlich nicht der Fall. 36

**Hauptanwendungsfall** von § 556a Abs. 1 S. 2 BGB sind die **Kaltwasserkosten.** Eine verbrauchsabhängige Umlage setzt hier allerdings voraus, dass bei sämtlichen Nutzern der Verbrauch ermittelt wurde.[35] Es dürfen wegen der Zähldifferenzen zwischen Haupt- und Einzelzähler also nicht ein Teil der Kosten nach Verbrauch und der Rest nach Fläche verteilt werden. Etwas anderes gilt, wenn der Vermieter einen Vorwegabzug – etwa für Gewerbe – durch einen Zwischenzähler ermittelt. In diesem Fall darf die Differenz zwischen Haupt- und Zwischenzähler nach Fläche (§ 556a Abs. 1 S. 2 BGB) unter den Wohnraummietern verteilt werden.[36] Das ist deshalb unproblematisch, als der Vorwegabzug nicht nach dem Maßstab des § 556a Abs. 1 S. 2 BGB, sondern nach billigem Ermessen erfolgt (→ BGB § 556 Rn. 169). 37

Scheitert die verbrauchsabhängige Abrechnung der Kaltwasserkosten, weil der Vermieter die Ablesung schuldhaft versäumt hat, hat der BGH die Bezifferung des Schadensersatzanspruchs des Mieters durch **Kürzung** der Wasserkosten um 15% analog § 12 HeizkostenV gebilligt.[37] Dazu auch → Rn. 29. 38

Eine verursachungsabhängige Umlage kommt etwa bei den Kosten der **Müllbeseitigung**[38] oder bei den **Aufzugskosten** in Betracht, wenn die Benutzung durch entsprechende Messgeräte erfasst wird. 39

## II. Auffangmaßstab: Wohnfläche (Abs. 1 S. 1)

§ 556a Abs. 1 S. 1 BGB setzt als gesetzlichen Auffangmaßstab die Wohnfläche fest, wenn eine Verteilung nach Satz 2 der Vorschrift ausscheidet. Dieser Auffangmaßstab hat, anders als es teilweise vertreten wird[39], **keinen** besonderen **Gerechtigkeitsgehalt.** Dies offenbart auch ein historischer Rückblick: Der Umlagemaßstab des § 23 Altbaumietenverordnung war das Verhältnis der Grundmieten und in der ersten Auflage dieses Kommentars liest man (immer noch zu Recht), dass bei nicht verbrauchsabhängigen Betriebskosten eine Umlage nach Personenzahl ebenso billig sei wie die Umlage nach Wohnfläche.[40] Für den Maßstab des § 556a Abs. 1 S. 1 BGB sprechen letztlich 40

---

31 *BGH VIII ZR 183/09*, NJW 2010, 3645 Rn. 17.
32 BGH VIII ZR 78/15, NZM 2016, 437 Rn. 15.
33 BGH VIII ZR 183/09, NJW 2010, 3645 Rn. 14.
34 Etwa BGH VIII ZR 78/15, NZM 2016, 437 Rn. 16 mN.
35 BGH VIII ZR 188/07, NJW 2008, 1876 Rn. 12.
36 BGH VIII ZR 69/09, NZM 2010, 195.
37 BGH VIII ZR 218/11, ZMR 2012, 615 Rn. 3.
38 BGH VIII ZR 78/15, NZM 2016, 437.
39 Etwa *Zehelein* NZM 2019, 697 (702).
40 *Schmidt-Futterer,* Wohnraumschutzgesetze, 1974, Kap. II Rn. 225.

nur **Praktikabilitätsgründe,** weil es sich um einen statischen Schlüssel handelt, der zudem – wenn auch verbunden mit rechtlichen und tatsächlichen Schwierigkeiten – zu jedem Zeitpunkt objektiv ermitteln werden kann.

### 1. Begriff

41 Der Begriff der Wohnfläche ist zu eng gewählt. Unter ihn fallen **auch anders,** insbes. gewerblich, **genutzte Flächen.** Voraussetzung ist nur, dass die in Rede stehenden Flächen Teil der Abrechnungseinheit der Mietwohnung sind (→ BGB § 556 Rn. 185).

42 Das **Leerstandsrisiko** trägt der Vermieter.[41] Es ist daher als Nenner des Flächenschlüssels stets die tatsächliche und nicht etwa nur die vermietete Fläche anzusetzen.

### 2. Berechnung

43 Der Flächenmaßstab bedarf für seine Anwendung der Bestimmung der Größe der in Rede stehenden Fläche. Diese Berechnung ist mit **erheblichen** rechtlichen, aber auch praktischen **Problemen** behaftet, die im Wesentlichen darin wurzeln, dass der Gesetzgeber sich des Problems bislang nicht näher angenommen hat.[42] Zur Darlegungs- und Beweislast im Prozess → BGB § 556 Rn. 586.

44 **a) Fläche von Wohnraum.** Nach der Rspr. zur Soll-Wohnungsgröße in **Gewährleistungsfällen** können die Parteien einen Berechnungsmodus vereinbaren oder ihn stillschweigend zugrunde legen; anderenfalls kommt es darauf an, ob eine örtliche Verkehrssitte hinsichtlich der Wohnflächenberechnung existiert[43]. Ist das nicht der Fall, ist die Wohnfläche nicht nur im preisgebundenen, sondern auch im preisfreien Wohnraum entweder nach den § 42 ff. II. BV oder nach der Wohnflächenverordnung zu bestimmen.[44]

45 Diese Grundsätze gelten für § 556a Abs. 1 S. 1 BGB nicht, wie sich aus einer Entscheidung des **BGH** aus dem Jahr 2018 ergibt.[45] Denn danach ist der gesetzliche Begriff der Wohnfläche **objektiv auszulegen,** es handelt sich mithin nicht um eine am Parteiwillen und den Parteiinteressen ausgerichtete Vertragsauslegung.

46 Bei der Anwendung von § 556a Abs. 1 S. 1 BGB ist wegen des Bedürfnisses nach einem allgemeinen Berechnungsmaßstab eine **analoge Anwendung** der aus dem **öffentlich geförderten Wohnungsbaurecht** stammenden Berechnungsregeln, also der Wohnflächenverordnung bzw. der §§ 42 ff. II. BV, geboten.[46] Diese Regelungen führen in der Praxis zu sachgerechten Ergebnissen, da sie mit der Preisbindung des Wohnraums nicht in einem inneren Zusammenhang stehen.[47] Die Anwendung von DIN-Normen ist keine überzeugende Alternative, handelt es sich doch um bloße Normierungen mit Empfehlungscharakter. Die nur analoge Anwendung der Berechnungsregeln lässt aber Raum für eine die Besonderheiten der Betriebskostenumlage berücksichtigende Interpretation.[48] Deshalb können etwa auch Flächen berücksichtigt werden (zB ein illegal ausgebautes Dachgeschoss oder zu Wohnzwecken genutzte Kellerräume), die zwar öffentlich-rechtlichen Nutzungsbeschränkungen unterliegen, die aber tatsächlich nutzbar sind und auch genutzt werden.[49]

47 In **zeitlicher Hinsicht** ist – entgegen der Rspr. des BGH zum Gewährleistungsrecht[50] – nicht das bei Vertragsschluss geltende Regelwerk maßgeblich. Anwendbar sind vielmehr grds. die bei Fertigstellung des Gebäudes geltenden Regeln, wobei konkret auf den meist zuverlässig feststellbaren Zeitpunkt der Bezugsfertigkeit abzustellen ist.[51] Da die Wohnflächenverordnung seit dem 1.1.2004 in Kraft ist, gilt sie nur für Gebäude, die danach bezugsfertig wurden. Für davor bezugsfertige Gebäude gilt die II. BV, und zwar aus Gründen der Rechtssicherheit auch für Altbauten aus der Zeit vor deren

---

[41] BGH VIII ZR 159/05, NJW 2006, 2771; anders bei den Kosten nach der HeizkostenV, BGH VIII ZR 9/14, NZM 2015, 205.

[42] Der RefE eines 2. MietNovG, der die Wohnflächenberechnung in § 554 BGB-E regelte, scheiterte 2016 in der Ressortabstimmung.

[43] BGH VIII ZR 231/06, NZM 2007, 2624 Rn. 15.

[44] BGH VIII ZR 44/03, NJW 2004, 2230.

[45] BGH VIII ZR 220/17, NJW 2018, 2317.

[46] *Lehmann-Richter/Streyl* NZM 2018, 673.

[47] BGH VIII ZR 44/03, NJW 2004, 2230.

[48] *Lehmann-Richter/Streyl NZM 2018,* 673.

[49] Vgl. BGH VIII ZR 275/08, NZM 2009, 814 Rn. 11.

[50] BGH VIII ZR 231/06, NZM 2007, 595 Rn. 17.

[51] *Lehmann-Richter/Streyl* NZM 2018, 673.

Inkrafttreten.[52] Dies rechtfertigt sich damit, dass es dem Vermieter nicht zumutbar ist, bei älteren Gebäuden eine Nachvermessung zum Zweck der Betriebskostenumlage vorzunehmen.

**b) Anders genutzte Flächen.** Ein besonderes Problem besteht bei gemischt genutzten Gebäuden. Hier fragt sich, nach welcher Methode die nicht als Wohnraum genutzten Flächen zu berechnen sind. Das Bedürfnis nach einer rechtssicheren Berechnungsmethode spricht für die **einheitliche Bestimmung aller Flächen** nach der Wohnflächenverordnung bzw. nach den §§ 42 ff. II. BV, weil für Gewerberäume eine normative Berechnungsregel fehlt.[53] 48

## D. Gesetzlicher Umlagemaßstab bei vermieteter Eigentumswohnung (§ 556a Abs. 3 BGB)

§ 556a Abs. 3 BGB regelt als **lex specialis zu § 556a Abs. 1 BGB** den Umlageschlüssel bei Vermietung einer Eigentumswohnung. Die seit dem 1.12.2020 geltende Vorschrift wäre systematisch daher besser als § 556a Abs. 2 BGB eingefügt worden. Sie kommt zur Anwendung, wenn Wohnungseigentum vermietet ist. Das ist der Fall, wenn die Mietsache eine Wohnung ist, an der nach dem WEG **Wohnungseigentum begründet** wurde. Dies setzt die Anlegung eines Wohnungsgrundbuchs für die Wohnung voraus, vgl. § 7 Abs. 1 WEG. 49

Die Vorschrift setzt voraus, dass die vom Mieter zu tragenden Betriebskosten aus den **Gesamtbetriebskosten** der **Gemeinschaft der Wohnungseigentümer** zu berechnen sind. Damit regelt § 556a Abs. 3 BGB mittelbar auch den Betriebskostenbegriff, während sich seine direkte Rechtsfolge auf die Festlegung des Umlageschlüssels beschränkt. Dieser **bezweckt** den Gleichlauf zwischen den vom Vermieter im Verhältnis zur Gemeinschaft der Wohnungseigentümer und den vom Mieter zu tragenden Betriebskosten.[54] 50

§ 556a Abs. 3 BGB ist Bestandteil des WEMoG und seit dem 1.11.2020 in Kraft.[55] Besondere Überleitungsvorschriften fehlen. Der **intertemporäre Anwendungsbereich** bestimmt sich daher nach dem allgemeinen mietrechtlichen Prinzip, nach dem neues Recht auch auf Altverträge Anwendung findet, soweit der Gesetzgeber nichts abweichendes anordnet (vgl. Art. 171 EGBGB).[56] Entscheidend ist aber nicht, wann der Vermieter die Betriebskostenabrechnung erstellt, sondern ob bei Fälligkeit des Abrechnungsanspruchs (dazu → BGB § 556 Rn. 472) altes oder bereits neues Recht galt. Daraus folgt, dass die Abrechnung sich – bei dem verbreiteten jährlichen Abrechnungszeitraum – ab der Abrechnungsperiode 2019 nach § 556a Abs. 3 BGB richtet. Haben die Parteien in Altverträgen einen von § 556a Abs. 3 BGB abweichenden Schlüssel – etwa die Verteilung nach Wohnfläche – vereinbart, so bleibt diese Vereinbarung für die Betriebskostenumlage auch in Zukunft maßgeblich.[57] Denn § 556a Abs. 3 BGB lässt abweichende Vereinbarungen ausdrücklich unberührt; dies gilt auch für Altverträge. Erfolgt während des Mietvertrags eine **Umwandlung** in Eigentumswohnungen, ist ebenfalls der bei Fälligkeit des Anspruchs auf Abrechnung geltende gesetzliche Maßstab anzuwenden, wobei auch hier ein vereinbarter Maßstab Vorrang hat. 51

### I. Grundsatz: wohnungseigentumsrechtlicher Umlagemaßstab

Die Umlage der Gesamtbetriebskosten der Gemeinschaft der Wohnungseigentümer auf den Mieter hat grds. nach dem Maßstab zu erfolgen, der für die Ermittlung der Kostenlast des vermietenden Wohnungseigentümers in der Gemeinschaft gilt. Der Maßstab kann durch **Vereinbarung** oder **Beschluss** (§ 16 Abs. 2 S. 2 WEG) festgelegt werden; anderenfalls gilt der **Miteigentumsanteil** des Vermieters (§ 16 Abs. 2 S. 1 WEG). 52

Voraussetzung ist stets, dass der **Maßstab** innerhalb der Gemeinschaft der Wohnungseigentümer **wirksam** ist. Es ist daher ohne Bedeutung, wenn in der Jahresabrechnung ein falscher Schlüssel verwendet wird. Die Bestandskraft eines Beschlusses nach § 28 Abs. 2 S. 1 WEG ändert daran nichts, weil diese den verwendeten Schlüssel nicht erfasst.[58] Die Wendung „jeweils" in § 556a 53

---

[52] *Lehmann-Richter* PiG (92) 2012, 115 (119).
[53] *Lehmann-Richter/Streyl* NZM 2018, 673.
[54] BT-Drs. 19/18791, 90.
[55] BGBl. 2020 I 2187.
[56] BGH VIII ZR 214/16, NZM 2012, 630 Rn. 12; BGH VIII ZR 243/03, NJW 2004, 3045 unter II 1 a.
[57] *Jacoby* ZMR 2021, 1 (6).
[58] *Lehmann-Richter/Wobst* WEG-Reform 2020 Rn. 869.

Abs. 3 BGB stellt klar, dass Änderungen des wohnungseigentumsrechtlichen Verteilerschlüssels auch auf das Mietrecht durchschlagen; nur dieses Ergebnis entspricht auch dem Zweck der Vorschrift.

54 Für die Verteilung der **Heiz- und Warmwasserkosten** gilt im Miet- und Wohnungseigentumsrecht gleichermaßen die Heizkostenverordnung. § 556 a Abs. 3 BGB führt dazu, dass der sich iRd § 6 HeizkostenV haltende, in der Gemeinschaft der Wohnungseigentümer geltende Schlüssel auch gegenüber dem Mieter verbindlich ist. Ist eine verbrauchsabhängige Abrechnung nicht möglich, steht auch dem Mieter einer Eigentumswohnung das Kürzungsrecht aus § 12 HeizkostenV zu, auch wenn es zugunsten des vermieteten Wohnungseigentümers nicht greift.[59] Denn § 556 a Abs. 3 BGB regelt nur den Verteilungsmaßstab, während § 12 HeizkostenV ein hiervon zu unterscheidendes Recht zur Kürzung der Betriebskosten enthält.

### II. Ausnahmen

55 § 556 a Abs. 3 BGB lässt zunächst **abweichende Vereinbarungen** ausdrücklich unberührt. Die Parteien können also etwa eine Umlage nach Wohnfläche oder einem anderen Schlüssel vereinbaren. In Vermieter-AGB ist indes eine Vereinbarung unwirksam, die dazu führt, dass der Vermieter mehr Betriebskosten vom Mieter erhält als ihm selbst entstanden sind.[60]

56 **Widerspricht** der zwischen den Wohnungseigentümern geltende Verteilungsmaßstab **billigem Ermessen,** bestimmt § 556 a Abs. 3 BGB, dass die Betriebskosten nach § 556 a Abs. 1 BGB umzulegen sind. Dies soll ausweislich der Materialien den Mieter vor einer unverhältnismäßigen Kostenbelastung schützen.[61] Dieser Schutzgedanke ist vergleichsweise dürftig. Denn der Schlüssel des § 556 a Abs. 3 BGB führt dazu, dass der Mieter genau die Kosten zu tragen hat, die dem Vermieter gegenüber der Gemeinschaft der Wohnungseigentümer entstehen. Dies entspricht § 556 Abs. 1 S. 1 BGB und dem dieser Norm zugrundeliegenden Prinzip der Totalkompensation.[62] Es ist daher keinesfalls unbillig, wenn der Schlüssel des § 556 a Abs. 3 BGB eine höhere Betriebskostenlast ergibt als sie sich ergäbe, wenn nach Wohnfläche umgelegt würde.

57 Richtigerweise ist Unbilligkeit deshalb erst anzunehmen, wenn dem Mieter bei Anwendung des Schlüssels iSd § 556 a Abs. 3 BGB Betriebskosten entstehen, die der **Vermieter** im Verhältnis zur Gemeinschaft der Wohnungseigentümer von sich **hätte abwenden können.**[63] § 556 a Abs. 3 BGB steht insofern dem Wirtschaftlichkeitsgrundsatz nahe.[64] Zwei Fälle sind hier zu unterscheiden: Der Anspruch nach § 10 Abs. 2 WEG auf vertragliche Änderung eines vereinbarten Umlagemaßstabs sowie das Recht, einen nach § 16 Abs. 2 S. 2 WEG beschlossenen Umlagemaßstab auf Anfechtungsklage hin für unwirksam erklären zu lassen.

## E. Umstellung auf verbrauchs- oder verursachungsabhängige Betriebskostenumlage (Abs. 2)

58 § 556 a Abs. 2 BGB gibt dem Vermieter das Recht, eine verbrauchs- oder verursachungsabhängige Abgeltung von Betriebskosten einzuführen.

### I. Allgemeines

59 Nach der Gesetzesbegründung ist **Zweck** neben der Erhöhung der Abrechnungsgerechtigkeit die Förderung des sparsamen und kostenbewussten Umgangs mit Energie.[65] Das Gewicht des zweiten Punkts ist bereits gering, weil der Energieverbrauch im Wesentlichen durch Verbrauch von Wärme und Warmwasser erfolgt, bei dem bereits die HeizkostenV eine verbrauchsabhängige Umlage zwingend vorschreibt. Zwar kommt es auch außerhalb dieser Kosten zu einem Energieverbrauch, der verursachungsabhängig abgerechnet werden kann – etwa die Stromkosten des Aufzugs

[59] *Jacoby* ZMR 2021, 1 (4).
[60] *Jacoby* ZMR 2021, 1 (6); *Lehmann-Richter* WuM 2013, 647 (650).
[61] BT-Drs. 19/18791, 90.
[62] *Vgl. Lehmann-Richter ZWE 2019*, 105 (109f.).
[63] *Jacoby* ZMR 2021, 1 (5f.).
[64] *Jacoby* ZMR 2021, 1 (5).
[65] BT-Drs. 14/4553, 50.

nach erfassten Fahrten. Indes rechtfertigen diese aus gesamtenergiepolitischer Sicht nicht ins Gewicht fallenden Kosten eine Umstellung des Vertrags gegen den Willen des Mieters nicht. Die Überzeugungskraft des erstgenannten Normzwecks ist noch geringer: Wenn der Vermieter die Umlagestruktur umstellt, führt dies nicht zu mehr Abrechnungsgerechtigkeit, sondern schlicht zu einem vom Vermieter präferierten Abrechnungssystem. Warum sich der Mieter hierauf einlassen und eine Änderung des geschlossenen Vertrags akzeptieren muss, ist nicht ersichtlich.[66] Rechtspolitisch ist § 556a Abs. 2 BGB daher eine **verfehlte Regelung.**

Der nicht überzeugende Zweck leitet zum **Anwendungsbereich** der Vorschrift über. Dieser bestimmt sich durch die Auslegung des Merkmals „etwas anderes vereinbart" in § 556a Abs. 2 S. 1 BGB. Die Systematik spricht dafür, dass nur Fälle erfasst sind, in denen das Abrechnungsmodell (→ BGB § 556 Rn. 4) mit einem nicht verbrauchs- oder verursachungsabhängigen Umlagemaßstab vereinbart ist. Denn darum geht es auch in § 556a Abs. 1 S. 1 BGB, der vergleichbar formuliert ist. Auch die Gesetzesbegründung spricht für diese Auslegung, weil ein „mehr" an Abrechnungsgerechtigkeit nur dort eintreten kann, wo überhaupt schon abgerechnet wird. Gegen diese überzeugende Sichtweise spricht allerdings § 556a Abs. 1 S. 3 BGB, der bei diesem Verständnis funktionslos wäre. Wohl aus diesem Grund soll nach **hM** § 556a Abs. 2 BGB auch die Umstellung beim **Inklusiv-** und **Betriebskostenpauschalsystem** ermöglichen (zu den Begriffen → BGB § 556 Rn. 4).[67] 60

§ 556a Abs. 2 BGB enthält ein **Gestaltungsrecht** des **Vermieters,** der mit seiner Erklärung den Mietvertrag einseitig ändern kann. Das Gestaltungsrecht bezieht sich auf einzelne Betriebskostenpositionen; § 556a Abs. 2 BGB enthält also soviele einzelne Gestaltungsrechte, wie es Betriebskostenpositionen gibt. Für jede Betriebskostenposition kann das Gestaltungsrecht nur einmal ausgeübt werden; es wird **durch Ausübung verbraucht.**[68] Das folgt aus dem Wortlaut: Hat der Vermieter die Umlage der Betriebskostenposition umgestellt, so sind diese Kosten verbrauchs- oder verursachungsabhängig umzulegen; es fehlt dann an der Voraussetzung für eine erneute Änderung des Umlagemaßstabs.[69] Der **BGH** ist allerdings **aA.** Er steht auf dem Standpunkt, dass eine Änderung des Abrechnungsmaßstabes es nicht ausschließe, das Änderungsrecht für einen künftigen Abrechnungszeitraum erneut auszuüben, weil sich der gewählte Maßstab als korrekturbedürftig erweisen könne.[70] 61

Ein korrespondierender **Umgestaltungsanspruch** des **Mieters,** dass der Vermieter durch Schaffung von Erfassungssystemen und entsprechender Abrechnung die Betriebskosten verbrauchs- oder verursachungsabhängig umzulegen hat, ist spezialgesetzlich **nicht** geregelt. Er kann sich daher nur in Ausnahmefällen aus § 313 BGB ergeben (vgl. → Rn. 31). 62

## II. Voraussetzungen

§ 556a Abs. 2 S. 1 BGB verlangt, dass Betriebskosten bislang gar nicht oder nur teilweise nach einem Maßstab umzulegen sind, der dem erfassten unterschiedlichen Verbrauch oder der erfassten unterschiedlichen Verursachung Rechnung trägt. Die **hM** lässt es dafür genügen, dass die in Rede stehende Betriebskostenposition aufgrund des Mietvertrags nicht verbrauchs- oder verursachungsabhängig vom Mieter getragen werden (→ Rn. 60). Nach hM soll sogar auch ein bereits umgestellter Umlagemaßstab erneut geändert werden können (→ Rn. 61). 63

## III. Gestaltungserklärung

Die Gestaltungserklärung des Vermieters bedarf nach § 556a Abs. 2 S. 1 BGB der **Textform.** Sie wird nach § 130 BGB durch **Zugang** beim Mieter wirksam, bei Mietermehrheit wird der Zugang bei sämtlichen Mietern verlangt.[71] Die **Frist** der Erklärung regelt § 556a Abs. 1 S. 2 BGB: Sie muss 64

[66] Daran vermag der Hinweis in BT-Drs. 14/4553, 50 nichts zu ändern, die Vorschrift bringe für die Vermieterseite mehr Kostengerechtigkeit bei Alt-Brutto- oder Teilinklusivverträgen, die auf Grund der in den letzten Jahren stark angestiegenen Betriebskosten nicht mehr kostendeckend seien.
[67] BGH VIII ZR 97/11, NJW 2012, 226 Rn. 15.
[68] Zu diesem Grundsatz bei Gestaltungsrechten BAG NJW 1994, 473.
[69] Ebenso iE Spielbauer/Schneider/*Schneider* BGB § 556 Rn. 82.
[70] BGH VIII ZR 58/15, NZM 2016, 437 Rn. 22.
[71] Spielbauer/Schneider/*Schneider* BGB § 556a Rn. 85.

vor Beginn des Abrechnungszeitraums zugehen, ab dem die verbrauchs- oder verursachungsabhängige Umlage erfolgen soll.

65 Der **notwendige Inhalt** der Erklärung ergibt sich aus § 556a Abs. 2 S. 1, 3 BGB. Lässt er sich der Erklärung nicht, auch nicht durch Auslegung, entnehmen, ist die Erklärung unwirksam. Der Vermieter muss zunächst mitteilen, welche **konkreten Betriebskostenpositionen** verbrauchs- oder verursachungsabhängig umgelegt werden sollen. Erforderlich ist auch die Mitteilung, **ab welchem Abrechnungszeitraum** diese Umlage erfolgen soll. Die Erklärung muss auch angeben, nach welchem **genauen Umlagemaßstab** die Betriebskosten verteilt werden sollen.[72] Hierbei muss es sich jedenfalls teilweise um einen verbrauchs- oder verursachungsabhängigen Maßstab handeln.[73] Das ist beim Personenschlüssel nicht der Fall.[74] Zuletzt muss die Erklärung die nach § 556a Abs. 2 S. 3 BGB erforderlichen Angaben enthalten, weil anderenfalls die Umgestaltung des Mietvertrags nicht vollständig ist: Sind die Kosten für die von der Umstellung betroffene Position bislang in der Miete enthalten, muss der Vermieter den Betrag angeben, um den sich die Miete reduziert und ab wann dies geschieht.[75] Der **Reduzierungsbetrag** muss billigem Ermessen entsprechen, ansonsten ist die Gestaltungserklärung insgesamt unwirksam (§ 315 Abs. 3 S. 1 BGB). Eine Begründung für die Vertragsänderung verlangt das Gesetz nicht; sie ist daher keine Wirksamkeitsvoraussetzung.[76]

## IV. Rechtsfolgen

66 Die wirksame Ausübung des Gestaltungsrechts begründet die Pflicht des Vermieters zur Umlage der betroffenen Betriebskosten nach dem neuen Maßstab.[77] Daneben schuldet der Mieter im Falle des § 556a Abs. 2 S. 3 BGB nur noch die herabgesetzte Nettomiete.

## V. Abweichende Vereinbarungen (§ 556a Abs. 4 BGB)

67 § 556a Abs. 4 BGB verbietet eine zum Nachteil des Mieters von § 556a Abs. 2 BGB abweichende Vereinbarung. Unwirksam ist daher jede Vertragsregel, die ein über § 556a Abs. 2 BGB hinausgehendes Recht des Vermieters schafft, den Umlagemaßstab für Betriebskosten oder die Abgeltungsvereinbarungen zu ändern. An § 556a Abs. 4 BGB scheitern daher insbes. **„freie" Änderungsrechte** des Vermieters. Erstreckt man mit der hM den Anwendungsbereich von § 556a Abs. 2 BGB auch auf die Inklusivmiete, scheitern auch **Neukostenklauseln** am Abweichungsverbot (→ BGB § 556 Rn. 67).

---

[72] AG Essen ZMR 2010, 369.
[73] BGH VIII ZR 58/15, NZM 2016, 437 Rn. 17.
[74] *AG Saarbrücken WuM 2011*, 630.
[75] AG Münster WuM 1994, 613.
[76] **AA** *Wall* Betriebs-/Heizkosten Rn. 2360.
[77] BGH VIII ZR 97/11, NJW 2012, 226 Rn. 15.

# Nach § 556a BGB: Flächenberechnung

## Systematische Übersicht



## Alphabetische Schnellübersicht



## A. Wohnraum

### I. Einführung

1 Der Begriff der Wohnfläche ist auslegungsbedürftig und nach dem allgemeinen Sprachgebrauch nicht eindeutig.[1] Der allgemeine Sprachgebrauch verbindet mit dem **Begriff der Wohnfläche** keine bestimmte Art ihrer Berechnung. Trotz der hohen Regelungsdichte in Deutschland ist die Berechnung von (Wohn-)Flächen in Deutschland nur rudimentär geregelt. Allenfalls für den Bereich des öffentlich geförderten Wohnungsbaus gibt es Regelwerke. Aber auch diese sind lediglich auf das Verhältnis des Bauherrn zum Fördergeber ausgerichtet und nur mittelbar auf das Verhältnis zwischen Vermieter und Mieter. Für den sonstigen Bereich des freifinanzierten Wohnungsbaus, aber letztendlich auch für das gesamte Kauf- und Werkvertragsrecht, gibt es keine zwingenden gesetzlichen Vorschriften oder anerkannte Regeln der Technik. Das ist erstaunlich, da der Gesetzgeber auch im Privatrecht immer umfangreichere Informationspflichten einführt. So muss der Vermieter dem potenziellen Mieter einen Energieausweis gem. § 80 Abs. 4 GEG vorlegen. Die für die Höhe der Heizkosten aber ebenfalls bedeutsame Wohnfläche muss er nicht mitteilen.[2] Infolgedessen werden im preisfreien Wohnungsbau entweder die für andere Sachverhalte geltenden gesetzlichen Vorschriften entsprechend angewandt, oder es werden die von den verschiedensten Institutionen entwickelten Regelwerke benutzt. Dabei kann es durchaus zu unterschiedlichen Ergebnissen kommen. Gerade die Verwendung von Vorschriften, die eigentlich für die Flächenermittlung in der Gewerberaummiete gedacht waren, ist zur Ermittlung von Wohnflächen problematisch. Grundsätz-

[1] BGH XII ZR 254/01, NJW 2004, 1947 = NZM 2004, 453.
[2] *Heix* WuM 2009, 706 hält diese Differenzierung für „erstaunlich".

lich kann im Rahmen der Vertragsfreiheit auch die Berechnungsmethode vereinbart werden. Bei Formularverträgen ist § 307 BGB zu beachten.

## II. Die Berechnungsvorschriften des öffentlich geförderten Wohnungsbaus

### 1. Historische Entwicklung

2 Nach dem 2. Weltkrieg herrschte in Deutschland eine heute kaum noch vorstellbare Wohnungsnot. Der bereits vor dem Krieg bestehende Wohnungsfehlbestand war durch die kriegsbedingten Zerstörungen noch um ein Vielfaches vergrößert worden.[3] Aufgrund des Kontrollratsgesetzes Nr. 18 vom 31. März 1946[4] herrschte bei der Gründung der Bundesrepublik ein **vollständiger Mietpreisstopp.**[5] Die ersten Maßnahmen nach dem Krieg bezogen sich deshalb auf die schrittweise Aufhebung dieser Mietpreisbindungen für den Wohnungsneubau.[6] Die **Mietbindungen bei Altbauwohnungen** hatten demgegenüber noch viele Jahre Bestand. Folge dieser Politik war eine Auffächerung des Wohnungsmarktes in preisfreie und preisgebundene Wohnungen.[7] Für den Bereich des preisgebundenen Wohnungsbaus galten zum Teil unterschiedliche auch landesgesetzliche Regelungen. Hierzu zählten u. a. die diversen Altbaumietenverordnungen.[8] Sie legten die Mietpreise für Altbauten, die vor dem 28. Juni 1948 fertig gestellt worden waren, fest. Die Altbaumietenverordnungen selbst enthielten aber keine eigenen Vorschriften zur Wohnflächenberechnung. In den jeweiligen § 9 der insofern gleich lautenden Altbaumietenverordnungen der verschiedenen Länder wurde zur Flächenberechnung auch für den Altbaubestand immer auf die eigentlich nur für den Neubau geltenden §§ 25–27 der „Verordnung über Wirtschaftlichkeits- und Wohnflächenberechnung für neugeschaffenen Wohnraum (Berechnungsverordnung)"[9] vom 20. November 1950[10] verwiesen.[11] Auch in § 8 der Verordnung über die Gewährung von Miet- und Lastenbeihilfen vom 22. März 1962[12] wird noch auf diese Vorschriften ausdrücklich Bezug genommen, soweit nicht die inzwischen in Kraft gesetzten Bestimmungen der §§ 42 bis 44 II. BV vom 17. Oktober 1957[13] anzuwenden waren.

### 2. Die Verordnung über Wirtschaftlichkeits- und Wohnflächenberechnung für neugeschaffenen Wohnraum (Berechnungsverordnung) vom 20. November 1950

3 Am 2. August 1950 hat die Bundesregierung dem Bundesrat aufgrund der Ermächtigungsgrundlagen in den §§ 6 Abs. 2b, 17 Abs. 4, 27 Abs. 1 1. WoBauG den Entwurf einer „Verordnung über Wirtschaftlichkeits- und Wohnflächenberechnung für neugeschaffenen Wohnraum (Berechnungsverordnung)" zugeleitet.[14] Darin waren in den §§ 21 bis 23 BV Vorschriften über die Wohnflächenberechnung enthalten. Der Entwurf beruhte auf den **Vorarbeiten des Deutschen Normenausschusses.**[15] In § 21 Abs. 1 S. 1 BV sollte der Begriff der Wohnfläche definiert werden als „Summe der anrechenbaren Grundflächen der zu der Wohnung gehörenden Räume." Die

[3] *Börstinghaus* FS Bub, PiG 80, 283 mwN.

[4] Einen Rückblick auf das Gesetz aus heutiger Sicht gibt *Tweer* WuM 1997, 162.

[5] Zum Zeitpunkt des Beitritts der DDR am 3. 10. 1990 war der gesamte dortige Wohnungsbestand immer noch preisgebunden. Auch diese Preisbindung ging z. T. auf die gleichen reichsrechtlichen Preisvorschriften zurück; siehe hierzu *Börstinghaus/Meyer* Die Mietzinserhöhung bei Wohnraummietverträgen in den neuen Bundesländern, Herne, 1995, Rn. 2.

[6] 1. WohnBauG vom 24. 4. 1950, BGBl I S 83.

[7] Zu den Folgen für den Wohnungsmarkt und den Reaktionen des Gesetzgebers siehe: *Börstinghaus* FS Bub, PiG 80, 283 ff.

[8] ZB Verordnung über den Mietpreis für den bis zum 31. Dezember 1949 bezugsfertig gewordenen Wohnraum (Altbaumietenverordnung – AMVO) vom 23. Juli 1958, BGBl I, S. 59; Verordnung über den Mietpreis für den bis zum 31. Dezember 1949 bezugsfertig gewordenen Wohnraum in Berlin (Altbaumietenverordnung Berlin – AMVOB) vom 21. Juni 1961, BGBl I, S. 230.

[9] Durch § 47 II. BV wurde der Name dann später in „Erste Berechnungsverordnung" geändert.

[10] BGBl I S. 753.

[11] Insofern ist der Hinweis von *Bub* PiG Bd. 88 (2010), 45 nicht ganz richtig, wonach die Anwendung der Altbaumietenverordnungen „gemessen an den heute gültigen Maßstäben – zu zu geringen Wohnflächen führen" geführt habe.

[12] *BGBl I S. 185.*

[13] BGBl I S. 1719.

[14] BR-Drs. Nr. 619/50 v. 2. 8. 1950.

[15] BR-Drs. 272/57 Begründung S. 31.

Beratung zog sich damals länger hin. Vor allem der Ausschuss für Wiederaufbau des Bundesrats hatte eine Fülle von Änderungsvorschlägen.[16] Diese bezogen sich aber vor allem auf die Berechnung der Kostenmiete. Hinsichtlich der Vorschriften über die Wohnfläche schlug der Ausschuss vor, die Definition für die Wohnfläche dahingehend zu ändern, dass Wohnfläche nunmehr die „Summe der anrechenbaren Grundflächen *der Räume, die ausschließlich zu der Wohnung gehören*"[17] ist. Ferner wurden weitere vor allem sprachliche Korrekturen bezüglich der hinzuzurechnenden Flächen sowie in Bezug auf die Anrechnung der Grundflächen angeregt. Am 20. November 1950 wurde die Verordnung im Bundesgesetzblatt verkündet.[18]

Drei Paragrafen beschäftigten sich mit der **Wohnflächenberechnung.** In § 25 BV war in Absatz 1 die vom Ausschluss für Wiederaufbau vorgeschlagene Definition für den Begriff der Wohnfläche enthalten. Nach Absatz 2 bestand die Wohnfläche eines einzelnen Wohnraumes aus deren anrechenbarer Grundfläche. Nach Absatz 3 sollten aber die Grundflächen von Dachböden, Kellern, Wirtschaftsräumen, Ställen, Schuppen und gewerblichen Räumen wie Läden, Werkstätten und Lagerräumen nicht mitzählen. § 26 BV enthielt dann die technischen Vorschriften, wie die Grundfläche im Einzelnen zu ermitteln war. Dabei konnten die Maße aus den Fertigmaßen oder den Rohbaumaßen entnommen werden. Fertigmaß wurde definiert als das lichte Maß zwischen den Wänden (Absatz 2). Bei der Verwendung von Rohbaumaßen wurde der drei-prozentige Putzabzug in Absatz 4 eingeführt. In den Absätzen 4 bis 6 befinden sich dann Bestimmungen für weitere **Grundflächenbesonderheiten** wie zB Schornsteine, Fensternischen und Flächen unter Treppen. In § 27 BV ist schließlich die Vorschrift über die Anrechnung bestimmter Flächen enthalten. Gar nicht angerechnet werden sollten Flächen in Räumen mit einer Höhe von weniger als einem Meter. Ab dieser Höhe bis zu einer Raumhöhe von zwei Metern sollte eine Anrechnung von 50 Prozent erfolgen. Das galt auch für Wintergärten und ähnliche nach allen Seiten geschlossene Räume. Und schließlich sollten die Grundflächen von Räumen, die nicht nach allen Seiten umbaut waren, wie Balkone und Loggien zu einem Viertel angerechnet werden. Für Einfamilienhäuser wurde in Absatz 2 ein Abzug von zehn Prozent der Fläche für Haus- und Treppenflur vorgesehen. 2 ½ Millionen Wohnungen wurden nach den Vorschriften des 1. WoBauG gefördert, auf die auch die Vorschriften der I. BV[19] angewandt wurden.[20] **4**

Insgesamt ist der damals in der Berechnungsverordnung gewählte Aufbau der Vorschriften zur Wohnflächenberechnung bis heute so beibehalten worden. Sowohl die Vorschriften der II. BV folgen diesem System wie auch die Vorschriften der WoFlV. Es wurden lediglich inhaltlich kleinere Änderungen vorgenommen. Der Name der Verordnung wurde konsequenterweise nach Inkrafttreten der Zweiten Berechnungsverordnung im Jahre 1957 in „Erste Berechnungsverordnung" geändert.[21] Ihr Anwendungsbereich wurde ab 1957 in § 1 I. BV dahingehend neu gefasst, dass sie nur noch für den öffentlich geförderten Wohnraum, der nach dem 31. Dezember 1949 aber vor dem 1. Juli 1956 bezugsfertig geworden war und für den öffentliche Mittel erstmalig vor dem 1. Januar 1957 bewilligt worden waren galt, sowie für den steuerbegünstigten Wohnraum. **4a**

### 3. Verordnung über wohnungswirtschaftliche Berechnungen nach dem Zweiten Wohnungsbaugesetz (Zweite Berechnungsverordnung – II. BV) vom 17. Oktober 1957

§ 105 Abs. 2 2. WoBauG vom 27. Juni 1956 ermächtigte die Bundesregierung für öffentlich geförderte und für steuerbegünstigte Wohnungen durch Rechtsverordnung Vorschriften zur Durchführung des Gesetzes u. a. über die Berechnung von Wohn- und Nutzflächen zu erlassen. Aufgrund der Ermächtigungsgrundlage hat die Bundesregierung am 25. Juni 1957[22] einen Entwurf für eine Verordnung über wohnungswirtschaftliche Berechnungen nach dem Zweiten Wohnungsbaugesetz (Zweite Berechnungsverordnung – II. BV) dem Bundesrat zur Beschlussfassung vorgelegt. Der federführende Ausschuss für Wiederaufbau und Wohnungswesen sowie der mitbera- **5**

---

[16] BR-Drs. Nr. 619/50 v. 12. 10. 1950 S. 12 und 13.
[17] BR-Drs. Nr. 619/50 v. 12. 10. 1950 S. 12 und 13.
[18] BGBl I S. 753.
[19] Durch § 47 II. BV wurde der Name der BV nach Veröffentlichung der II. BV in „Erste Berechnungsverordnung – I. BV" geändert.
[20] BR-Drs. 272/57 Begründung S. 2.
[21] § 47 II. BV.
[22] BR.-Drs. 272/57.

tende Wirtschaftsausschuss haben umfangreiche Änderungsanträge gestellt.[23] Bezüglich der Wohnflächenvorschriften wurde nur einzig und allein vorgeschlagen in § 42 Abs. 4 die Nichtanrechnung von Flächen für Abstellräume auf solche Abstellräume zu beschränken, die sich außerhalb der Wohnung befinden. Der Bundesrat hat in seiner 183. Sitzung vom 20. September 1957 den Verordnungsentwurf mit diesen (und anderen) Änderungen beschlossen.[24] Die Verordnung wurde daraufhin am 17. Oktober 1957 bekannt gemacht.[25] Die Verordnung gilt nach § 1 Abs. 1 II. BV für den nach dem II. WoBauG geförderten Wohnraum oder dann, wenn in anderen Vorschriften die Anwendung vorgeschrieben war. Bedeutung hatten die Vorschriften zum Zeitpunkt ihres Erlasses vor allem für den öffentlich geförderten Wohnungsbau gem. § 39 II. WoBauG und den steuerbegünstigten Wohnungsbau nach § 82 II. WoBauG. Sie galt gerade nicht für den Altbaubestand und den freifinanzierten Wohnungsbau.

6 Die Bestimmungen über die Wohnflächenberechnung unterschieden sich von den Bestimmungen der I. BV nur geringfügig.[26] Überwiegend ging es um redaktionelle Anpassungen.[27] Die meisten Änderungen erfuhr die jetzt in § 44 II. BV enthaltene Vorschrift über die Anrechnung der Grundflächen. „Für Räume […], die wegen ihrer baulichen Gestaltung einen geminderten Wohnwert besitzen, sind vielmehr entsprechende Abschläge geboten oder nach der Wahl des Bauherrn zuzulassen."[28] Erweitert wurde der bisher nur für Einfamilienhäuser vorgesehene zehnprozentige Abzug auch auf bestimmte Zweifamilienhäuser.

7 Die bedeutsamste Änderung betrifft **die Anrechnung der Freiflächen,** wie Balkone, Freisitze, Loggien und Dachterrassen. Anders als noch in der I. BV, in der eine starre Anrechnung von 25 Prozent vorgesehen war, erlaubt § 44 Abs. 2 II. BV die Anrechnung dieser Flächen „bis zur Hälfte". Dabei sollte der Vermieter alleine bestimmen können, mit welcher Quote die Fläche angerechnet wird. Das ergibt sich aus § 45 Abs. 1 II. BV der lautet: *„Lässt die Verordnung eine Wahl zwischen zwei oder mehreren Möglichkeiten zu oder setzt sie bei einer Berechnung einen Rahmen, so ist der Bauherr, soweit sich aus der Verordnung nichts anderes ergibt, befugt, die Wahl vorzunehmen oder den Rahmen auszufüllen."* Dieses einseitige Bestimmungsrecht ist im Laufe der Jahre von den Gerichten aber immer häufiger missachtet worden, indem sie die Anrechnungsquote von Freiflächen nach vermeintlich objektiven Qualitätsmerkmalen festsetzten, anstatt das in § 45 Abs. 1 II. BV vorgesehene Bestimmungsrecht des Vermieters zu akzeptieren. Erst im April 2009 hat der *BGH*[29] dies wieder richtiggestellt und dem **Bestimmungsrecht des Vermieters** die in der Verordnung zumindest für den preisgebundenen Wohnungsbau vorgesehene Bedeutung eingeräumt. Nach der Verordnungsbegründung sollte die in § 45 Abs. 2 II. BV vorgesehene flexible Anrechnung der Freiflächen einfach „elastischer"[30] sein. Durch die Möglichkeit sowohl eine Nichtanrechnung der Grundflächen von Balkonen o. ä. wie auch eine Anrechnung von bis zur Hälfte der Grundfläche sollte einem Bedürfnis der Praxis entsprochen werden. Je nachdem, ob es sich um öffentlich geförderten sozialen Wohnungsbau oder um steuerbegünstigten Wohnungsbau handelte, sollte eine Anrechnungsquote gewählt werden, die „am meisten dem erwünschten Bau von Balkonen, Loggien, Dachgärten und dergleichen Rechnung trägt."[31]

8 Die Verordnung ist am 1. Januar 2004 außer Kraft getreten. Sie gilt aber gem. § 42 II. BV n. F. bzw. § 5 WoFlV für den Wohnraum, der bis zum 31. Dezember 2003 errichtet wurde weiter, es sei denn, dass ab dem 1. Januar 2004 bauliche Veränderungen vorgenommen wurden, die Einfluss auf die Wohnfläche haben. Dann sind von da an die Vorschriften der WoFlV anzuwenden.

---

[23] BR-Drs. 272/1/57 v. 13. 9. 1957.
[24] Sitzungsbericht des Bundesrates Nr. 183 S. 800.
[25] BGBl. I 1719.
[26] BR-Drs. 272/57 Begr. S. 5.
[27] BR-Drs. 272/57 Begr. S. 32.
[28] BR-Drs. 272/57 Begr. S. 32.
[29] BGH VIII ZR 86/08, NZM 2009, 477 = NJW 2009, 2295; dazu *Wassermann* jurisPR-BGHZivilR *12/2009 Anm. 3; Eupen GE 2009*, 744; *Lammel* jurisPR-MietR 14/2009 Anm. 1; *Lehmann-Richter* MietRB 2009, 221.
[30] BR-Drs. 272/57 Begr. S. 32.
[31] BR-Drs. 272/57 Begr. S. 33.

**4. Verordnung zur Berechnung der Wohnfläche (Wohnflächenverordnung – WoFlV) vom 25. November 2003**

Zum 1. Januar 2002 wurde mit dem Gesetz zur Reform des Wohnungsbaurechts vom 13. September 2001[32] das gesamte Recht des öffentlich geförderten Wohnungsbaus umgestaltet.[33] Teil dieser Reform ist das Gesetz über die soziale Wohnraumförderung (Wohnraumförderungsgesetz – WoFG). Dies enthielt in § 19 Absatz 1 WoFG in der bis zum 31. Dezember 2006 gültigen Fassung zunächst eine Definition des Begriffs der Wohnfläche. Im Vergleich zur ersten Definition aus dem Jahre 1950[34] hat sich mit Ausnahme einer kleinen sprachlichen Umstellung nichts geändert. Die Wohnfläche einer Wohnung ist danach „die Summe der anrechenbaren Grundflächen der ausschließlich zur Wohnung gehörenden Räume." In § 19 Abs. 1 Satz 2 WoFG befand sich eine Ermächtigungsgrundlage für die Bundesregierung, mit Zustimmung des Bundesrates eine Rechtsverordnung zur Berechnung der Grundfläche und zur Anrechenbarkeit auf die Wohnfläche zu erlassen. Von dieser Ermächtigungsgrundlage hat die Bundesregierung in der anschließenden Legislaturperiode „zur Vervollständigung der Reform des Wohnbaurechts"[35] Gebrauch gemacht und am 25. November 2003 die Verordnung zur Berechnung der Wohnfläche (Wohnflächenverordnung – WoFlV) verkündet.[36] Die Wohnflächenverordnung gilt gem. § 1 WoFlV unmittelbar nur für den neu geförderten Wohnungsbau nach dem Wohnraumförderungsgesetz. Aufgrund der Überleitungsvorschrift in § 5 WoFlV (identisch mit § 42 II. BV) gelten die Vorschriften auch für Wohnraum, auf den das II. WoBauG Anwendung findet, wenn nach dem 31. Dezember 2003 am Wohnraum bauliche Änderungen vorgenommen werden, die eine Neuberechnung der Wohnfläche erforderlich machen. Ansonsten gelten für diesen Wohnungsbestand die Vorschriften der II. BV in der bis zum 31. Dezember 2003 geltenden Fassung weiter. 9

Nach Übertragung der ausschließlichen Gesetzgebungszuständigkeit für den Bereich der Wohnraumförderung durch das „Gesetz zur Überleitung der sozialen Wohnraumförderung auf die Länder – Wohnraumförderungs-Überleitungsgesetz" (WoFÜG)[37] im Rahmen der **Föderalismusreform**[38] wurden die Ermächtigungsgrundlage des § 19 Abs. 1 WoFG für den Erlass einer Wohnflächenverordnung auf Bundesebene konsequenterweise aufgehoben.[39] Die Ermächtigung ist durch Art. 9 Nr. 3 des Föderalismusbegleitgesetzes ab dem 1. Januar 2007 auf die Landesregierungen übergegangen.[40] Um jedoch für die Zeit bis zum Erlass entsprechender Landesverordnungen eine Berechnungsvorschrift zu haben, bestimmt Art 125a Abs. 1 GG, dass die Verordnung als Bundesrecht weiter gilt, aber durch Landesrecht ersetzt werden kann. Zwar haben inzwischen einige Bundesländer eigene Wohnraumförderungsgesetze erlassen (→ Vorb zu §§ 557–557b BGB Rn. 24), jedoch gibt es bisher keine **Landesverordnungen** zur Berechnung der Wohnfläche, auch wenn einige Landesgesetze ausdrücklich eine Ermächtigung hierfür aufgenommen haben.[41] Es gilt deshalb bundesweit die Wohnflächenverordnung vom 25. November 2003 weiter. Es wäre auch „unsinnig"[42], wenn einzelne Bundesländer den Begriff der Wohnfläche in der Zukunft unterschiedlich definieren würden. 10

Insgesamt hat die Wohnflächenverordnung nur zu wenigen Veränderungen geführt.[43] Auch nach der neuen Verordnung hat die Ermittlung der Wohnfläche in drei Schritten zu erfolgen: 11

a) Zunächst sind die zur Wohnfläche gehörenden Grundflächen zu ermitteln, § 2 WoFlV.
b) Dann müssen diese Grundflächen der einzelnen Wohnräume ermittelt werden, § 3 WoFlV.
c) Und zuletzt muss jeweils entschieden werden, wie diese Flächen anzurechnen sind, § 4 WoFlV.

---

[32] BGBl I S. 2376.
[33] Hierzu *Söfker* WuM 2002, 291.
[34] § 25 Abs. 1 I. BV.
[35] So die Verordnungsbegründung vom 15. 8. 2003, BR-Drs. 568/03 S. 1.
[36] BGBl. I S. 2346.
[37] Art. 6 des Föderalismusreformbegleitgesetzes v. 5. 9. 2006, BGBl. I S. 2098, 2100.
[38] Gesetz zur Änderung des Grundgesetzes v. 28. 8. 2006 (BGBl. I 2034).
[39] Nach § 2 Abs. 1 WoFÜG gelten die alten Bundesvorschriften mit der Preisbindung aber für Wohnungen, die mit Wohnungsfürsorgemitteln des Bundes und aus Sondervermögen gefördert wurden, weiter fort.
[40] Föderalismusreformbegleitgesetzes v. 5. 9. 2006, BGBl. I S. 2098, 2100.
[41] ZB in NRW: § 8 Abs. 2 des „Gesetzes zur Umsetzung der Föderalismusreform im Wohnungswesen, zur Steigerung der Fördermöglichkeiten der NRW.BANK und zur Änderung anderer Gesetze", GV NRW 2009, 771 – 794.
[42] *Heix* WuM 2009, 706, 707.
[43] *Heix* Wohnflächenberechnung, S. 29; *Grundmann* NJW 2003, 3745; *Schach* GE 2003, 1594; *Maciejewski* MM 2004, 53; *Börstinghaus* ZAP F. 4 S. 843.

12 Zur Wohnfläche gehören gem. § 2 Abs. 1 WoFlV entsprechend der vorrangigen **Definition** in § 19 Abs. 1 WoFG die Flächen aller Räume, die ausschließlich zur Wohnung gehören. In den Absätzen 2 und 3 ist dann wie vormals in § 41 Abs. 3 und 4 II. BV bestimmt, dass enumerativ aufgezählte andere Flächen mit zur Grundfläche zählen bzw. gerade nicht mitzählen. Die Aufzählung wurde im Vergleich zur Vorgängervorschrift sprachlich präzisiert und von altem Ballast befreit. So wurden Ställe, Scheunen und Holzlegen nicht mehr ausdrücklich aufgenommen.

13 Die Ermittlung der Grundfläche lehnt sich an § 43 II. BV an, ohne die Vorschrift vollständig zu übernehmen. Die frühere Unterscheidung zwischen Rohbau- und Fertigmaßen wurde ebenso gestrichen wie der dreiprozentige **„Putzabzug"**. Nunmehr ist immer von der Vorderkante der Bekleidung auszugehen; Putz oder andere Wandbekleidungen – sofern vorhanden – gelten hierbei als Bestandteile der Bauteile. Damit sollte der veränderten Bauweise Rechnung getragen werden.[44] In Absatz 2 werden beispielhaft bestimmte Flächen aufgezählt, die bei der Ermittlung der Grundfläche mit einzubeziehen sind. Hierzu zählen vor allem Tür- und Fensterbekleidungen und -umrahmungen, Fußleisten und Einbaumöbel. Umgedreht enthält Absatz 3 eine Aufzählung der Flächen, die nicht zur Grundfläche gehören. Hierzu zählen Schornsteine, Türnischen und Treppen mit mehr als drei Stufen und Fenster, die nicht bis zum Boden herunterreichen. Neu ist hier die Regelung, dass Vormauerungen o. ä. nur dann nicht mitzählen, wenn sie höher als 1,50 m sind. Damit werden vor allem die Unterputzspülkästen in Badezimmern erfasst, die in der Regel eine Vormauerung erfordern.

14 In § 4 WoFlV ist schließlich bestimmt, wie diese so ermittelten Grundflächen als Wohnfläche anzurechnen sind. Im Vergleich zu den Vorgängervorschriften hat sich hier in zwei Punkten etwas verändert. Bei den Wintergärten wird jetzt differenziert, ob sie beheizt oder nicht beheizt sind. Lediglich die unbeheizten werden nur mit der Hälfte angerechnet. Der „gedeckte Freisitz" wurde gestrichen und durch den heute üblichen **Begriff der „Terrasse"** ersetzt. Zurückkehren wollte man bei der Anrechnung von Freiflächen wieder auf die bereits in der I. BV geltenden Anrechnungsquote von einem Viertel. Dementsprechend sah der erste Entwurf für die Wohnflächenverordnung in Anlehnung an die Regelung in der DIN 283 eine zwingende Anrechnung zu maximal einem Viertel vor. Das Wahlrecht der Bauherren sollte ausdrücklich entfallen, weil es für die soziale Wohnraumförderung nicht mehr erforderlich sei.[45] Während der Beratungen im Bundesrat wurde diese klare und vernünftige Regelung aber wieder geändert.[46] Eingeführt wurde stattdessen eine **„Regelanrechnung"**[47] von einem Viertel. Hiervon soll aber dann abgewichen werden können, wenn besondere Umstände des Einzelfalles dies rechtfertigen. Damit kann es zu Anrechnungsquoten zwischen 0 und 50 Prozent kommen. Zur Begründung wurde in der Beratung darauf hingewiesen, dass es eben besonders schöne Balkonflächen gäbe, die eine höhere Anrechnung rechtfertigen würden.[48] Damit greift die Verordnungsbegründung die bisher schon fragwürdige Rechtsprechung auf, wonach besonders gute Lagen oder aufwendige Balkon- oder Terrassengestaltungen einen höheren Wohnwert begründen. Die Anrechnung zu einem Viertel beruht auf der Tatsache, dass eine Freifläche zum einen in unseren Breitengraden allenfalls das halbe Jahr genutzt werden kann und die Nutzungsmöglichkeit dann verglichen mit einem normalen Wohnraum auch nur die Hälfte ausmacht. Die in § 44 II. BV vorgesehene Anrechnung von „bis zu 50 Prozent" beruhte auf ganz anderen Gründen, nämlich den damals vorhandenen unterschiedlichen Fördersystemen und den daraus abgeleiteten unterschiedlichen Anforderungen an die Wohnungsgröße.[49] Heute besteht eine Notwendigkeit zur unterschiedlichen Anrechnung nicht mehr. Sie ist auch dogmatisch fragwürdig, da es hier zu **Doppeleffekten** kommen kann.[50] Die gute Ausstattung oder Lage eines Balkons führt auf der einen Seite zur höheren Anrechnung der Fläche und auf der anderen Seite zu einer höheren ortsüblichen Vergleichsmiete.

15 Auf **Gewerberaummietverträge** ist die Wohnflächenverordnung nicht anzuwenden.[51]

---

[44] So die Verordnungsbegründung vom 15.8.2003: BR-Drs. 568/03 S. 19.
[45] So die Verordnungsbegründung vom 15.8.2003 BR-Drs. 568/03 S. 19.
[46] BR-Drs. 568/03.
[47] *Börstinghaus* ZAP F. 4 S. 843.
[48] BR-Drs. 568/1/03.
[49] BGH VIII ZR 86/08, NZM 2009, 477 = NJW 2009, 2295; dazu *Wassermann* jurisPR-BGHZivilR *12/2009 Anm. 3; Eupen* GE 2009, 744; *Lammel* jurisPR-MietR 14/2009 Anm. 1; *Lehmann-Richter* MietRB 2009, 221.
[50] *Börstinghaus* ZAP F. 4 S. 843.
[51] KG, GE 2006, 53.

### III. Wohnflächenberechnung im preisfreien Wohnungsbau

#### 1. Einführung

**Zwingende gesetzliche Vorschriften** über die Berechnung der Wohnfläche gibt es im preisfreien Wohnungsbau nicht. Deshalb richtet sich im preisfreien Wohnungsbau die zu verwendende Berechnungsvorschrift vor allem nach der **Parteivereinbarung.** Wenn eine solche nicht vorliegt, ist das **ortsübliche Regelwerk** anzuwenden.[52] Erst wenn auch hier keine Feststellungen getroffen werden können, kann auf die für den preisgebundenen Wohnungsbau geltenden Vorschriften, die zum Zeitpunkt des Vertragsschlusses galten, zurückgegriffen werden.[53] 16

Haben sich die Parteien auf eine **bestimmte Berechnungsweise geeinigt,** hat diese **Vorrang;** dies gilt auch, wenn sie dem Vermieter nachteilig ist, wie etwa bei der Vermietung eines jahrhundertealten Fachwerkhauses mit zT geringer Deckenhöhe.[54] **Wann tatsächlich** eine **Vereinbarung** zur Flächenberechnung vorliegt, ist eine Frage des Einzelfalls. Sie kann auch konkludent zustande kommen,[55] woran es aber auf jeden Fall fehlt, wenn die Angabe der Wohnfläche nach dem Mietvertrag ausdrücklich nicht zur Festlegung des Mietgegenstandes dienen soll.[56] Hat sich der Vermieter zB einer Dachgeschosswohnung mit der Angabe *„Mietraumfläche"* im Mietvertrag die Grundfläche ohne Berücksichtigung der Dachschrägen vorgestellt, kommt es zu einer entsprechenden Abrede nicht schon dadurch, dass der Mieter den Mietvertrag mit dieser Bezeichnung abschließt.[57] Demgegenüber ist die Bestimmung im Mietvertrag wirksam, *„Die Wohn-/Hobbyfläche ist mit 81,89 m² vereinbart. Sollte sich nachträglich herausstellen, dass die tatsächliche Wohn-/Hobbyfläche von der vorstehend vereinbarten Fläche abweicht, so soll keine der Parteien berechtigt sein, aus dieser Tatsache eine Anpassung der Miete zu verlangen. Die beheizte Fläche beträgt 81,89 m².*"; die Parteien wollten hier die Unsicherheit einer unterschiedlichen Berechnungsweise außer Streit stellen.[58] Die Parteien sollen sich auch auf den einfach zu handhabenden Grundsatz „Länge mal Breite" der Grundflächen individualvertraglich verständigen können, wodurch die Berechnung nach der WoFlV oder der II. BV ausscheidet.[59] 17

Ebenso verhält es sich, wenn dem Mieter **Exposés und Grundrisse** vor Abschluss des Vertrags ausgehändigt wurden. Stellten sie das Mietobjekt vollständig und mit richtigen Maßen dar, konnte der Mieter genau ersehen, welche Flächen der Vermieter für die Größe des Mietobjekts zugrunde legte, so dass er mit Abschluss des Mietvertrags diese Berechnungsmethode ersichtlich billigte. Ebenso soll es liegen, wenn der Mieter nur einen Grundriss mit dem „Kernbereich" von drei Zimmern und Küche erhielt, die Nebenräume nicht nach ihrer Fläche beschrieben waren und zur Freifläche nur *„sehr große, sonnige Dachterrasse"* angeführt war.[60] Ob der Mieter ernstlich eine bestimmte Berechnungsweise akzeptiert, wenn ein wesentlicher Flächenanteil im Dunkeln bleibt und nur durch Mutmaßungen aufgefüllt werden kann, erscheint indes fraglich.[61] 18

Möglich ist aber immer nur die **Vereinbarung einer bestimmten Berechnungsmethode.** Die – willkürliche – Vereinbarung einer bestimmten Fläche ist demgegenüber nicht möglich. Entscheidend ist immer die **tatsächliche Fläche**[62] nach der maßgeblichen Berechnungsmethode. **Vereinbarungen über die Wohnungsgröße** im Mietvertrag sind unerheblich. Soweit der BGH[63] früher eine andere Ansicht vertreten hat, hat er diese inzwischen sowohl für das Mieterhö- 19

---

[52] BGH VIII ZR 33/18, NZM 2019, 536; VIII ZR 44/03, NJW 2004, 2230; VIII ZR 231/06, NJW 2007, 2624; VIII ZR 86/08, NJW 2009, 2295.

[53] BGH VIII ZR 33/18, NZM 2019, 536; VIII ZR 231/06, NJW 2007, 2624; VIII ZR 86/08, NZM 2009, 477 = NJW 2009, 2295.

[54] BGH VIII ZR 218/08, NZM 2009, 659.

[55] BGH VIII ZR 256/09, NZM 2010, 614.

[56] BGH VIII ZR 306/09, NZM 2011, 70.

[57] BGH VIII ZR 244/08, NZM 2010, 80; *Langenberg* NZM 2009, 76.

[58] LG Berlin GE 2005, 995; BGH VIII ZR 150/05, GE 2006, 1165: ein „berechtigter Ausnahmefall" zu BGH VIII ZR 44/03, GE 2004, 680 = NZM 2004, 454 = WuM 2004, 337.

[59] LG Saarbrücken NZM 2015, 692.

[60] BGH VIII ZR 219/04, NZM 2006, 375 = WuM 2006, 245 mAnm *Wiek*.

[61] *Wiek* WuM 2006, 246 (247).

[62] *Börstinghaus* Flächenabweichungen Rn. 677; *Beyer* NJW 2010, 1025, NZM 2010, 417; WuM 2010, 614; *Börstinghaus* WuM 2009, 461; *Börstinghaus* LMK 9/2009 Anm. 1; *Bub* PiG 88 (2010), 45; *Derleder* WuM 2010, 202; *Heix* WuM 2009, 706; 709.

[63] BGH VIII ZR 138/06, NZM 2007, 727 = NJW 2007, 3122; VIII ZR 205/08, NJW 2009, 2739 = NZM 2009, 613.

hungsverfahren[64] wie auch für die Betriebskostenabrechnung[65] aufgegeben. Dabei ist es unerheblich, ob die Flächenabweichungen mehr oder weniger als 10% beträgt und ob sie zugunsten oder zuungunsten des Mieters erfolgt ist.

20 Eine – von der Anwendung der Berechnungsvorschriften des öffentlich geförderten Wohnungsbaus abweichende – **örtliche Verkehrssitte** setzt voraus, dass diese **(a)** auf einer gleichmäßigen, einheitlichen und freiwilligen tatsächlichen Übung beruht, **(b)** die sich innerhalb eines angemessenen Zeitraums **(c)** für vergleichbare Geschäftsvorfälle gebildet hat und **(d)** der eine einheitliche Auffassung sämtlicher beteiligter Kreise an dem betreffenden, ggf. räumlich beschränkten Geschäftsverkehr zugrunde liegt.[66] Das Marktverhalten eines Großvermieters reicht nicht.[67] Allein die Häufigkeit der Verwendung einer bestimmten Berechnungsmethode verleitet häufig irrtümlich zur Annahme einer Verkehrssitte.[68] Dabei muss es jeweils um eine dementsprechende Verkehrssitte zur Anwendung eines anderen **Regelwerkes insgesamt** gehen. Denn die Ermittlung der Wohnfläche kann sinnvollerweise nur aufgrund eines einheitlichen, in sich geschlossenen Regelwerks vorgenommen werden, weil anderenfalls Wertungswidersprüche zumindest möglich und sachgerechte Ergebnisse nicht sichergestellt seien. Es reicht nicht aus, dass ein erheblicher oder auch überwiegender Teil der Marktteilnehmer ein Regelwerk unzutreffend anwendet oder verschiedene Regelwerke miteinander vermischt.[69] Ebenso wenig kommt es darauf an, ob sich bezüglich der Berechnung einer Teilfläche eine bestimmte Übung der Mehrheit der Marktteilnehmer herausgebildet hat. In der Praxis dürfte eine so verstandene Verkehrssitte kaum irgendwo feststellbar sein.

21 Mangels abweichender Vereinbarung sind deshalb im preisfreien Wohnungsbau die im Zeitpunkt des Mietvertragsschlusses für den preisgebundenen Wohnraum anzuwendende Regelwerke, also bei Verträgen, die bis 31.12.2003 abgeschlossen wurden, die §§ 42ff II. BV und für jüngere Verträge die Vorschriften der WoFlV maßgeblich. Insofern unterscheidet sich die Anwendung der Vorschriften etwas von deren originärer Anwendung im preisgebundenen Wohnungsbau. Dies hängt damit zusammen, dass der BGH im preisfreien Wohnungsbau die **Überleitungsregeln** der § 5 WoFlV, § 42 II. BV nicht anwendet, sondern nur auf den Zeitpunkt des Mietvertragsabschlusses abstellt.[70] Im preisgebundenen Wohnungsbau gelten die Vorschriften der §§ 42ff II. BV aber solange weiter, bis bauliche Maßnahmen stattgefunden haben, die Veränderungen der Wohnfläche, z. B. Balkonanbauten, zur Folge haben.

### 2. Mögliche abweichende Berechnungsvorschriften

22 Die Parteien können grundsätzlich jede andere Berechnungsvorschrift vereinbaren. Soweit dies formularvertraglich erfolgt, darf die Klausel aber weder überraschend oder intransparent sein.

23 **a) Die Wertermittlungsrichtlinie.** Für die Bewertung von Grundstücken durch die Gutachterausschüsse gibt es die „Verordnung über die Grundsätze für die Ermittlung der Verkehrswerte von Grundstücken (Immobilienwertermittlungsverordnung – ImmoWertV)" vom 14. Juli 2021[71], die am 1. Januar 2022 in Kraft tritt oder ihre Vorgängervorschrift.[72] Diese löste die bis dahin geltende Wertermittlungsverordnung aus dem Jahr 1988 ab.[73] Die ImmoWertV dient der Bestimmung von Verkehrswerten von Grundstücken. Anwender der Verordnung sind vor allem die Gutachterausschüsse für Grundstückwerte, aber eben auch Sachverständige für die Grundstückswertermittlung sowie Banken und Versicherungen. Die ImmoWertV wird ergänzt durch die „Richtlinien für die Ermittlung der Verkehrswerte (Marktwerte) von Grundstücken (Wertermittlungsrichtlinien)".[74] In der Anlage 6 der Wertermittlungsrichtlinie sind auch Regelungen zur Ermittlung der

---

[64] BGH VIII ZR 266/14, BGHZ 208, 18 = NZM 2016, 42; *Börstinghaus* jurisPR-BGHZivilR 2/2016 Anm. 1; *ders.* LMK 2016, 375498; *Beyer* jurisPR-MietR 1/2016 Anm. 1; *Beuermann* GE 2016, 30; *Heix* WuM 2016, 263.

[65] BGH VIII ZR 220/17, NJW 2018, 2317 = NZM 2018, 671; VIII ZR 173/17, NZM 2019, 288 **aA** noch BGH VIII ZR 261/06, NJW 2008, 142.

[66] BGH VIII ZR 33/18, NZM 2019, 536.

[67] BGH VIII ZR 238/08, NZM 2009, 853 = NJW 2010, 1135.

[68] *H. Schmidt* NZM 2020, 1089 Fn. 1.

[69] BGH VIII ZR 33/18, NZM 2019, 536.

[70] So auch AG Schöneberg, GE 2010, 919 mAnm *Kinne* GE 2010, 874.

[71] *BGBl. I S. 2805.*

[72] BGBl. 2010, I S. 639.

[73] V. 6.12.1988 (BGBl. I S. 2209), zuletzt geändert durch Art. 3 des Gesetzes v. 18.8.1997 (BGBl. I S. 2081).

[74] Banz. Nr. 108a vom 10.6.2006 (Ber. v. 1.7.2006 BAnz. Nr. 121 S. 4798).

Brutto-Grundfläche (BGF) nach DIN 277 enthalten. Um den Begriff der Wohnfläche geht es dabei aber nicht. Die Ausführungen beschränken sich auf die Anwendung der DIN 277. Für die Ermittlung der Wohnfläche eines Hauses ist die Richtlinie deshalb ebenso wenig geeignet, wie die DIN 277. Zumindest theoretisch können die Parteien jedoch im Mietvertrag die ImmoWertV oder die Wertermittlungsverordnung zur Festlegung der Beschaffenheit vereinbaren. In der Praxis dürfte so etwas aber wohl kaum geschehen.

**b) Die DIN-Normen.** Das Deutsche Institut für Normung e. V. ist ein 1917 gegründeter und als gemeinnützig anerkannter Verein mit Sitz in Berlin. Aufgrund eines Vertrages mit der Bundesrepublik Deutschland ist der Verein als nationale Normungsorganisation anerkannt.[75] Die Normen werden nach Beratung in den verschiedenen Ausschüssen erstellt und veröffentlicht. Für die Flächenberechnungen ist der Normenausschuss Bauwesen (NABau) zuständig. 24

**aa) Die DIN 283.** Im März 1951 hat dieser Ausschuss erstmals die DIN 283 vorgelegt, die im Februar 1962 geändert wurde. Blatt 1 des Formblatts DIN 283 enthielt die Definitionen für wohnungswirtschaftliche Begriffe wie z. B. für abgeschlossene und nicht abgeschlossene Wohnungen, für die verschiedenen Arten von Räumen (Wohn- und Schlafräume bzw. -kammern) und Küchen (Wohn- und Kochküche). Ferner wurden die unterschiedlichen Ausstattungen der Wohnung beschrieben und definiert. Auf Blatt 2 erfolgten dann die Vorgaben für die Berechnung der Wohn- und Nutzflächen. Wohnfläche wurde definiert als die anrechenbare Grundfläche der Räume von Wohnungen (Ziff. 1.1). Erforderlich war also zunächst die Ermittlung der Grundfläche und zwar für jeden Raum einzeln und nur nach den Fertigmaßen (lichte Maße zwischen den Wänden). Die Norm enthält in den Ziffern 2.12 und 2.12 – wie die beiden Berechnungsverordnungen – Bestimmungen für die Ermittlung der Grundfläche von bestimmten Sonderflächen, wie Schornsteinen, Türnischen. Schließlich folgt in Ziff. 2.2 die Regelung über die jeweilige Anrechnungsquote. Differenziert wird hier zunächst nach der Raumhöhe. Die Regelung unterscheidet sich nicht von den beiden Berechnungsverordnungen. Für Balkone, Hauslauben (Loggien) und gedeckte Freisitze ist wie in der I. BV nur eine Anrechnung zu einem Viertel vorgesehen. Nicht gedeckte Terrassen und Freisitze wurden gar nicht angerechnet. Einen Putzabzug gibt es ebenfalls nicht, da die Grundflächenermittlung nach den Bauplänen nicht vorgesehen war. 25

Der Normenausschuss Bauwesen hat im August 1983 diese **DIN-Norm zurückgezogen.** Bekannt geworden ist dies durch ein an den Deutschen Mieterbund e. V. adressiertes Schreiben vom 21. November 1983, das 1984 im Aprilheft der Zeitschrift „Wohnungswirtschaft und Mietrecht" eher unscheinbar als Anmerkung zum Urteil des LG München vom 2. November 1983[76] veröffentlicht wurde. Als Grund für die Zurückziehung wurde angegeben, dass die Norm veraltet sei und dass eine Überarbeitung wegen der Verankerung in gesetzlichen Regelungen nicht möglich wäre. Es wurde darauf hingewiesen, dass für alle Wohnungen, die mit öffentlichen Mitteln gefördert wurden, die Anwendung der Verordnung über wohnungswirtschaftliche Berechnungen (II. Berechnungsverordnung) vom Februar 1975 verbindlich sei. Die Berechnung der Wohnflächen für solche Wohnungen ist nach dem Teil IV dieser Verordnung durchzuführen. Der Wohnungsbau, der 1983 noch völlig frei finanziert worden sei, d. h. für den weder öffentliche Mittel noch steuerliche Vergünstigungen in Anspruch genommen wurden, sei 1982 „verschwindend gering". Möglich sei es für solche Wohnungen wie auch für bestehenden Altwohnungsbau die Anwendung der II. BV zu vereinbaren. 26

Die **Begründung überrascht,** weil sie im Zweifel schon damals nicht auf den richtigen empirischen Voraussetzungen beruhte. Der freifinanzierte Wohnungsbau war bereits 1983 im Verhältnis zum öffentlich geförderten Wohnungsbau nicht „verschwindend gering". Die Zahlenverhältnisse sind heute genau andersherum und waren auch damals schon mindestens ausgeglichen. Richtig ist, dass für den preisgebundenen Wohnungsbau damals verbindliche Regelungen in der II. BV existierten und die Unterschiede zwischen den DIN 283 und der II. BV nicht so gravierend waren. Die Funktion der Regelungen war aber eine völlig andere. Während die II. BV das Verhältnis zwischen Bauherr/Vermieter und Fördergeber/öffentlicher Hand regelte und im Verhältnis Vermieter zum Mieter allenfalls mittelbare Bedeutung hatte, gab die DIN 283, die ja nicht den Charakter einer Rechtsvorschrift hatte, den sog. **„Stand der Technik"** wieder.[77] Sie hatte deshalb über das Mietrecht hinaus vor allem auch im Werk- und Kaufvertragsrecht Bedeutung, wenn es dort um Flä- 27

---

[75] Materialien zum Rechtsverhältnis zwischen Deutschland und DIN von RA *Dr. Thomas Fuchs* vom 23.8.2004 herunterladbar unter http://delegibus.com/2004,7.pdf (Stand 4.8.2011).
[76] LG München WuM 1983, 113.
[77] *Heix* Wohnflächenberechnung, S. 32.

chenermittlungen ging. Da sie nicht auf unterschiedliche Fördersysteme Rücksicht nehmen musste, enthielt sie die objektiveren und klareren Vorschriften.

28 Der Gesetzgeber hätte über die Ermächtigungsgrundlage in § 91 Abs. 2 lit. B 2. WoBauG die DIN 283 für anwendbar erklären können. Nach der Vorschrift wurde die Bundesregierung ermächtigt, durch Rechtsverordnung Vorschriften über die Anwendung von Normen des Deutschen Normenausschusses zu erlassen. Hinsichtlich der DIN 283 hat die Bundesregierung hiervon keinen Gebrauch gemacht.[78] Da die Rücknahme der DIN 283 Teil 2 nach Ansicht des Verbraucherrates im DIN nur zur Verwirrung beigetragen hatte, hat der Verbraucherrat im DIN einen Antrag auf Normung der Wohnfläche gestellt, der letztendlich den alten Zustand mit der DIN 283 wiederherstellen sollte. Dieser Antrag ist allerdings vom zuständigen Normenausschuss abgelehnt worden.

29 Dessen ungeachtet können die Mietvertragsparteien aber die Anwendung der DIN 283 ausdrücklich oder konkludent vereinbaren, worauf der Normenausschuss selbst schon in seinem Schreiben vom 2. November 1983 hingewiesen hat. Das entspricht auch der Auffassung des *BGH.*[79]

30 **bb) Die DIN 277.** Die DIN 277, auf die der Normenausschuss in seinem Schreiben vom 2. November 1983 hingewiesen hat, ist wohl die älteste Norm zur Flächenberechnung. Sie wurde erstmals im August 1934 herausgegeben und zwar gemeinsam mit der DIN 276. Während die DIN 276 sich mit den Kosten von Hochbauten und damit zusammenhängenden Leistungen beschäftige, enthielt die DIN 277 die Normen zur Berechnung des umbauten Raums von Hochbauten. Bereits im Januar 1936 wurde die DIN 277 aufgrund praktischer Bedürfnisse um Berechnungsgrundlagen für den „umbauten Raum von Bauteilen, deren Innenräumen von der Oberfläche des Geländes bis zur Dachfläche" ergänzt.[80] Eine weitere Neufassung erfolgte im Jahre 1950 und wegen der technischen Entwicklung dann im Jahre 1973 eine völlige Neufassung. Dabei wurden erstmals auch Flächenberechnungsvorschriften mit aufgenommen. Die Norm heißt seither DIN 277 Teil 1 „Grundfläche und Rauminhalte von Hochbauten; Begriffe, Berechnungsgrundlagen". Im März 1981 erschien die DIN 277 Teil 2 mit einigen Ergänzungen der Gliederung der Nettogrundrissfläche.[81] Schließlich wurden die DIN 277 Teil 1 und 2 im Jahr 1987 neu gefasst. Es wurden die Vorschriften zur Ermittlung der Größe von Grundstücken gestrichen, weil dies nicht zum Geltungsbereich der Vorschrift gehörte.[82] Eingeführt wurde dafür unter Ziff. 3.2.3 eine Höhenunterteilung, da die DIN 283 Teil 2 bereits im Jahre 1983 ersatzlos zurückgezogen worden war. Es wurde als zweckmäßig angesehen, hier zu differenzieren, weil der Nutzwert der Flächen mit niedrigerer Raumhöhe gemindert sei.[83] Soweit die DIN 283 noch eine Unterteilung in drei Kategorien vorgenommen hatte (unter 1 m, 1–2 m und über 2 m), hat die DIN 277 diese Unterteilung jedoch vereinfacht und sich auf zwei Klassen beschränkt. Differenziert wird nur nach Flächen von 1,5 m und mehr sowie unter 1,5 m.

31 Die letzte Neufassung hat die DIN 277 im Jahre 2005 erfahren. Die Norm ist nun in drei Teile gegliedert. Die DIN 277-1 vom Februar 2005 enthält die Begriffe und Ermittlungsgrundlagen, die DIN 277-2, ebenfalls vom Februar 2005, beinhaltet eine Gliederung der Netto-Grundflächen nach Gruppen unterschiedlicher Nutzungsarten und die DIN 277-3 vom April 2005 schließlich enthält die Angaben zu Mengen und Bezugseinheiten.

Die DIN 277 differenziert bei den Flächen zwischen folgenden Einheiten:

| Abk. | Flächenbezeichnung | Beschreibung |
|---|---|---|
| BGF | Brutto-Grundfläche | Die Bruttogrundfläche ist die Summe der Grundflächen aller Grundrissebenen eines Bauwerks |
| KGF | Konstruktions-Grundfläche | Die KGF stellt die Summe der aufgehenden Bauteile aller Grundrissebenen eines Bauwerks (Wände, Stützen, Pfeiler, …) dar. Auch die Grundflächen von Schornsteinen, nicht begehbaren Schächten, Türöffnungen, Nischen und Schlitzen zählen zur KGF. Dies gilt nicht für leichte Trennwände ohne statische Funktion. |

[78] *Heix* Wohnflächenberechnung, S. 32.
[79] BGH VIII ZR 33/18, NZM 2019, 536; VIII ZR 231/06, NZM 2007, 595 = NJW 2007, 2624.
[80] *Winkler/Fröhlich,* Hochbaukosten, S. 9.
[81] *Winkler/Fröhlich,* Hochbaukosten, S. 11.
[82] *Winkler/Fröhlich,* Hochbaukosten, S. 11.
[83] *Winkler/Fröhlich,* Hochbaukosten, Kap. D1 zu 3.2.3.

| Abk. | Flächenbezeichnung | Beschreibung |
|---|---|---|
| NGF | Netto-Grundfläche | Die Nettogrundfläche ist die Summe der Grundflächen aller Grundrissebenen eines Bauwerks ohne die Konstruktionsflächen |
| NF | Nutzfläche | Summe der Grundfläche mit Nutzungen entsprechend der Zweckbestimmung |
| TF | Technische Funktionsfläche | Derjenige Teil der Netto-Grundfläche, der der Unterbringung zentraler betriebstechnischer Anlagen dient. |
| VF | Verkehrsfläche | Derjenige Teil der Netto-Grundfläche, der dem Zugang zu den Räumen, dem Verkehr innerhalb des Bauwerks und auch dem Verlassen im Notfall dient. Bewegungsflächen innerhalb von Räumen zählen nicht dazu. |

Sowohl die geschichtliche Entwicklung, wie auch der Inhalt der DIN 277 zeigen deutlich, dass dieses Regelwerk nicht auf die Ermittlung der Wohnfläche ausgerichtet ist. Dazu gab es die frühere DIN 283. Zwar wurde nach deren Rücknahme die DIN 277 etwas angepasst, aber das kann nicht dazu führen, dass die DIN 277 nunmehr zur Ermittlung der Wohnfläche herangezogen wird. Sie dient im Wesentlichen der Ermittlung der reinen Grundflächen, ohne dass eine Bewertung nach dem Nutzwert stattfindet.[84] Deutlich zeigt sich dies in der Tabelle 2 „Zuordnung von Grundflächen und Räumen zu den Nutzungsgruppen mit Beispielen". Dort werden unter Ziff. 1.1 „Wohnräume Wohn- und Schlafräume in Wohnungen, Wohnheimen, Internaten, Beherbergungsstätten, Unterkünften, Wohndielen, Wohnküchen, Wohnbalkone, -loggien, -veranden; Terrassen" völlig undifferenziert zusammengefasst, obwohl hier mietrechtlich ganz erhebliche Unterschiede zu beachten sind. Auch die Unterteilung der Netto-Grundfläche in Nutzfläche, Technische Funktionsfläche und Verkehrsfläche ist in der Wohnraummiete völlig unbrauchbar. Die Technische Funktionsfläche und die Verkehrsfläche spielen bei der Ermittlung der Wohnfläche keine Rolle. Für solche außerhalb der Wohnung liegenden Flächen zahlt der Mieter keine besondere Miete. Das zeigt sich vor allem bei Mieterhöhungen. Hier wird die **ortsübliche Vergleichsmiete** nur mit der Wohnfläche multipliziert. Die Kosten für solche Gemeinflächen sind in der Miete pro Quadratmetermiete Wohnfläche eingepreist. Auch bei Betriebskostenabrechnungen werden diese Flächen – zumindest in der Wohnraummiete– nicht berücksichtigt. 32

Die Norm gilt vor allem als Grundlage für die Berechnung der Grundflächen von Bauwerken unterschiedlicher Nutzung. Sie nimmt darüber hinaus eine Gliederung der **Netto-Grundfläche** in Nutzflächen sowie in Technische Funktions- und in Verkehrsflächen vor. Sie spielt im Rahmen der Flächenermittlung deshalb vor allem in der Gewerberaummiete eine Rolle.[85] Auf die Ermittlung solcher Flächen ist sie zugeschnitten. Aber auch dort sollte wegen der starken Differenzierung in der DIN 277 sehr genau darauf geachtet werden, welcher der verschiedenen in der DIN 277 definierten Begriffe wirklich gemeint ist. Auch die Anwendung der Begriffe kann im Einzelfall strittig sein.[86] 33

Ob die DIN 277 **in der Wohnraummiete** wirksam vereinbart werden kann, ist strittig.[87] Zum Teil wurde vertreten, dass die Vereinbarung „unangemessen" sei[88], da die Norm ganz andere Zwecke verfolge und deshalb den Begriff der Wohnfläche nicht kenne oder weil der „undifferenzierte Ansatz von Flächen" nach der DIN 277 den Mieter im Sinne des § 307 BGB unangemessen benachteilige.[89] Gegen eine **Individualvertragliche Vereinbarung** bestehen dabei keine Bedenken.[90] 34

[84] OLG Hamm NJW-RR 1997, 1551.
[85] KG ZMR 2010, 951 mAnm *Blank* jurisPR-MietR 15/2010 Anm. 2; KG GE 2006, 53.
[86] ZB die Frage, ob die Flächen unter den nicht tragenden Innenwänden zu berücksichtigen sind: OLG Düsseldorf WE 1995, 373; KG ZMR 2010, 951 oder ob die Kellerräumen mit zur Nutzfläche zählen: LG Hildesheim MDR 2010, 316.
[87] *Börstinghaus,* Flächenabweichungen S. 95.
[88] Eisenschmid/Wall/*Eisenschmid,* 3. Aufl., Rn. 4026.
[89] Schmidt-Futterer/*Langenberg,* 14. Aufl. 2019, Nach § 556 BGB Rn. 12.
[90] *Hinz* WuM 2008, 633, 641.

35 Zweifelhaft ist die **formularvertragliche Vereinbarung** der DIN 277. Ob die Vereinbarung der DIN 277 wirklich eine **unangemessene Benachteiligung** gem. § 307 Abs. 2 BGB darstellt, ist durchaus zweifelhaft. Die Angabe der Fläche mit der Berechnungsvorschrift beschreibt alleine die geschuldete Beschaffenheit. Ein Verstoß gegen wesentliche Grundgedanken der gesetzlichen Regelung kann nur dann vorliegen, wenn zwei Begriffe miteinander verknüpft werden, die nichts miteinander zu tun haben. Das wäre z. B. der Fall, wenn die „Wohnfläche nach DIN 277" angegeben wird. Das ist ein **Paradoxon,** da die DIN 277 gar keine Wohnflächen definiert, sondern nur Brutto-, Netto- oder Konstruktionsflächen. Mit der Wohnfläche gem. § 19 WoFG hat das nichts zu tun. Insofern wäre eine solche Vereinbarung bereits gem. § 307 Abs. 2 Ziff. 1 BGB unwirksam. Ist im Mietvertrag aber angegeben, dass die „Brutto-/Nettofläche nach DIN 277" eine bestimmte Größe hat, kann dies durchaus richtig sein und weicht auch nicht von wesentlichen Grundgedanken der gesetzlichen Regelung ab. In diesem Fall kann aber trotzdem ein Verstoß gegen das **Transparenzgebot** des § 307 Abs. 1 S. 2 BGB vorliegen.[91] Dies beinhaltet zwei „Komponenten", nämlich die **„formelle Unklarheit"** und die **„materielle Benachteiligung".**[92] Danach sind die „Verwender Allgemeiner Geschäftsbedingungen entsprechend den Grundsätzen von Treu und Glauben zunächst verpflichtet, Rechte und Pflichten ihrer Vertragspartner möglichst klar und durchschaubar darzustellen"[93]. Nach Auffassung des *BGH* gehört dazu auch, dass Allgemeine Geschäftsbedingungen wirtschaftliche Nachteile und Belastungen soweit erkennen lassen, wie dies nach den Umständen gefordert werden kann.[94] In der Klausel müssen die Tatbestandsvoraussetzungen und Rechtsfolgen so genau beschrieben sein, dass dem Verwender kein ungerechtfertigter Beurteilungsspielraum verbleibt.[95] Die Beschreibung muss für den Mieter nachprüfbar und darf nicht irreführend sein.[96] Abzustellen ist auf die Erwartungen und Erkenntnismöglichkeiten eines durchschnittlichen Vertragspartners.[97] Strittig ist, ob eine Formularklausel der gebotenen Transparenz nur dann standhält, wenn sie *aus sich heraus verständlich* ist[98] und lediglich ergänzend die gesetzliche Vorschrift hinzufügt[99] oder ob der bloße Verweis auf eine bestimmte Norm oder ein Regelwerk ausreichend ist.[100] Hier wird man differenzieren müssen: **In der Gewerberaummiete** dürften Verweise auf Vorschriften eher möglich sein[101] als im Wohnraummietrecht. So hat das OLG Schleswig bereits in einem Rechtsentscheid vom 27. März 1995[102] entschieden, dass die Verlängerungsfiktion des § 568 BGB a. F. (heute § 545 BGB) nicht durch die Formulierung: *„§ 568 BGB findet keine Anwendung"* ausgeschlossen werden kann.[103] Der Verweis auf „Anlage 3 zu § 27 II. BV" im Rahmen einer Betriebskostenvereinbarung soll demgegenüber ebenso grundsätzlich wirksam sein[104], obwohl sogar erst „kürzlich examinierte Volljuristen"[105] den Inhalt der Norm nicht kennen würden[106], wie die formularmäßige Verpflichtung des Mieters „die Betriebskosten" tragen zu müssen.[107] Hier beruht die Argumentation aber darauf, dass der Begriff der Betriebskos-

[91] Zur Bedeutung des Transparenzgebots im Mietrecht nach der Schuldrechtsreform: *Schumacher* NZM 2003, 13.

[92] So die Einteilung von UBH/*Fuchs,* AGB-Recht 11. Aufl. § 307 BGB Rn. 325; zum Verhältnis der beiden Komponenten Rn. 330ff.

[93] BGH XII ZR 107/01, BGHZ 162, 39; XII ZR 101/09, MDR 2011, 480; XII ZR 189/08, NZM 2010, 668 = NJW 2010, 3152.

[94] BGH VIII ZR 121/04, BGHZ 164, 11, 16; VIII ZR 48/05, BGHZ 165, 12, 21; UBH/*Fuchs* § 307 BGB Rn. 335.

[95] BGH VIII ZR 121/04, VIII ZR 121/04, BGHZ 164, 11; VIII ZR 48/05, BGHZ 165, 12.

[96] BGH XII ZR 107/01, BGHZ 162, 39.

[97] BGH XII ZR 109/08, BGHZ 183, 299; XII ZR 13/05, NJW 2007, 2176 = NZM 2007, 516.

[98] OLG Schleswig NJW 1995, 2858, 2859; OLG Düsseldorf NJW-RR 1997, 1150, 1152.

[99] BGH VIII ZR 38/90, NJW 1991, 1750, 1751.

[100] Nach UBH/*Fuchs,* AGB-Recht 11. Aufl. § 307 BGB Rn. 337 stellen pauschale Verweisungen nicht „per se" einen Verstoß gegen das Transparenzgebot dar.

[101] OLG Oldenburg DWW 2001, 88.

[102] OLG Schleswig NJW 1995, 2858.

[103] So auch: *Haase* ZMR 2001, 557, 561; *Sternel,* Mietrecht-aktuell, Rn. II 163; **aA** *Lammel,* Wohnraummietrecht, § 545 BGB Rn. 4, der Normkenntnis voraussetzt; *Lammel* WuM 2008, 659; ebenso *Voelskow* ZMR 1996, 431.

[104] BGH VIII ZR 202/06, NZM 2007, 769; VIII ZR 167/03, NZM 2004, 417.

[105] BGH, VIII ZR 202/06, NZM 2007, 769; VIII ZR 167/03, NZM 2004, 417.

[106] *So die Formulierung* von *Pfeifer* in: MietPrax Fach 2 Rn. 90 (in früheren Nachlieferungen sprach er noch von „fertigen Volljuristen", wobei nie klar war, was ein nicht fertiger Volljurist sein sollte.).

[107] BGH VIII ZR 137/15, NJW 2016, 1439 = NZM 2016, 353; VIII ZR 274/15, NZM 2016, 720; XII ZR 120/18, NZM 2020, 507.

ten heute allgemein bekannt sei. Deshalb soll der Verweis auch nur insoweit wirksam sein, als dort nicht auf die Ziff. 17 **(„Sonstige Kosten")** Bezug genommen wird.[108] Im Rahmen der Transparenzprüfung wurde also allgemein bekanntes Wissen auf Seiten des objektiven Empfängers mit berücksichtigt. Ein solches Wissen liegt aber – was den Inhalt der DIN 277 angeht – weder bei Laien noch bei Juristen, die sich nicht täglich mit den Problemen der Flächenermittlung beschäftigen müssen, vor und kann deshalb auch nicht vorausgesetzt werden. Mieter legen allen Überlegungen den Begriff der „Wohnfläche" zugrunde. Sie erwarten deshalb, dass die angegebene Fläche auch aufgrund der bezeichneten Berechnungsvorschrift die Wohnfläche darstellt. Deshalb verstößt der **Verweis auf die DIN 277** in einem Formularvertrag **gegen das Transparenzgebot** des § 307 Abs. 1 S. 2 BGB und ist unwirksam.

**c) Die gif-Richtlinien.** In der Geschäftsraummiete wird neben der DIN 277 häufig die MF-G *Richtlinie zur Berechnung der Mietfläche für gewerblichen Raum* der Gesellschaft für Immobilienwirtschaftliche Forschung e. V. (gif) in Wiesbaden zur Flächenbeschreibung und -ermittlung verwendet.[109] Die gif e. V. wurde 1993 gegründet. Ziel war eine immobilienbezogene Aus- und Weiterbildung und vor allem auch Forschung. In den diversen Arbeitskreisen des Vereins werden Richtlinien und Empfehlungen erarbeitet. Deren Bedeutung resultiert aus dem Fachverstand der handelnden Personen und der breiten Akzeptanz der Regelungen bei den Marktteilnehmern und weniger aus der rechtlichen Verbindlichkeit der Regelwerke. 36

Im Jahre 1996 veröffentlichte die gif e. V. zunächst die MF/B für Büroräume und ein Jahr später die MF/H für Handelsräume. Dort wurde der Begriff der Mietfläche für gewerbliche Räume definiert. Im November 2004 wurden diese beiden Regelwerke durch die einheitliche MF/G (Gewerbe) ersetzt. Die MF/G wurde in Abstimmung mit dem DIN Normenausschuss erstellt[110] und baut auf den Definitionen der DIN 277 auf. Die Richtlinie gliedert die Mietflächen in solche auf, die von einem Mieter ausschließlich (MF-G 1) oder gemeinschaftlich (MF-G 2) mit anderen Nutzern genutzt werden. Schließlich legt sie fest, welche Flächen keine Mietfläche (MF-0) sind. Im Herbst 2011 erfolgt eine moderate Novellierung der MF/G, die eine Anwendung auch auf Hotel-, Produktions- und Logistikflächen ermöglicht. Gewerbliche Flächen sollen damit einheitlich nach einem Standard ermittelt werden können. Während die DIN 277 allein auf die Grundfläche (Brutto- und Nettofläche) abstellt und zwischen Nutz-, Verkehrs- und Funktionsfläche unterscheidet, differenzieren die MF/G noch weiter.[111] Ziel der gif-Richtlinien ist es, praktikable und vor allem klare Vorgaben für die anrechenbaren Flächen von vermietetem Gewerberaum zu haben und damit eine Bewertung der Mietflächen unter wirtschaftlichen Kriterien zu ermöglichen.[112] 37

**Auf Wohnräume** ist die MF/G nicht anzuwenden. Mit Stand v. 1.5.2012 hat der Arbeitskreis Flächendefinitionen der Gesellschaft für immobilienwirtschaftliche Forschung eV (gif eV) eine **Richtlinie zur Berechnung der Mietfläche für Wohnraum** veröffentlicht. Sie orientiert sich zwar an den Grundflächenarten der DIN 277, legt aber darüber hinausgehend fest, welche Grundfläche als Mietfläche ansetzbar ist. Statt des Begriffs der Wohnfläche verwendet sie den Begriff der Mietfläche, den sie in **Wohnungsflächen und Nebenflächen** aufteilt; dadurch wird die unscharfe Bezeichnung „Wohn- und Nutzfläche" vermieden, die in vielen Mietvertragsformularen anzutreffen ist und immer wieder zu gerichtlichen Auseinandersetzungen führt. Zusätzlich **differenziert** sie bei den Wohnungsflächen zwischen **vollständigem und anteiligem Nutzungsrecht des Mieters,** was es erstmals ermöglicht, in den sog. neuen Wohnformen mit Aufenthalts- und Gemeinschaftsräumen, zB in Mehr-Generationshäusern und Seniorenresidenzen,[113] zu einer sachgerechten Flächenberechnung zu kommen. 38

Die Richtlinie nimmt zunächst als MF/W-0 bestimmte Flächen aus, die **nicht zur Mietfläche** zählen, nämlich Nutzflächen (Kraftfahrzeugabstellflächen, Zivilschutzräume), technische Funktionsflächen, Verkehrsflächen außerhalb der Wohneinheiten und Konstruktionsgrundflächen. Sodann nimmt sie eine **Mietflächentypisierung** vor und unterscheidet exklusiv genutzte Mietflächen, die keinen räumlichen Nutzungsbeschränkungen unterliegen (MF/W-1 a), Mietflächen, die überdeckt, aber nicht allseitig geschlossen sind (MF/W-1 b) oder die nicht überdeckt sind (MF/ 39

---

108 BGH VIII ZR 167/03, NZM 2004, 417.
109 LG Hildesheim DWW 2010, 104, 105.
110 Eisenschmid/Wall/*Eisenschmid,* 3. Aufl., Rn. 4016.
111 *Sternel,* Mietrecht aktuell, VIII Rn. 118b.
112 LG Hildesheim, DWW 2010, 104, 105.
113 *Horndler* MietRB 2012, 249 (251).

W-1 c), Mietflächen unter einer lichten Raumhöhe unter 1,50m (MF/W-1 d) und Nebenflächen, die nach der Landesbauordnung und/oder einem Bebauungsplan nicht für Wohnzwecke zugelassen sind (MF/W-1 e). Anschließende graphische Erläuterungen (Reihenhaus, Mehrfamilienhaus, neue Wohnform) erleichtern den Zugang zu den Typisierungen.

**40** Ein Vergleich mit den §§ 42ff II. BV oder der WoFlV zeigt zum einen, dass **Terrassenflächen,** wie schon immer nach DIN 283, generell nur mit ¼ anzusetzen sind, zum anderen, dass Flächen unter 1,50 m lichter Höhe überhaupt nicht, Flächen mit höherer lichter Höhe voll angerechnet werden; die Einführung nur einer Höhengrenze soll die Berechnung zB in Dachgeschosswohnungen erleichtern. Auch wenn sich damit iErg eine weitgehende Übereinstimmung mit den anderen Regelwerken ergibt, liegt der Vorteil der MF/W darin, dass sie eine **transparente Flächenermittlung** erleichtert. Sie verlangt, dass alle zum Mietobjekt gehörenden Flächen separat ausgewiesen sind, mithin auch solche, die nicht in die Berechnung einfließen, damit jeder Mieter (und Käufer) genau ersehen kann, wie die schließlich zugrunde gelegte Flächenangabe zustande kam. Wegen des damit verbundenen Aufwands dürfte es längere Zeit dauern, bis sich die Richtlinie am Markt etabliert hat, auch wenn gerade die erzielbare Transparenz späteren Streitigkeiten in besonderem Maße vorbeugt.

**41** **d) Die Wohnflächen- und Mietwertrichtlinie (WMR).** Das Wertermittlungsforum der Dr. Sprengnetter GmbH hat im Jahr 2007 eine Wohnflächen- und Mietwertrichtlinie (WMR) inklusive einer kurzen Kommentierung veröffentlicht.[114] Es handelt sich dabei wie bei der MF/G und MF/W nicht um eine staatliche Verordnung oder ein mit staatlicher Autorität von einem Beliehenen herausgegebenen Regelwerk, sondern schlicht um einen privaten Vorschlag, der auf dem besonderen Sachverstand und der Erfahrung des Herausgebers, einem im Bereich der Miet- und Immobilienbewertung tätigen Sachverständigen, beruht.[115] Die Parteien können ihre Geltung auch in der Wohnraummiete vereinbaren. Es dürfte aber bisher weder eine Ortsüblichkeit dieses kaum bekannten Regelwerkes anzunehmen sein, noch ist das Regelwerk nach der Rechtsprechung des *BGH* im preisfreien Wohnungsbau bei fehlender Vereinbarung anzuwenden.[116]

**42** Die insgesamt zehn Paragrafen umfassende Richtlinie definiert in § 2 WMR zunächst den **Begriff der Wohnfläche.** Danach ist die Wohnfläche nach den Vorschriften der WoFlV zu ermitteln. Sie besteht nach § 2 Satz 2 WMR aus „der Summe aller nach den Vorschriften der Wohnflächenverordnung zur Wohnung gehörenden anrechenbaren Grundflächen." Die Verordnung beruht dann aber auf einer zweistufigen Vorgehensweise.[117] Nach der reinen Feststellung der Wohnfläche wird der **„Vergleichsmietwert"** anhand eines Korrekturfaktors an die besonderen Eigenschaften der Wohnung angepasst. Damit zeigt sich die wahre Bedeutung der Vorschrift. Es geht weniger um die Ermittlung der Wohnfläche als um die Ermittlung des Wohnwertes. Deshalb bestimmt § 10 WMR letztendlich, dass bei der „Bewertung von bebauten Grundstücken […] direkt mit einer wohnwertabhängigen Wohnfläche gerechnet werden" kann. Hierzu soll gem. § 5 WMR ein „Korrekturfaktor für Grundflächenbesonderheiten" ermittelt werden. Zu den Grundflächenbesonderheiten zählen z. B. gem. § 8 WMR Grundflächen unter Dachschrägen, solche von Balkonen und Terrassen o. ä., von Durchgangsräumen und gefangenen Räumen und solche von Räumen mit „unwirtschaftlichen Grundrissen". Aus einer Anlage zu § 9 der WMR können dann für verschiedene Grundflächenbesonderheiten Wohnwertfaktoren entnommen werden. So soll z. B. der Wohnwert für Räume mit einer lichten Raumhöhe von 2 m bis 2,20m 0,8 bis 0,9 betragen. Erst bei Raumhöhen von 2,30 m bis 2,70 m soll die Grundfläche zu 100 Prozent angerechnet werden, bei größeren Raumhöhen soll der Wohnwert wieder sinken. Ähnlich werden die Wohnwerte für Terrassen und Balkone von 0,1 bis 0,5 je nach Qualität bewertet. Durchgangsräume sollen nur mit dem Faktor 0,7 und übergroße Räume mit einem Faktor von 0,8 des „übergroßen Anteils" angerechnet werden. In der der Richtlinie beigefügten Kommentierung werden auf ca. 50 Seiten anhand verschiedener Wohnungsgrundrisse die darauf anzuwendenden Korrekturfaktoren dargestellt.[118]

Die WMR mag für die Bewertung von Gebäuden eine gewisse Berechtigung haben. Für die Flächenermittlung im Mietrecht ist sie sowohl für die Ermittlung der Beschaffenheit, wie auch der maßgeblichen Fläche für eine Mieterhöhung oder die Erstellung der Betriebskostenabrechnung,

---

[114] WF-Wohnflächen-und Mietwertrichtlinie (WMR) – Stand 18. Juli 2007, Verlag Wertermittlungs*Forum*, Sinzig, 2007.

[115] *Dr. Sprengnetter* hatte bereits 1985 eine „Methodik der wohnwertunabhängigen bzw. wertermittlungsrelevanten Wohnflächenberechnung" herausgegeben. Darauf baut die WMR nach eigenen Angaben auf.

[116] Zur WMR: *Gante* WuM 2008, 525.

[117] *Gante* WuM 2008, 525, 529.

[118] Siehe auch die ähnlichen Berechnungen von *Gante* WuM 2008, 525, 529ff.

völlig ungeeignet. Es wird die Berechnung mit der Bewertung vermischt. Die Bewertung der Flächen ist eine Frage der Miethöhe. Dabei sind natürlich Besonderheiten als Zu- und Abschläge zur maßgeblichen Vergleichsmiete zu berücksichtigen. Deshalb aber die maßgebliche Wohnfläche „umzubasieren", ist der falsche Weg. Für die Frage, ob eine Wohnung mangelhaft wegen einer vermeintlichen **Flächenabweichung** ist, muss auf die objektive Größe abgestellt werden. Eine Bewertung der Flächen würde hier nur zu weiteren, dem Willen der Parteien auch kaum entsprechenden, Verzerrungen führen. Auch die Verteilung der Betriebskosten hat nach den reinen Wohnflächenanteilen zu erfolgen. Ob der „Wert" eines Quadratmeters wertvoller oder weniger wertvoll ist, ist dabei völlig unerheblich.

### 3. Flächenberechnung einzelner Flächen

**a) Die Grundfläche.** Ausgangspunkt jeder Flächenberechnung ist die **Grundfläche.** § 19 43
Satz 1 WoFlV definiert die Wohnfläche als die Summe der anrechenbaren Grundflächen. Ähnlich stand es schon in der bis zum 31.12.2003 gültigen Fassung des § 42 Abs. 1 II. BV. Danach ist die „Wohnfläche einer Wohnung die Summe der anrechenbaren Grundflächen der Räume, die ausschließlich zu der Wohnung gehören." § 2 Abs. 1 WoFlV definiert die Wohnfläche ganz ähnlich, nämlich: „Die Wohnfläche einer Wohnung umfasst die Grundfläche der Räume, die ausschließlich zu dieser Wohnung gehören." **Außerhalb der Wohnung liegende Dielen** bleiben deshalb unberücksichtigt.[119] Die Frage der Anrechnung wird in der WoFlV dann in § 4 WoFlV geregelt. Die DIN 283 Blatt 2 definiert unter Punkt 1.1 Wohnfläche als anrechenbare Grundfläche der Räume von Wohnungen. Unabhängig davon, welches Regelwerk man also heranzieht, zunächst muss die Grundfläche ermittelt werden.[120] Dabei ist nur die Fläche zu berücksichtigen, die der Vermieter dem Mieter auch zur Verfügung gestellt hat. Flächen, die der Mieter selbst erstellt hat, bleiben unberücksichtigt.[121]

Soweit die Wohnfläche **nach der II. BV zu berechnen** ist, bestimmte § 43 II. BV a. F., wie die 44
Grundfläche zu ermitteln ist. Zulässig ist dabei alternativ die Ermittlung aus den **Fertigmaßen** oder den **Rohbaumaßen.** Welches Verfahren gewählt wird, kann allein der Vermieter (Bauherr) bestimmen, § 45 Abs. 2 II. BV. Unter Fertigmaßen sind dabei die lichten Maße zwischen den Wänden ohne Berücksichtigung von Wandgliederungen, Wandbekleidungen, Scheuerleisten, Öfen, Heizkörpern, Herden und dergleichen zu verstehen, § 43 Abs. 2 II. BV. Wenn der Vermieter die Rohbaumaße verwendet, sind hiervon drei Prozent für den später noch aufzubringenden Putz abzuziehen. In den weiteren Absätzen des § 43 II. BV wird dann bestimmt, welche Flächen noch hinzuzurechnen und welche abzuziehen sind. So bleiben beispielsweise die Flächen von Treppenpodesten unberücksichtigt.[122]

**Nach § 2 WoFlV ist die Wohnfläche** aus den Grundflächen aller Räume, die ausschließlich 45
zur Wohnung gehören, zu bilden. Außerhalb der Wohnung liegende Räume wie z. B. eine Diele, von der aus mehrere Wohnungen erreicht werden können, bleiben unberücksichtigt.[123] Die Ermittlung der Grundfläche ist in § 3 WoFlV geregelt. Sie lehnt sich an die Vorgängervorschrift des § 43 II. BV an, jedoch ist die Unterscheidung zwischen Rohbau- und Fertigmaßen ebenso entfallen wie der dreiprozentige „Putzabzug". Nach § 3 Abs. 4 WoFlV sind zwei Verfahren zur Grundflächenermittlung zulässig, nämlich das Ausmessen des tatsächlichen Zustands oder die Ermittlung anhand der Bauzeichnungen. Wird die Wohnfläche nach den Vorschriften der Wohnflächenverordnung ermittelt, muss immer von der Vorderkante der Bekleidung ausgemessen werden; **Putz oder andere Wandbekleidungen** gelten immer als Bestandteile der Bauteile. In Erweiterung des Katalogs des § 43 Abs. 4 und 5 II. BV werden in § 3 Abs. 2 WoFlV beispielhaft bestimmte Grundflächen innerhalb einer Wohnung[124] aufgezählt, deren Zugehörigkeit zur Grundfläche eines Raumes zwei-

[119] AG Hamburg-Altona, ZMR 2011, 556.

[120] umfassend zur Wohnflächenberechnung nach den verschiedenen Berechnungsvorschriften: *Heix* Wohnflächenberechnung; *Winkler/Fröhlich,* Hochbaukosten Flächen Rauminhalte, 10. Aufl.; *Gottschalk,* Immobilienwertermittlung, S. 185 ff.; *Dröge,* Handbuch der Mietpreisbewertung für Wohn- und Gewerberaum, 3. Aufl., S. 17 ff; *Schwirley,* Bewertung von Mieten bei Miet- und Verkehrswertgutachten, 2. Aufl.

[121] AG Schönberg, MM 2007, 335 (für Gallerieausbau durch Mieter).

[122] LG Frankfurt/a. M. NZM 2009, 397 unter Hinweis auf *Heix* Wohnflächenberechnung, S. 172.

[123] AG Hamburg-Altona ZMR 2011, 556.

[124] Tür- und Fensterbekleidungen sowie Tür- und Fensterumrahmungen, Fuß-, Sockel- und Schrammleisten, fest eingebauten Gegenständen, wie z. B. Öfen, Heiz- und Klimageräten, Herden, Bade- oder Duschwannen, freiliegenden Installationen, Einbaumöbeln und nicht ortsgebundenen, versetzbaren Raumteilern.

felhaft sein könnten. Umgedreht enthält Abs. 3 eine Aufzählung der Flächen[125], die nicht zur Grundfläche gehören. Neu ist hier die Regelung, dass Vormauerungen o. ä. nur dann nicht mitzählen, wenn sie höher als 1,50 m sind. Damit werden vor allem die Unterputzspülkästen in Badezimmern erfasst, die in der Regel eine Vormauerung erfordern. Hier kommt es auf die konkreten Maße an, ob es sich um Grundfläche handelt oder nicht.

46 Soweit die **Wohnfläche nach der DIN 283** zu ermitteln ist, ergeben sich die maßgeblichen Regelungen aus deren Blatt 2. Danach sind die Grundflächen von Wohnräumen aus den Fertigmaßen, die als lichte Maße zwischen den Wänden definiert werden, zu ermitteln, und zwar in der Regel für jeden Raum einzeln. Zugelassen ist aber auch eine Wohnflächenberechnung aus der Bauzeichnung. In diesem Fall sind die aus den Rohbaumaßen errechneten Grundflächen um drei Prozent zu verkleinern. Anders als bei § 43 Abs. 3 II. BV gilt dies aber nicht generell, sondern nur bei verputzten Wänden. Es folgt dann eine Aufzählung von Flächen, die einzubeziehen sind oder nicht einzubeziehen sind.

47 **b) Die anzurechnende Fläche. aa) Allgemeines.** Alle Vorschriften verlangen dann **in einem zweiten Schritt** die Beurteilung der Frage, wie die ermittelten Grundflächen **anzurechnen** sind. Die Grundfläche von Räumen mit einer Raumhöhe über zwei Meter wird dabei immer voll angerechnet, Räume mit einer Raumhöhe unter einem Meter werden gar nicht angerechnet und für Raumhöhen dazwischen gilt eine Anrechnung zur Hälfte.

48 **bb) Balkone.** Strittig ist im Einzelfall immer die Anrechnung der Freiflächen. Hier hat sich die Rechtslage in den letzten Jahren mehrfach geändert. Heute gelten drei verschiedene Anrechnungssätze:

- Nach DIN 283 werden die Grundflächen von Loggien, Balkonen und gedeckten Freisitzen einheitlich mit 25 Prozent angerechnet.
- Nach § 44 Abs. 2 II. BV findet eine Anrechnung der Grundfläche von Balkonen, Loggien, Dachgärten oder gedeckten Freisitzen „bis zur Hälfte" statt.
- § 4 WoFlV sieht für die Grundflächen von Balkonen, Loggien, Dachgärten und Terrassen eine Anrechnung in der Regel zu einem Viertel, höchstens jedoch der Hälfte vor.

49 Deshalb kommt bei der Ermittlung der Wohnfläche solcher Freiflächen der Entscheidung, was die maßgebliche Berechnungsvorschrift ist, eine entscheidende Bedeutung zu. Im **preisgebundenen Wohnungsbau** ergibt sich dies aus der Überleitungsvorschriften in § 42 II. BV. Im **preisfreien Wohnungsbau** ist die Parteivereinbarung vorrangig, dann die Ortsüblichkeit der Anwendung des gesamten Regelwerks[126] und nur wenn hier keine Feststellungen getroffen werden können, ist bei Verträgen, die bis zum 31.12.2003 geschlossen wurde die II. BV anwendbar und für danach abgeschlossene Verträge die WoFlV.

50 Problematisch ist die **Anrechnung bei Geltung der II. BV.** Der Wortlaut des § 44 II. BV gibt **keine feste Quote** vor. Er gibt nur die obere Grenze, nämlich 50 Prozent, vor. Dies erklärt sich historisch. Es gab früher in der Bundesrepublik zwei Fördersysteme, nämlich den steuerbegünstigten und den öffentlich geförderten Wohnungsbau. Beide Systeme hatten unterschiedliche Vorgaben hinsichtlich der Wohnungsgröße. Um hier in Grenzfällen dem Bauherrn eine gewisse „Stellschraube" an die Hand geben zu können, wurde ihm ein Wahlrecht eingeräumt. Im Verhältnis zum Mieter hatte dies eigentliche keine Bedeutung, da die §§ 42 bis 44 II. BV nur im Verhältnis Bauherr Fördergeber gelten und nicht im Verhältnis zum Mieter. Mit der Zeit hat sich diese Regelung aber „verselbständigt" und in immer mehr Urteilen wurde die Anrechnungsquote nach der Qualität und Lage der Freifläche berechnet.[127] Das entsprach nicht dem historischen Willen des Gesetzgebers und führte eher zu großer Rechtsunsicherheit. Die Bewertung der Fläche ist nämlich keine Frage der Flächenermittlung, sondern der Miethöhe, auch wenn dies im preisgebundenen Wohnungsbau eine geringere Bedeutung hat als bei der Ermittlung der ortsüblichen Vergleichsmiete. Aufgrund der historischen Auslegung und dem Sinn und Zweck der Regelung ist § 44 Abs. 2 II. BV dahingehend auszulegen, dass **allein dem Vermieter das Wahlrecht zusteht,** mit welcher Quote er diese Freiflächen angerechnet wissen will.

---

[125] Schornsteinen, Vormauerungen, Bekleidungen, freistehenden Pfeilern und Säulen, wenn sie eine Höhe von mehr als 1,50 Meter aufweisen und ihre Grundfläche mehr als 0,1 Quadratmeter beträgt, Treppen mit über drei Steigungen und deren Treppenabsätze, Türnischen und Fenster- und offenen Wandnischen, die nicht bis zum *Fußboden herunterreichen* oder bis zum *Fuß*boden herunterreichen und 0,13 Meter oder weniger tief sind.

[126] BGH VIII ZR 33/18, NZM 2019, 536.

[127] Beispielhaft: BayObLG, RE v. 20.7.1983, WuM 1983, 254; LG Hamburg WuM 1996, 278; AG Neukölln GE 1997, 749, AG Hannover WuM 1996, 282; AG Krefeld DWW 1992, 243.

Das gilt auch für die Wohnflächenermittlung **im preisfreien Wohnungsbau.** Die Gründe für die flexible Anrechnung der Freiflächen im preisgebundenen Wohnungsbau spielen zwar im preisfreien Wohnungsbau keine Rolle, auf der anderen Seite soll im preisfreien Wohnungsbau die Fläche auch nach den Vorschriften für den preisgebundenen Wohnungsbau mangels anderer Regelungen ermittelt werden können. Hierbei nochmals zu differenzieren zwischen Vorschriften, die uneingeschränkt angewandt werden, und solchen, die zu modifizieren sind, widerspricht der mit der Anwendung der Vorschriften des preisgebundenen Wohnungsbaus auf preisfreie Wohnungen beabsichtigten **Rechtssicherheit und Praktikabilität.** Würde man im preisfreien Wohnungsbau auf die Ausstattung und Lage des Balkons oder ähnlicher Freiflächen abstellen, würde eine noch größere Unsicherheit entstehen. Hinzu kommt, dass im preisfreien Wohnungsbau sehr viel besser über die Höhe der ortsüblichen Vergleichsmiete auf besondere Vor- und Nachteile reagiert werden kann. Der BGH[128] hat deshalb auch dem Vermieter im preisfreien Wohnungsbau das einseitige Bestimmungsrecht hinsichtlich der Anrechnungsquote zugebilligt und ihn insofern mit dem Vermieter im preisgebundenen Wohnungsbau gleichgestellt. Das ist konsequent und richtig.[129] 51

Das gilt aber nicht für **Mietverträge, die nach dem 31. Dezember 2003 abgeschlossen** wurden. Hier gilt § 4 WoFlV. Dieser sieht eine Regelanrechnung von 25 Prozent vor. Soweit zusätzlich noch eine Obergrenze von bis zu 50 Prozent eingeführt wurde, ist dies im Gesetzgebungsverfahren auf Wunsch einiger Bundesländer geschehen, um auf Ausnahmefälle reagieren zu können. Anders als unter Geltung des § 44 Abs. 2 II. BV hat nunmehr auch der Vermieter im preisgebundenen Wohnungsbau kein Wahlrecht mehr. Die Anrechnung ergibt sich aus der Förderzusage gem. § 13 WoFG. Das bedeutet dann aber auch, dass für **Mietverträge im preisfreien Wohnungsbau,** die ab 1. Januar 2004 abgeschlossen wurden, **immer eine Anrechnung** der Freiflächen **von 25 Prozent** zu erfolgen hat. Das entspricht der Rechtslage vor Inkrafttreten der II. BV und bei Anwendung der DIN 283. Die Quote berücksichtigt, dass Freiflächen wie Balkone o. ä. zum einen nur ungefähr die Hälfte des Jahres genutzt werden können und dass zum anderen der Nutzwert auch nicht so hoch ist wie bei Wohnräumen. Sie werden nur wenige Stunden am Tag genutzt. Deshalb ist die einheitliche Anrechnung mit 25 Prozent sachgerecht. 52

**cc) Freisitze und Terrassen.** Die II. BV benutzte den Begriff des Freisitzes. Dieser musste **„gedeckt"** sein, damit seine Fläche wie die eines Balkons zur Hälfte angerechnet wurde. Was damit gemeint ist, kann nur durch Auslegung ermittelt werden.[130] Der Wortlaut „Freisitz" zielt darauf ab, dass es sich um eine Fläche im Außenbereich handeln muss. Der Sitz ist „im Freien". Dafür spricht auch die systematische Auslegung. In § 44 Abs. 2 II. BV ist ferner von Balkonen, Loggien und Dachgärten die Rede. Dabei handelt es sich jeweils um nicht vollständig umschlossene Bauteile, die außen am Haus befindlich sind. Freisitz ist demnach ein ebenerdiger Platz, der an die Wohnung angrenzt[131], „mit einem festen Bodenbelag versehen und zum Aufstellen von Tischen und Stühlen geeignet ist".[132] Schwieriger ist die Frage zu entscheiden, was die Beschränkung auf „gedeckte" Freisitze bedeutet. Zum Teil wurde darunter verstanden, dass der Freisitz überdacht[133] sein muss, obwohl es dann wahrscheinlich je nach baulicher Gestaltung schon eher eine Loggia[134] war. Hintergrund für diese Auslegung ist, dass die DIN 283 in den Bilderläuterungen von einer Überdachung ausgeht, die auch vom Balkon der darüber liegenden Wohnung stammen kann.[135] Überwiegend wird nur ein **Sichtschutz** verlangt.[136] Zwingend ist das nicht. Das „gedeckt" könnte sich vom Wortlaut her auch auf die Art des Bodenbelages beziehen.[137] Eine plattierte Fläche direkt am Haus wird umgangssprachlich als Terrasse verstanden, während eine Kies- oder Sandfläche laienhaft so nicht bezeichnet würde. 53

---

[128] BGH VIII ZR 86/08, NZM 2009, 477 = NJW 2009, 2295.
[129] AA OLG Frankfurt AG 2011, 462.
[130] LG Saarbrücken WuM 2010, 446.
[131] BGH III ZR 218/08, NJW 2009, 2880.
[132] *Dröge,* Hdb der Mietpreisbewertung für Wohn- und Gewerberaum, S. 21.
[133] LG Rostock WuM 2006, 247.
[134] zur Definition eine Loggia siehe: *Dröge,* HdB der Mietpreisbewertung für Wohn und Gewerberaum, S. 21.
[135] *Dröge,* HdB der Mietpreisbewertung für Wohn- und Gewerberaum, S. 22.
[136] BGH VIII ZR 144/09, NZM 2010, 313 = NJW 2010, 1745; VIII ZR 164/08, NZM 2010, 36 = NJW 2010, 292; BVerwGE 52, 178, 182f.; OLG Nürnberg NJW-RR 2001, 82, 83; LG Saarbrücken WuM 2010, 445; LG Hamburg WuM 1996, 278; *Langenberg* NZM 2003, 177, 178; *Isenmann* WuM 2006, 303f.; *Eisenschmid* WuM 2004, 3, 6.
[137] Nach LG Saarbrücken WuM 2010, 445 soll die Anrechnung dann gerechtfertigt sein, wenn die Fläche unter Wahrung „einer gewissen Privatsphäre" genutzt werden kann.

54 § 4 WoFlV hat den Begriff des „gedeckten Freisitzes" ersetzt durch den umgangssprachlich üblicheren Begriff der **Terrasse.** Zwar fehlt hier jetzt die Einschränkung auf „gedeckte" Terrassen, trotzdem wird der Sichtschutz heute noch teilweise verlangt. Zwingend ist das heute erst recht nicht mehr. *Dröge*[138] ist der Auffassung, dass gerade ein „nicht gedeckter Freisitz" einer Terrasse entspreche, weshalb auch das Merkmal der Überdachung im Wortlaut des § 4 WoFlV jetzt entfallen sei. Der BGH[139] hat dies inzwischen dahingehend relativiert, dass „nicht gedeckte" Terrassen den „gedeckten" Terrassen, was die Anrechnung der Fläche angeht, gleichgestellt werden, wenn eine entsprechende Ortssitte besteht.

55 Sowohl für gedeckte Freisitze wie auch für Terrassen gilt aber, dass sie sich unmittelbar am Haus befinden müssen.[140] Das ergibt sich aus einer systematischen Auslegung der Vorschrift. Alle dort genannten Außenflächen ist diese Voraussetzung gemein. Die Frage, ob es sich um einen Balkon oder eine Dachterrasse handelt ist eine Frage, in welchem Stockwerk die Freifläche sich befindet. Die Wohnung im Erdgeschoss hat eine Terrasse, die darüber liegenden Wohnungen haben Balkone oder Loggien und die oberste Wohnung hat eine Dachterrasse. Alle diese Flächen schließen aber direkt an die Wohnung an und können von der Wohnung aus direkt betreten werden. Das bedeutet, dass Sitzecken im Garten, Hof oder vor einem Gartenhaus keine Freisitze oder Terrassen im Sinne der Wohnflächenvorschriften sind.

56 Hinsichtlich der Anrechnungsquote hat der Vermieter das gleiche Wahlrecht wie bei Balkonen. Ist die Wohnfläche noch nach den §§ 42 – 44 II. BV zu ermitteln, kann allein der Vermieter die Anrechnungsquote bestimmen. Der Oberwert beträgt 50 Prozent. Auf die Qualität des Freisitzes und seine Lage kommt es dabei nicht an. Hat die Wohnflächenermittlung schon nach der WoFlV zu erfolgen, hat grundsätzlich eine Anrechnung mit 25 Prozent stattzufinden. Nur wenn es sich um öffentlich geförderten Wohnungsbau handelt, darf eine andere, in der Regel höhere, Anrechnung bis zu 50 Prozent stattfinden, wenn dies in der Förderzusage oder im Fördervertrag so festgelegt wurde.

57 **dd) Wintergärten.** Unter einem Wintergarten werden üblicherweise **Anbauten an ein Gebäude** verstanden, die zum größten Teil aus Glas bestehen. Damit soll eine Beheizung durch Sonnenenergie erreicht werden. Zweck dieser Räume ist vor allem das Halten von Pflanzen.[141] Ihr Nutzwert ist wegen der vielen Glasflächen und der damit verbundenen eingeschränkten Möblierungsmöglichkeit eingeschränkt. Wenn in der kalten Jahreszeit keine Beheizung stattfindet, ist die Nutzbarkeit noch weiter eingeschränkt. Die Anrechnung von Wintergartenflächen hängt deshalb von zwei Bedingungen ab, nämlich

- von der Frage, ob der Wintergarten beheizt ist oder nicht und
- der im konkreten Fall anzuwendenden Berechnungsvorschrift

| Anzuwendende Berechnungsvorschrift | Wintergarten | |
|---|---|---|
| | Beheizt | Unbeheizt |
| **DIN 283** | Anrechnung zu 100 Prozent | nicht *ausreichend* beheizte Wintergärten zu 50 Prozent |
| **§ 44 II. BV** | Anrechnung erfolgt immer zu 50 Prozent | |
| **§§ 2, 4 WoFlV** | Anrechnung zu 100 Prozent | Anrechnung zu 50 Prozent |

58 Anders als bei den Balkonen und Freisitzen sind die Anrechnungsquoten hier starr. Der Vermieter hat unabhängig davon, welche Berechnungsvorschrift auf den konkreten Fall anzuwenden ist, kein Wahlrecht.

59 **ee) Flächenberechnung bei öffentlich-rechtlichen Nutzungsbeschränkungen.** Im **preisgebundenen Wohnungsbau** gem. § 42 Abs. 4 Ziff. 3 II. BV oder ähnlich nach § 2 Abs. 3 Ziff. 2 WoFlV stellen die Grundflächen von Räumen, die nicht den an ihre Nutzung zu stellenden Anforderungen des Bauordnungsrechts der Länder genügen, keine Wohnfläche dar. Bei diesen Vorschriften handelt es sich um die Umsetzung des § 17 Abs. 1 WoFG, wonach Wohnraum der umbaute Raum ist, der tatsächlich und *rechtlich* zur dauernden Wohnnutzung geeignet ist. Werden

[138] *Dröge,* HdB der Mietpreisbewertung für Wohn- und Gewerberaum, S. 22.
[139] BGH VIII ZR 164/08, NZM 2010, 36 = NJW 2010, 292.
[140] BGH VIII ZR 218/08, NJW 2009, 2880 = NZM 2009, 659.
[141] *Heix,* Wohnflächenberechnung, § 4 WoFlV Anm. 2.

landesgesetzlich vorgeschriebene Mindestraumhöhen nicht erreicht[142], sind diese Flächen im öffentlich geförderten Wohnungsbau nicht als Wohnfläche in Ansatz zu bringen. Es verringert sich dementsprechend auch die Gesamtwohnfläche, so dass in der Wirtschaftlichkeitsberechnung die Gesamtkosten auf weniger Quadratmeter umzulegen sind.

Im preisfreien Wohnungsbau gilt dies nur, wenn keine vorrangig zu berücksichtigende anderweitige Vereinbarung vorliegt. Das ist aber regelmäßig der Fall, wenn bestimmte Räume im Mietvertrag ausdrücklich zu Wohnzwecken vermietet wurden. Eine solche Vereinbarung kann sich z. B. aus der Anzahl der angegebenen Räume oder der Beschreibung ihrer Lage (Räume im Souterrain oder Maisonettwohnung) ergeben. Dann liegt nur eine Flächenabweichung vor, wenn diese Räume tatsächlich kleiner als vereinbart sind. Allein die öffentlich-rechtliche Nutzungsbeschränkung ist für die Frage der Flächenermittlung unerheblich.[143] **Öffentlich-rechtliche Nutzungsbeschränkungen** vermieteter Wohnräume bleiben unberücksichtigt, wenn die Nutzbarkeit der vermieteten Räume mangels Einschreitens der zuständigen Behörden tatsächlich nicht eingeschränkt ist.[144] 60

**ff) Flächenberechnung bei Eigentumswohnungen.** Grundsätzlich gelten die zuvor geschilderten Regelungen auch bei der Vermietung einer Eigentumswohnung. Die Flächenberechnung ist bei **Eigentumswohnungen** ggf. dann relevant, wenn die Kosten und Lasten des gemeinschaftlichen Eigentums nach der Gemeinschaftsordnung entsprechend anteiliger Wohnfläche umgelegt werden sollen. Hier kann für die Beziehung der Wohnungseigentümer untereinander ggf. eine andere Berechnungsvorschrift als im Verhältnis zwischen vermietendem Wohnungseigentümer und Mieter zur Anwendung kommen. Nur wenn die Mietvertragsparteien keinen Umlageschlüssel vereinbart haben, sind die Betriebskosten gem. § 556a Abs. 3 BGB[145] nach dem für die Verteilung zwischen den Wohnungseigentümern jeweils geltenden Maßstab umzulegen.[146] Da betrifft zunächst die generelle Frage, ob nach Miteigentumsanteilen, Wohnfläche, Kopfzahl oder Einheiten abzurechnen ist, dann aber auch die Frage, nach welcher Berechnungsvorschrift die Wohnfläche zu berechnen ist.[147] 61

## B. Gewerberaum

Für die Ermittlung von Gewerberaumflächen existieren **keine allgemein anerkannten Berechnungsgrundlagen.** Eine Berechnung nach den Regelungen für Wohnraum wird der Mieter grds. nicht erwarten können.[148] Es wäre auch wenig einleuchtend, wenn etwa der Mieter einer Gaststätte mit Terrasse nur deren Ansatz zu einem Viertel verlangen dürfte, obwohl es sich um eine voll nutzbare Betriebsfläche handelt.[149] 62

Es ist den Parteien daher dringend anzuraten, die maßgebliche Berechnungsmethode zu vereinbaren.[150] Dies gilt insbes., wenn eine sog. Quadratmetermiete vereinbart wurde.[151] Der nicht selten anzutreffende schlichte **Verweis auf DIN 277 ist nicht aussagekräftig,**[152] was sich daraus erklärt, dass die DIN 277 eine völlig andere Zielrichtung hat (→ Rn. 9). Sie enthält zudem eine Vielzahl verschiedener möglicher Flächen. DIN 277-1 setzt nur die Begriffe für die einzelnen Flächen fest (→ 12) und deren Berechnung, ohne Bewertung des Nutzwerts. Wird auf die DIN 277 Bezug genommen, ist es daher erforderlich, in einem Zusatz zu erläutern, ob zB die BGF, die NGF oder 63

---

[142] So im Fall des BGH VIII ZR 39/09, NZM 2010, 196 = NJW 2010, 1064.

[143] BGH VIII ZR 275/08, NJW 2009, 3421 = NZM 2009, 814; VIII ZR 39/09, NZM 2010, 196; VIII ZR 256/09, NZM 2010, 614; LG Hamburg ZMR 2011, 469, 470.

[144] BGH VIII ZR 173/17, NZM 2019, 288, VIII ZR 275/08, NJW 2009, 3421; VIII ZR 39/09, NJW 2010, 1064; VIII ZR 256/09, NJW 2010, 2648; VIII ZR 242/08, WuM 2009, 662; XII ZR 24/06, GE 2008, 120; XII ZR 77/12, NZM 2014, 165; XII ZR 153/15, NJW 2017, 1104; **aA** *Heix,* WuM 2009, 706, 707.

[145] Eingeführt durch das WEGModG, gültig ab 1.12.2020; zur Vorschrift *Jacoby* ZMR 2021, 1; *Lehmann-Richter* ZWE 2019, 105; *Zehelein* NZM 2019, 697; *Elzer* ZMR 2019, 825.

[146] Dazu *Zehelein* ZMR 2020, 272.

[147] Zur Wohnfläche in Wohnungseigentumsanlage ausführlich *Elzer* FS Börstinghaus, 2020, 73.

[148] KG GE 2006, 53.

[149] KG GE 2006, 53.

[150] Lindner-Figura/Oprée/Stellmann Geschäftsraummiete/*Hübner/Griesbach/Fuerst* Kap. 14 Rn. 251; OLG Brandenburg GE 2015, 590 *„volle Anrechnung"* nach DIN 277, weil die Festlegung der Flächenberechnung im Mietvertrag fehlte.

[151] OLG Dresden NZM 2015, 697.

[152] *Fritz* GewerberaumMietR Rn. 269.

die NRF zugrunde gelegt wurde. Unklare Angaben sind streitträchtig, wie zB die Regelung, dass *„Mietfläche die Fläche innerhalb der Außenhaut des vermieteten Objekts"* ist. Hier soll abweichend von der NGF der DIN 277 auch die Konstruktionsfläche der Außenwände ab der Außenhaut zur Mietfläche gehören; sie beginnt daher schon nach Außenputz, Verblendschale oÄ, mithin nahezu der BGF alter Art[153] und ließe auch nach der DIN 277-1 im Unklaren, was von der KGF eingerechnet werden sollte.

**64** Das **Bedürfnis,** für die anrechenbaren Flächen von vermietetem Gewerberaum **klare Vorgaben** zu haben, welche auch den wirtschaftlichen Nutzwert berücksichtigen, ist offensichtlich. Sie schaffen für den Vermieter wie den Mieter die notwendige Transparenz bei der Mietkalkulation und der Beurteilung von Vergleichsobjekten; sie dienen zugleich der Vermeidung von Streit. Die Zahl der gerichtlich ausgetragenen Auseinandersetzungen um die Mietfläche auch von Gewerberaum hat inzwischen deutlich zugenommen; gerät zB der Mieter in wirtschaftliche Schwierigkeiten oder sinkt das Mietniveau auf Grund eines Überangebots, scheint es sich, wie die gerichtliche Praxis zeigt, für ihn anzubieten, die Mietfläche einer genaueren Kontrolle zu unterziehen.

**65** Diesem Anliegen dient die **„Richtlinie zur Berechnung der Mietfläche für gewerblichen Raum (MF-G)".**[154] Herausgeber ist die Gesellschaft für immobilienwirtschaftliche Forschung eV in Zusammenarbeit mit dem Deutschen Verband Chartered Surveyors DVCS eV und dem Normenausschuss Bau DIN 2. Nach der Präambel wurde darauf geachtet, dass die einzelnen Festlegungen denen der DIN 277 nicht widersprechen. Ziel der Richtlinie ist es, eine Bewertung der Mietflächen unter wirtschaftlichen Kriterien zu ermöglichen. So wird zB hinsichtlich der Funktionsflächen danach unterschieden, ob sie primär dem Gebäudebetrieb dienen oder individuelle Nutzungsanforderungen des Mieters unterstützen, Erstere sind nicht anzusetzen; bei den Konstruktionsgrundflächen wird festgelegt, dass nur solche in die Berechnung einfließen, die der Mieter für seine spezielle Raumaufteilung in Anspruch nimmt; bei den Verkehrsflächen wird zwischen solchen unterschieden, die sich innerhalb des Mietobjekts selbst befinden, und denen, die gemeinschaftlich genutzt werden, wobei bei Letzteren Vorschläge zur Aufteilung zwischen den beteiligten Mietern gemacht werden; Räume oder Raumteile unter 1,50 m lichter Höhe sollen außer Ansatz bleiben. Die Beispiele machen deutlich, dass die Richtlinie einheitliche und klare Berechnungswege aufzeigt, welche den wirtschaftlich undifferenzierten Angaben der DIN 277 vorzuziehen sind.

## Anlage 1: Formblatt DIN 283

## WOHNUNGEN

**Blatt 1** **Begriffe** **März 1951**

**1 Wohnungen**

1.1 Eine Wohnung ist die Summe der Räume, welche die Führung eines Haushaltes ermöglichen, darunter stets eine Küche oder ein Raum mit Kochgelegenheit. Zu einer Wohnung gehören außerdem Wasserversorgung, Ausguss und Abort.

1.11 **Abgeschlossene Wohnungen** sind solche Wohnungen, die baulich vollkommen von fremden Wohnungen und Räumen abgeschlossen sind, zB durch Wände und Decken, die den Anforderungen der Bauaufsichtsbehörden (Baupolizei) an Wohnungstrennwände und Wohnungstrenndecken entsprechen und einen eigenen abschließbaren Zugang unmittelbar vom Freien, von einem Treppenhaus oder einem Vorraum haben. Zu abgeschlossenen Wohnungen können zusätzliche Räume außerhalb des Wohnungsabschlusses gehören. Auch Wasserversorgung, Ausguss und Abort können außerhalb der Wohnungen liegen[155].

1.12 **Nichtabgeschlossene Wohnungen** sind solche Wohnungen, die die Bedingungen des Abschn. 1.11 nicht erfüllen.

---

[153] *OLG Hamm NZM 2014*, 585.

[154] LG Hildesheim GE 2010, 623; *Durst/v. Zitzewitz* NZM 1999, 605; *Hörndler* MietRB 2012, 249 (250); *Schul/Wichert* ZMR 2002, 633.

[155] Einliegerwohnungen können sowohl abgeschlossene als auch nichtabgeschlossene Wohnungen sein.

**2 Räume der Wohnung**

– Unterschieden werden Wohn- und Schlafräume (Abschn. 2.1), Küchen (Abschn. 2.2) und Nebenräume (Abschn. 2.3).

2.1 **Als Wohn- und Schlafräume** gelten nur solche Räume der Wohnung (auch Wohndielen und ausreichend beheizbare Wintergärten), die den Anforderungen der Bauaufsichtsbehörden (Baupolizei) an Räume zum dauernden Aufenthalt von Menschen entspricht. Nach der Größe werden unterschieden:

2.11 **Wohn- und Schlafzimmer** von mindestens 10 $m^2$ Wohnfläche (s. DIN 283, Blatt 2).

2.12 **Wohn- und Schlafkammern** von mindestens 6 $m^2$ und weniger als 10 $m^2$ Wohnfläche, deren kleinste Lichtweite auf wenigstens ⅔ der Grundfläche mindestens 2,1 m ist. (Kleinere Räume vgl. Abschn. 2.3)

2.2 **Küchen**

2.21 **Wohnküchen** sind Räume von mindestens 12 $m^2$ Wohnfläche, die zum Wohnen geeignet, mit Einrichtung zum Kochen für hauswirtschaftliche Zwecke ausgestattet und beheizbar sind. Wohnräume mit Kochnischen werden ebenfalls zu den Wohnküchen gerechnet, wenn sie zusammen mindestens 12 $m^2$ Wohnfläche haben.

2.22 **Kochküchen** sind Räume, die mit einer Einrichtung zum Kochen für hauswirtschaftliche Zwecke ausgestattet sind und nicht unter Abschn. 2.21 fallen.

2.23 **Nebenräume** sind Räume einer Wohnung, die nicht unter Abschn. 2.1., 2.2, 3.1 oder 4 fallen, zB Dielen (Wohndielen s. Abschn. 2.1), Schrankräume, Abstellräume, Windfänge, Vorräume, Flure, Treppen innerhalb einer Wohnung einschließlich Treppenabsätze, Galerien, Aborte, Wasch-, Dusch- und Baderäume, Spülküchen, Speisekammern, Besenkammern und dergleichen, Veranden, nicht ausreichend beheizbare Wintergärten. Als Nebenräume gelten auch Hauslauben (Loggien), Balkone und gedeckte Freisitze.

**3 Ausstattung der Wohnung**

3.1 **Räumliche Ausstattung**

3.11 **ausschließlich zu einer Wohnung gehörende Räume:** Bodenräume, Waschküchen, Kellerräume, Trockenräume, Speicherräume, Garagen usw.

3.12 **zur gemeinsamen Benutzung verfügbare Räume:** Vorplätze, Geschosstreppen und Treppenhäuser, Waschküchen, Trockenräume, Bade- und Brauseräume, Backstuben, Plättstuben, Rollkammern, Fahrrad- und Kinderwagenräume usw.

3.2 **Betriebliche Ausstattung** Wasserversorgung, Entwässerung, Elektrizitätsversorgung, Gasversorgung, Öfen, Herde, Fern- und Sammelheizungen, Warmwasserversorgung, Antennen und Rundfunkanlagen, Lasten- und Personenaufzüge, Müllschlucker, Hausfernsprecher usw.

3.3 **Sonstige Ausstattung**

3.31 **ausschließlich zu einer Wohnung gehörend:**

3.311 innerhalb der Wohnung: eingebaute Ausstattungsstücke, wie Wandschränke, Möbel, Garderoben usw.

3.312 außerhalb der Wohnung: Garten, Gartenlauben (Terrassen), Kinderspielanlagen usw.

3.332 **zur gemeinschaftlichen Benutzung:** Kinderspielanlagen, Grünanlagen, Trockenplätze, Teppichklopfstangen, Wäschepfähle, Müllkästen, Dunggruben usw.

3.32 **Nutzungsrecht in Verbindung mit der Wohnung:** Landwirtschaftliche oder gewerbliche Nutzung an Grundstücksflächen, Jagd-, Fischerei-, Bootsstegrechte mit zugehörigen Unterhaltungspflichten, Wiesen- und Weidennutzungen usw.

**4 Wirtschaftsräume und gewerbliche Räume im Zusammenhang mit einer Wohnung**

– Mit einer Wohnung können Räume im Zusammenhang stehen, die keinen Wohnzwecken dienen und sich wegen ihrer Zweckbestimmung baulich wesentlich von den Wohnräumen unterscheiden.

4.1 **Wirtschaftsräume:** Arbeitsräume, Vorratsräume, Backstuben, Räucherkammern, Futterküchen, Futterkammern, Ställe, Scheunen, Einstellräume für Fahrzeuge und Geräte usw.

4.2 **Gewerbliche Räume:** Läden, Gaststättenräume, Werkstätten, Büro- und Lagerräume, Einstellräume für Fahrzeuge und Geräte usw.

**5 Kennzeichnung der Wohnungsgröße**

– Die Größe einer Wohnung wird gekennzeichnet durch die Zahl der Zimmer (Abschn. 5.1) oder die Zahl der Räume (Abschn. 5.2). Neben der Zimmer- oder Raumzahl ist auch die gesamte Wohnfläche (s. DIN 283, Blatt 2) anzugeben. Zusätzliche Räume außerhalb des Wohnungsabschlusses (Abschn. 1.11) sind gesondert anzugeben.

5.1 **Kennzeichnung nach der Zahl der Zimmer:** Als Zimmer zählen **voll** die Wohn- und Schlafzimmer nach Abschn. 2.11 und **halb** die Kammern nach Abschn. 2.12. Küchen nach Abschn. 2.2 sind besonders anzugeben.

ZB Wohnung mit 2½ Zimmern und Wohnküche und mit 65 $m^2$ Wohnfläche oder Wohnung mit drei Zimmern, Küche und ½ zusätzlichem Zimmer außerhalb der Wohnung (im Dachgeschoss) und mit 75 $m^2$ Wohnfläche.

5.2 **Kennzeichnung nach der Zahl der Räume:** Als Räume zählen bei der Angabe der Größe der Wohnung nur die Wohn- und Schlafräume nach Abschn. 2.1 und die Küchen nach Abschn. 2.2.

ZB Wohnung mit vier Räumen mit 65 $m^2$ Wohnfläche oder Wohnung mit vier Räumen und einen zusätzlichem Raum außerhalb der Wohnung (im Dachgeschoss) und mit 75 $m^2$ Wohnfläche.

**6 Angaben über Wirtschaftsräume und gewerbliche Räume**

– Für Wirtschaftsräume und gewerbliche Räume ist stets nur die gesamte Nutzfläche anzugeben (s. DIN 283, Blatt 2).

## WOHNUNGEN

**Blatt 2 Berechnung der Wohnflächen und Nutzflächen Februar 1962**

Vorbemerkung: Bei Anwendung dieser Norm ist zu beachten: Für den mit öffentlichen Mitteln geförderten und steuerbegünstigten Wohnungsbau gilt im Gebiet der Bundesrepublik Deutschland die „Verordnung über wohnungswirtschaftliche Berechnungen des Zweiten Wohnungsbaugesetzes (2. Berechnungsverordnung – II. BVO)", v. 17. 10. 1957 (BGBl. I 17 (19)), die für die wohnungswirtschaftlichen Berechnungen ergänzende Bestimmungen enthält, insbes. in Bezug auf die anrechenbare Grundfläche.[156]

**1 Begriffsbestimmungen**

1.1 **Wohnfläche** ist die anrechenbare Grundfläche der Räume von Wohnungen.

1.2 **Nutzfläche** ist die mit einer Wohnung im Zusammenhang stehende nutzbare Grundfläche von Wirtschaftsräumen und von gewerblichen Räumen.

**2 Wohnfläche**

– Zunächst sind die Grundflächen nach Abschn. 2.1 und daraus die Wohnflächen nach Abschn. 2.2 zu ermitteln.

2.1 **Ermittlung der Grundflächen:**

2.11 Die Grundflächen von Wohnräumen sind aus den Fertigmaßen (lichte Maße zwischen den Wänden) zu ermitteln, und zwar idR für jeden Raum einzeln, jedoch getrennt für (vgl. Abschn. 4.1):

Wohn- und Schlafräume (DIN 283, Blatt 1 – Abschn. 2.1)
Küchen (DIN 283, Blatt 1 – Abschn. 2.2)
Nebenräume (DIN 283, Blatt 1 – Abschn. 2.3)

Werden die Maße aus einer Bauzeichnung entnommen, so sind bei verputzten Wänden die aus den Rohbaumaßen errechneten Grundflächen um 3% zu verkleinern.

156 Die II. BVO gilt jetzt idF der Bek. v. 5. 4. 1984 (BGBl. I 533).

2.12 In die Ermittlung der Grundflächen sind **einzubeziehen** die Grundflächen von: Fenster- und Wandnischen, die bis zum Fußboden herunterreichen und mehr als 13 cm tief sind, Erkern, Wandschränken und Einbaumöbeln, Raumteilen unter Treppen, soweit die lichte Höhe mindestens 2 m ist, **nicht einzubeziehen** die Grundflächen der Türnischen.

2.13 Bei der Ermittlung der Grundflächen nach Abschn. 2.11 sind **abzurechnen** die Grundflächen von: Schornstein- und sonstigen Mauervorlagen, frei stehende Pfeiler, Säulen usw. mit mehr als 0,1 $m^2$ Grundfläche, die in ganzer Raumhöhe durchgehen, Treppen (Ausgleichsstufen bis zu drei Steigungen zählen nicht als Treppen), **nicht abzurechnen** die Grundflächen von: Wandgliederungen in Stuck, Gips, Mörtel und dergleichen, Scheuerleisten, Tür- und Fensterbekleidungen und -umrahmungen, Wandbekleidungen, Öfen, Kaminen, Heizkörpern und Kochherden, Stützen und Streben, die frei stehen oder vor der Wand vortreten, wenn ihr Querschnitt (einschließlich einer Umkleidung) höchstens 0,1 $m^2$ beträgt.

2.2 **Ermittlung der Wohnflächen** Von den nach Abschn. 2.1 berechneten Grundflächen der einzelnen Räume oder Raumteile sind bei Ermittlung der Wohnfläche anzurechnen:

2.21 **voll:** die Grundflächen von Räumen oder Raumteilen mit einer lichten Höhe von mindestens 2 m,

2.22 **zur Hälfte:** die Grundflächen von Raumteilen mit einer lichten Höhe von mehr als 1 m und weniger als 2 m und von nicht ausreichend beheizbaren Wintergärten,

2.23 **zu einem Viertel:** die Grundflächen von Hauslauben (Loggien), Balkonen, gedeckten Freisitzen,

2.24 **nicht:** die Grundflächen von Raumteilen mit einer lichten Höhe von weniger als 1 m und von nichtgedeckten Terrassen und Freisitzen.

**3 Nutzfläche**

– Die Nutzflächen von Wirtschaftsräumen und von gewerblichen Räumen sind ebenfalls nach Abschn. 2.1 u. 2.2 zu berechnen.[157]

**4 Angabe der Wohnflächen und Nutzflächen**

4.1 Die **Wohnflächen** sind wie folgt anzugeben:

| | |
|---|---|
| Wohn- und Schlafräume | (DIN 283, Blatt 1, Abschn. 1.2) … $m^2$ |
| Küchen | (DIN 283, Blatt 1, Abschn. 2.2) … $m^2$ |
| Nebenräume | (DIN 283, Blatt 1, Abschn. 2.3) … $m^2$ |
| Gesamte Wohnfläche … $m^2$ | |

4.2 Die **Nutzflächen** von Wirtschaftsräumen und von gewerblichen Räumen, die mit einer Wohnung in Zusammenhang stehen, sind wie folgt anzugeben:

| | |
|---|---|
| Wirtschaftsräume | (DIN 283, Blatt 1, Abschn. 4.1) … $m^2$ |
| Gewerbliche Räume | (DIN 283, Blatt 1, Abschn. 4.2) … $m^2$ |

Wohnflächen und Nutzflächen sind nicht zusammenzuzählen[158].

## Anlage 2: Verordnung zur Berechnung der Wohnfläche (Wohnflächenverordnung – WoFlV)

v. 25.11.2003 (BGBl. I S. 2346)

### § 1 Anwendungsbereich, Berechnung der Wohnfläche

(1) Wird nach dem Wohnraumförderungsgesetz die Wohnfläche berechnet, sind die Vorschriften dieser Verordnung anzuwenden.

(2) Zur Berechnung der Wohnfläche sind die nach § 2 zur Wohnfläche gehörenden Grundflächen nach § 3 zu ermitteln und nach § 4 auf die Wohnfläche anzurechnen.

---

157 Für selbständige gewerbliche Räume sind die Nutzflächen gleichfalls nach Abschn. 2.1 u. 2.2 zu berechnen.

158 Für selbständige gewerbliche Räume ist stets nur die gesamte Nutzfläche anzugeben.

### § 2 Zur Wohnfläche gehörende Grundflächen

(1) [1]Die Wohnfläche einer Wohnung umfasst die Grundflächen der Räume, die ausschließlich zu dieser Wohnung gehören. [2]Die Wohnfläche eines Wohnheims umfasst die Grundflächen der Räume, die zur alleinigen und gemeinschaftlichen Nutzung durch die Bewohner bestimmt sind.

(2) Zur Wohnfläche gehören auch die Grundflächen von
1. Wintergärten, Schwimmbädern und ähnlichen nach allen Seiten geschlossenen Räumen sowie
2. Balkonen, Loggien, Dachgärten und Terrassen,

wenn sie ausschließlich zu der Wohnung oder dem Wohnheim gehören.

(3) Zur Wohnfläche gehören nicht die Grundflächen folgender Räume:
1. Zubehörräume, insbes.:
   a) Kellerräume,
   b) Abstellräume und Kellerersatzräume außerhalb der Wohnung,
   c) Waschküchen,
   d) Bodenräume
   e) Trockenräume,
   f) Heizungsräume und
   g) Garagen,
2. Räume, die nicht den an ihre Nutzung zu stellenden Anforderungen des Bauordnungsrechts der Länder genügen, sowie
3. Geschäftsräume.

### § 3 Ermittlung der Grundfläche

(1) [1]Die Grundfläche ist nach den lichten Maßen zwischen den Bauteilen zu ermitteln; dabei ist von der Vorderkante der Bekleidung der Bauteile auszugehen. [2]Bei fehlenden begrenzenden Bauteilen ist der bauliche Abschluss zu Grunde zu legen.

(2) Bei der Ermittlung der Grundfläche sind namentlich einzubeziehen die Grundflächen von
1. Tür- und Fensterbekleidungen sowie Tür- und Fensterumrahmungen,
2. Fuß-, Sockel und Schrammleisten,
3. fest eingebauten Gegenständen, wie zB Öfen, Heiz- und Klimageräten, Herden, Bade- oder Duschwannen,
4. freiliegenden Installationen,
5. Einbaumöbeln und
6. nicht ortsgebundenen, versetzbaren Raumteilern.

(3) Bei der Ermittlung der Grundflächen bleiben außer Betracht die Grundflächen von
1. Schornsteinen, Vormauerungen, Bekleidungen, freistehenden Pfeilern und Säulen, wenn sie eine Höhe von mehr als 1,50 Meter aufweisen und ihre Grundfläche mehr als 0,1 Quadratmeter beträgt,
2. Treppen mit über drei Steigungen und deren Treppenabsätze,
3. Türnischen und
4. Fenster- und offenen Wandnischen, die nicht bis zum Fußboden herunterreichen oder bis zum Fußboden herunterreichen und 0,13 Meter oder weniger tief sind.

(4) [1]Die Grundfläche ist durch Ausmessung im fertig gestellten Wohnraum oder auf Grund einer Bauzeichnung zu ermitteln. [2]Wird die Grundfläche auf Grund einer Bauzeichnung ermittelt, muss diese
1. für ein Genehmigungs-, Anzeige-, Genehmigungsfreistellungs- oder ähnliches Verfahren nach dem Bauordnungsrecht der Länder gefertigt oder, wenn ein bauordnungsrechtliches Verfahren nicht erforderlich ist, für ein solches geeignet sein und
2. die Ermittlung der lichten Maße zwischen den Bauteilen im Sinne des Absatzes 1 ermöglichen.

[3]Ist die Grundfläche nach einer Bauzeichnung ermittelt worden und ist abweichend von dieser Bauzeichnung gebaut worden, ist die Grundfläche durch Ausmessung im fertig gestellten Wohnraum oder auf Grund einer berichtigten Bauzeichnung neu zu ermitteln.

### § 4 Anrechnung der Grundflächen

Die Grundflächen
1. von Räumen und Raumteilen mit einer lichten Höhe von mindestens zwei Metern sind vollständig,
2. von Räumen und Raumteilen mit einer lichten Höhe von mindestens einem Meter und weniger als zwei Metern sind zur Hälfte,
3. von unbeheizbaren Wintergärten, Schwimmbädern und ähnlichen nach allen Seiten geschlossenen Räumen sind zur Hälfte,
4. von Balkonen, Loggien, Dachgärten und Terrassen sind in der Regel zu einem Viertel, höchstens jedoch zur Hälfte

anzurechnen.

### § 5 Überleitungsvorschrift

[1]Ist die Wohnfläche bis zum 31. Dezember 2003 nach der Zweiten Berechnungsverordnung in der Fassung der Bekanntmachung vom 12. Oktober 1990 (BGBl. I S. 2178), zuletzt geändert durch Artikel 3 der Verordnung vom 25. November 2003 (BGBl. I S. 2346), in der jeweils geltenden Fassung berechnet worden, bleibt es bei dieser Berechnung. [2]Soweit in den in Satz 1 genannten Fällen nach dem 31. Dezember 2003 bauliche Änderungen an dem Wohnraum vorgenommen werden, die eine Neuberechnung der Wohnfläche erforderlich machen, sind die Vorschriften dieser Verordnung anzuwenden.

## § 556b Fälligkeit der Miete, Aufrechnungs- und Zurückbehaltungsrecht

**(1) Die Miete ist zu Beginn, spätestens bis zum dritten Werktag der einzelnen Zeitabschnitte zu entrichten, nach denen sie bemessen ist.**

**(2) [1]Der Mieter kann entgegen einer vertraglichen Bestimmung gegen eine Mietforderung mit einer Forderung auf Grund der §§ 536a, 539 oder aus ungerechtfertigter Bereicherung wegen zu viel gezahlter Miete aufrechnen oder wegen einer solchen Forderung ein Zurückbehaltungsrecht ausüben, wenn er seine Absicht dem Vermieter mindestens einen Monat vor der Fälligkeit der Miete in Textform angezeigt hat. [2]Eine zum Nachteil des Mieters abweichende Vereinbarung ist unwirksam.**

### Systematische Übersicht



### Alphabetische Schnellübersicht



### A. Allgemeines

1 § 556b BGB regelt seit der Mietrechtsreform 2001 für die Vermietung von Wohnraum die Fälligkeit der Miete (§ 556b Abs. 1 BGB) sowie die Überwindung eines vertraglichen Ausschlusses des Mieterrechts zur Aufrechnung und Zurückbehaltung (§ 556b Abs. 2 BGB). Die Gesetzesverfasser sahen den Sachzusammenhang beider Regeln darin, dass § 556b Abs. 2 BGB die Konsequenzen aus Abs. 1 abmildern soll: Die Vorauszahlungspflicht aus § 556b Abs. 1 BGB kann zu bereicherungsrechtlichen Rückzahlungsansprüchen führen, die durch § 556b Abs. 2 BGB abgesichert werden.[1] **Vorgängernorm** von § 556b Abs. 1 BGB war § 551 BGB aF, der seit Inkrafttreten des BGB eine Vorleistungspflicht des Vermieters enthielt. Dieses Prinzip wurde 2001 unter Hinweis auf eine ganz überwiegende, abweichende Vertragspraxis in sein Gegenteil verkehrt.[2] § 556b Abs. 2 BGB ist an § 552a BGB aF angelehnt, der indes auf Schadens- und Aufwendungsersatzansprüche beschränkt war.[3]

---

[1] BT-Drs. 14/4553, 52.
[2] BT-Drs. 14/4553, 52.
[3] BGBl. 1964 I 457 (Zweites Mietrechtsänderungsgesetz).

§ 556b Abs. 1, 2 BGB haben unterschiedliche **Anwendungsbereiche.** Beide Absätze gelten gemäß ihrer systematischen Stellung im Untertitel 2 für die Wohnraummiete. § 556b Abs. 1 BGB ist nach § 579 Abs. 2 BGB aber auch auf die Miete sonstiger Räume anwendbar. Eine darüber hinausgehende Anwendung von § 556b BGB auf andere Mietverhältnisse ist nach allgM[4] ausgeschlossen, was überzeugt, weil eine Analogie an der Planmäßigkeit der Gesetzeslücke scheitert: Die Fälligkeit der Miete für anderer Sachen regelt § 579 Abs. 1 BGB. Zum zeitlichen Anwendungsbereich → Rn. 4. 2

## B. Fälligkeit der Miete (Abs. 1)

Nach § 556b Abs. 1 BGB wird die Miete zu einem Zeitpunkt fällig, in dem der Mieter die Gegenleistung noch nicht vollständig erhalten hat. Dieses **Konzept** hat **Schwächen,** weil bei Fälligkeit der Miete nicht feststeht, ob der Mieter die Gegenleistung auch (vollständig) erhalten wird; man denke etwa an den Eintritt eines Mangels oder an eine fristlose Kündigung. Daraus ergeben sich Folgefragen (→ Rn. 14). Methodisch überzeugender war daher das historische Konzept, das in § 551 BGB aF eine Vorleistungspflicht auch des Raumvermieters vorsah. Denn am Ende der gesamten oder von Teilen der Mietzeit steht wegen des absoluten Fixschuldcharakters der Gebrauchsüberlassung (→ BGB § 537 Rn. 8) fest, in welchem Umfang der Mieter eine Gegenleistung schuldet. Der Paradigmenwechsel durch die Mietrechtsreform 2001 erscheint insofern als ein Fehlgriff, was verdeutlicht, dass es nicht ausreicht, eine Änderung des Gesetzes allein mit einer abweichenden Kautelarpraxis zu rechtfertigen.[5] 3

### I. Zeitlicher Anwendungsbereich

Nach Art. 229 § 3 Abs. 1 Nr. 7 EGBG gilt für sog. **Altmietverträge** (dies sind solche, die bis zum 31.8.2001 geschlossen wurden[6]) hinsichtlich der Fälligkeit § 551 BGB aF weiter. Zur Fälligkeit der Miete bei diesen Verträgen → Rn. 18. 4

### II. Normzweck

Sowohl aus der amtlichen Überschrift als auch aus der Gesetzeshistorie[7] folgt, dass die Norm **nur** die **Regelung** der **Fälligkeit** bezweckt. § 556b Abs. 1 BGB ist daher keine Aussage zum Charakter der Mietschuld zu entnehmen (dazu → Rn. 14). 5

Die allgemeine Regelung der sofortigen Fälligkeit aus § 271 Abs. 1 BGB ist für die Wohnraummiete offensichtlich ungeeignet, weil hier wegen des grundsätzlichen Verbots des Zeitmietvertrags (§ 575 BGB) und der Möglichkeit der Mieterhöhung (§§ 558 ff. BGB) die Gesamtmiete bei Vertragsbeginn typischerweise nicht feststeht. § 556b Abs. 1 BGB weicht von § 271 Abs. 1 BGB ab, indem es eine „Bestimmung" der Fälligkeit im Sinne dieser Norm enthält. § 556b Abs. 1 BGB dient der **Rechtssicherheit,** weil bei Anwendung von § 271 Abs. 1 BGB die Fälligkeit der Miete unklar wäre. Da die Vorleistungspflicht des Mieters (näher → Rn. 14) den Vermieter begünstigt, dient die Norm insofern seinem Interesse. Allerdings ordnet § 556b Abs. 1 BGB keine absolute Vorleistungspflicht an, sondern schränkt diese durch eine **Karenzzeit** von drei Werktagen ein. Das dient dem Interesse des Mieters. Zum Zweck der Karenzzeit verhalten sich die Gesetzesmaterialien nicht, da diese nur auf die aufgegriffene Vertragspraxis verweisen (→ Rn. 3), deren Wurzeln naturgemäß im Dunklen liegen. Der BGH sieht den Zweck der Karenzzeit zutreffend darin, dem Mieter die rechtzeitige Leistung der Miete auch dann zu ermöglichen, wenn er das dafür erforderliche Gehalt erst am Monatsende erhält.[8] Im Ergebnis löst § 556b Abs. 1 BGB das Problem der Fälligkeit mit einer **gemischten Vorleistungsanordnung**[9] und damit unter *Berücksichtigung* der Interessen beider Parteien: Der Vermieter ist im 6

---

[4] Etwa Staudinger/*Emmerich* BGB § 556b Rn. 8.
[5] So aber BT-Drs. 14/4553, 52.
[6] BGH VIII ZR 336/04, NZM 2006, 927.
[7] Siehe BT-Drs. 14/4553, 52.
[8] BGH VIII ZR 129/09, NJW 2010, 2879 Rn. 47.
[9] Ungenau BGH VIII ZR 129/09, NJW 2010, 2879 Rn. 45, Vorleistungspflicht des Mieters.

typischen Fall der monatlich zu entrichtenden Miete für die ersten Werktage vorleistungspflichtig[10], der Mieter für den Zeitraum danach.

### III. Voraussetzungen

7 **Miete** gem. § 556b Abs. 1 BGB ist die gesamte Gegenleistung des Mieters für die Gebrauchsüberlassung, also etwa auch eine Betriebskostenvorauszahlung[11]. Erfasst wird auch eine **nichtmonetäre Gegenleistung**[12], etwa das Versprechen des Mieters, die Treppenhausreinigung zu übernehmen; Voraussetzung ist allerdings, dass diese Leistung Teil des Mietvertrags ist.[13] Denn auch bei der nichtmonetären Gegenleistung ist der Zweck der Norm einschlägig, Rechtssicherheit mit Blick auf die Fälligkeit der Miete zu schaffen (→ Rn. 6). Nicht unter § 556b Abs. 1 BGB fallen nur Gegenleistungen des Mieters, deren Fälligkeit durch Vereinbarung (→ Rn. 16) oder Gesetz abweichend bestimmt wurde. Letzteres ist bei **Betriebskostennachforderungen** des Vermieters der Fall, die erst mit Erteilung der Abrechnung fällig werden.[14] Zur Fälligkeit der **Nutzungsentschädigung** nach § 546a BGB → BGB § 546a Rn. 70.

### IV. Fälligkeitszeitpunkt

8 Rechtsfolge von § 556b Abs. 1 BGB ist die Fälligkeit der Miete zu Beginn, spätestens am dritten Werktag der einzelnen Zeitabschnitte, nach denen sie bemessen ist. § 556b Abs. 1 BGB legt damit einen **Termin** fest, was zur Anwendung der §§ 187–193 BGB führt, § 186 BGB. Diese Normen verhalten sich aber nicht zu der Frage, zu welcher **Uhrzeit** die Leistung fällig wird, wenn § 556b Abs. 1 BGB – wie beim dritten Werktag – nur einen Terminstag festlegt. Diese Frage muss durch Auslegung von § 556b Abs. 1 BGB beantwortet werden. Leitend ist das in § 358 HGB positiv geregelte, allgemeine Prinzip, dass die Leistung zur passenden Zeit zu erfolgen hat.[15] Maßgeblich ist, wann der Vermieter am konkreten Tag die Erfüllungshandlung des Mieters spätestens erwarten darf. Dies ist der letzte Zeitpunkt am Terminstag, bevor die Unzeit der Leistung eintritt. Die Bestimmung dieses Zeitpunkts ist von der dem Mieter abverlangten Erfüllungshandlung abhängig. Bei der Zahlung einer Geldmiete durch Überweisung muss etwa die Überweisung bis 23:59 Uhr am Terminstag bei der Bank des Mieters eingehen (→ Rn. 13). Typischerweise ist die Uhrzeit der Fälligkeit des Mietanspruchs indes ohne Relevanz: Denn der für die Praxis bedeutsame Verzug wegen Nichtzahlung der Miete am dritten Werktag tritt nach § 286 Abs. 2 Nr. 2 BGB erst mit Beginn des vierten Werktages ein[16].

#### 1. Bemessungsabrede

9 § 556b Abs. 1 BGB unterscheidet mit der Formulierung *„zu Beginn, spätestens am dritten Werktag"* zwei Bemessungsabreden, nämlich die sog. **Einmalmiete** und die **Vereinbarung** einer Miete **pro rata temporis.** Eine Einmalmiete liegt immer dann vor, wenn die Gegenleistung des Mieters für die gesamte Mietzeit bei Vertragsschluss verbindlich festgelegt wird. Es ist unschädlich, falls Kalkulationsgrundlage der Einmalmiete Tages-, Wochen-, Monats- oder Jahrestarife sind. Um eine Einmalmiete handelt es sich daher etwa bei der Anmietung eines Hotelzimmers für eine festen Zeitraum zu einem festen Gesamtpreis. Da bei der **Einmalmiete** eine Bemessung nach Zeitabschnitten fehlt, ist sie zu Beginn der Mietzeit zu entrichten. Ist der Mietbeginn durch Angabe eines Tages bestimmt, tritt Fälligkeit an diesem Tag ein. Ist eine genaue Uhrzeit bestimmt, ist diese maßgeblich. Diese Fälligkeitsregel gilt auch – wie stets vorbehaltlich eine abweichenden Fälligkeitsvereinbarung der Parteien – für Einmalleistungen, die neben einer pro rata temporis zu leistenden Miete geschuldet sind, etwa die Pflicht zur Vornahme von Baumaßnahmen an der Mietsache.

10 Die – auf den ersten Blick widersprüchlich erscheinende – Formulierung „zu Beginn, spätestens am" wird relevant, wenn die Miete **nach Tagen** bemessen wird, wie etwa bei der Hotelmiete ohne

---

[10] Vgl. LG Krefeld NZM 2004, 298.
[11] BGH VIII ARZ 5/90, NJW 1991, 836.
[12] **AA** Lützenkirchen MietR/*Lützenkirchen* BGB § 556b Rn. 20.
[13] *Dazu Lehmann-Richter FS* Börstinghaus, 2020, 305.
[14] BGH VIII ARZ 5/90, NJW 1991, 836.
[15] Etwa Bamberger/Roth/Hau/Poseck/*Lorenz* BGB § 271 Rn. 21.
[16] Vgl. BGH VIII ZR 84/82, NJW 1984, 84; Bamberger/Roth/Hau/Poseck/*Lorenz* BGB § 286 Rn. 63.

Vereinbarung einer festen Nutzungsdauer. Hier ist die Miete zu Beginn des jeweiligen Tages fällig (zur konkreten Uhrzeit → Rn. 8). Bei der Bemessung nach längeren Zeitabschnitten wie **Wochen oder Monaten** greift hingegen die Karenzzeit von drei Werktagen. In diesen Fällen ist die Formulierung „spätestens" ohne Relevanz.[17] Sie beruht auf der unkritischen Übernahme einer in der Kautelarpraxis verbreiteten Formulierung[18] in das Gesetz (→ Rn. 1) und ist daher nicht hinreichend tragfähig, um die Ansicht zu rechtfertigen, nach der Fälligkeit zu Beginn des Zeitabschnitts, Verzug aber erst nach Ablauf des dritten Werktags eintreten soll.[19]

### 2. Werktag

Um insbes. bei der monatlich zu entrichtenden Miete den genauen Fälligkeitstermin bestimmen zu können, bedarf es der Entscheidung, welche Wochentage „Werktage" im Sinne der Norm sind. § 193 BGB regelt die Frage nicht, sondern das abweichende Problem, was sich ergibt, wenn der Fälligkeitstag ein Sonn-, Feier- oder Samstag ist. Nicht nur zu § 556b Abs. 1 BGB ist das Offensichtliche unstreitig, nämlich dass weder Sonn- noch Feiertage Werktage sind. Der Sonnabend wird hingegen bei der Anwendung anderer Normen herkömmlich zu den Werktagen gezählt.[20] Zu § 556b Abs. 1 BGB vertritt die **hM**[21] aber die Gegenposition: Der **Samstag** ist **kein Werktag** im Sinne dieser Norm. Der BGH begründet dies mit dem Zweck der Karenzzeit, die dem Mieter auch bei der üblichen bargeldlosen Zahlung ungeschmälert zur Verfügung stehen müsse. Bei Einführung von § 556b Abs. 1 BGB sei der Samstag aber kein „Bankgeschäftstag" gewesen, was für das Verständnis der Norm weiterhin maßgeblich sei. Die Norm gewährleiste, dass eine Überweisung den Vermieter rechtzeitig erreicht, die am letzten Tag des Vormonats veranlasst wird, wenn weite Teile der Bevölkerung ihren Lohn erhalten haben.[22] An dieser Argumentation fällt auf, dass der BGH sein Normverständnis maßgeblich auf die Rechtzeitigkeit der Erfüllung knüpft. Dieser Gesichtspunkt trägt das Ergebnis des BGH allerdings nicht, weil der Mieter nach § 270 BGB nicht die Verzögerungsgefahr trägt (→ Rn. 14). Er begeht daher keine Pflichtverletzung, wenn er am letzten Tag der Fälligkeit den Zahlungsauftrag erteilt und sein Konto ausreichend gedeckt ist.[23] Deshalb besteht kein Grund, bei § 556b Abs. 1 BGB den Sonnabend abweichend vom sonstigen Verständnis nicht als Werktag einzuordnen. Denn fällt der letzte Werktag auf einen Sonnabend, so verschiebt § 193 BGB den Fälligkeitstag auf den nächsten Werktag.[24] So ist gewährleistet, dass der Mieter seine Leistungshandlung an einem Bankgeschäftstag am Anfang des Monats, wenn ihn sein Lohn für den Vormonat bereits erreicht haben muss, vornehmen kann. Die hM ist deshalb abzulehnen; sie beruht letztlich auf einer Vermischung der Frage der Fälligkeit des Anspruchs mit dem nach der Rechtzeitig der Leistung (zu Rechtzeitigkeitsklauseln → Rn. 17). 11

## V. Auswirkung auf andere Normen

§ 556b Abs. 1 BGB strahlt auf die Anwendung und Interpretation anderer Vorschriften aus. Dies betrifft zum einen § 536 BGB, weil die Vorleistungspflicht des Mieters die Mietminderung erschwert, da bei Fälligkeit nicht feststeht, ob und in welcher Höhe eine Mietminderung eintritt (→ Rn. 3). Daneben geht es um das Verständnis von § 270 BGB sowie von § 320 BGB. 12

### 1. Rechtzeitigkeit der Mietzahlung (§ 270 BGB)

§ 556b Abs. 1 BGB betrifft die Fälligkeit der Miete und verhält sich daher nicht zu der Frage, welche Anforderungen der Mieter erfüllen muss, damit er seine Leistung rechtzeitig erbracht hat.[25] Dies regelt für die Geldmiete vielmehr § 270 BGB. Nach **hM** ist für die Rechtzeitigkeit der Mietzahlung nicht der Eingang der Miete auf dem Konto des Vermieters maßgeblich, sondern ausrei- 13

---

17 BGH VIII ZR 6/09, NJW 2010, 2208 Rn. 16; MüKoBGB/*Artz* § 556b Rn. 6.
18 Siehe etwa Mustermietvertrag 1976, abgedr. in RGRK-BGB Vor § 535 Rn. 87.
19 So LG München I WuM 1995, 103, zu einer § 556b Abs. 1 BGB entsprechenden Vertragsklausel.
20 BGH VIII ZR 129/09, NJW 2010, 2879 Rn. 43; Staudinger/*Repgen* BGB § 193 Rn. 4.
21 BGH VIII ZR 129/09, NJW 2010, 2879; *Häublein* NZM 2010, 651 (653); **aA** *Herresthal* NZM 2011, 833 (839).
22 BGH VIII ZR 129/09, NJW 2010, 2879 Rn. 47.
23 BGH VIII ZR 222/15, NJW 2017, 1596 Rn. 18.
24 BGH VIII ZR 293/08, WuM 2011, 45; *Derleder* WuM 2007, 59.
25 BGH VIII ZR 222/15, NJW 2017, 1596 Rn. 18.

chend, wenn der Mieter – bei ausreichend gedecktem Konto – seinem Zahlungsdienstleister den Zahlungsauftrag bis zum dritten Werktag des vereinbarten Zeitabschnitts erteilt **(qualifizierte Schickschuld).**[26] Nach § 675s Abs. 1 BGB muss die Bank des Mieters sicherstellen, dass die Miete spätestens am Ende des auf den Zugangszeitpunkt des Zahlungsauftrags folgenden Geschäftstags (also 24:00 Uhr) bei der Vermieterbank eingeht; diese muss den Betrag unverzüglich dem Vermieterkonto gutschreiben, § 675t Abs. 1 S. 1 BGB. Daher darf der Vermieter iErg die Gutschrift der Miete nicht vor dem 5. Werktag des jeweiligen Monats erwarten.[27]

#### 2. Unbeständige Vorleistungspflicht (§ 320 Abs. 1 S. 1 BGB)

14 Bei der Miete ist eine **Leistung** der Parteien **Zug-um-Zug konstruktiv ausgeschlossen.** Denn der Vermieter erfüllt seine Gebrauchsgewährungspflicht laufend. Das ist bei der Leistung der Miete unmöglich[28], die sich daher auf die Gebrauchsüberlassung für den Zeitraum vor oder nach ihrer Erbringung beziehen muss. Die Festlegung eines Fälligkeitstermins für die Miete führt mithin zwangsläufig dazu, dass entweder Mieter oder Vermieter vorleisten müssen. Vor diesem Hintergrund ist zu klären, wie sich § 556b Abs. 1 BGB zu § 320 Abs. 1 S. 1 BGB verhält. Danach kann ein Gläubiger die Einrede des nicht erfüllten Vertrags nicht erheben, wenn er vorzuleisten verpflichtet ist. Die Frage, ob ihnen danach die Einrede aus § 320 Abs. 1 S. 1 BGB verwehrt ist, stellt sich für Vermieter und Mieter gleichermaßen: Für den Vermieter, wenn er dem Mieter den Gebrauch ermöglicht hat, dieser aber am dritten Werktag die Miete nicht entrichtet und für den Mieter, der die Miete am 3. Werktag für den Monat geleistet hat, dann aber mit einer Störung der Leistung des Vermieters (insbes. einem Mangel) konfrontiert wird.

15 Fallen bei einem gegenseitigen Vertrag die Fälligkeitstermine von Leistung und Gegenleistung auseinander, so führt dies zwingend zu einem **temporären Ausschluss** der Einrede aus **§ 320 Abs. 1 S. 1 BGB:** Die zuerst fällige Leistung kann jedenfalls solange nicht zurückbehalten werden, bis die spätere Leistung ebenfalls fällig wird. Das verdeutlicht § 556b Abs. 1 BGB: Wenn etwa ein Mietvertrag am Monatsersten beginnt, kann der Vermieter an diesem Tag wegen § 556b Abs. 1 BGB die Gebrauchsüberlassung nicht verweigern, da sein Anspruch auf die Miete noch nicht fällig ist. Es ist denkbar, dass dieser Ausschluss von § 320 Abs. 1 S. 1 BGB auch dann weiter Bestand hat, wenn die Miete fällig wird. Dann könnte etwa der Mieter, wenn der Vermieter nicht rechtzeitig erfüllt hat, trotz eigener Nichtentrichtung der Miete zB am 10. des Monats uneingeschränkt die Gebrauchsüberlassung verlangen. Das Gegenmodell lautet, dass die Leistungen Zug-um-Zug zu erbringen sind, sobald sie beide fällig sind. Die zuerst beschriebene Konstellation wird als beständige, die zweite als unbeständige Vorleistungspflicht bezeichnet.[29] In welche Gruppe § 556b Abs. 1 BGB fällt, ist durch Auslegung der Norm zu ermitteln. Hier ist maßgeblich, dass die Vorschrift nur die sich bei der Miete aufdrängende Frage beantworten soll, wann die einzelnen Leistungen fällig werden (→ Rn. 6). Hierauf beschränkt sich die Wirkung der vom Gesetzgeber gewählten gemischten Vorleistungsanordnung, weshalb die Norm nicht etwa die mit einer beständigen Vorleistungspflicht verbundene Risikozuweisung enthält.[30]

### VI. Abweichende Vereinbarungen

16 § 556b Abs. 1 BGB ist dispositiv.[31] Um eine von § 556b Abs. 1 BGB abweichende Regelung handelt es sich, wenn die Fälligkeit der Miete geändert wird. Ob eine solche Abrede konkludent getroffen wurde, ist eine Frage der Umstände des Einzelfalls.[32] Eine vom Recht des Vertrags abweichende Praxis reicht nur aus, wenn sich hieraus der Wille der Parteien zur Änderung des Vertrags ableiten lässt.[33] Maßstab der Inhaltskontrolle ist bei einer **Individualvereinbarung** § 138 BGB,

[26] BGH VIII ZR 222/15, NJW 2017, 1596 Rn. 18; **aA** etwa *Herresthal* NZM 2011, 833.

[27] LG Berlin GE 2017, 952.

[28] Theoretisch sind Ausnahmen denkbar, wenn nämlich die Gegenleistung des Mieters ebenfalls Dauercharakter hat, etwa in der Einräumung einer Lizenz liegt.

[29] BGH V ZR 200/84, NJW 1986, 1164; MüKoBGB/*Emmerich* § 320 Rn. 24.

[30] Etwa Staudinger/*Emmerich* BGB § 556b Rn. 15; *Flatow* NZM 2017, 273; **aA** wohl nur AnwK WohnraummietR/*Lammel* BGB § 556b Rn. 6.

[31] *BGH VIII ZR 263/14*, NJW 2016, 3231 Rn. 18.

[32] Siehe zur Hotelmiete *Blank/Börstinghaus* BGB § 556b Rn. 2, regelmäßig konkludente Vereinbarung der Fälligkeit der Miete bei Abreise.

[33] Vgl. BGH VIII ZR 279/06, NJW 2008, 283 Rn. 18; Einzelfallwürdigung bei LG Berlin GE 2014, 323.

der auch bei größeren Abweichungen von der Norm nicht verletzt ist; in – bislang nicht bekannt gewordenen – Extremfällen ist ein Verstoß aber selbstverständlich denkbar. Für **Vermieter-AGB,** die § 556b Abs. 1 BGB zu Lasten des Mieters ändern, ist bei der Inhaltskontrolle eine Differenzierung nach Mietvertragstypen geboten. Bei Wohnraum, der nur zum vorübergehenden Gebrauch vermietet ist (§ 549 Abs. 2 Nr. 1 BGB) ist eine von § 556b Abs. 1 BGB abweichende Regel auch in Vermieter-AGB zulässig.[34] Solche Klauseln verstoßen nicht gegen § 307 Abs. 1 S. 1 BGB, weil es dem Mieter zumutbar ist, die Miete hier uneingeschränkt – also unter Verzicht auf die ohnehin kurze Karenzzeit von drei Werktagen – pro rata temporis im Voraus zu leisten.[35] Bei der Miete von Wohnräumen zum dauernden Gebrauch ist dies hingegen anders. Denn hier ist das Interesse des Mieters schutzwürdig, die laufende Miete aus seinem Gehalt des Vormonats zahlen zu können, was zur Unwirksamkeit abweichender Vermieter-AGB führt.[36]

Die in der Praxis verbreiteten **Rechtzeitigkeitsklauseln** weichen nicht von § 556b Abs. 1 BGB **17** ab, weil sie nicht die Fälligkeit der Miete berühren. Sie ändern vielmehr die sich aus § 270 Abs. 4 BGB ergebende Rechtsfolge, wonach der Vermieter das Verzögerungsrisiko trägt (dazu → Rn. 13).[37] Gegen eine Individualvereinbarung bestehen keine durchgreifenden Bedenken. Anders ist es bei Vermieter-AGB; hier hat der **BGH** die Klausel *„Für die Rechtzeitigkeit der Zahlung kommt es nicht auf die Absendung, sondern auf den Eingang des Geldes an"* wegen Verstoßes gegen § 307 Abs. 1 S. 1 BGB als unwirksam verworfen, weil sie das Risiko einer durch die Zahlungsdienstleister verursachten Zahlungsverzögerung entgegen der gesetzlichen Regelung dem Mieter auferlegt.[38] Der BGH differenziert dabei nicht zwischen Fehlern der Mieter- oder Vermieterbank[39], sondern sieht keinen dieser Zahlungsdienstleister als Erfüllungsgehilfe des Mieters an.[40] Danach ist eine Klausel nur wirksam, die das Risiko eines Fehlers sämtlicher Zahlungsdienstleister dem Vermieter zuweist.[41]

## VII. Fälligkeit bei Altmietverträgen

Bei Altmietverträge aus der Zeit vor dem 1.9.2001 richtet sich die Fälligkeit der Miete nach **18** § 551 BGB aF (→ Rn. 4). Danach ist die Miete am Ende der Mietzeit oder – wenn sie nach Zeitabschnitten bemessen ist –, nach dem Ablauf der einzelnen Zeitabschnitte zu entrichten. Diese Fälligkeitsregel ist in Altmietverträgen typischerweise zugunsten einer **Vorfälligkeitsklausel** abbedungen, die den Mieter – § 556b Abs. 1 BGB entsprechend – zur Zahlung der Miete am jeweiligen Monatsanfang verpflichtet. Die **Inhaltskontrolle** solcher Vorfälligkeitsklauseln richtet sich nach der Rechtslage bei Abschluss des Mietvertrags, weshalb Kontrollmaßstab nicht § 556b Abs. 2 BGB ist.[42] Nach der Rspr. bestehen gegen Vorfälligkeitsklauseln grds. keine Bedenken.[43] Unwirksam ist eine solche Klausel nach Ansicht des BGH aber, wenn der Mietvertrag eine Beschränkung des Aufrechnungsrechts des Mieters enthält, die dazu führt, dass der Mieter mit einem Bereicherungsanspruch wegen überzahlter Miete nicht gegen die Mietforderung des Folgemonats aufrechnen kann. In einer solchen Vertragsgestaltung sieht der BGH sowohl einen Verstoß gegen § 537 Abs. 3 BGB aF als auch gegen das AGB-rechtliche Benachteiligungsverbot. Denn wenn sich im Laufe eines Monats ein Mangel zeige, habe der Mieter die Miete wegen der Vorfälligkeitsklausel bereits entrichtet; wenn ihm in diesem Fall die Aufrechnung mit Rückforderungsansprüchen dieser überzahlten Miete im Folgemonat vertraglich verweigert werde, führe dies zur Unwirksamkeit der Vorfälligkeitsregel, weil der Mieter gezwungen werde, die Rückforderung ein-

[34] Vgl. das Beispiel der Hotels oder Ferienwohnungen in BT-Drs. 14/4553, 52, die typischerweise durch Vermieter-AGB vermietet werden.

[35] Zweifelnd Bamberger/Roth/Hau/Poseck/*Wiederhold* BGB § 556b Rn. 18.

[36] Staudinger/*Emmerich* BGB § 556b Rn. 16; **aA** LG Bonn ZMR 2009, 529.

[37] *Derleder* WuM 2007, 599.

[38] BGH VIII ZR 222/15, NJW 2017, 1596 Rn. 38ff.

[39] Anders *Derleder* WuM 2007, 599.

[40] BGH VIII ZR 222/15, NJW 2017, 1596 Rn. 24.

[41] Ob dies bei der Formulierung aus dem Mustermietvertrag 1976 der Fall ist *(„Bei unbarer Zahlung genügt der Mieter seiner Verpflichtung zur rechtzeitigen Zahlung, wenn er nach dem normalen Verlauf mit rechtzeitiger Gutschrift auf dem vom Vermieter bestimmten Konto rechnen konnte")*, ist höchstrichterlich noch nicht geklärt, vgl. BGH VIII ZR 222/15, NJW 2017, 1596 Rn. 43; bejahend *Blank* WuM 1995, 567 (569).

[42] BGH VIII ZR 66/08, NJW 2009, 1491 Rn. 15.

[43] BGH VIII ARZ 3/94, NJW 1995, 254.

zuklagen.[44] Wirksam ist daher nach Ansicht des BGH eine **Kombination** von **Vorfälligkeitsklausel** und **Aufrechnungsregel** nur, falls die Aufrechnungsbeschränkung diese Rückzahlungsansprüche ausdrücklich ausklammert[45] oder die Aufrechnung an eine Ankündigungsfrist von einem Monat knüpft.[46] Für die Wirksamkeit der Vorfälligkeitsklausel ist es nach allgemeinen AGB-rechtlichen Prinzipien unerheblich, ob die Aufrechnungsbeschränkung ihrerseits wirksam ist oder nicht.[47] Enthält ein Altmietvertrag eine unwirksame Rechtzeitigkeitsklausel (→ Rn. 17), so führt dies bei sprachlicher Teilbarkeit nicht zur Unwirksamkeit einer für sich genommen wirksamen Vorfälligkeitsklausel.[48]

## C. Aufrechnungs- und Zurückbehaltungsrecht (Abs. 2)

19 Die **Wurzeln** des § 556b Abs. 2 BGB reichen zurück in das Mieterschutzgesetz des Jahres 1923.[49] Mit dessen Außerkrafttreten wurde § 552a BGB aF eingeführt, der wie heute § 556b Abs. 2 BGB der Überwindung eines vertraglichen Ausschlusses der Befugnis zur Aufrechnung und Zurückbehaltung der Miete diente, indes nur Forderungen nach § 538 BGB aF und damit Schadens- bzw. Aufwendungsersatzansprüche des Mieters wegen eines Mangels betraf.[50] **Normzweck** ist der Mieterschutz, weil § 556b Abs. 2 BGB eine den Mieter belastende Vertragsregel, nämlich das Verbot der Aufrechnung oder Zurückbehaltung, überwindet.

20 Anders als § 556b Abs. 1 BGB gilt Abs. 2 BGB auch für Altmietverträge aus der Zeit vor dem 1.9.2001, weil Art. 229 EGBG den **zeitlichen Anwendungsbereich** von § 556b Abs. 2 BGB nicht einschränkt.[51]

### I. Wirksames Verbot von Aufrechnung oder Zurückbehaltung

21 § 556b Abs. 2 S. 1 BGB setzt eine wirksame vertragliche Bestimmung voraus, die es dem Mieter untersagt, die in der Norm genannten Forderungen zur Aufrechnung oder Zurückbehaltung einzusetzen. Der Anwendungsbereich der Vorschrift wird daher durch die Inhaltskontrolle solcher Verbotsregeln bestimmt: Je strenger die Inhaltskontrolle, desto seltener wird § 556b Abs. 2 S. 1 BGB praktisch, weil es dann an einer wirksamen Verbotsregel fehlt, die durch § 556b Abs. 2 S. 1 BGB überwunden werden müsste.

#### 1. Individualvertragliches Verbot

22 Wird das Verbot der Aufrechnung oder Zurückbehaltung individualvertraglich vereinbart, bestehen nach allgM keine grundsätzlichen Wirksamkeitsbedenken.[52] Dieses Ergebnis wird für die Wohnraummiete durch § 556b Abs. 2 S. 1 BGB bestätigt: Die Norm wäre überflüssig, wenn die Vereinbarung eines Verbots der Aufrechnung oder Zurückbehaltung nicht von der Privatautonomie gedeckt wäre.

---

[44] BGH VIII ARZ 3/94, NJW 1995, 254 zur Klausel: *„Der Mieter kann gegen eine Mietzinsforderung mit einer Forderung wegen Schadensersatzes aufgrund eines Mangels der Mietsache (§ 538 BGB) nur aufrechnen oder wegen einer solchen Forderung ein Zurückbehaltungsrecht ausüben, wenn er seine Absicht dem Wohnungsunternehmen mindestens einen Monat vor der Fälligkeit des Mietzinses schriftlich angezeigt hat. Im übrigen ist die Aufrechnung gegen Mietzinsforderungen ausgeschlossen, soweit der Mieter nicht unbestrittene oder rechtskräftig festgestellte Forderungen geltend macht."*

[45] BGH VIII ZR 337/06, WuM 2008, 152 zur Klausel: *„Der Mieter kann nur mit Forderungen aus dem Mietverhältnis aufrechnen, wenn sie unbestritten, rechtskräftig festgestellt oder entscheidungsreif sind. Dies gilt nicht für Mietzinsminderungen, die wegen der Vorfälligkeit des Mietzinses im laufenden Monat entstanden sind."*

[46] BGH VIII ZR 191/10, NJW 2011, 2201.

[47] *Blank/Börstinghaus* BGB § 556b Rn. 72; Staudinger/*Emmerich* BGB § 556b Rn. 9; vgl. auch BGH VIII ZR 308/02, NJW 2003, 2234.

[48] LG Berlin GE 2017, 1095.

[49] RGBl. 1923 I 359. § 28 MSchG bestimmte – insofern im Wortlaut abweichend von den späteren Regeln im BGB –, dass sich der Vermieter auf ein Aufrechnungsverbot nicht „berufen" konnte. Gegenständlich entzog die Norm Ansprüche aus § 538 Abs. 2 BGB aF (heute: § 536a Abs. 2 Nr. 1 BGB) einem vertraglichen Aufrech-*nungsverbot.*

[50] BGBl. 1964 I 457 (Zweites Mietrechtsänderungsgesetz).

[51] Staudinger/*Emmerich* BGB § 556b Rn. 10.

[52] Siehe etwa Staudinger/*Gursky* BGB § 387 Rn. 201.

**2. Verbotsklausel in Vermieter-AGB**

23 In der Praxis erfolgt der Ausschluss von Aufrechnung oder Zurückbehaltung regelmäßig in Vermieter-AGB oder in vom Vermieter vorformulierten Einmalbedingungen, die bei einem unternehmerisch tätigen Vermieter nach § 310 Abs. 3 Nr. 2 BGB ebenfalls der AGB-Kontrolle unterliegen. Bei solchen Klauseln ist zunächst von Bedeutung, dass § 556b Abs. 2 S. 1 BGB nicht etwa die allgemeinen Regeln der AGB-Kontrolle verdrängt; ein solches Ergebnis wäre schon mit dem mieterschützenden Normzweck (→ Rn. 19) nicht zu vereinbaren. Insbesondere führt § 556b Abs. 2 S. 1 BGB daher nicht dazu, dass eine Kontrolle anhand der **§§ 309 Nr. 2 und Nr. 3 BGB** ausscheidet.[53] Aufrechnungsverbote verstoßen gegen § 309 Nr. 3 BGB, wenn sie sich auch auf unbestrittene oder rechtskräftig festgestellte Forderungen beziehen. Über den Wortlaut von § 309 Nr. 3 BGB hinaus kann auch die Aufrechnung mit entscheidungsreifen Forderungen nicht ausgeschlossen werden, wobei die Klausel diese Ausnahme nicht ausdrücklich erwähnen muss, um der Inhaltskontrolle standzuhalten.[54] Unwirksam ist daher etwa eine Klausel, die eine Aufrechnung nur mit Forderungen zulässt „zu denen die Vermieterin im Einzelfall jeweils ihre Zustimmung erklärt“[55], weil es denkbar ist, dass eine Forderung unbestritten ist, ohne dass die genannte Zustimmung erteilt wurde. Beschränkungen der Aufrechnungsmöglichkeit durch die Vereinbarung einer vorherigen Anzeige an den Vermieter sind nach hM grds. möglich; als angemessene Frist wird meist ein Monat genannt.[56] Verstößt eine Verbotsklausel gegen § 309 Nr. 2 BGB oder § 309 Nr. 3 BGB, so führt dies zur Gesamtunwirksamkeit des Verbots mit der Folge, dass es des Mieterschutzes nach § 556b Abs. 2 S. 1 BGB nicht bedarf.

24 Schwierigkeiten bereiten Klauseln, die den Anforderungen aus §§ 309 Nr. 2, 3 BGB gerecht werden, ihrem **Wortlaut** nach aber **nicht klarstellen,** dass trotz des im Vertrag postulierten Verbots eine Aufrechnung oder Zurückbehaltung unter den **Voraussetzungen** des **§ 556b Abs. 2 S. 1 BGB** möglich ist. Verbreitet wird vertreten, eine solche Klausel sei wegen des Verstoßes gegen § 556b Abs. 2 S. 1 BGB nach § 307 Abs. 1 S. 1, Abs. 2 Nr. 1 BGB unwirksam.[57] Diese Ansicht ist unzutreffend.[58] Denn das Verbot von Aufrechnung oder Zurückbehaltung ist nicht mit der Abbedingung von § 556b Abs. 2 S. 1 BGB gleichzusetzen, weil diese Norm ja gerade ein solches Verbot voraussetzt. Dies verdeutlicht § 556b Abs. 2 S. 2 BGB. Gegen § 307 Abs. 1 S. 1, Abs. 2 Nr. 1 BGB verstößt daher nicht der Ausschluss des Rechts zur Aufrechnung oder Zurückbehaltung, sondern nur der Ausschluss des Rechts, in diesen Fällen dennoch nach § 556b Abs. 2 S. 1 BGB aufrechnen bzw. zurückbehalten zu können.[59] Eine Klausel, die Aufrechnung oder Zurückbehaltung verbietet, ohne die Ausnahme des § 556b Abs. 2 S. 1 BGB zu nennen, ist aber wegen Verstoßes gegen das AGB-rechtliche **Transparenzgebot** unwirksam (§ 307 Abs. 1 S. 2 BGB). Denn eine solche Regel ist geeignet, beim Mieter den Eindruck einer abschließenden Regelung hervorzurufen und zu verschleiern, dass ihm trotz des Wortlautes des Vertrags unter bestimmten Umständen die Aufrechnung oder Zurückbehaltung erlaubt ist.[60] Im Ergebnis ist daher der ganz hM zuzustimmen, dass Klauseln, die den Anforderungen aus § 309 Nr. 2, 3 BGB gerecht werden, aber die Rechtsfolge des § 556b Abs. 2 S. 1 BGB nicht nennen („Zitiergebot“), gegen § 307 BGB[61] verstoßen. Die Verletzung des Zitiergebots führt gemäß dem **Verbot** der **geltungserhaltenden Reduktion**[62] nach ganz hM zur Unwirksamkeit der Verbotsklausel.[63] Nach der Gegenansicht soll § 556b Abs. 2 S. 1 BGB in diesem Fall eine gesetzliche Vorschrift gem. § 306 Abs. 2 BGB sein mit der Folge, dass die

---

53 AllgM, etwa MüKoBGB/*Artz* § 556b Rn. 12; *Häublein* FS Blank, 2006, 207 (208).

54 Wolf/Lindacher/Pfeiffer/*Damann* BGB § 309 Nr. 3 Rn. 33; vgl. auch BGH XI ZR 160/01, NJW 2002, 2779.

55 BGH XII ZR 54/05, NJW 2007, 3421.

56 Vgl. BGH VIII ZR 191/10, NJW 2011, 2201 Rn. 15; v. Westphalen/Thüsing VertrR/AGB-Klauselwerke/*Drettmann* Wohnraummiete Rn. 135; **aA** Wolf/Lindacher/Pfeiffer/*Damann* BGB § 309 Nr. 3 Rn. 19.

57 Etwa Spielbauer/Schneider/*Ettl* BGB § 556b Rn. 14; *Hannemann* WuM 1995, 8 (11).

58 BeckOGK/*Weiler* BGB § 309 Nr. 3 Rn. 22.

59 Beispiel: „Die Aufrechnung ist ausgeschlossen. § 556b Abs. 1 S. 1 BGB ist ebenfalls ausgeschlossen“; nur der zweite Satz verstößt gegen §§ 307 Abs. 1 S. 1, Abs. 2 Nr. 1, 556b Abs. 1 S. 1 BGB.

60 *Häublein* FS Blank, 2006, 207 (211).

61 So (ohne Differenzierung zwischen § 307 Abs. 1 S. 1, 2 BGB) etwa OLG Celle WuM 1990, 103; LG Leipzig WuM 2017, 518; **aA** BeckOGK/*Weiler* BGB § 309 Nr. 3 Rn. 22.

62 Dazu etwa BGH III ZR 192/17, NJW 2019, 47 Rn. 13.

63 MüKoBGB/*Artz* § 556b Rn. 12; Bamberger/Roth/Hau/Poseck/*Wiederhold* BGB § 556b Rn. 24 sowie iErg zB OLG Celle WuM 1990, 103; LG Leipzig WuM 2017, 518.

Verbotsklausel – ihre Wirksamkeit iÜ unterstellt – bestehen bleibt.[64] Begründet wird dies vor allem damit, der Gesetzgeber der Mietrechtsreform 2001 habe den Anwendungsbereich des § 556b Abs. 2 S. 1 BGB ausgeweitet, ohne seine Rechtsfolge zu ändern, weshalb davon auszugehen sei, dass eine – auch auf dem AGB-Recht beruhende – Gesamtnichtigkeit nicht dem gesetzgeberischen Willen entspreche. Diese Argumentation überdehnt die Bedeutung des zitierten gesetzgeberischen Handelns und trägt eine Abweichung vom Prinzip des Verbots der geltungserhaltenden Reduktion daher nicht.

25 Eine die soeben beschriebenen Anforderungen berücksichtigende **Beispielsklausel** könnte lauten: *„Eine Aufrechnung des Mieters gegen den Anspruch des Vermieters auf Mietzahlung ist nur zulässig, wenn die zur Aufrechnung gestellte Forderung des Mieters unbestritten, rechtskräftig festgestellt oder entscheidungsreif ist oder der Mieter mit einer Forderung auf Grund der §§ 536a, 539 BGB oder aus ungerechtfertigter Bereicherung wegen zu viel gezahlter Miete aufrechnet und diese Absicht dem Vermieter mindestens einen Monat vor der Fälligkeit der Miete in Textform angezeigt hat.“*[65]

## II. Erfasste Forderungen

26 § 556b Abs. 2 BGB erlaubt die Aufrechnung oder Zurückbehaltung trotz eines vertraglichen Verbots gegen Ansprüche auf Miete gem. § 535 Abs. 2 BGB. Das Merkmal **„Mietforderung“** erfasst zum einen die Geldmiete, und zwar sämtliche ihrer Bestandteile, also insbes. auch Voraus- oder Nachzahlungen auf die Betriebskosten[66]. Daneben fällt auch die nichtmonetäre Miete, zB vom Mieter zu erbringende Werkleistungen, unter dieses Merkmal. Nicht erfasst sind hingegen Schadensersatzansprüche des Vermieters, auch nicht solche aus § 546a BGB. Diese Ansprüche beruhen zum einen nicht auf § 535 Abs. 2 BGB, zudem ist der Mieter bei diesen Forderungen, die auf seinem rechtswidrigen Verhalten beruhen, nicht schutzwürdig.

27 Privilegierte **Gegenforderungen** des **Mieters** sind zunächst Schadens- oder Aufwendungsersatzansprüche des Mieters wegen eines Mangels nach § 536a BGB. Zu diesen zählt auch der Anspruch auf Kostenvorschuss, da dieser, wie von § 556b Abs. 2 BGB verlangt, in § 536a Abs. 2 BGB seinen Grund hat[67]. Daneben sind Ansprüche aus ungerechtfertigter Bereicherung wegen zu viel gezahlter Miete erfasst; hierunter können auch Voraus- oder Nachzahlungen auf die Betriebskosten, aber auch eine nichtmonetäre Miete[68] fallen. Zuletzt betrifft § 556b Abs. 2 BGB Aufwendungsersatzansprüche nach § 539 Abs. 1 BGB. Der pauschale Verweis auf Forderungen des Mieters auf Grund des § 539 BGB erfasst zwar auch § 539 Abs. 2 BGB, das Wegnahmerecht des Mieters. Diese Norm enthält Forderungen des Mieters – nämlich die Duldung der Wegnahme (→ BGB § 539 Rn. 54) sowie die Gestattung der Aneignung (→ BGB § 539 Rn. 56). Diese Forderungen sind aber typischerweise nicht Gegenstand von Aufrechnungs- oder Zurückbehaltungsverboten, der Regelungszweck von § 556b Abs. 2 BGB ist bei ihnen mithin nicht einschlägig. Folgerichtig offenbaren die Gesetzesmaterialien, dass es sich um ein Redaktionsversehen handelt: Der Verweis auf § 539 BGB sollte nur die in § 539 Abs. 1 BGB geregelten Aufwendungsersatzansprüche erfassen.[69] § 556b Abs. 2 BGB ist daher auf § 539 Abs. 2 BGB nicht anwendbar.[70]

## III. Anzeige des Mieters

28 Die Aufrechnung oder Zurückbehaltung ist nur wirksam, wenn der Mieter seine Absicht dem Vermieter mindestens einen Monat vor der Fälligkeit der Miete in Textform angezeigt hat. Es handelt es sich um eine **geschäftsähnliche Handlung,** für die die Regeln über die Willenserklärung analog gelten.[71] Sie muss von sämtlichen Mietern stammen – Stellvertretung und Ermächtigung sind zulässig, wobei § 174 BGB analog gilt – und sämtlichen Vermietern zugehen.[72] Die Anforde-

---

[64] *Häublein* FS Blank, 2006, 207 (216f.).

[65] *Lehmann-Richter* PiG 97 (2014), 21.

[66] MüKoBGB/*Artz* § 556b Rn. 9; BeckOGK/*Drager* BGB § 556b Rn. 33; Staudinger/*Emmerich* BGB § 556b Rn. 21.

[67] BGH VIII ZR 163/18, NJW 2020, 3517 Rn. 14.

[68] Siehe etwa Staudinger/*Emmerich* BGB § 556b Rn. 19.

[69] *BT-Drs. 14/4553*, 52.

[70] Ebenso iE etwa MüKoBGB/*Artz* § 556b Rn. 9; Staudinger/*Emmerich* BGB § 556b Rn. 18.

[71] MüKoBGB/*Artz* § 556b Rn. 11; Staudinger/*Emmerich* BGB § 556b Rn. 22.

[72] BeckOK MietR/*Bruns* BGB § 556b Rn. 55.

rungen an die Textform ergeben sich aus § 126b BGB. Nach hM soll die Anzeige **entbehrlich** sein, wenn der Mietvertrag beendet, der Mieter das Mietobjekt geräumt und herausgegeben hat und lediglich die noch bestehenden wechselseitigen Ansprüche abzurechnen sind.[73] Das überzeugt nicht, denn das Vertragsende ist kein hinreichendes Kriterium um das Vertrauen des Vermieters zu enttäuschen, der mangels fristgerechter Anzeige davon ausgehen durfte, sein Mietanspruch werde nicht mit einer Aufrechnungserklärung bekämpft werden.

**Inhaltlich** muss der Erklärung (ggf. durch Auslegung) hinreichend deutlich zu entnehmen sein, dass der Mieter beabsichtigt, in Zukunft von seinem Recht zur Aufrechnung oder Zurückbehaltung der Miete Gebrauch zu machen. Damit soll der Vermieter gewarnt werden, dass er in Zukunft die aus dem vertraglichen Verbot folgende Privilegierung verlieren wird.[74] Um dem Vermieter diese Konsequenz vor Augen zu führen, ist es entgegen der hM[75] nicht erforderlich, dass der Mieter Haupt- oder Gegenforderung näher spezifiziert. Bei seiner die Aufrechnung oder Zurückbehaltung aussprechenden Erklärung ist eine solche Spezifizierung hingegen erforderlich.[76] Der Mieter kann diese Erklärung und die Absichtsanzeige uno actu abgeben[77], weil § 556b Abs. 2 BGB keine Wartefrist für die Abgabe der Erklärung anordnet. 29

## IV. Rechtsfolge

§ 556b Abs. 2 BGB erlaubt die Aufrechnung oder Zurückbehaltung durch den Mieter, auch wenn dem ein vertragliches Verbot entgegensteht. Die Norm führt also **nicht** zur **Unwirksamkeit** des **Verbots,** was die Frage vermeidet, ob eine Unwirksamkeit über § 139 BGB zur Unwirksamkeit des gesamten Vertrags führen würde.[78] 30

## V. Abweichende Vereinbarungen

Nach § 556b Abs. 2 S. 2 BGB ist eine Vereinbarung unwirksam, die zum Nachteil des Mieters von § 556b Abs. 2 S. 1 BGB abweicht. Unter dieses Verbot fällt sowohl der **vollständige Ausschluss** von § 556b Abs. 2 S. 1 BGB[79] als auch **Modifikationen** der Norm wie eine Verlängerung der Anzeigefrist oder eine Erschwerung der Textform[80]. Wie stets bei den halbzwingenden mietrechtlichen Normen ist es denkbar, dass eine dem Mieter nachteilige Abweichung durch eine genau feststellbare, kausale und ausreichende Kompensation ausgeglichen wird; in diesem (Ausnahme-)Fall ist die abweichende Vereinbarung wirksam.[81] 31

Die Vereinbarung des Verbots der Aufrechnung oder Zurückbehaltung fällt nicht unter das Abweichungsverbot des § 556b Abs. 2 S. 2 BGB, weil § 556b Abs. 2 S. 1 BGB, der durch das Abweichungsverbot abgesichert werden soll, ein solches voraussetzt (→ Rn. 24). 32

---

[73] BGH VIII ZR 48/87, ZMR 1988, 135, zu einer Vertragsklausel in einem Gewerbemietvertrag; BeckOK MietR/*Bruns* BGB § 556b Rn. 60; Bamberger/Roth/Hau/Poseck/*Wiederhold* BGB § 556b Rn. 32.

[74] Vgl. BGH VIII ZR 48/87, ZMR 1988, 135.

[75] Etwa MüKoBGB/*Artz* § 556b Rn. 11; BeckOGK/*Drager* BGB § 556b Rn. 36; Spielbauer/Schneider/*Ettl* BGB § 556b Rn. 21.

[76] Vgl. zur Aufrechnung BGH VIII ZR 94/12, ZMR 2013, 271 Rn. 17; zur Zurückbehaltung BGH XI ZR 181/08, NJW 2010, 1284 Rn. 51.

[77] Bamberger/Roth/Hau/Poseck/*Wiederhold* BGB § 556b Rn. 33.

[78] Vgl. Bamberger/Roth/Hau/Poseck/*Faust* BGB § 444 Rn. 14.

[79] ZB: *„Das Recht des Mieters aus § 556b Abs. 2 S. 1 BGB wird ausgeschlossen"*.

[80] LG Konstanz NZM 2014, 389.

[81] *Lehmann-Richter* WuM 2010, 3; vgl. auch BGH VIII ZR 316/10, NJW 2011, 2878 Rn. 14.

## § 556c Kosten der Wärmelieferung als Betriebskosten, Verordnungsermächtigung

**(1) [1]Hat der Mieter die Betriebskosten für Wärme oder Warmwasser zu tragen und stellt der Vermieter die Versorgung von der Eigenversorgung auf die eigenständig gewerbliche Lieferung durch einen Wärmelieferanten (Wärmelieferung) um, so hat der Mieter die Kosten der Wärmelieferung als Betriebskosten zu tragen, wenn**

**1. die Wärme mit verbesserter Effizienz entweder aus einer vom Wärmelieferanten errichteten neuen Anlage oder aus einem Wärmenetz geliefert wird und**

**2. die Kosten der Wärmelieferung die Betriebskosten für die bisherige Eigenversorgung mit Wärme oder Warmwasser nicht übersteigen.**

**[2]Beträgt der Jahresnutzungsgrad der bestehenden Anlage vor der Umstellung mindestens 80 Prozent, kann sich der Wärmelieferant anstelle der Maßnahmen nach Nummer 1 auf die Verbesserung der Betriebsführung der Anlage beschränken.**

**(2) Der Vermieter hat die Umstellung spätestens drei Monate zuvor in Textform anzukündigen (Umstellungsankündigung).**

**(3) [1]Die Bundesregierung wird ermächtigt, durch Rechtsverordnung ohne Zustimmung des Bundesrates Vorschriften für Wärmelieferverträge, die bei einer Umstellung nach Absatz 1 geschlossen werden, sowie für die Anforderungen nach den Absätzen 1 und 2 zu erlassen. [2]Hierbei sind die Belange von Vermietern, Mietern und Wärmelieferanten angemessen zu berücksichtigen.**

**(4) Eine zum Nachteil des Mieters abweichende Vereinbarung ist unwirksam.**

## Verordnung über die Umstellung auf gewerbliche Wärmelieferung für Mietwohnraum (Wärmelieferverordnung – WärmeLV)

**Vom 7. Juni 2013**
**(BGBl. I S. 1509)**
**FNA 754 – 26**

**Auf Grund des § 556c Absatz 3 des Bürgerlichen Gesetzbuchs, der durch Artikel 1 des Gesetzes vom 11. März 2013 (BGBl. I S. 434) eingefügt worden ist, verordnet die Bundesregierung:**

### Abschnitt 1 Allgemeine Vorschriften

#### § 1 Gegenstand der Verordnung

**Gegenstand der Verordnung sind**

**1. Vorschriften für Wärmelieferverträge, die bei einer Umstellung auf Wärmelieferung nach § 556c des Bürgerlichen Gesetzbuchs geschlossen werden, und**

**2. mietrechtliche Vorschriften für den Kostenvergleich und die Umstellungsankündigung nach § 556c Absatz 1 und 2 des Bürgerlichen Gesetzbuchs.**

### Abschnitt 2 Wärmeliefervertrag

#### § 2 Inhalt des Wärmeliefervertrages

**(1) Der Wärmeliefervertrag soll enthalten:**

**1. eine genaue Beschreibung der durch den Wärmelieferanten zu erbringenden Leistungen, insbesondere hinsichtlich der Art der Wärmelieferung sowie der Zeiten der Belieferung,**

**2. die Aufschlüsselung des Wärmelieferpreises in den Grundpreis in Euro pro Monat und in Euro pro Jahr und den Arbeitspreis in Cent pro Kilowattstunde, jeweils als Netto- und Bruttobeträge, sowie etwaige Preisänderungsklauseln,**

**3. die Festlegung des Übergabepunkts,**

**4. Angaben zur Dimensionierung der Heizungs- oder Warmwasseranlage unter Berücksichtigung der üblichen mietrechtlichen Versorgungspflichten,**

**5. Regelungen zum Umstellungszeitpunkt sowie zur Laufzeit des Vertrages,**

6. **falls der Kunde Leistungen vorhalten oder Leistungen des Wärmelieferanten vergüten soll, die vom Grund- und Arbeitspreis nicht abgegolten sind, auch eine Beschreibung dieser Leistungen oder Vergütungen,**
7. **Regelungen zu den Rechten und Pflichten der Parteien bei Vertragsbeendigung, insbesondere wenn für Zwecke des Wärmeliefervertrages eine Heizungs- oder Warmwasseranlage neu errichtet wurde.**

**(2) Der Wärmelieferant ist verpflichtet, in seiner Vertragserklärung**

1. **die voraussichtliche energetische Effizienzverbesserung nach § 556c Absatz 1 Satz 1 Nummer 1 des Bürgerlichen Gesetzbuchs oder die energetisch verbesserte Betriebsführung nach § 556c Absatz 1 Satz 2 des Bürgerlichen Gesetzbuchs anzugeben sowie**
2. **den Kostenvergleich nach § 556c Absatz 1 Satz 1 Nummer 2 des Bürgerlichen Gesetzbuchs und nach den §§ 8 bis 10 durchzuführen sowie die ihm zugrunde liegenden Annahmen und Berechnungen mitzuteilen.**

**(3) Die Vereinbarung von Mindestabnahmemengen oder von Modernisierungsbeschränkungen ist unwirksam.**

**§ 3 Preisänderungsklauseln**

**Preisänderungsklauseln in Wärmelieferverträgen sind nur wirksam, wenn sie den Anforderungen des § 24 Absatz 4 Satz 1 und 2 der Verordnung über Allgemeine Bedingungen für die Versorgung mit Fernwärme in der jeweils geltenden Fassung entsprechen.**

**§ 4 Form des Wärmeliefervertrages**

**Der Wärmeliefervertrag bedarf der Textform.**

**§ 5 Auskunftsanspruch**

**Hat der Mieter nach einer Umstellung auf Wärmelieferung die Wärmelieferkosten nicht als Betriebskosten zu tragen, weil die Voraussetzungen des § 556c Absatz 1 des Bürgerlichen Gesetzbuchs nicht erfüllt sind, so kann der Kunde vom Wärmelieferanten verlangen, diejenigen Bestandteile des Wärmelieferpreises als jeweils gesonderte Kosten auszuweisen, die den umlegbaren Betriebskosten nach § 7 Absatz 2 und § 8 Absatz 2 der Verordnung über Heizkostenabrechnung entsprechen.**

**§ 6 Verhältnis zur Verordnung über Allgemeine Bedingungen für die Versorgung mit Fernwärme**

**Soweit diese Verordnung keine abweichenden Regelungen enthält, bleiben die Regelungen der Verordnung über Allgemeine Bedingungen für die Versorgung mit Fernwärme unberührt.**

**§ 7 Abweichende Vereinbarungen**

**Eine von den Vorschriften dieses Abschnitts abweichende Vereinbarung ist unwirksam.**

**Abschnitt 3 Umstellung der Wärmeversorgung für Mietwohnraum**

**§ 8 Kostenvergleich vor Umstellung auf Wärmelieferung**

**Beim Kostenvergleich nach § 556c Absatz 1 Satz 1 Nummer 2 des Bürgerlichen Gesetzbuchs sind für das Mietwohngebäude gegenüberzustellen**

1. **die Kosten der Eigenversorgung durch den Vermieter mit Wärme oder Warmwasser, die der Mieter bislang als Betriebskosten zu tragen hatte, und**
2. **die Kosten, die der Mieter zu tragen gehabt hätte, wenn er die den bisherigen Betriebskosten zugrunde liegende Wärmemenge im Wege der Wärmelieferung bezogen hätte.**

**§ 9 Ermittlung der Betriebskosten der Eigenversorgung**

**(1) Die bisherigen Betriebskosten nach § 8 Nummer 1 sind wie folgt zu ermitteln:**

1. **Auf der Grundlage des Endenergieverbrauchs der letzten drei Abrechnungszeiträume, die vor der Umstellungsankündigung gegenüber dem Mieter abgerechnet worden sind, ist der bisherige durchschnittliche Endenergieverbrauch für einen Abrechnungszeitraum zu**

**ermitteln; liegt der Endenergieverbrauch nicht vor, ist er aufgrund des Energiegehalts der eingesetzten Brennstoffmengen zu bestimmen.**

**2. Der nach Nummer 1 ermittelte Endenergieverbrauch ist mit den Brennstoffkosten auf Grundlage der durchschnittlich vom Vermieter entrichteten Preise des letzten Abrechnungszeitraums zu multiplizieren.**

**3. Den nach Nummer 2 ermittelten Kosten sind die sonstigen abgerechneten Betriebskosten des letzten Abrechnungszeitraums, die der Versorgung mit Wärme oder Warmwasser dienen, hinzuzurechnen.**

**(2) Hat der Vermieter die Heizungs- oder Warmwasseranlage vor dem Übergabepunkt während der letzten drei Abrechnungszeiträume modernisiert, so sind die Betriebskosten der bisherigen Versorgung auf Grundlage des Endenergieverbrauchs der modernisierten Anlage zu berechnen.**

**§ 10 Ermittlung der Kosten der Wärmelieferung**

**(1) Die Kosten der Wärmelieferung nach § 8 Nummer 2 sind wie folgt zu ermitteln: Aus dem durchschnittlichen Endenergieverbrauch in einem Abrechnungszeitraum nach § 9 Absatz 1 Nummer 1 ist durch Multiplikation mit dem Jahresnutzungsgrad der bisherigen Heizungs- oder Warmwasseranlage, bestimmt am Übergabepunkt, die bislang durchschnittlich erzielte Wärmemenge zu ermitteln.**

**(2) Sofern der Jahresnutzungsgrad nicht anhand der im letzten Abrechnungszeitraum fortlaufend gemessenen Wärmemenge bestimmbar ist, ist er durch Kurzzeitmessung oder, sofern eine Kurzzeitmessung nicht durchgeführt wird, mit anerkannten Pauschalwerten zu ermitteln.**

**(3) Für die nach Absatz 1 ermittelte bisherige durchschnittliche Wärmemenge in einem Abrechnungszeitraum sind die Wärmelieferkosten zu ermitteln, indem der aktuelle Wärmelieferpreis nach § 2 Absatz 1 Nummer 2 unter Anwendung einer nach Maßgabe von § 3 vereinbarten Preisänderungsklausel auf den letzten Abrechnungszeitraum indexiert wird.**

**§ 11 Umstellungsankündigung des Vermieters**

**(1) Die Umstellungsankündigung nach § 556c Absatz 2 des Bürgerlichen Gesetzbuchs muss dem Mieter spätestens drei Monate vor der Umstellung in Textform zugehen.**

**(2) Sie muss Angaben enthalten**

**1. zur Art der künftigen Wärmelieferung,**

**2. zur voraussichtlichen energetischen Effizienzverbesserung nach § 556c Absatz 1 Satz 1 Nummer 1 des Bürgerlichen Gesetzbuchs oder zur energetisch verbesserten Betriebsführung nach § 556c Absatz 1 Satz 2 des Bürgerlichen Gesetzbuchs; § 555c Absatz 3 des Bürgerlichen Gesetzbuchs gilt entsprechend,**

**3. zum Kostenvergleich nach § 556c Absatz 1 Satz 1 Nummer 2 des Bürgerlichen Gesetzbuchs und nach den §§ 8 bis 10 einschließlich der ihm zugrunde liegenden Annahmen und Berechnungen,**

**4. zum geplanten Umstellungszeitpunkt,**

**5. zu den im Wärmeliefervertrag vorgesehenen Preisen und den gegebenenfalls vorgesehenen Preisänderungsklauseln.**

**(3) Rechnet der Vermieter Wärmelieferkosten als Betriebskosten ab und hat er dem Mieter die Umstellung nicht nach den Absätzen 1 und 2 angekündigt, so beginnt die Frist für Einwendungen gegen die Abrechnung der Wärmelieferkosten (§ 556 Absatz 3 Satz 5 des Bürgerlichen Gesetzbuchs) frühestens, wenn der Mieter eine Mitteilung erhalten hat, die den Anforderungen nach den Absätzen 1 und 2 entspricht.**

**§ 12 Abweichende Vereinbarungen**

**Eine zum Nachteil des Mieters von den Vorschriften dieses Abschnitts abweichende Vereinbarung ist unwirksam.**

**Abschnitt 4 Schlussvorschriften**

***§ 13 Inkrafttreten***

**Diese Verordnung tritt am 1. Juli 2013 in Kraft.**

**Systematische Übersicht**



## A. Regelungszweck

Die Norm ist durch das **Mietrechtsänderungsgesetz** 2013[1] in das BGB eingefügt worden, um die Energieeffizienz von Heizungsanlagen im **Wohnungsbestand** zu verbessern; nach § 578 Abs. 2 S. 2 BGB gilt sie – mit Ausnahme des § 556c Abs. 4 BGB – auch für **Gewerberaummietverhältnisse;** sie gilt nicht für preisgebundenen Wohnraum, da dort in § 5 Abs. 3 NMV eine Sonderregelung für die Veränderung der Kostenstruktur getroffen worden ist.[2] Der Gesetzgeber ging dabei davon aus, dass dieses Ziel durch die Einschaltung intermediärer Personen besser gelingen könnte als durch Tätigwerden des Gebäudeeigentümers = Vermieters selbst. **Drei** unterschiedliche **Energiedienstleistungen** werden hier zusammengefasst: der Ersteller einer neuen Anlage zur Wärmeerzeugung (eigentliches Contracting-Modell); der Wärmelieferant in ein Wärmenetz (Fernwärme); das Betriebsführungscontracting. Während bei den beiden ersten Formen die vorhandene Altanlage entfernt wird, bleibt sie beim dritten Modell bestehen und soll durch spezialisierte Bedienung effizienter gemacht werden. 1

Programmatisch wurde die Auffassung über die effizientere Nutzung von Energie durch Energiedienstleister mit verschiedenen **Energiekonzepten** unterlegt: (1) Im **10-Punkte-Sofortprogramm** zum Energiekonzept v. 28.9.2010 heißt es unter Punkt 8 Wärmeliefer-Contracting im Mietrecht „Die Möglichkeiten des Energie-Contracting werden erweitert, damit vor allem auch im Mietwohnungsbereich bestehende Einsparpotentiale effizient realisiert werden können. Die Bundesregierung wird deshalb einen Gesetzentwurf für einen einheitlichen Rahmen für das Wärmeliefer-Contracting vorlegen", was wohl mit auf einer Studie[3] beruhte, in der Contracting-Modelle als eines der Instrumente zur Reduktion des Energieverbrauchs im Gebäudebestand erwähnt werden mit der Einschränkung, dass dies nur bei Vermietern mit einem großen Wohnungsbestand von Bedeutung sein dürfte. (2) In den **Eckpunkten zur Energieeffizienz** v. 6.6.2011 wird Contracting allerdings nur im Zusammenhang mit öffentlichen Gebäuden erwähnt und von der Höhe der jährlichen Energiekosten und dem Gebot der Wirtschaftlichkeit abhängig gemacht. 2

Statt eines eigenständigen Gesetzes zum Wärmeliefer-Contracting[4] ist diese Vertragsgestaltung nunmehr in einen mehrere mietrechtliche Fragen regelnden umfassenden Gesetz mit behandelt worden. Die Fassung der Vorschrift ist vom ersten Referentenentwurf Mai 2011[5] bis letztlich der Gesetz gewordenen Regelung nahezu identisch geblieben; das vom Rechtsausschuss wieder eingefügte Tatbestandsmerkmal der **Energieeffizienz** war bereits in den Referentenentwürfen enthalten, allerdings dann im Regierungsentwurf gestrichen worden. Gerade dieses Merkmal diente aber zur **Rechtfertigung** der gesetzlichen Regelung. Denn in der **Begründung des Regierungsentwurfs**[6] heißt es dazu: 3

„Durch die Modernisierung der Wärmeerzeugungsanlagen einschließlich der Warmwassererzeugung, durch einen effizienteren Betrieb oder durch den Wechsel der Brennstoffversorgung, etwa die Umstellung auf Fernwärme, sind erhebliche **Effizienzsteigerungen** bei der Wärmeerzeugung und damit Einsparungen von Energie möglich. Allerdings scheuen viele Gebäudeeigentümer vermieteter Wohngebäude die mit einer Anlagenerneuerung verbundenen Investitionskosten. Da der Mieter in

[1] *BGBl.* 2013 I 434.

[2] *Beyer* CuR 2014, 4 (6); *Lützenkirchen* ZMR 2014, 955; **aA** immer noch *Eisenschmid* WuM 2013, 393 (395).

[3] Prognos-EWI-GWS, Energieszenarien für ein Energiekonzept der Bundesregierung, v. 27.8.2010, S. 71; selbst die Ethik-Kommission erwähnt in ihrem Abschlussbericht „Deutschlands Energiewende – Ein Gemeinschaftswerk für die Zukunft" v. 28.7.2011 befürwortend (S. 69, 73) das Contracting-Modell.

[4] Stattdessen gibt es ein auf EU-Vorgaben beruhendes Gesetz über Energiedienstleistungen und andere Energieeffizienzmaßnahmen, BGBl. 2010 I 1483.

[5] Dem wiederum ein Arbeitsentwurf 2008 vorangegangen war, der bereits die Elemente der Kostenneutralität und Energieeffizienz enthielt.

[6] BT-Drs. 17/10485, 14.

der Regel die Betriebskosten trägt, fehlen oft auch unmittelbare Anreize für den Vermieter, hier tätig zu werden. Die Umstellung auf eigenständig gewerbliche Wärmelieferung kann vor diesem Hintergrund eine attraktive Alternative zur Eigenversorgung durch den Vermieter sein. Durch sie kann die **Modernisierung der Wärmeversorgung** im Gebäudebestand erheblich beschleunigt werden, da energetisch wirksame Maßnahmen vorgezogen werden."

Diesen **finanziellen** und **persönlichkeitsbezogenen** Gründen werden dann **rechtliche** zur Seite gestellt.[7] Denn mit Abschluss eines Mietvertrages sind beide Parteien an die darin vereinbarte Form der Wärmeversorgung gebunden, der Vermieter bedarf also der Zustimmung des Mieters, wenn er zu einer anderen Versorgungsart wechseln will. Der **ökonomische Hintergrund** für den Zustimmungsvorbehalt liegt darin, dass in den Kosten der Wärmelieferung (= Wärmepreis) Positionen enthalten sind (→ Rn. 4), die bei der Eigenversorgung durch den Vermieter nicht als Heizkosten umlegbar sind, die aber angesichts des Wortlauts des § 7 Abs. 4 HeizkostenV vom Mieter zu tragen sind; denn er hat den anteiligen Wärmepreis entsprechend der Heizkostenabrechnung zu tragen. Zwar hat der BGH – nachdem er zunächst diese Zustimmungsbedürftigkeit uneingeschränkt betont hatte –, diese Zustimmung im Verweis auf den Katalog umlegungsfähiger Betriebskosten (darunter auch diejenigen für Wärmelieferung) gesehen, der nahezu in jedem Formularmietvertrag enthalten ist.[8] Beschränkte sich dieser Verweis auf die pauschale Inkorporierung der Anlage 3 zu § 27 II. BV, so kam es auf die Fassung dieser Anlage an, da die Wärmelieferung erst später in sie aufgenommen worden war. Diese Unsicherheit möchte die Neuregelung beseitigen.

4 Terminologisch ist zu trennen zwischen der technischen und der kostenmäßigen Umstellung. Die technische **Umstellung auf Wärmelieferung** im bestehenden Mietverhältnis fällt unter den Tatbestand der Modernisierung. Die kostenmäßige Umstellung der Heizkostenabrechnung von Einzelkosten iSd § 7 Abs. 2 HeizkostenV auf den Wärmepreis iSd § 7 Abs. 4 HeizkostenV ist jetzt **ausschließlich** nach § 556c zulässig und hängt trotz anderslautenden Mietvertrag und ohne Zustimmung des Mieters von mehreren **kumulativ** zu erfüllenden **Voraussetzungen** ab: (1) Verpflichtung des Mieters, die Wärmekosten zu tragen (dazu → Rn. 18, 19); (2) verbesserte Energieeffizienz (dazu → Rn. 24) durch (a) Errichtung einer neuen Anlage (dazu → Rn. 21), oder (b) Anschluss an ein Wärmenetz (dazu → Rn. 21); (3) Kostenneutralität (dazu → Rn. 25–27). Ist die bestehende Anlage bereits effizient, kann statt der Neuerrichtung oder dem Anschluss an ein Wärmenetz auf ein sog. Betriebsführungscontracting umgestellt werden (dazu → Rn. 22). Die Vorschrift wird ergänzt durch die „Verordnung über die Wärmelieferung für Mietwohnraum"[9], die insbes. Regelungen zur Feststellung der Kostenneutralität (→ Rn. 25–27) und zum Inhalt der Umstellungsankündigung (dazu → Rn. 10–16) enthält.

5 **Betriebswirtschaftlicher Hintergrund** der gesamten Regelung ist das Aufkommen der Dienstleistungsform des „Contracting", dessen Inhalt inzwischen sowohl von einer DIN[10] als auch von einer EU-Richtlinie[11] beschrieben wird. Für § 556c BGB ist (neben Einsparcontracting, technisches Anlagenmanagement und Finanzierungscontracting) nur das **Energieliefercontracting** von Bedeutung. Dieses kann in zwei Ausgestaltungen durchgeführt werden: Entweder plant, finanziert und erstellt der Dienstleister (= Contractor) die Energieerzeugungsanlage oder er übernimmt eine bestehende Anlage und trägt die volle Anlagenverantwortung, dh Einkauf der einzusetzenden Energie, Aufrechterhaltung des Betriebs durch Instandhaltung/Instandsetzung und Wartung. Die erzeugte Wärme wird dann an den Gebäudeeigentümer zum **Wärmepreis verkauft;** dieser Preis setzt sich zusammen aus einem fixen Grundpreis und einem variablen Arbeitspreis (ggf. wird noch der fixe Messpreis gesondert aufgeführt). Der **Grundpreis** stellt allein auf die Vorhaltung der Anlage (ohne Wärmeabnahme) ab und soll die Kapitalkosten für die Investition (also auch die Verzinsung des eingesetzten Kapitals), ferner die Personal- und Sachkosten für Pflege, Überwachung, Wartung, Reparatur der Anlage, Versicherungskosten, Unternehmergewinn (und mangels gesonderter Vereinbarung auch die Messkosten) abdecken. Der **Arbeitspreis** berechnet sich nach der

[7] BT-Drs. 17/10485, 14.

[8] BGH VIII ZR 202/06, NJW 2007, 3060; BGH VIII ZR 75/07, GE 2008, 730. Der Streitstand wird ausf. dargestellt von BMVBS/*Arzt,* Contracting im Mietwohnungsbau, Forschungen Heft 141, 2009, S. 37 ff.

[9] Vom 7.6.2013, BGBl. I 1509; Begründung BAnz. am 20.6.2013.

[10] *DIN 8930-5 von 2003.*

[11] RL 2012/27/EU zur Energieeffizienz, zur Änderung der RL 2009/125/EG und RL 2010/30/EU und zur Aufhebung der RL 2004/8/EG und RL 2006/32/EG (ABl. 2012 L 315, 1) Art. 2 Nr. 7; Art. 18 enthält materielle Regelungen für Energiedienstleistungen.

Wärmeabnahme und setzt sich zusammen aus den Kosten für die Brennstoffbeschaffung, Anlagenstrom (zB Pumpen), Wirkungsverluste der Anlage.[12] Diese betriebswirtschaftliche Aufteilung ändert aber nichts daran, dass nach § 7 Abs. 3, 4 HeizkostenV der Wärmepreis unaufgespalten verteilt werden muss. Die Einordnung des Vertrages über Energielieferungs-Contracting als **Kaufvertrag**[13] setzt voraus, dass der Energiedienstleister **Eigentümer** der Anlage ist[14], gleichgültig ob diese auf eigenem oder fremden Grund oder im fremden Gebäude errichtet oder gehalten wird; diese Position dient ferner der Kreditsicherung. Angesichts der dinglichen Zuordnung nach den §§ 93, 94 BGB von (wesentlichen) Bestandteilen zum Grundstück und damit zum Eigentum des Grundstückseigentümers muss eine vertragliche Regelung zwischen Contractor und Contractingnehmer dahingehend getroffen werden, dass es sich bei der zu errichtenden Anlage um einen Scheinbestandteil iSd § 95 BGB handelt[15], was auch nachträglich für den Fall der Übernahme einer bereits vorhandenen Anlage vereinbart werden kann.[16]

Mit dem Einsatz von Contracting bei der Wärmelieferung sollen zwei Ziele erreicht werden, ein wirtschaftliches und ein energiepolitisches. **Wirtschaftlich** wird darauf verwiesen, dass Contracting zu einer sog. Win-Win-Situation zwischen Contractor und Contractingnehmer führt. Denn für den Mietwohnungsbereich wird davon ausgegangen, dass der Vermieter auch deshalb die Investitionen für Energieeinsparung scheut, weil er von den entsprechenden Kosten nach § 559 BGB allenfalls 11% (nunmehr nur noch 8%, zusätzlich versehen mit einer Kappungsgrenze, § 559 Abs. 1 BGB) auf die Miete umlegen darf und die Beibehaltung des energetisch unbefriedigenden Zustandes für ihn keinen Verlust bedeutet, da er die dadurch erhöhten Betriebskosten auf die Mieter verteilen kann, diese ihn daher nicht belasten.[17] Der Contractingnehmer erspart Investitionen, die er für sein Kerngeschäft nutzen kann; es entstehen Kostenvorteile und Synergieeffekte durch die Abwicklung von Einkauf, Planung und Errichtung der Anlage durch den Contractor; Instandhaltung und Wartung durch einen Spezialisten.[18] Damit stellt sich das Wärmecontracting als eine spezielle Art des sog. Outsourcing dar, dh eine Möglichkeit zur wirtschaftlichen Optimierung von Unternehmensstrukturen, Funktionen und Prozessen durch Nutzung externer Dienstleistungs- oder Produktionsangeboten statt interner Funktionseinheiten. Hinzukommt dass die Fremdausübung bisher betrieblicher Funktionen auf längere Dauer angelegt ist.[19] Dies ist auch der Amortisation der Investitionen geschuldet, so dass die Verträge fest auf zehn Jahre bis 15 Jahre abgeschlossen werden.[20] Handelt es sich jedoch um einen Vertrag über die Lieferung von Fernwärme – wenn der Contractor also in eine neue Anlage außerhalb des zu beliefernden Gebäudes investiert und diese Anlage eigenständig betreibt[21] – darf nach § 32 Abs. 1 AVBFernwärmeV formularmäßig keine längere Laufzeit als zehn Jahre vereinbart werden. Darüber hinaus gehende Laufzeiten bedürfen einer individuell ausgehandelten Vereinbarung, die dann vorliegen kann, wenn die Höhe des Preises anhand der unterschiedlichen Laufzeiten dargestellt und eine entsprechende Vertragsgestaltung zur Auswahl gestellt wird. Die in den langdauernden Verträgen (notwendigerweise) enthaltenen Preisänderungsklauseln sind an den Vorgaben des § 24 Abs. 4 AVBFernwärmeV zu messen[22], dh an einer Kombination von Kostenentwicklung und Marktentwicklung. Diese sog. Win-Win-Situation betrachtet allerdings nur das Verhältnis Contractingnehmer (= Vermieter) und Contractor. Wirtschaftlich geht dieses Modell zu lasten des Mieters, der über den Wärmepreis sämtliche Kosten zu tragen hat; die ihm zugute kommende Einsparung durch geringere Energiekosten bewegt sich im Bereich von maximal 2%.[23] 6

[12] So *Hack,* Energie-Contracting, Rn. 116.

[13] *Hack,* Energie-Contracting, Rn. 23 mwN.

[14] Gutglaubenserwerb kann vernachlässigt werden, ebenso schuldrechtliche Besitztitel an der Anlage (hingegen nicht am Anlagestandort!).

[15] Einzelheiten dazu bei *Hack,* Energie-Contracting, Rn. 210–217; KG GE 2020, 539 zur Absicherung im Wege einer Dienstbarkeit, dazu *Lammel* jurisPR-MietR 11/2020 Anm. 3.

[16] *Hack,* Energie-Contracting, Rn. 221 unter Berufung auf BGH V ZR 35/05, NJW 2006, 990.

[17] *Kramer* ZUR 2007, 283.

[18] *Bäsmann* Der Facility-Manager 2011, 12; *Lowak* GE 2017, 1146.

[19] So zusammengefasst die Definition bei *Balze/Rebel/Schuck,* Outsourcing und arbeitsrechtliche Restrukturierung von Unternehmen, 2007, Rn. 3.

[20] *Bemmann/Schädlich,* Contracting Handbuch, 2002, S. 193.

[21] BGH VIII ZR 262/09, WuM 2012, 115.

[22] BGH VIII ZR 273/09, ZMR 2011, 376.

[23] EWI ua, Energieszenarien für ein Energiekonzept der Bundesregierung 2010, S. 171–179.

7 **Energiepolitisch** soll Contracting zu mehr Effizienz und Einsparung bei der Verwendung von Primärenergie führen und damit auch zu mehr Umweltschutz. Hierzu werden Untersuchungen angeführt, aus denen sich der Einspareffekt ergeben soll. Daraus ergibt sich zwar, dass derartige Einsparungen zu erwarten sind.[24] Das liegt aber nicht unbedingt am Contracting als solchem, sondern an den durch diese Betriebsart durchgeführten Modernisierungen, die wiederum nur unter bestimmten wirtschaftlichen Rahmenbedingungen ökonomisch sinnvoll durchgeführt werden können.[25] Folglich hängt die Anwendung des Konstruktionsmodells Contracting von zahlreichen wirtschaftlichen Faktoren ab und sie stellt keineswegs das propagierte Zaubermittel zur Energieeinsparung dar, zumal es vor allem bei Großvermietern einsetzbar ist[26], während es für die Vielzahl der privaten Kleinvermieter – die etwa ⅔ der Vermieter ausmachen[27] – kaum sinnvoll anwendbar ist. Für letztere kommt im wesentlichen der Anschluss an ein bereits vorhandenes Fernwärmenetz oder das Betriebsführungscontracting in Betracht. Der Grundsatz der Wirtschaftlichkeit greift zugunsten der Mieter nicht ein, wenn bereits bei Mietvertragsschluss ein „unwirtschatlicher" Versorgungsvertrag vorliegt.[28]

## B. Kostenumstellung auf einen Wärmepreis

### I. Formalien

8 Die in der Vorschrift gegebene **Befugnis** erfasst nur die beiden genannten **Umstellungsziele,** Wärmelieferung aus einer neu errichteten Anlage oder Anschluss an ein Fernwärmenetz. Die Umstellungsbefugnis erlaubt hingegen nicht den (einseitigen) Verweis des Mieters auf Abschluss eines Direktvertrages mit dem Wärmelieferanten;[29] der Vermieter bleibt auch nach der angekündigten Umstellung der im Verhältnis zum Mieter für die Wärmeversorgung Verantwortliche. Einer solchen Befugnis bedarf es auch nur im laufenden Mietverhältnis. Beim Neuabschluss über ein durch Wärmelieferung versorgtes Mietobjekt hat der neue Miete das so beschaffene Objekt hinzunehmen.[30]

9 Eine Umstellung darf **nur** nach den **Kriterien** des § 556 c BGB erfolgen. Die anderen bisherigen möglichen Rechtsgrundlagen wie pauschaler Verweis auf die Überwälzung der Betriebskosten nach Anlage 3 zu § 27 II. BV oder nach der BetrkV oder nach der HeizkostenV sind nicht mehr tragfähig. Eine Vereinbarung über die Umstellung zwischen Vermieter und den Mietern ist zwar möglich. Sie muss sich aber ebenfalls an die Vorgaben der Norm halten; Abweichungen (zB bzgl. der Feststellung/des Umfangs der Kostenneutralität) sind – soweit sie den Mieter benachteiligen – nach Abs. 4 unzulässig. Andererseits ist auch keine Zustimmung des Mieters zur neuen Kostenbelastung erforderlich.[31] Diese wird durch die Erfüllung der Tatbestandsmerkmale der Norm erfüllt.

10 Der Umstellung muss eine entsprechende **Ankündigung** des Vermieters gegenüber den Mietern vorangehen, § 556 c Abs. 2 BGB. Die Ankündigung muss wegen ihrer Folgen den Mietern auch **zugehen,** so dass ein allgemeiner Aushang im Treppenhaus nicht ausreicht. Die vom Gesetz vorgesehene Textform ist daher in ihrer elektronischen Form nur dann zulässig, wenn die Mieter bekanntermaßen entsprechende technische Empfangsvorrichtung besitzen. Ansonsten müssen die papiermäßigen Formen verwendet werden. Zulässig bleibt trotz der zugelassenen Textform auch eine schriftliche Mitteilung, da die Textform nur Mindestanforderungen an die Mitteilung aufstellt, höhere Formqualitäten aber nicht ausschließt. Daneben ist **keine** zusätzliche **Modernisierungsankündigung** nach § 555 c BGB erforderlich.[32] Denn bei der vorhandenen Eigenversorgung

[24] BMVBS/*Arzt,* Contracting im Mietwohnungsbau, Forschungen Heft 141, 2009, S. 88 f.
[25] BMVBS/*Arzt,* Contracting im Mietwohnungsbau, Forschungen Heft 141, 2009, S. 78 ff.
[26] Ab 13 Wohneinheiten, BMVBS/*Arzt,* Contracting im Mietwohnungsbau, Forschungen Heft 141, 2009, S. 92.
[27] Bis 12 Wohneinheiten, Tabelle in BMVBS/*Arzt,* Contracting im Mietwohnungsbau, Forschungen Heft 141, 2009, S. 70.
[28] OLG Brandenburg MietRB 2019, 129.
[29] *Schmid,* Fachanwaltskommentar Mietrecht, 2. Aufl. 2008, BGB § 556 c Rn. 22.
[30] Lützenkirchen MietR/*Lützenkirchen* BGB § 556 c Rn. 20, 21; *Schmid,* Fachanwaltskommentar Mietrecht, *2. Aufl. 2008, BGB § 556 c Rn. 13, 14.*
[31] **AA** Lützenkirchen MietR/*Lützenkirchen,* 1. Aufl. 2013, BGB § 556 c Rn. 45; anders jetzt *Lützenkirchen* ZMR 2014, 955 unter II. und Lützenkirchen MietR/*Lützenkirchen,* 3. Aufl. 2020, BGB § 556 c Rn. 46.
[32] So wohl auch *Hinz* NZM 2012, 777 (787).

durch den Vermieter wird davon auszugehen sein, dass es sich dabei um eine zentrale Heizungsanlage iSd § 1 Abs. 1 Nr. 1 HeizkostenV handelt, deren Umstellung im Regelfall nur zu unerheblichen Einwirkungen auf die konkrete Mietsache führt, § 555c Abs. 3 BGB.[33]

Die Ankündigung ist **fristgebunden;** sie muss spätestens drei Monate vor dem Umstellungstermin dem Mieter **zugehen.** Mit „Umstellung" ist hier die Einstellung des Wärmepreises an die Stelle der Einzelkosten in die Heizkostenabrechnung gemeint, nicht die technische Umgestaltung der Wärme-/Warmwasserversorgung. Außerdem unterliegt die Umstellung den allgemeinen Regelungen für Änderungen der Abrechnungsmodalitäten. Denn mit der Umstellung ist auch eine Änderung der Abrechnungsweise verbunden; anstelle der Einzelkostenabrechnung nach § 7 Abs. 2 HeizkostenV erfolgt nunmehr eine Gesamtkostenabrechnung nach dem Wärmepreis gem. § 7 Abs. 4 HeizkostenV. Eine derartige Änderung ist aber nach § 6 Abs. 4 S. 3 HeizkostenV nur zu **Beginn eines Abrechnungszeitraumes** zulässig, so dass eine Umstellung auf den Wärmepreis während des Laufes einer Abrechnungsperiode unzulässig ist.[34] Wird die Drei-Monats-**Frist nicht eingehalten,** erfolgt also die Ankündigung verspätet oder zunächst gar nicht, ist weder die technische Umstellung unzulässig, weil sie von § 556c BGB nicht erfasst wird, noch die darauf gründende nunmehrige Umlage des Wärmepreises per se unwirksam. Vielmehr obliegt es dem Mieter, Einwendungen gegen die Umlage zu erheben, wobei hierfür die Ausschlussfrist des § 556 Abs. 3 S. 5 nicht gilt, § 11 Abs. 3 WärmeLV. Die Ausschlussfrist beginnt erst mit Zugang einer ordnungsgemäßen Ankündigung zu laufen, wobei die Drei-Monats-Frist des § 11 Abs. 1 WärmeLV in diesem Fall bedeutungslos ist, weil die rechnerische Umstellung bereits erfolgt ist. Bis zur Erhebung von Einwendungen bleibt die umgestellte Heizkostenabrechnung wirksam und fällig;[35] eine darauf geleistete Zahlung erfolgt nicht rechtsgrundlos. **11**

Der **Inhalt der Ankündigung** wird in § 11 Abs. 2 WärmeLV zwingend vorgeschrieben. Hierdurch sollen dem Mieter nicht nur die notwendigen Informationen geboten werden, damit er die Berechtigung der rechnerischen Umstellung nachprüfen kann,[36] sondern die einzelnen Vorgaben der Verordnung dienen insgesamt dazu, Kosten transparent und dem Gebot der Wirtschaftlichkeit entsprechend niedrig zu halten. Deshalb sind neben Tatbeständen, die sich auf das Verhältnis Vermieter – Mieter beziehen, auch solche aus dem Verhältnis Vermieter – Wärmelieferant in die Ankündigung aufzunehmen. Die Nr. 1–4 in § 11 Abs. 2 WärmeLV enthalten mieterbezogene Ankündigungsinhalte; sie betreffen die Kostenbelastung des Mieters unmittelbar; die Nr. 5 bezieht sich auf die Vertragsgestaltung Vermieter – Wärmelieferant, die mittelbar auf die Kostenbelastung des Mieters einwirken kann. **12**

Zunächst (Nr. 1) ist die Art der **zukünftigen Wärmelieferung** mitzuteilen. Darunter gehört nicht nur die Differenzierung nach (klassischer) Fernwärme und (sog.) Nahwärme, dh Fernversorgung oder haus- bzw. wirtschaftseinheitsbezogene Versorgung, sondern zusätzlich sowohl die Herstellungsart wie Blockheizkraftwerk, KWK-Anlagen als auch die eingesetzte Brennstoffart (fossile oder regenerative), da dies alles auf den Kostenumfang einwirken kann. **13**

Weiter sind Angaben über die **Energieeinsparung** erforderlich (Nr. 2); denn diese stellt die eigentliche Grundlage für die Neuregelung dar (→ Rn. 2, 3). Diese Angaben sind für alle drei Umstellungsmaßnahmen erforderlich, sowohl für die Neuerrichtung einer Anlage zur Wärmelieferung, eines Anschlusses an ein Wärmeliefernetz oder auch für das reine Betriebsführungscontracting, also die optimierende Steuerung einer bereits vorhandenen Anlage. Die WärmeLV verweist für den Nachweis der Effizienz auf den neuen § 555c Abs. 2 BGB. Danach kann der Vermieter für die Energieeinsparung auf allgemein anerkannte Pauschalwerte Bezug nehmen. Dies passt auf die Umstellung zu Wärmelieferung nicht, da es hier nicht um bauliche Verbesserungen des Mietobjekts geht, sondern um die Bewertung von Heizungsanlagen. Hierfür ist auf den Unterschied der Jahresnutzungsgrade im Vergleich der alten zur neuen Wärmeerzeugungsanlage abzustellen.[37] Hinsichtlich des Betriebsführungscontractings müsste dargetan werden, welche Verbesserungen hinsichtlich des Ist-Zustandes der Heizungsanlage eingeführt werden können mit welchem energetischen Ergebnis. **14**

---

[33] *Hinz* WuM 2014, 55 (66).
[34] **AA** Staudinger/Artz, § 556c Rn. 32, dagegen sprechen schon Gründe der Praktikabilität.
[35] **AA** Lützenkirchen MietR/*Lützenkirchen* BGB § 556c Rn. 55.
[36] Begr. des Diskussionsentwurfs der VO, NZM 2011, 451 zu § 7 Abs. 2; gleichlautend Begr. des RefE § 11 Abs. 2 und amtl. Begründung BAnz. 2013 AT, 20.6.2013, B 2.
[37] Eine Möglichkeit zur Ermittlung des Jahresnutzungsgrades bieten *Grinewitschus/Lepper* CuR-Beil. 1/2016.

15 Ferner ist in der Ankündigung der **Kostenvergleich** darzustellen (Nr. 3). Hieraus muss der Mieter ersehen können, dass das Kriterium der Kostenneutralität eingehalten worden ist. Das erfordert eine umfangreichere Berechnung nach den §§ 8–10 WärmeLV (dazu → Rn. 25–27). Um diesen Vergleich verstehen zu können, bedarf es sicher einiger Erläuterungen, die ebenfalls in die Ankündigung aufzunehmen sind. Der Vermieter darf nicht auf den Wortlaut der Verordnung verweisen; denn dieser ist von ihm mit den darin genannten Daten auszufüllen, was der Mieter mangels Kenntnis der Daten nicht kann. Die Erläuterung muss derart gestaltet sein, dass der Mieter die Berechnungen selbständig nachvollziehen kann.

16 Schließlich ist der **Zeitpunkt** der Umstellung mitzuteilen (Nr. 4). Nach der amtlichen Begründung[38] soll hier unter „Umstellung" der Übergang der Beheizungspflicht – dh vom Eigenbetrieb zum Fremdbetrieb – zu verstehen sein. Das ist unter zwei Gesichtspunkten zumindest missverständlich: (1) Der Übergang auf Wärmelieferung ändert nichts an der mietvertraglichen Beheizungspflicht des Vermieters gegenüber dem Mieter; (2) Es kommt für den gesamten Bereich des § 556c BGB auf die Umstrukturierung der Kostenbelastung an, nicht auf die Veränderung der Beheizungsart; letztere unterfällt den Tatbestandsmerkmalen der §§ 555b, 555c BGB. Der Mieter soll aus dieser Mitteilung ersehen, ob der Vermieter die Drei-Monats-Frist des § 556c Abs. 2 BGB eingehalten hat.

17 Letztlich sind noch zwei Daten aus dem Wärmelieferungsvertrag zwischen Vermieter und Wärmelieferanten offen zulegen (Nr. 5), nämlich der vereinbarte Wärmepreis sowie die Regelungen zur Preisänderung.[39] Zwar gilt für den Zeitpunkt der Umstellung auf Wärmelieferung das Gebot der Kostenneutralität. Dies schließt aber spätere Kostensteigerungen nicht aus, wenn zB die Preise für die eingesetzte Energie steigen. Um aber zu vermeiden, dass zunächst ökonomisch nicht zu rechtfertigende Tiefstpreise vereinbart werden, deren Steigerung alsbald nach der Umstellung zu erwarten ist, müssen diese Anfangspreise mitgeteilt werden. Ferner darf der Wärmelieferungsvertrag nur ein solches einseitiges Preisänderungsrecht für den Lieferanten enthalten, welches sich an die Vorgaben des § 24 Abs. 4 S. 1, 2 AVBFernwärmeV hält, wie sich aus § 3 Abs. 1 WärmeLV ergibt. Diese Bestimmung lautet im einzelnen:

„Preisänderungsklauseln dürfen nur so ausgestaltet sein, dass sie sowohl die Kostenentwicklung bei Erzeugung und Bereitstellung der Fernwärme durch das Unternehmen als auch die jeweiligen Verhältnisse auf dem Wärmemarkt angemessen berücksichtigen. Sie müssen die maßgeblichen Berechnungsfaktoren vollständig und in allgemein verständlicher Form ausweisen."

Diese Darstellung hat ihre Berechtigung bei den Erfordernissen eines Wärmelieferungsvertrages, um die verschiedenen Angebote miteinander vergleichen zu können[40], überfordert jedenfalls aber den Mieter durch Überinformation. Denn die Vorgaben des § 24 Abs. 4 AVBFernwärmeV werden durch Formeln ausgefüllt, die sich über mehrere Seiten erstrecken können[41] und nur noch für den Spezialisten nachvollziehbar sind.

18 Die **inhaltliche Nichterfüllung der Ankündigungspflicht** wird ebenfalls nur dann berücksichtigt, wenn der durch die fristgemäße Umstellungsankündigung informierte Mieter innerhalb der Ausschlussfrist des § 556 Abs. 3 S. 5 BGB Einwendungen gegen die Heizkostenabrechnung erhebt, in der in Abweichung von den bisherigen Abrechnungen der Wärmepreis als Kostenfaktor aufgeführt wird (auch → Rn. 29). Ist dieser Kostenfaktor nicht aufgeführt, bleiben dem Mieter seine darauf bezüglichen Einwendungen erhalten, bis er eine den Wärmepreis beinhaltende Abrechnung bekommt.

## II. Materielle Voraussetzungen

19 Es muss bereits ein Mietvertrag zwischen den Parteien bestehen, der Mieter braucht aber noch nicht eingezogen zu sein. Vor Vertragsschluss ist der Vermieter frei in der Wahl der Mittel zur Versorgung des Mietobjekts mit Wärme und Warmwasser. Nach Vertragsschluss wird ferner vorausgesetzt, dass der Mieter gemäß dem Mietvertrag die **Betriebskosten** für Wärme und Warmwasser

---

[38] BAnz. 2013 AT, 20.6.2013, B 2.

[39] Damit ist insoweit die Entscheidung BGH VIII ZR 145/10, WuM 2011, 219, überholt, wonach das Preisgefüge zwischen Versorger und Vorlieferant gegenüber dem Mieter nicht aufgeschlüsselt zu werden braucht.

[40] Wobei deren wettbewerblicher Wert angesichts der Verbändevereinbarung zum Wärmeliefercontracting und die wettbewerbsrechtliche Zulässigkeit durchaus bezweifelt werden kann.

[41] So in *Benman/Schädlich,* Contracting Handbuch, 2002, S. 201–203.

zu tragen hat. Die Formulierung des Gesetzes „Betriebskosten" weist darauf hin, dass es sich um Kosten zu handeln hat, die **neben** der Miete auf Grund einer besonderen Vereinbarung zu zahlen sind. Deshalb fällt ein Wohnraummietverhältnis, in dem – entgegen § 2 HeizkostenV – eine Inklusivmiete vereinbart ist, nicht in den Anwendungsbereich des § 556c BGB. Zwar zahlt in diesem Fall der Mieter betriebswirtschaftlich gesehen ebenfalls die Kosten für Wärme und Warmwasser. Nach einer Umstellung auf Wärmelieferung ändert sich für ihn in der Kostenstruktur aber nichts. Der Vermieter ist aber unter dem Gesichtspunkt des venire contra factum proprium, § 242 BGB, gehindert, ohne die Erfüllung der Voraussetzungen des § 556c BGB eine Umstellung vorzunehmen. Denn mit der Vereinbarung einer Inklusivmiete handelt er verordnungswidrig, diese Regelung darf zwischen den Parteien nicht angewendet werden. Aus seinem gesetzwidrigem Handeln darf der Vermieter aber keine Vorteile ziehen, so dass er bei einer Umstellung das Verfahren nach § 556c BGB einzuhalten hat.

Die **Vereinbarung** über die Tragung der **Wärmekosten** (wobei die Warmwasserkosten regelmäßig davon mit umfasst werden) kann sich darauf beschränken, konkret diese Kostenposition auf den Mieter zu übertragen. Selbst wenn die Wärmekosten inhaltlich detailliert umschrieben werden und Wärmelieferungskosten darin nicht enthalten sein sollten, steht dies einer Umstellung auf Wärmelieferung nicht entgegen. Die Kostentragungspflicht für die Wärmekosten kann sich auch aus einem pauschalen Verweis entweder auf die BetrKV oder die HeizkostenV ergeben. Unerheblich ist für die Anwendung der Norm, ob die Wärmekosten im Wege der Vorauszahlung oder einer Pauschale – letzteres ebenfalls unter Verstoß gegen § 2 HeizkostenV[42] – entrichtet werden. Beide Kostenpositionen könnten nach einer Umstellung auf Wärmelieferung theoretisch verändert werden, § 560 BGB. 20

Der Vermieter muss beabsichtigen, von der Eigenversorgung – nicht darunter fällt die Selbstversorgung durch den Mieter durch zB Einzelöfen, Etagenheizung; diesbezügliche Umstellungen seitens des Vermieters fallen unter § 555b BGB[43] – auf die **eigenständige gewerbliche Wärmelieferung** umzustellen; damit wird klargestellt, dass sämtliche Formen der Wärmelieferung (wie Fernwärme, Nahwärme, Quartierslösungen) darunter zu subsumieren sind[44] Dieses Tatbestandsmerkmal entspricht demjenigen in § 1 Abs. 1 Nr. 2 HeizkostenV und bedeutet zum einen, dass eine Trennung zwischen Vermieter und Versorger herbei geführt werden soll. **Eigenständig** heißt aber nicht nur die juristische Trennung der Personen, sondern auch deren jeweilige wirtschaftliche Selbständigkeit und Unabhängigkeit voneinander, so dass bei einem Versorger, der konzernmäßig mit dem Vermieter verbunden ist, nicht mehr von der geforderten Eigenständigkeit gesprochen werden kann. Denn aus § 2 WärmeLV und der darin enthaltenen Vorgaben für den Inhalt eines Angebots zum Abschluss eines Wärmeliefervertrages ergibt sich, dass damit ermöglicht werden soll, die jeweiligen Angebote untereinander zu vergleichen, um unter Förderung des Leistungs- und Preiswettbewerbs das wirtschaftlich günstigste Angebot dem Vertragsschluss zugrunde zu legen. Dieser Wettbewerbsgedanke tritt aber beim Anbieter im Konzernverbund in den Hintergrund.[45] 21

Die Umstellung kann einmal dadurch erfolgen, dass der zukünftige Wärmelieferant eine **Heizungsanlage neu errichtet.** Unter das Tatbestandsmerkmal „neu" fallen nicht Modernisierungsmaßnahmen an der alten und damit bestehen bleibenden Anlage.[46] Diese neue Anlage kann sowohl im Gebäude selbst als auch davon getrennt als Blockheizkraftwerk errichtet werden; sie kann mit regenerativen oder auch mit fossilen Brennstoffen betrieben werden, also herkömmliche Gas- oder Ölzentralheizungen oder zB KWK-Anlagen, Pelletheizungen, verbundene Solaranlagen, Geothermie-Anlagen. Für die Erstellung der Neuanlage ist an Stelle von § 13 EneV mit Anlage 4a die EU-Durchführungsverordnung Nr. 813/2013 (VO (EU) Nr. 813/2013 der Kommission v. 2.8.2013 zur Durchführung der Richtlinie 2009/125/EG des Europäischen Parlaments und des Rates im Hinblick auf die Festlegung von Anforderungen an die umweltgerechte Gestaltung von Raumheizgeräten und Kombiheizgeräten) in Verbindung mit Anlage II zu beachten. Darin wird eine Energieeffizienz der im einzelnen aufgezählten Heizungsanlagen vorgeschrieben, die zwischen 100% und 75% liegt (mit einer Ausnahme bei elektrischen Raumheizgeräten bei 30%). 22

---

[42] → HeizkostenV § 2 Rn. 5.

[43] → BGB § 555b Rn. 38.

[44] Bericht des Rechtsausschusses, BT-Drs. 17/11894, 33.

[45] **AA** Staudinger/Artz, § 556c Rn. 20; zu den wettbewerblichen Problemen in diesem Zusammenhang Lammel, WuM 2021, 288 (Anm.).

[46] Analog der Annahme von Fernwärme nach der AVBFernwärmeV, BGH VIII ZR 262/09, WuM 2012, 115.

Die andere Methode der Umstellung stellt den Anschluss an ein vorhandenes **Fernwärmenetz** dar. Allein durch die Versorgung mit Fernwärme soll Energie eingespart werden können, weil eine Heizanlage eine Vielzahl von Nutzern mit Wärme versorgt, die ansonsten jeweils für sich eine eigene Anlage betreiben müssten.

23 Dem Gebot der Wirtschaftlichkeit geschuldet ist die Sonderregelung in § 556c Abs. 1 S. 2 BGB. Danach braucht keine andere Quelle zur Erzeugung der Wärme verwendet werden, wenn die bereits **vorhandene Anlage** einen **Jahresnutzungsgrad** von 80% aufweist. Bei diesem Jahresnutzungsgrad handelt es sich um den tatsächlichen (und nicht den Normnutzungsgrad, der anhand optimaler Rahmenbedingungen vom Herstellerwerk festgelegt wird) Wirkungsgrad gerade dieser einen Heizungsanlage während eines Betriebsjahres. Er wird hier gemessen und berücksichtigt ihre verschiedenen Betriebszustände sowie ihre sämtlichen Betriebsverluste. Rechnerisch kann er nach VDI 2067 „Wirtschaftlichkeit gebäudetechnischer Anlagen" errechnet werden: Jahresnutzungsgrad (in %) = Kesselwirkungsgrad (in %) × (multipliziert) Brennerlaufzeit (Stunden pro Jahr [h/a]): (geteilt durch) (1 + relativer Bereitschaftswärmeverlust × Einschaltdauer der Heizungsanlage [h/a]). Dabei ist der Kesselwirkungsgrad die abgegebene Heizleistung bezogene auf die zugeführte Brennstoffenergie; der Bereitschaftswärmeverlust kann ebenfalls berechnet werden, wenn er nicht vom Gerätehersteller mitgeteilt worden ist.

24 Sind diese Voraussetzungen (→ Rn. 23) erfüllt, kann die vorhandene Anlage weiterbenutzt und dadurch auf Drittlieferung umgestellt werden, dass lediglich Betriebsführungscontracting eingeführt und dadurch die Kosten der Wärmelieferung umlagefähig gemacht werden.[47] Die Umstellung auf Contracting bedeutet in diesem Falle aber auch, dass der Contractor die bestehende Anlage dinglich übernimmt.[48] Ansonsten fallen kein Wärmepreis an, der verteilt werden kann, sondern lediglich Kosten nach § 7 Abs. 2 HeizkostenV (Wartung etc). Allerdings muss diese Umstellung eine Verbesserung der Betriebsführung bringen, was zumindest die Einhaltung der Pflichten aus § 9 HeizanlV voraussetzt. In § 3 Abs. 2 EnEG ist eine Ermächtigung zum Erlass einer Verordnung ua über die sachkundige Bedienung, regelmäßige Wartung, Instandhaltung und Inspektion enthalten, was ua durch die HeizanlV ausgefüllt worden war; diese enthielt in § 9 die einzelnen Wartungsverpflichtungen. Zwar ist diese Verordnung durch die EnEV ersetzt worden, ohne diese Wartungspflichten zu übernehmen. Deshalb kann aber angesichts der Weitergeltung der Ermächtigungsgrundlage weiter auf § 9 HeizanLV zurückgegriffen werden. Danach hat die **Bedienung** durch fachkundige oder zumindest eingewiesene Personen zu erfolgen. Sie umfasst Funktionskontrolle und die Vornahme von Schalt- und Stellvorgängen (insbes. An- und Abstellen, Überprüfen und ggf. Anpassen der Sollwerteinstellungen von Temperaturen, Einstellen von Zeitprogrammen) an den zentralen regelungstechnischen Einrichtungen. Die **Wartung** der Anlage erstreckt sich auf Einstellung der Brenner, Überprüfung der zentralen steuerungs- und regelungstechnischen Einrichtungen, sowie der Reinigung der Kesselheizflächen. Die **Instandhaltung** der Anlagen hat schließlich mindestens die Aufrechterhaltung des technisch einwandfreien Betriebszustandes, der eine weitest gehende Nutzung der eingesetzten Energie gestattet, zu umfassen. Diese Pflichten sollen in § 60 des Gesetzes zur Einsparung von Energie und zur Nutzung Erneuerbarer Energien zur Wärme- und Kälteerzeugung in Gebäuden (GEG) zusammengefasst werden.

25 **Alle** drei **Umstellungsmöglichkeiten** müssen zu einer **verbesserten Effizienz** führen. Zwar ging der Regierungsentwurf in seiner Begründung noch davon aus, dass die Effizienzgewinne im Einzelfall nicht nachgewiesen werden müssten, weil die Umstellungsformen erfahrungsgemäß regelmäßig zu Effizienzgewinnen führen würden.[49] Der Rechtsausschuss war jedoch der Ansicht, dass die Umstellung mit einem Effizienzgewinn verbunden sein müsse, was durch den Einschub „verbesserte Effizienz" klargestellt werden sollte[50], wobei diese Energieeffizienz das Verhältnis vom Leistungsertrag zum Energieeinsatz darstellt. Was unter der **Verbesserung** zu verstehen ist, lässt sich aus den Materialien nicht entnehmen. Hierbei sollte anhand der gesetzlichen Vorgaben unterschieden werden: Handelt es sich um Maßnahmen nach § 556c Abs 1 Nr. 1, also den Ersatz einer alten Anlage durch eine neue bzw. Anschluss an Fernwärme, sollte die Verbesserung mindestens zu einem

---

[47] Begr. BT-Drs. 17/10485, 23 re. Sp.

[48] In diesem Kriterium sieht *Zehelein* NZM 2014, 649 (650) den Unterschied zum Energie-Effizienz-Management, wobei sich dann die Frage nach einer Umgehung des § 556c BGB stellt.

[49] *Begr. BT-Drs. 17/10485, 23 li. Sp.*

[50] Bericht des Rechtsausschusses BT-Drs. 17/11894, 32. Der Antrag der SPD-Fraktion, der in diesem Punkt neben der Steigerung der Energieeffizienz eine reale Brennstoffeinsparung vorgesehen hatte, BT-Drs. 17/9559, 3, war abgelehnt worden.

neuen Jahresnutzungsgrad von 80% entsprechend der Quote in § 556c Abs. 1 S. 2 BGB führen. Handelt es sich um eine bereits diese Quote erfüllende Anlage und soll daher die Verbesserung „nur" durch Betriebsführungscontracting erzielt werden, sind die Vorgaben des § 3 des „Gesetzes über Energiedienstleistungen und andere Energieeffizienzmaßnahmen"[51] in Verbindung mit den dazu ergangenen Energiespar-Richtwerten zu erfüllen, dh bis 2017 sollen 9% Energie im Vergleich zum Durchschnitt der Jahre 2001 bis 2005 eingespart werden; allerdings sind nach 2017 die dann geltenden neuen Richtwerte als Effizienzsteigerung zu erfüllen. Die **methodischen Überlegungen** zur Ermittlung der Richtwerte und der Energieeinsparung ergeben sich aus den Veröffentlichungen der beim Bundesamt für Wirtschaft und Ausfuhrkontrolle angesiedelten Bundesstelle für Energieeffizienz, wobei die Vorgaben der Richtlinie 2012/27/EU zur Energieeffizienz[52] zu beachten sind. Da die Einsparungsquoten im Zeitpunkt der Umstellung zu prognostizieren sind, kommen die Methoden, die nachträglich den Einspareffekt verifizieren, nicht in Betracht. Vielmehr müssen diejenigen Methoden angewendet werden, die zur Erstellung einer Einsparprognose geeignet sind. Dabei sind heranzuziehen die Tabellen zur Umrechnung der Mengeneinheiten der Energieträger in Wärmeeinheiten (s. § 9 Abs. 3 S. 2 HeizkostenV)[53]; ferner annahmebasierte Einsparungen auf der Grundlage früherer unabhängig kontrollierter Energieeffizienzverbesserungen ähnlicher Anlagen; nur hilfsweise dürfen Schätzungen durchgeführt werden, wenn die anderen auf objektiven Kriterien (Messungen) beruhenden Werte nicht zu ermitteln sind oder wenn die Schätzungen anhand national festgelegter Methoden und Referenzwerte von qualifizierten oder akkreditierten **Experten** durchgeführt werden, die **unabhängig** von den verpflichteten, teilnehmenden oder beauftragten Parteien sind.[54] Es reicht also keinesfalls aus, dass der jeweilige Energiedienstleister die Energieeffizienz behauptet. Diese prognostizierte Verbesserung ist zu vergleichen mit dem Ist-Zustand, also dem derzeitigen Energieverbrauch für Wärme. Hierzu wird die erzeugte Wärme gemessen und ins Verhältnis zum verbrauchten Brennstoff gebracht (wozu die erwähnten Umrechnungstabellen dienlich sind).[55] Dieser Ist-Wert muss von dem prognostizierten Wert (deutlich) überschritten werden.

Für alle drei Umstellungsmethoden gilt schließlich das Gebot der **Kostenneutralität.** Terminologisch sollte hier nicht von Warmmietenneutralität gesprochen werden. Zum einen gibt es kaum Warmmieten (und darf es nach § 2 HeizkostenV auch nicht mehr geben), zum anderen wird dadurch eine völlig andere Kostenstruktur impliziert, auf die § 556c Abs. 1 Nr. 2 BGB gerade nicht zugreifen will. Die Vorschrift spricht zutreffend von einem Vergleich der Betriebskosten für Wärme/Warmwasser, also der Heizkosten nach § 7 HeizkostenV. **26**

Wie die **Vergleichsberechnung** durchgeführt werden soll, ergibt sich aus §§ 8–10 WärmeLV.[56] **27**
Der Vergleich ist zwar gegenüber dem Mieter – bei Mehrfamilienhäusern also gegenüber jedem Mieter einer Nutzungseinheit, wobei aber der Kostenvergleich auf der Basis der Gebäudekosten und nicht der Einzelkosten durchzuführen ist –, durchzuführen, aber nach § 2 Nr. 4 WärmeLV vom Wärmelieferanten als Anbieter in sein Vertragsangebot aufzunehmen. Als Vergleichsbasis wird die Wärmemenge ermittelt, die für Heizung/Warmwasser erforderlich gewesen ist sowie die dafür aufgewendeten Kosten. Denn nur die Wärmemenge kann als Vergleichsobjekt mit der Wärmelieferung dienen. Gegenübergestellt werden dann die aufgewendeten Kosten für die Altanlage (bzw. ohne Betriebsführungscontracting) denen, die entstanden sein würden, wenn im Vergleichszeitraum bereits Wärmelieferung vorliegen würde. Hierzu sind die Betriebskosten für das gesamte Gebäude auf der Grundlage des Energieverbrauchs der letzten drei Abrechnungsperioden zu ermitteln, wobei der Energieverbrauch entweder gemessen oder durch die Menge des eingesetzten Brennstoffs (s. Tabelle → Rn. 24) bestimmt wird. Unter „Betriebskosten" sind aber nicht nur die Energiekosten zu verstehen, sondern sämtliche Kosten für die Heizungsanlage gem. § 7 Abs. 2 HeizkostenV.[57] Denn diese Kosten sind ebenfalls im Wärmepreis enthalten, so dass sie in die Vergleichsberechnung einbezogen werden müssen, § 9 Abs. 1 Nr. 3 WärmeLV. Danach ist der Durchschnittsverbrauch für einen Abrechnungszeitraum zu berechnen. Witterungsbedingte Sondereinflüsse können mit der Gradtagstabelle (§ 9b Abs. 2 HeizkostenV) bereinigt werden.[58] **Praktisch**

[51] BGBl. 2010 I 1483.
[52] Vom 25.10.2012, ABl. 2012 L 315, 1.
[53] Anhang IV der Richtlinie (Fn. 50) S. 34.
[54] So Anhang V Nr. 1a, 1c der Richtlinie (Fn. 50) S. 35.
[55] So Anhang V Nr. 1b der Richtlinie (Fn. 50) S. 35.
[56] Dazu iE *Lammel* ZMR 2014, 517; *Wall* WuM 2014, 68.
[57] OLG Karlsruhe ZMR 2021, 264.
[58] **AA** *Beyer* CuR 2012, 48 (63).

sollten dieser Berechnung die Heizkostenabrechnungen der letztern drei Abrechnungsperioden zugrunde gelegt werden; bei einer Modernisierung der Heizungsanlage **vor** Umstellung ist die Abrechnung hierauf zu gründen.[59] Die betragsmäßige Summe wird durch die Summe der Energieverbräuche (also nach den Maßeinheiten der eingesetzten Brennstoffe) dividiert, damit werden die durchschnittlichen Kosten für einen Abrechnungszeitraum festgestellt. Und letztlich sind die Betriebskosten für diesen Durchschnittsverbrauch anhand der durchschnittlichen Preise des letzten Abrechnungszeitraums zu bestimmen. Die gleiche Prozedur muss als fiktive Rechnung für den Einsatz der Wärmelieferung durchgeführt werden. Dazu muss zunächst als Vergleichsmaßstab die durch die Alt-Anlage produzierte Wärmemenge berechnet werden, was durch die Multiplikation des vorher errechneten durchschnittlichen Energieverbrauchs mit dem Jahresnutzungsgrad der Altanlage durchgeführt wird. Für diese Wärmemenge wird nunmehr der fiktive Wärmepreis dadurch ermittelt, dass der im Angebot für den Wärmeliefervertrag enthaltene Wärmepreis nach der Indexklausel zurückgerechnet wird.[60] Denn dieser Wärmepreis darf bei Einhaltung des Gebots der Kostenneutralität nicht über den vorher angefallenen Betriebskosten liegen. Bei diesem Wärmepreis muss es sich aber um einen nach § 24 AVBFernwärmeV realistischen Preis handeln.

**28** Mit dieser komplizierten Berechnung soll erreicht werden, dass dem Mieter nicht über den Wärmepreis die Investitionskosten mit (voll) in Rechnung gestellt werden. Diese Kostenneutralität gilt aber nur für den **Zeitpunkt der Umstellung.** Sie hindert den Wärmelieferanten nicht daran, später seinen Preis nach der im Wärmeliefervertrag vereinbarten Preisanpassungsklausel zu erhöhen, wenn zB die eingesetzten Energiekosten steigen. Betriebswirtschaftlich wird vermutet, dass der Wärmelieferant trotz dieser Kostendeckelung daraus einen **Gewinn** erzielen kann, dass er dieselbe Wärmemenge mit geringeren Energieeinsatz und damit mit geringeren Kosten liefern kann. Das trifft allerdings nur dann zu, wenn ihn die Preisanpassungsklausel nicht dazu zwingt, die geringeren eingesetzten Energiekosten an seine Abnehmer weiterzugeben. Denn nach § 3 Abs. 1 WärmeLV sind die Kostenveränderungen nach den tatsächlichen Kostenanteilen zu berechnen, was dazu führen könnte, dass Preissteigerungen solange nicht weiter gegeben werden dürfen, wie die tatsächlichen Kosten unter den berechneten liegen. Letztlich ist der Vermieter der Gewinner; denn er würde seine in die Miete eingestellt Investitionsrücklagen weiter erhalten, ohne dafür heizungsrelevante Investitionen erbringen zu müssen.[61]

**29** Sind diese materiellen Voraussetzungen erfüllt, darf die Umstellung auf Wärmelieferung vorgenommen werden mit der Folge, dass in die Heizkostenabrechnung der Wärmepreis gem. § 7 Abs. 3, 4 HeizkostenV eingestellt werden darf; aber auch nur der Wärmepreis. Die in § 7 HeizkostenV enthaltenen Beschränkungen auf bestimmte Preis-Tatbestände gelten weiter, so dass zB Leasingkosten, die der Gebäudeeigentümer an den Contractor zahlt (weil dieser dinglich Berechtigter sein muss), nicht umgelegt werden dürfen.[62] Die gesonderte Berechnung solcher Leasingkosten ist zudem betriebswirtschaftlich fragwürdig, da die mit der Miete abzugeltende Abnutzung in der Kalkulation des Wärmepreises mit enthalten sein müsste; die Gestaltung scheint dazu zu dienen, die Kostenneutralität bei der Umstellung zu erleichtern. Werden die **materiellen Voraussetzungen** für die Umstellung **nicht erfüllt,** darf die Umstellung nicht vorgenommen werden. Wird die Umstellung dennoch durchgeführt und der Wärmepreis in die Heizkostenabrechnung eingestellt, fehlt dieser Berechnung insoweit die erforderliche vertragliche Rechtsgrundlage; denn der Mieter ist nur zur Tragung solcher Betriebskosten verpflichtet, die ihm vertraglich (oder gesetzlich) auferlegt worden sind. Das führt dazu, dass der Mieter weiterhin nur die ihm nach § 7 Abs. 2 HeizkostenV auferlegten Kosten zu tragen hat, die fiktiv zu berechnen sein sollen.[63] Dies müsste derart vorgenommen werden, dass die in das Gebäude eingeflossene Wärmemenge, d. i. die auf Grund der modernisierten Anlage verbrauchte Wärmemenge,[64] zurückgerechnet wird auf die verbrauchte Brennstoffmenge (s. Tabelle → Rn. 24) und für diese die durchschnittlichen Kosten der Verbrauchsperiode zugrunde gelegt werden. Hierbei handelt es sich nicht um die mietvertraglichen, sondern um die verordnungsrechtlichen Kosten.[65] Die übrigen Kosten (Wartung etc) müssten ent-

---

[59] LG Bremen WuM 2021, 426.
[60] Ebenso *Beyer* CuR 2012, 48 (63).
[61] *Beyer* CuR 2012, 48 (68).
[62] AG Linz am Rhein WuM 2017, 531.
[63] *So die Gesetzesbegründung BT-Drs. 17/10485, 23 re. Sp.*
[64] *Eisenschmid* WuM 2013, 393 (398); *Lützenkirchen* ZMR 2014, 9 (56).
[65] Anders wohl *Heix* WuM 2014, 511 (513), wobei methodisch fraglich ist, ob in einer gleichlautenden vertraglichen Regelung ein Widerspruch zur identischen HeizkostenV-Regelung zu sehen ist.

sprechend der Preissteigerungsrate auf der Basis der letzten Kostenerhebung vor der Umstellung fortgeschrieben werden. Um diese fiktive Berechnung durchführen zu können, hat der Kunde (= Vermieter) gegenüber dem Contractor einen Auskunftsanspruch über diejenigen Kosten, die im Wärmepreis enthalten sind, die nach § 7 Abs. 2 HeizkostenV der Mieter auf jedem Fall (bei entsprechender Vereinbarung oder nach § 2 HeizkostenV) zu tragen hat, § 5 WärmeLV. Missverständlich ist in diesem Zusammenhang der Ausdruck „Kappung der Betriebskosten"[66]: (1) Es handelt sich nicht am die allgemeinen Betriebskosten, sondern die speziellen Heizkosten; (2) Die Heizkosten (in der Form des Wärmepreises) werden nicht „gekappt", sondern dieser Preis wird in seine betriebswirtschaftlichen Bestandteile aufgespalten, so dass die nach § 7 Abs. 2 HeizkostenV zulässigerweise umlegbaren Kosten herausgerechnet werden können.

## C. Verordnungsermächtigung, Abs. 3

Der Gesetzgeber war der Auffassung, dass der Erlass einer Verordnung zur Ergänzung der knap- 30
pen BGB-Vorschrift für den technischen Bereich erforderlich sei, wobei er für diese Regelungsart auf die BetrKV und die HeizkostenV Bezug genommen hat.[67] Allerdings enthält die **Wärmelieferverordnung** überwiegend materiell-rechtliche Regelungen bzw. solche Vorschriften, die die Tatbestände des § 556c BGB ausfüllen und damit die Norm überhaupt erst anwendbar machen. Die Verordnung gliedert sich in zwei inhaltlich völlig unterschiedliche Abschnitte, einmal in Regelungen über den Inhalt des Wärmeliefervertrages, zum anderen in solche zur Ausfüllung des Gebots der Kostenneutralität und des Inhalts der Umstellungsankündigung. Während der erstere Bereich primär das Verhältnis Wärmelieferant – Vermieter betrifft, erstreckt sich der zweite Bereich auf das Verhältnis Vermieter – Mieter.

Der Bereich **„Inhalt Wärmelieferungsvertrag"** (§§ 2–5 WärmLV) will erreichen, dass unter 31
wettbewerblichen Gesichtspunkten die Vertragsangebote untereinander vergleichbar sind, so dass der Vermieter als potentieller Leistungsnehmer das günstigste Angebot heraussuchen kann, was letztlich auch dem Mieter zugute kommen soll, da er den Wärmepreis zu tragen hat. Deshalb enthält § 2 WärmLV genaue Vorschriften über den **Mindestinhalt** eines Angebots auf Abschluss eines Wärmeliefervertrages. Die Vorschrift differenziert dogmatisch unsauber zwischen „Soll-Inhalten" (§ 2 Abs. 1) und „Muss-Inhalten" (§ 2 Abs. 2). Bei Nichtbeachtung des zwingenden Inhalts soll nach der Begründung nur ein Schadensersatzanspruch in Betracht kommen,[68] für die Folgen eines Verstoßes gegen den „Soll-Inhalt" wird hingegen auf die §§ 154, 155 BGB verwiesen.[69] Hierin liegt eine unzulässige Vermengung zwischen Inhalt und Zustandekommen des Vertrages. Während letzteres vom Parteiwillen abhängt mit dem Beurteilungsmaßstäben §§ 154, 155 BGB, stellt ersteres ein gesetzliches Gebot mit dem Beurteilungsmaßstab § 134 BGB dar. Nach § 134 BGB sind aber Muss- und Soll-Vorschrift im Regelfall gleich zu behandeln; nur in Ausnahmefällen darf von den Soll-Vorschriften abgewichen werden. Das führt hier dazu, dass der Wärmelieferungsvertrag sowohl die Inhalte nach § 2 Abs. 1 als auch die nach § 2 Abs. 2 aufweisen muss. Jedenfalls bei Abweichung von den „Muss"-Vorschriften ist der Vertrag nach § 134 BGB unwirksam; lediglich bei den „Soll"-Vorschriften kann nach deren Inhalt differenziert werden.[70] Ferner wird bezüglich der in solchen Verträgen üblichen Preisänderungsklauseln die entsprechende Regelung in § 24 Abs. 4 S. 1, 2 AVBFernwärmeV für anwendbar erklärt, § 4 Abs. 1; iÜ gelten die Regelungen der AVBFernwärmeV ergänzend zu den Regelungen der Verordnung, § 5 Abs. 2 WärmLV. Die Regelungen der §§ 2–5 WärmLV sind zwingend, § 7 WärmLV.

Die weiteren Vorschriften, die sich mit dem Verhältnis Vermieter – Mieter befassen, nämlich 32
dem Kostenvergleich, §§ 8–10 WärmLV (dazu → Rn. 25–27) und dem Inhalt der Umstellungsankündigung, § 11 WärmLV (dazu → Rn. 10–16), sind **halbzwingend.** Von ihnen darf nicht zu Ungunsten des Mieters abgewichen werden, § 12 WärmLV, dh insbes. über den Inhalt des Kostenvergleichs dürfen keine abweichenden Vereinbarungen getroffen werden, die iErg den Mieter schlechter stellen. Vermieter und Mieter dürfen daher zB nicht vereinbaren, dass der Vermieter die Miete um die in ihr enthaltenen Investitionsrücklagen für die Heizung, entsprechende Gewinn-

[66] So *Heix* WuM 2014, 511 (515), und ihm folgend *Lützenkirchen* ZMR 2014, 956.
[67] Begr. des Diskussionsentwurfs NZM 2011, 449.
[68] BAnz. 2013 AT, 20.6.2013, B 2, 4 zu § 2 Abs. 2; anders noch Begr. des RefE S. 11.
[69] Begr. des RefE S. 13; Begr. WärmeLV BAnz. 2013 AT, 20.6.2013, B 2, 4 zu § 2 Abs. 1.
[70] So auch *Eisenschmid* WuM 2013, 393 (400).

anteile, Versicherungsanteile etc kürzt (analog des auf den preisfreien Wohnraum nicht anwendbaren § 5 Abs. 3 NMV) und der Mieter stattdessen den gegenüber den früheren Heizkosten höheren Wärmepreis nach entsprechender Verbrauchsabrechnung zahlt. Dies gilt nicht für den Gewerberaummietvertrag; hier können abweichende Vereinbarungen getroffen werden. Denn das Abweichungsverbot in § 556c Abs. 4 BGB erstreckt sich nicht auf Gewerberäume, § 578 Abs. 2 S. 2 BGB und letztere Norm lässt abweichende Vereinbarungen von der Verordnung nach ihrem Wortlaut ausdrücklich zu.

## D. Abweichende Vereinbarungen, Abs. 4

33 Da es sich der ganzen Struktur nach um Regelungen zum Schutz des Mieters vor einer Kostenbelastung aus letztlich ökologischen Gründen – also aus Interessen der Allgemeinheit – handelt, sind abweichende Vereinbarungen, seien sie individuell oder formularmäßig getroffen, insoweit unwirksam, als sie den Mieter benachteiligen. Das gilt nicht nur für die direkte Kostenregelung, sondern auch für die umfassenden Informationen, die dem Mieter mittels der Umstellungsbenachrichtigung geboten werden müssen.

## E. Zeitlicher Anwendungsbereich

34 Die Neuregelung ist am 1.7.2013 in Kraft getreten (nach Art. 9 Abs. 2 abweichend von den übrigen Vorschriften des Änderungsgesetzes erst vier Monate nach Verkündung mit der Rückausnahme der Verordnungsermächtigung, die sofort mit der Verkündung in Kraft tritt) und erfasst ab diesem Zeitpunkt auch die laufenden Mietverträge, so dass Umstellungen auf Wärmelieferung nur noch nach den Vorgaben des § 556c BGB erfolgen dürfen; die möglichen vertraglichen Befugnisse dazu sind dann unwirksam.

## Unterkapitel 1a. Vereinbarungen über die Miethöhe bei Mietbeginn in Gebieten mit angespannten Wohnungsmärkten

## § 556d Zulässige Miethöhe bei Mietbeginn; Verordnungsermächtigung

**(1) Wird ein Mietvertrag über Wohnraum abgeschlossen, der in einem durch Rechtsverordnung nach Absatz 2 bestimmten Gebiet mit einem angespannten Wohnungsmarkt liegt, so darf die Miete zu Beginn des Mietverhältnisses die ortsübliche Vergleichsmiete (§ 558 Absatz 2) höchstens um zehn Prozent übersteigen.**

**(2) [1]Die Landesregierungen werden ermächtigt, Gebiete mit angespannten Wohnungsmärkten durch Rechtsverordnung für die Dauer von jeweils höchstens fünf Jahren zu bestimmen. [2]Gebiete mit angespannten Wohnungsmärkten liegen vor, wenn die ausreichende Versorgung der Bevölkerung mit Mietwohnungen in einer Gemeinde oder einem Teil der Gemeinde zu angemessenen Bedingungen besonders gefährdet ist. [3]Dies kann insbesondere dann der Fall sein, wenn**

**1. die Mieten deutlich stärker steigen als im bundesweiten Durchschnitt,**
**2. die durchschnittliche Mietbelastung der Haushalte den bundesweiten Durchschnitt deutlich übersteigt,**
**3. die Wohnbevölkerung wächst, ohne dass durch Neubautätigkeit insoweit erforderlicher Wohnraum geschaffen wird, oder**
**4. geringer Leerstand bei großer Nachfrage besteht.**

**[4]Eine Rechtsverordnung nach Satz 1 muss spätestens mit Ablauf des 31. Dezember 2025 außer Kraft treten. [5]Sie muss begründet werden. [6]Aus der Begründung muss sich ergeben, auf Grund welcher Tatsachen ein Gebiet mit einem angespannten Wohnungsmarkt im Einzelfall vorliegt. [7]Ferner muss sich aus der Begründung ergeben, welche Maßnahmen die Landesregierung in dem nach Satz 1 durch die Rechtsverordnung jeweils bestimmten Gebiet und Zeitraum ergreifen wird, um Abhilfe zu schaffen.**

### Systematische Übersicht



### Alphabetische Schnellübersicht § 556d BGB

## A. Übersicht

### I. Entstehungsgeschichte

1 Das Unterkapitel ist durch das „Gesetz zur Dämpfung des Mietanstiegs auf angespannten Wohnungsmärkten und zur Stärkung des Bestellerprinzips bei der Wohnungsvermittlung – Mietrechtsnovellierungsgesetz“[1] v. 21.4.2015 in das BGB eingefügt worden. Die Regelungen wurden in der Folgezeit jedoch zweimal modifiziert, um der Wirkungslosigkeit[2] entgegen zu wirken. Zunächst wurden durch das **Mietrechtsanpassungsgesetz**[3] zusätzliche **Informationsobliegenheiten** für den Vermieter eingeführt und die Anforderungen an die Rüge gelockert. Zum 1.4.2020 wurde durch das Gesetz zur Verlängerung und Verbesserung der Regelungen über die zulässige Miethöhe bei Mietbeginn[4] den Ländern gestattet, **die Laufzeit der Mietpreisbegrenzungsverordnungen** über die zunächst vorgesehenen maximal fünf Jahre nun bis zum 31.12.2025 zu verlängern. Die **Wirkung der Rüge** wurde dahingehend verändert, dass auch vor der Rüge fällige und gezahlten Mieten unter bestimmten Voraussetzungen gem. § 556g BGB zurückverlangt werden können.[5]

2 Durch die Vorschriften der §§ 556d–556g BGB wurden in der Bundesrepublik erstmals Regelungen in das BGB[6] eingefügt, die die Höhe der zulässigen Miete bei **Neuabschluss eines Wohnraummietvertrages** beschränken.[7] In der Vergangenheit wurden diese Mieten allenfalls unter den Voraussetzungen des § 5 WiStG iVm § 134 BGB begrenzt.[8] Aufgrund der Subjektivierung des Tatbestandes des § 5 WiStG durch den BGH[9] hat diese Vorschrift aber rechtstatsächlich[10] völlig an Bedeutung verloren.[11] § 138 BGB spielt in der Wohnraummiete keine messbare Rolle.[12] Mit den Vorschriften dieses Unterkapitels wurde jedoch nicht völliges Neuland betreten.[13] Die Regelungen stellen nämlich eine Wiederbelebung der preisrechtlichen Beschränkungen[14] dar, die bereits im 1. Weltkrieg entwickelt wurden und dann in unterschiedlicher Form und für unterschiedlichen Wohnraum immer wieder mal galten und dann wieder aufgehoben wurden.[15] Nach *Derleder*[16] ist damit erstmals in der Bundesrepublik Deutschland eine neue Phase der Mietbe-

[1] BGBl. 2015 I 610; *Börstinghaus* NJW 2015, 1553.
[2] So BT-Drs. 19/4762 S. 9.
[3] BGBl. 2019 I 2649; dazu *Artz/Börstinghaus* NZM 2019, 12; *Selk* NJW 2019, 329; *Jacoby* FS Börstinghaus, 2020, 267ff.
[4] BGBl 2020, 450; *Fleindl* FS Börstinghaus, 2020, 119; *Horst* MDR 2020, 445; *Dickersbach* MietRB 2020, 117.
[5] Dazu *Fleindl* FS Börstinghaus, 2020, 119 (127).
[6] Zu den vielfältigen mietpreisbegrenzenden Vorschriften in der Vergangenheit *Herrlein* NZM 2016, 1; *Börstinghaus* WuM 2018, 610.
[7] Eine kritische Bestandsaufnahme der neuen Regelungen liefert *Abramenko* ZRP 2018, 34.
[8] *Börstinghaus* Miethöhe-HdB Kap. 4 Rn. 12ff.; einen Überblich über Straftaten und Ordnungswidrigkeiten im Vermietungsgeschäft geben *Herrlein/Hoff/Muchow* NZM 2021, 57.
[9] BGH VIII ZR 190/03, NJW 2004, 1740; BGH VIII ZR 44/04, NJW 2005, 471; BGH VIII ZR 56/04, NZM 2006, 291; *Langenberg* FS Blank, 2006, 291.
[10] Beispielhaft AG Köpenick GE 2014, 1141 mAnm *Herlitz* jurisPR-MietR 7/2015 Anm. 3.
[11] Nach *Weigelt* Herausforderung S. 304 kann hier nur eine Gesetzesänderung etwas ändern. Nach Staudinger/*V. Emmerich,* 2018, BGB § 556d Rn. 11 wäre die Streichung des § 5 WiStG „nur folgerichtig gewesen“; in der Auflage 2021 fehlt der Satz.
[12] Nach *Rödl/Restorff* WuM 2020, 57, 59 (Fn. 12) sollen die §§ 556d ff. BGB eine Spezifizierung des § 138 Abs. 2 BGB darstellen, was aber zweifelhaft ist, da es auf Subjektive Merkmal wie Ausnutzen oder Unerfahrenheit auf Seiten des Meters nicht ankommt.
[13] So aber *Hinz* ZMR 2014, 593 (594).
[14] *Derleder KJ 2015, 3; Börstinghaus* WuM 2018, 610; zu Mietpreisbegrenzungen als Bestandteil der Privatrechtsordnung: *Schuldt,* Mietpreisbremse, 2017, S. 114ff.
[15] *Börstinghaus* Miethöhe-HdB Kap. 1 Rn. 6ff.; *Börstinghaus* WuM 2018, 610; *Derleder* KJ 2015, 5.
[16] *Derleder* KJ 2015, 5; PiG 99 (2015), 27 (40).

grenzung eröffnet worden, die teilweise an die **Wohnraumbewirtschaftungsvorschriften**[17] erinnert. Schon früher haben all diese Regelungen die **Ursachen** des Mietanstiegs[18] nicht behoben[19], zumal sie die Belastung der Mieter durch steigende Betriebskosten unberücksichtigt lässt.[20] Nach *Schuldt*[21] hat der Gesetzgeber mit der Einführung der sog. Mietpreisbremse „die **mietpreisrechtliche Büchse der Pandora**" geöffnet, da er damit die Mietpreise politisch zur Disposition gestellt habe. *Kletečka*[22] kommt in seiner Untersuchung der noch rigideren Beschränkungen für Österreich zu dem Ergebnis, dass die Wirkung der Mietpreisregulierung jener von Drogen vergleichbar sei. Sie macht kurzfristig die Situation erträglicher, mittel- und langfristig verschlimmert sie aber das Grundproblem.

Der Gesetzgeber wollte mit der Einführung der Mietpreisbremse auf vermeintliche Mietsteigerungen bei Neuvermietung in bestimmten Regionen reagieren.[23] Er hat mit dem Gesetz ausdrücklich sozialpolitische Zwecke verfolgt.[24] Die Begrenzung sollte dazu beitragen „der direkten und indirekten Verdrängung wirtschaftlich weniger leistungsfähiger Bevölkerungsgruppen entgegenzuwirken".[25] Die Begrenzung gilt nicht bei Neubauten und bei der ersten Vermietung nach umfassender Modernisierung, § 556f BGB. Von der **Grundregel** des § 556d Abs. 1 BGB, wonach die Miete bei der Neuvermietung maximal 10% über der ortsüblichen Vergleichsmiete liegen darf, gibt es gem. § 556e BGB **zwei Ausnahmen,** nämlich bei höherer **Vormiete** (§ 556e Abs. 1 BGB) und bei in den letzten drei Jahren durchgeführten **Modernisierungsarbeiten** (§ 556e Abs. 2 BGB). Die Begrenzung gilt bei **Staffelmieten** für die Ausgangsmiete und jede einzelne Staffel, § 557a Abs. 4 BGB. Bei der **Indexmiete** gilt die Begrenzung nur für die Ausgangsmiete, § 557b Abs. 4 BGB. Die Bundesregierung hat zu den Erfahrungen mit der gesetzlichen Regelung in der Antwort zu einer Kleinen Anfrage berichtet[26] und durch das Deutsche Institut für Wirtschaftsforschung Berlin e. V. eine Evaluierung der Mietpreisbremse durchführen lassen.[27] Nach Ansicht der Praxis ist die praktische Bedeutung der Regelungen „relativ gering".[28]. Die Ursachen sind vielschichtig. Sie liegen darin, dass die Regelungen wegen des **Regel-Ausnahme-Prinzips** und den Ausnahmen von den Ausnahmen einfach für Mieter und Vermieter viel zu kompliziert sind. Außerdem ist die Durchsetzung der Regelung dem einzelnen Mieter überlassen, der sich auf die Teilunwirksamkeit einer von ihm selbst abgegebenen Willenserklärung berufen muss.[29] Nach einer Untersuchung des BMJV[30] sollten die bis Ende 2018 gültigen Regelungen aber keine unlösbaren Schwierigkeiten erzeugt haben. Die Vorschriften hätten sich nach den 55 ausgewerteten und genau aufgeführten Urteilen (ganz überwiegend aus Berlin) als „hinreichend klar und verständlich erwiesen. Auch seien nur geringe Anwendungsschwierigkeiten durch die Mietvertragsparteien und ihre Anwälte feststellbar gewesen.[31] Die Regelungen wurden in der Folgezeit jedoch zweimal modifi- 3

---

[17] Hierzu *Kerner,* Wohnraumzwangswirtschaft in Deutschland, 1996; *Lutz,* Der Mieterschutz der Nachkriegszeit, 1998; *Hügemann* Die Geschichte des öffentlichen und privaten Mietpreisrechts vom Ersten Weltkrieg bis zum Gesetz zur Regelung der Miethöhe, 1974.

[18] Zur Wohnungsnot und Verfassungsrecht: *Kment* NJW 2018, 3692.

[19] Eine Ökonomische Untersuchung von Mietpreisbegrenzungen befindet sich bei *Schuldt,* Mietpreisbremse, 2017, S. 48ff.

[20] *Weigelt* Herausforderung S. 302.

[21] *Schuldt* FS Börstinghaus, 2020, 369 (378).

[22] Mietrecht zwischen Sozialschutz und Marktregulierung, AcP 220, 674.

[23] Zu den damit verbundenen Risiken *Weigelt* Herausforderung S. 303.

[24] So das BMJV in seiner Broschüre „Die Regelungen zur zulässigen Miethöhe bei Mietbeginn in Gebieten mit angespannten Wohnungsmärkten („Mietpreisbremse") in der gerichtlichen Praxis", S. 3 herunterladbar unter: https://www.bmjv.de/SharedDocs/Downloads/DE/Ministerium/ForschungUndWissenschaft/MPB_Gutachten_gerichtlichePraxis_BMJV.pdf?__blob=publicationFile&v=3.

[25] BT-Drs. 18/3121 S. 15.

[26] BT-Drs. 18/12447.

[27] Herunterladbar unter: https://www.bmjv.de/SharedDocs/Artikel/DE/2019/012419_MPB.html.

[28] *Fleindl* AnwZertMietR 8/2017 Anm. 1.

[29] Darin sieht MüKoBGB/*Artz* § 556d Rn. 6 die Hauptursache des Versagens der Regelungen. Der Mieter dürfe nicht zum „Wächter", da er sich in einem angespannten Wohnungsmarkt in einer strukturell unterlegenen Position befindet.

[30] „Die Regelungen zur zulässigen Miethöhe bei Mietbeginn in Gebieten mit angespannten Wohnungsmärkten („Mietpreisbremse") in der gerichtlichen Praxis", S. 92 herunterladbar unter: https://www.bmjv.de/SharedDocs/Downloads/DE/Ministerium/ForschungUndWissenschaft/MPB_Gutachten_gerichtlichePraxis_BMJV.pdf?__blob=publicationFile&v=3.

[31] „Die Regelungen zur zulässigen Miethöhe bei Mietbeginn in Gebieten mit angespannten Wohnungsmärkten („Mietpreisbremse") in der gerichtlichen Praxis", S. 92 herunterladbar unter: https://www.bmjv.de/Shared

ziert, um der Wirkungslosigkeit[32] entgegen zu wirken. Zunächst wurden durch das **Mietrechtsanpassungsgesetz**[33] zusätzliche **Informationsobliegenheiten** für den Vermieter eingeführt und die Anforderungen an die Rüge gelockert. Zum 1.4.2020 wurde durch das Gesetz zur Verlängerung und Verbesserung der Regelungen über die zulässige Miethöhe bei Mietbeginn[34] den Ländern gestattet, **die Laufzeit der Mietpreisbegrenzungsverordnungen** über die zunächst vorgesehenen maximal fünf Jahre nun bis zum 31.12.2025 zu verlängern.

## II. Überblick

4 **Nach § 556d Abs. 1 BGB** darf bei einem Wohnraummietvertrag die Miete zu Beginn des Mietverhältnisses die ortsübliche Vergleichsmiete um höchstens 10% übersteigen. Damit hat der Gesetzgeber die Neuvertragsmieten an das für Bestandsmietenerhöhungen geltende Vergleichsmietensystem angekoppelt. Statt staatlicher Preisregulation auf vermeintlich „angemessene Preise" bleibt zumindest ein wenig Markteinfluss bestehen.[35] Die Regelungen gelten für Wohnraum in einem Gebiet mit angespanntem Wohnungsmarkt liegt, das durch Rechtsverordnung der Landesregierung bestimmt wurde. Die **Begrenzung** der Wiedervermietungsmiete gilt deshalb in der Bundesrepublik **nicht flächendeckend.** Es ist ein zweistufiges Verfahren erforderlich. Neben der bundesgesetzlichen Regelung hier im BGB muss auch noch der Landesgesetzgeber tätig werden und eine entsprechende Verordnung erlassen.

5 **§ 556d Abs. 2 BGB** enthält die **Ermächtigungsgrundlage** für die entsprechende Landesverordnung. Danach werden die Landesregierungen ermächtigt, Gebiete mit angespannten Wohnungsmärkten für die Dauer von fünf Jahren zu bestimmen. Solche angespannten Wohnungsmärkte sollen vorliegen, wenn die ausreichende Versorgung der Bevölkerung mit Mietwohnungen in einer Gemeinde oder einem Teil der Gemeinde zu angemessenen Bedingungen besonders gefährdet ist. Insofern stimmt der Gesetzestext an dieser mit den Formulierungen der Ermächtigungsgrundlagen in §§ 577a Abs. 2, § 558 Abs. 3 S. 3 BGB und Art. 6 § 1 S. 1 MRVerbG[36] überein. Im Referentenentwurf vom März 2014 war die Ermächtigungsgrundlage noch wortgleich formuliert. Aufgrund der wohl negativen Erfahrung mit dem Gebrauch der zuletzt geschaffenen Ermächtigungsgrundlage in § 558 Abs. 3 BGB durch die Länder[37] wurden die Voraussetzungen für die Annahme eines angespannten Wohnungsmarktes dann im Laufe des Gesetzgebungsverfahrens weiter präzisiert. Die herabgesetzte Kappungsgrenze gilt inzwischen in mehr als 350 Gemeinden (→ BGB § 558 Rn. 182g), wobei bezweifelt werden darf, ob dies dem Zweck des Gesetzes wirklich entsprach. Deshalb enthält § 556d Abs. 2 S. 3 BGB nunmehr eine Aufzählung von **Kriterien,** wann eine solche besondere Gefährdung der Versorgungslage anzunehmen ist.[38] Um die Länder zu zwingen, sorgfältig über die Aufnahme jeder einzelnen Gemeinde nachzudenken und nicht nur aus **politischer Opportunität** Gemeinden aufzunehmen, werden die Länder in § 556d Abs. 2 S. 4 BGB verpflichtet, die **Verordnung zu begründen.**[39] Auf diese Weise sollen die Entscheidungen des Landesregierungen nachvollziehbar gemacht werden.[40] Aus der Begründung muss sich ergeben, aufgrund welcher Tatsachen ein Gebiet mit einem angespannten Wohnungsmarkt im Einzelfall vorliegt. Es muss also für jede einzelne Gemeinde dargelegt werden, warum sie in die Verordnung aufgenommen wurde.[41] Die Angabe lediglich des Gesamtergebnisses der Gesamtschau reicht nicht

---

Docs/Downloads/DE/Ministerium/ForschungUndWissenschaft/MPB_Gutachten_gerichtlichePraxis_BMJV.pdf?__blob=publicationFile&v=3, S. 93; zu den Erfahrungen mit fünf Jahren Mietpreisbremse in Berlin auch *Siegmund* MietRB 2020, 121.

[32] So BT-Drs. 19/4762 S. 9.

[33] BGBl. 2019 I 2649; dazu *Artz/Börstinghaus* NZM 2019, 12; *Selk* NJW 2019, 329.

[34] BGBl 2020, 450; *Fleindl* FS Börstinghaus, 2020, 119; *Horst* MDR 2020, 445; *Dickersbach* MietRB 2020, 117.

[35] *Weigelt* Herausforderung S. 302.

[36] BGBl. 1971 I 1745.

[37] *Derleder* NZM 2015, 413 (414); MüKoBGB/*Artz* § 556d Rn. 24 spricht von „inflationärem Gebrauch" der Länder von der Ermächtigungsgrundlage.

[38] Deshalb besteht auch keine vollständige Identität zwischen den Gemeinden, in denen die Kappungsgrenze herabgesetzt ist und denen mit Beschränkung der Wiedervermietungsmiete: *Happ* DWW 2016, 284 (289).

[39] *Zuck NJW 2016, 3573 (3577); Zuck* NZM 2016, 657 zu Begründungsfehlern der baden-württembergische Mietpreisbremsenverordnung.

[40] BT-Drs- 18/3121 S. 29.

[41] *Sieg* DWW 2016, 204 (206); *Blank* WuM 2014, 641 (646).

aus.[42] Das setzt **zwingend** vorher entsprechende **empirische Untersuchungen** voraus.[43] Da durch die Beschränkung der Wiedervermietungsmiete die **Ursachen des Mietanstiegs,** nämlich ein regional vorhandener Wohnungsmangel, nicht beseitigt wird und von Praktikern eher befürchtet wurde, dass die Neuregelung dazu führen könnte, diese Situation zu verschärfen, schreibt das Gesetz vor, dass sich aus der Begründung ergeben muss, welche Maßnahmen die Landesregierung in den jeweils bestimmten Gebieten ergreifen wird, um den angespannte Wohnungsmarkt zu entspannen. Dies wird dem verfassungsrechtlichen Gebot der Aufgabenverteilung zwischen Bund und Ländern gerecht, da nur die Länder für den Wohnungsbau zuständig sind.

**Die Rechtsfolgen** eines Verstoßes gegen die Begrenzung ergeben sich aus § 556g BGB. **6**
Danach ist die über der Obergrenze liegende Mietvereinbarung **(teil-)unwirksam.** Rückforderungsansprüche erfordern darüber hinaus einer **Rüge** des Mieters, die je nach Mietvertragsabschluss qualifiziert oder nicht qualifiziert sein muss und deren Inhalt sich ggf. auch an der Einhaltung der Informationsobliegenheit des Vermieters vor Vertragsschluss orientiert. Nur für Mietverträge, die ab 1.4.2020 abgeschlossen wurden besteht ein beschränkter Anspruch für in der Vergangenheit bereits gezahlte Mieten. Dem Mieter steht ein **Auskunftsanspruch** gegen den Vermieter hinsichtlich der mietpreisbildenden Tatsachen zu.

Die Neuregelung führt zu einem stark **zersplitterten Wohnungsmarkt.**[44] Es gibt zunächst **7**
verschiedene Wohnungsbestände. **(a)** Zunächst gibt es Gemeinden, in denen die Regelungen gar nicht gelten, weil die Gemeinde in keine Landesverordnung aufgenommen wurde. **(b)** Dann gibt es gem. § 549 Abs. 2, 3 BGB nicht geschützte Wohnungen in Gemeinden, die in eine entsprechende Verordnung aufgenommen wurden. Insofern ist die Situation aber deckungsgleich mit den Regelungen für Bestandsmieterhöhungen. **(c)** Dann gibt es Wohnungen, die als Neubau iSd § 556f S. 1 BGB gelten, für die eine Begrenzung der Wiedervermietungsmiete nicht gilt. **(d)** Des Weiteren gibt es umfassend modernisierte Wohnungen, bei denen die Begrenzung der Neuvertragsmiete zumindest bei der ersten Vermietung gem. § 556f S. 2 BGB nicht gilt. **(e)** Und zuletzt gibt es Wohnraum, für den die Begrenzung der Wiedervermietungsmiete gem. §§ 556d, 556e BGB uneingeschränkt gilt. Hier ist dann noch zu differenzieren zwischen Wohnungen, für die nur 110% der ortsüblichen Vergleichsmiete vereinbart werden dürfen, und solchen Wohnungen, für die dauerhaft gem. § 556e BGB eine höhere Miete zulässig ist. Der Wohnung sieht man diese Differenzierung idR nicht an. Insofern ähnelt die Situation der bei Wohnungen, für die die Kostenmiete zu zahlen ist.

Darüber hinaus richtet sich das **anzuwendende Regelungsregime** auch nach dem **Datum** **8**
**des Abschlusses des Mietvertrages.**[45] Die jeweils maßgeblich Überleitungsvorschriften im EGBGB bestimmen, dass die jeweiligen Änderungen immer nur für Mietverhältnisse gelten, die nach Änderung des Gesetzes abgeschlossen wurden. Entscheidend ist dabei der Vertragsschluss und nicht die Invollzugsetzung des Mietvertrages.

### III. Übergangsregelungen – In-Kraft-Treten

Das Gesetz ist am 1.6.2015 in Kraft getreten. Die Begrenzung der Wiedervermietungsmiete gilt **9**
gem. Art. 229 § 35 Abs. 1 EGBGB erst für Mietverträge oder Staffelmietvereinbarungen, die ab Inkrafttreten der Landesverordnung, in der die entsprechende Gemeinde, in der die Wohnung liegt, **neu abgeschlossen** wurden. Der Wortlaut der Vorschrift ist eindeutig. Es kommt nicht auf den Mietvertragsbeginn an, sondern den **Vertragsschluss.**[46] Bei nicht gleichzeitiger Anwesenheit der Vertragsparteien kommt der Vertrag mit der Annahmeerklärung zustande. Ist zwischen Erstunterzeichnung des schriftlichen Vertragsformulars (= Angebot) und der Unterschrift des Annehmenden die maßgebliche Verordnung in Kraft getreten, so gilt die Begrenzung der Wiedervermietungsmiete. Ist der Vertrag vor Inkrafttreten der Verordnung abgeschlossen worden, soll er aber erst nach

---

42 So aber die Begründung der bayrischen Mieterschutzverordnung JMBl. Bay. 2015, 87; *Sieg* DWW 2016, 204 (206).

43 So schon die Gesetzesbegründung: BT-Drs. 18/3121, 29 „Es sollte eine tatsächliche statistische Erhebung stattfinden"; *Blank* WuM 2014, 641 (647); MüKoBGB/*Artz* § 556d Rn. 12; Staudinger/*V. Emmerich* BGB § 556d Rn. 32; großzügiger *Derleder* NZM 2015, 413 (415); zur empirischen Untersuchung in Berlin und der Kritik daran *Berkenhahn* GE 2018, 980ff., 1040ff.

44 *Blank* WuM 2014, 641 (659).

45 MüKoBGB/*Artz* EGBGB Art. 229 § 49 Rn. 13.

46 AG Charlottenburg BeckRS 2017, 124562 mAnm *Börstinghaus* jurisPR-MietR 21/2017 Anm. 3; AG Charlottenburg GE 2017, 1415 = DWW 2017, 300; MüKoBGB/*Artz* EGBGB Art. 229 § 35 Rn. 3.

deren Inkrafttreten in Vollzug gesetzt werden, so gilt die Begrenzung der Wiedervermietungsmiete nicht.[47]

10 Wurde eine **Staffelmietvereinbarung** vor Inkrafttreten der örtlich maßgeblichen Verordnung abgeschlossen, so gilt die Begrenzung gem. Art. 229 § 35 Abs. 1 EGBGB selbst dann nicht, wenn spätere Staffeln erst nach Inkrafttreten der Verordnung wirksam werden. Da Staffelmietvereinbarungen gem. § 557 a BGB zeitlich ohne Beschränkung möglich sind, kann ein solcher Mietvertrag uU nie in den Geltungsbereich dieses Unterkapitels fallen. Endet das Mietverhältnis aber während der Geltungsdauer einer Verordnung, darf nur die letzte Staffel als Vormiete weiter wirksam vereinbart werden. Die vertraglich zwar wirksam vereinbarten zukünftigen Steigerungen werden vom Begriff der Vormiete gem. § 556 e Abs. 1 BGB nicht umfasst.[48] Wurde die Staffelmietvereinbarung während der Laufzeit einer örtlich einschlägigen Verordnung abgeschlossen, so findet die Beschränkung der Wiedervermietungsmiete gem. Art. 229 § 35 Abs. 2 EGBGB keine Anwendung mehr auf Staffeln, deren erste Miete zu einem Zeitpunkt fällig wird, in dem die Mietwohnung nicht mehr in den Anwendungsbereich der Verordnung fällt, etwa weil sie außer Kraft getreten oder abgeändert worden ist.

11 Durch das MietAnpG v. 18.12.2018[49] wurde eine vorvertragliche **Auskunftsobliegenheit** für den Vermieter eingeführt und die Rügepflicht für den Mieter modifiziert. Gemäß Art 229 § 49 Abs. 1 EGBGB gelten diese Änderungen nur für Mietverträge, die ab dem 1.1.2019 abgeschlossen wurden. Auch insofern ist der Wortlaut der Vorschrift eindeutig. Es kommt nicht auf den Mietvertragsbeginn an, sondern den **Vertragsschluss.**[50] Das bedeutet, dass auf alle bis 31.12.2018 abgeschlossene Mietverträge weiterhin das alte Recht Anwendung findet, unabhängig davon, wann der Vertrag in Vollzug gesetzt wurde. Daran ändert sich auch nichts, wenn in einem Bundesland eine entsprechende Landesverordnung – wegen vorheriger formeller Unwirksamkeit – neu in Kraft gesetzt wird oder eine ausgelaufene Verordnung im Rahmen der 5-Jahresfrist verlängert wird.

12 Durch das Gesetz zur Verlängerung und Verbesserung der Regelungen über die zulässige Miethöhe bei Mietbeginn[51] wurde nicht nur den Ländern gestattet, neue Mietpreisbegrenzungsverordnungen auch in den Gemeinden zu erlassen, in denen eine solche Verordnung schon einmal fünf Jahre galt, es wurde auch die **Wirkung der Rüge** wurde dahingehend verändert, dass auch vor der Rüge fällige und gezahlten Mieten zurückverlangt werden können, wenn die Rüge bis zu 30 Monate nach Mietvertragsabschluss erfolgte.[52] Das Mietverhältnis darf nur zum Zeitpunkt der Rüge nicht gekündigt sein. Außerdem wurde der Fehler über den Umfang der vorvertraglichen Informationspflicht aus der vorherigen Änderung dahingehend korrigiert, dass die letzte Vormiete und nicht die ein Jahr vor Vertragsschluss fällige Miete mitzuteilen ist. Gemäß Art. 229 § 51 EGBGB gelten die Änderungen für Mietverträge, die ab dem 1.4.2020 abgeschlossen wurden.[53] In zeitlicher Hinsicht sind somit folgende drei Zeiträume, in denen jeweils der Mietvertrag abgeschlossen wurde, zu unterscheiden um die maßgeblichen Vorschriften zu ermitteln: **(a)** Mietvertragsabschluss nach Inkrafttreten einer wirksamen Landesverordnung bis 31.12.2018; **(b)** Mietvertragsabschluss ab 1.1.2019 bis 31.3.2020; **(c)** Mietvertragsabschluss ab 1.4.2020.

## IV. Verfassungsrechtliche Rahmenbedingungen

13 Die Begrenzung der Wiedervermietungsmiete stellt einen Eingriff in das geschützte Eigentum[54] des Vermieters gem. Art. 14 GG und Art. 1 des Zusatzprotokolls (ZP) der Europäischen Menschenrechtskonvention (EMRK) v. 4.11.1950[55] dar. Umstritten war, ob es sich um eine zulässige **Inhalts- und Schrankenbestimmung** handelt.[56] **Zweck der Regelung** ist zum einen das Interesse der

---

[47] Zu einem ähnlichen Problem bei der herabgesetzten Kappungsgrenze *Artz/Börstinghaus* NZM 2013, 593.
[48] *Flatow* WuM 2015, 191.
[49] BGBl I 2648.
[50] AG Charlottenburg BeckRS 2017, 124562 mAnm *Börstinghaus* jurisPR-MietR 21/2017 Anm. 3; *Artz/Börstinghaus* NZM 2019, 12, 14; MüKoBGB/*Artz* EGBGB Art. 229 § 49 Rn. 13.
[51] BGBl 2020, 450; *Fleindl* FS Börstinghaus, 2020, 119; *Horst* MDR 2020, 445; *Dickersbach* MietRB 2020, 117.
[52] Dazu *Fleindl* FS Börstinghaus, 2020, 119 (127).
[53] MüKoBGB/*Artz* EGBGB Art. 229 § 51 Rn. 2.
[54] Nach *Herrlein* NJW 2017, 711 (716) berührt die Begrenzung der Wiedervermietungsmiete „die verfassungsrechtlich schwierige und letztlich politischer Beliebigkeit ausgelieferte Frage, wieviel vermögensmäßige *Einschränkung ein Vermieter aufgrund der Gemeinwohlbindung hinnehmen muss*"; zur Wohnungsnot und Verfassungsrecht auch *Kment* NJW 2018, 3692.
[55] BGBl. 2002 II 1054; *Börstinghaus/Thiede* NZM 2016, 489.
[56] Ausf. *Frank* Mietpreisbremse S. 21 ff.

Bevölkerung an der Versorgung mit Mietwohnungen zu angemessenen (nämlich dem Durchschnittseinkommen angepassten) Mietpreisen und zum anderen die Verbesserung der Chancen einkommensschwacher Mieter gegenüber den zahlungskräftigeren Mitbewerbern auf Erhalt einer Wohnung durch die Festlegung einer höchstzulässigen Miete.[57] Ob das mit dem Gesetz in verfassungsrechtlich zulässiger Weise erreicht wurde, wurde im Gesetzgebungsverfahren[58] früh problematisiert.[59] Ein im Auftrag von Haus & Grund Deutschland eingeholtes Sachverständigengutachten[60] kam zu dem Ergebnis, dass das Gesetz das Eigentumsrecht der Eigentümer aus Art. 14 GG sowie die Vertragsfreiheit von Vermietern und Mietern gem. Art. 2 GG verletzt. Durch die Störung des Marktbezuges der Neuvertragsmieten werde sogar **das ganze Vergleichsmietensystem verfassungswidrig.** Die Instanzrechtsprechung ist ganz überwiegend von eine Verfassungsmäßigkeit der Regelungen ausgegangen.[61]

Die Frage der **Verfassungsmäßigkeit der Begrenzung der Wiedervermietungsmiete** ist 14
vor allem im Rahmen der **Verhältnismäßigkeitsprüfung** zu entscheiden. Dafür muss das Ziel der Regelung betrachtet werden. Zur Erreichung des Ziels muss die Regelung erforderlich, geeignet und angemessen sein. Nach Ansicht des BVerfG[62] verstoßen die Regelungen der Begrenzung der Wiedervermietungsmiete weder gegen die Eigentumsgarantie noch gegen die Vertragsfreiheit oder den allgemeinen Gleichheitssatz. Die Regelungen wahren auch den Grundsatz der Verhältnismäßigkeit. Dabei hat das BVerfG auch auf die ursprüngliche Begrenzung der Geltungsdauer auf längstens fünf Jahre abgestellt und deshalb den Eingriff für Vermieter für zumutbar erklärt. Insofern bezieht sich die Entscheidung also nicht auf die aktuelle Gesetzesfassung.

Es darf nicht übersehen werden, dass durch die Regelung die angespannte Wohnungssituation 15
nicht beseitigt wird.[63] Anders als auf anderen Märkten reagiert der Wohnungsmarkt wegen der langen Planungs- und Bauphase nur sehr träge (**Schweinezyklus**[64]). Deshalb findet eine Anpassung zunächst nicht auf der Angebotsseite, sondern auf der Preisebene statt.[65] Die Nachfragesituation kann sich sogar noch verschärfen, wegen der Gefahr, dass mehr Mietinteressenten jetzt in die Städte mit der Begrenzung ziehen wollen, weil dort die Mieten niedriger sein sollen. Den Wunsch einkommensschwächeren Mietern den Zugang zum Wohnungsmarkt zu erleichtern oder erstmals zu ermöglichen, werden die Regelungen auch nicht erfüllen können.[66] Es konkurrieren weiterhin unterschiedlich leistungsfähige Mietergruppen um die Wohnung. Dabei steht zu vermuten, dass die leistungsfähigeren Mieter weiterhin die größeren Chancen haben.

---

57 Nach *Abramenko* ZRP 2018, 34 (36) nehmen selbst „Befürworter des Gesetzes" nicht mehr an, dass dies Ziel durch das Gesetz erreicht wird; aus staatsrechtlicher Sicht: *Schollmeier,* Die Gewährleistung von angemessenem und bezahlbarem Wohnraum als Verfassungsfrage, 1. Aufl. 2020.

58 BT-Drs. 18/3121; 18/3250; 18/4220; Ausschussempfehlung BR BR-Drs. 447/1/14; BR-Drs. 447/14(B); Wortprotokoll der Sachverständigenanhörung v. 3.12.2014 des Ausschusses für Recht und Verbraucherschutz inkl. der schriftlichen Stellungnahmen der Sachverständigen: 18/34; Plenarprotokoll 2./3. Lesung im BT 18/91 ab S. 8594.

59 *Leuschner* NJW 2014, 1929; *Börstinghaus* DWW 2014, 202; *Derleder* NZM 2015, 413 (414) Fn. 9; *Derleder* WuM 2013, 383 (390); WuM 2014, 443; KJ 2015, 5; *Schultz* ZRP 2014, 37; *Herlitz* ZMR 2014, 262; *Börstinghaus/Kirchhoff/Derleder* ZRP 2013, 158; *Lange* DVBl 2015, 1551; sowie die Stellungnahmen des Deutschen Richterbunds Nr. 8/2014 und der Bundesrechtsanwaltskammer Nr. 19/2014; auch *Hinz* ZMR 2014, 593; *Aufderhaar/Jaeger* ZfIR 2014, 541.

60 *Blankenagel/Schröder/Spoerr* NZM 2015, 1.

61 Eine tabellarische Gegenüberstellung der Argumente der Zivilkammern des LG Berlin zur verfassungsmäßig- oder widrigkeit befindet sich in der Broschüre des BMJV „ Die Regelungen zur zulässigen Miethöhe bei Mietbeginn in Gebieten mit angespannten Wohnungsmärkten („Mietpreisbremse") in der gerichtlichen Praxis", S. 28 herunterladbar unter: https://www.bmjv.de/SharedDocs/Downloads/DE/Ministerium/ForschungUndWissenschaft/MPB_Gutachten_gerichtlichePraxis_BMJV.pdf?__blob=publicationFile&v=3.

62 BVerfG 1 BvL 1/18, NJW 2019, 3054 = NZM 2019, 676.

63 So auch *Gsell* NZM 2017, 305; verfassungsrechtliche Bedenken deshalb bei *Wichert* in Spielbauer/Schneider, Mietrecht § 556d Rn 9; nach *Gustorff* Mietpreisbremse, S. 453 ist „die Mietpreisbremse im wesentlichen verfassungsgemäß"; *Herrlein* NZM 2016, 1, 8 weist unter Hinweis auf historische Daten nach, dass die durchschnittliche Mietbelastung zu Beginn des 20. Jahrhunderts bei ca. 15% lag und inzwischen auf ca. 23–60% gestiegen ist und deshalb alle Mietpreisbegrenzungen versagt hätten; zur Entwicklung des Miethöherechts seit 1917 s. auch *Börstinghaus* WuM 2018, 610.

64 Schweinezyklus umschreibt die periodische Schwankung der Angebotsmenge und des Marktpreises, die dadurch entsteht, dass durch die Zeitverzögerungen nur träge auf die erhöhte Nachfrage reagiert wird, weshalb uU das erweiterte Angebot dann erfolgt, wenn die Nachfrage schon wieder sinkt.

65 *Hofacker,* Preisvorschriften für den sogenannten preisfreien Wohnraum, 2000, 105.

66 Nach *Abramenko* ZRP 2018, 34 (36) nehmen selbst „Befürworter des Gesetzes" nicht mehr an, dass dies Ziel durch das Gesetz erreicht wurde oder erreicht werden kann.

16 **Verfassungsrechtlich bedenklich** ist nach wie vor die Anwendbarkeit der Regelungen für die Mietvertragsparteien. Das BVerfG[67] hatte zum Vergleichsmietensystem schon entschieden, dass rechtsstaatliche Grundsätze es gebieten, mietpreisrechtliche Vorschriften nach Inhalt und Voraussetzungen so zu gestalten, dass **Vermieter und Mieter in der Lage sind, in zumutbarer Weise die gesetzlich zulässige Miete zu ermitteln.** Das ist bei § 556d Abs. 1 BGB zumindest dann nicht möglich, wenn in die Verordnung eine Gemeinde aufgenommen wird, in der es **keinen Mietspiegel** gibt.[68] Bei Bestandsmieterhöhungen gibt es verschiedene Alternativen der Begründung in § 558a BGB. Sie sind unterschiedlich gut und geben die ortsübliche Vergleichsmiete unterschiedlich genau wieder. Das ist bei einer Bestandsmietenerhöhung aber unerheblich, weil die Mieterhöhung wirksam ist, wenn der Mieter zugestimmt hat, selbst wenn die Miete oberhalb der ortsüblichen Vergleichsmiete liegt. Nach § 556g Abs. 1 BGB sind aber alle Vereinbarungen die oberhalb der Grenzen der §§ 556d, 556e BGB liegen unwirksam. Nur wo die Grenze liegt, wird frühestens von einem Sachverständigen mit hohem Aufwand[69] im Zahlungsprozess ermittelt werden. Die Mietvertragsparteien sollen sich also an Grenzen halten, die sie nicht kennen. Das ist rechtsstaatlich sehr bedenklich. Wenn überhaupt, dann sind die Regelungen nur deshalb verfassungsgemäß, weil sie nur befristet gelten. In einer von der Privatautonomie geprägten Marktwirtschaft ist eine preisrechtliche Begrenzung immer nur als Ausnahme für den Fall eines Marktversagens denkbar.[70] Nach Ansicht des BVerfG[71] ist die Verknüpfung der maximalen Wiedervermietungsmiete mit der ortsüblichen Vergleichsmiete aber nicht zu beanstanden. Zwar könne die Ermittlung der genauen Höhe der ortsüblichen Vergleichsmiete die Vertragsparteien in Gemeinden, in denen kein qualifizierter Mietspiegel aufgestellt ist, vor praktische Schwierigkeiten stellen[72], eine den Vorgaben der Verfassung entsprechende Anwendung der Regelungen über die ortsübliche Vergleichsmiete sei gleichwohl möglich. Dabei übersieht dieser äußerst kurze Hinweis ohne Begründung, dass es bei Bestandsmieterhöhungen immer um die Herbeiführung einer Vertragsänderung geht und diese selbst bei Fehlern wirksam ist[73], bei der Begrenzung der Wiedervermietungsmiete aber ein gesetzliches Verbot im Raum steht und selbst bei ursprünglichem Einverständnis des Mieters mit der Miethöhe, die Abrede teilunwirksam ist und der Mieter sich später darauf berufen darf.

17 Ein **Verstoß gegen Art. 1 ZP der EMRK** liegt ebenfalls nicht vor.[74] Danach hat jede Person das Recht auf Achtung ihres Eigentums. Niemandem darf sein Eigentum entzogen werden, es sei denn, dass das öffentliche Interesse es verlangt. Abs. 2 gestattet den Staaten aber ähnlich der Inhalts- und Schrankenbestimmung des Art. 14 GG diejenigen Gesetze anzuwenden, die er für die Regelung der Benutzung des Eigentums im Einklang mit dem Allgemeininteresse oder zur Sicherung der Zahlung der Steuern oder sonstigen Abgaben oder von Geldstrafen für erforderlich hält. Der Europäische Gerichtshof für Menschenrechte (EGMR) hat sich in der Vergangenheit bereits mit Beschränkungen der Widervermietungsmiete in sechs Ländern[75] sowie mit der Erhöhung der

---

[67] BVerfGE 37, 132 (142).

[68] Zu den Bedenken schon die Gesetzesbegründung BT-Drs. 18/3121, 29; Verfassungsrechtliche Bedenken auch bei *Schuldt* Mietpreisbremse S. 248; auf verfassungsrechtliche Probleme weist auch *Blank* WuM 2014, 641 (646) hin; gerade die Existenz eines qualifizierten Mietspiegels für Berlin ist für das AG Neukölln NZM 2017, 31 das tragende Argument, warum in Berlin die Einführung der Beschränkung der Wiedervermietungsmiete verfassungsgemäß ist, bestätigt durch LG Berlin NZM 2017, 332; nach Weigelt Herausforderung S. 292 soll die Aufnahme einer Gemeinde ohne qualifizierten Mietspiegel in eine VO kaum möglich sein.

[69] *Hinz* ZMR 2014, 593 (595).

[70] So ausdrücklich *Derleder* WuM 2013, 383.

[71] BVerfG 1 BvL 1/18, NJW 2019, 3054 = NZM 2019, 676 unter Bezugnahme auf seine Entscheidung BVerfGE 37, 132 (143) zur Verfassungsmäßigkeit des Verbots der Änderungskündigung und die Einführung der ortsüblichen Vergleichsmiete.

[72] So auch die Gesetzesbegründung BT-Drs 18/3121, S. 29; vgl. auch AG Neukölln NZM 2017, 31 bestätigt durch LG Berlin NZM 2017, 332; *Börstinghaus* NJW 2018, S. 665, 667.

[73] BGH VIII ZR 234/18, NZM 2020, 322.

[74] *Börstinghaus/Thiede* NZM 2016, 489.

[75] EGMR 30.10.2015 – 1046/12, – Zammit, Attard Cassare/**Malta;** EGMR 28.4.2014 – 30255/09, – Bittó ua/**Slowakei;** EGMR 12.6.2014 – 14717/04, – Berger-Krall/**Slovenien;** EGMR 3.10.2014 – 37926/05, 25784/09, 36002/09, 44410/09, 65546/09, – R & L, SRO ua/**Tschechien;** EGMR 10.6.2014 – 1207/10, – *Statileo/**Kroatien;*** EGMR 22.2.2012 – 20287/10, – Saliba ua/**Malta;** EGMR 15.12.2009 – 47045/06, – Amato Gauci/**Malta;** EGMR 24.1.2007 – 17647/04, – Edwards/**Malta;** EGMR 26.12.2006 – 31122/05, – Ghigo/**Malta;** EGMR 22.2.2005 – 35014/97, – Huttwn-Czapska/**Polen;** EGMR 19.12.1989 – 10522/83, 11011/84, 11070/84, – Mellacher ua/**Österreich.**

Bestandsmieten in den Niederlanden[76] beschäftigen müssen. Nach der Rspr. des Gerichtshofes[77] stellen Mietpreisbeschränkungen **keine Enteignung** iSd Art. 1 Abs. 1 S. 2 ZP EMRK dar. Es handelt sich hierbei nur um eine Eigentumsbeschränkung iSd Art. 1 Abs. 2 ZP EMRK. Hier hat der Gesetzgeber jedoch nach Ansicht des Gerichtshofes sehr freie Hand, solange die Maßnahmen im öffentlichen Interesse liegen. Unzulässig ist die Eigentumsbeschränkung, wenn die Entscheidung des Gesetzgebers offenkundig einer vernünftigen Grundlage entbehrt. Der Gerichtshof hat es dabei abgelehnt zB das österreichische Mietpreissystem als solches zu überprüfen.[78] Die Mehrzahl der Entscheidungen betraf **Fälle nach Ende der kommunistischen Systeme** und Umstellung auf marktwirtschaftliche Systeme. So hat der Gerichtshof[79] die Mietpreisbindung in Polen für gerechtfertigt erachtet. Ein staatliches System der Mietenregulierung mit dem Ziel, finanziell schwachen Mietern angemessenen sozialen Schutz zu gewähren und nach dem Zusammenbruch eines kommunistischen Regimes den allmählichen Übergang von einer staatlich kontrollierten Miete in eine im Wege der privatrechtlichen Vereinbarung erzielten sicherzustellen, verfolgt ein rechtmäßiges Ziel, das auch im allgemeinen Interesse liegt, insbes. in einer Situation anhaltender Wohnraumknappheit. Der Gerichtshof fand jedoch kein Verständnis für das anhaltende Versäumnis des polnischen Gesetzgebers, der Vermieterin zumindest die für die Instandhaltung der Wohnung anfallenden Kosten abzugelten, ganz zu schweigen von der ebenso wenig vorhandenen Möglichkeit eines durch die Miete erwirtschafteten **Mindestgewinns.** Der Gerichtshof kam deshalb zu dem Ergebnis, dass der Vermieter angesichts der nachhaltigen Auswirkungen, welche die staatlichen Mietenregulierung auf ihr Eigentumsrecht hatte, eine unverhältnismäßige und übermäßige Last auferlegt wurde, die mit dem Allgemeininteresse nicht mehr gerechtfertigt werden kann. Dabei erkennt der Gerichtshof[80] durchaus die berechtigten Interessen der Gesellschaft an einer gerechten Aufteilung der sozialen und finanziellen Lasten bei der Umstellung und Reform des Wohnungsmarktes eines Landes an. Diese Last darf nicht auf eine einzelne soziale Gruppe abgewälzt werden, wie wichtig auch die Interessen der anderen Gruppe oder der Gesellschaft insgesamt sind. Bei der Beurteilung der Lastenverteilung beschränkt sich der Gerichtshof aber nicht auf die Betrachtung der mietrechtlichen Vorschriften, er bezieht auch die gesamte **Wohnungsbau- und -marktpolitik**[81] mit ein. Er kommt deshalb zu dem Ergebnis, dass Fehler bei der slowakischen Wohnungspolitik einen „gerechten Ausgleich" der Interessen verhinderten und zu einem Verstoß gegen Art. 1 Abs. 2 ZP EMRK führen. Das ist eine Prüfung, die dem deutschen Verhältnismäßigkeitsmaßstab ähnlich ist. Das bedeutet, dass die neuen Vorschriften der §§ 556d ff. BGB nur dann dem Art. 1 ZP EMRK entsprechen, wenn sie **verhältnismäßig** sind. Dazu zählen auch Maßnahmen zur Wohnungsbauförderung, um solche mietpreisbegrenzenden Maßnahmen in absehbarer Zeit überflüssig zu machen. Der deutsche Gesetzgeber hat den Ländern diese Aufgabe ausdrücklich übertragen. Außerdem hat er das Gesetz auf fünf Jahre befristet. Mit diesen Beschränkungen dürfte zurzeit ein Verstoß gegen Art. 1 ZP EMRK nicht vorliegen. Entscheidend wird aber sein, welche **Maßnahmen die Länder zur Beseitigung der Wohnungsmangellagen** einleiten und auch umsetzen. Kritisch wird eine **Verlängerung der Laufzeit** der Verordnungen und der §§ 556d ff. zu beurteilen sein.

## B. Tatbestandsvoraussetzungen

### I. Mietvertrag über Wohnraum

Die Vorschriften dieses Unterkapitels gelten **ausschließlich für Mietverträge über Wohnraum.** Damit sind Wohnraummietverhältnisse gemeint.[82] Es wird in § 578 BGB nicht für andere Mietverträge auf diese Vorschriften verwiesen. Eine entsprechende Anwedung scheidet 18

[76] EGMR 2.7.2013 – 27126/11, – Nobel ua/**Niederlande;** 17.12.1996 – 20641/92, – Terra Woningen/**Niederlande.**

[77] EGMR 19.12.1989 – 10522/83, EGMR-E 4, 485.

[78] EGMR 19.12.1989 – 10522/83, EGMR-E 4, 485.

[79] EGMR 22.2.2005 – 35014/97, – Hutten-Czapska/Polen.

[80] EGMR NJW 2015, 605 = NZM 2015, 124.

[81] Zur Wohnungsnot und Verfassungsrecht: *Kment* NJW 2018, 3692.

[82] Staudinger/*Emmerich* BGB § 556d Rn. 3; **aA** Lützenkirchen MietR/*Abramenko* BGB § 556d Rn. 7 ff. der zur „Übergewichttheorie" vom Ansatz her schon ein anderes Verständnis hat und deshalb für Mischmietverhältnisse zu einem anderen Ergebnis kommt; generelle Zweifel an der „Schwerpunkttheorie" auch bei *Streyl* FS Börstinghaus, 2020, 423 (426).

aus.[83] Wohnraummiete liegt vor, wenn Räumlichkeiten nach dem Zweck der Vereinbarung entgeltlich zum Zwecke des privaten Aufenthalts und zur Befriedigung des Wohnbedürfnisses des Mieters oder seiner Angehöriger überlassen werden[84] (→ BGB Vor § 535 Rn. 15 ff.). Wichtigstes **Abgrenzungskriterium zum Gewerberaummietvertrag** ist, dass die Räumlichkeiten nach den Abreden vom Mieter selbst oder/und seinen Angehörigen[85] genutzt werden soll. Nur wenn diese Zweckbestimmung[86] gegeben ist, handelt es sich um einen Wohnraummietvertrag. Es ist ausschließlich auf den vereinbarten Zweck abzustellen. Die **Bezeichnung des Vertrages** oder die Verwendung eines bestimmten Formulars[87] ist ebenso unerheblich wie die ggf. v**ertragswidrige Nutzung.**[88] Die Regelungen gelten nicht für Wohnraum, der zum vorübergehenden Gebrauch vermietet wurde (§ 549 Abs. 2 Nr. 1 BGB), möblierten Wohnraum, der Teil der Vermieterwohnung ist (§ 549 Abs. 2 Nr. 2 BGB), Wohnraum, der an bestimmte Personen mit dringendem Wohnbedarf vermietet wurde (§ 549 Abs. 2 Nr. 3 BGB) sowie bei Wohnraum in einem Studentenwohnheim (§ 549 Abs. 3 BGB).

19 Die Vorschriften der §§ 556d–556g BGB sind auch auf **Mischmietverhältnisse** (→ BGB Vor § 535 Rn. 20) anwendbar[89], bei denen das Schwergewicht auf der Nutzung als Wohnung liegt.[90] Ein Mischmietverhältnis liegt vor, wenn der Mieter die Räumlichkeiten sowohl zu Wohnzwecken wie auch zu anderen Zwecken, zB einer beruflichen Tätigkeit nutzen darf.[91] Entscheidend ist die vertraglich vereinbarte Zweckbestimmung und nicht die tatsächliche Nutzung.[92] In Zweifelsfällen gilt Wohnraummiete[93] und deshalb **einheitlich**[94] für das ganze Mietverhältnis die Begrenzung der Wiedervermietungsmiete. Zu den Mischmietverhältnissen gehört auch die **Vermietung einer Wohnung und einer Garage**[95] in einem einheitlichen Vertrag (→ BGB Vor § 535 Rn. 108). Auf den isolierten Garagenmietvertrag sind die Regelungen nicht anzuwenden.

20 Die Vorschriften gelten auch für **Zweit- oder Ferienwohnungen**[96], wenn diese nicht in den Anwendungsbereich des § 549 Abs. 1 BGB fallen. Es ist nicht erforderlich, dass der Mieter in der Wohnung den Lebensmittelpunkt hat. Auch Sinn und Zweck der Regelung sprechen nicht gegen die Anwendung. Auch diese Nutzungsarten führen uU zu angespannten Wohnungsmärkten. Unerheblich ist auch, ob es sich bei der Wohnung um ein Ein- oder Zweifamilienhaus, eine Wohnung in einem Mehrfamilienhaus oder um eine vermietete Eigentumswohnung handelt. Die Vorschriften gelten ohne Einschränkung auch für (teil)**möblierte Wohnungen,** soweit nicht § 549 Abs. 2 Nr. 2 BGB einschlägig ist.[97] Erhebliche Probleme macht hier die Ermittlung der ortsüblichen Vergleichsmiete (→ Rn. 60).[98]

21 In den Fällen der **Zwischenvermietung** handelt es sich bei dem Mietvertrag zwischen dem Eigentümer und dem Zwischenmieter um einen Gewerberaummietvertrag[99] für den die Begren-

---

[83] *Blank* WuM 2014, 641; *Derleder* WuM 2014, 443; Herrlein/Knops/Spiegelberg/*Martens,* Kommentar zum Mietrecht, 5. Aufl. 2021, BGB § 556d Rn. 2.

[84] BGH XII ZR 125/18, BGHZ 223, 290 = NZM 2020, 54 = NJW 2020, 331; BGH VIII ZR 66/19, NZM 2021, 218 VIII ZR 282/07, NJW 2008, 3361; BGH VIII ZR 376/13, BGHZ 202, 39.

[85] **AA** *Gregor* WuM 2008, 435 (438): Wohnraummiete schon und immer dann, wenn die Räumlichkeiten überhaupt zum Bewohnen durch irgendeine Person genutzt werden sollen, zB auch bei der Zwischenvermietung; insofern aber anders BGH NJW 1981, 1377; grdl. *Sonnenschein* FS Seuss, 1987, 253 (258).

[86] BGH NJW-RR 1986, 9; 1986, 877; OLG Düsseldorf NZM 2002, 739 (740); OLG Köln WuM 1996, 266.

[87] BGH VIII ZR 66/19, NZM 2021, 218.

[88] BGH XII ZR 5/18, NZM 2019, 143 = NJW 2019, 1062.

[89] *Fleindl* WuM 2015, 212; Herrlein/Knops/Spiegelberg/*Martens*BGB § 556d Rn. 2.

[90] BGH VIII ZR 376/13, WuM 2014, 539 unter Aufgabe der früheren Abgrenzungskriterien aus BGH VIII ZR 60/85, NJW-RR 1986, 877; KG ZMR 2010, 956; OLG Köln ZMR 2007, 114; WuM 1987, 377; zur rechtlichen Behandlung von Mischmietverhältnissen, insbes. in der höchst- und obergerichtlichen Rspr., auch *Lehmann-Richter* MietRB 2011, 84; *Bühler* ZMR 2010, 897.

[91] BGH VIII ZR 376/13, WuM 2014, 539; OLG Saarbrücken MDR 2012, 1335.

[92] Staudinger/*Emmerich* BGB Vor § 535 Rn. 29.

[93] BGH VIII ZR 376/13, WuM 2014, 539; OLG Frankfurt a. M. ZMR 2013, 119.

[94] Staudinger/*Emmerich* BGB § 556d Rn. 4; **aA** Lützenkirchen MietR/*Abramenko* BGB § 556d Rn. 12, Begrenzung nur für den Anteil der Wohnräume.

[95] Staudinger/*Emmerich* BGB § 556d Rn. 5.

[96] MüKoBGB/*Artz* § 556d Rn. 9; Staudinger/*Emmerich* BGB § 556d Rn. 3.

[97] *Fleindl* WuM 2018, 544; *Lehmann-Richter* WuM 2018, 393; *Börstinghaus* WuM 2017, 549; MüKoBGB/*Artz* § 556d Rn. 9; Staudinger/*Emmerich* BGB § 556d Rn. 25.

[98] MüKoBGB/*Artz* § 556d Rn. 9.

[99] BGH VIII ZR 36/84, BGHZ 94, 11 (14); BGH VIII ZR 212/96, BGHZ 135, 269 (272).

zung der Wiedervermietungsmiete nicht gilt.[100] Daran hat sich auch nach Einführung des § 578 Abs. 3 BGB nichts geändert. Dies gilt auch dann, wenn eine juristische Person eine Wohnung mietet, um sie einem Gesellschafter oder ihrem Geschäftsführer zu überlassen.[101] Unerheblich ist, ob die Zwischenvermietung im Interesse des Eigentümers oder der Mieter vereinbart wurde.[102] Hier gelten die Vorschriften dieses Unterkapitels nicht. Zwar können auch die Parteien eines Zwischenmietvertrages vereinbaren, dass auf diesen Geschäftsraummietvertrag das Wohnungsraummietrecht Anwendung findet, jedoch bedarf dies einer ausdrücklichen Regelung[103], zB der Verwendung eines Formulars für Wohnraummietverträge und zusätzlich der Vereinbarung, dass eine Kündigung schriftlich unter Angaben von Gründen zu erfolgen habe. Allein die Tatsache, dass die Parteien eine oberhalb der zulässigen Wiedervermietungsmiete liegende Miete vereinbart haben spricht dafür, dass sie die Regelungen des vorliegenden Unterkapitels nicht vertraglich vereinbaren wollten.

Die Begrenzung der Wiedervermietungsmiete gilt auch nicht für **preisgebundene Wohnungen.** Zwar ergibt sich das nicht unmittelbar aus den Vorschriften der §§ 556d–556g BGB oder aus § 549 BGB, jedoch handelt es sich bei den entsprechenden bundes- und landesrechtlichen Vorschriften (→ BGB Vor § 557 Rn. 34 ff.) um **Spezialvorschriften.**[104] Die Beschränkung der Miethöhe ergibt sich aus den entsprechenden Förderbescheiden sowie den regional geltenden Vorschriften. Das System ist regelmäßig vom Vergleichsmietensystem abgekoppelt, auch wenn einige Bundesländer inzwischen die Verfahrensvorschriften der §§ 558 ff. BGB für anwendbar erklärt haben. 22

## II. Der Mietvertragsabschluss

Nach dem ausdrücklichen Wortlaut des § 556d Abs. 1 BGB gilt die Beschränkung nur dann, wenn ein Mietvertrag **abgeschlossen** wird.[105] Ähnlich lautet auch die Überschrift des Unterkapitels „Vereinbarungen über die Miethöhe **bei Mietbeginn**“. Das entspricht dem Gesetzeszweck erstmals die Wiedervermietungsmiete zu beschränken. Nicht betroffen sind also alle Vereinbarungen über Mieterhöhungen im Bestand unter Aufrechterhaltung der Identität des Vertrages.[106]. 23

Alle Formen der Mietvertragsverlängerung, -erneuerung, und des schlichten Parteiwechsels[107] fallen nicht unter den Anwendungsbereich der §§ 556d ff. BGB. Im Einzelfall kann ein unzulässiges **Umgehungsgeschäft** vorliegen.[108] 24

Hat der Vermieter das Mietverhältnis fristlos, zB wegen Zahlungsverzuges gekündigt und erklärt er sich gegen Zahlung einer höheren Miete bereit **„die Kündigung zurückzunehmen“,** so ist strittig, ob damit ein neuer Mietvertrag zustande kommt oder ob der bestehende Mietvertrag nur zu einer höheren Miete fortgesetzt wird. Die Rücknahme einer fristlosen Kündigung ist anders als die Rücknahme einer fristgerechten Kündigung nicht möglich (→ BGB § 542 Rn. 95).[109] Mit dem Zugang[110] der fristlosen Kündigung beim Mieter wird das Mietverhältnis beendet. Daraus folgert der XII. Senat[111], dass die Rechtsfolgen der Kündigung nach Wirksamwerden nicht zurückgenommen oder widerrufen werden können. Jede diesbezügliche Vereinbarung stelle deshalb einen neuen Mietvertrag dar, der ggf. auch wieder schriftlich abgeschlossen werden muss, wenn er dem Schriftformerfordernis des § 550 BGB unterfällt. Nach dieser Auslegung würde in diesem Fall auch die Begrenzung der Wiedervermietungsmiete gelten. Richtigerweise wird man die „Rücknahme der Kündigung“ durch den Vermieter in diesem Fall aber auf ein **Angebot auf Fortsetzung** des 25

---

100 AG Lörrach WuM 2020, 27.

101 BGH VIII ZR 282/07, NJW 2008, 3361.

102 Die Unterscheidung ist allenfalls für die Anwendung des § 565 BGB von Bedeutung: BGH VIII ZR 311/14, NZM 2016, 256 mAnm *Börstinghaus* LMK 2016, 377696; *Derleder* NZM 2016, 670.

103 KG WuM 2015, 666; OLG Frankfurt a. M. ZMR 2011, 119.

104 BGH VIII ZR 327/11, NJW 2012, 2270; Arbeitskommentar zum MietRÄnderungsG/*Börstinghaus/Eisenschmid* BGB § 549 Rn. 146.

105 *Derleder* WuM 2013, 383 (389).

106 Staudinger/*Emmerich* BGB § 556d Rn. 8.

107 LG Berlin WuM 2018, 418; AG Neukölln WuM 2017, 714; ähnlich AG München DWW 2016, 340, Untermieter, der vorher schon in der Wohnung wohnte.

108 LG Berlin WuM 2018, 418; AG Neukölln WuM 2017, 714.

109 *Harke* ZMR 2015, 595; Staudinger/*Emmerich* BGB § 556d Rn. 10.

110 Krit. zur der Beschränkung der Argumentation nur auf das Zugangsproblem: *Harke* ZMR 2015, 595.

111 BGH NZM 1998, 628.

ursprünglichen Mietverhältnisses verstehen müssen.[112] Nach Ansicht des VIII. Senats[113] kann die durch eine wirksam erklärte Kündigung bewirkte Umgestaltung des Mietverhältnisses in ein Rückabwicklungsverhältnis zumindest durch ein rechtsgeschäftliches Zusammenwirken der Parteien rückgängig gemacht werden. In beiden Fällen wird das alte Mietverhältnis fortgesetzt, so dass die Begrenzung der Wiedervermietungsmiete auch bei Vereinbarung einer höheren Miete nicht gilt. Werden die erforderlichen Erklärungen gegenüber dem Sozialamt im Rahmen der Schonfristzahlung gem. § 569 Abs. 3 BGB abgegeben, dann kommt ein Fortsetzungsvertrag[114] entweder zustande, weil das Sozialamt in diesem Punkt Vertreter des Mieters ist[115] oder weil ein Optionsvertrag geschlossen wird.[116] Der Mieter nimmt die ihm eingeräumte Option dann zur Weiternutzung der Wohnung an. In jedem Fall wird aber der **alte Mietvertrag fortgesetzt.**[117] Bei dieser dem tatsächlichen Willen der Parteien entsprechenden Auslegung der maßgeblichen Willenserklärung scheidet eine Anwendung der §§ 556d ff. BGB auf diese Fallgestaltung aus, auch wenn der Vermieter die Fortsetzung des Mietvertrages von der Zahlung einer höheren Miete abhängig macht.[118] Dafür spricht auch, dass § 545 BGB eine Verlängerung des Mietverhältnisses bei Weiternutzung gesetzlich anordnet und die §§ 556d ff. BGB keine Anwendung finden.[119] Dies können die Mietvertragsparteien auch rechtsgeschäftlich vereinbaren.[120] Dass dies nur gegen Zahlung einer höheren Miete erfolgen soll, gestattet § 557 Abs. 1 BGB, der ebenfalls der Höhe nach nicht auf die ortsübliche Vergleichsmiete zzgl. 10% beschränkt ist.

**26** Vereinbaren die ursprünglichen Parteien des Mietvertrages, dass der bisherige **Mieter aus dem Vertrag ausscheidet** und ein neuer Mieter in den Mietvertrag eintritt, kommt es auf die konkrete Vertragsgestaltung an.[121] Die Frage, ob und unter welchen Umständen mit dem Abschluss eines Mietvertrags mit einem vom Mieter gestellten Nachmieter die Aufhebung des bisherigen Mietvertrags verbunden ist, hängt von den Umständen des jeweiligen Einzelfalls ab und entzieht sich einer allgemeinen Betrachtung.[122] Möglich sind die Beendigung des alten Mietvertrages und der Abschluss eines neuen Vertrages.[123] Eine solche **Novation**[124] stellt dann einen den §§ 556d ff. BGB unterfallenden Mietvertragsabschluss dar. Ebenso können die Parteien aber vereinbaren, dass der neue Mieter an die Stelle des alten Mieters tritt.[125] Das kann auch mit einer Vertragsänderung, also einer Mieterhöhung verbunden werden. Ein solcher **Parteiwechsel** fällt nicht unter § 556d Abs. 1 BGB.[126] Er kommt durch dreiseitigen Vertrag zustande.[127] Auch bei einem Beitritt eines weiteren Mieters in den Vertrag gilt die Beschränkung nicht.[128] Ebenso ist bei einem Wechsel der Mietvertragsparteien im Rahmen einer Ersatzmietergestellung zu differenzieren.[129] Dabei ist aber zur berücksichtigen, dass der Mieter, der aufgrund sachlicher Gründe einen Anspruch darauf hat aus einem noch länger laufenden Mietvertrag gegen Gestellung eines Nachmieters entlassen zu werden, einen Anspruch hat, dass der Mietvertrag zu unveränderten Bedingungen fortgesetzt

---

[112] LG Berlin ZMR 2017, 562 mAnm *Beuermann* GE 2017, 140; *Blank* WuM 2014, 641 (643).

[113] BGH VIII ZR 238/18, NZM 2021, 132.

[114] Der ja nur für die zugleich erfolgte ordentliche Kündigung erforderlich ist, weil die fristlose Kündigung gem. § 569 Abs. 3 BGB unwirksam wird.

[115] Dafür spricht, dass das Sozialamt den Mieter nach Information durch das Gericht gem. § 22 Abs. 9 SGB II anschreibt, dieser einen Antrag stellen muss und seinen Willen, auf jeden Fall in der Wohnung bleiben zu wollen, mitgeteilt hat.

[116] *Harke* ZMR 2015, 595.

[117] Staudinger/*V. Emmerich* BGB § 556d Rn. 10; Lützenkirchen MietR/*Abramenko* BGB § 556d Rn. 22; NK-BGB/*Hinz* § 556d Rn. 6; BeckOGK/*Fleindl* BGB § 556d Rn. 21.

[118] *Blank* WuM 2014, 641 (643).

[119] NK-BGB/*Hinz* § 556d Rn. 6, trotz kurzzeitiger „Schwebephase" wird das alte Mietverhältnis fortgeführt.

[120] *Blank* WuM 2014, 641 (643).

[121] Staudinger/*V. Emmerich* BGB § 556d Rn. 8.

[122] BGH VIII ZR 117/11, WuM 2012, 371; umf. *Schmid* WuM 2013, 643.

[123] Nach BGH XII ZR 113/05, NZM 2007, 851 spricht ein Mieterwechsel grds. eher für eine Novation als für einen Parteiwechsel.

[124] Zur Novation auch BGH VIII ZR 62/08, NJW 2009, 1139; BGH VIII ZR 50/12, WuM 2013, 165 „Novation nur ausnahmsweise".

[125] BGHZ 95, 88.

[126] LG Berlin ZMR 2018, 761; AG Neukölln WuM 2017, 714; *Blank* WuM 2014, 641 (643).

[127] BGH VIII ZR 84/09, NZM 2010, 471; BGH VIII ZR 142/12, WuM 2013, 496.

[128] Staudinger/*V. Emmerich* BGB § 556d Rn. 8.

[129] *Blank* WuM 2014, 641 (643).

wird. Das spricht regelmäßig für einen Parteiwechsel und gegen eine Novation. In Missbrauchsfällen kann ggf. eine analoge Anwendung der Vorschriften in Betracht kommen.[130]

**Sachliche Erweiterung des Mietgegenstandes** erfolgen regelmäßig im Wege eine Vertragserweiterung, für die die §§ 556d ff. BGB nicht gelten. Das gilt zB für die Hinzuvermietung von Räumen, des Garten, von Kellerräumen oder einer Garage. Das Gleiche gilt für eine Verkleinerung des Mietgegenstandes, also die Herausnahme von Mansardenzimmern, der Garage oder von Kellerräumen aus dem Mietvertrag. In all diesen Fäll erfolgt keine Begrenzung der Miete gem. §§ 556d ff. BGB. Theoretisch möglich ist der Abschluss eines neuen Mietvertrages, also eine **Novation.** Das ist aber die absolute Ausnahme. Selbst bei einem Umzug innerhalb des Hauses im Interesse des Vermieters ist bei der Feststellung des Willens der Parteien, das alte Schuldverhältnis aufzuheben und durch ein neu begründetes Rechtsverhältnis zu ersetzen, große Vorsicht geboten. Es kann nur ausnahmsweise von einer Novation ausgegangen werden, sofern die Parteien einen solchen Willen unzweifelhaft zum Ausdruck bringen. Im Zweifel ist daher nur von einer **Vertragsänderung** auszugehen[131], für die die §§ 556d ff. BGB nicht gelten. 27

Im Fall der **Veräußerung des Grundstücks** an einen Dritten[132] wird ein neuer Mietvertrag mit gleichem Inhalt mit dem Erwerber begründet. Zum einen findet hier keine Mieterhöhung statt und zum anderen handelt es sich um den gleichen Mietvertrag, so dass trotz der dogmatischen Konstruktion der fehlenden Rechtsnachfolge, nicht von einem Neuabschluss eines Mietvertrages auszugehen ist.[133] Vereinbart der Erwerber dann eine höhere Miete, handelt es sich um eine Erhöhung im Bestandsmietverhältnis für die die §§ 557 ff. BGB gelten und nicht die §§ 556d ff. BGB (→ BGB § 566 Rn. 98). 28

## III. Angespannter Wohnungsmarkt

### 1. Allgemeines

Die Begrenzung der Wiedervermietungsmiete gilt nur für Wohnraummietverträge über eine Wohnung, die in einem durch **Rechtsverordnung** nach § 556d Abs. 2 BGB bestimmten Gebiet mit einem **angespannten Wohnungsmarkt** liegt.[134] Die Begrenzung gilt also nicht flächendeckend. Die Entscheidung über die Anwendung hat der Bundesgesetzgeber den sachnäheren Ländern überlassen. Da es sich bei der Regelung um einen Eingriff in das Eigentumsgrundrecht des Vermieters gem. Art. 14 GG handelt, ist diese Beschränkung nur unter dem Gesichtspunkt der Verhältnismäßigkeit verfassungsgemäß. Eine **flächendeckende Beschränkung** würde dagegen verstoßen, weil es an der Erforderlichkeit einer Beschränkung in Gemeinden ohne angespannten Wohnungsmarkt fehlt.[135] Die Landesregierungen haben als demokratisch legitimierte und politisch verantwortliche Staatsorgane einen gerichtlich nur auf Willkür überprüfbaren Beurteilungsspielraum.[136] Die **Zivilgerichte** haben aber auch das Vorliegen der nachfolgend dargestellten materiellen Voraussetzungen für die Aufnahme einer Gemeinde in eine entsprechende Landesverordnung zu **überprüfen** und dürfen sich nicht allein darauf beschränken festzustellen, dass die Gemeinde in eine Landesverordnung aufgenommen wurde.[137] Liegt ein angespannter Wohnungsmarkt von Anfang an nicht vor, ist die auf der Verordnung beruhende Miethöhenregulierung im Verhältnis zwischen Vermieter und Mieter unanwendbar, was ein Vermieter vor den Zivilgerichten durchsetzen kann.[138] 29

---

[130] LG Berlin ZMR 2018, 761; AG Neukölln WuM 2017, 714; nach Staudinger/*V. Emmerich* BGB § 556d Rn. 8 lasse sich in derartigen offenkundigen Umgehungsfällen das Ergebnis „richtig verstanden" aus den §§ 133, 157 BGB ergeben.

[131] BGH VIII ZR 50/12, WuM 2013, 165.

[132] BGH VIII ZR 26/17, NZM 2019, 208.

[133] Nach BGH XII ZR 163/12, NJW 2014, 3775 kommt es auch für die Eigentümerstellung des Mieters beim Vermieterpfandrecht in den Veräußerungsfällen auf das Eigentum zum Zeitpunkt des ursprünglichen Mietvertrages an und nicht auf den Zeitpunkt des neubegründeten Vertrages mit dem Erwerber.

[134] Insofern unterscheidet sich die Regelung von der in § 558 Abs. 3 BGB, als dort kumulativ in der Gemeinde ein angespannter Wohnungsmarkt vorliegen muss und die Gemeinde in eine Verordnung aufgenommen worden sein muss: MüKoBGB/*Artz* § 556d Rn. 11, in seiner Stellungnahme als Sachverständiger des Rechtsausschusses forderte er deshalb eine Harmonisierung der Vorschriften; ähnlich *Weigelt* Herausforderung S. 287 insbes. Fn. 90.

[135] So auch *Hinz* ZMR 2014, 593 (594); NZM 2012, 777 (795).

[136] BVerfG NZM 2016, 578; BGH NJW 2016, 476.

[137] BVerfG NJW 2019, 3054.

[138] BVerfG NJW 2019, 3054 Rn. 79; NJW 2015, 3024.

30 Die Vorschrift ähnelt in ihren **Voraussetzungen den Ermächtigungsgrundlagen** in § 577a Abs. 2 BGB und § 558 Abs. 3 BGB sowie Art. 6 § 1 S. 1 MRVerbG v. 4. 11. 1971[139] für Zweckentfremdungsverordnungen.[140] Im Referentenentwurf v. 18. 3. 2014 waren die Voraussetzungen noch identisch.[141] Aufgrund der Erfahrung mit der Umsetzung der Ermächtigungsgrundlage des § 558 Abs. 3 BGB durch die Länder wurden die Voraussetzungen im Gesetzgebungsverfahren dann konkretisiert und verschärft.[142] Die Länder hatten von der Möglichkeit der Herabsetzung der Kappungsgrenze zT sehr extensiv Gebrauch gemacht. Sie gilt heute in über 350 Gemeinden. Das sollte bei der Begrenzung der Wiedervermietungsmiete nicht noch einmal geschehen, weshalb § 556d Abs. 2 S. 3 BGB nun **Kriterien**[143] für das Vorliegen eines angespannten Wohnungsmarktes benennt, den Ländern in § 556d Abs. 2 S. 5, 6 BGB eine **Begründungspflicht** auferlegt wird und außerdem die Länder nach Satz 7 darlegen müssen, was sie zur Linderung der örtlichen Wohnungsnot tun. Letzteres ist insbes. im Hinblick auf die Rspr. des EGMR[144] von großer Bedeutung. Der Gesetzgeber hat diesen Kriterienkatalog inzwischen auch in die Verordnungsermächtigung nach § 201a BbauG aufgenommen, nach der die Landesregierungen ermächtigt, durch Rechtsverordnung Gebiete mit einem angespannten Wohnungsmarkt zu bestimmen, in denen ein besonderes Vorkaufsrecht nach § 25 Abs. 1 Ziff. 3a BBauG gilt, von den Vorgaben eines Bebauungsplans nach § 31 Abs. 3 BBauG abgewichen werden darf oder in denen ein Baugebot nach §§ 175 Abs. 2, 176 BBauG verhängt werden soll. Anders als bei Erlass einer MietpreisbegrenzungsVO sollen vor Erlass einer solche Verordnung vom Land sowohl die betroffene Gemeinde wie auch die auf Landesebene bestehenden kommunalen Spitzenverbände beteiligt werden.

### 2. Materielle Voraussetzungen

31 Voraussetzung für die Aufnahme der Gemeinde in eine entsprechende Landesverordnung ist, dass es sich um ein Gebiet mit angespanntem Wohnungsmarkt handelt.[145] Nach der Legaldefinition in § 556d Abs. 2 S. 2 BGB handelt es sich dabei um Gebiete in denen die ausreichende Versorgung der Bevölkerung mit Mietwohnungen in einer Gemeinde oder einem Teil der Gemeinde zu angemessenen Bedingungen besonders gefährdet ist.

32 **a) Maßgeblicher Wohnungsmarkt.** Voraussetzung ist ein angespannter Wohnungsmarkt. Dazu muss erst der maßgebliche Markt ermittelt werden.[146] Dieser Markt ist in mehrfacher Hinsicht zu definieren. Zum einen geht es um die räumliche Abgrenzung. Hier ist die größte Einheit **die politische Gemeinde.** Zulässig ist aber auch eine kleinteiligere Abgrenzung, also für bestimmte **Quartiere** oder **Stadtteile.**[147] Fraglich ist, ob eine solche Differenzierung zwingend erfolgen muss.[148] Letzteres ist mangels ausreichender Datenlage aber durchaus problematisch.[149] Zum anderen kann der Markt auch nach **Wohnungsteilmärkten** differenziert werden, also für Apartments, Luxuswohnungen[150] oder Großwohnungen.[151] Dafür spricht bereits die Verwendung des Plurals im Gesetzestext.[152] Das kann verfassungsrechtlich geboten sein, wenn nur bestimmte Bevölkerungsgruppen, die eine bestimmte Art von Wohnungen suchen, von der Mangelsituation betroffen

---

139 BGBl. 1971 I 1745.

140 Ähnliche aber etwas anders formulierte Regelungen gab es in den § 5a WoBindG und § 1 Abs. 4 AFWoG.

141 *Hinz* ZMR 2014, 593 (595).

142 Deshalb besteht auch keine vollständige Identität zwischen den Gemeinden, in denen die Kappungsgrenze herabgesetzt ist und denen mit Beschränkung der Wiedervermietungsmiete: *Happ* DWW 2016, 284 (289).

143 *Weigelt* Herausforderung S. 288 spricht von „Leitlinien".

144 EGMR NJW 2015, 605 = NZM 2015, 124.

145 Zu den Voraussetzungen in Bayern und zur dortigen Mieterschutzverordnung (GVBl. 2015, 398) s. *Sieg* DWW 2016, 206.

146 *Lehmann-Richter* WuM 2015, 204.

147 *Blank* WuM 2014, 641 (645); bisher hat nur das Land Hessen bei einigen wenigen Großstädten bestimmte Stadtteile vom Anwendungsbereich ausgenommen.

148 Nach AG Pankow GE 2017, 1559 soll die Berliner Verordnung wegen der undifferenzierten Geltung für alle Berliner Bezirke unwirksam sein.

149 Nach *Blank* WuM 2014, 641 (645) ist in einer Großstadt eine differenzierte Untersuchung unerlässlich; Eine solche kritische Untersuchung der statistischen Grundlagen gibt es für Berlin von *Berkenharn* GE 2018, 980; GE 2018, 1040.

150 *Blank* WuM 2016, 161 (163).

151 *Herlitz* ZMR 2014, 262 (264); *Blank* WuM 2014, 641 (645).

152 *Blank* WuM 2014, 641 (645); nach *Lehmann-Richter* WuM 2015, 204 kann aus der Verwendung des Plurals deshalb nichts abgeleitet werden, weil in Abs. 2 auch von „Gebieten" die Rede ist und in Abs. 1 der Singular gebraucht wird.

sind.[153] Das kann zB bei kleinen Wohnungen für Studierende in Universitätsstätten der Fall sein. In der Regel fehlen hier aber ebenfalls ausreichende Daten und es kommt in diesen Märken auch zu Ausweichstrategien, zB mehr Wohngemeinschaften in Großwohnungen oÄ. Dies muss bei der erforderlichen Untersuchung des Wohnungsmarktes mitberücksichtigt werden, denn verfassungsrechtlich muss die Begrenzung der Neuvertragsmiete auf das erforderliche Maß beschränkt werden.[154] In der Praxis wird es anders als bei der Begrenzung auf bestimmte Quartiere oder Stadtteile schwierig, entsprechende Teilmärkte zu identifizieren und festzulegen. Die Landesregierung hat als ein demokratisch legitimiertes und politisch verantwortliches Staatsorgan einen **Beurteilungsspielraum.**[155]

**b) Angespannter Wohnungsmarkt.** Das Gesetz verlangt weiter, dass zuvor definierte Wohnungsmarkt „angespannt" ist. Nach der Legaldefinition des § 556d Abs. 2 S. 2 BGB liegt ein solcher Wohnungsmarkt vor, wenn **(a)** die „ausreichende Versorgung" der Bevölkerung mit Wohnungen **(b)** zu „angemessenen Bedingungen" **(c)** „besonders gefährdet" ist. Wie das BVerfG[156] bereits zum Zweckentfremdungsverbot entschieden hat, verweisen die Begriffe „ausreichende Versorgung" und „angemessene Bedingungen" im Rahmen der Ermächtigungsgrundlage wegen der zusätzlich erforderlichen besonderen Gefährdung[157] nicht auf einen wünschenswerten Idealzustand, sondern auf die Sicherstellung des Normalen. 33

Eine **„ausreichende Versorgung"** liegt deshalb schon bei annäherndem Gleichgewicht von Angebot und Nachfrage vor.[158] Aber auch dazu ist nach der „Lebenserfahrung"[159] ein Angebotsüberhang notwendig. Erforderlich ist nämlich immer eine Leerstands- oder Fluktuationsreserve von ca. 3–5%, damit Umzüge überhaupt stattfinden können und Renovierungen möglich sind.[160] Erforderlich ist darüber hinaus kein den Preis drückendes Überangebot.[161] Es ist aber auch keine akute Notlage erforderlich.[162] 34

**„Angemessene Bedingungen"** bedeutet auch nicht, dass die Mieten außergewöhnlich niedrig sind.[163] Die Mieten müssen von einem durchschnittlich verdienenden Arbeitnehmerhaushalt auch unter Berücksichtigung staatlicher Hilfen allgemein aufgebracht werden können.[164] Die Einbeziehung staatlicher Hilfen ist auch im Rahmen von § 556d BGB gerechtfertigt, denn auch einkommensschwache Haushalte, insbes. Haushalte, die auf staatliche Unterstützung angewiesen sind, sollen von der Begrenzung der Wiedervermietungsmiete profitieren.[165] 35

Da das Gesetz nur verlangt, dass eine **besondere Gefährdung** vorliegen muss, ist nicht erforderlich, dass die Unterversorgung bereits eingetreten ist. Es genügen latente Versorgungsschwierigkeiten.[166] Aus dem Tatbestandsmerkmal „besonders" ergibt sich, dass eine Gemeinde „durch sachliche Eigenarten gekennzeichnet ist, die geeignet sind, den Wohnungsmarkt für breitere Bevölkerungs- 36

---

153 *Lehmann-Richter* WuM 2015, 204; darauf weist zu Recht auch *Herlitz* jurisPR-MietR 7/2015 Anm. 3 im Zusammenhang mit dem „geringen Angebot" bei § 5 WiStG hin; **aA** *Blank* WuM 2016, 161 (164).

154 *Herlitz* ZMR 2014, 262 (264); *Blank* WuM 2014, 641 (645); *Lehmann-Richter* WuM 2015, 204; **aA** aber *Blank* WuM 2016, 161 (164) der der Auffassung ist, dass allein der Bundesgesetzgeber den Umfang des Mieterschutzes bestimmen dürfe und dies mit der Aufnahme der §§ 556d ff. BGB in den Katalog des § 549 Abs. 2 BGB abschließend getan habe.

155 BVerfGE 38, 348; BGH VIII ZR 217/14, NJW 2016, 476; *Börstinghaus* LMK 2016, 376055; *Blank* WuM 2016, 161; ebenso schon *Lehmann-Richter* WuM 2015, 204 mwN.

156 BVerfGE 38, 348.

157 In § 5 WiStG ist vom „geringen Angebotes an vergleichbarem Wohnraum" die Rede, das der Vermieter ausgenutzt haben muss; dazu zuletzt *Fleindl* WuM 2013, 703 (708).

158 BVerfGE 38, 348 (360); BGH VIII ZR 217/14, NJW 2016, 476; *Börstinghaus* LMK 2016, 376055; *Blank* WuM 2016, 161.

159 So die Formulierung des BGH VIII ZR 217/14, NJW 2016, 476 Rn. 71.

160 BVerwG NZM 2003, 606; NJW 1983, 2893; VGH München NJW-RR 1987, 1498; Börstinghaus/Eisenschmid Modernisierungs-HdB/*Börstinghaus* Kap. 4 Rn. 24, zu § 5 WiStG; Herrlein/Knops/Spiegelberg/*Martens,* Kommentar zum Mietrecht, 5. Aufl. 2021, BGB § 556d Rn. 7.

161 BVerfGE 38, 348.

162 *Horst* NZM 2015, 393 (406); Abramenko Mietpreisbremse § 2 Rn. 15; *Hinz* ZMR 2014, 593 (595); NK-BGB/*Hinz* § 556d Rn. 7b; wohl strenger *Schuldt,* Mietpreisbremse, 2017, S. 214, der „Wohnungsknappheit" verlangt.

163 BVerfGE 38, 348; BGH VIII ZR 217/14, NJW 2016, 476; *Börstinghaus* LMK 2016, 376055; *Blank* WuM 2016, 161.

164 *Lehmann-Richter* WuM 2015, 204; *Herlitz* ZMR 2014, 262; Herrlein/Knops/Spiegelberg/*Martens*BGB § 556d Rn. 7.

165 BGH VIII ZR 217/14, NJW 2016, 476 zur herabgesetzten Kappungsgrenze gem. § 558 Abs. 3 BGB.

166 BGH VIII ZR 217/14, NJW 2016, 476.

schichten negativ zu beeinflussen".[167] Die Landesregierung soll und muss bereits einschreiten, wenn sich die Unterversorgung abzeichnet.[168]

37 Im Gesetzgebungsverfahren wurde in § 556d Abs. 2 BGB der **Kriterienkatalog**[169] hinzugefügt, um Anknüpfungstatsachen zur Feststellung des angespannten Wohnungsmarktes vorzugeben.[170] Die Aufzählung ist **nicht abschließend.**[171] Das ergibt sich aus dem Wort „insbesondere". Ob im Einzelfall ein Kriterium ausreicht[172] oder mehrere dieser Kriterien vorliegen müssen oder ob im Ausnahmefall trotz Vorliegens eines oder mehrerer Kriterien ein angespannter Wohnungsmarkt zu verneinen ist, muss anhand einer Gesamtschau beurteilt werden.[173]

38 **aa) Überdurchschnittlicher Mietanstieg.** Erstes Kriterium soll sein, dass die Mieten in der Gemeinde oder einem Teil der Gemeinde deutlich stärker steigen als im bundesweiten Durchschnitt.[174] Offen ist dabei, ob sich diese Betrachtung auf die Vergangenheit bezieht oder eine Prognose für die Zukunft erfordert.[175] Da nur Daten für die Vergangenheit vorliegen, kommt es auf die Entwicklung bis heute an. Erforderlich ist eine umfassende Untersuchung mehrerer Jahre.[176] Dabei muss man die Werte dann mit dem Bundesdurchschnitt in Relation setzen.[177] Wichtig ist, dass man aber wirklich vergleichbare Wohnungen vergleicht und die richtigen Mietbegriffe mit einander in Bezug setzt.[178] Deshalb muss sich die Auswertung auf alle Mietverhältnisse[179] und nicht nur Wohnungen mittlerer Art[180] oder Neuvermietungen[181] beziehen. Fraglich ist auf welches Tatbestandsmerkmal aus § 556d Abs. 2 S. 2 BGB sich dieses Kriterium bezieht.[182] Es kann ggf. einen Rückschluss auf die ausreichende Versorgung als auch auf die unangemessenen Bedingungen gezogen werden. Zwingend ist das aber nicht, weil die Gründe für den Mietanstieg ganz unterschiedlicher Natur sein können, zB kann auch Nachholbedarf befriedigt oder ein neues Stadtquartier fertiggestellt worden sein. Deshalb sind bei diesem Kriterium weitere Indizien erforderlich.[183]

39 **bb) Die durchschnittliche Mietbelastung.** Ein weiteres Kriterium ist, dass die durchschnittliche Mietbelastung der Haushalte in der Gemeinde den bundesweiten Durchschnitt deutlich übersteigt. Darunter ist der prozentuale Anteil des Familieneinkommens zu verstehen, das für die Wohnungsmiete aufgewandt wird.[184] Das Kriterium lässt keinen Rückschluss auf die „angemessenen Bedingungen" zu.[185] Jedoch kann es ein Indiz für die nicht ausreichende Versorgung sein. Erforderlich sind aber auch hier gesicherte Daten und der Vergleich zwischen den Werten gleicher Nach-

---

[167] BVerwG NJW 1983, 2893 (2894); BGH VIII ZR 217/14, NJW 2016, 476 Rn. 73.

[168] BVerwG NJW 1983, 2893; *Lehmann-Richter* WuM 2015, 204.

[169] In der Gesetzesbegründung (BT-Drs. 18/3121) ist von „Indikatoren" die Rede; zu den Kriterien, die die bayrische Staatsregierung für die erste unwirksame VO aufgestellt hatte: *Sieg* DWW 2016, 204 (205).

[170] Zu den einzelnen Indikatoren Herlitz/Saxinger/*Herlitz,* Handbuch soziale Wohnungsbau und Mietrecht, 2018, Kap 4 Rn 225 ff.

[171] *Blank* WuM 2014, 641 (645).

[172] *Weigelt* Herausforderung S. 288.

[173] So auch die Gesetzesbegründung BT-Drs. 18/3121, 29; nach MüKoBGB/*Artz* § 556d Fn. 26 soll es sich bei der nachfolgenden Kommentierung des Verf. und den Ausführungen von *Blank* WuM 2014, 641 (644) um „tapfere Interpretationsversuche" handeln.

[174] Nach LG Berlin WuM 2017, 266 (277) sollen die Daten eines Internetportals ausreichen.

[175] *Blank* WuM 2014, 641 (644).

[176] NK-BGB/*Hinz* § 556d Rn. 9 der an den Vierjahreszeitraum des § 558 Abs. 2 BGB denkt.

[177] Eine Aufstellung der Entwicklung der Angebotsmieten (sowohl absolut wie auch prozentual) von 2017 – 2020 befindet in der BT-Drs. 19/27484 Frage 26/27.

[178] Soweit im Referentenentwurf v. 18.3.2014 S. 12 ein solcher Vergleich für ausgewählte Städte vorgenommen wurde, bestand der systematische Fehler dieser Tabelle darin, dass dort unter der Rubrik „Bestandsmieten" die Durchschnittsmieten aller Wohnungen in der entsprechenden Gemeinde aus allen Baualtersklassen ausgewiesen werden und in der Rubrik „Marktmiete" die Neuvertragsmieten für Wohnungen der Baualtersklasse „nach 1995". Damit wurden „Äpfel mit Birnen" verglichen; so bereits *Börstinghaus* DWW 2014, 202; im RefE BT-Drs. 18/3121, 11 wurde dieser Fehler behoben.

[179] NK-BGB/*Hinz* § 556d Rn. 9.

[180] So aber Lützenkirchen MietR/*Abramenko* BGB § 556d Rn. 42, nur die Mieten, für Wohnungen, die von den Mietern mit geringem und mittlerem Einkommen, die durch das Gesetz geschützt werden sollen, auch angemietet werden.

[181] NK-BGB/*Hinz* § 556d Rn. 9; **aA** *Lehmann-Richter* WuM 2015, 204 (209); *Abramenko* Mietpreisbremse § 2 Rn. 21.

[182] *Lehmann-Richter* WuM 2015, 204.

[183] BR-Drs. 447/14, 2; *Lehmann-Richter* WuM 2015, 204.

[184] *Blank* WuM 2014, 641 (644).

[185] *Lehmann-Richter* WuM 2015, 204.

fragegruppen[186] (Alleinstehende, Alleinerziehende, Paare, Familien mit Kindern). Nur dann kann die ausgewiesene Relation auch aussagekräftig sein.[187]

**cc) Wachsende Wohnbevölkerung.** Als drittes Kriterium führt das Gesetz an, dass die Wohnbevölkerung wächst, ohne dass durch Neubautätigkeit insoweit erforderlicher Wohnraum geschaffen wird. Dieses Einwohnerwachstum kann ein Indiz für einen „Versorgungsengpass"[188] sein. Problematisch ist, dass solche Daten regelmäßig nicht vorliegen.[189] Zwar geht es nicht um Haushalte, aber der Begriff der Wohnbevölkerung ist nur bedingt aussagekräftig. Wenn fünf Singles in eine Stadt ziehen ist der Wohnbedarf ein anderer als wenn eine fünfköpfige Familie kommt. Die Zahlen des Zensus 2011 sind deshalb nur beschränkt verwertbar, da sie von der These ausgehen eine Wohnung = ein Haushalt. Die Anzahl der Nachfrager ist damit nicht bekannt und kann auch kaum ermittelt werden.[190] Die Anzahl der Haushalte kann nicht größer als die Zahl der Wohnungen sein. Diese Werte besagen deshalb wohl nichts. Überdurchschnittliche Nachfragesteigerungen können allenfalls ein Kriterium für eine nicht ausreichende Versorgung der Bevölkerung darstellen. Das kann sogar bei gleichbleibender Bevölkerung aber kleiner werdenden Haushaltsgrößen der Fall sein. 40

**dd) Leerstandsquote.** Deshalb ist das letzte Kriterium eigentlich viel bedeutsamer. Es soll erfüllt sein, bei geringem Leerstand bei großer Nachfrage. Wegen der für Umzüge und Sanierungen pp erforderlichen Fluktuationsreserve von mindestens 2–3% wird man wohl von einer erforderlichen Leerstandsquote von unter 2% ausgehen müssen, damit das Kriterium erfüllt ist. Es reicht nämlich keine „einfache" Gefährdung der Bevölkerung, sondern es muss eine **„besondere Gefährdung"** der Versorgung der Bevölkerung vorliegen. Schwieriger ist auch hier wie schon bei der Wohnbevölkerung die Nachfrageseite. Auch hier besagt die Anzahl der Haushalte gar nichts.[191] Wenn alle in einem „Haushalt" untergekommen sind, kann trotzdem noch große Nachfrage bestehen, wenn Personen aus dem Haushalt ausziehen wollen. Diese Werte sind kaum ermittelbar. 41

**ee) Weitere Kriterien.** Die Rspr. hat zu den ähnlichen Ermächtigungsgrundlagen in denen ein angespannter Wohnungsmarkt Eingriffsvoraussetzung ist oder auch zu § 5 WiStG weitere Kriterien entwickelt, die auch hier zur Anwendung kommen können. Auch die Gesetzesbegründung[192] zählt weiteres Datenmaterial auf, das einen angespannten Wohnungsmarkt indizieren soll. Weitere Kriterien können zB sein:[193] 42

- Das Bestehen eines Zweckentfremdungsverbots in der Gemeinde
- Existenz eines Mietspiegels in der Gemeinde[194]
- Ein hohes Mietniveau in der Gemeinde[195]
- ein erheblicher Nachfrageüberhang nach preisgebundenen Wohnungen[196]
- eine hohe und gleichbleibende Zahl von Wohnungsnotfällen, die dringend auf die Hilfe der Behörden angewiesen sind
- die Tatsache, dass die Mietvertragsbedingungen weitgehend von den Vermietern diktiert werden
- Anstieg der Wohnungssuchenden bei Wohnungsamt.[197]

---

186 Deshalb sind die Daten in BT-Drs. 19/27484 Frage 28/29 über die durchschnittliche Wohnkostenbelastung von 2017 – 2019 differenziert nach Städten, kleineren Städten und ländlichen Gebiten (zwischen 17,3% und 23,8%) nicht aussagekräftig. Eine Sonderauswertung des Statistischen Bundesamtes ergab danach aber, dass die Belastung durch Wohnkosten für Mieterhaushalte zwischen 2017 (29%) und 2019 (28%) gesunken ist. Die sog. Quote der Wohnkostenüberbelastung (mehr als 40% des Haushaltseinkommens) lag im Jahr 2017 bei 14,5%, im Jahr 2018 bei 14,2% sowie im Jahr 2019 bei 13,9%.

187 So hat Heilbronn das höchste Pro-Kopf-Einkommen in Deutschland und eine der niedrigsten durchschnittlichen Mietbelastungen. Das liegt am Einkommen eines einzelnen reichen (Einzelhandels-)Kaufmanns; Süddeutsche Zeitung v. 23.10.2015.

188 *Blank* WuM 2014, 641 (644).

189 Nach *Blank* WuM 2014, 641 (644) sollen diese Daten aber leichter als bei den beiden Merkmalen zuvor ermittelbar sein.

190 Zu den Gründen des vor allem sehr punktuell auftretenden Nachfrageanstiegs s. *Weigelt* Herausforderung S. 32ff.

191 So auch *Blank* WuM 2014, 641 (644).

192 BT-Drs. 18/3121, 11.

193 *Lehmann-Richter* WuM 2015, 204.

194 BT-Drs. 18/3121 S. 29; nach *Blank* WuM 2014, 641 (646) erscheint das Kriterium „auf den ersten Blick sachfremd". Verfassungsrechtlich könnte diese Beschränkung jedoch geboten sein.

195 *Blank* WuM 2014, 641 (645).

196 OVG Frankfurt (Oder) NZM 1998, 315.

197 AG Braunschweig/LG Braunschweig WuM 1990, 162.

- Behördliche Bedarfsprognosen, Konjunkturberichte oder stattliche Wohnungsbauprogramme für bestimmte Mietgruppen.[198]
- eine hohe Obdachlosenquote[199]
- Abwanderung aus dem Stadtbereich[200]
- eine sinkende Mobilitätsrate[201].

43 **c) Begründungserfordernis.** Die Landesregierung[202] muss die entsprechende Verordnung gem. § 556d Abs. 2 S. 4 BGB **begründen.**[203] Auf diese Weise soll die Entscheidung der Landesregierung nachvollziehbar gemacht werden.[204] Die Begründungspflicht des § 556d Abs. 2 S. 5, 6 BGB dient dem **Grundrechtsschutz.**[205] Denn diese Pflicht, die die Entscheidungen der Landesregierungen insbes. im Hinblick darauf, aufgrund welcher Tatsachen die Gebiete bestimmt wurden, nachvollziehbar machen soll, steht in funktionalem Zusammenhang mit der den Inhalt des Eigentums der Vermieter ausgestaltenden Regelung des § 556d Abs. 1 BGB. Die Bestimmung und Abgrenzung der Gebiete mit angespannten Wohnungsmärkten bedarf einer sorgsamen Überprüfung der **Eignung, Erforderlichkeit** und **Angemessenheit** der Maßnahme, um auf diese Weise den verfassungsrechtlichen Maßgaben des Eigentumsschutzes Rechnung zu tragen.[206] Damit soll die auf den Einzelfall bezogene Begründungspflicht im Interesse des Eigentumsschutzes zur Verhältnismäßigkeit der Gebietsbestimmung beitragen. Das Gesetz enthält nur rudimentäre Anforderungen an den Inhalt der Begründung. Aus der Begründung soll sich ergeben müssen, auf Grund welcher Tatsachen ein Gebiet mit einem angespannten Wohnungsmarkt im Einzelfall vorliegt.[207] Nicht ausreichend ist die Angabe der Motive, warum eine Landesregierung eine bestimmte Gemeinde aufgenommen hat und eine andere nicht. Die Begründungspflicht soll nach den Gesetzgebungsmaterialien insbesondere dem Zweck dienen, die Entscheidungen der Landesregierungen, eine entsprechende Rechtsverordnung zu erlassen, nachvollziehbar zu machen. Anhand der Tatsachen muss also nachvollzogen werden können, ob unter Zugrundelegung der Begründung die Entscheidung der Landesregierung nachvollzogen werden kann. Der Bundesgesetzgeber kann den Landesregierungen durchaus Gestaltungs-, Ermessens- und Beurteilungsspielräume einräumen, die der Rechtskontrolle durch die Fachgerichte entzogen sind. Die Länder haben dabei einen **weiten Beurteilungs- und Prognosespielraum.**[208] Die Begründungspflicht ist immer im Zusammenhang mit der Grundrechtsrelevanz der Rechtsverordnung zu sehen. Um eine überprüfbare Begründung geben zu können, muss vor Aufnahme einer Gemeinde in eine solche Verordnung regelmäßig **eine empirische Untersuchung** erfolgen.[209] Dies ist auch notwendig, um eine plausible Abgrenzung der Gebiete vorzunehmen.[210] Dem Begründungserfordernis ist Genüge getan, wenn in ihr die wesentlichen tatsächlichen Gründe genannt werden, warum die jeweilige Landesregierung die Gemeinde in die Verordnung aufgenommen hat.[211] Anders als § 172 Abs. 1 Nr. 2 BBauG gehört die Erhaltung der Zusammensetzung der Wohnbevölkerung nicht zu den Gesetzeszielen.[212] Deshalb ist eine kostenintensive Erhebung der sozio-ökonomischen Lage der Haushalte, nicht

198 LG Hamburg WuM 1989, 522; *Blank* PiG 35, 27 (40).

199 BVerwGE 59, 195.

200 BVerwGE 59, 195.

201 LG Berlin WuM 2014, 554.

202 Die Ermächtigung eines Landesministers ist gem. Art. 80 Abs. 1 GG nicht möglich: BVerfGE 11, 77 (85).

203 Allg. zu Umfang und Grenzen von Gesetzesbegründungen: *Zuck* NJW 2016, 3573 (3577); zu den Voraussetzungen in Bayern und zur dortigen Mieterschutzverordnung (GVBl. 2015, 398) s. *Sieg* DWW 2016, 206; zur VO in Baden-Württemberg *Zuck* NZM 2016, 657.

204 BT-Drs. 18/3121, 30; AG München NJW-Spezial 2017, 513; zum Nutzen und zur Notwendigkeit von Gesetzesbegründungen *Redecker/Karpenstein* NJW 2001, 2812; NJW 2001, 2830.

205 BayVerfGH NZM 2017, 316.

206 BT-Drs. 18/3121, 29; AG München NJW-Spezial 2017, 513; AG Hamburg-Altona NJW-Spezial 2017, 513.

207 AG München NJW-Spezial 2017, 513; AG Hamburg-Altona NJW-Spezial 2017, 513.

208 BGH VIII ZR 217/14, NZM 2016, 82.

209 So schon die Gesetzesbegründung: BT-Drs. 18/3121, 29 „Es sollte eine tatsächliche statistische Erhebung stattfinden"; *Blank* WuM 2014, 641 (647); MüKoBGB/*Artz* § 556d Rn. 12; Staudinger/*V. Emmerich* BGB § 556d Rn. 30; großzügiger *Derleder* NZM 2015, 413 (415).

210 So ist *in die Kappungsgrenzensenkungs*verordnung für NRW die Stadt Bottrop aufgenommen worden, obwohl in der unmittelbar angrenzenden Stadt Gelsenkirchen mehr als 7.000 Wohnungen leer stehen.

211 *Lehmann-Richter* WuM 2015, 204.

212 *Weigelt* Herausforderung S. 287.

zwingend erforderlich.[213] Nach *Abramenko*[214] erscheint die ganze Gesetzgebungstechnik des § 556d Abs. 2 BGB „nur auf den ersten Blick sorgfältig". Sie habe die Landesregierungen „mit dem Begründungszwang offenkundig überfordert".

Eine wirksame Begründung ist **Wirksamkeitsvoraussetzungen** für die Verordnung.[215] Die Begründung muss darf nicht erst „nach dem Inkrafttreten der Verordnung bekannt gemacht werden".[216] In der Vergangenheit sind zahlreiche Verordnungen von den Zivilgerichten für unwirksam gehalten worden. Einige Bundesländer haben deshalb neue Verordnungen erlassen oder die Begründungen nachträglich veröffentlicht. Hierdurch trat keine **rückwirkende Heilung** ein.[217] Aber auch eine **Heilung für die Zukunft** scheidet bei bloßer Nachholung der Veröffentlichung der Begründung aus.[218] Die Beschränkung der Wiedervermietungsmiete ist ein Eingriff in das von Art. 14 GG geschützte Eigentumsrecht des Vermieters. Die Prüfung der Verfassungsmäßigkeit setzt voraus, dass der Eingriff verhältnismäßig ist. Dazu muss er zur Zielerreichung geeignet, erforderlich und angemessen sein. Um das überprüfen zu können muss der Verordnungsgeber die relevanten Tatsachen umfassend ermittelt haben. Aus der Begründung muss sich ergeben, dass die Landesregierung sich an die gesetzlichen Vorgaben gehalten hat. Nur so kann den verfassungsrechtlichen Maßgaben des Eigentumsschutzes Rechnung getragen werden. Eine Begründung verlangt nachprüfbare Tatsachen, warum die jeweilige Gemeinde oder auch ein Gemeindeteil aufgenommen wurde.[219] Die Angabe lediglich des Gesamtergebnisses der Gesamtschau reicht nicht aus.[220] Nicht vorgeschrieben ist, ob die Begründung in der Verordnung oder an anderer Stelle zu erfolgen hat.[221] Die Veröffentlichung eines **Entwurfs** durch ein Landesministerium reichend aber nicht aus.[222] Die Begründung muss für die Bürger und die Gerichte öffentlich zugänglich sein.[223] Es reicht, wenn die Seite mit der Begründung im Internet mit den üblichen Suchmaschinen gefunden werden kann.[224] Die Aufnahme in eine nicht-öffentliche Senatsdrucksache reicht aber nicht aus.[225] 44

**d) Maßnahmenkatalog.** Nach § 556d Abs. 2 S. 7 BGB muss sich aus der Begründung ergeben, welche Maßnahmen die Landesregierung in dem durch die Rechtsverordnung jeweils bestimmten Gebiet und Zeitraum ergreifen wird, um Abhilfe hinsichtlich der angespannten Wohnungsmarktsituation zu schaffen. Ob das verfassungsrechtlich überhaupt zulässig ist, wird bestritten.[226] Letztendlich ging es dem Bundesgesetzgeber darum, den extensiven Gebrauch mancher Länder von dieser Ermächtigungsgrundlage zu erschweren. Konkrete Maßnahmen konnte der Bundesgesetzgeber aber den Ländern nicht vorschreiben, weil diese seit der Föderalismusreform[227] allein für Wohnungsmarktmaßnahmen zuständig sind. Der Bundesgesetzgeber wollte aber die Länder anhalten, von der vom Bund zur Verfügung gestellten Ermächtigungsgrundlage nur Gebrauch zu machen, wenn die Vorstellungen des Bundes, dass es sich um ein zeitlich begrenztes Instrument handelt und die Länder während der Laufzeit der Begrenzung der Wiedervermietungsmiete die Ursachen des Mietenanstiegs bekämpfen müssen, auch wirklich in Angriff genommen werden. Mietsteigerungen aufgrund angespannter Wohnungsmärkte kann man nur kurzfristig mit Preisregulierungen bekämpfen, auf Dauer helfen nur wohnungsmarktpolitische Maßnahmen wie Neu- 45

---

213 *Weigelt* Herausforderung S. 287.

214 ZRP 208, 34 (36).

215 BGH VIII ZR 130/18, NJW 2019, 2844 = NZM 2019, 584; dazu *Börstinghaus* LMK 2019, 419557; *Börstinghaus* NJW 2019, 2848; *Emmerich* JuS 2019, 1113.

216 BGH VIII ZR 130/18, NJW 2019, 2844 = NZM 2019, 584 Rn. 40; nach LG Berlin BeckRS 2021, 3718 sollen aber kleinere Verzögerungen nicht zu einem evidenten Verfahrensmangel führen, erst der zu einer Unwirksamkeit der VO führt.

217 BGH VIII ZR 130/18, NJW 2019, 2844 = NZM 2019, 584; LG München I NJW 2018, 407.

218 LG Hamburg GE 2019, 1577; AG Hamburg MietRB 2019, 356; AG Hamburg NJW-Spezial 2017, 738; AG München MietRB 2019, 356; *Schuldt* NZM 2018, 258 (263).

219 *Sieg* DWW 2016, 204 (206); *Blank* WuM 2014, 641 (646).

220 So aber die Begründung der bayrischen Mieterschutzverordnung JMBl. Bayern 2015, 87; *Sieg* DWW 2016, 204 (206); deshalb soll die VO für München unwirksam sein; AG München NJW-Spezial 2017, 513.

221 BGH VIII ZR 292/19, WuM 2020, 488; *Zuck* NJW 2016, 3573 (3577), denkbar wäre die Veröffentlichung eines von der ganzen Landesregierung beschlossenen verbindlichen Begründungstextes zB im Gemeinsamen Amtsblatt.

222 BGH VIII ZR 130/18, NJW 2019, 2844 = NZM 2019, 584; *Börstinghaus* NJW 2019, 2848.

223 BGH VIII ZR 292/19, WuM 2020, 488; BGH VIII ZR 130/18, NJW 2019, 2844 = NZM 2019, 584.

224 BGH VIII ZR 292/19, WuM 2020, 488.

225 LG Hamburg NZM 2018, 745; AG Hamburg-Altona NJW-Spezial 2017, 513.

226 *Lehmann-Richter* WuM 2015, 204.

227 BGBl. 2006 I 2034.

bau, Umwidmung, Ausweisung von Bauland usw. Es handelt sich weder bei den Maßnahmen[228] noch bei der Informationspflicht des § 556d Abs. 2 S. 7 BGB um eine **Wirksamkeitsvoraussetzung für die Verordnung.**[229] Die Länder haben sehr unterschiedliche Maßnahmen zur Bekämpfung der Wohnungsnot ergriffen. Auch unterscheidet sich das Verständnis, was alles als eine solche Maßnahme anzusehen ist.[230] Zum Teil zählen schon Gesprächskreise und runde Tische dazu.

### 3. Aufstellungsverfahren

46 **a) Allgemeines.** Für die Aufstellung sind ausschließlich die Länder zuständig. Welches Ministerium dafür zuständig ist bestimmt sich nach den Geschäftsordnungen der einzelnen Landesregierungen. Eine Pflicht zur Aufnahme einer Gemeinde in eine Landesverordnung besteht selbst dann nicht, wenn die Kriterien erfüllt wären.[231]

47 **b) Datenermittlung.** Erforderlich ist regelmäßig vor jeder Aufnahme einer Gemeinde eine **empirische Datenerhebung.**[232] Dabei müssen nicht zwingend alle in Betracht kommenden Kriterien untersucht werden, aber es müssen so viele Tatsachen ermittelt werden, dass eine tragfähige Begründung gegeben werden kann, warum die eine Gemeinde aufgenommen und ggf. eine andere vergleichbare Gemeinde nicht in die Verordnung aufgenommen wurde. Nicht ausreichend sind Forderungen aus der Politik oder von Verbänden oder Medienberichte, eine Gemeinde aufzunehmen. Das würde auch gegen Art. 14 GG und den Verhältnismäßigkeitsgrundsatz verstoßen.

48 **c) Zeitpunkt.** Maßgeblich für die Frage, ob die Voraussetzungen für die Aufnahme der Gemeinde in die Landesverordnung gegeben sind, ist ausschließlich der Zeitpunkt des Erlasses der jeweiligen Verordnung.[233] Spätere Veränderungen spielen keine Rolle.

49 **d) Befristung.** Eine Gemeinde durfte ursprünglich für **maximal fünf Jahre** in eine solche Verordnung aufgenommen werden. Das konnte durch eine Verordnung mit einer Laufzeit von fünf Jahren erreicht werden aber auch durch mehrere Verordnungen mit kürzerer Laufzeit. Aufgrund des Gesetzes zur Verlängerung und Verbesserung der Regelungen über die zulässige Miethöhe bei Mietbeginn[234] wurde die Höchstfrist dahingehend modifiziert, dass zwar jede Gemeinde für maximal fünf Jahre in die Verordnung aufgenommen werden darf, dass dies aber **jeweils** gilt, so dass **Kettenverordnungen** möglich sind. Die Verordnung muss spätestens mit Ablauf des 31. 12. 2025 außer Kraft tretenZulässig ist es auch, eine Gemeinde vorzeitig aus dem Anwendungsbereich der Verordnung wieder herauszunehmen.[235] Möglich ist es in einer Verordnung für unterschiedliche Gemeinden in dem Bundesland unterschiedliche Zeiträume festzulegen Ist eine Landesverordnung wegen einer nicht veröffentlichten oder nicht ausreichenden Begründung unwirksam, so kann die zuständige Landesregierung eine neue Verordnung für die Dauer von maximal fünf Jahren erlassen.

---

[228] Deshalb führt auch die Nichtumsetzung der Maßnahmen nicht zur Unwirksamkeit der VO *Weigelt* Herausforderung S. 289.

[229] AG Neukölln NZM 2017, 31 (33); Staudinger/*V. Emmerich* BGB § 556d Rn. 43, wobei der Wortlaut eher für die andere Auffassung spreche; *Lehmann-Richter* WuM 2015, 205; *Schuldt* NZM 2018, 257 (258); Palandt/*Weidenkaff* BGB § 556d Rn. 3; offen gelassen von MüKoBGB/*Artz* § 556d Rn. 16.

[230] Siehe die Aufstellung bei *Börstinghaus/Thiede* NZM 2016, 489 (496ff.).

[231] *Blank* WuM 2014, 641 (645); **aA** *Lehmann-Richter* WuM 2015, 204 mwN.

[232] So schon die Gesetzesbegründung: BT-Drs. 18/3121, 29 „Es sollte eine tatsächliche statistische Erhebung stattfinden"; *Blank* WuM 2014, 641 (647); MüKoBGB/*Artz* § 556d Rn. 12; Staudinger/*Emmerich* BGB § 556d Rn. 32, erforderlich „sorgfältige und umfassende empirische Untersuchung"; großzügiger *Derleder* NZM 2015, 413 (415); Bedenken gegen die statistischen Grundlagen in Berlin hat *Berkenhahn* GE 2018, 980ff und 1040ff.

[233] *Lehmann-Richter* WuM 2015, 204.

[234] BGBl 2020, 450.

[235] So geschehen in Bayern. Durch die Mieterschutzverordnung (GVBl. 2015, 398) wurde die ursprüngliche Mietpreisbremseverordnung (GVBl. 2015, 118) ersetzt. Es wurden neun weitere Städte aufgenommen und 16 Städte aus dem Anwendungsbereich herausgenommen; *Sieg* DWW 2016, 2014.

### 4. Liste der Landesverordnungen gem. § 556d BGB[236]

**1. Baden-Württemberg** 50

In Baden-Württemberg gibt es inzwischen drei Verordnungen:

a) Verordnung der Landesregierung zur Bestimmung der Gebiete mit Begrenzung der zulässigen Miethöhe bei Mietbeginn (Mietpreisbegrenzungsverordnung Baden-Württemberg – MietBgVO BW) vom 29. September 2015[237]
Laufzeit: 1.11.2015–3.6.2020[238]
Begründung: nicht veröffentlicht[239]

b) Verordnung der Landesregierung zur Bestimmung der Gebiete mit Begrenzung der zulässigen Miethöhe bei Mietbeginn (Mietpreisbegrenzungsverordnung Baden-Württemberg – Mietpreisbegrenzungsverordnung BW) vom 26. Mai 2020[240]
Laufzeit: 4.6.2020–31.10.2020
Begründung: im Gesetzblatt[241]

c) Verordnung der Landesregierung zur Bestimmung der Gebiete mit Begrenzung der zulässigen Miethöhe bei Mietbeginn (Mietpreisbegrenzungsverordnung Baden-Württemberg – Mietpreisbegrenzungsverordnung BW) vom 6. Oktober 2020[242]
Laufzeit: 1.11.2020–30.6.2025
Begründung: im Gesetzblatt[243]

Liste der Gemeinden, die in eine Landesverordnung gem. § 556d BGB des Bundeslandes Baden-Württemberg aufgenommen wurden

| Gemeinde | Landkreis | Regierungsbezirk | VO vom 29.9.2015 1.11.2015–3.6.2020[244] | VO vom 26.5.2020 4.6.2020–31.10.2020 | VO vom 6.10.2020 1.11.2020–30.6.2025 |
|---|---|---|---|---|---|
| Altbach | Esslingen | Stuttgart | ja | nein | nein |
| Asperg | Ludwigsburg | Stuttgart | ja | nein | nein |
| Backnang | Rems-Murr-Kreis | Stuttgart | nein | ja | ja |
| Bad Bellingen | Lörrach | Freiburg | nein | ja | ja |
| Bad Krozingen | Breisgau-Hochschwarzwald | Freiburg | ja | ja | ja |
| Bad Säckingen | Waldshut | Freiburg | ja | nein | nein |
| Badenweiler | Breisgau-Hochschwarzwald | Freiburg | nein | ja | ja |
| Baienfurt | Ravensburg | Tübingen | ja | nein | nein |

[236] Die Aufnahme einer Gemeinde in eine der nachfolgenden Tabellen bedeutet nicht zwingend, dass dies wirksam ist. Soweit einzelne Verordnungen von Gerichten für unwirksam erklärt wurden, ist dies ausdrücklich angegeben. Bei den nachfolgenden Tabellen handelt es sich um eine Fortschreibung der Tabellen von *Börstinghaus/Brock* NZM 2021, 161.

[237] Gbl. für Baden-Württemberg 2015, Nr. 18, S. 852.

[238] Außer Kraft gesetzt gem. § 2 Abs. 1 S. 2 Mietpreisbegrenzungsverordnung BW v. 26.5.2020 (Gbl. für Baden-Württemberg 2020, Nr. 17, S. 329); ursprünglich sollte diese VO bis zum 31.10.2020 gelten. Für Unwirksamkeitserklärung s. Fn. 239.

[239] Die Begründung sollte auf Anfrage vom Ministerium zur Verfügung gestellt werden. Sie ist teilweise von *Zuck* NZM 2016, 657 veröffentlicht; nach Ansicht des AG Stuttgart BeckRS 2018, 39994 mAnm *Börstinghaus* jurisPR-MietR 1/2019 Anm. 1 bestätigt durch LG Stuttgart NZM 2019, 290 mAnm *Börstinghaus* jurisPR-MietR 8/2019 Anm. 1 ist die VO wegen Begründungsmängeln unwirksam.

[240] Gbl. für Baden-Württemberg 2020, Nr. 17, S. 329. Die VO ersetzt die vorherige VO Gbl. für Baden-Württemberg 2015, Nr. 18, S. 852.

[241] Gbl. für Baden-Württemberg 2020, Nr. 17, S. 330.

[242] Gbl. für Baden-Württemberg 2020, Nr. 36, S. 803.

[243] Gbl. für Baden-Württemberg 2020, Nr. 36, S. 804.

[244] Unwirksam, vgl. Fn. 248.

| Gemeinde | Landkreis | Regierungsbezirk | VO vom 29.9.2015 1.11.2015–3.6.2020[244] | VO vom 26.5.2020 4.6.2020–31.10.2020 | VO vom 6.10.2020 1.11.2020–30.6.2025 |
|---|---|---|---|---|---|
| Balgheim | Tuttlingen | Freiburg | nein | ja | ja |
| Bietigheim-Bissingen | Ludwigsburg | Stuttgart | ja | ja | ja |
| Bodelshausen | Tübingen | Tübingen | nein | ja | ja |
| Breisach am Rhein | Breisgau-Hochschwarzwald | Freiburg | nein | ja | ja |
| Bretten | Karlsruhe | Karlsruhe | nein | ja | ja |
| Brühl | Rhein-Neckar-Kreis | Karlsruhe | ja | nein | nein |
| Bubsheim | Tuttlingen | Freiburg | nein | ja | ja |
| Büsingen am Hochrhein | Konstanz | Freiburg | nein | ja | ja |
| Denkendorf | Esslingen | Stuttgart | ja | ja | ja |
| Denzlingen | Emmendingen | Freiburg | ja | ja | ja |
| Dettingen an der Erms | Reutlingen | Tübingen | nein | ja | ja |
| Ditzingen | Ludwigsburg | Stuttgart | nein | ja | ja |
| Dossenheim | Rhein-Neckar-Kreis | Karlsruhe | ja | nein | nein |
| Durmersheim | Rastatt | Karlsruhe | ja | nein | nein |
| Edingen-Neckarhausen | Rhein-Neckar-Kreis | Karlsruhe | ja | nein | nein |
| Eggenstein-Leopoldshafen | Karlsruhe | Karlsruhe | ja | nein | nein |
| Eichstetten am Kaiserstuhl | Breisgau-Hochschwarzwald | Freiburg | nein | ja | ja |
| Eigeltingen | Konstanz | Freiburg | nein | ja | ja |
| Eislingen/Fils | Göppingen | Stuttgart | nein | ja | ja |
| Emmendingen | Emmendingen | Freiburg | ja | ja | ja |
| Eningen unter Achalm | Reutlingen | Tübingen | nein | ja | ja |
| Eppelheim | Rhein-Neckar-Kreis | Karlsruhe | ja | nein | nein |
| Esslingen am Neckar | Esslingen | Stuttgart | nein | ja | ja |
| Ettlingen | Karlsruhe | Karlsruhe | nein | ja | ja |
| Fellbach | Rems-Murr-Kreis | Stuttgart | ja | ja | ja |
| Filderstadt | Esslingen | Stuttgart | ja | ja | ja |
| Fischingen | Lörrach | Freiburg | nein | ja | ja |

244 Unwirksam, vgl. Fn. 248.

| Gemeinde | Landkreis | Regierungsbezirk | VO vom 29.9.2015 1.11.2015–3.6.2020[244] | VO vom 26.5.2020 4.6.2020–31.10.2020 | VO vom 6.10.2020 1.11.2020–30.6.2025 |
|---|---|---|---|---|---|
| Freiberg am Neckar | Ludwigsburg | Stuttgart | ja | nein | nein |
| Freiburg im Breisgau | kreisfrei | Freiburg | ja | ja | ja |
| Friedrichshafen | Bodenseekreis | Tübingen | ja | ja | ja |
| Grenzach-Wyhlen | Lörrach | Freiburg | ja | ja | ja |
| Güglingen | Heilbronn | Stuttgart | nein | ja | ja |
| Gundelfingen | Breisgau-Hochschwarzwald | Freiburg | ja | ja | ja |
| Hartheim am Rhein | Breisgau-Hochschwarzwald | Freiburg | nein | ja | ja |
| Heidelberg | kreisfrei | Karlsruhe | ja | ja | ja |
| Heilbronn | kreisfrei | Stuttgart | ja | ja | ja |
| Heimsheim | Enzkreis | Karlsruhe | nein | ja | ja |
| Heitersheim | Breisgau-Hochschwarzwald | Freiburg | ja | nein | nein |
| Hemsbach | Rhein-Neckar-Kreis | Karlsruhe | ja | nein | nein |
| Iffezheim | Rastatt | Karlsruhe | ja | nein | nein |
| Kandern | Lörrach | Freiburg | nein | ja | ja |
| Kappel-Grafenhausen | Ortenaukreis | Freiburg | nein | ja | ja |
| Karlsruhe | kreisfrei | Karlsruhe | ja | ja | ja |
| Kehl | Ortenaukreis | Freiburg | nein | ja | ja |
| Kernen im Remstal | Rems-Murr-Kreis | Stuttgart | nein | ja | ja |
| Kirchentellinsfurt | Tübingen | Tübingen | ja | nein | nein |
| Kirchheim unter Teck | Esslingen | Stuttgart | nein | ja | ja |
| Kirchzarten | Breisgau-Hochschwarzwald | Freiburg | nein | ja | ja |
| Konstanz | Konstanz | Freiburg | ja | ja | ja |
| Kornwestheim | Ludwigsburg | Stuttgart | nein | ja | ja |
| Lahr/Schwarzwald | Ortenaukreis | Freiburg | nein | ja | ja |
| Lauchringen | Waldshut | Freiburg | nein | ja | ja |
| Leimen | Rhein-Neckar-Kreis | Karlsruhe | ja | nein | nein |
| Leinfelden-Echterdingen | Esslingen | Stuttgart | nein | ja | ja |
| Leonberg | Böblingen | Stuttgart | nein | ja | ja |

[244] Unwirksam, vgl. Fn. 248.

| Gemeinde | Landkreis | Regierungs-bezirk | VO vom 29.9.2015 1.11.2015–3.6.2020[244] | VO vom 26.5.2020 4.6.2020–31.10.2020 | VO vom 6.10.2020 1.11.2020–30.6.2025 |
|---|---|---|---|---|---|
| Linkenheim-Hochstetten | Karlsruhe | Karlsruhe | ja | nein | nein |
| Lörrach | Lörrach | Freiburg | ja | ja | ja |
| Ludwigsburg | Ludwigsburg | Stuttgart | nein | ja | ja |
| Mannheim | kreisfrei | Karlsruhe | nein | ja | ja |
| March | Breisgau-Hoch-schwarzwald | Freiburg | ja | ja | ja |
| Meißenheim | Ortenaukreis | Freiburg | nein | ja | ja |
| Merzhausen | Breisgau-Hoch-schwarzwald | Freiburg | ja | ja | ja |
| Möglingen | Ludwigsburg | Stuttgart | ja | ja | ja |
| Müllheim | Breisgau-Hoch-schwarzwald | Freiburg | ja | ja | ja |
| Neckarsulm | Heilbronn | Stuttgart | ja | ja | ja |
| Neuenburg am Rhein | Breisgau-Hoch-schwarzwald | Freiburg | ja | ja | ja |
| Neuhausen auf den Fildern | Esslingen | Stuttgart | ja | nein | nein |
| Neuried (Baden) | Ortenaukreis | Freiburg | nein | ja | ja |
| Nürtingen | Esslingen | Stuttgart | nein | ja | ja |
| Offenburg | Ortenaukreis | Freiburg | ja | ja | ja |
| Pfinztal | Karlsruhe | Karlsruhe | ja | nein | nein |
| Pliezhausen | Reutlingen | Tübingen | nein | ja | ja |
| Plochingen | Esslingen | Stuttgart | ja | nein | nein |
| Radolfzell am Bodensee | Konstanz | Freiburg | ja | ja | ja |
| Rastatt | Rastatt | Karlsruhe | ja | nein | nein |
| Ravensburg | Ravensburg | Tübingen | ja | nein | nein |
| Reichenau | Konstanz | Freiburg | nein | ja | ja |
| Remchingen | Enzkreis | Karlsruhe | ja | nein | nein |
| Remseck am Neckar | Ludwigsburg | Stuttgart | nein | ja | ja |
| Renningen | Böblingen | Stuttgart | ja | nein | nein |
| Reutlingen | Reutlingen | Tübingen | ja | ja | ja |
| Rheinfelden (Baden) | Lörrach | Freiburg | ja | ja | ja |
| Rheinstetten | Karlsruhe | Karlsruhe | ja | nein | nein |
| Riegel am Kaiser-stuhl | Emmendingen | Freiburg | nein | ja | ja |

[244] Unwirksam, vgl. Fn. 248.

| Gemeinde | Landkreis | Regierungs-bezirk | VO vom 29.9.2015 1.11.2015–3.6.2020[244] | VO vom 26.5.2020 4.6.2020–31.10.2020 | VO vom 6.10.2020 1.11.2020–30.6.2025 |
|---|---|---|---|---|---|
| Rielasingen-Worblingen | Konstanz | Freiburg | ja | nein | nein |
| Rümmingen | Lörrach | Freiburg | nein | ja | ja |
| Sandhausen | Rhein-Neckar-Kreis | Karlsruhe | ja | nein | nein |
| Schallbach | Lörrach | Freiburg | nein | ja | ja |
| Schallstadt | Breisgau-Hochschwarzwald | Freiburg | nein | ja | ja |
| Sindelfingen | Böblingen | Stuttgart | ja | ja | ja |
| Singen (Hohentwiel) | Konstanz | Freiburg | ja | ja | ja |
| St. Blasien | Waldshut | Freiburg | nein | ja | ja |
| Staufen im Breisgau | Breisgau-Hochschwarzwald | Freiburg | nein | ja | ja |
| Steinen | Lörrach | Freiburg | ja | nein | nein |
| Stutensee | Karlsruhe | Karlsruhe | ja | nein | nein |
| Stuttgart | kreisfrei | Stuttgart | ja | ja | ja |
| Teningen | Emmendingen | Freiburg | ja | nein | nein |
| Tettnang | Bodenseekreis | Tübingen | ja | nein | nein |
| Tübingen | Tübingen | Tübingen | ja | ja | ja |
| Überlingen | Bodenseekreis | Tübingen | nein | ja | ja |
| Ulm | kreisfrei | Tübingen | ja | ja | ja |
| Umkirch | Breisgau-Hochschwarzwald | Freiburg | ja | ja | ja |
| Waiblingen | Rems-Murr-Kreis | Stuttgart | nein | ja | ja |
| Waldkirch | Emmendingen | Freiburg | ja | ja | ja |
| Wannweil | Reutlingen | Tübingen | nein | ja | ja |
| Weil am Rhein | Lörrach | Freiburg | ja | ja | ja |
| Weingarten | Ravensburg | Tübingen | ja | ja | ja |
| Weinheim | Rhein-Neckar-Kreis | Karlsruhe | nein | ja | ja |
| Weinstadt | Rems-Murr-Kreis | Stuttgart | nein | ja | ja |
| Wendlingen am Neckar | Esslingen | Stuttgart | ja | ja | ja |
| Wernau (Neckar) | Esslingen | Stuttgart | nein | ja | ja |
| Winnenden | Rems-Murr-Kreis | Stuttgart | ja | ja | ja |

[244] Unwirksam, vgl. Fn. 248.

51 **2. Bayern**

In Bayern gibt es inzwischen drei Verordnungen:

a) Mietpreisbremseverordnung vom 14. Juli 2015[245]
Laufzeit: 1.8.2015–31.12.2015[246]
Begründung: im Justizministerialblatt[247]

b) Verordnung zur Festlegung des Anwendungsbereichs bundesrechtlicher Mieterschutzvorschriften (Mieterschutzverordnung – MiSchuV) vom 10. November 2015[248]
Laufzeit: 1.1.2016–6.8.2019[249]
Erste Begründung: im Justizministerialblatt[250]
Ergänzende Begründung: im Justizministerialblatt[251]

c) Verordnung zur Festlegung des Anwendungsbereichs bundesrechtlicher Mieterschutzvorschriften (Mieterschutzverordnung – MiSchuV) vom 9. Juli 2019[252]
Laufzeit: 7.8.2019–31.12.2021[253]
Begründung: im Gesetz- und Verordnungsblatt[254]

Liste der Gemeinden, die in eine Landesverordnung gem. § 556d BGB des Bundeslandes Bayern aufgenommen wurden

| Gemeinde | Landkreis | Regierungsbezirk | VO vom 14.7.2015 1.8.2015–31.12.2015 | VO vom 10.11.2015 1.1.2016–6.8.2019 | VO vom 16.7.2019 7.8.2019–31.12.2021 (inkl. ÄnderungsVO) |
|---|---|---|---|---|---|
| Ainring | Berchtesgadener Land | Oberbayern | ja | ja | nein |
| Allershausen | Freising | Oberbayern | ja | ja | nein |
| Alling | Fürstenfeldbruck | Oberbayern | nein | nein | ja |
| Altdorf | Landshut | Niederbayern | ja | ja | nein |
| Andechs | Starnberg | Oberbayern | ja | ja | ja |
| Anzing | Ebersberg | Oberbayern | ja | ja | ja |
| Aschaffenburg | Kreisfrei | Unterfranken | ja | ja | ja |
| Aschheim | München | Oberbayern | ja | ja | ja |
| Attenkirchen | Freising | Oberbayern | ja | ja | nein |

[245] Bayerisches GVBl. 2015, Nr. 8, S. 250; diese VO fügte entsprechende Regelungen hinsichtlich § 556d BGB zunächst lediglich in die Wohnungsgebieteverordnung (Bayerisches GVBl. 2012, Nr. 9, S. 189) ein.

[246] Außer Kraft gesetzt gem. § 2 Abs. 2 Mieterschutzverordnung v. 10.11.2015 (Bayerisches GVBl. 2015, Nr. 14, S. 398); ursprünglich sollte diese VO bis zum 31.7.2020 gelten.

[247] Bayerisches JMBl. 2015, Nr. 7, S. 86.

[248] Bayerisches GVBl. 2015, Nr. 14, S. 398. Die VO ersetzt die vorherige VO Bayerisches GVBl. 2015, Nr. 8, S. 250. Nach Ansicht des LG München I NZM 2018, 83 ist die VO wegen Begründungsmängeln unwirksam.

[249] Außer Kraft gesetzt gem. § 2 Abs. 2 Mieterschutzverordnung v. 9.7.2019 (Bayerisches GVBl. 2019, Nr. 15, S. 458); ursprünglich sollte diese VO bis zum 31.7.2020 gelten.

[250] Bayerisches JMBl. 2015, Nr. 10, S. 117.

[251] Bayerisches JMBl. 2017, Nr. 6, S. 90; hierdurch weder eine Heilung ex tunc noch ex nunc: AG München MietRB 2019, 356.

[252] Bayerisches GVBl. 2019, Nr. 15, S. 458. Die VO ersetzt die vorherige VO Bayerisches GVBl. 2015, Nr. 14, S. 398.

[253] *Ursprünglich Ende der Laufzeit* war der 31.7.2020, durch die VO zur Änderung der Mieterschutzverordnung v. 16.6.2020 (Bayerisches GVBl. 2020, Nr. 19, S. 312; Begründung: Bayerisches MBl. 2020, Nr. 358) wurde die Laufzeit jedoch auf den 31.12.2021 verlängert.

[254] Bayerisches GVBl. 2019, Nr. 15, S. 468.

| Gemeinde | Landkreis | Regierungs-bezirk | VO vom 14.7.2015 1.8.2015–31.12.2015 | VO vom 10.11.2015 1.1.2016–6.8.2019 | VO vom 16.7.2019 7.8.2019–31.12.2021 (inkl. ÄnderungsVO) |
|---|---|---|---|---|---|
| Augsburg | Kreisfrei | Schwaben | ja | ja | ja |
| Aying | München | Oberbayern | ja | ja | nein |
| Bad Aibling | Rosenheim | Oberbayern | nein | ja | ja |
| Bad Endorf | Rosenheim | Oberbayern | nein | nein | ja |
| Bad Heilbrunn | Bad Tölz-Wolfratshausen | Oberbayern | ja | ja | nein |
| Bad Reichenhall | Berchtesgadener Land | Oberbayern | ja | ja | nein |
| Bad Tölz | Bad Tölz-Wolfratshausen | Oberbayern | ja | ja | ja |
| Bad Wörishofen | Unterallgäu | Schwaben | nein | nein | ja |
| Baierbrunn | München | Oberbayern | ja | ja | ja |
| Bamberg | Kreisfrei | Oberfranken | nein | ja | ja |
| Bayerisch Gmain | Berchtesgadener Land | Oberbayern | ja | ja | nein |
| Bayreuth | Kreisfrei | Oberfranken | ja | nein | ja |
| Benediktbeuern | Bad Tölz-Wolfratshausen | Oberbayern | nein | nein | ja |
| Berg | Starnberg | Oberbayern | ja | ja | ja |
| Bergen | Traunstein | Oberbayern | nein | nein | ja |
| Bergkirchen | Dachau | Oberbayern | ja | ja | ja |
| Bergtheim | Würzburg | Unter-franken | nein | nein | ja |
| Bernried am Starnberger See | Weilheim-Schongau | Oberbayern | ja | nein | nein |
| Brannenburg | Rosenheim | Oberbayern | nein | nein | ja |
| Brunnthal | München | Oberbayern | ja | ja | ja |
| Buckenhof | Erlangen-Höchstadt | Mittel-franken | ja | nein | nein |
| Chiemsee | Rosenheim | Oberbayern | ja | nein | nein |
| Dachau | Dachau | Oberbayern | ja | ja | ja |
| Deggendorf | Deggendorf | Nieder-bayern | nein | nein | ja |
| Dießen am Ammersee | Landsberg am Lech | Oberbayern | ja | ja | ja |
| Dingolfing | Dingolfing-Landau | Nieder-bayern | nein | nein | ja |
| Dorfen | Erding | Oberbayern | nein | ja | nein |
| Ebersberg | Ebersberg | Oberbayern | ja | ja | ja |
| Eching | Freising | Oberbayern | ja | ja | ja |
| Egenhofen | Fürstenfeldbruck | Oberbayern | ja | nein | nein |

| Gemeinde | Landkreis | Regierungsbezirk | VO vom 14.7.2015 1.8.2015–31.12.2015 | VO vom 10.11.2015 1.1.2016–6.8.2019 | VO vom 16.7.2019 7.8.2019–31.12.2021 (inkl. ÄnderungsVO) |
|---|---|---|---|---|---|
| Egmating | Ebersberg | Oberbayern | ja | ja | nein |
| Eichenau | Fürstenfeldbruck | Oberbayern | ja | ja | ja |
| Elsendorf | Kelheim | Niederbayern | nein | nein | ja |
| Emmering | Ebersberg | Oberbayern | ja | ja | nein |
| Emmering | Fürstenfeldbruck | Oberbayern | nein | nein | ja |
| Erding | Erding | Oberbayern | ja | ja | ja |
| Erdweg | Dachau | Oberbayern | nein | ja | nein |
| Eresing | Landsberg am Lech | Oberbayern | ja | ja | nein |
| Ergolding | Landshut | Niederbayern | nein | nein | ja |
| Erlangen | Kreisfrei | Mittelfranken | ja | ja | ja |
| Fahrenzhausen | Freising | Oberbayern | ja | ja | ja |
| Feldafing | Starnberg | Oberbayern | ja | ja | ja |
| Feldkirchen | München | Oberbayern | ja | ja | ja |
| Feldkirchen-Westerham | Rosenheim | Oberbayern | nein | nein | ja |
| Feucht | Nürnberger Land | Mittelfranken | nein | nein | ja |
| Finsing | Erding | Oberbayern | nein | nein | ja |
| Forchheim | Forchheim | Oberfranken | nein | nein | ja |
| Forstinning | Ebersberg | Oberbayern | ja | ja | ja |
| Frauenneuharting | Ebersberg | Oberbayern | ja | ja | nein |
| Freilassing | Berchtesgadener Land | Oberbayern | ja | ja | ja |
| Freising | Freising | Oberbayern | ja | ja | ja |
| Fürstenfeldbruck | Fürstenfeldbruck | Oberbayern | ja | ja | ja |
| Fürth | Kreisfrei | Mittelfranken | ja | ja | ja |
| Garching b. München | München | Oberbayern | ja | ja | ja |
| Garmisch-Partenkirchen | Garmisch-Partenkirchen | Oberbayern | nein | nein | ja |
| Gauting | Starnberg | Oberbayern | ja | ja | ja |
| *Gerbrunn* | Würzburg | Unterfranken | ja | ja | nein |

| Gemeinde | Landkreis | Regierungsbezirk | VO vom 14.7.2015 1.8.2015–31.12.2015 | VO vom 10.11.2015 1.1.2016–6.8.2019 | VO vom 16.7.2019 7.8.2019–31.12.2021 (inkl. ÄnderungsVO) |
|---|---|---|---|---|---|
| Geretsried | Bad Tölz-Wolfratshausen | Oberbayern | nein | nein | ja |
| Germering | Fürstenfeldbruck | Oberbayern | ja | ja | ja |
| Gerzen | Landshut | Niederbayern | nein | nein | ja |
| Gilching | Starnberg | Oberbayern | ja | ja | ja |
| Glonn | Ebersberg | Oberbayern | ja | ja | nein |
| Goldbach | Aschaffenburg | Unterfranken | ja | ja | nein |
| Gräfelfing | München | Oberbayern | ja | ja | ja |
| Grafing b. München | Ebersberg | Oberbayern | ja | ja | ja |
| Grasbrunn | München | Oberbayern | ja | ja | ja |
| Greiling | Bad Tölz-Wolfratshausen | Oberbayern | ja | nein | nein |
| Gröbenzell | Fürstenfeldbruck | Oberbayern | ja | ja | ja |
| Großmehring | Eichstätt | Oberbayern | ja | nein | nein |
| Grünwald | München | Oberbayern | ja | ja | ja |
| Haag a. d. Amper | Freising | Oberbayern | ja | nein | nein |
| Haar | München | Oberbayern | ja | ja | ja |
| Haimhausen | Dachau | Oberbayern | ja | ja | ja |
| Hallbergmoos | Freising | Oberbayern | ja | ja | ja |
| Hausham | Miesbach | Oberbayern | nein | nein | ja |
| Hebertshausen | Dachau | Oberbayern | nein | nein | ja |
| Herrsching a. Ammersee | Starnberg | Oberbayern | ja | ja | ja |
| Hilgertshausen-Tandern | Dachau | Oberbayern | ja | ja | nein |
| Hohenbrunn | München | Oberbayern | ja | ja | ja |
| Höhenkirchen-Siegertsbrunn | München | Oberbayern | ja | ja | ja |
| Hohenlinden | Ebersberg | Oberbayern | ja | ja | nein |
| Holzkirchen | Miesbach | Oberbayern | ja | ja | ja |
| Hopferau | Ostallgäu | Schwaben | nein | nein | ja |
| Icking | Bad Tölz-Wolfratshausen | Oberbayern | ja | nein | nein |
| Ingolstadt | Kreisfrei | Oberbayern | ja | ja | ja |
| Inning a. Ammersee | Starnberg | Oberbayern | nein | nein | ja |

| Gemeinde | Landkreis | Regierungsbezirk | VO vom 14.7.2015 1.8.2015–31.12.2015 | VO vom 10.11.2015 1.1.2016–6.8.2019 | VO vom 16.7.2019 7.8.2019–31.12.2021 (inkl. ÄnderungsVO) |
|---|---|---|---|---|---|
| Irschenberg | Miesbach | Oberbayern | ja | ja | nein |
| Ismaning | München | Oberbayern | ja | ja | ja |
| Karlsfeld | Dachau | Oberbayern | ja | ja | ja |
| Kaufbeuren | Kreisfrei | Schwaben | nein | nein | ja |
| Kaufering | Landsberg am Lech | Oberbayern | nein | nein | ja |
| Kempten (Allgäu) | Kreisfrei | Schwaben | ja | ja | ja |
| Kiefersfelden | Rosenheim | Oberbayern | nein | nein | ja |
| Kirchdorf | Kelheim | Niederbayern | nein | nein | ja |
| Kirchheim b. München | München | Oberbayern | ja | ja | ja |
| Kirchseeon | Ebersberg | Oberbayern | ja | ja | ja |
| Kleinrinderfeld | Würzburg | Unterfranken | nein | nein | ja |
| Kolbermoor | Rosenheim | Oberbayern | ja | ja | ja |
| Krailling | Starnberg | Oberbayern | ja | ja | ja |
| Kranzberg | Freising | Oberbayern | ja | ja | nein |
| Kreuth | Miesbach | Oberbayern | nein | ja | nein |
| Kürnach | Würzburg | Unterfranken | nein | nein | ja |
| Landsberg am Lech | Landsberg am Lech | Oberbayern | ja | ja | ja |
| Landshut | Kreisfrei | Niederbayern | ja | ja | ja |
| Langenbach | Freising | Oberbayern | ja | ja | nein |
| Lenggries | Bad Tölz-Wolfratshausen | Oberbayern | nein | nein | ja |
| Lenting | Eichstätt | Oberbayern | ja | ja | nein |
| Lindau (Bodensee) | Lindau (Bodensee) | Schwaben | nein | nein | ja |
| Maisach | Fürstenfeldbruck | Oberbayern | ja | ja | ja |
| Manching | Pfaffenhofen a. d. Ilm | Oberbayern | ja | ja | ja |
| Markt Indersdorf | Dachau | Oberbayern | ja | ja | ja |
| Markt Schwaben | Ebersberg | Oberbayern | ja | ja | ja |
| Marzling | Freising | Oberbayern | ja | ja | nein |
| Memmingen | Kreisfrei | Schwaben | nein | nein | ja |
| Miesbach | Miesbach | Oberbayern | ja | ja | ja |
| Moosach | Ebersberg | Oberbayern | ja | ja | nein |

| Gemeinde | Landkreis | Regierungsbezirk | VO vom 14.7.2015 1.8.2015–31.12.2015 | VO vom 10.11.2015 1.1.2016–6.8.2019 | VO vom 16.7.2019 7.8.2019–31.12.2021 (inkl. ÄnderungsVO) |
|---|---|---|---|---|---|
| Moosburg a. d. Isar | Freising | Oberbayern | ja | nein | nein |
| München | Kreisfrei | Oberbayern | ja | ja | ja |
| Murnau a. Staffelsee | Garmisch-Partenkirchen | Oberbayern | ja | ja | ja |
| Nassenfels | Eichstätt | Oberbayern | nein | nein | ja |
| Neubiberg | München | Oberbayern | ja | ja | ja |
| Neuburg a. d. Donau | Neuburg-Schrobenhausen | Oberbayern | ja | ja | ja |
| Neuching | Erding | Oberbayern | nein | ja | nein |
| Neufahrn b. Freising | Freising | Oberbayern | ja | ja | ja |
| Neuried | München | Oberbayern | ja | ja | ja |
| Neusäß | Augsburg | Schwaben | nein | nein | ja |
| Neutraubling | Regensburg | Oberpfalz | ja | ja | nein |
| Neu-Ulm | Neu-Ulm | Schwaben | ja | ja | ja |
| Nürnberg | Kreisfrei | Mittelfranken | ja | ja | ja |
| Oberammergau | Garmisch-Partenkirchen | Oberbayern | nein | nein | ja |
| Oberding | Erding | Oberbayern | nein | ja | nein |
| Oberhaching | München | Oberbayern | ja | ja | ja |
| Oberschleißheim | München | Oberbayern | ja | ja | ja |
| Oberstaufen | Oberallgäu | Schwaben | ja | nein | nein |
| Odelzhausen | Dachau | Oberbayern | nein | nein | ja |
| Olching | Fürstenfeldbruck | Oberbayern | ja | ja | ja |
| Otterfing | Miesbach | Oberbayern | ja | ja | ja |
| Ottobrunn | München | Oberbayern | ja | ja | ja |
| Passau | Kreisfrei | Niederbayern | nein | nein | ja |
| Penzberg | Weilheim-Schongau | Oberbayern | nein | nein | ja |
| Petershausen | Dachau | Oberbayern | ja | ja | ja |
| Pfaffenhofen a. d. Ilm | Pfaffenhofen a. d. Ilm | Oberbayern | ja | ja | ja |
| Piding | Berchtesgadener Land | Oberbayern | ja | ja | nein |
| Planegg | München | Oberbayern | ja | ja | ja |
| Pliening | Ebersberg | Oberbayern | ja | ja | ja |
| Pöcking | Starnberg | Oberbayern | ja | ja | ja |

| Gemeinde | Landkreis | Regierungsbezirk | VO vom 14.7.2015 1.8.2015–31.12.2015 | VO vom 10.11.2015 1.1.2016–6.8.2019 | VO vom 16.7.2019 7.8.2019–31.12.2021 (inkl. ÄnderungsVO) |
|---|---|---|---|---|---|
| Poing | Ebersberg | Oberbayern | ja | ja | ja |
| Prien a. Chiemsee | Rosenheim | Oberbayern | nein | ja | ja |
| Puchheim | Fürstenfeldbruck | Oberbayern | ja | ja | ja |
| Pullach i. Isartal | München | Oberbayern | ja | ja | ja |
| Putzbrunn | München | Oberbayern | ja | ja | ja |
| Raubling | Rosenheim | Oberbayern | nein | nein | ja |
| Regensburg | Kreisfrei | Oberpfalz | ja | ja | ja |
| Reichertshofen | Pfaffenhofen a. d. Ilm | Oberbayern | ja | ja | nein |
| Riedering | Rosenheim | Oberbayern | nein | nein | ja |
| Rimsting | Rosenheim | Oberbayern | nein | nein | ja |
| Röhrmoos | Dachau | Oberbayern | nein | nein | ja |
| Rosenheim | Kreisfrei | Oberbayern | ja | ja | ja |
| Sauerlach | München | Oberbayern | ja | ja | ja |
| Schäftlarn | München | Oberbayern | ja | ja | ja |
| Schöngeising | Fürstenfeldbruck | Oberbayern | ja | ja | ja |
| Schwabach | Kreisfrei | Mittelfranken | nein | nein | ja |
| Schwabhausen | Dachau | Oberbayern | ja | ja | nein |
| Schwaig bei Nürnberg | Nürnberger Land | Mittelfranken | nein | nein | ja |
| Seefeld | Starnberg | Oberbayern | ja | ja | ja |
| Seehausen am Staffelsee | Garmisch-Partenkirchen | Oberbayern | nein | nein | ja |
| Senden | Neu-Ulm | Schwaben | nein | nein | ja |
| Sonthofen | Oberallgäu | Schwaben | nein | nein | ja |
| Spatzenhausen | Garmisch-Partenkirchen | Oberbayern | nein | nein | ja |
| Stadtbergen | Augsburg | Schwaben | nein | nein | ja |
| Starnberg | Starnberg | Oberbayern | ja | ja | ja |
| Stein | Fürth | Mittelfranken | nein | nein | ja |
| Stephanskirchen | Rosenheim | Oberbayern | nein | nein | ja |
| Straßlach-Dingharting | München | Oberbayern | ja | ja | ja |
| Sulzemoos | Dachau | Oberbayern | ja | ja | nein |
| *Surberg* | Traunstein | Oberbayern | ja | nein | nein |
| Taufkirchen | München | Oberbayern | ja | ja | ja |

| Gemeinde | Landkreis | Regierungs-bezirk | VO vom 14.7.2015 1.8.2015–31.12.2015 | VO vom 10.11.2015 1.1.2016–6.8.2019 | VO vom 16.7.2019 7.8.2019–31.12.2021 (inkl. ÄnderungsVO) |
|---|---|---|---|---|---|
| Traunreut | Traunstein | Oberbayern | nein | nein | ja |
| Traunstein | Traunstein | Oberbayern | nein | nein | ja |
| Türkenfeld | Fürstenfeld-bruck | Oberbayern | ja | ja | nein |
| Tutzing | Starnberg | Oberbayern | ja | ja | ja |
| Uettingen | Würzburg | Unter-franken | nein | nein | ja |
| Unterföhring | München | Oberbayern | ja | ja | ja |
| Unterhaching | München | Oberbayern | ja | ja | ja |
| Unterpleichfeld | Würzburg | Unter-franken | nein | nein | ja |
| Unterschleißheim | München | Oberbayern | ja | ja | ja |
| Uttenreuth | Erlangen-Höch-stadt | Mittel-franken | nein | nein | ja |
| Valley | Miesbach | Oberbayern | ja | nein | nein |
| Vaterstetten | Ebersberg | Oberbayern | ja | ja | ja |
| Vierkirchen | Dachau | Oberbayern | nein | nein | ja |
| Waakirchen | Miesbach | Oberbayern | ja | ja | nein |
| Waldbrunn | Würzburg | Unter-franken | nein | nein | ja |
| Waldkraiburg | Mühldorf a. Inn | Oberbayern | ja | nein | nein |
| Weichs | Dachau | Oberbayern | ja | ja | nein |
| Weilheim i. OB | Weilheim-Schongau | Oberbayern | ja | ja | ja |
| Wendelstein | Roth | Mittel-franken | nein | nein | ja |
| Weßling | Starnberg | Oberbayern | ja | ja | ja |
| Wolfersdorf | Freising | Oberbayern | ja | ja | nein |
| Wolfratshausen | Bad Tölz-Wolfratshausen | Oberbayern | ja | ja | ja |
| Wörthsee | Starnberg | Oberbayern | nein | nein | ja |
| Würzburg | Kreisfrei | Unter-franken | ja | ja | ja |
| Zirndorf | Fürth | Mittel-franken | nein | ja | nein |
| Zolling | Freising | Oberbayern | ja | nein | nein |
| Zorneding | Ebersberg | Oberbayern | ja | ja | ja |

52 **3. Berlin**

In Berlin gibt es zwei Verordnungen:

a) Verordnung zur zulässigen Miethöhe bei Mietbeginn gemäß § 556d Abs. 2 BGB (Mietenbegrenzungsverordnung) vom 28. April 2015[255]
Laufzeit: 1.6.2015–31.5.2020
Begründung: in Abgeordnetenhaus Berlin Drucksache, online veröffentlicht[256]

b) Verordnung zur zulässigen Miethöhe bei Mietbeginn gemäß § 556d Absatz 2 des Bürgerlichen Gesetzbuchs (Mietenbegrenzungsverordnung) vom 19. Mai 2020[257]
Laufzeit: 1.6.2020–31.5.2025
Begründung: im Amtsblatt[258]

Liste der Gemeinden, die in eine Landesverordnung gem. § 556d BGB des Bundeslandes Berlin aufgenommen wurden

| Gemeinde | Landkreis | VO vom 28.4.2015 1.6.2015–31.5.2020 | VO vom 19.5.2020 1.6.2020–31.5.2025 |
|---|---|---|---|
| Berlin | kreisfrei | ja | ja |

53 **4. Brandenburg**

In Brandenburg gibt es inzwischen vier Verordnungen:

a) Verordnung zur Bestimmung der Gebiete mit Mietpreisbegrenzung (Mietpreisbegrenzungsverordnung – MietbegrenzV) vom 8. Dezember 2015[259]
Laufzeit: 1.1.2016–4.4.2019[260]
Begründung: nicht veröffentlicht[261]

b) Verordnung zur Bestimmung der Gebiete mit Mietpreisbegrenzung (Mietpreisbegrenzungsverordnung – MietbegrenzV) vom 28. März 2019[262]
Laufzeit: 1.1.2016–31.12.2020
Begründung: im Gesetz- und Verordnungsblatt[263] mit dem zugrundeliegenden Gutachten[264]

---

[255] GVBl. für Berlin 2015, Nr. 9, S. 101, Gliederungsnr. 233-9. Nach BGH VIII ZR 45/19, NZM 2020, 551; BGH VIII ZR 292/19, WuM 2020, 488; VIII ZR 369/18, NZM 2021, 220 ist die VO wirksam und ordnungsgemäß veröffentlicht. Inzidenter ebenso auch BVerfG NZM 2019, 676; nach LG Berlin BeckRS 2021, 3718 ist die VO „zumindest nicht evident verfahrensfehlerhaft" und deshalb wirksam; **aA** AG Pankow/Weißensee 6 I 2021, 823.

[256] Abgeordnetenhaus Berlin Drs. 17/2272 (https://www.parlament-berlin.de/ados/17/IIIPlen/vorgang/d17–2272.pdf); Verordnungsnummer 17/186 (https://www.parlament-berlin.de/ados/17/IIIPlen/vorgang/verordnungen/vo17–186.pdf); nach LG Berlin BeckRS 2021, 3718 ist die evtl. verspätete Veröffentlichung der Begründung unschädlich, da das kein evidenten Verfahrensfehler sei.

[257] GVBl. für Berlin 2020, Nr. 24, S. 343.

[258] ABl. für Berlin 2020, Nr. 23, S. 2885.

[259] GVBl. für das Land Brandenburg Teil II, 2015, Nr. 65, S. 1.

[260] Die nachfolgende VO GVBl. für das Land Brandenburg Teil II, 2019, Nr. 25, S. 1 ersetzt diese VO über die gesamte Laufzeit. Beachte Fn. 262.

[261] Nach Ansicht des AG Potsdam GE 2018, 1464 = BeckRS 2018, 26517 ist die VO wegen fehlender Begründung unwirksam.

[262] GVBl. für das Land Brandenburg Teil II, 2019, Nr. 25, S. 1. Die VO ersetzt die erste VO GVBl. 2015 II Nr. 65, 1. Soweit die VO ausdrücklich rückwirkend ab 1.1.2016 gelten soll, stellt dies eine unzulässige echte Rückwirkung dar, so auch *Beuermann* GE 2019, 588. Die VO ist damit zumindest auf Mietverträge, die zwischen dem 1.1.2016 und frühestens dem 4.4.2019 abgeschlossen wurden, nicht anzuwenden. Vertretbar ist auch ein in der Vergangenheit liegendes Datum des Inkrafttretens – wie in der zweiten VO – wie ein nicht vorhandenes Datum des Inkrafttretens zu bewerten sein, so würde die Verordnung gem. Art. 81 Abs. 3 S. 2 Verf *Brandenburg erst mit dem vierzehnten* Tag nach Ablauf des Tages in Kraft treten, an dem das Gesetzblatt ausgegeben worden ist. Dies wäre der 18.4.2019.

[263] GVBl. für das Land Brandenburg Teil II, 2019, Nr. 25, S. 3.

[264] GVBl. für das Land Brandenburg Teil II, 2019, Nr. 25, S. 17.

c) Verordnung zur Bestimmung der Gebiete mit Mietpreisbegrenzung (Mietpreisbegrenzungsverordnung – MietbegrenzV) im Entwurf[265]
Laufzeit: 1.1.2021–31.12.2025
Begründung: im Amtsblatt[266], inkl. der zugrundeliegenden Gutachten[267], der Kommunalbefragung[268] und dem Indikator Angebotsmietenentwicklung[269]

d) Verordnung zur Bestimmung der Gebiete mit Mietpreisbegrenzung (Mietpreisbegrenzungsverordnung – MietbegrenzV)[270]
Laufzeit: 1.1.2021–31.12.2025
Begründung: im Amtsblatt[271]

Liste der Gemeinden, die in eine Landesverordnung gem. § 556 d BGB des Bundeslandes Brandenburg aufgenommen wurden

| Gemeinde | Landkreis | VO vom 8.12.2015 1.1.2016–4.4.2019[272] | VO vom 28.3.2019 1.1.2016–31.12.2020[273] | VO vom 29.12.2020 (E)[274] und 1.1.2021–31.12.2025 |
|---|---|---|---|---|
| Ahrensfelde | Barnim | Ja | ja | nein |
| Bernau bei Berlin | Barnim | Ja | ja | nein |
| Birkenwerder | Oberhavel | ja | ja | ja |
| Blankenfelde-Mahlow | Teltow-Fläming | ja | ja | ja |
| Dallgow-Döberitz | Havelland | ja | ja | nein |
| Eichwalde | Dahme-Spreewald | ja | ja | ja |
| Erkner | Oder-Spree | ja | ja | nein |
| Falkensee | Havelland | ja | ja | ja |
| Glienicke/Nordbahn | Oberhavel | ja | ja | ja |
| Gosen-Neu Zittau | Oder-Spree | nein | nein | ja |
| Großbeeren | Teltow-Fläming | ja | ja | ja |

265 Abl. für Brandenburg, 2020, Nr. 51 (Ausgabe S), S. 1352/13. Es handelt sich nicht um eine wirksame Verordnung oder Begründung. Soweit es im Vorspann heißt: „*Leider wird es nicht möglich sein, die erforderlichen förmlichen Verfahren vor dem Außerkrafttreten der derzeit geltenden Mietpreisbegrenzungsverordnung vom 28. August 2019* [sic. auch das Datum ist falsch. Es ist wohl aus dem ähnlichen Vorspann der KappungsgrenzensenkungsVO hierhin kopiert worden] *abzuschließen. Dies gilt umso mehr, als dass nicht gewährleistet werden kann, dass die vorgegebenen förmlichen Fristen in der Corona-Lage eingehalten werden können. Aus diesem Grund werden alle vom Schutzschirm der Mietpreisbegrenzungsverordnung 2021 umfassten Gemeinden hier vorab öffentlich bekannt gemacht*", ändert das nichts daran, dass es gerade nicht die rechtliche maßgeblichen Veröffentlichungen sind. Die Veröffentlichung eines Entwurfs – auch im GVBl – stellt keine wirksame Verordnung oder Begründung dar: BGH VIII ZR 130/19, BGHZ 223, 30 = NZM 2019, 584 Rn 33.

266 Abl. für Brandenburg, 2020, Nr. 51 (Ausgabe S), S. 1352/13 (zu den Bedenken s. Fn. 274 und 271).

267 Abl. für Brandenburg, 2020, Nr. 51 (Ausgabe S), S. 1352/27 und S. 1352/107.

268 Abl. für Brandenburg, 2020, Nr. 51 (Ausgabe S), S. 1352/146.

269 Abl. für Brandenburg, 2020, Nr. 51 (Ausgabe S), S. 1352/154.

270 Abl. für Brandenburg, 2021 II, Nr. 61; äußerst fraglich ist, ob die VO rückwirkend für Mietverträge, die zwischen 1.1.2021 und 15.6.2021 abgeschlossen wurden gilt, da dies entgegen der Begründung der Verordnung eine unzulässige echte Rückwirkung darstellen würde. Daran ändert auch die Vorabveröffentlichung eines Entwurfs nichts. Es wird in bestehende Verträge eingegriffen. **AA** Die Begründung GVBl Brd II 2021, Nr. 61 ab Seite 18.

271 Abl. für Brandenburg, 2021.

272 Die Verordnung ist nach Ansicht des AG Potsdam BeckRS 2018, 26517 unwirksam.

273 Soweit die VO im März 2019 rückwirkend ab 1.1.2016 in Kraft gesetzt wurde, ist dies wegen der verfassungsrechtlich unzulässigen echten Rückwirkung unwirksam. Offen ist, ob damit die ganze VO unwirksam ist, oder ob sie ab 28.3.2019 zumindest für die Zukunft wirksam ist.

274 Durch die Veröffentlichung des Entwurfs einer VO wurde die Mietpreisbremse nicht ab 1.1.2021 in Kraft gesetzt. Erst durch die spätere Veröffentlichung der VO ist in Brandenburg die Begrenzung der Wiedervermietungsmiete gem. §§ 556d ff. BGB (wieder?) eingeführt worden.

| Gemeinde | Landkreis | VO vom 8.12.2015 1.1.2016–4.4.2019[272] | VO vom 28.3.2019 1.1.2016–31.12.2020[273] | VO vom 29.12.2020 (E)[274] und 1.1.2021–31.12.2025 |
|---|---|---|---|---|
| Hennigsdorf | Oberhavel | ja | ja | nein |
| Hohen Neuendorf | Oberhavel | ja | ja | ja |
| Hoppegarten | Märkisch-Oderland | ja | ja | ja |
| Kleinmachnow | Potsdam-Mittelmark | ja | ja | ja |
| Königs Wusterhausen | Dahme-Spreewald | ja | ja | nein |
| Mühlenbecker Land | Oberhavel | ja | ja | ja |
| Neuenhagen bei Berlin | Märkisch-Oderland | ja | ja | ja |
| Nuthetal | Potsdam-Mittelmark | ja | ja | nein |
| Oranienburg | Oberhavel | ja | ja | nein |
| Panketal | Barnim | ja | ja | ja |
| Petershagen/Eggersdorf | Märkisch-Oderland | ja | ja | nein |
| Potsdam | kreisfrei | ja | ja | ja |
| Rangsdorf | Teltow-Fläming | ja | ja | nein |
| Schönefeld | Dahme-Spreewald | ja | ja | nein |
| Schöneiche bei Berlin | Oder-Spree | ja | ja | ja |
| Schulzendorf | Dahme-Spreewald | ja | ja | ja |
| Stahnsdorf | Potsdam-Mittelmark | nein | nein | ja |
| Teltow | Potsdam-Mittelmark | ja | ja | ja |
| Velten | Oberhavel | ja | ja | nein |
| Werneuchen | Barnim | ja | ja | nein |
| Wildau | Dahme-Spreewald | ja | ja | nein |
| Woltersdorf | Oder-Spree | nein | nein | ja |
| Zeuthen | Dahme-Spreewald | ja | ja | nein |

54 **5. Bremen**

a) Verordnung über die zulässige Miethöhe gemäß § 556d Absatz 2 des Bürgerlichen Gesetzbuchs (Mietenbegrenzungs-Verordnung) vom 17. November 2015[275]
Laufzeit: 1.12.2015–30.11.2020
Begründung: online veröffentlicht[276]

[272] Die Verordnung ist nach Ansicht des AG Potsdam BeckRS 2018, 26517 unwirksam.

[273] Soweit die VO im März 2019 rückwirkend ab 1.1.2016 in Kraft gesetzt wurde, ist dies wegen der verfassungsrechtlich unzulässigen echten Rückwirkung unwirksam. Offen ist, ob damit die ganze VO unwirksam ist, oder ob sie ab 28.3.2019 zumindest für die Zukunft wirksam ist.

[274] Durch die Veröffentlichung des Entwurfs einer VO wurde die Mietpreisbremse nicht ab 1.1.2021 in Kraft *gesetzt. Erst durch die spätere Veröffentlichung* der VO ist in Brandenburg die Begrenzung der Wiedervermietungsmiete gem. §§ 556d ff. BGB (wieder?) eingeführt worden.

[275] GBl. der Freien Hansestadt Bremen 2015, Nr. 113, S. 512.

[276] http://www.bauumwelt.bremen.de/sixcms/media.php/13/Bd V_L_Mietpreisbremse_Endf.pdf.

b) Verordnung über die zulässige Miethöhe gemäß §556d Absatz 2 des Bürgerlichen Gesetzbuchs (Mietenbegrenzungsverordnung) vom 3. November 2020[277]
Laufzeit: 1.12.2020–30.11.2025
Begründung: online veröffentlicht[278]

Liste der Gemeinden, die in eine Landesverordnung gem. §556d BGB des Bundeslandes Bremen aufgenommen wurden

| Gemeinde | Landkreis | VO vom 17.11.2015<br>1.12.2015–30.11.2020 | VO vom 3.11.2020<br>1.12.2020–30.11.2025 |
|---|---|---|---|
| Bremen<br>(ohne Bremerhaven) | kreisfrei | ja | ja |

### 6. Hamburg 55

Hamburg hat zunächst bei einer ersten Verordnung mehrere Nachbesserungsversuche hinsichtlich des Begründungserfordernisses unternommen und dann zwei weitere Verordnungen erlassen:

a) Verordnung über die Einführung einer Mietpreisbegrenzung nach §556d des Bürgerlichen Gesetzbuchs (Mietpreisbegrenzungsverordnung) vom 23. Juni 2015[279]
Laufzeit: 1.7.2015–10.7.2018[280]
Begründung: auf unterschiedlichen Veröffentlichungswegen und zeitlich versetzt:[281]
aa) 23.6.2015 – als Bürgerschaftsdrucksache[282]
bb) 22.10.2015 – auf dem Transparenzportal der Freien und Hansestadt Hamburg[283]
cc) 6.6.2017 – auf der Internetpräsenz der Freien und Hansestadt Hamburg[284]
dd) 1.9.2017 – im Amtlichen Anzeiger[285]

b) Verordnung über die Einführung einer Mietpreisbegrenzung nach §556d des Bürgerlichen Gesetzbuchs (Mietpreisbegrenzungsverordnung) vom 3. Juli 2018[286]
Laufzeit: 11.7.2018–30.6.2020[287]
Begründung: im Gesetz- und Verordnungsblatt[288]

---

277 GBl. der Freien Hansestadt Bremen 2020, Nr. 130, S. 1335.

278 https://www.rathaus.bremen.de/sixcms/media.php/13/20201103_Erlass_Mietenbegrenzungs_Verordnung_%25A7_556_d_Absatz_2.pdf (zuletzt abgerufen am 18.12.2020).

279 Hamburgisches GVBl. I 2015, Nr. 24, S. 122.

280 Außer Kraft gesetzt gem. §2 Abs. 2 Mietpreisbegrenzungsverordnung v. 3.7.2018 (Hamburgisches GVBl. I 2018, Nr. 27, S. 225); ursprünglich sollte diese VO bis zum 30.6.2020 gelten.

281 Nach Ansicht des LG Hamburg NZM 2018, 745 ist die VO wegen ursprünglicher Veröffentlichungsmängeln unwirksam.

282 Bürgerschaft HH, Drs. 21/860. Die Begründung erschöpft sich in folgender Feststellung: „Die ausreichende Versorgung der Bevölkerung mit Mietwohnungen zu angemessenen Bedingungen ist in Hamburg nach den Feststellungen des Senats besonders gefährdet. Dies gilt für den gesamten Zeitraum der Geltungsdauer der Verordnung. Die gesetzlichen Voraussetzungen für den Erlass einer Verordnung sind für das gesamte Stadtgebiet von Hamburg erfüllt." Das ist keine Begründung AG Hamburg-Altona ZMR 2017, 649 bestätigt durch LG Hamburg NZM 2018, 745.

283 Transparenzportal, Az. BWSB674.115-001. Hierbei handelt es sich um die Niederschrift der Senatssitzung v. 23.6.2015 mit Vorblatt zur Senatsdrucksache (insgesamt vier Seiten), die 26-seitige Begründung wurde nicht mitveröffentlicht.

284 Veröffentlicht auf https://www.hamburg.de/mietenspiegel/4606594/mietpreisbremse/; konkret: www.hamburg.de/contentblob/8914516/806b307854797e9178535b71fc7aa34b/data/d-mietpreisbegrenzungsverordnung.pdf (beide Links zuletzt abgerufen am 19.11.2020).

285 Amtlicher Anzeiger Teil II des Hamburgischen GVBl. 2017, Nr. 69, S. 1503. Nach Ansicht des LG Hamburg GE 2019, 1577 führt allein schon der Umstand dieser nachträglichen Veröffentlichung der Verordnungsbegründung zur Unwirksamkeit der Mietpreisbegrenzungsverordnung v. 23.6.2015. Es ist auch keine Heilung ex nunc eingetreten LG Hamburg NZM 2018, 745.

286 Hamburgisches GVBl. I 2018, Nr. 27, S. 225. Die Verordnung ersetzt die vorherige Verordnung Hamburgisches GVBl. I 2015, Nr. 24, S. 122.

287 Damit dürfte zumindest unter formalen Gesichtspunkten allenfalls ab dem 11.7.2018 die Begrenzung der Wiedervermietungsmiete gelten. Gemäß Art. 54 S. 1 Verf HH treten Verordnungen mit dem auf die Ausgabe des Hamburgischen Gesetz- und Verordnungsblattes folgenden Tag in Kraft, soweit in ihnen nichts anderes bestimmt ist.

288 Hamburgisches GVBl. I 2018, Nr. 27, S. 225 (Anlage).

c) Verordnung über die Einführung einer Mietpreisbegrenzung nach § 556d des Bürgerlichen Gesetzbuchs (Mietpreisbegrenzungsverordnung) vom 23. Juni 2020[289]
Laufzeit: 1.7.2020–30.6.2025
Begründung: im Gesetz- und Verordnungsblatt[290]

Liste der Gemeinden, die in eine Landesverordnung gem. § 556d BGB des Bundeslandes Hamburg aufgenommen wurden

| Gemeinde | Landkreis | VO vom 23.6.2015 1.7.2015–10.7.2018[291] | VO vom 3.7.2018 11.7.2018–30.6.2020 | VO vom 23.6.2020 1.7.2020–30.6.2025 |
|---|---|---|---|---|
| Hamburg | kreisfrei | ja | ja | ja |

56 **7. Hessen**

In Hessen gibt es drei Verordnungen.

a) Hessische Verordnung zur Bestimmung der Gebiete mit angespannten Wohnungsmärkten im Sinne des § 556d Abs. 2 des Bürgerlichen Gesetzbuchs (Hessische Mietenbegrenzungsverordnung) vom 17. November 2015[292]
Laufzeit: 27.11.2015–27.6.2019[293]
Begründung: zunächst Veröffentlichung ausdrücklich verweigert.[294]
Dann lediglich ein „Entwurf" veröffentlicht.[295]
Am 30.10.2017 wurde die Veröffentlichung noch ausdrücklich verweigert.[296] Im März 2018 wurde der Link auf die Begründung erstmals aufgefunden.[297]

b) Hessische Verordnung zur Bestimmung der Gebiete mit angespannten Wohnungsmärkten im Sinne des § 556d Abs. 2 des Bürgerlichen Gesetzbuchs (Hessische Mietenbegrenzungsverordnung) vom 11. Juni 2019[298]
Laufzeit: 28.6.2019–25.11.2020[299]
Begründung: im Gesetz- und Verordnungsblatt[300]

c) Verordnung zur Bestimmung des Geltungsbereichs der bundesrechtlichen Mieterschutzvorschriften (Mieterschutzverordnung – MiSchuV) vom 18. November 2020[301]
Laufzeit: 26.11.2020–25.11.2025
Begründung: im Gesetz- und Verordnungsblatt[302]

Liste der Gemeinden, die in eine Landesverordnung gem. § 556d BGB des Bundeslandes Hessen aufgenommen wurden

[289] Hamburgisches GVBl. I 2020, Nr. 34, S. 341.

[290] Hamburgisches GVBl. I 2020, Nr. 34, S. 341 (Anlage).

[291] Unwirksam, vgl. Fn. 281.

[292] GVBl. für das Land Hessen 2015, Nr. 26, S. 397.

[293] Außer Kraft gesetzt gem. § 3 Mietpreisbegrenzungsverordnung v. 11.6.2019 (GVBl. für das Land Hessen 2019, Nr. 10, S. 78); ursprünglich sollte diese VO bis zum 30.6.2019 gelten.

[294] *Börstinghaus* NJW 16/2018, 20; jurisPR-MietR 23/2017 Anm. 1.

[295] **AA** zunächst AG Frankfurt WuM 2017, 593, dann aber richtig LG Frankfurt WuM 2018, 276 bestätigt durch BGH VIII ZR 130/18, NZM 2019, 584.

[296] *Börstinghaus* NJW 16/2018, 20.

[297] *Börstinghaus* NJW 16/2018, 20; eine rückwirkende Heilung ist damit nicht verbunden: BGH VIII ZR 130/18 NZM 2019, 584.

[298] GVBl. für das Land Hessen 2019, Nr. 10, S. 78. Die Verordnung ersetzt die vorherige Verordnung GVBl. für das Land Hessen 2015, Nr. 26, S. 397.

[299] Außer Kraft gesetzt gem. § 4 Nr. 1 Mietpreisbegrenzungsverordnung v. 18.11.2020 (GVBl. für das Land Hessen 2020, Nr. 60, S. 802); ursprünglich sollte diese VO bis zum 26.11.2020 gelten.

[300] *GVBl. für das Land Hessen 2019, Nr. 10, S. 78* (Anlage).

[301] GVBl. für das Land Hessen 2020, Nr. 60, S. 802. Die Verordnung ersetzt die vorherige Verordnung GVBl. für das Land Hessen 2019, Nr. 10, S. 78.

[302] GVBl. für das Land Hessen 2020, Nr. 60, S. 802 (Anlage).

| Gemeinde | Landkreis | Regierungsbezirk | VO vom 17.11.2015 27.11.2015–27.6.2019 | VO vom 11.6.2019 28.6.2019–25.11.2020 | VO vom 18.11.2020 26.11.2020–25.11.2025 |
|---|---|---|---|---|---|
| Bad Homburg vor der Höhe | Hochtaunuskreis | Darmstadt | ja (mit Ausnahme des Gemeindeteils Ober-Erlenbach) | ja | ja |
| Bad Soden am Taunus | Main-Taunus-Kreis | Darmstadt | nein | ja | ja |
| Bad Vilbel | Wetteraukreis | Darmstadt | nein | ja | ja |
| Biebesheim am Rhein | Groß-Gerau | Darmstadt | nein | nein | ja |
| Bischofsheim | Groß-Gerau | Darmstadt | nein | ja | ja |
| Darmstadt | Kreisfrei | Darmstadt | ja (mit Ausnahme der Gemeindeteile Arheilgen, Eberstadt und Kranichstein) | ja | ja |
| Dietzenbach | Offenbach | Darmstadt | nein | nein | ja |
| Dreieich | Offenbach | Darmstadt | ja | ja | ja |
| Egelsbach | Offenbach | Darmstadt | nein | ja | ja |
| Eltville am Rhein | Rheingau-Taunus-Kreis | Darmstadt | nein | nein | ja |
| Eschborn | Main-Taunus-Kreis | Darmstadt | nein | ja | ja |
| Flörsheim am Main | Main-Taunus-Kreis | Darmstadt | ja | ja | ja |
| Frankfurt am Main | Kreisfrei | Darmstadt | ja (mit Ausnahme der Gemeindeteile Berkersheim, Eckenheim, Harheim und Unterliederbach) | ja | ja |
| Friedrichsdorf | Hochtaunuskreis | Darmstadt | nein | nein | ja |
| Fuldabrück | Kassel | Kassel | nein | nein | ja |
| Ginsheim-Gustavsburg | Groß-Gerau | Darmstadt | nein | ja | ja |
| Griesheim | Darmstadt-Dieburg | Darmstadt | ja | ja | ja |
| Groß-Gerau | Groß-Gerau | Darmstadt | nein | nein | ja |
| Groß-Zimmern | Darmstadt-Dieburg | Darmstadt | nein | nein | ja |

| Gemeinde | Landkreis | Regierungs-bezirk | VO vom 17.11.2015 27.11.2015–27.6.2019 | VO vom 11.6.2019 28.6.2019–25.11.2020 | VO vom 18.11.2020 26.11.2020–25.11.2025 |
|---|---|---|---|---|---|
| Hainburg | Offenbach | Darmstadt | nein | nein | ja |
| Hattersheim am Main | Main-Taunus-Kreis | Darmstadt | ja | ja | nein |
| Heusenstamm | Offenbach | Darmstadt | nein | ja | ja |
| Hofheim am Taunus | Main-Taunus-Kreis | Darmstadt | nein | ja | nein |
| Kassel | Kreisfrei | Kassel | ja (mit Ausnahme des Gemeindeteils Wolfsanger/Hasenecke) | ja | nein |
| Kelkheim (Taunus) | Main-Taunus-Kreis | Darmstadt | nein | ja | ja |
| Kelsterbach | Groß-Gerau | Darmstadt | nein | ja | ja |
| Kiedrich | Rheingau-Taunus-Kreis | Darmstadt | nein | ja | ja |
| Kriftel | Main-Taunus-Kreis | Darmstadt | nein | nein | ja |
| Kronberg im Taunus | Hochtaunuskreis | Darmstadt | ja | nein | nein |
| Langen (Hessen) | Offenbach | Darmstadt | nein | ja | ja |
| Langenselbold | Main-Kinzig-Kreis | Darmstadt | nein | nein | ja |
| Mainhausen | Offenbach | Darmstadt | nein | nein | ja |
| Maintal | Main-Kinzig-Kreis | Darmstadt | nein | nein | ja |
| Marburg | Marburg-Biedenkopf | Gießen | ja | ja | ja |
| Mörfelden-Walldorf | Groß-Gerau | Darmstadt | ja | ja | ja |
| Nauheim | Groß-Gerau | Darmstadt | nein | ja | ja |
| Neu-Anspach | Hochtaunuskreis | Darmstadt | nein | nein | ja |
| Neu-Isenburg | Offenbach | Darmstadt | nein | nein | ja |
| Nidderau | Main-Kinzig-Kreis | Darmstadt | nein | ja | ja |
| Obertshausen | Offenbach | Darmstadt | nein | ja | ja |
| Oberursel (Taunus) | Hochtaunuskreis | Darmstadt | ja | ja | nein |
| Offenbach am Main | Kreisfrei | Darmstadt | ja | ja | ja |
| Pfungstadt | Darmstadt-Dieburg | Darmstadt | nein | nein | ja |
| Raunheim | Groß-Gerau | Darmstadt | nein | ja | ja |

| Gemeinde | Landkreis | Regierungsbezirk | VO vom 17.11.2015 27.11.2015–27.6.2019 | VO vom 11.6.2019 28.6.2019–25.11.2020 | VO vom 18.11.2020 26.11.2020–25.11.2025 |
|---|---|---|---|---|---|
| Rosbach vor der Höhe | Wetteraukreis | Darmstadt | nein | nein | ja |
| Roßdorf | Darmstadt-Dieburg | Darmstadt | nein | nein | ja |
| Rüsselsheim am Main | Groß-Gerau | Darmstadt | nein | nein | ja |
| Schwalbach am Taunus | Main-Taunus-Kreis | Darmstadt | ja | ja | ja |
| Steinbach (Taunus) | Hochtaunuskreis | Darmstadt | nein | nein | ja |
| Usingen | Hochtaunuskreis | Darmstadt | nein | nein | ja |
| Viernheim | Bergstraße | Darmstadt | nein | nein | ja |
| Walluf | Rheingau-Taunus-Kreis | Darmstadt | nein | nein | ja |
| Weiterstadt | Darmstadt-Dieburg | Darmstadt | ja | ja | ja |
| Wiesbaden | Kreisfrei | Darmstadt | ja (mit Ausnahme der Gemeindeteile Igstadt, Medenbach und Naurod) | ja | ja |

**8. Mecklenburg-Vorpommern** 57

Landesverordnung zur Bestimmung von Gebieten nach § 556d und § 558 des Bürgerlichen Gesetzbuches (Mietpreisbegrenzungs- und Kappungsgrenzenlandesverordnung – MietBgKaLVO M-V) vom 13. September 2018[303]
Laufzeit: 1.10.2018–30.9.2023
Begründung: im Amtsblatt[304]

Liste der Gemeinden, die in eine Landesverordnung gem. § 556d BGB des Bundeslandes Mecklenburg-Vorpommern aufgenommen wurden

| Gemeinde | Landkreis | VO vom 13.9.2018 1.10.2018–30.9.2023 |
|---|---|---|
| Greifswald | Vorpommern-Greifswald | ja |
| Rostock | kreisfrei | ja |

[303] GVBl. für Mecklenburg-Vorpommern 2018, Nr. 17, S. 359.
[304] Amtsblatt für Mecklenburg-Vorpommern 2018, Nr. 39, S. 506.

58 **9. Niedersachsen**

Es gibt zwei Verordnungen:

a) Verordnung zur Festlegung des Anwendungsbereichs bundesrechtlicher Mieterschutzvorschriften (Niedersächsische Mieterschutzverordnung) vom 8. November 2016[305]
Laufzeit: 1.12.2016–31.12.2020[306]
Begründung: online veröffentlicht im März 2018[307]

b) Verordnung zur Festlegung des Anwendungsbereichs bundesrechtlicher Mieterschutzvorschriften (Niedersächsische Mieterschutzverordnung) vom 22. Dezember 2020[308]
Laufzeit: 1.1.2021–31.12.2025
Begründung: im Gesetz- und Verordnungsblatt[309]

Liste der Gemeinden, die in eine Landesverordnung gem. § 556d BGB des Bundeslandes Niedersachsen aufgenommen wurden

| Gemeinde | Landkreis | VO vom 8.11.2016 1.12.2016–31.12.2020 | VO vom 23.12.2020 1.1.2021–31.12.2025 |
|---|---|---|---|
| Baltrum | Aurich | ja | ja |
| Borkum | Leer | ja | ja |
| Braunschweig | kreisfrei | ja | ja |
| Buchholz in der Nordheide | Harburg | ja | ja |
| Buxtehude | Stade | ja | ja |
| Göttingen | Göttingen | ja | ja |
| Hannover | Region Hannover | ja | ja |
| Juist | Aurich | ja | ja |
| Laatzen | Region Hannover | nein | ja |
| Langenhagen | Region Hannover | ja | ja |
| Langeoog | Wittmund | ja | ja |
| Leer (Ostfriesland) | Leer | ja | nein |
| Lüneburg | Lüneburg | ja | ja |
| Norderney | Aurich | ja | ja |
| Oldenburg (Oldenburg) | kreisfrei | ja | ja |
| Osnabrück | kreisfrei | ja | ja |
| Spiekeroog | Wittmund | ja | ja |
| Vechta | Vechta | ja | nein |
| Wangerooge | Friesland | ja | ja |
| Wolfsburg | kreisfrei | ja | ja |

[305] Niedersächsisches GVBl. 2016, Nr. 17, S. 252; Die Verordnung ist wegen zu später Veröffentlichung der Begründung unwirksam AG Hannover BeckRS 2019, 38071 bestätigt durch LG Hannover BeckRS 2020, 42479 mAnm. *Börstinghaus* jurisPR – MietR 7/2021 Anm. 3.

[306] Außer Kraft gesetzt gem. § 4 Abs. 2 Mieterschutzverordnung v. 22.12.2020 (Niedersächsisches GVBl. 2020, Nr. 49, S. 566); ursprünglich sollte diese VO bis zum 30.11.2021 gelten.

[307] *https://www.umwelt.niedersachsen.de/*download/128992/Begruendung_zur_MieterschutzVO.pdf (zuletzt abgerufen am 19.11.2020).

[308] Niedersächsisches GVBl. 2020, Nr. 49, S. 566.

[309] Niedersächsisches GVBl. 2020, Nr. 49, S. 567 (Anlage).

**10. Nordrhein-Westfalen** 59

In NRW gibt es zwei Verordnungen:

a) Verordnung zur Bestimmung der Gebiete mit Mietpreisbegrenzung (Mietpreisbegrenzungsverordnung – MietbegrenzVO NRW) vom 23. Juni 2015[310]
Laufzeit: 1.7.2015–30.6.2020
Begründung: online veröffentlicht[311]

b) Verordnung zur Festlegung des Anwendungsbereichs bundesrechtlicher Mieterschutzvorschriften im Land Nordrhein-Westfalen (Mieterschutzverordnung – MietSchVO NRW) vom 9. Juni 2020[312]
Laufzeit: 1.7.2020–30.6.2025
Begründung: im Gesetz- und Verordnungsblatt[313]

Liste der Gemeinden, die in eine Landesverordnung gem. § 556d BGB des Bundeslandes Nordrhein-Westfalen aufgenommen wurden

| Gemeinde | Landkreis | Regierungs-bezirk | VO vom 23.6.2015 1.7.2015–30.6.2020[314] | VO vom 9.6.2020 1.7.2020–30.6.2025 |
|---|---|---|---|---|
| Aachen | LK Städteregion Aachen | Köln | ja | nein |
| Alfter | Rhein-Sieg-Kreis | Köln | nein | ja |
| Bad Honnef | Rhein-Sieg-Kreis | Köln | nein | ja |
| Bergisch Gladbach | Rheinisch-Bergischer Kreis | Köln | nein | ja |
| Bielefeld | kreisfrei | Detmold | ja | nein |
| Bocholt | Borken | Münster | ja | nein |
| Bonn | kreisfrei | Köln | ja | ja |
| Bornheim | Rhein-Sieg-Kreis | Köln | nein | ja |
| Brühl | Rhein-Erft-Kreis | Köln | ja | nein |
| Düsseldorf | kreisfrei | Düsseldorf | ja | ja |
| Erkrath | Mettmann | Düsseldorf | ja | nein |
| Frechen | Rhein-Erft-Kreis | Köln | ja | nein |
| Hennef (Sieg) | Rhein-Sieg-Kreis | Köln | nein | ja |
| Hürth | Rhein-Erft-Kreis | Köln | ja | nein |

[310] GVBl. für das Land NRW 2015, Nr. 27, S. 489; Die Verordnung soll ist sowohl wegen eines Begründungs- wie auch eine Veröffentlichungsmangels unwirksam: AG Köln Urt. v. 6.11.2018 – 208 C 188/18 mit Hinweis von Krapf NZM-info 24/2018, V und Schlussurteil v. 15.2.2019 – 208 C 188/18, BeckRS 2019, 1919, bestätigt durch LG Köln Urt. v. 2.7.2020 – Az: 6 S 229/19 mAnm Börstinghaus WuM 2021, 25; ebenso auch AG Köln, Urteil vom 19.12.2019, Az. 221 C 200/19.

[311] https://www.mhkbg.nrw/sites/default/files/media/document/file/Begruendung-MietbegrenzVO-PDF-fuer-Internet.pdf (zuletzt abgerufen am 22.11.2020). Zwar wurde am 1.7.2015 die Begründung selbst sowie eine Kurzfassung eines in Bezug genommenen Gutachtens auf der Internetpräsenz des Ministeriums für Heimat, Kommunales, Bau und Gleichstellung des Landes Nordrhein-Westfalen veröffentlicht (unter https://www.mhkbg.nrw/themen/bau/wohnen/mieterschutz-und-wohnungsaufsicht; mittlerweile wurden entsprechende Links auf die Begründung und das Gutachten allerdings entfernt, bzw. ersetzt). Nach Ansicht des AG Köln Urt. v. 6.11.2018 – 208 C 188/18 mit Hinweis von Krapf NZM-info 24/2018, V und Schlussurteil v. 15.2.2019 – 208 C 188/18, BeckRS 2019, 1919 ist die Verordnung wegen ursprünglicher Begründungsmängel jedoch unwirksam; bestätigt durch LG Köln Urt. v. 2.7.2020 – Az: 6 S 229/19 mAnm Börstinghaus WuM 2021, 25; ebenso auch AG Köln, Urteil vom 19.12.2019, Az. 221 C 200/19.

[312] GVBl. für das Land NRW 2020, Nr. 26, S. 465.

[313] GVBl. für das Land NRW 2020, Nr. 26, S. 465 (Anlage 2).

[314] Unwirksam, vgl. Fn. 311.

| Gemeinde | Landkreis | Regierungsbezirk | VO vom 23.6.2015 1.7.2015–30.6.2020[314] | VO vom 9.6.2020 1.7.2020–30.6.2025 |
|---|---|---|---|---|
| Kleve | Kleve | Düsseldorf | ja | nein |
| Köln | kreisfrei | Köln | ja | ja |
| Königswinter | Rhein-Sieg-Kreis | Köln | nein | ja |
| Langenfeld (Rhld.) | Mettmann | Düsseldorf | ja | nein |
| Leichlingen | Rheinisch-Bergischer Kreis | Köln | nein | ja |
| Leverkusen | kreisfrei | Köln | ja | nein |
| Meerbusch | Rhein-Kreis Neuss | Düsseldorf | ja | nein |
| Monheim am Rhein | Mettmann | Düsseldorf | ja | nein |
| Münster | kreisfrei | Münster | ja | ja |
| Neuss | Rhein-Kreis Neuss | Düsseldorf | ja | nein |
| Niederkassel | Rhein-Sieg-Kreis | Köln | nein | ja |
| Paderborn | Paderborn | Detmold | ja | nein |
| Pulheim | Rhein-Erft-Kreis | Köln | nein | ja |
| Ratingen | Mettmann | Düsseldorf | ja | nein |
| Rösrath | Rheinisch-Bergischer Kreis | Köln | nein | ja |
| Sankt Augustin | Rhein-Sieg-Kreis | Köln | ja | nein |
| Siegburg | Rhein-Sieg-Kreis | Köln | ja | ja |
| Telgte | Warendorf | Münster | nein | ja |
| Troisdorf | Rhein-Sieg-Kreis | Köln | ja | nein |
| Wachtberg | Rhein-Sieg-Kreis | Köln | nein | ja |
| Wesseling | Rhein-Erft-Kreis | Köln | nein | ja |

60 **11. Rheinland-Pfalz**

In Rheinland-Pfalz gibt es inzwischen drei Verordnungen:

a) Landesverordnung über die Bestimmung der Gebiete mit Mietpreisbegrenzung nach § 556 d des Bürgerlichen Gesetzbuchs (Mietpreisbegrenzungsverordnung) vom 28. September 2015[315]
Laufzeit: 8.10.2015–30.9.2019[316]
Begründung: zunächst unveröffentlicht, später online veröffentlicht[317]

b) Landesverordnung über die Bestimmung der Gebiete mit Mietpreisbegrenzung nach § 556 d des Bürgerlichen Gesetzbuchs (Mietpreisbegrenzungsverordnung) vom 19. September 2019[318]
Laufzeit: 1.10.2019–7.10.2020
Begründung: im Gesetz- und Verordnungsblatt[319]

---

[314] Unwirksam, vgl. Fn. 311.

[315] GVBl. für das Land Rheinland-Pfalz 2015, Nr. 10, S. 264.

[316] Außer Kraft gesetzt gem. § 2 Abs. 2 Mietpreisbegrenzungsverordnung v. 19.9.2019 (GVBl. für das Land Rheinland-Pfalz 2019, Nr. 15, S. 283); ursprünglich sollte diese VO bis zum 7.10.2020 gelten.

[317] Die Begründung wurde erst am 3.9.2018 auf der Internetpräsenz des Ministeriums der Finanzen des Landes Rheinland-Pfalz veröffentlicht. Nach AG Mainz ZMR 2020, 40 führt diese verspätete Veröffentlichung der *Begründung zur Unwirksamkeit* der Verordnung insgesamt.

[318] GVBl. für das Land Rheinland-Pfalz 2019, Nr. 15, S. 283. Die Verordnung ersetzt die vorherige Verordnung GVBl. für das Land Rheinland-Pfalz 2015, Nr. 10, S. 264.

[319] GVBl. für das Land Rheinland-Pfalz 2019, Nr. 15, S. 284.

c) Landesverordnung über die Bestimmung der Gebiete mit Mietpreisbegrenzung nach § 556d des Bürgerlichen Gesetzbuchs (Mietpreisbegrenzungsverordnung) vom 18. August 2020[320]
Laufzeit: 8.10.2020–7.10.2025
Begründung: im Gesetz- und Verordnungsblatt[321]

Liste der Gemeinden, die in eine Landesverordnung gem. § 556d BGB des Bundeslandes Rheinland-Pfalz aufgenommen wurden

| Gemeinde | Landkreis | VO vom 28.9.2015 8.10.2015–30.9.2019[322] | VO vom 19.9.2019 1.10.2019–7.10.2020 | VO vom 18.8.2020 8.10.2020–7.10.2025 |
|---|---|---|---|---|
| Landau in der Pfalz | kreisfrei | ja | ja | ja |
| Ludwigshafen am Rhein | kreisfrei | nein | nein | ja |
| Mainz | kreisfrei | ja | ja | ja |
| Speyer | kreisfrei | nein | ja | ja |
| Trier | kreisfrei | ja | ja | ja |

## 12. Schleswig-Holstein 61

In Schleswig-Holstein gab es eine Verordnung, die aber ein Jahr vor dem regulären Ende vorzeitig aufgehoben wurde:
Landesverordnung über die zulässige Miethöhe bei Mietbeginn (Mietpreisverordnung Schleswig-Holstein) vom 11. November 2015[323]
Laufzeit: 1.12.2015–30.11.2019[324]
Begründung: online veröffentlicht[325]

Liste der Gemeinden, die in eine Landesverordnung gem. § 556d BGB des Bundeslandes Schleswig-Holstein aufgenommen wurden

| Gemeinde | Kreis | VO vom 11.11.2015 1.12.2015–30.11.2019 |
|---|---|---|
| Barsbüttel | Stormarn | ja |
| Glinde | Stormarn | ja |
| Halstenbek | Pinneberg | ja |
| Hörnum | Nordfriesland | ja |
| Kampen | Nordfriesland | ja |
| Kiel | kreisfrei | ja |
| List | Nordfriesland | ja |
| Norderstedt | Segeberg | ja |
| Sylt | Nordfriesland | ja |
| Wenningstedt-Braderup | Nordfriesland | ja |
| Wentorf bei Hamburg | Herzogtum Lauenburg | ja |
| Wyk auf Föhr | Nordfriesland | ja |

[320] GVBl. für das Land Rheinland-Pfalz 2020, Nr. 32, S. 357.
[321] GVBl. für das Land Rheinland-Pfalz 2020, Nr. 32, S. 358.
[322] Unwirksam, vgl. Fn. 317.
[323] GVBl. für Schleswig-Holstein 2015, Nr. 15, S. 402.
[324] Die VO wurde vorzeitig durch die Landesverordnung zur Aufhebung der Mietpreisverordnung Schleswig-Holstein v. 11.11.2019 (GVBl. für Schleswig-Holstein 2019, Nr. 15, S. 528) aufgehoben; ursprünglich sollte diese VO bis zum 30.11.2020 gelten.
[325] www.schleswigholstein.de/DE/Fachinhalte/W/wohnen/Downloads/Wohnraum/mietpreisVO.pdf (zuletzt abgerufen am 19.11.2020).

62 **13. Thüringen**

a) Thüringer Verordnung zur Bestimmung der Gebiete mit Mietpreisbegrenzung nach § 556d BGB (Thüringer Mietpreisbegrenzungsverordnung -ThürMietBegrVO-) vom 10. März 2016[326]
Laufzeit: 31.3.2016–31.1.2021
Begründung: online veröffentlicht[327]

b) Thüringer Verordnung zur Bestimmung der Gebiete mit Mietpreisbegrenzung nach § 556d BGB (Thüringer Mietpreisbegrenzungsverordnung -ThürMietBegrVO-) vom 14. Januar 2021[328]
Laufzeit: 1.2.2021–31.12.2025
Begründung: im Gesetz- und Verordnungsblatt[329]

Liste der Gemeinden, die in eine Landesverordnung gem. § 556d BGB des Bundeslandes Thüringen aufgenommen wurden

| Gemeinde | Kreis | VO vom 10.3.2016 31.3.2016–31.1.2021 | VO vom 14.1.2021 1.2.2021-31.12.2025 |
|---|---|---|---|
| Erfurt | kreisfrei | ja | ja |
| Jena | kreisfrei | ja | ja |

## IV. Die zulässige Wiedervermietungsmiete

### 1. Die ortsübliche Vergleichsmiete

63 **a) Der Begriff.** Die Neuvertragsmiete darf im Anwendungsbereich einer entsprechenden Verordnung grds. die **ortsübliche Vergleichsmiete** bei Beginn des Mietverhältnisses um **nicht mehr als 10 % übersteigen.** Damit verknüpft der Gesetzgeber die Höhe der zulässigen Wiedervermietungsmiete mit dem Regelungsregime für Mieterhöhungen im Bestand.[330] Etwas anderes gilt nur dann, wenn die Wohnung nicht gänzlich oder zumindest für die erste Vermietung aus dem **Anwendungsbereich** des § 556d Abs. 1 BGB herausgenommen wurde, es sich also um eine Neubauwohnung iSd § 556f S. 1 BGB handelt oder wenn gem. § 556f S. 2 BGB zuvor eine umfassende Modernisierung stattgefunden hat. Ferner darf diese Grenze auch unter den Voraussetzungen des § 556e Abs. 1 BGB bei einer zulässig vereinbarten höheren Vormiete und gem. § 556e Abs. 2 BGB bei einer in den letzten drei Jahren durchgeführten Modernisierung iSd § 559 BGB überschritten werden.

64 Der Begriff der ortsüblichen Vergleichsmiete in § 556d Abs. 1 BGB **entspricht der Definition** in § 558 Abs. 2 BGB.[331] Wegen der Einzelheiten wird deshalb auf die Kommentierung → BGB § 558 Rn. 41 ff. verwiesen. Durch das Gesetz über die Verlängerung des Betrachtungszeitraums für die ortsübliche Vergleichsmiete[332] wurde der Zeitraum, aus dem Neuvermietungsmieten oder veränderte Bestandsmieten für die Ermittlung der ortsüblichen Vergleichsmiete herangezogen werden, von vier auf sechs Jahre verlängert. Dieser veränderte Begriff der ortsüblichen Vergleichsmiete gilt auch bei der Beschränkung der Wiedervermietungsmiete. Die Regelungen sind grds. am 1.1.2020 in Kraft getreten. Art. 229 § 50 EGBGB bestimmt jedoch, dass der vierjährige Betrachtungszeitraum des § 558 Abs. 2 BGB a. F. dann weiter maßgeblich ist, wenn in der Gemeinde ein Mietspiegel existiert, der am 31.12.2019 bereits gültig war oder bis zum 1.1.2021 veröffentlicht wurde, wenn der Erhebungsstichtag vor dem 1.3.2020 lag. Ein solcher Mietspiegel gilt zunächst für zwei Jahre und darf dann gem. Art. 229 § 50 Abs. 1 S. 2 EGBGB auch noch einmal fortgeschrieben werden.[333] Insofern setzt die Ermittlung der zulässigen maximalen Wiedervermietungsmiete bis maximal 2024 auch eine Auseinandersetzung mit dem örtlichen Mietspiegel voraus. Das gilt unabhängig davon,

[326] GVBl. für den Freistaat Thüringen 2016, Nr. 3, S. 166.
[327] https://www.thueringen.de/mam/th9/tmblv/wohnungsbau/begrundung_stand_nach_rfprufung_24_02_2016__endfassung_nach_korrektur___end-final.pdf (zuletzt abgerufen am 19.11.2020).
[328] GVBl. für den Freistaat Thüringen 2021, Nr. 2, S. 13.
[329] GVBl. für den Freistaat Thüringen 2021, Nr. 2, S. 13.
[330] *Weigelt Herausforderung S. 289.*
[331] *Hinz* ZMR 2014, 593 (595); Staudinger/*V. Emmerich* BGB § 556d Rn. 13.
[332] BGBl 2019, 2911.
[333] Krit. dazu *Börstinghaus* NZM 2019, 841; *Klinger/Storm* DWW 2020, 4; *Horst* MDR 2020, 253.

ob es sich um einen qualifizierten oder einen einfachen Mietspiegel handelt. Entscheidend sind dabei die Umstände bei Vertragsschluss, da die Begrenzung der Wiedervermietungsmiete statisch ist. Deshalb bleibt der bei Vertragsschluss maßgebliche Betrachtungszeitraum auch für die Zukunft und ggf. sogar für die Ermittlung der zulässigen Vormiete maßgeblich.

Die ortsübliche Vergleichsmiete für die gesamte Wohnung ist aus der ortsüblichen Vergleichsmiete pro Quadratmeter multipliziert mit der **richtigen Wohnungsgröße** zu ermitteln.[334] **Flächenangaben im Mietvertrag** sind unbeachtlich.[335] Eine 10%-Grenze gibt es hier nicht. Jede in einem Wohnraummietvertrag enthaltene, von der tatsächlichen Wohnungsgröße abweichende Wohnflächenangabe ist sowohl für die Bestimmung der Wiedervermietungsmiete wie auch für eine Mieterhöhung im Bestand ohne rechtliche Bedeutung. Das ganze System der ortsüblichen Vergleichsmiete ist historisch und systematisch so angelegt, dass es nur auf die den Vergleich zwischen objektiven Kriterien ankommt.[336] Insofern entspricht die Rechtslage bei der Begrenzung der Wiedervermietungsmiete der der Mietpreisüberhöhung gem. § 5 WiStG.[337] **65**

Auch bei der Begrenzung der Wiedervermietungsmiete spielen **subjektive Merkmale,** die mit der **Person des Mieters** zu tun haben, keine Rolle.[338] Hierzu zählen alle in Art. 3 GG aufgezählten sowie alle weiteren persönlichen Unterscheidungsmerkmale von Menschen wie Geschlecht, Nationalität, Alter, Religion, Hautfarbe usw. Neben einer (Teil-)Unwirksamkeit der Mietpreisabrede gem. § 556g Abs. 1 BGB kommen hier ggf. auch noch Ansprüche nach dem AGG in Betracht.[339] Auch die Bonität des Mieters ist ebenso unbeachtlich wie die Zahl der Wohnungsnutzer[340], so weit nicht ganz ausnahmsweise ein „Untermietzuschlag" gem. § 553 Abs. 2 BGB zulässig ist.[341] Ebenso wenig darf nach der **Person des Vermieters** differenziert werden, obwohl dies für die Miethöhe durchaus eine große Bedeutung haben kann.[342] **66**

Die ortsübliche Vergleichsmiete wird üblicherweise zunächst als **reine Nettokaltmiete** ermittelt. Es handelt sich um einen **unbestimmten Rechtsbegriff** (→ BGB § 558 Rn. 44). Die ortsübliche Vergleichsmiete ist idR auch keine punktgenaue Einzelmiete,[343] sondern ein **repräsentativer Querschnitt** der üblichen Entgelte in der Gemeinde.[344] Der BGH spricht von einer **„Bandbreite".**[345] Damit ist die Streuung der Einzelvergleichsmiete gemeint, da für völlig gleiche Wohnungen unterschiedliche Mieten gezahlt werden. Üblich ist hier immer noch ein ⅔-Intervall. Davon zu unterscheiden ist die Spanne, die vor allem in Mietspiegeln eine Rolle spielt. In einem Mietspiegel werden in einem Mietspiegelfeld mehrere solche Bandbreiten zusammengefasst (→ BGB § 558 Rn. 137). Die niedrigste Untergrenze einer dieser Bandbreiten ergibt dann die untere Grenze des Mietspiegelfeldes und die höchste Obergrenze einer der Bandbreiten in diesem Feld die obere Grenze des Mietspiegelfeldes. So entstehen Mietspiegelspannen. Für die Ermittlung der iRd § 556d Abs. 1 BGB maßgeblichen ortsüblichen Vergleichsmiete ist nur die Bandbreite von Bedeutung. Für die Einordnung innerhalb einer Bandbreite zB im Rahmen eines Sachverständigengutachtens kommt es darauf an, ob es sich um eine große oder kleine Bandbreite handelt. Von **67**

---

334 *Börstinghaus* Flächenabweichungen Rn. 678.

335 BGH VIII ZR 266/14, NZM 2016, 42 = NJW 2016, 239; *Börstinghaus* LMK 2016, 375498.

336 BGH VIII ZR 266/14, NJW 2016, 239, für Wohnfläche.

337 *Börstinghaus* Flächenabweichungen Rn. 954.

338 LG Hamburg WuM 2016, 434 Rn. 21.

339 AG Tempelhof-Kreuzberg WuM 2015, 73.

340 *Flatow* WuM 2015, 191.

341 *Börstinghaus* WuM 2018, 610; GE 1996, 88 (90); *Blank/Börstinghaus* BGB § 553 Rn. 23.

342 BGH XII ZR 175/07, WuM 2010, 38; s. auch die Darstellung des neuen Verbraucherpreisindex in GE 2019, 343.

343 BGH VIII ZR 295/15, NZM 2017, 321 = NJW 2017, 2679; BGH VIII ZR 62/18, NJW 2019, 3142 = NZM 2019, 469; BGH VIII ZR 346/10, NZM 2012, 339; BGH VIII ZR 30/09, NJW 2010, 149; BGH VIII ZR 322/04, NJW 2005, 2621; BGH VIII ZR 110/04, NJW 2005, 2074; LG Dortmund NZM 2006, 134; LG Berlin GE 2003, 1023; AG Dortmund NZM 2005, 258; WuM 2003, 627; *Kossmann* Wohnraummiete-HdB/*Meyer-Abich* § 148 Rn. 4; *Sternel* MietR Kap. III Rn. 560; für die ortsübliche Nutzungsentschädigung nach § 5 Abs. 1 S. 2 NutzEV ebenso BGH XII ZR 175/07, WuM 2010, 38; XII ZR 49/10, NZM 2012, 833.

344 BayObLG NJW 1981, 1219; NJW-RR 1993, 202; NZM 2000, 488 (489); LG München WuM 2002, 547; 2000, 361, NJWE-MietR 1997, 123 mkritAnm *Blank* WuM 1997, 178; LG Frankfurt a. M. NJW-RR 1991, 14; LG Lübeck WuM 1989, 306; *Thomma* WuM 2005, 496 (497); *Kunze/Tietzsch* Miethöhe Teil II Rn. 241; Kinne/Schach/Bieber MietProzR/*Schach* BGB § 558 Rn. 10.

345 BGH VIII ZR 322/04, NJW 2005, 2621; BGH VIII ZR 30/09, NJW 2010, 149 *Börstinghaus* WuM 2010, 218; *Mätschke* WuM 2010, 247.

einer kleinen Bandbreite geht der Senat bisher bei einer Streuung von 0,24 EUR/m² aus. In einem solchen Fall[346] der auffällig dicht zusammenliegenden Mieten der Vergleichswohnungen, stellt der Oberwert der Bandbreite die ortsübliche Vergleichsmiete dar. Davon zu unterscheiden ist der Fall einer großen Streuung[347] der Mieten für vergleichbare Wohnungen. In diesem Fall darf die ortsübliche Einzelvergleichsmiete nicht einfach mit dem oberen Wert der Streubreite gleichgesetzt werden. Nach Ansicht des VIII. Senats „*erscheint* [es] *nicht sachgerecht, dass eine solcherart auffällige Marktstreuung allein dem Vermieter zu Gute kommen sollte.*"[348] Vielmehr muss die Höhe der ortsüblichen Vergleichsmiete innerhalb dieses Rahmens ermittelt werden.[349] Dazu sind zwei verschiedene Verfahren für denkbar: **(a)** wenn keine Besonderheiten vorliegen kann der **arithmetischer Durchschnittswert** angesetzt werden; **(b)** Bei einer auffälligen Häufung der Vergleichsmieten um einen kleinen Wert herum kann es gerechtfertigt sein, die dadurch repräsentierte gesamte kleine Bandbreite als ortsübliche Vergleichsmiete anzusehen **(Modalwert).**

68 **b) Die Ermittlung.** Problematisch ist die **Ermittlung dieses Wertes.**[350] Anders als vielfach behauptet wird[351], unterscheidet sich die Feststellung der zulässigen Wiedervermietungsmiete auch von der bisher schon möglichen Mieterhöhung im Bestand.[352] Bei Mieterhöhungen im Bestand liegt auch bei Fehlern im Erhöhungsverfahren eine Zustimmung des Mieters vor[353], auch wenn diese ggf. vom Gericht ersetzt wird.[354] Der Mieter kann deshalb später in der Regel nichts zurückverlangen. Etwas anderes gilt nur ganz ausnahmsweise, wenn der Vertrag nach den Grundsätzen des Fehlens der Geschäftsgrundlage angepasst werden muss.[355] Das galt nach zumindest bisheriger Rechtsprechung des BGH auch dann, wenn die verlangte Miete mehr als 10% oberhalb der ortsüblichen Vergleichsmiete liegt.[356] Anders ist es bei einem Verstoß gegen die zulässige Wiedervermietungsmiete. Hier kann der Mieter sich auch noch nach vielen Jahren auf die Teilunwirksamkeit berufen und Zahlungen zurückverlangen. Die Feststellung der zulässigen Wiedervermietungsmiete ist deshalb für beide Mietvertragsparteien viel bedeutsamer, da nicht disponibel. Soweit es in der Gemeinde einen **Mietspiegel** gibt, kann dieser in einem ersten Schritt herangezogen werden, um die Spanne zu ermitteln, aus der die Bandbreite ermittelt werden muss. Handelt es sich um einen **qualifizierten Mietspiegel,** gilt auch hier die **Vermutungswirkung** gem. § 558d Abs. 3 BGB.[357] Derjenige, der sich auf die Vermutungswirkung des § 558d BGB beruft, muss die Vermutungsgrundlagen beweisen.[358] Dies wird im Rückforderungsprozess regelmäßig der Mieter sein. Helfen können dem Mieter hier ab 1.7.2022 die beiden neuen Vermutungen in § 558d Abs. 1 BGB. Zunächst wird vermutet, dass ein Mietspiegel, der die Vorgaben der Mietspiegelverordnung einhällt, auch nach wissenschaftlich Grundsätzen erstellt wurde. Und dass die Vorgaben der Verordnung eingehalten wurden, wird wiederum vermutet, wenn sowohl die nach Landesrecht zuständige Behörde, in der Regel die Gemeinde, und sowohl ein Interessenverband der Vermieter und der Mieter den Mietspiegel als qualifiziert anerkannt haben. Problematisch bei der Verwendung von Mietspiegelwerten ist in diesem Zusammenhang, dass durch die **Extremwertbereini-**

---

[346] BGH VIII ZR 82/18, DS 2019, 199; *Börstinghaus* DS 2019, 177; BGH VIII ZR 30/09, NJW 2010, 149 = NZM 2010, 122; *Börstinghaus* LMK 12/2009 Anm. 2; WuM 2010, 218; DS 2010, 70; *Mätschke* WuM 2010, 247; BGH VIII ZR 322/04, NZM 2005, 660.

[347] BGH VIII ZR 62/18, NZM 2019, 469 = NJW 2019, 3142; *Börstinghaus* LMK 2019, 417863; DS 2019, 177 *Blank* LMK 2019, 419009; *Flatow* jM 2019, 320; BGH VIII ZR 82/18, DS 2019, 199.

[348] BGH VIII ZR 82/18, DS 2019, 199; *Börstinghaus* DS 2019, 177.

[349] BGH VIII ZR 62/18, WuM 2019, 324 = NZM 2019, 469 = NJW 2019, 3142; *Börstinghaus* LMK 2019, 417863; *Blank* LMK 2019, 419009; *Flatow* jM 2019, 320; BGH VIII ZR 82/18 DS 2019, 199.

[350] Nach *Derleder* KJ 2015, 3 „hapert es (für die Begrenzung der Wiedervermietungsmiete) an einem gesicherten Referenzrahmen, weil sie die Bestimmung der ortsüblichen Vergleichsmiete, also eine komplexe Ermittlung, voraussetzt" und S. 10: „Die Vergleichsmiete ist ein unsicherer Maßstab"; *Derleder* PiG 99 (2015), 27 (35) „Die ortsübliche Vergleichsmiete ist nur schwer zu bestimmen"; nach *Hinz* ZMR 2014, 593 (595) ist ein „hoher Aufwand" erforderlich; Bedenken auch bei Staudinger/*V. Emmerich* BGB § 556d Rn. 12, 19.

[351] So jetzt auch die Bundesregierung in der Antwort auf die kleine Anfrage „Drei Jahren Mietpreisbremse", BT-Drs. 19/4367.

[352] MüKoBGB/*Artz* § 556d Rn. 20.

[353] BGH VIII ZR 234/18, NZM 2020, 322.

[354] MüKoBGB/*Artz* § 556d Rn. 20.

[355] BGH VIII ZR 192/03, NJW 2004, 3115; präzisiert durch BGH VIII ZR 234/18, NZM 2020, 322.

[356] *Fraglich, ob das nach der Entscheidung des* BGH VIII ZR 234/18, NZM 2020, 322 noch richtig ist *Börstinghaus* WuM 2020, 601.

[357] *Hinz* ZMR 2014, 593 (596); HK-Miete/*Hinz* BGB § 556d Rn. 20.

[358] BGH VIII ZR 46/12, NJW 2013, 775.

**gung** und die Beschränkung auf die **„Üblichkeit"** die regelmäßig am oberen Rand liegenden Neuvertragsmieten so gut wie alle **vollständig eliminiert** werden, obwohl sie genauso üblich sind wie die restlichen Mieten.[359] Das kann zu einem **Quasi-Mietenstopp** führen und wäre **verfassungsrechtlich bedenklich.** Es muss deshalb im Einzelfall anhand der Mietspiegeldokumentation geprüft werden, ob hier überhaupt noch vergleichbare Mieten in das Mietspiegelfeld eingeflossen sind. Wenn das nicht der Fall ist, dürfte auch die Vermutungswirkung zweifelhaft sein. Gegebenenfalls muss eine größere Spanne – als die übliche $^2/_3$-Spanne – benutzt werden oder es müssen im Mietspiegel benannte Zuschläge für betroffene Wohnungsbestände ausgewiesen werden oder zumindest eine **„Öffnungsklausel"** im Mietspiegel existieren.

Vermutet wird aber auch bei einem qualifizierten Mietspiegel nur, dass die ortsübliche Vergleichsmiete zum Zeitpunkt des Erhebungsstichtages innerhalb der Spanne lag.[360] Die Einordnung innerhalb der Spanne ist **eine normative Bewertung**[361], die der Mietspiegel gerade nicht vornehmen kann, da er ja eine abstrakte generelle Datenbasis darstellt, in die eben jede Wohnung eingeordnet werden muss. Letztendlich wird also nur vermutet, dass die ortsübliche Vergleichsmiete für die konkrete Vertragswohnung nicht höher als der Oberwert der Spanne und nicht niedriger als der Unterwert der Spanne ist.[362] Es ist Aufgabe des Tatrichters die konkrete Bandbreite der allein maßgeblichen Einzelvergleichsmiete innerhalb der Spanne des qualifizierten Mietspiegels zu ermitteln.[363] Hierbei handelt es sich im Prozess um eine **Schätzung gem. § 287 Abs. 2 ZPO.**[364] Die Vorschrift stellt an das Maß der Überzeugungsbildung des erkennenden Richters geringere Anforderungen als die Vorschrift des § 286 ZPO. Nach § 287 ZPO ist der Richter ermächtigt, sich mit einer mehr oder minder hohen – mindestens aber überwiegenden – Wahrscheinlichkeit zu begnügen.[365] Hinsichtlich der genauen Höhe der ortsüblichen Vergleichsmiete steht ihm ein Ermessen zu, wobei in Kauf genommen wird, dass das Ergebnis uU mit der Wirklichkeit nicht übereinstimmt. Soweit zwischen dem Erhebungsstichtag des Mietspiegels und dem Mietvertragsbeginn eine Mietsteigerung stattgefunden hat, muss zur Ermittlung der zulässigen Wiedervermietungsmiete zu den Werten ein **Stichtagszuschlag** hinzugerechnet werden.[366] Dies gilt auch bei Ermittlung der maximalen Wiedervermietungsmiete.[367] Anderenfalls käme es zu einem verfassungswidrigen Mietpreisstopps. Soweit der BGH[368] bei der Mieterhöhung im Bestand einen solchen Zuschlag nur bei „ungewöhnlichen Steigerungen"[369] einen solchen Stichtagszuschlag ansetzen will, ist dies deshalb zumindest bei der Ermittlung der zulässigen maximalen Wiedervermietungsmiete zu eng.[370] Soweit eine Steigerung der Miete zwischen Mietspiegelerhebung und Zugang des Erhöhungsverlangens messbar ist, muss diese auch berücksichtigt werden. Bei der Begrenzung der Wiedervermietungsmiete gem. §§ 556 d ff. BGB müssen die Mietvertragsparteien all diese Überlegungen vor oder spätestens bei Abschluss des Mietvertrages tun. Bei der Bestandsmietenerhöhung können die Vertragsparteien sich einigen. Eine Vereinbarung ist unabhängig von der tatsächlichen Höhe der ortsüblichen Vergleichsmiete ohne Einschränkungen wirksam. Das ist hier anders. Die Vereinbarung ist dann gem. § 556 g Abs. 1 BGB teilunwirksam. Das rechtfertigt es aber nicht, an dieser Stelle einen anderen Begriff der ortsüblichen Vergleichsmiete anzunehmen. Auch iRd 69

[359] *Börstinghaus/Clar* NZM 2014, 889 (896) re. Sp.; Börstinghaus/Clar Mietspiegel/*Clar* Rn. 77 mit einem konkreten Rechenbeispiel; *Börstinghaus* DWW 2014, 202.

[360] BGH VIII ZR 110/04, NJW 2005, 2074; LG Duisburg WuM 2008, 598; LG Berlin GE 2004, 483; LG Dortmund WuM 2005, 723; AG Aachen WuM 2015, 164; AG Dortmund WuM 2005, 254; 2004, 718 (719); MüKoBGB/*Artz* § 558 d Rn. 7; *Sternel* MietR Kap. IV Rn. 224; AnwK WohnraumMietR/*Lammel* BGB § 558 d Rn. 33.

[361] *Blank* ZMR 2013, 170.

[362] BGH VIII ZR 110/04, NJW 2005, 2074; abl. Anm. *Thomma* WuM 2005, 496; AG Aachen WuM 2015, 164.

[363] Die Gesetzesbegründung (BT-Drs. 18/3121, 36) weist daraufhin, dass die Bestimmung und Gewichtung der für Spanneneinordnung bedeutsamen Fakten streitanfällig sein kann. Die so entstehenden Unsicherheiten seien aber „kaum zu vermeiden".

[364] BGH VIII ZR 110/04, NJW 2005, 2074; KG WuM 2009, 407; LG Duisburg WuM 2008, 598 (599).

[365] BGH VI ZR 396/18, NJW 2020, 236, Schadensposition bei Verkehrsunfall.

[366] BGH VIII ZR 295/15, NZM 2017, 321 = NJW 2017, 2679; *Fleindl* NZM 2017, 325; *Beyer* jurisPR-MietR 14/2017 Anm. 5.

[367] *Beuermann* GE 2017, 936.

[368] BGH VIII ZR 295/15, NZM 2017, 321 = NJW 2017, 2679; *Fleindl* NZM 2017, 325; *Beyer* jurisPR-MietR 14/2017 Anm. 5.

[369] Die nach Ansicht des AG Wedding GE 2017, 1477 noch nicht vorliegen sollen.

[370] LG Berlin GE 2021, 632.

§ 556d Abs. 1 BGB ist die **Einzelvergleichsmiete** maßgeblich und nicht der Mietspiegelfeldoberwert. Fraglich ist aber, ob ohne Sachvortrag hier immer vom **Median** des Mietspiegelfeldes auszugehen ist, wie dies bei Bestandsmieterhöhungen regelmäßig erfolgt.[371] Wegen der unterschiedlichen Rechtsfolgen erscheint das nicht richtig. Wenn der Mieter die Miete, die er ja akzeptiert hat, für überhöht hält, dann **muss er darlegen und beweisen,** wie hoch die ortsübliche Vergleichsmiete ist.[372] Deshalb kommt es im Prozess, und zwar unabhängig davon, ob der Mieter gem. § 556g Abs. 2 BGB bereits gezahlte Miete zurückverlangt, oder sich gegenüber einer Zahlungsklage des Vermieters gegen die Höhe der Forderung verteidigt, zunächst allein auf den Sachvortrag des Mieters an. Ohne entsprechenden Sachvortrag kann vom **Mietspiegeloberwert** ausgegangen werden. Das hat nichts mit der Frage zu tun, ob die Einzelvergleichsmiete maßgeblich ist, was der Fall ist, sondern mit der Darlegungslast im Verfahren.

**70** Schon schwieriger ist die Ermittlung der ortsüblichen Vergleichsmiete in Gemeinden mit **einfachem Mietspiegel.**[373] Nach Ansicht des BGH[374] stellt ein einfacher Mietspiegel gem. § 558c BGB, der von den örtlichen Interessenvertretern der Vermieter und der Mieter gemeinsam erstellt und von der Gemeinde anerkannt wurde, im Mieterhöhungsprozess ein **Indiz** dafür dar, dass die dort angegebenen Entgelte die ortsübliche Vergleichsmiete zutreffend wiedergeben. Der BGH differenziert dabei nicht zwischen den verschiedenen Arten einfacher Mietspiegel (→ BGB § 558b Rn. 112ff.).[375] Der **Indizienbeweis** ist ein indirekter Beweis. Es wird aus tatbestandsfremden (Hilfs-)Tatsachen der Schluss auf das Vorliegen der Haupttatsache gezogen. Nach der grundlegenden Entscheidung des BGH[376] aus dem Jahr 1970 ist der Indizienbeweis dann geführt, wenn andere Schlüsse aus den Indiztatsachen ernstlich nicht in Betracht kommen. Die Darlegungs- und Beweislast für das Vorliegen der Hilfstatsache richtet sich danach, wer den Hauptbeweis zu erbringen hat. Das ist in Verfahren, in denen sich der Mieter auf die Unwirksamkeit der Mietpreisabrede beruft, immer der Mieter[377], unabhängig davon, ob er vermeintlich überzahlte Miete zurückverlangt oder sich gegenüber dem Zahlungsanspruch des Vermieters unter Berufung auf § 556g Abs. 1 BGB verteidigt. Der Mieter muss also darlegen und beweisen, dass auch der einfache Mietspiegel die ortsübliche Vergleichsmiete richtig wiedergibt. Maßgebend für die Reichweite der Indizwirkung sind dabei insbesondere die Qualität des einfachen Mietspiegels und die Einwendungen der Parteien gegen den Erkenntniswert der darin enthaltenen Angaben. Auch wenn nicht alle am Arbeitskreis Mietspiegel beteiligten Interessenverbände dem Mietspiegel seine Qualifizierung nach § 558d BGB abgesprochen haben, so kann die Lebenserfahrung dafür sprechen, dass der Mietspiegel die örtliche Mietsituation nicht einseitig, sondern objektiv zutreffend abbildet.[378] Nach der Rspr. des BGH[379] zu einfachen Mietspiegeln im Zustimmungsprozess wird aber zu verlangen sein, dass der Vermieter substantiierte Einwände gegen den einfachen Mietspiegel erhebt. Die Anforderungen daran sind nach der Rspr. sogar sehr hoch. So soll etwa substantiiert vortragen werden, den Verfassern des Mietspiegels habe es an der erforderlichen Sachkunde gefehlt oder sie hätten sich von sachfremden Erwägungen leiten lassen. Richtigerweise muss aber der Mieter in diesen Fällen die Geeignetheit des einfachen Mietspiegels zur Ermittlung der ortsüblichen Vergleichsmiete darlegen und beweisen. Allein aus der Tatsache, dass es ein Stück Papier mit der Überschrift „Mietspiegel" gibt, zu schließen, dass diesen Werten eine irgendwie geartete Beweisfunktion beikommt, ist

---

[371] BGH VIII ZR 245/17, NZM 2019, 250; BGH VIII ZR 346/10, NJW 2012, 1351; *Börstinghaus* WuM 2012, 244; DS 2012, 183; *Schach* GE 2012, 517; *Blank* LMK 5/2012 Anm. 3; ZMR 2013, 170; *Muth* ZMR 2012, 530; *Bühler* ZMR 2012, 531, NZM 2011, 729; LG Dortmund WuM 2012, 469 mAnm *Börstinghaus* WuM 2012, 547; AG Aachen WuM 2015, 164 (165); Bub/Treier MietR-HdB/*Schultz* Kap. III A Rn. 1384.

[372] *Fleindl* WuM 2015, 212.

[373] MüKoBGB/*Artz* § 556d Rn. 20; nach Staudinger/*V. Emmerich* BGB § 556d Rn. 19 stößt die Durchsetzung der Mietpreisbremse „hier auf immanente Schranken".

[374] BGH VIII ZR 355/18, NZM 2020, 534 = NJW 2020, 1947; *Börstinghaus* NZM 2020, 541; LMK 2020, 430371; *Happ* DWW 2020, 219; BGH VIII ZR 245/17, NZM 2019, 250; BGH VIII ZR 295/15, WuM 2017, 208; BGH VIII ZR 321/09, NJW 2010, 2946.

[375] *Börstinghaus/Clar* NZM 2014, 889 (900).

[376] BGH NJW 1970, 946.

[377] *Fleindl* WuM 2015, 212.

[378] BGH VIII ZR 123/20, NZM 2021, 88; BGH VIII ZR 45/19, NZM 2020, 551; BGH VIII ZR 245/17, *NZM 2019, 250; BGH VIII ZR 295/15,* WuM 2017, 208; BGH VIII ZR 46/12, NZM 2013, 138; BGH VIII ZR 99/09, NZM 2010, 665; LG Nürnberg-Fürth WuM 2015, 675; *Börstinghaus/Clar* NZM 2014, 889; *Börstinghaus* LMK 2019, 415378.

[379] BGH VIII ZR 99/09, NZM 2010, 665 Rn. 13, für den umgedrehten Fall der Zustimmungsklage.

durchaus zweifelhaft. Auch das Argument, dass ja beide Vertragsseiten über ihre Interessenvertreter an der Erstellung beteiligt waren, hilft da wenig. Wenn beide Seiten keine aussagekräftigen Daten haben und „kungeln" oder eine Art Tarifvertrag schließen, macht das die Werte nicht richtiger. Das mag für vorprozessuale Mieterhöhungsverlangen, für die einfache Mietspiegel eigentlich nur gedacht sind, noch in Ordnung sein, für die Festlegung einer maximal zulässigen Wiedervermietungsmiete **sind solche Mietspiegel aber prinzipiell untauglich.** Wenn sie trotzdem benutzt werden, gilt das oben Gesagte zur Spanneneinordnung (→ Rn. 50). Inzwischen hat der BGH seine Auffassung zumindest etwas relativiert, wenn er formuliert, dass die Werte eines einfachen Mietspiegels vom Tatrichter bei der Überzeugungsbildung „(mit)berücksichtigt" werden dürfen.[380] Im Falle eines einfachen Mietspiegels stelle sich für die Tatsacheninstanz jeweils die Frage, ob diesem tatsächlich eine mögliche Indizwirkung hinsichtlich der richtigen Wiedergabe der ortsüblichen Vergleichsmiete durch die dort angegebenen Entgelte Bedeutung zukommt. So kann die **Indizwirkung erschüttert** sein, wenn zwischen dem Stichtag der Mietspiegelerstellung und dem Zugang des Erhöhungsverlangens eine erhebliche Mietenentwicklung stattgefunden hat. In diesem Fall können die Gerichte einen **Stichtagszuschlag** zu den Mietspiegelwerten hinzurechnen[381] (→ BGB § 558b Rn. 122).

Vor praktisch kaum lösbare Aufgaben[382] werden die Mietvertragsparteien in Gemeinden gestellt, 71
in denen es **gar keinen Mietspiegel** gibt oder der Mietspiegel für die konkrete Vertragswohnung nicht anwendbar ist.[383] Selbst die Bundesregierung weist in der Gesetzesbegründung[384] daraufhin, dass der Vermieter Schwierigkeiten hat, die zulässige Miete zu ermitteln, wenn es in der Gemeinde keinen Mietspiegel gibt. Diese Probleme sollten bei der Abwägung, ob eine Gemeinde ohne Mietspiegel in eine entsprechende Landesverordnung aufgenommen wird, ernsthaft berücksichtigt werden.[385] Alle Versuche im Gesetzgebungsverfahren, die Begrenzung der Wiedervermietungsmiete nur in Gemeinden zuzulassen, in denen es einen Mietspiegel gibt, waren erfolglos. Hieraus können durch auch verfassungsrechtliche Bedenken gegen die Aufnahme einer Gemeinde in eine Verordnung abgeleitet werden.[386] Soweit es in der Nachbargemeinde einen Mietspiegel gibt, kann dieser ggf. herangezogen werden.[387] Voraussetzung ist aber, dass die Gemeinden wirklich objektiv vergleichbar sind.[388]

Die übrigen Begründungsmittel gem. § 558a Abs. 2 BGB sind hier nur sehr eingeschränkt 72
brauchbar. Drei **Vergleichswohnungen** reichen keinesfalls aus, die ortsübliche Vergleichsmiete darzulegen und ggf. zu beweisen. Sie reichen ja noch nicht einmal im Zustimmungsprozess. Sie dienen allenfalls als preiswertes Begründungsmittel, um einen allerersten Anhalt zu bieten, wie hoch die ortsübliche Vergleichsmiete denn ist. Drei Wohnungen zu finden, für die mehr oder auch weniger gezahlt wird, gelingt fast immer. Das vorprozessuale Sachverständigengutachten (→ BGB § 558a Rn. 72) ist da schon besser geeignet, aber als Parteigutachten letztendlich im Streitfall im Prozess auch nicht verwertbar.

Letztendlich bleibt für die Parteien bei Abschluss des Mietvertrages **eine große Unsicherheit.** 73
Der Gesetzgeber verlangt von den Marktteilnehmern die Einhaltung bestimmter Grenzen, ohne diese Grenzen selbst rechtssicher vorzugeben. Das allein ist **rechtsstaatlich schon bedenklich.**

---

380 BGH VIII ZR 295/15, WuM 2017, 208.

381 Das gilt auch bei Ermittlung der maximalen Wiedervermietungsmiete: LG Berlin GE 2021, 632; *Beuermann* GE 2017, 936.

382 Auch *Hinz* ZMR 2014, 593 (595) weist auf den hohen Aufwand in Gemeinden ohne Mietspiegel hin; Bedenken schon bei *Börstinghaus* DWW 2014, 202.

383 Nach MüKoBGB/*Artz* § 556d Rn. 20/21 werden die Mietvertragsparteien „vor praktisch schwer zu bewältigende Aufgaben" gestellt.

384 BT-Drs. 18/3121, 29.

385 Nach *Weigelt* Herausforderung S. 292 erhöht die Begrenzung der Wiedervermietungsmiete deshalb den Druck auf die Gemeinden einen qualifizierten Mietspiegel zu erstellen. Ab 2023 müssen Gemeinden mit mehr als 50.000 EW einfache bzw. ab 2024 qualifizierte Mietspiegel aufstellen.

386 *Blank* WuM 2014, 641 (646); gerade die Existenz eines qualifizierten Mietspiegels für Berlin ist für das AG Neukölln NZM 2017, 31 das tragende Argument, warum in Berlin die Einführung der Beschränkung der Wiedervermietungsmiete verfassungsgemäß ist, bestätigt durch LG Berlin WuM 2017, 266; nach *Weigelt* Herausforderung S. 292 soll die Aufnahme einer Gemeinde ohne qualifizierten Mietspiegel in eine VO kaum möglich sein.

387 HK-Miete/*Hinz* BGB § 556d Rn. 21.

388 BGH VIII ZR 255/18, NJW 2019, 3515 = NZM 2019, 813; *Börstinghaus* NZM 2019, 815.

74 **c) Inklusiv- und Teilinklusivmieten.** Die Begrenzung der Wiedervermietungsmiete gilt auch für Inklusiv- oder Teilinklusivmieten. Letztendlich geht das BGB in § 535 Abs. 2 BGB selbst von einer Mietstruktur aus, nach der der Mieter einen Betrag zu zahlen hat und der Vermieter alle Kosten, die durch die Nutzung der Wohnung verursacht werden, trägt. Deshalb wird die Minderung auch aus der Bruttomiete berechnet.[389] Lediglich die Heizkosten sind im Anwendungsbereich der Heizkostenverordnung zwingend – zusätzlich – verbrauchsabhängig abzurechnen. Es ist also erforderlich die richtige ortsübliche Vergleichsmiete für die **vertraglich vereinbarte Mietstruktur** zu ermitteln.

75 Soweit es in der Gemeinde einen Mietspiegel gibt, weist dieser nur die Nettomiete aus. Zur Herstellung der Vergleichbarkeit muss der Betriebskostenanteil entsprechend den tatsächlich anfallenden Kosten noch zu diesen Werten hinzugerechnet werden (→ BGB § 558a Rn. 55).[390] Der **Zuschlag zu den Werten des Netto-Mietspiegels** ist bei einer Bestandsmietenerhöhung der Art zu berechnen, dass die konkreten **auf die Wohnung entfallenden** Betriebskosten ermittelt werden, soweit sie nicht Betriebskostenarten betreffen, für die der Mieter gesonderte Vorauszahlungen oder eine Pauschale zahlt. Nichts anderes gilt auch für die Berechnung der Wiedervermietungsmiete. Hier besteht nur das Problem, dass insbes. der Betriebskostenanteil für die verbrauchsabhängigen Kosten wegen des Nutzerwechsels und des damit evtl. verbundenen veränderten Nutzerverhaltens nicht genau feststeht. Der Betriebskostenanteil kann insofern nur **annäherungsweise** ermittelt werden. Deshalb darf der Vermieter entweder die konkreten Betriebskosten der Kostenpositionen, für die der Mieter keine gesonderten Vorauszahlungen leistet, die während der Mietzeit eines Vormieters angefallen sind und schon bekannt sind zu der Netto-Vergleichsmiete hinzurechnen oder die Durchschnittswerte des Hauses hinsichtlich dieser Position in Ansatz bringen.[391] Maßgeblich sind die Betriebskosten die zum **Zeitpunkt des Abschlusses des Mietvertrages** festgestellt werden können,[392] nicht die zum Zeitpunkt der letzten Betriebskostenabrechnung.[393] Ebenso wenig ist die Bezugnahme auf ortsübliche Betriebskosten in der Gemeinde oder sogar größerer Einheiten zB durch Verwendung von Betriebskostenspiegeln zulässig[394], da anderenfalls der Vermieter, der das Haus besonders günstig bewirtschaftet, eine höhere Miete bekäme. Bei **Neuvermietungen,** für die die Ausnahme des § 556f BGB nicht gilt, muss man dem Vermieter eine Festlegung nach **billigem Ermessen** zubilligen. Er kennt die Betriebskosten, insbes. die verbrauchsabhängigen noch nicht, und muss sie deshalb schätzen. Die Fälle werden aber äußerst selten sein, da heute bei Neuvermietungen üblicherweise sämtliche Betriebskostenpositionen gem. § 2 BetrKV gesondert auf den Mieter umgelegt werden. Bedeutsam kann dies sein bei der Vermietung von Einliegerwohnungen, bei denen der Vermieter sich die Erstellung einer Betriebskostenabrechnung sparen will.

76 **d) Betriebskostenpauschalen.** Zulässig ist auch die Vereinbarung einer Betriebskostenpauschale.[395] Die Höhe dieser Pauschale wird gesetzlich nicht beschränkt. Nach dem eindeutigen Wortlaut des § 556 Abs. 2 S. 2 BGB gilt die Begrenzung auf die Angemessenheit für Betriebskostenpauschalen gerade nicht (→ BGB § 556 Rn. 23 ff.).[396] Das bedeutet, dass die Betriebskostenpauschale sich aus einem Teil zusammensetzen kann, der die tatsächlichen Betriebskosten betrifft und einem **Sicherheitszuschlag** (→ BGB § 556 Rn. 25). Letzterer ist ein sich mit der Zeit verringernder Anteil der Grundmiete.[397] Ausgangspunkt für die Berechnung der höchst zulässigen Wiedervermietungsmiete ist nur der Betriebskostenanteil der Pauschale.[398]

---

389 BGH XII ZR 225/03, NJW 2005, 1713; BGH VIII ZR 347/04, NJW 2005, 2273.

390 BGH VIII ZR 41/05, WuM 2006, 39; OLG Stuttgart NJW 1983, 2329; OLG Hamm NJW-RR 1993, 398; KG NZM 1998, 68.

391 *Blank* WuM 2014, 641 (647).

392 BGH VIII ZR 141/09, NZM 2010, 436; BGH VIII ZR 331/06, NJW 2008, 848; BGH VIII ZR 41/05, NZM 2006, 101; BGH VIII ZR 215/05, WuM 2006, 569; KG GE 2005, 180; BayObLG WuM 1992, 677; LG Berlin GE 2010, 61; 2004, 626 LG Rottweil NZM 1998, 432; AG Hamburg ZMR 2005, 54; AG Charlottenburg GE 2005, 743; AG Schöneberg GE 2007, 153; 2005, 1129; AG Tiergarten GE 2005, 1135; *Hannemann* NZM 1998, 612 (613), KG GE 2005, 180 m.zust.Anm *Both* WuM 2005, 379; **aA** LG Berlin GE 2005, 1251; *Beuermann* NZM 1998, 598.

393 AG Schöneberg GE 2005, 1129.

394 *Blank* WuM 2014, 641 (647).

395 *Zu den Anforderungen* daran BGH VIII ZR 274/15, NZM 2016, 720.

396 *Flatow* WuM 2015, 191; *Blank* WuM 2014, 641 (647).

397 *Langenberg* ZMR 1982, 65; *Blank* WuM 2014, 641 (647).

398 *Blank* WuM 2014, 641 (647).

**e) Zuschläge.** Wenn durch Zuschläge zusätzliche Leistungen bezahlt werden, dann müssen diese zusätzlichen Leistungen bei der Ermittlung der ortsüblichen Vergleichsmiete mit berücksichtigt werden.[399] Das bedeutet nicht, dass der mietvertraglich vereinbarte „Zuschlag" zur ortsüblichen Nettovergleichsmiete hinzugerechnet werden darf; es muss der ortsübliche Betrag, der für eine solche zusätzliche Leistung bezahlt wird zur ortsüblichen Vergleichsmiete hinzugerechnet werden. 77

**aa)** Nach § 540 Abs. 1 BGB ist der Mieter grds. ohne ausdrückliche Erlaubnis des Vermieters nicht berechtigt, den Gebrauch der gemieteten Sache einem Dritten zu überlassen. § 553 Abs. 1 BGB gibt jedoch dem Mieter von Wohnraum gegenüber seinem Vermieter unter bestimmten Voraussetzungen einen Anspruch auf Erteilung einer **Untermieterlaubnis.** Gemäß § 553 Abs. 2 BGB kann der Vermieter seine Zustimmung zur Untervermietung ggf. von einer **angemessenen Erhöhung der Miete** abhängig machen. Dieser „Zuschlag" ist Teil der vereinbarten Miete. Wenn in der Gemeinde üblicherweise für Wohnungen mit einer Untermieterlaubnis mehr als für Wohnungen ohne eine solche Erlaubnis gezahlt wird, ist dieser Differenzbetrag zu den Werten der ortsüblichen Vergleichsmiete (ggf. aus dem Mietspiegel) hinzuzurechnen.[400] Erforderlich ist aber, dass bei der Weitervermietung ebenfalls eine Untervermietung gestattet ist. 78

**bb)** Bei einer auch **gewerblichen Nutzung** der Wohnung ist zunächst zu entscheiden, ob das Mietverhältnis als Wohn- oder Gewerberaummietverhältnis einzuordnen ist (→ Rn. 13). Nur wenn es sich um ein Wohnraummietverhältnis handelt, gelten die §§ 556d ff. BGB. Auf Gewerberaummietverhältnisse sind die Vorschriften weder direkt noch analog anwendbar. Wenn der Vermieter dem Mieter in einem Wohnraummietverhältnis die teilgewerbliche Nutzung der Wohnung gestattet hat[401], dann besteht die vom Vermieter dem Mieter gegenüber zu erbringende Leistung eben nicht nur in der Gebrauchsüberlassung einer Wohnung, sondern auch in der Überlassung von Räumen für eine gewerbliche Tätigkeit. Dafür kann ein anderer Preis vereinbart werden, als für eine reine Raumüberlassung zum Wohnen. Nur für letztere werden in Mietspiegeln Werte angegeben. Deshalb kann die ortsübliche Vergleichsmiete für Wohnungen, in denen dem Mieter auch eine gewerbliche Nutzung gestattet ist, höher sein. Ausgangspunkt für die Berechnung der höchst zulässigen Wiedervermietungsmiete ist in diesem Fall die ortsübliche Vergleichsmiete für Wohnungen zzgl. eines üblichen Zuschlags für die teilgewerbliche Nutzung der vereinbarten Art.[402] Es handelt sich aber nicht um einen Zuschlag im technischen Sinn, sondern nur um die Art der Berechnung. Maßgeblich ist nicht die Höhe des vereinbarten Zuschlags, sondern die ortsübliche Höhe. Den Parteien bleibt aber unbenommen, zwei Mietverträge abzuschließen. Dann gelten für die Wohnräume die §§ 556d ff. BGB, hinsichtlich des gesonderten Gewerberaummietvertrages sind die Parteien dann aber frei und die Miethöhe wird nicht begrenzt. 79

**cc)** Für **möblierte Wohnungen,** soweit sie nicht unter den Anwendungsbereich des § 549 Abs. 2 Nr. 2 BGB fallen, ist fraglich, ob ein Zuschlag in Betracht kommt, oder ob es sich um eine ganz andere **„Art"** von Wohnraum iSd § 558 Abs. 2 BGB handelt.[403] Nach bisheriger Rechtsauffassung muss eine ortsübliche Vergleichsmiete ermittelt werden, die sich aus der reinen Raummiete und einem „Möblierungszuschlag" zusammensetzt (→ BGB § 558a Rn. 64).[404] Während der Untermiet- und Gewerbe- „Zuschlag" dafür gezahlt werden, dass der Vermieter dem Mieter rechtlich mehr gestattet, als üblicherweise vom vertragsgemäßen Gebrauch der Mietsache abgedeckt wird, hat der Vermieter bei möblierten Wohnungen sachlich dem Mieter mehr zum Gebrauch überlassen. Die Frage die sich dabei stellt ist die, ob damit eine andere Art von Wohnraum iSd § 558 Abs. 2 BGB vermietet wird. Ausgangspunkt ist die Überlegung, dass auch im Vergleichsmietensystem, auf das die Begrenzung der Wiedervermietungsmiete ja Bezug nimmt, nur Gleiches miteinander verglichen werden darf, dh möblierte Wohnungen müssen mit möblierten Wohnungen und unmöblierte Wohnungen mit unmöblierten Wohnungen verglichen werden. Die Frage 80

---

[399] *Börstinghaus* WuM 2018, 610.

[400] *Blank* WuM 2014, 641 (648); Lützenkirchen MietR/*Abramenko* BGB § 556d Rn. 34; **aA** HK-Miete/*Hinz* BGB § 556d Rn. 25; NK-BGB/*Hinz* § 556d Rn. 25; *Flatow* WuM 2015, 191 (193).

[401] ZB BGH VIII ZR 376/12, NJW 2014, 2864, Wohnung und Hypnosepraxis.

[402] *Blank* WuM 2014, 641 (648); Lützenkirchen MietR/*Abramenko* BGB § 556d Rn. 34, obwohl er die Ausführungen von *Blank* genau andersherum versteht; **aA** HK-Miete/*Hinz* BGB § 556d Rn. 26; *Flatow* WuM 2015, 191 (193).

[403] *Fleindl* WuM 2018, 544; *Lehmann-Richter* WuM 2018, 393; *Börstinghaus* WuM 2017, 549.

[404] Zu den vermeintlichen Vorteilen der Vermietung einer möblierten Wohnung im Zusammenhang mit der Begrenzung der Wiedervermietungsmiete: *Leutner* GE 2016, 1131; *Beuermann* GE 2016, 133; auf die Prozessrisiken für den Mieter in diesem Zusammenhang weist Weigelt Herausforderung S. 300 hin.

ist deshalb, ob eine möblierte Wohnung mit unmöblierten Wohnungen nicht vergleichbar ist. Die Antwort auf diese Frage entscheidet dann über den Weg, wie die ortsübliche Vergleichsmiete für möblierte Wohnungen zu ermitteln ist. Geht man davon aus, dass möblierte Wohnungen letztendlich unmöblierte Wohnungen sind, bei denen zusätzlich Möbel zum Gebrauch überlassen werden, so muss man eine ortsübliche Miete für die Möbel ermitteln und diese zu der ortsüblichen Vergleichsmiete für die unmöblierte Wohnung hinzurechnen. Es muss also zur ortsüblichen Vergleichsmiete für die reine Raumüberlassung noch die Miete für die Möbelnutzung hinzugerechnet werden.[405] Ausgangspunkt ist der **Zeitwert** der überlassenen Möbel. Zeitwert ist dabei der Nutzungswert für den Mieter[406], der dem Wiederbeschaffungswert entspricht.[407] Dieser Wert muss dann für den Vermieter verzinst werden. Außerdem ist dem Umstand Rechnung zu tragen, dass die Gegenstände durch die Benutzung regelmäßig wertloser werden. Es muss also eine angemessene Abschreibung berücksichtigt werden. Zu den verschiedenen Berechnungsmethoden → BGB § 558 a Rn. 65). Maßgeblich sind neben dem **Zeitwert** der Möbel vor allem die **Restnutzungsdauer** und das aktuelle **Zinsniveau.** Das darf aber nicht kritiklos für alle Wohnungen so gemacht werden. Es gibt in einigen Städten einen eigenen Wohnungsteilmarkt für möblierte Wohnungen. Man denke an Städte mit vielen Expats zB Frankfurt, Berlin; Hamburg oder München. Solche Personen suchen in der Regel gar nicht auf dem Markt für unmöblierte Wohnungen. Diese Wohnungen werden auch speziell für diese Zielgruppe errichtet. Die Miete richtet sich teilweise auch nach ganz anderen Kriterien, zB wieviel Schlafzimmer vorhanden sind oÄ. Deshalb gibt es hier in beide Richtungen keine Abhängigkeit: Weder richtet sich die Miete für diese Wohnungen nach der Miete für unmöblierte Wohnungen zzgl. eines Zuschlags, der sich nach dem Alter der Möbel und dem Zinsniveau richtet, noch darf diese Miete abzgl. eines Abschlags für die Möblierung bei der Ermittlung der ortsüblichen Vergleichsmiete für unmöblierte Wohnungen herangezogen werden. Davon zu unterscheiden sind Wohnungen, in denen zB lediglich eine Einbauküche oder eine einfache (Teil-)Möblierung vom Vermieter eingebracht wurde, die aber ebenso auch unmöbliert vermietet werden könnten. Hier ist es mE weiterhin gerechtfertigt, nach dem Zuschlagsverfahren zu arbeiten.

81 **dd)** Muss der Mieter mietvertraglich **weitere Leistungen** erbringen, wie Hausmeistertätigkeit oder Gartenpflege, sind diese Leistungen mit ihrem ortsüblichen Wert als Miete mit zu berücksichtigen.[408] Das gilt nicht für solche Leistungen, die üblicherweise alle Mieter einer Gemeinde übernehmen, wie zB Treppenhausreinigung und Winterdienst.[409] Der darauf entfallende Geldwert wird ja auch von den anderen Mietern, die die ortsübliche Vergleichsmiete zahlen, zusätzlich erbracht.

82 **ee)** Die Übernahme von **Schönheitsreparaturen** stellt wirtschaftlich einen Wert dar.[410] Trotzdem ist die Frage der wirksamen Abwälzung der Schönheitsreparaturen nicht bei der Ermittlung der ortsüblichen Vergleichsmiete zu berücksichtigen.[411] Es handelt sich um kein Wohnwertmerkmal. Wenn die Frage der Abwälzung der Schönheitsreparaturen nicht bei Bestandsmietenerhöhungen berücksichtigt werden darf[412], dann gilt für die Berechnung der richtigen Ausgangsmiete zur Ermittlung der höchstmöglichen Wiedervermietungsmiete nichts Anderes (zur Nichtberücksichtigung bei der Vormiete → BGB § 556 e Rn. 26).

### 2. Berechnung der maximalen Wiedervermietungsmiete

83 **a) Oberwert der Bandbreite.** Nach § 556 d Abs. 1 BGB darf der Vermieter bei der Wiedervermietung maximal eine Miete verlangen, die 10% oberhalb der ortsüblichen Vergleichsmiete liegt. Die 10% sind auf die Einzelvergleichsmiete zum Zeitpunkt des Beginns des Mietvertrages

---

[405] Nach Weigelt Herausforderung S. 300 handelt es sich bei der Möblierung um ein Ausstattungsmerkmal, so dass eigentlich die Mietspiegel für solche Wohnungen eine ortsübliche Vergleichsmiete ausweisen müssten, was aber nie geschehe.

[406] LG Berlin GE 2003, 954; 1987, 577; AG Köln WuM 1998, 692.

[407] OLG Düsseldorf NJW-RR 1992, 426; **aA** LG Köln WuM 1980, 180, idR 30% des Neuwertes.

[408] *Blank* WuM 2014, 641 (648); *Flatow* WuM 2015, 191.

[409] *Blank* WuM 2014, 641 (648).

[410] BGH VIII ARZ 9/86, NJW 1987, 2575 (2576); BGH VIII ZR 91/88, NJW 1989, 2247; BGH VIII ZR 302/07, NZM 2009, 541 (543).

[411] BGH VIII ZR 181/07, NJW 2008, 2840; BGH VIII ZR 83/07, WuM 2008, 487; BGH VIII ZR 118/07, NJW 2009, 1410; BGH VIII ZR 87/11, NJW 2012, 145.

[412] BGH VIII ZR 181/07, NJW 2008, 2840.

hinzuzurechnen[413] Es kommt nicht auf das Datum des Vertragsschlusses an.[414] Ausgangspunkt ist der **Oberwert der Bandbreite** der für die konkrete Wohnung ermittelten ortsüblichen Vergleichsmiete. Das kann durchaus im Einzelfall der Oberwert der Mietspanne sein (→ Rn. 50).

**b) (Teil-)Inlusivmieten.** Bei **(Teil-)Inklusivmieten** sind die 10% auf die ortsübliche Teilinklusiv-Vergleichsmiete hinzuzurechnen.[415] Es hat keine Aufteilung in eine ortsübliche Netto-Vergleichsmiete auf die der 10% Zuschlag zu rechnen ist und einen Betriebskostenanteil, der dann ohne prozentuale Erhöhung den Werten hinzugerechnet wird, zu erfolgen. Auch bei der Wiedervermietung ist die von den Mietvertragsparteien gewählte Mietstruktur allein maßgeblich. Das ist bisher schon bei der Berechnung der Kappungsgrenze so[416] (→ BGB § 558 Rn. 171). Bereits der Wortlaut des § 556d Abs. 1 BGB spricht dafür, dies bei der Begrenzung der Wiedervermietungsmiete genauso zu sehen. Der Begriff der „Miete" in § 556d Abs. 1 BGB und § 535 Abs. 2 BGB ist identisch.[417] Nur für Betriebskostenvorauszahlungen und -pauschalen gibt es Sonderregelungen (auch bei der Kappungsgrenze). Das entspricht auch einer systematischen Auslegung. Der Vermieter kann den Betriebskostenanteil einer Teilinklusivmiete nicht gesondert erhöhen[418], so dass ihm ggf. Vorteile dieser Berechnungsmethode bei der Berechnung der Wiedervermietungsmiete später zum Nachteil gereichen.[419] Zu den Problemen der Änderung der Mietstruktur bei der Ermittlung der maßgeblichen Vormiete → BGB § 556e Rn. 20 ff.). 84

**c) Betriebskostenpauschale.** Bei Mietverträgen mit einer **Betriebskostenpauschale** errechnet sich die maximal zulässige Wiedervermietungsmiete der Art, dass auf die ortsübliche Vergleichsmiete und eine kostendeckende Pauschale der Zuschlag von 10% hinzugerechnet wird.[420] Dieser Wert darf durch die vereinbarte Miete und die vereinbarte Betriebskostenpauschale nicht überschritten werden. Soweit die Betriebskostenpauschale die tatsächlichen Kosten überschreitet, handelt es sich um eine verdeckte Nettomiete, die nicht zu der ortsüblichen Vergleichsmiete hinzugerechnet werden darf, um dann um 10% überschritten zu werden.[421] 85

**d) Weitere Zuschläge.** Alle **anderen Zuschläge,** wie Untermietzuschlag, Möblierungszuschlag und Zuschlag für teilgewerbliche Nutzung sind Bestandteile der vereinbarten Miete. Hier ermittelt sich die maximal zulässige Wiedervermietungsmiete nach der ortsüblichen Vergleichsmiete für die vereinbarte Gegenleistung und den erlaubten Nutzungsumfang für die Wohnung zzgl. des 10%igen Zuschlags. Problematisch ist hier in der Praxis die Vergleichswerte exakt festzustellen, da es hierzu kaum Erhebungen gibt. 86

## C. Rechtsfolgen – Konkurrenzen – Prozessuales

### I. Rechtsfolge

Die Mietzinsvereinbarung ist **insoweit unwirksam,** als die maximal zulässige Miete, also die ortsübliche Vergleichsmiete plus 10%, überschritten wird, es sei denn es greift einer der Ausnahmetatbestände ein.[422] Das ergibt sich deutlich aus § 556g Abs. 1 BGB.[423] Nur für die **Rückforderung** ist eine **Rüge** gem. § 556g Abs. 2 BGB erforderlich, die bei Verträgen, die vor dem 1.1.2019 abgeschlossen wurden, qualifiziert sein muss und bei neueren Mietverträgen sich auf eine evtl. vom Vermieter erteilte Auskunft über das Vorliegen einer Ausnahme beziehen muss. Das gilt auch, 87

---

[413] Staudinger/*Emmerich* BGB § 556d Rn. 15; MüKoBGB/*Artz* § 556d Rn. 21.

[414] Zu den Bedenken bei der Vermietung vom Reißbrett: Staudinger/*Emmerich* BGB § 556d Rn. 15.

[415] *Flatow* WuM 2015, 191; *Blank* WuM 2014, 641 (647).

[416] BGH VIII ZR 160/03, NZM 2004, 218; LG Berlin GE 2006, 391; LG Hannover WuM 1992, 136; 1987, 125; LG Hamburg WuM 1991, 593; LG Karlsruhe WuM 1985, 328; LG München I WuM 1985, 330; LG Hamburg WuM 1985, 306; AG Pinneberg ZMR 2004, 122; AG Münster WuM 1993, 198; AG Hagen WuM 1990, 555; AG Hannover WuM 1987, 125 (126); AG Hamburg WuM 1985, 329; Bub/Treier MietR-HdB/*Schultz* Kap. III A Rn. 1116ff.; Erman/*Dickersbach* BGB § 558 Rn. 35; Staudinger/*V. Emmerich* BGB § 558 Rn. 53; AnwK WohnraumMietR/*Lammel* BGB § 558 Rn. 73.

[417] *Flatow* WuM 2015, 191.

[418] BGH VIII ZR 160/03, NJW 2004, 1380 (1381).

[419] *Flatow* WuM 2015, 191.

[420] *Flatow* WuM 2015, 191; *Blank* WuM 2014, 641 (647).

[421] So schon OLG Stuttgart NJW 1982, 1160 (1161) zu § 5 WiStG.

[422] Zu den Rechtsfolgen eines Verstoßes *Fleindl* WuM 2015, 212.

[423] **AA** *Derleder* WuM 2014, 443 (444), der hier wie auch bei § 5 WiStG die Miete auf die ortsübliche Vergleichsmiete reduziert wissen will (insofern aber schon anders: BGHZ 89, 316).

wenn der Mieter wegen eines vermeintlichen Rückzahlungsanspruchs gegenüber einer Forderung des Vermieters die **Aufrechnung** erklärt. Gegenüber Mietzahlungsansprüchen des Vermieters kann sich der Mieter jedoch auch ohne Rüge auf die Unwirksamkeit berufen.[424] Er ist hierfür darlegungs- und beweispflichtig.[425]

88 Die maßgeblichen Werte sind auf den **Zeitpunkt des Mietvertragsbeginns,** nicht des Mietvertragsabschlusses festzustellen. Wenn zu diesem Zeitpunkt die vereinbarte Miete über der maximal zulässigen Miete gem. § 556 d ff. BGB lag, dann ist der überschießende Teil der Mietpreisabrede unwirksam. Soweit die Rspr. bei einem Verstoß gegen § 5 WiStG eine sogenannte **dynamische Nichtigkeit**[426] angenommen hat, wonach der unwirksame Teil der Mietpreisabrede bei steigenden Mieten immer kleiner wird, **gilt das hier nicht.**[427] Die Rspr. zur dynamischen Nichtigkeit beruht auf der besonderen Rechtsfolge des § 134 BGB, wonach nur verboten ist, was nicht erlaubt ist. Deshalb muss bei Rückforderungsprozessen in Folge eines Verstoßes gegen § 5 WiStG theoretisch für jeden Monat – in der Praxis zumindest jährlich – die maximal zulässige Miete ermittelt werden. Das wollte der Gesetzgeber hier gerade nicht. Deshalb ist gem. § 556 g Abs. 1 BGB die **Mietpreisabrede teilunwirksam** ohne spätere Heilungsmöglichkeit bei steigenden Mieten.

89 Für die **Zahlungsverzugskündigung** des Vermieters gem. § 543 Abs. 2 Ziff. 3 BGB ist sowohl bei der Rückstandsberechnung, wie auch bei der Ermittlung der Kündigungsrelevanz von der **mietpreisrechtlich zulässigen Miete** auszugehen. Bei der Minderung wegen Mängel ist die Minderung bei der Berechnung des Rückstands zu berücksichtigen, bei der Ermittlung der sog. **Kündigungsrelevanz** aber nicht.[428] Insofern ist nicht auf die (berechtigterweise) geminderte Miete, sondern auf die vertraglich vereinbarte Gesamtmiete abzustellen., Zumindest in dieser Entscheidung differenziert der BGH[429] anders als bei der Höhe der maximalen Mietsicherheit[430] nicht zwischen behebbaren und nicht behebbaren Mängeln. In seiner Entscheidung zur Berechnung der Kappungsgrenze bei nicht behebbaren Mängeln[431] hat der Senat diese Differenzierung aber abgelehnt. Bei dauerhafter Herabsetzung der Miete, weil sie gegen gesetzliche Verbote wie § 5 WiStG iVm § 134 BGB oder § 556 g BGB verstößt, ist die die preisrechtlich zulässige Miete für die Ermittlung der Kündigungsrelevanz maßgeblich.[432] Nichts anderes kann nach hier vertretener Meinung auch für die **Kündigungsrelevanz** gelten.[433] Soweit die abweichende Meinung[434] darauf abstellt, dass bei einer solchen Kündigung der Vermieter sich anderenfalls selbst auf die Teil-Unwirksamkeit seiner Mietpreisabrede berufen müsste, übersieht diese Auffassung, dass das Problem nur auftaucht, wenn der Mieter gar nichts zahlt. Wenn der Mieter zumindest die geminderte Miete zahlen würde, wäre die Kündigung auf jeden Fall unberechtigt, da es keinen Rückstand gäbe. Eine Differenzierung zu einer preisrechtlich unzulässigen Miete ist nicht zwingend. Vertraglich hat der Mieter sich auch bei Verstoß gegen § 5 WiStG, § 138 BGB zu einer höheren Miete verpflichtet. Da die Minderung im Mietrecht kein Gestaltungsrecht ist, sondern automatisch eintritt, dürfte kein Unterschied zu den genannten Gesetzesverstößen vorliegen. Der Unterschied ist allenfalls dogmatischer Natur.

90 Ist die Miethöhevereinbarung teilnichtig, kommt auch ein Anspruch auf teilweise **Rückzahlung der Kaution** in Betracht.[435] Voraussetzung ist, dass die vereinbarte und gezahlte Kaution höher als der dreifache Betrag der zulässigen Miete gem. §§ 556 d, 556 g BGB ist. Bei einer dauer-

---

[424] Staudinger/*V. Emmerich* BGB § 556 g Rn. 5; MüKoBGB/Artz § 556 g Rn. 4; *Artz/Börstinghaus* NZM 2019, 12 (14); zumindest missverständlich die Antwort der Bundesregierung in der Antwort auf die kleine Anfrage „Drei Jahren Mietpreisbremse", BT-Drs. 19/4367 S. 28.

[425] *Fleindl* WuM 2015, 212.

[426] KG NJW-RR 1995, 1037; OLG Hamm NJW 1983, 1622; WuM 1995, 384, m.krit.Anm *Buchmann* WuM 1995, 427; *Börstinghaus* Miethöhe-HdB Kap. 4 Rn. 28; der BGH hat sich dieser Auffassung für eine vergleichbare Fallkonstellation in den neuen Bundesländern angeschlossen: BGH VIII ZR 150/06, WuM 2007, 440.

[427] MüKoBGB/*Artz* § 556 d Rn. 28.

[428] BGH VIII ZR 193/16, NZM 2018, 28 = NJW 2018, 939; *Blank* WuM 2017, 647.

[429] BGH VIII ZR 193/16, NZM 2018, 28 = NJW 2018, 939.

[430] BGH VIII ZR 347/04, NJW 2005, 2773; *Schmid* MDR 2005, 971; ZMR 2005, 836; *Wiek* WuM 2005, 575.

[431] BGH VIII ZR 33/18, NJW 2019, 2464 = NZM 2019, 536 *Börstinghaus* LMK 2019, 418513.

[432] *Börstinghaus* Flächenabweichungen Rn 628ff; **aA** *Schwab* NZM 2019, 36 (38).

[433] *Börstinghaus WuM 2020, 601.*

[434] *Schwab* NZM 2019, 36 (38).

[435] AG Neukölln WuM 2017, 598 (Berufung anhängig: Az.: 65 S 217/17); *Hinz* ZMR 2014, 593 (601); *Fleindl* WuM 2015, 212.

haften Herabsetzung der Miete reduziert sich auch die Höhe der maximal zulässigen Mietsicherheit.[436]

## II. Konkurrenzen

91 Die Vorschrift stellt **keine Spezialregelung** dar, die § 5 WiStG verdrängt. Soweit im ersten Entwurf des Mietrechtsnovellierungsgesetzes noch vorgeschlagen worden war, § 5 WiStG ersatzlos aufzuheben, wurde davon im weiteren Gesetzgebungsverfahren Abstand genommen. Das bedeutet, dass in den Gemeinden, die nicht in eine entsprechende LandesVO gem. Abs. 2 aufgenommen sind, eine Mietpreisabrede, die unter die Tatbestandsvoraussetzungen des § 5 WiStG fällt, gem. § 134 BGB teilnichtig ist. Die Vorschrift gilt aber auch für Gemeinden, die in die Verordnung aufgenommen wurden.[437] Die Tatsache, dass die Mietpreisabrede schon nach § 556g BGB unwirksam ist, ändert nichts daran, dass ggf. auch ein Verstoß gegen § 5 WiStG vorliegen kann. Bedeutung hat dies vor allen in den Fällen, in denen der Mieter **keine Rüge** erhoben hat und nun bereits gezahlte Beträge zurückverlangt. Für solche Ansprüche ist keine (qualifizierte)[438] Rüge erforderlich.[439] Auch ein **Bußgeld** kann verhängt werden. Außerdem kann auch eine Teilnichtigkeit gem. § 138 Abs. 2 BGB in Betracht kommen. Das ist der Fall, wenn die zu entrichtende Miete Wohnraummiete die ortsübliche Miete um mehr als 50% übersteigt.[440]

## III. Prozessuales

92 Die Beweislast für die Unwirksamkeit der entsprechenden Landesverordnung trägt grds. der Vermieter als derjenige, der sich im Rechtsstreit auf die Nichtigkeit der Verordnung beruft.[441] Der **Mieter** hat demgegenüber einen Verstoß gegen § 556d BGB darzulegen und zu **beweisen.**[442] In diesem Verfahren kommt einem qualifizierten Mietspiegel die Vermutungswirkung des § 558d BGB zu (wegen der Probleme → Rn. 50).[443] Soweit der Vermieter sich aber auf die **Ausnahmevorschriften** der §§ 556e, 556f BGB beruft, ist er darlegungs- und beweispflichtig für die Tatbestandsvoraussetzungen dieser Normen.[444]

93 Soweit das Gericht trotz des Beschlusses des BVerfG[445] Bedenken gegen die **Verfassungsmäßigkeit** der Mietpreisbegrenzung hat, muss es das Verfahren gem. Art. 100 Abs. 1 GG dem BVerfG zur Entscheidung vorlegen. Das gilt auch, wenn das Zivilgericht **nur die Ermächtigungsgrundlage** in § 556d Abs. 2 BGB für verfassungswidrig hält, weil der Gesetzgeber die maximale Laufzeit der Beschränkung nun von fünf auf maximal 10 Jahre verlängert hat.

Allein die Tatsache, dass ein Gericht das Verfahren gem. Art 100 GG dem BVerfG vorgelegt hat, rechtfertigt keine Verfahrensaussetzung gem. § 148 ZPO in einem anderen Verfahren.[446]

94 Die formelle[447] und materielle[448] **Rechtmäßigkeit der Landesverordnung** ist aber selbständig durch die Zivilgerichte inzidenter im Zahlungsprozess zu überprüfen (mittelbare Normenkontrolle).[449] Die Zivilgerichte haben dabei die **Kompetenz, die Verordnung als nichtig zu ver-**

---

436 Für Minderung bei nicht behebbarem Mangel: BGH VIII ZR 347/04, NJW 2005, 2773 mAnm *Schmid* MDR 2005, 971; ZMR 2005, 836; *Wiek* WuM 2005, 575; *Bieber* MietRB 2005, 281 (282).

437 *Hinz* ZMR 2014, 593 (600); *Fleindl* WuM 2015, 212.

438 Qualifiziert sein muss die Rüge nur bei Mietverträgen sein, die vor dem 1.1.2019 abgeschlossen wurden.

439 *Fleindl* WuM 2015, 212.

440 LG Hamburg WuM 2016, 434.

441 AG Neukölln NZM 2017, 31, bestätigt durch LG Berlin NZM 2017, 332; *Zehelein* NZM 2015, 761 auch mit Vorschlägen zur Anwendung von anderen Verfahrensordnungen als die ZPO.

442 *Fleindl* WuM 2015, 212.

443 *Hinz* ZMR 2014, 593 (596).

444 *Fleindl* WuM 2015, 212.

445 BVerfG 1 BvL 1/18, NJW 2019, 3054 = NZM 2019, 676.

446 LG Berlin WuM 2018, 644; NJW 2018, 2898.

447 BGH VIII ZR 130/18, NJW 2019, 2844 = NZM 2019, 584; dazu *Börstinghaus* LMK 2019, 419557; NJW 2019, 2848; *V. Emmerich* JuS 2019, 1113.

448 BVerfG 1 BvL 1/18, NJW 2019, 3054 = NZM 2019, 676 Rn 79.

449 BGH VIII ZR 217/14, NZM 2016, 82 = NJW 2016, 476 mAnm *Börstinghaus* LMK 2016, 376055; *Blank* WuM 2016, 161; LG Berlin NZM 2017, 332; Staudinger/*Emmerich* BGB § 556d Rn. 43; *Lehmann-Richter* WuM 2015, 204; *Derleder* NZM 2015, 413 (416); HK-Miete/*Hinz* BGB § 556d Rn. 29; NK-BGB/*Hinz* § 556d Rn. 29; Frank Mietpreisbremse S. 42; einschränkend *Zehelein* NZM 2015, 761.

**werfen**[450], was sie in der Vergangenheit in mehreren Bundesländern auch getan haben. Dieses uneingeschränkte Prüfungsrecht und die damit korrespondierende Prüfungspflicht der Zivilgerichte ergibt sich aus Art. 19 Abs. 4 GG[451] Außerdem ergibt sich das Prüfungsrecht auch aus § 17 Abs. 2 S. 1 GVG. Danach ist das Gericht des zulässigen Rechtsweges dazu verpflichtet, den Rechtsstreit unter allen in Betracht kommenden rechtlichen Gesichtspunkten zu entscheiden.[452] Trotzdem muss eine Partei den Sachverhalt entsprechend darlegen, aus dem sich die Nichtigkeit der Verordnung ergeben soll.[453] Eine **Amtsermittlung** wie im Verwaltungsgerichtsprozess **findet nicht statt.**[454] Die Entscheidung wirkt auch nur **inter partes** und hat keine über den Prozess hinausgehende rechtliche – aber sehr wohl eine faktische – Bedeutung. Der Vermieter muss aber nur insoweit **Tatsachen vortragen** als ihm das möglich ist.[455] Er muss sich mit der Begründung der Verordnung gem. § 556 d Abs. 2 S. 4 BGB auseinandersetzen.[456] Soweit es sich um statistische Werte handelt, darf er die Richtigkeit aber **mit Nichtwissen bestreiten.**[457] Die Verordnung ist nichtig, wenn entweder Begründungsfehler vorliegen[458] oder wenn kein angespannter Wohnungsmarkt in der Gemeinde vorliegt. Der Landesverordnungsgeber hat aber einen weiten Beurteilungsspielraum. Dazu zählt auch, welche Kriterien er zu Beurteilung des angespannten Wohnungsmarktes heranzieht.[459]

**95** Ein **abstraktes Normenkontrollverfahren** gem. § 47 VwGO gegen die Landesverordnung ist selbst dann nicht möglich, wenn das Landesrecht dies grds. vorsieht. Dies Verfahren setzt voraus, dass die Verwaltungsgerichte mit der Anwendung der Verordnung befasst sein könnten.[460] Da dies nicht denkbar ist, ist die abstrakte Normenkontrolle ebenso unzulässig[461] wie eine Nichtigkeitsfeststellungsklage.[462] Der Bundesrat hat in seiner Stellungnahme zum Mietspiegelreformgesetz[463] die Bundesregierung gebeten zu prüfen, ob eine gesetzliche Regelung geschaffen werden könne, wonach qualifizierte Mietspiegel „generell mit allgemeiner Wirkung gerichtlich überprüft werden könne." In der Gegenäußerung der Bundesregierung[464] hat diese erklärt, das geprüft zu haben, aber das in das bestehende System der Normenkontrollverfahren nicht passen würde und die Rechtssicherheit von Mietspiegeln nicht entscheidend stärken würde.

**96** Der Mieter hat **keinen durchsetzbaren Anspruch** auf Aufnahme seiner Gemeinde in eine entsprechende Landesverordnung.[465] Die Vorschrift enthält nur eine Ermächtigungsgrundlage für die Länder. Diese haben ein insofern nicht überprüfbares Ermessen, eine Gemeinde aufzunehmen

---

[450] BGH VIII ZR 217/14, NZM 2016, 82 = NJW 2016, 476; BVerfG DVBl 2001, 1429 mwN; MüKoZPO/*Zimmermann* GVG § 1 Rn. 31; LG Berlin WuM 2014, 554; *Lehmann-Richter* WuM 2015, 204; *Zehelein* NZM 2015, 761 (762); 2016, 666.

[451] BVerfG NStZ-RR 2014, 259.

[452] BGH NJW 2004, 941; LG Berlin WuM 2014, 554.

[453] *Lehmann-Richter* WuM 2015, 204; **aA** *Zehelein* NZM 2015, 761.

[454] Nach *Zehelein* NZM 2015, 761; NZM 2016, 666 ergibt sich aus dem richterlichen Prüfungsrecht eine Prüfung von Amts wegen hinsichtlich der Wirksamkeit der Verordnung. Die Parteien hätten insofern kein prozessuales Mitspracherecht bei der Tatsachenfeststellung. Das Verfahren ähnele dem der StPO bzw. FamFG.

[455] So der BGH zum qualifizierten Mietspiegel: BGH VIII ZR 46/12, NJW 2013, 775; BGH VIII ZR 347/12, NJW 2014, 292.

[456] *Lehmann-Richter* WuM 2015, 204.

[457] *Lehmann-Richter* WuM 2015, 204.

[458] BGH VIII ZR 130/18, NZM 2019, 584 = NJW 2019, 2844; *Lehmann-Richter* WuM 2015, 204.

[459] *Lehmann-Richter* WuM 2015, 204.

[460] BVerwGE 99, 88; VGH Mannheim ESVGH 53, 255 zu einer Kündigungssperrfristverordnung nach § 577 a BGB.

[461] Staudinger/*V. Emmerich* BGB § 556 d Rn. 46; *Lehmann-Richter* WuM 2015, 204 (210); BeckOGK/*Fleindl* BGB § 556 d Rn. 91; **aA** NK-Miete/*Hinz* BGB § 556 d Rn. 28; *Derleder* NZM 2015, 413 (416), der eine Kontrollkompetenz des OVG insoweit sieht, als über die Erfüllung der Begründungspflicht des Verordnungsgebers gestritten wird; *Derleder* PiG 99 (2015), 27 (32) = NZM 2015, 413 wonach die Auffassung, die eine Normenkontrollklage für zulässig hält, „Münchhausen gleich, sich samt eigenem Pferd am Schopf aus dem Sumpf zieht" vorzugswürdig sei; offen gelassen von BGH VIII ZR 217/14, NZM 2016, 82 = NJW 2016, 476, für Kappungsgrenzensenkungsverordnung.

[462] VG Berlin ZMR 2018, 469, atypische Feststellungsklage unzulässig; *Lehmann-Richter* WuM 2015, 204.

[463] BT-Drs. 19/26918 (Beschluss) S.1.

[464] BT-Drs. 19/26918.

[465] *Blank* WuM 2014, 641 (645); Staudinger/*V. Emmerich* BGB § 556 d Rn. 48; **aA** *Lehmann-Richter* WuM 2015, 204 mwN*; nach AG Neukölln NZM 2017, 31* ergäbe sich aber aus verfassungskonformer Auslegung des § 556 d Abs. 2 BGB eine Verpflichtung der Landesregierung eine Gemeinde in eine VO aufzunehmen, wenn ein angespannter Wohnungsmarkt vorliege; ausdrücklich offen gelassen BGH III ZR 25/20, NZM 2021, 391, Amtshaftung gegen das Land Hessen wegen Unwirksamkeit der VO.

oder nicht.[466] Ein Anspruch des Mieters auf Erlass einer Rechtsverordnung wird von der Rspr. nur in absoluten Ausnahmefällen anerkannt.[467] Selbst, wenn man einen solchen Anspruch bejahen würde, kann er im Zahlungsprozess **vor den Zivilgerichten nicht** einredeweise geltend gemacht werden.

Der Vermieter kann, wenn der Mieter sich auf die Teil-Unwirksamkeit der Mietpreisabrede beruft, neben der Zahlungsklage für fällige Beträge entweder **Klage auf zukünftige Leistung** gem. § 258 ZPO erheben oder **Feststellungsklage.** Hat der Mieter die Miete nur teilweise gezahlt, kann ggf. auch eine **Sicherungsanordnung** gem. § 283a ZPO in Betracht kommen. Voraussetzung ist aber, dass die Zahlungsklage mit einer Räumungsklage verbunden wird und die Klage hohe Aussicht auf Erfolg hat (s. § 283a ZPO). Der Ausschlusstatbestand gem. § 283a Abs. 1 S. 2 ZPO gilt hier nicht. Es besteht kein Streit darüber, ob der Vermieter berechtigt ist, die Miete zu erhöhen. Es geht um die Wirksamkeit der Mietzinsabrede von Anfang an. **97**

Der **Mieter** kann neben der Rückzahlungsklage nach Rüge auch **negative Feststellungsklage** für die Zukunft erheben. **98**

Die Abtretung eines eventuellen Rückzahlungsanspruch gem. § 556g BGB an einen **Rechtsdienstleister** ist zulässig.[468] Sie kann auch durch nur einen von mehreren Mieter erfolgen.[469] **99**

---

[466] Staudinger/*V. Emmerich* BGB § 556d Rn. 48; nach *Gustorff* Mietpreisbremse, S. 453 besteht eine Verpflichtung zum Verordnungserlass, wenn die Tatbestandsvoraussetzungen des § 556d BGB erfüllt sind.

[467] BVerwG DÖV 2003, 123; VG Stuttgart BeckRS 2005, 23906; *Lehmann-Richter* WuM 2015, 204.

[468] BGH VIII ZR 285/18, NJW 2020, 208 = NZM 2020, 26; VIII ZR 130/19, NZM 2020, 542; VIII ZR 120/19, ZMR 2020, 737; VIII ZR 31/19, WuM 2020, 645; VIII ZR 384/18, WuM 2020, 650; VIII ZR 73/19, NZM 2020, 792.

[469] BGH VIII ZR 45/19, NZM 2020, 551.

## § 556e Berücksichtigung der Vormiete oder einer durchgeführten Modernisierung

**(1) [1]Ist die Miete, die der vorherige Mieter zuletzt schuldete (Vormiete), höher als die nach § 556d Absatz 1 zulässige Miete, so darf eine Miete bis zur Höhe der Vormiete vereinbart werden. [2]Bei der Ermittlung der Vormiete unberücksichtigt bleiben Mietminderungen sowie solche Mieterhöhungen, die mit dem vorherigen Mieter innerhalb des letzten Jahres vor Beendigung des Mietverhältnisses vereinbart worden sind.**

**(2) [1]Hat der Vermieter in den letzten drei Jahren vor Beginn des Mietverhältnisses Modernisierungsmaßnahmen im Sinne des § 555b durchgeführt, so darf die nach § 556d Absatz 1 zulässige Miete um den Betrag überschritten werden, der sich bei einer Mieterhöhung nach § 559 Absatz 1 bis 3a und § 559a Absatz 1 bis 4 ergäbe. [2]Bei der Berechnung nach Satz 1 ist von der ortsüblichen Vergleichsmiete (§ 558 Absatz 2) auszugehen, die bei Beginn des Mietverhältnisses ohne Berücksichtigung der Modernisierung anzusetzen wäre.**

### Systematische Übersicht

## Alphabetische Schnellübersicht



## A. Übersicht

Die Vorschrift enthält **zwei Ausnahmen** zur Berechnung der zulässigen Wiedervermietungsmiete. Sie setzt voraus, dass die Wiedervermietungsmiete in der Gemeinde begrenzt ist, also die Gemeinde in eine entsprechende Landesverordnung aufgenommen wurde. Sie ändert also nur die **Rechtsfolge,** also die Höhe der maximal zulässigen Miete. 1

Aus Gründen des **Bestandsschutzes**[1] soll der Vermieter zunächst unabhängig von der allgemein zulässigen Miethöhe bei Mietbeginn nach § 556d Abs. 1 BGB jedenfalls die Miete auch im folgenden Mietverhältnis verlangen können, die er mit dem Vormieter wirksam vereinbart hatte.[2] Das ist verfassungsrechtlich auch geboten und sachgerecht.[3] Zwar wird die reine Erwerbschance nicht von Art. 14 GG geschützt aber zumindest von Art. 2 und Art. 12 GG. Die Vorschriften des Unterkapitels sollen nicht zu einer Absenkung bereits vereinbarter Mieten führen, sondern unangemessene Erhöhungen der Miete bei Neuvermietungen verhindern.[4] Außerdem bestehen ohne diese Ausnahme Bedenken gegen die Verhältnismäßigkeit des Eingriffs. Die Regelung dient dem Vertrauensschutz bzgl. erfolgter Investitionen und versucht unerwünschte volkswirtschaftliche Konsequenzen zu verhindern.[5] Dass hierdurch Vermieter, die vor Inkrafttreten des Gesetzes bereits eine hohe Miete vereinbart hatten auf Dauer eine höhere Miete vereinbaren können[6] als andere, spielt allenfalls bei der generellen Beurteilung der Verfassungsmäßigkeit des § 556d Abs. 1 BGB eine Rolle[7], hat aber auf die Regelung des § 556e BGB keine Auswirkungen.[8] Die rechtspolitische Kritik an einem Bestandsschutz bei neu begründeten Verträgen[9] ist für die Rechtsanwendung unerheblich. Ob verfassungsrechtlich ein Bestandsschutz zwingend erforderlich war oder nur 2

---

[1] BVerfG NJW 2019, 3054 LS 4; NK-BGB/*Hinz* § 556e Rn. 2; Herrlein/Knops/Spiegelberg/*Martens*, Kommentar zum Mietrecht, 5. Aufl. 2020, BGB § 556e Rn. 1; nach *Blank* IMR 2018, 486 enthält die Vorschrift „eine *Art* Bestandsschutz".

[2] So die Gesetzesbegründung BT-Drs. 18/3121, 16; Staudinger/*V. Emmerich* BGB § 556e Rn. 1; zur rechtspolitischen Kritik *Frank* Mietpreisbremse S. 51; *Eisenschmid* ZRP 2015, 27 (28); MüKoBGB/*Artz* § 556e Rn. 11; *Artz* MDR 2015, 549 (551); *Artz* auch schon bei der Anhörung im Ausschuss für Recht und Verbraucherschutz des Deutschen Bundestages am 3.12.2014 – Prot. 18/34 mit schriftlicher Stellungnahme im Anhang.

[3] BVerfG NJW 2019, 3054; nach AG Neukölln NZM 2017, 31 verhindert die Regelung gerade eine evtl. Verfassungswidrigkeit begründende Substanzgefährdung des Vermietervermögens, bestätigt durch LG Berlin WuM 2017, 266; *Hinz* ZMR 2014, 593 (596); nach *Gustorff* Mietpreisbremse, S. 453 verstößt die Regelung genau deshalb gegen Art. 3 Abs. 1 GG.

[4] *Häublein* ZfPW 2020, 1, 8.

[5] *Häublein* ZfPW 2020, 1, 8.

[6] Soweit *Frank* Mietpreisbremse S. 52 *diese als „skrupellos" bezeichnet*, weil sie bereits vorher eine überhöhte Miete erhalten hätten, kann das nicht nachvollzogen werden, da nur zulässige Vereinbarungen über die Miethöhe als Vormiete in Betracht kommen; nach *Häublein* ZfPW 2020, 1, 8 ist das Argument „zumindest moralisch auf den ersten Blick eingängig".

[7] So *Blankenagel/Schröder/Spoerr* NZM 2015, 1.

[8] Nach *Häublein* ZfPW 2020, 1, 8 spricht die Tatsache, dass Vermieter in der Vergangenheit eine deutlich unter der Marktmiete liegende Miete vereinbart haben, eher dafür, dass sie die höhere Miete nicht zur Deckung der Kosten benötigen.

[9] *Artz* MDR 2015, 549, 551; *Gsell* NZM 2017, 305, 310; krit. hierzu *Häublein* ZfPW 2020, 1, 8.

politisch gewollt war, ist spielt bei der Auslegung grds. keine Rolle. Es handelt sich bei Abs. 1 aber um eine eng auszulegende Ausnahmevorschrift.[10]

3 Nach § 556e Abs. 2 BGB werden bestimmte **„einfache" Modernisierungen** privilegiert. Damit sind alle Modernisierungen gemeint, die nicht das Niveau einer **„umfassenden Modernisierung"** iSd § 556f S. 2 BGB erreichen. Die Regelung berücksichtigt, dass solche Modernisierungen, insbes. wenn sie zwischen Auszug des Vormieters und Einzug des neuen Mieters erfolgten, üblicherweise bei der Festsetzung der Wiedervermietungsmiete Berücksichtigung fanden, obwohl sie sich in einer höheren ortsüblichen Vergleichsmiete noch nicht wiederfinden. Die Vorschrift will die Modernisierung des Wohnungsbestandes wirtschaftlich weiter fördern.

3a Für Mietverträge, die ab 1.1.2019 abgeschlossen wurden, bestimmt § 556g Abs. 1a, dass den Vermieter eine vorvertragliche **Informationsobliegenheit** hinsichtlich des Vorliegens eines der vier Ausnahmetatbestände der §§ 556e, 556f BGB trifft. Hat er dem Mieter vor Unterzeichnung des Mietvertrages nicht in Textform **Minimalinformationen** über das Vorliegen eines Ausnahmetatbestandes gegeben, so kann er sich auf diesen Ausnahmetatbestand nicht berufen. Möglich ist die Heilung des Mangels, wobei sich die Rechtsfolgen danach richten, ob die Information gar nicht oder nicht in der gehörigen Form erteilt wurde (→ BGB § 556g Rn. 270). Zum 1.4.2020 wurde der Inhalt der Informationsobliegenheit bei der Vormiete (→ BGB § 556g Rn. 27f.) geändert.

## B. Die Vormiete

### I. Der Begriff der Vormiete

#### 1. Allgemeines

4 Abs. 1 **definiert** zunächst den **Begriff der „Vormiete"**. Es handelt sich um die Miete, „die der vorherige Mieter zuletzt schuldete". Es muss sich um einen Wohnraummietvertrag gehandelt haben.[11] Waren die Räume als Gewerberäume (Büro, Kanzlei, Praxis) vermietet, handelt es sich bei der Gewerbemiete nicht um eine Vormiete iSd Vorschrift. Es handelt sich dann um ein ganz anderes Marktsegment. Zumindest mittelbar ergibt sich dies aus der Gesetzesbegründung.[12] Dort heißt es, dass das Vormietverhältnis den Anforderungen der §§ 556d BGB ff. entsprechen muss. Diese Vorschriften gelten aber nur für Wohnraummietverhältnisse. Aus der Legaldefinition der Vormiete („die Miete, die der vorherige Mieter zuletzt schuldete") ergibt sich, dass es sich um die Miete des letzten Mieters handeln muss. War dies kein Wohnraummiete, kann nicht auf die „vorletzte Miete" zurückgegriffen werden.[13] Zwischenzeitlicher Leerstand ist unerheblich.[14] Zugleich ordnet S. 1 auch die Rechtsfolge an: Ist diese Vormieter nämlich höher als die nach § 556d Abs. 1 BGB maximal zulässige Miete, so darf die zulässige Wiedervermietungsmiete die Höhe der Vormiete erreichen.

5 Der Vormieter muss diese Miete **rechtlich geschuldet** haben. Aus dem Wort „geschuldet" folgt, dass die Mietzinsvereinbarung zulässig gewesen sein muss[15], sonst hätte es an dieser Stelle „vereinbart" heißen müssen. Der Mieter schuldet nur die Miete soweit die Vereinbarung nicht (teil-)unwirksam ist. Hat der Vermieter die nach § 556g Abs. 1a BGB für Mietverträge, die nach dem 31.12.2018 abgeschlossen wurden, erforderliche Informationen nicht erteilt und kann sich deshalb gegenüber diesem Mieter generell oder zeitlich befristet nicht auf einen Ausnahmetatbestand „berufen", dann ist bei einer Beendigung dieses Mietverhältnisses und Abschluss eines neuen Vertrages der Vermieter berechtigt die im vormaligen Mietvertrag vereinbart höhere – zulässige – Miete als Vormiete zu vereinbaren. Das Gesetz ordnet gerade keine Teilunwirksamkeit der Mietpreisvereinbarung an. Das Verbot sich auf die Ausnahme zu berufen soll den Vermieter nur gegenüber dem Mieter „betrafen", demgegenüber er seiner Informationspflicht nicht nachgekommen ist. Hinsichtlich der Wirksamkeit der Vormietvereinbarung ist ansonsten zu unterscheiden zwischen Vereinbarungen, die vor und nach Inkrafttreten der Begrenzung der Wiedervermietungs-

[10] BGH VIII ZR 374/18, NZM 2020, 982.
[11] BGH VIII ZR 374/18, NZM 2020, 982; nur insofern Bestätigung von LG Berlin MDR 2019, 89.
[12] BT-Drs.18/3121, 30.
[13] *BGH VIII ZR 374/18, NZM* 2020, 982; insofern wurde das Urteil des LG Berlin MDR 2019, 89 abgeändert; BeckOGK/*Fleindl* BGB § 556e Rn. 8.
[14] NK-BGB/*Hinz* § 556e Rn. 5.
[15] NK-BGB/*Hinz* § 556e Rn. 5.

miete getroffen wurden. Ferner enthält die Vorschrift selbst noch zwei Ausnahmen und zwar für Mietminderungen und Mieterhöhungen des letzten Jahres.

**2. Vereinbarungen vor Inkrafttreten der Landesverordnung**

**a) Keine Beschränkungen.** Bis zu dem Zeitpunkt, zu dem eine entsprechende Landesverordnung in Kraft tritt, in die die Gemeinde, in der die Wohnung liegt, aufgenommen wurde, sind Mietpreisabreden grds. **ohne Beschränkung** möglich. Dabei kommt nicht auf den Mietvertragsbeginn an, sondern das Datum des **Vertragsschlusses.**[16] Lag dies vor Inkrafttreten der maßgeblichen Landesverordnung, dann war die damalige Neuvertragsmiete nicht beschränkt und kann als Vormiete vereinbart werden. Ist die Miete durch ein Gericht im Wege der Vertragsgestaltung gem. § 308 a ZPO festgesetzt worden[17], weil der Mieter sich auf die Sozialklausel gem. § 574 BGB berufen hat, so kommt es nicht auf das Datum der Entscheidung durch das Gericht, sondern das Datum des Vertragsschlusses an, ob die Vorschriften des Unterkapitels 1 a gelten. 6

**b) Selbstnutzung.** Bei einer zwischenzeitlichen **Selbstnutzung** kommt es auf die geschuldete Miete mit dem letzten Wohnraummieter an. War die Wohnung vorher gewerblich vermietet, scheidet der Ausnahmetatbestand des § 556 e abs. 1 BGB aus.[18] Lag diese bereits über der gem. § 556 d Abs. 1 BGB zulässigen Miete, darf diese Miete weiter vereinbart werden. Es gibt auch, anders als bei der Ausnahme gem. Abs. 2, für Modernisierungen, keine **zeitliche Schranke,** wann die Vormiete zuletzt gezahlt werden musste. Auch längere **Leerstandszeiten** ändern nichts daran, dass es sich bei der letzten geschuldeten Miete um die maßgebliche Vormiete handelt. 7

**c) Rechtsnachfolge.** In Fällen der **Rechtsnachfolge** auf Vermieterseite, zB § 1922 BGB, gilt die mit Rechtsvorgänger vereinbarte Miete als Vormiete.[19] 8

**d) Nutzungsüberlassung.** Überlässt eine Miteigentümergemeinschaft gemeinschaftliche Räume einem ihrer Mitglieder vertraglich gegen Entgelt zur alleinigen Nutzung, handelt es sich regelmäßig um einen Wohnraummietvertrag[20] Dem wirksamen Zustandekommen eines solchen Mietvertrags steht nicht entgegen, dass der Miteigentümer hieran sowohl auf Mieterseite als auch – neben anderen Miteigentümern – auf Vermieterseite beteiligt ist.[21] Ein solcher Mietvertrag geht gem. § 566 BGB auf den Erwerber zu gleichen Bedingungen über. Die mit dem Voreigentümer vereinbarte Miete gilt fort. Es entsteht zwar ein neuer Mietvertrag, aber zu den gleichen Bedingungen wie der Vorvertrag. Das ist bereits gar kein „Mietvertragsabschluss" iSd § 556 d BGB, so dass die Grenze des § 556 d Abs. 1 BGB gar nicht gilt (→ BGB § 556 d Rn. 24). Auf die Ausnahmevorschrift des § 556 e Abs. 1 BGB kommt es gar nicht an. In den Fällen, in denen das Mietverhältnis mit dem Voreigentümer endet und das Grundstück in der Leerstandsphase veräußert wird, kann der Erwerber sich auf eine höhere geschuldete Vormiete berufen, wenn er weitervermietet (→ BGB § 566 Rn. 98).[22] Die Vormiete ist nicht personen-, sondern wohnungsbezogen zu ermitteln. Da der Kaufpreis regelmäßig als Vielfaches der Jahresmiete berechnet wird, hat der Erwerber auch wirtschaftlich die Vormiete in seine Kalkulation einbezogen. 9

**e) Mietpreisüberhöhung.** Es gilt allenfalls die Grenze der § 5 WiStG, § 134 BGB[23] (→ BGB Nach § 535 Rn. 15). Voraussetzung für eine **Mietpreisüberhöhung** ist zum einen die Überschreitung der ortsüblichen Miete um mehr als 20%[24] und zum anderen die Ausnutzung eines geringen Angebots. Letzteres ist wegen der vom BGH[25] vorgenommenen Subjektivierung der Auslegung des Tatbestandsmerkmals heute fast nie der Fall. Deshalb können auch Mietzinsvereinbarungen über 20% oberhalb der ortsüblichen Vergleichsmiete wirksam sein und als Vormiete weiter auch 10

---

[16] AG Charlottenburg BeckRS 2017, 124562 mAnm *Börstinghaus* jurisPR-MietR 21/2017 Anm. 3; AG Charlottenburg GE 2017, 1415 = DWW 2017, 300.

[17] BGH VIII ZR 270/15, NZM 2017, 286.

[18] BGH VIII ZR 374/18, NZM 2020, 982.

[19] *Blank* WuM 2014, 641 (650).

[20] BGH VIII ZR 176/17, NZM 2018, 588 = NJW 2018, 2472.

[21] BGH VIII ZR 323/14, WuM 2016, 341; BGH VIII ZR 100/15, BGHZ 211, 331.

[22] **AA** MüKoBGB/*Artz* § 556 e Rn. 3; *Blank* WuM 2014, 641 (650) (aber anders bei Modernisierungszuschlag gem. Abs. 2: *Blank* WuM 2014, 641 (652)).

[23] *Blank* WuM 2015, 641 (648).

[24] Es sei denn, es gilt der Ausnahmetatbestand des § 5 Abs. 2 S. 2 WiStG (kostendeckende Miete), dann bis zu 50%.

[25] BGH VIII ZR 190/03, NJW 2004, 1740; BGH VIII ZR 44/04, NJW 2005, 471; BGH VIII ZR 56/04, NZM 2006, 291; *Langenberg* FS Blank, 2006, 291.

nach Inkrafttreten einer entsprechenden Verordnung weiter wirksam vereinbart werden. Nur wenn die Vereinbarung mit dem Vormieter unter Ausnutzung eines geringen Angebots zustande gekommen ist, ist diese Vereinbarung teilunwirksam. Als Vormiete kann dann eine Miete, die 20% oberhalb der ortsüblichen Vergleichsmiete liegt, vereinbart werden.[26]

11 **f) Modernisierungsmieterhöhung.** Hat der Vermieter gegenüber dem Vormieter eine **Modernisierungsmieterhöhung** gem. § 559 BGB erklärt, die aber deshalb nicht zu einer Anhebung der Miete geführt hat, weil der Mieter sich zu Recht auf **wirtschaftliche Härtegründe** gem. § 559 Abs. 3, 4 BGB berufen hat, so ist die Vormiete gerade nicht erhöht worden. Vormiete ist dann die nicht erhöhte Miete. Der Vermieter kann die Modernisierung dann nur iRd § 556e Abs. 2 BGB bei der Wiedervermietungsmiete berücksichtigen. Das setzt vor allem voraus, dass die Modernisierung in den letzten drei Jahren stattgefunden hat.

12 **g) Preisgebundene Kostenmiete.** Hat es sich bei der Vormiete um eine **preisgebundene (Kosten-)Miete** (zu den verschiedenen landesgesetzlichen Regelungen → BGB Vor § 557 Rn. 35 ff.) gehandelt und erfolgt die Weitervermietung dann nach Auslaufen der Preisbindung, so ist die letzte zulässige preisgebundene Miete die geschuldete Vormiete. Allein der Wechsel des Mietpreisrechts ändert daran nichts. Mit Auslaufen der Preisbindung wird die ehemalige Kostenmiete zur „Marktmiete".[27]

12a **h) Dauer.** Eine bestimmte **Dauer des Vormietverhältnisses** ist nicht erforderlich.[28] Es muss sich um ein Wohnraummietverhältnis handeln, so dass die Vermietung an Feriengäste, z. B. über Airbnb, die als gewerbliche Tätigkeit zu werten ist, kein Vormietverhältnis darstellt. Bei besonders kurzen Vormietverhältnissen ist aber zu prüfen, ob es sich nicht um ein **Schein- oder Umgehungsgeschäft** handelt.

13 Bei **Staffelmieten** muss unterschieden werden: **(a)** Wurde eine Staffelmietvereinbarung vor Inkrafttreten der örtlich maßgeblichen Verordnung geschlossen, so gilt die Begrenzung selbst dann nicht, wenn spätere Staffeln erst nach Inkrafttreten der Verordnung wirksam werden, Art. 229 § 35 Abs. 1 EGBGB. Insofern liegt kein Fall der Vormiete für die später fällig werdenden Staffeln vor. **(b)** Endete ein Mietvertrag mit Staffelmiete vor Inkrafttreten der maßgeblichen Verordnung, gilt für die Wiedervermietung keine Begrenzung. **(c)** Endet der vor Inkrafttreten der Landesverordnung abgeschlossene Mietvertrag mit einer Staffelmietvereinbarung, kann (nur) die letzte geschuldete Staffelmiete vor Beendigung des Mietverhältnisses als Vormiete vereinbart werden.[29]

**Beispiel:** Der Vermieter vereinbart zu einem Zeitpunkt, zu dem die Gemeinde noch nicht in eine Landesverordnung gem. § 556d Abs. 2 BGB aufgenommen war mit dem Vormieter eine Miete, die bereits 15% über der ortsüblichen Vergleichsmiete lag und sich jährlich um 50 EUR erhöhen sollte. Der Mieter kündigt nach Aufnahme der Gemeinde in eine entsprechende Verordnung. Zu diesem Zeitpunkt lag die Vormiete bereits 20% über der ortsüblichen Vergleichsmiete. Diese Miete durfte der Vermieter gem. § 556e Abs. 1 BGB vereinbaren. Durfte er aber auch die mit dem Vormieter vereinbarten Steigerungen von 50 EUR wieder vereinbaren?

Die weiteren im Vormietvertrag vereinbarten Staffeln, die aber wegen Beendigung des Mietverhältnisses nie wirksam wurden, spielen keine Rolle mehr.[30]

### 3. Vereinbarungen nach Inkrafttreten der Landesverordnung

14 Ist der Vormietvertrag abgeschlossen worden, nachdem die entsprechende Landesverordnung in Kraft getreten ist, dann schuldete der Mieter dieses Vertrages bereits eine gem. § 556d ff. BGB begrenzte Miete.[31] Hier muss unterschieden werden: **(a)** Handelte es sich um eine Neubauwohnung iSd § 556f S. 1 BGB, dann galt damals schon keine Beschränkung und jetzt auch nicht. Der Vermieter darf aber sogar eine noch höhere Miete vereinbaren, weil die Begrenzung dieses Unterkapitels nicht gilt. **(b)** Hat der Vermieter eine umfassende Modernisierung vorgenommen, so galt die Begrenzung für die erste Vermietung nicht. Diese Miete darf jetzt als zulässige Vormiete weiter vereinbart werden. **(c)** Durfte der Vermieter bereits bei der Vormiete die Grenze gem. § 556d Abs. 1 BGB überschreiten, weil er in den letzten drei Jahren vor der Vermietung Modernisierungen

---

26 Nach *Blank* WuM 2015, 641 (649) überzeugt das Ergebnis nicht, ist aber wegen der zweifelhaften Auslegung des § 5 WiStG durch den BGH „hinzunehmen".
27 BGH VIII ZR 258/09, NJW 2011, 145.
28 *Hinz* ZMR 2014, 593 (597); Weigelt Herausforderung S. 295.
29 AG München DWW 2016, 340 mAnm *Börstinghaus* WuM 2017, 186; *Wichert* ZMR 2019, 245, 246.
30 AG München DWW 2016, 340 mAnm *Börstinghaus* WuM 2017, 186; *Flatow* WuM 2015, 191.
31 AG Charlottenburg MM 5/2019, 30.

gem. §556e Abs. 2 BGB durchgeführt hat, dann darf er diese Miete als Vormiete weiter vereinbaren. Ob die Modernisierung nunmehr mehr als drei Jahre zurückliegt oder nicht, ist unerheblich. **(d)** Bei Staffelmieten, die erstmals nach Inkrafttreten der Verordnung vereinbart wurden, ist zwar jede Staffel an §§ 556d, e BGB zu messen, fällt die ortsübliche Vergleichsmiete aber, so ist die vorherige Staffelmiete als zulässige Vormiete weiter zu zahlen.

### II. Veränderungen des Leistungsgegenstandes

#### 1. Allgemeines

Die Vorschrift stellt nach dem Wortlaut nur auf die Vormiete ab. Tragender Gedanke der Regelung ist, dass der Vermieter für **die gleiche Leistung,** auch weiterhin das gleiche Entgelt bekommen soll. Die Höhe des Entgelts, also der Vormiete, ist leicht feststellbar. Es ist der letzte Zahlbetrag ggf. ohne Betriebskostenvorauszahlungen. Schwieriger ist die Feststellung, ob diese Vormiete für die gleiche Leistung des Vermieters geschuldet wird oder ob es da Veränderungen gegeben hat. Solche Veränderungen können **(a)** eine Erhöhung des tatsächlichen oder rechtlichen Umfangs der geschuldeten Gebrauchsüberlassung, **(b)** eine Verringerung des tatsächlichen oder rechtlichen Umfangs der geschuldeten Gebrauchsüberlassung, **(c)** eine Veränderung der Mietstruktur oder **(d)** eine Veränderung bei sonstigen geldwerten Pflichten und Leistungen sein. 15

#### 2. Erhöhung des Gebrauchsumfangs

**a) Räumlich gleicher Mietgegenstand.** Die Vormiete muss sich auf **den räumlich gleichen Mietgegenstand** beziehen.[32] Hat der Vormieter weniger gemietet als der Nachmieter, muss zunächst eine **Vergleichbarkeit der Leistungen** und Gegenleistungen hergestellt werden. In der Praxis spielt dies vor allem in den Fällen der Mitvermietung einer Garage oder eines Stellplatzes in einem einheitlichen Wohnraummietverhältnis eine Rolle. Empfehlenswert sind in diesen Fällen aber **zwei getrennte Verträge,** einer über die Wohnung, für den dann die bisherige Miete als Vormiete vereinbart werden darf, und ein Garagenmietvertrag, für den die Vorschriften dieses Unterkapitels nicht gelten. Schwieriger ist die Betrachtung, wenn die Hinzuvermietung der Garage in einem einheitlichen Wohnraummietvertrag geschieht. Das Gleiche gilt bei der zusätzlichen Vermietung von Nebenräumen oder Gärten.[33] Hier scheidet eine Aufteilung der einheitlichen neuen Miete in einen Teil aus, der der Vormiete bei gleicher Mieterleistung entspricht, und einen Mietanteil für die zusätzliche Leistung (zB die Garage). Die Garagenmiete ist weder in der ortsüblichen Höhe[34] noch in einer gem. §556d Abs. 1 BGB um 10% erhöhte Miete[35] zur Vormiete für die gleiche Vermieterleistung hinzuzurechnen. Die Parteien wollen einen im Vergleich zum Vormieter anderen – wenn auch teilidentischen – Gegenstand zum Inhalt des Mietvertrages machen. Es gibt unter **Äquivalenzgesichtspunkten keine Vormiete für diesen Mietgegenstand.**[36] Es muss in sachlicher wie rechtlicher Hinsicht eine Identität zwischen Vor- und Nachmietverhältnis bestehen. Allenfalls kleine unbedeutende Veränderungen können im Einzelfall unberücksichtigt bleiben.[37] Das gilt auch bei der Weitervermietung mit Möblierung.[38] §556e Abs. 1 BGB gilt in allen diesen Fällen nicht unmittelbar. Die Miethöhe ergibt sich hier aus zwei Faktoren. Zulässig ist hier eine Miete, iHv 110% der ortsüblichen Vergleichsmiete für den erweiterten Mietgegenstand, mindestens aber der Vormiete für den geringeren Mietgegenstand.[39] Letzteres ergibt sich aus einer **analogen Anwendung des §556e Abs. 1 BGB.** Der Gesetzgeber hat an diesen Fall nicht gedacht. Es liegt eine Regelungslücke vor. Diese ist auch planwidrig, da der Vermieter die Garage ja auch kos- 16

[32] Spielbauer/Schneider/*Wichert* BGB §556e Rn. 8ff; Herrlein/Knops/Spiegelberg/*Martens,* Kommentar zum Mietrecht, 5. Aufl. 2020, BGB §556e Rn. 3.
[33] *Flatow* WuM 2015, 191 kommt auf vier verschiedene denkbare Lösungsmöglichkeiten.
[34] So wohl *Blank* WuM 2014, 641 (650).
[35] *Flatow* WuM 2015, 191 nennt das „Rosinentheorie".
[36] Staudinger/*V. Emmerich* BGB §556e Rn. 11 „Die Vermietung einer Wohnung mit oder ohne Garage ist etwas ganz Anderes."; *Abramenko* MietRB 2015, 276; **aA** *Blank* WuM 2014, 641 (650).
[37] Staudinger/*Emmerich* BGB §556e Rn. 10; MüKoBGB/*Artz* §556e Rn. 7; Herrlein/Knops/Spiegelberg/*Martens,* Kommentar zum Mietrecht, 5. Aufl. 2020, BGB §556e Rn. 3; *Abramenko* MietRB 2015, 276 (277).
[38] *Beuermann* GE 2016, 1133 Nr. 8.
[39] *Flatow* WuM 2015, 191; iErg auch so Herrlein/Knops/Spiegelberg/*Martens,* Kommentar zum Mietrecht, 5. Aufl. 2020, BGB §556e Rn. 3.

tenlos zur Verfügung stellen könnte und dann die Vormiete für die Wohnung ohne Garage bekäme. Dass er sich vertraglich zur Garagenüberlassung verpflichtet, ändert an diesem Mindestbetrag nichts.

17 **b) Teilgewerbliche Nutzung.** Ebenso ist es möglich, dass sich das rechtliche „Dürfen" verändert, also dem Nachmieter in der Wohnung ein vertragsgemäßer Gebrauch gestattet wird, der dem Vormieter verboten war, zB die **teilgewerbliche Nutzung oder die Untervermietung.** Anders als in dem vorherigen Fall bleibt hier der räumliche Umfang der Gebrauchsüberlassung gleich. Die ortsübliche Vergleichsmiete für die Wohnung ist deshalb gleich. Die zusätzliche Nutzungsgestattung ist kein Wohnwertmerkmal des § 558 Abs. 2 BGB. Es handelt sich um Zuschläge für die zusätzliche Gestattung. Deshalb ist es hier zulässig die bisherige Miete ohne die zusätzliche Nutzungsgestattung als Vormiete zu vereinbaren und einen ortsüblichen Zuschlag für die Untervermietungserlaubnis oder die teilgewerbliche Nutzung hinzuzurechnen.[40]

### 3. Verringerung des Gebrauchsumfangs

18 **a) Äquivalenzverhältnis.** Umgedreht kann die räumliche Leistung des Nachmietverhältnisses auch geringer sein, als die des Vormietverhältnisses. Dies ist zB der Fall, wenn dem Nachmieter keine Garage, kein Stellplatz oder kein Garten vermietet wurde. Hier kann die Vormiete unverändert nicht übernommen werden, da ihr ein ganz **anderes Äquivalenzverhältnis** zu Grunde lag. Unzulässig ist es auch, die ortsübliche Garagenmiete von der Vormiete abzuziehen. *Flatow*[41] weist zu Recht daraufhin, dass dann der über der 110%-Grenze liegende Teil der Vormiete einseitig der Wohnraummiete zugeschlagen würde. Die Aufteilung der Vormiete in einen hypothetischen Wohnraummietanteil und einen für die Garage oder sonstigen Zusatzflächen scheidet auch aus. Das ist vielleicht etwas gerechter als der Abzug der ortsüblichen Miete für die Garage, entspricht aber auch nicht den Parteivereinbarungen. § 556e Abs. 1 BGB will dem Vermieter die gleiche Miete für gleiche Leistung erhalten. Die Vorschrift steht auch unter dem Gebot der Praktikabilität. Außerdem ist sie eine eng auszulegende Ausnahmevorschrift. Deshalb kann der Vermieter auch bei der vertraglichen **Verringerung seiner Leistung** nur eine gem. § 556d Abs. 1 BGB zulässige Miete vereinbaren.[42] Eine um einen Abschlag verringerte Vormiete kommt nicht in Betracht.[43] Das Gleiche gilt sowohl bei berichtigten Flächenabweichungen oder vereinbarten Unterschreitung des Mindeststandards (→ Rn. 31)[44] wie auch in den Fällen, in denen eine bisher **möblierte Wohnung** nunmehr unmöbliert vermietet wird. Auch für diese Wohnungen gibt es keine Vormiete.

19 **b) Untermieterlaubnis.** Etwas anderes gilt wiederum, wenn es nur um die **Verringerung des rechtlichen „Dürfens"** geht. Hatte der Vormieter eine **Untermieterlaubnis** oder war ihm die teilgewerbliche Nutzung der Wohnung jeweils gegen Zahlung eines Zuschlags erlaubt, so ist dieser Zuschlag von der Vormiete abzuziehen um die zulässige Vormiete für den um die zuvor zusätzlich erlaubte Nutzung verringerte Gebrauchsumfang zu ermitteln.[45] Das liegt daran, dass der räumliche Teil der Vormiete identisch ist mit der Nachmiete und die zusätzlichen Erlaubnisse sich in der ortsüblichen Vergleichsmiete für die Wohnung nicht niederschlagen, auch wenn sie dann mit dieser eine einheitliche Miete bilden.

### 4. Umstellung der Mietstruktur

20 Auch **Änderungen der Mietstruktur** (→ BGB § 556d Rn. 53ff.) zwischen Vormiete und Wiedervermietungsmiete müssen bei der Ermittlung der maßgeblichen Vormiete berücksichtigt werden.

21 **a) Inklusiv- bzw. Teilinklusivmiete.** Hat es sich bei der **Vormiete um eine Inklusiv- bzw. Teilinklusivmiete** gehandelt und vereinbart der Mieter nunmehr bei Weitervermietung eine reine Nettomiete mit Betriebskostenvorauszahlungen, so muss die vormalige (Teil-)Inklusivmiete in eine Nettomiete umgerechnet werden. Dazu muss der Betriebskostenanteil entsprechend den tatsächlich anfallenden Kosten aus der Vormiete herausgerechnet und von der Vormiete abgezogen werden (zum umgedrehten Fall der Erhöhung eine Teil-Inklusivmiete → BGB § 558a Rn. 55).[46] Dabei

---

40 *Blank* WuM 2014, 641 (650); *Flatow* WuM 2015, 191.
41 *Flatow* WuM 2015, 191.
42 MüKoBGB/*Artz* § 556e Rn. 10.
43 **AA** *Blank* WuM 2014, 641 (650); HK-Miete/*Hinz* BGB § 556e Rn. 9; NK-BGB/*Hinz* § 556e Rn. 9.
44 *Frank Mietpreisbremse S. 46.*
45 *Blank* WuM 2014, 641 (650); *Flatow* WuM 2015, 191 **aA** Staudinger/*V. Emmerich* BGB § 556e Rn. 13.
46 BGH VIII ZR 41/05, WuM 2006, 39; OLG Stuttgart NJW 1983, 2329; OLG Hamm NJW-RR 1993, 398; KG NZM 1998, 68.

sind die **konkret auf die Wohnung entfallenden** Betriebskosten zu ermittelt, soweit sie nicht Betriebskostenarten betreffen, für die der Mieter gesonderte Vorauszahlungen oder eine Pauschale zahlt. Durchschnittswerte oder Pauschalierungen scheiden aus, da hier die Gefahr besteht, dass der Vermieter, der besonders unwirtschaftlich handelt, bessergestellt wird. Als Weitervermietungsmiete ist dann die so bereinigte Vormiete gem. §556a Abs. 1 BGB zulässig.

**b) Nettomiete.** Im wahrscheinlich eher seltenen Fall, dass die **Vormiete eine Nettomiete** war und die Wohnung nunmehr mit einer Teil-Inklusivmiete weitervermietet werden soll, muss genau andersherum gerechnet werden. Zur Vormiete sind die konkret auf die Wohnung entfallenden Betriebskosten, soweit hierfür keine Betriebskostenvorauszahlungen zu leisten sind, hinzuzurechnen, um die maßgebliche Vormiete zu erhalten. 22

**c) Betriebskostenpauschalen.** Bei **Betriebskostenpauschalen** ist genauso zu rechnen. Nur ist darauf zu achten, dass der – immer kleiner werdende – Anteil der Pauschale, der die konkret auf die Wohnung entfallenden Betriebskosten übertrifft, zur Grundmiete zu zählen ist (→BGB §556d Rn. 56). Es ist also bei einer Vormiete mit Pauschale und einer Netto-Wiedervermietungsmiete nur der **Betriebskostenanteil zum Zeitpunkt der Wiedervermietung** von der Vormiete in Abzug zu bringen. 23

Im eher seltenen Fall einer Wiedervermietung einer Wohnung, bei der zuvor für die Betriebskosten die Zahlung von abrechenbaren Vorauszahlungen vereinbart worden war und **nunmehr eine Pauschale,** muss der konkrete Betriebskostenanteil zur Vormiete hinzugerechnet werden, um die zulässige Wiedervermietungsmiete gem. §556e Abs. 1 BGB zu ermitteln. 24

### 5. Sonstige geldwerte Leistungen

**a) Übliche und zusätzliche Arbeiten.** Bei sonstigen Mieterleistungen muss unterschieden werden (→BGB §556d Rn. 61) zwischen den **üblichen und den zusätzlichen Arbeiten.** Das, was alle Mieter üblicherweise machen müssen, wie zB Treppenhausreinigung, Winterdienst im Turnus, spielt weder bei der Ermittlung der Vormiete noch bei der Weitervermietungsmiete eine Rolle. Zu berücksichtigen sind aber solche Leistungen des üblicherweise zusätzlich honoriert werden[47], wie zB Hausmeistertätigkeiten, Gartenpflege oder generelle Übernahme des Winterdienstes. Werden sie honoriert, spielen sie bei der Berechnung der Vormiete keine Rolle.[48] Hat der Vermieter diese Arbeiten erbracht, ohne hierfür gesondert honoriert zu werden, so hat er als Gegenleistung für die Gebrauchsüberlassung neben der Mietzahlung auch diese Arbeitsleistung erbracht. Deren Wert muss ermittelt werden, wenn der Nachmieter diese Arbeiten nicht zusätzlich erbringen muss. Anzusetzen ist entsprechend **§1 BetrKV der Betrag, der für eine gleichwertige Leistung eines Dritten** ohne Mehrwertsteuer, insbes. eines Unternehmers, angesetzt werden könnte. Dieser Betrag ist zur Grundmiete zu addieren, um die maßgebliche Vormiete zu ermitteln. Im umgedrehten Fall, dass erst der Nachmieter diese geldwerten Leistungen übernimmt, muss hier der Wert zur Wiedervermietungsmiete addiert werden. Die Summe darf nicht höher als die um 10% erhöhte ortsübliche Vergleichsmiete bzw. die Vormiete sein. 25

**b) Schönheitsreparaturen.** Ob im Vormietvertrag oder im Mietvertrag über die Wiedervermietung die **Abwälzung der Schönheitsreparaturen** erfolgte oder nicht, ist für die Ermittlung der zulässigen Vormiete ebenso unbeachtlich wie für die Wiedervermietungsmiete (→BGB §556d Rn. 62).[49] Zwar stellt die Übernahme der **Schönheitsreparaturen** wirtschaftlich sowohl für den Vermieter wie auch für den Mieter einen Wert dar[50], trotzdem ist die Frage wer für Durchführung der Schönheitsreparaturen im konkreten Mietverhältnis zuständig ist, bei der Ermittlung der ortsüblichen Vergleichsmiete nicht zu berücksichtigen.[51] Es handelt sich um kein Wohnwertmerkmal. Wenn die Frage der Abwälzung der Schönheitsreparaturen nicht bei Bestandsmietenerhöhungen berücksichtigt werden darf[52], dann gilt für die Ermittlung der Vormiete und der Wiedervermie- 26

---

[47] *Flatow* WuM 2015, 191; *Blank* WuM 2014, 641 (648).

[48] **AA** Staudinger/*V. Emmerich* BGB §556e Rn. 11, der hier gar keinen Fall des §556e BGB sieht, so dass der Vermieter nur 110% der ortsüblichen Vergleichsmiete gem. §556d Abs. 1 BGB verlangen darf.

[49] *Flatow* WuM 2015, 191; Spielbauer/Schneider/*Wichert* BGB §556e Rn. 12; Staudinger/*V. Emmerich* BGB §556e Rn. 11; NK-BGB/*Hinz* §556e Rn. 6.

[50] BGH VIII ARZ 9/86, NJW 1987, 2575 (2576); BGH VIII ZR 91/88, NJW 1989, 2247; BGH VIII ZR 302/07, NZM 2009, 541 (543).

[51] BGH VIII ZR 181/07, NJW 2008, 2840; BGH VIII ZR 83/07, WuM 2008, 487; BGH VIII ZR 118/07, NJW 2009, 1410; BGH VIII ZR 87/11, NJW 2012, 145.

[52] BGH VIII ZR 181/07, NJW 2008, 2840.

tungsmiete nichts Anderes. Es handelt sich um Kostenelemente, die im Vergleichsmietensystem – auch nach Ende der Preisbindung[53] – keine Rolle spielen.[54]

### III. Vormiete bei mangelhafter Mietsache

#### 1. Allgemeines

27 § 556e Abs. 1 BGB enthält einen **Widerspruch.**[55] Zum einen soll nach S. 1 nur die „geschuldete Miete" als Vormiete in Ansatz gebracht werden dürfen und zum anderen sollen nach S. 2 Alt. 1 **Mietminderungen unberücksichtigt** bleiben. Solche Mietminderungen gem. § 536 BGB führen aber gerade automatisch dazu, dass der Mieter eine geringere als die vereinbarte Miete schuldet. Deshalb enthält S. 2 Alt. 1 eine Ausnahme von S. 1. Das ist insofern auch gerechtfertigt, als die Minderung der Miete mit Beseitigung des Mangels entfällt und die ursprüngliche Vertragsmiete wieder in voller Höhe geschuldet wird. Dabei ist es unerheblich, ob es sich um einen behebbaren oder unbehebbaren Mangel handelt. Bei den Minderungsfällen sind folgende Fallgestaltungen zu unterscheiden:

#### 2. Gleicher Vertragsgegenstand

28 **a) Berechtigter Mangel.** Lag im Vormietverhältnis ein zur Minderung berechtigender Mangel vor, so war die vereinbarte Miete gem. § 536 Abs. 1 S. 2 BGB angemessen gemindert. Wird der **Mangel** vor der Weitervermietung **beseitigt,** so ist die ungeminderte Vormiete gem. § 556e Abs. 1 S. 2 Alt. 1 BGB maßgeblich.

29 **b) Keine Mangelbeseitigung.** Erfolgt die **Weitervermietung, ohne dass der Mangel beseitigt wurde,** so ist nach S. 2 die ungeminderte vereinbarte Miete als Vormiete anzusetzen. Die **Wiedervermietungsmiete** ist aber **selbst** wiederum gem. § 536 Abs. 1 S. 2 BGB solange angemessen **gemindert,** bis der Mangel beseitigt wird. Das gilt unabhängig davon, ob es sich um einen behebbaren oder nicht behebbaren Mangel handelt[56], also auch bei Flächenabweichungen, wenn im Nachmietvertrag wiederum die falsche Fläche aufgenommen wurde (zum anderen Fall → Rn. 31). Auch wenn der Vormieter einen nicht behebbaren Mangel bemerkt hat und nur eine geminderte Miete gezahlt hat, bleibt die Minderung unberücksichtigt.

30 **c) Kenntnis vom Mangel. Kannte der Nachmieter den Mangel** bei Vertragsschluss, so mindert sich die Miete gem. § 536b Abs. 1 S. 1 BGB nicht. Bei grob fahrlässiger Unkenntnis mindert sich die Miete nur dann, wenn der Vermieter den Mangel arglistig verschwiegen hat. Ebenso ist eine Minderung ausgeschlossen, wenn der Mieter die Mietsache annimmt, ohne sich die Gewährleistungsrechte bei Übergabe vorzubehalten. Unberührt davon bleiben eventuelle **Erfüllungsansprüche des Mieters auf Mangelbeseitigung**[57] es sei denn, die Willenserklärungen der Parteien sind so zu verstehen, dass der schlechtere Zustand der Mietsache der vereinbarte Zustand ist. Das ist dann kein Problem der Minderung, sondern der Minderleistung (→ Rn. 18). Außerdem können die Ansprüche auf Mangelbeseitigung gem. § 275 BGB wegen Überschreitung der sog. „Opfergrenze" ausgeschlossen sein.[58] In allen anderen Fällen ist der Mieter nicht rechtlos gestellt (→ BGB § 536b Rn. 48).[59] Durch Ausübung des Zurückbehaltungsrechts[60] und Geltendmachung von Schadensersatzansprüchen kann er letztendlich erreichen, dass er die Wohnung in vertragsgemäßem Zustand nutzen kann. Deshalb ist auch beim Ausschluss der Minderung entsprechend Abs. 1 S. 2 Alt. 1 die Minderung bei der Vormiete nicht zu berücksichtigen. Die alte vereinbarte Vormiete ist die Obergrenze für die Weitervermietung, wenn diese oberhalb der Grenze des § 556d Abs. 1 BGB liegt. Diese Rechtsfolge entspricht dem sich aus Treu und Glauben und

---

[53] BGH VIII ZR 87/11, NJW 2012, 145.
[54] *Flatow* WuM 2015, 191.
[55] *Börstinghaus* DWW 2014, 202 (206); *Blank* WuM 2014, 641 (649); *Hinz* ZMR 2014, 593 (596) „irritierende Formulierung"; *Artz* MDR 2015, 549.
[56] **AA** wohl *Blank* WuM 2014, 641 (649).
[57] BGH XII ZR 139/05, NZM 2007, 484.
[58] BGH VIII ZR 135/13, NJW 2014, 1481.
[59] *Blank/Börstinghaus* BGB § 536b Rn. 18a; *Schmidt* NZM 2013, 705.
[60] Soweit in der Gesetzesbegründung (BT-Drs. 18/3121, 33) davon die Rede ist, dass auch das Zurückbehaltungsrecht ausgeschlossen sei, es dazu aber keiner gesetzlichen Regelung bedürfe, betrifft dies nur das Zurückbehaltungsrecht des Vormieters.

§ 536b BGB ergebenden Rechtsgedanken, dass derjenige, der Mangel kennt, auch keine Rechte geltend machen kann, wenn sie sich nicht vorbehält.

**3. Schlechterer Zustand vereinbart**

Hat der Vermieter den **Mangel nicht beseitigt,** aber den schlechteren Zustand der Mietsache im zulässigen Rahmen als **vertragsgemäß vereinbart,** also bei einer Flächenabweichung von mehr als 10% im neuen Mietvertrag die richtige oder zumindest nur eine kleinere als 10%ige Abweichung vereinbart, oder bei einer Wohnung, die den Mindeststandard[61] nicht erreichte, wirksam[62] einen schlechteren Zustand vereinbart, so ist die Mietsache, obwohl sich tatsächlich nichts verändert hat, nunmehr **rechtlich mangelfrei.** Dies liegt am subjektiven Mangelbegriff. Die Parteien bestimmen die **Soll-Beschaffenheit.** Daran ist die Ist-Beschaffenheit zu messen. Das ist kein Problem der Minderung und der Berechnung der Vormiete bei Mietminderung[63], sondern eine Frage, der Vergleichbarkeit des Vormiet- mit dem Wiedervermietungsverhältnisses (→ Rn. 18). Der Vermieter stellt dem Mieter jetzt nach dem Inhalt des Mietverhältnisses ein Weniger zur Verfügung. Es fehlt also an der **Äquivalenz** zwischen beiden Mietverhältnissen.[64] In diesen Fällen gibt es für die eingeschränkte Vermieterleistung gar **keine Vormiete.** Die Wohnung wird erstmals in diesem Zustand mangelfrei vermietet. Es gilt als **Grenze nur § 556d Abs. 1 BGB.**[65] Es kann nicht die geminderte Miete als Vormiete in Ansatz gebracht werden.[66] 31

## IV. Mieterhöhungen im letzten Jahr

### 1. Allgemeines

Die letzte vom Mieter geschuldete Vormiete ist aber dann nicht in voller Höhe als Obergrenze für eine Wiedervermietungsmiete maßgeblich, soweit sie auf einer **Mieterhöhung** beruht, die mit dem Vormieter **innerhalb des letzten Jahres** vor Beendigung des Mietverhältnisses **vereinbart** worden ist. Nach der Gesetzesbegründung[67] handelt es sich um eine Sondervorschrift, die eine **Umgehung der Mietpreisbegrenzung** unterbinden soll. Der Gesetzgeber befürchtete, dass der Vermieter und der Vormieter, bei absehbarem Ende des Mietverhältnisses eine Mieterhöhung vereinbaren, die vor allem den Nachmieter belasten würde.[68] Es wurde sogar vermutet, dass der Vermieter diese Mieterhöhung vor allem dadurch durchsetzen könnte, dass er dem Vormieter dafür andere Vorteile verspricht, wie etwa den Verzicht auf vom Mieter geschuldete Schönheitsreparaturen.[69] Ein solch kollusives Verhalten von Vermieter und Mieter sollte unterbunden werden. Die Regelung geht aber viel zu weit, da sie nicht auf kollusives Verhalten beschränkt ist[70] und auch durch eine teleologische Reduktion nicht auf diese Fälle beschränkt werden kann.[71] Mit der Regelung werden **alle Vermieter unter „Betrugsverdacht"** gestellt.[72] Mieterhöhungsvereinbarungen auch im letzten Jahr vor der Beendigung des Mietverhältnisses werden so gut wie ausschließlich ohne Benachteiligungsabsicht hinsichtlich eines Nachmieters getroffen. Durch die Informationsob- 32

---

[61] BGH VIII ZR 281/03, NJW 2004, 3174; *Börstinghaus* NZM 2005, 736.

[62] BGH VIII ZR 343/08, NZM 2010, 356.

[63] Insofern ist die Unterscheidung zwischen behebbaren und nicht behebbaren Mängeln an dieser Stelle auch überflüssig, so aber MüKoBGB/*Artz* § 556 Rn. 10; *Frank* Mietpreisbremse S. 46; auch NK-BGB/*Hinz* § 556e Rn. 9.

[64] Staudinger/*V. Emmerich* BGB § 556e Rn. 8 und Rn. 17.

[65] IErg ebenso *Artz* MDR 2015, 549 (551), der wegen seiner grundsätzlichen Kritik an der Regelung über die Vormiete wohl zum gleichen Ergebnis kommen dürfte.

[66] So aber HK-Miete/*Hinz* BGB § 556e Rn. 9 unter Hinweis auf die BGH-Rechtsprechung zur geminderten Kaution bei nicht behebbaren Mängeln: BGH VIII ZR 347/04, NJW 2005, 2773 (aber **aA** bei der Berechnung der Kappugsgrenze: VIII ZR 33/18, NJW 2019, 2464 = NZM 2019, 536); ebenso *Derleder* PiG 99 (2015), 27 (36).

[67] BT-Drs. 18/3121, 33.

[68] *Hinz* ZMR 2014, 593 (596) hält das für eine „naheliegende Umgehung".

[69] BT-Drs. 18/3121, 33.

[70] *Blank* WuM 2014, 641 (651); *Flatow* WuM 2015, 191.

[71] *Frank* Mietpreisbremse S. 49 ff.

[72] Nach *Flatow* WuM 2015, 191 „relativiere" sich das Problem, weil ein Vermieter, der mehr als 110% der ortsüblichen Vergleichsmiete nehme, nicht so „schutzwürdig" sei, dass ein „Gerechtigkeitsdefizit" entstehe.

liegenheit in § 556g Abs. 1a BGB hat der Gesetzgeber den Vermieter jetzt sogar verpflichtet, diese ggf. „falsche" Vormiete (→ Rn. 38) dem Mieter mitzuteilen (→ BGB § 556g Rn. 27f).

33 Nicht erfasst werden die Preisvereinbarungen, die bei **Abschluss eines neuen Mietvertrages** im letzten Jahr vor Begründung des ersten Mietverhältnisses vor Inkrafttreten der Begrenzung der Wiedervermietungsmiete getroffen wurden. In diesem Fall liegt keine Mieterhöhung vor. Wird der Wohnraum nur kurz vermietet, und anschließend weitervermietet, handelt es sich bei der **Kurzeitmiete** um eine Vormiete iSd § 556e Abs. 1 BGB.[73] Dies gilt allenfalls dann nicht, wenn es sich um ein **Scheingeschäft** gem. § 117 BGB handelt.

**2. Vereinbarungen über Mieterhöhungen**

34 Der **Ausschlusstatbestand** des Abs. 1 S. 2 Alt. 2 gilt nur für **Vereinbarungen.** Damit sind alle auf einem Vertrag beruhenden Mietabänderungen gemeint

35 **a) Mietabänderungsvereinbarung.** Dazu zählt zunächst eine **Mietabänderungsvereinbarung** gem. § 557 Abs. 1 BGB.[74] Nicht hierzu zählt der **Abschluss des Mietvertrages.** Voraussetzung ist das Bestehen eines Mietvertrages und die nachträgliche Erhöhung einer einmal vereinbarten Miete.

36 Auch zu den vertraglichen **Vereinbarungen** gehören **Mieterhöhungen auf die ortsübliche Vergleichsmiete** gem. § 558ff. BGB. Allein die Tatsache, dass der Vermieter hierauf einen Anspruch hat, ändert am Vereinbarungscharakter nichts. Das mit einer Begründung versehene Erhöhungsverlangen des Vermieters gem. § 558a BGB ist ein Antrag iSd § 145 BGB[75], der auf den Abschluss eines Änderungsvertrags gem. § 311 Abs. 1 BGB gerichtet ist.[76] Die Zustimmung des Mieters, ebenfalls eine empfangsbedürftige Willenserklärung, ist ihrem Wesen nach die Annahme gem. § 151 BGB dieses Vertragsangebots. Auch Sinn und Zweck des § 556e Abs. 1 S. 2 Alt. 2 BGB sprechen für eine Anwendung. Denn die Mieterhöhung ist, auch wenn sie im Verfahren nach §§ 558a, 558b BGB geltend gemacht wird, der Höhe nach nicht beschränkt, wenn der Mieter zustimmt. Es gilt weder die ortsübliche Vergleichsmiete als Obergrenze noch die Kappungsgrenze. Zwar hat der Vermieter nur einen Anspruch auf Zustimmung bis zur ortsüblichen Vergleichsmiete jedoch macht dies eine darüberhinausgehende Zustimmung des Mieters nicht unwirksam. § 558 Abs. 1, 2 BGB stellen kein gesetzliches Verbot iSd § 134 BGB dar. Bei kollusivem Zusammenwirken von Vermieter und Vermieter ist eine Überschreitung der ortsüblichen Vergleichsmiete deshalb ebenso möglich wie bei einem schlichten Irrtum der Mietvertragsparteien über deren genaue Höhe. Insbesondere dann, wenn der Vermieter das Erhöhungsverlangen in Gemeinden ohne Mietspiegel mit drei Vergleichswohnungen begründet und der Mieter es nicht auf einen Prozess ankommen lassen will, kann es zu einer Überschreitung der ortsüblichen Vergleichsmiete um mehr als 10% kommen. Das Gleiche gilt bei falscher Spanneneinordnung in einen Mietspiegel.

37 Die Mieterhöhung kann **auf unterschiedliche Art und Weise zustande kommen: (aa)** Der Mieter stimmt dem Zustimmungsverlangen innerhalb der Überlegungsfrist ausdrücklich zu; **(bb)** er stimmt konkludent durch Zahlung der erhöhten Miete zu; **(cc)** die Parteien schließen im gerichtlichen Verfahren einen Vergleich über die erhöhte Miete, **(dd)** der Mieter wird zur Zustimmung zur Miete verurteilt. Alle diese Fälle stellen Vereinbarungen iSd § 556e Abs. 1 S. 2 Alt. 2 BGB dar. Die jeweiligen Erhöhungsbeträge sind aus der Vormiete herauszurechnen, wenn die Vereinbarung im letzten Jahr vor der Beendigung des Vormietverhältnisses geschlossen wurde. Für (aa) und (bb) ist dies schon vom Wortlaut her eindeutig. Aber auch der Fall (cc) ist eine Vereinbarung[77], auch wenn der Vergleich gem. § 779 BGB nur einen Streit beilegen soll, so erfolgt dies gerade durch eine Mietabänderungsvereinbarung. Auch Mieterhöhungen, die durch die Verurteilung des Mieters im Zustimmungsprozess zustande kommen, stellen eine solche Vereinbarung dar.[78] Das

[73] *Hinz* ZMR 2014, 593 (597); *Weigelt* Herausforderung S. 295.

[74] *Blank* WuM 2014, 641 (651).

[75] *Zehelein* NZM 2015, 31; **aA** Soergel/*Heintzmann* BGB § 558a Rn. 2; wohl auch *Schmid* GE 2011, 242, die von einer Willenserklärung eigener Art ausgehen; nach *Bloching/Ortolf* NZM 2012, 334 (336) soll die BGH-Entscheidung BGH VIII ZR 300/09, NZM 2011, 117 dafür sprechen, dass der BGH auch dieser Auffassung sei.

[76] BayObLG NJW-RR 1989, 1172.

[77] *Blank WuM 2014, 641 (651),* der die Rechtsfolge aber zu Recht für rechtspolitisch unerwünscht hält, weil sinnvolle Vereinbarungen über die Miethöhe erschwert würden.

[78] Staudinger/*V. Emmerich* BGB § 556e Rn. 23, der kaum eine praktische Bedeutung der Kontroverse sieht; ebenso wie hier wohl *Flatow* WuM 2015, 191; nach MüKoBGB/*Artz* § 556e Rn. 14 gehe zwar der „Bezug

Urteil des Gerichts ersetzt mit Rechtskraft gem. § 894 ZPO nur die Zustimmung des Mieters. Es bleibt aber ein Änderungsvertrag. Auch Rechtskraftgesichtspunkte spielen keine Rolle. Das Urteil entwickelt Rechtskraftwirkung nur zwischen den Parteien. Mehr ist auch nicht erforderlich und nicht möglich.[79] Das Urteil führt nur dazu, dass die Vormiete aufgrund der gerichtlich ersetzenden Zustimmung des Mieters zum Erhöhungsverlangen des Vermieters vertraglich erhöht wurde. Das Gericht selbst gestaltet den Mietvertrag nicht um. Theoretisch[80] können also selbst gerichtlich durchgesetzte Mieterhöhungen herauszurechnen sein. Eine teleologische Reduktion der Vorschrift scheidet deshalb aus.[81]

**b) Modernisierungen, Betriebskosten.** Mieterhöhungen gem. § 559 BGB nach **Modernisierungsmaßnahmen** oder wegen **Betriebskostenerhöhungen** gem. § 560 BGB werden aus der Vormiete nicht herausgerechnet, da sie nicht „vereinbart" werden sondern durch Gestaltungserklärung des Vermieters einseitig durchgesetzt werden.[82] Deshalb war die Formulierung § 556g Abs. 1a Nr. 1 BGB in der bis 31.3.2020 geltenden und für Mietverträge, die bis zu diesem Termin abgeschlossen wurden noch weiter maßgeblichen Fassung zumindest missverständlich und nicht zielführend. Danach hat der Vermieter, wenn er sich auf den Ausnahmetatbestand des § 556e Abs. 1 berufen will, ohne Einschränkungen, die ein Jahr vor Beendigung des Vormietverhältnis geschuldete Miete mitzuteilen. Insbesondere dann, wenn einseitige Mieterhöhungen nach Modernisierung, Staffel- oder Indexmieterhöhungen stattgefunden haben, ist das nicht die zulässige Vormiete.[83] Für Mietverträge, die ab 1.4.2020 abgeschlossen wurden, muss deshalb richtigerweise die letzte geschuldete Vormiete mitgeteilt werden. 38

Haben die Mietvertragsparteien nach einer Modernisierung **aus Anlass dieser Modernisierung** eine Mieterhöhung vereinbart, zB gem. § 555f BGB[84], die genau der einseitigen Mieterhöhung gem. § 559 BGB entspricht, so behandelt der BGH diese Abänderungsvereinbarung im Rahmen der Jahressperrfrist des § 558 Abs. 1 BGB[85] und der Berechnung der Kappungsgrenze gem. § 558 Abs. 3 BGB[86] unterschiedslos wie eine einseitige Mieterhöhung. Das hätte zur Folge, dass solche Mieterhöhungen, wenn sie innerhalb der Jahresfrist erfolgen, nicht herauszurechnen wären.[87] Das ist zumindest dann zweifelhaft (→ BGB § 558 Rn. 33, 178), wenn der Vermieter eine Modernisierungsmieterhöhung erklärt hat und die Parteien sich dann auf einen bestimmten Betrag vergleichsweise einigen.[88] 38a

**c) Kostenmieterhöhung.** Hat im letzten Jahr vor Beendigung des Mietverhältnisses noch eine Erhöhung der **Kostenmiete** stattgefunden, so wird diese aus der Vormiete nicht herausgerechnet, da die Mieterhöhung einseitig aufgrund der Erhöhungserklärung des Vermieters erfolgte. Das gilt i. Ü. auch dann, wenn landesgesetzlich sich das Verfahren nach § 558ff. BGB richtet (→ BGB Vor § 557 Rn. 25ff.). Zwar ist hier eine Zustimmung des Mieters erforderlich, so dass formal eine Vereinbarung vorliegt, jedoch wird die Höhe des Zustimmungsverlangens nicht nur durch die ortsübliche Vergleichsmiete begrenzt, sondern auch durch die Fördervereinbarung. Sinn und Zweck der Ausnahmevorschrift, kollusives Verhalten zwischen Vermieter und Vormieter zu Lasten des Nachmieters zu verhindern, erfordern hier keine Anwendung, weil die Höhe der Vor- 39

---

zum Regelungszweck geradezu vollständig verloren" der weite Wortlaut spreche aber für die Anwendung; **aA** *Blank* WuM 2014, 641 (651).

[79] Eine Streitverkündung gem. § 72 ZPO ist trotz der Bedeutung der Vormiete für die Weitervermietungsmiete nicht zulässig. Der Nachmieter ist außerdem auch noch gar nicht bekannt.

[80] *Flatow* WuM 2015, 191 weist daraufhin, dass die Fälle einer Verurteilung zu einer über 110% der ortsüblichen Vergleichsmiete liegenden Miete eher selten sein dürften (so auch Staudinger/*Emmerich* BGB § 556e Rn. 23). Da das Gericht aber aufgrund der im Zivilprozess herrschenden Parteidisposition an den Sachvortrag der Parteien gebunden ist, ist das vor allem bei kollusivem Parteiverhalten zweifelhaft.

[81] *Flatow* WuM 2015, 191.

[82] *Blank* WuM 2014, 641 (651).

[83] *Artz/Börstinghaus* NZM 2019, 12.

[84] Dazu *Abramenko* MietRB 2013, 278; *Artz* WImmoI 2014, 139; *Mahlstedt* WImmoT 2017, 145; *Dickersbach,* Vortrag auf dem DMT 2014 herunterladbar aus der Mietrechtsdatenbank des Deutschen Mietgerichtstages www.mietgerichtstag.de.

[85] BGH VIII ZR 285/06, NZM 2007, 727; BGH VIII ZR 287/06, NJW 2008, 2031; BGH VIII ZR 286/06, MietPrax-AK § 558 BGB Nr. 18.

[86] BGH VIII ZR 185/03, NJW 2004, 2088; *Artz* NZM 2004, 609; *Glause* WuM 2004, 708.

[87] Dafür auch Staudinger/*Emmerich* BGB § 556e Rn. 17.

[88] LG Potsdam GE 2001, 61; LG Berlin WuM 2003, 568; MüKoBGB/*Artz* § 558 Rn. 52; *Sternel* MietR Kap. IV Rn. 123 für Jahressperrfrist offengelassen; für Kappungsgrenze ebenso wie hier Sternel MietR Kap. IV, 146; **aA** Bub/Treier MietR-HdB/*Schultz* Kap. III A Rn. 770, 774, 1087; LG Berlin GE 2014, 190 (191).

miete aus anderen Gründen schon „gedeckelt" ist. Dass die Kostenmiete teilweise höher als die ortsübliche Vergleichsmiete ist, ist dabei unerheblich.

### 3. Die Jahresfrist

40 **a) Rechtliche Beendigung.** Die Frist berechnet sich von der **rechtlichen Beendigung** des Vormietverhältnisses an ein Jahr zurück.[89] Der Zeitraum berechnet sich nach § 187 Abs. 1, § 188 Abs. 2 BGB. Die Frist ist vom Gesetzgeber gewählt worden, weil sie nur wenige Monate über der maximalen Kündigungsfrist für den Vermieter gem. § 573c BGB liegt.[90] Wenn man Vormieter und Vermieter schon kollusives Verhalten unterstellt, dann ist die Frist willkürlich, weil Vereinbarungen, die einen Tag vorher geschlossen wurden, wirksam bleiben.[91]

41 **b) Räumung.** Es kommt **nicht auf die Räumung** der Wohnung durch den Vormieter oder die Möglichkeit der Weitervermietung an. Bei mehreren ggf. auch hilfsweise ausgesprochenen Kündigungen[92] muss für das Nachfolgemietverhältnis ggf. entschieden werden, welche der Kündigungen zu welchem Termin das Mietverhältnis tatsächlich beendet hat, um die Vormiete zu ermitteln. Hat der Vermieter mit dem Vormieter eine Mieterhöhung vereinbart oder ein Zustimmungsverlangen durchgesetzt und kommt der Mieter kurz darauf in Zahlungsverzug, weshalb der Vermieter den Mietvertrag fristlos kündigt, so ist der **Zugang der Kündigungserklärung** für die Fristberechnung maßgeblich, auch wenn der Vermieter erst Räumungsklage erheben und die Räumungsvollstreckung betreiben muss. In diesem Fall kann die Mieterhöhung durchaus schon zwei bis drei Jahre zurückliegen, bevor der Vermieter dann weitervermieten kann. Trotzdem bleibt diese Mieterhöhung bei der Ermittlung der Vormiete unberücksichtigt. Dieser Zeitraum kann sich in Extremfällen noch weiter verlängern, wenn der Vermieter rückwirkend zur Zustimmung verurteilt wurde (→ Rn. 42). Gegebenenfalls schuldet der gekündigte Vormieter die Differenz als **Kündigungsfolgeschaden.**[93] Voraussetzung hierfür ist, dass die Kündigung auf einem schuldhaften Verhalten des Vormieters beruhte.

42 **c) Zeitpunkt der Vereinbarung.** Es kommt nicht darauf an, ab wann die Mieterhöhung wirksam wurde, sondern auf den Zeitpunkt ihrer **Vereinbarung.** Insofern ist der Wortlaut der Vorschrift eindeutig. **(a)** Bei Mietabänderungsvereinbarungen gem. § 557 Abs. 1 BGB ist der Zeitpunkt der letzten Annahmeerklärung maßgeblich. **(b)** Bei Zustimmungen zu einem Mieterhöhungsverlangen gem. § 558a BGB ist der Zeitpunkt der Zustimmung des Mieters gem. § 558b BGB maßgeblich. Bei einer ausdrücklichen Zustimmung kommt es auf den Zugang beim Vermieter an. Dabei ist es unerheblich, ob dies innerhalb oder außerhalb der Überlegungsfrist geschieht. **(c)** Wird der Mieter durch das Gericht zur Zustimmung verurteilt, so ist der Zeitpunkt der Rechtskraft des Zustimmungsurteils maßgeblich, weil dies gem. § 894 ZPO die Willenserklärung des Mieters ersetzt.[94]

43 **d) Staffelmieten.** Bei **Staffelmieten** ist die letzte Staffel bei der Berechnung der maßgeblichen Vormiete maßgeblich, auch wenn sie im letzten Jahr vor Beendigung des Mietverhältnisses erstmals fällig wurde. Maßgeblich ist der Zeitpunkt der Vereinbarung, also wann die Staffelmietvereinbarung getroffen wurde.[95] Das Gleiche gilt für **Indexmieterhöhungen** gem. § 557b BGB.

## V. Berechnung der höchst zulässigen Miete

44 Welche Miete als Wiedervermietungsmiete zulässig ist muss durch eine **Vergleichsbetrachtung** ermittelt werden. Dabei ist die **um 10% erhöhte ortsübliche Vergleichsmiete** gem. § 556d Abs. 1 BGB mit der gem. § 556e Abs. 1 S. 2 **bereinigten Vormiete** zu vergleichen. Die Vormiete darf nicht um 10% überschritten werden. Der höhere der beiden Beträge stellt die maximal zulässige Wiedervermietungsmiete dar.

---

[89] Staudinger/*V. Emmerich* BGB § 556e Rn. 26; MüKoBGB/*Artz* § 556e Rn. 12f.
[90] BT-Drs. 18/3121, 33.
[91] Nach *Hinz* ZMR 2014, 593 (596) sollen diese Fälle aber „zu vernachlässigen" sein.
[92] *Fleindl* ZMR 2020,1.
[93] Dazu umf. *Siegmund* WuM 2017, 613.
[94] Zur Frage, wann die Rechtskraft von Urteilen eintritt, → BGB § 569 Rn. 107.
[95] *Blank* WuM 2014, 641 (651).

## C. Berücksichtigung von Modernisierungsmaßnahmen

Eine permanente Modernisierung des Wohnungsbestandes ist trotz der durch das Mietrechtsanpassungsgesetz vom 18.12.2018[96] erfolgten Einschränkungen gewünscht.[97] Die Bedeutung von Modernisierungsmieterhöhungen geht weit über das konkrete Vertragsverhältnis hinaus (→ BGB § 559 Rn. 3ff.). Solche Mieterhöhungen werden deshalb auch bei der Ermittlung der zulässigen Wiedervermietungsmiete in angespannten Wohnungsmärkten konsequenterweise[98] privilegiert. Nach § 556e Abs. 2 BGB darf der Vermieter, der in den letzten drei Jahren vor Beginn des Mietverhältnisses Modernisierungsmaßnahmen iSd § 555b BGB durchgeführt hat, die nach § 556d Abs. 1 BGB zulässige Miete um den Betrag überschreiten, der sich bei einer Mieterhöhung nach § 559 Abs. 1 BGB ergäbe. Hierzu zählen auch Mieterhöhungen im vereinfachten Verfahren nach § 559c BGB. 45

### I. Mögliche Maßnahmen

#### 1. Allgemeines

Der Vermieter muss eine oder mehrere **Modernisierungsmaßnahmen** gem. § 555b BGB durchgeführt haben.[99] Damit sind zwar alle Ziffern der Vorschrift gemeint, aber auch hier scheiden Maßnahmen nach den Nr. 2 und 7 des § 555b BGB aus.[100] Dies ergibt sich daraus, dass § 556d Abs. 2 BGB auf die Möglichkeit der Mieterhöhung nach § 559 Abs. 1 BGB abstellt. Der BGH[101] weist bei der Auslegung des Begriffs der umfassenden Modernisierung in § 556f S. 2 BGB zu Recht darauf hin, dass kein Anlass besteht, den Begriff der Modernisierung iRd §§ 556e, 559 BGB einerseits und § 556f S. 2 BGB andererseits unterschiedlich auszulegen. Das bedeutet, dass die Kosten für eine energetische Modernisierungen, durch die nur **Primärenergie** (Nr. 2) eingespart wird, und für die **Schaffung neuen Wohnraums** (Nr. 7) der Ausnahmetatbestand des § 556e Abs. 2 BGB nicht anzuwenden ist. Wegen der Einzelheiten wird auf die Kommentierung zu § 555b und § 559 BGB Bezug genommen. Es muss eine Modernisierung iSd § 555b Nr. 1, 3–6 BGB stattgefunden haben. Deshalb ist regelmäßig eine Verbesserung des Wohnungszustands im weitesten Sinne erforderlich.[102] Beim erstmaligen Anschluss einer Wohnung an ein Glasfasernetz mit hoher Kapazität sind die Beschränkungen des § 559 Abs. 1 S. 2 BGB zu beachten. Es kommt nicht darauf, dass eine ordnungsgemäße **Modernisierungsankündigung** gem. § 555c BGB erfolgte. Deren Fehlen hat bei Mieterhöhungen im Bestand auch nur zur Konsequenz, dass die Wirkung der Modernisierungsmieterhöhung später eintritt, § 559b Abs. 2 BGB. Da der neue Mieter auch nichts mehr dulden muss, macht eine solche Erklärung hier auch keinen Sinn. 46

#### 2. Erhaltungsmaßnahmen

Auch die Kosten für bloße Erhaltungsmaßnahmen gem. § 559 Abs. 2 BGB können nicht zum Gegenstand einer Modernisierungsmieterhöhung gemacht werden.[103] Das ist faktisch problematisch, weil der Nachmieter den ursprünglichen Zustand der Mietsache uU nicht kannte und deshalb auch nicht beurteilen kann, welcher Anteil der Kosten auf die Erhaltung entfiel (zur Beweislast → Rn. 63). Eine **modernisierende Instandsetzung** ist zu berücksichtigen, es sind aber die anteiligen Erhaltungskosten herauszurechnen. Dabei kommt es nicht auf die Fälligkeit der Instandsetzung an. Die Erhaltungskosten sind entsprechend der **technischen Lebensdauer** des Bauteils zu ermitteln.[104] Insofern gilt nichts anderes als bei einer Modernisierungsmieterhöhung gem. § 559ff 47

---

[96] BGBl. I 2649; dazu *Artz/Börstinghaus* NZM 2019, 12; *Selk* NJW 2019, 329; *Lützenkirchen* MietRB 2019, 86; *Börstinghaus* ZAP F. 4 S. 1777; *Wichert* ZMR 2019, 245.

[97] *Siegmund* FS Börstinghaus, 2020, 397 (399); *Gsell* NZM 2017, 305 (311).

[98] *Siegmund* FS Börstinghaus, 2020, 397 (400).

[99] Zum Begriff und den einzelnen Maßnahmen: Börstinghaus/Eisenschmid Modernisierungs-HdB/*Eisenschmid* Kap. 3.

[100] Staudinger/*V. Emmerich* BGB § 556e Rn. 36; MüKoBGB/*Artz* § 556e Rn. 16.

[101] BGH VIII ZR 369/18, NZM 2021, 220.

[102] **AA** *Abramenko* MietRB 2015, 276, 278, wonach § 556e Abs. 2 BGB anders als § 556f BGB keine Verbesserung des Wohnungszustands voraussetze.

[103] Staudinger/*V. Emmerich* BGB § 556e Rn. 37; Herrlein/Knops/Spiegelberg/*Martens,* Kommentar zum Mietrecht, 5. Aufl. 2020, BGB § 556e Rn. 7.

[104] BGH VIII ZR 81/19, NZM 2020, 795.

BGB (→ BGB § 559 Rn. 69). Zur Frage, ob dies auch bei der Ermittlung des erheblichen Bauaufwandes im Rahmen des § 556f S 2 BGB gilt, → BGB § 556f Rn. 19b.

### 3. Mietermodernisierungen

48 Mietermodernisierungen[105] **berechtigen nicht zu einem Zuschlag** zur zulässigen Wiedervermietungsmiete.[106] Das ergibt sich bereits aus dem Wortlaut des § 556e Abs. 2 BGB, der davon spricht, dass „der Vermieter Modernisierungsarbeiten" durchgeführt haben muss. Das gilt selbst dann, wenn der Vermieter dem Mieter hinterher bestimmte Kosten erstattet.[107] Dadurch wird der Vermieter nicht Bauherr der Maßnahme. § 556d Abs. 2 BGB verweist i. Ü. auch auf § 559a BGB, wonach Mieterleistungen bei der Ermittlung der Kosten in Abzug zu bringen sind. Vom Mieter durchgeführte oder finanzierte Modernisierungskosten stellen regelmäßig einen abwohnbaren Baukostenzuschuss dar.[108] Solche Mietermodernisierung können allenfalls dann als Zuschlag gem. Abs. 2 in Betracht kommen, wenn der Mieter zwar die Arbeiten ausführt, dies aber Namens und im Auftrag des Vermieters tut. In diesem Fall ist der Mieter nicht im eigenen Interesse als Mieter tätig, sondern für den Vermieter, wie jeder andere Handwerker auch.

### 4. Bisherige Mieterhöhung

48a **a) Unerheblichkeit.** Es ist **unerheblich,** ob der Vermieter aufgrund der Modernisierungsmaßnahme bereits eine **Mieterhöhung vorgenommen hat oder nicht.** Nur bei Maßnahmen die älter als drei Jahre sind, wird die Modernisierung nur dann berücksichtigt, wenn der Vermieter tatsächlich eine Mieterhöhung durchgeführt hat. In diesem Fall handelt es sich aber um einen Fall gem. § 556e Abs. 1 BGB, nämlich einer höheren Vormiete.[109] Nach Abs. 2 können so alte Maßnahmen nicht mehr berücksichtigt werden. Die Modernisierung muss nicht im unmittelbaren Vormietverhältnis stattgefunden haben. Es ist auch eine Modernisierung im Vor-Vor-Mietverhältnis oder früher maßgeblich. Die Grenze ist die Dreijahresfrist.

49 **b) Bindungswirkung.** Hat der Vermieter eine Mieterhöhung gem. §§ 559ff. BGB wegen einer Modernisierungsmaßnahme aus den letzten drei Jahren vorgenommen, dann kann diese berücksichtigt werden. **Bindungswirkung** hat diese Erhöhung aber nicht. Hat der Vermieter damals Erhaltungsmaßnahmen bei den anrechenbaren Kosten nicht herausgerechnet, muss das jetzt immer noch geschehen, auch wenn der Vormieter die Miete gezahlt hat. Das wäre allenfalls im Rahmen der Vormiete zu berücksichtigen, wenn der Mieter der Modernisierungsmieterhöhung zugestimmt hat. Umgedreht kann der Vermieter auch eine höhere Modernisierungsmieterhöhung bei der Wiedervermietungsmiete in Ansatz bringen, wenn er damals bestimmte Kosten vergessen hat oder die Mieterhöhung von vornherein wegen der ihm bekannten eingeschränkten Leistungsfähigkeit des Mieters nur eingeschränkt vorgenommen hat. Es tritt **keine Selbstbindung** ein, die dem Vermieter verbietet später den rechtlich zulässigen maximalen Betrag zu verlangen. Das Gleiche gilt, wenn die Mieterhöhung damals gegenüber dem Vormieter ganz oder teilweise ausgeschlossen war, weil dieser sich auf eine **eingeschränkte wirtschaftliche Leistungsfähigkeit** gem. § 559 Abs. 3, 4 BGB berufen hat.[110] Ebenso ist eine Berücksichtigung der Modernisierung möglich, wenn eine Mieterhöhung gegenüber dem Vormieter wegen des Bestehens einer **Staffelmiete**[111] gem. § 557a Abs. 2 S. 2 BGB oder einer **Indexmiete** gem. § 557b Abs. 2 S. 2 BGB ausgeschlossen war. Etwas anderes gilt nur dann, wenn der Vermieter die Miete im vereinfachten Ver-

---

105 Zur Mietermodernisierung Börstinghaus/Eisenschmid Modernisierungs-HdB/*Eisenschmid* Kap. 14; *Damrau-Schröter,* Zivilrechtliche Aspekte der „Mieter-Modernisierung" – Die Rechtsstellung des Mieters zwischen Verwendungsersatz und Wegnahmerecht, 1994; *Horst* DWW 2014, 282 (292); *Kinne* GE 2007, 30; *Sternel* WuM 1984, 287 (315); *Ackermann* ZMR 1988, 43; *Gundlach* ZMR 1983, 218; *Kahlen* ZMR 1984, 2.

106 Staudinger/*V. Emmerich* BGB § 556e Rn. 38.

107 AG Gelsenkirchen ZMR 1987, 340; AG Essen WuM 1978, 213; *Sternel* PiG 16 (1984), 105, 11; **aA** Lützenkirchen MietR/*Dickersbach* BGB § 559 Rn. 57; *Mersson* DWW 2009, 122 (126); wohl jetzt auch Staudinger/*V. Emmerich* BGB § 559 Rn. 22 unter Berufung auf BGH VIII ZR 173/10, NJW 2011, 1499, Aufwendungsersatzansprüche als anrechenbare Kosten.

108 BGH VIII ZR 315/09, NZM 2010, 735 = MietPrax-AK § 558 BGB Nr. 27 mAnm *Börstinghaus;* OVG *Berlin ZMR 1989, 391.*

109 *Blank* WuM 2014, 641 (652).

110 MüKoBGB/*Artz* § 556e Rn. 16.

111 Zur Anwendung des § 556e Abs. 2 BGB bei Staffelmieten: *Siegmund* FS Börstinghaus, 2020, 397 (405).

fahren gem. § 559c BGB geltend gemacht hat. Hier kann er später nicht einen geringeren Instandhaltungsanteil als 30% geltend machen.

**c) Erhöhung auf ortsübliche Vergleichsmiete.** Hat der Vermieter nach Abschluss der Modernisierungsarbeiten nur eine **Mieterhöhung gem. § 558 BGB auf die ortsübliche Vergleichsmiete** für den modernisierten Standard oder eine Kombination von Mieterhöhungen nach §§ 558ff. und §§ 559ff. BGB (→ BGB Vor § 558 Rn. 3ff.) durchgeführt, kann die Modernisierung auch als Zuschlag gem. § 556e Abs. 2 BGB Berücksichtigung finden.[112] Ausgangspunkt muss aber dann, wie in allen Fällen auch, die ortsübliche Vergleichsmiete für unmodernisierte Wohnungen sein. 50

**d) Leerstand.** Und schließlich sind auch Modernisierungen zu berücksichtigen, die bisher gar nicht zum Gegenstand einer Mieterhöhung gemacht worden sind. Ob die Arbeiten durchgeführt wurden, während die Wohnung bewohnt war oder in einer **Leerstandsphase** zwischen zwei Vermietungen[113] ist dabei unerheblich. 50a

**e) Eigentümerwechsel.** Hat nach der Modernisierung ein **Eigentümerwechsel** und damit Vermieterwechsel gem. § 566 BGB stattgefunden, so kann auch der Erwerber die Modernisierungskosten zum Gegenstand eines Zuschlags zu der nach § 556d Abs. 1 BGB zulässigen Miete machen[114] (→ BGB § 566 Rn. 98). Zwar verlangt der Wortlaut des Abs. 2 anders als der des § 556f S. 2 BGB[115] eine Modernisierung „durch den Vermieter", dies steht aber der entsprechenden Auslegung nicht entgegen.[116] Die Modernisierung ist ja durch den Vermieter, nämlich den zum Zeitpunkt der Maßnahme, durchgeführt worden. Der Wortlaut steht der Auslegung deshalb nicht zwingend entgegen. Die abweichende Formulierung § 556f S. 2 BGB soll auch keine unterschiedliche Behandlung der Fälle auslösen. Auch bei Modernisierungsmieterhöhungen im Bestand kann in den Fällen der „Rechtsnachfolge" nach § 566 BGB der Erwerber eine Mieterhöhung nach § 559 BGB auf Grund von Modernisierungsarbeiten des Voreigentümers vornehmen, unabhängig davon, ob die **Modernisierungsarbeiten vor**[117] **oder nach**[118] **Eintritt des Erwerbers** in das Mietverhältnis abgeschlossen worden sind. Nichts anderes gilt hier. Das entspricht auch dem weiten Gesetzeszweck.[119] Hat der Erwerber Modernisierungen durchgeführt, **bevor er als Eigentümer** eingetragen war, kann er keine Modernisierungsmieterhöhung erklären (→ BGB § 559 Rn. 33). Trotzdem muss man nach Sinn und Zweck der Regelung hier zu einer Anwendung des § 556e Abs. 2 BGB kommen. Bei einer Neuvermietung durch den Erwerber als Vermieter hätte er wegen des modernisierten Zustands eine höhere Miete vereinbaren können. Es würde den Sinn und Zweck des Gesetzes konterkarieren, wenn man hier verlangen würde, dass der Erwerber mit den Arbeiten so lange warten müsste, bis er im Grundbuch eingetragen ist. Damit würde bei knapper Wohnungsversorgung noch eine Wohnung dem Wohnungsmarkt entzogen. Problematisch sind Modernisierungen bei Wohnungseigentumsanlagen am Gemeinschaftseigentum (→ BGB § 559 Rn. 30). Da die Interessenlage hier völlig identisch ist, kommt eine analoge Anwendung des § 556e Abs. 2 BGB in Betracht.[120] 51

---

[112] *Blank* WuM 2014, 641 (652).

[113] BT-Drs. 18/3121, 34; *Blank* WuM 2014, 641 (652).

[114] *Siegmund* FS Börstinghaus, 2020, 397 (404); *Blank* WuM 2014, 641 (652), insofern anders als in den Fällen der Vormiete auf *Blank* WuM 2014, 641 (650); HK-Miete/*Hinz* BGB § 556e Rn. 16; **aA** *Abramenko* MietRB 2015, 276 (278); Lützenkirchen MietR/*Abramenko* BGB § 556e Rn. 41.

[115] Woraus Lützenkirchen MietR/*Abramenko* BGB § 556e Rn. 41 eine unterschiedliche Behandlung ableitet.

[116] Nach Staudinger/*V. Emmerich* BGB § 556e Rn. 43 spreche der Wortlaut gegen die Anwendung, gleichwohl „empfehle sich […] zumindest eine analoge Anwendung des § 556e Abs. 2 BGB".

[117] KG NZM 2000, 860; Blank/Börstinghaus/*Blank/Börstinghaus* BGB § 566 Rn. 77; *Beuermann* GE 1994, 733 (734); Lützenkirchen MietR/*Dickersbach* BGB § 559 Rn. 53; *Flatow* WImmoT 2008, 129, 140; *Mersson* DWW 2009, 122 (127); Staudinger/*V. Emmerich* BGB § 559 Rn. 15; *Kinne* ZMR 2001, 868; Palandt/*Weidenkaff* BGB § 559 Rn. 3; **aA** AnwK WohnraumMietR/*Lammel* BGB § 559 Rn. 15; *Sternel* NZM 2001, 1058 (1065).

[118] KG NZM 2000, 652; AnwK WohnraumMietR/*Lammel* BGB § 559 Rn. 15; *Börstinghaus* PiG 70 (2005), 65 (86); *Blank/Börstinghaus* BGB § 566 Rn. 77; *Flatow* WImmoT 2008, 129, 140; *Beuermann* GE 1994, 733 (734); *Kinne* ZMR 2001, 868; Palandt/*Weidenkaff* BGB § 559 Rn. 3; Lützenkirchen MietR/*Dickersbach* BGB § 559 Rn. 53; *Mersson* DWW 2009, 122 (127); Staudinger/*Emmerich* BGB § 559 Rn. 15; **aA** *Sternel* NZM 2001, 1058 (1065); PiG 40 (1993), 45 (48); *Langenberg* PiG 40 (1993), 59 (71).

[119] BT-Drs. 18/3121, 34 „Modernisierungen zwischen Beendigung des bisherigen Mietverhältnisses und Abschluss eines neuen Mietverhältnisses [sind] wohnungswirtschaftlich erwünscht"; so auch HK-Miete/*Hinz* BGB § 556e Rn. 16; nach Staudinger/*Emmerich* BGB § 556e Rn. 43 „empfiehlt sich nach dem Zweck der Regelung eine analoge Anwendung".

[120] Lützenkirchen MietR/*Abramenko* BGB § 556e Rn. 42.

## II. Zeitpunkt der Maßnahmen

52 Die Möglichkeit zur Berücksichtigung von Modernisierungsmaßnahmen ist **zeitlich beschränkt** auf solche Modernisierungen, die „in den letzten drei Jahren vor Beginn des Mietverhältnisses" durchgeführt wurden.

### 1. Fristende

53 Der Wortlaut der Vorschrift ist eindeutig. Die Dreijahresfrist[121] ist **vom Beginn des Mietverhältnisses rückwärts** zu ermitteln. Es kommt nicht auf den Abschluss des Vertrages, sondern seine Invollzugsetzung an.[122] Das kann in Einzelfällen problematisch sein, wenn zwischen Mietvertragsabschluss und Mietvertragsbeginn ein längerer Zeitraum liegt.[123] Eine Miete, die bei Abschluss des Vertrages wirksam gewesen wäre, weil in den Dreijahreszeitraum zu berücksichtigende Modernisierungen fielen, kann bei Mietvertragsbeginn (teil)unwirksam sein, weil jetzt die Modernisierungen außerhalb des Dreijahreszeitraum liegen. Ähnlich wie bei der Berechnung der Kappungsgrenze[124] müssen die Parteien auch hier erst einen Termin in der Zukunft (Mietvertragsbeginn) ermitteln, und dann von dort nach hinten schauen.

### 2. Fristbeginn

54 Die Frist beginnt also genau **drei Jahre vor dem Mietvertragsbeginn.** Der Wortlaut des Gesetzes verlangt innerhalb dieser Frist die „Durchführung von Modernisierungsarbeiten". Modernisierungsarbeiten finden nicht zu einem bestimmten Zeitpunkt, sondern innerhalb eines Zeitraums statt.[125] Deshalb stellt sich die Frage, welcher Teil dieses Zeitraums in die Dreijahresfrist fallen muss: **a)** Modernisierungsankündigung; **b)** Baubeginn; **c)** Fertigstellung der Arbeiten; **d)** erste Möglichkeit zur Modernisierungsmieterhöhung; **e)** Eingang der letzten Rechnung oder **f)** tatsächlich erfolgte Modernisierungsmieterhöhung.

Die Alternativen a), d) und f) kommen nicht in Betracht. Die Modernisierungsankündigung hat mit der Durchführung der Maßnahme noch nichts zu tun. Wenn es auf die tatsächliche Modernisierungsmieterhöhung ankäme, hätte es der Vermieter in der Hand im Hinblick auf spätere Wiedervermietungen den Fristbeginn beliebig zu verschieben. Die beiden Zeitpunkte sind auch deshalb ungeeignet, weil § 556e Abs. 2 BGB ja auch Fälle erfassen soll, in denen gar keine Mieterhöhung stattgefunden hat, bzw. gar kein Mieter als Adressat einer Modernisierungsankündigung in der Leerstandsphase existierte. Soweit es bei der Kappungsgrenze bei deren Berechnung auf den Wirksamkeitszeitpunkt einer Modernisierungsmieterhöhung ankommt, ist der Fall nicht vergleichbar. Gemäß § 558 Abs. 3 BGB darf die Miete innerhalb von drei Jahren um nicht mehr als 20% bzw. 15% steigen. Dazu muss nur die Miethöhe zu zwei Stichtagen verglichen werden. Alle Modernisierungsmieterhöhungen, die zwischen diesen beiden Stichtagen erfolgen, werden auf die Kappungsgrenze nicht angerechnet, egal wann die Modernisierungsmaßnahme stattgefunden hat.

55 Bereits **vom Wortlaut** her kann es nur um die Arbeiten an sich gehen. Die beginnen zum Zeitpunkt b) und enden zum Zeitpunkt c). Es stellt sich also die Frage, ob **(aa)** der ganze Zeitraum, **(bb)** der überwiegende Zeitraum oder nur **(cc)** das Ende in den Dreijahreszeitraum fallen muss. Der Wortlaut der Vorschrift ist unergiebig, er erlaubt alle drei Varianten. Auch eine historische Auslegung hilft nicht weiter, da die Gesetzesmaterialien[126] sich auch nicht auf einen bestimmten Zeitpunkt festlegen. Es wird nur darauf hingewiesen, dass ohne die in Abs. 2 enthaltene Sonderregelung es für den Vermieter wirtschaftlicher wäre, zunächst die Wohnung im bisherigen Zustand zu vermieten, und dann erst Modernisierungsmaßnahmen mit anschließender Mieterhöhung nach den §§ 559ff. BGB durchzuführen. Da dies nur dann in Betracht kommt, wenn kein Ausschlusstatbestand gem. § 557 Abs. 3 Hs. 2 BGB vorliegt, müsste dann wohl der Baubeginn, nach Mietvertragsbeginn liegen, da eine Vermietung während der Bauphase entweder so zu verstehen ist, dass

---

[121] Kritisch zu dieser Frist aus rechtspolitischer Sicht *Häublein* ZfPW 2020, 1, 9; er fordert deren Streichung: PiG 97 (2014), 1, 3.

[122] Staudinger/*V. Emmerich* BGB § 556e Rn. 39; Lützenkirchen MietR/*Abramenko* BGB § 556e Rn. 43.

[123] So auch MüKoBGB/*Artz* § 556e Rn. 18.

[124] *OLG Celle NJW-RR* 1996, 331; LG Frankfurt a. M. ZMR 1997, 474; LG Hannover WuM 1990, 517; LG München II ZMR 1986, 57; LG Hamburg WuM 1984, 111; Palandt/*Weidenkaff* BGB § 558 Rn. 21.

[125] *Frank* Mietpreisbremse S. 55.

[126] BT-Drs. 18/3121, 34.

der modernisierte Zustand vertragsgemäß ist oder zumindest deshalb keine Mieterhöhung erfolgt. So dürfte die Begründung aber wohl nicht zu verstehen sein. Es sollte nur ein Argument für die Privilegierung von Modernisierungen während der Leerstandsphase darstellen ohne exakte Termine vorzugeben. Es bleibt die Auslegung nach dem Sinn und Zweck. Danach ist der **Ausnahmetatbestand weit auszulegen**[127], weil das Anliegen des Gesetzes ist, Modernisierungen zu fördern.[128] Deshalb genügt es, wenn der Zeitpunkt (cc), also das **Ende der Bauarbeiten** in den Dreijahreszeitraum fällt.[129]

### III. Berechnung der zulässigen Miete

#### 1. Ermittlung des Zuschlags

Der gem. Abs. 2 zulässige Zuschlag ist genauso zu ermitteln, wie der Mieterhöhungsbetrag gem. §§ 559ff BGB bei einer Mieterhöhung nach einer Modernisierungsmaßnahme. Dazu müssen 56

- Die anrechenbaren Kosten festgestellt werden (→ BGB § 559 Rn. 54ff.)
- Der richtige Umlageschlüssel bei Maßnahmen, die sich auf mehrere Wohnungen beziehen, festgelegt werden (→ BGB § 559 Rn. 74).
- Die neue Kappungsgrenze gem. § 559 Abs. 3a BGB muss eingehalten werden (→ BGB § 559 Rn. 87).
- Drittmittel gem. § 559a BGB angerechnet werden[130].

Wegen der zahlreichen Wertungsfragen bei jedem dieser Punkte, gleicht die Ermittlung der preisrechtlich zulässigen Miete der bekannten Suche einer „Stecknadel im Heuhaufen".[131]

**a) Erhaltungskosten.** Auch hier sind nur die auf die Modernisierung entfallenden Kosten ansatzfähig. **Erhaltungskosten** dürfen nicht berücksichtigt werden.[132] Es ist zulässig, sie ggf. gem. § 287 Abs. 1 ZPO zu **schätzen.**[133] Das ist aber nur zulässig, soweit das erforderlich ist, die Kosten also nicht anderweitig ermittelt werden können. Soweit der BGH[134] es zulässt, eine Quote der Gesamtkosten pauschal abzuziehen, bezieht sich das nur auf die Formalien einer Modernisierungsmieterhöhung. Wenn der Instandsetzungsanteil nicht genau ermittelt werden kann, ist es aber unzulässig, den Zuschlag gänzlich zu verneinen. Auch hier muss das Gericht ggf. zumindest einen Mindestbetrag in Ansatz bringen.[135] § 559c BGB gilt aufgrund der ausdrücklichen Verweisung in § 556e Abs. 2 BGB hier nicht. Ein pauschaler Abzug von Erhaltungskosten bei einem Aufwand von bis zu 10.000 EUR iHv 30% ist deshalb unzulässig. 57

**b) Einzelne Wohnungen.** Soweit die Kosten nur für **einzelne Wohnungen** entstanden sind, sind auch nur die jeweiligen Kosten in Ansatz zu bringen. Soweit Kosten für mehrere Wohnungen angefallen sind, wie zB Gerüstkosten, Wärmedämmung, Zentralheizungseinbau oder auch notwendige Architektenhonorare, sind diese vom Vermieter nach dem ausdrücklich anwendbaren § 559 Abs. 3 BGB angemessen zu verteilen. Der Vermieter kann dazu iRd §§ 315, 316 BGB nach **billigem Ermessen** einen Verteilungsschlüssel bestimmen.[136] **Unbillig** sind solche Umlageschlüssel, die bestimmte Mieter unberechtigterweise bevorzugen oder benachteiligen. Dem Vermieter steht dabei ein Ermessensspielraum zu.[137] Die Verteilung der Kosten nach dem **Verhältnis der tatsächlichen Wohnfläche** ist regelmäßig nicht unbillig.[138] Der Vermieter ist nicht verpflichtet einen 58

[127] NK-BGB/*Hinz* § 556e Rn. 19.
[128] *Flatow* WuM 2015, 191.
[129] *Flatow* WuM 2015, 191; Staudinger/*V. Emmerich* BGB § 556e Rn. 40; *Frank* Mietpreisbremse S. 56; nach *Blank* WuM 2014, 641 (652) müssen die Arbeiten „abgeschlossen" sein.
[130] Staudinger/*V. Emmerich* BGB § 556e Rn. 32.
[131] Frank Mietpreisbremse S. 60 unter Berufung auf *Börstinghaus* DWW 2014, 202 (206); nach MüKoBGB/*Artz* § 556e Rn. 17 „keine triviale Aufgabe".
[132] *Siegmund* FS Börstinghaus, 2020,397 (404/405).
[133] *Siegmund* FS Börstinghaus, 2020, 397 (405).
[134] BGH VIII ZR 88/13, NJW 2015, 934.
[135] BGH VIII ZR 88/13, NJW 2015, 934.
[136] MüKoBGB/*Artz* § 559 Rn. 25; Bub/Treier MietR-HdB/*Schultz* Kap. III A Rn. 1585; Staudinger/*V. Emmerich* BGB § 559 Rn. 26.
[137] LG Berlin GE 2019, 1579.
[138] Staudinger/*V. Emmerich* BGB § 559 Rn. 27; Bub/Treier MietR-HdB/*Schultz* Kap. III A Rn. 1586; MüKoBGB/*Artz* § 559 Rn. 25.

Umlageschlüssel zu verwenden, der den vermeintlich unterschiedlichen **Gebrauchswert** der Modernisierungsmaßnahme oder das Maß der potenziellen Energieeinsparung für den einzelnen Mieter berücksichtigt (→ BGB § 559 Rn. 79). Gemäß § 315 Abs. 3 S. 3 BGB kann die Verteilung durch das Gericht im Zahlungsprozess nur auf Billigkeit überprüft werden. Ist die Verteilung im Einzelfall unbillig, muss das Gericht gem. § 315 Abs. 3 S. 2 BGB die Bestimmung einer der Billigkeit entsprechenden Verteilung im (Rück-)Zahlungsverfahren vorzunehmen.[139]

58a **c) Kappungsgrenze.** Bei der Ermittlung des Zuschlags ist auch die neue **Kappungsgrenze für Modernisierungsmieterhöhungen** gem. § 559 Abs. 3a BGB zu berücksichtigen. Danach darf sich die monatliche Miete innerhalb von sechs Jahren, von Erhöhungen nach § 558 oder § 560 abgesehen, nicht um mehr als 3 EUR je Quadratmeter erhöhen. Beträgt die monatliche Miete vor der Mieterhöhung weniger als 7 EUR pro Quadratmeter, so darf sie sich nicht um mehr als 2 EUR je Quadratmeter erhöhen. Deshalb ist bei Anwendung des § 556e Abs. 2 BGB ggf. von der gekappten Modernisierungsmieterhöhung auszugehen. Dies gilt aber aufgrund der Überleitungsvorschrift in Art 229 § 49 I EGBGB nicht für Modernisierungsmaßnahmen bei einem bis zum 31.12.2018 begründeten Mietverhältnis, wenn dem Mieter die Modernisierungsankündigung nach § 555c Abs. 1 S 1 BGB bis einschließlich 31.12.2018 zugegangen ist. Da der Vermieter bis zu diesem Zeitpunkt eine ungekappte Modernisierungsmieterhöhung hätte verlangen können, berechnet sich der Zuschlag gem. § 556e Abs. 2 BGB auch entsprechend der ungekappt erfolgten oder möglichen Mieterhöhung. Hat der Vermieter die Modernisierung in einer Leerstandsphase vorgenommen, also ohne eine Modernisierungsankündigung machen zu müssen oder zu können, fehlt es an einer Übergangsregelung. Soweit Art 229 § 49 I EGBGB auf die Fälle abstellt, in denen die Modernisierungsankündigung unterblieben ist und es deshalb statt auf deren Zugang auf den Zugang der Mieterhöhungserklärung nach § 559b BGB ankommen soll, um das anwendbare Recht zu ermitteln, passt diese Regelung nicht, da es ja auch keine Modernisierungsmieterhöhung gibt, sondern nur eine erhöhte Wiedervermietungsmiete. Aus der Übergangsregelung ergibt sich aber, dass auf Baumaßnahmen, die vor dem 1.1.2019 begonnen wurden, das alte Recht, also eine 11 prozentige Umlage ohne Kappungsgrenze Anwendung findet. In den übrigen Fällen beträgt der Umlagesatz der aufgewandten Kosten 8% und wird ggf. gem. § 559 Abs. 3a BGB gekappt.

59 **d) Kürzungsbeträge.** Nach dem eindeutigen Wortlaut des § 556e Abs. 2 BGB ist hier auch § 559a BGB anwendbar, so dass die **Kürzungsbeträge** wegen der Verwendung von Drittmitteln in Abzug zu bringen sind. Das ist deshalb wichtig, weil solche Kürzungsbeträge in den Fällen der Weitervermietung normalerweise nicht weiter anzurechnen sind.[140] Das gilt auch im Normalfall der Begrenzung der Weitervermietungsmiete gem. § 556d Abs. 1 BGB. Der verweist nämlich nur auf § 558 Abs. 2 BGB und nicht auf § 558 Abs. 5 BGB. Wenn aber der Modernisierungszuschlag gem. § 556e Abs. 2 BGB zu ermitteln ist, dann werden die Kürzungsbeträge abgezogen.

59a Das Gesetz differenziert dabei vom Wortlaut nicht danach, ob es sich um eine Mieterhöhung im vereinfachten Verfahren gem. § 559c BGB gehandelt hat oder nicht. Hat der Vermieter dieses Verfahren gewählt wird aus Vereinfachungsgründen auf eine Anrechnung teilweise verzichtet. Der Zinsvorteil zinsvergünstigter oder zinsloser Darlehen gem. § 559a Abs. 2 S 1–3 BGB muss bei der Modernisierungsmieterhöhung nicht in Abzug gebracht werden. Da § 556e Abs. 2 aber nur auf § 559a BGB und nicht auf § 559c BGB verweist, gilt diese Ausnahme für die Ermittlung der maximalen Wiedervermietungsmiete nicht. Bei baulichen Maßnahmen während der Leerstandsphase würde das auch keinen Sinn machen, weil hier die Verfahrenserleichterungen nicht notwendig sind, da der Vermieter gegenüber keinem Mieter Formalien einzuhalten hat.

### 2. Härtegründe des Mieters

60 Der Nachmieter kann sich **nicht auf wirtschaftliche Härtegründe** berufen. § 559 Abs. 4 BGB ist nach der eindeutigen Verweisung in Abs. 2 S. 2 BGB hier nicht anwendbar. Das entspricht auch Sinn und Zweck der Regelung. Die Härtefallregelung berücksichtigt das Bestandsinteresse des Mieters an der Wohnung zu bezahlbaren Bedingungen. Hier geht es um einen neuen Mietvertrag und der Mieter kann sich vorher überlegen, ob er die Wohnung zu dem Preis anmieten will.

---

[139] LG Berlin GE 2019, 1579.

[140] *LG Berlin (65. ZK) GE 1997,* 238; 2001, 210; Staudinger/*V. Emmerich* BGB § 558 Rn. 42a; *Börstinghaus* PiG 70 (2005), 65 (83); *Schach* GE 2004, 278 (282), mit Übersichtstabelle über die divergierende Rspr. der verschiedenen Kammern des LG Berlin *Schach* GE 2004, 278 (281); **aA** AG Lichtenberg MM 2006, 147; *Kunze/Tietzsch* WuM 2003, 423; *Kunze/Tietzsch* Miethöhe Teil II Rn. 296 mwN in Fn. 1 S. 190.

### 3. Ermittlung der zulässigen Weitervermietungsmiete

61 Die zulässige Weitervermietungsmiete ist in den Fällen des Abs. 2 der Art zu ermitteln, dass zunächst die maximal zulässige Miete gem. § 556d Abs. 1 BGB **für unmodernisierte Wohnungen** ermittelt wird, also die ortsübliche Vergleichsmiete plus 10%. Zu dieser Miete wird der Modernisierungszuschlag gem. § 556e Abs. 2 BGB iHv 8%[141] der aufgewandte und anrechenbaren Modernisierungskosten hinzugerechnet.[142] Er ist dann nicht noch einmal um 10% zu erhöhen.

### 4. Wahlrecht des Vermieters

62 Bei **Modernisierungsmieterhöhungen** hat der Vermieter ein **Wahlrecht,** ob er die erfolgte Mieterhöhung gem. § 559 BGB im Rahmen der Vormiete berücksichtigt wissen will oder gem. § 556e Abs. 2 BGB als Zuschlag zur ortsübliche Vergleichsmiete zzgl. 10% hinzurechnet.[143] Unzulässig ist aber die Kumulierung beider Ausnahmetatbestände.[144]

## D. Prozessuales

63 Bei § 556d BGB handelt es sich sowohl bei den Fällen des Abs. 1 wie auch denen des Abs. 2 um eine Ausnahmevorschrift zu § 556d Abs. 1 BGB. Die Darlegungs- und Beweislast hat deshalb der Vermieter für die Tatbestandsmerkmale der jeweiligen Norm.[145] Den Vermieter trifft deshalb auch die Beweislast dafür, dass es sich nicht um **Instandsetzungsarbeiten** gehandelt hat und bei modernisierenden Instandsetzungsarbeiten auch hinsichtlich der Aufteilung der Kosten auf den Modernisierungsanteil und den Instandsetzungsanteil.[146] Er muss ggf. die Schätzungsgrundlagen substantiiert darlegen und beweisen. Dazu gehört ein Sachvortrag zur Frage in welchem energetischen Erhaltungszustand und sonstigen Zustand sich das Gebäude vor den behaupteten Maßnahmen befunden haben soll und inwiefern die Maßnahmen zu einem verbesserten energetischen Zustand und auch zu einer sonstigen Wohnwertsteigerung geführt haben sollen.[147] Soweit der BGH[148] hier nur eine **sekundäre Behauptungslast** beim Vermieter sieht, weil der Mieter sich nicht auf **einfaches Bestreiten** beschränken dürfe und zunächst selbst substantiiert vortragen müsse, wo welche Schäden sich befunden haben sollen, gilt das hier nicht.[149] Hintergrund dieser Rspr. ist die Tatsache, dass der Mieter bei einer Bestandsmietenerhöhung schon einige Zeit in der Wohnung gelebt hat und es ihm deshalb auch **tatsächlich möglich** ist, **konkrete Schäden** zu **benennen.** Das ist aber bei der Anmietung eines Objekts, das der Mieter vorher gar nicht kannte, gerade anders.[150] Insofern kann man dem Mieter eine solche erhöhte Darlegungs- und Substantiierungslast in Fällen des § 556e Abs. 2 BGB kaum auferlegen. Regelmäßig ist deshalb ein einfaches Bestreiten mit Nichtwissen zulässig.[151]

---

141 Bei Baumassnahmen, die noch im Jahr 2017 abgeschlossen wurden, beträgt der Prozentsatz 11%.

142 LG Berlin ZMR 2020, 118 (120); NK-BGB/Hinz § 556e Rn. 21; BeckOGK/*Fleindl* § 556e Rn. 64; BeckOKMietR/*Theesfeld* BGB § 556e Rn. 16; Herrlein/Knops/Spiegelberg/*Martens,* Kommentar zum Mietrecht, 5. Aufl. 2020, BGB § 556e Rn. 9; **aA** BeckOK BGB/*Schüller* § 556e Rn. 9: Modernisierungszuschlag auf ortsübliche Vergleichsmiete ohne 10%-Zuschlag; ebenso MüKoBGB/*Artz* § 556e Rn. 17.

143 *Häublein* ZfPW 2020, 1, 9.

144 BT-Drs. 18/3121, 31; Staudinger/*V. Emmerich* BGB § 556d Rn. 34.

145 Staudinger/*Emmerich* BGB § 556e Rn. 48; *Fleindl* WuM 2015, 212.

146 LG Braunschweig WuM 1990, 158; LG Hannover WuM 1990, 227; AG Neumünster WuM 1992, 258; AG Neunkirchen WuM 1991, 560; AG Hamburg WuM 1986, 344; *Sternel* PiG 41 (1993), 45 (61).

147 AG Charlottenburg GE 2017, 1415 = DWW 2017, 300.

148 BGH VIII ZR 88/13, NJW 2015, 934; BGH VIII ZR 175/02, WuM 2004, 154 (155).

149 *Hinz* ZMR 2014, 593 (597).

150 *Siegmund* FS Börstinghaus, 2020, 397 (400).

151 *Hinz* ZMR 2014, 593 (597), der hier viel Arbeit auf die Justiz zukommen sah.

## § 556f Ausnahmen

**[1]§ 556d ist nicht anzuwenden auf eine Wohnung, die nach dem 1. Oktober 2014 erstmals genutzt und vermietet wird. [2]Die §§ 556d und 556e sind nicht anzuwenden auf die erste Vermietung nach umfassender Modernisierung.**

### Systematische Übersicht



### Alphabetische Schnellübersicht



### A. Übersicht

1 Die Vorschrift enthält die beiden **wohnungsbezogenen Ausnahmen,** bei denen auch in Gebieten mit angespanntem Wohnungsmarkt und entsprechender Landesverordnung die Vorschriften des Unterkapitels 1a nicht uneingeschränkt gelten.[1] § 556f BGB nimmt sowohl nach dem 1.10.2014 erstmals genutzte und vermietete Wohnungen als auch die Wiedervermietung umfassend modernisierter Wohnungen von der Mietpreisbegrenzung aus.[2] Die **Rechtsfolgen** sind bei beiden Alternativen jedoch **unterschiedlich.** Die erste Ausnahme erfasst sämtliche Neubauten, deren Errichtung vor dem Stichtag noch nicht abgeschlossen wurde. Darüber hinaus werden auch die neu errichteten Wohnungen erfasst, die bis zum Stichtag noch keiner Erstnutzung zugeführt wurden.[3]

2 Während für den sog. **Neubau** die Begrenzung der Wiedervermietungsmiete gänzlich entfällt, gilt dies bei den **umfassend modernisierten Wohnungen** nur für die erste Vermietung.

3 **Hintergrund der Regelung** sind Vorbehalte gegen die Begrenzung der Wiedervermietungsmiete, die damit begründet wurden, dass damit die Ursachen des Mietanstiegs eher verstärkt würden, weil die Neubautätigkeit eingeschränkt werde. Der Gesetzgeber hat deshalb den Wohnungsneubau aus dem Anwendungsbereich des § 556d BGB herausgenommen, um damit einen Anreiz für Investitionen in den Wohnungsneubau zu bieten.[4] Die Regelung war außerdem auch unbedingt

---

[1] Dazu *Lehmann-Richter* NZM 2017, 497.
[2] BT-Drs. 18/3121, 33.
[3] BT-Drs. 18/3121, 22.
[4] BT-Drs. 18/3121, 22.

notwendig, weil sich für Neubauwohnungen bisher keine ortsübliche Vergleichsmiete bilden konnte und auch keine Vormiete existiert. Wegen der besonderen Bedeutung der Modernisierung, insbes. der energetischen Sanierung des Altbaubestandes, hat man die Ausnahme mit der Einschränkung, dass sie nur für die erste Vermietung gilt, auch auf sog. **umfassende Modernisierungen** übertragen.

## B. Neubauwohnungen

### I. Begriff der Neubauwohnung

#### 1. Ausnahmetatbestand

Nach S. 1 ist § 556d BGB nicht anzuwenden auf eine Wohnung, die nach dem 1.10.2014 erstmals genutzt und vermietet wird. Der **Ausnahmetatbestand** gilt für **einzelne Wohnung** und nicht für ein ganzes Haus.[5] So kann auch bei einem Dachgeschossausbau eine neue Wohnung in einem Altbau vom Anwendungsbereich des § 556d Abs. 1 BGB ausgenommen sein.[6] 4

Der **Begriff der Wohnung** richtet sich nach der **Verkehrsanschauung.**[7] Danach wird unter einer Wohnung „ein selbständiger, räumlich und wirtschaftlich abgegrenzter Bereich verstanden, der eine eigenständige Haushaltsführung ermöglicht".[8] **Die DIN 283** definiert die Wohnung als „die Summe der Räume, welche die Führung eines Haushalts ermöglichen, darunter stets eine Küche oder ein Raum mit Kochgelegenheit. Zu einer Wohnung gehören außerdem Wasserversorgung, Ausguss und Abort".[9] Es ist nicht erforderlich, dass die Küche eingerichtet ist; es müssen lediglich diejenigen Versorgungsanschlüsse (Wasser, Abwasser, Strom) vorhanden sein, die zur Einrichtung einer Küche nötig sind.[10] Außerdem muss der Mieter nach den vertraglichen Vereinbarungen berechtigt sein, den Raum als Küche einzurichten und zu nutzen (→BGB § 573a Rn. 20). Diese Kriterien gelten auch hier.[11] 4a

#### 2. Neubau

Es muss sich um einen **Neubau** handeln, auch wenn das Geresetz den Begriff nicht gebraucht.[12] Für den öffentlich geförderten Wohnungsbau ist in § 16 WoFG definiert, was alles als Wohnungsbau gilt. Bis zum Jahre 2001 befand sich zum einen in § 17 II. WoBauG eine ähnliche Regelung aber vor allen Dingen auch in § 100 II. WoBauG eine Vorschrift, nach der die Begriffsbestimmung ua in § 17 II. WoBauG auch in anderen Rechtsvorschriften zugrunde zu legen waren. Dass diese gesetzlich angeordnete Allgemeingültigkeit für die Nachfolgeregelung nicht mehr angeordnet wurde, bedeutet aber nicht, dass bei der Auslegung einer Norm die entsprechenden Begriffsbestimmungen nicht auch herangezogen werden dürfen. Das gilt umso mehr, als dies auch **dem historischen Willen** des Gesetzgebers entspricht, der nämlich in der Gesetzesbegründung ausdrücklich darauf hingewiesen hat, dass zur Abgrenzung im Einzelfall auf § 16 Abs. 1 Nr. 1–3 WoFG zurückgegriffen werden kann.[13] 5

#### 3. Selbständiges Gebäude

**Neubau** ist deshalb entsprechend § 16 Abs. 1 Nr. 1 WoFG die Schaffung von Wohnraum in einem **neuen selbständigen Gebäude.** Hierzu zählt zB auch der **Dachgeschossausbau.**[14] 6

---

[5] MüKoBGB/*Artz* § 556f Rn. 2; *Blank* WuM 2014, 641 (652).
[6] Staudinger/*V. Emmerich* BGB § 556f Rn. 4, 7; MüKoBGB/*Artz* § 556f Rn. 2.
[7] AG Dortmund ZMR 2020, 759; zum Wohnungsbegriff krit. *Skrobek* ZMR 2007, 511.
[8] BGH VIII ZR 90/10, NZM 2011, 71, VIII ZR 127/14, NZM 2015, 452.
[9] AG Dortmund ZMR 2020, 759; MüKoBGB/*Häublein* § 573a Rn. 11; Staudinger/*Rolfs* BGB § 573a Rn. 6.
[10] BGH VIII ZR 127/14, NZM 2015, 452; AG Dortmund ZMR 2020, 759.
[11] *Blank* WuM 2014, 641 (653); NK-BGB/*Hinz* § 556f Rn. 6.
[12] NK-BGB/*Hinz* § 556f Rn. 5.
[13] BT-Drs. 18/3121, 35; krit. zur Anwendung des § 16 WoFG: *Frank* Mietpreisbremse S. 68.
[14] MüKoBGB/*Artz* § 556f Rn. 2.

## 4. Nutzung

7 Ebenfalls als Neubau gilt entsprechend § 16 Abs. 1 Nr. 2 WoFG die **dauerhafte Nutzbarmachung** eines Gebäudes zu Wohnzwecken durch Beseitigung von Schäden an dem Gebäude unter wesentlichem Bauaufwand. Nach § 16 Abs. 2 WoFG ist Wohnraum nicht auf Dauer nutzbar, wenn ein zu seiner Nutzung erforderlicher Gebäudeteil zerstört ist oder wenn sich der Raum oder der Gebäudeteil in einem Zustand befindet, der aus bauordnungsrechtlichen Gründen eine dauernde, der Zweckbestimmung entsprechende Nutzung nicht gestattet; dabei ist es unerheblich, ob der Raum oder der Gebäudeteil tatsächlich genutzt wird. Als **wesentlicher Aufwand** wird angesehen, wenn dieser **ca. ⅓ des für eine Neubauwohnung** erforderlichen Aufwandes erreicht.[15]

## 5. Schaffung von Wohnraum

8 Schließlich zählt die unter wesentlichem Bauaufwand erfolgte **Schaffung von Wohnraum** durch **Änderung,** Nutzungsänderung oder **Erweiterung** von Gebäuden als Neubau, § 16 Abs. 1 Nr. 3 WoFG. Das ist zB der Fall, wenn aus Räumlichkeiten, die bisher nicht zu Wohnzwecken bestimmt waren, mit wesentlichem Bauaufwand Wohnraum neu entsteht. Hierzu zählt deshalb auch der Umbau von Gewerbeeinheiten in Wohnungen.[16] Die heute übliche Praxis, moderne Wohnungen im **entkernten Altbau** zu schaffen, fällt hierunter.[17] Eine **Erweiterung** liegt vor, wenn eine Aufstockung oder ein Anbau vorgenommen wird und hierdurch eine neue Wohnung entsteht.[18] Dies ist nicht der Fall, wenn nur bestehende Wohnungen erweitert oder vergrößert werden, der Zuschnitt von Wohnungen geändert oder existente Wohnungen aufgeteilt oder zusammengelegt werden.[19] Diese Voraussetzungen wurden beispielhaft als gegeben angesehen[20], wenn bei einer vor der Sanierung längere Zeit leerstehenden und unbewohnbaren Wohnung nicht nur folgende Arbeiten durchgeführt wurden: Sanierung der Elektroinstallation durch Neuverlegung aller Stromleitungen einschließlich der Leerrohre, Lichtschalter und Steckdosen in allen Räumen und der Versorgungsleitungen für Küchengeräte, Neuinstallation der Abwasserkanalleitungen und der Warm- und Kaltwasserleitungen, Neueinbau sämtlicher Wohnungsinnentüren, der Wohnungs- und der Hausabschlusstür, Neuinstallation der Briefkastenanlage im Erdgeschoß sowie Ausbesserung und Reinigung der Sandsteinfassade und Neuverputzen der Innenseiten sämtlicher Außenwände. Den Gegensatz bilden reine Erhaltungsmaßnahmen.[21] Als wesentlicher Bauaufwand wird auch hier angesehen, wenn dieser ca. ⅓ des für eine Neubauwohnung erforderlichen Aufwandes erreicht. Bei durchschnittlichen Neubaukosten von heute ca. 2.000 EUR/m² ohne Grundstück[22] entspricht **dies ca. 700 EUR/m² Aufwand** der betrieben werden muss. Entscheidend sind die regionalen Kosten, da die Neubaukosten in der Bundesrepublik Deutschland von Region zu Region stark differieren.[23] Eine Schätzung der Neubaukosten durch den Tatrichter nach § 287 Abs. 2 ZPO aufgrund von statistischen Erhebungen des Bauhandwerks der jeweiligen Region, in der die in Rede stehende Wohnung gelegen ist oder anderer objektivierbarer Zahlen ist zulässig.[24]

---

15 BGH VIII ZR 369/18, NZM 2021, 220; VIII ZR 316/09, WuM 2010, 679; BVerwGE 38, 286 (289); LG Berlin GE 2005, 307 (309); NZM 1999, 1138; MM 1998, 310 (312).

16 **AA** Staudinger/*V. Emmerich* BGB § 556f Rn. 7; diff. Lützenkirchen MietR/*Abramenko* BGB § 556f Rn. 4, Umnutzung nur dann kein Umbau, wenn kein wesentlicher Bauaufwand vorliegt.

17 *Blank* WuM 2014, 641 (653); MüKoBGB/*Artz* § 556f Rn. 3; Klein-Blenkers/Heinemann/Ring/*Hinz* BGB § 556f Rn. 6; Staudinger/*V. Emmerich* BGB § 556f Rn. 7; **aA** *Lehmann-Richter* NZM 2017, 497, 498, kernsanierter Wohnraum ist nach § 556f S 2 BGB zu behandeln.

18 MüKoBGB/*Artz* § 556f Rn. 2.

19 BT-Drs. 18/3121, 35/36; diff. *Lehmann-Richter* NZM 2017, 497, 498.

20 LG Mannheim MDR 1996, 1007.

21 Staudinger/*V. Emmerich* BGB § 556f Rn. 7; Lützenkirchen MietR/*Abramenko* BGB § 556f Rn. 5.

22 Nach AG Schöneberg ZMR 2017, 990 = GE 2017, 1225 sollen in den neuen Bundesländern und Berlin die Neubaukosten im Jahr 2016 ca. 1500 EUR/m² betragen haben, so dass ein Modernisierungsaufwand von ca. 500 EUR ausreichen würde; bestätigt durch LG Berlin GE 2018, 1527 = ZMR 2019, 124; nach LG Berlin NZM 2019, 818 betrugen die Kosten 2016 1523 EUR/m² und 2018 1811 EUR/m². Nach einer wissenschaftlichen Vergleichsstudie von „Neubaukosten der landeseignen Wohnungsunternehmen Berlins sowie weiterer Wohnungsunternehmen" lagen die Herstellungskosten im Durchschnitt der landeseigenen Wohnungsunter*nehmen Berlins bei Fertigstellungen 2015* bei 2024 EUR/m², im Jahr 2017 waren es bereits 2336 EUR/m² und für 2019 sollten sie bei voraussichtlich 2479 EUR/m² liegen.

23 BGH VIII ZR 369/18, NZM 2021, 220.

24 BGH VIII ZR 369/18, NZM 2021, 220.

Darlegungs- und beweispflichtig ist der Vermieter, die die entsprechenden Daten in den Prozess einführen muss.

## II. Der Stichtag

Bei dem Stichtag 1.10.2014 handelt es sich um das Datum des **Kabinettsbeschlusses** über das Mietrechtsnovellierungsgesetz. Er liegt zwar in Bezug auf das Inkrafttreten des Gesetzes in der Vergangenheit, jedoch ist zum damaligen Termin der Inhalt des Gesetzes über den Kreis der Fachleute hinaus bekannt geworden. Der 1.10.2014 selbst zählt nicht mit[25], so dass erst **Wohnungen, die ab 2.10.2014** erstmals genutzt oder vermietet wurden, aus der Begrenzung der Wiedervermietungsmiete herausfallen. Bedeutung hat dies für am 1.10.2014 beginnende Mietverträge. Da die Wohnung für immer aus der Begrenzung herausfällt, spielt dies auch bei zukünftigen Vermietungen eine Rolle. Da die Miete bei einer Wohnung, die ab 1.10.2014 vermietet wurde nach Inkrafttreten der LandesVO auf 110% der ortsüblichen Vergleichsmiete beschränkt ist, kann die höhere Miete, die irrtümlich wegen der vermeintlichen Neubaueigenschaft frei vereinbart wurde, allenfalls als Vormiete gem. § 556e Abs. 1 BGB vereinbart werden. Es bleibt aber auch hier das Problem der Ermittlung der ortsüblichen Vergleichsmiete für solche „Quasi-Neubauwohnungen". 9

Dem Gesetzgeber ist es durch Art. 3 Abs. 1 GG nicht verwehrt, zur Regelung bestimmter Lebenssachverhalte **Stichtage** einzuführen, obwohl jeder Stichtag unvermeidlich gewisse Härten mit sich bringt.[26] Voraussetzung ist allerdings, dass die Einführung eines Stichtags überhaupt notwendig und die Wahl des Zeitpunkts orientiert am gegebenen Sachverhalt vertretbar ist. Die mit der Begrenzung der Wiedervermietungsmiete verfolgten Ziele machten es notwendig, Neubauten ab einem bestimmten Stichtag von deren Geltung auszunehmen. Der Wohnungsmangel auf angespannten Mietmärkten lässt sich dauerhaft nur durch Schaffen zusätzlichen Wohnraums bekämpfen. Hier ist es sachgerecht, für solche Neubauten keine preisrechtlichen Beschränkungen einzuführen, um die Investitionsbereitschaft nicht zu gefährden. Die Auswahl des 1.10.2014 als Stichtag ist sachgerecht. An diesem Datum ist der dem Mietrechtsnovellierungsgesetz von 2015 zugrundeliegende Regierungsentwurf veröffentlicht worden.[27] 9a

## III. Nutzungsart

Das Gesetz knüpft nicht an die Fertigstellung der Wohnung, sondern an den Nutzungsbeginn an.[28] Maßgeblich ist eine **doppelte Nutzungsbeschränkung.** Die Wohnung darf bis zum 1.10.2014 weder vermietet noch anderweitig genutzt worden sein. Der **Wortlaut** könnte so zu verstehen sein, dass beide Voraussetzungen **kumulativ** vorliegen müssen.[29] Das ist aber nicht richtig. Nach Sinn und Zweck der Regelung ist damit gemeint, dass eine der beiden Nutzungsarten am Stichtag nicht vorliegen durfte.[30] Die Regelung erfasst auch solche Neubauten, die zum Stichtag bereits fertiggestellt waren, aber noch nicht vermietet oder einer anderweitigen Nutzung zugeführt worden sind. 10

### 1. Vermietung

**a) Mietvertragsabschluss.** Das Gesetz knüpft zunächst an die Vermietung an. Damit ist der **Mietvertragsabschluss**[31] gemeint und nicht die Invollzugsetzung des Mietvertrages[32]. Diese Wortlautauslegung entspricht auch dem Sinn und Zweck der Regelung.[33] Zum einen muss bei späteren Vermietungen nachgewiesen werden, dass der Mietvertrag nach dem 1.10.2014 abgeschlos- 11

---

[25] *Flatow* WuM 2015, 191; NK-BGB/*Hinz* § 556f Rn. 8.

[26] BVerfGE 122, 151, 178; 126, 369, 399; *Häublein* ZfPW 2020, 1, 5, Stichtag problematisch, weil er zu gespaltenen Märkten führt.

[27] BVerfG NJW 2019, 3054.

[28] *Blank* WuM 2014, 641 (653).

[29] *Nach* Lützenkirchen MietR/*Abramenko* BGB § 556f Rn. 5a ist die Formulierung „zumindest missverständlich"; nach *Flatow* WuM 2015, 191 (201) ist die Formulierung „verwirrend".

[30] Staudinger/*Emmerich* BGB § 556f Rn. 9; Lützenkirchen MietR/*Abramenko* BGB § 556f Rn. 5a.

[31] *Blank* WuM 2014, 641 (653); Staudinger/*V. Emmerich* BGB § 556f Rn. 11.

[32] Dafür *Flatow* WuM 2015, 191 (202); Frank Mietpreisbremse S. 65f.

[33] **AA** *Flatow* WuM 2015, 191.

sen wurde. Das geht mit dem Mietvertrag leicht. Wann die Mietsache übergeben wurde oder wann etwa eine Selbstnutzung erstmals begonnen hat, ist schwerer nachzuweisen. Nicht immer wird ein Übergabeprotokoll gefertigt. Zum anderen sollten die Mietvertragsparteien sich nach der Gesetzesbegründung für die Stichtagsregelung nach Bekanntwerden des Gesetzentwurfes auf die Regelung einstellen. Da die Berichterstattung über die genauen Einzelheiten der sog. „Mietpreisbremse" aber erst am Tage des Kabinettsbeschlusses stattfand und dort über die – im Vorfeld ja kontrovers diskutierte und auch noch veränderte – Fassung der Ausnahmevorschrift berichtet wurde, konnten die Parteien erst bei Verträgen, die am Tag danach geschlossen wurden, wissen, dass für sie dauerhaft keine Begrenzung der Wiedervermietungsmiete gilt. Bei einer Vermietung ist keine Überlassung erforderlich.[34]

12 **b) Beschränkungen.** Das bedeutet, dass eine bis zum 1.10.2014 bezugsfertige Wohnung, die im September 2014 ab 1.10.2014 vermietet wurde ebenso den Beschränkungen unterliegt[35] wie eine Wohnung, die vom *Reißbrett* im September 2014 vermietet wurde und dann im November 2014 bezogen wird.

13 **c) Gewerbliche Nutzung.** Ebenfalls nicht unter die Ausnahmeregelung fällt der Fall eine **Vermietung zu gewerblicher Nutzung,** zB als Büro nach dem 1.10.2014 und spätere Vermietung als Wohnung. Es kommt nicht auf die erste Vermietung als Wohnung an.[36] War die Neubauwohnung aber wegen einer zunächst erfolgten Vermietung als Wohnung ohne Preisbindung zwischenzeitlich als Kanzlei vermietet, gilt der Ausnahmetatbestand des § 556f BGB bei danach wieder erfolgter Vermietung als Wohnung weiter.

### 2. Anderweitige Nutzung

14 Alternativ führt auch die Nutzung der Wohnung bis zum 1.10.2014 dazu, dass die Beschränkung der Wiedervermietungsmiete eingreift. Nutzung im Sinne der Vorschrift ist weiter „Vermietung". Nutzung iSd Vorschrift entspricht der Überlassung iSd § 535 Abs. 1 S. 2 BGB.[37] Das setzt Besitz voraus. So ist eine Nutzungsentschädigung[38] gem. § 546a BGB zu zahlen, wenn der Mieter die Mietsache nicht zurückgibt. Soweit nach der Gesetzesbegründung mit der anderweitigen Nutzung vor allem die **Selbstnutzung**[39] gemeint sein soll, liegt eine solche Überlassung bei Nutzung durch Angehörige oder Dritte, egal ob entgeltlich oder unentgeltlich, vor. Bei entgeltlicher Überlassung wird es sich regelmäßig sogar um eine Vermietung handeln. Bei Selbstnutzung durch den Eigentümer/Vermieter fehlt es an der für eine Überlassung erforderlichen Besitzverschiebung. Trotzdem liegt auch hier eine Nutzung vor, da der Gesetzgeber nicht auf die Besitzverschiebung, sondern das Gebrauchmachen im Sinne von Nutzen abstellen wollte. Entscheidend ist für Satz 1 immer der Zeitpunkt des Nutzungsbeginns. Auch eine vorherige **gewerbliche Nutzung** bis 1.10.2014, zB als Büro oÄ ist schädlich und führt zur Anwendung des § 556d Abs. 1 BGB.[40] Etwas anderes gilt aber dann, wenn nach der gewerblichen Nutzung faktisch überhaupt erst „Wohnraum geschaffen" wurde (→ Rn. 7).[41] Leerstand zwischen Fertigstellung und erstamliger Vermietung/ Nutzung ist unschädlich.[42]

## IV. Rechtsfolge

15 Anders als noch im ersten Entwurf des Gesetzes bestimmt § 556f S. 1 BGB nunmehr, dass die Wohnung **auf Dauer nicht in den Anwendungsbereich** des § 556d Abs. 1 BGB fällt. Die Schaffung neuen Wohnraums in angespannten Wohnungsmärkten hat eine höhere Priorität als die bloße Modernisierung von Wohnraum.[43] Damit spielt auch die Ausnahmevorschrift des § 556e BGB in

---

[34] *Blank* WuM 2014, 641 (653); Staudinger/*Emmerich* BGB § 556f Rn. 11; **aA** Lützenkirchen MietR/*Abramenko* BGB § 556f Rn. 6, der bezweifelt, dass die andere Auffassung wirklich gewollt sei.
[35] *Blank* WuM 2014, 641 (653).
[36] *Blank* WuM 2014, 641 (653), der aber eine andere Auslegung für auch vertretbar hält.
[37] *Blank* WuM 2014, 641 (653).
[38] Zur Höhe der ortsüblichen Markt- bzw. Neuvertragsmiete: BGH VIII ZR 17/16, NZM 2017, 189.
[39] Das spielt insbes. bei Eigentumswohnungen eine große Rolle.
[40] *BT-Drs. 18/3121, 35; Blank* WuM 2014, 641 (653).
[41] BT-Drs. 18/3121, 35.
[42] NK-BGB/*Hinz* § 556f Rn. 10; *Abramenko,* Die Mietpreisbremse, 2015, § 3 Rn. 3.
[43] *Frank* Mietpreisbremse S. 72.

beiden Alternativen keine Rolle. Das gilt für die Erstvermietung und für alle späteren Vermietungen dieser Wohnung, auch wenn die Wohnung ggf. zwischenzeitlich gewerblich genutzt wird. Auch **Staffelmieten** sind für immer aus dem Anwendungsbereich des § 556d Abs. 1 BGB ausgenommen. Es gilt aber § 556g BGB und insbes. dort der Auskunftsanspruch des Mieters. Der Vermieter muss ihm also die Tatsachen mitteilen, die dazu führen, dass die Wohnung nicht in den Anwendungsbereich des § 556d Abs. 1 BGB fällt. Gerade bei **Weitervermietungen** spielt dies eine Rolle, weil der Nachmieter nicht erkennen kann, ob die Wohnung nach dem maßgeblichen Stichtag erstmals vermietet und genutzt wurde.

## C. Umfassend modernisierte Wohnungen

### I. Allgemeines

Als zweite selbständige eng auszulegende[44] Ausnahmeregelung bestimmt § 556f S. 2 BGB, dass die §§ 556d, 556e BGB nicht auf die erste Vermietung nach umfassender Modernisierung anzuwenden sind.[45] Die Vorschrift soll vor allem investitionshemmende Folgen der Begrenzung der Wiedervermietungsmiete zumindest etwas abmildern.[46] Damit unterscheidet das Gesetz in § 556e Abs. 2 BGB und in § 556f S. 2 BGB zwischen **zwei Arten der Modernisierung.** Der Begriff der Modernisierung ist dabei im Rahmen der §§ 556e, 559 BGB einerseits und § 556f S. 2 BGB gleich auszulegen.[47] Maßgeblich sind dabei sowohl der **Aufwand** wie auch das **Ergebnis** der Maßnahme. § 556f S. 2 BGB will den Vermieter bei sehr umfangreichen Maßnahmen entlastet, denn die genaue Berechnung der zulässigen Miete nach Maßgabe des andernfalls nur anwendbaren § 556e Abs. 2 BGB wird hierdurch entbehrlich.[48] 16

### II. Begriff der umfassenden Modernisierung

#### 1. Modernisierung

**Der Begriff der umfassenden Modernisierung** war dem Mietrecht bisher fremd. Was eine Modernisierung ist, ergibt sich aus § 555b BGB.[49] Die Wiederherstellung eines ehemals bestehenden Zustands (Instandsetzung) wird nicht erfasst.[50] Zu einer umfassenden Modernisierung gehören dabei Maßnahmen nach den Nr. 1, 3, 4 und 5 der Vorschrift.[51] Zwar stellt der Wortlaut des § 556f S. 2 BGB nur auf die Modernisierung ab und auch Maßnahmen, durch die nur **Primärenergie** eingespart wird (§ 555b Nr. 2 BGB), stellen nach dem Einleitungssatz des § 555b BGB eine Modernisierungsmaßnahme dar, jedoch will die Vorschrift dem Vermieter zumindest bei der ersten Vermietung das Problem der Berechnung der nach § 556e Abs. 2 BGB zulässigen Miete nehmen. Deshalb kommt es auch hier auf die Möglichkeit der **Mieterhöhung nach § 559 BGB** an.[52] In § 559 Abs. 1 BGB fehlt gerade der Verweis auf § 555b Nr. 2 BGB. Deshalb ist § 556f S. 2 BGB teleologisch einschränkend auszulegen.[53] Aus dem gleichen Grund zählen auch Modernisierungsmaßnahmen nach § 555b Nr. 7 BGB nicht hierzu, weil die **Schaffung neuen Wohnraums** zum einen ebenfalls nicht zu einer Mieterhöhung gem. § 559 Abs. 1 BGB berechtigt und zum anderen für diesen neuen Wohnraum schon nach § 556f S. 1 BGB die Regelungen über die Begrenzung der 17

---

[44] BGH VIII ZR 369/18, NZM 2021, 220.

[45] *Siegmund* FS Börstinghaus, 2020, 397 (401); *Lehmann-Richter* NZM 2017, 497, 498, den der Normzweck aber nicht überzeugt; nach *Häublein* ZfPW 2020, 1, 6 lässt die Regelung den Rechtsanwender ratlos zurück.

[46] MüKoBGB/*Artz* § 556f Rn. 1; Staudinger/*Emmerich* BGB § 556f Rn. 2; Lützenkirchen MietR/*Abramenko* BGB § 556f Rn. 13; *Lehmann-Richter* NZM 2017, 497, 499 bezweifelt diesen Gesetzeszweck. Seiner Meinung handelt es sich um eine Norm ohne überzeugenden Zweck und mit zweifelhafter Berechtigung.

[47] BGH VIII ZR 369/18, NZM 2021, 220.

[48] BT-Drs. 18/3121, 36; **aA** BGH VIII ZR 369/18, NZM 2021, 220.

[49] Zum Begriff und den einzelnen Maßnahmen Börstinghaus/Eisenschmid Modernisierungs-HdB/*Eisenschmid* Kap. 3.

[50] BT-Drs. 18/3121, S. 32; LG Berlin NZM 2019, 818; WuM 2019, 447 mAnm *Börstinghaus* jurisPR-MietR 21/2019 Anm. 1; BeckOGK/*Fleindl* BGB § 556f Rn. 22.

[51] *Blank* WuM 2014, 641 (654).

[52] Ähnlich BeckOGK/*Fleindl* BGB § 556f Rn. 21.

[53] Lützenkirchen MietR/*Abramenko* BGB § 556f Rn. 16; offen gelassen von NK-BGB/*Hinz*, 3. Aufl. 2016, § 556f Rn. 12.

Wiedervermietungsmiete je nach Zeitpunkt nicht gelten.[54] Beim erstmaligen Anschluss einer Wohnung an ein Glasfasernetz mit hoher Kapazität sind die Beschränkungen des § 559 Abs. 1 S. 2 BGB zu beachten. Maßnahmen nach § 555b Nr. 6 BGB („erzwungene Maßnahmen")[55] allein erreichen das erforderliche Maß des § 556f S. 2 BGB nicht.[56] Sie können allenfalls im Rahmen einer an sich schon umfassenden Modernisierung anfallen und ggf. auch nur deshalb notwendig werden.[57] **Instandsetzungen,** die durch Maßnahmen der Modernisierung verursacht werden, fallen aber entsprechend § 16 Abs. 3 S. 2 WoFG unter die Modernisierung.[58] Nur **isolierte Erhaltungsmaßnahmen** zählen nicht mit.[59]

### 2. Umfassende Modernisierung

18 **a) Wesentlicher Bauaufwand.** Umfassend iSd § 556f S. 2 BGB ist eine Modernisierung dann, wenn sie einen **wesentlichen Bauaufwand** erfordert und zudem einen solchen Umfang aufweist, der eine Gleichstellung mit Neubauten gerechtfertigt erscheinen lässt.[60] Beide Prüfungskriterien sind dabei von grds. gleichem Gewicht.[61] Wie schon bei der Beurteilung der Frage, wann ein Neubau iSd S. 1 vorliegt, kann auch hier zur Auslegung auf § 16 WoFG zurückgegriffen werden. Soweit § 16 Abs. 3 WoFG definiert, was alles eine Modernisierung ist, bedarf es keines Rückgriffs auf diese Norm, weil hier § 555b BGB die speziellere Norm ist. § 16 Abs. 3 WoFG würde den Modernisierungsbegriff entgegen der seit 2013 für den preisfreien Wohnungsbau geltenden Rechtslage unnötigerweise einschränken. § 16 Abs. 1 Nr. 4 WoFG zählt aber bereits zum Neubau solche Maßnahmen, bei denen durch die Änderung von bestehendem Wohnraum dieser **unter wesentlichem Bauaufwand an geänderte Wohnbedürfnisse angepasst** wird. Damit ist bei einer umfassenden Modernisierung zum einen auf den **Investitionsaufwand** und zum anderen auf das **Ergebnis** der Maßnahme, also die qualitativen Auswirkungen auf die Gesamtwohnung abzustellen.[62]

19 **b) Regional erforderlicher Aufwand.** Ein **wesentlicher Bauaufwand** wurde bisher bei ähnlichen Fragestellungen angenommen, wenn dieser ca. 1/3 des für eine Neubauwohnung regional[63] erforderlichen Aufwandes erreicht.[64] Bei heute durchschnittlichen Neubaukosten[65] von ca. 2.000 EUR/m² bedeutet dies, dass **Modernisierungskosten** von ca. 700 EUR/m² aufgewendet werden müssen.[66] Eine Schätzung der Neubaukosten durch den Tatrichter nach § 287 Abs. 2 ZPO aufgrund von statistischen Erhebungen des Bauhandwerks der jeweiligen Region, in der die in Rede stehende Wohnung gelegen ist oder anderer objektivierbarer Zahlen ist zulässig.[67] Darlegungs- und beweispflichtig ist der Vermieter, die die entsprechenden Daten in den Prozess einführen muss. Führt der Vermieter die Arbeiten ganz oder teilweise durch **Eigenleistungen** oder durch eigene Mitarbeiter aus, so kann er hierfür entsprechend der Regelung in § 9 II. BV und nach allgemeinen Rechtsgrundsätzen einen Betrag in Rechnung stellen, der bei Beauftragung

[54] BeckOGK/*Fleindl* BGB § 556f Rn. 21.
[55] Zum Begriff Börstinghaus/Eisenschmid Modernisierungs-HdB/*Eisenschmid* Kap. 3 Rn. 160.
[56] Insofern wohl zweifelnd BeckOGK/*Fleindl* BGB § 556f Rn. 21 Fn. 38.
[57] *Flatow* WuM 2015, 191.
[58] LG Berlin GE 2018, 1527; Spielbauer/Schneider/*Wichert* BGB § 556f Rn. 20; *Flatow* WuM 2015, 191; **aA** NK-BGB/*Hinz,* 3. Aufl. 2016, § 556f Rn. 13; *Abramenko,* Die Mietpreisbremse, 2015, § 3 Rn. 23; Lützenkirchen MietR/*Abramenko* BGB § 556f Rn. 17.
[59] BeckOGK/*Fleindl* BGB § 556f Rn. 22.
[60] BGH VIII ZR 369/18; NZM 2021, 220; VIII ZR 73/19, NZM 2020, 792; BT-Drs. 18/3121, 36.
[61] BGH VIII ZR 369/18, NZM 2021, 220.
[62] BGH VIII ZR 369/18; NZM 2021, 220; BT-Drs. 18/3121, 36; *Blank* WuM 2014, 641 (654).
[63] BGH VIII ZR 369/18; NZM 2021, 220.
[64] BGH VIII ZR 369/18; NZM 2021, 220; VIII ZR 316/09, WuM 2010, 679; BVerwGE 38, 286 (289); LG Berlin GE 2005, 307 (309); NZM 1999, 1138; MM 1998, 310 (312).
[65] Nach AG Schöneberg ZMR 2017, 990 = GE 2017, 1225 sollen in den neuen Bundesländern und Berlin die Neubaukosten im Jahr 2016 1486 EUR/m² betragen haben, so dass ein Modernisierungsaufwand von ca. 500 EUR ausreichen würde; bestätigt durch LG Berlin GE 2018, 1527 = ZMR 2019, 124; nach LG Berlin NZM 2019, 818 betrugen die Kosten 2016 1523 EUR/m² und 2018 1811 EUR/m². Nach einer wissenschaftlichen Vergleichsstudie von „Neubaukosten der landeseignen Wohnungsunternehmen Berlins sowie weiterer Wohnungsunternehmen" lagen die Herstellungskosten im Durchschnitt der landeseigenen Wohnungsunter*nehmen Berlins bei Fertigstellungen 2015* bei 2024 EUR/m², im Jahr 2017 waren es bereits 2336 EUR/m² und für 2019 sollten sie bei voraussichtlich 2479 EUR/m² liegen.
[66] Zur Frage, ob der Betrag durch Addition mehrerer Maßnahmen erreicht werden kann → Rn. 20a.
[67] BGH VIII ZR 369/18, NZM 2021, 220.

eines Handwerkers entstanden wäre,[68] jedoch analog § 1 Abs. 1 S. 2 BetrKV ohne Mehrwertsteuer.[69] Diese Befugnis steht nicht nur dem privaten Vermieter zur Verfügung, der seine eigene Arbeitskraft einsetzt; vielmehr können auch institutionelle Eigentümer, die diese Leistungen durch ihre Arbeitnehmer oder durch unselbständige Einheiten erbringen, nach den Kosten abrechnen, die bei Beauftragung eines Dritten (Unternehmen) entstanden wären.[70]

Die aufgewandten Kosten einer reinen Erhaltungsmaßnahme gem. § 555 a BGB zählen insgesamt nicht zu den Modernisierungskosten.[71] **19a**

**Bei instandsetzender Modernisierung** müssen die auf die Erhaltungsarbeiten entfallenden Kostenanteile nicht immer herausgerechnet werden, um die Drittel-Regel zu erfüllen.[72] Dies ergibt sich aus § 16 Abs. 3 S. 2 WoFG, wonach Instandsetzungen, die durch Maßnahmen der Modernisierung verursacht werden, zu den Modernisierungen zählen. Jedoch ist genauso wie bei der Ermittlung der aufgewandten Kosten bei einer Modernisierungsmieterhöhung gem. § 559 Abs. 1 BGB[73] bei der Ermittlung des wesentlichen Bauaufwands ein zeitanteiliger Abzug der angefallenen Kosten insoweit vorzunehmen, als Bauteile oder Einrichtungen der Wohnung, die zwar noch nicht mangelhaft, aber bereits über einen erheblichen Anteil ihrer Lebensdauer abgenutzt sind, durch solche von besserer Qualität ersetzt werden.[74] **19b**

**c) Geschaffener Zustand.** Allein die Höhe des Bauaufwandes reicht nicht aus, entscheidend ist das Resultat, also **der geschaffene Zustand.**[75] Der Begriff „umfassend" bezeichnet nämlich nicht nur ein quantitatives (Kosten-)Element, sondern gleichberechtigt ein qualitatives Kriterium. Zu berücksichtigen sind die qualitativen Auswirkungen der Maßnahmen auf die Gesamtwohnung.[76] Nur eine solche Auslegung wird dem Gesetzeszweck Modernisierungen zu fördern gerecht.[77]Durch diesen Aufwand muss ein Zustand erreicht werden, der einer Neubauwohnung in etwa – nicht notwendig vollständig[78] – entspricht.[79] Hierzu zählen insbes. die Sanitäreinrichtungen, die Heizung, die Fenster, die Fußböden, die Elektroinstallationen und der energetische Zustand der Wohnung.[80] Besondere Bedeutung kommt beim Vergleich mit dem Neubaustandard dabei dem energetische Zustand nach der Modernisierung zu. Wird hier kein neubaugleicher Zustand geschaffen, muss dieses Manko durch besonders umfangreiche Modernisierungsmaßnahmen in mehreren anderen Bereichen kompensiert werden.[81] **20**

### 3. Zeitpunkt der umfassenden Modernisierung

Der **Zeitpunkt** der Modernisierung ist in mehrfacher Hinsicht **unerheblich. (a)** Er kann vor dem 1. 10. 2014 liegen;[82] **(b)** er kann nach diesem Termin liegen; **(c)** er kann vor oder nach Inkrafttreten einer entsprechenden Landesverordnung liegen; **(d)** er kann auch während des Bestandes eines Vormietverhältnisses liegen[83]; **(e)** es kann sich auch erst eine Phase der **Selbstnutzung** durch **20a**

---

[68] *Flatow* WuM 2015, 191; für § 559 BGB: LG Halle ZMR 2003, 35 (38); *Langenberg* PiG 40 (1993), 59 (76); AnwK WohnraumMietR/*Lammel* BGB § 559 Rn. 34; Staudinger/*V. Emmerich* BGB § 556f Rn. 20; Lützenkirchen MietR/*Dickersbach* BGB § 559 Rn. 87.

[69] LG Halle ZMR 2003, 35; *Sternel* MietR Kap. IV Rn. 353; AnwK WohnraumMietR/*Lammel* BGB § 559 Rn. 34.

[70] Für die Betriebskostenabrechnung: BGH VIII ZR 41/12, NZM 2013, 120; *Schmid* WuM 2013, 144.

[71] BGH VIII ZR 369/18; NZM 2021, 220; LG Berlin NZM 2019, 818; WuM 2019, 447 mAnm *Börstinghaus* jurisPR-MietR 21/2019 Anm. 1; BeckOGK/*Fleindl* BGB § 556f Rn. 22.

[72] LG Berlin ZMR 2019, 124; *Flatow* WuM 2015, 191 (201); Staudinger/*V. Emmerich* BGB § 556f Rn. 18; Spielbauer/Schneider/*Wichert* BGB § 556f Rn. 20; BeckOK MietR/*Theesfeld* BGB § 556f Rn. 13f.; **aA** NK-Miete/*Hinz* BGB § 556f Rn. 13a; Lützenkirchen MietR/*Abramenko* BGB § 556f Rn. 17; NK-BGB/*Langen* § 556f Rn. 13.

[73] BGH VIII ZR 81/19, NZM 2020, 795.

[74] BGH VIII ZR 369/18; NZM 2021, 220.

[75] LG Berlin NZM 1999, 172.

[76] BGH VIII ZR 73/19, NZM 2020, 792; LG Berlin NZM 2019, 818; WuM 2019, 447.

[77] *Häublein* ZfPW 2020, 1, 7.

[78] BGH VIII ZR 369/18; NZM 2021, 220.

[79] BGH VIII ZR 73/19, NZM 2020, 792; *Blank* WuM 2014, 641 (654).

[80] BGH VIII ZR 73/19, NZM 2020, 792; BT-Drs. 18/3121, 36.

[81] BGH VIII ZR 369/18, NZM 2021, 220.

[82] *Beck*, Die Mietpreisbremse, 1. Aufl. 2015, S. 48.

[83] *Börstinghaus* NJW 2015, 1553 (1554); **aA** BGH VIII ZR 369/18, NZM 2021, 220; *Schüller* AnwZert-MietR 18/2015 Anm. 1.

den Vermieter anschließen;[84] **(f)** er kann auch außerhalb des Dreijahreszeitraums des § 556e Abs. 2 BGB liegen.[85] Das Gesetz verlangt ausschließlich, dass es sich um die „erste Vermietung nach umfassender Modernisierung" handelt. Mit Vermietung ist **Wiedervermietung** gemeint.[86] Nur darauf bezieht sich das ganze Unterkapitel 1a. Die umfassende Modernisierung muss auch **nicht durch eine einzige Maßnahme** verwirklicht werden.[87] Möglich ist auch, dass mehrere nacheinander durchgeführte selbständige Modernisierungsmaßnahmen zu einer umfassenden Modernisierung geführt haben. Entscheidend ist der Zustand bei der Wiedervermietung, also ob die Wohnung dann im Wesentlichen erstmals einer Neubauwohnung entspricht und ob insgesamt ein wesentlicher Bauaufwand betrieben wurde. Länger zurückliegende Maßnahmen sind wertmäßig nicht zu indexieren.

**20b** Nach dem Wortlaut des § 556f S. 2 BGB sind die §§ 556d, 556e BGB auf die erste Vermietung nach umfassender Modernisierung nicht anzuwenden. Insofern unterscheidet sich der Wortlaut bereits von der umfassenderen Regelung in Satz 1, wonach die Begrenzung der Wiedervermietungsmiete bei Neubauten nie gilt, wenn die Wohnung nach dem 1.10.2014 erstmals genutzt und vermietet wird. Dort ist die Eigennutzung also ausdrücklich angesprochen. Das bedeutet, dass die umfassende Modernisierung nicht nach dem 1.10.2014 stattgefunden haben muss. Die Wohnung kann auch schon vorher modernisiert worden sein. Wenn sie aber vor Inkrafttreten der Begrenzung der Wiedervermietungsmiete in der konkreten Gemeinde nach der umfassenden Modernisierung schon einmal vermietet worden ist, dann gelten die §§ 556d ff. BGB nach Inkrafttreten in der Gemeinde uneingeschränkt. Die vor Inkrafttreten vereinbarte Miete kann aber ohne Rücksicht auf das Datum der Modernisierung als Vormiete gem. § 556e Abs. 1 BGB auch bei einer Wiedervermietung unter Geltung der §§ 556d ff. BGB weiter verlangt werden.

**21** Fraglich ist, ob eine **Eigennutzung** nach umfassender Modernisierung die Anwendung des § 556f S. 2 BGB ausschließt.[88] Der Wortlaut der Vorschrift erlaubt es, den Ausnahmetatbestand auch hier anzunehmen. Im Referentenentwurf zum Mietrechtsnovellierungsgesetz hieß es noch, dass die §§ 556d, 556e BGB nicht anzuwenden (1) auf die erste Vermietung neu errichteter Wohnungen und (2) auf die Wiedervermietung umfassend modernisierter Wohnungen. Es gab also für zum einen für beide Alternativen keinen Stichtag und beide Alternativen sollten zum umfassenden Ausschluss der Begrenzung der Wiedervermietungsmiete führen. Im Gesetzgebungsverfahren wurde dann zwei Einschränkungen eingeführt, zum einen sollten Neubauten nur vorliegen, wenn diese nach dem 1.10.2014 erstmals vermietet und genutzt wurden und zum anderen sollte eine umfassende Modernisierung nur einmal, nämlich bei der ersten Vermietung eine Ausnahme darstellen. Damit sollten spätere Mieterhöhungen ausgeschlossen bzw. auf 10% über der ortsüblichen Vergleichsmiete beschränkt werden. Weitere Beschränkungen wollte der Gesetzgeber aber nicht einführen. Deshalb spricht auch die historische Auslegung dafür, dass eine Selbstnutzung nach umfassender Modernisierung unschädlich ist.[89] Systematisch spricht iÜ für eine solche Auslegung, dass § 556e Abs. 2 BGB einfache Modernisierungen ebenfalls unabhängig von einer eventuellen Selbstnutzung einen Zuschlag in Höhe der möglichen Modernisierungsmieterhöhung gestatten. Hier erfolgt lediglich die Beschränkung auf den Zeitraum von drei Jahren. Deshalb ist jede erstmalige Vermietung nach umfassender Modernisierung vom Anwendungsbereich der §§ 556d, 556e BGB ausgenommen, unabhängig vom Zeitpunkt, wann die umfassende Modernisierung stattgefunden hat.[90]

**21a** Demgegenüber ist jede Art der Vermietung schädlich und führt für alle Folgevermietungen zur Anwendung der Vorschriften dieses Unterkapitels. Das gilt auch für gewerbliche Vermietung oder gewerbliche Zwischenvermietungen.[91]

---

[84] Umf. *Winkler* ZfIR 2016, 121; Staudinger/*V. Emmerich* BGB § 556f Rn. 22, 23; Lützenkirchen MietR/*Abramenko* BGB § 556f Rn. 23.

[85] Lützenkirchen MietR/*Abramenko* BGB § 556f Rn. 19.

[86] **AA** wohl BGH VIII ZR 369/18, NZM 2021, 220.

[87] Lützenkirchen MietR/*Abramenko* BGB § 556f Rn. 19; Staudinger/*Emmerich* BGB § 556f Rn. 20; HK-Miete/*Hinz* BGB § 556f Rn. 14; NK-BGB/*Hinz* § 556e Rn. 14; *Winkler* ZfIR 2016, 121.

[88] *Winkler ZfIR 2016, 121.*

[89] *Börstinghaus* NJW 2015, 1553 (1555); *Blank* WuM 2014, 641 (653); BeckOGK/*Fleindl* BGB § 556f Rn. 26.

[90] *Beck,* Die Mietpreisbremse, 1. Aufl. 2015, S. 48.

[91] Staudinger/*V. Emmerich* BGB § 556f Rn. 22; Lützenkirchen MietR/*Abramenko* BGB § 556f Rn. 21.

### III. Rechtsfolge

Nach einer solchen umfassenden Modernisierung gelten die § 556d BGB und § 556e Abs. 2 BGB nur für die **anschließende Vermietung** nicht. Die unterschiedlichen Rechtsfolgen in § 556f S. 1, 2 BGB zeigen, dass die Schaffung neuen Wohnraums in angespannten Wohnungsmärkten für den Gesetzgeber eine höhere Priorität hat, als die umfassende zB energetische Modernisierung.[92] Ausgeschlossen ist bei umfassender Modernisierung nicht nur die Anwendung des § 556d BGB, sondern auch die des § 556e BGB. Die Erwähnung des § 556e BGB in § 556f S. 2 BGB macht keinen Sinn, da er eine Ausnahme von § 556d BGB darstellt. Wenn § 556d BGB schon nicht gilt, dann kommt es auf die Ausnahme nicht mehr an. In Satz 1 ist es richtig formuliert. Die Formulierung dürfte schlicht aus einer früheren Fassung des Entwurfs übernommen worden sein. Es handelt sich um ein **Redaktionsversehen.** 22

Bei weiteren **Folgevermietungen** gelten dann die Vorschriften des Unterkapitels 1a ohne Einschränkungen. Das bedeutet, dass die zunächst unbeschränkte Miete der ersten Vermietung nach umfassender Modernisierung anschließend als **Vormiete** gem. § 556e Abs. 1 BGB weiter zulässigerweise vereinbart werden darf. Nur Erhöhungen sind nicht möglich. 23

Problematisch ist die Anwendung der Vorschrift auf **Staffelmietvereinbarungen.** Nach § 557a Abs. 4 BGB sind die §§ 556d–556g BGB auf jede einzelne Staffel anzuwenden. Das bedeutet jede einzelne Staffel soll auf die Einhaltung der Grenzen einer Wiedervermietungsmiete überprüft werden. Rechtlich wird damit jede Staffel als „Mietvertragsabschluss" bewertet. Bei dieser engen Wortlautauslegung würde für die Ausgangsmiete bei erster Vermietung nach umfassender Modernisierung gem. § 556f S. 2 BGB die Begrenzung nicht gelten, aber für alle weiteren Staffeln ja. Das hätte zur Folge, dass der Vermieter die erste Staffel als Vormiete weiterverlangen könnte, was keinen Sinn macht, da die Miete dann ja unverändert bliebe und damit gerade keine Staffel möglich wäre. Der Vermieter könnte aber nunmehr bei jeder weiteren Staffel nach § 556e Abs. 2 BGB die Modernisierungskosten nachweisen, um auf diese Weise zumindest die Teile der möglichen Modernisierungsmieterhöhung, die er bei der ersten Staffel nicht durchsetzen konnte, nachzuholen. Das entspricht zumindest teilweise nicht dem **Sinn und Zweck des Gesetzes.**[93] Der Vermieter muss also trotzdem wieder den formalen Aufwand einer Modernisierungsmieterhöhung betreiben und der Mieter muss letztendlich nicht einen Cent weniger zahlen. Bei dieser Lösung könnte es aber ein Problem mit der Dreijahresfrist in § 556e Abs. 2 BGB geben. § 557a Abs. 4 S. 2 BGB bestimmt jetzt, dass bei der Anwendung des § 556d Abs. 1 BGB statt des „Beginns des Mietverhältnisses" der Zeitpunkt maßgeblich, zu dem die nächste Staffel fällig wird. Nach dem Wortlaut gilt diese Verschiebung nur für die jeweilige Ermittlung der ortsüblichen Vergleichsmiete und nicht für die Berechnung der Dreijahresfrist in § 556e Abs. 2 BGB. Damit würden Modernisierungen, die drei Jahre vor Mietvertragsabschluss erfolgten unabhängig von der Fälligkeit der jeweiligen Staffel weiterhin zu Zuschlägen nach § 556e Abs. 2 BGB berechtigen. Auf der anderen Seite wird sowohl in § 556d Abs. 1 BGB wie auch in § 556e Abs. 2 BGB der gleiche Begriff „Beginn des Mietverhältnisses" gebraucht. Die Verschiebung auf einen späteren Zeitpunkt soll aber nur bei § 556d Abs. 1 BGB gelten. Wenn man § 556e BGB so versteht, dass er die Ausnahme zu § 556d BGB darstellt, könnte auch aus dem Wortlaut zu entnehmen sein, den Stichtag auch bei § 556e Abs. 2 BGB entsprechend zu verschieben. Das würde bedeuten, dass nur Modernisierungsmaßnahmen, die „in den letzten drei Jahren vor Fälligkeit der jeweiligen Mietstaffel" durchgeführt wurden zu einer Überschreitung der Vormiete führen können. Bei dieser Auslegung würden Modernisierungsmaßnahmen spätestens ab der vierten Staffel unberücksichtigt bleiben. Dem Vermieter bliebe nur die Möglichkeit sogleich die höchstmögliche Miete zu vereinbaren **(„negative Staffel").** Eine Verteilung der Modernisierungsmieterhöhung auf einen längeren Zeitraum wäre für den Mieter zwar günstig, aber gem. § 557a Abs. 4 BGB unwirksam. Gegen die letzte Auslegung spricht aber der Sinn und Zweck der Regelung, der nach einer umfassenden Modernisierung dem Vermieter die Darlegung der Modernisierungskosten ersparen will.[94] Soweit der Gesetzgeber mit der Regelung des § 557a Abs. 4 BGB Umgehungsvereinbarungen durch Staffelmieten verbieten will, geht es hier nicht darum, da der Gesetzgeber ja selbst bei der ersten Vermietung nach umfassender Modernisierung die Beschränkungen aufgehoben hat.[95] 24

---

[92] *Frank* Mietpreisbremse S. 72.
[93] BeckOGK/*Fleindl* BGB § 5 Rn. 30; *Flatow* WuM 2015, 192/203).
[94] So auch *Flatow* WuM 2015, 191.
[95] MüKoBGB/*Artz* § 556f Rn. 7 beschränkt die Argumentation auf die mit der ersten Vermietung verbundene Staffelmiete. Das ist richtig, aber löst das Problem nicht.

## D. Prozessuales

25 Der Vermieter muss die Tatbestandsvoraussetzungen des § 556f BGB in beiden Alternativen im Streitfall darlegen und beweisen.[96] Hierzu zählt das Datum der erstmaligen Nutzung bzw. Vermietung ebenso wie der aufgewandte Bauaufwand und der geschaffene Zustand. Soweit der BGH[97] für die Frage, ob eine Instandsetzungsarbeit oder eine Modernisierung stattgefunden hat, bei Vermieter nur eine **sekundäre Behauptungslast** sieht, weil der Mieter sich nicht auf **einfaches Bestreiten** beschränken dürfe und zunächst selbst substantiiert vortragen müsse, wo welche Schäden sich befunden haben sollen, gilt das hier nicht.[98] Hintergrund dieser Rspr. ist die Tatsache, dass der Mieter bei einer Bestandsmietenerhöhung schon einige Zeit in der Wohnung gelebt hat und es ihm deshalb auch **tatsächlich möglich** ist, **konkrete Schäden** zu **benennen.** Das ist aber bei der Anmietung eines Objekts, das der Mieter vorher gar nicht kannte, gerade anders. Insofern kann man dem Mieter eine solche erhöhte Darlegungs- und Substantiierungslast in Fällen des § 556f S. 2 BGB kaum auferlegen. Regelmäßig ist deshalb ein einfaches Bestreiten mit Nichtwissen zulässig.[99]

---

[96] Lützenkirchen MietR/*Abramenko* BGB § 556f Rn. 26; *Fleindl* WuM 2015, 212.
[97] *BGH VIII ZR 88/13, NJW* 2015, 934; VIII ZR 175/02, WuM 2004, 154 (155).
[98] *Siegmund* FS Börstinghaus, 2020, 397 (402); *Hinz* ZMR 2014, 593 (597).
[99] Lützenkirchen MietR/*Abramenko* BGB § 556f Rn. 26; *Hinz* ZMR 2014, 593 (597), der hier viel Arbeit auf die Justiz zukommen sah.

## § 556g Rechtsfolgen; Auskunft über die Miete

**(1) [1]Eine zum Nachteil des Mieters von den Vorschriften dieses Unterkapitels abweichende Vereinbarung ist unwirksam. [2]Für Vereinbarungen über die Miethöhe bei Mietbeginn gilt dies nur, soweit die zulässige Miete überschritten wird. [3]Der Vermieter hat dem Mieter zu viel gezahlte Miete nach den Vorschriften über die Herausgabe einer ungerechtfertigten Bereicherung herauszugeben. [4]Die §§ 814 und 817 Satz 2 sind nicht anzuwenden.**

**(1a) [1]Soweit die Zulässigkeit der Miete auf § 556e oder § 556f beruht, ist der Vermieter verpflichtet, dem Mieter vor dessen Abgabe der Vertragserklärung über Folgendes unaufgefordert Auskunft zu erteilen:**

**1. im Fall des § 556e Abs. 1 darüber, wie hoch die Vormiete des Vormietverhältnisses war,**

**2. im Fall des § 556e Abs. 2 darüber, dass in den letzten drei Jahren vor Beginn des Mietverhältnisses Modernisierungsmaßnahmen durchgeführt wurden,**

**3. im Fall des § 556f Satz 1 darüber, dass die Wohnung nach dem 1. Oktober 2014 erstmals genutzt und vermietet wurde,**

**4. im Fall des § 556f Satz 2 darüber, dass es sich um die erste Vermietung nach umfassender Modernisierung handelt.**

**[2]Soweit der Vermieter die Auskunft nicht erteilt hat, kann er sich nicht auf eine nach § 556e oder § 556f zulässige Miete berufen. [3]Hat der Vermieter die Auskunft nicht erteilt und hat er diese in der vorgeschriebenen Form nachgeholt, kann er sich erst zwei Jahre nach Nachholung der Auskunft auf eine nach § 556e oder § 556f zulässige Miete berufen. [4]Hat der Vermieter die Auskunft nicht in der vorgeschriebenen Form erteilt, so kann er sich auf eine nach § 556e oder § 556f zulässige Miete erst dann berufen, wenn er die Auskunft in der vorgeschriebenen Form nachgeholt hat.**

**(2) [1]Der Mieter kann von dem Vermieter eine nach den §§ 556d und 556e nicht geschuldete Miete nur zurückverlangen, wenn er einen Verstoß gegen die Vorschriften dieses Unterkapitels gerügt hat. [2]Hat der Vermieter eine Auskunft nach Abs. 1a Satz 1 erteilt, so muss die Rüge sich auf diese Auskunft beziehen. [3]Rügt der Mieter den Verstoß mehr als 30 Monate nach Beginn des Mietverhältnisses oder war das Mietverhältnis bei Zugang der Rüge bereits beendet, kann er nur die nach Zugang der Rüge fällig gewordene Miete zurückverlangen.**

**(3) [1]Der Vermieter ist auf Verlangen des Mieters verpflichtet, Auskunft über diejenigen Tatsachen zu erteilen, die für die Zulässigkeit der vereinbarten Miete nach den Vorschriften dieses Unterkapitels maßgeblich sind, soweit diese Tatsachen nicht allgemein zugänglich sind und der Vermieter hierüber unschwer Auskunft geben kann. [2]Für die Auskunft über Modernisierungsmaßnahmen (§ 556e Absatz 2) gilt § 559b Absatz 1 Satz 2 und 3 entsprechend.**

**(4) Sämtliche Erklärungen nach den Absätzen 1a bis 3 bedürfen der Textform.**

### Systematische Übersicht

## Alphabetische Schnellübersicht



## A. Übersicht

1 Die **Vorschrift enthält die Rechtsfolgen** eines Verstoßes gegen die §§ 556d–556g BGB. Vereinbarungen, die zum Nachteil des Mieters von diesen Vorschriften abweichen, sind unwirksam. Es handelt sich bei dieser Vorschrift deshalb um eine **halbzwingende Norm.**[1] Für den Hauptfall der Abweichung, nämlich die Überschreitung der maximal zulässigen Miete, ordnet Satz 2 an, dass sich Unwirksamkeit der Mietpreisabrede nur auf den Teil bezieht, der oberhalb der maximal zulässigen Miete liegt.[2] In Satz 3 räumt das Gesetz dem Mieter einen Rückzahlungsanspruch nach den Vorschriften der ungerechtfertigten Bereicherung ein, der selbst bei Kenntnis des Mieters von der Unwirksamkeit der Mietpreisabrede besteht.

1a Durch das Mietrechtsanpassungsgesetz v. 18.12.2018[3] wurden vorvertragliche **Informationsobliegenheiten** des Vermieters eingeführt, da die ursprünglichen Regelungen zur zulässigen Miethöhe bei Mietbeginn insgesamt nicht zu den erhofften Wirkungen geführt hatten.[4] Nach Ansicht der Bundesregierung lag dies wesentlich auch daran, dass Mieter aufgrund der vier Ausnahmetatbestände in den §§ 556e, 556f BGB, insbes. einer höheren Vormiete, oft nicht ohne weiteres hätten beurteilen können, ob die vom Vermieter verlangte Miete im Einzelfall zulässig ist, und daher nicht

[1] Zu solchen Normen im Mietrecht ausf. *Derleder* GS Sonnenschein, 2013, 97; *Lehmann-Richter* WuM 2010, 3; *Schmid* MDR 2014, 189; *Lützenkirchen/Dickersbach* ZMR 2006, 821.

[2] BGH VIII ARZ 13/83, BGHZ 89, 316 (319) = NJW 1984, 722, für Verstöße gegen § 5 WiStG; anders die Forderung von *Derleder* WuM 2014, 443 (444), der hier wie auch bei § 5 WiStG die Miete auf die ortsübliche Vergleichsmiete reduziert wissen will.

[3] BGBl. I 2649; dazu *Artz/Börstinghaus* NZM 2019, 12; *Selk* NJW 2019, 329; *Lützenkirchen* MietRB 2019, 86; *Börstinghaus* ZAP Fach 4, 1777; *Wichert* ZMR 2019, 245.

[4] BT-Drs. 19/4762, 9 unter Hinweis auf diverse Untersuchungen und Veröffentlichungen.

gegen eine überhöhte Miete vorgegangen seien. Diese „Hürde"[5] für Mieter bei der Durchsetzung ihrer Rechte sollte durch die Einführung einer Informationsobliegenheit über die Tatsache, dass der Vermieter sich nicht mit einer Wiedervermietungsmiete von 110% der ortsüblichen Vergleichsmiete zufriedengeben würde, beseitigt werden. Vor allem hinsichtlich der Vormiete wollte der Gesetzgeber Transparenz schaffen[6], auch wenn die Regelung, so wie sie für Mietverträge, die zwischen dem 1.1.2019 und 31.3.2020 abgeschlossen wurden gilt, uU eher für Verwirrung gesorgt hat, da die mitzuteilende Miete gerade nicht die nach § 556e Abs. 1 BGB zulässige Vormiete darstellen musste (→ Rn. 27e). Ab 1.4.2020 wurde dies durch das Gesetz zur Verlängerung und Verbesserung der Regelungen über die zulässige Miethöhe[7] dahingehend abgeändert, dass nun die letzte vom Vormieter geschuldete Miete anzugeben ist. Entscheiden für das maßgebliche Regelungsregime ist gem. Art. 229 § 49 EGBGB[8] bzw. Art. 229 § 51 EGBGB.[9] **Rechtsfolge einer unterlassenen Information** über das Vorliegen eines Ausnahmetatbestandes ist nicht die Reduzierung der Widervermietungsmiete auf 110% der ortsüblichen Vergleichsmiete, sondern das an den Vermieter gerichtete Verbot, sich auf den Ausnahmetatbestand zu „berufen". Der Vermieter kann aber nicht formgerecht erteilte oder gänzlich unterlassene Informationen nachholen, wobei die Rechtsfolgen dann wieder unterschiedlich sind.

Abs. 2 bestimmt, dass dem Mieter erst **nach einer Rüge** das Recht zusteht, überzahlte Beträge **2**
**zurückzuverlangen.** Damit soll den berechtigten Interessen des Vermieters und der Tatsache Rechnung getragen werden, dass sich der Mieter zunächst auf die vereinbarte Miethöhe eingelassen hat.[10] Es sollte vermieden werden, dass, wie häufig bei den § 5 WiStG-Verfahren wirtschaftlich gut situierte Mieter zunächst eine hohe Miete akzeptieren, um eine Wohnung zu erhalten, dann jahrelang in der Wohnung wohnen und dann nach Auszug für die Vergangenheit sehr hohe Beträge zurückverlangen.[11] Der Vermieter soll aufgrund der Rüge vorgewarnt sein und entsprechende Rückstellungen bilden können. Die Vorschrift schützt aber nicht nur den redlichen Vermieter, der Schwierigkeiten hat, die richtige ortsübliche Vergleichsmiete zu ermitteln, sondern auch den Vermieter, der bewusst eine zu hohe Miete in dem sicheren Wissen verlangt, sie bis zum Zugang einer Rüge in jedem Fall behalten zu dürfen.[12]

Nach der bis zum 31.12.2018 gültigen Fassung des Gesetzes musste die Rüge **qualifiziert** sein. **2a**
Das bedeutet, die Rüge musste Tatsachen enthalten, warum die vereinbarte Miete teilunwirksam sein sollte. Die ab 1.1.2019 gültige Gesetzesfassung geht theoretisch davon aus, dass die Rüge nicht mehr qualifiziert sein muss. Dies gilt aber für den gesetzestechnisch als Ausnahme, der in der Praxis aber wohl der Normalfall sein dürfte, formulierten Fall, dass der Vermieter seiner Informationsobliegenheit nachgekommen ist, wiederum nicht. In diesem Fall muss die Rüge wiederum quasi „qualifiziert" sein, da der Mieter auf die erteilten Informationen darin eingehen muss. Die Neuregelung gilt nur für Mietverträge, die ab dem 1.1.2019 abgeschlossen wurden. In vielen Fällen ist deshalb eine **qualifizierte Rüge** noch erforderlich.

Hinsichtlich der **Rechtsfolgen** einer (qualifizierten) Rüge muss unterschieden werden zwischen **2b**
Mietverträgen, die **vor und nach dem 1.4.2020** abgeschlossen wurden. Bei den älteren Mietverträgen gilt § 556g Abs. 2 BGB aF. Danach kann der Mieter erst nach der Rüge fällig gewordene vermeintliche Überzahlungen zurückverlangen. Für neuere Mietverträge gilt der Absatz in der aktuellen Fassung. Hier kann der Mieter auch vor der Rüge gezahlte Beträge zurückverlangen, wenn er den Verstoß gegen die Vorschriften des vorliegenden Unterkapitels nicht mehr als **30 Monate nach Beginn des Mietverhältnisses** gerügt hat. Ausgeschlossen ist der Rückzahlungsanspruch für die Vergangenheit aber wiederum dann, wenn das Mietverhältnis bei Zugang der Rüge bereits beendet war. In diesem Fall kann er nur die nach Zugang der Rüge fällig gewordene Miete zurückverlangen.[13]

---

5 So wörtlich BT-Drs. 19/4762, 9.

6 BT-Drs. 19/4762, 10.

7 BGBl 2020, 450; *Fleindl* FS Börstinghaus, 2020, 119; *Horst* MDR 2020, 445; *Dickersbach* MietRB 2020, 117.

8 MüKoBGB/*Artz* EGBGB Art. 229 § 49 Rn. 13.

9 MüKoBGB/*Artz* EGBGB Art. 229 § 51 Rn. 2.

10 BT-Drs. 18/3121, 36.

11 *Hinz* ZMR 2014, 593 (599) begrüßt deshalb das Rügeerfordernis; ebenso *Börstinghaus* DWW 2014, 202 (208); *Fleindl* WuM 2015, 212.

12 *Fleindl* WuM 2015, 212; krit. deshalb auch die Stellungnahme des Bundesrates, BR-Drs. 447/14, 4; *Blank* WuM 2014, 641 (655); *Eisenschmid* ZRP 2015, 27 (28).

13 Dazu *Fleindl* FS Börstinghaus, 2020, 119.

2c Gegenüber Mietzahlungsansprüchen des Vermieters kann sich der Mieter jedoch auch ohne Rüge auf die Unwirksamkeit berufen.[14]

3 Abs. 3 räumt dem Mieter einen **Auskunftsanspruch** ein, der es ihm ermöglichen soll, die Berechtigung der vereinbarten Miete zu prüfen.

4 Schließlich verlangt Abs. 4 für alle Erklärungen der Vertragsparteien zumindest die **Textform.**

## B. Teilunwirksamkeit der Mietpreisabrede

### I. Allgemeines

5 Alle **Abweichungen** von den Vorschriften dieses Unterkapitels 1 a zu Lasten des Mieters **sind unwirksam.** Dazu zählen neben der Mietpreisabrede auch alle weiteren Vereinbarungen, die von den §§ 556d–556g BGB abweichen. Das ist zB eine **Verschärfung der Rügepflicht,** die Einführung einer Frist für die Rüge, die Einführung einer kurzen Verjährungsfrist für den Rückzahlungsanspruch oder der Verzicht auf den Auskunftsanspruch. Auch **Bestätigungsklauseln,** mit denen der Mieter bestätigt, die Wohnung als Neubau gem. § 556f S. 1 BGB oder auch umfassend modernisiert erhalten zu haben, fallen hierunter. Hat der Mieter dem Vermieter eine **„Provision"**[15] oder **„Schmiergeld"**[16] angeboten, um die Wohnung zu erhalten, so ist diese Vereinbarung ebenfalls nichtig[17], da die Zahlung als Teil der Miete zu bewerten ist. Es handelt sich um einen Teil des Entgelts, das für die Gebrauchsüberlassung gezahlt wurde.[18] Die Zahlungen können kondiziert werden.[19] Provisionen an den Vormieter sind ebenso nach § 4a WoVermittG unwirksam wie ein Kauf- oder Übernahmevertrag von Einrichtungsgegenständen zu einem Preis, der in auffälligem Missverhältnis zum Wert der Einrichtung steht. Nicht unter das Nachteilsgebot fallen spätere Mieterhöhungen über die ortsübliche Vergleichsmiete hinaus. Unwirksam sind Vereinbarungen, die den Beweismittelkanon der ZPO mit Blick auf eine etwaige spätere zivilgerichtliche Ermittlung der gem. § 556d BGB preisrechtlich zulässigen Miete beschränken.[20]

5a Nicht zur Teilunwirksamkeit führen **Verstöße gegen die vorvertragliche Informationsobliegenheit** gem. Abs. 1 a. In diesem Fall entspricht die Miete ja gerade den Voraussetzungen der §§ 556d–556f BGB und ist materiell zulässig. Ein Verstoß gegen die Informationsobliegenheit **verbietet dem Vermieter** lediglich sich auf die höher als 10% über der ortsüblichen Vergleichsmiete liegende Miete **„zu berufen".** Zahlungen des Mieters vor einer Rüge darf er deshalb behalten.[21] Hier stellt die materiell-rechtlich ja zulässige vertragliche Abrede den Rechtsgrund für das Behaltendürfen iSd § 812 Abs. 1 BGB dar. Aber auch ohne Rüge kann der Vermieter die Zahlung der oberhalb von 110% der ortsüblichen Vergleichsmiete liegenden gem. §§ 556e, 556f BGB zulässigen Vertragsmiete nicht verlangen.[22] Etwas anderes gilt nur bei Nachholung der vorvertraglichen Informationen und zwar je nach Art des Mangels zu unterschiedlichen Zeitpunkten, § 556g Abs. 1 a S. 3 BGB.

---

[14] Staudinger/*V. Emmerich* BGB § 556g Rn. 5; MüKoBGB/*Artz* § 556g Rn. 4; *Artz/Börstinghaus* NZM 2019, 12 (14); *Fleindl* FS Börstinghaus, 2020, 119 (127), falsch die Gesetzesbegründung zum MietAnpG BT-Drs. 19/4672, 27 „Der Mieter kann demnach *ab der nach wie vor erforderlichen Rüge* gemäß § 556g Abs. 2 BGB die Zahlung nicht geschuldeter Miete *verweigern* (…)"; zumindest missverständlich auch die Antwort der Bundesregierung in der Antwort auf die kleine Anfrage „Drei Jahren Mietpreisbremse", BT-Drs. 19/4367, 28.

[15] Die ggf. bereits nach § 2 WoVermittG unwirksam sein kann.

[16] So die Terminologie von *Blank* WuM 2014, 641 (657).

[17] Offen gelassen von *Blank* WuM 2014, 641 (657), der zusätzlich erörtert, ob es sich um eine Zahlung eigener Art handelt und ob der Mietvertrag in diesen Fällen nicht insgesamt unwirksam ist.

[18] Bei unbefristeten Mietverträgen ist die Zahlung entsprechend der Rspr. des BGH zur Berechnung der Beschwer in Räumungsverfahren analog § 9 ZPO auf 42 Monate zu verteilen, bei befristeten Verträgen hat die Verteilung auf die Laufzeit des Vertrages zu erfolgen.

[19] Strittig ist der Rechtsgrund der Nichtigkeit. **Für § 556g BGB analog:** Staudinger/*V. Emmerich* BGB § 556g Rn. 37; *Derleder* PiG 99 (2015), 27 (39); **für § 138 BGB:** *Blank* WuM 2014, 641 (657); BeckOGK/*Fleindl* BGB § 556g Rn. 44; **aA** Lützenkirchen MietR/*Abramenko* BGB § 556g Rn. 12.

[20] *LG Berlin WuM 2018, 414.*

[21] BT-Drs. 19/4672, 27.

[22] Falsch die Gesetzesbegründung BT-Drs. 19/4672, 27 „Der Mieter kann demnach *ab der nach wie vor erforderlichen Rüge* gemäß § 556g Absatz 2 BGB die Zahlung nicht geschuldeter Miete *verweigern* […]."

## II. Mietpreisabreden

6 Für den wichtigsten Fall der Abweichung von den Normen dieses Unterkapitels, nämlich der Höhe der Miete, enthält § 556g Abs. 1 S. 2 BGB eine **Sonderregel.** Die Mietpreisabrede ist **nicht insgesamt unwirksam**[23], mit der Folge, dass entweder die angemessene oder die ortsübliche Miete geschuldet wird[24] oder dem Vermieter nunmehr ein Leistungsbestimmungsrecht zusteht.[25] Die Vorschrift folgt dem Modell des § 134 BGB, also was nicht ausdrücklich verboten ist, ist erlaubt. Dies gilt auch bei einer Mietpreisüberhöhung gem. § 5 WiStG.[26] Soweit im Gesetzgebungsverfahren gefordert wurde, hier die Nichtigkeit ab einer Überschreitung der ortsüblichen Vergleichsmiete um einen Cent anzunehmen[27], hat sich diese Forderung nicht durchgesetzt.[28] Durch die Änderung der Rechtsfolge zum 1.4.2020 kann der Mieter jetzt aber bei neuen Mietverträgen zumindest für zweieinhalb Jahre rückwirkend die überzahlte Miete zurückverlangen, so dass Verstöße gegen die Grenzen nicht mehr ganz so folgenlos bleiben. Mit dem Zuschlag von 10% auf die ortsübliche Vergleichsmiete soll nicht nur eine geringfügige Mietenentwicklung möglich bleiben, es soll vor allen Dingen auch den **Schwierigkeiten bei der Ermittlung der ortsüblichen Vergleichsmiete** begegnet werden. Es kommt auch nicht darauf an, ob die Wohnung bereits übergeben wurde[29] oder nicht[30].

7 Das bedeutet, dass Mietpreisabreden im Regelfall bis zu 110% der ortsüblichen Vergleichsmiete zum Zeitpunkt des Mietbeginns wirksam sind.[31] Nur darüber hinausgehende Abreden sind teilunwirksam. Die maßgeblichen Werte sind für den Termin des Mietvertragsbeginns festzustellen. Wenn zu diesem Zeitpunkt die vereinbarte Miete über der maximal zulässigen Miete gem. § 556d f. BGB lag, dann ist der überschießende Teil der Mietpreisabrede unwirksam. Soweit die Rspr. bei einem Verstoß gegen § 5 WiStG eine sogenannte **dynamische Nichtigkeit**[32] angenommen hat, wonach der unwirksame Teil der Mietpreisabrede bei steigenden Mieten immer kleiner wird, gilt das hier nicht. Hier gilt eine **statische Nichtigkeit.** Die Rspr. zur dynamischen Nichtigkeit beruht auf der besonderen Rechtsfolge des § 134 BGB, wonach nur verboten ist, was nicht erlaubt ist. Deshalb muss bei Rückforderungsprozessen in Folge eines Verstoßes gegen § 5 WiStG theoretisch für jeden Monat – in der Praxis zumindest jährlich – die maximal zulässige Miete ermittelt werden. Es geht um die zulässige Miete in einem laufenden Mietverhältnis. Darum ging es dem Gesetzgeber hier gerade nicht. § 556g Abs. 1 BGB ordnet eine Teilnichtigkeit der Mietpreisabrede zum Zeitpunkt des Vertragsschlusses an.[33] Deshalb ist gem. § 556g Abs. 1 BGB die **Mietpreisabrede teilunwirksam** ohne spätere Heilungsmöglichkeit bei steigenden Mieten.

8 Beruft sich der Vermieter auf eine **höhere Vormiete** gem. § 556e Abs. 1 BGB, so ist die Miete bis zu Höhe der anzurechnenden Vormiete (ggf. abzgl. der Mieterhöhung des letzten Jahres) zulässig. Wichtig ist hier, dass die Vormiete die gleiche Gegenleistung umfasst (→ BGB § 556e Rn. 15ff.), anderenfalls ist die Miete auf 110% der ortsüblichen Vergleichsmiete begrenzt, es sei denn, dass wiederum aufgrund entsprechender Anwendung des § 556e BGB zumindest die Vormiete bei Leistungserweiterungen vereinbart werden darf (→ BGB § 556e Rn. 16). Bei **einfachen Modernisierungen** gem. § 556e Abs. 2 BGB in den letzten drei Jahren vor Mietvertragsbeginn, ist die Miete iHv 110% der ortsüblichen Vergleichsmiete zzgl. der – theoretisch – möglichen Modernisierungsmieterhöhung wegen dieser Maßnahme zulässig.

---

23 BVerfG NJW 2015, 3014.

24 BGH XII ZR 85/14, ZMR 2015, 379; BGB XII ZR 88/90, NJW-RR 1992, 517.

25 BGH XII ZR 85/14, ZMR 2015, 379.

26 BGH VIII ARZ 13/83, BGHZ 89, 316 = NJW 1984, 722.

27 *Derleder* WuM 2014, 443 (444).

28 *Derleder* PiG 99 (2015), 27 (35) ist aber der Auffassung, dass eine teleologische Auslegung dahin möglich sei, dass bei einer Überschreitung der 10%-Grenze der Mieter nur die ortsübliche Vergleichsmiete schulde ohne Zuschlag von 10%; nach *Häublein* ZfPW 2020, 1 (2); PiG 97 (2014) 1 (2) hat der Gesetzgeber damit „Präventionspotential verschenkt".

29 So aber *Derleder* WuM 2014, 443, der von einer Gesamtnichtigkeit des Mietvertrages gem. § 139 BGB in diesen Fällen ausgeht.

30 *Blank* WuM 2014, 641 (654).

31 AG Wedding GE 2017, 1477.

32 KG NJW-RR 1995, 1037; OLG Hamm NJW 1983, 1622; WuM 1995, 384 mkritAnm *Buchmann* WuM 1995, 427; *Börstinghaus* Miethöhe-HdB Kap. 4 Rn. 28; der BGH hat sich dieser Auffassung für eine vergleichbare Fallkonstellation in den neuen Bundesländern angeschlossen: BGH VIII ZR 150/06, WuM 2007, 440.

33 *Frank* Mietpreisbremse S. 82.

## III. Mieterhöhungen

9 Nicht unwirksam sind **Mieterhöhungen nach Beginn des Mietverhältnisses,** selbst wenn die Grenze des der §§ 556d, 556e BGB überschritten wird.[34] Lediglich für Staffelmieten gibt es eine Sonderregel in § 557a Abs. 4 BGB. Der Mieter kann mit dem Vermieter bereits kurz nach Mietvertragsbeginn gem. § 557 Abs. 1 BGB eine Mietabänderungsvereinbarung treffen. Solche Vereinbarungen werden vom Schutzbereich der §§ 556d–556g BGB nicht mehr erreicht. Der Vermieter hat keinen Anspruch auf solche Änderungsvereinbarungen, aber wenn der Mieter zustimmt, dann sind sie auch wirksam. Allenfalls, wenn solche Vereinbarungen als Staffelmiete zu werten sind (→ BGB § 557 Rn. 22), können sie gem. § 557a Abs. 4 BGB iVm § 556d Abs. 1 BGB unwirksam sein. Auch Mieterhöhungen auf die ortsübliche Vergleichsmiete nach Mietvertragsbeginn, fallen nicht unter § 556g Abs. 1 BGB, selbst wenn sie zu einer mehr als 10% über der ortsüblichen Vergleichsmiete liegenden Miete führen, weil die Parteien deren Höhe falsch einschätzen.

## IV. Keine Rügepflicht

10 Die Unwirksamkeit der Mietpreisabrede setzt unabhängig vom Zeitpunkt des Mietvertragsabschlusses **keine Rüge** voraus.[35] Die Unwirksamkeit gilt kraft Gesetzes und ergibt sich unmittelbar aus § 556g Abs. 1 BGB. Die Rüge ist nur für einen Rückforderungsanspruch Tatbestandsvoraussetzung. Bedeutung hat dies immer dann, wenn der Mieter die vereinbarte Miete nicht gezahlt hat und der Vermieter auf Zahlung klagt.[36] In diesem Fall kann der Mieter sich auch für Zeiträume in der Vergangenheit und vor allem auch bei Altverträgen vor einer Rüge auf die Teilunwirksamkeit der Mietpreisabrede berufen.[37] Der Mieter handelt auch nicht rechtsmissbräuchlich, wenn er sich erst später auf die Unwirksamkeit der Mietpreisabrede beruft.[38] Er muss den Vermieter nämlich nicht zuvor über eine von ihm erkannte Mietpreiswidrigkeit aufklären.

11 Das gilt auch bei allen **Kündigungen wegen Zahlungsverzugs** gem. § 543 Abs. 2 Nr. 3, § 573 Abs. 2 Nr. 1 BGB (→ Rn. 50). Bei der Rückstandsermittlung knüpft das Gesetz an die zulässige Miete an. Nur Ansprüche, die dem Vermieter zustehen und die er auch durchsetzen kann, dürfen deshalb bei der Rückstandsberechnung in Ansatz gebracht werden.[39] Das ergibt sich aus der Formulierung, dass der Mieter mit Zahlung der Miete „in Verzug" sein muss. In Verzug kann der Mieter aber nur mit Mieten kommen, die er auch schuldet.[40] Soweit die Miete also gem. §§ 556g Abs. 1 BGB iVm § 556d Abs. 1 BGB teilunwirksam ist, kommt der Mieter mit diesem Teil der Miete nicht in Verzug.[41] Deshalb ist für die Berechnung des Mietrückstandes von der gem. § 556g Abs. 1 BGB herabgesetzten Miete auszugehen. Ist die Mietpreisvereinbarung teilweise unwirksam, weil sie gegen § 556g Abs. 1 BGB verstößt, so ist für die Ermittlung der **Kündigungsrelevanz** die preisrechtlich zulässige Miete maßgeblich.[42] Darf der Vermieter sich aber gem. § 556g Abs. 1a BGB nur auf eine Ausnahmevorschrift nicht berufen, so ist die zulässige Wiedervermietungsmiete inkl. der Ausnahmeregelungen, auch wenn der Vermieter sie in der Höhe nicht verlangen darf, anzusetzen. Die Rechtsfolge des sich nicht Berufen-Dürfens ist eine Strafe für den (→ Rn. 27a), weil er der Informationsobliegenheit nicht nachgekommen ist. Er bekommt die preisrechtlich zulässige Miete nicht vollständig. Er soll dadurch aber keinen Vorteil erhalten, wonach das Mietverhältnis früher gekündigt werden kann. Bei der außerordentlichen fristlosen Kündigung gem. § 543 Abs. 2 Nr. 3

---

[34] AG Neukölln 18.9.2018 – 14 C 69/18, nv.

[35] Lützenkirchen MietR/*Abramenko* § 556g Rn. 63; falsch daher die Gesetzesbegründung BT-Drs. 19/4672, 27 „Der Mieter kann demnach *ab der nach wie vor erforderlichen Rüge* gemäß § 556g Absatz 2 BGB die Zahlung nicht geschuldeter Miete *verweigern* (…)."

[36] *Hinz* ZMR 2014, 593 (599); *Börstinghaus* DWW 2014, 202 (208).

[37] Staudinger/*V. Emmerich* BGB § 556g Rn. 5; MüKoBGB/*Artz* § 556g Rn. 4; *Artz/Börstinghaus* NZM 2019, 12 (14); zumindest missverständlich die Antwort der Bundesregierung in der Antwort auf die kleine Anfrage „Drei Jahren Mietpreisbremse", BT-Drs. 19/4367, 28.

[38] AG München DWW 2016, 340 mAnm *Börstinghaus* WuM 2017, 186.

[39] Lützenkirchen MietR/*Abramenko* § 556g Rn. 57; *Beuermann* GE 2010, 590; *Jablonski* GE 2010, 589; NK-BGB/*Hinz* § 556g Rn. 13; *Hinz* WuM 2021, 137 (141); *Thalheim,* Die außerordentliche fristlose Kündigung durch den Vermieter von Wohn- und Gewerberaum, 2008, 193.

[40] *Paschke GE 2011, 173 (174).*

[41] *Thalheim,* Die außerordentliche fristlose Kündigung durch den Vermieter von Wohn- und Gewerberaum, 2008, 206.

[42] Lützenkirchen MietR/*Abramenko* § 556g Rn. 63; **aA** *Schwab* NZM 2019, 36 (38).

BGB müssen die dortigen Grenzen erreicht werden, bei der ordentlichen Kündigung gem. § 573 Abs. 1 BGB muss ein Rückstand in Höhe einer Monatsmiete über die Dauer von einem Monat mindestens bestehen.[43] Soweit bei behebbaren Mängeln[44] die Kündigungsrelevanz aus der vereinbarten und nicht der geminderten Miete zu ermitteln ist[45], gilt dies hier nicht, da die Mietpreisabrede wegen Verstoßes gegen die §§ 556d ff. BGB auf Dauer teilunwirksam ist. Ein Irrtum des Mieters über die Höhe der geschuldeten Miete ist als **Rechtsirrtum** nach der Rspr. des BGH[46] kaum vorstellbar.[47] Insbesondere gilt im Mietrecht kein anderer **Verschuldensmaßstab.**[48]

Auch bei einer **Rückzahlungsklage wegen eines Teils der Kaution** ist die Rüge nicht erforderlich.[49] Bei einer dauerhaften Herabsetzung der Miete reduziert sich nämlich auch die Höhe der maximal möglichen Mietsicherheit.[50] Das gilt auch bei Verstoß gegen § 556g Abs. 1 BGB.[51] In einem solchen Verfahren trifft den Mieter die Darlegungs- und Beweislast hinsichtlich eines Verstoßes gegen § 556d Abs. 1 BGB.[52] Der Vermieter muss die Ausnahmetatbestände der §§ 556e, 556f BGB beweisen.[53] 12

Will der Mieter mit einem vermeintlichen Rückzahlungsanspruch **aufrechnen,** muss er zuvor eine wirksame **Rüge** erhoben haben. Welche Forderungen dann zur Aufrechnung gestellt werden können hängt vom Zeitpunkt des Mietvertragsabschlusses an. Bei **Mietverträgen, die vor dem 1.4.2020** abgeschlossen wurden, können nur die nach Zugang der Rüge fällig werdenden und gezahlten Mieten zurückgefordert werden. Nur mit diesen Mietanteilen kann er aufrechnen.[54] Ob die Rüge qualifiziert sein musste oder nicht hängt davon ab, wann der Mietervertrag abgeschlossen wurde und ob der Vermieter seinen vorvertragliche Informationspflichten nachgekommen ist (→ Rn. 17 ff.). Bei **Mietverträgen, die ab 1.4.2020** abgeschlossenen worden sind kann der Mieter bei einer Rüge innerhalb der ersten 30 Monate nach Mietvertragsbeginn auch die vermeintlichen Überzahlungen seit Vertragsbeginn zur Aufrechnung stellen. Das gilt aber dann wiederum nicht, wenn das Mietverhältnis zum **Zeitpunkt des Zugangs der Rüge bereits beendet** war. Das setzt voraus, dass dem Mieter eine formell wirksame ordentliche oder außerordentliche Kündigung zugegangen ist und ein Kündigungsgrund bestand. Bei der ordentlichen Kündigung muss auch die Kündigungsfrist abgelaufen sein. Um eine Zahlungsverzugskündigung unwirksam werden zu lassen muss die Aufrechnung „unverzüglich" nach der Kündigung erfolgen, § 543 Abs. 2 S. 3 Hs. 2 BGB.[55] 13

## C. Der Rückforderungsanspruch

### I. Allgemeines

Nach § 556g Abs. 1 S. 3 BGB steht dem Mieter ein bereicherungsrechtlicher Rückzahlungsanspruch gegen den Vermieter zu.[56] Mehrere Mieter sind hinsichtlich des Rückzahlungsanspruchs **Mitgläubiger** iSd § 432 BGB[57] und nicht Gesamtgläubiger[58] nach § 428 BGB. Im Falle der Mit- 14

[43] BGH VIII ZR 207/12, NJW 2013, 159; *Zehelein* WuM 2013, 46; *Börstinghaus* LMK 1/2013 Anm. 2; *Hinz* ZMR 2013, 96; *Blank* NZM 2013, 104.

[44] Ob das auch für nicht behebbare Mängel gilt ist strittig: dafür *Schwab* NZM 2019, 36, 38; dagegen *Börstinghaus* jurisPR-BGHZivilR 21/2017 Anm. 1; zur Problematik insbes. auch des Zusammentreffens von Minderung und Teilnichtigkeit gem. § 556g Abs. 1 BGB: *Fleindl* FS Börstinghaus, 2020, 119 (130).

[45] BGH VIII ZR 193/16, NZM 2018, 28 = NJW 2018, 939 = MietPrax-AK § 543 BGB Nr. 43 mAnm *Börstinghaus; Blank* WuM 2017, 647.

[46] BGH XII ZR 48/10, WuM 2012, 323; BGB VIII ZR 138/11, NJW 2012, 2882.

[47] So auch *Blank* WuM 2014, 641 (659).

[48] BGH VIII ZR 175/14, NZM 2015, 196.

[49] AG Neukölln WuM 2017, 598 (Berufung anhängig: Az.: 65 S 217/17); *Hinz* ZMR 2014, 593 (601); *Fleindl* WuM 2015, 212.

[50] Für Minderung bei nicht behebbarem Mangel BGH VIII ZR 347/04, NJW 2005, 2773 mAnm *Schmid* MDR 2005, 971; ZMR 2005, 836; *Wiek* WuM 2005, 575.

[51] NK-BGB/*Hinz* § 556g Rn. 12.

[52] *Fleindl* WuM 2015, 212.

[53] Staudinger/*V. Emmerich* BGB § 556f Rn. 25; *Fleindl* WuM 2015, 212.

[54] *Fleindl* WuM 2015, 212; *Börstinghaus* DWW 2014, 202 (208); etwas zweifelnd aber *Hinz* ZMR 2014, 593 (599).

[55] BGH VIII ZR 261/15, NZM 2016, 765; dazu *Kappus* NZM 2016, 766.

[56] Hierzu *Diehl/Schreiner* ZMR 2017, 455.

[57] BGH VIII ZR 45/19, NZM 2020, 551.

[58] **AA** *Fleindl* WuM 2015, 212.

gläubigerschaft nach § 432 BGB hat jeder Gläubiger **ein eigenes Forderungsrecht** gegen den Schuldner mit der Folge, dass er seine Rechtsposition selbständig und ohne Mitwirkung der weiteren Gläubiger geltend machen und abtreten kann. Der Anspruch des Mitgläubigers ist darauf gerichtet **Leistung an alle Mieter** gemeinsam zu fordern. Mieten mehrere Personen eine Wohnung an, haften sie zwar für die Mietforderungen gem. §§ 421, 427 BGB als Gesamtschuldner. Daraus folgt aber nicht, dass im Falle der bereicherungsrechtlichen Rückabwicklung gezahlter Mieten die Mieter nun Gesamtgläubiger iSv § 428 BGB würden. Das Gesetz ordnet in § 427 BGB zwar für die Zahlungspflichten des Mieters im Zweifel eine Gesamtschuld an, es besteht aber im Falle einer Rückabforderung keine entsprechende Regelung dahin, dass die früheren Gesamtschuldner im Zweifel nun Gesamtgläubiger nach § 428 BGB werden. Vielmehr ist die Mitgläubigerschaft nach § 432 BGB die Regel, während die Gesamtgläubigerschaft die Ausnahme bildet. Bei einem Mieterwechsel kommt es darauf an, ob eine Novation stattgefunden hat oder ein Parteiwechsel (→ BGB § 556d Rn. 22). Mehrere Vermieter sind demgegenüber **Gesamtschuldner** nach § 421 BGB. Bei einem **Eigentumsübergang** gem. § 566 BGB gilt das **Fälligkeitsprinzip** (→ BGB § 566 Rn. 86). Rückzahlungsansprüche, die zwischen Rüge und Eigentumsumschreibung fällig wurden, bestehen gegenüber dem Veräußerer, für die danach fällig werdenden Ansprüche hat der Erwerber einzustehen.[59] Das gilt auch dann, wenn der Veräußerer zu einem früheren Zeitpunkt bereits die Zahlungsansprüche gegen den Mieter an den Erwerber abgetreten hat.[60]

**15** Bei § 556g Abs. 1 S. 3 BGB handelt es sich um einen **vertraglichen Anspruch eigener Art**[61] dessen Voraussetzungen sich alle aus den § 556g Abs. 1, 2 BGB sowie § 556d Abs. 1 BGB ergeben und dessen Rechtsfolgen sich Bereicherungsrecht richten. Nach der amtlichen Überschrift des § 556g BGB enthält die Vorschrift die „Rechtsfolgen" und benennt die Tatbestandsvoraussetzungen. Dass in § 556g Abs. 1 S. 4 BGB auf die §§ 814, 817 BGB verwiesen wird, ändert daran nichts, da es sich dabei nicht um anspruchsbegründende Tatbestandsvoraussetzungen, sondern Einwendungen gegen den bereicherungsrechtlichen Anspruch handelt.[62] Bedeutung hat dies für die dogmatische Einordnung der **Rügepflicht.** Sie ist als **Tatbestandsvoraussetzung**[63] einzuordnen und muss deshalb vom Mieter dargelegt und bewiesen[64] werden und nicht ihr Fehlen als Ausnahmetatbestand vom Vermieter.[65]

**16** Der Vermieter hat gem. § 818 BGB dem Mieter den unzulässigen Teil der gezahlten Mieten zurückzuzahlen. Der Vermieter muss auch die **gezogenen Nutzungen** nach § 818 Abs. 1 BGB, also eventuelle **Zinserträge,** herausgeben. Eine **Entreicherung** gem. § 818 Abs. 3 BGB des Vermieters ist kaum vorstellbar. Sie scheidet selbst dann aus, wenn der Vermieter sich auf erfolgte Schuldentilgung beruft. In diesem Fall hat der Vermieter die Befreiung von einer Schuld erlangt. Bei Erhaltungs- und Modernisierungsarbeiten ist er um die Wertsteigerung des Objekts bereichert. Ab **Rechtshängigkeit der Rückzahlungsklage** sowie bei einem vorsätzlichen Verstoß gegen die Vorschriften der §§ 556d ff. BGB haftet der Vermieter verschärft, §§ 818 Abs. 4, 819 Abs. 1 BGB.[66]

**16a** Umstritten ist die Frage, wer Gläubiger des Rückforderungsanspruchs ist, wenn ein **Dritter,** regelmäßig das Job-Center oder Sozialamt, die Miete direkt an den Vermieter gezahlt hat. Teilweise wird dem Mieter auch in diesem Fall persönlich der Anspruch zugestanden[67], teilweise wird dem

---

[59] *Fleindl* WuM 2015, 212; *Eisenschmid* jurisPR-MietR 11/2015 Anm. 1.

[60] *Fleindl* WuM 2015, 212.

[61] NK-BGB/*Hinz* § 556g Rn. 19; *Hartmann* jM 2015, 447 (452); *Fleindl* WuM 2015, 212; *Eisenschmid* jurisPR-MietR 11/2015 Anm. 1; **aA** *Häublein* ZfPW 2020, 1 (10); PiG 99 (2015), 13 (21); noch zum RefE: *Hinz* ZMR 2014, 593, 599; Herrlein/Knops/Spiegelberg/*Martens,* Kommentar zum Mietrecht, 5. Aufl. 2020, BGB § 556g Rn. 10.

[62] *Fleindl* WuM 2015, 212 unter Verweis auf Palandt/*Sprau* BGB § 814 Rn. 1; MüKoBGB/*Schwab* § 817 Rn. 9.

[63] Die Gesetzesbegründung BT-Drs. 18/3121 ist indifferent. Auf S. 36 heißt es, dass dem Mieter „erst nach einer qualifizierten Rüge das Recht zusteht, überzahlte Beträge zurückzuverlangen", was für eine Tatbestandsvoraussetzung spricht. Auf S. 37 heißt es demgegenüber: „Die Vorschrift [§ 556g Abs. 2 S. 2 BGB] schließt solche Ansprüche gleich welcher Art für Zeiträume vor einer qualifizierten Rüge aus", was eher eine Auslegung als Ausnahmetatbestand nahelegt.

[64] *Frank* Mietpreisbremse S. 89, die aber auf S. 93 aus eher politischen Gründen das Ergebnis anzweifelt und dann wieder von einer Einwendung spricht oder von einer sekundären Darlegungslast ausgehen will.

[65] So sind aber wohl die Ausführungen von *Hinz* ZMR 2014, 593 (599) und *Blank* WuM 2014, 641 (654) zu verstehen. Letzterer behandelt die Rüge unter der Zwischenüberschrift „Beschränkung des Bereicherungsanspruchs".

[66] BeckOGK/*Fleindl* BGB § 556g Rn. 22; *Fleindl* WuM 2015, 212.

[67] *Fleindl* WuM 2015, 212 (214).

Dritten aber auch ein unmittelbarer Rückforderungsanspruch eingeräumt.[68] Eine Dritte Auffassung geht von einem **Doppelmangel** aus, bei dem der Vermieter vom Mieter den Rückzahlungsanspruch gegen den Vermieter kondizieren kann und anschließend den Anspruch selbst geltend machen kann.[69]

## II. Die Rügepflicht

Die Rüge ist **Tatbestandsvoraussetzung** für den Rückzahlungsanspruch des Mieters[70] und stellt nicht nur eine bloße Fälligkeitsanforderung dar.[71] Rechtspolitisch ist das Rügeerfordernis immer umstritten gewesen[72], weshalb der Gesetzgeber es auch schon zweimal modifiziert hat. Welche Anforderungen an den Inhalt der Rüge zu stellen sind hängt zum einen davon ab, wann der Mietvertrag abgeschlossen wurde und zum anderen, ob für den Vermieter Informationsobliegenheiten bestanden, denen er auch nachgekommen ist. 17

### 1. Mietverträge, die vor dem 1.1.2019 abgeschlossen wurden

Nach Art. 229 § 49 Abs. 2 EGBGB[73] ist auf Mietverhältnisse, die bis einschließlich 31.12.2018 abgeschlossen wurden § 556g Abs. 2 BGB in der zum Zeitpunkt der Mietvertragsabschlusses gültigen Fassung anzuwenden. § 556 Abs. 2 BGB lautete bis 31.12.2018: 18

**„Die Rüge muss die Tatsachen enthalten, auf denen die Beanstandung der vereinbarten Miete beruht“**

Danach muss die Rüge Tatsachen enthalten, auf denen die Beanstandung der vereinbarten Miete beruht. Es muss sich damit um eine **qualifizierte Rüge** handeln.[74] Dies gilt für alle bis 31.12.2018 abgeschlossenen Mietverträge ohne Einschränkung weiter. Nach der Gesetzesbegründung[75] sollte damit dem Umstand Rechnung getragen werden, dass die Ermittlung der zulässigen Miethöhe mit Unsicherheiten verbunden ist.[76] Solange der Mieter die Miete beanstandungslos zahlt, soll der Vermieter auf die Wirksamkeit der vertraglichen Abreden vertrauen dürfen. Der Anwendungsbereich der Vorschrift ist aber nicht auf redliche Vermieter beschränkt.[77]

Die **Rüge muss Tatsachen enthalten.** Rein formalisierte Beanstandungen der Mietpreisabrede ohne Bezug zum konkreten Mietverhältnis genügen nicht. Deshalb reichen standardisierte Formular- oder Musterschreiben in Altfällen ebenso wenig wie die Äußerung allgemeiner Bedenken gegen die Wirksamkeit der Preisabsprache.[78] Entsprechend dem Sinn und Zweck der Rügepflicht muss der Mieter konkrete Umstände darlegen, worin er den Verstoß gegen § 556d Abs. 1 BGB sieht, wobei keine zu hohen Anforderungen zu stellen sind.[79] Der Mieter muss die Zulässigkeit der vereinbarten Miete vor einer Rückforderungsklage tatsächlich geprüft haben und sich mit den preisbildenden Faktoren in seiner Rüge qualifiziert auseinandergesetzt haben.[80] Er muss also vor allem die Höhe der ortsüblichen Vergleichsmiete bestreiten. Dieser Angriff kann verschiedene Punkte betreffen: 19

**(a)** Zum einen kann es insbes. in **Gemeinden mit Mietspiegeln** um die richtige Einordnung der Wohnung in den Mietspiegel gehen. Hat der Mieter die Wohnung in den Mietspiegel eingeordnet und eine seiner Meinung maximale Miete in der Rüge angegeben, so ist dies ausrei- 20

---

[68] Lützenkirchen MietR/*Abramenko* BGB § 556g Rn. 70 mwN in Fn 104; für den Fall der irrtümlichen Zahlung so: BGH VIII ZR 39/17, NJW 2018, 1079 mAnm *Nierhauve* ZMR 2018, 908.

[69] Staudinger/*V. Emmerich* BGB § 556g Rn. 16.

[70] BGH VIII ZR 45/19, NZM 2020, 551.

[71] So aber LG Berlin BB 2019, 465, 466.

[72] *Häublein* ZfPW 2020, 1 (10).

[73] MüKoBGB/*Artz* EGBGB Art. 229 § 49 Rn. 13.

[74] Nach *Hinz* ZMR 2014, 593 (599) handelt es sich um ein „weitgehend neues Rechtsinstitut".

[75] BT-Drs. 18/3121, 37.

[76] So auch die Gegenantwort der Bundesregierung zur Stellungnahme des Bundesrates zum MietAnpG BT-Drs. 19/5415, 9.

[77] *Fleindl* WuM 2015, 212; krit. deshalb auch die Stellungnahme des Bundesrates, BR-Drs. 447/14, 4; *Blank* WuM 2014, 641 (655); *Eisenschmid* ZRP 2015, 27 (28).

[78] LG Berlin GE 2918, 1231.

[79] *Hinz* ZMR 2014, 593 (600); nach Staudinger/*V. Emmerich* BGB § 556g Rn. 29 dürften „keine übertriebenen, dh für den Mieter nur schwer erfüllbaren Anforderungen an die Begründung der Rüge gestellt werden".

[80] LG Berlin NZM 2017, 766 (67. ZK); LG Berlin MDR 2019, 89 unter Hinweis auf BT-Drs. 18/3121, 33.

chend.[81] Rechenfehler sind unerheblich.[82] Dabei spielen die Wohnwertmerkmale des § 558 Abs. 2 BGB eine große Rolle. Es geht also um die Ausstattung, die Beschaffenheit oder die Lage der Wohnung aber auch um deren Größe. Besonders strittig ist dabei in der Praxis die Lageeinordnung.[83] Allein die Tatsache, dass ein Quartier besonders angesagt ist und dort sehr hohe Mieten gezahlt werden, macht dies Quartier nicht zu einer sehr guten oder guten Lage. Es kommt auf **die objektiven Merkmale** (→ BGB § 558 Rn. 88ff.) an. Die Größe der Wohnung spielt selbst dann eine Rolle, wenn die **Flächenabweichung nicht über 10%** liegt und deshalb eine Minderung der Miete noch nicht in Betracht kommt. Die ortsübliche Vergleichsmiete ist nach der maßgeblichen Größenklasse des Mietspiegels für die richtige Wohnungsgröße multipliziert mit der richtigen Quadratmeterzahl zu ermitteln.[84] **(b)** Der Mieter kann auch die Einordnung in die ansonsten unbestritten richtige Spanne des Mietspiegels bestreiten. Soweit es eine Orientierungshilfe zur Spanneneinordnung vor Ort gibt, muss er sich dabei mit den Tatbestandsvoraussetzungen dieser Orientierungshilfe auseinandersetzen; **(c)** und zuletzt kann der Mieter auch die Höhe der ortsüblichen Vergleichsmiete insgesamt bestreiten. **(aa)** In Gemeinden mit **qualifiziertem Mietspiegel** kommt es darauf an, ob die um 10% verringerte Vertragsmiete zu einer ortsüblichen Vergleichsmiete innerhalb der Spanne dieses Mietspiegels führt oder nicht. Liegt sie innerhalb der Spanne, spricht die **Vermutungswirkung** zunächst einmal dafür, dass die Miete zulässig ist. Der Mieter muss jetzt Zweifel sähen gegen die Richtigkeit. Er muss sich dazu mit der Mietspiegeldokumentation auseinandersetzen und vortragen, warum die anerkannten wissenschaftlichen Grundsätze der Mietspiegelerstellung nicht eingehalten wurden. Liegt die maßgebliche ortsübliche Vergleichsmiete außerhalb der Mietspiegelspanne so spricht die Vermutung für eine unzulässige Miete, wenn die Vertragsmiete mehr als 10% höher als der Spannenoberwert ist. Hier muss der Mieter beweisen, dass der Mietspiegel nach den anerkannten wissenschaftlichen Grundsätzen erstellt worden ist. Dazu muss der Vermieter aber Zweifel sähen.[85] **(bb)** In Gemeinden mit **einfachem Mietspiegel** gilt im Prinzip das Gleiche, da diesem Mietspiegel zumindest Indizwirkung[86] hinsichtlich der ausgewiesenen Höhe der ortsüblichen Vergleichsmiete zukommt. Die Anforderungen an den Tatsachenvortrag in der Rüge sind aber erheblich geringer. **(cc)** In **Gemeinden ohne Mietspiegel** muss der Mieter keine drei Vergleichswohnungen oder ein vorprozessuales Sachverständigengutachten vorlegen. Es reicht ein nachvollziehbarer Sachvortrag, warum seiner Meinung nach die an den Wohnwertmerkmalen des § 558 Abs. 2 BGB orientierte Mietenermittlung zu einem niedrigeren Ergebnis kommen würde. Die **Beweislast** im Prozess hat der **Mieter,** so dass er das volle Risiko des Bestreitens trägt.

**21** **(c)** Da es sich bei den §§ 556e, 556f BGB um **Ausnahmevorschriften** handelt[87], muss der Mieter in der Rüge zu den Tatbestandsvoraussetzungen dieser Normen noch gar nichts sagen.[88] Der Vermieter, der erkennt, dass der Mieter sich zu Recht auf eine Überschreitung der gem. § 556d Abs. 1 BGB zulässigen Miete berufen kann und berufen hat, kann sich jetzt auf seine Rechtsverteidigung einrichten. Hierzu zählen auch die Ausnahmevorschriften der §§ 556e, 556f BGB. Der Vermieter kann alleine beurteilen, ob deren Tatbestandsvoraussetzungen vorliegen und ob die Rechtsverteidigung aussichtsreich erscheint. Der Mieter ist dadurch ausreichend geschützt, dass er zuvor eine Auskunft vom Vermieter über die Tatsachen verlangt, die für die Zulässigkeit der vereinbarten Miete nach den Vorschriften dieses Unterkapitels maßgeblich sind. Fraglich ist, ob der Mieter später in einer Rüge „konkret“ auf die Ausnahmevorschriften der §§ 556e, 556f BGB eingehen muss, wenn der Vermieter sich in der Auskunft auf diese Ausnahmetatbestände berufen hat. Der Vermieter kann die maßgeblichen Tatsachen (Vormiete, Modernisierungskosten) auch bereits

[81] LG Berlin NZM 2017, 332 (65. ZK); LG Berlin NZM 2017, 776 (67. ZK); LG Berlin MDR 2019, 89 (67. ZK); AG Neukölln NZM 2017, 31; AG Lichtenberg GE 2018, 263; WuM 2016, 665; AG Hamburg-St. Georg WuM 2017, 469.

[82] AG Neukölln NZM 2017, 31.

[83] *Börstinghaus/Clar* NZM 2014, 889 (894).

[84] BGH VIII ZR 266/14, BGHZ 208, 18 = NZM 2016, 42 = NJW 2016, 239 = MietPrax-AK § 558 BGB Nr. 36 mAnm *Börstinghaus; Börstinghaus* LMK 2016, 375498; *Heix* WuM 2016, 263.

[85] BGH VIII ZR 46/12, NJW 2013, 775; BGB VIII ZR 346/12, NJW 2014, 292.

[86] BGH VIII ZR 245/17, NZM 2019, 250; BGB VIII ZR 295/15, WuM 2017, 208; BGB VIII ZR 46/12, *NZM 2013, 138; BGB VIII ZR 99/09*, NJW 2010, 2946.

[87] *Fleindl* WuM 2015, 212.

[88] Nach der Gesetzesbegründung BT-Drs. 18/3121, 37 kann der Mieter sich „in der Regel“ darauf beschränken, die gem. § 556d Abs. 1 BGB zulässige Miete zu ermitteln.

in den Mietvertrag aufnehmen.[89] Datenschutzrechtlich ist die Angabe der Vormiete zulässig. Gemäß Art. 6 Abs. 1c DS-GVO[90] ist die Verarbeitung solcher Daten rechtmäßig, soweit die Verarbeitung zur Erfüllung einer rechtlichen Verpflichtung, der der Verantwortliche unterliegt, erforderlich ist. Das ist bei der Mitteilung der Vormiete gem. § 556g BGB der Fall. Er muss in diesem Fall aber den Vormieter informieren, dass er die Daten weitergegeben hat.[91] Der Vermieter hatte zwar zunächst berechtigt die Daten des Vormieters gespeichert, womit zunächst wegen der Kenntnis des Vormieters die Informationspflicht entfällt. Werden die Daten aber zu einem anderen Zweck verwendet, als zu dem ursprünglichen Zweck, nämlich Durchführung des Mietverhältnisses, muss er gem. Art. 13 Abs. 3 DS-GVO die Verwendung zu dem anderen Zweck sowie die Anforderungen nach Abs. 2 mitteilen.

**(d)** Die **Geltendmachung des Auskunftsanspruchs** ist weder Voraussetzung für die Wirksamkeit der Rüge[92] noch für den Rückzahlungsanspruch.[93] Der Auskunftsanspruch des Mieters in § 556g Abs. 3 BGB stellt einen **Hilfsanspruch**[94] des Mieters dar. Er hat nämlich weit über den Rückforderungsanspruch des Mieters nach § 556g Abs. 1 S. 2 BGB Bedeutung. Die Auskunft ist für den Mieter mindestens genauso wichtig, wenn nicht sogar noch viel wichtiger, für die Frage, ob er die Mietzahlung teilweise risikolos einstellt, weil er der Auffassung ist, dass der darüberhinausgehende Teil der Mietzinsabrede gem. § 556g Abs. 1 S. 1 BGB teilunwirksam ist. Da hier uU sogar eine Kündigung durch den Vermieter bei unberechtigter Nichtzahlung der Miete in Betracht kommt, ist die Kenntnis der maßgeblichen Tatsachen für den Mieter hier besonders wichtig. 22

**(e)** Auch bei einer Mietermehrheit muss die Rüge nicht von allen Mietern gegenüber **allen Vermietern** erhoben werden. Die Rüge ist auch dann wirksam ist, wenn sie nicht von allen Mietern oder für alle Mieter erhoben wurde.[95] Bei der Rüge handelt es sich nicht um eine von allen Mietern abzugebende Willenserklärung, sondern lediglich um eine geschäftsähnliche Handlung, die im Falle einer Mietermehrheit auch von einem Mieter allein geltend gemacht werden kann.[96] Eine Willenserklärung ist die Äußerung eines Willens, der unmittelbar auf die Herbeiführung einer Rechtswirkung gerichtet ist; sie bringt einen Rechtsfolgewillen zum Ausdruck, dh einen Willen, der auf die Begründung, inhaltliche Änderung oder Beendigung eines privaten Rechtsverhältnisses abzielt.[97] Einen solchen gestaltenden Inhalt hat eine Rüge iSd § 556g Abs. 2 BGB aber gerade nicht. Die Rechtsfolge der Teilunwirksamkeit ergibt sich bereits aus § 556g Abs. 1 BGB. Das Rügeerfordernis schließt nach dem Gesetzeswortlaut je nach Zeitpunkt des Vertragsschlusses nur bestimmte Rückzahlungsansprüche aus. Die Rüge dient nicht dazu, das Mietverhältnis teilweise umzugestalten, sondern allein dazu, die sich bereits aus § 556g Abs. 1 BGB im Interesse des Vermieters abzumildern.[98] Sie hat daher nur den Charakter einer geschäftsähnlichen Handlung. Eine solche zeichnet sich dadurch aus, dass die mit der Erklärung eintretenden Rechtsfolgen nicht durch den Willen des Erklärenden, sondern durch das Gesetz bestimmt werden.[99] Da es sich somit um keine Willenserklärung handelt, ist eine Rügeerhebung durch sämtliche Mieter nicht erforderlich. 23

Die Rüge muss gem. § 556g Abs. 4 BGB zumindest in **Textform** gem. § 126b BGB erfolgen. Erfolgt die Rüge durch einen Vertreter findet § 174 BGB Anwendung.[100] Es handelt sich zwar bei der Rüge um keine – einseitige – Willenserklärung, sondern um nur um eine geschäftsähnliche 23a

---

[89] BT-Drs. 18/3121, 37.

[90] Zu den Auswirkungen der Einführung der Datenschutz-GrundVO auf Mietverhältnisse: *Zehelein* NJW 2019, 3047; *Will* WuM 2017, 502; *Eisenschmid* MK 2018, 177; NZM 2019, 313.

[91] *Beck* GE 2018, 310, 312.

[92] BT-Drs. 18/3221, 38; *Fleindl* WuM 2015, 212; Staudinger/*V. Emmerich* BGB § 556g Rn. 65; offen gelassen von *Blank* WuM 2014, 641 (654).

[93] *Hinz* ZMR 2014, 593 (600); *Fleindl* WuM 2015, 212.

[94] BT-Drs. 18/3221, 38.

[95] *BGH VIII ZR 45/19, NZM 2020, 551.*

[96] BGH VIII ZR 45/19, NZM 2020, 551; Staudinger/*V. Emmerich* BGB § 556g Rn. 22; BeckOGK/*Fleindl* § 556g BGB Rn. 102; *Fleindl* WuM 2015, 212 (217); **aA** LG Berlin GE 2019, 252; soweit in der Vorauflage eine andere Auffassung vertreten wurde, wird diese hiermit ausdrücklich aufgegeben.

[97] BGH X ZR 97/99, BGHZ 145, 343 (346) = NJW 2001, 289.

[98] BGH VIII ZR 45/19, NZM 2020, 551.

[99] BGH VIII ZR 45/19, NZM 2020, 551; BGH II ZR 228/64, BGHZ 47, 352 (357) = NJW 1967, 1800, für den Fall der Mahnung.

[100] Staudinger/*V. Emmerich* BGB § 556g Rn. 22; Lützenkirchen MietR/*Abramenko* BGB § 556g Rn. 16, der aber von der Qualifikation der Rüge als Willenserklärung ausgeht.

Handlung[101], hierauf ist § 174 BGB aber entsprechend anzuwenden. Der Mieter kann die Rüge jederzeit wiederholen und eventuelle Mängel heilen.[102]

24 **(f)** Das **Recht zur Rüge verjährt** nicht. Da der Rückzahlungsanspruch nur für Ansprüche besteht, die nach Zugang der Rüge fällig werden, kann der Mieter die Rüge auch noch mehr als drei Jahre nach Mietvertragsabschluss erheben.[103] Eine „Ausübungsfrist" für die Rüge gibt es nicht. Der Mieter hat die Darlegungs- und Beweislast hinsichtlich der Höhe der zulässigen Miete gem. § 556d Abs. 1 BGB zu Mietvertragsbeginn. Der Vermieter muss die Ausnahmen gem. §§ 556e–556f BGB darlegen und beweisen. Umso mehr Zeit verstrichen ist, umso schwieriger ist dies jeweils. Eine **Verwirkung** ist wegen der Wertung des Gesetzes, wonach sogar Kenntnis des Mieters unschädlich ist und der Bedeutung der Preisbindungsvorschriften kaum vorstellbar.

### 2. Mietverträge die ab dem 1.1.2019 abgeschlossen wurden[104]

24a Für diese Mietverträge genügt nach der Neufassung des § 556g Abs. 2 S. 2 BGB grds. **eine einfache Rüge.** Nach Ansicht des Gesetzgebers[105] hätten sich die Anforderungen an die Rüge, mit der Mieter die Miethöhe beanstanden müssen, in der Praxis als zu weitgehend erwiesen, obwohl die Entscheidungen, in denen der Rückzahlungsanspruch an Mängeln der Rüge scheiterte, verschwindend gering waren.[106] Ob diese Schwierigkeiten bei der jetzt Gesetz gewordenen nur für Neuverträge geltenden Vorschriften mit mehreren Ausnahmen und ggf. nachträglichen Rügepflichten tatsächlich beseitigt werden, darf bezweifelt werden.[107] Die Änderung beruht auf der Überlegung, dass es bei Vorliegen der gebotenen Auskunft auf Seiten des Mieters kein entsprechendes Informationsdefizit gibt, das einen Verzicht auf die qualifizierte Rüge rechtfertigen würde.[108] Der Mieter muss ohne vorvertragliche Information keine Tatsachen mitteilen, warum er die Mietpreisabrede für unwirksam hält.[109] Es genügt der Hinweis, dass die Miete „gegen die Mietpreisbremse verstoße" oder „unzulässig" oder „zu hoch" sei. Es muss auch kein konkreter Betrag genannt werden, auf den sich die Rüge bezieht.

24b Dies gilt aber nur, wenn **(a)** der Vermieter sich auf keine der vier Ausnahmen der §§ 556e Abs. 1, 2, § 556f S. 1 BGB oder § 556f S. 2 BGB beruft, die Parteien also nur über die Höhe der ortsüblichen Vergleichsmiete streiten, oder **(b)** der Vermieter sich zwar auf eine der vier Ausnahmen beruft, aber den Mieter zuvor nicht darüber gem. § 556g Abs. 1a BGB informiert hat. Da der Mieter im Zweifel zum Zeitpunkt der Rüge nicht weiß, woraus der Vermieter seinen Anspruch auf die höhere Miete herleitet, genügt die einfache Rüge immer dann, wenn der Vermieter seinen vorvertragliche Informationspflichten nicht nachgekommen ist.

### 3. Mietverträge die ab dem 1.1.2019 abgeschlossen wurden[110] und in denen der Vermieter vorvertraglich gem. Abs. 1a Informationen (→ Rn. 27a) erteilt hat

24c Hat der Vermieter eine Information nach Abs. 1a S. 1 erteilt, so muss die Rüge sich gem. § 556g Abs. 2 S. 2 BGB auf diese Auskunft beziehen. Insofern ist doch wieder eine qualifizierte Rüge (dazu → Rn. 17a ff.) erforderlich, wenn auch ggf. mit **etwas geringeren Anforderungen:**

24d Der Mieter muss in diesem Fall nur zu dem oder den Ausnahmetatbeständen Tatsachen vortragen, über die der Vermieter vorvertraglich informiert hat. **(a)** Die einfache Rüge ist in diesen Fällen ausreichend, um Rückforderungen unter Berufung auf die Ausnahmetatbestände zu ermöglichen, über die nicht vorvertraglich informiert wurde, wenn der Ausnahmetatbestand, über den der Vermieter informiert hat, gar nicht oder nicht in der geltend gemachten Höhe vorlag. **(b)** Ebenso kann

---

101 BGH VIII ZR 45/19, NZM 2020, 551; Staudinger/*V. Emmerich* BGB § 556g Rn. 22; BeckOGK/*Fleindl* BGB § 556g Rn. 102; *Fleindl* WuM 2015, 212 (217); **aA** LG Berlin GE 2019, 252; soweit in der Vorauflage eine andere Auffassung vertreten wurde, wird diese hiermit ausdrücklich aufgegeben.

102 Lützenkirchen MietR/*Abramenko* BGB § 556g Rn. 46f.

103 Das Berufen auf die Teilunwirksamkeit der Mietpreisabrede ist auch nicht rechtsmissbräuchlich: AG München DWW 2016, 340 mAnm *Börstinghaus* WuM 2017, 186.

104 MüKoBGB/*Artz* EGBGB Art. 229 § 9 Rn. 13.

105 BT-Drs. 19/6153, 2.

106 ZB LG Berlin MDR 2019, 89 (67. ZK), wegen eines überschießenden Betrages zwischen Rüge und Klageantrag von 32,30 EUR monatlich bei Teilunwirksamkeit von 254,54 EUR monatlich.

107 *So auch Börstinghaus/Artz NZM 2019*, 12 (18).

108 BT-Drs. 19/6153, 21.

109 BT-Drs. 19/4672, 29.

110 MüKoBGB/*Artz* EGBGB Art. 229 § 49 Rn. 13.

die einfache Rüge auch bei Berufen des Vermieters auf eine Ausnahme ausreichend sein, wenn bereits die Höhe der ortsüblichen Vergleichsmiete strittig ist. Dies kann bei einer einfachen Modernisierung gem. § 556e Abs. 2 BGB in Betracht kommen. Hier genügt eine einfache Rüge, um die Höhe der Ausgangsmiete, auf die der „Zuschlag" gem. § 556e Abs. 2 BGB hinzugerechnet wird, zu beanstanden. Der Mieter will uU nicht den Ausnahmetatbestand in Frage stellen, sondern nur die Ausgangsmiete. Bei den anderen 3 Ausnahmen (Vormiete, Neubau oder umfassende Modernisierung) genügt aber eine einfache Rüge bei entsprechender vorvertraglicher Information nicht, weil in diesen Fällen die ortsübliche Vergleichsmiete keine Rolle spielt. Entweder ist die Vormiete maßgeblich oder die Begrenzung der Wiedermietungsmiete gilt gar nicht.

**(c)** Der Wortlaut des § 556g Abs. 2 S. 2 BGB spricht davon, dass die Rüge sich auf die Aus- **24e**
nahme „beziehen" muss. Das setzt keine umfassende Begründung voraus. Auch wenn der Rechtsausschuss, auf den die Gesetz gewordene Fassung zurückzuführen ist, davon ausgeht, dass damit eine „qualifizierte Rüge" gemeint sei[111], erscheint dies zweifelhaft. Die Informationsobliegenheit des Vermieters in § 556g Abs. 1a BGB (dazu → Rn. 27a) betrifft allenfalls das „Ob" des Vorliegens eines Ausnahmetatbestandes und nicht die Höhe. Der Vermieter muss eine uU nicht maßgebliche Vormiete (dazu → Rn. 27e) oder nur die Tatsache, dass – umfassend – modernisiert oder neu vermietet worden ist mitteilen. Der Vermieter muss selbst dazu keine Tatsachen mitteilen. Mehr als im eigenen Wahrnehmungsbereich liegt, kann der Mieter deshalb hier auch nicht bestreiten. Deshalb genügt es, wenn der Mieter in der Rüge das Vorliegendes Ausnahmetatbestandes bestreitet. Dafür spricht auch der Wortlaut der Norm, die nur verlangt, dass die Rüge sich auf die „Ausnahme bezieht" Soweit in der alten Fassung des § 556g Abs. 2 S. 2 BGB noch von Tatsachen die Rede war, die der Mieter mitteilen muss, fehlt diese formelle Anforderung im neuen Wortlaut. Jede andere Auslegung würde dazu führen, dass der Mieter zunächst den weiter bestehenden Auskunftsanspruch geltend machen müsste und erst nach Eingang der Auskunft die Rüge erheben könnte. Das hätte zur Folge, dass er für einige Zeit den Rückforderungsanspruch nicht geltend machen könnte. Zwar könnte er schlicht die seiner Meinung nach nicht geschuldeten Teile der Miete nicht zahlen, würde sich in diesem Fall aber des Risikos eines Zahlungsverzugs mit allen Konsequenzen aussetzen, wenn sich seine Vermutung als falsch herausstellen sollte.

**4. Mietverträge die ab dem 1.1.2019 abgeschlossen wurden[112] und in denen der Vermieter vorvertraglich keine Informationen gem. § 556g Abs. 1a BGB erteilt hat, diese aber nachgeholt hat**

**(a)** Hat der Mieter bis zur nachgeholten Information noch nicht gerügt, so muss sich die Rüge **24f**
nur auf die nachgeholte Ausnahme beziehen, auch wenn der Wortlaut eine andere Auslegung zulassen würde, zumindest die teleologischen und systematischen Argumente treffen hier aber nicht zu. Dazu nachfolgend. **(b)** Fraglich ist, ob der Mieter ggf. nach einer einfachen Rüge noch eine qualifizierte Rüge iSd § 556g Abs. 2 S. 2 BGB nachschieben muss, wenn der Vermieter gem. § 556g Abs. 1a S. 3 BGB oder § 556g Abs. 1a S. 4 BGB seine vorvertraglichen Informationspflicht nachträglich erfüllt.[113] Hiergegen sprechen der Wortlaut der Norm, die Gesetzessystematik und eine teleologische Auslegung: **(aa)** § 556g Abs. 2 S. 2 BGB spricht davon, dass die Rüge des Mieters sich auf die Auskunft beziehen muss, die der Vermieter nach § 556g Abs. 1a S. 1 BGB erteilt hat. In Satz 1 ist die vor Vertragsschluss abzugebende Information aufgeführt. Die Sätze 2 und 4 betreffen Heilungsmöglichkeiten hinsichtlich der in Satz 2 formulierten Rechtsfolge, nämlich das Verbot sich auf die tatsächlich vorliegende Ausnahme, über die nur nicht vorvertraglich informiert wurde, zu berufen. Die beiden Sätze betreffen also nicht Satz 1. Anderenfalls hätte es heißen müssen, dass einer vorvertraglichen Information nach Satz 1 eine nachgeholte Information gleichgestellt ist mit der Besonderheit, dass der Vermieter sich erst ab einem späteren Zeitpunkt auf die Ausnahme berufen kann. Der Vermieter, wird nach dem Wortlaut bei unterlassener vorgerichtlicher Belehrung doppelt bestraft: Er darf sich – befristet – nicht auf die Ausnahme berufen, und er muss sich mit einer einfachen Rüge abfinden. Den ersten Punkt kann er heilen, den zweiten nicht. **(bb)** Sinn und Zweck des Erfordernisses einer Rüge sollte nach dem gesetzgeberischen Willen sein, den Vermieter vor Rückforderungen zu schützen und der Tatsache Rechnung zu tragen, dass sich der Mieter

[111] BT-Drs. 19/6153, 21.
[112] MüKoBGB/*Artz* EGBGB Art. 229 § 49 Rn. 13.
[113] Dafür *Arzt/Börstinghaus* NZM 2019, 12 (18) „Mieter kann „gehalten sein, zweimal zu rügen".

zunächst auf die vereinbarte Miethöhe eingelassen hat.[114] Hat der Mieter aber schon die Höhe der Miete einfach gerügt, weiß der Vermieter, dass der Mieter mit der ursprünglichen Miete nicht einverstanden ist. Eine nochmalige qualifizierte Rüge wäre eine überflüssige Formalie. **(cc)** Hinzu kommt, dass § 556g Abs. 1a S. 3, 4 eigene Rechtsfolgen anordnet. Sie besagen nämlich, dass der Vermieter sich erst ab Nachholung bei formellen Mängeln und ansonsten erst nach zwei Jahren auf die Ausnahme berufen kann. Hier jetzt zusätzlich noch zu erlangen, dass der Mieter das Vorliegen der Ausnahme ganz oder teilweise bestreitet, ist überflüssig, da der Vermieter sich zumindest im Fall des Satz 3 sowieso nicht auf die Ausnahme berufen darf. **(dd)** Außerdem sind auch die nachgeholten Informationen des Vermieters so wenig aussagekräftig, da sie allenfalls das „Ob" der Ausnahme betreffen, dass eine zweite qualifizierte Rüge des Mieters, die auch nur ein Bestreiten enthalten muss, auch in der Sache nicht zielführend ist.

### III. Kenntnis des Mieters

25 § 556g Abs. 1 S. 4 BGB **modifiziert** den bereicherungsrechtlichen Anspruch aus Gründen des sozialen Mietrechts.[115] Danach sind die Vorschriften der §§ 814, 817 S. 2 BGB nicht anzuwenden. Gerade auf angespannten Wohnungsmärkten würde ein Mietinteressent faktisch aus dem Kreis der Bewerber ausscheiden, wenn er die verlangte Miete vor Vertragsschluss in Frage stellt.[116] Deshalb ist der Rückzahlungsanspruch des Mieters gem. § 556g Abs. 2 BGB auch in den Fällen nicht ausgeschlossen, in denen der Mieter die Teilunwirksamkeit der Mietpreisabrede kannte. Bei den §§ 814, 817 S. 2 BGB handelt es sich um **Einwendungen** gegen den bereicherungsrechtlichen Anspruch.[117] Nach § 814 BGB ist die Rückforderung grds. ausgeschlossen, wenn der Leistende, hier der Mieter, gewusst hat, dass er zur Leistung nicht verpflichtet war. Nach § 817 S. 2 BGB ist die Rückforderung ebenfalls ausgeschlossen, wenn dem Leistenden gleichfalls ein Verstoß gegen ein gesetzliches Verbot zur Last fällt. Der Mieter kann also folgenlos dem Vermieter eine höhere Miete anbieten, damit der Vermieter mit ihm und nicht mit einem anderen Interessenten einen Mietvertrag abschließt. Der Mieter muss den Vermieter nicht vor Vertragsschluss auf die Begrenzung der Wiedervermietungsmiete hinweisen. Eine **Anfechtung** des Mietvertrages durch den Vermieter scheidet deshalb ebenso aus wie eine **Kündigung** oder Schadensersatzansprüche.[118] Für einen evtl. daneben bestehenden Rückforderungsanspruch in Folge einer Mietpreisüberhöhung gem. § 5 WiStG gilt § 814 BGB[119], aber nicht § 817 BGB (→BGB Anh. § 535 Rn. 81 f.).[120] Die Vorschriften gelten ebenfalls dann nicht, wenn der Mieter den vermeintlich teilunwirksamen Teil der Miete nicht gezahlt hat und der Vermieter nunmehr Zahlung verlangt. Der Verweis in § 556g Abs. 1 S. 4 BGB betrifft zwar nur den Rückforderungsanspruch, die Vorschriften gelten für den originären Hauptanspruch auf Mietzahlung systematisch schon nicht. Die §§ 814, 817 BGB betreffen ausschließlich Rückforderungsansprüche, nicht den ursprünglichen Zahlungsanspruch. Es würde dem Sinn und Zweck der Preisbindungsvorschriften widersprechen, hier bei Kenntnis des Mieters von der Teilunwirksamkeit einen Zahlungsanspruch des Vermieters zu bejahen.

### IV. Umfang des Anspruchs

26 Der Umfang des Rückzahlungsanspruch richtet sich nach dem **Datum des Vertragsabschlusses**[121]:

**(1)** Bei Mietverträgen, die **vor dem 1.4.2020** abgeschlossen wurden, können nur die nach Zugang der Rüge fällig werdenden und gezahlten Mieten zurückverlangt werden.[122] Der Begriff

---

[114] BT-Drs. 18/3121, 32.

[115] BT-Drs. 18/3121, 37.

[116] AG München DWW 2016, 340 mAnm *Börstinghaus* WuM 2017, 186.

[117] *Fleindl* WuM 2015, 212 unter Verweis auf Palandt/*Sprau* BGB § 814 Rn. 1; MüKoBGB/*Schwab* § 817 Rn. 9.

[118] AG München DWW 2016, 340 mAnm *Börstinghaus* WuM 2017, 186.

[119] Zur Bedeutung und zum Umfang des § 814 BGB bei der Kondiktion von überzahlter Miete bei einer Minderung der Miete: BGH VIII ZR 100/18, WuM 2018, 712.

[120] *Undifferenziert Blank* WuM 2014, 641 (654).

[121] MüKoBGB/*Artz* EGBGB Art. 229 § 51 Rn. 2.

[122] Nach *Blank* WuM 2014, 641 (654) ist diese Einschränkung nicht mehr vertretbar. Leistungen, auf die kein Anspruch besteht, sind zurückzuzahlen.

der Fälligkeit ist untechnisch gemeint, da der teilunwirksame Teil der Mietpreisabrede gar nicht fällig werden kann.[123] Gemeint ist der Termin, zu dem die Miete, soweit sie wirksam vereinbart worden wäre, fällig geworden wäre. Das ist gem. § 556b Abs. 1 BGB der **Beginn**[124] **des dritten Werktages.** Abweichende mietvertragliche Vereinbarungen sind zulässig aber in der Praxis die absolute Ausnahme. Das bedeutet, dass eine Rückzahlung für den laufenden Monat nur dann verlangt werden kann, wenn die Rüge bis zum Ablauf des zweiten Werktags dem Vermieter zugegangen ist. Der **Samstag** zählt dabei nicht mit[125], da es zwar um den Zugang einer Willenserklärung des Mieters geht[126], die Frist aber ausschließlich von der Mietfälligkeit abhängt. Insofern unterscheidet sich die Rechtslage von der bei Eröffnung des Insolvenzverfahrens.[127] Dort erfolgt die Aufteilung der monatlichen Miete pro vata Temporis.

**(2)** Bei **ab dem 1. 4. 2020** abgeschlossenen Mietverträgen, kann bei einer Rüge innerhalb der ersten 30 Monate nach Vertragsschluss auch die Überzahlung seit Vertragsbeginn zurückverlangt werden.[128] Es kommt nach dem Wortlaut des Art. 229 § 51 EGBGB auf den Mietvertragsabschluss[129] und nicht auf den Mietvertragsbeginn an. Die Möglichkeit zur Rückforderung für in der Vergangenheit bereits gezahlte Mieten besteht aber dann wiederum nicht, wenn das Mietverhältnis zum Zeitpunkt des Zugangs der Rüge bereits beendet war.[130] Das setzt voraus, dass dem Mieter eine formell wirksame ordentliche oder außerordentliche Kündigung zugegangen ist und ein Kündigungsgrund bestand. Bei der ordentlichen Kündigung muss auch die Kündigungsfrist abgelaufen sein. Die Regelung dient der Rechtssicherheit des Vermieters. Nach Beendigung des Mietverhältnisses soll der Vermieter grds. keine neuen Ansprüche des Mieters aus einem Verstoß gegen die Regelungen der Mietpreisbremse befürchten müssen. Es soll insbes. verhindert werden, dass während des Mietverhältnisses nicht streitige Ansprüche bzw. Ansprüche, die während des Mietverhältnisses nicht geltend gemacht worden sind bzw. wären, allein aus Anlass der Beendigung des Mietverhältnisses durchgesetzt werden. Auch nach Ablauf von 30 Monaten nach Vertragsschluss hat der Mieter weiterhin einen Anspruch auf Rückzahlung der zu viel gezahlten Miete, jedoch in diesem Fall nur bzgl. der nach Zugang der Rüge fällig gewordenen überzahlten Miete. Für die Berechnung des 30 Monatszeitraums kommt es anders als bei der Beurteilung der maßgeblichen Rechtslage nach Art. 229 EGBGB nicht auf den Vertragsschluss, sondern den Beginn des Mietverhältnisses an. Das ist deshalb so, weil auch dann erst die Mietzahlungsverpflichtung beginnt. 26a

Der Rückzahlungsanspruch verjährt in der Regelverjährungsfrist des § 195 in drei Jahren. **Verjährungsbeginn** ist gem. § 199 BGB das Ende des Jahres in dem der Rückzahlungsanspruch nach Zugang der Rüge entstanden ist und der Mieter Kenntnis von den den Anspruch begründenden Tatsachen hat. Bei einem Anspruch aus ungerechtfertigter Leistung liegt die für den Verjährungsbeginn erforderliche Kenntnis des Gläubigers vor, wenn er von der Leistung und vom Fehlen des Rechtsgrundes weiß, dh von den Tatsachen, aus denen dessen Fehlen folgt. Eine zutreffende rechtliche Würdigung setzt § 199 Abs. 1 Nr. 2 BGB hingegen nicht voraus.[131] Die erforderliche Kenntnis der Tatsachen hat der Mieter bereits dann, wenn ihm die Geltendmachung des Anspruchs erfolgversprechend, wenn auch nicht risikolos, möglich ist. Weder ist es notwendig, dass er alle Einzelumstände kennt, die für die Beurteilung möglicherweise noch Bedeutung haben, noch muss er bereits hinreichend sichere Beweismittel in der Hand haben, um einen Rechtsstreit im Wesentlichen risikolos führen zu können.[132] 27

[123] Darauf weist zu Recht *Blank* WuM 2014, 641 (654) hin.
[124] BGH VIII ZR 6/09, NJW 2010, 2208.
[125] BGH VIII ZR 129/09, NJW 2010, 2879; BGB VIII ZR 291/09, NJW 2010, 2882.
[126] So für den Zugang der Kündigungserklärung BGH III ZR 173/05, NZM 2005, 391; BGB VIII ZR 206/04, NJW 2005, 2154.
[127] BGH IX ZR 152/20, NZM 2021, 394.
[128] *Fleindl* FS Börstinghaus, 2020, 119 (128).
[129] MüKoBGB/*Artz* EGBGB Art. 229 § 51 Rn. 2.
[130] *Fleindl* FS Börstinghaus, 2020, 119 (129).
[131] BGH VIII ZR 91/10, NJW 2011, 2570 unter Hinweis auf BGH XI ZR 160/07, BGHZ 175, 161 = NJW 2008, 1729; BGH XI ZR 309/09, NJW-RR 2010, 1574; BGH III ZR 220/07, NJW-RR 2008, 1237.
[132] BGH V ZR 309/12, NJW 2015, 1007.

## D. Die vorvertragliche Informationsobliegenheit (Abs. 1a)

### I. Allgemein

27a Die Regelungen zur Beschränkung der Wiedervermietungsmiete hatten nach allgemeiner Meinung bis 2018 ihr Ziele kaum erfüllt.[133] Nach Ansicht der Bundesregierung lag dies wesentlich auch daran, dass Mieter aufgrund der vier Ausnahmetatbestände in den §§ 556e, 556f BGB, insbes. einer höheren Vormiete, oft nicht ohne weiteres hätten beurteilen können, ob die vom Vermieter verlangte Miete im Einzelfall zulässig ist, und daher nicht gegen eine überhöhte Miete vorgegangen seien. Durch das Mietrechtsanpassungsgesetz v. 18.12.2018[134] sollten die **Regelungen „nachgeschärft"** werden. Dies sollte nach den Vorstellungen des Gesetzgebers vor allem durch die **Einführung vorvertraglicher Informationsobliegenheiten** des Vermieters über das Vorliegen einer der vier Ausnahmetatbestände geschehen. Diese Informationsobliegenheiten bleiben weit hinter der **Auskunftspflicht** gem. § 556g Abs. 3 BGB zurück. Es muss dem Mieter iErg nur mitgeteilt werden, dass der Vermieter sich auf eine Ausnahme beruft. Die Informationen, die der Mieter benötigt, um die zulässige Miete zu ermitteln, erhält er damit noch nicht. Ob hierdurch tatsächlich die „Hürde"[135] für Mieter bei der Durchsetzung ihrer Rechte genommen wird, darf bezweifelt werden, da die Regelung zum einen sehr kompliziert und auch widersprüchlich ist und zum anderen die Mieter jetzt von Anfang wissen, dass der Vermieter die Miethöhe wegen des Vorliegens eines Ausnahmetatbestandes für wirksam hält, was Mieter durchaus eher von der Geltendmachung ihrer Rechte abhalten kann. Die Regelung ist eher als **Strafvorschrift gegenüber Vermietern**[136] zu verstehen, die zulässigerweise mehr als 110% der ortsüblichen Vergleichsmiete als Miete vereinbaren. Die vom Gesetzgeber durch das Mietrechtsnovellierungsgesetz"[137] v. 21.4.2015 selbst geschaffenen Ausnahmen werden von ihm kritisch gesehen. Ihre Inanspruchnahme soll erschwert werden. Deshalb wird als **zusätzliche Voraussetzung** eine Formalie, nämlich ein eher formelhafter und materiell in den meisten Fällen völlig inhaltsleerer Hinweis auf das Vorliegen eines Ausnahmetatbestandes, eingeführt, damit die Vermieter bestraft werden können, die dies vergessen haben. Es handelt sich um den typischen Kompromiss, da für eine Abschaffung der Ausnahmen keine Mehrheit vorhanden war, wurden sie beibehalten, aber etwas verkompliziert.

27b Um das für das Scheitern der „Mietpreisbremse" verantwortliche **Informationsdefizit** auszugleichen, muss der Vermieter bei Mietverträgen, die ab dem 1.1.2019 abgeschlossen werden[138], den Mieter vor dessen Abgabe der Vertragserklärung über das Vorliegen eines Ausnahmetatbestandes in **Textform** informieren. Nach dem Wortlaut des § 556g Abs. 1a BGB ist der Vermieter „verpflichtet" die Informationen zu erteilen. Das könnte für einen einklagbaren **Anspruch** des Mieters sprechen. Auf der anderen Seite spricht hiergegen, dass die Verpflichtung vor Vertragsschluss zu erfüllen ist, so dass noch gar kein Anspruch bestehen kann. Außerdem ist die Regelung so ausgestaltet, dass der Mieter nicht darauf angewiesen ist, den Auskunftsanspruch gerichtlich durchzusetzen.[139] Ein **Verstoß gegen die Auskunftspflicht** führt automatisch zum **Rechtsverlust** des Vermieters. Deshalb sind weitergehende Ansprüche auf Schadensersatz mangels Vorliegens eines Schadens regelmäßig ausgeschlossen.[140] Dies spricht dafür in der Informationspflicht eine **Obliegenheit** des Vermieters zu sehen.[141] Dafür spricht auch die Gesetzesbegründung.[142] Die Verpflichtung besteht ausschließlich **im Interesse des Vermieters,** damit er sich auf das Vorliegen eines

---

[133] BT-Drs. 19/4762, 9 unter Hinweis auf diverse Untersuchungen und Veröffentlichungen.

[134] BGBl. I 2649; dazu *Artz/Börstinghaus* NZM 2019, 12; *Selk* NJW 2019, 329; *Lützenkirchen* MietRB 2019, 86; *Börstinghaus* ZAP F. 4 S. 1777; *Wichert* ZMR 2019, 245.

[135] So wörtlich BT-Drs. 19/4762, 9.

[136] Nach *Nicolai/Oğlakcıoğlu* JA 2021, 213 Fall 7 soll hier zusätzlich auch der Betrugstatbestand nach § 263 StGB erfüllt sein.

[137] BGBl. 2015 I 610; *Börstinghaus* NJW 2015, 1553.

[138] MüKoBGB/*Artz* EGBGB Art. 229 § 49 Rn. 13.

[139] BT-Drs. 19/4672, 25.

[140] Nach BT-Drs. 19/4672, 25 „dürften sie ausgeschlossen sein".

[141] NK-BGB/*Hinz* § 556g Rn. 22a; *Jacoby* FS Börstinghaus, 2020, 267 (269); **aA** MüKoBGB/*Artz* § 556g *Rn. 7, der von einer Auskunfts***pflicht** *spricht;* ebenso *Eisenschmid* WuM 2019, 225 (229); *Wichert* ZMR 2019, 245 (246); Herrlein/Knops/Spiegelberg/*Martens,* Kommentar zum Mietrecht, 5. Aufl. 2020, BGB § 556g Rn. 13; BeckOGK/*Fleindl* BGB § 556g Rn. 47, ohne Begründung.

[142] BT-Drs. 19/4672, 25.

Ausnahmetatbestandes berufen kann.[143] Dass der Mieter durch die Information ggf. eher davon erfährt, dass er weniger Miete zahlen muss, ist lediglich die Rechtsfolge des Fehlers des Vermieters. Unterlässt der Vermieter die Information, macht er sich nicht schadensersatzpflichtig[144], sondern kann sich auf die höhere Miete nicht berufen und muss nach Rüge den überschießenden Teil zurückzahlen. Der Unterschied zu einer „Pflicht" besteht bei einer schuldhaft falschen Auskunft. Diese ist eine Information iSd § 556g Abs. 1a S. 1 BGB, so dass der Vermieter sich auf die Ausnahme berufen kann.[145] Hier können nach der hier vertretenen Auffassung jedoch Schadensersatzansprüche bestehen.[146] Eine **Falschauskunft** stellt eine über die Obliegenheit zur Erteilung von Informationen hinausgehende Pflichtwidrigkeit in Form des ehrlichen und wahrheitsgemäßen Umgangs der Vertragsparteien dar.[147] Auch ohne die Obliegenheit dürfte der Vermieter den Mieter **nicht belügen.** Ohne die Obliegenheit hätte er die Angaben ggf. gar nicht machen müssen, aber wenn er sie macht, müssen sie auch wahr sein. Letztendlich dürfte es sich um einen **Betrug** iSd § 263 StGB handeln. Hat der Mieter die Rüge unterlassen, weil der Vermieter ihm zB eine falsche Vormiete mitgeteilt hat, dann muss er schadensersatzrechtlich so gestellt werden, als wenn er die richtige Information erhalten hätte.[148] Hat er wegen der falschen vorvertraglich erteilten Information vom **Vertragsschluss Abstand** genommen, ist der Vermieter gem. §§ 241 Abs. 2, 280 BGB schadensersatzpflichtig.

Die Auskunft muss der Vermieter dem Mieter **unaufgefordert** also ohne vorheriges Auskunftsverlangen erteilen. Eine gesonderte Erklärung bzw. ein gesondertes Schriftstück ist hierfür nicht erforderlich; es ist vielmehr ausreichend, wenn die Information in das vom Mieter zu unterzeichnende Exemplar des **Mietvertrages** aufgenommen wird. Gleichgestellt sind Informationen, die der Vermieter dem Mieter anderweitig vor Vertragsschluss erteilt, zB in einem **Exposé** oder in einem Anschreiben vor oder mit Mietvertragsübersendung. Der Hinweis in einer **Internetbörse** oder auf der **Homepage** des Vermieters genügt nicht. Die Beweislast für die rechtzeitige Auskunftserteilung liegt beim Vermieter, der sich auf die Regelung berufen will. **27c**

Die zu erteilende Information muss sich aber **nur auf die vier Ausnahmetatbestände** beziehen. Eine darüberhinausgehende Erläuterungspflicht des Vermieters enthält § 556g Abs. 1a BGB nicht.[149] Der Vermieter muss den Mieter nicht über die Bedeutung der Information für die Zulässigkeit der Wiedervermietungsmiete informieren. Ein Anspruch auf weitergehende Informationen kann sich allenfalls aus dem Auskunftsanspruch des § 556g Abs. 3 BGB ergeben. **27d**

## II. Die zu erteilenden Informationen im Einzelnen

### 1. Vormiete

Gemeint ist damit die Vormiete, „die der vorherige Mieter zuletzt schuldete". Dabei muss es sich um **Wohnraummietverhältnis** und nicht um ein Gewerberaummietverhältnis gehandelt haben.[150] Entscheidend ist, dass zwischen Vor- und Nachmietverhältnis eine **tatsächliche und rechtliche Identität** besteht (→ BGB § 556e Rn. 16). Allenfalls kleine unbedeutende Veränderungen können im Einzelfall unberücksichtigt bleiben.[151] Tragender Gedanke der Regelung ist, dass der Vermieter für die gleiche Leistung, auch weiterhin das gleiche Entgelt verlangen darf. Bei **27e**

---

143 Ähnlich die Argumentation des BGH VIII ZR 9/10, NZM 2011, 119 = NJW 2011, 914; *Sternel* NZM 2011, 688 für die Kündigungsbegründung als Obliegenheit.

144 BGH VIII ZR 9/10, NZM 2011, 119 = NJW 2011, 914.

145 *Lützenkirchen* MietRB 2019, 86, 90; **aA** *Wichert* ZMR 2019, 245, 247; Herrlein/Knops/Spiegelberg/*Martens,* Kommentar zum Mietrecht, 5. Aufl. 2020, BGB § 556g Rn. 18.

146 So zur Auskunftspflicht nach § 556g Abs. 3 BGB: Spielbauer/Schneider/*Wichert* BGB § 556g Rn. 45.

147 So zB für wahrheitswidrige Angaben bei Eigenbedarfskündigung: BGH VIII ZR 99/14, NZM 2015, 532 = NJW 2015, 2324; BGH VIII ZR 313/08, NJW 2010, 1068 = NZM 2010, 273 = MietPrax-AK § 573 BGB Nr. 24 mAnm *Börstinghaus;* BGH VIII ZR 231/07, WuM 2009, 359; BGH VIII ZR 368/03, WuM 2005, 521; für falsche Angaben bei Modernisierungen: BGH VIII ZR 199/16, NZM 2017, 59 = MietPrax-AK § 280 BGB Nr. 5 mAnm *Eisenschmid.*

148 Fraglich: *Selk* NJW 2019, 329 (331), der die falsche Auskunft einer nicht erteilten Auskunft gleichstellen will; ebenso Herrlein/Knops/Spiegelberg/*Martens,* Kommentar zum Mietrecht, 5. Aufl. 2020, BGB § 556g Rn. 18.

149 **AA** MüKoBGB/*Artz* § 556g Rn. 10 „wegen der Komplexität der Regelung".

150 BGH VIII ZR 374/18, NZM 2020, 982.

151 Staudinger/*V. Emmerich* BGB § 556e Rn. 5; MüKoBGB/*Artz* § 556e Rn. 7; *Abramenko* MietRB 2015, 276 (277).

nicht unerheblichen Veränderungen darf der Vermieter aber nur 110% der ortsüblichen Vergleichsmiete nehmen, es sei denn es liegt einer der anderen Ausnahmetatbestände vor. Solche Veränderungen können sein **(a)** eine Erhöhung oder Verringerung des tatsächlichen oder rechtlichen Umfangs der geschuldeten Gebrauchsüberlassung, (mit und ohne Garage, mit und ohne Untervermietungserlaubnis, mit und ohne Kündigungsverzicht; Mietvertrag mit nunmehr richtiger Wohnflächenangabe); **(b)** eine Veränderung der Mietstruktur (Brutto- Netto, Teilinklusivmiete) oder **(c)** eine Veränderung bei sonstigen geldwerten Pflichten und Leistungen (Schönheitsreparaturen, Reinigungspflichten). Über solche Veränderungen muss der Vermieter nicht informieren. Der Vormieter muss diese Miete rechtlich geschuldet haben. Verstieß die Vormiete schon gegen § 556g Abs. 1 BGB, ist die zulässige Vormiete mitzuteilen. Aus dem Wort „geschuldet" in § 556e Abs. 1 BGB folgt, dass die Vereinbarung über die Miethöhe rechtlich zulässig gewesen sein muss. Der Vermieter muss die Höhe der Grundmiete mitteilen. Der Angaben der Betriebskosten(vorauszahlungen) bedarf es nicht. Personenidentifizierende Daten des Vormieters müssen nicht mitgeteilt werden.[152] Weitergehende Angaben kann der Mieter nur unter den Voraussetzungen des § 556g Abs. 3 BGB verlangen. Der Vermieter darf die Daten des Vormieters dann mitteilen, wenn dieser eingewilligt hat.[153] Ein Anspruch auf Übersendung des Vormietvertrages besteht weder vorvertraglich gem. § 556g Abs. 1a BGB noch nach § 556g Abs. 3 BGB (dazu → Rn. 34).Zu unterscheiden ist zwischen Mietverträgen, die vor und ab dem 1.4.2020 abgeschlossen wurden:

27f **(1)** Nach der für Mietverträge, die **bis zum 31.3.2020 abgeschlossen** worden sind[154], geltenden Fassung des § 556g Abs. 1a Nr. 1 BGB hat der Vermieter dem Mieter im Fall des § 556e Abs. 1 BGB Auskunft darüber zu erteilen, wie hoch die Vormiete ein Jahr vor Beendigung des Vormietverhältnisses war. Angegeben werden muss die Miete, die ein Jahr vor Beendigung des Vormietverhältnisses geschuldet wurde. Der Gesetzgeber hat damit an den Wortlaut des § 556e Abs. 1 S. 2 Alt. 2 BGB angeknüpft, da bei der Ermittlung der Vormiete Mieterhöhungen, die mit dem vorherigen Mieter innerhalb des letzten Jahres vor Beendigung des Mietverhältnisses vereinbart worden sind, unberücksichtigt bleiben (→ BGB § 556e Rn. 32). Berücksichtigt werden aber alle Mieterhöhungen, die nicht oder außerhalb des Jahreszeitraums vereinbart wurden. Deshalb ist die Information, die der Vermieter dem Mieter bei Altverträgen geben muss, in zahlreichen Fallgestaltungen **völlig wertlos.**[155] Durch die Verpflichtung zur Angabe einer nicht maßgeblichen Vormiete hat der Gesetzgeber nämlich den Begriff der Vormiete in § 556e Abs. 1 BGB nicht geändert.[156] Folgende Sachverhalte sind zu unterscheiden: **(a)** Im letzten Jahr hat es **keine Mieterhöhungen** gegeben. In diesem Fall entspricht die Vormiete ein Jahr vor Beendigung des Mietverhältnisses der Vormiete, die maximal vereinbart werden darf. Die Information, die der Mieter erhält, entspricht der Rechtslage. **(b)** Im letzten Jahr vor Beendigung des Vormietverhältnisses hat es eine Mieterhöhung gem. §§ 557, 558 BGB gegeben. Auch in diesem Fall ist die mitzuteilende Vormiete, diejenige die nach § 556e Abs. 1 BGB maßgeblich ist. **(c)** Im letzten Jahr des Vormietverhältnisses hat eine **Modernisierungsmieterhöhung** gem. §§ 559, 559b BGB stattgefunden. In diesem Fall ist die Miete ohne die Modernisierungsmieterhöhung, die ein Jahr vor Beendigung des Vormietverhältnisses geschuldet wurde, mitzuteilen. Die zulässige Vormiete, die aber vereinbart werden darf, ist die erhöhte Miete. Die Information ist für den Mieter deshalb nutzlos und verursacht eher Missverständnisse und gerichtliche Auseinandersetzungen.[157] Dies gilt auch für Mieterhöhungen im vereinfachten Verfahren gem. § 559c BGB. **(d)** Im letzten Jahr des Bestandes des Vormietverhältnisses sind **Staffel- oder Indexmieterhöhungen** gem. § 557a, 557b BGB wirksam geworden. Auch diese Erhöhungen der Miete sind bei der Vormiete zu berücksichtigen, jedoch muss der Vermieter in seiner Auskunft die Miete ohne diese Erhöhung mitteilen. Selbst wenn man die Auffassung vertritt, dass die Erhöhungen letztendlich auf einer Vereinbarung beruhen, so ist diese nicht im letzten Jahr vor Beendigung des Vormietverhältnisses getroffen worden.

27g **(2)** Für Mietverträge, die **ab dem 1.4.2020** abgeschlossen wurden[158], muss die letzte geschuldete Vormiete angegeben werden. Auf die Miete, die ein Jahr vor Beendigung des Mietverhältnisses geschuldet wurde, kommt es jetzt nicht an. Auch diese Miete muss nicht zwingend die materiell

[152] BT-Drs. 19/4762, 26.
[153] BT-Drs. 19/4762, 26.
[154] MüKoBGB/*Artz* EGBGB Art. 229 § 51 Rn. 1.
[155] *Artz/Börstinghaus* NZM 2019, 12 (16).
[156] *Artz/Börstinghaus* NZM 2019, 12 (16).
[157] *Artz/Börstinghaus* NZM 2019, 12 (16).
[158] MüKoBGB/*Artz* EGBGB Art. 229 § 51 Rn. 2.

richtige sein, weil sie uU auf einer Mieterhöhung beruhen kann, die im letzten Jahr vereinbart worden ist.[159]

### 2. Modernisierung

Gemäß § 556g Abs. 1 a Nr. 2 BGB muss der Vermieter dem Mieter vor Abschluss des Vertrages darüber Auskunft erteilen, dass in den letzten drei Jahren vor Beginn des Mietverhältnisses Modernisierungsmaßnahmen durchgeführt wurden. Dabei ist es unerheblich, ob die Arbeiten während eines Vormietverhältnisses oder während des Leerstands zwischen zwei Vermietungen stattgefunden haben. Gegebenenfalls kann hier auch eine Information gem. Nr. 1 erforderlich sein, wenn die Vormiete alternativ verlangt werden könnte (dazu → Rn. 27k). Nach dem Wortlaut genügt es, dem Mieter nur die Tatsache mitzuteilen, dass eine solche Maßnahme stattgefunden hat.[160] In der vorvertraglichen Information muss der Vermieter weder die genauen Daten, die für eine Modernisierungsmieterhöhung erforderlich sind, wie den genauen Termin der Baumaßnahme, den Umfang der Arbeiten, die aufgewandten Kosten, den Umlageschlüssel oder den Instandsetzungsanteil, noch nicht mitteilen. Dem Mieter steht insofern erst nach Vertragsschluss ein Auskunftsanspruch diesbezüglich nach § 556g Abs. 3 S. 1 BGB zu. Bei einer sog. kleinen Modernisierung gem. § 556e Abs. 2 GB muss die Auskunft einer Modernisierungsmieterhöhung gem. § 559b BGB entsprechen. **27h**

### 3. Neubau

Gemäß § 556g Abs. 1 a Nr. 3 BGB muss der Vermieter den Mieter darüber informieren, dass die Wohnung nach dem 1.10.2014 erstmals genutzt und vermietet wurde. In diesem Fall gilt die Begrenzung der Wiedervermietungsmiete gem. § 556d BGB überhaupt nicht. Der Vermieter muss nur mitteilen, dass der Wohnraum nach dem 1.10.2014 erstmals vermietet oder genutzt wurde. Die Beschränkung der Wiedervermietungsmiete gilt hier aus guten Gründen nicht. Zum einen sollte der Neubau nicht eingeschränkt werden und zum anderen ist für diesen Wohnraum in der Regel noch keine ortsübliche Vergleichsmiete feststellbar, da Mietspiegel für solche Neubauwohnungen regelmäßig gar keine Werte ausweisen (können). Deshalb hilft dem Mieter die Rechtsfolge, wonach sich der Vermieter zwei Jahre nicht auf die Ausnahme berufen kann, kaum, da er dann immer noch 110% der ortsüblichen Neubauvergleichsmiete schuldet, die im Zweifel so hoch ist, wie die vereinbarte Neubaumiete. Der Mieter erkennt bei diesem Wohnraum in der Regel auch, dass es sich um einen Neubau handelt. Es kann sich allenfalls um Grenzfälle handeln. Den Vermieter hier zu bestrafen, wenn er nicht auf die Neubaueigenschaft hinweist, erscheint unverhältnismäßig, ist aber anzuwendendes Recht. **27i**

### 4. Umfassende Modernisierung

Gemäß § 556g Abs. 1 a Nr. 3 BGB muss der Vermieter den Mieter darüber informieren, dass es sich um die **erste Vermietung** nach umfassender Modernisierung handelt. In diesem Fall gelten die §§ 556d, 556e BGB gerade nicht. Die erste Miete nach umfassender Modernisierung wird nicht begrenzt. Bei weiteren Vermietungen gilt die Regelung über die Vormiete. Auch dieser Informationsobliegenheit genügt der Vermieter durch den Hinweis, dass eine solche umfassende Modernisierung, stattgefunden hat. Es ist weder eine Erläuterung des Begriffs der umfassenden Modernisierung[161] noch eine Beschreibung der Arbeiten erforderlich. Bei der umfassenden Modernisierung muss mit einem Aufwand von ca. ⅓ der Neubaukosten (ohne Grundstück) ein einem Neubau ähnlicher Zustand geschaffen werden. Bei Ermittlung des Kostenaufwands werden Instandhaltungskosten nicht herausgerechnet.[162] Hat der Vermieter angegeben, eine umfassende Modernisierung vorgenommen zu haben und stellt sich später heraus, dass es nur eine einfache Modernisierung war, ist der Ausnahmetatbestand des § 556e Abs. 2 BGB als Auffangtatbestand zu berücksichtigen. Es wäre ***eine überflüssige Formalie,*** wenn man verlangen würde, dass der Vermieter hilfsweise auch die Information gem. § 556g Abs. 1 a Nr. 2 BGB erteilen müsste. Die einzige Mehrinformation bestünde in dem Zeitpunkt der Modernisierung. Der Mieter kann aber erkennen, dass der Vermieter wegen einer Modernisierung mehr als 110% der ortsüblichen Vergleichsmiete verlangen will. **27j**

---

159 *Fleindl* FS Börstinghaus, 2020, 119 (133).
160 MüKoBGB/*Artz* § 556g Rn. 17.
161 Dazu BGH VIII ZR 73/19, NZM 2020, 792.
162 LG Berlin GE 2018, 1527.

**5. Mehrere Ausnahmen**

27k Wenn iErg der Vermieter materiell-rechtlich auch nur die Maximalmiete verlangen kann, die sich aus einer Ausnahme ergibt, so kann es dennoch sinnvoll sein, sich bei der vorvertraglichen Informationsobliegenheit auf mehrere Ausnahmen zu berufen und die jeweils erforderlichen Minimalinformationen zu erteilen. So kann insbes. der Tatbestand der Vormiete in § 556e Abs. 1 BGB und der der Modernisierung in § 556e Abs. 2 BGB **gleichzeitig vorliegen.** Wenn der Vermieter während des Vormietverhältnisses modernisiert hat und die Miete damals nicht um den maximal möglichen Betrag gem. § 559 BGB aF erhöht hat, zB, weil der Vormieter sich auf Härtegründe berufen hat, dann liegt eine über § 556d Abs. 1 BGB liegenden Vormiete vor. Möglich wäre aber auch ein Zuschlag gem. § 556e Abs. 2 BGB zur ortsüblichen Vergleichsmiete für nicht modernisierten Wohnraum. In diesem Fall kommt es auf die aufgewandten Kosten, den richtigen Umlageschlüssel und den Instandhaltungsanteil an. Wenn sich im Prozess später herausstellt, dass die Mieterhöhungsmöglichkeit niedriger als vom Vermieter angenommen war, kann uU immer noch die Vormiete höher sein, wenn die Parteien diese – auch nach einer Modernisierung – gem. § 557 Abs. 1 BGB vereinbart haben. Berufen kann sich der Vermieter aber dann darauf, wenn er neben der Tatsache der Modernisierung auch die Vormiete mitgeteilt hat.[163] Voraussetzung für eine solche Doppelausnahme ist zum einen, dass die Vormiete rechtmäßig vereinbart wurde, also nicht selbst bereits gegen § 556g Abs. 1 BGB verstieß, oder dass die Modernisierung in den Dreijahreszeitraum fiel, was zB bei längerem Leerstand der Fall wäre.[164]

**6. Überflüssige Information**

27l Keine Information und deshalb auch keine Sperrfrist (dazu → Rn. 27m) ist erforderlich, wenn der Vermieter schlicht eine über der 110%-Grenze liegende Miete mit dem Mieter vereinbart.[165] Zwar verstößt eine solche Vereinbarung nach wie vor gegen § 556g Abs. 1 BGB und ist teilnichtig. Solange der Mieter dies aber nicht rügt, steht im kein Rückforderungsanspruch zu. Es handelt sich um keinen Fall des § 556g Abs. 1a BGB.

### III. Die Rechtsfolgen unterlassener Informationen

27m Soweit der Vermieter die Informationen nach § 556g Abs. 1a S. 1 BGB dem Mieter nicht erteilt hat, kann er sich bei einem nach dem 31.12.2018 abgeschlossenen Mietvertrag gem. § 556g Abs. 1a S. 2 BGB nicht auf die entsprechende **Ausnahmevorschrift** berufen. Es bleibt dann bei der maximal zulässigen Wiedervermietungsmiete von 110% der ortsüblichen Vergleichsmiete. Wie lange dies gilt richtet sich danach, ob der Vermieter die Information **(1)** gar nicht oder **(2)** nicht in Textform erteilt hat. Fraglich ist, ob die Rechtsfolge des § 556g Abs. 1a S. 2 BGB auch gilt, wenn der Vermieter zwar die Auskunft erteilt hat, diese aber **falsch** ist.[166] Nach hier vertretener Auffassung ist auch eine falsche Information eine solche nach § 556g Abs. 1a S. 1 BGB (dazu → Rn. 27b). Es besteht nur ein **Schadensersatzanspruch** des Mieters gegen den Vermieter bei schuldhafter Falschinformation gem. § 280 Abs. 1 BGB. Problematisch ist das wohl vor allem bei der Vormiete, da hier exakte Werte mitgeteilt werden müssen. Es kann zB im Einzelfall schwierig sein zu entscheiden, **(a)** ob überhaupt ein Fall der Vormiete vorliegt (dazu → BGB § 556e Rn. 16) oder **(b)** wie hoch die Vormiete im Einzelfall tatsächlich ist (dazu → Rn. 27f). Die Parteien können hier im Einzelfall durchaus unterschiedlicher Auffassung über die anzugebende Werte sein. Nicht jede Mitteilung des nicht exakt richtigen Wertes ist eine Obliegenheitsverletzung mit der Folge, dass die Sperrfrist nach den Sätzen 3 und 4 eintritt. Bei den anderen drei Ausnahmevorschriften und den darüber zu erteilenden Informationen sind solche Fehler eher selten, da ja nur über das „Ob" des Tatbestandes zu informieren ist, wobei der Begriff der „umfassenden Modernisierung" schon eine rechtliche Subsumtion verlangt, die im Einzelfall auch nicht richtig sein muss.

27n Das Gesetz spricht davon, dass der Vermieter sich auf die materiell in Wirklichkeit vorliegende Ausnahme nach § 556e BGB oder § 556f BGB **nicht „berufen" darf.** Das bedeutet zunächst, dass

[163] Nicht unproblematisch soll in diesem Fall sein, wenn dem Vermieter bei einem der Varianten ein Fehler unterläuft: *Artz/Börstinghaus* NZM 2019, 12 (16).
[164] *Artz/Börstinghaus* NZM 2019, 12 (16).
[165] *Selk* NJW 2019, 329 (331).
[166] Dafür MüKoBGB/*Artz* § 556g Rn. 19; dagegen *Lützenkirchen* MietRB 2019, 86, 90.

die Mietpreisvereinbarung nicht teilnichtig gem. § 556g Abs. 1 BGB ist.[167] Die Abrede ist wirksam, wenn auch mit Einschränkungen. Das ergibt sich deutlich auch aus den Heilungsvorschriften in den Sätzen 3 und 4. Im Ergebnis kann der Vermieter nur 110% der ortsüblichen Vergleichsmiete verlangen. Diesbezüglich bedarf es **keiner Rüge** des Mieters.[168] Diese **ist aber erforderlich,** wenn der Mieter die Miete gezahlt hat. Ein Rückforderungsanspruch besteht erst nach der Rüge, wobei die Frage, ob sich der Rückforderungsanspruch nur auf nach der Rüge fällig gewordene Überzahlungen bezieht oder auch auf die Vergangenheit nach Art. 229 § 51 EGBGB davon abhängt, ob der Vertrag bis zu, 31.3.2020 abgeschlossen wurde oder erst danach. Auch im Rückzahlungsprozess darf der Vermieter sich als Rechtsgrund iSd § 812 Abs. 1 BGB auf die ansonsten materiell-rechtlich wirksame Mietpreisabrede nicht „berufen". Umgangssprachlich bedeutet „berufen" „sich auf etwas beziehen" oder „sich stützen".[169] Es geht also um die Rechte des Vermieters. Deshalb handelt es sich bei § 556g Abs. 1 a S. 2 BGB auch nicht um eine vom Mieter zu erhebende Einrede, wie zB die Verjährungseinrede, die dem Schuldner ein Leistungsverweigerungsrecht gem. § 214 BGB gibt. Zwar darf der Schuldner bei verjährten Forderungen die Zahlung nicht zurückverlangen, wenn er trotz Verjährungseintritt gezahlt hat, § 214 Abs. 2 BGB, was hier bei fehlender Rüge ähnlich ist, trotzdem sind die Fälle nicht vergleichbar. Durch das Verbot, sich auf eine der Ausnahmevorschriften zu berufen, wird die Forderung auch nicht zur Naturalobligation. In § 573 Abs. 2 Nr. 3 Hs. 2 BGB bestimmt das Gesetz, dass der Vermieter sich bei einer ordentlichen Kündigung wegen wirtschaftlicher Verwertung nicht darauf „berufen" kann, dass er die Mieträume im Zusammenhang mit einer beabsichtigten Begründung von Wohnungseigentum veräußern will. Auch die Vorschrift geht vom Vorliegen des Kündigungsgrundes eigentlich aus, schließt aber aus, dass der Vermieter sich darauf bezieht. Insofern ist die Formulierung auch anders als beim Verbot der Änderungskündigung zum Zweck der Mieterhöhung in § 573 Abs. 1 S. 2 BGB, der die Kündigung kategorisch ausschließt. Ähnlich ist es auch in § 556g BGB. Nach § 556g Abs. 1 BGB sind bestimmte Preisabreden teil-nichtig und nach § 556g Abs. 1 a BGB darf der Vermieter sich auf bestimmte tatsächlich vorliegende Tatbestandmerkmale nicht berufen, also seinen Anspruch darauf stützen. Der Vermieter ist an der Durchsetzung des Anspruchs insofern gehindert, als er nicht der vorvertraglichen Informationsobliegenheit nachgekommen ist oder sie ggf. mit der Folge der anschließenden Sperrfrist nachgeholt hat. Das wird dem **Strafcharakter der Norm**[170] ausreichend aber auch umfassend gerecht. Bedeutsam ist der Unterschied auch bei einer Berücksichtigung der konkreten Miete als spätere **Vormiete bei einer weiteren Vermietung.** Hier ist § 556g Abs. 1 a S. 2 BGB auf die Vormiete nicht anzuwenden, da dieser nur eine Obliegenheitsverletzung gegenüber dem konkreten Mieter sanktioniert und nicht wie ein Verstoß gegen § 556g Abs. 1 BGB die Mietpreisabrede verbietet. Zu den Problemen nach Ablauf der Sperrfrist siehe → Rn. 27 r. Wird der Mietzinsanspruch des Vermieters gegen den Mieter von einem Gläubiger des Vermieters **gepfändet** und dem Gläubiger zur Einziehung überwiesen, kann auch der Gläubiger den Mietzinsanspruch gem. § 556g Abs. 1 a S. 2 BGB nicht bzw. erst nach Ablauf der Sperrfrist nach § 556g Abs. 1 a S. 3, 4 BGB entsprechend § 404 BGB geltend machen.

### IV. Die Heilung formeller Informationsmängel

**Bei nur mündlicher Information** des Mieters über das Vorliegen eines Ausnahmetatbestan- 27o
des vor Vertragsschluss kann der Vermieter die Information in der gehörigen Form jederzeit nachholen. Das Gleiche gilt, wenn der Vermieter lediglich auf der Seite der **Internetbörse** oder seiner **Homepage** die erforderliche Information erteilt hat. Dies erfüllt nicht die Textform. Dabei müssen die gleichen Minimalinformationen erteilt werden, die auch schon vor Vertragsschluss hätten erteilt werden müssen. Das bedeutet bei der Vormiete, dass die uU völlig unerhebliche Vormiete ein Jahr vor Vertragsschluss mitzuteilen ist und in den übrigen Fällen nur die Tatsache des Vorliegens des Ausnahmetatbestandes. In der nachgeholten Information muss eine Belehrung über die Rechtsfolgen nicht erfolgen.[171] Der nachgeholten Information **gleichgestellt ist die Auskunft** gem. § 556g

167 LG Berlin BeckRS 2020, 42259; BeckOGK/*Fleindl* BGB § 556g Rn. 72.
168 Falsch deshalb BT-Drs. 19/4672, 28.
169 Duden – Das Bedeutungswörterbuch, 5. Aufl. 2018.
170 Nach *Nicolai/Oğlakcıoğlu* JA 2021, 213 Fall 7 soll zusätzlich auch der Betrugstatbestand nach § 263 StGB erfüllt sein.
171 *Artz/Börstinghaus* NZM 2019, 12 (17).

Abs. 3 BGB, die der Vermieter auf entsprechendes Verlangen des Mieters erteilt hat. Hier neben der Auskunft noch eine weniger aussagekräftige Information nach § 556g Abs. 1a BGB zu verlangen, wäre ein überflüssiger Formalismus ohne jeden Sinn.

**27p** Im Fall der Nachholung einer bisher nicht formgerechten Information durch eine Information in Textform kann der Vermieter sich ab Zugang der nachgeholten Information auf den Ausnahmetatbestand berufen. Eine rückwirkende Geltendmachung ist aber nicht möglich.[172] Der Mieter kann bereits gezahlte Miete aber nur nach einer Rüge zurückverlangen. Hat der Mieter die Miete nicht – vollständig – gezahlt, muss der Vermieter die Zulässigkeit der Mietpreisabrede im Zahlungs- oder Räumungsprozess darlegen und beweisen, wozu dann auch die formell ordnungsgemäße vorvertragliche Information gehört.

## V. Die Heilung materieller Informationsmängel

**27q** Hat der Vermieter die Information vor Vertragsschluss nicht nur formunwirksam, sondern gar nicht erteilt, kann er sie ebenfalls zumindest in Textform nachholen. Auch in diesem Fall muss er nur die gleichen Minimalinformationen erteilen, wie bei rechtzeitiger Informationserteilung vor Vertragsschluss. Eine **Belehrung über die Rechtsfolgen** muss in der nachgeholten erstmaligen Information ebenso wenig erfolgen wie in der vorvertraglichen Information.[173] Der nachgeholten Information nach § 556g Abs. 1a S. 3 BGB gleichgestellt ist die Auskunft gem. § 556g Abs. 3 BGB, die der Vermieter auf entsprechendes Verlangen des Mieters erteilt hat. In einem solchen Fall neben der umfassenderen Auskunft noch eine weniger aussagekräftige Information nach § 556g Abs. 1a BGB zu verlangen, wäre ein überflüssiger Formalismus ohne jeden Sinn. Im Fall der erstmalig erteilten Information darf sich der Vermieter erst **zwei Jahre nach Zugang** der nachgeholten der Auskunft beim Mieter auf die entsprechende Ausnahme berufen.

## VI. Die Rechtsfolgen der nachträglichen Heilung

**27r** Neben der Frage, ab wann der Vermieter sich auf die vereinbarte die materiell-rechtlich richtige Miete bei nachgeholter Information berufen kann (dazu → Rn. 27p f.) stellt sich die Frage, ob der Vermieter **nach Ablauf der Sperrfrist** noch etwas unternehmen muss, also insbes. eine **Gestaltungserklärung,** Mahnung, Erinnerung oÄ an den Mieter richten muss, damit die ursprünglich vereinbarte Miete vom Mieter geschuldet wird. Das Gesetz schweigt hierzu. Bei einem nur nicht in Textform erfolgten Hinweis, der dann nachgeholt wird, mag das Problem noch überschaubar sein, da die höhere Miete sofort fällig wird und deshalb den Parteien die Bedeutung der nachgeholten Erklärung selbst wahrscheinlich bekannt ist.[174] Evidenter ist das Problem in den Fällen des § 556g Abs. 1a S. 3 BGB, da hier der Vermieter sich erst zwei Jahre später auf die höhere Miete „berufen" darf. Der Vermieter wird sich das ggf. notieren und im eigenen Interesse daran denken, der Mieter kann dies aber durchaus übersehen. Hier kann ein zur Kündigung gem. § 543 Abs. 2 Nr. 3b BGB berechtigender Rückstand auflaufen. *Artz*[175] vertritt deshalb die Auffassung, dass es „angemessen erscheine", die Fälligkeit, der im Vertrag vereinbarten und wegen des Vorliegens eines Ausnahmetatbestands auch zulässigen höheren Miete nach 2 Jahren davon abhängig zu machen, dass sich der Vermieter kurz vor oder bei Fristablauf gegenüber dem Mieter in Textform darauf beruft. Eine **gesetzliche Verpflichtung für eine solche Erklärung** gibt es nicht.[176] Allein der Wortlaut, wonach der Vermieter sich ab einem bestimmten Zeitpunkt wieder auf die vereinbarte Miete „berufen" darf, begründet noch nicht die Verpflichtung, dieses „Berufen" in Textform auch mitzuteilen. Der Zahlungsanspruch besteht schon aus dem Vertrag. **Nach Ablauf der Sperrfrist** kann der Vermieter sich auf den vertraglichen Anspruch beziehen oder sich darauf stützen (→ Rn. 27n). Bei einer Zahlungsverzugskündigung gem. § 543 Abs. 2 Nr. 3 BGB ist bei der Rückstandsberechnung der Teil der Miete, auf den sich der Vermieter nicht berufen darf, nicht zu

172 *Wichert* ZMR 2019, 245, 247; **aA** *Scheidacker* GE 2019, 101.

173 *Artz/Börstinghaus* NZM 2019, 12 (17).

174 Nach MüKoBGB/*Artz* § 556g Rn. 24 soll der Vermieter aber in diesem Fall sich in Textform auf die höhere Miete berufen müssen.

175 MüKoBGB/*Artz* § 556g Rn. 20 und *Artz/Börstinghaus* NZM 2019, 12 (17); Staudinger/*Emmerich* BGB § 556g Rn. 58, anderenfalls „veritable Mieterfalle"; *Eisenschmid* WuM 2019, 225, (234).

176 LG Berlin BeckRS 2020, 42259; *Wichert* ZMR 2019, 245, 247; *Wagner/Happ* DWW 2019, 124 (126).

berücksichtigen, jedoch bei der Ermittlung der Kündigungsrelevanz ist dieser Teil der Mietpreisabrede anzusetzen. Die Rechtsfolge des sich nicht Berufen-Dürfens ist eine Strafe für den Vermieter[177], weil er der Informationsobliegenheit nicht nachgekommen ist. Er bekommt die preisrechtlich zulässige Miete nicht vollständig. Er soll dadurch aber keinen Vorteil erhalten, wonach das Mietverhältnis früher gekündigt werden kann. Ist im Fall einer Heilung dem Vermieter wieder gestattet sich auf die Ausnahme zu berufen, wird nach der hier vertretenen Auffassung die Miete ohne Abgabe einer weiteren Gestaltungserklärung in voller Höhe fällig. Im Einzelfall kann dann auf Seiten des Mieters ein **unverschuldete Tatsachenirrtums** vorliegen.[178] Darin sind aber sehr Anforderungen zu stellen, denn immerhin hat der Mieter vorher die Regelung gekannt und nur eine geringere Miete gezahlt. Dann trifft ihn auch eine besondere Sorgfaltspflicht, die Grenzen der Beschränkung zu kennen und zu beachten. Hat der Vermieter den Mieter aber vor Fälligkeit der erhöhten Miete nach Ablauf der Sperrfrist auf die nunmehr zu zahlende höhere Miete hingewiesen, entfällt der Tatsachenirrtum. Jetzt muss der Mieter die erforderlichen Informationen sich beschaffen und Nachforschungen anstellen.

Schwierige Fragen ergeben sich auch nach **Auslaufen der örtlich anwendbaren Landesverordnung.** **(a)** Läuft die Landesverordnung gem. § 556d Abs. 2 BGB aus, so schuldet der Mieter in einem Fall des § 556g Abs. 1 BGB, also wenn die Mietpreisabrede wegen Verstoßes gegen die sog. „Mietpreisbremse" **teilunwirksam** ist, anschließend auch nur die teilunwirksame Miete.[179] Die Vereinbarung ist von Anfang an und auf Dauer teilnichtig. **(b)** Hat der Vermieter seine vorvertragliche **Informationsobliegenheit nicht erfüllt** und während der Laufzeit der Landesverordnung auch nicht nachgeholt, so darf er sich nach Auslaufen der Landesverordnung auf die grds. auch unter Geltung der Landesverordnung bereits **zulässige Miete berufen.**[180] Das ist gerade der Unterschied zwischen der Teilnichtigkeit gem. § 556g Abs. 1 BGB und der Sanktion in § 556g Abs. 1a S. 2 BGB. Die Miete ist ja auch nach Ansicht des Gesetzgebers zulässig. Der Vermieter soll nach hier vertretener Auffassung nur dafür bestraft werden, dass er den Mieter nicht durch eine allererste durchaus spärliche Information darauf hingewiesen hat, dass eine – zweifelhafte – Ausnahme vorliegt, weshalb es sich für den Mieter lohnen könnte sich weiter mit der Zulässigkeit der konkreten Miethöhe zu beschäftigen. Wenn die Begrenzung der Wiedervermietungsmiete aber ausgelaufen ist, dann gibt es keinen Grund, warum der Vermieter bestraft werden muss. Die Strafe kann sich nur auf die Zeit beziehen, in denen der Mieter Rechte hätte geltend machen können. Dass dem Mieter ggf. für die Zeit bis zum Auslaufen des Landesverordnung Rückforderungsansprüche gem. §§ 556g Abs. 1, 812 BGB für die Zeit nach einer Rüge zustehen könnten, ändert daran nichts. Hier geht es um die zukünftigen weiteren Zahlungsansprüche außerhalb einer Begrenzung der Wiedervermietungsmiete. **(c)** Nichts anderes gilt, wenn der Vermieter zunächst seiner vorvertraglichen Informationsobliegenheit nicht nachgekommen ist, diese aber nachträglich erfüllt hat. Läuft die Landesverordnung vor Ablauf der Sperrfrist des § 556g Abs. 1a S. 3 BGB ab, dann kann der Vermieter sich nach Auslaufen der Landesverordnung auf die vereinbarte Miete, die ja zulässig ist, berufen. Insofern gilt das unter (b) Gesagte entsprechend.[181] 27s

## E. Der Auskunftsanspruch

### I. Allgemeines

Nach § 556g Abs. 3 BGB ist der Vermieter auf Verlangen des Mieters[182] verpflichtet, diesem Auskunft über diejenigen Tatsachen zu erteilen, die für die Zulässigkeit der vereinbarten Miete nach den Vorschriften dieses Unterkapitels maßgeblich sind, soweit diese Tatsachen nicht allgemein zugänglich sind und der Vermieter hierüber unschwer Auskunft geben kann. Dieser Auskunfts- 28

---

177 → 14. Aufl. 2019, BGB § 556g Rn. 27a.

178 So BGH VIII ZR 236/14, NJW 2015, 1749 = NZM 2015, für Zahlungsrückstand, weil der Mieter erst nach Monaten erfahren hat, dass das Job-Center die bewilligten Zahlungen nicht erbracht hat.

179 *Artz/Börstinghaus* NZM 2019, 12 (17).

180 **AA** MüKoBGB/Artz § 556g Rn. 23, § 556g Abs. 1a S. 2 BGB gelte nach Auslaufen der Landesverordnung fort.

181 **AA** MüKoBGB/*Artz* § 556g Rn. 22.

182 Sog. „verhaltener Anspruch", der nur bei entsprechendem Verlangen zu erfüllen ist: BGH I ZR 113/16, MDR 2017, 1314 mAnm *Börstinghaus* jurisPR-BGHZivilR 20/2017 Anm. 3, Reisewerte; Staudinger/*V. Emmerich* BGB § 556g Rn. 65.

anspruch soll den Mieter in die Lage versetzen, die Erfolgsaussichten einer Rückforderungsklage und die Risiken einer teilweisen Zahlungseinstellung zu überprüfen. Die **Geltendmachung des Auskunftsanspruchs** ist weder Voraussetzung für die Wirksamkeit der Rüge[183] noch für den Rückzahlungsanspruch.[184] Der Auskunftsanspruch des Mieters in § 556g Abs. 3 BGB stellt einen **Hilfsanspruch**[185] des Mieters dar.

### II. Inhalt des Auskunftsanspruchs

29 Der Vermieter schuldet dem Mieter eine Auskunft über die Tatsachen, die der Mieter wissen will. Er schuldet keine Begründung für die Höhe der ortsüblichen Vergleichsmiete.[186] Der Auskunftsanspruch wird in mehrfacher Hinsicht beschränkt:

#### 1. Tatsachen

30 Der Anspruch bezieht sich **nur auf Tatsachen,** nicht auf Bewertungen oder Rechtsansichten. Hierzu zählt zB die Frage, wann ein Mietspiegel qualifiziert ist oder wie die ortsübliche Vergleichsmiete zu ermitteln ist.

#### 2. Zulässigkeit der Miete

31 Diese Tatsachen müssen sich auf die **Zulässigkeit der Miete** nach den Vorschriften des Unterkapitels 1 a beziehen. Auch wenn der Mieter nur die Voraussetzungen des § 556d Abs. 1 BGB darlegen und beweisen muss[187], so steht ihm trotzdem auch ein Anspruch auf Auskunft hinsichtlich der Ausnahmevorschriften der §§ 556e, 556f BGB zu. Auch diese Vorschriften beschäftigen sich mit der Zulässigkeit der Miete. Dem Mieter steht uU wegen dieser Ausnahme weder ein Rückzahlungsanspruch zu noch kann er die Zahlung der Miete teilweise verweigern. Insofern geht der **Auskunftsanspruch weiter als die Rügepflicht.** Demgemäß kann der Mieter zunächst vom Vermieter Auskunft über die Ermittlung der ortsüblichen Vergleichsmiete verlangen. Gibt es in der Gemeinde einen **Mietspiegel,** kann der Vermieter sich darauf berufen. Eine Pflicht dazu besteht aber nicht.[188] Er muss die Tatsachen mitteilen, aus denen der Mieter das Vorliegen der Wohnwertmerkmale des § 558 Abs. 2 BGB ableiten kann. Da fast alle Mietspiegel die Beschaffenheit über die Hilfstatsache des Baualters versuchen zu ermitteln, kann der Mieter vom Vermieter das Baualter erfragen. Soweit die Mietspiegeleinordnung von dem Zeitpunkt bestimmter Modernisierungsarbeiten oder der Qualität einer Heizungsanlage abhängt, bezieht sich der Auskunftsanspruch auch auf diese Daten. In **Gemeinden ohne Mietspiegel** reicht es aus, wenn der Vermieter mitteilt, von welcher ortsüblichen Vergleichsmiete er ausgeht. Er muss das nicht entsprechend § 558a BGB begründen.[189] § 556g Abs. 3 BGB unterscheidet gerade bei den Formalien zwischen den Modernisierungskosten, die wie eine Modernisierungserhöhung gem. § 559b BGB dargelegt werden müssen und den sonstigen Angaben. Für letztere besteht nur die Verpflichtung zur Erteilung der Auskunft in Textform.

#### 3. Keine allgemeine Zugänglichkeit

32 Die Tatsache darf **nicht allgemein zugänglich** sein. Kein Auskunftsanspruch besteht darüber hinaus für Tatsachen, die im eigenen **Wahrnehmungsbereich des Mieters** liegen. Dazu zählt auch die Wohnungsgröße. Der Mieter kann zumindest die maßgeblichen Grundmaße ermitteln[190], welche Berechnungsvorschrift maßgeblich ist, ist reine Rechtsanwendung. Ob irgendwelche Angaben ggf. durch Einsicht in Bauakten oÄ ermittelbar sind, ist unerheblich. Ob Ansprüche nach dem **Gesetz zur Regelung des Zugangs zu Informationen** (IFG) des Bundes oder des jeweiligen Bundeslandes besteht, ist dabei unerheblich. Solche Ansprüche sind nicht **allgemein**

183 BT-Drs. 18/3221, 38; *Fleindl* WuM 2015, 212; offen gelassen von *Blank* WuM 2014, 641 (654).
184 *Hinz* ZMR 2014, 593 (600); *Fleindl* WuM 2015, 212.
185 BT-Drs. 18/3221, 38.
186 Frank Mietpreisbremse S. 98; *Fleindl* WuM 2015, 212 (223); *Blank* WuM 2014, 641 (655).
187 *Fleindl* WuM 2015, 212.
188 *Blank* WuM 2014, 641 (656).
189 *Blank* WuM 2014, 641 (655).
190 BGH VIII ZR 41/14, NJW 2015, 475.

zugänglich im Sinne der Vorschrift. Dass sie dem Mieter uU zugänglich sind aber Dritten nicht, reicht für das Vorliegen des Ausschlusstatbestandes nicht aus. Die Frage, ob die Gemeinde in eine entsprechende Landesverordnung aufgenommen wurde, kann der Mieter genauso unschwer ermitteln wie der Vermieter. Die Kenntnis der Verordnung ist allgemein zugänglich.

#### 4. „Unschwere" Auskunftserteilung

Der Vermieter muss die Auskunft **„unschwer"** erteilen können. „Unschwer" ist eine Auskunft immer dann zu erteilen, wenn die mit der Vorbereitung und Erteilung der Auskunft verbundenen Belastungen für den Schuldner entweder **nicht ins Gewicht fallen** oder aber, obwohl sie beträchtlich sind, dem Schuldner in Anbetracht der Darlegungs- und Beweisnot des Gläubigers und der Bedeutung **zumutbar** sind.[191] Der BGH definiert „unschwer" bei Auskunftsansprüchen, die aus § 242 BGB abgeleitet werden, dementsprechend auch im Sinne von **„ohne unbillig belastet zu sein"**.[192] Es muss also um Informationen gehen, die dem Vermieter bekannt sind oder die er für die Mietverwaltung und Festsetzung der Miete sowieso vorhalten muss. Wegen der Bedeutung der Angaben für den Mieter darf die Schwelle der Belastung aber nicht zu niedrig angesetzt werden.[193] Wegen der datenschutzrechtlichen Probleme bei der Angabe des Vormieters und der Vormiete (→ BGB § 556g Rn. 21). 33

### III. Beifügung von Belegen

Der Vermieter muss dem Mieter Auskunft über diejenigen Tatsachen erteilen, die für die Zulässigkeit der vereinbarten Miete nach den Vorschriften dieses Unterkapitels maßgeblich sind und deren Auskunft der Mieter verlangt. Die Auskunft ist eine **reine Wissenserklärung.** Der Auskunftsanspruch ist erfüllt, wenn der Vermieter die Auskunft erteilt hat. Vorgeschrieben ist dafür gem. § 556g Abs. 4 BGB die **Textform.** Hat der Mieter lediglich Zweifel an der Richtigkeit der Auskunft, ist eine Auskunftsklage unbegründet. Dem Mieter steht kein Anspruch auf **Vorlage von Belegen,** insbes. einer Kopie des Vormietvertrages, egal ob geschwärzt[194] oder nicht, zu.[195] **Auskunft und Belegvorlage sind gesetzlich zwei verschiedene Dinge.**[196] Soweit das Gesetz eine Verpflichtung zur Vorlage von Belegen anordnet, ist dies jeweils speziell zusätzlich zur Auskunftsverpflichtung angeordnet worden, zB in § 666 BGB oder § 1605 Abs. 1 S. 2 BGB. Nach § 259 Abs. 1 BGB besteht ein Anspruch auf Belegeinsicht nur bei der Verpflichtung zur Rechenschaftslegung über Ein- und Ausgaben, wenn solche Belege „erteilt zu werden pflegen". Schon bei der Inventaraufstellung gem. § 260 BGB besteht ein solcher Anspruch nicht. Auch beim allgemeinen Auskunftsanspruch, der aus § 242 BGB hergeleitet wird, besteht keine Verpflichtung zur Vorlage von Belegen.[197] Ein Anspruch gem. § 810 BGB auf Belegeinsicht kommt hier nicht in Betracht. Es geht um kein dort aufgezähltes Rechtsverhältnis. Auch die Systematik des § 556g Abs. 3 BGB spricht gegen eine Verpflichtung zur Belegvorlage. Nur für den Nachweis des Modernisierungszuschlags gem. § 556e Abs. 2 BGB ist eine besondere Form, nämlich die der Modernisierungsmieterhöhung vorgeschrieben. Aber auch dort ist eine Belegvorlage nicht vorgesehen (→ BGB § 559 Rn. 21). Da der Vermieter die Voraussetzungen des Ausnahmetatbestandes des § 556e Abs. 1 BGB darlegen und beweisen muss, muss er **spätestens im Prozess,** in dem es um die Zulässigkeit der Überschreitung der gem. § 556d Abs. 1 BGB zulässigen Miete geht, die höhere Vormiete auch beweisen. Dies geht im Prozess nicht mit einer geschwärzten Mietvertragskopie.[198] Hier ist mindestens die Vorlage des 34

---

[191] BGH X ZR 117/04, NJW 2007, 1806.

[192] BGH I ZR 53/83, BGHZ 95, 274 (279) = NJW 1986, 1244; BGH X ZR 82/92, BGHZ 126, 109 (113) = NJW 1995, 386; BGH X ZR 134/00, BGHZ 149, 165 (175) = GRUR 2002, 238.

[193] MüKoBGB/*Artz* § 556g Rn. 10.

[194] BT-Drs. 18/3121, 21 „Vermieter ist *befugt* dem Mieter ein bis auf die erforderlichen Angaben geschwärztes Vertragsdokument vorzulegen". Eine Verpflichtung wird dort aber auch nicht angenommen; **aA** *Weigelt* Herausforderung S. 301, Vorlage geschwärzter Kopie gehört zur Auskunft.

[195] MüKoBGB/*Artz* § 556g Rn. 31; Lützenkirchen MietR/*Abramenko* BGB § 556g Rn. 22; Staudinger/*V. Emmerich* BGB § 556g Rn. 79; *Frank* Mietpreisbremse S. 99, die aber auf S. 101 ein Belegeinsichtsrecht für sinnvoll erachtet.

[196] **AA** LG Berlin WuM 2019, 586.

[197] BGH XI ZR 193/91, NJW-RR 1992, 1072.

[198] *Weigelt* Herausforderung S. 301 weist auf die hohe Gefahr von Fälschungen in diesem Zusammenhang hin.

Originalmietvertrages notwendig.[199] Im Übrigen ergeben sich aus diesem nicht unbedingt die letzten Zahlungen. Gegebenenfalls müssen auch noch Kontoauszüge vorgelegt werden. Auf Antrag ist der Vormieter als Zeuge zu vernehmen. Wenn im Auskunftsurteil trotzdem eine Belegvorlage tituliert wird, muss der konkrete Beleg genannt werden, da anderenfalls das Urteil nicht vollstreckbar ist.[200] Ob sich die Vormiete aus dem Mietvertrag ergibt, ist dabei durchaus fraglich. Darin muss die aktuelle Miete gar nicht ausgewiesen sein, ggf. gibt es eine Mietabänderungsvereinbarung. Was ist bei mündlichen Vereinbarungen, über die es gar keinen Beleg gibt? Was ist bei einseitigen Erhöhungen? Diese können formell und/oder materiell falsch sein. Der Vormieter kann trotzdem gezahlt haben[201] und später die Miete zurückverlangt haben. Möglich sind auch einseitige Erhöhungen, die zwar formell und materiell berechtigt waren, die der Vormieter aber schlicht nicht gezahlt hat. Der Vermieter kann die Differenz eingeklagt haben oder auch nicht. An der geschuldeten Miete ändert das nichts. Auch der Zeitpunkt, auf den sich der Beleg beziehen soll, muss angegeben werden.[202] Bedeutsam ist dies, wenn es Streit über die Beendigung des Vormietverhältnisses gegeben haben, z. B. weil eine außerordentliche und eine ordentliche Kündigung im Raum standen und der Mieter dann irgendwann ausgezogen ist. Darauf kommt es aber nicht an, sondern auf die rechtliche Beendigung des Mietverhältnisses. Was ist dann der richtige Beleg, wenn z. B. zwischenzeitlich Staffelmieterhöhungen in Kraft getreten sind? All diese systematischen und praktischen Probleme sprechen neben dem Wortlaut gegen eine Belegvorlagepflicht.

35 Ein Auskunftsurteil wird gem. § 888 Abs. 1 ZPO vollstreckt, da es sich um eine nicht vertretbare Handlung handelt.[203] **Der Auskunftsanspruch ist erfüllt** und eine Klage unbegründet, wenn der Mieter die Auskunft erteilt hat. Dabei kann der Inhalt einer Auskunft auch darin bestehen, dass der Schuldner einen auskunftspflichtigen Tatbestand verneint,[204] also mitteilt, dass kein Ausnahmetatbestand vorliegen. Der Anspruch ist erfüllt, wenn die Angaben des Schuldners nach seinem erklärten Willen die Auskunft im geschuldeten Gesamtumfang darstellen. Wird die Auskunft in dieser Form erteilt, steht ihre etwaige inhaltliche Unrichtigkeit einer Erfüllung nicht entgegen.[205] Hat der Mieter lediglich Zweifel an der Richtigkeit der Auskunft, ist eine Auskunftsklage unbegründet.[206] In Betracht kommt in diesem Fall allenfalls ein **Anspruch auf Abgabe der eidesstattlichen Versicherung** entsprechend § 260 Abs. 2 BGB iVm § 261 BGB.[207] Es ist anerkannt, dass rechtliche Sonderverbindungen wie gesetzliche Schuldverhältnisse zB auch nach § 812 BGB als Anspruchsgrundlage in Betracht kommen.[208] Allein der Verweis auf Schadensersatzansprüche gem. § 280 Abs. 1 BGB reicht nicht aus. Soweit § 259 Abs. 3 BGB in Fällen geringer Bedeutung diesen Anspruch ausschließt, ist dies wegen der weit in die Zukunft reichenden Folgen eines Verstoßes gegen § 556g Abs. 1 BGB nicht einschlägig. Eine **unrichtige Auskunft ist eine Pflichtverletzung** iSd § 280 Abs. 1 S. 1 BGB, die einen Schadensersatzanspruch begründet[209], es sei denn, der Vermieter hat sie nicht zu vertreten. Der zu ersetzende Schaden kann insbes. darin liegen, dass der Vermieter aufgrund der falschen Auskunft einen zu niedrigen Zustimmungsanspruch geltend macht.

## IV. Besonderheit bei Modernisierungsmaßnahmen

### 1. Anforderungen

36 Soweit der Mieter Auskunft über Modernisierungsmaßnahmen verlangt, weil der Vermieter die gem. § 556d Abs. 1 BGB zulässige Miete gem. § 556e Abs. 2 BGB überschreiten will, muss die Auskunft den Anforderungen des § 559b Abs. 1 S. 2, 3 BGB entsprechen. Auch diese Auskunft ist nur

---

[199] Aber auch hier sieht *Weigelt* Herausforderung S. 301 die Gefahr, dass Vermieter „gefälschte oder aus Gefälligkeit heraus abgeschlossene Verträge mit Vormietern produzieren".
[200] BGH XII ZB 376/20, NJW-RR 2021, 451.
[201] LG Bremen WuM 2019, 450.
[202] BGH XII ZB 376/20, NJW-RR 2021, 451; BGB XII ZB 116/19, NJW-RR 2019, 961; BGB XII ZB 334/19, NJW-RR 2020, 1137.
[203] Lützenkirchen MietR/*Abramenko* BGB § 556f Rn. 103.
[204] BGH BB 1969, 1014; Palandt/*Grüneberg* BGB § 260 Rn. 14.
[205] BGH III ZR 136/18, MDR 2020, 1366.
[206] OLG *Frankfurt a. M.* BeckRS 2014, 05665.
[207] **AA** Staudinger/*V. Emmerich* BGB § 556g Rn. 80.
[208] Erman/*Artz* BGB § 260 Rn. 3.
[209] BGH III ZR 136/18, MDR 2020, 1366; BGH VIII ZR 251/69, BGHZ 55, 201, 205.

auf entsprechendes Verlangen zu erteilen und muss nicht bereits bei Abschluss des Mietvertrages vom Vermieter von sich aus erteilt werden, damit er sich später auf die Ausnahme berufen kann.[210] Bereits die Stellung der Norm in § 556g Abs. 3 S. 2 BGB unmittelbar im Anschluss an Satz 1 spricht dafür, das Verlangen aus Satz 1 auch beim Anspruch nach Satz 2 vorauszusetzen. Auch die Tatsache, dass die Regelung hier im Satz 2 und nicht bei § 556e Abs. 2 BGB steht spricht dafür, dass es sich um eine Konkretisierung des Auskunftsanspruchs nach Satz 1 und nicht um eine Voraussetzung für die Anwendung des § 556e Abs. 2 BGB handelt.[211] In der Auskunft muss die Erhöhung auf Grund der entstandenen Kosten berechnet und entsprechend den Voraussetzungen der §§ 559, 559a BGB erläutert werden. Zulässig ist es, hinsichtlich der energetischen Qualität von Bauteilen auf allgemein anerkannte Pauschalwerte Bezug zu nehmen (→ BGB § 555c Rn. 57).

### 2. Nachvollziehbarkeit

Die Auskunft muss deshalb eine **nachvollziehbare Berechnung** des Erhöhungsbetrages und eine **hinreichende Erläuterung** des angegebenen Verteilungsschlüssels sowie **nachvollziehbare** Angaben zu den abgesetzten Kostenanteilen für Instandsetzung enthalten.[212] Ferner müssen in der Erklärung auch die **Kürzungsbeträge** gem. § 559a BGB auf Grund von Fördermitteln oder gleichgestellten Mitteln angegeben werden.[213] Die Auskunft muss so ausgestaltet sein, dass eine **überschlägige Überprüfung** des Zuschlags gem. § 556e Abs. 2 BGB dem Mieter ohne besondere Kenntnisse auf dem Gebiet der Rechnungsprüfung und ohne Einsicht in die Belege möglich ist.[214] Dies erfordert, dass die tatsächlichen Grundlagen der Berechnung, also eine spezifizierte Berechnung mit für den Mieter überprüfbarer Erläuterung der Positionen, angegeben werden. Wegen der Einzelheiten wird auf die Kommentierung → BGB § 559b Rn. 16ff. Bezug genommen. **37**

### 3. Sinn und Zweck der Verpflichtung

Der Vermieter muss neben der Berechnung auch **erläutern,** worin die Modernisierung zu sehen war. **Sinn und Zweck** dieser Verpflichtung bestehen darin, dem Mieter die Informationen zu geben, die er benötigt, um qualifiziert überprüfen zu können, ob der Anspruch berechtigt ist. Dazu gehört iRd § 556e Abs. 2 BGB zunächst einmal das Datum der Beendigung der Modernisierungsmaßnahme. Es darf nicht länger als drei Jahre vor Mietvertragsbeginn liegen. Der Mieter soll durch die Erläuterung die Tatsachen erfahren, die die Tatbestandsmerkmale des § 559 BGB ausfüllen.[215] Hierzu bedarf es der Konkretisierung aller Modernisierungszwecke.[216] Wegen der Einzelheiten → BGB § 559b Rn. 22ff. **38**

### 4. Quote der Gesamtkosten

Problematisch ist die Frage, welche Auskünfte hinsichtlich des **Instandsetzungsanteils** erforderlich sind. Es reicht auch hier die Angabe einer **Quote von den Gesamtkosten.**[217] Damit kennt der Mieter den Zustand vor Beginn der Arbeiten aber nicht und kann kaum selbst beurteilen, welcher Teil der Arbeiten als Erhaltungsarbeiten und welcher als Modernisierung einzuordnen ist.[218] Im Mieterhöhungsverfahren nach §§ 559, 559b BGB muss der Vermieter die fehlende Instandsetzungsbedürftigkeit der Bauteile beweisen. Soweit der BGH[219] hier nur eine **sekundäre Behauptungslast** beim Vermieter sieht, weil der Mieter sich nicht auf **einfaches Bestreiten** beschränken dürfe und zunächst selbst substantiiert vortragen müsse, wo welche Schäden sich befunden haben **39**

---

[210] Staudinger/*V. Emmerich* BGB § 556g Rn. 83; **aA** Lützenkirchen MietR/*Abramenko* BGB § 556f Rn. 93.
[211] Staudinger/*V. Emmerich* BGB § 556g Rn. 83 „bei Lichte besehen fehlt (für Gegenauffassung) jede Begründung".
[212] LG Dresden WuM 1998, 216; LG Halle WuM 1997, 628; LG Berlin MM 1994, 326; GE 2003, 122 (123); LG Hagen WuM 1978, 242; AG Köln WuM 1986, 123; AnwK WohnraumMietR/*Lammel* BGB § 559b Rn. 15; *Schach* MietRB 2012, 176 (178).
[213] Staudinger/*V. Emmerich* BGB § 556e Rn. 34; zu § 559b: KG NZM 2002, 211.
[214] LG Görlitz WuM 1999, 44; LG Dresden WuM 1998, 216 (217).
[215] Begr. zum Entwurf des MHG, BR-Drs. 161/74, 12.
[216] MüKoBGB/*Artz* § 559b Rn. 7.
[217] *Börstinghaus* NZM 2009, 681.
[218] *Hinz* ZMR 2014, 593 (597).
[219] BGH VIII ZR 88/13, NJW 2015, 934; BGB VIII ZR 175/02, WuM 2004, 154 (155).

sollen, gilt das im Rahmen der Begrenzung der Wiedervermietungsmiete nicht.[220] Hintergrund dieser Rspr. ist die Tatsache, dass der Mieter bei einer Bestandsmietenerhöhung schon einige Zeit in der Wohnung gelebt hat und es ihm deshalb auch tatsächlich möglich ist, konkrete Schäden zu benennen. Das ist aber bei der Anmietung eines Objekts, das der Mieter vorher gar nicht kannte, gerade anders. Insofern kann man dem Mieter eine solche erhöhte Darlegungs- und Substantiierungslast in Fällen des § 556e Abs. 2 BGB kaum auferlegen. Deshalb genügt hier doch **einfaches Bestreiten** mit Nichtwissen durch den Mieter.[221] Spätestens im Prozess muss der Vermieter den notwendigen Umfang der Erhaltungsmaßnahmen darlegen. Bei der **Auskunft** reicht aber die Angabe der Quote.

#### 5. Erweiterte Auskunftspflicht

40 Die **erweiterte Auskunftspflicht** gem. § 556g Abs. 3 S. 2 BGB gilt aber nach dem eindeutigen Wortlaut nicht für **umfassend modernisierte Wohnungen** gem. § 556f BGB. Auch hier kommt es auf die Frage an, ob eine Modernisierung stattgefunden hat und vor allem zusätzlich, welcher Aufwand hierfür erforderlich war. Trotzdem ordnet § 556g Abs. 3 S. 2 BGB die erweiterte Auskunftspflicht ausdrücklich nicht für diese Voraussetzungen an.[222] Es geht bei der erweiterten Auskunftspflicht nur um die Ermittlung des Zuschlags gem. § 556e Abs. 2 BGB. Dies soll rechtspolitisch bedenklich sein.[223]

### V. Frist zur Erteilung der Auskunft

41 Eine **Frist** für die Erteilung der Auskunft ist **gesetzlich nicht vorgesehen.** Dem Vermieter ist eine **angemessene Frist** zuzubilligen. Die Länge der Frist hängt von den Umständen des Einzelfalls ab. Einfache Fragen, wie zB nach dem Baualter eines Hauses oder der Vormiete, können schneller beantwortet werden als Fragen nach einer Modernisierungsmaßnahme. Da der Mieter die Auskunft nicht zwingend zu Beginn des Mietverhältnisses verlangen muss, kann es sich dabei um lange in der Vergangenheit liegende Umstände handeln, die der Vermieter selbst erst umfangreich ermitteln muss. Hier können noch Zeiträume von mehreren Wochen angemessen sein. Das gilt insbes. dann, wenn schon lange weggelegte Unterlagen herausgesucht werden müssen.

### VI. Verjährung des Auskunftsanspruchs

42 Der Auskunftsanspruch entsteht mit Abschluss des Mietvertrages. Solche Auskunftsansprüche unterliegen einer **selbständigen Verjährung** nach § 195 BGB.[224] Es gilt deshalb auch für den Anspruch nach § 556g Abs. 3 BGB eine dreijährige Verjährungsfrist ab Jahresende der Entstehung des Auskunftsanspruchs.[225] Soweit § 199 Abs. 1 Nr. 2 BGB den Verjährungsbeginn zusätzlich davon abhängig macht, dass der Gläubiger Kenntnis von den den Anspruch begründenden Tatsachen hat, liegen diese Voraussetzungen regelmäßig vor. Der Mieter muss nur wissen, dass die Wohnung zum Zeitpunkt des Mietvertragsabschlusses in einer Gemeinde mit angespannter Wohnungsversorgung liegt, die in eine entsprechende Landesverordnung aufgenommen wurde. Ob eine Überschreitung der zulässigen Miete vorlag, ist nicht Tatbestandsvoraussetzung für den Auskunftsanspruch.

43 Problematisch ist, dass der Mieter die **Rüge** theoretisch auch noch **nach Eintritt der Verjährung** hinsichtlich des Auskunftsanspruchs erheben kann und dann Rückzahlungsansprüche für danach fällig werdende Mieten entstehen können. Im Prozess muss der Mieter die Tatbestandsvoraussetzungen des § 556d Abs. 1 BGB darlegen und beweisen und der Vermieter die Ausnahmetatbestände der §§ 556e, 556f BGB. Hinsichtlich der ortsüblichen Vergleichsmiete ist der Mieter dann alleine auf seinen Informationsstand angewiesen. Hinsichtlich der Ausnahmevorschriften kann er

---

220 *Hinz* ZMR 2014, 593 (597).

221 *Hinz* ZMR 2014, 593 (597), der hier viel Arbeit auf die Justiz zukommen sah.

222 Lützenkirchen MietR/*Abramenko* BGB § 556f Rn. 117; Staudinger/*V. Emmerich* BGB § 556g Rn. 82; *Börstinghaus* DWW 2014, 202, 208.

223 *Häublein* ZfPW 2020, 1 (7); PiG 99 (2015), 13 (18).

224 MüKoBGB/*Artz* § 556g Rn. 32; *Börstinghaus* DWW 2104, 202 (208); Staudinger/*V. Emmerich* BGB § 556g Rn. 69; Lützenkirchen MietR/*Abramenko* BGB § 556g Rn. 137; für den wettbewerbsrechtlichen Auskunftsanspruch ebenso: OLG Köln GRUR-RR 2015, 215.

225 *Börstinghaus* DWW 2014, 202 (208); offen gelassen von *Fleindl* WuM 2015, 212.

vorher nicht abschätzen, ob diese vorliegen und ob der Vermieter sich erfolgreich darauf berufen kann. All das rechtfertigt es aber nicht, den Auskunftsanspruch als Daueranspruch anzusehen, der nicht verjährt. Der Mieter hat es über drei Jahre in der Hand den Anspruch geltend zu machen.

Bei **Staffelmieten** muss jede einzelne Staffel auf die Zulässigkeit überprüft werden. Der **Auskunftsanspruch** entsteht deshalb auch für jede Staffel neu und beginnt auch jeweils neu zu verjähren. Es können mehrere Auskunftsansprüche zu den Tatsachen zu verschiedenen Zeitpunkten bestehen, die auch ein unterschiedliches Schicksal, wie zB Erfüllung oder Verjährungseintritt, erleiden können. Erteilt der Vermieter eine Auskunft zB über das Baualter zu einem Stichtag, dann besteht über die gleiche Tatsache zu den anderen Stichtagen kein Auskunftsanspruch mehr. 44

## VII. Folgen einer fehlenden Auskunft

### 1. Zwangsgeld

Erteilt der Vermieter in angemessener Zeit keine Auskunft, kann der Vermieter den Anspruch **klageweise** geltend machen. Es handelt sich um eine nicht vertretbare Handlung. Vollstreckt wird ein solches Urteil gem. § 888 ZPO durch **Zwangsgeld** oder Zwangshaft.[226] Das gilt entsprechend auch bei einer unvollständigen Auskunft des Vermieters.[227] Fraglich ist, ob der Auskunftsanspruch als **Stufenklage** zusammen mit dem bereicherungsrechtlichen Rückzahlungsanspruch geltend gemacht werden kann. Dagegen spricht[228], dass der Mieter nur die Voraussetzungen des § 556d Abs. 1 BGB darlegen und beweisen muss. Die Ausnahmetatbestände muss der Vermieter beweisen. Dem Mieter ist also eine Rückforderungsklage ohne vorherige Auskunft regelmäßig möglich, da die Tatsachen für die Ermittlung der ortsüblichen Vergleichsmiete idR bekannt sind. Die Voraussetzungen des § 254 ZPO liegen deshalb nicht vor. Weder die Auskunfts- noch die Rückzahlungsklage ersetzen eine Rüge.[229] Sie kann in diesen Verfahren aber ausdrücklich erklärt werden. 45

### 2. Zurückbehaltungsrecht

Dem Mieter steht ferner gem. § 273 BGB ein **Zurückbehaltungsrecht** an der nach Ablauf der angemessenen Auskunftsfrist fällig werdenden Miete in voller Höhe[230] zu, bis der der Vermieter die Auskunft erteilt. Durch Zurückbehaltung der vollen Miete kann der Mieter erheblichen Druck auf den Vermieter ausüben, der es aber durch sein Verhalten in der Hand hat, die Fälligkeit der Miete herbeizuführen. Das ist auch nicht unangemessen, da es ja nur um „unschwer" zu erteilende Auskünfte gehen kann.[231] Das **Zurückbehaltungsrecht erlischt,** wenn die Auskunft erteilt ist. Ob sie richtig ist, ist dabei unerheblich, da mit Erteilung der Auskunft der Auskunftsanspruch des Mieters durch Erfüllung erloschen ist. Nur bei unvollständigen Auskünften bleibt das Zurückbehaltungsrecht bestehen, weil eine solche teilweise Auskunft keine Erfüllung darstellt. 46

### 3. Rüge

Fraglich ist, ob das Erfordernis der den Anforderungen der auf den jeweiligen Mietvertrag anwendbaren Anforderungen an eine **Rüge** für einen Rückforderungsanspruch nach § 556g Abs. 2 S. 1 BGB **entfällt,** wenn der Vermieter innerhalb angemessener Frist keine Auskunft erteilt.[232] Das erscheint zweifelhaft. Der Mieter kann ab Fälligkeit des Auskunftsanspruchs die Miete ganz zurückbehalten. **(a)** Wenn der Vermieter die Auskunft später erteilt, erlischt zwar das Zurückbehaltungsrecht, aber der Zahlungsanspruch des Vermieters besteht nur, soweit die Mietpreisabrede gem. § 556g Abs. 1 BGB wirksam ist. Die Miete wird iÜ auch erst nach Erteilung der Auskunft und Wegfall des Zurückbehaltungsrechts fällig, so dass der Mieter nach der Auskunft und vor der Fälligkeit der Miete noch eine qualifizierte Rüge erheben kann. **(b)** Erteilt der Vermieter gar keine Auskunft, besteht das Zurückbehaltungsrecht fort. Der Mieter muss also gar nichts zurückfordern. Im 47

---

226 *Blank* WuM 2014, 641 (656).
227 *Blank* WuM 2014, 641 (657).
228 So *Fleindl* WuM 2015, 212.
229 Insofern unterscheidet sich eine Rüge vom bloßen Fortsetzungswiderspruch gem. § 545 BGB, dort BGH VIII ZR 10/14, NJW 2014, 2568.
230 *Blank* WuM 2014, 641 (656).
231 *Blank* WuM 2014, 641 (656).
232 Dafür *Blank* WuM 2014, 641 (656).

Übrigen kann er eine Rüge unter Berücksichtigung seines Verdachts vorsorglich erheben und sich die Konkretisierung nach Auskunftserteilung vorbehalten. Auch die zunächst mitgeteilten Verdachtsmomente sind Tatsachen. Ob sie letztendlich richtig sind oder nicht ist für die Frage, ob eine Rüge erfolgt ist, unerheblich. Die Richtigkeit der Auskunft ist eine materielle Frage des Rückforderungsanspruchs. Darüber hinaus können aber Schadensersatzansprüche bestehen (→ Rn. 48).

### 4. Auskunftspflichtverletzungen

48 In der **unterlassenen** Auskunft ist ebenso wie in einer **verspäteten** Auskunft oder einer **falschen Auskunft**[233] eine **Pflichtwidrigkeit** des Vermieters zu sehen, die ihn gem. § 280 BGB schadensersatzpflichtig macht. Ein Rückzahlungsanspruch kommt unter Schadensgesichtspunkten in diesen Fällen in Betracht.[234] Einer Rüge bedarf es in diesen Fällen nicht.[235] Hat der Vermieter eine verlangte Auskunft über die Vormiete und/oder Modernisierungskosten nicht erteilt und der Mieter daraufhin den Rückzahlungsanspruch gem. § 556d Abs. 1 BGB berechnet und eingeklagt, liegt in dem Nachweis der Vormiete oder der Modernisierungskosten im Prozess kein erledigendes Ereignis. Die Klage war von Anfang an unbegründet. Die Klage ist auf eine **Kostenfeststellungsklage** umzustellen, da der Beklagte aus materiellen Gründen dem Mieter nach § 280 Abs. 1 BGB schadensersatzpflichtig ist.

### 5. Falsche Auskünfte

49 Erteilt der Vermieter eine **falsche Auskunft** und unterlässt der Mieter es daraufhin zunächst eine Rüge zu erheben und Rückforderungsansprüche geltend zu machen, so kommen **Schadensersatzansprüche** des Mieters auf Rückzahlung der Beträge, die bei richtiger Auskunft und dann erhobener Rüge, bestanden hätten, gem. § 280 BGB in Betracht.[236] Der Vermieter ist zu einer wahren Auskunft gem. § 241 Abs. 2 BGB verpflichtet.[237] Das ergibt sich schon aus § 556g BGB aber auch aus einer nebenvertraglichen Rücksichtnahmepflicht gem. § 241 Abs. 2 BGB. Unterlässt der Mieter es, berechtigte Ansprüche auf Grund einer solchen falschen Auskunft geltend zu machen, so liegt ein kausaler Schaden vor. Der Vermieter muss zumindest fahrlässig gehandelt haben. Das ist insbes. bei Erklärungen „ins Blaue hinein" der Fall.

### 6. Kündigung

50 Hat der Mieter wegen der unterbliebenen aber geschuldeten Auskunft des Vermieters zB zur Höhe der Vormiete oder der Modernisierungskosten nur in einer seiner Meinung nach gem. § 556d Abs. 1 BGB zulässigen Höhe an den Vermieter überwiesen, dann kann ggf. ein Rückstand, der gem. § 543 Abs. 2 Nr. 2b BGB zur **Kündigung** berechtigt (→ Rn. 11), auflaufen. Die erste Frage ist, ob der Rückstand fällig war, weil dem Mieter ein **Zurückbehaltungsrecht** wegen der fehlenden Auskunft zusteht. Wenn man das vereint, stellt sich die Frage, ob der Mieter einer Kündigung, die mit dem wegen der fehlenden Auskunft entstanden Rückstand begründet wird, die **Arglisteinrede** entgegenhalten kann. Das ist zu bejahen.[238] In die Würdigung, ob die Fortsetzung des Mietverhältnisses für den Vermieter unzumutbar ist, ist ein vorangegangenes vertragswidriges Verhalten des Vermieters einzubeziehen.[239] Zwar hat diese Zumutbarkeitsabwägung gem. § 543 Abs. 1 BGB bei einer Zahlungsverzugskündigung nicht stattzufinden[240], jedoch kann auch eine solche Kündigung **treuwidrig** sein.[241] Das ist bei einem Zahlungsrückstand, der wegen einer fehlenden Auskunft entstanden ist, der Fall, auch wenn kein entschuldigender Rechtsirrtum des Mieters vorliegt.

---

233 Nach *Jacoby* FS Börstinghaus, 2020, 267 (270) fehlt im Gesetz eine ausdrückliche Regelung für den Fall der Falschauskunft.
234 *Fleindl* WuM 2015, 212; *Jacoby* FS Börstinghaus, 2020, 267 (272).
235 *Fleindl* WuM 2015, 212.
236 *Fleindl* WuM 2015, 212; *Blank* WuM 2014, 641 (658).
237 *Jacoby* FS Börstinghaus, 2020, 267 (272).
238 So auch *Fleindl* WuM 2015, 212.
239 BGH VIII ZR 289/13, NJW 2014, 2566.
240 BGH VIII ZR 175/14, NZM 2015, 196.
241 So auch *Fleindl* WuM 2015, 212.

## F. Weitere Ansprüche

### I. Allgemeines

Von der Frage des Schadensersatzes wegen falscher Auskunft (→ Rn. 49) ist die Frage zu unterscheiden, ob der Vermieter sich wegen der Vereinbarung einer mietpreisrechtlich unzulässigen Miete schadensersatzpflichtig macht. § 556g Abs. 1 S. 3 BGB enthält zwar eine eigene Anspruchsgrundlage auf Rückzahlung überzahlter Miete entsprechend bereicherungsrechtlichen Vorschriften, hierdurch werden aber etwaige weitergehende Ansprüche auf Schadensersatz aufgrund allgemeiner Vorschriften nicht ausgeschlossen.[242] 51

### II. Schadensersatz

Es entspricht stRspr, dass bei einem unwirksamen Vertrag die Partei wegen **Verschuldens bei Vertragsverhandlungen** schadensersatzpflichtig sein kann, die den Grund der Unwirksamkeit zu vertreten hat.[243] Das gilt zB auch bei der Verwendung unwirksamer allgemeiner Geschäftsbedingungen.[244] Zu ersetzen sind diejenigen Aufwendungen, die der Vertragspartner im Vertrauen auf die Wirksamkeit des Vertrages getätigt hat.[245] In der Vereinbarung einer Miete unter Verstoß gegen § 556d Abs. 1 BGB ist eine solche Verletzung vorvertraglicher Pflichten des Vermieters zu sehen.[246] Fraglich ist das Verschulden des Vermieters. Er muss mindestens fahrlässig iSd § 276 BGB gehandelt haben. Das wird nach § 280 Abs. 1 S. 2 BGB vermutet. Insbesondere bei der Ermittlung der ortsüblichen Vergleichsmiete in **Gemeinden ohne Mietspiegel** oder der genauen Spanneneinordnung in Gemeinden mit Mietspiegel kann es an der Sorgfaltspflichtverletzung im Einzelfall fehlen. Aber auch hier gilt, dass an einen entschuldbaren Rechtsirrtum hohe Anforderungen zu stellen sind.[247] Ein Beraterverschulden muss der Vermieter sich zurechnen lassen.[248] Zu ersetzen ist grds. nur das **negative Interesse.** Hier ordnet § 556g Abs. 1 S. 3 BGB aber gerade an, dass der Mietvertrag ansonsten wirksam bleibt, so dass ausnahmsweise der unzulässige Teil der gezahlten Miete als Schadensersatz zu ersetzen ist.[249] Solche Ansprüche sind aber vor Zugang einer Rüge ausgeschlossen.[250] 52

### III. Kündigung

Da es sich bei Vereinbarung einer mietpreisrechtlich unzulässigen Miete um eine Pflichtwidrigkeit des Vermieters handelt (→ Rn. 52) liegt zugleich auch ein Kündigungsgrund vor.[251] Ob eine fristlose Kündigung gem. § 543 Abs. 1 BGB oder eine ordentliche Kündigung gem. § 573 Abs. 2 Nr. 1 BGB in Betracht kommt, hängt von den Umständen des Einzelfalls, insbes. der Höhe des mietpreiswidrigen Teils der Miete, dem Verschulden des Vermieters und seiner Reaktion auf das Rückzahlungsverlangen ab. Bei hohen Beträgen oder Vorsatz kann eine Vertragsfortsetzung unzumutbar sein. In diesem Fall entfällt auch das Abmahnungserfordernis gem. § 543 Abs. 3 BGB.[252] Bestand ein Kündigungsgrund, egal ob außerordentlich oder ordentlich, hat der Vermieter dem Mieter auch den Kündigungsfolgeschaden (Umzug, Mietdifferenz pp) zu erstatten.[253] Da der Mieter den Vermieter vor Vertragsschluss nicht auf die Überschreitung der zulässigen Wiedervermie- 53

---

[242] BT-Drs. 18/3121, 37.

[243] BGH V ZR 34/51, BGHZ 6, 330 (333) = NJW 1952, 1130; BGH II ZR 44/54, BGHZ 18, 248 (252) = NJW 1955, 1916; BGH NJW 1965, 812 (814); OLG Düsseldorf BB 1975, 201.

[244] BGH III ZR 63/83, NJW 1984, 2816 (2817); BGH XI ZR 210/93, NJW 1994, 2754 (2755); KG NJW 2009, 2688; ausf. *Schmidt* WuM 2010, 191.

[245] BGH VIII ZR 280/85, NJW 1987, 639, für sittenwidrige Vereinbarung nach § 138 BGB.

[246] *Fleindl* WuM 2015, 212.

[247] BGH XII ZR 48/10, WuM 2012, 323; BGB VIII ZR 138/11, NJW 2012, 2882.

[248] BGH VIII ZR 102/06, NJW 2007, 428; *Blank* NZM 2007, 788.

[249] *Fleindl* WuM 2015, 212; *Blank* WuM 2014, 641 (658).

[250] *Fleindl* WuM 2015, 212; *Hinz* ZMR 2014, 593 (599), die beide aber unterschiedlicher Auffassung sind, ob das auch in den unter § 826 BGB zu subsumierenden Extremfällen zu gelten hat.

[251] *Fleindl* WuM 2015, 212; *Blank* WuM 2014, 641 (658).

[252] *Fleindl* WuM 2015, 212.

[253] *Fleindl* WuM 2015, 212; *Blank* WuM 2014, 641 (658).

tungsmiete hinweisen muss, kann der Vermieter den Mietvertrag wegen des Berufens auf die Beschränkung nach diesem Unterkapitel auch nicht kündigen.[254]

## IV. Anfechtung

54 Gemäß § 123 BGB kann der Mieter seine auf Abschluss des Mietvertrages gerichtete Willenserklärung anfechten, wenn er zu ihrer Abgabe durch arglistige Täuschung bestimmt wurde. Dies kann auch **noch nach Übergabe** der Mietsache geschehen.[255] Im Zusammenhang mit der Begrenzung der Wiedervermietungsmiete liegt eine arglistige Täuschung vor, wenn der Vermieter beim Mieter einen Irrtum erregt oder aufrechterhält, indem er ihm falsche Tatsachen vorspiegelt oder wahre Tatsachen unterdrückt.[256] Erforderlich ist also eine bewusste Irrtumserregung mit Täuschungswillen.[257] Theoretisch kann dies auch durch Schweigen erfolgen, dann muss aber eine Offenbarungspflicht bestehen. Das ist bei den Tatsachen, die die Höhe der zulässigen Wiedervermietungsmiete betreffen, nicht der Fall. Ungefragt muss der Vermieter hier keine Angaben machen. Dem Mieter steht ausdrücklich ein Auskunftsanspruch zu. Hat der Vermieter den Mieter bei Mietvertragsabschluss aber **arglistig über Tatsachen getäuscht,** die für die Berechnung der zulässigen Miete nach diesem Unterkapitel von Bedeutung sind, zB das Baualter des Hauses, die Vormiete oder die Modernisierungskosten, so kann der Mieter den Mietvertrag gem. § 123 BGB anfechten.[258] Die die Arglist des Vermieters begründenden Umstände muss der Mieter beweisen, nicht muss sie der Vermieter ausräumen.[259] Nach der Anfechtung ist **der ganze Mietvertrag von Anfang an unwirksam** und ist rückabzuwickeln. Der Mieter schuldet die Herausgabe der Wohnung, der Vermieter die Rückzahlung der vereinnahmten Mieten, wobei der Mieter die **ortsübliche Miete** gem. § 818 BGB schuldet. Diese ist nicht um 10% zu erhöhen.[260] Umgedreht kann auch der Vermieter den Mietvertrag nicht anfechten, wenn der Mieter sich auf die Begrenzung der Widervermietungsmiete beruft. Der Mieter muss den Vermieter nämlich vor Vertragsschluss nicht auf die Überschreitung der zulässigen Wiedervermietungsmiete hinweisen.[261]

[254] AG München DWW 2016, 340 mAnm *Börstinghaus* WuM 2017, 186.
[255] BGH VIII ZR 67/06, BGHZ 178, 16; BGB VIII ZR 123/09, NZM 2010, 786; BGB VIII ZR 192/08, NJW 2010, 3362; offen gelassen noch in BGH XII ZR 6/96, BGHZ 137, 255 (266) = NJW 1998, 531.
[256] Bamberger/Roth/*Wendtland* BGB § 123 Rn. 7.
[257] *Fischer* WuM 2006, 3 (9).
[258] *Fleindl WuM 2015, 212.*
[259] BGH V ZR 268/9, BGHZ 117, 260 (263) = NJW 1992, 1500; BGH NJW-RR 2003, 989.
[260] *Fleindl* WuM 2015, 212.
[261] AG München DWW 2016, 340 mAnm *Börstinghaus* WuM 2017, 186.

## Unterkapitel 2. Regelungen über die Miethöhe

## Vorbemerkung zu §§ 557–557 b BGB

### Systematische Übersicht



### Alphabetische Schnellübersicht



## A. Entstehungsgeschichte und Entwicklung der Regelungen

### I. Bestandsmietenerhöhungen

Die im Unterabschnitt *Regelungen über die Miethöhe* im BGB enthaltenen Vorschriften der §§ 557–561 BGB sind das vorläufige Endergebnis einer langen Reihe von gesetzlichen Regelungen zum Mietpreisrecht.[1] Das seit dem MietRRefG v. 19.7.2001[2] im BGB enthaltene Miethöherecht ist, auch wenn man die Geltung des Gesetzes zur Regelung der Miethöhe[3] hinzurechnet, für ein Zivilgesetz noch relativ jung. Es unterlag in seiner kurzen Geschichte ganz unterschiedlichen Einflüssen und wurde demgemäß mehrmals inhaltlich verändert. Die jeweilige Fassung des Gesetzes, aber auch die jeweiligen Streit- und Diskussionspunkte, sind demgemäß auch ein Spiegelbild der jeweiligen Zeit.[4] Dabei ging es damals wie auch heute im Wesentlichen um die Frage der Ermittlung der ortsüblichen Vergleichsmiete und das Verfahren zur Durchsetzung des Anspruchs. Unmittelbarer Vorgänger der heutigen Vorschriften im BGB waren die Regelungen des Miethöhegesetzes. Zum Ausgleich für das Verbot der Änderungskündigung in § 1 Abs. 4 des *„Gesetzes über den* 1

---

[1] Ausf. hierzu *Börstinghaus* Miethöhe-HdB, 2. Aufl. 2016, S. 1–21; *Börstinghaus* WuM 2018, 610; *Herrlein* NZM 2016, 1; NJW 2017, 711; *Hügemann,* Die Geschichte des öffentlichen und privaten Mietpreisrechts vom Ersten Weltkrieg bis zum Gesetz zur Regelung der Miethöhe, 1974, *Hinkelmann,* Die ortsübliche Miete, 1999, 15 ff.; Schmoeckel/Rückert/Zimmermann/*Oestmann* BGB §§ 535–580 a Rn. 92 ff.

[2] BGBl. I 1149.

[3] Vom 18.12.1974 (BGBl. I 3603 (3604)).

[4] *Sonnenschein* PiG 49 (1996), 9.

*Kündigungsschutz für Mietverhältnisse über Wohnraum"* v. 25.11.1971[5] wurde dem Vermieter damals ein Anspruch auf Zustimmung zu einer Mieterhöhung eingeräumt.[6] Das Gesetz schuf das **Konstrukt der ortsüblichen Vergleichsmiete**[7] in seiner heutigen Form.[8] Die zunächst nur befristet geltenden Regelungen wurden später zeitlich unbefristet im *„Gesetz zur Regelung der Miethöhe"*,[9] das Teil des 2. WKSchG war, außerhalb des BGB zusammengefasst. Durch das MietRRefG wurden die Regelungen über die Erhöhung der Miete bei Bestandsmietverhältnissen ins BGB aufgenommen. Durch das „Gesetz über die energetische Modernisierung von vermietetem Wohnraum und über die vereinfachte Durchsetzung von Räumungstiteln" (MietRÄndG)[10] v. 11.3.2013 wurden die Vorschriften erstmals modifiziert. Das betraf vor allem die Entflechtung des Duldungsanspruchs und die anschließende Mieterhöhung nach einer Modernisierungsmaßnahme. Durch das Mietrechtsanpassungsgesetz v. 18.12.2018[11] wurden die Regelungen über die Mieterhöhung nach Modernisierungsmaßnahmen nochmals angepasst. Es wurde der Umlagesatz von 11% auf 8% abgesenkt und es wurde eine spezielle Kappungsgrenze von 3 EUR/m² bzw. 2 EUR/m² eingeführt. Neu geschaffen wurde ein sog. „vereinfachtes Verfahren" und ein OWi-Tatbestand[12] des Hinausmodernisierens sowie eine Beweislastnorm für Schadensersatzansprüche. Durch das Gesetz über die Verlängerung des Betrachtungszeitraums für die ortsübliche Vergleichsmiete[13] wurde der sog. **Betrachtungszeitraum,** aus dem Neuvermietungsmieten oder veränderte Bestandsmieten für die Ermittlung der ortsüblichen Vergleichsmiete herangezogen werden müssen, von 4 auf 6 Jahre verlängert.[14] Der veränderte Begriff der ortsüblichen Vergleichsmiete gilt auch bei der Beschränkung der Wiedervermietungsmiete. Die Regelungen sind zwar am 1.1.2020 in Kraft getreten, jedoch bestimmt Art. 229 § 50 EGBGB, dass der vierjährige Betrachtungszeitraum dann weiter in einer Gemeinde maßgeblich ist, wenn in der Gemeinde ein Mietspiegel existiert, der entweder am 31.12.2019 bereits gültig war oder bis zum 1.1.2021 veröffentlicht wurde, wenn der Erhebungsstichtag für die Daten vor dem 1.3.2020 lag. Dies gilt bis 2 Jahre nach Veröffentlichung des Mietspiegels.[15]

## II. Begrenzung der Wiedervermietungsmiete

2 Bis zum Jahr 2015 betrafen die Mietpreisregelungen des MHG und des BGB **nur Bestandsmieterhöhungen.** Allenfalls über die Ahndungsvorschriften der § 5 WiStG, § 291 StGB iVm § 134 BGB konnte auch eine Neuvertragsmiete der Höhe nach teilweise unwirksam sein. Durch das Mietrechtsnovellierungsgesetz v. 21.4.2015[16] hat der Gesetzgeber erstmals in der Nachkriegsgeschichte auch eine Begrenzung der Wiedervermietungsmiete in den §§ 556d–556g BGB eingeführt.[17] Auswirkungen hat dies auch bei Staffel- und Indexmieten, die jeweils unterschiedlich

---

[5] BGBl. I 1839.

[6] BGH VIII ZR 52/18, WuM 2018, 771; *Börstinghaus,* LMK 2018, 412413; BGH VIII ZR 303/06, NJW 2007, 2546.

[7] *Derleder* FS Blank, 2006, 673 (674) hat dies als die einzige „geniale Idee des Wohnraummietrechts" bezeichnet.

[8] Zu den diversen Vorgängerregelungen *Börstinghaus* Miethöhe-HdB Kap. 1 Rn. 2–40.

[9] BGBl. 1974 I 3603.

[10] BGBl. I 434; BT-Drs. 17/10485; dazu *Börstinghaus/Eisenschmid* Arbeitskommentar MietRÄnderungsG.

[11] BGBl. I 2648; dazu *Artz/Börstinghaus* NZM 2019, 12; *Selk* NJW 2019, 329; *Lützenkirchen* MietRB 2019, 86; *Börstinghaus* ZAP Fach 4, 1777; *Wichert* ZMR 2019, 245.

[12] *Blank* NZM 2019, 73; *Börstinghaus/Krumm* NZM 2018, 633.

[13] BGBl 2019, 2911.

[14] Die Auswirkungen der Verlängerung des Betrachtungszeitraums werden durchaus unterschiedlich bewertet: während *Jacobi,* Auswirkungen einer Änderung des Bezugszeitraums im Mietspiegel auf das Niveau der ortsüblichen Vergleichsmiete – das Beispiel Stuttgart, Zeitschrift des Verbandes Deutscher Städtestatistiker 1/2018, 70 in einer Untersuchung auf der Basis der Daten des Jahres 2016 zu einer Absenkung der ortsüblichen Vergleichsmiete um 0,9% (von 8,95 €/m² auf 8,81 €/m² durchschnittlich kommt, kommt *Wölfle* in Francke/Rehkugler/Raffelhüschen/Wölfle, Immobilienmärkte und Immobilienbewertung, 3. Aufl., S. 136 zu einem Absinken der ortsüblichen Vergleichsmiete für 15 Städte zwischen ca. 0,02 €/m² und 0,73 €/m² (für Stuttgart zwischen 0,34 €/m² und 0,53 €/m²). Datengrundlage sind hier aber Angebotsmieten aus der ivd-Mietpreisdatenbank für 2016.

[15] *Krit. dazu Börstinghaus* NZM 2019, 841; *Klinger/Storm* DWW 2020, 4; *Horst* MDR 2020, 253.

[16] BGBl. I 610.

[17] *Börstinghaus* NJW 2015, 1553; *Schuldt,* Mietpreisbremse – Eine juristische u. ökonomische Untersuchung der Preisregulierung für preisfreien Wohnraum, 2017; *Gustorff* Mietpreisbremse und Bestellerprinzip, 2021.

begrenzt werden. In den Anwendungsbereich der Vorschrift fallende Wohnungen dürfen danach grds. nicht zu einer höheren Miete als 10% über der ortsüblichen Vergleichsmiete vermietet werden. Ausnahmen gelten für Neubauten und modernisierte Wohnungen. Außerdem darf eine zulässig vereinbarte Vormiete, § 556e Abs. 1 BGB, weiter vereinbart werden. Voraussetzung für diese Begrenzung ist ein örtlich vorliegender angespannter Wohnungsmarkt und die Aufnahme der Gemeinde in eine entsprechende Landesverordnung. Eine Gemeinde durfte ursprünglich für maximal fünf Jahre in eine solche Verordnung aufgenommen werden. Aufgrund des Gesetzes zur Verlängerung und Verbesserung der Regelungen über die zulässige Miethöhe bei Mietbeginn v. 19.3.2020[18] wurde die Höchstfrist dahingehend modifiziert, dass zwar jede Gemeinde für maximal fünf Jahre in die Verordnung aufgenommen werden darf, dass dies aber jeweils gilt, so dass Kettenverordnungen möglich sind. Die Verordnung muss spätestens mit Ablauf des 31.12.2025 außer Kraft treten Durch das Mietrechtsanpassungsgesetz v. 18.12.2018[19] wurde eine Informationsobliegenheit für den Vermieter eingeführt. Der Vermieter muss bei Mietverträgen, die ab dem 1.1.2019 abgeschlossen wurden, die Tatsachen, aus denen sich die Überschreitung der ortsüblichen Vergleichsmiete um mehr als 10% ergibt, bereits im Mietvertrag angeben. Ferner ist das Erfordernis einer qualifizierten Rüge, für Mietverträge ab diesem Termin zumindest teilweise entfallen. Für Mietverträge, die ab 1.4.2020 abgeschlossen wurden, wurde durch das Gesetz zur Verlängerung und Verbesserung der Regelungen über die zulässige Miethöhe bei Mietbeginn v. 19.3.2020.[20]

Im Anwendungsbereich der § 558ff. BGB ist iÜ ein Rückgriff auf die Grundsätze des **Wegfalls** 3 **der Geschäftsgrundlage** gem. § 313 BGB regelmäßig ausgeschlossen.[21] Etwas anderes kann bei der Angabe falscher Tatsachen in einem Erhöhungsverlangen gelten[22], wenn der Mieter hierdurch einer Mieterhöhung zustimmt, die mehr als 10% oberhalb des Wertes liegt, auf den der Vermieter auch bei richtiger Angabe der Tatsachen maximal einen Anspruch gehabt hätte.

### III. Zusammenfassende Bewertung

Die Geschichte des Miethöherechts[23] in den letzten gut einhundert Jahren ähnelt in weiten 4 Phasen der **Quadratur des Kreises.**[24] Selbst in den Zeiten, in denen der Vertragsfreiheit auch im Mietrecht eine etwas größere Bedeutung zukam, hat der Gesetzgeber nach dem Motto: „So viele Beschränkungen wie möglich und so viel Freiheit wie nötig" gehandelt.[25] Dem Markt wurde dabei eher misstraut, als dass ihm die Lösung der Probleme zugetraut wurde. Mit Ausnahme der Zeiten akuter Wohnungsnot während und nach den Kriegen, in denen Ausnahmeregelungen zur Aufrechterhaltung der öffentlichen Ordnung geboten waren[26], hat der Gesetzgeber zu Unrecht[27] häufig mehr oder weniger deutlich einer Mietpreisbindung das Wort geredet. Die Begrenzung der Wiedervermietungsmiete in den §§ 556d ff. BGB ist ein trauriges Beispiel hierfür. Auch die Aufstellung von Mietspiegeln zeigt, dass die Politik dem Markt für Wohnungen keine Chance lässt. In vielen Gemeinden wird über die Mietspiegelaufstellung **„Mietspiegelpolitik"** betrieben.[28] Es sollen Mieten „festgeschrieben" werden, ohne dass der Markt eine Chance

---

[18] BGBl 2020, 540.

[19] BGBl. I 2648; dazu *Artz/Börstinghaus* NZM 2019, 12; *Lützenkirchen* MietRB 2019, 86; *Börstinghaus* ZAP Fach 4, 1777; *Wichert* ZMR 2019, 245.

[20] BGBl 2020, 540.

[21] BGH VIII ZR 266/14, NJW 2016, 239 mAnm *Börstinghaus* LMK 2016, 375498; *Heix* WuM 2016, 263; ebenso *Hirsch* ZMR 2007, 1 (5); *Schröder* ZMR 2015, 823; **aA** AG Hamburg- Harburg ZMR 2015 865 (866).

[22] BGH VIII ZR 234/18, NZM 2020, 322; BGH VIII ZR 192/03, NJW 2004, 3115 = NZM 2004, 699; BGH VIII ZR 234/18, NZM 2020, 322.

[23] Eine Synopse der unterschiedlichen Gesetzesfassungen des § 2 MHG bzw. §§ 558ff. BGB befindet sich bei *Börstinghaus* Miethöhe-HdB Kap. 1 Rn. 52.

[24] *Bub* NJW 1993, 2897 sprach damals von „Flickschusterei"; *Herrlein* NJW 2017, 711 (715) vom „Hüh und Hott im Mieterschutz".

[25] Nach *Herrlein* NZM 2016, 1 (9) zeigten die bisherigen Regelungen „aber eine gewisse Ideenlosigkeit des Gesetzgebers".

[26] *Börstinghaus* Miethöhe-HdB Kap. 1.

[27] *Herrlein* NZM 2016, 1 (8) weist unter Hinweis auf historische Daten nach, dass die durchschnittliche Mietbelastung zu Beginn des 20. Jahrhunderts bei ca. 15% lag und inzwischen auf ca. 23–60% gestiegen ist.

[28] Dies wird bereits von *Eckhoff,* „Zur Kontroverse um die ökonomischen Auswirkungen des 2. WoBauG", Zeitschrift für die gesamte Staatswissenschaft, Bd. 137, 62 (70) beklagt.

hat, sich zu entwickeln. Durch die Einführung des qualifizierten Mietspiegels und die **faktische und rechtliche Bindungswirkung** der dort ausgewiesenen Beträge, wird dieser Missbrauch auch in Zukunft wahrscheinlich weiter um sich greifen. Nicht ohne Grund hat sich der Deutsche Mieterbund für die Einführung dieses Instruments stark ausgesprochen. Erstaunlich ist dabei eigentlich, mit welcher Überraschung dann Politik und Gesetzgebung reagieren, wenn der fehlende Markt auf der anderen Seite zur Konsequenz hat, dass trotz Nachfrage keine neuen Angebote entstehen. Kurzfristige oder lokale Probleme führen dann zu neuen gesetzlichen Regelungen, die teilweise zunächst befristet eingeführt werden[29], aber häufig schnell in ein Dauerrecht münden. So entsteht dann ein **„Flickenteppich“**[30] von Regelungen, bei dem die große Linie schon lange verloren gegangen ist. Das MietRRefG hat zumindest im Bereich des Miethöherechts faktisch nichts verändert. Der heute häufig anzutreffende Versuch, **jeden Einzelfall im Gesetz zu regeln** und auszudifferenzieren, ist eher der falsche Weg.[31] Dabei soll nicht verkannt werden, dass die Justiz besser mit Generalklauseln leben kann als die Vertragsparteien. Für diese ist die Prognostizierbarkeit gerichtlicher Entscheidungen wichtig. Gerade diese Prognostizierbarkeit führt dazu, dass Auseinandersetzungen über die Miethöhe bisher noch zu über 97% außergerichtlich[32] erledigt werden. Aber man sollte sich **nicht dem Irrtum hingeben,** dass immer mehr Regelungen für jeden Einzelfall tatsächlich zu einer besseren Prognostizierbarkeit der Einzelfallentscheidungen führen. Neue Regelungen haben bisher immer mehr neue Probleme gebracht als alte Probleme gelöst. Letztendlich hängt die Qualität eines Gesetzes vor allem von seiner **Akzeptanz** ab. Und diese Akzeptanz hatte das Vergleichsmietensystem in den mehr als 50 Jahren seiner Geltung durchaus erreicht. Ob das so uneingeschränkt weiter gilt, bleibt aufgrund der Einführung der Begrenzung von Wiedervermietungsmieten und deren Auswirkungen auf das Vermieterverhalten abzuwarten. Das System der ortsüblichen Vergleichsmiete hat nämlich deshalb in der Vergangenheit im Wesentlichen ohne größere Auseinandersetzungen funktioniert, weil Mieter und Vermieter es akzeptiert haben. Dabei nahmen die Vermieter die Beschränkung der Erhöhung der Miete im Bestand deshalb hin, weil sie bei der Neuvermietung keinerlei Beschränkungen unterfielen und hier noch ein Markt existierte. Hier konnten sie evtl. eine Miete durchsetzen, die dann lange Zeit unverändert blieb. Letzteres war dann letztendlich wiederum im Interesse der Mieter. Die Begrenzung von Wiedervermietungsmieten hat bereits in den Gemeinden, in denen sie gilt, dazu geführt, dass es zu mehr Mieterhöhungen im Bestand gekommen ist, weil nur so Einfluss auf die Wiedermietungsmiete genommen werden kann.

## B. Zweck der Vorschriften

5 Die letztendlich seit 1971, wenn auch in immer wieder veränderter Form, geltenden Regelungen über Mieterhöhungen bis zur ortsüblichen Vergleichsmiete müssen vor allem unter **verfassungsrechtlichen Gesichtspunkten** gesehen werden.[33] Bei den Bestimmungen der §§ 557ff. BGB sowie den ehemaligen Vorschriften des MHG und seinen Vorgängervorschriften handelt es sich um Regelungen iSd Art. 14 Abs. 1 S. 2 GG, also um Bestimmungen, die den Inhalt und die Schranken des Eigentums regeln. Dabei war es Aufgabe des Gesetzgebers, ein Sozialmodell zu verwirklichen, dessen normative Elemente sich einerseits aus der grundgesetzlichen Anerkennung des Privateigentums durch Art. 14 Abs. 1 S. 1 GG und andererseits aus der Sozialpflichtigkeit des Eigentums ergeben.[34] Es stehen sich dabei im Mietrecht zwei Positionen diametral gegenüber: Dem Vermieter als Eigentümer der Wohnung steht die grundsätzliche Verfügungsbefugnis[35] über die Wohnung zu, die er vom Ansatz her völlig privatnützig ausüben darf. Die Eigentumsgarantie soll dem

[29] So zuletzt durch die Begrenzung der Neuvertragsmiete in angespannten Wohnungsmärkten BGBl. I 610, und im Jahre 2013 die Einführung der Möglichkeit für einzelne Gemeinden die Kappungsgrenze auf 15% durch Landesverordnung herabzusetzen, durch das MietRÄndG 2013, BGBl. 2013 I 434.

[30] So die Formulierung von *Beuermann* Miete § 1 Rn. 9.

[31] Nach *Herrlein* NZM 2016, 1 (9) waren die Regelungen der letzten „99 Jahre einigermaßen wirkungslos“.

[32] Institut für Stadtforschung und Strukturpolitik (IfS), Auswirkungen mietrechtlicher Regelungen auf die Mietenentwicklung und die Wohnungsversorgung, Dezember 1996, S. 42.

[33] Nach *Herrlein* NJW 2017, 711 (716) berühren die Miethöhevorschriften „die verfassungsrechtlich schwierige und letztlich politischer Beliebigkeit ausgelieferte Frage, wieviel vermögensmäßige Einschränkung ein Vermieter aufgrund der Gemeinwohlbindung hinnehmen muss“.

[34] BVerfGE 25, 112 (117).

[35] BVerfGE 31, 229 (240) mwN.

Grundrechtsträger einen Freiraum im vermögensrechtlichen Bereich erhalten und dem Einzelnen damit die Entfaltung und eigenverantwortliche Gestaltung seines Lebens ermöglichen.[36] Dem steht der Bedarf des Mieters an Wohnraum entgegen. Die Wohnung ist für jedermann Mittelpunkt seiner privaten Existenz. Der Einzelne ist auf ihren Gebrauch zur Befriedigung elementarer Lebensbedürfnisse sowie zur Freiheitssicherung und Entfaltung seiner Persönlichkeit angewiesen. Der Großteil der Bevölkerung kann zur Deckung seines Wohnbedarfs jedoch nicht auf Eigentum zurückgreifen, sondern ist gezwungen, Wohnraum zu mieten. Ob das Besitzrecht des Mieters tatsächlich Funktionen erfüllt, wie sie typischerweise dem Sacheigentum zukommen, kann dahinstehen,[37] da es für die hier interessierenden Fragen bedeutungslos ist.[38] Zumindest hat der Gesetzgeber dieser Bedeutung der Wohnung mit der Ausgestaltung des sozialen Mietrechts aber auch des sachenrechtlichen Besitzrechts Rechnung getragen. Verfassungsrechtlich ist dies Ausdruck der **Sozialpflichtigkeit des Eigentums.** Sein Gebrauch soll nämlich „zugleich dem Wohle der Allgemeinheit dienen". Vorausgesetzt ist hierbei, dass das Eigentumsobjekt in einem sozialen Bezug und einer sozialen Funktion steht. Dieses Postulat einer am Gemeinwohl orientierten Nutzung umfasst auch das Gebot der Rücksichtnahme auf die Belange des Mieters. Wegen dieses Interessenwiderstreits ist es Aufgabe des Gesetzgebers gewesen und wird es auch in der Zukunft sein, den verfassungsrechtlich garantierten Anspruch auf Freiheit[39] und dem Gebot einer sozialgerechten Eigentumsordnung in gleicher Weise Rechnung zu tragen und die schutzwürdigen Interessen aller Beteiligten in einen gerechten Ausgleich und ein ausgewogenes Verhältnis zu bringen.[40] Abstrakte Eckpunkte dieser Abwägung sind auf der einen Seite der Grundsatz, dass Art. 14 GG keine die soziale Funktion eines Eigentumsobjektes missachtende Nutzung schützt, und auf der anderen Seite rechtfertigt Art. 14 Abs. 2 GG keine übermäßige, durch die soziale Funktion nicht gebotene Begrenzung privatrechtlicher Befugnisse. Schwierig ist die Abwägung im Einzelfall, die immer einen politischen Kompromiss darstellen wird, der innerhalb der verfassungsrechtlich vorgegebenen Eckpunkte liegen muss. Ein solcher Kompromiss muss nach der Rspr. des BVerfG[41] sowohl die Belange des Mieters als auch die des Vermieters in gleicher Weise berücksichtigen, wobei beide Interessen nicht zu jeder Zeit und in jedem Zusammenhang dasselbe Gewicht haben müssen. Eine einseitige Bevorzugung oder Benachteiligung steht jedoch mit den verfassungsrechtlichen Vorstellungen eines sozialgebundenen Privateigentums nicht in Einklang.

Vor diesem verfassungsrechtlichen Hintergrund[42] musste der Gesetzgeber dem Vermieter als 6
**Kompensation**[43] **für das Verbot der Änderungskündigung** in § 573 Abs. 2 Nr. 3 BGB[44] ein rechtsstaatliches Verfahren zur Erhöhung der Miete zur Verfügung stellen.[45] Dies Verfahren sollte und musste zusätzlich nicht investitionshemmend wirken, da der Wohnungsbedarf in der Bundesrepublik nur durch die private Bautätigkeit gedeckt werden kann. Gerade private Bauträger reagieren aber äußerst empfindlich auf formelle und materielle Beschränkungen ihrer Rechtsposition. Auch wenn die Auswirkungen mietrechtlicher Regelungen auf die Mietenentwicklung und die Wohnungsversorgung nur schwer nachzuweisen sind,[46] so kann sicher nicht geleugnet werden, dass neben den Renditeerwartungen auch das durch Gesetzgebung und Rspr. geprägte Gesamtklima zwischen Vermieter und Mieter für die Entscheidung, Mietwohnungsbau zu betreiben oder nicht eine wesentliche Rolle spielt. Dabei kommt dem Miet- und insbes. auch dem Miethöherecht eine große Signalwirkung zu.

---

[36] BVerfGE 83, 201 (208f.); 89, 1ff.

[37] So BVerfGE 89, 1 mkritAnm *Depenheuer* NJW 1993, 2561; *Derleder* WuM 1993, 514; *Emmerich* DWW 1993, 313; *Finger* ZMR 1993, 545; *Roellecke* JZ 1995, 74; *Rogosch* DRiZ 1994, 342; *Rüthers* NJW 1993, 2587; *Schmidt-Preuß* NJW 1995, 27; *Sendler* NJW 1994, 709; *Sternel* MDR 1993, 728; *Thews* NVwZ 1995, 224.

[38] Bedeutung hat dies für die Frage, ob der Mieter einen Grundrechtsverstoß des Art. 14 GG rügen kann.

[39] BVerfGE 24, 367 (389); 31, 229 (239).

[40] BVerfGE 25, 112 (117f.); 37, 132.

[41] BVerfGE 37, 132.

[42] *Herrlein* NJW 2017, 711, 716.

[43] *Weitemeyer* NZM 2000, 313, 315; AK-BGB/*Derleder* MHRG Vor Rn. 1.

[44] Str. ist, ob dies Verbot auch für die Kündigung von Einliegerwohnungen gem. § 573a BGB gilt: dafür LG Mainz MietRB 2014, 5; **aA** *Reichert* MietRB 2014, 19 mwN.

[45] BGH VIII ZR 303/06, NJW 2007, 2546.

[46] Krit. Institut für Stadtforschung und Strukturpolitik (IfS), Auswirkungen mietrechtlicher Regelungen auf die Mietenentwicklung und die Wohnungsversorgung, 1996.

7 Je nach politischem Standort wurden in der Vergangenheit die Regelungen des alten MHG als ungerechtfertigte Einschränkung der Vertragsfreiheit des Vermieters[47] oder als nicht ausreichende Schutzvorschriften zugunsten des Mieters[48] kritisiert. Richtig dürfte auch nach den Mietrechtsreformen aus den Jahren 2001, 2013, 2015, 2018, 2019, 2020 und 2021 sein, dass insbes. dort, wo staatliche Eingriffe oder Subventionen erfolgen, das **Miethöherecht als Teil der sozialen Marktwirtschaft** nicht funktioniert. So wohnen in den Ballungsgebieten häufig die Besserverdienenden weiterhin in Sozialwohnungen oder preiswerten, gut ausgestatteten Altbauwohnungen, während in den teuren Neubauwohnungen überproportional viele Sozialhilfeempfänger wohnen. Ältere alleinstehende Personen ziehen aus ihren zu großen Wohnungen nicht in kleine Wohnungen um, so dass Familien mit Kindern in die größere Wohnung ziehen können, weil die Bestandsmiete für die größere Wohnung preiswerter als die Neuvertragsmiete für die kleinere Wohnung ist. Solche durchaus vorkommenden Ungleichgewichte sind aber weniger eine Folge des Miethöherechts als vielmehr staatlicher Fehlsubventionierung. Im Übrigen ließ sich bisher nicht nachweisen, ob Vermieter tatsächlich bei einem anderen Mietrecht mehr oder weniger investiert hätten, als sie es bei dem bestehenden Mietrecht getan haben.[49] Gerade Vermieter, die die rechtliche Begrenzung der Miethöhe als größte Behinderung ansehen, sind nachgewiesener Maßen bei Investitionen vor allem in Form von Modernisierungen besonders aktiv.[50] Das Miethöherecht als **Tummelplatz widerstreitender ideologischer und wirtschaftlicher Interessen**[51] wird auch in der Zukunft mit Kritik von allen Seiten leben müssen. Der Gesetzesanwender muss sich jedoch klar machen, dass die Vorschriften der §§ 557–561 BGB auf einer verfassungsrechtlichen Grundentscheidung beruhen. Danach sollen die beteiligten Interessen ausgewogen berücksichtigt werden. Auch wenn die §§ 557–561 BGB als Teil des sozialen Mietrechts[52] durchaus mieterschützende Funktion haben, stellen sie ebenso einen **verfassungsrechtlich gebotenen Ausgleich für das Verbot der Änderungskündigung** dar.[53] Auch dies ist bei der Auslegung des Gesetzes zu berücksichtigen. Weder schrankenlose Mieterhöhungen im Bestand noch ein faktischer Mietpreisstopp durch den Aufbau formeller Hürden entsprechen dem Gesetzeszweck. Auch wenn das Gesetz in seiner konkreten Anwendung sich an die Parteien eines einzelnen Mietvertrages wendet, so darf nicht übersehen werden, dass dem Gesetz gerade durch seine Anknüpfung an die in anderen Mietverhältnissen gezahlten Entgelte bei der Definition der ortsüblichen Vergleichsmiete auch eine gesamtwohnungswirtschaftliche Bedeutung zukommt. Dadurch, dass die Ansprüche des Einzelnen ua davon abhängen, was andere tun bzw. getan haben, wird die Entscheidung des Einzelnen stark relativiert. Letztendlich geht hiervon ein starker Nivellierungseffekt aus. Extreme in beiden Richtungen werden ausgeglichen.

8 Die Zielrichtung der Vorschriften, einen Ausgleich zwischen dem Interesse des Vermieters, eine möglichst hohe Miete erzielen zu können und dem Interesse des Mieters, nur die einmal vereinbarte Miete möglichst lange unverändert zahlen zu müssen, hat der Gesetzgeber vor allem durch das **Konstrukt der ortsüblichen Vergleichsmiete** verwirklicht.[54] Der Gesetzgeber wollte durch das Vergleichsmietensystem Mieterhöhungen in bestehenden Mietverhältnissen auf die ortsüblichen Entgelte für vergleichbare Wohnungen in der Gemeinde begrenzen.[55] Dem Vermieter sollte gerade kein Anspruch auf die Miete eingeräumt werden, die er für den Fall der Neuvermietung erzielen könnte. Wenn der Gesetzgeber dies gewollt hätte, dann hätte er das System der Änderungskündigung nur beibehalten müssen. In einem solchen System bildet sich eine einheitliche „Marktmiete" für Bestands- und Neuvertragsmieten heraus. Weil der Gesetzgeber aber zum einen Miet-

---

[47] *Honsell* AcP 1986, 116 ff.

[48] *Derleder* WuM 1987, 171.

[49] Krit. Institut für Stadtforschung und Strukturpolitik (IfS), Auswirkungen mietrechtlicher Regelungen auf die Mietenentwicklung und die Wohnungsversorgung, 1996.

[50] Krit. Institut für Stadtforschung und Strukturpolitik (IfS), Auswirkungen mietrechtlicher Regelungen auf die Mietenentwicklung und die Wohnungsversorgung, 1996.

[51] *Börstinghaus* WuM-Beil. 12/1998, 3.

[52] *Weitemeyer* NZM 2000, 313 spricht davon, dass das Miethöherecht eine der beiden Pfeiler des sozialen Mietrechts sei, neben dem Kündigungsschutz; nach BR-Drs. 22/21, 1 ist das Vergleichsmietensystem „das Aushängeschild des sozialen Mietrechts".

[53] BGH VIII ZR 52/18 WuM 2018, 771; *Börstinghaus* LMK 2018, 412413; BGH VIII ZR 303/06, NJW *2007, 2546.*

[54] Zu dem Begriff *Börstinghaus* FS Seuss, 1987, 47; *Börstinghaus* Miethöhe-HdB Kap. 5 Rn. 31 ff.; *Blank* ZMR 2013, 170.

[55] BVerfGE 14, 248.

erhöhungen im Bestand beschränken wollte und zum anderen damit mittelbar zB über § 5 WiStG auch Einfluss auf die Neuvertragsmieten nehmen wollte, musste er für allgemeine Mieterhöhungen eine Größe definieren, die unterhalb der Marktmiete liegt aber auch dem verfassungsrechtlichen Anspruch des Vermieters aus Art. 14 GG gerecht wurde. Aus diesem Zielkonflikt entstand das Konstrukt der ortsüblichen Vergleichsmiete, in die zunächst alle Mieten für vergleichbaren Wohnraum innerhalb einer Gemeinde einflossen und seit 1982 nur noch die vermeintlich aktuellen Mietvereinbarungen aus den letzten drei bzw. seit 1993 vier Jahren.

Das BGB differenziert zwischen Vereinbarungen, die entweder bereits bei Abschluss des Mietvertrages in Bezug auf zukünftige Mieterhöhungen getroffen werden und solchen, die später, also im laufenden Mietverhältnis in Bezug auf eine Mieterhöhung getroffen werden. Zukünftige Mieterhöhungen können die Vertragsparteien in Form einer Staffelmietvereinbarung gem. § 557a BGB oder einer Indexmietvereinbarung gem. § 557b BGB vereinbaren. Einzelne Mieterhöhungen während des Bestandes sind möglich auf das allgemeine Mietenniveau der ortsüblichen Vergleichsmiete, §§ 558ff. BGB, nach einer Modernisierung, §§ 559ff. BGB und in beschränktem Rahmen auch bei Anstieg der Betriebskosten, § 560 BGB. Ausgehend vom Zweck der Vorschriften, dem Vermieter einen Ausgleich für den Ausschluss des Kündigungsrechts zum Zwecke der Mieterhöhung zu gewähren[56], enthält das Gesetz ausschließlich **Beschränkungen für Mieterhöhungen während des Bestandes** eines Mietvertrages. Das Gesetz setzt demgemäß konsequenterweise den Bestand eines Wohnraumverhältnisses voraus. **Vereinbarungen aus Anlass des Abschlusses** des Mietvertrages oder über zukünftige Mieterhöhungen werden grds. von den §§ 557–561 BGB höhenmäßig nicht beschränkt. Das Gesetz ging hier bisher formal von einer Gleichwertigkeit der Vertragspartner aus. Der Mieter sollte die Möglichkeit haben, durch Verhandlungen seine Interessen ebenso durchzusetzen wie der Vermieter. Aus der sich aus der Privatautonomie ergebenden Abschlussfreiheit steht es dem Mieter frei, den Mietvertrag zu den ausgehandelten Bedingungen abzuschließen oder nicht. Dass dieser Ansatz letztendlich nur bei einem ausgeglichenen Wohnungsmarkt funktioniert, hat den Gesetzgeber veranlasst, im neuen Unterkapitel 1a auch eine Beschränkung der Wiedervermietungsmieten in Gebieten mit angespanntem Wohnungsmarkt einzuführen. Die Vorschriften der §§ 557–561 BGB können zur **Begrenzung der Neuvertragsmiete** nicht herangezogen werden[57], auch wenn § 556d Abs. 1 BGB auf den Begriff der ortsüblichen Vergleichsmiete gem. § 558 Abs. 2 BGB Bezug nimmt. Im Übrigen stellt die Vorschrift des Sozialwuchers in § 5 WiStG zumindest theoretisch iVm § 134 BGB eine Grenze im Interesse des Schutzes des ganzen Wohnungsmarktes dar, ohne dass es hierbei auf die Übervorteilung des Einzelnen ankommt. Auf Grund der Subjektivierung der Tatbestandsmerkmale des § 5 WiStG durch den BGH[58] spielt die Vorschrift in der Praxis so gut wie keine Rolle mehr. Nur in äußerst seltenen und extremen Ausnahmefällen kann der Mietvertrag allein wegen der Höhe der Miete (→ BGB Anh. § 535 Rn. 91ff.)[59] oder auf Grund der prozentualen Steigerung[60] wegen Verstoßes gegen § 138 BGB nichtig sein. Soweit von der Rspr. für andere Vertragsformen wie Kreditgeschäfte[61] und Bürgschaften[62] strenge Maßstäbe zur Feststellung der Sittenwidrigkeit insbes. auch in den Fällen der Ausnutzung der wirtschaftlichen Unerfahrenheit von nahen Angehörigen aufgestellt wurden, so sind diese Regeln auf Miethöhevereinbarungen kaum übertragbar. Selbst unerfahrene Mieter handeln im eigenen Interesse. 9

Entsprechend dem **Zweck der Regelungen,** abschließende Bestimmungen für Mieterhöhungen während des Bestandes eines Wohnraummietvertrages zu treffen, mussten in dem Kapitel auch Regelungen über die vertragliche Gestaltungsmöglichkeit bei Vertragsabschluss enthalten sein. Erfasst werden deshalb alle Vereinbarungen bei Abschluss des Mietvertrages, die Regelungen für 10

[56] BGH VIII ZR 52/18 WuM 2018,771; *Börstinghaus* LMK 2018, 412413; BGH VIII ZR 303/06, NJW 2007, 2546.

[57] Deshalb hat der Mieter auch gem. § 558 BGB keinen Anspruch auf Herabsetzung der Miete, AG Erlangen DWW 1999, 185; rechtspolitische Bedenken diesbezüglich hat *Heinz* GuT 2006, 111 (115).

[58] BGH VIII ZR 190/03, NJW 2004, 1740; BGH VIII ZR 44/04, NJW 2005, 471; BGH VIII ZR 56/04, NZM 2006, 291; *Langenberg* FS Blank, 2006, 291.

[59] LG Duisburg MDR 1963, 54 Überschreitung von 350%; *Keller,* Zivilrechtliche Mietpreiskontrolle, 1996, 23ff.

[60] LG Duisburg ZMR 1994, 17.

[61] BGH NJW 1990, 1595; NJW 1988, 1661; NJW 1988, 818; NJW 1988, 696; NJW 1987, 83; NJW 1982, 2433; NJW 1981, 1206.

[62] BGH NJW 1999, 135; NJW 1997, 1005; NJW 1997, 940; WM 1997, 511; NJW-RR 1996, 813; NJW 1996, 513; NJW 1994, 1341; NJW 1992, 896; NJW 1991, 2015.

spätere Mieterhöhungen enthalten. So sind Vereinbarungen unwirksam, die während des Bestandes des Mietvertrages Mieterhöhungen abw. von den Bestimmungen dies Kapitel gestatten, soweit diese Abweichungen zu Lasten des Mieters erfolgen. Auf der anderen Seite gestattet das Gesetz in bestimmten engen Grenzen Vereinbarungen über zukünftige Mieterhöhungen in Form der Staffelmiete oder der Indexmiete.

## C. Anwendungsbereich der Vorschriften

### I. Allgemeines

11 Der Anwendungsbereich der Miethöhevorschriften des BGB wird im Gesetz an verschiedenen Stellen geregelt:

1. Der sachliche Anwendungsbereich ergibt sich zunächst aus der Kapitelüberschrift vor § 549 BGB und auch aus § 549 Abs. 1 BGB. Die Vorschriften befinden sich im Kapitel über **Wohnraummietverhältnisse**[63] (s. die Kommentierung bei § 549 BGB). Die Vorschriften gelten grundsätzlich nicht für Gewerberaummietverträge. Eine Ausnahme stellen gem. § 578 Abs. 3 BGB[64] die Verträge über die Anmietung von Räumen durch eine juristische Person des öffentlichen Rechts oder einen anerkannten privaten Träger der Wohlfahrtspflege dar, die geschlossen werden, um die Räume Personen mit dringendem Wohnungsbedarf zum Wohnen zu überlassen. Auf diese Verträge sind §§ 557, 557a Abs. 1 bis 3 und 5, § 557b Abs. 1 bis 3 und 5, §§ 558 bis 559d, 561 BGB anzuwenden (→ BGB § 578 Rn. 19).
2. In § 549 Abs. 2 BGB ist dann bestimmt, dass für bestimmte Wohnraummietverhältnisse die §§ 557–561 BGB gerade nicht gelten sollen. Ausgenommen sind
   a) Mietverträge über Wohnraum, der nur zum vorübergehenden Gebrauch vermietet wurde
   b) Mietverträge über Räume, die Teil der Vermieterwohnung sind und vom Vermieter mit Möbeln auszustatten sind
   c) Mietverhältnisse über Wohnraum, der von der öffentlichen Hand oder privaten Trägern der Wohlfahrtspflege angemietet wurde, um ihn Personen mit dringendem Wohnbedarf zur Verfügung zu stellen.
3. Gemäß § 549 Abs. 3 BGB sind die Vorschriften über Mieterhöhungen auch nicht anzuwenden bei Wohnungen in Jugend- und Studentenwohnheimen.
4. Verdrängt werden die Vorschriften ferner dort, wo speziellere Miethöhevorschriften vorrangig sind, also insbes. dort, wo die Kostenmiete noch gesetzlich geschuldet wird. Das ist seit 1.9.2001 nicht mehr ausdrücklich im Gesetz geregelt (früher § 10 Abs. 3 Nr. 1 MHG), ergibt sich aber daraus, dass diese Preisbindungsvorschriften lex specialis sind (→ Rn. 34 ff.). Anwendbar sind die Vorschriften aber auf Wohnraum mit vereinbarter Förderung insbes. solche nach den Vorschriften des Wohnungsbauförderungsgesetzes[65] sowie in den Bundesländern, in denen die Kostenmiete abgeschafft wurde (→ Rn. 35).
5. Außerdem können die Parteien in engen Grenzen durch entsprechende Vereinbarungen, § 557 Abs. 3 BGB, selbst bestimmen, ob die Mieterhöhungsmöglichkeiten nach den §§ 558–560 BGB auf ein konkretes Mietverhältnis Anwendung finden oder nicht (→ BGB § 557 Rn. 44 ff.).

12 Für die in § 549 Abs. 2, 3 BGB aufgeführten Wohnungen gelten die Mieterhöhungsvorschriften des BGB deshalb nicht, weil hier das Verbot der **Änderungskündigung** zum Zwecke der Mieterhöhung gem. § 573 Abs. 1 BGB nicht gilt, so dass der Vermieter seine Vorstellungen von einer Mieterhöhung mit diesem Instrument durchsetzen kann. Bei § 549 Abs. 2, 3 BGB handelt es sich um **Ausnahmevorschriften,** die eng auszulegen sind.[66] Grundsätzlich unterfallen Wohnraummietverhältnisse den Schutzvorschriften des sozialen Mietrechts, wozu auch die Vorschriften der §§ 557–561 BGB gehören. Seit 1.9.2001 sind die gleichen Wohnungsbestände bei der Mieterhöhung und der Kündigung betroffen Dies ist dadurch geschehen, dass die früher verstreuten und

---

[63] Zum Begriff des Wohnens: *Weber* NZM 2018, 70.

[64] Eingefügt durch das MietAnpG v. 18.12.2018 BGBl I 2648; dazu *Artz/Börstinghaus* NZM 2019, 12; *Selk NJW 2019, 329; Börstinghaus* ZAP Fach 4, 1777; *Lützenkirchen* MietRB 2019, 86; *Wichert* ZMR 2019, 245; Zur Entstehung der Vorschrift und der Kritik daran *Häublein* FS Börstinghaus, 2020, 211; *Schultz* GE 2019, 230.

[65] Vom 13.9.2001 (BGBl. I 2376).

[66] BGH VIII ZR 92/11, NJW 2012, 2881 = NZM 2012, 606.

nicht ganz deckungsgleichen Vorschriften (§ 10 Abs. 3 MHG, § 564b Abs. 7, § 556a Abs. 8 BGB aF) einheitlich in § 549 BGB vor die Klammer gezogen wurden. Der Anwendungsbereich ist deshalb gleich zu ermitteln.

## II. Wohnraummietverträge

Das Miethöherecht des BGB als Teil des Wohnraummietrechts gilt nur für Wohnraummietverhältnisse. Es muss sich um einen **Mietvertrag** handeln. Ein Vertrag, durch den sich jemand verpflichtet, den Gebrauch einer Sache gegen Entrichtung eines **Entgelts** zu gewähren, kann sich rechtlich als Mietvertrag iSd § 535 BGB darstellen. Dies gilt auch dann, wenn das vereinbarte Entgelt sehr niedrig ist, denn die Miete braucht dem Mietwert der Sache nicht zu entsprechen, Vielmehr stellt auch ein weit unter der Marktmiete liegendes Entgelt für den Gebrauch einer Sache eine Miete dar.[67] Bei einer nahezu unentgeltlichen Überlassung von Wohnraum zu Wohnzwecken kann die Differenzierung, ob die Parteien einen Mietvertrag, einen Leihvertrag oder ein schuldrechtliches Nutzungsverhältnis sui generis gem. § 241 BGB abschließen oder nur ein bloßes Gefälligkeitsgeschäft vornehmen wollten, im Einzelfall schwierig sein. Zur Abgrenzung der verschiedenen rechtlichen Möglichkeiten ist nach Anlass und Zweck der Gebrauchsüberlassung und ggf. sonstigen erkennbar zutage getretenen Interessen der Parteien zu unterscheiden.[68] Dabei kann auch das nachträgliche Verhalten der Vertragsparteien zu berücksichtigen sein. Auch wenn es für die Qualifizierung als Mietvertrag nicht darauf ankommt, welche Art von Gegenleistung der Mieter zu erbringen hat, setzt die Anwendung der §§ 558 ff BGB voraus, dass die Gegenleistung in Geld zu leisten ist, da nichtmonetäre Gegenleistungen nicht nach § 558 BGB erhöht werden können.[69] 13

Die Miethöhevorschriften sind Teil des sog. *sozialen Mietrechts*[70], da die Wohnung der Mittelpunkt der Lebensinteressen ist und das Besitzrecht des Mieters an einer gemieteten Wohnung sogar Eigentum iSd Art. 14 Abs. 1 S. 1 GG darstellen soll.[71] Gerade bei Wohnraummietverhältnissen ist der **Widerstreit der Interessen** der Vertragspartner besonders groß. Dem **Bestandsinteresse** des Mieters steht häufig ein **Erlangungsinteresse** des Vermieters gegenüber. 14

**Wohnraummiete** liegt vor, wenn Räumlichkeiten nach dem Zweck der Vereinbarung entgeltlich zum Zwecke des privaten Aufenthalts und zur Befriedigung des Wohnbedürfnisses des Mieters oder seiner Angehöriger überlassen werden (→ BGB Vor § 535 Rn. 94 ff.).

Wichtigstes **Abgrenzungskriterium zum Gewerberaummietvertrag** ist, dass die Räumlichkeiten nach den Abreden vom Mieter selbst oder/und seinen Angehörigen[72] genutzt werden soll. Nur wenn diese Zweckbestimmung[73] gegeben ist, handelt es sich um einen Wohnraummietvertrag. Erfolgt die Vermietung zu Zwecken, die keinen unmittelbaren Wohnraumcharakter haben, ist hingegen allgemeines Mietrecht maßgebend.[74] Deshalb ist ein im Rahmen eines sog. Werkförderungsvertrags geschlossener Mietvertrag zwischen dem Darlehensgeber und dem Bauherrn über von diesem zu errichtende Wohnungen, die bestimmungsgemäß an die Bediensteten des Darlehensgebers untervermietet werden sollen, kein Wohnraummietvertrag, weil der vertragsgemäße Gebrauch durch den Mieter für die Vertragsteile gerade nicht im Wohnen, sondern im Weitervermieten liegt.[75] Ebenso hat der BGH[76] einen Mietvertrag, den die Bundesrepublik Deutschland mit 15

---

[67] BGH VIII ZR 276/16, NZM 2017, 729.

[68] BGH VIII ZR 276/16, NZM 2017, 729.

[69] *Lehmann-Richter* FS Börstinghaus, 2020, 305 (317), bei hybriden Gegenleistungen muss ggf. eine Umrechnung des nicht-monetären Mietanteils in eine fiktive Geldmiete erfolgen.

[70] Nach *Weitemeyer* NZM 2000, 313 handelt es sich bei den Miethöhevorschriften um eine der beiden Pfeiler des sozialen Mietrechts. Der andere ist der Kündigungsschutz. Nach BR-Drs. 22/21, 1 ist das Vergleichsmietensystem „das Aushängeschild des sozialen Mietrechts".

[71] BVerfG NJW 1993, 2035; so auch BGH VIII ZR 8/08, WuM 2009, 182.

[72] BGH XII ZR 125/18, BGHZ 223, 290 = NZM 2020, 54 = NJW 2020, 331; BGH VIII ZR 66/19, NZM 2021, 218; BGH VIII ZR 282/07, NJW 2008, 3361; BGH VIII ZR 376/13, BGHZ 202, 39; **aA** *Gregor* WuM 2008, 435 (438), Wohnraummiete schon und immer dann, wenn die Räumlichkeiten überhaupt zum Bewohnen durch irgendeine Person genutzt werden sollen, zB auch bei der Zwischenvermietung; insofern aber anders BGH NJW 1981, 1377; grdl. *Sonnenschein* FS Seuss, 1987, 253 (258).

[73] BGH NJW-RR 1986, 9; 1986, 877; OLG Frankfurt a. M. ZMR 2009, 198; OLG Düsseldorf NZM 2002, 739 (740); OLG Köln WuM 1996, 266.

[74] BGH VIII ZR 376/13, BGHZ 202, 39 = NJW 2014, 2864 Rn. 28.

[75] BGH VIII ZR 323/79, NJW 1981, 1377.

[76] BGH VIII ZR 86/84, BGHZ 94, 11 = NJW 1985, 1772.

dem Vermieter von Wohnungseigentum abgeschlossen hatte, um der ihr nach dem Nato-Truppenstatut und dem Zusatzabkommen zum Nato-Truppenstatut obliegenden Verpflichtung zur Deckung des Wohnraumbedarfs der US-Streitkräfte nachzukommen, nicht als Wohnraummietvertrag angesehen. Auch der Mietvertrag mit einer GmbH ist deshalb selbst dann kein Wohnraummietvertrag, wenn der Vertragszweck die Überlassung der Wohnung an einen Mitarbeiter ist.[77] Auch die Anmietung von acht Wohnungen durch eine natürliche Person spricht gegen eine Nutzung zu Wohnzwecken.[78]

16 Die Vorschriften der §§ 557–561 BGB sind auch auf **Mischmietverhältnisse** (→ BGB Vor § 535 Rn. 20) anwendbar, bei denen das Schwergewicht auf der Nutzung als Wohnung liegt.[79] Ein Mischmietverhältnis liegt vor, wenn der Mieter die Räumlichkeiten sowohl zu Wohnzwecken wie auch zu anderen Zwecken, zB einer beruflichen Tätigkeit nutzen darf.[80] Entscheidend ist die vertraglich vereinbarte Zweckbestimmung[81] und nicht die tatsächliche Nutzung.[82] Die Zweckbestimmung kann nachträglich geändert werden. Die bloße Duldung einer anderen Nutzung reicht dafür aber nicht[83], auch nicht wenn sie länger andauert.[84] In Zweifelsfällen gilt Wohnraummiete.[85] Bei solchen Mischnutzungen gilt für das gesamte Mietverhältnis nach hM einheitlich entweder das Wohnraummietrecht oder nicht.[86] Soweit der BGH[87] entschieden hat, dass für die Eigenbedarfskündigung eines einheitlichen Mischmietverhältnis, das wegen überwiegender Wohnnutzung als Wohnraummietverhältnis anzusehen ist, sich ein vom Vermieter geltend gemachter Eigenbedarf nur auf die Wohnräume zu beziehen braucht, ist diese Rspr. auf Mieterhöhungsverfahren bei Mischmietverhältnissen nicht übertragbar. Hier geht es um einen einheitlichen Preis für einen Mietgegenstand. Zu den Mischmietverhältnissen gehört auch die Vermietung einer Wohnung und einer Garage in einem einheitlichen Vertrag.[88]

### III. Wohnraum zu vorübergehendem Gebrauch

17 Nach § 549 Abs. 2 Nr. 1 BGB sind die Vorschriften über die Mieterhöhung (§§ 557–561 BGB) nicht auf Wohnraum anzuwenden, der nur zu vorübergehendem Gebrauch vermietet ist (wegen der Einzelheiten → BGB § 549 Rn. 30).[89] Entscheidend ist, dass nach dem mietrechtlich vereinbarten Vertragszweck nur ein vorübergehender Sonderbedarf gedeckt werden soll.[90] Ob der Wohnraum möbliert ist oder nicht, ist dabei unerheblich. Die bloße Vereinbarung im Mietvertrag, dass die Überlassung zu „vorübergehendem Gebrauch erfolge" reicht nicht, da dies eine zum Nachteil des Mieters gem. § 557 Abs. Abs. 4 BGB unzulässige Vereinbarung wäre.[91]

---

[77] KG GE 2017, 1093.

[78] BGH VIII ZR 66/19, NZM 2021, 218.

[79] BGH VIII ZR 376/13, BGHZ 202, 39 = NJW 2014, 2864 unter Aufgabe der früheren Abgrenzungskriterien aus BGH VIII ZR 60/85, NJW-RR 1986, 877; BGH VIII ZR 14/15, NJW 2015, 2727 = NZM 2015, 657; KG ZMR 2010, 956; OLG Köln ZMR 2007, 114; WuM 1987, 377; AnwK WohnraumMietR/*Lammel* BGB § 535 Rn. 107; *Kunze/Tietzsch* Miethöhe Teil I Rn. 7; Bub/Treier MietR-HdB/*Schultz* Kap. III A Rn. 983; zur rechtlichen Behandlung von Mischmietverhältnissen, insbes. in der höchst- und obergerichtlichen Rspr., auch *Lehmann-Richter* MietRB 2011, 84; *Bühler* ZMR 2010, 897; krit. zur Schwerpunkttheorie auch bei *Streyl* FS Börstinghaus, 2020, 423.

[80] BGH VIII ZR 376/13, BGHZ 202, 39 = NJW 2014, 2864; OLG Saarbrücken MDR 2012, 1335.

[81] BGH XII ZR 125/18, BGHZ 223, 290 = NZM 2020, 54 = NJW 2020, 331; BGH VIII ZR 66/19, NZM 2021, 218; BGH VIII ZR 282/07, NJW 2008, 3361; BGH VIII ZR 376/13, BGHZ 202, 39.

[82] Staudinger/*Emmerich* BGB Vor § 535 Rn. 29.

[83] LG Hamburg ZMR 2016, 953.

[84] BGH XII ZR 5/18, NZM 2019, 143 = NJW 2019, 1062; *Fölst* LMK 2019, 414485; *Bruns* NJW 2019, 1064.

[85] BGH VIII ZR 376/13, WuM 2014, 539.

[86] **AA** *Streyl* FS Börstinghaus, 2020, 423.

[87] BGH VIII ZR 14/15, NJW 2015, 2727 = NZM 2015, 657.

[88] Nach LG Karlsruhe BeckRS 2013, 19023 kann der Vermieter aber isoliert die Wohnungsmiete erhöhen, wenn der Mietvertrag die Miete für Wohnung und Garage/Stellplatz ausweist.

[89] *Herlitz/Saxinger/Herlitz,* Handbuch sozialer Wohnungsbau und Mietrecht, 2018, Kap. 4 Rn 46 ff.; Bub/Treier MietR-HdB/*Schultz* Kap. III A Rn. 995.

[90] AG Schöneberg GE 2012, 756.

[91] OLG Frankfurt a. M. WuM 1991, 17.

### IV. Möblierter Wohnraum

Nach § 549 Abs. 2 Nr. 2 BGB sind die Vorschriften über die Mieterhöhung auch auf den Wohnraum nicht anwendbar, der Teil der vom Vermieter selbst bewohnten Wohnung ist und den der Vermieter überwiegend mit Einrichtungsgegenständen auszustatten hat, sofern der Wohnraum dem Mieter nicht zum dauernden Gebrauch mit seiner Familie oder mit Personen überlassen ist, mit denen er einen auf Dauer angelegten Haushalt führt (ausf. → BGB § 549 Rn. 35).[92] Die Möblierung ist „überwiegend" vom Vermieter erfolgt, wenn die üblichen Gegenstände einer Möblierung vom Vermieter stammen.[93] Ausgenommen ist dabei nicht jeder möblierte Wohnraum, sondern nur solcher, der Teil der vom Vermieter selbst bewohnten Wohnung ist. Als weitere Einschränkung ist zu beachten, dass die Wohnung nicht zum dauernden Gebrauch durch eine Familie oder durch mehrere Personen, die einen gemeinsamen Haushalt führen überlassen worden ist. Erforderlich ist, dass der Mieter in den **Lebens- und Wohnbereich des Vermieters** mit einbezogen ist. Nicht ausreichend ist, wenn es sich um die **Ferienwohnung** des Vermieters handelt. 18

### V. Wohnraum zur Deckung dringenden Wohnbedarfs

Ausgenommen vom Anwendungsbereich der §§ 557–561 BGB ist ferner Wohnraum, den eine juristische Person des öffentlichen Rechts oder ein anerkannter privater Träger der Wohlfahrtspflege angemietet hat, um ihn Personen mit dringendem Wohnungsbedarf zu überlassen, wenn der jeweilige Vermieter diesen Mieter bei Vertragsschluss auf die Zweckbestimmung des Wohnraums und die Ausnahme von den genannten Vorschriften hingewiesen hat (ausf. → BGB § 549 Rn. 47).[94] Die Vorschrift entspricht im Wesentlichen dem früheren § 564b Abs. 7 BGB aF. Dort war von 1990–2001 der Wohnraum aber nur bei der Kündigung vom Anwendungsbereich des § 564b BGB aF ausgenommen. Für die Mieterhöhung kam allenfalls der Ausschlusstatbestand des § 10 Abs. 3 Nr. 2 MHG in Betracht. Das MietRRefG hat diese Art von Wohnraum jetzt ganz dem Anwendungsbereich des sog. sozialen Mietrechts entzogen. Was vordergründig nach einer Vereinfachung aussieht, entspricht kaum dem Sinn und Zweck der Regelung. Die Ausnahmevorschrift gilt nämlich nicht für jede Vermietung dieser Art. Erforderlich ist zusätzlich, dass die juristische Person des öffentlichen Rechts oder der anerkannte private Träger der Wohlfahrtspflege **die Räumlichkeiten selbst angemietet** hat. Dies hatte bei dem früheren § 564 Abs. 7 BGB aF durchaus Sinn gemacht, da es hier darum ging, dass der karitativ tätige Träger als Zwischenmieter auftreten konnte und für den Hauptvermieter eine Sicherheit bestand, dass der Träger die Untermietverhältnisse auch wirklich zeitgleich mit dem Hauptmietvertrag beenden konnte. Für den Bereich der Mieterhöhungen ist diese **Unterscheidung völlig sinnlos.** Durch das MietAnpG[95] wurde eine ähnliche Regelung in § 578 Abs. 3 BGB auch für das Gewerbemietvertrag zu beurteilende Hauptmietverhältnis eingeführt (wegen der Einzelheiten → BGB § 578 Rn. 17). 19

### VI. Jugend- und Studentenwohnungen

Gemäß § 549 Abs. 3 BGB[96] gelten auch bei Wohnungen in einem Jugend- oder Studentenwohnheim die §§ 557–561 BGB nicht.[97] Eine **Studentenwohnung** ist eine Wohnung, die in einem hierfür bestimmten und geeigneten Gebäude an Studenten einer Universität, einer Technischen Hochschule, einer Fachhochschule und einer höheren Fachschulen auf der Grundlage eines institutionalisierten sozialen Förderkonzepts vermietet wurde.[98] Aus der Entstehungsgeschichte des 20

[92] Herlitz/Saxinger/*Herlitz*, Handbuch sozialer Wohnungsbau und Mietrecht, 2018, Kap. 4 Rn 51 ff.; Bub/Treier MietR-HdB/*Schultz* Kap. III A Rn. 1002.

[93] Bub/Treier MietR-HdB/*Schultz* Kap. III A Rn. 1004; zum Begriff der Möblierung s. auch *Fleindl* WuM 2018, 544; *Lehmann-Richter* WuM 2018, 393.

[94] Herlitz/Saxinger/*Herlitz*, Handbuch sozialer Wohnungsbau und Mietrecht, 2018, Kap. 4 Rn 67 ff.

[95] Vom 18.12.2018 (BGBl I 2648).

[96] Zum Missbrauch der Vorschrift *Sieweke* WuM 2009, 86.

[97] *Martinek* GS Sonnenschein, 2002, 359; Herlitz/Saxinger/*Herlitz*, Handbuch sozialer Wohnungsbau und Mietrecht, 2018, Kap. 4 Rn 81 ff.

[98] BGH VIII ZR 92/11, NJW 2012, 2881; *Börstinghaus* jurisPR-BGHZivilR 14/2012 Anm. 3; *Blümmel* GE 2012, 928.

§ 549 Abs. 3 BGB ergibt sich, dass der Gesetzgeber die in dieser Norm enthaltene Einschränkung des sozialen Mieterschutzes nur vor dem Hintergrund des als höher gewichteten Ziels für gerechtfertigt gehalten hat, möglichst vielen Studierenden das Wohnen in einem Studentenwohnheim zu ermöglichen und dabei alle Bewerber gleich zu behandeln.[99] Dieses gesetzgeberische Ziel kann nur erreicht werden, wenn der Vermieter in dem Wohnheim ein an studentischen Belangen orientiertes **Belegungskonzept** praktiziert, das eine Rotation nach abstrakt-generellen Kriterien vorsieht. Die Dauer des Mietverhältnisses muss dazu im Regelfall zeitlich begrenzt sein und darf nicht den Zufälligkeiten der studentischen Lebensplanung oder dem eigenen freien Belieben des Vermieters überlassen bleiben.

21 Wohnraum im Sinne der Vorschrift kann sowohl ein einzelnes Zimmer wie auch eine abgeschlossene Wohnung sein. Auch die Unterbringung in Mehrbettzimmern ist möglich. Die Überlassung einer Wohnung an mehrere Personen (Wohngemeinschaft) macht die Wohnung nicht zum „Teil eines Studenten- oder Jugendwohnheims". Bei Mietverträgen mit Wohngemeinschaften handelt es sich deshalb um geschützte Mietverträge unabhängig davon, ob die Wohnung an eine GbR[100] vermietet wurde, der dann die Untervermietung an die jeweiligen Nutzer gestattet wurde, oder ob mit allen Nutzern einzelne Mietverträge über jeweils einzelne Räume der Wohnung abgeschlossen wurden **(Zimmermiete).**[101]

22 **Ein Jugendwohnheim** ist ein Heim, das der Unterbringung von Personen zwischen dem 14. und dem 18. Lebensjahr, in Ausnahmefällen auch einmal bis zum 21. Lebensjahr, dient. Möglich ist zB ein Lehrlingswohnheim im Zusammenhang mit einer überbetrieblichen Ausbildungsstätte, eine Außenwohngruppe eines Kinder- oder Erziehungsheims, bei dem der Träger mit den Jugendlichen aber tatsächlich Mietverträge abschließen muss oder ein Heim für die externe Unterbringung von Schülern. In der Regel muss es sich um Minderjährige handeln. In Ausnahmefällen können aber auch volljährige Personen – noch – untergebracht sein, wenn sie ihre Ausbildung noch abschließen sollen und bereits zuvor in dem Heim wohnten. Hinsichtlich des Vertragsschlusses ist zu beachten, dass Minderjährige gem. § 1629 Abs. 1 BGB von beiden Eltern gemeinschaftlich vertreten werden. Die Willenserklärung der Eltern bzw. des gesetzlichen Vertreters bedarf der vormundschaftlichen Genehmigung gem. § 1643 Abs. 1, § 1822 Nr. 5 BGB, wenn das Vertragsverhältnis länger als ein Jahr nach Eintritt der Volljährigkeit fortdauern soll. Fehlt es an einer solchen Genehmigung, dann endet der Mietvertrag ein Jahr nach Eintritt der Volljährigkeit, es sei denn, der inzwischen volljährige Vermieter hat den Vertrag gem. § 1839 Abs. 3 BGB genehmigt.

23 Eine erweiterte Auslegung des Gesetzes auch auf andere Wohneinrichtungen im Zusammenhang mit Ausbildungseinrichtungen ist wegen des Ausnahmecharakters der Vorschrift nicht möglich. So handelt es sich bei Einrichtungen, die den Institutionen des 2. Bildungsweges angeschlossen sind, betrieblichen Weiterbildungseinrichtungen oder sonstigen Einrichtungen der Erwachsenen(-fort)bildung genauso wenig um Studenten- oder Jugendwohnheime wie bei Heimen für Ledige oder andere spezielle Zielgruppen (Frauenhäuser, Heime für psychisch auffällige Personen, Einrichtungen für betreutes Wohnen, Altenheime etc.). Bei einigen dieser Einrichtungen dürfte aber der Ausschlusstatbestand des *„Wohnraums zum vorübergehenden Gebrauch"* gegeben sein.

## VII. Preisgebundener Wohnraum

24 **Die §§ 557–561 BGB gelten nicht** für Mietverhältnisse, für die noch die **Kostenmiete** nach dem WoBindG, der II. BV und der NMV zu zahlen ist. Für diesen Wohnungsbestand sind die zuvor genannten Vorschriften Spezialvorschriften[102] auch wenn zB die Anwendung des § 560 Abs. 4 BGB (einseitige Anpassung der Betriebskostenvorauszahlungen) im öffentlich geförderten Wohnungsbau nicht systemfremder wäre als im freifinanzierten Wohnungsbau. Das ergibt sich neben einer teleologischen und systematischen Auslegung auch sehr deutlich aus einer historischen Auslegung. In der Gesetzesbegründung zum MietRRefG ist zum Verhältnis des privaten Wohnraummietrechts

---

[99] BGH VIII ZR 92/11, NJW 2012, 2881.

[100] *Börstinghaus* MDR 2002, 929.

[101] LG Gießen NZM 2013, 381 mAnm *Börstinghaus* jurisPR-MietR 19/2012 Anm. 3; AG Köln *BeckRS 2010, 03501 mAnm Börstinghaus* jurisPR-MietR 6/2010 Anm. 3; AG Frankfurt a. M. NJW-RR 1997, 1503.

[102] BGH VIII ZR 327/11, NJW 2012, 2270; *Börstinghaus* jurisPR-BGHZivilR 13/2012 Anm. 3; Arbeitskommentar Neues MietR/*Eisenschmid* BGB § 549 S. 146.

zum öffentlichen Wohnungsrecht klargestellt worden, dass dies das private Wohnraummietrecht im Bürgerlichen Gesetzbuch zusammenfasse.[103] Das betreffe in erster Linie die Vorschriften über die Erhöhung der Miete bei nicht preisgebundenen Wohnungen aus dem Miethöhegesetz; die hierin enthaltenen Vorschriften seien in das BGB eingearbeitet worden. Dagegen sei das öffentliche Wohnungsrecht (II. Wohnungsbaugesetz, Wohnungsbindungsgesetz, NMV, II. BV) nicht einbezogen worden. Gleiches sollte auch für die privatrechtlichen Ergänzungsvorschriften für den öffentlich geförderten Wohnungsbau gelten, da sie nicht in das System des privaten Mietrechts passten und das Bürgerliche Gesetzbuch auch unnötig mit zahlreichen komplizierten Vorschriften überfrachten würden, die nur für einen verhältnismäßig kleinen Teil des Wohnungsbestandes gelten würden und stark an den differenzierten Anforderungen der verschiedenen Arten der Wohnungsbauförderung ausgerichtet seien.[104]

Etwas anderes gilt jedoch für den **geförderten Wohnungsbau in einigen Bundesländern.** **25**
Nach Übertragung der ausschließlichen Gesetzgebungszuständigkeit für den Bereich der Wohnraumförderung durch das „Gesetz zur Überleitung der sozialen Wohnraumförderung auf die Länder – Wohnraumförderungs-Überleitungsgesetz" (WoFÜG)[105] im Rahmen der Föderalismusreform[106] auf die Länder haben inzwischen zahlreiche Bundesländer[107] abweichende Regelungen erlassen:[108]

In **Baden-Württemberg**[109] gilt seit 1.1.2008 das Landeswohnraumförderungsgesetz (LWoFG **26**
BW).[110] Es wurde durch das Gesetz zur Änderung des Landeswohnraumförderungsgesetzes vom 7.5.2020 mit Wirkung ab 13.5.2020 geändert.[111] Danach gelten in Baden-Württemberg das WoBindG, die NMV 1970, die II. BV seit 1.1.2008 und das WoFG seit 1.1.2008 nicht mehr. Dort gilt jetzt auch für den gesamten geförderten Wohnungsbau das Vergleichsmietensystem. Die zum 31.12.2008 geschuldete Kostenmiete gilt seit 1.1.2009 als vertraglich vereinbarte Miete, § 32 Abs. 2 LWoFG BW. Der Kostenansatz für Schönheitsreparaturen gem. § 28 Abs. 4 S. 1 II. BV ist deshalb Teil der einheitlich zu zahlenden Vertragsmiete und kein Zuschlag.[112] Für die Mieterhöhungen gelten die Vorschriften der §§ 557ff. BGB soweit landesgesetzlich nichts anderes bestimmt ist. Die Wohnung darf für Dauer der Bindung nicht für eine höhere Miete zum Gebrauch überlassen werden, als sie die jeweilige Gemeinde durch Satzung festgelegt hat. Diese Grenze ist auch nach einer Modernisierung einzuhalten und darf nicht überschritten werden unabhängig davon, ob durch die Modernisierung ein Zustand geschaffen wird, der den mittleren Zustand einer entsprechenden Neubauwohnung übersteigt oder nicht.[113] Solche Satzungen sind für die Gemeinden Pflichtsatzungen.[114] Dabei darf die in der Satzung festgelegte Höchstmiete nicht höher sein als sie sich bei einem Abschlag von 10% gegenüber der ortsüblichen Vergleichsmiete ergibt. War die Kostenmiete am 31.12.2008 höher, war sie zum 1.1.2010 auf diesen Wert zu reduzieren. Nach § 32 Abs. 3 S. 3 LWoFG iVm § 7 Abs. 3 LWoFG muss die Gemeinde bei der Festlegung der Höchstmiete ferner darauf achten, dass die Fördermaßnahmen im Einklang mit den Beihilfevorschriften der Europäischen Union durchgeführt werden.[115] Zur Ermittlung der ortsüblichen Vergleichsmiete kann auf einen **Mietspiegel** zurückgegriffen werden. Die Gemeinden können prozentuale Abschlagswerte festlegen. Ist in der Gemeinde nach § 32 Abs. 3 LWoFG BW keine höchstzulässige Miete durch Satzung festgelegt, gilt für die höchstzulässige Miete ein einheitlicher Abschlag von 15% gegenüber der ortsüblichen Vergleichsmiete. Im Rahmen von Modernisierungsmieterhöhungen darf der Vermieter § 32 Abs. 3 S 2 LWoFG BW nur 4% statt 11% der aufgewendeten Kosten bei einer Modernisierung, die den mittleren Standard einer entsprechenden Neubauwohnung übersteigt im Rah-

---

[103] BT-Drs. 14/4553, 35.
[104] BGH VIII ZR 327/11, NJW 2012, 2270.
[105] Art. 6 des Föderalismusreformbegleitgesetzes v. 5.9.2006 (BGBl. I 2098 (2100)).
[106] G zur Änderung des GG v. 28.8.2006 (BGBl. I 2034).
[107] Herlitz/Saxinger/*Gebhardt,* Handbuch sozialer Wohnungsbau und Mietrecht, 2018, S. 150.
[108] Nach § 2 Abs. 1 WoFÜG gelten die alten Bundesvorschriften mit der Preisbindung aber für Wohnungen, die mit Wohnungsfürsorgemitteln des Bundes und aus Sondervermögen gefördert wurden, weiter fort.
[109] *Feßler* WuM 2009, 90; 2010, 267.
[110] Gesetzblatt für Baden-Württemberg Nr. 20 v. 14.12.2007.
[111] Gesetzblatt für Baden-Württemberg Nr. 13 v. 12.5.2020.
[112] LG Freiburg NZM 2015, 488.
[113] *Feßler* WuM 2009, 90 (96); 2010, 267.
[114] *Feßler* WuM 2009, 90 (94); 2010, 267.
[115] So § 7 Abs. 3 S. 2 des Landeswohnraumförderungsgesetzes idF der des Änderungsgesetzes v. 7.7.2020; *Feßler* WuM 2009, 90 (95); WuM 2010, 267.

men einer Mieterhöhung gem. § 559 BGB geltend machen. Der maßgebende Höchstbetrag darf auch nach einer Modernisierung nur so weit überschritten werden, dass die Höhe der Miete um mindestens zehn Prozent unter der ortsüblichen Vergleichsmiete liegt. Hier hat die ortsübliche Vergleichsmiete also Einfluss auf die Modernisierungsmieterhöhung. Entscheidend ist aber bei der Einordnung in die Gemeindesatzung der durch die Modernisierung geschaffene Zustand der Wohnung.

**27** In **Bayern** gilt das Gesetz zur Sicherung der Zweckbestimmung von Sozialwohnungen in Bayern (Bayerisches Wohnungsbindungsgesetz – BayWoBindG).[116] Gemäß Art. 7 Abs. 1 BayWoBindG darf der Vermieter die Wohnung nicht gegen ein höheres Entgelt zum Gebrauch überlassen, als zur Deckung der laufenden Aufwendungen erforderlich ist **(Kostenmiete).** Art. 8 u. 9 BayWoBindG enthalten dann die Vorschriften zur Ermittlung der Kostenmiete. Für bestimmten Wohnraum gem. Art. 7 Abs. 3 BayWoBindG wird die Miete auf die **ortsübliche Kostenvergleichsmiete** begrenzt. Dem Vermieter steht gem. Art. 11 BayWoBindG ein Anspruch auf einseitige Mieterhöhung bis zur preisrechtlich zulässigen Kostenmiete zu.

**28** In **Berlin** gilt seit 10.7.2011 das „Gesetz über den Sozialen Wohnungsbau in Berlin – Wohnraumgesetz Berlin – WoG Bln".[117] Das Gesetz lässt die bundesrechtlichen Regelungen zum preisgebundenen Wohnungsbau „unangetastet"[118] und regelt nur einige Sachverhalte. So werden die Fristen des §§ 10, 11 WoBindG gem. § 1 WoG Bln. verlängert, wenn die Mieterhöhung einmalig mindestens 10% oder über vier Jahre mindestens 15% beträgt. Dabei bleiben Mieterhöhungen wegen Modernisierungen und wegen Betriebskostensteigerungen unberücksichtigt.[119]

**28a** In **Brandenburg** gilt seit 1.10.2020 das Gesetz über die soziale Wohnraumförderung im Land Brandenburg (Brandenburgisches Wohnraumförderungsgesetz – BbgWoFG) vom 5.6.2020.[120] Das Gesetz regelt die Förderung des Wohnungsbaus und anderer Maßnahmen durch das Land zur Unterstützung von Haushalten bei der Versorgung mit Mietwohnraum und bei der Bildung von selbst genutztem Wohneigentum. Nach § 15 BbgWoFG darf Wohnraum nicht gegen eine höhere als die in der Förderzusage festgelegte höchstzulässige Miete überlassen werden. Bestimmungen über die höchstzulässige Miete dürfen nicht zum Nachteil der Mieterin oder des Mieters von den allgemeinen mietrechtlichen Vorschriften abweichen. Der Vermieter darf fordern, sich versprechen lassen oder annehmen zur Abgeltung von Betriebskoten nur eine Leistung nach Maßgabe der §§ 556, 556a und 560 des BGB und eine einmalige oder sonstige Nebenleistung nur insoweit, als sie nach den Bestimmungen der Förderzusage zugelassen ist. Die Förderbestimmungen der Förderzusage zur Mietbindung und deren Dauer sind im Mietvertrag wiederzugeben. Mietrechtliche Vereinbarungen dürfen nicht zum Nachteil der Mieterin oder des Mieters von den Förderbestimmungen zur Mietbindung abweichen. Der Vermieter kann die Miete nach Maßgabe der Förderzusage und der allgemeinen mietrechtlichen Vorschriften erhöhen.

**29** In **Bremen** gilt seit 1.1.2009 das „Bremische Gesetz zur Sicherung der Zweckbestimmung von Sozialwohnungen" (Bremisches Wohnungsbindungsgesetz – BremWoBindG).[121] Das Gesetz ersetzt das WoBindG, § 29 BremWoBindG. Zum 1.1.2009 wurde die Kostenmiete zur **Förderungsmiete** übergeleitet, § 7 BremWoBindG. Die Höhe der Förderungsmiete entspricht dabei der am 31.12.2008 geltenden Kostenmiete, wobei Ansätze für Schönheitsreparaturen jedoch nicht Bestandteil der Förderungsmiete wurden. Soweit das vereinbarte Entgelt die Förderungsmiete nach Abs. 1 oder die in Abs. 2 genannte Mietgrenze übersteigt, ist die Vereinbarung unwirksam. Wohnungen, die aus Wohnungsbauförderungsprogrammen von 1966/67 bis 2001 mit Zuschüssen zur Deckung von laufenden Aufwendungen gefördert wurden, dürfen nicht gegen ein Entgelt zum Gebrauch überlassen werden, das die von der obersten Landesbehörde festgelegten Mietgrenzen übersteigt. Daneben dürfen Betriebskosten nach Maßgabe der §§ 556, 556a BGB erhoben werden. Ebenso sind in entsprechender Anwendung von § 28 Abs. 3, 4 II. BV Auf-

[116] G v. 23.7.2007 (GVBl. 2330–3-I) zuletzt geändert durch § 1 Abs. 267 der Verordnung zur Anpassung des Landesrechts an die geltende Geschäftsverteilung v. 26.3.2019, GVBl 2019, 98, 128.

[117] GVBl. Berlin 2011, 319, zuletzt geändert durch Art 44 des Gesetzes zur Anpassung datenschutzrechtlicher Bestimmungen in Berliner Gesetzen an die VO (EU) 2016/679 (Berliner Datenschutz-Anpassungsgesetz EU – BlnDSAnpG-EU) v. 12.10.2020, GVBl Berlin 2020, 807.

[118] *Brand* GE 2012, 28.

[119] *v. Seldeneck GE 2012, 34.*

[120] GVBl Bbg 2020, Nr. 17 S. 1.

[121] G v. 18.11.2008 – Brem. GBl. 392 – Sa BremR 233-b-9; zuletzt geändert durch Anl. 3 Nr. 233-9 der Bekanntmachung über die Änderung von Zuständigkeiten vom 29.10.2020, Brem GBl. 2020, 1172, 1209.

schläge für die Durchführung von kleinen Instandhaltungen sowie von Schönheitsreparaturen durch den Vermieter zulässig. Weitere Umlagen, Zuschläge und Vergütungen dürfen nur nach Maßgabe der §§ 20–27 NMV 1970 erhoben werden oder wenn die oberste Landesbehörde dies zugelassen hat. Nach einer **Modernisierung** iSd § 559 BGB darf die Förderungsmiete in Höhe der für die Maßnahme entstehenden laufenden Aufwendungen nur dann erhöht werden, wenn die Bewilligungsstelle dem zugestimmt hat. Im Übrigen unterscheidet das Gesetz zwei Arten von Mieterhöhungen: Ist die Förderungsmiete niedriger als die unterste Mietgrenze gem. § 7 Abs. 2 BremWoBindG dann darf der Vermieter nach den Vorschriften des BGB bis zu der Mietgrenze eine Mieterhöhung verlangen. Liegt die vom Mieter gezahlte Miete unterhalb der Förderungsmiete, dann darf der Vermieter einseitig unter Vorlage einer Wirtschaftlichkeitsberechnung die Miete erhöhen.

In **Hamburg** gilt das Gesetz zur Sicherung der Zweckbestimmung von Sozialwohnungen in der Freien und Hansestadt Hamburg (Hamburgisches Wohnungsbindungsgesetz – HmbWoBindG)[122]. Der Vermieter darf die Wohnung nicht gegen ein höheres Entgelt zum Gebrauch überlassen, als zur Deckung der laufenden Aufwendungen erforderlich ist **(Kostenmiete).** Die Kostenmiete ist nach den §§ 9, 9a HmbWoBindG zu ermitteln. Der Vermieter kann die Miete einseitig gem. § 11 HmbWoBindG erhöhen. **30**

In **Hessen** gilt seit 1.1.2013 das Hessische Wohnraumförderungsgesetz (HWoFG).[123] Nach § 15 HWoFG darf Wohnraum nicht gegen eine höhere als die in der Förderzusage festgelegte höchstzulässige Miete vermieten werden. Zusätzlich darf eine Leistung zur Abgeltung von Betriebskosten nach den allgemeinen mietrechtlichen Vorschriften verlangt werden. Sonstige Nebenleistungen oder einmalige Zahlungen dürfen nicht verlangt werden. Die Bestimmungen der Förderzusage zur Mietbindung sind im Mietvertrag anzugeben. Der Vermieter kann die Miete bis zur höchstzulässigen Miete nach Maßgabe der Förderzusage und den allgemeinen mietrechtlichen Vorschriften erhöhen. Das Gesetz ist zurzeit befristet bis 31.12.2022. **31**

In **Niedersachen** gelten die Vorschriften des WoBindG fort. Lediglich an Stelle des WoFG hat das Land ein eigenes Landesgesetz, das „Niedersächsische Wohnraumförderungsgesetz“ (NWoFG), erlassen.[124] Gemäß § 9 NWoFG darf der Vermieter Wohnraum nicht gegen eine höhere als die in der **Förderzusage** festgelegte höchstzulässige Miete überlassen; zusätzlich darf eine Abgeltung von Betriebskosten nach den allgemeinen mietrechtlichen Vorschriften verlangt werden. Das Verfahren richtet sich aber nach den §§ 558ff. BGB. **32**

In **Nordrhein-Westfalen** gilt seit 1.1.2010 das „Gesetz zur Umsetzung der Föderalismusreform im Wohnungswesen, zur Steigerung der Fördermöglichkeiten der NRW.BANK und zur Änderung anderer Gesetze“.[125] Art. 1 dieses Gesetzes enthält das „Gesetz zur Förderung und Nutzung von Wohnraum für das Land Nordrhein-Westfalen (WFNG NRW)“ Dies Gesetz wiederum enthält nur Bestimmungen zur Mietbindung für den Wohnungsbestand, der entweder nach diesem Gesetz gefördert wurde oder nach dem Wohnraumförderungsgesetz v. 13.9.2001.[126] Gemäß § 16 WFNG NRW darf der Verfügungsberechtigte bei diesem Wohnungsbestand eine Mietwohnung nicht gegen eine höhere als die gemäß Förderzusage höchstzulässige Miete zum Gebrauch überlassen. Der Mieter kann sich gegenüber dem Verfügungsberechtigten auf die Bestimmungen in der Förderzusage über die höchstzulässige Miete und die sonstigen Bestimmungen zur Mietbindung berufen. Hierzu hat ihm der Verfügungsberechtigte die erforderlichen Auskünfte zu erteilen. Nach der Überleitungsvorschrift in § 44 im Gesetz zur Umsetzung der Föderalismusreform im Wohnungswesen, zur Steigerung der Fördermöglichkeiten der NRW.BANK und zur Änderung anderer Gesetze gelten für den im ersten Förderweg geförderten Wohnraum die Bestimmungen zur Ermittlung und Erhebung der Kostenmiete unverändert fort. **33**

In **Rheinland-Pfalz** gilt seit 1.1.2014 das Landeswohnraumförderungsgesetz (LWoFG).[127] Auf Wohnraum, der nach dem II. WoBauG oder nach dem WoFG gefördert worden ist, sind die **34**

[122] Verkündet als Art. 2 des Gesetzes zur Umsetzung der Föderalismusreform im Wohnungswesen v. 19.2.2008 (Hmb GVBl. 74, 81).

[123] Hess. GVBl. 2012, 600; geändert durch Art. 1 des Gesetzes v. 2.12.2014 (GVBl. 2014, 314; geändert durch Art. 3 des Gesetzes v. 9.9.2019 (GVBl. 2019, 229; geändert durch Art. 19 des Gesetzes v. 7.5.2020 (GVBl. 2020, 318; geändert durch Art. 10 des Gesetzes v. 23.6.2020 (GVBl. 2020, 430).

[124] Nds. GVBl. 2009, 403; geändert durch Art. 9 des Gesetzes v. 19.12.2019 (Nds. GVBl. 2019, 451).

[125] GV NRW 2009, 772; geändert durch Gesetz v. 12.10.2018 (GV. NRW. 2018, 554).

[126] BGBl. I 2376.

[127] GVBl. 2013, 472.

bisherigen Bestimmungen weiter anzuwenden, soweit in dem Gesetz nichts Abweichendes bestimmt ist. Nach § 19 LWoFG darf der Vermieter Wohnraum nicht gegen eine höhere als in der Förderzusage festgelegte höchstzulässige Miete überlassen; sie ist die Miete ohne den Betrag für die Betriebskosten. Die in der Förderzusage enthaltenen Bestimmungen über die höchstzulässige Miete und das Bindungsende sind im Mietvertrag anzugeben. Der Vermieter kann die Miete nach Maßgabe der allgemeinen mietrechtlichen Vorschriften erhöhen, jedoch nicht höher als bis zur höchstzulässigen Miete und unter Einhaltung sonstiger Bestimmungen der Förderzusage. Der Vermieter darf neben der Grundmiete und den Betriebskosten eine einmalige oder sonstige Nebenleistung nur nach Maßgabe der Förderzusage fordern, sich versprechen lassen oder annehmen.

35 In **Schleswig-Holstein** gilt seit dem 1.7.2009 das **Gesetz über die Wohnraumförderung in Schleswig-Holstein (SHWoFG).**[128] Auch hier gilt die im Dezember 2008 gezahlte Kostenmiete als Basismiete, jedoch anders als in Baden-Württemberg ist hier die preisrechtlich zulässige Miete der Ausgangspunkt. Hierauf sind die Erhöhungsvorschriften der §§ 558ff. BGB anzuwenden, § 16 Abs. 7 SHWoFG. Grundsätzlich durfte diese Miete bis zum 1.7.2014 nicht erhöht werden **(Bestandsgarantie).** Seither darf die Miete in drei Jahren um lediglich 9% erhöht werden **(Kappungsgrenze).** Das Verfahren richtet sich nach den §§ 558ff. BGB. Wenn der Vermieter das Erhöhungsverlangen nicht mit einem Mietspiegel, sondern mit drei Vergleichswohnungen begründet, muss für diese Vergleichswohnungen eine **Miete im preisfreien Wohnungsbau** gezahlt werden;[129] denn auch in diesem Fall gilt nach der Konzeption der § 558 Abs. 1 BGB iVm. den maßgeblichen Landesgesetzen, dass Mieterhöhungen bis zur ortsüblichen Vergleichsmiete möglich sind, welche sich durch Ermittlung der Vergleichsmieten auf dem preisfreien Wohnungsmarkt bestimmt. Durch die Kappungsgrenze wird die Höhe des Zustimmungsanspruchs nur zusätzlich begrenzt. Die Bestandsgarantie und die Kappungsgrenze gelten aber nicht für Mieterhöhungen nach § 559 BGB. Hat der Vermieter eine Modernisierung durchgeführt, kann er die jährliche Miete um 11% der für die Wohnung aufgewendeten Kosten anheben, sofern der Vermieter mit dem Mieter eine entsprechende Erhöhung der Miete vereinbart hat. Kommt eine solche Vereinbarung nicht zustande, darf durch eine Erhöhung der Miete nach § 559 BGB die ortsübliche Vergleichsmiete nach § 558 Abs. 2 BGB nicht überschritten werden. Also wenn keine Einigung zustande kommt deckelt auch hier die ortsübliche Vergleichsmiete die Modernisierungsmieterhöhung.

36 In **Thüringen** gilt seit 1.4.2013 das Thüringer Wohnraumförderungsgesetz.[130] Auf Wohnraum, der nach dem II. WoBauG oder nach dem WoFG gefördert worden ist, finden gem. § 28 LWoFG die bisher geltenden Vorschriften weiter Anwendung. Etwas anderes gilt jedoch für die Mietpreisbindung. Als Mietbindung wird gem. § 20 Abs. 1 LWoFG die öffentlich-rechtliche Verpflichtung des Vermieters verstanden, eine Mietwohnung einem Wohnberechtigten nicht zu einer höheren als der in der Förderzusage als höchstzulässig angegebenen Miete zum Gebrauch zu überlassen. In der Förderzusage ist diesbezüglich eine höchstzulässige Miete zu bestimmen; diese Miete beinhaltet nicht den Betrag für Betriebskosten. In der Förderzusage können Änderungen der höchstzulässigen Miete während der Dauer der Förderung und auch für Mieterhöhungen nach durchgeführten Modernisierungen vorgesehen oder vorbehalten werden. Bestimmungen über die höchstzulässige Miete dürfen nicht zum Nachteil des Mieters von den allgemeinen mietrechtlichen Vorschriften abweichen. Der Vermieter kann die Miete nach Maßgabe der allgemeinen mietrechtlichen Vorschriften erhöhen, jedoch nicht höher als bis zur höchstzulässigen Miete und unter Einhaltung sonstiger Bestimmungen der Förderzusage zur Mietbindung.

37 In den **anderen Bundesländern** darf der Vermieter soweit landesgesetzlich nichts anderes geregelt für geförderten Wohnraum immer noch nur die **Kostenmiete** nach den Vorschriften des WoBindG, der NMV, der II. BV und des II. WoBauG[131] verlangen (Anh. nach § 561 BGB). Dies setzt eine **Wirtschaftlichkeitsberechnung** voraus, in die nur die entsprechend den gesetzlichen Vorgaben festgelegten Kostenansätze übernommen werden dürfen. Dieses System unterscheidet sich grdl. vom Prinzip der ortsüblichen Vergleichsmiete. Maßstab für die vom Mieter zu zahlende

---

[128] GVOBl. 2009, 194.

[129] LG Lübeck BeckRS 2018, 12982 mAnm *Kunze* MietRB 2018, 292; LG Lübeck BeckRS 2018, 17259 mAnm *Börstinghaus* IMR 2018, 409.

[130] GVOBl. 2013, 1.

[131] Die Vorschriften sind zwar bereits durch das WoFG größtenteils aufgehoben worden, gelten aber für den Altbaubestand weiter, soweit landesgesetzlich nichts anderes bestimmt ist.

Miete sind dort die ggf. pauschaliert in Ansatz gebrachten Kosten der Errichtung und Bewirtschaftung des Gebäudes und der Wohnung, die unabhängig von der Marktlage und der Person des Mieters auch bei einer Neuvermietungen die Höhe der Miete bestimmen, während das BGB dem Vermieter nur bei bestehenden Mietverhältnissen eine Anpassung der Miete an eine fiktive Miete erlaubt, die weder von den Kosten[132] und der Nachfrage bzgl. der konkreten Vertragswohnung beeinflusst wird, sondern durch die Nachfrage und das Marktverhalten anderer Vermieter und Mieter. Diese Unterschiede zwischen den Systemen werden zwar teilweise noch immer durch die Erhebung der Fehlbelegungsabgabe in einigen Bundesländern oder § 5 Abs. 2 WiStG relativiert, durch die entweder die ortsübliche Vergleichsmiete Bedeutung im Bereich der Kostenmiete hat oder durch die die Kostenmiete die Grenze der zulässigen Miete im preisfreien Wohnungsbau beeinflusst. Dem Vermieter einer nach altem Recht preisgebundenen Wohnung steht für die Zeit der Preisbindung kein Anspruch auf die ortsübliche Vergleichsmiete zu. Auch eine Anhebung der Mietobergrenzen und Veröffentlichung dieser Werte im Amtsblatt führt nicht automatisch zu einer höheren Miete.[133] Anders ist es jedoch bei der neuen vereinbarten Förderung nach dem Wohnraumförderungsgesetz v. 13.9.2001.[134]

Ausgenommen von der Anwendung der §§ 557–561 BGB sind folgende Wohnungsbestände: 38

### 1. Wohnungen des „ersten Förderweges"

Wohnungen für die nach dem 31.12.1956 nach den §§ 24ff. II. WoBauG[135] öffentliche Mittel 39
bewilligt wurden.

### 2. Wohnungen des „zweiten Förderweges"

Wohnungen, die nach §§ 88–88c II. WoBauG durch Aufwendungsdarlehen und Aufwen- 40
dungszuschüsse gefördert wurden und Wohnungen, die mit Sanierungs- und Entwicklungsfördermitteln nach § 45 Abs. 5 Städtebauförderungsgesetz gefördert wurden.

Für die beiden zuvor genannten Gruppen gilt, dass die **Preisbindung** grds. mit Ablauf des Jah- 41
res endet, in dem die öffentlichen Mittel vollständig planmäßig zurückgezahlt wurden, § 15 WoBindG. Werden die Mittel freiwillig vorzeitig zurückgezahlt, so endet die Preisbindung grds. mit Ablauf des zehnten Jahres nach dem Kalenderjahr, in dem die Mittel zurückgezahlt wurden, § 16 WoBindG, es sei denn die Bindung wäre planmäßig früher entfallen, dann gilt dieser frühere Termin.[136] Die Frist ist in der Vergangenheit mehrfach geändert worden. Nach § 16 Abs. 3 S. 1 Nr. 2 WoBindG gilt eine Wohnung, bei der die als Darlehen bewilligten öffentlichen Mittel vorzeitig zurückgezahlt worden sind, längstens bis zur Beendigung des Mietverhältnisses als öffentlich gefördert, wenn sie im Zeitpunkt der Rückzahlung vermietet war; weitere Voraussetzungen sind dafür nicht erforderlich, insbes. bedarf es nicht der Durchführung des sog. „Aufforderungsverfahrens" gem. § 16 Abs. 3 WoBindG,[137] wonach der derzeitige Mieter seine Wohnberechtigung nachzuweisen hat. Gemäß § 16 Abs. 5 WoBindG entfällt die Bindung bei vorzeitiger Rückzahlung auch dann sofort, wenn ein Eigenheim zur Selbstnutzung „bestimmt" ist. Ist die Bestimmung zu eigenem Bewohnen im Zeitpunkt der Rückzahlung der Mittel auf Dauer aufgehoben, gilt die zehnjährige Nachwirkungsfrist.[138] Bei einer Zwangsversteigerung des Grundstücks gelten gem. § 17 WoBindG die Wohnungen, für die öffentliche Mittel als Darlehen bewilligt worden sind, bis zum Ablauf des dritten Kalenderjahres nach dem Kalenderjahr, in dem der Zuschlag erteilt worden ist, als öffentlich gefördert, sofern die wegen der öffentlichen Mittel begründeten Grundpfandrechte mit dem Zuschlag erlöschen. Gemäß § 13 Abs. 2 S. 2 WoBindG gilt eine Wohnung dann, wenn die Bewilligung der öffentlichen Mittel vor deren erstmaliger Auszahlung widerrufen wird, als von Anfang an nicht öffentlich gefördert, ohne dass zum Schutz des Mieters die Nachwirkungsfristen der §§ 15–17 WoBindG eingreifen.[139]

---

[132] Bei Erhöhungen nach § 559 BGB spielen jedoch die Kosten der Modernisierung eine Rolle.
[133] LG Berlin MM 2008, 298.
[134] BGBl. I 2376.
[135] Die Vorschriften sind durch das WoFG mit Wirkung zum 1.1.2002 aufgehoben worden.
[136] So der Fall des OLG Düsseldorf WuM 1994, 614.
[137] OVG Münster NJW-RR 1986, 377.
[138] BVerwG WuM 2003, 697.
[139] BGH VIII ZR 115/03, NZM 2004, 378.

### 3. Neubauwohnungen, die mit Wohnungsfürsorgemitteln gefördert wurden

42 Neubauwohnungen, die mit Wohnungsfürsorgemitteln gefördert wurden gem. §§ 87a[140], 111 II. WoBauG.[141] Es handelt sich um freifinanzierten oder steuerbegünstigten Wohnraum, für den ein Besetzungsrecht (Belegungsrecht) zugunsten öffentlich Bediensteter vereinbart wurde. Für die Dauer des Besetzungsrechts, das idR an die planmäßige Tilgung der gewährten Mittel geknüpft ist, gilt die Kostenmiete nach Maßgabe des § 87a Abs. 2 II. WoBauG als preisrechtlich zulässige Obergrenze. Die vorzeitige Tilgung der Mittel beseitigt die Bindung nicht.[142] Die Preisbindung endet aber unabhängig von der Tilgung des Darlehens mit dem Wegfall des Besetzungsrechts nach § 87a Abs. 4 II. WoBauG; dies gilt auch dann, wenn das Besetzungsrecht in Form einer Dienstbarkeit im Grundbuch eingetragen ist, diese Eintragung aber noch nicht gelöscht wurde.[143] Im Fall der Konfusion durch Zusammenfallen von Gläubiger und Schuldner des Darlehensvertrages hinsichtlich der Wohnungsfürsorgemittel entfällt jedoch die Preisbindung mit der Folge, dass der Vermieter jetzt nach den §§ 558 BGB die Miete erhöhen kann.[144] Ist das Mietobjekt mit Wohnungsfürsorgemitteln gefördert, hat der Vermieter nach Ablauf des Besetzungsrechts zwar grds. Anspruch auf die ortsübliche Vergleichsmiete,[145] jedoch kann der Mieter dem Vermieter einem jetzt auf § 558 BGB gestützten Erhöhungsverlangen die vereinbarte Bindung an die Kostenmiete entgegenhalten, da es sich um eine vertragliche Abrede iSd § 557 Abs. 3 BGB handelt.[146] Die Zweck- und die Mietpreisbindung gem. § 4 der Darlehensverträge nach dem „Muster 3c LBWB", durch die die Wohnungsbauförderungsanstalt des Landes Nordrhein-Westfalen in den 60er Jahren (bis 31.7.1968) Wohnungsbaufürsorgedarlehen zur Förderung von Wohnungsbau für Landesbedienstete gewährte, enden, sobald sowohl die 20-jährige Besetzungsrechts-Frist gem. § 4 Abs. 1 dieser Verträge abgelaufen als auch das Darlehen (vorzeitig) getilgt ist.[147]

### 4. Anwendbarkeit

43 **Auf folgenden Wohnungsbestände** sind die Vorschriften der §§ 557–561 BGB aber anwendbar:

44 **a) Wohnungen im sog. Dritten Förderungsweg[148].** sind keine preisgebundenen Wohnungen.[149] Hierbei handelt es sich um Wohnungen, die im Rahmen der „Förderung durch vertragliche Vereinbarung" nach § 88d II. WoBauG[150] gefördert wurden. Hierbei werden Zinszuschüsse oder Aufwendungshilfen aus Haushaltsmitteln gewährt, die jedoch keine öffentlichen Haushalte sind. Rechtlich wird die Preisbindung hier durch vertragliche Vereinbarungen zwischen Förderungsgeber und Förderungsnehmer erreicht. Darin wird eine „Einstiegsmiete" vereinbart und idR das Mieterhöhungsrecht gem. § 558 BGB bis zur ortsüblichen Vergleichsmiete dahin gehend eingeschränkt, dass der Vermieter die Miete nur um den Betrag des degressiven Förderungsabbaus oder bei gesetzlicher Anhebung der Instandhaltungs- oder Verwaltungskostenpauschalen nach der II. BV erhöhen darf. Die Wohnungen sind deshalb mietpreisrechtlich aber trotzdem wie freifinanzierte Wohnungen zu behandeln. Mieterhöhungen sind nur nach den Vorschriften des BGB möglich.[151] Soweit der Fördervertrag Einschränkungen des Mieterhöhungsrechts vorsieht, handelt es sich um einen Vertrag zugunsten Dritter, nämlich des Mieters, so dass sich dieser auf die Einschrän-

140 Obwohl das II. WoBauG zum 1.1.2002 aufgehoben wurde, gilt die Vorschrift nach Maßgabe des § 48 WoFG weiter.

141 Nach § 2 Abs. 1 WoFÜG gelten die alten Bundesvorschriften mit der Preisbindung aber für Wohnungen die mit Förderungen aus Wohnungsfürsorgemitteln des Bundes und aus Sondervermögen gefördert wurden weiter fort.

142 BGH ZMR 1969, 315; MDR 1970, 411; ZMR 1970, 46.

143 AG Hamburg WuM 1984, 153.

144 LG Köln NZM 2002, 288.

145 LG Düsseldorf ZMR 1985, 339.

146 OLG Hamm NJW-RR 1986, 287, verfassungsrechtlich bestätigt von BVerfG WuM 1987, 78.

147 OLG Hamm WuM 1991, 528.

148 In Berlin wird dieser Förderweg als „zweiter Förderweg" bezeichnet: *Maciejewski* MM 1997, 257.

149 LG Freiburg WuM 2003, 696 mablAnm *Harsch;* LG Berlin GE 2002, 468; LG Essen WuM 1974, 32; LG *Frankfurt a. M. WuM 1974, 184;* AG Frankfurt/Oder WuM 2012, 320; AG Tempelhof/Kreuzberg MM 2005, 371; AG Hamburg WuM 2001, 558; Kinne/Schach/Bieber MietR/*Kinne* BGB § 557 Rn. 1.

150 Die Vorschrift ist durch das WoFG ab 1.1.2002 aufgehoben worden.

151 AG Frankfurt/Oder WuM 2012, 320.

kung berufen kann.[152] Wenn die Parteien, die sich aus dem Fördervertrag ergebende Beschränkung des Mieterhöhungsrechts zum Inhalt des Mietvertrages gemacht haben, dann handelt es sich außerdem um eine Vereinbarung iSd § 557 Abs. 3 BGB, die das Mieterhöhungsrecht des Vermieters unmittelbar beschränkt. Der Vermieter kann also Mieterhöhungen nach § 558 BGB durchführen. Dabei muss er alle materiellen und formellen Voraussetzungen der Vorschrift beachten. Er hat also anders als im preisgebundenen Wohnungsbau kein einseitiges Erhöhungsrecht, sondern ihm steht nur ein Zustimmungsanspruch zu.[153] Dies gilt auch bei einer Mieterhöhung aus Anlass der Verringerung von Aufwendungshilfen. Dabei muss er sowohl die Kappungsgrenze und die Jahressperrfrist beachten, wie auch die Höhe der ortsüblichen Vergleichsmiete. Er muss also sowohl begründen, dass die verlangte Miete die ortsübliche Vergleichsmiete nicht überschreitet als auch, dass die Voraussetzungen für eine Mieterhöhung nach dem Fördervertrag gegeben sind, § 557 Abs. 3 BGB.[154]

**45** Davon zu unterscheiden ist die Frage, ob die Mieten die für diese Wohnungen gezahlt werden in die Ermittlung der ortsüblichen Vergleichsmiete einfließen dürfen und ob die Mieten mittels eines Mietspiegels erhöht werden dürfen, in dessen Stichprobe solche Mieten gar nicht einbezogen wurden.[155]

**46** Diese Grundsätze galten auch bisher schon und auch weiterhin bei sonstigen Förderungen, zB im Rahmen des Berliner Wohnungsbaukredit-Programms für Führungskräfte. Auch hier liegt keine Preisbindung vor,[156] obwohl im Mietvertrag selbst keine Vereinbarung iSd § 557 Abs. 3 BGB getroffen wurde. Der Vermieter kann in diesem Fall gem. § 558 BGB seinen Erhöhungsanspruch geltend machen und zwar auch dann, wenn in dem Vertrag über die Gewährung der Mittel vereinbart wurde, dass die Vorschriften zur Anwendung kommen sollen, die für öffentlich geförderte Neubauwohnungen gelten. Die vereinbarte Preisbindung wirkt jedoch für den Mieter als Vertrag zugunsten Dritter, mit der Folge, dass sich der Mieter auf die Preisbindung berufen kann.[157] Er hat einen durchsetzbaren Anspruch auf Einhaltung der Preisbindung, was aber nur der Höhe nach im Mieterhöhungsverfahren nach § 558 BGB zu berücksichtigen ist. Im Mieterhöhungsverlangen hat der Vermieter dementsprechend bereits Angaben über die Kostenmiete zu machen. Er muss seinen Zustimmungsanspruch also doppelt begründen. Ebenso wenig tritt eine die Anwendung der §§ 557–561 BGB ausschließende Preisbindung ein, wenn die Modernisierung im Rahmen des **LAMOD-Programms** gefördert wurde.[158] Hierbei handelt es sich um Fördermittel, die ggf. als Drittmittel gem. § 558 Abs. 5 BGB[159] bei der Mieterhöhung auf die ortsübliche Vergleichsmiete und gem. § 559a BGB[160] bei der Mieterhöhung nach einer Modernisierung zu berücksichtigen sind.

**47** **b) Vereinbarte Förderung nach dem Wohnraumförderungsgesetz[161].** Das WoFG galt für alle Förderungen ab dem 1.1.2002 und hat das alte Wohnungsbaurecht ersetzt.[162] Nach Übertragung der ausschließlichen Gesetzgebungszuständigkeit für den Bereich des Wohnraumförderung durch das Gesetz zur Überleitung der sozialen Wohnraumförderung auf die Länder – Wohnraumförderungs-Überleitungsgesetz (WoFÜG)[163] im Rahmen der Föderalismusreform[164] auf die Länder zum 1.9.2006 (→ Rn. 35 ff.) haben einige Bundesländer abweichende Regelungen erlassen.[165] Soweit keine abweichende landesgesetzliche Regelung getroffen wurde gilt das WoFG gem. Art. 125a GG in den übrigen Bundesländern weiter. Die Regelungen des II. WoBauG, des WoBindG, der NMV und der II. BV gelten aber für vor dem 1.1.2002 geförderte Bestände weiter. Das WoFG und einige Landesgesetze ordnen jetzt nicht mehr eine bestimmte Fördermethode an. Stattdessen legen die Länder im Rahmen des jeweils anwendbaren Gesetzes die Fördervoraussetzungen fest. Dies kann durch Förderprogramme oder -richtlinien erfolgen. Die Förderung im Ein-

---

152 LG Berlin GE 2009, 1255.
153 AG Tempelhof/Kreuzberg MM 2005, 371.
154 LG Berlin GE 1991, 355; *Maciejewski* MM 1997, 257.
155 Dagegen LG Frankfurt/Oder WuM 2012, 319.
156 LG Berlin GE 1991, 355.
157 LG Berlin GE 2009, 1255.
158 KG NZM 2002, 211; dazu auch VerfGH Berlin NZM 2001, 228; LG Berlin GE 2000, 604.
159 → BGB § 558 Rn. 199.
160 → BGB § 559a Rn. 5.
161 Vom 13.9.2001 (BGBl. I 2376); Kinne/Schach/Bieber MietR/*Kinne* BGB § 557 Rn. 1.
162 *Söfker* WuM 2002, 291; *Hannig* NZM 2001, 831.
163 Art. 6 des Föderalismusreformbegleitgesetzes v. 5.9.2006 (BGBl. I 2098 (2100)).
164 G zur Änderung des GG v. 28.8.2006 (BGBl. I 2034).
165 ZB in Niedersachen und Baden-Württemberg.

zelfall wird geregelt in der Förderzusage gem. § 13 WoFG. In dieser werden alle maßgeblichen Bestimmungen festgelegt. Die Förderzusage erfolgt öffentlich-rechtlich durch Verwaltungsakt oder durch öffentlich-rechtlichen Vertrag. In der Förderzusage wird eine höchstzulässige Miete bestimmt. Möglich ist dies auch für Mieterhöhungen nach Modernisierung. Diese höchstzulässige Miete ist aber nur eine Obergrenze. Die Mieterhöhung selber erfolgt nach den Vorschriften des BGB. Es müssen also alle Voraussetzungen des § 558 BGB erfüllt sein, damit der Vermieter einen Anspruch auf Zustimmung zur Mieterhöhung hat. Es erfolgt keine einseitige Mieterhöhung mehr wie früher nach dem WoBindG. Der Mieter kann sich gegenüber dem Vermieter auf die Bestimmungen der Förderzusage berufen. Ihm steht deshalb gem. § 28 Abs. 5 WoFG ein Auskunftsanspruch zu. Von der Förderzusage abweichende Vereinbarungen sind gem. § 28 Abs. 6 WoFG unwirksam.

48 **c) Vereinbarte Kostenmiete.** Nicht um gesetzlich preisgebundenen Wohnraum handelt es sich, wenn eine Wohnung weder mit öffentlichen Mitteln iSv § 1 Abs. 3 WoBindG noch mit Wohnungsfürsorgemitteln iSd § 87a II. WoBauG noch mit Aufwendungszuschüssen oder Aufwendungsdarlehen iSv § 88 II. WoBauG gefördert worden ist, die Parteien aber aus welchen Gründen auch immer die Kostenmiete vereinbart haben. Eine solche Vereinbarung der Kostenmiete ist gem. § 557 Abs. 4 unwirksam.[166] Es handelt sich dann um eine vertragliche Beschränkung des Erhöhungsanspruchs gem. § 557 Abs. 3 BGB.[167] Erforderlich ist in diesen Fällen idR eine doppelte Begründung für die Mieterhöhung. Der Vermieter muss darlegen, dass die verlangte Miete zum einen die ortsübliche Vergleichsmiete nicht überschreitet und zum anderen, dass die Miete zur Deckung der laufenden Aufwendungen auch erforderlich ist.

49 **d) LAG Wohnungen. LAG Wohnungen** sind wegen der Förderung mit Ausgleichsmitteln gem. § 254 Abs. 3 LAG nicht preisgebunden.[168]

50 **e) Satzungen. Auch Miethöhebeschränkungen in Satzungen,** zB Sanierungssatzungen gem. § 136 BBauG und den anschließenden Bewilligungsbescheiden führen – soweit sie überhaupt wirksam sind[169] – noch nicht zu einer Preisbindung iSd Vorschrift.[170] Das Gleiche gilt für Beschränkungen im Rahmen von Modernisierungsförderungen[171] oder sonstigen Subventionen. Auch hier kann grds. ein Mieterhöhungsverfahren nach den §§ 558–560 BGB durchgeführt werden, je nach vertraglicher Ausgestaltung kommt aber ein Ausschluss oder eine Beschränkung gem. § 557 Abs. 3 BGB in Betracht. Bei einer Sanierungssatzung handelt es sich nicht um ein gesetzliches Verbot iSd § 134 BGB.[172]

51 **f) Familiengerechte Wohnungen. Aufwendungszuschüsse für familiengerechte Wohnungen (AZFam)** sind kein Teil der Kostenmiete. Entfällt mit Auslaufen der Preisbindung auch die Zahlung des Familienzuschusses, so ist zur Geltendmachung des sich daraus ergebenden Erhöhungsbetrages weder eine Mieterhöhung nach § 10 WoBindG noch nach § 558 BGB erforderlich.[173] Ähnlich wie beim Wegfall des Wohngeldanspruchs ist der Vermieter nicht verpflichtet, die Kostenmiete bei Absinken des Zuschusses zu erhöhen. Es handelt sich bei dem Familienzuschuss nicht um eine Zuschuss zur Deckung der laufenden Aufwendungen, der dem Vermieter gem. § 18 Abs. 2 II. BV gewährt wird. Vielmehr wird er dem einzelnen Mieter gewährt und lediglich dem Vermieter ausbezahlt.

52 **g) Wohnungsbaukreditanstalt Hamburg.** Mit der Bewilligung von Mitteln der **Wohnungsbaukreditanstalt Hamburg** zur Wohnungsmodernisierung gewinnt die Wohnung nicht die Eigenschaft einer öffentlich geförderten Wohnung iSd Wohnungsbindungsgesetzes.[174]

53 **h) Bindung an die Kostenmiete.** Soweit landesgesetzlich die **Bindung an die Kostenmiete aufgehoben** wurde (→ Rn. 35) finden auf ehemalige Sozialwohnungen ebenfalls die §§ 557 ff. BGB Anwendung. Dies gilt zunächst uneingeschränkt für die Formalien, insbes. §§ 558a,

---

[166] BGH VIII ZR 122/05, NZM 2007, 283; AG Tempelhof-Kreuzberg WuM 2013, 228 mAnm *Börstinghaus* jurisPR-MietR 14/2013 Anm. 3.
[167] BGH VIII ZR 115/03, NZM 2004, 378; LG Berlin ZMR 2018, 225, 226.
[168] Emmerich/Sonnenschein/*Weitemeyer* BGB § 549 Rn. 4.
[169] Hierzu BVerwG NZM 2006, 903; OVG Berlin NZM 2004, 750.
[170] Bub/Treier MietR-HdB/*Schultz* Kap. III A Rn. 1931; *Tietzsch* NVwZ 2007, 299; *Brock* NZM 2001, 887; *Dyroff* GE 2004, 605; *Hong* ZMR 2001, 857; *Partsch* GE 1997, 146.
[171] *AG Hamburg-Altona WuM 1998, 351.*
[172] LG Berlin GE 2003, 1210 (1211).
[173] LG Berlin GE 2005, 305.
[174] AG Hamburg WuM 1994, 548; AG Hamburg-Altona WuM 1998, 351.

558b BGB. Hinsichtlich der Miethöhe ist die ortsübliche Vergleichsmiete idR durch weitere Parameter beschränkt.

**5. Wegfall der Preisbindung**

54 **Entfällt die Preisbindung,** weil einer der zuvor genannten Ausnahmetatbestände nicht mehr einschlägig ist[175], so ist die bisherige Kostenmiete weiter als „Marktmiete" zu zahlen[176] und ist von diesem Zeitpunkt an nach den Vorschriften der §§ 558ff. BGB zu erhöhen. Es sind keine Zuschläge (zB wegen Verzicht auf Belegungsbindung oder fehlender Abwälzung der Schönheitsreparaturen) herauszurechnen.[177] Der Vermieter kann die ehemalige **Kostenmiete erhöhen,** wenn sie unter der ortsüblichen Vergleichsmiete liegt. Eine Änderung der Mietstruktur ist aber einseitig durch den Vermieter ausgeschlossen. Will der Vermieter die ehemalige Kostenmiete erhöhen, muss er dem Mieter ein der Vorschrift des § 558a BGB entsprechendes Mieterhöhungsverlangen zugehen lassen. Ein solches Erhöhungsverlangen darf der Vermieter bereits während der noch bestehenden Preisbindung aussprechen, damit es dann unmittelbar im Anschluss daran wirkt.[178]

**Beispiel:** Die Preisbindung endet zum 31.12. des Jahres. Zulässig ist es in diesem Fall, das Mieterhöhungsverlangen bereits im Oktober des Jahres zugehen zu lassen, damit die erhöhte Miete dann ab 1.1. des folgenden Jahres zu zahlen ist.

Vereinzelt wird die Auffassung vertreten, der Vermieter müsse in dem Erhöhungsverlangen dem Mieter den Umstand der Beendigung der Preisbindung und den Zeitpunkt mitteilen.[179] So sinnvoll, weil Streit vermeidend, diese Forderung ist, im Gesetz findet sie keine Stütze.

## VIII. Beweislast

55 Wenn der Vermieter Ansprüche nach den §§ 557–560 BGB geltend macht, also insbes. seinen Zustimmungsanspruch nach § 558 BGB oder einen Zahlungsanspruch nach §§ 559, 560 BGB, dann muss er beweisen, dass die Vorschriften anwendbar sind. Ihn trifft also die Beweislast dafür, dass keiner der Ausnahmetatbestände des § 549 Abs. 2, 3 BGB vorliegt. Etwas anderes gilt nur für das Tatbestandsmerkmal *„sofern der Wohnraum nicht zum dauernden Gebrauch für eine Familie oder andere Angehörige seines Haushalts überlassen ist"* im § 549 Abs. 2 Nr. 2 BGB. Dies ist eine Ausnahmevorschrift von der Ausnahme, für die der Mieter die Darlegungs- und Beweislast hat.

---

[175] *Beuermann* GE 1994, 364.
[176] BGH VIII ZR 258/09, NZM 2010, 736.
[177] BGH VIII ZR 87/11, NZM 2012, 80; *Börstinghaus* LMK 1/2012 Anm. 2, für den umgedrehten Fall.
[178] OLG Hamm NJW 1981, 234 mAnm *Köhler;* KG NJW 1982, 2077; OLG Hamm WuM 1994, 455; LG Köln NJWE-MietR 1997, 267; LG Hamburg WuM 1997, 562; LG Berlin GE 2003, 592; WuM 1996, 417; *Lützenkirchen* WuM 1995, 574; **aA** *Sternel* MietR Kap. IV Rn. 77.
[179] LG Berlin GE 2003, 592.

## § 557 Mieterhöhungen nach Vereinbarung oder Gesetz

**(1) Während des Mietverhältnisses können die Parteien eine Erhöhung der Miete vereinbaren.**

**(2) Künftige Änderungen der Miethöhe können die Vertragsparteien als Staffelmiete nach § 557 a oder als Indexmiete nach § 557 b vereinbaren.**

**(3) Im Übrigen kann der Vermieter Mieterhöhungen nur nach Maßgabe der §§ 558 bis 560 verlangen, soweit nicht eine Erhöhung durch Vereinbarung ausgeschlossen ist oder sich der Ausschluss aus den Umständen ergibt.**

**(4) Eine zum Nachteil des Mieters abweichende Vereinbarung ist unwirksam.**

### Systematische Übersicht



### Alphabetische Schnellübersicht

## A. Inhalt und Zweck der Norm

1 Die Vorschrift enthält die allgemeinen Regelungen über die Mieterhöhungen im preisfreien Wohnungsbau. Die Vorschriften der §§ 557–561 BGB gelten grds nur für Wohnraummietverträge. Eine Ausnahme stellen gem. § 578 Abs. 3 BGB[1] die Verträge über die Anmietung von Räumen durch eine juristische Person des öffentlichen Rechts oder einen anerkannten privaten Träger der Wohlfahrtspflege dar, die geschlossen werden, um die Räume Personen mit dringendem Wohnungsbedarf zum Wohnen zu überlassen. Auf diese Verträge sind §§ 557, 557a Abs. 1–3, 5, § 557b Abs. 1–3, 5, §§ 558–559d, 561 BGB anzuwenden (→ BGB § 578 Rn. 17). Bei nicht geschütztem Wohnraum gem. § 549 Abs. 2, 3 BGB sind die Vertragsparteien bei einer Mietabänderungsvereinbarung weder an die Voraussetzungen des § 557 Abs. 1 BGB gebunden, noch werden sie beim Abschluss von Staffel- und Indexmietverträgen an die sich aus §§ 557a, 557b BGB ergebenden Grenzen gebunden. Sie müssen auch die sonstigen Folgen des Nachteilsverbots des § 557 Abs. 4 BGB nicht beachten.

2 **Nach Abs. 1** sind Vereinbarungen zwischen den Mietvertragsparteien über die Veränderung der Miete zulässig. Eine solche vertragliche Vereinbarung ist neben den gesetzlich vorgesehenen einseitigen Mieterhöhungen gem. §§ 559, 560 BGB und dem gesetzesgestützten Mieterhöhungsverfahren nach §§ 558, 558b BGB möglich. Darin liegt gerade die Bedeutung des § 557 Abs. 1 BGB.[2] Etwas anderes ergibt sich auch nicht aus §§ 557 Abs. 4, 558 Abs. 6 BGB. Die darin vorgesehene rechtliche Folge einer Unwirksamkeit knüpft nach dem Willen des Gesetzgebers gerade nicht an eine individualvertraglich vereinbarte Mieterhöhung an. Vielmehr sind von dem Verbot lediglich Abreden erfasst, die die formellen oder materiellen Voraussetzungen für eine Mieterhöhung zum Nachteil des Mieters abändern.[3]

Der Gesetzgeber hat die besondere Bedeutung dieser auf einer freiwilligen Vereinbarung beruhenden Vertragsanpassung dadurch besonders betonen wollen, dass er die Regelung ganz an den Anfang des Kapitels über die Regelungen zur Miethöhe gestellt hat. Erforderlich ist hierfür der Abschluss einer „Vereinbarung". Es handelt sich also um einen **Änderungsvertrag.** Nach dem eindeutigen Wortlaut kann die Vereinbarung nur während des Bestandes eines Mietverhältnisses getroffen werden. Damit werden alle Vereinbarungen, die schon bei Abschluss des Mietvertrages getroffen werden, von Abs. 1 nicht erfasst. Diese sind nur nach § 557 Abs. 2, 3 BGB zulässig. Die Vereinbarung muss sich auf die Erhöhung der Miete beziehen. Nicht mehr erforderlich ist, dass sich die Vereinbarung auf eine **Erhöhung um einen bestimmten Betrag** beziehen muss. Damit sind auch gelegentlich vorkommende Mieterhöhungen, die nicht in Geld erfolgen, zulässig. In der Regel werden die Parteien sich auf die neue Miete einigen. Möglich ist aber auch die Übernahme von Schönheitsreparaturen oder weiterer Betriebskostenpositionen, soweit dies gem. § 556 Abs. 1 BGB zulässig ist (→ Rn. 37). Nicht ausreichend ist die Vereinbarung, wonach die Miete bis zur Höhe der ortsüblichen Vergleichsmiete oder bis zu einem bestimmten Prozentsatz über der ortsüblichen Vergleichsmiete erhöht wird. Deshalb kann auch bei Modernisierungsarbeiten keine Vereinbarung darüber getroffen werden, dass der Mieter einen bestimmten Prozentsatz der Kosten zu tragen hat, die der Vermieter dem Mieter nach Abschluss der Arbeiten mitteilt.[4] Auch **Mieterhöhungen um einen bestimmten Prozentsatz** sind möglich[5]. Soweit die Rspr. bei errechenbaren Folgen einer Vereinbarung eher zurückhaltend ist, steht dies prozentualen Mieterhöhungen nicht entgegen. Es handelt sich hier um eine vertragliche Abrede, auf die sich beide Vertragsparteien einvernehmlich eingelassen haben. Der Mieter kann also durchaus verlangen, dass ihm die Folgen der prozentualen Erhöhung, wenn er sie nicht selber durchschaut, vorgerechnet werden, bevor er zustimmt. Im Rahmen des § 557 Abs. 1 BGB geht es um eine einmalige Erhöhung, deren Folgen grds. leicht zu berechnen sind. Wortlaut und Schutzzweck der Vorschrift sprechen deshalb für die Zulässigkeit von prozentualen Erhöhungsvereinbarungen.

3 Ergänzend zu § 557 Abs. 1 BGB gestattet § 557 **Abs. 2** BGB bereits bei Abschluss des Mietvertrags oder auch später Vereinbarungen über zukünftige Mietsteigerungen. Dies kann in Form einer

---

[1] Eingefügt durch das MietAnpG v. 18.12.2018 BGBl I 2648; dazu *Artz/Börstinghaus* NZM 2019, 12; *Selk* NJW 2019, 329; *Börstinghaus* ZAP Fach 4, 1777; *Wichert* ZMR 2019, 245; *Lützenkirchen* MietRB 2019, 86.

[2] BGH VIII ZR 234/18, NZM 2020, 322.

[3] BGH VIII ZR 234/18, NZM 2020, 322; BGH VIII ZR 122/05, NJW-RR 2007, 667; BGH VIII ZR 205/08, NJW 2009, 2739.

[4] LG Osnabrück WuM 1978, 10.

[5] *Kunze/Tietzsch* Miethöhe Teil II Rn. 78.

Staffelmietvereinbarung oder Indexvereinbarung erfolgen. § 557 Abs. 2 BGB hat über diese klarstellende Funktion aber iÜ keine eigene Bedeutung.

4 § 557 **Abs. 3** BGB enthält zunächst den Anspruch des Vermieters auf Mieterhöhung im Rahmen des Vergleichsmietensystems. Durch die Stellung in § 557 Abs. 3 BGB hinter den verschiedenen Möglichkeiten der einvernehmlichen Mietabänderung hat der Gesetzgeber zum Ausdruck bringen wollen, dass solche einvernehmlichen Regelungen zu bevorzugen sind und nur, wenn diese nicht zustande kommen, dem Vermieter ggf. durchsetzbare Ansprüche auf Mietanpassung zustehen. Das Mieterhöhungsverfahren auf die ortsübliche Vergleichsmiete ist ein **gesetzesgestütztes Zustimmungsverfahren.** Dem Vermieter steht unter den Voraussetzungen der §§ 558 ff. BGB ein durchsetzbarer Anspruch auf Annahme des Angebots auf Vertragsänderung zu. Bei diesen Ansprüchen handelt es sich um die „Gegenleistung" des Gesetzgebers dafür, dass dem Vermieter gem. § 573 Abs. 1 S. 2 BGB eine Kündigung zum Zwecke der Mieterhöhung ausdrücklich untersagt ist.[6] Stimmt der Mieter einem Mieterhöhungsbegehren des Vermieters zu, kommt dadurch – unabhängig davon, ob das Mieterhöhungsbegehren den formellen Voraussetzungen des § 558 a BGB genügte und materiell berechtigt war – eine vertragliche Vereinbarung über die begehrte Mieterhöhung zustande.[7] Der Verweis auf die Mieterhöhungsmöglichkeiten der §§ 558–560 BGB in § 557 Abs. 3 Hs. 1 BGB hat deshalb keine eigene Bedeutung. Die Tatbestandsvoraussetzungen für die jeweilige Mieterhöhung richten sich nach §§ 558 ff., 559 ff., 560 BGB. Es handelt sich um eine Rechtsgrundverweisung.

5 Eine **eigenständige Bedeutung** hat § 557 Abs. 3 Hs. 2 BGB. Danach ist eine Mieterhöhung nach den §§ 558–560 BGB ausgeschlossen, wenn die Mietvertragsparteien eine Erhöhung durch Vereinbarung ausgeschlossen haben oder sich der Ausschluss aus den Umständen ergibt. Ebenso wie die Parteien gem. § 557 Abs. 1 BGB eine Mieterhöhung vereinbaren können, können sie auch vereinbaren, dass Mieterhöhungen nicht oder während eines bestimmten Zeitraums nicht erfolgen können. Solche Vereinbarungen können ausdrücklich oder konkludent geschlossen werden. Sie können sich auf alle Mieterhöhungsmöglichkeiten beziehen oder nur auf einzelne Erhöhungstatbestände. Ferner können sie eine Mieterhöhung ganz oder teilweise ausschließen, wobei der teilweise **Ausschluss** sich sowohl auf die Höhe wie auch auf den zeitweiligen Ausschluss beziehen kann. Ausdrückliche Vereinbarungen sind in diesem Bereich jedoch selten, idR haben die Parteien anderweitige Vereinbarungen getroffen, aus denen sich dann auch der Wille ergibt oder ergeben soll, dass bestimmte Mieterhöhungen ausgeschlossen sind.

6 Nach § 557 **Abs. 4** BGB sind für den Mieter nachteilige Vereinbarungen über Mieterhöhungen unwirksam. Da es sich bei § 557 BGB um die einleitende Vorschrift des Unterabschnitts „Regelungen über die Miethöhe" handelt, gilt die Vorschrift für alle nachfolgenden Vorschriften dieses Unterabschnitts. Warum dann in den einzelnen Vorschriften (§§ 557 a Abs. 4, 557 b Abs. 4, 558 Abs. 6, 558 a Abs. 5, 558 b Abs. 4, 559 Abs. 3, 559 b Abs. 3, 560 Abs. 6 BGB) jeweils noch einmal das Verbot nachteiliger Vereinbarungen enthalten ist, ist dogmatisch nicht nachvollziehbar.

7 Die Zulässigkeit von Mietabänderungsvereinbarungen gem. § 557 Abs. 1 BGB ist Ausdruck eines Restes von **Vertragsfreiheit** im Miethöherecht. § 557 Abs. 1 BGB stellt lediglich klar, dass trotz der zahlreichen Mieterschutzvorschriften im Miethöherecht, ein Rest von Privatautonomie erhalten geblieben ist.[8] Sie beruht auf der Grundüberlegung, dass ein Mieter, der sich wirklich freiwillig mit einer für ihn übersehbaren Mieterhöhung einverstanden erklärt, nicht so schutzbedürftig ist, wie ein Mieter, der sich unter Druck, anderenfalls eine begehrte Wohnung gar nicht erst zu erhalten, verpflichtet, einer zum Zeitpunkt des Abschlusses des Mietvertrages noch weit entfernten und wenig konkreten Mieterhöhungsmöglichkeit zuzustimmen. Für besondere Situationen bleibt dem Mieter aber das Widerrufsrecht gem. § 355 BGB (→ BGB Vor § 535 Rn. 75–92).[9] Alternativ haben die Parteien die Möglichkeit, den Mietvertrag insgesamt aufzuheben und zu geänderten

---

[6] BGH VIII ZR 52/18 NZM 2019, 142; BGH VIII ZR 303/06, NJW 2007, 2546.

[7] BGH VIII ZR 234/18, NZM 2020, 322; BGH VIII ZR 373/96, NJW 1998, 445; BGH VIII ZR 192/03, NJW 2004, 3115.

[8] Bub/Treier MietR-HdB/*Schultz* Kap. III A Rn. 751; MüKoBGB/*Artz* § 557 Rn. 27; *Weitemeyer* NZM 2001, 563 (565).

[9] *Soweit der BGH VIII ZR 94/17*, NZM 2018, 1011 mAnm.; *Menke* LMK 2018, 412415; *Börstinghaus* NZM 2018, 1015 durch eine teleologische Reduktion die Vorschriften über Fernabsatzverträge auf die gesetzesgestützte Mieterhöhung nach § 558 BGB nicht anwenden will, gilt diese Einschränkung nicht für Vereinbarungen gem. § 557 Abs. 1 BGB.

Bedingungen neu abzuschließen.[10] Diese Möglichkeit stellt auch keine unzulässige Umgehung der Vorschriften des BGB dar. In diesem Fall sind aber die Vorschriften des Unterkapitels 1a „Vereinbarungen über die Miethöhe bei Mietbeginn in Gebieten mit angespannten Wohnungsmärkten" einzuhalten, die ansonsten bei Vereinbarungen über die Miethöhe während eines bestehenden Mietverhältnisses nicht gelten.

Grundsätzlich ist es im Rahmen der Vertragsfreiheit den Mietvertragsparteien gestattet, **Vereinbarungen über die Miethöhe** zu treffen Im Wohnraummietrecht gibt es jedoch anders als in der Gewerberaummiete und bei anderen Mietverhältnissen Grenzen, die einzuhalten sind. Bei der Neuvermietung sind in bestimmten Gemeinden die §§ 556d–556g BGB einzuhalten. Im Übrigen kommt es darauf an, wann eine Mieterhöhung wirken soll, nicht wann die Vereinbarung geschlossen wurde. 8

| **Wirkungszeitpunkt der Mieterhöhung** | **Anzuwendende Vorschriften** | **Voraussetzungen** |
|---|---|---|
| *„Mieterhöhung während des Mietverhältnisses"* | Mietabänderungsvereinbarung gem. § 557 Abs. 1 BGB | – formfrei möglich<br>– nach Abschluss des Mietvertrages<br>– Mieterhöhung in Geld oder anderer Gegenleistung<br>– Jede Art der Neufestlegung auch prozentuale Steigerung<br>– Abstand zur letzten Mieterhöhung unerheblich<br>– keine Kappungsgrenze<br>– keine Beschränkung der Wiedervermietungsmiete gem. §§ 556d ff. BGB<br>– Theoretisch Begrenzung durch § 5 WiStG |
| *„Künftige Änderung der Miethöhe"* | Staffelmiete gem. § 557a BGB | – schriftlich<br>– bei Abschluss des Mietvertrages oder auch später<br>– mindestens eine Steigerung, keine Höchstgrenze<br>– Erhöhung in der Zukunft<br>– keine prozentuale Steigerung<br>– Abstand zwischen den einzelnen Staffeln mindestens ein Jahr<br>– Erhöhung tritt automatisch ein<br>– die Begrenzung der Wiedervermietungsmiete gem. §§ 556d ff. BGB gilt für jede einzelne Staffel<br>– Theoretisch auch Begrenzung durch § 5 WiStG |
| *„Miete bestimmt durch Preisindex für die Lebenshaltung aller privaten Haushalte"* | Indexmiete gem. § 557b BGB | – schriftlich<br>– bei Abschluss des Mietvertrages oder auch später<br>– mindestens eine Steigerung, keine Höchstgrenze<br>– Steigerung in der Zukunft<br>– Koppelung nur an einen einzigen Index möglich<br>– Abstand zwischen den einzelnen Steigerungen mindestens ein Jahr<br>– Mieterhöhung muss in formalisiertem Verfahren geltend gemacht werden<br>– die Begrenzung der Wiedervermietungsmiete gem. §§ 556d ff. BGB gilt nur für die Ausgangsmiete nicht für spätere Erhöhungsbeträge<br>– Theoretisch Begrenzung durch § 5 WiStG |

10 Bub/Treier MietR-HdB/*Schultz* Kap. III A Rn. 751.

## B. Die Mietabänderungsvereinbarung gem. Abs. 1

### I. Zustandekommen der Vereinbarung

#### 1. Das Angebot

9 Die Mietabänderungsvereinbarung ist ein Vertrag, der Angebot und Annahme voraussetzt. Für das Angebot und die Annahme gelten grds. die **allgemeinen Regeln über Willenserklärungen,** §§ 116–144 BGB, und Verträge, §§ 145–157 BGB.[11] Regelmäßig wird das Angebot vom Vermieter stammen, da kaum ein Mieter seinem Vermieter den Abschluss eines Vertrages anbieten wird, der einzig und allein zum Inhalt hat, die Miete für seine Wohnung zu erhöhen. Denkbar ist aber in Zeiten sinkender Mieten ein Angebot des Mieters auf Abschluss einer Mietherabsetzungsvereinbarung als Alternative zur Kündigung.

10 **a) Ausdrückliches Angebot.** Ein wirksames Angebot liegt dann vor, wenn der Vermieter dem Mieter ausdrücklich den Abschluss eines Änderungsvertrages anbietet. Hierfür gelten die Vorschriften des Allgemeinen Teils und des Allgemeinen Schuldrechts. Beschränkungen nach den §§ 558–558b BGB finden keine Anwendung. Der Vermieter ist also weder an die 12- oder 15-Monatsfrist des § 558 Abs. 1 BGB gebunden noch an die Kappungsgrenze.[12] Außerdem kann er dem Mieter eine Änderung auf eine Miete anbieten, die über der ortsüblichen Vergleichsmiete liegt oder die Möglichkeiten einer Modernisierungserhöhung nach § 559 BGB überschreitet, jedoch erfüllt bereits das „Fordern" einer wesentlich über der ortsüblichen Vergleichsmiete liegenden Miete den Tatbestand des § 5 WiStG (→BGB Anh. § 535 Rn. 5).

11 **b) Form.** Das Angebot ist grds. formfrei möglich.[13] Lediglich bei Zeitmietverträgen über einen längeren Zeitraum als ein Jahr ist gem. § 550 BGB die Einhaltung der Schriftform erforderlich[14] (→BGB § 550 Rn. 7, 14), anderenfalls läuft der Mietvertrag nach Zustandekommen der Vereinbarung auf unbestimmte Zeit.[15] Haben die Parteien eine Schriftformklausel vereinbart, ist zu beachten, dass die Parteien diese idR mündlich aufheben können.[16] Voraussetzung hierfür ist jedoch, dass sich die Parteien darüber einig und bewusst waren, dass eine Änderung der Schriftformklausel notwendig war.[17] Enthält ein Mietvertrag die Klausel, dass Vertragsänderungen auch bzgl. des Formerfordernisses der Schriftform bedürfen (sog. **qualifizierte Schriftformklausel**[18]), so ist eine individualvertraglich vereinbarte Mieterhöhung wegen des Vorrangs der Individualvereinbarung gem. § 305b BGB trotzdem wirksam.[19] Für das einseitige Mieterhöhungsverlangen gem. § 558a Abs. 1 BGB gilt eine solche Schriftformklausel nicht.[20]

12 **c) Annahmefrist.** Der Vermieter ist iRd §§ 145ff. BGB an sein Angebot gebunden. Soweit der Vermieter dem Mieter also eine **Überlegungsfrist oder Annahmefrist** eingeräumt hat, besteht die Bindung innerhalb dieser Frist. Bei einem Angebot unter Anwesenden oder mittels Telefons kann das Angebot nur sofort angenommen werden, bei einem schriftlichen Angebot,

---

[11] Staudinger/*J. Emmerich* BGB § 557 Rn. 32.

[12] Bub/Treier MietR-HdB/*Schultz* Kap. III A Rn. 766.

[13] LG Hannover WuM 1990, 222; Staudinger/*V. Emmerich* BGB § 557 Rn. 32.

[14] Ob § 550 BGB bei Mietverträgen mit einer Laufzeit von mehr als einem Jahr noch die Schriftform erfordert oder nicht ist str.: **dafür** *Timme/Hülk* NJW 2007, 3313; *Heile* NZM 2002, 505; *Sternel* ZMR 2001, 937; MüKoBGB/*Bieber* § 550 Rn. 10; Palandt/*Weidenkaff* BGB § 550 Rn. 1; *Blank/Börstinghaus* BGB § 550 Rn. 30; Lützenkirchen MietR/*Lützenkirchen* BGB § 550 Rn. 11; *Lützenkirchen* MDR 2001, 1385 (1388); *Mankowski* ZMR 2002, 481; NK-BGB/*Klein-Benkers,* Bd. 2, 2005, BGB § 550 Rn. 1; *Schmid* GE 2002, 1039; *Treier* GS Sonnenschein, 2013, 141 (142); →BGB § 550 Rn. 7f.; Staudinger/*V. Emmerich* BGB § 550 Rn. 3; Lindner-Figura/Oprée/Stellmann Geschäftsraummiete/*Lindner-Figura* Kap. 16 Rn. 4; Börstinghaus/Eisenschmid/*Börstinghaus* S. 158; **dagegen** *Eckert* NZM 2001, 409; *Ormanschick/Riecke* MDR 2002, 247; zweifelnd auch *Löwe* NZM 2000, 577 (580).

[15] BGH XII ZR 114/14, NJW 2016, 311 = NZM 2016, 98; *Schweitzer* NZM 2016, 101; LG Gießen ZMR 2002, 272; LG Berlin NJWE-MietR 1996, 195; Staudinger/*J. Emmerich* BGB § 557 Rn. 32; Staudinger/*J. Emmerich* BGB § 550 Rn. 29.

[16] BGH XII ZR 312/02, NZM 2006, 59; OLG Düsseldorf GE 2010, 907; LG Berlin GE 1988, 777; **aA** LG Baden-Baden ZMR 1984, 167.

[17] OLG Düsseldorf GE 2010, 907; LG Düsseldorf WuM 1993, 341; AG Münster WuM 1994, 424; AG Baden-Baden DWW 1988, 52.

[18] *Lingemann/Gotham* NJW 2009, 268.

[19] BGH XII ZR 69/16, NZM 2017, 189; *Schweitzer* NZM 2017, 191.

[20] BGH VIII ZR 275/10, WuM 2011, 393; BGH VIII ZR 300/09, NJW 2011, 295; *Bloching/Ortloff* NZM 2012, 334.

wozu auch Telefax-Schreiben oder E-Mail zählen, kann die Annahme nur bis zu einem Zeitpunkt erfolgen, in welchem der Vermieter den Eingang der Antwort des Mieters unter regelmäßigen Umständen erwarten darf. Da der Mieter sich nach Eingang des Mieterhöhungsangebots beraten lassen darf, erscheint eine Frist von bis zu zehn Tagen nach Absendung des Schreibens noch angemessen.[21]

**d) Umdeutung.** Ein Mieterhöhungsverlangen nach § 558a BGB stellt idR zugleich ein Angebot auf Abschluss eines Änderungsvertrages dar.[22] Dies gilt selbst für ein **unwirksames Mieterhöhungsverlangen,** so dass sich die Miete auch bei Zustimmung des Mieters zu einem unwirksamen Mieterhöhungsverlangen ebenso erhöht, wie bei Zustimmung zu einem Erhöhungsverlangen, das mit falschen Tatsachen begründet wurde.[23] Für eine ausdrücklich erklärte Zustimmung ist dies unproblematisch. Strittig ist, ob auch in der **Zahlung** auf ein unwirksames Mieterhöhungsverlangen eine **konkludente Zustimmung** zu sehen ist. Dies ist zu bejahen.[24] Die Umdeutung dient dem Ziel, den von den Parteien erstrebten wirtschaftlichen Erfolg zu verwirklichen, wenn zwar das von ihnen gewählte rechtliche Mittel unzulässig ist, aber ein anderer, rechtlich gangbarer Weg zur Verfügung steht.[25] Deshalb kommt ein Änderungsvertrag zustande, wenn der Vermieter den Mieter zur Abgabe einer Zustimmungserklärung tatsächlich aufgefordert hat und der Mieter dann tatsächlich zahlt. Maßstab ist allein der objektive Empfängerhorizont. Abgrenzungskriterium ist allein die Tatsache, ob der Mieter erkennen konnte, dass die Wirksamkeit der Mieterhöhung auch von seinem Verhalten abhängt. Wenn er ein Mieterhöhungsverlangen erhält, kann er sich beraten lassen. Es kann gut sein, dass er den formellen Fehler erkennt und trotzdem, um Ärger zu vermeiden, zustimmen will. Er kann sich auch auf den Streit einlassen, wobei die **„Klageinitiativlast“**[26] beim Vermieter liegt. Eine Zustimmungsklage wäre bei Unwirksamkeit des Erhöhungsverlangens unwirksam.[27] Davon abzugrenzen ist der Fall, dass der Vermieter die Miete in einer Weise erhöht, die beim Mieter den Eindruck erweckt, dass der Vermieter einseitig die Miete neu festsetzt und dass hierzu eine Zustimmung des Mieters nicht erforderlich ist (→ Rn. 15).[28] Eine Umdeutung in ein Angebot auf Abschluss eines Mietabänderungsvertrages scheidet hier aus. Hier stellt die Zahlung deshalb auch keine Annahme des Angebots dar (→ Rn. 19). Der Mieter muss auch keinen Vorbehalt erklären. 13

Bei einem **wirksamen Mieterhöhungsverlangen** nach § 558a BGB sind neben den allgemeinen Vorschriften des BGB auch die **Besonderheiten der §§ 558–558b BGB** zu beachten. Daraus folgt insbes., dass der Mieter entgegen § 150 Abs. 2 BGB dem Angebot des Vermieters auch nur teilweise zustimmen kann. Das ergibt sich aus der Formulierung in § 558b Abs. 1 BGB *„soweit“*. Ferner ist der Vermieter bei einem Mieterhöhungsverlangen an seinen Antrag weit länger gebunden als bei einem ausdrücklichen Angebot auf Abschluss eines Änderungsvertrages. Für das Mieterhöhungsverlangen gilt § 558b Abs. 2 BGB. Der Mieter kann deshalb das Angebot auf jeden Fall bis zum Ablauf der Zustimmungsfrist annehmen.[29] Fraglich ist, ob der Mieter das Angebot auch noch während der dreimonatigen Klagefrist annehmen kann.[30] Hier herrscht ein **Schwebezustand.** Ohne weitere Erklärung des Vermieters bleibt das Zustimmungsverlangen des Vermieters 14

---

[21] Für die Gewerberaummiete hat der BGH XII ZR 5/15, NJW 2016, 1441 eine Annahmefrist von zwei bis drei Wochen für die Annahme eines Angebots auf Abschluss eines gewerblichen Mietvertrages angenommen; dazu *Kähler* NJW 2016, 1444; *Sittner* NZM 2016, 360; *Schweitzer/Mink* ZfIR 2016, 399.

[22] BGH NJW 1998, 445 (446); LG Berlin GE 2003, 807 (808); *Weitemeyer* NZM 2000, 313 (316); Staudinger/*J. Emmerich* § 557 Rn. 33; Staudinger/*V. Emmerich* BGB § 558a Rn. 13, 61; Bamberger/Roth/*Schüller* BGB § 557 Rn. 9; Erman/*Dickersbach* BGB § 557 Rn. 4; Spielbauer/Schneider/*Kellendorfer* BGB § 557 Rn. 5; Bub/Treier MietR-HdB/*Schultz* Kap. III A Rn. 763; **aA** MüKoBGB/*Artz* § 557 Rn. 43 „nicht ohne weiteres“; *Artz* WuM 2005, 215; *Hau* DMT-Bilanz 631, (639); *Hau,* Vertragsanpassung und Anpassungsvertrag, 2003, S. 324ff.

[23] BGH VIII ZR 234/18, NZM 2020, 322.

[24] BGH VIII ZR 182/04, NZM 2005, 736; AG München ZMR 2014, 460; Staudinger/*J. Emmerich* BGB § 557 Rn. 32, 34; **aA** MüKoBGB/*Artz* § 557 Rn. 43; *Artz* WuM 2005, 215 (218).

[25] *BGH BLw 4/08, ZIP 2009, 264;* BGH II ZR 204/54, BGHZ 19, 269 (273) = NJW 1956, 297; BGH II ZR 96/75, BGHZ 68, 204 (206) = NJW 1977, 1233.

[26] So der Begriff von *Artz* WuM 2005, 215 (218), der diese Last aber beim Mieter sieht.

[27] BGH VIII ZR 136/17, NZM 2018, 742; *Fleindl* NZM 2018, 744; *Börstinghaus* LMK 2018, 410810; *Börstinghaus* DS 2018, 261; BGH VIII ZR 190/17, WuM 2018, 509; BGH VIII ZR 413/12, NJW 2014, 1173; BGH VIII ZR 331/06, NJW 2008, 848; BGH VIII ZR 212/05, NJW-RR 2006, 1305; BGH VIII ZR 234/03, NZM 2004, 581.

[28] BGH VIII ZR 199/04, NZM 2005, 735.

[29] LG Hannover WuM 1990, 222; LG Berlin MM 1996, 292.

[30] Dafür LG Berlin NJWE-MietR 1996, 195 (196); LG Hannover WuM 1990, 222.

bis zum Ablauf der Klagefrist annahmefähig. Lässt der Vermieter die Klagefrist verstreichen, dann wird sein Mieterhöhungsverlangen unwirksam.[31] In der späteren Zustimmung oder Zahlung der erhöhten Miete liegt dann ein neues Angebot des Mieters auf Abschluss einer Mietabänderungsvereinbarung.[32] Dies kann der Vermieter ausdrücklich oder konkludent durch Annahme der Zahlung annehmen. Hat der Mieter dem Erhöhungsverlangen nach **Ablauf der Überlegungsfrist** teilweise zugestimmt kommt es auf § 266 BGB nicht an, da die verspätete Teilzustimmung des Mieters ein neues Angebot darstellt, das der Vermieter annehmen kann oder nicht. Es liegt keine Teilleistung – mehr – vor. Lediglich dann, wenn er sein ursprüngliches Erhöhungsverlangen in voller Höhe weiterverfolgt, wird man prozessual davon auszugehen haben, dass eine Zustimmungsklage nur hinsichtlich des über die Teilzustimmung hinausgehenden Teils zulässig ist, iÜ fehlt ihr das **Rechtschutzbedürfnis,** da der Vermieter ohne gerichtliche Hilfe durch einfache Annahme dieses Angebots die Vertragsänderung herbeiführen kann. Dies gilt auch, wenn der Mieter die verlangte erhöhte Miete teilweise zahlt.[33] Ob hier tatsächlich eine Pflicht des Vermieters zur Nachfrage besteht, ob der Mieterhöhung ganz oder teilweise und ggf. warum nicht, zugestimmt werde, erscheint fraglich.[34]

Auf der anderen Seite ist der Vermieter nur bis zum Ablauf der Überlegungsfrist an sein Angebot gebunden. Er kann dies danach auch zurücknehmen. Wie der Mieter vor Ablauf der Überlegungsfrist bereits erklären kann, dass er nicht der Mieterhöhung nicht zustimmt, so kann der Vermieter nach Ablauf der Überlegungsfrist währende der Klagefrist erklären, aus dem Zustimmungsverlangen keine Rechte mehr herzuleiten. Mit Ablauf der Überlegungsfrist hat der Vermieter allein die **Dispositionsfreiheit darüber zurückerhalten,** ob er das Mieterhöhungsverlangen weiterverfolgt oder nicht. Bedeutung hat dies insbes. für die Jahressperrfrist aber auch für die Höhe der ortsüblichen Vergleichsmiete in den Fällen, in denen zB ein neuer Mietspiegel veröffentlicht wurde, nachdem der Vermieter sein Erhöhungsverlangen gestellt hat. Soweit der BGH[35] entschieden hat, dass das ursprüngliche Mieterhöhungsverfahren erst mit Abschluss des Rechtsstreits erledigt ist, hat dies für die Frage der Rücknahme des Angebots nach **Ablauf der Überlegungsfrist** keine Bedeutung.

15 **e) Einseitige Mieterhöhungen.** Problematisch sind **einseitige Mieterhöhungen des Vermieters.** Denkbar sind hier Fälle, in denen der Vermieter völlig losgelöst von gesetzlichen Regelungen zur Miethöhe kraft seiner Stellung als Vermieter einseitig die Miete erhöht, zB wegen „gestiegener Preise" oder weil er glaubt, nach den §§ 558–560 BGB oder sogar auf Grund der Vorschriften des WoBindG[36] oder auf Grund einer – unwirksamen – Vereinbarung im Mietvertrag[37] oder einer unwirksamen Indexmietvereinbarung[38], dazu berechtigt zu sein. Entscheidend ist hier, wie die Willenserklärung des Vermieters aus der Sicht eines objektiven Empfängers auf Seiten des Mieters verstanden werden durfte. Soweit der Vermieter in der Erklärung den Eindruck erweckt, einseitig zu einer solchen Vertragsänderung berechtigt zu sein, weil allein seine Gestaltungserklärung zu einer Mieterhöhung führt, fehlt es idR bereits an einem Angebot.[39] Ein Angebot ist nämlich gerade kein einseitiges Rechtsgeschäft, sondern soll nur Teil eines **zweiseitigen Vertrages** sein.[40] Dies muss aber idR in dem Angebot auch zum Ausdruck kommen. Deshalb fehlt es bei solchen einseitigen Mieterhöhungserklärungen idR bereits an einem Angebot.[41] Stimmt der Mieter trotzdem ausdrücklich oder konkludent der Mieterhöhung zu, dann könnte diese Zustimmung erst das Angebot auf Abschluss des Änderungsvertrages sein, das der Vermieter dann wiederum

---

[31] BGH VIII ZR 355/18, NZM 2020, 534 = NJW 2020, 1947; LG Berlin GE 1996, 865; Staudinger/*J. Emmerich* BGB § 558 Rn. 12.

[32] Staudinger/*J. Emmerich* BGB § 557 Rn. 31.

[33] Staudinger/*J. Emmerich* BGB § 557 Rn. 34.

[34] So aber AG Solingen WuM 1996, 279.

[35] BGH VIII ZR 141/09, WuM 2010, 161.

[36] BGH VIII ZR 122/05, NZM 2007, 283; OLG Hamm WuM 1997, 667; BayObLG WuM 1985, 217; Bub/Treier MietR-HdB/*Schultz* Kap. III A Rn. 747.

[37] BGH VIII ZR 199/04, NZM 2005,; *Artz* ZMR 2006, 165.

[38] AG Wedding MM 4/2014, 30.

[39] LG München I ZMR 2021, 397; So auch *Sternel* MietR Kap. IV Rn. 4; Staudinger/*J. Emmerich* BGB § 557 Rn. 35.

[40] *OLG Hamm NJW 1982, 2076.*

[41] MüKoBGB/*Artz* § 557 Rn. 42; *Artz* NZM 2004, 609 (610); Staudinger/*J. Emmerich* BGB § 557 Rn. 35 **aA** LG Potsdam WuM 2001, 197; LG Berlin WuM 1087, 158; *Hau,* Vertragsanpassung und Anpassungsvertrag, 2003, S. 325.

annehmen muss. Dies setzt aber voraus, dass der Mieter tatsächlich ein Angebot abgegeben hat, was insbes. bei konkludentem Verhalten, insbes. bei bloßer Zahlung, wegen des fehlenden Rechtsbindungswillens nicht der Fall ist.[42]

Hat der Mieter längere Zeit auf ein formell **unwirksames einseitiges Mieterhöhungsverlangen zB gem. § 559 BGB** oder, weil der Vermieter zu Unrecht glaubte die Wohnung unterfiele den Preisbindungsvorschriften, auf eine einseitige Erhöhungserklärung nach § 10 WoBindG[43] oder aufgrund einer unwirksamen Indexmietvereinbarung[44] Zahlungen geleistet, dann bedeutet dies noch nicht den **Abschluss einer Mietabänderungsvereinbarung,** da die Mieterhöhung nach §§ 559 ff. BGB eine einseitige Mieterhöhungserklärung ist, die aus der Sicht des objektiven Empfängers nicht zugleich ein Vertragsangebot enthält.[45] Der Mieter kann deshalb die Zahlungen kondizieren.[46] Der Mieter soll nach dem Willen des Vermieters nämlich gerade nicht wählen können, ob er der Vertragsänderung zustimmt oder nicht, der Vermieter will erkennbar von seinem einseitigen Erhöhungsrecht Gebrauch machen. In der Zahlung ist deshalb auch kein **Schuldanerkenntnis** zu sehen.[47] **16**

Aktuell problematisch sind Modernisierungsmieterhöhungen gem. §§ 559 ff. BGB, die der Vermieter vor Veröffentlichung des BGH-Urteils v. 17.6.2020[48] ohne Abzug für den Austausch **noch funktionsfähiger aber bereits nicht unerheblich abgenutzter Bauteile** vorgenommen hat.Für die Frage, was der Mieter ggf. zurückverlangen kann, kommt es zunächst darauf an, ob die Mieterhöhungserklärung gem. § 559 b BGB insgesamt formell unwirksam war oder ob sie zwar formell unwirksam, aber der Höhe nach teilweise unbegründet war.[49] Im ersten Fall könnte der Mieter alle Zahlungen, die er auf die unwirksame Mieterhöhung geleistet hat, kondizieren[50], im zweiten Fall nur den zu Unrecht auf die anteiligen fiktiven Erhaltungskosten entfallenden Erhöhungsbeträge. Nach Ansicht des BGH[51] sind auch an die formelle Wirksamkeit des Mieterhöhungsverlangens gem. § 559 b BGB keine überhöhten Anforderungen zu stellen. Es genügt, wenn der Mieter den Grund der Mieterhöhung anhand der Erläuterung als plausibel nachvollziehen kann.[52] Dementsprechend stellt es keinen formellen Mangel der Modernisierungsmieterhöhung dar, wenn der Vermieter keinen Abzug für Instandhaltungskosten vorgenommen hat.[53] Es liegt deshalb ein **materieller Fehler** vor. Die Mieterhöhung war nur teilweise begründet. Dies führt dazu, dass der Mieter den Erhöhungsbetrag nur unter Abzug eines Anteils für die fiktive Erhaltung des noch funktionstüchtigen aber nicht unerheblich abgenutzten Bauteils schuldete und diesen anteiligen Betrag kondizieren kann.[54] In diesem Fall trifft den Mieter die **Beweislast** dafür, dass die Zahlung ohne Rechtsgrund erfolgt ist.[55] Da er die erforderlichen Informationen (→ BGB § 559 Rn. 69 ff.) nicht hat, steht ihm ein **Auskunftsanspruch** zu. **16a**

In ganz extremen Einzelfällen kann die Rückforderung der Überzahlungen eine unzulässige Rechtsausübung darstellen. Auch wenn in den Zahlungen keine konkludente Vertragsänderung zusehen ist, kann dem Vermieter nach dem Rechtsgedanken des § 313 BGB wegen **Fehlens der** **16b**

---

[42] BGH VIII ZR 199/04, NZM 2005, 735; *Artz* ZMR 2006, 165; LG Berlin GE 2000, 812; **aA** LG Duisburg WuM 1989, 192.

[43] Bub/Treier MietR-HdB/*Schultz* Kap. III A Rn. 747.

[44] AG Wedding MM 4/2014, 30.

[45] BGH XII ZR 176/04, NZM 2007, 514; Berichtigungsbeschluss v. 25.7.2007 abgedr. bei MietPrax-AK § 6 NutzEV Nr. 2; OLG Karlsruhe ZMR 1986, 239 zur einseitigen Mieterhöhung nach § 10 WoBindG; AnwK WohnraumMietR/*Lammel* BGB § 559b Rn. 24; noch offen gelassen von BGH VIII ZR 156/03, NZM 2004, 252.

[46] AG Dortmund WuM 2009, 120 (123); AG Charlottenburg GE 2008, 334; **aA** LG Leipzig ZMR 1999, 767; ein Rechtsentscheid des OLG Dresden zu dieser Frage ist auf Grund des Vorlagebeschlusses des LG Leipzig ZMR 2001, 548 nicht ergangen, da der Rechtsstreit sich anderweitig erledigt hatte; wohl auch LG Görlitz WuM 2001, 28.

[47] So auch *Milger* NZM 2009, 497 für den vergleichbaren Fall der Zahlung auf eine fehlerhafte Betriebskostenabrechnung.

[48] BGH VIII ZR 81/19, NZM 2020, 795.

[49] AG Mitte ZMR 2021, 326; zu den einzelnen Fällen *Bentrop* WuM 2021, 79, 82.

[50] MüKoBGB/*Artz* § 559b Rn. 12.

[51] BGH VIII ZR 88/13, NZM 2015, 198 = NJW 2015, 934.

[52] BGH VIII ZR 88/13, NZM 2015, 198 = NJW 2015, 934; BGH VIII ARZ 3/01, BGHZ 150, 277, 281; BGH VIII ZR 47/05, NZM 2006, 221 = NJW 2006, 1126.

[53] BGH VIII ZR 121/17, NZM 2018, 948.

[54] MüKoBGB/*Artz* § 559b Rn. 13; *Bentrop* WuM 2021, 79, 83.

[55] AG Mitte ZMR 2021, 326.

**Geschäftsgrundlage** ein Anspruch auf Vertragsanpassung zustehen.[56] Dies gilt insbes. dann, wenn der Vermieter den Erhöhungsbetrag bei rechtmäßigen Verhalten auch hätte verlangen können.

16c Hat der Mieter aber später einer Mieterhöhung nach § 558 BGB zugestimmt, dann umfasst diese Zustimmung, die auch konkludent durch Zahlung erfolgen kann, zugleich auch alle früheren Mieterhöhungen nach § 559 BGB.[57] Der Rückzahlungsanspruch entfällt, wenn der Vermieter nicht mehr bereichert ist, § 818 Abs. 3 BGB.[58] Der Rückzahlungsanspruch gem. § 812 BGB kann jedoch gem. § 814 BGB ausgeschlossen sein, wenn der Mieter **Kenntnis von der Nichtschuld** hatte.[59] Dabei ist es nicht ausreichend, wenn der Mieter Kenntnis von den Tatsachen hat, aus denen sich das Fehlen einer rechtlichen Verpflichtung zur Zahlung ergibt, er muss vielmehr positive Kenntnis davon haben nichts zu schulden.[60] Der Leistende muss also aus diesen Tatsachen nach der maßgeblichen Parallelwertung der Laiensphäre auch eine iErg zutreffende rechtliche Schlussfolgerung gezogen haben.[61] Bloße Zweifel genügen ebenso wenig[62] wie grob fahrlässige Unkenntnis.[63] Der Vermieter ist darlegungs- und beweisbelastet für das Vorliegen der Voraussetzungen des § 814 BGB.[64] Zweifel hieran gehen zu seinen Lasten.[65] Der Rückzahlungsanspruch verjährt in der Regelverjährungsfrist des § 195 BGB.[66] Die Frist beginnt am Ende des Jahres in dem die Überzahlung erfolgte und in dem der Mieter von den anspruchsbegründenden Tatsachen Kenntnis erhalten hat.[67] Im Einzelfall kann die Geltendmachung des Rückzahlungsanspruchs auch verwirkt sein. Eine Verwirkung setzt voraus, dass sich der Vermieter wegen der Untätigkeit des Mieters über einen gewissen Zeitraum hin („Zeitmoment") bei objektiver Betrachtung darauf einrichten durfte und eingerichtet hat, dieser werde von seinem Recht nicht mehr Gebrauch machen („Umstandsmoment"), so dass die verspätete Geltendmachung gegen Treu und Glauben verstößt.[68]

### 2. Die Annahme

17 **a) Ausdrückliche Annahmeerklärung.** Der Änderungsvertrag kommt durch eine entsprechende Annahmeerklärung des Angebotsempfängers zustande. In der Regel wird dies der Mieter sein. Vor allem in den Fällen, in denen der Mieter aber das Angebot des Vermieters nicht uneingeschränkt oder verspätet annimmt, und seine Annahme deshalb gem. § 150 Abs. 2 BGB als neues Angebot gilt, ist der Vermieter derjenige, der das Angebot annehmen muss. Die Annahme dieses Angebots muss wiederum binnen der Frist des § 147 Abs. 2 BGB erfolgen. Die Vorschrift des § 150 Abs. 2 BGB gilt aber nur bei Änderungsverträgen, denen kein wirksames Mieterhöhungsverlangen nach § 558 a BGB zu Grunde liegt; anderenfalls ist die Vorschrift nicht anwendbar. Eine Teilzustimmung ist deshalb bei einem Angebot auf Abschluss eines Mietabänderungsvertrages gem. § 557 Abs. 1 BGB unwirksam und stellt selbst ein neues Angebot dar.[69] Auf die Annahmeerklärung sind die allgemeinen Vorschriften über Willenserklärungen anzuwenden. Es genügt also, dass der Mieter eine rechtsgeschäftliche Erklärung abgeben will. Nicht erforderlich ist, dass er weiß, mit der Erklä-

---

[56] BGH VIII ZR 160/09, NJW 2010, 1663, für den Fall über 25 Jahre erfolgter unwirksamer Kostenmieterhöhungen.

[57] LG Berlin ZMR 2001, 544 (545).

[58] LG Essen ZMR 1999, 557 für den Fall einer unwirksamen Kostenmieterhöhung, wenn der Vermieter aber eine wirksame Mieterhöhung nach § 2 MHG hätte verlangen können; diff. *Derckx/Wolbers* ZMR 1999, 733.

[59] BGH VIII ZR 100/18, NZM 2018, 1018, für Minderungsfall; AnwK WohnraumMietR/*Lammel* BGB § 559b Rn. 24.

[60] BGH VIII ZR 265/07, NJW 2009, 580; NJW 1997, 2381; BGH XII ZR 130/89, BGHZ 113, 62 (70); BGH III ZR 58/02, NJW 2002, 3772; BGH XI ZR 170/13, NJW-RR 2014, 1133; *Milger* NZM 2009, 497 (500).

[61] BGH V ZR 118/07, NJW-RR 2008, 824; BGH XI ZR 170/13, NJW-RR 2014, 1133.

[62] BGH WM 1973, 294; LG Berlin GE 2002, 802 (803); Palandt/*Sprau* BGB § 814 Rn. 4.

[63] BGH WM 1972, 283; LG Berlin GE 2002, 802 (803).

[64] BGH VIII ZR 100/18, NZM 2018, 1018; BGH III ZR 58/02, NJW 2002, 3772; BGB VIII ZR 199/04, NJW-RR 2005, 1464.

[65] BGH VIII ZR 100/18, NZM 2018, 1018; BGH III ZR 58/02, NJW 2002, 3772; BGH IX ZR 133/14, BGHZ 204, 231.

[66] Im preisgebundenen Wohnungsbau ist ggf. der abweichende Verjährungsbeginn gem. § 8 Abs. 2 S. 3 WoBindG zu beachten.

[67] *Jacoby* ZMR 2010, 335 (338).

[68] BGH XI ZR 12/03, NJW-RR 2005, 276; BGH XI ZR 425/04, NJW-RR 2006, 1277; BGH VII *ZR 23/02, NJW 2003, 824;* LG Berlin *GE* 2002, 802 (803); KG WuM 2004, 348 (349); zur Verwirkung im Mietrecht *Kandelhard* NZM 2005, 43; *Hinkelmann* PiG 65 (2002), 247.

[69] Bub/Treier MietR-HdB/*Schultz* Kap. III A Rn. 761; MüKoBGB/*Artz* § 557 Rn. 33; Staudinger/*J. Emmerich* BGB § 557 Rn. 31.

rung auf ihm anderenfalls zustehende Mieterschutzvorschriften zu verzichten.[70] Das wäre ein unerheblicher Rechtsfolgenirrtum, der auch nicht zur Anfechtung berechtigt. Auch die Vorstellung des Mieters, der Vermieter habe einen einklagbaren Anspruch auf Zustimmung zur Mieterhöhung, ist ein unerheblicher Motivirrtum.[71]

**b) Konkludente Annahmeerklärung.** Der Mieter kann das Angebot des Vermieters auch durch **schlüssiges Verhalten** annehmen.[72] So kann die als neues Angebot geltende verspätete Annahmeerklärung wiederum konkludent angenommen werden. Auch diese konkludente Annahme muss wiederum binnen der Frist des § 147 Abs. 2 BGB erfolgen. Eine Annahme durch schlüssiges Verhalten setzt voraus, dass der Annehmende Zweifel an einem bereits zuvor erfolgten Abschluss des Vertrages hat. Gehen beide Parteien aber davon aus, dass schon aufgrund der verspäteten Annahme ein Abänderungsvertrag zustande gekommen ist, liegt gar keine Willenserklärung vor.[73] Ob das Verhalten iÜ als konkludente Willenserklärung zu verstehen ist, ist durch Auslegung zu ermitteln. Dabei ist Maßstab der **objektive Empfängerhorizont.** Es ist also zu prüfen, ob ein objektiver Empfänger, der den Inhalt des Angebots des Vermieters und alle sonstigen Umstände kennt, aus der Zahlung den Schluss auf einen Rechtsbindungswillen des Mieters ziehen würde. Voraussetzung für die Annahme einer konkludenten Willenserklärung ist, dass demjenigen, der eine solche konkludente Erklärung abgegeben haben soll, überhaupt bewusst ist, eine rechtsgeschäftliche Erklärung abzugeben. So kann allein in der bloßen **Duldung der Einziehung** einer erhöhten Miete noch keine Annahme des Vertragsangebots des Vermieters gesehen werden, selbst wenn die Abbuchung mehrfach erfolgt.[74] Der Rückforderung evtl. eingezogener Beträge steht § 814 BGB selbst dann nicht entgegen, wenn der Mieter im Zustimmungsprozess Klageabweisung beantragt hat aber den Lastschriften nicht widersprochen hat.[75] Solang keinerlei Hinweise dafür existieren, dass der Mieter davon ausgehen musste, dass eine Verpflichtung zur Zahlung nicht bestand, fehlt es bereits an einer Willenserklärung. Eine Willenserklärung erfordert zumindest einen objektiven Tatbestand, aus dem die Äußerung eines auf eine Rechtsfolge gerichteten Willens geschlossen werden kann. Bei konkludenten Willenserklärungen muss der Erklärende die Umstände kennen, die seine Handlung als Ausdruck eines Rechtsfolgewillens erscheinen lassen. Er muss dabei vor allem wissen oder damit rechnen, dass eine von ihm abzugebende Willenserklärung erforderlich sein könnte.[76] Dazu gehört, dass der erklärende Mieter weiß, dass in seinem Verhalten der Ausdruck des Willens zu sehen ist, ein bisher unverbindliches Angebot verbindlich werden zu lassen.[77] Hat der Vermieter aber Veränderungen an der Mietsachen, zB eine Wohnflächenvergrößerung, vorgenommen und vom Mieter für diese Mehrleistung eine zusätzliche Mietzahlung verlangt, so darf der Vermieter in der Nutzung dieser Zusatzleistung die Zustimmung zur angebotenen Vertragsänderung verstehen.[78] Eine dem Mieter zurechenbare objektive Bedeutung seines Verhaltens hat aus der Sicht des Vermieters Vorrang vor einem etwa entgegenstehenden Willen des Mieters.[79] 18

**c) Zahlung als Annahme.** Auch bei der Beantwortung der Frage, ob eine Zahlung als konkludente Willenserklärung zu verstehen ist, kommt es nicht auf die Vorstellungen des Mieters an, entscheidend ist die Beurteilung aus der Sicht des objektiven **Empfängers auf Seiten des Vermieters.** Von daher kommt dem Angebot des Vermieters auf Abschluss der **Änderungsvereinbarung** für die Auslegung einer Zahlung als Zustimmung große Bedeutung zu. Hat der Vermieter dem Mieter 19

– entweder ein Mieterhöhungsverlangen nach § 558a BGB mit ausdrücklicher Aufforderung zur Zustimmung zu einer Mieterhöhung

---

70 LG Aachen WuM 1988, 280; **aA** noch LG Aachen WuM 1973, 190 mAnm *Weimar.*
71 LG Berlin GE 1992, 207.
72 *Artz* NZM 2005, 367.
73 BGH XII ZR 5/15, NJW 2016, 1441; BGH V ZR 85/09, NZM 2010, 587; BGH V ZR 266/88, BGHZ 110, 220; BGH XI ZR 175/93, NJW 1995, 953.
74 LG München WuM 1996, 44; LG Göttingen WuM 1991, 280; AG Ludwiglust WuM 2014, 345; AG Hamburg-Harburg WuM 2000, 359; MüKoBGB/*Artz* § 557 Rn. 34; Staudinger/*J. Emmerich* BGB § 557 Rn. 34.
75 AG Ludwigslust WuM 2014, 345.
76 BGH IX ZR 197/88, BGHZ 109, 171 (177) = NJW 1990, 454; BGH V ZR 85/09, NJW 2010, 2873; BGH V ZR 16/73, NJW 1973, 1789.
77 BGH NJW 1988, 1199 (1200).
78 BGH VIII ZR 298/13, WuM 2014, 546.
79 BGH VIII ZR 298/13, WuM 2014, 546; BGH IX ZR 66/83, BGHZ 91, 324 (329); BGH IX ZR 197/88, BGHZ 109, 171 (177) = NJW 1990, 454.

– oder ein ausdrückliches Angebot auf Abschluss einer Mietabänderungsvereinbarung zukommen lassen,

dann darf ein Vermieter aus der Sicht eines objektiven Empfängers bereits **eine Zahlung** als Zustimmung verstehen[80] auch wenn dies rechtspolitisch „misslich" ist.[81] Nach der Rspr. des BGH[82] kommt dem Vertrauenstatbestand auf Seiten des Erklärungsempfängers, hier des Vermieters, eine besondere Bedeutung zu. Nach Ansicht des BGH[83] **kann jedenfalls eine mehrmalige vorbehaltlose Zahlung** der erhöhten Miete als schlüssig erklärte Zustimmung des Mieters zu einem Mieterhöhungsverlangen gewertet werden. Offen gelassen hat der Senat in seiner Entscheidung zu einer im Verfahren gem. §§ 558a, 558b BGB abgegebenen Willenserklärung die Frage, ob schon in der erstmaligen Zahlung der erhöhten Miete die konkludente Zustimmung des Mieters zu der geforderten Mieterhöhung gesehen werden kann. Ist eine Zahlung entgegen dem tatsächlichen Willen des Mieters aus der Sicht des Empfängers als Annahme des Angebots auf Vertragsänderung zu verstehen, dann ist strittig, ob der Mieter diese Willenserklärung anfechten kann. In der Regel wird ein unbeachtlicher Irrtum über die Rechtsfolgen[84] oder ein unerheblicher Motivirrtum vorliegen.[85] Im Einzelfall kann dem Mieter aber das Erklärungsbewusstsein[86] fehlen, was eine Anfechtung gem. § 119 BGB rechtfertigt.[87] Eine solche Anfechtung muss gem. § 121 BGB unverzüglich erfolgen und sie macht den Mieter gem. § 122 BGB schadensersatzpflichtig. Zu ersetzen ist aber nur das negative Interesse, also der Schaden, der dem Vermieter deshalb entstanden ist, weil er auf die Bestätigung vertraute.

**20** Anders sieht es aus, wenn der Vermieter gegenüber dem Mieter die **Miete einseitig erhöht** hat, also keine Zustimmung zu einer Mieterhöhung verlangt hat.[88] Wenn der Mieter nunmehr Zahlung leistet, dann darf ein objektiver Empfänger auf Seiten des Vermieters dies nicht als Willenserklärung verstehen.[89] Die Zahlung von Miete, zu der der Mieter nicht verpflichtet ist, aber rechtsirrig annimmt, die erhöhte Miete zu schulden, ist **keine konkludente Willenserklärung** auf Abschluss eines Änderungsvertrages.[90] Dem Mieter fehlt hier auch für den Vermieter erkennbar jegliches Bewusstsein, dass die Zahlung eine über die bloße Erfüllung einer vermeintlichen Verpflichtung hinausgehende Bedeutung hat. Dabei ist es völlig unerheblich, ob der Mieter nur eine oder zahlreiche Zahlungen geleistet hat. Die Qualität der Erklärung wird nicht durch die Häufigkeit der Wiederholung bestimmt. Die Zahlungen erfolgen sämtlichst rechtsgrundlos und können vom Mieter kondiziert werden.[91] Dies gilt sowohl bei unwirksamen einseitigen Mieterhöhungen gem. § 559 BGB[92]

---

[80] LG Trier WuM 1994, 217; LG Kiel WuM 1993, 198; LG Berlin WuM 1989, 308; LG Braunschweig WuM 1986, 142; AG Frankfurt ZMR 1989, 180, DWW 1987, 263; Staudinger/*J. Emmerich* BGB § 557 Rn. 34; MüKoBGB/*Artz* § 557 Rn. 34 *„schon aus rechtsdogmatischen Gründen"*; *Artz* NZM 2005, 367 (369); *Emmerich* FS Lüke, 1997, 65 (69); *Derckx* ZMR 2005, 86 (88); Bub/Treier MietR-HdB/*Schultz* Kap. III A Rn. 762; diff. *Sternel* MietR Kap. IV Rn. 6.

[81] *Hau,* Vertragsanpassung und Anpassungsvertrag, 2003, S. 328.

[82] BGH NJW 1995, 953; Sternel MietR Kap. IV Rn. 3 iVm Kap. I Rn. 46 wies schon 1988 auf einen sich abzeichnenden Wandel der Rspr. zu einer rechtsgeschäftlichen Erfordernissen entsprechenden Auffassung hin, die er begrüßte.

[83] BGH VIII ZB 74/16, NZM 2018.

[84] LG Aachen WuM 1988, 280.

[85] LG Berlin WuM 1987, 158; Staudinger/*J. Emmerich* BGB § 557 Rn. 34; *Hau,* Vertragsanpassung und Anpassungsvertrag, 2003, S. 320.

[86] BGH IX ZR 197/88, BGHZ 109, 171 (177) = NJW 1990, 454; Palandt/*Ellenberger* BGB Einf. § 116 Rn. 17.

[87] BGH JR 1985, 12; zur Anfechtung im Mietrecht und ihren Rechtsfolgen BGH XII ZR 67/06, NZM 2008, 886; *Schmid* WuM 2009, 155; *Fischer* NZM 2005, 567; Staudinger/*Emmerich* BGB Vor § 535 Rn. 104ff.; *Emmerich* NZM 1998, 692; → BGB Vor § 535 Rn. 7; **aA** Bub/Treier MietR-HdB/*Schultz* Kap. III A Rn. 764; *Weitemeyer* NZM 2000, 313 (317).

[88] Emmerich/Sonnenschein/*Weitemeyer* BGB § 557 Rn. 4; *Artz* NZM 2005, 367 (371).

[89] BGH VIII ZR 199/04, NZM 2005, 735; *Artz* NZM 2005, 367; Staudinger/*J. Emmerich* BGB § 557 Rn. 35; Sternel MietR Kap. IV Rn. 4.

[90] OLG Hamm WuM 1981, 62; LG Mannheim WuM 2004, 481 mzustAnm *Börstinghaus* WuM 2005, 192; LG Berlin GE 2000, 812; LG Braunschweig WuM 1990, 159; *Artz* WuM 2005, 215; *Weitemeyer* NZM 2000, 313 (317).

[91] OLG Hamburg WuM 1986, 82; LG München II WuM 1996, 624; LG Hamburg WuM 1989, 580; AG *Flensburg WuM 1991, 356.*

[92] LG Berlin GE 2003, 807, ZMR 2001, 544 (545); LG Bautzen WuM 2002, 497; MüKoBGB/*Artz* § 557 Rn. 42; *Artz* WuM 2005, 215 (218); Emmerich/Sonnenschein/*Weitemeyer* BGB § 557 Rn. 4; *Weitemeyer* NZM 2000, 313 (317).

wie auch bei sonstigen einseitigen Mieterhöhungen die der Vermieter völlig losgelöst von gesetzlichen Vorschrift kraft seiner Stellung als Vermieter ausspricht.[93]

**d) Widerrufsmöglichkeit.** Die auf Abschluss einer Mietabänderungsvereinbarung gerichtete Willenserklärung kann uU widerrufen werden. Dies ist dann der Fall, wenn es sich um einen sog. **Verbrauchervertrag iSd § 312 BGB** handelt, der gem. § 312b BGB außerhalb der Geschäftsräume des Vermieters[94] (→ BGB Vor § 535 Rn. 140ff.) oder als Fernabsatzvertrag gem. § 312c BGB geschlossen wurde.[95]Soweit der BGH[96] mit Hilfe einer teleologischen Reduktion die Vorschriften über Fernabsatzverträge auf das Mieterhöhungsverfahren nach §§ 558ff. BGB für nicht anwendbar erklärt hat, gilt das nicht für Mietabänderungsvereinbarungen gem. § 557 Abs. 1 BGB. Die Entscheidung beruht auf den besonderen mieterschützenden Vorschriften des gesetzesgestützten Erhöhungsverlangens. Insofern kann der Mieter sowohl unter den situativen Voraussetzungen des **Außerhausgeschäftes** gem. § 312b BGB[97] oder des **Fernabsatzvertrages** gem. § 312c BGB seine Willenserklärung widerrufen, wenn der Vermieter unter den Voraussetzungen des § 14 BGB in Ausübung ihrer gewerblichen oder selbständigen beruflichen Tätigkeit handelt.[98] Ein für den **Fernabsatz organisiertes Vertriebs- oder Dienstleistungssystem** liegt vor, wenn der Vermieter in seinem Betrieb die personellen, sachlichen und organisatorischen Voraussetzungen geschaffen hat, die notwendig sind, regelmäßig Geschäfte im Fernabsatz zu bewältigen.[99] Es genügt nicht, dass der Vermieter auf seiner Homepage Informationen zur Verfügung stellt. Ebenso wenig genügt es, wenn der Vermieter einen Briefkasten, elektronische Postfächer und/oder Telefon- und Faxanschlüsse vorhält, die auch sonst zur Verwaltung von Immobilien erforderlich sind.[100] 21

Nach § 13 BGB ist **Verbraucher** jede natürliche Person, die ein Rechtsgeschäft zu einem Zwecke abschließt, der weder ihrer gewerblichen noch ihrer selbstständigen beruflichen Tätigkeit zugerechnet werden kann. Die Verwaltung eigenen Vermögens stellt grds. keine gewerbliche Tätigkeit dar. Die Höhe der verwalteten Werte ist dabei nicht maßgeblich. Zur Verwaltung eigenen Vermögens gehört generell auch der Erwerb oder die Verwaltung einer Immobilie.[101] Auch die Aufnahme von Fremdmitteln unabhängig von der Kredithöhe kann insb. beim Immobilienerwerb der ordnungsgemäßen Verwaltung zugeordnet werden und lässt daher nicht zwangsläufig auf ein Gewerbe schließen.[102] Das ausschlaggebende Kriterium für die Abgrenzung der privaten von einer berufsmäßig betriebenen Vermögensverwaltung ist vielmehr der Umfang der mit ihr verbundenen Geschäfte. Erfordern diese einen planmäßigen Geschäftsbetrieb, wie etwa die Unterhaltung eines Büros oder einer Organisation, so liegt eine gewerbliche Betätigung vor. Handelt es sich um die Vermietung oder Verpachtung von Immobilien, so ist dementsprechend nicht deren Größe entscheidend, sondern **Umfang, Komplexität und Anzahl der damit verbundenen Vorgänge.** Ein ausgedehntes oder sehr wertvolles Objekt an eine geringe Anzahl von Personen zu vermieten, hält sich daher grds. im Rahmen der privaten Vermögensverwaltung. Dagegen spricht die Ausrichtung auf eine Vielzahl gleichartiger Geschäfte für ein professionelles Vorgehen. Ob der mit der Vermögensverwaltung verbundene organisatorische und zeitliche Aufwand danach insgesamt das Bild eines planmäßigen Geschäftsbetriebs vermittelt, bleibt eine im Einzelfall zu beurteilende Frage. Die **Option zur Umsatzsteuer** für aus der Vermietung und Verpachtung eines Grundstücks erzielten Umsätze ist auch kein maßgebliches Indiz für die Unternehmereigenschaft. Der Unternehmerbegriff des UStG unterscheidet sich von dem des BGB. Nach der Rspr. des BFH umfasst der Begriff auch die private Vermögensverwaltung durch die Vermietung und Verpachtung von Grundstü- 21a

---

[93] BGH VIII ZR 199/04, NZM 2005, 735; OLG Hamburg WuM 1986, 82; LG Mannheim WuM 2004, 481 mzustAnm *Börstinghaus* WuM 2005, 192; LG Berlin GE 2000, 812; LG Braunschweig WuM 1990, 159; *Artz* WuM 2005, 215.

[94] BGH NJW 2017, 2823.

[95] Zur seit 13.6.2014 geltenden Neuregelung und den Auswirkungen auf das Mietrecht *Hinz* WuM 2016, 76; *Koch* VuR 2016, 92; *Kunze/Kroll* MietRB 2016, 329; *Horst* DWW 2015, 2; *Mediger* NZM 2015, 185; *Artz/Brinkmann/Pielsticker* ZAP Fach 4, 1639; *Hau* NZM 2015, 435; *Lindner* ZMR 2015, 261; *Pisal/Schreiner* ZfIR 2015, 505; *Gsell* WuM 2014, 375.

[96] BGH VIII ZR 94/17, NZM 2018, 1011; *Menke* LMK 2018, 412415; *Börstinghaus* NZM 2018, 1015.

[97] BGH VIII ZR 29/16, NZM 2017, 517 = NJW 2017, 2823; *Blank* WuM 2017, 453; *Börstinghaus* NZM 2017, 519; *Rolfs/Möller* NJW 2017, 3275; *Lindner* ZMR 2018, 190.

[98] Umf. hierzu *Fervers* NZM 2018, 640; *Hinz* WuM 2016, 76.

[99] BGH IX ZR 204/16, NJW 2016, 690; BGH I ZR 30/15, NJW 2017, 1024.

[100] BGH IX ZR 204/16, NJW 2016, 690.

[101] BGH VIII ZR 63/01, BGHZ 149, 80 = NJW 2002, 368.

[102] BGH XI ZR 461/18, NZM 2020, 808.

cken.[103] Demgegenüber stehen § 13 BGB und § 14 BGB in einem anderen Regelungszusammenhang. Sie befassen sich mit der Frage, unter welchen Voraussetzungen bei dem Abschluss privatrechtlicher Rechtsgeschäfte eine besondere Schutzbedürftigkeit einer der an diesem Rechtsgeschäft beteiligten Parteien im Verhältnis zur anderen Partei besteht. Für die bürgerlich-rechtlich maßgebliche Abgrenzung von Verbraucher und Unternehmer ist höchstrichterlich seit Langem anerkannt, dass die Vermietung und Verpachtung von Grundstücken, soweit sie allein der privaten Vermögensverwaltung dient, die Qualifikation des Vermieters oder Verpächters als Verbraucher nicht hindert.

21b Die **Darlegungs- und Beweislast** für die ausschließliche Verwendung von Fernkommunikationsmitteln beim Vertragsschluss trägt nach allgemeinen Grundsätzen der Verbraucher.[104] Steht fest, dass der Vermieter sowohl für die Verhandlungen über die Mieterhöhung als auch für den Abschluss der Vereinbarung ausschließlich Fernkommunikationsmittel verwendet hat, wird nach § 312c Abs. 1 BGB widerleglich vermutet, dass der Vertrag im Rahmen eines für den Fernabsatz organisierten Vertriebs- oder Dienstleistungssystems abgeschlossen worden ist.[105] Es obliegt in diesem Fall dem Vermieter darzulegen und zu beweisen, dass der Vertragsschluss nicht im Rahmen eines für den Fernabsatz organisierten Vertriebs- oder Dienstleistungssystems erfolgt ist.[106] Erfolgt ein wirksamer Widerruf einer Modernisierungsvereinbarung so schuldet der Mieter nicht allein schon wegen der durch die nachfolgende Modernisierungsmaßnahme eingetretenen Steigerung des bisherigen Wohnwerts einen Wertersatz in Gestalt einer nunmehr höheren Miete. Dazu bedarf es vielmehr einer – lediglich für die Zukunft wirkenden – Nachholung des gesetzlichen Verfahrens zur Mieterhöhung bei Modernisierung.[107]

## II. Zeitpunkt der Vereinbarung

22 Nach dem eindeutigen Wortlaut der Vorschrift muss die Mietabänderungsvereinbarung **während des Bestehens des Mietverhältnisses** geschlossen worden sein. Daraus folgt, dass von der Regelung alle Vereinbarungen bei Abschluss des Mietvertrages nicht erfasst werden.[108] Auch das allgemeine Verbraucherrecht differenziert in § 312 Abs. 4 S. 2 BGB zwischen Erklärungen, die auf Begründung eines Wohnraummietverhältnisses gerichtet sind und später getroffenen Vereinbarungen. Diese Unterscheidung gilt auch dann, wenn sich die bei Abschluss des Mietvertrages getroffene Vereinbarung auf einen Zeitpunkt während des Bestandes des Mietvertrages bezieht. Das Gesetz knüpft hinsichtlich des Zeitpunkts nicht an den Zeitpunkt der Wirkung der Vereinbarung, sondern an den Zeitpunkt der Zustimmung des Mieters an. Das entspricht auch dem Sinn und Zweck der Regelung. Bei Abschluss des Mietvertrages herrscht rechtlich zunächst Vertragsfreiheit in Form der **Abschlussfreiheit.** Beiden Mietvertragsparteien ist es freigestellt zu entscheiden, ob sie mit dem jeweiligen Vertragspartner einen Vertrag mit diesem Inhalt abschließen wollen. Soweit eine Partei sich hierbei eines Formularvertrages bedient, sind die Beschränkungen der §§ 305 ff. BGB zu beachten, hinsichtlich späterer Mieterhöhungen ist § 557 Abs. 4 BGB zu beachten, wonach Regelungen über spätere Mieterhöhungen, die von den §§ 557–560 BGB zu Lasten des Mieters abweichen, unwirksam sind. Im Übrigen gilt § 134 BGB, wonach Vereinbarungen, die gegen ein gesetzliches Verbot verstoßen, unwirksam sind. Das bedeutet, dass der Gesetzgeber im Rahmen dieser Grenzen, den Parteien die Freiheit lassen wollte, eine Mietvereinbarung zu treffen. Nur für Mieterhöhungen im Bestand sollen die Vorschriften der §§ 558–560 BGB bindend sein. Bei Vertragsschluss sollen nur zwei Formen von zukünftigen Mieterhöhungen vereinbar sein, nämlich die Staffelmietvereinbarung und die Indexvereinbarung. Weitere Mieterhöhungen bei Abschluss des Mietvertrages für die Zukunft zuzulassen, würde die mieterschützende Funktion der § 557–561 BGB stark aushöhlen, da die Gefahr besteht, dass der Mieter unter dem Druck, den Mietvertrag für die Wohnung auf jeden Fall abschließen zu wollen,[109] auch Regelungen akzeptieren würde,

[103] BFHE 167, 215, 217; 169, 555, 557; 191, 458, 460; 210, 146, 149 f.; 223, 487, 489.

[104] BGH I ZR 168/14, WM 2016, 968.

[105] BGH IX ZR 133/19, NJW 2021, 304; BGH I ZR 168/14, WM 2016, 968; Staudinger/*Thüsing* BGB § 312c Rn. 51; MüKoBGB/*Wendehorst* § 312c Rn. 30.

[106] BGH I ZR 168/14, WM 2016, 968; BGH IX ZR 204/16, NJW 2018, 690.

[107] *BGH VIII ZR 29/16*, NZM 2017, 517 = NJW 2017, 2823; *Blank* WuM 2017, 453; *Börstinghaus* NZM 2017, 519; *Rolfs/Möller* NJW 2017, 3275; *Lindner* ZMR 2018, 190.

[108] Bub/Treier MietR-HdB/*Schultz* Kap. III A Rn. 752; Staudinger/*J. Emmerich* BGB § 557 Rn. 37.

[109] BT-Drs. 7/2011, 14; Staudinger/*J. Emmerich* BGB § 557 Rn. 37.

die der Vermieter anderenfalls nicht durchsetzen könnte. Deshalb ist auch der Zeitpunkt des Vertragsschlusses maßgeblich und nicht der der Überlassung der Wohnung.[110] Möglich ist aber auch der Abschluss einer Mietabänderungsvereinbarung zwischen dem Mieter und dem Erwerber der Wohnung/des Hauses vor dessen Grundbucheintragung, wenn diese unter der **aufschiebenden Bedingung der Grundbucheintragung** erfolgt.[111]

## III. Inhalt der Vereinbarung

### 1. Allgemeines

Das Angebot auf Abschluss der Mietabänderungsvereinbarung und damit natürlich auch die Vereinbarung selbst müssen auf Änderung der Miete gerichtet sein. Nach dem Wortlaut des Abs. 1 ist nur eine Einigung über die Erhöhung der Miete möglich. Das würde bedeuten, dass Vereinbarungen über Mietsenkungen nicht möglich sind. Das ist nicht richtig. Vereinbarungen über Mietsenkungen sind nach § 311 Abs. 1 BGB möglich und nicht nach § 557 Abs. 4 BGB unwirksam, weil sie ja für den Mieter nicht nachteilig sind.[112] 23

### 2. Abgrenzung von Vereinbarungen nach Abs. 1 und 2

Die Regelung in § 557 BGB unterscheidet zwischen Mieterhöhungen „während des Mietverhältnisses" in § 557 Abs. 1 BGB und „künftige(n) Änderungen der Miethöhe" gem. § 557 Abs. 2 BGB iVm §§ 557a, 557b BGB. Da auch künftige Mieterhöhungen solche während des Mietverhältnisses sind, kann die Abgrenzung zwischen beiden Arten nur über das **Tatbestandsmerkmal „künftig"** erfolgen. Dies ist deshalb von Bedeutung, weil das Gesetz in den §§ 557a, 557b BGB an die Vereinbarung künftiger Mieterhöhungen weitere zusätzliche formale Voraussetzungen geknüpft hat. 24

Der Begriff „künftig" meint vom Wortlaut her eine Vereinbarung, deren Wirkung in der Zukunft liegt. Alle Mieterhöhungen, die sofort fällig werden, sind deshalb Vereinbarungen, die nach § 557 Abs. 1 BGB zu beurteilen sind. Möglich ist auch die Vereinbarung einer rückwirkenden Mieterhöhung. 25

**Beispiel:** Die Parteien vereinbaren im März eine Anhebung der Miete mit Wirkung ab 1.1. des Jahres.

Problematisch kann diese Vereinbarung lediglich bei der Berechnung der Jahres- und Fünfzehn-Monatsfrist des § 558 Abs. 1 BGB und ggf. der Kappungsgrenze sein. Hier wird man auf den Wirksamkeitszeitpunkt abstellen müssen und nicht auf den Zeitpunkt der Vereinbarung.

Aber auch nicht jede Vereinbarung einer Mieterhöhung, die nicht zum Zeitpunkt des Vertragsschlusses sofort wirksam wird ist damit bereits eine Staffelmiete gem. § 557a BGB. 26

**Beispiel:** Die Parteien vereinbaren am 5. eines Monats, dass die Miete um 100 EUR auf 650 EUR steigt. Die neue Miete ist am 3. des nächsten Monats fällig.

Dabei handelt es sich um eine Vereinbarung gem. § 557 Abs. 1 BGB, da die erhöhte Miete zum nächsten Fälligkeitstermin geschuldet werden soll.

Wenn es den Parteien schon freisteht innerhalb der gesetzlichen Grenzen des § 5 WiStG die Höhe der Mietsteigerung selbst zu vereinbaren, dann muss es ihnen auch freistehen, den Zeitpunkt der Fälligkeit der Mieterhöhung zu vereinbaren. Deshalb fallen auch alle Mietabänderungsvereinbarungen unter § 557 Abs. 1 BGB bei denen die Mieterhöhung in engem zeitlichem Zusammenhang[113] mit der Vereinbarung wirksam werden soll. 27

**Beispiel:** Die Parteien vereinbaren im März, dass die Miete im Juni des Jahres um 100 EUR auf 650 EUR steigen soll.

---

110 Staudinger/*J. Emmerich* BGB § 557 Rn. 37; Kinne/Schach/Bieber MietProzR/*Kinne* BGB § 557 Rn. 2.
111 LG Duisburg WuM 2004, 331 (332); AG Köln WuM 2008, 577.
112 Bub/Treier MietR-HdB/*Schultz* Kap. III A Rn. 751; Staudinger/*J. Emmerich* BGB § 557 Rn. 36.
113 **AA** wohl Bub/Treier MietR-HdB/*Schultz* Kap. III A Rn. 754, 776, der alle einmaligen Mietsteigerungen unter § 557 Abs. 1 BGB fasst.

Hier haben die Parteien die Frist des § 558b Abs. 2 BGB als Maßstab genommen. Dies ist möglich[114] und bedeutet noch nicht, dass es sich um Staffelmiete iSd § 557a BGB handelt. Die Vereinbarung ist deshalb formlos möglich. Auch die Jahresfrist muss nicht eingehalten werden.

28 Schwieriger ist es, wenn die Parteien weiter in der Zukunft liegende Mietsteigerungen vereinbaren. Grundsätzlich ist auch die einmalige Mietsteigerung in der Zukunft eine Staffelmiete.[115] Man wird den Parteien aber gestatten müssen, eine Vereinbarung zu treffen, die die Wirkungsfrist des § 558b Abs. 2 BGB etwas verlängert.[116] Mietabänderungen, die bis zu sechs Monate nach der Vereinbarung wirksam werden sollen, sind deshalb gem. § 557 Abs. 1 BGB wirksam. Die Zulässigkeit weiter in der Zukunft liegender Erhöhungen richtet sich nach § 557 Abs. 2 BGB iVm § 557a BGB. Dies ist auch der Fall, wenn die Parteien zwei hintereinanderliegende Mieterhöhungen vereinbaren. Hier ist die zweite Mieterhöhung immer eine künftige iSd § 557 Abs. 2 BGB[117].

**Beispiel:** Die Parteien vereinbaren im Februar, dass die Miete zum 1.3. um 50 EUR und zum 1.6. nochmals um 50 EUR steigen soll.

Dies ist eine Staffelmietvereinbarung, die insgesamt unwirksam ist. Zwar hätten die Parteien zum 1.3. eine Mieterhöhung um 100 EUR vereinbaren können, wenn dies nicht gegen § 5 WiStG verstößt, so dass die Regelung letztendlich ein Minus zu der möglichen Vereinbarung enthält. Maßgeblich ist aber der Schutzzweck der Norm. Der Mieter soll überschauen können was ihn erwartet und er soll vor vielen kleinen Mieterhöhungen geschützt werden. Hier kann schneller die Übersicht über die letztendlich zu tragende Belastung verloren gehen.

### 3. Wirksamwerden der Mieterhöhung

29 Grundsätzlich wird die Mieterhöhung zu dem Zeitpunkt wirksam, zu dem die Parteien dies vereinbart haben.

30 Die Parteien müssen sich aber nicht ausdrücklich auf einen Termin einigen, ab wann die erhöhte Miete fällig ist. Gegebenenfalls ist eine Einigung auch durch **konkludentes Verhalten** zustande gekommen. Dabei ist zunächst das Angebot aus der Sicht des objektiven Empfängers auszulegen. Handelt es sich um ein förmliches Mieterhöhungsverlangen, dann kann man ergänzend die Frist des § 558b Abs. 1 BGB heranziehen.[118] Hat der Vermieter außerhalb des § 558 BGB den Abschluss eines Mietabänderungsvertrages angeboten, dann gilt im Zweifel § 271 BGB. Wenn also aus den Umständen kein Rückschluss auf einen Fälligkeitstermin gezogen werden kann, dann schuldet der Mieter die erhöhte Miete ab sofort. Unter Berücksichtigung des Dauerschuldcharakters des Mietrechts bedeutet dies ab dem nächsten Fälligkeitstermin der Miete. Eine Erhöhung der Miete für den laufenden Monat müsste genauso ausdrücklich vereinbart werden wie eine rückwirkende Erhöhung.

### 4. Die Erhöhung der Miete

31 Möglich ist sowohl eine Einigung über den Erhöhungsbetrag, als auch eine Einigung über die neue erhöhte Miete. Ferner bedeutet auch die Übernahme zusätzlicher Betriebskosten oder die nachträgliche Verpflichtung zur Durchführung von Schönheitsreparaturen, zB, weil die ursprüngliche Schönheitsreparaturklausel unwirksam war, eine Mietabänderungsvereinbarung gem. § 557 Abs. 1 BGB (→ Rn. 37).

32 Die Vereinbarung muss sich auf eine Mieterhöhung beziehen. Erforderlich ist deshalb eine zumindest zeitweise Erhöhung der Gegenleistung für die Gebrauchsüberlassung. Nicht unter § 557 Abs. 1 BGB fallen Vereinbarungen über **Einmalleistungen.** Deshalb werden von der Regelung keine Vereinbarung über **Betriebskostenabrechnungen** erfasst oder Vereinbarungen über die

---

[114] Nach *Beuermann* GE 2008, 308 (310) soll dies nur bis drei Monate in der Zukunft möglich sein, sonst handele es sich um eine Staffelmiete.

[115] BGH VIII ZR 218/04, NZM 2006, 12 (14); AG Rheinbach WuM 1987, 362; MüKoBGB/*Artz* § 557a Rn. 1; Emmerich/Sonnenschein/*Weitemeyer* BGB § 557a Rn. 5; *Gather* GE 2002, 516 (517); Kinne/Schach/Bieber MietProzR/*Kinne* BGB § 557a Rn. 11; BKKSZ Mietprozess/*Kinne* Kap. 4 Rn. 115; **aA** *Mersson* ZMR 2002, 732; Bub/Treier MietR-HdB/*Schultz* Kap. III A Rn. 754, 776.

[116] Großzügiger Bub/Treier MietR-HdB/*Schultz* Kap. III A Rn. 766.

[117] *Kunze/Tietzsch* Miethöhe Teil II Rn. 77.

[118] OLG Koblenz NJW 1983, 1861.

**Schönheitsreparaturen** am Ende des Mietverhältnisses.[119] Die Erhöhung der **Betriebskostenvorauszahlung** nach § 560 Abs. 4 BGB fällt ebenfalls nicht in den Anwendungsbereich der Vorschrift.

**a) Der Erhöhungsbetrag.** ist zunächst ein Eurobetrag, der zu der bisher vereinbarten Miete hinzugerechnet werden muss. Abzugrenzen ist eine solche betragsmäßige Erhöhung von einer Vereinbarung über die Miethöhe im Zusammenhang mit einem Mangel. 33

**Beispiel:** Die Parteien vereinbaren gem. § 555f BGB[120], dass die Miete während umfangreicher Umbauarbeiten in der Nachbarwohnung um 200 EUR gesenkt wird und dass nach Abschluss der Mauererarbeiten die Absenkung nur noch 150 EUR, nach Einbau der Heizung nur noch 100 EUR und nach Beendigung der Elektroarbeiten nur noch 50 EUR betragen soll. Die letzten 50 EUR sollen nach vollständiger Beendigung der Arbeiten wieder gezahlt werden.

Hierbei handelt es sich weder um eine **Staffelmietvereinbarung,** auf die § 557a BGB anzuwenden ist, noch um eine Mietabänderungsvereinbarung gem. § 557 Abs. 1 BGB. Es handelt sich um eine konkrete Vereinbarung über die Mietminderung, die im Rahmen der §§ 555f, 536 Abs. 4 BGB wirksam ist.[121]

Möglich ist auch die Vereinbarung einer Mieterhöhung nicht nur um einen bestimmten absoluten Euro-Betrag, sondern auch um eine bestimmte prozentuale Steigerung.[122] Nach bis 31.8.2001 geltenden Recht waren solche Vereinbarungen wegen der Formulierung in § 10 Abs. 1 Hs. 2 MHG *„um einen bestimmten Betrag"* ausgeschlossen. Auf Vorschlag des Bundesrates[123], dem sich der Rechtsausschuss[124] angeschlossen hat, ist diese Formulierung entfallen Damit sollten vor allem die gelegentlich vorkommenden Mieterhöhungen, die nicht in Geld erfolgen, zulässig sein. Der Wegfall der Einschränkung „um einen bestimmten Betrag" sollte darüber hinaus daran nichts ändern. Zulässig sind jetzt auch prozentuale Mieterhöhungen. Es handelt sich um vertragliche Abreden, auf die sich beide Vertragsparteien einvernehmlich eingelassen haben. Der Mieter kann also durchaus verlangen, dass ihm die Folgen der prozentualen Erhöhung, wenn er sie nicht selber durchschaut, vorgerechnet werden, bevor er zustimmt. Auch der Rechtsentscheid des OLG Braunschweig[125] zu den prozentualen Staffelmietverträgen ist nicht einschlägig, da es dort zum einen um einen anderen Gesetzeswortlaut ging und die Rechtsfolgen mehrfacher prozentualer Steigerungen schon schwieriger abzuschätzen sind, da es sich um eine Zinses-Zins-Rechnung handelt. Im Rahmen des § 557 Abs. 1 BGB geht es um eine einmalige Erhöhung, deren Folgen grds. leicht zu berechnen sind. Wortlaut und Schutzzweck der Vorschrift sprechen deshalb für die Zulässigkeit von prozentualen Erhöhungsvereinbarungen.[126] 34

**Unzulässig** ist die Vereinbarung, wonach die Miete bis zur Höhe der ortsüblichen Vergleichsmiete oder bis zu einem bestimmten Prozentsatz über der ortsüblichen Vergleichsmiete erhöht wird. Hier fehlt es an der genauen Bestimmbarkeit der Mieterhöhungsmöglichkeit, da der Begriff der ortsüblichen Vergleichsmiete selbst wegen der zu entscheidenden Wertungsfragen im Streit steht. Hier liegt nicht nur eine Berechenbarkeit, sondern auch noch eine Bewertung vor. Deshalb kann auch bei Modernisierungsarbeiten keine Vereinbarung darüber getroffen werden, dass der Mieter einen bestimmten Prozentsatz der Modernisierungskosten zu tragen hat, die der Vermieter dem Mieter nach Abschluss der Arbeiten mitteilt.[127] Auch kann immer noch Streit über die anrechenbaren Kosten entstehen, so dass keine bloße Berechenbarkeit vorliegt. Zulässig wäre aber die Vereinbarung einer bestimmten absoluten Mieterhöhung nach Abschluss der Modernisierungsarbeiten. 35

**Beispiel:** Die Parteien vereinbaren, dass der Vermieter in die Wohnung ein neues Badezimmer einbaut und der Mieter ab dem auf die Fertigstellung folgenden Monats eine um 150 EUR erhöhte Miete zahlt.

---

[119] Anders aber die Übernahme von Schönheitsreparaturen während des Mietverhältnisses, auch wenn diese erst am Ende durchgeführt werden sollen oder fällig werden, → Rn. 37.

[120] Zur Zulässigkeit von Modernisierungsvereinbarungen nach § 555f BGB im Wohnraummietrecht s. *Artz* WImmoT 2014, 139; *Abramenko* MietRB 2013, 278; *Mahlstedt* WImmoT 2017, 145.

[121] BGH WuM 1990, 246.

[122] Bub/Treier MietR-HdB/*Schultz* Kap. III A Rn. 756; Kinne/Schach/Bieber MietProzR/*Kinne* BGB § 557 Rn. 4.

[123] Stellungnahme des Bundesrats NZM 2001, 20.

[124] BT-Drs. 14/5663.

[125] OLG Braunschweig NJW-RR 1986, 91.

[126] *Rips/Eisenschmid* Neues MietR S. 245; AK Neues MietR/*Eisenschmid* S. 241.

[127] LG Osnabrück WuM 1978, 10; Bub/Treier MietR-HdB/*Schultz* Kap. III A Rn. 770, 772.

36 **b) Der neue Gesamtbetrag.** Zulässig ist auch, die neue absolut zu zahlende Miete zu vereinbaren. Auch dies ist eine Vereinbarung über die Erhöhung der Miete. Letztendlich ist sowieso der neue Gesamtzahlbetrag der Betrag, der die Mietvertragsparteien interessiert. Außerdem lässt sich daraus auch der Erhöhungsbetrag errechnen. Sinn und Zweck der Vorschrift, die Ausdruck der Vertragsfreiheit ist, sprechen für eine so weite Auslegung, da es den Mietvertragsparteien durchaus freistünde, den Mietvertrag ganz aufzuheben und mit der erhöhten Miete wieder neu zu vereinbaren.

37 **c) Andere Mieterleistungen.** Der Mieter kann im Rahmen der Mietabänderungsvereinbarung auch andere ihn belastende Leistungen übernehmen. Auch dies stellt, wenn diese Leistungen einen Geldwert darstellen, eine Mietabänderungsvereinbarung dar. Dies ist weniger ein Problem der Wirksamkeit dieser Mietabänderungsvereinbarung, als vielmehr eine Frage, welche Folgen eine solche Vereinbarung auf die Jahres- oder Fünfzehn-Monatsfrist oder die Kappungsgrenze hat.[128] In der Vorgängerschrift des § 10 Abs. 1 MHG hieß es noch, dass der Mieter der Erhöhung der Miete um einen bestimmten Betrag zustimmen konnte. Auf Vorschlag des Bundesrates[129] wurden die Worte „um einen bestimmten Betrag" gestrichen, da es gelegentlich auch Mieterhöhungen gäbe, die nicht in Geld bestünden. Der Begriff der Miete iSd § 557 Abs. 1 BGB entspricht dem im § 535 BGB. Miete ist deshalb die Gesamtheit der Gegenleistungen, die der Mieter an den Vermieter für die Gebrauchsüberlassung zu erbringen hat. Nach dem Gesetz ist Miete dabei eine Bruttowarmmiete. Die zusätzliche Übernahme von Betriebskosten ist deshalb immer eine „Mieterhöhung". Die Wirksamkeit einer solchen Vereinbarung bemisst sich nach § 556 Abs. 1 BGB. Schwieriger ist dies bei der **Abwälzung der Schönheitsreparaturen.** Nach Auffassung des BGH[130] ist die Nichtabwälzung der Schönheitsreparaturen bei der Ermittlung der ortsüblichen Vergleichsmiete nicht im Wege eines Zuschlags zu berücksichtigen. Das bedeutet aber nicht, dass die nachträgliche erstmalige Übernahme der Schönheitsreparaturen durch den Mieter nicht eine weitere Gegenleistung darstellt. Auch nach Ansicht des BGH stellt die Übernahme der Schönheitsreparaturen ein Teil des Mietentgelts dar.[131] Deshalb ist die nachträgliche Übernahme eines solchen Mietentgelts in Form der Übernahme der Schönheitsreparaturen zugleich auch eine Vereinbarung iSd § 557 Abs. 1 BGB. Das Gleiche gilt bei der nachträglichen Vereinbarung einer Kleinreparaturklausel. Entscheidend ist, dass die neue Verpflichtung des Mieters eine Gegenleistung für die Gebrauchsüberlassung darstellt und nicht gesondert vergütet wird. Eine Gegenleistung wird idR für die Übernahme von Hausmeistertätigkeiten gezahlt, so dass dies keine Mietabänderungsvereinbarung darstellt. Eine andere Frage ist, die ob die Übernahme der Schönheitsreparaturen oder weiterer Betriebskosten auch die Jahressperrfrist auslöst oder auf die Kappungsgrenze angerechnet wird. Dagegen spricht, dass § 558 BGB nur auf die Miete im engeren Sinne abstellt. Das ergibt sich auch aus der Vergleichsgröße, der ortsüblichen Vergleichsmiete.

### 5. Jahresfrist, Kappungsgrenze

38 Eine Mietabänderungsvereinbarung ist unabhängig von der Jahressperrfrist und der Kappungsgrenze möglich, dh der Vermieter kann dem Mieter den Abschluss einer Mietabänderungsvereinbarung bereits während des Laufs der **Jahressperrfrist** oder der Fünfzehnmonatsfrist anbieten. Auf die Wirksamkeit hat es keinen Einfluss, ob der Mieter das Angebot innerhalb der Frist annimmt oder ob die erhöhte Miete innerhalb oder außerhalb der Fristen des § 558 Abs. 1 BGB fällig wird. Besonderheiten gelten aber bei der Teilzustimmung zu einem Mieterhöhungsverlangen (→ BGB § 558 Rn. 33). Eine Mieterhöhung auf Grund einer Mietabänderungsvereinbarung darf auch die **Kappungsgrenze** des § 558 Abs. 3 BGB überschreiten. Die Erhöhung der Miete auf Grund einer Mietabänderungsvereinbarung selbst löst aber wiederum die Jahressperrfrist aus. Sie wird auf die Kappungsgrenze späterer Mieterhöhungen nach § 558 BGB idR angerechnet (→ BGB § 558 Rn. 33 ff.; → BGB § 558 Rn. 178 f.). Nach Abschluss einer Mietabänderungsvereinbarung steht dem Mieter nicht das Sonderkündigungsrecht des § 561 BGB zu.

---

[128] *Börstinghaus* PiG 85 (2009), 87 (100); zur Frage, ob dies die Jahressperrfrist auslöst → BGB § 558 Rn. 21.

[129] BR-Drs. 439/00 = AK Neues MietR/*Eisenschmid* S. 248 = NZM 2001, 20.

[130] BGH VIII ZR 181/07, NJW 2008, 2840; BGH VIII ZR 83/07, WuM 2008, 487; BGH VIII ZR 118/07, NJW 2009, 1410.

[131] BGH VIII ZR 52/06, NJW 2006, 3778 mAnm *Börstinghaus* LMK 2006, 204505; BGH VIII ARZ 1/88, NJW 1988, 2790; krit. zur Entgeltthese *Schmidt* NZM 2020, 1089.

### IV. Grenzen der Vereinbarung

39 Auch für Mietabänderungsvereinbarungen gilt die Vorschrift des § 134 BGB. Soweit also auf Grund einer solchen Vereinbarung eine Miete geschuldet würde, die mehr als 20% über den ortsüblichen Entgelten liegt, ist eine solche Vereinbarung hinsichtlich des die 20%-Grenze übersteigenden Teils unter den weiteren Voraussetzungen des § 5 WiStG (dazu Nach § 535 BGB) unwirksam, es sei denn, es liegen die Voraussetzungen des § 5 Abs. 2 WiStG vor. Vereinbarungen, die 50% über der ortsüblichen Vergleichsmiete liegen, sind unter den weiteren Voraussetzungen des § 291 StGB teilnichtig. Dabei ist es unerheblich, ob die Vereinbarung ggf. im Rahmen eines gerichtlichen Vergleichs getroffen wurde.[132]

39a Die Beschränkungen der §§ 556d ff. BGB gelten bereits nach dem Wortlaut für Mietabänderungsvereinbarungen gem. § 557 Abs. 1 BGB nicht. Nach § 556d Abs. 1 BGB wird nur die **Wiedervermietungsmiete** bei Abschluss eines neuen Mietvertrages über Wohnraum beschränkt. Für Änderungen eines Mietvertrages gelten die Vorschriften weder nach ihrer Stellung im Gesetz noch nach dem Wortlaut. Allenfalls dann, wenn der Vermieter bewusst die Regelungen über die Neuvermietung umgehen will, kann auf eine Mietabänderungsvereinbarung im Zusammenhang mit einem Mieterwechsel § 556g BGB angewandt werden.[133] Bedeutung hat eine Mietabänderungsvereinbarung aber uU bei der Ermittlung der gem. § 556e Abs. 1 BGB bei Weitervermietung zulässigen **Vormiete.** Hat der Vermieter nämlich mit dem Vormieter eine Mieterhöhung vereinbart, die mehr als 10% oberhalb der ortsüblichen Vergleichsmiete liegt, dann kann er diese Miete grds. auch mit einem Nachmieter vereinbaren. Dabei ist es zunächst unerheblich, ob diese Vereinbarung vor oder nach Inkrafttreten des Mietrechtsnovellierungsgesetzes oder der entsprechenden Landesverordnung getroffen wurde. Lediglich Mietabänderungsvereinbarungen, die innerhalb des letzten Jahres vor Beendigung des Mietverhältnisses mit dem Vormieter getroffen wurden, bleiben unberücksichtigt. Damit wollte der Gesetzgeber ein mögliches **kollusives Verhalten** von Vermieter und Vormieter sanktionieren. Der Vermieter sollte nicht bei absehbarem Ende des Mietverhältnisses auf Ansprüche gegenüber dem Vormieter verzichten, zB auf Durchführung von Schönheitsreparaturen, Einhaltung der Kündigungsfrist oÄ, und dafür die Zustimmung zu einer Mieterhöhung verlangen, um diese im Rahmen der zulässigen Vormiete dann bei einer Neuvermietung weiter verlangen zu dürfen. Die Frist berechnet sich vom Zeitpunkt der rechtlichen Beendigung des Mietverhältnisses aus gesehen ein Jahr zurück. Dabei kommt es auf das Datum der Vereinbarung und nicht des Wirksamwerdens der Erhöhung an. Rückwirkende Erhöhungen ändern deshalb nichts an der Unwirksamkeit für die Berechnung der Vormiete. Da ein kollusives Zusammenwirken zwischen Ver- und Vormieter nicht Tatbestandsvoraussetzung des § 556e Abs. 2 S. 2 BGB ist, werden von der Vorschrift auch alle Vereinbarungen erfasst, die im letzten Jahr vor der rechtlichen Beendigung des Mietverhältnisses getroffen wurden, ohne dass es einer der Parteien, um die Vormiete iSd 556e Abs. 2 S. 2 BGB ging. Beide Parteien gingen ggf. von einem Fortbestand des Mietverhältnisses aus. Auch eine „Gegenleistung" des Vermieters in Form eines irgendwie gearteten Forderungsverzichts muss nicht erfolgt sein. Die Jahresfrist gilt selbst dann, wenn der Vermieter dem Vormieter zB wegen Zahlungsverzuges oder aus einem anderen wichtigen Grund außerordentlich fristlos gekündigt hat oder auch wenn der Mieter verstorben ist und der Erbe das Mietverhältnis gekündigt hat. Eine sachliche Begründung für die weite Fassung der Tatbestandsvoraussetzungen des § 556e Abs. 2 S. 2 BGB ist nicht ersichtlich.

### V. Prozessuales

40 Auf Grund einer Mietabänderungsvereinbarung wird die Miete unmittelbar erhöht. Der Vermieter kann deshalb direkt **auf Zahlung klagen.** Eine Klage auf Zustimmung zu einer Vertragsänderung ist nicht erforderlich und wäre unzulässig. Wenn der Mieter seine Zahlungsverpflichtung grds. bestreitet, kann der Vermieter unter den Voraussetzungen der §§ 258, 259 ZPO auch Klage auf zukünftige Leistung erheben. Wenn sich der Vermieter eines höheren Mietanspruchs auf Grund einer behaupteten Mietabänderungsvereinbarung berühmt, dann kann der Mieter negative Feststellungsklage diesbezüglich erheben.

132 *Beuermann* GE 1991, 212.
133 LG Berlin WuM 2018, 41; AG Neukölln WuM 2017, 714.

41 Die **Beweislast** für den Abschluss einer Mietabänderungsvereinbarung trifft denjenigen, der sich auf diese Vereinbarung beruft.[134] Macht der Vermieter Zahlungsansprüche aus einer solchen Vereinbarung geltend, dann muss er den Abschluss der Vereinbarung beweisen.[135] Wendet der Mieter in einem späteren Erhöhungsverfahren ein, die Jahressperrfrist sei durch eine Mietabänderungsvereinbarung ausgelöst worden, muss der Mieter beweisen, dass eine solche Vereinbarung zustande gekommen ist. Zwar gehört die Einhaltung der Jahressperrfrist zu den anspruchsbegründenden Tatsachen eines Mieterhöhungsverlangens, jedoch muss derjenige, der sich auf die Änderung einer unstreitig bestehenden Regelung beruft, die Abänderung beweisen. Die Beweisgrundsätze über negative Tatsachen sind hier nicht anwendbar.

## C. Vereinbarungen über zukünftige Mieterhöhungen nach Abs. 2

42 Nach § 557 Abs. 2 BGB können die Vertragsparteien künftige Änderungen der Miethöhe als **Staffelmiete** nach § 557a BGB oder als **Indexmiete** nach § 557b BGB vereinbaren. Die Regelung in § 557 Abs. 2 BGB hat keine eigenständige Bedeutung. Die Voraussetzungen und Rechtsfolgen von Staffelmiet- oder Indexvereinbarungen ergeben sich ausschließlich aus den §§ 557a, 557b BGB. Wenn § 557 Abs. 2 BGB eine Bedeutung hat, dann zum einen in der Abgrenzung von zukünftigen Mieterhöhungen zu solchen gem. § 557 Abs. 1 BGB (→ Rn. 33). Ferner ist § 557 Abs. 2 BGB noch im Zusammenhang mit Abs. 4 zu sehen, wonach Vereinbarungen, die zum Nachteil des Mieters von § 557 BGB abweichen, unwirksam sind. Da die zukünftigen Mieterhöhungen unter Verweis auf die §§ 557a, 557b BGB ausdrücklich in § 557 BGB genannt werden, handelt es sich bei solchen Vereinbarungen folglich auch nicht um nachteilige Abweichungen von § 557 BGB.

## D. Ansprüche des Vermieters auf Mieterhöhungen nach Abs. 3

### I. Allgemeines

43 § 557 Abs. 3 BGB gestattet dem Vermieter in den Fällen, in denen keine Mietabänderungsvereinbarung nach § 557 Abs. 1 BGB und keine Vereinbarung über eine zukünftige Mieterhöhung in Form einer Staffelmiet- oder Indexvereinbarung zustande gekommen ist, seinen Anspruch auf Vertragsanpassung **einseitig** durchzusetzen. Durch die Stellung in § 557 Abs. 3 BGB hinter den verschiedenen Möglichkeiten der einvernehmlichen Mietabänderung hat der Gesetzgeber zum Ausdruck bringen wollen, dass solche einvernehmlichen Regelungen zu bevorzugen sind und nur dann, wenn diese nicht zustande kommen, dem Vermieter ggf. durchsetzbare Ansprüche auf Mietanpassung zustehen. Bei diesen Ansprüchen handelt es sich um die **„Gegenleistung"** des Gesetzgebers dafür, dass dem Vermieter gem. § 573 Abs. 1 S. 2 BGB eine Kündigung zum Zwecke der Mieterhöhung ausdrücklich untersagt ist.[136] Der Verweis selbst in § 557 Abs. 3 Hs. 1 hat **keine eigene Bedeutung.** Die Tatbestandsvoraussetzungen für die jeweilige Mieterhöhung richten sich nach §§ 558ff., 559ff., 560 BGB.

### II. Ausschlussvereinbarungen

44 Während § 557 Abs. 4 BGB Vereinbarungen verbietet, die zum Nachteil des Mieters von den Bestimmungen des Gesetzes abweichen, sind Vereinbarungen, die das grds. bestehende Recht des Vermieters auf Durchführung von Mieterhöhungen ganz oder teilweise beschränken, zulässig. Dies wird durch § 557 Abs. 3 Hs. 2 BGB noch einmal klargestellt. Solche Vereinbarungen können ausdrücklich oder konkludent geschlossen werden. Der Ausschluss kann sich auch aus den Umständen ergeben.

---

[134] Baumgärtel/Laumen/Prütting Beweislast-HdB/*Börstinghaus* BGB § 557 Rn. 3.
[135] Staudinger/*J. Emmerich* BGB § 557 Rn. 46.
[136] BGH VIII ZR 303/06, NJW 2007, 2546.

### 1. Ausdrückliche Vereinbarungen

**a) Ausdrückliche Vereinbarungen. Diese** sind in diesem Bereich selten. Eine Ausschlussvereinbarung kann sich auf alle Mieterhöhungsmöglichkeiten[137] beziehen oder nur auf einzelne Erhöhungstatbestände.[138] Ferner kann sie eine Mieterhöhung der Höhe nach oder zeitlich ganz oder teilweise ausschließen.[139] Dies ergibt sich aus der Formulierung „soweit".[140] wobei der teilweise Ausschluss sich sowohl auf die Höhe[141] wie auch auf den zeitweisen Ausschluss[142] beziehen kann. 45

Ausdrückliche Vereinbarungen kommen vor allem im Zusammenhang mit **Förderverträgen**[143] oder sonstigen **Subventionen** Dritter in Betracht. Bei der Veräußerung größerer Wohnungsbestände werden häufig in einer **Sozialcharta** Mieterhöhungsbegrenzungsregelungen getroffen.[144] In all diesen Fällen ist im Einzelfall zu prüfen, ob die im Vertrag zwischen dem Vermieter und dem Dritten vereinbarte Beschränkung des Mieterhöhungsrechts zugleich einen echten Vertrag zugunsten Dritter darstellt[145], auf die sich der Mieter iRd § 557 Abs. 3 Hs. 2 BGB berufen kann.[146] Die Wirksamkeit solcher Vereinbarungen richtet sich nicht nach dem Mietrecht, sondern nach den für diesen Vertrag geltenden Bestimmungen.[147] Deshalb soll die in einem öffentlich-rechtlichen Vertrag oder durch eine Auflage in der Zweckentfremdungsgenehmigung eingegangene Verpflichtung zur Mietpreisbeschränkung für den Ersatzwohnraum unwirksam sein.[148] 45a

Soweit die Verwaltungsvorschriften der Bundesrepublik Deutschland verwaltungsintern für die Vermietung bundeseigener Wohnungen ua an **Bundesbedienstete** als obere Grenze für ein Mieterhöhungsverlangen die untere Grenze der ortsüblichen Vergleichsmiete vorsehen, soll es sich nicht um eine Vereinbarung iSd § 557 Abs. 3 Hs. 2 BGB handeln.[149] Jedoch ist die Bundesrepublik Deutschland als Vermieterin in einem Wohnraummietverhältnis über eine solche Wohnung, die sie im Rahmen der Wohnungsfürsorge an einen Bundesbediensteten vermietet hat, nach dem **Grundsatz der Gleichbehandlung** regelmäßig auch gegenüber dem Mieter an diese Grenze gebunden.[150] Hat der Arbeitgeber aber im Mietvertrag selbst dem Mieter für die Dauer des Bestandes eines Arbeitsverhältnisses eine Vergünstigung eingeräumt so ist dies eine Vereinbarung iSd § 557 Abs. 3 Hs. 2 BGB, an die auch ein Grundstückserwerber gebunden ist[151], solange das Arbeitsverhältnis fortbesteht. Dies gilt auch für die mietvertraglich vereinbarte „Vergunstmiete" für Bundesbedienstete[152] und zwar in diesem Fall auch nach Eintritt in den Altersruhestand, da der Mieter im Rahmen der Wohnungsfürsorge des öffentlichen Dienstes weiter zu dem zu betreuenden Personenkreis gehört.[153] 45b

Strittig ist, ob solche Vergünstigungen dann absolut oder relativ Fortbestand haben. Dies ist eine Frage der Auslegung der Vereinbarung[154], die revisionsrechtlich nur eingeschränkt nachgeprüft werden kann.[155] Die gleichen Grundsätze gelten bei Vereinbarung einer sog. **Gefälligkeits-** 45c

---

[137] Bub/Treier MietR-HdB/*Schultz* Kap. III A Rn. 1463.
[138] LG Berlin GE 2007, 293; *Sternel* MietR Kap. III Rn. 536.
[139] Staudinger/*J. Emmerich* BGB § 557 Rn. 53.
[140] BayObLG WuM 1998, 274; NZM 1999, 215.
[141] AnwK WohnraumMietR/*Lammel* BGB § 557 Rn. 27 nennt als Beispiel den Ausschluss der Mieterhöhung bzgl. der Grundmiete nicht aber bzgl. der Betriebskostenpauschale.
[142] BGH NJW 1992, 2281; AG Kamenz WuM 1994, 670.
[143] BGH VIII ZR 180/08, NZM 2009, 734; VerfGH Berlin NZM 2001, 228; Staudinger/*J. Emmerich* BGB § 557 Rn. 51b.
[144] AG Stuttgart-Bad Cannstatt WuM 2019, 589; AG Stuttgart WuM 2013, 548; aufgehoben und abgeändert durch LG Stuttgart NZM 2014, 161; AG München BeckRS 2018, 17959.
[145] So zB BGH VIII ZR 109/18, NZM 2019, 209; LG Berlin GE 2009, 1255; **aA** LG Stuttgart NZM 2014, 161.
[146] LG Berlin GE 2000, 1540.
[147] AnwK WohnraumMietR/*Lammel* BGB § 557 Rn. 28.
[148] LG Frankfurt a. M. WuM 1999, 574 = ZMR 2000, 223 mAnm *Koskowski* ZMR 2000, 616; *Koskowski* WuM 2000, 46; *Schulz* ZMR 2000, 870.
[149] BayObLG NZM 1999, 215; **aA** LG Erfurt GE 2012, 830; *Grau* WuM 1983, 112 (113); *Sternel* MietR Kap. III Rn. 545.
[150] BayObLG NZM 1999, 215.
[151] AG Münster WuM 1998, 727.
[152] LG Erfurt GE 2012, 830.
[153] LG Erfurt GE 2012, 830.
[154] Zur Auslegung eines Fördervertrages für Bundesmietenwohnungen BGH VIII ZR 180/08, NZM 2009, 734.
[155] BGH VIII ZR 164/03, NJW 2004, 2751.

**miete**[156] oder **Lockvogelangeboten.**[157] Im Übrigen ist das Problem durch die Kappungsgrenze etwas entschärft, weil auch eine solche Gefälligkeitsmiete in drei Jahren um nicht mehr als 20% bzw. 15% erhöht werden darf.[158] Auf keinen Fall darf der Vermieter nach den Grundsätzen des Fehlens der Geschäftsgrundlage eine „extrem niedrige Ursprungsmiete" über die Grenzen der Kappungsgrenze erhöhen.[159]

46 **b) Kostenmietklauseln. Diese stellen** in Mietverträgen ehemaliger gemeinnütziger Wohnungsunternehmen heute keine Beschränkung des Mieterhöhungsrechts mehr dar.[160] Nach der Aufhebung der Wohnungsgemeinnützigkeit ist zwar nicht die Geschäftsgrundlage für solche Vereinbarungen entfallen, die Vereinbarung ist aber im Wege der ergänzenden Vertragsauslegung dahin auszulegen, dass die Parteien, hätten sie die Gesetzesänderung geahnt, im Mietvertrag die Wirksamkeit der Klausel von der Fortgeltung des WGG abhängig gemacht hätten.

Etwas anderes gilt aber, wenn die Parteien im Mietvertrag vereinbart haben, dass es sich um eine „öffentlich geförderte Wohnung oder sonst preisgebundene Wohnung" handelt und wenn sich dies wegen nachträglicher Aufhebung der Förderbescheide als von Anfang an falsch herausstellt.[161] Hier muss der Vermieter die Mieterhöhung gem. § 558 BGB doppelt begründen und zwar bzgl. der Höhe der ortsüblichen Vergleichsmiete und der Kostenmiete. Im umgekehrten Fall, also einer tatsächlich der Preisbindung unterliegenden Wohnung, die die Parteien als preisfrei behandelt haben, kann auch die Vereinbarung einer unterhalb der preisrechtlich zulässigen Miete einen – zumindest konkludent – vereinbarten Ausschlusstatbestand darstellen.[162]

46a **c) Ausländische Mieter.** Eine Mieterhöhung nur gegenüber bestimmten **ausländischen Mietern** kann einen Verstoß gegen das AGG darstellen und Entschädigungsansprüche auslösen.[163] Es liegt ein Verstoß gegen ein gesetzliches Verbot gem. § 134 BGB vor. Das ist aber kein Ausschlusstatbestand gem. § 557 Abs. 3 Hs. 2 BGB.

46b **d) Gleichheitsgrundsatz.** Ein Ausschluss einer Mieterhöhung kann sich aber aus dem genossenschaftlichen **Gleichheitsgrundsatz** ergeben.[164] Zwar gibt es keinen allgemeinen Gleichbehandlungsgrundsatz im Mietrecht aber bei Wohnungsgenossenschaften kann sich dieser aus dem Zweck der Genossenschaft ergeben.[165] Dabei sind bei Maßnahmen in einem nahen zeitlichen und sachlichen Zusammenhang einheitliche Maßstäbe zugrunde zu legen.[166] Das gilt sowohl für Mietzinsvereinbarungen bei Abschluss des Mietvertrages[167] wie auch für spätere Mieterhöhungen.[168] Die rechtliche Gleichstellung der Mitglieder ist aber nicht absolut. Zulässig ist eine Ungleichbehandlung aus sachlichen Gründen. Deshalb ist eine Mieterhöhung gem. § 558 BGB bei einem Mitglied zulässig, das für die Dauer von Modernisierungsarbeiten zulässigerweise die Miete gemindert hat, während andere Genossen auf die **zulässige Minderung verzichtet** haben.[169] Ebenso ist es zulässig, dass die Genossenschaft nur von den Mietern die Zustimmung zu einer Mieterhöhung bis zur ortsüblichen Vergleichsmiete verlangt, die zuvor einer angebotenen Vertragsänderung mit einer wirksamen **Schönheitsreparaturklausel** nicht zugestimmt haben.[170]

---

[156] Bub/Treier MietR-HdB/*Schultz* Kap. III A Rn. 1049; Staudinger/*J. Emmerich* BGB § 557 Rn. 65, wenn die Parteien „bewusst" deutlich unter dem Marktpreis geblieben sind.

[157] Bub/Treier MietR-HdB/*Schultz* Kap. III A Rn. 1050.

[158] Bub/Treier MietR-HdB/*Schultz* Kap. III A Rn. 1049.

[159] BGH VIII ZR 266/14, BGHZ 208, 18 = NZM 2016, 42 = NJW 2016, 239; **aA** so aber AG Hamburg-Harburg ZMR 2015, 865 mit zurecht abl. Anm. *Schröder* ZMR 2015, 823.

[160] BGH VIII ZR 128/05, NZM 2006, 693; **aA** noch OLG Hamm NJW-RR 1986, 287; BayObLG WuM 1998, 274; LG Berlin GE 2001, 555; LG München NZM 1999, 704 mablAnm *Roth* NZM 1999, 688.

[161] BGH VIII ZR 115/03, NZM 2004, 378; AG Tempelhof-Kreuzberg WuM 2013, 228 mAnm *Börstinghaus* WuM 2013, 528.

[162] LG Berlin ZMR 2018, 225.

[163] AG Tempelhof-Kreuzberg WuM 2015, 73.

[164] Offen gelassen von Staudinger/*J. Emmerich* BGB § 557 Rn. 65a.

[165] Staudinger/*V. Emmerich* BGB Vor § 535 Rn. 58.

[166] LG Köln ZMR 2008, 718.

[167] LG Berlin MM 1999, 209; GE 1999, 575; AG Schöneberg MM 1999, 209.

[168] *LG Offenburg WuM 1998, 289.*

[169] BGH VIII ZR 159/08, NZM 2010, 121; *Eisenschmid* jurisPR-MietR 2/2010 Anm. 2; LG Köln ZMR 2008, 718 mAnm *Börstinghaus* WuM 2009, 223.

[170] AG Tempelhof-Kreuzberg GE 2009, 1051; AG Schöneberg GE 2009, 1195.

**e) Modernisierung.** Haben die Parteien anlässlich einer **Modernisierungsmaßnahme** eine Mietabänderungsvereinbarung gem. § 555f[171], § 557 Abs. 1 geschlossen, beinhaltet diese Vereinbarung idR nicht zugleich den Verzicht, den modernisierten Zustand nicht später zum Gegenstand einer **Mieterhöhung gem. § 558 BGB** zu Grunde zu legen.[172] Haben die Mietvertragsparteien aus Anlass des Einbaus einer Gasetagenheizung vereinbart, dass der Vermieter die Kosten nicht als modernisierungswirksame Leistung ansetzen darf, dann soll die Vereinbarung nicht nur Mieterhöhungen gem. § 559 BGB ausschließen sondern auch dazu führen, dass die Gasetagenheizung bei der ortsüblichen Vergleichsmiete gem. § 558 BGB unberücksichtigt bleibt.[173] Allein in der Tatsache, dass der Vermieter zunächst eine Mieterhöhung gem. § 558 BGB vornimmt, rechtfertigt noch nicht die Annahme, dass der Vermieter damit zugleich einen Verzicht auf die Mieterhöhung gem. § 559 BGB erklären wollte.[174] Es kommt vielmehr darauf an, ob der Vermieter tatsächlich den modernisierten Standard zur Ermittlung der ortsüblichen Vergleichsmiete herangezogen hat.[175] 46c

### 2. Konkludente Vereinbarung

Die Ausschlussvereinbarung kann sich auch **aus den Umständen ergeben.** Dazu bedarf es einer umfassenden Auslegung des gesamten Vertrages einschließlich der außerhalb des Vertrages liegenden Umstände.[176] 47

**a) Werkmietwohnungen.** In der Regel soll der Mieter/Arbeitnehmer darauf vertrauen dürfen, dass er während des Bestehens des Mietverhältnisses eine bei Abschluss der Verträge unterhalb der ortsüblichen Miete liegende Miete auch in Zukunft nur zahlen muss.[177] Allein aus der Tatsache, dass der Vermieter dem Mieter eine **Werkmietwohnung** zu einer unterhalb der ortsüblichen Vergleichsmiete liegenden Miete überlassen hat, kann aber nicht ohne weiteres geschlossen werden, dass der Vermieter bei einer Mieterhöhung nach § 558 BGB den ursprünglichen **proportionalen Abstand** zwischen Ausgangsmiete und der ortsüblichen Vergleichsmiete einzuhalten hat. Führt die Auslegung der Vereinbarung zu dem Ergebnis, dass in der Wohnungsüberlassung zu der reduzierten Miete eine Mieterhöhungsbeschränkung iSv § 557 Abs. 3 Hs. 2 BGB zu sehen ist, so wird einer solchen Beschränkung für die Zukunft dadurch hinreichend Rechnung getragen, dass die erhöhte neue Miete **nominal** um den Unterschiedsbetrag zwischen ursprünglicher Ausgangs- und Vergleichsmiete unter der nunmehrigen erhöhten ortsüblichen Vergleichsmiete zurückbleibt.[178] Der Abstand muss nicht prozentual gleich bleiben. Bei **Werkförderungsverträgen** kann es sich um einen echten Vertrag zugunsten Dritter handeln.[179] 48

**b) Der Zeitmietvertrag.** War bis 31.8.2001 ausdrücklich in Form eines Regelbeispiels als ein konkludenter Mieterhöhungsausschlusstatbestand in § 1 S. 3 MHG genannt, wenn die Parteien einen Mietvertrag auf bestimmte Zeit mit festem Mietzins vereinbart hatten. Dabei knüpfte § 1 S. 3 MHG an die vor In-Kraft-Treten des MHG bereits geltende Rechtslage an. Früher konnte der Vermieter die Miete im Wege einer Änderungskündigung erhöhen. Die Änderungskündigung ist eine ordentliche Kündigung. Ordentliche Kündigungen sind aber bei befristeten Mietverträgen ausgeschlossen. Deshalb war bereits vor In-Kraft-Treten des MHG bei solchen Zeitmietverträgen ohne ausdrückliche Vereinbarung eine Mieterhöhung nicht möglich. Daran knüpfte § 1 S. 3 MHG an. Bei befristeten Mietverträgen war deshalb nach ganz hM[180] eine Mieterhöhung nach den Vorschriften des MHG ausgeschlossen, ohne dass die Parteien dies noch gesondert vereinbaren mussten. Seit 1.9.2001 ist der Zeitmietvertrag nicht mehr ausdrücklich als Ausschlussgrund erwähnt. Der Gesetzgeber ist der Auffassung gewesen[181], dass damit eine inhaltliche Änderung nicht verbunden sei. Seiner Auffassung nach hatte der Halbsatz lediglich klarstellenden Charakter, indem er den 49

---

171 Zur Zulässigkeit von Modernisierungsvereinbarungen nach § 555f BGB im Wohnraummietrecht s. *Artz* WImmoT 2014, 139; *Abramenko* MietRB 2013, 278; *Mahlstedt* WImmoT 2017, 145.
172 LG Berlin GE 2014, 190; 2012, 616.
173 LG Berlin GE 2007, 293.
174 So aber LG Berlin GE 2015, 1033.
175 So auch *Beuermann* GE 2015, 100.
176 AnwK WohnraumMietR/*Lammel* BGB § 557 Rn. 30.
177 *Riecke* ZMR 2007, 952; WuM 2003, 663 (666).
178 BayObLG NZM 2001, 373.
179 Staudinger/*J. Emmerich* BGB § 557 Rn. 67.
180 LG Kiel WuM 1992, 622; LG Berlin MDR 1985, 58; LG Baden-Baden WuM 1984, 86; AG Bonn WuM 1992, 254; AG Eutin DWW 1993, 46; AG Nürnberg WuM 1993, 618.
181 BR-Drs. 439/00 = BT-Drs. 14/4553; abgedr. bei AK Neues MietR/*Eisenschmid* S. 248.

Zeitmietvertrag mit fester Miete als ein Beispiel für einen Ausschluss der Mieterhöhung anführte. Es hätten sich aus der Formulierung häufig Missverständnisse und Schwierigkeiten ergeben, insbes. sei strittig gewesen, ob allein die Vereinbarung eines Zeitmietvertrages bereits zum Mieterhöhungsausschluss führte oder ob zusätzlich die ausdrückliche Vereinbarung eines festen Mietzinses erforderlich war.[182] Nach der Vorstellung des Gesetzgebers kommt es nunmehr für die Beantwortung der Frage, ob die Parteien eine Ausschlussvereinbarung getroffen haben, entscheidend auf die konkrete Ausgestaltung des Vertrages an, also entsprechend der gesetzlichen Formulierung allein auf die „Umstände" des Einzelfalles.

50 In diesem Fall müsste also jetzt bei einem **Zeitmietvertrag** jeweils im Einzelfall geprüft werden, warum die Parteien die Befristung abgeschlossen haben und ob sie damit auch einen Ausschluss des Mieterhöhungsrechts vereinbaren wollten.[183] Diese Argumentation verkennt die Funktion des ehemaligen § 1 S. 3 MHG. Einseitige Vertragsänderungen wären auch bei Zeitmietverträgen nur mittels der dort gerade ausgeschlossenen Änderungskündigung durchsetzbar. Der Zustimmungsanspruch des § 558 BGB, aber auch die anderen einseitigen Erhöhungsrechte der §§ 559, 560 BGB, sind ein Ausgleich für das Verbot der Änderungskündigung in § 573c Abs. 1 S. 2 BGB. Eines solchen Ausgleichs bedarf es aber bei Zeitmietverträgen nicht, da sich dort das Verbot der Änderungskündigung nicht aus § 573 Abs. 1 S. 2 BGB ergibt, sondern aus dem Vertrag selbst. Insofern war bereits der Rechtsentscheid des OLG Stuttgart[184] systematisch genauso falsch wie jetzt die Auffassung des Gesetzgebers. Erst auf Grund dieser Gesetzesbegründung kann es jetzt zu Missverständnissen kommen. Bei der früheren Regelung stand eindeutig fest, dass ein Zeitmietvertrag grds. die Mieterhöhungsmöglichkeit ausschloss, es sei denn die Parteien hätten ausdrücklich einen Erhöhungsvorbehalt vereinbart. Nunmehr muss jeder Zeitmietvertrag darauf untersucht werden, ob damit auch ein Ausschluss der Mieterhöhung gewollt war.

51 Nach dem historischen Willen des Reformgesetzgebers wäre damit wohl in der Mehrzahl der Fälle eine Mieterhöhung bei Zeitmietverträgen möglich.[185] Da seit 1.9.2001 ein Zeitmietvertrag nur noch zur Sicherstellung eines besonderen **Rückerlangungsinteresses** des Vermieters gem. § 575 BGB zulässig ist, kann darin kaum ein Mieterhöhungsausschlusswille des Vermieters erblickt werden.[186] Nach der Neuregelung insbes. auch des § 575 BGB sprechen die Umstände also idR gegen einen Ausschluss der Mieterhöhung bei Zeitmietverträgen. Das ist aber gesetzessystematisch aus den oben dargestellten Gründen nicht fraglich. Auch nach Wegfall des Regelbeispiels ist der Zeitmietvertrag an sich schon ein Umstand, aus dem sich der Ausschluss der Mieterhöhungsmöglichkeit ergibt. Es ist weder zusätzlich erforderlich den Willen der Parteien zu erforschen, warum sie den Vertrag befristet haben noch muss im Mietvertrag zusätzlich vereinbart werden, dass es sich um eine Festmiete handelt.[187]

52 Wenn die Parteien bei einem **befristeten Mietverhältnis** das vor dem 1.9.2001 abgeschlossen worden ist eine **Verlängerungsklausel** vereinbart haben, dann gilt der Ausschluss der Mieterhöhung nur für die Zeit der ersten Befristung, in der Verlängerungszeit kann die Miete erhöht werden.[188] Dabei kommt es nicht darauf an, ob das Mietverhältnis sich nach der ersten Befristung auf unbestimmte Zeit verlängert oder ob es sich um eine bestimmten Zeitspanne verlängert.[189] Hat der Vermieter einseitig auf sein Kündigungsrecht verzichtet, kommt es auf die Umstände an, ob darin auch ein Ausschluss des Mieterhöhungsrechts zu sehen ist.[190]

---

182 So missverständlich bereits OLG Stuttgart WuM 1994, 320 = NJW-RR 1994, 401 zust. AnwK WohnraumMietR/*Lammel* BGB § 557 Rn. 30a; Bub/Treier MietR-HdB/*Schultz* Kap. III A Rn. 1034, 1035; ablAnm *Blank* WuM 1994, 421; **aA** LG Mannheim ZMR 1996, 35.

183 Staudinger/*Emmerich* BGB § 557 Rn. 56; **aA** LG Berlin GE 2000, 1032.

184 OLG Stuttgart WuM 1994, 320 = NJW-RR 1994, 401.

185 So auch Erman/*Dickersbach* BGB § 557 Rn. 10; *Riecke* ZMR 2007, 953.

186 Bub/Treier MietR-HdB/*Schultz* Kap. III A Rn. 1035.

187 *Kunze/Tietzsch* Miethöhe Teil II Rn. 113; **aA** AnwK WohnraumMietR/*Lammel* BGB § 557 Rn. 30a; Bub/Treier MietR-HdB/*Schultz* Kap. III A Rn. 1035.

188 OLG Karlsruhe NJW-RR 1996, 329 = WuM 1996, 18; OLG Zweibrücken WuM 1981, 273; OLG Hamm NJW 1983, 829; OLG Frankfurt a. M. WuM 1983, 73; Bub/Treier MietR-HdB/*Schultz* Kap. III A Rn. 1037; Staudinger/*J. Emmerich* BGB § 557 Rn. 57.

189 AnwK WohnraumMietR/*Lammel* BGB § 557 Rn. 31.

190 AG Dortmund WuM 1992, 624 bei „Mindestlaufzeit"; grds. dagegen AnwK WohnraumMietR/*Lammel* BGB § 557 Rn. 38.

Auch aus der Vereinbarung eines **Mietverhältnisses auf Lebenszeit** kann sich ein vertraglicher Ausschluss des Rechts des Vermieters zur Mieterhöhung ergeben.[191] 53

Es kann sich aber auch bei einem **Zeitmietvertrag** aus den Umständen ergeben, dass Mieterhöhungen während der Befristung möglich sein sollen.[192] Dies ist dann der Fall, wenn die Parteien sich das Erhöhungsrecht ausdrücklich vorbehalten haben oder wenn sich aus sonstigen Umständen ein solcher Erhöhungsvorbehalt ergibt. Ein Kriterium soll die Länge der Befristung sein.[193] Ein solcher Erhöhungsvorbehalt kann individualvertraglich uneingeschränkt vereinbart werden, da er gegen kein gesetzliches Verbot verstößt. Möglich ist auch die formularvertragliche Vereinbarung eines Erhöhungsvorbehalts.[194] Die Klausel muss aber eindeutig und klar sein und darf insbes. nicht gegen das Transparenzgebot des § 307 Abs. 1 S. 2 BGB verstoßen. Zu beachten ist weiter, dass seit 1.1.2002 auch preisbestimmende und leistungsbeschreibende Klauseln der Transparenzkontrolle unterliegen, so hier besonders auf die Verständlichkeit solcher Klauseln auch im Zusammenhang mit der Befristung zu achten ist. Ferner darf es sich nicht um eine überraschende Klausel gem. § 305 c BGB handeln, dh die Klausel muss sich in unmittelbarem Zusammenhang mit der Befristung und Miethöhe befinden. 54

Haben die Parteien wirksam eine **Kündigungsausschlussvereinbarung** getroffen (→ BGB § 557 a Rn. 59 ff.; → BGB § 575 Rn. 80 ff.) dann ist durch Auslegung zu ermitteln, ob damit auch eine Ausschlussvereinbarung gem. § 557 Abs. 3 Hs. 2 BGB verbunden ist. Ist die Vereinbarung im Interesse des Vermieters getroffen worden, dann ist eine Mieterhöhung idR möglich.[195] Wurde die Ausschlussvereinbarung auf Wunsch des Mieters im Mietvertrag vereinbart, dann spricht die Auslegung eher dafür, dass damit, ohne weitere Vereinbarung, der Mietvertrag unverändert, also auch ohne Mieterhöhung, bis zum Ende der Kündigungsausschlussfrist gelten sollte. 55

**c) Wohnungsgröße**[196]**.** Strittig war, ob sich der Ausschluss der Mieterhöhung auch aus der Angabe einer kleineren als der tatsächliche Wohnungsgröße im Mietvertrag ergeben kann.[197] Dabei ging es regelmäßig um die Größe als Multiplikator der ortsüblichen Vergleichsmiete pro Quadratmeter obwohl die Größe der Wohnung selbst auch zu den fünf Wohnwertmerkmalen des § 558 Abs. 2 BGB gehört.[198] Regelmäßig handelt es sich bei der Angabe einer Wohnungsgröße in einem Mietvertrag um eine **Beschaffenheitsvereinbarung** und nicht um eine bloße **Objektbeschreibung.**[199] Das bedeutet jedoch nicht, dass mit einer solchen bei Vertragsschluss getroffenen Beschaffenheitsvereinbarung auch die bei einer späteren Mieterhöhung gem. § 558 Abs. 2 BGB in die Bildung der ortsüblichen Vergleichsmiete einzustellende Größe der Wohnung durch eine solche von 56

---

[191] LG Berlin GE 2000, 1032; LG Lübeck WuM 1972, 58; LG Mannheim WuM 1987, 353; AG Trier WuM 1993, 196; **aA** AnwK WohnraumMietR/*Lammel* BGB § 557 Rn. 38.

[192] Staudinger/*J. Emmerich* BGB § 557 Rn. 56; *Simon* NZM 2001, 2 (7).

[193] Staudinger/*J. Emmerich* BGB § 557 Rn. 56; *Derleder* NZM 2001, 170 (172).

[194] LG Kiel WuM 1992, 623; LG Berlin WuM 1986, 122; AG Rastatt WuM 1997, 177, Klausel: *„Anpassung an geänderte wirtschaftliche Verhältnisse am Wohnungsmarkt"*; AnwK WohnraumMietR/*Lammel* BGB § 557 Rn. 42; Staudinger/*J. Emmerich* BGB § 557 Rn. 61; **aA** LG Köln WuM 1991, 353; AG Siegburg WuM 1987, 354; AG Tettnang WuM 1993, 406; AG Offenbach ZMR 1987, 472; AG Nürnberg WuM 1993, 618; AG Friedberg WuM 1994, 416.

[195] Für möglich haltend auch Staudinger/*J. Emmerich* BGB § 557 Rn. 65 a; generell gegen Ausschluss Bub/Treier MietR-HdB/Schultz Kap. III A Rn. 1039.

[196] Zur Wohnungsgröße und ihrer Ermittlung → BGB § 558 Rn. 57; Anh. § 556 a BGB; *Börstinghaus* Flächenabweichungen Rn. 24 ff.; *Börstinghaus* WImmoT 2016, 87.

[197] OLG Düsseldorf GE 2002, 1335; LG Berlin GE 2004, 482, NZM 2002, 947; LG Zweibrücken NZM 1999, 71; LG Braunschweig WuM 1999, 205; LG Aachen WuM 1991, 501; LG Frankfurt a. M. WuM 1990, 157; AG Schöneberg GE 2015, 127; AG Aachen WuM 2012, 556; AG Hamburg WuM 2001, 469; AG Neustadt am Rübenberge WuM 1996, 344; AG Schöneberg GE 1989, 949; AG Köln WuM 1987, 159; *Behr/Hörrmann* DWW 1999, 105; *Börstinghaus* Flächenabweichungen Rn. 737 ff.; *Börstinghaus* NJW 2007, 2627; Staudinger/*V. Emmerich* BGB § 558 Rn. 32 a, 60; Staudinger/*J. Emmerich* BGB § 557 Rn. 65; MüKoBGB/*Artz* § 557 Rn. 53, § 558 Rn. 23; Elzer/Riecke/*Elzer* BGB § 557 Rn. 12; Bub/Treier MietR-HdB/*Schultz* Kap. III A Rn. 1051; *Blank* PiG 49 (1996), 143 (153); *Kinne* GE 2003, 100 (104); *Kunze/Tietzsch* Miethöhe Teil II Rn. 106; AnwK WohnraumMietR/*Lammel* BGB § 557 Rn. 37; *Sternel* MietR Kap. IV Rn. 167, 281, 282; *Veslage* DWW 1998, 227; **aA** LG Berlin GE 2005, 617; 2005, 619; LG Hamburg ZMR 2001, 712; *Bub* PiG 88 (2010), 45; *Kraemer* NZM 1999, 156; nur ausnahmsweise soll der Vermieter gebunden sein nach AnwK WohnraumMietR/*Lammel* BGB § 557 Rn. 36.

[198] Zur Doppelbedeutung der Größe bei der Ermittlung der ortsüblichen Vergleichsmiete für die ganze Wohnung *Börstinghaus* Flächenabweichungen Rn. 648 ff.

[199] BGH VIII ZR 39/09, NZM 2010, 196; BGH VIII ZR 231/06, NZM 2007, 595; BGH VIII ZR 101/04, NZM 2005, 861; *Börstinghaus* Flächenabweichungen Rn. 162 ff. mwN.

den tatsächlichen Verhältnissen abweichende Größe verbindlich festgelegt ist.[200] Vielmehr ist jede im Wohnraummietvertrag enthaltene, von der tatsächlichen Wohnungsgröße abweichende **Wohnflächenangabe** unabhängig von ihrer Größe **ohne rechtliche Bedeutung.** Maßgeblich im Mieterhöhungsverfahren ist allein die tatsächliche Größe der vermieteten Wohnung.[201] Das gilt sowohl für den Fall der Vereinbarung einer größeren wie auch einer kleineren Fläche im Mietvertrag. Für eine Ausschlussvereinbarung ist ohne weitere Zusätze deshalb kein Raum mehr.

**56a** Die **Vereinbarung einer größeren Wohnfläche** als die tatsächlich vorhandene ist gem. § 557 Abs. 4 BGB unwirksam. Auch in diesem Fall ist von der tatsächlichen Wohnungsgröße auszugehen.[202] Der Mieter muss nur einer Erhöhung der Miete auf die ortsübliche Vergleichsmiete für die richtige Größe zustimmen und kann nicht darauf verwiesen werden, dass die Miete nach der vereinbarten Größe später wieder zu mindern sei.[203] Von der tatsächlichen Größe ist unabhängig davon, ob die vereinbarte Fläche weniger oder mehr als 10% größer als die tatsächliche Fläche ist, auszugehen.[204]

**57** **d) Barrierefreies Wohnen.** Hat der Mieter gem. § 554a BGB vom Mieter die Zustimmung zu baulichen Veränderungen bekommen, die eine barrierefreie Nutzung der Wohnung erlauben, so kann dadurch ein Wohnungszustand erreicht werden, der durchaus eine höhere Miete rechtfertigt. Bei den Umbauarbeiten handelt sich idR um Modernisierungsmaßnahmen gem. § 559 BGB. Eine Mieterhöhung scheidet aber dann aus, wenn der Mieter, wie in § 554a BGB vorgesehen, die Umbauarbeiten selbst durchgeführt hat. Dann ist der Mieter der Bauherr. Der vom Mieter geschaffene Zustand könnte aber auch zu einer höheren ortsüblichen Vergleichsmiete führen, da eine bessere Ausstattung oder Beschaffenheit vorliegt. Hat der Vermieter aber gem. § 554a BGB dem Mieter die Zustimmung zu einer baulichen Veränderung erteilt, die eine barrierefreie Nutzung der Wohnung ermöglicht, so ist hierin idR konkludent auch die Vereinbarung eines **Mieterhöhungsausschlusses** gem. § 557 Abs. 3 BGB zu sehen.[205]

### 3. Rechtsfolgen unwirksamer Miethöhevereinbarungen

**58** Demgegenüber kann aus **unwirksamen Vereinbarungen über zukünftige Mietsteigerungen** zB eine unwirksame Indexklausel[206] oder eine unwirksame Staffelmietvereinbarung[207] rechtlich keine Einschränkung der Mieterhöhungsmöglichkeiten hergeleitet werden. Ist eine solche Vereinbarung nämlich unwirksam, weil sie die formellen und materiellen Voraussetzungen der §§ 557a, 557b BGB nicht erfüllt, dann steigt die Miete nicht automatisch zu den vereinbarten Zeitpunkten, so dass der Vermieter auf das Verfahren nach § 558 BGB angewiesen ist. Es liegt eben gerade keine Vereinbarung vor, da die von den Parteien getroffene Regelung gegen zwingendes Recht verstößt. Die unwirksame Staffelmietvereinbarung oder Indexklausel ist nicht teilnichtig und zwar insoweit, als sie den Vermieter begünstigt. Eine Teilnichtigkeit gem. § 139 BGB entspricht nicht dem über-

---

[200] BGH VIII ZR 266/14, BGHZ 208, 18 = NJW 2016, 239 unter Aufgabe der früher abweichenden Auffassung BGH VIII ZR 205/08, NJW 2009, 2739.

[201] BGH VIII ZR 266/14, BGHZ 208, 18 = NJW 2016, 239; *Börstinghaus* jurisPR-BGHZivilR 2/2016 Anm. 1; *Beyer* jurisPR-MietR 1/2016 Anm. 1; *Beuermann* GE 2016, 30; *Börstinghaus* LMK 2016, 375498; *Heix* WuM 2016, 263.

[202] BGH VIII ZR 266/14, BGHZ 208, 18 = NJW 2016, 239; OLG Hamburg NZM 2000, 654; LG Berlin WuM 2004, 613; AG Charlottenburg GE 2004, 301; AG Hamburg WuM 1981, 104; Börstinghaus Flächenabweichungen Rn. 762ff.; *Sternel* MietR Kap. IV Rn. 167; Staudinger/*V. Emmerich* BGB § 558 Rn. 32a; MüKoBGB/*Artz* § 557 Rn. 53, § 558 Rn. 23; AnwK WohnraumMietR/*Lammel* BGB § 557 Rn. 37; Bub/Treier MietR-HdB/*Schultz* Kap. III Rn. 1397; *Kraemer* NZM 1999, 156 (162); *Heix* WuM 2009, 706 (709); *Derleder* WuM 2010, 202; *Beyer* NJW 2010, 1025; NZM 2010, 417 (420); *Kinne* GE 2003, 100 (104); *Vehslage* DWW 1998, 227.

[203] LG Berlin GE 2014, 463 (464).

[204] *Börstinghaus* Flächenabweichungen Rn. 783; *Börstinghaus* WuM 2009, 461; GE 2009, 1201; Bub/Treier MietR-HdB/*Schultz* Kap. III Rn. 1397; **aA** BGH VIII ZR 205/08, NJW 2009, 2739; LG Berlin GE 2015, 127; Bamberger/Roth/*Schüller* BGB § 558 Rn. 30.

[205] *Rips,* Barrierefreiheit gemäß § 554a BGB – Ein neues Rechtsinstitut im Mietrecht und dessen Einordnung in das allgemeine deutsche Recht, 2003, 144; *Decker,* Die privatrechtliche Stellung behinderter Menschen im Wohnraummietrecht, 2004.

[206] OLG Karlsruhe WuM 1981, 206; Staudinger/*J. Emmerich* BGB § 557 Rn. 62.

[207] *OLG Schleswig* WuM 1991, 149; LG Berlin WuM 2001, 612, GE 2000, 604, NZM 1998, 859, GE 1996, 471; 1993, 95; 1986, 501; 1984, 923; *Reih* ZMR 1999, 804; *Mersson* ZMR 2002, 732; Staudinger/*J. Emmerich* BGB § 557 Rn. 62; *Weitemeyer* NZM 2000, 313 (319, 320); **aA** LG Görlitz WuM 1997, 682; LG Bonn WuM 1992, 199; LG Berlin WuM 1992, 198; *Riecke* ZMR 2007, 952; *Sternel* MietR Kap. III Rn. 534.

einstimmenden Parteiwillen. Der Mieter verdient nur Schutz durch §§ 557 a, 557 b BGB, dass ihm im Widerspruch zum Gesetz, nicht aber, dass ihm in Übereinstimmung mit den materiell-rechtlichen Vorschriften die Zustimmung zur Mieterhöhung abverlangt wird. Der Mieter wird durch § 558 BGB ausreichend geschützt. Es entsprach gerade nicht den Vorstellungen der Parteien, dass der Vermieter einseitig auf sein Mieterhöhungsrecht teilweise verzichtet wollte, gewollt war ein **gegenseitiges Nachgeben.** Der Vermieter sollte nämlich auf das formalisierte Verfahren nach § 558 BGB gerade nicht angewiesen sein. Die Mieten sollten automatisch steigen, dafür dann aber auch unabhängig von der konkreten Entwicklung in von vornherein festgelegter Höhe.

Nur im Einzelfall kann eine **Auslegung** der wechselseitigen Willenserklärungen zu dem Ergebnis führen, die Staffelmietvereinbarung mit dem Inhalt aufrechtzuerhalten, dass eine weiter gehende Mieterhöhung als bis zur Höhe der nächsten Staffelmietvereinbarung oder eine Indexmiete bis zur Höhe der Indexsteigerung[208] ausgeschlossen ist. Dann muss der unwirksamen Vereinbarung aber eindeutig der übereinstimmende Wille der Parteien zu entnehmen sein, die Miete innerhalb der vereinbarten Fristen nicht über die vereinbarte Höhe anzuheben. Ein Anhaltspunkt für einen solchen Parteiwillen ist die Dauer des Mietverhältnisses.[209] Die Vereinbarung eines Mietverhältnisses auf bestimmte Zeit lässt nach der hier vertretenen Auffassung schon nach § 557 Abs. 3 BGB vermuten, dass die Parteien eine Mieterhöhung ausschließen wollten. Entsprechendes muss auch gelten, wenn die Parteien eines nur kurzen Mietverhältnisses eine Mieterhöhung zwar nicht völlig ausschließen, aber die Erhöhung begrenzen. Auch daraus wird das Interesse erkennbar, die Miete während des kurzen Vertragsverhältnisses konstant und überschaubar zu halten. Auch die Vereinbarung besonders langer Fristen zwischen einzelnen Staffeln kann ein Indiz für einen iRd § 557 Abs. 3 BGB zu berücksichtigenden Parteiwillen sein, wonach die Miete länger als die Jahressperrfrist unverändert bleiben soll. Dies gilt zumindest dann, wenn die Steigerungen in der unwirksamen Staffelmietvereinbarung nicht besonders hoch waren.[210] **59**

### 4. Prozessuales

Wenn der Mieter sich auf einen Ausschlusstatbestand hinsichtlich der Mieterhöhung beruft, dann handelt es sich um Ausnahme vom gesetzlich vorgesehenen Mieterhöhungsanspruch des Vermieters. Der **Mieter** ist deshalb für die Tatsache eines ausdrücklich vereinbarten Ausschlusstatbestandes ebenso **darlegungs- und beweispflichtig** wie für die Tatsachen, aus denen eine konkludente Ausschlussvereinbarung abgeleitet wird.[211] **59a**

## E. Unwirksame Vereinbarungen nach Abs. 4

### I. Allgemeines

Der Gesetzgeber hat durch die §§ 557–561 BGB als Teil des sozialen Mietrechts[212] in die grds. auch im Mietrecht geltende **Vertragsfreiheit** der Mietvertragsparteien eingegriffen. Es handelt sich um einen Kompromiss[213] zwischen den naturgemäß sich diametral gegenüberstehenden Interessen der Mietvertragsparteien. Der Eingriff in die **Gestaltungsfreiheit,** nicht die Abschlussfreiheit, bezweckt den Schutz des Mieters. Dieser gesetzliche Zweck kann aber nur dann erreicht werden, wenn es den Mietvertragsparteien untersagt ist, durch individuelle- oder formularvertragliche Vereinbarungen hiervon zu Lasten des Mieters abzuweichen. Bei den §§ 557a–561 BGB handelt es sich deshalb um halbzwingendes Recht,[214] da wegen der subjektiven Ausrichtung des § 557 Abs. 4 BGB nur Abweichungen zu Lasten des Mieters unwirksam sind. § 557 Abs. 4 BGB entspricht insofern zahlreichen Einzelregelungen im BGB, in denen ebenfalls jeweils bestimmte (Teil-)Regelun- **60**

---

208 Staudinger/*J. Emmerich* BGB § 557 Rn. 63.

209 LG Berlin WuM 1992, 198; Staudinger/*J. Emmerich* BGB § 557 Rn. 63.

210 So auch die Argumentation des AG Pinneberg WuM 1981, 191.

211 Baumgärtel/Laumen/Prütting Beweislast-HdB/*Börstinghaus* BGB § 557 Rn. 4.

212 *Weitemeyer* NZM 2000, 313 spricht davon, dass das Miethöherecht eine der beiden Pfeiler des sozialen Mietrechts sei, neben dem Kündigungsschutz; nach BR-Drs 22/21 S. 1 ist das Vergleichsmietensystem „das Aushängeschild des sozialen Mietrechts".

213 So auch AnwK WohnraumMietR/*Lammel* BGB § 557 Rn. 45.

214 Zu solchen Normen im Mietrecht ausf. *Derleder* GS Sonnenschein, 2013, 97; *Lehmann-Richter* WuM 2010, 3; *Schmid* MDR 2014, 189; *Lützenkirchen/Dickersbach* ZMR 2006, 821; allgemein zu „Abdingungsverboten" *Hau* ZfPW 2018, 385, 388.

gen zu Lasten des Mieters für unabdingbar erklärt werden, zB §§ 536 Abs. 4, 547 Abs. 2, 551 Abs. 4, 553 Abs. 3, 554 Abs. 5, 554a Abs. 3, 556 Abs. 4, 556a Abs. 3, 556b Abs. 2 S. 2, §§ 563, 563a, 565, 571, 572, 573, 573a–573d, 574, 574a–574c, 575, 575a, 576, 576a, 576b, 577, 578 BGB.[215] Insofern kann auch auf die dortigen Ausführungen jeweils Bezug genommen werden. Die Vorschrift des § 557 BGB unterscheidet sich aber von den anderen Regelungen vor allem dadurch, dass gem. § 557 Abs. 1 BGB während des Bestehens des Mietverhältnisses Mietabänderungsvereinbarungen zwischen den Mietvertragsparteien ausdrücklich für zulässig erklärt werden, obwohl sie idR ja zu einer Mietanhebung führen und somit für den Mieter ebenfalls nachteilig sind. Diese Möglichkeit ist, ebenso wie die Möglichkeit Staffelmieten oder Indexmieten zu vereinbaren, wiederum Ausdruck der eigentlich herrschenden Vertragsfreiheit,[216] die durch die übrigen Vorschriften des BGB zT verdrängt wird.

61 § 557 Abs. 4 BGB verbietet Vereinbarungen, die **zum Nachteil des Mieters abweichen.** Die Rechtsfolge der Unwirksamkeit knüpft nach dem Willen des Gesetzgebers aber nicht an eine individualvertraglich vereinbarte Mieterhöhung an. Vielmehr sind von dem Verbot lediglich Abreden erfasst, die die formellen oder materiellen Voraussetzungen für eine Mieterhöhung zum Nachteil des Mieters abändern.[217] Dabei bestimmt § 557 Abs. 4 BGB nicht ausdrücklich, wovon die Vereinbarung nicht abweichen darf.[218] Aus dem Zusammenhang der Vorschrift, die sich in § 557 Abs. 4 BGB befindet, ergibt sich aber, dass damit zunächst Abweichungen von § 557 Abs. 1–3 BGB gemeint sind. Da § 557 BGB die Einleitungsvorschrift für Mieterhöhungen im preisfreien Wohnungsbau ist und in ihr alle gesetzlich zulässigen Mieterhöhungsmöglichkeiten und Vereinbarungen über die Miethöhe angesprochen werden, meint die Vorschrift letztendlich, dass jede Abweichung von den §§ 557–561 BGB zu Lasten des Mieters unwirksam ist. Soweit **in den folgenden zehn Paragrafen** jeweils nochmals bestimmt ist, dass eine Vereinbarung zum Nachteil des Mieters unwirksam ist, ist dies **völlig überflüssig.** Der Gesetzgeber hat hier sein eigenes System nicht verstanden. Bei der Vorschrift handelt es sich um eine Mieterschutzvorschrift.

## II. Begriff der Vereinbarung

62 Durch die Formulierung *Vereinbarung* sollen nur **vertragliche Abreden** verboten werden. Unter den Begriff fallen deshalb alle einseitigen Erklärungen einer Mietvertragspartei nicht. Von § 557 Abs. 4 BGB werden somit nicht die Fälle erfasst, in denen der Vermieter unter Verstoß gegen die Vorschriften des BGB einseitig die Miete erhöht hat oder ein unzulässiges Mieterhöhungsverlangen gestellt hat, zB

- Mieterhöhungsverlangen über die ortsübliche Vergleichsmiete
- Mieterhöhungsverlangen unter Missachtung der Jahressperrfrist
- Mieterhöhungsverlangen über die Kappungsgrenze
- Mieterhöhungsverlangen unter Verstoß gegen Formvorschriften und/oder Begründungszwang, zB durch die Vereinbarung eines widerruflichen Mietverzichts.[219]
- Mieterhöhung nach Modernisierung von mehr als 11% der aufgewandten Kosten
- Mieterhöhung gem. § 559 BGB für Instandsetzungsmaßnahmen.

Bei diesen Erklärungen liegt keine **Vereinbarung** vor. Sie lösen die begehrte Rechtsfolge nur aus, wenn die Tatbestandsvoraussetzungen der jeweiligen Vorschrift gegeben sind. Einem Mieterhöhungsverlangen, das die Voraussetzungen der §§ 558ff. BGB nicht erfüllt, muss der Mieter nicht zustimmen, eine Mieterhöhungserklärung nach § 559b BGB, die dessen Voraussetzungen nicht erfüllt, erhöht gerade nicht die Miete. Deshalb ist es auch gesetzessystematisch gar nicht erforderlich, § 557 Abs. 4 BGB auf solche einseitigen Erklärungen anzuwenden.

63 Der **Schutzbereich** des § 557 Abs. 4 BGB beginnt erst dort, wo der Mieter die Zustimmung zu einer Regelung erteilt hat, die der Vermieter bei Beachtung der §§ 557–561 BGB nicht hätte errei-

---

[215] *Derleder* GS Sonnenschein, 2013, 97 (98), vermutet, dass durch die 40fache Wiederholung die Bedeutung „den Mietrichtern stärker eingehämmert werden“ soll.

[216] Staudinger/*J. Emmerich* BGB § 557 Rn. 1.

[217] BGH VIII ZR 234/18, NZM 2020, 322; BGH VIII ZR 122/05, NJW-RR 2007, 667; BGH VIII *ZR 205/08, NJW 2009, 2739.*

[218] Anders noch in § 10 Abs. 1 MHG. Dort hieß es, dass die Vereinbarung nicht von den §§ 1–9 MHG zum Nachteil des Mieters abweichen durfte.

[219] BGH VIII ZR 41/03, NZM 2004, 136.

chen können. Unerheblich ist, wann eine solche nachteilige Vereinbarung getroffen wurde. Erfasst werden deshalb sowohl Vereinbarungen, die Inhalt des ursprünglichen Mietvertrages sind und zwar unabhängig, ob es sich um einen Formularmietvertrag oder eine Individualvereinbarung handelt, als auch Vereinbarungen, die erst während des Bestandes eines Mietverhältnisses getroffen wurden.[220] Ob sie Wirkungen für die Zukunft haben oder nur einen Einzelfall regeln sollen ist ebenfalls unerheblich. Erfasst werden auch Vereinbarungen, die bereits vor In-Kraft-Treten des Mietrechtsreformgesetzes, des zweiten Wohnraumkündigungsschutzgesetzes am 1.1.1975 oder der vorherigen Regelung in § 4 Abs. 1 Erstes Wohnraumkündigungsschutzgesetz getroffen wurden.[221] Nach Ansicht des BGH[222] soll sich die Vorschrift aber nur auf solche Vereinbarungen beziehen, die die formellen oder materiellen Voraussetzungen für eine Mieterhöhung abändern. Das ist zu eng. Die Vorschrift verbietet auch Vereinbarungen über die tatsächlichen Voraussetzungen einer Mieterhöhung, zB die Wohnungsgröße oder eine bestimmte Ausstattungs- oder Lageklasse. Zumindest dürfte es sich dabei auch um materielle Voraussetzungen handeln.

Die Vereinbarung muss sich aber auf das **Mieterhöhungsrecht des Vermieters** während des Bestandes eines Mietverhältnisses beziehen.[223] Nur auf diese Fälle sind die §§ 557–561 BGB anwendbar. Die **Höhe der Miete** selbst ist keine Vereinbarung, die gegen § 557 Abs. 4 BGB verstoßen kann. Sie kann allenfalls gegen ein gesetzliches Verbot iSd § 134 BGB, also insbes. § 5 WiStG oder § 291 StGB verstoßen. Auch sonstige Vereinbarungen, welche die Gegenleistung des Mieters betreffen, fallen nicht unter § 557 Abs. 4 BGB. Deshalb sind Klauseln, die die Übernahme von Schönheitsreparaturen betreffen, nicht gem. § 557 Abs. 4 BGB unwirksam.[224] Auch die Übernahme von **Schönheitsreparaturen** stellt einen Teil der Hauptpflicht des Mieters dar. Die Klausel betrifft aber nie eine Mieterhöhung, da der Umfang der Verpflichtung bei Vertragsschluss vereinbart wurde; allein die Tatsache, dass sich der erforderliche Aufwand zu diesem Zeitpunkt noch nicht feststellen lässt, ändert nichts daran, dass es sich rechtlich um keine Mieterhöhung handelt. Maßstab kann deshalb für solche Klauseln nur § 134 BGB oder § 307 BGB sein.[225] 64

### III. Begriff des Nachteils

Die Vereinbarung muss eine für den Mieter **nachteilige Abweichung** beinhalten. Unter den heute häufig herrschenden heterogenen Marktverhältnissen ist nicht immer klar, was für den Mieter nachteilig ist und was nicht.[226] Ob eine Vereinbarung für den Mieter nachteilig ist, muss nach dem Wortlaut und Zweck des § 557 Abs. 4 BGB danach beurteilt werden, ob sie dem Vermieter **objektiv eine günstigere Rechtsstellung** einräumt, als er sie bei Beachtung der materiellen, aber auch der formellen Beschränkungen des BGB hätte erreichen können.[227] Nicht entscheidend ist, ob der Mieter die Regelung subjektiv als nachteilig empfindet oder sich ggf. wegen der Vereinbarung Vorteile verspricht. Der objektive Inhalt der Vereinbarung ist dabei durch Auslegung zu ermitteln. Ob eine Vereinbarung für den Mieter nachteilig ist, richtet sich also nicht nach dem Ergebnis der Auswirkungen der Vereinbarung im konkreten Einzelfall. Nicht die Rechtsfolge, sondern der abstrakte Gehalt der abweichenden Vereinbarung ist anhand der gesetzlichen Beschränkung des Vermieters nach den §§ 557–561 BGB zu bewerten. Mithin ist bei der rechtlichen Bewertung von einer generalisierenden Betrachtungsweise auszugehen.[228] Deshalb sind auch Vorschriften, die die Form- und Begründungsvorschriften für den Vermieter noch weiter lockern, unwirksam, obwohl eine Mieterhöhung zurzeit gar nicht beabsichtigt ist. Ähnlich wie bei der abstrakten Kontrolle von allgemeinen Geschäftsbedingungen[229] ist nämlich ausreichend, dass bei einer 65

---

[220] **AA** *Lützenkirchen/Dickersbach* ZMR 2006, 821 (824f.).
[221] OLG Karlsruhe WuM 1981, 207; OLG Schleswig NJW 1981, 1964.
[222] BGH VIII ZR 205/08, NJW 2009, 2739; *Börstinghaus* WuM 2009, 461; *Derleder* WuM 2010, 202; *Beyer* NJW 2010, 1025; BGH VIII ZR 122/05, NZM 2007, 183.
[223] *Lützenkirchen/Dickersbach* ZMR 2006, 821.
[224] **AA** AG Stuttgart ZMR 1987, 180 (181).
[225] *Sternel* NZM 1998, 833; MietPrax-AH/*Horst* Fach 13 Rn. 38ff.; *Hensen* NZM 1999, 151.
[226] So *Derleder* GS Sonnenschein, 2013, 97 (99), mit den verschiedenen Alternativen.
[227] OLG Stuttgart NJW-RR 1989, 1357; Staudinger/*Emmerich* BGB § 557 Rn. 71; *Schmid* MDR 2014, 189.
[228] OLG Karlsruhe WuM 1981, 207; OLG Schleswig NJW 1981, 1964; Staudinger/*J. Emmerich* BGB § 557 Rn. 71.
[229] BGH V ZR 88/55, BGHZ 22, 79 (80) = NJW 1956, 1876; VII ZR 117/87, BGHZ 105, 24 (31) = NJW 1988, 2536.

denkbaren Anwendung der Vorschrift eine Rechtsfolge eintritt, die den Mieter schlechter stellt als bei Anwendung der gesetzlichen Regelung.[230] Es kommt nicht darauf an, ob sich der Mieter in einem Einzelfall günstiger steht, wenn die Klausel Geltung haben würde.

66 Bei Vereinbarungen, die für den Mieter **teils vorteilhaft und teils nachteilig** sind kommt es zunächst darauf an, festzustellen, ob die jeweiligen Vereinbarungen trennbar sind. Dies ist dann nicht der Fall, wenn die Regelungen in einer Wechselbeziehung stehen, also nach dem Willen der Parteien in ihrer Gesamtheit die Vertragspflichten umschreiben sollen. Liegt eine **untrennbare Regelung** vor, dann ist die Regelung insgesamt gem. § 557 Abs. 4 BGB unwirksam, ohne dass es darauf ankommt, ob wirtschaftlich der Mieter sich uU besser steht. Es findet keine Gesamtschau oder Saldierung statt.[231] § 557 Abs. 4 BGB erlaubt gerade **keine wirtschaftliche Betrachtungsweise,** sondern nur einen Vergleich der Rechtslage ohne die Regelung und mit der Regelung. Dies ergibt sich bereits aus dem Wortlaut des § 557 Abs. 4 BGB. Aber auch der Sinn und Zweck der Regelung sprechen für diese Auslegung.[232] Der Gesetzgeber wollte die Bestimmungen der §§ 557–561 BGB unabdingbar festschreiben. Es sollte dem Vermieter nicht möglich sein, sich aus dem BGB nicht ergebende eigene Vorteile durch die Gewährung von Vorteilen an den Mieter zu erkaufen. Deshalb ist die Vereinbarung in einem Mietvertrag über eine freifinanzierte Wohnung unwirksam, wonach es sich um einen „mit öffentlichen Mitteln geförderten Neubau" handeln soll.[233] Dies ist nämlich nicht zwingend für den Mieter nur vorteilhaft. Die Kostenmiete kann höher als die ortsübliche Vergleichsmiete sein[234], Modernisierungen bedürfen gem. § 13 Abs. 1 NMV grds. der Genehmigung der Bewilligungsstelle und anders als im preisfreien Wohnungsbau sind auch noch Mieterhöhungen wegen Kapitalkostensteigerungen möglich. Außerdem bedarf die Mieterhöhung nicht der Zustimmung des Mieters. Diese Abweichung ist grdl. Das Zustimmungserfordernis im Rahmen des Vergleichsmietenverfahrens nach § 558 BGB ist Ausdruck des Prinzips der Vertragsfreiheit, das nach der Vorstellung des Gesetzgebers im Bereich des preisfreien Wohnraums nicht nur für die Einigung über die Höhe der Miete bei Vertragsschluss, sondern auch bei der Erhöhung der Miete während des laufenden Mietverhältnisses gelten soll, wie sich insbes. aus der die Regelungen über die Miethöhe einleitenden Vorschrift des § 557 Abs. 1 BGB ergibt. Das damit nicht zu vereinbarende Recht des Vermieters zur einseitigen Erhöhung der Kostenmiete nach § 10 WoBindG ist demgegenüber Ausfluss der strengen staatlichen Reglementierung der Miethöhe im Bereich des preisgebundenen Wohnraums.[235]

## IV. Einzelfragen

67 Da es nach § 557 Abs. 1 BGB den Mietvertragsparteien freisteht, Mieterhöhungen um einen bestimmten Betrag zu vereinbaren, betrifft das Verbot des § 557 Abs. 4 BGB vor allem generelle Regelungen für **zukünftige Mieterhöhungen,** die von den §§ 557–561 BGB abweichen.[236] Deshalb sind folgende Regelungen unwirksam:

### 1. Generelle Regelungen, die Einfluss auf die zukünftige Miethöhe haben

68 Vertragliche Abreden bereits im Mietvertrag oder zu einem späteren Zeitpunkt, die dem Vermieter gestatten, mehr oder weniger losgelöst von den Bestimmungen des BGB die Miete zu erhöhen, sind unwirksam.[237] Deshalb ist die **Vereinbarung einer vorläufigen Miete** insofern unzulässig, als damit dem Vermieter gestattet werden soll, gem. den §§ 315, 316 BGB einseitig die Miete festzusetzen.[238] Dies gilt selbst dann, wenn der Vermieter bei Abschluss des Mietvertrages die Höhe seiner Kosten, die er der Mietkalkulation zu Grunde legen muss, nicht kennt. Hier besteht nur die Möglichkeit eines Vorvertrages. Wenn ein Mietvertrag abgeschlossen ist, ist die Miete verbindlich

[230] LG Hamburg WuM 1975, 194.
[231] Hierzu die Hinweise auf die allgem. dazu vertretenen Auffassungen bei *Hau* ZfPW 2018, 385 (389) Fn. 25.
[232] **AA** *Lehmann-Richter* WuM 2010, 3 (5).
[233] BGH VIII ZR 122/05, NZM 2007, 183; **aA** noch Vorinstanz LG Berlin ZMR 2005, 125.
[234] So zB im Fall des BGH VIII ZR 160/09, NJW 2010, 1663.
[235] BGH VIII ZR 122/05, WuM 2007.
[236] *Lützenkirchen/Dickersbach* ZMR 2006, 821.
[237] BGH VIII ZR 199/04, NZM 2005, 735; *Artz* ZMR 2006, 165; Staudinger/*J. Emmerich* BGB § 557 Rn. 73.
[238] LG Karlsruhe WuM 1979, 335; LG Osnabrück WuM 1978, 10.

und kann nur nach den Vorschriften der §§ 558–560 BGB oder durch Vereinbarung erhöht werden. Hiervon abweichende Vereinbarungen verstoßen gegen § 557 Abs. 4 BGB. Dies gilt auch für einen „vorläufigen Mietverzicht" bei durch öffentliche Mittel geförderten Baumaßnahmen.[239] Auch „Rahmenvereinbarungen" wonach die Miete für ein Einfamilienhaus mit den Werten eines Mietspiegels für Geschosswohnungen erhöht werden darf, sind unzulässig, da die Mieten für Einfamilienhäuser nach ganz anderen Kriterien ermittelt werden[240] (→ BGB § 558a Rn. 35).[241] Nach § 557 Abs. 4 BGB sollen auch Vertragsanpassungen gem. § 313 BGB[242] bei vermieteten Eigentumswohnungen unzulässig sein, wenn die Eigentümergemeinschaft den Abrechnungsschlüssel gem. § 16 Abs. 3 WEG ändert.[243]

Dies gilt ebenso für die **Vereinbarung von zukünftigen Mieterhöhungen,** es sei denn, sie sind ausnahmsweise in Form einer Staffelmietvereinbarung gem. § 557a BGB oder einer Indexvereinbarung gem. § 557b BGB wirksam. Eine Vereinbarung, die die Voraussetzungen dieser beiden Ausnahmetatbestände nicht erfüllt, ist gem. § 557 Abs. 4 BGB unwirksam. Deshalb sind zunächst alle Formen von **Spannungsklauseln** unwirksam. Hierbei handelt es sich um Klauseln, die die Miete in Abhängigkeit setzen von der Entwicklung vergleichbarer Verträge.[244] Solche Klauseln würden zwar auf die vertragliche Vereinbarung von Änderungsmaßstäben hinauslaufen, die inhaltlich dem Vergleichsmietenprinzip entsprechen können, es würden aber auf jeden Fall die Formvorschriften des BGB umgangen. Auch die Vereinbarung von **Leistungsvorbehalten** ist wegen § 557 Abs. 4 BGB unwirksam. Auf Grund eines Leistungsvorbehalts besteht ein Anspruch auf Neuverhandlungen über die Vertragspflichten oder ein Dritter ist befugt, die Leistungspflichten, also vor allem die Miete, neu zu bestimmen. Auch **Kostenelementklauseln** sind nicht zugelassen. Die Weitergabe steigender Kosten ist im BGB in den §§ 559, 560 BGB abschließend hinsichtlich des Umfangs und des Verfahrens geregelt. Die Vereinbarung darüberhinausgehender Möglichkeiten stellt eine Abweichung zum Nachteil des Mieters dar. Zwar kann der Vermieter seine Mietkalkulation offenlegen und für bestimmte Kosten Festbeträge ausweisen, zB für die Schönheitsreparaturen, die Nutzerwechselgebühr oder die Erbpachtzinsen. Unzulässig sind aber alle Vereinbarungen, die es dem Vermieter gestatten, diese Kosten außerhalb des Verfahrens der §§ 558, 559, 560 GB zu erhöhen.[245] Deshalb ist auch die Vereinbarung, dass der Vermieter bei Anhebung von öffentlich-rechtlichen Mietobergrenzen berechtigt ist die Miete zu erhöhen, unwirksam.[246] **69**

Auch die Vereinbarung einer **Schiedsgutachterklausel**[247] ist unwirksam, wenn der Mieter in dieser Vereinbarung seine Zustimmung zu einer Leistungsbestimmung durch den Gutachter erteilt hat, da der Vermieter damit von der Einhaltung der Formalien des § 558 BGB entbunden wird.[248] Auf die Frage, ob das Gutachten offenbar unbillig ist, und damit gem. § 319 Abs. 1 S. 1 BGB für die Vertragsschließenden nicht verbindlich ist, weil der Gutachter *„nicht unwesentlich von den materiellen und formellen Voraussetzungen eines Mieterhöhungsanspruchs"* abgewichen ist kommt es deshalb nicht an. Der Mieter muss auch keine Gestaltungsklage auf Bestimmung der erhöhten Miete erheben.[249] Da eine Schiedsgutachterklausel die generelle und abstrakte Gefahr beinhaltet, dass der Mieter zu etwas verpflichtet wird, was er nach § 558 BGB nicht in der Höhe, der Form oder zu dem Zeitpunkt schuldet, ist bereits die Schiedsgutachterklausel unwirksam. Die Bestimmung durch den Schiedsgutachter erzeugt deshalb für den Mieter keinerlei Wirkung. Sie wirkt weder rechtsgestaltend noch verpflichtet sie den Mieter, einer Vertragsänderung zuzustimmen. **70**

Bei preisfreiem Wohnraum kann grds. auf die Vorschriften zur Ermittlung der **Kostenmiete** **71**
Bezug genommen werden. Jedoch kann dies nur dazu führen, dass ein grds. bestehender Anspruch

---

[239] BGH VIII ZR 41/03, NZM 2004, 136.

[240] *Börstinghaus* NZM 2009, 115; **aA** BGH VIII ZR 58/08, NZM 2009, 27.

[241] Nach Auffassung von *Sternel* MietR Kap. IV Rn. 199 soll eine solche Vereinbarung aber wirksam sein.

[242] Für eine Vertragsanpassung nach dieser Norm im Prinzip BGH VIII ZR 159/05, NZM 2006, 655 = NJW 2006, 2771; *Wall* WuM 2006, 443; *Kinne* GE 2006, 1006; *Maaß* ZMR 2006, 760; *Sternel* NZM 2006, 811; *Langenberg BGH-Report 2006, 1150.*

[243] So *Lehmann-Richter* ZWE 2009, 345 (350).

[244] BGH NJW-RR 1986, 877, NJW 1983, 1909.

[245] AG Mannheim NZM 2009, 28.

[246] AG Lichtenberg MM 2007, 335.

[247] LG Leipzig NZM 2015, 83, Schiedsgutachterklausel in Schönheitsreparaturklausel ist unwirksam.

[248] LG Freiburg WuM 1987, 267; LG Hamburg MDR 1981, 848; LG Frankfurt a. M. WuM 1974, 156; AG Hamburg Altona WuM 1974, 14; Staudinger/*J. Emmerich* BGB § 557 Rn. 74; Kinne/Schach/Bieber MietProzR/*Kinne* BGB § 557 Rn. 11.

[249] *Barthelmess* ZMR 1972, 166.

auf Zustimmung bis zur ortsüblichen Vergleichsmiete beschränkt wird auf die Kostenmiete. Eine Vereinbarung, wonach dem Vermieter die Kostenmiete nach den Vorschriften des WoBindG, der NMW und der II. BV an Stelle der ortsüblichen Vergleichsmiete zustehen soll, ist demgegenüber unwirksam.[250] Dabei kommt es auf die Höhe der Kostenmiete nicht an. Allein die Tatsache, dass der Vermieter die Miete einseitig erhöhen kann, führt zur Unwirksamkeit.[251] Dies gilt selbst dann, wenn die Durchführungsbestimmungen für die Darlehensvergabe eine solche Regelung vorsehen.[252] Der Mieter kann in diesem Fall alle gezahlten Mieterhöhungsbeträge kondizieren.[253] Zulässig soll aber die Vereinbarung einer Staffelmiete sein, die erst nach Auslaufen der Preisbindung wirksam werden soll.[254] Mietvertragliche Vereinbarungen, die zB in einem Fördervertrag als Vertrag zugunsten Dritter, die Miete von den Einkommensverhältnissen des Mieters abhängig machen sind nur insoweit unwirksam, sie zu Mieterhöhungen führt; eine Mietsenkung ist nicht zum Nachteil des Mieters.[255]

72 **Zulässig** sind dagegen Vereinbarungen, die den Vorschriften des BGB nicht widersprechen. Dies ist zB dann der Fall, wenn das BGB auf das Mietverhältnis gar nicht anwendbar ist. Soweit es sich von vornherein nicht um einen Wohnraummietvertrag handelt, ist § 557 Abs. 4 BGB sowieso nicht anwendbar. Handelt es sich aber um einen Wohnraummietvertrag und treffen die Parteien eine Vereinbarung dahingehend, dass eine bestimmte Regelung dann gelten soll, wenn es sich nicht mehr um einen Wohnraummietvertrag handelt, dann liegt ebenfalls keine nachteilige Vereinbarung vor. Deshalb ist es grds. zulässig in einem Wohnraummietvertrag zu vereinbaren, dass für den Fall einer anderen Nutzung als zu Wohnzwecken ein Zuschlag vom Mieter zu zahlen ist.[256] Die §§ 557–561 BGB gelten gem. § 549 Abs. 1 BGB nur bei Wohnraummietverhältnissen. Durch die Vorschriften wird ein Mieter, der die Räume gerade nicht zum Wohnen nutzt, zB eine freiberufliche oder gewerbliche Tätigkeit dort ausübt, nicht geschützt.

### 2. Konkrete Vereinbarungen zu einzelnen Mieterhöhungsmöglichkeiten

73 Die konkreten Auswirkungen bestimmter Vereinbarungen auf die einzelnen Mieterhöhungsmöglichkeiten werden jeweils bei den entsprechenden Mieterhöhungsmöglichkeiten behandelt.

## V. Wirksame Vereinbarungen

74 Die Vorschrift verbietet keine individualvertraglich vereinbarte Mieterhöhung.[257] Von dem Verbot werden lediglich Abreden erfasst, die die formellen oder materiellen Voraussetzungen für eine Mieterhöhung zum Nachteil des Mieters abändern. Deshalb betrifft die Vorschrift keine Vereinbarungen, die für den Mieter nicht nachteilig von den Regelungen der §§ 557–561 BGB abweichen. Hierzu zählen alle Vereinbarungen, die den Mieter verglichen mit der Rechtslage des BGB **besserstellen:**

- Vereinbarungen, die dem Vermieter nur eine unter der ortsüblichen Vergleichsmiete liegende Miete zubilligen:
  - durch Vereinbarung der Kostenmiete,[258] wenn der Anspruch auf Zustimmung zu einer Mieterhöhung bis zur ortsüblichen Vergleichsmiete **zusätzlich höchstens** auf die Kostenmiete beschränkt wird.
- Vereinbarungen, die bestimmte Ausstattungsmerkmale bei der Ermittlung der ortsüblichen Vergleichsmiete unberücksichtigt lassen (insbes. im Zusammenhang mit Vereinbarungen über Mietermodernisierungen).

---

[250] Es handelt sich zumindest um eine teils vorteilhafte und teils nachteilige Vereinbarung (→ Rn. 66) die unwirksam ist BGH VIII ZR 122/05, NZM 2007, 283; AG Tempelhof-Kreuzberg WuM 2013, 228 mAnm *Börstinghaus* WuM 2013, 528.
[251] AG Norderstedt WuM 1982, 157.
[252] AG Norderstedt WuM 1982, 157; Kinne/Schach/Bieber MietProzR/*Kinne* BGB § 557 Rn. 11.
[253] AG Charlottenburg GE 2008, 334.
[254] BGH VIII ZR 157/03, NJW 2004, 511; *Kunze* BGH-Report 2004, 215.
[255] LG Berlin GE 2016, 788.
[256] *BayObLG NJW-RR 1986, 892.*
[257] BGH VIII ZR 234/18, NZM 2020, 322; VIII ZR 122/05, NJW-RR 2007, 667; VIII ZR 205/08, NJW 2009, 2739.
[258] OLG Hamm NJW-RR 1986, 287.

– Vereinbarungen, wonach dem Mieter auf die fest vereinbarte Miete wegen besonderer Umstände ein Mietnachlass gewährt wird, der in festgelegten Stufen wegfallen soll. Dies gilt auch für einen „vorläufigen Mietverzicht" bei durch öffentliche Mittel geförderten Baumaßnahmen.[259]
– Vereinbarungen über eine für den Mieter günstigere Kappungsgrenze.
– Vereinbarungen, die die Jahresfrist verlängern.[260]
– Vereinbarungen, die zusätzliche Voraussetzungen für den Zustimmungsanspruch des Vermieters begründen:
– Vereinbarung, wonach das Mieterhöhungsverlangen nicht mit Vergleichswohnungen oder Sachverständigengutachten begründet werden darf.
– Vereinbarung, wonach mehr als drei Vergleichswohnungen im Mieterhöhungsverlangen angegeben werden müssen.
– Vereinbarungen, die die Zustimmung Dritter, zB öffentlicher Stellen oder von Darlehensgebern[261] vorschreiben.[262]
– Verschiebung des Wirksamkeitszeitpunkts einer Mieterhöhung nach hinten.
– Bei Mieterhöhungen nach § 559 BGB sind alle Vereinbarungen vorteilhaft, die zu einem niedrigeren Prozentsatz, einer Verringerung der anrechenbaren Kosten oder zu einer späteren Wirkung der Mieterhöhung führen.

Wirksam sind auch vertragliche Abreden, die nur von **Auslegungsregeln** des Gesetzes, die nur für den Fall, dass die Parteien keine vertragliche Regelung getroffen haben, gelten, abweichen. Deshalb ist es zulässig, in einem befristeten Mietvertrag eine Vereinbarung darüber zu treffen, dass Mieterhöhungen möglich sind.[263] § 557 Abs. 3 Hs. 2 BGB schließt bei einem befristeten Vertrag Mieterhöhungen nur aus, wenn die Parteien gerade keine solche Vereinbarung getroffen haben.[264] 75

Wirksam sind des Weiteren alle Regelungen, die mit den Vorschriften des BGB übereinstimmen.[265] Sie weichen eben gerade nicht zum Nachteil des Mieters von der gesetzlichen Regelung ab. Sie enthalten auch eine eigenständige neben der gesetzlichen Regelung parallel bestehende Bedeutung. Dies ergibt sich zB aus § 307 Abs. 3 BGB wonach nur solche allgemeinen Geschäftsbedingungen der **Inhaltskontrolle** unterliegen, die von gesetzlichen Regelungen abweichen. Daraus ergibt sich, dass es auch Formularklauseln gibt, die mit der gesetzlichen Vorschrift übereinstimmen.[266] Für die Beurteilung der Wirksamkeit kommt es auf den Zeitpunkt des Abschlusses der Vereinbarung an[267], so dass spätere Gesetzesänderungen an der Wirksamkeit der Vereinbarung zunächst nichts ändern. Allenfalls wenn die gesetzliche Neuregelung in den Übergangsregelungen auch Bestimmungen enthält, wonach die Neuregelung auch auf Alt-Vereinbarungen Anwendung finden soll, könnten solche Vereinbarungen unwirksam werden. 76

## VI. Rechtsfolgen unwirksamer Vereinbarungen

Eine Vereinbarung, die gegen Abs. 4 verstößt, ist **von Anfang an nichtig.** Die Unwirksamkeit einzelner Vereinbarungen hat aber auf die Wirksamkeit des Mietvertrages insgesamt keinen Einfluss. § 557 Abs. 4 BGB ist ein **Schutzgesetz** zugunsten des Mieters.[268] Der Sinn und Zweck dieses Schutzgesetzes gebietet es, nur die nachteilige Klausel zu eliminieren, den Vertrag aber ansonsten entsprechend den gesetzlichen Bestimmungen als wirksam anzusehen; anderenfalls würde sich der Schutz des Mieters zu seinem Nachteil auswirken. § 557 Abs. 4 BGB ist iÜ eine den § 139 BGB verdrängende Spezialregelung, so dass es nicht darauf ankommt, ob der Vermieter den Vertrag 77

---

259 BGH VIII ZR 41/03, NZM 2004, 136.
260 LG Hamburg MDR 1981, 848, WuM 1976, 187; Staudinger/*J. Emmerich* BGB § 557 Rn. 73.
261 LG Düsseldorf WuM 1981, 286.
262 LG Arnsberg ZMR 1985, 340; AG Norderstedt WuM 1982, 157.
263 Staudinger/*J. Emmerich* BGB § 557 Rn. 55f.
264 → Rn. 54.
265 Staudinger/*J. Emmerich* BGB § 557 Rn. 79.
266 Deshalb galten gem. Art. 229 § 3 Abs. 10 EGBGB in der bis 31.5.2005 geltenden Fassung auch die formularmäßig vereinbarten Kündigungsfristen in Altverträgen weiter; BGH VIII ZR 240/02, WuM 2003, 505 = ZMR 2003, 655 mAnm *Börstinghaus.*
267 BGH ZR 92/17, NZM 2019, 212 (Verzinsungspflicht im Altvertrag für Mietsicherheit).
268 LG Berlin GE 2016, 788.

überhaupt abgeschlossen haben würde, wenn er die Unwirksamkeit des Teils der Vereinbarung gekannt hätte.[269]

78 Soweit in § 557 Abs. 4 BGB die Formulierung *„ist unwirksam"* gebraucht wird, ist damit **Nichtigkeit** gemeint. Es handelt sich um eine absolute Nichtigkeit[270] und nicht nur eine relative Nichtigkeit[271] für den Vermieter. Der Wortlaut selbst gibt nämlich keinen Hinweis auf eine solch einschränkende Auslegung. Der Gesetzgeber wollte Vereinbarungen, die zum Nachteil des Mieters von den §§ 557–561 BGB abweichen insgesamt verbieten. Bedeutung hat dies, wenn eine Regelung bei **generalisierender Betrachtungsweise** für den Mieter sich als nachteilig herausstellen kann, im konkreten Einzelfall für ihn aber einmal günstiger ist. Auch in diesem Fall kann der Mieter sich nicht auf eine solche Vereinbarung berufen.[272]

79 Hat der Mieter auf Grund einer gem. § 557 Abs. 4 BGB unwirksamen Klausel Leistungen an den Vermieter erbracht, erfolgte die Leistung rechtsgrundlos und kann **kondiziert** werden.[273] Der Rückzahlungsanspruch gem. § 812 BGB kann jedoch gem. § 814 BGB ausgeschlossen sein, wenn der Mieter Kenntnis von der Nichtschuld hatte.[274] Dabei ist es nicht ausreichend, wenn der Mieter Kenntnis von den Tatsachen hat, aus denen sich das Fehlen einer rechtlichen Verpflichtung zur Zahlung ergibt, er muss vielmehr positive Kenntnis davon haben nichts zu schulden.[275] Der Leistende muss also aus diesen Tatsachen nach der maßgeblichen Parallelwertung der Laiensphäre auch eine iErg zutreffende rechtliche Schlussfolgerung gezogen haben.[276] Bloße Zweifel genügen ebenso wenig[277] wie grob fahrlässige Unkenntnis.[278] Der Vermieter ist darlegungs- und beweisbelastet für das Vorliegen der Voraussetzungen des § 814 BGB.[279] Zweifel hieran gehen zu seinen Lasten.[280] Da der Vermieter durch die Annahme der Zahlung idR auch gegen ein gesetzliches Verbot, § 557 Abs. 4 BGB, verstoßen hat, besteht auch ein Rückzahlungsanspruch nach § 817 S. 1 BGB, wenn der Vermieter positive Kenntnis vom Gesetzesverstoß hat. Auch hier reicht wiederum fahrlässige Unkenntnis nicht aus. Der Anspruch gem. § 817 S. 2 BGB ist jedoch ausgeschlossen, wenn der Mieter selbst Kenntnis vom Gesetzesverstoß hat.

---

[269] OLG Koblenz WuM 1981, 207.

[270] So OLG Koblenz WuM 1981, 207; OLG Schleswig NJW 1981, 1964; LG Berlin GE 1996, 471; 1993, 95, WuM 1992, 198; Staudinger/*J. Emmerich* BGB § 557 Rn. 80.

[271] So LG Bonn WuM 1992, 199; LG Hamburg WuM 1981, 848; LG Münster ZMR 1977, 247.

[272] OLG Koblenz WuM 1981, 207.

[273] Staudinger/*J. Emmerich* BGB § 557 Rn. 80.

[274] BGH VIII ZR 100/18, NZM 2018, 1018 (für Minderungsfall); AnwK WohnraumMietR/*Lammel* BGB § 559b Rn. 24.

[275] BGH VIII ZR 265/07, NJW 2009, 580; XII ZR 130/89, BGHZ 113, 62 (70); III ZR 58/02, NJW 2002, 3772; XI ZR 170/13, NJW-RR 2014, 1133; *Milger* NZM 2009, 497 (500).

[276] BGH V ZR 118/07, NJW-RR 2008, 824; XI ZR 170/13, NJW-RR 2014, 1133.

[277] BGH WM 1973, 294; LG Berlin GE 2002, 802 (803); Palandt/*Sprau* BGB § 814 Rn. 4.

[278] BGH WM 1972, 283; LG Berlin GE 2002, 802 (803).

[279] *BGH VIII ZR 100/18*, NZM 2018, 1018; III ZR 58/02, NJW 2002, 3772; VIII ZR 199/04, NJW-RR 2005, 1464.

[280] BGH VIII ZR 100/18, NZM 2018, 1018; III ZR 58/02, NJW 2002, 3772; IX ZR 133/14, BGHZ 204, 231.

## § 557a Staffelmiete

**(1) Die Miete kann für bestimmte Zeiträume in unterschiedlicher Höhe schriftlich vereinbart werden; in der Vereinbarung ist die jeweilige Miete oder die jeweilige Erhöhung in einem Geldbetrag auszuweisen (Staffelmiete).**

**(2) [1]Die Miete muss jeweils mindestens ein Jahr unverändert bleiben. [2]Während der Laufzeit einer Staffelmiete ist eine Erhöhung nach den §§ 558 bis 559b ausgeschlossen.**

**(3) [1]Das Kündigungsrecht des Mieters kann für höchstens vier Jahre seit Abschluss der Staffelmietvereinbarung ausgeschlossen werden. [2]Die Kündigung ist frühestens zum Ablauf dieses Zeitraums zulässig.**

**(4) [1]Die §§ 556d bis 556g sind auf jede Mietstaffel anzuwenden. [2]Maßgeblich für die Berechnung der nach § 556d Absatz 1 zulässigen Höhe der zweiten und aller weiteren Mietstaffeln ist statt des Beginns des Mietverhältnisses der Zeitpunkt, zu dem die erste Miete der jeweiligen Mietstaffel fällig wird. [3]Die in einer vorangegangenen Mietstaffel wirksam begründete Miethöhe bleibt erhalten.**

**(5) Eine zum Nachteil des Mieters abweichende Vereinbarung ist unwirksam.**

### Systematische Übersicht



### Alphabetische Schnellübersicht

## A. Allgemeines

### I. Inhalt und Zweck der Regelung

1 Die Vorschrift enthält die Regelungen über die Staffelmiete. Sie geht zurück auf die 1982 in das MHG eingefügte Vorschrift des § 10 Abs. 2 MHG. Das Gesetz erlaubt in zwei Fällen abw. von dem generellen Verbot für den Mieter nachteilige Vereinbarungen zu treffen, § 557 Abs. 4 BGB, mietvertragliche Vereinbarungen über zukünftige Mietsteigerungen. Dies ist zum einen die Staffelmiete gem. § 557a BGB und zum anderen die Indexmiete gem. § 557b BGB.

2 Staffelmietverträge sind bereits **nach allgemeinem Zivilrecht grds. zulässig** (§ 311 Abs. 1 BGB). Auch das Wohnraummietrecht verbietet sie seit 1982 nicht mehr. § 557a BGB bestimmt, dass solche Vereinbarungen wirksam sind, in denen sich Vermieter und Mieter bereits bei Vertragsschluss oder zu einem späteren Zeitpunkt darauf geeinigt haben, dass die Miete in der Zukunft steigen soll. Der Gesetzgeber wollte insbes. den gewerblichen Investoren mit dieser Gestaltungsmöglichkeit exaktere Renditekalkulationen ermöglichen. Die allgemeine Mieterhöhungsmöglichkeit des § 558 BGB wurde zum einen wegen der einzuhaltenden Formalien und wegen der nur schwer abzuschätzenden Entwicklung der ortsüblichen Vergleichsmiete als nicht ausreichend angesehen. Staffelmietvereinbarungen können grds. für beide Mietvertragsparteien Vor- aber auch Nachteile bringen:

#### 1. Für den Mieter:

3

| Vorteile | Nachteile |
|---|---|
| Der Mieter kann hinsichtlich seiner Mietbelastung langfristig kalkulieren. | Die Miethöhe kann über der ortsüblichen Vergleichsmiete liegen. |
| Die Staffelmietvereinbarung kann mit einem Zeitmietmietvertrag gem. § 575 BGB verbunden werden. Das Kündigungsrecht des Mieters darf dann aber nicht für mehr als vier Jahre eingeschränkt werden. | Die Kappungsgrenze gilt nicht. |
| Mieterhöhungen nach allen vier Alternativen des § 559 BGB sind ausgeschlossen. | Der Vermieter kann uU Modernisierungen unterlassen, da § 559 BGB nicht anwendbar ist. |
| Die zukünftigen Staffeln können in Gebieten mit angespannten Wohnungsmärkten nicht zu einer über 10% über der ortsüblichen Vergleichsmiete liegenden Miete führen. | |

#### 2. Für die Vermieter:

4

| Vorteile | Nachteile |
|---|---|
| Eine Staffelmietvereinbarung bringt Planungssicherheit. Die Mietsteigerungen stehen für einen längeren Zeitraum in der Zukunft fest. | Es besteht für den Vermieter das Risiko, dass die vereinbarten Mietsteigerungen hinter der tatsächlichen Entwicklung zurückbleiben. |
| Mieterhöhungen sind in kürzeren Abständen als im Verfahren nach § 558 BGB möglich, da keine Überlegungsfrist abzuwarten ist. | Mieterhöhungen wegen Modernisierung gem. § 559 BGB sind für die Laufzeit der Staffelmietvereinbarung ausgeschlossen und zwar selbst dann, wenn der Vermieter auf Grund gesetzlicher Vorschriften zur Durchführung der Modernisierungen verpflichtet ist. |

| Vorteile | Nachteile |
|---|---|
| Mieterhöhungen auf Grund einer Staffelmietvereinbarung können zu Mieten über der ortsüblichen Vergleichsmiete führen. | Die zukünftigen Staffeln können in Gebieten mit angespannten Wohnungsmärkten nicht zu einer über 10% über der ortsüblichen Vergleichsmiete liegenden Miete führen. |
| | Staffelmietvereinbarungen sind für Vermieter in Gebieten mit angespannten Wohnungsmärkten unkalkulierbarer, weil er nicht weiß, wie sich die ortsübliche Vergleichsmiete in Zukunft entwickeln wird.[1] |

5 Die Erwartung des Gesetzgebers von 1982 wurde jedoch nach seiner eigenen Überzeugung nicht erreicht. Staffelmietvereinbarungen wurden in der Praxis in den ersten ca. zehn Jahren von 1982–1993, dem Zeitpunkt des In-Kraft-Tretens des 4. Mietrechtsänderungsgesetzes, nur sehr eingeschränkt vereinbart.[2] Der Gesetzgeber hat deshalb 1993 zusätzlich die Möglichkeit der **Vereinbarung von Indexmietverträgen** gem. § 557b BGB geschaffen, weil zum einen selbst nach seiner eigenen Einschätzung die gesetzlichen Erhöhungsvorschriften für beide Mietvertragsparteien nur schwer zu handhaben sind und zum anderen die Möglichkeit der Staffelmietvereinbarung in der Praxis nur beschränkt angenommen worden ist. Indexmietvereinbarungen sind noch viel seltener.

## II. Übergangsregelungen – In-Kraft-Treten

6 § 557a BGB gilt für alle Staffelmietvereinbarungen, die seit dem 1.9.2001 vereinbart wurden. Für vor diesem Termin abgeschlossene Vereinbarungen gilt weiter § 10 Abs. 2 MHG.[3] Dabei kann dahinstehen, ob sich dies unmittelbar aus Art. 11 Mietrechtsreformgesetz (In-Kraft-Treten am 1.9.2001) ergibt oder aus einer entsprechenden Anwendung des Art. 170 EGBGB, also der Überleitungsvorschrift zum In-Kraft-Treten des BGB im Jahre 1900.[4] Es kommt auf den Zeitpunkt der Vereinbarung nicht auf den Zeitpunkt des Eintritts der ersten Staffel an. Wegen der Übergangsregelung für § 557a Abs. 4 BGB (→ BGB § 556d Rn. 7f.). Unerheblich ist, ob es sich um eine formularvertragliche Vereinbarung oder eine individualvertragliche Vereinbarung handelt. In beiden Fällen ist die Vereinbarung nur insoweit unwirksam, soweit die Zehnjahresfrist überschritten wird. Individualvereinbarungen die vor dem 1.9.2001 vereinbart wurden sind gem. § 134 BGB nur unwirksam, soweit sie für mehr als zehn Jahre gelten sollten, bis zu diesem Zeitpunkt waren sie wirksam.[5] Das gilt auch für Formularverträge, da es sich bei der Vereinbarung der Staffelmiete um eine **der Inhaltskontrolle entzogene Preisvereinbarung**[6] gem. § 307 Abs. 3 S. 1 BGB handelt. Klauseln, die Art, Umfang und Güte der vertraglichen Hauptleistung und der hierfür zu zahlenden Vergütung unmittelbar bestimmen sind von der Inhaltskontrolle ausgenommen.[7] Die Freistellung von der Inhaltskontrolle gilt nur für Abreden über den unmittelbaren Leistungsgegenstand. Dagegen sind Regelungen, die die Leistungspflicht des Verwenders einschränken, verändern, ausgestalten oder modifizieren, inhaltlich zu kontrollieren.[8] Bei der Staffelmietabrede handelt es sich nicht um eine bloße Preisnebenabrede.[9] Es handelt sich um einen **wesentlichen Bestandteil des Mietvertrages.**[10] Die Staffelmiete betrifft die Höhe der Gegenleistung. Unabhängig von der Einordnung als Preishaupt- oder -nebenabrede müssen solche Leistungs- und preisbeschreibende Klauseln dem

[1] *Hinz* ZMR 2014, 593 (600).
[2] So die Gesetzesbegründung BT-Drs. 12/3254, 8; *Hamm* DWW 1993, 321 (325).
[3] BGH VIII ZR 23/08, WuM 2009, 117; VIII ZR 316/03, NZM 2004, 736; VIII ZR 157/03, NJW 2004, 511; LG Berlin GE 2002, 468.
[4] So LG Berlin GE 2002, 468 unter Berufung auf *Beuermann/Blümmel* Neues MietR BGB § 557a S. 128, 409.
[5] BGH VIII ZR 23/08, WuM 2009, 117.
[6] BGH VIII ZR 197/11, WuM 2012, 278; *Börstinghaus* jurisPR-BGHZivilR 8/12 Anm. 3; *Schmid* ZMR 2012, 527; BGH VIII ZR 140/08, WuM 2009, 587.
[7] BGH VII ZR 266/17, NJW 2019, 2997 (2998).
[8] BGH VII ZR 266/17, NJW 2019, 2997 (2998).
[9] BGH VIII ZR 197/11, NZM 2012, 416; zur Kontrolle und Unwirksamkeit von Preisnebenabreden: *Jerger* NJW 2019, 3752.
[10] So BGH VIII 114/13, BGHZ 201, 230 für Erdgassondervertrag.

Transparenzgebot gem. § 307 Abs. 3 S. 2 BGB genügen.[11] Das ist dann der Fall, wenn die Klausel die wirtschaftlichen Belastungen und die Nachteile für die andere Vertragspartei klar erkennen lässt. Bei einer den Anforderungen des früheren § 10 Abs. 2 MHG bzw. nun § 557a BGB genügenden Klausel ist das aber der Fall.[12] Wenn man § 307 BGB auf die Staffelmiete als Preisvereinbarung nicht anwendet, dann bleibt wiederum als Maßstab nur § 134 BGB. Wegen der Übergangsregelung für § 557a Abs. 4 BGB → BGB § 556d Rn. 7f.

6a Die Begrenzung der Staffelmiete durch die sog. **Mietpreisbremse** in § 557a Abs. 3 BGB gilt nur solche Vereinbarungen, die nach Inkrafttreten der örtlich maßgeblichen Landesverordnung abgeschlossen wurden, Art. 229 § 35 Abs. 1 EGBGB, Unerheblich ist es, wenn spätere Staffeln erst nach Inkrafttreten der Verordnung wirksam werden.[13] Da Staffelmietvereinbarungen gem. § 557a BGB zeitlich ohne Beschränkung möglich sind, kann ein solcher Mietvertrag uU nie in den Geltungsbereich der §§ 556d ff. BGB fallen. Endet das Mietverhältnis während der Geltungsdauer einer Verordnung, darf nur die letzte Staffel als Vormiete weiter wirksam vereinbart werden (→ BGB § 557a Rn. 8). Wurde die Staffelmietvereinbarung während der Laufzeit einer örtlich einschlägigen Verordnung abgeschlossen, so findet die Beschränkung der Wiedervermietungsmiete gem. Art. 229 § 35 Abs. 2 EGBGB keine Anwendung mehr auf Staffeln, deren erste Miete zu einem Zeitpunkt fällig wird, in dem die Mietwohnung nicht mehr in den Anwendungsbereich der Verordnung fällt, etwa weil sie außer Kraft getreten oder abgeändert worden ist. Soweit die Staffelmiete nicht zusammen mit dem Mietvertrag vereinbart wurde, kommt es auf den Zeitpunkt der Vereinbarung der Staffelmiete und nicht des Mietvertrags an.

## B. Anwendungsbereich

### I. Wohnraummietverhältnisse

7 Die Vorschrift des § 557a BGB gilt grds nur für Wohnraummietverhältnisse, soweit sie nicht ausdrücklich gem. § 549 Abs. 2, 3 BGB vom Anwendungsbereich ausgeschlossen sind (→ BGB Vor §§ 557–561 Rn. 19ff.). Die Vorschriften sind im Allgemeinen – auch nicht entsprechend – auf Gewerberaummietverhältnisse anwendbar.[14] Eine Ausnahme stellen gem. § 578 Abs. 3 BGB[15] die Verträge über die Anmietung von Räumen durch eine juristische Person des öffentlichen Rechts oder einen anerkannten privaten Träger der Wohlfahrtspflege dar, die geschlossen werden, um die Räume Personen mit dringendem Wohnungsbedarf zum Wohnen zu überlassen. Auf diese Verträge sind §§ 557, 557a Abs. 1–3, 5, § 557b Abs. 1–3, 5, §§ 558–559d, 561 BGB anzuwenden (→ BGB § 578 Rn. 17). Staffelmietvereinbarungen sind auch bei Zeitmietverträgen zulässig und kommen in der Praxis dort besonders häufig vor.

### II. Sonstige Mietverhältnisse

8 Bei den Mietverhältnissen, bei denen § 557a BGB gem. § 549 Abs. 2, 3 BGB keine Anwendung findet, ist die Vereinbarung einer Staffelmiete deshalb trotzdem grds. erlaubt. Lediglich die Beschränkungen des § 557a BGB sind nicht einzuhalten. Insbesondere ist es bei diesen Mietverhältnissen zulässig, kürzere als jährliche Zeiträume zwischen den einzelnen Mietsteigerungen zu vereinbaren. Auch ist ein längerer Kündigungsausschluss möglich.[16] Zu den Besonderheiten beim preisgebundenen Wohnungsbau → Rn. 11ff.

#### 1. Gewerberaummietverträge

9 Bei Gewerberaummietverträgen, die nicht unter § 578 Abs. 3 BGB fallen, sind Staffelmietverträge im Rahmen der Vertragsfreiheit gem. § 311 Abs. 1 BGB grds. zulässig[17] und auch häufiger als

---

[11] BGH VIII ZR 42/20, ZMR 2021, 656.

[12] **AA** wohl *Blank* LMK 2009, 275296, ggf. Verstoß gegen das Transparenzgebot.

[13] MüKoBGB/*Artz* EGBGB Art. 229 § 35 Rn. 4.

[14] BGH XII ZR 175/02, NZM 2005, 63.

[15] *Eingefügt durch das MietAnpG v. 18.12.2018 BGBl I 2648; dazu Artz/Börstinghaus* NZM 2019, 12; *Börstinghaus* ZAP F. 4 S. 1777; *Selk* NJW 2019, 329; *Wichert* ZMR 2019, 245; *Lützenkirchen* MietRB 2019, 86.

[16] BGH XII ZR 175/02, NZM 2005, 63.

[17] *Kunze/Tietzsch* Miethöhe Teil I Rn. 50ff.

bei Wohnraummietverträgen anzutreffen. Hierzu zählen auch isolierte **Garagenmietverträge.** Zu den Staffelmietvereinbarungen zählt auch hier ein zeitlich gestaffelter Mietnachlass.[18] Anders als bei der Wohnraummiete sind hier in der Gewerberaummiete prozentuale Erhöhungen der Grundmiete zulässig.[19] Strittig ist, ob in der Gewerberaummiete, **anders als in der Wohnraummiete**[20] eine Staffelmiete zusätzlich noch indexiert werden kann.[21] Zu beachten ist aber auf jeden Fall § 8 PreisklG wonach die Vereinbarung bis zur rechtskräftigen Feststellung der Unwirksamkeit durch ein Gericht auf jeden Fall wirksam wäre. Zulässig ist auch eine Indexmiete im Anschluss an eine Staffelmietvereinbarung.[22]

**2. Mischmietverhältnisse**

Bei Mischmietverhältnissen kommt zunächst die Anwendung des § 557a BGB entweder auf den ganzen Vertrag oder gar nicht in Betracht. Eine Aufspaltung des Vertrages in einen wohnungsmietrechtlichen Teil, auf den die Beschränkungen des § 557a BGB anzuwenden sind und in einen Teil, der frei von diesen Beschränkungen ist, ist nicht möglich. Das Mietverhältnis muss einheitlich beurteilt werden.[23] Im Zweifel gilt Wohnraummietrecht.[24] Dies hat insbes. Bedeutung für kombinierte Wohnungs- und Garagenmietverträge, da hier idR ein einheitlicher Wohnungsmietvertrag vorliegt, oder für Mietverträge, in denen die Mieter auch eine gewerbliche Tätigkeit in der Wohnung gestattet wurde.[25] 10

**3. Preisgebundener Wohnungsbau**

Auch im **preisgebundenen Wohnungsbau**[26] ist die Vereinbarung einer Staffelmiete gem. § 557a BGB grds. zulässig (§ 311 Abs. 1 BGB).[27] Weder das BGB (für preisfreie Wohnungen) noch das in den Bundesländern, die keine eigenen landesgesetzlichen Regelungen erlassen haben (→ BGB Vor § 557 Rn. 35) WoBindG oder die neuen landesgesetzlichen Regelungen verbieten sie. § 549 Abs. 2, 3 BGB enthalten keinen Ausschlusstatbestand. Zukünftige Steigerungen der Miete wegen Anhebung der Mietobergrenzen können nur unter den Voraussetzungen der §§ 557a, 557b BGB vereinbart werden. Allein die Veröffentlichung höherer Mietobergrenzen führt zu keiner Mieterhöhung.[28] 11

Restriktionen ergeben sich aber aus dem Zweck der Gesetze, für Mieterhöhungen bestimmte Modalitäten und insbes. bestimmte Obergrenzen festzulegen, nämlich die Kostenmiete gem. § 8 Abs. 1 WoBindG. Nicht erlaubt sind gem. § 8 Abs. 2 WoBindG und § 10 Abs. 1 S. 2ff. WoBindG Vereinbarungen, die – auf welche Weise auch immer, ua zB durch eine Mietstaffelung – dem Vermieter die Beachtung dieser Erhöhungsmodalitäten und insbes. die Einhaltung dieser Obergrenze ersparen. Deshalb muss unterschieden werden zwischen folgenden **drei Fallgestaltungen:** 12

**a) Höchste vereinbarte Miete.. Die höchste vereinbarte Staffel bleibt unter** der zulässigen Kostenmiete zum Zeitpunkt der Vereinbarungen der Staffelmiete: 13

---

[18] OLG München WuM 1991, 351.

[19] OLG Karlsruhe BeckRS 2017, 151612 = MietRB 2018, 201f.; Lindner-Figura/Oprée/Stellmann Geschäftsraummiete/*Bartholomäi* Kap. 10 Rn. 116.

[20] Staudinger/*J. Emmerich* BGB § 557b Rn. 40; Bub/Treier MietR-HdB/*Schultz* Kap. III A Rn. 925.

[21] **Dafür** *Schulz* Gewerberaummiete, 3. Aufl. 2007, S. 139f.; unter Aufgabe seiner früher vertretenen aA *Schulz* NZM 2000, 1135 (1141); Lindner-Figura/Oprée/Stellmann Geschäftsraummiete/*Bartholomäi* Kap. 10 Rn. 118; *Aufderhaar/Jaeger* NZM 2009, 564 (570); unter engen Voraussetzungen OLG Brandenburg NZM 2009, 860 = NJW 2010, 876; **dagegen** *Neuhaus* Geschäftsraummiete-HdB Kap. 11 Rn. 129 „Monsterklausel"; *Usinger* NZM 2009, 297 (298); **offen gelassen** *Mettler* MietRB 2017, 358, 365.

[22] *Usinger* NZM 2009, 297 (299) mit Formulierungsvorschlägen.

[23] → BGB Vor § 535 Rn. 20; → BGB Vor § 557 Rn. 16.

[24] BGH VIII ZR 376/13, NZM 2014, 626 = NJW 2014, 2864 unter Aufgabe der früheren Abgrenzungskriterien aus BGH VIII ZR 60/85, NJW-RR 1986, 877; KG ZMR 2010, 956; OLG Köln ZMR 2007, 114; WuM 1987, 377; AnwK WohnraumMietR/*Lammel* BGB § 535 Rn. 107; *Kunze/Tietzsch* Miethöhe Teil I Rn. 7; Bub/Treier MietR-HdB/*Schultz* Kap. III A Rn. 983; zur rechtlichen Behandlung von Mischmietverhältnissen, insbes. in der höchst- und obergerichtlichen Rspr., auch *Lehmann-Richter* MietRB 2011, 84; *Bühler* ZMR 2010, 897; *Grützmacher* ZMR 2014, 953.

[25] BGH VIII ZR 376/13, NZM 2014, 626.

[26] Zum Begriff dieses Wohnungsbestandes → BGB Vor §§ 557–561 Rn. 34ff.

[27] OLG Hamm WuM 1993, 108; LG Berlin GE 2003, 809, NJW-RR 1991, 1040; mit Bedenken auch MüKoBGB/*Artz* § 557a Rn. 4 „wird man bejahen müssen"; **aA** Staudinger/*J. Emmerich* BGB § 557a Rn. 8.

[28] LG Berlin MM 2008, 298.

Eine solche Vereinbarung steht in keinerlei Widerspruch zu den Vorschriften und den Zwecken des Wohnungsbindungsgesetzes, das die Kostenmiete nur als Höchst-, nicht zugleich als Mindestbetrag der Miete festlegte. In diesem Fall wäre es nach dem WoBindG auch zulässig gewesen, statt der Staffel gleich deren Höchstbetrag zu vereinbaren. Deshalb können die Parteien natürlich auch, ob gestaffelt oder nicht, niedrigere Beträge vereinbaren.[29] In diesem Fall besteht auch keine größere Gefahr, dass die preisrechtlich zulässige Kostenmiete im Lauf der Zeit unter den vereinbarten Höchstbetrag sinkt, als dies bei der üblichen und zulässigen Einigung auf die zur Zeit des Vertragsschlusses gültige Kostenmiete der Fall ist. Auch insofern verschlechtert die Mietstaffelung also nicht die Mieterposition, die bei so einer Kostensenkung durch § 8a Abs. 3 S. 1 WoBindG iVm §§ 8 Abs. 1, 8a Abs. 1 S. 1 WoBindG und § 5 NMV ausreichend geschützt ist.

14 **b) Höchste Staffel..** Die Parteien vereinbaren eine Staffelmiete, deren **höchste Staffel** die zum Zeitpunkt der Vereinbarung zulässige Kostenmiete **übersteigt:**

Eine solche Vereinbarung ist unwirksam.[30] Die bloße Möglichkeit, dass im Lauf der Zeit auch die Kostenmiete sich erhöhen wird – und die Tatsache, dass andernfalls der Mieter den Überschreitungsbetrag gem. § 8 Abs. 2 WoBindG nicht schuldet, rechtfertigt es noch nicht, dem Vermieter die Erhöhungsformalien nach § 10 Abs. 1 WoBindG und die Wirkungsbeschränkungen nach § 10 Abs. 2 WoBindG zu ersparen.[31]

15 Für die Ermittlung und Änderung der Kostenmiete gelten in einem solchen Fall nach § 88b Abs. 3 II. WoBauG[32] die Bestimmungen des § 72 Abs. 1, 2 II. WoBauG, der §§ 8a–11 WoBindG sowie die Vorschriften der NMV. Danach kann der Vermieter eine höhere Kostenmiete nur durch eine Mieterhöhungserklärung gemäß der Vorschrift des § 10 Abs. 1 WoBindG, der nach § 4 Abs. 8 NMV auch bei Vereinbarung der zulässigen Miete gilt, durchsetzen. Dass die Termine und die Höhe der Mieterhöhung bereits bei Vertragsschluss feststehen, ändert an dem Erfordernis einer den Formvorschriften des § 10 Abs. 1 WoBindG entsprechenden Erhöhungserklärung nichts.[33] Sinn und Zweck des § 10 Abs. 1 WoBindG bestehen darin, es dem Mieter zu ermöglichen, anhand der der Berechnung der Kostenmiete beizufügenden Unterlagen die Berechtigung des Erhöhungsverlangens nachzuprüfen. Hierfür besteht auch dann ein Bedürfnis, wenn eine Mieterhöhung entsprechend der degressiven Förderung schon im Mietvertrag vorgesehen ist, zumal die zulässige Kostenmiete nicht allein von der Höhe der öffentlichen Zuschüsse abhängt.

16 **c) Ablauf der Preisbindung..** Die Parteien vereinbaren eine **Staffelmiete, die erst nach Ablauf der Preisbindung gelten soll:**

Grundsätzlich ist auch hier eine Staffelmiete zulässig.[34] Problematisch ist eine solche Vereinbarung dann, wenn im Mietvertrag zunächst die zulässige Kostenmiete vereinbart wurde und für die Zeit nach Ablauf der Preisbindung eine höhere Miete, die nicht noch weiter steigen soll.[35] Eine solche Vereinbarung ist unwirksam.[36] Es handelt sich um eine Staffelmiete, da schon die Vereinbarung einer einzigen Steigerung nach Vertragsschluss eine Staffelmietvereinbarung darstellt.[37]

17 Die Unwirksamkeit ergibt sich daraus, dass die entweder weiter geltenden Vorschriften des WoBindG[38] oder die landesgesetzlichen Nachfolgevorschriften für die Zeit der Preisbindung **lex**

---

[29] OLG Hamm WuM 1993, 108; LG Landau WuM 1989, 332.

[30] LG Berlin GE 2007, 719 mAnm *Emmert* WuM 2007, 498; Kossmann Wohnraummiete-HdB/*Meyer-Abich* § 142 Rn. 30.

[31] OLG Hamm WuM 1993, 108; LG Landau WuM 1989, 332.

[32] Obwohl das II. WoBauG durch das WoFG zum 1. 1. 2002 aufgehoben wurde, gilt die Vorschrift gem. § 48 WoFG zT weiter.

[33] *Sternel* MietR Kap. III Rn. 427, Kap. III Rn. 886.

[34] BGH VIII ZR 157/03, NZM 2004, 135; Bub/Treier MietR-HdB/*Schultz* Kap. III A Rn. 745, 936; MüKoBGB/*Artz* § 557a Rn. 4.

[35] OLG Stuttgart NJW-RR 1989, 1357; dafür aber LG Berlin NJW-RR 1991, 1040, GE 1995, 701; AG Tiergarten GE 1996, 267.

[36] LG Hamburg WuM 1997, 331; AG Hamburg-Harburg ZMR 2015, 861; Sternel MietR Kap. IV Rn. 20; *Beuermann* GE 1994, 484; Bub/Treier MietR-HdB/*Schultz* Kap. III A Rn. 1882; **aA** BGH VIII ZR 157/03, NZM 2004, 135, Vorinstanz: LG Berlin GE 2003, 809, NJW-RR 1991, 1040, GE 1995, 701, MM 1989, 85; AG Tiergarten GE 1996, 267; Kinne/Schach/Bieber MietProzR/*Kinne* BGB § 557a Rn. 8; zumindest Bedenken auch bei Staudinger/*J. Emmerich* BGB § 557a Rn. 8.

[37] BGH VIII ZR 218/04, NZM 2006, 12 (14); AG Rheinbach WuM 1987, 362; *Sternel* MietR Kap. III Rn. 427; → Rn. 45.

[38] → BGB Vor § 557 Rn. 35ff.

**specialis** im Verhältnis zu den §§ 557–561 BGB sind.[39] Zum Zeitpunkt der Mietpreisvereinbarung gehen die Vorschriften des preisgebundenen Wohnungsbaus den §§ 557ff. BGB vor. Auch der **Zweck der Vorschrift** spricht gegen die Zulässigkeit einer Staffelmietvereinbarung für die Zeit nach Ende der Preisbindung.[40] Der Gesetzgeber wollte dadurch, dass er Staffelmietvereinbarungen zuließ, die **Rahmenbedingungen des freifinanzierten Wohnungsbaus** verbessern, indem er insbes. für gewerbsmäßige Investoren einen Anreiz schuf, der die Investitionsentscheidung für den Neubau erleichtern sollte.[41] Dieser Zweck bezog sich also nur auf die Förderung des freifinanzierten Wohnungsbaus. Für den öffentlich geförderten Wohnungsbau bedient sich der Staat durch immer neue Förderprogramme eines eigenen Instrumentariums, um Investoren zu motivieren. Auch der **Zweck der Kappungsgrenze** spricht gegen die Zulässigkeit.[42] Die Kappungsgrenze macht ordnungspolitisch nur Sinn bei den ehemaligen Sozialwohnungen. Mieten von Wohnungen, die aus der Preisbindung fallen, können gem. § 558 BGB erhöht werden. Damit die Anpassung hier nicht zu großen Mietsprüngen führt ist die Erhöhung auf 20% in drei Jahren beschränkt. Bei der Zulässigkeit von Staffelmietvereinbarungen wird diese Schutzvorschrift umgangen. Hier können sowohl die erste Mieterhöhung nach Ende der Preisbindung wie auch alle folgenden Erhöhungen jeweils oder zusammen zu einer Erhöhung um mehr als 20% in drei Jahren führen. Und zuletzt spricht gegen die Wirksamkeit einer solchen Vereinbarung auch **die Gesetzessystematik.** Die Vorschrift des § 557a BGB ist als Ausnahmevorschrift zum Verbot, für den Mieter rechtlich nachteilige Vereinbarungen über die Miethöhe zu treffen, § 557 Abs. 4 BGB, geschaffen. Endet die Preisbindung so kann der Vermieter von diesem Augenblick an die Miete nach den Vorschriften der §§ 558–560 BGB erhöhen. Das bedeutet, dass er nur dann einen Anspruch auf Zustimmung zu einer Mieterhöhung gegenüber dem Mieter hat, wenn die verlangte Miete die ortsübliche Vergleichsmiete nicht übersteigt und die Kappungsgrenze eingehalten wurde. Gerade weil die Berechnungs- und Verfahrensmodalitäten für den preisgebundenen und den preisfreien Wohnungsbau so unterschiedlich sind, bedeutet der Wechsel der Berechnungsart auch, dass vollständig auf das neue System umgestellt werden muss. Die Vereinbarung einer Staffelmiete noch unter Geltung der Kostenmiete auch wenn dies erst für die Zeit nach Ablauf der Preisbindung erfolgt, widerspricht dieser Systematik. Die Kostenmiete wird in den seltensten Fällen der ortsüblichen Vergleichsmiete entsprechen, auch wenn sie häufig gerade noch bei älterem Wohnungsbestand niedriger ist, muss dies nicht der Fall sein. Für bestimmte Förderjahrgänge ist die Kostenmiete höher als die ortsübliche Vergleichsmiete. Über diese Situation müssen die Parteien sich erst nach Ende der Preisbindung Klarheit verschaffen, bevor sie eine Regelung treffen. Selbstverständlich können die Parteien nach Ablauf der Preisbindung eine Staffelmietvereinbarung im Rahmen einer Mietabänderungsvereinbarung treffen.

Wenn man mit der BGH-Rechtsprechung eine solche Staffelmiete, die erst nach Ablauf der Preisbindung wirksam wird, zulässt, dann sind aber während der Laufzeit der Staffelmietvereinbarung analog § 557a Abs. 2 S. 2 BGB **Kostenmieterhöhungen ausgeschlossen.** Die Vorschrift schließt zwar ausdrücklich nur die Mieterhöhungen gem. § 558–559b BGB aus, sie ist aber wegen der planwidrigen Regelungslücke auch auf Kostenmieterhöhungen entsprechend anzuwenden. Der Regelung ist zu entnehmen, dass der Gesetzgeber während der Laufzeit von Staffelmietvereinbarungen andere Mieterhöhungen vollständig ausschließen wollte.

**d) Unzulässige Vereinbarungen.** Unzulässig sind alle Vereinbarungen, die kein genaues Datum enthalten, sondern den Eintritt der Staffel vom Eintritt der Preisfreiheit abhängig machen. Das ist nicht „bestimmt" iSd Gesetzes.[43] 17a

**e) Vereinbarte Förderung:.** Sind dem Vermieter oder seinem Rechtsvorgänger Fördermittel nach den § 88d Abs. 3 II. WoBauG bewilligt worden, dann handelt es sich nicht um preisgebundenen Wohnraum, so dass eine Staffelmiete zulässig vereinbart werden kann.[44] 18

---

[39] So auch BGH VIII ZR 371/04, NZM 2005, 737= NJW 2005, 3135 zum Verhältnis des Einwendungsausschlusses bei der Betriebskostenabrechnung in § 556 Abs. 3 S. 5 BGB und § 20 Abs. 3 NMV 1970.

[40] **AA** BGH VIII ZR 157/03, NZM 2004, 135.

[41] Diese Erwartung hat sich aber nach Einschätzung der Bundesregierung nicht erfüllt: BT-Drs. 12/3254, 8.

[42] Sternel MietR Kap. IV Rn. 20.

[43] OLG Stuttgart NJW-RR 1989, 1357; LG Hamburg WuM 1997, 331.

[44] LG Berlin GE 2002, 468; wohl auch LG Freiburg WuM 2003, 696 mablAnm *Harsch;* **aA** auch AG Hamburg-St. Georg WuM 2010, 37.

19 **f) Rechtslage nach dem Wohnraumförderungsgesetz v. 13.9.2001**[45]**:.** Das Gesetz galt für alle Förderungen ab dem 1.1.2002 und hat das alte Wohnungsbaurecht ersetzt.[46] Nach Übertragung der ausschließlichen Gesetzgebungszuständigkeit für den Bereich des Wohnraumförderung durch das Gesetz zur Überleitung der sozialen Wohnraumförderung auf die Länder – Wohnraumförderungs-Überleitungsgesetz (WoFÜG)[47] im Rahmen der Föderalismusreform[48] auf die Länder zum 1.9.2006 haben einige Bundesländer abweichende Regelungen erlassen.[49] Soweit keine abweichende landesgesetzliche Regelung getroffen wurde, gilt das WoFG gem. Art. 125a GG in den übrigen Bundesländern weiter. Das Gesetz ordnet nicht mehr eine bestimmte Fördermethode an. Stattdessen legen die Länder im Rahmen des Gesetzes die Fördervoraussetzungen fest. Dies kann durch Förderprogramme oder -richtlinien erfolgen. Möglich ist auch eine landesgesetzliche Regelung. Die Förderung im Einzelfall wird geregelt in der Förderzusage gem. § 13 WoFG. In dieser werden alle maßgeblichen Bestimmungen festgelegt. Die Förderzusage erfolgt öffentlich-rechtlich durch Verwaltungsakt oder durch öffentlich-rechtlichen Vertrag. In der Förderzusage wird eine höchstzulässige Miete bestimmt. Möglich ist dies auch für Mieterhöhungen nach Modernisierung. Diese höchstzulässige Miete ist aber nur eine Obergrenze. Die Mieterhöhung selber erfolgt nach den Vorschriften des BGB. Innerhalb der Grenzen dieser höchstzulässigen Miete ist der Abschluss einer Staffelmietvereinbarung zulässig. Lediglich von der Förderzusage abweichende Vereinbarungen sind gem. § 28 Abs. 6 WoFG unwirksam. Möglich ist aber in der Förderzusage bereits Mietstaffeln festzusetzen. Insofern ist das neue System flexibler als das alte.

## III. Umgekehrte Staffelmiete

20 Unter einer umgekehrten Staffelmiete versteht man eine Vereinbarung, auf Grund derer der Vermieter verpflichtet ist, auf den vereinbarten Mietpreis einen im Lauf der Mietzeit geringer werdenden Nachlass zu gewähren.

**Beispiel:** Die Mietvertragsparteien haben eine Miete von 800 EUR vereinbart, der Vermieter gewährt dem Mieter im ersten Jahr einen Nachlass von 200 EUR, im zweiten Jahr einen Nachlass von 100 EUR und im dritten Jahr von 50 EUR.

Auf eine solche Vereinbarung ist § 557a BGB ebenfalls anwendbar.[50] Die Abstände zwischen den faktischen Mieterhöhungen müssen also mindestens ein Jahr betragen. Das Kündigungsrecht des Mieters darf für nicht mehr als vier Jahre ausgeschlossen werden. Auch die §§ 556d ff. BGB sind auf eine umgekehrte Staffelmiete anwendbar. Es muss also für jede einzelne Staffel ermittelt werden, ob diese gem. § 556g Abs. 1 BGB unwirksam ist.

20a Bedeutung hat die umgekehrte Staffelmiete zB bei der Vereinbarung von Mieterhöhungen im Zusammenhang mit Modernisierungsmaßnahmen. Hier werden wegen einer **degressiven Förderung** des Vermieters teilweise Staffelmieten oder umgekehrte Staffelmieten vereinbart. Auch dies ist nur unter den Voraussetzungen des § 557a BGB zulässig. Die Beschränkungen gelten aber dann nicht, wenn die zeitweise Mietsenkung auf anderen Umständen beruht, zB auf einer degressiven Anrechnung eines Mieterdarlehens. Auch die Gewährung eines Mietnachlasses im Rahmen von Gewährleistungsansprüchen fällt nicht darunter, wenn die Parteien also eine iRd § 536 Abs. 4 BGB wirksame Vereinbarung über die geminderte Miete getroffen haben.

**Beispiel:** Im Rahmen eines größeren Bauvorhabens am Mietobjekt vereinbaren die Mietvertragsparteien gem. § 555f BGB[51], dass für die Zeit der Kernbohrungen im Haus zeitanteilig keine Miete, für die Zeit der Stemmarbeiten eine Miete von 50% und für die Zeit der Fassadensanierung von 66% zu zahlen ist.

Hier muss die Jahresfrist zwischen den einzelnen Veränderungen der Miete nicht abgewartet werden. Sinn und Zweck des § 557a BGB sprechen gegen eine Anwendung des Gesetzes auf diesen

---

45 BGBl. I 2376.

46 *Söfker* WuM 2002, 291; *Hannig* NZM 2001, 831.

47 Art. 6 des Föderalismusreformbegleitgesetzes v. 5.9.2006 (BGBl. I 2098 (2100)).

48 G zur Änderung des GG v. 28.8.2006 (BGBl. I 2034).

49 → BGB Vor § 557 Rn. 35 ff.

50 Staudinger/*J. Emmerich* BGB § 557 Rn. 76, § 557a Rn. 8/22; Emmerich/Sonnenschein/*Weitemeyer* BGB *§ 557a Rn. 5;* **aA** *Beuermann* GE 2015, 626 unter fälschlicher Berufung auf BGH VIII ZR 41/03, NZM 2004, 136.

51 Dazu *Abramenko* MietRB 2013, 278; *Mahlstedt* WImmoT 2017, 145; *Artz* WImmoT 2014, 139; *Dickersbach* Vortrag auf dem DMT 2014 herunterladbar aus der Mietrechtsdatenbank des Deutschen Mietgerichtstages: www.mietgerichtstag.de.

Fall. Maßstab kann hier nur § 536 Abs. 4 BGB sein. Verlangt der Vermieter nach einer Modernisierungsmaßnahme nicht die maximal mögliche Mieterhöhung zum nächsten Termin, sondern staffelt er die grds. mögliche Mieterhöhung, indem er die Erhöhung zu mehren Terminen verlangt, handelt es sich ebenfalls um **keine Staffelmiete** (→ BGB § 559b Rn. 43). Unwirksam ist jedoch ein mietvertraglich vereinbarter **widerruflicher Mietverzicht,** der es dem Vermieter gestatten soll durch Ausübung eines Gestaltungsrechts (Widerruf) die Miete zu erhöhen.[52]

## C. Wirksamkeitsvoraussetzungen der Staffelmietvereinbarung

### I. Abschluss und Schriftform

Die Vereinbarung einer Staffelmiete muss nach dem ausdrücklichen Wortlaut des § 557a Abs. 1 21
Hs. 1 BGB **schriftlich** erfolgen. Der Schutzzweck der Norm besteht vor allem darin, die Mietvertragsparteien vor unüberlegten langfristigen Festlegungen zu schützen (Warnfunktion).[53] Daneben dient die Schriftform auch der Beweissicherung insbes. auch bei Eigentümerwechseln und dem damit gem. § 566 BGB verbundenen Vertragsübergang.[54] Eine Staffelmietvereinbarung ist auch dann wirksam abgeschlossen worden, wenn nach Beginn des Mietverhältnisses schriftlich die wesentlichen Elemente gem. § 557a BGB festgehalten wurden. Eine feste Verbindung mit dem Mietvertrag ist für die Wirksamkeit der Staffelmietvereinbarung nicht erforderlich (→ Rn. 23).[55] Die Schriftform ist gewahrt, wenn die unterschiedlichen Mieten oder die Erhöhungsbeträge und das jeweilige Fälligkeitsdatum sich aus der Urkunde ergeben.[56] Mehr ist nicht erforderlich. Haben die Parteien wegen wirtschaftlicher Schwierigkeiten des Mieters **mündlich** vereinbart, dass ein oder zwei Staffelerhöhungen nicht wirksam werden sollen, ändert das an der formellen Wirksamkeit der Staffelmietvereinbarung iÜ nichts.[57] Eine Staffelmietvereinbarung kann durch **Formularvertrag** vereinbart werden.[58] Dies bezieht sich aber nur auf die Fristen und sonstigen Regelungen, nicht auf die jeweilige Miete, da es sich bei der Vereinbarung des Preises um eine Individualvereinbarung handelt. Die Schriftform der Staffelmietvereinbarung muss auch dann eingehalten werden, wenn der Mietvertrag selbst gem. § 550 BGB nicht der Schriftform unterliegt.[59] Für die Aufhebung der Staffelmietvereinbarung gilt das Schriftformerfordernis aber nicht.[60]

Für die Schriftform gilt § 126 BGB. Möglich ist auch der Abschluss in **elektronischer Form** 22
gem. § 126a BGB (→ Rn. 25).[61] Es ist jedoch nicht zulässig, eine Staffelmiete in einer nur die **Textform** gem. § 126b BGB genügenden Form abzuschließen.[62] Schriftlich bedeutet daher, dass die Urkunde von beiden Vertragspartnern oder ihren Vertretern eigenhändig durch Namensunterschrift unterzeichnet sein muss. Die Schriftform ist aber auch dann schon gewahrt, wenn das Angebot auf Abschluss einer Staffelmietvereinbarung in einem unterzeichneten Schreiben der einen Partei niedergelegt ist, das die andere Partei mit oder ohne einen das uneingeschränkte Einverständnis erklärenden Zusatz ihrerseits unterzeichnet hat.[63] Der nochmaligen Unterzeichnung durch die eine Partei unterhalb der Gegenzeichnung der anderen bedarf es entgegen der älteren Rspr. des Reichsgerichts[64] heute nicht mehr. Es müssen **alle Vertragspartner** unterschreiben. Ist im Mietvertrag als Vermieter eine Erbengemeinschaft benannt[65], sind im Zweifel alle Erben Ver-

---

[52] BGH VIII ZR 41/03, NZM 2004, 136.
[53] *Sternel* MietR Kap. III Rn. 434.
[54] Zu den verschiedenen Schutzzwecken der Schriftform gem. § 550 BGB: BGH XII ZR 120/06, NJW 2010, 1518; XII ZR 69/06, NJW 2008, 2178.
[55] LG Berlin GE 1998, 857.
[56] BGH VIII ZR 23/08, WuM 2009, 117.
[57] LG Berlin ZMR 2016, 949; **aA** LG Berlin MM 2004, 374.
[58] *MüKoBGB/Artz* § 557a Rn. 5.
[59] *Mankowski* ZMR 2002, 481 (484).
[60] LG Osnabrück DWW 2004, 152.
[61] *Einsele* GS Sonnenschein, 2013, 117.
[62] *Mankowski* ZMR 2002, 481 (484).
[63] BGH XII ZR 68/02, NJW 2004, 2962.
[64] RGZ 105, 60 (62).
[65] Die Angabe „Erbengemeinschaft nach" und Angabe des Vor- und Nachnamens genügt als Bezeichnung der Vermieterin um die Schriftform gem. § 550 BGB einzuhalten. Die Bestimmbarkeit der Partei reicht aus: BGH VIII ZR 298/14, FamRZ 2015, 226.

mieter und müssen den Vertrag unterzeichnen oder sich vertreten lassen.[66] Wegen der Einzelheiten zur Schriftform siehe § 550 BGB.

23 Besteht die Staffelmietvereinbarung aus mehreren Blättern, so muss nicht zwingend eine **feste Verbindung** der verschiedenen Blätter erfolgen. Zwar bedeutet Schriftform grds., dass die Urkunde eine Einheit bilden muss, jedoch verlangen weder der Sprachgebrauch noch Sinn und Zweck des Gesetzes, dass die einzelnen Seiten fest mit einander verbunden sind. § 126 BGB verlangt keine körperliche Verbindung der einzelnen Blätter der Urkunde, wenn sich deren Einheit aus fortlaufender Paginierung, fortlaufender Nummerierung der einzelnen Bestimmungen, einheitlicher graphischer Gestaltung, inhaltlichem Zusammenhang des Textes oder vergleichbarer Merkmale zweifelsfrei ergibt.[67] Diese Grundsätze gelten nicht nur für Staffelmietvereinbarungen, die bereits bei Abschluss des Mietvertrages getroffen wurden sondern auch für solche, die im Laufe des Mietverhältnisses vereinbart wurden.[68] Nicht erforderlich ist ebenfalls, dass die Staffelmietvereinbarung mit dem Mietvertrag eine einheitliche Urkunde bildet. Lediglich in den Fällen, in denen der Mietvertrag wegen § 550 BGB der Schriftform bedarf[69] ist es für die Einhaltung der Schriftform des Mietvertrages ggf. erforderlich, dass eine einheitliche Urkunde vorliegt. Formfehler in diesem Zusammenhang haben aber keine Auswirkungen auf die Wirksamkeit der Staffelmietvereinbarung (wenn diese für sich allein die Schriftform erfüllt), sondern nur auf die Befristung des Vertrages.

24 Die Staffelmietvereinbarung kann grds. auch durch einen **Stellvertreter** abgeschlossen werden. Fraglich ist aber häufig, ob sich in den Fällen, in denen die Staffelmietvereinbarung erst später abgeschlossen wird (→ Rn. 30), die Vertretungsmacht bei einem Mietvertrag mit mehreren Mietern aus einer formularmäßigen **Vollmachtsklausel** ergeben kann.[70] Solche Klauseln sind nämlich häufig unwirksam, wenn sie auch Willenserklärungen mit wesentlicher Bedeutung für das Mietverhältnis betreffen.[71] Zu den Willenserklärungen mit wesentlicher Bedeutung gehören aber alle Vereinbarungen über den Bestand des Mietverhältnisses und über die Miethöhe.[72] Hier kommt es entscheidend auf den Wortlaut der Vollmachtsklausel an, also zum einen, ob sie überhaupt zum Abschluss solcher Vereinbarungen ermächtigt und zum anderen, ob sie insgesamt wirksam ist. Wenn ein Vertreter handelt muss dies offenkundig iSd § 164 Abs. 2 BGB sein, wobei sich die Frage, ob sich auch das Vertretungsverhältnis aus der Urkunde selbst ergeben muss nach der Rechtsform des Vertretenen und der Person des Vertreters richtet.[73] Bei der Vertretung einer GbR durch einen von mehreren Gesellschaftern ist zur Wahrung der Schriftform zumindest ein die Stellvertretung verdeutlichender Zusatz in der Urkunde erforderlich.[74]

25 Möglich ist auch der Abschluss einer Staffelmietvereinbarung **in elektronischer Form** gem. § 126a BGB. Die Ersetzbarkeit der Schriftform durch die elektronische Form erfolgte auf Grund europarechtlicher Vorgaben[75] und soll der umfassenden Nutzung der modernen Informations- und Kommunikationstechnologie dienen. Die Anforderungen an eine solche elektronische Signatur ist in Abschnitt 4 der Verordnung (EU) Nr. 910/2014 des Europäischen Parlaments und des Rates v. 23.7.2014 über elektronische Identifizierung und Vertrauensdienste für elektronische Transaktionen im Binnenmarkt und zur Aufhebung der Richtlinie 1999/93/EG geregelt. Sie ersetzen das alte „Signaturgesetz".[76] Nach Art. 27 ff. Richtlinie 1999/93/EG erfordert dies eine Signaturkarte sowie ein qualifiziertes Zertifikat eines Dienstanbieters und die Nutzung einer sicheren Signaturerstellungseinheit.

---

66 LG Hamburg ZMR 2013, 349.

67 BGH XII ZR 234/95, NJW 1998, 58 = NZM 1998, 25 mAnm *Sternel* MDR 1998, 33; *Lindner-Figura* NJW 1998, 731; *Lenz/Schlößer* MDR 1998, 1; *Kinne* GE 1998, 218; *Franke* ZMR 1998, 529; *Schneider* ZAP Fach 13, 713; *Repgen* DWW 1999, 47; BGH VII ZR 93/97, NZM 1999, 310 mAnm *Schultz* NZM 1999, 298; OLG Dresden WuM 1998, 142 (143); LG München WuM 1994, 335; s. auch § 550 BGB.

68 *Lindner-Figura* MDR 1997, 209.

69 Ob das heute überhaupt noch so ist, ist str.; → BGB § 550 Rn. 7 f., → BGB § 557 Rn. 4.

70 Dafür *Sternel* MietR Kap. III Rn. 434; *Sternel* MDR 1983, 361.

71 Artz/Börstinghaus AGB/*Börstinghaus* Teil II Rn. 15, OLG Celle WuM 1990, 103.

72 KG MietRB 2018, 230; Artz/Börstinghaus AGB/*Börstinghaus* Teil II Rn. 15; v. Westphalen/Thüsing VertrR/AGB-Klauselwerke/*Drettmann*, 2015, Wohnraummiete Rn. 8.

73 BGH XII ZR 121/05, NJW 2007, 3346; BGH XII ZR 132/03, NJW 2005, 2225; BGH XII 134/02, NJW 2004, 1103; BGH LwZR 4/01, NJW 2002, 1194; BGH LwZR 4/93, NJW 1994, 1649; RGZ 80, 400; *OLG Rostock NZM 2001, 46; MüKoBGB/Förschler* § 126 Rn. 21.

74 BGH XII ZR 65/02, NZM 2003, 801; AG Pinneberg ZMR 2008, 468.

75 ABl. 2000 L 13, 12 und ABl. 2000 L 178, 1.

76 Zu den Voraussetzungen *Einsele* GS Sonnenschein, 2013, 117 (130).

Die **mündliche Vereinbarung** einer Staffelmiete ist genauso wenig möglich wie die Vereinbarung durch **konkludentes Verhalten,** zB vorbehaltlose Zahlung von Erhöhungsbeträgen.[77] Solche Staffelmietvereinbarungen sind gem. § 125 BGB nichtig.[78] Die Parteien können auf die Schriftform nicht verzichten. Die mangelnde Schriftform kann auch nicht durch eine salvatorische Klausel geheilt werden.[79] Die Nichtigkeit bezieht sich entsprechend dem oben dargestellten Schutzzweck der Norm aber nur auf die Staffelmietvereinbarung und nicht auf den gesamten Mietvertrag.[80] Die Vorschrift des § 550 BGB ist auf die Staffelmietvereinbarung nicht anwendbar[81], sie kann aber bei einer gleichzeitig formunwirksam vereinbarten Befristung des Mietvertrages zur Anwendung kommen, so dass ein unbefristetes Mietverhältnis ohne Staffelmietvereinbarung vorliegt. In Einzelfällen kann in einer formunwirksamen Staffelmietvereinbarung aber eine Mietabänderungsvereinbarung zu sehen sein. Allein in der Zahlung auf eine unwirksame Staffelmietvereinbarung liegt aber noch keine Mietabänderungsvereinbarung iSd § 557 Abs. 1 BGB.[82] Dadurch wird die Miete allenfalls einmalig natürlich auch mit Wirkung für die Zukunft angehoben, ohne dass damit weitere zukünftige Anhebungen wirksam vereinbart worden wären. 26

Staffelmietvereinbarungen können sowohl bei **Mietverträgen auf unbestimmte Zeit** wie auch bei befristeten Mietverträgen **(Zeitmietvertrag)** gem. § 575 BGB abgeschlossen werden. Allein der Abschluss einer Staffelmietvereinbarung führt noch nicht zu einer Befristung des Mietverhältnisses.[83] Dies ergibt sich aus § 557a Abs. 3 BGB, wonach das Kündigungsrecht des Mieters für nicht mehr als vier Jahre ausgeschlossen werden darf. Daraus folgt im Umkehrschluss, dass das Kündigungsrecht, und zwar sowohl des Mieters wie auch des Vermieters, auch gar nicht eingeschränkt werden kann. Die Möglichkeit für den Mieter, das Mietverhältnis nach spätestens vier Jahren zu kündigen, hat aber Vorrang vor anderweitigen Vereinbarungen. 27

## II. Widerrufsmöglichkeit

Die auf Abschluss einer Staffelmietvereinbarung gerichtete Willenserklärung kann uU widerrufen werden. Dies ist dann der Fall, wenn es sich um einen sog. **Verbrauchervertrag iSd § 312 BGB** handelt[84], der gem. § 312b BGB außerhalb der Geschäftsräume des Vermieters (→ BGB Vor § 535 Rn. 75ff.) oder als Fernabsatzvertrag gem. § 312c BGB geschlossen wurde.[85] Soweit der BGH[86] mit Hilfe einer teleologischen Reduktion die Vorschriften über Fernabsatzverträge auf das Mieterhöhungsverfahren nach §§ 558ff. BGB für nicht anwendbar erklärt hat, gilt das nicht für Mietabänderungsvereinbarungen gem. § 557 Abs. 1 BGB. Die Entscheidung beruht auf den besonderen mieterschützenden Vorschriften des gesetzesgestützten Erhöhungsverlangens. Insofern kann der Mieter sowohl unter den situativen Voraussetzungen des **Außerhausgeschäftes** gem. § 312b BGB[87] oder des **Fernabsatzvertrages** gem. § 312c BGB seine Willenserklärung widerrufen, wenn der Vermieter unter den Voraussetzungen des § 14 BGB in Ausübung ihrer gewerblichen oder selbständigen beruflichen Tätigkeit handelt.[88] Die Darlegungs- und Beweislast für die ausschließliche Verwendung von Fernkommunikationsmitteln beim Vertragsschluss trägt nach allgemeinen Grundsätzen der Verbraucher. Soweit die ausschließliche Verwendung von Fernkommu- 28

---

77 *Langenberg* PiG 53 (1997), 59 (67); **aA** LG Berlin GE 2002, 804.

78 *Schmid* ZMR 2012, 527.

79 BGH XII ZR 143/05, NZM 2007, 730; BGH XII ZR 248/99, NZM 2002, 823; großzügiger BGH XII ZR 132/03, NJW 2005, 2225; **aA** LG Berlin GE 2007, 1052.

80 MüKoBGB/*Artz* § 557a Rn. 5; *Schmid* ZMR 2012, 527.

81 MüKoBGB/*Artz* § 557a Rn. 5.

82 LG Berlin GE 1999, 1428.

83 *Langenberg* PiG 53 (1997), 59 (67).

84 Zur Frage, wann ein (Privat-)Vermieter Unternehmer ist BGH XI ZR 461/18, NZM 2020, 808; *Fervers* NZM 2018, 640.

85 Zur seit 13.6.2014 geltenden Neuregelung und den Auswirkungen auf das Mietrecht *Hinz* WuM 2016, 76; *Koch* VuR 2016, 92; *Kunze/Kroll* MietRB 2016, 329; *Horst* DWW 2015, 2; *Mediger* NZM 2015, 185; *Artz/Brinkmann/Pielsticker* ZAP Fach 4, 1639; *Hau* NZM 2015, 435; *Lindner* ZMR 2015, 261; *Pisal/Schreiner* ZfIR 2015, 505; *Gsell* WuM 2014, 375.

86 BGH VIII ZR 94/17, NZM 2018, 1011; *Fervers* NJW 2019, 308; *Menke* LMK 2018, 412415; *Börstinghaus* NZM 2018, 1015.

87 BGH VIII ZR 29/16, NZM 2017, 517 = NJW 2017, 2823; *Blank* WuM 2017, 453; *Börstinghaus* NZM 2017, 519; *Rolfs/Möller* NJW 2017, 3275; *Lindner* ZMR 2018, 190.

88 Umf. hierzu *Fervers* NZM 2018, 640.

nikationsmitteln beim Vertragsschluss feststeht, hat der Unternehmer darzulegen und ggf. zu beweisen, dass dem Vertragsschluss ein persönlicher Kontakt vorausgegangen ist, oder dass der Vertrag nicht im Rahmen eines für den Fernabsatz organisierten Vertriebs- oder Dienstleistungssystems erfolgt ist.[89]

29 Es bleibt iÜ der **Verwirkungseinwand** (→ Rn. 58). Eine Verwirkung setzt voraus, dass sich eine Vertragspartei wegen der Untätigkeit der anderen über einen gewissen Zeitraum hin („Zeitmoment") bei objektiver Betrachtung darauf einrichten durfte und eingerichtet hat, diese werde von ihrem Recht keinen Gebrauch machen („Umstandsmoment"[90]), so dass die verspätete Geltendmachung gegen Treu und Glauben verstößt.[91]

### III. Zeitpunkt der Vereinbarung

30 Die Staffelmietvereinbarung kann **zusammen mit dem Mietvertrag** abgeschlossen werden aber auch separat. Wird die Vereinbarung zusammen mit dem Mietvertrag abgeschlossen, kann dies in einer einheitlichen Urkunde geschehen. Es muss keine äußerlich gesonderte Vereinbarung getroffen werden. Möglich ist aber auch der **spätere Abschluss** einer Staffelmietvereinbarung während eines bestehenden Mietverhältnisses. Die Wohnung braucht dabei noch nicht übergeben worden zu sein. Es ist ferner nicht erforderlich, dass die Miete zum Zeitpunkt des Abschlusses der Staffelmietvereinbarung ein Jahr unverändert geblieben ist. Die Jahressperrfrist des § 558 Abs. 1 BGB gilt hier weder ausdrücklich noch analog. Es fehlt an einer Regelungslücke, da es sich hier um eine einvernehmliche Vertragsänderung oder -ergänzung handelt. Demgegenüber will § 558 Abs. 1 BGB den Mieter vor einseitigen Mieterhöhungen gegen seinen Willen schützen.

### IV. Inhalt der Vereinbarung

#### 1. Angabe der Miete

31 **a) Verträge ab 1. 9. 1993.** Nach dem Wortlaut des Gesetzes muss die jeweilige Miete oder die jeweilige Erhöhung in einem Geldbetrag ausgewiesen sein. Diese Fassung des Gesetzes beruht auf dem Mietrechtsreformgesetz. Bis 31. 8. 2001 hieß es, dass die Miete betragsmäßig ausgewiesen sein muss. Eine sachliche Änderung ist mit der Verwendung des Begriffs „in einem Geldbetrag" nicht verbunden. Die jeweilige Miete ist in einem Geldbetrag ausgewiesen, wenn im Mietvertrag die insgesamt zu zahlende Miete ab einem bestimmten Zeitpunkt in der Zukunft angegeben ist.

**Beispiel:** „Die Miete beträgt 800 EUR. Sie erhöht sich jeweils zu folgenden Terminen auf folgende Beträge:
ab 1. 1. 2018 auf 850 EUR
ab 1. 1. 2019 auf 900 EUR
ab 1. 1. 2020 auf 960 EUR
ab 1. 1. 2021 auf 1.030 EUR"

32 Soweit es sich um eine Netto- oder Teilinklusivmiete handelt, reicht es aus, wenn die jeweilige Netto- oder Teilinklusivmiete angegeben wird, ohne dass auch andere Positionen wie Betriebskostenvorschuss oder Garagenmiete angegeben werden müssen.[92] Bei Inklusivmieten muss die jeweilige Inklusivmiete angegeben werden.

33 Die Erhöhung um einen Geldbetrag muss in einem bestimmten **Euro-Betrag** angegeben werden. Die Euro-Beträge müssen für die gesamte Laufzeit der Staffelmietvereinbarung nicht identisch sein. In diesem Fall muss aus der Staffelmietvereinbarung aber eindeutig hervorgehen, ab wann welcher Erhöhungsbetrag hinzuzurechnen ist:

---

[89] BGH I ZR 168/14, WM 2016, 968.

[90] BGH XII ZR 22/07, NJW 2010, 1065; VII ZR 23/02, NJW 2003, 824.

[91] *BGH XI ZR 426/07, BeckRS 2008, 26953*; XI ZR 12/03, NJW-RR 2005, 276; XI ZR 425/04, NJW-RR 2006, 1277; VII ZR 23/02, NJW 2003, 824; LG Berlin GE 2002, 802 (803); KG WuM 2004, 348 (349); zur Verwirkung im Mietrecht *Kandelhard* NZM 2005, 43; *Hinkelmann* PiG 65 (2002), 247.

[92] LG Berlin GE 1992, 381.

**Beispiel:** „Die Miete beträgt 800 EUR. Sie erhöht sich jeweils zu folgenden Terminen um folgende Beträge:
am 1.1.2018 um 50 EUR
am 1.1.2019 um 50 EUR
am 1.1.2020 um 60 EUR
am 1.1.2021 um 70 EUR"

Möglich ist aber auch: **34**

**Beispiel:** „Die Miete beträgt 800 EUR. Sie erhöht sich in der Zeit vom 1.1.2018 bis zum 1.1.2021 jeweils am 1. Januar jeden Jahres um 50 EUR".

Nach dem eindeutigen Wortlaut der Vorschrift muss die Miete selbst oder der Erhöhungsbetrag **35** angegeben werden. Miete ist der insgesamt für die Gebrauchsüberlassung zu zahlende Betrag. Nicht ausreichend ist deshalb die Angabe der jeweiligen Quadratmetermieten.[93]

**Beispiel:** Die Miete beträgt monatlich 6 EUR/m². Die Miete erhöht sich ab 1.11.2018 auf 7 EUR/m², ab 1.11.2019 auf 8 EUR/m², ab 1.11.2020 auf 9 EUR/m² und ab 1.12.2021 auf 10 EUR/m².

In diesem Fall ist weder die jeweils zu zahlende Miete für die Wohnung angegeben noch der Erhöhungsbetrag. Allein die Tatsache, dass der Mieter mittels dieser Angabe und der ggf. im Mietvertrag an anderer Stelle angegebenen Wohnungsgröße die Miete berechnen kann, reicht nicht aus. Die Quadratmetermiete ist nur eine Berechnungsgröße zur Ermittlung der Miete, aber nicht die Miete. Die Rechtslage entspricht insofern der, dass im Mietvertrag nur ein prozentualer Steigerungsbetrag angegeben wurde. Auch hier muss der Mieter die neue Miete erst berechnen, was nicht ausreichend ist (→ Rn. 37). Insofern spricht auch der **Zweck der Regelung** gegen die Wirksamkeit. Der Mieter soll bei Abschluss der Vereinbarung die Höhe der von ihm eingegangenen Verpflichtungen erkennen und abschätzen können. Die Angabe der jeweils zu zahlenden Mieten hat deshalb eine Schutzfunktion für den Mieter. Die Reduzierung auf eine Quadratmetermiete verschleiert den Zahlungsbetrag und vor allem den absoluten Steigerungsbetrag. Außerdem ist auch nicht die im Mietvertrag angegebene, sondern die tatsächliche Wohnfläche maßgebend[94], so dass uU die Miete strittig ist. Dadurch wird dem Mieter das Risiko, das er eingegangen ist, verschwiegen. Da § 557a BGB eine eng auszulegende Ausnahmevorschrift im Verhältnis zu § 557 Abs. 4 BGB ist, ist deshalb eine Staffelmietvereinbarung, die nur auf die Quadratmetermieten Bezug nimmt, unwirksam.[95]

Deshalb ist auch die Angabe der Steigerungsbeträge pro Quadratmeter unzulässig.[96] **36**

**Beispiel:** Die Miete beträgt 600 EUR. Die Miete erhöht sich ab 1.11.2018 um jeweils 0,10 EUR je Quadratmeter.

Die Steigerungen müssen bei Abschluss der Staffelmietvereinbarung **betragsmäßig feststehen.** **37** Deshalb darf die Erhöhung weder der späteren Vereinbarung der Parteien noch der Bestimmung einer Partei oder eines Dritten überlassen werden. Auch die Bezugnahme auf später noch zu ermittelnde Werte, wie zB die jeweilige ortsübliche Vergleichsmiete[97], die Miete für eine bestimmte Vergleichswohnung oder die Anhebung der Mietobergrenzen bei gefördertem Wohnraum[98] ist unzulässig.[99] Das gilt auch für die Vereinbarung von prozentualen Steigerungsbeträgen,[100] unabhängig davon, ob sich die Prozentsätze auf die Vertragsmiete beziehen oder auf Zu- oder Abschläge zur ortsüblichen Vergleichsmiete:

**Beispiel:** „Die Miete beträgt 800 EUR. Sie erhöht sich in der Zeit vom 1.1.2022 bis zum 1.1.2025 jeweils am 1.1. eines jeden Jahres um 4%."

**Beispiel:** „Die Miete beträgt 800 EUR. Sie erhöht sich in der Zeit vom 1.1.2022 bis zum 1.1.2025 jeweils auf die ortsübliche Vergleichsmiete zzgl. 10%."

---

93 LG Berlin NZM 2012, 114; LG Görlitz WuM 1997, 682 (684); *Sternel* MietR Kap. IV Rn. 22.
94 BGH VIII ZR 266/14, NZM 2016, 42 = NJW 2016, 239, *Börstinghaus* LMK 2016, 375498.
95 Eine andere Frage ist, ob diese Vereinbarung sogar Mieterhöhungen nach §§ 558, 559 BGB ausschließt: LG Görlitz WuM 1997, 682 (684); → Rn. 54; → BGB § 557 Rn. 69.
96 LG Berlin MM 2009, 75, GE 2002, 468 (469); LG Hamburg WuM 1990, 443; AG Wedding WuM 2009, 460.
97 LG Berlin MM 2007, 111; LG Halle ZMR 2004, 821.
98 LG Berlin MM 2008, 298.
99 Eine Ausnahme stellt die Indexvereinbarung gem. § 557b BGB dar. Wegen der Voraussetzungen s. dort.
100 BGH VIII ZR 197/11, NJW 2012, 1502; OLG Braunschweig NJW-RR 1986, 91; OLG Karlsruhe NJW-RR 1990, 155; LG Berlin GE 2002, 804, WuM 1992, 198; LG Bonn WuM 1992, 199; AG Tempelhof-Kreuzberg ZMR 2019, 512.

In all diesen Fällen ist die Staffelmietvereinbarung insgesamt unwirksam und nicht nur die einzelne Staffel, die eine solche unwirksame Staffelvereinbarung enthält.[101] Etwas anderes soll aber dann gelten, wenn für die ersten zehn Jahre nominell Staffelerhöhungen ausgewiesen werden und für den Fall, dass der Mietvertrag dann noch bestehen sollte, für die Zeit danach eine prozentuale Steigerung vereinbart wird.[102] Da die Staffelmietvereinbarung als Preisvereinbarung nicht der Inhaltskontrolle des § 307 BGB unterliegt[103] und somit auch das Verbot der geltungserhaltenden Reduktion nicht gilt, ist in diesem Fall nur ein Teil der Vereinbarung gem. § 134 BGB unwirksam. Ob dies Auswirkungen auf den Rest hat, richtet sich nach § 139 BGB. In der Regel werden die Parteien den wirksamen Teil der Vereinbarung aber auch ohne den unwirksamen Teil abgeschlossen haben.[104] Wirksam ist auch eine Vereinbarung, die dem Mieter das Recht gibt, die betragsmäßig vereinbarte Staffelmieterhöhung auf die ortsübliche Vergleichsmiete zu reduzieren.[105] Eine solche Vereinbarung ist nur für den Mieter günstig und verstößt deshalb nicht gegen Abs. 4. Das gilt auch für eine Vereinbarung, wonach die Miete reduziert werden soll, soweit die nach den gesetzlichen Regelungen hinsichtlich der Begrenzung von Mieterhöhungen zulässigen Mieten überschritten werden sollten.[106]

38 **b) Verträge vor dem 1.1.1993.** Die Angabe der betragsmäßigen Erhöhung ist erst möglich für Mietverträge, die nach dem 31.8.1993 abgeschlossen wurden.[107]

39 **c) Übersicht.** Das bedeutet, dass Staffelmietvereinbarungen, die zu folgenden Zeitpunkten abgeschlossen wurden, mit folgendem Inhalt heute wirksam sind oder nicht:

| Vereinbarung einer Staffelmiete | Angabe der neuen Staffelmiete | Angabe der Erhöhung in einem Geldbetrag | Angabe einer prozentualen Steigerung |
|---|---|---|---|
| vor 1.1.1981 | Nein | nein | nein |
| ab 1.1.1981 | – grds.: nein<br>– Wohnraum nach 31.12.1980 bezugsfertig geworden: ja | nein | nein |
| ab 1.1.1983 | Ja | nein | nein |
| ab 1.9.1993 | Ja | ja | nein |
| ab 1.9.2001 | Ja | ja | nein |

40 **d) Heilungsmöglichkeiten.** Möglich ist die **Bestätigung** einer zunächst unwirksamen Staffelmietvereinbarung gem. § 141 BGB.[108] Deshalb können Staffelmietvereinbarungen mit einer Laufzeit von mehr als zehn Jahren, die vor dem 1.9.2001 abgeschlossen wurden seit Inkrafttreten der Mietrechtsreform bestätigt werden. Dies kann ausdrücklich oder auch konkludent erfolgen.[109] Die – jahrelange – Zahlung auf eine formell unwirksame Staffelmietvereinbarung stellt eine konkludente Bestätigung jeweils für den entsprechenden Monat dar.[110] Soweit es um Wirkungen für die Zukunft geht, bedarf auch die Bestätigung gem. § 141 BGB grds. der Schriftform gem. § 557a Abs. 1 BGB.[111] Zur Bestätigung der Staffelmietvereinbarung reicht es aus, dass die Bestätigungs-

[101] LG Halle ZMR 2004, 821; **aA** LG Berlin GE 2011, 952; uU übersehen von BGH VIII ZR 247/14, NZM 2015, 890.

[102] BGH VIII ZR 197/11, NJW 2012, 1502 = NZM 2012, 416; *Theesfeld* WuM 2012, 259; *Schmid* ZMR 2012, 527; wohl auch AG Tempelhof-Kreuzberg ZMR 2019, 512.

[103] BGH VIII ZR 114/13, BGHZ 201, 230; VIII ZR 197/11, WuM 2012, 278; *Börstinghaus* jurisPR-BGH-ZivilR 8/12 Anm. 3; *Schmid* ZMR 2012, 527; BGH VIII ZR 140/08, WuM 2009, 587; zur Kontrollfreiheit von Preisvereinbarungen auch ausf. BGH VII ZR 266/17, NJW 2019, 2997.

[104] BGH VIII ZR 114/13, BGHZ 201, 230.

[105] BGH VIII ZR 279/07, NZM 2009, 355.

[106] **AA** aber LG Berlin GE 2009, 1494 mablAnm *Kinne* GE 2009, 1465.

[107] LG Bonn WuM 1992, 199; LG Düsseldorf DWW 1990, 308; LG Hamburg WuM 1990, 443.

[108] LG Berlin NZM 2012, 114; LG Köln WuM 1987, 362; LG Berlin ZMR 1997, 191, für Nutzungsverträge.

[109] *Blank WuM 1993, 509.*

[110] LG Berlin NZM 2012, 114 mAnm *Beuermann* GE 2011, 166.

[111] BGH VIII ZR 119/84, NJW 1985, 2579; LG Berlin GE 2003, 325; AG Köln WuM 1989, 581; *Beuermann* GE 2011, 166.

urkunde auf die ursprüngliche Vereinbarung, die die ursprünglich unwirksame Staffelmietvereinbarung enthielt, hinweist.[112] Eine Bestätigung dürfte idR eine Neuvereinbarung der Staffelmiete darstellen. Bei einer konkludenten Bestätigung kann es idR nur um die Frage gehen, ob die Zahlungen in der Vergangenheit mit Rechtsgrund erfolgten. Eine Bestätigung ohne Einhaltung der Schriftform lässt zukünftige Staffeln nicht wirksam werden. Etwas anderes gilt nur dann, wenn die Parteien schriftlich eine damals unwirksame aber heute wirksame Staffelmietvereinbarung getroffen haben. Dann liegt bereits eine schriftliche Vereinbarung vor. An die Annahme einer konkludenten Bestätigung sind aber strenge Anforderungen zu stellen.[113] So ist Voraussetzung für die Annahme einer konkludenten Bestätigung, dass derjenige, der eine solche konkludente Erklärung abgegeben haben soll, überhaupt einen Bestätigungswillen hatte.[114] Allein in der bloßen Duldung der Einziehung einer erhöhten Miete kann noch nicht die Bestätigung einer unwirksamen Staffelmietvereinbarung gesehen werden, selbst wenn die Abbuchung mehrfach erfolgt.[115] Solange keinerlei Hinweise dafür existieren, dass der Mieter davon ausgehen musste, dass eine Verpflichtung zur Zahlung nicht bestand, fehlt es bereits an dem Bestätigungswillen und damit an einer Willenserklärung. Eine Willenserklärung erfordert zumindest einen objektiven Tatbestand, aus dem die Äußerung eines auf eine Rechtsfolge gerichteten Willens geschlossen werden kann. **Bei konkludenten Willenserklärungen** muss der Erklärende die Umstände kennen, die seine Handlung als Ausdruck eines Rechtsfolgewillens erscheinen lassen. Er muss dabei vor allem wissen oder damit rechnen, dass eine von ihm abzugebende Willenserklärung erforderlich sein könnte.[116] Dazu gehört, dass dem Erklärenden die Unwirksamkeit der bisherigen Vereinbarung bewusst ist oder er zumindest mit ihr gerechnet hat und dass er weiß, dass in seinem Verhalten der Ausdruck des Willens zu sehen ist, die bisher unverbindliche Abrede verbindlich werden zu lassen.[117] Das Gleiche gilt auch bei einer bloßen Zahlung.[118] Die Zahlung von Miete, zu der der Mieter nicht verpflichtet ist, aber rechtsirrig annimmt, die erhöhte Miete zu schulden, ist keine konkludente Willenserklärung auf Bestätigung oder Neuabschluss der Staffelmietvereinbarung.[119] Dem Mieter fehlt hier jegliches Bewusstsein, dass die Zahlung eine über die bloße Erfüllung einer vermeintlichen Verpflichtung hinausgehende Bedeutung hat. Allein durch Zahlung des erhöhten Betrages wird die Unwirksamkeit der Staffelmietvereinbarung nicht nachträglich geheilt. Da es sich bei der Bestätigung um eine empfangsbedürftige Willenserklärung handelt, muss aus der Sicht des Empfängers die Handlung als Willenserklärung zu verstehen sein. Wenn der Vermieter davon ausgehen muss, dass der Mieter die Staffelmietvereinbarung für wirksam hält, weil zB nie Streit über die Wirksamkeit bestand, dann darf er einer Zahlung auch nicht eine weiter gehende Bedeutung beimessen. Ist eine Zahlung im absoluten Ausnahmefall entgegen dem tatsächlichen Willen des Mieters aus der Sicht des Empfängers als Bestätigung einer Staffelmietvereinbarung zu verstehen, dann ist strittig, ob der Mieter diese Willenserklärung anfechten kann. In der Regel wird ein unbeachtlicher **Irrtum über die Rechtsfolgen**[120] oder ein unerheblicher Motivirrtum vorliegen.[121] In der Regel wird dem Mieter aber das **Erklärungsbewusstsein**[122] fehlen, was eine Anfechtung gem. § 119 BGB rechtfertigt.[123] Eine solche Anfechtung muss gem. § 121 BGB unverzüglich erfolgen und sie macht den Mieter gem. § 122 BGB schadensersatzpflichtig. Zu ersetzen ist aber nur das negative Interesse, also der Schaden, der dem Vermieter deshalb entstanden ist, weil er auf die Bestätigung vertraute. Da der Vermieter grds. bei einer unwirk-

---

[112] BGH V ZR 168/98, NJW 1999, 3704.

[113] LG Düsseldorf DWW 1990, 308; Palandt/*Ellenberger* BGB § 141 Rn. 6ff.

[114] BGH V ZR 51/11, NJW 2012, 1570; BGH V ZR 241/11, NJW 2012, 3232.

[115] AG Wedding WuM 2009, 460.

[116] BGH IX ZR 197/88, BGHZ 109, 171 (177) = NJW 1990, 454; BGH V ZR 85/09, NJW 2010, 2873; BGH V ZR 16/73, NJW 1973, 1789; AG Wedding WuM 2009, 460.

[117] BGH II ZR 92/87, NJW 1988, 1199 (1200).

[118] LG Braunschweig WuM 1990, 159.

[119] OLG Hamm WuM 1981, 62; AG Wedding WuM 2009, 460; **aA** LG Berlin GE 2002, 804.

[120] LG Aachen WuM 1988, 280.

[121] LG Berlin WuM 1987, 158; Staudinger/*J. Emmerich* BGB § 557 Rn. 34; *Hau,* Vertragsanpassung und Anpassungsvertrag, 2003, 320.

[122] BGH IX ZR 197/88, BGHZ 109, 171 (177) = NJW 1990, 454; Palandt/*Ellenberger* BGB Einf. § 116 Rn. 17.

[123] BGH JR 1985, 12; zur Anfechtung im Mietrecht und ihren Rechtsfolgen BGH XII ZR 67/06, NZM 2008, 886; *Schmid* WuM 2009, 155; *Fischer* NZM 2005, 567; Staudinger/*V. Emmerich* BGB Vor § 535 Rn. 104ff.; *Emmerich* NZM 1998, 692; → BGB Vor § 535 Rn. 7; **aA** Bub/Treier MietR-HdB/*Schultz* Kap. III A Rn. 764; *Weitemeyer* NZM 2000, 313 (317).

samen Staffelmietvereinbarung keinen Anspruch auf die Bestätigung hat, kann der Schaden allenfalls darin bestehen, dass der Vermieter es unterlassen hat, eine ggf. mögliche Mieterhöhung nach § 558 BGB vorzunehmen.

41 Die auf Grund einer **unwirksamen Staffelmietvereinbarung** erfolgte Zahlung kann der Mieter vom Vermieter kondizieren.[124] Eine Rückforderung des gezahlten Mehrbetrages kann aber nach den Grundsätzen von Treu und Glauben, § 242 BGB, im Einzelfall ausgeschlossen sein.[125] Widersprüchliches Verhalten kann schon dann vorliegen, wenn der Mieter gebotene Erkundigungen nicht eingeholt hat, die Parteien selbst lange Zeit von der Wirksamkeit der Vereinbarung ausgingen oder sein Berufen auf die Unwirksamkeit sonst rechtsmissbräuchlich ist, zB weil es zur Durchsetzung ganz anderer Absichten dient. Ferner kann eine Rückforderung der vermeintlich zu Unrecht gezahlten Staffelmieten gem. § 814 BGB ausgeschlossen sein. Dies setzt voraus, dass der Mieter die Beträge in Kenntnis der Nichtschuld gezahlt hat. Leistet ein Mieter beeindruckt von der vorgeblich kompetenten Hausverwaltung die unwirksame Staffelmiete, so erfolgt die Leistung nicht in Kenntnis der Nichtschuld iSv § 814 BGB.[126] Rückzahlungsansprüche wegen überzahlter Mieten verjähren in der Regelverjährungsfrist des § 195 BGB in drei Jahren. Die **Verjährungsfrist** beginnt gem. § 199 BGB aE des Jahres in dem der Rückzahlungsanspruch entstanden ist[127], also die Überzahlung erfolgte und in dem der Mieter Kenntnis von den den Anspruch begründenden Umständen erlangt oder ohne grobe Fahrlässigkeit[128] hätte erlangen müssen. Erforderlich ist nur reine Tatsachen-[129] keine Rechtskenntnis. Die Verjährung tritt aber gem. § 199 Abs. 4 BGB spätestens zehn Jahre nach der Überzahlung ein.

42 Aber auch eine wegen unzulässiger Angabe des Steigerungsbetrages unwirksame Staffelmietvereinbarung soll noch eine rechtliche Bedeutung haben.[130] Im Regelfall ist aber in einer formell unwirksamen Staffelmietvereinbarung nicht gleichzeitig eine Beschränkung der Mieterhöhungsmöglichkeiten gem. § 557 Abs. 3 Hs. 2 BGB enthalten (→ BGB § 557 Rn. 58).[131] Nur im Einzelfall kann eine Auslegung der wechselseitigen Willenserklärungen zu dem Ergebnis führen, die Staffelmietvereinbarung mit dem Inhalt aufrechtzuerhalten, dass eine weiter gehende Mieterhöhung als bis zur Höhe der nächsten Staffelmietvereinbarung ausgeschlossen ist. Der unwirksamen Vereinbarung kann der übereinstimmende Wille der Parteien zu entnehmen sein, die Miete innerhalb der vereinbarten Fristen nicht über die vereinbarte Höhe anzuheben. Dafür spricht, dass durch eine solche Regelung die Parteien die Mieterhöhungsmöglichkeiten des Vermieters für die Dauer des Vertragsverhältnisses festlegen wollten. Dies ist zulässig. Eine solche Regelung stellt gerade keine Benachteiligung des Mieters iSd § 557 Abs. 4 BGB dar. Es handelt sich dann um einen nach § 557 Abs. 3 BGB zulässigen Ausschluss des Mieterhöhungsrechts des Vermieters.[132] Ein Anhaltspunkt für einen solchen Parteiwillen ist die Dauer des Mietverhältnisses.[133] Die Vereinbarung eines Mietverhältnisses auf bestimmte Zeit lässt schon nach § 557 Abs. 3 BGB vermuten, dass die Parteien eine Mieterhöhung ausschließen wollten (→ BGB § 557 Rn. 49 ff.). Entsprechendes muss auch gelten, wenn die Parteien eines nur kurzen Mietverhältnisses eine Mieterhöhung zwar nicht völlig ausschließen, aber die Erhöhung begrenzen. Auch daraus wird das Interesse erkennbar, die Miete während des kurzen Vertragsverhältnisses konstant und überschaubar zu halten. Auch die Vereinbarung besonders langer Fristen zwischen einzelnen Staffeln kann ein Indiz für einen iRd § 557 Abs. 3 BGB zu berücksichtigenden Parteiwillen sein, wonach die Miete länger als die Jahressperrfrist unverändert bleiben soll. Dies gilt zumindest dann, wenn die Steigerungen in der unwirksamen Staffelmietvereinbarung nicht besonders hoch waren.[134]

---

[124] LG Kiel WuM 2000, 308; LG Berlin GE 2002, 804, Ausschluss bei vorbehaltloser Zahlung; AG Wedding WuM 2009, 460.

[125] *Schilling* Neues Mietrecht 1993, 159; **aA** LG Nürnberg-Fürth WuM 1997, 438.

[126] LG Frankfurt a. M. NZM 2001, 467.

[127] Bei einer unwirksamen Vereinbarung im öffentlich geförderten Wohnungsbau ist der abweichende Verjährungsbeginn gem. § 8 Abs. 2 S. 3 WoBindG zu beachten.

[128] BGH VII ZR 10/11, NJW 2012, 3569.

[129] BGH VIII ZR 91/10, NJW 2011, 2570; XI ZR 309/09, NJW-RR 2010, 1574; III ZR 132/08, NJW 2009, 984; *Jacoby* ZMR 2010, 335 (338).

[130] LG Berlin WuM 1992, 198.

[131] LG Berlin WuM 2001, 612; GE 2000, 604; NZM 1998, 859; GE 1996, 471; GE 1993, 95; GE 1986, 501; *GE 1984, 923; Reih ZMR 1999, 804; Mersson* ZMR 2002, 732; Staudinger/*J. Emmerich* BGB § 557 Rn. 62.

[132] LG Bonn WuM 1992, 199; LG Berlin WuM 1992, 198; **aA** LG Berlin GE 1993, 95.

[133] LG Berlin WuM 1992, 198; Staudinger/*J. Emmerich* BGB § 557 Rn. 63.

[134] So auch die Argumentation des AG Pinneberg WuM 1981, 191.

**e) Erhöhungszeitpunkte.** Der Zeitpunkt der Erhöhung muss nach dem Wortlaut des Gesetzes bestimmt sein. Es muss also für jeden Erhöhungsbetrag oder den erhöhten Gesamtbetrag genau angegeben werden, ab wann er zu zahlen ist. Dabei genügt es aber, wenn die Zeiträume errechnet werden können[135]. Dies ergibt sich aus dem Sinn und Zweck der Regelung, wonach für die Mietvertragsparteien die Mietentwicklung kalkulierbar sein soll. 43

**Beispiel:** „Die Miete beträgt ab 1.1.2017 600 EUR. Sie erhöht sich nach jeweils 12 Monaten um 50 EUR."

Deshalb muss der Zeitpunkt **nach dem Kalender bestimmbar** sein. Dies ist der Fall, wenn jeweils ein Anfangsdatum angegeben wird, aber auch dann, wenn jeweils die Anzahl der Monate angegeben wird, für die die neue Staffelmiete zu zahlen ist. Die Anknüpfung an andere Ereignisse ist unzulässig,[136] wobei unerheblich ist, ob diese sicher eintreten, nur der Zeitpunkt des Eintritts ungewiss ist oder ob bereits ungewiss ist, ob sie überhaupt eintreten.

**Beispiel:** Die Miete beträgt 600 EUR. Sie erhöht sich nach der nächsten Bundestagswahl (oder wenn der Sohn das Studium beginnt …) auf 650 EUR.

Das gilt auch für den Fall, dass im Mietvertrag zunächst die zulässige Kostenmiete vereinbart wurde und für die Zeit nach Ablauf der Preisbindung eine höhere Miete. Zwar ist auch dies rechtlich eine Staffelmiete, da schon die Vereinbarung einer einzigen Steigerung nach Vertragsschluss eine Staffelmietvereinbarung darstellt,[137] jedoch liegt eine nach § 557a BGB zulässige Staffelmiete schon deshalb nicht vor, weil kein fester Zeitpunkt vereinbart ist, von dem ab die „Vertragsmiete" geschuldet sein soll.[138] 44

**f) Erhöhungsstaffeln.** Eine Staffelmietvereinbarung liegt bereits dann vor, wenn eine einzige Steigerung vereinbart wurde.[139] Die Miete muss zwischen den einzelnen Erhöhungsterminen jeweils **ein Jahr unverändert** bleiben. Die Frist berechnet sich nach § 188 Abs. 2 BGB. Ist nur eine der vereinbarten Zeiträume kürzer als ein Jahr, dann ist die gesamte Staffelmietvereinbarung unwirksam;[140] dies gilt selbst dann, wenn die Frist auch nur um einen Tag unterschritten wird.[141] Es gilt dann lediglich die zunächst für die erste Zeit vereinbarte Miete. Im Einzelfall kann die Berufung auf die Unwirksamkeit jedoch gegen die Grundsätze von Treu und Glauben verstoßen oder der Vertrag kann nach den Grundsätzen der ergänzenden Vertragsauslegung anzupassen sein.[142] Dies kommt insbes. dann in Betracht, wenn die Parteien den Vertragsbeginn einvernehmlich verlegt haben, aber vergessen haben, die Staffelvereinbarung auch anzupassen.[143] Das LG Berlin[144] will auf einen solchen Fall, bei dem beim Verschieben des Mietvertragsbeginns vergessen wurde, auch den Beginn der Staffeln zu verschieben, die Grundsätze des faktischen Arbeitsverhältnisses anwenden. Danach soll die Miete, die zu dem Zeitpunkt geschuldet und auch gezahlt wurde, als die Unwirksamkeit bemerkt wurde, die vertraglich geschuldete Miete sein. Dafür spräche auch, dass die Staffelmiete ja niedriger als die ortsübliche Vergleichsmiete sein könne. Eine Rückzahlung 45

[135] *Schmid* BLGBW 1983, 65; **aA** Kinne/Schach/Bieber MietProzR/*Kinne* BGB § 557a Rn. 13 „dürfte nicht ausreichen".

[136] MüKoBGB/*Artz* § 557a Rn. 12.

[137] *Sternel* MietR Kap. III Rn. 427.

[138] OLG Stuttgart NJW-RR 1989, 1357; LG Hamburg WuM 1997, 331.

[139] BGH VIII ZR 218/04, NZM 2006, 12 (14); AG Rheinbach WuM 1987, 362; MüKoBGB/*Artz* § 557a Rn. 1; Staudinger/*J. Emmerich* BGB § 557a Rn. 12; Palandt/*Weidenkaff* BGB § 557a Rn. 4; Emmerich/Sonnenschein/*Weitemeyer* BGB § 557a Rn. 5 *Gather* GE 2002, 516 (517); Kinne/Schach/Bieber MietProzR/*Kinne* BGB § 557a Rn. 11; BKKSZ Mietprozess/*Kinne* Kap. 4 Rn. 115; **aA** Bub/Treier MietR-HdB/*Schultz* Kap. III A Rn. 754, 776; *Mersson* ZMR 2002, 732, mindestens zwei.

[140] LG Berlin GE 2006, 453, NZM 2002, 941; LG Hamburg NZM 1999, 957 mAnm *Bottenberg* ZMR 1999, 339; LG Nürnberg-Fürth WuM 1997, 438; LG Berlin NZM 2001, 986; GE 1999, 1428; 1995, 369; MM 1990, 40; AG Bergheim WuM 1998, 36; AG Essen ZMR 1997, 425; AG Büdingen WuM 1996, 344; AG Bergisch-Gladbach WuM 1991, 700; *Sternel* MietR Kap. III Rn. 432; Kossmann Wohnraummiete-HdB/*Meyer-Abich* § 142 Rn. 13; *Mersson* ZMR 2002, 732; *Emmerich* NZM 2001, 690 (691); Kinne/Schach/Bieber MietProzR/*Kinne* BGB § 557a Rn. 16.

[141] AG Büdingen WuM 1996, 344.

[142] LG Hamburg NZM 1999, 957 mAnm *Bottenberg* ZMR 1999, 339; LG Berlin GE 1995, 369; 2006, 453; AG Lichtenberg GE 1997, 321; Sternel MietR Kap. IV Rn. 24; Emmerich/Sonnenschein/*Weitemeyer* BGB § 557a Rn. 7; MüKoBGB/*Artz* § 557a Rn. 18; **aA** LG Berlin NZM 2002, 941; Kinne/Schach/Bieber MietProzR/*Kinne* BGB § 557a Rn. 16 unter Hinweis auf LG Berlin GE 2001, 852.

[143] LG Hamburg NZM 1999, 957; **aA** LG Berlin NZM 2002, 941.

[144] LG Berlin GE 2006, 453.

für die Vergangenheit scheide aus. Der BGH[145] hat den Parteivertretern mitgeteilt, die Revision gegen das Urteil des LG Berlin durch Beschluss zurückweisen zu wollen. Beim Mieterwechsel kommt es auf den Inhalt der Vereinbarung an.[146] Die Jahresfrist gilt zunächst nur für die erstmalige Vereinbarung der Staffelmiete. Haben die Parteien während einer laufenden Staffelmietvereinbarung auf Wunsch des Mieters eine Mietsenkung vereinbart, ist dies unschädlich.[147]

46 Die einzelnen Zeitabstände müssen nicht gleich sein. Sollte aber auch nur ein Abstand zwischen zwei Erhöhungszeitpunkten kürzer als ein Jahr sein, dann ist die gesamte Vereinbarung nichtig.

**Beispiel:** Das Mietverhältnis beginnt am 15.10.2018, die erste Erhöhung soll zum 1.10.2019 wirksam werden.

47 Staffelmietvereinbarungen sind nach § 557 Abs. 4 BGB. grds. unzulässig, es sei denn, sie sind gem. § 557a BGB ausnahmsweise gestattet. Bei § 557a BGB handelt es sich deshalb um eine eng auszulegende **Ausnahmevorschrift,** mit der Folge, dass die gesamte Vereinbarung nichtig ist, wenn eine der Voraussetzung des § 557a BGB nicht gegeben ist. Eine Teilnichtigkeit scheidet aber auch deshalb aus, weil gem. § 139 BGB gar nicht feststünde, welcher Teil der Vereinbarung von den Parteien abgeschlossen worden wäre.[148] Denkbar ist nämlich, dass nur die Staffel, die vor Ablauf der Jahresfrist eintreten sollte, unwirksam ist, die übrigen Staffeln aber weiter wirksam sind oder dass die Parteien nur die Frist für die zu kurze Staffel auf ein Jahr verlängert hätten und die übrigen Staffeln dann ebenfalls zeitlich verzögert jeweils ein Jahr später in Kraft traten.

48 **g) Laufzeit der Vereinbarung.** Bis 31.8.2001 durften Staffelmietvereinbarungen nur mit einer Laufzeit bis zu zehn Jahren abgeschlossen werden. Eine noch unter der Geltung des MHG ohne zeitliche Begrenzung individualvertraglich vereinbarte Staffelmiete ist aber nur insoweit unwirksam, als sie über die damalige zulässige Höchstdauer von zehn Jahren hinausgeht.[149] Maximal möglich war also in diesem Fall eine Geltung bis maximal August 2011. Eine Staffelmietvereinbarung über mehr als zehn Jahre, die bis 31.8.2001 formularvertraglich getroffen wurde, ist aber von Anfang an ganz unwirksam. Zwar fallen Preisvereinbarungen grds. nicht in den Anwendungsbereich des § 307 BGB, jedoch geht es hier um die Laufzeitreglung. Diese unterfällt voll der Inhaltskontrolle des § 307 BGB. Seit 1.9.2001 ist die Laufzeitbegrenzung entfallen. Zur Übergangsregelung → Rn. 6.

## D. Wirkung der Staffelmietvereinbarung

### I. Allgemeines

49 Zum vereinbarten Zeitpunkt erfolgt **automatisch** die vereinbarte Erhöhung der Miete. Es ist weder die Ausübung eines Gestaltungsrechtes durch eine Mietvertragspartei erforderlich noch eine sonstige Willenserklärung oder faktische Handlung. Ist die Fälligkeit der Miete wirksam nach dem Kalender bestimmt, dann kommt der Mieter mit der nicht geleisteten Miete in Verzug, ohne dass es einer weiteren Mahnung bedarf.[150] Wenn die sonstigen Voraussetzungen des § 543 Abs. 2 Nr. 3 BGB vorliegen, ist der Vermieter berechtigt, das Mietverhältnis fristlos zu kündigen. Die Schonfrist des § 569 Abs. 3 Nr. 3 BGB gilt weder unmittelbar noch analog. Die Ausübung des Kündigungsrechts kann aber in Extremfällen treuwidrig sein, wenn zB beide Vertragsparteien bei lang auseinanderliegenden Staffeln den Erhöhungszeitpunkt übersehen haben und deshalb erhebliche Rückstände aufgelaufen sind.[151]

### II. Verhältnis zu sonstigen Mieterhöhungen

50 Während der Laufzeit der Staffelmietvereinbarung sind nach dem ausdrücklichen Wortlaut der Vorschrift Mieterhöhungen gem. §§ 558–559b BGB ausgeschlossen.[152] Haben die Mietvertragsparteien eine Staffelmietvereinbarung getroffen und zugleich eine Mieterhöhungsmöglichkeit nach dem BGB vereinbart, so ist der Mietvertrag selbst wirksam. Zwar ist anerkannt, dass eine Ver-

[145] BGH GE 2006, 454.
[146] *Mersson* ZMR 2002, 732 (733).
[147] LG Berlin GE 2004, 183.
[148] LG Nürnberg-Fürth WuM 1997, 438.
[149] *BGH VIII ZR 23/08*, WuM 2009, 117.
[150] *Langenberg* PiG 53 (1997), 59 (69).
[151] *Langenberg* PiG 53 (1997), 59 (69).
[152] LG Berlin NZM 2002, 947.

einbarung, die zwei erkennbar gleichrangige, in unlösbarem Widerspruch stehende Bestimmungen enthält (Perplexität) wegen der Unmöglichkeit der eindeutigen Auslegung unwirksam ist,[153] dies gilt aber für widersprüchliche Mietvereinbarungen in diesem Zusammenhang wegen § 557 Abs. 4 BGB nicht. Danach ist eine von den Vorschriften des BGB abweichende Vereinbarung zur Erhöhung der Miete unwirksam.[154] Die Staffelmietvereinbarung ist gem. § 557a BGB hiervon eine Ausnahme. Dazu müssen aber die dortigen Voraussetzungen erfüllt sein. Haben die Parteien aber keine wirksame Staffelmietvereinbarung getroffen, weil diese entweder nur alternativ neben anderen Mieterhöhungen gelten soll oder dem Vermieter ein unzulässiges Wahlrecht eingeräumt wird, dann sind die Voraussetzungen der **Ausnahmevorschrift** nicht erfüllt, so dass es beim **Regelfall** bleiben muss, wonach abweichende Vereinbarungen unwirksam sind. Es liegt dann keine wirksame Staffelmietvereinbarung vor.[155] Es handelt sich nicht um einen Fall der Teilnichtigkeit gem. § 139 BGB mit der Folge, dass die Staffelmietvereinbarung wirksam und der Erhöhungsvorbehalt unwirksam ist. Ist die Staffelmiete formularmäßig vereinbart, dann kann je nach Formulierung die gleichzeitige Vereinbarung einer Staffelmiete und einer möglichen Erhöhung nach § 558 BGB gegen § 307 BGB verstoßen, mit der Folge, dass die Staffelmietvereinbarung unwirksam ist.[156] Zu der Frage, ob § 557a Abs. 2 S. 2 BGB ein gesetzliches Verbot iSd § 134 BGB darstellt[157] oder nicht, kommt man deshalb gar nicht, da die Vereinbarung nach § 557 Abs. 4 BGB unwirksam ist. Die unwirksame Staffelmietvereinbarung könnte dann nur noch iRd § 557 Abs. 3 BGB[158] eine Beschränkung des grds. möglichen Mieterhöhungsrechts zur Folge haben. Es ist aber durch Auslegung vorab zu ermitteln, ob dem Vermieter tatsächlich eine zusätzliche Mieterhöhungsmöglichkeit nach § 558 BGB eingeräumt werden sollte oder ob nur allgemein auf die gesetzlich – zulässigen – Mieterhöhungsmöglichkeiten verwiesen werden soll.[159] Die Vorschrift des § 557a Abs. 2 S. 2 BGB hat nur in den Fällen eine Bedeutung, in denen die Mietvertragsparteien keine Regelung über weitere Mieterhöhungen getroffen haben. In diesem Fall ergibt sich aus der wirksamen Vereinbarung einer Staffelmietvereinbarung zugleich der Ausschluss der weiteren Mieterhöhung. Eine nichtige Staffelmietvereinbarung widerlegt bei befristeten Mietverträgen aber eine eventuelle Vermutung gem. § 557 Abs. 3 BGB, wonach Mieterhöhungen während der Befristung vertraglich ausgeschlossen sein könnten. Durch die, wenn auch nichtige, Staffelmietvereinbarung haben die Parteien zum Ausdruck gebracht, dass sie während der Laufzeit des Mietvertrages Mietsteigerungen wollen. Mieterhöhungen nach §§ 558, 559 BGB können auf Grund der unwirksamen Staffelmietvereinbarung nur ganz ausnahmsweise der Höhe nach auf die nichtigen Staffelmietsätze beschränkt sein.[160]

### 1. Der Ausschluss von Mieterhöhungen nach §§ 559–559b BGB

betrifft die Verweisung in § 559 Abs. 1 BGB auf alle fünf Nummern des § 555b BGB, also auch **51**
Mieterhöhungen nach baulichen Änderungen, auf Grund von Umständen, die der Vermieter nicht zu vertreten hat, § 555b Nr. 6 BGB. Dies ergibt sich aus dem eindeutigen Wortlaut der Vorschrift, die im Rahmen der Mietrechtsänderung 2013 nicht geändert wurde und weiterhin insgesamt auf die §§ 559ff. BGB Bezug nimmt, ohne zwischen den verschiedenen Alternativen zu differenzieren. Eine einschränkende Auslegung scheidet aus. Es liegt keine Regelungslücke vor, die eine solche Einschränkung rechtfertigen würde. Auch aus der Gesetzessystematik ergibt sich eindeutig, dass der Gesetzgeber jegliche Mieterhöhung gem. § 559 BGB ausschließen wollte. In § 557b Abs. 2 BGB ist nämlich ausdrücklich bestimmt, dass während der Geltung einer Indexvereinbarung eine Mieterhöhung nach § 559 BGB nur dann verlangt werden kann, soweit der Vermieter bauliche

[153] BGH ZMR 1997, 350 (351); MüKoBGB/*Mayer-Maly* § 133 Rn. 41.
[154] AG Dortmund NZM 2010, 862; insofern bestätigt durch LG Dortmund NZM 2012, 136; **aA** für eine etwas andere Formulierung: LG Krefeld NZM 2015, 819; Herrlein/Knops/Spiegelberg MietR/*Ormanschick* BGB § 557a Rn. 46.
[155] AG Dortmund NZM 2010, 862 insofern bestätigt durch LG Dortmund NZM 2012, 136; LG Berlin GE 1997, 555; AG Wedding DWW 2009, 147; AG Frankfurt WuM 1989, 400.
[156] AG Dortmund NZM 2010, 862 insofern bestätigt durch LG Dortmund NZM 2012, 136; LG Berlin GE 1997, 555; Staudinger/*J. Emmerich* BGB § 557a Rn. 18; **aA** wohl BKKSZ Mietprozess/*Kinne* Kap. 4 Rn. 90, wohl nur Unwirksamkeit der zusätzlichen Erhöhungsvereinbarung.
[157] Offen gelassen von LG Berlin GE 1997, 555.
[158] LG Görlitz WuM 1997, 682 (684); → BGB § 557 Rn. 59.
[159] AG Wedding MM 2009, 147.
[160] LG Berlin GE 2002, 468 (469), GE 1998, 490; GE 1993, 95; wohl auch **aA** LG Görlitz WuM 1997, 682 (684); LG Bonn WuM 1992, 199; LG Berlin WuM 1992, 198.

Änderungen auf Grund von Umständen durchgeführt hat, die er nicht zu vertreten hat (→ BGB § 557b Rn. 39). Auch nach der Mietrechtsänderung 2013 sind damit die gem. § 555b Nr. 6 BGB gemeint. Eine solche Beschränkung fehlt in § 557a Abs. 2 S. 2 BGB. Beide Vorschriften sind durch das Mietrechtsreformgesetz zum 1.9.2001 geschaffen worden, so dass davon auszugehen ist, dass der Gesetzgeber diese Unterscheidung bewusst getroffen hat. Er hat auch durch die Mietrechtsänderung 2013 daran nichts geändert.

52 Der Ausschluss der Mieterhöhungsmöglichkeiten gilt für die **gesamte Laufzeit der Staffelmietvereinbarung.** Da diese mit der Fälligkeit der letzten Erhöhungsstufe endet, endet zu diesem Zeitpunkt auch die Beschränkung.[161] Bedeutung hat dies für das erste Jahr nach der letzten Erhöhung.

**Beispiel:** Die Miete erhöhte sich zuletzt auf Grund einer Staffelmietvereinbarung zum 1.1.2021 um 50 EUR. Der Vermieter darf nach § 557a BGB grds. ab 1.1.2021 die Miete gem. §§ 559, 559c BGB erhöhen.

Die **Jahresfrist** des § 557a Abs. 2 S. 1 BGB muss hier nicht noch einmal eingehalten werden.[162] Dies ergibt sich zum einen daraus, dass die Staffelmietvereinbarung zu diesem Zeitpunkt gar nicht mehr besteht und deshalb auch ein Ausschlusstatbestand fehlt und zum anderen auch aus dem Sinn und Zweck. Ein Vermieter, der eine Staffelmietvereinbarung mit nur einer Staffel vereinbart, erkauft sich den Vorteil, dass er das formalistische Verfahren nach § 558a BGB nicht durchzuführen braucht ua damit, dass er für das eine Jahr auf eine Mieterhöhung gem. § 559 BGB verzichtet. Ein Grund, warum für die Zeit nach Eintritt der Mieterhöhung, wenn keine weitere Erhöhung auf Grund einer Staffel vereinbart ist, die Mieterhöhung nach § 559 BGB ausgeschlossen sein sollte, gibt es nicht. Die Situation nach Eintritt der Erhöhung ist mit der Situation nach einer Mieterhöhung gem. § 558 BGB vergleichbar. Auch nach einer solchen Mieterhöhung kann die Miete anschließend nochmals nach § 559 BGB erhöht werden, wenn der modernisierte Zustand nicht Gegenstand der Mieterhöhung nach § 558 BGB war.

53 § 557a Abs. 2 S. 2 BGB stellt nur auf die Mieterhöhung gem. § 559 BGB – also die **Gestaltungserklärung** – ab, nicht auf den Zeitpunkt der Modernisierungsmaßnahme.[163] Der Wortlaut des Satzes 2 ist insofern eindeutig. § 557a Abs. 2 S. 2 BGB lautet: „Während der Laufzeit einer Staffelmiete ist eine Erhöhung nach den §§ 558 bis 559b ausgeschlossen". Deshalb ist nach Ablauf der Laufzeit einer Staffelmietvereinbarung eine Mieterhöhung nach § 559 BGB auch auf Grund von Modernisierungsmaßnahmen möglich, die während der Laufzeit der Staffelmietvereinbarung durchgeführt wurden.[164] Der Wortlaut stellt nur auf „die Erhöhung" ab. Das ist die Gestaltungserklärung und **nicht die Baumaßnahme.** Der Mieter, der sich auf eine regelmäßig für den Vermieter günstige, Staffelmiete einlässt, soll als Gegenleistung die Sicherheit bekommen, in dieser Zeit keine Mieterhöhung befürchten zu müssen. Eine Ausstrahlungswirkung auf die Zeit nach Ablauf der Staffelmiete enthält die Vorschrift nicht und wäre auch unter Berücksichtigung des Gegenseitigkeitsverhältnisses des wechselseitigen Entgegenkommens nicht zu rechtfertigen. Der Vergleich mit der gleichzeitig ausgeschlossenen Möglichkeit einer Mieterhöhung auf die ortsübliche Vergleichsmiete gem. § 558ff. BGB zeigt, dass auch hier während der Laufzeit der Staffelmiete eintretende Steigerungen der ortsüblichen Vergleichsmiete nach Ablauf der Staffelmiete unter Berücksichtigung der Kappungsgrenze nachgeholt werden können. Hier werden Steigerungen, die während der Laufzeit der Staffelmiete erfolgten auch nicht herausgerechnet, weil der Vermieter sich bei Vereinbarung der Staffelmiete mit niedrigeren Steigerungsbeträgen zufriedengegeben hat. Genauso ist es dann aber auch bei der Modernisierungsmieterhöhung. Ob die ortsübliche Vergleichsmiete gestiegen ist oder ob sich der Zustand der Mietsache während der Laufzeit der Staffelmiete verbessert hat, ist systematisch unerheblich. Der Vermieter ist nicht verpflichtet, nach einer Modernisierung unverzüglich eine Mieterhöhungserklärung abzugeben. Letztendlich profitiert nur der Mieter von der Zögerlichkeit des Vermieters, da die Mieterhöhung ja nicht rückwirkend

[161] MüKoBGB/*Artz* § 557a Rn. 14, 8; *Sternel* MietR Kap. III Rn. 436; Kinne/Schach/Bieber MietProzR/*Kinne* BGB § 557a Rn. 17; BKKSZ Mietprozess/*Kinne* Kap. 4 Rn. 117; **aA** *Mersson* ZMR 2002, 732 (733); AnwK WohnraumMietR/*Lammel* BGB § 557a Rn. 18.

[162] MüKoBGB/*Artz* § 558 Rn. 57 für Mieterhöhung nach § 558 BGB.

[163] *Börstinghaus* NZM 2018, 600; Bamberger/Roth/*Schüller* BGB § 557a Rn. 21; MüKoBGB/*Artz* § 557a Rn. 8; Kinne/Schach/Bieber MietProzR/*Kinne* BGB § 557a Rn. 17.

[164] MüKoBGB/*Artz* § 557a Rn. 8; Bamberger/Roth/*Schüller* BGB § 557a Rn. 21; Kinne/Schach/Bieber *MietProzR/Kinne BGB* § 557a Rn. 17; BKKSZ Mietprozess/*Kinne* Kap. 4 Rn. 118; **aA** LG Berlin NZM 2018, 599 mablAnm *Börstinghaus* NZM 2018, 600; BeckOGK/*Siegmund* § 557a Rn. 81; wohl auch ohne Begründung NK-BGB/*Riecke* § 557a Rn. 17 „nachträgliche" Mieterhöhung ausgeschlossen; ebenso Herrlein/Knops/Spiegelberg MietR/*Ormanschick* BGB § 557a Rn. 45.

wirksam wird. Die Miete erhöht sich nur für die Zukunft. Soweit das LG Berlin[165] auf die Kalkulationssicherheit und Planbarkeit bei Mietvertragsabschluss für den Mieter abstellt, betrifft dies allenfalls nur die Fälle, in denen der Vermieter bereits bei Abschluss des Mietvertrages eine Modernisierungsabsicht hegt. Die Staffelmietvereinbarung gibt dem Mieter allenfalls für die Zeit ihrer Laufzeit **Kalkulationssicherheit.**[166] Da Staffelmieten heute zeitlich nicht mehr beschränkt werden, können Modernisierungswünsche oder noch häufiger Modernisierungsnotwendigkeiten erst lange nach Abschluss des Mietvertrages und/oder der Staffelmietvereinbarung erwachsen. Hier kann der Vermieter gar nichts planen. Er muss in diesem Fall schon während der (Rest-)Laufzeit der Staffelmiete auf die Erhöhungsmöglichkeit verzichten. Unerwünschte Doppeleffekte[167] können nicht auftreten, da die Mieterhöhung nach § 559 BGB nicht für die Zeit der Staffelmietvereinbarung wirkt, sondern erst für die Zeit danach. Die Staffelmietvereinbarung ist ein vertraglicher Ausschluss des Mieterhöhungsverfahrens nach den §§ 558, 559 BGB. Das kann sich aber nur für die Zeit der Geltung der Staffelmietvereinbarung beziehen und besagt nichts darüber, ob die nach Ablauf der Staffelmietvereinbarung geltend gemachte Erhöhung nicht auf einer Modernisierung beruhen darf, die bereits unter Geltung der Staffelmietvereinbarung erfolgte.

**Beispiel:** Eine Staffelmietvereinbarung sieht eine letzte Erhöhung der Miete zum 1.1.2021 um einen bestimmten Betrag vor. Der Vermieter lässt eine Wärmeschutzfassade am Haus anbringen.

a) im Jahr 2020
b) im Jahr 20207, aber die Arbeiten sind erst im Jahr 2021 abgeschlossen
c) im Jahr 2021.

Es ist vom Schutzzweck des § 557a Abs. 2 BGB kein Grund ersichtlich, warum diese Fälle unterschiedlich behandelt werden sollten. Der Unterschied zwischen allen Fällen besteht allenfalls darin, ab wann die gem. § 559b BGB erhöhte Miete zu zahlen ist. Der Mieter ist auf jeden Fall für die Laufzeit der Staffelmietvereinbarung geschützt. Einen nachwirkenden Schutz kennt § 557a Abs. 2 BGB nicht. Hinsichtlich des Wirkungszeitpunkts der Modernisierungsmieterhöhung kommt es ausschließlich auf § 559b BGB an, also ob die Modernisierungsmaßnahme ordnungsgemäß angekündigt wurde oder die Mieterhöhung mehr als 10% höher ausgefallen ist, als angekündigt. In Betracht kommt allenfalls noch eine Verwirkung (→ BGB § 559b Rn. 39) des Erhöhungsrechts nach § 559 BGB, woran ggf. bei einer Staffelmietvereinbarung nur geringe Anforderungen zu stellen sind. Insbesondere bei befristeten Mietverträgen mit verhältnismäßig kurzer Laufzeit und/oder entsprechend kurzer Staffelmietvereinbarung dürfte ein schutzwürdiges Vertrauen des Mieters darauf bestehen, dass Modernisierungserhöhungen unterbleiben. Dann entfällt das Erhöhungsrecht aber gänzlich. Einen weitergehenden Schutz hat der Mieter nicht. Nach der Gesetzessystematik ist der Mieter durch das Sonderkündigungsrecht des § 561 BGB ausreichend geschützt.

### 2. Mieterhöhungen nach §§ 558–558e BGB

sind zwar nach § 557 Abs. 2 BGB unmittelbar nach der letzten Erhöhung auf Grund einer Staf- **54**
felmietvereinbarung zulässig, jedoch gem. § 558 Abs. 1 BGB ausgeschlossen, da die Miete zum Wirkungszeitpunkt einer eventuellen Mieterhöhung noch keine **15 Monate unverändert** geblieben ist. Außerdem ist die **Jahressperrfrist** des § 558 Abs. 1 S. 2 BGB einzuhalten. Die Jahresfrist beginnt in diesen Fällen mit dem Zeitpunkt der Fälligkeit der letzten Erhöhungsstufe.[168] Soweit vertreten wird, dass die Erhöhungserklärung schon vor Ende der Laufzeit der Staffelmietvereinbarung abgegeben werden kann mit der Folge, dass die Fristen des § 558 Abs. 1 BGB schon vorher zu laufen beginnen, konnte dem schon zum alten Recht nicht gefolgt werde, nach Einführung der 15-Monatsfrist gilt dies erst Recht. Die Laufzeit der Staffelmietvereinbarung endet bereits mit der letzten Erhöhung (→ Rn. 45), so dass vor der letzten Erhöhung ein Erhöhungsverlangen gem. § 558 BGB erfolgen müsste, was gegen die Wartefrist des § 558 Abs. 1 BGB verstößt. Aber selbst wenn diese Auffassung damit meint, das Erhöhungsverlangen könne bereits vor Ablauf eines Jahres nach der letzten Erhöhung der Staffelmiete gestellt werden, so ist dies nur insoweit richtig, als die Staffelmietvereinbarung dies nicht verbietet – weil sie gar nicht mehr gilt, jedoch ist auch in diesem Fall die 15-Monatsfrist und die Jahressperrfrist des § 558 Abs. 1 BGB einzuhalten. Ein vor Ablauf

165 LG Berlin NZM 2018, 599.
166 **AA** Bub/Treier MietR-HdB/*Schultz* Kap. III A Rn. 1654.
167 So aber *Sternel* MietR Kap. III Rn. 436.
168 *Sternel* ZMR 1983, 74.

eines Jahres nach der letzten Erhöhung auf Grund einer Staffelmietvereinbarung dem Mieter zugegangenes Mieterhöhungsverlangen ist unwirksam.[169]

### 3. Mieterhöhungen nach § 560 BGB

55 Zulässig sind während der Laufzeit der Staffelmietvereinbarung lediglich Erhöhungen von **Betriebskostenpauschalen** gem. § 560 BGB. Dies setzt eine formell und materiell ordnungsgemäße Betriebskostenabrechnung voraus.[170] Soweit gem. Art. 229 § 3 Abs. 4 EGBGB Mieterhöhungen wegen Betriebskostensteigerungen entsprechend § 560 BGB bei vor dem 1.9.2001 abgeschlossenen Brutto- oder Teilinklusivmietverträgen ebenfalls möglich sind, wenn im Mietvertrag eine Erhöhung der Miete wegen Betriebskostensteigerungen ausdrücklich vereinbart worden ist, gilt dies bei einer Staffelmiete über eine Bruttomiete nicht.[171] Da bei einer Teilinklusivmiete eine vertraglich vereinbarte Mieterhöhung auch das allgemeine Ansteigen der Betriebskosten mitberücksichtigt, ist daneben für eine Mieterhöhung nach § 560 Abs. 1 BGB kein Raum.[172] Dies gilt auch, wenn die vorherige Mieterhöhung nicht auf § 558 BGB, sondern auf der Grundlage einer am Beginn des Mietverhältnisses einvernehmlich getroffenen Staffelmietvereinbarung beruht. Die im Rahmen einer Staffel vereinbarte Erhöhung erfasst bei einer Bruttokaltmiete auch die darin enthaltenen Betriebskosten. Eine andere Auslegung der vertraglichen Regelungen entspräche nicht den verobjektivierten Parteiinteressen und ginge einseitig zulasten des Mieters.

### 4. Mietabänderungsvereinbarungen

56 Zulässig ist es aber während einer Staffelmietvereinbarung eine Mieterhöhungsvereinbarung gem. § 557 Abs. 1 BGB zu treffen.[173] Die Staffelmietvereinbarung verbietet nur einseitige Mieterhöhungen oder die Durchsetzung eines vertraglichen Abänderungsanspruchs gem. § 558 BGB. Weder der Wortlaut des § 557a Abs. 2 BGB noch dessen Sinn und Zweck verbieten einvernehmliche Vertragsänderungen. Die Parteien können also eine Mietabänderungsvereinbarung gem. § 557 Abs. 1 BGB aber auch eine neue Staffelmietvereinbarung treffen, die an die Stelle der alten Vereinbarung tritt. Die Vereinbarung gem. § 557 Abs. 1 BGB muss bei Staffelmietvereinbarungen mit Kündigungsausschluss gem. § 550 BGB schriftlich erfolgen, wenn die restliche Mietzeit nach Abschluss der Vereinbarung noch mehr als ein Jahr betragen soll.[174] Dabei kann ggf. auf die Staffelmietvereinbarung Bezug genommen werden, wenn die Erhöhungsvereinbarung nicht alle Tatbestandsmerkmale enthält.[175]

### 5. Indexierung einer Staffelmietvereinbarung

56a Die **Indexierung einer Staffelmiete** ist in der Wohnraummiete[176] unzulässig. Für die Gewerberaummiete ist dies strittig.[177]

### 6. Nach Ende der Staffelmietvereinbarung

57 ist die Miete der letzten Stufe unverändert als vertraglich geschuldete Miete weiterzuzahlen bis eine wirksame Mieterhöhung nach §§ 558, 559 BGB erfolgt oder eine neue Staffelmietvereinbarung getroffen wurde.

---

169 BGH VIII ARZ 2/93, NJW 1993, 2109.
170 BGH VIII ZR 246/11, WuM 2012, 321 = NJW 2012, 2186 = NZM 2012, 455; *Schmid* ZMR 2012, 684.
171 AG Tiergarten GE 2007, 59.
172 KG NJW-RR 1998, 226.
173 **AA** LG Berlin MM 1993, 73.
174 LG Berlin GE 1988, 1113.
175 BGH VIII ZR 326/86, NJW-RR 1988, 201, WuM 1988, 50.
176 Staudinger/*J. Emmerich* BGB § 557b Rn. 40; Bub/Treier MietR-HdB/*Schultz* Kap. III A Rn. 925.
177 **Dafür** *Schulz* Gewerberaummiete, 3. Aufl. 2007, S. 139f.; unter Aufgabe seiner früher vertretenen aA *Schulz NZM 2000, 1135 (1141)*; Lindner-Figura/Oprée/Stellmann Geschäftsraummiete/*Bartholomäi* Kap. 10 Rn. 118; *Aufderhaar/Jaeger* NZM 2009, 564 (570); unter engen Voraussetzungen OLG Brandenburg NZM 2009, 860 = NJW 2010, 876; **dagegen** *Neuhaus* Geschäftsraummiete-HdB Kap. 11 Rn. 129 („Monsterklausel"); *Usinger* NZM 2009, 297 (298); **offen gelassen** *Mettler* MietRB 2017, 358, 365.

### III. Verwirkung

58 Auch der Anspruch auf Zahlung einer erhöhten Miete, die auf Grund einer Staffelmietvereinbarung geschuldet wurde, kann verwirkt sein. Der Tatbestand der Verwirkung setzt voraus, dass neben das **Zeitmoment das Umstandsmoment** tritt.[178] Es müssen besondere Umstände sowohl im Verhalten des Berechtigten als auch des Verpflichteten vorliegen, die es rechtfertigen, die späte Geltendmachung des Rechts als mit Treu und Glauben unvereinbar und für den Verpflichteten als unzumutbar anzusehen.[179] Macht der Vermieter den Erhöhungsbetrag längere Zeit nicht geltend, kann der Nachzahlungsbetrag verwirkt sein, wenn der Mieter darauf vertrauen durfte, dass der Betrag auch in Zukunft nicht geltend gemacht wird. Dies kann bei längeren Zeiträumen[180] der Fall sein, wenn der Vermieter im Besitz einer **Einzugs- oder Abbuchungsermächtigung** ist, von der er hinsichtlich des Erhöhungsbetrages keinen Gebrauch gemacht hat.[181] Allein die Tatsache, dass der Vermieter ohne weitere Erklärung viele Jahre den Erhöhungsbetrag nicht geltend macht, genügt nicht.[182] Ein Verzicht für die Zukunft ist darin regelmäßig ebenso wenig zu sehen[183] wie eine Verringerung der Betriebskostenvorauszahlungen.[184] An eine Verzichtserklärung sind hohe Anforderungen zu stellen. Er ist regelmäßig nicht zu vermuten.[185]

## E. Kündigungsrecht des Mieters

59 Die Vereinbarung einer Staffelmiete schließt das Kündigungsrecht des Mieters nicht aus.[186] Allein die Tatsache, dass die Mietvertragsparteien eine bestimmte Laufzeit für die Staffelmietvereinbarung getroffen haben, bedeutet nicht, dass es sich um ein befristetes Mietverhältnis handelt. Der Wortlaut des § 557a Abs. 2 BGB ist insofern eindeutig. Danach kann **das Kündigungsrecht des Mieters** für höchstens vier Jahre seit Abschluss der Staffelmietvereinbarung ausgeschlossen werden. Das bedeutet, dass das Gesetz grds. davon ausgeht, dass die Staffelmietvereinbarung selbst noch nicht zu einem Zeitmietvertrag oder einem Kündigungsausschluss führt. Es bleibt deshalb beim gesetzlichen Normalfall eines Mietverhältnisses auf unbestimmte Zeit. Die Vereinbarung einer Staffelmiete kann aber uU ein Vertrauen des Mieters darauf rechtfertigen, dass der Mietvertrag wegen Eigenbedarfs erst nach einer gewissen Dauer gekündigt werden kann.[187] Ein evtl. vereinbarter Kündigungsausschluss von mehr als einem Jahr bedarf zur Wirksamkeit der Einhaltung der Schriftform.[188]

60 Zweck des § 557a Abs. 2 BGB ist es, einer möglichen **Zwangslage der Wohnungssuchenden** beim Abschluss eines Mietvertrages durch eine zeitliche Begrenzung des Ausschlusses des Kündigungsrechts Rechnung zu tragen.[189] Das Vorliegen einer Zwangslage ist aber kein Tatbestandsmerkmal des § 557a BGB.[190] Einer Staffelmietvereinbarung liegt eine **Prognoseentscheidung** zu Grunde, die zutreffen kann oder nicht. An eine solche ggf. auch falsche Prognoseentscheidung soll der Mieter allenfalls vier Jahre gebunden sein, danach kann er entscheiden, ob er die Umzugskosten in Kauf nimmt, um für eine andere Wohnung eine evtl. niedrigere Miete zu zahlen. Diese beiden Gesetzeszwecke sind auch dann betroffen, wenn es sich um einen erst nach Abschluss des Mietvertrages vereinbarten – ggf. auch wiederholten – Kündigungsausschluss handelt.[191]

---

178 BGH XII ZR 22/07, NJW 2010, 1065; BGH VII ZR 23/02, NJW 2003, 824; KG WuM 2004, 348 (349).

179 BGH VII ZR 23/02, NJW 2003, 824; BAG NJW 2001, 2907; zur Verwirkung im Mietrecht *Kandelhard* NZM 2005, 43; *Hinkelmann* PiG 65 (2002), 247.

180 Nach LG Osnabrück DWW 2004, 152 ist dies zB bei fünfjähriger Nichtzahlung der Erhöhungsstaffel ohne Mahnung des Vermieters der Fall, wenn auch bei Betriebskostenabrechnungen nicht auf die Staffelmiete hingewiesen wurde.

181 LG Hamburg WuM 1997, 331 (332).

182 OLG Karlsruhe BeckRS 2017, 151612 = MietRB 2018, 201 f.; KG WuM 2004, 348 (349), für Gewerberaummiete; Sternel MietR Kap. IV Rn. 26; **aA** LG Osnabrück DWW 2004, 152, für Wohnraummiete.

183 OLG Düsseldorf WuM 2003, 387 (388) = ZMR 2003, 569; **aA** LG München ZMR 2003, 431.

184 AG Saarbrücken WuM 2012, 617.

185 BGH XII ZR 208/96, NJW-RR 1999, 593 (594), WPM 1982, 671 (673).

186 MüKoBGB/*Artz* § 557a Rn. 15; **aA** *Heller* WuM 1992, 511.

187 AG Hamburg-Bergedorf NJW-RR 1993, 1292.

188 BGH VIII ZR 223/06, NJW 2007, 1742.

189 BT-Drs. 9/2079, 18.

190 BGH VIII ZR 218/04, NZM 2006, 12, 15.

191 BGH VIII ZR 218/04, NZM 2006, 12, 15.

## I. Zeitmietvertrag

61 **Möglich ist aber,** eine Staffelmietvereinbarung zusammen mit einem **Zeitmietvertrag** gem. § 575 BGB abzuschließen. In diesem Fall ist das ordentliche Kündigungsrecht wechselseitig[192] ausgeschlossen. Vermieter und Mieter können das Mietverhältnis allenfalls außerordentlich fristgerecht oder fristlos kündigen. Das Sonderkündigungsrecht des Mieters gem. § 561 BGB gilt bei einer Mieterhöhung auf Grund einer Staffelmietvereinbarung gem. § 557a Abs. 2 BGB nicht.[193] Der Wortlaut ist eindeutig. Auch eine **Analogie scheidet aus.**[194] Die Fälle sind nicht vergleichbar. Die Mieterhöhung beruht im Fall des § 557a BGB auf einer, wenn auch idR schon bei Vertragsschluss geschlossenen Vereinbarung der Parteien. Der Mieter weiß bei Abschluss des Vertrages, welche Miete er ab wann zu zahlen hat. Er wird nicht vom Verlangen des Vermieters überrascht.

## II. Kündigungsausschlussvereinbarung

62 Ohne Einschränkungen ist es zulässig, das **Kündigungsrecht des Vermieters** in einem vom Vermieter gestellten Formularmietvertrag auszuschließen. Etwas anderes gilt allenfalls für einen zeitlich unbeschränkten Kündigungsausschluss des Vermieters in einem vom Mieter gestellten Formularmietvertag.[195] Hinsichtlich der Beschränkung auf Seiten des Vermieters enthält das BGB an keiner Stelle ein Verbot. Umstritten war, ob seit 1.9.2001 auch das **Kündigungsrecht des Mieters** ausgeschlossen werden konnte. Das hat der BGH in zahlreichen Entscheidungen bejaht (→ BGB § 575 Rn. 80 ff.).[196] Unterschieden werden muss zwischen dem **individualvertraglichen** und dem **formularmäßig** vereinbarten **Kündigungsausschluss.** Ersterer ist grds. einseitig und auch zeitlich großzügiger möglich,[197] während der formularvertragliche Kündigungsausschluss grds.[198] nur wirksam ist, wenn er beidseitig[199] gilt, nur das ordentliche Kündigungsrecht betrifft[200] und maximal für vier Jahre[201] vereinbart wurde. Eine solche formularvertragliche Vereinbarung liegt auch vor, wenn der Vermieter handschriftlich in eine Lücke im vorformulierten Vertragstext die Laufzeit einträgt.[202] Etwas anderes würde allenfalls dann gelten, wenn die Ergänzung von den Parteien individuell ausgehandelt oder gar von dem Vertragspartner des Verwenders nach seiner freien Entscheidung vorgenommen worden wäre. Nach Ansicht des BGH soll aber auch ein **einseitiger formularmäßiger Kündigungsausschluss** zu Lasten des Mieters in Zusammenhang mit einer Staffelmietvereinbarung wirksam sein.[203] Gegen diese Auslegung sprechen – *Weitemeyer*

---

[192] Auch der Mieter kann einen Zeitmietvertrag nicht ordentlich kündigen: BGH VIII ZR 112/08, WuM 2009, 48.

[193] *Sternel* MietR Kap. III Rn. 437.

[194] Zur Analogie mietrechtlicher Vorschriften: *Häublein* WuM 2010, 391.

[195] AG Hamburg-Altona, ZMR 2010, 535; Ulmer/Brandner/Hensen/*Christensen* Mietverträge Rn. 29.

[196] *Derleder* NZM 2012, 147; KJ 2008, 394 (399); *Häublein* DMT-Bilanz 2011, 461; *Gather* DWW 2011, 204; *Börstinghaus* ZGS 2008, 221; NJW 2009, 1391; MüKoBGB/*Artz* § 557a Rn. 16; Staudinger/*Rolfs* BGB § 573c Rn. 48 ff; *Blank/Börstinghaus* BGB § 575 Rn. 87; *Wiek* WuM 2009, 46.

[197] Offengelassen ob Grenze bei **30 Jahren:** BGH VIII ZR 200/17, NZM 2018, 556; **13 Jahre:** BGH VIII ZR 388/12, NJW 2013, 2820; **zehn Jahre:** BGH VIII ZR 98/10, NZM 2011, 28; **fünf Jahre:** BGH VIII ZR 81/03, NJW 2004, 1448; *Häublein* ZMR 2004, 252; *Horst* MDR 2004, 437; DWW 2004, 140; *Eisenhardt* BGH-Report 2004, 575; *Fischer* WuM 2004, 123; *Hinz* WuM 2004, 126; *Kandelhard* WuM 2004, 129; *Timme* NJW 2004, 1639; *Derleder* NZM 2004, 247; *Lützenkirchen* MDR 2004, 926; *Schimmel/Buhlmann* LMK 2004, 158.

[198] Zur Ausnahme BGH VIII ZR 307/08, NZM 2009, 779.

[199] BGH VIII ZR 30/08, NJW 2009, 912.

[200] BGH VIII ZR 3/05, NZM 2006, 254; VIII ZR 120/11, NJW 2012, 521; *Derleder* NZM 2012, 147; *Wiek* WuM 2012, 100.

[201] BGH VIII ZR 27/04, NJW 2005, 1574; *Wiek* WuM 2006, 369.

[202] BGH VIII ZR 23/16, NZM 2017, 71.

[203] BGH VIII ZR 154/04, NJW 2006, 1056; *Börstinghaus* ZGS 2009, 221; abl. *Wiek* WuM 2006, 154 (155); BGH VIII ZA 14/05, BeckRS 2006, 3215; BGH VIII ZR 270/07, NJW 2009, 353; so auch AG Schopfheim/LG Waldshut-Tiengen WuM 2007, 449 mablAnm *Harsch* WuM 2007, 450; Staudinger/*J. Emmerich* BGB § 557a BGB Rn. 20b unter Aufgabe der früheren Kommentierung von *Weitemeyer* **aA** AG Dortmund NZM 2010, 862; *Klumpp,* Der Kündigungsausschluss im unbefristeten und befristeten Wohnraummietverhältnis, 2009, 104; *Derleder KJ 2008, 394;* MüKoBGB/*Artz* § 557a Rn. 16; *Blank/Börstinghaus* BGB § 575 Rn. 91; Ulmer/Brandner/Hensen/*Christensen* Mietrecht Rn. 29; Bamberger/Roth/*Schüller* BGB § 557a Rn. 23; *Wiek* WuM 2009, 46; *Häublein* PiG 88 (2010), 59 (67); MüKoBGB/*Häublein* § 573c Rn. 22; *Börstinghaus* jurisPR-MietR 3/2009 Anm. 5; ZGS 2009, 221; NJW 2009, 1391.

sprach von „krankt"[204] – eine historische Auslegung und die teleologische Auslegung. Die Urteile beruhen auf der falschen Annahme, § 557a Abs. 3 S. 1 BGB gestatte grds. einen Kündigungsausschluss. Da einseitige formularvertragliche Kündigungsausschlussvereinbarungen auch nach der Rspr. des BGH[205] unwirksam sind, stellt sich die Frage, ob alleine die **Verbindung mit einer Staffelmiete** hier für den Mieter etwas ändert. Der Wortlaut des § 557a Abs. 3 S. 1 BGB spricht für die Lösung des BGH.[206] Danach kann nämlich das Kündigungsrecht des Mieters für höchstens vier Jahre ausgeschlossen werden. Es stellt sich nur die Frage, ob damit die Rechte des Vermieters erweitert werden sollten oder beschränkt. Vor der Mietrechtsreform waren einfache Zeitmietverträge gem. § 564c Abs. 1 BGB aF zulässig. Folge eines solchen einfachen Zeitmietvertrages war, dass das ordentliche Kündigungsrecht des Mieters für lange Zeit ausgeschlossen war. Häufig wurden diese Verträge mit einer Staffelmiete gem. § 10 MHG aF verbunden. Solche Staffelmieten durften damals für bis zu zehn Jahre abgeschlossen werden. Das war für den Mieter risikoreich. Er hätte sich zehn Jahre nicht aus solchen Verträgen lösen können. Seit 2001 sind Staffelmieten gerade mit einer so langen Laufzeit in mindestens doppelter Hinsicht gefährlich: Zum einen muss der Mieter bei Abschluss des Vertrages nicht nur auf die zunächst fällige Miete achten, sondern auch auf die Steigerungen. Bei entsprechender Nachfragesituation wird diesem Punkt häufig nicht die notwendige Aufmerksamkeit geschenkt. Hinzu kommt aber zweitens, dass jede Staffelmiete auch eine Prognoseentscheidung darstellt. Niemand kann die Mietentwicklung über zehn Jahre seriös abschätzen. Aus all diesen Gründen hat der Gesetzgeber zunächst in § 10 MHG aF einen Interessenausgleich versucht zu erreichen. Einen Staffelmietvertrag in Verbindung mit einem Zeitmietvertrag soll zumindest der Mieter nach vier Jahren kündigen können. Die Vorschrift ist in der Mietrechtsreform dann ohne weitere Diskussion übernommen worden, wobei aus der früheren Verbotsnorm nun eine dem BGB fremde Gestaltungsnorm[207] wurde. Das bedeutet, dass die historische Auslegung eher gegen die Wortlautauslegung des BGH spricht.[208]

Es handelt sich um eine typische **Mieterschutzvorschrift.**[209] Dem Vermieter wurde verboten eine eigentlich mögliche Regelung zu vereinbaren. Mit einem Zeitmietvertrag ohne Staffelmiete konnte das Kündigungsrecht auch für längere Zeit ausgeschlossen werden. Staffelmietverträge ohne Zeitmietvertrag konnten jederzeit mit gesetzlicher Frist gekündigt werden. Nur wenn beides miteinander verbunden wurde, sollte der Kündigungsausschluss beschränkt werden. Somit spricht auch die teleologische Auslegung gegen die Wortlautauslegung des VIII. Zivilsenats. Diese führt nämlich dazu, dass die ursprünglich als Mieterschutzvorschrift gedachte Regelung sich in ihr Gegenteil verkehrt. Ohne Staffelmiete wäre der einseitige formularvertragliche Kündigungsverzicht egal welcher Länge unwirksam. Wegen der Mieterschutzvorschrift des § 557a Abs. 3 S. 1 BGB ist er jetzt plötzlich wirksam. Im Übrigen dürfte bei zahlreichen Vertragsgestaltungen auch ein Verstoß gegen das Transparenzgebot vorliegen.[210]

Bei der Beurteilung der **Wirksamkeit von Kündigungsausschlussvereinbarungen** muss nach der Rspr. des BGH zwischen folgenden sieben Fallkonstellationen unterschieden werden:[211] 63

[204] Staudinger/*Weitemeyer,* 2014, BGB § 557a Rn. 20c; Staudinger/*J. Emmerich,* 2021, BGB § 557a Rn. 20c kommentiert an gleicher Stelle inzwischen sehr viel vorsichtiger, ohne selbst konkret Stellung zu nehmen.
[205] BGH VIII ZR 30/08, NJW 2009, 912.
[206] **AA** *Wiek* WuM 2009, 46 (47).
[207] Auch MüKoBGB/*Artz* § 557a Rn. 16 spricht davon, dass die Norm eine Verbotsnorm zum Schutz des Mieters und keine Erlaubnisnorm zu Gunsten des Vermieters ist.
[208] So auch *Klumpp,* Der Kündigungsausschluss im unbefristeten und befristeten Wohnraummietverhältnis, 2009, 107, 108.
[209] *Wiek* WuM 2009, 46 (47) mwN in Fn. 12.
[210] *Harsch* WuM 2007, 450.
[211] *Wiek* WuM 2006, 154 (156).

<table>
<tr><th colspan="2" rowspan="4"></th><th colspan="7">Kündigungsausschluss</th></tr>
<tr><th colspan="3">Individualvertraglich</th><th colspan="4">Formularvertraglich</th></tr>
<tr><th rowspan="2">Bis 4 Jahre</th><th colspan="2">Über 4 Jahre</th><th colspan="2">Bis 4 Jahre</th><th colspan="2">Über 4 Jahre</th></tr>
<tr><th>Ohne Staffelmiete</th><th>Mit Staffelmiete</th><th>Ohne Staffelmiete</th><th>Mit Staffelmiete</th><th>Ohne Staffelmiete</th><th>Mit Staffelmiete</th></tr>
<tr><td rowspan="2">Verzicht gilt</td><td>Wechselseitig</td><td colspan="2" rowspan="2">Zulässig[212]</td><td rowspan="2">Ist nur insoweit unwirksam als 4 Jahre überschritten werden[213]</td><td colspan="2">Zulässig in der Regel[214], wenn nur ordentliche Kündigung ausgeschlossen wurde[215]</td><td rowspan="2">Unzulässig[216]</td><td rowspan="2">Ab 9/2001 vereinbart: Insgesamt unwirksam[217] Zu § 10 MHG noch anders[218]</td></tr>
<tr><td>Einseitig</td><td>Unwirksam[219]</td><td>Strittig aber nach BGH möglich[220]</td></tr>
</table>

64 **Formularvertragliche Beschränkungen,** die seit dem 1.9.2001 vereinbart wurden, sind insgesamt unwirksam, wenn sie länger als vier Jahre gelten sollten.[221] Bei **Individualverträgen** bezieht sich die Unwirksamkeit immer nur auf den vier Jahre übersteigenden Teil.[222] Ferner kann der Mieter nach Ablauf von vier Jahren auch echte Zeitmietverträge gem. § 575 BGB ordentlich kündigen.

**Nach Ablauf der Vierjahresfrist** handelt es sich für den Mieter um einen Mietvertrag auf unbestimmte Zeit. Unwirksam sind nach § 557a Abs. 3 S. 1 BGB deshalb auch alle Vereinbarungen, die das Kündigungsrecht des Mieters in irgendeiner Weise beschränken. Dies gilt zB auch für die Vereinbarung, dass das Mietverhältnis nach den vier Jahren nur einmal im Jahr gekündigt werden darf.[223] Bei Vereinbarungen, die ab dem 1.9.2001 geschlossen wurden, führt dies zur Unwirksamkeit bei Kündigungsbeschränkung insgesamt, bei zuvor abgeschlossenen Vereinbarungen nur zur Unwirksamkeit der nach den vier Jahren geltenden Kündigungserschwerungen.

65 **Die Vierjahresfrist beginnt** mit *Abschluss der* **Kündigungsausschlussvereinbarung**[224], es sei denn die Parteien haben etwas anderes vereinbart, was durch Auslegung zu ermitteln ist.[225] Soweit zum alten Recht teilweise eine andere Auffassung vertreten wurde, ist diese wegen des geänderten Wortlauts der Vorschrift seit der Mietrechtsreform 2001 hinfällig.[226] Sinn und Zweck der Regelung besteht in der besseren Kalkulationsmöglichkeit für die Mietvertragsparteien. Unter Berücksichti-

---

[212] BGH VIII ZR 200/17, NZM 2018, 556; VIII ZR 98/10, NJW 2011, 59; VIII ZR 81/03, NJW 2004, 1448.

[213] BGH VIII ZR 257/04, NJW 2006, 2696.

[214] Ausnahmen können aber gelten zB bei Vermietung an Studenten: BGH VIII ZR 307/08, NZM 2009, 779.

[215] BGH VIII ZR 379/03, NJW 2004, 3117; VIII ZR 294/03, NZM 2004, 734; VIII ZR 2/04, WuM 2004, 672.

[216] BGH VIII ZR 86/10, NJW 2011, 597; VIII ZR 27/04, NJW 2005, 1574.

[217] BGH VIII ZR 3/05, NJW 2006, 1059.

[218] BGH VIII ZR 316/03, NZM 2004, 736.

[219] BGH VIII ZR 30/08, NJW 2009, 912; *Börstinghaus* NJW 2009, 1391; ZGS 2009, 221.

[220] BGH VIII ZR 154/04, NJW 2006, 1056; abl. *Wiek* WuM 2006, 154, 155; VIII ZA 14/05, BeckRS 2006, 3215; VIII ZR 270/07, NJW 2009, 353.

[221] BGH VIII ZR 3/05, WuM 2006, 152.

[222] BGH VIII ZR 257/04, NJW 2006, 2696; *Börstinghaus* GE 2006, 1008; *Wiek* WuM 2006, 448; *Blank* NZM 2006, 689.

[223] BGH VIII ZR 316/03, NZM 2004, 736.

[224] BGH VIII ZR 23/16, WuM 2016, 656; VIII ZR 270/07, NJW 2009, 353; VIII ZR 344/04, WuM 2005, 519; LG Berlin GE 2005, 1435; Kinne/Schach/Bieber MietProzR/*Kinne* BGB § 557a Rn. 19; *Wiek* WuM *2010, 405.*

[225] BGH VIII ZR 23/16, WuM 2016, 656.

[226] MüKoBGB/*Artz* § 557a Rn. 17 unter Hinweis auf die Gesetzesmaterialien BT-Drs. 9/2284, 4 zu Art. 2 Nr. 3 des Gesetzesentwurfes; *Sternel* MietR Kap. III Rn. 437; *Gramlich* NJW 1983, 418; *Sternel* MDR 1983, 362.

gung der Zwangslage, in der sich der Wohnungssuchende bei **Abschluss des Mietvertrages** eines Mietvertrages befinden kann, solle er sich nach vier Jahren von der Erklärung lösen können.[227] Die Frist ist auch maßgeblich, wenn ihr Ende auf einen Kalendertag vor dem Ende eines Monats fällt.[228] Es kommt nicht darauf an, ob die Staffelmietvereinbarung bereits bei Abschluss des Mietvertrages getroffen wurde oder erst später. Die auf Abschluss eines Mietvertrages gerichteten Willenserklärungen erfolgen schriftlich, dh die Mietvertragsparteien unterzeichnen nacheinander ein Mietvertragsformular. In diesem Fall ist die Staffelmietvereinbarung **abgeschlossen,** wenn die letzte Unterschrift geleistet wurde.

**Beispiel:** Wird also zB ein Entwurf dem Mieter zwecks Unterschriftsleistung am 13.6. zugeschickt, unterschreibt der Mieter die Staffelmietvereinbarung am 16.6. und schickt diese an den Vermieter zurück, der wiederum die Vereinbarung am 19.6. unterzeichnet und eine unterschriebene Ausfertigung davon an den Mieter zurückschickt, wo sie am 23.6. eintrifft, dann ist die Staffelmietvereinbarung auf jeden Fall noch im Juni abgeschlossen worden. Auf den Mietbeginn, der ggf. am 1.7. oder noch später liegt, kommt es nicht an.

Bei einer **rückwirkend abgeschlossenen Staffelmietvereinbarung** berechnet sich die Vierjahresfrist vom Zeitpunkt der Vereinbarung an und nicht vom Wirkungszeitpunkt.[229] Hierfür sprechen sowohl der Wortlaut der Vorschrift, der ausdrücklich auf die Vereinbarung und nicht das Inkrafttreten abstellt als auch der Sinn der Vorschrift, die den Mieter schützen will.

Der Mietvertrag muss spätestens nach Ablauf der Vierjahresfrist beendet werden können. Das heißt die Kündigung muss zu diesem Termin wirken und nicht erst zu diesem Termin abgegeben werden können.[230] Die Vierjahresfrist ist nach der Rspr. des BGH iÜ keine starre Regelung. Sie soll nur „in der Regel" gelten. Wenn besondere Umstände vorliegen, soll auch eine kürzere oder auch längere Frist gelten.[231] → BGB § 575 Rn. 91.

Die Vierjahresfrist gilt unabhängig davon, wie lang die Laufzeit der Staffelmietvereinbarung ist. **66**
Die Staffelmietvereinbarung muss nicht länger als die Kündigungsbeschränkung sein. Die Vierjahresfrist gilt auch im umgedrehten Fall und zwar sowohl, wenn die Kündigungsbeschränkung vor der Staffelmietvereinbarung abgeschlossen wurde als auch für den Fall, dass die Laufzeit der Staffelmietvereinbarung kürzer ist als die Kündigungsbeschränkung.

**Beispiel:** Die Mietvertragsparteien haben zunächst einen auf sieben Jahre befristeten echten Zeitmietvertrag mit Erhöhungsvorbehalt geschlossen. Nach einem Jahr vereinbaren sie im Rahmen eines Vergleichs in einem Mieterhöhungsverfahren eine Staffelmiete über drei Jahre.

In diesem Fall kann der Mieter abw. von der alten Rechtslage den Mietvertrag ab Abschluss des Vergleichs, also vor regulärem Ablauf des Zeitmietvertrages kündigen. Haben die Parteien erst eine Staffelmietvereinbarung getroffen und anschließend eine Kündigungsbeschränkung, beginnt die Vierjahresfrist ebenfalls mit Abschluss der Staffelmietvereinbarung zu laufen. Nach Eintritt der letzten Stufe der Staffelmietvereinbarung ist die Vereinbarung eines Kündigungsausschlusses unter den zuvor beschriebenen allgemeinen Voraussetzungen ohne Beschränkung des § 557a Abs. 3 S. 1 BGB möglich.[232]

### III. Das Mietverhältnis endet nicht automatisch, es ist nur kündbar

Dies gilt unabhängig davon, welche Art der Vereinbarung die Parteien getroffen haben. § 557a **67**
Abs. 3 BGB erfasst sowohl Kündigungsausschlussvereinbarungen wie auch Zeitmietverträge. Haben die Parteien einen unbefristeten Mietvertrag mit Kündigungsausschluss vereinbart, endet das Mietverhältnis nicht automatisch; es ist nur bei Wirksamkeit des Kündigungsausschlusses nach vier Jahren kündbar, bei Unwirksamkeit sofort. Erforderlich zur Beendigung ist in diesem Fall eine Kündigungserklärung. Bei Zeitmietverträgen gem. § 575 BGB muss unterschieden werden: Bei

[227] OLG Hamm WuM 1989, 485 (486), an anderen Stellen der Entscheidung wird aber eher an den Vertragsbeginn angeknüpft.
[228] BGH VIII ZR 243/05, NZM 2006, 579; *Börstinghaus* GE 2006, 898; *Manger* GE 2006, 885.
[229] BGH VIII ZR 23/16, NZM 2017, 71; LG Berlin ZMR 2003, 572; **aA** AG Charlottenburg GE 2000, 1033.
[230] BGH VIII ZR 23/16, WuM 2016, 656; VIII ZR 86/10, NJW 2011, 597; VIII ZR 163/10, WuM 2010, 294; AG Dortmund NZM 2010, 862; MüKoBGB/*Artz* § 557a Rn. 17; *Sternel* MietR Kap. IV Rn. 31.
[231] BGH VIII ZR 27/04, NZM 2005, 419.
[232] LG Kleve WuM 2012, 679.

Befristungen von mehr als vier Jahren ist der Vertrag für den Mieter nach Ablauf des vierten Vertragsjahres kündbar[233], bei Befristungen unter vier Jahren endet der Mietvertrag automatisch mit Zeitablauf. Das Kündigungsrecht muss nicht zum ersten Termin ausgeübt werden.[234] Beim Staffelmietvertrag kann das Kündigungsrecht des Mieters durch eine **Verlängerungsklausel** nicht über den Ablauf des vierten Jahres hinaus eingeschränkt werden.

Nach § 557a S. 2 BGB ist die Kündigung zum Ende des Vierjahreszeitraums möglich.[235] Diesen Satz hat der Gesetzgeber in der Mietrechtsreform 2001 ausdrücklich hinzugefügt. Er war in der Vorgängervorschrift des § 10 Abs. 2 S. 6 MHG aF nicht erhalten. Aus der Gesetzesfassung folgt **„eindeutig“**[236], dass die Kündigungserklärung des Mieters nicht erst nach Ablauf der Frist erfolgen darf.

68 Gekündigt werden kann nur der ganze Mietvertrag. Eine **isolierte Kündigung nur der Staffelmietvereinbarung** ist nicht möglich. Die Kündigung muss unter Einhaltung der Kündigungsfrist des § 573c BGB erfolgen. Dabei ist es zulässig, dass die Kündigung unter Einhaltung der Frist des § 573c Abs. 1 BGB bereits vor Ablauf einer wirksam vereinbarten Vierjahresfrist zu deren Ablauf hin erklärt wird.[237] Das ergibt sich jetzt aus dem Wortlaut des § 557a Abs. 3 S. 2 BGB. Eine verfrühte Erklärung wirkt auf den ersten möglichen Termin. Die Kündigung muss vom Mieter aber nicht zum ersten möglichen Termin erklärt werden. Das Mietverhältnis ist nach Ablauf einer wirksam vereinbarten Vierjahresfrist im Hinblick auf die Möglichkeit der Vertragsbeendigung durch den Mieter wie ein Mietverhältnis auf unbestimmte Zeit anzusehen; deshalb kann es vom Mieter jederzeit unter Einhaltung der Kündigungsfrist ohne Angabe von Gründen gekündigt werden.[238] Dies gilt selbst dann, wenn der Mieter nach Ablauf der Vierjahresfrist ein oder mehrerer Mieterhöhungen auf Grund der Staffelmietvereinbarung akzeptiert hat. Endet die Vierjahresfrist nicht am Monatsende, sondern mitten im Monat, dann kann die Kündigung frühestens zum Ende des Monats erfolgen in dem die Vierjahresfrist endet.[239]

## F. Grenzen der Vereinbarung

### I. Grundsatz: Freie Vereinbarung

69 Grundsätzlich gilt, dass die Miethöhe für jede einzelne Staffel von den Parteien frei vereinbart werden kann. Es gelten vom Grundsatz her die gleichen Regelungen, die auch bei der Festsetzung der Miete bei der Neuvermietung gelten. Genau wie dort müssen die Parteien auch bei der Vereinbarung einer Staffelmiete **keine Kappungsgrenze** beachten.[240] Dies gilt sowohl für die erste Stufe wie auch für die Differenz der einzelnen späteren Staffeln. Deshalb darf die erste Stufe der Vereinbarung schon mehr als 15% oder 20% über der Ausgangsmiete drei Jahre zuvor liegen. Ferner ist es zulässig, dass auch die späteren Staffeln zu einem stärkeren Mietanstieg als er unter Beachtung der Kappungsgrenze des § 558 Abs. 1 S. 2 BGB möglich wäre, führt. Das ergibt sich bereits aus dem Wortlaut des § 558 Abs. 1 S. 2 BGB, der nur den einseitigen Erhöhungsanspruch des Vermieters für Mieterhöhungen im Bestand betrifft, wie auch dem Sinn und Zweck der Regelung. Die Kappungsgrenze hat mieterschützende Funktion. Bei vertraglichen Abreden zwischen den Mietvertragsparteien obliegt es jeder Partei grds. selbst, ihre Interessen in den Verhandlungen durchzusetzen.

70 Auch die **ortsübliche Vergleichsmiete** ist grds. nicht Maßstab für die Festlegung der Vertragsmiete und der einzelnen Staffeln.[241] Die Parteien können eine Miete vereinbaren, die unter, aber auch über der ortsüblichen Vergleichsmiete liegt. Ein Mietvertrag ist nur dann bei einer Überschreitung der ortsüblichen Vergleichsmiete um 50% wegen eines auffälligen Missverhältnisses zwi-

---

[233] Wenn der Zeitmietvertrag individualvertraglich vereinbart wurde; dann ist auch der Kündigungsausschluss individualvertraglich vereinbart und bis zu vier Jahren wirksam: BGH VIII ZR 257/04, NJW 2006, 2696.
[234] LG Berlin GE 2000, 207; AnwK WohnraumMietR/*Lammel* BGB § 557a Rn. 28.
[235] BGH VIII ZR 23/16, NZM 2017, 71.
[236] So MüKoBGB/*Artz* § 557a Rn. 17.
[237] BGH VIII ZR 344/04, WuM 2005, 519; VIII ZR 23/16, NZM 2017, 71; OLG Hamm NJW-RR 1989, 1288; MüKoBGB/*Artz* § 557a Rn. 16.
[238] *Sternel MietR Kap. III Rn.* 437.
[239] LG Berlin 2005, 1435.
[240] AG Dortmund NZM 2010, 862; Erman/*Dickersbach* BGB § 557a Rn. 5; *Langenberg* PiG 53 (1997), 59 (71).
[241] Emmerich/Sonnenschein/*Weitemeyer* BGB § 557a Rn. 6; Erman/*Dickersbach* BGB § 557a Rn. 5.

schen Leistung und Gegenleistung sittenwidrig iSd § 138 BGB, wenn der Vermieter die wirtschaftlich schwächere Lage des Vertragspartners ausgenutzt hat.

## II. Verstoß gegen § 556g BGB

Gemäß § 557a Abs. 4 BGB gelten die §§ 556d–556g BGB auch für jede einzelne Staffel einer Staffelmietvereinbarung. Das bedeutet, dass sowohl die erste vereinbarte Miete wie auch alle folgenden Mieten grds. die ortsübliche Vergleichsmiete um nicht mehr als 10% übersteigen dürfen.[242] Voraussetzung ist, dass die Wohnung in einer Gemeinde liegt, für die durch Landes-Rechtsverordnung festgestellt wurde, dass dort ein angespannter Wohnungsmarkt herrscht (wegen der Einzelheiten s. die Kommentierung bei § 556d BGB). Die Beschränkung ist gem. Art. 229 § 35 Abs. 1 EGBGB nur auf Staffelmietvereinbarungen anwendbar, die nach Inkrafttreten einer entsprechenden Landesverordnung, in die die Gemeinde, in der die vertragsgegenständliche Wohnung liegt, aufgenommen wurde, vereinbart wurde.[243] Dabei kommt es nicht auf den Zeitpunkt an, ab wann die Ausgangsmiete oder die erste Staffelmieterhöhung zu zahlen ist, sondern auf das **Datum des Vertragsschlusses** bzgl. der Staffelmiete. Bei zeitlich auseinanderliegenden Willenserklärungen von Vermieter und Mieter kommt es somit auf das Wirksamwerden (Zugang) der zeitlich zweiten Willenserklärung an. Auf das Datum des Mietvertrages kommt es nicht an, auch wenn dieses häufig mit dem Datum der Staffelmietvereinbarung identisch ist. Bis zur Aufnahme der Gemeinde in eine Landesverordnung geschlossene Staffelmietvereinbarungen genießen auch für zukünftige Staffeln Bestandsschutz.[244] Umgedreht sind die §§ 556d–556g BGB gem. Art. 229 § 35 Abs. 2 EGBGB nicht mehr auf solche Mietstaffeln anwendbar, die erstmals fällig werden, wenn die Gemeinde nicht mehr in den Anwendungsbereich einer Landesverordnung gem. § 556d Abs. 2 BGB fällt. Damit kann die Deckelung faktisch noch 11 Monate über das Ende der Wiedervermietungsbegrenzung in der Gemeinde weitergelten. **70a**

Es muss also **sowohl für die Ausgangsmiete** sowie für **jede einzelne Staffelmieterhöhung** die Höhe der ortsüblichen Vergleichsmiete für vergleichbare Wohnungen festgestellt werden. Diese darf dann um 10% überschritten werden. Nur die darüberhinausgehenden Beträge sind unwirksam. Es kommt dabei auf die **ortsübliche Vergleichsmiete zum Zeitpunkt des jeweiligen Inkrafttretens der nächsten Staffel** an. Das ist deshalb problematisch, weil Staffelerhöhungen im Abstand eines Jahres zulässig sind und auch tatsächlich idR so vereinbart werden. Veränderungen der ortsüblichen Vergleichsmiete in diesem Abstand festzustellen ist demgegenüber schwierig. Selbst Mietspiegel werden frühestens alle zwei Jahre fortgeschrieben. Das Problem entspricht dem schon früher zu § 5 WiStG bestehenden Problem der dynamischen Nichtigkeit.[245] Deshalb ist es zumindest erforderlich zu dem alten Mietspiegelwert eine Stichtagsdifferenz hinzuzurechnen.[246] Alles andere würde zu einem **verfassungswidrigen Mietenstopp** führen. **70b**

Genauso wie bei der Neuvertragsmiete gem. § 556e Abs. 1 BGB, hat der Gesetzgeber auch bei Staffelmieten einen **Bestandsschutz**[247] eingeführt. Dieser wird dadurch hergestellt, dass eine Miethöhe, die bei Mietbeginn zulässig gewesen wäre, auch zu einem späteren Zeitpunkt noch als zulässige Miethöhe in jeder Folgestaffel anzusehen ist.[248] Praktische Bedeutung hat dies, wenn der Vermieter mit Rücksicht auf den Mieter nicht sofort bei Beginn der Staffelmietvereinbarung die maximal zulässige Miethöhe vollständig ausnutzen will.[249] War die mit dem Vormieter vereinbarte Miete höher als die um 10% erhöhte ortsübliche Vergleichsmiete, ist die Ausgangsmiete in Höhe der Vormiete gem. § 556e Abs. 1 BGB zulässig. Das gilt zunächst für Vormieten, die vor Inkrafttreten einer entsprechenden Landesverordnung für die entsprechende Gemeinde vereinbart worden sind. Aus Gründen des Bestandsschutzes darf der Vermieter diese Miete auch bei einer Neuvermie- **70c**

---

242 *Siegmund* FS Börstinghaus, 2020, 397 (406).
243 MüKoBGB/*Artz* EGBGB Art. 229 § 35 Rn. 4.
244 BR-Drs. 447/14, 41.
245 KG NJW-RR 1995, 1037; OLG Hamm NJW 1983, 1622; WuM 1995, 384 mkritAnm *Buchmann* WuM 1995, 427.
246 OLG Hamm NJW-RR 1997, 142; OLG Stuttgart NJW-RR 1994, 334.
247 BVerfG NJW 2019, 3054 LS 4; Nach *Blank* IMR 2018, 486 enthält die Vorschrift „eine *Art* Bestandsschutz".
248 BR-Drs. 447/14, 40.
249 BR-Drs. 447/14, 40.

tung nach Aufnahme der Gemeinde in eine Landesverordnung gem. § 556d Abs. 2 BGB vereinbaren. Dies ist dann aber auch solange die Obergrenze für alle folgenden Staffeln, bis die jeweils zum Inkrafttreten der neuen Staffel gültige ortsübliche Vergleichsmiete zzgl. 10% diese Vormiete übersteigt.

**70d** Bei einer Vormiete, die nach Inkrafttreten einer örtlich anwendbaren Landesverordnung vereinbart wurde, kommt es darauf an, ob diese gem. § 556g Abs. 1 zulässig war. Das ist bei **nach dem 1.10.2014 erstmals genutzt und vermieteten Wohnungen** der Fall, da hier die §§ 556d ff. BGB gem. § 556f BGB gar nicht gelten. Für diesen Wohnungsbestand gelten auch für alle folgenden Staffelmieterhöhungen keine Beschränkungen. Handelt es sich um **umfassend modernisierten Wohnraum** gelten die §§ 556d ff. BGB nur für die erste vereinbarte Miete nicht. Zur Frage, ob die Befreiung für alle Staffeln gilt → BGB § 556f Rn. 23. Bei einfachen Modernisierungen darf die um 10% erhöhte ortsübliche Vergleichsmiete um den Betrag der Modernisierungsmieterhöhung überschritten werden[250] (wegen der Einzelheiten s. die Kommentierung bei § 556e BGB). Dies gilt auch für alle späteren Staffeln bis die jeweils zum Stichtag maßgebliche ortsübliche Vergleichsmiete plus 10% mindestens so hoch ist wie die für diesen Zeitpunkt vereinbarte Miete.

**70e** Die Regelung über die Vormiete gem. § 556e Abs. 1 BGB gilt auch in den Fällen, in denen die ortsübliche Vergleichsmiete fallen sollte. In diesem Fall gilt die letzte Staffel fort, ohne dass die Miete gesenkt werden muss. Auch das entspricht der Rechtslage zu § 5 WiStG, wenn die ortsübliche Vergleichsmiete sinkt.[251]

### III. Verstoß gegen § 5 WiStG

**71** Jedoch kann auch eine Staffelmietvereinbarung gegen gesetzliche Verbote iSd § 134 BGB verstoßen. Gesetzliche Verbote sind dabei insbes. die **Mietpreisüberhöhung** gem. § 5 WiStG[252] und der Mietwucher gem. § 291 StGB.

#### 1. Ausnutzen eines geringen Angebots

**72** → BGB Anh. § 535 Rn. 15 ff. Die Mietpreisüberhöhung verlangt zum einen die Überschreitung der ortsüblichen Vergleichsmiete um mehr als 20% und zum anderen muss dies unter Ausnutzung eines geringen Angebots an Wohnraum erfolgt sein.[253] Die beiden Tatbestandsvoraussetzungen müssen jeweils zum gleichen Zeitpunkt festgestellt werden. Nach dem Wortlaut des § 5 WiStG ist ein Kausalzusammenhang zwischen einem geringen Angebot und einer die ortsüblichen Entgelte um mehr als 20% übersteigenden Miete erforderlich. Das ergibt sich aus dem Wort „infolge". Dabei kann es bei den Handlungsformen des „Fordern" und „Sich-Versprechen-Lassen" nur auf den Zeitpunkt des Vertragsabschlusses ankommen. Dass bei einem steigenden Wohnungsangebot zum Zeitpunkt des „Annehmens" der Miete die Kausalität nicht mehr gegeben ist, ändert nichts daran, dass die anderen beiden Handlungsformen weiter erfüllt sind. Dies gilt im Rahmen der zivilrechtlichen Prüfung des § 5 WiStG selbst dann, wenn bei einer Staffelmiete die erste Staffel zur Zeit des geringen Angebots noch nicht die 20% Grenze überschritten hat.[254] Auch der Gesetzeszweck spricht für dies Ergebnis. Die Vorschrift soll Preisbildungen bekämpfen, die nicht vom Leistungswettbewerb bestimmt sind.[255] Es sollen also Mietvereinbarungen unterbunden werden, die infolge von Wettbewerbsstörungen am Wohnungsmarkt überhöht sind. Diesem Schutzzweck würde es aber widersprechen, den Mieter an einer überhöhten Mietvereinbarung festzuhalten, wenn sich die Wettbewerbslage entspannt. Die Wettbewerbsstörung ist weiter ursächlich für die Höhe der Vereinbarung. Die Ursächlichkeit entfällt auch nicht dadurch, dass der Mieter die Möglichkeit hat,

---

[250] *Siegmund* FS Börstinghaus, 2020, 397 (406).

[251] KG NZM 2001, 283.

[252] LG Berlin ZMR 1995, 77; *Börstinghaus* NZM 2000, 898; *Bohnert* JZ 1994, 605; *Bohnert,* Ordnungswidrige Mietpreisüberhöhung, 1996; *Mock,* Mietwucher, 1994; *Keller,* Zivilrechtliche Mietpreiskontrolle, 1996; *Langenberg* PiG 53 (1997), 59 (71).

[253] Zu dem Merkmal des Ausnutzens: BGH VII ZR 190/03, NJW 2004, 1740; zur Rspr. des BGH zu § 5 *WiStG Langenberg FS Blank, 2006, 291;* zu den Einflüssen der Marktentwicklung auf das Mietverhältnis *Börstinghaus* NZM 2000, 898.

[254] OLG Hamburg NZM 1999, 363; OLG Frankfurt a. M. NZM 2000, 1219.

[255] BT-Drs. II/2136, 3.

den Mietvertrag insgesamt zu kündigen.[256] Die gegenteilige Auffassung widerspricht dem hohen Rang, den der Bestandsschutz des Mietverhältnisses im sozialen Mietrecht genießt.

Das geringe Angebot muss jeweils derjenige **beweisen,** der sich auf die für ihn günstige Rechtsfolge beruft.[257] Im Rückforderungsprozess muss deshalb der Mieter darlegen und beweisen, dass zum Zeitpunkt des Abschlusses der Vereinbarung ein geringes Angebot vorgelegen hat. Die einzelne Staffel ist bei einem Mietvertrag mit Staffelvereinbarung kein neuer Mietvertrag, so dass es zu keiner Änderung der Beweislastverteilung kommt, wenn während des Bestehens eines Staffelmietvertrages die Mangellage iSd § 5 WiStG nicht mehr vermutet wird.[258] 73

### 2. Verstoß gegen die Wesentlichkeitsgrenze

**Verstößt bereits die erste Staffel** gegen die Wesentlichkeitsgrenze des § 5 WiStG, dann ist die Vereinbarung teilnichtig, dh der Mieter schuldet lediglich die ortsübliche Vergleichsmiete zzgl. Wesentlichkeitszuschlag von 20%.[259] 74

### 3. Spätere Staffeln

**Die späteren Staffeln** sind jeweils gesondert auf ihre jeweilige Mietpreiswidrigkeit zu überprüfen.[260] Dies war in der Vergangenheit durchaus strittig. Zum Teil wurde hier vertreten, dass dann die Staffelmietvereinbarung für die Zukunft gem. § 139 BGB unwirksam ist, so dass lediglich die Miete der letzten Staffel weiterzuzahlen ist.[261] Ein Hineinwachsen in die Wirksamkeit könne es mit Rücksicht auf die Interessen der Mieter nicht geben.[262] 75

Die Beantwortung der Frage hängt ua damit zusammen, wie man eine Staffelmietvereinbarung dogmatisch einordnet. Es kann sich um eine Gesamtvereinbarung über alle Staffeln der Miete handeln[263] oder aber um eine Einigung der Parteien über jede einzelne Staffel, wobei die zukünftigen Staffeln aber unter einer aufschiebenden Befristung gem. § 163 BGB[264] vereinbart werden. Demgemäß wurde vertreten,[265] dass für die Beurteilung der Wirksamkeit der Staffelmietvereinbarung auf einen Vergleich der konkreten Staffelmietvereinbarung mit der Entwicklung der üblichen Entgelte für die gesamte Laufzeit der Staffelmietvereinbarung abzustellen ist. Dabei müsse die erwartete Steigerung der üblichen Entgelte auf Grund der Erfahrung aus der Vergangenheit geschätzt werden. Der Vorteil einer solchen **Gesamtschau** ist der, dass sie den Besonderheiten der einzelnen Vertragsgestaltung uU besser gerecht wird. So können die Parteien gute Gründe haben, warum sie für einen bestimmten Zeitraum eine sehr hohe Miete vereinbart haben. Dies kann nämlich zB durch eine sehr niedrige Miete zu einem anderen Zeitpunkt ausgeglichen worden sein. Die Parteien können auf diese Weise bestimmte Einkommensentwicklungen des Mieters vorweggenommen haben oder bestimmte Kosten, die der Miete im Zusammenhang mit der Wohnung aufgewandt hat, wie zB Renovierungskosten, Aufbringung der Kaution oder Umzugskosten, berücksichtigt haben. Gegen diese Auffassung spricht aber vor allem die Unpraktikabilität auf Grund des sehr hohen Prognoserisikos, das für die Zukunft besteht.[266] 76

Deshalb wird auch bei der Beurteilung von Mieten, die auf Grund einer wirksamen Staffelmietvereinbarung zustande gekommen sind, zu Recht auf **jede einzelne Staffelmiete** abgestellt.[267] Für 77

---

256 So aber LG Frankfurt a. M. WuM 1998, 168.

257 BGH VIII ZR 190/03, NJW 2004, 1740 = NZM 2004, 381; *Langenberg,* zur Rspr. des BGH zu § 5 WiStG *Langenberg* FS Blank, 2006, 291; *Siebke* ZMR 2004, 412.

258 LG Berlin NZM 2001, 39.

259 AnwK WohnraumMietR/*Lammel* BGB § 557a Rn. 13.

260 OLG Hamburg NZM 2000, 232; LG Berlin ZMR 2000, 530.

261 LG Hamburg NZM 1999, 401, Vorlagebeschluss; LG Freiburg ZMR 1998, 781; *Langenberg* PiG 53 (1997), 59 (73).

262 *Derleder* PiG 13 (1983), 11 (28); *Keller,* Zivilrechtliche Mietpreiskontrolle, 1996, 103.

263 So *Keller,* Zivilrechtliche Mietpreiskontrolle, 1996, 97.

264 Ansprüche auf Mietzahlung entstehen generell mit Abschluss des Mietvertrages nach § 163 BGB aufschiebend befristet zum Anfangstermin des jeweiligen Zeitraums: BGH IX ZR 102/03, NZM 2007, 212 Rn. 12; IX ZR 237/03, NZM 2005, 342; NJW 1990, 1785.

265 Wohl auch AnwK WohnraumMietR/*Lammel* BGB § 557a Rn. 15.

266 Nach LG Frankfurt a. M. WuM 1996, 425 sind die Mieten in der Zukunft nicht feststellbar.

267 OLG Hamburg NZM 2000, 232; LG Berlin GE 1999, 449, ZMR 1995, 77; LG Frankfurt a. M. WuM 1996, 425; Kossmann Wohnraummiete-HdB/*Meyer-Abich* § 142 Rn. 10; *Sternel* MietR Kap. III Rn. 432; *Mock,* Mietwucher, 1994, 38 mwN.

die Bestimmung der Grenzen der Wirksamkeit einer Staffelmietvereinbarung ist davon auszugehen, dass nicht nur die Anfangsmiete, sondern auch alle bei Vertragsschluss noch zukünftigen Staffelsätze an § 5 WiStG, § 134 BGB zu messen sind. Für die Auslegung des § 5 WiStG ist sein Zweck entscheidend. Die Vorschrift soll zum Schutz des Mieters lediglich die Vereinbarung unter marktwirtschaftlichem Aspekt überhöhter Mieten unterbinden.[268] Ausreichend für diese Zielsetzung ist als Folge eines Verstoßes die Teilnichtigkeit im Sinne einer geltungserhaltenden Reduktion, die nicht weiterreicht als die tatbestandliche Erfüllung des § 5 WiStG. Die Eingrenzung der allein an der tatbestandlichen Erfüllung des § 5 WiStG orientierten Teilnichtigkeit erfordert im Fall einer Staffelmietvereinbarung mit überhöhten Staffelsätzen den Vergleich jedes Staffelsatzes mit der ortsüblichen Vergleichsmiete zum Zeitpunkt des vorgesehenen Anfangstermins. Dies folgte bis zur Schuldrechtsreform aus § 308 Abs. 2, § 309 BGB aF. Diese Vorschriften sind ersatzlos aufgehoben worden, weil sie Sonderregelungen für die Nichtigkeit von Verträgen bei anfänglicher objektiver Unmöglichkeit enthielten, die bekanntlich abgeschafft wurde. Es war zwar zunächst im Gesetzgebungsverfahren geplant, auch die vorübergehende Unmöglichkeit zu regeln, der Rechtsausschuss hat aber diese Fallgestaltung ausdrücklich der Regelung durch die Wissenschaft und Rspr. überlassen. Daraus ergibt sich, dass eine Änderung der Rspr. durch die Streichung der Vorschriften letztendlich nicht bezweckt war. Soweit zB ausdrücklich in § 2171 BGB aF auf § 308 BGB verwiesen wurde, hat der Gesetzgeber den Inhalt des § 308 BGB aF jetzt als § 2171 Abs. 2, 3 BGB nF übernommen. Da die Vorschriften der §§ 308, 309 BGB aF auf dies Problem nicht direkt angewandt wurden, sondern nur ihr Rechtsgedanke, kann jetzt der Rechtsgedanke der § 2171 Abs. 2, 3 BGB nF herangezogen werden. Genau wie in § 2171 Abs. 3 BGB nF auch, ist idR die Miete, jedenfalls aber die jeweiligen Staffelsätze durch einen Anfangstermin befristet. Ein im Hinblick auf die ortsübliche Vergleichsmiete bei Vertragsabschluss feststellbarer möglicher Verstoß gegen § 5 WiStG ist insoweit behoben worden, als wegen der Veränderung der Vergleichsmiete bis zum Anfangstermin eine Überhöhung des jeweiligen Staffelsatzes entfällt. Eine solche Auslegung entspricht auch der Rspr. zur Rückforderung vermeintlich überzahlter Mieten wegen einer Mietpreisüberhöhung. Auch hier werden Veränderungen der ortsüblichen Vergleichsmiete mitberücksichtigt.[269]

**78** Dass die **Teilnichtigkeit** einer Staffel zur Unwirksamkeit aller nachfolgenden Staffeln führen muss, lässt sich auch nicht mit dem Gebot der Rechtssicherheit begründen. Dies ist für sich allein ohnehin nicht geeignet, rechtliche Lösungen zu begründen. Im vorliegenden Zusammenhang ist etwa auch der Grundsatz der Verhältnismäßigkeit zu beachten. Allerdings kann sich der Mieter idR einer Unwirksamkeit späterer Staffelsätze angesichts möglicher Steigerungen der ortsüblichen Miete nicht im Voraus sicher sein. Die **beschränkte Vorhersehbarkeit** dieser Entwicklung ebenso wie die Unsicherheiten der Feststellung der aktuellen ortsüblichen Vergleichsmiete sind jedoch bei der Anwendung des § 5 WiStG auf die Staffelmiete unvermeidlich und führen auch während der Geltung nicht überhöhter Staffelsätze zu Unsicherheiten hinsichtlich der Wirksamkeit des nächsten Staffelsatzes. Der Schutz des Mieters wird hinreichend dadurch gewahrt, dass die von ihm zu entrichtenden Staffelsätze auf die Beträge reduziert werden, die der Vermieter zulässigerweise als konkret festgelegte Beträge hätte fordern können und auf die der Mieter sich nach der Lage der Dinge auch eingelassen hätte, wie der Abschluss auf noch höherem Niveau beweist.

**79** Richtigerweise muss jede Anwendung des § 5 WiStG auf Staffelmietvereinbarungen von der **Rechtsnatur des Mietvertrages als Dauerschuldverhältnis** ausgehen. Dabei stellt sich die Frage, ob der Anspruch auf die Miete bereits mit Abschluss des Mietvertrages „betagt" besteht oder gem. §§ 163, 158 Abs. 1 BGB erst mit der Inanspruchnahme der jeweiligen Gegenleistung entsteht, bei Mietverträgen also nicht vor dem Anfangstermin des jeweiligen Zeitraums der Gebrauchsüberlassung. Überwiegend wird angenommen, dass der Mietvertrag nur ein „befristetes" Rechtsgeschäft im letztgenannten Sinne ist.[270] Jedenfalls bei einem normalen Mietvertrag über Grundstücke hat der Vermieter keine gesicherte Rechtsposition, solange der Zeitraum, für den die jeweilige Miete geschuldet wird, wenigstens noch bevorsteht. Der Vertrag kann im Regelfall mit einer bestimmten Frist gekündigt werden, § 573c BGB, was das Entstehen weiterer Mieten verhin-

---

[268] BGH VIII ARZ 13/83, NJW 1984, 722.

[269] KG NJW-RR 1995, 1037; OLG Hamm NJW 1983, 1622; OLG Frankfurt a. M. WuM 1985, 139.

[270] BGH IX ZR 106/08, NJW 2010, 444; *Jacoby* LMK 3/2010 Anm. 11; BGH IX ZR 263/03, NJW-RR 2005, 1641; ZMR 1997, 223, WM 1965, 628 (630); OLG Hamburg NZM 1999, 363 (365); Palandt/*Ellenberger* BGB § 163 Rn. 2.

dern würde.[271] Dementsprechend gehen Rspr. und Rechtslehre auch davon aus, dass Mieten als Entgelt für die periodische Gebrauchsüberlassung iSv § 96 Nr. 1 InsO jeweils neu entstehen.[272] Das bedeutet, dass auch bei einer Staffelmietvereinbarung die jeweils fällige Miete jeden Monat neu entsteht und zwar in der Höhe, die die vertragliche Vereinbarung vorsieht. Soll aber eine Leistung erst nach Eintritt eines bestimmten Termins erfolgen, so beurteilt sich die Wirksamkeit der Vereinbarung nach den Verhältnissen zum vereinbarten oder gesetzlichen Anfangstermin der Leistungspflicht. Für die Beurteilung der Frage der Nichtigkeit (bzw. Teilnichtigkeit) einer Mietvereinbarung ist somit richtigerweise nicht auf den Zeitpunkt der Vereinbarung, sondern auf den vereinbarten Fälligkeitszeitpunkt abzustellen.[273] Also nur, wenn die Staffelmiete zu dem Zeitpunkt, zu dem sie erstmals zu zahlen war, die ortsübliche Vergleichsmiete um mehr als 120% übersteigt, kann sie teilweise unwirksam sein. Der Mieter schuldet dann nur die auf 120% über der ortsüblichen Vergleichsmiete begrenzte Miete.

### 4. Für die Vergangenheit

hat eine eventuelle Teilunwirksamkeit keine Bedeutung.[274] Zeiträume die bereits verstrichen sind, werden von der Teilnichtigkeit nicht erfasst. Gemäß § 139 BGB tritt bei Teilunwirksamkeit einer Vereinbarung hinsichtlich des ganzen Vertrages nur dann eine Nichtigkeit ein, wenn nicht anzunehmen ist, dass die Parteien ihn auch ohne den nichtigen Teil abgeschlossen hätten.[275] Bei einer Staffelmietvereinbarung ist davon auszugehen, dass die Parteien diese im Umfang ihrer preisrechtlichen Zulässigkeit auch abgeschlossen hätten, da dies zum einen im Interesse des Vermieters lag und der Mieter bereits durch Anerkennung sogar einer teilunwirksamen Vereinbarung zu erkennen gegeben hat, dass er sich auf eine solche Vereinbarung einlassen will. **80**

### 5. Auch ein nachträgliches Absinken

der ortsüblichen Vergleichsmiete führt nicht zur Unwirksamkeit einer späteren Staffel nach § 134 BGB iVm § 5 WiStG, wenn die vereinbarte Miete zu einem früheren Zeitpunkt der Höhe nach zulässig war.[276] Zwar muss bei der Überprüfung auf einen Verstoß gegen § 5 WiStG auf den Zeitpunkt des jeweiligen Wirksamwerdens der einzelnen Staffel abgestellt werden jedoch müssen zu diesem Zeitpunkt alle Tatbestandsmerkmale des § 5 WiStG vorliegen. Hierzu zählt nicht nur die Überschreitung der Wesentlichkeitsgrenze, sondern auch das subjektive Merkmale des *Ausnutzens.* Die für den Tatbestand des § 5 WiStG erforderliche Verknüpfung von ungünstiger Wohnungsmarktlage und überhöhte Miete hat in dem Fall des erst nachträglichen Absinkens der Miete aber niemals vorgelegen. Dass der Mieter jetzt objektiv eine überhöhte Miete zahlen muss ist allenfalls Folge des Zeitmietvertrages. Ohne Befristung könnte der Mieter sich durch eine Änderungskündigung der überhöhten Miete entziehen. So wie aber der Vermieter gem. § 557 Abs. 3 BGB regelmäßig bei einem Zeitmietvertrag keine Mieterhöhung durchsetzen kann, so kann der Mieter in diesem Fall ebenfalls keine Mietsenkung durchsetzen. Dies ergibt sich aus dem Sinn und Zweck eines Zeitmietvertrages. **81**

## IV. Wegfall der Geschäftsgrundlage

Auch auf Staffelmietverträge sind die **Grundsätze des Wegfalls der Geschäftsgrundlage** nach § 313 BGB anzuwenden.[277] Voraussetzung ist hierfür, dass sich die Umstände, die zur Grundlage des Vertrages geworden sind, nach Vertragsschluss schwerwiegend verändert haben und einer Partei unter Berücksichtigung der vertraglichen oder gesetzlichen Risikoverteilung das Festhalten **82**

---

[271] BGH ZMR 1997, 223.

[272] BGH VIII ZR 305/81, BGHZ 86, 382 (385) = NJW 1983, 1119; RGZ 40, 120 (125).

[273] So auch KG NJW-RR 1995, 1037 mkritAnm *Buchmann* WuM 1995, 427; iE ebenso *Keller,* Zivilrechtliche Mietpreiskontrolle, 1996, 99.

[274] *Keller,* Zivilrechtliche Mietpreiskontrolle, 1996, 102; *Langenberg* PiG 53 (1997), 59 (71).

[275] BGH VIII ZR 197/11, NJW 2012, 1502 = NZM 2012, 416; *Börstinghaus* jurisPR-BGHZivilR 8/2012 Anm. 3; *Theesfeld* WuM 2012, 259; *Schmid* ZMR 2012, 527.

[276] KG NZM 2001, 283.

[277] Ausf. *Assmann* „Die Geschäftsgrundlage im Mietrecht", Vortrag auf dem Deutschen Mietgerichtstag 2003, download unter www.mietgerichtstag.de; *Kluth/Freigang* NZM 2006, 41; *Kunze/Tietzsch* Miethöhe Teil I Rn. 282ff; Zehelein/*Streyl,* Miete in Zeiten von Corona, 2. Aufl. 2021, S. 139.

am Vertrag nicht zugemutet werden kann. Zu unterscheiden ist dabei zwischen dem Anspruch auf Vertragsanpassung und dem Anspruch aus der Vertragsanpassung.[278] Der **Anspruch auf Vertragsanpassung** ist durch Klage auf Abgabe der entsprechenden Willenserklärung durchzusetzen; die Vollstreckung erfolgt gem. § 894 ZPO. Es ist aber auch zulässig, direkt auf Leistung aus dem angepassten Vertrag zu klagen.[279] Möglich ist auch die Stufenklage.[280] Der Mieter kann seinen Anspruch auf Vertragsanpassung im Zahlungsprozess durch Ausübung des Zurückbehaltungsrechts geltend machen.[281]

83 Den größten Einfluss auf das Mietverhältnis hat eine **Geldentwertung,** schlimmstenfalls eine Inflation wie in den zwanziger Jahren. Bei gegenseitigen Verträgen gehört grds. der Gedanke der Gleichwertigkeit von Leistung und Gegenleistung zur Geschäftsgrundlage des Vertrages.[282] Jedoch ist in der Rspr. schon immer anerkannt, dass das Sinken der Kaufkraft des Geldes grds. keinen Anspruch auf Vertragsanpassung nach den Grundsätzen des Wegfalls der Geschäftsgrundlage gibt.[283] Auch bei einem Mietvertrag trägt der Vermieter das Risiko der normalen Kaufkraftentwertung.[284] Zumindest ein Geldwertschwund von bis zu 60% ist nach der Rspr. des BGH noch hinnehmbar.[285] Voraussetzung für die Anwendung der Grundsätze über den Wegfall der Geschäftsgrundlage ist nämlich, dass das Risiko nicht von einer Partei zu tragen ist. Die Frage, ob die vom Mieter zu erbringende Geldleistung noch der Sachleistung des Vermieters wertmäßig entspricht, ist aber eine Frage, die in den **Risikobereich des Vermieters** fällt. Nur bei Geldentwertungen, die die vorhersehbaren Entwicklungen überschreiten, hat nach den Grundsätzen des Wegfalls der Geschäftsgrundlage eine Vertragsanpassung zu erfolgen. Dies wurde bei Steigerungen der Lebenshaltungskosten von mehr als 150%, also einer Geldentwertung von mehr als 60% auch bei einem Mietvertrag angenommen.[286]

84 Davon zu unterscheiden ist aber die **Vorstellung der Vertragsparteien** bei Abschluss einer Staffelmietvereinbarung, über die zukünftige Entwicklung der Mieten. Weicht hier die Vorstellung der Vertragsparteien von der tatsächlichen Entwicklung ab, so rechtfertigt dies eine Vertragsanpassung nicht, wenn sich dadurch nur das **von einer Vertragspartei zu tragende Risiko** verwirklicht.[287] Bei Vereinbarung einer Staffelmiete besteht nämlich regelmäßig die nicht fernliegende Möglichkeit, dass die vereinbarte Miete im Laufe der Zeit sich abw. von der Marktmiete entwickelt. Dieses typische Vertragsrisiko einer Staffelmiete trägt grds. die jeweils benachteiligte Vertragspartei.[288] Der Mieter bleibt daher ohne ausdrückliche vertragliche Regelung auch bei einem **gravierenden Absinken des allgemeinen Mietniveaus** an die vertraglich vereinbarten Staffelerhöhungen gebunden.[289] Diese Risikoverteilung ändert sich nicht dadurch, dass auch der Vermieter erwartet, das allgemeine Mietniveau werde während der Staffelmietvereinbarung steigen. Es ist grds. Sache der jeweiligen Partei des Mietvertrages abzuschätzen, ob sich die vereinbarte Staffelmiete im Vergleich zur Entwicklung des Marktes als ihr günstig erweisen wird oder nicht. Die Vereinbarung einer langfristigen Staffelmiete schafft beiden Parteien eine zuverlässige Kalkulationsgrundlage. Allein der Umstand, dass auch der Vermieter im Zeitpunkt des Vertragsschlusses von weiter ansteigenden Mietpreisen ausgeht, verlagert das Risiko der Entwertung der Sachleistung während der Dauer der Staffelmietvereinbarung nicht vom Mieter auf den Vermieter.[290]

85 Entwickeln sich die Mieten abw. von den Vorstellungen der Parteien bei Abschluss der Staffelmietvereinbarung, kann nur in extremen Ausnahmefällen eine Vertragsanpassung wegen **Störung des Äquivalenzverhältnisses** erfolgen, zB, wenn das Festhalten am Vertrag für eine Partei exis-

---

278 *Schmidt-Kessel/Baldus* NJW 2002, 2076.

279 BGH V ZR 17/11, NJW 2012, 373; *Schmidt-Kessel/Baldus* NJW 2002, 2076 (2077); NK-BGB/*Krebs,* Bd. 2, 2005, § 313 Rn. 53.

280 *Schmidt-Kessel/Baldus* NJW 2002, 2076 (2077).

281 *Schmidt-Kessel/Baldus* NJW 2002, 2076 (2077); NK-BGB/*Krebs,* Bd. 2, 2005, § 313 Rn. 53.

282 BGH V ZR 129/56, NJW 1958, 906; V ZR 9/58, NJW 1959, 2203; II ZR 126/59, NJW 1962, 250 (251); XII ZR 232/91, NJW-RR 1993, 773 (774); *Börstinghaus* NZM 2000, 898.

283 BGH V ZR 9/58, NJW 1959, 2203; V ZR 19/80, NJW 1981, 1668; V ZR 306/81, NJW 1983, 1309; V ZR 306/81, BGHZ 86, 168 = NJW 1983, 1309.

284 BGH VIII ZR 108/74, NJW 1976, 142; V ZR 195/84, NJW 1986, 2698.

285 BGH V ZR 195/84, NJW 1986, 2698 (2699) unter Hinweis auf BGH V ZR 119/83, NJW 1985, 126.

286 OLG Hamburg OLGZ 90, 65.

287 BGH V ZR 80/77, BGHZ 74, 370 (373) = NJW 1979, 1818; XII ZR 279/97, NJW 2000, 1714 (1716); *XII ZR 8/00, NZM 2002, 659;* XII ZR 175/02, NZM 2005, 63; **aA** AG Tempelhof GE 1998, 300.

288 BGH XII ZR 8/00, NZM 2002, 659; XII ZR 175/02, NZM 2005, 63.

289 BGH XII ZR 8/00, NZM 2002, 659; XII ZR 175/02, NZM 2005, 63.

290 BGH XII ZR 8/00, NZM 2002, 659; XII ZR 175/02, NZM 2005, 63.

tenzgefährdend wäre. Dazu muss der Vertrag noch sehr lange laufen. Eine Restlaufzeit von vier Jahren spricht gegen eine Äquivalenzstörung.[291] Dass Wohnraummietverhältnisse bei Vereinbarung einer Staffelmiete nach vier Jahren gekündigt werden können, ist auch nicht Ausdruck eines allgemeinen Rechtsgedankens, der auch auf Gewerberaummietverhältnisse übertragen werden kann sondern eine nicht analogiefähige wohnraummietrechtliche Spezialvorschrift.[292] Weitere Voraussetzung ist in diesem Fall, dass die zur Unzumutbarkeit am Festhalten des Vertrages führenden Umstände auch auf die in Frage stehende Äquivalenzstörung zurückzuführen sein müssen. Allein die Tatsache, dass bei einem **Gewerberaummietvertrag** die Einnahmen nicht entsprechend gestiegen sind, ist kein solcher Umstand. Eine solche Entwicklung ist nicht durch das Absinken der marktüblichen Mietpreise verursacht worden.[293] Die Entwicklung der Einnahmen ist von der Höhe der Miete unabhängig. Aber auch der Überschuss der Einnahmen über die Ausgaben wird durch eine Veränderung des Mietenniveaus nicht beeinflusst. Der Überschuss wäre bei der prognostizierten Mietentwicklung gleichgeblieben. Insbesondere die Möglichkeit bei sinkenden Mieten andere Räume preiswerter anzumieten, rechtfertigt nicht die Annahme einer zur Vertragsanpassung führenden Äquivalenzstörung. Der Umstand, dass jemand durch eine nachträgliche Veränderung der Verhältnisse wirtschaftlich ungünstiger steht, als nach den getroffenen Vereinbarungen zu erwarten war, rechtfertigt es regelmäßig nicht, um ihm aus Billigkeitsgründen ein auch nur teilweises Abgehen vom Vertrag zu erlauben.[294] Eine andere Beurteilung wäre eine Verletzung der gesetzlichen Grundentscheidung, dass Verträge, so wie sie geschlossen sind, gehalten werden müssen.[295]

## G. Vereinbarungen

### I. Unwirksame Vereinbarungen

Nach § 557a Abs. 5 BGB sind abweichende Vereinbarungen zum Nachteil des Mieters unwirksam. Die Vorschrift ist eigentlich überflüssig, da bereits gem. § 557 Abs. 4 BGB alle nachteiligen Vereinbarungen unwirksam sind. Gemäß § 557 Abs. 2 BGB kann der Vermieter zukünftige Mieterhöhungen ua in Form einer Staffelmietvereinbarung gem. § 557a BGB vereinbaren. Das bedeutet dann aber auch, dass dies nur unter den in der Vorschrift des § 557a BGB genannten Voraussetzungen möglich ist und jede Abweichung hiervon zu Lasten des Mieters auch gegen § 557 Abs. 5 BGB verstößt. Zur Frage, wann eine Vereinbarung vorliegt und den allgemeinen Voraussetzungen deshalb → BGB § 557 Rn. 60 ff. 86

Unwirksam sind alle Vereinbarungen, die von den Voraussetzungen der § 557a Abs. 1–4 BGB zum Nachteil des Mieters abweichen ohne dass die Staffelmietvereinbarung selbst dadurch unwirksam wird. Hierzu zählen 87

- Ausschluss des Kündigungsrechts des Mieters für mehr als vier Jahre
- Anpassungsklauseln, die es dem Vermieter gestatten, die einmal vereinbarten Staffelerhöhungen nachträglich zu verändern
- Beschränkung des Kündigungsrechts des Mieters nach vier Jahren.[296]

Nicht von § 557a Abs. 5 BGB werden erfasst alle Vereinbarungen, die bereits dazu geführt haben, dass gar keine wirksame Staffelmietvereinbarung vorliegt, also 88

- kürzere Staffeln als ein Jahr
- Zulassen von Mieterhöhungen gem. §§ 558, 559 BGB neben Staffelmieterhöhungen[297].

---

[291] BGH XII ZR 8/00, NZM 2002, 659; XII ZR 175/02, NZM 2005, 63.
[292] BGH XII ZR 175/02, NZM 2005, 63.
[293] BGH XII ZR 8/00, NZM 2002, 659; XII ZR 175/02, NZM 2005, 63.
[294] BGH XII ZR 8/00, NZM 2002, 659; XII ZR 175/02, NZM 2005, 63.
[295] BGH VIII ZR 108/74, NJW 1976, 142.
[296] BGH VIII ZR 316/03, NZM 2004, 736.
[297] AG Dortmund NZM 2010, 862 insofern bestätigt durch LG Dortmund NZM 2012, 136; AG Wedding MM 2009, 147.

## II. Wirksame Vereinbarungen

89 Wirksam sind alle Vereinbarungen, die zugunsten des Mieters von § 557a BGB abweichen. Hierzu zählt zB die Begrenzung der einzelnen Staffeln auf die ortsübliche Vergleichsmiete.[298]

## H. Prozessuales/Streitwerte

90 Aus einer Staffelmietvereinbarung kann **unmittelbar auf Zahlung** geklagt werden. Die vereinbarte Miete hat sich mit Eintritt der Staffel verändert, so dass es keiner Klage auf Zustimmung mehr bedarf. Besteht die Besorgnis der Nichterfüllung der gesamten Mietforderung oder auch nur der Staffelmieterhöhung, kann unter den Voraussetzungen der §§ 258, 259 ZPO Klage auf künftige Zahlung der gesamten Miete oder nur der Erhöhungsbeträge erhoben werden. Die Voraussetzungen sind gegeben, wenn der Mieter die Zahlungspflicht ernstlich bestreitet.[299] Bei der Staffelmiete können die Staffeln bereits im Tenor berücksichtigt werden.[300]

91 Erhebt der Vermieter **Räumungsklage,** ist für den Gebührenstreitwert gem. § 41 GKG die Miete für die „streitige Zeit" maßgeblich. Für die Frage, was die „streitige Zeit" ist, ist vor allem das Verteidigungsvorbringen des Mieters maßgeblich. Es kommt darauf an, wie lange nach Auffassung des Mieters das Mietverhältnis noch fortbesteht. Beruft er sich auf ein befristetes Besitzrecht, dann ist diese Zeit maßgeblich, beruft er sich auf ein unbefristetes Besitzrecht, dann sind die nächsten 25 Jahre strittig, § 8 ZPO. Bei einer Staffelmiete ist die höchste Nettomiete innerhalb der strittigen Zeit für die Berechnung maßgeblich.[301]

---

[298] BGH VIII ZR 279/07, NZM 2009, 355.
[299] *BGH VIII ZR* 47/63, BGHZ 43, 28 (31) = NJW 1965, 440; III ZR 116/94, MDR 1996, 1232 = ZMR 1996, 546; II ZR 330/97, NJW 1999, 954; VIII ZB 66/02, NJW 2003, 139.
[300] *Both* DWW 2010, 82 (87).
[301] BGH XII ZR 256/03, NZM 2005, 944; *Kinne* GE 2006, 286.

## § 557b Indexmiete

**(1) Die Vertragsparteien können schriftlich vereinbaren, dass die Miete durch den vom Statistischen Bundesamt ermittelten Preisindex für die Lebenshaltung aller privaten Haushalte in Deutschland bestimmt wird (Indexmiete).**

**(2) [1]Während der Geltung einer Indexmiete muss die Miete, von Erhöhungen nach den §§ 559 bis 560 abgesehen, jeweils mindestens ein Jahr unverändert bleiben. [2]Eine Erhöhung nach § 559 kann nur verlangt werden, soweit der Vermieter bauliche Maßnahmen auf Grund von Umständen durchgeführt hat, die er nicht zu vertreten hat. [3]Eine Erhöhung nach § 558 ist ausgeschlossen.**

**(3) [1]Eine Änderung der Miete nach Absatz 1 muss durch Erklärung in Textform geltend gemacht werden. [2]Dabei sind die eingetretene Änderung des Preisindexes sowie die jeweilige Miete oder die Erhöhung in einem Geldbetrag anzugeben. [3]Die geänderte Miete ist mit Beginn des übernächsten Monats nach dem Zugang der Erklärung zu entrichten.**

**(4) Die §§ 556d bis 556g sind nur auf die Ausgangsmiete einer Indexmietvereinbarung anzuwenden.**

**(5) Eine zum Nachteil des Mieters abweichende Vereinbarung ist unwirksam.**

### Systematische Übersicht



### Alphabetische Schnellübersicht

## A. Allgemeines

### I. Übersicht

1 Die Vorschrift enthält die Regelungen über die Mietanpassungsvereinbarung, die erst 1993 durch das 4. Mietrechtsänderungsgesetz[1] in das MHG eingefügt worden war und durch das Euro-Einführungsgesetz[2] zum 1.1.1999 den veränderten währungsrechtlichen Rahmenbedingungen angepasst worden ist. Die Bezeichnung für **wertgesicherte Mietverträge** lautete seither „Indexmiete".[3] Die Vorschrift gilt nur für Wohnraummietverträge, soweit ihre Anwendung nicht ausdrücklich in § 549 Abs. 2, 3 BGB für bestimmte Mietverhältnisse ausgenommen ist. Bei den dort genannten Mietverhältnissen ist die Indexklausel bereits gem. § 311 Abs. 1 BGB zulässig, dh es gelten nicht die einschränkenden Voraussetzungen des § 557b BGB. Es können also auch andere Indizes vereinbart werden oder kürzere Steigerungsintervalle. Die Vorschrift gilt gem. § 578 Abs. 3 BGB auch Verträge über die Anmietung von Räumen durch eine juristische Person des öffentlichen Rechts oder einem anerkannten privaten Träger der Wohlfahrtspflege, die geschlossen werden, um die Räume Personen mit dringendem Wohnbedarf zum Wohnen zu überlassen.[4] Die Vorschrift ist die spezialgesetzliche Regelung für Wohnraummietverträge und geht gem. § 1 Abs. 3 PreisklG den Vorschriften des Preisklauselgesetzes vor.

2 Als Index zugelassen ist nach dem Gesetzestext nur der **Preisindex für die Lebenshaltungskosten aller privaten Haushalte** in Deutschland. Seit Januar 2003 lautet die Bezeichnung beim Statistischen Bundesamt **Verbraucherpreisindex für Deutschland (VPI).** Inhaltliche Änderungen waren mit der Umbenennung nicht verbunden. Seit 1.9.2001 gibt es in der Wohnraummiete gem. § 557b BGB keine Mindestlaufzeit für indexierte Mietverträge mehr. Möglich sind Indexmietverträge auf unbestimmte Dauer oder befristete Mietverträge mit beliebig langer Laufzeit auch von weniger als zehn Jahren.

3 Für **Gewerberaummietverträge**[5] richtet sich die Zulässigkeit von Indexklauseln nach dem „Gesetz über das Verbot der Verwendung von Preisklauseln bei der Bestimmung von Geldschulden" (PreisklG).[6] Nach § 3 PreisklG darf grds. die Miete in langfristigen Verträgen indexiert werden. Voraussetzung ist, dass der Vertrag für mindestens zehn Jahre abgeschlossen wurde oder der Vermieter für diese Zeit auf sein Kündigungsrecht verzichtet hat. Dabei kommt es nicht auf den Mietvertragsabschluss,[7] sondern auf den tatsächlichen Mietbeginn an.[8] Gleich gestellt werden Verträge, bei denen der Mieter durch Ausübung von Optionsrechten die Laufzeit des Vertrages auf mindestens zehn Jahre verlängern kann.[9] Zulässig sind nur der vom Statistischen Bundesamt oder einem Statistischen Landesamt ermittelte Preisindex für die Gesamtlebenshaltung oder ein vom Statistischen Amt der Europäischen Gemeinschaft ermittelter Verbraucherpreisindex. Unwirksam sind gem. § 2 PreisklG aber solche Klauseln, die eine Partei unangemessen benachteiligen, also zB nur Erhöhungen und keine Mietsenkungen zulassen (upwards only)[10] oder die zu einer überproportionalen Erhöhung führen.[11] Nach § 8 PreisklG[12] tritt die Unwirksamkeit der Preisklausel bei einem

---

[1] G v. 21.7.1993 (BGBl. I 1257).

[2] G v. 9.6.1998 (BGBl. I 1242); zu der Änderung der Vorschrift durch das 1. Euro-Einführungsgesetz Börstinghaus/Hannig Euro-Umstellung/*Börstinghaus; Pakuscher* NZM 1998, 497; *Schmidt-Räntsch* NJW 1998, 3166.

[3] Zu den unterschiedlichen Gesetzesfassungen auch *Grothe* NZM 2002, 54; *Lützenkirchen* NZM 2001, 835.

[4] Zur Entstehung der Vorschrift und der Kritik daran *Häublein* FS Börstinghaus, 2020, 211; *Schultz* GE 2019, 230.

[5] Zu Wertsicherungsklauseln bei Gewerbemietverträgen *Breiholdt/Leo* FS Börstinghaus, 2020, 321; Bub/Treier MietR-HdB/*Schultz* Kap. III A Rn. 795ff.; *Aufderhaar/Jaeger* NZM 2009, 564; *Hellner/Rousseau* NZM 2009, 301; *Herrlein* WImmoT 2011, 171; *Mettler* MietRB 2017, 358; *Neuhaus* MDR 2010, 848; *Neuhaus* Geschäftsraummiete-HdB S. 480ff.; *Schimmel/Ingendoh* GE 2009, 427; Wolf/Eckert/Ball MietR-HdB/*Eckert* Rn. 460ff.; Lindner-Figura/Oprée/Stellmann Geschäftsraummiete/*Bartholomäi* Kap. 10 Rn. 122ff.

[6] v. 7.9.2007 (BGBl. I 2246).

[7] So aber *Weiß/Bonk* ZfIR 2012, 113 (116).

[8] *Usinger* NZM 2009, 297 (298) Lindner-Figura/Oprée/Stellmann Geschäftsraummiete/*Bartholomäi* Kap. 10 Rn. 136.

[9] OLG Brandenburg ZMR 2013, 184, teilweise aufgehoben durch BGH XII ZR 142/12, NJW 2014, 52; *Hellner/Rousseau* NZM 2009, 301 (305); *Neuhaus* MDR 2010, 848 (849).

[10] *Breiholdt/Leo* FS Börstinghaus, 2020, 321 (330); Lindner-Figura/Oprée/Stellmann Geschäftsraummiete/*Bartholomäi Kap. 10 Rn. 138.*

[11] Lindner-Figura/Oprée/Stellmann Geschäftsraummiete/*Bartholomäi* Kap. 10 Rn. 139.

[12] Verfassungsrechtliche Bedenken wegen der fehlenden währungsrechtlichen Gesetzgebungskompetenz für Regelungen zur Geldwertstabilität haben *Hellner/Rousseau* NZM 2009, 301; *Schultz* NZM 2008, 425; Bub/

Verstoß gegen die gesetzlich vorgegebenen Voraussetzungen aber erst zum **Zeitpunkt des rechtskräftig festgestellten Verstoßes** gegen die Vorschriften des Preisklauselgesetzes ein, soweit nicht eine frühere Unwirksamkeit vereinbart ist.[13] Die Rechtswirkungen der Preisklausel bleiben bis zum Zeitpunkt der Unwirksamkeit unberührt.[14] Die Klausel ist schwebend wirksam.[15] Insofern hat die Neuregelung die Rechtsfolge genau andersherum geregelt. Während früher Klausel bis zur Genehmigung schwebend unwirksam waren, sind sie jetzt schwebend wirksam.[16] Strittig ist zum einen, ob diese Rechtsfolge auch für formularvertraglich vereinbarte Indexklauseln gilt[17] und zum anderen, ob es auch für nicht genehmigte Klausel gilt, die vor dem 14. 9. 2007 vereinbart wurden. § 8 PreisklG spricht nämlich ausdrücklich von „Verstößen gegen dies Gesetz" weshalb der Wortlaut dafür spricht, andere Nichtigkeitsgründe, zB Verstöße gegen das Transparenzgebot gem. § 307 BGB, vom Anwendungsbereich der Vorschriften auszunehmen. Sinn und Zweck des § 8 PreisklG sprechen eher für eine enge Auslegung.[18] Letztendlich ist § 8 PreisklG die speziellere Regelung gegenüber § 307 BGB.[19]Nach Ansicht des BGH[20] sind auch Indexklauseln in Altverträgen schwebend wirksam, bis gerichtlich die Unwirksamkeit der Klausel rechtskräftig festgestellt wurde.[21] In diesem Fall sind Indexsteigerungen ab 14. 9. 2007 maßgeblich. Ist die Indexklausel unwirksam, hat dies auf die Wirksamkeit des Mietvertrages insgesamt keinen Einfluss.[22] Erörtert wird, ob gegen das Preisklauselgesetz verstoßende Klauseln im Wege der ergänzenden Vertragsauslegung durch eine zulässige Klausel ersetzt werden können.[23] Umstritten ist ferner, inwiefern eine Indexklausel mit anderen Miethöhevereinbarungen verbunden werden kann.[24]

Gemäß § 557b Abs. 2 BGB sind während der **Laufzeit einer Indexmiete** Mieterhöhungen nach § 558 BGB auf die ortsübliche Vergleichsmiete gänzlich und Mieterhöhungen gem. § 559 BGB nach einer Modernisierungsmaßnahme soweit ausgeschlossen als es sich nicht um Maßnahmen handelte, die der Vermieter auf Grund von Umständen durchgeführt hat, die er nicht zu vertreten hat. 4

§ 557b Abs. 3 BGB regelt die Modalitäten des Erhöhungsverfahrens. Anders als bei der Staffelmiete tritt die Erhöhung nicht automatisch ein. Derjenige, der sich auf eine Indexänderung beruft, muss diese Änderung und die Rechtsfolgen der anderen Vertragspartei in einem formalisierten Verfahren mitteilen. Im Änderungsschreiben muss nicht nur die eingetretene Indexänderung, sondern auch die geänderte Miete oder der Erhöhungsbetrag angegeben werden. Die Erklärung muss zumindest in Textform erfolgen, § 126b BGB. 5

Durch das Mietrechtsnovellierungsgesetz wurde in § 557b Abs. 4 BGB ab 1. 6. 2015 die sog. Mietpreisbremse gem. §§ 556d–556g BGB auch für die Ausgangsmiete einer Indexmiete ein- 5a

---

Treier MietR-HdB/*Schultz* Kap. III A Rn. 805; MüKoBGB/*Grundmann* § 245 Rn. 71; **aA** *Schmidt-Räntsch* NJW 1998, 3166; OLG Brandenburg ZMR 2013, 184; offen gelassen von BGH XII ZR 142/12, NJW 2014, 52 = NZM 2014, 34.

[13] Nach *Neuhaus* ZAP Fach 4, 1507 (1510) kommt das in der Praxis bisher nicht vor.

[14] BGH XII ZR 142/12, NJW 2014, 52; danach OLG Brandenburg BeckRS 2014, 11041; **aA** noch in OLG Brandenburg ZMR 2013, 184; *Gerber* NZM 2008, 152; *Schulz* NZM 2008, 425; Neuhaus Geschäftsraummiete-HdB S. 491; *Aufderhaar/Jaeger* ZfIR 2008, 121; Lindner-Figura/Oprée/Stellmann Geschäftsraummiete/*Bartholomäi* Kap. 10 Rn. 146; Wolf/Eckert/Ball MietR-HdB/*Eckert* Rn. 474.

[15] *Hannemann* FS Börstinghaus, 2020, 167 (169); Guhling/Günter/*Schweitzer* PrKG § 8 Rn. 1; *Schulz* NZM 2008, 425 (427).

[16] *Hannemann* FS Börstinghaus, 2020, 167 (169) weist daraufhin, dass diese Rechtsfolge im deutschen Recht eher selten, aber nicht völlig unbekannt ist (§ 23 Abs. 4 WEG).

[17] Auf der einen Seite OLG Brandenburg ZMR 2013, 184, teilweise aufgehoben durch BGH XII ZR 142/12, NJW 2014, 52; LG Wuppertal ZMR 2017, 488; Sternel MietR Kap. IV Rn. 52; *Gerber* NZM 2008, 152; auf der anderen Seite *Neuhaus* Geschäftsraummiete-HdB S. 493; Bub/Treier MietR-HdB/*Schultz* Kap. III A Rn. 894; *Aufderhaar/Jaeger* NZM 2009, 564 (575); *Schulz* NZM 2008, 425; Wolf/Eckert/Ball MietR-HdB/*Eckert* Rn. 482; Palandt/*Grüneberg* PreisklG Anh. § 8 Rn. 1; Lindner-Figura/Oprée/Stellmann Geschäftsraummiete/*Bartholomäi* Kap. 10 Rn. 147.

[18] *Hannemann* FS Börstinghaus, 2020, 167 (176); Wolf/Eckert/Ball MietR-HdB/*Eckert* Rn. 482 auch unter Berufung auf die Begr. des Gesetzes BT-Drs. 16/4764, 16.

[19] *Hannemann* FS Börstinghaus, 2020, 167 (176); *Aufderhaar/Jaeger* NZM 2009, 564 (575); *Schulz* NZM 2008, 425; Wolf/Eckert/Ball MietR-HdB/*Eckert* Rn. 482; Palandt/*Grüneberg* PreisklG Anh. § 8 Rn. 1; Lindner-Figura/Oprée/Stellmann Geschäftsraummiete/*Bartholomäi* Kap. 10 Rn. 147; *Weiß/Bork* ZfIR 2012, 113 (118).

[20] BGH XII ZR 142/12, NJW 2014, 52.

[21] Die Feststellung durch einen Prozessvergleich ist nach dem ausdrücklichen Wortlaut der Norm nicht möglich: *Hannemann* FS Börstinghaus, 2020, 167 (171); **aA** *Neuhaus* MDR 2010, 848 (850).

[22] OLG Brandenburg ZMR 2013, 184, teilweise aufgehoben durch BGH XII ZR 142/12, NJW 2014, 52.

[23] *Hannemann* FS Börstinghaus, 2020, 167 (171); Bub/Treier MietR-HdB/*Schultz* Kap. III A Rn. 896 mwN.

[24] OLG Brandenburg NJW 2010, 876; *Usinger* NZM 2009, 297.

geführt. Die Bestimmung gilt nur in Gemeinden mit angespanntem Wohnungsmarkt, die durch Landesverordnung bestimmt worden sind. Anders als bei der Staffelmiete ist aber den jeweiligen Indexerhöhungen eine Überprüfung der Miethöhe nicht vorgeschrieben.

## II. Übergangsregelungen – In-Kraft-Treten

6 Die Vorschrift gilt für alle Indexmietvereinbarungen in der Wohnraummiete, die nach dem 31.8.2001 vereinbart wurden. Für vor diesem Termin abgeschlossene Vereinbarungen gilt weiter § 10a MHG. Auch Vereinbarungen die vor dem 1.9.2001 abgeschlossen wurden, deren erste Mieterhöhung aber erst nach dem 1.9.2001 eintreten sollte, sind unwirksam, wenn der Mietvertrag über eine Laufzeit von weniger als zehn Jahre abgeschlossen wurde. Eine **Heilung** ist durch die gesetzliche Neuregelung nicht eingetreten. Gegebenenfalls müssen die Parteien eine neue Vereinbarung schließen. Auch hierfür gilt die Schriftform. Möglich ist auch die Bestätigung der ehemals unwirksamen Mietanpassungsvereinbarung. Auch für die Bestätigung gilt das Schriftformerfordernis.

6a Die Beschränkung der Ausgangsmiete in Gemeinden mit angespannten Wohnungsmärkten gem. § 557b Abs. 4 BGB ist gem. Art. 229 § 35 Abs. 1 BGB nur auf solche Mietverträge anzuwenden, die nach Inkrafttreten einer Landesverordnung gem. § 556d Abs. 2 BGB für die entsprechende Gemeinde abgeschlossen wurden. Das ist insofern missverständlich, als dass Indexvereinbarungen auch nachträglich abgeschlossen werden können. Wurde also der Mietvertrag vor Erlass der Landesverordnung abgeschlossen, aber die Indexvereinbarung erst nach Inkrafttreten der Verordnung gilt § 557b Abs. 4 BGB nicht. Insofern unterscheidet sich die Übergangsregelung von der für Staffelmietvereinbarungen. Dort gelten die §§ 556d–556g BGB auch für Staffelmietvereinbarungen, die im Rahmen eines Mietvertrages, der vor Aufnahme der Gemeinde in eine Landesverordnung abgeschlossen wurde, die aber erst Aufnahme der Gemeinde in eines solche Vereinbarung geschlossen wurde.

6b Die fehlende Genehmigung einer Indexklausel in einem **Gewerberaummietvertrag,** die vor dem 1.1.1999[25] vereinbart wurde, wurde durch die zwischenzeitlich geltende Genehmigungsfiktion in § 4 Abs. 2 PrKV geheilt.[26] Der Vertrag war insofern bis zum 1.1.1999 schwebend unwirksam und wurde dann ex tunc wirksam.[27] Hieran hat sich durch das neue PreisklG nichts geändert. Das neue Preisklauselgesetz ist gem. § 9 Abs. 2 PreisklG auf alle Index-Vereinbarungen anwendbar, deren Genehmigung nicht vor dem 13.9.2007 beantragt wurde.[28] Wurde die Klausel vor dem 14.9.2007 vereinbart und keine Genehmigung oder Negativattest eingeholt, richtet sich die Wirksamkeit nach dem PreisklG.[29] Alte Klauseln, die der Genehmigungsfiktion des § 4 PrKV unterlagen, sind weiterhin zulässig. Wurde eine Klausel in der Vergangenheit genehmigt, so bleibt sie gem. § 9 PreisklG wirksam.[30]

## III. Inhalt und Zweck der Norm

7 Der Gesetzgeber hat die Möglichkeit der Vereinbarung von Indexklauseln 1993 geschaffen, weil selbst nach seiner eigenen Einschätzung die gesetzlichen Erhöhungsvorschriften für beide Mietvertragsparteien nur schwer zu handhaben sind. Gerade private Vermieter mit kleinem Wohnungsbestand hätten häufig Schwierigkeiten, Mieterhöhungsverlangen entsprechend den gesetzlichen Anforderungen zu begründen. Die Möglichkeit der Staffelmietvereinbarung werde demgegenüber in der Praxis nur beschränkt angenommen.[31] Bei der Indexmiete handelt es sich um einen von zwei in § 557 Abs. 2 BGB zugelassenen Fällen von dem generellen Verbot von für den Mieter nachteilige Vereinbarungen über zukünftige Mieterhöhungen zu treffen, § 557 Abs. 4 BGB.

---

[25] Zur historischen Entwicklung der Indexierung von Gewerberaummietverträgen siehe *Hannemann* FS Börstinghaus, 2020, 167 (168ff.).

[26] OLG Stuttgart WuM 2007, 270; LG Koblenz ZMR 2007, 114.

[27] Bub/Treier MietR-HdB/*Schultz* Kap. III A Rn. 811.

[28] OLG Brandenburg ZMR 2013, 184, teilweise aufgehoben durch BGH XII ZR 142/12, NJW 2014, 52.

[29] OLG Brandenburg ZMR 2013, 184, teilweise aufgehoben durch BGH XII ZR 142/12, NJW 2014, 52; OLG *Celle NJW-RR 2008, 896 (897); Neuhaus* MDR 2010, 848; *Hellner/Rousseau* NZM 2009, 301 (303).

[30] OLG Brandenburg ZMR 2013, 184, teilweise aufgehoben durch BGH XII ZR 142/12, NJW 2014, 52; *Engel/Bösenberg* MietRB 2009, 243 (244).

[31] BT-Drs. 12/3254, 8.

Die Mietanpassungsvereinbarung hat für Vermieter und Mieter **Vorteile:** Der Vermieter erhält hierdurch ein an die Entwicklung der Lebenshaltungskosten gekoppeltes Entgelt; das relativ komplizierte Mieterhöhungsverfahren nach den §§ 558ff. BGB entfällt. Auch aus wirtschaftlicher Sicht kann eine Indexmiete durchaus interessant sein. Zwar ist nicht zu verkennen, dass das ortsübliche Mietpreisniveau in den letzten Jahren stärker gestiegen ist als die Lebenshaltungskosten. Vergleicht man die Mietanpassungsvereinbarung mit dem gesetzlichen Vergleichsmietensystem, so muss allerdings zusätzlich berücksichtigt werden, dass der Vermieter von der Entwicklung des ortsüblichen Mietpreisniveaus auf lange Zeit nicht profitiert, wenn die Anfangsmiete über der ortsüblichen Miete liegt. In diesem Fall sind Mieterhöhungen so lange ausgeschlossen, bis das ortsübliche Preisniveau die Anfangsmiete übersteigt. Bei der Mietanpassungsvereinbarung besteht diese Einschränkung nicht.[32] Selbst in Gemeinden, in denen die Beschränkungen der §§ 556d–556g BGB gelten, kann eine dauerhafte Mietsteigerung einer bereits bei Abschluss des Vertrages bis zu 10% über der ortsüblichen Vergleichsmiete liegenden Miete auf diese Weise wirksam vereinbart werden, die da späteren Indexsteigerungen nicht am Maßstab der §§ 556d–556g BGB gemessen werden. Besonders bedeutsam kann dies in den Fällen sein, in denen bereits die Vormiete die Grenze des § 556d Abs. 1 BGB überstieg oder diese Grenze wegen in den letzten drei Jahren durchgeführter Modernisierungsmaßnahmen überschritten werden darf. Für den Mieter kann die Indexmiete ebenfalls attraktiv sein: er erhält einen langfristigen Mietvertrag mit einer fairen und einleuchtenden Preisregelung; die Entwicklung der Lebenshaltungskosten ist idR zudem besser zu überschauen als die Entwicklung der Mietpreise. Außerdem sind, wenn wahrscheinlich auch nur theoretisch, Mietsenkungen möglich, wenn der Lebenshaltungskostenindex sich verringert. **8**

Auf Grund der Tatsache, dass Indexmietvereinbarungen früher nur in solchen Verträgen zulässig waren, die eine Mindestlaufzeit von zehn Jahren hatten, gab es solche Vereinbarungen im Wohnraummietrecht bis zum 1.9.2001 so gut wie überhaupt nicht. Selbst wenn die Mietvertragsparteien eine Indexierung des Mietvertrages wollten, so schreckte die Notwendigkeit eines Zehnjahresvertrages regelmäßig Vermieter und Mieter ab. Jetzt können zwar im Prinzip alle Mietverträge indexiert werden, trotzdem haben sich Indexvereinbarungen in der Wohnraummiete – anders als in der Gewerberaummiete – nicht durchgesetzt. **9**

Für die Überprüfung der Wirksamkeit von Indexmieten muss danach differenziert werden, wann die Klausel vereinbart wurde: **10**

**Übersicht:**

| **Inhalt und Form der Vereinbarung** | **Vereinbarung geschlossen zwischen 1.9.1993 und 31.12.1998** | **Vereinbarung geschlossen zwischen 1.1.1999 und 31.8.2001** | **Vereinbarung geschlossen ab dem 1.9.2001** |
|---|---|---|---|
| Schriftform | ja | ja | ja |
| Genehmigung der Landeszentralbank erforderlich | ja | nein | nein |
| Mietvertrag über zehn Jahre oder Option oder Lebenszeit | ja | ja | nein |
| Lebenshaltungskostenindex aller privaten Haushalte | ja | ja | ja |
| andere Indizes | ja | nein | nein |
| Im Erhöhungsschreiben Angabe der geänderten Miete oder des Erhöhungsbetrages | nein | nein | ja |
| Beschränkung der Indexmiete gem. §§ 556d–556g BGB | nein | nein | ja, aber nur die Ausgangsmiete nicht die Indexmieterhöhungen |

*derzeit unbesetzt* **11**

[32] Zum wirtschaftlichen Aspekt der Mietanpassungsvereinbarung auch die Vergleichsrechnungen bei *Hamm* DWW 1993, 321.

## B. Voraussetzungen einer Indexmietvereinbarung

### I. Inhalt der Indexklausel

#### 1. Allgemeines

12 Nach der **Legaldefinition** für eine Indexklausel können die Vertragsparteien schriftlich vereinbaren, dass die Miete durch den vom Statistischen Bundesamt ermittelten Preisindex für die Lebenshaltung aller privaten Haushalte in Deutschland bestimmt wird. Seit Januar 2003 ist er umbenannt in **„Verbraucherpreisindex für Deutschland (VPI)".** Miete iSd Gesetzes ist die gem. § 535 Abs. 2 BGB zu zahlende Gegenleistung für die Gebrauchsüberlassung. Worauf sich die Indexierung bezieht richtet sich vor allem nach der **Mietstruktur** des konkreten Mietvertrages. So bezieht sich die Indexierung auf die Grundmiete, wenn zB Vorauszahlungen auf die Betriebskosten gem. § 556 Abs. 2 BGB zu zahlen sind über die abgerechnet wird. Bei einem Inklusivmietvertrag bezieht sich die Indexierung mangels abweichender Vereinbarung auf die gesamte Inklusiv (Brutto-)Miete. Haben die Parteien eine Pauschale gem. § 556 Abs. 2 BGB vereinbart, kommt es auf den Wortlaut der Indexvereinbarung an. Möglich ist es, die Indexierung auch auf die Pauschale zu beziehen.

13 Die Indexmiete nach § 557b BGB ist nur in Form einer **echten Gleitklausel** möglich.[33] Man versteht hierunter eine Regelung, wonach sich die Höhe der Miete mit der Änderung einer bestimmten, von den Parteien gewählten Bezugsgröße verändern soll; die Veränderung muss dergestalt erfolgen, dass den Parteien kein Verhandlungsspielraum für die Festsetzung der Miethöhe verbleibt („volle Automatik").[34]

14 Das Gesetz gestattet nur Vereinbarungen, nach denen die Entwicklung der Miete durch die Änderung eines von dem Statistischen Bundesamt ermittelten Verbraucherpreisindex für Deutschland (VPI) bestimmt werden soll. Damit sind alle Bezugnahmen auf regionale Indizes zB eines Bundeslandes aber auch die Bezugnahme auf bestimmte Sonderindizes wie zB den Mietenindex oder den früher erhobenen Index für Vierpersonenhaushalte mit mittlerem oder höherem Einkommen oder den Index für Zweipersonenhaushalte mit geringem Einkommen ausgeschlossen. Soweit diese in der Vergangenheit noch zulässigerweise vereinbart werden durften, werden sie nunmehr durch den Preisindex für die Gesamtlebenshaltung bzw. den Verbraucherindex (EG) ersetzt.[35] Die Kopplung an den Preis anderer Waren, zB den Goldkurs, oder anderer Währungen, zB den Dollarkurs war immer verboten bzw. wurde bereits früher nicht genehmigt. Daran hat sich nichts geändert. Die Voraussetzungen des § 557b BGB erfüllen folgende Klauseln nicht und sind deshalb gem. § 557b Abs. 4 BGB iVm § 557 Abs. 4 BGB anders als in der Gewerberaummiete in der Wohnraummiete nichtig:

15 **a) Spannungsklauseln.** Hierbei handelt es sich um Klauseln, die die Mietenentwicklung in Abhängigkeit setzen von der Entwicklung vergleichbarer Verträge.[36] Solche Klauseln würden im Wesentlichen auf die vertragliche Vereinbarung von Änderungsmaßstäben hinauslaufen, die inhaltlich dem Vergleichsmietenprinzip entsprechen. Dadurch würde § 558 BGB umgangen. So sind Klauseln unwirksam, wonach der Mieter jeweils diejenige Miete zu zahlen hat, die sich aus einer bestimmten Rubrik eines Mietspiegels ergibt. Im Gewerberaummietrecht waren solche Klauseln möglich, da § 3 Währungsgesetz auf sie keine Anwendung fand.[37] Sie sind dort nunmehr gem. § 1 Abs. 2 Nr. 2 PreisklG genehmigungsfrei[38] aber kaum praktikabel.[39] Sie kommen in Form von sog. Marktmietklauseln vor.[40] Im Wohnraummietrecht sind sie gem. § 557b Abs. 4 BGB verboten.[41]

16 **b) Leistungsvorbehalte.** Hier kann nicht eine Partei durch einseitige Erklärung die Miete ändern, sondern es besteht lediglich ein Anspruch auf Neuverhandlungen bzw. ein Dritter ist

---

[33] Soweit OLG Karlsruhe BeckRS 2017, 151612 = MietRB 2018, 201/202, den Begriff der „Gleitklausel" benutzt, meint es im konkreten Fall aber eine Staffelmiete mit Steigerungen um 2%.

[34] BGH ZMR 1969, 141.

[35] BGH V ZR 71/08, NJW 2009, 679; V ZR 159/11, MDR 2012, 838, beide für Erhöhung von Erbbauzinsen; LG Koblenz ZMR 2007, 121.

[36] BGH VIII ZR 60/85, NJW-RR 1986, 877; VIII ZR 13/82, NJW 1983, 1909; VIII ZB 26/75, NJW 1976, 478 = MDR 1976, 310; *Stapel* WuM 1999, 204; *Rademacher* ZMR 1999, 218; *Kunze/Tietzsch* Miethöhe Teil I Rn. 114ff.; Wolf/Eckert/Ball MietR-HdB/*Eckert* Rn. 470ff.; Lindner-Figura/Oprée/Stellmann Geschäftsraummiete/*Bartholomäi* Kap. 10 Rn. 154ff.

[37] BGH VIII ZB 26/75, NJW 1976, 478 = MDR 1976, 310.

[38] *Guhling/Günter/Schweitzer PrKG § 1 Rn. 9ff.*

[39] *Neuhaus* Geschäftsraummiete-HdB Kap. 9 Rn. 167.

[40] *Usinger* NZM 2009, 297 (299).

[41] *Stapel* WuM 1999, 204.

befugt, die Miete neu zu bestimmen.[42] Die Veränderung der Bezugsgröße führt hier gerade nicht automatisch zu einer Vertragsänderung, sondern gibt einer Vertragspartei einen Anspruch auf Neuverhandlung.[43] Solche Klauseln sind im Vergleich zu echten Gleitklauseln schwerer umsetzbar und kaum praktikabel. Sie sind im Wohnraummietrecht unwirksam. Im Gewerberaummietrecht sind Leistungsvorbehalte, die einen Ermessenspielraum lassen; der es ermöglicht, die neue Höhe der Geldschuld nach Billigkeitsgrundsätzen zu bestimmen gem. § 1 Abs. 2 Nr. 1 PreisklG zulässig; im Wohnraummietrecht sind sie gem. § 557b Abs. 4 BGB verboten.

**c) Kostenelementklauseln.** Bei dieser Art der Vereinbarung ist die Mietenentwicklung von der Entwicklung bestimmter Kosten abhängig, § 1 Nr. 3 PreisklG.[44] Im Gewerberaummietrecht sind solche Klauseln gem. § 1 Abs. 3c PreisklG genehmigungsfrei, im Wohnraummietrecht sind sie nach § 557b Abs. 4 BGB verboten. Bei deren Zulassung befürchtete der Gesetzgeber, dass die Rspr. auch im Bereich frei finanzierter Mietwohnungen die Weitergabe steigender **Verwaltungs-** und **Instandsetzungskosten** zulassen könnte. Dies wäre mit dem Prinzip einer am Markt erzielbaren Miete nicht vereinbar.[45] Deshalb kann bspw. ein **gewerblicher Zwischenvermieter** nicht mit dem Endmieter vereinbaren, dass sich die Miete nach der Höhe der Miete des Hauptmietverhältnisses richtet. Möglich sind aber in diesem Fall sog. **Aufwandsersatzregelungen.** Danach können die Parteien des Hauptmietverhältnisses eine den Voraussetzungen des § 557b BGB entsprechende Indexvereinbarung treffen; zugleich kann im Untermietverhältnis vereinbart werden, dass der Untermieter die im Hauptmietverhältnis geschuldete Miete tragen soll.[46] Die Regelung verstößt zwar vordergründig gegen § 557 Abs. 4 BGB, sie entspricht aber wirtschaftlich dem Fall einer im Untermietvertrag vereinbarten Indexierung und ist deshalb wirksam.[47] Eine solche Vereinbarung bedarf aber der Form des § 557b BGB. Im Falle der konkreten Mieterhöhung müssen außerdem die formellen Voraussetzungen des § 557b Abs. 3 BGB eingehalten werden. 17

**d) Umsatz- oder Gewinnbeteiligungsklauseln.** Solche Klauseln kommen nur im Gewerberaummietrecht und nicht in der Wohnraummiete vor. Bei diesen Klauseln ist zu differenzieren zwischen einer vereinbarten **Umsatzmiete**[48], bei der die Höhe der Miete an den Gewinn- oder Umsatz des in den Geschäftsräumen betriebenen Gewerbebetriebs gekoppelt wird und den **Umsatz- und Gewinnbeteiligungsklauseln.** Eine solche Klausel ermöglicht dem Vermieter eine Mieterhöhung, wenn bestimmte Umsatz- oder Gewinngrenzen überschritten werden.[49] Beide Klauseln sind nicht genehmigungsbedürftig, weil eine Änderung des Preisniveaus nicht unmittelbar zu einer Änderung der Miete führt. Die Auswirkung der Änderung der Kaufkraft ist nur mittelbar. Weil bestimmte Güter teurer werden, steigt auch der Umsatz. Diese mittelbaren Auswirkungen führen nicht zur Genehmigungsbedürftigkeit.[50] Zulässig ist auch die Kombination einer Umsatzmiete mit einer Indexklausel.[51] Voraussetzung ist die Einhaltung der erforderlichen Mindestlaufzeit des Vertrages gem. § 3 PreisklG und die Anpassung des indexierten Teils der Miete entsprechend den Veränderungen des vereinbarten Index.[52] 18

## 2. Zulässiger Veränderungsmaßstab

Das Ausmaß der Mietanpassung muss in der Vereinbarung bestimmt sein. Es muss sich um einen **prozentualen Veränderungsmaßstab** handeln. Die **Punktzahl** des Lebenshaltungskostenindex darf nicht mit dem Erhöhungsprozentsatz gleichgesetzt werden.[53] 19

---

[42] BGH ZMR 1969, 141; Lützenkirchen MietR-HdB/*Leo* A Rn. 312ff.; *Kunze/Tietzsch* Miethöhe Teil I Rn. 129ff.; Wolf/Eckert/Ball MietR-HdB/*Eckert* Rn. 468f.; Lindner-Figura/Oprée/Stellmann Geschäftsraummiete/*Bartholomäi* Kap. 10 Rn. 162ff.

[43] *Stapel* WuM 1999, 204; *Rademacher* ZMR 1999, 218; *Schultz* NZM 1998, 905.

[44] *Stapel* WuM 1999, 204; *Kunze/Tietzsch* Miethöhe Teil I Rn. 76ff.; Wolf/Eckert/Ball MietR-HdB/*Eckert* Rn. 473; Lindner-Figura/Oprée/Stellmann Geschäftsraummiete/*Bartholomäi* Kap. 10 Rn. 174ff.

[45] BT-Drs. 12/3254, 15.

[46] Staudinger/*J. Emmerich* BGB § 557b Rn. 20.

[47] Staudinger/*J. Emmerich* BGB § 557b Rn. 20 „ist nicht einzusehen, warum die Klausel anders behandelt werden soll"; *V. Emmerich* NZM 2001, 690 (695): zulässig, wenn die „Aufwandsersatzregelung sich streng im Rahmen des" § 557b BGB hält.

[48] *Neuhaus* Geschäftsraummiete-HdB Kap. 9 Rn. 7ff.

[49] *Neuhaus* ZAP Fach 4, 677 (687); *Kunze/Tietzsch* Miethöhe Teil I Rn. 62ff.

[50] *Lützenkirchen* NZM 2001, 835; *Neuhaus* ZAP Fach 4, 677 (687).

[51] *Neuhaus* Geschäftsraummiete-HdB Kap. 9 Rn. 22.

[52] *Usinger* NZM 2009, 297 (301).

[53] AnwK WohnraumMietR/*Lammel* BGB § 557b Rn. 16.

**Beispiel:** Der Index steigt von 113 auf 116 Punkte. Hier liegt eine Steigerung um drei Punkte vor. Dies entspricht aber nur einer Steigerung von 2,65486% (zur Berechnung → Rn. 27).

20 Der Veränderungsmaßstab darf auch nach der Gesetzesänderung höchstens der prozentualen Indexänderung entsprechen. Zwar ist dies seit 2001 nicht mehr ausdrücklich im Gesetzestext enthalten, miet- und preisrechtliche Gesichtspunkte gebieten jedoch eine teleologische Reduktion dahin, dass **überproportional wirkende Indexklauseln** unwirksam sind.[54] Die Indexmiete dient ausschließlich der **Sicherung des Geldwertes** der vereinbarten Miete und soll keine wertmäßige Erhöhung der Miete ermöglichen. Daraus folgt, dass die Veränderung der Miete genau der prozentualen Veränderung des Lebenshaltungskostenindex entsprechen muss. Entscheidend ist die prozentuale Veränderung des Index. Die Miete verändert sich dann um den gleichen Prozentsatz. Die Klausel muss des Weiteren sowohl bei einem Anstieg wie auch bei einem Sinken des Index einschlägig sein, also zu einem Mietanstieg oder einer Mietsenkung führen. Regelt sie nur den Fall des Mietanstiegs, dann ist sie ebenso unwirksam wie in den Fällen, in denen sie eine nicht zu unterschreitende Mindestmiete vorsieht.[55]

### 3. Transparenzgebot

20a Indexklauseln werden regelmäßig in **Allgemeinen Geschäftsbedingungen** vereinbart. Insofern gelten neben dem Nachteilsverbot gem. § 557b Abs. 5 BGB auch die Regelungen über die Einbeziehungs- und **Inhaltskontrolle** gem. § 305 ff. BGB. Hierzu zählt auch das **Transparenzgebot** gem. § 307 Abs. 1 S. 2 BGB.[56] Letzteres gilt unabhängig davon, ob man die Indexklausel als Preishaupt- oder -nebenabrede versteht.[57] Die Klausel muss klar und verständlich formuliert sein. Das Transparenzgebot verpflichtet die Verwender Allgemeiner Geschäftsbedingungen entsprechend den Grundsätzen von Treu und Glauben, „Rechte und Pflichten ihrer Vertragspartner möglichst klar und durchschaubar darzustellen".[58] Nach Auffassung des BGH gehört dazu auch, dass AGB **wirtschaftliche Nachteile und Belastungen** soweit erkennen lassen, wie dies nach den Umständen gefordert werden kann.[59] In der Klausel müssen die Tatbestandsvoraussetzungen und Rechtsfolgen so genau beschrieben sein, dass dem Verwender kein ungerechtfertigter Beurteilungsspielraum verbleibt.[60] Die Beschreibung muss für den Mieter nachprüfbar und darf nicht irreführend sein.[61] Dabei ist auf einen rechtlich nicht vorgebildeten Durchschnittskunden abzustellen, der nicht weiß, welche Rechte ihm zustehen.[62] Deshalb darf in AGB die Rechtsposition des Vertragspartners nicht unklar geregelt sein.[63] Eine Klausel, die die Rechtslage unzutreffend oder auch nur missverständlich wiedergibt, stellt eine entgegen den Geboten von Treu und Glauben unangemessene Benachteiligung dar. Wirtschaftliche Nachteile müssen den Umständen entsprechend erkennbar sein.[64] Die **Preisabrede** selbst unterliegt zwar nicht der Klauselkontrolle, dies gilt aber nicht für **Preisnebenabreden.**[65] Um eine **der Inhaltskontrolle entzogene Preisvereinbarung**[66] gem. § 307 Abs. 3 S. 1 BGB handelt es sich bei Klauseln, die Art, Umfang und Güte der vertraglichen Hauptleistung und der hierfür zu zahlenden Vergütung unmittelbar bestimmen.[67] Die Freistellung von der Inhaltskontrolle gilt nur für Abreden über den unmittelbaren Leis-

---

[54] *Grothe* NZM 2002, 54 (57); AnwK WohnraumMietR/*Lammel* BGB § 557b Rn. 16; *Sternel* MietR Kap. IV Rn. 35; Bub/Treier MietR-HdB/*Schultz* Kap. III A Rn. 918.

[55] Bub/Treier MietR-HdB/*Schultz* Kap. III A Rn. 924.

[56] Die Kodifizierung des Transparenzgebots hat zwar dessen Bedeutung hervorgehoben, eine inhaltliche Änderung zur vorher bereits vorliegenden Rspr. ist hierdurch nicht eingetreten; zum Transparenzgebot *Stöhr* AcP 216 (2016), 558; *Häublein* WuM 2016, 468; *Schumacher* NZM 2003, 13; *Heinrichs* NZM 2003, 6.

[57] BGH VIII ZR 42/20, 6 E 2021, 877.

[58] BGH VIII ZR 189/08, NZM 2010, 668 = NJW 2010, 3152.

[59] BGH VIII ZR 121/04, BGHZ 164, 11 (16) = NJW-RR 2005, 1496; BGH VIII ZR 48/05, BGHZ 165, 12 (21) = NJW 2006, 996; Ulmer/Brandner/Hensen/*Fuchs* BGB § 307 Rn. 335.

[60] BGH VIII ZR 121/04, BGHZ 164, 11 = NJW-RR 2005, 1496; BGH VIII ZR 48/05, BGHZ 165, 12 = NJW 2006, 996.

[61] BGH XII ZR 107/01, BGHZ 162, 39 = NJW 2005, 1183.

[62] BGH XII ZR 109/08, BGHZ 183, 299 = NJW 2010, 671; BGH VII ZR 205/88, BGHZ 108, 52 (60) = NJW 1989, 2750; BGH NJW 2007, 2176; NJW 2001, 292; Artz/Börstinghaus AGB/*Artz* Teil I Rn. 115.

[63] Beispiele für solche unklaren Wertsicherungsklauseln bei *Breiholdt/Leo* FS Börstinghaus, 2020, 321.

[64] BGH NJW 2000, 651.

[65] *Zur Kontrolle und* Unwirksamkeit von Preisnebenabreden: *Jerger* NJW 2019, 3752.

[66] BGH VIII ZR 197/11, WuM 2012, 278; *Börstinghaus* jurisPR-BGHZivilR 8/12 Anm. 3; *Schmid* ZMR 2012, 527; BGH VIII ZR 140/08, WuM 2009, 587.

[67] BGH VII ZR 266/17, NJW 2019, 2997 (2998).

tungsgegenstand. Dagegen sind Regelungen, die die Leistungspflicht des Verwenders einschränken, verändern, ausgestalten oder modifizieren, inhaltlich zu kontrollieren.[68] Bei der Indexmiete handelt es sich nicht um eine bloße Preisnebenabrede.[69] Es handelt sich um einen wesentlichen Bestandteil des Mietvertrages. Die Indexklausel betrifft die Höhe der Gegenleistung. Solche Leistungs- und preisbeschreibende Klauseln müssen nur dem Transparenzgebot gem. § 307 Abs. 3 S. 2 BGB genügen. Kontrollfähig sind demgegenüber Klauseln, durch die die Veränderung des Verhältnisses zwischen Leistung und Gegenleistung im laufenden (Dauer-)Schuldverhältnis geregelt werden sollen.[70] Ob es sich im Einzelfall um eine kontrollfähige Preisnebenabrede oder um eine Preisabrede handelt, ist durch Auslegung zu bestimmen. Diese hat sich nach dem objektiven Inhalt und typischen Sinn der in Rede stehenden Klausel einheitlich danach zu richten, wie ihr Wortlaut von verständigen und redlichen Vertragspartnern unter Abwägung der Interessen der regelmäßig beteiligten Verkehrskreise verstanden wird.[71] Das Transparenzgebot wiederum gilt aber auch für die Preisabreden.[72] Deshalb können auch die Angaben über die vom Mieter zu zahlende Gegenleistung unwirksam sein, wenn sie etwa wegen ihrer Gestaltung, Platzierung oder Aufspaltung als intransparent zu qualifizieren sind.[73] Bei der Indexmietvereinbarung handelt es sich um eine Preisnebenabrede, da es um die zukünftige Entwicklung der Miete und nicht die ursprüngliche Miethöhe geht. Auf eine Indexklausel sind deshalb die § 305 ff. BGB uneingeschränkt anzuwenden, wozu auch das Transparenzgebot gehört. Bedenken gegen eine Indexklausel können bestehen, wenn diese in der Formulierung sowohl auf prozentuale Änderungen als auch auf Veränderung der Punktwerte Bezug nimmt.[74]

## II. Schriftform

Die Indexvereinbarung muss gem. § 557b Abs. 1 BGB schriftlich abgeschlossen werden. Der Schutzzweck der Norm besteht vor allem darin, die Mietvertragsparteien vor unüberlegten langfristigen Festlegungen zu schützen **(Warnfunktion).**[75] Daneben dient die Schriftform auch der **Beweissicherung** insbes. auch bei Eigentümerwechseln und dem damit gem. § 566 BGB verbundenen Vertragsübergang.[76] Eine feste Verbindung mit dem Mietvertrag ist für die Wirksamkeit der Indexmiete nicht erforderlich.[77] Eine Indexmiete kann auch durch Formularvertrag vereinbart werden. Die Schriftform der Indexmietvereinbarung muss auch dann eingehalten werden, wenn der Mietvertrag selbst gem. § 550 BGB nicht der Schriftform unterliegt.[78] 21

Für die Schriftform gilt § 126 BGB. Möglich ist auch der Abschluss in elektronischer Form gem. § 126 a BGB.[79] Es ist jedoch nicht zulässig, eine Indexmietvereinbarung in einer nur die **Textform** gem. § 126b BGB genügenden Form abzuschließen.[80] Schriftlich bedeutet daher, dass die Urkunde von beiden Vertragspartnern oder ihren Vertretern eigenhändig durch Namensunterschrift unterzeichnet sein muss. Wegen der Einzelheiten siehe § 550 BGB. 22

Bei **Gewerberaummietverträgen**[81] muss die Schriftform bzgl. des gesamten Mietvertrages eingehalten werden. Nach § 3 PreisklG[82] sind Wertsicherungsklauseln in Verträgen über wiederkehrende Leistungen dann wirksam, wenn der Gläubiger für die Dauer von mindestens zehn Jahren auf das Recht zur ordentlichen Kündigung verzichtet oder der Schuldner das Recht hat, die Vertragsdauer auf mindestens zehn Jahre zu verlängern. Das ist aber gem. § 550 BGB nur dann der Fall, wenn der Mietvertrag hinsichtlich aller wesentlichen Vertragsabsprachen die gesetzliche 23

---

[68] BGH VII ZR 266/17, NJW 2019, 2997 (2998).
[69] Offengelassen von BGH VIII ZR 42/20, ZMR 2021, 656; zur Kontrolle und Unwirksamkeit von Preisnebenabreden: *Jerger* NJW 2019, 3752.
[70] Artz/Börstinghaus AGB/*Artz* Teil I Rn. 111.
[71] BGH XI ZR 238/16, NJW-RR 2018, 1136.
[72] OLG Celle NJW-RR 1995, 1133; Wolf/Lindacher/Pfeiffer/*Pfeiffer* BGB § 307 Rn. 305.
[73] Artz/Börstinghaus AGB/*Artz* Teil I Rn. 112.
[74] Deshalb durchaus bedenklich LG Berlin MM 9/2011, 9.
[75] *Sternel* MietR Kap. III Rn. 434.
[76] Zum Schutzzweck der Schriftform gem. § 550 BGB: BGH XII ZR 120/06, NJW 2010, 1518; XII ZR 69/06, NZM 2008, 482 = NJW 2008, 2178.
[77] LG Berlin GE 1998, 857.
[78] *Mankowski* ZMR 2002, 481 (484).
[79] → BGB § 557a Rn. 25; *Einsele* GS Sonnenschein, 2013, 117.
[80] *Mankowski* ZMR 2002, 481 (484).
[81] Zu Problemen formularvertraglicher Wertsicherungsklausel: *Breiholdt/Leo* FS Börstinghaus, 2020, 321.
[82] *Aufderhaar/Jaeger* ZfIR 2008, 121; *Kirchhoff* DNotZ 2007, 913.

Schriftform erfüllt. Deshalb haben Formmängel iSd §§ 550, 126 BGB grds. nicht nur eine Kündbarkeit des Mietvertrages zur Folge, sondern auch die Unwirksamkeit der Wertsicherungsklausel. Zu beachten ist aber weiter, dass gem. § 8 PreisklG die Unwirksamkeit der Preisklausel erst zum **Zeitpunkt des rechtskräftig festgestellten Verstoßes** gegen die Vorschriften des Preisklauselgesetzes eintritt, soweit nicht eine frühere Unwirksamkeit vereinbart ist. Die Rechtswirkungen der Preisklausel bleiben bis zum Zeitpunkt der Feststellung der Unwirksamkeit unberührt.[83] Formmängel iSd §§ 550, 126 BGB haben nicht nur eine Kündbarkeit des Mietvertrages zur Folge, sondern auch die Unwirksamkeit der Wertsicherungsklausel.

## III. Indexvereinbarung

### 1. Zeitpunkt der Vereinbarung

24 Die Indexmietvereinbarung kann **zusammen mit dem Mietvertrag** abgeschlossen werden aber auch zu einem **späteren Zeitpunkt** separat. Wird die Vereinbarung zusammen mit dem Mietvertrag abgeschlossen, kann dies in einer einheitlichen Urkunde geschehen. Möglich ist aber auch der spätere Abschluss einer Indexvereinbarung in einem bestehenden Mietverhältnis. Die Wohnung braucht dabei noch nicht übergeben worden zu sein. Es ist ferner nicht erforderlich, dass die Miete zum Zeitpunkt des Abschlusses der Indexvereinbarung ein Jahr unverändert geblieben ist. Die Jahressperrfrist des § 558 Abs. 1 BGB gilt hier weder ausdrücklich noch analog. Es fehlt an einer Regelungslücke, da es sich hier um eine einvernehmliche Vertragsänderung oder -ergänzung handelt. Demgegenüber will § 558 Abs. 1 BGB den Mieter vor einseitigen Mieterhöhungen gegen seinen Willen schützen.

### 2. Widerrufsmöglichkeit

25 Die auf Abschluss einer Indexvereinbarung gerichtete Willenserklärung kann uU widerrufen werden. Dies ist dann der Fall, wenn es sich um einen sog. **Verbrauchervertrag iSd § 312 BGB** handelt[84], der gem. § 312b BGB außerhalb der Geschäftsräume des Vermieters (→ BGB Vor § 535 Rn. 75ff.) oder als Fernabsatzvertrag gem. § 312c BGB geschlossen wurde.[85] Soweit der BGH[86] mit Hilfe einer teleologischen Reduktion die Vorschriften über Fernabsatzverträge auf das Mieterhöhungsverfahren nach §§ 558ff. BGB für nicht anwendbar erklärt hat, gilt das nicht für Indexvereinbarungen gem. § 557b BGB. Die Entscheidung beruht auf den besonderen mieterschützenden Vorschriften des gesetzesgestützten Erhöhungsverlangens. Deshalb kann der Mieter sowohl unter den situativen Voraussetzungen des **Außerhausgeschäftes** gem. § 312b BGB[87] oder des Fernabsatzvertrages gem. § 312c BGB seine Willenserklärung widerrufen, wenn der Vermieter unter den Voraussetzungen des § 14 BGB in Ausübung ihrer gewerblichen oder selbständigen beruflichen Tätigkeit handelt.[88] Die Darlegungs- und Beweislast für die ausschließliche Verwendung von Fernkommunikationsmitteln beim Vertragsschluss trägt nach allgemeinen Grundsätzen der Verbraucher. Soweit die ausschließliche Verwendung von Fernkommunikationsmitteln beim Vertragsschluss feststeht, hat der Unternehmer darzulegen und ggf. zu beweisen, dass dem Vertragsschluss ein persönlicher Kontakt vorausgegangen ist, oder dass der Vertrag nicht im Rahmen eines für den Fernabsatz organisierten Vertriebs- oder Dienstleistungssystems erfolgt ist.[89]

---

[83] BGH XII ZR 142/12, NJW 2014, 52; *Gerber* NZM 2008, 152; *Schulz* NZM 2008, 425; *Aufderhaar/Jaeger* ZfIR 2008, 121.

[84] Zur Frage, wann ein (Privat-)Vermieter Unternehmer ist BGH XI ZR 461/18, NZM 2020, 808; *Fervers* NZM 2018, 640.

[85] Zur seit 13.6.2014 geltenden Neuregelung und den Auswirkungen auf das Mietrecht *Hinz* WuM 2016, 76; *Koch* VuR 2016, 92; *Kunze/Kroll* MietRB 2016, 329; *Horst* DWW 2015, 2; *Mediger* NZM 2015, 185; *Artz/Brinkmann/Pielsticker* ZAP Fach 4, 1639; *Hau* NZM 2015, 435; *Lindner* ZMR 2015, 261; *Pisal/Schreiner* ZfIR 2015, 505; *Gsell* WuM 2014, 375.

[86] BGH VIII ZR 94/17, NZM 2018, 1011; *Fervers* NJW 2019, 308; *Menke* LMK 2018, 412415; *Börstinghaus* NZM 2018, 1015.

[87] *BGH VIII ZR 29/16, NZM 2017, 517* = NJW 2017, 2823; *Blank* WuM 2017, 453; *Börstinghaus* NZM 2017, 519; *Rolfs/Möller* NJW 2017, 3275; *Lindner* ZMR 2018, 190.

[88] Umf. hierzu *Fervers* NZM 2018, 640.

[89] BGH I ZR 168/14, WM 2016, 968.

### 3. Inhalt der Vereinbarung

Nach der Legaldefinition in Abs. 1 darf seit 1.9.2001 nur noch der seit Januar 2003 als VPI veröffentlichte Index vereinbart werden. Damit wird der Tatsache Rechnung getragen, dass das Statistische Bundesamt seit Januar 2003 die Veröffentlichung der verschiedenen Verbraucherindizes eingestellt hat.[90] In vor dem 1.9.2001 abgeschlossenen Vereinbarungen war auch die Bezugnahme auf andere Verbraucherindizes zulässig. Dies waren zum einen die Indizes für bestimmte Haushaltstypen (Vierpersonenhaushalt mit mittlerem Einkommen, Vierpersonenhaushalt mit höherem Einkommen und Zweipersonenhaushalt mit niedrigem Einkommen) sowie jeweils regionale Indizes für die alten und neuen Bundesländer. Zur Umrechnung solcher ehemaligen Indizes → Rn. 29f. **26**

Die **Veränderung der Indexpunktzahl muss umgerechnet** werden in eine prozentuale Veränderung. Für die Umrechnung der Indexpunktzahl in den Prozentsatz der Änderung gilt folgende Formel: **27**

*[(neuer Indexstand: alter Indexstand) × 100] – 100 = Prozentsatz der Änderung.*

Im Einzelfall kann sich ausnahmsweise aus der Klausel im Mietvertrag ergeben, dass die Veränderungen immer nur für volle Jahre maßgeblich sind.[91]

Möglich ist es, dass in der Klausel bestimmte **Untergrenzen (Schwellenwerte)** vereinbart werden, die erst überschritten werden müssen, bis eine Anpassung verlangt werden kann. Diese Grenze kann sich auf eine bestimmte Indexpunktzahl beziehen oder auf eine bestimmte prozentuale Veränderung der Indexwerte. Dies ist, auch wenn dadurch der Anspruch des Mieters auf Herabsetzung der Miete bei fallendem Index betroffen ist, keine nachteilige Vereinbarung zu Lasten des Mieters iSd § 557b Abs. 4 BGB, wenn die gleiche Grenze auch für die Mietsteigerungen gilt. Die Klausel muss aber so formuliert sein, dass die Mietanpassung auf jeden Fall erst ein Jahr nach der letzten Änderung möglich ist und die vereinbarte Grenze nur zusätzlich noch einzuhalten ist. Auf diese Weise können **Bagatellmieterhöhungen** ausgeschlossen werden. Bei Vereinbarung von Schwellenwerten führt die Bezugnahme auf den Punktwert zu einer häufigeren Anpassungsmöglichkeit als die Vereinbarung eines Prozentwertes.[92] **28**

**Beispiel:** Bei einem Index von 140 bedeutet eine Steigerung im zehn Punkte auf 150 nur eine Steigerung um 7,14285% (zur Berechnung → Rn. 27).

Ob bei der Vereinbarung einer Indexklausel neben dem maßgeblichen Index noch angegeben werden muss, auf welches **Basisjahr** der Index berechnet wurde, hängt davon ab, ob die Mietenentwicklung nach einer prozentualen oder punktemäßigen Steigerung des Index erfolgen soll.[93] Die Entwicklung des Lebenshaltungskostenindex wird nämlich vom Statistischen Bundesamt in einem Punktwert bezogen auf ein bestimmtes Basisjahr angegeben. Dadurch kann bezogen auf das jeweilige Basisjahr sofort abgelesen werden, um wie viel Prozentpunkte der Lebenshaltungskostenindex zu diesem Basiswert sich verändert hat. Diese Indizes für die Lebenshaltung werden monatlich amtlich veröffentlicht. Die Veröffentlichung erfolgt etwa am zehnten Tag des Folgemonats; die entsprechenden Zahlen können auch einem Anrufbeantworter des Statistischen Bundesamts oder der Fachpresse entnommen werden. Sie werden auch im Internet veröffentlicht.[94] Der Verbraucherpreisindex wird in fünfjährigem Abstand einer turnusmäßigen Überarbeitung unterzogen. Dies geschieht in **zwei Schritten:** Zunächst wird der **„Warenkorb"** festgelegt, welcher sämtliche Waren und Dienstleistungen enthält, die für die Konsumwelt in Deutschland relevant sind. Dieser Warenkorb wird laufend aktualisiert.[95] Im nächsten Schritt werden die Güter des Warenkorbs in rund 700 Güterarten eingeteilt. Für die Berechnung der gesamten Teuerungsrate wird die durchschnittliche Preisentwicklung für eine Güterart jeweils mit dem Ausgabenanteil gewichtet, den die privaten Haushalte im Durchschnitt für diese Güterart ausgeben. Das Ergebnis ist ein gewichteter Mittelwert für die Preisentwicklung in Deutschland. Die Gewichtungsinformationen sind im sog. **Wägungsschema** enthalten. Im Gegensatz zum Warenkorb wird das Wägungsschema für den Verbraucherpreisindex nur alle fünf Jahre aktualisiert.[96] Somit ist der auf **29**

---

[90] Zu Hintergründen und Folgen dieser Änderung instruktiv BGH XII ZR 41/11, NZM 2013, 148.
[91] LG Berlin MM 2011, 9; 2011, 29.
[92] *Engel/Bösenberg* MietRB 2009, 243 (246).
[93] BGH VIII 42/20, 6 E 2021, 877.
[94] Http://www.destatis.de; dazu auch *Rasch* DNotZ 2003, 730.
[95] BGH XII ZR 41/11, NZM 2013, 148.
[96] BGH XII ZR 41/11, NZM 2013, 148; Erläuterungen dazu auch bei *Elbel* WISTA 3/2015 S. 62 (herunterladbar auch unter www.destatis.de).

dem neuen Basisjahr beruhende Index anders zusammengesetzt als der vorherige und ein unmittelbarer Vergleich der Indizes, die auf unterschiedlichen Basisjahren beruhen, nicht möglich. Bereits publizierte Indexwerte früherer Basisjahre werden ab Januar des neuen Basisjahres unter Verwendung des aktualisierten Wägungsschemas neu berechnet. Die nachfolgend veröffentlichten Lebenshaltungskostenindizes spiegeln daher nicht nur eine reine Preissteigerung, sondern **auch die geänderten Verbrauchsgewohnheiten** wieder.[97] Bis zur Veröffentlichung der Werte des neuen Basisjahres werden die Werte des alten Jahres **behelfsmäßig** ermittelt und veröffentlicht. Diese Werte werden aber **mit Veröffentlichung der Werte des neuen Basisjahres unwirksam.**[98] Deshalb bedarf es einer Angabe des Basisjahrs zur Berechnung der Mietänderung zumindest in den Fällen nicht, in denen die Mietentwicklung an die prozentuale Änderung des VPI geknüpft ist. Zum einen verlangt der Wortlaut des § 557b Abs. 1 BGB eine solche Festlegung nicht. Zum anderen wäre bei einer Prozentklausel die Festlegung eines Basisjahres im Mietvertrag für die spätere Berechnung der Mietänderung, anders als bei einer sogenannten Punkteklausel, bei welcher Maßgebend ist, ob die Indexentwicklung einen bestimmten Punktwert erreicht, unerheblich. Bei der Anknüpfung der Klausel an einen bestimmten Punktwert sieht das wiederum ganz anders aus. Dort ist die Angabe auch nach Ansicht des BGH wohl erforderlich.[99] In beiden Fällen nicht erforderlich ist in der Klausel das Datum des Fristbeginns für die Jahressperrfrist gem. § 557b Abs. 2 S. 1 BGB.[100] Deren Einhaltung ist ausschließlich eine Frage der späteren Erhöhungserklärung.

**30** Wurde eine Wertsicherung vertraglich vereinbart, die auf ein früheres Basisjahr Bezug nimmt, kommt es darauf an, ob Werte vor dem 1.1.1991 umgerechnet werden müssen oder spätere Werte.[101] Das Bundesamt für Statistik veröffentlicht den aktuellen Verbraucherpreisindex für Deutschland mit Basisjahr 2010 rückwirkend bis Januar 1991. Nur Werte davor müssen ggf. umgerechnet werden.[102] Bis 2003 hatte das Statistische Bundesamt noch entsprechende Umbasierungsfaktoren veröffentlicht.[103] Die Probleme tauchen vor allem dann auf, wenn die Parteien vereinbarten haben, dass die Miete sich bei Erreichen eines bestimmten **Punktwertes** verändern soll. Anders als eine nach einem bestimmten Prozentsatz bemessene Steigerungsrate hängt die Frage, ob die Indexentwicklung einen bestimmten Punktwert erreicht, von der Wahl des Basisjahres ab[104]: So beträgt eine Steigerung des Index (Basisjahr 1980 = 100) von 110 auf 120 zwar zehn Punkte; sie macht (bezogen auf das Basisjahr) aber nur eine Steigerung von (120 × 100 : 110 =) 9,09% aus – ein Unterschied, der sich mit zunehmendem Abstand vom Basisjahr verschärft.[105] Die Umstellung eines Index auf ein neues Basisjahr muss dem Rechnung tragen.[106] Dies geschieht dadurch, dass die für das neue Basisjahr und die Folgejahre bereits veröffentlichten, aber noch auf das frühere Basisjahr bezogenen Werte neu errechnet werden und die insoweit bereits veröffentlichten Werte ersetzen. Die Ergebnisse für die vor dem neuen Basisjahr liegenden Zeiträume müssen umbasiert werden.[107]

**31** Haben die Mietvertragsparteien einen ehemals zulässigen Verbraucherindex als Maßstab vereinbart, der ab 1.1.2003 nicht mehr ermittelt wird, so ist die Klausel nicht unwirksam, es muss eine Umstellung und Umrechnung erfolgen.[108] Dem Vermieter steht gegenüber dem Mieter im Wege **der ergänzenden Vertragsauslegung**[109] ein Anspruch auf Vereinbarung eines zulässigen und

---

97 BGH XII ZR 41/11, NZM 2013, 148.

98 BGH VIII ZR 42/20, ZMR 2021, 656; XII ZR 41/11, NZM 2013, 148.

99 BGH VIII ZR 42/20, ZMR 2021, 656.

100 BGH VIII ZR 42/20, ZMR 2021, 656.

101 Zur Umrechnung *Schimmel/Ingendoh* GE 2009, 427; *Ruff* WuM 2006, 543 (547).

102 Zur Umrechnung *Aufderhaar/Jaeger* NZM 2009, 564 (572).

103 Eine Tabelle mit den Preisindizes für den Berichtsmonat 1999 umbasiert auf alle Basisjahre ist abgedr. bei *Schimmel/Ingendoh* GE 2009, 427 (432).

104 BGH XII ZR 41/11, NZM 2013, 148.

105 *Reul* DNotZ 2003, 92 (101).

106 Das Statistische Bundesamt bietet einen Rechner zur Umrechnung von verschiedener Indizes und zwar nach prozentualer Veränderung und nach Schwellenwerten an: https://www.destatis.de/DE/ZahlenFakten/GesamtwirtschaftUmwelt/Preise/Verbraucherpreisindizes/Wertsicherungsklauseln/Internetprogramm.html.

107 BGH XII ZR 141/07, NZM 2009, 398.

108 LG Koblenz ZMR 2007, 121; *Aufderhaar/Jaeger* NZM 2009, 564 (571); *Lützenkirchen* NZM 2001, 835 (836); *Klingmüller/Wichert* ZMR 2003, 797 (798).

109 *BGH XII ZR 41/11, NZM 2013, 148*; BGH XII ZR 141/07, NZM 2009, 398; BGH V ZR 71/08, NJW 2009, 679 = NZM 2009, 211; BGH V ZR 159/11, MDR 2012, 838, die letzten beiden für Erhöhung von Erbbauzinsen; OLG Schleswig ZMR 2011, 635, AG Mönchengladbach NZM 2005, 742; AG Koblenz ZMR 2006, 451; *Sternel* MietR Kap. IV Rn. 43; *Reul* DNotZ 2003, 92 (97).

auch ermittelten Verbraucherindex zu.[110] Es ist darauf abzustellen, was die Parteien bei Abwägung ihrer Interessen nach Treu und Glauben als redliche Vertragspartner vereinbart hätten. Dabei ist an die in dem Vertrag enthaltenen Regelungen und Wertungen anzuknüpfen.[111] Hätten die Parteien bei der Vereinbarung der Indexklausel gewusst, dass der vereinbarte Index weggefallen wird, hätten sie gleich den Verbraucherpreisindex für Deutschland (Verbraucherpreisindex) vereinbart.[112]

Auch in diesem Fall muss eine **Umrechnung des Index** erfolgen.[113] Dabei entspricht es jedenfalls, wenn der der Anpassung zugrundeliegende Zeitraum ab dem 1. 1. 2000 beginnt, dem Interesse der Vertragsparteien, für die automatische Anpassung der Miethöhe auf den allgemeinen Verbraucherpreisindex bereits ab dem Basisjahr 2000 abzustellen.[114] Auch hier gilt (→ Rn. 29), dass die verschiedenen Indizes nicht miteinander vergleichen werden können. Es ist der älteste Wert des neuen Index zu verwenden, wenn dessen Datum nach dem maßgeblichen Stichtag des konkreten Mietvertrages liegt, ansonsten ist der Wert des neuen Index zum Stichtag zu verwenden. 32

## C. Mieterhöhungserklärung

### I. Allgemeines

Die Mieterhöhung tritt bei einer Indexvereinbarung, anders als bei einer Staffelmietvereinbarung, nicht automatisch[115] ein. Eine solche **Automatik** hätte zur Folge gehabt, dass der Mieter verpflichtet gewesen wäre, selbst die Entwicklung des Index mit zu verfolgen. Deshalb ist die Mieterhöhung ohne eine entsprechende Mieterhöhungserklärung noch gar nicht eingetreten[116] und nicht nur nicht fällig.[117] Neben den materiellen Voraussetzungen des § 557b Abs. 1 BGB müssen auch noch die **Formalien** des § 557b Abs. 3 BGB eingehalten sein. Danach muss die Änderung der Miete auf Grund einer Mietanpassungsvereinbarung durch Erklärung zumindest in Textform geltend gemacht werden.[118] Zu den Voraussetzungen der Textform → BGB § 550 Rn. 77 ff. Die Textform genügt selbst dann, wenn im Mietvertrag eine **Schriftformklausel** enthalten ist. Unabhängig davon, dass es sich um eine gewillkürte Schriftform gem. § 127 BGB handeln würde, die weiter als die gesetzliche Schriftform geht und große Teile der der Textform aber nicht der Schriftform genügenden Formen (zB Telefax) abdeckt, ist eine solche Schriftformklausel idR gem. § 307 BGB unwirksam (→ BGB Vor § 535 Rn. 41; → BGB § 550 Rn. 75.). Bei **Verträgen mit einer Laufzeit von mehr als einem Jahr** muss die Erklärung ebenfalls nicht abw. von § 557b Abs. 3 BGB in Schriftform abgegeben werden[119] um die Wirkung der Befristung oder den Kündigungsverzicht aufrecht zu halten. Die Miethöhevorschriften sind jedoch keine die Form des § 550 BGB verdrängenden Spezialvorschriften.[120] Das Schriftformgebot gilt für solche **einseitigen Willenserklärungen** nicht.[121] Auch die verschiedenen Schutzzwecke[122] des § 550 BGB verlangen nicht nach einer Einhaltung der Schriftform. Die Warn- und Beweisfunktion sind anders als bei der Mieterhöhung nach § 558 ff. BGB nicht betroffen (→ BGB 33

---

[110] BGH VIII ZR 282/77, NJW 1979, 2250; V ZR 144/84, NJW 1986, 932; *Lützenkirchen* NZM 2001, 835 (836).

[111] BGH V ZR 100/80, BGHZ 81, 135 (141) = NJW 1981, 2241; VIII ZR 234/04, NJW-RR 2005, 1421 (1422) mwN.

[112] BGH XII ZR 41/11, NZM 2013, 148; Vorinstanz: OLG Schleswig ZMR 2011, 635.

[113] Zu der Berechnung BGH XII ZR 41/11, NZM 2013, 148; XII ZR 141/07, NZM 2009, 398; LG Koblenz ZMR 2007, 121; AG Koblenz ZMR 2006, 451; *Lützenkirchen* NZM 2001, 835 (836).

[114] Für die Gewerberaummiete: BGH XII ZR 41/11, NZM 2013, 148.

[115] LG Berlin NZM 2002, 947 (948); im Gewerberaummietrecht ist die Vereinbarung einer automatischen Erhöhung aber möglich BGH NJW 1980, 589; OLG Düsseldorf NZM 2008, 524; OLG Celle GuT 2002, 41; Wolf/Eckert/Ball MietR-HdB/*Eckert* Rn. 490; Lindner-Figura/Oprée/Stellmann Geschäftsraummiete/*Bartholomäi* Kap. 10 Rn. 123, 139; *Usinger* NZM 2009, 297 (298).

[116] So wohl auch Staudinger/*J. Emmerich* BGB § 557b Rn. 25.

[117] AnwK WohnraumMietR/*Lammel* BGB § 557b Rn. 23 ist der Auffassung, dass auch im Wohnraummietrecht die Erhöhung automatisch eintritt, der Erhöhungsbetrag aber nicht fällig ist.

[118] *Mankowski* ZMR 2002, 481 (484).

[119] *Börstinghaus* DMT-Bilanz 2011, 377, 382, am Bsp. der Mieterhöhung gem. § 559 BGB; ebenso aber ohne Begr.: Elzer/Rieke/*Elzer*, Mietrechtskommentar, 2009, BGB § 559b Rn. 2; für die Optionsausübung ebenso BGH XII ZR 15/12, NJW 2015, 402 = NZM 2015, 84.

[120] *Börstinghaus* DMT-Bilanz 2011, 377, 383.

[121] RGRK-BGB/*Krüger-Nieland* § 126 Rn. 30; Wolf/Eckert/Ball MietR-HdB/*Wolf/Eckert/Ball* Rn. 129, für Optionsrecht; **aA** Bamberger/Roth/*Wendtland* BGB § 125 Rn. 8.

[122] BGH XII ZR 4/20, NJW-RR 2021, 266; XII ZR 69/06, NZM 2008, 482; *Stapenhorst* NJW 2008, 2181.

§ 558a Rn. 10; →BGB § 558b Rn. 21). Für den Erwerberschutz als Hauptschutzzweck des § 550 BGB ist es bei einer einseitigen Gestaltungserklärung wie die des § 557 Abs. 3 BGB völlig egal, ob sich diese Erklärung in einer Kopie von einem die Schriftform genügenden Schreiben oder in einer Kopie einer nur die Textform erfüllenden Mitteilung beim Mietvertrag oder der Mieterakte befindet. Der Erwerber ist allein durch die Tatsache, dass sich im Mietvertrag eine Indexvereinbarung befindet, hinreichend vorgewarnt.[123] Sinn und Zweck des § 550 BGB sprechen deshalb gegen dessen Anwendung auf den vorliegenden Fall. Wie der BGH[124] festgestellt hat, gibt es zahlreiche Fallgestaltungen, in denen § 550 BGB den Zweck, einem Grundstückserwerber Klarheit über die Bedingungen eines langfristigen Mietvertrags zu verschaffen, nicht umfassend gewährleisten kann. Für die Wirksamkeit der Mieterhöhung ist die Einhaltung der Schriftform immer unerheblich. Für sie genügt die Textform.

## II. Jahresfrist

34 Gemäß § 557b Abs. 2 BGB muss die Miete jeweils mindestens **ein Jahr** unverändert bleiben, bevor eine neue Anpassung auf Grund gestiegener Preise erfolgen darf. Innerhalb dieser Frist dürfen aber Mieterhöhungen nach § 559 BGB – wozu auch Mieterhöhungen im vereinfachten Verfahren gem. § 559c BGB zählen – soweit sie zugelassen sind,[125] und nach § 560 BGB wegen gestiegener Betriebskosten, durchgeführt werden. Die **Jahresfrist** bezieht sich nur auf die nächste Indexerhöhung. Sie bedeutet keine Sperrfrist für alle zulässigen Mieterhöhungen. Sie beginnt mit dem Mietbeginn oder mit dem Zeitpunkt, zu dem die letzte Mieterhöhung eingetreten ist. Die Frist muss im Zeitpunkt der Fälligkeit der Mietänderung (§ 557b Abs. 3 BGB) abgelaufen sein. Die Änderungserklärung kann dem anderen Teil also bereits **vor Ablauf der Jahresfrist zugehen.**[126] Die Formulierung in § 557b Abs. 2 BGB unterscheidet sich insofern von der Jahressperrfrist in § 558 Abs. 1 S. 2 BGB. Der Fall ist eher vergleichbar mit der Jahresfrist der Staffelmiete in § 557a Abs. 2 S. 1 BGB. Auch dort treten die einzelnen vereinbarten Mieterhöhungsstaffeln genau nach einem Jahr in Kraft. Bei der Indexmiete stehen nur die Staffeln betragsmäßig noch nicht fest. Deshalb muss der Vermieter (ggf. auch der Mieter) eine Gestaltungserklärung abgegeben. Die Frist soll dadurch aber nicht verlängert werden. Bereits aus der mietvertraglich vereinbarten Indexklausel soll sich ergeben müssen, dass die Miete mit Ausnahme der ausgenommenen Mieterhöhungen, ein Jahr unverändert geblieben sein muss.[127] Das ist durchaus fraglich. Die Voraussetzungen einer Indexklausel ergeben sich aus § 557b Abs. 1 BGB. In § 557b Abs. 2 BGB ist die Rechtsfolge festgehalten. Die dort geregelte Jahresfrist setzt die wirksame Vereinbarung einer Indexmiete voraus.

35 Die Jahressperrfrist wird bei späteren Veränderungen ausgelöst durch alle einvernehmlichen Mietanpassungen gem. § 557 Abs. 1 BGB, durch frühere Staffelmieterhöhungen oder Mieterhöhungen auf Grund dieser oder einer früheren Indexmietvereinbarung. Auch alle Mieterhöhungen auf die ortsübliche Vergleichsmiete gem. § 558 BGB sind schädlich, ebenso wie Modernisierungsmieterhöhungen gem. § 559 Abs. 1 BGB iVm § 555b Nr. 1, 3–5 BGB.[128]

36 Der Ausschluss der Mieterhöhungsmöglichkeiten gilt für die **gesamte Laufzeit der Indexmietvereinbarung.** Die Laufzeit der Indexmietvereinbarung muss nicht mit der Laufzeit des Mietvertrages übereinstimmen. Insbesondere in den Fällen, in denen ein Mietvertrag auf unbestimmte Zeit mit einer Indexmietvereinbarung verbunden wurde macht es Sinn, die Laufzeit der Indexmietvereinbarung zeitlich zu befristen, um nach einiger Zeit die Möglichkeit zu haben, die Vertragsmiete an eine evtl. sich anders entwickelnde ortsübliche Vergleichsmiete anzupassen.

---

[123] BGH XII ZR 178/04, NZM 2007, 443 Rn. 27; XII ZR 15/1, BGHZ 203, 148 = NJW 2015, 402; XII ZR 84/14, NZM 2015, 861; Wolf/Eckert/Ball MietR-HdB/*Wolf/Eckert/Ball* Rn. 129 für vereinbartes Optionsrecht und anschließende Optionsausübung.

[124] BGH XII ZR 178/04, NZM 2007, 443 Rn. 27; XII ZR 18/00, NJW 2003, 2158; XII ZR 234/95, NJW 1998, 58.

[125] Nach Ansicht von AnwK WohnraumMietR/*Lammel* BGB § 557b Rn. 21 sollen aber alle Mieterhöhungen gem. § 559 BGB innerhalb der Jahresfrist möglich sein. Dabei wird § 557b Abs. 2 S. 1 BGB isoliert ohne Satz 2 gesehen.

[126] AnwK WohnraumMietR/*Lammel* BGB § 557b Rn. 24; *Hamm* DWW 1993, 321; *Bub* NJW 1993, 2897 *(2900); Schilling,* Neues Mietrecht, 1993, 174; Staudinger/*J. Emmerich* BGB § 557b Rn. 29; MüKoBGB/*Artz* § 557b Rn. 9.

[127] AG Wedding MM 4/2014, 30; *Löfflad* MietRB 2004, 244.

[128] AG Hamburg ZMR 2006, 781.

Die Beschränkung der Mieterhöhungsmöglichkeiten endet mit der Laufzeit der Indexmietvereinbarung. Es kommt nicht auf die letzte Mieterhöhung auf Grund der Indexmiete an. Bedeutung hat dies für das erste Jahr nach der letzten Indexmieterhöhung. **37**

**Beispiel:** Im Mietvertrag ist eine Indexmietvereinbarung enthalten, die bis 31.12.2019 befristet ist. Die Miete erhöhte sich zum letzten Mal auf Grund einer Indexmieterhöhung zum 1.8.2019 um 50 EUR. Der Vermieter darf ab 1.1.2020 die Miete gem. § 559 BGB erhöhen; wegen Maßnahmen gem. § 555b Nr. 6 BGB auch schon vorher.

Die Jahresfrist des § 557b Abs. 2 S. 1 BGB muss hier nicht noch einmal eingehalten werden. Dies ergibt sich daraus, dass die Indexmietvereinbarung ab 1.1.2020 gar nicht mehr besteht und deshalb auch ein Ausschlusstatbestand fehlt. Ab Januar 2020 kann deshalb ohne (zeitliche) Einschränkungen eine Mieterhöhung nach § 559 BGB erfolgen. Bei Maßnahmen nach § 555b Nr. 6 BGB ist auch während der Laufzeit der Indexmiete eine Mieterhöhung gem. § 559 BGB zulässig, Für spätere Mieterhöhungen nach § 558 BGB muss aber die Jahressperrfrist nach § 558 Abs. 1 S. 2 BGB eingehalten werden. Die letzte Mieterhöhung auf Grund der Indexmietvereinbarung hat nämlich die Jahressperrfrist ausgelöst.

§ 557b Abs. 2 S. 1 BGB stellt nur auf die Mieterhöhungserklärung gem. § 559 BGB ab, nicht auf den Zeitpunkt der Modernisierungsmaßnahme. Der Wortlaut des Satz 1 ist insofern eindeutig. Deshalb ist nach Ablauf der Laufzeit einer Indexmietvereinbarung eine Mieterhöhung nach § 559 BGB auch auf Grund von Modernisierungsmaßnahmen gem. § 555b Nr. 6 BGB möglich, die während der Laufzeit der Indexvereinbarung durchgeführt wurden. Der Mieter ist durch das Sonderkündigungsrecht des § 561 BGB, das nach der Mieterhöhung nach § 559 BGB besteht, ausreichend geschützt. Der Wortlaut der Vorschrift ist eindeutig. Er knüpft nur an die Erhöhung der Miete an, also an die Gestaltungserklärung und nicht die Baumaßnahme. Aber selbst wenn man den Wortlaut als nicht eindeutig verstehen sollte, sprechen Sinn und Zweck der Regelung für eine solche Auslegung. Die Mieterhöhung gem. § 559 BGB wirkt nur für die Zukunft. Unerwünschte Doppeleffekte[129] können deshalb nicht auftreten, da die Mieterhöhung nach § 559 BGB nicht für die Zeit der Indexvereinbarung Wirkung entfaltet, sondern erst für die Zeit danach. Bei Mieterhöhungen nach § 559 BGB ist der Vermieter auch sonst nicht verpflichtet, diese unmittelbar nach Abschluss der Modernisierungsarbeiten vorzunehmen. Die Indexmietvereinbarung ist ein vertraglicher Ausschluss der Mieterhöhungsmöglichkeiten nach den § 558 BGB und teilweise nach § 559 BGB. Das kann sich aber nur für die Zeit der Geltung der Indexmietvereinbarung beziehen und besagt nichts darüber, ob die nach Ablauf der Indexvereinbarung geltend gemachte Erhöhung nicht auf einer Modernisierung beruhen darf, die bereits unter Geltung der Indexmietvereinbarung erfolgte. Soweit das LG Berlin[130] bei der ähnlichen Problematik bei Abschluss einer Staffelmiete (→ BGB § 557a Rn. 52) auf die Kalkulationssicherheit und Planbarkeit bei Mietvertragsabschluss für den Mieter abstellt, betrifft dies allenfalls nur die Fälle, in denen der Vermieter bereits bei Abschluss des Mietvertrages eine Modernisierungsabsicht hegt, kann aber keinesfalls verallgemeinert werden. Die Staffelmietvereinbarung gibt dem Mieter allenfalls für die Zeit ihrer Laufzeit Kalkulationssicherheit.[131] In Betracht kommt allenfalls eine Verwirkung (→ BGB § 559b Rn. 39) des Erhöhungsrechts nach § 559 BGB, woran ggf. bei einer Indexmietvereinbarung nur geringe Anforderungen zu stellen sind. Insbesondere bei befristeten Mietverträgen mit verhältnismäßig kurzer Laufzeit und/oder entsprechend kurzer Indexmietvereinbarung dürfte ein schutzwürdiges Vertrauen des Mieters darauf bestehen, dass Modernisierungserhöhungen unterbleiben. Dann entfällt das Erhöhungsrecht aber gänzlich. **38**

Der Ausschluss der Modernisierungsmieterhöhung gem. §§ 559, 555b Nr. 1, 3–5 BGB hat aber keinen Einfluss auf die **Duldungspflicht** des Mieters hinsichtlich der Modernisierungsmaßnahme an sich.[132] **38a**

**Zulässig** sind aber nach dem Wortlaut der Vorschrift nur Mieterhöhungen wegen baulicher Maßnahmen die der Vermieter auf Grund von Umständen durchgeführt hat, die er nicht zu vertreten hat. Damit war ursprünglich eine Verweisung auf die vierte Variante des bis 30.4.2013 geltenden § 559 Abs. 1 BGB aF gemeint. Seit der Mietrechtsänderung von 2013 hat der Gesetzgeber aber die Mieterhöhungsmöglichkeit nach § 559 Abs. 1 BGB vollständig an den Duldungsanspruch nach **39**

---

129 So aber *Sternel* MietR Kap. III Rn. 436.

130 LG Berlin NZM 2018, 599.

131 **AA** Bub/Treier MietR-HdB/*Schultz* Kap. III A Rn. 1654.

132 BGH VIII ZR 147/13, NZM 2014, 304; Staudinger/*J. Emmerich* BGB § 557b Rn. 36.

§§ 555b ff. BGB angeglichen. Die Definition dessen, was eine Modernisierungsmaßnahme ist, befindet sich jetzt in § 555b BGB. Dort hat der Gesetzgeber in Nr. 6 bestimmt, dass eine Modernisierung eine bauliche Maßnahme ist, die vom Vermieter auf Grund von Umständen durchgeführt werden, die er nicht zu vertreten hat, und die keine Erhaltungsmaßnahmen nach § 555a BGB ist. Im Rahmen der Mietrechtsänderung 2013 ist schlicht vergessen worden, in § 557b BGB einen Verweis auf die neue Definition aufzunehmen. Aus der historischen und der teleologischen Auslegung ergibt sich aber, dass der Gesetzgeber hier nur etwas vergessen hat, aber nichts ändern wollte. Die Regelung in § 557b BGB weicht deshalb auch weiterhin von dem entsprechenden Ausschlusstatbestand in § 557a BGB bei der Staffelmiete ab. Der Unterschied war alleine dadurch gerechtfertigt, dass Staffelmietvereinbarungen bei allen Mietverträgen zulässig waren und der Vermieter deshalb diese auch mit Mietverträgen auf unbestimmte Zeit oder kurzen Laufzeiten vereinbaren konnte, während die früheren Mietanpassungsvereinbarungen gem. § 10a MHG voraussetzten, dass der Mietvertrag für mindestens zehn Jahre abgeschlossen wurde. Da der Vermieter hier nicht absehen konnte, ob er auf Grund der Änderung gesetzlicher Vorschriften zu bestimmten Maßnahmen gezwungen werden würde, sollte er dies Risiko nicht zusätzlich tragen müssen. Nachdem nunmehr Indexmietvereinbarungen auch bei Mietverträgen auf unbestimmte Zeit oder bei Mietverträgen mit kurzer Laufzeit möglich sind, gibt es für diesen Ausnahmetatbestand eigentliche keine Rechtfertigung mehr.[133] Es ist ein **alter Zopf,** der ohne Rücksicht auf die sonstigen Änderungen bei der Mietrechtsreform 2001 und der Mietrechtsänderung 2013 kritiklos übernommen wurde. Durch das Mietrechtsanpassungsgesetz v. 18.12.2018[134] ist der Ausnahmetatbestand mit einer weiteren Beschränkung auch für das sog. vereinfachte Verfahren gem. § 559c Abs. 4 BGB eingeführt worden. Dort dürfen Kosten für solche aufgrund einer gesetzlichen Verpflichtung innerhalb der Sperrfrist von fünf Jahren durchzuführenden Modernisierungsmaßnahmen dann noch zum Gegenstand einer Mieterhöhung gem. § 559 BGB gemacht werden, wenn der Vermieter bei Geltendmachung der Mieterhöhung im vereinfachten Verfahren die gesetzliche Verpflichtung nicht kannte oder kennen musste (→ BGB § 559c Rn. 21).

40 Mit dieser Alternative werden alle die Maßnahmen erfasst, die auf **gesetzlichen Geboten** oder **behördlichen Anordnungen** beruhen und die auch ein sorgfältiger Vermieter weder vorhersehen noch vermeiden konnte (→ BGB § 555b Rn. 151 f.). Unerheblich ist, ob durch diese Maßnahmen eine Gebrauchswertverbesserung, eine Verbesserung der allgemeinen Wohnverhältnisse oder eine Einsparung von Primär- oder Endenergie oder Wasser eintritt.[135] In der Regel werden von der Vorschrift Maßnahmen erfasst, die auf nachträglichen gesetzlichen oder behördlichen Anordnungen beruhen. Hierzu können zählen:

– der nachträgliche Anschluss an die Kanalisation,[136]
– der Einbau von Steuerungs- und Regelungstechnik sowie Wärmezählern und Heizkostenverteilern auf Grund der HeizkostenVO,[137]
– Erneuerung der Zentralheizungsanlage wegen verschärfter Abgasvorschriften gem. § 47 GEG 2014,[138]
– der Einbau von Thermostatventilen,
– der Einbau von Rauchwarnmelder[139]
– der nachträgliche Einbau von Sicherungstüren in Fahrstühlen,
– der Ausbau von Zufahrtswegen und Parkplätzen,[140]
– der Bau von Kinderspielplätzen,
– die Umstellung von Stadtgas auf Erdgas,[141]
– der Einbau von Öltanksicherungen wie zB Grenzwertgebern,

[133] Staudinger/*J. Emmerich* § 557b Rn. 36; **aA** Bub/Treier MietR-HdB/*Schultz* Kap. III A Rn. 1657, der darauf abstellt, dass in der Praxis Zehnjahresverträge immer noch üblich seien.
[134] MietAnpG v. 18.12.2018 BGBl I 2648; dazu *Artz/Börstinghaus* NZM 2019, 12; *Börstinghaus* ZAP Fach 4 S. 1777; *Wichert* ZMR 2019, 245; *Selk* NJW 2019, 329; *Lützenkirchen* MietRB 2019, 86.
[135] **AA** AG Regensburg DWW 1978, 101 mit zutr. abl. Anm. von *Volk*.
[136] LG München II WuM 1985, 66; LG Wiesbaden WuM 1982, 77; AG Regensburg ZMR 1979, 146; **aA** LG Hildesheim WuM 1985, 340.
[137] *Sternel* PiG 41 (1993), 45 (53).
[138] *BGBl. I 2020, 1728.*
[139] *Wall* WuM 2013, 3.
[140] *Scholz* WuM 1995, 87 (88).
[141] LG Berlin GE 1996, 131; 1995, 429; AG Rostock WuM 1996, 559; *Scholz* WuM 1995, 87 (88).

- Änderung von Freileitungen in Erdleitungen,[142]
- Große Renovierungen mit Verpflichtung zur Schaffung von Ladestationen gem. § 8 GEIG,[143]
- Maßnahmen auf Grund der Verschärfung von Immissionsschutzwerten,[144]
- denkmalschutzrechtliche Anordnungen.[145]

Regelmäßig nicht dazu zählt der barrierefreie und/oder altersgerechte Umbau einer Wohnung.[146]

Zulässig sind während der Laufzeit der Indexmietvereinbarung auch Erhöhungen von **Betriebskostenpauschalen** gem. § 560 BGB. Ebenso möglich sind gem. Art. 229 § 3 Abs. 4 EGBGB Mieterhöhungen wegen Betriebskostensteigerungen entsprechend § 560 BGB bei vor dem 1.9.2001 abgeschlossenen Brutto- oder Teilinklusivmietverträgen, wenn im Mietvertrag eine Erhöhung der Miete wegen Betriebskostensteigerungen ausdrücklich vereinbart worden ist. Bei reinen Nettomieten hat dies keine Bedeutung, da hier über die Betriebskosten abzurechnen ist. Für diese Abrechnung gibt es bei Indexmietvereinbarungen weder Beschränkungen noch Besonderheiten. **41**

Zulässig sind auch während der Laufzeit einer Indexmietvereinbarung einvernehmliche Mieterhöhungen gem. § 557 Abs. 1 BGB.[147] Bei § 557b Abs. 2 BGB handelt es sich um kein gesetzliches Verbot für solche Verträge. Damit sind vor allem partnerschaftliche Lösungen bei Modernisierungsmaßnahmen, die auch im Interesse des Mieters erfolgen, möglich. Dafür spricht auch § 555f BGB. Solche Mieterhöhungen lösen aber wiederum die Jahressperrfrist des § 557b Abs. 2 BGB aus.[148] **41a**

### III. Inhalt des Erhöhungsschreibens

Das Erhöhungsschreiben muss so abgefasst werden, dass der Mieter die Erhöhung gedanklich und rechnerisch **nachvollziehen** kann.[149] Der Vermieter muss dem Mieter nicht nur die geänderten Indexwerte mitteilen, sondern auch die neue Miete oder zumindest den Erhöhungsbetrag in einem Geldbetrag. Das Gesetz verlangt vom Absender des Schreibens (bei Erhöhungen: dem Vermieter; bei Mietsenkungen: dem Mieter) **folgende Angaben:** **42**

- Die Angabe aus welchem Verbraucherpreisindex mit welchem Basisjahr die Punktzahlen entnommen wurden[150]
- Der Punktwert bezogen auf dies Basisjahr zum Zeitpunkt der letzten Anpassung bzw. dem Mietbeginn
- Der Punktwert bezogen auf dies Basisjahr zum aktuellen letzten veröffentlichten Termin
- die Angabe der Ausgangsmiete, die erhöht werden soll
- die neue Miete oder des Erhöhungsbetrages in einer Geldsumme unter Angabe der Berechnung.

Der Ablauf der Jahresfrist muss in der Erklärung nicht mitgeteilt werden.[151] Nach Ansicht des BGH[152] muss in der Mietänderungserklärung die prozentuale Veränderung der Indexdaten nicht angegeben werden.

Der Absender muss dem Schreiben keine **Indextabellen** etc. beifügen. Insofern gleicht die Rechtslage einer Mieterhöhung mit einem allgemein zugänglichen Mietspiegel, der auch nicht beigefügt werden muss. Gibt der Absender falsche Werte an, dann ist die Erklärung bis zur Höhe der richtigen Werte wirksam. Zahlt der Empfänger auf Grund einer solchen falschen Erklärung, dann erfolgt insofern die Zahlung rechtsgrundlos und kann kondiziert werden. **43**

---

[142] BT-Drs. 7/2011, 11.
[143] BGBl. I 2021, 354.
[144] *Seitz* ZMR 1993, 1.
[145] *Goliasch* ZMR 1992, 129.
[146] *Horst* WuM 2014, 454 (460).
[147] Staudinger/*J. Emmerich* BGB § 555b Rn. 38; *Blank* WuM 1993, 503 (510); *Hamm* DWW 1993, 321 (324).
[148] Staudinger/*J. Emmerich* BGB § 555b Rn. 38.
[149] Muster eines Erhöhungsschreibens *Börstinghaus* MDR 1995, 6 (8).
[150] AG Starnberg WuM 2014, 39.
[151] Offengelassen von BGH VIII ZR 42/20, GE 2021, 877.
[152] BGH VIII ZR 291/16, NZM 2018, 82 = NJW 2018, 700; ebenso Staudinger/*J. Emmerich* BGB § 557b Rn. 26; **aA** *Sternel* MietR aktuell Kap. IV Rn. 38.

### D. Rechtsfolgen einer wirksamen Mieterhöhungserklärung

#### I. Mieterhöhung

44 Die Miete erhöht sich auf Grund eines solchen Erhöhungsschreibens nach § 557b Abs. 3 S. 3 BGB mit **Beginn des übernächsten Monats.** An der Fälligkeit der Miete ändert sich nichts, so dass die Miete bei vor dem 1.9.2001 abgeschlossenen Mietverträgen grds. weiter am Ende des Monats zu zahlen ist, es sei denn, die Parteien haben wirksam eine Vorauszahlungsklausel vereinbart (→ BGB § 556b Rn. 17 ff.).

45 Maßgeblich ist der Zugang des Erhöhungsschreibens[153] (zum Zugang → BGB § 542 Rn. 68). § 193 BGB gilt nicht.[154] Wird der Brief am letzten Tag des Monats an einem **Samstagvormittag** in den Hausbriefkasten geworfen, dann ist die Erklärung bereits zu diesem Zeitpunkt zugegangen, wenn mit der Leerung des Briefkastens gerechnet werden kann. Wird der Brief erst nachmittags eingeworfen, dann ist er erst am Montag zugegangen, da am Wochenende üblicherweise nicht mit einem Einwurf gerechnet wird und auch keine Verpflichtung besteht, den Briefkasten am Wochenende zu kontrollieren. Das ist keine Auswirkung des § 193 BGB, da diese Vorschrift zum einen voraussetzt, dass eine Frist bereits läuft, was hier ja nicht der Fall ist, da sie erst in Gang gesetzt werden soll, und zum anderen betrifft sie das Ende der Frist und nicht den Anfang.[155]

46 Der Vermieter muss nicht jedes Mal den **vollen Erhöhungsspielraum** ausnutzen. Er kann auch nur Teile der prozentualen Steigerung der Lebenshaltungskosten an den Mieter weitergeben. Dies kann in Einzelfällen geboten sein, wenn anderenfalls eine Mietpreisüberhöhung nach § 5 WiStG eintreten könnte. Die Vorschrift gilt wie § 291 StGB auch hier (→ Rn. 56 ff.).[156]

47 Fraglich ist, ob das Recht zur Mieterhöhung **verwirkt** sein kann, wenn der Vermieter längere Zeit davon keinen Gebrauch macht. Dabei muss zwischen Wohn- und Gewerberaum unterschieden werden. Bei der Wohnraummiete setzt die Erhöhung ein entsprechendes Erhöhungsverlangen voraus, wirkt also nur für die Zukunft. Unterlässt der Vermieter hier zu einem möglichen Erhöhungstermin ein Erhöhungsverlangen an den Mieter zu senden, dann verliert er die mögliche Mieterhöhung bis zu dem Zeitpunkt, zu dem er dann ein Mieterhöhungsverlangen stellt endgültig. Ein Vertrauen auf Seiten des Mieters kann gar nicht enttäuscht werden.[157] Eine rückwirkende Erhöhung ist gar nicht mehr möglich. Die Indexsteigerung für diesen Zeitraum wird dann zwar dazu führen, dass die nächste prozentuale Mieterhöhung höher ausfällt, aber auch dies ist für den Mieter letztendlich günstiger. Erhöht der Vermieter zweimal um 2% die Miete ist dies wegen des Zinseszinseffektes mehr als einmal um 4%.

48 Anders ist es in der **Gewerberaummiete.**[158] Hier kann eine automatische Mieterhöhung vereinbart werden, die unabhängig vom **Verlangen** des Vermieters eintritt **(echte Gleitklausel).**[159] Bei Mietverträgen mit einer Laufzeit von mehr als einem Jahr, ist die Schriftform gem. § 550 BGB in diesem Fall eingehalten, wenn die Indexklausel im Mietvertrag enthalten ist; die – deklaratorische – Mitteilung der Mieterhöhung bedarf in diesem Fall nicht der Form des § 550 BGB.[160] Zahlt der Mieter den Erhöhungsbetrag längere Zeit nicht und unterlässt der Vermieter es längere Zeit vom Mieter die erhöhte Miete zu verlangen, so kann dies ausnahmsweise[161] im Mieter das Vertrauen erwecken, mit keiner Mieterhöhung mehr rechnen zu müssen.[162] Zu dem reinen Zeitmoment muss aber noch das Umstandsmoment kommen.[163] Allein aus dem Zeitablauf kann nicht

---

[153] Staudinger/*J. Emmerich* BGB § 557b Rn. 30.

[154] Staudinger/*J. Emmerich* BGB § 557b Rn. 30; **aA** Palandt/*Weidenkaff* BGB § 557b Rn. 13.

[155] Zur Anwendung des § 193 BGB auf die Berechnung der Kündigungsfrist BGH III ZR 172/04, NJW 2005, 1354.

[156] *Hamm* DWW 1993, 321; *Bohnert* JZ 1994, 605.

[157] AnwK WohnraumMietR/*Lammel* BGB § 557b Rn. 26.

[158] Zu Problemen formularvertraglicher Wertsicherungsklausel: *Breiholdt/Leo* FS Börstinghaus, 2020, 321.

[159] BGH XIII ZR 65/13, NZM 2014, 308; OLG Düsseldorf NZM 2008, 524; LG Karlsruhe BeckRS 2009, 23529; Lindner-Figura/Oprée/Stellmann Geschäftsraummiete/*Bartholomäi* Kap. 10 Rn. 130.

[160] BGH XIII ZR 65/13, NZM 2014, 308.

[161] Lindner-Figura/Oprée/Stellmann Geschäftsraummiete/*Bartholomäi* Kap. 10 Rn. 151.

[162] Nach OLG Düsseldorf NZM 2001, 892 = ZMR 2002, 34 soll dies bei vierjährigem Unterlassen der Fall sein; OLG Düsseldorf NJW-RR 1993, 1036; 1994, 399, WuM 1995, 580; ebenso OLG Nürnberg NZM 2014, *794 = ZMR 2014, 630*, vier Jahre und Korrespondenz über Minderungsberechtigung; **aA** LG Hamburg BB 1996, 1298.

[163] Zur Verwirkung im Mietrecht: *Kandelhard* NZM 2005, 43; *Hinkelmann* PiG 65 (2002), 247; BGH VII ZR 23/02, NJW 2003, 824.

auf das Umstandsmoment geschlossen werden.[164] Die Verwirkung tritt aber nur für die in der Vergangenheit entstandenen Ansprüche ein, künftige Mietanpassungen sind davon nicht betroffen.[165]

Im Übrigen muss der Vermieter die Miete bei einer deflationären Entwicklung des Lebenshaltungskostenindex auch senken. Dabei tritt die **Senkung** ebenfalls nicht automatisch ein. Der Mieter muss diese gegenüber dem Vermieter geltend machen, wobei auch hier die gleichen Grundsätze gelten, also eine schriftliche Erklärung vorliegen muss aus denen sich die Indexwerte ergeben. Ferner muss auch hier die Miete mindestens ein Jahr unverändert geblieben sein. Es besteht keine Verpflichtung des Vermieters den Mieter darauf hinzuweisen. Eine solche Verpflichtung ergibt sich weder aus einer Nebenpflicht des Vertrages noch aus dem allgemeinen Rücksichtnahmegebot gem. § 241 Abs. 2 BGB.[166] **49**

## II. Kündigungsrecht des Mieters

Dem Mieter steht nach einer Mieterhöhungserklärung nach § 557b Abs. 3 BGB kein **Sonderkündigungsrecht** nach § 561 BGB zu. Der Wortlaut der Vorschrift ist völlig eindeutig.[167] **50**

Allein durch den Abschluss einer Indexvereinbarung wird das Kündigungsrecht einer Mietvertragspartei nicht ausgeschlossen. Der Abschluss eines Zeitmietvertrages ist nur unter den Voraussetzungen des § 575 BGB möglich. Möglich ist auch die Vereinbarung eines **Kündigungsausschlusses.** Haben die Parteien wirksam gem. § 575 BGB einen Zeitmietvertrag vereinbart, so kann der Mieter nicht kündigen.[168] Dies gilt auch dann, wenn der Mietvertrag für mehr als vier Jahre abgeschlossen wurde. Eine dem § 557a Abs. 3 BGB entsprechende Vorschrift fehlt bei der Indexmiete. Dies resultiert noch aus der Zeit, als Indexmietvereinbarungen nur bei Mietverträgen von mindestens zehn Jahren zulässig waren. Dies Erfordernis ist aber seit 1. 9. 2001 entfallen. Zu erklären ist der Unterschied allenfalls damit, dass eine Staffelmiete auf Grund der völlig frei vereinbaren Staffeln zu einer Miete führen kann, die sich von den Marktverhältnissen weit entfernen kann während eine Indexmiete letztendlich dazu führen soll, dass die einmal vereinbarten Wertverhältnisse erhalten bleiben. Aber auch hier kann eine Divergenz zu den Marktverhältnissen auftreten. In der Realität kommt es vor, dass bei steigendem Lebenshaltungskostenindex die Marktmiete wegen Wohnungsleerstand usw. fällt. Selbst in diesem Fall steht dem Mieter **kein Kündigungsrecht** zu. **51**

## III. Nach Beendigung des Mietverhältnisses

**Mit der Beendigung** des Mietverhältnisses wird die Indexvereinbarung hinfällig. Wird die Wohnung nach Beendigung des Mietverhältnisses nicht zurückgegeben, so ist zu unterscheiden: **52**

**1.** Ist der Vermieter damit einverstanden, dass der Mieter die Sache weiter im Besitz behält (zB weil der Mieter gekündigt hat und der Vermieter davon ausgeht, dass die Kündigung unwirksam ist oder weil er erst nach Ablauf der Mietzeit einen Übergabetermin vereinbart und dem Mieter freiwillig Schlüssel belässt[169]), so ist **keine Vorenthaltung** iSv § 546a BGB gegeben, da dem Vermieter der Rücknahmewille fehlt.[170] Der Mieter schuldet dann eine Nutzungsentschädigung nach Bereicherungsgrundsätzen, die dem objektiven Mietwert entspricht; das ist idR derjenige Betrag, der zum Zeitpunkt der Beendigung des Mietverhältnisses als Neuvertragsmiete geschuldet worden wäre.[171] Auf eine Änderung der Bezugsgröße nach Beendigung des Mietverhältnisses können sich die Parteien in diesem Fall nicht berufen.[172] **53**

**2. Im Falle der Vorenthaltung** gilt etwas anderes, weil der Vermieter durch die vertragswidrige Vorenthaltung nicht schlechter gestellt werden darf, als es bei Fortsetzung des Vertrages der Fall **54**

---

164 LG Karlsruhe BeckRS 2009, 23529; so aber wohl OLGR Schleswig 1998, 273, zehn Jahre kein Erhöhungsverlangen; **aA** OLG Celle NJW-RR 1988, 723.

165 OLG Düsseldorf ZMR 1995, 155; Lindner-Figura/Oprée/Stellmann Geschäftsraummiete/*Bartholomäi* Kap. 10 Rn. 151.

166 Zur Anwendung im Mietrecht s. *Blank* WuM 2004, 243.

167 Staudinger/*J. Emmerich* BGB § 557b Rn. 32.

168 BGH VIII ZR 112/08, WuM 2009, 48.

169 Zu einem solchen Fall KG NZM 2001, 849.

170 BGH VIII ZR 214/16, NZM 2017, 630; *Streyl* NZM 2017, 633; *Müller/Galneder* NJW 2017, 3000.

171 BGH VIII ZR 17/16, NZM 2017, 189.

172 BGH VIII ZR 44/71, WPM 1973, 383 (386) = BeckRS 1973, 31125480.

wäre.[173] Hier muss der ehemalige Mieter eine Nutzungsentschädigung bezahlen, die sich nach der Indexvereinbarung richtet.[174]

55 **3.** Wird ein Mietverhältnis gekündigt und einigen sich die Parteien vor Ablauf der Kündigungsfrist – so zB, wenn der Vermieter wegen einer Vertragsverletzung nach §§ 543, 569 BGB kündigt, dabei aber eine Frist einhält um dem Mieter Gelegenheit zum Auszug zu geben – auf eine Vertragsfortsetzung, so liegt hierin ein Vertrag über die Aufhebung der Kündigungswirkungen. Das Mietverhältnis besteht unverändert fort; die erneute Vereinbarung einer Indexvereinbarung ist nicht erforderlich.[175] Ist das Mietverhältnis aber fristlos gekündigt worden, dann kann die Kündigung nicht zurückgenommen werden. Jede diesbezügliche Vereinbarung ist als Neuabschluss eines Mietvertrages zu verstehen. Bei einem wegen Zahlungsverzuges gekündigten Mietverhältnis, kann in der Bitte des Vermieters zur Zustimmung zu einer Mieterhöhung ein Angebot auf Fortsetzung des Mietverhältnisses zu sehen sein.[176] Daher wird die Indexmietvereinbarung nur dann wieder wirksam, wenn sie erneut schriftlich abgeschlossen wird. Zumindest muss die alte Vereinbarung noch einmal unterschrieben werden.[177]

## E. Grenzen der Mieterhöhung

### I. Begrenzung aufgrund der §§ 556d ff. BGB

55a Gemäß § 557b Abs. 4 BGB gelten die §§ 556d–556g BGB nur für die **Ausgangsmiete.** Das bedeutet, dass die indexierte Ausgangsmiete grds. die ortsübliche Vergleichsmiete um nicht mehr als 10% übersteigen darf. Voraussetzung ist, dass die Wohnung in einer Gemeinde liegt, für die durch Landes-Rechtsverordnung festgestellt wurde, dass dort ein angespannter Wohnungsmarkt herrscht (wegen der Einzelheiten s. die Kommentierung bei § 556d BGB). Die Beschränkung der Ausgangsmiete in Gemeinden mit angespannten Wohnungsmärkten gem. § 557b Abs. 4 BGB ist gem. Art. 229 § 35 Abs. 1 BGB nur auf solche Mietverträge anzuwenden, die nach Inkrafttreten einer Landesverordnung gem. § 556d Abs. 2 BGB für die entsprechende Gemeinde abgeschlossen wurden. Das ist insofern missverständlich, als dass Indexvereinbarungen auch nachträglich abgeschlossen werden können. Wurde also der Mietvertrag vor Erlass der Landesverordnung abgeschlossen, aber die Indexvereinbarung erst nach Inkrafttreten der Verordnung gilt § 557b Abs. 4 BGB nicht. Insofern unterscheidet sich die Übergangsregelung von der für Staffelmietvereinbarungen. Dort gelten die §§ 556d–556g BGB auch für Staffelmietvereinbarungen, die im Rahmen eines Mietvertrages, der vor Aufnahme der Gemeinde in eine Landesverordnung abgeschlossen wurde, die aber erst Aufnahme der Gemeinde in eines solche Vereinbarung geschlossen wurde.

55b Es muss also für die **Ausgangsmiete die Höhe der ortsüblichen Vergleichsmiete** für vergleichbare Wohnungen festgestellt werden. Diese darf dann um 10% überschritten werden. Nur die darüberhinausgehenden Beträge sind unwirksam. Ausnahme gelten bei höheren Vormieten gem. § 556e Abs. 1 BGB und bei Modernisierungsmaßnahmen in den letzten drei Jahren. In diesen Fällen darf die ortsübliche Vergleichsmiete auch um mehr als 10% überschritten werden (wegen der Einzelheiten s. die Kommentierung bei § 556e BGB). War die mit dem Vormieter vereinbarte Miete höher als die um 10% erhöhte ortsübliche Vergleichsmiete, ist die Ausgangsmiete in Höhe der Vormiete gem. § 556e Abs. 1 BGB zulässig. Das gilt zunächst für Vormieten, die vor Inkrafttreten einer entsprechenden Landesverordnung für die entsprechende Gemeinde vereinbart worden sind. Aus Gründen des Bestandsschutzes darf der Vermieter diese Miete auch bei einer Neuvermietung nach Aufnahme der Gemeinde in eine Landesverordnung gem. § 556d Abs. 2 BGB vereinbaren. Bei einer Vormiete, die nach Inkrafttreten einer örtlich anwendbaren Landesverordnung vereinbart wurde, kommt es darauf an, ob diese gem. § 556g Abs. 1 BGB zulässig war. Das ist bei nach dem 1.10.2014 erstmals genutzt und vermieteten Wohnungen der Fall, da hier die §§ 556d ff. BGB gem. § 556f BGB gar nicht gelten. Bei einfachen Modernisierungen darf die um 10% erhöhte ortsübliche Vergleichsmiete um den Betrag der Modernisierungsmieterhöhung überschritten werden.

---

[173] BGH VIII ZR 44/71, WPM 1973, 383 (386) = BeckRS 1973, 31125480.
[174] *Staudinger/J. Emmerich* BGB § 557b Rn. 34.
[175] BGH BB 1974, 578.
[176] LG Köln BeckRS 2019, 13416 mAnm *Krapf* jurisPR-MietR 22/2019 Anm. 1.
[177] BGH NJW 1998, 2664.

## II. Begrenzung aufgrund § 5 WiStG

Für die Vereinbarung der Einstiegsmiete gelten außerdem immer noch die allgemeinen Regeln. Grundsätzlich sind die Parteien bei der Vereinbarung der Miete frei. Es gelten jedoch die Grenzen des § 5 WiStG und des § 291 StGB.[178] Die Grenzen gelten auch für die späteren Mieten nach einer Indexmieterhöhung. § 557b BGB ist kein die allgemeinen **Wuchervorschriften** der § 5 WiStG und § 291 StGB verdrängendes Spezialgesetz. Wenn nicht bereits die Einstiegsmiete die Grenze des § 5 WiStG überschritten hatte, dürfte jedoch eine spätere Überschreitung dieser Grenze idR eher unwahrscheinlich sein, da die Vergleichsmieten idR stärker steigen werden, als der Lebenshaltungskostenindex. Aber auch in den Fällen, in denen der Lebenshaltungskostenindex trotz fallender Mieten gestiegen ist wird ein Verstoß gegen § 5 WiStG deshalb kaum in Betracht kommen. Eine **Mietpreisüberhöhung** verlangt zum einen die Überschreitung der ortsüblichen Vergleichsmiete um mehr als 20% und zum anderen muss dies unter Ausnutzung eines geringen Angebots an Wohnraum erfolgt sein.[179] Die beiden Tatbestandsvoraussetzungen müssen jeweils zum gleichen Zeitpunkt festgestellt werden. Nach dem Wortlaut des § 5 WiStG ist ein Kausalzusammenhang zwischen einem geringen Angebot und einer die ortsüblichen Entgelte um mehr als 20% übersteigenden Miete erforderlich. Das ergibt sich aus dem Wort „infolge". Steigt die Miete auf Grund der vereinbarten Indexklausel auf über 20% über der ortsüblichen Vergleichsmiete, dann geschieht dies nicht unter Ausnutzung des geringen Angebots,[180] sondern auf Grund der früher einmal getroffenen Indexklausel. Als diese vereinbart wurde mag das geringe Angebot vorgelegen haben aber die damals vereinbarte Miete lag noch nicht 20% über der ortsüblichen Vergleichsmiete. 56

## F. Unwirksame Vereinbarungen

Nach § 557b Abs. 5 BGB sind **abweichende Vereinbarungen** zum Nachteil des Mieters unwirksam. Die Vorschrift ist eigentlich überflüssig, da bereits gem. § 557 Abs. 4 BGB alle nachteiligen Vereinbarungen unwirksam sind. Gemäß § 557 Abs. 2 BGB kann der Vermieter zukünftige Mieterhöhungen ua in Form einer Indexvereinbarung gem. § 557b BGB vereinbaren. Das bedeutet dann aber auch, dass dies nur unter den in der Vorschrift des § 557b BGB genannten Voraussetzungen möglich ist und jede Abweichung hiervon zu Lasten des Mieters auch gegen § 557 Abs. 5 BGB verstößt. Zur Frage wann eine Vereinbarung vorliegt und den allgemeinen Voraussetzungen deshalb → BGB § 557 Rn. 60. 57

**Unwirksam** sind alle Vereinbarungen, die von den Voraussetzungen der § 557b Abs. 1–4 BGB zum Nachteil des Mieters abweichen ohne dass die Indexvereinbarung selbst dadurch unwirksam wird. Hierzu zählen 58

- Verzicht auf Textform für Erhöhungsschreiben
- Erleichterungen bei der Begründung der Mieterhöhung
- Früherer Wirkungszeitpunkt für Mieterhöhung
- Automatische Mieterhöhung ohne Erhöhungsschreiben[181]
- Einseitigkeitsklauseln, die nur dem Vermieter eine Erhöhung gestattet.[182]

Nicht von § 557b Abs. 5 BGB werden erfasst alle Vereinbarungen, die bereits dazu geführt haben, dass gar **keine wirksame Indexvereinbarung** vorliegt, also 59

- Vereinbarung kürzerer Erhöhungsabstände als ein Jahr
- Zulassen von Mieterhöhungen gem. §§ 558, 559 BGB neben Indexmieterhöhungen
- Vereinbarung überproportionaler Mietsteigerungen
- Ausschluss des Mietanpassungsrechts für Mieter bei sinkenden Lebenshaltungskostenindex
- die Vereinbarung, dass die Miete nicht unter eine bestimmte Mindestmiete fallen dürfe.[183]

---

178 *Hamm* DWW 1993, 321; *Bohnert* JZ 1994, 605.

179 Zu den Einflüssen der Marktentwicklung auf das Mietverhältnis: *Börstinghaus* NZM 2000, 898.

180 AnwK WohnraumMietR/*Lammel* BGB § 557b Rn. 28.

181 LG Berlin NZM 2002, 947 (948); Staudinger/*Emmerich* BGB § 557b Rn. 40.

182 AG Neubrandenburg WuM 2010, 453; *Emmerich* NZM 2001, 690, 694; Staudinger/*J. Emmerich* BGB § 557b Rn. 40.

183 AnwK WohnraumMietR/*Lammel* BGB § 557b Rn. 14.

# Vorbemerkung zu § 558 BGB

## Systematische Übersicht



## Alphabetische Schnellübersicht



## A. Allgemeines

1 Der Gesetzgeber geht von der idealtypischen Situation aus, dass die Mietvertragsparteien sich grds. über Mietanpassungen **einigen** sollen. Dementsprechend hat er an den Anfang des Unterkapitels „Regelungen über die Miethöhe" die vertraglichen Änderungstatbestände der Mietabänderungsvereinbarung gem. § 557 Abs. 1 BGB sowie die vertraglichen Vereinbarungen über zukünftige Mieterhöhungen in Form der Staffel- und Indexmiete gem. §§ 557a, 557b BGB gestellt. Nur wenn die Parteien sich nicht einigen, dann kommen die Vorschriften der §§ 558–560 BGB zum Tragen. Dies ergibt sich auch aus dem Wortlaut des § 557 Abs. 3 BGB *„Im Übrigen kann der Vermieter Mieterhöhungen nur nach Maßgabe der §§ 558–560 BGB verlangen"*.

2 Die Vorschriften enthalten dabei ganz unterschiedliche Regelungen und Verfahren. Während § 558 BGB eine Anpassung der Miete auf ein, wenn auch fiktives Mietenniveau ermöglicht und das **verfassungsrechtlich notwendige Korrelat** zum Ausschluss der Änderungskündigung in § 573 Abs. 1 BGB darstellt[1] (→ BGB Vor § 557 Rn. 13) enthalten die § 559 BGB und § 560 BGB jeweils Regelungen, die verfassungsrechtlich nicht geboten sind, aber aus wohnungswirtschaftlichen Gründen für notwendig erachtet wurden. Sie gestatten dem Vermieter einseitig bestimmte Kosten, zB nach einer Modernisierung oder auf Grund von Betriebskostensteigerungen auf den Mieter ganz oder prozentual abzuwälzen. Die Verfahren unterscheiden sich dadurch, dass der Ver-

[1] *Weitemeyer* NZM 2000, 313 (315); Alternativkommentar/*Derleder* BGB Vor MHRG Rn. 1.

mieter bei § 558 BGB nur einen Anspruch auf Zustimmung hat, den er ggf. einklagen muss, während er nach einer Modernisierung und eine Erhöhung der Betriebskosten nach einer entsprechenden Gestaltungserklärung direkt auf Zahlung klagen kann. *Loyal*[2] vermutet, dass dahinter das Motiv des Gesetzgebers stand, Mieterhöhungen schon durch die Gestaltung des Verfahrens zu erschweren und Mieter zu schützen. In der Begründung des Rechtsausschusses[3] heißt es nämlich, dass durch die Einführung des einseitigen Gestaltungsrechts in § 4 MHG (heute § 560 BGB) eine „einfache und praktikable" Möglichkeit geschaffen werden sollte. Noch bei der Mietrechtsreform 2001[4] wurde das Zustimmungsverfahren bei Betriebskostenerhöhungen „für wenig praktikabel und zum Schutz des Mieters nicht erforderlich" angesehen. *Loyal*[5] folgert daraus, dass das Zustimmungsverfahren vom Gesetzgeber selbst durchweg als „schwierig und unpraktikabel" eingestuft wurde. Im Anwendungsbereich der §§ 558 ff. BGB ist iÜ ein Rückgriff auf § 313 BGB regelmäßig ausgeschlossen.[6]

## B. Verhältnis der verschiedenen Mieterhöhungsmöglichkeiten zueinander

Die im BGB vorgesehenen **Mieterhöhungsmöglichkeiten bestehen kumulativ** nebeneinander und nicht alternativ.[7] Während § 558 BGB dem Vermieter die Möglichkeit eröffnet, die Miete auf ein allgemeines Mietenniveau für vergleichbare Wohnungen anzuheben, schafft § 559 BGB die Möglichkeit, konkret für eine bestimmte Wohnung aufgewandte Kosten für bauliche Veränderungen, idR Modernisierungen, auf den Mieter abzuwälzen. § 560 BGB regelt die Erhöhung von Betriebskostenpauschalen und -vorauszahlungen, also nur eines bestimmten Anteils der Gesamtmiete. Die Vorschriften schließen sich daher nicht aus, sondern ergänzen sich. 3

### I. Verhältnis von § 558 BGB zu § 559 BGB

§ 559 BGB ist keine andere Mieterhöhungsmöglichkeiten, insbes. die des § 558 BGB, ausschließende Spezialvorschrift.[8] Deshalb hat ein Vermieter, der Modernisierungsarbeiten vornimmt, das **Wahlrecht** zwischen vier verschiedenen Möglichkeiten, wie er die Kosten einer Modernisierungsmaßnahme bei der Bestimmung der zukünftigen Miete berücksichtigten kann.[9] Es darf letztendlich jedoch zu keiner doppelten Berücksichtigung der Modernisierungskosten führen. 4

#### 1. Ausschließlich nach § 559 BGB

Zunächst kann der Vermieter **ausschließlich** eine Mieterhöhung im vereinfachten Umlageverfahren **nach § 559 BGB** geltend machen.[10] Eine Zustimmung des Mieters ist nicht erforderlich. Die nach der Erhöhung geschuldete Miete ist die neue einheitliche Miete, die in der Zukunft nur unter den Voraussetzungen der §§ 558–560 BGB erhöht werden kann. Der Erhöhungsbetrag nach § 559 BGB ist kein zusätzlich zu zahlender Zuschlag.[11] Für die Modernisierungsmieterhöhung gilt die **Kappungsgrenze** des § 559 Abs. 3a BGB. 5

---

[2] *Loyal* AcP 214, 746 (783).

[3] BT-Drs. 6/2421, 4.

[4] BT-Drs. 14/5663, 81; abgedr. auch bei *Börstinghaus/Eisenschmid,* Arbeitskommentar Neues MietR S. 375.

[5] *Loyal* AcP 214, 746 (783).

[6] BGH VIII ZR 266/14, NJW 2016, 239 mAnm *Börstinghaus* LMK 2016, 375498; *Heix* WuM 2016, 263; *Hirsch* ZMR 2007, 1 (5); *Schröder* ZMR 2015, 823; **aA** AG Hamburg-Harburg ZMR 2015, 865 (866) unter falsch verstandenem Hinweis der Kommentierung des Verfassers bei → BGB § 558 Rn. 59 zu falschen Tatsachen im Erhöhungsverlangen.

[7] BGH VIII ZR 367/18, NZM 2021, 297.

[8] BGH VIII ZR 367/18, NZM 2021, 297; BT-Drs. 7/2638 S. 4.

[9] LG Berlin GE 2011, 1162 mAnm *Kinne* GE 2011, 1121; AG Hamburg-Altona WuM 2014, 422; AG Köln ZMR 2013, 206 mAnm *Börstinghaus* jurisPR-MietR 13/2013 Anm. 3; AG Lichtenberg MM 2002, 483; *Fleindl* NZM 2016, 65 (69); *Paschke* GE 2013, 100; *Mersson* DWW 2009, 122 (129); *Both* NZM 2001, 78 (83); AK/*Derleder* BGB MHRG § 2 Rn. 5.

[10] Börstinghaus/Eisenschmid Modernisierungs-HdB/*Börstinghaus* Kap. 9; *Siegmund* FS Börstinghaus, 2020, 397 (399); *Fleindl* NZM 2016, 65 (69); *Gsell/Siegmund* NZM 2019, 489 (498).

[11] BGH VIII ZR 331/06, NZM 2008, 124 = NJW 2008, 848 = MietPrax-AK § 558a BGB Nr. 11 mAnm *Börstinghaus;* LG München WuM 1996, 43; LG Essen WuM 1994, 217; LG Hamburg WuM 1989, 82; 1985, 229; AG Mülheim WuM 1990, 221; *Langenberg* PiG 40 (1993), 59 (63); *Sternel* MietR Kap. III Rn. 764.

### 2. Ausschließlich nach § 558 BGB

6 Der Vermieter kann auch **ausschließlich nach § 558 BGB** vorgehen und die Modernisierung der Wohnung dergestalt mit in das Zustimmungsverfahren einbeziehen, dass er die Anhebung der Miete auf die Vergleichsmiete nach dem Standard der durch die Modernisierung verbesserten Wohnung verlangt.[12] In diesem Fall ist die Zustimmung des Mieters erforderlich. Diese Vorgehensweise schließt eine weitere Erhöhung gem. § 559 BGB wegen dieser Modernisierungsmaßnahme aus[13], da anderenfalls die Modernisierung doppelt berücksichtigt würde.

### 3. Kombinationsmöglichkeiten

7 Zusätzlich zu diesen beiden, ausschließlich nur auf einer der beiden gesetzlichen Alternativen beruhenden, Mieterhöhungen kann der Vermieter diese auch noch **kombinieren.**[14] So kann der Vermieter neben der Mieterhöhung im vereinfachten Umlageverfahren nach § 559 BGB vom Mieter auch noch die Zustimmung zu einer Mietanhebung auf die ortsübliche Vergleichsmiete verlangen.[15] Wählt der Vermieter diesen Weg, darf es aber nicht zu einer kumulativen Mieterhöhung kommen, bei der die Modernisierung doppelt, nämlich sowohl bei § 558 BGB als auch bei § 559 BGB berücksichtigt wird.[16] Eine andere Beurteilung kann allenfalls dann angezeigt sein, wenn die verlangten Mieterhöhungen zusammen eine nach § 559 BGB allein mögliche Mieterhöhung nicht übersteigen.[17] Ob im Erhöhungsverlangen nach § 558a BGB nach Abschluss der Modernisierungsarbeiten deutlich darauf hingewiesen werden muss, dass es vom unmodernisierten Zustand ausgeht, ist strittig.[18] Jedoch rechtfertigt allein die Tatsache, dass der Vermieter zunächst eine Mieterhöhung gem. § 558 BGB vornimmt, noch nicht die Annahme, dass der Vermieter damit zugleich einen **Verzicht** auf die Mieterhöhung gem. § 559 BGB erklären wollte.[19] An die Annahmen eines Verzichts sind äußerst strenge Anforderungen zu stellen.[20] Es kommt vielmehr darauf an, ob der Vermieter tatsächlich den modernisierten Standard zur Ermittlung der ortsüblichen Vergleichsmiete herangezogen hat.[21] Das **Nebeneinander** der beiden Mieterhöhungsmöglichkeiten bietet sich bei folgenden zwei Fallkonstellationen an:

8 **a) Unmodernisierte Wohnung. Die Miete für die noch nicht modernisierte Wohnung** lag bereits unterhalb der ortsüblichen Vergleichsmiete für vergleichbaren nicht modernisierten Wohnraum.[22] Dann kann der Vermieter vom Mieter die Zustimmung zu einer Mieterhöhung bis

---

[12] BGH VIII ZR 21/19 NJW 2020, 835 = NZM 2019, 928 Rn. 33; BGH VIII ZR 275/07 NJW 2008, 3630 = NZM 2008, 883 Rn. 15; OLG Hamm NJW 1983, 289; OLG Hamm NJW-RR 1993, 399; *Hinz* FS Börstinghaus, 2020, 239 (240); BeckOGK/*Schindler* BGB § 559 Rn. 23; MüKoBGB/*Artz* § 559 Rn. 7; Staudinger/*V. Emmerich* BGB § 559 Rn. 9.

[13] OLG Hamm NJW-RR 1993, 399; OLG Hamm NJW 1983, 289, 290; AG Lichtenberg MM 2002, 483; AG Köln WuM 1990, 520; AG Osnabrück WuM 1989, 635; BeckOGK/*Schindler* BGB § 559 Rn. 23; Staudinger/*V. Emmerich* BGB § 559 Rn. 9.

[14] BGH VIII ZR 367/18, NZM 2021, 297; *Siegmund* FS Börstinghaus, 2020, 397 (399); *Fleindl* NZM 2016, 65 (71).

[15] AG Berlin-Schönefeld GE 1991, 577; **aA** BGH VIII ZR 367/18, NZM 2021, 297, der aber über eine Anrechnung von Mieterhöhungen zu dem gleichen Ergebnis kommt.

[16] AG Hamburg-Altona WuM 2014, 422; dazu Hinweisbeschluss des LG Hamburg BeckRS 2014, 16232; AG Kerpen ZMR 2011, 802; AG Berlin-Mitte MM 2011, Nr. 12, 30; GE 2003, 461, iE dort aber falsch, da der Mietspiegelwert für modernisierte Wohnung höher war und die Modernisierungsmieterhöhung zu Unrecht als Zuschlag verstanden wird; *Paschke* GE 2013, 100 (101); krit. hierzu die Stellungnahme des VIII. Senats des BGH im Verfassungsbeschwerdeverfahren gegen Urteil des LG Berlin WuM 2015, 551 abgedr. in GE 2018, 819, dazu auch *Hinz* FS Börstinghaus, 2020, 239 (249); grundlegend jetzt BGH VIII ZR 367 18, NZM 2021, 297.

[17] So die Stellungnahme des VIII. Senats des BGH im Verfassungsbeschwerdeverfahren gegen Urteil des LG Berlin WuM 2015, 551 abgedr. in GE 2018, 819, dazu auch *Hinz* FS Börstinghaus, 2020, 239 (249); LG Berlin MM 2019, Nr 7/8, 38.

[18] Dagegen LG Berlin GE 2017, 592; dafür LG Berlin WuM 2015, 551, dessen Urteil aber vom BVerfG 1 BvR 1011/17, NZM 2018, 440 aufgehoben worden ist.

[19] BGH VIII ZR 367/18, NZM 2021, 297; **aA** LG Berlin WuM 2015, 551 aufgehoben durch das BVerfG 1 BvR 1011/17, NZM 2018, 440 wg. Verstoß gegen Art 103 I GG; ausf. zu dem Verfahren *Hinz* FS Börstinghaus, 2020, 239 (246); iErg aber ebenso wie das LG: Lützenkirchen MietR/*Dickersbach* BGB § 559 Rn. 43a.

[20] BGH VIII ZR 99/14 NJW 2015, 2324; BGH IV ZR 504/14 (juris); nach der Stellungnahme des VIII. Senats des BGH im Verfassungsbeschwerdeverfahren gegen Urteil des LG Berlin WuM 2015, 551 abgedr. in GE 2018, 819 hat das LG Berlin die grundlegende BGH-Rechtsprechung „in jeder Hinsicht missachtet".

[21] So auch *Beuermann* GE 2015, 1000.

[22] OLG Hamm NJW 1983, 289; AG Lichtenberg MM 2002, 483; *Hinz* FS Börstinghaus, 2020, 239 (240).

zur ortsüblichen Vergleichsmiete für nicht modernisierte Wohnungen verlangen und außerdem kann er die für die Wohnung aufgewandten Kosten einer Modernisierung zum Gegenstand einer Mieterhöhung nach § 559 BGB machen. Das kann zu einer **Überschreitung der ortsüblichen Vergleichsmiete** führen[23] Hierbei wird die zunächst erfolgte Mieterhöhung auf die ortsübliche Vergleichsmiete für den unmodernisierten Zustand der Wohnung nicht auf die anschließende Modernisierungsmieterhöhung angerechnet.[24] Schwierig ist die Frage zu entscheiden, wenn die Mieterhöhung auf die ortsübliche Vergleichsmiete auch unter Berücksichtigung des unmodernisierten Zustands teilweise möglich war und nur hinsichtlich der Spitze der modernisierte Zustand berücksichtigt werden muss. Theoretisch ist eine Aufteilung möglich.

Ferner kann der Vermieter auch den modernisierten Zustand der Wohnung zunächst zum Gegenstand einer Mieterhöhung auf die ortsübliche Vergleichsmiete machen. Dabei ist in der zunächst erfolgten Mieterhöhung auf die ortsübliche Vergleichsmiete gem. § 558 BGB kein Verzicht auf die spätere Geltendmachung einer Modernisierungsmieterhöhung gem. § 559 BGB zu sehen.[25] Im Anschluss an eine Modernisierung kommt einer Mieterhöhung gem. § 558 BGB unter Zugrundelegung des modernisierten Zustands keine Sperrwirkung im Hinblick auf eine nachfolgende Erhöhungserklärung gem. § 559 BGB zu, wenn beide Erhöhungen zusammengenommen das Maß der Erhöhungsmöglichkeit nach § 559 BGB nicht überschreiten.[26] Allein der Umstand, dass eine wirksame Mieterhöhung nach § 558 BGB, anders als eine solche nach § 559 BGB, die Zustimmung des Mieters voraussetzt, rechtfertigt es nicht, dem Vermieter eine schrittweise Mieterhöhung in dieser Reihenfolge zu verwehren. Das wäre schon deshalb nicht interessengerecht, weil uU eine Mieterhöhung gem. § 558 BGB zu einem früheren Zeitpunkt möglich ist als eine solche gem. § 559 BGB, bei der die vollständigen und nach Überprüfung für richtig befundene Abrechnungen der durchgeführten Arbeiten durch die betreffenden Bauunternehmer noch nicht vorliegen. Letztendlich erhält der Vermieter in diesem Fall **die maximal mögliche Modernisierungsmieterhöhung gem. § 559 BGB** zu zwei verschiedenen Zeitpunkten. Ferner kann das Vorziehen der Mieterhöhung gem. § 558 BGB Einfluss auf die Höhe der Kappungsgrenze gem. § 559 Abs. 3a BGB haben. Das ist dann der Fall, wenn durch die erste Mieterhöhung die Ausgangsmiete auf 7,00 EUR oder mehr steigt. Dann beträgt die Kappungsgrenze für die spätere Modernisierungsmieterhöhung 3,– EUR, anderenfalls nur 2,– EUR. 8a

**b) Erfolge Modernisierung.** Umgedreht schließt die nach erfolgter Modernisierung gem. § 559 BGB durchgeführte Mieterhöhung eine nachfolgende weitere Erhöhung der Miete gem. § 558 BGB auf der Basis des modernisierten Standards der Wohnung nicht aus. Bleibt die einseitig erhöhte Miete gem. § 559 BGB oder die einvernehmlich wegen der durchgeführten Modernisierungsmaßnahme erhöhte Miete hinter der ortsüblichen Vergleichsmiete für modernisierten Wohnraum zurück, ist es dem Vermieter unbenommen, anschließend die Zustimmung des Mieters zu einer weiteren Mieterhöhung gem. § 558 Abs. 1 BGB zu verlangen.[27] Dass das Gesetz ein solches Vorgehen erlaubt, zeigt sich nicht zuletzt an den Ausnahmeregelungen für die Berücksichtigung von Modernisierungsmieterhöhungen bei der Wartefrist und Jahresfrist nach § 558 Abs. 1 BGB sowie bei der der Berechnung der Kappungsgrenze nach § 558 Abs. 3 BGB. Das gilt auch, wenn der Vermieter die Modernisierungsmieterhöhung **im vereinfachten Verfahren gem. § 559c BGB** vorgenommen hat. Die Sperrwirkung eines solchen Verfahrens bezieht sich nach dem eindeutigen Wortlaut des § 559c Abs. 4 BGB nur auf Mieterhöhungen gem. § 559 BGB. Voraussetzung einer anschließenden Mieterhöhung gem. § 558 BGB ist, dass die **ortsübliche Vergleichsmiete für vergleichbaren modernisierten Standard** nicht überschritten wird. Führt also die Umlagemieterhöhung nach § 559 BGB zu einer Miete, die unterhalb der ortsüb- 9

---

[23] BT-Drs. 7/2011, S. 11.

[24] Der BGH VIII ZR 367/18, NZM 2021, 297 formuliert bei der Anrechnung nämlich ausdrücklich, dass die erste *Mieterhöhung „bereits auf der Grundlage des modernisierten Wohnungszustands"* erfolgt sein muss.

[25] BVerfG NZM 2018, 440; BGH VIII ZR 367/18, NZM 2021, 297; Vorinstanz: LG Berlin 63. ZK MM 2019, Nr 7/8, 38; anders noch im gleichen Verfahren LG Berlin 67. ZK WuM 2015, 551; zu dem ganze Verfahren ausf. *Hinz* FS Börstinghaus, 2020, 239.

[26] BGH VIII ZR 367/18, NZM 2021, 297; LG Berlin MM 2019, Nr 7/8, 38.

[27] BGH VIII ZR 367/18, NZM 2021, 297; BGH VIII ZR 275/07, NJW 2008, 3630; BGH VIII ZR 287/06, NJW 2008, 2031; BGH VIII ZR 285/06, NJW 2007, 3122; Staudinger/*Emmerich* BGB § 559 Rn. 7f.; MüKoBGB/*Artz* § 559 Rn. 9;. LG Berlin MM 2019, Nr 7/8, 38; LG Berlin GE 2003, 1210 (1211); *Hinz* FS Börstinghaus, 2020, 239 (240); **aA** zu Unrecht AG Berlin-Mitte GE 2003, 461.

lichen Vergleichsmiete für modernisierten Wohnraum liegt, kann der Vermieter auch noch die Zustimmung zu einer Mieterhöhung bis zur ortsüblichen Vergleichsmiete gem. § 558 BGB verlangen. Das kann zB der Fall sein, weil die Mieterhöhung nach § 559 Abs. 3a BGB auf 3 EUR bzw. 2 EUR gekappt wurde. Hierdurch darf die **ortsübliche Vergleichsmiete nicht überschritten werden.** Eine Mieterhöhung nach § 559 BGB scheidet aber immer dann aus, wenn der Vermieter die Modernisierung bereits einmal bei einer Mieterhöhung nach § 558 BGB berücksichtigt hat.[28]

10 **c) Kappungsgrenze.** Kombiniert der Vermieter die Mieterhöhung nach § 558 BGB und § 559 BGB, dann gilt für die Mieterhöhung nach § 559 die Kappungsgrenze des § 559 Abs. 3a BGB und für die Mieterhöhung nach § 558 BGB die **Kappungsgrenze** gem. § 558 Abs. 3 BGB. Nach Abschluss beider nebeneinander betriebenen Erhöhungsverfahren darf damit die insgesamt erhöhte Miete die Summe aus der Miete drei Jahre vor der Anhebung + 20% + (ggf. gekappter) Modernisierungserhöhung gem. § 559 BGB nicht überschreiten.[29] Die Mieterhöhung gem. § 559 BGB nimmt an der Ermittlung der Kappungsgrenze gem. § 558 Abs. 3 BGB ebenso wenig teil wie die Mieterhöhung gem. § 558 auf die Kappungsgrenze gem. § 559 Abs. 3a BGB ausgerechnet wird. Dies betrifft aber immer nur Mieterhöhungen gem. § 559 BGB die innerhalb der Dreijahresfrist erfolgen. Eine Modernisierungsmieterhöhung vor Beginn der Dreijahresfrist erhöht die Ausgangsmiete und damit auch den absoluten Betrag der Kappungsgrenze.[30]

**Beispiel:** Die vereinbarte Miete für die unmodernisierte Wohnung beträgt seit drei Jahren 8 EUR/m$^2$. Die ortsübliche Vergleichsmiete für nicht modernisierte Wohnungen beträgt 10 EUR/m$^2$. Der Vermieter führt Modernisierungsarbeiten durch, die ihn gem. § 559 BGB zu einer Mieterhöhung um 1 EUR/m$^2$ berechtigen. Außerdem kann der Vermieter vom Mieter gem. § 558 BGB die Zustimmung zu einer Mieterhöhung um 1,60 EUR verlangen (20% von 8 EUR).

11 Genau das Gleiche gilt auch dann, wenn der Vermieter den **einheitlichen Weg** über § 558 BGB wählt und vom Mieter die Zustimmung zu einer **Mieterhöhung auf die ortsübliche Vergleichsmiete für modernisierten Wohnraum** verlangt. Auch in diesem Fall gilt hinsichtlich der Kappungsgrenze die gleiche Obergrenze.[31] Bezieht der Vermieter nämlich den Kostenaufwand für die Modernisierung einer preisfreien Mietwohnung dergestalt in ein Mieterhöhungsverfahren nach § 558 BGB ein, dass er die Anhebung der Miete auf die Vergleichsmiete nach dem Standard der durch die Modernisierung verbesserten Wohnung verlangt, so sind die an sich materiell-rechtlich nach § 559 BGB umlagefähigen Modernisierungskosten bei der Berechnung der Kappungsgrenze des § 558 Abs. 3 BGB auszuklammern.[32] Soweit hiergegen Bedenken geäußert wurden, weil durch die Mietrechtsänderung 2013 dem Mieter in §§ 559 Abs. 4, 5 BGB der Einwand der wirtschaftlichen Härte zugebilligt wurde[33], hat sich dies zumindest durch die Einführung einer eigenen Kappungsgrenze in § 559 Abs. 3a BGB seit 1. 1. 2019 erledigt. Diese ist bei der fiktiven Berechnung der Kappungsgrenze gem. § 558 Abs. 3 BGB auch zu berücksichtigen, da nur die materiell zulässige Modernisierungsmieterhöhung herangezogen werden darf. Da die Kappungsgrenze eine **Schutzvorschrift** zugunsten der Mieter ist[34], kann der Vermieter sie auch nicht durch die Wahl eines anderen Erhöhungsverfahrens umgehen. Unzulässig ist deshalb eine Berechnung der Art, zunächst den Modernisierungszuschlag gem. § 559 BGB der Ausgangsmiete hinzuzurechnen und auf diesen erhöhten Betrag dann die 20%ige Kappungsgrenze anzuwenden. Auf der anderen Seite würde der Vermieter ohne nachvollziehbaren Grund schlechter gestellt, wenn bei einer einheitlichen Erhöhung nach § 558 BGB lediglich eine Mieterhöhung von 20% auf die Ausgangsmiete zugelassen würde. Da dem Vermieter in diesem Fall nämlich untersagt ist, den Modernisierungszuschlag nach einer Mieterhöhung nach § 558 BGB nachzuholen, könnte er diese Schlechterstellung auch nicht mehr aufholen. Aus der gesetzlichen Ausgestaltung der beiden Erhöhungsverfahren lässt sich diese

---

[28] AG Lichtenberg MM 2002, 483; nach AG Kerpen ZMR 2011, 802 muss der Vermieter sogar im Erhöhungsverlangen nach § 558 BGB einen Vorbehalt erklären.

[29] *Paschke* GE 2013, 100 **aA** *Fleindl* NZM 2016, 65 (70).

[30] AG Dortmund WuM 1984, 112; *Both* NZM 2002, 78 (84).

[31] OLG Hamm NJW-RR 1993, 399; **aA** *Fleindl* NZM 2016, 65 (70), der bereits die Entscheidung im Ausgangspunkt für falsch hält, aber insbes. seit der Verlagerung der wirtschaftlichen Härtegründe in das Erhöhungsverfahren gem. § 559 Abs. 4 BGB für nicht mehr vertreterbar hält.

[32] *OLG Hamm NJW-RR 1993, 399*; **aA** *Fleindl* NZM 2016, 65 (70); *Hinz* FS Börstinghaus, 2020, 239 (243); *Hinz* SchlHA 2018, 153, 163; zweifelnd auch Staudinger/*Emmerich* BGB § 559 Rn. 9a.

[33] *Fleindl* NZM 2016, 65 (70); *Hinz* FS Börstinghaus, 2020, 239 (243); *Hinz* SchlHA 2018, 153, 163.

[34] BGH VIII ZR 33/18 NJW 2019, 2464 = NZM 2019, 536; dazu *Börstinghaus* LMK 2019, 418513.

Benachteiligung nicht begründen. Die nur im Zustimmungsverfahren geltende Kappungsgrenze wird durch § 558 Abs. 3 S. 1 BGB selbst relativiert. Danach sind nämlich bei der Berechnung der Kappungsgrenze Mieterhöhungen nach den §§ 559, 560 BGB aus den letzten drei Jahren nicht zu berücksichtigen. Wenn aber bei bereits abgeschlossenen Mieterhöhungsverfahren nach den §§ 559, 560 BGB eine Anrechnung auf die Kappungsgrenze nicht erfolgen soll, dann sind überzeugende Gründe, warum dies bei einem einheitlichen Verfahren anders sein soll, nicht ersichtlich. Der Wortlaut des Gesetzes spricht vielmehr dafür, Modernisierungsmaßnahmen und daraus folgende Mieterhöhungen bei der Berechnung der Kappungsgrenze als Sonderfälle der Mieterhöhung völlig auszuklammern.

**d) Wahlrecht des Vermieters. Der Vermieter hat das Wahlrecht,** welches Verfahren er 12 wählt.[35] Er muss sich entscheiden, welcher Weg für ihn im konkreten Fall vorteilhafter ist.[36] Im Normalfall ist eine ausschließliche Mieterhöhung nach § 559 BGB für den Vermieter die günstigste Möglichkeit.[37] Er muss nicht zunächst die Zustimmung des Mieters verlangen, sondern kann direkt die Zahlung der erhöhten Miete geltend machen. Er hat keine Kappungsgrenze und keine Jahressperrfrist einzuhalten und zumindest in den Fällen, in denen er regelmäßig die Miete bis zur ortsüblichen Vergleichsmiete angehoben hat, wird die nach einer Erhöhung gem. § 559 BGB zu zahlende Miete höher sein, als die ortsübliche Miete für renovierte Wohnungen. Während bei einer ausschließlichen oder mit einer Erhöhung gem. § 558 BGB kombinierten Erhöhung der Miete gem. § 559 BGB die Miete allenfalls durch § 5 WiStG oder § 291 StGB begrenzt wird, bildet bei der Alt. 3 einer ausschließlich nach § 558 BGB erfolgten Erhöhung bereits die ortsübliche Vergleichsmiete die Obergrenze.

## II. Verhältnis von § 558 BGB zu § 560 BGB

§ 560 BGB gestattet dem Vermieter bei bestimmten Mietstrukturen **Betriebskostensteigerungen** auf den Mieter umzulegen. Dies betrifft zunächst nur Mietverhältnisse, bei denen der Mieter gem. § 556 Abs. 2 BGB zusätzlich zu der reinen Grundmiete Zahlungen für Betriebskosten zu erbringen hat und zwar entweder in Form einer Pauschale oder in Form einer Vorauszahlung. Eine Mieterhöhung nach § 558 BGB kommt in Betracht bei Mietverhältnissen, bei denen zwar eine Pauschale vereinbart wurde, aber kein Erhöhungsvorbehalt sowie bei Mietverhältnissen, bei denen die Betriebskosten ganz oder teilweise in der Grundmiete enthalten sind (Inklusiv- oder Bruttomieten sowie Teilinklusivmieten). Hier schließt § 560 BGB eine Mieterhöhung gem. § 558 BGB nicht aus. Besonderheiten gelten im Berliner Altbaubestand.[38] 13

Nach Art. 229 § 3 Abs. 4 EGBGB erlaubt § 560 BGB Mieterhöhungen wegen Betriebskosten- 14 steigerungen bei vor dem 1.9.2001 abgeschlossenen **Brutto- oder Teilinklusivmietverträgen,** wenn im Mietvertrag eine Erhöhung der Miete wegen Betriebskostensteigerungen ausdrücklich vereinbart worden ist. Damit soll faktisch die Regelung des § 4 MHG aus Gründen des Bestandschutzes weiter gelten. Aber auch hier kann der Vermieter das Verfahren nach § 558 BGB wählen. Der Vermieter kann nämlich die Miete nach § 558 BGB bis zur ortsüblichen Brutto-Vergleichsmiete erhöhen. Hierzu darf er zB zu den Werten eines Netto-Mietspiegels einen entsprechenden Zuschlag in Höhe der aktuellen Betriebskosten hinzurechnen.[39] Das hat zur Folge, dass die zum Zeitpunkt dieser Mieterhöhung fälligen Betriebskosten nicht mehr zum Gegenstand einer Mieterhöhung analog § 560 BGB iVm Art. 229 § 3 Abs. 4 EGBGB gemacht werden können. Hat der Vermieter eine Mieterhöhung gem. § 558 BGB durchgeführt, dann kann er eine Mieterhöhung analog § 560 erst für Betriebskostenerhöhungen geltend machen, die nach der Mieterhöhung gem. § 558 BGB erfolgten.[40] Unerheblich ist, ob der Vermieter Betriebskostensteigerungen aus-

---

[35] *Siegmund* FS Börstinghaus, 2020, 397 (399); Alternativkommentar-BGB/*Derleder* MHRG § 3 Rn. 3.

[36] *Both* NZM 2001, 78 (83); er kann beide Mieterhöhungen (§§ 558, 559 BGB) in einer Erklärung zusammenfassen AG Köln ZMR 2013, 206.

[37] *Fleindl* NZM 2016, 65 (74); AK-BGB/*Derleder* MHRG § 3 Rn. 3; **aA** Bub/Treier MietR-HdB/*Schultz* Kap. III A Rn. 1643, die Kombination sei günstiger.

[38] BGH VIII ZR 99/03, NZM 2004, 253; VIII ZR 101/03, WuM 2004, 151.

[39] BGH VIII ZR 41/05, NZM 2006, 101; OLG Stuttgart NJW 1983, 2329.

[40] KG NZM 1998, 68; LG Berlin GE 1997, 493; MM 1994, 396; WuM 1995, 717; MM 1997, 279; AG Tempelhof MM 1994, 285; AG Neukölln MM 1992, 103; MM 1993, 27; Staudinger/*Artz* BGB § 560 Rn. 21; *Sternel* MietR Kap. III Rn. 814; *Kinne* GE 1998, 282 (285).

drücklich zum Anlass genommen hat, die Miete zu erhöhen.[41] oder ob er die Betriebskosten bei der Mieterhöhung gem. § 558 BGB mit ausgewiesen hat oder nicht.

## C. Gemeinsame Formalien für alle Mieterhöhungserklärungen nach §§ 558–560 BGB

### I. Allgemeines

15 Das Mieterhöhungsverfahren ist ein **formalisiertes Verfahren.**[42] Neben den materiellen Anspruchsvoraussetzungen verlangen alle Mieterhöhungsmöglichkeiten des BGB auch die Einhaltung eines formalen Verfahrens zur Durchsetzung des Anspruchs. Eine formell unwirksame Mieterhöhung löst unabhängig davon, ob materiell-rechtlich der Anspruch besteht oder nicht, regelmäßig keine Rechtsfolgen aus.[43] Nach geänderter Ansicht des BGH[44] stellt das Mieterhöhungsverlangen aber keine besondere Sachentscheidungsvoraussetzung einer Zustimmungsklage mehr dar, mit der Folge, dass die Klage als unzulässig abzuweisen wäre.[45] Auch bei den Formalien handele es sich um eine materielle Voraussetzung der Zustimmungsanspruch, so dass die Klage bei Mängeln als unbegründet abzuweisen ist. In Ausnahmefällen kann aber die Umdeutung in ein Angebot auf Abschluss einer Mietabänderungsvereinbarung in Betracht kommen (→ BGB § 557 Rn. 13 f.).[46]

16 Gesetzliche Formvorschriften müssen immer nach ihrem **Sinn und Zweck** ausgelegt werden. Sie dürfen nicht zum Selbstzweck verkümmern. Dies entspricht auch der Entscheidungspraxis des BVerfG,[47] das in zahlreichen Entscheidungen[48] sich mit den formalen Anforderungen an ein Mieterhöhungsverlangen beschäftigt hat, nachdem die Instanzgerichte teilweise so strenge Anforderungen an die Schreiben gestellt hatten, dass jedes Mieterhöhungsverfahren von vornherein zum Scheitern verurteilt war. Das BVerfG hat diese Gesetzesanwendung der Instanzgerichte für verfassungswidrig erklärt und ständig gefordert, durch eine verfassungskonforme Auslegung des Gesetzes die praktische Durchsetzbarkeit der Erhöhungsansprüche zu gewährleisten. Eine Handhabung der Verfahrensregeln, die praktisch zu einem Mietenstopp führe und den gesetzlichen Anspruch auf die üblichen Entgelte in der Gemeinde beseitige, verletzt das Grundrecht des Vermieters aus Art. 14 Abs. 1 S. 1 GG.[49] Aber auch die Rspr. des BVerfG gestattet es nicht, auf alle formalen Anforderungen zu verzichten. Auf der anderen Seite müssen die sich aus dem Gesetz ergebenden formalen Anforderungen aber in dem Umfang, der für eine sinnvolle und zweckmäßige Gesetzesanwendung erforderlich ist, auch eingehalten und beachtet werden. Der für die Wohnraummiete zuständige VIII. Senat des BGH hat die **formellen Anforderungen** an Zustimmungsverlangen inzwischen **fast auf null** abgesenkt.[50] Maßstab für den Senat ist die Prämisse, wonach dem Mieter mit dem Mieterhöhungsverlangen die Tatsachen mitgeteilt werden, die er zur Prüfung der vom Vermieter begehrten Mieterhöhung benötigt. Die Begründung des Mieterhöhungsverlangens diene hingegen nicht dazu, bereits den Nachweis der ortsüblichen Vergleichsmiete zu führen.[51] Formalien spielen dabei beim Senat eher eine völlig untergeordnete

---

[41] *Sternel* MietR Kap. III Rn. 814.

[42] Zu den Formalien des Mieterhöhungsverlangens *Börstinghaus* WImmoT 2010, 137.

[43] BGH VIII ZR 199/04, NZM 2005, 735 = MietPrax-AK § 557 BGB Nr. 5 mAnm *Börstinghaus; Artz* ZMR 2006, 165.

[44] BGH VIII ZR 355/18 NZM 2020, 534 = NJW 2020, 1947 mAnm *Börstinghaus* NZM 2020, 541; *Börstinghaus* LMK 2020, 430371; *Happ* DWW 2020, 219.

[45] BGH VIII ARZ 1/82 BGHZ 84, 392, 399; VIII ZR 234/03 NZM 2004, 581; VIII ZR 212/05 NJW-RR 2006, 1305; VIII ZR 331/06 NJW 2008, 848; VIII ZR 413/12, NZM 2014, 236 = NJW 2014, 1173; VIII ZR 136/17 NJW 2018, 2792; VIII ZR 190/17 WuM 2018, 509.

[46] BGH VIII ZR 182/04, NZM 2005, 736; *Artz* ZMR 2006, 165; *Lammel* WuM 2005, 702.

[47] BVerfG NJW 1974, 1499; 1979, 31; NJW 1980, 1617; WuM 1982, 146; NJW 1989, 969; NJW-RR 1993, 148; NJW 1994, 717.

[48] Zur Rspr. des BVerfG zum früheren MHG s. *Meincke* WuM 1994, 581; *Sonnenschein* NJW 1993, 161 (164 ff.); *Roellecke* NJW 1992, 1649.

[49] *BVerfG NJW 1980, 1617.*

[50] *Schach* GE 2016, 1242; *Börstinghaus* NZM 2009, 681.

[51] BGH VIII ZR 236/18 NZM 2020, 459; VIII ZR 255/18 NZM 2019, 852; VIII ZR 136/17 NJW 2018, 2792 = NZM 2018, 742; VIII ZR 190/17 WuM 2018, 509.

Rolle.[52] Dass ein Anspruch wegen formeller Fehler vor dem Senat scheitert, kommt so gut nicht vor. Das gilt für Mieterhöhungsverfahren[53] ebenso wie für Betriebskostenabrechnungen[54] oder Kündigungserklärungen.[55]

## II. Der richtige Absender

### 1. Allgemeines

17 Absender eines jeden Mieterhöhungsverlangens muss der jeweilige **Vermieter** zum Zeitpunkt der Abgabe[56] (→ Rn. 39) des Mieterhöhungsverlangens sein (→ BGB Vor § 535 Rn. 235–337). Wer Vermieter ist, ergibt sich aus dem Mietvertrag[57] und ist von der Eigentümerstellung grds. unabhängig.[58] Nur bei der **Veräußerung des Grundstücks** kommt es auf die Eigentümerstellung an. Grds. wird der Erwerber Vermieter, wenn der Veräußerer Vermieter war. Bei **fehlender Identität** zwischen Vermieter und Eigentümer kann § 566 BGB entsprechend angewandt werden, wenn die Vermietung des veräußerten Grundstücks mit Zustimmung und im alleinigen wirtschaftlichen Interesse des Eigentümers erfolgt und der Vermieter kein eigenes Interesse am Fortbestand des Mietverhältnisses hat.[59] Bei Vermietung einer Wohnung durch zwei Miteigentümer bleiben beide auch dann Vermieter, wenn der eine seinen Miteigentumsanteil später an den anderen veräußert. Auf einen solchen Eigentumserwerb findet § 566 Abs. 1 BGB weder direkte noch analoge Anwendung.[60] Das Erhöhungsverlangen muss deshalb durch den oder die Vermieter oder zumindest im Namen des Vermieters und nicht im Namen des Grundstückseigentümers abgegeben werden.[61] Stammt die Mieterhöhungserklärung nicht vom Vermieter oder bei Personenmehrheiten von allen Vermietern[62] ist sie formell unwirksam und löste keine Ansprüche aus. Eine nachträgliche Genehmigung und damit Heilung des Mangels[63] durch den evtl. Berechtigten ist nicht möglich.[64] Das Gleiche gilt, wenn das Erhöhungsverlangen im Namen „der Eigentümer" erklärt wird, wenn nicht alle Eigentümer Vermieter und nicht alle Vermieter Eigentümer sind.[65]

### 2. Einschaltung von Hausverwaltungen

18 Bei der **Vermietung durch eine Hausverwaltung**[66] taucht häufig die Frage auf, ob die Hausverwaltung selbst Vermieterin ist oder nur als Vertreter für den Grundstückseigentümer gehandelt hat. Handelt die Verwaltung ausdrücklich als Vertreter, dann wird der vertretene Eigentümer/Vermieter Vertragspartner und muss die Mieterhöhungserklärungen abgeben und ist grds. wirksam[67], es sei denn es hat ein Vermieterwechsel stattgefunden.[68] Lässt das Erhöhungsverlangen der Verwal-

---

52 *Beyer,* jurisPR-MietR 3/2018 Anm. 2 begrüßt die Tendenz des Senats „Ansprüche der einen oder anderen Seite nicht an oft kleinlichen Formalitäten scheitern zu lassen".

53 *Börstinghaus* NZM 2009, 115; 2009, 681.

54 BGH VIII ZR 3/17, NZM 2017, 732; VIII ZR 371/04, NZM 2005, 737; VIII ZR 45/10, NJW 2010, 3363; VIII ZR 89/10, NZM 2011, 546; VIII ZR 45/11, WuM 2011, 684; VIII ZR 268/10, NZM 2012, 153.

55 Zur **Zahlungsverzugskündigung:** BGH VIII ZR 94/03, NZM 2004, 187; VIII ZB 31/04, NZM 2004, 699; VIII ZR 96/09, NZM 2010, 548; umfassend dazu *Börstinghaus* Derleder (65. Geb.) 2005, S. 205; zur **Eigenbedarfskündigung:** BGH VIII ZR 70/09, NZM 2010, 400; VIII ZR 284/13, NZM 2014, 466; zur **Verwertungskündigung:** BGH VIII ZR 243/16, NZM 2017, 756.

56 LG Köln WuM 1996, 623 MüKoBGB/*Artz* § 558a Rn. 12; Bub/Treier MietR-HdB/*Schultz* Kap. III A Rn. 1136; offen gelassen BGH VIII ZR 236/14, NZM 2015, 487 = NJW 2015, 1749, ob es auf den Zeitpunkt des Zugangs ankommt; nach BGH XII ZR 23/15, GE 2016, 192 soll es für den Kündigungsgrund darauf ankommen, dass er bei Abgabe der Erklärung vorlag.

57 LG Berlin GE 2008, 734; das kann auch durch Auslegung zu ermitteln sein. Eine Falschbezeichnung ist unerheblich. Es gilt das tatsächlich Gewollte: BGH IX ZR 279/13, NJW 2015, 1109.

58 KG MDR 1998, 529; WuM 1997, 101 (103).

59 BGH XII ZR 26/16 BGHZ 215, 236 = NZM 2017, 847.

60 BGH VIII ZR 26/17 NZM 2019, 208.

61 KG MDR 1998, 529; WuM 1997, 101 (103); LG Berlin ZMR 1997, 358.

62 BGH VIII ZB 26/17, NZM 2019, 208 (für Kündigungserklärung); zur Mehrheiten auf Vermieterseite und Konsequenzen ua für Mieterhöhungen *Spies* ZMR 2020, 183 ff und 276 ff.

63 Bub/Treier MietR-HdB/*Schultz* Kap. III A Rn. 1136.

64 LG Essen ZMR 2008, 894.

65 AG Hamburg/OLG Hamburg ZMR 2010, 108.

66 Zur Frage der Wirksamkeit einer Mieterhöhungserklärung durch Verwalter → Rn. 43.

67 AG Köpenick GE 2011, 1376.

68 AG Berlin-Mitte GE 2011, 1687.

tung demgegenüber überhaupt nicht erkennen, dass es für den Vermieter erfolgt, ist es unwirksam.[69] Umstritten ist, ob allein die Bezeichnung des Vermieters im Mietvertrag als „Hausverwaltung" ausreicht, um ein Vertretungsverhältnis iSd § 164 Abs. 2 BGB offenzulegen.[70] Eine andere Frage ist es, ob eine Hausverwaltung ein Erhöhungsverlangen stellen kann, wenn sie nicht selbst Vermieterin ist (→ Rn. 43).[71]

### 3. Personenmehrheiten auf Vermieterseite

19 Besondere Schwierigkeiten bereiten Fallkonstellationen, bei denen mehrere Personen auf Vermieterseite auftreten. Dies kann originär geschehen oder auf Grund von Rechtsnachfolgen.

20 **a) Eheleute.** Bei **Eheleuten** genügt es, wenn diese im Kopf des Vertrages als „Eheleute" oder „Herr und Frau" bezeichnet sind. Der Angabe der Vornamen ist nicht zwingend erforderlich. Zu den Folgen, wenn keine Identität zwischen Mietvertragsrubrum und Unterschriftsleiste besteht, → Rn. 50 ff.

21 Auch bei der Vermietung durch Eheleute kommt es nicht darauf an, wer Grundstückseigentümer ist. In der Regel sind die Eheleute Bruchteilseigentümer und nicht Gesellschafter einer Gesellschaft bürgerlichen Rechts. Möglich ist aber auch dies;[72] → Rn. 23 ff. Überträgt ein Ehepartner seinen Miteigentumsanteil auf den anderen ist § 566 BGB weder direkt noch analog anzuwenden, da keine Übertragung an einen Dritten vorliegt, so dass beide Ehepartner Vermieter blieben und die Mieterhöhungserklärung abgeben müssen.[73] Verschenkt der vermietende Alleineigentümer während des bestehenden Mietverhältnisses einen Miteigentumsanteil an seine Ehefrau, so wird diese mit dem Eigentumserwerb Mitvermieterin.[74] Hat der Ehepartner, der nicht Eigentümer ist, mit Zustimmung und im alleinigen wirtschaftlichen Interesse des Eigentümers die Wohnung vermietet, ist § 566 Abs. 1 BGB analog anwendbar.[75] Wird aber nur einer von ggf. mehreren Mietern gem. § 566 BGB Vermieter, so erlischt der Mietvertrag aufgrund eingetretener Konfusion, und es bestehen keinerlei mietrechtlichen Ansprüche mehr.[76]

22 Ebenso problematisch ist der Fall, dass nur einer von mehreren Miteigentümern im Mietvertrag als Vermieter genannt wird.[77] Wird hier das Grundstück veräußert, dann geht gem. § 566 BGB der Mietvertrag nur bei **Identität** zwischen Eigentümer, Vermieter und Veräußerer auf den Erwerber über.[78] Nach dem Rechtsentscheid des OLG Karlsruhe[79] soll etwas anderes aber dann gelten, wenn der nicht vermietende Eigentümer der Vermietung durch den anderen Eigentümer zugestimmt hat. Anderenfalls geht der Mietvertrag nicht auf den Erwerber über.[80] Die Rechtsfolge des § 566 BGB ist im Außenverhältnis auch nicht abdingbar.[81] Der BGH[82] hat die Frage, ob § 566 BGB ggf. analog angewandt werden kann bisher immer offen gelassen.[83]

23 **b) BGB-Gesellschaften.** Ist Vermieter eine juristische Person, ist dies rechtlich unproblematisch. Selbst der Wechsel der Gesellschafter hat keinen Einfluss auf den Mietvertrag.[84] Demgegenüber war in der Vergangenheit problematisch, wer bei einer BGB-Gesellschaft Vermieter ist und wer deshalb die Mieterhöhungen zu erklären hat bzw. an wen sie zu richten war (→ BGB Vor

---

[69] LG Berlin GE 2013, 483 mAnm *Kinne* GE 2013, 451; LG Berlin GE 2011, 1618 mAnm *Kinne* GE 2011, 1592; LG Potsdam GE 2013, 689.

[70] Bejahend OLG Brandenburg NJWE-MietR 1997, 135; KG WuM 1984, 254; LG Berlin GE 2013, 691; Staudinger/*V. Emmerich* BGB Vor § 535 Rn. 94, unternehmensbezogens Geschäft; verneinend KG MDR 1998, 529.

[71] Zu einem solchen Fall: BGH VIII ZR 231/13, NJW 2014, 1803 = NZM 2014, 431.

[72] LG Köln WuM 2001, 287.

[73] BGH VIII ZB 26/17, NZM 2019, 208 (für Kündigungserklärung).

[74] LG Marburg WuM 2001, 439.

[75] BGH XII ZR 26/16 NZM 2017, 847; *Börstinghaus* LMK 2017, 394782; jurisPR-BGHZivilR 18/2017 Anm. 2; *Lammel* jurisPR-MietR 20/2017 Anm. 3.

[76] BGH VIII ZR 323/14, NZM 2016, 467; LG Berlin GE 2017, 1162.

[77] *Günter* WuM 2013, 264.

[78] BGH XII ZR 110/08, NZM 2010, 704; *Streyl* NZM 2010, 343; *Günter* WuM 2013, 264; offen gelassen BGH VIII ZR 178/12, GuT 2013, 25 = MietPrax-AK § 566 BGB Nr. 13.

[79] OLG Karlsruhe NJW 1981, 1278.

[80] LG Berlin GE 1990, 823.

[81] AG Pinneberg ZMR 2002, 835.

[82] *BGH XII ZR 48/10, WuM 2012, 323*; XII ZR 110/08, NZM 2010, 704; VIII ZR 84/09, NZM 2010, 471.

[83] Ausf. *Günter* WuM 2013, 264.

[84] *Blank* WImmoT 2008, 177 (182).

§ 535 Rn. 20a). Da die GbR früher nicht als rechtsfähig angesehen wurde, war Zuordnungssubjekt jeder einzelne Gesellschafter. Seit dem Urteil des BGH vom 29.1.2001[85] ist klargestellt, dass die GbR, die nach außen im Rechtsverkehr aufgetreten ist (z. B. weil sie als solche im Mietvertrag als Mietvertragspartei aufgeführt ist – sog. **Außengesellschaft**), selbst als eigene Rechtspersönlichkeit die Erklärung abgeben und ggf. auch Adressat einer solchen Erklärung sein kann.[86] Besondere Bedeutung hat die Entscheidung für das gewerbliche Mietrecht.[87]

Die GbR ist nur dann Vermieterin, wenn es sich um eine **Außengesellschaft** handelt.[88] Also nicht jeder Zusammenschluss von mehreren Personen ist eine rechtsfähige GbR. Erforderlich ist, dass die GbR am Rechtsverkehr teilnimmt und nach außen in Erscheinung tritt. Entscheidend ist deshalb in dem hier interessierenden Zusammenhang die Bezeichnung im Mietvertrag. Wird der Vermieter unter einer Sachfirma wie zB „XY Straße GbR" oder als verkürzte Personenfirma zB „Müller & Meier GbR" im Mietvertrag bezeichnet, dann spricht bereits viel dafür, dass hier eine rechtsfähige GbR vorliegt.[89] Selbst **Ehegatten-Grundstücksgemeinschaften** können deshalb eine rechtsfähige GbR bilden.[90] Entscheidend ist wegen der für die Gegenseite schwer erkennbaren inneren Strukturen das jeweilige Auftreten nach außen. Dies ergibt sich vor allem daraus, dass die Gesellschaft ja selbst nicht handeln kann und deshalb vertreten werden muss, so dass es auf die Offenkundigkeit gem. § 164 Abs. 2 BGB ankommt. Deshalb ist die Frage, ob die GbR selbst im Grundbuch als solche eingetragen ist, allenfalls ein weiteres Indiz, aber auf keinen Fall allein ausschlaggebend.[91] Ein durch die Gesellschafter der in den Mietvertrag eingetretenen GbR erklärtes Mieterhöhungsverlangen ohne Hinweis auf die Außengesellschaft ist unwirksam.[92] 24

Abzugrenzen ist die Außen-GbR von der reinen **Innengesellschaft.** Diese liegt zB dann vor, wenn im Mietvertrag die einzelnen Gesellschafter als Mietvertragspartei aufgeführt sind und ein Hinweis auf die gesellschaftsrechtlichen Beziehungen fehlt. Im Mieterhöhungsverlangen muss dann diese Personenmehrheit als Absender genannt werden.[93] Hier liegt im Außenverhältnis regelmäßig ein Gesamtschuld- oder -gläubigerverhältnis vor. Das Innenverhältnis ist dabei für die mietvertraglichen Beziehungen unerheblich. Gründen mehrere Vermieter später eine Außengesellschaft als Verwaltungsgesellschaft, so wird die GbR dadurch noch nicht Vermieterin.[94] Erst wenn die Gesellschafter das Grundstück sachenrechtlich in das Gesellschaftsvermögen übertragen dann wird die Gesellschaft nach § 566 BGB Vermieterin. 25

Ist die Außengesellschaft Vermieterin, gilt für den **Gesellschafterwechsel** außerhalb des Grundbuchs § 566 BGB nicht.[95]. Der Gesellschafterwechsel berührt den Mietvertrag nicht. Der neu eintretende Gesellschafter haftet auch für die vor seinem Eintritt begründeten Verpflichtungen des Mieters mit seinem Privatvermögen.[96] Scheidet der vorletzte Gesellschafter aus, so führt dies regelmäßig zu einem Übergang des Mietvertrages auf den letzten verbliebenen Gesellschafter unter Erlöschen der GbR.[97] Eine Liquidation ist nicht erforderlich.[98] Den ausscheidenden Gesellschafter trifft eine auf fünf Jahre beschränkte Nachhaftung, § 736 Abs. 2 BGB, § 160 HGB. Die Frist beginnt mit der 26

---

[85] BGH II ZR 331/00, NJW 2001, 1056; bestätigt durch BGH II ZR 331/00, NZM 2002, 271 = NJW 2002, 1207; *K. Schmidt* NJW 2001, 993; *Jauernig* NJW 2001, 2231; *Wertenbruch* NJW 2002, 324; *Ulmer/Steffke* NJW 2002, 330; *Drasdo* NZM 2001, 258; *Pfeifer* NZG 2001, 296; *Jacoby* ZMR 2001, 409; *Habersack* BB 2001, 2485; *Müther* MDR 2001, 459; *Reiff* VersR 2001, 510; *Weitemeyer* GS Sonnenschein, 2013, 431.

[86] Zum Zugang der Erklärung in einem solchen Fall BGH XII ZR 210/09, ZMR 2012, 261.

[87] Umf. *Kraemer* NZM 2002, 655.

[88] Zur GbR als Vermieterin BGH VIII ZR 232/15, NJW 2017, 547 mAnm *Börstinghaus* LMK 2017, 385346; *Selk* NJW 2017, 521; *Singbartl* NZM 2017, 119; *Meier* ZMR 2017, 150; VIII ZR 52/20, GE 2021, 1000; ausf. *Weitemeyer* ZMR 2004, 153.

[89] So auch *Jacoby* ZMR 2001, 409.

[90] So ausdrücklich *Kraemer* NZM 2002, 465; *Jacoby* ZMR 2001, 409 (410); *Habersack* BB 2001, 477; *Wertenbruch* NJW 2002, 324 (328); krit. *Derleder* BB 2001, 2485 (2489).

[91] Nach *Kraemer* NZM 2002, 465 soll die bloße Eintragung im Grundbuch nicht ausreichen, weil der Mieter das Grundbuch nicht einsehen muss.

[92] AG Tempelhof-Kreuzberg GE 2011, 1623.

[93] LG Berlin GE 2011, 1230.

[94] *Kraemer* NZM 2002, 465.

[95] BGH NZM 1998, 260; *Blank* WImmoT 2008, 177 (182).

[96] BGH II ZR 385/99, NJW 2003, 1445; *Blank* WImmoT 2008, 177 (182).

[97] BGH II ZR 37/07, NJW 2008, 2992; II ZR 31/00, NJW-RR 2002, 538; NJW 1994, 796, BGHZ 32, 307 (317f.); *Kraemer* NZM 2002, 465; *Börstinghaus* PiG 70 (2005), 65 (71); *Blank* WImmoT 2008, 177 (182).

[98] *Kraemer* NZM 2002, 465 (468).

Kenntnis des Gläubigers – hier Mieters – vom Ausscheiden.[99] Die formwechselnde Umwandlung von einer KG in eine GbR und wiederum in eine GmbH führt nach einem negativen Rechtsentscheid des KG[100] auch bei einem zwischenzeitlichen Gesellschafterwechsel nicht dazu, dass die Identität der Gesellschaft als solche verändert wird. Diese Umwandlungen haben deshalb keinen Einfluss auf bestehende Mietverhältnisse.

27 Ist die **Innengesellschaft** Vermieterin geblieben, dann müssen für einen Vermieterwechsel die Voraussetzungen des § 566 BGB erfüllt sein, also regelmäßig ein Eigentumswechsel stattgefunden haben. Die Mieterhöhungserklärung muss in diesem Fall im Namen von allen Gesellschaftern abgegeben werden. Ein außerhalb des Grundbuchs erfolgter Gesellschafterwechsel führt nur dann zu einem Gesellschafterwechsel, wenn dies unter Mitwirkung des Mieters vereinbart wird.[101] Insofern wird eine Innengesellschaft nicht anders behandelt als jede andere Mehrheit von Vermietern.[102]

28 Da auch eine Außengesellschaft nicht selbst handlungsfähig ist, muss sie durch einen Gesellschafter vertreten werden. Dabei kann sich die **Vertretungsmacht** sowohl unmittelbar aus dem Gesellschaftsvertrag ergeben wie auch aus einer Einzelvollmacht. Grundsätzlich sind die Gesellschafter nach §§ 709, 714 BGB gemeinschaftlich als Gesamtvertreter berufen. Nach § 710 BGB kann aber einem Gesellschafter die Geschäftsführung übertragen werden, der dann gem. § 714 BGB auch zur Außenvertretung berechtigt ist. Möglich ist auch die Vertretung durch mehrere Gesellschafter. Die Mieterhöhungserklärungen gem. §§ 558, 559 BGB müssen namens der Gesellschaft[103] abgegeben werden und zwar entweder von einem oder mehreren vertretungsberechtigten Gesellschaftern oder von allen Gesellschaftern für die Gesellschaft.[104] Zum Teil wird auch eine Erklärung aller Gesellschafter ohne Hinweis auf die Gesellschaft zugelassen.[105] Wird die Mieterhöhung nur von einem Gesellschafter abgegeben ohne Hinweis auf die Bevollmächtigung durch die anderen Gesellschafter oder darauf, dass er für die Gesellschaft handelt, so ist die Erklärung unwirksam.[106] Wird auf die Vertretung hingewiesen, dann ist die Erklärung grds. wirksam, jedoch kann der Mieter die Erklärung gem. § 174 BGB zurückweisen, wenn der Erklärung kein Nachweis der Vertretungsmacht, zB Vollmacht oder Gesellschaftsvertrag beigefügt war oder dem Mieter die Vertretungsmacht positiv auf andere Art und Weise bekannt war.[107] Für Letzteres ist nicht erforderlich, dass irgendwann eine Originalvollmacht vorgelegt wurde.[108] Vielmehr genügt das bloße Inkenntnissetzen über eine Bevollmächtigung. Dies muss aber durch den Vermieter und nicht den Vertreter erfolgen.[109] Liegt auf Seiten der Vermietermehrheit keine Gesellschaft vor, dann soll ein Mieterhöhungsverlangen, das diese trotzdem mit dem Zusatz „GbR" versehen haben insgesamt formell unwirksam sein.[110]

29 **c) Erbengemeinschaften.** (→ BGB Vor § 535 Rn. 261 ff.). Verstirbt der Vermieter und hinterlässt er mehrere Erben so gehört das Grundstück und damit letztendlich auch der Mietvertrag zum gemeinschaftlichen Vermögen der Erben gem. § 2032 Abs. 1 BGB. Erbengemeinschaften sind keine rechtsfähige Außengesellschaft,[111] so dass sie auch nicht als Vermieter auftreten können. Vermieter sind in diesem Fall alle Mitglieder der Erbengemeinschaft. Die Erben können nur gemeinschaftlich über das Vermögen verfügen. Bei der Neuvermietung genügt es aber die Erbengemeinschaft schlagwortartig (Erbengemeinschaft „XY") zu bezeichnen.[112] Es ist nicht erforderlich alle Mitglieder aufzuführen. Dabei muss die Erbengemeinschaft ebenso wie bei der Abgabe aller Gestaltungserklärungen im Bestand vertreten werden. Nach § 2038 BGB steht die Verwaltung des Nach-

[99] *K. Schmidt* NJW 2001, 993 (994).
[100] KG NZM 2001, 520 = WuM 2001, 230.
[101] *Jacoby* ZMR 2001, 409 (417).
[102] *Blank* WImmoT 2008, 177 (183).
[103] LG Berlin MM 2002, 283; AG Tiergarten GE 2002, 671; AG Königstein NZM 2001, 421 mzustAnm *Armbrüster* GE 2001, 821 (825); *Weitemeyer* GS Sonnenschein, 2013, 431 (457) = ZMR 2004, 153 (164).
[104] **AA** LG Berlin GE 2002, 1061.
[105] KG GE 2001, 1671; LG Köln WuM 2001, 287; **aA** AG Tiergarten GE 2002, 671; AG Königstein NZM 2001, 421; prozessual ist die Klage aller Gesellschafter bei einer GbR auch möglich KG GE 2002, 665; **aA** LG Berlin MM 2002, 283, keine Prozessstandschaft bei Zustimmungsklage.
[106] LG Köln WuM 2001, 287.
[107] BGH LwZR 4/01, NJW 2002, 1194.
[108] AG Tempelhof-Kreuzberg GE 2018, 938 mAnm *Mummelhoff* jurisPR-MietR 21/2018 Anm. 3; enger LG Berlin GE 2007, 152.
[109] AG Hanau MietRB 2019, 99.
[110] *LG Berlin GE 2011, 1230* mkritAnm *Kinne* GE 2011, 1202.
[111] BGH VIII ZB 94/05, NJW 2006, 3715; VIII ZR 187/00, NJW 2002, 3389; LG Berlin NZM 2002, 780.
[112] BGH VIII ZR 298/14, FamRZ 2015, 226, das genügt auch zur Einhaltung der Schriftform gem. § 550 BGB.

lasses den Erben gemeinschaftlich zu. Verfügt werden kann ebenfalls nur gemeinschaftlich, § 2040 BGB. Es müssen also alle Erben gemeinsam handeln oder einen Miterben oder einen Dritten bevollmächtigen. Einfacher ist es nur dann, wenn ein **Testamentsvollstrecker** eingesetzt wurde (→ BGB Vor § 535 Rn. 33). Dieser kann gem. § 2055 BGB allein verfügen und entsprechende Willenserklärungen im Rahmen eines Mietvertrages abgeben. Selbst in dem Fall, dass mehrere Erben vorhanden sind und einer nach dem Testament „das Wohnhaus erben soll" ist dieser noch nicht Alleinvermieter, der zB auch alleine Mieterhöhungserklärungen abgeben kann.[113] Bis zur Auflösung der Erbengemeinschaft ist diese Vermieterin.

**d) Wohnungseigentümer.** (→ BGB Vor § 535 Rn. 61). Wird vermieteter Wohnraum in Wohnungseigentum umgewandelt oder wird Wohnungseigentum vermietet, können im Schnittpunkt von Mietrecht und Wohnungseigentumsrecht[114] Probleme entstehen, weil beide Bereiche nicht ausreichend aufeinander abgestimmt sind.[115] Auf Grund der Entscheidung des BGH v. 2.6.2005[116] hat der Gesetzgeber inzwischen in § 10 Abs. 6 WEG die Teilrechtsfähigkeit der Wohnungseigentümergemeinschaft anerkannt. Träger der Rechte sind jetzt nicht mehr die einzelnen Wohnungseigentümer.[117] Hier sind aber weiterhin die verschiedenen Fallkonstellationen zu unterscheiden: 30

**aa) Vermietung erfolgt nach Aufteilung.** Wird ein Mietvertrag über eine bereits in Wohnungseigentum umgewandelte oder neu errichtete Eigentumswohnung abgeschlossen, dann ergeben sich die Parteien des Mietvertrages aus dem Mietvertrag. Möglich ist deshalb jetzt auch die Vermietung durch die Eigentümergemeinschaft als eigene Rechtspersönlichkeit. Das gilt zumindest für das Gemeinschaftseigentum.[118] Für den Fall der Veräußerung der Wohnung nach der Vermietung tritt der Erwerber gem. § 566 BGB an die Stelle des Veräußerers. Die Vorschrift des § 566 BGB ist auf die Veräußerung von Wohnungseigentum unmittelbar anwendbar.[119] 31

Ist das Gebäude bereits in Wohnungseigentum geteilt, wurde die Wohnung aber noch **von der Bauherrengemeinschaft** vermietet, obwohl zu diesem Zeitpunkt das Wohnungsgrundbuch bereits angelegt war und ein einzelner Bauherr als Eigentümer eingetragen ist, bleibt die Bauherrengemeinschaft Vermieter, da § 566 BGB nur einschlägig ist, wenn das Eigentum nach Vertragsschluss übergeht. Der Erwerber kann sich zwar von der Gemeinschaft den Anspruch auf Miete abtreten lassen, die volle Vermieterstellung kann er jedoch nicht erlangen. Auch hier muss eine Mieterhöhungserklärung durch die Bauherrengemeinschaft als Vermieterin erfolgen. In diesen Fällen der Vorratsteilung gem. § 8 WEG setzt sich das Bruchteilseigentum am Wohnungseigentum fort. 32

**bb) Vermietung erfolgt vor Aufteilung.** Wird Wohnungseigentum begründet, gibt es mindestens zwei, manchmal auch drei Eigentums- bzw. Nutzungsverhältnisse. Es entsteht mindestens **Gemeinschafts-** und auch **Sondereigentum,** manchmal werden auch noch **Sondernutzungsrechte** begründet. Dies muss sorgfältig getrennt werden. Das Mietverhältnis selbst wird durch die Aufteilung nicht berührt.[120] Es bleibt selbst dann ein **einheitliches Mietverhältnis,** wenn Sonder- und Gemeinschaftseigentum nach der Umwandlung betroffen sind. Es stellt sich nur die Frage, wer Vermieter dieses einheitlichen Mietverhältnisses geworden ist, was dann etwa für die Frage, wer Mieterhöhungserklärungen abgeben muss, von Bedeutung ist. 33

**(1) Gemeinschaftseigentum.** Soweit der Mieter lediglich nicht dem ausschließlichen Mietgebrauch unterliegende Teile mitbenutzt, die im **Gemeinschaftseigentum** stehen, zB das Treppenhaus, wird die Wohnungseigentümergemeinschaft nicht Vermieter.[121] Vermieter ist der jeweilige Eigentümer des Sondereigentums. 34

---

[113] AG Rheine WuM 1992, 372.

[114] *Bub* WImmoT 2008, 93; *Nüßlein,* Die Divergenzen zwischen Wohnungseigentums und Mietrecht, 2006; *Blank* WuM 2000, 523; *Häublein* NZM 2014, 97; sowie die in WuM 2013, Heft 2, 67 ff. abgedruckten Vorträge der Tagung „Die vermietete Eigentumswohnung" am 16./17.11.2012 in Marienfeld.

[115] *Weitemeyer* NZM 1998, 169; *Sternel* MDR 1997, 315.

[116] BGH V ZB 32/05, NJW 2005, 2061; *Abramenko* ZMR 2006, 6; *Wanderer* GE 2005, 900; *Jennißen* BGHReport 2005, 1094; *Bub* NJW 2005, 2590; *Kahlen* ZMR 2005, 766.

[117] So noch BGHZ 142, 290 (294); BGH NZM 1998, 667; NJW 1998, 667; BayObLG NZM 2002, 298.

[118] *Elzer* ZWE 2009, 12.

[119] BGH NJW 1994, 2452; BayObLG NJW 1994, 1024; NJW-RR 1991, 651; KG WuM 1993, 423; OLG Celle WuM 1996, 222; OLG Hamburg WuM 1996, 637.

[120] BGH NJW 1994, 2542.

[121] LG Hamburg WuM 1997, 47; *Bub* WImmoT 2008, 93 (101); AnwK WohnraumMietR/*Lammel* BGB § 566 Rn. 56.

35 **(2) Ausschließlicher Mietgebrauch.** Steht dem Mieter aber an einem dem Gemeinschaftseigentum unterfallenden Grundstücksteil ein **ausschließlicher Mietgebrauch** zu, hat der BGH mit Rechtsentscheid v. 28.4.1999[122] entschieden, dass der Erwerber einer vermieteten Eigentumswohnung alleiniger Vermieter ist, wenn die Wohnung nach Überlassung an den Mieter in Wohnungseigentum umgewandelt worden ist und zusammen mit der Wohnung ein Kellerraum vermietet ist, der nach der Teilungserklärung im Gemeinschaftseigentum aller Wohnungseigentümer steht. Die Frage ist allenfalls, ob die Gemeinschaft einen Herausgabeanspruch gegen den Mieter hat oder ob diesem ggf. gem. § 986 Abs. 2 BGB analog ein Recht zum Besitz zusteht.[123]

36 **(3) Sonder- oder Teileigentümer.** Hat der Mieter Räumlichkeiten gemietet, die nach der Aufteilung **zwei verschiedenen Sonder- oder Teileigentümern** gehören, werden diese beiden Wohnungseigentümer Vermieter. Gehört zB zu der Wohnung ein mitvermieteter Nebenraum, der nach der wohnungseigentumsrechtlichen Aufteilung zum Sondereigentum eines anderen Wohnungseigentümers gehört, dann ist der Rechtsentscheid des BGH nicht anwendbar.[124] In diesem Fall werden beide Erwerber bzw. Erwerber und Veräußerer gemeinsam Vermieter.[125] Das gilt auch wenn über eine Wohnung und eine Garage ein einheitliches Mietverhältnis begründet worden ist und Garage und Wohnung an unterschiedliche Erwerber verkauft werden. Hier wird das ursprünglich einheitliche Mietverhältnis nicht aufgespalten, so dass die Erwerber der Garage als Mitvermieter in den einheitlichen Mietvertrag über Wohnung und Garage eintritt.[126]

37 **(4) Sondernutzungsrecht.** Besteht am Gemeinschaftseigentum ein **Sondernutzungsrecht** (zB an Gartenflächen oder einem Stellplatz) zugunsten des Sondereigentümers, dem auch die vom Mieter bewohnte Wohnung gehört, dann ist dieser Sondernutzungsberechtigte entsprechend §§ 566, 567 BGB **alleiniger Vermieter.** Er kann die anderen Wohnungseigentümer von der Nutzung ausschließen und seinem Mieter damit die ausschließliche Nutzung der Fläche auch ermöglichen.[127] Umgedreht führt die Begründung eines Sondernutzungsrechtes an vermietetem Gemeinschaftseigentum nicht zu einem Eintritt des Sondernutzungsberechtigten, da das in der Teilungserklärung begründete Gebrauchsrecht nur gegenüber den übrigen Wohnungseigentümern wirkt und nicht gegenüber dem Mieter.[128] Hat der Mieter aber eine Wohnung und eine Fläche (Garten/Stellplatz) gemietet und wird an dieser Fläche ein Sondernutzungsrecht eines anderen Wohnungseigentümers begründet, so sind der Eigentümer der Wohnung und der Eigentümer, zu dessen Gunsten das Sondernutzungsrecht bestellt wurde gemeinschaftliche Vermieter des einheitlichen Mietverhältnisses.[129]

### 4. Rechtsfolgen

38 Besteht die Vermieterseite aus mehreren Personen, zB Grundstücksgemeinschaften, Eheleute usw., müssen auch alle das Mieterhöhungsverlangen abgeben, denn das Erhöhungsverlangen ist ebenso wie die mehreren Vermietern zustehende Mietforderung[130] selbst in Folge seiner Zweckgebundenheit auf eine im Rechtssinne **unteilbare Leistung** gerichtet. Ein nicht von allen Vermietern gestelltes Erhöhungsverlangen ist unwirksam.[131] Auch ein Mieterhöhungsverlangen, das nur einer von mehreren Vermietern in eigenem Namen stellt, ohne kenntlich zu machen, dass er zugleich in Vollmacht der anderen Vermieter handelt, ist unwirksam.[132] Es muss sich bei dem Mieterhöhungsverlangen von Personenmehrheiten um eine einheitliche Erklärung handeln. Deshalb ist

---

[122] BGH WuM 1999, 390; zust. *Skauradszun* ZWE 2008, 458; abl. *Greiner* ZMR 1999, 365; *Bub* WImmoT 2008, 93 (103).

[123] *Nüßlein,* Die Divergenzen zwischen Wohnungseigentums- und Mietrecht, 2006, 52; **aA** *Skauradszun* ZWE 2008, 458.

[124] LG Hamburg ZMR 1999, 765.

[125] BGH VIII ZR 399/03, NJW 2005, 3781; OLG Celle WuM 1996, 222; LG Hamburg NZM 2000, 656, LG Berlin GE 2000, 603; AG Mannheim ZMR 2009, 156 mAnm *Flatow* jurisPR-MietR 1/2009 Anm. 3; Emmerich/Sonnenschein/*Emmerich* BGB § 566 Rn. 6 *„lässt sich nicht vermeiden."; Börstinghaus* NZM 2004, 481 (483); MüKoBGB/*Häublein* § 566 Rn. 26; **aA** *Bub* WImmoT 2008, 93 (104).

[126] BGH VIII ZR 399/03, NJW 2005, 3781; BayObLG WuM 1991, 78.

[127] LG Hamburg WuM 1997, 47; *Bub* WImmoT 2008, 93 (104).

[128] LG Stuttgart WuM 1988, 404.

[129] BGH VIII ZR 399/03, NJW 2005, 3781.

[130] *BGH NJW 1958, 1723; 1969, 839.*

[131] BGH VIII ZB 26/17, NZM 2019, 208; LG Wuppertal ZMR 2016, 455 (jeweils für Kündigungserklärung); *Nies* NZM 1998, 221 (222).

[132] AG Tempelhof MM 1989, Heft Nr. 2, S. 29.

eine nachträgliche Genehmigung des Mieterhöhungsverlangens eines Vermieters durch die anderen Vermieter[133] ebenso wenig möglich wie die Genehmigung einer Mieterhöhungserklärung eines Nichtberechtigten durch den Berechtigten.[134] Dies gilt auch für Erbengemeinschaften.

### 5. Maßgeblicher Zeitpunkt

Maßgeblich ist die Vermietereigenschaft zum **Zeitpunkt der Abgabe der Willenserklärung.**[135] Soweit der BGH[136] für ein Verfügungsgeschäft auf die Rechtsinhaberschaft zum Zeitpunkt des Zugangs der Erklärung abstellt, kann dies aufgrund der Besonderheiten des Miethöherechts hier nicht gelten. Zum einen handelt es sich um ein Verpflichtungsgeschäft[137], da das Erhöhungsverlangen ein Angebot auf Abschluss eines Änderungsvertrages darstellt[138], woran auch die Tatsache, dass der Vermieter auf die Annahme ggf. einen Anspruch hat, nichts ändert, und zum anderen gilt hier gerade anders als in allen anderen Rechtsgebieten gem. § 566 BGB der Grundsatz „Kauf bricht nicht Miete". Wenn also zwischen Abgabe und Zugang der Erklärung eine Rechtsänderung eintritt, tritt der Erwerber gem. § 566 BGB an die Stelle des Veräußerers.[139] Auch der Anspruch auf Zustimmung zu einer Mieterhöhung gehört zu den Ansprüchen „aus einem Mietverhältnis". Die formell wirksame Geltendmachung des Erhöhungsverlangens durch den ursprünglichen Vermieter wirkt zugunsten des danach in das Mietverhältnis eintretenden Erwerbers fort. In Erbfällen ergibt sich dies aus § 1922 BGB. Wann zeitlich die „Rechtsnachfolge"[140] eintritt richtet sich nach dem Rechtsgrund: 39

| Rechtsnachfolge auf Grund von | Rechtsgrundlage | Zeitpunkt |
|---|---|---|
| Erbfall | § 1922 BGB | Zeitpunkt des Erbfalls (Grundbucheintragung nicht erforderlich) |
| Rechtsgeschäftliche Veräußerung Wenn der Vermieter nicht Eigentümer oder nicht Alleineigentümer des Grundstücks war, tritt keine Rechtsnachfolge ein | §§ 925, 873 BGB | Auflassung und Eintragung im Grundbuch. Die Eintragung einer Auflassungsvormerkung genügt noch nicht.[141] |
| Restitution | § 33 Abs. 5 VermG | Rechtskraft des Restitutionsbescheids[142] (Grundbucheintragung nicht erforderlich)[143] |
| Zwangsversteigerung | § 90 ZVG | Durch Zuschlag wird der Ersteher Eigentümer des Grundstücks, sofern der Beschluss nicht im Beschwerdewege rechtskräftig aufgehoben wird. (Grundbucheintragung nicht erforderlich). |

133 AG Stuttgart WuM 1973, 105.

134 LG Essen ZMR 2008, 894.

135 LG Köln WuM 1996, 623; *Weitemeyer* FS Blank, 2006, 445 (449); *Flatow* WImmoT 2008, 129 (139); MüKoBGB/*Artz* § 558a Rn. 12; Bub/Treier MietR-HdB/*Schultz* Kap. III A Rn. 1136; HWE MietR-HdB/*Emmert* § 12 Rn. 42; **aA** AG Ludwigsburg WuM 2013, 546, Zeitpunkt des Zugangs der Erklärung; so auch → BGB § 566 Rn. 105; offen gelassen BGH VIII ZR 236/14, NZM 2015, 487 = NJW 2015, 1749, ob es auf den Zeitpunkt des Zugangs ankommt.

136 BGH XI ZR 85/04, NJW 2006, 294; nach BGH XII ZR 23/15, GE 2016, 192 soll es für den Kündigungsgrund darauf ankommen, dass er bei Abgabe der Erklärung vorlag.

137 Gegen den Verfügungscharakter des Zustimmungsverlangens auch *Zehelein* NZM 2015, 31 (35).

138 BGH VIII ZB 74/16, NZM 2018, 279; *Beyer*, jurisPR-MietR 7/2018 Anm. 2.

139 LG Kassel NJWE-MietR 1996, 222; *Börstinghaus* NZM 2004, 481 (486); *Weitemeyer* FS Blank, 2006, 445 (449); Bub/Treier MietR-HdB/*Schultz* Kap. III A Rn. 1136.

140 § 566 BGB stellt keinen echten Fall der Rechtsnachfolge dar.

141 BGHZ 13, 1 (4); NJW 1989, 451.

142 LG Berlin GE 2004, 50; FRMN/*Fieberg/Reichenbach* VermG § 16 Rn. 2; LG Berlin VIZ 1993, 81.

143 LG Berlin ZoV 1992, 389.

40 Eine vor **Vollendung des Verfügungsgeschäftes** abgegebene Erklärung des Rechtsnachfolgers ist unwirksam.[144] Allein durch ein Rechtsgeschäft zwischen Grundstücksveräußerer und -erwerber, zB eine Regelung im notariellen Kaufvertrag über den wirtschaftlichen Besitzübergang und die Lastentragung, kann eine Rechtsnachfolge nicht begründet werden.[145] Die Eintragung einer Auflassungsvormerkung reicht noch nicht.[146] Eine **Abtretung** des Anspruchs auf Mieterhöhung ist nicht möglich.[147] § 413 BGB ist auf den Anspruch gem. § 558 BGB nicht anwendbar. Der Anspruch auf Zustimmung zu einer Mieterhöhung gem. § 558 BGB ist ein unselbständiges Gestaltungsrecht, dessen Übertragung nur zusammen mit dem Hauptrecht, nämlich dem Anspruch des Vermieters aus dem Mietvertrag auf Mietzahlung übertragbar ist.[148] Dies ergibt sich daraus, dass der Anspruch auf Zustimmung zu einer Mieterhöhung unmittelbar die vertragliche Leistung des Mieters betrifft. Die Zustimmung des Mieters zur Mieterhöhung bezieht sich auf die gesamte neu zu entrichtende Miete, nicht nur auf den Erhöhungsbetrag. Derjenige, der Inhaber der Mietforderung ist, kann auch nur über sie verfügen, wozu auch die Durchsetzung einer Erhöhung gehört. Im Übrigen kann durch die Abtretung des Mietanspruchs[149] ein Dritter nicht in die Lage versetzt werden, den Zustimmungsanspruch gem. § 558 BGB im eigenen Namen geltend zu machen. Die spätere Eintragung des Erwerbers im Grundbuch heilt den Mangel nicht.[150] Unschädlich ist es aber, wenn der noch nicht eingetragene Erwerber neben dem Vermieter unterschrieben hat.[151] Zur Ermächtigung → Rn. 47.

41 Möglich ist aber eine **rechtsgeschäftliche Übertragung der Vermieterstellung** gem. § 311 Abs. 1 BGB, die mit der gesetzlichen Rechtsnachfolge nichts zu tun hat. Eine solche Vertragsübernahme ist zulässig.[152] Dabei kann die Auswechslung eines Vertragspartners sowohl im Wege eines dreiseitigen Vertrags zwischen der ausscheidenden, der übernehmenden und der verbleibenden Partei vereinbart werden als auch durch Vereinbarung zwischen zwei Beteiligten, wenn der Dritte zustimmt.[153] Eine solche Zustimmung kann auch konkludent, zB durch wiederholte Zahlung der Miete an den neuen Vermieter, erfolgen.[154]

42 Ist für das Grundstück die **Zwangsverwaltung**[155] angeordnet, steht die Verfügungsmacht über den Mietanspruch **ausschließlich dem Zwangsverwalter** zu, so dass nur dieser ein Mieterhöhungsverlangen stellen kann[156] und auch nur klagebefugt ist.[157] Unterlässt er dies pflichtwidrig, dann macht er sich schadensersatzpflichtig.[158] Der Zwangsverwalter ist allen Personen verantwortlich, gegenüber denen ihm das ZVG besondere Pflichten auferlegt.[159] Das sind vor allem die Beteiligten gem. § 9 ZVG, also vor allem die Gläubiger und der Schuldner. Eine unmittelbare Betei-

---

144 OLG Celle WuM 1984, 193; LG München I ZMR 2017, 56 (58); LG Karlsruhe WuM 1991, 48; LG München WuM 1989, 282; AG Ludwigsburg WuM 2013, 546; AG Tiergarten MM 2006, 75; AG Regensburg WuM 1990, 226; AG Eschweiler WuM 1980, 186; Staudinger/*V. Emmerich* BGB § 558 a Rn. 10; HWE MietR-HdB/*Emmert* § 12 Rn. 44.

145 LG Hamburg WuM 1993, 48; LG Augsburg WuM 1990, 226; AG Ludwigsburg WuM 2013, 546; AG Tiergarten MM 2006, 75; AG Köln WuM 1989, 579; AG Dortmund WuM 1983, 237; *Kinne* GE 1998, 1004; **aA** AG Düsseldorf WuM 1987, 264.

146 LG München I ZMR 2017, 56 (58).

147 KG WuM 1997, 101; GE 1990, 1257; LG Kiel WuM 1999, 293; LG Köln FamRZ 1994, 39; LG Augsburg WuM 1990, 226; LG Berlin GE 1989, 829; LG München WuM 1989, 282; LG Hamburg WuM 1985, 310; 1980, 59; 1979, 260; AG Schöneberg MM 1996, 401; AG Regensburg WuM 1990, 226; Staudinger/*Emmerich* BGB § 558 a Rn. 9; Bub/Treier MietR-HdB/*Schultz* Kap. III A Rn. 1136.

148 Soergel/*Zeiss* BGB § 413 Rn. 4; offen gelassen von BGHZ 95, 250 (254), BGH NZM 1998, 176.

149 Staudinger/*V. Emmerich* BGB § 558 a Rn. 9.

150 HWE MietR-HdB/*Emmert* § 12 Rn. 44.

151 AG Tiergarten GE 1993, 921.

152 BGH VIII ZR 151/95, NJW 1996, 2156 (2157).

153 BGH VIII ZR 142/12, WuM 2013, 496; BGH VIII ZR 84/09, NZM 2010, 471; BGHZ 95, 88 (93 f.); 96, 302 (308).

154 BGH VIII ZR 142/12, WuM 2013, 496; BGH VIII ZR 84/09, NZM 2010, 471.

155 Zu den Rechtsfolgen der Zwangsverwaltung auf Mietverhältnisse *Börstinghaus* FS Merle, 2010, 65.

156 BGH VIII ZR 330/03, NZM 2005, 596; AG Dortmund WuM 1994, 546; *Börstinghaus* FS Merle, 2010, 68; *Stöber* ZVG § 152 Rn. 12.8; *Depré/Mayer,* Die Praxis der Zwangsverwaltung, 7. Aufl. 2013, Rn. 491; *Brüggemann/Haut,* Arbeitshilfen Zwangsverwaltung, 2008, 588; *Reismann* MM 1998, 159; *Kinne* GE 1999, 359; NZM *1986, 990; **aA** AG München ZfIR 1998, 53 mAnm Paulus.*

157 LG Berlin GE 1998, 357.

158 *Stöber* ZVG § 152 Rn. 12.8.

159 BGH IX ZR 21/07, NZM 2009, 243.

ligung am Verfahren ist aber nicht erforderlich. Der spätere Ersteher in der Zwangsversteigerung gehört aber nicht dazu.

### 6. Stellvertretung

Zulässig ist auch im Mieterhöhungsverfahren eine **offene Stellvertretung**[160], zB des Erwerbers für den – noch – eingetragenen Eigentümer.[161] Der Vertreter gibt eine eigene Willenserklärung ab.[162] Aus der Erklärung des Vertreters muss sich zumindest aus den Umständen (§ 164 Abs. 1 S. 2 BGB) ergeben, in wessen Namen sie abgegeben wurde, § 164 BGB. Nach Ansicht des BGH[163] muss der konkrete Vermieter nicht explizit benannt gegeben werden. Es genügt, wenn sich zB aus der gleichzeitig übersandten Betriebskostenabrechnung ergibt, wer Vermieter ist und in wessen Namen die Erklärung abgegeben wurde. Aber weniger geht nicht. Deshalb ist die Mieterhöhungserklärung eines WEG-Verwalters unter eigenem Briefkopf und unter Angabe seines Absenders ohne Hinweis auf eine Vertreterstellung[164] ebenso unwirksam wie ein Mieterhöhungsverlangen, das die bevollmächtigte Hausverwaltung[165] im eigenen Namen stellt ohne den Namen des neuen Vermieters zumindest irgendwo mitzuteilen.[166] Der vertretene Vermieter muss zumindest dann namentlich genannt werden, wenn für den Mieter auf Grund zahlreicher Eigentümerwechsel nicht eindeutig erkennbar ist, für wenn die Verwaltung gehandelt hat.[167] Bei einer Unterzeichnung mit „i. A." soll keine Vertretung sondern nur eine Erklärungsbotenschaft vorliegen.[168] Gibt ein Mitglied einer **Personenmehrheit** die Erklärung für sich und zugleich als Vertreter für die übrigen Eigentümer ab, muss dies aus dem Mieterhöhungsverlangen deutlich hervorgehen, denn auch ein Mieterhöhungsverlangen, das nur einer von mehreren Vermietern in eigenem Namen stellt, ohne kenntlich zu machen, dass er zugleich in Vollmacht der anderen Vermieter handelt, ist unwirksam.[169] Die Regeln des **„Geschäfts, den es angeht"** sind nicht anwendbar.[170] Deshalb muss aus der Mieterhöhungserklärung deutlich hervorgehen, in wessen Namen sie abgegeben wird. Eine Erklärung „im Namen des Eigentümers" reicht nicht aus.[171] Ist Vermieter eine juristische Person, zB eine GmbH, eine Aktiengesellschaft, eine Genossenschaft oder ein eingetragener Verein, muss das Zustimmungsverlangen von dem vertretungsberechtigten Organ stammen. Insofern sind die gesellschaftsrechtlichen Vorschriften maßgeblich. So muss die Klage auf Zustimmung zur Mieterhöhung, die eine Aktiengesellschaft als Vermieter erhebt, von einem Vorstandsmitglied der Aktiengesellschaft unterzeichnet sein.[172] Die organschaftlichen Vertreter können sich aber wiederum selbst vertreten lassen. Die Vertretungsmacht des Prokuristen ergibt sich dabei aus dem Handelsregister, andere Vertreter benötigen Einzelvertretungsmacht.[173] Eine Untervertretung ist wiederum zulässig. Zulässig ist auch die Bestellung des Hausverwalters als Vertreter. Allein aus der Stellung als Hausverwalter ergibt sich jedoch nicht die Befugnis, ein Mieterhöhungsverlangen im eigenen Namen zu stellen.[174] 43

Die Vertretungsmacht kann sich aus einer **Innen-** oder aus einer **Außenvollmacht** ergeben. Die Außenvollmacht kann bereits formularmäßig im Mietvertrag erfolgen.[175] Zumindest muss der Mieter vom Vermieter irgendwie darüber informiert worden sein, dass der Bevollmächtigte zur 44

---

160 LG München NZM 2004, 220; AG Königstein NZM 2001, 421.

161 AG Hamburg WuM 1996, 139 mit abl. Anm. *Reichert* WuM 1986, 140, dessen Thesen wiederum *Heller* WuM 1987, 137 widerspricht; AG Augsburg WuM 1998, 670; *Baer* AnwZert MietR 16/2014 Anm. 1.

162 Grds. zum Handeln Dritter bei Mieterhöhungen *Zehelein* NZM 2015, 31.

163 BGH VIII ZR 231/13, NJW 2014, 1803; zust. *Zehelein* NZM 2015, 31; ebenso Bub/Treier MietR-HdB/*Schultz* Kap. III A Rn. 1137.

164 LG München NZM 2004, 220.

165 Der Verwalter ist ggf. verpflichtet, dem Vermieter gesetzlich zulässige und mögliche Mieterhöhungen vorzuschlagen, anderenfalls macht er sich schadensersatzpflichtig OLG Saarbrücken NZM 2006, 878; KG MDR 1978, 586.

166 AG Berlin-Mitte GE 2011, 1687.

167 AG Berlin-Mitte GE 2008, 1633; AG Charlottenburg GE 2006, 61 = ZMR 2006, 129.

168 LG Berlin GE 2018, 1594.

169 AG Tempelhof MM 1989, Heft Nr. 2, S. 29.

170 AG Berlin-Mitte GE 2008, 1633; AG Charlottenburg GE 2006, 61 = ZMR 2006, 129.

171 LG Berlin GE 1999, 777; **aA** zumindest für einige Fallkonstellationen Bub/Treier MietR-HdB/*Schultz* Kap. III A Rn. 1137–1139.

172 AG Coesfeld WuM 1993, 468.

173 LG Berlin GE 2007, 986; OLG München NJW-RR 1997, 904 für Handlungsbevollmächtigte.

174 LG Berlin GE 1990, 497.

175 LG Berlin GE 2012, 1378.

Abgabe von Erhöhungserklärungen bevollmächtigt ist.[176] Eine Verwaltervollmacht, die nur zur Entgegennahme von Willenserklärungen ermächtigt, reicht nicht aus.[177] Eine Außenvollmacht liegt zB vor, wenn bereits im Mietvertrag der Vermieter durch einen Verwalter vertreten wird und die Vertretungsmacht sich aus dem Vertrag[178] oder aus späteren Erklärungen des Vermieters ergibt. Das Gesetz fordert nicht, dass eine Originalvollmacht zu irgendeinem Zeitpunkt vorgelegt wird. Vielmehr genügt das Inkenntnissetzen über eine Bevollmächtigung.[179] Der Erklärungsempfänger soll nach § 174 BGB nur dann zur Zurückweisung der Erklärung befugt sein, wenn er keine Gewissheit hat, ob der Erklärende wirklich bevollmächtigt ist und der Vertretene die Erklärung gegen sich gelten lassen muss.[180] Diese Voraussetzungen sind gegeben, wenn der Vermieter dem Mieter mitteilt, dass – von nun an – eine Hausverwaltung eingeschaltet wird. Das bedeutet aber nicht, dass jeder Mitarbeiter der Verwaltungsfirma wirksam bevollmächtigt ist.[181] Liegen die Voraussetzungen des § 174 S. 2 BGB nicht vor, muss bei einer Innenvollmacht der Vertreter die Vertretungsmacht durch Vorlage einer **Originalvollmacht**[182] dem Mieter gegenüber offenlegen. Handelt ein Unterbevollmächtigter muss die Untervollmach im Original vorgelegt werden. Strittig ist, ob dies auch für die Hauptvollmacht gilt.[183] Unterbleibt die erforderliche Vorlage, hat das aber gem. § 174 BGB nur dann Folgen, wenn der Mieter das Erhöhungsverlangen wegen fehlender Vollmacht **unverzüglich zurückgewiesen** hat. § 174 BGB ist auch auf Mieterhöhungsverlangen entsprechend anwendbar.[184] § 174 BGB gilt für das Erhöhungsverlangen nach § 558a BGB nicht unmittelbar, weil es sich um kein selbständiges und damit auch kein einseitiges Rechtsgeschäft handelt.[185] **Die Vorschrift ist aber deshalb analog anwendbar,** weil die vom Gesetzgeber für § 174 BGB vorausgesetzte Interessenlage in gleicher Weise gegeben ist.[186] Das Mieterhöhungsverlangen löst, obwohl es nur ein Vertragsangebot ist, abweichend von der normalen Vertragsofferte aufgrund Gesetzes besondere Rechtsfolgen aus. Es besteht sogar ein Anspruch auf Zustimmung, wenn die formellen und materiellen Voraussetzungen alle gegeben sind. Der Mieter hat deshalb ein besonderes Interesse daran, ob die Voraussetzungen gegeben sind und ihn deshalb uU eine Zustimmungspflicht trifft. Deshalb muss der Mieter, wenn das Erhöhungsschreiben von einem Bevollmächtigten stammt, wenigstens Gewissheit darüber verlangen können, dass der Vertreter des Vermieters befugt gehandelt hat.[187] Damit besteht bzgl. des Mieterhöhungsverlangens **die gleiche Interessenlage,** namentlich das gleiche Klarstellungsbedürfnis des Erklärungsgegners wie bei einem durch einen Bevollmächtigten vorgenommenen einseitigen Rechtsgeschäft. **Unverzüglich** bedeutet nicht sofort. Nach der Legaldefinition des § 121 Abs. 1 S. 1 BGB darf kein schuldhaftes Zögern vorliegen. Schuldhaftes Zögern setzt begrifflich bereits neben der objektiven Komponente, einem nicht mehr hinnehmbaren Zeitablauf, also dem Zögern, subjektiv ein schuldhaftes, also vorwerfbares Handeln voraus.[188] Der Verschuldensvorwurf besteht darin, dass der Mieter ab Kenntnis der Umstände, die eine Zurückweisung nach § 174 BGB rechtfertigen, seinen Widerspruch gegen das Mieterhöhungsverlangen zeitlich verzögert anbringt. Bloßes Kennen müssen der Umstände genügt nicht. Dem Mieter steht aber eine Überlegungsfrist zu, die es ihm auch ermöglicht, Rechtsrat von fachkundiger Seite einzuholen.[189] Ein Zeitablauf ab Kenntnis der Umstände von sechs Tagen[190] kann nur im Einzelfall zu lang sein, einer von 17 Tagen[191] ist idR zu lang. Dies gilt aber nur, soweit der Vermieter den Mieter nicht anderweitig von der Bevollmächtigung in Kenntnis gesetzt hat, § 174

[176] AG Tempelhof-Kreuzberg GE 2018, 938; Bub/Treier MietR-HdB/*Schultz* Kap. III A Rn. 1149.
[177] LG München NZM 2004, 220.
[178] LG Berlin GE 2012, 1378.
[179] AG Tempelhof-Kreuzberg GE 2018, 938 mAnm *Mummelhoff* jurisPR-MietR 21/2108 Anm. 3.
[180] BAG NJW 1997, 1867 (für Kündigung eines angestellten Rechtsanwalts).
[181] Bub/Treier MietR-HdB/*Schultz* Kap. III A Rn. 1149.
[182] Eine Telefaxkopie einer Originalvollmacht ist keine Vollmachtsurkunde iSd § 174 BGB: BGH XI ZR 457/16, NJW-RR 2018, 116.
[183] Dazu *Strobel* NJW 2020, 2433.
[184] OLG Hamm NJW 1982, 2076; LG Berlin GE 2007, 152; AG Hanau Urt. v. 22.2.2019 – 32 C 167/18 (12) offen gelassen von BGH VIII ZR 72/02, NZM 2003, 229; AG Wedding MM 2009, 263.
[185] **AA** AG Hanau Urt. v. 22.2.2019 – 32 C 167/18 (12); § 174 BGB ist unmittelbar anwendbar.
[186] OLG Hamm NJW 1982, 2076; AG Hanau Urt. v. 22.2.2019 – 32 C 167/18 (12); offen gelassen von BGH VIII ZR 72/02, NZM 2003, 229.
[187] OLG Hamm NJW 1982, 2076.
[188] *OLG München NJW-RR 1997*, 904.
[189] LG Hamburg WuM 1998, 725.
[190] OLG Hamm NJW 1991, 1185; **aA** LG Berlin GE 2007, 152.
[191] OLG Hamm NJW-RR 1988, 282.

S. 2 BGB. Dies kann zB dann der Fall sein, wenn frühere Mieterhöhungen oder andere Willenserklärungen vom Vertreter für den Vermieter abgegeben worden sind. Dabei darf es sich in der Vergangenheit aber nicht um eine Vollmacht nur für eine einzelne Willenserklärung gehandelt haben. Die Vertretung des Vermieters in anderen als Mieterhöhungsangelegenheiten soll nicht genügen.[192] Im Übrigen muss zwischen den damaligen und den heutigen Vermietern sowie dem oder den damaligen und heutigen Vertretern völlige Personenidentität bestehen.[193] Fraglich ist, ob dem Mieter ein Schadensersatzanspruch auf Erstattung der notwendigen Anwaltskosten für die Zurückweisung des ohne Beifügung einer Vollmacht abgegebenen Zustimmungsverlangens zusteht. Die Abgabe eines solchen Zustimmungsverlangens stellt schon keine Pflichtwidrigkeit dar.[194] Das Erhöhungsverlangen ist auch ohne Vollmachtsurkunde wirksam und zulässig. § 174 BGB soll den Empfänger schützen. Er soll sich die letzte Sicherheit verschaffen können, ob der Vertreter auch Vertretungsmacht hat. Diese besteht ja auch bei nicht beigefügter Vollmacht. Soweit eine Pflichtwidrigkeit angenommen wird, soll dann aber das Verschulden fehlen, da strittig sei, ob § 174 BGB direkt oder analog anzuwenden sei.[195] Das überzeugt nicht. Allein die Tatsache, dass eine Rechtsfrage strittig ist, entschuldigt den Rechtsanwender nicht. Der BGH[196] verneint in solchen Fällen regelmäßig einen unverschuldeten Rechtsirrtum. Der Schuldner muss die Rechtslage unter Einbeziehung der höchstrichterlichen Rspr. sorgfältig prüfen. Bei einer zweifelhaften Rechtsfrage handelt bereits fahrlässig, wer sich erkennbar in einem Grenzbereich des rechtlich Zulässigen bewegt, in dem er eine von der eigenen Einschätzung abweichende Beurteilung der rechtlichen Zulässigkeit des fraglichen Verhaltens in Betracht ziehen muss. Für Mieterhöhungsverlangen, die während eines Zustimmungsprozesses abgegeben werden gilt § 174 BGB nicht.[197]

Der **Nachweis der Vertretungsmacht** gem. § 174 S. 1 BGB kann nur durch Vorlage der Urkunde im **Original** oder als Ausfertigung geführt werden.[198] Die Vollmachtsurkunde muss das Wort „Mieterhöhung" nicht enthalten, sofern es sich um eine umfassende Vollmacht handelt.[199] Die Erteilung einer Prozessvollmacht beinhaltet nicht ohne weiteres die Bevollmächtigung zur Vornahme von einseitigen empfangsbedürftigen Willenserklärungen.[200] Anders als bei der Zugangsproblematik von bestimmenden Schriftsätzen bei Gericht geht es hier um den Nachweis tatsächlichen Geschehens mittels Schriftstücken, die ihrer Funktion, Beweis zu erbringen, auch gerecht werden können. Schriftstücke, die lediglich die Kopie einer Urkunde[201] über ein solches Geschehen enthalten, genügen dem nicht.[202] Für die Vollmacht gilt die Textform nicht. Auch eine dem Erklärungsempfänger per Telefax übermittelte Vollmachtsurkunde genügt deshalb nicht, so dass auch diese gem. § 174 BGB zurückgewiesen werden kann.[203] Das Gleiche gilt für eine Untervollmacht. Strittig ist, ob dies auch für die Hauptvollmacht gilt.[204] **45**

Die **Zurückweisung** des Mieters gem. § 174 BGB kann wiederum von einem Vertreter des Mieters erfolgen, zB einem Anwalt. Da auch die Zurückweisung eine einseitige Willenserklärung darstellt, muss im Fall einer Vertretung auch dem Zurückweisungsschreiben eine Vollmacht beigefügt sein; andernfalls kann der Vermieter die Zurückweisung wiederum gem. § 174 BGB zurückweisen[205] mit der Folge, dass der Mieter oder sein Vertreter die Zurückweisung des Mieterhöhungsverlangen zwar wiederholen kann, dass diese erneute Zurückweisung durch den Mieter regelmäßig aber verfristet ist. Auch genügt eine Telefaxkopie einer Originalvollmacht nicht.[206] Die Zurückweisung kann im Einzelfall treuwidrig sein.[207] **46**

---

[192] LG Berlin GE 2007, 152.
[193] OLG München NJW-RR 1997, 904.
[194] **AA** AG Hanau Urt. v. 22.2.2019 – 32 C 167/18 (12).
[195] So aber AG Hanau MietRB 2019, 99.
[196] BGH VIII ZR 102/06, NZM 2007, 35 = NJW 2007, 428; *Klees* NJW 2007, 431; *Blank* NZM 2007, 788.
[197] BGH VIII ZR 72/02, NZM 2003, 229.
[198] AG Wedding MM 2009, 263; Bub/Treier MietR-HdB/*Schultz* Kap. III A Rn. 1144.
[199] LG München NJW-RR 1987, 1164.
[200] AG Neuss NJW-RR 1994, 1036.
[201] BGH NJW 1981, 1210; AG Wedding MM 2009, 263.
[202] BGH NJW 1994, 2298; vgl. OLG Hamm NJW 1991, 1185.
[203] BGH XI ZR 457/16, NJW-RR 2018, 116; BGH NJW 1994, 2298 mAnm *Karst* NJW 1995, 3278 für den Fall des § 80 ZPO; OLG Hamm NJW 1991, 1185; Bub/Treier MietR-HdB/*Schultz* Kap. III A Rn. 1144.
[204] Dazu *Strobel* NJW 2020, 2433.
[205] *Nies* NZM 1998, 221 (222).
[206] BGH XI ZR 457/16, NJW-RR 2018, 116.
[207] AG Spandau GE 2006, 1175.

47 Möglich ist auch eine **Ermächtigung** iSd § 185 Abs. 1 BGB zur Geltendmachung des Mieterhöhungsanspruchs im eigenen Namen.[208] Die Norm gilt vom Wortlaut her nur für Verfügungsgeschäfte, ist aber auf verfügungsähnliche Geschäfte entsprechend anwendbar. Das hatte die Rspr. schon früh für eine Kündigung[209] oder eine Modernisierungsankündigung[210] so gesehen. Gründe dies für die Mieterhöhungserklärung anders zu sehen sind nicht ersichtlich. Der **Bevollmächtigte** gibt eine eigene Willenserklärung **im fremden Namen** ab, der **Ermächtigte** gibt demgegenüber eine eigene Willenserklärung **im eigenen Namen** ab. Voraussetzung ist, dass der Prozessstandschafter (idR der Erwerber) ein rechtliches Interesse an der gerichtlichen Geltendmachung eines fremden Rechts im eigenen Namen hat und eine Beeinträchtigung schutzwürdiger Belange des Prozessgegners nicht zu befürchten ist. Diese Voraussetzungen können bei einem Erwerber vorliegen, bei einem Hausverwalter wohl nicht.[211] Richtigerweise muss aber auch in einem solchen Fall die Ermächtigung **offengelegt** werden.[212] Ohne diese Offenlegung ist eine Zurückweisung durch den Mieter analog § 174 BGB nicht erforderlich.[213] Nach Ansicht des BGH[214] ist eine solche Offenlegung aber nicht erforderlich. Wenn man eine Ermächtigung für zulässig erachtet, dann fehlt einer Klage auf Zustimmung des Ermächtigenden neben der des Ermächtigten das Rechtsschutzbedürfnis.[215]

### III. Der richtige Adressat

#### 1. Mieter

48 Das Mieterhöhungsverlangen ist an **sämtliche Mieter** zu richten.[216] Wer Mieter ist ergibt sich dabei aus dem Mietvertrag (→BGB Vor § 535 Rn. 340–400).[217] Grundsätzlich muss bei einem Mietverhältnis, an dem mehrere Mieter beteiligt sind, wegen seiner Einheitlichkeit das Mieterhöhungsverlangen von sämtlichen Personen der einen Vertragsseite gegenüber allen Personen der anderen Vertragsseite erklärt werden.[218] Ein nicht an alle Mieter gerichtetes Erhöhungsverlangen ist unwirksam.[219] Es kann aber rechtsmissbräuchlich sein, wenn sich der Mieter, an den das Erhöhungsverlangen adressiert ist darauf beruft.[220]

49 **a) Eheleute als Mieter.** Hat der Vermieter die Wohnung an Eheleute[221] vermietet und den Mietvertrag mit beiden Ehegatten geschlossen, so muss er das **Mieterhöhungsverlangen an beide Eheleute** adressieren.[222] Dies gilt auch dann, wenn die Eheleute getrennt leben und einer

---

[208] BGH VIII ZR 203/13, NZM 2014, 385 = NJW 2014, 1802; mkritAnm *Blank* LMK 2014, 357461; LG Berlin GE 2017, 173; 2012, 405; 2009, 326; MM 2009, 298; AG Ludwigsburg WuM 2013, 546; Bub/Treier MietR-HdB/*Schultz* Kap. III A Rn. 1136; abl. *Zehelein* NZM 2015, 31; ebenfalls krit. Staudinger/*V. Emmerich* BGB § 558 a Rn. 11 „an Bedenken *sollte* festgehalten werden".

[209] BGH NZM 1998, 146 (147).

[210] BGH VIII ZR 105/07, NJW 2008, 1218 = NZM 2008, 283.

[211] *Drasdo* NJW-Spezial 2009, 321; zu Vollmachten in der Mietverwaltung *Blank* GE 1998, 1189.

[212] LG Berlin GE 2009, 326; 2007, 1489; AG Ludwigsburg WuM 2013, 546 (547); AG Tiergarten MM 2006, 75; *Sternel* MietR Kap. IV Rn. 81; *Flatow* WImmoT 2008, 129 (139).

[213] AG Tiergarten MM 2006, 75.

[214] BGH VIII ZR 203/13, WuM 2014, 286; mkritAnm *Blank* LMK 2014, 357461.

[215] LG Berlin GE 2012, 405.

[216] BGH VIII ZR 124/03, WuM 2004, 280 = NJW 2004, 1797 = NZM 2004, 419; OLG Celle WuM 1982, 102; OLG Koblenz NJW 1984, 18; AG Lichtenberg MM 1998, 441; AG Hamburg WuM 1980, 58; *Nies* NZM 1998, 221 (222); zu Rechtsproblemen bei Personenmehrheiten bei Mietern und Vermietern *Börstinghaus* MDR 2002, 929; *Scholz* WuM 1986, 5.

[217] Das kann auch durch Auslegung zu ermitteln sein. Eine Falschbezeichnung ist unerheblich. Es gilt das tatsächlich Gewollte: BGH IX ZR 279/13, NJW 2015, 1109.

[218] RGZ 90, 328; 97, 79; 138, 183; BGHZ 26, 102; 96, 302; BGH MDR 1964, 308; NJW 1972, 249; OLG Frankfurt a. M. NJW-RR 1991, 459; OLG Düsseldorf NJW-RR 1987, 1369; *Sonnenschein* FS Kraft, 1998, 607; *Bartels,* Der vertragliche Schuldbeitritt im Gefüge gegenseitiger Dauerschuldverhältnisse, 2003, 125.

[219] OLG Celle WuM 1982, 102; LG Heidelberg WuM 1993, 342.

[220] BGH VIII ZR 124/03, NJW 2004, 1797; ebenso bei Kündigung BGH VIII ZR 14/04, NJW 2005, 1715; LG Berlin GE 2017, 231, vor 40 Jahren ausgezogene Ehefrau.

[221] Zur Frage, wer Mieter ist, wenn nur ein Ehepartner den Vertrag unterzeichnet hat, OLG Düsseldorf WuM *1989, 362; OLG Schleswig WuM 1992, 674;* LG Berlin GE 1998, 298; 1995, 1343; LG Hamburg WuM 1994, 423; LG Mannheim ZMR 1993, 415; AG Dortmund MDR 1993, 755; *Sternel* MietR Kap. I Rn. 22; *Scholz* WuM 1986, 5.

[222] *Götz/Brudermüller,* Die gemeinsame Wohnung, 2008, Rn. 71.

der beiden Ehegatten ohne einverständliche Aufhebung des mit ihm bestehenden Mietverhältnisses aus der Mietwohnung ausgezogen ist. Ein nur an den in der Wohnung verbliebenen Ehegatten gerichtetes Erhöhungsverlangen ist grds. unwirksam.[223] Ein Ehepartner kann sich auch nicht einseitig aus seiner vertraglichen Verpflichtung lösen.[224] Haben nämlich Eheleute gemeinsam einen Mietvertrag auf der Mieterseite abgeschlossen, so bedarf derjenige Ehegatte, der sich allein aus dem Mietverhältnis lösen will, hierzu nicht nur des Einverständnisses des Vermieters, sondern ebenso des Einverständnisses seines im selben Schuldverhältnis stehenden Ehegatten.[225] Gemäß § 1568a BGB[226] kann aber ein Ehegatte vom anderen verlangen, dass ihm die Wohnung nach der Scheidung überlassen wird. Mit Zugang der Erklärung beider Ehegatten oder mit Rechtskraft der Endentscheidung im Wohnungszuweisungsverfahren tritt dann der so bestimmte Ehegatte an Stelle des ursprünglich mietenden Ehegatten in ein von diesem eingegangenes Mietverhältnis ein oder setzt ein von beiden eingegangenes Mietverhältnis allein fort. Der Vermieter kann das Mietverhältnis innerhalb eines Monats, nachdem er von dem endgültigen Eintritt in das Mietverhältnis Kenntnis erlangt hat, außerordentlich mit der gesetzlichen Frist kündigen, wenn in der Person des eintretenden oder allein den Vertrag fortsetzenden Ehegatte ein wichtiger Grund vorliegt.

Im Einzelfall kann aber ein Mieterhöhungsverlangen, das nur an den in der Wohnung lebenden Mieter gerichtet ist, trotzdem wirksam sein. Dies ist dann der Fall, wenn im Einzelfall das Festhalten an dem Erfordernis, dass die Erklärung beiden gegenüber erklärt und zugegangen sein muss, nur eine Formalie darstellt, weil einer der beiden Mitmieter die Wohnung seit Jahren endgültig verlassen und aufgegeben hat, ohne dem Vermieter dies anzuzeigen und seine neue Adresse mitzuteilen.[227] Solange die Parteien mietvertraglich in diesen Fällen eine wechselseitige **Empfangsvollmacht**[228] vereinbart haben, kann der Vermieter auch die für den unbekannt verzogenen Mieter bestimmte Willenserklärung an den in der Wohnung verbliebenen Mieter als Empfangsbevollmächtigten richten.[229] Liegt keine Empfangsvollmacht vor oder hat der Mitmieter diese nach Auszug widerrufen, dann kann nur nach § 242 BGB im Einzelfall die Notwendigkeit entfallen, das Erhöhungsverlangen auch an den ausgezogenen Mitmieter zu adressieren. Hier spielen Umstände des Rechtsmissbrauchs auf Mieterseite wie auch Verwirkungstatbestände eine Rolle. Maßgebliche Umstände sind dabei die Frage, wie lange der Mitmieter schon unbekannt ausgezogen ist, ob er sonst erkennbar jegliches Interesse an der Wohnung aufgegeben hat oder ob noch Besuchskontakte bestehen. Wenn die Ehefrau, die Mitmieterin war, schon vor mehr als zwei Jahren aus der Wohnung ausgezogen ist, deren Anschrift nicht bekannt ist und sie mit dem Vermieter ohne Zustimmung des in der Wohnung verbliebenen Mieters einen Mietaufhebungsvertrag abgeschlossen hat, dann handelt der in der Wohnung verbliebene Mitmieter, der sich in diesem Fällen auf die Unwirksamkeit des Erhöhungsverlangens wegen des Zugangsmangels beruft, rechtsmissbräuchlich.[230]

Unklarheiten können bei der Vermietung von und an Eheleute – ebenso wie sonstigen Per- 50
sonenmehrheiten – auftreten, wenn die Angaben im **Mietvertragskopf** nicht identisch sind mit den Personen, die den Mietvertrag unterschrieben haben. Soweit hier überhaupt ein Mietvertrag zustande gekommen ist, werden verschiedene Auffassungen hierzu vertreten:

**aa) Anscheinsvermutung.** Es spreche eine tatsächliche Vermutung[231] oder der erste 51
Anschein[232] dafür, dass die Unterschrift des einen Ehepartners auch im Namen der Ehefrau erfol-

---

223 BayObLG WuM 1983, 107; AG München NZM 2003, 394.

224 AG Hamburg NZM 2009, 319; zu den Folgen des Auszugs eines Ehegatten aus der gemeinsamen Wohnung *Kinne* GE 2006, 1450.

225 OLG Celle WuM 1982, 102; BayObLG WuM 1983, 107.

226 *Götz/Brudermüller* in Götz/Brudermüller/Giers, Die Wohnung in der familienrechtlichen Praxis, 2. Aufl., Rn 329ff; *Götz/Brudermüller* FS Derleder, 2015, 75 (119); *Götz* NZM 2010, 383; *Brudermüller/Götz* NJW 2010, 5; *Blank* WuM 2009, 555; *Götz/Brudermüller* FamRZ 2009, 1261; *Beuermann* GE 2009, 1358; die Norm ist verfassungsgemäß BGH XII ZR 143/11, NJW 2013, 2507.

227 BGH VIII ZR 124/03, NJW 2004, 1797 = NZM 2004, 419; OLG Frankfurt a. M. NJW-RR 1991, 459; LG Berlin MM 1999, 122; AG Neukölln GE 1998, 360; AG Schöneberg MM 1999, 122, konkludente Mietaufhebungsvereinbarung; zweifelnd *Sternel* MietR Kap. IV Rn. 87.

228 Die auch formularvertraglich wirksam erteilt werden kann, LG Hamburg ZMR 2016, 627.

229 → Rn. 58.

230 BGH VIII ZR 124/03, NJW 2004, 1797.

231 OLG Düsseldorf ZMR 2000, 210; WuM 1989, 362; OLG Oldenburg MDR 1991, 969; LG Berlin GE 1999, 1285; 1995, 1553; 1995, 567; LG Heidelberg WuM 1997, 547; AG Dortmund MDR 1993, 755; *Sternel* MietR Kap. I Rn. 22.

232 *Scholz* WuM 1986, 5.

gen soll.[233] Der BGH hat es in einer Entscheidung zum Landpachtvertrag[234] ausdrücklich offen gelassen, ob diese Auffassungen seine Zustimmung finden. Er hat auf die Unterschiede zum Wohnraummietrecht hingewiesen. Das OLG Schleswig[235] hat den Erlass eines Rechtsentscheids zu dieser Frage abgelehnt, da es sich um kein Problem des Wohnraummietrechts sondern des allg. Vertretungsrechts handele, jedoch ausgeführt, dass es auch von einem Anscheinsbeweis für eine wirksame Vertretung ausgehe, wenn nur ein Ehegatte den Vertrag unterzeichne, obwohl beide im Mietvertragskopf genannt werden und der andere Ehegatte an den Verhandlungen teilgenommen hat. Der Abschluss eines Wohnraummietvertrages zählt ebenso wenig zu den Geschäften des täglichen Bedarfs gem. § 1357 BGB[236] wie eine Mieterhöhung.[237] Möglich ist aber zumindest auch, dass der Mietvertrag nicht unterzeichnende Mieter später dem Mietvertrag – auch konkludent – beigetreten ist.[238] Dies kann zB durch Unterzeichnung mehrerer Mieterhöhungserklärungen und die Duldung einer Modernisierung[239] geschehen. Darin kann im Einzelfall auch die Genehmigung der Handlungen des vollmachtlosen Vertreters zu sehen sein.[240] Von einer stillschweigenden Genehmigung ist bei einem langjährig praktizierten Mietverhältnis durch den den Mietvertrag nicht unterzeichnenden Ehegatten auszugehen.[241]

52 **bb) Fehlende zweite Unterschrift.** Teilweise wird auch die Auffassung vertreten, dass im Zweifel nicht anzunehmen ist, dass ein Ehepartner einen Mietvertrag zugleich in Vertretung und mit Vollmacht für seine Ehefrau unterschrieben hat.[242] Der Mietvertrag soll erst nach Unterzeichnung durch den zweiten Ehegatten zustande kommen.[243] Wird ein Mietvertrag, der im Kopf der Vertragsurkunde zwei Mieter ausweist, nur von einem Mieter unterschrieben, soll sich nach Ansicht des LG Saarbrücken[244] der rechtliche Schluss auf ein Vertreterhandeln des die Unterschrift leistenden Mieters verbieten, wenn es nach den Umständen des Sachverhalts ebenso plausibel ist, dass die Einholung der zweiten Unterschrift schlicht vergessen wurde.

53 **cc) Unterzeichnen durch beide Ehegatten.** Unterzeichnen beide Ehegatten einen Mietvertrag, in dem nur ein Ehegatte als Mieter bezeichnet ist, wird im Zweifel nur dieser Mieter.[245] Steht dabei ein Ehegatte in einem Mietvertrag mit einer Genossenschaft im Mietvertragskopf als „Mitglied", befindet sich unter seiner Unterschrift aber der Text „Unterschrift des Ehegatten als selbstschuldnerischer Bürge/Mitglied", so ist diese Regelung insgesamt unklar. Es gilt in diesem Fall die für den Unterzeichner günstigste Alternative, also die Bürgschaft.[246]

54 **dd) Neue Bundesländer. In den neuen Bundesländern** ist auch heute noch in Einzelfällen § 100 ZGB zu beachten.[247] Nach dieser Vorschrift wurde der **Ehepartner** des Mieters ebenfalls Mietvertragspartei, auch wenn er den Mietvertrag nicht unterschrieben hat oder wenn der Partner erst später eingezogen ist.[248] Die Vorschrift gilt aber nur noch für Mietverhältnisse, die vor dem 3.10.1990 begründet wurden.[249] Das gilt selbst dann, wenn ein Mietverhältnis vor dem 2.10.1990 schlüssig abgeschlossen wurde, aber erst nach dem 3.10.1990 schriftlich fixiert wurde.[250] Die Vorschrift galt sowohl für Genossenschaftswohnungen[251] als auch für Werkwohnun-

---

[233] Krit. Staudinger/*V. Emmerich* BGB Vor § 535 Rn. 127.
[234] BGH NJW 1994, 1649 (1650).
[235] OLG Schleswig WuM 1992, 674.
[236] LG Baden-Baden WuM 1997, 430; ähnlich BGH VIII ZR 326/14, WuM 2016, 353 für nachträgliche Änderung des Mietvertrages bzgl. Mietstruktur.
[237] LG Berlin WuM 2012, 26; Staudinger/*V. Emmerich* BGB Vor § 535 Rn. 125.
[238] *Bieber* GE 2011, 1198 (1199).
[239] BGH VIII ZR 255/04, NJW 2005, 2620; LG Berlin GE 2001, 1603.
[240] AG Gießen GE 2011, 1237.
[241] AG/LG Gießen ZMR 2007, 863.
[242] LG Berlin GE 2004, 1096; LG Osnabrück NZM 2002, 943 (944); LG Berlin GE 1995, 1343; ZMR 1988, 103; LG Mannheim ZMR 1993, 415; LG Ellwangen DGVZ 1993, 10; AG Potsdam WuM 1996, 696.
[243] LG Berlin MM 2007, 371.
[244] LG Saarbrücken BeckRS 2016, 00252.
[245] LG Berlin MM 1997, 283; ZMR 1988, 103; LG Osnabrück WuM 2001, 438; **aA** AG Köln WuM 1980, 85; nach LG Schweinfurt WuM 1989, 362 ist derjenige Vermieter, der den Mietvertrag als Vermieter unterschreibt, auch wenn er im Kopf nicht als Vermieter aufgeführt ist.
[246] LG Berlin NZM 2000, 1005.
[247] LG Berlin MM 2005, 335; *Quarch* WuM 1993, 224; *Mittag* WuM 1993, 169.
[248] *LG Cottbus NJW-RR 1995, 524.*
[249] LG Görlitz WuM 1995, 649; AG Lichtenberg MM 1998, 441.
[250] AG Frankfurt/Oder WuM 1996, 265.
[251] AG Potsdam WuM 1995, 696.

gen.[252] wenn das Arbeitsverhältnis beendet worden ist, ohne dass der Wohnungsmietvertrag gekündigt wurde. Soweit der Mieter während des Bestehens des Mietverhältnisses sich scheiden ließ und vor dem 3.10.1990 wieder geheiratet hat, trat der neue Ehegatte kraft Gesetzes in das Mietverhältnis ein.[253] Nur ausnahmsweise kann der Einwand des Mieters bzgl. der bestehenden Ehe als rechtsmissbräuchlich angesehen werden.[254]

**b) Gesellschaft bürgerlichen Rechts.** Mehrere Mieter bilden bei der Anmietung einer Wohnung regelmäßig eine reine Innengesellschaft. Dies betrifft aber nur die Rechtsbeziehungen zwischen den einzelnen Mietern,[255] nach außen hin sind die einzelnen Mieter alle Gesamtschuldner. Die Zustimmung zu einem Mieterhöhungsverlangen schulden die Mieter aber in gesamthändischer Bindung (→ BGB § 558b Rn. 34)[256]. Theoretisch mag es möglich sein, dass mehrere Wohnungsmieter eine Wohnung als Außengesellschaft anmieten, dann müssten die oben (→ Rn. 23ff.) genannten Kriterien für eine Außengesellschaft vorliegen. In der Praxis wird dies aber die absolute Ausnahme sein, z. B. bei Wohngemeinschaften. Die Außengesellschaft spielt vor allem im Gewerbemietrecht eine Rolle. Im Wohnraummietrecht ist eine Außengesellschaft am Ehesten denkbar bei der Vermietung an Wohngemeinschaften, wenn der Mietvertrag von der jeweiligen Zusammensetzung der Wohngemeinschaft abgekoppelt werden soll.[257] (→ BGB Vor § 535 Rn. 388). Je nach Gestaltung der Vertragsverhältnisse muss das Zustimmungsverlangen nur an den Hauptmieter, an alle Mieter jeweils einzelnen oder an alle Mieter als Gesamtschuldner gerichtet werden.[258] Da die Zustimmungserklärung aber nicht teilbar ist, liegt aber hinsichtlich der Zustimmungsverpflichtung keine Gesamtschuldnerschaft vor.[259] 55

Bei der **passiven Stellvertretung,** also der Abgabe der Mieterhöhungserklärung gegenüber einer GbR ist zunächst erforderlich, dass sich aus der Willenserklärung ergibt, dass sie gegenüber der GbR und nicht gegenüber dem einzelnen Gesellschafter abgegeben werden soll.[260] Die Willenserklärung wird dann aber schon entsprechend § 125 Abs. 2 HGB wirksam, wenn sie nur einem vertretungsberechtigten Gesellschafter zugeht, selbst wenn Gesamtvertretung angeordnet ist.[261] 56

## 2. Bevollmächtigung

Zulässig ist bei Personenmehrheit die wechselseitige **Bevollmächtigung.** § 1357 Abs. 1 BGB findet demgegenüber bei Ehegatten keine Anwendung. Es handelt sich um kein Geschäft zur Deckung des laufenden Lebensbedarfs.[262] Die Bevollmächtigung kann sich dabei zunächst nur auf die Entgegennahme von Willenserklärungen beziehen. Eine solche Vollmacht betrifft aber nur die Entgegennahme der Erklärung, so dass die Erklärung selbst an alle Mieter zu adressieren ist.[263] Eine Vereinbarung mit dem Inhalt: *„Erklärungen, deren Wirkung die Mieter berührt, müssen von oder gegenüber allen Mietern abgegeben werden; die Mieter bevollmächtigen sich jedoch gegenseitige zur Entgegennahme solcher Erklärungen"* ist selbst dann wirksam, wenn sie formularmäßig getroffen wurde.[264] Eine solche Klausel benachteiligt die Mieter nicht unangemessen iSd § 307 BGB.[265] Das gemeinsame Anmieten und Wohnen ist Ausdruck eines Näheverhältnisses, welches annehmen lässt, dass ein Mieter Erklärungen des Vermieters, die das Mietverhältnis betreffen, an die Mitmieter weitergibt. 57

---

252 AG Löbau WuM 1996, 265.
253 LG Görlitz WuM 1995, 649.
254 LG Berlin MM 2005, 335; BGH VIII ZR 124/03, NJW 2004, 1797.
255 BGH NJW-RR 1990, 1090; LG Duisburg NJW 1998, 1499.
256 AG Dortmund Urt. v. 9.10.2007 – 425 C 6099/07.
257 Ausführlich: *Sagan* in Staake/von Bressendorf, Rechtshandbuch Wohngemeinschaften, § 14; *Schmid* GE 1998, 882; 2001, 753.
258 Zu den einzelnen WG-typischen Besonderheiten: *Harnos* in Staake/von Bressendorf, Rechtshandbuch Wohngemeinschaften, § 4 Rn. 74.
259 AG Dortmund Urt. v. 9.10.2007 – 425 C 6099/07; *Harnos* in Staake/von Bressendorf, Rechtshandbuch Wohngemeinschaften, § 4 Rn. 74 mwN.
260 OLG Düsseldorf ZMR 1996, 324, für Kündigung ggü. einer GbR als Mieterin.
261 *Jacoby* ZMR 2002, 409 (411).
262 LG Berlin WuM 2012, 26; ähnlich BGH VIII ZR 326/14, WuM 2016, 353 für nachträgliche Änderung des Mietvertrages bzgl. Mietstruktur.
263 BGH XII ZR 238/02, NJW-RR 2005, 1258.
264 BGH NZM 1998, 22 mAnm *Roth* JZ 1998, 250; LG Hamburg ZMR 2016, 627; OLG Nürnberg NJW 1988, 1220; KG GE 2004, 753, für Gewerberaummietvertrag; *Behrens,* Beteiligung mehrerer Mieter am Mietverhältnis, 1989, 200ff.
265 LG Hamburg ZMR 2016, 627.

Solange die Mieter in der Wohnung zusammenleben, gibt es keine größeren praktischen Probleme mit einer solchen Empfangsvollmacht. In diesem Fall werden Erklärungen, die an alle Mieter gerichtet sind schon dann wirksam, wenn sie in den Briefkasten geworfen werden oder einem Mitmieter übergeben werden, da die Mitmieter füreinander **Empfangsboten** sind.[266] Mit Auszug eines Mitmieters aus der Wohnung endet aber diese Empfangsbotenstellung der übrigen Mitmieter für den ausgezogenen Mitmieter.[267] Deshalb wird die **Empfangsvollmacht** erst mit dem Auszug eines Mieters praktisch bedeutsam, da sie nun die zuvor bestehende Empfangsbotenschaft fortsetzt. Der ausziehende Mieter ist auch in den Fällen der mietvertraglich erteilten Empfangsvollmacht ausreichend geschützt. Er kann die Empfangsvollmacht dem Vermieter gegenüber jederzeit widerrufen.[268] Dieses **Widerrufsrecht** aus wichtigem Grund kann auch nicht wirksam abbedungen werden. Ein solcher Widerruf kann auch konkludent erfolgen, zB durch den Auszug aus der Wohnung.[269]

58 Umstritten ist die Frage, in wie weit in den Fällen einer **Empfangsvollmacht** auch ein Mieterhöhungsverlangen wirksam ist, das **nur an einen der Mieter gerichtet** ist. Die Rspr. ist hier uneinheitlich. Überwiegend wird zu Recht angenommen, dass ein Mieterhöhungsverlangen, das nur an einen Mieter gerichtet wird, unwirksam ist, selbst wenn im Mietvertrag eine Bevollmächtigungsklausel enthalten ist.[270] Eine solche Klausel ist nur soweit wirksam, wie sie den Empfang solcher Erklärungen fingiert. Aus der Adressierung muss auch für den Empfänger erkennbar sein, dass eine Zustimmung nicht nur von ihm allein sondern von allen Mietern in ihrer gesamthänderischen Verbundenheit verlangt wird. Bei der passiven Stellvertretung (Vertretung beim Empfang einer Willenserklärung) gem. § 164 Abs. 3 BGB, ist es erforderlich, dass die Willenserklärung an den Vertretenen gerichtet ist. Das Erhöhungsverlangen muss deshalb an alle adressiert sein. Soweit nach einer abweichenden Meinung[271] zumindest in den Fällen, in denen mietvertraglich eine wechselseitige Vollmacht vereinbart wurde auch die Adressierung an nur einen Mieter genügen soll, kann dem nicht gefolgt werden. Die Grundannahme dieser Auffassung, wonach eine solche Vollmacht nicht nur eine Empfangsvollmacht beinhalte, sondern die Wirkung einer solchen Erklärung auch auf die anderen Mieter, an die die Erklärung nicht gerichtet ist, erstrecke, verkennt die Reichweite des § 557 Abs. 4 BGB. § 558 a BGB verlangt vom Vermieter, dass er das Erhöhungsverlangen „dem Mieter gegenüber" geltend macht. Bei einer Personenmehrheit sind alle Mieter in ihrer gesamthänderischen Verbundenheit „Mieter" iSd § 558 a Abs. 1 BGB.[272] Diese Regelung ist insoweit keiner abweichenden Individualvereinbarung zugänglich,[273] als diese Vereinbarung zu Lasten des Mieters von Bestimmungen des BGB abweicht, § 557 Abs. 4 BGB iVm § 558 a Abs. 3 BGB. Die Erstreckung der Wirkung eines an einen Mieter gerichteten Erhöhungsverlangens auf die anderen Mieter ist eine solche nachteilige Abweichung. Dabei kommt es nicht darauf an, ob der Mieter, an den das Mieterhöhungsverlangen gerichtet ist, auch mit Wirkung für die anderen Mieter diesem zustimmen kann. Das Mieterhöhungsverfahren ist ein sehr formales Verfahren mit kurzen Fristen. Ein Mieter, der gar nicht weiß, dass von ihm eine Zustimmung verlangt wird, dem steht schon die gesetzlich vorgesehene Überlegungsfrist nicht zur Verfügung. Außerdem würde er von einer auf jeden Fall gegen alle Mieter zu erhebenden Klage überrascht und trüge insofern ein Kostenrisiko. Dies allein würde noch nicht ausreichen, die nachteilige Abweichung zu begründen, weil auch bei einer Adressierung an beide Mieter nicht jeder Mieter ohne Weiteres Kenntnis vom Erhöhungsverlangen hat. Die nachteilige Abweichung liegt aber darin, dass bei dem Adressaten des Mieterhöhungsverlangens der Eindruck entstehen kann, er könne alleine die Zustimmung erteilen oder sie verweigern. Deshalb wird er die notwendige Information des oder der Mitmieter ggf. unterlassen oder auch allein die Zustimmung erteilen ohne zu wissen, dass das Prozessrisiko für ihn damit nicht ausgeräumt wird. Seine alleinige Zustimmung genügt nicht, so dass der Vermieter ihn und die anderen Mieter noch auf Zustimmung verklagen kann. Dies alles sind, wenn auch nicht besonders

---

266 Palandt/*Ellenberger* BGB § 130 Rn. 9.

267 *Roth* JZ 1998, 250 (251); **aA** *Derleder* JurBüro 1994, 1.

268 BGH NZM 1998, 22 mAnm *Roth* JZ 1998, 250; BGH WPM 1985, 646.

269 AG Schöneberg MM 1993, 255; dafür auch *Roth* JZ 1998, 250.

270 OLG Celle WuM 1982, 102; OLG Koblenz NJW 1984, 244; BayObLG WuM 1983, 107; LG München I ZMR 2017, 56; LG Darmstadt WuM 1996, 708; AG München NZM 2003, 394; AG Neumünster WuM 1991, 698; AG Schöneberg GE 1998, 1217.

271 OLG Schleswig NJW 1983, 1862; KG NJW-RR 1986, 173.

272 AG Dortmund Urt. v. 9.10.2007 – 425 C 6099/07 unveröffentlicht.

273 So aber KG NJW-RR 1986, 173.

gravierende, so doch Abweichungen zu Lasten der Mieter von der Regelung des § 558a Abs. 1 BGB, die gem. § 557 Abs. 4 BGB iVm § 558a Abs. 5 BGB zur Unwirksamkeit der Regelung führen. Eine Klausel, nach der eine nur an einen von mehreren Mietern gerichtete Erklärung auch den anderen Mietern gegenüber wirksam sein soll, ist deshalb gem. § 307 BGB unwirksam.[274] Wenn für den Mieter ein Vertreter bei der Abgabe der Zustimmungserklärung zur Mieterhöhung handelt, kann der Vermieter diese Erklärung unverzüglich gem. § 174 BGB zurückweisen, wenn der Zustimmung keine Originalvollmacht beigefügt war.[275] Insofern kann nichts anderes gelten als für das Zustimmungsverlangen des Vermieters (→ Rn. 44).[276]

### 3. Rechtsnachfolge

Auch auf Mieterseite kann eine **Rechtsnachfolge** eingetreten sein. Neben den Fällen der rechtsgeschäftlichen Rechtsnachfolge, an der der Vermieter mitwirken muss, kommen die Fälle der Rechtsnachfolge nach Tod des Mieters gem. §§ 563–564 BGB in Betracht.[277] Zu beachten ist, dass bei Erwerb der Wohnung auch nur durch einen von mehreren Mietern der Mietvertrag wegen Konfusion erlischt.[278] 59

Der **Prozessbevollmächtigte** des Mieters im Zustimmungsprozess ist auf Grund der Prozessvollmacht auch für nachgeholte Mieterhöhungserklärungen empfangsbevollmächtigt.[279] 60

## IV. Die Form

### 1. Allgemeines

Das Mieterhöhungsverfahren ist ein **formalisiertes Verfahren.** Dem Vermieter steht gegenüber dem Mieter ein Zustimmungs- oder erhöhter Zahlungsanspruch zu, wenn die materiellen Voraussetzungen der jeweiligen Norm erfüllt sind und wenn der Vermieter seinen Anspruch in einem formalisierten Verfahren geltend gemacht hat. Der Gesetzgeber hat unabhängig von der Mietrechtsreform 2001 und zeitlich sogar einen Monat früher, die Form von Mieterhöhungserklärungen geändert. Während bis zum 31.7.2001 die Erklärungen grds. schriftlich, also in der Form des § 126 BGB, erfolgen mussten und nur bei Erklärungen, die mittels automatischer Datenverarbeitung erstellt worden waren, auf das Erfordernis der eigenhändigen Unterschrift verzichtet werden konnte, wurde ab 1.8.2001 durch das „Gesetz zur Anpassung der Formvorschriften des Privatrechts und anderer Vorschriften an den modernen Rechtsgeschäftsverkehr" v. 13.7.2001[280] die Schriftform im Mieterhöhungsverfahren als zwingendes Erfordernis abgeschafft und durch die **Textform** gem. § 126b BGB ersetzt. Durch das Gesetz zur Umsetzung der Verbraucherrechterichtlinie und zur Änderung des Gesetzes zur Regelung der Wohnungsvermittlung[281] wurde § 126b BGB umformuliert. 61

Bereits in der Vergangenheit hatte es der Gesetzgeber nicht geschafft, für die diversen Mieterhöhungen in den verschiedenen Rechtsordnungen einheitliche Formvorschriften zu schaffen. Auch heute noch unterscheiden sich die Vorschriften für den preisfreien und den preisgebundenen Wohnungsbau:

[274] *LG München I* ZMR 2017, 56.
[275] AG Dortmund WuM 2016, 103; mAnm *Börstinghaus* jurisPR-MietR 3/2016 Anm. 2; Lützenkirchen MietR/*Dickersbach* BGB § 558b Rn. 10.
[276] OLG Hamm WuM 1982, 204; AG Neuss NJW-RR 1994, 1036; LG München II NJW-RR 1987, 1164; Palandt/*Ellenberger* § 174 Rn. 2; offen gelassen BGH VIII ZR 141/02, WuM 2003, 149.
[277] Zu den besonderen Problemen hierbei *Hinkelmann* NZM 2002, 378.
[278] BGH VIII ZR 323/14, NZM 2016, 467.
[279] BGH VIII ZR 72/02, NZM 2003, 229; VIII ZR 141/02, WuM 2003, 149.
[280] BGBl. I 1542.
[281] BGBl. 2013 I 3642.

| **Rechtsgrundlage für die Gestaltungserklärung** | **preisfreier Wohnungsbau** | | **preisgebundener Wohnungsbau** | **Nutzungsentgelt neue Länder** | |
|---|---|---|---|---|---|
| | bis 31.7.2001 § 8 MHG | ab 1.8.2001 § 126b BGB | § 10 Abs. 1 S. 5 WoBindG | bis 31.7.2001 § 6 NutzEV | ab 1.8.2001 § 126b BGB |
| | grds. Schriftform, nur wenn mittels automatischer Einrichtung gefertigt keine eigenhändige Unterschrift | Textform Seit 13.6.2014 idF des Gesetzes zur Umsetzung der Verbraucherrechterichtlinie | grds. Schriftform, nur wenn mittels automatischer Einrichtung gefertigt keine eigenhändige Unterschrift | Schriftform | Textform |

Eine Gestaltungserklärung in der falschen Form ist gem. § 125 BGB nichtig und löst keine Rechtsfolgen aus. Zahlungen auf unwirksame einseitige Gestaltungserklärungen sind auch nicht als Vertragsangebot zu verstehen oder in ein solches umzudeuten.[282]

**2. Textform**

62 **a) Allgemeines.** Was unter Textform iSd Gesetzes zu verstehen ist, ergibt sich aus der Legaldefinition in § 126b BGB. Danach muss eine lesbare Erklärung, in der die Person des Erklärenden genannt ist, auf einem dauerhaften Datenträger abgegeben werden. Ein dauerhafter Datenträger ist jedes Medium, das es dem Empfänger ermöglicht, eine auf dem Datenträger befindliche, an ihn persönlich gerichtete Erklärung so aufzubewahren oder zu speichern, dass sie ihm während eines für ihren Zweck angemessenen Zeitraums zugänglich ist, und geeignet ist, die Erklärung unverändert wiederzugeben. Hierzu zählen ua Telefax, E-Mails und Nachrichten über Messenger-Dienste. Wegen der Einzelheiten → BGB § 550 Rn. 77 ff.

63 Die Textform ist im Mietrecht immer an die Stelle der Schriftform getreten, wo es auf eine besondere Warnfunktion oder besondere Sicherheitsstandards nicht ankommt (zB Mieterhöhungserklärungen, Modernisierungsankündigung, Änderungen von Betriebskostenvorauszahlungen oder der umlegbaren Betriebskosten etc.).

64 Ein Hinweis im Text darauf, dass die Erklärung nicht unterschrieben ist und auch nicht unterschrieben werden muss ist für die Wirksamkeit der Erklärung unerheblich. Bei einer Erklärung, die in Textform abzugeben ist, ist ebenso wie bei einer Erklärung nach § 10 WoBindG[283] nicht erforderlich, den für die juristische Person tätig gewordenen Mitarbeiter namentlich zu benennen; vielmehr genügt die Angabe des Namens der juristischen Person.[284] Der nach altem Recht für eine Erklärung in Textform erforderliche Hinweis auf den Abschluss der Erklärung kann durch den Zusatz „Dieses Schreiben wurde maschinell erstellt und bedarf keiner Unterschrift" erfolgen.[285]

65 zurzeit unbesetzt

66 **b) Anlagen.** Soweit der Mieterhöhungserklärungen Anlagen beizufügen sind bedurften diese grds. schon nach altem Recht keiner Unterschrift. Die Liste mit Vergleichswohnungen, ein vorprozessuales Sachverständigengutachten oder ein Mietspiegel auf den Bezug genommen wird, müssen nicht unterschrieben werden. Möglich ist deshalb diese Anlagen einer in Textform erstellten Erklärung beizufügen. Dies kann bei einer mittels Brief übermittelten Erklärung genauso erfolgen wie bei einer gefaxten Erklärung. Wird die Erklärung mittels E-Mail[286] übermittelt, dann muss die Anlage ggf. eingescannt werden und als Datei übermittelt werden.

---

[282] BGH VIII ZR 199/04, NZM 2005, 735; XII ZR 176/04, WuM 2007, 271; *Artz* ZMR 2006, 165.
[283] BGH VIII ZR 321/09, NJW 2010, 2945; **aA** LG Hamburg NZM 2005, 255.
[284] *BGH VIII ZR 72/14, WuM 2014, 612.*
[285] BGH VIII ZR 72/14, WuM 2014, 612.
[286] Gegen die Zulässigkeit der E-Mail AnwK WohnraumMietR/*Lammel* BGB § 550 Rn. 77 ff.; *Lammel* ZMR 2002, 333 (335); dafür richtigerweise aber *Einsele* GS Sonnenschein, 2013, 117 (123).

**c) Vollmachten.** Anders sieht es bei Vollmachten aus. Handelt für den Vermieter ein Vertreter, so kann der Mieter die Erklärung gem. § 174 BGB unverzüglich zurückweisen, wenn der Erklärung des Vermieter-Vertreters keine Vollmacht beigefügt war. Diese Vollmacht kann nur im Original vorgelegt werden.[287] Es genügt weder die Vorlage einer beglaubigten Abschrift noch einer Fotokopie.[288] Auch eine als Telefax übermittelte Vollmachtsurkunde reicht ebenso wenig aus[289] wie eine per E-Mail übermittelte Vollmacht.[290] Stammt die Mieterhöhungserklärung von einer juristischen Person so ist die Angabe einer handelnden Person nicht erforderlich.[291] Konsequenterweise muss dann auch keine Vollmacht beigefügt werden. Eine Zurückweisung nach § 174 BGB kann nicht erfolgen.[292] Etwas anderes gilt, wenn die juristische Person nicht selbst Vermieter ist sondern als Vertreter für diesen handelt (zB Hausverwaltung). 67

**d) Zugang der Erklärung.** Auch in Textform abgegebene Mieterhöhungserklärungen werden gem. § 130 BGB erst wirksam, wenn sie dem Mieter zugegangen sind (→ Rn. 71).[293] Entscheidend ist auch hier, dass eine Erklärung in Schriftzeichen in dauerhafter Form so in den Machtbereich des Mieters gelangt ist, dass mit der Kenntnisnahme zu rechnen ist. Kein Zugang liegt deshalb vor, wenn der Vermieter seine Erklärung auf seine Website ins Internet stellt und der Mieter sie dort liest.[294] Eine solche Erklärung ist nicht zugegangen. Da diese Seiten für jedermann zugänglich sind, fehlt es in diesem Fall an einer Abgabe gegenüber dem konkreten Mieter.[295] Wenn der Mieter die Datei auf seinen PC herunterlädt, dann ist der Text nicht vom Vermieter „zur Verfügung gestellt worden" und erfüllt deshalb schon nicht die Textform.[296] Bei einer Mietermehrheit muss die Erklärung allen Mietern zugegangen sein. 68

In den anderen Fällen ist weniger die Frage des „ob" eines Zugangs problematisch als vielmehr des **„wann"**. Betreibt der Mieter ein privates **Faxgerät** und hat er die Rufnummer nach außen bekannt gegeben, dann geht ein Faxschreiben dann zu, wann mit der Kenntnisnahme zu rechnen ist.[297] Also bei Eingang des Schreibens bis ca. 18:00 Uhr am gleichen Tag, sonst am nächsten Tag. Ausnahmen sind aber möglich, wenn der Mieter bekanntermaßen abends im Büro sitzt. Krankheitsbedingte Abwesenheit hindert den Zugang nicht. Bei einer E-Mail wurde bisher danach differenziert, ob der Mieter die E-Mail-Adresse zu geschäftlichen Zwecken nutzt, zB weil er über den Anschluss den Vermieter selbst schon angeschrieben hat, um Mängelanzeigen und dergleichen an diesen zu richten, oder ob er die elektronische Kommunikation ausschließlich zu privaten Zwecken benutzt.[298] Im letzteren Fall müsse der Mieter seinen **E-Mail-Eingang** nicht regelmäßig kontrollieren, weil er mit dem Zugang rechtserheblicher Erklärungen auf diese Art und Weise gar nicht rechnen muss. Dann erfolge der Zugang erst mit tatsächlicher Kenntnisnahme. Anders sei es aber dann, wenn der Mieter seine E-Mail Adresse nach außen kundgetan hat in dem er sie zB auf seinem Briefpapier angegeben hat.[299] Hier erfolge der Zugang am Tag des Eingangs der Mail in der Mailbox,[300] zumindest ist der Empfänger für späteren Zugang beweispflichtig.[301] Ob diese Differenzierung angesichts der heutigen Verhältnisse noch richtig ist erscheint sehr fraglich. Die Einrichtung eines E-Mail-Accounts wird deshalb heute als Zurverfügungstellung einer Empfangseinrichtung zu verstehen sein, mit der Folge, dass hinsichtlich des Zugangs die gleichen Regeln gelten wie beim Einwurf in einen Briefkasten. Problematisch sind auch hier die Fälle, in denen der Mieter seine E-Mail- 69

[287] Palandt/*Ellenberger* BGB § 174 Rn. 2.

[288] BGH NJW 1981, 1210; 1994, 2298; LAG Düsseldorf MDR 1995, 612; OLG Frankfurt a. M. NJW-RR 1996, 10.

[289] BGH XI ZR 457/16 NJW-RR 2018, 116; NJW 1994, 2298 mAnm *Karst* NJW 1995, 3278 für den Fall des § 80 ZPO; OLG Hamm NJW 1991, 1185; Palandt/Ellenberger § 174 Rn. 5; **aA** BFH BB 1994, 1702 für die FGO.

[290] Palandt/*Ellenberg* BGB § 174 Rn. 2.

[291] BGH VIII ZR 72/14, WuM 2014, 612; VIII ZR 321/09, NJW 2010, 2945.

[292] BGH VIII ZR 72/14, WuM 2014, 612; VIII ZR 321/09, NJW 2010, 2945.

[293] Zu den besonderen Zugangsproblemen bei der Textform *Einsele* GS Sonnenschein, 2013, 117 (122).

[294] *Lammel* ZMR 2002, 333 (335); **aA** wohl *Mankowski* ZMR 2002, 481 mit zahlreichen Literaturhinweisen in Fn. 9.

[295] *Nissel* Beilage zum BAnz. 2001, 65.

[296] *Lammel* ZMR 2002, 333 (335).

[297] BGH XII ZR 214/00, NJW 2004, 1320.

[298] Zum Zugang von E-Mails im Rechtsverkehr ausf. *Mertes/Danners* ZAP Fach 2, 553.

[299] KG GE 2002, 1559.

[300] LG Nürnberg NJW-RR 2002, 1722 (1723).

[301] LG Nürnberg NJW-RR 2002, 1722 (1723); OLG München NJW 1994, 527; zum Beweis von Zugang und Inhalt vorprozessualer Schreiben *Kaiser* NJW 2009, 2187.

Adresse durch Wechsel seines E-Mail-Dienstes geändert hat. Soweit er dies nicht dem Vermieter mitgeteilt hat, muss er sich einen Eingang an der nicht mehr benutzten E-Mail-Adresse zurechnen lassen. Hat er die Adresse aufgegeben, erfolgt idR kein Zugang, da die E-Mail an den Absender zurückgeleitet wird. § 130 BGB ist jedoch dispositives Recht, so dass der Mieter theoretisch auf den Zugang verzichten kann, wenn die Erklärung formgerecht in Textform abgegeben wurde.[302]

### 3. Schriftform

70 Grundsätzlich ist für Mieterhöhungserklärungen die Schriftform nicht erforderlich. Bedeutung hat die Schriftform aber dann noch, wenn es sich um einen Mietvertrag mit einer Laufzeit von mehr als einem Jahr handelt, § 550 BGB (→ BGB § 558a Rn. 15ff.). Wird bei einem solchen Vertrag die Schriftform nicht eingehalten, was sich auch auf Änderungen des Vertrages bezieht, dann ist der Vertrag zwar nicht unwirksam aber auch nicht mehr befristet und kann gekündigt werden.[303] Dabei ist es unerheblich, ob es sich um eine wesentliche oder unwesentliche Mieterhöhung handelt.[304] Zur Schriftform § 550 BGB. Problematisch ist in diesem Fall vor allem die Frage, ob der Vermieter einen Anspruch auf schriftliche und nicht nur konkludente Zustimmung zu einer Mieterhöhung hat (→ BGB § 558b Rn. 19).

## V. Zugang der Erklärung

### 1. Allgemeines

71 Das Mieterhöhungsverlangen ist eine empfangsbedürftige Willenserklärung. Gemäß § 130 BGB wird deshalb das Mieterhöhungsverlangen erst mit Zugang wirksam. Deshalb muss der Vermieter den Zugang beweisen.[305] Bei einer Mehrheit von Mietern ist die Erklärung erst mit Zugang beim letzten Mieter wirksam zugegangen. Zugang bedeutet, dass die Erklärung so in den Machtbereich des Empfängers gelangt sein muss, dass nach normalem Lauf der Dinge mit der Kenntnisnahme gerechnet werden kann. Wegen der Einzelheiten → BGB § 542 Rn. 75. Die Beweislast bzgl. des Zugangs trifft denjenigen, der die Erklärung abgibt.[306] Der BGH[307] lehnt zu Recht einen **Beweis des ersten Anscheins** dafür ab, dass tatsächlich nachgewiesen aufgegebene Briefe auch zugegangen sind. Die Vernehmung des Mieters als Partei über den behaupteten Zugang des Mieterhöhungsverlangens soll einen unzulässigen Ausforschungsbeweis darstellen.[308] Die Übersendung einer Kopie des Erhöhungsverlangens durch das Gericht bedeutet noch nicht, dass dies zugegangen ist.[309] Bei einer Erklärung gegenüber einer Außengesellschaft genügt es, wenn sich aus der Mieterhöhungserklärung entnehmen lässt, dass sie an die GbR gerichtet ist und dass sie einem vertretungsberechtigten Gesellschafter zugeht. Das gilt auch dann, wenn den Gesellschaftern die Vertretungsbefugnis gemeinschaftlich zusteht.[310]

72 Nach der stRspr[311] geht eine verkörperte Willenserklärung unter Abwesenden iSv § 130 Abs. 1 S. 1 BGB zu, sobald sie in verkehrsüblicher Weise in die tatsächliche Verfügungsgewalt des Empfängers gelangt ist und für diesen unter gewöhnlichen Verhältnissen die – abstrakte – Möglichkeit besteht, von ihr Kenntnis zu nehmen.[312] Zum Bereich des Empfängers gehören von ihm vorgehaltene Empfangseinrichtungen wie ein Briefkasten. Ob die Möglichkeit der Kenntnisnahme bestand, ist nach den „gewöhnlichen Verhältnissen" und den „Gepflogenheiten des Verkehrs" zu beurteilen. So bewirkt der Einwurf in einen Briefkasten den Zugang, sobald nach der Verkehrsanschauung mit der nächsten Entnahme zu rechnen ist. Dabei ist nicht auf die individuellen Verhältnisse des Emp-

---

302 *Einsele* GS Sonnenschein, 2013, 117 (124).

303 MüKoBGB/*Artz* § 558a Rn. 7; **aA** Bub/Treier MietR-HdB/*Schultz* Kap. III A Rn. 1168.

304 BGH XII ZR 114/14, NJW 2016, 311; *Schweitzer* NZM 2016, 101.

305 AG Gelsenkirchen ZMR 2021, 497.

306 LG Berlin GE 2010, 63; AG München ZMR 2014, 550; zum Beweis von Zugang und Inhalt vorprozessualer Schreiben: *Kaiser* NJW 2009, 2187.

307 BGH NJW 1957, 1230; AG Schöneberg GE 2009, 271; LG Berlin WuM 1987, 25.

308 AG Schöneberg GE 2009, 271.

309 LG Berlin GE 2010, 63.

310 BGH XII ZR 210/09, ZMR 2012, 261.

311 *BGH IX ZR 181/17, NJW 2019, 1151*; XII ZR 148/05, NJW 2008, 843; BAG 2 AZR 111/19, NJW 2019, 3666 mAnm *Bruns* NJW 2019, 3618; BAG 2 AZR 493/17, NJW 2018, 2916; BAG 2 AZR 483/14, NZA 2015, 1183.

312 BGH I ZR 306/99, NJW 2002, 2391 (2393).

fängers abzustellen. Im Interesse der Rechtssicherheit ist vielmehr eine generalisierende Betrachtung geboten.[313] Wenn für den Empfänger unter gewöhnlichen Verhältnissen die Möglichkeit der Kenntnisnahme bestand, ist es unerheblich, ob er daran durch Krankheit, zeitweilige Abwesenheit oder andere besondere Umstände einige Zeit gehindert war. Auch konkrete Umstände in der Sphäre des Empfängers, zB Unkenntnis der Sprache oder Analphabetentum fallen in die Risikosphäre des Empfängers und hindern den Zugang nicht.[314] Den Mieter Ihn trifft die Obliegenheit, die nötigen Vorkehrungen für eine tatsächliche Kenntnisnahme zu treffen. Unterlässt er dies, wird der Zugang durch solche – allein in seiner Person liegenden – Gründe nicht ausgeschlossen.

Das bedeutet, dass bei Einwurf in den Briefkasten des Mieters der Zugang der Mieterhöhung, zu dem Zeitpunkt erfolgte, zu dem nach der Verkehrsanschauung mit der nächsten Entnahme von Schreiben aus dem Briefkasten zu rechnen war.[315] Höchst richterlich wurde bisher die Annahme einer Verkehrsanschauung, wonach bei Hausbriefkästen im Allgemeinen mit einer Leerung unmittelbar nach Abschluss der üblichen Postzustellzeiten zu rechnen sei, die allerdings stark variieren können, nicht beanstandet.[316] Die örtlichen Zeiten der Postzustellung stellen gerade keine unbeachtlichen individuelle Verhältnisse des Empfängers dar. Hierzu zählen zB eine Vereinbarung mit dem Postboten über persönliche Zustellzeiten zählen[317], konkrete eigene Leerungsgewohnheiten oder auch die krankheits- oder urlaubsbedingte Abwesenheit. Die allgemeinen örtlichen Postzustellungszeiten gehören dagegen nicht zu den individuellen Verhältnissen, sondern sind vielmehr dazu geeignet, die regionale Verkehrsauffassung über die übliche Leerung des Hausbriefkastens zu beeinflussen. Die Entscheidungen über die Frage, bis wieviel Uhr ein Mieter seinen Briefkasten kontrollieren muss, schwanken deshalb erheblich:

- Bei einem Einwurf bis 13:45 Uhr soll der Zugang noch am gleichen Tag erfolgt sein.[318]
- Das OLG Hamm[319] spricht davon, dass eine Erklärung, die am **späten Nachmittag** in den Briefkasten geworfen wird, erst am nächsten Tag zugegangen ist.
- Bei einem Einwurf bis 18:00 Uhr soll grds. noch am gleichen Tag ein Zugang erfolgt sein, nur Silvester müsse der Mieter um diese Zeit nicht mehr mit dem Zugang rechtserheblicher Erklärungen rechnen.[320]

  Nach einer Entscheidung des BayVerfGH[321] ist die Rspr., die einen Einwurf um 18:05 Uhr noch als am gleichen Tag als zugegangen betrachtet, nicht willkürlich.
- Das AG Schöneberg[322] hat zu alten „Bundespost-Zeiten" bei einem Einwurf nach 17:00 Uhr einen Zugang erst am nächsten Werktag angenommen.
- Noch strenger war damals das LG Berlin.[323] Danach muss eine Privatperson nach 16:00 Uhr nicht mehr in Briefkasten schauen, da üblicherweise die Post, aber auch private Zustelldienste, bis zu diesem Termin ihre Auslieferungen vorgenommen hätten.

Entscheidend sind deshalb die **örtlichen Gegebenheiten.**[324] Dort, wo üblicherweise die Post vormittags ausgetragen wird, muss ein Mieter wegen der abstrakten Möglichkeit, dass irgendwann irgendwer ihm nachmittags irgendetwas in den Briefkasten werfen könnte, nicht täglich nachmittags nochmals in den Briefkasten schauen. Sonntags muss der Mieter nicht den Briefkasten leeren.[325] Wird das Erhöhungsverlangen mittels Übergabe-Einschreiben (ggf. auch mit Rückschein) versandt, ist es weder mit Einwurf des Benachrichtigungsscheins oder nach Ablauf der Lagerfrist zugegangen, wenn es tatsächlich nicht abgeholt wurde.[326]

---

[313] BAG 2 AZR 111/19, NJW 2019, 3666 mAnm *Bruns* NJW 2019, 3618.
[314] LAG Köln NJW 1988, 1870.
[315] BAG 2 AZR 111/19, NJW 2019, 3666 mAnm *Bruns* NJW 2019, 3618; AG Lahr WuM 1987, 85.
[316] BGH XII ZR 214/00, NJW 2004, 1320.
[317] BGH XII ZR 214/00, NJW 2004, 1320.
[318] LG Berlin WuM 2006, 220.
[319] OLG Hamm NJW-RR 1995, 1187.
[320] AG Ribnitz-Damgarten WuM 2007, 18; **aA** LG Hamburg NZM 2017, 597.
[321] BayVerfGH NJW 1993, 518 (519); auch LG München II WuM 1993, 331.
[322] AG Schöneberg WuM 1991, 131.
[323] LG Berlin GE 2002, 193; nach LG Berlin WuM 2006, 220 ist aber ein Einwurf um 13:45 Uhr noch rechtzeitig.
[324] BAG 2 AZR 111/19, NJW 2019, 3666 mAnm *Bruns* NJW 2019, 3618.
[325] LAG Schleswig-Holstein BB 2015, 2868 mAnm *Boemke* jurisPR-ArbR 12/2016 Anm. 3, für arbeitsvertragliche Kündigung.
[326] KG GE 2011, 133; AG München ZMR 2014, 550.

73 Mieterhöhungserklärungen des Vermieters sollen dem Mieter auch dann als zugegangen gelten, wenn sie an die **im Vertrag angegebene Anschrift** gerichtet sind, der Mieter aber inzwischen seinen Wohnsitz an einem unbekannten Ort begründet hat.[327] Für den Mieter besteht die Pflicht, im Rahmen des Üblichen dafür Sorge zu tragen, dass ihm Mieterhöhungserklärungen zugehen können. Dazu muss der Mieter Einrichtungen bereithalten, die den Zugang von Erklärungen ermöglichen, zB einen Briefkasten.[328] Wird diese Pflicht verletzt, so ist der Vermieter im Wege des **Schadensersatzes** gem. §§ 280, 282 BGB so zu stellen, als wäre die Erklärung rechtzeitig zugegangen.[329] Dies ist aber nur ein Schadensersatzanspruch aus einer Vertragsverletzung des Mietvertrages. Das Mieterhöhungsverlangen ist deshalb noch nicht zugegangen. Bedeutung hat dies zB bei längeren Krankenhausaufenthalten und ggf. auch längerem Urlaub. Vereinzelt wird in Fällen, in denen keine schuldhafte Zugangsvereitelung vorliegt, der Zugang auch gem. § 242 BGB fingiert.[330] Das an den Prozessbevollmächtigten des Mieters gerichtete Zustimmungsverlangen ist dem Mieter nur zugegangen, wenn sein Prozessbevollmächtigter insoweit Empfangsvollmacht hatte; die erteilte Prozessvollmacht reicht dafür nicht aus.[331] Etwas anderes gilt aber bei einem nachgeholten oder nachgebesserten Erhöhungsverlangen im Prozess.[332] Ebenso soll das Mieterhöhungsverlangen zugegangen sein, sobald der Rechtsanwalt den Auftrag des Mieters annimmt, gegen die Mieterhöhung nicht nur wegen Fehlens einer Empfangsvollmacht, sondern auch wegen Fehlens der Voraussetzungen des § 558 BGB vorzugehen.[333] **Beweispflichtig** für den Zugang ist der Vermieter.[334]

Bei einem **Einwurf-Einschreiben** wirft der Postmitarbeiter den Brief in den Briefkasten und dokumentiert dies. Hier ist das Schreiben in dem Augenblick zugegangen, in dem nach dem gewöhnlichen Lauf der Dinge mit der Kenntnisnahme gerechnet werden muss. Problematisch ist hier die Beweislast bzgl. des Zugangs. Der BGH[335] geht dabei von einem Anscheinsbeweis aus[336], wenn das vorgeschriebene Verfahren eingehalten wurde. Hierzu zählt die Vorlage des Einlieferungsscheins und des Ausdrucks des zuvor eingescannten und dann im Original vernichteten Auslieferungsbelegs. Gegen Gebühr erhält der Absender nämlich nur einen Datenauszug. Diesem Ausdruck kommt deshalb keine Urkundenqualität zu.[337] Es handelt sich um eine technische Aufzeichnung und keine Urkunde.

### 2. Zustellung durch Gerichtsvollzieher

74 Gemäß § 132 Abs. 1 BGB gilt ein Mieterhöhungsverlangen auch dann als zugegangen, wenn es durch **Vermittlung eines Gerichtsvollziehers** zugestellt wurde. Dabei darf jeder Gerichtsvollzieher tätig werden, es kommt also nicht nur der Gerichtsvollzieher in Betracht, in dessen Bezirk der Empfänger wohnt. Die Zustellung erfolgt nach den Vorschriften der ZPO. Zustellung bedeutet dabei nach der Legaldefinition des § 166 ZPO die Bekanntgabe eines Schriftstückes an den Adressaten, die in einer besonderen gesetzlichen Form bewirkt wird. Die Beurkundung der Zustellung ist keine Wirksamkeitsvoraussetzung, sondern dient nur dem Nachweis der erfolgten Zustellung. Die Zustellung auf Betreiben einer Partei ist geregelt im Untertitel: „Zustellungen auf Betreiben einer Partei". Auf die Zustellung auf Betreiben einer Partei sind die Vorschriften der Zustellung von Amts wegen entsprechend anzuwenden, es sei denn aus den §§ 192ff. ZPO ergibt sich etwas anderes. Die von der Partei zu betreibende Zustellung erfolgt durch den Gerichtsvollzieher. Der Vermieter muss dem Gerichtsvollzieher das zuzustellende Schriftstück mit den erforderlichen Abschriften übergeben. Der Gerichtsvollzieher beglaubigt die Abschriften. Er kann die Zustellung

---

[327] AG Tiergarten GE 1992, 391.
[328] AG Wedding GE 2016, 397 mAnm *Beuermann* GE 2016, 363.
[329] LG Berlin GE 1991, 151.
[330] BGH XII ZR 214/00, NJW 2004, 1320.
[331] LG Berlin GE WuM 1987, 25.
[332] BGH VIII ZR 72/07, NZM 2003, 229; BGH VIII ZR 141/02, WuM 2003, 149; *Lützenkirchen* BGHReport 2003, 423; *Beuermann* GE 2003, 302; *Schlaegelm* ProzRB 2003, 203.
[333] BGH WuM 1980, 195, für Kündigung.
[334] KG GE 2011, 133.
[335] BGHZ 212, 104 = NJW 2017, 68 (zu § 21 Abs. 1 GmbHG); so auch LAG Mecklenburg-Vorpommern BeckRS 2019, 18247; AG Tempelhof-Kreuzberg ZMR 2018, 776; AG Erfurt MDR 2007, 1338; AG Paderborn *NJW 2000, 3722, 3723.*
[336] Noch offen gelassen von BGH NJW-RR 1987, 1567; zum Anscheinsbeweis von Einwurfeinschreiben: *Uth/Barthen* NJW 2021, 685.
[337] *Ante* NJW 2020, 3487, 3489; *Hosenfeld* NZM 2002, 93 (95) mwN.

nach pflichtgemäßem Ermessen nach seiner Wahl[338] selbst gem. § 193 ZPO vornehmen oder die Post damit beauftragen, § 194 ZPO. Eine Zustellung mittels Übergabe-Einschreiben mit Rückschein ist hierbei anders als bei der Zustellung von Amts wegen nicht möglich. Besonders interessant ist die Zustellung durch den Gerichtsvollzieher nicht nur wegen des besonderen Nachweises des Zugangs, sondern vor allem auch wegen der großzügigen Möglichkeiten der **Ersatzzustellung.** Möglich ist zum einen eine Ersatzzustellung gem. § 178 ZPO an Familienangehörige und Mitbewohner und zum anderen auch eine Zustellung durch schlichtes Zurücklassen des zuzustellenden Schriftstücks bei Annahmeverweigerung, § 179 ZPO, sowie die Ersatzzustellung durch Einlegen in den Briefkasten gem. § 180 ZPO. Nur wenn die Ersatzzustellung durch Einlegen des Schriftstücks in den Briefkasten nicht möglich ist, ist die Mieterhöhungserklärung **durch Niederlegung** gem. § 181 ZPO zuzustellen. In diesem Fall wird das Mieterhöhungsverlangen bei der Post niedergelegt und zur Abholung bereitgehalten. Der Mieter wird durch eine Benachrichtigungskarte informiert. Die Zustellung gilt mit dem Einwurf in den Briefkasten, § 180 ZPO bzw. dem Einwurf der Benachrichtigungskarte, § 181 ZPO, als bewirkt.[339] Dies gilt aber dann nicht, wenn der Vermieter weiß, dass der Mieter die Wohnung (vorübergehend) durch Verlagerung seines Lebensmittelpunktes verlassen hat.[340]

### 3. Öffentliche Zustellung

Gemäß § 132 Abs. 2 BGB kann ein Mieterhöhungsverlangen ggf. auch durch **öffentliche Zustellung** zugestellt werden. Soweit die Vorschrift danach unterscheidet, dass der Erklärende entweder über die Person, der gegenüber die Erklärung abzugeben ist oder über deren Aufenthalt im Unklaren ist, kommt hier nur die Alt. 2 in Betracht. In diesem Fall ist für die Bewilligung der öffentlichen Zustellung das Amtsgericht zuständig, in dessen Bezirk der Erklärungsempfänger seinen letzten Wohnsitz/Aufenthalt hatte. Das Verfahren richtet sich nach den Vorschriften der ZPO über die öffentliche Zustellung. Da die Zustellung des Erhöhungsverlangens aber nur die Überlegungs- und anschließend die Klagefrist in Gang setzt, müsste anschließend noch das Klageverfahren mittels öffentlicher Zustellung betrieben werden, was bei einem flüchtigen Mieter wenig Sinn macht, aber möglich wäre. Der Aufenthalt muss dort aber allgemein unbekannt sein und nicht nur dem Vermieter.[341] 75

### 4. Besonderheiten

Ist für den partiell geschäftsunfähigen Mieter ein **Betreuer** bestellt, ist das Mieterhöhungsverlangen an den Betreuer als gesetzlichen Vertreter zu richten. Eine einem Geschäftsunfähigen gegenüber abgegebene Erklärung geht dem gesetzlichen Verbrecher nur zu, wenn sie entweder an diesen gerichtet oder für ihn bestimmt und in seinen Bereich gelangt ist.[342] Zum Wirksamwerden empfangsbedürftiger Willenserklärungen, die gegenüber beschränkt Geschäftsfähigen und Volljährigen abzugeben sind, für die ein Betreuer bestellt und ein Einwilligungsvorbehalt angeordnet (§ 1896 Abs. 1, § 1903 Abs. 1 BGB) ist, ist derZugang dieser Erklärung beim gesetzlichen Vertreter erforderlich.[343]Für die Wirksamkeit des Erhöhungsverlangens reicht es nicht aus, dass der Betreuer von dem Inhalt des Erhöhungsverlangens – zufällig – Kenntnis erfährt, es muss an ihn als Vertreter adressiert sein.[344] Ist die Betreuung aufgehoben worden, das Erhöhungsverlangen aber noch an den Betreuer gerichtet, so ist es dem Mieter nicht zugegangen.[345] Der Mieter muss den Vermieter über die Aufhebung der Betreuung nicht unterrichten. Ein im Mieterhöhungsprozess gegenüber dem vom Vormundschaftsgericht für den Mieter bestellten Prozesspfleger abgegebenes Erhöhungsverlangen ist dem Mieter nicht zugegangen, wenn der Prozesspfleger (lediglich) zur Vornahme von Prozesshandlungen (also zur aktiven Vertretung), nicht aber auch zum Empfang von Willenserklärungen (also zur passiven Vertretung) bevollmächtigt ist.[346] 76

---

[338] OLG Karlsruhe GE 2016, 1211; AG Limburg DGVZ 2014, 204; AG Lichtenberg DGVZ 2014, 205; AG Bonn DGVZ 2006, 124; AG Hann. Münden DGVZ 2002, 95.
[339] LG Berlin GE 1983, 77.
[340] AG Hamburg WuM 1993, 463.
[341] BGH XII ZR 94/10, NJW 2012, 3582.
[342] BGH V ZR 145/88, BeckRS 2011, 4601; AG Kirchheim unter Teck WuM 21, 36.
[343] AG Kirchheim unter Teck WuM 21, 36; MüKoBGB/*Einsele* § 131 Rn. 4.
[344] LG Dresden WuM 1994, 377; LG Berlin MDR 1982, 321; AG Kirchheim unter Teck WuM 2021, 36.
[345] AG Wedding GE 2008, 737.
[346] LG Hamburg WuM 1993, 60; **aA** LG Hamburg WuM 1996, 271.

**76a** Ist über das Vermögen des Mieters das (Verbraucher-)**Insolvenzverfahren** eröffnet worden, ist der Insolvenzverwalter allein richtiger Adressat des Erhöhungsverlangens. Hat der Insolvenzverwalter/Treuhänder die Wohnung gem. § 109 Abs. 1 InsO freigegeben (Enthaftungserklärung), erhält der Mieter mit Wirksamwerden der Erklärung die volle Verwaltungsbefugnis zurück und ist alleiniger Adressat der Mieterhöhungserklärung.[347]

**77** Soweit in einem Formularmietvertrag vom Vermieter **Zugangserleichterungen** vereinbart werden, ist § 308 Nr. 6 BGB zu beachten. Danach ist eine Zugangsfiktion bzgl. einer Erklärung des Vermieters unwirksam. Dies gilt zB für den Zugang unter Einschaltung von Empfangsboten und Klauseln, die die Absendung der Erklärung an den letzten bekannten Aufenthaltsort für ausreichend erklären. Soweit im Formularmietvertrag eine strengere Form als Textform vereinbart wurde, ist dies zwar idR gem. § 309 Nr. 13 BGB für Erklärungen des Mieters ohne Bedeutung, da die Vereinbarung insofern nichtig ist[348], für Willenserklärungen des Vermieters als regelmäßigem Verwender des Formulars bleibt die Vereinbarung aber wirksam. Der Vermieter ist ggf. an seine eigenen Beschränkungen gebunden, wonach zB Willenserklärungen per Einschreiben erfolgen müssen.

[347] BGH VIII ZR 107/13, NJW 2014, 1954; IX ZR 136/13, NJW 2014, 2585; *Hinz* ZMR 2014, 949; *Jacoby* ZMR 2016, 173 (176).

[348] Das *gilt für Verträge, die ab 1.10.2016* abgeschlossen wurden. Bis zu diesem Termin war die Schriftform die maximal zulässig zu vereinbarende Form; ob doppelte Schriftformklauseln in Altverträgen wirksam sind oder nicht, ist strittig, zumindest geht eine auch mündlich vereinbarte Vertragsänderung als Individualvereinbarung gem. § 305b BGB immer vor, BGH XII ZR 69/16, NZM 2017, 189 mAnm *Schweitzer.*

## § 558 Mieterhöhung bis zur ortsüblichen Vergleichsmiete

**(1) [1]Der Vermieter kann die Zustimmung zu einer Erhöhung der Miete bis zur ortsüblichen Vergleichsmiete verlangen, wenn die Miete in dem Zeitpunkt, zu dem die Erhöhung eintreten soll, seit 15 Monaten unverändert ist. [2]Das Mieterhöhungsverlangen kann frühestens ein Jahr nach der letzten Mieterhöhung geltend gemacht werden. [3]Erhöhungen nach den §§ 559 bis 560 werden nicht berücksichtigt.**

**(2) [1]Die ortsübliche Vergleichsmiete wird gebildet aus den üblichen Entgelten, die in der Gemeinde oder einer vergleichbaren Gemeinde für Wohnraum vergleichbarer Art, Größe, Ausstattung, Beschaffenheit und Lage einschließlich der energetischen Ausstattung und Beschaffenheit in den letzten sechs Jahren vereinbart oder, von Erhöhungen nach § 560 abgesehen, geändert worden sind. [2]Ausgenommen ist Wohnraum, bei dem die Miethöhe durch Gesetz oder im Zusammenhang mit einer Förderzusage festgelegt worden ist.**

**(3) [1]Bei Erhöhungen nach Absatz 1 darf sich die Miete innerhalb von drei Jahren, von Erhöhungen nach den §§ 559 bis 560 abgesehen, nicht um mehr als 20 vom Hundert erhöhen (Kappungsgrenze). [2]Der Prozentsatz nach Satz 1 beträgt 15 vom Hundert, wenn die ausreichende Versorgung der Bevölkerung mit Mietwohnungen zu angemessenen Bedingungen in einer Gemeinde oder einem Teil einer Gemeinde besonders gefährdet ist und diese Gebiete nach Satz 3 bestimmt sind. [3]Die Landesregierungen werden ermächtigt, diese Gebiete durch Rechtsverordnung für die Dauer von jeweils höchstens fünf Jahren zu bestimmen.**

**(4) [1]Die Kappungsgrenze gilt nicht,**

**1. wenn eine Verpflichtung des Mieters zur Ausgleichszahlung nach den Vorschriften über den Abbau der Fehlsubventionierung im Wohnungswesen wegen des Wegfalls der öffentlichen Bindung erloschen ist und**

**2. soweit die Erhöhung den Betrag der zuletzt zu entrichtenden Ausgleichszahlung nicht übersteigt.**

**[2]Der Vermieter kann vom Mieter frühestens vier Monate vor dem Wegfall der öffentlichen Bindung verlangen, ihm innerhalb eines Monats über die Verpflichtung zur Ausgleichszahlung und über deren Höhe Auskunft zu erteilen. [3]Satz 1 gilt entsprechend, wenn die Verpflichtung des Mieters zur Leistung einer Ausgleichszahlung nach den §§ 34 bis 37 des Wohnraumförderungsgesetzes und den hierzu ergangenen landesrechtlichen Vorschriften wegen Wegfalls der Mietbindung erloschen ist.**

**(5) Von dem Jahresbetrag, der sich bei einer Erhöhung auf die ortsübliche Vergleichsmiete ergäbe, sind Drittmittel im Sinne des § 559a abzuziehen, im Falle des § 559a Abs. 1 mit 8 Prozent des Zuschusses.**

**(6) Eine zum Nachteil des Mieters abweichende Vereinbarung ist unwirksam.**

### Systematische Übersicht

## Alphabetische Schnellübersicht

## A. Allgemeines

Die Vorschrift ist die zentrale Vorschrift des Vergleichsmietensystems. Sie stellt die **Anspruchsgrundlage** dar, während die übrigen Vorschriften der §§ 558a–558e BGB lediglich Hilfsnormen oder Definitionen enthalten. Die Vorschrift enthält nur einen Anspruch des Vermieters auf Zustimmung zu einer Mieterhöhung bei bestehenden Mietverträgen. Sie gibt selbst bei sinkenden Mieten dem Mieter keinen Anspruch auf Mietsenkung.[1] Abs. 2 hat jedoch Bedeutung als Definitionsnorm auch bei der erstmaligen Begründung eines Mietverhältnisses. Das ist vor allem in Gemeinden mit angespanntem Wohnungsmarkt der Fall. Dort darf die Neuvertragsmiete die ortsübliche Vergleichsmiete idR um maximal 10% übersteigen, wenn die Gemeinde in eine Verordnung gem. § 556d Abs. 2 BGB aufgenommen wurde. Ferner spielt die ortsübliche Vergleichsmiete im Fall der Scheidung von Eheleuten gem. § 1568a Abs. 5 BGB[2] eine Rolle, wenn die Vertragsmiete festgelegt werden muss. 1

### I. Der Zustimmungsanspruch nach Abs. 1

§ 558 Abs. 1 S. 1 BGB enthält die Anspruchsgrundlage nach der dem Vermieter gegenüber dem Mieter ein Anspruch auf Zustimmung zu einer Mieterhöhung zusteht. Zwischen den Parteien muss ein Mietvertrag bestehen. Das ergibt sich aus der Stellung der Vorschrift im 5. Titel des 8. Abschnitts des 2. Buchs des BGB. Ein Vertrag, durch den sich jemand verpflichtet, den Gebrauch einer Sache gegen Entrichtung eines Entgelts zu gewähren, kann sich rechtlich als Mietvertrag iSd § 535 BGB darstellen. Dies gilt auch dann, wenn das vereinbarte Entgelt sehr niedrig ist, denn die Miete braucht dem Mietwert der Sache nicht zu entsprechen, Vielmehr stellt auch ein weit unter der Marktmiete liegendes Entgelt für den Gebrauch einer Sache eine Miete dar.[3] Bei einer nahezu unentgeltlichen Überlassung von Wohnraum zu Wohnzwecken kann die Differenzierung, ob die Parteien einen Mietvertrag, einen Leihvertrag oder ein schuldrechtliches Nutzungsverhältnis sui generis gem. § 241 BGB abschließen oder nur ein bloßes Gefälligkeitsgeschäft vornehmen wollten, im Einzelfall schwierig sein. Zur Abgrenzung der verschiedenen rechtlichen Möglichkeiten ist nach Anlass und Zweck der Gebrauchsüberlassung und ggf. sonstigen erkennbar zutage getretenen Interessen der Parteien zu unterscheiden.[4] Dabei kann auch das nachträgliche Verhalten der Vertragsparteien zu berücksichtigen sein. Auch wenn es für die Qualifizierung als Mietvertrag nicht darauf ankommt, welche Art von Gegenleistung der Mieter zu erbringen hat, setzt die Anwendung der §§ 558 ff BGB voraus, dass die Gegenleistung in Geld zu leisten ist, da nichtmonetäre Gegenleistungen nicht nach § 558 BGB erhöht werden können.[5] 2

Voraussetzung für den Zustimmungsanspruch ist: 2a

- die Einhaltung der 15-Monatsfrist
- die Einhaltung der Jahressperrfrist
- das Nichtüberschreiten der ortsüblichen Vergleichsmiete

---

[1] AG Erlangen DWW 1999, 185; rechtspolitische Bedenken dagegen von *Weitemeyer* NZM 2000, 313 (316); *Heinz* GuT 2006, 111 (115).

[2] *Götz/Brudermüller* FS Derleder, 2015, 119; Götz/Brudermüller/Giers/*Götz/Brudermüller,* Die Wohnung in der familienrechtlichen Praxis, 2. Aufl. 2018, Rn. 329 ff.; *Blank* WuM 2009, 555; *Götz/Brudermüller* FamRZ 2009, 1261; *Götz/Brudermüller* NJW 2010, 5; *Beuermann* GE 2009, 1358; die Norm ist verfassungsgemäß BGH XII ZR 143/11, NJW 2013, 2507 → BGB § 542 Rn. 58.

[3] BGH VIII ZR 276/16, NZM 2017, 729.

[4] BGH VIII ZR 276/16, NZM 2017, 729.

[5] *Lehmann-Richter* FS Börstinghaus, 2020, 305 (317), bei hybriden Gegenleistungen muss ggf. eine Umrechnung des nicht-monetären Mietanteils in eine fiktive Geldmiete erfolgen.

- die Einhaltung der Kappungsgrenze
- die Geltendmachung in einem formal ordnungsgemäßen Verfahren.

Der **zentrale Begriff** der Vorschrift ist der der **ortsüblichen Vergleichsmiete.** Er wird in Abs. 1 als Tatbestandsmerkmal gebraucht und in Abs. 2 definiert.

### II. Der Begriff der ortsüblichen Vergleichsmiete in Abs. 2

3 Die Vorschrift enthält die gesetzliche **Definition** der ortsüblichen Vergleichsmiete. Diese wird aus den Neuvertrags- und Bestandsmieten der letzten 4 Jahre aus vergleichbaren Wohnungen nach den **fünf Wohnwertmerkmalen** ermittelt. Bereits in der Gesetzesbegründung zum Mietrechtsreformgesetz 2001[6] hat der Gesetzgeber den Wunsch geäußert, dass auch der energetische Zustand einer Wohnung, dh insbes. die Art der Energieversorgung und die Qualität der Wärmedämmung, in die Mietenermittlung mit einfließt. Durch die Mietrechtsänderung 2013 wurde in Abs. 2 klargestellt, dass die energetische Beschaffenheit oder Ausstattung bei der Ermittlung der ortsüblichen Vergleichsmiete mit zu berücksichtigen sind. Es wurde aber darauf verzichtet, ein neues Wohnwertmerkmal zu schaffen.

### III. Die ordentliche Kappungsgrenze in Abs. 3

4 In Abs. 3 ist die Kappungsgrenze definiert. Die Kappungsgrenze beschränkt die Mietsteigerungen **grds. auf 20 % in drei Jahren.** Durch die Mietrechtsänderung 2013 wurde den Bundesländern aber die Möglichkeit eröffnet in Gemeinden, in denen eine ausreichende Versorgung der Bevölkerung mit Mietwohnungen zu angemessenen Bedingungen besonders gefährdet ist, die **Kappungsgrenze auf 15 % herabzusetzen.** Von dieser Möglichkeit haben einige Bundesländer sehr extensiv Gebrauch gemacht.

### IV. Die Kappungsgrenze im Sonderfall in Abs. 4

5 Abs. 4 enthält die Kappungsgrenze in Sonderfällen. Danach ist die Kappungsgrenze nach **Ende der Preisbindung** dann nicht anzuwenden, wenn eine Verpflichtung des Mieters zur Ausgleichszahlung nach den Vorschriften über den Abbau der Fehlsubventionierung im Wohnungswesen wegen des Wegfalls der öffentlichen Bindung erloschen ist, soweit die Erhöhung den Betrag, der zuletzt zu entrichtenden **Ausgleichszahlung** nicht übersteigt. Zahlreiche Bundesländer haben inzwischen die Erhebung der **Fehlbelegungsabgabe** abgeschafft. Auf Grund einer Änderung der Vorschrift durch das Wohnraumförderungsgesetz (WoFG) v. 13.9.2001[7] gilt Abs. 4 S. 1 entsprechend, wenn die Verpflichtung zur Leistung einer Ausgleichszahlung nach den §§ 34–37 WoFG und den hierzu ergangenen landesrechtlichen Vorschriften wegen Wegfalls der Mietbindung erloschen ist. Dies gilt unmittelbar nur für seit dem 1.1.2002 nach neuem Recht neu geförderte Wohnungen. Für die nach altem Recht geförderten Wohnungen gilt grds. das AFWoG weiter. Die Länder haben aber die Möglichkeit gem. § 15 AFWoG auf die Vorschriften des neuen WoFG umzustellen. Für das Mietrecht ist es egal, ob der Mieter eine Fehlbelegungsabgabe nach dem AFWoG oder eine Ausgleichszahlung nach dem WoFG zahlen muss. Wenn die Zahlungspflicht wegen Auslaufens der Preisbindung entfallen ist, dann steht dem Mieter ein bisher für Wohnkosten aufgewandter Betrag zur Verfügung, der es rechtfertigen soll, die Kappungsgrenze nach oben zu überschreiten.

### V. Die Kürzungsbeträge nach Abs. 5

6 Nach Abs. 5 sind vom Jahresbetrag der ortsüblichen Vergleichsmiete die **Kürzungsbeträge** nach § 559a BGB abzuziehen. Die Vorschrift hat dann Bedeutung, wenn in der Vergangenheit geförderte **Modernisierungen** iSd § 559 BGB durchgeführt wurden. Die konkrete Mieterhöhung auf die ortsübliche Vergleichsmiete muss damit in keinem Zusammenhang stehen.

---

[6] BT-Drs. 14/4553 = NZM 2000, 812.
[7] BGBl. I 2376.

### VI. Unwirksame Vereinbarungen nach Abs. 5

In Abs. 6 ist überflüssigerweise die schon in § 557 Abs. 4 BGB enthaltene Regelung wiederholt worden, wonach **für den Mieter nachteilige Abweichungen** von den Regelungen der Abs. 1–5 unwirksam sind. Der Gesetzgeber hat den Satz allein im Bereich des Miethöherechts sage und schreibe elfmal ins Gesetz aufgenommen, obwohl allein die Regelung in § 557 Abs. 4 BGB ausreichend gewesen wäre. Er hat seine eigene Gesetzessystematik insofern nicht verstanden. 7

## B. Die Mietfestschreibung auf 15 Monate

Die Miete muss 15 Monate unverändert geblieben sein. Diese Frist ist durch die Mietrechtsreform 2001 eingeführt worden. Der Gesetzgeber wollte damit die alte Jahressperrfrist und die Überlegungsfrist addieren und damit deutlicher zum Ausdruck bringen, dass die Mieterhöhung erst nach Ablauf der Jahressperrfrist verlangt werden kann. Die Änderung sollte eigentlich **ausschließlich Klarstellungsfunktion** haben. Dem ist aber nicht so.[8] Die Frist hat durchaus eine eigenständige Bedeutung und muss auch gesondert neben der Jahressperrfrist und der Wirkungsfrist des § 558b Abs. 1 BGB geprüft werden. 8

Die 15-Monatsfrist muss zum **Zeitpunkt des Wirksamwerdens** abgelaufen sein. Es muss also vom Wirkungszeitpunkt rückwärts gerechnet werden. Dies ist in den Fällen unproblematisch, in denen die Miete am Anfang des Monats fällig ist. In diesen Fällen hat die 15-Monatsfrist keine eigenständige Bedeutung. Aber immer dann, wenn die Miete nicht am Anfang des Monats fällig ist, kommt der 15-Monatsfrist eine eigenständige Bedeutung zu. Dies liegt daran, dass die Überlegungsfrist gerade keine starre Dreimonatsfrist ist. Die Überlegungsfrist läuft gem. § 558b Abs. 2 BGB mit Ablauf des zweiten auf den Zugang des Erhöhungsverlangens folgenden Monats ab. Die Frist beträgt also mindestens zwei Monate und einen Tag und maximal drei Monate. Bedeutung hat die 15-Monatsfrist deshalb in zwei Fallkonstellationen: 9

**1.** Der Mietvertrag hat nicht am 1. eines Monats begonnen, sondern später, zB am 15. des Monats, vereinbart ist aber eine Fälligkeit der Miete bis zum 3. Werktag. 10

**Beispiel:** Mietvertragsbeginn am 15.1.2019. Nach altem Recht war die erste Mieterhöhung ab 16.1.2020 möglich und wirkte zum 1.4.2020. Jetzt ist die Mieterhöhungserklärung zwar auch ab 16.1.2020 möglich, sie wirkt aber wegen der 15-Monatsfrist erst zum 1.5.2020.

**2.** Das Gleiche gilt, wenn die Miete zwar am Anfang des Monats grds. fällig ist, die Parteien aber bei der letzten Mieterhöhung eine **abweichende Fälligkeit** vereinbart haben. Dies kann auf Grund einer Staffelmietvereinbarung oder auch einer Mietabänderungsvereinbarung nach § 557 Abs. 1 BGB geschehen sein. Möglich ist dies insbes. im Rahmen eines (gerichtlichen) Vergleichs. 11

**Beispiel:** Mietvertragsbeginn am 1.1.2019. Die Parteien vereinbaren im Januar 2021 im Rahmen eines gerichtlichen Vergleichs, dass die Miete ab 15.1.2021 steigt. Nach altem Recht war die erste Mieterhöhung ab 16.1.2022 möglich und wirkte zum 1.4.2022. Nach geltendem Recht ist die Mieterhöhungserklärung zwar auch ab 16.1.2022 möglich, sie wirkt aber wegen der 15-Monatsfrist erst zum 1.5.2022.

Unerheblich sind aber die Fälle, in denen die Parteien im Mietvertrag eine **Fälligkeit** nicht zum Anfang des Monats, sondern zum Ende des Monats oder mitten im Monat vereinbart haben. 12

**Beispiel:** Mietvertragsbeginn am 1.1.2020. Miete nach Mietvertrag am 15. des Monats fällig. Auch hier begann schon nach altem Recht die Frist am 1.1.2020 zu laufen, so dass das Mieterhöhungsverlangen ab 2.1.2021 dem Mieter zugehen konnte und zum 1.4. wirkte. Die Fälligkeit der Aprilmiete am 15.4.2021 wurde dadurch nicht berührt. Daran hat sich auch durch die 15-Monatsfrist nichts geändert.

Auch wenn die historische Auslegung in diesen Fällen eher dafür sprechen könnte, die Mieterhöhung einen Monat eher in Kraft treten zu lassen, da der Gesetzgeber erkennbar nichts ändern wollte und diese Fallkonstellationen schlicht übersehen hat, ist die Grenze jeder Auslegung der Wortlaut der Norm und der ist nun einmal eindeutig. 13

Nach dem Wortlaut der Vorschrift muss die Miete 15 Monate **unverändert** geblieben sein. Das würde sowohl Mieterhöhungen wie auch Mietsenkungen einschließen. Außerdem würden auch die bei der Jahressperrfrist ausgenommenen Mieterhöhungen nach den §§ 559, 560 BGB die 15-Monatsfrist auslösen. Insofern ist der Wortlaut der Vorschrift aber missverständlich und nicht so 14

---

[8] Nach MüKoBGB/*Artz* § 558 Rn. 63 führt diese Anhäufung der Fristen zur „Verwirrung" und „Divergenzen". Einer solchen Regelung hätte es gar nicht bedurft.

zu verstehen. Dies ergibt sich zum einen aus der historischen Auslegung wonach der Gesetzgeber erkennbar mit der Einführung der 15-Monatsfrist nichts ändern wollte und zum anderen auch aus einer systematischen Auslegung. Die alte und neue Jahressperrfrist wird weder durch Mieterhöhungen nach den §§ 559, 560 BGB ausgelöst noch durch Mietsenkungen. Diese Frist und die Überlegungsfrist wollte der Gesetzgeber nur addieren, ohne etwas zu ändern. **Systematisch** kann dies Ergebnis dadurch erreicht werden, dass man § 558 Abs. 1 S. 3 BGB auch auf S. 1 und nicht nur auf S. 2 anwendet. Der Wortlaut steht dieser Auslegung nicht entgegen. Da nur eine solche Auslegung auch dem Sinn und Zweck der Regelung entspricht, ist S. 3 auch auf S. 1 anzuwenden.

15 Für **Mietpreissenkungen** ergibt sich diese Auslegung aus dem Wortlaut des S. 3, der nur von Erhöhungen spricht.[9] Auch der Sinn und Zweck der Vorschrift, Mieter vor zu häufigen Mietsteigerungen zu schützen, spricht für diese Auslegung.[10] Die kontinuierliche wirtschaftliche Disposition des Mieters wird bei zwischenzeitlichen Mietsenkungen des Mieters zwar auch berührt, sie ist aber bei vertraglich vereinbarten Mietsenkungen nicht geschützt.

16 Die Festschreibungsfrist von 15 Monaten gilt auch beim **Übergang vom preisgebundenen Wohnungsbau** zum preisfreien Wohnungsbau. Soweit im preisgebundenen Wohnungsbau gem. § 4 NMV bei Vereinbarung einer entsprechenden Klausel eine rückwirkende Mieterhöhung zB wegen planmäßigem Förderabbau möglich ist[11], berechnet sich die Wartefrist in diesem Fall vom in der Vergangenheit liegenden Wirkungszeitpunkt der Mieterhöhung und nicht vom Zugang der Mieterhöhungserklärungen an.[12]

17 Wegen der genauen Fristberechnung siehe die Kommentierung zur Jahressperrfrist (→ Rn. 19 ff.) und zur Überlegungsfrist (→ BGB § 558b Rn. 3 ff.).

## C. Die Jahressperrfrist

### I. Allgemeines

18 Das Mieterhöhungsverlangen darf gegenüber dem Mieter nach § 558 Abs. 1 S. 2 BGB frühestens ein Jahr nach der letzten Mieterhöhung geltend gemacht werden. Mit dieser Jahresfrist beabsichtigte der Gesetzgeber eine **gewisse Kontinuität** der Mietpreise sicherzustellen. Der Mieter, der einen neuen Mietvertrag abgeschlossen hat oder der einer Mieterhöhung zugestimmt hat, soll sich auf die Wirksamkeit dieser vertraglichen Abrede verlassen können. Die Regelung ist somit auch Ausdruck des Prinzips *pacta sunt servanda,* den das BGB ansonsten ja mit seinem Anspruch auf Vertragsänderung in § 558 Abs. 1 BGB durchbricht. Die Jahressperrfrist korrespondiert dabei auch mit der Vertragsfreiheit, die es dem Vermieter grds. gestattet, im Rahmen der Gesetze eine Mietvereinbarung frei auszuhandeln. Neben dieser mieterschützenden Funktion dient die Regelung aber zusätzlich auch öffentlichen Interessen, da damit eine zu schnelle Mietpreisentwicklung verhindert werden soll.

### II. Fristberechnung

#### 1. Fristbeginn

19 Die Miete muss seit mindestens einem Jahr unverändert geblieben sein. Für den Beginn der einjährigen Wartefrist des § 558 Abs. 1 S. 2 BGB ist der Zeitpunkt maßgebend, ab dem die bisherige Miete erstmals rechtlich zu zahlen war.[13] Auf die tatsächliche Zahlung kommt es nicht an.

20 **a) Neuvermietung.** Bei einer **Neuvermietung** ist das der Mietvertragsbeginn nicht der Zeitpunkt des Abschlusses der Vereinbarung.[14] Dies ergibt sich bereits aus dem Wortlaut. Miete ist gem. § 535 Abs. 2 BGB die Gegenleistung für die Gebrauchsüberlassung. Ohne Gebrauchsüberlassung

---

[9] Bub/Treier MietR-HdB/*Schultz* Kap. III A Rn. 1077.

[10] AG Mitte MM 2004, 126, für Jahressperrfrist; Blank/Börstinghaus/*Börstinghaus* BGB § 558 Rn. 5; **aA** AnwK WohnraumMietR/*Lammel* BGB § 558 Rn. 21.

[11] Zur Zulässigkeit solcher Vereinbarungen BGH VIII ZR 10/03, NZM 2004, 93; zu einer unzulässigen Klausel AG Neukölln MM 2004, 47.

[12] *BGH VIII ZR 177/03,* WuM 2004, 348; VIII ZR 178/03, NZM 2004, 545; *Börstinghaus* LMK 2004, 137; **aA** AG Wedding MM 2000, 422; AnwK WohnraumMietR/*Lammel* BGB § 558 Rn. 24.

[13] BayObLG NJW-RR 1989, 1172.

[14] Bub/Treier MietR-HdB/*Schultz* Kap. III A Rn. 1088.

schuldet der Mieter idR keine Miete. Außerdem verlangt der Gesetzeswortlaut, dass die Miete *unverändert* geblieben ist. Der Wortlaut knüpft also gerade nicht an den rechtlichen Bestand des Mietvertrages, sondern an die Mietzahlungsverpflichtung an. Aber selbst wenn man den Wortlaut als nicht eindeutig ansieht, dann sprechen Sinn und Zweck der Regelung dafür, die Frist bei einer Neuvermietung erst ab Beginn des Mietverhältnisses laufen zu lassen. Die Jahressperrfrist soll die Mietpreisabrede für einen Mindestzeitraum verbindlich festschreiben, ohne dass eine Partei von der anderen eine Änderung verlangen kann. Dieser Zweck wird aber nur erreicht, wenn die Frist erst mit der tatsächlichen Mietzahlungspflicht beginnt. Würde die Frist mit Vertragsschluss bereits zu laufen beginnen, dann bestünde iÜ eine Umgehungsmöglichkeit.

**Beispiel:** Die Parteien schließen am 1.6. des Jahres einen Mietvertrag über eine Wohnung ab 1.9. des Jahres. Würde die Frist mit Vertragsschluss beginnen, könnte das erste Mieterhöhungsverlangen dem Mieter bereits im Juni des nächsten Jahres zugehen. Richtigerweise ist dies erst im September des nächsten Jahres möglich.

**b) Bestehendes Mietverhältnis.** Haben die Parteien **bei einem bestehenden Mietverhält- 21
nis** eine Mieterhöhung im Bestand vertraglich vereinbart, so beginnt die Frist mit der **Fälligkeit** der letzten erhöhten Miete zu laufen. Unerheblich ist, ob die Mieterhöhung bereits bei Abschluss des Vertrages vereinbart worden ist (zB eine Staffelmiete gem. § 557a BGB oder eine Indexmiete gem. § 557b BGB) oder erst zu einem späteren Zeitpunkt in Form einer Mietabänderungsvereinbarung nach § 557 Abs. 1 BGB oder auf Grund eines Mieterhöhungsverfahrens nach § 558 BGB. Bei einer **Staffelmietvereinbarung** wird die Jahressperrfrist durch das In-Kraft-Treten der letzten Staffel ausgelöst.[15] Die Frist des § 557a Abs. 2 S. 1 BGB muss nicht zusätzlich abgewartet werden. Das Mieterhöhungsverlangen darf dem Mieter also erst ein Jahr nach dem Wirksamwerden der letzten Staffel zugehen. Haben die Parteien eine Indexvereinbarung nach § 557b BGB getroffen, ist ein Mieterhöhungsverlangen nach Auslaufen der Vereinbarung ebenfalls bereits ein Jahr nach der letzten Erhöhung möglich. Die Jahresfrist des § 557a Abs. 2 S. 1 BGB muss nicht zusätzlich abgewartet werden.[16] Haben die Parteien eine **Mietabänderungsvereinbarung** gem. § 557 Abs. 1 BGB getroffen, dann beginnt die Frist ebenfalls mit dem Datum der ersten Fälligkeit der erhöhten Miete, nicht mit dem Datum des Abschlusses der Vereinbarung.[17] Hierzu zählt auch die vertragliche Änderung der Mietstruktur[18], also die zusätzliche Übernahme von einzelnen Betriebskostenpositionen, oder die nachträgliche Übernahme nicht monetärer Verpflichtungen[19] oder zur Durchführung der **Schönheitsreparaturen.**[20] Auch wenn die Parteien gem. § 557 Abs. 3 BGB die Mieterhöhung ausdrücklich oder auf Grund der Umstände für eine bestimmte Zeit ausgeschlossen haben, beginnt die Jahressperrfrist mit der Fälligkeit der letzten erhöhten Miete und nicht erst mit dem Auslaufen der Ausschlusswirkung gem. § 557 Abs. 3 BGB. Die Mieterhöhung darf zB deshalb noch während der Befristung abgegeben werden, wenn die Erhöhung nach Auslaufen der Befristung erst fällig wird.[21]

**Beispiel:** Die Parteien haben einen Zeitmietvertrag gem. § 575 BGB vom 1.1.2017 bis zum 31.12.2019 geschlossen. Der Vertrag wird auf unbestimmte Zeit fortgesetzt. Hier kann dem Mieter ab Oktober 2019 eine Mieterhöhung zugehen, die ab 1.1.2020 wirken soll.

**c) Früheres Mietverhöhungsverfahren.** Beruhte die letzte Mieterhöhung auf einem frühe- 22
ren **Mieterhöhungsverfahren nach § 558 BGB,** so ist die Jahresfrist mit Ablauf des Tages in Lauf gesetzt worden, an welchem die letzte Mieterhöhung gem. § 558b Abs. 1 BGB wirksam geworden war und der Mieter die erhöhte Miete schuldete.[22]

Auf die Fälligkeit der Miete kommt es nicht an. 23

**Beispiel:** Nach dem Mietvertrag ist die Miete am 15. des Monats fällig. Die letzte Mieterhöhung hat im Januar 2019 stattgefunden. Hier kann das Mieterhöhungsverlangen bereits Anfang Januar 2020 dem Mieter

---

[15] MüKoBGB/*Artz* § 558 Rn. 64.
[16] MüKoBGB/*Artz* § 558 Rn. 64.
[17] AG Schöneberg MM 1998, 128.
[18] AG Tiergarten NZM 1998, 191; **aA** Bub/Treier MietR-HdB/*Schultz* Kap. III A Rn. 1097.
[19] Hierzu ausf. *Lehmann-Richter* FS Börstinghaus, 2020, 305.
[20] Lützenkirchen MietR/*Dickersbach* BGB § 558 Rn. 45.
[21] OLG Hamm WuM 1982, 294; OLG Frankfurt a. M. WuM 1983, 73; AG Rheinbach ZMR 1998, 638, bestätigt durch LG Bonn ZMR 1998, 639; **aA** AG Frankfurt a. M. WuM 1981, 108; AG Rastatt WuM 1981, 108.
[22] BayObLG NJW-RR 1989, 1172; MüKoBGB/*Artz* § 558 Rn. 61.

zugehen. Der Vermieter muss nicht den 15. des Monats abwarten. Entscheidend ist, dass die Miete für Januar erhöht worden war. Die Fälligkeit der Miete wird durch ein Mieterhöhungsverfahren nicht verändert.

Eine Mieterhöhung, die der Vermieter im Verfahren gem. § 558 BGB beansprucht, wird wirksam zu dem Termin, zu dem der Mieter dem Erhöhungsverlangen des Vermieters zustimmt oder zu dem seine Zustimmung durch Urteil ersetzt wird. Dies gilt wegen der Rechtskraft des Urteils selbst dann, wenn der Termin im Urteil materiell falsch ist.[23] Auf die tatsächliche Zahlung kommt es nicht an.

24 **d) Nutzungserweiterungen.** Die Jahressperrfrist wird auch bei **Mieterhöhungen aus Anlass von Nutzungserweiterungen** ausgelöst.[24] Wird dem Mieter zB zusätzlich ein Garten, ein zusätzlicher Raum oder eine Garage vermietet und der Mietvertrag damit sachlich erweitert, so löst dies die Sperrfrist aus. Den Parteien bleibt unbenommen, bei dieser sachlichen Erweiterung auch eine Mieterhöhung bzgl. des iÜ weiterbestehenden Vertrages zu vereinbaren.[25] Dies gilt aber nur, wenn die Parteien im Zustand der Vertragsfreiheit diese Änderung vereinbaren, zB auch dann, wenn bisherige Mieterleistungen wie die Durchführung von Schönheitsreparaturen, Räum- und Streudienste usw. gegen Erhöhung der Miete auf den Vermieter übertragen werden.[26]

25 **e) Untermiete.** Die Vereinbarung eines **Untermietzuschlags** löst deshalb die Jahressperrfrist nicht immer aus.[27] Nach dem Wortlaut des § 540 Abs. 1 BGB ist der Mieter grds. ohne ausdrückliche Erlaubnis des Vermieters nicht berechtigt, den Gebrauch der gemieteten Sache einem Dritten zu überlassen.[28] § 553 Abs. 1 BGB gibt jedoch dem Mieter von Wohnraum gegenüber seinem Vermieter unter bestimmten Voraussetzungen einen **Anspruch auf Erteilung einer Untermieterlaubnis.**[29] Zweck der Regelung des § 553 Abs. 1 BGB ist, das Mietverhältnis gerade auch dann aufrechtzuerhalten, wenn der Mieter den Wohnraum teilweise einem anderen zum Gebrauch überlassen möchte. Unterstrichen wird dies durch § 553 Abs. 3 BGB, der eine zum Nachteil des Mieters abweichende Vereinbarung nicht zulässt. Nach dem Wortlaut des § 553 Abs. 2 BGB soll es aber Fälle geben, in denen der Vermieter bei unverändertem Mietvertrag nicht verpflichtet ist, seine Einwilligung zur Untervermietung zu erteilen, in denen die Verpflichtung aber dann wieder bestehen soll, wenn der Mieter sich mit einer Mieterhöhung einverstanden erklärt. Die Erhöhung ist nur dann berechtigt, wenn dem Vermieter ohne die Erhöhung die Erlaubnis nicht zuzumuten ist. In diesen Fällen kann der Vermieter seine Zustimmung von einer Mietanhebung abhängig machen.[30] Genauso wenig wie der Mieter in diesen Fällen einen Anspruch auf die Untermieterlaubnis hat, genauso wenig hat der Vermieter einen Anspruch auf die Zustimmung zur Mieterhöhung. Es handelt sich in diesem Fall um eine Mietabänderungsvereinbarung iSd § 557 Abs. 1 BGB. Der Vermieter kann über ein Erhöhungsverlangen gem. § 553 Abs. 2 BGB gerade nicht seine allgemeine Erhöhungsabsicht durchsetzen, sondern nur die Erhöhung verlangen, die durch die Untervermietung gerechtfertigt ist.[31] Der Untermietzuschlag ist ein Entgelt für eine Sondernutzung, seine Erhöhung muss nicht gem. § 558 BGB erfolgen, sondern kann einer besonderen Vereinbarung unterliegen.[32] Der Untermietzuschlag nimmt deshalb auch nicht an der Berechnung der Kappungsgrenze teil (→ Rn. 158).[33] Dann ist es aber auch konsequent, in den Fällen, in denen der Mieter einen Anspruch auf die Untermieterlaubnis gegen Zahlung eines Zuschlags hat, davon auszugehen, dass die erstmalige Vereinbarung eines Untermietzuschlages oder seine isolierte Erhöhung nicht die Jahressperrfrist auslöst.[34] Der Vermieter kann im Rahmen einer solchen Erlaubniserteilung

---

23 LG Berlin MM 1997, 110.

24 MüKoBGB/Artz § 558 Rn. 61; Lützenkirchen MietR/*Dickersbach* BGB § 558 Rn. 46; **aA** Bub/Treier MietR-HdB/*Schultz* Kap. III A Rn. 1090 „zumindest, wenn der Schwerpunkt der Nutzung im Gebrauch der bisherigen Räume liegt".

25 *Stellwaag* DWW 1990, 71 (72).

26 *Börstinghaus* PiG 85 (2009), 87 (100); **aA** *Stellwaag* DWW 1990, 71 (72).

27 Bub/Treier MietR-HdB/*Schultz* Kap. III A Rn. 1091; *Stellwaag* DWW 1990, 71 (72); **aA** AG Tempelhof MM 1997, 40; AG Schöneberg MM 1998, 128; *Sternel* MietR Kap. III Rn. 609; soweit ich in GE 1996, 5 noch eine aA vertreten habe, wurde diese aufgegeben.

28 Dies gilt auch für die Aufnahme eines Lebensgefährten BGH VIII ZR 371/02, NJW 2004, 56; Anm. *Wiek* WuM 2003, 690; *Langenberg* BGHReport 2004, 4; *Beuermann* GE 2003, 1588; *Blank* LMK 2004, 1.

29 *Börstinghaus* GE 1996, 5 zur Regelung in § 549 BGB aF.

30 AG Hamburg ZMR 2008, 213.

31 *Sternel* MietR Kap. II Rn. 257; *Börstinghaus* GE 1996, 5.

32 BayObLG NJW-RR 1986, 892.

33 **AA** AG Hamburg WuM 1992, 257.

34 *Stellwaag* DWW 1990, 71; **aA** AG Schöneberg MM 1998, 128; AG Tempelhof-Kreuzberg MM 1997, 40.

zur Untervermietung die Miete nicht erhöhen. Zwar kann der Mieter entscheiden, ob er die Untermieterlaubnis unter der Bedingung der Zahlung eines Untermietzuschlages erhalten will, so dass eine gewisse Freiwilligkeit vorhanden ist, aber auf Seiten des Vermieters ist diese nicht gegeben. Er würde vom Gericht zur Genehmigung der Untervermietung verurteilt, wenn der Mieter einen Untermietzuschlag anbietet. Davon zu unterscheiden ist aber der Fall, dass die Parteien aus Anlass einer Untervermietung eine Mietvertragsänderung mit Mieterhöhung vereinbaren, die erkennbar nicht nur den Untermietzuschlag beinhalten soll.[35] Ein Indiz dafür ist, dass nicht ein gesonderter Zuschlag vereinbart wird, sondern insgesamt eine neue Miete.

**2. Fristende**

**a) Fristberechnung.** Die Frist ist **vom Zugang** des neuen Mieterhöhungsverlangens an **rückwärts** zu berechnen.[36] Auf das Datum der Abgabe[37] des Erhöhungsverlangens oder den Wirksamkeitszeitpunkt der Mieterhöhung[38] kommt es deshalb nicht an. Die Frist berechnet sich nach den § 188 Abs. 2, 3, § 187 Abs. 1, 2, § 193 BGB. 26

**Beispiel:** Der Vermieter hat dem Mieter ein Erhöhungsverlangen am 29.11.2021 zugeschickt, das dem Mieter am 1.12.2021 zugegangen ist. Die erhöhte Miete war somit ab 1.3.2022 zu zahlen. Das nächste Erhöhungsverlangen darf dem Mieter erst nach Ablauf des 28.2.2022 zugehen, sonst ist es unwirksam.

**b) Mietereintritt.** Dabei ist grds. auf die Mieter abzustellen, die zum Zeitpunkt des Zugangs des Erhöhungsverlangens Vertragspartner sind. All diesen Personen gegenüber muss die Miete ein Jahr unverändert geblieben sein. Bei jedem Mieterwechsel beginnt deshalb die Frist mit **Eintritt des neuen Mieters** in den Mietvertrag grds. neu[39], es sei denn der eintretende Mieter tritt an die Stelle des alten Mieters. Die Jahressperrfrist beginnt deshalb vor allem dann neu zu laufen, wenn ein zusätzlicher Mieter mit Zustimmung des Vermieters neu in den Mietvertrag mit aufgenommen wird.[40] Da weder der alte Mieter noch der neu eintretende Mieter einen Anspruch auf diese Vertragsänderung haben, steht es dem Vermieter in diesem Fall frei, eine Mieterhöhung durchzusetzen. Ob die Miete tatsächlich erhöht wurde oder nicht, ist dabei unerheblich.[41] Außerdem ist die Miete gegenüber dem zusätzlich in den Mietvertrag eintretenden Mieter nicht ein Jahr unverändert geblieben.[42] Kein Fall des Mieterwechsels sind die Fälle, in denen gesetzlich Mietvertragsparteien ausgewechselt werden, zB bei Erbfällen gem. § 1922 BGB und zwar sowohl auf Vermieter- wie auch auf Mieterseite, des Eintritts eines Mieters gem. §§ 563–564 BGB[43] oder des Erwerbers in das Mietverhältnis gem. § 566 BGB.[44] Das Gleiche gilt, wenn ein Ehegatte gem. § 1568 a BGB anlässlich der Scheidung das Mietverhältnis alleine fortsetzt oder in den Mietvertrag erstmals eintritt.[45] Haben die Parteien rechtsgeschäftlich vereinbart, dass eine Partei aus einem bestehenden Mietverhältnis ausscheidet und eine andere Partei in den weiter bestehenden Vertrag eintritt, dann muss sich die neu eintretende Vertragspartei genauso behandeln lassen, wie die ausgeschiedene.[46] Haben die Parteien tatsächlich auf diese Weise einen Nachmieter aufgenommen, dann ist für ihn die letzte Mieterhöhung gegenüber dem Vormieter für den Lauf der Jahressperrfrist maßgeblich.[47] Dies gilt selbst dann, wenn der Mieter ausnahmsweise einen Anspruch darauf hat, aus dem Mietver- 27

---

[35] So wohl auch im Fall des AG Schöneberg MM 1998, 128.
[36] OLG Oldenburg WuM 1982, 105; Staudinger/*V. Emmerich* BGB § 558 Rn. 8.
[37] So aber AG Münster WuM 1983, 238.
[38] AG Friedberg WuM 1992, 694.
[39] LG Berlin GE 1997, 185; AG Frankfurt WuM 1982, 77; AnwK WohnraumMietR/*Lammel* BGB § 558 Rn. 23; Staudinger/*V. Emmerich* BGB § 558 Rn. 11; MüKoBGB/*Artz* § 558 Rn. 61; Kossmann/Meyer-Abich Wohnraummiete-HdB/*Meyer-Abich* § 146 Rn. 6; Kinne/Schach/Bieber MietR/*Schach* BGB § 558 Rn. 7; Erman/*Dickersbach* BGB § 558 Rn. 9a; Lützenkirchen MietR/*Dickersbach* BGB § 558 Rn. 60; **aA** Bub/Treier MietR-HdB/*Schultz* Kap. III A Rn. 1092; Hannemann/Wiek/Emmert MietR-HdB/*Emmert* § 12 Rn. 155.
[40] LG Berlin GE 1997, 185; AnwK WohnraumMietR/*Lammel* BGB § 558 Rn. 23; Hannemann/Wiek/Emmert MietR-HdB/*Emmert* § 12 Rn. 155.
[41] Kossmann/Meyer-Abich Wohnraummiete-HdB/*Meyer-Abich* § 146 Rn. 6; **aA** *Sternel* MietR Kap. III Rn. 608.
[42] Dies übersieht Bub/Treier MietR-HdB/*Schultz* Kap. III A Rn. 1092.
[43] BGH VIII ZR 26/03, NJW 2003, 3265; *Schach* GE 2003, 1306; *Schmidt* ZWE 2004, 159.
[44] *Flatow* WImmoT 2008, 129 (139).
[45] *Götz/Brudermüller* FS Derleder, 2015, 119; *Götz* NZM 2010, 383; *Götz/Brudermüller* NJW 2010, 5; *Blank* WuM 2009, 555; *Brudermüller/Götz* FamRZ 2009, 1261.
[46] **AA** AG Frankfurt a. M. WuM 1982, 77.
[47] Emmerich/Sonnenschein/*V. Emmerich* BGB § 558 Rn. 6; diff. *Sternel* MietR Kap. III Rn. 608.

trag entlassen zu werden. Entscheidend ist, welche Vereinbarungen zwischen den Parteien getroffen wurden, nicht, welche Ansprüche bestanden hätten oder ob tatsächlich eine Mieterhöhung durchgeführt wurde.[48] In der Regel werden nämlich auch in diesen Fällen ganz neue Mietverträge abgeschlossen. Die Unterzeichnung eines neuen Vertrages ist hierfür ein Indiz.

28 **c) Ausscheiden eines von mehreren Mietern.** Zu unterscheiden sind auch die möglichen Fallkonstellationen beim **Ausscheiden eines von mehreren Mietern** bei Personenmehrheiten auf Mieterseite. Dies ist zB dann der Fall, wenn mietende Ehegatten sich trennen.[49] Zwar besteht kein Anspruch des ausziehenden Mieters gegenüber dem Vermieter, aus dem Mietvertrag entlassen zu werden.[50] jedoch können entweder alle beteiligten Parteien eine entsprechende Vereinbarung treffen[51] oder die geschiedenen Eheleute können gem. § 1568a Abs. 3 BGB[52] dem Vermieter mitteilen, wer von ihnen ab Zugang der Mitteilung Mieter sein soll. Nur bei einer Vereinbarung zwischen dem Vermieter und allen Mietern kann der Vermieter seine Zustimmung zur Vertragsaufhebung bzgl. eines Mieters von der Zustimmung zu einer höheren Miete bzgl. des verbleibenden Mieters abhängig machen. Wenn eine solche Vereinbarung zustande kommt, dann löst diese schon nach dem klaren Wortlaut des § 558 Abs. 1 BGB die Jahressperrfrist aus. Wenn keine Mieterhöhung vereinbart wird, muss unterschieden werden, ob der alte Mietvertrag fortgesetzt wird oder ob die verbleibenden Parteien einen neuen Mietvertrag abschließen. Ändern die Parteien den Mietvertrag nur hinsichtlich der Person des Mieters und zwar in der Form, dass nur ein Mieter ausscheidet und der Mietvertrag mit dem oder den restlichen Mietern ohne Aufnahme einer neuen Mietvertragspartei fortgesetzt wird, dann löst dies die Jahressperrfrist nicht aus.[53] In diesem Fall handelt es sich nicht um eine Neuvermietung, sondern um die Fortsetzung des alten Mietverhältnisses. Dies gilt auch in den Fällen des § 1568a Abs. 3 BGB. Für den verbleibenden Mieter bleibt die Miete unverändert, auch wenn er sie nun nicht mehr nur als Gesamtschuldner schuldet, sondern als alleiniger Schuldner. Verlangt der Vermieter vom verbleibenden Mieter aber die Unterzeichnung eines neuen Mietvertragsformulars, dann ist dies wie eine Neuvermietung zu behandeln. Hierfür spricht bereits die Unterzeichnung als Indiz. Außerdem hat der Vermieter in aller Regel die Unterzeichnung eines neuen Formulars – auch – deshalb verlangt, weil einzelne Klauseln des Vertrages sich im Vergleich zum alten zuvor bestehenden Vertrag geändert haben. Damit liegt in aller Regel auch inhaltlich ein anderer Vertrag vor, was ebenfalls für eine Neuvermietung spricht.

29 **d) Teilzustimmung zur Mieterhöhung.** Die Jahressperrfrist wird auch durch eine **Teilzustimmung des Mieters zu einer Mieterhöhung** ausgelöst.[54] Voraussetzung ist aber, dass auf Grund der Teilzustimmung die Mietpreisvereinbarung tatsächlich vertraglich geändert wurde; ob tatsächlich eine Zahlung auf Grund der Teilzustimmung erfolgte ist unerheblich.[55] Dies ist zunächst dann der Fall, wenn der Mieter einem formell wirksamen Mieterhöhungsverlangen nur teilweise zugestimmt hat. Durch die teilweise Zustimmung zur begehrten Mieterhöhung ist die teilweise Mieterhöhung unabhängig vom Willen des Vermieters vereinbart.[56] Dies gilt sowohl für den Fall, dass der Mieter einer verlangten Mieterhöhung betragsmäßig nur eingeschränkt zustimmt, als auch für den Fall, dass er der Mieterhöhung zwar betragsmäßig in vollem Umfang zustimmt, aber zeitlich erst zu einem späteren Zeitpunkt.[57] In Höhe einer Teilzustimmung ist dann der Vertrag bereits geändert (→ BGB § 558b Rn. 36 ff.) ob der Vermieter wegen des Restbetrages Zustimmungsklage erhebt oder nicht, ist grds. unerheblich. Gibt der Vermieter sich mit der Teilzustimmung nicht

---

48 So aber *Sternel* MietR Kap. III Rn. 608.

49 *Blank* WuM 2009, 555; *Götz/Brudermüller* FamRZ 2009, 1261.

50 Nach LG Duisburg NZM 1998, 73 = NJW 1998, 1499 tritt aber nach gesellschaftsrechtlichen Enthaftungsregelungen eine Schuldbefreiung ein, wenn der Vermieter das Mietverhältnis bei Mietrückständen nicht kündigt; **aA** OLG Düsseldorf NZM 1999, 558; LG Berlin GE 2001, 1708; AG Dortmund NZM 2001, 94; *Sonnenschein* NZM 1999, 977 (979); *Klinkhammer* NZM 1998, 744; *Volmer* FamRZ 1999, 262; *Sternel* EWiR 1997, 1127.

51 Dies kann auch konkludent erfolgen: AG Schönberg und LG Berlin MM 1999, 122 mit abl. Anm. *Lebek*.

52 *Götz/Brudermüller* FS Derleder, 2015, 119; *Blank* WuM 2009, 555; *Götz/Brudermüller* FamRZ 2009, 1261; *Götz/Brudermüller* NJW 2010, 5; *Beuermann* GE 2009, 1358; → BGB Vor § 535 Rn. 370s.

53 Erman/*Dickersbach* BGB § 558 Rn. 9a.

54 LG Mannheim ZMR 1994, 516; LG Bonn WuM 1985, 311; AG Charlottenburg GE 2009, 59; AG Köln ZMR 2001, 356; AG Hamburg WuM 1985, 312; *Kunze/Tietzsch* Miethöhe Rn. 285; Staudinger/*V. Emmerich BGB § 558 Rn. 9; Erman/Dickersbach* BGB § 558 Rn. 9.

55 AG Charlottenburg GE 2009, 59.

56 LG Landshut WuM 1990, 223.

57 LG Duisburg WuM 1976, 81.

zufrieden, so setzt die dadurch bewirkte Mieterhöhung keine neue Jahresfrist in Lauf.[58] Wird die Klage nicht innerhalb der Klagefrist erhoben, so berechnet sich die Jahressperrfrist ab dem Wirkungszeitpunkt der Teilzustimmung.[59] Wird Zustimmungsklage erhoben, so wird der Mieter bei einem zusprechenden Urteil rückwirkend zum gleichen Zeitpunkt zur Zustimmung verurteilt. Allein die Tatsache, dass das Urteil notwendigerweise erst nach dem Wirkungszeitpunkt der Mieterhöhung ergeht, ändert nichts daran, dass der Mieter zu einer rückwirkenden Zustimmung verurteilt wird.[60] Dies gilt auch, wenn der Vermieter im Zustimmungsprozess das Mieterhöhungsverlangen nachbessert oder nachholt, § 558b Abs. 3 S. 1 BGB. Das Mieterhöhungsverfahren ist erst mit Rechtskraft des Urteils im Zustimmungsverfahren abgeschlossen.[61] Anderenfalls hätte es der Mieter in der Hand, durch eine Teilzustimmung zu wenigen Cent Mieterhöhung, die Jahressperrfrist auszulösen. Die **teilweise Klagerücknahme** in einem Zustimmungsverfahren löst die Jahressperrfrist nicht aus. Hierin ist kein neues Mieterhöhungsverlangen zu sehen.[62] In einer **Berufungsrücknahme** durch Vermieter liegt keine Klagerücknahme, so dass ein rechtskräftiges Urteil über das Mieterhöhungsverlangen vorliegt. Selbst bei nur geringfügiger Verurteilung des Mieters zur Zustimmung läuft deshalb die Jahressperrfrist.[63] Ob der Mieter die erhöhte Miete jemals gezahlt hat, ist für die Jahressperrfrist unerheblich, entscheidend ist nur, ab wann der Mieter die erhöhte Miete schuldete.[64] Wird der Mieter im **Urteil** zur Abgabe der Zustimmung zu einem späteren Zeitpunkt verurteilt, als dem, zu dem die Teilzustimmung bereits erfolgte, dann ist das spätere Datum für die Berechnung maßgeblich. Das ist zB bei einem im Prozess nachgeholten Zustimmungsverlangen der Fall.[65] Die Jahressperrfrist nach Teilzustimmung des Mieters zum Mieterhöhungsbegehren bleibt beachtlich, solange die Mietparteien die Vertragsänderung noch nicht einvernehmlich rückgängig machen.[66]

**e) Formell unwirksames Mieterhöhungsverlangen.** Stimmt der Mieter einem **formell unwirksamen Mieterhöhungsverlangen** nur **teilweise zu,** so ist dies gem. § 150 Abs. 2 BGB als Ablehnung verbunden mit einem neuen Angebot zu bewerten. Die Jahresfrist wird allein durch diese Teilzustimmung nicht ausgelöst.[67] Der Vermieter kann deshalb sofort ein neues Mieterhöhungsverlangen stellen, wenn er auf das Angebot des Mieters nicht eingeht. Akzeptiert er das Angebot des Mieters, dann ist auf Grund des Mietabänderungsvertrages (→ BGB § 557 Rn. 13 ff.) die erhöhte Miete zu zahlen, so dass hierdurch die Jahressperrfrist ausgelöst wird.[68] Die Zustimmung des Vermieters kann in diesen Fällen auch konkludent erfolgt sein. Wenn der Mieter auf ein unwirksames Mieterhöhungsverlangen regelmäßig einen Teil der erhöhten Miete zahlt und der Vermieter diese Zahlungen vorbehaltlos annimmt, wird dies **aus der Sicht des objektiven Empfängers** als Zustimmung zu dem geänderten Angebot zu verstehen sein.[69] Genauso, wie der Mieter durch Zahlung einem Mieterhöhungsverlangen zustimmen kann, darf auch der Mieter das Verhalten des Vermieters als Zustimmung verstehen. Klagt der Vermieter nach einem unwirksamen Erhöhungsverlangen, dem der Mieter aber teilweise zugestimmt hat, den Restbetrag ein, dann ist in dieser Klage über den Restbetrag zugleich die Annahme der Teilzustimmung zu erblicken. Dies gilt auch, wenn der Mieter die Zustimmung zu einer Mieterhöhung erklärt hat, die der Vermieter auf Grund einer unwirksamen Mietanhebungsklausel begehrt hat.[70] Etwas anderes gilt aber dann, wenn der Vermieter vom Mieter die Zustimmung zu einer Mieterhöhung gem. § 558 BGB ver- 30

---

[58] BayObLG NJW-RR 1989, 1172; LG Hamburg WuM 1987, 86 (87); Sternel MietR Kap. III Rn. 721.

[59] LG Berlin GE 1996, 1551; LG Mannheim ZMR 1994, 516 (517); LG Bonn WuM 1985, 311; AG Köln WuM 1993, 409; AG Wermelskirchen WuM 1992, 442; AG Hamburg WuM 1985, 312.

[60] AG Charlottenburg GE 1990, 663.

[61] BGH VIII ZR 141/09, NZM 2010, 436; BayObLG NJW-RR 1989, 1172.

[62] AG Gummersbach WuM 1995, 543.

[63] AG Siegburg WuM 1991, 501.

[64] BayObLG NJW-RR 1989, 1172.

[65] BGH VIII ZR 141/09, NZM 2010, 436; BayObLG NJW-RR 1989, 1172.

[66] AG Köln WuM 1993, 409.

[67] LG Köln WuM 2001, 244; LG Berlin WuM 1997, 51; LG Mannheim ZMR 1994, 516 (517); LG Frankfurt a. M. WuM 1990, 224; LG Hamburg WuM 1987, 85; AG Hamburg NZM 1998, 574; AG Köln WuM 1995, 114; **aA** LG Mainz WuM 1992, 136; AG Neuss DWW 1992, 344; Erman/*Dickersbach* BGB § 558 Rn. 9a.

[68] LG Mannheim ZMR 1994, 516 (517); LG Bonn WuM 1995, 113 aE; LG Wiesbaden WuM 1993, 196; LG Mainz WuM 1992, 136; AG Hamburg NZM 1998, 574; AG Köln WuM 1995, 114; Kossmann/Meyer-Abich Wohnraummiete-HdB/*Meyer-Abich* § 146 Rn. 9.

[69] LG Osnabrück WuM 1993, 618; AG Hamburg NZM 1998, 574; nach Ansicht des LG Frankfurt a. M. WuM 1990, 224 genügt die Annahme von zwei Zahlungen hierfür nicht.

[70] LG Wiesbaden WuM 1993, 196.

langt und dem Mieter zugleich eine Änderung der Mietstruktur anbietet. Wenn es sich tatsächlich um zwei trennbare Angebote handelt, dann kann der Mieter auch nur der Änderung der Mietstruktur zustimmen und die Zustimmung zur Mieterhöhung verweigern. Allein die Änderung der Mietstruktur löst die Jahressperrfrist aus.[71]

### III. Unerhebliche Veränderungen der Miete

#### 1. Einseitige Mieterhöhungen

31 Die Wartefrist wird nach dem eindeutigen Gesetzeswortlaut nicht ausgelöst durch Erhöhungen der Miete, die sich aus den §§ 559–560 BGB ergeben haben. Dabei ist es unerheblich, ob eine oder mehrere dieser einseitigen Mieterhöhungen in den vergangenen 12 Monaten vom Vermieter durchgeführt wurden. Das Gesetz spricht aber eindeutig nur von *Erhöhungen nach §§ 559–560*. Damit sind grds. **einseitige Mieterhöhungen** gemeint. Erforderlich ist eine Mieterhöhung, die den **formalen Voraussetzungen** der §§ 559–560 BGB genügt. Der Vermieter muss also durch einseitige Erklärung unter Darlegung eines Sachverhalts, der die Tatbestände der §§ 559–560 BGB ausfüllt, die Miete erhöht haben. Es ist auf der anderen Seite nicht erforderlich, dass die Mieterhöhung formal fehlerfrei und materiell begründet war.[72] Die Formalien der §§ 559–560 BGB sollen den Mieter schützen. Wenn er auf den Schutz keinen Wert legt, zB weil er den Vermieter persönlich kennt oder letztendlich von der materiellen Berechtigung des Anspruchs ausgeht, dann ist die Miete auf Grund einer Erhöhung gem. §§ 559–560 BGB erhöht worden. Es besteht nach dem Zweck des Gesetzes,[73] nämlich einseitige Mieterhöhungen auszunehmen, kein Grund, diese Mieterhöhung nachträglich zu einer Mieterhöhung gem. § 557 Abs. 1 BGB umzuwidmen.[74] Soweit vertreten wird,[75] dass nur die Anerkennung von ordnungsgemäßen Erhöhungsverlangen der Rechtsklarheit und Rechtssicherheit entspricht, so bestehen dagegen Bedenken. Die Antwort auf die Frage, ob eine Mieterhöhung nach § 559 BGB ordnungsgemäß war oder nicht, dürfte auf Grund der unterschiedlichen Ansichten über die einzuhaltenden formalen Anforderungen durchaus sehr unterschiedlich ausfallen und zur Rechtssicherheit nichts beitragen. Entscheidendes Abgrenzungskriterium kann deshalb nur die Frage sein, ob **nach dem äußeren Erscheinungsbild** eine Mieterhöhung einseitig vom Vermieter durchgesetzt werden sollte oder ob die Mietvertragsparteien von Anfang an tatsächlich eine Änderungsvereinbarung geschlossen haben. Vom erstem Fall kann man ausgehen, wenn der Mieter auf Grund eines unter Darlegung eines Erhöhungstatbestandes der §§ 559–560 BGB erstellten Erhöhungsverlangens die Mieterhöhung zahlt selbst wenn die Parteien anschließend darüber verhandeln und der Vermieter seine ursprünglichen Vorstellungen nicht ganz durchsetzen konnte.[76] Ein Indiz für eine Vereinbarung ist, wenn die Parteien zwar aus Anlass einer Modernisierung aber ohne eine einseitige Mieterhöhung in Verhandlungen über eine Mieterhöhung eintreten.

32 Erfolgt eine Mieterhöhung wegen teilweisen **Wegfalls der Förderung** nach einer Modernisierung löst dies ebenfalls die Jahressperrfrist nicht aus.[77] Es handelt sich letztendlich um eine Mieterhöhung nach einer Modernisierungsmaßnahme gem. § 559 BGB, die lediglich deshalb zeitlich gestuft erfolgt, weil die Förderung die der Vermieter erhalten hat **degressiv** ausgestaltet war (→ BGB § 559a Rn. 19). Es handelt sich nicht um eine heute[78] die Jahressperrfrist auslösende Mieterhöhung wegen Kapitalkostensteigerung.

---

[71] AG Tiergarten NZM 1998, 191.

[72] LG Potsdam GE 2001, 61 (63); AG Köln MDR 1994, 216; AG Nidda WuM 1994, 485; AG Brühl MDR 1985, 329; AnwK WohnraumMietR/*Lammel* BGB § 558 Rn. 19; *Heitgreß* WuM 1983, 44 (45); **aA** *Sternel* MietR Kap. III Rn. 610 der auf der einen Seite von *wirksamen* Mieterhöhungen spricht, dann aber nach Sinn und Zweck darauf abstellt, dass dem Vermieter die Einhaltung der Formalien bei einer Vereinbarung erspart bleibt.

[73] *Sternel* MietR Kap. III Rn. 610 sieht den Zweck nicht so deutlich.

[74] Staudinger/*V. Emmerich* BGB § 558 Rn. 13 („nach dem Wortlaut […] eigentlich kein Raum für die Anwendung der Sonderregelung").

[75] *Sternel* MietR Kap. III Rn. 610.

[76] *Weiter gehend wohl: BGH VIII ZR 285/06,* NZM 2007, 727; VIII ZR 185/03, NJW 2004, 2088; *Börstinghaus* LMK 2004, 137; *Artz* NZM 2004, 609; *Glause* WuM 2004, 708.

[77] **AA** LG Berlin MM 2002, 51 bei Kürzung von Aufwendungszuschüssen der IBB.

[78] BGH VIII ZR 177/03, NZM 2004, 735 *Börstinghaus* LMK 2004, 137.

### 2. Mieterhöhungen auf Grund vertraglicher Abreden

**Mieterhöhungen auf Grund vertraglicher Abreden** fallen vom Wortlaut bereits nicht unter die Ausnahmeregelung in § 558 Abs. 1 S. 3 BGB.[79] Eine analoge Anwendung scheidet ebenfalls aus.[80] Es handelt sich bei dieser Einschränkung um eine nicht analogiefähige **Ausnahmevorschrift.** Die Jahressperrfrist wird deshalb auch durch Erhöhungen, die das Gericht im Räumungsverfahren im Wege der Vertragsgestaltung gem. § 308 a ZPO festsetzt,[81] ausgelöst, wenn der Mieter sich auf die Sozialklausel gem. § 574 BGB berufen hat. Wegen des Ausnahmecharakters kann die Regelung auch nicht entsprechend auf Mieterhöhungen angewandt werden, die die Parteien zB **aus Anlass einer Modernisierung** vereinbart haben, auch wenn die Erhöhung genau der gem. § 559 BGB möglichen Mieterhöhung entspricht.[82] Soweit der BGH in den Leitsätzen seiner vier Entscheidungen[83] unterschiedslos jede einvernehmliche Mieterhöhung aus Anlass einer Modernisierung einer einseitigen Modernisierungserhöhung gleichstellt, ist dies deshalb nicht richtig.[84] Im Übrigen hatte der Vermieter in einem der den Entscheidungen zu Grunde liegenden Fall zunächst eine einseitige Mieterhöhung gem. § 559 BGB versucht durchzusetzen und die Vertragsparteien hatten sich in diesem Verfahren auf eine niedrigere Erhöhung geeinigt. Für diesen Fall ist die Entscheidung des BGH richtig. Der Fall, dass die Parteien aber völlig losgelöst von einem Verfahren gem. § 559 BGB sich aus Anlass einer Modernisierung auf eine neue Miete einigen, ist damit nicht vergleichbar. Formal handelt es sich dann um eine Mietabänderungsvereinbarung, die bereits vom Wortlaut des § 558 Abs. 1 BGB her die Jahressperrfrist auslöst. Eine analoge Anwendung[85] des § 558 Abs. 1 S. 3 BGB kommt wegen einer fehlenden Regelungslücke auch nicht in Betracht. Im Rahmen einer Vereinbarung können die Mietvertragsparteien grds. im Rahmen der gesetzlichen Vorgaben jede Miete vereinbaren. Wenn sie sich genau auf die Miete einigen, auf die der Vermieter sowieso einen Anspruch nach § 559 BGB hat, dann ändert dies an der Tatsache, dass die Mieterhöhung eben gerade auf einer Einigung und nicht auf dem Gestaltungsrecht des Vermieters beruht, nichts. Dies ist auch ein erheblicher Unterschied, da der Vermieter auf diese Weise die Beachtung der nicht unerheblichen Formalien des §§ 559, 559 b BGB umgeht, deren Nichtbeachtung entweder die Unwirksamkeit der Mieterhöhung oder zumindest ihre zeitliche Verzögerung gem. § 559 b Abs. 2 S. 2 BGB zur Folge hat. Es ist deshalb nicht nur „leere Förmelei", wenn zwischen den verschiedenen Wegen der Erhöhung, wenn sie auch auf den gleichen Lebenssachverhalten beruhen, unterschieden wird. 33

### 3. Mietsenkungen

Unerheblich sind alle Formen der **Mietherabsetzung.** Sie lösen die Sperrfrist nicht aus.[86] Dies ergibt sich auch schon aus dem Wortlaut der Vorschrift. Nach § 558 Abs. 1 S. 2 BGB kann das Mieterhöhungsverlangen erst ein Jahr nach der letzten Miet*erhöhung* geltend gemacht werden. Eine vertragliche Mietherabsetzung, zB im Zusammenhang mit Modernisierungsmaßnahmen und davon ausgehenden Beeinträchtigungen oder zur Abgeltung von Mieterleistungen, löst die Sperrfrist ebenso wenig aus wie eine Mietminderung nach § 536 BGB.[87] 34

---

[79] *Sternel* MietR Kap. III Rn. 610.
[80] **AA** *Stellwaag* DWW 1990, 71.
[81] BGH VIII ZR 270/15, NZM 2017, 286.
[82] LG Potsdam GE 2001, 61; LG Berlin WuM 2003, 568; MüKoBGB/*Artz* § 558 Rn. 59; für Jahressperrfrist offen gelassen *Sternel* MietR Kap. III Rn. 123; für Kappungsgrenze ebenso wie hier Sternel MietR Kap. IV Rn. 146; **aA** Bub/Treier *MietR-HdB/Schultz* Kap. III Rn. 770, 774, 1087; LG Berlin GE 2014, 190, 191.
[83] BGH VIII ZR 285/06, NZM 2007, 727; VIII ZR 287/06, NJW 2008, 2031; VIII ZR 286/06, BeckRS 2008, 8098; zur gleichen Frage bei der Berechnung der Kappungsgrenze BGH VIII ZR 185/03, NJW 2004, 2088; *Artz* NZM 2004, 609; *Glause* WuM 2004, 708.
[84] *Artz* NZM 2004, 609; MüKoBGB/*Artz* § 558 Rn. 59.
[85] Zur analogen Anwendung mietrechtlicher Vorschriften *Häublein* WuM 2010, 391.
[86] AG Berlin-Mitte MM 2004, 126; MüKoBGB/*Artz* § 558 Rn. 58; Emmerich/Sonnenschein/*Emmerich* BGB § 558 Rn. 6; Sternel MietR Kap. IV Rn. 130; Kossmann/Meyer-Abich Wohnraummiete-HdB/*Meyer-Abich* § 146 Rn. 2, 3; *Kinne* ZMR 2001, 775 (777).
[87] *Stellwaag* DWW 1990, 71.

### IV. Rechtsfolgen bei Nichtbeachtung der Jahressperrfrist

#### 1. Für früher schon preisfreien Wohnraum

35 Ein vor Ablauf der Jahressperrfrist gestelltes Mieterhöhungsverlangen ist **unwirksam.**[88] Dies ergibt sich bereits aus dem Wortlaut des § 558 Abs. 1 S. 2 BGB, wonach ein Mieterhöhungsverlangen erst nach Ablauf der Jahreswartefrist wirksam „erhoben werden kann". Damit stellt das Gesetz eindeutig auf das Erhöhungsverlangen und nicht auf den Wirksamkeitszeitpunkt ab. Eine Heilung gem. § 558b Abs. 3 ist nicht möglich[89], aber der Vermieter kann ein neues Verlangen stellen.

#### 2. Für ehemals preisgebundenen Wohnraum

36 Entfällt für eine Wohnung nach Fristablauf oder wegen vorzeitiger Rückzahlung der Fördermittel die Beschränkung auf die Kostenmiete, so kann von da an die Miete nur nach den Vorschriften des BGB erhöht werden. Der Vermieter kann also die **ehemalige Kostenmiete** erhöhen, wenn sie unter den üblichen Entgelten, die in der Gemeinde für vergleichbaren Wohnraum gezahlt werden, liegt. Auch in diesem Fall bedarf es eines Mieterhöhungsverlangens des Vermieters, das dem Mieter noch während der Preisbindung zugehen darf.[90] Auch für dieses Mieterhöhungsverlangen gilt die Wartefrist[91] und auch die 15-Monatsfrist, dh die Miete muss seit einem Jahr vor Zugang des Erhöhungsverlangens unverändert geblieben sein, und zum Wirkungszeitpunkt 15 Monate unverändert sein. Allein der **Wechsel des Mietpreissystems** rechtfertigt es nicht, die zwingende Vorschrift des § 558 Abs. 1 S. 2 BGB für diesen Fall zu ignorieren.[92] Nach Ende der Preisbindung gilt die letzte Kostenmiete einschließlich etwaiger Zuschläge nach § 26 NMV als Vertragsmiete fort.[93] Der Vermieter, der sich auf die für ihn günstigen Erhöhungsmöglichkeiten beruft, muss auch die für den Mieter günstigen Regelungen akzeptieren. Auf der anderen Seite darf dieser Vermieter auch nicht schlechter gestellt werden. Deshalb lösen nicht alle Erhöhungen der Kostenmiete die Jahressperrfrist aus.[94] Für die Frage, welche Erhöhungen der Kostenmiete die Jahressperrfrist auslösen, muss auf den **Rechtsgrund der Erhöhung** abgestellt werden.

37 Kostenmieterhöhungen, die auf Gründen beruhen, die im preisfreien Wohnungsbau zu Mieterhöhungen gem. § 559–560 BGB berechtigen, bleiben außer Betracht.[95] Beruhte die Erhöhung der Kostenmiete auf einer **Modernisierung** gem. § 13 NMV oder einer Erhöhung von Betriebskosten gem. § 20 NMV dann ist eine solche Kostenmieterhöhung für die Berechnung der Wartefristen unerheblich. Dies ergibt sich aus dem Zweck des Gesetzes. Der Gesetzgeber wollte, dass einseitige Mieterhöhungen, die im vereinfachten Umlageverfahren möglich sind, keinen Einfluss auf die zeitliche Abfolge allgemeiner Mieterhöhungen haben. Dieser gesetzgeberische Grund ist bei Kostenmieterhöhungen, die auf den gleichen Lebenssachverhalten beruhen, ebenfalls gegeben. Dass lediglich die Anspruchsgrundlage eine andere ist, ist dabei für den gesetzgeberischen Grund unerheblich. In den übrigen Fällen der Anhebung der Kostenmiete ist die Anwendung der Wartefrist wegen ihres gesetzgeberischen Zwecks zu bejahen.[96] So lösen Erhöhungen der Kostenmiete wegen geänderter Pauschalen für Verwaltung, Instandhaltung und Schönheitsreparaturen die ein-

---

[88] BGH RE v. 16.6.1993, NJW 1993, 2109; *Sternel* EWiR 1993, 915; Bub/Treier MietR-HdB/*Schultz* Kap. III Rn. 1094; AnwK WohnraumMietR/*Lammel* BGB § 558 Rn. 26.

[89] **AA** Palandt/*Weidenkaff* BGB § 558 Rn. 12, der aber darauf hinweist, dass der Fall in § 558b Abs. 3 S. 1 BGB nicht ausdrücklich geregelt ist.

[90] OLG Hamm NJW 1981, 234; KG NJW 1982, 2077; *Lützenkirchen* WuM 1995, 574; **aA** LG Kiel WuM 1995, 541; *Scholl* WuM 1995, 426; WuM 1996, 17; Kossmann/Meyer-Abich Wohnraummiete-HdB/*Meyer-Abich* § 146 Rn. 7; AnwK WohnraumMietR/*Lammel* BGB § 558 Rn. 27.

[91] OLG Hamm NJW-RR 1995, 1293; LG Köln ZMR 1994, 569; LG Arnsberg WuM 1991, 207; LG Hagen WuM 1986, 139; AG Hamburg WuM 1993, 743; Staudinger/*V. Emmerich* BGB § 558 Rn. 12; Erman/*Dickersbach* BGB § 558 Rn. 12; Kossmann/Meyer-Abich Wohnraummiete-HdB/*Meyer-Abich* § 146 Rn. 7; *Sternel* MietR Kap. III Rn. 611; Emmerich/Sonnenschein/*V. Emmerich* BGB § 558 Rn. 6; *Sonnenschein* NJW 1986, 2731; *Beuermann* GE 1994, 364.

[92] So aber LG München WuM 1989, 634.

[93] BGH VIII ZR 258/09, NZM 2010, 736 = NJW 2011, 145; VIII ZR 87/11, NJW 2012, 145.

[94] So aber LG Hagen WuM 1986, 139; LG Berlin WuM 1989, 334; LG Arnsberg WuM 1991, 207; AG Hamburg WuM 1993, 743; AG Bergisch Gladbach WuM 1993, 743.

[95] OLG Hamm NJW-RR 1995, 1293; MüKoBGB/*Artz* § 558 Rn. 60.

[96] So auch *Beuermann* GE 1994, 364 (369).

jährige Sperrfrist aus.[97] Auch eine Erhöhung der Kostenmiete wegen Abbaus der Aufwendungszuschüsse[98] oder sonstiger **Kapitalkostensteigerungen**[99] löst für eine spätere Mieterhöhung nach Ende der Preisbindung die Sperrfrist aus. In diesen Fällen ist also auch ein Mieterhöhungsverlangen, das vor Ablauf der Jahresfrist gestellt wurde, mit dem aber eine Mieterhöhung erst nach Ablauf der Preisbindung verlangt wird, wegen Verstoßes gegen § 558 Abs. 1 S. 2 BGB unwirksam.

Soweit im preisgebundenen Wohnungsbau gem. § 4 NMV bei Vereinbarung einer entsprechen- 38
den Klausel[100] eine **rückwirkende Mieterhöhung** zB wegen planmäßigen Förderabbaus möglich ist, stellt sich die Frage, ob die Jahressperrfrist vom Zeitpunkt des Zugangs der Mieterhöhungserklärung oder vom Wirkungszeitpunkt der Mieterhöhung an berechnet wird. Im ersten Fall ist die erste Mieterhöhung unter Geltung des BGB erst später möglich als im zweiten Fall. Die Wartefrist berechnet sich auch in diesem Fall vom in der Vergangenheit liegenden Wirkungszeitpunkt der Mieterhöhung und nicht vom Zugang der Mieterhöhungserklärungen an.[101] Zwar wird die einseitige Mieterhöhung der Kostenmiete erst mit der Erklärung gem. § 10 WoBindG wirksam, jedoch genau wie bei einer späteren Verurteilung zur Zustimmung zu einer Mieterhöhung ab einem in der Vergangenheit liegenden Zeitpunkt kommt es nur auf den Wirksamkeitszeitpunkt an. Die Miete war ja erhöht, aber die Zahlungsverpflichtung entstand erst mit der formal ordnungsgemäßen Geltendmachung.

### V. Die Darlegung der Sperrfrist im Mieterhöhungsverlangen

**1.** Die Einhaltung der Jahresfrist muss im **Mieterhöhungsverlangen** nicht begründet wer- 39
den.[102] Bei der Auslegung und Anwendung der verfahrensrechtlichen Vorschriften über die Pflicht des Vermieters, sein Mieterhöhungsverlangen zu begründen, muss immer die Zweckbestimmung des § 558 a BGB berücksichtigt werden. Sie besteht darin, dem Mieter die Möglichkeit der Information und Nachprüfung zu geben, damit er sich anhand der ihm mitgeteilten Daten schlüssig werden kann, ob er dem Mieterhöhungsverlangen zustimmen will oder nicht.[103] Wann die Miete zuletzt erhöht wurde, weiß der Mieter aber. Er kennt auch den Rechtsgrund der Erhöhung. Ist er in den Mietvertrag eingetreten, zB gem. §§ 563–564 BGB, hat er sich das Wissen des Vormieters zurechnen zu lassen, zumindest trifft ihn eine Informationspflicht.

**2.** Im **Zustimmungsprozess** gehört die Darlegung der Jahressperrfrist jedoch zu einem 40
schlüssigen Sachvortrag.[104] In der Klageschrift muss deshalb mindestens vorgetragen werden, dass die Miete ein Jahr unverändert geblieben ist. Die Substantiierungslast steigert sich jedoch, umso substantiierter der Mieter vorträgt.[105] Die Darlegungs- und damit auch die **Beweislast** für die Tatsache, dass die Miete ein Jahr unverändert geblieben ist, hat der Vermieter. Deshalb gehen Zweifel, zB bei der Beantwortung der Frage, ob eine unerhebliche Mieterhöhung nach § 559 BGB vorgelegen hat oder ob die Parteien eine Änderungsvereinbarung getroffen haben, zu seinen Lasten (→ Rn. 33). Dies bezieht sich aber nur auf die Tatsachenfeststellung. Die Schwierigkeit der rechtlichen Bewertung, mag sie noch so schwierig sein, rechtfertigt keine Beweislastentscheidung.

---

[97] LG Bonn WuM 1995, 113; LG Arnsberg WuM 1991, 207; AG Bergisch-Gladbach WuM 1993, 743; AG Hamburg WuM 1993, 743.
[98] LG Berlin MM 2002, 51.
[99] BGH VIII ZR 178/03, WuM 2004, 345; *Börstinghaus* LMK 2004, 137.
[100] Zur Zulässigkeit einer solchen Klausel BGH VIII ZR 10/03, NZM 2004, 93; *Althammer* NJW 2004, 1567.
[101] BGH VIII ZR 177/03, WuM 2004, 348; VIII ZR 178/03, NZM 2004, 545; *Börstinghaus* LMK 2004, 137; **aA** AG Wedding MM 2000, 422; AnwK WohnraumMietR/*Lammel* BGB § 558 Rn. 24.
[102] *Sternel* MietR Kap. III Rn. 615.
[103] BVerfG NJW 1987, 313; BayObLG NJW-RR 1988, 721.
[104] *Sternel* MietR Kap. III Rn. 615, 734; zu den Anforderungen an einen schlüssigen Sachvortrag grds. *Seutemann* MDR 1997, 615.
[105] *Seutemann* MDR 1997, 615.

## D. Die ortsübliche Vergleichsmiete

### I. Allgemeines und Begriffe

41 Das Gesetz hat dem Vermieter einen Anspruch auf Zustimmung zu einer Mieterhöhung bis zur **ortsüblichen Vergleichsmiete** eingeräumt.[106] Neben der Jahresfrist und der Kappungsgrenze handelt es sich um die wichtigste Voraussetzung für den Zustimmungsanspruch des Vermieters.

42 Der **Begriff der ortsüblichen Vergleichsmiete** ist durchaus schillernd.[107] Seine Legaldefinition befindet sich in § 558 Abs. 2 BGB. Häufig werden aber auch fälschlicherweise[108] andere Begriffe wie zB „Marktmiete", „Wohnwertmiete" oder „Unternehmensmiete" mit dem Begriff gleichgesetzt. **Marktmiete**[109] ist derjenige Preis, der bei einer Neuvermietung auf Grund der herrschenden Angebots- und Nachfragesituation ohne Anwendung der §§ 556d–556g BGB erzielt werden kann.[110] Dieser Begriff unterscheidet sich vom Begriff der ortsüblichen Vergleichsmiete[111], aber auch vom Begriff der ortsüblichen Marktmiete. Schon 1997 hat der BGH[112] festgestellt, dass mit Marktmiete und ortsüblicher Vergleichsmiete „zwei verschiedene Begriffe miteinander vermengt werden: Die ortsübliche Miete setze sich aus einem ausgewogenen Verhältnis von neu vereinbarten Mieten und sogenannten Alt- oder Bestandsmieten zusammen; hingegen werde unter Marktmiete der Mietzins verstanden, der im Falle einer Neuvermietung unter Berücksichtigung der von Angebot und Nachfrage geprägten Marktverhältnisse zu erzielen sei." Der Gesetzgeber wollte nämlich bereits bei Einführung des Vergleichsmietensystems Anfang der siebziger Jahre des letzten Jahrhunderts Mieterhöhungen in bestehenden Mietverhältnissen auf die ortsüblichen Entgelte für vergleichbare Wohnungen in der Gemeinde begrenzen.[113] Dem Vermieter sollte gerade kein Anspruch auf die Miete eingeräumt werden, die er für den Fall der Neuvermietung erzielen könnte. Dann hätte der Gesetzgeber das System der Änderungskündigung bestehen lassen können und hätte nicht das komplizierte Erhöhungsverfahren nach §§ 558 ff. BGB einführen müssen.[114] Daran hat sich nach der Mietrechtsreform aus dem Jahre 2001 nichts geändert. Der Vermieter kann aber die **ortsübliche Markt- oder Neuvertragsmiete** gem. § 546 a Abs. 1 Alt. 2 BGB verlangen, wenn der Mieter ihm die Mietsache nach Beendigung des Mietverhältnisses **vorenthält.**[115]

43 Auch der Begriff der **Wohnwertmiete** beschreibt etwas Anderes. Damit ist eine am aktuellen individuellen Wohnwert einer Wohnung orientierte Mietfestsetzung gemeint, wodurch eine gleiche Miete für gleichwertige Wohnungen erreicht werden soll.[116] Ähnlich sind auch die Begriffe der **Unternehmens**- oder auch **Zielmiete** zu verstehen. Beide Begriffe werden immer häufiger in der genossenschaftlich organisierten Wohnungswirtschaft benutzt, um betriebsintern Mietfestlegungen vorzunehmen. Sie haben mit dem Vergleichsmietensystem nichts zu tun.

44 Der Begriff der ortsüblichen Vergleichsmiete ist von diesen Definitionen aber unbedingt zu unterscheiden. Bei dem Begriff der ortsüblichen Vergleichsmiete handelt es sich um einen **unbestimmten Rechtsbegriff.**[117] Gemeint sind damit gem. § 558 Abs. 2 BGB die üblichen Entgelte, die in der Gemeinde für Wohnraum vergleichbarer Art, Größe, Ausstattung, Beschaffenheit

---

[106] *Derleder* FS Blank, 2006, 673 (674) hat dies als die einzige „geniale Idee des Wohnraummietrechts" bezeichnet; zur Befriedungsfunktion der Begründung von Vergleichsmietenerhöhungen: *Sternel* FS Börstinghaus, 2020, 410.

[107] *Stelter* GE 2009, 921 spricht von einem „Kunstprodukt"; *Blank* ZMR 2013, 170; Staudinger/*V. Emmerich* BGB § 558 Rn. 22 spricht von einem „theoretischen Konstrukt" dessen Berechnung Theorie und Praxis „mit einer Fülle ungelöster Probleme konfrontiert".

[108] So zB die FDP Fraktion im Deutschen Bundestag in ihrem Antrag „Authentische Vergleichsmieten durch jahresaktuelle Mietspiegel" BT-Drs 19/15264: *„Die Vergleichsmiete hat die Funktion, ein Verhandeln von Mietern und Vermietern auf Augenhöhe zu ermöglichen und für diesen Zweck bestmöglich die realen Marktmieten darstellen."*

[109] Zur Entwicklung der Marktmieten s. den F+B Marktmietenindex, Hamburg 2019; Basis sind alle im Internet veröffentlichten Wohnungsangebote in Deutschland, zurzeit rund 1,8 Mio. Anzeigen monatlich.

[110] BGH NZM 1998, 196 (197); Lindner-Figura/Oprée/Stellmann Geschäftsraummiete/*Bartholomäi* Kap. 10 Rn. 19; *Dröge/Gebele/Zehnter* Mietpreisbewertung-HdB S. 107; Sternel MietR Kap. III Rn. 573; *Rupp* DWW 1979, 279.

[111] *Bünnemeyer/Hebecker/Werling* ZMR 2016, 96 (97).

[112] BGH NZM 1998, 196 (197).

[113] BVerfGE 14, 248.

[114] *Börstinghaus* FS Eisenschmid, 2016, 15, Beilage zu WuM 2016, Heft 7.

[115] *BGH VIII ZR 17/16*, NZM 2017, 189; mAnm *Röck* NZM 2017, 188; *Artz* NZM 2017, 281; *Fleindl* NZM 2017, 282.

[116] *Wild* MM 1998, 279; *Kofner* WuM 1997, 355.

[117] Staudinger/*V. Emmerich* BGB § 558 Rn. 22.

und Lage einschließlich der energetischen Ausstattung und Beschaffenheit in den letzten sechs Jahren vereinbart oder geändert worden sind, soweit es sich nicht um Wohnraum handelt, bei dem die Miethöhe durch Gesetz oder im Zusammenhang mit einer Förderzusage festgelegt worden ist. Gebildet wird die ortsübliche Vergleichsmiete aus dem Durchschnitt aller Mieten[118] für vergleichbaren Wohnraum, die zum **Zeitpunkt des Zugangs**[119] des Erhöhungsverlangens gezahlt werden. Dabei ist die ortsübliche Vergleichsmiete nach dem eindeutigen Wortlaut heute eine **marktorientierte**[120] **modifizierte Durchschnittsmiete.**[121] Unter einer Durchschnittsmiete[122] wird dabei derjenige Mietpreis bezeichnet, der für die Gesamtheit der bestehenden Mietverhältnisse unabhängig von ihrem Zustandekommen gezahlt wird.[123] Modifiziert ist diese Durchschnittsmiete deshalb, weil auf Grund der in den Jahren 1982, 1993 und 2020 eingeführten Beschränkungen, Bestandsmieten zunächst nur noch aus den letzten vier Jahren und zurzeit aus den letzten sechs Jahren berücksichtigt werden dürfen. Es handelt sich um eine empirisch-normative Größe.[124]

Die ortsübliche Vergleichsmiete ist idR aber keine punktgenaue Einzelmiete,[125] sondern ein **repräsentativer Querschnitt** der üblichen Entgelte in der Gemeinde.[126] Der BGH spricht von einer **„Bandbreite“.**[127] Insofern ist der Begriff der ortsüblichen Vergleichsmiete etwas irreführend.[128] Maßgeblich ist die Definition in § 558 Abs. 2 BGB. Danach wird die ortsübliche Vergleichsmiete gebildet aus den *üblichen Entgelten*[129], die in der Gemeinde in den letzten sechs Jahren vereinbart oder geändert worden sind. Das Gesetz gebraucht also ausdrücklich den Plural.[130] Daraus folgt, dass das Gesetz selbst davon ausgeht, dass es durchaus unterschiedliche Entgelte, die für eine vergleichbare Wohnung gezahlt werden, geben kann. Die Streuung der Mietpreise erklärt[131] sich aus vielerlei Gründen (→ Rdn 48). Auch nach Ansicht des BGH kann die **ortsübliche Einzelvergleichsmiete** regelmäßig ihrer Höhe nach **nicht mit mathematischer Genauigkeit** gleichsam punktgenau ermittelt werden.[132] Ermittelbar sind nur empirische, aus einer Beobachtung des Marktes und seiner Entwicklungen abzuleitende Annäherungswerte. Außerdem hängt das Ergebnis vor allem bei der Erstellung eines Mietspiegels maßgeblich von der Qualität der Stichprobe ab, da 45

---

[118] Zur Berechnung BGH VIII ZR 346/10, NJW 2012, 1351 = NZM 2012, 339; *Börstinghaus* WuM 2012, 244; DS 2012, 183; *Blank* LMK 5/2012 Anm. 3; ZMR 2013, 170; *Muth* ZMR 2012, 530; *Bühler* ZMR 2012, 531.

[119] BGH VIII ZR 295/15, NZM 2017, 321 mAnm *Fleindl* NZM 2017, 325; VIII ZR 41/05, NZM 2006, 101; BayObLG WuM 1992, 677; LG Berlin GE 2010, 61; AG Berlin-Mitte WuM 2020, 358.

[120] *Bünnemeyer/Hebecker/Werling* ZMR 2016, 96 (97); Herlitz/Saxinger, HdB soziale Wohnungsbau und Mietrecht/*Herlitz,* Kap 4 Rn. 342.

[121] BGH VIII ZR 110/04, NJW 2005, 2074; **aA** *Thomma* WuM 2005, 496 (497); Bub/Treier MietR-HdB/*Schultz* Kap. III A Rn. 1342.

[122] Gegen den Begriff in diesem Zusammenhang Bub/Treier MietR-HdB/*Schultz* Kap. III A Rn. 1341, es handele sich gerade nicht um einen statistischen Durchschnittswert.

[123] *Rupp* DWW 1979, 279.

[124] *Blank* ZMR 2013, 170.

[125] BGH VIII ZR 62/18, NZM 2019, 469 = NJW 2019, 3142; VIII ZR 82/18 DS 2019, 199; VIII ZR 245/17, NZM 2019, 250; VIII ZR 30/09, NJW 2010, 149; VIII ZR 322/04, NJW 2005, 2621; VIII RE 110/04, NZM 2005, 498 = NJW 2005, 2074; LG Dortmund NZM 2006, 134; LG Berlin GE 2003, 1023; AG Dortmund NZM 2005, 258; WuM 2003, 627; Kossmann/Meyer-Abich Wohnraummiete-HdB/*Meyer-Abich* § 148 Rn. 4; *Sternel* MietR Kap. III Rn. 560; *Busz,* Die Äquivalenz im freifinanzierten Wohnraummietrecht, 2002, 144; für die ortsübliche Nutzungsentschädigung nach § 5 Abs. 1 S. 2 NutzEV ebenso BGH XII ZR 175/07, WuM 2010, 38; BGH XII ZR 49/10, WuM 2012, 568 = NZM 2012, 833.

[126] BayObLG NJW 1981, 1219; NJW-RR 1993, 202; NZM 2000, 488 (489); LG München I WuM 2002, 547; 2000, 361, NJWE-MietR 1997, 123 m.krit.Anm *Blank* WuM 1997, 178, die VB gegen das Urteil wurden nicht zur Entscheidung angenommen BVerfG WuM 1997, 202; LG Frankfurt a. M. NJW-RR 1991, 14; LG Lübeck WuM 1989, 306; *Thomma* WuM 2005, 496 (497); *Kunze/Tietzsch* Miethöhe Teil II Rn. 241; Kinne/Schach/Bieber MietR/*Schach* BGB § 558 Rn. 10.

[127] BGH VIII ZR 62/18, NZM 2019, 469 = NJW 2019, 3142; VIII ZR 82/18 DS 2019, 199; VIII ZR 245/17, NZM 2019, 250; VIII ZR 322/04, NJW 2005, 2621 = NZM 2005, 660; VII ZR 30/09, NJW 2010, 149; *Börstinghaus* WuM 2010, 218; *Mätschke* WuM 2010, 247.

[128] *Bünnemeyer/Hebecker/Werling* ZMR 2016, 96 (97) sprechen von einem „Korridor von Mieten“ ohne dass sie erläutern, worin sich ihr neuer Begriff von der üblichen Terminologie unterscheidet.

[129] Nach Bub/Treier MietR-HdB/*Schultz* Kap. III A Rn. 1346 zwingt das Merkmal der „Üblichkeit“ nicht dazu die ortsübliche Vergleichsmiete als Durchschnittsmiete zu verstehen.

[130] Darauf weist ausdrücklich Staudinger/*V. Emmerich* BGB § 558 Rn. 22 hin.

[131] So damals schon die Fortschreibung der Hinweise zur Erstellung von Mietspiegeln 1980 unter Bemerkung B V. 6; zu dem deshalb erforderlichen Konfidenzintervall LG München I WuM 2000, 361.

[132] BGH VIII ZR 295/15, NZM 2017, 321 mAnm *Fleindl;* BGH XII ZR 175/07, WuM 2010, 38; BGH XII ZR 49/10, NZM 2012, 833.

auch dort keine Vollerhebung durchgeführt wird. Da die Stichprobe aber von der Grundgesamtheit abweichen kann, können auch sog. Stichprobenfehler vorliegen, die einen Einfluss auf das Ergebnis haben.[133] Deshalb stellt das Gesetz mit dem Begriff der ortsüblichen Vergleichsmiete nicht auf einen punktuellen Wert innerhalb des Mietenspektrums ab, sondern auf eine **durch die Streubreite der üblichen Mietentgelte bestimmte Rahmengröße**[134], deren exakte wissenschaftliche Feststellung durchaus schwierig ist.[135] Richtig ist, dass sich dieser Rahmen (Streubreite) um einen Mittelwert herum gruppiert.[136] Die Mehrzahl der üblichen Entgelte bildet den Rahmen, der nicht überschritten werden darf. Ob dann das obere Ende des Rahmens oder ein anderer Wert die Einzelvergleichsmiete für die Wohnung darstellt, hängt von der Größe der Bandbreite ab. Bei einer **kleinen Streubreite** stellt der obere Eckwert (= höchste Wert) die ortsübliche Vergleichsmiete dar.[137] Nach Ansicht des BGH ist eine Streubreite von 0,24 EUR/m$^2$ eine kleine Streubreite. Der Vermieter kann selbst dann eine Mieterhöhung verlangen, wenn die **Ausgangsmiete bereits innerhalb der Bandbreite** lag, wenn die verlangte Miete am unteren Ende der Bandbreite der ortsüblichen Vergleichsmieten sich befindet.[138] Zweifelhaft ist unter empirischen Gesichtspunkten allenfalls, ob auch Bagatellmieterhöhungen um wenige Cent möglich sind.[139] Anders ist es bei einer **größeren Streubreite** aus.[140] In den beiden BGH Entscheidungen lag diese bei ca. 2,50 EUR/m$^2$. Die Tatsache, dass für Wohnungen mit gleichen Eigenschaften unterschiedliche Mieten gezahlt werden, rechtfertigt nach Ansicht des BGH keine andere Beurteilung. Dies zeige vielmehr, dass es gerade nicht gerechtfertigt sei, den oberen Wert einer breiten Marktstreuung als die Einzelvergleichsmiete anzusehen. Denn eine solche Marktstreuung beruhe nicht auf den gesetzlichen Qualitätsmerkmalen, an denen die ortsübliche Vergleichsmiete nach § 558 Abs. 2 S. 1 BGB zu messen ist. Der VIII. Senat[141] formuliert hierzu: *Es erscheint nicht sachgerecht, dass eine solcherart auffällige Marktstreuung allein dem Vermieter zu Gute kommen sollte.* Dies führe nämlich dazu, dass der Vermieter im Rahmen des Mieterhöhungsverfahrens jeweils das höchste Entgelt fordern könnte, das zu zahlen sich einer der Mieter der vom Sachverständigen herangezogenen Vergleichswohnungen bereitgefunden hat; eine derartige „Spitzenmiete" repräsentiere jedoch nicht die ortsübliche Vergleichsmiete. Zudem liefe dies der gesetzlichen Regelung des § 558 Abs. 2 S. 1 BGB zuwider, wonach für die Ermittlung der ortsüblichen Vergleichsmiete eine angemessene Mischung aus innerhalb des maßgeblichen Betrachtungszeitraums vereinbarten Neuvertragsmieten und geänderten Bestandsmieten zugrunde zu legen ist. Denn zumindest in Zeiten angespannter Wohnungsmärkte und steigender Mieten würde jede andere Auffassung regelmäßig dazu führen, dass sich erhöhte Bestandsmieten im Rahmen des Vergleichsmietenverfahrens letztlich nicht auswirken, weil es dem Vermieter gestattet würde, Zustimmung zu einer Erhöhung der Miete bis zum oberen Wert der Marktstreuung, der regelmäßig durch die höchste Neuvertragsmiete repräsentiert würde, zu verlangen. In einem solchen Fall kommt es auf die Verteilung der Mieten innerhalb der Streubreite an. Ist sie einigermaßen gleichmäßig, dann entspricht die ortsübliche Einzelvergleichsmiete als Punktwert dem arithmetischen Mittel innerhalb der Streubreite. Gibt es aber keine gleichmäßige Verteilung, sondern eine Häufung um bestimmte Werte herum, dann soll die ortsübliche Vergleichsmiete als eine Art Modalwert[142] gebildet werden, nämlich einer Bandbreite um diesen häufigsten Wert herum. Der Oberwert dieser kleinen Bandbreite stellt dann die ortsübliche Vergleichsmiete darf.

[133] Bedenken gegen die Verwendung des Oberwertes einer solchen auf Messungenauigkeiten beruhenden Bandbreite hat *Milger* PiG 92 (2012), 189, 201.

[134] BGH VIII ZR 110/04, NJW 2005, 2074; *Blank* ZMR 2013, 170; *Thomma* WuM 2005, 496.

[135] LG Berlin GE 2016, 1152.

[136] LG Dortmund NZM 2006, 134; LG Lübeck WuM 1989, 306; AG Dortmund NZM 2005, 258, WuM 2003, 627.

[137] BGH VIII ZR 30/09, WuM 2009, 746; *Börstinghaus* LMK 12/2009 Anm. 2; WuM 2010, 218; DS 2010, 70; *Mätschke* WuM 2010, 247; BGH VIII ZR 322/04, NJW 2005, 2621; LG Berlin NZM 1999, 412; LG München NJWE-MietR 1997, 123 mkritAnm *Blank* WuM 1997, 178, die VB gegen das Urteil wurden nicht zur Entscheidung angenommen: BVerfG WuM 1997, 202; dieser Oberwert ist zB auch bei der Fehlbelegungsabgabe im Beschränkungsverfahren maßgeblich VG Stuttgart WuM 1996, 482.

[138] BGH VIII ZR 322/04, NJW 2005, 2621; Bub/Treier MietR-HdB/*Schultz* Kap. III A Rn. 1055.

[139] AG Besigheim WuM 2009, 690; AG Braunschweig WuM 1991, 118; zweifelnd auch AG Dortmund WuM 2003, 627.

[140] *BGH VIII ZR 93/20,* GE 2021, 935; VIII ZR 62/18, NZM 2019, 469 = NJW 2019, 3142; VIII ZR 82/18 DS 2019, 199.

[141] BGH VIII ZR 62/18, NZM 2019, 469 = NJW 2019, 3142.

[142] Beim Modalwert handelt es um den häufigsten Wert, der ermittelt wurde.

Gibt es innerhalb einer größeren Streubreite mehrere Häufungen, dann gibt es unter statistischen Gesichtspunkten keinen Modalwert. Der BGH[143] gibt aber vor, dass dies Verfahren sich anbiete, bei „einer auffälligen Häufung der Vergleichsmieten um einen *kleinen* Wert herum". Nach hier vertretener Auffassung wird man dann wohl sagen müssen, dass es keine Modalwert gibt und deshalb das arithmetische Mittel heranzuziehen ist.[144]

Dieses Begriffsverständnis wird gestützt durch eine **teleologische Auslegung.** § 558 Abs. 1 BGB soll dem Vermieter als Ausgleich für das **Verbot der Änderungskündigung** eine Anpassung an die allgemeine Mietentwicklung ermöglichen.[145] Dabei soll sich die ortsübliche Vergleichsmiete an den auf dem Markt regelmäßig erzielbaren Mieten orientieren[146] Auch wenn durch die Ermittlung aus den erzielbaren Mieten der letzten 4 Jahre bei tendenziell steigenden Mieten ein Abstand zur aktuellen Marktmiete erreicht wird. Dies gesetzgeberische Ziel, wonach der Vermieter durchaus berechtigt sein soll, an die obere Grenze der natürlichen Streubreite der erzielbaren Mieten bei einem Mieterhöhungsverlangen zu gehen[147], kommt iÜ in § 558 a Abs. 4 S. 1 BGB hinreichend deutlich zum Ausdruck. Danach genügt ein Mieterhöhungsverlangen den gesetzlichen Vorgaben, wenn die vom Vermieter verlangte Miete „innerhalb der **Spanne** liegt", wenn der Mietspiegel eben solche enthält. Richtig ist zwar, dass die Vorschrift nicht zwingend verlangt, dass ein Mietspiegel Spannen ausweist, da die Vorschrift aber davon ausgeht, dass es solche Spannen gibt, ergibt sich aus der Vorschrift sehr wohl, dass auch der Gesetzgeber davon ausgeht, dass die ortsübliche Vergleichsmiete kein punktgenauer Wert[148] ist, sondern eben eine Spanne. **46**

Diese Auslegung entspricht auch **verfassungsrechtlichen Vorgaben.** Das BVerfG hat in mehreren Entscheidungen[149] noch zum Miethöherecht des MHG ausgeführt, dass dem Vermieter auf Grund des MHG eine am örtlichen Markt orientierte Miete zusteht. Das MHG sollte ebenso wie heute die §§ 558–560 BGB nur die Ausnutzung von Mangellagen auf dem Wohnungsmarkt verhindern und Preisspitzen abschneiden. Bereits in der ersten grundlegenden Entscheidung hat das BVerfG auf Grund der damaligen Entscheidungspraxis der Amts- und Landgerichte darauf hingewiesen, dass die Gerichte nur zu überprüfen hätten, ob die vom Vermieter geforderte Mieterhöhung sich „im **Rahmen** der ortsüblichen Vergleichsmieten hält."[150] Diese Auffassung wird auch durch zwei Rechtsentscheide des BayObLG geteilt. Das BayObLG hatte sich in seiner Entscheidung v. 19.3.1981[151] der Auffassung des BVerfG angeschlossen, wonach die ortsübliche Vergleichsmiete ein objektiver Maßstab[152] ist, der einen **repräsentativen Querschnitt der üblichen Entgelte** darstellen soll; danach ist der Anspruch auf Zustimmung zu einer Mieterhöhung dann begründet, wenn die verlangte Miete das üblicherweise gezahlte Entgelt für vergleichbare Wohnungen nicht übersteigt. Auch wenn hier in den Entscheidungsgründen ausdrücklich im Singular von Entgelt die Rede ist, so ergibt sich deutlich aus dem Gebrauch des Wortes Querschnitt, dass eben kein punktgenauer Durchschnittswert[153] gemeint ist. Später hat das BayObLG[154] diese Auffassung noch einmal bestätigt, indem es feststellte, dass die ortsübliche Vergleichsmiete ein repräsentativer Querschnitt der maßgeblichen Mieten ist. Der BGH hat sich dieser Auffassung inzwischen angeschlossen.[155] Die ortsübliche Vergleichsmiete ist iÜ auch **keine statische Größe,** weil sich das Mietenniveau durch Neuabschlüsse und Erhöhungsvereinbarungen laufend ändert. **47**

---

143 BGH VIII ZR 62/18, NZM 2019, 469 = NJW 2019, 3142; VIII ZR 82/18 DS 2019, 199.

144 *Börstinghaus* DS 2019, 177.

145 BGH VIII ZR 52/18 NZM 2019, 142; VIII ZR 303/06, NJW 2007, 2546.

146 BT-Drs. 8/2610, 6.

147 BGH VIII ZR 30/09, NJW 2010, 149; VIII ZR 110/04, NJW 2005, 2074; Bub/Treier MietR-HdB/*Schultz* Kap. III A Rn. 1338; krit. *Bühler* NZM 2011, 729.

148 BGH VIII ZR 62/18, NZM 2019, 469 = NJW 2019, 3142; VIII ZR 82/18 DS 2019, 199; **aA** für das übliche Nutzungsentgelt gem. § 20 SchuldRAnpG: BGH XII ZR 49/10, NZM 2012, 833 aber unter Hinweis auf die etwas unterschiedliche Formulierung im SchuldRAnpG und § 558 Abs. 2 BGB.

149 BVerfGE 37, 132; 53, 352.

150 BVerfGE 37, 132 (146).

151 BayObLG NJW 1981, 1219.

152 So auch BGH VIII ZR 354/12, NZM 2013, 610; *Börstinghaus* jurisPR-MietR 17/2013 Anm. 2; LMK 2013, 350130; DS 2013, 299; *Schach* GE 2013, 1102; *Krapf* jurisPR-MietR 23/2013 Anm. 2.

153 BGH VIII ZR 62/18, NZM 2019, 469 = NJW 2019, 3142; VIII ZR 82/18 DS 2019, 199.

154 BayObLG NJW-RR 1993, 202.

155 BGH VIII ZR 93/20, GE 2021, 935; VIII ZR 62/18, NZM 2019, 469; VIII ZR 82/18, DS 2019, 199; VIII ZR 30/09, NJW 2010, 149; VIII ZR 110/04, NJW 2005, 2074.

48 Für die Tatsache, dass die ortsübliche Vergleichsmiete immer eine **Bandbreite** ist, spricht auch, dass für ein und dieselbe Wohnung in der Praxis durchaus unterschiedliche Mieten gezahlt werden. Diese Streuung der Mietpreise erklärt[156] sich sowohl aus der Unschärfe des Preisbildungsmechanismus am Wohnungsmarkt, die zu unterschiedlichen Mieten für nahezu identische Wohnungen führen kann[157] als auch aus der Tatsache, dass entsprechend der gesetzlichen Vorgabe Mietvereinbarungen und -änderungen einfließen, die zu unterschiedlichen Zeitpunkten innerhalb des Sechsjahreszeitraums zustande gekommen sind. Dies muss zwangsläufig zu einer Schwankungsbreite führen. Schließlich sprechen auch erhebungstechnische Gründe[158] gegen die Annahme, dass die ortsübliche Vergleichsmiete ein centgenauer Wert[159] ist, sondern vielmehr eine Bandbreite von Werten. Es gibt bei jeder empirischen Datenerhebung **Messfehler.**[160] Das bedeutet, dass auch bei einem Regressionsmietspiegel dem Vermieter einen Anspruch auf Zustimmung bis zum Rand des oberen Konfidenzintervalls zusteht. Auch nach Ansicht des BGH kann die ortsübliche Einzelvergleichsmiete regelmäßig ihrer Höhe nach nicht mit mathematischer Genauigkeit gleichsam punktgenau ermittelt werden.[161] Erzielbar seien nur empirische, aus einer Beobachtung des Marktes und seiner Entwicklungen abzuleitende Annäherungswerte. Außerdem hängt das Ergebnis maßgeblich von der Qualität der Stichprobe ab, da keine Vollerhebung durchgeführt wird. Da die Stichprobe aber von der Grundgesamtheit abweichen kann, können auch sog. Stichprobenfehler vorliegen, die einen Einfluss auf das Ergebnis haben.[162] Der Unterschied zeigt sich in folgendem

**Beispiel:** In einer Gemeinde gibt es 20 nach den Vorgaben des § 558 BGB vergleichbare Wohnungen. Alle Mietverhältnisse wurden in den letzten sechs Jahren neu vereinbart und zwar bei zehn Wohnungen mit 5 EUR/$m^2$ und bei zehn Wohnungen mit 6 EUR/$m^2$.

Bei einer Streubreite von 1 EUR/$m^2$ liegt der Fall wohl **an der Grenze zwischen einer kleinen und großen Streubreite.** Da es keine besondere Häufung um einen einzigen Wert gibt, müsste man nach Ansicht des BGH, wenn man von einer großen Streubreite ausgeht, entweder von 5 EUR/$m^2$ als kleinster Häufung oder von 5,50 EUR/$m^2$ als arithmetischem Mittel bei gleichmäßiger Verteilung ausgehen, bei einer kleinen Streubreite von 6 EUR/$m^2$ als oberer Grenzwert. Das Beispiel zeigt die Bedeutung der Einteilung in große und kleine Streubreite und die daraus dann noch folgernde unterschiedliche Beurteilung. Erst muss die Streubreite qualifiziert werden und dann bei einer großen Streubreite die Frage, ob diese gleichmäßig oder ungleichmäßig ist. Nach der hier vertretenen Auffassung liegt – noch – eine kleine Streubreite vor. Der Vermieter kann deshalb gem. § 558 Abs. 1 BGB eine Zustimmung bis 6 EUR/$m^2$ verlangen.[163]

## II. Die Wohnwertmerkmale

### 1. Allgemeines

49 Für die Mietpreisbildung und die Ermittlung der Vergleichsmiete sind nach dem Gesetz nur die dort aufgeführten **fünf Wohnwertmerkmale** maßgeblich. Dabei ist anerkannt, dass in der Praxis diese Merkmale teilweise gar keinen Einfluss auf die Mietpreisbildung haben oder dass andere Fak-

---

[156] So die Fortschreibung der Hinweise zur Erstellung von Mietspiegeln 1980 unter Bemerkung B V. 6; zu dem deshalb erforderlichen Konfidenzintervall LG München I WuM 2000, 361.

[157] Nach *Streich* WuM 1997, 93 streuen die Ergebnisse des Aushandelns zwischen Vermieter und Mieter bzgl. der gleichen Wohnung um ca. 20%; zu den Ursachen der Streuung auch *Bühler* NZM 2011, 729.

[158] Börstinghaus/Clar Mietspiegel/*Börstinghaus* Rn. 97; *Milger* PiG 92 (2012), 189 (202).

[159] Deshalb ist die Urteilsberichtigung des KG NZM 2009, 544 sehr zweifelhaft. Dort hatte der Senat die ortsübliche Vergleichsmiete bis auf die dritte Stelle hinter dem Komma errechnet und dann kaufmännisch gerundet; zust. zu der Entscheidung jedoch *Schach* GE 2009, 1011.

[160] *Milger* PiG 92 (2012), 189 (201) hatte unter Berufung auf *Bühler* NZM 2011, 729, bereits früh ihre „persönliche Auffassung" geäußert, wonach der BGH sich mit der auf Messfehlern beruhenden Streubreite noch nicht beschäftigt hatte. Es spräche viel dafür, dass in diesem Fall der Vermieter nicht bis zur oberen Grenze der Streubreite die Zustimmung verlangen dürfe, da sonst das Risiko der Messungenauigkeit einseitig zu Lasten des Mieters gehe. Die Argumentation hat der VIII. Senat inzwischen übernommen: BGH VIII ZR 62/18, NZM 2019, 469.

[161] BGH VIII ZR 62/18, NZM 2019, 469 = NJW 2019, 3142; VIII ZR 82/18 DS 2019, 199; VIII ZR 295/15, NZM 2017, 321 mAnm *Fleindl;* BGH XII ZR 175/07, WuM 2010, 38; BGH XII ZR 49/10, *NZM 2012, 833.*

[162] *Dröge/Gebele/Zehnter* Mietpreisbewertung-HdB S. 229.

[163] So auch unter Annahme einer kleinen Streubreite auch BGH VIII ZR 30/09, NJW 2010, 149 = NZM 2010, 122; VIII ZR 322/04, NJW 2005, 2621; *Blank* ZMR 2013, 170 (173).

toren eine viel größere Bedeutung haben.[164] Dies gilt zB für den **Lagefaktor,** der nach einigen Untersuchungen teilweise keine signifikante Bedeutung haben soll, nach anderen soll ihm aber eine überragende Bedeutung zukommen oder auch die Qualität der Wohnung, da zB für schlechtere Wohnungen im Einzelfall eine höhere Miete gezahlt wird als für bessere Wohnungen. Hingegen kommt einem subjektiven Merkmal wie der Wohndauer häufig eine besonders große Bedeutung zu, obwohl es nach den gesetzlichen Vorgaben gar nicht berücksichtigt werden darf.[165] Grundsätzlich kann man eine Wohnung mit unendlich vielen Merkmalen beschreiben, der Gesetzgeber hat aber angeordnet, dass nur die fünf näher bezeichneten Wohnwertmerkmale herangezogen werden dürfen.[166] Wegen eventueller Zuschläge → BGB § 558 a Rn. 50.

Das Gesetz verlangt in § 558 Abs. 1 BGB die Feststellung der Miete für denjenigen Wohnraum, **50** der mit der konkreten Vertragswohnung, deren Miete erhöht werden soll, **vergleichbar** ist. Dabei ist ein großzügiger Maßstab anzulegen.[167] Vergleichbar sind die Wohnungen, die nach Lage, Ausstattung, Größe, Beschaffenheit und Art in wesentlichen Punkten übereinstimmen.[168] Es genügt eine **überwiegende Übereinstimmung** bzgl. aller fünf Merkmale,[169] eine annähernde ist ebenso wenig erforderlich[170] wie eine vollständige Identität.[171] Der Mieter muss lediglich in die Lage versetzt werden, der Berechtigung des Mieterhöhungsverlangens nachzugehen und die begehrte Mieterhöhung zumindest ansatzweise nachzuvollziehen.[172]Dazu müssen vor allem die unterschiedlichen Wohnungsteilmärkte voneinander abgegrenzt werden. Deshalb ist hinsichtlich der Größe der Wohnung die Vergleichbarkeit nicht nach der reinen Quadratmeterzahl zu ermitteln,[173] sondern danach, ob es sich um einen ganz anderen Wohnungsmarkt handelt, wie es zB bei Apartmentwohnungen und großen Altbauwohnungen[174] oder bei nur halb so großen Wohnungen der Fall ist. Ob Dachgeschosswohnungen, in der sämtliche Zimmer Schrägen aufweisen, mit einer Wohnung ohne Schrägen vergleichbar[175] sind oder nicht[176] ist in der Rspr. umstritten. Zur Feststellung der ortsüblichen Vergleichsmiete für Mehr-Zimmer-Wohnungen dürfen die Mieten von 1-Zimmer-Wohnungen ebenso wenig herangezogen werden, wie die von Wohnungen, deren Wohnfläche, die der zu beurteilenden Wohnung um mehr als 50% übersteigen.[177] Auch die Mieten von **Einfamilienhäusern** sind mit denen von Wohnungen im Geschossbau nicht vergleichbar.[178] Im Übrigen müssen die Wohnungen aber eben nur „vergleichbar" und nicht identisch sein. Gibt es keine wirklich vergleichbaren Wohnungen führt dies nicht dazu, dass keine ortsübliche Vergleichsmiete ermittelt werden kann und damit dem Vermieter die Mieterhöhungsmöglichkeit nach § 558 BGB dauerhaft verwehrt ist.[179] Es muss dann versucht werden mittels vorhandener Daten und Zu- und Abschlägen die ortsübliche Vergleichsmiete ggf. durch Schätzung zu ermitteln.[180]

---

164 So schon *Goch* WuM 1980, 69.

165 Bub/Treier MietR-HdB/*Schultz* Kap. III A Rn. 1418; falsch deshalb AG Berlin-Charlottenburg BeckRS 2015, 06288.

166 *Milger* PiG 92 (2012), 189 (202).

167 BVerfGE 53, 352, 359; BVerfG NJW-RR 1993, 1485; BGH VIII ZR 62/18, NJW 2019, 3142 = NZM 2019, 469; VIII ZR 82/18, DS 2019, 199.

168 AG Mainz WuM 1972, 197.

169 BGH VIII ZR 216/13, NZM 2014, 747; AG Köln WuM 1988, 60.

170 OLG Hamburg MDR 1974, 585.

171 BGH VIII ZR 62/18, NJW 2019, 3142 = NZM 2019, 469; VIII ZR 82/18, DS 2019, 199.

172 BGH VIII ZR 62/18, NJW 2019, 3142 = NZM 2019, 469; VIII ZR 82/18, DS 2019, 199; VIII ZR 331/06, NJW 2008, 848; VIII ZR 122/09, NZM 2010, 576; VIII ZR 216/13, NJW-RR 2014, 1357 Rn. 1.

173 BVerfG NJW 1980, 1617; *Börstinghaus* Flächenabweichungen Rn. 651.

174 LG Berlin ZMR 1995, 77; LG Heidelberg WuM 1982, 214; *Gärtner* WuM 1998, 707.

175 Dafür LG Hannover WuM 1992, 255.

176 AG Wolfenbüttel WuM 1986, 343.

177 LG Berlin ZMR 1995, 77; LG Potsdam GE 2003, 393; → BGB § 558 a Rn. 91.

178 LG Berlin GE 2002, 1197; LG Hagen WuM 1997, 331; LG Köln WuM 1976, 129; LG Gera WuM 2002, 497; LG Hamburg WuM 2002, 698; AG Spandau MM 1997, 242; AG Schwelm WuM 1995, 592; *Börstinghaus* NZM 2009, 115; *Oberhofer* WuM 1995, 301; Staudinger/*V. Emmerich* BGB § 558 Rn. 31; **aA** BGH VIII ZR 58/08, NZM 2009, 27; LG Hamburg ZMR 2003, 491; AG Hamburg-Blankenese/LG Hamburg ZMR 2003, 492; LG Mönchengladbach NZM 1998, 301; AG Hamburg-Blankenese HbGE 1988, 281 (283); *Kniep* NZM 2000, 166; *Kniep/Spieth* GE 2000, 110; *Isenmann* WuM 1994, 448.

179 BGH VIII ZR 220/13, NZM 2014, 349.

180 AG Straubing WuM 1985, 326; AG Hamburg-Blankenese ZMR 2003, 492; 1998, 568; Staudinger/*V. Emmerich* BGB § 558 Rn. 42.

50a **Vertragliche Vereinbarungen** über Wohnwertmerkmale sind zumindest zu Lasten des Mieters unzulässig.[181] Bereits der Wortlaut des § 558 Abs. 2 BGB spricht dagegen. Der Gesetzgeber hat dem Vermieter in Abs. 1 einen durchsetzbaren Anspruch auf Zustimmung zu einer Miete, die die ortsübliche Vergleichsmiete nicht überschreitet, eingeräumt. Diese wird in Abs. 2 gesetzlich definiert. Abs. 6 verbietet anschließend zusätzlich alle Vereinbarungen zu Lasten des Mieters. Allein daraus ergibt sich schon deutlich, dass **lediglich die objektiven Gegebenheiten** maßgeblich sein sollen.[182] Auch die Systematik des Miethöherechts und die historische Auslegung sprechen gegen die Zulässigkeit von Vereinbarungen über Wohnwertmerkmale.[183] Der Anspruch auf die ortsübliche Vergleichsmiete ist als Ausgleich für das Verbot der Änderungskündigung geschaffen worden.[184] Der Vermieter sollte trotz des Verbots eine am tatsächlichen Marktgeschehen orientierte Gegenleistung bekommen, die aber der Höhe nach nicht die Marktmiete erreichte. Nur bei der Staffelmiete wurde den Vertragsparteien eine gewisse Vertragsfreiheit eingeräumt. Aber auch dort sind zB schwer durchschaubare prozentuale Steigerungen der Miete unzulässig (→ BGB § 557a Rn. 37). Die Möglichkeit, von den tatsächlichen Gegebenheiten abweichende Beschaffenheitsvereinbarungen zu treffen, würde für den Mieter unabhängig, ob dies individual- oder formularvertraglich geschieht, völlig intransparent sein, da für beide Mietvertragsparteien nicht erkennbar ist, wie sich die Miete in den verschiedenen Wohnungsteilmärkten entwickeln wird. Der **Einfluss der einzelnen Wohnwertmerkmale** auf die ortsübliche Vergleichsmiete kann sich über die Jahre durchaus verändern.[185] Die ortsübliche Vergleichsmiete ist **ausschließlich nach den objektiven Gegebenheiten** zum Zeitpunkt der jeweiligen Mieterhöhung zu ermitteln.[186]

### 2. Art

51 Unter dem Wohnwertmerkmal „Art" werden solche Eigenschaften erfasst, die den objektiven Wohnwert einer Wohnung tatsächlich beeinflussen.[187] Deshalb ist mit diesem Wohnwertmerkmal vor allem die **Struktur des Hauses**[188] und der Wohnung gemeint. Unterscheidungsmerkmale sind hier ua abgeschlossene oder nicht abgeschlossene Wohnungen, Altbau oder Neubau, Einfamilienhaus, Reihenhaus oder Mehrfamilienhaus, Apartment oder Mehr-Zimmer-Wohnung.[189] Im Rahmen der „Zimmermiete" vermietete einzelne Räume mit Mitbenutzungsmöglichkeit von Bad und Küche sind als nicht abgeschlossene Wohnungen nicht mit abgeschlossenen 1-Zimmer-Apartments vergleichbar.[190] Wohnungen in Plattenbauten gehören der gleichen Art von Wohnungen an, selbst wenn es sich um unterschiedlichen Plattenbautypen handelt.[191] Das Wohnwertmerkmal Art überschneidet sich dabei mit dem Merkmal Beschaffenheit (→ Rn. 77).[192]

52 **Mietwohnungen in Ein- und Zweifamilienhäusern** stellen einen anderen Wohnungsmarkt dar. Mietwohnungen in solchen Gebäuden sind mit Wohnungen in Mehrfamilienhäusern nicht zu vergleichen.[193] Als Miethäuser kommen sie zahlenmäßig nur sehr eingeschränkt vor. Sie sind wegen

---

[181] BGH VIII ZR 52/18 NZM 2019, 142; VIII ZR 33/18 NJW 2019, 2464 = NZM 2019, 536; VIII ZR 266/14, NZM 2016, 42 = NJW 2016, 239; VIII ZR 255/17 NZM 2019, 334; LG München I ZMR 2017, 401; *Börstinghaus* WuM 2017, 549; *Börstinghaus* NZM 2013, 1; *Börstinghaus/Clar* NZM 2014, 889; Staudinger/*V. Emmerich* BGB § 558 Rn. 37; Erman/*Dickersbach* BGB § 558 Rn. 26a; Lützenkirchen MietR/*Dickersbach* BGB § 558 Rn. 129 jeweils unter Aufgabe der aA aus der Vorauflage; aber immer noch aA bei Lützenkirchen MietR/*Dickersbach* BGB § 558 Rn. 98 („Basis … ist die zwischen den Parteien *vereinbarte* Wohnfläche").

[182] So ausdrücklich BGH VIII ZR 46/12, NJW 2013, 775.

[183] BGH VIII ZR 266/14, NZM 2016, 42 = NJW 2016, 239 mAnm *Börstinghaus* jurisPR-BGHZivilR 2/2016 Anm. 1; *Börstinghaus* LMK 2016, 375498; *Beyer* jurisPR-MietR 1/2016 Anm. 1.

[184] BGH VIII ZR 52/18 NZM 2019, 142; VIII ZR 303/06, NJW 2007, 2546.

[185] ZB dargestellt an den Werten der verschiedenen Mietspiegel für Regensburg bei *Börstinghaus* Flächenabweichungen Rn. 658.

[186] BGH VIII ZR 266/14, NZM 2016, 42 = NJW 2016, 239.

[187] OLG Karlsruhe NJW 1982, 890.

[188] So auch Bub/Treier MietR-HdB/*Schultz* Kap. III A Rn. 1390.

[189] Nach § 17 des Entwurfs einer Mietspiegelverordnung (Stand 17.12.2020 – BR-Drs. 766/20) sollen Mietspiegel Wohnungen in Mehrfamilienhäusern mit mehr als zwei Wohnungen erfassen, zu dem Entwurf → BGB Anhang zu §§ 558c–d.

[190] LG Gießen NZM 2013, 381 mAnm *Börstinghaus* jurisPR-MietR 19/2012 Anm. 3.

[191] AG Hohenstein-Ernstthal WuM 2004, 539.

[192] *Sternel MietR Kap. IV Rn. 179.*

[193] LG Berlin GE 2002, 1197; LG Hagen WuM 1997, 331; LG Köln WuM 1976, 129; LG Gera WuM 2002, 497; LG Hamburg WuM 2002, 698; AG Spandau MM 1997, 242; AG Schwelm WuM 1995, 592; *Börstinghaus* NZM 2009, 115; *Oberhofer* WuM 1995, 301; **aA** BGH VIII ZR 58/08, NZM 2009, 27; LG Hamburg ZMR

ihrer unterschiedlichen Ausstattung nur schwer vergleichbar. Nach empirischen Untersuchungen ist ein messbarer Zusammenhang zwischen Wohnflächengröße und Mietpreis bei diesen Objekten nicht feststellbar. Der vom Mieter angehaltene Maßstab ist hier nur die Gesamtmiete für das Objekt.[194] Außerdem werden die Mieten teilweise durch andere Merkmale beeinflusst. Häufig geschieht die Anmietung auch durch den Arbeitgeber, wenn es sich zB um leitende Angestellte handelt. Auch hier kann dann die Miethöhevereinbarung von anderen Kriterien bestimmt sein. Das Mietverhältnis zwischen Eigentümer und Arbeitgeber ist ein Gewerbemietvertrag, da der Mieter nicht selbst im Haus wohnt; erst das Vertragsverhältnis zwischen Arbeitgeber und Angestellten ist ein Wohnraummietverhältnis. Hier stehen aber häufig die arbeitsrechtlichen Beziehungen, zB verkappte Lohnzusatzleistungen, im Vordergrund. Das bedeutet zunächst einmal, dass die Mieten für Einfamilienhäuser wegen der fehlenden Vergleichbarkeit nicht zur Ermittlung einer Miete für eine Wohnung im Mehrfamilienhaus herangezogen werden dürfen. Das Gleiche gilt aber auch umgekehrt. Deshalb kann eine Mieterhöhung für ein Einfamilienhaus auch nicht mit einem Mietspiegel mit Werten für Geschosswohnungen begründet werden (→ BGB § 558 a Rn. 35).[195] Ebenso wenig kann eine Mieterhöhung für eine Wohnung in einem Zweifamilienhaus mit den Mieten für Einfamilienhäuser begründet werden.[196]

Auch **Apartments** stellen einen Sondermarkt dar und sind mit normalen Kleinwohnungen[197] nicht zu vergleichen. Ein Apartment[198] ist eine aus einem bzw. eineinhalb Räumen bestehende Kleinwohnung, die vom Vermieter zumindest teilweise eingerichtet ist. Zumindest eine Küche, ggf. auch Einbauschränke müssen vom Vermieter eingebaut worden sein. Apartments gehören nicht mit in die allgemeine Mietpreisübersicht für Wohnungen gleicher Größe, da bei ihnen mit der Miete eben auch weitere Vermieterleistungen, wie Teilmöblierung, abgegolten werden. Hinzu kommt, dass die Fluktuation der Mieter in solchen Wohnungen idR ebenfalls stärker ist,[199] wodurch ein höherer Verschleiß entsteht, der in die Mietkalkulation mit einfließt. **53**

Problematisch ist in jüngster Zeit die Frage, ob es sich bei **möbliertem Wohnraum** um eine andere Art von Wohnraum iSd § 558 Abs. 2 BGB handelt oder ob die Möblierung nur als Zuschlag zur ortsüblichen Vergleichsmiete für ansonsten unmöblierte Wohnungen hinzuzurechnen ist.[200] Das Problem ist durch die Begrenzung der Wiedervermietungsmiete in den §§ 556 d ff. BGB akut geworden (→ BGB § 556 d Rn. 60).[201] Nach bisheriger Rechtsauffassung wurde die ortsübliche Vergleichsmiete für möblierte Wohnungen aus der ortsüblichen Vergleichsmiete für unmöblierte Wohnungen zzgl. eines Möblierungszuschlags errechnet (→ BGB § 558 a Rn. 64 ff.). Das ist für die **Möblierung mit wenigen Möbelstücken,** zB eine Einbauküche[202] oder einen Essplatz, auch heute noch der uneingeschränkt richtig. Bei vollmöblierten Wohnungen, die zB an Expats[203] oder ähnliche Mietinteressenten vermietet werden, dürfte es sich inzwischen um einen ganz eigenen Wohnungsmarkt handeln.[204] Diese Mieter suchen nur vollmöblierte Wohnungen, weil sie eigene Möbel gar nicht anschaffen wollen. Sie wollen hochmobil sein. Wenn aber ein ganz eigener Wohnungsteilmarkt vorliegt, dann muss hierfür auch eine eigene ortsübliche Vergleichsmiete ermittelt werden. Die Differenzierung kann nach hier vertretener Auffassung über das Merkmal „Art" erfol- **53a**

---

2010, 287; 2010, 363; 2003, 491; LG Mönchengladbach NZM 1998, 301; AG Hamburg-Blankenese/LG Hamburg ZMR 2003, 492; AG Hamburg Blankenese HbGE 1988, 281 (283); *Kniep* NZM 2000, 166; *Kniep/Spieth* GE 2000, 110; *Isenmann* WuM 1994, 448.

194 *Stelter/Finger* GE 2005, 1471 die für Berlin und Umgebung eine entsprechende Preiserhebung durchgeführt haben.

195 *Börstinghaus* NZM 2009, 115.

196 AG Pankow/Weißensee WuM 2009, 239 = GE 2009, 582.

197 Dabei kommt es auf den steuerrechtlichen Wohnungsbegriff und die dort aufgestellte Forderung (dazu BFH NZM 1998, 281) nach einer Mindestgröße nicht an; AG Köln WuM 1998, 726; **aA** *Gärtner* WuM 1998, 726.

198 Zu den gesetzlichen und sonstigen Regelungen über Apartments *Börstinghaus*/Clar Mietspiegel Rn. 110.

199 So auch LG Freiburg NJWE-MietR 1996, 51 (52) = WuM 1995, 714.

200 Ausführlich hierzu *Börstinghaus* WImmoT 2017, 119, 136 = WuM 2017, 549.

201 Zu den vermeintlichen Vorteilen der Vermietung einer möblierten Wohnung im Zusammenhang mit der Begrenzung der Wiedervermietungsmiete *Leutner* GE 2016, 1131; *Beuermann* GE 2016, 133; auf die Prozessrisiken für den Mieter in diesem Zusammenhang weist *Weigelt* Herausforderung S. 300 hin.

202 So auch Staudinger/*Emmerich* BGB § 558 Rn. 51.

203 Ein Expat ist eine Person, die vorübergehend oder dauerhaft ihren Wohnsitz in einem anderen Land hat als in dem sie gelebt hat und aufgewachsen ist, um dort zu arbeiten. Regelmäßig handelt es sich um sehr (junge) sehr qualifizierte Arbeitskräfte.

204 Nach Staudinger/*V. Emmerich* BGB § 558 Rn. 51 ist in diesem Fall „eigentlich" eine eigene ortsübliche Vergleichsmiete zu ermitteln.

gen, vertreten wird aber auch die Differenzierung über das Merkmal „Ausstattung"[205]. Es muss sich wirklich um einen solchen eigenen Wohnungsteilmarkt handeln und nicht um eine „Umgehung" der Vorschriften der §§ 556d ff. BGB. Dafür spricht, dass die Wohnung bisher unmöbliert vermietet wurde und nach Inkrafttreten der entsprechenden Landesverordnung nach § 556d Abs. 2 BGB erstmals möbliert vermietet wurde. Auch die Art und der Umfang der Möblierung spielen bei der Beurteilung eine Rolle und die örtlichen Gegebenheiten. In Orten ohne eine solche besondere Nachfrage spricht viel dafür, dass hier kein eigener Wohnungsmarkt vorliegt. Kriterium ist ua ob der Mieter die Möblierung gewollt hat, oder ob er sie in Kauf nehmen musste. Wenn kein eigener Wohnungsmarkt vorliegt, dann kommt allenfalls ein Zuschlag in Betracht, der aus dem Zeitwert und einer angemessenen Verzinsung zu berechnen ist (→ BGB § 558a Rn. 65).

54 Da die **Art der Finanzierung** eines Gebäudes keinen Einfluss auf den Wohnwert einer Wohnung hat, ist sie kein zulässiges Unterscheidungskriterium für das Merkmal Art.[206]

55 Welche Bedeutung das genaue **Alter einer Wohnung** hat, ist umstritten. Während früher vereinzelt vertreten wurde, das Alter einer Wohnung sei unter das Wohnwertmerkmal „Art" zu subsumieren, geht die wohl hM in Übereinstimmung mit den Hinweisen zur Aufstellung von Mietspiegeln aus dem Jahre 2002[207] davon aus, dass es sich um eine Frage der „Beschaffenheit" handelt.[208] Letztendlich ist der Streit völlig unerheblich.[209] Richtig ist, dass das Alter einer Wohnung mietpreisbildende Bedeutung hat.[210]

55a Nach Ansicht des BGH[211] soll es sich bei **renoviert und unrenoviert übergebenen Wohnungen,** wenn es um die AGB-Kontrolle von Schönheitsreparaturklauseln geht, um unterschiedliche Vertragsgegenstände handeln. Das würde bedeuten, dass es sich um eine unterschiedliche **Art** von Wohnraum handelt. Diese Einordnung ist zweifelhaft. Der Markt differenziert bei Vertragsschluss nicht zwischen den beiden Gruppen von Wohnungen. Anders als beim Autokauf, auf dem gezielt ein Neu- oder Gebrauchtwagen gesucht und gekauft wird, sucht der Mieter eine Wohnung. Der Renovierungszustand ist regelmäßig eher unerheblich. Nach Ansicht des BGH ist es zulässig hier unterschiedliche Mieten anzunehmen, wenn sich am Markt hier tatsächlich eine Differenzierung entwickelt.[212] Das ist aber kaum zu erwarten, weil dann die Vermieter mit einer wirksamen Abwälzung der Schönheitsreparaturen eine niedrigere Miete verlangen müssten. Die Frage ob es wirklich verschiedene Teilmärkte gibt, ist von der weiteren Frage, ob die Schönheitsreparaturen wirksam abgewälzt wurden zu unterscheiden. Bei fehlender Abwälzung gibt es keinen Zuschlag.[213]

### 3. Größe

56 Die Wohnungsgröße hat im System der Mieterhöhung auf die ortsübliche Vergleichsmiete eine doppelte Bedeutung.[214] Zum einen ist sie ein Wohnwertmerkmal und hat damit Einfluss auf die **Höhe der Quadratmetermiete;** zum anderen hat sie Einfluss auf die Höhe der Gesamtmiete, die das Produkt der Quadratmetermiete und der Wohnfläche darstellt. Für das Wohnwertmerkmal Größe kommt es auf den Einfluss der Wohnfläche auf die Quadratmetermiete an. Mit dem Wohnungsmerkmal **„Größe"** ist vor allem die **Quadratmeterzahl** einer Wohnung, aber durchaus auch die **Zimmeranzahl** gemeint. Über die Wohnungsgröße werden nämlich ganz unterschied-

---

205 *Weigelt* Herausforderung S. 300.

206 OLG Karlsruhe NJW 1982, 890; LG Frankfurt a. M. GWW 1974, 396; *Dröge/Gebele/Zehnter* Mietpreisbewertung-HdB S. 183; so iÜ auch schon die Begr. des Regierungsentwurfes zum 2. Wohnraumkündigungsschutzgesetz BT-Drs. 7/2011.

207 Abgedr. bei *Börstinghaus* Miethöhe-HdB S. 764.

208 *Schach* GE 1994, 1026.

209 So auch *Dröge/Gebele/Zehnter* Mietpreisbewertung-HdB S. 177; Börstinghaus/Clar Mietspiegel/*Börstinghaus* Rn. 112.

210 Auf das Baualter wird deshalb erst beim Wohnwertmerkmal Beschaffenheit eingegangen.

211 BGH VIII ZR 185/14, BGHZ 204, 302 = NJW 2015, 1594 Rn. 28.

212 BGH VIII ZR 181/07, BGHZ 177, 186 = NJW 2008, 2840; *Lehmann-Richter* BGHReport 2008, 1001; *Blümmel* GE 2008, 1086; *Niebling* ZMR 2008, 881; *Häublein* ZMR 2009, 1; BGH VIII ZR 83/07, WuM 2008, 487; VIII ZR 118/07, NJW 2009, 1410.

*213 BGH VIII ZR 181/07, BGHZ* 177, 186 = NJW 2008,; *Lehmann-Richter* BGHReport 2008, 1001; *Blümmel* GE 2008, 1086; *Niebling* ZMR 2008, 881; *Häublein* ZMR 2009, 1; BGH VIII ZR 83/07, WuM 2008, 487; VIII ZR 118/07, NJW 2009, 1410.

214 Ausf. *Börstinghaus* Flächenabweichungen Rn. 648 ff.

liche Wohnungsteilmärkte voneinander abgegrenzt.[215] So waren in der Vergangenheit die pro Quadratmeter gezahlten Mieten bei kleineren Wohnungen höher als bei sog. Normalwohnungen. Demgegenüber wurden in der Vergangenheit bei sehr großen Wohnungen durchaus niedrigere Mieten pro Quadratmeter gezahlt als bei sog. Normalwohnungen.[216] Dies hat neben dem Einfluss von Angebot und Nachfrage seine Ursache auch darin, dass die **Gestehungskosten für kleine Wohnungen** zT genauso groß sind wie die von großen Wohnungen. Der Bau eines Badezimmers kostet unabhängig von der Größe der restlichen Wohnung ungefähr gleichviel. Das Gleiche gilt für die Wohnungsabschlusstür, die Haustür, eine evtl. vorhandene Gegensprechanlage, eine Terrassentür und die Kücheninstallation oder die Therme bei einer Etagenheizung. Bei Modernisierungen werden die entstandenen Kosten gem. § 559 BGB auf viel weniger m$^2$ umgelegt als bei größeren Wohnungen. Von daher ist es gerechtfertigt, der Wohnungsgröße eine große Bedeutung beizumessen. Setzt man zB eine 100 m$^2$ große Wohnung mit 100% an, dann betrug die Miete für eine 20 m$^2$ große Wohnung nach vorliegenden älteren Untersuchungen[217] ca. 172% bis 184%, für eine 150 m$^2$ große Wohnung aber nur ca. 91%. In den aktuellen Hinweisen zur Aufstellung von Mietspiegeln aus dem Jahr 2002[218] heißt es dementsprechend zum Wohnwertmerkmal Größe: *„Über die Wohnungsgröße können unterschiedliche Wohnungsteilmärkte voneinander abgegrenzt werden. Die Wohnungsgröße hat erfahrungsgemäß einen hohen Anteil an der Erklärung der Mietpreisunterschiede.“*. Insbesondere bei Wohnungen unter 40 m$^2$ steigt die Quadratmetermiete, je kleiner die Wohnung ist, überproportional stark an. Bei den größeren Wohnungen entwickelt sich die Abhängigkeit zwischen Wohnungsgröße und Quadratmetermiete demgegenüber nicht mehr so stark.[219] Der Wohngeld- und Mietenbericht der Bundesregierung für das Jahr 2010[220] bestätigte diese Feststellungen ebenfalls, kam dann aber zu dem Ergebnis, dass im Vergleich zu früher die Unterschiede zwischen den Größenklassen etwas zurückgegangen seien. In Einzelfällen kann das tatsächliche Marktgeschehen hiervon durchaus abweichen. Der Mietspiegel für Frankfurt (2004) zB wies nicht unbedingt für größere Wohnungen eine niedrigere Quadratmetermiete aus. Dies liegt ua daran, dass es dort nur wenige 4- oder 5-Zimmer-Wohnungen gibt, für die dann auch mehr Miete gezahlt wird. Ebenfalls kann dies Phänomen bei Wohnungen in besonders guten Lagen **(Adresslagen)** auftreten. Hier handelt es sich häufig zugleich um besonders repräsentative Wohnungen, für die Mieter trotz der Wohnungsgröße insgesamt eine höhere Quadratmetermiete zu zahlen bereit sind. Die Größe der Wohnung ist dort kein „Abschlagsmerkmal“. Jedoch hat ein Mietspiegel dann keinen Überzeugungswert, wenn in ihm pauschal ein Zuschlag für Wohnungen für Wohnraum über 110 m$^2$ von 5% ausgewiesen wird, ohne dies in irgendeiner Form zu differenzieren. Hier spricht die Erfahrung dagegen, dass wirklich für alle größeren Wohnungen ein Zuschlag gezahlt wird. Der Einfluss der Wohnungsgröße auf die Höhe der Miete kann sich örtlich auch über die Jahre verändern.[221] Der Vermieter ist für Wohnungsgröße beweispflichtig.[222] Wenn er jedoch eine bestimmte Wohnfläche vorträgt, stellt das einen substantiierten Sachvortrag dar[223], den wiederum der Mieter substantiiert bestreiten muss. Ein Bestreiten mit Nichtwissen ist nicht möglich.[224] Ein substantiierter Vortrag ist ihm auch zumutbar, da die Fläche in seinem Wahrnehmungsbereich liegt. Er kann die Wohnfläche der gemieteten Wohnung überschlägig vermessen und seinerseits einen bestimmten abweichenden Flächenwert

---

215 Nach Bub/Treier MietR-HdB/*Schultz* Kap. III A Rn. 1393 sollte deshalb die ortsübliche Vergleichsmiete nur aus Wohnungen ermittelt werden, die nicht mehr als 20% voneinander abweichen. Nach § 18 des Entwurfs einer Mietspiegelverordnung (Stand 17.12.2020 – BR-Drs. 766/20) können in Mietspiegeln Größenklassen zusammengefasst werden, zu dem Entwurf → BGB Anhang zu §§ 558c–d.

216 Zu diesen Abhängigkeiten und den Veränderungen ausf. *Börstinghaus* Flächenabweichungen Rn. 655 ff.

217 Siehe die tabellarischen Zusammenstellungen bei *Börstinghaus* Flächenabweichungen Rn. 656 ff.; *Aigner/Oberhofer/Schmidt* WuM 1993, 16; *Oberhofer/Schmidt* WuM 1995, 137; *Streich* DWW 1980, 188; 1984, 90; *Walterscheid* NZM 1998, 990 (991); *Sprengnetter,* Handbuch zur Ermittlung von Grundstückswerten, 1994, Teil 14, 1 (5, 3).

218 Abgedr. bei *Börstinghaus* Miethöhe-HdB S. 764.

219 *Börstinghaus* Flächenabweichungen Rn. 657.

220 BT-Drs. 17/6280, 33.

221 So hat die Datenerhebung für den Mietspiegel Dortmund Stand 1.9.2002 für Wohnungen zwischen ca. 80–100 m$^2$ noch einen Abschlag ergeben, für Wohnungen über 100 m$^2$ war ein solcher Abschlag aber nicht nachweisbar; eine grafische Gegenüberstellung der Bedeutung der Wohnungsgröße auf die Miethöhe am Beispiel der Mietspiegel für Regensburg befindet sich bei *Börstinghaus* Flächenabweichungen Rn. 658.

222 AG Wedding GE 2006, 331.

223 BGH NJW-RR 2017, 842.

224 BGH NJW-RR 2017, 842.

vortragen. Das gilt auch für Wohnungen, die Dachschrägen und eine Loggia haben. Erforderlich sei zumindest eine laienhafte Vermessung.[225]

57 Wie die **Quadratmeterzahl genau zu ermitteln** ist, ist durchaus im Einzelfall strittig.[226] Nach Ansicht des BGH[227] hat die Prüfung, nach welchen Vorschriften die Wohnfläche zu ermitteln ist, in einer **dreistufigen Prüfung** zu erfolgen: Maßgeblich sind zunächst ausdrückliche oder konkludente **Vereinbarungen** der Vertragsparteien über das anzuwendende Regelwerk.[228] Wenn hierzu keine Feststellungen getroffen werden können, ist eine eventuelle **Ortssitte** maßgeblich.[229] Eine solche maßgebliche Verkehrssitte als eine die beteiligten Verkehrskreise untereinander verpflichtende Regel verlangt, **(a)** dass sie auf einer gleichmäßigen, einheitlichen und freiwilligen tatsächlichen Übung beruht, **(b)** die sich innerhalb eines angemessenen Zeitraums, **(c)** für vergleichbare Geschäftsvorfälle gebildet hat und (d) der eine einheitliche Auffassung sämtlicher beteiligten Kreise an dem betreffenden, ggf. räumlich beschränkten Geschäftsverkehr zu Grunde liegt. Dabei muss es jeweils um eine dementsprechende Verkehrssitte zur Anwendung eines anderen **Regelwerkes insgesamt** gehen. Es reicht nicht aus, dass ein erheblicher oder auch überwiegender Teil der Marktteilnehmer ein Regelwerk unzutreffend anwendet oder verschiedene Regelwerke miteinander vermischt.[230] Ebenso wenig reicht es aus, dass sich bzgl. der Berechnung einer Teilfläche (zB für Balkone) eine bestimmte Übung der Mehrheit der Marktteilnehmer herausgebildet hat. Es muss ortsüblich sein ein anderes Regelwerk, also zB die II. BV oder die DIN 283, insgesamt anzuwenden.[231] Erst wenn weder eine Parteivereinbarung noch eine Ortssitte feststellbar sind, ist auch im preisfreien Wohnungsbau die Fläche nach den zum **Zeitpunkt des Vertragsschlusses** geltenden **Vorschriften für den preisgebundenen Wohnungsbau** zu ermitteln.[232] Bemerkenswert ist dabei der zeitliche Faktor in der dritten Stufe. Im öffentlich geförderten Wohnungsbau gelten nämlich regelmäßig die §§ 42–44 II. BV (in der bis 31.12.2003 gültigen Fassung) weiter. § 5 WoFlV (bzw. der insofern gleichlautende § 42 Abs. 1 II. BV nF) bestimmt, dass es in den Fällen, in denen die Wohnfläche bis zum 31.12.2003 nach der II. BV berechnet wurde, bei dieser Berechnung bleibt. Nur wenn nach dem 31.12.2003 bauliche Änderungen an dem Wohnraum vorgenommen worden sind, die eine Neuberechnung der Wohnfläche erforderlich machen, sind die Vorschriften der WoFlV anzuwenden. Dies ist im preisfreien Wohnungsbau nach der Rspr. des BGH[233] anders. Hier wird **auf den Vertragsschluss abgestellt.** Demnach ist die WoFlV auf alle Vermietungsfälle ab dem 1.1.2004 anzuwenden, iÜ ist die Fläche nach den §§ 42–44 II. BV zu ermitteln.[234] Falsch ist es, im Mieterhöhungsverfahren immer die Vorschriften der WoFlV anzuwenden.[235] Die Möglichkeit der Vereinbarung der Wohnungsgröße und der Art ihrer Berechnung hat aber nur Konsequenzen für die mietrechtliche Gewährleistung, nämlich die Frage, ob eine Abweichung der Ist-Beschaffenheit von der mietvertraglich vereinbarten Sollbeschaffenheit vorliegt. Für die Mieterhöhung hat dies keine Bedeutung. Selbst wenn die Parteien zulässigerweise zB bei einer Maisonette-Wohnung mit Dachschrägen im ausgebauten Spitzboden im Mietvertrag die reine Grundfläche der Wohnung nach DIN 277 angesetzt haben, ohne dabei einen Abzug von Flächen mit einer lichten Höhe unter zwei Meter vorzunehmen[236], ist die Wohnfläche für Mietverhältnisse aus der Zeit vor dem 1.1.2004 aufgrund der bis zum 31.12.2003 anwendbaren §§ 42–44 der II. BV, für Mietverhältnisse jüngeren Datums nach der ab dem 1.1.2004 geltenden WoFlV[237] zu

---

[225] BGH NJW-RR 2017, 842.

[226] Eine Darstellung der verschiedenen Berechnungsvorschriften und -methoden befindet sich bei *Börstinghaus* Flächenabweichungen Rn. 24ff.; *Langenberg* NZM 2009, 76.

[227] BGH VIII ZR 86/08, NZM 2009, 477 = NJW 2009,2295.

[228] BGH VIII ZR 231/06, NJW 2007, 2624.

[229] BGH VIII ZR 33/18, NJW 2019, 2464.

[230] So zB für Anrechnung nach Inkrafttreten der WoFlV zu 50% in Berlin für Terrassenfläche: LG Berlin GE 2011, 1086; **aA** für Balkonfläche: LG Berlin ZMR 2018, 503 (aufgeboben durch BGH VIII ZR 33/18, NJW 2019, 2464; für eine fehlende Ortssitte für Anrechnung der Balkonfläche in Hamburg: LG Hamburg ZMR 2013, 284.

[231] BGH VIII ZR 33/18, NJW 2019, 2464.

[232] BGH VIII ZR 33/18, NJW 2019, 2464; VIII ZR 86/08, WuM 2009, 344; VIII ZR 44/03, NJW 2004, 2230; *Lammel* LMK 2004, 121; LG München I ZMR 2017, 401; zur Wohnflächenermittlung s. Anh. § 556a BGB.

[233] BGH VIII ZR 144/09, NZM 2010; auch schon BGH VIII ZR 164/08, NJW 2010.

[234] So auch LG Hamburg ZMR 2013, 284; AG Schöneberg GE 2010, 919 mAnm *Kinne* GE 2010, 874.

[235] So aber AG Hamburg BeckRS 2019, 32644 abl.Anm. *Börstinghaus,* jurisPR-MietR 1/2020 Anm. 1.

[236] *Für einen Abzug* auch immer LG Hamburg WuM 2016, 434.

[237] Die WoFlVO gilt gem. Art. 125a GG auch nach Inkrafttreten der Föderalismusreform und der damit verbundenen Änderung der Ermächtigungsgrundlage in § 19 WoFG fort; einige Bundesländer haben eigene landesgesetzliche Regelungen getroffen.

ermitteln.[238] Dies ergibt sich daraus, dass anderenfalls ein „Äpfel-Birnen-Problem" auftaucht, wenn eine Wohnung, deren Grundfläche nach der DIN 277 ermittelt wurde, im Mieterhöhungsverfahren mit Wohnungen verglichen wird, deren Fläche nach der WoFlVO ermittelt wurde.[239] Dies ist zB dann der Fall, wenn die Wohnflächen der Mieten, die in den Mietspiegel eingeflossen sind, nach den strengeren Wohnflächenregeln ermittelt wurden. Diese Werte können dann nicht uneingeschränkt auf die Grundflächen übertragen werden. Besonders offensichtlich würde dieses Problem bei der Feststellung einer Mietpreisüberhöhung für zwei völlig identische Wohnungen, bei denen einmal die Wohnfläche nach DIN 277 im Mietvertrag vereinbart wurde und einmal keine Vereinbarung getroffen wurde, so dass die Wohnflächenverordnung maßgeblich ist. Man wird hier iE keinen Unterschied machen können, obwohl bei der Heranziehung eines Mietspiegels und der Multiplikation mit der höheren Grundfläche ein anderes Ergebnis auf der Hand zu liegen scheint.

Auswirkungen hat die Frage der Wahl der Berechnungsmethode allenfalls für **Balkone, Dachgärten, Freisitze**[240], Veranden, Wintergärten und Loggien Bedeutung.[241] Nach § 44 Abs. 2 II. BV werden diese Flächen **zur Hälfte**[242] und nach der WoFlV und der DIN 283 lediglich **zu einem Viertel** angerechnet.[243] Auch die Flächen von **Hobbyräumen,** die bauordnungsrechtlich nicht zum dauernden Aufenthalt von Menschen geeignet sind,[244] sind zumindest teilweise bei der Flächenberechnung für eine Mieterhöhung zu berücksichtigen.[245] Soweit tatsächlich eine Nutzungsuntersagung von Kellerräumen vorliegt, liegt ein Mangel vor, der grds zur Minderung berechtigt. Nur wenn der Mangel nicht behebbar ist, ist er im Mieterhöhungsverfahren zu berücksichtigen.[246] Soweit die Flächenberechnung nach den §§ 42–44 II. BV zu erfolge hat steht es allein dem Vermieter zu, zu bestimmen, mit welcher Quote die Freiflächen angerechnet werden.[247] Es kommt **nicht auf objektive Kriterien,** wie Ausrichtung, Lage und Qualität des Balkons an. Bei fehlender ausdrücklicher Vereinbarung kann jedoch eine abweichende Ortssitte zu berücksichtigen sein.[248] Jedoch muss diese sich auf die Anwendung des ganzen Regelwerks beziehen[249] und dürfte deshalb in der Praxis so gut wie nie vorliegen. Soweit in der II. BV noch von einem **gedeckten Freisitz** die Rede ist, entspricht dies heute einer **Terrasse.** Dieser Begriff wird jetzt auch in der WoFlV verwendet. Was unter einem gedeckten Freisitz genau zu verstehen war, war in der Vergangenheit immer wieder strittig.[250] Das BVerwG[251] hatte bereits 1977 entschieden, dass ein gedeckter Freisitz wie die anderen drei in der Vorschrift genannten Außenflächen dem Nutzer Offenheit, Sicherheit und Sichtschutz gewähren muss. Mit dieser Begründung kam das BVerwG zu dem Ergebnis, dass ein Freisitz ein von der Gartenfläche abgegrenzter Raum sei, der ausschließlich einem angrenzenden Wohnraum zugeordnet sei, ohne dass er unbedingt überdacht sein müsse. Der Begriff „gedeckt" verlange nur einen Sichtschutz. Daran hat der *BGH*[252] angeknüpft und entschieden, dass sozusagen ungeschriebenes Tatbestandsmerkmal des Begriffes des „gedeckten Freisitzes" sei, dass dieser an eine Wohnung angrenze. Dies folge schon aus der maßgeblichen Verkehrsanschauung und entspreche auch der wohntechnischen Definition des Begriffs des Freisitzes. Eine 20 m vom Haus entfernt liegende Sitzecke ist deshalb kein Freisitz/Terrasse im Sinne der Flächenberechnungsvorschriften. 58

---

238 BGH VIII ZR 86/08, NZM 2009, 477; mAnm *Wassermann* jurisPR-BGHZivilR 12/2009 Anm. 3; *Eupen* GE 2009, 744; *Lammel* jurisPR-MietR 14/2009 Anm. 1.

239 Ähnlich Staudinger/*Emmerich* BGB § 558 Rn. 46, der eine Methodeneinheit verlangt.

240 AG Neuss WuM 1993, 410, die Fläche eines von drei Seiten völlig einsehbaren Freisitzes ist bei der Wohnflächenberechnung mit 8% einzubeziehen; mAnm *Isenmann* WuM 1993, 410.

241 Ausf. *Börstinghaus* Flächenabweichungen Rn. 313ff.; *Isenmann* DWW 1994, 178.

242 LG München I ZMR 2017, 401.

243 Dafür LG München WuM 1984, 113.

244 Zur Minderung insofern: BGH VIII ZR 231/06, NZM 2007, 595, Hobbykeller als Schlafraum genutzt; BGH VIII ZR 275/08, NJW 2009, 3421, Flächenanrechnung auch bei öffentlich-rechtlicher Nutzungsbeschränkung, solange Behörde nicht einschreitet.

245 AG Charlottenburg GE 2018, 1529 (zu 100% bei Raumhöhe von > 2 m); AG Wedding GE 2017, 481, wohl mindestens 50%; **aA** AG Moers WuM 2017, 717.

246 Insofern undifferenziert AG Moers WuM 2017, 717.

247 BGH VIII ZR 86/08, NZM 2009, 477.

248 BGH VIII ZR 86/08, NZM 2009, 477.

249 BGH VIII ZR 33/18, NZM 2019, 536.

250 OLG Nürnberg NJW-RR 2001, 82 (83); LG Saarbrücken WuM 2010, 446; LG Hamburg WuM 1996, 278; *Dröge/Gebele/Zehnter* Mietpreisbewertung-HdB S. 21; *Isenmann* WuM 2006, 303f.

251 BVerwGE 52, 178 (182).

252 BGH VIII ZR 218/08, NJW 2009, 2880.

Überdacht muss die Terrasse nicht zwingend sein[253], auf das Erfordernis eines Sichtschutzes hat der BGH[254] inzwischen auch verzichtet, wenn zwar kein Sichtschutz bestehe, es in der Gemeinde aber ortsüblich sei, auch nicht „gedeckte" Terrassen zur Hälfte als Wohnfläche anzurechnen.[255] Nach heute **üblicher Definition ist eine Terrasse** ein ebenerdiger Platz an der Wohnung, der ausschließlich einem angrenzenden Wohnraum zugeordnet, mit einem festen Bodenbelag versehen und zum Aufstellen von Tischen und Stühlen geeignet ist.[256]

**59** Entscheidend ist immer die **tatsächliche Fläche.**[257] Vereinbarungen über die Wohnungsgröße im Mietvertrag sind unerheblich.[258] Soweit der BGH[259] früher eine andere Ansicht vertreten hat, hat er diese inzwischen sowohl für das Mieterhöhungsverfahren[260] wie auch für die Betriebskostenabrechnung[261] aufgegeben. Dabei ist es unerheblich, ob die Flächenabweichungen mehr oder weniger als 10% beträgt und ob sie zugunsten oder zuungunsten des Mieters erfolgt ist. Im Mieterhöhungsverfahren kommt es nur auf **objektive Kriterien** an. Zwar stellt die Angabe einer Wohnfläche regelmäßig eine Beschaffenheitsvereinbarung dar, damit wird aber die für eine spätere Mieterhöhung auf die ortsübliche Vergleichsmiete einzustellende Größe der Wohnung nicht mit einem von den tatsächlichen Verhältnissen abweichenden fiktiven Wert verbindlich festgelegt. Jede in einem Wohnraummietvertrag enthaltene, von der tatsächlichen Wohnungsgröße abweichende Wohnflächenangabe ist für eine Mieterhöhung ohne rechtliche Bedeutung. Das ganze System der Mieterhöhung auf die ortsübliche Vergleichsmiete ist historisch und systematisch so angelegt, dass es nur auf die den Vergleich zwischen objektiven Kriterien ankommt.

**60** Nur wenn man im Mieterhöhungsverfahren die tatsächliche Wohnungsgröße berücksichtigt, erreicht man auch eine **Kongruenz** mit der Rspr. des BGH zur **Mietminderung bei Flächenabweichungen.** Ist die tatsächliche Fläche der Wohnung mehr als 10% kleiner[262] als im Mietvertrag vereinbart, dann spricht eine – unwiderlegliche – tatsächliche Vermutung[263] dafür, dass eine Gebrauchsbeeinträchtigung iSd § 536 Abs. 1 BGB vorliegt. Die Miete mindert sich in diesem Fall im gleichen Verhältnis wie die tatsächliche Fläche kleiner als die vereinbarte Fläche ist.[264] Dieser „Mangel" ist ein nicht behebbarer Mangel, der im Rahmen des Wohnwertmerkmals „Beschaffenheit" zu berücksichtigen ist.[265] Bei Mieterhöhungen ist die ortsübliche Vergleichsmiete aus Wohnungen mit einer vergleichbaren mangelhaften Beschaffenheit, also hier der geringeren Fläche, zu ermitteln.[266] Da für kleinere Wohnungen tendenziell eine höhere Miete pro Quadratmeter gezahlt wird, ist die anzusetzende Quadratmietermiete höher. Das erscheint inkonsequent, da die Miete wegen des Mangels nun höher ist als ohne den Mangel. Das ist aber nur vordergründig richtig, weil es sich insoweit nur um einen ersten Rechenschritt handelt. Der Mieter schuldet eine Miete für die Wohnung als Gesamtmiete und keine Quadratmetermiete. Diese ermittelt sich aus der (evtl. höheren) ortsüblichen Vergleichsmiete pro Quadratmeter für kleinere Wohnungen multipli-

---

253 So auch LG Saarbrücken WuM 2010, 445.

254 Erforderlich: BGH VIII ZR 144/09, NZM 2010, 313; nicht zwingend erforderlich: BGH VIII ZR 164/08, NZM 2010, 36 = NJW 2010, 292.

255 Soweit das LG Berlin GE 2011, 1086 entschieden hat, dass es in Berlin, auch nach Inkrafttreten der WoFlV, ortsüblich sei, Terrassenflächen weiter mit 50% anzurechnen, ist nach BGH VIII ZR 33/18, NZM 2019, 536 wohl falsch.

256 LG Landau/Pfalz WuM 2014, 740; LG Saarbrücken WuM 2010, 446; LG Hamburg WuM 1996, 278.

257 *Börstinghaus* Flächenabweichungen Rn. 677; *Beyer* NJW 2010, 1025, NZM 2010, 417; WuM 2010, 614; *Börstinghaus* WuM 2009, 461; GE 2009, 1201; LMK 9/2009 Anm. 1; *Bub* PiG 88 (2010), 45; *Derleder* WuM 2010, 202; *Heix* WuM 2009, 706; 709.

258 Zur Frage, ob die Angabe einer zu großen Fläche einen Straftatbestand erfüllt: *Gericke* NJW 2013, 1633; *Nicolai/Oğlakcıoğlu* JA 2021, 213.

259 BGH VIII ZR 138/06, NZM 2007, 727 = NJW 2007, 3122; VIII ZR 205/08, NJW 2009, 2739 = NZM 2009, 613.

260 BGH VIII ZR 266/14, BGHZ 208, 18 = NZM 2016, 42; *Börstinghaus* jurisPR-BGHZivilR 2/2016 Anm. 1; *Börstinghaus* LMK 2016, 375498; *Beyer* jurisPR-MietR 1/2016 Anm. 1; *Beuermann* GE 2016, 30; *Heix* WuM 2016, 263.

261 BGH VIII ZR 220/17, NJW 2018, 2317 = NZM 2018, 671; VIII ZR 173/17, NZM 2019, 288 **aA** noch BGH VIII ZR 261/06, NJW 2008, 142.

262 AG Dortmund ZMR 2014, 369, die Grenze ist starr. Selbst geringfügige Unterschreitungen sind unerheblich.

263 BGH XII ZR 40/19, NZM 2021, 276 = WuM 2021, 97.

264 *StRspr, BGH VIII ZR* 44/03, NJW 2004, 2230; VIII ZR 295/03, NJW 2004, 1947; VIII ZR 133/03, NZM 2004, 456; **aA** BGH XII ZR 97/09, NJW 2012, 3173.

265 Herrlein/Knops/Spiegelberg MietR/*Ormanschick* BGB § 558 Rn. 71.

266 *Börstinghaus* Flächenabweichungen Rn. 776.

ziert mit der Wohnfläche. Die Anwendung der §§ 557 Abs. 4, 558 Abs. 6 BGB führt zu einem Ergebnis, das keine Widersprüche oder Brüche zum Gewährleistungsrecht entstehen lässt, und zum anderen wird der mangelhafte Zustand der Wohnung ab dem Zeitpunkt der Mieterhöhung beseitigt. Dies gilt bei Flächenabweichungen unabhängig von ihrer prozentualen Höhe. Ob die Abweichung tatsächlich einen Mangel iSd § 536 BGB darstellt, ist unerheblich.

Etwas anderes gilt aber dann, wenn der Mieter die Wohnungsvergrößerung auf eigene Kosten vorgenommen hat.[267] Insofern gelten die gleichen Grundsätze wie Mietereinbauten (→ Rn. 74). **61**

Bei **Vereinbarung einer kleineren** als der tatsächlich vorhandenen Fläche besteht unabhängig von der Größe der Abweichung auch kein Anspruch des Vermieters auf Mieterhöhung nach den Grundsätzen des Wegfalls der Geschäftsgrundlage.[268] Dies Rechtsinstitut ist bei Fallgestaltungen der vorliegenden Art gar nicht anwendbar. Die §§ 558 ff. BGB sind abschließende Sondervorschriften, die einen Rückgriff auf das allgemeine Rechtsinstitut des Wegfalls der Geschäftsgrundlage ausschließen. Bereits der Wortlaut des § 557 Abs. 3 BGB sieht vor, dass der Vermieter „nur" nach Maßgabe der §§ 558–560 BGB eine Mieterhöhung verlangen kann. Im Übrigen sind auch die allgemeinen Tatbestandsvoraussetzungen des § 313 Abs. 1 BGB nicht erfüllt. Danach kommt die Anpassung eines Vertrages wegen einer nach Vertragsschluss eingetretenen schwerwiegenden Änderung von Umständen, die zur Grundlage des Vertrages geworden sind, nur dann in Betracht, wenn einem Vertragsteil unter Berücksichtigung aller Umstände des Einzelfalls, insbes. der vertraglichen oder gesetzlichen Risikoverteilung, das Festhalten am unveränderten Vertrag nicht zugemutet werden kann. Hier hat der Gesetzgeber aber in den §§ 558 ff. BGB eine gesetzliche Regelung geschaffen, die zugleich eine gesetzliche Risikoverteilung darstellt. Diese Regelungen sind abschließend und schließen entgegen der früheren Rspr. des BGH auch bei Flächenabweichungen von mehr als 10% einen Rückgriff auf § 313 BGB aus. Der Umstand, dass die Wohnfläche sich gegenüber der vereinbarten nachträglich als größer herausgestellt hat, ist deshalb für eine nach dem Regelungskonzept des Gesetzgebers vorzunehmenden Mieterhöhung ohne rechtliche Bedeutung. **62**

Problematisch ist die Ermittlung der maßgeblichen **Wohnungsgröße** bei der Datenerhebung vor **Erstellung eines Mietspiegels.**[269] Da hierfür die gezahlte m$^2$-Miete für vergleichbaren Wohnraum erfasst werden muss, ist nicht nur die Feststellung der maßgeblichen Miete für die Wohnung erforderlich, sondern auch die die Wohnungsgröße. Nach der Differenzierung des BGH ist bei absolut gleich hoher Wohnungsmiete und absolut gleicher Wohnungsgröße die maßgebliche Quadratmetermiete unterschiedlich hoch, da bei fehlender Flächenangabe die tatsächliche Fläche maßgeblich ist, bei einer zu groß vereinbarten Wohnung diese Fläche und bei zu klein vereinbarter Fläche die kleinere Fläche. Das allein ist schon kaum verständlich und nicht handhabbar. Wenn man dann jeweils noch die 10%-Grenze beachtet, ist die Datenerfassung gänzlich unmöglich. Im Übrigen stellt sich dann die Frage, wie bei der Datenerfassung der vermeintliche Anspruch auf Vertragsanpassung nach § 313 BGB zu berücksichtigen ist. Da bei der Datenerhebung ja tatsächliche Werte zu erfassen sind, kann diese Grenze keine Rolle spielen. Richtigerweise muss bei der Datenerhebung nicht die vereinbarte, sondern die tatsächliche Wohnungsgröße zu Grunde gelegt werden, auch wenn dies erfassungstechnisch schwer zu bewerkstelligen ist. Auf die Qualifizierung eines Mietspiegels kann dies dann Auswirkungen haben, wenn solche Flächenabweichungen in großem Stil in der Gemeinde vorkommen.[270] Das muss substantiiert von einer Partei im Prozess vorgetragen werden. In der Regel ist diese Tatsache für den Vermieter günstiger, da in der Mehrzahl der Fälle die vertraglich vereinbarte Fläche größer als die tatsächliche Fläche ist und die „Umstellung" auf die tatsächliche Fläche zu einer höheren Quadratmetermiete führt. **63**

**Änderungen der Wohnfläche** haben idR keinen unmittelbaren Einfluss auf die Miete.[271] Etwas anderes gilt nur dann, wenn die Parteien mietvertraglich eine Quadratmetermiete vereinbart haben,[272] anderenfalls ist die vereinbarte Miete für die Wohnung zu zahlen. Vergrößert sich nun die Wohnfläche, zB nach einer Modernisierung, dann kann der Vermieter neben der Modernisierungs- **64**

---

[267] LG Berlin ZMR 2003.

[268] BGH VIII ZR 266/14, NZM 2016, 42 = NJW 2016,239; zur Geschäftsgrundlage im Mietrecht *Hirsch* ZMR 2007, 1 (5); zur Geschäftsgrundlage wegen COVID-19-Pandemie → BGB Vor § 535 Rn. 256.

[269] Zu den Konsequenzen *Börstinghaus/Clar* NZM 2014, 889.

[270] Zu den Konsequenzen *Börstinghaus/Clar* NZM 2014, 889.

[271] Staudinger/*V. Emmerich* BGB § 558 Rn. 49; Lützenkirchen MietR/*Dickersbach* BGB § 558 Rn. 98; *Dickersbach* WuM 2020, 117; zur Minderung in den Fällen einer unter 10% liegenden Verringerung: BGH XII ZR 40,19, WuM 2021, 97.

[272] OLG Dresden MDR 2014, 1069; LG Berlin NZM 2002, 733.

erhöhung nach § 559 BGB die Miete nur unter den Voraussetzungen des § 558 BGB erhöhen,[273] wobei sich die zu erhöhende Vertragsmiete pro m² auf Grund der Vergrößerung verringert. Es besteht kein Anspruch auf zusätzliche Zahlung der bisherigen Quadratmetermiete für die neu hinzugekommenen Quadratmeter.[274] Die Parteien haben eine Miete für die Wohnung vereinbart und keine Quadratmetermiete.[275]

**Beispiel:** Die Wohnfläche vergrößert sich von 70 m² auf 80 m², die Miete beträgt 700 EUR. Die ortsübliche Vergleichsmiete beträgt 9 EUR/m². Unter Berücksichtigung der Jahressperrfrist und der Kappungsgrenze könnte der Vermieter hier eine Erhöhung auf 720 EUR/m² verlangen. Hat der Vermieter die Miete nach § 559 BGB bereits um 20 EUR erhöht, scheidet eine Mieterhöhung nach § 558 BGB aus.

Das Gleiche gilt auch, wenn sich durch Nachmessen herausstellt, dass die Wohnfläche von Anfang an größer war und zwar selbst dann, wenn im Mietvertrag eine Klausel enthalten ist, wonach die durch Neuvermessung ermittelte Wohnfläche zum Vertragsbestandteil wird.[276]

65 Die **Kappungsgrenze** ist dabei nach der Miete für die Wohnung zu berechnen und nicht nach der Quadratmetermiete (→ Rn. 155). Im Mieterhöhungsverfahren bestimmt sich nach Ansicht des BGH die der Berechnung der Kappungsgrenze zu Grunde zu legende Ausgangsmiete auch im Falle einer Mietminderung wegen Flächenabweichungen nach der vertraglich vereinbarten Miete und nicht nach der geminderten Miete.[277] Ist die Wohnung kleiner, als die Parteien im Mietvertrag festgehalten haben, ändert sich die Miete ebenfalls nicht. Verringert sich die Wohnfläche nachträglich auf Grund von Umbauten, kommt eine Mietminderung gem. § 536 BGB in Betracht und zwar unabhängig, ob diese mehr oder weniger als 10% beträgt.[278] Die Grenze ist nur für die Frage, was der Mieter zur Gebrauchsbeeinträchtigung vortragen muss, von Bedeutung.[279]

#### 4. Ausstattung

66 Unter dem Wohnwertmerkmal der **Ausstattung** wird alles verstanden, was der Vermieter dem Mieter zur ständigen Benutzung zur Verfügung gestellt hat und für das der Mieter keine besondere Vergütung zu zahlen hat.[280] Hierzu zählen zunächst **alle räumlichen Ausstattungsmerkmale** wie zB Waschküche, Kellerräume oder Speicherräume, Bodenräume, Trockenräume und Garagen (soweit hierfür keine gesonderte Vergütung gezahlt wird). Unerheblich ist, ob die Ausstattungsgegenstände dem Vermieter gehören oder ob er sie selbst nur gemietet oder geleast hat.[281] Entscheidend ist allein, was der Vermieter dem Mieter zur Verfügung stellt. Wie er sich die vermieteten Gegenstände selbst besorgt hat ist im Verhältnis zum Mieter unerheblich. Etwas Anderes kann allenfalls dann gelten, wenn der Mieter die Beschaffungskosten (zB Leasinggebühren) über die Betriebskostenabrechnung tragen muss. Hat der Vermieter Ausstattungsmerkmale erst im Rahmen einer Modernisierungsmaßnahme nachträglich geschaffen, kommt es nicht darauf an, ob der Mieter die Modernisierung überhaupt hätte dulden müssen oder ob der Vermieter auf eine Mieterhöhung gem. § 559 BGB verzichtet hat.[282] Hat der Mieter vermietete und vom Vermieter zur Verfügung gestellte Ausstattungsgegenstände entfernt und durch eigene ersetzt, ist die ursprüngliche Ausstattung weiter maßgeblich.[283] Ferner gehören zur Ausstattung die **zur gemeinsamen Benutzung verfügbaren Räume** wie zB Fahrradkeller, Vorplätze, Geschosstreppen und Treppenhäuser, Waschkeller, Trockenräume, Fahrrad- oder Kinderwagenräume. Besonders mietpreisbildend sind die sonstigen in die Wohnung eingebauten Ausstattungsstücke wie Wandschränke und Garderoben, Heizungen, Badezimmereinrichtungen und Bodenbeläge sowie die außerhalb der Wohnung vor-

---

[273] LG Kiel WuM 1977, 125.

[274] Etwas anderes ergibt sich auch nicht aus BGH VIII ZR 298/13, WuM 2014, 546. Dort ging der Senat von einer zumindest konkludenten Zustimmung des Mieters zu einer Mietabänderungsvereinbarung gem. § 557 Abs. 1 BGB aus; krit. *Eisenschmid* jurisPR-MietR 21/2014 Anm. 2.

[275] Nach *Dickersbach* WuM 2010, 160; Lützenkirchen MietR/*Dickersbach* BGB § 558 Rn. 99a kann eine Vertragsanpassung im Rahmen einer ergänzenden Vertragsauslegung in Betracht kommen.

[276] LG Berlin NZM 2002, 733.

[277] BGH VIII ZR 33/18, NJW 2019, 2464; Zweifel daran bei *Börstinghaus* jurisPR-BGHZivilR 14/2019 Anm. 1.

[278] BGH XII ZR 40/19, NZM 2021, 276 = WuM 2021, 97.

[279] BGH XII ZR 40/19, NZM 2021, 276 = WuM 2021, 97.

[280] *Keller, Zivilrechtliche Mietpreiskontrolle, 1996, 134.*

[281] LG Berlin GE 2008, 1259; 2007, 55; Bub/Treier MietR-HdB/*Schultz* Kap. III A Rn. 1399.

[282] LG Berlin MM 2012 Heft 11, 29.

[283] AG Charlottenburg GE 2014, 1009.

handenen Angebote wie zB Gärten, Terrassen, Kinderspielanlagen, soweit sie zu einer Wohnung gehören, aber auch als Gemeinschaftseinrichtungen. Seit der Mietrechtsänderung 2013 ist klargestellt, dass auch der energetische Zustand des Hauses bei der Beurteilung der Ausstattung zu berücksichtigen ist. (→ Rn. 81).

Entsprechend den bis 1996 geltenden Hinweisen zur Aufstellung von Mietspiegeln[284] wird in Mietspiegeln häufig immer noch unterschieden zwischen 67

- Wohnung mit Bad oder Dusche und Sammelheizung
- Wohnung mit Bad/Dusche oder Sammelheizung
- Wohnung ohne Bad, Duschraum und Sammelheizung

obwohl diese Differenzierung in der heutigen Zeit überholt ist.[285]

Bei den **Beheizungsarten** für die Wohnung muss zwischen den verschiedenen Systemen unterschieden werden. Rechtlich gibt es als Anknüpfungspunkt nur die HeizkostenV. Dort gibt es den Begriff der *zentralen Heizungsanlage*. Damit ist jede Heizung gemeint, die von einer zentralen Stelle aus ein Gebäude mit mehreren Nutzern mit Wärme versorgt. Für die Beurteilung der Ausstattung einer Wohnung mit einer bestimmten Heizung ist dies aber kein geeignetes Kriterium. Hier geht es um die Erfassung eines bestimmten Wohnwertes. Dazu muss wie folgt unterschieden werden: 68

| Beheizungsart | Untergruppe | Beschreibung/Definition |
|---|---|---|
| Einzelöfen | Gasöfen<br>Kohleöfen<br>Elektrostrahler<br>Elektroheizung | Diese beheizen nur einen einzelnen Raum oder sogar nur Teile. Die Außenwandöfen (Gamat[286]) fallen genauso wenig unter diese Kategorie wie die NARAG-Heizungen[287] oder die Forster-Heizung.[288] |
| Sammelheizungen | Eine Sammelheizung liegt immer dann vor, wenn sämtliche[289] Wohnräume automatisch erwärmt werden. Unabdingbares Erfordernis für eine Sammelheizung ist, dass die Brennstoffversorgung automatisch erfolgt.[290] | |
| | Etagenheizung | zentrale Wärmeerzeugung für eine Wohnung |
| | Zentralheizung[291] | zentrale Wärmeerzeugung für mehrere Wohnungen[292] |
| | Fernwärme[293] | Wärme für mehrere Wohnungen wird von Dritten gewerblich geliefert |

Umstritten ist die Einordnung der **Nachtspeicherheizung.** Zum Teil werden Nachtspeicheröfen in die Gruppe der Einzelöfen eingeordnet,[294] zT aber auch in die Gruppe der Sammelheizungen Untergruppe Etagenheizungen.[295] In den alten Ländern ist dieser Streit dann von Bedeutung, wenn der Mietspiegel als textliche Beschreibung für die Einordnung einer Wohnung den Begriff der Sammelheizung als besonderes Ausstattungsmerkmal aufweist. Würde man die Nachtspeicherheizung in diesem Fall nicht als Sammelheizung verstehen, müsste die Wohnung in die Ausstattungsklasse Einzelöfen oder sogar als Wohnung ohne Heizung eingruppiert werden. Verglichen 69

284 Abgedr. bei *Börstinghaus/Clar* Mietspiegel, Anh. B III.

285 AnwK WohnraumMietR/*Lammel* BGB § 558 Rn. 37.

286 AG Berlin-Mitte NZM 2002, 950, MM 1996, 368; **aA** AG Hamburg-Barmbek ZMR 2016, 966 für eine mittels Gasboiler betriebene NARAG-Heizung.

287 LG Hamburg NZM 2002, 945; AG Hattingen WuM 1990, 221; OVG Hamburg WuM 1995, 666; *Sternel* MietR Kap. IV Rn. 174.

288 LG Berlin MM 2007, 147; AG Lichtenberg MM 2003, 343; **aA** LG Berlin GE 1990, 609.

289 Nach LG Berlin GE 1997, 429 kann ein Heizkörper in Küche und Kammer aber fehlen; AG Hohenschönhausen WuM 1996, 776, fehlender Heizkörper im Bad unschädlich; *Sternel* MietR Kap. IV Rn. 174.

290 LG Hamburg ZMR 2001, 896; AG Lichtenberg MM 2003, 343.

291 Einrohrheizungen mit ungedämmten Leitungen stellen keine moderne Heizungsanlage dar, AG Erfurt WuM 2012, 380.

292 LG Berlin WuM 2020, 31; AG Tempelhof-Kreuzberg/LG Berlin GE 2008, 1430.

293 BGH VIII ZR 262/09, NZM 2012, 323, um Fernwärme handelt es sich nur dann, wenn der Energieversorger hohe Investitionen vorzunehmen hat, um seine Vertragspflicht zur Wärmelieferung erfüllen zu können. Die Anmietung einer bereits vorhandenen, im Eigentum des Kunden stehenden Heizungsanlage genügt nicht.

294 LG Duisburg WuM 1990, 562; AG Essen WuM 2001, 361; *Isenmann* NZM 1998, 143.

295 LG Berlin WuM 2020, 31, 32; GE 1989, 723; 1997, 1471; AG Hamburg-St. Georg GE 2006, 1239; *Sternel* MietR Kap. IV Rn. 174.

damit ist die Nachtspeicherheizung sicher einer typischen Sammelheizung näher als den anderen Kategorien. Dabei darf aber nicht vergessen werden, dass der Komfort nicht völlig gleich ist. Eine Nachtspeicherheizung muss rechtzeitig aufgeladen werden, sie birgt ggf. das Risiko von Asbestimmissionen,[296] und sie nimmt in jedem Raum mehr Platz als ein normaler Heizkörper ein. Soweit in gesetzlichen Regelungen oder Mietspiegelerläuterungen der Begriff Zentralheizung verwandt wird, fallen Nachtspeicherheizungen nicht darunter, da sie die Wärme gerade dezentral erzeugen.[297]

70 Problematisch ist die Einordnung der Wohnung in den Fällen, in denen der Vermieter im Rahmen von **Wärme-Contracting** (zum Begriff s. § 556c BGB) die Heizung nicht selbst betreibt.[298] Obwohl dem Vermieter hier keine Kosten entstehen, hat der Mieter iE den gleichen Komfort als wenn dies so wäre. Da sich für diese Wohnungen zurzeit noch kein eigener Teilmarkt gebildet hat[299], müssen die Wohnungen in die vorhandenen Kategorien eingeordnet werden. Von den Marktteilnehmern werden solche Wohnungen aber als Wohnung mit Heizung betrachtet, so dass eine Einordnung in die Kategorie „ohne Heizung"[300] zurzeit den Gegebenheiten nicht gerecht wird.[301] Vereinzelt werden in Mietspiegeln auch Abschläge für diese Beheizungsart entsprechend den Vorschriften für den preisgebundenen Wohnungsbau oder in anderer Höhe[302] angeordnet. Sieht der Mietspiegel einen Abschlag für die Beheizung mit Fernwärme vor, kann entweder dieser Abschlag auch bei der Beheizung mittels Wärmecontracting in Ansatz gebracht werden oder die Wohnung deswegen unterhalb des Median in die Mietspiegelspanne eingruppiert werden.[303] Es ist gerechtfertigt einen solchen benannten Abschlag in Ansatz zu bringen.[304] Der Vermieter hat dem Mieter nur ein beheizbares Objekt zur Verfügung gestellt. Auch wenn der Komfort iErg gleich ist, liegt wirtschaftlich ein Unterschied vor. Der Mieter muss Teile der Beheizungskosten nämlich zusätzlich über den Wärmepreis zahlen. Dieser Teil ist als Teil der Grundmiete zu betrachten. Wirtschaftlich wird auch der Vermieter nicht schlechter gestellt, da er den Teil der Heizungskosten, den er ansonsten aus der Grundmiete finanzieren müsste, selbst gar nicht mehr tragen muss.[305]

71 Unter einem **Bad** wird ein separater Raum verstanden, der mit funktionsfähiger Badewanne und/oder Dusche ausgestattet ist.[306] Ein Handwaschbecken dürfte regelmäßig erforderlich sein.[307] Hat der Mieter das Waschbecken eingebaut, dann wird das Waschbecken selbst dann nicht berücksichtigt, wenn es wirtschaftlich abgeschrieben ist.[308] Unerheblich sind die Größe des Bades und die Tatsache, dass es nur über die Küche erreichbar ist.[309] Bei der Differenzierung nach dem Ausstattungsmerkmal **WC** geht es vor allem um die Unterscheidung zwischen Innen- und Außen-WC. Der Begriff WC meint aber zwingend eine Toilette mit Wasserspülung. Ein Trockenklosett ist deshalb selbst wenn es innerhalb der Wohnung liegt kein Innen-WC.[310]

72 Eine so **grobe Differenzierung** erlaubt aber kaum eine Aufteilung des Wohnungsbestandes auf verschiedene Merkmalsgruppen, da zumindest Wohnraum der letzten Kategorie kaum noch vor-

---

[296] LG Dortmund ZMR 1994, 410; LG Hannover WuM 1997, 434; AG München WuM 1996, 762; *Isenmann* NZM 1998, 143.

[297] Noch zu § 12 MHG: AG Liebenwerda WuM 1995, 658; DWW 1996, 193; AG Grimmen WuM 1996, 227; AG Hohenstein MM 1996, 167; *Meyer* ZMR 1995, 565.

[298] Umf. *Eisenschmid* WuM 1998, 449; *Tiefenbacher* NZM 2000, 161; *Schmid* DWW 2000, 147; *Derleder* WuM 2000, 3.

[299] AG Flensburg WuM 2015, 508; 2015, 507 mAnm *Börstinghaus* jurisPR-MietR 24/2015 Anm. 1.

[300] Zweifelnd *Eisenschmid* WuM 1998, 449 (452).

[301] AG Dortmund WuM 2014, 672; bestätigt durch LG Dortmund WuM 2015, 737 = ZMR 2016, 112 (113); *Sternel* MietR Kap. IV Rn. 175.

[302] So enthielt zB der Mietspiegel Dortmund Stand 1.9.2008 einen Abschlag für „Wohnungen, für die mit einem gewerblichen Wärmelieferanten ein Wärmeliefervertrag abgeschlossen (Nahwärme; Contracting) wurde" von 0,16 EUR; im Mietspiegel 2013 ist ein Abschlag nur für die Beheizung mittels Fernwärme vorgesehen.

[303] AG Dortmund WuM 2014, 672, bestätigt durch LG Dortmund WuM 2015, 737 = ZMR 2016, 112 (113).

[304] AG Flensburg (Abt. 62) WuM 2015, 507 (von 0,17 EUR); (Abt. 64) WuM 2015, 508 (von 0,22 EUR) mAnm *Börstinghaus* jurisPR-MietR 24/2015 Anm. 1.

[305] AG Flensburg WuM 2015, 508 mAnm *Börstinghaus* jurisPR-MietR 24/2015 Anm. 1.

[306] AG Tempelhof-Kreuzberg MM 1999, 79.

[307] LG Halle WuM 2000, 551; AG Berlin-Mitte MM 2004, 339; *Sternel* MietR Kap. III Rn. 593; **aA** AG Berlin-Mitte GE 1996, 985; BeckRS 2009, 23461.

[308] *LG Halle WuM 2000, 551; LG* Berlin GE 2002, 594, Bad soll nach acht Jahren ins Eigentum des Eigentümers übergehen.

[309] LG Berlin GE 2007, 597.

[310] *Busch* WuM 1997, 271; **aA** AG Hohenstein-Ernstthal WuM 1997, 270.

handen ist. Aus der Gebäude- und Wohnungszählung geht hervor, dass im Jahre 1968 gerade 29,8% der Wohnungen mit Bad, WC und Sammelheizung ausgestattet waren, 37,8% hatten keine Sammelheizung, 11,6% besaßen nur ein WC ohne Bad. 20 Jahre später, im Jahre 1987 hatte sich dies Verhältnis grdl. umgedreht. Ca. ¾ aller Wohnungen waren zu diesem Zeitpunkt bereits mit Sammelheizung, Bad und WC ausgestattet, 21,9% noch ohne Sammelheizung, lediglich noch 3,1% nur mit einem WC, 1% noch ohne Bad und WC.[311] Allenfalls dann, wenn diese Ausstattungsmerkmale vom Mieter eingebaut wurden (→Rn. 74) und deshalb nicht berücksichtigt werden dürfen, kann es vereinzelt in den alten Ländern noch zur Eingruppierung in diese Kategorie kommen. Deshalb ist für die Beurteilung der Ausstattung auch noch auf weitere Kriterien zu achten. Die Hinweise zur Aufstellung von Mietspiegeln aus dem Jahre 2002[312] geben zum Wohnwertmerkmale Ausstattung folgende Differenzierungskriterien an:

– *Beheizung: Unterscheidung nach Fernheizung, Blockheizung bzw. Blockheizkraftwerk, Zentralheizung, Etagenheizung, Nachtstromspeicherheizung, Einzelöfen (Gas, Kohle, Öl), teilweise Beheizung; Bestehen eines Wärmeliefervertrages mit einem gewerblichen Wärmelieferanten (Wärmecontracting).* 73
– *Bad, Toilette: separates Badezimmer oder Badenische (Länge und Breite des Bades); Gäste-WC; Badewanne und (separate) Duschtasse (mit fester Duschabtrennung), Bidet; fehlendes Waschbecken, zwei Waschbecken; Verfliesung (zB deckenhoch); Messeinrichtungen für die Wasserver- und -entsorgung, um den individuellen Verbrauch zu ermitteln.*
– *Küche: hier ist zu prüfen, inwieweit eine Küchenausstattung in den einzelnen Bundesländern zur Standardausstattung einer Wohnung gehört bzw. von der jeweiligen Landesbauordnung vorgeschrieben ist, bzw. Kücheneinrichtungen typischerweise nicht mitvermietet werden: Kochnische, Koch- oder Wohnküche; Warmwasserversorgung, Versorgungs- und Entsorgungsanschlüsse; Fliesenspiegel; Küchengeräte (Elektro-, Gas-, Mikrowellenherd, Kühl-, Gefrierschrank, Dunstabzugshaube, Geschirrspülmaschine).*
– *Grundriss- und Zimmermerkmale: Wohndiele, Speisekammer; Größe des kleinsten und größten Wohnraumes; Wohnraumhöhe; gefangene Räume (Durchgangszimmer; Räume, die nur über einen anderen Raum zu erreichen sind).*[313]
– *Balkon, Terrasse, Garten: Balkon oder Loggia mit Größenangabe evtl. mit Angaben zur Ausrichtung (Nord- oder Südbalkon) oder zur Nutzbarkeit; Terrasse, Dachterrasse mit Größenangabe (evtl. mit Angaben zur Pflasterung).*
– *Altersgerechte Ausstattung: altersgerechte Ausstattung (barrierefrei nach DIN 18025 2. Teil); behindertengerechte Ausstattung (barrierefrei nach DIN 18025 1. Teil); Betreuungsvertrag (betreutes Wohnen), sowohl entgeltlich als auch unentgeltlich.*
– *Andere vom Vermieter fest installierte Einrichtungen in der Wohnung: besonders gestaltete Fenster (zB Rundbogen- oder Sprossenfenster); Verglasung der Fenster (unterschiedlicher Wärmedämmstandard – Zwei-Scheiben-Isolierverglasung bzw. Dämmverglasung oder höherwertige Wärmeschutzverglasung; Abfrage von K-Werten bei Vermieterbefragungen möglich – und spezielle Funktionen – Schallschutzverglasung, einbruchhemmende Verglasung); Rollläden an allen Fenstern; Anschluss an Satellitenanlage/Kabelanschluss in der Wohnung; Abstellkammer (begehbar, größer als 1 m²) in der Wohnung; Einbauschränke; Holztäfelung, Stuck; Gegensprechanlage; Besondere Sicherheitsausstattung (zB Türspion, Sicherheitsschlösser ohne überstehenden Schließzylinder); Oberböden (ohne Bodenbelag vermietet, Teppichböden, Laminatböden, Holzdielen, Parkett-/Fliesenfußböden, Marmorfußboden oder gleichwertige Natursteine); offener Kamin, Kaminofen, Kachelofen; Elektro-/Gas-/Wasserinstallation über Putz verlegt.*
– *Vom Vermieter gestellte und außerhalb der Wohnung liegende Räume bzw. Einrichtungen: Aufzug (Fahrstuhl), über den die Wohnung zu erreichen ist; Waschmaschine, Wäschetrockner, Trockenraum; Fahrradkeller, -abstellraum, Hobby-, Werkraum; Speicherraum (Dachboden); Kinderspielplatz, Grillplatz; Sauna, Schwimmbad; Garten zur alleinigen Nutzung oder zur Mitbenutzung; Einzel-, Doppelgarage, Stellplatz.*
– *Angaben zu Erneuerungen bzw. Modernisierungen: erstmaliger Einbau einer Heizung; nachträgliche Erneuerung der Heizung; erstmaliger Dusch- oder Badeinbau; Baderneuerung bzw. -modernisierung; Zwei-Scheiben-Isolierverglasung bzw. Dämmverglasung bei allen Fenstern und Außentüren (zB Wohnungstür, Türen zu Balkonen); Nachträglicher Einbau einer höherwertigen Verglasung, zB höherwertige Wärmeisolierung, Schallschutz, Einbruchschutz; Wärmedämmung (Dämmung der Außenwände, des Daches oder der Kellerdecke); Türenmodernisierung; Fußbodenerneuerung, dh eine über die reine Ober-*

[311] Zitiert nach *Keller,* Zivilrechtliche Mietpreiskontrolle, 1996, 135.
[312] Abgedr. bei *Börstinghaus* Miethöhe-HdB S. 764.
[313] Für gefangenen Raum als „Abschlagsfaktor" auch LG Dortmund WuM 2003, 297.

*flächeninstandhaltung/-instandsetzung hinausgehende Verbesserung, zB Fliesen- oder Parkettverlegung; Leitungsmodernisierung (Elektroinstallationen einschließlich Verstärkung der Leistungsquerschnitte); Modernisierung der Wasserver- und -entsorgung, zB Verlegung neuer Anschlüsse für Waschmaschine, Wäschetrockner oder Spülmaschine innerhalb von Wohnungen; Verbesserung der Wohnverhältnisse durch Veränderung des Wohnungsgrundrisses.*

74 **Auf Kosten des Mieters vorgenommene Wohnwertverbesserungen** bleiben unberücksichtigt. Dies ist insbes. der Fall, wenn der Mieter die Wohnungen mit Einrichtungen versehen hat oder Ein- oder Umbauten vorgenommen hat[314], zB auch Ein- und Umbauten, die der Mieter gem. § 554 BGB zur Herstellung der Barrierefreiheit vorgenommen hat.[315] Ein Vermieterwechsel[316] ändert daran ebenso wenig etwas wie der Eintritt oder Vertragsfortsetzung mit Angehörigen nach Tod des Mieters[317] oder der Abschluss eines neuen Mietvertrages unter Aufnahme des Ausstattungsmerkmals.[318] Dies gilt auch, wenn der Mieter auf Grund des Vertrages zum Einbau dieser Ausstattung verpflichtet war[319] oder die Wohnung zuvor schon vom Vermieter mit dem gleichen Ausstattungsgegenstand ausgestattet war, dieser aber einvernehmlich entfernt wurde.[320] Jede andere Beurteilung der Frage würde dazu führen, dass der Mieter für die von ihm vorgenommene Verbesserung der Mietsache einen Nachteil hinnehmen müsste. Die Mietereinbauten sind deshalb selbst dann nicht zu berücksichtigen, wenn dem Mieter gegenüber dem Vermieter Ausgleichsansprüche gem. §§ 539, 552, 951 BGB zustehen[321] oder wenn die Mietereinbauten abgeschrieben sind.[322] Eine entsprechende Anwendung der Regelungen über den Baukostenzuschuss scheidet hier aus. Der Mieter wollte dem Vermieter gegenüber gar keine Leistung erbringen. Er hat „seine Wohnung" seinen Bedürfnissen gemäß ausstatten wollen und hat deshalb gegenüber dem Vermieter auch keine **Gewährleistungsansprüche** bzgl. dieser Ausstattungsmerkmale.[323] Die Parteien können hier auch keine abweichenden Vereinbarungen für die Zukunft treffen, da dies gegen § 558 Abs. 6 BGB verstößt.[324] Etwas anderes gilt dann, wenn der Vermieter dem Mieter die Anschaffungskosten erstattet.[325] Eine solche Vereinbarung kann sich zB daraus ergeben, dass ein neuer Mietvertrag nach der Mietermodernisierung mit einem anderen Vermieter geschlossen wird.[326] Hat der Mieter nur vom Vermieter zur Verfügung gestellte Ausstattungsgegenstände ausgetauscht handelt es sich weiterhin um zu berücksichtigende Ausstattungsmerkmale.[327] Hat der Mieter jedoch **auf eigene Kosten** eine Sammelheizung eingebaut, gilt die Wohnung auch dann für die Mieterhöhung als ofenbeheizt, wenn nach der vertraglichen Vereinbarung die Heizung nach acht Jahren „in das Eigentum des Hauses" übergehen sollte.[328] Stammen aber die wesentlichen Installationen vom Vermieter (zB die Gastherme) und hat der Mieter nur Heizkörper eingebaut, so handelt es sich um eine Wohnung mit

---

314 BGH VIII ZR 355/18, NZM 2020, 534 = NJW 2020, 1947; VIII ZR 52/18, WuM 2018, 771 mAnm *Börstinghaus,* LMK 2018, 412413; BGH VIII ZR 315/09, NZM 2010, 735; VIII ZR 220/13, NZM 2014, 349; BayObLG NJW 1981, 2259; LG Berlin GE 2011, 1011; 2008, 1627; 2008, 1258; 2001, 594; LG Baden-Baden WuM 1993, 358; LG Hamburg WuM 1990, 441; LG Köln WuM 1985, 334; AG Köpenick GE 2015, 131; AG Hamburg NJWE-MietR 1996, 268; Staudinger/*V. Emmerich* BGB § 558 Rn. 52; *Horst* DWW 2016, 162.

315 *Rips,* Barrierefreiheit gemäß § 554a BGB (sic. heute § 554 BGB) –; Ein neues Rechtsinstitut im Mietrecht und dessen Einordnung in das allgemeine deutsche Recht, 2003, 143.

316 LG Köln WuM 1985, 326.

317 VerfGH Brandenburg GE 2015, 849 mAnm *Bieber* GE 2015, 822.

318 BGH VIII ZR 355/18, NZM 2020, 534 = NJW 2020, 1947.

319 BGH VIII ZR 315/09, NZM 2010, 735.

320 BGH VIII ZR 52/18, NZM 2019, 142 mAnm *Börstinghaus,* LMK 2018, 412413.

321 So aber *Olivet* ZMR 1979, 321.

322 LG Berlin GE 2008, 1627; LG Halle WuM 2000, 551; LG Baden-Baden WuM 1993, 358; AG Charlottenburg GE 2006, 1235; Kossmann/Meyer-Abich Wohnraummiete-HdB/*Meyer-Abich* § 148 Rn. 21; **aA** LG München MDR 1980, 230; AnwK WohnraumMietR/*Lammel* BGB § 558 Rn. 41; offen gelassen *Horst* DWW 2016, 162.

323 Missverständlich für den umgekehrten Fall insofern LG Berlin BeckRS 2020, 23034.

324 BGH VIII ZR 52/18, WuM 2018, 771 unter ausdrücklicher Aufgabe der früheren Rspr. in BGH VIII ZR 315/09, NZM 2010, 735 **aA** auch AG Neuss BeckRS 2016, 06599.

325 BGH VIII ZR 52/18, NZM 2019, 142 unter ausdrücklicher Aufgabe der früheren Rspr. BGH VIII ZR 315/09, NZM 2010, 735; AG Tempelhof-Kreuzberg GE 2008, 1199, bei Zuschuss des Vermieters von 2.000 EUR zur Kücheneinrichtung gilt die Wohnung als mit Einbauküche ausgestattet iSd Orientierungshilfe zum Berliner Mietspiegel; Bub/Treier MietR-HdB/*Schultz* Kap. III A Rn. 1402.

326 LG München WuM 1993, 451 (454).

327 LG Berlin GE 2008, 1258.

328 LG Berlin GE 2002, 594.

Sammelheizung.[329] Hat der Vermieter die Ausstattung auf seine Kosten eingebaut und zahlt der Mieter hierfür einen „Zuschlag" zur Miete, handelt es sich um eine zu berücksichtigende Ausstattung.[330] Zu beachten ist aber, dass der „Zuschlag" Teil der geschuldeten Miete ist und eine Mieterhöhung nur dann in Betracht kommt, wenn die aktuelle ortsübliche Vergleichsmiete für die Wohnung mit der Ausstattung die vereinbarte Gesamtmiete inkl. Zuschlag überschreitet.[331] Mietereinbauten sind auch dann weiterhin nicht zu berücksichtigen, wenn die Mieterinvestition abgegolten ist, zB weil diese bei den monatlich zu zahlenden Mieten verrechnet wurden.[332] Die Einrichtung bleibt auch unberücksichtigt, wenn der Mieter sie vom Vormieter gekauft hat.[333] Die gleichen Grundsätze gelten bei der Spanneneinordnung.[334]

Von der Wohnungsausstattung **abweichende Beschreibungen** im Mietvertrag haben grds. keine Bedeutung (→ Rn. 50a).[335] Es gilt immer die tatsächliche Ausstattung der Wohnung.[336] Anderenfalls hätten es die Mietvertragsparteien in der Hand, durch unzutreffende Beschreibung der Wohnung im Mietvertrag den gesetzlich vorgesehenen Vergleichsmaßstab zu ändern.[337] Eine solche Vereinbarung ist auch wegen Verstoßes gegen § 557 Abs. 4 BGB unwirksam. Eine andere Frage ist die Beweislastverteilung in diesen Fällen. Befindet sich eine Dusche in der Wohnung und ist im Mietvertrag vereinbart, dass eine Wohnung mit Dusche vermietet wurde, so trägt der Mieter die Beweislast, dass er die Dusche angeschafft und eingebaut hat.[338] Im Übrigen trägt aber der Vermieter die Beweislast für die von ihm zur Verfügung gestellte Ausstattung. 75

**Einzelfälle aus der Rspr.** zu einzelnen Ausstattungsmerkmalen[339]: 76

| **Ausstattung** Stichwort | **Leitsatz** | **Gericht Fundstelle** |
|---|---|---|
| Aufzug | Das Sondermerkmal „Aufzug im Haus" ist auch dann gegeben, wenn die Wohnung im Erdgeschoss liegt. | AG Charlottenburg und LG Berlin GE 2016, 1217 |
| Abstellraum | Ein Abstellraum mit Sichtschutz im Sinne des Berliner Mietspiegels ist auch bei einer Nische mit Vorhang gegeben | AG Wedding GE 2012, 1047; s. auch Einbauschrank |
| Bad | Eine Wohnung, die mit einem „Frankfurter Bad" ausgestattet ist, ist eine Wohnung ohne Bad iSd Wiesbadener Mietspiegels. | AG Wiesbaden WuM 1993, 68 |
| Bad | Die umgebaute Abstellkammer der Küche, die mit einer Dusche und einem Warmwasserspeicher und eigener Tür ausgestattet ist, ist unabhängig davon, ob sie zusätzlich ein Handwaschbecken aufweist und ob man sich darin abtrocknen kann, als Bad einzuordnen. | AG Berlin-Mitte GE 2009, 911 |

329 LG Berlin GE 2008, 1430; 2004, 180; AG Tempelhof-Kreuzberg GE 2008, 1430.

330 LG Berlin DWW 2020, 303 = GE 2020, 1250.

331 Ähnlich BGH VIII ZR 31/17, NZM 2017, 594 für die Vereinbarung eines Schönheitsreparaturzuschlags im Mietvertrag; krit. hierzu *Fervers* FS Börstinghaus, 2020, 89.

332 AG Köln WuM 1987, 159; AnwK WohnraumMietR/*Lammel* BGB § 558 Rn. 40.

333 LG Hamburg WuM 1990, 441; AG Neukölln MM 1999, 171; AnwK WohnraumMietR/*Lammel* BGB § 558 Rn. 41; zur Wirksamkeit solcher Vereinbarungen s. § 4a Abs. 2 WoVermittG; BGH NJW 1997, 1845 mAnm *Weye* MDR 1998, 379; AG Dortmund NJW-RR 1997, 1032; LG Traunstein NJW-RR 1996, 1295; AG/LG Wiesbaden WuM 1997, 53.

334 AG Köpenick GE 2015, 131.

335 BGH VIII ZR 52/18, NZM 2019, 142; *Börstinghaus* LMK 2018, 412413; BGH VIII ZR 266/14, NJW 2016, 239; *Börstinghaus* NZM 2013, 1; *Börstinghaus/Clar* NZM 2014, 889; Staudinger/*V. Emmerich* BGB § 558 Rn. 43; Erman/*Dickersbach* BGB § 558 Rn. 26; Lützenkirchen MietR/*Dickersbach* BGB § 558 Rn. 129 jeweils unter Aufgabe der aA aus der Vorauflage; aber immer noch aA bei Lützenkirchen MietR/*Dickersbach* BGB § 558 Rn. 98 („Basis … ist die zwischen den Parteien *vereinbarte* Wohnfläche").

336 BGH VIII ZR 266/14, NJW 2016, 239, für Wohnfläche.

337 So LG Köln WuM 1985, 334.

338 AG Schöneberg GE 2015, 127.

339 Zu den verschiedenen Merkmalgruppen im Berliner Mietspiegel 2017: Scheidacker/Martini/Schuberth/*Scheidacker,* Handbuch zum Berliner Mietspiegel, 2017, S. 132ff.

| **Ausstattung** Stichwort | **Leitsatz** | **Gericht Fundstelle** |
|---|---|---|
| Bad | Ein Bad liegt nicht vor, wenn weder eine Badewanne noch eine Dusche, sondern nur ein Handwaschbecken in der Toilette vorhanden ist. | AG Charlottenburg GE 2009, 915 |
| Balkon | Ein über 4 $m^2$ großer Balkon kann, zumindest wenn er gut geschnitten ist und über eine ausreichende Tiefe verfügt, als groß bezeichnet werden und ist ein positives Merkmal. | AG Neukölln GE 1997, 749 |
| Balkon | Bei Anwendung des Berliner Mietspiegels ist ein fehlender Balkon wie ein „nicht nutzbarer Balkon" zu behandeln. | KG GE 2004, 1391; KG GE 2004, 1392 |
| Balkon | Ein nicht vorhandener Balkon ist kein Negativmerkmal im Sinne eines nicht nutzbaren Balkons. | AG Charlottenburg GE 2006, 1175 |
| Balkon, groß und geräumig | Groß und geräumig ist ein Balkon nur, wenn der Platz dort für mehrere Personen genügt. Dazu müssen ein Tisch und mehr als zwei Stühle Platz finden. | AG Lichtenberg MM 2003, 343 |
| Balkon | Ein Balkon, der nur eine Tiefe von 85 cm aufweist, ist „nicht nutzbar" im Sinne der Spanneneinordnung zum Berliner Mietspiegel 2003. | AG Köpenick MM 2005, 263 |
| Be- und Entwässerungsleitungen | Der Begriff „überwiegend" im Zusatzmerkmal „Be- und Entwässerungsleitungen überwiegend nicht unter Putz" in der Orientierungshilfe zum Berliner Mietspiegel stellt nicht auf die Wohnung insgesamt ab, sondern nur auf die Räumlichkeiten, die einen Wasseranschluss haben. | LG Berlin GE 2006, 917 |
| Bodenbelag | Bei fehlender Fußleiste liegt kein hochwertiger Bodenbelag vor. | AG Schöneberg GE 2009, 117 |
| Bodenbelag | Ob ein hochwertiger Bodenbelag vorliegt ist nicht allein nach dem Preis zu entscheiden, sondern auch anhand der Verlegung. Verschweißte Nähte bei einem Linoleumboden sind ein Indiz für Hochwertigkeit. | LG Berlin GE 2016, 864 |
| Bodenfliesen | Auch fast 70 Jahre alte Bodenfliesen in der Küche sind wohnwerterhöhend. | AG Schöneberg GE 2008, 607 |
| Dielenboden | Ein Dielenboden ist kein hochwertiger Bodenbelag | LG Berlin GE 2012, 271 |
| Einbauschrank | Eine Nische, die der Mieter mit Regalbrettern versehen hat | **Ja:** AG Münster WuM 2012, 380<br>**Nein:** AG Schöneberg GE 2008, 1565;<br>BeckRS 2010, 23733; *Föller* WuM 2012, 380. |
| Fliesen | Kunststofffliesen sind keine Fliesen iSd Berliner Mietspiegels (sa „Riemchen"). | AG Schöneberg GE 2005, 311 |
| Gefangener Raum | Es handelt sich um ein objektiv negatives Kriterium, wenn das Schlafzimmer über keinen eigenen separaten Eingang verfügt, sondern nur durch die Küche und das Bad betreten werden kann. | AG Dortmund WuM 2003, 297 |

| **Ausstattung** Stichwort | **Leitsatz** | **Gericht Fundstelle** |
|---|---|---|
| Garten | Ein Garten ist sowohl nach Wortsinn als auch nach Sinn und Zweck eine Fläche, die den Mietern einen besonderen Erholungswert bieten kann. Eine reine Zierfläche geringer Größe bzw. Verkehrs-Abstandsgrün stellen keine in diesem Sinne nutzbare Grünfläche dar. | AG Lichtenberg MM 2003, 343 |
| Garten | Grünflächen um Wohnblöcke herum mit Rasenbewuchs, vereinzelten Bäumen und Gehölzrabatten, Schaukeln, Sandkästen, Wäsche- und Teppichstangen stellen regelmäßig keinen Garten dar, der einen Zuschlag nach dem Mietspiegel rechtfertigt. | LG Landshut WuM 2007, 392 |
| Heizung | Wurden lediglich die Leitungen bis zur Wohnung vom Vermieter angebracht und hat der Mieter die Nachtspeicheröfen selbst angeschafft, dann handelt es sich um eine Wohnung ohne Heizung. | AG Köln WuM 1985, 334 |
| Heizung Kokskohle | Eine Kokskohlen-Etagenheizung ist eine Sammelheizung iSd Berliner Mietspiegels. | LG Berlin GE 1990, 609 = WuM 1990, 310 |
| Heizung Kokskohle | Eine Kokskohlen-Etagenheizung ist keine Sammelheizung iSd Berliner Mietspiegels. | LG Berlin GE 1996, 1243 |
| Heizung | Eine Heizung im Sinne des Mietspiegels ist auch dann gegeben, wenn der Mieter die bei Anmietung vorhandene Koksheizung auf eine andere Brennstoffart umgestellt hat. | AG Köln WuM 1982, 307 |
| Hochparterre | Für Lage im Hochparterre mit 1,60 m über Straßenniveau ist kein Abschlag wie bei Erdgeschosswohnung vorzunehmen. | LG Berlin (ZK 61.) GE 2003, 744 |
| Kabelanschluss | Für die Ermittlung des Wohnwertes einer Wohnung ist nicht entscheidend, ob der Mieter einen Kabelanschluss in der Wohnung hat, sondern ob das Haus an das Kabelnetz angeschlossen ist. | LG Berlin GE 1996, 1241 |
| Keller | Ist im Mietvertrag den Mietern kein Keller mitvermietet worden, so handelt es sich bei der Ermittlung des Wohnwertes selbst dann um eine Wohnung ohne Keller, wenn sie faktisch die Möglichkeit haben, den Hauskeller mitzubenutzen. | LG Berlin GE 1996, 1241 |
| Laminat | Ein Laminatfußboden durchschnittlicher Qualität in den Wohnräumen ist kein wohnwerterhöhendes Merkmal iSd Berliner Mietspiegels 2005. | AG Berlin-Mitte MM 2007, 39 |
| Laminat | Bei Laminatfußboden durchschnittlicher Qualität handelt es sich um einen hochwertigen Bodenbelag im Sinne eines wohnwerterhöhenden Sondermerkmals des Berliner Mietspiegels, wenn er in Wohnräumen verlegt ist. Für eine Küche stellt der Laminatboden wegen seiner Feuchtigkeits- und Fleckenempfindlichkeit und seiner begrenzten Stoßfestigkeit keinen hochwertigen Bodenbelag dar. | LG Berlin GE 2006, 849 |
| Laminat | Ein Laminatboden ist kein höherwertiger Bodenbelag | LG Berlin GE 2012, 1319 |
| Loggia | Eine Loggia mit einer Fläche von 2,5 m² ist nicht wohnwerterhöhend. | AG Schöneberg GE 2008, 607 |

| **Ausstattung** Stichwort | **Leitsatz** | **Gericht Fundstelle** |
|---|---|---|
| Nachtspeicherheizung | Bei einer mit Nachtspeicherheizung ausgestatteten Wohnung handelt es sich um eine Wohnung mit Sammelheizung. Dabei müssen nicht alle Räume mit Nachtspeicherheizgeräten ausgestattet sein, es genügt, dass die Räume ohne Heizkörper mit erwärmt werden. | LG Berlin GE 1989, 1275 und LG Berlin GE 1989, 1055 = WuM 1989, 157 |
| Riemchen | So genannte Riemchen im Arbeitsbereich der Küche sind mit Fliesen nicht vergleichbar und stellen kein wohnwerterhöhendes Merkmal dar. | AG Schöneberg GE 2009, 117 |
| Thermophenverglasung | Die thermophenverglasten Fenster sind dann nicht wohnwertsteigernd zu berücksichtigen, wenn die Wohnung im Bereich der Lärmschutzzone II des Flughafens liegt. | AG Hamburg WuM 1985, 334 |
| Waschküche | Eine Waschküche außerhalb der Wohnung ist wohnwerterhöhend. | AG Schöneberg GE 2008, 607 |
| Wasserleitungen | Trinkwasserleitungen aus Blei sind noch so weitgehend üblich, dass ein relevantes Abweichen vom Durchschnitt der Wohnungen nicht feststellbar ist. Es gilt der Mittelwert. | AG Hamburg WuM 1991, 119 |
| Zentralheizung | Eine kohlebeheizte Narag-Heizung oder manuell zu versorgende Ölöfen sind keine Zentralheizung iSd Mietspiegels. | AG Hattingen WuM 1990, 221 |

### 5. Beschaffenheit

77 **a) Definition.** Mit dem Wohnwertmerkmal Beschaffenheit ist der **Zuschnitt der Wohnung** einschließlich der mitvermieteten Hausteile sowie Art und Gestaltung der Umgebung gemeint sowie die Bauweise und auch der Instandhaltungsgrad. Seit der Mietrechtsänderung 2013 ist klargestellt, dass auch der energetische Zustand des Hauses bei der Ermittlung der maßgeblichen Beschaffenheit zu berücksichtigen ist. Auch die Frage der Barrierefreiheit einer Wohnung gem. § 554a BGB kann eine Frage der Beschaffenheit sein. Mietpreisrelevant ist das Merkmal aber nur dann, wenn der Vermieter die Barrierefreiheit hergestellt hat und nicht der Mieter.[340]

78 Auch die **Lage der Wohnung im Haus** ist eine Frage der Beschaffenheit der Wohnung.[341] Mit dem Merkmal Beschaffenheit soll die Wohnung selbst beschrieben werden, während über das Merkmal Lage die Beziehungen der Wohnungen zur Umwelt erfasst wird. Letztendlich ist iErg klar, dass die Lage im Haus ein mietpreisbildender Faktor ist, der zu berücksichtigen ist.[342] Dies hat der Gesetzgeber früher für den Bereich des öffentlich geförderten Wohnungsbaus in § 3 Abs. 3 NMV bestimmt. Dort hatte der Vermieter auf der Grundlage der **Durchschnittsmiete** die Einzelmieten entsprechend den unterschiedlichen Wohnwerten der Wohnungen, unter Berücksichtigung der Lage und Ausstattung der jeweiligen Wohnung festzusetzen. Daraus ergibt sich, dass auch der Gesetzgeber von einem Einfluss der Lage im Haus auf den Wohnwert ausging. Deshalb ist es nicht richtig, davon auszugehen, dass der Lage im **Dachgeschoss** bei der Wohnflächenberechnung bereits durch teilweise Nichtberücksichtigung von Flächen unter Schrägen ausreichend Rechnung getragen werde.[343] Damit wird allenfalls der eingeschränkten Nutzungsmöglichkeit solcher Flächen Rechnung getragen. Die Lage im Haus kann aber noch weitere Nachteile, wie zB erhöhte Heiz-

---

[340] *Rips,* Barrierefreiheit gemäß § 554a BGB (sic. heute § 554 BGB) – Ein neues Rechtsinstitut im Mietrecht und dessen Einordnung in das allgemeine deutsche Recht, 2003, 143.

[341] *Sternel* MietR Kap. III Rn. 596; *Keller,* Zivilrechtliche Mietpreiskontrolle, 1996, 139; **aA** *Dröge/Gebele/Zehnter* Mietpreisbewertung-HdB S. 183, Lage im Haus gehört zum Merkmal „Lage"; offen gelassen aber als „mietpreisbildender Faktor" anerkannt: LG Berlin WuM 2004, 613 (614); gegen generelle Berücksichtigung der Lage im Haus AG Waldbröl WuM 1997, 562.

[342] Für Abschlag bei Lage im Hochparterre: LG Berlin MM 1997, 237; AG Neukölln MM 2009, 111; **aA** LG Berlin GE 2007, 785.

[343] LG Berlin WuM 2004, 613 (614); So aber AG Waldbröl WuM 1997, 562.

kosten wegen der Dachisolierung, Treppensteigen, Einbruchgefahr[344] usw. haben, die sonst nicht berücksichtigt würden. Insbesondere in den neuen Ländern sind Wohnungen in fünf- oder sechsgeschossigen Gebäuden ohne Fahrstuhl in den oberen Etagen nur mit Abschlägen zu vermieten, was ein deutliches Indiz für den Wohnwerteinfluss der Lage im Haus ist. In den alten Ländern ist die Lage im Haus selbst nicht mehr so bedeutsam. Bedeutung kann aber auch hier der Lage im Vorder- oder Hinterhaus zukommen.[345]

**b) Zustand.** Auch der **Zustand der Wohnung** ist grds. ein Beurteilungskriterium bei der 79
Bewertung der Beschaffenheit einer Wohnung. So kann nach der Rspr. des BGH[346] auch der **unrenovierte Zustand einer Wohnung** als vertragsgemäß gelten. Dem Mieter stehen insofern keine Gewährleistungsansprüche zu. Der schlechte Ausgangszustand ist bei der Miethöhe zu berücksichtigen. Ebenso sind nicht-behebbare **Mängel** bei der Beschaffenheit zu berücksichtigen.[347] Ob die Minderung zB wegen Kenntnis oder grob fahrlässiger Unkenntnis gem. § 536b BGB ausgeschlossen ist[348], ist dabei unerheblich. Hierzu zählen zB **Flächenabweichungen.**[349] Nach der hier vertretenen Auffassung ist das Problem beim Wohnwertmerkmal „Größe" angesiedelt. Dort ist immer die tatsächliche Wohnungsgröße in Ansatz zu bringen und nicht die vereinbarte Größe.[350] Demgegenüber haben **behebbare Mängel** bei der Mieterhöhung für die Bemessung der Miete keine Bedeutung.[351] Das gilt auch bei Mängeln an wohnwerterhöhenden Merkmalen.[352] Sie sind deshalb auch bei der Spanneneinordnung nicht zu berücksichtigen.[353] Der Mieter ist bei Vorlage eines Mangels durch die Mängelgewährleistungsregeln (§§ 536ff. BGB) ausreichend geschützt. Die vertraglich vereinbarte Miete **mindert** sich automatisch, wenn die Gebrauchstauglichkeit eingeschränkt ist. Es besteht daher kein Anlass, diesen speziellen Bestimmungen den Vorrang zu versagen und Mängel auch noch bei der Ermittlung der üblichen Miete mit zu bewerten.[354] Dies würde zu einer doppelten Berücksichtigung des Mangels führen und wäre systemwidrig. Hinzu kommt die Überlegung, dass Mieterhöhungsverlangen nach § 558 BGB nur in bestimmten zeitlichen Abständen zulässig sind und außerdem die Höhe der Miete über die Kappungsgrenze auch Auswirkungen auf zukünftige Mieterhöhungen hat. Ein zum Zeitpunkt des Zugangs des Mieterhöhungsverlangens vorliegender behebbarer Mangel kann aber uU schon kurze Zeit später beseitigt sein. Die Gewährleistungsrechte würden dann erlöschen, eine neue Mieterhöhung ist aber wegen der Jahressperrfrist unzulässig.[355] Auch die vom LG Berlin[356] vorgenommene Unterscheidung nach „leicht und nicht leicht behebbaren Mängeln" ist falsch. Beide Kategorien spielen bei der Ermittlung der ortsüblichen Vergleichsmiete keine Rolle. Hat der Mieter den Mangel beseitigt, liegt überhaupt keine Beeinträchtigung der Beschaffenheit vor, so dass es auf die Frage, ob er vor Mangelbeseitigung den Mangel angezeigt und den Vermieter ggf. in

---

344 LG Berlin MM 1997, 237; AG Neukölln MM 2009, 111.

345 LG Berlin GE 2008, 1627; LG Köln WuM 1994, 691.

346 BGH VIII ZR 270/18, NZM 2020, 710 = NJW 2020, 3523; VIII ZR 163/18, NZM 2020, 704 = NJW 2020, 3517; dazu *Artz* NZM 2020, 769; *Börstinghaus* LMK 2020, 432127; *Kappus* NJW 2020, 3522.

347 LG Berlin GE 2013, 947 (Fluglärm im Rahmen der Berliner Orientierungshilfe); LG Aachen BeckRS 2013, 10062, vom BGH aus anderen Gründen aufgehoben: BGH VIII ZR 1/13, BeckRS 2013, 13470 (Fluglärm); LG Saarbrücken WuM 1989, 578 (für Gaststättenlärm); AG Pankow/Weißensee GE 1998, 1217 (Asbest); LG Wiesbaden WuM 1981, 164 (Fluglärm); Herrlein/Knops/Spiegelberg MietR/*Ormanschick* BGB § 558 Rn. 71.

348 AG Frankfurt WuM 2013, 352, für Minderung wegen Flughafenausbau Frankfurt; LG Frankfurt a. M. ZMR 2010, 362, Hubschrauberlandeplatz auf Klinikgelände.

349 *Börstinghaus* Flächenabweichungen Rn. 775f.; so auch für die Berechnung der Mietsicherheit BGH VIII ZR 347/04, NJW 2005, 2773, aber anders bei der Ermittlung der Kappungsgrenze BGH VIII 33/18, NJW 2019, 2464 = NZM 2019, 536.

350 BGH VIII ZR *Börstinghaus* Flächenabweichungen Rn. 783.

351 OLG Frankfurt a. M. NJW 2000, 2115; OLG Stuttgart NJW 1981, 2365 (zu § 5 WiStG); OLG Düsseldorf WuM 1994, 324 (325); LG Hamburg ZMR 2010, 287; LG Berlin GE 2012, 488; 2008, 1627; LG Mönchengladbach NZM 1998, 301; AG Hamburg ZMR 2021, 240; AG Charlottenburg GE 2014, 1009; AG Tempelhof-Kreuzberg GE 2010, 625; AG Lichtenberg GE 2010, 699; AG Hannover ZMR 2010, 371; AG Schöneberg GE 2008, 607, Ratten; AG Kassel WuM 1992, 137; AG Waldbröl WuM 1997, 562; Bub/Treier MietR-HdB/*Schultz* Kap. III A Rn. 1410; **aA** LG München II NJW-RR 1994, 336.

352 LG Berlin GE 2010, 414; AG Tempelhof-Kreuzberg GE 2010, 1423; 2010, 625; **aA** LG Berlin GE 2013, 812 mit abl. Anm. *Kinne* GE 2013, 780.

353 LG Berlin GE 2007, 784.

354 Zum Meinungsstand *Sternel* MietR Kap. III Rn. 598 mit Nachw. in Fn. 107.

355 *Börstinghaus* WuM 1995, 467.

356 LG Berlin BeckRS 2008, 13241.

Verzug gesetzt hat gar nicht ankommt.[357] Dies spielt allenfalls für den Aufwendungs- oder Schadensersatzanspruch des Mieters eine Rolle, hat aber mit der Miethöhe nichts zu tun.

80 **c) Alter.** Insbesondere das **Baualter** wird von der Praxis als Anknüpfungstatsache für die Beurteilung der Beschaffenheit verstanden.[358] Das Baualter beeinflusst durchaus den Mietpreis[359], auch wenn heute durch die fortschreitende Modernisierung des Wohnungsbestandes seine Bedeutung bei Altbauten immer mehr abnimmt.[360] Dabei ist das Baualter selbst **kein Wohnwertmerkmal** iSd § 558 Abs. 2 BGB. Über das Baualter soll und werden aber auf verhältnismäßig einfache Weise, wenn auch sehr grob, die Bauweise und der Baustandard abgefragt.[361] Dabei sind nicht rechtliche Anknüpfungen maßgeblich, sondern tatsächliche. Es kommt also grds. nicht auf die Bezugsfertigkeit im engeren Sinne, so wie sie etwa in § 13 Abs. 4 WoBindG geregelt war, an.[362] Danach galt eine Wohnung dann als bezugsfertig, wenn sie soweit fertig gestellt ist, dass dem Bewohner zugemutet werden kann, sie zu beziehen. Auch die Genehmigung der Bauaufsichtsbehörde und die evtl. nach der Landesbauordnung bauordnungsrechtliche Aushändigung des Schlussabnahmescheins sind nicht maßgeblich.[363] Denn der wesentliche Ansatzpunkt für die Auslegung des Altersbegriffs ist seine Funktion als **Hilfskriterium**[364] **oder Indiz** zur Erfassung des Wohnwertmerkmals „Beschaffenheit". Entscheidend ist deshalb der Zeitpunkt der Errichtung, also der Zeitpunkt, der den Baustandard bestimmt hat, nach dem das Gebäude errichtet worden ist.[365] Kann das Datum nicht mehr exakt aus den Bauakten ermittelt werden, weil diese verbrannt sind, kann das Baualter auch mittels Indizien festgestellt werden.[366] Sehr fraglich ist, ob bei Wohnungen, deren Teile zu unterschiedlichen Zeitpunkten errichtet wurden ein Mittelwert zwischen den verschiedenen Baualtersklassen zu bilden ist[367] oder das Baualter maßgeblich ist, zu dem die die größere Fläche errichtet wurde.[368] Bei der Zusammenlegung von zwei Altbauwohnungen ändert sich das für die Einordnung in den Mietspiegel maßgebliche Baualter nicht.[369]Wegen der richtigen Einteilung von Baualtersklassen im Mietspiegel → BGB § 558c Rn. 62a; → BGB § 558d Rn. 62a).

81 **d) Energetischer Zustand.** In Zeiten steigenden Umweltbewusstseins und auf Grund immer knapper werdender Ressourcen steigender Energiepreise wird auch der **energetische Zustand** einer Wohnung, dh insbes. die Art der Energieversorgung und die Qualität der Wärmedämmung zunehmende Bedeutung erlangen. Umstritten war, ob auch der **energetische Zustand des Hauses** im Rahmen des Wohnwertmerkmals „Beschaffenheit" berücksichtigt werden darf. In den Begründungen des Referenten[370]- und Kabinettsentwurfs[371] des Mietrechtsreformgesetzes aus dem Jahr 2001 wurde diesbezüglich bereits der Wunsch geäußert, den energetischen Zustand einer Wohnung, dh insbes. die Art der Energieversorgung und die Qualität der Wärmedämmung in die Mietenermittlung mit einfließen zu lassen.[372] *Blank*[373] war der Auffassung, dass aus der **historischen Auslegung** abzuleiten sei, dass der Gesetzgeber den energetischen Zustand ursprünglich nicht als

---

[357] So aber wohl Bub/Treier MietR-HdB/*Schultz* Kap. III A Rn. 1412.

[358] Nach LG München I WuM 2002, 547 (551) ist das Baualter kein Wohnwertmerkmal, sondern merkmalsübergreifender Einflussfaktor.

[359] Siehe die Untersuchungsergebnisse bei *Keller,* Zivilrechtliche Mietpreiskontrolle, 1996, 137 Fn. 155; **aA** die Hinweise zur Aufstellung von Mietspiegeln 1997 abgedr. in Schmidt-Futterer, Mietrecht, 7. Aufl. 1999, MHG Anh. § 2 Nr. 1.

[360] So auch die vom Bundesministerium für Verkehr, Bau und Stadtentwicklung herausgegebenen „Hinweise zur Integration der energetischen Beschaffenheit und Ausstattung von Wohnraum in Mietspiegeln" unter Nr. 4.4., abgedr. bei Börstinghaus/Eisenschmid Modernisierungs-HdB/*Börstinghaus/Eisenschmid* S. 389 ff.

[361] VerfGH Berlin GE 2005, 423 (424); KG NJW-RR 1992, 80 (81); LG Berlin GE 1997, 48.

[362] LG Berlin GE 2017, 955; GE 2007, 1635.

[363] LG Berlin GE 2017, 955.

[364] *Derleder* NZM 2012, 487 (488); eine übersichtliche Zusammenstellung der Merkmale der einzelnen Baualtersklassen befindet sich bei *Dröge/Gebele/Zehnter* Mietpreisbewertung-HdB S. 180–182.

[365] LG Berlin GE 2009, 1494; 2007, 1635; 1997, 48: AG Lichtenberg GE 2014, 875; *Kinne* GE 2014, 840.

[366] LG Berlin GE 2017, 1475.

[367] AG Frankfurt a. M. WuM 2013, 423.

[368] LG Berlin MM 12/2013, 28.

[369] LG Berlin MM 7+8/2018, 38.

[370] NZM 2000, 415; abgedr. auch *Börstinghaus/Eisenschmid* Arbeitskommentar Neues Mietrecht S. 280.

[371] BT-Drs. 14/4553 = NZM 2000, 812; abgedr. auch bei *Börstinghaus/Eisenschmid* Arbeitskommentar Neues Mietrecht S. 281.

[372] Umstritten ist, ob dies damit auch zum Willen des Gesetzgebers geworden ist. Verneinend *Blank* WuM 2011, 195; bejahend *Artz* WImmoT 2006, 123 (125); *Sternel* PiG 85 (2009), 19 (39).

[373] *Blank* WuM 2011, 195.

Wohnwertmerkmal berücksichtigt wissen wollte. Der Gesetzgeber habe ursprünglich vor allem auf den baulichen Zustand ggf. auch unter Berücksichtigung des Modernisierungsgrades einer Altbauwohnung für die Mietenermittlung abstellen wollen. Unter „Beschaffenheit" sei damals nur der Zuschnitt der Wohnung einschließlich der mitvermieteten Hausteile sowie Art und Gestaltung der Umgebung, sowie die Bauweise einschließlich der Instandhaltungsgrad verstanden worden. Die 1978 erfolgte Erweiterung der Modernisierungsmieterhöhung in § 3 MHG auf „Maßnahmen zur Einsparung von Heizenergie" mache deutlich, dass auch der Gesetzgeber solche Maßnahmen nicht als Gebrauchswerterhöhung verstanden habe. Diese Analyse war vormals bereits nicht zwingend,[374] wobei zu unterscheiden war, ob der energetische Zustand überhaupt im Rahmen des Wohnwertmerkmals „Beschaffenheit" berücksichtigt werden durfte[375] oder ein Einfluss zurzeit schlicht noch nicht nachzuweisen ist.[376] Der Gesetzgeber hat dieses Auslegungsproblem im Rahmen der **Mietrechtsänderung 2013** durch eine Ergänzung der Definition der ortsüblichen Vergleichsmiete in Abs. 2 gelöst indem er klargestellt hat, dass in die Wohnwertmerkmale Ausstattung und Beschaffenheit auch der energetische Zustand des Hauses einschließt.[377] Damit ist **kein neues sechstes Wohnwertmerkmal** geschaffen worden. Lediglich im Rahmen der beiden angesprochenen Merkmale ist der energetische Zustand ein Kriterium. Das Problem ist die **Ermittlung des Einflusses des energetischen Zustands** auf die Höhe der ortsüblichen Vergleichsmiete. Nach *Klinski*[378] bietet die Gesetzesformulierung „noch keine brauchbare Grundlage für eine *systematische* Berücksichtigung der energetischen Beschaffenheit". Es würde immer noch an klaren und einheitlichen Maßstäben fehlen. Das Bundesministerium für Verkehr, Bau und Stadtentwicklung hat deshalb im Jahre 2013 durch zwei Institute Arbeitshilfen für die kommunale Mietspiegelerstellung erarbeiten lassen, die unter dem Titel **„Hinweise zur Integration der energetischen Beschaffenheit und Ausstattung von Wohnraum in Mietspiegeln"** veröffentlicht wurden.[379] Erforderlich ist zunächst die Ermittlung oder Definition eines bestimmten energetischen Zustands des Hauses als „normal", um dann Zu- oder Abschläge für bestimmte energetische Modernisierungszustände festzulegen. Das Verfahren ist äußerst kompliziert. Ob es im Streitfall bei der kritischen Auseinandersetzung mit qualifizierten Mietspiegeln vor Gericht Bestand hat, bleibt abzuwarten. Vieles ist wünschenswert aber nicht, zumindest mit bezahlbarem Aufwand, auch machbar. Bereits ein zuvor vom Bundesinstitut für Bau-, Stadt- und Raumforschung in Auftrag gegebenes Forschungsgutachten, das als Online-Broschüre mit dem Titel „Integration energetischer Differenzierungsmerkmale in Mietspiegel" veröffentlicht[380] wurde war zu dem Ergebnis gekommen, dass anders als bei den übrigen Problemen der Mietspiegelerstellung zurzeit noch keine allgemein gültigen Vorgehensweisen aufgezeigt werden können.

Bisher konnte nicht festgestellt werden, dass bei der **Neuvermietung** für einen energetisch bes- **81a**
seren Zustand auch eine höhere Miete gezahlt wird. In die ortsübliche Vergleichsmiete fließen aber auch die **erhöhten Bestandsmieten** der letzten sechs Jahre ein. Das bedeutet, dass der energetische Zustand dann Einfluss auf die ortsübliche Vergleichsmiete hat, wenn im maßgeblichen Sechsjahreszeitraum des § 558 Abs. 2 BGB Modernisierungsmieterhöhungen gem. § 559 BGB wegen energetischer Modernisierungsmaßnahmen nach § 555b Nr. 1 BGB durchgeführt wurden. Solche Mieterhöhungen gem. § 559 Abs. 1 BGB wegen einer im Bestand durchgeführten energetischen Modernisierung haben zwei Konsequenzen: Zum einen führen sie dazu, dass die aktuelle Miete zum Erhebungsstichtag überhaupt zu erfassen ist, wenn die Modernisierungsmieterhöhung in den letzten sechs Jahren vor dem Stichtag wirksam wurde (→ Rn. 103). Und zum anderen beeinflussen sie die Höhe der am Erhebungsstichtag gezahlten Mieten. Zu beachten ist aber, dass der Mietspiegel widerspiegeln soll, was tatsächlich ist. Es sollen keine Wunschvorstellungen umgesetzt werden und auch keine **„Mietspiegelpolitik"** betrieben werden. Das bedeutet, wenn es am Markt tatsächlich eine Differenzierung nach dem energetischen Zustand gibt, dann hat dies auch Einfluss auf die orts-

[374] *Börstinghaus* NZM 2011, 641.
[375] Dafür LG Hamburg NZM 2009, 857 mAnm *Börstinghaus* WuM 2009, 631.
[376] AG Flensburg WuM 2012, 29 mAnm *Börstinghaus* jurisPR-MietR 9/2012 Anm. 3; *Börstinghaus* NZM 2011, 641.
[377] Ausführlich: *Freund,* Die Berücksichtigung energetischer Ausstattung und Beschaffenheit in qualifizierten Mietspiegeln, Köln, 2018.
[378] WuM 2012, 354 (361).
[379] Abgedr. bei *Börstinghaus/Eisenschmid* Modernisierungs-HdB S. 389ff.
[380] Unter: www.bbsr.bund.de/cln_032/nn_796104/BBSR/DE/Veroeffentlichungen/BBSROn-line/2010/ON 042010.html?__nnn=true.

übliche Vergleichsmiete und kann auch als Differenzierungsmerkmal in einem Mietspiegel ausgewiesen werden. Die Gefahr besteht aber darin, dass die Mietspiegelaufsteller dem Normativen eine zu große Bedeutung beimessen und „Mietspiegelpolitik" machen wollen. Sie wollen also etwas in Gang setzen, was es so noch gar nicht gibt. Vereinzelt wird heute schon in Mietspiegeln die wärmetechnische Beschaffenheit auch als Differenzierungskriterium erfasst,[381] zT geschieht das durch eine negative Abgrenzung.[382] Solche Mietspiegel werden dann als **ökologische Mietspiegel**[383] bezeichnet.[384] In Darmstadt, Bochum, Heidelberg,[385] Erlangen und Biberach[386] gibt es zB Mietspiegel, die eine solche Differenzierung enthalten.

**81b** Seit 1.7.2008 muss für die Wohnungen in Gebäuden die bis 1965 fertig gestellt wurden und seit 1.1.2009 für später errichtete Gebäude ein **Energieausweis**[387] bei jedem Mieter- oder Eigentümerwechsel vorgelegt werden, aus dem sich ergibt, in welche Energieklasse die Wohnung einzugruppieren ist (→ BGB Vor § 535 Rn. 70). Nach § 79 Abs. 1 S. 1 GEG dienen Energieausweise ausschließlich der Information über die energetischen Eigenschaften eines Gebäudes und sollen einen überschlägigen Vergleich von Gebäuden ermöglichen. Das würde eine Berücksichtigung als Beschaffenheitskriterium durchaus ermöglichen. Theoretisch vorstellbar wäre es nämlich, dass sich am Markt unabhängig von den Investitionskosten und damit der Mieterhöhung gem. § 559 BGB für die unterschiedlichen Energieklassen unterschiedlich hohe Mieten entwickeln. Dann wäre dies eine mögliche Differenzierung bei der Ermittlung der ortsüblichen Vergleichsmiete.[388] Bisher dürfte ein solcher Einfluss der Energieklasse auf die Miethöhe aber kaum feststellbar sein. Eine unkritische Anknüpfung an die Werte des Energieausweises ist auch aus anderen Gründen **problematisch.** Je nach Gebäude, Gebäudealter und Erstellungszeitpunkt des Energieausweises muss der Vermieter entweder einen Energiebedarfsausweis oder einen Energieverbrauchsausweis nach Maßgabe der §§ 80 bis 86 GEG erstellen lassen. Wird ein Gebäude neu errichtet, ist ein Energiebedarfsausweis unter Zugrundelegung der energetischen Eigenschaften des fertiggestellten Gebäudes gem. § 80 Abs. 1 S. 1 GEG auszustellen. Das gilt nach § 80 Abs. 2 GEG auch, wenn bei einem bestehenden Gebäude Änderungen iSd § 48 GEG ausgeführt werden. In allen anderen Fällen ist die Erstellung eines Energieverbrauchsausweises zulässig. Dieser wird auf der Grundlage des erfassten Endenergieverbrauchs ausgestellt, § 82 Abs. 1 GRG. Bei einem solchen „Verbrauchsausweis" fließt das Nutzungsverhalten des Mieters – also ein unzulässiger subjektiver Wert – mit in die Bewertung ein. Außerdem sind die Werte beider Arten von Energieausweisen nicht ansatzweise vergleichbar. Bei völlig gleichen Gebäuden kann es allein aufgrund der unterschiedlichen Methoden zu völlig unterschiedlichen Werten kommen. Selbst bei Bedarfsausweisen soll es nach durchgeführten Vergleichstests wegen der unterschiedlichen Computerprogramme und Berechnungsmethoden, die zum Einsatz kommen, ganz erhebliche Unterschiede geben. Die **Werte solcher Energieausweise** sagen deshalb kaum etwas aus, sie sind aber auf jeden Fall zum Vergleich verschiedener Wohnungen **völlig ungeeignet.** Trotzdem findet in Berlin[389] der energetische Zustand über die Merkmalgruppe 4 der Orientierungshilfe (Energieverbrauchskennwert) explizit Berücksichtigung.[390] Dabei wird trotz aller methodischer Bedenken an die Werte des Energieausweises angeknüpft und sogar eine Umrechnungsformel für die Umrechnung des Endenergiebedarfswertes eines Bedarfsausweises in den Energieverbrauchskennwert eines Verbrauchsausweises (plus 20%) vorgegeben, obwohl es

---

[381] *Knissel/Alles* WuM 2005, 169; *Alles,* Mietspiegel und energetischer Zustand eines Gebäudes, Vortrag auf der Fachtagung des DMB „Energieeinsparung und Mietrecht", Beilage zur WuM 2000 Heft 1.

[382] ZB im Mietspiegel Berlin das Merkmal „unzureichende Wärmedämmung".

[383] Börstinghaus/Clar Mietspiegel/*Clar* Rn. 702ff.

[384] *Artz* WImmoT 2006, 123; *Knissel/Alles/Behr/Hinz/Loga/Kirchner/Neumann* BBauBl. 2002 Heft 3, 20; *Klinski,* Rechtskonzepte zur Beseitigung des Staus energetischer Sanierungen im Gebäudebestand – Gutachten für Umweltbundesamt, spricht von „energetischer Vergleichsmiete".

[385] Der Mietspiegel 2007 wies einen prozentualen Zuschlag zur Miete aus und nicht einen absoluten Wert für gleiche Modernisierungsmaßnahmen, was durchaus zweifelhaft sein könnte.

[386] Bei dem Mietspiegel 2008 handelte es sich aber um keinen auf empirischen Daten beruhenden Mietspiegel.

[387] Nach der Aufhebung der EnEV befinden sich die entsprechenden Vorschriften in den §§ 79ff GEG.

[388] So die Mietspiegel für Berlin seit 2009; LG Berlin GE 2015, 126; zu den wohnraummietrechtlichen Aspekten des Energieausweises *Rips* WuM 2008, 379; *Horst* NZM 2006, 1; NZM 2008, 145; ZAP Fach 4, 1221; *Eisenschmid WImmoT 2006, 89; Friers* WuM 2008, 255; *Sternel* NZM 2006, 495.

[389] Mietspiegel 2019, S. 21; herunterladbar https://stadtentwicklung.berlin.de/wohnen/mietspiegel/de/download/Mietspiegel2019.pdf.

[390] LG Berlin GE 2015, 126.

hierfür keinerlei empirischen Nachweise gibt. Wenn also der energetische Zustand des Hauses der Ermittlung der ortsüblichen Vergleichsmiete tatsächlich zu Grunde gelegt werden soll, dann muss an **objektive Standards** angeknüpft werden. Um einen solchen handelt es sich auch nicht beim Heizkostenspiegel des Mieterbundes. Er weist undifferenziert nur Durchschnittswerte aus.[391]

**e) Renoviert oder modernisiert.** Zum Wohnwertmerkmal „Beschaffenheit" gehört auch die Frage, ob eine **Wohnung renoviert oder modernisiert** ist.[392] Diese Frage ist im Einzelfall immer wieder äußerst umstritten.[393] Dabei muss vom Sinn und Zweck einer solchen Qualifizierung ausgegangen werden. Es geht bei der Beurteilung der Frage vor allem darum, nur vergleichbaren Wohnraum miteinander zu vergleichen. Dazu muss zunächst einmal der **heutige** „Normal-Standard" für Gebäude einer bestimmten Altersklasse ermittelt werden. Wenn also die überwiegende Mehrzahl der Gebäude einer bestimmten Altersgruppe zB mit Isolierverglasung ausgestattet ist, dann kann der Einbau solcher Fenster keine Modernisierungsmaßnahme sein, die eine Höherstufung rechtfertigt. Das ist dann die (Normal-)Beschaffenheit in diesem Mietspiegelfeld. Man kann allenfalls versuchen zu ermitteln, ob ein Abschlag am Markt für Wohnungen vereinbart wird, die keine Isolierfenster haben. 82

Letztendlich stellt sich die Situation bei einem Gebäude so dar, dass sein **Wohnwert** mit der Dauer der Nutzung abnimmt. Auf der anderen Seite steigt der Wohnwert neuer Wohnungen auf Grund technischer und rechtlicher Neuerungen stetig an. Durch Instandsetzungen und Instandhaltungen wird der Vermieter versuchen, den Wohnwert zumindest gleich zu halten. Von einer Modernisierung kann deshalb erst dann gesprochen werden, wenn dadurch insgesamt das Gepräge einer Neubauwohnung oder der entsprechende Wohnkomfort erreicht wird. Hingegen wird bei einer reinen Instandsetzung nur versucht, den Wohnwert, der nutzungsbedingt mit der Zeit gefallen war, wieder auf seine ursprüngliche Höhe zu bringen. Anders bei Modernisierungen, hier soll der Wohnwert der Altbauwohnung den Wert einer Neubauwohnung erreichen. Diese Betrachtung erscheint vielleicht etwas theoretisch und ist sicher auch stark vereinfacht, macht aber durchaus deutlich, dass man bei der Beurteilung einer Wohnung als modernisiert und damit als nicht vergleichbar mit anderen Wohnungen des gleichen Alters durchaus vorsichtig sein muss. 83

Grundsätzlich bleibt das **Baualter einer Wohnung** auch nach einer Modernisierung maßgeblich.[394] Eine „Verjüngung"[395] der Wohnung, dh die Erfassung der Daten der Vergleichswohnung in der Baualtersklasse der Zeit der Modernisierung[396] kommt allenfalls dann in Betracht, wenn auch rechtlich ein **Neubau** vorliegt.[397] Hierzu können die Bestimmungen des WoFG und/oder entsprechenden Landesgesetze herangezogen werden.[398] Das gilt auch für den Fall, das Gewerberaum älteren Baualters erstmalig in Wohnraum umgewandelt wird.[399] Dort ist zwar nur der öffentlich geförderte Wohnungsbau geregelt, die Begriffsbestimmungen des Gesetzes sind aber auch sonst zu Grunde zu legen. Gemäß § 16 Abs. 1 WoFG ist Wohnungsbau das **Schaffen von Wohnraum** in 84

---

391 So LG Hamburg WuM 2009, 676.

392 Nach Staudinger/*V. Emmerich* BGB § 558 Rn. 44 soll die Differenzierung über das Wohnwertmerkmal „Art" erfolgen; nach Bub/Treier MietR-HdB/*Schultz* Kap. III A Rn. 1409 handelt es sich um ein „Scheinproblem", da es nicht darauf ankomme, in welche Baualtersklasse die Wohnung einzugruppieren sei, sondern zu welcher Miete die Wohnung am Markt angenommen wurde. Das ist deshalb fraglich, weil es um die Ermittlung der Vergleichsmiete und nicht der Marktmiete geht.

393 BGH VIII ZR 267/12, NZM 2013, 612; *Börstinghaus* jurisPR-BGHZivilR 16/2013 Anm. 2; *Börstinghaus* DS 2013, 299; *Schach* GE 2013, 1106; LG Berlin WuM 2020, 796; AG Köln WuM 2013, 697; *Wullkopf* WuM 1996, 455 (458).

394 LG München I ZMR 2012, 626; LG Berlin NZM 1999, 172; AG Lichtenberg GE 2014, 875; AG Wedding GE 2012, 958; AG Köln BeckRS 2017, 108462; *Kinne* GE 2014, 840.

395 *Freund*, „Die Operationalisierung der Wohnwertmerkmale Ausstattung und Beschaffenheit: Probleme und Empfehlungen" in Woeckener, Beiträge zur Reform des qualifizierten Mietspiegels, S. 99 (126) spricht von „Baualtershochstufung" und dem „wirtschaftlichen Baualter".

396 Problematisch ist zusätzlich, wenn die Arbeiten sukzessive, also zu unterschiedlichen Zeitpunkten durchgeführt wurden: *Freund* in Woeckener, Beiträge zur Reform des qualifizierten Mietspiegels, S. 99 (126 ff.).

397 LG Potsdam BeckRS 2016, 00678; LG Frankfurt a. M. WuM 2012, 318; LG Hamburg ZMR 2011, 469; nach LG Hamburg ZMR 1998, 499 kommt eine „Höherstufung"; nur in Betracht, wenn auch Arbeiten am Baukörper durchgeführt werden; iE ebenso LG Berlin MM 1998, 310; *Schach* GE 1994, 1026; **aA** LG München I ZMR 2012, 626 bei Kernsanierung eines bewohnten und bewohnbaren Hauses; AG Lichtenberg GE 2014, 875 für Einordnung in Berliner Mietspiegel 2013.

398 LG Berlin GE 2017, 955.

399 LG Berlin WuM 2020, 796.

einem neuen selbständigen Gebäude, die Beseitigung von Schäden an Gebäuden unter wesentlichem Bauaufwand, durch die die Gebäude auf Dauer wieder zu Wohnzwecken nutzbar gemacht werden, die Änderung, Nutzungsänderung oder Erweiterung von Gebäuden, durch die unter wesentlichem Bauaufwand Wohnraum geschaffen wird, oder Änderung von Wohnraum unter wesentlichem Bauaufwand zur Anpassung an geänderte Wohnbedürfnisse. Eine solche **Änderung der Baualtersklasse** muss aber im **Mieterhöhungsverlangen nachvollziehbar begründet** werden.[400]

85 Wohnraum ist **nicht auf Dauer nutzbar,** wenn ein zu seiner Nutzung erforderlicher Gebäudeteil zerstört ist oder wenn sich der Raum oder der Gebäudeteil in einem Zustand befindet, der aus bauordnungsrechtlichen Gründen eine dauernde, der Zweckbestimmung entsprechende Nutzung nicht gestattet; dabei ist es unerheblich, ob der Raum oder der Gebäudeteil tatsächlich genutzt wird, § 16 Abs. 2 WoFG. Soweit der Wiederaufbau in identischer Bauweise wie das ursprünglich im Krieg zerstörte Haus erfolgte, soll die ursprüngliche Baualtersklasse weiter ebenso maßgeblich sein[401], wie in den Fällen einer Kernsanierung eines noch bewohnten und bewohnbaren Mehrfamilienhauses.[402] Soweit § 16 Abs. 4 II. WoBauG vorsah, dass eine Beschädigung iSd Vorschrift dann nicht vorliegt, wenn die Schäden durch Mängel an Bauteilen oder durch Abnutzung entstanden sind, ist diese Einschränkung durch Aufhebung der Norm ersatzlos entfallen.[403]

86 Um einen **Ausbau** handelt es sich gem. § 16 Abs. 1 Nr. 3 WoFG, wenn aus Räumlichkeiten, die bisher nicht zu Wohnzwecken bestimmt waren, nach wesentlichem Bauaufwand Wohnraum entsteht; eine Erweiterung liegt vor, wenn eine Aufstockung oder ein Anbau vorgenommen wird. Dabei wird als wesentlicher Aufwand angesehen, wenn dieser ca. ⅓ des für eine Neubauwohnung erforderlichen Aufwandes erreicht.[404] Eine Höherstufung in eine jüngere Baualtersklasse wurde zB angenommen,[405] wenn bei einer vor der Sanierung längere Zeit leer stehenden und unbewohnbaren Wohnung nicht nur folgende Arbeiten durchgeführt wurden: Sanierung der Elektroinstallation durch Neuverlegung aller Stromleitungen einschließlich der Leerrohre, Lichtschalter und Steckdosen in allen Räumen und der Versorgungsleitungen für Küchengeräte, Neuinstallation der Abwasserkanalleitungen und der Warm- und Kaltwasserleitungen, Neueinbau sämtlicher Wohnungsinnentüren, der Wohnungs- und der Hausabschlusstür, Neuinstallation der Briefkastenanlage im Erdgeschoß sowie Ausbesserung und Reinigung der Sandsteinfassade und Neuverputzung der Innenseiten sämtlicher Außenwände; vielmehr wurde die Wohnung durch diese Sanierung erstmals hergestellt, weil sie in der jetzigen Beschaffenheit vor der Sanierung nicht bestanden hat. Eine Einordnung in die Baualtersklasse der Sanierung wurde angenommen bei einer Erneuerung und Dämmung der Fassade, einem Austausch der Elektroinstallation, der Fenster, der Bodenbeläge und der Heizung.[406] Allein die **Höhe des Bauaufwandes** ist aber kein Wohnwertmerkmal sondern nur das Resultat, also der geschaffene Zustand.[407] Auch eine mit wesentlichem Bauaufwand neu ausgebaute Dachgeschosswohnung in einem Altbau kann anders als die übrigen Wohnungen im Haus in die Baualtersklasse des Dachgeschossausbaus eingeordnet werden.[408] Dies gilt ebenso, wenn durch umfangreiche Maßnahmen nicht mehr zeitgemäßer Wohnraum zu größeren Wohnungen zusammengelegt und an die heutigen Wohnbedürfnisse angepasst wird.[409]

87 Eine weitere **Anknüpfungsmöglichkeit** ergibt sich aus § 559 BGB und dem insofern wortgleichen § 16 Abs. 3 WoFG. Ausgehend von Sinn und Zweck der Differenzierung zwischen modernisiertem und nicht modernisiertem Wohnraum dürfen auch Mieterhöhungen nach § 559 BGB nicht außer Betracht bleiben. Ein Vermieter der in der Vergangenheit Modernisierungsmaßnahmen durchgeführt hat, konnte nach Abschluss der Arbeiten die Miete einseitig gem. §§ 559 ff. BGB erhöhen. Die auf Grund der Mieterhöhung gem. § 559 BGB erreichte Miete war, innerhalb

---

[400] LG Potsdam BeckRS 2016, 00678; AG Köln BeckRS 2017, 108462.

[401] AG Wedding GE 2012, 958; ähnlich AG Köpenick GE 2015, 660.

[402] LG München I ZMR 2012, 626.

[403] Das II. WoBauG ist mit Wirkung ab 1.1.2002 durch das WoFG aufgehoben worden. Einige Regelungen gelten gem. § 48 WoFG weiter, hierzu zählen aber die Begriffsdefinitionen in §§ 16 ff. II. WoBauG nicht.

[404] BGH VIII ZR 316/09, WuM 2010, 679; BVerwG ZMR 1972, 87; LG Potsdam BeckRS 2016, 00678; LG Berlin GE 2005, 307 (309); NZM 1999, 1138; MM 1998, 310 (312).

[405] LG Potsdam BeckRS 2016, 00678; LG Mannheim MDR 1996, 1007.

[406] *LG Frankfurt a. M. WuM 2012, 318.*

[407] LG Berlin NZM 1999, 172.

[408] LG Hamburg ZMR 2011, 469.

[409] LG Frankfurt a. M. ZMR 2014, 362.

der Grenzen des § 5 WiStG, preisrechtlich zulässig. Die Einordnung in eine falsche Baualtersklasse ist ein materieller und kein formeller Fehler des Erhöhungsverlangens.[410] Zur Begründung des Erhöhungsverlangens iÜ → BGB § 558 a Rn. 42.

**6. Lage**

Nach den Vorstellungen des Gesetzgebers soll die **Lage der Wohnung wertbildend** sein.[411] 88
Gemeint ist mit Lage zunächst einmal die Lage innerhalb der Gemeinde, teilweise wird aber auch nach der Lage im Haus differenziert[412], was zweifelhaft ist. Die Lage im Haus kann als Beschaffenheit berücksichtigt werden. Das Lagemerkmal gehört heute zu den umstrittensten Merkmalen des § 558 Abs. 2 BGB.[413] Das liegt zum einen an den unterschiedlichen Vorstellungen darüber, was eine einfache, normale oder gute Lage ist[414] und zum anderen an den Problemen der Feststellung der erforderlichen Merkmale und ihrer statistischen Erfassung.[415] Auch bei empirisch aufgestellten Mietspiegeln werden die Wohnlagekarten häufig jahrzehntelang nicht fortgeschrieben oder nur im Arbeitskreis Mietspiegel ausgehandelt. Was eine gute oder schlechte Lage innerhalb einer Gemeinde ist, ist häufig strittig, hängt zT von **subjektiven Bewertungen** ab und kann sich mit Zeit auch ändern.[416] Man muss sich aber vor Augen führen, dass es nicht um die Beurteilung der gesamten Gemeinde gehen muss. Bei der Ermittlung der ortsüblichen Vergleichsmiete geht es ausschließlich um den Mietwohnungsmarkt. Wenn es also in einer Gemeinde begehrte **Einfamilienhauswohngebiete** gibt, in denen aber nur Eigentümer wohnen und keine Mieter, dann ist diese Lage nicht der Maßstab für die sonstigen Lagen. Es kann nur um die Differenzierung zwischen den verschiedenen Mietwohnungsstandorten gehen. Trotzdem werden bei der Erstellung von Wohnlagenkarten, auch mangels anderer Daten, häufig die Bodenrichtwerte der Gutachterausschüsse verwendet, obwohl diese nur aus Verkaufspreisen ermittelt werden.[417]

Bei der Lage innerhalb der Gemeinde wird ua differenziert nach der **Makrolage** und der 89
**Mikrolage.**[418] Makrolage bedeutet die Qualifikation eines ganzen Stadtteils oder zumindest eines Quartiers als gute oder schlechte Lage. Diese Ortslage wird bestimmt[419] durch die Baudichte, den baulichen Zustand des Ortsteils, Frei- und Grünflächen, landschaftlichen Charakter, Beeinträchtigungen durch Lärm, Staub, Geruch, Umweltgifte, die Verkehrsanbindung und die vorhandenen Infrastruktureinrichtungen, aber immer mehr auch das Image eines Quartiers. Gerade letzteres widerspricht nicht selten den objektiven Gegebenheiten. Auch in objektiv schlechten Lagen kann die Miete sehr hoch sein, weil der Stadtteil bei den Trendsettern beliebt ist. Das allein macht das Quartier aber noch nicht zu einer guten Lage.[420] Das **Image** kann allenfalls ein Faktor sein, der bei der Lagebeurteilung einfließt. Häufig enthält die Argumentation hier aber einen Zirkelschluss: **Die Lage ist nicht deshalb gut, weil die Mieten hoch sind; vielmehr soll die Miete hoch sein, weil die Lage gut ist.** Umso mehr man das **Image einer Lage** berücksichtig („In-Szene"), umso mehr nähert sich die ortsübliche Vergleichsmiete der Marktmiete. Weiter spricht gegen die Berücksichtigung des Images einer Lage, dass dies oft nur für bestimmte Bevölkerungsgruppen

---

[410] AG Köln ZMR 2017, 748.

[411] *Promann,* Die Berücksichtigung des Wohnwertmerkmals Lage in den Mietspiegeln der deutschen Großstädte, 2012, 45 ff.; *Bünnemeyer/Hebecker/Werling* ZMR 2016, 96.

[412] LG Berlin WuM 2004, 613 (614); LG Köln WuM 1994, 691; *Dröge/Gebele/Zehnter* Mietpreisbewertung-HdB S. 122; Bub/Treier MietR-HdB/*Schultz* Kap. III A Rn. 1390; Staudinger/*V. Emmerich* BGB § 558 Rn. 56; Kossmann/Meyer-Abich Wohnraummiete-HdB/*Meyer-Abich* § 148 Rn. 36; nach aA handelt es sich um eine Frage der Beschaffenheit: Sternel MietR Kap. III Rn. 596; *Keller,* Zivilrechtliche Mietpreiskontrolle, 1996, 139 oder sogar der Ausstattung: BBU, Leitfaden zum Vergleichsmietensystem, S. 16.

[413] *Börstinghaus/Clar* NZM 2014, 889; *Bünnemeyer/Hebecker/Werling* ZMR 2016, 96 (98).

[414] Siehe den Ausgangsstreit in BGH VIII ZR 87/15, WuM 2016, 290.

[415] *Bünnemeyer/Hebecker/Werling* ZMR 2016, 96 (98); *Bruns/Paschedag/Kauermann* ZMR 2016, 669 (675).

[416] **AA** *Bünnemeyer/Hebecker/Werling* ZMR 2016, 96 (98) nach deren Auffassung es sich um das einzige unveränderbare Wohnwertmerkmal handeln soll. Das entspricht nicht der Realität, wonach ganze Stadtteile ihren Status durch Zuwanderung, Schließung von Betrieben oder Flughafenerweiterungen verändern können.

[417] ZB LG München I ZMR 2014, 364 (365).

[418] Zur Verknüpfung dieser Lagemerkmale im Münchener Mietspiegel 2015: *Bruns/Paschedag/Kauermann* ZMR 2016, 669 (678).

[419] Siehe auch die Hinweise zur Erstellung von Mietspiegeln 2002 Teil 4 Anh. Nr. 2b abgedr. bei *Börstinghaus* Miethöhe-HdB S. 764.

[420] *Börstinghaus* NZM 2020, 965, 972: nach § 19 Abs. 2 des Entwurfs einer MietspiegelVO sollen „Kriterien der allgemeinen Beliebtheit" berücksichtigt werden.

eine Bedeutung hat (junge Singles, Künstler). Man nähert sich hier deshalb sehr stark einem subjektiven Merkmal in der Person des Mieters und nicht einem objektiven Kriterium, das mit der Lage zu tun hat. Vertreten wird ferner, dass sowohl die **Ballung einzelner Gesellschaftsschichten** und die Häufigkeit und Schwere von Straftaten in der Gegend eine Rolle spielen sollen wie auch die Gefahr von Naturkatastrophen, zB wegen Überschwemmungsgefahr.[421] Auch die Lage einer ehemaligen Alliiertenwohnung in einer entsprechenden Siedlung kann eine eigene Lage darstellen.[422] Schließlich kann auch die Lage in einem Sanierungsgebiet wegen der dort ggf. bestehenden Mietobergrenzen in Sanierungssatzungen eine besondere Lage sein. Bei der **Mikrolage** wird auf die konkreten Lagevor- und -nachteile einer Wohnung geachtet. Hierzu zählt die Entfernung zu Geschäften, Schule, Ärzten oder die Erreichbarkeit des öffentlichen Nahverkehrs. Die Mikrolage berücksichtigt, dass uU in sehr nah bei einander liegenden Lagen große Mietpreisunterschiede vorliegen können.[423] Letztendlich beeinflussen beide Komponenten, Mikro- und Makrolage, die Qualität einer Lage. Schwierig ist die Frage zu entscheiden, in welchen zeitlichen Abständen solche Lagekarten zu aktualisieren sind.[424]

**90** Soweit die **Lage im Haus** nicht bei der Beschaffenheit, sondern bei der Lage berücksichtigt wird, wird diese zB bestimmt durch den Gebäudeteil, also Vorderhaus oder Hinterhaus, die Geschosslage, zB Dachgeschoss-, Souterrain oder Erdgeschosswohnung sowie die Ausrichtung nach der Himmelsrichtung.[425] Richtigerweise ist die Geschosslage aber kein Lagekriterium[426], so dass eine Wohnung im 22. OG der gleichen Lageklasse angehört, wie die Wohnung im Erdgeschoss.

**91** Ein Nachteil der Lage einer Wohnung soll auch darin zu sehen sein, dass sich auf dem Dach eines nahe gelegenen Hochhauses mehrere **Mobilfunkantennen** befinden. Auch wenn nicht abschließend geklärt ist, ob und inwieweit die von einer solchen Anlage ausgehende Strahlung gesundheitsschädlich ist, wirkt sich doch allein die Existenz der Antennen nachteilig auf die Wertschätzung der Wohnung aus.[427] Dies hat mit der Frage, ob die Mietsache wegen der Mobilfunkantenne mangelhaft ist, nichts zu tun.[428] Deshalb darf das Vorhandensein der Antenne wie auch die Nähe zu emittierenden Betrieben als Lagenachteil berücksichtigt werden.

**92** Erfahrungsgemäß ist gerade die Beurteilung der Lage der Wohnung zwischen den Mietvertragsparteien häufig im Streit.[429] Dies liegt zum einen daran, dass die einzelnen Kriterien auf Grund unterschiedlicher Anforderungen und Bedürfnisse stark unterschiedlich gewichtet werden. Was für eine Familie mit kleinen Kindern eine gute Wohnlage ist, kann für Senioren schlecht sein und umgedreht. Entscheidend ist immer ein **objektiver Lagemaßstab.**

**93** Im Übrigen gilt nicht zwingend der Satz, dass für eine bessere Wohnlage auch immer eine höhere Miete gezahlt wird.[430] Empirische Untersuchungen belegen hier das Gegenteil. Häufig wird für eine schlechtere Wohnlage (oder auch für eine schlechtere Beschaffenheit) eine höhere Miete ausgewiesen. Anerkanntermaßen führt dies nicht zur **Unplausibilität** des Mietspiegels.[431] Dies kann nämlich durchaus den tatsächlichen Gegebenheiten entsprechen. So ist es möglich, dass sich ein partiell niedrigeres Mietpreisniveau in guter Wohnlage daraus ergeben kann, dass Wohnungen in diesen Wohnlagen bevorzugt von solchen Mietern nachgefragt werden, die es sich auf Grund ihrer wirtschaftlichen und sozialen Verhältnisse erlauben können, auch in Zeiten bestehender Wohnraumknappheit über die Höhe der Miete zu verhandeln.[432] Auf der anderen Seite können

---

[421] *Dröge/Gebele/Zehnter* Mietpreisbewertung-HdB S. 182.

[422] AG Wedding GE 2006, 331; allenfalls ein Zu- oder Abschlagsfaktor BGH VIII ZR 354/12, NJW 2013, 2963.

[423] *Bünnemeyer/Hebecker/Werling* ZMR 2016, 96 (98) weisen beispielhaft in Frankfurt auf das „Bahnhofsviertel" und die benachbarten „Banken- und Europaviertel" hin.

[424] *Börstinghaus/Clar* NZM 2014, 889; *Börstinghaus* WImmoT 2013, 113.

[425] LG Köln WuM 1994, 691.

[426] LG Berlin GE 2012, 1039.

[427] AG Hamburg WuM 2001, 515.

[428] BGH VIII ZR 74/05, NJW 2006, 2625.

[429] Allg. *Isenmann* WuM 1992, 43.

[430] Nach § 19 des Entwurfs einer Mietspiegelverordnung sollen deshalb in Mietspiegeln nur dann unterschiedliche Wohnlagen ausgewiesen werden, „soweit eine sachgerechte Unterteilung in Wohnlagen möglich ist und *ein Einfluss auf die Mietpreisbildung* festgestellt werden kann"; zu dem Entwurf → BGB Anh. §§ 558c–d.

[431] LG Hamburg WuM 1995, 543.

[432] LG Hamburg WuM 1995, 543; Zweifel an der Auffassung äußert Bub/Treier MietR-HdB/*Schultz* Kap. III A Rn. 1417.

die Mieten in schlechteren Wohnlagen, ua auch deshalb höher sein als in besseren Wohnlagen, weil die **Fluktuation** in diesen Wohnungen höher ist.[433] Die durchschnittliche Mietzeit wird in diesem Wohnungsteilmarkt häufig nicht erreicht. Jeder Mieterwechsel ermöglicht dem Vermieter aber leichter die Miete zu erhöhen, als es bei bestehendem Mietvertrag möglich gewesen wäre. Auf diese Weise fließt in das Wohnwertmerkmal versteckt das rechtliche unerhebliche[434], weil subjektive, Wohnwertmerkmal **„Wohndauer"** mit ein.[435] Es stellt sich dann die Frage, ob der empirisch richtig ermittelte Wert normativ zu korrigieren ist.

Gegen eine zu starke **Bewertung des Lagefaktors**[436] spricht deshalb die Tatsache, dass hier sehr häufig subjektive Faktoren einfließen. In Zeiten knappen Wohnraums ist die Lage einer Wohnung von untergeordneter Bedeutung. Die Qualität einer Lage kann sich nicht nur durch objektive Veränderungen der Umgebung (Bau einer Schnellstraße, Stillegung eines mit Immissionen verbundenen Betriebes), sondern auch durch gesellschaftliche Veränderungen ändern. So gab es vor ca. 30 Jahren eine Tendenz der Stadtflucht. Die Wohnung im Grünen wurde bei steigender Mobilität beliebt. Nach dem Ölpreisschock und den damit verbundenen stark gestiegenen Fahrtkosten drehte sich diese Tendenz – zumindest eine Zeit lang – ins Gegenteil um. Schließlich hängt die Frage, ob ein Haushalt für eine bestimmte Lage bereit ist, eine höhere Miete zu zahlen oder nicht auch stark von der Leistungsfähigkeit des Haushalts ab. Bestimmte Einkommensgruppen sind weder in der Lage noch willens, für die Lage einer Wohnung eine höhere Miete zu zahlen. Neben der Wohndauer fließt deshalb in diesen Faktor auch das Familieneinkommen ein.[437] Deshalb ist die Auffassung, wonach dem Wohnwertmerkmal „Lage" die größte Gewichtung zukommen muss,[438] abzulehnen. 94

Der Lagefaktor ist nach **objektiven Kriterien** zu bestimmen, auf die subjektiven Bedürfnisse des konkreten Mieters kommt es nicht an. Es muss dazu ermittelt werden, was eine gute Lage in der Gemeinde ausmacht. Dabei darf man aber nicht dem Zirkelschluss erliegen, wonach da eine besonders gute Wohnlage sei, wo die höchsten Mieten gezahlt werden. **Die Lage bestimmt die Miete und nicht umgedreht die Miethöhe die Lage!** Soweit vertreten[439] wird, dass es sich bei der Frage, ob eine Wohnung in einer guten Wohnlage liegt, um eine **Rechtsfrage** handelt, die das Gericht und nicht der Sachverständige zu beantworten hat, ist das in dieser Absolutheit nicht richtig. Soweit es um die Einordnung in Lageklassen eines Mietspiegels geht, ist zu beachten, dass es sich bei einem Mietspiegel um eine Erkenntnisquelle handelt, über die für andere Wohnungen im maßgeblichen Zeitraum vereinbarten oder geänderten Mieten. Diese Mieten sind im Mietspiegel in ein Raster gepresst worden. Dabei ist die Unterscheidung in zwei oder drei Lageklassen sehr grob.[440] Der Begriff der ortsüblichen Vergleichsmiete ist aber letztendlich eine Tatsachenbehauptung[441] und keine bloße Rechtsfrage, auch wenn es sich bei dem Begriff um eine empirisch-normative Größe handelt.[442] Mit der Einordnung in eine bestimmte Lagekategorie wird somit die Tatsachenbehauptung aufgestellt, die Wohnungen, die der Mietspiegelersteller in diesem Feld zusammengefasst hat, seien mit der konkreten Vertragswohnung vergleichbar. Das ist und bleibt aber eine Tatsachenfeststellung, die das Gericht zwar ggf. durch Inaugenscheinnahme selbst treffen kann, es kann aber auch einen Sachverständigen hinzuziehen. Nach Ansicht des BGH[443] handelt es sich bei der Einordnung der Wohnlage um eine vom Tatsachengericht vorzunehmende **Wertungsfrage,** für die es auf die 95

---

433 So auch LG Freiburg NJWE-MietR 1996, 51.

434 **AA** AG Berlin-Charlottenburg BeckRS 2015, 06288.

435 Nach Bub/Treier MietR-HdB/*Schultz* Kap. III A Rn. 1418 dürfen schlechtere Lagen/Ausstattungen wegen der höheren Fluktuation nicht besser „bewertet" werden.

436 Nach *Bruns/Paschedag/Kauermann* ZMR 2016, 669 (675) soll sie Lage ein „extrem bedeutendes Kriterium" sein, der den Preis einer Immobilie besonders beeinflusst.

437 Nach *Wullkopf* WuM 1996, 455 (457) sollen zB bei hohen Fahrtkosten sowohl die sehr Armen wie auch die sehr Reichen in der Nähe des Zentrums wohnen, während die Bezieher mittlerer Einkommen weiter außerhalb wohnen.

438 So ausdrücklich das in RDM-IfS 1996, Heft 6, 4 abgedruckte Gutachten. Danach soll die Lage mit 45% den Gesamtwohnwert bestimmen; nach *Dröge/Gebele/Zehnter* Mietpreisbewertung-HdB S. 242 kommt der Lage ein Anteil von 25% zu; nach *Isenmann* DWW 1994, 179 bestimmt die Lage zu 40% die Miethöhe; nach *Alles,* Die ortsübliche Vergleichsmiete in der Landeshauptstadt München, 15, soll die Lage in den meisten empirischen Arbeiten keinen statistisch nachweisbaren Einfluss auf die Miethöhe haben; → Rn. 98.

439 LG Frankfurt a. M. WuM 1992, 629.

440 Aber soziologisch durchaus gerechtfertigt *Bünnemeyer/Hebecker/Werling* ZMR 2016, 96 (98, 101).

441 BVerfG ZMR 1993, 558; zweifelnd *Blank* ZMR 2013, 170.

442 *Blank* ZMR 2013, 170.

443 BGH VIII ZR 87/15, WuM 2016, 290.

Einschätzung von (sachkundigen) Zeugen nicht ankomme. Auf keinen Fall ist es aber eine Rechtsfrage.[444] Demgemäß wird auch vertreten, dass es sich bei der Einordnung in die vorgegebenen Wohnlagenkategorien eines Wohnlagenkatasters um eine widerlegbare Vermutung handelt.[445] Ob das nach Schaffung des § 558 d Abs. 3 BGB noch richtig ist, erscheint fraglich. Deshalb ist auf jeden Fall ein substantiierter Sachvortrag zu Lagevor- und -nachteilen erforderlich.[446]

### 7. Unerhebliche Wohnwertmerkmale

96 Die Aufzählung für die Feststellung der Vergleichbarkeit von Wohnraum zu berücksichtigenden Wohnwertmerkmale in § 558 Abs. 2 BGB ist **abschließend.** Obwohl anerkanntermaßen diese Aufzählung nicht vollständig ist, ist es rechtlich unzulässig, weitere Merkmale zu berücksichtigen, zB die Wohndauer.[447] Insbesondere alle Merkmale, die mit der **Person des Mieters** zu tun haben, sind unerheblich.[448] Hierzu zählen selbstverständlich alle in Art. 3 GG aufgezählten sowie alle weiteren persönlichen Unterscheidungsmerkmale von Menschen wie Geschlecht, Nationalität, Alter, Religion, Hautfarbe usw. Auch ein Zuschlag für „randständige" Personen, die den Wohnraum „deutlich mehr strapazieren" ist unzulässig.[449] In Extremfällen kann ein Mieterhöhungsverlangen in einem Mehrfamilienhaus, das nur an türkische und arabische Mieter gerichtet ist, einen Verstoß gegen das AGG darstellen und sogar Entschädigungsansprüche auslösen.[450] Auch der Beruf des Mieters ist ein unzulässiger subjektiver Faktor. Deshalb gibt es weder für Studenten[451] noch für Beamte einen Sondermarkt. Auch die Art und Weise, wie die Menschen zusammenleben, also als verheiratetes Paar, als nichteheliche Lebensgemeinschaft oder als Wohngemeinschaft[452] darf bei der Feststellung der ortsüblichen Vergleichsmiete keine Rolle spielen. Das Gleiche gilt für die Nähe zur Arbeitsstelle und zur Schule der Kinder.[453]

97 Ebenso wenig darf nach der **Person des Vermieters** differenziert werden, obwohl dies für die Miethöhe durchaus eine große Bedeutung haben kann.[454] Ein Privatvermieter, der uU mit dem Mieter im gleichen Haus lebt, wird eher die Auseinandersetzung um eine Mieterhöhung mit einem Mieter, der ihm ggf. persönlich gut bekannt ist und den er täglich im Treppenhaus trifft, scheuen und die Miete längere Zeit nicht anpassen. Demgegenüber wird eine professionelle Wohnungsverwaltung uU bei der Durchsetzung der Mieterhöhungen weniger Zurückhaltung üben. Auf der anderen Seite können auch gewerbliche Vermieter, insbes. Genossenschaften oder kommunale Wohnungsbauunternehmen aus sozialpolitischen und unternehmerischen Gründen niedrigere Mieten vereinbaren. Umso länger ein Mietverhältnis unter diesen unterschiedlichen Vermietern dauert, umso größer wird der Unterschied zwischen diesen Mieten werden.[455] Trotzdem handelt es sich um den gleichen Wohnungsteilmarkt, so dass diese Unterscheidung nicht zu einer Differenzierung bei der Ermittlung der ortsüblichen Vergleichsmiete führen darf. Eine Unterscheidung danach, ob das Angebots- oder Kontrahierungsverhalten bestimmter Vermieter sich am Markt orientiert oder nicht[456] ist nicht zulässig. Es würde sich um ein unzulässiges subjektives Merkmal handeln. Es gibt auch keine objektive Grenze. Der örtliche Wohnungsmarkt wird von diesen Vermietern genauso beeinflusst wie vom gewerblichen Vermieter, der den Preis bis zum letzten ausreizt. Dem Phänomen kann nur durch den Ausweis von Mietpreisspannen begegnet werden.

---

[444] So auch AG Velbert WuM 1992, 629.
[445] AG Siegburg WuM 1996, 152.
[446] AG Dortmund WuM 2012, 103; AG Neuss WuM 2006, 388.
[447] **AA** AG Berlin-Charlottenburg BeckRS 2015, 06288.
[448] LG Hamburg WuM 2016, 434.
[449] LG Hamburg WuM 2016, 434.
[450] AG Tempelhof-Kreuzberg WuM 2015, 73.
[451] LG Aachen MDR 1983, 492; AG Dortmund NJW-RR 1991, 1228.
[452] OLG Hamm WuM 1983, 108.
[453] *Dröge/Gebele/Zehnter* Mietpreisbewertung-HdB S. 242.
[454] BGH XII ZR 175/07, WuM 2010, 38; s. a. die Darstellung des neuen Verbraucherpreisindex in WuM 6/2019, 343.
[455] Nach BGH VIII ZR 44/16, NZM 2017, 521 Rn. 41 soll es sich aufdrängen, dass viele Vermieter in bestehenden Verträgen die Mieterhöhungsmöglichkeiten nicht ausschöpfen.
[456] So aber *Voelskow* GE 1997, 586 (588); *Osmer* ZMR 1995, 53 (57).

**8. Gewichtung der Wohnwertmerkmale**

Die einzelnen Wohnwertmerkmale werden vom Gesetzgeber **gleichberechtigt nebeneinander** aufgezählt. Es wäre aber falsch, daraus zu schließen, dass die Merkmale einen völlig gleichen Einfluss auf die Miethöhe haben. Es dürfte aber auch kaum möglich sein, generell eine in ganz Deutschland gleichermaßen geltende Gewichtung vorzunehmen, obwohl dies in der Lit. durchaus gemacht wird: 98

| Wohnwertmerkmal | Prozentuale Anteile der einzelnen Wohnwertmerkmale am Gesamtwohnwert | | | |
|---|---|---|---|---|
| | *Sternel*[457] | *Dröge*[458] | *Sprengnetter*[459] | *Isenmann*[460] |
| Art | 10% | 5,0% | 10,0% | 20% |
| Beschaffenheit | 10% | 10,0% | 10,0% | |
| Größe | 12% | 10,0% | 30,0% | 30% |
| Lage | 28% | 25,0% | 25,0% | 40% |
| Ausstattung | 40% | 50,0% | 25,0% | 10% |

Es kommt hierbei sehr stark sowohl auf die örtlichen Gegebenheiten[461] wie auch auf die Besonderheiten der Vertragswohnung an.[462] In der Regel kommt der Ausstattung[463] und der Größe[464] der Wohnung die größte Bedeutung zu Letztendlich handelt es sich aber um eine normative Frage. Auch die Behauptung, die Wohnung liege in einer bevorzugten Wohngegend führt nicht zu einer höheren Gewichtung des Lagemerkmals.[465]

**9. Die maßgebliche Miete**

Aus § 558 Abs. 2 BGB ergibt sich, dass nicht alle in einer Gemeinde gezahlten Mieten in die ortsübliche Vergleichsmiete einfließen. Das Gesetz unterscheidet in sachlicher, in zeitlicher und räumlicher Hinsicht. Es müssen folgende drei Voraussetzungen gegeben sein, damit eine aktuell geschuldete Miete bei der Berechnung der ortsüblichen Vergleichsmiete berücksichtigt werden darf: 99

1. Es muss sich um Mieten handeln, die in den letzten sechs Jahren verändert wurden **(Zeitkomponente)** zum Übergangsrecht siehe → Rn. 108a.
2. Dabei muss es sich um Wohnraum handeln, bei dem die Miethöhe weder durch Gesetz oder im Zusammenhang mit einer Förderzusage festgelegt worden ist **(sachliche Komponente).**
3. Schließlich müssen die Mieten in der Gemeinde oder einer vergleichbaren Gemeinde vereinbart worden sein **(räumliche Komponente).**

**a) Die Zeitkomponente.** Nach dem Wortlaut des Gesetzes wird die ortsübliche Vergleichsmiete aus allen Entgelten gebildet, die in den letzten sechs Jahren vereinbart oder, von Erhöhungen nach § 560 BGB abgesehen, geändert worden sind. Seit 1983 sind sog. Altmieten nicht mehr relevant.[466] Daraus folgt, dass folgende Mieten unter dem zeitlichen Gesichtspunkt zu erfassen sind: 100

**aa) Neuvertragsmieten.** Damit sind die Mieten von Mietverhältnissen gemeint, die erst in den letzten sechs Jahren neu vereinbart worden sind und deren Miete in diesen sechs Jahren, von Erhöhungen nach § 560 BGB abgesehen, nicht erhöht worden sind. Eine Neuvertragsmiete liegt 101

---

[457] *Sternel* MietR Kap. IV Rn. 165a.
[458] *Dröge/Gebele/Zehnter* Mietpreisbewertung-HdB S. 242.
[459] *Sprengnetter,* Handbuch zur Ermittlung von Grundstückswerten, 1994, Teil 14, Nr. 5.2.5.1.
[460] *Isenmann* DWW 1994, 179.
[461] *Sternel* MietR Kap. IV Rn. 165a.
[462] Nach *Promann,* Die Berücksichtigung des Wohnwertmerkmals Lage in den Mietspiegeln der deutschen Großstädte, 2012, besteht eine Abhängigkeit zwischen der Bedeutung der Lage und der Größe. Bei kleinen Wohnungen ist die Bedeutung geringer.
[463] BVerfG NJW 2018, 1451 Rn. 115 „der Ausstattung einer Wohnung oder eines Gebäudes [kommt in Mietspiegeln] maßgebliche ertragswertrelevante Bedeutung zu".
[464] Nach *Behr/Hörrmann* DWW 1999, 105 (107) soll auf die Größe ein Anteil von 40–60% entfallen; ähnlich *Walterscheid* NZM 1998, 990; Hannemann/Wiek/Emmert MietR-HdB/*Emmert* § 12 Rn. 185.
[465] AG Dortmund WuM 2012, 103.
[466] Nach *Gsell* NZM 2017, 305 sind auch diese Mieten marktrelevant.

deshalb auch bei einer bis zu 4 Jahre alten aber nie veränderten Miete vor.[467] Entscheidend ist nicht das Datum des Vertragsschlusses, sondern das Datum der ersten Fälligkeit der erhöhten Miete.[468]

102 **bb) Bestandsmieten.** Demgegenüber wird für die Mieten, die in den letzten sechs Jahren geändert wurden, der Begriff der „Bestandsmieten"[469] gebraucht. Wann das Mietverhältnis begründet wurde, ist dabei unerheblich, so dass hierunter auch Mietverhältnisse fallen, die zwar in den letzten sechs Jahren erst neu vereinbart worden sind, deren Miete aber bis zum Stichtag mindestens einmal, mit Ausnahme der Erhöhung nach § 560 BGB, geändert worden ist. In die ortsübliche Vergleichsmiete fließen diese Mieten aber nur einmal ein, auch wenn im konkreten Mietverhältnis sowohl die Neuvertragsmiete in den Sechsjahreszeitraum fällt, wie auch ein oder zwei Mieterhöhungen. Maßgeblich ist nämlich nur die zum Erhebungsstichtag gezahlte Miete. Folgende Mieterhöhungen sind maßgeblich:

– auf Grund einer Mieterhöhung nach § 558 BGB,
– nach einer Modernisierung gem. § 559 BGB,
– auf Grund von Staffelmietvereinbarungen gem. § 557a BGB,
– auf Grund von Indexvereinbarungen gem. § 557b BGB,
– auf Grund von Mietabänderungsvereinbarungen gem. § 557 Abs. 1 BGB.

Maßgeblich ist, dass innerhalb des Sechsjahreszeitraums die Mietänderung fällig wurde. Deshalb muss nicht zwischen Mietabänderungsvereinbarungen gem. § 557 Abs. 1 BGB und Zustimmungsverfahren gem. § 558 BGB unterschieden werden.[470] Das ist auch erhebungstechnisch kaum möglich. Dort kann und wird nur danach gefragt, ob die Miete innerhalb eines näher bezeichneten Zeitraums neu vereinbart oder erhöht wurde.

103 Auch die Mieten von Wohnungen, in denen nur **Mieterhöhungen nach § 559 BGB** in den letzten sechs Jahren vor Zugang des Mieterhöhungsverlangens erfolgten, sind zur Ermittlung der ortsüblichen Vergleichsmiete heranzuziehen. Der Wortlaut des § 558 Abs. 2 BGB ist insofern völlig eindeutig. Soweit früher vereinzelt für solche Mieterhöhungen vertreten[471] wurde, dass diese bei „strenger Auslegung des § 558 Abs. 2 BGB" nicht berücksichtigt werden dürfen, da sie kostenorientierte, nicht nach Angebot und Nachfrage zustande gekommene Preise ermöglichen, ist dieser Einwand in doppelter Hinsicht falsch. Zum einen ist der Wortlaut des § 558 Abs. 2 BGB bereits eindeutig. Dort werden expressis verbis nur Mieterhöhungen wegen Betriebskostensteigerungen nach § 560 BGB ausgenommen. Zum anderen ist zwar richtig, dass der Vermieter bei Mieterhöhungen nach § 559 BGB nicht der Zustimmung des Mieters bedarf, letztendlich bestimmt aber auch hier der Markt, ob der Vermieter die Mieterhöhung durchsetzen kann. Unabhängig von der Tatsache, dass zumindest die Mieterhöhung nach § 559 BGB nach oben wie eine Neuvertragsmiete durch § 5 WiStG begrenzt wird, wird der Vermieter auch solch einseitige Mieterhöhungen nicht durchsetzen können, wenn am Markt für vergleichbare Wohnungen erheblich niedrigere Mieten gezahlt werden. Hier wird der Mieter sich ausrechnen, ob ein Umzug auf Dauer wirtschaftlicher ist. Ihm steht auch bei Zeitmietverträgen oder Mietverträgen mit Kündigungsausschluss ein Sonderkündigungsrecht gem. § 561 BGB zu.

104 Auch **Staffelmieten** sind bei der Ermittlung der ortsüblichen Vergleichsmiete zu berücksichtigen. Auch sie sind übliche Entgelte, die die Mietvertragsparteien vertraglich vereinbart haben. Sie sind mit der jeweils letzten innerhalb des Sechsjahreszeitraums liegenden Staffel zu berücksichtigen.[472] Dies entspricht auch dem **Willen des historischen Gesetzgebers.**[473] Dies ist nicht ganz unproblematisch, da die jeweilige Miethöhe zT außerhalb des Sechsjahreszeitraums vereinbart wurde auch wenn sie innerhalb des Sechsjahreszeitraums wirksam wurde. Da Staffelmieten jetzt

---

[467] *Dröge/Gebele/Zehnter* Mietpreisbewertung-HdB S. 105 will deshalb von „zeitbezogener Neumiete" sprechen.

[468] **AA** Bub/Treier MietR-HdB/Schultz Kap. III A Rn. 1363, Datum des Vertragsschlusses maßgeblich.

[469] *Dröge/Gebele/Zehnter* Mietpreisbewertung-HdB S. 106 kritisieren diesen Begriff. Ihrer Meinung nach sei richtigerweise von einer geänderten oder angepassten Miete zu sprechen und nicht von Bestands- oder Altmieten, S. 105.

[470] So aber Bub/Treier MietR-HdB/*Schultz* Kap. III A Rn. 1363.

[471] *Derleder* WuM 1983, 221 (222).

[472] *Keller,* Zivilrechtliche Mietpreiskontrolle, 1996, 137 (138) mwN; MüKoBGB/*Artz* § 558 Rn. 18; *Emmerich/Sonnenschein/Emmerich BGB § 558* Rn. 14; Bub/Treier MietR-HdB/*Schultz* Kap. III A Rn. 1369; *Sternel* MietR Kap. III Rn. 571 unter Aufgabe der früheren Auffassung in ZMR 1983, 73 (76); **aA** *Derleder* WuM 1983, 221 (222).

[473] BT-Drs. 9/2079.

nicht auf eine Laufzeit von zehn Jahren mehr begrenzt sind, können so Vereinbarungen die Miethöhe beeinflussen, die teilweise so heute nicht mehr getroffen worden wären. Letztendlich kann der Mieter aber gem. § 557a Abs. 3 BGB spätestens nach sechs Jahren kündigen, so dass über diese Möglichkeit sichergestellt ist, dass zumindest nicht zu hohe Mieten in die Vergleichsmietenermittlung einfließen, da zu vermuten ist, dass der Mieter bei zu hohen Mieten das Mietverhältnis gekündigt hätte. Weit hinter der Marktentwicklung zurückgebliebene Staffelmieten sind aber für den Vermieter bei einem zugleich wirksam vereinbarten Zeitmietvertrag nicht kündbar. Da dies mengenmäßig aber keine große Anzahl darstellt, kann dies hingenommen werden.

Entsprechend dem eindeutigen Wortlaut des Gesetzes sind jedoch **Mieterhöhungen wegen** 105 **Betriebskostensteigerungen** gem. § 560 BGB nicht zu berücksichtigen. Damit sind zunächst Anhebungen der Betriebskostenpauschalen und der Betriebskostenvorauszahlungen gemeint. Über die Überleitungsvorschrift in Art. 229 § 3 Abs. 4 EGBGB fallen hierunter aber auch die Umlage von Betriebskostensteigerungen bei alten (Teil-)Inklusivmieten mit Erhöhungsvorbehalt.

Bis Ende 1982 bildeten **alle Mieten,** die in der Gemeinde oder in einer vergleichbaren 106 Gemeinde für nicht preisgebundenen Wohnraum vergleichbarer Art, Größe, Ausstattung, Beschaffenheit und Lage an einem bestimmten Stichtag gezahlt wurden, die ortsübliche Vergleichsmiete. Durch die Beschränkung der maßgeblichen Mieten auf die letzten drei, vier oder jetzt sechs Jahre wollte der Gesetzgeber zunächst eine stärkere Marktorientierung der Mieten erreichen, da hierdurch insbes. besonders niedrige Bestandsmieten aus der Berechnung herausfallen. Man darf aber nicht übersehen, dass auch unveränderte Mieten, die vor Beginn des Sechsjahreszeitraums vereinbart wurden, marktrelevant sind.[474] Trotzdem dürfen sie nach dem eindeutigen Gesetzeswortlaut nicht berücksichtigt werden. Durch die aktuelle Verlängerung des Betrachtungszeitraums auf sechs Jahre, solle der Abstand wieder etwas vergrößert werden. Nicht übersehen werden darf aber, dass jetzt auch aktuelle Mieten in die Erhebung fallen, die vor fünf oder sechs Jahren wegen einer Modernisierungsmaßnahme erhöht worden sind.[475]

Die **Sechsjahresfrist** berechnet sich im konkreten Erhöhungsverfahren vom Zugang des Miet- 107 erhöhungsverlangens[476] an sechs Jahre rückwärts. Dabei kommt es auf die vor sechs Jahren bereits geschuldete Miete an. Alle Mieterhöhungen, deren Wirkungszeitpunkte gem. § 558b Abs. 1 BGB in die Sechsjahresfrist fallen, sind also zu berücksichtigen. Dies gilt auch dann, wenn der Mieter zunächst seine Zustimmung nicht erteilt hat und später erst dazu verurteilt wurde. Der Zeitpunkt des Erhöhungsverlangens ist genauso unerheblich wie das Datum der Zustimmung. Anderenfalls müssten die Vertragsparteien zukünftige Mieterhöhungen und Neuabschlüsse zwischen Zugang des Verlangens und Wirksamwerden berücksichtigen, was gar nicht möglich ist.[477]

In die Datenerhebung fließt **jede Wohnung nur einmal** ein. Zwar ist es theoretisch möglich, 108 dass innerhalb des Sechsjahreszeitraums die Miete für eine Wohnung sich viermal geändert hat, so zB, wenn der Mieter vor genau sechs Jahren neu eingezogen ist (Neuvertragsmiete) und die Miete dann jeweils alle 15 Monate erhöht wurde, jedoch ist der Wortlaut hier bereits eindeutig. Die ortsübliche Vergleichsmiete soll die zu einem bestimmten Zeitpunkt gezahlten Entgelte widerspiegeln. Das Gesetz grenzt jedoch diese Gesamtmenge aller Mieten dadurch ein, dass weitere Bedingung für die Berücksichtigung eben ist, dass die Miete entweder in den letzten sechs Jahren neu vereinbart oder erhöht wurde. Dementsprechend kommt es nur auf die **aktuelle Miete** an, der am Stichtag, zu dem die ortsübliche Vergleichsmiete festgestellt werden soll, geschuldet wird.[478] Falsch ist des-

---

474 *Gsell* NZM 2017, 305.

475 Die Auswirkungen der Verlängerung des Betrachtungszeitraums werden durchaus unterschiedlich bewertet: während *Jacobi,* Auswirkungen einer Änderung des Bezugszeitraums im Mietspiegel auf das Niveau der ortsüblichen Vergleichsmiete – das Beispiel Stuttgart, Zeitschrift des Verbandes Deutscher Städtestatistiker 1/2018, 70 in einer Untersuchung auf der Basis der Daten des Jahres 2016 zu einer Absenkung der ortsüblichen Vergleichsmiete um 0,9% (von 8,95 €/m² auf 8,81 €/m² durchschnittlich kommt, kommt *Wölfle* in Francke/Rehkugler/Raffelhüschen/Wölfle, Immobilienmärkte und Immobilienbewertung, 3. Aufl., S. 136 zu einem Absinken der ortsüblichen Vergleichsmiete für 15 Städte zwischen ca. 0,02 €/m² und 0,73 €/m² (für Stuttgart zwischen 0,34 €/m² und 0,53 €/m²). Datengrundlage sind hier aber Angebotsmieten aus der ivd-Mietpreisdatenbank für 2016.

476 BGHUrt. v. 26.5.2021 – VIII ZR 93/20, VIII ZR 22/20, WuM 2021, 442; VIII ZR 346/10, NJW 2012,1351; VIII ZR 41/05, NZM 2006, 101; BayObLG NJW-RR 1993, 302; *Voelskow* ZMR 1992, 328.

477 MüKoBGB/*Artz* § 558 Rn. 19; Bub/Treier MietR-HdB/*Schultz* Kap. III A Rn. 1362 spricht von „nicht praktikabel und zumutbar".

478 So auch die Hinweise zur Aufstellung von Mietspiegeln 2002 abgedr. bei *Börstinghaus* Miethöhe-HdB S. 764.

halb auch aus den in den letzten sechs Jahren für eine Wohnung gezahlten Mieten eine Durchschnittsmiete zu bilden, unabhängig davon, ob eine Mieterhöhung oder Neuvermietung stattgefunden hat.[479]

108a Der neue sechsjährige Betrachtungszeitraum gilt grds. für alle Mieterhöhungen, die dem Mieter seit dem 1.1.2020 zugegangen sind. Nach der **Überleitungsvorschrift** in Art. 229 § 50 EGBGB gibt es aber eine längere Übergangsfrist, innerhalb der noch der **vierjährige Betrachtungszeitraum** gilt. Die jeweilige Länge des Betrachtungszeitraums knüpft an den örtlichen Mietspiegel an.

**Art. 229 § 50 EGBGB:**

**(1) Mietspiegel können auch nach dem 31.12.2019 nach § 558 Absatz 2 Satz 1 BGB in der bis dahin geltenden Fassung neu erstellt werden, wenn der Stichtag für die Feststellung der ortsüblichen Vergleichsmiete vor dem 1.3.2020 liegt und der Mietspiegel vor dem 1.1.2021 veröffentlicht wird. Mietspiegel, die nach Satz 1 neu erstellt wurden oder die bereits am 31.12.2019 existierten, können entsprechend § 558d Absatz 2 des Bürgerlichen Gesetzbuchs innerhalb von zwei Jahren der Marktentwicklung angepasst werden.**

**(2) In Gemeinden oder Teilen von Gemeinden, in denen ein Mietspiegel nach Absatz 1 Satz 1 neu erstellt wurde oder in denen am 31.12.2019 ein Mietspiegel existierte, ist § 558 Absatz 2 Satz 1 BGB in der bis zu diesem Tag geltenden Fassung anzuwenden, bis ein neuer Mietspiegel anwendbar ist, längstens jedoch zwei Jahre ab der Veröffentlichung des zuletzt erstellten Mietspiegels. Wurde dieser Mietspiegel innerhalb von zwei Jahren der Marktentwicklung angepasst, ist die Veröffentlichung der ersten Anpassung maßgeblich.**

108b Der **vierjährige Betrachtungszeitraum** des § 558 Abs. 2 BGB aF ist dann weiter maßgeblich, wenn in der Gemeinde ein Mietspiegel existiert, der **(a)** am 31.12.2019 bereits gültig war oder (b) bis zum 1.1.2021 veröffentlicht wurde, wenn der Erhebungsstichtag vor dem 1.3.2020 lag. Ein solcher Mietspiegel gilt von der Veröffentlichung an zunächst für zwei Jahre und darf dann gem. Art. 229 § 50 Abs. 1 S. 2 EGBGB auch noch einmal für zwei Jahre fortgeschrieben werden.[480]

Die Entscheidung welcher Betrachtungszeitraum örtlich maßgeblich ist, trifft allein der örtliche Mietspiegelersteller. Gerichte können das nur auf Rechtmäßigkeit überprüfen, also ob die Vorgaben der Überleitungsvorschrift eingehalten wurden[481], ansonsten besteht ein Ermessen des Mietspiegelerstellers. Zumindest theoretisch kann die Frage, welcher Betrachtungszeitraum gilt, für jedes Tabellenmietspiegelfeld unterschiedlich entschieden werden. In einem Tabellenmietspiegel repräsentiert jedes Mietspiegelfeld die ortsübliche Vergleichsmiete für das entsprechende Wohnungsmarktsegment. Es ist nicht zwingend, dass eine einheitliche Entscheidung für den gesamten Mietspiegel gefunden werden muss, wenn die örtlichen Gegebenheiten sich unterscheiden. Beim Regressionsmietspiegel gibt es diese Gestaltungsmöglichkeit wohl nicht, da dort die Werte des gesamten Mietspiegels aus einem gemeinsamen, einheitlich ausgewerteten Datensatz berechnet werden. Die Überleitungsvorschrift und die daraus folgende örtliche Gestaltungsmöglichkeit gilt nicht nur qualifizierte Mietspiegel, sondern auch für einfache Mietspiegel. Der Wortlaut der Norm verlangt nur einen Stichtag, zu dem die ortsübliche Vergleichsmiete ermittelt wurde. Selbst Mietspiegel, die auf keinerlei Daten beruhen, weil sie ausgehandelt wurden, haben einen solchen Stichtag.[482]

108c Der im örtlichen Mietspiegel rechtmäßig[483] zugrunde gelegte Betrachtungszeitraum ist nach Abs. 2 für die ortsübliche Vergleichsmiete in der Gemeinde insgesamt verbindlich. Das gilt sowohl im Zustimmungsverfahren auch wenn ein anderes Begründungsmittel (zB drei Vergleichswohnungen) verwendet wird, wie auch im gerichtlichen Verfahren zur Feststellung der ortsüblichen Vergleichsmiete ggf. durch einen Sachverständigen. Insbesondere bei einfachen Mietspiegeln in der Gemeinde macht das keinen Sinn.

108d Die Übergangsregelung ist **verfassungsrechtlich nicht unbedenklich** Sie führt zu zwei unterschiedlichen Berechnungsmethoden und damit auch unterschiedlich hohen ortsüblichen Vergleichsmieten in der Bundesrepublik, und zwar in Gemeinden mit und ohne Mietspiegel. Hierin

---

[479] So früher der Mietspiegel für die Gemeinde Hamminkeln 2002.

[480] Krit. dazu *Börstinghaus* NZM 2019, 841; *Klinger/Storm* DWW 2020, 4; *Horst* MDR 2020, 253.

[481] Das dürfte zB beim Berliner Mietspiegel 2021 nicht der Fall sein, da er die zweite Fortschreibung des auf *einer empirischen Datenerhebung* beruhenden Mietspiegels 2017 ist, so auch *Beuerman* GE Sonderbeilage Mietspiegel 2021, 21.

[482] Zur Kritik an der Vorschrift *Börstinghaus* NZM 2019, 841.

[483] Was in Berlin 2021 wohl nicht der Fall ist.

könnte durchaus ein Verstoß gegen den Gleichbehandlungsgrundsatz gem. Art. 3 GG zu sehen sein. Ein sachlicher Grund für eine solche Ungleichbehandlung ist schwer erkennbar. Gerade in den Großstädten mit besonders angespanntem Wohnungsmarkt gibt es qualifizierte Mietspiegel, so dass dort der vierjährige Betrachtungszeitraum einige Jahre weitergelten kann, während in den Umlandgemeinden keine Mietspiegel existieren und dort der sechsjährige Betrachtungszeitraum gilt. Das BVerfG[484] hat in seiner Entscheidung zur Mietpreisbremse einen solchen eine Ungleichbehandlung rechtfertigenden Sachgrund für den Fall angenommen, dass das Gesetz bzw. die entsprechende LandesVO zwischen Gemeinden mit und ohne angespannten Wohnungsmarkt differenziert. Die Benachteiligung von Vermietern mit Wohnungen in einem angespannten Wohnungsmarkt gegenüber Vermietern mit Wohnungen in Gemeinden mit ausgeglichenem Wohnungsmarkt ist nach der Argumentation des BVerfG wegen der besonderen Schutzbedürftigkeit von Mietern und Mietinteressenten in angespannten Märkten gerechtfertigt. Die in der Übergangsregelung vorgenommene Differenzierung zwischen vier- und sechsjährige Betrachtungszeitraum hat aber als einzige Rechtfertigung das Kostenargument für die Kommunen. Die Neuerstellung von Mietspiegeln oder die Nacherhebung von Daten soll vermieden werden. Dies könnte im Verhältnis der Vermieter untereinander eine nicht zu rechtfertigende Ungleichbehandlung gem. Art 3 GG darstellen. Außerdem werden Gemeinden mit einfachem und qualifiziertem Mietspiegel auch noch gleichbehandelt, obwohl es sich, wie oben schon dargestellt, um unterschiedliche Sachverhalte handelt.

**b) Die räumliche Komponente.** Zur Feststellung der ortsüblichen Vergleichsmiete müssen 109
grds. alle Mieten aus der Gemeinde, die die oben dargestellten sachlichen und zeitlichen Voraussetzungen erfüllen, herangezogen werden.[485] Unter dem Begriff Gemeinde ist die **politische Gemeinde** gemeint.[486] Die Abgrenzung erfolgt dabei aus verwaltungstechnischen Gründen und nicht aus wohnungsmarktspezifischen Überlegungen.[487] Zur Frage, wann eine Gemeinde mit einer anderen vergleichbar ist → BGB § 558 a Rn. 46 ff. Unzulässig ist die Ermittlung einer ortsüblichen Vergleichsmiete nur für einen Teil der Gemeinde[488], aber auch die Ermittlung der ortsüblichen Vergleichsmiete für das Kreisgebiet. Zwar gestattet § 558 c BGB ausdrücklich die Aufstellung von Mietspiegeln für Teile einer Gemeinde oder für mehrere Gemeinden, dies bedeutet aber nicht, dass es auch eine ortsübliche Vergleichsmiete nur für Gemeindeteile oder mehrere Gemeinden gibt. Unzulässig ist es deshalb Wohnungen aus bestimmten, zB den äußeren, Stadtteilen einer Gemeinde unberücksichtigt zu lassen.[489]

### 10. Der maßgebliche Wohnraum

Für die Ermittlung der ortsüblichen Vergleichsmiete sind **nicht alle Mietverhältnisse** maßgeb- 110
lich.[490] Insofern besteht eine wechselseitige Abhängigkeit. Für bestimmten Wohnraum hat der Vermieter keinen Anspruch auf Zustimmung zu einer Mieterhöhung. Das bedeutet umgekehrt, dass die für solchen Wohnraum gezahlten Mieten nicht zur Ermittlung der ortsüblichen Vergleichsmiete herangezogen werden dürfen. Soweit der BGH[491] es für formell zulässig erachtet hat, dass der Vermieter auch im preisfreien Wohnungsbau Vergleichswohnungen gem. § 558 a BGB benennt, für die eine preisgebundene Miete gezahlt wird, betrifft dies nicht die hier allein interessierende materielle Frage.

Daraus folgt, dass für folgende Miet- bzw. Nutzungsverhältnisse auf jeden Fall unberücksichtigt bleiben müssen:

- vom Eigentümer selbst genutzte Wohnungen. Hier fehlt bereits ein Mietvertrag,
- Wohnraum der zum vorübergehenden Gebrauch vermietet wurde (→ BGB § 549 Rn. 4),
- Möblierter Wohnraum in der Wohnung des Vermieters (→ BGB § 549 Rn. 6 ff.),

---

484 BVerfG NZM 2019, 676 mAnm, *Selk* NZM 2019, X.

485 BGH VIII ZR 354/12, NZM 2013, 610; VIII ZR 267/12, NZM 2013, 612; LG Hamburg WuM 1995, 543.

486 LG Marburg BeckRS 2014, 12908; AnwK WohnraumMietR/*Lammel* BGB § 558 Rn. 61; *Börstinghaus/Clar* NZM 2014, 889; *Börstinghaus* WuM 2014, 591; Bub/Treier MietR-HdB/*Schultz* Kap. III A Rn. 1370; Staudinger/*V. Emmerich* BGB § 558 Rn. 57.

487 AnwK WohnraumMietR/*Lammel* BGB § 558 Rn. 61; *Oberhofer/Schmidt,* Kriterien der Mietspiegelerstellung, S. 11.

488 BGH VIII ZR 354/12, NZM 2013, 610; VIII ZR 267/12, NZM 2013, 612.

489 LG Marburg BeckRS 2014, 12908.

490 Eine tabellarische Übersicht des maßgeblichen Wohnungsbestandes befindet sich bei *Börstinghaus*/Clar Mietspiegel Rn. 257.

491 BGH VIII ZR 236/18, NZM 2020, 459.

– Studenten- und Jugendwohnheime (→ BGB § 549 Rn. 33 ff.),
– alle Formen von Gewerberaummietverhältnissen.

111 Nach § 558 Abs. 2 S. 2 BGB sind die Mieten solcher Wohnungen ausgenommen, bei denen die Miethöhe **durch Gesetz oder im Zusammenhang mit einer Förderzusage** festgelegt worden ist. Damit fließen folgende Mieten nicht in die ortsübliche Vergleichsmiete ein:

112 **a) Öffentliche Haushalte.** Mieten von Wohnraum, der mit **Mitteln aus öffentlichen Haushalten** gefördert wurde. Dies gilt für Sozialwohnungen gem. §§ 1 ff. WoBindG[492]. Dazu zählen folgende beide Gruppen:

– **erster Förderweg:** Wohnungen für die nach dem 31. 12. 1956 nach den §§ 24 ff. II. WoBauG[493] öffentliche Mittel bewilligt wurden,
– **zweiter Förderweg:** Wohnungen, die nach §§ 88–88 c II. WoBauG[494] durch Aufwendungsdarlehen und Aufwendungszuschüsse gefördert wurden, und Wohnungen, die mit Sanierungs- und Entwicklungsfördermitteln nach § 45 Abs. 5 Städtebauförderungsgesetz gefördert wurden.

Außerdem gehören

– mit **Wohnungsfürsorgemitteln** geförderte Neubauwohnungen gem. §§ 87 a, 111 II. WoBauG[495]
– mit **Aufwendungshilfen** geförderte Neubauwohnungen iSd §§ 88–88 c II. WoBauG

nicht zum maßgeblichen Wohnraum. Für diese Wohnungen gilt keine am Markt nach den Grundsätzen von Angebot und Nachfrage gebildete Miete, sondern die sog. Kostenmiete. Dies wird zwar inzwischen durch die Erhebung der Fehlbelegungsabgabe relativiert durch die für bestimmte Einkommensgruppen mittelbar auch die ortsübliche Vergleichsmiete Bedeutung hat, da die Höhe der Ausgleichsabgabe zumindest im Herabsetzungsverfahren die Obergrenze darstellt.[496] Dies ändert aber nichts an der Tatsache, dass es sich bei der Miete für diesen Wohnraum nicht um Miete für preisfreien Wohnraum handelt.

– nach den diversen **Landeswohnraumförderungsgesetzen** geförderte Wohnungen.[497] Deren Vorschriften sind an die Stelle des WoBindG, II. WoBauG, der NMV und der II. BV getreten und Beschränken auf unterschiedliche Weise die Miethöhe. Selbst wenn die ehemalige Kostenmiete nach den entsprechenden Landesgesetzen nach den Vorschriften der §§ 558 ff. BGB erhöht werden kann, wird die Mieterhöhung durchweg in irgendeiner Form beschränkt.

113 **b) Dritter Förderweg.** Die Mieten für **Wohnungen des früheren sog. dritten Förderweges** dürfen bei der Ermittlung der ortsüblichen Vergleichsmiete ebenfalls nicht herangezogen werden.[498] Hierbei handelt es sich um eine vereinbarte oder einkommensorientierte Förderung nach den §§ 88 d, 88 e II. WoBauG. Dabei wird der Bauherr gem. § 88 e Abs. 2 II. WoBauG[499] verpflichtet, für den geförderten Wohnraum während einer bestimmten Dauer keine höhere als die festgelegte Miete zu verlangen. Anders als die Wohnungen des ersten und des zweiten Förderweges sind die Mieten dieser Wohnungen schon am Markt orientiert, wenn sich auch die Miete nicht, wie bei den nicht preisgebundenen Wohnungen, durch Angebot und Nachfrage bestimmen. Vielmehr werden die Basismieten gem. § 88 e II. WoBauG von den Ländern in Anlehnung an die ortsübliche Vergleichsmiete festgelegt. Es handelt sich um geförderten Wohnraum, dessen Miete sich an der ortsüblichen Vergleichsmiete orientieren soll. Nach der Neuregelung des Begriffs der ortsüblichen Vergleichsmiete in § 558 Abs. 2 BGB steht fest, dass neben den Mieten des „klassischen" ersten und zweiten Förderweges auch die Mieten des dritten Förderweges unberücksichtigt bleiben, da die Mieten dort üblicherweise im Rahmen einer Förderzusage unterhalb der Marktmiete

---

[492] Auf Grund der Föderalismusreform ist die ausschließliche Gesetzgebungskompetenz für das Recht der Wohnraumförderung ab 1.9.2006 auf die Länder übergegangen. Gem. Art. 125 a GG gelten die früheren Bundesgesetze weiter bis die Länder eigene Regelungen erlassen haben. Das ist bisher sehr unterschiedlich geschehen; → BGB Vor § 557 Rn. 35 ff.

[493] Die Vorschrift ist seit 1.1.2002 durch das WoFG aufgehoben.

[494] Gem. § 48 WoFG gilt die Vorschrift weiter.

[495] Gem. § 48 WoFG gilt die Vorschrift weiter.

[496] BVerwG WuM 1997, 275.

[497] *→ BGB Vor § 557 Rn. 25 ff.*

[498] LG Frankfurt/Oder WuM 2012, 319; *Sternel* MietR Kap. IV Rn. 75; aber Bedenken bei *Sternel* MietR Kap. IV Rn. 161.

[499] Das II. WoBauG ist seit 1.1.2002 aufgehoben. Gem. § 48 WoFG gelten einige Vorschriften weiter.

festgelegt werden. Zwingend ist dieser Ausgangspunkt aber nicht. Es gibt durchaus Regionen, in denen diese Mieten über denen des freien Marktes liegen. Aber auch in diesem Fall darf eine solche Miete nicht zur Ermittlung der ortsüblichen Vergleichsmiete herangezogen werden. Eine andere Frage ist, ob die Mieten für solche Wohnungen nach den §§ 558ff. BGB erhöht werden dürfen. Dies ist zu bejahen.[500] Dabei sind aber die Beschränkungen aus dem Fördervertrag oder -bescheid zu beachten. Etwas anderes soll bei sog. EOF-Wohnungen[501] gelten. Hier soll die Miethöhe nur am Anfang beschränkt sein, danach sollen Mieterhöhungen nach § 558ff. BGB möglich sein.[502]

**c) Öffentliche Fördertatbestände.** Die Formulierung „durch Gesetz oder im Zusammenhang mit einer Förderzusage festgelegt" ermöglicht es, **alle öffentlichen Fördertatbestände,** die zu Festlegungen der Miethöhe führen, einzubeziehen. Damit fallen auch alle Mieten heraus, die nach einer Modernisierungsmaßnahme durch Vertrag oder Sanierungssatzung gedeckelt werden, der Vermieter also nicht den vollen Erhöhungsspielraum des § 559 BGB ausnutzen darf. 114

**d) KfW.** Demgegenüber sind die Wohnungen, deren Modernisierung durch die **KfW-Programme** gefördert wurde, bei der Ermittlung der ortsüblichen Vergleichsmiete mit heranzuziehen, da damit keine Begrenzung der Mieten verbunden ist.[503] 115

**e) Werkwohnungen.** Bei **Werkwohnungen** muss differenziert werden, zwischen Werkdienstwohnungen und Werkmietwohnungen. Bei einer Werkdienstwohnung sind die Überlassung der Wohnung einerseits und die Verpflichtung des Arbeitnehmers zum Bezug der Wohnung andererseits unmittelbare Bestandteile des Arbeitsvertrages. Gemäß § 576b BGB gelten hier die Vorschriften des Mietrechts jedoch dann, wenn der zur Dienstleistung Verpflichtete den Wohnraum ganz oder überwiegend mit Einrichtungsgegenständen ausgestattet hat oder der zur Dienstleistung Verpflichtete in dem Wohnraum mit seiner Familie einen eigenen Hausstand führt. Da die Überlassung einer Werkdienstwohnung als Bestandteil einer arbeitsvertraglichen Vereinbarung auch bei Vorliegen einer gesonderten Vertragsvereinbarung ein selbständiges Mietverhältnis ausschließt, gelten die §§ 557–561 BGB weder unmittelbar noch entsprechend.[504] Ein Mieterhöhungsverlangen nach § 558 BGB kann selbst in dem Fall, dass der Dienstvertrag eines in einer Werkdienstwohnung lebenden Hausmeisters gekündigt wird, nicht gestellt werden.[505] Das Nutzungsentgelt einer ehemaligen Hausmeisterwohnung richtet sich, wenn der Dienstvertrag gekündigt wurde, nach dem Teil der früheren Tätigkeitsvergütung, der für die Überlassung der früheren Werkdienstwohnung angerechnet wurde.[506] Nur wenn der Anteil nicht festgelegt ist oder sich nicht mehr bestimmen lässt, kann der Vermieter das Nutzungsentgelt nach den §§ 315, 316 BGB bestimmen. Obergrenze ist dabei die ortsübliche Vergleichsmiete für Werkdienstwohnungen (→ BGB § 576b Rn. 19).[507] 116

**f) Werkmietwohnungen.** Bei **Werkmietwohnungen** handelt es sich gem. § 576 BGB um Wohnraum, der mit Rücksicht auf das Bestehen eines Dienstverhältnisses vermietet wurde. Auf diese Mietverträge sind grds. die §§ 557–561 BGB anzuwenden.[508] Auch bei an Bundesbedienstete vermieteten Bundesmietwohnungen gelten grds. die Vorschriften des BGB. Die ggf. mitbestimmungsrechtlichen Sonderregelungen betreffen nur interne Fragen des Dienstrechts und haben auf das Mietverhältnis keinen Einfluss.[509] Soweit die Verwaltungsvorschriften der Bundesrepublik Deutschland, die verwaltungsintern für die Vermietung bundeseigener Wohnungen ua an Bundesbedienstete als obere Grenze für ein Mieterhöhungsverlangen die untere Grenze der ortsüblichen Vergleichsmiete vorsehen, soll es sich nicht um eine Vereinbarung iSd § 557 Abs. 3 Hs. 2 BGB handeln.[510] Jedoch ist die Bundesrepublik Deutschland als Vermieterin in einem Wohnraummietverhältnis über eine solche Wohnung, die sie im Rahmen der Wohnungsfürsorge an einen Bundesbediensteten vermietet hat, nach dem **Grundsatz der Gleichbehandlung**[511] regelmäßig auch 117

---

500 AG Hamburg WuM 2001, 558.
501 Einkommensorientierte Förderung.
502 AG München ZMR 2018, 230, 232.
503 So ausdrücklich die Hinweise zur Aufstellung von Mietspiegeln 2002, abgedr. bei *Börstinghaus* Miethöhe-HdB S. 764.
504 BAG WuM 1993, 353.
505 *Sternel* MietR Kap. IV Rn. 269; Emmerich/Sonnenschein/*Haug* BGB § 576b Rn. 5.
506 LG Hamburg WuM 1991, 550.
507 LG Hamburg WuM 1991, 550; Sternel MietR Kap. IV Rn. 269.
508 LG Mannheim WuM 1990, 220, AG Düsseldorf WuM 1987, 264.
509 KG WuM 1987, 183.
510 BayObLG NZM 1999, 215; **aA** *Grau* WuM 1983, 112 (113); Sternel MietR Kap. III Rn. 545.
511 Zur Gleichbehandlung von Genossenschaftsmitgliedern → BGB § 557 Rn. 45.

gegenüber dem Mieter an diese Grenze gebunden.[512] Nach Beendigung des Arbeitsverhältnisses findet auch keine automatische Mieterhöhung für die zu günstiger Miete überlassene Werkmietwohnung statt.[513] Strittig ist, ob der Vermieter in diesem Fall gem. §§ 315, 316 BGB einseitig die Miete bis zur ortsüblichen Vergleichsmiete erhöhen kann.[514] Wenn der Wert der bisherigen Gegenleistung vertraglich nicht feststeht, dann muss der Vermieter eine Mieterhöhung gem. §§ 558, 558a BGB vornehmen. Hierfür gilt auch die Kappungsgrenze.[515] Für eine einseitige Leistungsbestimmung fehlt es an einer Rechtsgrundlage.

118 **Werkmietwohnungen** stellen eine eigene „Art" von Wohnraum iSd § 558 Abs. 2 BGB dar. Subjektive Wohnwertmerkmale, wie die Person des Vermieters, sind keine zulässige Differenzierung iRd § 558 Abs. 2 BGB.[516] Wenn aber solche Wohnungen schon nicht als eigene *„Art"* von Wohnraum anzuerkennen sind, dann fehlt es aber zumindest sehr häufig an der Üblichkeit der Mietpreisabrede. Bei diesen Mietverhältnissen fließen häufig andere Gesichtspunkte in die Miethöhe hinein, insbes. eine Fürsorgepflicht des Arbeitgebers aber auch steuerrechtliche Motive und ggf. auch Überlegungen der Mitarbeitermotivation und Versuche, Mitarbeiterkontinuität zu erreichen.[517] Unter Umständen ergibt sich sogar aus dem Arbeitsvertrag die Verpflichtung, auch bei zukünftigen Mieterhöhungen den Abstand zur ortsüblichen Vergleichsmiete beizubehalten. Da aber nach den Vorstellungen des Gesetzgebers die Vergleichbarkeit der Entgelte nur nach objektiven Gesichtspunkten stattfinden soll und bei Werkmietwohnungen subjektive Gesichtspunkte zumindest ebenso stark die Miete beeinflussen, ist dieser Wohnungsbestand wegen seiner marktuntypischen Preisbildung in die Ermittlung der ortsüblichen Vergleichsmiete nicht mit einzubeziehen.

119 **g) Feste Miete.** Ohne Einschränkungen sind Neuvertragsmieten zu berücksichtigen, bei denen die Mietvertragsparteien eine **feste Miete** entweder ausdrücklich oder auf Grund der gesetzlichen Vermutung des § 557 Abs. 3 BGB vereinbart haben. Ein solcher Ausschluss kann sich ggf. aus dem Abschluss eines Zeitmietvertrages ergeben (→ BGB § 557 Rn. 49 ff.). Diese Wohnungen fallen sehr wohl in den Anwendungsbereich der §§ 557–561 BGB. Allenfalls auf Grund der vertraglichen Abrede kann eine Mieterhöhung ausgeschlossen sein. Dies ist aber nicht anders zu beurteilen, als wenn der Vermieter zwar zu einer Mieterhöhung berechtigt wäre, aber keine Mieterhöhung durchführt. Auch wenn der Vermieter mit dem Mieter eine unter den ortsüblichen Mieten liegende Miete vereinbart, dann hat er einzelvertraglich keinen Anspruch auf eine höhere Miete, auch wenn er rechtlich ggf. eine höhere Miete hätte vereinbaren dürfen. Schließlich ergibt sich dies auch daraus, dass nach der Rspr. der Anspruch des Vermieters bei Mietverträgen mit Verlängerungsklausel nur für die Zeit der ersten Befristung ausgeschlossen ist, in der Verlängerungszeit kann die Miete erhöht werden.[518] Wenn Wohnungen mit einer sog. Festmiete nicht in den Anwendungsbereich der §§ 557–561 BGB fallen würden, dann könnte deren Miete auch nicht nach Ablauf der ersten Befristung erhöht werden. Somit gehören auch Zeitmietverträge und Mietverträge, bei denen die Parteien das Mieterhöhungsrecht ausdrücklich oder mittelbar ausgeschlossen haben, zum maßgeblichen Wohnungsbestand.[519]

120 Auch alle anderen vertraglichen Preisbindungen, zB im Zusammenhang mit Fördermitteln oder mit vertraglichen Belegungsrechten, fallen vom Wortlaut nicht hierunter. Die allgemeine **Kappungsgrenze** in § 558 Abs. 3 BGB ist ebenfalls keine solche Festlegung[520] und zwar unabhängig davon, ob sie regional auf 15% herabgesetzt wurde oder bei 20% liegt. Soweit in der Gemeinde aufgrund einer entsprechenden Landesverordnung die **Neuvertragsmieten** gem. § 556d Abs. 1 BGB iVm § 556g Abs. 1 BGB auf maximal 10% über der ortsüblichen Vergleichsmiete **gedeckelt** sind, ist dies ebenfalls keine Preisbindung, die dazu führt, dass diese Neuvertragsmieten nicht in die

---

512 BayObLG NZM 1999, 215.

513 LG Berlin GE 2009, 1190; LG Mannheim WuM 1990, 220; AG Passau WuM 1989, 578; *Pitz-Paal* GE 2009, 1230.

514 Dafür LG Mannheim WuM 1990, 220; → BGB § 576b Rn. 19; **aA** LG Berlin GE 2009, 1190; nach LG Hamburg WuM 1991, 550 richtet sich die Höhe der Miete/Nutzungsentschädigung nach dem Wert der früheren Tätigkeit.

515 LG Berlin GE 2009, 1190.

516 ZB OLG Karlsruhe NJW 1982, 890 für den Status als gemeinnütziges Wohnungsunternehmen.

517 Börstinghaus/Clar Mietspiegel/*Börstinghaus* Rn. 248.

518 OLG Karlsruhe NJW-RR 1996, 329; OLG Zweibrücken WuM 1981, 273; OLG Hamm NJW 1983, 829.

519 *Sternel* MietR Kap. III Rn. 571.

520 LG Berlin WuM 1991, 119; MüKoBGB/*Artz* § 558 Rn. 35 *„dass eine ehemals geltende Bindung über die Kappungsgrenze mittelbar Einfluss auf den Mietpreis nimmt, ist unbeachtlich."*.

Ermittlung der ortsüblichen Vergleichsmiete einfließen dürfen. Es handelt sich weiter um Mieten im preisfreien Wohnungsbau. Die §§ 556d ff. BGB legen die Miete nicht der Höhe nach fest.

**h) Gemeinnützigkeit.** Auch die Mieten **ehemals gemeinnütziger Wohnungsbaugenossenschaften** sind genauso zu erfassen, wie die anderer Vermieter.[521] Allein die sich aus § 1 GenG ergebende Verpflichtung der Genossenschaft, ihre Mitglieder zu fördern, reicht für die Ausklammerung nicht aus. Daraus ergibt sich nämlich absolut nicht, dass eine Marktmiete von der Genossenschaft nicht verlangt werden darf oder verlangt wird. Auch die Genossenschaften müssen kostendeckend arbeiten. Nach Wegfall der Gemeinnützigkeitsbindung ist auch eine Bindung an die II. BV nicht mehr zwingend vorgeschrieben. Auch bei den Genossenschaften besteht durchaus die Tendenz zu einer Wohnwertmiete, die letztendlich zu einer marktgerechten Miete führt.[522] 121

**i) Preisbindung.** Auch die **Miete ehemals preisgebundener Wohnungen,** die erstmals den Vorschriften der §§ 557–561 BGB unterfallen, fließen in die ortsübliche Vergleichsmiete ein, wenn die Miete in den letzten sechs Jahren mindestens einmal nach den Vorschriften des BGB erhöht wurde.[523] Nach Ende der Preisbindung gilt die ehemalige Kostenmiete als preisfreie Miete fort.[524] Insofern gelten von diesem Zeitpunkt keine Unterschiede mehr. Maßgeblich sind deshalb nur die aktuellen Mieten, die in den letzten sechs Jahren geändert oder neu vereinbart worden sind. Erhöhungen der **Kostenmiete,** auch wenn sie in den letzten sechs Jahren erfolgten, haben hier[525] aber außer Betracht zu bleiben, da es sich gerade um eine Miete handelt, die durch *Gesetz festgelegt worden ist.* Selbst Mieterhöhungen während der Preisbindung, die den Mieterhöhungen der §§ 559, 560 BGB bzw. den Vorgängervorschriften entsprachen, ändern daran nach dem eindeutigen Wortlaut des Gesetzes nichts. 122

Die grds. andere **Berechnung der preisgebundenen Miete** verliert also nicht von heute auf morgen ihre Bedeutung, sie wirkt eben noch einige Zeit nach. Dies hängt rechtlich auch mit der Kappungsgrenze zusammen, weil die Vermieter eine ggf. sehr niedrige Miete gar nicht in einem Schritt bis auf die ortsübliche Vergleichsmiete erhöhen dürfen,[526] wohnungswirtschaftlich hängt dies aber auch an der Struktur der Vermieter. Insbesondere genossenschaftlich organisierte Wohnungsbauunternehmen, aber auch solche, die sich im Besitz einer Gemeinde befinden, erstreben nicht unbedingt die Erzielung der am Markt maximal erzielbaren Miete, da sie mit dem Unternehmen auch Sozial- und Wohnungspolitik betreiben wollen. Deshalb wird argumentiert, dass Sinn und Zweck des Vergleichsmietensystems, dem Vermieter eine marktorientierte Mieterhöhung zu ermöglichen, gegen die Berücksichtigung solcher Mieten sprechen. Nach dem eindeutigen Wortlaut des Gesetzes ist ein Ausschlusstatbestand aber nicht gegeben. Dass diese Mieten ggf. wegen der Kappungsgrenze nicht in einem Schritt bis zur aktuellen ortsüblichen Vergleichsmiete erhöht werden können, steht ihrer Einbeziehung nicht entgegen.[527] Dies ist keine Preisbindung iSd § 558 Abs. 2 BGB, sondern gerade eine Schranke des preisfreien Wohnungsbaus. 123

Der Wortlaut der § 558 Abs. 2 BGB ist insofern eindeutig. Die Frage der Einbeziehung von Wohnraum in die Ermittlung der ortsüblichen Vergleichsmiete hat nur nach den **objektiven Wohnwertmerkmalen** zu erfolgen.[528] Die ortsübliche Vergleichsmiete ist eben keine punktgenaue Miete[529], sondern eine Spanne von verschiedenen Entgelten. Soweit die sonstigen zeitlichen, räumlichen und sachlichen Voraussetzungen gegeben sind, gehören auch die Mieten ehemaliger Sozialwohnungen und sonstiger subventionierter Mietverhältnisse zur ortsüblichen Vergleichsmiete. Die Person des Vermieters und die Art der Finanzierung sind keine zulässigen Differenzierungskriterien. 124

---

[521] LG Hamburg WuM 1996, 45 (46).

[522] So auch LG Hamburg WuM 1996, 45 (46); krit. *Osmer* ZMR 1995, 53.

[523] So expressis verbis auch die Hinweise zur Aufstellung von Mietspiegeln 2002.

[524] BGH VIII ZR 87/11, NJW 2012, 145 = NZM 2012, 80;VIII ZR 258/09, NZM 2010, 736 = NJW 2011, 145.

[525] So auch MüKoBGB/*Artz* § 558 Rn. 35; *Both* WuM 1998, 703 (705); DWW 1999, 137 (141); anders bei der Berechnung der Jahressperrfrist oder der Kappungsgrenze BVerfG WuM 1986, 101; OLG Hamm NJW-RR 1995, 1293.

[526] Nach IfS, Auswirkungen mietrechtlicher Regelungen, 1996, 210 spielt die Kappungsgrenze „anders als vielfach vermutet keine wesentliche Rolle dafür, dass niedrige Mieten, die" „nach oben wollen", „nicht" „nach oben können". Bedeutung soll die Kappungsgrenze aber doch für den Sonderfall der ehemaligen Sozialwohnungen haben.

[527] MüKoBGB/*Artz* § 558 Rn. 35.

[528] BGH VIII ZR 355/18, NZM 2020, 534 = NJW 2020, 1947; BGH VIII ZR 52/18, NZM 2019, 142; BGH VIII ZR 266/14, BGHZ 208, 18 = NZM 2016, 42 = NJW 2016, 239.

[529] BGH VIII ZR 62/18, NZM 2019, 469 = NJW 2019, 3142; VIII ZR 82/18 DS 2019, 199.

Auch über das Merkmal der Üblichkeit lassen sie sich nicht ausgrenzen. Wenn für einen Teil des ansonsten völlig vergleichbaren Wohnungsbestandes eben eine niedrigere Miete ortsüblicher ist als für einen anderen Teil, dann sind diese niedrigeren Mieten nicht weniger üblich oder gar unüblich.

125 **j) Großflächige Sanierung.** Eine weitere Beschränkung der Miete kann sich im Zusammenhang mit der **großflächigen Sanierung** von ganzen Straßenzügen oder Stadtteilen ergeben.[530] Gemäß § 136 BauGB sind städtebauliche Sanierungsmaßnahmen solche Maßnahmen, durch die ein Gebiet zur Behebung städtebaulicher Missstände wesentlich verbessert oder umgestaltet wird. Ob solche Missstände vorliegen, richtet sich nach § 136 Abs. 3 BauGB. Solche Sanierungen können durch eine Sanierungssatzung gem. § 142 BauGB geregelt werden.[531] Durch solche **Sanierungssatzungen** können auch Beschränkungen der nach der Sanierung zu zahlenden Mieten erfolgen.[532] In förmlich festgelegten Sanierungsgebieten kann der Schutz der angestammten Wohnbevölkerung in ihrer bestehenden Sozialstruktur durch die besonderen sanierungsrechtlichen Genehmigungstatbestände erreicht werden, soweit dies dem Schutzzweck der Sanierungssatzung entspricht. Da die Kosten von Modernisierungsmaßnahmen gem. § 559 BGB auf die Miete umgelegt werden können, steht öffentlich-rechtlich die Frage im Vordergrund, wie der Umfang der Baumaßnahmen so gesteuert werden kann, dass sie keine Mietsteigerungen über dem gebietsspezifischen Niveau zur Folge haben, die tendenziell zu einem Auswechseln der Bevölkerung und damit der Sozialstruktur führen.[533] Den Gemeinden wird hier von der verwaltungsrechtlichen Rspr.[534] ein weiter Gestaltungsspielraum eingeräumt. Soweit die Gemeinde im Sanierungskonzept festgehalten hat, dass in den betroffenen Sanierungsgebieten eine einseitige Bevölkerungsentwicklung durch Verdrängung einkommensschwacher Gruppen vermieden werden soll, ist es nicht zu beanstanden, wenn die Gemeinde das ihr zur Verfügung stehende sanierungsrechtliche Instrumentarium in den förmlich festgelegten Sanierungsgebieten dazu einsetzt, eine **gebietstypische Höchstmiete** festzulegen.[535] Diese Höchstmieten orientieren sich häufig an den Werten eines örtlichen Mietspiegels, teilweise werden aber auch gebietsspezifische Mietobergrenzen festgelegt. Dies kann sogar innerhalb einer Stadt differieren.[536] Für die Durchsetzung solcher Mietobergrenzen ist aber erforderlich, dass diese **Obergrenzen in der Sanierungsgenehmigung** selbst angegeben werden; dies erfordert ua der Grundsatz der Rechtsklarheit.[537]

126 Diese Mieten sind iSd § 558 Abs. 2 S. 2 BGB **durch Gesetz festgelegt.** Zu den Gesetzen iSd Vorschrift gehören nämlich neben den Bundes- und Landesgesetzen auch Rechtsverordnungen des Bundes und der Länder sowie **Gemeindesatzungen.** Selbst wenn man hier die Beschränkung noch nicht in der Satzung sieht, sondern erst in der unter dem Vorbehalt einer bestimmten Miethöhe erteilten Sanierungsgenehmigung, so spricht doch der Sinn und Zweck des § 558 Abs. 2 S. 2 BGB gegen eine Berücksichtigung dieser Mieten. Diese Mieten haben sich nicht am Markt gebildet. Sie werden aus Gründen des Gemeinwohls im Rahmen der Stadtsanierung festgelegt. Sie sollen ausschließlich die Mieten in einem bestimmten Bezirk beschränken und deshalb keinen Einfluss auf die Mieten in nicht betroffenen Gebieten haben. Äußerst hilfsweise wird man die **Lage** in einem Sanierungsgebiet als besondere Lagekategorie zu erfassen haben. Entscheidend ist aber, dass die Miete für die konkrete Wohnung von der Satzung erfasst wird. Das setzt in diesem Fall nach § 558 Abs. 2 S. 2 BGB nicht nur die Lage in dem Sanierungsgebiet voraus, sondern auch, dass die konkrete Wohnung saniert wird und diesbezüglich eine Förderzusage erteilt wurde.

127 Maßgeblich ist jeweils **die letzte Mieterhöhung.** Aus der Formulierung *„worden ist"* ergibt sich, dass es auf den Zeitpunkt der letzten Festsetzung der Mieterhöhung ankommt und nicht auf den Zeitpunkt der Datenerhebung. Bedeutung hat dies bei der Frage, ob **ehemalige Kostenmieten** zur Ermittlung der ortsüblichen Vergleichsmiete mit herangezogen werden dürfen. In dem Zeitpunkt, in dem die Sozialbindung entfällt, gilt die ehemalige Kostenmiete als preisfreie Miete. Trotzdem ist die konkrete Miethöhe, wenn der Vermieter sie anschließend nicht mindestens einmal erhöht hat *durch Gesetz festgelegt worden.* Aus der Tatsache, dass der Vermieter sie anschließend nicht

[530] So auch den Vortrag von *Tietzsch* auf der Herbstveranstaltung des Deutschen Mietgerichtstages 2004 in Potsdam herunterladbar aus der „Mietrechtsdatenbank" unter http://www.mietgerichtstag.de.
[531] *Wild* MM 1996, 283.
[532] Ausf. *Partsch* GE 1997, 146; 1998, 348.
[533] *May* DÖV 1994, 862 (866); *Henke* Schriften zum öffentlichen Recht, Bd. 496, 1985, 140 (141).
[534] *ZB OVG Berlin GE 1996*, 417.
[535] OVG Berlin GE 1996, 417 (418).
[536] Siehe zB die tabellarische Zusammenstellung von *Wild* MM 1996, 284; GE 1998, 348.
[537] VG Berlin GE 1997, 191.

erhöht hat, kann nicht gefolgert werden, dass durch das Unterlassen der Vermieter zum Ausdruck gebracht hat, dass die Miete eben gerade der ortsüblichen Miete entspricht. Das Gesetz verlangt ausdrücklich, dass eine Neuvermietung oder Erhöhung im Bestand stattgefunden hat.[538]

### 11. Die Üblichkeit der Miete

Nach der ausdrücklichen Formulierung in § 558 Abs. 2 BGB bilden nur die **üblichen** Entgelte die ortsübliche Vergleichsmiete. Es handelt sich bei dem Merkmal der „Üblichkeit" um eine weitere selbständige Tatbestandsvoraussetzung.[539] Der Begriff der Üblichkeit ist ein unbestimmter Rechtsbegriff.[540] Bereits die Expertenkommission Wohnungspolitik[541] hat 1994 auf die Schwierigkeiten bei der Anwendung dieses Begriffs hingewiesen. Nachdem der maßgebliche Wohnraum ermittelt und die Vergleichbarkeit der Wohnungen nach den fünf Wohnwertmerkmalen festgestellt wurde, muss noch festgestellt werden, dass die Miete auch üblich ist. „Üblich" sind Mieten, die für vergleichbare Wohnungen (= Wohnungen mit den im Gesetz genannten Merkmalen) in der Gemeinde bei bestehenden Mietverhältnissen **unter gewöhnlichen Umständen** tatsächlich und üblicherweise gezahlt werden.[542] Aus den bereinigten Rohdaten muss die *ortsübliche* Vergleichsmiete ermittelt werden. Außer Betracht zu bleiben haben grds. solche Mieten, die wegen ungewöhnlicher oder persönlicher Verhältnisse unüblich niedrig oder hoch sind, sowie Mieten, die nicht im gewöhnlichen Geschäftsverkehr zustande gekommen sind. Hierüber besteht kein wesentlicher Streit.[543] Die weitere Interpretation des Begriffes der „Üblichkeit" und seine praktische Anwendung sind höchst umstritten.[544] Es ist nämlich nicht alles, was am Markt für vergleichbare Wohnungen tatsächlich gezahlt wird, ohne weiteres „üblich" iSd § 558 Abs. 2 S. 1 BGB. Gerade dann, wenn das Spektrum der am Markt für vergleichbaren Wohnraum vorgefundenen Mieten sehr weit auseinandergeht, hat eine Eingrenzung des relevanten „Mittelfelds" der Vergleichsmieten stattzufinden.[545] Bei der Ermittlung der Üblichkeit handelt es sich um eine **normative Tätigkeit.** Nicht alle Daten, die erhoben werden, sind letztendlich auch „üblich".[546] Anderenfalls würde nämlich die höchste ermittelte Miete auch noch die ortsübliche Vergleichsmiete darstellen, so dass der Vermieter eine Mieterhöhung bis zur höchsten gezahlten Miete in der Gemeinde vornehmen könnte, die der BGH **„Spitzenmiete"**[547] nennt.[548] Sowohl eine historische Auslegung wie auch eine telelogische Auslegung sprechen gegen dies Ergebnis. Auch der Wortlaut des Gesetzes spricht für eine andere Lösung. Es soll eine Miete gebildet werden, die sich aus verschiedenen Werten der letzten 4 Jahre zusammensetzt. Gerade die Berücksichtigung der älteren Mietwerte sollte zu einem Abstand zur Marktmiete führen. Die Üblichkeit der Miete ist aber immer nur für vergleichbaren Wohnraum zu ermitteln.[549] 128

**a) Diskriminierungsmieten.** Einig ist man sich, dass theoretisch alle Mieten, die maßgeblich durch andere als die fünf Wohnwertfaktoren bestimmt wurden, zu eliminieren sind. Im Sprachgebrauch der siebziger Jahre des letzten Jahrhunderts[550] hatte sich hierfür der Begriff der sog. **„Diskriminierungsmieten"** gebildet. Damit sind Mieten gemeint, die zT von besonderen Mietergruppen, wie Ausländern, Wohngemeinschaften, Studenten oder Soldaten verlangt werden. Diese Mieten dürfen nicht berücksichtigt werden. Dies ergibt sich daraus, dass die ortsübliche Vergleichsmiete bestimmt werden soll, bei diesen Mieten aber subjektive Merkmale und Eigenschaften der Mieter eine entscheidende Rolle spielen. 129

---

538 So auch die eindeutige Formulierung in den Hinweisen zur Aufstellung von Mietspiegeln 2002, abgedr. bei *Börstinghaus* Miethöhe-HdB S. 764.

539 BGH VIII ZR 346/10, NJW 2012, 1351; *Börstinghaus* WuM 2012, 244; DS 2012, 183; *Börstinghaus/Clar* NZM 2014, 889; *Blank* LMK 5/2012 Anm. 3; *Muth* ZMR 2012, 530; *Bühler* ZMR 2012, 531.

540 BGH VIII ZR 346/10, NJW 2012, 1351.

541 BT-Drs. 13/159, 120.

542 BayObLG NJW 1981, 1219.

543 BT-Drs. 7/5160, 4 Nr. 6.1 Abs. 1 S. 2; BayObLG NJW 1981, 1219 mwN.

544 *Börstinghaus/Clar* NZM 2014, 889.

545 LG Kiel WuM 2014, 208.

546 BGH VIII ZR 346/10, NJW 2012, 1351.

547 BGH VIII ZR 346/10, NJW 2012, 1351.

548 Ähnlich, aber wohl noch weiter einschränkend *Milger* PiG 92 (2012), 189 (202).

549 **AA** wohl Staudinger/*V. Emmerich* BGB § 558 Rn. 30, der unter dem Begriff der Üblichkeit auch Sondermärkte zB für Misch- oder Untermietverhältnisse sowie für möblierten Wohnraum (Rn. 51), Heim oder Hotelmieten eliminieren will.

550 ZB noch in der Fortschreibung der Hinweise zur Aufstellung von Mietspiegeln aus dem Jahre 1980 unter A III 2 abgedr. bei *Börstinghaus/Clar* Mietspiegel Anh. B II.

130 **b) Extremwertbereinigung.** Ob auch die restlichen Mieten alle herangezogen werden dürfen, hängt von der Qualität der Daten ab. Nicht alle diese Mieten erfüllen das Merkmal der „Üblichkeit". Erörtert wird, ob es darüber hinaus weitere Mieten gibt, die zu eliminieren sind. Diese werden üblicherweise als **„Ausreißermieten"**[551] bezeichnet, teilweise wird auch richtigerweise von Extremwertbereinigungen gesprochen.[552] § 12 Abs. 2 MsV[553] definiert in § 12 Abs. 1 S. 2 Ausreißermieten als „besonders geringe oder besonders hohe Mieten, die unter Berücksichtigung der wohnwertrelevanten Eigenschaften der Wohnung mit der weit überwiegenden Zahl der übrigen Mietwerte unvereinbar erscheinen.". Normativ ist dies „Bereinigung" schwer einzuordnen, da immer im Einzelfall entschieden werden muss, ob diese „Extremwerte" tatsächlich ein Marktgeschehen widerspiegeln oder ob es hier aus den unterschiedlichsten Gründen einer Mietvertragspartei gelungen ist, eine völlig außerhalb des gängigen Preisspektrums liegende Miete zu vereinbaren. Nur im letzten Fall würde durch die Berücksichtigung dieser Werte eine Verzerrung eintreten. Eine Miete ist nämlich nicht deshalb schon unüblich und deshalb nicht zu berücksichtigen, weil sie besonders niedrig oder hoch ist. Man muss sich bewusst sein, dass **jede Extremwertbereinigung großen Einfluss** auf die Höhe der ortsüblichen Vergleichsmiete hat, dies gilt insbes. bei Tabellenfeldern mit geringer Feldbesetzung. Extreme Einzelfälle, die hinsichtlich der vereinbarten Miethöhe nicht repräsentativ sind, würde über eine Durchschnittsbetrachtung eine Marktbedeutung zugemessen, die ihnen in der – mit dem Kriterium der Ortsüblichkeit abzubildenden – flächendeckenden Realität nicht zukommt.[554] Da heute aber sowohl bei der Mietspiegelerstellung als auch bei Sachverständigengutachten[555] die ortsübliche Vergleichsmiete als Spanne, idR eine ⅔-Spanne, verstanden wird (→ Rn. 135 f.), werden Extremwerte auf diese Weise schon eliminiert, auch wenn ein ganz geringer Einfluss auf die Spanne noch übrigbleibt. Das gilt insbes. dann, wenn als Mittelwert im Mietspiegel der **Median aus allen Daten** vor Bildung der Spanne ausgewiesen wird. Gegenüber dem **arithmetischen Mittel** hat der Median den Vorteil, dass er robust gegenüber etwaigen Extremwerten ist. Ob in einem bestimmten Mietspiegelfeld der maximale Mietwert die übrigen Werte um 2% oder um 150% übersteigt, hat auf den (empirischen) Median keinen Einfluss. Die Frage ist eher, ob erst die Extremwertbereinigung durchgeführt wird und dann der Median ermittelt wird oder umgekehrt. Auf jeden Fall kann die Frage, ob ein solcher Extremfall vorliegt, nicht ohne Berücksichtigung der Besonderheiten des jeweiligen Marktes beantwortet werden.[556] § 12 Abs. 2 S. 1 MsV verlangt keine zwingend durchzuführende Eliminierung der Ausreißermieten. Es ist eine Kann-Vorschrift. Eine evtl. durchgeführte Bereinigung einschließlich des gewählten Verfahrens muss aber in der Dokumentation beschrieben werden, § 12 Abs. 3 MsV.

130a **Ursachen** für solche Ausreißer können sein:

– Der Mietvereinbarung können Umstände zu Grunde liegen, die mit den üblichen Marktverhältnissen nichts zu tun haben.[557] So kann zwischen Verwandten eine besonders niedrige Miete vereinbart worden sein, weil damit eine Art Unterhaltszahlung erfolgt oder weil sonst familiäre Gesichtspunkte im Vordergrund stehen. Man bezeichnet dies als sog. **„Gefälligkeitsmieten".**
– Auch arbeitsrechtliche Beziehungen können eine Rolle spielen, zB weil durch die Vereinbarung einer besonders niedrigen Miete ein verdecktes Entgelt an den Mitarbeiter, zB den Geschäftsführer einer GmbH, erfolgen soll.

Der Gesetzgeber hat den Mietspiegelerstellern zur Ermittlung der genauen Ursachen einer besonderen Extremwertabweichung in Art. 238 § 2 Abs. 2 Nr. 1 f EGBGB einen besonderen **Auskunftsanspruch** gegen Vermieter und Mieter über das Vorliegen besonderer Umstände, die zu einer Ermäßigung der Miethöhe geführt haben, insbes. Verwandtschaft zwischen Vermieter und

551 Insofern ist die Terminologie von *Schick* GE 2008, 1065 falsch, da es ihm um die Weite der Spanne geht und nicht das, was üblicherweise bisher unter dem Begriff Ausreißermieten verstanden wurde; auch *Paschke* GE 2012, 1072 (1076) versteht unter dem Begriff etwas anderes (Wohnungen, die auf Grund von Besonderheiten nicht vom Mietspiegel erfasst werden).
552 So beim Berliner Mietspiegel GE 2008, 1286.
553 Abgedr. im Anhang zu §§ 558c–558d.
554 BGH XII ZR 175/07, WuM 2010, 38.
555 *Ausdrücklich gefordert von BGH VIII ZR 346/10, NJW 2012, 1351.*
556 BGH XII ZR 175/07, WuM 2010, 38.
557 Für die ortsübliche Nutzungsentschädigung nach § 5 Abs. 1 S. 2 NutzEV ebenso BGH XII ZR 175/07, WuM 2010, 38.

Mieter, ein zwischen Vermieter und Mieter bestehendes Beschäftigungsverhältnis oder die Übernahme besonderer Pflichten durch den Mieter, eingeräumt.

Nach oben hin beruhten Ausreißer früher sehr häufig auf **preisrechtlich nicht zulässigen Mieten.** Bei einer Datenerhebung kann idR nicht zwischen preisrechtlich zulässigen und preisrechtlich unzulässigen Mieten unterschieden werden. Bei der Datenerhebung wurden deshalb auch Mieten erhoben, die gegen § 5 WiStG verstießen. Gerade die Eliminierung solcher mietpreisrechtswidrigen Mieten ist in der Praxis unmöglich. Auf Grund der restriktiven Rspr. des BGH[558] zu § 5 WiStG sind Mietpreisüberhöhungen nach § 5 WiStG zurzeit aber kaum denkbar. Dafür kann es in **Gemeinden mit angespanntem Wohnungsmarkt,** in denen die §§ 556d–556g BGB gelten, preiswidrige Neuvermietungsmieten geben. Das muss den Mietvertragsparteien gar nicht bewusst sein, da sie die genaue Höhe der ortsüblichen Vergleichsmiete gar nicht kennen. Trotzdem kann eine mehr als 10% über der ortsüblichen Vergleichsmiete liegende Miete teilweise unwirksam sein, muss es aber wegen der vielen Ausnahmen nicht. Eine Rüge des Mieters gem. § 556g BGB ist hierfür gar nicht erforderlich.[559] Soweit § 556g Abs. 1a BGB dem Vermieter untersagt, sich auf Ausnahmen zur Begrenzung der Wiedervermietungsmiete **zu berufen,** wenn er seiner **vorvertraglichen Informationsobliegenheit** nicht nachgekommen ist, handelt es sich **nicht um eine mietpreiswidrige Miete.** Die Abrede ist wirksam, der konkrete Vermieter soll nur diesem Mieter gegenüber „bestraft" werden, da er eine Obliegenheitsverletzung begangen hat. Mietpreiswidrige Neuvertragsmieten dürfen nicht als Vergleichsmaßstab herangezogen werden.[560] Nichtige Rechtsgeschäfte können und dürfen nicht Maßstab für andere Rechtsgeschäfte sein.[561] Dies gilt unabhängig davon, ob der Vermieter sein Erhöhungsverlangen mit den Werten eines Mietspiegels begründet hat oder mit drei Vergleichswohnungen.[562] Theoretisch müssen die **nichtigen Mietvereinbarungen** alle eliminiert bzw. auf den zulässigen Wert reduziert werden. In der Praxis einer Massendatenerhebung ist es so gut wie unmöglich, eine solche Überprüfung vorzunehmen. In der Vergangenheit wurde bei der Mietspiegelerstellung mit pauschalierten Abzügen diesem Phänomen bzgl. § 5 WiStG zu begegnen versucht.[563] Das ist auch heute in Gemeinden mit „Mietpreisbremse" denkbar. Die prozentualen Werte um die der Datenbestand bereinigt wird, dürfen jedoch nicht willkürlich sein.[564] Sie müssen auf praktischen Erfahrungen oder einer eigenen Stichprobe beruhen. Zur Eliminierung der Verstöße gegen § 5 WiStG hatten sich deshalb verschiedene Pauschalierungsverfahren herausgebildet. Zum Teil wurden von allen Daten am oberen Rand der Spanne 2% und am unteren Rand 1% der Daten gekappt.[565] Damit soll der Tatsache Rechnung getragen werden, dass es erhebungstechnisch nicht möglich war, unzulässig überhöhte Mieten gem. § 5 WiStG vor der Datenauswertung auszusondern. Am unteren Rand der Spanne erfolgte die geringere Kappung, um Gefälligkeitsmieten auszusondern. Die unterschiedliche Gewichtung der beiden Gruppen rechtfertigte sich nach Ansicht des LG Hamburg[566] daraus, dass die sog. Gefälligkeitsmieten nicht unter „Null" sinken können, während die unzulässig überhöhten Mieten – auch wenn es sich nur um wenige handelt – das allgemeine Mietenniveau erheblich anheben. Diese Rspr. stammt aber noch aus der Zeit, als es das Rechtsinstitut des qualifizierten Mietspiegels nicht gab. Ob diese Vorgehensweise den anerkannten wissenschaftlichen Grundsätzen iSd § 558d BGB entspricht, erscheint zumindest fraglich. Ob solche pauschalen Abzüge auch unter dem Diktat der Mietpreisbremse überhaupt realistisch sind, muss vor Ort empirisch untersucht werden. Vereinzelt wird zur Eliminierung von sog. Ausreißermieten auch der Art vorgenommen, dass alle Mieten die 20% ober- und unter- 131

---

558 BGH VIII ZR 44/04, NJW 2005, 2156; VIII ZR 190/03, NJW 2004, 1740.

559 Lützenkirchen MietR/*Abramenko* BGB § 556g Rn. 63; falsch daher die Gesetzesbegründung BT-Drs. 19/4672, 27: „Der Mieter kann demnach *ab der nach wie vor erforderlichen Rüge* gemäß § 556g Absatz 2 BGB die Zahlung nicht geschuldeter Miete *verweigern* […]."

560 LG Heidelberg ZMR 1976, 334; Staudinger/*V. Emmerich* BGB § 558 Rn. 30; ausf. *Bohnert,* Ordnungswidrige Mietpreiserhöhung, 1996, 76.

561 AG Dortmund NJW-RR, 1991, 1228; *Bohnert,* Ordnungswidrige Mietpreisüberhöhung, 1996, 77.

562 AG Lüdenscheid WuM 1996, 772; **aA** LG Berlin NZM 1998, 232 (233).

563 LG Hamburg WuM 1996, 44 (45); Börstinghaus/Clar Mietspiegel/*Clar* Rn. 719.

564 Nach *Kauermann/Windmann,* „Mietspiegel heute – zwischen Realität und statistischen Möglichkeiten", stellt die Eliminierung besonders hoher Mieten in Tabellenmietspiegeln „keine statistisch fundierte Methodik" dar. Die Extremwertbereinigung bleibe bei solchen Mietspiegeln „problematisch".

565 Beim Berliner Mietspiegel wurde früher ein Vertrauensintervall von 95% gebildet: je 2,5% der erfassten Daten wurden am oberen und unteren Rand nicht berücksichtigt. Im Mietspiegel 2009 wurde dies auf jeweils 1,25% reduziert: GE 2008, 1286; gegen all diese Berechnungsmethoden: *Voelskow* GE 1997, 586 (589).

566 LG Hamburg WuM 1996, 44 (45).

halb des arithmetischen Mittels der erhobenen Daten liegen, eliminiert werden. Der BGH[567] hat dies Verfahren als eine Möglichkeit gebilligt. Zu beachten ist aber, dass zumindest eine Mietpreisüberhöhung gem. § 5 WiStG nicht bereits dann vorliegt, wenn die Miete 20% über der ortsüblichen Vergleichsmiete liegt, sondern dass dies zusätzlich „durch Ausnutzung eines geringen Angebots" geschehen sein muss.[568] Deshalb lag und liegt in den aller seltensten Fälle eine Mietpreisüberhöhung vor. Im Übrigen besteht bei diesem Verfahren durchaus die Gefahr eines Zirkelschlusses. Die Wesentlichkeitsgrenze des § 5 WiStG beginnt nämlich frühestens 20% oberhalb der ortsüblichen Vergleichsmiete. Ist diese eine Bandbreite, liegt die Grenze 20% oberhalb des Oberwertes der Bandbreite. Bereits die Bandbreite und erst recht ihr Oberwert kann oberhalb des arithmetischen Mittelwertes liegen. Es werden hier also Mieten eliminiert, die preisrechtlich noch zulässig sind. Die Definition von Ausreißermieten als solche die 20% über oder unter dem Mittelwert liegen ist deshalb mE zu eng.[569] Der BGH hat diese Vorgehensweise nicht als allein richtig dargestellt, er hat es nur gebilligt, aber zugleich auch den Tatrichtern einen nicht unerheblichen Beurteilungsspielraum eingeräumt.[570] Entscheidend ist die Feststellung, ob es in der Gemeinde überhaupt ein geringes Angebot an Wohnungen gibt und ob es Verfahren gem. § 5 WiStG gegeben hat. Zum Teil werden aber auch andere anerkannte Verfahren zur Ermittlung der Standardabweichung angewandt. Dabei muss dann wertend festgelegt werden, ab welcher „Prüfgröße" von einem Extremwert auszugehen ist. Für Gemeinden mit **Mietpreisbremse** müssen noch statistische Verfahren entwickelt werden, da es zahlreiche Ausnahmen gibt. Die bisher vorliegenden – teilweise von Verbänden in Auftrag gegebenen Untersuchungen –[571] berücksichtigen diese Ausnahmen nicht und sind für den hiesigen Zweck ungeeignet.

132 **c) Die Ermittlung der Üblichkeit.** Nachdem die sog. Ausreißer am oberen und unteren Rand eliminiert wurden, bleibt eine Verteilung der ermittelten Mieten übrig. Das Gesetz verlangt nun, dass nur die **ortsüblichen** Mieten Vergleichsmaßstab sein sollen. Nicht alles, was tatsächlich vorkommt, ist auch üblich. Selbst nach Eliminierung der sog. Ausreißermieten muss noch eine Beschränkung vorgenommen werden. **Üblich bedeutet** nach dem allgemeinen Sprachgebrauch, dass die „große Mehrheit"[572] der Mieten innerhalb der Spanne liegt. Daraus folgt, dass erheblich mehr als 50% der Fälle erfasst werden. **„Üblich"** ist vom Sprachgebrauch mehr als „mehrheitlich". Was gerade die Hälfte tut, kann kaum als üblich bezeichnet werden. Denn, das, was 40% tun, ist ja fast genauso üblich. Auf der anderen Seite bedeutet üblich auch nicht, dass alle es tun müssen. Daraus folgt, dass üblich das ist, was mehr als 60% tun, wobei es aber auch nicht 90% sein müssen. Entsprechend den Hinweisen zur Aufstellung von Mietspiegeln wird überwiegend je ⅙ im oberen und unteren Bereich der erhobenen Daten gekappt. Damit soll die gesetzliche Vorgabe, dass der Mietspiegel die „üblichen Entgelte" wiedergeben soll, erfüllt werden. Damit bleiben **ca. ⅔ aller Daten** übrig.[573] § 15 Abs. 3 MsV sieht dies Verfahren im Prinzip auch so vor. Danach sollen für die Bildung der Spanne in der Regel je ein Sechstel bis ein Achtel der in einem Tabellenfeld verbliebenen Mieten am oberen und am unteren Ende der größengeordneten Mieten unberücksichtigt bleiben.

133 Dies Verfahren wird mit der Begründung abgelehnt, dass hierdurch vor allem die Neuvertragsmieten nahezu vollständig aus der **berücksichtigungsfähigen Datenmenge** ausgeschlossen würden.[574] Es soll jeweils geprüft werden, ob die ⅙-Regelung im Einzelfall nicht zu hoch ist, weil dadurch auch Mieten ausgesondert werden, die durchaus noch als ortsüblich angesehen werden.[575] Zumindest bei idR steigenden Mieten soll die Kappung des oberen ⅙tels deshalb problematisch sein. Es wird aber auch vertreten,[576] dass die ⅔-Spanne erheblich zu weit gegriffen sei.

134 Richtig ist an dieser Kritik, dass die sog. ⅔-Spanne **kein zwingendes Dogma** ist. Zum Beispiel wurde in Berlin bis 2015 auf Grund der Besonderheiten der Bundeshauptstadt angesichts der

---

[567] BGH VIII ZR 346/10, NJW 2012, 1351.
[568] Ausf. *Börstinghaus* Miethöhe-HdB Kap. 4 Rn. 12ff.
[569] So auch *Stelter/Finger* DS 2013, 95.
[570] BGH VIII ZR 346/10, NJW 2012, 1351.
[571] ZB *von Bodelschwingh* WImmoT 2016, 43.
[572] BGH VIII ZR 346/10, NJW 2012, 1351.
[573] Dafür auch BGH VIII ZR 346/10, NJW 2012, 1351 = NZM 2012, 339; *Börstinghaus* WuM 2012, 244; DS 2012, 183; *Blank* LMK 5/2012 Anm. 3; *Muth* ZMR 2012, 530; *Bühler* ZMR 2012, 531.
[574] Bub/Treier MietR-HdB/*Schultz* Kap. III A Rn. 1379; *Huber* ZMR 1992, 476; *Voelskow* ZMR 1992, 327; *WuM 1993, 21; GE 1997, 586 (589)*; *Bub* PiG 40 (1993), 41 (52); krit. *Stelter/Finger* DS 2013, 95; nach BGH VIII ZR 44/16, NZM 2017, 521dränge es sich auf, dass Neuvertragsmieten höher seien.
[575] *Voelskow* WuM 1993, 21.
[576] *Dröge/Gebele/Zehnter* Mietpreisbewertung-HdB S. 211.

geschichtlich bedingten großen Spreizungen der Mieten vor allem im Altbaubereich im Mietspiegel mit einer variablen Spanne gearbeitet, die je nach Mietspiegelfeld unterschiedlich groß ist. Früher lag diese zwischen ⅔–⅘, im Mietspiegel 2009 wurde eine Spannbreite von ⅔–¾ zugrunde gelegt.[577] Die ⅔-Spanne ist aber am untersten Rand dessen, was die Üblichkeit beschreiben kann. § 15 Abs. 3 MsV sieht zur Spannenbildung in der Regel die Streichung je ein Sechstel bis eines Achtels der in einem Tabellenfeld verbliebenen Mieten am oberen und am unteren Ende vor. Eine noch weitere Einschränkung würde die unterschiedlichen Mietpreisentwicklungen nicht ausreichend widerspiegeln. Bei sich normal entwickelnden Mieten ist die Spanne von ⅔ aber wohl noch ausreichend. Zu beachten ist nämlich, dass die Neuvertragsmieten im Rahmen des **arithmetischen Mittels** durchaus berücksichtigt werden und damit sehr wohl zur Mietenentwicklung beitragen.[578] Im Median werden sie dafür idR fast gar nicht berücksichtigt, da dort nur entsprechend der Anzahl der Mieten nicht nach ihrer Höhe der Mittelwert ermittelt wird. Eine Bandbreite von Zwei-Dritteln entspricht iÜ auch im Bereich anderer Definitionen dem Begriff der Üblichkeit. So hat der BGH[579] bei der Duldungspflicht des Mieters bzgl. Modernisierungsmaßnahmen gem. § 554 BGB aF entschieden, dass die Höhe der Miete dann keine Berücksichtigung finden darf, wenn der Standard der Wohnung nach der Modernisierungsarbeit dem Standard von ca. ⅔ der Wohnungen entspreche. Dies ist auch nach der Mietrechtsänderung von 2013 mit dem „üblichen Standard" iSd § 559 Abs. 4 BGB gemeint, gegen dessen Schaffung der Mieter keine Härtegründe gegenüber der Mieterhöhung erheben kann.

Üblich sind dann alle Entgelte innerhalb einer so ermittelten **Spanne.** Die ortsübliche Vergleichsmiete ist eben keine punktgenaue Einzelmiete.[580] Ortsüblich sind mithin alle Entgelte, 135

– die in den Sechsjahreszeitraum fallen,
– in der Gemeinde oder einer vergleichbaren Gemeinde gezahlt werden,
– nach den gesetzlichen fünf Wohnwertmerkmalen eine vergleichbare Wohnung betreffen und
– innerhalb eines die Mehrheit dieser Entgelte umfassenden Rahmens liegen.

Neben der rechtlichen Vorgabe, die ortsübliche Vergleichsmiete als eine Spanne auszuweisen, da sie eben ein Rahmen der üblichen Entgelte ist, erfordern auch die Regeln der empirischen Sozialforschung die Darstellung der ortsüblichen Vergleichsmiete als Spanne.[581] Dabei ist es unerheblich, ob bei einem Mietspiegel die Datenauswertung nach der Tabellen- oder Regressionsmethode erfolgte. Auch bei der Regressionsmethode ist, um den vermeintlich centgenau ermittelten Wert ein Konfidenzintervall zu legen (→ Rn. 48). Dem Vermieter steht dann ein Anspruch auf Zustimmung bis zum Rand des oberen Konfidenzintervalls zu. Mit Spanne ist dabei die konkrete ortsübliche Vergleichsmiete für eine Wohnung gemeint. Diese Spanne hat dann natürlich einen Oberwert, der auch Cent genau[582] feststeht. Ob dann das obere Ende des Rahmens oder ein anderer Wert die Einzelvergleichsmiete für die Wohnung darstellt, hängt von der Größe der Bandbreite ab. Bei einer **kleinen Streubreite** stellt der obere Eckwert (= höchste Wert) die ortsübliche Vergleichsmiete dar.[583] Anders ist es bei einer **größeren Streubreite** aus[584] (→ Rn. 45). 136

Soweit in einem **Mietspiegelfeld eine Spanne** ausgewiesen wird, stellt diese idR etwas Anderes dar. Die Spanne innerhalb eines Mietspiegelfeldes ist im Grunde wiederum der äußere Rahmen von 137

---

577 GE 2008, 1286; inzwischen ist man in Berlin auch zu einer einheitlichen Spanne von 75% übergegangen, die aber politisch äußerst umstr. ist, zumal auch Zuschläge entfallen sind.

578 LG Hamburg WuM 1996, 45 (46); *Keller,* Zivilrechtliche Mietpreiskontrolle, 1996, 128.

579 BGH NJW 1992, 1386.

580 So auch BGH VIII ZR 30/09, NJW 2010, 149; LG München WuM 2002, 547; Kossmann/Meyer-Abich Wohnraummiete-HdB/*Meyer-Abich* § 148 Rn. 4; *Sternel* MietR Kap. III Rn. 560; → Rn. 53; *Busz,* Die Äquivalenz im freifinanzierten Wohnraummietrecht, 2002, 144.

581 Börstinghaus/*Clar* Mietspiegel Rn. 663.

582 Ob das aber wirklich ein bis auf die dritte Stelle hinter dem Komma exakt feststehender Wert ist, ist sehr zweifelhaft, **aA** KG NZM 2009, 544.

583 BGH VIII ZR 30/09, WuM 2009, 746; *Börstinghaus* LMK 12/2009 Anm. 2; WuM 2010, 218; DS 2010, 70; *Mätschke* WuM 2010, 247; BGH VIII ZR 322/04, NJW 2005, 2621; LG Berlin NZM 1999, 412; LG München NJWE-MietR 1997, 123 mkritAnm *Blank* WuM 1997, 178, die VB gegen das Urteil wurden nicht zur Entscheidung angenommen: BVerfG WuM 1997, 202; dieser Oberwert ist zB auch bei der Fehlbelegungsabgabe im Beschränkungsverfahren maßgeblich VG Stuttgart WuM 1996, 482.

584 BGH Urt. v. 26.5.2021 – VIII ZR 93/20; VIII ZR 62/18, NZM 2019, 469 = NJW 2019, 3142; BGH VIII ZR 82/18 DS 2019, 199.

vielen Einzelspannen. Bei einem Tabellenmietspiegel werden innerhalb eines Mietspiegelfeldes durchaus verschiedene Wohnungsbestände zusammengefasst, auch wenn man sich bemüht, möglichst kleine Unterschiede auszuweisen. Theoretisch könnte man zB jedes der fünf Wohnwertmerkmale in zehn oder sogar noch mehr Differenzierungen aufteilen. Dies würde zu $5^{10}$, also 9.765.625, Mietspiegelfeldern führen. Selbst wenn man das Merkmal „Art" außer Acht lassen würde, blieben noch $4^{10}$, also 1.048.576, Mietspiegelfelder übrig. Eine Differenzierung in zehn verschiedene Klassen ist dabei noch nicht einmal übertrieben differenziert. Selbst bei einer Unterteilung jedes der fünf Wohnwertmerkmale in fünf Klassen blieben $5^5$ (3.125) Wohnungsteilmärkte übrig. Die Anzahl der Tabellenfelder macht schnell deutlich, dass eine solche Differenzierung gar nicht möglich ist. So viele Wohnungen sind bei einer Datenerhebung kaum ermittelbar, wenn man davon ausgeht, dass einem Mietspiegelfeld um die 20–30 Daten zu Grunde liegen sollten, um aussagefähige Daten zu erhalten. Also müssen aus diesem Grund bereits mehrere dieser Wohnungsteilmärkte zu einem Feld zusammengefasst werden, so dass maximal vielleicht 48 Tabellenfelder entstehen, wobei es durchaus Mietspiegel gibt, die erheblich weniger Felder aufweisen. Das bedeutet, dass ein Mietspiegelfeld dann jeweils ungefähr 130 der Bandbreiten ausweist, die der Mietspiegel mit einer 5er Differenzierung bei fünf Wohnwertmerkmalen ausweisen würde. Daraus folgt dann aber zwingend, dass der Vermieter bei einem Tabellenmietspiegel nicht in jedem Fall einen Anspruch auf die **Obergrenze der Spanne** des Mietspiegelfeldes hat. Ohne weitere Begründung wird hier überwiegend nur der Mittelwert der Mietspiegel-Spanne zuerkannt.[585] Das entspricht auch der Vorgabe des § 15 Abs. 2 S. 2 MsV. Bei einem Regressionsmietspiegel kann der Vermieter aber die volle Spanne nach oben ausnutzen.[586] Die Spanne dort gibt die natürliche Streubreite wieder.

### 12. Das Mischungsverhältnis

138 Ein bisher in der Vergangenheit vor allem in der mietrechtlichen Lit.[587] diskutierte Frage ist, in welchem Verhältnis Neuvertragsmieten und veränderte Bestandsmieten in die Datenerhebung einzufließen haben.[588] In welchem Verhältnis Neuvermietungen und Bestandsmietenänderungen bei der Ermittlung der ortsüblichen Vergleichsmiete zu berücksichtigen sind, ist in § 558 Abs. 2 S. 1 BGB nicht ausdrücklich geregelt.[589] Der BGH weist nur immer wieder daraufhin, dass es „ausgewogen" sein müsse.[590] Der BGH[591] spricht davon, dass ein angemessenes Verhältnis „jedenfalls dann nicht mehr vorliege, wenn der Tatrichter Bestandsmietenänderungen nicht oder nur in einem vernachlässigbar geringen Umfang in die Bewertung einbezieht". Die Berücksichtigung nur von Neuvermietungen macht ein Sachverständigengutachten unverwertbar. Das gilt selbst dann, wenn es nach Auffassung des Sachverständigen in der Gemeinde „wegen des Einwohnerschwundes" keine Bestandsmietenerhöhungen gegeben habe. Da zumindest bisher vor Inkrafttreten der §§ 556d ff. BGB idR die jüngsten Neuvertragsmieten die höchsten Werte aufwiesen, kommt dieser Frage schon eine erhebliche Bedeutung zu. Es handelt sich um eine **normative Frage**[592], die ggf. vom Gericht und nicht vom Sachverständigen beantwortet werden muss. Vertreten werden dabei grds. drei Auffassungen:

– Die Mietvereinbarungen aus jedem Erhebungsjahr sind gleichrangig zu berücksichtigen, also je ¼ der Werte aus jedem Jahr[593];

[585] LG Dortmund WuM 2005, 723, ZMR 2002, 918; LG Berlin GE 2005, 1251; AG Brandenburg WuM 2007, 268; AG Dortmund WuM 2005, 254.

[586] LG München I NZM 2003, 974; diesen Unterschied sieht *Thomma* WuM 2005, 496 nicht, weshalb seine Kritik an BGH VIII ZR 110/04, NJW 2005, 2074 auch fehl geht.

[587] *Isenmann* ZMR 1997, 61; *Voelskow* ZMR 1992, 327; *Osmer* ZMR 1995, 53 (56); *Busz*, Die Äquivalenz im freifinanzierten Wohnraummietrecht, 2002, 140; *Walterscheid* RDM-IfS 1994, Heft 1, 11, *Streich* RDM-IfS 1993, Heft 6, 3; *Dröge/Gebele/Zehnter* Mietpreisbewertung-HdB S. 212 ff.; Bub/Treier MietR-HdB/*Schultz* Kap. III A Rn. 1216, 1349 ff.; Hannemann/Wiek/Emmert MietR-HdB/*Emmert* § 12 Rn. 178.

[588] Nach Bub/Treier MietR-HdB/*Schultz* Kap. III A Rn. 1350 ist die Frage bis heute „ungeklärt".

[589] BGH VIII ZR 346/10, NZM 2012, 339.

[590] BGH XII ZR 269/95, NZM 1998, 196; VIII ZR 346/10, NZM 2012, 339; VIII ZR 62/18, NZM 2019, 469; BGH VIII ZR 82/18, DS 2019, 199.

[591] *BGH VIII ZR 62/18, NZM 2019*, 469; VIII ZR 82/18, DS 2019, 199.

[592] Bub/Treier MietR-HdB/*Schultz* Kap. III A Rn. 1352.

[593] *Köhler*, Neues Mietrecht, 63 *Schwirley*, Bewertung von Mieten, 341 „aus Praktikabilitätsgründen", der aber iÜ die Ausführungen des Verf. seitenweise ziemlich wortgetreu, zumindest aber singemäß wiederholt.

– Die Mietvereinbarungen sind nach Erhebungsjahren in dem Mischungsverhältnis zu berücksichtigen, das der repräsentativen Häufigkeit ihres Vorkommens auf dem Wohnungsmarkt entspricht[594];
– Bestands- und Neubaumieten sind gleichrangig zu berücksichtigen.[595]

Streng genommen geht es bei dieser Diskussion um zwei verschiedene Differenzierungsmerkmale[596] und dementsprechend um zwei verschiedene Mischungsverhältnisse. Zum einen geht es um die Berücksichtigung der zeitlichen Komponente (Sechs-Jahreszeitraum) und zum anderen um die Berücksichtigung des Verhältnisses zwischen Neu- und Bestandsmieten. Letztendlich geht es also um 12 verschiedene Gruppen. **139**

**Beispiel:** Geht dem Mieter das Erhöhungsverlangen am 1.1.2021 zu, dann wird die ortsübliche Vergleichsmiete aus den geänderten Bestandsmieten und den Neuvertragsmieten aus der Zeit vom 1.1.2015 bis 31.12.20209 ermittelt.

| | 2020 | 2019 | 2018 | 2017 | 2016 | 2015 |
|---|---|---|---|---|---|---|
| Geänderte Bestandsmieten | | | | | | |
| Neuvertragsmieten | | | | | | |

Die Tabelle ist somit **zweidimensional.** Es geht also sowohl um die Verteilung auf die verschiedenen Jahre wie auch innerhalb der jeweiligen Jahrgangsgruppen um die Verteilung auf die beiden Arten der Mietfestsetzung.

Bis zum Jahr 1982 bildeten alle Mieten, die zum Erhebungsstichtag für vergleichbare Wohnungen gezahlt wurden, die ortsübliche Vergleichsmiete. Seit diesem Zeitpunkt hat der Gesetzgeber die Menge durch Einführung einer zeitlichen Grenze von zunächst drei Jahren, später vier und jetzt sechs Jahren, in denen die Miete neu festgesetzt oder verändert worden sein muss, eingeschränkt. Jede Miete kann aber nur einmal erfasst werden, selbst wenn sie innerhalb der sechs Jahre neu vereinbart und dann auch noch mindestens einmal erhöht wurde. Umstritten ist seither, ob aus allen Zeiträumen gleich viele Wohnungen auszuwerten sind, also je 25% der Wohnungen aus einem Jahrgang stammen müssen. Der BGH[597] formuliert regelmäßig, dass es ein „ausgewogenes Verhältnis" sein soll. Das bedeutet aber nicht, dass die Quote der veränderten Bestandsmieten und Neuvertragsmieten, die entsprechende dem Methodenbericht des einschlägigen Mietspiegels diesem zugrunde liegt, auch bei der Ermittlung der ortsüblichen Vergleichsmiete durch den Sachverständigen und das Gericht zwingend verwendet werden muss.[598] Ein angemessenes Verhältnis wurde vom BGH erst dann verneint, wenn eine der beiden Gruppen gar nicht oder nur in einem vernachlässigbar geringen Umfang in die Ermittlung einbezogen wurden.[599] Hat der Sachverständige beide Gruppen zu gleichen Teilen (50/50) berücksichtigt, liegt kein Missverhältnis vor, wenn im örtlichen Mietspiegel die Neuvertragsmieten nur mit 44% eingeflossen sind.[600] In der mietrechtlichen Lit. wird insbes. das Verhältnis der Neuvertragsmieten zu den Bestandsmieten strittig diskutiert. Dabei werden hierzu verschiedene Mischungsverhältnisse diskutiert: **140**

[594] BayObLG NJW 1981, 1219, LG Frankfurt a. M. WuM 1991, 595, LG Berlin WuM 1991, 119; iE wohl auch *Isenmann* ZMR 1997, 61; AnwK WohnraumMietR/*Lammel* BGB §558 Rn. 60; *Isenmann/Roth/Walterscheid*, IfS: Leitfaden für die Erstellung von Gutachten zur Ermittlung von Wohnraummieten, S. 22; *Dröge/Gebele/Zehnter* Mietpreisbewertung-HdB S. 220f.; Hannemann/Wiek/Emmert MietR-HdB/*Emmert* §12 Rn. 178.

[595] *Voelskow* ZMR 1992, 326 (327); *Osmer* ZMR 1995, 53.

[596] Das wird mE nicht deutlich genug unterschieden von *Kofner* Zeitschrift für Wirtschaftspolitik, 1996, 397 (403) Fn. 13, der darin, die „Mieten eines jeden Jahres mit einem Gewicht von Viertel zu berücksichtigen", grds. einen Vorteil sieht, aber selbst gegen die künstliche Festlegung Bedenken äußert.

[597] BGH VIII ZR 346/10, NJW 2012, 1351; VIII ZR 62/18, NJW 2019, 3142; VIII ZR 82/18, DS 2019, 199; XII ZR 269/95, NZM 1998, 196 (197); so auch LG Berlin WuM 1991, 119; GE 2002, 1061.

[598] 596 BGH VIII ZR 22/20, WuM 2021, 442 = BeckRS 2021, 13354.

[599] 596a BGH VIII ZR 62/18, NJW 2019, 3142; VIII ZR 82/18, DS 2019, 199.

[600] 596b BGH VIII ZR 22/20, WuM 2021, 442 = BeckRS 2021, 13354.

| **Mischungsverhältnis in Prozent zwischen** | | **Vertreter dieser Auffassung mit Fundstelle** |
|---|---|---|
| **Bestandsmieten** | **Neuvertragsmieten** | |
| **50** | **50** | Bub/Treier MietR-HdB/*Schultz* Kap. III A Rn. 1354; *Voelskow* ZMR 1992, 326 (327); GE 1997, 586 (588); MüKoBGB/*Voelskow,* 3. Aufl., MHG § 2 Rn. 7;[601] *Streich* „Auf die Mischung kommt es an", RDM-IfS 1993, Heft 6, 3. |
| **60** | **40** | *Isenmann* ZMR 1996, 61. |
| **67** | **33** | *Walterscheid* „Die Auswahl der Vergleichsmieten – ein oft übersehenes Problem", RDM-IfS 1994, Heft 1, 11; Typische Fehler in einem Sachverständigengutachten zur Ermittlung der ortsüblichen Vergleichsmiete, *Walterscheid* RDM-IfS 1994, Heft 1, 18. |
| Verhältnis nach dem repräsentativen Verhältnis des Vorkommens[602] | | *Isenmann/Roth/Walterscheid,* Leitfaden für die Erstellung von Gutachten zur Ermittlung von Wohnungsmieten, 22, 23; letztendlich auch *Isenmann* ZMR 1997, 61, der dies nur pauschaliert.<br>*Dröge/Gebele/Zehnter* Mietpreisbewertung-HdB S. 220.<br>*Busz,* Die Äquivalenz im freifinanzierten Wohnraummietrecht, 2002, 144.<br>AnwK WohnraumMietR/*Lammel* BGB § 558 Rn. 60.<br>LG Frankfurt a. M. WuM 1991, 595, LG München WuM 1992, 27, LG Berlin GE 2002, 1061. |

**141** Richtig ist die Übernahme nach dem **repräsentativen Verhältnis** des Vorkommens.[603] Die ortsübliche Vergleichsmiete soll das widerspiegeln, was am Markt geschehen ist. Allein die Tatsache, dass der Gesetzgeber die beiden Möglichkeiten, wie Mietpreisvereinbarungen zustande kommen, nämlich entweder durch Neuabschluss oder durch Erhöhung im Bestand, sprachlich gleichberechtigt nebeneinander aufgezählt hat, bedeutet nicht, dass diese beiden Alternativen vom Gesetzgeber auch quantitativ gleichberechtigt nebeneinandergestellt werden. Um den empirischen Teil der Datenerhebung nur so wenig wie notwendig zu korrigieren, erscheint es richtig, das Verhältnis bei beiden Erhebungsmerkmalen möglichst nah an der Realität zu orientieren. Das bedeutet, dass sowohl die Verteilung auf die verschiedenen Jahre als auch auf die verschiedenen Formen der Mietpreisvereinbarung entsprechend dem tatsächlichen Vorkommen zu erfolgen hat. Entscheidend sind die tatsächlichen Verhältnisse. Wenn also nur wenige Neuvermietungen stattgefunden haben, dann üben diese auch nur einen dementsprechend geringen Einfluss auf die ortsübliche Vergleichsmiete aus.[604]

[601] Soweit *Isenmann* ZMR 1997, 61; und *Walterscheid,* Typische Fehler in einem Sachverständigengutachten zur Ermittlung der ortsüblichen Vergleichsmiete, 18, behaupten, *Voelskow* verlange eine Verteilung von 25% Bestandsmieten und 75% Neuvertragsmieten, kann ich dies den Ausführen *Voelskows* nicht entnehmen. Er spricht von gleichrangiger Berücksichtigung. Die Frage, inwieweit je ⅙ der Mieten am oberen und unteren Rand gekappt werden, hat mit dem hier interessierenden Mischungsverhältnis nichts zu tun.

[602] Im Mietspiegel für München 1994 wurden nach dem Gutachten (*Alles/Guder,* Teil A „Erhebung und Berechnung Nettomiete" Punkt 7, Tab. II, 1b, S. 24) zB die Bestandsmieten mit 55,8% und die Neuvertragsmieten mit 44,2% berücksichtigt.

[603] *LG Frankfurt a. M. WuM 1991, 595;* LG München WuM 1992, 27; Dröge/Gebele/Zehnter Mietpreisbewertung-HdB S. 220; AnwK WohnraumMietR/*Lammel* BGB § 558 Rn. 60.

[604] Rechenbeispiele zur möglichen Ermittlung des richtigen Mischungsverhältnisses bei *Börstinghaus* WuM 2012, 244; *Börstinghaus*/Clar Mietspiegel Rn. 307ff.

Wenn man sich die tatsächlichen Auswirkungen vor Augen führt, stellt man aber fest, dass der Streit über das richtige Verhältnis der Neu- und der Bestandsmieten zwar nicht bedeutungslos ist, aber zumindest bei sich ständig verändernden Mieten der Frage, in welchem Verhältnis die Mieten aus den einzelnen Jahren zu berücksichtigen sind, eine mindestens ebenso große Bedeutung zukommt. Es handelt sich immer noch um einen Streit, der bis 1982 von großer Bedeutung war, durch die **Gesetzesänderung** aber in seinen Auswirkungen erheblich entschärft wurde. Bis zur gesetzlichen Neuregelung im Jahre 1982 flossen alle Bestandsmieten, die in einer Gemeinde gezahlt wurden, in die ortsübliche Vergleichsmiete mit ein. Seither ist dieser Umfang in zweifacher Hinsicht jedoch eingeschränkt. Zum einen werden nur Mieten berücksichtigt die geändert oder neu vereinbart wurden, und zum anderen muss dies in den letzten sechs Jahren geschehen sein. Der Streit wird noch weiter entschärft, wenn man den Begriff der ortsüblichen Vergleichsmiete nicht als Durchschnittswert, sondern als **Rahmengröße** versteht. Deshalb sind die Mieten entsprechend ihrem tatsächlichen repräsentativ ermittelten Bestand an den jeweiligen Jahrgangsgruppen wie auch im Verhältnis der Neuvertrags- und Bestandsmieten zueinander zu berücksichtigen. Wenn die Datenerhebung also ergeben hat, dass in einem der mietspiegelrelevanten Jahre des Sechsjahreszeitraumes mehr Neuvermietungen zB auf Grund von überproportionalen Baufertigstellungen oder Umzügen stattgefunden haben, dann muss dies ebenso berücksichtigt werden wie die Tatsache, dass in einem Jahr zB wegen des Auslaufens von Sozialbindungen erheblich mehr Mieterhöhungen im Bestand stattgefunden haben. Entscheidend sind dabei ausschließlich die regionalen Besonderheiten vor Ort. Diese können erheblich schwanken. So lag die durchschnittliche **Umzugsquote** im Jahr 2017 bundesweit bei etwa 8,8 Prozent.[605] Sie schwankt aber allein schon zwischen den verschiedenen Bundesländern. Besonders wenig umgezogen sind die Mieter in Berlin und Hamburg. Hier zogen im Jahr 2017 nur etwa 5,9% bzw. 7,4% der Bewohner um. Niedrig war die Quote auch in Berlin, München und Frankfurt. Sie betrug dort 5,9% (Berlin) bzw. 6,7% (München) oder 6,8% (Frankfurt). Im Gegensatz dazu betrug die Quote in Münster und Nürnberg 10,6%. Das bedeutet, dass das **Verhältnis der Neuvertrags- zu den Bestandsmieten** ungefähr diesem Wert entsprechen sollte. Der BGH[606] hatte die von einem Sachverständigen angenommene Fluktuationsrate von durchschnittlich 7,5% kritisiert, weil der Sachverständige diesen Wert nicht an Hand örtlicher Zahlen begründet hatte. Bei einer bundesweiten Umzugsquote von ca. 8,8% bedeutet dies, dass zumindest rechnerisch in den sechs Jahren fast 52% Neuvertragsmieten (6 × 8,8) angefallen sind. Falsch wäre es jetzt aber die Quote für die Bestandsmieten durch einfache Subtraktion zu ermitteln. Damit errechnet man zwar die zum Stichtag gezahlten Bestandsmieten, hat aber nicht berücksichtigt, dass hierin auch die nicht in den sechs Jahren veränderten Bestandsmieten enthalten sind. In dynamischen Wohnungsmärkten wird wahrscheinlich in sechs Jahren fast jede Miete einmal verändert worden sein, wohingegen in Regionen mit hohem Leerstand die Vermieter im Zweifel dankbar sind, die Wohnung vermietet zu haben und von Mieterhöhungen eher Abstand nehmen, um den Mieter nicht zu verlieren. Das bedeutet, dass in solchen Regionen kaum veränderte Bestandsmieten vorhanden sind. Die Folge ist dann, dass die ortsübliche Vergleichsmiete hier ganz überwiegend aus den Neuvertragsmieten gebildet wird. Das Mischungsverhältnis muss also den örtlichen Gegebenheiten angepasst werden.[607] Im Normalfall eines funktionierenden aber nicht überhitzten Wohnungsmarktes dürfte die Verteilung auf Neuvertrags- und Bestandsmieten aber mit ca. 50:50 nicht zu kritisieren sein.[608] Mangels konkreter Daten aber auch aus Praktikabilitätsgründen ist das so ermittelte Mischungsverhältnis auf alle Wohnungsteilmärkte einheitlich anzuwenden.[609] Eine differenzierte Ermittlung für die verschiedenen Wohnungsbestände ist nicht erforderlich.

Letztendlich besteht **bei der Gewichtung ein Ermessen** desjenigen, der die ortsübliche Vergleichsmiete zu ermitteln hat, also beim Mietspiegelaufsteller. Die Ermessensausübung hat sich nach den örtlichen Gegebenheiten zu richten.[610] Es kann nämlich durchaus regionale Unterschiede **142**

605 Zahlen nach https://de.statista.com.

606 BGH VIII ZR 346/10, NJW 2012, 1351.

607 Staudinger/*V. Emmerich* BGB § 558 Rn. 37.

608 Nach BGH VIII ZR 22/20, WuM 2021, 442 gilt dies auch, wenn dem Mietspiegel eine Verteilung von 44:56% zugrundeliegt; auch Bub/Treier MietR-HdB/*Schultz* Kap. III A Rn. 1360 ist diese Verteilung „praktikabel".

609 *Dröge/Gebele/Zehnter* Mietpreisbewertung-HdB S. 221.

610 LG München WuM 1992, 27; Staudinger/*V. Emmerich* BGB § 558 Rn. 37; *Kofner* Zeitschrift für Wirtschaftspolitik, 1996, 397 (403) Fn. 13.

geben. So ist wesentlicher Maßstab für die Beurteilung, in welchem Verhältnis Bestands- und Neuvertragsmieten die ortsübliche Vergleichsmiete beeinflussen, die Frage, wie hoch die Fluktuation im Wohnungsbestand und wie hoch die Neubautätigkeit ist. Gerade die Fluktuation differiert zwischen kleineren und größeren Gemeinden beträchtlich. In kleineren Gemeinden ist idR[611] die Wohnungsmarktsituation weniger angespannt, was auch die Mobilität der Mieter weniger einschränkt.[612] Weiter hängt die Fluktuation auch vom Baualter und dem Vermieter ab. So wurde festgestellt,[613] dass die Fluktuation tendenziell mit abnehmendem Baualter der Wohnung zunimmt. Das bedeutet, dass die Entscheidung über das **Mischungsverhältnis** auch von der Struktur des örtlichen Wohnungsbestandes beeinflusst werden kann. Einflussfaktoren sind ferner das Alter der Mieter, da auch hier gilt, dass die Mobilität mit zunehmendem Alter abnimmt. Schließlich haben auch die Wohnfläche[614] und die Sozialstruktur und das Einkommen der Mieter Einfluss auf die Verweildauer. Und zuletzt beeinflusst auch die Person des Vermieters die Verweildauer in einer Wohnung. Die geringste Fluktuation haben städtische oder öffentliche Wohnungsunternehmen.[615] Das bedeutet, dass das Mischungsverhältnis selbst innerhalb einer Gemeinde nicht einheitlich zu sein braucht, sondern von Teilmarkt zu Teilmarkt unterschiedlich sein kann.

143 Die Gerichte können dies nur auf **Ermessensfehlgebrauch** und **Willkür**[616] überprüfen. Soweit diesbezüglich versucht wurde nachzuweisen, dass Neuvertragsmieten und Bestandsmieten zwingend gleichrangig berücksichtigt werden müssen und hierzu sogar auf die BVerfG-Rechtsprechung hingewiesen wird,[617] ist dieser Auffassung entgegenzuhalten, dass eine solche gleichwertige Berücksichtigung auch nicht der Abbildfunktion gerecht wird, die der ortsüblichen Vergleichsmiete und einem Mietspiegel zukommt. Wenn der Gesetzgeber bei der Neufassung des § 2 MHG 1993 durch das 4. Mietrechtsänderungsgesetz den berücksichtigungsfähigen Zeitraum von damals drei auf dann sechs Jahre festgelegt hat, dann bedeutet dies auch, dass der Gesetzgeber die Mieten, soweit sie sich verändert haben oder neu vereinbart wurden, in der ortsüblichen Vergleichsmiete wiederfinden wollte.

144 Die Befürchtung, dass es anderenfalls zu einem Mietpreisstopp[618] kommen könnte, war zumindest in der Vergangenheit faktisch unbegründet. Eine Untersuchung[619] in mehreren deutschen Städten hatte ergeben, dass Mietspiegel, die ja idR eine Gewichtung bereits vorgenommen haben, tendenziell **keine verzerrende Wirkung auf** örtliche Mietwohnungsmärkte ausüben, obwohl in Städten ohne Mietspiegel die Mieten unter Berufung auf drei Vergleichswohnungen sicher marktnäher erhöht werden könnten. Sowohl das damalige Mietenniveau als auch der Mietpreisanstieg der vergangenen Jahre ließen keine nennenswerten Unterschiede zwischen Städten mit und ohne Mietspiegel erkennen. Etwas Anderes kann jetzt aber in Gemeinden passieren, in denen die §§ 556d–556g BGB gelten. Da hier die Neuvertragsmieten zumindest idR auf 10% über der ortsüblichen Vergleichsmiete gedeckelt werden, die ortsübliche Vergleichsmiete zudem meist auch nicht der aktuelle Wert sein wird, da nur alte Wert zur Verfügung stehen und es bisher vor allem die Neuvertragsmieten waren, die zu einem Anstieg der ortsüblichen Vergleichsmiete geführt haben, wird hier in Zukunft ein faktischer Mietenstopp eintreten. Hier wird man in Zukunft sehr genau beobachten müssen, ob die Eigentumsgarantie des Art. 14 GG noch gewährleistet ist. Auch wenn das BVerfG[620] entschieden hat, dass der Vermieter keinen Anspruch auf die höchstmögliche Miete hat, darf der Gesetzgeber die Mieterhöhungen im Bestand nicht grenzenlos von der Marktmiete abkoppeln. Ob dazu wirklich erst der Eintritt von Verlusten durch die Vermietung erforderlich ist, ist fraglich. Dies hängt bekanntlich stark von dem Herstellungs- oder Erwerbskosten ab. Bereits 1974 hatte der Gesetzgeber[621] bei der Einführung des Vergleichsmietensystems ausdrücklich darauf hingewiesen, dass die Marktorientierung der ortsüblichen Vergleichsmiete erforderlich sei,

---

611 Ausnahmen mögen für den Einzugsbereich sehr großer Großstädte gelten.
612 IfS, Auswirkungen mietrechtlicher Regelungen, 1996, 34; **aA** *Isenmann* ZMR 1997, 61 (62).
613 IfS, Auswirkungen mietrechtlicher Regelungen, 1996, 33.
614 Die höchste Fluktuation ist dabei bei Kleinwohnungen, da diese häufig „Einsteigerwohnungen" sind, wohingegen die Verweildauer bei Wohnungen über 90 m² die längste ist (Quelle: IfS, Auswirkungen mietrechtlicher Regelungen, 1996, 33).
615 IfS, Auswirkungen mietrechtlicher Regelungen, 1996, 34; **aA** *Isenmann* ZMR 1997, 61 (62).
616 *Huber* ZMR 1992, 475.
617 BVerfG WuM 1992, 48, NJW 1992, 1377.
618 So *Voelskow* ZMR 1992, 327; **aA** LG Hamburg WuM 1996, 45 (47).
619 *Schießl* WuM 1996, 459.
620 BVerfG WuM 1987, 7.
621 BT-Drs. 7/2011, 1, 7f.

um die „Aufrechterhaltung der Wirtschaftlichkeit des Hausbesitzes" sicherzustellen. Diese Überlegungen sind deshalb auch bei der Gewichtung von erhöhten Bestands- und Neuvertragsmieten zu berücksichtigen.

## E. Die Kappungsgrenze

### I. Allgemeines

Neben der **objektiven Grenze** für eine Mieterhöhung in Form der ortsübliche Vergleichsmiete hat der Gesetzgeber ab 1.1.1983 hat der Gesetzgeber diese **subjektive Grenze für die Mieterhöhung** eingeführt.[622] Dies geschah in unmittelbarem Zusammenhang mit der damals zugleich erfolgten Neufassung des Begriffs der ortsüblichen Vergleichsmiete. Bis zu dem Termin wurde die ortsübliche Vergleichsmiete aus allen Mieten in der Gemeinde gebildet. Von diesem Termin an bildeten nur noch die in den letzten drei Jahren neu vereinbarten oder geänderten Entgelte die ortsübliche Vergleichsmiete. Damit fiel die Mehrzahl der niedrigeren älteren Bestandsmieten aus dem Vergleichsmietenbegriff heraus, was grds. einen Anstieg der Vergleichsmiete zur Folge haben sollte. Um rechtliche Hindernisse für Mieterhöhungsverlangen abzubauen, eine verstärkte Berücksichtigung marktwirtschaftlicher Gesichtspunkte als Anreiz für Investitionen im Mietwohnungsbau zu schaffen, den Mieter aber auch vor abrupten Mietsteigerungen zu bewahren,[623] hat der Gesetzgeber die weitere materielle Voraussetzung für den Zustimmungsanspruch des Vermieters geschaffen, wonach die Miete innerhalb von drei Jahren damals um nicht mehr als 30% steigen durfte. Durch das 4. Mietrechtsänderungsgesetz[624] war diese Kappungsgrenze für fünf Jahre befristet gesplittet worden und betrug für einen Teil des Wohnungsbestandes nur noch 20%. Vom 1.9.2001 bis 31.3.2013 betrug die Kappungsgrenze dann einheitlich für alle Wohnungen 20%. Seit 1.5.2013 beträgt die Kappungsgrenze nur noch grds. 20%. Den Bundesländern wurde seither nämlich gestattet, durch Rechtsverordnung für Gemeinden oder Teilen von Gemeinden, in denen die ausreichende Versorgung der Bevölkerung mit Mietwohnungen zu angemessenen Bedingungen besonders gefährdet ist, die Kappungsgrenze für fünf Jahre auf 15% herabzusetzen. Hiervon haben die Landesregierungen sehr unterschiedlich aber teilweise leider auch politisch motiviert extensiv Gebrauch gemacht (s. Tabelle → Rn. 182g). Im Anwendungsbereich der § 558ff. BGB ist iÜ ein Rückgriff auf die Grundsätze des **Fehlens der Geschäftsgrundlage** gem. § 313 BGB, um zu einer Umgehung der Kappungsgrenze zu kommen, regelmäßig ausgeschlossen.[625] 145

§ 558 Abs. 3 BGB enthält die **Definition der Kappungsgrenze.** Damit ist das der Höhe nach nur durch die ortsübliche Vergleichsmiete beschränkte Recht des Vermieters, eine höhere Miete verlangen zu können, durch eine Kombination von Prozentsatz (20% oder 15%) und Zeitraum (innerhalb von drei Jahren) weiter begrenzt. Die Kappungsgrenze solle verhindern, dass die Mietsteigerung in Einzelfällen ein zu starkes Ausmaß annimmt. Sie dient dazu, einen zu raschen Anstieg solcher Mieten, die bislang erheblich unter der ortsüblichen Vergleichsmiete lagen, zum Schutz der betroffenen Mieter zu vermeiden.[626] Der Umfang der Mieterhöhung wird durch **zwei unabhängig voneinander einzuhaltende Obergrenzen** eingeengt, einmal durch die **objektiv** zu bestimmende ortsübliche Vergleichsmiete und zum anderen durch die von den **subjektiven** Gegebenheiten des einzelnen Mietverhältnisses abhängige Kappungsgrenze. Die jeweils niedrigere von beiden Begrenzungen bestimmt den Umfang des Mieterhöhungsrechts im Einzelfall. Würde eine Anhebung der Miete innerhalb von drei Jahren um 20%/15 zu einer Miete führen, die über der Vergleichsmiete liegt, so kann allenfalls diese gefordert werden; würde die Steigerung um 20% oder 15% nicht zum Erreichen der Vergleichsmiete führen, so bildet die Kappungsgrenze die Obergrenze für den Erhöhungsanspruch des Vermieters. 146

Die Kappungsgrenze verlangt vom Vermieter die Durchführung einer **Kontrollrechnung.** Er hat keinen Anspruch auf Mieterhöhungen von 20%. Er kann die Miete nur erhöhen, wenn die ortsübliche Vergleichsmiete tatsächlich höher ist als seine Vertragsmiete und wenn die Miete zum 147

---

[622] G zur Erhöhung des Angebots von Mietwohnungen: BGBl. 1982 I 1912.
[623] BT-Drs. 9/2079, 1, 7.
[624] BGBl. 1993 I 1257.
[625] BGH VIII ZR 266/14, NJW 2016, 239; *Hirsch* ZMR 2007, 1 (5); *Schröder* ZMR 2015, 823; **aA** AG Hamburg-Harburg ZMR 2015, 865 (866) unter falsch verstandenem Hinweis auf die Kommentierung *Börstinghaus* → BGB § 558 Rn. 59, falsche Tatsachen im Erhöhungsverlangen.
[626] BGH VIII ZR 33/18, NJW 2019, 2464 = NZM 2019, 536.

Wirkungszeitpunkt 15 Monate unverändert geblieben ist. Nur wenn diese Voraussetzungen gegeben sind, muss die verlangte neue Miete mit der Miete von vor drei Jahren verglichen werden. Die Kappungsgrenze wird deshalb im Wesentlichen von dem **Vermietungsverhalten** des Vermieters und nicht von der allgemeinen Mietenentwicklung beeinflusst. Mieten, die regelmäßig erhöht wurden und dem Niveau der ortsüblichen Vergleichsmiete in etwa entsprechen, werden bei Mieterhöhungen in der Praxis regelmäßig nicht gekappt. Deshalb bestraft die Kappungsgrenze nur Vermieter, die in der Vergangenheit eine niedrige Miete verlangt haben (Gefälligkeitsmieten im weiteren Sinn) oder nur verlangen durften (ehemals preisgebundene Wohnungen). Nach Untersuchungen[627] spielte zumindest die alte 30%ige Kappungsgrenze anders als vielfach vermutet, keine wesentliche Rolle dafür, dass niedrige Mieten, die „nach oben wollen" nicht „nach oben können". Bedeutung hat die Vorschrift insbes. bei **ehemaligen Sozialwohnungen,** für die erstmals Mieterhöhungen im preisfreien Wohnungsbau durchgeführt werden können. **Rechtspolitisch** ist die Vorschrift deshalb mehr als **zweifelhaft,** da sie einen nach den Grundsätzen eines ordentlichen Kaufmanns handelnden Vermieter faktisch dazu zwingt, jede Mieterhöhungsmöglichkeit auszunutzen, damit er in Zukunft keine Nachteile erleidet. Dies gilt jetzt für die herabgesetzte Kappungsgrenze von 15% ganz besonders.

**148** Diese rechtspolitischen Bedenken führen nach der **Rspr. des BVerfG**[628] aber nicht zu einer Verfassungswidrigkeit der Kappungsgrenze. Die Regelung verstößt insbes. nicht gegen die Eigentumsgarantie. Für die Ausgestaltung zwingender mietrechtlicher Vorschriften bedeutet die Eigentumsgarantie, wie oben dargestellt, im Zusammenhang mit der **Sozialpflichtigkeit des Eigentums,** dass der Gesetzgeber sowohl die Belange des Mieters als auch die des Vermieters in gleicher Weise berücksichtigen muss, ohne dass sie zu jeder Zeit und in jedem Zusammenhang dasselbe Gewicht haben müssen. Die Beschränkungen, denen die Eigentümer durch die Kappungsgrenze unterworfen werden, stellen eine zulässige Inhalts- und Schrankenbestimmung nach Art. 14 Abs. 1 S. 2 GG dar. Dabei darf die Regelung nicht isoliert gesehen, sondern muss im Zusammenhang mit den sonstigen damals vorgenommenen Gesetzesänderungen betrachtet werden. Unter Berücksichtigung der damals eingeführten Verfahrenserleichterungen und der Änderungen des materiellen Vergleichsmietenbegriffs hat das BVerfG eine einseitige Benachteiligung der Vermieter nicht festgestellt. Die gleichzeitig eingeführte Kappungsgrenze begrenzt nur die verbesserte Rechtsstellung des Vermieters. Unter verfassungsrechtlichen Gesichtspunkten ist die Regelung aber dann bedenklich, wenn die Vermietung von Wohnraum auch bei voller Ausschöpfung des Mieterhöhungsrechts gem. § 558 BGB iE zu Verlusten führen würde. Dann wäre die **Bestandsgarantie des Art. 14 Abs. 1 S. 1 GG** berührt. Dies würde aber weit größere Mietsteigerungen voraussetzen, als in den letzten Jahrzehnten stattgefunden haben. Nur bei Mietsteigerungen, die über der jeweiligen Kappungsgrenze liegen, würde die Eigentumsgarantie berührt. Das war bei der Kappungsgrenze von 30% eigentlich nie zu erwarten. Aber schon bei der nur einige Jahre geltenden gesplitteten Kappungsgrenze wurde bzgl. der Grenze von 20% diese Gefahr gesehen und es wurden ernst zu nehmende **verfassungsrechtliche Bedenken** geäußert.[629] Diese Bedenken sind zurzeit unbegründet. Die Kappungsgrenze von 15% in drei Jahren liegt über der seit vielen Jahren in Deutschland herrschenden Teuerungsrate. Die Bestandsmieten werden deshalb von der allgemeinen Preisentwicklung nicht abgekoppelt.[630]

### II. Anwendungsbereich

**149** Die Kappungsgrenze ist grds. bei allen Mieterhöhungen gem. § 558 BGB zu beachten. Alle früher einmal geltenden weiteren Sonderregeln haben sich durch Zeitablauf erledigt.

**150** Die Kappungsgrenze gilt deshalb auch beim **Übergang vom preisgebundenen zum preisfreien Wohnungsbau.**[631] Nach Ende der Preisbindung kann der Vermieter die Miete nur noch unter den Voraussetzungen des § 558 BGB erhöhen. Das bedeutet, dass eine Mieterhöhung nur dann möglich ist, wenn die ortsübliche Vergleichsmiete zum einen höher als die ehemalige Kosten-

---

[627] IfS, Auswirkungen mietrechtlicher Regelungen, 1996, 210.

[628] BVerfG NJW 1986, 1669 mAnm *Gather* DWW 1986, 95; *V. Emmerich* JuS 1986, 647; *Hertle* ZMR 1992, 227; *Voelskow* GE 1995, 386.

[629] *Bub NJW 1993, 2897 (2898).*

[630] Nach Bub/Treier MietR-HdB/*Schultz* Kap. III A Rn. 1104 „dürfte" die Regelung „verfassungsgemäß" sein; so auch Weigelt Herausforderung S. 306; **aA** *Jahn* WuM 2000, 443.

[631] Bub/Treier MietR-HdB/*Schultz* Kap. III A Rn. 1106; *Beuermann* GE 1994, 364.

miete ist und zum anderen, dass die verlangte Miete die drei Jahre vor Zugang des Mieterhöhungsverlangens geschuldete ehemalige Kostenmiete um nicht mehr als 20% bzw. 15% überschreiten darf.[632] Bereits der Wortlaut der Vorschrift macht keinerlei Ausnahmen hinsichtlich des erfassten Wohnungsbestandes. Auch eine **systematische Auslegung** spricht für die Anwendung der Kappungsgrenze auch auf die erste Mieterhöhung nach Ende der Preisbindung. § 558 Abs. 4 BGB enthält nämlich für diesen Fall eine Sonderregelung, die in bestimmten Ausnahmefällen eine Anwendung der Kappungsgrenze ganz oder teilweise ausschließt (→ Rn. 183ff.). Diese Sonderregelung macht nur Sinn, wenn die Kappungsgrenze auf solchen Wohnungsbestand grds. anwendbar ist. Schließlich spricht auch eine **teleologische Auslegung** nicht gegen die uneingeschränkte Anwendung der Kappungsgrenze auch auf diese Fälle. Allein die Erwartung der Vermieter nach Beendigung der Mietpreisbindung in der Mietpreisgestaltung frei zu sein und die Marktmiete erzielen zu können, rechtfertigt keine Besserstellung.[633] Die Vermieter haben ihr verfassungsrechtlich garantiertes Eigentum nur in der durch die Preisbindungsvorschriften ausgestalteten Form erwerben können, was die Möglichkeit einschließt, auch nach Wegfall der Preisbindung nur in beschränkterem Maße den Markt ausschöpfen zu können, als sie vielleicht erhofften. Ein Vorrang des Vertrauensschutzes dieser Vermieter kommt auch deshalb nicht in Betracht, weil sie ihr Eigentum nicht im gleichen Maße „eigenerworben" haben. Ihnen ist durch die Inanspruchnahme öffentlicher Darlehen ein Vermögen mit erheblich geringeren Eigenleistungen als denjenigen Eigentümern zugewachsen, die von dieser Marktchance keinen Gebrauch gemacht hatten. Auch dies rechtfertigt es, sie auch nach Wegfall der Preisbindung in den Möglichkeiten der Mietgestaltung mit den übrigen Vermietern gleichzustellen.[634] Dabei ist es unerheblich, ob die Preisbindung durch Zeitablauf oder auf Grund vorzeitiger Rückzahlung der Fördermittel erloschen ist.[635]

Die Kappungsgrenze gilt somit ohne Einschränkung für alle **Mieterhöhungen im Bestand,** **151**
insbes. auch für Werkdienstwohnungen,[636] selbst wenn die Miete über längere Zeit unverändert niedrig war. Angerechnet wurden deshalb auch Erhöhungen, die das Gericht im Räumungsverfahren im Wege der Vertragsgestaltung gem. § 308a ZPO festgesetzt haben,[637] wenn der Mieter sich auf die Sozialklausel gem. § 574 BGB berufen hat. Sie gilt auch nach Beendigung des Dienstverhältnisses, wenn der Vermieter für den Wegfall der bisher als Gegenleistung erbrachten Tätigkeiten die Miete erhöht ohne dass der Wert der Tätigkeit zuvor vertraglich vereinbart war (→ Rn. 117).[638] Der Zeitpunkt der letzten Mieterhöhung ist für die Berechnung der Kappungsgrenze unerheblich. Auch wenn die Miete länger als drei Jahre nicht erhöht wurde, beträgt die Kappungsgrenze 20%.[639] Die Vorschrift des § 558 Abs. 3 BGB ist insofern eindeutig. Eine einschränkende Auslegung würde gegen den klaren Wortlaut der Vorschrift verstoßen.

Die Kappungsgrenze gilt jedoch immer dann nicht, wenn die Vorschrift des § 558 BGB schon **152**
gar nicht einschlägig ist. Dies ist zunächst der Fall, wenn es sich nicht um eine Mieterhöhung im Bestand handelt, sondern um eine **Neuvermietung.** Hier gilt § 558 BGB bereits vom Wortlaut her nicht, so dass auch systembedingt eine Mieterhöhung der Höhe nach nicht „gekappt" werden kann. Stattdessen gelten hier die Vorschriften des Unterkapitel 1a: „Vereinbarungen über die Miethöhe bei Mietbeginn in Gebieten mit angespannten Wohnungsmärkten". Danach darf die gem. § 556d Abs. 1 BGB die ortsübliche Vergleichsmiete in den einschlägigen Gemeinden idR nur um 10% überschritten werden.

Weiter gilt die Kappungsgrenze für Mieterhöhungen dann nicht, wenn die §§ 558–561 BGB **153**
gar nicht anwendbar sind, also vor allem bei **Gewerberaummietverträgen** (mit Ausnahme bei den in § 578 Abs. 3 BGB genannten Mietverhältnissen) aber auch bei allen Mietverhältnissen die in § 549 Abs. 2, 3 BGB vom Anwendungsbereich ausdrücklich ausgenommen sind (hierzu die Kom-

---

632 BVerfG NJW 1986, 1669 mAnm *V. Emmerich* JuS 1986, 647; BVerfG WuM 1991, 575; BayObLG NJW 1984, 742; OLG Hamm NJW-RR 1990, 1233 (neg. RE); OLG Stuttgart NJW-RR 1989, 1357 (neg. RE); LG Hamburg WuM 1996, 277; LG Berlin NJW-RR 1996, 1415; LG Kiel DWW 1992, 86; Bub/Treier MietR-HdB/*Schultz* Kap. III A Rn. 1107, 1121; *Voelskow* GE 1995, 386; Staudinger/*V. Emmerich* BGB § 558 Rn. 70; *Sternel* MietR Kap. III Rn. 627.

633 So ausdrücklich BVerfG NJW 1986, 1669 (1671).

634 BVerfG NJW 1986, 1669 (1671); Bub/Treier MietR-HdB/*Schultz* Kap. III A Rn. 1108.

635 LG München I WuM 1985, 27.

636 AG Düsseldorf WuM 1987, 264.

637 BGH VIII ZR 270/15, NZM 2017, 286.

638 LG Berlin GE 2009, 1090.

639 AG Münster WuM 1983, 233.

mentierung bei § 549 BGB). Hinzu kommen die Mietverhältnisse, für preisgebundenen Wohnraum. Hier sind die Vorschriften des II. WoBauG, des WoBindG, der NMV und der II. BV vorrangige Spezialgesetze. Bei Wohnraum, der nach dem Wohnungsbaureformgesetz gefördert ist, also auf Grund eines Fördervertrages oder entsprechenden Bescheides gilt jedoch die Kappungsgrenze, weil hier die Miete nach den §§ 558–560 BGB erhöht wird. Die Miethöhe wird nur durch die vereinbarte Höchstmiete gedeckelt.

154 Die Kappungsgrenze gilt ferner nicht für alle **Mieterhöhungen, die nicht ihren Rechtsgrund in § 558 BGB haben,** also für Mieterhöhungen nach Modernisierungen gem. § 559 BGB (zur dortigen Kappungsgrenze gem. § 559 Abs. 3a BGB s. → BGB § 559 Rn. 87), auf Grund einer Betriebskostenerhöhung gem. § 560 BGB und zwar sowohl für die Pauschale gem. Abs. 1 als auch für die Vorauszahlung nach § 558 Abs. 4 BGB (→ Rn. 175 ff.). Auch im Mietvertrag bereits wirksam vereinbarte Mieterhöhungen in Form einer Staffelmietvereinbarung gem. § 557a BGB oder einer Indexmiete gem. § 557b BGB werden durch die Kappungsgrenze nicht beschränkt. Dasselbe gilt auch für Mietabänderungsvereinbarungen gem. § 557 Abs. 1 BGB. Die Kappungsgrenze soll nur den Anspruch des Vermieters beschränken, vom Mieter die Zustimmung zu einer Mieterhöhung verlangen zu dürfen. Auf den Abschluss einer Mietabänderungsvereinbarung hat der Vermieter unter keinem rechtlichen Gesichtspunkt einen Anspruch. Die Kappungsgrenze stellt aber kein gesetzliches Verbot dar, so dass der Mieter auch Mieterhöhungen zustimmen kann oder ein Angebot auf Abschluss einer Abänderungsvereinbarung annehmen kann, wenn hierdurch die Kappungsgrenze überschritten wird. Deshalb wird von der Kappungsgrenze auch nicht der Neuabschluss eines Mietvertrages zwischen den gleichen Mietvertragsparteien beschränkt und zwar auch dann nicht, wenn dieser aus Anlass einer Rechtsnachfolge auf Vermieterseite abgeschlossen wurde.

155 Aus Sinn und Zweck der Kappungsgrenze folgt weiter, dass **Mietsteigerungen auf Grund von Mehrleistungen** nicht von der Kappungsgrenze erfasst werden.[640] Mietet der Mieter zusätzliche Räume vom Vermieter an, dann gilt die Kappungsgrenze weder für die Mietsteigerung auf Grund der **Hinzuvermietung von Flächen** noch wird diese Mieterhöhung bei späteren Mieterhöhungen auf die Kappungsgrenze angerechnet.

**Beispiel:** Der Mieter zahlt für eine 50 $m^2$ große Wohnung 191,73 EUR. Er mietete zusätzliche Räume in der Größe von 20 $m^2$ an. Nunmehr musste er 268,43 EUR zahlen. Ein Jahr später verlangt der Vermieter die Zustimmung zu einer Mieterhöhung auf 322,12 EUR.

Hier wird weder die Mietvereinbarung aus Anlass der Hinzuvermietung von Flächen beschränkt, was ja sonst dazu führen würde, dass immer dann, wenn eine Fläche von mehr als 20%/15% der bisherigen Fläche hinzugemietet wurde, die Kappungsgrenze einschlägig wäre, noch wird die Mieterhöhung aus Anlass der Neuvermietung auf die Kappungsgrenze angerechnet. Deshalb kann hier sowohl die ursprüngliche Miete um 20% wie auch der Erhöhungsbetrag aus Anlass der Vertragserweiterung um 20% erhöht werden. Dies gilt aber nicht, wenn sich herausstellt, dass die vereinbarte Wohnfläche kleiner als die tatsächliche Wohnfläche ist und deshalb eine Mieterhöhung unter Anrechnung der tatsächlichen Wohnfläche zugelassen wird (→ BGB § 557 Rn. 56).[641] Die **Kappungsgrenze** ist dabei nach der Miete für die Wohnung zu berechnen und nicht nach der Quadratmetermiete (→ Rn. 65).

156 Nur für eine gleichbleibende Leistung soll die Miete maximal um 20% bzw. 15% in drei Jahren steigen können. Im Umkehrschluss folgt daraus, dass der Vermieter, soweit er eine Mehrleistung erbringt, berechtigt ist, dafür ein entsprechendes Entgelt zu verlangen. Das wird insbes. dadurch deutlich, dass § 558 Abs. 3 BGB Erhöhungen nach §§ 559, 560 BGB bei der Berechnung der Kappungsgrenze ausdrücklich ausnimmt. Bezüglich der **Vertragserweiterung** handelt es sich um eine Mietabänderungsvereinbarung der Parteien, auf die § 558 Abs. 3 BGB nicht anwendbar ist.[642] Dies gilt gleichermaßen auch in den Fällen, in denen sich die vermietete Fläche tatsächlich zwar nicht erhöht, ein Teil der Fläche zunächst aber mietfrei zur Verfügung gestellt wurde.[643]

157 Anders ist die Rechtslage jedoch, wenn die Wohnung nach einer **Modernisierung** größer geworden ist. In diesem Fall gilt die Kappungsgrenze ohne Einschränkungen.[644] Der Mieter hat

---

640 LG Frankfurt a. M. ZMR 1997, 474; AnwK WohnraumMietR/*Lammel* BGB § 558 Rn. 72, der dies dadurch erreichen will, dass er die Kappungsgrenze auf die $m^2$-Miete von vor drei Jahren anwendet.
*641 BGH VIII ZR 266/14, NZM 2016, 42.*
642 LG Hamburg WuM 1989, 307.
643 LG Hamburg WuM 1989, 307.
644 AG Bad Homburg NJW-RR 1994, 143.

einen Mietvertrag über eine bestimmte Wohnung, für die er eine Miete zu entrichten hat. Allein die Tatsache, dass die Wohnung nun einige m² größer ist, berechtigt den Vermieter nicht, hierfür auch eine höhere Miete zu verlangen. Soweit die Voraussetzungen des § 559 BGB geben sind, ist er berechtigt, die Miete um 8% der Baukosten zu erhöhen. Da die Wohnung jetzt aber größer ist, sinkt uU die Quadratmetermiete der Gesamtwohnung. Deshalb kann der Vermieter uU auch eine Mieterhöhung nach § 558 BGB verlangen, weil hierdurch die Vertragsmiete unter die ortsübliche Vergleichsmiete sinkt. Bei der Berechnung der Kappungsgrenze werden Mieterhöhungen nach § 559 BGB, die innerhalb der Dreijahresfrist stattgefunden haben, nicht angerechnet.

**Beispiel:** Für die 70 m² große Wohnung zahlt der Mieter 250,53 EUR Miete. Nach einer Modernisierung ist die Wohnung 77 m² groß. Auf Grund der Modernisierung hat der Vermieter die Miete gem. § 559 BGB um 20 EUR/mtl. erhöht.

Hier betrug die Miete zunächst 3,58 EUR/m², nach der Modernisierung beträgt die Miete nur 3,51 EUR/m², da nun der Gesamtzahlbetrag von 270,53 EUR durch 77 m² zu dividieren ist. Für die Kappungsgrenze kommt es aber nur auf den Gesamtzahlbetrag an, nicht auf die Quadratmetermiete.[645] Deshalb kann die Miete hier allein unter dem Gesichtspunkt der Kappungsgrenze um 70,11 EUR (20% von 250,53 EUR zzgl. 20 EUR Mieterhöhung nach § 559 BGB) auf 320,64 EUR erhöht werden, was einer Quadratmetermiete von 4,16 EUR/m² entspricht.

Ebenso wenig wird ein **Untermietzuschlag** oder der **Zuschlag für eine teilgewerbliche Nutzung** auf die Kappungsgrenze angerechnet.[646] Der Vermieter von Wohnraum muss gem. § 553 Abs. 1 BGB die Erlaubnis zur Untervermietung grds. erteilen. Wie sich aus dem Wortlaut des § 553 Abs. 2 BGB aber ergibt, soll es aber Fälle gegeben haben, in denen der Vermieter bei unverändertem Mietvertrag nicht verpflichtet ist, seine Einwilligung zur Untervermietung zu erteilen. Die Verpflichtung besteht nur dann, wenn der Mieter sich mit einer Mieterhöhung einverstanden erklärt. Die Erhöhung ist nur dann berechtigt, wenn dem Vermieter ohne die Erhöhung die Erlaubnis nicht zuzumuten ist.[647] In diesem Fällen kann der Vermieter seine Zustimmung von einer Mieterhöhung abhängig machen. Genauso wenig wie der Mieter in diesen Fällen einen Anspruch auf die Untermieterlaubnis hat, genauso wenig hat der Vermieter einen Anspruch auf die Zustimmung zur Mieterhöhung. Der Vermieter kann über ein Erhöhungsverlangen gem. § 553 Abs. 2 BGB aber nicht seine allgemeine Erhöhungsabsicht durchsetzen, sondern nur die Erhöhung verlangen, die durch die Untervermietung gerechtfertigt ist.[648] Der Untermietzuschlag ist ein Entgelt für eine Sondernutzung[649], seine Erhöhung muss nicht gem. § 558 BGB erfolgen, sondern kann einer besonderen Vereinbarung unterliegen.[650] Dann ist es aber auch konsequent, in den Fällen, in denen der Mieter einen Anspruch auf die Untermieterlaubnis gegen Zahlung eines Zuschlags hat, davon auszugehen, dass damit eine weitere Leistung des Vermieters honoriert wird. Für weitere Leistungen steht dem Vermieter ein zusätzliches Entgelt zu. Sinn und Zweck der Kappungsgrenze, den allgemeinen Mietanstieg zu bremsen, sprechen aber nicht gegen Mieterhöhungen für Mehrleistungen. Nur bei gleicher Leistung soll der Vermieter auf Grund der allgemeinen Mietpreisentwicklung nicht mehr als 20% die Miete in drei Jahren anheben können. Davon zu unterscheiden ist aber der Fall, dass die Parteien aus Anlass einer Untervermietung eine Mietvertragsänderung mit Mieterhöhung vereinbaren, die erkennbar nicht nur den Untermietzuschlag beinhalten soll. Ein Indiz ist dafür, dass nicht ein gesonderter Zuschlag vereinbart wird, sondern insgesamt eine neue Miete vereinbart wird. In diesem Fall wird die Mieterhöhung auf die Kappungsgrenze angerechnet. Darlegungs- und beweispflichtig ist für alle Umstände, aus denen sich die Nichtanrechnungsverpflichtung ergibt, der Vermieter. 158

Keine Anwendung findet die Kappungsgrenze schließlich auf die **Erhöhung der Nutzungsentschädigung gem. § 546a BGB.** Der Vermieter kann vom ehemaligen Mieter nach Mietende bis zur Räumung die Zahlung einer Nutzungsentschädigung verlangen die entweder der Höhe nach der bisher gezahlten Miete entspricht oder der ortsüblichen Miete.[651] Mit dem Begriff der 159

[645] **AA** AnwK WohnraumMietR/*Lammel* BGB § 558 Rn. 72.
[646] LG Berlin NZM 1998, 509; AG Hamburg WuM 1992, 257; **aA** AnwK WohnraumMietR/*Lammel* BGB § 558 Rn. 71.
[647] ZB AG Hamburg ZMR 2008, 213.
[648] *Sternel* MietR Kap. II Rn. 257; *Börstinghaus* GE 1996, 5.
[649] AG Hamburg ZMR 2008, 213.
[650] BayObLG NJW-RR 1986, 892.
[651] LG Freiburg WuM 1993, 671; LG Stuttgart NJW-RR 1987, 401; *Sternel* MietR Kap. IV Rn. 672; Hannemann/Wiek/Emmert MietR-HdB/*Zahn* § 30 Rn. 48; **aA** AG Hamburg ZMR 2001, 630.

ortsüblichen Miete ist dabei nicht die ortsübliche Vergleichsmiete iSd § 558 BGB gemeint sondern die ortsübliche Markt- oder Neuvertragsmiete.[652] Es handelt sich um einen vertragsähnlichen Anspruch für den die für Bestandmietverhältnisse geltenden Schutzvorschriften des § 558 BGB, also auch die Jahressperrfrist und die Kappungsgrenze auch nicht gelten.[653] Es handelt sich um einen einem Schadensersatzanspruch ähnlichen Anspruch des Vermieters, durch den Druck auf den Mieter ausgeübt werden soll.[654]

### III. Berechnung der Kappungsgrenze

#### 1. Zeitpunkt

160 Für die Berechnung der Kappungsgrenze muss ein **Vergleich** zwischen der verlangten neuen Miete und einer in der Vergangenheit gezahlten Miete durchgeführt werden. Entscheidend ist dabei die Miete, die **drei Jahre vor dem Wirksamwerden des Erhöhungsverlangens** geschuldet wurde; auf die drei Jahre vor Zugang des Erhöhungsverlangens geschuldete Miete kommt es nicht an.[655] Insofern unterscheidet sich dieser Zeitpunkt vom maßgeblichen Zeitpunkt für die Feststellung der beiden anderen Voraussetzungen des Mieterhöhungsanspruchs, nämlich die Einhaltung der Jahresfrist[656] und die Feststellung der ortsüblichen Vergleichsmiete,[657] bei denen jeweils auf den Zugang des Erhöhungsverlangens abgestellt wird. Es handelt sich bei der Dreijahresfrist zur Berechnung der Kappungsgrenze um eine Frage der Begründetheit des Erhöhungsverlangens. Die Miete, die verlangt wird, soll nicht mehr als 20% über der Miete von vor drei Jahren liegen. Der Gesetzgeber hat die Kappungsgrenze gerade nicht als Sperrfrist ausgestaltet. Der Mieter kann durch eine einfache Kontrollrechnung feststellen, ob die verlangte neue Miete tatsächlich nur maximal 20% höher ist als die drei Jahre vor dem Wirksamkeitszeitpunkt gezahlte Miete.

**Beispiel:** Die Miete betrug am 10.6.2015 5,81 EUR/m². An diesem Tag ging dem Mieter ein Mieterhöhungsverlangen zu, wonach ab 1.9.2015 6,38 EUR/m² zu zahlen waren. Der Mieter stimmte dem zu. Am 6.6.2018 geht dem Mieter ein Mieterhöhungsverlangen zu, wonach er ab 1.9.2018 7,66 EUR/m² zahlen soll. Die ortsübliche Vergleichsmiete beträgt 8 EUR/m². Richtigerweise muss man hier von der am 1.9.2015 geschuldeten Miete von 6,38 EUR/m² ausgehen. Zzgl. 20% ergibt dies eine max. zulässige Miete von 7,66 EUR/m² und nicht nur von 6,97 EUR/m², wenn man die Miete drei Jahre vor Zugang des Erhöhungsverlangens als Grundlage der Berechnung wählt.

161 Hat das **Mietverhältnis** zum Zeitpunkt des Wirksamwerdens der Mieterhöhung **noch keine drei Jahre bestanden,** dann ist die niedrigste Miete während des Bestandes des Mietvertrages[658] maßgeblich, also idR die Miete zu Beginn des Mietverhältnisses.[659] Die Kappungsgrenze ist in diesem Fall nicht zeitanteilig herabzusetzen. Die Kappungsgrenze soll nämlich nicht die einzelne Mieterhöhung prozentual begrenzen, sondern eine Steigerung über einen Zeitraum von drei Jahren auf 20%/15% begrenzen. Diesem Ziel wird sie aber auch gerecht, wenn man bei kürzeren Mietverhältnissen eine Steigerung um 20%/15% zulässt. In diesem Fall werden nämlich zukünftige Mieterhöhungen gem. § 558 BGB wegen der bereits erfolgten Ausschöpfung der Kappungsgrenze ausgeschlossen. Auch bei einem schon länger laufenden Mietvertrag ist der Vermieter berechtigt,

---

[652] BGH VIII ZR 17/16, NZM 2017, 189.

[653] BGH IX ZR 279/13, BGHZ 204, 83; XII ZR 16/00, NZM 2003, 871; VIII ZR 96/87, BGHZ 104, 285 (290); VIII ZR 17/16, NZM 2017, 189.

[654] Deshalb ist bereits der Ansatz der Entscheidung des AG Hamburg ZMR 2001, 630 nicht richtig.

[655] OLG Celle NJW-RR 1996, 331; LG Frankfurt a. M. ZMR 1997, 474; LG Hannover WuM 1990, 517; LG München II ZMR 1986, 57; LG Hamburg WuM 1984, 111; Staudinger/*V. Emmerich* BGB § 558 Rn. 78; Palandt/*Weidenkaff* BGB § 558 Rn. 21.

[656] BGH NJW 1993, 2109.

[657] BGH VIII ZR 295/15, WuM 2017, 208; VIII ZR 141/09, NZM 2010, 436; VIII ZR 331/06, NJW 2008, 848 (teilweise aufgegeben durch BGH VIII ZR 355/18, NZM 2008, 124); VIII ZR 41/05, NZM 2006, 101; VIII ZR 215/05, WuM 2006, 569; KG GE 2005, 180; BayObLG WuM 1992, 677; LG Berlin GE 2015, 126; 2010, 61; 2004, 626; LG Rottweil NZM 1998, 432; AG Hamburg ZMR 2005, 54; AG Charlottenburg GE 2005, 743; AG Schöneberg GE 2007, 153; 2005, 1129; AG Tiergarten GE 2005, 1135.

[658] Kossmann/Meyer-Abich Wohnraummiete-HdB/*Meyer-Abich* § 147 Rn. 16; **aA** AnwK Wohnraum-*MietR/Lammel BGB § 558 Rn. 68.*

[659] OLG Hamburg NJW-RR 1996, 908 aE; LG Berlin GE 2002, 1433; LG Karlsruhe ZMR 1990, 222; Sternel MietR Kap. III Rn. 627; ungenau Bub/Treier MietR-HdB/*Schultz* Kap. III A Rn. 1115, immer die Anfangsmiete.

die Kappungsgrenze durch eine einzige Mieterhöhung um 20% auszuschöpfen.[660] Deshalb ist grds. auch schon nach einem Jahr eine Mieterhöhung um 20% möglich. Dies setzt aber faktisch voraus, dass die Miete bei Abschluss des Mietvertrages erheblich unter der ortsüblichen Vergleichsmiete lag.[661]

Deshalb muss die Dreijahresfrist auch erst zum Zeitpunkt des Wirksamwerdens der Mieterhöhung abgelaufen sein. Der Vermieter darf unter der Voraussetzung, dass die Jahressperrfrist abgelaufen ist, dem Mieter bereits vor **Ablauf der Dreijahresfrist** ein Erhöhungsverlangen zukommen lassen, solange die Mietsteigerung zum Zeitpunkt des Wirksamwerdens die maßgebliche Kappungsgrenze nicht übersteigt.[662] Diese Rspr. ist insbes. durch den Rechtsentscheid des BGH v. 16.6.1993[663] nicht überholt, auch wenn das BayObLG in seiner Entscheidung auf die Vergleichbarkeit von Jahressperrfrist und Dreijahresfrist bei der Kappungsgrenze abgestellt hat. Beide Fristen haben aber, wie dargestellt, unterschiedliche zeitliche Anknüpfungspunkte.[664] Für die Jahressperrfrist kommt es auf den Zugang des Erhöhungsverlangens und für die Berechnung der Kappungsgrenze auf den Zeitpunkt des Wirksamwerdens an. 162

Entscheidend ist die **tatsächlich geschuldete Ausgangsmiete.** Ist in einem vorangegangenen Rechtsstreit auf Rückzahlung vermeintlich überzahlter Miete vom damals erkennenden Gericht eine andere Miete der Berechnung zugrunde gelegt worden, so entfaltet dieses Urteil keine Bindungswirkung für die Bemessung der Kappungsgrenze in einem nachfolgenden Prozess auf Zustimmung zu einem Mieterhöhungsverlangen.[665] Es liegen unterschiedliche Streitgegenstände vor, so dass eine Bindung gem. § 322 Abs. 1 ZPO nicht in Betracht kommt. Bei der Frage der Höhe der maßgeblichen Ausgangsmiete handelt es sich auch nicht um eine Vorfrage, die durch das Urteil im Vorprozess bindend festgestellt wird.[666] 162a

Eine gesetzliche **Rechtsnachfolge auf Vermieterseite** löst keine neue Dreijahresfrist aus. Der Vermieter, der entweder als Erbe, als Erwerber gem. § 566 BGB oder als neuer Zwischenvermieter bzw. als Eigentümer gem. § 565 BGB in das Mietverhältnis eintritt, tritt an die Stelle des alten Vermieters. Er muss nicht nur den Mietvertrag in seinem aktuellen Bestand mit allen Abreden gegen sich gelten lassen, sondern auch den Fristbeginn von mietrechtlichen Fristen, soweit dieser in die Zeit des Vorvermieters fiel. Dies gilt nicht nur für die Berechnung der Kappungsgrenze, sondern auch für die Berechnung der Kündigungsfristen gem. § 573c BGB. 163

Bei einem **Wechsel der Vertragspartei auf Mieterseite** muss unterschieden werden: Eine gesetzliche Rechtsnachfolge nach Tod des Mieters nach den §§ 563–564 BGB löst weder die Jahressperrfrist noch eine neue Dreijahresfrist zur Berechnung der Kappungsgrenze aus. Das gilt auch dann, wenn ein Ehegatte gem. § 1568a BGB nach der Scheidung allein das Mietverhältnis fortsetzt oder in das Mietverhältnis erstmals eintritt. Es handelt sich um eine Vertragsübernahme.[667] Die alten Fristen laufen unverändert weiter. Anders kann es bei individualvertraglichen Parteiwechseln auf Mieterseite sein. Vereinbaren der Vermieter und der bisherige Mieter den Eintritt eines Dritten als weiteren Mieter in den Mietvertrag, so löst dies auf der einen Seite die Jahressperrfrist aus (→ Rn. 27) und lässt zugleich auch eine neue Dreijahresfrist beginnen.[668] In dem Mietvertrag mit den konkreten Mietern ist die Miete bisher noch nicht erhöht worden. Der Vermieter kann deshalb selbst dann eine Zustimmung zur Mieterhöhung verlangen, wenn er gegenüber dem ursprünglichen Alleinmieter die Miete im Dreijahreszeitraum schon um 20%/15% erhöht hat. Für die Richtigkeit dieser Auslegung spricht, dass der Vermieter bei Eintritt des neuen Mitmieters mit den Parteien einen neuen Mietvertrag oder eine Mietabänderungsvereinbarung hätte abschließen können, die ebenfalls nicht der Kappungsgrenze unterfallen wäre. Würde man hier von einer ununter- 164

---

[660] LG Karlsruhe ZMR 1990, 222.
[661] *Börstinghaus* DWW 1997, 292.
[662] BayObLG NJW-RR 1988, 721; LG Köln WuM 1996, 276; LG Bonn WM 1985, 311; AG München ZMR 1988, 67 (68); MüKoBGB/*Artz* § 558 Rn. 40; *Heitgreß* WuM 1983, 44 (45); *Sternel* ZMR 1983, 73 (75); *Scholz* NJW 1983, 1822 (1827), **aA** AG Friedberg/Hessen WuM 1986, 123; AnwK WohnraumMietR/*Lammel* BGB § 558 Rn. 66.
[663] BGH NJW 1993, 2109.
[664] **AA** AnwK WohnraumMietR/*Lammel* BGB § 558 Rn. 66.
[665] LG Berlin GE 2012, 550.
[666] Für einen solchen Fall BGH I ZR 269/00, NJW 2003, 3058.
[667] *Blank* WuM 2009, 555 (557).
[668] MüKoBGB/*Artz* § 558 Rn. 41; Hannemann/Wiek/Emmert MietR-HdB/*Emmert* § 12 Rn. 220; **aA** Bub/Treier MietR-HdB/Schultz Kap. III A Rn. 1128; diff. Staudinger/*V. Emmerich* BGB § 558 Rn. 73, im Fall der Vertragskontinuität.

brochenen Dreijahresfrist ausgehen, dann hätte dies die Konsequenz, dass der Vermieter bei Abschluss der Eintrittsvereinbarung die Miete bis auf 20%/15% über der ortsüblichen Vergleichsmiete erhöhen müsste, um später keine Rechtsnachteile zu erleiden. Das kann auch nicht im Interesse des Mieters liegen. Anders sieht es dagegen aus, wenn die Mietvertragsparteien einvernehmlich vereinbaren, dass ein Mieter aus dem Mietvertrag ausscheidet. In diesem Fall besteht das Mietverhältnis mit mindestens einem Mieter unverändert fort. Hier beginnt keine neue Dreijahresfrist.

### 2. Betrag der Kappung

165 **a) Allgemeines.** Grundsätzlich ist zu der maßgeblichen Miete, die drei Jahre vor Wirksamwerden des Mieterhöhungsverlangens **geschuldet** wurde, die Kappungsgrenze hinzuzurechnen, um die maximal zulässige Miete zu ermitteln. Entscheidend ist dabei ausschließlich der Betrag, der rechtlich geschuldet wurde, nicht der Betrag, der tatsächlich – nur – gezahlt wurde. Hatte der Vermieter zB dem Mieter damals ein Mieterhöhungsverlangen zukommen lassen, auf Grund dessen gem. § 558b Abs. 2 BGB spätestens exakt drei Jahre vor Wirksamwerden der neuerlichen Mieterhöhung die damalige Mieterhöhung wirksam wurde, dann ist es egal, ob der Mieter zu diesem Zeitpunkt die erhöhte Miete auch tatsächlich gezahlt hat. Entscheidend ist allein, dass er entweder selbst einer Vertragsänderung zu diesem Termin zugestimmt hat oder seine Zustimmung durch Urteil ersetzt wurde. Also selbst wenn der Mieter auf Grund einer Zustimmungsklage erst Monate später rückwirkend zu einer Zustimmung zur Mieterhöhung zum maßgeblichen Zeitpunkt verurteilt wurde, ist der Berechnung der Kappungsgrenze die erhöhte Miete zu Grunde zu legen.[669] Dies gilt auch, wenn der Mieter sich in einem Vergleich verpflichtet hat, zu einem in der Vergangenheit liegenden Termin der Mieterhöhung zuzustimmen.[670] Hat der Vermieter aber bei fehlender Zustimmung durch den Mieter innerhalb der Klagefrist keine Zustimmungsklage erhoben, so hat sich die Miete nicht erhöht und nur die niedrigere Miete ist der Berechnung der Kappungsgrenze zu Grunde zu legen.

166 War die Miete vor drei Jahren auf Grund eines die Gebrauchstauglichkeit nicht unerheblich einschränkenden **Mangels** gemindert, so ist bei der Berechnung der Kappungsgrenze von der **ungeminderten Miete** auszugehen.[671] Strittig ist, ob dabei zwischen **behebbaren und nicht behebbaren Mängeln** zu differenzieren ist. Nach Ansicht des BGH[672] ist zwischen diesen beiden Mängeln nicht zu unterscheiden. Die Kappungsgrenze solle verhindern, dass die Mietsteigerung in Einzelfällen ein zu starkes Ausmaß annimmt. Sie diene dazu, einen zu raschen Anstieg solcher Mieten, die bislang erheblich unter der ortsüblichen Vergleichsmiete lagen, zum Schutz der betroffenen Mieter zu vermeiden. Nach Ansicht des Senats orientiert sich dieser gesetzliche Schutz aber gerade an der Miete, zu deren Begleichung sich der Mieter vertraglich verpflichtet habe. Diese anfängliche oder während des laufenden Mietverhältnisses vereinbarte Miete habe der Mieter durch eigene Entscheidung übernommen und für sich als wirtschaftlich tragfähig angesehen. Allein an dieser persönlichen Einschätzung sei sein Schutz vor einer finanziellen Überforderung im Rahmen der jeweiligen Mietsteigerung zu messen. Soweit es sich bei nicht behebbaren Mängeln regelmäßig um Flächenabweichungen handele, werde der Mieter durch die berichtigte Rspr. des Senats zu Flächenabweichungen im Mieterhöhungsverfahren[673] ausreichend geschützt. Diese **Auffassung überzeugt nicht.** Es gibt für den Zustimmungsanspruch des Vermieters gem. § 558 Abs. 1 BGB zwei verschiedene Säulen, nämlich die Höhe der ortsüblichen Vergleichsmiete und die Kappungsgrenze. Das eine ist eine rein objektive am Markt orientierte Grenze und das andere eine rein subjektive am konkreten Vertragsverhältnis orientierte Grenze. Der Hinweis des Senats auf den ausreichenden Schutz des Mieters durch die berechtigte Rspr. zur maßgeblichen Wohnfläche im Mieterhöhungsverfahren verknüpft aber gerade die objektive Grenze mit der subjektiven Seite. Dass der Schutz des Mieters von den objektiv falschen Angaben des Vermieters abhängig ist, überzeugt nicht. Der Mieter war mit dem vom Vermieter genannten Preis einverstanden, weil ihm eine bestimmte Leistung (Fläche) versprochen worden war. Diese Leistung kann der Vermieter aber bei einem nicht behebbaren Mangel nicht erbringen. Im Übrigen kann der Mieter sich in einem Mietvertrag auch zur Zahlung einer Miete verpflichten, die mietpreiswidrig ist, zB weil sie gegen die sog. Mietpreisbremse oder gegen

[669] Staudinger/*V. Emmerich* BGB § 558 Rn. 78.
[670] *AG Passau WuM 1988, 24.*
[671] BGH VIII ZR 33/18, NJW 2019, 2464 = NZM 2019, 536.
[672] BGH VIII ZR 33/18, NJW 2019, 2464 = NZM 2019, 536.
[673] BGH VIII ZR 266/14, NJW 2016, 239.

§ 5 WiStrG verstößt. Zwar müht sich der Senat, auf die grundsätzliche Wirksamkeit der Vereinbarung bei mangelhafter Mietsache hinzuweisen, aber bei nicht behebbaren Mängeln ist der Unterschied allenfalls gradueller Natur. Der BGH hat bei der Höhe der maximalen Mietsicherheit bei einer dauerhaft geminderten Miete anders entschieden.[674] Anders als BGH[675] meint geht es bei § 551 BGB bei dieser Fallgestaltung auch nicht um Vermieterschutz. Die Beschränkung der maximalen Höhe einer Mietsicherheit dient dem Mieterschutz und soll den Mieter vor finanzieller Überforderung im Zusammenhang mit allen Kosten eines Wohnungswechsels schützen. § 551 BGB und § 558 Abs. 3 BGB dienen also beide dem subjektiven Schutz des Mieters. Die Differenzierung zwischen einem Rückzahlungsanspruch bzgl. der anteiligen Mietkaution bei Flächenabweichungen und der Berechnung der Kappungsgrenze überzeugt deshalb nicht.

Maßgeblich ist jedoch nur die wirksam vereinbarte Miete. Verstieß die Mietabrede vor drei Jahren ganz oder teilweise gegen ein gesetzliches Verbot, so ist die **preisrechtlich zulässige Miete maßgeblich,** auch wenn der Mieter tatsächlich mehr gezahlt hat. Dies kann zB bei Mietvereinbarungen der Fall sein, die unter Verstoß gegen § 556g Abs. 1 BGB oder wegen eines Verstoßes gegen § 5 WiStG gem. § 134 BGB teilweise unwirksam sind oder die gegen Preisbindungsvorschriften verstoßen.[676] Darf der Vermieter sich lediglich wegen der unterlassenen oder nicht formgerechten Erfüllung der Obliegenheit gem. § 556g Abs. 1a BGB nur auf einen Teil der Mietzinsabrede nicht „berufen", so ist trotzdem die vereinbarte Miete für die Berechnung der Kappungsgrenze maßgeblich. Diese Miete ist ja materiell zulässig. Der Vermieter soll nur wegen des Obliegenheitsverstoßes bestraft werden. Dies geschieht dadurch, dass der Vermieter sich auf die Ausnahme nicht berufen darf. Eine weitergehende Folge hat der Verstoß aber nicht. In den Fällen, in denen die Parteien noch über die letzte Mieterhöhung streiten, muss der Vermieter nur die seiner Meinung nach richtige Ausgangsmiete[677] angeben, auch wenn diese sich später als falsch herausstellen sollte. Bestreitet der Mieter die Wirksamkeit der damaligen Mietvereinbarung so muss der Vermieter nach allgemeinen Regeln darlegen und beweisen, dass er von einer **richtigen Ausgangsmiete** ausgegangen ist. Allein die Tatsache, dass der Mieter ggf. auch über einen längeren Zeitraum die Miete, von der der Vermieter bei seiner Berechnung der Kappungsgrenze ausgegangen ist, gezahlt hat, führt weder zu einer Umkehrung der Beweislast noch zur Anwendung der Grundsätze des prima facie Beweises. Ebenso wie der Vermieter bei einer Zahlungsklage die Zulässigkeit der Miethöhevereinbarung darlegen und beweisen muss, so muss er dies auch dann, wenn er auf diese Miete aufbauend eine erhöhte Miete verlangt. Dafür spricht auch die Systematik des BGB, wonach der Vermieter vom Mieter nicht nur die Zustimmung zu einer Vertragsänderung in Höhe des Erhöhungsbetrages verlangen kann, sondern zu einer Vertragsanpassung hinsichtlich der Miete insgesamt. Dann hat der Vermieter auch die Darlegungs- und Beweislast bzgl. der preisrechtlichen Zulässigkeit aller Teile dieser einheitlichen Miete. Daran ändert die tatsächliche Zahlung durch den Mieter nichts. Nur im Fall der Rückforderung bereits gezahlter Miete muss der Mieter darlegen und beweisen, dass die Zahlung ohne Rechtsgrund erfolgte. **167**

Ist die Miete im Laufe der Dreijahresfrist mindestens einmal unter die Miete drei Jahre vor Wirksamwerden der neuerlichen Mieterhöhung gesunken, dann ist nicht die Miete drei Jahre vor Wirksamwerden der Mieterhöhung maßgeblich, sondern die **niedrigste Miete innerhalb des Dreijahreszeitraums.**[678] Es kommt nämlich nicht darauf an, dass die Steigerung der Miete genau zwischen den beiden zeitlichen Eckpunkten nicht mehr als 20% oder 15% beträgt, sondern dass innerhalb des Dreijahreszeitraums keine Steigerung von mehr als 15% oder 20% stattgefunden hat. Das ist aber auch dann der Fall, wenn die Miete an den beiden Eckpunkten hoch und nur in der Zwischenzeit niedriger war. Für diese Auslegung nach Sinn und Zweck der Regelung spricht auch der Wortlaut des § 558 Abs. 3 BGB. Danach heißt es jetzt nur noch, dass sich die *„Miete innerhalb von drei Jahren, …, nicht um mehr als 20% erhöhen"* darf. Der Wortlaut der Vorschrift stellt gerade nicht auf die Miete genau vor drei Jahren ab, sondern auf Steigerungen innerhalb von drei Jahren. **168**

Auch dabei bleiben **Mietminderungen** außer Betracht (→ Rn. 166). Dies gilt auch für Mietherabsetzungsvereinbarungen, die aus Anlass einer Gebrauchsbeeinträchtigung geschlossen wurden. **169**

---

[674] BGH VIII ZR 347/04, NJW 2005, 2773.
[675] BGH VIII ZR 266/14, NJW 2016, 239.
[676] LG Wuppertal WuM 1998, 290.
[677] KG NZM 1998, 107; LG Saarbrücken WuM 1997, 626.
[678] Kossmann/Meyer-Abich Wohnraummiete-HdB/*Meyer-Abich* § 147 Rn. 16; Staudinger/*V. Emmerich* BGB § 558 Rn. 78; **aA** AnwK WohnraumMietR/*Lammel* BGB § 558 Rn. 68.

Da Vereinbarungen zu Lasten des Mieters gem. § 536 Abs. 4 BGB in diesem Zusammenhang unwirksam sind, kann eine solche Vereinbarung entweder nur genau die gesetzliche Minderung festlegen oder für den Mieter günstiger sein. Wenn die Mietvertragsparteien mit der Vereinbarung vertraglich den Umfang der gesetzlichen Minderung vereinbaren wollen, ist deshalb kein Grund ersichtlich, diese Vereinbarung anders zu behandeln als die gesetzliche Mietminderung, bei der ja auch irgendwer eine Entscheidung treffen muss, wie hoch die Beeinträchtigung der Gebrauchstauglichkeit ist.

170 Anders ist die Rechtslage aber, wenn die Miete von den Parteien ohne gesetzliche Anspruchsgrundlage herabgesetzt wird. Haben die Parteien zB auf Grund einer **temporären Leistungsunfähigkeit** des Mieters vereinbart, dass der Mieter für eine bestimmte Zeit nur eine geringere Miete zu zahlen hat, ist diese Miete maßgeblich. Dies gilt aber nicht, wenn der Vermieter dem Mieter einen Teil der Miete **gestundet** hat. Nur wenn die Miete auf Grund einer vertraglichen Abrede herabgesetzt worden ist, ist diese niedrigere Miete maßgeblich. Denkbar ist auch eine Herabsetzung der Miete, weil der Mieter in größerem Umfang Modernisierungsarbeiten im Hause vornimmt, zB gleich bei Einzug. Nur wenn die Parteien iRd § 557 Abs. 1 BGB ausdrücklich etwas anderes vereinbart haben, gilt hier etwas Abweichendes.[679] Solange der Mieter keine **konkrete Gegenleistung als Surrogat** für die Miete erbringt, ist die niedrigere Miete für die Berechnung der Kappungsgrenze maßgeblich. Wegen § 557 Abs. 4 BGB können die Mietvertragsparteien auch hinsichtlich der Höhe der Ausgangsmiete oder der Berechnung der Kappungsgrenze keine abweichende Vereinbarung treffen. Möglich ist allenfalls, dass die Parteien eine höhere Miete vereinbaren, sich aber darüber einig sind, dass der Mieter einen Teil der Miete in Form einer Arbeitsleistung erbringt. Dies ist kein Verstoß gegen § 557 Abs. 4 BGB. Der Gesetzgeber ist auf Grund eines Vorschlages des Bundesrates[680] nämlich bei der Formulierung des § 557 Abs. 1 BGB der Auffassung gewesen, dass es Mieterhöhungen gibt, die nicht in Geld bestehen (→ BGB § 557 Rn. 37).

171 **b) Berechnung.** Die Berechnung der Kappungsgrenze ist unabhängig von der **jeweiligen Mietstruktur.** Die Kappungsgrenze von ist von der drei Jahre vor Wirksamwerden der aktuellen Mieterhöhung geschuldeten Miete zu berechnen. **Miete** ist dabei der vom Mieter gezahlte Betrag ohne Betriebskostenvorauszahlungen und Betriebskostenpauschalen gem. § 560 BGB. Auf den gesamten Restbetrag (Grundmiete) ist die Kappungsgrenze anzuwenden unabhängig davon, ob es sich um eine **Inklusiv-, Teilinklusiv- oder Nettomiete** handelte.[681] Das Gesetz knüpft an die Miete von vor drei Jahren an und nicht an eine fiktive Nettokaltmiete.[682] Das Gesetz geht iÜ selbst von der Bruttomiete als gesetzlichem Normalfall aus. Es gestattet in § 556 Abs. 1 BGB lediglich in bestimmten engen Grenzen die zusätzliche Abwälzung von Betriebskosten. Deshalb ist die Miete in der Struktur, die die Parteien vereinbart haben, die „Miete" iSd Gesetzes. Der Begriff „Miete" in § 558 BGB differenziert gerade nicht zwischen einer Netto- und einer (Teil-)Inklusivmiete.[683] Diese Mietstruktur wird idR auch zum Zeitpunkt der aktuellen Mieterhöhung noch existieren. Unerheblich ist dabei, ob der Vermieter eine fiktive Grundmiete errechnet hat, um zB mittels eines Nettomieten ausweisenden Mietspiegels eine Bruttomiete zu erhöhen. Allein durch diese Berechnungsart zur Herstellung der Vergleichbarkeit zwischen Vertragswohnung und Vergleichswohnung oder Mietspiegel ändert an der Berechnung der Kappungsgrenze nichts.[684]

172 Nur wenn sich die **Mietstruktur in den letzten drei Jahren geändert** hat, muss eine einheitliche Basis hergestellt werden. Haben die Mietvertragsparteien durch vertragliche Abrede die bisherige Inklusivmiete in eine Nettomiete zzgl. Betriebskostenvorauszahlung umgewandelt, ist zur Berechnung der Kappungsgrenze eine fiktive Nettomiete zum Stichtag vor drei Jahren zu ermit-

---

[679] LG Freiburg WuM 1989, 396.

[680] BR-Drs. 439/00 (Beschluss) = NZM 2001, 20, abgedr. bei AK Neues MietR/*Börstinghaus/Eisenschmid* S. 248.

[681] BGH VIII ZR 160/03, NZM 2004, 218; LG Berlin GE 2006, 391; LG Hannover WuM 1992, 136; 1987, 125; LG Hamburg WuM 1991, 593; LG Karlsruhe WuM 1985, 328; LG München I WuM 1985, 330; LG Hamburg WuM 1985, 306; AG Pinneberg ZMR 2004, 122; AG Münster WuM 1993, 198; AG Hagen WuM 1990, 555; AG Hannover WuM 1987, 125 (126); AG Hamburg WuM 1985, 329; Bub/Treier MietR-HdB/*Schultz* Kap. III A Rn. 1116ff.; Erman/*Dickersbach* BGB § 558 Rn. 35; Staudinger/*V. Emmerich* BGB § 558 *Rn. 81; AnwK WohnraumMietR/Lammel* BGB § 558 Rn. 73; *Schilling* WuM 1994, 447.

[682] AG Münster WuM 1993, 198; **aA** AG Charlottenburg WuM 1996, 278; AG Schwelm WuM 1989, 634.

[683] BGH VIII ZR 160/03, NZM 2004, 218.

[684] Staudinger/*V. Emmerich* BGB § 558 Rn. 81.

teln,[685] indem die konkreten Betriebskosten zum maßgeblichen Stichtag vor drei Jahren aus der Inklusivmiete herausgerechnet werden. Beruht die Miete von vor drei Jahren auf einer unwirksamen Staffelmietvereinbarung, dann ist sie dennoch der Berechnung der Kappungsgrenze zu Grunde zu legen, wenn der Mieter den erhöhten Betrag mehrfach gezahlt hat und hierdurch eine Mietabänderungsvereinbarung zustande gekommen ist.[686]

Genauso wenig werden irgendwelche **Zuschläge** aus der Miete von vor drei Jahren herausgerechnet. Dies gilt sowohl für Zuschläge für bestimmte zusätzliche Nutzungsmöglichkeiten wie zB Gartennutzung, Stellplatznutzung oder Garage, wenn es sich um einen einheitlichen Wohnraummietvertrag inkl. Garage handelt[687], wie auch für Zuschläge, die für eine über den vertragsgemäßen Gebrauch hinausgehende Nutzung gezahlt werden, wie zB den Untermietzuschlag[688] oder den Zuschlag für teilgewerbliche Nutzung. Es handelt sich lediglich um unselbständige Bestandteile einer einheitlichen Miete. Eine andere Frage ist, ob die Vereinbarung von solchen „Zuschlägen" innerhalb der Dreijahresfrist auf die Kappungsgrenze angerechnet wird. Dies ist regelmäßig nicht der Fall, da es sich um die Vergütung für eine Mehrleistung handelt (→ Rn. 158 ff.). Das Gleiche gilt iE für Mieterhöhungen nach § 559 BGB, wenn sie vor dem Stichtag vor drei Jahren wirksam geworden sind.[689] Die Mieterhöhung nach § 559 BGB auf Grund einer Modernisierung führt zu einer neuen einheitlichen Miete, so dass es keine Grundmiete und einen selbständigen Modernisierungszuschlag gibt, der in die Berechnung der Kappungsgrenze mit einzubeziehen ist,[690] sondern nur eine einheitliche Miete. 173

Eine Besonderheit gilt jedoch für die erste **Mieterhöhung nach einer Modernisierungsmaßnahme.** Hier hat der Vermieter ein Wahlrecht,[691] ob er aus Anlass der Modernisierung eine Mieterhöhung im vereinfachten Umlageverfahren vornimmt oder ob er die Modernisierung zum Anlass nimmt, eine Zustimmung zur ortsüblichen Vergleichsmiete für modernisierten Wohnraum zu verlangen. Unter dem Gesichtspunkt der Kappungsgrenze gem. § 558 Abs. 2 BGB sind die Wege deshalb unterschiedlich, weil für die Mieterhöhung nach § 559 BGB eine absolte Kappungsgrenze von 2 EUR bzw. 3 EUR gilt. Da die Kappungsgrenze eine **Schutzvorschrift** zugunsten der Mieter ist, kann der Vermieter sie auch nicht durch die Wahl eines anderen Erhöhungsverfahrens umgehen. Unzulässig ist deshalb eine Berechnung der Art, zunächst den Modernisierungszuschlag gem. § 559 BGB der Ausgangsmiete hinzuzurechnen und auf diesen erhöhten Betrag dann die jeweils gültige Kappungsgrenze anzuwenden. Auf der anderen Seite würde der Vermieter ohne nachvollziehbaren Grund schlechter gestellt, wenn bei einer einheitlichen Erhöhung nach § 558 BGB lediglich eine Mieterhöhung von 20%/15% auf die Ausgangsmiete zugelassen würde. Da dem Vermieter in diesem Fall nämlich untersagt ist, den Modernisierungszuschlag nach einer Mieterhöhung nach § 558 BGB nachzuholen, könnte er diese Schlechterstellung auch nicht mehr aufholen. Aus der gesetzlichen Ausgestaltung der beiden Erhöhungsverfahren lässt sich eine solche Benachteiligung nicht ableiten. Die im Zustimmungsverfahren geltende Kappungsgrenze wird durch § 558 Abs. 3 BGB selbst relativiert. Danach sind nämlich bei der Berechnung der Kappungsgrenze Mieterhöhungen nach den §§ 559, 560 BGB aus den letzten drei Jahren nicht zu berücksichtigen. Wenn aber bei bereits abgeschlossenen Mieterhöhungsverfahren nach den §§ 559, 560 BGB eine Anrechnung auf die Kappungsgrenze nicht erfolgt, dann sind überzeugende Gründe, warum dies bei einem einheitlichen Verfahren anders sein soll, nicht ersichtlich. Der Wortlaut des Gesetzes spricht vielmehr dafür, Modernisierungsmaßnahmen und daraus folgende Mieterhöhungen bei der Berechnung der Kappungsgrenze als Sonderfälle der Mieterhöhung völlig auszuklammern.[692] Im Ergebnis kann der Vermieter deshalb unabhängig vom gewählten Erhöhungsverfahren[693] allein unter dem Gesichtspunkt 174

---

[685] LG Kiel WuM 1985, 65; **aA** LG Berlin GE 2002, 1433 und die umfassenden Rechenbeispiele bei *Blümmel* GE 2002, 1374.
[686] LG Berlin GE 1998, 490.
[687] AG Waiblingen WuM 2016, 33.
[688] AG Hamburg WuM 1992, 257.
[689] LG Berlin NZM 1998, 509.
[690] IE ebenso jedoch von einem Zuschlag ausgehend AG Dortmund WuM 1984, 112.
[691] → BGB Vor § 558 Rn. 4 ff.; BGH VIII ZR 367/18, WuM 2021, 109; *Fleindl* NZM 2016, 65; *Paschke* GE 2013, 100.
[692] OLG Hamm NJW 1983, 289, NJW-RR 1993, 399; **aA** *Fleindl* NZM 2016, 65 (70); sowie PiG 99 (2015), 111 (120), der bereits den Rechtsscheid im Ausgangspunkt für falsch hält, aber insbes. seit der Verlagerung der wirtschaftlichen Härtegründe in das Erhöhungsverfahren gem. § 559 Abs. 4 BGB für nicht mehr vertreterbar hält.
[693] Dabei ist es unerheblich, ob die Mieterhöhung nach § 558 BGB unmittelbar nach der Baumaßnahme oder Jahre später erfolgt. So scheint aber *Sternel* MietR Kap. IV Rn. 148a Fn. 1 zu differenzieren. Entscheidend ist

der Kappungsgrenze eine Miete verlangen, die der Höhe nach der Ausgangsmiete zzgl. 20% (bzw. 15%) hiervon und zzgl. einer möglichen Modernisierungsmieterhöhung gem. § 559 BGB entspricht. Dies setzt aber voraus, dass die ortsübliche Vergleichsmiete für modernisierten Wohnraum tatsächlich auch so hoch ist.

**Beispiel:** Der Mieter zahlt am 1.6.2014 eine Miete von 228,48 EUR monatlich. 2017 lässt der Vermieter in der Mietwohnung, die bis dahin mit einem Kohleofen beheizt wurde, eine Gas-Etagenheizung installieren. Dies hätte eine Mieterhöhung gem. § 559 BGB von 91,67 EUR ermöglicht. Der Vermieter verlangt aber gem. § 558 BGB vom Mieter die Zustimmung zur Anhebung der Grundmiete auf die ortsübliche Vergleichsmiete nach dem verbesserten Standard für Wohnungen mit Sammelheizung und Bad von 365,85 EUR monatlich.

Zur Berechnung der Kappungsgrenze sind hier zur alten Miete von 228,48 EUR 20% (= 45,70 EUR) sowie der Modernisierungszuschlag von 91,67 EUR hinzuzurechnen, so dass die unter dem Gesichtspunkt der Kappungsgrenze maximal mögliche Miete von 365,85 EUR nicht überschritten wird, obwohl der reine Erhöhungsbetrag mit ca. 38% die Kappungsgrenze überschreitet.

175 **c) Keine Anrechenbarkeit.** Nicht angerechnet werden alle **Mieterhöhungen wegen Modernisierung** oder **Erhöhung von Betriebskosten** gem. §§ 559, 560 BGB. Das Gesetz spricht dabei davon, dass von diesen Mieterhöhungen abzusehen ist. Dabei geht es aber nur um Mieterhöhungen nach den §§ 559, 560 BGB, die während der Dreijahresfrist erfolgten.[694] Deshalb haben diese Mieterhöhungen je nach zeitlichem Ablauf durchaus noch Einfluss auf die Berechnung der Kappungsgrenze. Bei Mieterhöhungen gem. § 559 BGB, die während der Dreijahresfrist erfolgten, ist die Miete drei Jahre vor Wirksamwerden des Mieterhöhungsverlangens um 20% zu erhöhen und dann sind die während des Dreijahreszeitraums erfolgte Mieterhöhung gem. § 559 BGB hinzuzurechnen. Der so errechnete Betrag stellt die maximal mögliche Miete dar:

**Beispiel:** Die Miete betrug am 10.6.2015 5 EUR/m². An diesem Tag ging dem Mieter eine Mieterhöhung wegen Modernisierungsmaßnahmen gem. § 559 BGB um 2 EUR zu. Am 6.3.2018 geht dem Mieter ein Mieterhöhungsverlangen zu, wonach der Mieter ab 1.6.2018 9,10 EUR/m² zahlen soll. Die ortsübliche Vergleichsmiete beträgt 9,50 EUR/m².

Maßgebliche Ausgangsmiete ist die am Stichtag 1.6.2015 gezahlte Miete von 5 EUR. Zzgl. 20% würde die höchstmögliche Miete nur 6 EUR betragen. Da die Modernisierungserhöhung hier in den Dreijahreszeitraum fiel, wird sie ebenfalls noch zur Ausgangsmiete hinzugerechnet, so dass die maximale Miete hier 8 EUR/m² beträgt (5 EUR + 1 EUR + 2 EUR).

176 Anders ist es in den Fällen, in denen die Mieterhöhung nach § 559 BGB bereits **vor Beginn der Dreijahresfrist** wirksam wurde. In diesem Fall ist bereits die Ausgangsmiete höher,[695] so dass die Mieterhöhung nach § 559 BGB auch an der prozentualen Erhöhung durch die Kappungsgrenze teilnimmt.

**Beispiel:** Die Miete betrug am 10.1.2015 5 EUR/m². An diesem Tag ging dem Mieter eine Mieterhöhung wegen Modernisierungsmaßnahmen gem. § 559 BGB um 2 EUR zu. Am 6.3.2018 geht dem Mieter ein Mieterhöhungsverlangen zu, wonach er ab 1.6.2018 8,40 EUR/m² zahlen soll. Die ortsübliche Vergleichsmiete beträgt 8,50 EUR/m².

Auch hier ist die maßgebliche Ausgangsmiete die am Stichtag 1.6.2015 gezahlte Miete die aber schon 7 EUR/m² betrug. Zzgl. 20% ergibt dies einen Höchstbetrag von 8,40 EUR/m².

Obwohl hier jeweils die gleichen Beträge vereinbart bzw. gezahlt wurden, hat der abweichende zeitliche Ablauf nicht unerheblichen Einfluss auf die höchstmögliche Miete. Rechtsdogmatisch zu erklären ist dies damit, dass der Modernisierungszuschlag nach § 559 BGB ab Fälligkeit Teil der Miete wird und deshalb bei späteren Mieterhöhungen auf Grund § 558 BGB nicht mehr getrennt von der Miete in Ansatz zu bringen ist;[696] vernünftig oder nachvollziehbar ist diese Differenzierung nicht. So kann es in einem Haus bei gleichen Mieten, gleichen Modernisierungsmaßnahmen nur auf Grund zeitlicher Verschiebungen, die im Extremfall nur einen Tag betragen müssten, unterschiedliche Mieterhöhungsspielräume geben.

---

allein, dass wegen der konkreten Baumaßnahme noch keine Mieterhöhung gem. § 559 BGB stattgefunden hat und der modernisierte Zustand auch sonst keiner Mieterhöhung zu Grunde gelegt wurde.

[694] LG Berlin NZM 1998, 509; AG Dortmund WuM 1984, 112; Staudinger/*V. Emmerich* BGB § 558 Rn. 80.

[695] *LG Berlin NZM* 1998, 509; AG Dortmund WuM 1984, 112; AG Hagen WuM 1990, 555; Staudinger/*V. Emmerich* BGB § 558 Rn. 80.

[696] BGH VIII ZR 331/06, NZM 2008, 124 (teilweise aufgegeben durch BGH VIII ZR 355/18, NZM 2008, 124); LG München WuM 1996, 43; → BGB § 559b Rn. 47.

Ebenso werden auf die Kappungsgrenze **Mieterhöhungen wegen Betriebskostensteigerungen** gem. § 560 BGB, wenn sie innerhalb des Dreijahreszeitraums wirksam wurden, nicht angerechnet. Unter Mieterhöhungen nach § 560 BGB fallen: 177

- Veränderungen von Betriebskostenpauschalen gem. § 560 Abs. 1 BGB,
- Veränderungen von Betriebskostenvorauszahlungen gem. § 560 Abs. 4 BGB,
- Veränderungen von (Teil-)Inklusivmieten die vor dem 1.9.2001 vereinbart worden sind und bei denen die Parteien einen Erhöhungsvorbehalt im Mietvertrag vereinbart haben, Art. 229 § 3 Abs. 4 EGBGB.

**Mieterhöhungen gem. § 557 Abs. 1 BGB** auf Grund von Mietabänderungsvereinbarungen werden immer auf die Kappungsgrenze angerechnet. Dies gilt selbst dann, wenn sie **anlässlich von Modernisierungen,** die eigentlich zu einer Mieterhöhung nach § 559 BGB berechtigt hätten, erfolgten.[697] 178

**Beispiel:** Die Miete betrug am 10.6.2015 5 EUR/m². Der Vermieter führte Modernisierungsarbeiten durch. Vermieter und Mieter vereinbarten daraufhin, dass der Mieter eine um 2 EUR/m² höhere Miete ab 1.9.2015 zahlen sollte. Am 6.3.2018 geht dem Mieter ein Mieterhöhungsverlangen zu, wonach er ab 1.6.2018 9,10 EUR/m² zahlen soll. Die ortsübliche Vergleichsmiete beträgt 9,50 EUR/m².

Auch hier ist die maßgebliche Ausgangsmiete die am Stichtag 1.6.2015 gezahlte Miete von 5 EUR/m². Zzgl. 20% ergibt dies einen Höchstbetrag von 6 EUR/m². Dieser Erhöhungsspielraum ist durch die Mietabänderungsvereinbarung gem. § 557 BGB aber schon vollständig aufgezehrt, so dass eine weitere Mieterhöhung gem. § 558 BGB ausgeschlossen ist. Dabei ist es unerheblich, ob der Vermieter auf Grund der Modernisierungsmaßnahme die Miete gem. § 559 BGB um 2 EUR/m² oder mehr hätte erhöhen können. Der Vermieter hat die Möglichkeit, den Weg über § 559 BGB zu gehen mit der Folge, dass er die formellen und materiellen Voraussetzungen dieser Norm erfüllen muss, damit sich die Miete erhöht. Er kann auch den für ihn einfacheren Weg über eine Mietabänderungsvereinbarung gehen. Damit erspart er sich die Einhaltung der Formalien des § 559 BGB und die Risiken, die mit einem solchen Verfahren verbunden sind. Er erkauft sich diese Vorteile dadurch, dass die Mietsteigerung bei späteren Mieterhöhungen auf die Kappungsgrenze angerechnet wird. Die verschiedenen Erhöhungsmöglichkeiten sind strikt zu trennen, da es andernfalls zu systematischen Brüchen kommt.[698] Soweit der BGH[699] die Auffassung vertritt, dass auch eine **einvernehmliche Mieterhöhung nach Modernisierung** außer Ansatz bleiben müsste, weil sie der Höhe nach genau einer Mieterhöhung gem. § 559 BGB entsprach und die Parteien lediglich nicht den Weg über eine einseitige Mieterhöhung gem. § 559 BGB gewählt haben, entspricht dies weder dem Wortlaut der Vorschrift[700] noch der Gesetzessystematik.[701] Der Gesetzgeber hat ausdrücklich nur die einseitigen Mieterhöhungen, die letztendlich auf der Idee beruhen, dass der Vermieter Kosten im weitesten Sinn weitergibt, von der Anrechnungsverpflichtung auf die Kappungsgrenze ausgenommen. Mietabänderungsvereinbarungen sind Verträge. Hier spielen auch andere Überlegungen eine Rolle wie zB die Marktsituation aber auch die Frage, wie lange die Miete bisher schon unverändert geblieben ist. Der Vermieter kann uU eine Mieterhöhung durchsetzen, die nach § 559 BGB gar nicht möglich gewesen wäre, aber auch der Mieter kann uU erreichen, dass die Mieterhöhung zu einem späteren Zeitpunkt erst wirksam wird, oder nicht in der Höhe erfolgt, die der Vermieter sich vorgestellt hatte. Dass diese Vereinbarung aus Anlass einer Modernisierung erfolgte, ändert aber nichts daran, dass hier gerade nicht der einseitige Weg über § 559 BGB gewählt

---

[697] LG Potsdam NZM 2001, 1075; AG Nidda WuM 1994, 485; AG Köln WuM 1994, 216; AG Bühl WuM 1985, 329; *Artz* NZM 2004, 609; Bamberger/Roth/*Schüller* BGB § 558 Rn. 29; *Börstinghaus* LMK 2004, 137; **aA** BGH VIII ZR 185/03, NZM 2004, 456; OLG Hamm WuM 1993, 106; LG Berlin GE 2003, 1210 (1211), WuM 2003, 568 (569); LG Frankfurt a. M. ZMR 1997, 474; Bub/Treier MietR-HdB/*Schultz* Kap. III A Rn. 770, 1087; AnwK WohnraumMietR/*Lammel* BGB § 558 Rn. 69; Staudinger/*V. Emmerich* BGB § 558 Rn. 80 aber zumindest zweifelnd in →Rn. 13; Lützenkirchen MietR/*Dickersbach* BGB § 555f Rn. 24 und BGB § 558 Rn. 153.

[698] *Artz* NZM 2004, 609.

[699] BGH VIII ZR 185/03, NJW 2004, 2088; *Börstinghaus* LMK 2004, 137; NZM 2007, 897 (903) Bub/Treier MietR-HdB/*Schultz* Kap. III A Rn. 1122; **aA** auch *Artz* NZM 2004, 609; MüKoBGB/*Artz* § 558 Rn. 43; *Glause* WuM 2004, 708.

[700] AG Köln WuM 1994, 216; AG Nidda WuM 1994, 485; AG Bühl WuM 1985, 239; *Scholz* WuM 1995, 87 (93).

[701] *Artz* NZM 2004, 609; MüKoBGB/*Artz* § 558 Rn. 43.

wurde. Im Übrigen darf nicht übersehen werden, dass in dem der Entscheidung des BGH[702] zu Grunde liegenden Fall der Vermieter sehr wohl eine einseitige Mieterhöhung nach § 559 BGB vorgenommen hat und die Parteien sich dann über die Berechtigung der Forderung der Höhe nach geeinigt haben. Entscheidendes Abgrenzungskriterium kann deshalb nur die Frage sein, ob **nach dem äußeren Erscheinungsbild** eine Mieterhöhung einseitig vom Vermieter durchgesetzt werden sollte oder ob die Mietvertragsparteien von Anfang an tatsächlich eine Änderungsvereinbarung schließen wollten. Von erstem Fall kann man ausgehen, wenn der Mieter auf Grund eines unter Darlegung eines Erhöhungstatbestandes der §§ 559–560 BGB erstellten Erhöhungsverlangens die Mieterhöhung zahlt selbst wenn die Parteien anschließend darüber verhandeln und der Vermieter seine ursprünglichen Vorstellungen nicht ganz durchsetzen konnte.[703] Ein Indiz für eine Vereinbarung ist, wenn die Parteien zwar aus Anlass einer Modernisierung aber ohne eine einseitige Mieterhöhung in Verhandlungen über eine Mieterhöhung eintreten.

179 Ebenso werden auf die Kappungsgrenze Mietsteigerungen angerechnet, die sich daraus ergeben haben, dass die Parteien innerhalb des Dreijahreszeitraums einen **neuen Mietvertrag** über die Wohnung abgeschlossen haben. Dies kann zB aus Anlass eines Eigentümerwechsels erfolgt sein, aber auch aus sonstigen Gründen. Für diesen neuen Mietvertrag gilt zwar die Kappungsgrenze nicht (→ Rn. 152), die hierdurch verursachte Mietsteigerung wird aber auf die Kappungsgrenze für zukünftige Mieterhöhungen angerechnet. Dies ergibt sich bereits aus dem Wortlaut der Vorschrift, die nur auf Mieterhöhungen nach Abs. 1 Bezug nimmt. Insofern stellt das Gesetz nach dem eindeutigen Wortlaut nicht auf den aktuell bestehenden Vertrag ab, sondern äußerst formal auf die Miete, wie sie sich innerhalb eines Zeitraums von drei Jahren entwickelt hat. Ob diese Entwicklung durch einen Vertrag festgelegt wurde oder durch mehrere Verträge ist unerheblich. Nur diese Auslegung wird dem Sinn und Zweck des Gesetzes gerecht, eine mehr als 20%ige Mietsteigerung innerhalb von drei Jahren zu vermeiden.[704] Alle anderen Auslegungsversuche würden iE dem Gesetzessinn widersprechen und eine Umgehung der Kappungsgrenze bedeuten. Dies gilt auch für **Kettenmietverträge.** Soweit hier überhaupt Mieterhöhungen wegen eines wirksamen Erhöhungsvorbehalts möglich sind, da es sich um Zeitmietverträge handelt und soweit hier überhaupt Mieterhöhungen erfolgen, ist auf die Miete von vor drei Jahren abzustellen, obwohl diese rechtlich auf Grund eines anderen Vertrages geschuldet wird.

180 **d) Auslaufen der Preisbindung.** Keine Besonderheiten gelten nach dem **Auslaufen der Preisbindung.** Auch hier gilt die Kappungsgrenze (→ Rn. 150). Die Kappungsgrenze berechnet sich in diesem Fall nach der drei Jahre vor Wirksamwerden der aktuellen Mieterhöhung geschuldeten **Kostenmiete**[705] und nicht nach der zuletzt gezahlten Kostenmiete.[706] Dies ist auch verfassungsgemäß.[707] Dabei sind keine Betriebskostenanteile herauszurechnen, da die bisherige Kostenmiete in der Mietstruktur zum Zeitpunkt des Endes der Preisbindung die Miete im preisfreien Wohnungsbau darstellt und dort gerade keine Herausrechnung des Betriebskostenanteils erfolgt (→ Rn. 171).[708] Die während des Dreijahreszeitraums durchgeführte Erhöhung der Kostenmiete wird auf die Kappungsgrenze angerechnet.[709] Dies gilt vor allem für Mieterhöhungen wegen gestiegener Instandsetzungs- und Verwaltungskostenpauschalen.[710] Auch eine Erhöhung der Kostenmiete wegen Abbaus der Aufwendungszuschüsse löst für eine spätere Mieterhöhung nach Ende der Preisbindung die Sperrfrist aus.[711] Das Gleiche gilt für Mieterhöhungen wegen **gestiegener Kapitalkosten.** Solche Mieterhöhungen sind im preisfreien Wohnungsbau seit Abschaffung des § 5 MHG nicht mehr möglich. Der Gesetzgeber ist aber noch einen Schritt weitergegangen und hat auch den Ausschluss der Anrechnung solcher Mieterhöhungen auf die Kappungsgrenze in § 558 Abs. 3 BGB abgeschafft. Deshalb werden jetzt auch Mieterhöhungen wegen gestiegener

[702] BGH VIII ZR 185/03, NJW 2004, 2088; *Börstinghaus* LMK 2004, 137; abl. auch *Artz* NZM 2004, 609; *Glause* WuM 2004, 708.

[703] Weitergehend wohl BGH VIII ZR 185/03, NJW 2004, 2088.

[704] AG Gelsenkirchen WuM 1986, 343.

[705] LG Hamburg WuM 1996, 277; LG Köln WuM 1996, 276; LG Berlin NJW-RR 1996, 1415; AG Schöneberg GE 1989, 1059; AG Köln WuM 1985, 330; Staudinger/*V. Emmerich* BGB § 558 Rn. 70.

[706] So aber LG München WuM 1989, 634; AG Hamburg-Blankenese WuM 1993, 344.

[707] BVerfG WuM 1991, 575.

[708] **AA** AG Schwelm WuM 1989, 634.

[709] *AG Schöneberg GE 1995, 117.*

[710] LG Bonn WuM 1995, 113, für Jahressperrfrist; AG Tempelhof-Kreuzberg GE 1996, 59; **aA** LG München I WuM 1989, 634.

[711] LG Berlin MM 2002, 51.

Kapitalkosten, die während der Preisbindung erfolgten auf spätere Mieterhöhungen auf die ortsübliche Vergleichsmiete angerechnet.[712] Eine Analogie scheidet wegen einer fehlenden Gesetzeslücke ebenso aus wie eine verfassungskonforme erweiternde Auslegung.[713]

Soweit im preisgebundenen Wohnungsbau gem. § 4 Abs. 8 NMV bei Vereinbarung einer entsprechenden Klausel eine rückwirkende Mieterhöhung zB wegen planmäßigem Förderabbau möglich ist, stellt sich die Frage, ob die Kappungsgrenze nach der zum Zeitpunkt des Zugangs der damaligen Kostenmieterhöhung oder vom rückwirkenden Wirkungszeitpunkt der Kostenmieterhöhung gezahlten Miete berechnet wird. Im ersten Fall ist die Mieterhöhung stärker begrenzt als im zweiten. Die Kappungsgrenze berechnet sich auch in diesem Fall vom in der Vergangenheit liegenden **Wirkungszeitpunkt der Mieterhöhung** und nicht vom Zugang der Mieterhöhungserklärungen an.[714] Zwar wird die einseitige Mieterhöhung der Kostenmiete erst mit der Erklärung gem. § 10 WoBindG wirksam, jedoch genau wie bei einer späteren Verurteilung zur Zustimmung zu einer Mieterhöhung ab einem in der Vergangenheit liegenden Zeitpunkt, kommt es nur auf den Wirksamkeitszeitpunkt an. Die Miete war ja erhöht, aber die Zahlungsverpflichtung entstand erst mit der formalen ordnungsgemäßen Geltendmachung. **181**

Nicht angerechnet werden auf die Kappungsgrenze aber Mieterhöhungen während der Preisbindung, die den **Mieterhöhungen der §§ 559–560 BGB entsprechen.** Erhöhungen der Kostenmiete wegen gestiegener Betriebskosten und vor allem Mieterhöhungen wegen durchgeführter Modernisierungen[715] sind auf die Kappungsgrenze nicht anzuwenden. Das OLG Hamm[716] hat so bereits für die Geltung der Jahressperrfrist entschieden, das muss aber auch für die Anwendung der Kappungsgrenze gelten. Dies gilt umso mehr, als die §§ 559, 560 BGB Kostenmietgesichtspunkte ins Vergleichsmietensystem übertragen haben. Hat der Vermieter innerhalb des Dreijahreszeitraums die Kostenmiete auf Grund vergleichbarer Tatbestände erhöht, wie sie den §§ 559–560 BGB zu Grunde liegen, dann sind diese Mieterhöhungen zu der um 20% erhöhten Kostenmiete von vor drei Jahren hinzuzurechnen. Dies entspricht auch dem Sinn und Zweck der Ausnahmevorschrift, die lediglich abrupte allgemeine Mietsteigerungen verhindern, aber Mietsteigerungen, die ihre Ursache in konkreten Kosten haben, durchaus zulassen will. Die Tatsache, dass das Kostenmietsystem nach grds. anderen Gesichtspunkten als das eher am Markt orientierte Vergleichsmietensystem funktioniert und dem Vermieter ggf. sogar gestattet, eine über der ortsüblichen Vergleichsmiete liegende Miete zu verlangen, spielt an dieser Stelle keine Rolle, da auch die Mieterhöhungen nach §§ 559–560 BGB zu Mieterhöhungen über der ortsüblichen Vergleichsmiete führen können. **182**

**e) Herabsetzung.** Zwanzig Jahre nach Einführung der Kappungsgrenze hat der Gesetzgeber an diesem Instrument wieder eine Änderung vorgenommen. Sozusagen in allerletzter Minute wurde vom Rechtsausschuss des Deutschen Bundestages im Rahmen der Beratungen des Mietrechtsänderungsgesetzes[717] auch noch eine bis zu diesem Zeitpunkt nicht angesprochene Änderung des § 558 Abs. 3 BGB vorgeschlagen.[718] Am Tag vor der entscheidenden zweiten und dritten Lesung des Gesetzes im Bundestag hat der Rechtsausschuss beschlossen den Landesregierungen zu gestatten, in Gemeinden oder Gemeindeteilen, in denen die ausreichende Versorgung der Bevölkerung mit Mietwohnungen zu angemessenen Bedingungen besonders gefährdet ist, **die Kappungsgrenze auf 15 % herabzusetzen.** Hintergrund der Regelung sind die in einigen wenigen Regionen und Großstädten wieder stark steigenden Mieten. Dabei handelt es sich aber vor allem um die Neuvertragsmieten, die von der Vorschrift gerade nicht erfasst werden. Die Vorschrift gilt nur für Mieterhöhungen im Bestand. *Hinz*[719] hatte zuvor bei der Anhörung im Rechtsausschuss vorgeschlagen ähnlich der jetzt eingeführten Begrenzung der Wiedervermietungsmiete in den §§ 556d ff. BGB, die Länder zu ermächtigen, in bestimmten Regionen zu bestimmen, dass das Entgelt für Neu- oder Weiterver- **182a**

---

712 BGH VIII ZR 177/03, WuM 2004, 348; VIII ZR 178/03, WuM 2004, 345 *Börstinghaus* LMK 2004, 137.

713 BGH VIII ZR 177/03, WuM 2004, 348; VIII ZR 178/03, WuM 2004, 345.

714 BGH VIII ZR 177/03, WuM 2004, 348; VIII ZR 178/03, WuM 2004, 345 *Börstinghaus* LMK 2004, 137; **aA** AG Wedding MM 2000, 422; AnwK WohnraumMietR/*Lammel* BGB § 558 Rn. 24; zu einer unzulässigen Klausel s. BGH VIII ZR 233/08, NZM 2009, 511.

715 LG Wuppertal WuM 1999, 44.

716 OLG Hamm NJW-RR 1995, 1293.

717 BGBl. 2013 I 434.

718 BT-Drs. 17/11894.

719 *Hinz* NZM 2012, 777 (795).

mietungsmieten die ortsübliche Vergleichsmiete um nicht mehr als 10% übersteigen darf. Diesem Vorschlag ist der Rechtsausschuss damals nicht gefolgt und hat stattdessen die vorgeschlagene Ermächtigungsgrundlage und deren Tatbestandsvoraussetzungen für die Kappungsgrenze bei Bestandsmieterhöhungen aus dem Vorschlag übernommen. Voraussetzung für die Herabsetzung der Kappungsgrenze ist nach dem Wortlaut des § 558 Abs. 3 S. 2 BGB zum einen die nicht ausreichende Versorgung der Bevölkerung mit Wohnungen zu angemessenen Bedingungen und zusätzlich der **Erlass einer Rechtsverordnung** durch die jeweilige Landesregierung. Nach dem Wortlaut müssen also beide Voraussetzungen kumulativ zum Zeitpunkt des Zugangs des Erhöhungsverlangens vorliegen.[720] Es ist zweifelhaft, ob das gewollt war und ob das Gericht die Mangellage gesondert feststellen muss.[721]

**182b** In die Verordnung sind Gemeinden oder Gemeindeteile aufzunehmen, in denen die Versorgung der Bevölkerung mit Mietwohnungen zu angemessenen Bedingungen in einer Gemeinde oder einem Teil einer Gemeinde besonders gefährdet ist. Die Voraussetzungen entsprechen insofern den Ermächtigungsgrundlagen des § 577 a Abs. 2 BGB und Art. 6 § 1 S. 1 MRVerbG v. 4.11.1971[722] für Zweckentfremdungsverordnungen. Nach § 577 a BGB können die Landesregierungen die Kündigungssperrfrist innerhalb derer in Eigentumswohnungen umgewandelte Mietwohnungen vom Erwerber nicht gekündigt werden dürfen von drei auf bis zu zehn Jahre verlängern. Art. 6 § 1 MRVerbG gestattet den Landesregierungen, Gemeinden, in denen die Versorgung der Bevölkerung mit ausreichendem Wohnraum zu angemessenen Bedingungen besonders gefährdet ist, zu bestimmen. In diesen Gemeinden dürfen Wohnungen nicht zweckentfremdet werden. Soweit die Voraussetzungen für den Erlass der Verordnung aber nachträglich entfallen sind, gehen die Verwaltungsgerichte davon aus, dass die Verordnung nicht mehr gültig ist.[723] Dies spräche auch bei der herabgesetzten Kappungsgrenze für eine doppelte Prüfungskompetenz der Zivilgerichte im Zustimmungsprozess.[724] Obwohl die Definition der angespannten Wohnungsmärkte also schon seit Jahrzehnten im Gesetz existiert und an mindestens drei Stellen mehr oder weniger gleich ausgelegt wird, hat der Gesetzgeber jetzt im Unterkapitel 1 a über die Begrenzung der Wiedervermietungsmiete in § 556 d Abs. 2 BGB zwar den gleichen Begriff gebraucht, aber sehr viel restriktiver definiert. Das war eine Konsequenz auf die **ausufernde parteitaktische Aufnahme von Gemeinden** in die Verordnung gem. § 558 Abs. 3 BGB. Daraus kann gefolgert werden, dass der Bundesgesetzgeber die Umsetzung des § 558 Abs. 3 BGB durch die Länder so nicht beabsichtigt hatte.[725] Trotzdem ist der Kriterienkatalog des § 556 d Abs. 2 BGB bei der herabgesetzten Kappungsgrenze nicht zu berücksichtigen.[726] Deshalb besteht auch keine vollständige Identität zwischen den Gemeinden, in denen die Kappungsgrenze herabgesetzt ist und denen mit Beschränkung der Wiedervermietungsmiete.[727]

**182c** Voraussetzung für die Aufnahme in die Verordnung ist, dass eine **Gefährdung der Wohnungsversorgung zu angemessenen Bedingungen** (zu den Voraussetzungen → BGB § 577 a Rn. 19 a f.). Für die Ermächtigungsgrundlage des Art. 6 § 1 MRVerbG verlangt das BVerwG[728] einen Nachfrageüberhang für die ganze Gemeinde und nicht nur für einen Gemeindeteil. Die angespannte Wohnraumversorgung muss nur latent vorhanden sein.[729] Ob diese Voraussetzungen gegeben sind, entscheidet die jeweilige Landesregierung, der insofern ein weites Ermessen zuzubilligen ist.[730] Das gilt auch für die Entscheidung, ob die Kappungsgrenze herabgesetzt wird.[731] Der Gesetzgeber kann den Landesregierungen durchaus Gestaltungs-, Ermessens- und Beurteilungsspielräume einräumen,

---

[720] Staudinger/*V. Emmerich* BGB § 558 Rn. 84; nach LG Berlin WuM 2014, 554 hat auf Grund historischer Auslegung aber eine Prüfung des zweiten Tatbestandsmerkmal zu unterbleiben.

[721] *Derleder* WuM 2013, 717 (721); LG Berlin GE 2014, 1064.

[722] BGBl. 1971 I 1745.

[723] *Derleder* WuM 2013, 717 (719) unter Hinweis auf BVerwG NJW 1980, 1970.

[724] IErg ebenso LG Berlin WuM 2014, 554.

[725] Auch nach *Derleder* WuM 2013, 383 (387) sind bei der Aufnahme von Gemeinden in Kappungsgrenzensenkungsverordnungen „in vielen Fällen Zweifel berechtigt".

[726] Offen gelassen von BGH VIII ZR 217/14, BGHZ 207, 246 = NJW 2016, 476; die Verfassungsbeschwerde wurde nicht zur Entscheidung angenommen: BVerfG NZM 2016, 578 mAnm *Zehelein* NZM 2016, 666.

[727] *Happ* DWW 2016, 284 (289).

[728] BVerwGE 59, 172.

[729] BVerwG NJW 1983, 2893.

[730] *BVerfGE 38, 348; 49, 89; Staudinger/V. Emmerich* BGB § 558 Rn. 86; Bub/Treier MietR-HdB/*Schultz* Kap. III A Rn. 1103.

[731] BVerfG NZM 2016, 578; BGH VIII ZR 217/14, BGHZ 207, 246 = NJW 2016, 476; *Börstinghaus* jurisPR-BGHZivilR 2/2016 Anm. 3; *Börstinghaus* LMK 2016, 376055; *Blank* WuM 2016, 161.

die der Rechtskontrolle durch die Fachgerichte entzogen sind.[732] Insofern kann die Exekutive aufgrund sog. normativer Ermächtigung Entscheidungsbefugnisse haben.[733] Die Länder haben dabei einen weiten Beurteilungs- und Prognosespielraum.[734] Dazu muss zunächst einmal definiert werden, **woran man sich bei der Bestimmung von angespannten Wohnungsmärkten orientiert** und was **angemessene Bedingungen** iSd Vorschrift sind. § 556d BGB spricht ebenfalls von angespannten Wohnungsmärkten, die dann in § 556d Abs. 2 BGB ähnlich definiert werden, wie in § 558 Abs. 3 S. 3 BGB. Dort gibt es aber noch einen Kriterienkatalog (→ BGB § 556d Rn. 33). Der Begriff der angespannten Wohnungsmärkte ist dort aber enger als hier. Richtigerweise wird man hier wohl verlangen müssen, dass das Angebot an Wohnungen die Nachfrage spürbar übersteigt, damit von einer angemessenen Versorgung ausgehen kann. Im Rahmen des Tatbestandsmerkmals „geringes Angebot" iSd § 5 WiStG wurde ein Wohnungsüberhang von 3% verlangt.[735] Es spricht viel dafür, dass für jede Gemeinde im Einzelfall festgelegt werden muss, wo diese Grenze liegt. Maßgeblich ist dabei sicher, ob in der Gemeinde noch Zuzug erfolgt oder eher eine Abwanderung. Auch größere Modernisierungsvorhaben verlangen eher eine höhere **Leerstandsquote,** um ausreichend Ausweichquartiere zur Verfügung zu haben. Solche Daten müssen aber erhoben und bewertet werden. Problematisch ist, dass solche Daten regelmäßig nicht vorliegen. Die Zahlen des Zensus 2011 sind nur beschränkt verwertbar, da sie von der These ausgehen eine Wohnung = ein Haushalt. Die Anzahl der Nachfrager ist deshalb nicht bekannt und kann auch kaum ermittelt werden. Die Anzahl der Haushalte kann nicht größer als die Zahl der Wohnungen sein. Diese Werte besagen deshalb wohl nichts. Überdurchschnittliche Nachfragesteigerungen können allenfalls ein Kriterium für eine nicht ausreichende Versorgung der Bevölkerung darstellen. Das kann sogar bei gleichbleibender Bevölkerung aber kleiner werdenden Haushaltsgrößen der Fall sein. Deshalb kann Kriterium hier nur der Wohnungsüberschuss, also die Leerstandsquote sein. Wegen der für Umzüge und Sanierungen pp erforderlichen Fluktuationsreserve von 2–3% wird man wohl von einer entsprechenden Mindest-Leerstandsquote ausgehen müssen. Es reicht nämlich keine „einfache" Gefährdung der Bevölkerung, sondern es muss eine **„besondere Gefährdung"** der Versorgung der Bevölkerung vorliegen. Die erforderlichen Daten liegen, wenn überhaupt, allenfalls auf Gemeindeebene und nicht kleinteiliger auf Quartiersebene vor. Deshalb ist eine Beschränkung der Kappungsgrenze auf einzelne Stadtteile oder Quartiere kaum begründbar.

Schwieriger ist die Frage, was **angemessene Bedingungen** sind. In reichen Gemeinden in **182d**
Süddeutschland dürften dies andere Bedingungen seien als in ärmeren Städten Norddeutschlands oder des Ruhrgebiets. Hier hat die Politik sicher einen gewissen Beurteilungsspielraum, der nicht vollständig justiziabel ist. Maßstab kann hier nur das in der jeweiligen Region vorliegende Verhältnis des Haushaltsnettoeinkommens zur Mietbelastung sein. Nur auf diese Weise wird man den **unterschiedlichen Lebensverhältnissen** gerecht.

Es ist erforderlich, dass die Landesregierung zunächst eine **empirische Untersuchung** zur Ver- **182e**
sorgung der Bevölkerung mit Wohnungen zu angemessenen Bedingungen erstellt oder erstellen lässt, um eine solche Verordnung aufzustellen.[736] Zweifelhaft ist es, ob diese Voraussetzungen wirklich bei allen Gemeinden, die bisher in die Kappungsgrenzensenkungsverordnungen oder auch in Verordnungen gem. § 577a Abs. 2 BGB aufgenommen wurden, vorliegen. Insbesondere die unkritische Übernahme von Gemeinden aus Verordnungen gem. § 577a BGB, bei denen die Kündigungssperrfrist nur um ein bis zwei Jahre verlängert wurde, erscheint sehr fraglich. Eine Übernahme eins zu eins der Verordnungen zu § 577a Abs. 2 BGB scheidet auf jeden Fall aus. Der **Umwandlungsdruck** ist ein völlig anderer als die **Gefahr von Mieterhöhungen** über 15% in drei Jahren.

Die **Zivilgerichte** müssen bei entsprechendem Sachvortrag prüfen, ob die Voraussetzungen der **182f**
Ermächtigungsgrundlage vorlagen und ob die Gemeinde zu Recht in die Landesverordnung aufgenommen wurde.[737] Die **uneingeschränkte Prüfungspflicht** der Zivilgerichte folgt aus Art. 19

---

[732] *BVerfGE 15, 275 (282)*; 61, 82 (111); 84, 34 (53ff.); 88, 40 (56); 103, 142 (157); 113, 273 (310); 129, 1 (21f.).

[733] BVerfG NZM 2016, 578; BVerfGE 49, 89 (139f.); 61, 82 (114f.); BVerfGK 16, 418 (433).

[734] BGH VIII ZR 217/14, BGHZ 207, 246 = NJW 2016, 476, LG Berlin WuM 2014, 554.

[735] *Börstinghaus* Miethöhe-HdB Kap. 4 Rn. 24.

[736] Staudinger/*V. Emmerich* BGB § 558 Rn. 87; *Derleder* WuM 2013, 383 (387); **aA** Bub/Treier MietR-HdB/*Schultz* Kap. III A Rn. 1103; BGH VIII ZR 217/14, BGHZ 207, 246 = NJW 2016, 476; BayVerfGH NZM 2015, 778; LG München II DWW 2016, 258.

[737] BVerfG NZM 2016, 578; BGH VIII ZR 217/14, BGHZ 207, 246 = NJW 2016, 476; BayVerfGH NZM 2015, 778; LG München II DWW 2016, 258; LG Berlin WuM 2014, 554; Staudinger/*V. Emmerich* BGB § 558 Rn. 85; Lützenkirchen MietR/*Dickersbach* BGB § 558 Rn. 180.

Abs. 4 GG, der für den Rechtssuchenden nicht nur die bloße Anrufung eines Gerichts ermöglicht, sondern effektiven Rechtsschutz dadurch gewährleistet, dass er die Gerichte zu einer wirksamen Kontrolle in tatsächlicher und rechtlicher Hinsicht verpflichtet.[738] Die Zivilgerichte dürfen im Falle der Unwirksamkeit der Verordnung diese sogar **verwerfen.**[739] Nur dann, wenn die Zivilgerichte die Ermächtigungsgrundlage in § 558 Abs. 3 BGB für verfassungswidrig halten würden, müssten sie das Verfahren gem. Art. 100 GG dem BVerfG vorlegen. Davon zu unterscheiden ist die Frage des Prüfungsmaßstabs (→ Rn. 182 c). Ein **Normenkontrollverfahren** nach § 47 Abs. 1 Nr. 2 VwGO vor dem zuständigen Oberverwaltungsgericht ist nicht möglich. Die Oberverwaltungsgerichte sind nur im Rahmen ihrer Gerichtsbarkeit zuständig. Das setzt voraus, dass im Vollzug der RechtsVO Verwaltungsakte ergehen.[740] Das ist hier nicht der Fall, so dass es ausschließlich bei der Inzidenzkontrolle durch die ordentlichen Gerichte bleibt.[741]

182g Anders als bei der Verordnung gem. § 577 a Abs. 2 BGB hat die jeweilige Landesregierung bei einer Verordnung gem. § 558 Abs. 3 S. 3 BGB bei der Rechtsfolge **keine Rechtsetzungsbefugnis.** Bei der Verordnung nach § 577 a Abs. 2 BGB hat die Landesregierung ein Ermessen, auf welche Frist sie die Kündigungssperrfrist verlängert. Nur die Obergrenze von zehn Jahren darf nicht überschritten werden. Bei der Verordnung nach § 558 Abs. 3 BGB führt die Aufnahme einer Gemeinde in die Verordnung immer und ohne jede Einschränkung zu einer Absenkung der Kappungsgrenze von 20% auf 15%. Allenfalls die Laufzeit der Verordnung kann von der jeweiligen Landesregierung noch verändert werden. Die Höchstfrist beträgt fünf Jahre.

182h Zu den generellen **verfassungsrechtlichen Bedenken** → Rn. 148. Die Splittung der Kappungsgrenze führt dazu, dass deren Einhaltung in bestimmten Fällen im Mieterhöhungsverlangen jetzt wieder begründet werden muss[742] (→ BGB § 558 a Rn. 28).

182i Die herabgesetzte Kappungsgrenze gilt erst ab dem Augenblick, zu dem die jeweilige Landesregierung die entsprechende Verordnung erlassen hat. Die Ermächtigung hierzu trat am 1.5.2013 in Kraft. Gibt es eine Verordnung für die entsprechende Gemeinde kommt es auf den **Zeitpunkt des Zugangs** des Mieterhöhungsverlangens[743] nicht auf das Datum einer gerichtlichen Entscheidung[744] an oder den Wirkungszeitpunkt der Mieterhöhung an. Für vor Inkrafttreten der Verordnung zugegangene Verlangen gilt die Kappungsgrenze von 20%.[745] Dass einzelne Mieterhöhungen in der Vergangenheit vor Inkrafttreten der Verordnung erfolgten, ändert an der Kappungsgrenze nichts. Es handelt sich um keine Rückwirkung. Die damaligen Mieterhöhungen bleiben ja unverändert. Es geht um die Begrenzung der aktuellen Mieterhöhung. Daher liegt keine Rückwirkung vor. Demgegenüber liegt aber eine Rückwirkung dann vor, wenn die Verordnung selbst rückwirkend in Kraft gesetzt wird, wie dies zB in Brandenburg 2021 erfolgt ist.[746] Die VO ist am 10.3.2021 rückwirkend zum 1.1.2021 in Kraft getreten. An der unzulässigen Rückwirkung ändert die Ende 2021 erfolgte Veröffentlichung deren Entwurfs nichts.[747]

---

738 LG Berlin WuM 2014, 554.

739 BGH VIII ZR 217/14, BGHZ 207, 246 = NJW 2016, 476; IX ZB 96/03, NJW 2004, 94, für Insolvenzverwaltervergütungsverordnung; **aA** Bub/Treier MietR-HdB/*Schultz* Kap. III A Rn. 1104.

740 *Kopp/Schenke,* VwGO, 16. Aufl. 2009, VwGO § 47 Rn. 17 mwN; *Blankenagel/Schröder/Spoerr* NZM 2015, 1 Fn. 112.

741 Ausdrücklich offen gelassen BGH VIII ZR 217/14, BGHZ 207, 246 = NJW 2016, 476.

742 Angabe nicht erforderlich aber sinnvoll: Bub/Treier MietR-HdB/*Schultz* Kap. III A Rn. 1186.

743 LG Berlin WuM 2014, 554; LG München I NZM 2014, 159; AG Neukölln GE 2013, 1465 mAnm *Börstinghaus* jurisPR-MietR 4/2014 Anm. 4; *Artz/Börstinghaus* NZM 2013, 593; *Feuerlein* WuM 2013, 404; *Schach* GE 2013, 795; Bub/Treier MietR-HdB/*Schultz* Kap. III A Rn. 1105; Kossmann/Meyer-Abich Wohnraummiete-HdB/*Meyer-Abich* § 147 Rn. 3; **aA** *Bender/Schultzky* ZMR 2013, 589; offen gelassen von LG Berlin GE 2014, 255.

744 *So auch LG Berlin WuM 2014, 554.*

745 LG München I NZM 2014, 159.

746 GVBl vom 10.3.2021, I, Nr. 26.

747 GVBl vom 29.12.2020, I Nr. 51, S. 1352/3.

**Liste der Gemeinden, in denen die Kappungsgrenze auf 15 % herabgesetzt ist:**[748] 182j

| Gemeinde | Landkreis | Regierungsbezirk | Bundesland | Gültig bis |
|---|---|---|---|---|
| Alfter | Rhein-Sieg-Kreis | Köln | NRW | 30.06.2025 |
| Alling | Fürstenfeldbruck | Oberbayern | Bayern | 31.12.2021 |
| Andechs | Starnberg | Oberbayern | Bayern | 31.12.2021 |
| Anzing | Ebersberg | Oberbayern | Bayern | 31.12.2021 |
| Aschaffenburg | kreisfrei | Unterfranken | Bayern | 31.12.2021 |
| Aschheim | München | Oberbayern | Bayern | 31.12.2021 |
| Augsburg | kreisfrei | Schwaben | Bayern | 31.12.2021 |
| Backnang | Rems-Murr-Kreis | Stuttgart | Baden-Württemberg | 30.06.2025 |
| Bad Aibling | Rosenheim | Oberbayern | Bayern | 31.12.2021 |
| Bad Bellingen | Lörrach | Freiburg | Baden-Württemberg | 30.06.2025 |
| Bad Endorf | Rosenheim | Oberbayern | Bayern | 31.12.2021 |
| Bad Homburg vor der Höhe | Hochtaunuskreis | Darmstadt | Hessen | 25.11.2025 |
| Bad Honnef | Rhein-Sieg-Kreis | Köln | NRW | 30.06.2025 |
| Bad Krozingen | Breisgau-Hochschwarzwald | Freiburg | Baden-Württemberg | 30.06.2025 |
| Bad Soden am Taunus | Main-Taunus-Kreis | Darmstadt | Hessen | 25.11.2025 |
| Bad Tölz | Bad Tölz-Wolfratshausen | Oberbayern | Bayern | 31.12.2021 |
| Bad Vilbel | Wetteraukreis | Darmstadt | Hessen | 25.11.2025 |
| Bad Wörishofen | Unterallgäu | Schwaben | Bayern | 31.12.2021 |
| Badenweiler | Breisgau-Hochschwarzwald | Freiburg | Baden-Württemberg | 30.06.2025 |
| Baierbrunn | München | Oberbayern | Bayern | 31.12.2021 |
| Balgheim | Tuttlingen | Freiburg | Baden-Württemberg | 30.06.2025 |
| Baltrum | Aurich | n/v | Niedersachsen | 31.12.2025 |
| Bamberg | kreisfrei | Oberfranken | Bayern | 31.12.2021 |
| Bayreuth | kreisfrei | Oberfranken | Bayern | 31.12.2021 |
| Benediktbeuern | Bad Tölz-Wolfratshausen | Oberbayern | Bayern | 31.12.2021 |
| Berg | Starnberg | Oberbayern | Bayern | 31.12.2021 |
| Bergen | Traunstein | Oberbayern | Bayern | 31.12.2021 |
| Bergisch Gladbach | Rheinisch-Bergischer Kreis | Köln | NRW | 30.06.2025 |
| Bergkirchen | Dachau | Oberbayern | Bayern | 31.12.2021 |
| Bergtheim | Würzburg | Unterfranken | Bayern | 31.12.2021 |
| Berlin | kreisfrei | n/v | Berlin | 10.05.2023 |

748 Stand: 10.3.2021.

| Gemeinde | Landkreis | Regierungs-bezirk | Bundesland | Gültig bis |
|---|---|---|---|---|
| Biebesheim am Rhein | Groß-Gerau | Darmstadt | Hessen | 25.11.2025 |
| Bietigheim-Bissingen | Ludwigsburg | Stuttgart | Baden-Württemberg | 30.06.2025 |
| Birkenwerder | Oberhavel | n/v | Brandenburg | 31.12.2025 |
| Bischofsheim | Groß-Gerau | Darmstadt | Hessen | 25.11.2025 |
| Blankenfelde-Mahlow | Teltow-Fläming | n/v | Brandenburg | 31.12.2025 |
| Bodelshausen | Tübingen | Tübingen | Baden-Württemberg | 30.06.2025 |
| Bonn | kreisfrei | Köln | NRW | 30.06.2025 |
| Borkum | Leer | n/v | Niedersachsen | 31.12.2025 |
| Bornheim | Rhein-Sieg-Kreis | Köln | NRW | 30.06.2025 |
| Brannenburg | Rosenheim | Oberbayern | Bayern | 31.12.2021 |
| Braunschweig | kreisfrei | n/v | Niedersachsen | 31.12.2025 |
| Breisach am Rhein | Breisgau-Hoch-schwarzwald | Freiburg | Baden-Württemberg | 30.06.2025 |
| Bremen (ohne Bremerhaven) | kreisfrei | n/v | Bremen | 31.08.2024 |
| Bretten | Karlsruhe | Karlsruhe | Baden-Württemberg | 30.06.2025 |
| Brunnthal | München | Oberbayern | Bayern | 31.12.2021 |
| Bubsheim | Tuttlingen | Freiburg | Baden-Württemberg | 30.06.2025 |
| Buchholz in der Nordheide | Harburg | n/v | Niedersachsen | 31.12.2025 |
| Büsingen am Hochrhein | Konstanz | Freiburg | Baden-Württemberg | 30.06.2025 |
| Buxtehude | Stade | n/v | Niedersachsen | 31.12.2025 |
| Dachau | Dachau | Oberbayern | Bayern | 31.12.2021 |
| Darmstadt | kreisfrei | Darmstadt | Hessen | 25.11.2025 |
| Deggendorf | Deggendorf | Niederbayern | Bayern | 31.12.2021 |
| Denkendorf | Esslingen | Stuttgart | Baden-Württemberg | 30.06.2025 |
| Denzlingen | Emmendingen | Freiburg | Baden-Württemberg | 30.06.2025 |
| Dettingen an der Erms | Reutlingen | Tübingen | Baden-Württemberg | 30.06.2025 |
| Dießen am Ammersee | Landsberg am Lech | Oberbayern | Bayern | 31.12.2021 |
| Dietzenbach | Offenbach | Darmstadt | Hessen | 25.11.2025 |
| Dingolfing | Dingolfing-Landau | Niederbayern | Bayern | 31.12.2021 |
| Ditzingen | Ludwigsburg | Stuttgart | Baden-Württemberg | 30.06.2025 |
| Dreieich | Offenbach | Darmstadt | Hessen | 25.11.2025 |
| Dresden | kreisfrei | n/v | Sachsen | 30.06.2025 |
| Düsseldorf | kreisfrei | Düsseldorf | NRW | 30.06.2025 |

| Gemeinde | Landkreis | Regierungs-bezirk | Bundesland | Gültig bis |
|---|---|---|---|---|
| Ebersberg | Ebersberg | Oberbayern | Bayern | 31.12.2021 |
| Eching | Freising | Oberbayern | Bayern | 31.12.2021 |
| Egelsbach | Offenbach | Darmstadt | Hessen | 25.11.2025 |
| Eichenau | Fürstenfeldbruck | Oberbayern | Bayern | 31.12.2021 |
| Eichstetten am Kaiserstuhl | Breisgau-Hochschwarzwald | Freiburg | Baden-Württemberg | 30.06.2025 |
| Eichwalde | Dahme-Spreewald | n/v | Brandenburg | 31.12.2025 |
| Eigeltingen | Konstanz | Freiburg | Baden-Württemberg | 30.06.2025 |
| Eislingen/Fils | Göppingen | Stuttgart | Baden-Württemberg | 30.06.2025 |
| Elsendorf | Kelheim | Niederbayern | Bayern | 31.12.2021 |
| Eltville am Rhein | Rheingau-Taunus-Kreis | Darmstadt | Hessen | 25.11.2025 |
| Emmendingen | Emmendingen | Freiburg | Baden-Württemberg | 30.06.2025 |
| Emmering | Fürstenfeldbruck | Oberbayern | Bayern | 31.12.2021 |
| Eningen unter Achalm | Reutlingen | Tübingen | Baden-Württemberg | 30.06.2025 |
| Erding | Erding | Oberbayern | Bayern | 31.12.2021 |
| Erfurt | kreisfrei | n/v | Thüringen | 30.09.2024 |
| Ergolding | Landshut | Niederbayern | Bayern | 31.12.2021 |
| Erlangen | kreisfrei | Mittelfranken | Bayern | 31.12.2021 |
| Eschborn | Main-Taunus-Kreis | Darmstadt | Hessen | 25.11.2025 |
| Esslingen am Neckar | Esslingen | Stuttgart | Baden-Württemberg | 30.06.2025 |
| Ettlingen | Karlsruhe | Karlsruhe | Baden-Württemberg | 30.06.2025 |
| Fahrenzhausen | Freising | Oberbayern | Bayern | 31.12.2021 |
| Falkensee | Havelland | n/v | Brandenburg | 31.12.2025 |
| Feldafing | Starnberg | Oberbayern | Bayern | 31.12.2021 |
| Feldkirchen | München | Oberbayern | Bayern | 31.12.2021 |
| Feldkirchen-Westerham | Rosenheim | Oberbayern | Bayern | 31.12.2021 |
| Fellbach | Rems-Murr-Kreis | Stuttgart | Baden-Württemberg | 30.06.2025 |
| Feucht | Nürnberger Land | Mittelfranken | Bayern | 31.12.2021 |
| Filderstadt | Esslingen | Stuttgart | Baden-Württemberg | 30.06.2025 |
| Finsing | Erding | Oberbayern | Bayern | 31.12.2021 |
| Fischingen | Lörrach | Freiburg | Baden-Württemberg | 30.06.2025 |
| Flörsheim am Main | Main-Taunus-Kreis | Darmstadt | Hessen | 25.11.2025 |
| Forchheim | Forchheim | Oberfranken | Bayern | 31.12.2021 |

| Gemeinde | Landkreis | Regierungs-bezirk | Bundesland | Gültig bis |
|---|---|---|---|---|
| Forstinning | Ebersberg | Oberbayern | Bayern | 31.12.2021 |
| Frankfurt am Main | kreisfrei | Darmstadt | Hessen | 25.11.2025 |
| Freiburg im Breisgau | kreisfrei | Freiburg | Baden-Württemberg | 30.06.2025 |
| Freilassing | Berchtesgadener Land | Oberbayern | Bayern | 31.12.2021 |
| Freising | Freising | Oberbayern | Bayern | 31.12.2021 |
| Friedrichsdorf | Hochtaunuskreis | Darmstadt | Hessen | 25.11.2025 |
| Friedrichshafen | Bodenseekreis | Tübingen | Baden-Württemberg | 30.06.2025 |
| Fuldabrück | Kassel | Kassel | Hessen | 25.11.2025 |
| Fürstenfeldbruck | Fürstenfeldbruck | Oberbayern | Bayern | 31.12.2021 |
| Fürth | kreisfrei | Mittelfranken | Bayern | 31.12.2021 |
| Garching b. München | München | Oberbayern | Bayern | 31.12.2021 |
| Garmisch-Partenkirchen | Garmisch-Partenkirchen | Oberbayern | Bayern | 31.12.2021 |
| Gauting | Starnberg | Oberbayern | Bayern | 31.12.2021 |
| Geretsried | Bad Tölz-Wolfratshausen | Oberbayern | Bayern | 31.12.2021 |
| Germering | Fürstenfeldbruck | Oberbayern | Bayern | 31.12.2021 |
| Gerzen | Landshut | Niederbayern | Bayern | 31.12.2021 |
| Gilching | Starnberg | Oberbayern | Bayern | 31.12.2021 |
| Ginsheim-Gustavsburg | Groß-Gerau | Darmstadt | Hessen | 25.11.2025 |
| Glienicke/Nordbahn | Oberhavel | n/v | Brandenburg | 31.12.2025 |
| Gosen-Neu Zittau | Oder-Spree | n/v | Brandenburg | 31.12.2025 |
| Göttingen | Göttingen | n/v | Niedersachsen | 31.12.2025 |
| Gräfelfing | München | Oberbayern | Bayern | 31.12.2021 |
| Grafing b. München | Ebersberg | Oberbayern | Bayern | 31.12.2021 |
| Grasbrunn | München | Oberbayern | Bayern | 31.12.2021 |
| Greifswald | Vorpommern-Greifswald | n/v | Mecklenburg-Vorpommern | 30.09.2023 |
| Grenzach-Wyhlen | Lörrach | Freiburg | Baden-Württemberg | 30.06.2025 |
| Griesheim | Darmstadt-Dieburg | Darmstadt | Hessen | 25.11.2025 |
| Gröbenzell | Fürstenfeldbruck | Oberbayern | Bayern | 31.12.2021 |
| Großbeeren | Teltow-Fläming | n/v | Brandenburg | 31.12.2025 |
| Groß-Gerau | Groß-Gerau | Darmstadt | Hessen | 25.11.2025 |
| Groß-Zimmern | Darmstadt-Dieburg | Darmstadt | Hessen | 25.11.2025 |
| Grünwald | München | Oberbayern | Bayern | 31.12.2021 |
| Güglingen | Heilbronn | Stuttgart | Baden-Württemberg | 30.06.2025 |

| Gemeinde | Landkreis | Regierungs-bezirk | Bundesland | Gültig bis |
|---|---|---|---|---|
| Gundelfingen | Breisgau-Hoch-schwarzwald | Freiburg | Baden-Württemberg | 30.06.2025 |
| Haar | München | Oberbayern | Bayern | 31.12.2021 |
| Haimhausen | Dachau | Oberbayern | Bayern | 31.12.2021 |
| Hainburg | Offenbach | Darmstadt | Hessen | 25.11.2025 |
| Hallbergmoos | Freising | Oberbayern | Bayern | 31.12.2021 |
| Hamburg | kreisfrei | n/v | Hamburg | 31.08.2023 |
| Hannover | Region Hannover | n/v | Niedersachsen | 31.12.2025 |
| Hartheim am Rhein | Breisgau-Hoch-schwarzwald | Freiburg | Baden-Württemberg | 30.06.2025 |
| Hausham | Miesbach | Oberbayern | Bayern | 31.12.2021 |
| Hebertshausen | Dachau | Oberbayern | Bayern | 31.12.2021 |
| Heidelberg | kreisfrei | Karlsruhe | Baden-Württemberg | 30.06.2025 |
| Heilbronn | kreisfrei | Stuttgart | Baden-Württemberg | 30.06.2025 |
| Heimsheim | Enzkreis | Karlsruhe | Baden-Württemberg | 30.06.2025 |
| Hennef (Sieg) | Rhein-Sieg-Kreis | Köln | NRW | 30.06.2025 |
| Herrsching a. Ammersee | Starnberg | Oberbayern | Bayern | 31.12.2021 |
| Heusenstamm | Offenbach | Darmstadt | Hessen | 25.11.2025 |
| Hohen Neuendorf | Oberhavel | n/v | Brandenburg | 31.12.2025 |
| Hohenbrunn | München | Oberbayern | Bayern | 31.12.2021 |
| Höhenkirchen-Siegertsbrunn | München | Oberbayern | Bayern | 31.12.2021 |
| Holzkirchen | Miesbach | Oberbayern | Bayern | 31.12.2021 |
| Hopferau | Ostallgäu | Schwaben | Bayern | 31.12.2021 |
| Hoppegarten | Märkisch-Oderland | n/v | Brandenburg | 31.12.2025 |
| Ingolstadt | kreisfrei | Oberbayern | Bayern | 31.12.2021 |
| Inning a. Ammersee | Starnberg | Oberbayern | Bayern | 31.12.2021 |
| Ismaning | München | Oberbayern | Bayern | 31.12.2021 |
| Jena | kreisfrei | n/v | Thüringen | 31.12.2024 |
| Juist | Aurich | n/v | Niedersachsen | 31.12.2025 |
| Kandern | Lörrach | Freiburg | Baden-Württemberg | 30.06.2025 |
| Kappel-Grafenhausen | Ortenaukreis | Freiburg | Baden-Württemberg | 30.06.2025 |
| Karlsfeld | Dachau | Oberbayern | Bayern | 31.12.2021 |
| Karlsruhe | kreisfrei | Karlsruhe | Baden-Württemberg | 30.06.2025 |
| Kaufbeuren | kreisfrei | Schwaben | Bayern | 31.12.2021 |
| Kaufering | Landsberg am Lech | Oberbayern | Bayern | 31.12.2021 |

| Gemeinde | Landkreis | Regierungs-bezirk | Bundesland | Gültig bis |
|---|---|---|---|---|
| Kehl | Ortenaukreis | Freiburg | Baden-Württemberg | 30.06.2025 |
| Kelkheim (Taunus) | Main-Taunus-Kreis | Darmstadt | Hessen | 25.11.2025 |
| Kelsterbach | Groß-Gerau | Darmstadt | Hessen | 25.11.2025 |
| Kempten (Allgäu) | kreisfrei | Schwaben | Bayern | 31.12.2021 |
| Kernen im Remstal | Rems-Murr-Kreis | Stuttgart | Baden-Württemberg | 30.06.2025 |
| Kiedrich | Rheingau-Taunus-Kreis | Darmstadt | Hessen | 25.11.2025 |
| Kiefersfelden | Rosenheim | Oberbayern | Bayern | 31.12.2021 |
| Kirchdorf | Kelheim | Niederbayern | Bayern | 31.12.2021 |
| Kirchheim b. München | München | Oberbayern | Bayern | 31.12.2021 |
| Kirchheim unter Teck | Esslingen | Stuttgart | Baden-Württemberg | 30.06.2025 |
| Kirchseeon | Ebersberg | Oberbayern | Bayern | 31.12.2021 |
| Kirchzarten | Breisgau-Hoch-schwarzwald | Freiburg | Baden-Württemberg | 30.06.2025 |
| Kleinmachnow | Potsdam-Mittel-mark | n/v | Brandenburg | 31.12.2025 |
| Kleinrinderfeld | Würzburg | Unterfranken | Bayern | 31.12.2021 |
| Kolbermoor | Rosenheim | Oberbayern | Bayern | 31.12.2021 |
| Köln | kreisfrei | Köln | NRW | 30.06.2025 |
| Königswinter | Rhein-Sieg-Kreis | Köln | NRW | 30.06.2025 |
| Konstanz | Konstanz | Freiburg | Baden-Württemberg | 30.06.2025 |
| Kornwestheim | Ludwigsburg | Stuttgart | Baden-Württemberg | 30.06.2025 |
| Krailling | Starnberg | Oberbayern | Bayern | 31.12.2021 |
| Kriftel | Main-Taunus-Kreis | Darmstadt | Hessen | 25.11.2025 |
| Kürnach | Würzburg | Unterfranken | Bayern | 31.12.2021 |
| Laatzen | Region Hannover | n/v | Niedersachsen | 31.12.2025 |
| Lahr/Schwarzwald | Ortenaukreis | Freiburg | Baden-Württemberg | 30.06.2025 |
| Landau in der Pfalz | kreisfrei | n/v | Rheinland-Pfalz | 30.09.2024 |
| Landsberg am Lech | Landsberg am Lech | Oberbayern | Bayern | 31.12.2021 |
| Landshut | kreisfrei | Niederbayern | Bayern | 31.12.2021 |
| Langen (Hessen) | Offenbach | Darmstadt | Hessen | 25.11.2025 |
| Langenhagen | Region Hannover | n/v | Niedersachsen | 31.12.2025 |
| Langenselbold | Main-Kinzig-Kreis | Darmstadt | Hessen | 25.11.2025 |
| Langeoog | Wittmund | n/v | Niedersachsen | 31.12.2025 |
| Lauchringen | Waldshut | Freiburg | Baden-Württemberg | 30.06.2025 |

| Gemeinde | Landkreis | Regierungs-bezirk | Bundesland | Gültig bis |
|---|---|---|---|---|
| Leichlingen | Rheinisch-Bergischer Kreis | Köln | NRW | 30.06.2025 |
| Leinfelden-Echterdingen | Esslingen | Stuttgart | Baden-Württemberg | 30.06.2025 |
| Leipzig | kreisfrei | n/v | Sachsen | 30.06.2025 |
| Lenggries | Bad Tölz-Wolfratshausen | Oberbayern | Bayern | 31.12.2021 |
| Leonberg | Böblingen | Stuttgart | Baden-Württemberg | 30.06.2025 |
| Lindau (Bodensee) | Lindau (Bodensee) | Schwaben | Bayern | 31.12.2021 |
| Lörrach | Lörrach | Freiburg | Baden-Württemberg | 30.06.2025 |
| Ludwigsburg | Ludwigsburg | Stuttgart | Baden-Württemberg | 30.06.2025 |
| Lüneburg | Lüneburg | n/v | Niedersachsen | 31.12.2025 |
| Mainhausen | Offenbach | Darmstadt | Hessen | 25.11.2025 |
| Maintal | Main-Kinzig-Kreis | Darmstadt | Hessen | 25.11.2025 |
| Mainz | kreisfrei | n/v | Rheinland-Pfalz | 30.09.2024 |
| Maisach | Fürstenfeldbruck | Oberbayern | Bayern | 31.12.2021 |
| Manching | Pfaffenhofen a.d. Ilm | Oberbayern | Bayern | 31.12.2021 |
| Mannheim | kreisfrei | Karlsruhe | Baden-Württemberg | 30.06.2025 |
| Marburg | Marburg-Biedenkopf | Gießen | Hessen | 25.11.2025 |
| March | Breisgau-Hochschwarzwald | Freiburg | Baden-Württemberg | 30.06.2025 |
| Markt Indersdorf | Dachau | Oberbayern | Bayern | 31.12.2021 |
| Markt Schwaben | Ebersberg | Oberbayern | Bayern | 31.12.2021 |
| Meißenheim | Ortenaukreis | Freiburg | Baden-Württemberg | 30.06.2025 |
| Memmingen | kreisfrei | Schwaben | Bayern | 31.12.2021 |
| Merzhausen | Breisgau-Hochschwarzwald | Freiburg | Baden-Württemberg | 30.06.2025 |
| Miesbach | Miesbach | Oberbayern | Bayern | 31.12.2021 |
| Möglingen | Ludwigsburg | Stuttgart | Baden-Württemberg | 30.06.2025 |
| Moosburg a. d. Isar | Freising | Oberbayern | Bayern | 31.12.2021 |
| Mörfelden-Walldorf | Groß-Gerau | Darmstadt | Hessen | 25.11.2025 |
| Mühlenbecker Land | Oberhavel | n/v | Brandenburg | 31.12.2025 |
| Müllheim | Breisgau-Hochschwarzwald | Freiburg | Baden-Württemberg | 30.06.2025 |
| München | kreisfrei | Oberbayern | Bayern | 31.12.2021 |

| Gemeinde | Landkreis | Regierungs-bezirk | Bundesland | Gültig bis |
|---|---|---|---|---|
| Münster | kreisfrei | Münster | NRW | 30.06.2025 |
| Murnau a. Staffelsee | Garmisch-Partenkirchen | Oberbayern | Bayern | 31.12.2021 |
| Nassenfels | Eichstätt | Oberbayern | Bayern | 31.12.2021 |
| Nauheim | Groß-Gerau | Darmstadt | Hessen | 25.11.2025 |
| Neckarsulm | Heilbronn | Stuttgart | Baden-Württemberg | 30.06.2025 |
| Neu-Anspach | Hochtaunuskreis | Darmstadt | Hessen | 25.11.2025 |
| Neubiberg | München | Oberbayern | Bayern | 31.12.2021 |
| Neuburg a. d. Donau | Neuburg-Schrobenhausen | Oberbayern | Bayern | 31.12.2021 |
| Neuenburg am Rhein | Breisgau-Hochschwarzwald | Freiburg | Baden-Württemberg | 30.06.2025 |
| Neuenhagen bei Berlin | Märkisch-Oderland | n/v | Brandenburg | 31.12.2025 |
| Neufahrn b. Freising | Freising | Oberbayern | Bayern | 31.12.2021 |
| Neu-Isenburg | Offenbach | Darmstadt | Hessen | 25.11.2025 |
| Neuried | Esslingen | Stuttgart | Baden-Württemberg | 30.06.2025 |
| Neuried | München | Oberbayern | Bayern | 31.12.2021 |
| Neusäß | Augsburg | Schwaben | Bayern | 31.12.2021 |
| Neu-Ulm | Neu-Ulm | Schwaben | Bayern | 31.12.2021 |
| Nidderau | Main-Kinzig-Kreis | Darmstadt | Hessen | 25.11.2025 |
| Niederkassel | Rhein-Sieg-Kreis | Köln | NRW | 30.06.2025 |
| Norderney | Aurich | n/v | Niedersachsen | 31.12.2025 |
| Nürnberg | kreisfrei | Mittelfranken | Bayern | 31.12.2021 |
| Nürtingen | Esslingen | Stuttgart | Baden-Württemberg | 30.06.2025 |
| Oberammergau | Garmisch-Partenkirchen | Oberbayern | Bayern | 31.12.2021 |
| Oberhaching | München | Oberbayern | Bayern | 31.12.2021 |
| Oberschleißheim | München | Oberbayern | Bayern | 31.12.2021 |
| Obertshausen | Offenbach | Darmstadt | Hessen | 25.11.2025 |
| Odelzhausen | Dachau | Oberbayern | Bayern | 31.12.2021 |
| Offenbach am Main | kreisfrei | Darmstadt | Hessen | 25.11.2025 |
| Offenburg | Ortenaukreis | Freiburg | Baden-Württemberg | 30.06.2025 |
| Olching | Fürstenfeldbruck | Oberbayern | Bayern | 31.12.2021 |
| Oldenburg (Oldenburg) | kreisfrei | n/v | Niedersachsen | 31.12.2025 |
| Osnabrück | kreisfrei | n/v | Niedersachsen | 31.12.2025 |
| *Otterfing* | *Miesbach* | Oberbayern | Bayern | 31.12.2021 |
| Ottobrunn | München | Oberbayern | Bayern | 31.12.2021 |

| Gemeinde | Landkreis | Regierungs-bezirk | Bundesland | Gültig bis |
|---|---|---|---|---|
| Panketal | Barnim | n/v | Brandenburg | 31.12.2025 |
| Passau | kreisfrei | Niederbayern | Bayern | 31.12.2021 |
| Penzberg | Weilheim-Schongau | Oberbayern | Bayern | 31.12.2021 |
| Petershausen | Dachau | Oberbayern | Bayern | 31.12.2021 |
| Pfaffenhofen a. d. Ilm | Pfaffenhofen a.d. Ilm | Oberbayern | Bayern | 31.12.2021 |
| Pfungstadt | Darmstadt-Dieburg | Darmstadt | Hessen | 25.11.2025 |
| Planegg | München | Oberbayern | Bayern | 31.12.2021 |
| Pliening | Ebersberg | Oberbayern | Bayern | 31.12.2021 |
| Pliezhausen | Reutlingen | Tübingen | Baden-Württemberg | 30.06.2025 |
| Pöcking | Starnberg | Oberbayern | Bayern | 31.12.2021 |
| Poing | Ebersberg | Oberbayern | Bayern | 31.12.2021 |
| Potsdam | kreisfrei | n/v | Brandenburg | 31.12.2025 |
| Prien a. Chiemsee | Rosenheim | Oberbayern | Bayern | 31.12.2021 |
| Puchheim | Fürstenfeldbruck | Oberbayern | Bayern | 31.12.2021 |
| Pulheim | Rhein-Erft-Kreis | Köln | NRW | 30.06.2025 |
| Pullach i. Isartal | München | Oberbayern | Bayern | 31.12.2021 |
| Putzbrunn | München | Oberbayern | Bayern | 31.12.2021 |
| Radolfzell am Bodensee | Konstanz | Freiburg | Baden-Württemberg | 30.06.2025 |
| Raubling | Rosenheim | Oberbayern | Bayern | 31.12.2021 |
| Raunheim | Groß-Gerau | Darmstadt | Hessen | 25.11.2025 |
| Regensburg | kreisfrei | Oberpfalz | Bayern | 31.12.2021 |
| Reichenau | Konstanz | Freiburg | Baden-Württemberg | 30.06.2025 |
| Remseck am Neckar | Ludwigsburg | Stuttgart | Baden-Württemberg | 30.06.2025 |
| Reutlingen | Reutlingen | Tübingen | Baden-Württemberg | 30.06.2025 |
| Rheinfelden/Baden | Lörrach | Freiburg | Baden-Württemberg | 30.06.2025 |
| Riedering | Rosenheim | Oberbayern | Bayern | 31.12.2021 |
| Riegel am Kaiserstuhl | Emmendingen | Freiburg | Baden-Württemberg | 30.06.2025 |
| Rimsting | Rosenheim | Oberbayern | Bayern | 31.12.2021 |
| Röhrmoos | Dachau | Oberbayern | Bayern | 31.12.2021 |
| Rosbach vor der Höhe | Wetteraukreis | Darmstadt | Hessen | 25.11.2025 |
| Rosenheim | kreisfrei | Oberbayern | Bayern | 31.12.2021 |
| Rösrath | Rheinisch-Bergischer Kreis | Köln | NRW | 30.06.2025 |

| Gemeinde | Landkreis | Regierungs-bezirk | Bundesland | Gültig bis |
|---|---|---|---|---|
| Roßdorf | Darmstadt-Dieburg | Darmstadt | Hessen | 25.11.2025 |
| Rostock | kreisfrei | n/v | Mecklenburg-Vorpommern | 30.09.2023 |
| Rümmingen | Lörrach | Freiburg | Baden-Württemberg | 30.06.2025 |
| Rüsselsheim am Main | Groß-Gerau | Darmstadt | Hessen | 25.11.2025 |
| Sauerlach | München | Oberbayern | Bayern | 31.12.2021 |
| Schäftlarn | München | Oberbayern | Bayern | 31.12.2021 |
| Schallbach | Lörrach | Freiburg | Baden-Württemberg | 30.06.2025 |
| Schallstadt | Breisgau-Hochschwarzwald | Freiburg | Baden-Württemberg | 30.06.2025 |
| Schöneiche bei Berlin | Oder-Spree | n/v | Brandenburg | 31.12.2025 |
| Schöngeising | Fürstenfeldbruck | Oberbayern | Bayern | 31.12.2021 |
| Schulzendorf | Dahme-Spreewald | n/v | Brandenburg | 31.12.2025 |
| Schwabach | kreisfrei | Mittelfranken | Bayern | 31.12.2021 |
| Schwaig bei Nürnberg | Nürnberger Land | Mittelfranken | Bayern | 31.12.2021 |
| Schwalbach am Taunus | Main-Taunus-Kreis | Darmstadt | Hessen | 25.11.2025 |
| Seefeld | Starnberg | Oberbayern | Bayern | 31.12.2021 |
| Seehausen am Staffelsee | Garmisch-Partenkirchen | Oberbayern | Bayern | 31.12.2021 |
| Senden | Neu-Ulm | Schwaben | Bayern | 31.12.2021 |
| Siegburg | Rhein-Sieg-Kreis | Köln | NRW | 30.06.2025 |
| Sindelfingen | Böblingen | Stuttgart | Baden-Württemberg | 30.06.2025 |
| Singen/Hohentwiel | Konstanz | Freiburg | Baden-Württemberg | 30.06.2025 |
| Sonthofen | Oberallgäu | Schwaben | Bayern | 31.12.2021 |
| Spatzenhausen | Garmisch-Partenkirchen | Oberbayern | Bayern | 31.12.2021 |
| Speyer | kreisfrei | n/v | Rheinland-Pfalz | 30.09.2024 |
| Spiekeroog | Wittmund | n/v | Niedersachsen | 31.12.2025 |
| St. Blasien | Waldshut | Freiburg | Baden-Württemberg | 30.06.2025 |
| Stadtbergen | Augsburg | Schwaben | Bayern | 31.12.2021 |
| Stahnsdorf | Potsdam-Mittelmark | n/v | Brandenburg | 31.12.2025 |
| Starnberg | Starnberg | Oberbayern | Bayern | 31.12.2021 |
| Staufen im Breisgau | Breisgau-Hochschwarzwald | Freiburg | Baden-Württemberg | 30.06.2025 |
| *Stein* | *Fürth* | Mittelfranken | Bayern | 31.12.2021 |
| Steinbach (Taunus) | Hochtaunuskreis | Darmstadt | Hessen | 25.11.2025 |

| Gemeinde | Landkreis | Regierungs-bezirk | Bundesland | Gültig bis |
|---|---|---|---|---|
| Stephanskirchen | Rosenheim | Oberbayern | Bayern | 31.12.2021 |
| Straßlach-Dingharting | München | Oberbayern | Bayern | 31.12.2021 |
| Stuttgart | kreisfrei | Stuttgart | Baden-Württemberg | 30.06.2025 |
| Taufkirchen | München | Oberbayern | Bayern | 31.12.2021 |
| Telgte | Warendorf | Münster | NRW | 30.06.2025 |
| Teltow | Potsdam-Mittelmark | n/v | Brandenburg | 31.12.2025 |
| Traunreut | Traunstein | Oberbayern | Bayern | 31.12.2021 |
| Traunstein | Traunstein | Oberbayern | Bayern | 31.12.2021 |
| Trier | kreisfrei | n/v | Rheinland-Pfalz | 30.09.2024 |
| Tübingen | Tübingen | Tübingen | Baden-Württemberg | 30.06.2025 |
| Tutzing | Starnberg | Oberbayern | Bayern | 31.12.2021 |
| Überlingen | Bodenseekreis | Tübingen | Baden-Württemberg | 30.06.2025 |
| Uettingen | Würzburg | Unterfranken | Bayern | 31.12.2021 |
| Ulm | kreisfrei | Tübingen | Baden-Württemberg | 30.06.2025 |
| Umkirch | Breisgau-Hochschwarzwald | Freiburg | Baden-Württemberg | 30.06.2025 |
| Unterföhring | München | Oberbayern | Bayern | 31.12.2021 |
| Unterhaching | München | Oberbayern | Bayern | 31.12.2021 |
| Unterpleichfeld | Würzburg | Unterfranken | Bayern | 31.12.2021 |
| Unterschleißheim | München | Oberbayern | Bayern | 31.12.2021 |
| Usingen | Hochtaunuskreis | Darmstadt | Hessen | 25.11.2025 |
| Uttenreuth | Erlangen-Höchstadt | Mittelfranken | Bayern | 31.12.2021 |
| Vaterstetten | Ebersberg | Oberbayern | Bayern | 31.12.2021 |
| Vierkirchen | Dachau | Oberbayern | Bayern | 31.12.2021 |
| Viernheim | Bergstraße | Darmstadt | Hessen | 25.11.2025 |
| Wachtberg | Rhein-Sieg-Kreis | Köln | NRW | 30.06.2025 |
| Waiblingen | Rems-Murr-Kreis | Stuttgart | Baden-Württemberg | 30.06.2025 |
| Waldbrunn | Würzburg | Unterfranken | Bayern | 31.12.2021 |
| Waldkirch | Emmendingen | Freiburg | Baden-Württemberg | 30.06.2025 |
| Walluf | Rheingau-Taunus-Kreis | Darmstadt | Hessen | 25.11.2025 |
| Wangerooge | Friesland | n/v | Niedersachsen | 31.12.2025 |
| Wannweil | Reutlingen | Tübingen | Baden-Württemberg | 30.06.2025 |
| Weil am Rhein | Lörrach | Freiburg | Baden-Württemberg | 30.06.2025 |

| Gemeinde | Landkreis | Regierungs-bezirk | Bundesland | Gültig bis |
|---|---|---|---|---|
| Weilheim i. OB | Weilheim-Schon-gau | Oberbayern | Bayern | 31.12.2021 |
| Weingarten | Ravensburg | Tübingen | Baden-Württemberg | 30.06.2025 |
| Weinheim | Rhein-Neckar-Kreis | Karlsruhe | Baden-Württemberg | 30.06.2025 |
| Weinstadt | Rems-Murr-Kreis | Stuttgart | Baden-Württemberg | 30.06.2025 |
| Weiterstadt | Darmstadt-Dieburg | Darmstadt | Hessen | 25.11.2025 |
| Wendelstein | Roth | Mittelfranken | Bayern | 31.12.2021 |
| Wendlingen am Neckar | Esslingen | Stuttgart | Baden-Württemberg | 30.06.2025 |
| Wernau/Neckar | Esslingen | Stuttgart | Baden-Württemberg | 30.06.2025 |
| Wesseling | Rhein-Erft-Kreis | Köln | NRW | 30.06.2025 |
| Weßling | Starnberg | Oberbayern | Bayern | 31.12.2021 |
| Wiesbaden | kreisfrei | Darmstadt | Hessen | 25.11.2025 |
| Winnenden | Rems-Murr-Kreis | Stuttgart | Baden-Württemberg | 30.06.2025 |
| Wolfratshausen | Bad Tölz-Wolfrats-hausen | Oberbayern | Bayern | 31.12.2021 |
| Wolfsburg | kreisfrei | n/v | Niedersachsen | 31.12.2025 |
| Woltersdorf | Oder-Spree | n/v | Brandenburg | 31.12.2025 |
| Wörthsee | Starnberg | Oberbayern | Bayern | 31.12.2021 |
| Würzburg | kreisfrei | Unterfranken | Bayern | 31.12.2021 |
| Zorneding | Ebersberg | Oberbayern | Bayern | 31.12.2021 |

### 3. Ausnahme bei Wegfall der Fehlbelegungsabgabe (Abs. 4)

183 **a) Allgemeines.** Nach Abs. 4 ist die Kappungsgrenze nach Ende der Preisbindung dann nicht anzuwenden, wenn eine Verpflichtung des Mieters zur Ausgleichszahlung nach den Vorschriften über den **Abbau der Fehlsubventionierung im Wohnungswesen** wegen des Wegfalls der öffentlichen Bindung erloschen ist, soweit die Erhöhung den Betrag der zuletzt zu entrichtenden Ausgleichszahlung nicht übersteigt. Hierdurch sollte erreicht werden, dass die Belastung des Mieters mit Wohnkosten nach Ende der Mietpreisbindung wegen der Kappungsgrenze nicht sinkt, obwohl eine Miete in Höhe der ortsüblichen Vergleichsmiete für den Mieter wirtschaftlich keine größere Belastung bedeutet, als er vorher für Miete und **Fehlbelegungsabgabe** aufzuwenden hatte.[749] Ein Mieter, der die Einkommensgrenze für den öffentlich geförderten Wohnungsbau überschreitet, verliert zwar nicht die Berechtigung, die Wohnung zu nutzen, er muss jedoch eine Ausgleichsabgabe zahlen. Die Höhe der Ausgleichsabgabe ist zum einen abhängig von seinem Einkommen aber auch von der Höhe der Kostenmiete und der Höhe der ortsüblichen Vergleichsmiete. Der Mieter kann nämlich beantragen, dass die Fehlbelegungsabgabe im Beschränkungsverfahren nach den einzelnen Ländergesetzen soweit herabgesetzt wird, dass die Summe von Kostenmiete und Fehlbelegungsabgabe die ortsübliche Vergleichsmiete nicht überschreitet. Wenn nun für eine Wohnung die Preisbindung entfällt, dann entfällt auch die Verpflichtung zur Zahlung der Fehlbelegungsabgabe. Der Vermieter kann die Kostenmiete unter den Voraussetzungen des *§ 558 BGB bis zur ortsüblichen* Vergleichsmiete erhöhen. Beträgt der Abstand zwischen Kosten-

[749] *Börstinghaus* WuM 1994, 417.

miete und ortsüblicher Vergleichsmiete mehr als 20%/15% oder hat der Vermieter im maßgeblichen Dreijahreszeitraum schon Erhöhungen der Kostenmiete vorgenommen, die auf die Kappungsgrenze angerechnet werden, dann würde sich der Mieter nach Wegfall der Preisbindung letztendlich besserstehen, da seine Gesamtzahllast sinken würde. Nur wegen der Kappungsgrenze könnte der Vermieter die ansonsten mögliche Mietanpassung nicht in vollem Umfang vornehmen. Für diesen Fall sah der Gesetzgeber eine besondere Schutzbedürftigkeit des Mieters als nicht gegeben, zumal es sich um Mieter handelt, die die Einkommensgrenzen des geförderten Wohnungsbaus überschritten haben.

**b) Anwendbarkeit.** Die Vorschrift ist nicht auf **die erste Mieterhöhung** nach Mietpreisbindungsende beschränkt, sondern gilt solange, bis die gezahlte Miete die ehemalige Kostenmiete zzgl. Fehlbelegungsabgabe erreicht hat.[750] Bereits dem Gesetzeswortlaut ist an keiner Stelle zu entnehmen, dass die Regelung ausschließlich für die erste Mieterhöhung nach Wegfall der Sozialbindung gelten sollte. Die Vorschrift ordnet nur an, dass die Kappungsgrenze nicht gilt, wenn die dort aufgeführten Bedingungen vorliegen. Hiergegen sprechen auch Sinn und Zweck des Gesetzes. Eine andere Auslegung würde letztendlich darauf hinauslaufen, dass ein Vermieter mit der ersten Erhöhung immer die maximal mögliche Mieterhöhung ausschöpfen müsste, wenn er nicht seine Ansprüche verlieren will. Dieses entspricht aber weder dem grundsätzlichen Schutzzweck der Kappungsgrenze noch dem besonderen Willen des Gesetzgebers bei Schaffung dieser Ausnahmeregelung. Es ist auch kein sonstiger Grund ersichtlich, warum eine Beschränkung auf die erste Mieterhöhung erfolgen sollte. Unrichtig ist es in diesem Zusammenhang aber davon zu sprechen, dass eine Mieterhöhung, auf die die Vorschrift des § 558 Abs. 4 BGB Anwendung fand, bei der Berechnung künftiger Mieterhöhungen „nicht mitzählt".[751] Natürlich wird die Mieterhöhung bei künftigen Erhöhungen berücksichtigt, nur wenn der Vermieter mit der ersten Mieterhöhung den Rahmen des § 558 Abs. 4 BGB nicht ausgeschöpft hat, dann kann er dies in einem zweiten oder dritten Schritt tun. 184

Die Vorschrift hat also nur **Bedeutung** bei Mieterhöhungen, die zu Mietsteigerungen von mehr als 20% bzw. 15% in drei Jahren führen. Sie lässt die Kappungsgrenze auch nicht völlig entfallen, sondern nur „soweit" die Mieterhöhung die zuletzt entrichtete Ausgleichszahlung nicht übersteigt. Sie führt also zunächst zu einer zeitlichen Beschränkung, als dass nur auf die jetzt verlangte Zustimmung zu einer Mieterhöhung geschaut wird. Wenn diese Mieterhöhung die zuletzt gezahlte Ausgleichsabgabe nicht übersteigt, ist sie unter dem Gesichtspunkt der Kappungsgrenze begründet. Dabei ist unerheblich, ob im Dreijahreszeitraum weitere Mieterhöhungen stattgefunden haben, die auf die Kappungsgrenze angerechnet werden oder nicht. Der Dreijahreszeitraum ist dann wieder von Bedeutung, wenn die verlangte Erhöhung die zuletzt gezahlte Ausgleichsabgabe übersteigt. In diesem Fall ist entscheidend, ob die Miete in drei Jahren um mehr als 20% bzw. 15% steigen würde oder nicht. Übersteigt sie die 20%-Grenze nicht, dann ist das Mieterhöhungsverlangen unter dem Gesichtspunkt der Kappungsgrenze begründet, übersteigt sie diese Grenze, dann ist das Erhöhungsverlangen bis zur Höhe der zuletzt gezahlten Ausgleichsabgabe begründet, iÜ wird es gekappt.[752] Dies ergibt sich aus der Formulierung „soweit". 185

**c) Auskunft.** Da der Vermieter idR nicht über die erforderlichen Informationen verfügt, die er für die Beurteilung der Rechtsfrage benötigt, ob eine Kappungsgrenze gilt oder nicht und wenn ja bis zu welcher Höhe er die Miete erhöhen darf, gibt das Gesetz ihm gegen den Mieter einen **Auskunftsanspruch.**[753] Diesen Anspruch darf er frühestens vier Monate vor Wegfall der öffentlichen Bindung geltend machen. Der Mieter muss innerhalb eines Monats die Auskunft erteilen. 186

Die Auskunft ist eine **Wissenserklärung.**[754] Die Auskunft ist grds. in schriftlich verkörperter Form, die jedoch keine Schriftform iSd § 126 Abs. 1 BGB erfüllen muss, zu erteilen.[755] Der Mieter muss dem Vermieter die Höhe der zuletzt zu entrichtenden Fehlbelegungsabgabe, dh diejenige, die zum Zeitpunkt des Wegfalls der Sozialbindung zu zahlen war, mitteilen. Entscheidend ist allein der 187

---

750 AG Köln WuM 1996, 480; iE auch LG Berlin MM 1997, 359.

751 So aber LG Berlin MM 1997, 359.

752 Staudinger/*V. Emmerich* BGB § 558 Rn. 93.

753 Nach Staudinger/*V. Emmerich* handelt es sich bei der unnötig komplizierten Vorschrift um „ein Muster staatlicher Preisregulierung".

754 MüKoBGB/*Keller* § 260 Rn. 51.

755 BGH XII ZB 225/05, NJW 2008, 917; Erman/*Dickersbach* BGB § 558 Rn. 39; **aA** *Blank* WuM 1993, 506; Staudinger/*V. Emmerich* BGB § 558 Rn. 91, auch mündlich.

Zeitpunkt des Wegfalls der Preisbindung. Wäre die Verpflichtung zur Zahlung der Ausgleichsabgabe nach diesem Zeitpunkt entfallen, weil zB der Mieter ein erheblich niedrigeres Einkommen hat, dann ändert dies an der Kappungsgrenze nichts mehr. Dies gilt selbst dann, wenn dieser Umstand während der Zustimmungsklage eintritt. Maßgeblich ist die Ausgleichsabgabe, die zum **Zeitpunkt des Wegfalls der Preisbindung** tatsächlich „zu entrichten" war. Damit ist letztendlich der Betrag in der Höhe gemeint, der in rechtmäßiger Weise zu zahlen war. Probleme können auftauchen, soweit der Mieter auf Grund eines **angefochtenen Bescheids** zunächst eine höhere Ausgleichszahlung erbringen muss, da sein Widerspruch bzw. die ggf. erforderliche Anfechtungsklage keine aufschiebende Wirkung hat, und später eine niedrigere Zahlungsverpflichtung im Rechtsbehelfsverfahren festgestellt wird. Da in diesem Fall „zu entrichten" nur die niedrigere Abgabe war und der überschießende Teil lediglich auf Grund eines nicht rechtskräftigen Bescheids gezahlt wurde, ist hier nicht auf die zum Zeitpunkt der Auskunft vorläufig zu entrichtende höhere Abgabe abzustellen, sondern auf die Abgabe in richtiger Höhe.

188 Hier besteht die technische Schwierigkeit, dass zu dem Zeitpunkt des Auskunftsverlangens, diese Höhe gar nicht feststeht. Hier muss der Mieter zunächst die **tatsächlich gezahlte höhere Abgabe** angeben und zwar mit einem entsprechenden Hinweis auf das laufende Rechtsmittelverfahren. Der Vermieter ist im Anschluss daran berechtigt, vom Mieter die Zustimmung zu einer Mieterhöhung zu verlangen, die von der tatsächlich gezahlten Abgabe bei der Berechnung der Kappungsgrenze ausgeht. Wenn die übrigen Voraussetzungen gegeben sind, muss der Mieter seine Zustimmung erteilen. Nun kann er dies entweder unter der auflösenden Bedingung tun, dass die **Fehlbelegungsabgabe** in der der Mietberechnung zu Grunde liegenden Höhe **bestandskräftig** wird oder er erteilt die Zustimmung bedingungslos, macht aber einen entsprechenden Vorbehalt. Wenn sich dann herausstellt, dass die der Mietberechnung zu Grunde liegende Zahlung der Fehlbelegungsabgabe überhöht ist, da sie nachträglich herabgesetzt wurde, dann hat er einen Anspruch aus ungerechtfertigter Bereicherung. Der Vermieter ist dann nämlich rechtsgrundlos um die Zustimmung zur Mieterhöhung bzgl. des Anteils, zu dem der Mieter bei richtigem Ansatz der Fehlbelegungsabgabe nicht verpflichtet war, bereichert. Wenn sich während der Mieterhöhungsklage herausstellt, dass der Mieter eine geringere Fehlbelegungsabgabe auf Grund seines Rechtsbehelfs zu zahlen hat, dann muss der Vermieter den Rechtsstreit insofern für erledigt erklären. Zwar hat dann der Anspruch auf die – höhere – Zustimmung zur Mieterhöhung von Anfang an nicht bestanden, die Situation ist aber der in den § 543 Abs. 2 Nr. 3, § 569 Abs. 3 BGB vergleichbar, bei denen der ursprüngliche Kündigungsgrund wegen Zahlungsverzuges auch von Anfang an entfällt, wenn der Mieter innerhalb der Schonfrist zahlt. Auch dort geht die überwiegende Meinung von einem erledigenden Ereignis aus, welches die Klage nachträglich unbegründet macht.[756]

189 **d) Auskunftsverlangen.** Der Vermieter kann den Mieter erst nach Ablauf der einmonatigen Auskunftsfrist, also drei Monate vor Ablauf der Preisbindung **auf Auskunft verklagen.**[757] Eine frühere Klage kann allenfalls dann in Betracht kommen, wenn der Mieter bereits vorher seine generelle Auskunftspflicht verneint.

190 Der Auskunftsanspruch ist erfüllt und eine Klage unbegründet, wenn der Mieter die Auskunft erteilt hat. Dabei kann der Inhalt einer Auskunft auch darin bestehen, dass der Schuldner einen auskunftspflichtigen Tatbestand verneint,[758] also mitteilt, keine Fehlbelegungsabgabe zu zahlen. Der Anspruch ist erfüllt, wenn die Angaben des Schuldners nach seinem erklärten Willen die Auskunft im geschuldeten Gesamtumfang darstellen. Wird die Auskunft in dieser Form erteilt, steht ihre etwaige inhaltliche Unrichtigkeit einer Erfüllung nicht entgegen.[759] Hat der Vermieter lediglich Zweifel an der Richtigkeit der Auskunft, ist eine Auskunftsklage unbegründet. In Betracht kommt in diesem Fall allenfalls ein Anspruch auf Abgabe der eidesstattlichen Versicherung entsprechend § 260 Abs. 2 iVm § 261 BGB. Soweit § 259 Abs. 3 BGB in Fällen geringer Bedeutung diesen Anspruch ausschließt, ist dies wegen der weit in die Zukunft reichenden Folgen einer Mieterhöhung und den Folgen der Kappungsgrenze nicht einschlägig. Eine unrichtige Auskunft ist eine Pflichtverletzung iSd § 280 Abs. 1 S. 1 BGB, die einen Schadensersatzanspruch begründet[760], es sei denn, der Schuldner hat sie nicht zu vertreten. Der zu ersetzende Schaden kann insbes. darin liegen,

---

[756] LG Kassel NJW-RR 1987, 788.
[757] *Ein Muster* für eine solche Klage befindet sich bei MPFormB MietR/*Börstinghaus* Kap. B II Rn. 32.
[758] BGH BB 1969, 1014; Palandt/*Grüneberg* BGB § 260 Rn. 14.
[759] BGH III ZR 136/18, NJW 2021, 765.
[760] BGH III ZR 136/18, NJW 2021, 765; VIII ZR 251/69, BGHZ 55, 201, 205.

dass der Vermieter aufgrund der falschen Auskunft einen zu niedrigen Zustimmungsanspruch geltend macht.

Dem Vermieter steht kein Anspruch auf **Vorlage von Belegen,** insbes. einer Kopie des Bescheids über die Fehlbelegungsabgabe zu.[761] **Auskunft und Belegvorlage sind gesetzlich zwei verschiedene Dinge.** Soweit das Gesetz eine Verpflichtung zur Vorlage von Belegen anordnet, ist dies jeweils speziell zusätzlich zur Auskunftsverpflichtung angeordnet worden, zB in § 666 oder § 1605 Abs. 1 S. 2 BGB. Auch beim allgemeinen Auskunftsanspruch, der aus § 242 BGB hergeleitet wird, besteht keine Verpflichtung zur Vorlage von Belegen.[762] Hinzu kommt hier noch, dass sich aus dem Bescheid über die Verpflichtung zur Zahlung einer Fehlbelegungsabgabe auch noch andere Angaben, wie zB die Höhe des anrechenbaren Einkommens sowie die Anzahl der berücksichtigten Haushaltsangehörigen ermitteln lässt. Auf diese Informationen hat der Vermieter keinen Anspruch. Wenn in einem Auskunftsurteil trotzdem eine Belegvorlage tituliert wird, muss der konkrete Beleg genannt werden, da anderenfalls das Urteil nicht vollstreckbar ist.[763] 191

Die Auskunftsklage kann nicht in Form einer **Stufenklage gem. § 254 ZPO** verbunden mit der Zustimmungsklage nach § 558 BGB erhoben werden.[764] Hierfür spricht zwar ein gewisses Beschleunigungsinteresse, da bei einem Mieter, der schon die Auskunft nicht erteilt hat, die Lebenserfahrung dafürspricht, dass er auch die Zustimmung zur Mieterhöhung nicht erteilt. Diese Argumentation übersieht aber, dass das Mieterhöhungsverfahren ein formales Verfahren ist. Bevor eine Klage auf Zustimmung zur Mieterhöhung überhaupt zulässig ist, muss der Vermieter durch ein Mieterhöhungsverlangen, das gewisse Formalien einhalten muss, die Überlegungsfrist des Mieters in Gang setzen. Eine vor Ablauf der Frist erhobenen Klage ist unzulässig.[765] Dann ist aber auch eine Stufenklage unzulässig. 192

Der Vermieter ist bei fehlender Auskunft nicht berechtigt eine Mieterhöhung ohne Berücksichtigung der Kappungsgrenze oder unter Berücksichtigung der **höchst möglichen Ausgleichszahlung** vorzunehmen. Hierin wäre eine unzulässige Umkehrung der Darlegungs- und Beweislast zu sehen.[766] Das gilt auch, wenn er im Auskunftsverlangen darauf hingewiesen hat.[767]Im Mieterhöhungsverfahren muss der Vermieter die Tatsachen darlegen und ggf. beweisen, die ihm gegen den Mieter einen Anspruch auf Zustimmung zu einer Mieterhöhung geben. Hierzu zählt ua die Einhaltung der Kappungsgrenze. Wenn der Vermieter die Auffassung vertritt, dass die Kappungsgrenze wegen des Ausnahmetatbestandes des § 558 Abs. 4 BGB nicht eingehalten werden muss, dann muss der Vermieter diese Voraussetzungen auch darlegen und beweisen. Auch wenn der Mieter die Information hat, führt das nicht zu einer **Umkehrung der Beweislast.** Behauptungen ins Blaue hinein führen zu einem unzulässigen Ausforschungsbeweis. Auch aus Rechtschutzgesichtspunkten muss der Vermieter nicht geschützt werden. Der Gesetzgeber hat ihm einen Auskunftsanspruch zugesprochen, bei dessen Ausnutzung dem Vermieter keine Rechtsnachteile entstehen. Auch im Unterhaltsrecht kann der Unterhaltsberechtigte nicht von einem irgendwie geschätzten fiktiven Einkommen ausgehen und davon dann seinen Unterhalt berechnen, so dass dann der Unterhaltsverpflichtete im Verfahren sein tatsächliches Einkommen darlegen muss. Auch hier ist anerkannt, dass solche Behauptungen „ins Blaue hinein" nicht den Minimalanforderungen an einen schlüssigen Sachvortrag entsprechen.[768] Auf die Frage, ob in diesen Fällen ein Bestreiten mit Nichtwissen zulässig ist, obwohl es sich um Tatsachen handelt, die im eigenen Wahrnehmungsbereich liegen, § 138 Abs. 4 ZPO, kommt es deshalb gar nicht an, da man relationstechnisch bei fehlender Schlüssigkeit überhaupt nicht zur Erheblichkeitsprüfung kommt. Also selbst wenn der 193

---

761 Staudinger/*V. Emmerich* BGB § 558 Rn. 92.

762 BGH XI ZR 193/91, NJW-RR 1992, 1072.

763 BGH XII ZB 376/20, NJW-RR 2021, 451; XII ZB 116/19, NJW-RR 2019, 961; XII ZB 334/19, NJW-RR 2020, 1137.

764 Erman/*Dickersbach* BGB § 558 Rn. 40; Lützenkirchen MietR/*Dickersbach* BGB § 558 Rn. 162; **aA** AnwK WohnraumMietR/*Lammel* BGB § 558 Rn. 80.

765 KG WuM 1981, 54.

766 *Börstinghaus* WuM 1994, 417 (418); NZM 1999, 881 (887); *Sternel* MietR Kap. IV Rn. 158; *Kinne* ZMR 2001, 775 (779); Staudinger/*V. Emmerich* BGB § 558 Rn. 92; Bamberger/Roth/*Schüller* BGB § 558 Rn. 48; Bub/Treier MietR-HdB/*Schultz* Kap. III A Rn. 1112; **aA** LG Köln MDR 1998, 1282; Palandt/*Weidenkaff* BGB § 558 Rn. 23; Erman/*Dickersbach* BGB § 558 Rn. 39; Lützenkirchen MietR/*Dickersbach* BGB § 558 Rn. 160; offen gelassen von MüKoBGB/*Artz* § 558 Rn. 52, der die ablehnende Auffassung aber für „vorzugswürdig" hält.

767 Lützenkirchen MietR/*Dickersbach* BGB § 558 Rn. 160.

768 Ausf. OLG Hamm NJW-RR 1989, 516 mAnm *Otto* RPfleger 1989, 207.

Mieter eine Fehlbelegungsabgabe gezahlt hat, findet die ordentliche Kappungsgrenze des § 558 Abs. 3 BGB Anwendung, wenn der Vermieter den Mieter nicht auf Auskunft in Anspruch genommen hat.[769] Maßgeblich ist die Berechnung im Mieterhöhungsverlangen. Stellt sich im Verfahren heraus, dass der Vermieter unter dem Gesichtspunkt der Kappungsgrenze eine höhere Miete hätte verlangen dürfen, muss er ein neues Erhöhungsverlangen stellen. Eine schlichte Klageerhöhung ist unzulässig.

194 Der Vermieter kann deshalb bei fehlender Auskunft zunächst nur drei Monate vor Ablauf der Mietpreisbindung **Auskunftsklage** erheben und zwei Monate vor Ablauf der Mietpreisbindung dem Mieter ein Mieterhöhungsverlangen zukommen lassen.[770] Da idR zu diesem Zeitpunkt über die Auskunftsklage noch nicht entschieden ist, zumindest aber die Auskunft ggf. nach Zwangsvollstreckungsmaßnahmen gem. § 888 ZPO nicht vorliegen wird, kann der Vermieter die Mieterhöhung nur unter Beachtung der Kappungsgrenze verlangen. Dabei ist jedoch insbes. auf die Jahresfrist des § 558 Abs. 1 BGB zu achten. Ein vertraglicher bzw. gesetzlicher Anspruch nach dem BGB auf Zustimmung zu einer Mieterhöhung zu dem Zeitpunkt, zu dem eine Mieterhöhung bei rechtzeitiger Auskunft möglich gewesen wäre, besteht gerade nicht.

195 **e) Schadensersatz.** Entsteht dem Vermieter durch die verspätete, unvollständige oder falsche Auskunft ein Schaden der Art, dass er die gesetzlich mögliche Mieterhöhung nicht durchsetzen konnte, weil ihm die Informationen fehlten, muss der Mieter dem Vermieter den Schaden ersetzen.[771] Es handelt sich um einen **Schadensersatzanspruch** gem. §§ 241 Abs. 2, § 280 BGB, da die übrigen Rechtsinstitute nicht anwendbar sind.[772] Der Vermieter hat gegen den Mieter einen Anspruch dahin, so gestellt zu werden, als wenn der Mieter dem Vermieter rechtzeitig mitgeteilt hätte, in welcher Höhe er eine Fehlbelegungsabgabe zahlen musste. In diesem Fall hätte der Vermieter, wenn die ortsübliche Vergleichsmiete tatsächlich so hoch war, vom Mieter unmittelbar im Anschluss an das Ende der Sozialbindung die ortsübliche Vergleichsmiete ohne eine Beschränkung der Erhöhungsmöglichkeit durch die Kappungsgrenze verlangen können.[773] Nach dem auch hier geltenden Grundsatz der **Naturalrestitution** könnte man zunächst daran denken, dem Vermieter einen Zahlungsanspruch in Höhe der Differenz zwischen der seit Mietpreisbindungsende wegen der Kappungsgrenze gezahlten Miete und der unter Geltung des § 558 Abs. 4 BGB möglichen Miete zuzusprechen.[774] Dies wird idR jeweils nur für die Vergangenheit möglich sein. Da der Vermieter nach einem Jahr die Miete ggf. erneut erhöhen kann und die Ausnahmevorschrift des § 558 Abs. 4 BGB auch dann gilt, besteht die Möglichkeit, dass der Schaden dann ausgeglichen werden kann, wobei noch unberücksichtigt geblieben ist, dass für weitere Mieterhöhungen jetzt ggf. von einer niedrigeren Miete bei der Berechnung der Kappungsgrenze ausgegangen werden muss.[775] Nach hier vertretener Auffassung erscheint es einer **Naturalrestitution** am nächsten zu kommen, wenn der Vermieter vom Mieter die Zustimmung zu einer rückwirkenden Abänderung des Mietvertrages, nämlich ab dem Zeitpunkt des Mietpreisendes, verlangt. Hierbei handelt es sich gerade nicht um einen Anspruch auf Zustimmung nach § 558 BGB, sondern um einen **Schadensersatzanspruch.** Der Antrag muss auf Abgabe einer bestimmten Willenserklärung gerichtet sein. Dem Antrag stehen auch die Verfahrensvorschriften der §§ 558a ff. BGB nicht entgegen, da Mietabänderungsvereinbarungen nach der Vorschrift des § 557 Abs. 1 BGB rechtlich zulässig sind. Mit Abgabe einer solchen Zustimmung zu einer rückwirkenden Mieterhöhung bzw. mit der rechtskräftigen Verurteilung hierzu ist der Vermieter dann ein für alle Mal so gestellt, als wenn er nach ordentlicher Auskunft durch den Mieter die Miete zum ersten möglichen Zeitpunkt unter Berücksichtigung der Auskunft erhöht hätte. Zwar hat diese Auffassung zur Folge, dass der Vermieter zweimal klagen

---

[769] AG Charlottenburg MM 1995, 25.

[770] Die hierdurch mögliche Mieterhöhung unmittelbar im Anschluss an das Auslaufen der Mietpreisbindung entspricht stRspr. OLG Hamm NJW 1981, 234; KG NJW 1982, 2077; LG Hamburg WuM 1997, 562; LG Berlin GE 2003, 592, WuM 1996, 417; *Lützenkirchen* WuM 1995, 574; **aA** *Sternel* MietR Kap. IV Rn. 77.

[771] MüKoBGB/*Artz* § 558 Rn. 52; *Börstinghaus* WuM 1994, 417 (418); NZM 1999, 881 (887); *Kinne* ZMR 2001, 775 (779); Staudinger/*V. Emmerich* BGB § 558 Rn. 92; Bamberger/Roth/*Schüller* BGB § 558 Rn. 35; Erman/*Dickersbach* BGB § 558 Rn. 39; ohne Begr. dafür *Schilling,* Neues Mietrecht, 1993, 141; *Bub* NJW 1993, 2898; für Schadensersatz aus Verzug *Blank* WuM 1993, 506.

[772] *Börstinghaus* WuM 1994, 417 (420); Staudinger/*V. Emmerich* BGB § 558 Rn. 92.

[773] OLG Hamm NJW 1981, 234; KG NJW 1982, 2077; OLG Hamm WuM 1994, 455; LG Köln NJWE-MietR 1997, 267; LG Hamburg WuM 1997, 562; LG Berlin GE 2003, 592, WuM 1996, 417; *Lützenkirchen* WuM 1995, 574; **aA** *Sternel* MietR Kap. IV Rn. 77.

[774] So AnwK WohnraumMietR/*Lammel* BGB § 558 Rn. 81.

[775] Dies übersieht mE AnwK WohnraumMietR/*Lammel* BGB § 558 Rn. 81.

muss, nämlich zunächst auf Zustimmung und dann auf Zahlung, diese Situation entspricht aber der bei einer „normalen" Mieterhöhungsklage. Der Vorteil ist der, dass für alle Zeiten in der Zukunft der Zustand hergestellt wird, der bei pflichtgemäßem Verhalten des Mieters geherrscht hätte. Es gibt also keine Probleme mit der Berechnung von Kappungsgrenzen oder Jahresfristen.

**f) Ausgleichszahlungen.** Die Vorschrift ist durch das **Wohnraumförderungsgesetz (WoFG)** v. 13. 9. 2001[776] dahin geändert worden, dass Abs. 4 S. 1 jetzt entsprechend gilt, wenn die Verpflichtung zur Leistung einer **Ausgleichszahlung** nach den §§ 34–37 WoFG und den hierzu ergangenen landesrechtlichen Vorschriften wegen Wegfalls der Mietbindung erloschen ist. Dies gilt unmittelbar nur für seit dem 1. 1. 2002 nach neuem Recht neu geförderte Wohnungen. Für die nach altem Recht geförderten Wohnungen gilt grds. das AFWoG weiter. Die Länder haben aber die Möglichkeit gem. § 15 AFWoG auf die Vorschriften des neuen WoFG umzustellen. Für das Mietrecht ist es egal, ob der Mieter eine Fehlbelegungsabgabe nach dem AFWoG oder eine Ausgleichszahlung nach dem WoFG zahlen musste. Wenn die Zahlungspflicht wegen Auslaufens der Preisbindung entfallen ist, dann steht dem Mieter ein bisher für Wohnkosten aufgewandter Betrag zur Verfügung, der es rechtfertigen soll, die Kappungsgrenze nach oben zu überschreiten. 196

## IV. Rechtsfolgen bei Nichtbeachtung der Kappungsgrenze

Die Einhaltung der Kappungsgrenze ist eine **materielle Voraussetzung** für den Zustimmungsanspruch. Der Mieter ist nicht verpflichtet, einer Mieterhöhung, die über der maßgeblichen Kappungsgrenze des § 558 Abs. 3 oder Abs. 4 BGB liegt, zuzustimmen. Stimmt er trotzdem zu, hat die Kappungsgrenze keinerlei Auswirkungen auf diese Zustimmungserklärung. Die Kappungsgrenze ist **kein gesetzliches Verbot.** Zustimmungserklärungen, die zu Mieterhöhungen führen, die über der Kappungsgrenze oder der ortsüblichen Vergleichsmiete liegen, sind in voller Höhe wirksam, es sei denn sie verstoßen gegen andere Normen, insbes. § 5 WiStG. 197

Übersteigt die verlangte Miete die Kappungsgrenze, so wird der darüberhinausgehende Teil „gekappt". Dieser Teil hat keinerlei Wirkung. Weder muss der Mieter insofern zustimmen noch wirkt dieser Teil der Erklärung zu einem späteren Zeitpunkt. Eine Überschreitung der Kappungsgrenze macht das **Mieterhöhungsverlangen** grds. nicht formal unwirksam.[777] Bei der Kappungsgrenze handelt es sich um eine materielle Voraussetzung für den Zustimmungsanspruch. Der Fall ist deshalb genauso zu behandeln, wie die Angabe einer zu hohen ortsüblichen Vergleichsmiete im Erhöhungsverlangen. In beiden Fällen ist das Erhöhungsverlangen formal wirksam, der Zustimmungsanspruch besteht aber nur bis zur Höhe der maßgeblichen Kappungsgrenze. Eine Klage ist nicht als unzulässig, sondern als zT unbegründet wegen des überschießenden Teils abzuweisen. Eine falsche Berechnung der Kappungsgrenze hat deshalb auch keine Auswirkungen auf die Wirksamkeit des Erhöhungsverlangens.[778] Dies gilt auch dann, wenn der Vermieter eine falsche **Ausgangsmiete** zu Grunde legt, weil das vorangegangene Mieterhöhungsverlangen noch nicht rechtskräftig abgeschlossen ist.[779] 198

## V. Kappungsgrenze und Mieterhöhungsverlangen

Die Einhaltung der Kappungsgrenze muss im Mieterhöhungsverlangen nicht begründet werden.[780] Dies kann aber nicht aus dem Wortlaut des § 558a Abs. 1 BGB geschlossen werden. Das dortige **Begründungserfordernis** bezieht sich grds. auf alle Voraussetzungen des Mieterhöhungsverlangens und nicht nur auf die Höhe der ortsüblichen Vergleichsmiete. Vielmehr entfällt die Begründungspflicht deshalb, weil der Mieter grds. die für die Berechnung der Kappungsgrenze erforderlichen Angaben kennt. Nach Sinn und Zweck des Begründungserfordernisses ist deshalb eine Begründung der Einhaltung der Kappungsgrenze nicht erforderlich. Sie bezweckt, dem Mieter die Möglichkeit zu geben, die Berechtigung des Mieterhöhungsverlangens zu überprüfen. Die 199

[776] BGBl. I 2376.

[777] OLG Celle NJW-RR 1996, 331; LG Bonn WuM 1985, 311; *Sternel* MietR Kap. III Rn. 630; **aA** LG Augsburg ZMR 1997, 425.

[778] LG Bonn WuM 1985, 311; Staudinger/*V. Emmerich* BGB § 558 Rn. 94.

[779] KG NZM 1998, 107; LG Saarbrücken WuM 1997, 626; AG Schöneberg GE 1990, 1095.

[780] BayObLG NJW-RR 1988, 2721; LG Berlin GE 2002, 331; Sternel MietR Kap. IV Rn. 98; Bub/Treier MietR-HdB/*Schultz* Kap. III A Rn. 1132.

Begründung muss deshalb umso ausführlicher sein, je weniger Informationen der Mieter selbst hat. Dies gilt zumindest dann, wenn die Mietsteigerung nicht mehr als 15% in drei Jahren beträgt. Das ist auf jeden Fall zulässig. Problematisch ist, ob nach Wiedereinführung einer gesplitteten Kappungsgrenze der Vermieter nunmehr begründen muss, warum im konkreten Fall auch eine **Mieterhöhung von mehr als 15–20%** in drei Jahren möglich ist. Da der Vermieter sich vor Abfassung des Mieterhöhungsverlangens mit der örtlich geltenden Kappungsgrenze beschäftigen muss, ist es ihm auch möglich mitzuteilen, dass die Gemeinde, in der die Wohnung liegt von der Landesregierung nicht in eine entsprechende Verordnung aufgenommen wurde. Auf jeden Fall begründet werden muss die Einhaltung der Kappungsgrenze bei Erhöhungen über 15% in drei Jahren in Gemeinden, in denen nur in **einigen Stadtteilen** die herabgesetzte Kappungsgrenze gilt. Zum Begründungszwang bei Mieterhöhungen von **mehr als 20%** in drei Jahren gem. § 558 Abs. 4 BGB → BGB § 558a Rn. 28.

## F. Die Anrechnung von Drittmitteln gem. Abs. 5

### I. Allgemeines

200 Gemäß § 558 Abs. 5 BGB sind vom Jahresbetrag, der sich nach einer Erhöhung der ortsüblichen Vergleichsmiete ergäbe, Drittmittel iSd § 559a BGB abzuziehen.[781] Durch diese Regelung soll erreicht werden, dass bei der Erhöhung auf die ortsübliche Vergleichsmiete nach § 558 BGB Leistungen aus öffentlichen Haushalten aber auch solche des Mieters, die zur Modernisierung der Wohnung erbracht wurden, **in jedem Fall[782] dem Mieter zugutekommen.**[783] Dies hat der Gesetzgeber zunächst durch die Regelungen in § 559a BGB für Mieterhöhungen nach Modernisierungen getan. Der Gesetzgeber wollte mit der Regelung in § 558 Abs. 5 BGB verhindern, dass der Vermieter die Kürzungsverpflichtung des Mieterhöhungsbetrages umgeht. Der Vermieter, der in der Mietwohnung Modernisierungsmaßnahmen iSd § 559 BGB durchgeführt hat, kann nämlich grds. dabei zwischen mindestens vier Wegen wählen (→ BGB Vor § 558 Rn. 4ff.):

#### 1. Vereinfachtes Umlageverfahren nach § 559 BGB

201 Zunächst kann der Vermieter **ausschließlich** eine Mieterhöhung im vereinfachten Umlageverfahren **nach § 559 BGB** geltend machen. Eine Zustimmung des Mieters ist nicht erforderlich. Es gilt keine Kappungsgrenze[784] oder Wartefrist. Die nach der Erhöhung geschuldete Miete ist die neue einheitliche Miete, die in der Zukunft nur unter den Voraussetzungen der §§ 558–560 BGB erhöht werden kann. Falls die Vergleichsmiete gestiegen ist, kann der Vermieter daneben in einem gesonderten Verfahren nach § 558 BGB die Zustimmung des Mieters zur Mieterhöhung auf der Basis für vergleichbaren nicht modernisierten Wohnraum verlangen.[785]

#### 2. Vorgehen nach § 558 BGB

202 Der Vermieter kann auch **ausschließlich nach § 558 BGB** vorgehen und die Modernisierung der Wohnung dergestalt mit in das Zustimmungsverfahren einbeziehen, dass er die Anhebung der Miete auf die Vergleichsmiete nach dem Standard der durch die Modernisierung verbesserten Wohnung verlangt. In diesem Fall ist die Zustimmung des Mieters erforderlich. Mit einer weiteren Erhöhung nach § 559 BGB wegen derselben Modernisierungsmaßnahme ist der Vermieter dann allerdings ausgeschlossen.[786]

203 Damit aber die mittelbare oder unmittelbare **staatliche Förderung** dem Mieter unabhängig von dem Weg, den der Vermieter gewählt hat, zugutekommt, ordnet § 558 Abs. 5 BGB die

[781] Ausf. *Kunze/Tietzsch* WuM 2003, 423; WuM 1997, 308 (309); *Beuermann* GE 1996, 1514; *Maciejewski* MM 1998, 97; *Börstinghaus* MDR 1998, 933.

[782] Eine Ausnahme gilt jedoch bei Mieterhöhungen im vereinfachten Verfahren gem. § 559c BGB (→ BGB § 559c Rn. 14).

[783] So die Begr. des Bundesrates zur Anrufung des Vermittlungsausschusses BT-Drs. 8/1861, 5.

[784] OLG Karlsruhe NJW 1984, 62.

[785] *OLG Hamm NJW 1983, 298; OLG Hamm* NJW-RR 1993, 399; LG Berlin GE 1998, 1212; AG Berlin-Mitte GE 2003, 461.

[786] AG Köln WuM 1990, 520; AG Osnabrück WuM 1989, 635; AG Dortmund WuM 1985, 339; AG Münster WuM 1981, 44; *Sternel* MietR Kap. III Rn. 765.

Anrechnung von Kürzungsbeträgen auch bei einer Mieterhöhung nach § 558 BGB an.[787] Dadurch, dass Kürzungsbeträge, die sich aus der Anrechnung von **öffentlichen Förderungsmitteln** ergeben, bei einer Mieterhöhung zu berücksichtigen sind, soll verhindert werden, dass der Vermieter einseitig bevorzugt wird. Der Vermieter soll, wenn er die Möglichkeit hatte, Geldmittel aus öffentlicher Hand zu erhalten, diese Vorteile auch an die Mieter weitergeben. Allerdings soll durch die entsprechenden gesetzlichen Regelungen nicht vollständig ausgeschlossen sein, dass Mieterhöhungen gänzlich unterbleiben.[788] Eine Anrechnung kommt deshalb nur dann in Betracht, wenn diese auch bei einer Mieterhöhung nach § 559 BGB hätte erfolgen müssen. Eine weiter gehende Bedeutung hat § 558 Abs. 4 BGB nicht.

Es handelt sich bei der Bezugnahme in § 558 Abs. 5 BGB auf die Anrechnungsvorschrift für **204**
Drittmittel gem. § 559a BGB um eine **Rechtsgrundverweisung**[789] und nicht um eine bloße Rechtsfolgenverweisung.[790] Es müssen deshalb alle Voraussetzungen für eine Mieterhöhung nach § 559 BGB vorliegen, damit ein Abzug von Kürzungsbeiträgen in Betracht kommt.[791] Dies ist sprachlich seit 2001 nicht mehr ganz so deutlich wie vorher, da § 559a BGB jetzt selbständig die Anrechnung von Drittmitteln anordnet. Jedoch ergibt sich aus der systematischen Stellung der Vorschrift hinter § 559 BGB, dass eine Mieterhöhung nach § 559 Abs. 1 BGB möglich sein muss. Auch aus der Nummerierung als § 559a BGB ergibt sich deutlich, dass die Vorschrift zur Modernisierungsmieterhöhung gem. § 559 BGB gehört.

## II. Voraussetzungen

### 1. Zuschüsse

Der Abzug von Kürzungsbeträgen kommt zunächst nur dann in Betracht, wenn die öffentliche **205**
Hand, der Mieter oder **Dritte Zuschüsse zu Baumaßnahmen iSd § 559 BGB** geleistet haben. Es muss sich also um Modernisierungen oder bauliche Maßnahmen auf Grund von Umständen, die der Vermieter nicht zu vertreten hat, gehandelt haben. **Zuschüsse zu Instandsetzungsarbeiten** sind unerheblich und begründen keine Verpflichtung zum vollständigen oder anteiligen Abzug.[792] Maßgeblich ist dabei der Verwendungszweck der Gelder, nicht die tatsächliche Verwendung.[793] Dies ergibt sich aus dem **Zweck des Gesetzes.** Der Vermieter ist bei Instandsetzungsarbeiten nicht berechtigt, die Miete nach § 559 BGB zu erhöhen. Zahlt die öffentliche Hand, der Mieter oder ein Dritter für solche Maßnahmen Geld, dann ergibt sich daraus, dass die Zahlung letztendlich dem Vermieter zufließen sollte und nicht dem Mieter. Der Zuschussgeber hat also durch die Zweckbestimmung zugleich auch denjenigen bestimmt, der den wirtschaftlichen Vorteil erhalten soll. Verwendet der Vermieter diese Gelder dann für Modernisierungen, mag dies im Verhältnis zum Zuwendungsgeber vertragswidrig sein, ändert aber an der fehlenden Anrechnungspflicht nichts. Hinzu kommt, dass bei Maßnahmen, die sowohl Instandsetzungs- wie auch Modernisierungsarbeiten umfassen, sowohl die Trennung zwischen diesen beiden Bereichen wie auch eine Trennung zwischen den verschiedenen Finanzierungsmitteln nur sehr schwer bis gar nicht möglich ist.[794] Möglich ist bei solchen Finanzierungszuschüssen zu Instandsetzungsmaßnahmen allenfalls eine vertragliche Abrede über die zukünftige Miete, ggf. iRd § 557 Abs. 3 BGB, was aber eindeutige und ausdrückliche Vereinbarungen voraussetzt und mit der Anrechnung von Drittmitteln nichts zu tun hat.[795] Dieser Weg wird von der öffentlichen Hand häufig beschritten. Sie fördert eine bestimmte Baumaßnahme, ohne zwischen Modernisierung und Instandsetzung zu unterscheiden. Als Gegen-

---

787 Staudinger/*V. Emmerich* BGB § 558 Rn. 59, § 559a Rn. 1.
788 LG Berlin MM 1990, 229.
789 BGH NJW 1998, 445 (448); LG Berlin MM 2007, 298, GE 2002, 862; Staudinger/*V. Emmerich* BGB § 558 Rn. 62; Kinne/Schach/Bieber MietR/*Schach* BGB § 558 Rn. 58h; Bub/Treier MietR-HdB/*Schultz* Kap. III A Rn. 1600; offen gelassen von KG NZM 1998, 107.
790 *Kunze/Tietzsch* WuM 1997, 308 (309).
791 KG NZM 1998, 107; mkritAnm *Lützenkirchen* WuM 1998, 187 (195); **aA** *Kunze/Tietzsch* WuM 2003, 423.
792 LG Berlin MM 2008, 227, GE 2002, 862; *Schach* GE 2002, 842; *Beuermann* GE 1996, 1514 (1518); *Maciejewski* MM 1998, 97.
793 LG Berlin MM 2008, 227; **aA** AG Tempelhof MM 1989 Nr. 4, 31.
794 So auch *Schach* GE 2002, 842.
795 IErg ebenso, aber in der Begr. **aA** LG Berlin MM 2002, 329.

leistung vereinbart sie mit dem Vermieter im Fördervertrag eine Höchstmiete, die nicht überschritten werden darf.[796]

### 2. Erhöhungsberechtigung

206 Der Vermieter muss auf Grund der baulichen Maßnahmen **zu einer Mieterhöhung nach §§ 559ff. BGB berechtigt** sein. Nur der Vermieter, der die Vorteile des § 559 BGB nutzen darf, muss auch die Nachteile des § 559a BGB in Kauf nehmen.[797] Daraus folgt zum einen, dass der Vermieter, der das Zustimmungsverlangen nach § 558 BGB stellt, erstens selbst auch **Bauherr** der Baumaßnahme gewesen sein muss und zweitens auch die Drittmittel erhalten haben muss.[798] Ist auf Seiten des Vermieters eine Individual-Rechtsnachfolge eingetreten, kommt deshalb eine Anrechnungspflicht von Kürzungsbeträgen grds.[799] nicht in Betracht.[800] Die Verpflichtung des Vermieters, Fördermittel in Abzug zu bringen, folgt nicht „aus dem Mietverhältnis selbst", was Voraussetzung für einen Übergang gem. § 566 BGB wäre, sondern aus gesetzlichen Vorschriften, die „von außen" auf das Mietverhältnis einwirken.[801] Auch den Gesetzesmaterialien ist nicht die Absicht zu entnehmen, Mieterhöhungsbeschränkungen kraft Gesetzes auch dem Rechtsnachfolger eines geförderten Vermieters aufzuerlegen, der seinerseits weder öffentliche Mittel erhalten hat noch Verpflichtungen gegenüber der öffentlichen Hand eingegangen ist. Allein die Möglichkeit, dass durch eine Veräußerung des Grundstücks die Anrechnung von Drittmitteln umgangen werden kann, rechtfertigt keine über den Wortlaut und seinen Zweck hinausgehende Auslegung des Gesetzes. Dem Mieter können allenfalls Schadensersatzansprüche gegen den veräußernden Vermieter zustehen.[802] Voraussetzung dafür ist, dass es sich bei dem Fördervertrag um einen Vertrag handelt, in dessen Schutzwirkung der Mieter einbezogen ist und dass der Veräußerer entgegen den der Förderung zu Grunde liegenden Abreden die Verpflichtung zur Einhaltung einer bestimmten Miete oder der Anrechnung von Drittmitteln nicht auf den Erwerber übergeleitet hat. Der Anspruch ist auf Ersatz der Miete gerichtet, die nicht verlangt werden könnte, soweit der Erwerber die Drittmittel berücksichtigen müsste.[803] Der Nießbraucher ist dem Erwerber gleichgestellt, so dass auch er Kürzungsbeträge, die ein von ihm personenverschiedener Vermieter erhalten hat, nicht anrechnen muss.[804] Etwas anderes gilt nur in den Fällen, in denen entweder der veräußernde Vermieter bereits im Mietvertrag mit dem Mieter eine bestimmte Höchstmiete, die Anrechnung von Fördermitteln oder die konkrete Berechnung der Miete vereinbart hat, da in diesen Fällen der Erwerber gem. § 566 BGB auch in diese vertraglichen Abreden eintritt, oder wenn der Erwerber im Vertrag mit dem Veräußerer die Verpflichtung übernommen hat, die Miete in bestimmter Form zu berechnen, da dies idR ein Vertrag zugunsten Dritter sein dürfte. Auch in den Fällen der **Universalrechtsnachfolge** gem. § 1922 BGB bleibt die Verpflichtung zur Anrechnung von Kürzungsbeträgen bestehen. Etwas anderes gilt aber dann, wenn die Mietvertragsparteien in einer **Modernisierungsvereinbarung,** die Teil des Mietvertrages geworden ist, die Anrechnung der öffentlichen Mittel bei einer Mieterhöhung vorgesehen haben. Dann ist der Rechtsnachfolger gem. § 566 BGB daran gebunden.[805] Dies gilt auch beim Erwerb in der Zwangsversteigerung gem. §§ 57, 90 ZVG. Welche Auswirkungen eine vorzeitige Mittelrückzahlung in diesem Fall auf die Miethöhe hat, ist durch Auslegung der Vertragsklausel zu ermitteln.[806] Da der Vermieter zu einer Mieterhöhung gem. § 559 BGB berechtigt sein muss, sind alle öffentlichen Mittel, die er während der Preisbindung für Modernisierungsmaßnahmen von der öffentlichen Hand erhalten hat bei einer späteren Mieterhöhung nach § 558 BGB gem.

---

[796] *Schach* GE 2002, 842 (843); so auch der Fall des LG Berlin MM 2002, 329.

[797] KG NZM 1998, 107; LG Berlin GE 2003, 458; *Blank/Börstinghaus* BGB § 566 Rn. 78.

[798] BGH VIII ZR 58/03, NZM 2003; VIII ZR 373/96, NJW 1998, 445 (447); KG NZM 1998, 107; LG Berlin GE 2003, 458; Staudinger/*V. Emmerich* BGB § 558 Rn. 62; *Schach* GE 2004, 278.

[799] Besonderheiten können aber bei Eigentumsübergang während oder nach der Modernisierung aber vor Abgabe der Erhöhungserklärung gelten, da hier der Erwerber nach KG NZM 2000, 653; NZM 2000, 860 auch in die Bauherreneigenschaft eintritt; *Schach* GE 2004, 278 (279).

[800] BGH VIII ZR 58/03, NZM 2003, 973; VIII ZR 373/96, NJW 1998, 445 (447); KG NZM 1998, 107; LG Berlin WuM 2001, 612; Staudinger/*V. Emmerich* BGB § 558 Rn. 62, § 559a Rn. 2; *Börstinghaus* MDR 1998, 933 (934); PiG 70 (2005), 65 (84).

[801] BGH NJW 1998, 445 (447) unter Berufung auf *Paschke/Oetker* NJW 1986, 3174 (3176).

[802] Abl. *Schach* GE 2004, 278 (279).

[803] *KG NZM 1998, 107.*

[804] LG Berlin MM 2002, 385.

[805] BGH VIII ZR 58/03, NZM 2003, 973; LG Berlin GE 2003, 591.

[806] BGH VIII ZR 58/03, NZM 2003, 973.

Abs. 5 nicht als Drittmittel in Abzug zu bringen.[807] Hat der Vermieter während der Preisbindung Modernisierungsmaßnahmen durchgeführt, dann durfte er die Kostenmiete gem. § 11 Abs. 6, 7 II. BV erhöhen.[808] Dabei bleiben Fördermittel die als verlorene Baukostenzuschüsse gezahlt wurden, § 14 S. 2 II. BV, unberücksichtigt.[809] Wurden die Fördermittel als zinsverbilligtes Darlehen gewährt, sind nur die niedrigeren Fremdkapitalkosten in die Wirtschaftlichkeitsberechnung eingeflossen, § 21 Abs. 2 II. BV. Die Förderung erfolgte also insgesamt in einem anderen Preissystem. Dieses System der Mietenermittlung ist mit Ende der Preisbindung obsolet geworden. Mit Ende der Preisbindung ist die dann gültige Kostenmiete die im freifinanzierten Wohnungsbau zu zahlende Miete. Wie diese sich berechnet und welchen Einfluss auf die Miethöhe die Zahlung von Drittmitteln hatte, ist von diesem Augenblick an unerheblich.

**(1)** Aus der Voraussetzung, dass der Vermieter grds. zu einer Mieterhöhung nach § 559 BGB berechtigt sein muss, folgt weiter auch, dass im Fall einer **Neuvermietung,** eine Anrechnung von Drittmitteln grds. nicht in Betracht kommt.[810] Das hat zwei Konsequenzen: **(1)** Drittmittel sind deshalb weder bei der Ermittlung der gem. § 5 WiStG noch bei der gem. § 556d Abs. 1 BGB zulässigen Neuvertragsmiete zu berücksichtigen. Zulässig ist deshalb iRd § 5 WiStG eine Miete, die 20% über der ortsüblichen Vergleichsmiete ohne Abzug von Drittmitteln liegt. § 5 WiStG verweist nur auf die üblichen Entgelte. Die Vorschrift entspricht in § 5 Abs. 2 WiStG im Wesentlichen dem § 558 Abs. 2 BGB.[811] In § 5 WiStG ist dabei ein Abzug von Drittmitteln nicht enthalten. Die Vorschrift enthält ausdrücklich eine eigene Umschreibung dessen, was ein unangemessen hohes Entgelt ist. Es findet gerade keine Verweisung auf § 558 BGB statt. Das vereinbarte Entgelt ist nicht deshalb unangemessen hoch, weil der Vermieter die Vereinbarungen aus dem Fördervertrag ggf. nicht eingehalten hat.[812] Die Berücksichtigung der Fördermittel kann allenfalls bei der Ermittlung der laufenden Aufwendungen iSd § 5 Abs. 2 S. 2 WiStG eine Rolle spielen, wenn das vom Vermieter verlangte Entgelt also das zulässige Entgelt um mehr als 20% bis zu 50% überschreitet. 207

In **Gemeinden mit angespanntem Wohnungsmarkt** darf der Vermieter die ortsübliche Vergleichsmiete für vergleichbare Wohnungen um 10% maximal überschreiten, wenn die Gemeinde in eine entsprechende Landesverordnung aufgenommen wurde. Dabei sind keine Kürzungsbeträge gem. Abs. 5 in Abzug zu bringen. Es geht zwar um die ortsübliche Vergleichsmiete „für das konkrete Mietobjekt"[813] jedoch verweist § 556d Abs. 1 BGB ausdrücklich nur auf § 558 Abs. 2 BGB und nicht auf Abs. 5. Das entspricht auch dem Gesetzeszweck, der ja nicht an die letzte Miete anknüpft, sondern an das allgemeine Mietenniveau, zumindest was die ortsübliche Vergleichsmiete in der Gemeinde angeht. Da sind individuelle Abzüge von der Miete unerheblich. Anders sieht es aus, wenn der Vermieter diese Grenze gem. § 556e Abs. 2 BGB wegen einer Modernisierungsmaßnahme aus den letzten drei Jahren überschreiten will. Hier muss eine – ggf. fiktive – Erhöhung gem. §§ 559, 559a BGB durchgeführt werden. Der Vermieter wird also so behandelt, als wenn er Bauherr einer Modernisierungsmaßnahme gem. § 555b BGB war und nunmehr gem. § 559 BGB eine zulässige Mieterhöhung durchführt. § 556e Abs. 2 BGB verweist dabei ausdrücklich auf § 559a BGB. 207a

**(2)** Drittmittel sind aber auch dann nicht abzuziehen, wenn der Vermieter nach einer Neuvermietung eine **Mieterhöhung gem. § 558 BGB** im Bestand vornimmt, wenn die Drittmittel für eine Modernisierung vor der Neuvermietung gezahlt wurden.[814] Die Anrechnung von Drittmitteln ist an die Möglichkeit einer Mieterhöhung nach § 559 BGB geknüpft. Deshalb ist es falsch davon zu sprechen, dass der Abzug von Drittmitteln nicht an die Person des Vermieters, sondern an die Person des Mieters geknüpft sei.[815] Dies wird bei der Anrechnung von Mieterleistungen 208

---

807 AG Schöneberg MM 2007, 39.

808 → BGB Anh. § 561 Rn. 70ff.

809 → BGB Anh. § 561 Rn. 24.

810 LG Berlin (65. ZK) GE 1997, 238; 2001, 210; Staudinger/*V. Emmerich* BGB § 558 Rn. 63; *Börstinghaus* PiG 70 (2005), 65 (83); *Schach* GE 2004, 278 (282), mit Übersichtstabelle über die divergierende Rspr. der verschiedenen Kammern des LG Berlin auf S. 281; **aA** AG Lichtenberg MM 2006, 147; *Kunze/Tietzsch* WuM 2003, 423; *Kunze/Tietzsch* Miethöhe Teil II Rn. 296 mwN in Fn. 1 S. 190.

811 Mit Ausnahme der Einschränkung nur auf „nicht preisgebundenen Wohnraum" und der Klarstellung, dass auch der energetische Zustand der Wohnung bei der Beschaffenheit und Ausstattung zu berücksichtigen ist.

812 LG Duisburg ZMR 1998, 94 (95).

813 So die Gesetzesbegründung BR-Drs. 447/14, 30.

814 LG Berlin GE 1997, 239; 2001, 210, WuM 2001, 612; Kinne/Schach/Bieber MietR/*Schach* BGB § 558 Rn. 58f.; **aA** *Beuermann* GE 1996, 1514 (1518) zumindest für den Fall der Zinsverbilligung; *Kunze/Tietzsch* Miethöhe Teil II Rn. 296; diff. Staudinger/*Emmerich* BGB § 558 Rn. 63.

815 So aber *Beuermann* GE 1996, 1514 (1518).

besonders deutlich. Ein Grund, warum ein Nachfolgemieter von der Tatsache profitieren soll, dass der Vormieter ein **Mieterdarlehen** oder eine **Mietvorauszahlung** geleistet hat, ist nicht ersichtlich. Eine Differenzierung zwischen den verschiedenen Zuwendungsgebern enthält weder § 559a BGB noch § 558 Abs. 5 BGB und wäre willkürlich. Auch die öffentliche Hand hat durch die Anrechnung der Fördermittel bei den Mieterhöhungen gem. §§ 558, 559 BGB primär das Ziel, Mieterhöhungen auf Grund von Modernisierungsarbeiten einzuschränken, erreicht. Mieterhöhungen im Bestand erfolgen für den Mieter unter dem Druck entweder zu zahlen bzw. zuzustimmen oder das Mietverhältnis ggf. durch Kündigung gem. § 561 BGB zu beenden. Deshalb werden insbes. auch bei Mieterhöhungen nach § 559 BGB auch Mieten akzeptiert, die die ortsübliche Vergleichsmiete übersteigen. Hingegen ist bei Neuvermietungen die ortsübliche Vergleichsmiete Maßstab für die Mietpreisabrede. Je nach Wohnungsmarktlage kann der Vermieter diesen Wert um bis zu 20% überschreiten oder aber auch in Zeiten eines größeren Angebots auch unterbieten. Will der Fördergeber auf diese Miete Einfluss nehmen, dann muss er dies mit dem Vermieter vereinbaren. Kraft Gesetzes **erlischt die Anrechnungspflicht** mit der **Beendigung des Mietverhältnisses,** so dass bei der Vermietung einer bereits modernisierten Wohnung eine Kürzung weder bei der Berechnung der Neuvertragsmiete noch bei späteren Mieterhöhungen in Betracht kommt.[816] Etwas anderes gilt jedoch dann, wenn im Mietvertrag ausdrücklich auf den Fördervertrag Bezug genommen wird und die öffentliche Förderung von Beginn an Gegenstand des neuen Mietvertrages war.[817]

**209** Aber selbst, wenn im Fördervertrag oder den Förderrichtlinien die Miete auch für den Fall der Neuvermietung betragsmäßig festgelegt wurde, ist eine hiergegen verstoßende Mietvereinbarung wirksam. Ein Verstoß gegen ein **gesetzliches Verbot** iSd § 134 BGB liegt nicht vor. Es handelt sich bei den Förderbedingungen nicht um ein gesetzliches Verbot.[818] Der Gesetzgeber hat dies insofern abw. von den Bestimmungen für den preisgebundenen Wohnungsbau in den § 8 Abs. 2 S. 1 WoBindG und § 88b Abs. 2 S. 1 II. WoBauG gerade nicht angeordnet. Auch aus § 16 ModEnG ergibt sich eine solche Rechtsfolge nicht.

**210** Eine Anrechnung findet dann statt, wenn entweder die Kosten der Baumaßnahme ganz oder teilweise durch **zinsverbilligte oder zinslose Darlehen aus öffentlichen Haushalten** gedeckt werden, wobei Mittel der Finanzierungsinstitute des Bundes oder eines Landes ebenfalls als Mittel aus öffentlichen Haushalten gelten oder wenn hinsichtlich der laufenden Aufwendungen Zuschüsse oder Darlehen zu deren Deckung gewährt werden.[819] Unter Mitteln der öffentlichen Haushalte iSd § 559a Abs. 2 BGB sind alle Finanzmittel zu verstehen, die in öffentlichen Haushalten, also des Bundes, eines Bundeslandes oder einer Gemeinde zur Verfügung gestellt wurden. Auf die Bewilligungsstelle kommt es nicht an.[820] Gleichgestellt werden nach § 559a Abs. 3 S. 2 BGB noch Mittel von Finanzierungsinstituten des Bundes, zB der Kreditanstalt für Wiederaufbau oder der Finanzierungsinstitute der Länder. Auch Teilschuldenerlasse solcher Institute zählen zu den anzurechnenden Zuschüssen.[821] Eine **dingliche Absicherung** dieser Finanzierungsmittel ist nicht erforderlich, obwohl das Gesetz als Vergleichsmaßstab auf dinglich abgesicherte Darlehen abstellt. Eine solch einschränkende Auslegung des Gesetzes würde dem Sinn und Zweck der Anrechnungsregelung widersprechen, wonach die Vorteile der Förderung wirtschaftlich dem Mieter zugutekommen sollen.

**211** Den Mitteln aus öffentlichen Haushalten stehen **Mieterdarlehen und Mietvorauszahlungen** sowie **Leistungen von einem Dritten für den Mieter** gleich. Hierbei kann es sich zB um Leistungen des Arbeitgebers des Mieters handeln. Nicht hierzu zählen Zinsvergünstigungen und -zuschüsse, die Private im Zusammenhang mit dem Vertrieb ihrer Waren und Anlagen zahlen. So zahlen Energieversorger bei Heizungsmodernisierungen Zinszuschüsse zur Finanzierung der Baumaßnahme, wenn auf eine andere Energieart umgestellt wird. Solange es sich um Zuschüsse bzgl. der Finanzierungskosten handelt, werden diese Zuschüsse bereits vom Wortlaut her von § 558

[816] LG Berlin GE 1997, 238.
[817] LG Berlin MM 2002, 329.
[818] LG Duisburg ZMR 1998, 94 (95).
[819] Eine Übersicht über solche Förderprogramme befindet sich zB auf der Homepage der KfW-Bank: www.kfw.de/inlandsfoerderung/Privatpersonen/Bestandsimmobilie/Förderprodukte/Förderprodukte-für-Bestand*simmobilien.html oder des Bundesamtes* für Wirtschaft und Ausfuhrkontrolle (BAFA) http://www.co2online.de/foerdermittel/bafa-foerderung/.
[820] *Beuermann* GE 1994, 558.
[821] AG Neubrandenburg WuM 2017, 148 (149).

Abs. 5 BGB und § 559 a BGB nicht erfasst. Es handelt sich gerade um keine Zuschüsse, die von einem Dritten für den Mieter geleistet werden. Der Dritte will gerade dem Vermieter einen Vorteil zukommen lassen, damit dieser die Ware des Dritten kauft oder mit diesem ein Dauerschuldverhältnis abschließt.

Hat ein Dritter einen Zuschuss zu den Kosten der Baumaßnahme iSd § 559 BGB geleistet, muss er dies **für den Mieter** getan haben. Zahlungen, die der Dritte leistet, um dem Vermieter einen Vorteil zukommen zu lassen, führen nicht zu einer Kürzung der Jahresmiete um 8% des Zuschusses. Deshalb sind Zuschüsse von Privaten, zB Energieversorgern, die diese bei Abschluss eines langfristigen Liefervertrages zahlen, nicht anzurechnen. Auch in diesem Fall handelt es sich nicht um einen Zuschuss gem. § 559 a Abs. 1 BGB, den der Dritte für den Mieter leistet. Das Unternehmen zahlt diesen Zuschuss aus Werbegründen, um den Vermieter als Kunden zu gewinnen. Der Zuschuss soll dem Vermieter zugutekommen. Soweit der Vermieter bei einem Modernisierungs- oder **Instandsetzungsgebot** der Gemeinde Kostenerstattungsbeträge nach § 177 Abs. 4 BauGB erhalten hat, handelt es sich ebenfalls nicht um anrechnungspflichtige Zuschüsse.[822] Die Zahlung erfolgt hier zwar aus einem öffentlichen Haushalt iSd § 559 a BGB, jedoch soll damit kein Zuschuss zu der Baumaßnahme erfolgen. Es handelt sich vielmehr um einen öffentlich-rechtlichen Entschädigungsanspruch, der vermeiden soll, dass auf Seiten des Vermieters ein enteignungsgleicher Eingriff vorliegt. Deshalb soll dieser Betrag dem Vermieter zugewandt werden und nicht dem Mieter. Eine Anrechnung dieses Betrages bei einer Mieterhöhung nach § 558 BGB würde letztendlich dazu führen, dass der Zweck dieser Leistung nicht erreicht würde. Soweit die Zahlungen für bestimmte Baumaßnahmen iSd § 559 Abs. 1 BGB gezahlt werden, können diese Kostenerstattungsbeträge aber dazu führen, dass die aufgewendeten Kosten des Vermieters geringer sind, so dass die Mieterhöhung nach § 559 BGB geringer ausfällt, da der mit 8% auf die Jahresmiete umlegbare Bauaufwand geringer ist. Im Rahmen einer Mieterhöhung nach § 558 BGB haben diese Zahlungen aber keine Auswirkung. 212

**Investitionszulagen** nach § 3 InvZulG 1999[823] für Modernisierungsmaßnahmen waren keine gem. § 559 a BGB anzurechnenden Fördermittel[824] und müssen demgemäß auch nicht nach § 558 Abs. 5 BGB bei der Mieterhöhung auf die ortsübliche Vergleichsmiete als Drittmittel abgezogen werden. Die Investitionszulage war ein steuerrechtliches Instrument, das sich im Rahmen der Abgabenordnung bewegte und deshalb auch von den Finanzämtern verwaltet wurde. Auf die Investitionszulage bestand ein Rechtsanspruch. Sie war ein Mittel der Refinanzierung des Vermieters, der gefördert werden sollte und nicht der Mieter. 213

### 3. Vereinfachtes Verfahren

Hat der Vermieter nach einer Modernisierungsmaßnahme eine Modernisierungsmieterhöhung im vereinfachten Verfahren gem. § 559 c BGB vorgenommen, muss er in diesem Verfahren aus Vereinfachungsgründen den Zinsvorteil zinsvergünstigter oder zinsloser Darlehen gem. § 559 a Abs. 2 S. 1–3 BGB nicht in Abzug bringen.[825] Es würde sich in Anbetracht der maximal geförderten Investitionssumme von 10.000 EUR ohnehin nur einen sehr geringen Betrag handeln. Dies gilt aber nicht bei einer während der Laufzeit des zinsverbilligten Darlehens erfolgten Mieterhöhung auf die ortsübliche Vergleichsmiete. In § 558 Abs. 5 BGB fehlt der Ausnahmetatbestand oder ein Verweis auf § 559 c BGB. Deshalb hat in einem solchen Verfahren der Abzug ohne jede Einschränkung zu erfolgen. Zu der Absenkung der Anrechnung von Zuschüssen durch das Mietrechtsanpassungsgesetz → BGB § 558 Rn. 223. 213a

## III. Berechnung

Bei der Berechnung der Kürzungsbeträge muss zwischen den verschiedenen Arten der Förderung unterschieden werden: 214

822 *Beuermann* GE 1996, 1514.
823 BGBl. 1997 I 2070.
824 *Both* GE 2000, 102; **aA** *Wüstefeld* WuM 2000, 283.
825 *Artz/Börstinghaus* NZM 2019, 12 (20).

### 1. Zinsverbilligte Darlehen

215 Bei **zinsverbilligten Darlehen** ist zunächst die **jährliche Zinsersparnis** zu ermitteln. Die prozentuale Zinsverbilligung ergibt sich aus einem Vergleich zwischen dem Zinssatz für erstrangige Hypotheken zum Zeitpunkt der Beendigung der Maßnahme mit dem tatsächlich vom Vermieter zu zahlenden Zinssatz. Maßgeblich sind die marktüblichen Zinsen, die zum Zeitpunkt der Beendigung der Baumaßnahme gezahlt werden. Zu deren Ermittlung kann auf die Vorschrift des § 23a II. BV zurückgegriffen werden. Danach ist der marktübliche Zinssatz für erstrangige Hypotheken entweder zu ermitteln aus dem durchschnittlichen Zinssatz der durch erstrangige Hypotheken gesicherten Darlehen, die zum Zeitpunkt der Beendigung der Baumaßnahme von Kreditinstituten oder privatrechtlichen Unternehmen, zu deren Geschäften üblicherweise die Herhabe derartiger Darlehen gehört, zu geschäftsüblichen Bedingungen für Bauvorhaben an demselben Ort gewährt worden sind oder in Anlehnung an den Zinssatz der zum Zeitpunkt der Beendigung der Baumaßnahme zahlenmäßig am meisten abgesetzten Pfandbriefe unter Berücksichtigung der üblichen Zinsspanne. Von diesem so ermittelten Zinssatz ist der mit dem Fördergeber tatsächlich vereinbarte Zinssatz in Abzug zu bringen. Als Ergebnis erhält man die prozentuale Zinsvergünstigung. Um den absoluten Euro-Betrag der Zinsvergünstigung zu erhalten, muss man die prozentuale Zinsvergünstigung zu dem maßgeblichen Darlehensbetrag in Beziehung setzen. Der maßgebliche Darlehensbetrag ist der aus öffentlichen Haushalten gezahlte Darlehensbetrag. Als Ergebnis der Berechnung erhält man den jährlichen Kürzungsbetrag. Nach dem Gesetzeswortlaut ist dieser Betrag von dem Jahresbetrag, der sich bei einer Erhöhung auf die ortsübliche Vergleichsmiete ergäbe in Abzug zu bringen. Der Betrag ist nicht von der Höchstmiete nach dem Fördervertrag abzuziehen.[826]

**Beispiel:** Der Vermieter hat von der landeseigenen Investitionsbank ein Darlehen von 20.000 EUR zu einem Zinssatz von 3% erhalten. Der übliche Zinssatz für erstrangig abgesicherte Darlehen beträgt zum maßgeblichen Zeitpunkt 7%. Dann berechnet sich der Kürzungsbetrag wie folgt: 7% – 3% = 4%. 4% von 20.000 EUR sind 800 EUR jährlich. Der Vermieter muss also vom Jahresbetrag der ortsüblichen Vergleichsmiete 800 EUR abziehen und das Ergebnis durch 12 dividieren, um dann die ortsübliche Monatsvergleichsmiete zu erhalten auf deren Zustimmung er unter der Voraussetzung, dass die übrigen Tatbestandsvoraussetzungen erfüllt sind, einen Anspruch hat.

216 Genauso wie im öffentlich geförderten Wohnungsbau gilt für den Rest der Förderdauer dann der sog. **Einfrierungsgrundsatz,** zumindest was die Berücksichtigung des Darlehensbetrages und des Zinssatzes für erstrangig gesicherte Darlehen betrifft. Dies ergibt sich aus dem Wortlaut der Vorschrift, der ausdrücklich auf den Ursprungsbetrag des Darlehens abstellt. Die Drittmittel sind ohne Rücksicht auf die tatsächlichen Vorteile der Förderung in gleicher Höhe in der Zukunft in Abzug zu bringen. Dies gilt sowohl dann, wenn die tatsächliche absolute Zinsersparnis in Euro sinkt, wie auch in den Fällen, in denen die Zinsvergünstigung sogar gestiegen ist. Die tatsächliche Zinsvergünstigung sinkt sowohl in den Fällen, in denen der Vermieter das Darlehen teilweise getilgt hat, so dass der gleichbleibende Prozentsatz auf eine niedrigere Darlehensvaluta anzuwenden ist, als auch in den Fällen, in denen der prozentuale Zinsvorteil real gesunken ist, zB deshalb, weil das Zinsniveau für erstrangige Hypotheken gefallen ist. Beide Sachverhalte können auch zusammentreffen.

**Beispiel:** Im obigen Beispiel ist der maßgebliche Zinssatz für erstrangig gesicherte Darlehen nach der Beendigung der Baumaßnahme von 7% auf 6% gefallen, außerdem hat der Vermieter inzwischen 5.000 EUR getilgt. Obwohl der Zinsvorteil durch die Förderung nunmehr nur noch 450 EUR beträgt, müssen weiterhin Drittmittel iHv 800 EUR in Abzug gebracht werden.

217 Der **Fördervorteil kann aber auch steigen.** Da der Darlehensbetrag sich grds. nicht vergrößern kann,[827] kann eine tatsächliche Veränderung nur über einen allgemeinen Zinsanstieg eintreten.

**Beispiel:** Im obigen Beispiel ist der maßgebliche Zinssatz für erstrangig gesicherte Darlehen nach der Beendigung der Baumaßnahme von 7% auf 8% gestiegen, ohne dass bisher Tilgungen erfolgten. Obwohl der Zinsvorteil durch die Förderung nunmehr bereits 1.000 EUR beträgt, müssen weiterhin nur Drittmittel iHv 800 EUR in Abzug gebracht werden.

---

[826] LG Berlin MM 2002, 329 (330).

[827] Der Fall, dass der Vermieter mit Zinszahlungen in Verzug gerät, die dann die Verbindlichkeit erhöhen, kann hier vernachlässigt werden, da diese vom Vermieter zu vertretenden Umstände unerheblich sind.

Etwas anderes gilt jedoch in den Fällen einer **degressiven Förderung.**[828] Im Fall der zinsverbilligten Darlehen liegt eine degressive Förderung dann vor, wenn der Zinssatz für die Darlehen der öffentlichen Hand oder im Einzelfall auch des Mieters, jährlich steigt. In diesem Fall verringert sich jährlich der Abstand zu dem üblichen Zinssatz für erstrangig abgesicherte Darlehen. Deshalb ist der Förderbetrag, der dem Vermieter zufließt, von vornherein bereits geringer. Der Vermieter muss aber an den Mieter nur das weitergeben, was er vereinbarungsgemäß erhalten soll. Deshalb ist in diesen Fällen steigender Zinsen für die Darlehen auch jährlich ein geringer werdender Kürzungsbetrag in Abzug zu bringen. Dabei ist der im Voraus festgelegte Zinssatz für jedes Jahr aber von dem maßgeblichen Zinssatz am Ende der Baumaßnahme für erstrangig abgesicherte Darlehen in Abzug zu bringen. Dies Datum ist im Gesetz ausdrücklich festgelegt. Unrichtig wäre es deshalb, den Zinssatz für erstrangig abgesicherte Darlehen jeweils neu für den Beginn eines neuen Förderjahres zu ermitteln. Veränderungen auf dieser Seite bleiben auf Grund des Einfrierungsgrundsatzes unberücksichtigt. Problematisch ist in diesen Fällen der Inhalt der Erhöhungserklärung (→ BGB § 558 Rn. 236, 240; → BGB § 559b Rn. 30, 33). 218

Das Gesetz geht davon aus, dass im Normalfall die öffentlichen Darlehen für jede Wohnung gesondert bewilligt und ausgezahlt werden, so dass es keine Verteilungsprobleme gibt. In diesen Fällen muss der Kürzungsbetrag für jede Wohnung gesondert berechnet werden.[829] Für den Fall, dass dies nicht der Fall sein sollte, bestimmt der auch für die Berechnung der Kürzungsbeträge entsprechend anwendbare § 559a Abs. 4 BGB, dass die **Verteilung nach dem Verhältnis der aufgewandten Kosten** zu erfolgen hat. Dies ist deshalb sachgerecht, weil auf diese Weise die Verteilung der Kürzungsbeträge mittelbar nach dem gleichen Maßstab erfolgt wie die Verteilung der für die Modernisierungsmaßnahme aufgewandten Kosten. Diese Kosten sind nach dem Wortlaut des § 559 Abs. 1 BGB angemessen auf die einzelnen Wohnungen zu verteilen. Auch wenn hier ein Quadratmetermaßstab idR nicht unbillig ist, so sind Fälle denkbar, in denen eine Verteilung nach einem anderen Maßstab angemessener ist, weil damit der unterschiedlichen Entstehung der Kosten und dem unterschiedlichen Nutzen an der Baumaßnahme eher Rechnung getragen werden kann. Dies ist zB bei der Fenstermodernisierung der Fall, bei der eine Verteilung nach der Anzahl oder Größe der eingebauten Fenster sachgerechter ist. Die Verteilung der Drittmittel nach dem Verhältnis der aufgewandten Kosten hat deshalb zur Konsequenz, dass die Mieter, auf die höhere Kosten umgelegt werden, auch stärker von den Vorteilen der Drittmittel profitieren. Umgedreht bedeutet dies aber auch, dass zB in den Fällen des **Wohnungsleerstandes** auch Drittmittel auf unvermietete Wohnungen entfallen, weil auf diese Wohnungen die Baukosten nach § 559 Abs. 1 BGB auch angemessen zu verteilen sind. Diese Drittmittel muss der Vermieter aber grds. bei einer anschließenden Neuvermietung nicht an den neuen Mieter weitergeben. 219

### 2. Anrechenbarkeit von Aufwendungszuschüssen

Neben den Fällen, in denen die Baumaßnahme selbst mit zinsverbilligten Darlehen der öffentlichen Hand oder des Mieters finanziert wurde, sind nach dem ausdrücklichen Gesetzeswortlaut des § 559a Abs. 1 S. 3 BGB auch **Aufwendungszuschüsse** anzurechnen. Damit werden die Fälle erfasst, in denen nicht die Baumaßnahme selbst subventioniert wird, sondern die durch die Baumaßnahme verursachten Aufwendungen auf Seiten des Vermieters.[830] Es muss sich tatsächlich um einen Zuschuss zu den laufenden Aufwendungen des Vermieters handeln. Was zu den laufenden Aufwendungen zählt, ergibt sich aus den §§ 18 ff. der II. BV. Danach zählen zu den laufenden Aufwendungen des Vermieters die Kapitalkosten und die Bewirtschaftungskosten. Die Kapitalkosten setzen sich zwar gem. § 19 Abs. 1 S. 2 II. BV wiederum zusammen aus den Eigenkapital- und den Fremdkapitalkosten, jedoch gehören die Eigenkapitalkosten, also die Verzinsung des eingesetzten Eigenkapitals nicht zu den Aufwendungen, um die es hier geht. Die angemessene Eigenkapitalverzinsung ist im freifinanzierten Wohnungsbau eine Frage des nach den Regeln von Angebot und Nachfrage sich ergebenden Mietpreises. Eine garantierte Mindestverzinsung des eingesetzten Eigenkapitals ist dem BGB insofern systemfremd. 220

Genauso, wie 8% der direkten Baukostenzuschüsse von der ortsüblichen Jahresvergleichsmiete abgezogen werden, müssen die **Aufwendungszuschüsse** unmittelbar von der ortsüblichen Jahresvergleichsmiete abgezogen werden. 221

---

828 *Rupp* ZMR 1977, 323.
829 Staudinger/*V. Emmerich* BGB § 559a Rn. 6; *Sternel* MietR Kap. III Rn. 794.
830 *Kunze/Tietzsch* WuM 1997, 308 (310).

**Beispiel:** Der Vermieter hat für eine Modernisierung 40.000 EUR aufgewandt. Er hat einen Aufwendungsersatzzuschuss von 7% der Baukosten erhalten. Dann ist bei einer Mieterhöhung gem. § 558 BGB die Jahresvergleichsmiete um 2.800 EUR (7% von 40.000 EUR) zu kürzen.

Auch hier gilt, dass grds. die Berechnung für jede Wohnung gesondert vorzunehmen ist und nur in den Fällen, in denen nicht festgestellt werden kann, in welcher Höhe die Zuschüsse für welche Wohnung gezahlt worden sind, die Zuschüsse nach dem Verhältnis der aufgewandten Kosten zu verteilen sind.

### 3. Aufwendungsdarlehen

222 Eine Mischung aus den zinsverbilligten Darlehen und den Aufwendungszuschüssen stellen die **Aufwendungsdarlehen** dar. In diesem Fall erhält der Vermieter keinen Zuschuss zu seinen laufenden Aufwendungen, sondern zur Finanzierung der laufenden Aufwendungen wird ihm ein zinsverbilligtes Darlehen gewährt. In diesem Fall besteht die Förderung des Vermieters in der Zinsersparnis. Nur diese ist deshalb von der grds. möglichen Mieterhöhung in Abzug zu bringen.

**Beispiel:** Der Vermieter hat für eine Modernisierung 40.000 EUR aufgewandt. Er hat ein Aufwendungsdarlehen von der landeseigenen Investitionsbank von 5.000 EUR zu einem Zinssatz von 3% erhalten, wobei der übliche Zinssatz für erstrangig abgesicherte Darlehen zum Zeitpunkt der Beendigung der Baumaßnahme 8% betrug. Dann ist die gem. § 559 BGB mögliche jährliche Mieterhöhung von 3.200 EUR (8% von 40.000 EUR) um 250 EUR (Zinsvorteil 5% von 5.000 EUR) zu kürzen, so dass der Vermieter noch einen Betrag 2.950 EUR anteilig auf die Mieter umlegen kann.

Die anzurechnenden Drittmittel bei einer Mieterhöhung nach § 558 Abs. 5 BGB betragen für die gesamte Maßnahme 250 EUR im Jahr: Sie sind, wenn das Aufwendungsdarlehen für mehrere Wohnungen zusammen und nicht für jede Wohnung getrennt gezahlt wurde, nach dem Verhältnis der aufgewandten Kosten auf alle betroffenen Wohnungen zu verteilen.

### 4. Baukostenzuschüsse

223 Von § 559 a Abs. 1 BGB abw. ist die Behandlung von **Baukostenzuschüssen** geregelt. Während § 559 a Abs. 1 BGB bestimmt, dass Kosten, die ganz oder teilweise vom Mieter oder für diesen von einem Dritten übernommen werden, nicht zu den umlagefähigen Aufwendungen gehören und deshalb erst gar nicht zu einer Mieterhöhung um bis zu 8% herangezogen werden können, bestimmt § 558 Abs. 5 BGB, dass bei einer Mieterhöhung nach § 558 BGB die ermittelte ortsübliche Vergleichsmiete um 8% des Zuschusses zu kürzen ist.[831] Der Prozentsatz ist durch das Mietrechtsanpassungsgesetz – MietAnpG v. 18.12.2018[832] von 11% ab 8% abgesenkt worden. Eine ausdrückliche Übergangsregelung fehlt in Art. 229 § 49 EGBGB. Während für die Modernisierungsmieterhöhung geregelt ist, für welche bauliche Maßnahmen noch 11 % der Kosten umgelegt werden dürfen, ist dies für die Anrechnung der Kürzungsbeträge nicht geregelt. Hier kommt es auf den Zugang des Mieterhöhungsverlangens an und nicht auf den Zeitpunkt der Baumaßnahme oder ihrer Ankündigung. Ohne diese Sonderregel in § 558 Abs. 5 BGB wären Baukostenzuschüsse bei einer Erhöhung der ortsüblichen Vergleichsmiete bedeutungslos, da für die Mieterhöhung nach § 558 BGB die aufgewandten Kosten für eine Mieterhöhung bis zur ortsüblichen Vergleichsmiete unerheblich sind. Anders als bei der betragsmäßig feststehenden jährlichen Förderung durch irgendwie geartete Zinsvergünstigungen, die dann vom Erhöhungsbetrag in Abzug zu bringen sind, kann eine solche Verrechnung bei Baukostenzuschüssen unmittelbar nicht erfolgen. Insofern ist die Anrechnung des Baukostenzuschusses mit 8% jährlich sachgerecht, da dies wirtschaftlich auch die Folge der Regelung in § 559 a Abs. 1 BGB ist.[833] Der Abzug des Baukostenzuschusses von den aufgewandten Kosten bedeutet wirtschaftlich auch, dass die Mieterhöhung nach § 559 Abs. 1 BGB ebenfalls um 8% des Zuschusses jährlich niedriger ausfällt als ohne Anrechnung des Zuschusses.

[831] Kritisch hierzu *Artz/Börstinghaus* NZM 2019, 12 (22); MüKoBGB/*Artz* § 558 Rn. 54: „Allerdings besteht kein Zweifel daran, dass die beiden Beträge, [… etwas miteinander zu tun haben. Es ist zu vermuten, dass der *Gesetzgeber dies übersehen hat*".

[832] BGBl I 2648.

[833] Falsch deshalb die Berechnung des AG Neubrandenburg WuM 2017, 148 (149), das den Zuschuss auf 12 Jahre verteilt und dann auf die Gesamtquadratmeter des Hauses herunterrechnet.

**Beispiel:** Für die Modernisierung einer 80 m² großen Wohnung wurden 30.000 EUR aufgewandt. Der Vermieter erhielt einen Zuschuss von 10.000 EUR. Die ortsübliche Vergleichsmiete beträgt für die durch die Modernisierung geschaffene Beschaffenheit 10 EUR/m². Wählt der Vermieter in diesem Fall den Weg über § 558 BGB und nicht über § 559 BGB, dann ist die ortsübliche Jahresvergleichsmiete von 9.600 EUR (12 × 80 ×10 EUR) um 800 EUR (8% von 10.000) zu kürzen. Statt 800 EUR im Monat kann der Vermieter, wenn die übrigen Voraussetzungen des § 558 BGB vorliegen, nur die Zustimmung zu einer Mieterhöhung auf 733,33 EUR verlangen, wenn die zuvor gezahlte Miete geringer war.

Auf diese Weise ist es theoretisch möglich, dass eine Mieterhöhung auf die ortsübliche Vergleichsmiete für längere Zeit ausgeschlossen ist, weil die anzurechnenden Drittmittel höher sind als die Differenz zur ortsüblichen Vergleichsmiete.[834] 224

**Beispiel:** Bei einer vereinbarten Miete von 800 EUR für eine 80 m² große Wohnung führt der Vermieter eine Modernisierung mit Kosten für 20.000 EUR durch. Die bisher gezahlte Miete entsprach der ortsüblichen Vergleichsmiete. Die neue ortsübliche Vergleichsmiete für die modernisierte Wohnung liegt bei 900 EUR. Hat der Vermieter nun einen Zuschuss von 15.000 EUR erhalten, ist die an sich mögliche Erhöhung um 100 EUR/mtl. wegen des Zuschusses um 100,00 EUR/mtl. zu kürzen so dass eine Mieterhöhung nach § 558 BGB ausscheidet, obwohl die Mieterhöhung nach § 559 Abs. 1 BGB um 33,33 EUR monatlich (8% von 5.000 EUR/12 Monate/80 m²) möglich ist.

Dies liegt daran, dass die anzusetzenden Drittmittel auf die ortsübliche Vergleichsmiete angerechnet werden und nicht, wie bei § 559 a Abs. 1 BGB, auf die aufgewandten Kosten. Unter Umständen kann dieser Rechenschritt sogar dazu führen, dass die bisher gezahlte ortsübliche Vergleichsmiete noch nicht einmal erreicht wird. Bedeutung hat dies für die Frage, wie lange eine Anrechnung zu erfolgen hat.

### 5. Drittmittel

**Die Drittmittel** sind vom Jahresbetrag der ortsüblichen Vergleichsmiete abzuziehen, nicht von der tatsächlich möglichen Mieterhöhung. Das bedeutet, dass die **Kappungsgrenze** erst nach Anrechnung der Drittmittel zur Anwendung kommt. 225

## IV. Dauer der Anrechnung

### 1. Allgemeines

Der Wortlaut der Vorschrift des § 558 Abs. 5 BGB enthält keinerlei zeitliche Beschränkungen für die Anrechnung von Drittmitteln. Die Vorschrift bestimmt vielmehr uneingeschränkt, dass von der ortsüblichen Jahresvergleichsmiete die Drittmittel nach § 559 a BGB abzuziehen sind. Anders als bei der Mieterhöhung nach § 559 BGB ist die Anrechnung hier auch nicht auf eine Erhöhung beschränkt.[835] Soweit es sich um Kürzungen wegen zinsverbilligter Darlehen (→ Rn. 215), Aufwendungszuschüssen (→ Rn. 220) oder Aufwendungsdarlehen (→ Rn. 222) handelt, ist die Förderung selbst zeitlich befristet und entfällt irgendwann, anders sieht es demgegenüber mit der Anrechnung von Kürzungsbeträgen wegen der Verwendung von **Baukostenzuschüssen** aus. 226

Da die gesetzliche Regelung in § 558 Abs. 5 BGB insofern wenig aussagekräftig ist, muss zur Beurteilung dieser Frage auf eine **teleologische Auslegung** zurückgegriffen werden. Grundsätzlich hat der Gesetzgeber dem Vermieter, der Modernisierungsarbeiten vornimmt, einen Erhöhungsanspruch nach § 559 BGB eingeräumt. Im Rahmen einer solchen Mieterhöhung soll der Vermieter verpflichtet sein, die Subventionen, die er erhalten wird, an den Mieter weiterzugeben. Auf Grund einer Modernisierungsmaßnahme ist aber grds. nur **eine** Mieterhöhung nach § 559 BGB möglich, so dass die Anrechnung der Drittmittel bei der Mieterhöhung nach § 559 BGB nur einmal in Betracht kommt, sich aber zeitlich auf Dauer auswirkt, da die Miete eben nur um einen gekürzten Betrag hatte erhöht werden können und selbst der Wegfall der Förderung den Vermieter nicht berechtigt, die Miete nochmals nach § 559 BGB zu erhöhen. Ferner ist zu berücksichtigen, dass der Vermieter bei einer Mieterhöhung nach § 559 BGB grds.[836] nicht an die ortsübliche Vergleichsmiete für den modernisierten Wohnraum gebunden ist, sondern die ortsübliche Vergleichs- 227

[834] LG Berlin GE 1998, 1212; AG Tiergarten GE 1989, 885; AG Hamburg WuM 1984, 283.
[835] Kinne/Schach/Bieber MietR/*Schach* BGB § 558 Rn. 58h unter ausdrücklicher Aufgabe seiner in der Vorauflage vertretenen abweichenden Ansicht.
[836] Zur Ausnahme bei preisgebundenem Wohnungsbau in einigen Bundesländern → BGB § 559 Rn. 178.

miete sogar um bis zu 20%, in Ausnahmefällen[837] sogar noch mehr, überschreiten darf (→ BGB Anh. § 535 Rn. 37 ff.; → BGB § 559 Rn. 177 ff.). Der Vermieter kann aber nach einer Modernisierungsmaßnahme auch die Miete bis zur ortsüblichen Vergleichsmiete für modernisierten Wohnraum erhöhen. Bei der Auslegung der Anrechnungsregel in § 558 Abs. 5 BGB muss deshalb sichergestellt sein, dass die Anrechnung von Drittmitteln im Rahmen der Anwendung des § 559 BGB und iRd § 558 BGB nach den gleichen Gesichtspunkten erfolgt.[838]

228 Daraus folgt zunächst, dass die Anrechnung von Drittmitteln dann nicht zu erfolgen hat, wenn gar keine Mieterhöhung wegen der Modernisierung möglich ist, also bei der **Neuvermietung.**[839] Ferner hat eine Anrechnung von Kürzungsbeträgen nicht mehr zu erfolgen, wenn sie auch bei einer Mieterhöhung nach § 559 BGB nicht mehr zu berücksichtigen wäre, zB weil die Modernisierungsvereinbarung mit der Zinsvergünstigung ausgelaufen ist, so dass wirtschaftlich gar keine Subventionierung mehr stattfindet.[840] Erhält der Vermieter keine Subvention, muss er auch keine Subvention weitergeben.

229 Schließlich kann sich auch aus der **Modernisierungsvereinbarung** ergeben, ob eine Anrechnung zu erfolgen hat. Hat sich der Vermieter gegenüber dem Darlehensgeber verpflichtet, nur eine Miete zu verlangen, die den Zuschuss berücksichtigt und bleibt auch die neue verlangte Miete unter dieser genehmigten Durchschnittsmiete, dann hat eine Anrechnung zu unterbleiben, weil der Fördergeber, der ja insofern Herr des Verfahrens ist, seine Fördermittel entsprechend seinen Vorstellungen eingesetzt und der Vermieter sich an diese Vorgabe gehalten hat.[841]

230 Umgedreht hat eine Anrechnung immer und solange zu erfolgen, wie der Vermieter in den Genuss einer Zinsvergünstigung kommt.[842] Diese muss er dauerhaft an den Mieter weitergeben.[843] Dabei sind folgende Fallgestaltungen denkbar:

### 2. Anrechnungsdauer während befristeter Förderdauer

231 **a) Anstieg der ortsüblichen Vergleichsmiete. Nach einer Modernisierung,** die auch nach Anrechnung der Drittmittel noch zu einer zulässigen Überschreitung der ortsüblichen Vergleichsmiete um 20% geführt hat, **steigt die ortsübliche Vergleichsmiete** für die modernisierte Wohnung in der Folgezeit an und ist nun höher als die gem. § 559 BGB erhöhte Miete.

**Beispiel:** Der ortsübliche Vergleichsmietzins beträgt für die renovierte Wohnung im Jahr 2014 4 EUR/m². Auf Grund einer Modernisierung und unter Anrechnung eines monatlichen Kürzungsbetrages wegen Zinsvergünstigung von 0,50 EUR/m² beträgt die Miete im Jahr 2020 4,80 EUR/m². Im Jahr 2024 beträgt die ortsübliche Vergleichsmiete bereits 5,25 EUR.

Würde man hier den Kürzungsbetrag von 0,50 EUR/m² von der ortsüblichen Miete abziehen, dann läge die maßgebliche Miete mit 4,75 EUR/m² unter der seit vier Jahren geschuldeten Miete von 4,80 EUR/m². Solange der Vermieter tatsächlich in Genuss der Förderung kommt, sind die Drittmittel tatsächlich abzuziehen, da der Vermieter wirtschaftlich mehr als die 5,25 EUR/m² erhält, nämlich 4,80 EUR/m² vom Mieter und 0,50 EUR/m² Subvention. Daraus folgt, dass die Anrechnung der Drittmittel auch bei späteren Mieterhöhungen zu erfolgen hat, solange die Zinsverbilligung gewährt wird.[844]

232 **b) Ansteigen auf ortsübliche Vergleichsmiete. Nach einer Modernisierung** erhöht der Vermieter die Miete auf die ortsübliche Vergleichsmiete abzüglich des Kürzungsbetrages. In der Folgezeit steigt die ortsübliche Vergleichsmiete für die modernisierte Wohnung an.

**Beispiel:** Die ortsübliche Vergleichsmiete beträgt für eine renovierte Wohnung im Jahr 2017 4 EUR/m². Der Vermieter erhöht die Miete gem. § 558 BGB unter Anrechnung von Drittmitteln monatlich wegen Zinsvergünstigung von 0,50 EUR/m² auf 3,50 EUR/m². Im Jahre 2020 beträgt die ortsübliche Vergleichsmiete bereits 5 EUR.

---

[837] KG NZM 1998, 225.
[838] KG NZM 1998, 107.
[839] LG Berlin GE 1997, 238; Staudinger/*V. Emmerich* BGB § 558 Rn. 63; *Maciejewski* MM 1998, 97; offen gelassen von BGH VIII ZR 282/03, NZM 2004, 655.
[840] LG Berlin GE 2008, 734; 1997, 340; AG Tempelhof-Kreuzberg GE 1997, 435.
[841] *LG Berlin GE 1996, 1547; 1997, 239.*
[842] BGH VIII ZR 179/08, NJW 2009, 1737; *Börstinghaus* WuM 2009, 339; *Beuermann* GE 2009, 620.
[843] LG Berlin MM 1990, 229.
[844] BGH VIII ZR 179/08, NJW 2009, 1737; *Börstinghaus* WuM 2009, 339; *Beuermann* GE 2009, 620.

Auch hier ist der Kürzungsbetrag solange anzurechnen, wie dem Vermieter die Zinsvergünstigung von 0,50 EUR/m² tatsächlich zufließt. Mit Ende des Förderzeitraums entfällt auch die Anrechnungspflicht. Dabei ist es unerheblich, ob nach der Modernisierung eine oder mehrere Mieterhöhungen nach § 558 BGB durchgeführt wurden.[845] Hätte der Vermieter nämlich eine Mieterhöhung nach § 559 BGB vorgenommen, dann hätte die Anrechnung der Drittmittel ebenfalls fortgewirkt. Soweit die Miete vor der Mieterhöhung nach § 559 BGB noch nicht die ortsübliche Vergleichsmiete für nicht renovierte Wohnungen erreicht hatte, stand es dem Vermieter frei, sowohl ein Zustimmungsverlangen gem. § 558 BGB bis zur ortsüblichen Vergleichsmiete für nicht renovierte Wohnungen zu stellen und außerdem eine Mieterhöhung nach § 559 BGB unter Anrechnung der Drittmittel vorzunehmen. Hat er einheitlich die Miete nach § 558 BGB auf die ortsübliche Vergleichsmiete für modernisierte Wohnungen erhöht, dann hat er die beiden zuvor genannten Schritte auf einmal getan. Das ändert aber nichts daran, dass bei weiteren Mieterhöhungen nur der Weg nach § 558 BGB möglich ist und unabhängig vom ersten Schritt nach der Modernisierung für die Zeit der Förderung eine Anrechnung stattzufinden hat.

### 3. Anrechnungsdauer bei unbefristeter Förderung

Beiden zuvor geschilderten Fallgestaltungen ist gemein, dass die Förderung selbst befristet ist. 233
Hier ergibt sich die Dauer der Anrechnungspflicht aus der Förderdauer.[846] Anders sieht es aber bei der Dauer der Anrechnung von Kürzungsbeträgen nach § 558 Abs. 5 Hs. 2 BGB aus, also wenn es sich um die Anrechnung von Kürzungsbeträgen auf Grund von **Baukostenzuschüssen** oder **Tilgungszuschüssen**[847] handelt. Solche Zuschüsse führen bei einer Mieterhöhung nach § 559 BGB dazu, dass der Bauaufwand, den der Vermieter mit 8% auf den Mieter umlegen kann, bereits verringert wird. Die Mieterhöhung nach § 559 BGB fällt daher geringer aus. Da eine Mieterhöhung nach § 559 BGB vor allem dann von Interesse ist, wenn sie zu einer Miete führt, der über der ortsüblichen Vergleichsmiete liegt, bedeutet dies, dass Mieterhöhungen nach § 558 BGB solange ausgeschlossen sind, bis die ortsübliche Vergleichsmiete für den modernisierten Wohnraum die gem. § 559 BGB erhöhte Miete übersteigt. Dann ist aber eine Mieterhöhung nach § 558 BGB wieder möglich. Würde man Drittmittel wegen Baukostenzuschüssen ohne jede zeitliche Beschränkung bei allen zukünftigen Mieterhöhungen in Abzug bringen,[848] so würde völlig unberücksichtigt bleiben, dass die Mieterhöhung gem. § 559 BGB völlig in der Mieterhöhung nach § 558 BGB aufgeht und nicht als gesonderter Zuschlag weitergeführt wird.[849] Der Modernisierungszuschlag wird ab Fälligkeit **Teil der geschuldeten einheitlichen Miete.**[850] Dies ergibt sich aus dem Wortlaut des § 559 Abs. 1 BGB, wonach der Vermieter berechtigt ist, eine Erhöhung der jährlichen Miete um 8% der auf die Wohnung aufgewandten Kosten zu verlangen. Deshalb ist schon die Prämisse, der Mieter zahle in den ersten neun Jahren nach der Mieterhöhung an den Vermieter die gesamten Baukosten und anschließend erhalte der Vermieter eine Rendite von 8% des eingesetzten Kapitals, falsch.[851] Diese wäre nur dann richtig, wenn der Zuschlag von 8% der Baukosten ohne zeitliche Beschränkung zur ortsüblichen Vergleichsmiete hinzuzurechnen wäre. Dann wäre es richtig, diesen Zuschlag um 8% des Baukostenzuschusses zu kürzen. Dies ist aber nicht der Fall. Die Mieterhöhung gem. § 559 BGB wird von Jahr zu Jahr bedeutungsloser. Allenfalls die verbesserte Beschaffenheit der Wohnung führt dazu, dass die ortsübliche Vergleichsmiete ggf. etwas höher ausfällt, als ohne die Modernisierungsarbeiten. Die Auswirkungen sind dabei aber völlig unterschiedlich. Während der Einbau eines Badezimmers nachhaltig die Miete erhöht, führen gleich hohe Investitionen in den Wärmeschutz auch heute noch erfahrungsgemäß zu nur sehr viel geringeren Steigerungen der ortsüblichen Vergleichsmiete.

---

[845] BGH VIII ZR 179/08, NJW 2009, 1737.
[846] BGH VIII ZR 179/08, NJW 2009, 1737.
[847] AG Neubrandenburg WuM 2017, 148.
[848] *Kunze/Tietzsch* Miethöhe Teil II Rn. 314; *Kunze/Tietzsch* WuM 1997, 308; WuM 2003, 423 (426).
[849] BGH VIII ZR 331/06, NZM 2008, 124 (teilweise aufgegeben durch BGH VIII ZR 355/18, NZM 2008, 124); LG München WuM 1996, 43.
[850] BGH VIII ZR 331/06, NZM 2008, 124 (teilweise aufgegeben durch BGH VIII ZR 355/18, NZM 2008, 124); LG München WuM 1996, 43; LG Frankfurt a. M. PE 1996, 154; LG Essen WuM 1994, 217; LG Hamburg WuM 1989, 82; 1985, 229; AG Lichtenberg GE 2004, 629, MM 2001, 106; AG Mühlheim WuM 1990, 221; *Langenberg* PiG 40 (1993), 59 (63); Sternel MietR Kap. III Rn. 764; Staudinger/*V. Emmerich* BGB § 559 Rn. 67; AnwK WohnraumMietR/*Lammel* BGB § 559b Rn. 25.
[851] *Beuermann* GE 1996, 1514 (1520); **aA** *Kunze/Tietzsch* WuM 1997, 308 (309).

234 Da somit die Prämisse, die für eine dauernde Anrechnung spricht, tatsächlich nicht richtig ist, muss versucht werden, ein unter **verfassungsrechtlichen Gesichtspunkten** vertretbares Ergebnis zu finden.[852] Eine Anrechnung der Drittmittel in diesen Fällen ohne jede zeitliche Beschränkung würde das Mieterhöhungsrecht des Vermieters selbst in den Fällen beschränken, in denen auf Grund des durch die Baumaßnahme geschaffenen Zustands selbst eine höhere ortsübliche Vergleichsmiete gar nicht oder zumindest geringer als die Drittmittel ausfallen, erzielbar wäre. Dies würde aber in den Eigentumsbereich des Art. 14 GG eingreifen.[853] Der Vermieter hat ja gerade nichts mehr von der Investition. Ihm wird vielmehr in einem eigentlich dem freien Spiel der Marktkräfte unterliegenden Markt ein Teil der erzielbaren Rendite genommen. Deshalb muss auch hier eine zeitliche Befristung der Anrechnung erfolgen, um einen Verfassungsverstoß zu vermeiden. Sind verschiedene Deutungen einer Norm möglich, dann ist derjenigen der Vorzug zu geben, die mit der Verfassung in Einklang steht.[854] Der Vermieter soll durch die Förderung nicht bessergestellt werden, er darf aber auch nicht schlechter gestellt werden.[855] Deshalb ist eine **verfassungskonforme Auslegung** und teleologische Reduktion der Vorschrift erforderlich, die zu der gebotenen Einschränkung führt.[856]

235 Eine allen Fällen gleichermaßen gerecht werdende Frist gibt es im Prinzip nicht.[857] Dies liegt daran, dass die ortsübliche Vergleichsmiete von den verschiedenen Wohnwertmerkmalen sehr unterschiedliche beeinflusst wird und deshalb bei völlig gleichem Bauaufwand für eine Modernisierung die erzielbare Miete später ganz unterschiedlich ist. Es kann also nur darum gehen, eine Frist zu finden, die unter verfassungsrechtlichen Gesichtspunkten im Rahmen einer teleologischen Beschränkung noch hinnehmbar ist. Dabei kann auch auf ähnliche Vorschriften zurückgegriffen werden. Zunächst besagt § 559 BGB selbst, dass der Gesetzgeber unter Ansatz einer marktüblichen Verzinsung von ca. 2,5% des eingesetzten Kapitals von einer **Frist von ca. 12 Jahren** ausgeht, innerhalb derer der Vermieter sein Kapital und eine angemessene Verzinsung zurückerhält.[858] Diese Frist entspricht auch der Frist, die der Gesetzgeber in anderen Regelungen festgelegt hat. Zum Teil werden sogar kürzere Fristen für verlorene Zuschüsse angeordnet. In § 2 des Gesetzes über die Rückerstattung von Baukostenzuschüssen[859] ist bestimmt, dass ein Betrag in Höhe einer Jahresmiete durch eine Mietdauer von vier Jahren als getilgt gilt. Hier hat der Gesetzgeber also ausdrücklich eine Verrechnungsfrist bestimmt. Dieser Gedanke kam bereits in § 19 Abs. 2 des früheren 1. BMG sowie in § 57c Abs. 2 S. 1 ZVG zum Ausdruck. Diese Frist ist letztendlich für den vorliegenden Fall aber wohl zu kurz und zum anderen auch nicht ausreichend im Vorhinein bestimmbar. Es bietet sich aber wegen der in § 559 BGB zum Ausdruck kommenden Frist an, auf den früheren § 57c Abs. 2 S. 2 ZVG[860] abzustellen, wonach jedenfalls mit Ablauf von 12 Jahren solche Leistungen als getilgt anzusehen sind. Eine verfassungskonforme Auslegung kommt deshalb zu dem Ergebnis, dass **Kürzungsbeträge** auf Grund von Baukostenzuschüssen **maximal 12 Jahre**[861] nach der ersten in

---

[852] So ausdrücklich BGH VIII ZR 310/11, NZM 2012, 857; BGH VIII ZR 282/03 ua, NZM 2004, 655.

[853] *Beuermann* GE 1996, 1514 (1520).

[854] BVerfGE 2, 282; 8, 221; 48, 45; 64, 241.

[855] BGH VIII ZR 116/03, NZM 2004, 380; VIII ZR 282/03, NZM 2004, 655.

[856] BGH VIII ZR 116/03, NZM 2004, 380; so auch OLG Hamm NJW-RR 1998, 153 für das frühere Sozialklauselgesetz.

[857] So auch die Prämisse von *Kunze/Tietzsch* WuM 2003, 423 (426); MüKoBGB/*Artz* § 558 Rn. 57 legt sich deshalb auch auf keine Frist fest, sondern lässt die Anrechnungsverpflichtung enden, wenn „der Zuschuss aufgezehrt" ist. Plausibel seien 12 Jahre.

[858] Beim bis 31.12.2018 geltenden Umlageprozentsatz von 11% kam man bei einer marktüblichen Verzinsung von 3,5% zum gleichen Ergebnis.

[859] V. 21.7.1996 (BGBl. I 1041).

[860] Aufgehoben durch Art. 11 Nr. 5 G v. 22.12.2006 (BGBl. I 3416) mit Wirkung ab 1.2.2007.

[861] So auch ausdrücklich BGH VIII ZR 310/11, NZM 2012, 857; zuvor hat der BGH diese Frist bereits in den Raum gestellt, ohne abschließend entscheiden zu müssen: BGH VIII ZR 116/03, NZM 2004, 380; *Börstinghaus* BGHReport 2004, 798; LG Görlitz WuM 2008, 489; Palandt/*Weidenkaff* BGB § 558 Rn. 13; FA-MietR/*Elzer* Kap. 5 Rn. 260; für eine Frist von „wenigstens 10 Jahren" beginnend mit Ablauf der Bindungsfrist LG Berlin GE 2003, 591 (592); **aA** *Beuermann* GE 1996, 1514 (1520), der eine Frist von zehn Jahren befürwortet; abl. *Kunze/Tietzsch* WuM 2003, 323 (426ff.), die auf Grund einer ganz eigenen Berechnungsmethode, jetzt zu dem Ergebnis kommen, dass eine Anrechnung durchaus auch über 25 Jahre erforderlich ist; *Kunze/Tietzsch Miethöhe Teil II Rn. 315ff.*; Kinne/Schach/Bieber MietR/*Schach*, 5. Aufl. 2009, BGB § 558 Rn. 58h bezeichnete dies als „*nette Rechenbeispiele*, die rechtlich nicht relevant seien und die Diskussion kaum fördern können" (in Kinne/Schach/Bieber MietR, 6. Aufl. 2011, sind diese Ausführungen nicht mehr enthalten); Anrechnung auch bei Auslaufen der Förderung vor 15 Jahren LG Berlin MM 2003, 469.

Betracht kommenden Mieterhöhung nach Beendigung der Modernisierungsmaßnahme nicht mehr zu berücksichtigen sind. Dies gilt ebenso für **Tilgungszuschüsse.**[862]

## V. Inhalt der Mieterhöhungserklärung

236 Der Vermieter muss im Erhöhungsverlangen zwingend **Angaben zu den Drittmitteln** machen.[863] Es fehlt zwar in § 558 a Abs. 1 BGB sowohl eine ausdrückliche Regelung wie in § 559 b BGB, wonach alle Voraussetzungen der §§ 559, 559 a BGB zu erläutern sind, wozu auch die Kürzungsbeträge nach § 559 a BGB gehören, als auch eine Verweisung in § 558 Abs. 5 BGB gerade auf diesen § 559 b Abs. 1 BGB, jedoch ergibt sich das **Begründungserfordernis** aus § 558 a Abs. 1 BGB selbst. Gemäß § 558 a Abs. 1 BGB ist das Mieterhöhungsverlangen vom Vermieter zu begründen. Die Verpflichtung zur Begründung des Mieterhöhungsverlangens soll die Möglichkeit einer außergerichtlichen Einigung über das Mieterhöhungsbegehren fördern und überflüssige Zustimmungsklagen vermeiden helfen. Außerdem ist der Begründungszwang vom Gesetzgeber eingeführt worden, um im Rahmen der Verhandlungen über das Mieterhöhungsverlangen die Rechtssicherheit im Verhältnis zwischen Vermieter und Mieter zu erhöhen.[864] Begründen bedeutet deshalb, dass der Vermieter dem Mieter die Informationen[865] gibt, die der Mieter zum einen benötigt, die Berechtigung des Erhöhungsverlangens zu überprüfen und die er zum anderen selbst nicht hat. Beide Voraussetzungen treffen auf die Anrechnung von Drittmitteln nach § 558 Abs. 5 BGB zu. Die Anrechnung von Drittmitteln hat unmittelbar Einfluss auf eine der beiden Rechengrößen, die die Höhe des Betrages bestimmen, bis zu dem der Mieter zustimmen muss. Der Anspruch wird bekanntlich beschränkt auf der einen Seite durch die Kappungsgrenze und auf der anderen Seite durch die Höhe der ortsüblichen Vergleichsmiete. Auch wenn die ortsübliche Vergleichsmiete selbst durch die Kürzungsbeträge nicht beeinflusst wird, so verringern sie den Betrag, bis zu dem der Mieter seine Zustimmung erteilen muss. Ohne die Angabe der Kürzungsmittel ist der Mieter nicht in der Lage, die Berechtigung des Mieterhöhungsverlangens zu überprüfen.[866] Der Mieter hat die erforderlichen Informationen nicht. Selbst wenn bereits bei einer vorangegangenen Mieterhöhung nach § 559 BGB oder auch nach § 558 BGB eine Anrechnung von Drittmitteln erfolgt ist, ist dem Mieter weder zuzumuten, diese Zahlen aus den Unterlagen herauszusuchen noch zu ermitteln, ob die Zahlen sich in der Zwischenzeit verändert haben.[867] Angaben müssen gemacht werden in allen Fällen, in denen der Vermieter Zuschüsse oder zinsverbilligte Darlehn gem. § 559 a BGB erhält, also für eine Modernisierungsmaßnahme. Werden Fördermittel undifferenziert zum Zwecke der Instandsetzung und Modernisierung gewährt, muss dem Mieter jedenfalls mitgeteilt werden, wann der Vermieter welche öffentlichen Mittel zu welchem Zweck – Modernisierung oder Instandsetzung – erhalten hat, um den Mieter in die Lage zu versetzen, ggf. substantiierte Einwendungen gegen das Erhöhungsverlangen vorbringen zu können.[868]

237 Das bedeutet nicht, dass in jedem Mieterhöhungsverlangen Angaben zu den Drittmitteln enthalten sein müssen, selbst wenn gar keine Kürzungsbeträge in Betracht kommen. Ein Mieterhöhungsverlangen, in dem der Vermieter **keine Angabe zu Kürzungsbeträgen** gemacht hat, ist aus der maßgeblichen Sicht eines objektiven Empfängers auf Seiten des Mieters so zu verstehen, dass der Vermieter damit ausdrücklich erklärt, keine Fördermittel erhalten zu haben und deshalb auch keine Kürzungsbeträge in Anrechnung bringen zu müssen.[869] Dies gilt auch, wenn in einer

---

[862] AG Neubrandenburg WuM 2017, 148.

[863] BGH VIII ZR 310/11, NJW 2012, 3090 = NZM 2012, 857; VIII ZR 310/11, NZM 2012, 857; VIII ZR 87/10, NZM 2011, 309; VIII ZR 179/08, NJW 2009, 1737 = NZM 2009, 393; *Beuermann* GE 2009, 620; *Börstinghaus* WuM 2009, 339; BGH VIII ZR 116/03, NZM 2004, 380; VIII ZR 234/03, NZM 2004, 581 (teilweise aufgegeben in BGH VIII ZR 355/18, NZM 2008, 124); KG NZM 2002, 211; LG Berlin GE 2008, 991; MM 1996, 327; 1990, 229; *Kunze/Tietzsch* WuM 1997, 308, 309; *Beuermann* GE 1996, 1514, 1521; *Maciejewski* MM 1998, 97; zweifelnd LG Berlin GE 1997, 240; 2002, 195; 2002, 862; 2003, 591, dann keine Angaben, wenn keine Auswirkungen; LG Berlin GE 2002, 862, keine Angaben, wenn nur Mittel für Instandsetzungsarbeiten.

[864] KG WuM 1984, 101.

[865] Deshalb reicht die bloße Angabe eines Kürzungsbetrages ohne jede Erläuterung nicht aus: AG Köpenick MM 3/2011, 30.

[866] BGH VIII ZR 310/11, NZM 2012, 857.

[867] LG Berlin GE 2002, 396.

[868] BGH VIII ZR 235/03, WuM 2004, 406.

[869] *Beuermann* GE 1996, 1514 (1521).

vorangegangenen Mieterhöhung gem. § 559 BGB oder § 558 BGB noch Kürzungsmittel angegeben worden sind, die zum Zeitpunkt der neuen Mieterhöhung aber ausgelaufen sind. Eine Erläuterungspflicht hinsichtlich von Abweichungen von früheren Erklärungen gibt es nicht.[870] Die Begründungspflicht geht nicht weiter als die gesetzliche Anrechnungspflicht.[871] Nur anzurechnende Drittmittel müssen angegeben werden.[872] Keine Angaben müssen ferner bei einer Neuvermietung oder einer Mieterhöhung nach einer Neuvermietung nach Modernisierung gemacht werden, oder wenn die öffentliche Hand nur Mittel zur Instandsetzung bewilligt hat, selbst wenn diese auch für Modernisierung ausgegeben wurden[873], da hier keine Anrechnung erfolgen muss.[874] Werden Fördermittel undifferenziert zum Zwecke der Instandsetzung und Modernisierung gewährt, muss dem Mieter jedenfalls mitgeteilt werden, wann der Vermieter welche öffentlichen Mittel zu welchem Zweck – Modernisierung oder Instandsetzung – erhalten hat, um den Mieter in die Lage zu versetzen, ggf. substantiierte Einwendungen gegen das Erhöhungsverlangen vorbringen zu können.[875] Denn die gesetzlichen Regelungen in § 558 Abs. 5, § 559 a BGB sollen sicherstellen, dass dem Vermieter solche Maßnahmen nicht zugutekommen, zu deren Durchführung er öffentliche Mittel in Anspruch genommen hat. Andernfalls würde er gegenüber dem Vermieter ungerechtfertigt bessergestellt, der die Modernisierungsmaßnahmen aus eigenem Vermögen finanziert hat.[876] Auch der Erwerber muss keine Angaben machen.[877] Das Gleiche gilt, wenn die öffentliche Förderung ausgelaufen ist[878] oder die Anrechnungspflicht nach 12 Jahren nicht mehr besteht.[879]

238 Umstritten ist die Frage, ob Angaben gemacht werden müssen, wenn mit der Mieterhöhung eine Miete verlangt wird, die die **genehmigte oder vereinbarte Höchstmiete** nicht überschreitet. Dies wird zT verneint.[880] Das ist aber nicht richtig, da die verschiedenen Rechtsbeziehungen auseinandergehalten werden müssen. Im Verhältnis zwischen Vermieter und Mieter gelten die mieterschützenden Vorschriften der §§ 558 ff. BGB; im Verhältnis des Vermieters zum Fördergeber die vertraglichen Regelungen. Der Vermieter muss zwischen den Verpflichtungen, die er auf Grund des Fördervertrages zu erfüllen hat und den mietrechtlichen Bestimmungen unterscheiden:

– Mietrechtlich darf der Vermieter nur eine Miete verlangen, die die ortsübliche Vergleichsmiete abzüglich der anzurechnenden Fördermittel nicht übersteigt; §§ 558 ff. BGB. Nur dies ist zunächst die Bestimmung, die im Verhältnis Vermieter zum Mieter zu beachten ist. Auf diese Voraussetzungen bezieht sich die Begründungspflicht.
– Davon abzugrenzen sind die Verpflichtungen, die der Vermieter im Fördervertrag übernommen hat. Ein Verstoß hiergegen löst ggf. Schadensersatzansprüche der Bewilligungsstelle aus. Man kann allenfalls darüber nachdenken, ob der Fördervertrag ggf. auch ein Vertrag zugunsten Dritter ist, so dass der Mieter sich auch darauf berufen kann. Unmittelbar wirkt er nur zwischen Vermieter und Bewilligungsstelle.

Der Hinweis im Erhöhungsverlangen, dass die Höchstgrenzen des Fördervertrages eingehalten, genügt deshalb für eine Begründung nicht aus.[881] Denkbar ist, dass die Höchstmiete nach dem Fördervertrag (zB Mittelwert des Mietspiegelfeldes) höher ist als die mietrechtlich zulässige Miete unter Anrechnung der Fördermittel.

239 Kommen Drittmittel in Betracht, muss der Vermieter im Erhöhungsverlangen die **Berechnungsgrundlagen** zur Errechnung der Kürzungsbeträge angeben; hierzu gehört die Angabe,

[870] BGH VIII ZR 261/07, NJW 2008, 2260, für Betriebskostenabrechnung; LG Berlin GE 2008, 733, **aA** LG Berlin GE 2008, 991, für Mieterhöhung.
[871] BGH VIII ZR 310/11, NZM 2012,.
[872] BGH VIII ZR 87/10, NZM 2011, 309.
[873] LG Berlin MM 2008, 227; **aA** LG Berlin GE 2008, 991.
[874] BGH VIII ZR 87/10, NZM 2011, 309; LG Berlin GE 2001, 210, NJWE-MietR 1997, 148.
[875] BGH VIII ZR 235/03, WuM 2004, 406.
[876] BGH VIII ZR 116/03, NZM 2004, 380.
[877] KG NZM 1998, 107.
[878] LG Berlin GE 2008, 733, NJW-RR 1997, 1100; AG Tempelhof GE 1997, 435.
[879] BGH VIII ZR 116/03, NZM 2004, 380.
[880] *Keine Angaben verlangen LG Berlin* GE 2003, 591; 2000, 677; 2002, 195; 1997, 239; *Schach* GE 2002, 842; **aA** LG Berlin GE 2003, 1020.
[881] BGH VIII ZR 234/03, NZM 2004, 581 (teilweise aufgegeben durch BGH VIII ZR 355/18, NZM 2008, 124).

wann er welche Mittel, zu welchem Zweck – Modernisierung oder Instandsetzung – ggf. zu welchem Zinssatz erhalten hat.[882] Die bloße Mitteilung des Berechnungsergebnisses genügt nicht.[883] Anschließend muss der Vermieter darlegen, welche Konsequenzen das für das konkrete Erhöhungsverlangen hat, also welche Kürzungsbeträge bei dem konkreten Erhöhungsverlangen anzurechnen sind. Hat der Vermieter den Abzugsbetrag als Jahresbetrag ausgewiesen kann noch im Zustimmungsverfahren eine Umrechnung auf den Monatsbetrag erfolgen.[884] Das Erhöhungsverlangen ist selbst dann formell unwirksam, wenn der Vermieter in der Begründung zwar auf die Inanspruchnahme einer öffentlichen Förderung für die Modernisierung der Wohnung und die dadurch veranlasste Kürzung der Mieterhöhung hinweist, den Kürzungsbetrag jedoch nicht nachvollziehbar erläutert. Dies gilt auch dann, wenn der Hinweis auf einem Versehen beruht, weil eine solche Förderung in Wirklichkeit nicht erfolgt und deshalb eine Kürzung nicht erforderlich ist.[885] Diese Angaben sind auch nicht deshalb entbehrlich, weil sie bereits in dem früheren Mieterhöhungsschreiben gem. § 559b BGB enthalten waren. Denn der Vermieter kann nicht davon ausgehen, dass dem Mieter dieses Schreiben noch vorliegt.

Problematisch ist die Abfassung des **Erhöhungsverlangens bei degressiver Förderung.** Die Zinsvergünstigung ist in diesen Fällen nicht gleichbleibend, sondern fallend. Manche Förderprogramme fördern in den ersten Jahren stärker als später. Bei einer Mieterhöhung nach § 559 BGB muss der Vermieter bereits in der ersten Mieterhöhung nach § 559 BGB diese fallenden Kürzungsbeträge angeben, so dass er in dieser Erklärung bereits jeweils angeben muss, wie hoch die Miete nach der Mieterhöhung nach § 559 BGB in den einzelnen Monaten ist.[886] Der Vermieter kann nämlich zu dem Zeitpunkt, zu dem die Kürzungsbeträge sich verringern oder ganz entfallen, keine Mieterhöhung nach § 559 BGB durchführen. § 559 BGB setzt voraus, dass eine Modernisierungsmaßnahme stattgefunden hat. Dies ist zum Zeitpunkt der Mieterhöhung wegen Wegfalls von Subventionen nicht der Fall. Die damalige Modernisierung kann nicht nochmals Anlass für eine Mieterhöhung sein. Da der Vermieter zum Zeitpunkt der Mieterhöhung nach einer Modernisierung weiß, in welcher Weise sich die Subventionen entwickeln, muss er bereits in der Mieterhöhung nach § 559 BGB angeben, wie sich die Drittmittel verringern. Wählt der Vermieter den Weg über § 558 BGB nach einer Modernisierung, dann ist der Sachverhalt aber ein völlig anderer. Der Vermieter kann jeweils nach 15 Monaten eine Mieterhöhung bis zur ortsüblichen Vergleichsmiete abzüglich der Drittmittel verlangen. Somit kann der Vermieter selbst dann, wenn die ortsübliche Vergleichsmiete nicht steigen sollte, vom Mieter eine Zustimmung verlangen, wenn demgegenüber die Drittmittel sich verringert haben. Daraus folgt, dass der Vermieter dem Mieter zwar im Rahmen der Begründung des Mieterhöhungsverlangens angeben muss, wie die Subventionen sich entwickeln werden, er muss aber vom Mieter nicht die Zustimmung zu zeitlich weit in der Zukunft liegenden Zeitpunkten verlangen. Er kann jeweils unter Beachtung der übrigen Voraussetzungen des § 558 BGB ein neues Erhöhungsverlangen stellen und dabei den veränderten Kürzungsbeträgen Rechnung tragen. 240

Bei der Beurteilung der **Rechtsfolgen von Fehlern** muss unterschieden werden: 241

### 1. Unwirksamkeit

Sind die **Tatsachen** bereits **falsch,** also hat der Vermieter ganz oder teilweise verschwiegen, anrechnungspflichtige Fördermittel erhalten zu haben, dann ist das Mieterhöhungsverlangen insgesamt formell unwirksam.[887] Dies ergibt sich daraus, dass der Gesetzgeber für das Erhöhungsverlangen nur Minimalanforderungen an die Einhaltung der Formalien aufgestellt hat. Nur wenn der Vermieter auf jede Begründung verzichtet hat oder wenn er in seinem Erhöhungsverlangen von falschen Tatsachen ausgeht, ist das Erhöhungsverlangen unwirksam.[888] Eine darauf gestützte 242

---

[882] LG Berlin GE 2008, 991.

[883] BGH VIII ZR 235/03, WuM 2004, 406.

[884] LG Berlin GE 2011, 1232 mzustAnm *Kinne* GE 2011, 1204.

[885] BGH VIII ZR 234/03, NZM 2004, 581 (teilweise aufgegeben durch BGH VIII ZR 355/18, NZM 2008, 124); LG Görlitz WuM 2008, 489; LG Berlin GE 2008, 991.

[886] So auch Bub/Treier MietR-HdB/*Schultz* Kap. III A Rn. 1176; *Rupp* ZMR 1977, 323.

[887] BGH VIII ZR 116/03, NZM 2004, 380; LG Berlin GE 2008, 991; MM 2003, 472; 1996, 327; 1990, 229; *Maciejewski* MM 1998, 97; *Kunze/Tietzsch* WuM 1997, 308 (309); *Beuermann* GE 1996, 1514 (1521).

[888] BVerfGE 53, 352; BGHZ 84, 392; KG WuM 1984, 101; Staudinger/*V. Emmerich* BGB § 558a Rn. 25; *Schach* GE 2002, 842.

Zustimmungsklage ist als unzulässig abzuweisen.[889] Der Vermieter kann aber während des Prozesses ein neues Mieterhöhungsverlangen gem. § 558b Abs. 3 BGB nachholen.[890] Dazu kann er entweder ein ganz neues Mieterhöhungsverlangen stellen oder lediglich dem Mieter die fehlenden Informationen noch mitteilen. Beides löst eine neue Überlegungsfrist aus (→BGB § 559b Rn. 162ff.).

243 Hat der Mieter einem solchen unwirksamen Mieterhöhungsverlangen zugestimmt, stellt sich die Frage, ob durch die Zustimmung eine **Mietabänderungsvereinbarung gem. § 557 Abs. 1 BGB** zustande gekommen ist. Der Inhalt der Erklärung ist idR eindeutig. Der Vermieter will seinen gesetzlichen Anspruch auf Zustimmung zu einer Vertragsänderung durchsetzen. Die Willenserklärung des Vermieters bedarf deshalb keiner Auslegung (§ 133 BGB). Um eine Auslegung geht es daher nicht, sondern allenfalls um eine Umdeutung (§ 140 BGB), hier dahin, dass die Erhöhungserklärung im Falle ihrer Unwirksamkeit als Vertragsantrag gelten solle (§ 145 BGB). Ob eine solche **Umdeutung** in Betracht kommt, hängt von den Umständen des Einzelfalles ab.[891] Nach § 140 BGB ist eine Umdeutung möglich, wenn anzunehmen ist, dass bei Kenntnis der Unwirksamkeit des ursprünglichen Rechtsgeschäftes die Geltung des anderen Rechtsgeschäfts – hier Vertragsantrag – gewollt sein würde. Da ein Vertragsangebot gem. § 557 Abs. 1 BGB auf Abschluss einer Mietabänderungsvereinbarung ein Minus im Vergleich zum gesetzlichen Zustimmungsanspruch ist und das Interesse des Vermieters erkennbar nur darauf gerichtet ist, eine vertragliche Änderung der Miete zu vereinbaren, dürfte in aller Regel eine Zustimmung zu einem unwirksamen Mieterhöhungsverlangen eine Vertragsänderung bewirken.[892] Dabei ist es unerheblich, ob der Mieter ausdrücklich zustimmt oder ob eine konkludente Zustimmung durch Zahlung vorliegt. Da der Vermieter den Mieter auch bei einem unter falscher oder fehlender Angabe von Drittmitteln abgegebenen Erhöhungsverlangen zur Abgabe einer Zustimmungserklärung aufgefordert[893] hat, darf der Vermieter die Zahlung auch als Zustimmung verstehen.[894] Die Tatsache, dass das Mieterhöhungsverlangen unwirksam war, weil es den formellen oder materiellen Anforderungen des § 558 BGB nicht entsprach, steht einer konkludenten Vereinbarung nach § 557 Abs. 1 BGB nicht entgegen.[895] Dies gilt auch für Erhöhungsverlangen, in denen entgegen § 558 Abs. 5 BGB die Kürzungsbeträge wegen Inanspruchnahme öffentlicher Mittel nicht angegeben wurden, da hier eine gesetzliche Mietpreisbindung gerade nicht vorliegt,[896] sondern nur eine vertragliche Bindung gegenüber der Förderstelle. Die vom Vermieter gegenüber der Förderstelle eingegangene Verpflichtung, den Förderbetrag bei der Mietberechnung zu berücksichtigen, führt nicht zur zivilrechtlichen Unwirksamkeit von Vereinbarungen zwischen Vermieter und Mieter. Der Mieter ist bei Verstößen des Vermieters gegen § 14 ModEnG ausreichend durch den Rückerstattungsanspruch nach § 16 ModEnG geschützt, die Förderstelle kann ihrerseits die Förderung gem. § 18 ModEnG widerrufen.

244 Dem Mieter kann aber gegenüber dem Vermieter ein **Schadensersatzanspruch gem. § 241 Abs. 2, § 280 BGB** zustehen. Dies setzt voraus, dass der Vermieter schuldhaft gegen eine ihm obliegende Verpflichtung verstoßen hat. Zu den Pflichten des Vermieters gehört es im Rahmen eines Mieterhöhungsverlangens, wahrheitsgemäße und vollständige Angaben zu machen. Der Mieter muss darauf vertrauen können, dass zumindest die Tatsachen richtig sind, auch wenn dann ggf. Vermieter und Mieter unterschiedliche Rechtsfolgen aus diesen Tatsachen ziehen. Es reicht, wenn der Vermieter insofern leicht fahrlässig gehandelt hat. Leichte Fahrlässigkeit liegt bereits dann vor, wenn der Vermieter erkennen konnte, dass eine Anrechnung uU in Betracht kommen konnte. Wenn nach einer vertretbaren Auffassung eine Anrechnung der Drittmittel in Betracht kommt, muss der Vermieter dem Mieter die Information zukommen lassen, damit dieser dann entscheiden kann, ob er der vom Vermieter vertretenen Auffassung folgen will, wonach eine Anrechnung aus-

[889] BGH VIII ZR 234/03, NZM 2004, 581 (teilweise aufgegeben durch BGH VIII ZR 355/18, NZM 2008, 124).

[890] *Kunze/Tietzsch* WuM 1997, 308 (309).

[891] KG WuM 1982, 289; Staudinger/*V. Emmerich* BGB § 558a Rn. 16.

[892] LG Wiesbaden WuM 1993, 196; Staudinger/*V. Emmerich* BGB § 558a Rn. 16.

[893] Anders ist es jedoch dann, wenn der Vermieter einseitig die Miete erhöht, also keine Zustimmung zu einer Mieterhöhung verlangt. In diesem Fall ist die Zahlung keine Zustimmung BGH VIII ZR 199/04, NZM 2005, 735; *Artz* ZMR 2006, 165; LG München II WuM 1996, 624; LG Hamburg WuM 1989, 580; AG Flensburg *WuM 1991, 356.*

[894] So auch BGH NJW 1998, 445.

[895] BGH NJW 1998, 445 (447); Kossmann/Meyer-Abich Wohnraummiete-HdB/*Meyer-Abich* § 154 Rn. 9.

[896] BGH NJW 1998, 445 (447).

scheidet oder ob er es auf einen Prozess ankommen lassen will. Nur wenn eine Anrechnung erkennbar ausscheidet (→ Rn. 217 ff.), kann der Vermieter auf die Angaben verzichten, so dass er auch nicht schuldhaft gehandelt hat. Ein **Schaden** ist dem Mieter aber nur dann entstanden, wenn tatsächlich eine Anrechnung hätte erfolgen müssen. Der Anspruch richtet sich darauf, dass der Mieter so gestellt werden muss, wie er bei Kenntnis von der Anrechnung der Drittmittel gestanden hätte. Das bedeutet nicht, dass der Vermieter dem Mieter nur die Beträge zurückerstatten muss, die der Mieter unter Berücksichtigung der Drittmittelanrechnung nicht hätte zahlen müssen. Diese würde nämlich dazu führen, dass man im Rahmen des Schadensersatzanspruchs davon ausgehen würde, dass der Vermieter die notwendigen Angaben im Erhöhungsverlangen gemacht hätte. Dies ist aber falsch.[897] Auszugehen ist von dem Fall, dass der Vermieter die Angaben nicht gemacht hat und der Mieter dies erkennt. In diesem Fall besteht aber gar kein Zustimmungsanspruch des Vermieters, weil das Erhöhungsverlangen unwirksam ist. Der Mieter hätte dann nicht zugestimmt, so dass auch kein Mietabänderungsvertrag zustande gekommen wäre. Also ist der Schadensersatzanspruch darauf gerichtet, dass der Vermieter einer **rückwirkenden Vertragsabänderung** zustimmt. Der Mietabänderungsvertrag ist von Beginn an aufzuheben. Damit hat der Mieter auch die Erhöhungsbeträge rechtsgrundlos gezahlt, sie sind vom Vermieter zurückzuzahlen.[898] Da der Vermieter die günstige Rechtsstellung unredlich erworben hat, handelt er rechtsmissbräuchlich, wenn er aus dem Abänderungsvertrag Rechte herleitet. Es liegt eine **rechtsvernichtende Einwendung** vor.[899] Nicht erforderlich ist, dass der Mieter diese ausdrücklich einredeweise geltend macht; es genügt, dass das Gericht die notwendigen Tatsachen kennt. Soweit der BGH[900] bei längerer rechtsgrundloser Zahlung wegen formeller Mängel des Erhöhungsschreibens bei materieller Berechtigung des Vermieteranspruchs die Grundsätze des Fehlens der Geschäftsgrundlage anwendet, gilt das hier nicht, da der Fehler einseitig in den Risikobereich des Vermieters fällt.

### 2. Fehlerhafte Anwendung

Hat der Vermieter zwar die Tatsachen, die für die Beurteilung der Frage, ob eine Anrechnung von Kürzungsbeträgen zu erfolgen hat oder nicht, alle richtig mitgeteilt, hat er aber diese **Tatsachen rechtlich falsch angewandt,** ändert dies an der Wirksamkeit des Erhöhungsverlangens nichts. So kann der Vermieter zB die Anrechnung der Drittmittel auf Grund einer Zinsverbilligung deshalb falsch vorgenommen haben, weil er von einem falschen Stichtag für die Ermittlung des Zinssatzes für erstrangig abgesicherte Darlehen ausgegangen ist. Ferner kann er die Drittmittel bei Zuschüssen zu den Baukosten nicht angerechnet haben, weil er von einer kürzeren als der hier vertretenen 12-Jahresfrist ausgegangen ist. Solche Fehler führen nicht zur Unwirksamkeit des Erhöhungsverlangens. Insofern gilt das Gleiche als wenn der Vermieter eine zu hohe Vergleichsmiete angegeben hat. Auch in diesem Fall ist das Erhöhungsverlangen bis zur materiell richtigen Höhe wirksam. So ist es auch hier. Hat der Mieter einem solchen Erhöhungsverlangen zugestimmt, ist die Zustimmung in voller Höhe wirksam. Schadensersatzansprüche scheiden in diesem Fall idR aus, es sei denn, der Vermieter hat die Rechtslage zur Täuschung des Mieters bewusst falsch dargestellt. Die Tatsache, dass der Vermieter das in dieser Hinsicht äußerst komplizierte Miethöherecht anders ausgelegt hat, als der Mieter oder später ein Gericht, ist für sich allein nicht schuldhaft. 245

## G. Verjährung des Zustimmungsanspruchs

Der Anspruch auf Zustimmung zur Mieterhöhung verjährt wie jedes Recht, von einem anderen ein Tun oder Unterlassen zu verlangen (§ 194 Abs. 1 BGB) in der Regelverjährungsfrist des § 195 BGB, also **in drei Jahren.** Die Verjährungsfrist beginnt gem. § 199 Abs. 1 Nr. 1 BGB am Schluss des Jahres in dem der Anspruch entstanden ist. Damit ist die Fälligkeit gemeint.[901] Das bedeutet für den Zustimmungsanspruch der Zeitpunkt nach Ablauf der Überlegungsfrist des § 558b Abs. 2 BGB, da der Anspruch vorher nicht durchsetzbar ist. Da der Vermieter dann gem. § 558b Abs. 1 BGB den Anspruch einklagen muss, wenn der Mieter nicht zustimmt, kommt eine Verjährung des 245a

897 *Beuermann* GE 1996, 1514 (1521).
898 **AA** wohl OLG Hamm NZM 1998, 300, für Mieterhöhung nach WoBindG statt MHG; LG Essen WuM 2000, 254.
899 Palandt/*Grüneberg* BGB § 242 Rn. 41.
900 BGH VIII ZR 160/09, NJW 2010, 1663.
901 Staudinger/*Peters/Jacoby* BGB § 199 Rn. 5.

Anspruch wegen der durch die Klageerhebung gem. § 204 Abs. 1 Nr. 1 BGB erfolgten Hemmung des Laufs der Verjährungsfrist nur dann in Betracht, wenn der Prozess gem. § 204 Abs. 2 S. 2 BGB zum Stillstand kommt, zB weil die Parteien ihn nicht betreiben.[902] Wird das Verfahren nicht betrieben, so tritt an die Stelle der Beendigung des Verfahrens die letzte Verfahrenshandlung der Parteien, des Gerichts oder der sonst mit dem Verfahren befassten Stelle. Die Hemmung beginnt erneut, wenn eine der Parteien das Verfahren weiter betreibt. Dies kann zB deshalb der Fall sein, weil die Parteien bei gleichartigen Parallelverfahren das Verfahren zum Ruhen bringen, um ein sog. „Musterverfahren" in der nächsten Instanz entscheiden zu lassen. Für diesen Fall ordnet § 204 Abs. 2 S. 2 BGB iVm § 204 Abs. 2 S. 1 BGB an, dass die Hemmung der Verjährung sechs Monate nach der letzten Verfahrenshandlung endet. Anschließend läuft die Verjährungsfrist weiter. Alleine die Einigung ein Verfahren ruhen zu lassen bedeutet noch nicht gleichzeitig einen Verzicht auf der Einrede der Verjährung.[903]

## H. Nachteilige Vereinbarungen

246 Nach § 558 Abs. 6 BGB sind abweichende **Vereinbarungen zum Nachteil des Mieters** unwirksam. Die Vorschrift ist eigentlich überflüssig, da bereits gem. § 557 Abs. 4 BGB alle nachteiligen Vereinbarungen im Bereich der Mieterhöhungen unwirksam sind. Gemäß § 557 Abs. 3 BGB kann der Vermieter Mieterhöhungen im Bestand nur unter den Voraussetzungen der §§ 558–560 BGB verlangen. Das bedeutet dann aber auch, dass dies nur unter den in der Vorschrift des § 558 BGB genannten Voraussetzungen möglich ist und jede Abweichung hiervon zu Lasten des Mieters auch gegen § 557 Abs. 4 BGB verstößt. Zur Frage wann eine Vereinbarung vorliegt und den allgemeinen Voraussetzungen deshalb → BGB § 557 Rn. 73.

## I. Unzulässige Vereinbarungen

247 Unwirksam sind alle Vereinbarungen, die von den Voraussetzungen der § 558 Abs. 1–5 BGB zum Nachteil des Mieters in materieller, formeller oder tatsächlicher Hinsicht abweichen. Abweichungen insbes. von den Formalien der Mieterhöhung sind nach den §§ 558a Abs. 5 BGB und § 558b Abs. 4 BGB jeweils iVm § 557 Abs. 4 BGB unwirksam.

248 Unwirksam sind alle Vereinbarungen, die die Möglichkeit beinhalten, dass dem Vermieter Erleichterungen von den materiellen Voraussetzungen des § 558 BGB eingeräumt werden.

### 1. Jahressperrfrist

249 Jede **Verkürzung der Jahressperrfrist** ist unwirksam. Hierzu zählt nicht nur die ausdrückliche Vereinbarung einer kürzeren Sperrfrist,[904] sondern vor allem auch jede Vereinbarung, die den Fristbeginn vorverlegt. Die Jahressperrfrist beginnt mit dem Tag, von dem an die konkreten Vertragspartner die Miete zahlen mussten. Die Vereinbarung, dass die Jahresfrist bereits mit Vertragsschluss beginnt ist deshalb ebenso unwirksam, wie die Vereinbarung bei Vertragseintritt eines Dritten, dass hierdurch die Jahressperrfrist nicht ausgelöst werde.[905] Wirksam sind dagegen alle Vereinbarungen, die die Sperrfrist verlängern.[906] Dies ergibt sich aus § 557 Abs. 3 BGB.

### 2. Kappungsgrenze

250 Die Vereinbarung eines von § 558 Abs. 3 BGB nach oben **abweichenden Prozentsatzes** ist nicht möglich. Ferner ist es nicht möglich zu vereinbaren, dass bestimmte Mieterhöhungen, zB auf Grund einer Mietabänderungsvereinbarung auf die Kappungsgrenze nicht angerechnet werden. Ebenso unzulässig ist jede Verschiebung des Fristbeginns zur Berechnung der Dreijahresfrist, zB eine Vereinbarung im Rahmen eines Verkaufs eines Gebäudes, wonach die Dreijahresfrist erst mit Eigentumserwerb des Käufers zu laufen beginnt.

---

902 AG Ahlen BeckRS 2017, 149053 mAnm. *Börstinghaus* jurisPR-MietR 24/2018 Anm. 2.
903 *AG Ahlen BeckRS 2017, 149053 mAnm. Börstinghaus* jurisPR-MietR 24/2018 Anm. 2.
904 Staudinger/*J. Emmerich* BGB § 557 Rn. 73; Staudinger/*V. Emmerich* BGB § 558 Rn. 8.
905 LG Berlin GE 1997, 185.
906 LG Hamburg WuM 1976, 187.

### 3. Ortsübliche Vergleichsmiete

Die Vereinbarung einer anderen Definition der ortsüblichen Vergleichsmiete ist unwirksam. 251
Deshalb kann weder vereinbart werden, dass der Mieter die Marktmiete oder auch die Kostenmiete schuldet. Unwirksam sind ferner Vereinbarungen, die unrichtige tatsächliche Verhältnisse zu Lasten des Mieters festschreiben sollen und dazu führen, dass dem Vermieter unter Berücksichtigung der richtigen objektiven Gegebenheiten eine höhere Gegenleistung zugutekommt.[907] Dies ist zB dann der Fall, wenn die Parteien im Mietvertrag eine **größere Wohnfläche** vereinbaren, als tatsächlich vorhanden ist.[908] In diesem Fall ist die richtige Wohnungsgröße maßgeblich.[909] Aus der Gesetzesgeschichte und dem systematischen Zusammenhang ergibt sich eindeutig, dass die ortsübliche Vergleichsmiete allein anhand objektiver Kriterien[910] zu ermitteln ist. Vereinbarungen über die Miethöhe können die Parteien nur bei Abschluss des Mietvertrages im Rahmen einer Staffel- oder Indexmiete oder später einvernehmlich gem. § 557 Abs. 1 BGB treffen. Die Festschreibung der Einordnung einer Wohnung in ein bestimmtes **Rasterfeld des Mietspiegels** oder der maßgeblichen Merkmale ist unwirksam,[911] da sich die Wohnwertmerkmale durchaus ändern können. So kann sich die Lageklasse generell innerhalb einer Gemeinde verschieben, zB durch Errichtung neuer Stadtteile, Wohnumfeldverbesserungen aber auch durch Ausbau von Flughäfen oder Industrieunternehmen. Möglich ist auch, dass konkrete Lagenachteile im Einzelfall nur die Lage der Vertragswohnung verschlechtern, zB durch Eröffnung eines Bordells in unmittelbarer Nähe. Deshalb ist die Vereinbarung, dass die Wohnlage als „gut" einzustufen ist[912], ebenso unwirksam wie die Vereinbarung, dass bei einem Einfamilienhaus jeweils der Oberwert des Mietspiegelfeldes gelten soll.[913]. Das Gleiche gilt für die Vereinbarung verbindlicher Ausstattungs- oder Beschaffenheitsklassen oder entsprechender Zu- oder Abschläge.[914] Unwirksam ist deshalb auch die Vereinbarung, wonach eine vom Mieter auf eigene Kosten in die Mietwohnung eingebaute Einrichtung bei der Ermittlung der ortsüblichen Vergleichsmiete mitberücksichtigt wird.[915] Auch hier besteht die abstrakte Gefahr, dass solche Vereinbarungen zukünftigen Beschreibungen eines solchen Wohnwertmerkmals im Mietspiegel nicht mehr entsprechen, zB weil in Zukunft zu einer guten Ausstattung nach den empirischen Feststellungen ein Kabelanschluss oder eine Badezimmerausstattung mit farbigen Sanitäreinrichtungen gehört. Ebenso unwirksam ist die Vereinbarung wonach ein bestimmtes Ausstattungsmerkmal, das der Mieter geschaffen hat, nach Ablauf einer bestimmten Zeit bei der Ermittlung der ortsüblichen Vergleichsmiete mitberücksichtigt werden soll.[916] Auch „Rahmenvereinbarungen" wonach die Miete für ein Einfamilienhaus mit den Werten eines Mietspiegels für Geschosswohnungen erhöht werden darf, sind unzulässig, da die Mieten für Einfamilienhäuser nach ganz anderen Kriterien ermittelt werden (→ BGB § 558 a Rn. 35).[917]

Auch die Vereinbarung bestimmter **Zuschläge, für den Fall bestimmter Nutzungserweiterungen** ist unwirksam. Deshalb ist die Vereinbarung eines Untermietzuschlages für den Fall einer 252
späteren Untervermietung bereits im Mietvertrag unzulässig.[918] Der Vermieter darf nämlich gem. § 553 BGB nur unter den dort aufgezählten Voraussetzungen seine Zustimmung von einer

[907] BGH VIII ZR 266/14, BGHZ 208, 18 = NZM 2016, 42 = NJW 2016, 239; BGH VIII ZR 354/12, NZM 2013, 610; *Börstinghaus* Flächenabweichungen Rn. 672ff.; *Börstinghaus* WuM 2017, 549; *Börstinghaus* NZM 2013, 1; Erman/*Dickersbach* BGB § 558 Rn. 26; Lützenkirchen MietR/*Dickersbach* BGB § 558 Rn. 129 jeweils unter Aufgabe der aA aus der Vorauflage; aber immer noch aA bei Lützenkirchen MietR/*Dickersbach* BGB § 558 Rn. 98 („Basis … ist die zwischen den Parteien *vereinbarte* Wohnfläche").

[908] Zur Frage, ob die Angabe einer zu großen Fläche einen Straftatbestand erfüllt: *Gericke* NJW 2013, 1633; *Nicolai/Oğlakcıoğlu* JA 2021, 213.

[909] BGH VIII ZR 266/14, NZM 2016, 42 = NJW 2016, 239; LG Berlin WuM 2004, 613; AG Charlottenburg GE 2004, 301; LG Köln WuM 1986, 121; *Börstinghaus* Flächenabweichungen Rn. 762f.; Staudinger/*J. Emmerich* BGB § 557 Rn. 96 **aA** noch BGH VIII ZR 205/08, NJW 2009, 2739; → BGB § 557 Rn. 56.

[910] Kinne/Schach/Bieber MietR/*Schach* BGB § 558 Rn. 10.

[911] LG Essen WuM 1984, 110; Staudinger/*J. Emmerich* BGB § 557 Rn. 96; Kinne/Schach/Bieber MietR/*Kinne* BGB § 557 Rn. 11.

[912] LG Braunschweig WuM 1998, 252; *Sternel* MietR Kap. IV Rn. 165.

[913] LG Hamburg WuM 2002, 698.

[914] LG München I ZMR 2017, 401.

[915] BGH VIII ZR 52/18, WuM 2018, 771; *Börstinghaus,* LMK 2018, 412413.

[916] AG Hamburg WuM 2001, 287; *Sternel* MietR Kap. IV Rn. 165 weist daraufhin, dass aber die Vereinbarung der Mieterleistung als verlorener Baukostenzuschuss möglich ist.

[917] Nach Auffassung von *Sternel* MietR Kap. IV Rn. 199 soll eine solche Vereinbarung aber wirksam sein.

[918] LG Mainz WuM 1982, 191; AG Schöneberg MM 1994, 67; AG Langenfeld WuM 1992, 477; **aA** LG Köln WuM 1990, 219 mablAnm *Blank* WuM 1990, XX; *Börstinghaus* GE 1996, 88.

angemessenen Erhöhung der Miete abhängig machen. Eine generelle Erhöhung der Miete bedeutet iSd § 553 Abs. 3 BGB eine zum Nachteil des Mieters getroffene und deshalb unzulässige Vereinbarung.

253 Unzulässig sind auch alle Vereinbarungen im Zusammenhang mit der Anrechnung von Drittmitteln, die von den gesetzlichen Anrechnungsvorschriften des §§ 558 Abs. 5 BGB und § 559a BGB zu Lasten des Mieters abweichen. Dies betrifft sowohl die Höhe wie die Dauer der Anrechnung. Unzulässig ist auch eine Vereinbarung, die bei einer zeitlich befristeten öffentlichen Förderung einer Modernisierungsmaßnahme eine unzulässige Höchstmiete festlegt und dann befristete Mietverzichte beinhaltet.[919] Auch die Vereinbarung, wonach auch im preisfreien Wohnungsbau die Miethöhe von der Höhe des Mietereinkommens abhängig ist, ist unwirksam.[920]

## II. Zulässige Vereinbarungen

254 § 558 Abs. 6 BGB verbietet keine Vereinbarungen über die Höhe der Miete. Dies gilt zunächst für Einigungen nach einem Mieterhöhungsverlangen des Vermieters.[921] Es handelt sich bei einer solchen Einigung nicht um eine Abrede, die das Mieterhöhungsrecht des Vermieters erweitert, sondern um die Anerkennung eines konkreten Zustimmungsanspruchs. § 558 Abs. 6 BGB verbietet aber auch keine Einigung über die Miethöhe ohne vorheriges Zustimmungsverlangen. Das ergibt sich deutlich aus § 557 Abs. 1 BGB. Danach können die Mietvertragsparteien sich jederzeit auf eine neue Miete einigen. Dies kann auch nach einem Mieterhöhungsverlangen des Vermieters geschehen und zwar selbst dann, wenn dieses Erhöhungsverlangen unter Verstoß gegen die 15-Monatsfrist, die Jahresfrist oder die Kappungsgrenze abgegeben wurde. § 558 Abs. 6 BGB will nur Vereinbarungen verbieten, die für eine zukünftige Mieterhöhung dem Mieter Rechte nimmt, sie will den Mieter nicht vor eigenen Willenserklärungen schützen, die zu einer sofortigen Mietänderung führen.

[919] *BGH VIII ZR 41/03*, NZM 2004,; LG Berlin GE 2003, 394.

[920] LG Berlin ZMR 2015, 615.

[921] So BGH VIII ZR 230/19, NZM 2020, 1106 (für Einigung über Betriebskostensaldo nach Erteilung der Abrechnung).

# § 558a Form und Begründung der Mieterhöhung

**(1) Das Mieterhöhungsverlangen nach § 558 ist dem Mieter in Textform zu erklären und zu begründen.**

**(2) Zur Begründung kann insbesondere Bezug genommen werden auf**

**1. einen Mietspiegel (§§ 558 c, 558 d),**

**2. eine Auskunft aus einer Mietdatenbank (§ 558 e),**

**3. ein mit Gründen versehenes Gutachten eines öffentlich bestellten und vereidigten Sachverständigen,**

**4. entsprechende Entgelte für einzelne vergleichbare Wohnungen; hierbei genügt die Benennung von drei Wohnungen.**

**(3) Enthält ein qualifizierter Mietspiegel (§ 558 d Abs. 1), bei dem die Vorschrift des § 558 d Abs. 2 eingehalten ist, Angaben für die Wohnung, so hat der Vermieter in seinem Mieterhöhungsverlangen diese Angaben auch dann mitzuteilen, wenn er die Mieterhöhung auf ein anderes Begründungsmittel nach Absatz 2 stützt.**

**(4) [1]Bei der Bezugnahme auf einen Mietspiegel, der Spannen enthält, reicht es aus, wenn die verlangte Miete innerhalb der Spanne liegt. [2]Ist in dem Zeitpunkt, in dem der Vermieter seine Erklärung abgibt, kein Mietspiegel vorhanden, bei dem § 558 c Abs. 3 oder § 558 d Abs. 2 eingehalten ist, so kann auch ein anderer, insbesondere ein veralteter Mietspiegel oder ein Mietspiegel einer vergleichbaren Gemeinde verwendet werden.**

**(5) Eine zum Nachteil des Mieters abweichende Vereinbarung ist unwirksam.**

## Systematische Übersicht

**Alphabetische Schnellübersicht**



## A. Inhalt und Zweck der Norm

1 Die Vorschrift enthält die **Formalien**[1] für das Mieterhöhungsverlangen zur Durchsetzung des Anspruchs des Vermieters gem. § 558 Abs. 1 BGB.

2 Neben den materiellen Voraussetzungen, Einhaltung der Jahressperrfrist und Nichtüberschreiten der Kappungsgrenze und der ortsüblichen Vergleichsmiete, setzt der Zustimmungsanspruch des Vermieters gegenüber dem Mieter in formeller Hinsicht noch voraus, dass der Vermieter seinen Anspruch in einem **ordnungsgemäßen Erhöhungsverlangen** geltend macht. § 558a Abs. 1 BGB verlangt vom Vermieter die Geltendmachung zumindest in Textform und die Begründung des Anspruchs. Eine formell unwirksame Mieterhöhung löst unabhängig davon, ob materiell-rechtlich der Anspruch besteht oder nicht, regelmäßig keine Rechtsfolgen aus.[2] Nach geänderter Ansicht des BGH[3] stellt das Mieterhöhungsverlangen aber **keine besondere Sachentscheidungsvoraussetzung** einer Zustimmungsklage mehr dar, mit der Folge, dass die Klage als unzulässig abzuweisen wäre.[4] Auch bei den Formalien des Zustimmungsverlangens und der Klagefrist handele es sich um materielle Voraussetzungen des Zustimmungsanspruchs, so dass die Klage bei diesbezüglichen Mängeln als unbegründet abzuweisen ist. Erst das ordnungsgemäße Erhöhungsverlangen lässt den Anspruch auf Zustimmung entstehen. Die formgerechte Geltendmachung des Erhöhungsverlangens verbunden mit den kurzen Überlegungs- und Klagefristen soll die Mietvertragsparteien zu einer außergerichtlichen Einigung über die Mieterhöhung anhalten und überflüssige Prozesse vermeiden helfen.[5] Der Mieter soll die Informationen bekommen, die er benötigt, damit er die Berechtigung des geltend gemachten Anspruchs überprüfen kann. Er wird gezwungen, sich in überschaubarer Zeit darüber klar zu werden, ob er die verlangte Zustimmung ganz, teilweise oder gar nicht erteilt und der Vermieter muss sich dann kurzfristig entscheiden, ob er seinen Anspruch weiterverfolgt. Die Verbindung von Informationspflicht und zeitlichem Druck führt regelmäßig zu Entschei-

---

[1] BGH VIII ZR 234/18, NZM 2020, 322; *Börstinghaus* jurisPR-MietR 20/2011 Anm. 1; zumindest ungenau BGH VIII ZR 337/10, NZM 2011, 743, Verwendung des falschen Mietspiegels als inhaltlicher Fehler.

[2] BGH VIII ZR 199/04, NZM 2005, 735; *Artz* ZMR 2006, 165.

[3] BGH VIII ZR 355/18, NZM 2020, 534 = NJW 2020, 1947 mAnm. *Börstinghaus* NZM 2020, 541; *Börstinghaus* LMK 2020, 430371; *Happ* DWW 2020, 219.

[4] BGH VIII ARZ 1/82, BGHZ 84, 392 (399); ;VIII ZR 234/03, NZM 2004, 581; VIII ZR 212/05, NJW-RR 2006, 1305; VIII ZR 331/06, NJW 2008, 848; VIII ZR 413/12, NZM 2014, 236 = NJW 2014, 1173; *VIII ZR 136/17, NJW 2018, 2792; VIII* ZR 190/17, WuM 2018, 509.

[5] BGH VIII ZR 340/18, NZM 2019, 852; VIII ZR 255/18, NZM 2019, 813; VIII ZR 62/18, NZM 2019, 469; VIII ZR 94/17, NZM 2018, 1011; VIII ZR 413/12, NZM 2014, 236; VIII ZR 11/07, NZM 2008, 164; VIII ZR 215/05, NZM 2006, 864.

dungen und auch Einigungen. Nach älteren Untersuchungen[6] sollen ca. 99% aller Mieterhöhungsverfahren außergerichtlich erledigt werden und nur in ca. 1% der Fälle kommt es zu einer gerichtlichen Auseinandersetzung.

## B. Das Mieterhöhungsverlangen gem. Abs. 1

### I. Allgemeines

Das mit einer Begründung versehene Erhöhungsverlangen des Vermieters gem. § 558a BGB ist eine **einseitige empfangsbedürftige Willenserklärung,** nämlich ein Antrag iSd § 145 BGB[7], der auf den Abschluss eines Änderungsvertrags gem. § 311 Abs. 1 BGB gerichtet ist.[8] Die Zustimmung des Mieters, ebenfalls eine einseitige empfangsbedürftige Willenserklärung, ist ihrem Wesen nach die Annahme gem. § 151 BGB dieses Vertragsangebots. Die Vorschriften über Willenserklärungen, § 116–144 BGB, und Verträge, §§ 145–157 BGB gelten deshalb für das Mieterhöhungsverlangen und die Zustimmung des Mieters[9], soweit sich aus den Vorschriften der §§ 558ff. BGB nichts anderes ergibt. So kann der Mieter dem Erhöhungsverlangen entgegen § 150 Abs. 2 BGB auch nur teilweise zustimmen und die Annahmefristen der §§ 146–149 BGB werden durch § 558b BGB modifiziert. 3

Der Vermieter ist nicht auf das formalisierte Verfahren des § 558a BGB beschränkt. Er kann unabhängig von diesem Verfahren dem Mieter den **Abschluss eines Mietabänderungsvertrages** anbieten. Hierbei handelt es sich dann um einen Vertrag iSd § 311 Abs. 2 BGB, der unter den Voraussetzungen des § 557 Abs. 1 BGB wirksam ist.[10] Im Rahmen der aus diesen Vorschriften und den sonstigen gesetzlichen Verboten, zB § 5 WiStG und § 291 StGB, sich ergebenden Beschränkungen besteht für die Mietvertragsparteien **Vertragsfreiheit.** Daraus folgt, dass der Vermieter keinen Anspruch auf Zustimmung zu einem solchen Mietabänderungsvertrag hat. In Betracht kommt ein solches Vorgehen zum einen für Vertragsänderungen, die gesetzlich sowieso nicht durchsetzbar sind. Hierzu zählt insbes. die **Änderung der Mietstruktur,** also zB die Vereinbarung, dass für bestimmte Betriebskosten in Zukunft abrechenbare Vorschüsse gezahlt werden. Ferner kann der Vermieter dem Mieter auch den Abschluss einer Staffelmietvereinbarung oder einer Indexvereinbarung gem. § 557b BGB anbieten. Mietabänderungsvereinbarungen kommen auch als Vorstufe eines formellen Mieterhöhungsverlangen in der Praxis vor, in dem der Vermieter dem Mieter zunächst den Abschluss einer Mietabänderungsvereinbarung ggf. mit den zuvor beschriebenen Modifikationen anbietet und gleichzeitig ankündigt, für den Fall, dass eine einvernehmliche Lösung nicht erreicht wird, würde ein formelles Mieterhöhungsverlangen gestellt werden. Gegen die Wirksamkeit eines solchen „gestuften" Verfahrens bestehen keine Bedenken. Die Ankündigung, von einem gesetzlich vorgesehenen Verfahren Gebrauch zu machen, ist niemals verwerflich. Gerade die Ankündigung, im Falle einer Nichtannahme eines solchen Angebots ein Verfahren gem. §§ 558ff. BGB einzuleiten, macht dem Mieter auch deutlich, dass es sich in diesem Schreiben noch nicht um ein formelles Mieterhöhungsverlangen gem. § 558a BGB handelt. Wie für den Mieter keine Verpflichtung zur Annahme eines solchen Angebots besteht, muss der Vermieter eine nur eingeschränkte Annahme des Angebots durch den Mieter nicht akzeptieren. Für solche Mietabänderungsvereinbarungen gilt § 150 Abs. 2 BGB anders als bei Mieterhöhungsverlangen nach § 558a BGB uneingeschränkt. Verbindet der Vermieter mit einem Mieterhöhungsverlangen nach § 558a BGB zugleich das Angebot auf Abschluss eines Mietabänderungsvertrages, muss sich aus dem Schreiben aus Gründen der Rechtsklarheit deutlich ergeben, welches Verlangen unter § 558a BGB fällt, also wo ggf. für den Mieter eine Zustimmungspflicht besteht, und welches nur ein der Vertragsfreiheit unterfallendes 4

[6] IfS, Auswirkungen mietrechtlicher Regelungen auf die Mietenentwicklung und die Wohnungsversorgung, 1996, S. 42; in den neuen Ländern haben der ersten Mieterhöhung im Zustimmungsverfahren gem. § 12 MHG ca. 91% uneingeschränkt zugestimmt, gut 3% teilweise zugestimmt und nur gut 5% nicht zugestimmt; IfS, a. a. O., S. VII.

[7] BGH VIII ZR 234/18, NZM 2020, 322; VIII ZB 74/16, NZM 2018, 279; **aA** Soergel/*Heintzmann* BGB § 558a Rn. 2; wohl auch *Schmid* GE 2011, 242, die von einer Willenserklärung eigener Art ausgehen; nach *Bloching/Ortolf* NZM 2012, 334 (336) soll die Entscheidung des BGH VIII ZR 300/09, NZM 2011, 117 dafür sprechen, dass der BGH auch dieser Auffassung sei.

[8] BayObLG NJW-RR 1989, 1172.

[9] BGH VIII ZB 74/16, NZM 2018, 279.

[10] BGH VIII ZR 234/18, NZM 2020, 322.

weiteres Vertragsangebot ist. Andernfalls ist das Mieterhöhungsverlangen gem. § 558 a BGB unwirksam.[11]

5 Im Einzelfall problematisch ist die Frage, ob ein **unwirksames Mieterhöhungsverlangen gem. § 140 BGB umgedeutet** werden kann (→ BGB § 557 Rn. 13). Sinn und Zweck des § 140 BGB ist es, die Absicht der handelnden Personen, einen bestimmten wirtschaftlichen Erfolg zu erreichen, auch dann zu verwirklichen, wenn das von ihnen gewählte rechtliche Mittel unzulässig ist, ein anderes zulässiges Mittel jedoch, das ihrem hypothetischen Willen entspricht, den angestrebten wirtschaftlichen Erfolg herbeizuführen vermag.[12] Entspricht deshalb ein nichtiges Rechtsgeschäft den Erfordernissen eines anderen Rechtsgeschäfts, so gilt das letztere, wenn anzunehmen ist, dass dessen Geltung bei Kenntnis der Nichtigkeit gewollt gewesen wäre. Die Umdeutung dient vor allem der Durchsetzung des mutmaßlichen Willens der Parteien. Deshalb ist die Umdeutung **von Amts wegen** vorzunehmen. Ist das Mieterhöhungsverlangen gem. § 558 a BGB nichtig, dann kommt eine **Umdeutung in Einzelfällen** in ein Mieterhöhungsverlangen gem. § 558 a BGB mit einem anderen Inhalt oder in ein Angebot zum Abschluss einer Mietabänderungsvereinbarung gem. § 557 Abs. 1 BGB in Betracht.[13] Soweit die Rspr. bei der Umdeutung einseitiger Willenserklärungen im Mietrecht sehr zurückhaltend ist, kann dies für Zustimmungsverlangen nach § 558 a BGB nicht gelten. Eine Umdeutung einer einseitig-rechtsgestaltenden Willenserklärung in ein annahmebedürftiges Vertragsangebot ist dann zulässig, wenn sich der Erklärende bei Abgabe der einseitigen Erklärung bewusst gewesen ist, dass sie als einseitige Erklärung nicht wirksam werden könnte, und es für diesen Fall zur Herbeiführung des rechtlichen und wirtschaftlichen Erfolges der Vertragsabänderung, gewissermaßen hilfsweise, der Zustimmung des Erklärungsempfängers bedürfe.[14] Ob die Umdeutung eines unwirksamen Erhöhungsverlangens in ein wirksames Verlangen möglich ist, hängt von den Gründen, weshalb das Mieterhöhungsverlangen unwirksam ist, ab. Beruht die Unwirksamkeit auf einer Verkennung der materiellen Rechtslage zur Errechnung der ortsüblichen Vergleichsmiete oder auf falschen Tatsachen[15] so ist die Zustimmung des Mieters wirksam, wenn der Vermieter erkennbar die Zustimmung verlangt hat und nicht nur einseitig die Miete erhöht hat.[16]. Wenn der Mieter ein Zustimmungsverlangen erhält, kann er sich beraten lassen. Es kann gut sein, dass er Fehler erkennt und trotzdem, um Ärger zu vermeiden, zustimmen will.[17] Beruht die Nichtigkeit aber gerade darauf, dass der Gesetzgeber Mieterhöhungsverlangen dieser Art oder zu diesem Zeitpunkt gänzlich verbieten wollte, dann ist eine Umdeutung ausgeschlossen.[18] Deshalb kann ein vor Ablauf der Jahressperrfrist unwirksames Mieterhöhungsverlangen nicht in ein zulässiges Mieterhöhungsverlangen mit Wirkung zu einem späteren Zeitpunkt umgedeutet werden.[19] Der Mieter kann aber trotzdem zustimmen, was zu einer Mieterhöhung führt.

6 Demgemäß scheidet eine Umdeutung von nichtigen einseitigen Erhöhungserklärungen gem. den §§ 559, 560 BGB in ein Angebot auf Abschluss eines Mietabänderungsvertrages regelmäßig aus (→ BGB § 557 Rn. 19).[20] Dies gilt auch in den Fällen, in denen der Vermieter im Fall einer allgemeinen Mieterhöhung nach § 558 BGB die Miete einseitig erhöht hat. Verlangt der Vermieter gerade nicht die Zustimmung zu einer Mieterhöhung, sondern setzt einseitig die neue Miete fest und verlangt unmittelbar Zahlung, dann scheidet bereits eine Umdeutung aus den zuvor genannten Gründen aus. Die **einseitige Mieterhöhung** kann nicht in ein Angebot auf Zustimmung zum Abschluss eines Mietabänderungsvertrages umgedeutet werden. Die Zahlung

---

[11] OLG Hamburg NJW 1983, 580; LG Köln WuM 1994, 27; 1992, 55; 1985, 313; LG Hamburg WuM 1987, 86; 1985, 314; *Sternel* MietR Kap. III Rn. 25, 617.

[12] BGH BLw 4/08, ZIP 2009, 264; XII ZR 119/96, NZM 1998, 146.

[13] BGH VIII ZR 234/18, NZM 2020, 322; BGH VIII ZR 182/04, NZM 2005, 736 (9 ½ jährige Zahlung auf unwirksames Erhöhungsverlangen); Staudinger/*V. Emmerich* BGB § 558 a Rn. 13; LG Mannheim ZMR 1994, 516 (517); offen gelassen von KG WuM 1982, 289.

[14] BGH VIII ZR 299/79, NJW 1981, 43.

[15] BGH VIII ZR 234/18, NZM 2020, 322.

[16] BGH VIII ZR 234/18, NZM 2020, 322.

[17] BGH VIII ZR 182/04, NZM 2005, 736.

[18] MüKoBGB/*Artz* § 557 Rn. 41 ff.; *Artz* WuM 2005, 215 (218); MietPrax-AK/*Börstinghaus* § 557 BGB Nr. 4.

[19] AG Münster WuM 1983, 238.

[20] *BGH VIII ZR 199/04*, NZM 2005, 735; *Derckx/Wolbers* ZMR 1999, 733; **aA** LG Leipzig ZMR 1999, 767; ein Rechtsentscheid des OLG Dresden zu dieser Frage ist auf Grund des Vorlagebeschlusses des LG Leipzig ZMR 2001, 548 nicht ergangen, da der Rechtsstreit sich anderweitig erledigt hatte; wohl auch LG Görlitz WuM 2001, 28.

auf eine solche einseitige Mieterhöhung stellt demgemäß auch nicht die Annahme dieses Angebots dar.[21] Eventuelle **Zahlungen** des Mieters erfolgen rechtsgrundlos und können kondiziert werden.[22]

**Abzugrenzen** sind solche einseitigen rechtsgrundlosen Mieterhöhungen durch den Vermieter von denen wegen eines Fehlers in der Begründung oder eines sonstigen **formalen Fehlers** unwirksamen Mietererhöhungsverlangen. Bei diesen hat der Vermieter den Mieter zumindest konkludent oder in Form einer Bitte zur Zustimmung zu einer Vertragsänderung aufgefordert. In diesem Fall ist für den Mieter erkennbar, dass auch der Vermieter davon ausgeht, nicht einseitig die mietvertraglichen Leistungspflichten ändern zu können und dass eine Willenserklärung oder Handlung von ihm noch erforderlich ist. Letztendlich ist dies häufig eine Frage der Auslegung der Erklärung des Vermieters.[23] Der Mieter, der auf ein solches Verlangen hin ausdrücklich oder konkludent zustimmt, weiß, dass von ihm die Zustimmung zu einer Mieterhöhung verlangt wird, dass er also rechtsgeschäftlich tätig werden muss. Allein die Rechtsfrage, ob er verpflichtet ist, die Zustimmung zu erteilen oder ob die Erteilung der Zustimmung ohne rechtliche Verpflichtung erfolgt, ändert an der grds. beidseitig gewollten vertraglichen Regelung über die zukünftige Miethöhe nichts. Deshalb ist die **Zahlung auf ein unwirksames Mieterhöhungsverlangen** idR eine konkludente Annahme eines Angebots auf Abschluss eines Mietabänderungsvertrages.[24] Dabei reicht bereits eine einzige Zahlung aus (→ BGB § 558b Rn. 28). Dies gilt sowohl in den Fällen, in denen das Mieterhöhungsverlangen formelle Mängel aufweist wie auch in den Fällen, in denen das Mieterhöhungsverlangen materiell unberechtigt ist. **Formelle Mängel** sind, die fehlende Textform des Erhöhungsverlangens, die fehlende oder falsche Begründung[25], zB die Verwendung eines veralteten Mietspiegels[26], ein Mieterhöhungsverlangen, das nicht von allen Vermietern abgegeben wurde oder ein solches, das nicht an alle Mieter adressiert ist. Materielle Fehler können vorliegen bei einem Mieterhöhungsverlangen, das innerhalb der Jahressperrfrist abgegeben wurde, dass diie Miete über die Kappungsgrenze hinaus erhöhen will oder bei Überschreitung der ortsüblichen Vergleichsmiete. Wichtig ist, dass in all diesen Fällen der Mieter aufgefordert worden ist, eine Zustimmung zu einer Mieterhöhung um einen bestimmten Betrag zu erteilen. 7

## II. Inhalt des Mieterhöhungsverlangens

### 1. Absender und Adressat der Erklärung

Das Mieterhöhungsverlangen muss von allen Vermietern stammen und an alle Mieter gerichtet sein (→ BGB Vor § 558 Rn. 17ff.; → BGB Vor § 558 Rn. 48ff.). Dabei ist eine Bevollmächtigung auf beiden Seiten zulässig (→ BGB Vor § 558 Rn. 43). Das Mieterhöhungsverlangen wird erst mit Zugang wirksam (→ BGB § 542 Rn. 68ff.). 8

### 2. Form des Mieterhöhungsverlangens

Das Mieterhöhungsverlangen muss vom Vermieter in Textform erstellt werden. Zur Textform → BGB § 550 Rn. 77.[27] Schriftform ist selbst dann nicht erforderlich, wenn im Mietvertrag formularmäßig die Schriftform für Vertragsänderungen vereinbart ist,[28] da eine solche Schriftformklausel 9

---

[21] BGH VIII ZR 199/04, NZM 2005, 735; OLG Hamburg WuM 1986, 82; LG Mannheim WuM 2004, 481 mAnm *Börstinghaus* WuM 2005, 292; LG München II WuM 1996, 624; LG Hamburg WuM 1989, 580; AG Flensburg WuM 1991, 356.

[22] BGH VIII ZR 199/04, NZM 2005, 735.

[23] BGH VIII ZR 182/04, NZM 2005, 736.

[24] BGH VIII ZR 234/18, NZM 2020, 322; *Börstinghaus* WuM 2005, 192 (193); *Sternel* MietR Kap. IV Rn. 9; **aA** AG Donaueschingen WuM 2004, 609.

[25] *Sternel* MietR Kap. IV Rn. 96.

[26] *Börstinghaus* jurisPR-MietR 20/2011 Anm. 1; **aA** BGH VIII ZR 337/10, NZM 2011, 743; Bub/Treier MietR-HdB/*Schultz* Kap. III A Rn. 1245.

[27] Zur Mieterhöhung bei teilautomatisierten Verträgen: *Lindner* FS Gramlich, 2021, 289, 294; *Otto* Ri 2017, 46, 67.

[28] BGH VIII ZR 275/10, ZMR 2011, 707; VIII ZR 300/09, NZM 2011, 117; *Börstinghaus* WuM 2011, 338; *Beuermann* GE 2011, 95; LG Berlin GE 2005, 1431; *Bloching/Ortolf* NZM 2012, 334; diff. Staudinger/*V. Emmerich* BGB § 558a Rn. 13 zwischen deklaratorischer und konstitutiver Bedeutung der Schriftformklausel.

nicht für das einseitige Erhöhungsverlangen gilt[29] und iÜ regelmäßig auch gegen § 305b BGB[30] verstößt und deshalb gem. § 307 BGB unwirksam ist.[31] Außerdem gilt für Verträge, die ab dem 1.10.2016 abgeschlossen wurden, § 309 Nr. 13 BGB. Danach darf formularvertraglich in Verträgen keine strengere Form als Textform vorgeschrieben werden. Wenn wirklich einmal wirksam die Schriftform für Vertragsänderungen vereinbart wurde, dann hat jede Partei gem. § 127 Abs. 2 S. 2 BGB das Recht nachträglich, also nach – formfreier – Zustimmung durch den Mieter die schriftliche Fixierung der Änderungsvereinbarung zu verlangen.[32] Zu Schriftformklauseln → BGB § 550 Rn. 69.

**10** Problematisch ist die Verwendung der Textform bei **Mietverträgen mit einer Laufzeit von mehr als einem Jahr.** Diese müssen gem. § 550 BGB in „schriftlicher Form" geschlossen werden.[33] Das Schriftformerfordernis gilt auch für Vertragsänderungen, insbes. was die Miethöhe[34] angeht (→ BGB § 550 Rn. 41) und zwar unabhängig von der Höhe der Mietänderung.[35] § 550 BGB und § 558a Abs. 1 BGB regeln verschiedene Fälle. § 558a Abs. 1 BGB iVm § 126b BGB verdrängt § 550 BGB für Mieterhöhungen nicht.[36] Die Vorschriften gelten nebeneinander. Auch das „Verkehrsinteresse" rechtfertigt keine andere Beurteilung.[37] Erklärt der Vermieter das Mieterhöhungsverlangen per Telefax, Messenger-Dienst oder per E-Mail ist dies zwar im Sinne der Mieterhöhungsvorschriften wirksam, da es sich um eine Erklärung in Textform handelt, aber selbst wenn der Mieter, in welcher Form auch immer, zustimmt, ist die Änderung des Vertrages nicht *schriftlich* vereinbart worden mit der Folge, dass zwar die Mieterhöhung wirksam vereinbart wurde aber aus einem evtl. wirksam abgeschlossenen Zeitmietvertrag mit einer Laufzeit von mehr als einem Jahr wurde ein Mietvertrag auf unbestimmte Zeit. Vergleichbare Grundsätze gelten für einen Mietvertrag in dem das Recht zur ordentlichen Kündigung für länger als ein Jahr ausgeschlossen wurde (Kündigungsausschlussvereinbarung)[38] oder eine Mietvertragspartei auf ein wesentliches Kündigungsrecht verzichtet hat.[39]

**11** Für die Schriftform gem. § 550 BGB verlangt § 126 Abs. 2 S. 1 BGB, dass die Unterzeichnung der Parteien auf derselben Urkunde erfolgt **(Grundsatz der Einheitlichkeit der Urkunde)** (zur Schriftform und den Anforderungen an die Unterschrift → BGB § 550 Rn. 26; → BGB § 558b Rn. 56a).[40] Danach muss das von den Parteien unterzeichnete Schriftstück alle Abreden enthalten, die nach ihrem Willen Vertragsinhalt sind. Dabei erfordert die Schriftform des § 126 BGB keine **körperliche Verbindung** der einzelnen Blätter der Urkunde.[41] Diese Grundsätze gelten nicht nur für den Abschluss des Vertrages sondern auch für spätere Vertragsänderungen.[42] Dabei reicht es aus, wenn die **Nachtragsurkunde** auf den ursprünglichen Vertrag Bezug nimmt und zum Ausdruck bringt, es solle unter Einbeziehung des Nachtrags bei dem verbleiben, was früher bereits

---

29 BGH VIII ZR 300/09, NZM 2011, 117; *Beuermann* GE 2011, 95; *Börstinghaus* jurisPR-BGHZivilR 8/2011 Anm. 2; *Bloching/Ortolf* NZM 2012, 334.

30 BGH XII ZR 69/16, NZM 2017, 189 mAnm *Schweitzer;* KG MDR 2016, 819.

31 *Bloching/Ortolf* NZM 2012, 334; NJW 2009, 3393 (3395).

32 BGH VIII ZR 300/09, NZM 2011, 117.

33 Ob § 550 BGB bei Mietverträgen mit einer Laufzeit von mehr als einem Jahr noch die Schriftform gem. § 126 BGB verlangt ist umstritten: dafür *Timme/Hülk* NJW 2007, 3313; *Heile* NZM 2002, 505; *Sternel* ZMR 2001, 937; AnwK WohnraumMietR/*Lammel* BGB § 550 Rn. 14; Palandt/*Weidenkaff* BGB § 550 Rn. 1; Lützenkirchen Neue MietR-Praxis Rn. 366; *Lützenkirchen* MDR 2001, 1385 (1388); *Treier* GS Sonnenschein, 2013, 141 (142); **aA** *Eckert* NZM 2001, 409; *Ormanschick/Riecke* MDR 2002, 247; zweifelnd auch *Löwe* NZM 2000, 577 (580); zu den Voraussetzungen und Rechtsfolgen des § 550 BGB s. die dortige Kommentierung.

34 BGH XII ZR 15/97, NJW 1999, 3257; OLG Karlsruhe GE 2001, 694; LG Berlin NJWE-MietR 1996, 195; *Nies* NZM 2009, 687.

35 BGH XII ZR 114/14, NZM 2016, 98; *Schweitzer* NZM 2016, 101; *Huneke* NZM 2015, 478 (480); **aA** KG NZM 2005, 457; *Timme/Hülk* NJW 2007, 3313 (3316): erst für Mietänderungen von mehr als 10%; auch für eine Grenze aber 10% zu hoch: Lindner-Figura/Oprée/Stellmann Geschäftsraummiete/*Lindner-Figura,* 3. Aufl. 2012, Kap. 6 Rn. 64 „mehr als 1%", und bei Rn. 64, „nicht ins Gewicht fallende Erhöhung oder Reduzierung der Miete" ist unerheblich.

36 *Nies* NZM 2009, 687; **aA** Bub/Treier MietR-HdB/*Schultz* Kap. III A Rn. 1168; offen gelassen von *Sternel* MietR Kap. IV Rn. 89.

37 So aber *Sternel* MietR Kap. IV Rn. 89.

38 BGH XII ZR 117/06, NZM 2008, 687.

39 BGH VIII ZR 223/06, NJW 2007, 1742.

40 Möglich ist theoretisch auch die elektronische Form gem. § 126a BGB; → BGB § 557a Rn. 29a.

41 BGH XII *ZR 234/95, NJW 1998, 58 mAnm Sternel* MDR 1998, 33; *Lindner-Figura* NJW 1998, 731; *Lenz/Schlößer* MDR 1998, 1; *Kinne* GE 1998, 218; *Schneider* ZAP Fach 13, 713; *Franke* ZMR 1998, 529; BGH VII ZR 93/97, NZM 1999, 310 mAnm *Schultz* NZM 1999, 298.

42 *Lindner-Figura* MDR 1997, 209.

formgültig niedergelegt war, vorausgesetzt, dass die neue Urkunde ebenfalls von beiden Parteien unterzeichnet ist.[43]

Daraus folgt für die **Form des Mieterhöhungsverlangens,** dass der Vermieter bei einem der Formvorschrift des § 550 BGB unterfallenden Vertrag nicht die Textform verwenden darf, sondern die Erklärung schriftlich iSd § 126 BGB abgeben muss um die Befristung zu erhalten (→ BGB § 550 Rn. 41).[44] Die Mieterhöhung erfolgt auch im Anwendungsbereich der §§ 558 ff. BGB durch einen Vertrag. Bei einem Vertrag muss gem. § 125 Abs. 2 BGB die Unterzeichnung der Parteien grds. **auf derselben Urkunde** erfolgen. Deshalb müssen grds. beide Vertragsparteien eine Vereinbarung unterzeichnen, in der die Vertragsabänderung festgehalten ist.[45] Werden über einen Vertrag mehrere gleich lautende Urkunden aufgenommen, dann genügt es aber, wenn jede Partei, die für die andere Partei bestimmte Urkunde unterzeichnet. Wichtig ist aber, dass sich in der Urkunde die Willenserklärung beider Parteien wieder finden. Nicht ausreichend ist deshalb die Unterzeichnung einer **isolierten „Zustimmungserklärung",** in der der Mieter einer Mieterhöhung zustimmt, ohne dass in dieser Erklärung auch die Willenserklärung des Vermieters enthalten ist (→ BGB § 558b Rn. 19 f.). Es genügt aber, wenn der Mieter unter der Unterschrift des Vermieters am Ende des Erhöhungsverlangens seine Unterschrift mit dem Zusatz „einverstanden" setzt.[46] Ebenso reicht es aus, wenn der Mieter dem Vermieter ein Exemplar des vollständigen Mieterhöhungsverlangens zurückschickt und auf diesem Exemplar befindet sich die Zustimmung des Mieters. Dann reicht es, wenn das vom Vermieter unterschriebene Exemplar beim Mieter verbleibt und die vom Mieter unterschriebene Durchschrift zum Vermieter gelangt. 12

Eine **Mieterhöhungserklärung** kann auch **während eines Zustimmungsprozesses** schriftsätzlich abgegeben werden.[47] Für eine Mieterhöhungserklärung während eines Prozesses gilt § 174 BGB jedoch nicht.[48] Nachdem nunmehr für das Mieterhöhungsverlangen Textform ausreicht, reicht die Zustellung einer **beglaubigten Abschrift** der Klageschrift für die Wirksamkeit eines darin zugleich enthaltenen Mieterhöhungsverlangens aus. Der Schriftsatz muss aber wirklich ein an den Mieter gerichtetes Mieterhöhungsverlangen enthalten,[49] also alle Voraussetzungen erfüllen, die auch ein vorprozessuales Mieterhöhungsverlangen erfüllen muss. Dazu muss es für den Mieter klar und eindeutig erkennbar sein, ob dieses Schriftstück zugleich ein neues materiell-rechtliches Mieterhöhungsverlangen enthält oder ob damit nur ein früheres Erhöhungsverlangen weiterverfolgt und durchgesetzt werden soll.[50] Hierzu gehört insbes. die Aufforderung, eine zustimmende Willenserklärung abzugeben. Dies ist für den Mieter nämlich deshalb von Bedeutung, weil durch ein neues Mieterhöhungsverlangen eine neue Überlegungsfrist in Gang gesetzt wird und der Mieter ggf. dem neuen Verlangen zustimmen kann. Wird nur die Verurteilung durch das Gericht begehrt, liegt kein wirksames Erhöhungsverlangen vor.[51] Das soll auch gelten, wenn das Gericht eine Kopie des mit der Klage eingereichten Mieterhöhungsverlangens herstellt und dem Mieter zuleitet, da nicht feststehe, dass die Kopie mit dem tatsächlich abgeschickten Schreiben übereinstimme.[52] 13

### 3. Zeitpunkt des Erhöhungsverlangens

Das Mieterhöhungsverlangen kann gem. § 558 Abs. 1 S. 2 BGB **frühestens ein Jahr** nach dem Wirksamwerden der letzten Mieterhöhung, oder der Vereinbarung der zurzeit gezahlten Miete geltend gemacht werden. Ein Mieterhöhungsverlangen, das vor Ablauf der Jahressperrfrist dem 14

---

43 BGH XII ZR 129/90, NJW 1992, 2283 (2284) mAnm *Dürkes* BB 1993, 238; KG NJWE-MietR 1997, 175; OLG Düsseldorf NJW-RR 1994, 1234.

44 *Nies* NZM 2009, 687.

45 BGH XII ZR 179/98, NJW 2001, 221.

46 BGH XII ZR 68/02, NJW 2004, 2962; *Wichert* ZMR 2005, 593.

47 LG Fulda NJW-RR 1988, 912; LG Mannheim WuM 1985, 320; AG Pinneberg ZMR 2002, 602; *Hinz* NZM 2002, 633.

48 BGH VIII ZR 72/02, NJW 2003, 963; BGH VIII ZR 141/02, WuM 2003, 149; zur Prozessvollmacht *Paulus/Henkel* NJW 2003, 1692; zur Anwendbarkeit von § 174 BGB auf das Zustimmungsverlangen → BGB Vor § 558 Rn. 44; zur Anwendbarkeit auf die Zustimmungserklärung → BGB § 558b Rn. 10.

49 AG München ZMR 2014, 550; AG Pinneberg ZMR 2002, 602.

50 BayObLG NJW 1981, 2197, für Eigenbedarfskündigung.

51 LG Karlsruhe WuM 1991, 48; AG Pinneberg ZMR 2002, 602.

52 LG Berlin GE 2010, 63; AG Schöneberg GE 2009, 271.

Mieter zugeht, ist unwirksam. Ist das Mieterhöhungsrecht des Vermieters für eine bestimmte Zeit ausgeschlossen, zB weil die Parteien ausdrücklich eine solche Vereinbarung geschlossen haben oder weil eine solche Vereinbarung bei einer zeitlichen Befristung des Vertrages gem. § 557 Abs. 3 BGB sich aus den Umständen ergibt, dann kann der Vermieter das Mieterhöhungsverlangen bereits vor Ablauf des Erhöhungsausschlusses dem Mieter zukommen lassen, wenn der Wirkungszeitpunkt der Erhöhung außerhalb des Ausschlusszeitraums liegt.[53] Das Mieterhöhungsverlangen kann insbes. auch schon vor Ende der Preisbindung dem Mieter zugehen, wenn der Wirkungszeitpunkt nach dem Ende der Preisbindung liegt.[54] Der Zustimmungsanspruch besteht auch, wenn das Mietverhältnis zum Zeitpunkt der letzten mündlichen Verhandlung bereits beendet ist.[55]

### 4. Inhalt

15 Im Mieterhöhungsverlangen muss der Vermieter vom Mieter die **Zustimmung zu einer Mieterhöhung** begehren.[56] Der Vermieter muss den Mieter deshalb ausdrücklich zur Abgabe einer Zustimmungserklärung auffordern.[57] Die Aufforderung an den Bevollmächtigten des Mieters, diesen zur Zahlung der höheren Miete zu veranlassen, reicht dazu nicht.[58]

16 **a) Ausweisung der Miete.** Aus dem Erhöhungsverlangen muss sich zweifelsfrei ergeben, dass und in welcher Höhe der Vermieter von seinem Recht, vom Mieter die Zustimmung zu einer Mieterhöhung zu verlangen Gebrauch machen will. Hierzu muss vor allem die erhöhte **Miete betragsmäßig ausgewiesen** sein.[59] Das folgt auch daraus, dass die vom Mieter geschuldete Zustimmung sich auf den Endbetrag und nicht auf eine **Quadratmetermiete**[60] oder den Erhöhungsbetrag bezieht.[61] Im Mieterhöhungsverlangen reicht es aber, wenn entweder der Erhöhungsbetrag oder die Höhe der neuen Miete angegeben wird, solange der Mieter genau erkennen kann, was er nach der Zustimmung zu zahlen hat. Auch wenn die Angabe des **Erhöhungsbetrages** nicht zwingende Voraussetzung für die Wirksamkeit des Erhöhungsverlangens ist, so wird doch vertreten, dass dann wenn der Vermieter einen Erhöhungsbetrag angegeben hat, dieser auch die Obergrenze der Mieterhöhung darstellt, selbst wenn die Mieterhöhung auf den Endbetrag aus anderen Gründen möglich wäre.[62] Bedeutung hat dies bei einer niedrigeren als der vom Vermieter angegebenen Ausgangsmiete. Die Angabe einer **unzutreffenden Ausgangsmiete** führt nicht zur formellen Unwirksamkeit des Erhöhungsverlangens.[63] Unschädlich ist es, wenn der Vermieter die Ausgangsmiete aufschlüsselt, zB in einen Anteil für Schönheitsreparaturen[64], einen Modernisierungszuschlag, Verwaltungskostenanteil[65] und die Grundmiete. Die Beträge dürfen nur nicht als Zuschlag zur neuen ortsüblichen Vergleichsmiete verlangt werden. Sie sind Teil der Nettomiete.[66] Unzulässig ist auch ein Mieterhöhungsverlangen, in dem die Zustimmung zu einer höheren Quadratmetermiete

---

[53] OLG Hamm WuM 1982, 294; OLG Frankfurt a. M. WuM 1983, 73; AG Rheinbach ZMR 1998, 638 bestätigt durch LG Bonn ZMR 1998, 639; **aA** AG Frankfurt a. M. WuM 1981, 108; AG Rastatt WuM 1981, 108.

[54] → BGB Vor § 557 Rn. 48; OLG Hamm NJW 1981, 234 mAnm *Köhler;* KG NJW 1982, 2077; OLG Hamm WuM 1994, 455; LG Köln NJWE-MietR 1997, 267 = WuM 1996, 276; LG Hamburg WuM 1997, 562; LG Berlin GE 2003, 592, aber Hinweispflicht des Vermieters im Mieterhöhungsverlangen auf Ende der Preisbindung!; LG Berlin WuM 1996, 417; *Lützenkirchen* WuM 1995, 574; **aA** LG Kiel WuM 1995, 541; AG Köln WuM 1995, 396; AG Spandau GE 1994, 1001; AG Schöneberg MM 1993, 325; AG Essen WuM 1992, 489; *Scholl* WuM 1995, 426; WuM 1996, 17; Kossmann/Meyer-Abich Wohnraummiete-HdB/*Meyer-Abich* § 149 Rn. 6; *Sternel* MietR Kap. IV Rn. 77.

[55] LG Hamburg ZMR 2010, 363; **aA** AG Hamburg-Altona ZMR 2008, 542.

[56] BayObLG NZM 2000, 488 (489); LG Gießen NJW-RR 1995, 462; LG Karlsruhe WuM 1991, 48.

[57] AG Wesel WuM 1993, 358; AG Mülheim WuM 1990, 156; AG Schöneberg GE 1988, 1001.

[58] LG Gießen NJW-RR 1995, 462.

[59] KG NZM 1998, 107 (108); *Sternel* MietR Kap. IV Rn. 93; Bub/Treier MietR-HdB/*Schultz* Kap. III A Rn. 1171.

[60] Herrlein/Knops/Spiegelberg MietR/*Ormanschick* BGB § 558a Rn. 31.

[61] KG NZM 1998, 68; LG Berlin GE 2003, 669; Sternel MietR Kap. III Rn. 723.

[62] LG Berlin GE 2003, 669 mkritAnm *Schach* GE 2003, 635.

[63] LG Berlin GE 2017, 595; 2011, 1618.

[64] BGH *VIII ZR 31/17 NZM 2017, 594* mkritBespr v. *Fervers* FS Börstinghaus, 2020,89; OLG Frankfurt a. M. NZM 2001, 418; AG Stuttgart WuM 2016, 626; AG Schöneberg GE 2009, 981.

[65] LG Mannheim NZM 2000, 490; LG Berlin GE 1999, 1648.

[66] AG Stuttgart WuM 2016, 626.

verlangt wird, ohne dass die zu zahlende Monatsmiete angegeben ist.[67] Die Angabe der Wohnfläche ist nicht erforderlich.[68]

Der Mieter ist nicht verpflichtet, **Nachforschungen** oder **eigene Berechnungen** anzustellen, um erst zu ermitteln, wie hoch die zukünftige Miete sein wird.[69] Angaben über frühere Mieterhöhungsverlangen sind entbehrlich, denn diese sind dem Mieter bekannt.[70] Ist das vorangegangene Mieterhöhungsverfahren noch nicht rechtskräftig abgeschlossen, dann darf der Vermieter im Erhöhungsverlangen die Ausgangsmiete angeben, die er im vorangegangenen Erhöhungsverfahren geltend macht.[71] Dies gilt sowohl für vorangegangene Zustimmungsklagen gem. § 558b BGB wie auch für Zahlungsklagen auf Grund von einseitigen Mieterhöhungen nach den §§ 559, 560 BGB. Dem Mieter ist der Streit über die Miete auf Grund des Prozesses hinlänglich bekannt. Auf der anderen Seite kann vom Vermieter nicht verlangt werden, von seinem im ersten Mieterhöhungsverfahren vertretenen Rechtsstandpunkt abzuweichen und vom Mieter eine niedrigere Miete zu verlangen, als ihm seiner Meinung nach zusteht. Auch unter dem Gesichtspunkt der Kappungsgrenze ist in diesen Fällen keine Angabe einer anderen Ausgangsmiete erforderlich, da das Fehlen der Angaben zur Kappungsgrenze im Mieterhöhungsverlangen grds. die Wirksamkeit des Erhöhungsverlangens insgesamt nicht berührt. Unzulässig wäre es auch, in diesem Fall eine alternative oder bedingte Mieterhöhung zu verlangen. Mieterhöhungsverlangen sind **bedingungsfeindlich.**[72] Zulässig sind allenfalls **Rechtsbedingungen**[73], zB ein zweites Mieterhöhungsverlangen für den Fall, dass das erste Erhöhungsverlangen vom Gericht für formell unwirksam angesehen wird[74] oder die hilfsweise erklärte Mieterhöhung für den Fall, dass eine erhobene Räumungsklage abgewiesen wird.[75] Entscheidend ist aber immer die Frage, ob wirklich eine Bedingung erklärt werden sollte. Gemäß § 133 BGB ist bei der Auslegung einseitiger Willenserklärungen der wirkliche Wille des Erklärenden zu erforschen und nicht an dem Wortlaut der Erklärung zu haften.[76] Eine Bedingung liegt nur vor, wenn der Erklärende die Rechtswirkung seiner Erklärung von einem künftigen, noch ungewissen Ereignis abhängig macht. Genau so muss der Empfänger die Erklärung unter Berücksichtigung von Treu und Glauben verstehen dürfen. Unzulässig ist auch eine „Teilmieterhöhung" bei der bei einem einheitlichen Mietvertrag[77] über Wohnung und Garage[78] oder Wohnung und Mansardenräume nur die Zustimmung zur Erhöhung der Wohnungs- oder Garagenmiete verlangt wird.[79] Dies ergibt sich aus dem Grundsatz der Einheitlichkeit des Mietvertrages.[80] Zur Begründung kann sich der Vermieter aber bzgl. des Wohnanteils auf den Mietspiegel und bzgl. der Garage auf die ortsübliche Garagenmiete stützen.[81] Etwas anderes gilt im preisgebundenen Wohnungsbau. Hier kann der Vermieter gem. § 27 NMV im Verfahren gem. § 10 WoBindG, § 8a NMV die Miete für die Garage bis zur „angemessenen Vergütung" erhöhen.[82]

---

67 AG Dortmund WuM 2006, 157; Bub/Treier MietR-HdB/*Schultz* Kap. III A Rn. 1173; MüKoBGB/*Artz* § 558a Rn. 8; Herrlein/Knops/Spiegelberg MietR/*Ormanschick* BGB § 558a Rn. 31.

68 LG Berlin GE 2007, 986.

69 Großzügiger uU der BGH VIII ZR 236/18, NZM 2020, 459, wonach im Mieterhöhungsverlangen nur so viele Tatsachen mitzuteilen sind, wie der Mieter benötigt, „um die Berechtigung des Erhöhungsverlangens nachgehen und diese zumindest ansatzweise überprüfen zu können".

70 KG NZM 1998, 107 (108).

71 KG NZM 1998, 107 (108); LG Saarbrücken WuM 1997, 616 (627); LG Berlin GE 1998, 1024.

72 BGH VIII ZR 88/13, NJW 2015, 934; LG Hamburg ZMR 2005, 367 (368) mit abl. Anm. *Riecke;* AG Wedding GE 2009, 1127 mit abl. Anm. *Beuermann* GE 2009, 1077; *Sternel* MietR Kap. IV Rn. 94; Bub/Treier MietR-HdB/*Schultz* Kap. III A Rn. 1172; Staudinger/*V. Emmerich* BGB § 558a Rn. 15.

73 LG Berlin GE 2011, 1231 mzustAnm *Kinne* GE 2011, 1201; LG Berlin GE 2011, 204; 2010, 271; 2007, 718; 2002, 1266; AG Schöneberg GE 2010, 1279; *Beuermann* GE 2009, 1077; *Riecke* ZMR 2005, 368.

74 LG Berlin GE 2012, 1098.

75 LG Hamburg ZMR 2014, 124.

76 BGH VIII ZR 88/13, NJW 2015, 934.

77 Handelte es sich aber um zwei Mietverträge über zwei nebeneinander liegende Wohnungen kann auch die Miete für nur eine Wohnung erhöht werden: AG Charlottenburg GE 2009, 915.

78 AG Köln WuM 2005, 254; *Sternel* MietR Kap. IV Rn. 188.

79 LG München WuM 1998, 379; AG Köln WuM 2005, 254, selbst wenn eine einheitliche Mieterhöhung für Wohnung mit Garage erfolgt, aber nur der Garagenanteil erhöht wird.

80 **AA** LG Karlsruhe BeckRS 2013, 19023, der Vermieter kann isoliert die Wohnungsmiete erhöhen, wenn der Mietvertrag die Miete für Wohnung und Garage/Stellplatz separat ausweist.

81 LG Rottweil NZM 1998, 432.

82 LG Berlin GE 2004, 625.

17 **b) Zustimmungserfordernis.** Der Vermieter kann mit dem Mieterhöhungsverlangen gem. § 558a BGB nur **die Zustimmung zur Erhöhung der vereinbarten Miete** fordern. Das Mieterhöhungsverlangen muss also so formuliert sein, dass der Mieter nur sein Einverständnis erklären, also schlicht „ja" sagen muss und genau auf dieses „ja" muss der Vermieter einen Anspruch haben. Wenn der Vermieter im Mieterhöhungsverlangen also weitere über eine Mieterhöhung gem. § 558 BGB hinausgehende Vertragsänderungen verlangt, ist das Mieterhöhungsverlangen insgesamt unwirksam[83], es sei denn, es ist für den Mieter klar erkennbar, dass zwei verschiedene Ansprüche geltend gemacht werden, wobei er einer Änderung zustimmen und die andere auch ablehnen kann.[84] Dazu muss deutlich hervorgehoben werden, worin die Änderung überhaupt besteht.[85] Bedeutung hat dies insbes. für **Änderungen der Mietstruktur.** Ein Mieterhöhungsverlangen ist deshalb formell unwirksam, wenn das Angebot zur Änderung der Miethöhe inhaltlich untrennbar[86] mit dem Angebot zur Änderung der Mietstruktur verbunden ist.[87] Würde die Zustimmung des Mieters nämlich in diesem Fall durch Urteil gem. § 894 ZPO ersetzt, so würde dies einen über den Rahmen des § 558 BGB hinausgehenden ändernden Eingriff in die Struktur des Mietvertragsverhältnisses bedeuten.[88] Hat der Mieter einer solchen Mieterhöhung zugestimmt, dann hat sich auch die Mietstruktur geändert.[89] Kein Fall der unzulässigen „Mehrforderung" ist aber gegeben, wenn der Vermieter im Erhöhungsverlangen informatorisch Angaben zu den Betriebskosten macht, ohne eine Änderung zu verlangen.[90] Zulässig ist aber die Verknüpfung einer Mieterhöhung nach § 558 BGB mit einer solchen nach den §§ 559, 560 BGB[91], da hier ja keine weitere Zustimmung verlangt wird, sondern ein einseitiges Erhöhungsrecht geltend gemacht wird. Hier zu verlangen, dass zwei getrennte Schreiben verschickt werden müssen, würde eine überflüssige Förmelei darstellen. Das Schreiben muss dann aber sowohl die Voraussetzungen des § 558 BGB wie auch die der §§ 559 oder 560 BGB erfüllen. Das Mieterhöhungsverlangen ist auch dann nicht unwirksam, wenn für den Mieter erkennbar das Mieterhöhungsverlangen und das Angebot auf Änderung der Mietstruktur unabhängig voneinander sind, so dass der Mieter jeweils das eine annehmen und das andere ablehnen kann.[92] Auch der Hinweis auf eine zuvor erfolgte Erhöhung der Betriebskostenvorauszahlung, die der Mieter bisher nicht gezahlt hat, ist unschädlich.[93] Insgesamt soll der Mieter aber über das Mieterhöhungsverlangen **frei von weiteren Zwängen** entscheiden können, weshalb bei jeder Verknüpfung mit anderen Vertragsbestandteilen oder sonstigen Dingen immer sehr streng darauf zu achten ist, ob aus der Sicht des Mieters eine Verknüpfung besteht oder Druck ausgeübt werden soll. Deshalb ist ein Mieterhöhungsverlangen unwirksam, in dem der Vermieter auf die gleichzeitig erhobene Klage hinweist[94] oder für den Fall, dass die Zustimmung nicht erteilt wird, die Kündigung[95] oder sonstige Nachteile ankündigt. Zur Notwendigkeit ggf. dem Mieter vor einer Mieterhöhung eine Vertragsänderung bzgl. der Abwälzung der Schönheitsreparaturen anbieten zu müssen → Rn. 52.

18 **c) Erhöhungszeitpunkt.** Nicht erforderlich ist die Angabe, **ab wann** die erhöhte Miete zu zahlen ist.[96] Dies ergibt sich aus dem Wortlaut des § 558b Abs. 1 BGB. Danach schuldet der Mieter die erhöhte Miete mit Beginn des dritten Kalendermonats, der auf den Zugang des Erhöhungsverlangens folgt, wenn er die Zustimmung erteilt. § 558b Abs. 1 BGB enthält also die Rechtsfolge der

---

[83] OLG Hamburg NJW 1983, 580; LG Itzehoe WuM 2009, 741; LG Köln WuM 1992, 255; 1994, 27 mwN; LG Hamburg WuM 1987, 86; LG Berlin MDR 1991, 254; AG Pinneberg ZMR 2002, 602.

[84] AG Hannover 15.6.1994 – 526 C 6561/93 (juris).

[85] AG Hamburg WuM 1994, 484.

[86] AG Tiergarten NZM 1998, 191 (192).

[87] LG Berlin GE 2009, 783; 2002, 737; LG Wiesbaden WuM 1991, 698; LG Köln WuM 1994, 27; 1992, 255; 1985, 313; LG Berlin MM 1994, 245, ZMR 1988, 61; LG Hamburg WuM 1987, 86; AG Hamburg NZM 1998, 574; AG Mainz NZM 2010, 238; AG Pinneberg ZMR 2004, 277; offen gelassen von BGH VIII ZR 331/06, NZM 2008, 124 = NJW 2008, 848; LG Berlin ZMR 2020, 948, 949.

[88] LG München WuM 1995, 113.

[89] LG Berlin GE 1998, 433; **aA** LG Berlin GE 2010, 694.

[90] BGH VIII ZR 2/13, GuT-W 2013,107.

[91] AG Köln ZMR 2013, 206 mAnm *Börstinghaus* jurisPR-MietR 13/2013 Anm. 3; AG Schöneberg GE 1993, 1001.

[92] AG Tiergarten NZM 1998, 191 (192).

[93] AG Pinneberg ZMR 2004, 277; **aA** für schwer erkennbare gleichzeitige Erhöhung der Vorauszahlungen: LG Itzehoe ZMR 2013, 286 (Revision nach Hinweis zurückgenommen: BGH VIII ZR 2/13, GuT-W 2013, 107).

[94] LG Dortmund NJW-RR 1988, 12.

[95] Bub/Treier MietR-HdB/*Schultz* Kap. III A Rn. 1028.

[96] LG Berlin GE 1991, 729; Herrlein/Knops/Spiegelberg MietR/*Ormanschick* BGB § 558a Rn. 36.

Zustimmung. Weder die fehlerhafte **Angabe des Erhöhungszeitpunktes** noch das Fehlen jedes Erhöhungszeitpunkts haben Einfluss auf die Wirksamkeit des Mieterhöhungsverlangens. Die gesetzliche Zeitspanne kann der Vermieter auch nicht zu Lasten des Mieters unterschreiten. Nennt er einen früheren Zeitpunkt so gilt die gesetzliche Frist des § 558b Abs. 1 BGB.[97] Nur eine rückwirkende Mieterhöhung ist nicht möglich.[98] Ein solches Mieterhöhungsverlangen ist unwirksam. Nennt der Vermieter einen späteren Zeitpunkt ist er jedoch daran gebunden.[99] Daraus folgt, dass die Angabe eines bestimmten Fälligkeitszeitpunkts zwar nützlich und zweckmäßig ist, jedoch nicht zu den zwingend erforderlichen Bestandteilen der Erhöhungserklärung gehört, deren Fehlen zur Unwirksamkeit der Erklärung führt. Fehlt eine Zeitangabe, so besteht keine Regelungslücke. Vielmehr gilt dann ohne weiteres die in § 558b Abs. 1 BGB genannte Frist. Fehlt hier eine Angabe, so gilt die gesetzliche Frist.[100] Davon zu unterscheiden ist die Frage, wie zu tenorieren ist, wenn im Klageantrag kein Termin genannt ist, zu dem der Mieter die Mieterhöhung zustimmen soll (→ BGB § 558b Rn. 72).

**5. Änderungen des Mieterhöhungsverlangens**

**a) Rücknahme der Zustimmung.** Das Mieterhöhungsverlangen ist ein Vertragsangebot für das die allgemeinen Regeln über Willenserklärungen und Verträge iSd §§ 116–157 BGB gelten, soweit sich aus den §§ 558ff. BGB nichts Abweichendes ergibt. Nach § 145 BGB ist der Anbietende an sein Angebot gebunden und zwar gem. § 147 Abs. 2 BGB solange, wie er mit dem Eingang einer Antwort unter regelmäßigen Umständen rechnen muss oder gem. § 148 BGB innerhalb der von ihm selbst bestimmten Annahmefrist. Das würde dafür sprechen, dass eine **Rücknahme des Zustimmungsverlangens** nicht möglich ist. 19

Auf der anderen Seite[101] ist zu berücksichtigen, dass es um eine Vertragsänderung zu Lasten des Mieters geht und der Mieter durch die Rücknahme nur profitiert. Das Mieterhöhungsverfahren setzt einen bestehenden Mietvertrag voraus, aufgrund dessen der Mieter eine bestimmte Miete zu zahlen hat. Ursprünglich hätte der Vermieter diesen Vertrag durch Ausspruch einer Änderungskündigung beenden und mit neuen für ihn günstigeren Bedingungen fortsetzen können, wenn der Mieter damit einverstanden gewesen wäre. Das Rechtsinstitut der **Änderungskündigung** hat der Gesetzgeber in der Wohnraummiete verboten und durch das Zustimmungsverfahren gem. §§ 558ff. BGB ersetzt. Nach einer Änderungskündigung hätte der Vermieter mit dem Mieter aber auch die Fortsetzung des Mietverhältnisses mit unveränderter Miete vereinbaren können. Die **Überlegungsfrist** gem. § 558b Abs. 2 S. 1 BGB ist keine **Annahmefrist** iSd §§ 147, 148 BGB. Die Überlegungsfrist des § 558b BGB ist eine **Schutzvorschrift für den Mieter.** Ihm soll ausreichend Zeit eingeräumt werden, um sich zum einen die erforderlichen Informationen zu verschaffen und zum anderen zu entscheiden, ob er unter den veränderten Bedingungen das Mietverhältnis fortsetzen oder gem. § 561 BGB kündigen will. Dazu ist eine Bindung des Vermieters an das Zustimmungsverlangen für die gesamte Dauer der Überlegungsfrist nicht erforderlich. Die Rücknahme des Mieterhöhungsverlangens ist rechtlich und wirtschaftlich für den Mieter nur vorteilhaft.[102] Die Verpflichtung zur Zustimmung entfällt ersatzlos und damit auch die Verpflichtung zur Zahlung einer höheren Miete. Ein eventuelles Prozessrisiko mit dem damit verbundenen Kostenrisiko trifft ihn ebenfalls nicht mehr. Die einzige negative Folge der Rücknahme ist die Möglichkeit für den Vermieter, nunmehr ein neues höheres Mieterhöhungsverlangen zu stellen. Vor diesem Risiko will aber § 558 BGB den Mieter nicht schützen. Der Mieter wird bereits über die Höhe der ortsüblichen Vergleichsmiete und die Kappungsgrenze geschützt. Der Vermieter kann deshalb das **Zustimmungsverlangen jederzeit formlos** ganz oder teilweise[103] **zurücknehmen.**[104] Insofern werden

[97] LG Berlin GE 1990, 545.
[98] LG Berlin MM 1990 Nr. 1, 24.
[99] LG Berlin GE 1990, 545.
[100] *OLG Koblenz* NJW 1983, 1861.
[101] *Börstinghaus* Flächenabweichungen Rn. 719.
[102] Staudinger/*V. Emmerich* BGB § 558a Rn. 20; **aA** *Wünnemann,* Das Mieterhöhungsverlangen nach § 2 MHG im System des Bürgerlichen Rechts, 2001, 83.
[103] LG Berlin GE 1998, 490; Bub/Treier MietR-HdB/*Schultz* Kap. III A Rn. 1336.
[104] LG Braunschweig WuM 1981, 163; AG Tempelhof-Kreuzberg NJW-Spezial 2017, 675; AG Stuttgart ZMR 1972, 380 (381); Staudinger/*V. Emmerich* BGB § 558a Rn. 20; Bub/Treier MietR-HdB/*Schultz* Kap. III A Rn. 1333/1425; **aA** *Wünnemann,* Das Mieterhöhungsverlangen nach § 2 MHG im System des Bürgerlichen Rechts, 2001, 87.

die Vorschriften des Allgemeinen Teils von den Besonderheiten des Mieterhöhungsrechts überlagert.[105] Die Rücknahme kann bereits während der Überlegungsfrist erfolgen. Der Vermieter muss nicht erst deren Ablauf abwarten. Lediglich nach einer Zustimmung und der damit erfolgten Vertragsänderung ist die Rücknahme ausgeschlossen. Gegen eine Rücknahme des Zustimmungsverlangens während des Laufs der Klagefrist bestehen erst recht keine Bedenken. Es ist die alleinige Entscheidung des Vermieters, ob er eine Zustimmungsklage erhebt oder nicht. Dann muss es ihm erst recht gestattet sein, das Zustimmungsverlangen nach Ablauf der Überlegungsfrist zurückzunehmen. Das ist deshalb von Bedeutung, weil der Mieter das Erhöhungsverlangen auch noch nach Ablauf der Überlegungsfrist annehmen kann. Die Annahmefähigkeit erlischt erst mit Ablauf der Klagefrist, wenn keine Klage erhoben wird, sonst mit rechtskräftigem Abschluss des Zustimmungsprozesses. Die **Rücknahme** kann sogar noch **während des Zustimmungsprozesses** erfolgen.[106] Auch wenn der Vermieter nur das Mieterhöhungsverlangen zurücknimmt, ist die Klage nach der neuen Rspr. des BGH[107] als unbegründet abzuweisen. Bis zum Beginn der mündlichen Verhandlung kann der Vermieter auch die Klage ohne Zustimmung des Mieters zurücknehmen (§ 269 Abs. 1 ZPO), danach setzt die wirksame Rücknahme die Zustimmung des beklagten Mieters voraus.

20 Die **Rücknahme** ist **formlos** möglich, die Vorschrift des § 558a Abs. 1 BGB gilt nur für das Mieterhöhungsverlangen. Stammt das Mieterhöhungsverlangen von mehreren Vermietern können diese das Verlangen auch nur gemeinsam zurücknehmen. Die Rücknahme durch einen Vermieter ist unwirksam.[108] Die **Beweislast für die Rücknahme** hat im anschließenden Zustimmungsprozess der Mieter. Ist das Mieterhöhungsverlangen wirksam zurückgenommen worden, so kann der Vermieter unmittelbar ein neues Mieterhöhungsverlangen stellen. Da die Miete nicht verändert wurde, wurde keine Sperrfrist ausgelöst. In dem folgenden Zustimmungsprozess trifft den Vermieter die Darlegungs- und Beweislast, dass die Miete ein Jahr unverändert geblieben ist. Er muss also beweisen, dass vorher keine Vertragsänderung wegen der zuvor erfolgten Rücknahme vereinbart wurde.

21 **b) Ermäßigung.** Wenn der Vermieter bis zu einer zumindest teilweisen Zustimmung durch den Mieter das Mieterhöhungsverlangen sogar ganz zurücknehmen kann, dann kann er es auch jederzeit teilweise zurücknehmen, also ermäßigen.[109] Auch dies kann innerhalb der Überlegungsfrist geschehen. Die **Ermäßigung** löst keine neue Überlegungsfrist aus, da kein neues Mieterhöhungsverlangen gestellt, sondern nur ein vorhandenes Erhöhungsverlangen reduziert wurde. Es handelt sich um kein Aliud sondern um ein Minus. Klagt der Vermieter lediglich einen Teil der im Mieterhöhungsverlangen geltend gemachten Erhöhung ein, so gilt das Mieterhöhungsverlangen hinsichtlich des überschießenden Betrages als zurückgenommen.[110] Umgedreht ist aber die nachträgliche Erhöhung eines wirksamen Mieterhöhungsverlangens nicht möglich.[111] Dies gilt auch während eines Prozesses. Unzulässig ist deshalb die Erweiterung des Klageantrags, wenn zB der Sachverständige im gerichtlichen Gutachten eine höhere ortsübliche Vergleichsmiete festgestellt hat, als die, zu der eine Zustimmung verlangt wurde. Insofern fehlt es an einem wirksamen Erhöhungsverlangen. Der Vermieter kann aber vorsorglich ein weiteres Erhöhungsverlangen stellen, das der Höhe nach auch das erste Verlangen überschreitet, um dieses Erhöhungsverlangen weiterzuverfolgen, wenn der Mieter entweder dem ersten Erhöhungsverlangen nicht zugestimmt hat oder wenn die Zustimmungsklage abgewiesen wird.

### 6. Verjährung

21a Der Anspruch auf Zustimmung zur Mieterhöhung verjährt wie jedes Recht, von einem anderen ein Tun oder Unterlassen zu verlangen (§ 194 Abs. 1 BGB) in der Regelverjährungsfrist des § 195 BGB, also in drei Jahren.[112] Die Verjährungsfrist beginnt gem. § 199 Abs. 1 Ziff. 1 BGB am Schluss

---

105 Staudinger/*V. Emmerich* BGB § 558a Rn. 20; Bub/Treier MietR-HdB/*Schultz* Kap. III A Rn. 1333.
106 AG Dresden 27.6.2014 – 141 C 7895/13 (juris), mAnm *Börstinghaus* MietRB 2014, 295.
107 BGH VIII ZR 355/18 NZM 2020, 534 = NJW 2020, 1947 mAnm. *Börstinghaus* NZM 2020, 541; *Börstinghaus* LMK 2020, 430371; *Happ* DWW 2020, 219.
108 LG Berlin WuM 2012, 26.
109 *LG Berlin* GE 1998, 490.
110 AG Wolfsburg FWW 1983, 317.
111 LG Stuttgart NJW 1974, 1252; Staudinger/*V. Emmerich* BGB § 558a Rn. 20.
112 AG Ahlen BeckRS 2017, 149053 mAnm *Börstinghaus* jurisPR-MietR 24/2018 Anm. 2.

des Jahres in dem der Anspruch entstanden ist. Damit ist die Fälligkeit gemeint[113] (→ BGB § 558 Rn 245 a).

## C. Die Begründungsmöglichkeiten gem. Abs. 2

### I. Allgemeines

Gemäß § 558 a Abs. 1 BGB muss das Erhöhungsverlangen vom Vermieter **begründet** werden. 22 Nach den Vorstellungen des Gesetzgebers soll der Begründungszwang die Möglichkeit zu einer außergerichtlichen Einigung bei einem Mieterhöhungsverlangen fördern und die Vermeidung überflüssiger Zustimmungsklagen bewirken.[114] Die Begründung soll dem Mieter konkrete Hinweise auf die sachliche Berechtigung des Erhöhungsverlangens geben, damit er während der Überlegungsfrist die Berechtigung der Mieterhöhung überprüfen und sich darüber schlüssig werden kann, ob er dem Mieterhöhungsverlangen zustimmt oder nicht.[115] Das Erhöhungsverlangen muss in formeller Hinsicht Angaben über diejenigen Tatsachen enthalten, aus denen der Vermieter die Berechtigung der geforderten Mieterhöhung herleitet, und zwar in dem Umfang, wie der Mieter solche Angaben benötigt, um der Berechtigung des Erhöhungsverlangens nachgehen und diese zumindest ansatzweise überprüfen zu können.[116] Außerdem ist der Begründungszwang vom Gesetzgeber eingeführt worden, um im Rahmen der Verhandlungen über das Mieterhöhungsverlangen die Rechtssicherheit im Verhältnis zwischen Vermieter und Mieter zu erhöhen.[117] Diesem **Gesetzeszweck** muss bei der Auslegung des § 558 a Abs. 1 BGB und der Festlegung der Anforderungen an eine Begründung ausreichend Rechnung getragen werden. Das Begründungserfordernis darf nicht **zum Selbstzweck verkommen,** in dem ihm eine inhaltsleere Bedeutung zugemessen wird.[118] Die Begründung muss immer dem Ziel dienen, den Anspruch des Vermieters, soweit er materiell begründet ist, möglichst ohne gerichtliche Auseinandersetzung durchzusetzen.[119] Deshalb muss der Vermieter überprüfbare Tatsachen mitteilen.[120] Der BGH[121] spricht von der Angabe „konkreter Hinweise auf die sachliche Berechtigung des Erhöhungsverlangens". Die Angaben im Zustimmungsverlangen sollen nach stRspr nicht dazu dienen, bereits den Nachweis der ortsüblichen Vergleichsmiete zu führen. Sie sollen vielmehr den Mieter lediglich in die Lage versetzen, das Erhöhungsverlangen zumindest ansatzweise nachzuvollziehen und ggf. mittels weiterer Nachforschungen die Vergleichbarkeit der Wohnungen zu überprüfen.[122] Hieran fehlt es etwa, wenn der Vermieter das Erhöhungsverlangen mit Tatsachen begründet, die eine Mieterhöhung nach § 558 Abs. 1 BGB schon auf den ersten Blick nicht zu tragen vermögen, weil durch deren Mitteilung deutlich wird, dass der Vermieter von falschen Voraussetzungen ausgeht oder das Erhöhungsverlangen in wesentlichen Punkten unvollständig, unverständlich oder widersprüchlich erscheint.[123] Eine derartige Begründung steht einer fehlenden Begründung gleich, weil durch sie das Ziel des Begründungserfordernisses ebenso wenig erreicht werden kann wie im Falle des vollständigen Verzichtes auf eine Begründung. Nicht ausreichend ist auch der Hinweis auf bloße Erfahrungssätze. Diese sind eben keine Tatsachen.[124] Zusammenfassen kann man diesen **Spagat** wie folgt: Auf der

---

[113] Staudinger/*Peters/Jacoby* BGB § 199 Rn. 5.

[114] Zur Befriedungsfunktion der Begründung von Vergleichsmietenerhöhungen: *Sternel* FS Börstinghaus, 2020, 410.

[115] BGH VIII ZR 340/18, NZM 2019, 852; VIII ZR 255/18, NZM 2019, 813; VIII ZR 62/18, NZM 2019, 469; VIII ZR 94/17, NZM 2018, 1011; VIII ZR 413/12, NZM 2014, 236; VIII ZR 11/07, NZM 2008, 164; VIII ZR 215/05, NZM 2006, 864.

[116] BGH VIII ZR 108/20, NZM 2021, 299; VIII ZR 340/18, NZM 2019, 852.

[117] KG WuM 1984, 101.

[118] *Börstinghaus* NZM 2009, 681; so jetzt auch LG Zwickau GE 2012, 830.

[119] BGH VIII ZR 340/18 NZM 2019, 852; VIII ZR 62/18 NZM 2019, 469; VIII ZR 116/03, NJW-RR 2004, 947; VIII ZR 41/05, NZM 2006, 101; VIII ZR 215/05, WuM 2006, 569; VIII ZR 11/07, NZM 2008, 164.

[120] AG Leonberg WuM 2016, 669.

[121] BGH VIII ZR 340/18, NZM 2019, 852.

[122] BGH VIII ZR 108/20, NZM 2021, 299; VIII ZR 236/18, NZM 2020, 459; VIII ZR 136/17, NJW 2018, 2792; VIII ZR 79/11, NJW-RR 2012, 710; VIII ZR 216/13, NJW-RR 2014, 1357; BVerfG NJW-RR 1993, 1485 (1486); BayObLG NJW-RR 1992, 455 (457); OLG Hamm NJW-RR 1991, 209.

[123] BGH VIII ZR 340/18 NZM 2019, 852; VIII ZR 255/18 NJW 2019, 3515.

[124] *Börstinghaus* NZM 2009, 115; **aA** BGH VIII ZR 58/08, NZM 2009,.

einen Seite so wenig Formalien wie möglich und auf der anderen Seite so viele Formalien wie nötig.[125]

23 Dies entspricht auch der **Entscheidungspraxis des BVerfG,**[126] das in zahlreichen Entscheidungen[127] sich mit den formalen Anforderungen an ein Mieterhöhungsverlangen beschäftigt hat, nachdem die Instanzgerichte teilweise so strenge Anforderungen an die Begründung stellten, dass jedes Mieterhöhungsverfahren von vornherein zum Scheitern verurteilt war.[128] Das BVerfG hat diese Gesetzesanwendung der Instanzgerichte für verfassungswidrig erklärt und ständig gefordert, durch eine **verfassungskonforme Auslegung** des Gesetzes die praktische Durchsetzbarkeit der Erhöhungsansprüche zu gewährleisten. Eine Handhabung der Verfahrensregeln, die praktisch zu einem Mietenstopp führe und den gesetzlichen Anspruch auf die üblichen Entgelte in der Gemeinde beseitige, verletzt das **Grundrecht des Vermieters** aus Art. 14 Abs. 1 S. 1 GG.[129] Von Seiten des BVerfG[130] wurde dabei die Vermutung geäußert, dass viele Mietrichter iE ausgesprochen mieterfreundlich sind, was zu einem kleinen Teil darauf beruhe, dass ein Teil der Rspr. vom Gedanken getragen zu sein scheint, dass die Vermieterseite idR ohnehin mit unlauteren Mitteln arbeite und zum größeren Teil auf arbeitsökonomische Erwägungen zurückzuführen sei. Die Formalien ermöglichten es dem Instanzrichter zu Lasten des Vermieters „kurzen Prozess" zu machen, indem formale Anforderungen besonders streng gehandhabt würden um so möglichst rasch zu einer dem Mieter günstigen Entscheidung zu kommen ohne mühselig auf die zT sehr komplizierten Sachfragen eingehen zu müssen. Richtig ist an dieser Kritik, dass **Formalien nicht zum Selbstzweck verkommen** dürfen. Die Auslegung gerade von Formvorschriften muss sich am **Sinn und Zweck** orientieren, weil sich die Einhaltung einer Form nur aus ihrem Zweck her erklären lässt. Darüber hinaus zeigt die Auffassung, dass bis hin zum BVerfG Vorurteile über die mit mietrechtlichen Fragen befassten Instanzrichter[131] weit stärker verbreitet sind als in anderen Rechtsgebieten.[132] Der VIII. Zivilsenat hat in zahlreichen Entscheidungen inzwischen eine **Auflockerungsrechtsprechung**[133] entwickelt, die die formalen Anforderungen an ein Erhöhungsverlangen inzwischen fast bis zur **Bedeutungs- auf jeden Fall aber Konturenlosigkeit** herabgesetzt hat.[134] Zum Teil ist der Senat dabei aber über das Ziel hinausgeschossen, weil damit der Sinn und Zweck des Erhöhungsverlangens als vorgerichtliches Instrument zur Einigung und damit Streitvermeidung konterkariert wird. Das was nach den Anforderungen des BGH jetzt noch an **Minimalangaben**[135] erforderlich ist, wird der Funktion des Erhöhungsverlangens nur noch eingeschränkt gerecht.

24 Die **Begründung** muss im Mieterhöhungsverlangen selbst erfolgen. Fehlt dem Mieterhöhungsverlangen eine Begründung, dann ist es insgesamt unwirksam. Der Mangel der fehlenden Begründung kann jedoch durch **Nachholung** des fehlenden oder unwirksamen Teils geheilt werden. § 558b Abs. 3 BGB erlaubt zwar ein Nachschieben von fehlenden Teilen grds. nur während eines Prozesses,[136] jedoch macht es keinen Sinn, den Vermieter erst zu zwingen, nach einem formell fehlerhaften oder unvollständigen Mieterhöhungsverlangen erst eine Zustimmungsklage zu erheben, um dann im Prozess nachbessern zu können. Wenn also das Nachbessern sogar im Prozess möglich ist, dann muss dies **erst recht vorprozessual möglich** sein. Soweit früher mit der Einheitlichkeit der Urkunde argumentiert wurde, ist auch dies Argument gegen ein Nachschieben

---

[125] *Börstinghaus* NZM 2009, 681.

[126] BVerfG NJW 1974, 1499; 1979, 31 mzustAnm *Sydow* ZMR 1978, 363; BVerfG NJW 1980, 1617, WuM 1982, 146 mit abl. Anm. *v. Schönebeck* NJW 1987, 313; *Katlein* ZMR 1986, 273; *Schultz* DWW 1989, 390; BVerfG NJW 1989, 969, NJW-RR 1993, 1485, NJW 1994, 717.

[127] Zur Rspr. des BVerfG zum MHG s. *Meincke* WuM 1994, 581; *Sonnenschein* NJW 1993, 161 (164ff.); *Rollecke* NJW 1992, 1649.

[128] *Loyal* AcP 214, 746 (783) meint, dass sich darin die „augenscheinlich ursprünglichen Motive für die komplizierte Regelung" nämlich „Mieterhöhungen schon durch die Gestaltung des Verfahrens zu erschweren" widerspiegele.

[129] BVerfG NJW 1980, 1617.

[130] So der damalige Berichterstatter des BVerfG für Mietsachen *Henschel* NJW 1989, 937 (939).

[131] Besonders extrem: *Henschel* NJW 1989, 937.

[132] *Börstinghaus* WuM-Beilage 1998, Heft 12, S. 3; zu Vorurteilen ggü. der Rspr. des BGH in Mietsachen s. *Börstinghaus* NZM 2008, 225; *Streyl* NZM 2008, 236.

[133] *Börstinghaus* NZM 2009, 681.

[134] ZB BGH VIII ZR 300/09, NZM 2011, 117; nach *Schach* GE 2016, 1242 hat der VIII. Senat die Anforderungen „bis auf null herabgesetzt".

[135] BGH VIII ZR 54/15, NJW 2016, 2565; VIII ZR 69/15, NJW 2016, 1385; VIII ZR 216/13, NZM 2014, 747.

[136] *Hinz* NZM 2002, 633.

entfallen, da das Mieterhöhungsverlangen gerade nicht mehr in Schriftform erfolgen muss. Die Textform beinhaltet auch in dieser Hinsicht eine Lockerung. In diesem Fall läuft die Überlegungsfrist entsprechend § 558b Abs. 3 S. 2 BGB aber nach Zugang der Begründung neu. Auch der Wirkungszeitpunkt ist entsprechend neu zu berechnen.

Um den **Zweck des Begründungserfordernisses,** eine möglichst vorprozessuale Erledigung des Erhöhungsverlangens, zu erreichen[137], muss der Vermieter dem Mieter **Tatsachen**[138] und keine rechtlichen Wertungen, Schlussfolgerungen oder Wünsche mitteilen. Nur auf der Basis von Tatsachen lässt sich die Berechtigung von Ansprüchen überprüfen. Also muss der Vermieter dem Mieter im Erhöhungsverlangen die Tatsachen liefern, die der Mieter benötigt, um zumindest **ansatzweise die Berechtigung des Zustimmungsverlangens** zu überprüfen.[139] Dieser Ansatz ist sehr weit. Er bedeutet nämlich, dass sich der Begründungszwang zunächst auf **alle vier Tatbestandsvoraussetzungen** des § 558 Abs. 1 BGB bezieht, also auf die Einhaltung der 15-Monatsfrist, die Beachtung der Jahressperrfrist, die Einhaltung der Kappungsgrenze und die Nichtüberschreitung der ortsüblichen Vergleichsmiete unter Einbeziehung der Drittmittel.[140] Soweit in § 558a Abs. 2 BGB fünf Begründungsmittel exemplarisch aufgezählt sind, beziehen diese sich nur auf die Nichtüberschreitung der ortsüblichen Vergleichsmiete. Aus diesem Satz kann nicht geschlossen werden, dass die Einhaltung der anderen drei Tatbestandsmerkmale grds. nicht begründet werden muss. Insofern ist § 558a Abs. 1 BGB eindeutig, der davon spricht, dass das „Mieterhöhungsverlangen nach § 558" begründet werden muss. Hierfür spricht zunächst auch der **Zweck der Vorschrift.** Das schriftliche, mit einer Begründung versehene Erhöhungsverlangen des Vermieters iSv § 558a BGB ist eine einseitige empfangsbedürftige Willenserklärung (Antrag iSd § 145 BGB), die auf den Abschluss eines Änderungsvertrags (§ 311 Abs. 1 BGB) gerichtet ist.[141] Es dient dazu, dem Mieter die Nachprüfung zu ermöglichen, ob die verlangte Mieterhöhung gerechtfertigt ist. Er soll anhand der mitgeteilten Daten überlegen und entscheiden können, ob er dem Erhöhungsverlangen zustimmen will oder nicht.[142] Auf der anderen Seite soll das Begründungserfordernis auch keine überflüssige Formalie sein, so dass sich das Begründungserfordernis nur auf solche Informationen beziehen kann, die der Mieter selbst nicht hat. Die Begründung muss deshalb umso ausführlicher sein, je weniger Information der Mieter selbst hat. Das bedeutet für die einzelnen Tatbestandsvoraussetzungen: 25

### 1. Jahressperrfrist und Kappungsgrenze

**a) Kein Begründungserfordernis.** Soweit das Gesetz eine Mieterhöhung nur dann zulässt, wenn die Miete 15 Monate unverändert geblieben ist und seit der letzten Erhöhung ein Jahr vergangen ist, bedarf dies Tatbestandsmerkmal **keiner Begründung im Mieterhöhungsverlangen.** Für die Beurteilung dieses Merkmals ist es wichtig zu wissen, ob sich die Miete in den letzten 12 Monaten vor Zugang des Erhöhungsverlangens erhöht hat und wenn ja, ob dies auf einer Mieterhöhung wegen einer Modernisierung gem. § 559 BGB oder einer Betriebskostensteigerung nach § 560 BGB beruhte. Diese Informationen hat der Mieter alle selbst. Da es sich zudem um Informationen handelt, die er im letzten Jahr bekommen hat, sind ihm diese Daten ggf. sogar ohne Aufwand erinnerlich. Soweit es sich bei der Beurteilung ggf. um rechtliche Bewertungen handelt, also die Frage, ob eine Mieterhöhung letztendlich eine solche gem. § 559 BGB oder gem. § 557 Abs. 1 BGB war, muss der Vermieter sein Ergebnis der Bewertung dem Mieter in dem Schreiben nicht mitteilen.[143] Solche Bewertungen muss jede Partei auf Grund der ihr bekannten Umständen und 26

---

137 Zur Befriedungsfunktion der Begründung von Vergleichsmietenerhöhungen: *Sternel* FS Börstinghaus, 2020, 410.

138 BGH VIII ZR 72/02, NJW 2003, 963; VIII ZR 141/02, WuM 2003, 149; VIII ZR 41/05, NZM 2006, 101; VIII ZR 215/05, WuM 2006, 569; AG Leonberg WuM 2016, 669.

139 BGH VIII ZR 108/20, NZM 2021, 299; VIII ZR 236/18, NZM 2020, 459; VIII ZR 136/17, NJW 2018, 2792; VIII ZR 79/11, NJW-RR 2012, 710; VIII ZR 216/13, NJW-RR 2014, 1357; BVerfG NJW-RR 1993, 1485 (1486); BayObLG NJW-RR 1992, 455 (457); OLG Hamm NJW-RR 1991, 209.

140 BGH VIII ZR 116/03, NZM 2004, 380; BayObLG NZM 2000, 488 (489).

141 BGH VIII ZB 74/16, NZM 2018, 279; BayObLG NJW 1982, 1292.

142 BayObLG NZM 2000, 488 (489), NJW-RR 1988, 721 mAnm *Schultz* ZMR 1989, 336.

143 Insofern entspricht die Situation in etwa der in § 199 Abs. 1 Nr. 2 BGB: Auch für den Verjährungsbeginn ist reine Tatsachenkenntnis und keine Rechtskenntnis erforderlich: BGH VIII ZR 91/10, NJW 2011, 2570; XI ZR 160/07, BGHZ 175, 161; XI ZR 309/09, NJW-RR 2010, 1574; II ZR 132/08, NJW 2009, 984; VII ZR 106/07, NJW 2008, 2427; *Jacoby* ZMR 2010, 335 (338).

Tatsachen selbst vornehmen. Das Mieterhöhungsverlangen verlangt keine rechtliche Subsumtion ähnlich einem juristischen Gutachten.

27 **b) Kappungsgrenze.** Auch die Einhaltung der **Kappungsgrenze** muss im Erhöhungsverlangen grds. nicht ausdrücklich begründet werden. Auch hier hat der Mieter idR alle Informationen, die er benötigt, um die für die **Einhaltung der Kappungsgrenze** erforderliche Kontrollrechnung durchzuführen.[144] Dies gilt zumindest dann, wenn die Mietsteigerung nicht mehr als 15% in drei Jahren beträgt. Das ist auf jeden Fall zulässig. Problematisch ist, ob nach Wiedereinführung einer gesplitteten Kappungsgrenze der Vermieter nunmehr begründen muss, warum im konkreten Fall auch eine Mieterhöhung von mehr als 15–20% in drei Jahren möglich ist. Da der Vermieter sich vor Abfassung des Mieterhöhungsverlangens mit der örtlich geltenden Kappungsgrenze beschäftigen muss, ist es ihm auch möglich mitzuteilen, dass die Gemeinde von der Landesregierung nicht in eine entsprechende Verordnung aufgenommen wurde.[145] Auf jeden Fall begründet werden muss die Einhaltung der Kappungsgrenze bei Erhöhungen über 15% in drei Jahren in Gemeinden, in denen nur in einigen Stadtteilen die herabgesetzte Kappungsgrenze gilt.

28 Ebenfalls begründet werden muss die Einhaltung der Kappungsgrenze, wenn der Vermieter Mieterhöhungen von **mehr als 20%** in drei Jahren geltend macht. Dies ist unter den Voraussetzungen des § 558 Abs. 4 BGB möglich, wenn der Mieter während der Zeit der Preisbindung eine **Fehlbelegungsabgabe** oder **Ausgleichzahlung** gezahlt hat. Hier muss der Vermieter dem Mieter darlegen, wie er die Kappungsgrenze berechnet hat. Der Mieter muss dann feststellen, ob die verlangte Miete innerhalb dieser Grenze geblieben ist. Ferner kann er auf Grund der ihm vorliegenden Informationen überprüfen, ob der Vermieter von einem richtigen Zahlbetrag für die Fehlbelegungsabgabe oder Ausgleichszahlung ausgegangen ist.

28a **c) Weitere Angaben.** Weitere Begründungen müssen im Mieterhöhungsverlangen nicht enthalten. Das gilt insbes. für die Frage, ob vertragliche Beschränkungen entsprechend § 557 Abs. 3 BGB eingreifen oder eingreifen könnten (→ BGB § 557 Rn. 44ff.). Auch Angaben über Mieterhöhungsbeschränkungen, die ggf. in einer Sozialcharta zwischen Verkäufer und Käufer des Gebäudes oder des Vermietungsunternehmens geschlossen wurden, müssen nicht im Mieterhöhungsverlangen angegeben werden, unabhängig, ob es dieser Vereinbarung Drittwirkung beizumessen ist oder nicht.[146]

### 2. Ortsübliche Vergleichsmiete

29 Einer Begründung bedarf immer die Nichtüberschreitung der ortsüblichen Vergleichsmiete. Der Gesetzgeber hat hierzu **fünf Begründungsmöglichkeiten** exemplarisch aufgezählt, nämlich die Bezugnahme auf

- einen einfachen oder qualifizierten Mietspiegel,
- die Auskunft aus einer Mietdatenbank,
- ein Sachverständigengutachten oder
- mindestens drei Vergleichswohnungen.

Diese **Aufzählung ist nicht abschließend.**[147] Zugelassen sind alle Begründungsmöglichkeiten, wenn sie nur geeignet sind, dem Mieter die für seine Entschließung erforderliche Information zu geben.[148] Das Gesetz erwähnt den Mietspiegel an erster Stelle[149], weil die Darlegung der ortsüblichen Vergleichsmiete unter Angabe von Vergleichswohnungen alle Beteiligten vor beträchtliche Schwierigkeiten stellt. Nach Vorstellung des Gesetzgebers sollte die Begründung des Erhöhungsverlangens durch Hinweis auf Vergleichsobjekte deshalb die Ausnahme bleiben.[150] Soweit im Referentenentwurf für ein Mietspiegelreformgesetz[151] sogar vorgesehen war, dies Begründungsmittel zumindest in Gemeinden mit qualifiziertem Mietspiegel zu verbieten, ist dies nach Hinweis auf die

---

[144] LG Berlin GE 2002, 331; 2002, 1433.
[145] Angabe nicht erforderlich aber sinnvoll Bub/Treier MietR-HdB/*Schultz* Kap. III A Rn. 1186.
[146] LG Stuttgart NZM 2014, 161; **aA** AG Stuttgart-Bad Cannstatt WuM 2019, 589; AG Stuttgart WuM 2013, 548.
[147] BVerfG NJW 1980, 1617; *Kinne* GE 2008, 1034.
[148] BT-Drs. 7/2011, 10.
[149] *Nach der Begründung* des Mietspiegelreformgesetzes (BR-Drs. 22/21, 7) sind Mietspiegel in der Praxis das wichtigste Darstellungsinstrument für die ortsübliche Vergleichsmiete.
[150] *Vogel* JZ 1975, 73 (77).
[151] Dazu *Börstinghaus* NZM 2020, 965.

verfassungsrechtlichen Bedenken nicht weiterverfolgt worden. Der Vermieter hat die freie Wahl, welches Begründungsmittel er wählt, das gilt auch in Gemeinden mit qualifiziertem Mietspiegel.[152]

Die **Aussagekraft** der fünf gesetzlich vorgesehenen Begründungsmittel ist dabei äußerst **unterschiedlich,** wobei selbst bei Verwendung des gleichen Begründungsmittels noch erhebliche Unterschiede auftauchen können. Nicht jeder Mietspiegel gibt die ortsübliche Vergleichsmiete juristisch richtig wieder, nicht jeder Sachverständige legt seinen Ausführungen den richtigen Begriff der ortsüblichen Vergleichsmiete[153] zu Grunde und nur selten wird für die drei oder mehr ausgewählten Vergleichswohnungen wirklich die Miete gezahlt, die der ortsüblichen Vergleichsmiete entspricht. Ein qualifizierter Mietspiegel wird die ortsübliche Vergleichsmiete mit einer sehr viel höheren Wahrscheinlichkeit juristisch richtig wiedergeben als drei willkürlich ausgewählte Vergleichswohnungen. Trotzdem führt die richtige Bezugnahme auf eines der fünf gesetzlich vorgesehenen Begründungsmittel in aller Regel dazu, dass das Mieterhöhungsverlangen, zumindest was das Begründungserfordernis angeht, formal ordnungsgemäß ist. Der **Zweck des Begründungserfordernisses** besteht nämlich nur darin, dem Mieter die Möglichkeit der Information und Nachprüfung zu geben, damit er sich anhand der ihm mitgeteilten Daten schlüssig werden kann, ob er zustimmen will oder nicht.[154] 30

Bezüglich der **Auswirkungen von Begründungsfehlern** und -mängeln muss danach differenziert werden, ob bereits die Ausgangstatsachen vom Vermieter falsch angegeben wurden oder ob nur das Ergebnis der Begründung, also die Höhe der ortsüblichen Vergleichsmiete, falsch ist. Die falsche Begründung muss vom Gewicht her einer fehlenden Begründung gleich stehen.[155]Gibt der Vermieter falsche Ausgangstatsachen an, also zB ein falsches Baujahr, eine falsche Ausstattung der Wohnung oder eine nicht nur unerheblich (idR > 10%)[156] falsche Größe, dann führt dies idR dazu, dass das Mieterhöhungsverlangen formal unwirksam ist.[157] Ein solches Zustimmungsverlangen löst keinen Zustimmungsanspruch aus. Etwas anderes gilt dann, wenn der Mieter aber den Fehler leicht erkennen kann.[158] Stellt sich heraus, dass die Ausgangstatsachen richtig sind, dass aber zB für die drei Vergleichswohnungen, was die Regel sein dürfte, eine höhere Miete als die ortsübliche Vergleichsmiete gezahlt wird, dann ist das Erhöhungsverlangen, so liegt nur inhaltlicher Fehler vor, so dass das Erhöhungsverlangen formell in Ordnung aber materiell nur einen Zustimmungsanspruch bis zur ortsüblichen Vergleichsmiete begründet.[159] Ebenso sind Fehler zu Gunsten des Mieters unerheblich. So führt die Angabe einer zu kleinen Wohnungsgröße nicht zur Unwirksamkeit des Erhöhungsverlangens.[160] Die Verwendung eines **unzulässigen Begründungsmittels** ist ein formeller Mangel.[161] Die Unterscheidung zwischen formellen und materiellen Mängel hat aber nach neuester Rspr. des BGH[162] zumindest für die Tenorierung des Urteils keine Bedeutung mehr. Die Klage ist auch bei formell mangelhaftem Mieterhöhungsverlangen unbegründet. Bei schuldhafter, also zumindest fahrlässiger, **Täuschung des Mieters** im Mieterhöhungsverlangen kann eine Haftung des Vermieters gem. §§ 241 Abs. 2, 280, 311 BGB in Betracht kommen.[163] 31

---

[152] LG Berlin GE 2016, 1383.

[153] So im Fall der BGH VIII ZR 346/10, NJW 2012, 1351; *Börstinghaus* WuM 2012, 244; *Blank* LMK 5/2012 Anm. 3; ZMR 2013, 170 (173).

[154] BVerfG NJW 1974, 1499; 1979, 31; 1980, 1617 mAnm *Niederberger* WuM 1980, 193; *V. Emmerich* JuS 1980, 755.

[155] BGH VIII ZR 340/18, NZM 2019, 852; Herrlein/Knops/Spiegelberg MietR/*Ormanschick* BGB § 558a Rn. 44.

[156] LG Mannheim NZM 2003, 393; offen gelassen von BGH VIII ZR 192/03, NZM 2004, 699 = NJW 2004, 3115.

[157] Offengelassen von BGH VIII ZR 192/03, NZM 2004, 699, entweder formell unwirksam oder Anpassung nach § 313 BGB; BGH VIII ZR 234/18, NZM 2020, 322, Vertragsanpassung nach § 313 BGB, wenn die Mieterhöhung iErg 10% über der maximal möglichen Erhöhung liegt; nach AG Hamburg-Wandsbek ZMR 2010, 47 ist die Zustimmungserklärung gem. § 123 BGB aber anfechtbar.

[158] LG Berlin GE 2004, 483, Angabe einer Nettomiete statt der Bruttomiete.

[159] *BVerfG NJW 1974, 1499; 1979, 31; 1980, 1617 mAnm Niederberger* WuM 1980, 193; *V. Emmerich JuS 1980*, 755; OLG Hamm NJW-RR 1991, 209; LG Berlin GE 1999, 378; AG Dortmund NZM 1999, 415.

[160] AG Pinneberg ZMR 2004, 122.

[161] BGH VIII ZR 340/18, NZM 2019, 852 (20 Jahre alter Mietspiegel); LG Stuttgart NZM 2010, 161 mAnm *Börstinghaus* jurisPR-MietR 2/2010 Anm. 1; **aA** BGH VIII ZR 337/10, NZM 2011, 743 (Verwendung vorletzter Mietspiegel).

[162] BGH VIII ZR 355/18, NZM 2020, 534 = NJW 2020, 1947.

[163] AG Hamburg-Wandsbeck ZMR 2010, 47 (Angabe falschen Baujahres); Herrlein/Knops/Spiegelberg MietR/*Ormanschick* BGB § 558a Rn. 47.

31a Der Vermieter hat ein **Besichtigungsrecht** hinsichtlich der Wohnung, um die Tatsachen, die für die Ermittlung der maßgeblichen Wohnwertmerkmale von Bedeutung sind, zu ermitteln. Der Vermieter muss sich nicht auf Angaben des Mieters insoweit verweisen lassen.[164]

## II. Mietspiegel

### 1. Allgemeines

32 Als erstes Begründungsmittel zählt das Gesetz die Mietspiegel auf. Dies kann ein einfacher oder auch ein qualifizierter Mietspiegel sein. Was ein einfacher und ein qualifizierter Mietspiegel ist, hat der Gesetzgeber in den beiden **Definitionsnormen** §§ 558c, 558d BGB geregelt (wegen der Einzelheiten der Mietspiegelerstellung s. deshalb §§ 558c, 558d BGB).[165]

### 2. Die Bezugnahme auf den Mietspiegel im konkreten Erhöhungsverfahren

33 **a) Allgemeines.** Auch in den Gemeinden, in denen es einen gültigen Mietspiegel gibt, ist der Vermieter nicht verpflichtet, sich im Mieterhöhungsverlangen auf diesen zu berufen.[166] Allenfalls dann, wenn es sich um einen **qualifizierten Mietspiegel** handelt, besteht gem. § 558a Abs. 3 BGB eine **Hinweispflicht** (→ Rn. 155ff.). Da es sich bei der Begründung mit Mietspiegelwerten um einen einfachen Weg handelt, machen die Vermieter idR von der Möglichkeit der Begründung des Erhöhungsverlangens mit einem Mietspiegel Gebrauch.[167]

34 **b) Bezugnahme und Beifügung.** Der Vermieter muss grds.[168] den Mietspiegel dem Mieterhöhungsverlangen **nicht beifügen,** wenn der Mietspiegel, mit dem das Erhöhungsverlangen begründet wurde, öffentlich kostenlos zugänglich ist.[169] Seit 1.7.2022 ist in § 558c Abs. 4 S. 2 BGB für einfache und qualifizierte Mietspiegel zwingend vorgeschrieben, dass sie veröffentlicht werden müssen. Eine Veröffentlichung liegt aber nur dann vor, wenn jedermann **kostenlos Zugriff** darauf hat. Die Gesetzesbegründung spricht davon, dass die Veröffentlichung sicherstellen soll, dass die Mietspiegel Vermietern und Mietern zugänglich sind. Zugänglich sind zwar auch kostenpflichtige Zugänge, aber Sinn und Zweck der Zugänglichmachung hier kann **nur die kostenlose zur Verfügung Stellung** sein. Das ergibt sich auch aus § 5 S. 1 MsV[170], wonach eine Veröffentlichung eines einfachen Mietspiegels inkl. der Dokumentation kostenlos im Internet zu erfolgen hat. Nur für eine zusätzliche Ausgabe in gedruckter Form kann ein Entgelt verlangt werden. Zwingend ist also die kostenlose Zugänglichmachung im Internet. Das muss nur eine **Leseversion** sein. Schon der Ausdruck des Dokuments kann kostenpflichtig sein. Für qualifizierte Mietspiegel ergibt sich die kostenfreie Veröffentlichungspflicht im Internet aus § 21 Abs. 1 S. 1 MsV. Auch hier kann für die gedruckte Ausgabe inkl. Ausdruck aus dem Netz ein angemessenes Entgelt verlangt werden. Der Vermieter muss den Mieter nicht darüber informieren, wo der Mietspiegel erhältlich ist.[171] Die alte Diskussion[172], ob der Mietspiegel **immer dann beigefügt** werden muss, wenn er nicht allgemein kostenlos zugänglich ist[173] hat sich damit wohl erledig. Auch ein

---

164 AG München ZMR 2021, 51; BeckOK MietR/*Gras* BGB § 535 Rn. 4201.
165 Sowie *Börstinghaus/Clar* Mietspiegel, 2. Aufl.
166 **AA** LG Stuttgart NJW 1974, 1252.
167 *Leutner* WuM 1992, 658.
168 Nach LG Nürnberg-Fürth WuM 2015, 160 muss auch ein Mietspiegel, der kostenlos erhältlich ist beigefügt werden, wenn er Spannen enthält und sich diese aus dem Mieterhöhungsverlangen nicht ergeben.
169 BGH VIII ZR 276/08, NJW 2010, 225; VIII ZB 7/08, NZM 2009, 429; VIII ZR 11/07, NJW 2008, 573; KG WuM 2009, 407; LG Wiesbaden WuM 2007, 512; 2007, 706; LG Dresden WuM 2007, 707, LG Berlin GE 2017, 1558; 2008, 198; MM 2001, 151; WuM 1990, 519; GE 1991, 521; LG Nürnberg-Fürth WuM 1988, 279; AG Nürnberg ZMR 2008, 896; AG Dresden WuM 2007, 706; AG Wiesbaden WuM 2007, 325; AG Münster BeckRS 2007, 15006 mAnm *Wüstefeld* WuM 2007, 674; *Reschke* WuM 2008, 228; **aA** AG Charlottenburg GE 1992, 1103.
170 Abgedr. im Anhang nach §§ 558c – d BGB.
171 BGH VIII ZR 231/09, WuM 2010, 693, für Mietspiegel, der gegen Schutzgebühr erhältlich ist.
172 Sie die Darstellung in der Vorauflage → BGB § 558a Rn. 34.
173 LG Wiesbaden WuM 2009, 119; 2007, 512; 2007, 705; 2007, 706; AG Essen MietRB 2008, 69; AG Köln *NZM 2005,* 146; AG Wiesbaden WuM 2007, 325; AG Münster BeckRS 2007, 15006; AG Wetter NJWE-MietR 1997, 246 bestätigt durch LG Hagen NJWE-MietR 1997, 246; *Hinz* NZM 2004, 681 (686) mit zahlreichen Hinweisen auf unveröffentlichte Urteile in Fn. 68; *Muth* ZMR 2014, 990; **aA** BGH VIII ZR 276/08, NJW 2010, 225; VIII ZB 7/08, NZM 2009, 429; VIII ZR 231/09, WuM 2010, 693.

**qualifizierter Mietspiegel** muss im Rahmen der alternativen Begründung gem. § 558a Abs. 3 BGB nicht zwingend beigefügt werden, wenn er öffentlich zugänglich ist. Aus § 558a Abs. 3 BGB ergibt sich nichts anderes.[174] Der Vermieter muss nur die Angaben des qualifizierten Mietspiegels mitteilen. Diese Angaben müssen aber aussagekräftig sein, also die Spanne beinhalten und die Tatsachen, die für die Spanneneinordnung wesentlich sind.

**c) Anwendung des Mietspiegels im Einzelfall.** Damit ein Mietspiegel einem konkreten Mieterhöhungsverlangen zu Grunde gelegt werden kann, muss er im Einzelfall anwendbar sein. 35

Dazu muss er zunächst **zeitlich anwendbar** sein. Beim einfachen Mietspiegel ist der Mietspiegel **ab Vollendung der Erstellung** bzw. der letzten notwendigen Anerkennung in der Welt und kann als Begründungsmittel verwandt werden. Es ist nicht erforderlich, dass der Mietspiegel bereits gedruckt ist.[175] Veröffentlichung und Drucklegung sind gerade keine Wirksamkeitsvoraussetzung. Es genügt, dass der Mietspiegel erstellt ist. Ein Mietspiegel, der noch nicht veröffentlicht oder erhältlich ist, muss aber zwingend vom Vermieter dem Mieter mit dem Erhöhungsverlangen zur Verfügung gestellt werden. Beim qualifizierten Mietspiegel ist die Anerkennung durch das zuständige Organ Voraussetzung für die Wirksamkeit. Erst ab diesem Augenblick darf der Mietspiegel als Begründungsmittel verwandt werden. 36

Das Gesetz enthält unmittelbar keine Regelungen darüber wie lange ein Mietspiegel ein zulässiges Begründungsmittel darstellt (→BGB §§ 558c, 558d Rn. 47). Der Gesetzgeber geht in §§ 558c Abs. 3, 558d Abs. 2 BGB nur von einem **Aktualisierungserfordernis** alle zwei Jahre aus.[176] Soweit § 558a Abs. 4 S. 2 BGB zur Begründung eines Mieterhöhungsverlangens grds. auch die Bezugnahme auf einen veralteten Mietspiegel gestattet, wenn bei Abgabe des Mieterhöhungsverlangens des Vermieters kein Mietspiegel vorhanden ist, bei dem die Vorschriften zur Aktualisierung eingehalten sind, so bedeutet dies nicht, dass das Alter des Mietspiegels bedeutungslos wäre.[177]. Selbst wenn in Mietspiegeln häufig im Textteil Laufzeiten vorgegeben werden, kann der Vermieter grds. auch noch nach Ablauf der Laufzeit sein Erhöhungsverlangen mit diesem Mietspiegel begründen. Daraus folgt zunächst, dass ein Mietspiegel dann keine Wirkung mehr hat und nicht mehr als Begründungsmittel benutzt werden kann, wenn zum Zeitpunkt des Zugangs des Erhöhungsverlangens **ein neuer Mietspiegel** erstellt worden ist.[178] Dabei ist es unerheblich, ob der neue Mietspiegel erst wenige Tage gilt[179] oder schon länger. Dies gilt aber nicht schrankenlos. Denn § 558a Abs. 4 S. 2 BGB, soll nur sicherstellen, dass die formelle Wirksamkeit eines sachlich berechtigten Erhöhungsverlangens nicht allein von den in §§ 558c Abs. 3, 558d Abs. 2 BGB genannten Fristen abhängt. Hierdurch wird das grundsätzliche Aktualisierungserfordernis nicht außer Kraft gesetzt. Für die formelle Wirksamkeit des Erhöhungsverlangens kommt es deshalb auch bei einem **veralteten Mietspiegel** darauf an, ob diesem (noch) ein in § 558a Abs. 1 BGB vorausgesetzter Informationsgehalt zukommt.[180] Das ist bei einem zum Zeitpunkt des Erhöhungsverlangens fast 20 Jahre alten Mietspiegel nicht mehr der Fall.[181] Die Wohnwertmerkmale des § 558 Abs. 2 BGB unterliegen typischerweise mit fortschreitender Zeit einem Wandel. Die Lageeinordnung kann sich ändern und die Bedeutung von Ausstattungen und Beschaffenheiten von Wohnungen ändern sich mit der Zeit. Entsprechende Veränderungen können bei der Ermittlung der ortsüblichen Vergleichsmiete anhand eines alten nicht aktualisierten Mietspiegels naturgemäß keine Berücksichtigung finden. Das gilt für einen 20 Jahre alter Mietspiegel, zudem noch aus der Nachwendezeit kurz nach Inkrafttreten des Mietenüberleitungsgesetzes und der Einführung des Vergleichsmietensystems in den neuen Ländern, ganz besonders. Ihm sind heute keine einigermaßen validen Angaben zur Höhe der ortsüblichen Vergleichsmiete zu entnehmen. **Absolute Grenzen** dürften schwer zu ziehen sein. Eine Beschränkung auf die Verwendung des vorangegangenen Mietspiegels enthält das Gesetz gerade nicht. Es wird auf die Entwicklung der Mieten vor 37

[174] **AA** LG Berlin MM 2007, 74.

[175] LG Essen NJW-RR 1996, 1416 entgegen AG Gelsenkirchen WuM 1995, 542.

[176] BGH VIII ZR 340/18, NZM 2019, 852.

[177] BGH VIII ZR 340/18, NZM 2019, 852.

[178] AG Stuttgart WuM 2018, 775; AG Leipzig WuM 2016, 292; **aA** BGH VIII ZR 33710, NZM 2011, 743; *Börstinghaus* jurisPR-MietR 20/2011 Anm. 1; LG Berlin GE 2017, 1558; Bub/Treier MietR-HdB/*Schultz* Kap. III A Rn. 1245.

[179] AG Stuttgart WuM 2018, 775, zumindest, wenn sich die Struktur des Mietspiegels sehr weitgehend geändert hat.

[180] BGH VIII ZR 340/18, NZM 2019, 852.

[181] BGH VIII ZR 340/18, NZM 2019, 852.

Ort, das Datum der letzten Aktualisierung und die sonstige Entwicklung in der Gemeinde ankommen. Bedeutsam ist die Frage nach Verlängerung des Betrachtungszeitraums von vier auf sechs Jahre. Hier werden ältere Mietspiegel regelmäßig von einen anderen Begriff der ortsüblichen Vergleichsmiete ausgehen. Die Überleitungsvorschrift in Art. 229 § 50 EGBGB hilft da nicht weiter. Bei der letzten Verlängerung des Betrachtungszeitraums von drei auf vier Jahre durch das 4. Mietrechtsänderungsgesetz erlaubte die Überleitungsvorschrift ausdrücklich die Verwendung von Mietspiegeln, die ohne Berücksichtigung der Verlängerung des Betrachtungszeitraums erstellt worden waren, als veraltete Mietspiegel. An einer solchen Norm fehlt es diesmal. Sie dürfen deshalb nicht benutzt werden.

**37a** Die Verwendung des falschen Mietspiegels stellt **einen formellen Mangel** dar.[182] § 558a BGB enthält die Formalien für das Erhöhungsverlangen (→ Rn. 1). Die materiellen Voraussetzungen für den Erhöhungsanspruch stehen in § 558 BGB. Was ein Mietspiegel ist, wird wiederum in den Hilfsvorschriften § 558c BGB und § 558d BGB definiert. Der BGH[183] folgt dieser Systematik anscheinend nicht. Der Verweis auf einen Mietspiegel in § 558a Abs. 2 BGB bezieht sich nach Sinn und Zweck immer auf den aktuellen Mietspiegel und nicht auf einen veralteten Mietspiegel. Auch das ist eigentlich systemimmanent, wird vom Gesetzgeber aber in § 558a Abs. 4 S. 2 BGB noch einmal klargestellt. Hierbei handelt es sich um eine Ausnahmevorschrift, die eben nur ausnahmsweise die Verwendung alter Mietspiegel gestattet. Das bedeutet dann im Umkehrschluss, dass immer dann, wenn die Voraussetzungen des § 558a Abs. 4 S. 2 BGB nicht vorliegen, die Verwendung solch veralteter Mietspiegel nicht zulässig ist. Dass es sich um einen formellen Fehler handelt zeigt letztendlich auch noch ein Blick auf die Heilungsvorschrift in § 558b Abs. 3 S. 1 BGB. Dort hat der Gesetzgeber ausdrücklich geregelt, dass der Vermieter bei einem Erhöhungsverlangen, dass die Voraussetzungen des § 558a Abs. 2 BGB nicht erfüllt, während des Zustimmungsklageverfahrens ein neues Erhöhungsverlangen stellen oder den Fehler heilen kann. Aber auch bei einem solchen formellen Fehler ist die Klage als unbegründet abzuweisen.

**38** Außerdem muss der Mietspiegel **örtlich anwendbar** sein, dh die Wohnung muss in der Gemeinde liegen, für die der Mietspiegel erstellt wurde. Soweit der Mietspiegel bestimmte Ortsteile ausdrücklich ausnimmt, kann er dort auch nicht als Mietspiegel einer vergleichbaren Gemeinde angewandt werden.

**38a** Der Mietspiegel muss **sachlich anwendbar** sein, dh, er muss Daten für die konkrete Wohnung enthalten.[184] Dazu ist erforderlich, dass bei der Mietspiegelerstellung auch wirklich Daten des entsprechenden Wohnungsteilmarktes erhoben wurden. Da die Daten für einen Mietspiegel nie als Vollerhebung, sondern immer als Stichprobe erhoben werden, muss die konkrete Vertragswohnung die Möglichkeit gehabt haben, in diese Stichprobe zu kommen.[185] Wenn die Stichprobe zB nur aus Wohnungen in Mehrfamilienhäusern gezogen wurde, dann kann mit einem solchen Mietspiegel keine Mieterhöhung für ein **Einfamilien-**[186] oder **Zweifamilienhaus**[187] oder **Reihenhaus**[188]

---

[182] LG Stuttgart NZM 2010, 161 mAnm *Börstinghaus* jurisPR-MietR 2/2010 Anm. 1; AG Leipzig WuM 2016, 292; **aA** BGH VIII ZR 33/10, NZM 2011, 743.

[183] BGH VIII ZR 33/10, NZM 2011, 743.

[184] LG Frankfurt/Oder WuM 2012, 319, Wohnung des 3. Förderweges; LG Frankfurt a. M. NZM 2012, 342, Mieterhöhung für einheitlich vermietetes Dreifamilienhaus mit drei Wohnungen aus Geschosswohnungsbau, mAnm *Pfeilschifter* jurisPR-MietR 13/2012 Anm. 3.

[185] LG Frankfurt/Oder WuM 2012, 319.

[186] LG Krefeld NZM 2008, 480 mAnm *Blank* MietRB 2008, 261; *Wüstefeld* WuM 2008, 544; LG Berlin GE 2002, 1197; LG Hagen WuM 1997, 331; LG Hamburg WuM 2002, 698; LG Köln WuM 1976, 129; LG Gera WuM 2002, 497; AG Schwelm WuM 1995, 592; MüKoBGB/*Artz* § 558a Rn. 17; Staudinger/*V. Emmerich* BGB § 558 Rn. 31, § 558a Rn. 33; Emmerich/Sonnenschein/*V. Emmerich* BGB § 558a Rn. 13; AnwK WohnraumMietR/*Lammel* BGB § 558a Rn. 27; Palandt/*Weidenkaff* BGB § 558a Rn. 8; *Bub* PiG 40 (1993), 41 (49); *Börstinghaus* NZM 2009, 115; NZM 2016, 581; **aA** BGH VIII ZR 58/08, NZM 2009, 27; LG Berlin GE 2016, 655; AG Hamburg-Blankenese ZMR 2009, 767, Wohnung in Gebäude mit zusätzlich einer Gewerbeeinheit, außerdem stand im maßgeblichen Mietspiegel „Wohnhäuser mit geringerer Wohnungsanzahl haben idR höhere Mieten …"; AG Hamburg-Blankenese/LG Hamburg ZMR 2003, 492; AG Hamburg Blankenese HbGE 1988, 281 (283); *Kniep* NZM 2000, 166; *Kniep/Spieth* GE 2000, 110; zumindest wenn der Oberwert des Mietspiegelfeldes nicht überschritten wird: LG Hamburg ZMR 2003, 491; Bub/Treier MietR-HdB/*Schultz* Kap. III A Rn. 1197.

[187] LG Berlin GE 2002, 1197.

[188] LG Potsdam GE 2003, 393; **aA** BGH VIII ZR 54/15, NZM 2016, 580 mit abl. Anm. *Börstinghaus* NZM 2016, 581; LG Berlin GE 2015, 453 obwohl der Mietspiegel ausdrücklich den Zusatz enthielt, dass er nicht für „Ein- und Zweifamilienhäuser und Reihenhäuser" gilt.

oder eine **Doppelhaushälfte**[189] begründet werden[190]. Soweit der BGH[191] ein Zustimmungsverlangen für ein Einfamilienhaus für wirksam erachtet hat, das mit den Werten eines Mietspiegels für Geschosswohnungen begründet wurde, da es einen Erfahrungssatz gebe, nachdem die Mieten für Einfamilienhäuser höher seien, ist dem nicht zu folgen.[192] Bei dem sog. Erfahrungssatz handelt es sich um keine Tatsache, die nach der Rspr. des BGH[193] der Vermieter im Mieterhöhungsverlangen vortragen muss. Es handelt sich um ein **„Bauchgefühl"**.[194] Soll der Mietspiegel nach seinem Textteil „sinngemäß für vermietete Einfamilienhäuser" gelten, so ist ein Zuschlag für Einfamilienhäuser unzulässig, auch wenn dies in Nachbargemeinden üblich ist.[195] Ebenso wenig kann mit einem Mietspiegel für Wohnraummietverhältnisse regelmäßig eine Mieterhöhung für ein Mischmietverhältnis[196] begründet werden[197], selbst wenn der Vertrag insgesamt als Wohnraummietvertrag einzuordnen ist.[198] Allenfalls bei ganz untergeordneter gewerblicher Nutzung kann ausnahmsweise etwas anderes gelten. Auch für Räume, die bauordnungsrechtlich als „zum dauernden Aufenthalt für Menschen ungeeignet" eingestuft wurden, scheidet eine Anwendung des Mietspiegels aus;[199] dies gilt zumindest, wenn dieser Teil nicht unerheblich ist.[200] Das Gleiche gilt, wenn bei der Datenerhebung nicht ausreichend Daten für eine bestimmte Kategorie erhoben werden konnten. Deshalb kann eine Mieterhöhung für Großwohnungen nicht mit einem Mietspiegel begründet werden, der nur Daten für Wohnungen bis 120 $m^2$ [201] oder 160 $m^2$ [202] enthält, wobei es unerheblich, ob diese Daten erst gar nicht erhoben wurden oder ob der Datenerhebung für die Wohnung keine ausreichende Anzahl von Einzeldaten ermittelt werden konnte. Das Gleiche gilt im umgekehrten Fall, in dem die Wohnung kleiner ist, als die kleinste im Mietspiegel ausgewiesene Wohnung.[203] Selbst kleine Überschreitungen der Grenzen führen zur Nichtanwendbarkeit des betreffenden Mietspiegels.[204] Weist der Mietspiegel keine Daten für Wohnungen ohne Heizung aus, ist seine Anwendung auf diesen Wohnungsbestand ebenfalls ausgeschlossen.[205] Wenn die Wohnung in zwei Gebäudeteilen liegt, die zu unterschiedlichen Zeitpunkten errichtet wurden, dann kann die ortsübliche Vergleichsmiete weder als Mittelwert der beiden einschlägigen Mietspiegelfelder[206] noch aus dem Mietspiegelfeld der Baualtersklasse, in die die größere der beiden Teile der Wohnung fällt[207], ermittelt werden. Es handelt sich um nicht vergleichbare Wohnungen eines anderen Wohnungsteilmarkts. Selbstverständlich kann ein Mietspiegel auch nicht als Begründungsmittel dienen für eine Wohnung der jüngsten Baujahre, für die es an ausreichenden Daten fehlt.[208] In diesem Fäl-

---

[189] LG Berlin GE 2012, 1378.

[190] Dabei ist es unerheblich, ob die verlangte Miete innerhalb der Spanne für Geschosswohnungen liegt, so aber Erman/*Dickersbach* BGB § 558a Rn. 11. Das ist ein Zirkelschluss.

[191] BGH VIII ZR 58/08, NZM 2009, 27; *Börstinghaus* NZM 2009, 115; ebenso BGH VIII ZR 54/15, NZM 2016, 580 mablAnm *Börstinghaus* NZM 2016, 581; LG Berlin GE 2015, 453 sogar für den Fall, das der Mietspiegel die Anwendbarkeit explizit ausschließt.

[192] Staudinger/*V. Emmerich* BGB § 558 Rn. 31 mahnt zur Vorsicht ggü. solchen naheliegenden oder plausiblen Erfahrungssätzen; nach Ansicht von *Sternel* MietR Kap. IV Rn. 198 ist die Auffassung des BGH „problematisch"; möglich sei aber eine „Rahmenvereinbarung" der Parteien iSd § 557 BGB über die Anwendung des Mietspiegels für Geschosswohnungen auf Einfamilienhäusern.

[193] BGH VIII ZR 11/07, NZM 2008, 164; BGH VIII ZR 41/05, NZM 2006, 101; BGH VIII ZR 215/05, WuM 2006, 569.

[194] *Börstinghaus* NZM 2009, 115; abl. hinsichtlich dieses Begriffs *Beyer* jurisPR-MietR 18/2016 Anm. 2.

[195] AG Aachen WuM 2015, 164.

[196] Zum Begriff BGH VIII ZR 376/13, NJW 2014, 2864; *Lehmann-Richter* MietRB 2011, 84.

[197] LG Berlin GE 1996, 1181.

[198] BGH VIII ZR 376/13, NJW 2014, 2864; krit. zu der „Alles oder Nichts" Einordnung solcher Mischmietverhältnisse *Streyl* FS Börstinghaus, 2020, 423.

[199] LG Frankfurt a. M. NZM 2012, 342 mAnm *Pfeilschifter* jurisPR-MietR 13/2012 Anm. 3; LG Berlin MM 1997, 75; zur Frage, wie die Flächen für solche Räume zu ermitteln sind BGH VIII ZR 39/09, NJW 2010, 1064.

[200] LG Frankfurt a. M. NZM 2012, 342, 34 $m^2$ von ca. 313 $m^2$, mAnm *Pfeilschifter* jurisPR-MietR 13/2012 Anm. 3.

[201] LG Frankfurt a. M. ZMR 2011, 953; 4; LG Köln WuM 1994, 333f. mAnm *Walterscheid* WuM 1994, 334; diff. insofern aber *Fleindl* ZMR 2014, 268 (269).

[202] AG München WuM 2016, 177.

[203] AG Hamburg-Altona ZMR 2003, 502; *Gärtner* WuM 1998, 707; **aA** AG Köln WuM 1998, 726.

[204] AG München WuM 2016, 177.

[205] AG Köln WuM 2007, 409.

[206] AG Frankfurt a. M. WuM 2013, 423.

[207] LG Berlin MM 12/2013, 28.

[208] AG Frankfurt a. M. DWW 1991, 54.

len kann auch nicht einfach ein – im Mietspiegel nicht vorgesehener – Zuschlag von 10% zur letzten Baualtersklasse hinzugerechnet werden.[209]

39 Problematisch kann die Verwendung von jetzt zulässigen Mietspiegeln für mehrere Gemeinden, zB Mietspiegel für ein Kreisgebiet sein. Der Vermieter hat nach § 558 Abs. 1 BGB einen Anspruch auf Zustimmung zu einer Mieterhöhung bis zur ortsüblichen Vergleichsmiete. Die ortsübliche Vergleichsmiete selbst wird in § 558 Abs. 2 BGB ua definiert als das Entgelt, das **in der Gemeinde** oder einer vergleichbaren Gemeinde gezahlt wird. Die ortsübliche Vergleichsmiete ist also immer gemeindebezogen zu ermitteln. Wenn ein Mietspiegel nun undifferenziert Mieten für mehrere Gemeinden oder nur für **Gemeindeteile** enthält, so entspricht dies nicht dem ortsüblichen Vergleichsmietenbegriff des § 558 Abs. 2 BGB. Erforderlich ist also bei Mietspiegeln für mehrere Gemeinden, dass diese die ortsübliche Vergleichsmiete für jede Gemeinde getrennt ausweisen.[210] Bei Mietspiegeln für Gemeindeteile muss sichergestellt werden, dass damit zumindest ein Wohnwertmerkmal (zB das der Lage) vollständig erfasst wird.

40 Ist der Mietspiegel zwar grds. sachlich und örtlich anwendbar, dann muss er auch **für die konkrete Wohnung Daten enthalten.** Enthält der Mietspiegel für die konkrete Wohnung ein leeres Rasterfeld, so ist er als Begründungsmittel für ein Mieterhöhungsverfahren nicht anwendbar,[211] insbes. dürfen die Werte nicht durch **Interpolation, Extrapolation oder** Analogieschluss ermittelt werden.[212] Es ist Aufgabe des Mietspiegelerstellers, den Anwendungsbereich des Mietspiegels festzulegen.[213] Der Mietspiegelersteller ist zunächst der einzige, der weiß, welche Daten er überhaupt ermittelt hat und welche Schlüsse aus diesen Daten gezogen werden können. Wenn er zu dem Ergebnis gekommen ist, dass für eine bestimmte Merkmalskombination eine Aussage auf Grund der vorliegenden Daten nicht gemacht werden kann, dann kann nicht der Anwender hergehen und die Anwendbarkeit durch Rechenoperationen herstellen. Der Mietspiegel soll vereinfacht gesagt dem Mieter erklären, wie sich die Mieten am Markt in den letzten vier Jahren entwickelt haben. Das kann man feststellen aber nicht aus der Entwicklung anderer **Teilmärkte** errechnen. Eine Interpolation ist selbst dann unzulässig, wenn sie im Fördervertrag vorgesehen ist, da diese allenfalls eine zusätzliche Begrenzung der Mieterhöhungsmöglichkeit schaffen will.[214] Etwas anderes gilt auch nicht für ausgehandelte Mietspiegel. Selbst wenn hier keine Daten erhoben worden sein sollten, dann beruht die Anwendbarkeit eines solchen Mietspiegels zumindest auf der Einigung zwischen den beteiligten Verbänden. Wenn diese sich aber nicht in der Lage sahen, zu einem gemeinsamen Ergebnis für einen Teilmarkt zu kommen, dann kann diese fehlende Einigung ebenfalls nicht errechnet werden. Ein entsprechendes Mieterhöhungsverlangen, das auf benachbarte unzutreffende Felder hinweist ist formell unwirksam.[215]

41 Nach § 558a Abs. 4 BGB genügt es bei einem Mietspiegel, der Spannen enthält, wenn die verlangte Miete **innerhalb der Spanne** liegt. Damit soll berücksichtigt werden, dass die Einordnung einer Wohnung in den Mietspiegel eine Wertungsfrage ist, die so oder auch anders beantwortet werden kann. Bei einer anderen Wertung soll das Erhöhungsverlangen aber wirksam bleiben. Die andere Bewertung hat dann allenfalls Auswirkungen auf die Begründetheit des Anspruchs. Die Regelung gilt aber nur für die Mietspannen in einem Mietspiegel nicht für die Spanne bei einzelnen Wohnwertmerkmalen (zB Altersklasse 1960–1970, oder Größe 40–80 m²). Diese Daten müssen, soweit es darauf ankommt ggf. exakt angegeben werden.[216] Deshalb ist ein Erhöhungsverlangen, welches mit einem Mietspiegel begründet wird, der Spannen ausweist, formell unwirksam, wenn weder dem Erhöhungsverlangen der Mietspiegel nicht beigefügt wurde noch die Spanne im Erhöhungsverlangen angegeben ist.[217]

---

209 **AA** AG Bochum DWW 1989, 171.

210 Deshalb wird der Mietspiegel für die Metropolregion Hannover auch in 27 Ausgaben für jede einzelne Gemeinde veröffentlicht.

211 LG Berlin GE 2008, 1492.

212 LG Berlin GE 2005, 675; 2004, 545, WuM 1990, 158; LG Köln WuM 1994, 333; LG Hamburg NJW-RR 1993, 82, WuM 1982, 21; AG Bonn WuM 1999, 465; *Sternel* MietR Kap. IV Rn. 206; Emmerich/Sonnenschein/*V. Emmerich* BGB § 558a Rn. 13; Staudinger/*V. Emmerich* BGB § 558a Rn. 32.

213 *Börstinghaus* NZM 2009, 115 zur Anwendung von Mietspiegeln für Mehrfamilienhäuser auf Einfamilienhäuser.

214 *LG Berlin GE 2004*, 545.

215 LG Berlin GE 2008, 1492.

216 AnwK WohnraumMietR/*Lammel* BGB § 558a Rn. 51.

217 LG Berlin GE 2017, 1558; LG Nürnberg-Fürth WuM 2015, 160.

42 Die bloße Beifügung eines Mietspiegels oder schlichte Bezugnahme reicht als Begründung für ein Mieterhöhungsverlangen idR nicht aus. Das Mieterhöhungsverlangen muss erkennen lassen, **wie der Vermieter die Wohnung in den Mietspiegel eingruppiert** hat.[218] Das Gesetz verlangt vom Vermieter, dass er seinen Anspruch begründet. Eine Begründung ist die Darlegung von Argumenten, die den Schluss auf die Behauptung rechtfertigt. Eine Begründung ist nicht gegeben, wenn sich der zu Überzeugende, also der Mieter, die Argumente erst selbst, wenn auch aus einer begrenzten Menge, heraussuchen muss. Der Vermieter muss deshalb in seinem Erhöhungsverlangen konkret angeben, warum sich aus dem Mietspiegel ergibt, dass er mit seinem Erhöhungsverlangen die ortsübliche Miete nicht übersteigt. Dazu gehört die Angabe, wie die Wohnung in den Mietspiegel einzugruppieren ist.[219] Begründet der Vermieter das Erhöhungsverlangen ausschließlich mit einem Mietspiegel, vertritt aber zugleich die Ansicht, der (qualifizierte) Mietspiegel sei nicht wirksam, so ist strittig ob das Erhöhungsverlangen widersprüchlich und damit unwirksam[220] oder doch formal wirksam[221] ist. Je nach Gliederung des Mietspiegels müssen die entsprechenden **Tatsachen**[222] vorgetragen werden, die eine eindeutige Zuordnung zulassen und dem Mieter ggf. auch eine Überprüfung ermöglichen.[223] Wenn der Vermieter die Wohnung wegen behaupteter Modernisierungsmaßnahmen in eine jüngere Baualtersklasse eingruppiert hat, muss er das begründen, anderenfalls ist das Erhöhungsverlangen formell unwirksam.[224] Ob als Begründung die bloße Angabe des maßgeblichen Mietspiegelfeldes ausreicht, hängt von der konkreten Ausgestaltung des örtlichen Mietspiegels ab.[225] Ein Mieterhöhungsverlangen, in dem sowohl die Bezeichnung des Mietspiegelfeldes als auch die vom Vermieter bei der Einordnung zugrunde gelegten Ausstattungsmerkmale fehlen, ist unwirksam.[226] Soweit bestimmte Mietspiegelfelder mit Spannen umschrieben sind, zB Baujahr 1960–1970, genügt es, wenn dargelegt wird, dass die Wohnung innerhalb dieser Spanne errichtet wurde. Verlangt die Einordnung in eine bestimmte Spanne aber, dass aus einer Liste von mehreren Merkmalen, zB einer Ausstattungsliste, drei bis fünf Merkmale gegeben sein müssen, damit die Wohnung in das entsprechende Mietspiegelfeld eingeordnet werden kann, dann müssen die Merkmale, die nach Ansicht des Vermieters bei der Vertragswohnung gegeben sind, exakt bezeichnet werden, damit der Mieter dies überprüfen kann und später der Vermieter diese nicht auswechselt. Deshalb genügt die Angabe „3–5 Sonderausstattungsmerkmale liegen vor", nicht aus.[227] Verwendet der Mietspiegel unbestimmte, auslegungsbedürftige Rechtsbegriffe, so soll der Vermieter verpflichtet sein, unter Benennung aller relevanten Kriterien das Vorliegen einzelner Merkmale begründen.[228] Führt der Mietspiegel einzelne Merkmale auf, wann eine Wohnung als modernisiert gilt und im Mietspiegel entsprechend einzuordnen ist, so muss der Vermieter konkret die Merkmale aufführen, die erfüllt sind, um die Wohnung als modernisiert iSd Mietspiegels gelten zu lassen.[229] Kriterium ist dabei immer, ob der Mieter als Empfänger der Erklärung aus dem Mieterhöhungsverlangen eindeutig ermitteln kann, auf Grund welcher Behauptungen der Vermieter die Wohnung wie in den Mietspiegel einordnet. Das Gleiche gilt, wenn der Vermieter die Wohnung in eine jüngere Baualtersklasse wegen einer Modernisierung einordnet.[230] Es gilt ein ähnlicher Maßstab wie bei der Beurteilung des Tatsachenvortrags im gerichtlichen Verfahren. Behauptungen ins Blaue. Leer-

[218] LG Berlin MM 2007, 74; GE 2005, 675; LG Köln WuM 1994, 691; LG München WuM 1993, 67; AG Köln WuM 2014, 301; AG Trier WuM 2004, 343; AG Greifswald ZMR 2002, 347; *Dietrich* NJW 2012, 567; **aA** wohl LG Berlin GE 2017, 1558.

[219] LG Stuttgart WuM 2016, 361; LG Berlin GE 2005, 675; 2005, 307; AG Leonberg WuM 2016, 669 (670), Angabe des Baualters erforderlich; *Dietrich* NJW 2012, 567.

[220] AG Köpenick WuM 2016, 296 mit abl. Anm. *Beuermann* GE 2016, 624; AG Berlin-Neukölln 12.1.2016 – 18 C 264/15 (juris); AG Berlin Neukölln BeckRS 2016, 10025; MM 6/2016, 29.

[221] LG Berlin GE 2016, 975 mAnm *Beuermann* GE 2016, 945.

[222] BGH VIII ZR 11/07, WuM 2008, 228; VIII ZR 74/08, WuM 2009, 293; BGH VIII ZR 321/09, WuM 2010, 502; AG Leonberg WuM 2016, 669.

[223] LG Stuttgart WuM 2016, 361; LG Berlin GE 2005, 307; AG Trier WuM 2004, 343; AG Greifswald ZMR 2002, 352.

[224] AG Köln WuM 2013, 697.

[225] Für Berlin **ja:** BGH VIII ZR 11/07, NJW 2008, 573; für Dresden **ja:** AG Dresden 27.6.2014 – 141 C 7895/13 (juris); für Stuttgart **nein:** LG Stuttgart WuM 2016, 361 (362); AG Stuttgart BeckRS 2012, 02778; *Dietrich* NJW 2012, 567 mwN in Fn. 31, 32.

[226] AG Leonberg WuM 2016, 669; LG Hannover WuM 2013, 362.

[227] **AA** wohl AG Dresden 27.6.2014 – 141 C 7895/13 (juris).

[228] LG Stuttgart WuM 2016, 361 (363); LG Hannover WuM 2013, 362.

[229] AG Weimar WuM 2003, 567.

[230] AG Köln ZM 2017, 748.

formeln[231] oder unsubstantiierte Tatsachenbehauptungen, die prozessual zu einem Ausforschungsbeweis führen würden, reichen nicht aus. Ein solches Mieterhöhungsverlangen ist nicht ordnungsgemäß begründet und deshalb unwirksam.

43 Die **Richtigkeit der Angaben** ist keine Zulässigkeitsvoraussetzung.[232] Hier hat der BGH seine Rspr. geändert. Nach der ersten Entscheidung des BGH[233] zu dieser Frage sollte ein ordnungsgemäßes wirksames Mieterhöhungsverlangen nur dann vorliegen, wenn der Vermieter **unter zutreffender Einordnung der Wohnung** des Mieters in die entsprechende Kategorie des Mietspiegels die dort vorgesehene Mietspanne richtig nennt und die erhöhte Miete angibt. Später hat der Senat von diesen Anforderungen immer mehr Abstand genommen. Erforderlich solle jetzt für ein wirksames Mieterhöhungsverlangen nur noch sein, dass im Erhöhungsverlangen die genaue Angabe des – **nach Auffassung des Vermieters** – für die Wohnung einschlägigen Mietspiegelfeldes erfolgt.[234] Und zuletzt hat der BGH[235] auch ein Mieterhöhungsverlangen für formell wirksam angesehen, bei dem der Vermieter für den Mieter nicht erkennbar die Wohnung in das falsche Mietspiegelfeld eingeordnet hat. Das ist nur bedingt richtig. Man muss nämlich bei der Beurteilung der Fehler differenzieren:[236] Das Erhöhungsverlangen muss in formeller Hinsicht Angaben über diejenigen Tatsachen enthalten, aus denen der Vermieter die Berechtigung der geforderten Mieterhöhung herleitet, und zwar in dem Umfang, wie der Mieter solche Angaben benötigt, um der Berechtigung des Erhöhungsverlangens nachgehen und diese zumindest ansatzweise überprüfen zu können.[237] (1) Hieran fehlt es etwa, wenn der Vermieter das Erhöhungsverlangen mit Tatsachen begründet, die eine Mieterhöhung nach § 558 Abs. 1 BGB schon auf den ersten Blick nicht zu tragen vermögen, weil durch deren Mitteilung deutlich wird, dass der Vermieter von falschen Voraussetzungen ausgeht oder das Erhöhungsverlangen in wesentlichen Punkten unvollständig, unverständlich oder widersprüchlich erscheint.[238] Eine derartige Begründung steht einer fehlenden Begründung gleich, weil durch sie das Ziel des Begründungserfordernisses ebenso wenig erreicht werden kann wie im Falle des vollständigen Verzichtes auf eine Begründung. (2) Hat der Vermieter die Tatsachen alle richtig mitgeteilt und dann die falschen Rückschlüsse gezogen, in dem er die Wohnung in das falsche Feld einsortiert hat, dann ist das Erhöhungsverlangen formell wirksam.[239] Hierzu zählt auch der Fall, dass der Vermieter unzulässiger Weise einen Zuschlag wegen unwirksamer Abwälzung der Schönheitsreparaturpflicht auf den Mieter verlangt.[240] (3) Das gilt auch dann, wenn der Vermieter zwar falsche Tatsachen mitgeteilt hat, die der Mieter aber selbst überprüfen kann, zB eine falsche Ausstattung. (4) Hat der Vermieter demgegenüber aber falsche Tatsachen mitgeteilt die der Mieter nicht überprüfen kann, zB ein falsches Baujahr, dann ist das Mieterhöhungsverlangen formell unwirksam.[241] Das gilt auch für den Fall, dass der Vermieter ausdrücklich keine konkreten Tatsachen benennt, die Wohnung aber in ein bestimmtes Mietspiegelrasterfeld eingruppiert[242] und hierdurch konkludent behauptet, die eine solche Eingruppierung rechtfertigenden Tatsachen lägen bei der Wohnung vor. Ein unter Berufung auf den Mietspiegel[243] begründetes Mieterhöhungsverlangen ist nur insoweit unwirksam als der Vermieter ohne Begründung die

---

[231] AG Köln ZMR 2017, 748.

[232] So auch BGH VIII ZR 295/07, NJW 2009, 283 für die Abgrenzung zwischen formellen und materiellen Fehlern bei der Betriebskostenabrechnung.

[233] BGH VIII ZR 52/03, NJW 2004, 1379.

[234] BGH VIII ZR 11/07, NJW 2008, 573; *Dietrich* NJW 2012, 567; *Schach* GE 2008, 154; *Kunze* MietRB 2008, 98; *Reschke* WuM 2008, 228.

[235] BGH VIII ZR 316/07, WuM 2009, 239.

[236] *Börstinghaus* NZM 2009, 681.

[237] BGH VIII ZR 108/20, NZM 2021, 299; VIII ZR 236/18, NZM 2020, 459; VIII ZR 136/17, NJW 2018, 2792; VIII ZR 79/11, NJW-RR 2012, 710; VIII ZR 216/13, NJW-RR 2014, 1357; BVerfG NJW-RR 1993, 1485 (1486); BayObLG NJW-RR 1992, 455 (457); OLG Hamm NJW-RR 1991, 209.

[238] BGH VIII ZR 340/18, NZM 2019, 852; Staudinger/*V. Emmerich* BGB § 558a Rn. 19; MüKoBGB/*Artz* § 558a Rn. 15.

[239] LG Berlin GE 2005, 1063; 1997, 369; 1990, 1257; ZMR 1990, 20; MM 1991, 127; LG Mönchengladbach WuM 1992, 196, wenn Mietspiegel beigefügt und Feld markiert; AG Hamburg NJWE-MietR 1996, 268; AG Charlottenburg GE 1997, 369; **aA** LG Berlin ZMR 1998, 347; AG Berlin Schöneberg GE 1991, 193.

[240] AG München ZMR 2018, 230, 231; AG Schöneberg GE 2009, 523.

[241] BGH VIII ZR 52/03, NJW 2004, 1379; LG Berlin GE 2007, 1635; **aA** nun aber BGH VIII ZR 316/07, *WuM 2009, 239.*

[242] BGH VIII ZR 11/07, NJW 2008, 573; *Reschke* WuM 2008, 228.

[243] Zu Mieterhöhungen über den Oberwert von Mietspiegelfeldern und den verschiedenen Ausnahmefällen *Maciejewski* MM 1997, 55.

**Obergrenze der Spanne** überschreitet; iÜ ist es aber wirksam.[244] Soweit bei Vorhandensein von bestimmten Sondermerkmalen diese Obergrenze des Mietspiegelfeldes überschritten werden darf, muss dies aber auf jeden Fall im Mieterhöhungsverlangen begründet werden.[245] Durch die Begründung sollen dem Mieter **konkrete Hinweise** auf die sachliche Berechtigung des Erhöhungsverlangens gegeben werden, damit er während der Überlegungsfrist die Berechtigung der Mieterhöhung überprüfen und sich entscheiden kann, ob er zustimmt oder nicht.[246] Der Vermieter muss deshalb die Spanne angeben. Die Frage, ob die verlangte Mieterhöhung vom Mietspiegel gedeckt wird, ist eine Frage der materiellen Berechtigung des Mieterhöhungsverlangens.[247] Der Vermieter ist an die vorgegebenen Altersklassen eines Mietspiegels gebunden, er darf nicht wegen Modernisierung eine Höherstufung vornehmen.[248]

**d) Mietspiegel einer vergleichbaren Gemeinde**[249]**.** § 558a Abs. 4 S. 2 BGB gestattet die Verwendung von Mietspiegeln aus vergleichbaren Gemeinden, wenn zum Zeitpunkt der Mieterhöhungserklärung in der eigenen Gemeinde kein Mietspiegel existiert der fristgerecht aktualisiert wurde.[250] Diese Formulierung ist sprachlich missglückt.[251] Der Vermieter darf nämlich auch dann einen Mietspiegel einer vergleichbaren Gemeinde benutzen, wenn in seiner Gemeinde gar kein Mietspiegel existiert oder der Mietspiegel für seine Gemeinde anders als der für die Nachbargemeinde für seine konkrete Wohnung keine Daten enthält.[252] Der Vermieter hat aber **kein Wahlrecht,** ob er den örtlichen Mietspiegel oder den einer vergleichbaren Gemeinde zur Begründung heranzieht.[253] Zulässig ist die Verwertung eines Mietspiegels einer anderen Gemeinde nur dann, wenn in der eigenen Gemeinde für die konkrete Wohnung kein aktueller Mietspiegel vorhanden ist und wenn die Gemeinden vergleichbar sind.[254] Es darf auch nicht auf den qualifizierten Mietspiegel einer Nachbargemeinde zurückgegriffen werden, wenn in der eigenen Gemeinde ein einfacher Mietspiegel existiert.[255] **44**

Der Mietspiegel einer anderen Gemeinde ist gem. § 558a Abs. 4 S. 2 BGB nur dann ein taugliches Mittel zur Begründung des Mieterhöhungsverlangens, wenn es sich um den Mietspiegel einer vergleichbaren Gemeinde handelt. Das Erhöhungsverlangen ist nur dann formell ordnungsgemäß, wenn es sich bei dem in Bezug genommenen Mietspiegel um den „einer vergleichbaren Gemeinde" handelt.[256] Jede andere Auslegung würde dazu führen, dass der Vermieter sein Mieterhöhungsverlangen auch mit dem Mietspiegel einer nicht vergleichbaren Gemeinde begründen könnte, solange die fehlende Vergleichbarkeit nicht „offensichtlich" ist.[257] Für eine dahingehende Absenkung der ohnehin nicht hohen Anforderungen an die Begründung eines Mieterhöhungsverlangens besteht kein Anlass.[258] Begründen, warum eine in der näheren Umgebung liegende Gemeinde vergleichbar bzw. eine andere Gemeinde nicht vergleichbar[259] ist, muss der Vermieter dies aber im Erhöhungsverlangen nicht. Vielmehr ist der Mieter, wenn er an solchen Einzelheiten **45**

---

244 BGH VIII ZR 52/03, NJW 2004, 1379; OLG Karlsruhe WuM 1984, 21; LG Berlin GE 1997, 141; AG Tiergarten GE 1997, 1231; Emmerich/Sonnenschein/*V. Emmerich* BGB § 558a Rn. 16; **aA** LG Berlin ZMR 1990, 20, MM 1996, 292, GE 1996, 1181; LG Hamburg NJW-RR 1993, 82.

245 LG Berlin MM 1996, 292, GE 1996, 1181.

246 BGH VIII ZR 72/02, NJW 2003, 963; VIII ARZ 5/82, WuM 1982, 324 = BeckRS 1982, 31075871; BVerfGE 53, 352 (358).

247 BGH VIII ZR 52/03, NJW 2004, 1379.

248 LG Dortmund WuM 1992, 28.

249 BGH VIII ZR 99/09, NJW 2010, 2946 = NZM 2010, 665; *Börstinghaus* jurisPR-MietR 17/2010 Anm. 3.

250 BGH VIII ZR 99/09, NJW 2010, 2946; nach LG Stuttgart NZM 2010, 161 soll ein Mieterhöhungsverlangen formell unwirksam sein, wenn es nach Veröffentlichung eines neuen qualifizierten Mietspiegels mit altem qualifizierten Mietspiegel begründet wird.

251 So auch AnwK WohnraumMietR/*Lammel* BGB § 558a Rn. 54.

252 Staudinger/*V. Emmerich* BGB § 558a Rn. 47; AnwK WohnraumMietR/*Lammel* BGB § 558a Rn. 55; Bub/Treier MietR-HdB/*Schultz* Kap. III A Rn. 1248; MüKoBGB/*Artz* § 558a Rn. 20; *Sternel* MietR Kap. IV Rn. 228.

253 AG Ludwigsburg WuM 2014, 30.

254 BGH VIII ZR 99/09, NJW 2010, 2946.

255 AG Ludwigsburg WuM 2014, 30.

256 BGH VIII ZR 255/18, NZM 2019, 813; *Börstinghaus* NZM 2019, 815.

257 So aber noch die vom BGH ausdrücklich abgelehnte Rspr. des Rechtsentscheid des OLG Stuttgart NJW 1982, 945 (946).

258 Soweit in der Vorauf. Unter Bezugnahme auf den Rechtsentscheid des OLG Stuttgart noch eine andere Auffassung vertreten wurde, wird diese hiermit ausdrücklich aufgegeben, *Börstinghaus* NZM 2019, 815.

259 LG Itzehoe ZMR 2012, 556; **aA** AG Leonberg WuM 2016, 628.

interessiert ist, ebenso wie bei der Angabe von Vergleichswohnungen gehalten, eigene Erkundigungen anzustellen. Eine Ausnahme ist nur dann gerechtfertigt, wenn die Vergleichbarkeit offensichtlich fehlt oder wenn die Mietspiegel mehrerer Nachbargemeinden in Betracht kommen könnten.[260]

46 Ungeschriebenes Tatbestandsmerkmal ist, dass die vergleichbaren Gemeinden **Nachbargemeinden** sind.[261] Umstritten ist, ob die Gemeinden aneinandergrenzen müssen. Begründet wird diese Forderung damit, dass nur dann von einem vergleichbaren Wohnungsmarkt ausgegangen werden kann.[262] Die Rspr. hat dies Merkmal weniger einengend verstanden.[263] Richtigerweise kann es auf die Frage, ob die Gemeindegebiete tatsächlich an irgendeiner Stelle aneinander grenzen nicht ankommen. Entscheidend ist die Vergleichbarkeit.[264] Im Rahmen des **Gemeindevergleichs** kommt aber der regionalen Lage durchaus eine große Bedeutung zu. Das Mietniveau unterscheidet sich regional nicht unerheblich. Deshalb ist eine Gemeinde in Norddeutschland kaum mit einer solchen in Süddeutschland zu vergleichen. Es muss sich also um Gemeinden aus der gleichen Region handeln, wobei eine gemeinsame Gemeindegrenze nicht zwingend erforderlich ist. Die Tatsache, dass zwei Gemeinden beide an eine Großstadt angrenzen und sich dies auch bei den Grundstückspreisen niederschlägt, rechtfertigt noch keine Annahme einer Vergleichbarkeit.[265] Die Entwicklung der Grundstückspreise lässt keine verlässlichen Rückschlüsse auf die ortsübliche Vergleichsmiete zu. Je weiter die Gemeinden voneinander entfernt liegen, desto eher dürfte eine Vergleichbarkeit zu verneinen sein. Grundsätzlich können aus der Gebäude-, Wohnungs- und Mietenerhebung (GWZ) Daten zur regionalen Mietenstruktur entnommen werden. Die letzten veröffentlichten Daten betreffen den Zensus aus dem Jahre 2011. Neue Daten sind aufgrund des Gebäude- und Wohnungszählung 2021 zu erwarten. Ein Hilfsmittel kann ferner die Einstufung der Gemeinden in die neun Kreistypen entsprechend den Definitionen der Zentralität und Verdichtung der Bundesforschungsanstalt für Landeskunde und Raumordnung (BfLR) sein. Danach erfolgt die Einteilung in folgende Regionen:

– mit großen Verdichtungsräumen, Kernstädte,
– mit großen Verdichtungsräumen, hochverdichtete Kreise,
– mit großen Verdichtungsräumen, verdichtete Kreise,
– mit großen Verdichtungsräumen, ländliche Kreise,
– mit Verdichtungsansätzen, Kernstädte,
– mit Verdichtungsansätzen, verdichtete Kreise,
– mit Verdichtungsansätzen, ländliche Kreise,
– verdichtete Kreise in ländlich geprägten Regionen,
– ländliche Kreise in ländlich geprägten Regionen.

47 Für Gemeinden in denen es einen Mietspiegel gibt, der aber für die konkrete Wohnung keine Angaben enthält oder deren Mietspiegel veraltet ist, kann die Vergleichbarkeit der Gemeinden auch mittels eines **Vergleichs der bisherigen Mietspiegel** stattfinden. Dabei ist darauf zu achten, dass möglichst die Werte für eine Referenzwohnung zu einem einheitlichen Zeitpunkt verglichen werden.[266]

48 Die Vergleichbarkeit der Gemeinden richtet sich außerdem nach[267]:

– der wirtschaftlichen, kulturellen und sozialen Infrastruktur
– dem Grad der Industrialisierung

---

[260] LG Düsseldorf WuM 2006, 100; BeckRS 2007, 04435; AG Ahrensburg GE 2012, 133.

[261] Palandt/*Weidenkaff* BGB § 558a Rn. 8; *Sternel* MietR Kap. IV Rn. 228; *Haase* WuM 1993, 441 (442); Staudinger/*V. Emmerich* BGB § 558a Rn. 49; **aA** Bub/Treier MietR-HdB/*Schultz* Kap. III A Rn. 1246, der aus der Formulierung der vergleichbaren Gemeinde herzuleiten meint, dass nach dem Wortlaut von einer Nachbarschaft nichts auszugehen sei. Aber auch er meint, dass von einer Vergleichbarkeit bei Nachbargemeinden eher auszugehen ist.

[262] Staudinger/*V. Emmerich* BGB § 558a Rn. 49.

[263] LG Itzehoe ZMR 2012, 556; AG Darmstadt WuM 1988, 129.

[264] BGH VIII ZR 99/09, NJW 2010, 2946; LG Itzehoe ZMR 2012, 556; AG Ludwigsburg WuM 2017, 327 mAnm *Mummenhoff* jurisPR-MietR 24/2017 Anm. 2.

[265] BGH VIII ZR 255/18, NZM 2019, 813.

[266] *Einen solchen Vergleich für 420* Mietspiegelorte mit mehr als 20.000 Einwohner enthält die Broschüre der Fa. F+B „Mieten in Deutschland – Der F+B Mietspiegelindex 2020".

[267] AG Fürstenfeldbruck NZM 2014, 352; AG Ahaus WuM 1990, 519; *Gutekunst* BayGWW 1975, 23; *Roewer/Hüsken* ZMR 1979, 163.

– der verkehrstechnischen Erschließung
– der Anbindung an Versorgungszentren.

Die Beurteilung der Frage, ob eine Vergleichbarkeit zweier Gemeinden gegeben ist oder nicht, hat aufgrund einer **Gesamtbetrachtung aller Kriterien** des jeweiligen Einzelfalls und deren anschließender Gewichtung und Abwägung zu erfolgen.[268] Ein Teilvergleich mit einzelnen Stadt- oder Ortsteilen ist dabei unzulässig.[269] Die Einteilung zweier Gemeinden in die gleiche Mietenstufe durch das AFWoG genügt ebenso wenig[270] wie Hinweise auf den Mietspiegel einer Nachbargemeinde auf der Internetseite der Gemeinde.[271] Eine Hochschulstadt mit ca. 68.000 Einwohnern ist ebenso wenig mit einer Kleinstadt von 8.500 Einwohnern vergleichbar[272] wie ein Ort mit 4.500 Einwohner mit einer benachbarten Großstadt mit 500.000 Einwohnern[273] oder ein Oberzentrum mit 125.000 Einwohnern mit einer Kleinstadt ohne diese Funktion mit 15.000 Einwohnern.[274] Die verkehrstechnische Anbindung ist sowohl was den öffentlichen Personennahverkehr mit U-Bahn- und S-Bahn-Anschluss[275] wie auch den Autobahnanschluss angeht zu berücksichtigen.[276] Rechnerische Anpassungen zB durch Zu- und Abschläge sind unzulässig.[277] Die Gemeinden müssen vergleichbar sein, eine rechnerisch herzustellende Vergleichbarkeit reicht nicht aus. Ein weiteres Kriterium, welches gegen die Vergleichbarkeit von Gemeinden spricht, ist der Umstand, dass eine Gemeinde in eine Landesverordnung gem. § 556d Abs. 2 BGB aufgenommen wurde, so dass dort die Neuvertragsmieten beschränkt werden, und die andere Gemeinde nicht.[278]

In der **Rspr.** wurden bisher folgende Gemeinden für vergleichbar bzw. nicht vergleichbar gehalten: 49

| **Auf folgende Gemeinde** | **wurde der Mietspiegel der Gemeinde** | **angewandt oder nicht** | **Gericht Fundstelle** | **Bemerkung** |
|---|---|---|---|---|
| Ahaus | Bocholt | Nein | AG Ahaus WuM 1988, 66; 1990, 519 | |
| Ahrensburg | Norderstedt | Nein | AG Ahrensburg GE 2012, 133[279] | Es müsse schon begründet werden, warum nicht der Mietspiegel von Hamburg angewandt wird. |
| Backnang | Schorndorf | Ja | BGH VIII ZR 99/09, NJW 2010, 2946 | |
| Bad Krozingen | Freiburg | Ja | AG Freiburg NZM 2002, 819 | |
| Baltmanns-weiler | Esslingen | Nein | AG Esslingen 27.11.2014 – 5 C 813/13 | |

[268] BGH VIII ZR 255/18, NZM 2019, 813; *Börstinghaus* NZM 2019, 815.
[269] BGH VIII ZR 413/12, NJW 2014, 1173; LG Heidelberg WuM 2012, 205 mAnm *Börstinghaus* jurisPR-MietR 5/2012 Anm. 2; LG Darmstadt WuM 1996, 559; Staudinger/*V. Emmerich* BGB § 558a Rn. 50.
[270] LG Darmstadt WuM 1996, 559.
[271] AG Fürstenfeldbruck NZM 2014, 352.
[272] AG Aschaffenburg WuM 2013, 673.
[273] BGH VIII ZR 413/12, NJW 2014, 1173.
[274] BGH VIII ZR 255/18, NZM 2019, 813.
[275] BGH VIII ZR 255/18, NZM 2019, 813.
[276] AG Fürstenfeldbruck NZM 2014, 352.
[277] BGH VIII ZR 413/12, NJW 2014, 1173; AG Ludwigsburg WuM 2017, 327 mAnm *Mummenhoff,* jurisPR-MietR 24/2017 Anm. 2.
[278] LG Flensburg Beschlüsse vom 23.5.2018 und 12.7.2018 im Verfahren 1 S 1/18 (juris) mAnm *Börstinghaus* jurisPR-MietR 23/2018 Anm. 3.
[279] MkritAnm *Schach* GE 2012, 105.

| Auf folgende Gemeinde | wurde der Mietspiegel der Gemeinde | angewandt oder nicht | Gericht Fundstelle | Bemerkung |
|---|---|---|---|---|
| Berlin | Hamburg | Ja | LG Berlin MM 1992, 21 | für die Zeit vor Erstellung des Berliner Mietspiegels |
| Bochum | Essen/ Hattingen | Ja | AG Bochum DWW 1989, 171 | Bochum hat seit einigen Jahren einen eigenen Mietspiegel |
| Boostedt | Neumünster | Ja | LG Kiel NJW-RR 1992, 339 | wenn der Mietspiegel auch ländliche Randgemeinden erfasst |
| Burscheid | Leverkusen | Ja | | Der Hauptausschuss der Stadt Burscheid hat die Übernahme des Leverkusener Mietspiegels mit einem Abzug von 0,15 EUR/m² für den „internen Dienstgebrauch" beschlossen.[280] |
| Dormagen | Leverkusen | Ja | LG Düsseldorf 16.12.1990 – 24 S 419/90 | Das Gericht hat dem Mietspiegel für Dormagen den Beweiswert aberkannt und ein SV-Gutachten eingeholt, das der Gutachter dann in Anlehnung an die Werte des Mietspiegels für Leverkusen erstellt hat. |
| Duisburg | Wesel | Ja | LG Duisburg WuM 1991, 502 | |
| Erlangen | Nürnberg | Ja | LG Nürnberg-Fürth WuM 1988, 279 | Die Stadt Erlangen hat seit 1996 einen eigenen Mietspiegel. |
| Eppelheim | Heidelberg | Nein | LG Heidelberg WuM 2012, 205 | Es reicht nicht aus, dass Eppelheim mit dem Heidelberger Stadtteil Wieblingen vergleichbar ist. |
| Essen | Gladbeck | Ja | LG Essen WuM 1991, 120 | |
| Flensburg | Kiel | Nein | LG Flensburg Beschlüsse v. 23.5.2018 und 12.7.2018 – 1 S 1/18 (juris)[281] | |
| Gerlingen | Stuttgart | Nein | AG Ludwigsburg WuM 2017, 640[282]; WuM 2017, 327[283] | |

[280] *Http://behoerdenlotse.burscheid.de/Dienstleistungdetail.aspx?dlid=* 3180.
[281] *Börstinghaus* jurisPR-MietR 23/2018 Anm. 3.
[282] *Börstinghaus* jurisPR-MietR 7/2018 Anm. 1.
[283] *Mummenhoff* jurisPR-MietR 24/2017 Anm. 2.

| **Auf folgende Gemeinde** | **wurde der Mietspiegel der Gemeinde** | **angewandt oder nicht** | **Gericht Fundstelle** | **Bemerkung** |
|---|---|---|---|---|
| Hersbruck | Lauf an de Pegnitz | Nein | AG Hersbruck BeckRS 2020, 46110 | |
| Griesheim | Darmstadt | Nein | AG Darmstadt ZMR 2018, 597 | |
| Hilden | Solingen | Ja | LG Düsseldorf WuM 1986, 323 | |
| Hilden | Langenfeld | Ja | AG Langenfeld WuM 1992, 378 | |
| Inden | Düren | Nein | AG Jülich WuM 1985, 363 | |
| Kaarst | Neuss | Ja | AG Neuss WuM 1993, 684 | |
| Kall | Mechernich | Ja | AG Schleiden und LG Aachen WuM 1997, 379 | |
| Karlsfeld | München | Nein | LG München II WuM 1986, 259 | |
| Karlsruhe | Mannheim | Nein | AG Karlsruhe WuM 2012, 146 | Zumindest wenn dies nicht im Erhöhungsverlangen begründet wurde. |
| Klein-Kummerfeld | Neumünster | Nein | AG Bad Segeberg WuM 1993, 619 | |
| | | Ja | AG Bad Segeberg WuM 1994, 485 | |
| Blütenstadt Leichlingen | Leverkusen | Ja | | Der Mietspiegel von Leverkusen wird „wegen der Vergleichbarkeit des Wohnungsmarktes" für das Städtegebiet Leichlingen übernommen (s. Bek. des Bürgermeisters im Amtsblatt von Leichlingen Nr. 16/2011 v. 12.7.2011). |
| Leinfelden-Echterdingen | Stuttgart | Ja | LG Stuttgart NJW-RR 1993, 279 | Mit einem Abzug von 5%. |
| Lienen | Lengerich | Nein | AG Tecklenburg WuM 1984, 283 | |
| Leopoldshöhe | Bielefeld | Nein | AG Lemgo WuM 1985, 363 | |
| Lohmar | Siegburg | Nein | AG Siegburg WuM 1985, 362 | |
| Mainaschaff | Aschaffenburg | Nein | AG Aschaffenburg WuM 2013, 673 | |

| Auf folgende Gemeinde | wurde der Mietspiegel der Gemeinde | angewandt oder nicht | Gericht Fundstelle | Bemerkung |
|---|---|---|---|---|
| Meerbusch-Strümp | Düsseldorf | Nein | AG Neuss ZMR 2006, 447, rkr. nach Beschluss des LG Düsseldorf WuM 2006, 100 | da die Stadt Meerbusch keine geschlossene Gemeinde sei und die ländlichen Gebiete nicht mit Düsseldorf vergleichbar sind |
| Michendorf | Potsdam | Ja | AG Potsdam GE 2012, 1047 | Für den Ortsteil Wilhelmshorst |
| | | Nein | LG Potsdam WuM 2014, 211 = ZMR 2014, 797 | Für den Ortsteil Wildenbruch |
| Mühlheim am Main | Offenbach am Main | Nein | LG Darmstadt WuM 1996, 559 | |
| Niederkassel | Köln | Ja | AG Siegburg WuM 1992, 628 | |
| Niederzier-Ellen | Düren | Nein | AG Jülich WuM 1985, 363 | |
| Ostfildern | Esslingen | Ja | AG Esslingen WuM 2015, 161 | Aber nicht als Begründungsmittel sondern als Schätzungsgrundlage im Prozess |
| Pinneberg | Norderstedt | Ja | LG Itzehoe ZMR 2012, 556 | |
| Puchheim | Germering | Nein | AG Fürstenfeldbruck NZM 2014, 352 | |
| Ratingen | Düsseldorf | Ja | AG Ratingen WuM 1993, 455 | mit Abschlag von 7,5% |
| Rednitzhembach | Schwabach | Ja | LG Nürnberg-Fürth WuM 2015, 675 | Mit Abschlag von 10% |
| Remseck | Ludwigsburg | Nein | AG Ludwigsburg WuM 2014, 30 | Keine Anwendung des qualifizierten Mietspiegels Ludwigsburg 2011, da für Remseck einfacher Mietspiegel fort gilt |
| Rückersdorf | Nürnberg | Nein | BGH VIII ZR 413/12, NJW 2014, 1173 | Auch nicht mit Abschlag von 30% |
| Schönefeld | Berlin | Ja | LG Potsdam WuM 2004, 671 | |
| Siegburg | Köln | Ja | AG Siegburg WuM 1992, 628 | |
| | | Nein | AG Siegburg WuM 1995, 398 | |

| **Auf folgende Gemeinde** | **wurde der Mietspiegel der Gemeinde** | **angewandt oder nicht** | **Gericht Fundstelle** | **Bemerkung** |
|---|---|---|---|---|
| Stein | Fürth | Nein | BGH VIII ZR 255/18, NJW 2019, 3515[284] | |
| Taunusstein | Limburg | Nein | LG Limburg WuM 1987, 29 | benutzt worden war eine Mietpreisübersicht des Finanzamtes |
| Telgte | Warendorf | Ja | AG Warendorf WuM 1993, 455 | |
| Münster | | Nein | AG Warendorf WuM 1993, 455; 1988, 66 | |
| Tettnang | Ravensburg | Ja | LG Ravensburg ZMR 1990, 19 | |
| Troisdorf | Köln | Ja | AG Siegburg WuM 1992, 628 | |
| Wassenberg | Heinsberg | Nein | AG Heinsberg WuM 2008, 689 | |
| Wedel | Hamburg | Nein | AG Pinneberg 10.10.2003 – 66 C 242/03 | |
| Wegberg | Erkelenz | Ja | LG Mönchengladbach WuM 1993, 197 | |
| Weil der Stadt | Leonberg | Nein | AG Leonberg WuM 2016, 628 | |
| Wuppertal | Düsseldorf | Nein | AG Wuppertal 12.11.1996 – 92 C 360/92 | |

**e) Zuschläge zu den Mietspiegelwerten.** Begründet ein Vermieter sein Mieterhöhungsverlangen mit einem Mietspiegel, dann ist er grds. an dessen Struktur und Werte gebunden. Es ist nur in sehr eingeschränktem Maße zulässig, zu diesen Werten des Mietspiegels Zuschläge hinzuzurechnen. Sieht der Mietspiegel solche Zu- und/oder Abschläge bspw. für besonders große oder kleine Wohnungen, Isolierfenster, Aufzug, Garten und dergleichen vor, dann sind sie selbstverständlich zulässig. Ebenfalls zulässig sind Zuschläge für zusätzliche tatsächliche Leistungen des Vermieters, die üblicherweise honoriert werden. Hierzu zählt zB die Überlassung einer Garage, eines (Tiefgaragen-)Stellplatzes[280], eines Carports, eines Mansardenzimmers sowie von Möblierungsgegenständen oder die Gartennutzung.[281] Auch eine über den üblichen vertragsgemäßen Gebrauch hinausgehende und deshalb gesondert erlaubte Gebrauchsmöglichkeit wie zB die Untervermietung[282] oder die teilgewerbliche Nutzung, können im Einzelfall einen Zuschlag zu den Mietspiegelwerten rechtfertigen.[283] Unzulässig sind auf jeden Fall **Zuschläge für bestimmte Teilmärkte,** also Wohnungen, die von bestimmten Bevölkerungsgruppen angemietet werden, wie zB Studenten,[284] Aus- 50

[284] Ebenso schon in den Vorinstanzen AG Fürth Urt. v. 27.3.2017 – 340 C 357/14; LG Nürnberg-Fürth Urt. v. 3.7.2018 – 7 S 2965/17.

[280] Str. ist, ob ein Parkplatz zu berücksichtigen ist, wenn dafür ein gesondertes Entgelt zu zahlen ist, verneinend: AG Münster WuM 2018, 651; AG Wedding MM 9/2018 S. 30; MM 6/2018 S. 30; bejahend: AG Neukölln Urt. v. 4.4.2018 – 13 C 450/17; AG Schöneberg Urt. v. 9.3.2018 – 17 C 188/17.

[281] *Börstinghaus* WuM 2017, 549.

[282] Dazu *Caspers* ZAP F. 4, S. 1757.

[283] *Börstinghaus* WuM 2017, 549.

[284] AG Dortmund NJW-RR 1991, 1128.

ländern,[285] Stationierungskräften[286] oder Wohngemeinschaften.[287] Solche subjektiven Merkmale sollen nach dem eindeutigen Wortlaut des § 558 Abs. 2 BGB gerade keinen Einfluss auf die Höhe der ortsüblichen Vergleichsmiete haben. Ob Zuschläge zu einem **qualifizierten Mietspiegel** möglich sind, ist zweifelhaft.[288] Nicht möglich sind sie dann, wenn die Frage, wegen der jetzt ein Zuschlag zum Mietspiegelwert hinzugerechnet werden soll, Gegenstand der Datenerhebung war und sich dort kein signifikanter Unterschied zu Wohnungen ohne dieses Merkmal ergeben hat.[289] Ebenso wenig darf ein Zuschlag verlangt werden, wenn das Merkmal, zB die besonders gute Lage, bereits bei der Mietspiegeleinordnung berücksichtigt wurde.[290]

51 Zulässig sind jedoch Zuschläge, die erst eine Vergleichbarkeit der Werte herstellen sollen. Dabei ist zu unterscheiden zwischen **nutzerbezogenen Zuschlägen,** da dem konkreten Mieter eine über das übliche hinausgehende Nutzung gestattet wurde (Untervermietung, teilgewerbliche Nutzung), den **leistungsbezogenen Zuschlägen** für Zusatzleistungen des Vermieters (Möblierung) und **kostenbezogenen Zuschlägen** (Schönheitsreparaturen, Kleinreparaturen).[291] Die ersten beiden sind grds. zur Herstellung der Vergleichbarkeit zulässig. Die kostenbezogenen Zuschläge können zwar bei der Vereinbarung der Miete gesondert ausgewiesen werden, sind aber bei einer Mieterhöhung idR nicht zu berücksichtigen, es sei denn der Markt differenziert tatsächlich danach. Im Einzelnen bedeutet das folgendes:

52 **aa) Fehlende Übernahme von Schönheitsreparaturen.** Nachdem der BGH in großem Umfang formularvertragliche Schönheitsreparaturklauseln für unwirksam erklärt hatte, tauchte die Frage auf, ob die fehlende Abwälzung der Schönheitsreparaturen zu einem Zuschlag zur ortsüblichen Vergleichsmiete berechtigt. Der BGH[292] hat einen solchen Zuschlag abgelehnt. Sowohl der **Wortlaut** des § 558 BGB wie auch **Sinn und Zweck** der Regelung sähen einen solchen Zuschlag nicht vor. Nach dem Regelungskonzept des Gesetzgebers würden die Marktverhältnisse den Maßstab für die Berechtigung einer Mieterhöhung bilden. Ein Zuschlag zur ortsüblichen Vergleichsmiete wegen der vom Vermieter vorzunehmenden Schönheitsreparaturen orientiere sich dagegen an den **Kosten** für die Vornahme der Schönheitsreparaturen. Auch der **Entgeltcharakter**[293] der Schönheitsreparaturen rechtfertige keine andere Betrachtung. Der Fall sei auch nicht mit dem der Teilinklusivmiete (→ Rn. 55) vergleichbar, da die Umlage der Betriebskosten in § 556 BGB ausdrücklich vorgesehen sei. Man muss zwei Fragen trennen: **a)** Gibt es überhaupt zwei verschiedene **Teilmärkte**[294], also renovierte und unrenovierte Wohnungen? Wenn ja, dann sind hierfür auch unterschiedliche ortsübliche Vergleichsmieten zu ermitteln.[295] **b)** In diesem Fall kann auch bei einer Bestandsmietenerhöhung ein Zuschlag zur ortsüblichen Vergleichsmiete hinzugerechnet werden, wenn der konkrete Mieter – anders als die übrigen Mieter, deren Miete in die Ermittlung der ortsüblichen Vergleichsmiete eingeflossen ist – keine Schönheitsreparaturen schuldet. Einen solchen Zuschlag hat der BGH für den Fall bejaht, wenn sich für Wohnungen mit und ohne Abwälzung der Schönheitsreparaturen am Markt tatsächlich **unterschiedliche Preise** entwickelt haben. Das ist aber kaum zu erwarten, weil dann die Vermieter mit einer wirksamen Abwälzung der Schönheitsreparaturen eine niedrigere Miete verlangen müssten. Verlangt der Vermieter im Mieterhöhungsverlangen einen solchen Zuschlag ist das Erhöhungsverlangen formell in Ordnung und allenfalls materiell (teil)unwirksam.[296] Es ist aber zulässig, dass der Mieter nur von den Mietern die Zustimmung zu einer Mieterhöhung bis zur ortsüblichen Vergleichsmiete (ohne einen Zuschlag) verlangt, die zuvor einer angebotenen Vertragsänderung mit einer wirksamen Schönheitsreparaturklausel nicht zugestimmt haben.[297] Unschädlich ist es iÜ, wenn der Vermieter im Mietvertrag die geschul-

[285] OLG Stuttgart NJW 1982, 1160.
[286] OLG Hamm NJW 1983, 947.
[287] OLG Hamm NJW 1983, 1622.
[288] Zweifelnd AG Dortmund WuM 2003, 627 (628); dafür LG Frankfurt a. M. NZM 2003, 974.
[289] AG Dortmund WuM 2012, 103.
[290] Bub/Treier MietR-HdB/*Schultz* Kap. III A Rn. 1253.
[291] So die Differenzierung von *Sternel* MietR Kap. IV Rn. 183.
[292] BGH VIII ZR 181/07, BGHZ 177, 186 = NJW 2008, 2840; VIII ZR 83/07, WuM 2008, 487; VIII ZR 118/07, NJW 2009, 1410; Staudinger/*V. Emmerich* BGB § 558 Rn. 21; *Lehmann-Richter* BGHReport 2008, 1001; *Blümmel* GE 2008, 1086; *Niebling* ZMR 2008, 881; *Häublein* ZMR 2009, 1.
[293] BGH VIII ZR/52/06, NJW 2006, 3778; NJW 1988, 2790.
[294] *BGH VIII ZR 185/14, BGHZ 204, 302* = NJW 2015, 1594 Rn. 28.
[295] *Artz* NZM 2015, 801.
[296] AG Schöneberg GE 2009, 523.
[297] AG Tempelhof-Kreuzberg GE 2009, 1051; AG Schöneberg GE 2009, 1195.

dete Mietzahlung aufschlüsselt, zB in einen Anteil für vom Vermieter durchzuführende Schönheitsreparaturen[298] und die Grundmiete. Es handelt sich um die Offenlegung der Preiskalkulation, aber letztendlich um eine einheitliche Grundmiete. Die Klausel ist auch nicht unwirksam, weil es sich um eine Preishauptabrede handelt.[299] Der ausgewiesene Betrag darf nur nicht als Zuschlag bei einer Mieterhöhung auf die ortsüblichen Vergleichsmiete angesetzt werden. Er ist Teil der Nettomiete.[300] Eine andere Frage ist die, ob der als vertragsgemäß vereinbarte unrenovierte Zustand[301] einer Wohnung bei der Ermittlung der ortsüblichen Vergleichsmiete der Wohnung zu berücksichtigen ist (→ BGB § 558 Rn. 79). Das ist zu bejahen, da Ausstattung und Beschaffenheit der Wohnung Wohnwertmerkmale gem. § 558 Abs. 2 BGB sind.

Anders ist es jedoch im **öffentlich geförderten Wohnungsbau** (→ BGB Anh. § 561 Rn. 42).[302] Dort ist der Vermieter berechtigt, die Kostenmiete einseitig um den Zuschlag nach § 28 Abs. 4 II. BV zu erhöhen, wenn die im Mietvertrag enthaltene Klausel über die Abwälzung der Schönheitsreparaturen auf den Mieter unwirksam ist.[303] Darin ist auch kein Verstoß gegen das Verbot geltungserhaltender Reduktion zu sehen, denn der Anspruch des Vermieters auf diesen Zuschlag beruht nicht auf einer (unzulässigen) Umgestaltung der unwirksamen Klausel, sondern ergibt sich unmittelbar aus dem dispositiven Gesetzesrecht.[304] Nach Ansicht des BGH[305] werde über den nach § 306 Abs. 2 BGB möglichen Rückgriff auf die Erhöhungsmöglichkeit des § 28 Abs. 4 II. BV weder der ursprüngliche gemeinsame Regelungswille der Parteien missachtet, noch der AGB-rechtliche Schutzmechanismus in sein Gegenteil verkehrt.[306] Einer Mieterhöhung steht kein Schadensersatzanspruch des Mieters wegen Verwendung einer unwirksamen Mietvertragsklausel entgegen. Der Mieter hat keinen Anspruch darauf, so gestellt zu werden, wie wenn der Vermieter eine wirksame Schönheitsreparaturklausel verwendet hätte.[307] Nach Ende der Preisbindung ist dieser rechnerische Kostenbestandteil der Kostenmiete aber Teil der vom Mieter geschuldeten Marktmiete. Der Vermieter ist nicht berechtigt nach Ende der Preisbindung einen Zuschlag für Schönheitsreparaturen zu erheben.[308] Die am letzten Tag der Preisbindung gezahlte Miete ist die Marktmiete, die von diesem Zeitpunkt nur nach den §§ 558 ff. BGB erhöht werden kann.[309] Diese Miete ist auch die neue Ausgangs- oder Basismiete.[310] nach den Landeswohnraumförderungsgesetzen der Länder. Soweit in einigen Bundesländern (zu der unterschiedlichen Rechtslage → BGB Vor § 557 Rn. 35 ff.) noch die ehemaligen Bundesvorschriften anwendbar sind, beträgt der Zuschlag gem. § 28 Abs. 4 II. BV 11,02 EUR/m² pro Jahr[311] bei Nichtabwälzung der Schönheitsreparaturen. 53

Fraglich ist, ob der Vermieter unter dem Gesichtspunkt des Rücksichtnahmegebots[312] verpflichtet ist, vor der Mieterhöhung dem Mieter eine **wirksame Schönheitsreparaturklausel anzubieten.**[313] Der BGH[314] hat eine solche Verpflichtung für die Mehrheit der Fälle abgelehnt. Eine Verpflichtung des Vermieters, dem Mieter anstelle der unwirksamen Formularklausel im Wege der 53a

---

[298] BGH VIII ZR 31/17 NZM 2017, 594 mkritBespr v. *Fervers* FS Börstinghaus, 2020, 89; OLG Frankfurt a. M. NZM 2001, 418; AG Stuttgart WuM 2016, 626; AG Schöneberg GE 2009, 981.

[299] BGH VIII ZR 31/17 NZM 2017, 594; *Börstinghaus* NZM 2017, 594, 595; NZM 2018, 529, 536; 2019, 225, 233.

[300] AG Stuttgart WuM 2016, 626.

[301] BGH VIII ZR 270/18, NZM 2020, 710 = NJW 2020, 3523; VIII ZR 163/18, NZM 2020, 704 = NJW 2020, 3517; dazu *Artz* NZM 2020, 769; *Börstinghaus* LMK 2020, 432127; *Kappus* NJW 2020, 3522.

[302] *Bellinger* WuM 2009, 158; *Flatow* WuM 2009, 208; *Feßler/Roth* WuM 2009, 560; *Bober* WuM 2010, 63.

[303] BGH VIII ZR 250/16, NZM 2017, 759; VIII ZR 177/09, NJW 2010, 1590; *Kappus* NZM 2011, 674; *Blank* LMK 6/2010 Anm. 1; BGH VIII ZR 281/09, WuM 2010, 635 VIII ZR 181/12, NZM 2013, 312; VIII ZR 28/10, NZM 2011, 31; VIII ZR 6/10, NZM 2011, 478.

[304] BGH VIII ZR 28/10, NZM 2011, 31.

[305] BGH VIII ZR 250/16, NZM 2017, 759; *Kappus* NZM 2017, 762.

[306] Bedenken bei *Flatow* WuM 2009, 208, 216; *Kappus* NZM 2017, 759.

[307] BGH VIII ZR 6/10, NZM 2011, 478.

[308] BGH VIII ZR 87/11, NJW 2012, 145; LG Freiburg NZM 2015, 488.

[309] BGH VIII ZR 258/09, NJW 2011, 145.

[310] Für Baden-Württemberg s. *Feßler* WuM 2009, 90 (95).

[311] Gem. § 26 Abs. 4 II. BV ist der Wert von 8,50 EUR/m² indexiert. Er wurde zum 1.1.2005 um 4,51%, 1.1.2008 um 6%, zum 1.1.2011 um 3,7%, zum 1.1.2014 um 5,688% zum 1.1.2017 um 1,89% und zum 1.1.2020 um 4,84% erhöht.

[312] Ausf. *Börstinghaus* WuM 2005, 675; *Kappes* NJW 2006, 3031; LG Düsseldorf NJW 2006, 3071; allg. zum Gebot der Rücksichtnahme im Mietrecht *Blank* WuM 2004, 243.

[313] So schon für den preisfreien Wohnungsbau LG Düsseldorf NZM 2006, 657; *Börstinghaus* WuM 2005, 675; offen gelassen von BGH VIII ZR 120/09, NJW 2010, 1744; dagegen LG Frankfurt a. M. WuM 2013, 749.

[314] BGH VIII ZR 250/16, NZM 2017, 759; *Kappus* NZM 2017, 762.

Individualvereinbarung eine wirksame Abwälzungsklausel anzubieten, lasse sich weder aus Treu und Glauben (§ 242 BGB) noch aus dem allgemeinen Rücksichtnahmegebot (§ 241 Abs. 2 BGB) herleiten. Hiergegen spreche schon der Umstand, dass für den mit einer solchen Forderung konfrontierten Vermieter unklar bliebe, welchen Inhalt seine Verpflichtung, eine „wirksame Klausel" anzubieten, konkret haben sollte. Außerdem könne aus § 241 Abs. 2 BGB auch kein Anspruch auf Vertragsänderung hergeleitet werden. Davon kann es aber dann eine Ausnahme geben, wenn der Mieter **zeitnah nach Bekanntwerden** der Unwirksamkeit der Klausel erklärt **sich darauf nicht berufen zu wollen.** In diesem Fall ist es dem Vermieter verwehrt, sich auf die Unwirksamkeit der Klausel zu berufen.[315] Die Inhaltskontrolle Allgemeiner Geschäftsbedingungen soll den Vertragspartner des Verwenders vor einer unangemessenen Benachteiligung durch missbräuchliche Inanspruchnahme einseitiger Gestaltungsmacht schützen, nicht aber den Verwender vor für ihn nachteiligen Rechtsfolgen einer von ihm gestellten Regelung. Ein Zeitraum von etwa zwei Jahren ist dabei zu spät.[316]

54 **bb) Fehlende Übernahme der Kosten von Kleinreparaturen.** Der Vermieter darf auch keinen Zuschlag zur ortsüblichen Vergleichsmiete hinzurechnen, wenn er im Mietvertrag die Kostentragung für **Kleinreparaturen nicht wirksam auf den Mieter abgewälzt** hat. Ebenso ist auch kein Abschlag vorzunehmen, wenn die Abwälzung erfolgt ist.[317] Ähnlich wie bei den unwirksamen Schönheitsreparaturklauseln hat der BGH[318] einen solchen Zuschlag abgelehnt, weil das Gesetz ihn nicht vorsehe und einem solchen Zuschlag auch Sinn und Zweck der §§ 558 ff. BGB entgegenstünden. Das ist iE richtig. Das Problem kann iÜ nur dann auftauchen, wenn im Mietspiegel festgehalten ist, dass in der Gemeinde neben der ausgewiesenen Grundmiete vom Mieter auch die Kosten der Kleinreparaturen übernommen werden.[319] Dabei ist schon fraglich, ob diese Feststellung im Mietspiegel Bedeutung hat, da sie regelmäßig nicht auf empirischen Feststellungen beruhen kann. Die Überprüfung von Kleinreparaturklauseln ist äußerst komplex und im Rahmen einer Datenerhebung für einen Mietspiegel gar nicht zu bewerkstelligen. Bei der Beurteilung der wirtschaftlichen Bedeutung der Kleinreparaturklausel muss des Weiteren berücksichtigt werden, dass die Abwälzung auf den Mieter sowohl hinsichtlich der einzelnen Reparatur wie auch hinsichtlich der Jahresleistung begrenzt ist. Die Inanspruchnahme ist nur sehr selten möglich und wird noch seltener praktiziert. Ein **messbarer Wert** ist hier anders als bei der Abwälzung der Schönheitsreparaturen kaum feststellbar. Wenn man eine solche Abwälzung für zulässig erachtet, dann sind zumindest die Werte des öffentlich geförderten Wohnungsbaus nicht heranzuziehen.[320] Ein solcher Zuschlag führt zu einer unzulässigen **Vermischung der unterschiedlichen Mietpreissysteme.**[321] Wenn man einen solchen Zuschlag entgegen der hier vertretenen Auffassung und der Meinung des BGH zulässt, dann muss der Vermieter diesen Zuschlag auf jeden Fall im Mieterhöhungsverlangen nachvollziehbar begründen.[322]

55 **cc) Inklusivmieten.** Ähnlich wie die Frage der Übernahme der Schönheitsreparaturen ist auch die Situation bei unterschiedlichen Mietstrukturen. Der Mieter zahlt für eine Wohnung[323] letztendlich einen bestimmten Betrag. Ob dieser Betrag sich zusammensetzt aus einer Grund- oder Nettomiete und Nebenkostenvorauszahlung oder ob eine (Teil-)Inklusivmiete oder die Zahlung einer Betriebskostenpauschale[324] geschuldet wird, ist für die Feststellung der Gegenleistung des Mieters unerheblich. Entweder bleiben die Betriebskosten bei der Vertragsmiete und der ortsüblichen Vergleichsmiete jeweils unberücksichtigt oder sie müssen auf beiden Seiten mit berücksichtigt werden. Seit der Mietrechtsreform 2001 können Betriebskostensteigerungen bei solchen Brutto- oder Teil-

---

[315] BGH VIII ZR 250/16, NZM 2017, 759.
[316] BGH VIII ZR 250/16, NZM 2017, 759.
[317] LG Berlin GE 2009, 654.
[318] BGH VIII ZR 83/07, WuM 2008, 487; ebenso Staudinger/*V. Emmerich* BGB § 558 Rn. 21.
[319] Dafür LG München NZM 2002, 945; dagegen LG Dortmund WuM 2006, 570; AG Dortmund WuM 2004, 718; 2006, 39 mAnm *Börstinghaus* WuM 2006, 187; AG Frankfurt a. M. WuM 2006, 204; *Sternel* MietR Kap. IV Rn. 187; *Kinne* GE 2006, 1388 (1394); zweifelnd noch AG Dortmund WuM 2003, 627.
[320] AG Dortmund WuM 2003, 627.
[321] BGH VIII ZR 83/07, WuM 2008, 487; AG Dortmund WuM 2004, 718.
[322] LG Hamburg ZMR 2003, 491.
[323] *Neuerdings werden Modelle erörtert*, bei denen in der Miete neben der Grundmiete, den Betriebs- und Heizkosten auch die Nutzung von Internet, Telefon und Kabel-TV enthalten ist (sog. Flatratemiete), dazu *Saxinger* NZM 2018, 849; *Boyko,* Die Wohnungswirtschaft 2017, 68.
[324] LG Berlin GE 2016, 728.

inklusivmieten nur über eine Mieterhöhung gem. § 558 BGB weitergegeben werden[325], da § 4 MHG aufgehoben wurde[326] und nach der früher herrschenden Meinung auch gar nicht anwendbar war.[327] In einem solchen Mieterhöhungsverfahren muss deshalb sichergestellt sein, dass die Vertragsmiete und die Vergleichsmiete **die gleiche Mietstruktur** aufweisen, da anderenfalls die Vergleichsmaßstäbe nicht stimmen. Mietspiegel weisen fast ausschließlich eine Nettomiete, also die Grundmiete, aus. Solange der Vermieter mit diesen Werten eine Nettomiete erhöhen will, tauchen keine Probleme auf. Wenn jedoch in der konkreten Vertragsmiete die Betriebskosten ganz oder teilweise enthalten sind[328], muss eine Umrechnung erfolgen.[329] Soll auf der Grundlage eines Netto-Mietspiegels ein solches Entgelt bis zur ortsüblichen Vergleichsmiete erhöht werden, so kann die ortsübliche Vergleichsmiete iSd § 558 Abs. 2 BGB in der Weise festgestellt werden, dass zu den Werten des Nettomietspiegels ein Zuschlag in Höhe der tatsächlich auf die Wohnung entfallenden Betriebskosten, soweit sie den Rahmen des Üblichen nicht überschreiten, hinzugerechnet wird.[330] Durch diese Berechnung wird erst die Vergleichbarkeit hergestellt, so dass es sich nicht um einen unzulässigen Zuschlag handelt.

Der **Zuschlag zu den Werten des Netto-Mietspiegels** ist der Art zu berechnen, dass die konkreten auf die Wohnung entfallenden Betriebskosten ermittelt werden soweit sie nicht Betriebskostenarten betreffen, für die der Mieter gesonderte Vorauszahlungen oder eine Pauschale zahlt. Dies gilt auch, wenn das Erhöhungsverlangen mit einem Sachverständigengutachten[331] oder mit Vergleichswohnungen[332] begründet wurde. Hinsichtlich der Heizkosten muss man differenzieren: Grundsätzlich ist die Vereinbarung einer **Warmmiete** wegen Verstoßes gegen § 2 HeizKV unwirksam.[333] Dabei kommt es nach Ansicht des BGH nicht darauf an, dass eine Mietvertragspartei die verbrauchsabhängige Abrechnung verlangt hat.[334] Das hat zur Folge, dass der Vermieter nur einen Zustimmungsanspruch auf die ortsübliche (Brutto-)Kalt-Vergleichsmiete hat.[335] Hinzu kommen Vorauszahlungen für die Heizkosten. Verlangt der Vermieter vom Mieter die Zustimmung zur Erhöhung einer vereinbarten Bruttowarmmiete bis zur ortsüblichen Vergleichsmiete, hat der Umstand, dass die Warmmietenvereinbarung gem. § 2 HeizKV nicht anzuwenden ist, nicht die Unwirksamkeit des Mieterhöhungsverlangens – und damit auch nicht die Unzulässigkeit der Zustimmungsklage – zur Folge.[336] Im Mieterhöhungsverlangen sind die in der **Bruttowarmmiete** enthaltenen Heizkosten herauszurechnen. Im Rahmen der formellen Wirksamkeit genügt es dabei, diese im Mieterhöhungsverlangen anzugeben. Der Mieter wird hierdurch in die Lage versetzt, dieses nachzuvollziehen.[337] Etwas anderes gilt nur dann, wenn die HeizKV ausnahmsweise keine Anwendung findet. **56**

Bei der Ermittlung des Zuschlags werden die anteiligen Betriebskosten pro Jahr auf den $m^2$/Monat umgerechnet und dieser Wert dann zu den $m^2$-Mieten des Mietspiegels hinzugerechnet.

---

325 BGH VIII ZR/160/03, NJW 2004, 1380.

326 Zu beachten ist aber die Übergangsvorschrift in Art. 229 § 3 Abs. 4 EGBGB. Danach kann bei entsprechender Vereinbarung im Mietvertrag bei Altverträgen eine Erhöhung in Betracht kommen.

327 OLG Hamm NZM 1998, 70; OLG Karlsruhe NJW-RR 1993, 977; OLG Hamm NJW-RR 1993, 398; NJW 1985, 2034; OLG Stuttgart NJW 1983, 2329; OLG Zweibrücken NJW 1981, 1622; OLG Karlsruhe NJW 1981, 1051; LG Berlin WuM 1995, 717; LG Braunschweig WuM 1985, 373; LG Karlsruhe WuM 1985, 328; LG Kiel WuM 1995, 546; WuM 1985, 64.

328 Das ist auch der Fall, wenn die Abwälzung der Betriebskosten wegen Unklarheit der Vereinbarung unwirksam ist: LG Berlin GE 2015, 387.

329 Nach AG Tiergarten GE 1998, 1217 ist die Umrechnung aber dann nicht erforderlich, wenn die verlangte Bruttomiete unter dem Nettowert des Mietspiegels liegt.

330 BGH VIII ZR 41/05, WuM 2006, 39; OLG Stuttgart NJW 1983, 2329; OLG Hamm NJW-RR 1993, 398; KG NZM 1998, 68; LG Rottweil NZM 1998, 432; LG Mannheim WuM 1991, 594; LG Stade WuM 1988, 279; LG Karlsruhe DWW 1988, 146; WuM 1985, 328; AG Dortmund DWW 1989, 367; AG Kamen DWW 1987, 164; Bamberger/Roth/*Schüller* BGB § 558a Rn. 15; *Hannemann* NZM 1998, 612; **aA** *Beuermann* NZM 1998, 598; GE 1999, 352.

331 AG Schöneberg GE 2008, 1265.

332 LG Berlin GE 2014, 191.

333 BGH VIII ZR 212/05, NZM 2006, 652; LG Berlin GE 2015, 1405; *Saxinger* NZM 2018, 849 (850); *Thomma* WuM 2006, 658; *Schach* GE 2006, 1071; *Ludley* DWW 2006, 418; *Schmidt* ZMR 2007, 15.

334 So auch *Beuermann* GE 2015, 1333; anders noch LG Berlin NZM 1999, 556 *Schach* GE 2006, 1072; *Lammel* HeizKV, 2. Aufl. 2004, § 2 Rn. 11f. mwN, der aber seine Meinung ausdrücklich in *Lammel* HeizKV, 4. Aufl. 2015, § 2 Rn. 13 aufgegeben hat.

335 LG Berlin GE 2016, 867.

336 BGH VIII ZR 212/05, NZM 2006, 652; LG Berlin GE 2015, 1405; 2016, 867; *Beuermann* GE 2015, 1333; *Thomma* WuM 2006, 658; *Schach* GE 2006, 1071; *Ludley* DWW 2006, 418; *Schmidt* ZMR 2007, 15.

337 BGH VIII ZR 212/05, NZM 2006, 652; LG Berlin GE 2016, 867; 2015, 1405.

**Beispiel:** Der Mieter zahlt für seine 80 m² große Wohnung in einem insgesamt 500 m²-Wohnfläche großen Mehrfamilienhaus 560 EUR Miete. Zusätzlich hat er nach dem Mietvertrag Nebenkostenvorauszahlungen zu leisten für die Heizung, das Wasser, die Entwässerung, Flurlicht und die Haftpflichtversicherung.

Der **Zuschlag zur Nettomietwerttabelle des Mietspiegels** errechnet sich dann wie folgt:

Betriebskostenanteil in der Miete:
folgende Kosten fallen im Haus im Jahr an:

| | |
|---|---|
| Grundsteuer | 500 EUR |
| Gebündelte Gebäudeversicherung | 700 EUR |
| Straßenreinigung | 300 EUR |
| Müllabfuhr | 250 EUR |
| Summe | 1.750 EUR |
| 1.750 EUR: 500 m² | 3,50 EUR |
| 3,50 EUR: 12 Monate | 0,29 EUR |

Beträgt die ortsübliche Nettovergleichsmiete nach dem Mietspiegel 4 EUR/m², dann ist zu diesem Wert von 4 EUR der Betriebskostenanteil von 0,29 EUR wieder hinzuzurechnen um die ortsübliche Teilinklusivmiete zu ermitteln.

57 Maßgeblich sind die Betriebskosten die zum **Zeitpunkt der Abgabe des Mieterhöhungsverlangens** festgestellt werden können,[338] nicht die zum Zeitpunkt der letzten Mieterhöhung oder zum Wirkungszeitpunkt der Mieterhöhung oder gar zum Abschluss des Mietvertrages vom Vermieter tatsächlich gezahlt werden.[339] Auch die ortsüblichen[340] oder durchschnittlichen[341] Kosten sind nicht maßgeblich. Der auf die Wohnung entfallende Betriebskostenanteil, den der Vermieter zur schlüssigen Darlegung seines Anspruchs auf Zustimmung zur Erhöhung der Bruttokaltmiete im Mieterhöhungsverlangen anzugeben hat, ergibt sich aus der Betriebskostenaufstellung für den dem Mieterhöhungsverlangen vorangegangenen Abrechnungszeitraum, soweit diese bereits vorliegt.[342] Die Betriebskostenaufstellung muss dem Erhöhungsverlangen aber nicht beigefügt werden.[343] Es genügt, wenn der Vermieter im Mieterhöhungsverlangen lediglich den konkreten Betriebskostenanteil angibt, ohne diesen weiter zu erläutern.[344] Im Rahmen der formellen Begründetheit genügt die bloße Angabe der Betriebskosten. Ob diese richtig sind, ist eine Frage der materiellen Begründetheit.[345] Der Mangel kann aber im Prozess geheilt werden. Im Streitfall muss der Vermieter die Höhe der Betriebskosten genauso wie in jedem Betriebskostenprozess darlegen und beweisen.[346] Auch ansonsten gelten hier die gleichen Voraussetzungen wie im Betriebskostenprozess. Ob im Mietspiegel, in der Orientierungshilfe, der Mietspiegeldokumentation oder einem örtlichen Heiz- oder Betriebskostenspiegel pauschale Betriebskosten ausgewiesen sind, ist unerheblich.[347] Der Ver-

[338] BGH VIII ZR 141/09, NZM 2010, 436; VIII ZR 331/06, NJW 2008, 848; VIII ZR 41/05, NZM 2006, 101; VIII ZR 215/05, WuM 2006, 569; KG GE 2005, 180; BayObLG WuM 1992, 677; LG Berlin GE 2016, 728; 2010, 61; 2004, 626 LG Rottweil NZM 1998, 432; AG Hamburg ZMR 2005, 54; AG Charlottenburg GE 2005, 743; AG Schöneberg GE 2007, 153; 2005, 1129; AG Tiergarten GE 2005, 1135; *Hannemann* NZM 1998, 612 (613), KG GE 2005, 180 mzustAnm *Both* WuM 2005, 379; **aA** LG Berlin GE 2005, 1251; *Beuermann* NZM 1998, 598.

[339] AG Schöneberg GE 2005, 1129; diff. AG Tiergarten GE 2005, 1135, im Mieterhöhungsverlangen sollen Durchschnittswerte reichen, im Zustimmungsprozess aber konkrete Betriebskosten.

[340] **AA** Langenberg/*Zehelein,* Betriebskosten- und Heizkostenrecht, Kap. C Rn. 44 der anmerkt, dass die Rspr. des BGH und die hier vertretene Auffassung den „historischen Hintergrund" nicht berücksichtige; iE ähnlich: *Sternel* MietR Kap. III Rn. 642; Kossmann/Meyer-Abich Wohnraummiete-HdB/*Meyer-Abich* § 148 Rn. 8.

[341] AG Schöneberg GE 2013, 880.

[342] BGH VIII ZR 4/08, WuM 2008, 689; BGH VIII ZR 41/05, NZM 2006, 101; Hinweisschreiben des BGH v. 13.2.2008 im Verfahren BGH VIII ZR 172/07 abgedr. in GE 2008, 580; LG Berlin GE 2009, 716.

[343] AG Schöneberg GE 2008, 1499.

[344] BGH VIII ZR 41/05, NZM 2006, 101; VIII ZR 141/09, WuM 2010, 161; Hinweisschreiben des BGH v. 13.2.2008 im Verfahren BGH VIII ZR 172/07 abgedr. in GE 2008, 580; *Schach* GE 2008, 160; *Schubert-Breloh* GE 2008, 580.

[345] BGH VIII ZR 41/05, NZM 2006, 101; VIII ZR 215/05, NZM 2006, 864; LG Berlin GE 2014, 190 (191).

[346] *AG Schöneberg GE 2013, 880 (881).*

[347] BGH VIII ZR 41/05, NZM 2006, 101; VIII ZR 215/05, WuM 2006, 569; KG GE 2005, 180 (182); **aA** LG Berlin GE 2005, 1251; 1999, 378; 1999, 983; AG Charlottenburg GE 2005, 807; Kinne/Schach/Bieber MietR/*Schach* BGB § 558 Rn. 39.

mieter hat auch **kein Wahlrecht** zwischen den verschiedenen Zeitpunkten oder Begründungsmöglichkeiten, da er sonst das jeweils für ihn günstigste wählen könnte. Da die Betriebskosten zu einem bestimmten Stichtag, nämlich dem zum Zeitpunkt der Abgabe des Mieterhöhungsverlangens von Bedeutung sind, kommt es auch nicht darauf an, ob die Betriebskosten gestiegen sind. Es findet kein Vergleich zwischen zwei Stichtagen statt. Dass nur die Betriebskosten zum Zeitpunkt der Abgabe des Mieterhöhungsverlangens maßgeblich sein können ergibt sich aus der **Gesetzessystematik.** Alle Zeitpunkte die für den Vermieter in der Zukunft liegen scheiden bereits deshalb aus, weil er die Betriebskosten zu diesen Zeitpunkten gar nicht kennt und deshalb bei seiner Berechnung auch gar nicht einbeziehen kann. Deshalb kann weder der Zeitpunkt des Zugangs des Mieterhöhungsverlangens noch dessen Wirkungszeitpunkt maßgeblich sein. Aber auch Zeitpunkte in der Vergangenheit scheiden aus. Der Vermieter hat einen Anspruch auf Zustimmung zu einer Mieterhöhung bis zur ortsüblichen Brutto- oder Teilinklusivvergleichsmiete zum Zeitpunkt des Zugangs des Mieterhöhungsverlangens. Dieser Wert wird bestimmt durch die Nettovergleichsmiete und die Vorauszahlungen, die die Mieter für die zu diesem Zeitpunkt anfallenden Betriebskosten zu zahlen haben. Das ist der Wert, der zurzeit in der Gemeinde für vergleichbaren Wohnraum inklusive der Betriebskosten gezahlt wird. Dass auf diese Weise selbst dann eine Mieterhöhung gem. § 558 BGB tatsächlich möglich ist, obwohl uU die Nettovergleichsmiete gar nicht gestiegen ist[348], nur weil die Betriebskosten gestiegen sind, ist systemimmanent und hat den Mietrechtsreformgesetzgeber veranlasst, § 4 MHG abzuschaffen.

Angaben zur Höhe der in der Brutto- oder Teilinklusivmiete enthaltenen Betriebskosten gehören dabei nicht zwingend zu der nach § 558 a BGB erforderlichen (formellen) **Begründung des Mieterhöhungsverlangens,** die dem Mieter die Möglichkeit geben soll, die sachliche Berechtigung des Mieterhöhungsverlangens zu überprüfen und auf diese Weise überflüssige Prozesse zu vermeiden.[349] Solcher Angaben bedarf es dann nicht, wenn auch die begehrte erhöhte (Teilinklusiv-)Miete die anhand reiner Nettomieten ermittelte ortsübliche Vergleichsmiete nicht übersteigt. Einer Herausrechnung des etwa in der Grundmiete enthaltenen Betriebskostenanteils bedarf es vielmehr nur dann, wenn eine begehrte erhöhte Teilinklusivmiete höher liegt als die in dem Mieterhöhungsschreiben genannte, auf reinen Nettomieten basierende ortsübliche Vergleichsmiete.[350] Eine Heilung kann aber im Zustimmungsprozess durch Angabe der maßgeblichen Werte erfolgen.[351] Unzutreffende Angaben zu einer Betriebskostenpauschale sollen keinen formellen Fehler darstellen.[352] 57a

**dd) Teilgewerbliche Nutzung.** Die Miete für Wohnraum und für Gewerberaum unterscheidet sich. Bei der gewerblichen Miete ist maßgeblicher Bemessungsfaktor für die Miethöhe, die Ertragsmöglichkeit, also die Tatsache, welchen Umsatz und/oder Gewinn der Mieter unter Ausnutzung der überlassenen Flächen erzielen kann. Soweit dem Mieter bei der Vermietung von Wohnräumen auch gestattet wurde, in den Wohnräumen einer gewerblichen oder selbständigen Tätigkeit nachzugehen, so ist dies, wenn es sich nicht im Rahmen des vertragsgemäßen Gebrauchs hält, wie zB ein Arbeitszimmer, eine Leistung des Vermieters, die je nach Vereinbarung gesondert zu vergüten sein kann. Sofern der Mietspiegel von der reinen Wohnraumüberlassung ausgeht, ist es deshalb zulässig, für die Gestattung der teilgewerblichen Nutzung einen Zuschlag zu den Mietspiegelwerten hinzuzurechnen.[353] Für die Höhe des Zuschlags kann § 26 Abs. 2 NMV allenfalls einen ersten Anhaltspunkt geben. Danach darf in den Fällen, in denen durch die **teilgewerbliche Nutzung** eine erhöhte Abnutzung möglich ist, ein Zuschlag bis zu **50%** der auf die teilgewerbliche genutzte Fläche entfallenden Miete **als Zuschlag** hinzugerechnet werden. Die genaue Höhe dürfte sich nach dem Grad der Abnutzung richten.[354] Es kann aber nicht ohne weiteres davon ausgegangen werden, dass der Zuschlag gem. § 26 NMV dem Wert der gewerblichen Nutzungsmög- 58

---

[348] AG Hamburg ZMR 2005, 54; **aA** *Küttner* Info-M 2005, 21, der zu Unrecht hierin eine Besserstellung ggü. der Vereinbarung einer Nettomiete sieht.

[349] BGH VIII ZR 108/20, NZM 2021, 299; VIII ZR 236/18, NZM 2020, 459; VIII ZR 136/17, NJW 2018, 2792; VIII ZR 79/11, NJW-RR 2012, 710; VIII ZR 216/13, NJW-RR 2014, 1357; BVerfG NJW-RR 1993, 1485, 1486; BayObLG NJW-RR 1992, 455, 457; OLG Hamm NJW-RR 1991, 209.

[350] BGH VIII ZR 108/20, NZM 2021, 299.

[351] BGH VIII ZR 141/09, NZM 2010, 436.

[352] LG Berlin GE 2016, 728 (729).

[353] LG Berlin GE 1995, 1209, ZMR 1998, 165; AG Hamburg-Wandsbek ZMR 2009, 377; AG Hamburg ZMR 2021, 668 (kein Zuschlag, wenn teilgewerbliche Nutzung zum vertragsgemäßen Gebrauch gehört).

[354] AG Hamburg-Wandsbek ZMR 2009, 377; *Kinne* GE 2006, 1388.

lichkeit auf dem freien Wohnungsmarkt entspricht.[355] Denn die iRd § 26 NMV getroffene Bemessung soll dem Umstand Rechnung tragen, dass die Räume der Preisbindung unterliegen. Dagegen entwickeln sich die Teilgewerbezuschläge für preisfreien Wohnraum allein nach den Regeln von Angebot und Nachfrage. Für die Nutzung eines Zimmers als „Permanent make up Studio" wurde ein Zuschlag von 10% zum Mittelwert des Mietspiegels zugesprochen.[356] Ein gesondert vereinbarter Gewerbezuschlag soll bei einer entsprechenden Klausel unabhängig von der Grundmiete erhöht werden können.[357] Das ist dann nicht richtig, wenn es sich um einen einheitlichen Wohnraummietvertrag handelt.[358] Dann sind solche Klauseln gem. § 557a Abs. 4 BGB unwirksam. Es kommt iÜ nicht darauf an, ob der Mieter die ihm gestattete teilgewerbliche Nutzung der Räume tatsächlich ausübt oder nicht.[359] Die Miete ist für die Gebrauchsüberlassung zu zahlen und den Umfang der möglichen Nutzung. Ob diese Nutzung tatsächlich ausgeübt wird liegt im Entscheidungs- und Einflussbereich des Mieters und hat auf die Miete keinen Einfluss.[360] Der Gewerbezuschlag entfällt ohne Änderungsvereinbarung mit dem Vermieter nicht einmal bei Aufgabe der gewerblichen Nutzung. Wenn die teilgewerbliche Nutzung aber tatsächlich nicht möglich ist, dann kann die Miete unter den Voraussetzungen des § 536 BGB um den Teilgewerbezuschlag gemindert sein.[361] Hat der Vermieter dem Mieter nachträglich aus Treu und Glauben eine gewerbliche Tätigkeit in der Wohnung zu gestatten[362] hat er keinen Anspruch auf Zahlung eines Zuschlags. Eine Analogie zu § 553 Abs. 2 BGB scheidet aus.[363]

59 Wie alle anderen Zuschläge auch, kann der Vermieter den **Zuschlag** für eine teilgewerbliche Nutzung **nicht isoliert erhöhen.** Miethöherechtlich handelt es sich um eine einheitliche Miete, die der Mieter schuldet.[364] Ein Teilgewerbezuschlag kann nur unter den Voraussetzungen des § 558 BGB erhöht werden.[365] Daraus folgt, dass im Erhöhungsverfahren nach § 558 BGB im Rahmen der Ermittlung der ortsüblichen Vergleichsmittel zu den Werten des Mietspiegels ein Teilgewerbezuschlag hinzugerechnet werden muss, weil anderenfalls eine dem Vermieter aus dem Eigentumsrecht zustehende Erhöhungsmöglichkeit nicht ausgeübt werden könnte.

60 **ee) Untervermietung.** Ähnlich wie der Zuschlag für eine teilgewerbliche Nutzung der Wohnung ist auch der Untermietzuschlag[366] einzuordnen. Nach § 540 Abs. 1 BGB ist der Mieter grds. ohne ausdrückliche Erlaubnis des Vermieters nicht berechtigt, den Gebrauch der gemieteten Sache einem Dritten zu überlassen. § 553 Abs. 1 BGB gibt jedoch dem Mieter von Wohnraum gegenüber seinem Vermieter einen Anspruch auf Genehmigung der Gebrauchsüberlassung an einen Dritten[367], wenn beim Mieter nach Mietvertragsabschluss ein berechtigtes Interesse entstanden ist.[368] Gemäß § 553 Abs. 2 BGB kann der Vermieter seine Zustimmung zur Untervermietung ggf. von einer **angemessenen Erhöhung der Miete** abhängig machen. § 553 Abs. 2 BGB stellt weder eine Anspruchsgrundlage zur Mieterhöhung für den Vermieter dar (→ BGB § 553 Rn. 17) noch folgt daraus, dass sich die Miete bei Erteilung der Erlaubnis automatisch erhöht.[369] Wann einem Vermieter die Erteilung der Zustimmung zur Untervermietung nur gegen eine angemessene Erhöhung der Miete zuzumuten ist, ist gesetzlich nicht näher geregelt.[370] Ein solches Erhöhungsverlangen ist aber nur dann berechtigt, wenn dem Vermieter ohne die Erhöhung die Erteilung der Erlaubnis nicht zuzumuten ist.[371] Nur in diesen Fällen kann der Vermieter seine Zustimmung von

[355] LG Berlin GE 1998, 1213 (1214).
[356] AG Hamburg-Wandsbek ZMR 2009, 377.
[357] BayObLG WuM 1986, 205; KG GE 2006, 322; *Kinne* GE 2006, 1388 (1390).
[358] *Blank* WuM 2014, 641 (648).
[359] LG Berlin ZMR 1998, 165 (166), GE 1996, 321; 1992, 441; AG Berlin-Mitte NZM 2003, 312; **aA** wohl AG Tiergarten GE 1988, 1007.
[360] OLG Brandenburg WuM 2007, 14; *Kinne* GE 2006, 1388.
[361] LG Berlin/AG Mitte MM 2004, 44.
[362] BGH VIII ZR 165/08, NJW 2009, 3157.
[363] *Schmid* MietRB 2009, 366 (367).
[364] *Blank* WuM 2014, 641 (648); **aA** BayObLG WuM 1986, 205.
[365] LG Berlin GE 1995, 1133; 1995, 1201.
[366] *Börstinghaus* GE 1996, 88; *Kunze/Tietzsch* Miethöhe Teil II Rn. 29 ff.
[367] Keine Dritten sind Ehegatten (BGH XII ZR 143/11, NJW 2013, 2507) und Kinder jedoch Geschwister und in der Regel die Eltern.
[368] Hierzu beispielhaft BGH VIII ZR 105/17, NZM 2018, 325 = NJW 2018, 2397; *Kappus* NZM 2018, 331.
[369] Staudinger/*V. Emmerich* BGB § 553 Rn. 15.
[370] AG Hamburg ZMR 2018, 53.
[371] LG Berlin MM 2004, 46; *Proppe* ZMR 2008, 802.

einer Mietanhebung abhängig machen. Ebenso wenig wie der Mieter in diesen Fällen einen Anspruch auf die Untermieterlaubnis hat, genauso wenig hat der Vermieter einen Anspruch auf die Zustimmung zur Mieterhöhung. Es handelt sich in diesem Fall um eine Mietabänderungsvereinbarung iSd § 557 Abs. 1 BGB. Die Formvorschrift des § 558a Abs. 1 BGB gilt deshalb nicht. Der Vermieter kann aber über sein Erhöhungsverlangen auch nicht seine allgemeine Erhöhungsabsicht durchsetzen, sondern nur die Erhöhung verlangen, die durch die Untervermietung gerechtfertigt ist.[372]

Rechtsdogmatisch handelt es sich beim „Untermietzuschlag" nicht um einen neben der Miete geschuldeten „Zuschlag", sondern um eine Vertragsanpassung wegen eines erweiterten Mietgebrauchs (→BGB § 553 Rn. 17).[373] Durch die Erlaubnis wird der Umfang des Gebrauchsrechts des Mieters erweitert; als Gegenleistung hierfür muss der Mieter in bestimmten Fällen in eine Erhöhung der Miete einwilligen.[374] Haben die Parteien wirksam eine Änderung der Miete wegen der erlaubten Untervermietung vereinbart, so ist von da an eine **isolierte Erhöhung des „Untermietzuschlags"** nicht möglich. Der „Untermietzuschlag" wird Bestandteil der einheitlichen Miete. Es bedarf eines einheitlichen Mieterhöhungsverlangens nach § 558a BGB.[375] Etwas anderes soll nur dann gelten,[376] wenn der Vermieter sich im Vertrag ausdrücklich die Erhöhung des Zuschlags vorbehalten hat. In diesem Fall soll eine wirksame Vereinbarung vorliegen, was wegen § 557 Abs. 4 BGB iVm § 558 Abs. 6 BGB zweifelhaft ist, da es sich um eine für den Mieter nachteilige Vereinbarung handelt und die Vorschriften auch auf diesen Teil des Mietvertrages wegen der Einheitlichkeit des Mietverhältnisses anwendbar ist. Haben die Parteien aus Anlass einer Untervermietung eine Mieterhöhung vereinbart, dann ist eine uneingeschränkte Mietabänderungsvereinbarung zustande gekommen. Es handelt sich deshalb grds. nicht um einen „Zuschlag", der nach Beendigung der Untervermietung wieder in Wegfall gerät.[377] Nur wenn die Mietvertragsparteien die Abänderungsvereinbarung unter der auflösenden Bedingung des Bestehens eines Untermietverhältnisses geschlossen haben, dann gilt nach Beendigung des Untermietverhältnisses wieder die ursprüngliche Miete. Eine solche Bedingung kann sich natürlich auch aus den Umständen ergeben oder konkludent erklärt werden. Es kann aber nicht angenommen werden, dass beide Parteien stets eine solche Bedingung gewollt hätten.[378] 61

Hinsichtlich der erstmalig geltend gemachten **Höhe des Zuschlags** spricht § 553 Abs. 2 BGB von einer „angemessenen" Erhöhung der Miete. Für den preisgebundenen Wohnungsbau beinhaltet § 26 Abs. 3 NMV eine Sondervorschrift. Danach ist ein Zuschlag für eine Person iHv 2,50 EUR/monatlich und für zwei oder mehr Personen iHv 5 EUR/monatlich angemessen sein. Die Regelung kann aber auf den preisfreien Wohnungsbau nicht übertragen werden (→BGB § 553 Rn. 20). Die Höhe des Untermietzuschlages im freifinanzierten Wohnungsbau hängt mit seiner Funktion zusammen.[379] Die Mieterhöhung aus Anlass der Untervermietung soll die **Belastungen ausgleichen,** die durch die Aufnahme des Dritten dem Vermieter entstehen. Hierzu können gehören höhere Betriebskosten wie zB Kalt- und Warmwasserkosten, ggf. auch die Müllgebühren, wenn diese zB nach Müllgewicht oder anderen verbrauchsabhängigen Beitragsschlüsseln berechnet werden. Insofern besteht ein Anspruch des Vermieters, soweit nicht bereits mietvertraglich ein entsprechender verbrauchsabhängiger Abrechnungsschlüssel vereinbart worden ist, dass der Mieter einer Anpassung des Abrechnungsschlüssels zustimmt.[380] Erhöht sich aber durch die Aufnahme des Untermieters nicht die Zahl der in der Wohnung lebenden Personen, weil zB der Untermieter als Ersatz für einen bisher in der Wohnung lebenden Mieter in die Wohnung einzieht, dann bedeutet dies gerade keine zusätzliche Belastung des Vermieters und rechtfertigt weder eine Anpassung bei den Betriebskosten noch eine allgemeine Mieterhöhung.[381] Etwas anders kann dann gelten, wenn tatsächlich einzelne Zimmer untervermietet werden und der Mieter hierfür ein Entgelt erhält. In diesem Fall soll es 62

---

[372] *Sternel* MietR Kap. II Rn. 257.
[373] *Caspers* ZAP F. 4, S. 1757, 1765.
[374] AG Hamburg ZMR 2018, 53.
[375] LG Berlin MM 1991, 363; LG Berlin GE 1995, 1209 für den „Gewerbezuschlag".
[376] BayObLG NJW-RR 1986, 892.
[377] AG Kiel WuM 1985, 262; *Kinne* GE 2006, 1388 (1391); **aA** *Sternel* MietR Kap. II Rn. 260.
[378] So aber *Sternel* MietR Kap. II Rn. 260.
[379] *Proppe* ZMR 2008, 802.
[380] **AA** *Kinne* GE 2006, 1388 (1391).
[381] AG Hamburg ZMR 2018, 53; LG Berlin MM 2004, 46; *Proppe* ZMR 2008, 802.

angemessen sein ca. 20% der erzielten Untermiete[382] oder Festbeträge von 5 EUR bis 30 EUR pro aufzunehmende Person[383] als Zuschlag anzusetzen (→ BGB § 553 Rn. 19f.).

63 **Bei einer späteren Mieterhöhung** kann zu den Werten des Mietspiegels beim Vorliegen einer Untermieterlaubnis, die den Vermieter zu einer angemessenen Erhöhung der Miete berechtigte, ein angemessener Zuschlag hinzugerechnet werden. Hierzu wird teilweise auf Vorschriften für den öffentlich geförderten Wohnungsbau, insbes. § 26 Abs. 3 NMV verwiesen. Nach dieser Vorschrift darf der Vermieter einen Untermietzuschlag von 2,50 EUR monatlich erheben, wenn der untervermietete Wohnungsteil von einer Person und von 5 EUR, wenn der untervermietete Wohnungsteil von zwei und mehr Personen benutzt wird. Diese Sätze sind für den freifinanzierten Wohnungsbau jedoch völlig unrealistisch.[384] Richtigerweise wird man im freifinanzierten Wohnungsbau eine Mieterhöhung bis zur Höhe der ortsüblichen Vergleichsmiete für Wohnungen mit Untermieterlaubnis zulassen müssen.[385] Wird ein Partner einer eheähnlichen Gemeinschaft in die Wohnung aufgenommen, dann dürfte eine Mieterhöhung idR ausscheiden, da die Miete für Wohnraum, der an Ehegatten vermietet wird oder derjenige für Wohnraum, der an eheähnliche Gemeinschaften vermietet wird gleich hoch ist.[386] Wenn der Mieter aber durch die Untermiete Einnahmen erzielt, dann ist es gerechtfertigt, dass der Vermieter hieran beteiligt wird, also einen Anteil in der Größenordnung von ¼–⅕ der Untermiete erhält.

64 **ff) Möblierungszuschlag.** Während der Untermiet- und Gewerbezuschlag dafür gezahlt werden, dass der Vermieter dem Mieter rechtlich mehr gestattet, als üblicherweise vom vertragsgemäßen Gebrauch der Mietsache abgedeckt wird, kann es auch vorkommen, dass der Vermieter dem Mieter auch **sachlich mehr Gebrauchsmöglichkeiten** einräumt. Soweit dies zu einer Erweiterung der räumlichen Gebrauchsüberlassung führt, zB die Überlassung eines zusätzlichen Raumes, eines Kellers oder eines Stellplatzes ist dies offensichtlich. Aber auch innerhalb der Räume, kann der Vermieter dem Mieter mehr als üblich zur Verfügung stellen. Hierzu zählt insbes. eine Möblierung der Räumlichkeiten. Zur Frage, ob es sich bei möbliertem Wohnraum nicht um einen ganz anderen Wohnungsteilmarkt handelt → BGB § 558 Rn. 53a. Für die Möblierung muss üblicherweise auch ein Entgelt gezahlt werden, da der Mieter die Anschaffung von Möbeln ganz oder teilweise erspart und auf der anderen Seite die Gegenstände durchaus einen nicht unerheblichen Wert haben können, den sie viel schneller verlieren, als die Räumlichkeiten an sich. Wenn nicht für möblierten Wohnraum ein ganz anderer Wohnungsteilmarkt vorliegt, für den eine eigene ortsübliche Vergleichsmiete existiert, kann der Vermieter für die Überlassung der Möblierung ebenfalls einen Zuschlag verlangen, der ebenso wie die anderen Zuschläge, Mietbestandteil wird.[387]

65 Umstritten ist die **Berechnung eines Möblierungszuschlags.** Da der Möblierungszuschlag den Wert der Gebrauchsmöglichkeit für den Mieter widerspiegeln soll, ist nach ganz überwiegender Meinung vom **Zeitwert** der überlassenen Möbel auszugehen. Zeitwert ist dabei der Nutzungswert für den Mieter[388], der dem Wiederbeschaffungswert entspricht.[389] Diese Größe muss dann für den Vermieter verzinst werden. Außerdem ist dem Umstand Rechnung zu tragen, dass die Gegenstände durch die Benutzung regelmäßig wertloser werden. Es muss also eine angemessene Abschreibung berücksichtigt werden. Umstritten ist dabei, mit welcher **Abschreibung** und welcher **Verzinsung** im Einzelfall zu rechnen ist. In der bisherigen Rspr. wurden dabei folgende Werte eingesetzt:

---

[382] LG Berlin (18. ZK) GE 2016, 1093; **aA** LG Berlin (66. ZK) GE 2019, 126.
[383] LG Berlin (66. ZK) GE 2019, 126.
[384] *Börstinghaus* GE 1996, 88.
[385] Staudinger/*V. Emmerich* BGB § 558a Rn. 43; MüKoBGB/*Artz* § 558a Rn. 21.
[386] *AG Trier WuM 1992, 239.*
[387] *Börstinghaus* WImmoT 2017, 119, 136 = WuM 2017, 549.
[388] LG Berlin GE 2003, 954; 1987, 577; AG Köln WuM 1998, 692.
[389] OLG Düsseldorf NJW-RR 1992, 426; **aA** LG Köln WuM 1980, 180, idR 30% des Neuwertes.

| Vertreter dieser Auffassung | Berechnungsmethode | monatlicher Zuschlag in EUR bei Zeitwert von | | |
|---|---|---|---|---|
| | | 5.000 | 2.500 | 1.500 |
| LG Mannheim WuM 1987, 362; LG Berlin GE 1996, 929 | 11% des Zeitwertes analog § 559 BGB | 45,83 | 22,92 | 13,75 |
| LG Stuttgart WuM 1991, 600 | jährliche Abschreibung von 10%, Verzinsung 7,5% | 72,92 | 36,46 | 21,88 |
| KG GE 1980, 863; LG Berlin GE 2003, 954 | 2% monatlich | 100,00 | 50,00 | 30,00 |
| Sternel MietR, 3. Aufl. 1988, Kap. III Rn. 39 Fn. 29 | jährliche Abschreibung von 15%, Verzinsung höchstens 12% | 112,50 | 56,25 | 33,75 |
| LG Köln ZMR 1975, 367 | jährliche Abschreibung von 30%, Verzinsung 10% | 166,67 | 83,33 | 50,00 |
| LG Mannheim WuM 1977, 147 | Abschreibung und Verzinsung von je 15% | 125,00 | 62,50 | 37,50 |
| LG Berlin WuM 1993, 185 | 1% des Verkehrswertes monatlich | 50,00 | 25,00 | 12,50 |
| AG Köln WuM 1999, 237 | Verzinsung und Abschreibung von zusammen 20% (bei antiquarischen Möbeln) | 83,33 | 41,67 | 25,00 |

Ferner wurde vertreten[390], einen Zuschlag von 25% auf die Miete vorzunehmen. Zur Ermittlung der ortsüblichen Marktmiete iSd § 21 Abs. 2 EStG sind diese Verfahren alle ungeeignet.[391] Hier kommt es auf den am Markt erzielbaren Modernisierungszuschlag an.

Die Entscheidung hängt vom Einzelfall ab. Dafür sind maßgebliche Kriterien zunächst die **Lebensdauer des Gegenstandes** und vor allem auch das allgemeine **Zinsniveau** zum Zeitpunkt der Vermietung. Falsch ist es deshalb den Möblierungszuschlag an die Höhe der Miete zu knüpfen,[392] weil dieser mit dem Gebrauchswert der Möbel nichts zu tun hat. Auch die Anwendung des § 559 BGB bzw. vormals § 3 MHG ist nicht sachgerecht, da dieser mit der Möglichkeit die Miete um 11% der Modernisierungskosten zu erhöhen auf langlebigere Investitionen abstellt, als es die Möblierung einer Wohnung üblicherweise darstellt. Soweit zT auch entsprechend betriebswirtschaftlichen Vorstellungen vertreten wird, dass der Möblierungszuschlag entsprechend dem abnehmenden Wert der Möbel entsprechend **degressiv** zu berechnen sei, was zur Folge hat, dass der Möblierungszuschlag sich in regelmäßigen Abständen ändert, entspricht dies zwar den wirtschaftlichen Verhältnissen, ist aber mietrechtlich nicht möglich und vor allem auch nicht praktikabel. Bei der Berechnung des Möblierungszuschlags kann deshalb neben der marktüblichen Verzinsung nur eine an der Restnutzungsdauer orientierte lineare Abschreibung in Betracht kommen.[393] Erforderlich ist aber ein substantiierter Vortrag dazu, welche Möbelstücke seit wann und mit welchem Zeitwert vorhanden sind.[394] 66

**gg) Zu- oder Abschläge wegen des Alters des Mietspiegels.** Dem Vermieter steht gegenüber dem Mieter ein Anspruch auf Zustimmung zu einer Mieterhöhung bis zur Höhe der ortsüblichen Vergleichsmiete zum **Zeitpunkt des Zugangs des Mieterhöhungsverlangens** zu.[395] Da die ortsübliche Vergleichsmiete nicht statisch, sondern **dynamisch** ist, können Mietspiegel systemimmanent die ortsübliche Vergleichsmiete zum maßgeblichen Stichtag nicht angeben, da sie auf einer Datenerhebung zu einem anderen in der Vergangenheit liegenden Stichtag beruhen. Dies rechtfertigt sich daraus, dass Mietspiegel vom Gesetzgeber als Begründungsmittel vorgesehen wurden und im Rahmen einer Verfahrensvereinfachung auch eine **gewisse Pauschalierung** hinnehmbar ist. Miet- 67

390 OLG Frankfurt a. M. ZMR 1978, 286.
391 BFH DWW 2018, 352.
392 AG Köln WuM 1998, 692; **aA** OLG Frankfurt a. M. ZMR 1978, 286.
393 *Dröge/Gebele/Zehnter* Mietpreisbewertung-HdB, 3. Aufl. 2004, 666ff.
394 LG Hamburg WuM 2016, 434.
395 BGH VIII ZR 295/15, NZM 2017, 321 (325) mAnm *Fleindl;* BGH VIII ZR 41/05, NZM 2006, 101; BayObLG NJW-RR 1993, 202; LG Berlin GE 2010, 61; AG Berlin-Mitte WuM 2020, 358; Sternel MietR Kap. IV Rn. 226; *Voelskow* ZMR 1992, 326 (328) mAnm *Isenmann* ZMR 1992, 482.

spiegel sollen und dürfen verfassungsrechtlich aber nicht zu einem **Mietenstopp** während ihrer Laufzeit führen. Soweit deshalb Mietspiegel auch zur Ermittlung der ortsüblichen Vergleichsmiete in einem Zustimmungsverfahren herangezogen werden, ist es zulässig, Veränderungen der ortsüblichen Vergleichsmiete, die seit der Datenerhebung eingetreten sind als Zu-[396] oder auch Abschlag[397] zu berücksichtigen. Dazu kann im Einzelfall ggf. auf einen neuen Mietspiegel zurückgegriffen werden, dessen Erhebungsstichtag nahe am Zeitpunkt des Zugangs des Erhöhungsverlangens lag (→ BGB § 558b Rn. 67). Maßgeblich ist, dass es in einer Gemeinde für vergleichbaren Wohnraum zu einem bestimmten Stichtag der Höhe nach nur eine ortsübliche Vergleichsmiete gibt. Eine sachliche Rechtfertigung für eine unterschiedliche Bemessung der Miethöhe gibt es für die Fälle, dass das ortsübliche Preisniveau auf Grund eines neueren Mietspiegels, eines älteren Mietspiegels oder einem Sachverständigengutachten festgestellt wird, nicht. Die Wahl des Begründungsmittels durch den Vermieter und des Erkenntnismittels durch das Gericht wird idR nicht von rechtlichen Erwägungen, sondern von den vorhandenen Möglichkeiten bestimmt. Zwar sind Einschränkungen auf Grund von zeitlichen Verzögerungen, die sich durch materiell-rechtliche Vorschriften ergeben in Kauf zu nehmen, die Verweigerung einer feststellbaren **Stichtagsdifferenz** würde jedoch iE dazu führen, dass der Vermieter durch eine formale, nicht an der materiellen Rechtslage orientierten Anwendung von § 558a BGB gehindert würde, die gesetzlich zulässige Miete gerichtlich durchzusetzen. Hierin sind eine verfassungswidrige Änderung des materiellen Rechts mit Hilfe verfahrensrechtlicher Vorschriften sowie eine Verletzung des Anspruchs auf einen effektiven Rechtsschutz zu sehen.[398] Zur Berechnung der Stichtagsdifferenz → BGB § 558b Rn. 124.

68 Die grundsätzliche Frage, ob eine Stichtagsdifferenz generell zulässig und im Einzelfall notwendig ist, ist von der Frage zu unterscheiden, ob der Vermieter im **Mieterhöhungsverlangen** eine solche **Stichtagsdifferenz** als Zuschlag zu den Mietspiegelwerten ansetzen darf. Diese Frage ist zu verneinen.[399] Das Mieterhöhungsverlangen darf der Vermieter unter Bezugnahme auf einen Mietspiegel, eine Auskunft aus einer Mietdatenbank, ein Sachverständigengutachten oder drei Vergleichswohnungen begründen. Er hat die Wahl hinsichtlich des Begründungsmittels, muss aber das Begründungsmittel so akzeptieren, wie es ist. Die Begründungsmittel haben ihre jeweilige Überzeugungskraft aus unterschiedlichen Gründen. Beim Mietspiegel stammt die Überzeugungskraft daher, dass nur bestimmte Mietspiegelaufsteller einen Mietspiegel aufstellen können und aus der **Autorität dieser Verbände** eine gewisse Richtigkeitsgewähr hergeleitet wird, die zumindest im vorprozessualen Bereich ausreicht. Der Vermieter darf deshalb zu den Werten eines Mietspiegels im einseitigen Erhöhungsverlangen keine Stichtagsdifferenz berücksichtigen.[400] Problematisch ist dies aber nur, wenn der Vermieter den Oberwert des maßgeblichen Mietspiegelfeldes überschreitet, anderenfalls ist das Erhöhungsverlangen bereits gem. § 558a Abs. 4 S. 1 BGB formell wirksam. Verlangt der Vermieter mehr als den Mietspiegeloberwert, dann ist das Mieterhöhungsverlangen nicht ganz unwirksam. Bis zur Höhe des Oberwertes des in Betracht kommenden Rasterfeldes des Mietenspiegels ist das Erhöhungsverlangen teilweise formell wirksam.[401]

### III. Auskunft aus einer Mietdatenbank

69 Die Auskunft aus einer Mietdatenbank ist seit 1.9.2001 als neues Begründungsmittel hinzugekommen. Wegen der Definition einer Mietdatenbank siehe § 558e BGB.

70 Wie die Auskunft genau auszusehen hat, hat der Gesetzgeber nicht geregelt.[402] Nach § 558e BGB muss **aus der Auskunft ein Schluss auf die ortsübliche Vergleichsmiete** gezogen wer-

---

[396] BGH VIII ZR 295/15, WuM 2017, 208; OLG Hamm NJW-RR 1997, 142; OLG Stuttgart NJW-RR 1994, 334 mAnm *Blank* ZMR 1994, 137; LG Koblenz WuM 1998, 692; LG Berlin GE 1996, 1547; LG Hamburg WuM 1996, 45; LG München WuM 1992, 25; **aA** LG Frankfurt a. M. WuM 1992, 629.

[397] LG Berlin WuM 2018, 209.

[398] OLG Hamm NJW-RR 1997, 142.

[399] *Börstinghaus* jurisPR-BGHZivilR 8/2017 Anm. 2; **aA** Bub/Treier MietR-HdB/*Schultz* Kap. III A Rn. 1251; *Fleindl* NZM 2017, 325.

[400] OLG Stuttgart NJW 1982, 945; OLG Hamburg NJW 1983, 1803 (1805); LG München WuM 1998, 726; *Staudinger/Emmerich BGB § 558a Rn.* 45; Sternel MietR Kap. IV Rn. 212; MüKoBGB/*Artz* § 558a Rn. 22; **aA** Bub/Treier MietR-HdB/*Schultz* Kap. III A Rn. 1251; *Fleindl* NZM 2017, 325.

[401] BGH VIII ZR 52/03, NJW 2004, 1379; OLG Hamburg NJW 1983, 1803 (1805).

[402] *Börstinghaus* NZM 2000, 583.

den können. Daraus folgt, dass die bloße Mitteilung eines Wertes mit der Behauptung, dies sei die ortsübliche Vergleichsmiete für die konkrete Wohnung nicht ausreicht. Daraus kann man keinen Schluss ziehen; das ist bereits das Ergebnis. Deshalb gehören in eine Auskunft mehrere konkrete Mietedaten oder zumindest die Angabe, dass in der Datenbank eine bestimmte Anzahl von vergleichbaren Wohnungen gespeichert sind bei den in den letzten vier Jahren die Miete neu vereinbart wurde oder bei denen die Miete verändert wurde und bei denen Mieten von x–y EUR/$m^2$ gezahlt würden. Gegebenenfalls ist ein Mittelwert anzugeben.

71 Die **Kosten für eine Auskunft** muss der Vermieter tragen. Er hat keinen Anspruch auf Erstattung gegen den Mieter.[403] Es gibt weder vertragliche Ansprüche noch Schadensersatzansprüche. Die Kosten für die Auskunft gehören auch nicht zu den notwendigen Kosten der Rechtsverfolgung, die der Vermieter gem. § 91 ZPO im Falle einer gerichtlichen Auseinandersetzung gegen den Mieter festsetzen lassen kann.

### IV. Sachverständigengutachten

#### 1. Allgemeines

72 Das Gesetz zählt in § 558a Abs. 2 BGB exemplarisch als vierte[404] Begründungsmöglichkeit für ein Mieterhöhungsverlangen die Bezugnahme auf ein mit Gründen versehenes Gutachten[405] eines öffentlich bestellten und vereidigten Sachverständigen auf. Es handelt sich um ein **Parteigutachten,**[406] das der Gutachter auf Grund eines mit dem Vermieter oder dessen Vertreter abgeschlossenen Gutachterauftrages erstellt hat. Daraus ergibt sich bereits der wesentliche Unterschied zum gerichtlichen Sachverständigengutachten, an das ganz andere Maßstäbe angelegt werden müssen.[407] Das vorprozessuale Gutachten soll dem Mieter genauso wie die Bezugnahme auf den Mietspiegel oder sogar die Benennung von mindestens drei Vergleichswohnungen nur die Informationen liefern, die er benötigt, um die Berechtigung des Anspruchs des Vermieters zu überprüfen.[408] Deshalb dürfen in formeller Hinsicht aus verfassungsrechtlichen Gründen nicht zu strenge Anforderungen an die Begründung des Erhöhungsverlangens durch ein Sachverständigengutachten gestellt werden, so dass hierdurch der gesetzliche Anspruch des Vermieters auf die Vergleichsmiete zu Fall gebracht würde.[409] Deshalb ist der Pflicht des Vermieters zur Begründung seines Mieterhöhungsverlangens grds. Genüge getan, wenn das Gutachten Angaben über Tatsachen enthält, aus denen die geforderte Mieterhöhung hergeleitet wird, und zwar in einem Umfang, der es dem Mieter gestattet, der Berechtigung des Erhöhungsverlangens nachzugehen und diese zumindest ansatzweise selbst überprüfen zu können.[410] Der Sachverständige muss somit eine Aussage über die tatsächliche ortsübliche Vergleichsmiete treffen und die zu beurteilende Wohnung in das örtliche Preisgefüge einordnen.[411] Etwaige kleinere Mängel des Gutachtens führen nicht zur Unwirksamkeit des Mieterhöhungsverlangens aus formellen Gründen.[412]

73 Ist das Gutachten unrichtig, kann der Mieter vom Sachverständigen keinen **Schadensersatz** verlangen. Vertragliche Beziehungen bestehen nur zwischen Sachverständigem und Vermieter. Der Mieter ist in den **Schutzbereich dieses Vertrages** auch nicht einbezogen. Ansprüche nach

---

403 Palandt/*Weidenkaff* BGB § 558b Rn. 13.
404 Wenn man die beiden Formen von Mietspiegeln jeweils als eigene Begründungsmittel zählt.
405 Zum Sachverständigen im Mieterhöhungsverfahren generell *Börstinghaus* DS 2008, 286; *Kunze/Tietzsch* MietRB 2009, 52; *Reinecke* WuM 1993, 101; *Fischer* WuM 1996, 604; *Lützenkirchen* WuM 1996, 735; *Streich* WuM 1997, 93; *Isenmann* WuM 1997, 154.
406 BayObLG NJW-RR 1987, 1302; OLG Karlsruhe NJW 1983, 1863; Bub/Treier MietR-HdB/*Schultz* Kap. III A Rn. 1269.
407 BGH VIII ZR 69/15, NJW 2016, 1385 = NZM 2016, 355 mAnm *Börstinghaus* DS 2016, 73; BayObLG NJW-RR 1987, 1302; OLG Karlsruhe NJW 1983, 1863; Zweifel an dieser Auffassung hat *Stelter* DS 2016, 198 (200).
408 BGH VIII ZR 69/15, NJW 2016, 1385 = NZM 2016, 355 mAnm *Börstinghaus* DS 2016, 73.
409 BVerfG NJW 1987, 313 mAnm *Katlein* ZMR 1986, 273; Bub/Treier MietR-HdB/*Schultz* Kap. III A Rn. 1270.
410 BGH VIII ZR 108/20, NZM 2021, 299; VIII ZR 236/18, NZM 2020, 459; VIII ZR 136/17, NJW 2018, 2792; VIII ZR 79/11, NJW-RR 2012, 710; VIII ZR 216/13, NJW-RR 2014, 1357; BVerfG NJW-RR 1993, 1485 (1486); BayObLG NJW-RR 1992, 455 (457); OLG Hamm NJW-RR 1991, 209.
411 BGH VIII ZR 122/09, NZM 2010, 576.
412 BGH VIII ZR 69/15, NJW 2016, 1385.

§ 839a BGB[413] scheiden deshalb aus, weil die Vorschrift nur auf gerichtliche Sachverständige Anwendung findet (→ BGB § 558b Rn. 107). Der Sachverständige haftet jedoch seinem Auftraggeber, dem Vermieter, auf Schadensersatz aus Vertrag.

## 2. Anforderungen an die Person des Sachverständigen

74 **a) Allgemeines.** Hinsichtlich der Person des Sachverständigen schreibt das Gesetz vor, dass dieser **öffentlich bestellt und vereidigt** sein muss. Die Formulierung entspricht § 36 GewO.

75 Die **öffentliche Bestellung** und Vereidigung des Sachverständigen ist nach dem Wortlaut der Vorschrift zwingende Voraussetzung für die Zulassung des Sachverständigengutachtens als Begründungsmittel. Liegen die persönlichen Voraussetzungen für den Sachverständigen nicht vor, ist das Gutachten als Begründungsmittel ungeeignet.[414] Deshalb reicht auch das Gutachten eines Universitätsprofessors nicht aus.[415] Die öffentliche Bestellung und Vereidigung muss zum Zeitpunkt der Gutachtenerstellung vorliegen. Eine **spätere Vereidigung** heilt diesen Mangel nicht.[416] Die öffentliche Bestellung und Vereidigung von Sachverständigen sowie die Zuständigkeit der Industrie- und Handelskammer regeln § 36 GewO, das Gesetz zur vorläufigen Regelung des Rechts der Industrie- und Handelskammern v. 18.12.1956[417] sowie jeweils spezielle landesgesetzliche Regelungen über die Industrie- und Handelskammern und das Sachverständigenwesen.

76 Jede erweiternde Auslegung, dahin, dass auch andere Sachverständige zugelassen werden, würde aber auch dem Sinn und Zweck der Regelung widersprechen. Der Gesetzgeber hat das Erfordernis der öffentlichen Bestellung und Vereidigung deshalb ausdrücklich in das Gesetz mit aufgenommen, um dem Mieter eine Nachprüfung der **Eignung des Sachverständigen** zu ersparen.[418] Ähnlich wie bei der Mietspiegelerstellung, wo der Gesetzgeber besondere Anforderungen an den Mietspiegelersteller, entweder die Gemeinde als „Neutralem" oder zumindest beide Interessenverbände, aufgestellt hat, wollte der Gesetzgeber durch die subjektiven Anforderungen objektive Qualität erreichen. Zu diesem Zweck hat der Gesetzgeber das Institut des öffentlich bestellten Sachverständigen geschaffen. Es hat die Aufgabe, der Öffentlichkeit Sachverständige zu präsentieren, die persönlich integer und unabhängig sind und fachlich ein objektives und qualifiziertes Urteil garantieren. Deshalb ist grds. erforderlich, dass der Sachverständige gem. § 36 Abs. 1 GewO von der zuständigen Stelle bestellt ist. Da es eine verbindliche Ausbildungsordnung für Sachverständige nicht gibt, haben die Industrie und Handelskammern eigene Sachverständigenordnungen erstellt, in denen festgelegt ist, unter welchen Voraussetzungen vom Vorliegen der nach § 36 GewO erforderlichen „besondere Sachkunde" ausgegangen werden kann.[419] Dabei wird wegen eines fehlenden Berufsbildes mit entsprechender Vorbildung nicht an einen bestimmten Beruf angeknüpft sondern an **langjährige gewerbliche oder berufliche Tätigkeiten,** die ihrer Art nach geeignet sind, die erforderlichen Kenntnisse zu vermitteln. Verlangt wird eine zehnjährige praktische Tätigkeit auf dem Gebiet der Grundstücks- und Wohnungswirtschaft. Die Frist verkürzt sich auf fünf Jahre, wenn der Bewerber ein abgeschlossenes Studium zB der Architektur, der Betriebswirtschaft oder eine abgeschlossene Ausbildung als Grundstücks- oder Wohnungswirt vorweisen kann. Der Bewerber muss nachweisen, dass er sich mindestens in den letzten drei Jahren vor Antragstellung auf dem Gebiet „Mieten für Grundstücke und Gebäude" intensiv praktisch betätigt und Gutachten erstattet hat. Damit soll die Aktualität des Wissens sichergestellt werden. Darüber hinaus muss der Bewerber wirtschaftliche Kenntnisse, insbes. über die Wohn- und Gewerberaummieten der vergangenen Jahre, über Lebenshaltungskosten, Bewirtschaftungskosten, Standort-Kriterien und Mietspiegel und ihre Fortschreibung besitzen. Einschlägige Kenntnisse des Miet- und Mietpreisrechts und der hierzu ergangenen Rspr. werden ebenso verlangt wie technische Grundbegriffe und vor allem die Begriffsdefinitionen dessen, was unter ortsüblicher Vergleichsmiete, Marktmiete, branchenüblicher Miete, platzüblicher Miete und Kostenmiete zu verstehen ist. Schließlich muss der Bewerber nachweisen, dass ihm

---

[413] Eingefügt in das BGB mit Wirkung ab 1.8.2002 durch das Zweite Gesetz zur Änderung schadensersatzrechtlicher Vorschriften v. 19.7.2002 (BGBl. I 2674).

[414] LG Berlin WuM 1982, 246; AG Fürstenfeldbruck WuM 1998, 379.

[415] AG Aachen WuM 1991, 559.

[416] LG Berlin ZMR 1982, 377; LG Dortmund ZMR 1974, 338; AG Schöneberg WuM 1980, 207; AG Alfeld *WuM 1981 U 2.*

[417] BGBl. I 920.

[418] BT-Drs. 7/2011, 10.

[419] Abgedr. bei *Börstinghaus* Miethöhe-HdB S. 803.

**Vergleichsmaterial** zur Feststellung von Mieten insbes. eine Mietpreissammlung zur Verfügung steht.

Auf das Merkmal der **öffentlichen Bestellung** oder Vereidigung kann ausnahmsweise dann **verzichtet** werden, wenn es in dem entsprechenden Bezirk keine von der Industrie- und Handelskammer bestellten und vereidigten Sachverständigen gibt.[420] Da der Wortlaut der Vorschrift insofern ganz eindeutig ist, kann diese Einschränkung nach dem Sinn und Zweck des Gesetzes aber nur sehr eingeschränkt gelten: Sie setzt deshalb zunächst voraus, dass die IHK **grds.** keine Bestellungen bzw. Vereidigungen für die maßgeblichen Fachgebiete vornimmt. Fehlt lediglich ein geeigneter Sachverständiger, weil keine Bewerber vorhanden waren, dann kann nicht auf andere Sachverständige zurückgegriffen werden. Es fehlt diesen die vom Gesetz vorgesehene pauschal festzustellende Qualifikation, auch wenn im Einzelfall diese Sachverständigen die Qualifikation tatsächlich aufweisen. Der Mieter soll durch die von der IHK vorgenommene Prüfung der Befähigung geschützt werden. Als zweite Voraussetzung ist erforderlich, dass der Sachverständige von der IHK dem Vermieter benannt wurde und dass diese nur solche Sachverständige benennt, die die persönlichen Voraussetzungen für eine Sachverständigenbestellung erfüllen.[421] 77

**Von welcher IHK** der Sachverständige bestellt oder vereidigt ist, ist unerheblich,[422] insbes. ist es nicht erforderlich, dass das Sachverständigengutachten, auf das zur Begründung eines Mieterhöhungsverlangens verwiesen wird, von einem Sachverständigen erstellt wurde, der von derjenigen Industriekammer und Handelskammer öffentlich bestellt und vereidigt wurde, in deren **Bezirk** die Wohnung liegt, für die die Miete erhöht werden soll. Von dem Gutachten, auf das zur Begründung eines Mieterhöhungsverlangens verwiesen werden kann, verlangt das Gesetz nur, dass es mit Gründen versehen ist und von einem öffentlich bestellten und vereidigten Sachverständigen erstellt ist. Weitere Anforderungen muss das Gutachten nach dem Wortlaut der gesetzlichen Vorschriften nicht erfüllen. Sie ergeben sich auch nicht aus deren Sinn und Zweck. Die öffentliche Bestellung und Vereidigung soll dem Mieter eine bestimmte persönliche Qualifikation des Gutachters garantieren. Diese persönliche Qualifikation ist unabhängig davon, von welcher IHK die öffentliche Vereidigung oder Bestellung erfolgte. Selbst **Sachverständige aus anderen EU-Staaten** können gem. Art. 6, 59 EG-Vertrag solche Gutachten erstatten, wenn sie in ihrem Heimatstaat öffentlich bestellt und vereidigt wurden. Eine andere Frage ist, ob der Sachverständige Kenntnisse des örtlichen Wohnungsmarktes haben muss.[423] 78

**b) Erfordernisse.** Der **Zweck des Gesetzes** erfordert nur, dass der Sachverständige, dessen Gutachten dem Erhöhungsverlangen beigefügt wird, in dem Bereich, für den er öffentlich bestellt und vereidigt ist, mit der Mietpreisbewertung befasst ist, diese also in den Zuständigkeitsbereich, für den die Bestellung ausgesprochen ist, fällt. Der Zweck des Gesetzes erfordert es aber nicht, dass die öffentliche Bestellung und Vereidigung ausdrücklich für die **Mietpreisbewertung** erfolgt ist.[424] Auch ein Sachverständiger, der für **Grundstücks- und Gebäudeschätzungen** öffentlich bestellt oder vereidigt ist, verfügt über die notwendige Sachkunde, um beim Mieter keine begründeten Zweifel an seiner Eignung für die Mietpreisbewertung aufkommen zu lassen. Gerade die Feststellung von Mietpreisen gehört im Rahmen seiner Tätigkeit als Gebäudeschätzer zu seinen Obliegenheiten. Die Feststellung des Verkehrswertes eines Gebäudes setzt nämlich die Feststellung seines Ertragswertes voraus. Dieser aber ist von der Höhe der erzielbaren Miete abhängig. Der Sachverständige, der Gebäudeschätzer ist, wird daher zwangsläufig mit der Mietpreisbewertung befasst. Demgegenüber genügt die Bestellung für ein anderes Sachgebiet, wie zB den Hochbau oder Gebäudeschäden nicht. 79

Der Sachverständige muss nicht zwingend Kenntnisse des **örtlichen Wohnungsmarktes** haben.[425] Insofern sind die Anforderungen nicht so streng wie bei einem gerichtlichen Sachverständigengutachten.[426] Anerkanntermaßen dürfen die formalen Anforderungen an ein Mieterhöhungsverlangen nicht die Durchsetzung eines materiell gerechtfertigten Anspruchs auf Zustimmung zu 80

[420] OLG Hamburg NJW 1984, 930 nach negativen Rechtsentscheid des BGH VIII ARZ 9/83, NJW 1984, 237 auf Vorlagebeschluss des OLG Hamburg WuM 1983, 256.

[421] OLG Hamburg NJW 1984, 930; Staudinger/*V. Emmerich* BGB § 558a Rn. 53 „nur wenn die Bestellung im Einzelfall gem. § 36 Abs. 1 GewO nachgeholt wird".

[422] BayObLG NJW-RR 1987, 1302.

[423] → Rn. 80.

[424] BGH VIII ARZ 2/82, NJW 1982, 1701.

[425] BayObLG NJW-RR 1987, 1302; Bub/Treier MietR-HdB/*Schultz* Kap. III A Rn. 1277.

[426] BVerfG NJW 1987, 313; BayObLG NJW-RR 1987, 1302; OLG Karlsruhe NJW 1983, 1863.

einer Mieterhöhung unnötig erschweren.[427] Darum würde es sich aber handeln, wenn man bereits für das vorprozessuale Sachverständigengutachten fordern würde, dass der Gutachter den örtlichen Wohnungsmarkt kennt. Dabei soll nicht verkannt werden, dass diese Kenntnis für die richtige Ermittlung der **ortsüblichen Vergleichsmiete** so gut wie zwingend erforderlich ist. Nur wer die für andere Wohnungen gezahlten Mieten kennt, kann letztendlich die Wohnung richtig einordnen. Aber die materielle Richtigkeit des Gutachtens ist nicht Gültigkeitsvoraussetzung. Im Übrigen kann auch das Gutachten eines Sachverständigen, der den örtlichen Wohnungsmarkt kennt, zu einem materiell falschen Ergebnis kommen. Das Gesetz hat deshalb die persönlichen Voraussetzungen abschließend aufgezählt. Dort wird nur auf die öffentliche Bestellung und Vereidigung Bezug genommen. Weitere Erfordernisse sind dort gerade nicht aufgestellt. Bereits faktisch würde der Nachweis der Kenntnis vom örtlichen Wohnungsmarkt erhebliche Schwierigkeiten bereiten. Es würde eine erhebliche Unsicherheit darüber entstehen, ob das Mieterhöhungsverlangen nun wirksam ist oder nicht. Auch ein Vergleich mit den übrigen exemplarisch vorgegebenen Begründungsmitteln führt nicht dazu, von einem in diesem Verfahrensstadium tätigen Sachverständigen örtliche Kenntnisse des Wohnungsmarktes zu verlangen. Auch Mietspiegel können ohne genaue Kenntnis des örtlichen Wohnungsmarktes ohne Datenerhebung zwischen den Interessenverbänden ausgehandelt worden sein. Die Auswahl von drei Vergleichswohnungen verlangt gar keine Kenntnisse vom übrigen Wohnungsmarkt, wenn der Vermieter zB drei weitere Wohnungen aus dem gleichen Haus als Vergleichsobjekte benennt.

**81** Ebenso wenig ist es zwingend erforderlich, dass der Sachverständige das Gutachten ausschließlich **auf Grund eigener Daten** erstellt hat. Die den Sachverständigen auszeichnende besondere Sachkunde auf einem bestimmten Gebiet erwirbt sich dieser einmal durch eine entsprechende Ausbildung und zum anderen durch Berufserfahrung. Bei der Ermittlung der ortsüblichen Vergleichsmiete iSd § 558 Abs. 2 BGB kommt der Berufserfahrung des Sachverständigen besondere Bedeutung zu. Im Vordergrund steht nämlich die Verarbeitung von Erfahrungswerten. Der Sachverständige muss bzgl. der in Frage stehenden Mieten der betreffenden Gemeinde über einen **Erfahrungsschatz aus einer Vielzahl von Fällen** verfügen. Diesen Erfahrungsschatz wird der Sachverständige zwar in erster Linie im Rahmen seiner beruflichen Tätigkeit ansammeln. Insoweit handelt es sich um unmittelbare Kenntnisse. Sie wird der Sachverständige aber ergänzen, abrunden und korrigieren durch Einbeziehung von Werten, die aus Datensammlungen anderer Personen und Stellen entnommen werden. Insbesondere kann der Sachverständige auf einen Mietspiegel Bezug nehmen. Da der Vermieter das Erhöhungsverlangen allein mit dem Hinweis auf einen Mietspiegel begründen kann, darf ein in gleicher Weise begründetes Sachverständigengutachten schon aus diesem Grund nicht als unzureichend angesehen werden, wenn der Mietspiegel auf einer Datenerhebung beruht. Auch bei Berücksichtigung solcher Art gewonnener und verarbeiteter Kenntnisse des Sachverständigen handelt es sich um eigene, wenn auch nicht um unmittelbar erlangte Kenntnisse des Sachverständigen hinsichtlich des durchschnittlichen Mietniveaus. Es kann daher nicht beanstandet werden, wenn der Sachverständige sein Gutachten auf Vergleichswerte stützt, die er aus Zusammenstellungen anderer Personen und Stellen entnommen hat.[428] Ohne die Überprüfung und ggf. der der Korrektur der eigenen Erfahrungswerte dienenden Einbeziehung solcher Werte wäre im Gegenteil sein Gutachten wenig überzeugend und in einem gerichtlichen Verfahren nicht verwertbar.[429]

**82** **c) Unabhängigkeit.** Der Sachverständige soll zwar auch in **subjektiver Hinsicht** unabhängig sein, dies ist aber keine Zulässigkeitsvoraussetzung. Auch ein Sachverständiger, der in persönlichen Beziehungen zu einer Partei steht, ist grds. zugelassen. Der Mieter hat keine Möglichkeiten, einen vom Vermieter beauftragten Sachverständigen förmlich nach den Vorschriften der ZPO abzulehnen,[430] da es sich ja gerade nicht um einen gerichtlichen Sachverständigen handelt, sondern um einen Parteigutachter. Hinzu kommt, dass der Sachverständige seine **Unabhängigkeit** am Ende des Gutachtens versichern muss und dass er deshalb die Beziehungen zur Partei offenbaren muss; anderenfalls dürfte ein Verstoß gegen seinen Sachverständigeneid vorliegen. Einem solchen Gutachten kommt ggf. ein **nur sehr geringer Beweiswert** zu. Dies gilt aber auch für andere Gutachten, bei denen zwischen der Partei und dem Sachverständigen keine verwandtschaftlichen Bezie-

---

[427] StRspr des BVerfG zB NJW 1987, 313; 1989, 969; 1980, 1617.
[428] ***AA*** *AG Hannover* WuM 1991, 354.
[429] AG Dortmund WuM 1992, 138.
[430] Staudinger/*V. Emmerich* BGB § 558a Rn. 51; AnwK WohnraumMietR/*Lammel* BGB § 558a Rn. 34; **aA** AG Freiburg WuM 1987, 265.

hungen bestehen. Allein die Tatsache, dass der Vermieter den Sachverständigen beauftragt und ihn bezahlen muss, schränkt die Unabhängigkeit des auch weiter um Aufträge werbenden Sachverständigen ein.

### 3. Mindestanforderungen an das Gutachten

**a) Gründe.** § 558a Abs. 2 Nr. 3 BGB verlangt, dass das Gutachten **mit Gründen versehen** ist. 83
Das BMJ hat insofern *Hinweise für die Erstellung eines Sachverständigengutachtens zur Begründung des Mieterhöhungsverlangens nach § 2 Abs. 2 MHG* herausgegeben.[431] Sie sind auch nach den Mietrechtsreformen grds. noch anwendbar.[432] Sie sind jedoch nur eine Hilfestellung und haben selbst weder eine irgendwie geartete rechtliche Qualität noch stellen sie weitere Voraussetzungen auf. Das Gleiche gilt auch für den „Leitfaden für die Erstellung von Gutachten zur Ermittlung von Wohnraummieten" des Instituts für Sachverständigenwesen.[433]

**Begründung** bedeutet sowohl vom Wortlaut wie auch vom Sinn und Zweck der Vorschrift, 84
dass der Sachverständige in zumindest für den Mieter **nachvollziehbarer Weise** mitteilen muss, wie er zu seiner Wertfeststellung gelangt ist.[434] Das heißt nicht, dass er sämtliche Einzelfeststellungen aufführen muss. Nachvollziehbar ist das Gutachten für den Mieter dann, wenn ihm durch die Ausführungen des Sachverständigen der Eindruck vermittelt wird, die **Schlussfolgerungen** des Gutachters auf das vergleichbare Mietgefüge seien **verständlich** und nahe liegend.[435] Es muss aber den Mindestanforderungen der Empirie genügen und darf sich nicht in allgemeinen Ausführungen erschöpfen.[436] Das Gutachten hat den Zweck, dem Vermieter zu helfen, seine Begründungspflicht nach § 558a Abs. 1 BGB zu erfüllen. Dazu muss der Vermieter dem Mieter die Informationen liefern, die er benötigt, um festzustellen, ob eine Zustimmungspflicht in Betracht kommt oder nicht. Dieser Verpflichtung ist der Vermieter nachgekommen, wenn er in verständlicher Weise dargelegt hat, warum die nunmehr begehrte Miete seiner Auffassung nach die ortsübliche Miete nicht übersteigt. Strengere Anforderungen dürfen auch an das vorprozessuale Sachverständigengutachten nicht gestellt werden.[437] Darauf, ob die Begründung in der Sache haltbar ist, kommt es nicht an.[438] Ebenso wenig führen kleinere Mängel zur Unwirksamkeit des Erhöhungsverlangens aus formellen Gründen.[439] Der Vermieter hat im vorprozessualen Stadium den erhobenen Anspruch weder zu beweisen noch glaubhaft zu machen[440], sondern dem Mieter lediglich Hinweise zu geben, die es diesem ermöglichen, sich darüber schlüssig zu werden, ob er der Erhöhung zustimmen will oder nicht.[441] Danach ist erforderlich aber auch ausreichend, dass der Vermieter sich auf ein Gutachten bezieht, in dem der Sachverständige darlegt, dass er in dem maßgeblichen örtlichen Bereich die Mieten vergleichbarer Wohnungen erforscht hat oder auf Grund seiner sachverständigen Tätigkeit bereits kannte, sich zu der diese Wohnungen betreffenden Preisspanne äußert und klarstellt, dass er nur vergleichbare Wohnungen zur Bewertung herangezogen hat.[442] Der Sachverständige muss also eine Aussage über die tatsächliche ortsübliche Vergleichsmiete treffen und die zu beurteilende Wohnung in das örtliche Preisgefüge einordnen.[443] Das sind jedoch die absoluten **Mindestanfor-**

---

[431] Abgedr. bei *Börstinghaus* Miethöhe-HdB S. 796.

[432] *Börstinghaus* DS 2016, 73 (74).

[433] Erstellt von *Isenmann, Roth* und *Walterscheid,* Das IfS ist ein von der Architekten-, Handwerks-, Landwirtschafts-, Ingenieur- und Industrie- und Handelskammer getragenes wissenschaftliches Institut. Seine wissenschaftlichen Ausführungen haben keine bindende Wirkung.

[434] BVerfG WuM 1986, 239.

[435] OLG Frankfurt a. M. NJW 1981, 2820.

[436] AG Konstanz WuM 2020, 492 (obwohl die Schriftleitung von Typengutachten spricht, dürfte es sich um ein Einzelgutachten gehandelt haben).

[437] BVerfG NJW 1987, 313.

[438] BGH VIII ZR 220/13, NZM 2014, 349.

[439] BGH VIII ZR 69/15, NJW 2016, 1385 = NZM 2016, 355 mAnm *Börstinghaus* DS 2016, 73.

[440] BGH VIII ZR 136/17, NZM 2018, 742; *Börstinghaus* jurisPR-MietR 17/2018 Anm. 1; *Börstinghaus* DS 2018, 261; *Fleindl* NZM 2018, 744; BGH VIII ZR 190/17, WuM 2018, 509; *Börstinghaus* jurisPR-BGH-ZivilR 14/2018 Anm. 2.

[441] BVerfG WuM 1982, 146.

[442] BGH VIII ZR 69/15, NJW 2016, 1385 = NZM 2016, 355 mAnm *Börstinghaus* DS 2016, 73; OLG Karlsruhe NJW 1983, 1863; WuM 1983, 133.

[443] BGH VIII ZR 136/17, NZM 2018, 742; *Börstinghaus* jurisPR-MietR 17/2018 Anm. 1; *Börstinghaus* DS 2018, 261; *Fleindl* NZM 2018, 744; BGH VIII ZR 190/17, WuM 2018, 509; *Börstinghaus* jurisPR-BGH-ZivilR 14/2018 Anm. 2; LG München I ZMR 2018, 331.

**derungen,** die an ein solches Gutachten zu stellen sind, damit es für den Mieter noch nachvollziehbar ist.[444] Erfüllt das Gutachten aber auch diese Mindestanforderungen nicht, dann kann von einer schlüssigen, und damit nachvollziehbaren Begründung keine Rede sein. So ist ein Sachverständigengutachten ungeeignet, eine ortsübliche Vergleichsmiete darzulegen, wenn die Wohnung unzutreffend beschrieben wurde, zB von falscher Zimmeranzahl ausgeht und falsche Ausstattungsmerkmale angibt.[445] Allein die Berufung des Sachverständigen auf seine Berufserfahrung und allgemeine Sachkenntnis stellt keine Begründung des Gutachtens dar.[446] Die Grenzziehung ist aber wegen der großzügigen Rspr. des BGH zu den formalen Anforderungen schwierig.

85 Demgegenüber ist es für die Wirksamkeit des Mieterhöhungsverlangens nicht erforderlich, dass der Sachverständige sich in seinem Gutachten, in dem er sich auf ihm bekannte Vergleichswohnungen bezieht, einzelne vergleichbare Wohnungen konkret benennt.[447] Insbesondere kann aus der Rspr. des BGH[448] und des BVerfG[449] zur Notwendigkeit der Angabe von **Befundtatsachen** in Miethöhegutachten im Zustimmungsverfahren nicht geschlossen werden, dass die Befundtatsachen, also die Vergleichswohnungen, bereits im vorprozessualen Gutachten exakt identifizierbar angegeben werden müssen. Die Entscheidungen beziehen sich alle auf gerichtliche Sachverständigengutachten. Nur insofern kann es gegen Art. 2 Abs. 1 GG iVm dem Rechtsstaatsprinzip verstoßen, wenn ein Gutachten über die ortsübliche Vergleichsmiete zur Grundlage eines Urteils gemacht wird, obwohl weder das Gericht noch die Prozessparteien die Möglichkeit hatten, die vom Sachverständigen zu Grunde gelegten Befundtatsachen zu überprüfen. Zu einem grundgesetzlich geschützten fairen Verfahren gehört, dass das Gericht die Richtigkeit bestrittener Tatsachen nicht ohne hinreichende Prüfung bejaht. Den Parteien muss dabei die Möglichkeit gegeben werden, an dieser Prüfung mitzuwirken. Dazu müssen auch ihnen die konkreten Befundtatsachen, die das Gericht durch Übernahme des Sachverständigengutachtens verwerten will, zugänglich sein. Zur Nachprüfung eines Sachverständigengutachtens kann die Kenntnis der einzelnen tatsächlichen Umstände, die der Sachverständige selbst erhoben und seinem Gutachten zu Grunde gelegt hat, unentbehrlich sein. In einem solchen Fall ist die Offenlegung dieser Tatsachen aus rechtsstaatlichen Gründen regelmäßig geboten. Ist der Sachverständige dazu nicht bereit, darf sein Gutachten nicht verwertet werden. Diese Grundsätze gelten aber für das **vorprozessuale Sachverständigengutachten** nicht.[450] Weder geht es um die verfassungsrechtliche Ausgestaltung von Verfahrensrechten noch geht es um die Frage, ob die Angaben des Sachverständigen tatsächlich richtig sind. Das vorprozessuale Sachverständigengutachten ist Parteigutachten. Der Mieter weiß, dass der Vermieter den Gutachter zum Zwecke der Mieterhöhung beauftragt hat. Er wird deshalb schon das Gutachten anders betrachten, als ein prozessentscheidendes Gerichtsgutachten. Er hat auf Grund des Gutachtens selbst Gelegenheit andere Erkenntnisquellen wie zB den Mietspiegel oder Auskünfte qualifizierter Stellen heranzuziehen. Würde man die gleichen Anforderungen an ein vorprozessuales Gutachten stellen wie an ein späteres gerichtliches Gutachten, würden formale Anforderungen aufgestellt, die die Durchsetzung des materiell-rechtlichen Anspruchs des Vermieters auf Zustimmung zu einer Mieterhöhung in ebenfalls verfassungsrechtlich unzulässiger Weise erschweren würden.[451]

86 Der Sachverständige muss aber erkennbar vom **richtigen Begriff der ortsüblichen Vergleichsmiete** ausgehen.[452] Dazu muss er den richtigen Betrachtungszeitraum, der in der Gemeinde

---

[444] OLG Karlsruhe WuM 1983, 133.

[445] LG Berlin WuM 2017, 144.

[446] OLG Karlsruhe WuM 1983, 133; LG Baden-Baden WuM 1993, 398; LG Aachen WuM 1987, 356; AG Sinzig DWW 1990, 120.

[447] OLG Oldenburg WuM 1981, 150; OLG Frankfurt a. M. NJW 1981, 2820; LG Gießen WuM 1994, 704; LG Traunstein WuM 1979, 81; AG Rheinbach ZMR 1998, 638; Bub/Treier MietR-HdB/*Schultz* Kap. III A Rn. 1276; **aA** AG Sinzig DWW 1990, 120; AG Butzbach WuM 1980, 86.

[448] BGH VIII ZR 62/18, NZM 2019, 469 = NJW 2019, 3142 mit Anm. *Börstinghaus* DS 2019, 177; *ders.* LMK 2019, 417863; *Blank* LMK 2019, 419009; *Flatow* jM 2019, 320; BGH KZR 18/90, NJW 1992, 1817 (1819); BGH V ZR 286/92, NJW 1994, 2899 unter Hinweis auf BayObLGZ 1956, 114; NJW 1983, 2251.

[449] BVerfG WuM 1998, 13, NJW 1997, 311; 1995, 40 mAnm *Walterscheid* WuM 1995, 63; *Isenmann* DWW 1995, 68; ZMR 1993, 446; *Kamphausen* DS 1995, 4.

[450] BGH VIII ZR 69/15, NJW 2016, 1385 = NZM 2016, 355 mAnm *Börstinghaus* DS 2016, 73; Zweifel klingen aber bei *Stelter* DS 2016, 198 (199) an.

[451] BVerfG NJW 1989, 969; 1980, 1617.

[452] *BGH VIII ZR 69/15*, NJW 2016, 1385 = NZM 2016, 355 mAnm *Börstinghaus* DS 2016, 73; LG Berlin WuM 2017, 144; für gerichtliches Sachverständigengutachten aber anscheinend anders BGH VIII ZR 346/10, NZM 2012, 339; *Börstinghaus* WuM 2012, 244; DS 2012, 183; *Blank* LMK 5/2012 Anm. 3; *Muth* ZMR 2012, 530; *Bühler* ZMR 2012, 531.

nach Art. 229 § 50 Abs. 2 EGBGB örtlich gilt, ermitteln. Dies verlangt uU die Auseinandersetzung mit dem örtlichen Mietspiegel und seinem Stichtag. Er darf nicht nur Neuvertragsmieten der letzten Monate als Vergleichsmieten angeben[453] sondern muss darlegen, wie sich die Mieten die letzten sechs Jahre entwickelt haben. Er muss ein angemessenes Verhältnis von veränderten Bestandsmieten und Neuvertragsmieten aus dem maßgeblichen Betrachtungszeitraum berücksichtigen.[454] Dies ist dann nicht der Fall, wenn der Gutachter erkennbar nur die Mietwerte des Finanzamtes für selbstgenutzte Wohnungen ausgewertet hat.[455] Er darf keine Wohnungen berücksichtigen, der Preisvereinbarung außerhalb des maßgeblichen Betrachtungszeitraums lag.[456] Auch die ausschließliche Auswertung von Angebots- und Neuvermietungsmieten anhand des IVD-Preisspiegels reicht deshalb nicht selbst wenn hiervon Abschläge vorgenommen werden.[457] Das vorprozessuale Gutachten muss aber nicht auf einer den Grundsätzen der Repräsentativität genügenden Stichprobe beruhen.[458] Auch die Eliminierung der Ausreißermieten und die Ermittlung der Üblichkeit unterliegen nicht den gleichen strengen Regeln, wie bei einem gerichtlichen Sachverständigengutachten.[459] Ein Gutachten, das zum Zwecke der Grundstücksbeleihung erstellt wurde und sich mit der nachhaltig erzielbaren Miete beschäftigt, ist ebenso unverwertbar,[460] wie ein Verkehrswertgutachten.[461] Häufig äußern sich die Gutachten auch zur Frage, ob die Miete angemessen[462] sei, oder ob irgendwo im Stadtgebiet eine ähnliche Miete gezahlt wird. Solche Gutachten sind unbrauchbar da diese Angaben unerheblich sind.[463] Ist für die Gemeinde für den maßgeblichen Zeitpunkt ein **Mietspiegel** veröffentlicht, dann sollte sich der Sachverständige in seinem Gutachten mit dessen Werten beschäftigen, zumindest wenn er davon abweichen will,[464] wobei eine Abweichung vom Mittelwert allein noch nicht ausreichend ist,[465] da die ortsübliche Vergleichsmiete durch die Spanne beschrieben wird und es Aufgabe des Sachverständigen ist, die Einordnung innerhalb der Spanne vorzunehmen.[466] Dazu hat sich der Sachverständige zunächst mit der Frage zu beschäftigen, wie der Mietspiegel zustande gekommen ist. Insbesondere dann, wenn der Mietspiegel auf Grund einer repräsentativen Datenerhebung zustande gekommen ist, muss der Sachverständige schon erheblichen Begründungsaufwand betreiben um die Richtigkeit dieser Daten zu widerlegen. Dies betrifft aber nur die inhaltliche Überzeugungskraft des Gutachtens und gehört nicht zu den formalen Voraussetzungen, die an ein solches Gutachten zu stellen sind. In gerichtlichen Sachverständigengutachten sind solche Auseinandersetzungen aber erforderlich. Eine kritische Auseinandersetzung mit der Repräsentativität der Stichprobe der der Mietspiegelerhebung zu Grunde liegenden Daten ist aber wegen der erheblichen Probleme, die entsprechenden Informationen überhaupt zu erhalten, nicht erforderlich. Erforderlich ist aber, dass sich der Sachverständige, so er denn vom Mietspiegel abweichen will, kritisch mit einer geringen Erhebungsdichte, einer übergroßen Pauschalierung und einer mangelnden Aktualität des Mietspiegels auseinandersetzt.[467] Auch für ein Sachverständigengutachten wird dann ausnahmsweise zu fordern sein, dass es auf **repräsentativen Daten** beruht.[468] Ansonsten wird dies für das vorprozessuale Gutachten nicht zu fordern sein. Beruht der Mietspiegel nicht auf einer repräsentativen Datenerhebung, dann muss der Sachverständige zumindest nachvollziehbar begründen, wieso sein Wert der ortsüblichen Vergleichsmiete vom Mietspiegelwert abweicht.

---

453 LG Gießen WuM 2014, 210; AG Charlottenburg NZM 1999, 460.
454 BGH VIII ZR 62/18, NZM 2019, 469 = NJW 2019, 3142; VIII ZR 82/18, DS 2019, 199.
455 LG Koblenz DWW 1991, 22.
456 BGH VIII ZR 62/18, NZM 2019, 469 = NJW 2019, 3142; VIII ZR 82/18, DS 2019, 199.
457 LG Kiel WuM 2014, 208 mAnm *Flatow* WuM 2014, 474.
458 Für gerichtliches Sachverständigengutachten aber anders BGH VIII ZR 346/10, NZM 2012, 339; *Börstinghaus* WuM 2012, 244; DS 2012, 183; *Blank* LMK 5/2012 Anm. 3; *Muth* ZMR 2012, 530; *Bühler* ZMR 2012, 531.
459 BGH VIII ZR 346/10, NZM 2012, 339; *Börstinghaus* WuM 2012, 244.
460 AG Friedberg WuM 1986, 123.
461 AG Köln WuM 1998, 379; HWE MietR-HdB/*Emmert,* 5. Aufl. 2013, § 12 Rn. 75.
462 So das Gutachten im Verfahren AG Dortmund BeckRS 2008, 11916.
463 BVerfG WuM 1986, 239; LG Itzehoe WuM 1986, 238; **aA** ohne das Thema zu problematisieren: AG Dortmund BeckRS 2008, 11916.
464 LG Düsseldorf WuM 1996, 421; LG Wiesbaden WuM 1992, 256; LG Bielefeld WuM 1983, 24; AG Dortmund WuM 1992, 138; **aA** Bub/Treier MietR-HdB/*Schultz* Kap. III A Rn. 1278.
465 So aber LG Wiesbaden WuM 1992, 256.
466 AG Dortmund NJW-RR 1995, 971 (973).
467 LG Berlin GE 1993, 497.
468 Kenntnis von einem repräsentativen Querschnitt verlangt LG München ZMR 1986, 169; *Fischer* WuM 1996, 604; *Lützenkirchen* WuM 1996, 735; *Streich* WuM 1997, 93; *Isenmann* WuM 1997, 154.

87 Das Gutachten muss auch von den **richtigen Tatsachen** ausgehen. Dazu gehört vor allem, dass es die richtige Ausstattung und Beschaffenheit der Wohnung der Wertermittlung zu Grunde legt. Deshalb soll ein Gutachten nicht verwertbar sein, das von einer niedrigeren Ausstattung ausgeht, und hinsichtlich der zusätzlichen Ausstattung einfach einen Zuschlag festsetzt, ohne zu ermitteln, wie hoch die ortsübliche Vergleichsmiete von höherwertig ausgestatteten Wohnungen tatsächlich ist.[469] Ob man in einem solchen Fall nur von einer Teilnichtigkeit des Gutachtens wegen des Zuschlags ausgehen kann, erscheint fraglich,[470] da dem Gutachten insgesamt ein falscher Vergleichsmietenbegriff zu Grunde liegt. Ob ein Sachverständigengutachten unverwertbar ist, wenn es Mieterinvestitionen als Ausstattungsmerkmal des Vermieters berücksichtigt[471], ist eine Frage der Erkennbarkeit des Fehlers für den Mieter. Wenn der Mieter erkennen kann, dass der Sachverständige Mietereinbauten als Ausstattungsmerkmale berücksichtigt hat, dann ist ein solches Gutachten formell in Ordnung.[472]

88 **b) Konkrete Wohnung.** Das Gutachten muss sich grds. auf die **konkrete Vertragswohnung** beziehen.[473] Nach Ansicht des BGH[474] ist hierzu zwingend eine Besichtigung der Wohnung durch den Sachverständigen nicht zwingend erforderlich. § 558 a Abs 2 BGB verlange nur „ein mit Gründen versehenes Gutachten". Sowohl nach dem Wortlaut der Norm wie auch nach deren Zweck sei deshalb eine Besichtigung durch den Sachverständigen für ein vorprozessuales Gutachten nicht zwingend vorgeschrieben, da in diesem Verfahrensstadium das Gutachten nicht zum Nachweis der richtigen ortsüblichen Vergleichsmiete diene. Der vorprozessual tätige Sachverständige müsse nur Tatsachen mitteilen, aus denen die geforderte Mieterhöhung hergeleitet werden kann. Wirksamkeitsvoraussetzung für das Gutachten ist deshalb lediglich, dass die Angaben für den Mieter nachvollziehbar seien. Dafür kommt es nur darauf an, dass der Mieter in die Lage versetzt werde, die Angaben ansatzweise zu überprüfen.[475] Das wiederum hängt davon ab, welche Informationen der Sachverständige zur Wohnung und zur ortsüblichen Vergleichsmiete macht, nicht woher er diese Informationen hat. Die Quellen der Sachkunde seien zwar für die Beurteilung der Qualität des Gutachtens bedeutsam, was aber auf der Zulässigkeitsebene noch keine Rolle spiele. Es reicht deshalb wohl aus, wenn der Sachverständige die Wohnung aus vorherigen Besichtigungen kennt oder aussagekräftige Pläne, Fotos und Dokumente über Ausstattung und Beschaffenheit der Wohnung vom Vermieter erhalten hat. Eine weitere Ausnahme kommt in Betracht, soweit in einer Wohnanlage Wohnungen gleichen Typs also von gleicher oder nahezu gleicher Art, Größe, Ausstattung und Beschaffenheit vorhanden sind.[476] Hier ist den Interessen des Mieters, einen ernsthaften und möglichst verlässlichen Anhalt über die Höhe der Vergleichsmiete zu erhalten idR genügt, wenn der Sachverständige eine Wohnung gleichen Typs besichtigt hat, zumal Abweichungen infolge behebbarer Mängel für die Ermittlung der ortsüblichen Vergleichsmiete unbeachtlich sind.[477] Würde man hier verlangen, dass der Gutachter alle völlig identischen Wohnungen[478] besichtigen muss, würde dies einen überflüssigen Formalismus darstellen. Ohne dass hierdurch neue Erkenntnisse gewonnen werden könnten, würde der Vermieter auf diese Weise nur auf Kosten getrieben. Bei einem **Typgutachten** genügt es, wenn der Sachverständige in seinem Gutachten angibt, welche Wohnung er besichtigt hat und anschließend die konkret besichtigte Wohnung so genau beschreibt, dass der Mie-

[469] LG Bremen WuM 1995, 397.
[470] So aber LG Bremen WuM 1995, 397.
[471] LG Baden-Baden WuM 1993, 398.
[472] BGH VIII ZR 69/15, NJW 2016, 1385 = NZM 2016, 355 mAnm *Börstinghaus* DS 2016, 73.
[473] LG Koblenz DWW 1991, 22.
[474] BGH VIII ZR 136/17, NZM 2018, 742; *Börstinghaus,* jurisPR-MietR 17/2018 Anm. 1; *Börstinghaus* DS 2018, 261; *Fleindl* NZM 2018, 744; BGH VIII ZR 190/17, WuM 2018, 509; *Börstinghaus* jurisPR-BGH-ZivilR 14/2018 Anm. 2; enger OLG Oldenburg WuM 1981, 150; LG Koblenz DWW 1991, 22; AG Sinzig DWW 1990, 120.
[475] BGH VIII ZR 108/20, NZM 2021, 299; BGH VIII ZR 236/18, NZM 2020, 459; BGH VIII ZR 136/17, NJW 2018, 2792; BGH VIII ZR 79/11, NJW-RR 2012, 710; BGH VIII ZR 216/13, NJW-RR 2014, 1357; BVerfG NJW-RR 1993, 1485 (1486); BayObLG NJW-RR 1992, 455 (457); OLG Hamm NJW-RR 1991, 209.
[476] BGH VIII ZR 69/15, NJW 2016, 1385 = NZM 2016, 355 mAnm *Börstinghaus; Börstinghaus* DS 2016, 73; BGH VIII ZR 122/09, NZM 2010, 576; *Börstinghaus* DS 2010, 279; LG München I ZMR 2018, 331.
[477] OLG Celle WuM 1982, 180; OLG Oldenburg WuM 1981, 150; LG München I ZMR 2018, 331; LG *Nürnberg-Fürth NJW-RR 1991, 13;* AG Sinzig DWW 1990, 120; zum Typgutachten auch *Krapf* MietRB 2006, 302.
[478] Nach AG Berlin-Mitte GE 2008, 337 kann mit einem Typgutachten für sanierte Wohnungen keine Mieterhöhung für nicht sanierte Wohnungen begründet werden.

ter der Wohnung, die der Sachverständige nicht besichtigt hat, ohne Schwierigkeiten erkennen kann, ob die besichtigte Wohnung seiner Wohnung wirklich entspricht.[479] Der Sachverständige muss nicht auf die historische Vergangenheit einer Wohnanlage (KZ-Außenlager) eingehen, da dies für die Mietpreisbildung keine Bedeutung hat.[480] Der Vermieter kann das Zustimmungsverlangen zur Mieterhöhung auch durch Bezugnahme auf ein Sachverständigengutachten begründen, das in einem anderweitigen gerichtlichen Verfahren eingeholt worden ist. Erforderlich ist lediglich, dass die beiden Wohnungen ungefähr vergleichbar sind.[481]

Der Vermieter hat gegenüber dem Mieter einen durchsetzbaren **Anspruch auf Duldung der** 89
**Besichtigung der Wohnung** durch den Sachverständigen.[482] Die Besichtigung darf nicht zur Unzeit erfolgen. Der Vermieter kann nicht einseitig einen Termin festsetzen, sondern muss diesen mit dem Mieter vereinbaren. Dabei muss der Vermieter zB auf die Urlaubsplanung des Mieters Rücksicht nehmen.[483] Verweigert der Mieter die Besichtigung, so macht sich der Mieter nach §§ 280 Abs. 1, 241 Abs. 1 BGB schadensersatzpflichtig. Die Verweigerung der Duldung einer Besichtigung durch den Sachverständigen ist eine Pflichtverletzung des Mietvertrages durch den Mieter. Der Vermieter hat nach §§ 280 Abs. 1, 241 Abs. 1 BGB gegen den Mieter einen Anspruch dahin, so gestellt zu werden, als wenn der Mieter die Besichtigung der Wohnung durch den Sachverständigen zu einem früheren Termin geduldet hätte. In diesem Fall hätte der Vermieter, wenn die ortsübliche Vergleichsmiete tatsächlich höher war, vom Mieter früher eine Mieterhöhung verlangen können. Nach dem auch hier geltenden Grundsatz der **Naturalrestitution** muss der Mieter im Wege des Schadenersatzes die Zustimmung zu einer rückwirkenden Abänderung des Mietvertrages, nämlich ab dem früheren Wirkungszeitpunkt erteilen. Hierbei handelt es sich gerade nicht um einen Anspruch auf Zustimmung nach § 558 BGB, sondern um einen Schadensersatzanspruch. Der Klageantrag muss auf Abgabe einer bestimmten Willenserklärung gerichtet sein. Dem Antrag stehen auch die Verfahrensvorschriften der §§ 558ff. BGB nicht entgegen, da Mietabänderungsvereinbarungen nach § 557 Abs. 1 BGB zulässig sind. Mit Abgabe einer solchen Zustimmung zu einer rückwirkenden Mieterhöhung bzw. mit der rechtskräftigen Verurteilung hierzu ist der Vermieter dann ein für alle Mal so gestellt, als wenn er die Mieterhöhung nach Erstellung des Gutachtens verlangt hätte. Auf diese Weise werden zukünftige Schadensersatzansprüche wegen der Geltung der Kappungsgrenze oder der Jahressperrfrist bei späteren Mieterhöhungsverlangen und entsprechende Feststellungsklagen überflüssig.

**c) Aktualität des Gutachtens.** Eng mit dem sachlichen Erfordernis, dass der Sachverständige 90
vom richtigen Begriff der ortsüblichen Vergleichsmiete ausgehen muss, hängt die Forderung zusammen, dass das einmal vom Sachverständigen erstellte Gutachten auch noch aktuell sein muss, wenn der Vermieter es zur Begründung eines Mieterhöhungsverlangens benutzt. Dies hängt damit zusammen, dass der Vermieter einen Anspruch auf Zustimmung zu einer Mieterhöhung bis zur ortsüblichen Vergleichsmiete hat, die zum Zeitpunkt des Zugangs des Mieterhöhungsverlangens in der Gemeinde üblich ist.[484] Deshalb spricht bereits eine Vermutung dafür, dass die **Wahrscheinlichkeit immer geringer** wird, dass das Sachverständigengutachten zur „richtigen" ortsüblichen Vergleichsmiete kommt, umso älter es ist. Dabei wirkt sich dies bei steigenden Mieten nur zu Lasten des Vermieters aus, da die ortsübliche Vergleichsmiete tatsächlich höher ist, als im Gutachten dokumentiert. Unabhängig von der Tatsache, dass steigende Mieten schon generell nicht immer vorkommen müssen, gibt es auch Marktsituationen, in denen die Mieten sich in den einzelnen Wohnungsteilmärkten unterschiedlich entwickeln. Deshalb kommt der Frage, wie alt Sachverständigengutachten zum Zeitpunkt des Zugangs des Mieterhöhungsverlangens generell sein dürfen, schon eine gewisse Bedeutung zu.[485] Wo diese Grenze zu ziehen ist, wird in Rspr. und Lit. unterschiedlich beantwortet. Vereinzelt wird vertreten, dass das Gutachten zum Zeitpunkt des Zugangs des Erhöhungsverlangens

---

479 AG Bremen WuM 2016, 566; AG Sinzig DWW 1990, 120; **aA** BGH VIII ZR 69/15, NJW 2016, 1385 = NZM 2016, 355 mAnm *Börstinghaus* DS 2016, 73 wonach es nicht erforderlich sein soll, dass der Sachverständige die „Musterwohnung" identifizierbar beschreibt.

480 LG München I ZMR 2018, 331.

481 LG Mannheim WuM 1986, 223.

482 AG Rosenheim Zweigstelle Bad Aibling WuM 1982, 83; *Franke* DWW 1998, 299; *Huber* DWW 1980, 192.

483 LG Göttingen WuM 1982, 279.

484 BGH VIII ZR 295/15, WuM 2017, 208; VIII ZR 41/05, NZM 2006, 101; BayObLG NJW-RR 1993, 202; AG Berlin-Mitte WuM 2020, 358.

485 *Beuermann* GE 1997, 782.

**nicht älter als ein Jahr** sein dürfe.[486] Dabei wird auf die Jahressperrfrist des § 558 Abs. 1 BGB verwiesen. Außerdem sei eine so kurze Frist auch sachgerecht, da der Mieter sich auf Grund der Begründung schlüssig werden soll, ob er zustimmt oder nicht. In der Rspr. werden aber durchaus auch ältere Gutachten als Begründungsmittel noch akzeptiert.[487] Nach einer Entscheidung des AG Bonn[488] soll ein Zustimmungsverlangen zur Mieterhöhung nicht wirksam mit einem 1¾ Jahre alten Sachverständigengutachten begründet werden können. Nach Ansicht des AG Schöneberg[489] und des LG Hannover[490] ist ein Gutachten, das 23 Monate alt ist, ungeeignet als Begründungsmittel verwendet zu werden, nach Ansicht des AG München[491] ist ein Gutachten, dessen Stichtag 26 Monate zurückliegt, ungeeignet. Das AG Köln[492] hat dies generell für ein drei Jahre altes Gutachten und das LG Berlin[493] zumindest bei fallenden Mieten angenommen. Zumindest ein mehr als fünf Jahre altes Gutachten[494] wurde als ungeeignet angesehen. Das LG Berlin[495] hat ausdrücklich die Frage, ob ein bis zwei Jahre altes Gutachten in jedem Fall ein taugliches Gutachten darstellt, offen gelassen, ein über zwei Jahre altes Gutachten hat es aber nicht anerkannt.

**91** Die Lösung lässt sich hier nicht aus dem Wortlaut des Gesetzes herleiten, sondern allenfalls aus dem **systematischen Zusammenhang** und vor allem aus dem Zweck der Regelung. Systematisch gibt es zwei Regelungen für ein anderes Begründungsmittel, nämlich den Mietspiegel. Gemäß § 558a Abs. 4 BGB führt die Verwendung von veralteten Mietspiegeln nicht zur Unwirksamkeit des Mieterhöhungsverlangens. Außerdem sollen die Mietspiegel gem. § 558c Abs. 3 BGB im Abstand von zwei Jahren der Marktentwicklung angepasst werden, qualifizierte Mietspiegel müssen sogar nach zwei Jahren angepasst werden, § 558d Abs. 2 BGB. Während die Regelung in § 558a Abs. 4 BGB durchaus noch als Sondervorschrift verstanden werden kann,[496] da der Mietspiegel idR zumindest in der Vergangenheit auf Grund eines breiteren Konsenses in der Gemeinde zustande gekommen ist, kann der Regelung des § 558c Abs. 3 BGB durchaus entnommen werden, dass der Gesetzgeber für das Begründungsverfahren auch Begründungsmittel dulden will, die bis zu zwei Jahren hinter der tatsächlichen Entwicklung hinterherhinken, der Gesetzgeber hat mit dieser Regelung deutlich zu erkennen gegeben, dass ihm das **Problem der statischen Begründungsmittel** bei einer dynamischen ortsüblichen Vergleichsmiete durchaus bewusst war. Die ortsübliche Vergleichsmiete ist mehr oder weniger ständigen Schwankungen unterworfen. Ein Mietspiegel kann diese Schwankungen auf Grund seiner Erstellung zu einem bestimmten Zeitpunkt nicht mitmachen. Er wird jeweils zu bestimmten Stichtagen erstellt, veraltet dann und wird dann wieder auf den neuesten Stand gebracht. Der Gesetzgeber hat bei Mietspiegeln als Altersgrenze die **Zwei-Jahresfrist** vorgesehen. Es spricht kein Grund dagegen, diese Frist nicht auch für Sachverständigengutachten als Grenzlinie heranzuziehen.[497] Ob der Mietspiegel zu einem zwei Jahre zurückliegenden Stichtag erstellt wurde oder das Sachverständigengutachten, ist zumindest theoretisch egal, da beide rein theoretisch den gleichen Betrag ausweisen müssten, was natürlich idR nicht der Fall ist. Auch der Sinn und Zweck des Begründungserfordernisses sprechen nicht gegen die Frist. Der Mieter erfährt durch das Sachverständigengutachten ja nicht nur die Höhe der vom Sachverständigen ermittelten ortsüblichen Vergleichsmiete, sondern auch das Datum der Erstellung des Gutachtens, so dass er ggf. eigene Erkundigungen über die Mietenentwicklung seit diesem Stichtag einholen kann. Bei steigenden Mieten ist der Mieter sowieso nicht benachteiligt, bei fallenden Mieten ist er durch die Erkundigungsmöglichkeit hinreichend geschützt. Genau diese Erkundigungen muss er bei Verwendung eines zwei Jahre alten Mietspiegels auch einholen. Erforderlich ist aber, dass sich aus dem Gutachten ergibt, zu welchem Termin es die ortsübliche Vergleichsmiete festgestellt hat.

---

486 AG Schöneberg GE 2006, 725; Elzer/Riecke/*Elzer* BGB § 558a Rn. 15; *Beuermann* GE 1997, 782.

487 AG Dortmund BeckRS 2008, 11916, 23 Monate; AG Rheinbach ZMR 1998, 638, drei Jahre altes Gutachten bei grds. steigenden Mieten.

488 AG Bonn WuM 1993, 66.

489 AG Schöneberg GE 2006, 725.

490 LG Hannover WuM 1987, 125.

491 AG München NZM 2002, 822.

492 AG Köln WuM 1976, 103.

493 LG Berlin MM 1998, 35.

494 LG Berlin NZM 1998, 508.

495 LG Berlin GE 1998, 357.

496 *So Beuermann GE* 1997, 782 (783); **aA** aber Bub/Treier MietR-HdB/*Schultz* Kap. III A Rn. 1279, der daraus ableitet, dass auch ältere Gutachten ein formell ordnungsgemäßes Begründungsmittel darstellen.

497 AG München NZM 2002, 822; **aA** Bub/Treier MietR-HdB/*Schultz* Kap. III A Rn. 1279; *Beuermann* GE 1997, 782 (783), ohne Begr.

#### 4. Beifügung des Gutachtens

92 Der Vermieter muss dem Mieterhöhungsverlangen grds. das schriftliche Sachverständigengutachten **in vollem Wortlaut** beifügen.[498] Zwar verlangt § 558a Abs. 2 Nr. 3 BGB dem Wortlaut nach nur, dass der Vermieter in seinem Mieterhöhungsverlangen auf ein mit Gründen versehenes Gutachten eines öffentlich bestellten und vereidigten Sachverständigen Bezug nimmt, jedoch sprechen **Sinn und Zweck des Begründungserfordernisses** eindeutig dafür, dass das Gutachten beigefügt wird, um dem Mieter in aller Ruhe eine Überprüfung des Gutachtens und der Schlussfolgerungen zu ermöglichen. Demzufolge muss das Zustimmungsbegehren selbst die Angaben enthalten, die eine solche Prüfung ermöglichen. Deshalb genügt es weder, im Mieterhöhungsverlangen auf das Ergebnis des Gutachtens zu verweisen, selbst wenn dem Mieter die Einsichtnahme angeboten wird,[499] noch, dass der Mieter nach Erhalt des Mieterhöhungsverlangens bei einem Beauftragten des Vermieters von dem Inhalt des Gutachtens Kenntnis nimmt, auch wenn dies innerhalb der Frist des § 558b Abs. 2 BGB geschieht.[500] Entscheidend ist, dass der Mieter die Informationen erhält, die das Gesetz verlangt und dass er diese Informationen in Ruhe überprüfen kann. Die Verpflichtung zur Beifügung des Gutachtens ist deshalb kein reiner Selbstzweck, sondern muss immer im Zusammenhang mit dem Zweck des gesetzlichen Begründungszwanges gesehen werden. Deshalb reicht es durchaus, wenn dem Mieter nur eine **Fotokopie des Gutachtens** zur Verfügung gestellt wird.[501] Ferner ist eine Übersendung des Gutachtens dann nicht erforderlich, wenn der Mieter das konkrete Gutachten, auf das sich der Vermieter zur Begründung bezieht, bereits vorliegen hat, zB auf Grund eines vorangegangenen Verfahrens.[502] Das Risiko, dass dies noch der Fall ist, trägt aber der Vermieter, so dass dann, wenn der Mieter bestreitet, das Gutachten noch zu haben, der Vermieter die Darlegungs- und **Beweislast** dafür hat, dass der Mieter doch noch im Besitz des Gutachtens ist. Es reicht nicht aus, wenn das Gutachten, das dem Mieterhöhungsverlangen nicht beigefügt war, sich beim Prozessbevollmächtigten des Mieters befindet.[503] Gemäß § 558b Abs. 3 BGB kann der Vermieter im Zustimmungsprozess das Gutachten aber noch nachreichen. Damit hat er den Mangel geheilt. Hierdurch wird aber eine neue Überlegungsfrist in Gang gesetzt.

#### 5. Selbständiges Beweisverfahren

93 Unzulässig ist die Durchführung eines selbständigen Beweisverfahrens gem. §§ 485 ff. ZPO zur Ermittlung der ortsüblichen Vergleichsmiete vor Stellung eines Mieterhöhungsverlangens durch den Vermieter.[504] Dies war für das frühere **Beweissicherungsverfahren** bereits anerkannt.[505] Es besteht nämlich nicht die Gefahr eines Verlustes oder erschwerter Benutzung des Beweismittels, da ein solches Gutachten ohne Nachteil für die Beweisführung in einem späteren Mieterhöhungsverfahren nachgeholt werden kann. Die notwendigen Feststellungen können auch rückwirkend getroffen werden. Außerdem ermöglichte das Beweissicherungsverfahren früher nur die Feststellung des gegenwärtigen Zustands einer Sache, um den es aber nicht geht. Seit Neufassung des § 485 ZPO durch das Rechtspflegevereinfachungsgesetz v. 17.12.1990[506] kann ein selbständiges Beweisverfahren ua aber auch außerhalb eines Rechtsstreits beantragt werden, wenn eine Partei ein rechtliches Interesse daran hat, dass der Zustand oder Wert einer Sache, festgestellt wird. Ein rechtliches Interesse ist anzunehmen, wenn die Feststellung der Vermeidung eines Rechtsstreits dienen kann.

94 Trotz dieser weiten Gesetzesfassung kann der Vermieter nicht die Feststellung der ortsüblichen Vergleichsmiete vor Stellung eines Mieterhöhungsverlangens mittels selbständigen Beweisverfahrens beantragen, um auf diese Weise erst ein Begründungsmittel zu erhalten. Das Mieterhöhungsverfahren nach §§ 558 ff. BGB ist ein formalisiertes Verfahren, das erst durch das Mieterhöhungsver-

---

498 OLG Braunschweig WuM 1982, 272; LG Berlin WuM 1987, 265; Bub/Treier MietR-HdB/*Schultz* Kap. III A Rn. 1281.

499 LG Bamberg WuM 1976, 167; LG Duisburg ZMR 1973, 216; AG Bad Homburg WuM 1983, 113; AG Köln WuM 1980, 201.

500 OLG Braunschweig WuM 1982, 272.

501 LG Berlin WuM 1985, 317.

502 LG München II WuM 1983, 147; **aA** LG Berlin WuM 1987, 265.

503 AG Schöneberg NJW-RR 1997, 139.

504 LG Braunschweig WuM 1996, 291; **aA** *Scholl* WuM 1997, 307 (308).

505 LG Mannheim WuM 1976, 58.

506 BGBl. I 2847.

langen in Gang gesetzt wird. Ohne Mieterhöhungsverlangen besteht überhaupt kein Anspruch des Vermieters. Das Mieterhöhungsverlangen muss aber bereits begründet werden, also muss der Vermieter sich entweder auf einen Mietspiegel oder die Auskunft aus einer Mietdatenbank berufen, drei Vergleichswohnungen benannt oder sogar schon ein vorprozessuales Sachverständigengutachten eingeholt haben. Die Regelungen des § 558a BGB sind deshalb bereits als **Spezialvorschriften** dem § 485 ZPO vorrangig. Vor Stellung eines Mieterhöhungsverlangens durch den Vermieter besteht gar kein rechtliches Interesse des Vermieters. Natürlich hat der Vermieter immer ein wirtschaftliches Interesse daran, die Höhe der ortsüblichen Vergleichsmiete zu kennen, damit er entscheiden kann, ob er ein Mieterhöhungsverlangen stellen soll oder nicht, ein rechtliches Interesse iSd § 485 ZPO ist dies aber noch nicht, obwohl dieser Begriff durchaus weit ausgelegt wird.[507] Die Formulierung, dass ein rechtliches Interesse zu bejahen ist, wenn das Gutachten der Vermeidung eines Rechtsstreits dienen kann, ist viel zu weit, da natürlich theoretisch jedes Gutachten der Vermeidung eines Rechtsstreits dienen kann, weil eine Partei dann uU Argumente an der Hand hat, die die andere Partei nicht zu widerlegen vermag oder deren Widerlegung so viel Geld kosten würde, dass eine Partei dies scheut. Das rechtliche Interesse iSd § 485 ZPO setzt deshalb voraus, dass überhaupt ein Anspruch besteht. Der Anspruch auf Zustimmung zu einer Mieterhöhung besteht aber erst nach Zugang des Erhöhungsverlangens und nicht vorher. Dies Mieterhöhungsverlangen setzt dann die Einhaltung bestimmter Formalien voraus, ohne die der Anspruch ebenfalls nicht besteht. So darf das Erhöhungsverlangen erst ein Jahr nach Wirksamwerden der letzten Mieterhöhung dem Mieter zugehen,[508] muss in der richtigen Form abgefasst und ausreichend begründet sein. Deshalb ist ein selbständiges Beweisverfahren vor Zugang eines Mieterhöhungsverlangens unzulässig (zur Frage, ob ein selbständiges Beweisverfahren nach einem Mieterhöhungsverlangen möglich ist, → BGB § 558b Rn. 136ff.).

95 Das **selbständige Beweisverfahren** passt auch systematisch nicht zu dem speziell geregelten und sehr formalen Mieterhöhungsverfahren der §§ 558ff. BGB. Im Mieterhöhungsverfahren ist die ortsübliche Vergleichsmiete für exakt den Zeitpunkt des Zugangs des Mieterhöhungsverlangens festzustellen.[509] Solange also gar kein Mieterhöhungsverlangen gestellt wurde, steht gar nicht fest, zu welchem Zeitpunkt die ortsübliche Vergleichsmiete, die ja keine statische Größe, sondern eine **dynamische Größe** ist, festgestellt werden soll. Außerdem muss der Vermieter die Kosten der vorprozessualen Begründung eines Mieterhöhungsverlangens selbst tragen (→ Rn. 96). Beim selbständigen Beweisverfahren gehören die Kosten dieses Verfahrens aber zu den Gerichtskosten des nachfolgenden Verfahrens, so dass hier uU der Mieter sogar die Kosten des Sachverständigengutachtens zu tragen hätte, das erst zur Begründung des Mieterhöhungsverlangens erforderlich war. Schließlich könnte der Mieter gem. § 494a ZPO dem Vermieter eine Frist zur Hauptsacheklageerhebung setzen lassen. Auch dies widerspricht dem System des Mieterhöhungsverfahrens, bei dem der Vermieter entscheiden kann, ob er innerhalb der Frist des § 558b Abs. 2 S. 2 BGB Klage auf Zustimmung zur Mieterhöhung erhebt. Die Frist des § 494a ZPO muss außerdem mit der Frist des § 558b Abs. 2 S. 2 BGB nicht übereinstimmen, da der Fristbeginn ein völlig anderer ist.

### 6. Kostentragungspflicht

96 Der Miete ist unter keinem rechtlichen Gesichtspunkt verpflichtet, dem Vermieter die Kosten, die durch die Einholung des vorprozessualen Sachverständigengutachtens entstanden sind, zu erstatten.[510] Es fehlt an einer Anspruchsgrundlage. Weder hat sich der Mieter in Verzug befunden noch liegt eine Pflichtverletzung gem. §§ 280 Abs. 1 BGB iVm § 241 Abs. 1 BGB vor. Das Sachverständigengutachten dient dem Vermieter lediglich als gesetzlich zugelassenes Begründungsmittel zur Geltendmachung seines Anspruchs.

---

507 LG Saarbrücken WuM 1992, 144.

508 BGH VIII ARZ 2/93, NJW 1993, 2109.

509 BGH VIII ZR 295/15, WuM 2017, 208; BGH VIII ZR 41/05, NZM 2006, 101; BayObLG NJW-RR 1993, 202; LG Berlin GE 2010, 61; AG Berlin-Mitte WuM 2020, 358.

510 LG Köln WuM 1997, 269; LG Bonn WuM 1985, 331; LG Dortmund DWW 1984, 21; LG Frankenthal *WuM 1984, 114;* LG Bremen WuM 1984, 114; LG Düsseldorf WuM 1983, 59; LG Köln WuM 1983, 59; LG Hamburg DWW 1979, 287; Bub/Treier MietR-HdB/*Schultz* Kap. III A Rn. 1282; Staudinger/*V. Emmerich* BGB § 558a Rn. 64; *Sternel* MietR Kap. III Rn. 760, Kap. V Rn. 78; *Meier* ZMR 1984, 151; *Wiek* WuM 1981, 169.

Die Kosten können auch nicht in einem späteren Mieterhöhungsprozess als **Vorbereitungskosten** im Rahmen der notwendigen Kosten der Rechtsverfolgung gem. § 91 ZPO geltend gemacht werden.[511] Vorbereitungskosten sind nur solche Kosten, die der Vorbereitung des konkreten Prozesses dienen.[512] Das Sachverständigengutachten dient aber gerade nicht der Vorbereitung des Prozesses. Der Vermieter benötigt es als Begründungsmittel für das Mieterhöhungsverlangen. Durch die Bezugnahme im Mieterhöhungsverlangen auf das vorprozessuale Gutachten in Verbindung mit anderen Voraussetzungen entsteht erst der Anspruch des Vermieters gegenüber dem Mieter auf Zustimmung. Zwar ist ein wirksames Mieterhöhungsverlangen materielle Voraussetzung für den Zustimmungsanspruch[513], jedoch führt dies nicht dazu, dass jedes vorprozessuale Gutachten zugleich auch zur Vorbereitung eines Prozesses dient. Soweit geht die Kausalität nicht. Dies zeigt sich ua auch darin, dass ca. 98% aller Mieterhöhungsverlangen nicht zu einer Klage führen und nur bei ca. 2% der Mieterhöhungsverlangen eine anschließende gerichtliche Auseinandersetzung folgt.[514] Im Übrigen würde das Risiko für den Mieter, bei einem Unterliegen ggf. die Kosten des Gutachtens tragen zu müssen, ein dem Sinn und Zweck der §§ 558ff. BGB widersprechenden äußeren Zwang darstellen, der uU dazu führen könnte, dass Vermieter trotz des auch für sie großen Kostenaufwandes zu diesem Begründungsmittel greifen könnten, da sie sich wegen dieses Risikos eine größere Zustimmungsbereitschaft erhoffen. 97

## V. Die Benennung von Vergleichswohnungen

### 1. Allgemeines

Als letzte gesetzlich ausdrücklich vorgesehene Begründungsmöglichkeit sieht das Gesetz den Hinweis auf die entsprechenden Entgelte für **mindestens drei einzelne vergleichbare Wohnungen** vor.[515] Die Möglichkeit, das Mieterhöhungsverlangen mit Vergleichswohnungen zu begründen, ist erst nachträglich gesetzlich geregelt und im Laufe der Zeit auch mehrfach geändert worden. Diese Änderungen bezogen sich sowohl auf die Mindestanzahl der vom Vermieter anzugebenden Wohnungen als auch auf die Frage, ob der Vermieter berechtigt ist, **Wohnungen aus dem eigenen Bestand** als Vergleichswohnungen zu benennen. Im Rahmen des Gesetzgebungsverfahrens für ein Mietspiegelreformgesetz[516] sah der Referentenentwurf noch vor, die Begründung des Erhöhungsverlangens mit drei Vergleichswohnungen in Gemeinden, in denen ein qualifizierter Mietspiegel existiert zu verbieten. Der Kabinettsentwurf sah dies nicht mehr vor.[517] Nach derzeitiger Rechtslage muss der Vermieter mindestens drei Vergleichswohnungen benennen, wobei es ihm auch gestattet ist, hierzu Wohnungen aus dem eigenen Bestand zu verwenden.[518] 98

Die Benennung von mindestens drei Vergleichswohnungen ist für den Vermieter in aller Regel vordergründig formal das einfachste und beste Begründungsmittel. Drei Wohnungen zu finden, für die eine höhere Miete gezahlt wird, als für die konkrete Vertragswohnung ist selbst unter der Einschränkung, dass die Wohnungen vergleichbar sein müssen, nicht allzu schwierig, zumal die Wohnungen sogar aus dem eigenen Bestand stammen dürfen. Kosten entstehen hierdurch idR keine, sieht man von dem in letzter Zeit vorkommenden Fall ab, dass der Vermieter per Zeitungsanzeige Vergleichswohnungen sucht. Auf der anderen Seite handelt es sich bei diesem Begründungsmittel materiell mit Sicherheit um das **schlechteste Begründungsmittel.**[519] Drei Wohnungen zu finden, für die mehr Miete gezahlt wird, ist nicht so schwierig. Dass diese drei Vergleichsmieten aber die ortsübliche Vergleichsmiete wiedergeben ist zwar theoretisch möglich aber **idR äußerst** 99

---

[511] LG Mainz NZM 2005, 15; LG Berlin MM 1988, Nr. 2, 30; LG München I MDR 1984, 57; LG Saarbrücken AnwBl 1985, 210; LG Bielefeld RPfleger 1981, 70; LG Berlin MDR 1980, 497; LG Bückeburg WuM 1979, 130; LG Hannover WuM 1979, 130; AG Bonn WuM 1979, 169; *Wiek* WuM 1981, 169; **aA** LG München ZMR 1979, 83; LG Dortmund ZMR 1979, 251, Rspr. aber aufgegeben in DWW 1984, 21.

[512] OLG Koblenz JurBüro 1981, 1070.

[513] BGH VIII ZR 355/18 NZM 2020, 534 = NJW 2020, 1947 mAnm. *Börstinghaus* NZM 2020, 541; *Börstinghaus* LMK 2020, 430371; *Happ* DWW 2020, 219.

[514] IfS, Auswirkungen mietrechtlicher Regelungen auf die Mietenentwicklung und die Wohnungsversorgung, 1996, 42.

[515] *Both* WuM 2005, 81.

[516] Dazu *Börstinghaus* NZM 2020, 965.

[517] BT-Drs. 19/26918.

[518] AG Esslingen WuM 2015, 161 (162).

[519] Bub/Treier MietR-HdB/*Schultz* Kap. III A Rn. 1285.

**unwahrscheinlich.** Dies liegt daran, dass die ortsübliche Vergleichsmiete keine am Markt zu findende tatsächlich vorkommende Miete ist, sondern dass es sich um einen Querschnitt von Mieten handelt. Dieser Querschnitt kann schon durch die drei Werte getroffen werden, wird es aber in der Praxis kaum, weil der Vermieter den „richtigen Querschnitt" selbst nicht kennt und diese Werte regelmäßig nicht nach den Repräsentativitätsgesichtspunkten aussucht, sondern nach der Höhe der Miete. Der Erkenntniswert einer auf Vergleichswohnungen gestützten Begründung eines Mieterhöhungsverlangens ist deshalb nur sehr gering.[520] Deshalb zweifeln Mieter Mieterhöhungen, die mit Vergleichswohnungen begründet werden idR eher an, als wenn eines der anderen Begründungsmittel benutzt wird. Dies macht dann dies Begründungsmittel wiederum für den Vermieter uninteressanter, weil auch für den Vermieter ein überzeugenderes Begründungsmittel letztendlich sinnvoller ist als ein solches, bei dem die Gefahr einer gerichtlichen Auseinandersetzung mit allen Risiken und Kosten höher ist. Insbesondere in den Gemeinden, in denen ein Mietspiegel existiert, ist es auch mittels der Begründung eines Erhöhungsverlangens mit Vergleichswohnungen kaum möglich, Mieterhöhungen über die Werte des Mietspiegels durchzusetzen; dies gilt zumindest in den Fällen, in denen der Mietspiegel auf Grund einer Datenerhebung aufgestellt wurde. In **Gemeinden mit qualifiziertem Mietspiegel** muss der Vermieter zudem gem. § 558a Abs. 3 BGB im Mieterhöhungsverlangen auf dessen idR niedrigeren Werte hinweisen.

100 Gerade Mieterhöhungsverlangen, die mit Vergleichswohnungen begründet waren, sind häufig Gegenstand **verfassungsrechtlicher Entscheidungen** gewesen, weil die Instanzgerichte die gesetzlich im Grunde nur sehr geringen Anforderungen zu Lasten der Vermieter sehr häufig aus den unterschiedlichsten Gründen erhöht hatten. Durch eine Verschärfung der formalen Voraussetzungen hatten sich die Gerichte die Prüfung der schwierigen materiellen Probleme erspart. Das BVerfG hat immer wieder darauf hingewiesen, dass mit der zugunsten des Mieters geschaffenen Eigentumsbindung ein gesetzlicher Anspruch des Vermieters auf die ortsübliche Vergleichsmiete korrespondiert.[521] Diese im grundrechtlichen Bereich des Art. 14 GG vorgenommene Abwägung zwischen den Belangen des Mieters und denen des Vermieters haben die Gerichte bei der Anwendung und Auslegung der einschlägigen Vorschriften, einschließlich der Verfahrensregeln, zu beachten.[522] Der grundrechtliche Bezug der Regelung verbietet es, durch **restriktive Handhabung des Verfahrensrechts** die Eigentumsbeschränkung zu verstärken und den aus Art. 14 Abs. 1 S. 1 GG sich ergebenden Anspruch auf die gerichtliche Durchsetzung der gesetzlich zulässigen Miete zu verkürzen.[523] Der Mieter verdient Schutz dagegen, dass ihm im Widerspruch zum Gesetz, nicht aber dagegen, dass ihm in Übereinstimmung mit den materiell-rechtlichen Vorschriften die Zustimmung zur Mieterhöhung abverlangt wird.[524] Eine Handhabung der Verfahrensregeln, die praktisch zu einem Mietpreisstopp und einer Beseitigung des gesetzlichen Anspruchs auf die Vergleichsmiete führt, steht nicht nur im Widerspruch zum Gesetz, sie verletzt auch das Grundrecht des Art. 14 Abs. 1 S. 1 GG.[525] Die Angaben im Erhöhungsverlangen müssen aber wahr sein, dh die angegebenen Mieten müssen für die Wohnung tatsächlich geschuldet werden. Soweit das BVerfG[526] entschieden hat, dass zur Zulässigkeit der Erhöhungsklage der Hinweis auf entsprechende Vergleichswohnungen genügt,[527] der Nachweis indessen, ob diese Angaben richtig sind, beträfe den von der Zulässigkeitsfrage zu trennenden materiell-rechtlichen Erhöhungsanspruch, kann dem so nicht gefolgt werden. Richtig ist daran, dass die Schlussfolgerung, wonach die drei angegebenen Mieten die ortsübliche Vergleichsmiete richtig wiedergeben, ausschließlich eine Frage der Begründetheit der Klage ist. Die Angaben müssen aber wahr sein. Mit falschen Angaben kann wirksam kein Mieterhöhungsverlangen begründet werden. Würde man diese zulassen, könnte man das Begründungserfordernis völlig aufgeben, da dann der Vermieter mit Fantasiemieten das Erhöhungsverlangen begründen könnte. Das Gleiche gilt für preiswidrige Vergleichsmieten (→ Rn. 113).

---

[520] OLG Karlsruhe NJW 1984, 2167; Staudinger/*V. Emmerich* BGB § 558a Rn. 66, *„Erkenntniswert [...] tendiert gegen Null"*.

[521] BVerfGE 37, 132 (140f.); 49, 244 (249); 53, 352; WuM 1982, 146.

[522] Zur Auflockerungsrechtsprechung des BGH bei der Begründung von Mieterhöhungsverlangen *Börstinghaus* NZM 2009, 681.

[523] BVerfG NJW 1980, 1617.

[524] *BVerfGE 37, 148f.;* 49, 244 (249).

[525] BVerfG WuM 1982, 146.

[526] BVerfG NJW 1987, 313; 53, 352.

[527] So auch LG Berlin GE 2002, 1061.

## 2. Einzelheiten der Begründung

101 Das Gesetz spricht in § 558a Abs. 2 Nr. 4 BGB lediglich davon, dass der Vermieter zur Begründung drei Vergleichswohnungen benennen muss. Die Auslegung dieser Bestimmung muss sich deshalb vor allem an **Sinn und Zweck der Regelung** orientieren. Die Zweckbestimmung des § 558a Abs. 2 BGB besteht darin, dem Mieter die Möglichkeit der Information und Nachprüfung zu geben, damit er sich anhand der ihm mitgeteilten Daten schlüssig werden kann, ob er zustimmen will oder nicht.[528] Die mietrechtlichen Verfahrensvorschriften dienen dem Ausgleich zwischen den Belangen des Vermieters und des Mieters; sie dürfen nicht in einer Weise ausgelegt werden, die die Verfolgung der Vermieterinteressen unzumutbar erschwert.[529] Auf der anderen Seite kann auf bestimmte **Mindestanforderungen** an die Begründung nicht verzichtet werden, da anderenfalls die Verfahrensvorschriften völlig sinnentleert würden. Zusammenfassen kann man diesen Spagat wie folgt: Auf der einen Seite so wenig Formalien wie möglich und auf der anderen Seite so viele Formalien wie nötig.[530] Das bedeutet für die Begründung einer Mieterhöhung mit Vergleichswohnungen iE:

102 **a) Anzahl.** Die heutige Gesetzesfassung verlangt vom Vermieter die Bezugnahme auf **mindestens drei Vergleichswohnungen.** Die Regelung hat in der Vergangenheit diverse Änderungen erfahren. Die Regelung ist eindeutig. Sie enthält keine Einschränkungen mehr, wonach „in der Regel" drei Wohnungen genügen.[531] Deshalb kann weder der Mieter noch können Gerichte vom Vermieter verlangen, mehr als drei Vergleichswohnungen im Mieterhöhungsverlangen anzugeben.

103 Auf der anderen Seite ist jedoch der Vermieter berechtigt, auf **mehr als drei Vergleichswohnungen** zur Begründung des Mieterhöhungsverlangens hinzuweisen. Es handelt sich bei diesem Wert von drei Wohnungen **nicht um die Höchstzahl** an Wohnungen.[532] Dem Gesetzeswortlaut kann nämlich nicht entnommen werden, dass die Benennung von Vergleichswohnungen auf drei Objekte oder auf eine andere Zahl beschränkt ist. Auch eine historische Auslegung der Vorschrift führt nicht zu einer Begrenzung der Anzahl der zu benennenden Wohnungen. Eine solche Begrenzung war zwar im Entwurf der Bundesregierung zum 2. WKSchG vorgesehen. Danach sollte zur Begründung eines Erhöhungsverlangens „in der Regel die Benennung von drei, höchstens von sechs Vergleichsobjekten" genügen.[533] Die Bundesregierung bezweckte mit dieser Beschränkung aber nicht im Hinblick auf die Prüfungsmöglichkeiten des Mieters diese einzuschränken, vielmehr sollte dem Vermieter die Darlegung der ortsüblichen Vergleichsmiete gegenüber der Rspr. zu § 3 Abs. 1 1. WKSchG erleichtert werden, welche vereinzelt die Benennung von bis zu 20 Vergleichsobjekten gefordert hatte.[534] Die Bundesregierung beabsichtigte, mit der Aufnahme einer „Höchst- und Regelzahl" für die Praxis eine zu große Abweichung bei den Anforderungen zu vermeiden. Demgegenüber hatte der Bundesrat vorgeschlagen, die Benennung von drei Wohnungen anderer Vermieter ausreichen zu lassen. Er wies darauf hin, dass viele Mieterhöhungsverlangen ohne Beweisaufnahme als unzulässig abgewiesen worden seien, weil das Gericht die prozessuale Begründung des Erhöhungsverlangens nicht für genügend erachtet hatte, und dass deshalb im Gesetz eindeutig bestimmt werden sollte, wie viele Vergleichswohnungen benannt werden sollten, um dem Begründungszwang zu genügen.[535] Die im Regierungsentwurf vorgesehene Höchstzahl für die Benennung von Vergleichswohnungen wurde in der Folgezeit aber nicht Gesetz. In § 2 Abs. 2 S. 3 MHG aF wurde vielmehr nur bestimmt, es genüge „in der Regel die Benennung von drei Wohnungen anderer Vermieter". Die geltende Regelung in § 558a Abs. 2 Nr. 4 BGB beruht auf der Fassung der Vorgängervorschrift in § 2 MHG aF, die diese durch das Gesetz zur Erhöhung des Angebots an Mietwohnungen v. 20.12.1982[536] erhalten hatte. Dabei sind die Anforderungen an die Benennung von Vergleichswohnungen zugunsten des Vermieters noch einmal gelockert worden. Während des Gesetzgebungsverfahrens 1982 ist die Verminderung der zu benennenden Vergleichswohnungen auf zwei erörtert worden, nicht aber die Festlegung einer Höchstzahl.[537] Im Gesetzgebungsverfahren

---

[528] BVerfG NJW 1980, 1817.
[529] BVerfG NJW 1989, 969.
[530] *Börstinghaus* NZM 2009, 681.
[531] So noch die Fassung des Gesetzes v. 18.12.1974.
[532] BGH VIII ZR 79/11, NZM 2012, 415; BayObLG NJW-RR 1992, 455.
[533] BT-Drs. 7/2011, 5.
[534] BT-Drs. 7/2011, 8, 10.
[535] BT-Drs. 7/2011, 15, 16.
[536] BGBl. I 1912.
[537] BT-Drs. 9/469, 3; BT-Drs. 9/790, 4, 12; *Landfermann* BAnz. 1983, Beil. 9, 44.

zum Mietrechtsreformgesetz ist die Zahl der Vergleichswohnungen nicht erörtert worden, es ging wiederum nur um die Frage, ob der Vermieter auch eigene Wohnungen benennen darf.

104 Eine **Beschränkung auf eine bestimmte Höchstzahl** ist auch bei einer **teleologischen Auslegung** dem Gesetz nicht zu entnehmen. Mit der Festlegung einer Höchstzahl von Vergleichsobjekten würde eine zusätzliche Voraussetzung für die Wirksamkeit eines Mieterhöhungsverlangens geschaffen, die im Gesetz nicht vorgesehen ist. Dies widerspräche dem Grundsatz, dass der Anspruch des Vermieters auf gerichtliche Durchsetzung der gesetzlich zulässigen Miete nicht durch eine restriktive Auslegung und Handhabung der verfahrensrechtlichen Voraussetzungen für das Mieterhöhungsverlangen verkürzt und dass er nicht zu Lasten des Vermieters von einer unzumutbaren strengen Handhabung der Verfahrensvorschriften abhängig gemacht werden darf.[538] Deshalb ist es zulässig, wenn der Vermieter sich einer **Datei mit Vergleichswohnungen** bedient, wobei es unerheblich ist, ob er diese Datei selbst angelegt hat, oder ob es sich um die Daten eines Interessenverbandes oder sogar eines kommerziellen Dienstleisters oder Maklers handelt. Ob diese Datei dann 18 Datensätze[539] oder sogar 80 Datensätze[540] enthält, ist unerheblich. Der Vermieter hat hierdurch materiell-rechtlich keine Vorteile, da er auch mit einer größeren Anzahl von Vergleichswohnungen keine Mieterhöhung über die ortsübliche Vergleichsmiete durchsetzen kann. Auf der anderen Seite kann es auch dem Interesse des Mieters entsprechen, mehr als die gesetzlich vorgeschriebenen Informationen zu erhalten. Eine Grenze ist jedoch dort zu ziehen, wo durch die große Anzahl der Vergleichswohnungen und/oder die gewählte Darstellungsform eher Verwirrung gestiftet als eine Information erteilt wird. So muss der Vermieter in einem Mieterhöhungsverlangen bzw. in der Anlage hierzu bei einer größeren Anzahl von Wohnungen eine Darstellungsform wählen, die es dem Mieter ermöglicht, Unterschiede der verschiedenen Vergleichswohnungen zu erkennen. Solche Unterschiede bestehen ja auch idR, da mit wenigen Ausnahmen jede Wohnung sich etwas von einer anderen Wohnung unterscheidet. Eine Liste mit zahlreichen Vergleichswohnungen ist dann als Begründungsmittel ungeeignet, wenn sie neben vergleichbaren Wohnungen eine nicht nur unerhebliche Anzahl solcher Wohnungen enthält, die nicht als vergleichbar in Betracht kommen.[541] Es ist dem Mieter nämlich nicht zuzumuten, sich aus einer Liste mit Vergleichswohnungen, die drei Wohnungen herauszusuchen, die mit seiner Wohnung vergleichbar sind.

105 Eine andere Frage ist die, ob es sich bei der Zahl von drei Wohnungen um eine **absolute Mindestzahl** handelt, die niemals unterschritten werden darf, oder ob dies in Ausnahmefällen möglich ist. Der **Wortlaut der Vorschrift** ist eindeutig.[542] Er verlangt drei Wohnungen ohne irgendwelche Ausnahme zuzulassen. Eine grds. mögliche verfassungskonforme Auslegung dahin, dass diese Zahl in besonderen Einzelfällen unterschritten werden darf, zB weil vergleichbare Wohnungen in einer Gemeinde oder auch Nachbargemeinde wegen der Größe dieser Gemeinden oder weil es sich um besonders exklusive Wohnungen handelt, nicht vorhanden sind oder mit vertretbarem Aufwand nicht aufgefunden werden können, ist nicht möglich.[543] Eine verfassungskonforme Auslegung und teleologische Reduktion setzten voraus, dass verschiedene Deutungen einer Norm möglich sind. In diesem Fall soll die Auslegung den Vorzug verdienen, die mit der Verfassung im Einklang steht.[544] Hier fehlt es bereits an der ersten Voraussetzung. Die Formulierung „so genügt die Benennung von drei Wohnungen" ist eindeutig. Erst drei Wohnungen genügen und nicht schon zwei. Auch aus der Rspr. des BVerfG zur **Auslegung und Anwendung der Formvorschriften** im Mieterhöhungsverfahren (→ Rn. 23) kann nicht hergeleitet werden, dass in Einzelfällen weniger als drei Wohnungen ausreichen müssen. Der Gesetzgeber hat beispielhaft drei Begründungsmittel vorgegeben. Es ist verfassungsrechtlich nicht zwingend vorgeschrieben, dass alle drei Begründungsmittel in einer Gemeinde auch vorkommen. So gibt es in der Mehrzahl der deutschen Gemeinden keinen Mietspiegel. Ein subjektiver Anspruch auf Mietspiegelerstellung existiert nicht. Die Verwendung von anderen Mietpreisübersichten, die nicht die formalen Voraussetzungen eines Mietspiegels gem.

[538] BVerfG NJW 1989, 969.
[539] BGH VIII ARZ 5/82, WuM 1982, 324 = BeckRS 1982, 31075871.
[540] BayObLG NJW-RR 1992, 455.
[541] BayObLG NJW-RR 1992, 455; *V. Emmerich/Gather,* Mietpreisermittlung, 1980, 17.
[542] Staudinger/*V. Emmerich* BGB § 558 a Rn. 69.
[543] AG München WuM 2016, 177 mAnm *Schmitt* WuM 2016, 131; Staudinger/*V. Emmerich* BGB § 558 a Rn. 69; MüKoBGB/*Artz* § 558 a Rn. 32; Kossmann/Meyer-Abich Wohnraummiete-HdB/*Meyer-Abich* § 155 Rn. 2; *Landfermann* BAnz. 1983, Beil. 9, 44; **aA** Palandt/*Weidenkaff* BGB § 558 a Rn. 11 „*aus besonderen Gründen auch weniger* (als 3)".
[544] BVerfGE 2, 282; 8, 221; 48, 45; 64, 241.

§ 558c BGB erfüllen, ist auch in den Gemeinden, in denen kein Mietspiegel iSd Gesetzes existiert, unzulässig. Genauso wenig kann die Zahl der Vergleichswohnungen reduziert werden. Der Vermieter kann nämlich in den Fällen, in denen er innerhalb der politischen Gemeinde keine Vergleichswohnungen findet, zunächst auch Vergleichswohnungen aus Nachbargemeinden benennen (→ Rn. 107). Wenn er auch dort keine drei Vergleichswohnungen findet oder ihm die Mühe und der Aufwand zu groß ist, bleibt ihm zumindest noch die Möglichkeit, ein Sachverständigengutachten einzuholen oder ein ebenso geeignetes sonstiges Begründungsmittel zu verwenden. Dem Vermieter bleiben also noch andere Begründungsmittel übrig. Somit liegt auch die zweite Voraussetzung für eine verfassungskonforme Auslegung und teleologische Reduktion nicht vor. Die vorrangige Auslegung nach dem Wortlaut ist nämlich nicht verfassungswidrig. Eine andere Frage ist die, ob in den Fällen, in denen in einer Gemeinde nur wenige vergleichbare Wohnungen vorhanden sind, die Anforderungen an die Vergleichbarkeit ggf. weiter herabzusetzen sind (→ Rn. 111 ff.). Für das Begründungsmittel Vergleichswohnungen sind aber **mindestens** drei Vergleichswohnungen erforderlich.[545] Benennt der Vermieter drei Wohnungen, von denen eine nicht vergleichbar ist, zB weil sie umfänglich saniert ist, dann ist das Mieterhöhungsverlangen unwirksam.[546]

**b) Ortslage.** Die vom Vermieter benannten Vergleichswohnungen müssen grds. dem **örtlichen Wohnungsmarkt** angehören.[547] Unter örtlichem Wohnungsmarkt ist das Gebiet der politischen Gemeinde gemeint.[548] Dies ergibt sich aus dem Sinn und Zweck der Regelung. Das Begründungsmittel „drei Vergleichswohnungen" soll dem Mieter Informationen über die ortsübliche Vergleichsmiete liefern. Die ortsübliche Vergleichsmiete ist aber für das Gebiet der politischen Gemeinde festzustellen.[549] Diese Abgrenzung hat der Gesetzgeber aus verwaltungstechnischen Gründen und nicht aus wohnungsmarktspezifischen Überlegungen heraus getroffen.[550] Nur durch die Verpflichtung zur Benennung ortsnaher Vergleichswohnungen wird deshalb dem vom Gesetz verfolgten Anliegen, den Mieter möglichst leicht in die Lage zu versetzen, die dem Erhöhungsverlangen zu Grunde liegenden Tatsachen zu überprüfen, entsprochen. 106

Gibt es in der Gemeinde aber keine Vergleichswohnungen, so besteht für den Vermieter keine Verpflichtung ein Sachverständigengutachten einzuholen. Dies würde die formellen Anforderungen an ein Mieterhöhungsverlangen überspannen und wäre verfassungswidrig.[551] Auch bei einzigartigen Wohnungen in einer Gemeinde gibt es hierfür eine ortsübliche Vergleichsmiete.[552] Der Vermieter darf in diesem Fall ausnahmsweise auf **Vergleichswohnungen aus einer Nachbargemeinde** zurückgreifen, wenn in der eigenen Gemeinde gar keine Vergleichswohnungen vorhanden sind.[553] Wenn nach Ansicht des BGH[554] in diesen Fällen ein gerichtliches Sachverständigengutachten ordnungsgemäß ist, in dem der Sachverständige für ein solches Unikat mit Abschlägen von einem unzutreffenden Mietspiegelfeld gearbeitet hat und das Gesetz sogar die Bezugnahme auf einen Mietspiegel in einer vergleichbaren Nachbargemeinde zulässt, wenn es in der eigenen Gemeinde keinen aktuellen Mietspiegel gibt, dann muss auch die Benennung von drei Vergleichswohnungen aus einer vergleichbaren Gemeinde zulässig sein. Der Vermieter muss in diesem Fall aber substantiiert vortragen, dass und warum es keine Vergleichswohnungen in der Gemeinde gibt und dass die Gemeinde, in denen die Vergleichswohnungen liegen, vergleichbar ist. Dabei ist dem Vermieter ein gewisser Aufwand an Zeit und Mühe zuzumuten, wenn er eine in seinem Interesse liegende gesetzlich zulässige Mieterhöhung durchsetzen will. Ist ihm der eine vom Gesetz vorgesehene Weg indessen zu mühselig oder zu unbequem, dann muss er den für ihn teureren Weg über das Sachverständigengutachten wählen. 107

**c) Vermietereigene Wohnungen.** Es gibt bzgl. der Person des Vermieters der Vergleichswohnungen keinerlei Einschränkungen. Deshalb ist es zulässig, dass auch eine oder auch alle **Vergleichs-** 108

545 So auch Staudinger/*V. Emmerich* BGB § 558a Rn. 69; *Sternel* ZMR 1983, 78; *Blümmel* GE 1983, 146.
546 AG Lünen WuM 2016, 423.
547 LG München II WuM 1982, 131; AG Bayreuth WuM 1993, 454; AG Augsburg WuM 1990, 221.
548 AG Burg Urt. v. 19.7.2018 – 3 C 181/18 mAnm *Koehler* IMR 2018, 460.
549 BGH VIII ZR 354/12, NZM 2013, 610 = NJW 2013, 2963 *Börstinghaus* LMK 2013, 350130; *Börstinghaus* DS 2013, 299; *Hinz* JR 2015, 76; BGH VIII ZR 267/12, NZM 2013, 612.
550 *Oberhofer/Schmid,* Kriterien der Mietspiegelerstellung, 11.
551 BVerfG NJW 1984, 717.
552 BGH VIII ZR 220/13, NZM 2014, 349.
553 LG München II WuM 1982, 131; AG Karlsruhe DWW 2009, 190; AG Bayreuth WuM 1993, 454; AG Augsburg WuM 1990, 221; *Sternel* MietR Kap. III Rn. 687.
554 BGH VIII ZR 220/13, NZM 2014, 349.

**wohnungen aus dem Bestand des Vermieters** der Vertragswohnung stammen,[555] ja sogar im gleichen Haus wie die Vertragswohnung liegen.[556] Der Wortlaut des Gesetzes ist eindeutig. Während der Vereinfachungsentwurf der „Bund-Länder-Arbeitsgruppe" Mietrechtsvereinfachung[557] und auch der Entwurf eines Mietrechtsneuordnungsgesetzes durch die Länder NRW und Niedersachsen[558] nur Vergleichswohnungen „anderer Vermieter" zuließen, hat der Reformgesetzgeber von 2001[559] diese Vorschläge ausdrücklich nicht übernommen. Dabei wurde ausdrücklich auf die Monostruktur in den neuen Bundesländern Bezug genommen. Deshalb sind alle Entscheidungen zu dieser Frage, die die bis 31.12.1982 geltende Rechtslage betrafen, überholt. Auch die Rechtsentscheide des OLG Karlsruhe v. 11.10.1981[560] und des OLG Koblenz v. 8.2.1982[561] sind deshalb überholt. Dies gilt ebenso für alle in der Vergangenheit vorgenommenen einschränkenden Auslegungsversuche.[562] Der Gegenmeinung ist zwar zuzubilligen, dass die Benennung von drei Vergleichswohnungen anderer Vermieter zur Begründung eines Mieterhöhungsverlangens idR einen etwas größeren Informationswert hinsichtlich der Ortsüblichkeit der Miete haben wird als der Hinweis auf drei Wohnungen des Vermieters aus eigenem Bestand und zudem noch aus demselben Haus. Aber dies ist eine gesetzgeberische Entscheidung, die die Gerichte nicht durch entsprechende einschränkende Auslegungen rückgängig machen können. Im Übrigen muss die dieser Argumentation zu Grunde liegende Annahme im Einzelfall gar nicht richtig sein. Die Wahrscheinlichkeit, dass drei vom Vermieter ausgewählte Vergleichswohnungen die ortsübliche Vergleichsmiete richtig wiedergeben, *„tendiert gegen Null"*.[563] Dass der Vermieter auch dann, wenn er nur Vergleichsmieten fremder Vermieter angeben darf, bemüht sein wird, möglichst hohe Neuvertragsmieten zu finden und zu verwenden, ist systemimmanent. Der Unterschied zu Wohnungen aus dem eigenen Bestand dürfte deshalb nur sehr gering sein. Aber auch das Argument, dass der Informationswert für den Mieter höher sei, wenn ihm deutlich gemacht werde, dass auch andere Vermieter eine höhere Miete vereinbaren würden, überzeugt nicht. In die ortsübliche Vergleichsmiete fließen die Mieten des Vermieters und anderer Vermieter unter den gleichen Bedingungen ein. Unter Umständen können die Mieten des eigenen Vermieters sogar die ortsübliche Vergleichsmiete weit stärker beeinflussen und deshalb auch widerspiegeln als die von anderen Vermietern. Wenn der Vermieter zB den größten Teil vergleichbarer Wohnungen auf dem örtlichen Wohnungsmarkt im Bestand hat, dann bildet sich die ortsübliche Vergleichsmiete im Wesentlichen aus seinem Bestand. Dies ist zB in den neuen Ländern der Fall, in denen trotz aller Privatisierungsbemühungen immer noch große kommunale Wohnungsunternehmen die absolute Mehrheit der Mietwohnungen im Besitz haben. Die Streichung der Worte „anderer Vermieter" durch den Gesetzgeber zeigt gerade, dass der Gesetzgeber genau das Gegenteil erreichen wollte. Die ortsübliche Vergleichsmiete lässt sich sowieso durch drei Vergleichswohnungen nicht richtig feststellen. Versuche eine wahrscheinlich nicht messbare höhere Genauigkeit durch Aufstellen alter Hürden zu erreichen, sind an dieser Stelle fehl am Platz. Keine geeignete Vergleichswohnung ist aber die **vom Vermieter selbst genutzte Wohnung.**[564]

109 **d) Vergleichbarkeit der Wohnungen.** Faktisch am schwierigsten ist die Feststellung der Vergleichbarkeit der Wohnungen. Völlig gleiche Wohnungen gibt es idR so gut wie nicht. Das Gesetz verlangt auch nur, dass die Wohnungen „vergleichbar"[565] und nicht „entsprechend"[566] oder „identisch"[567] sein müssen. Dabei ist ein großzügiger Maßstab anzulegen.[568] Denn die Angabe von

---

[555] BVerfG NJW 1993, 2039; 1993, 381; LG Bochum NJW-RR 1991, 1039; LG Berlin GE 1988, 729; AG Frankfurt NJW-RR 1992, 972; AG Charlottenburg GE 1988, 1059; Staudinger/*V. Emmerich* BGB § 558a Rn. 70.

[556] OLG Karlsruhe NJW 1984, 2167; OLG Frankfurt a. M. WuM 1984, 123.

[557] Abgedr. ua im AK Neues MietR/*Börstinghaus/Eisenschmid* S. 284.

[558] BR-Drs. 513/99; abgedr. auch im AK Neues MietR/*Börstinghaus/Eisenschmid* S. 284.

[559] Abgedr. ua im AK Neues MietR/*Börstinghaus/Eisenschmid* S. 284.

[560] NJW 1982, 242.

[561] WuM 1982, 127.

[562] AG Bad Homburg WuM 1983, 291; AG Langenfeld WuM 1983, 321; AG Meldorf WuM 1984, 27; AG Kaiserslautern WuM 1985, 324; AG Sinzig WuM 1986, 342; AG Rendsburg ZMR 1987, 25; *Derleder* WuM 1983, 223; *Zimmermann* WuM 1984, 64; *Sternel* MDR 1983, 359; ZMR 1983, 78; BVerfG NJW 1993, 381.

[563] *Sternel* MietR Kap. III Rn. 682.

[564] LG Berlin GE 1992, 101; Bub/Treier MietR-HdB/*Schultz* Kap. III A Rn. 1286.

[565] BGH VIII ZR 216/13, WuM 2014, 494.

[566] BVerfG NJW 1980, 1617 mAnm *Niederberger* WuM 1980, 193; LG Berlin GE 2002, 1061; *Emmerich* JuS 1980, 755.

[567] BVerfG NJW-RR 1993, 1485.

[568] BGH VIII ZR 216/13, WuM 2014, 494 unter Hinweis auf BVerfG NJW 1980, 1617, NJW-RR 1993, 1485.

Vergleichswohnungen im Mieterhöhungsverlangen dient nicht dem Nachweis der ortsüblichen Vergleichsmiete, sondern soll dem Mieter lediglich Hinweise auf die Berechtigung des Mieterhöhungsverlangens geben und ihn in die Lage versetzen, dieses zumindest ansatzweise nachzuvollziehen.[569] Die Vergleichbarkeit muss auch nicht hinsichtlich aller fünf Wohnwertmerkmale gegeben sein;[570] erforderlich ist vielmehr eine **Gesamtschau.** Grundsätzlich ist eine Mieterhöhungserklärung deshalb auch dann wirksam, wenn die genannten Vergleichswohnungen nicht bzgl. aller Wohnwertmerkmale mit der Wohnung des Mieters übereinstimmen.[571] Haben die Vergleichswohnungen aber auf den ersten Blick nichts mit der Wohnung des Mieters zu tun, sind sie als Vergleichswohnungen ungeeignet.[572] Soweit das Gesetz in § 558a Abs. 2 Nr. 4 BGB verkürzt von **vergleichbaren Wohnungen** spricht, richtet sich die Vergleichbarkeit ausschließlich nach den fünf Wohnwertmerkmalen des § 558 Abs. 2 BGB. Andere Vergleichsmerkmale, insbes. die subjektiven Merkmale wie Wohndauer[573], Person des Vermieters oder Person des Mieters spielen keine Rolle und dürfen auch nicht umgekehrt als Differenzierungsmerkmal benutzt werden.

Bei der vorzunehmenden Gesamtschau ist zu ermitteln, ob die Vergleichswohnungen mit der Vertragswohnung vergleichbar sind. Hierzu ist vor allem darauf zu achten, dass die Vergleichswohnungen dem gleichen **Wohnungsteilmarkt** entstammen.[574] Auch bei der Mietspiegelerstellung, insbes. bei Mietspiegeln, die in Form der Tabellenmethode dargestellt werden, werden durchaus unterschiedliche Wohnungen in einem Tabellenfeld zusammengefasst. Dies geschieht umso stärker, umso weniger Tabellenfelder der Mietspiegel aufweist. Auch dort werden vereinzelt Baualtersklassen von zehn und mehr Jahren sowie unterschiedliche Ausstattungen und Beschaffenheiten in einem Mietspiegelfeld zusammengefasst. Wenn dies aber bei einem Mietspiegel zulässig ist, dann darf an die Auswahl der Vergleichswohnungen auch kein strengerer Maßstab angelegt werden. Nicht vergleichbar sind insbes. solche Wohnungen, bei denen ein bestimmtes Wohnwertmerkmal, das die Höhe der Miete offensichtlich ganz maßgeblich beeinflusst, nur bei der Vergleichs- bzw. der Bezugswohnung vorliegt.[575] Das Mieterhöhungsverlangen ist dann nicht ordnungsgemäß begründet, wenn die Wohnungen schon auf den ersten Blick nichts miteinander gemein haben, sondern verschiedenen Wohnungsteilmärkten angehören.[576] Das soll zB der Fall sein, wenn die Vergleichswohnung gewerblich an eine juristische Person oder Personenhandelsgesellschaft vermietet wurde, selbst wenn dies zu Wohnzwecken erfolgt.[577] **110**

Für die Vergleichswohnungen muss zum Zeitpunkt des Zugangs des Erhöhungsverlangens überhaupt eine Miete gezahlt werden.[578] Dies ergibt sich daraus, dass der Vermieter in seinem Mieterhöhungsverlangen auf die **Entgelte** für einzelne vergleichbare Wohnungen hinweist. Entgelte werden aber nur für **vermietete Wohnungen** gezahlt. Eine vom Vermieter selbst innegehaltene Wohnung kann deshalb nicht zur Begründung eines Mieterhöhungsverlangens herangezogen werden.[579] Hier wird gerade kein Entgelt gezahlt. Entsprechende Abreden zwischen dem Eigentümer als Vermieter und dem Eigentümer als Mieter wären ein unwirksames In-Sich-Geschäft. Hier fehlt es an jedem Marktgeschehen. Das Gleiche gilt für Wohnungen, die zum Zeitpunkt des Zugangs des Mieterhöhungsverlangens gar nicht vermietet sind, sondern leer stehen.[580] Auch hier fehlt es an einer entsprechenden Entgeltvereinbarung.[581] Es ist unzulässig, die Miete, die vom letzten Mieter gezahlt wurde, anzusetzen. Dass früher eine bestimmte Miete gezahlt wurde, erlaubt nicht ohne weiteres den Rückschluss, dass diese Miete auch zum maßgeblichen Zeitpunkt noch gezahlt wor- **111**

[569] BGH VIII ZR 108/20, NZM 2021, 299; VIII ZR 236/18, NZM 2020, 459; VIII ZR 136/17, NJW 2018, 2792; VIII ZR 79/11, NJW-RR 2012, 710; VIII ZR 216/13, NJW-RR 2014, 1357; BVerfG NJW-RR 1993, 1485 (1486); BayObLG NJW-RR 1992, 455 (457); OLG Hamm NJW-RR 1991, 209.

[570] Bub/Treier MietR-HdB/*Schultz* Kap. III A Rn. 1299; **aA** AG Köln WuM 1988, 60.

[571] BVerfGE 53, 352 (359); BVerfG 17.5.1989 – 1 BvR 451/89, nv.

[572] LG Essen WuM 2015, 36; LG Zwickau GE 2012, 830; AG Pankow/Weißensee WuM 2009, 239.

[573] **AA** AG Berlin-Charlottenburg BeckRS 2015, 06288.

[574] BGH VIII ZR 216/13, WuM 2014, 494, für großzügige Altbauwohnungen; LG Berlin GE 2004, 1396; AG Pankow/Weißensee WuM 2009, 239; AG Hannover WuM 2008, 411; *Schmitt* WuM 2016, 131 (133).

[575] BVerfG 17.5.1989 – 1 BvR 451/89, unveröffentl.; BVerfG NJW 1989, 969.

[576] LG Essen WuM 2015, 36; AG Aschaffenburg WuM 2013, 673 (674).

[577] AG Lörrach WuM 2020, 27.

[578] LG Berlin WuM 2020, 795.

[579] LG Berlin GE 1992, 101; AG Hamburg WuM 1989, 306; Bub/Treier MietR-HdB/*Schultz* Kap. III A Rn. 1286.

[580] AG Fritzlar WuM 2015, 560.

[581] LG Kiel WuM 1977, 36.

den wäre. Zwar können die Gründe für den Auszug des Mieters auch ganze andere sein, aber er kann auch gerade wegen der Höhe oder zumindest auch wegen der Höhe der Miete ausgezogen sein.

**112** Schließlich muss die Miete für die Vergleichswohnung zum Zeitpunkt des Zugangs des Mieterhöhungsverlangens auch fällig gewesen sein.[582] Es muss also eine **wirksame Mietpreisvereinbarung** vorliegen. Hat der Vermieter der Vergleichswohnung die Miete für die Vergleichswohnung selbst gerade erhöht, dann muss der Mieter der Mieterhöhung bereits zugestimmt haben und der Wirkungszeitpunkt für diese Mieterhöhung muss spätestens der Tag des Zugangs des Mieterhöhungsverlangens für die Vertragswohnung sein. Unerheblich ist, ob das Mieterhöhungsverlangen wirksam war, wenn der Mieter zugestimmt hat.[583] Es reicht nicht aus, dass dem Mieter der Vergleichswohnung ein Mieterhöhungsverlangen mit einem Wirkungszeitpunkt vor dem maßgeblichen Stichtag zugegangen ist, und der Vermieter den Mieter der Vergleichswohnung auf Zustimmung verklagt hat. Selbst wenn dann der Mieter der Vergleichswohnung rückwirkend zur Zustimmung verurteilt wird und die Miete dann zum maßgeblichen Stichtag tatsächlich fällig war, würde die Berücksichtigung solcher Mieten gegen den Sinn und Zweck der Bezugnahme auf drei Vergleichswohnungen sprechen. Durch die Bezugnahme auf Mieten zu deren Zahlung sich andere Mieter verpflichtet haben, soll eine Überzeugungswirkung ausgehen. Es ist dem Mieter nicht zuzumuten und widerspricht dem Sinn und Zweck der Regelung, erst feststellen zu müssen, ob die Mieterhöhung für die Vergleichswohnung berechtigt war. Umgekehrt dürfte aber der Fall zu beurteilen sein in dem der Vermieter die Miete auf die ortsübliche Vergleichsmiete für unmodernisierten Wohnraum erhöhen will und hierzu Bezug nimmt auf die Mieten von Vergleichswohnungen – ggf. aus dem gleichen Haus – die dort vor der Modernisierung bereits für gezahlt wurden. Hier handelt es sich nicht um fiktive oder zukünftige Miete, sondern um eine für vergleichbaren Wohnraum längere Zeit tatsächlich gezahlte Miete, die jetzt aber selbst schon wieder erhöht wurde.

**113** Aus der Forderung, dass die angegebene Miete für die Vergleichswohnung zum Zeitpunkt des Zugangs des Mieterhöhungsverlangens auch fällig und deshalb die Mietpreisvereinbarung auch wirksam sein muss, folgt zwingend, dass die Mietpreisvereinbarung für die Vergleichswohnung auch nicht gegen ein **gesetzliches Verbot,** insbes. nicht gegen § 5 WiStG iVm § 134 BGB oder §§ 556d–556g BGB verstoßen darf. Der Mieter einer Vergleichswohnung schuldet bei einem Verstoß gegen die Vorschriften des Unterkapitels 1a nur eine Miete, die maximal 10% über der ortsüblichen Vergleichsmiete liegt, wenn nicht die Vormiete höher war oder ein sonstiger Ausnahmetatbestand vorlag (s. § 556d ff. BGB). Im seltenen Fall einer Mietpreisüberhöhung schuldet der Mieter nur eine Miete, die idR 20% über der ortsüblichen Vergleichsmiete liegt. Die jeweils darüber hinaus gehenden Teile der Abrede sind nichtig. Wenn aber solche nichtigen Abreden schon für den unmittelbar betroffenen Mieter der Vergleichswohnung keine Rechtswirkungen entfalten, dann kann dies erst recht nicht für ganz andere Mieter der Fall sein. Nichtige Mietpreisvereinbarungen beeinflussen die ortsübliche Vergleichsmiete nicht, da es an einer wirksamen Vereinbarung fehlt. Eine nichtige Vereinbarung kann deshalb auch nicht im Rahmen einer Begründung eines Erhöhungsverlangens mit Vergleichswohnungen benutzt werden. Dabei kommt es auch nicht darauf an, ob der Mieter der Vergleichswohnung die Miethöhe gem. § 556g Abs. 2 BGB gerügt hat. Die Rügepflicht betrifft nur Rückforderungsansprüche des Mieters. Für die Frage der Wirksamkeit der Preisabrede hat sie keine Bedeutung. Ist der Vermieter nur seiner Informationsobliegenheit gem. § 556g Abs. 1a BGB nicht nachgekommen, so ändert das an der Wirksamkeit der Mietpreisabrede nichts. Der Vermieter wird nur dem aktuellen Mieter gegenüber „bestraft".

**113a** Anders als die Frage, ob die Mieten der angegebenen Vergleichswohnungen tatsächlich ortsüblich sind, kann die Frage der Zulässigkeit der Mietvereinbarung der Höhe nach eine Frage der formellen Zulässigkeit des Erhöhungsverlangens sein.[584] Hat der Vermieter nur Vergleichswohnungen mit unwirksamen Mietvereinbarungen benannt oder hat er weniger als drei Wohnungen mit wirksamen Vereinbarungen benannt, weil die Mieten der übrigen Vereinbarungen nichtig sind, so ist das Erhöhungsverlangen formell unwirksam. Im Einzelfall mag dies zu schwierigen Abgrenzungsproblemen führen. Dies rechtfertigt es aber nicht, unwirksamen Vereinbarungen zumindest formelle Wirksamkeit beizumessen.

---

[582] AG Hamburg WuM 1989, 306.
[583] AG Hohenstein-Ernstthal WuM 2004, 539 (540).
[584] **AA** LG Berlin NZM 1998, 232 (233).

Das gilt auch für **Flächenabweichungen.** Auch hier kommt es nur auf die tatsächlichen Wohnungsgrößen an und nicht auf evtl. vereinbarte Wohnungsgrößen.[585] Ist im Mietvertrag der Vergleichswohnung eine größere Fläche vereinbart als die Wohnung tatsächlich groß ist, bedeutet dies für das Erhöhungsverfahren, dass die die Quadratmetermiete durch Division der Gesamtmiete durch die kleinere tatsächliche Fläche zu ermitteln ist. Ist die Wohnfläche tatsächlich größer als die vereinbarte Fläche so ist ebenfalls die tatsächliche Größe maßgeblich. Wird die Miete der Vergleichswohnung wegen einer Flächenabweichung von mehr als 10% gemindert, so ist diese wegen des nicht behebbaren anfänglichen Mangels geminderte Miete maßgeblich. **113b**

Hinsichtlich der **Bedeutung der einzelnen Wohnwertmerkmale** siehe die Ausführungen zu § 558 BGB. Nachfolgend werden nur die Besonderheiten für die Benennung als Vergleichswohnung dargestellt: **114**

**aa) Art.** Mit dem Wohnwertmerkmal *Art* ist die Struktur des Hauses und der Wohnung gemeint. Unterscheidungsmerkmale sind hier ua abgeschlossene oder nicht abgeschlossene Wohnungen, Altbau oder Neubau, Einfamilienhaus, Reihenhaus oder Mehrfamilienhaus, Appartement oder Mehr-Zimmer-Wohnung. Appartements und Kleinwohnungen sind mit anderen Wohnungen ebenso wenig vergleichbar[586] wie ein Einzimmerappartement mit einer 2-Zimmer-Wohnung.[587] Nach empirischen Untersuchungen ist ein messbarer Zusammenhang zwischen der Wohnfläche und dem Mietpreis zB bei Wohnungen in Ein- und Zweifamilienhäusern nicht feststellbar. Maßgeblich ist hier nur die Gesamtmiete für das Objekt.[588] Eine andere Art von Wohnraum bilden auch Wohnungen im Zweifamilienhaus mit Gartennutzung und Wohnungen in Hochhauskomplex.[589] Eine Wohnung in einem Zweifamilienhaus soll vergleichbar sein mit Einfamilienhäusern und einem Reihenmittelhaus.[590] Vergleichbar sind Wohnungen in Plattenbauten, selbst wenn es sich um unterschiedlichen Plattenbautypen handelt.[591] Einfamilienhäuser sollen demgegenüber mit Doppelhaushälften vergleichbar sein.[592] **Möbliert vermietete Wohnungen** sind mit unmöblierten Wohnungen nicht vergleichbar. **115**

Ob auch **Dachgeschosswohnungen** einen eigenen Wohnungsteilmarkt bilden, ist umstritten.[593] Für ältere Dachgeschosswohnungen wird vertreten, dass eine Dachwohnung, in der Zimmer Schrägen haben, nicht mit Wohnungen ohne Schrägen vergleichbar ist.[594] Bei diesen Wohnungen könnten die schlechte Belichtung, die schlechtere Wärmeisolierung und die geringere Bauhöhe zu einer erheblichen Wohnwertverminderung geführt haben. Von derartigen Nachteilen kann aber angesichts des heutigen Standes der Bautechnik bei einer erst in den letzten Jahren nachträglich ausgebauten Dachgeschosswohnung mit Schrägen nicht mehr grds. ausgegangen werden. Dachgeschosswohnungen werden inzwischen so komfortabel ausgebaut, dass die oben bezeichneten Einschränkungen regelmäßig nicht mehr vorhanden sind. Hinzu kommt, dass sich in den letzten Jahren das Wohnverhalten so verändert hat, dass eine moderne Dachgeschosswohnung grds. nicht mehr als minderwertig gegenüber einer sonstigen Etagenwohnung anzusehen ist.[595] **116**

Eine andere Art Wohnraum bilden auch Wohnungen, die selbst gewerblich[596] oder auch teilgewerblich vermietet oder genutzt werden und bei denen der Mietanteil für die Wohnraumnutzung nicht eindeutig erkennbar ist.[597] Dies gilt sowohl für die Vergleichswohnungen als auch für die Vertragswohnung. Die **teilgewerbliche Nutzung** einer Wohnung, die über den vertragsmäßigen **117**

---

[585] *Börstinghaus* Flächenabweichungen Rn. 838.

[586] LG Köln WuM 1994, 691.

[587] LG Gießen NZM 2013, 381 mAnm *Börstinghaus* jurisPR-MietR 19/2012 Anm. 3; LG Heidelberg WuM 1982, 214; AG Köln WuM 1988, 60; AG Charlottenburg MM 1990, 348.

[588] *Stelter/Finger* GE 2005, 1471 die für Berlin und Umgebung eine entsprechende Preiserhebung durchgeführt haben.

[589] BVerfG 17.5.1989 – 1 BvR 451/89, nv; BVerfG NJW 1989, 969; LG Hamburg WuM 1976, 208.

[590] AG Pankow/Weißensee (Abt. 3) GE 2009, 911, **aA** AG Pankow/Weißensee (Abt. 4) WuM 2009, 239 mAnm *Beuermann* GE 2009, 582.

[591] AG Hohenstein-Ernstthal WuM 2004, 539.

[592] LG Berlin GE 2004, 1396.

[593] Zum Teil wird die Unterscheidung auch im Wohnwertmerkmal „Beschaffenheit" vorgenommen.

[594] AG Aschaffenburg WuM 2013, 673 (674); AG Wolfenbüttel WuM 1986, 343; Palandt/*Weidenkaff* BGB § 558 Rn. 16; *Riedmaier* ZMR 1991, 9.

[595] LG Hannover WuM 1992, 255.

[596] AG Lörrach WuM 2020, 27; LG Kiel WuM 1977, 36; krit. zur Anwendung der Schwerpunkttheorie auf Mieterhöhungsverfahren *Streyl* FS Börstinghaus, 2020, 423 (426).

[597] LG Berlin GE 1996, 1181; 1995, 499; AG Neuss NJW-RR 1993, 660; AG Kaiserslautern WuM 1985, 124; **aA** LG Berlin GE 1998, 1024.

Gebrauch der Mietsache im Rahmen des Wohngebrauchs hinausgeht, ist eine besondere Vermietungsform. Selbst wenn es sich noch nicht um einen Gewerberaummietvertrag handelt, liegt die Miete für solche Wohnungen höher als für Wohnungen, die nur zu Wohnzwecken genutzt werden. Dies ist sogar im preisgebundenen Wohnungsbau ausdrücklich geregelt. Gemäß § 26 Abs. 2 NMV darf der Vermieter bei einer teilgewerblichen Nutzung der Wohnung einen **Zuschlag zur Einzelmiete** je nach Grad der wirtschaftlichen Mehrbelastung in Höhe von bis zu 50% der Einzelmiete verlangen. Wenn aber schon im preisgebundenen Wohnungsbau solche Zuschläge zulässigerweise vereinbart werden dürfen, dann sind solche Zuschläge im preisfreien Wohnungsbau erst recht zulässig. Damit wird nicht nur die höhere Abnutzung der Mietsache honoriert, sondern auch die Erwerbsmöglichkeit auf Seiten des Mieters abgeschöpft. Dies gilt auch für den Fall der gewerblichen Zwischenvermietung.[598] Hier kann weder die zwischen Eigentümer und gewerblichem Zwischenmieter[599] vereinbarte Miete, die eine Gewerberaummiete ist, noch die Miete zwischen gewerblichem Zwischenmieter und Endmieter[600] mit der Miete eines einschichtigen Mietverhältnisses verglichen werden. Aber selbst wenn die Wohnung des Mieters oder die Vergleichswohnung selbst nicht teilgewerblich genutzt wird aber jeweils in einem kombinierten Wohn- und Geschäftshaus liegen, in welchem sich mehrere Wohneinheiten und mehrere Geschäftslokale befinden, liegt idR keine Vergleichbarkeit vor. Der Wohnwert einer Wohnung in einem so gemischt genutzten Objekt ist wegen der durch die gewerbliche Nutzung entstehenden Belästigungen niedriger als der in einem reinen Wohnhaus. Dies schlägt sich ebenfalls in der Höhe der Miete nieder, so dass auch von daher eine Vergleichbarkeit nicht gegeben ist.[601]

**118** Bei der Beurteilung der Vergleichbarkeit von Wohnungen und der hierzu durchzuführenden **Gesamtschau** kommt dem Wohnwertmerkmal der Art der Wohnung eine besondere Bedeutung zu. Dabei darf nicht darauf abgestellt werden, dass bei der Gewichtung der einzelnen Wohnwertmerkmale dem Merkmal der Art nur eine untergeordnete Bedeutung beigemessen wird. Sie wird zwischen 5% und 10% angesiedelt (s. die Zusammenstellung in → BGB § 558 Rn. 107). Entscheidend ist bei der Beurteilung der Vergleichbarkeit des Wohnraums die Tatsache, inwieweit eine Wohnung ganz anderer Art den Mieter davon überzeugen kann, dass die für diese Wohnung gezahlte Miete auch für seine Wohnung ortsüblich ist. Dies ist bei einer völlig anderen Art von Wohnungen gerade nicht der Fall, selbst wenn die Miete sich uU gar nicht so sehr von der Miete für die Vertragswohnung unterscheidet. Die Marktteilnehmer gehen bei einer anderen Art von Wohnraum von einem ganz anderen **Wohnungsteilmarkt** aus.

**119** **bb) Größe.** Mit dem Wohnungsmerkmal **„Größe"** wird vor allem die **Quadratmeterzahl** einer Wohnung, aber durchaus **auch die Zimmeranzahl** gemeint. Deshalb dürfen auch Mehr-Zimmer-Wohnungen nicht als Vergleichswohnungen für 1-Zimmer-Wohnungen verwandt werden[602] oder 2-Zimmer-Wohnungen mit 4-Zimmer-Wohnungen.[603] Bei der Wohnungsgröße selbst darf nicht auf die bloßen Unterschiede zwischen den Quadratmeterzahlen der einzelnen Wohnungen abgestellt werden. Da im Mieterhöhungsverfahren mit den Quadratmetermieten gerechnet und die ortsübliche Vergleichsmiete pro Quadratmeter ermittelt wird, werden absolute Mietpreisunterschiede zwischen zwei Wohnungen mit unterschiedlicher Wohnungsgröße durch diese Umrechnung wieder ausgeglichen. Auch die Tatsache, dass die Wohnungsgröße nach § 558 Abs. 2 BGB als Wohnwertmerkmal ausdrücklich genannt ist, ändert daran nichts. Dies besagt nämlich nicht, dass die im Erhöhungsschreiben benannten Wohnungen die gleiche oder im Wesentlichen gleiche Größe wie die streitbefangene Wohnung haben müssten. Auch eine größere oder kleinere Wohnung kann dem Mieter eine ausreichende Information geben, die ihm die Entscheidung ermöglicht, ob er die von ihm geforderte Miete für angemessen ansieht. Das wesentliche Vergleichsmoment ist in diesem Bereich der **Quadratmeterpreis,** nicht aber die Grundfläche der benannten Wohnung. Wenn dem Mieter der Quadratmeterpreis für die Vergleichswohnungen benannt wird, kann er sich regelmäßig ein ausreichendes Bild darüber machen, ob die von ihm geforderte Miete die üblicherweise gezahlten Entgelte übersteigt. Die konkrete Größe der fremden Wohnung ist für die Information des Mieters von untergeordneter Bedeutung. Für seine Meinungsbildung kann es regelmäßig nicht entschei-

---

598 AG Lörrach WuM 2020, 27; zur Abgrenzung zur nicht gewerblichen Zwischenvermietung: BGH VIII ZR 311/14, NZM 2016, 256 mAnm *Börstinghaus* LMK 2016, 377696; *Derleder* NZM 2016, 670.

599 AG München WuM 1992, 197.

600 AG Neuss NJW-RR 1993, 660.

601 AG Neuss WuM 1991, 691.

602 LG Berlin ZMR 1995, 77.

603 AG Aschaffenburg WuM 2013, 673 (674).

dend sein, ob die vom Vermieter benannte Wohnung der Grundfläche nach der von ihm benutzten entspricht. Daher ist es grds. nicht gerechtfertigt, ein Erhöhungsschreiben als unwirksam anzusehen, wenn die benannten Wohnungen in der Größe zwar differieren, der Quadratmeterpreis aber genau angegeben ist.[604] Soweit die obergerichtliche Rspr.[605] dies aber uneingeschränkt gelten lassen will und Unterschiede bei der Quadratmetermiete auf Grund unterschiedlicher Wohnflächen allenfalls bei der Begründetheit des Anspruchs aber nie bei der Zulässigkeit des Erhöhungsverlangens prüfen will, **kann dieser Rspr. so uneingeschränkt nicht gefolgt werden.**[606]

Die Größe der Wohnung hat nämlich nicht nur deshalb Einfluss auf die absolute Miethöhe, weil der Mieter für mehr Quadratmeter auch mehr Miete zahlen muss, sondern anerkanntermaßen auch auf die Quadratmetermiete. Nach allen Untersuchungen sind zumindest in den alten Bundesländern **die Mieten pro Quadratmeter umso höher, umso kleiner die Wohnung** ist.[607] Seine Ursache hat dies ua darin, dass die Gestehungskosten für kleine Wohnungen höher sind. So kostet der Einbau eines Badezimmers idR in einer großen oder kleinen Wohnung ungefähr gleich viel. Bei Modernisierungserhöhungen werden diese Kosten auch auf weniger $m^2$ verteilt. Gerade bei Wohnungen unter 40 $m^2$ steigt deshalb die Quadratmetermiete je kleiner die Wohnung ist, stark an.[608] Bei den größeren Wohnungen entwickelt sich die Abhängigkeit zwischen Wohnungsgröße und Quadratmetermiete nicht mehr so schnell. Entscheidend ist, dass auch über die Wohnungsgröße **verschiedene Wohnungsteilmärkte** abgegrenzt werden.[609] Deshalb kann das Wohnwertmerkmal nicht vollständig ausgeblendet werden. Die Umrechnung auf Quadratmetermieten hilft nämlich bei verschiedenen Wohnungsteilmärkten nicht. Ebenso wenig wie man für Wohnungen in Mehrfamilienhäusern Mieten aus Einfamilienhäusern oder umgekehrt[610] als Vergleichsmieten benennen kann, kann man in einem Mieterhöhungsverlangen für eine Großwohnung die Mieten von mehreren Kleinwohnungen als Vergleichswohnungen angeben. Dies sind nun einmal verschiedene Wohnungsmärkte. Außerdem würde auf diese Weise nicht ausreichend der Tatsache Rechnung getragen, dass ggf. Mieterhöhungen in der Vergangenheit gem. § 559 BGB wegen der Wohnungsgröße unterschiedlich ausgefallen sind. Dies kann man auch nicht nur in die Begründetheit des Anspruchs verlagern. Wenn die Wohnungen wegen ganz unterschiedlicher Wohnungsmärkte überhaupt nicht vergleichbar sind, dann erfüllen solche Vergleichswohnungen auch nicht den Zweck, dem Mieter die erforderlichen Informationen zu liefern. **120**

**Ungeeignet sind aber alle festen Grenzen,** unabhängig davon, ob sie sich auf prozentuale Abweichungen oder absolute Abweichungen beziehen. Im Rahmen der Zulässigkeit eines Erhöhungsverlangens sind auch kleinliche Zahlen- und Größenvergleiche unangebracht.[611] Die untergerichtliche Rspr. hat hier in Abweichung von den bindenden Rechtsentscheiden[612] und dem gem. § 31 BVerfG bindenden Beschluss des BVerfG[613] Größenabweichung bereits bei der Zulässigkeit des Erhöhungsverlangens geprüft. Im Einzelnen: **121**

[604] BVerfG NJW 1980, 1617 mAnm *Niederberger* WuM 1980, 193; *V. Emmerich* JuS 1980, 755; BVerfG NJW 1987, 313; BayObLG WuM 1982, 154; OLG Schleswig WuM 1987, 140; LG Berlin GE 1998, 1024.

[605] OLG Schleswig WuM 1987, 140.

[606] So auch AG Donaueschingen WuM 1998, 692.

[607] AG Hannover WuM 2008, 411.

[608] S. die Tabelle bei *Börstinghaus* Flächenabweichungen Rn. 656.

[609] AG Hannover WuM 2008, 411.

[610] LG Berlin GE 2002, 1197; LG Hagen WuM 1997, 331; LG Köln WuM 1976, 129; LG Gera WuM 2002, 497; LG Hamburg WuM 2002, 698; AG Spandau MM 1997, 242; AG Schwelm WuM 1995, 592; *Börstinghaus* NZM 2009, 115; *Oberhofer* WuM 1995, 301; **aA** BGH VIII ZR 58/08, NZM 2009, 27; LG Hamburg ZMR 2003, 491; AG Hamburg-Blankenese/LG Hamburg ZMR 2003, 492; LG Mönchengladbach NZM 1998, 301; AG Hamburg Blankenese HbGE 1988, 281 (283); *Kniep* NZM 2000, 166; *Kniep/Spieth* GE 2000, 110; *Isenmann* WuM 1994, 448.

[611] Nach AG Berlin-Charlottenburg GE 2015, 515 kann Abweichung von 38% ausnahmsweise noch hinnehmbar sein.

[612] BayObLG WuM 1982, 154; OLG Schleswig WuM 1987, 140.

[613] BVerfG NJW 1979, 31.

| Fehlende Vergleichbarkeit der Wohnungen bei unterschiedlicher Wohnungsgröße | |
|---|---|
| **prozentuale Abweichung** | **absolute Abweichung** |
| Wohnfläche der Vergleichswohnungen 50% größer als der Vertragswohnung: LG Berlin ZMR 1995, 77 | Eine 56 m² große Geschosswohnung ist nach ihrer Art nicht vergleichbar mit einem Wohnhaus von mehr als doppelter Wohnfläche: AG Emmendingen WuM 1994, 546. |
| Wohnfläche der Vergleichswohnungen 300% größer als der Vertragswohnung: LG Köln WuM 1994, 691 | Vergleichswohnungen, deren Größe ca. 20 m² von der ca. 74 m² großen vermieteten Wohnung abweicht, können zur Begründung des Zustimmungsverlangens zur Mieterhöhung nicht herangezogen werden: AG Frankfurt WuM 1993, 197. |
| Eine Wohnung, die doppelt so groß ist wie die Wohnung des Mieters, kann nicht zur Begründung eines Mieterhöhungsverlangens herangezogen werden: LG Berlin GE 1992, 101. | Wohnungen mit 52 m² und solche mit 86 m² gehören unterschiedlichen Wohnungstypen an, so dass eine Vergleichbarkeit dieser Wohnungen ausscheidet: AG Neuss WuM 1991, 691. |
| Nicht mehr vergleichbar sind Wohnungen, die 47% bzw. 40% kleiner sind als die Vertragswohnung. AG Kandel WuM 2012, 102. | Vergleichswohnungen sind nicht vergleichbar, wenn sie 32 m² bzw. 92 m² haben, die Wohnung des Mieters aber eine Wohnfläche von 67 m² aufweist: AG Schöneberg MM 1991, 197. |
| Ist die Wohnung des Mieters nach Raum und Quadratmeterzahl mehr als doppelt so groß wie die vom Vermieter angeführten Vergleichswohnungen, stellt dies eine derart wesentliche Abweichung dar, dass eine Vergleichbarkeit der Wohnungen nicht mehr zu bejahen ist: AG Charlottenburg MM 1989, Nr. 3, 25. | Eine Wohnung von 65,68 m² ist mit einer Wohnung von bis zu 90 m² vergleichbar, aber nicht mit eine Wohnung von 102,94 m²: LG Potsdam GE 2012, 829. |
| Wohnungen mit einer tatsächlichen Abweichung von 25 m² nach unten von einer Standardwohnung von 70 m² sind nicht vergleichbar: AG Hannover WuM 2008, 411. | Vertragswohnung ist 86 m² groß und die Vergleichswohnung ist 60 bzw. 63 m² groß: AG Aschaffenburg WuM 2013, 673. |
| Vergleichswohnung ist 32,4% kleiner als Vertragswohnung: keine Vergleichbarkeit: AG Gronau WuM 2021, 177. | Mieterhöhung für eine 75,42 m² große Wohnung mit drei Vergleichswohnungen, die 54,22 m², 50,86 m² und 53 m² groß sind. AG Hannover WuM 2012, 145 |
| | Vergleichswohnung ist mehr als 30% kleiner als Vertragswohnung: AG Hannover WuM 2012, 145 |
| | Vergleichswohnungen 27% bzw. 31% kleiner: AG Aschaffenburg WuM 2013, 673. |
| Durch die Benennung erheblich kleinerer Vergleichswohnungen wird die Vergleichsmiete für die vermietete Wohnung nicht hinreichend bezeichnet: AG Gummersbach WuM 1991, 49. | |

122 Die Beantwortung der Frage, ob Wohnungen jeder Größe als Vergleichswohnungen vom Vermieter herangezogen werden dürfen, hängt von **Sinn und Zweck des Begründungserfordernisses ab.** Das Begründungserfordernis soll dem Mieter Informationen liefern, auf Grund derer er erste Vergleiche zwischen seiner Wohnung und anderen Wohnungen ziehen kann. Der Mieter soll die Möglichkeit haben, nachzuprüfen, ob das Erhöhungsverlangen des Vermieters gerechtfertigt ist. Das Begründungserfordernis dient darüber hinaus dem Schutz des Mieters. Die Begründung erfolgt durch **Mitteilung von Tatsachen** (→ Rn. 25). Die Tatsachen müssen sich aber auf den Anspruch *beziehen. Dies* ist nur dann der Fall, wenn Vertragswohnung und Vergleichswohnung zum gleichen Wohnungsmarkt gehören. Deshalb verlangt die Rspr. auch mit Billigung des BVerfG, dass die Wohnungen zB aus der gleichen politischen Gemeinde entstammen. Aber auch über die Wohnungs-

größe werden **verschiedene Wohnungsteilmärkte** abgegrenzt.[614] Diese Grenzen sind aber nicht ganz starr, so dass man den Wohnungsmarkt nicht exakt in **drei bis vier Teilmärkte,** die sich nur nach der Wohnfläche unterscheiden, unterteilen kann. Jeder Teilmarkt umfasst jeweils eine gewisse Spannbreite an Wohnflächen. Diese Spannbreiten ändern sich aber auf Grund des veränderten Wohnverhaltens. So haben die Hinweise zur Aufstellung von Mietspiegeln aus dem Jahre 1980[615] empfohlen fünf Gruppen von Wohnungsgrößen zu bilden, nämlich kleiner als 25 $m^2$, 25–40 $m^2$, 40–60 $m^2$, 60–80 $m^2$ und schließlich größer als 80 $m^2$. Die Hinweise zur Aufstellung von Mietspiegeln enthalten in den seit 1997 geltenden Fassungen[616] keine entsprechenden Vorgaben mehr. Eigene Wohnungstypen sind **Groß- und auch Kleinwohnungen.** Nach dem heutigen Wohnverhalten dürften Großwohnungen, die mit anderen Wohnungen nicht vergleichbar sind, heute bei ca. 110–120 $m^2$ anfangen. Kleinwohnungen dürften bis ca. 40 $m^2$ vorliegen. Aber gerade hier sind bereits kleine Unterschiede für die Höhe der Quadratmetermiete von großer Bedeutung. Wohnflächenunterschiede von nur 5 $m^2$ haben hier nach entsprechenden Untersuchungen Mietunterschiede pro $m^2$ von ca. 20% zur Folge. Dagegen gibt es zwar Mietpreisunterschiede bei den Wohnungen von ca. 40 $m^2$ bis ca. 110 $m^2$ pro Quadratmeter, jedoch sind die Unterschiede hier nicht so groß. Wohnflächenunterschiede von 10 $m^2$ machen hier teilweise nur 2% Unterschied bei der Quadratmetermiete aus. Deshalb ist eine irgendwie geartete schematische Betrachtung hier fehl am Platz. Umso kleiner die Vertrags- oder Vergleichswohnung ist, umso eher und genauer müssen die Wohnungsgrößen von Vertragswohnung und Vergleichswohnung übereinstimmen. Je größer die Wohnungen sind, umso großzügiger kann man bei der Berücksichtigung der Wohnungsgröße sein.[617] Daraus folgt, dass mit den Mieten für Kleinwohnungen bis ca. 40 $m^2$ kein Mieterhöhungsverlangen für eine Normal- oder Großwohnung begründet werden kann.[618] Es kommt dabei weniger auf die Größenabweichung als vielmehr auf die Tatsache an, dass es sich um Wohnungen aus unterschiedlichen Wohnungsmärkten gehandelt hat. Dies ist dann aber auch eine Frage der Zulässigkeit des Erhöhungsverlangens und nicht erst der Begründetheit. Würde man Vergleichswohnungen aus anderen Wohnungsteilmärkten als Begründungsmittel zulassen, dann könnte man auf das Begründungserfordernis vollständig verzichten, weil die Angabe von Vergleichswohnungen dann nur eine inhaltsleere Formalie wäre.

**cc) Ausstattung.** Die Ausstattung einer Wohnung ist nachweislich für die Höhe der Miete das wichtigste Wohnwertmerkmal. Sein Einfluss wird auf 50%[619] bis 60%[620] geschätzt. Unter dem Wohnwertmerkmal der **Ausstattung** wird alles verstanden, was der Vermieter dem Mieter zur ständigen Benutzung zur Verfügung gestellt hat[621] und für das der Mieter keine besondere Vergütung zu zahlen hat. Während kleinere Ausstattungsunterschiede entweder keine Rolle spielen, weil sie durch andere Vor- oder Nachteile der Wohnungen jeweils ausgeglichen werden, oder weil für sie ggf. ein Zu- oder Abschlag in Ansatz gebracht werden kann, bedeuten größere Ausstattungsunterschiede durchaus, dass es sich wiederum um einen anderen Wohnungsteilmarkt handelt.[622] Dies gilt vor allem für die wichtigen Punkte, ob die Wohnung mit Innen- oder Außen-WC, mit Sammelheizung oder mit Dusche oder Bad[623] ausgestattet ist. Wohnungen, die hier bereits Unterschiede aufweisen, sind nicht vergleichbar und können wechselseitig nicht als Vergleichswohnungen herangezogen werden.[624] Deshalb ist eine in den Wohnräumen mit Außenwand-Gasöfen und im Bad mit einem Elektrostrahler beheizte Wohnung nicht vergleichbar mit einer Wohnung, die in allen Räumen mit einer auf Gas umgestellten Koksheizung ausgestattet ist.[625] Dies gilt auch für Wohnungen mit Einzelöfen und zentralbeheizte Wohnungen.[626] Sind sowohl die Vertragswohnung wie auch die Vergleichswohnungen mit einer Zentralheizung ausgestattet, unterscheidet sich aber lediglich der Brennstoff, dann 123

---

614 AG Hannover WuM 2008, 411.
615 Abgedr. bei *Börstinghaus/Clar* Mietspiegel Anh. B II.
616 Die aktuelle Fassung aus dem Jahr 2002 ist abgedr. bei *Börstinghaus* Miethöhe-HdB S. 764.
617 LG Berlin GE 1998, 1024.
618 AG Hannover WuM 2008, 411.
619 *Dröge/Gebele/Zehnter* Mietpreisbewertung-HdB, 3. Aufl. 2004, 242.
620 Kleiber/Simon/*Weyers,* Verkehrsermittlung von Grundstücken, 2002, Kap. H Rn. 41; *Oberhofer* WuM 1993, 10.
621 BGH VIII ZR 315/09, NZM 2010, 735.
622 AG Bottrop WuM 2017, 35 (36).
623 AG Hamburg WuM 1991, Heft 6, VI.
624 AG Augsburg ZMR 2008, 212.
625 LG Hamburg WuM 1993, 744.
626 LG München NZM 2003, 431.

liegen noch keine unterschiedlichen Wohnungsteilmärkte vor.[627] Auch Vergleichswohnungen, die umfassend saniert wurden, mit neuen Badezimmern und Bodenbelägen ausgestattet wurden, können nicht als Vergleichswohnungen für nicht so sanierte Wohnungen herangezogen werden.[628] Aber auch außerhalb dieser groben Einteilung gibt es so massive Ausstattungsunterschiede, dass man von verschiedenen Wohnungsteilmärkten sprechen muss. So kann zB ein Mieterhöhungsverlangen für eine Schlichtwohnung nicht mit Luxuswohnungen als Vergleichswohnungen begründet werden.[629] In Zukunft wird auf Grund der Ergänzung des § 558 Abs. 2 BGB durch das MietRÄndG 2013 auch die energetische Ausstattung bei der Vergleichsbetrachtung zu beachten sein.

124 **dd) Beschaffenheit.** Mit dem Wohnwertmerkmal **Beschaffenheit** ist der Zuschnitt der Wohnung einschließlich der mitvermieteten Hausteile sowie Art und Gestaltung der Umgebung gemeint sowie die Bauweise und auch der Instandhaltungsgrad. Wegen der besonderen Schwierigkeit, die verschiedenen Beschaffenheiten in verschiedene Kategorien einzuteilen, greift die Praxis hier idR auf Baualtersklassen zurück. Die verschiedenen Baualtersklassen dienen als Hilfstatsache, zur Differenzierung des unterschiedlichen Baustandards.[630] Allein die Tatsache, dass das Baualter der Wohnungen zehn Jahre auseinander liegt, bedeutet aber nicht, dass es sich um einen eigenen Wohnungsmarkt handelt.[631] Nur bei krassen Unterschieden zwischen Vertragswohnung und Vergleichswohnungen fehlt es an der Vergleichbarkeit, so dass das Mieterhöhungsverlangen unwirksam ist. So kann ein Mieterhöhungsverlangen für eine Altbauwohnung nicht mit Vergleichswohnungen aus dem Neubaubereich begründet werden.[632] Entscheidend sind aber die objektiven Unterschiede in der Beschaffenheit und nicht das bloße Datum. Heruntergekommene jüngere Bauten können durchaus einen geringeren Wohnwert als gepflegte Altbauten haben. In Zukunft wird auf Grund der Ergänzung des § 558 Abs. 2 BGB durch das MietRÄndG 2013 auch die energetische Beschaffenheit bei der Vergleichsbetrachtung zu beachten sein.

125 **ee) Lage.** Die Lage ist ein ganz besonderes Wohnwertmerkmal, da die Beurteilung stärker als alle anderen Wohnwertmerkmale von **subjektiven Bedürfnissen,** Einschätzungen und Wünschen abhängig ist. Deshalb ist bei der Beurteilung von Lageunterschieden zwischen den Vergleichswohnungen und der Vertragswohnung größte Vorsicht geboten. Zur Unwirksamkeit des Erhöhungsverlangens können solche Unterschiede idR nicht führen. Dies gilt selbst dann, wenn die Vergleichswohnungen gar nicht der gleichen politischen Gemeinde entstammen, da es eine Frage der Begründetheit ist, ob die Wohnungen in einer vergleichbaren Nachbargemeinde liegen. Da die ortsübliche Vergleichsmiete auch jeweils für eine ganze Gemeinde zu ermitteln ist, ist es auch unschädlich, wenn die Wohnungen in verschiedenen Ortsteilen einer Gemeinde liegen.[633] Lediglich ganz krasse objektive Lageunterschiede vermögen im Einzelfall dazu führen, dass die Wohnungen wegen der unterschiedlichen Lage nicht vergleichbar sind. So kann eine Vergleichswohnung dann nicht zur Begründung eines Mieterhöhungsverlangens herangezogen werden, wenn Wohnungen in einer Villengegend mit einer Wohnung im Industrievorort verglichen werden.[634] Ob der Unterschied zwischen einer Wohnung in einem allgemeinen Wohngebiet und einer Wohnung an der Grenze zu einem Gewerbegebiet bereits so erheblich ist, dass die Wohnungen nicht miteinander verglichen werden können, erscheint fraglich.[635]

126 **ff) Miete und Mietstruktur.** Die Mietstruktur, also die Frage, inwieweit der Mieter neben der vereinbarten Miete noch Vorauszahlungen oder Pauschalen auf bestimmte Betriebskostenarten zu zahlen hat, ist kein gesetzlich vorgesehenes Vergleichskriterium oder Wohnwertmerkmal. Die Wirksamkeit des Mieterhöhungsverlangens nach § 558a BGB hängt deshalb nicht davon ab, dass im Falle einer Inklusiv-, Pauschal- oder Gesamtmiete oder einer Teilpauschalmiete der Vermieter den als Grund- oder Nettomiete von allen Nebenkosten bereinigten Mietanteil rechnerisch ermittelt und sein auf § 558 BGB gestütztes Erhöhungsverlangen auf den so errechneten Netto-Mietanteil ausrichtet und begrenzt. Erhält der Mieter Angaben über die Vergleichswohnungen, die ihm eine eigene Nachprüfung ermöglichen, so kann das Fehlen der im Gesetz nicht ausdrücklich vor-

---

[627] LG Karlsruhe WuM 1990, 31.
[628] AG Bottrop WuM 2017, 35 (36).
[629] AG Brühl WuM 1974, 106.
[630] *Börstinghaus*/Clar Mietspiegel Rn. 184.
[631] LG Düsseldorf DWW 1992, 284; **aA** AG Neuss WuM 1991, 699.
[632] LG Berlin WuM 1991, 119; AG Neuss WuM 1991, 691; **aA** LG Berlin GE 1993, 95.
[633] **AA** AG Neuss WuM 1991, 691.
[634] AG Tempelhof GE 1991, 579.
[635] So aber AG Lübeck WuM 1974, 58.

geschriebenen Angaben über die Betriebskosten nicht zur Unwirksamkeit des Mieterhöhungsverlangens führen.[636]

Es gibt in Deutschland verschiedene Mietpreissysteme. Ob für die Vergleichswohnung das gleiche Regelungsregime gelten muss, ist strittig. Nach Auffassung des BGH müssen die Vergleichswohnungen nicht dem gleichen Preisregime entstammen.[637] Die wohl überwiegende Auffassung in Rspr.[638] und Lit.[639] sieht das zu Recht anders. Das ist deshalb bedenklich, weil die Preisbildungsregime ganz unterschiedlich sind und der Informationsgehalt für den Mieter, der bei der Begründung mit Vergleichswohnungen schon sehr gering ist, noch weiter gegen Null tendiert. Daran ändert auch die Tatsache nichts, dass es sich bei der Wohnung, hinsichtlich der die Mieterhöhung geltend gemacht wird, selbst um öffentlich geförderten Wohnraum handelt, auf den die Vorschriften der §§ 558ff. BGB Anwendung finden (dazu → BGB Vor § 557 Rn. 34ff.),[640] denn auch in diesem Fall gilt nach der Konzeption der § 558 Abs. 1 BGB in Verbindung mit den maßgeblichen Landesgesetzen, dass Mieterhöhungen bis zur ortsüblichen Vergleichsmiete möglich sind, welche sich durch Ermittlung der Vergleichsmieten auf dem preisfreien Wohnungsmarkt bestimmt. Wohnungen, für die eine Kostenmiete gezahlt wird, können nicht als Vergleichswohnungen herangezogen werden. Dies widerspricht dem Sinn und Zweck des Begründungserfordernisses. Dadurch, dass der Vermieter mehrere Vergleichswohnungen benennt, soll dem Mieter signalisiert werden, dass die für diese Wohnungen gezahlte Miete im System des preisfreien Wohnungsbaus erzielbar ist. Wenn diese Miete aber nach ganz anderen Gesichtspunkten ermittelt wurde, nämlich auf Grund einer Wirtschaftlichkeitsberechnung nach Kostenmietgesichtspunkten, dann entfällt die Vergleichbarkeit. Auch Wohnungen, die im 3. Förderweg errichtet wurden, können als Vergleichswohnungen nicht herangezogen werden.[641] **127**

Unerheblich ist die Tatsache, **wann die Miete für die Wohnungen vereinbart** bzw. letztmals erhöht wurde.[642] Insbesondere ist es nicht erforderlich, dass die Miete für die Vergleichswohnung in den letzten sechs Jahren neu vereinbart oder von Erhöhungen nach § 560 BGB abgesehen erhöht worden ist.[643] Dabei ist es unerheblich, ob ältere Mietwerte nicht „über den aktuellen Daten liegen".[644] Die Sechsjahresfrist des § 558 Abs. 2 BGB soll lediglich den Umfang der zu erfassenden und auszuwertenden Mieten zur Feststellung der ortsüblichen Vergleichsmiete beschränken. Bei der ortsüblichen Vergleichsmiete handelt es sich um eine modifizierte Durchschnittsmiete. Es sollen eben nicht alle zu einem bestimmten Stichtag innerhalb der Gemeinde gezahlten Mieten die ortsübliche Vergleichsmiete bilden, sondern nur solche, die in den letzten sechs Jahren verändert oder vereinbart wurden. Für die Miete der Vergleichswohnungen hat diese Sechsjahresfrist überhaupt keine Bedeutung. Umso jünger die Mietpreisvereinbarungen für die Vergleichswohnungen sind, umso größer ist zumindest bei steigenden Mieten die Wahrscheinlichkeit, dass deren Miete über der ortsüblichen Vergleichsmiete liegt. Berücksichtigt man weiter, dass theoretisch der Vermieter berechtigt ist, bei der Neuvermietung eine Miete von bis zu 20% über der ortsüblichen Vergleichsmiete zu vereinbaren, dann kann uU bei einer Neuvermietung vor sechs oder mehr Jahren exakt die ortsübliche Vergleichsmiete zum Zeitpunkt des Zugangs des Mieterhöhungsverlangens vereinbart worden sein, nämlich dann, wenn die ortsübliche Vergleichsmiete in der Vergangenheit um ca. 3% gestiegen ist. Solcher Berechnungen bedarf es aber nicht. Sie zeigen aber deutlich, dass die Berufung auf eine bestimmte Wohnung als Vergleichswohnung nicht davon abhängig ist, dass die Miete in den letzten sechs Jahren vereinbart oder verändert wurde. Die Auffassung, die dies fordert, scheint dem Irrtum erlegen zu sein, dass die Miete zum Zeitpunkt der Vereinbarung oder Veränderung die ortsübliche Vergleichsmiete bestimmt. Entscheidend ist aber die Summe der zu einem **128**

---

[636] BVerfG WuM 1982, 146 (147), NJW-RR 1993, 1485; **aA** AG Tempelhof MM 1991, 303; AG Charlottenburg MM 1991, 268.

[637] BGH VIII ZR 236/18, NZM 2020, 459.

[638] OLG Schleswig NJW 1984, 245; AG Frankfurt (Oder) WuM 2012, 320, 321; LG Lübeck Urt. v. 14.6.2018 – 14 S 47/17 (juris) mAnm *Kunze* MietRB 2018, 292; LG Lübeck BeckRS 2018, 17259 mAnm *Börstinghaus* IMR 2018, 409.

[639] Zumindest zweifelnd Staudinger/*V. Emmerich* BGB § 558a Rn. 71; Spielbauer/Schneider/*Schneider* BGB § 558a Rn. 106.

[640] **AA** BGH VIII ZR 236/18, NZM 2020, 459.

[641] AG Frankfurt/Oder WuM 2012, 320.

[642] Grds. anders: AG Berlin-Charlottenburg GE 2015, 515, nur im konkreten Fall darauf verzichtet.

[643] AG Pinneberg ZMR 2004, 123; Bub/Treier MietR-HdB/*Schultz* Kap. III A Rn. 1309; **aA** AG Charlottenburg GE 1988, 467; Sternel MietR Kap. III Rn. 687; *Derleder* WuM 1983, 223; *Lessing* DRiZ 1983, 465; offen gelassen von AG Pinneberg ZMR 2004, 277.

[644] So aber *Sternel* MietR Kap. III Rn. 687.

bestimmten Zeitpunkt, nämlich dem des Zugangs des Erhöhungsverlangens, in der Gemeinde gezahlten Mieten. Um diesen nur unter größten Schwierigkeiten zu ermittelnden Wert dem Mieter darzulegen, ist kein Grund ersichtlich, warum der Vermieter nur Vergleichswohnungen mit Mietpreisabreden aus den letzten sechs Jahren benennen darf.

### 3. Inhalt der Begründung

129 Die Frage, wie eine Wohnung objektiv beschaffen sein muss, um als Vergleichswohnung in Frage zu kommen, ist von der Frage, welche Informationen der Vermieter dem Mieter über die Vergleichswohnungen zukommen lassen muss, zu trennen. Der Wortlaut des § 558a Abs. 2 Nr. 4 BGB ist diesbezüglich wenig ergiebig. Dort ist nur von einer „Bezugnahme" die Rede sowie einer „Benennung" der Wohnungen. Dies lässt sowohl eine sehr enge Auslegung zu, wonach nur sehr wenige Angaben reichen würden wie auch eine sehr weite Auslegung, wonach der Vermieter dem Mieter im Erhöhungsverlangen sehr viele Informationen zukommen lassen muss. Das Ergebnis lässt sich deshalb nur über **eine teleologische Auslegung** finden.

130 Mit dem Begründungserfordernis wollte der Gesetzgeber erreichen, dass der Mieter zumindest ansatzweise die Information erhält, die er zur Überprüfung des Mieterhöhungsverlangens benötigt. Er soll in die Lage versetzt werden, die Berechtigung des Mieterhöhungsverlangens nachzuprüfen.[645] Durch die Begründungspflicht soll der Mieter auch vor ungerechtfertigten Mieterhöhungen geschützt werden. Aus diesem Zweck der Vorschrift folgt, dass die Information, die der Mieter erhalten muss, konkret sein muss. Die **pauschale Bezugnahme** auf drei Wohnungen reicht mit Sicherheit nicht aus. Dies ergibt sich schon aus dem Wortlaut der Vorschrift, wonach der Vermieter auf *„einzelne"* vergleichbare Wohnungen Bezug nehmen kann. Nur wenn der Mieter **drei konkrete Wohnungen** benannt bekommt, kann er die Angaben überprüfen und insbes. feststellen, ob die Wohnungen auch vergleichbar sind. Die Bezugnahme auf mehrere konkret bezeichnete Häuser, deren Wohnungen alle als Vergleichswohnung benannt werden, reicht deshalb ebenfalls nicht aus.[646]

131 Auf der anderen Seite lässt sich § 558a Abs. 2 BGB auch nicht entnehmen, dass der Vermieter alle fünf Wohnwertmerkmale des § 558 Abs. 2 BGB, nach denen die Vergleichbarkeit von Wohnraum festgestellt wird, sämtlichst einzeln genau belegen muss.[647] Das Gesetz verlangt gerade nur eine „Bezugnahme" auf die Vergleichswohnungen. Wie weit die Begründung zu gehen hat, ist deshalb nach dem **Sinn und Zweck der Regelung** zu ermitteln. Dabei ist zu berücksichtigen, dass die mietrechtlichen Verfahrensvorschriften dem Ausgleich zwischen den Belangen des Vermieters und des Mieters dienen; sie dürfen nicht in einer Weise ausgelegt werden, die die Verfolgung der Vermieterinteressen unzumutbar erschwert.[648] Auf der anderen Seite muss die Begründung zumindest so viele Informationen enthalten, dass der Mieter zum einen weitere Informationen einholen und zum anderen zumindest ansatzweise erkennen kann, dass die benannten Wohnungen tatsächlich mit seiner Wohnung vergleichbar sind oder an welchen Punkten Unterschiede vorliegen. Nur dann kann von einer „Begründung" gesprochen werden. Daraus folgt iE:[649]

132 **a) Örtliche Identifizierbarkeit.** Der Vermieter muss im Erhöhungsverlangen die Vergleichswohnungen so genau bezeichnen, dass der Mieter die Wohnungen ohne weitere Nachforschungen aufsuchen kann.[650] Hierzu gehört zunächst einmal die **exakte**[651] **postalische Anschrift,** also Ort, Straße und Hausnummer.[652] Eine Postfachanschrift genügt nicht.[653] Ist unter der Anschrift nur eine

---

[645] BGH VIII ZR 108/20, NZM 2021, 299; VIII ZR 236/18, NZM 2020, 459; VIII ZR 136/17, NJW 2018, 2792; VIII ZR 79/11, NJW-RR 2012, 710; VIII ZR 216/13, NJW-RR 2014, 1357; BVerfG NJW-RR 1993, 1485 (1486); BayObLG NJW-RR 1992, 455 (457); OLG Hamm NJW-RR 1991, 209.

[646] LG Stade WuM 1988, 278.

[647] BVerfGE 49, 244 (249); 53, 352; 79, 80; BVerfG WuM 1982, 146, NJW-RR 1993, 1485; BGH VIII ARZ 5/82, WuM 1982, 324 = BeckRS 1982, 31075871; VIII ARZ 1/82, NJW 1982, 2867.

[648] StRspr des BVerfG zB BVerfGE 37, 132 (141); 53, 352 (359).

[649] Krit. *Sternel* MietR Kap. III Rn. 689ff.

[650] BGH VIII ZR 72/02, NJW 2003, 963; VIII ZR 141/02, WuM 2003, 149; LG München I WuM 2002, 427; AG München WuM 2016, 177; AG Zossen GE 2015, 461; AG Ibbenbüren WuM 2013, 422; Bub/Treier MietR-HdB/*Schultz* Kap. III A Rn. 1288; *Beuermann* GE 2003, 302; *Lützenkirchen* BGHReport 2003, 423.

[651] AG Ibbenbüren WuM 2013, 422, die Angabe einer ähnlichen statt der richtigen Straßenbezeichnung genügt nicht (Postweg statt Potsdam); **aA** AG Zossen GE 2015, 461 offensichtlicher Schreibfehler bei der Hausnummer macht Erklärung nicht formell unwirksam.

[652] BVerfGE 49, 244 (250); 352, 359f.; AG Wedding GE 2006, 331; *Koch* PiG 10 (1982), 115 (117).

[653] Soweit der BGH XI ZR 564/15, NJW 2016, 3512; VIII ZR 95/11, WuM 2012, 190, I ZR 306/99, NJW 2002, 2391 gem. §§ 312c, 355 BGB bzw. § 14 Abs. 4 BGB-InfoV aF (heute teilweise in Art. 246ff.

Wohnung zu finden, zB beim Einfamilienhaus oder weil die einzelnen Wohnungen jeweils eigene Eingänge mit eigener Hausnummer (zB Nr. 1a, 1b usw.) besitzen, so reichen diese Angaben völlig aus. Auch offensichtliche **Schreibfehler** sind unbeachtlich.[654] Anders ist es, wenn unter der postalischen Anschrift mehrere Wohnungen zu finden sind. Dann muss der Vermieter weitere Angaben machen, die eine eindeutige Identifizierbarkeit der Wohnung erlauben.[655] Interne Unterscheidungsmerkmale des Vermieters, zB Wohnungsnummern, reichen hier nicht aus,[656] es sei denn, sie sind nach außen hin dokumentiert, zB anhand eines Wohnungsplanes im Treppenhaus oder durch Nummern an den Türen oder dem Klingelbrett. Befindet sich nur eine einzige Wohnung in jedem Geschoss, dann genügt neben der postalischen Anschrift die Angabe des Geschosses, in dem sich die Wohnung befindet.[657] Die Angabe des Namens des Wohnungsmieters der Vergleichswohnung ist nicht zwingend erforderlich.[658] Wenn die Vergleichswohnungen in einem Mieterhöhungsverlangen jedoch **nicht unverwechselbar beschrieben** sind, sondern vielmehr mindestens zwei Wohnungen in einem Wohnhaus in Betracht kommen, reichen diese Angaben nicht aus.[659] Ist eine Wohnung nicht auffindbar, dann gilt sie als nicht benannt.[660] Deshalb reicht in diesem Fall noch nicht einmal die Angabe des Vermieters, selbst wenn dessen Anschrift mit angegeben wird,[661] weil hierdurch die Wohnung, auf die es allein ankommt, nicht aufgefunden werden kann. Dem Mieter ist nach dem Gesetzeswortlaut nicht zuzumuten, über den Vermieter der Vergleichswohnung erst deren Lage zu ermitteln. Immer dann, wenn also unter der Lagebezeichnung mehr als eine Wohnung aufzufinden ist, muss der Vermieter auch den Namen des Mieters der Vergleichswohnung mit angeben.[662] Soweit dies in älteren Rechtsentscheiden[663] generell gefordert wurde, sind diese Entscheidungen durch die drei Rechtsentscheide des BGH v. 20.9.1982 überholt.[664] Kann der Mieter jedoch die Angaben zu der im Zustimmungsverlangen zur Mieterhöhung bezeichneten Vergleichswohnung wegen eines Mieterwechsels nicht überprüfen, dann gilt diese Vergleichswohnung als nicht benannt.[665]

Der Mieter darf im Prozess die fehlende Identifizierbarkeit der drei oder nur einer benannten **132a** Vergleichswohnungen aber nicht pauschal mit Nichtwissen bestreiten.[666] Nach § 138 Abs. 4 ZPO ist dies nur zulässig über Tatsachen zulässig, die weder eigene Handlungen der Partei noch Gegenstand ihrer eigenen Wahrnehmung gewesen sind. Dabei besteht generell keine Pflicht, eigene Ermittlungen anzustellen, um iE auf den gegnerischen Vortrag eingehen zu können.[667] Darum geht es vorliegend jedoch nicht. Der Vermieter hat mindestens drei Vergleichswohnungen benannt. Das bedeutet, er behauptet die Vergleichbarkeit und mit der Angabe der Adressen auch die Auffindbarkeit. Diese Angaben sollen den Mieter in die Lage versetzen, das Erhöhungsverlangen zumindest ansatzweise nachzuvollziehen und ggf. mittels weiterer Nachforschungen die Vergleichbarkeit der Wohnungen zu überprüfen.[668] Erst wenn der Mieter an Hand der Angaben eine Überprüfung nicht vornehmen kann, weil er die Wohnung nicht identifizieren kann, da mehrere Wohnungen unter der Anschrift existieren, fällt diese Wohnung als Vergleichswohnung aus. Wenn dann

---

EGBGB übernommen) auch eine Postfachanschrift im Rahmen einer Widerrufsbelehrung für ausreichend erachtet hat, sind diese Entscheidungen auf den vorliegenden Fall nicht übertragbar. Dort ging es um die Möglichkeit der postalischen Erreichbarkeit des Adressaten bezügliche einer Willenserklärung, hier geht es um die Beschreibung und Identifizierbarkeit einer Wohnung. Über die Postfachanschrift ist ggf. der Mieter zu identifizieren und zu erreichen aber nicht die Wohnung.

[654] AG Zossen GE 2015, 461.

[655] BGH VIII ZR 72/02, NJW 2003, 963; BGH VIII ZR 141/02, WuM 2003, 149; LG München I WuM 2002, 427; *Beuermann* GE 2003, 302; *Lützenkirchen* BGHReport 2003, 423; AG Pinneberg ZMR 2003, 583.

[656] AG Köln WuM 1994, 546; AG Bad Homburg WuM 1989, 305.

[657] LG Hannover WuM 1978, 9.

[658] BGH VIII ARZ 1/82, NJW 1982, 2867 und im Verfahren BGH VIII ARZ 13/82, nv; LG Berlin WuM 1985, 306; **aA** wohl BVerfG NJW-RR 1993, 1485, NJW 1989, 969; LG Berlin GE 1993, 49, ZMR 1992, 62.

[659] AG Pinneberg ZMR 2020, 971.

[660] LG Kaiserslautern ZMR 1986, 363; AG Karlsruhe WuM 1990, 222.

[661] OLG Schleswig NJW 1981, 2261; AG Wedding GE 1983, 129.

[662] LG München I WuM 2002, 427; LG Kaiserslautern ZMR 1986, 363; Staudinger/*V. Emmerich* BGB § 558a Rn. 67.

[663] BayObLG NJW 1981, 2818; 1982, 1292; OLG Schleswig NJW 1981, 2261; OLG Oldenburg NJW 1982, 1291.

[664] BGH VIII ARZ 1/82, NJW 1982, 2867 und im Verfahren BGH VIII ARZ 13/82, nv.

[665] AG Hannover WuM 1995, 397.

[666] So aber AG Pinneberg ZMR 2020, 971.

[667] BGH V ZR 275/12, NJW 2015, 468.

[668] BGH VIII ZR 236/18, NZM 2020, 459 mwN.

keine weiteren drei identifizierbaren Wohnungen existieren ist das Erhöhungsverlangen formell unwirksam. Insofern ist ein Bestreiten mit Nichtwissen nicht ausreichend. Der Mieter muss darlegen, warum er die Wohnung nicht auffinden konnte.

133 **b) Angaben zur Miethöhe.** Zur Herstellung der Vergleichbarkeit ist die **Kenntnis der Quadratmetermiete** von entscheidender Bedeutung. Die absolute Miethöhe zweier Wohnungen wäre nur dann aussagekräftig, wenn die Wohnungen exakt gleich groß sind. Da dies aber nur ganz ausnahmsweise der Fall ist, zB bei Wohnungen in Plattensiedlungen, kann der Vergleich nur über die Quadratmetermiete erfolgen. Der Vermieter muss deshalb idR die Quadratmetermiete, die für die Vergleichswohnung gezahlt wird, angeben.[669] Dies gilt auch bei Mieterhöhungen für Einfamilienhäuser.[670] Auf die Angabe der Quadratmetermiete kann aber dann verzichtet werden, wenn diese für den Mieter leicht errechenbar ist, nämlich wenn der Vermieter die Grundmiete und die Wohnfläche angegeben hat.[671] In diesem Fall zu verlangen, dass der Vermieter auch noch den letzten Rechenschritt, also Division der Grundmiete durch $m^2$ vornehmen muss, damit das Erhöhungsverlangen wirksam ist, wäre eine überflüssige Förmelei ohne jeden zusätzlichen Informationswert. Letztendlich wird der Vermieter diesen Rechenschritt aber idR selbst vornehmen, weil er ja mit der Quadratmetermiete, die er als ortsüblich ermittelt haben will, weiterrechnen muss. Ein Mieterhöhungsverlangen, das mit dem Hinweis auf Vergleichswohnungen begründet wird, ist aber dann unwirksam, wenn lediglich die Anschriften der Vergleichswohnungen angegeben werden, aber weder deren Wohnfläche noch der Mietpreis pro Quadratmeter bzw. der Gesamtmietpreis ausgewiesen ist.[672] Hier fehlen dem Mieter alle erforderlichen Informationen zur Miethöhe.

134 Die Höhe der für die Wohnung gezahlten **Betriebskosten** muss nicht angegeben werden[673], obwohl der Mieter hieran durchaus ein Interesse haben kann, da über die Höhe der Heizkosten zB auf die Wärmedämmung geschlossen werden kann. Bei niedrigen Betriebskosten ist der Mieter ggf. bereit, auch eine höhere Miete zu zahlen. Dies ist aber kein gesetzliches Wohnwertmerkmal. Das Mieterhöhungsverlangen wird dann weiter verfälscht, wenn die Mietstrukturen zwischen der Vertragswohnung und den Vergleichswohnungen unterschiedlich sind. Für den Mieter wirkt sich dies vor allem dann negativ aus, wenn er eine Nettomiete zu zahlen hat, für die Vergleichswohnungen aber eine Inklusiv- oder Teilinklusivmiete gezahlt wird. In diesem Fall enthält die Quadratmetermiete der Vergleichswohnung Betriebskostenanteile, die dazu führten, dass diese Miete über der ortsüblichen Netto-Vergleichsmiete liegt. Wenn der Mieter dies nicht weiß, besteht die Gefahr, dass ihm der Unterschied nicht auffällt und er die durch die Vergleichswohnungen belegte ortsübliche Inklusiv-Vergleichsmiete für die ortsübliche Netto-Vergleichsmiete hält. Nach dem Beschluss des BVerfG[674] soll es aber nicht erforderlich sein, dass der Vermieter auf die Unterschiede der Mietstruktur hinweist. Das Gesetz verlange solche Angaben gerade nicht. Dem ist mit dieser Absolutheit nicht zu folgen. Genauso, wie der Vermieter auf offensichtliche Besonderheiten der Vergleichswohnung hinweisen muss[675], muss er auch auf offensichtliche Unterschiede in der Mietstruktur hinweisen. Eine Netto- und eine Bruttomiete sind eben nicht vergleichbar, obwohl ihre Vergleichbarkeit durchaus hergestellt werden kann. Dies gilt aber nicht für jeden Unterschied der Mietstruktur. Kleinere Betriebskostendifferenzen sind unerheblich, zB wenn die Schornsteinfegerkosten einmal umgelegt werden und einmal nicht.[676] Dies entspricht insofern auch der Rechtslage bei der Begründung mit einem Mietspiegel. Auch hier muss der Vermieter im Erhöhungsverlangen bereits die entsprechende Umrechnung bei verschiedenen Mietstrukturen vornehmen.

135 **c) Größe der Wohnung.** Hinsichtlich der Größe der Wohnung muss differenziert werden. Da die Größe nur eingeschränkt bei der Beurteilung der Vergleichbarkeit herangezogen werden muss, da der Vergleich über die Quadratmetermiete erfolgt, kann grds. die Angabe der Größe der Vergleichswohnungen im Mieterhöhungsverlangen nicht als wesentliche Voraussetzung für seine Wirksamkeit angesehen werden.[677] Etwas anderes gilt aber zunächst immer dann, wenn der Vermieter nicht die

---

669 BVerfGE 49, 244 (250); 53, 352 (359f.); BVerfG NJW-RR 1993, 1485; LG Berlin GE 1993, 49; ZMR 1992, 62.
670 LG Darmstadt WuM 1991, 49.
671 OLG Schleswig WuM 1987, 140.
672 AG Velbert DWW 1994, 86.
673 BVerfG WuM 1982, 146.
674 *BVerfG NJW-RR 1993, 1485;* zust. Staudinger/*Emmerich* BGB § 558a Rn. 67.
675 BVerfG NJW 1989, 969; AG Charlottenburg GE 1989, 947.
676 So der Fall des BVerfG NJW-RR 1993, 1485.
677 BVerfGE 49, 244 (249f.); 53, 352 (359f.).

Quadratmetermiete angegeben hat, so dass die Kenntnis der Größe der Wohnung erforderlich ist, um die Quadratmetermiete zu errechnen. Aber auch ansonsten kann es erforderlich sein, eine Abweichung zwischen der Größe der Vertragswohnung und der Vergleichswohnung zu begründen.[678] Dies ist dann der Fall, wenn die Wohnungen auf Grund der unterschiedlichen Größen **anderen Wohnungsteilmärkten** angehören (→ Rn. 119f.). Es muss aber nur auf die Unterschiede nicht auf Übereinstimmung ausdrücklich hingewiesen werden. Entscheidend ist immer die tatsächliche Größe der Vergleichswohnungen[679] (und der Vertragswohnung) und nicht die vereinbarte Größe.[680]

**d) Sonstige Angaben zur Wohnung.** Umstritten ist die Frage, inwieweit der Vermieter im Mieterhöhungsverlangen weitere Angaben zu den Vergleichswohnungen machen muss. Hinter diesem Streit steht die grundsätzliche Frage, welche Funktion die Begründung hat. Während die hM die Informationsmöglichkeit für den Mieter in den Vordergrund stellt, verlangt *Sternel*[681] zusätzlich, dass der Mieter aus dem Erhöhungsverlangen selbst und im Vertrauen auf die Richtigkeit der ihm gemachten Angaben die Ortsüblichkeit der verlangten Mieterhöhung „überschlägig zu prüfen vermag". Ob der Unterschied zwischen den Auffassungen tatsächlich so groß ist, erscheint aber zweifelhaft. Nach *Sternel*[682] muss der Mieter so viele Informationen erhalten, dass die „Begründung für sich genommen den Schluss nahelegt, dass das Begehren zumindest überwiegend gerechtfertigt ist." Aber auch die hM lässt die Minimalangaben zu Lage und Quadratmetermiete dann nicht ausreichen, wenn die Wohnung des Mieters **eine dem Vermieter bekannte und ins Auge fallende Besonderheit** aufweist, die einen maßgeblichen wertbildenden Faktor darstellt und wenn wegen dieser Besonderheit bei dem Mieter berechtigte Zweifel darüber entstehen, ob die vom Vermieter benannten Vergleichswohnungen tatsächlich vergleichbar sind. In diesen Fällen ist der Vermieter verpflichtet, zusätzlich zu den im Allgemeinen ausreichenden notwendigen Angaben über die Vergleichsobjekte auch eine schriftliche Erläuterung zu geben, in welcher Weise die Besonderheit seiner Wohnung im Vergleich zu den Vergleichsobjekten berücksichtigt worden ist.[683] Zusätzlich können weiter gehende Angaben verlangt werden, wenn die fragliche Wohnung solche evidenten Besonderheiten aufweist, dass der Mieter an der Vergleichbarkeit der benannten Wohnungen berechtigtermaßen zweifeln kann und schriftlichen Aufschluss über das Vorliegen dieser speziellen wertbestimmenden Faktoren erwarten darf. Dementsprechende inhaltliche Anforderungen an das Erhöhungsverlangen sind nicht unverhältnismäßig und halten sich im Rahmen verfassungskonformer Auslegung des § 558a Abs. 2 BGB.[684] Anderenfalls würde das Begründungserfordernis nämlich sinnentleert. 136

Auf der anderen Seite ist die Begründung des Vermieters, die sich auf die notwendigen Maßnahmen zur Lage und zur Quadratmetermiete beschränkt **aus der Sicht des Empfängers,** also des Mieters, so auszulegen, dass der Vermieter damit erklärt, dass keine der Vergleichswohnungen so evidente Unterschiede zur Vertragswohnung aufweist, dass an der Vergleichbarkeit zu zweifeln ist. Vom Vermieter hier zu verlangen, dass er Angaben zur Ausstattung, Beschaffenheit oder Lage der Vergleichswohnungen macht, würde eine überflüssige Förmelei darstellen. Der Vermieter erklärt ja durch die Angabe der Wohnungen als Vergleichswohnung inzidenter, dass diese Wohnungen mit der Vertragswohnung vergleichbar sind. Deshalb sind auch stichwortartige Angaben zu den Wohnwertmerkmalen der Vergleichswohnungen in diesem Fall überflüssig.[685] Nur wenn die **Wohnung ganz evidente Unterschiede** aufweist, zählt die Vergleichswohnung nicht mit und ist das Mieterhöhungsverlangen unwirksam, wenn damit weniger als drei Vergleichswohnungen benannt sind.[686] Dies ist zB der Fall, wenn bei einer Mieterhöhung für eine Wohnung in einem Hochhauskomplex eine Wohnung in einem Zweifamilienhaus mit Gartennutzung als Vergleichswohnung benannt wird, ohne dass diese Unterschiede kenntlich gemacht werden.[687] Ähnliches kann auch gelten, wenn der Mieter Umbauten vorgenommen hat[688] oder die Vergleichswohnungen vom Vermieter mit Heizung und Bad ausgestattet wurden, die konkrete Vertragswohnung jedoch 137

---

678 **AA** ohne Einschränkungen: BayObLG WuM 1982, 154.
679 *Börstinghaus* Flächenabweichungen Rn. 838.
680 BGH VIII ZR 266/14, NZM 2016, 42; *Börstinghaus* Flächenabweichungen Rn. 723ff.
681 Sternel MietR Kap. III Rn. 689ff.
682 Sternel MietR Kap. III Rn. 691 unter Berufung auf OLG Hamburg MDR 1974, 585.
683 BVerfG NJW 1989, 969; LG Zwickau GE 2012, 830; AG Charlottenburg GE 1989, 947.
684 BVerfG NJW 1989, 969.
685 **AA** AG Schöneberg WuM 1986, 342.
686 AG Augsburg ZMR 2008, 212.
687 BVerfG 17.5.1989 – 1 BvR 451/89, nv; BVerfG NJW 1989, 969.
688 AG Spandau MM 2005, 263.

nicht.[689] Die Abgrenzung ist sicher im Einzelfall schwierig. Kriterium kann deshalb nur sein, ob ein Mieter auf Grund der Angaben zu den Vergleichswohnungen soweit informiert wurde, dass er entscheiden kann, dass die für diese Wohnungen gezahlten Mieten ein Maßstab für seine Wohnung sein können. Die drei denkbaren Fälle stellen sich wie folgt dar:

| Tatsächliche Verhältnisse der Wohnungen | Begründung im Mieterhöhungsverlangen |
|---|---|
| Vertragswohnung und Vergleichswohnung sind in einer Gesamtschau aller Wohnwertmerkmale vergleichbar | **mit Begründung:** Mieterhöhungsverlangen ist wirksam |
| | **ohne Begründung:** Mieterhöhungsverlangen ist wirksam |
| Vertragswohnung oder Vergleichswohnung sind vergleichbar, weisen aber evidente Besonderheiten auf, die Zweifel an der Vergleichbarkeit rechtfertigen | **mit Begründung:** Mieterhöhungsverlangen ist wirksam. Der Mieter kann auf Grund eines solchen Verlangens eine eigene sachliche Entscheidung treffen. Es ist eine Entscheidung in der Sache zu treffen. |
| | **ohne Begründung:** Mieterhöhungsverlangen ist unwirksam. Dem Mieter wird eine Vergleichbarkeit vorgespielt, die nicht existiert. |
| Vertragswohnung und Vergleichswohnung sind überhaupt nicht vergleichbar | **mit Begründung:** Mieterhöhungsverlangen ist unwirksam |
| | **ohne Begründung:** Mieterhöhungsverlangen ist unwirksam |

138 Da der Zeitpunkt der Mietpreisvereinbarung bzw. Mieterhöhung für die Vergleichswohnung nicht maßgeblich ist (→ Rn. 128), ist der Vermieter auch nicht verpflichtet, anzugeben, wann die vergleichbaren Mieten vereinbart oder geändert worden sind.[690]

#### 4. Besichtigungsmöglichkeit der Vergleichswohnung

139 § 558 a Abs. 2 BGB verlangt **nur die Benennung von Vergleichswohnungen.** Dem Mieter sollen solche Informationen gegeben werden, die es ihm erlauben, weitere Informationen einzuholen.[691] Ob diese Informationsmöglichkeit erfolgreich wahrgenommen werden konnte oder nicht, ist nicht Voraussetzung für die Wirksamkeit des Mieterhöhungsverlangens. Deshalb ist ein Mieterhöhungsverlangen, in dem der Vermieter zur Begründung auf Vergleichswohnungen Bezug nimmt, nicht bereits deshalb unwirksam, weil der oder die Mieter der Vergleichswohnungen eine **Besichtigung der Wohnung** nicht gestatten und/oder nicht bereit sind, ausreichende Auskünfte über die Wohnung zu erteilen.[692] Dies ergibt sich bereits aus dem Wortlaut der Vorschrift. Hinzu kommt, dass der Vermieter der Vertragswohnung diese Besichtigung nicht erzwingen kann[693] und zwar deshalb auch dann nicht, wenn er nur Wohnungen aus dem eigenen Bestand benannt hat und deshalb auch Vermieter der Vergleichswohnungen ist.[694] Aus dem Mietvertrag besteht kein Anspruch auf Besichtigung der Wohnung durch Dritte, die die Vergleichbarkeit der Wohnung mit ihrer eigenen Wohnung feststellen wollen. Erst recht hat der Vermieter der Vertragswohnung keinen durchsetzbaren Anspruch auf Besichtigung, wenn er selbst noch nicht einmal Vermieter der Vergleichswohnungen ist. Hier handelt es sich um eine Frage der Solidarität der Mieter untereinander.

140 Umgedreht hat der Vermieter auch keinen Anspruch gegen **andere Vermieter,** dass diese ihm **Vergleichswohnungen benennen.** Auch hier ist der Vermieter auf die Zusammenarbeit mit den

689 AG Augsburg ZMR 2008, 212.
690 **AA** AG Charlottenburg GE 1988, 467.
691 Nach *Tiefenbacher* WuM 2015, 37 kann sich eine Besichtigung zur Feststellung von Unterschieden „auszahlen".
692 OLG Schleswig NJW 1984, 245 mablAnm *Kummer* WuM 1985, 39 (41); Staudinger/*V. Emmerich* BGB § 558 a Rn. 67.
693 *Formularvertraglich vereinbarte Besichtigungs*rechte sind in der Wohnraummiete unwirksam BGH VIII ZR 289/13, NZM 2014, 635; in Gewerbemiete aber zulässig LG Hamburg ZMR 2015, 312.
694 Zum Besichtigungsrecht des Vermieters BGH VIII ZR 289/13, NZM 2014, 635 *Willems* NZM 2015, 353; *Herrlein* ZMR 2007, 247; *Schlüter* NZM 2006, 681; *Leiß* MM 2006, 1008; → BGB § 535 Rn. 206.

anderen Vermietern und deren Solidarität angewiesen. Dies wird auch bei der Erstellung von Sachverständigengutachten und Mietspiegeln deutlich. Auch der Sachverständige hat keinen durchsetzbaren Anspruch gegen Vermieter, ihm die Daten bekannt zu geben, damit er sein Gutachten erstellen kann. Er muss Überzeugungsarbeit leisten. Deshalb stellt sich ja auch die Frage nach den datenschutzrechtlichen Schutzpflichten und -möglichkeiten für die Daten, die die Sachverständigen nicht preisgeben wollen.[695] Ähnlich ist es auch bei der Mietspiegelerstellung. Auch dort sind Vermieter aber auch Mieter grds. nicht verpflichtet, bei einer Mietspiegeldatenerhebung Auskunft zu erteilen. Nach den einschlägigen Landesstatistikgesetzen[696] müsste eine solche Auskunftspflicht durch Satzung ausdrücklich angeordnet werden, was nach hiesiger Kenntnis nirgendwo geschieht.

### 5. Die Höhe der einzelnen Vergleichsmieten

Es müssen auf jeden Fall mindestens drei Wohnungen benannt werden, für die die verlangte **141**
Quadratmetermiete oder mehr gezahlt werden. Es kommt nicht auf den Durchschnitt der für die Vergleichswohnungen gezahlten Mieten an. Dies ergibt sich bereits aus einer **Auslegung nach dem Wortlaut** des § 558a Abs. 2 Nr. 4 BGB. Danach muss der Vermieter im Mieterhöhungsverlangen auf „entsprechende Entgelte" für einzelne vergleichbare Wohnungen hinweisen. Das Wort „entsprechend" ist dabei im Zusammenhang mit § 558a Abs. 1 BGB zu lesen, wonach der Vermieter seinen „Anspruch nach § 558 BGB" begründen muss. Nach § 558 Abs. 1 BGB hat der Vermieter nur Anspruch auf eine Miete, die die ortsübliche Vergleichsmiete in der Gemeinde nicht übersteigt. Daraus folgt, dass der Vermieter durch die Angabe einer Vergleichswohnung und der entsprechenden Miete sagen will, dass die für die Vergleichswohnung vereinbarte Miete „die ortsübliche Vergleichsmiete" iSd § 558 Abs. 1, 2 BGB darstellt.

Strittig ist, was zu gelten hat, wenn **zusätzlich auch noch Wohnungen** benannt werden, für die **142**
**eine geringere als die verlangte Vergleichsmiete** gezahlt wird. Nach Ansicht des BGH[697] ist es unschädlich, dass auch Wohnungen dabei sind, für die weniger gezahlt. Gemäß § 558a Abs. 2 Nr. 4 BGB hat der Vermieter, der sein Erhöhungsverlangen unter Bezugnahme auf Vergleichswohnungen begründet, drei vergleichbare Wohnungen mit „entsprechenden Entgelten" zu benennen. Der Umstand, dass der Vermieter weitere Wohnungen benannt hat, bei der die Miete nicht der verlangten Miete entspricht, sondern zwischen der bisherigen und der erhöhten Miete liegt, rechtfertige keine andere Beurteilung. Für den Senat ergibt sich auch aus dem Sinn und Zweck des Begründungserfordernisses nichts anderes. Das für ein Mieterhöhungsverlangen des Vermieters nach § 558a BGB bestehende Begründungserfordernis solle dem Mieter konkrete Hinweise auf die sachliche Berechtigung des Erhöhungsverlangens geben, damit er während der Überlegungsfrist die Berechtigung der Mieterhöhung überprüfen und sich darüber schlüssig werden kann, ob er dem Erhöhungsverlangen zustimmt oder nicht. Erfolge die Begründung anhand von Vergleichswohnungen, so soll der Mieter durch die Benennung von „einzelne(n)" Wohnungen die Möglichkeit haben, sich über die Vergleichswohnungen zu informieren und die behauptete Vergleichbarkeit nachzuprüfen.[698]

Damit hat der BGH den Rechtsentscheid des OLG Karlsruhe v. 15.12.1983[699] zumindest faktisch „aufgehoben" und der gegenteiligen Rechtsansicht[700] eine Absage erteilt. Danach musste jedes einzelne Entgelt für die Vergleichswohnungen der verlangten Miete entsprechen. Das Mieterhöhungsverlangen wurde also zwingend nach oben durch das geringste Entgelt der benannten Vergleichswohnungen begrenzt. Es sollte aber nicht ganz unwirksam sein, sondern nur hinsichtlich des überschießenden Teils.[701]

Nicht übersehen werden darf, dass das Erhöhungsverlangen in den Fällen, in denen der Vermieter **143**
zwar **mindestens drei Vergleichsmieten** benennt, die so hoch oder höher als die verlangte Miete sind, aber eben auch mindestens eine niedriger, **formell ordnungsgemäß** wäre, wenn der Vermieter schlicht **die niedriger Miete nicht benannt hätte.** Insofern ist das Ergebnis des BGH vertretbar. Übersehen werden darf aber auch nicht, dass der Vermieter selbst durch die Angabe weiterer – niedri-

[695] BGH V ZR 286/92, NJW 1994, 2899; KZR 18/90, NJW 1992, 1817 (1819); BVerfG NJW 1995, 40; 1997, 311.
[696] *Börstinghaus*/Clar Mietspiegel Rn. 398 ff.
[697] BGH VIII ZR 79/11, NZM 2012, 415.
[698] Noch deutlicher BGH III ZR 236/18, NZM 2020, 459.
[699] OLG Karlsruhe WuM 1984, 21.
[700] So auch BayObLG WuM 1984, 275; LG Berlin GE 2004, 482; AG Pinneberg AIM 2003, 163; AG Siegburg WuM 1991, 117; *Derleder* WuM 1983, 221 (223); Erman/*Dickersbach* BGB § 558a Rn. 24.
[701] OLG Karlsruhe WuM 1984, 21; AG Siegburg WuM 1991, 117; Erman/*Dickersbach* BGB § 558a Rn. 24.

gerer – Mieten zu erkennen gegeben hat, dass für vergleichbare Wohnungen auch weniger als verlangt gezahlt wird. Da die Einzelvergleichsmiete aber eine Spanne darstellt, läge die verlangte Miete auch dann noch innerhalb dieser Bandbreite. Aber selbst wenn man diese „Spanne" nicht als Bandbreite der Einzelvergleichsmiete versteht sondern als Spanne wie bei einem Mietspiegelfeld, wäre dies für die formelle Wirksamkeit des Erhöhungsverlangens noch ausreichend, § 558 a Abs. 4 S. 1 BGB analog.

### 6. Datenschutzrechtliche Fragen

144 Datenschutzrechtlich ist es zunächst **unproblematisch,** dass der Vermieter im Mieterhöhungsverlangen Vergleichswohnungen benennt. Dabei ist es unerheblich, ob er den Mieternamen mitteilt oder die Wohnung nur so genau beschreibt, dass der Mieter den Namen des Mieters anhand der angegebenen Adresse und der Lage der Wohnung im Haus leicht selbst herausfinden kann. Gemäß Art. 6 Abs. 1 c DS-GVO[702] ist die Verarbeitung solcher Daten rechtmäßig, soweit die Verarbeitung zur Erfüllung einer rechtlichen Verpflichtung, der der Verantwortliche unterliegt, erforderlich ist. Das ist bei dem Begründungszwang gem. § 558 a Abs. 2 BGB der Fall.[703]

145 Ob der Vermieter die **Mieter der Vergleichswohnungen** davon informieren muss, dass er deren Wohnung als Vergleichswohnung benannt hat, richtet sich nach Art. 13 DS-GVO oder Art. 14 DS-GVO, je nachdem, woher der Vermieter die Informationen über die Vergleichswohnungen bezogen hat. Hat er die Daten der Vergleichswohnung bei dem betroffenen Mieter selbst erhoben, kennt dieser die Datenerhebung und eine besondere Unterrichtungspflicht entfällt deshalb. Da es sich uU um die Weiterverarbeitung der Daten zu einem anderem Zweck handelt, sollte der Mieter der Vergleichswohnung von der Weitergabe der Daten im Mieterhöhungsverlangen, das mit Vergleichswohnungen begründet wird, informiert werden.[704] Hat der Vermieter die Daten von Dritten, zB aus einer Datensammlung von Maklern oder Eigentümerverbänden, muss er den Mieter der Vergleichswohnung gem. Art. 14 DS-GVO informieren.[705] Allerdings setzt auch das gem. Art. 2 Abs. 1 DS-GVO voraus, dass es sich dabei um eine ganz oder teilweise automatisierte Verarbeitung handelt. Wenn der Vermieter die Daten schlicht auf Papier festhält und dann das Mieterhöhungsverlangen schreibt, dürfte das datenschutzrechtlich irrelevant sein. Sobald er aber die Daten speichert und sei auch nur im Textverarbeitungsprogramm, muss er informieren. Fällt dem Vermieter ein Datenschutzverstoß zur Last, können Mieter nach Art. 82 DS-GVO Schadensersatz verlangen.[706] Strittig ist, ob es dabei eine Erheblichkeitsgrenze gibt. Für letztinstanzliche Gerichte besteht wegen dieser Frage die Verpflichtung zur Vorlage an den EuGH.[707]

### 7. Prozessuales

146 Bei der prozessualen Durchsetzung muss danach unterschieden werden, ob es um die **Feststellung der Wirksamkeit des Erhöhungsverlangens** geht oder um die **Feststellung der ortsüblichen Vergleichsmiete.** Neben den materiellen Anspruchsvoraussetzungen verlangen alle Mieterhöhungsmöglichkeiten des BGB auch die Einhaltung eines formalen Verfahrens zur Durchsetzung des Anspruchs. Eine formell unwirksames Mieterhöhungsverlangen löst unabhängig davon, ob materiell-rechtlich der Anspruch besteht oder nicht, regelmäßig keine Rechtsfolgen aus.[708] Nach geänderter Ansicht des BGH[709] stellt das Mieterhöhungsverlangen aber **keine besondere Sachentscheidungsvoraussetzung** einer Zustimmungsklage mehr dar, mit der Folge, dass die Klage als unzulässig abzuweisen ist.[710] Auch bei den Formalien handele es sich um eine materielle Voraussetzung der Zustimmungsanspruch, so dass die Klage bei Mängeln als unbegründet abzuweisen ist.

---

[702] Zu den Auswirkungen der Einführung der Datenschutz-GrundVO auf Mietverhältnisse: *Eisenschmid* FS Börstinghaus, 2020, 63; *Eisenschmid* NZM 2019, 313; *Zehelein* NJW 2019, 3047; *Will* WuM 2017, 502; *Storm* DWW 2018, 204; *Leonhard* AnwZert MietR 6/2021 Anm. 2; viel zu weitgehend wohl *Horst* ZAP F. 4 S. 1751.

[703] *Beck* GE 2018, 310, 312.

[704] *Will* WuM 2017, 502; *Horst* ZAP F. 4 S. 1751, 1753.

[705] *Beck* GE 2018, 310, 312; *Leonhard* AnwZert MietR 6/2021 Anm. 2.

[706] Dazu *Korch* NJW 2021, 978 mwN.

[707] BVerfG NJW 2021, 1005.

[708] BGH VIII ZR 199/04, NZM 2005, 735; *Artz* ZMR 2006, 165.

[709] BGH VIII ZR 355/18 NZM 2020, 534 = NJW 2020, 1947 mAnm. *Börstinghaus* NZM 2020, 541; *Börstinghaus LMK 2020, 430371; Happ* DWW 2020, 219.

[710] BGH VIII ARZ 1/82, BGHZ 84, 392 (399); VIII ZR 234/03, NZM 2004, 581; VIII ZR 212/05, NJW-RR 2006, 1305; VIII ZR 331/06, NJW 2008, 848; VIII ZR 413/12, NZM 2014, 236 = NJW 2014, 1173; VIII ZR 136/17, NJW 2018, 2792; VIII ZR 190/17, WuM 2018, 509.

Ein formell ordnungsgemäßes Mieterhöhungsverlangen setzt bei der Begründung mit Vergleichswohnungen zum einen voraus, dass die Angaben im Mieterhöhungsverlangen ausreichend und wahr (→ Rn. 100) sind. Dies zu beurteilen ist eine Rechtsfrage, die das Gericht ohne Beweisaufnahmen beantworten kann. Außerdem setzt ein wirksames Mieterhöhungsverlangen voraus, dass mindestens drei Vergleichswohnungen unter Berücksichtigung einer Gesamtschau der Wohnwertmerkmale mit der Vertragswohnung vergleichbar sind. Dies wird vom Vermieter durch Angabe dieser Wohnungen gerade behauptet und zwar selbst bei fehlendem ausdrücklichem Sachvortrag zumindest konkludent. **Bestreitet der Mieter im Zustimmungsverfahren die Vergleichbarkeit,** so muss über die Frage der Vergleichbarkeit Beweis erhoben werden.[711] Einfaches Bestreiten genügt hier aber nicht, da den Mieter eine Informationspflicht trifft. Er muss sich erkundigen, ob die Vergleichswohnungen vergleichbar sind. Würde man einfaches Bestreiten ausreichen lassen, hätte der Vermieter im Prozess doch wieder die Verpflichtung, die Vergleichbarkeit der Wohnungen substantiiert darzustellen. Da das Begründungserfordernis aber nur das Mieterhöhungsverlangen betrifft, reicht auch im Prozess für den Vermietersachvortrag die Behauptung aus, er habe in einem Mieterhöhungsverlangen auf mindestens drei näher bezeichnete Wohnungen hingewiesen und diese seien vergleichbar. Nunmehr ist es Sache des Mieters, diesen Sachvortrag zu bestreiten, dh der Mieter muss vortragen, hinsichtlich welcher Wohnwertmerkmale es an einer Vergleichbarkeit der Wohnungen fehlt. Wenn das Gericht der Auffassung ist, dass unter Berücksichtigung der vom Mieter dargelegten und vom Vermieter wiederum bestrittenen Wohnwertunterschiede eine Vergleichbarkeit dieser Vergleichswohnungen tatsächlich nicht gegeben ist, bedeutet dies noch nicht zwingend, dass das Bestreiten des Mieters tatsächlich erheblich ist. Erheblich ist der Sachvortrag des Mieters nämlich dann noch nicht, wenn auch nach seinem Sachvortrag noch mindestens drei andere der benannten Vergleichswohnungen vergleichbar sind. Dann ist das Mieterhöhungsverlangen wirksam und das Gericht muss, wenn nicht andere Unwirksamkeitsgründe vorliegen, über die materiellen Rechtsfragen entscheiden. Nur wenn der Mieter bei so vielen Vergleichswohnungen die Vergleichbarkeit qualifiziert bestreitet, dass weniger als drei Vergleichswohnungen übrigbleiben, stellt sich die Frage der Art der Beweiserhebung und der Beweislast. Anzuwenden sind auch auf die Frage der Wirksamkeit des Mieterhöhungsverlangens die Regeln des **Strengbeweises.** Das war bisher schon so[712], gilt aber jetzt, wo der BGH[713] ein formell ordnungsgemäßes Erhöhungsverlangen nicht mehrr als besondere Sachentscheidungsvoraussetzung ansieht, erst recht. Letztendlich geht es auch bei der Frage der Wirksamkeit des Mieterhöhungsverlangens um materiell-rechtliche Fragen, nämlich ob die benannten Wohnungen nach den Wohnwertmerkmalen des § 558 Abs. 2 BGB vergleichbar sind. Das Gericht darf deshalb auch die Frage der Wirksamkeit des Mieterhöhungsverlangens nur im Rahmen der Beweisantritte der jeweils beweisbelasteten Partei aufklären. **147**

Die **Beweislast** trägt **der Vermieter.**[714] Als Beweismittel kommt zunächst für die Frage der Vergleichbarkeit der Wohnungen die richterliche Inaugenscheinnahme in Betracht. Diese ist aber nur mit Zustimmung des Mieters der Vergleichswohnung zulässig,[715] und zwar selbst dann, wenn der klagende Vermieter zugleich der Vermieter der Vergleichswohnung ist. Allein seine Stellung als Vermieter berechtigt ihn nicht, die Wohnung zu besichtigen. Er hat noch nicht einmal einen durchsetzbaren Anspruch auf Duldung der Besichtigung durch das Gericht. Die Einverständniserklärung muss der Vermieter als beweisbelastete Partei vorlegen. Sie ist nicht vom Amts wegen durch das Gericht einzuholen, wie zB eine Aussagegenehmigung. Möglich ist aber in dem Fall, dass der Mieter der Vergleichswohnung die Besichtigung nicht gestattet, die Benennung dieses Mieters als Zeugen; ggf. kommt auch die Benennung des Vermieters der Vergleichswohnung als Zeuge in Betracht. Letzteres ist neben der Urkundenvorlage auch ein geeignetes Beweismittel, wenn die Höhe der Miete für die Vergleichswohnungen im Streit steht. Der Vermieter der Vergleichswohnung ist aber dann kein geeignetes Beweismittel, wenn er mit dem klagenden Vermieter identisch ist. Dann ist er in der Parteirolle und kann nicht zugleich Zeuge sein. Das Gericht hat aber nur die Zeugen zu vernehmen, die die beweisbelastete Partei benannt hat. Ein Sachverständigengutachten über die Ver- **148**

---

711 *Sternel* MietR Kap. IV Rn. 254; **aA** BayObLG WuM 1985, 53; LG Berlin GE 2002, 1061 wonach allein die Benennung von drei Vergleichswohnungen für die Zulässigkeit ausreichen soll. Ob die Wohnungen tatsächlich vergleichbar sind, sei eine Frage der Begründetheit.

712 Zur Streitfrage Vorauflage § 558a Rn. 147.

713 BGH VIII ZR 355/18 NZM 2020, 534 = NJW 2020, 1947 mAnm. *Börstinghaus* NZM 2020, 541.

714 AG Karlsruhe WuM 1990, 222; Staudinger/*Emmerich* BGB § 558b Rn. 28.

715 Staudinger/*V. Emmerich* BGB § 558a Rn. 67.

gleichbarkeit der Wohnungen scheidet idR aus.[716] Ein Sachverständiger ist nur dann zu beauftragen, wenn das Gericht nicht auf Grund eigener Sachkunde die erforderlichen Feststellungen treffen kann. Die Feststellung, ob Wohnungen im Wesentlichen vergleichbar sind, ist aber eine Feststellung, die ohne weitere besondere Sachkunde durch das Gericht getroffen werden kann.

149 Soweit es um die **Feststellung der ortsüblichen Vergleichsmiete** im Zustimmungsprozess geht, sind die mindestens drei Wohnungen, die der Vermieter im Mieterhöhungsverlangen angegeben hat, **kein Beweismittel.**[717] Es muss klar unterschieden werden zwischen der Begründung des Mieterhöhungsverlangens und der Feststellung der ortsüblichen Vergleichsmiete. Letztere muss das Gericht unter Ausschöpfung aller zivilprozessual zulässigen Beweismittel ermitteln. Eine Beschränkung auf die vom Vermieter im Erhöhungsverlangen gewählten Begründungsmittel findet nicht statt.[718] Es ist auch dogmatisch falsch, die für die Vergleichswohnungen gezahlten Mieten mit dem Begriff der ortsüblichen Vergleichsmiete gleichzusetzen. Zwar kann rein theoretisch die ortsübliche Vergleichsmiete genau der maßgeblich (→ Rn. 142) niedrigsten benannten Vergleichsmiete entsprechen, dies ist aber sehr unwahrscheinlich. Wenn es aber unwahrscheinlich ist, dass diese Werte den materiellen Begriff der ortsüblichen Vergleichswohnungen richtig wiedergeben, dann kann man die Werte der Vergleichswohnungen auch nicht als Beweismittel hierfür heranziehen, noch nicht einmal als Indiz. Drei Wohnungen aus einem weder vom genauen Umfang noch von seiner Zusammensetzung her bekannten Wohnungsmarkt können zur Überzeugungsbildung des Gerichts gar nichts beitragen. Hierzu sind weitere Angaben erforderlich, die einen Rückschluss auf die **Repräsentativität der Daten** zulassen. Ein Indiz liegt aber nur dann vor, wenn es den Rückschluss auf die zu beweisende Haupttatsache zulässt. Da es sich bei der ortsüblichen Vergleichsmiete um einen repräsentativen Querschnitt vergleichbarer Wohnungen in der Gemeinde handelt, bei denen zudem noch eine Mietvereinbarung innerhalb der letzten sechs Jahre getroffen worden ist, können drei Wohnungen zu dem zu ermittelnden Wert keinerlei Überzeugungsbildung leisten. Die drei Wohnungen können Extremwerte sein, ohne dass es eine Möglichkeit gibt, dies festzustellen oder gar zu bewerten. Deshalb schon sind die drei Vergleichswohnungen für die Ermittlung der ortsüblichen Vergleichsmiete im Prozess ungeeignet. Sie könnten iÜ nur im Rahmen einer richterlichen Inaugenscheinnahme als Beweismittel berücksichtigt werden, was aber bedeuteten würde, dass man mittels richterlicher Inaugenscheinnahme den unbestimmten Rechtsbegriff der „ortsüblichen Vergleichsmiete" überhaupt ermitteln kann. Das ist jedoch ebenfalls nicht der Fall, da die Feststellung der ortsüblichen Vergleichsmiete vor allem eine **empirische Tatsachenfeststellung** ist.

### VI. Sonstige Begründungsmittel

150 Der Vermieter ist nicht auf die fünf[719] in § 558a Abs. 2 BGB aufgezählten Begründungsmittel beschränkt. Wie sich aus dem Wortlaut des § 558a Abs. 2 BGB ergibt, kann „insbesondere" auf diese fünf Begründungsmittel zurückgegriffen werden. Daraus ergibt sich eindeutig, dass die Aufzählung nicht abschließend ist.[720] Es handelt sich um eine **beispielhafte,** nicht aber um eine abschließende **Aufzählung.** Zugelassen sind alle Begründungsmöglichkeiten, wenn sie nur geeignet sind, dem Mieter die für seine Entschließung erforderliche Information zu geben.[721]

151 Erforderlich ist zunächst, dass **überhaupt ein Begründungsmittel** verwandt wird. Hierfür ist erforderlich, dass die gewählte Begründung dem Mieter konkrete Hinweise auf die sachliche Berechtigung des Erhöhungsverlangens gibt, damit er während der Überlegungsfrist die Berechtigung der Mieterhöhung überprüfen und sich darüber schlüssig werden kann, ob er dem Erhöhungsverlangen zustimmt oder nicht.[722] Wie auch bei allen anderen im Gesetz aufgezählten Begründungsmitteln dürfen dabei in formeller Hinsicht im Hinblick auf das Grundrecht des Vermieters aus Art. 14 GG zwar keine überhöhten Anforderungen gestellt werden[723]; allerdings müssen

[716] BayObLG WuM 1985, 53.
[717] LG Berlin GE 2004, 482; AG Berlin-Mitte GE 2016, 593.
[718] LG Essen WuM 1991, 120; LG Hamburg WuM 1990, 31.
[719] Wenn man die Bezugnahme auf einfache und qualifizierte Mietspiegel jeweils als eigenes Begründungsmittel zählt.
[720] BGH VIII ZR 413/12, NJW 2014, 1173; LG Hamburg NJW-Spezial 2013, 707; *Fleindl* ZMR 2014, 268; *Ruge AnwZert MietR 10/2014 Anm. 2.*
[721] BT-Drs. 7/2011, 10; BGH VIII ZR 413/12, NJW 2014, 1173; BVerfG NJW 1980, 1817.
[722] BGH VIII ZR 413/12, NJW 2014, 1173.
[723] BVerfGE 49, 244 (249); BGH VIII ZR 52/03, NJW 2004, 1379; Staudinger/*V. Emmerich* BGB § 558a Rn. 78.

auch die sonstigen Begründungsmittel in formeller Hinsicht Angaben über die Tatsachen enthalten, aus denen der Vermieter die Berechtigung der geforderten Mieterhöhung herleitet, und zwar in dem Umfang, wie der Mieter solche Angaben benötigt, um der Berechtigung des Erhöhungsverlangens nachgehen und diese zumindest ansatzweise überprüfen zu können.[724] Hinweise auf entsprechende **Anzeigen in der örtlichen Tagespresse** reichen nicht aus, da sie weder überprüfbar sind noch feststeht, dass die dort verlangten Mieten auch tatsächlich später erzielt wurden.[725] Das gilt auch für Vergleichsdaten aus einem Internet-Vermittlungsportal.[726] Diese Daten beziehen sich nicht unbedingt nur auf eine Gemeinde. Es werden, wie bei Anzeigen, nur Preiserwartungen ausgewertet, ohne Rücksicht, ob die angebotene Wohnung zu dem Preis auch vermietet wurde. Unerheblich ist, dass kein Durchschnittswert der letzten sechs Jahre gebildet wird. Das ist bei Vergleichswohnungen auch nicht der Fall.[727] Begründungen des Vermieters, die sich lediglich auf seine Aufwendungen oder sonst gestiegenen Kosten beziehen, sind ebenfalls nicht ausreichend.[728] Deshalb sind auch **Wirtschaftlichkeits- oder Rentabilitätsberechnungen**[729] oder **Wertermittlungsgutachten**[730] des Vermieters hinsichtlich des Mietobjekts ungeeignet. Das Gleiche gilt für Begründungen, die mit dem Wohnungsmarkt in der Gemeinde nichts zu tun haben, zB der Hinweis auf gestiegene **Lebenshaltungskostenindices,** selbst wenn es sich um den Mietenindex handeln sollte, da diese Angaben entweder nicht ausschließlich Wohnungsmieten betreffen[731] und schließlich überhaupt nicht nach den Wohnwertmerkmalen des § 558 Abs. 2 BGB differenzieren, von der zeitlichen Beschränkung der zu erfassenden Mieten ganz zu schweigen. Das Gleiche gilt für Baukostenindices, da die Baukosten über die Wohnungsmieten im Bestand gar nichts aussagen. Auch die **Wohngeldstatistik**[732] ist ein ungeeignetes Begründungsmittel, da gerade die Wohngeldempfänger nicht repräsentativ für alle Wohnungsmieter sind. Hier ist eine Selektion nach dem zulässigen subjektiven Merkmal des Familieneinkommens vorgenommen worden. Zudem sind für den Mieter die Angaben nicht überprüfbar und die Daten beziehen sich idR auf andere räumliche Gebiete. Eine andere Frage ist, ob die Wohngeldstatistik bei der Ermittlung der ortsüblichen Vergleichsmiete im Wege der Schätzung gem. § 287 ZPO[733] oder bei der Aufstellung des Mietspiegels[734] herangezogen werden darf.

Das sonstige Begründungsmittel muss mindestens so geeignet sein, wie das schlechteste der fünf vom Gesetzgeber vorgesehenen **Regelbegründungsmittel.**[735] Das ist die Begründung mit drei Vergleichswohnungen. Zumindest werden hier aber drei ganz konkrete Mietverhältnisse angegeben, die der Mieter sowohl hinsichtlich der Vergleichbarkeit wie auch hinsichtlich der Höhe der vereinbarten Miete überprüfen kann. An diesem **Maßstab** sind die sonstigen Beweismittel zu messen. Auch wenn die Anforderungen deshalb nicht allzu hoch sind[736], kann nicht jede Übersicht über Mieten in einer Gemeinde herangezogen werden. Übersichten der Makler wie zB der **„VDM-Preisspiegel für Wohn- und Anlageimmobilien"**, der **„RDM-Immobilienspiegel"** oder der **„ivd-Immobilienspiegel"** sind keine geeigneten Begründungsmittel.[737] In diesen Übersichten werden zum einen nur Neuvertragsmieten ausgewiesen, was aber für sich genommen nicht schädlich ist, da auch bei den drei Vergleichsmieten idR die hohen Neuvertragsmieten herangezogen werden. Die Daten für diese Übersichten werden aber weder repräsentativ erhoben und vor allem nur bei Opportunität veröffentlicht, also wenn die Verbände daran ein Interesse 152

---

[724] BGH VIII ZR 413/12, NJW 2014, 1173.
[725] LG Köln WuM 1974, 10; *Lenhard* DWW 1974, 228.
[726] AG München WuM 2018, 773.
[727] **AA** AG München WuM 2018, 773, 774.
[728] LG Gießen WuM 1975, 16; LG Köln WuM 1974, 10; AG Rheine WuM 1974, 84; Staudinger/*V. Emmerich* BGB § 558a Rn. 78.
[729] LG Stuttgart WuM 1974, 83; AG Holzminden WuM 1973, 171.
[730] LG Gera WuM 2002, 497; LG Mönchengladbach WuM 1993, 197; AG Köln WuM 1998, 379; HWE MietR-HdB/*Emmert,* 5. Aufl. 2013, § 12 Rn. 75.
[731] AG München WuM 1972, 143; AG Backnang WuM 1973, 48.
[732] **AA** LG Hamburg WuM 1978; 146; HWE MietR-HdB/*Emmert* § 12 Rn. 74.
[733] Dafür LG Hamburg ZMR 1977, 88, WuM 1978, 146; AG Hamburg WuM 1978, 73; Staudinger/*V. Emmerich* BGB § 558a Rn. 77 ist sogar der Auffassung, dass die Wohngeldstatistik ein zulässiges sonstiges Begründungsmittel darstellt. Zum erforderlichen Grad der Überzeugungsbildung des Gerichts s. Staudinger/*V. Emmerich* BGB § 558b Rn. 98.
[734] LG Bochum WuM 1982, 18; LG Hamburg WuM 1978, 146.
[735] AG München WuM 1977, 212.
[736] So auch Staudinger/*V. Emmerich* BGB § 558a Rn. 76.
[737] Zum „MietPreisCheck" von immobilienscout24 s. → Rn. 151.

haben.[738] Hinzukommt, dass für den Mieter keinerlei Möglichkeit der Überprüfung besteht. Dies ist zwar bei Mietspiegeln auch der Fall, hier hat aber der Gesetzgeber durch die Person des Mietspiegelaufstellers eine gewisse Richtigkeitsgewähr sicherstellen wollen. Auch die entsprechenden **Übersichten der Finanzämter**[739] bzw. der Staatshochbauämter[740] sind deshalb ungeeignet. Diese Datensammlungen orientieren sich an entsprechenden Tatbestandsvoraussetzungen des öffentlichen Rechts, sind für den Mieter nicht überprüfbar und differenzieren nicht nach den Wohnwertmerkmalen. Auskünfte der Gemeinde sind kein geeignetes Begründungsmittel.[741] Zum einen haben diese Ämter idR gar keine Daten, um solche Auskünfte zu erteilen und zum anderen kann der Mieter diese Angaben nicht nachprüfen, da jegliche Befundtatsachen, die der Auskunft zu Grunde liegen, fehlen.

153 Auf der anderen Seite genügen alle diese Begründungsmittel, die dem Mieter anhand von Einzeltatsachen nachvollziehbar einen Anhaltspunkt über die Höhe der ortsüblichen Vergleichsmiete geben. Hierzu zählen zB **Urteile,** in denen der Rechenweg zur Ermittlung der ortsübliche Vergleichsmiete für die konkrete Wohnung in der Vergangenheit dargelegt wurde[742] oder in denen aktuell die Höhe der ortsüblichen Vergleichsmiete für vergleichbaren Wohnraum[743] festgestellt wurde oder auch entsprechende Sachverständigengutachten,[744] zB wenn sie als sog. **Typgutachten**[745] nicht als Gutachten gem. § 558a Abs. 2 Nr. 3 BGB anerkannt werden. Darunter fallen vor allem Gutachten für andere vergleichbare Wohnungen, die der Sachverständige nicht besichtigt hat. Ein solches Gutachten ist aber nur dann ein sonstiges Begründungsmittel, wenn die im Gutachten beschriebene Wohnung und die konkrete Wohnung vergleichbar sind. Hier gelten ähnliche Anforderungen wie bei dem Begründungsmittel „Vergleichswohnungen". Mit einem Gutachten für sanierte Wohnungen kann man deshalb keine Mieterhöhung für unsanierte Wohnungen begründen.[746] Der Vermieter kann das Zustimmungsverlangen zur Mieterhöhung auch durch Bezugnahme auf ein Sachverständigengutachten begründen, das in einem anderweitigen gerichtlichen Verfahren eingeholt worden ist. Erforderlich ist lediglich, dass die beiden Wohnungen ungefähr vergleichbar sind.[747] Entscheidend ist aber, dass der Gutachter mit Mietpreisbewertung zumindest auch befasst ist. Deshalb reicht ein Gutachten eines Sachverständigen für das Bauhandwerk weder als Sachverständigengutachten iSd § 558a Abs. 2 Nr. 3 BGB noch als sonstiges Begründungsmittel aus.[748] Das Gesetz hat in § 558a Abs. 2 Nr. 3 BGB die Voraussetzungen für ein Gutachten als Begründungsmittel aufgeführt. Es ist nicht möglich, diese Anforderungen dadurch zu umgehen, dass man Gutachten, die diese Voraussetzungen nicht erfüllen, als „sonstige Begründungsmittel" zulässt.[749] Anders sieht es mit einem Gutachten eines **örtlich zuständigen Gutachterausschusses** aus. Ein solches Gutachten stellt ein geeignetes sonstiges Begründungsmittel dar,[750] da die Gutachterausschüsse auf Grund ihrer personellen Ausstattung und organisatorischen Anbindung völlig unabhängig und auf Grund ihrer ständigen Befassung mit Grundstücksbewertungen und der Sammlung von Werten aus Verkaufsfällen auch sachlich geeignet sind. In einigen Gemeinden erstellen die Gutachterausschüsse deshalb auch den Mietspiegel oder sind an der Mietspiegelerstellung zumindest beteiligt. Ungeeignet sind gerichtliche Vergleiche, da sie keinerlei Tatsachenfeststellungen zur Berechnung der Miete enthalten.[751]

---

[738] Staudinger/*V. Emmerich* BGB § 558a Rn. 78.
[739] LG Aurich WuM 1990, 222; LG Limburg WuM 1987, 29; **aA** AG Büdingen WuM 1989, 81; HWE MietR-HdB/*Emmert* § 12 Rn. 74.
[740] AG Friedberg WuM 1986, 322.
[741] LG Ludwigsburg WuM 2017, 93 (94); AG München WuM 1977, 212; AG Fürth/Odenwald WuM 1973, 102; AG Backnang WuM 1973, 48.
[742] LG Hamburg NJW-Spezial 2013, 707.
[743] HWE MietR-HdB/*Emmert* § 12 Rn. 74.
[744] LG Nürnberg NJW-RR 1991, 13.
[745] BGH VIII ZR 122/09, WuM 2010, 504 = NZM 2010, 576.
[746] AG Berlin-Mitte GE 2008, 337 mAnm *Kinne* GE 2008, 303.
[747] LG Mannheim WuM 1986, 223.
[748] OLG Oldenburg WuM 1981, 55; LG Bückeburg WuM 1980, 12.
[749] LG Mönchengladbach WuM 1993, 197; LG Gera WuM 2002, 497 für nicht anwendbaren Mietspiegel; AG Aachen WuM 1991, 559 für Gutachten eines habilitierten Architekten; **aA** AG Kelheim NZM 1999, 309; *Sternel MietR Kap. III Rn.* 672.
[750] LG München ZMR 1994, 22.
[751] *Ruge* AnwZertMietR 10/2014 Anm. 2, der aber entsprechende vertragliche Gestaltungen im Vergleich für zulässig erachtet.

Wenn die vom Vermieter als sonstiges Begründungsmittel benutzten Unterlagen nicht kostenlos zugänglich sind, was idR nicht der Fall sein dürfte, muss der Vermieter diese Unterlagen dem Mieterhöhungsverlangen **beifügen,**[752] anderenfalls ist das Erhöhungsverlangen nicht wirksam. **154**

## D. Besonderheiten in Gemeinden mit qualifiziertem Mietspiegel (Abs. 3)

Besonderheiten gelten für den sog. qualifizierten Mietspiegel, dazu § 558 d BGB. Soweit der Vermieter sein Erhöhungsverlangen mit den Werten eines qualifizierten Mietspiegels begründet gelten keinerlei Besonderheiten. Etwas anderes gilt aber dann, wenn der Vermieter in einer Gemeinde, in der es einen qualifizierten Mietspiegel gibt, ein anderes Begründungsmittel verwendet. Für diesen Fall enthält § 558 a Abs. 3 BGB ein **zusätzliches Begründungserfordernis.** Nach dem bis 31.8.2001 geltenden Recht standen die Begründungsmittel Mietspiegel, Sachverständigengutachten und der Hinweis auf drei Vergleichswohnungen den Vermietern gleichberechtigt zur Verfügung. Nach Ansicht des Gesetzgebers entsprach das jedoch nicht dem jeweiligen Aussagewert über die ortsübliche Vergleichsmiete. Nur der Mietspiegel sei wegen seiner breiten Datenbasis geeignet, das Mietpreisniveau einer Gemeinde realitätsnah abzubilden. Auf Grund der besonderen Richtigkeitsgewähr kommt nach dem gesetzgeberischen Willen den qualifizierten Mietspiegeln[753] ein Vorrang im Rahmen der möglichen Begründungsmittel zu. **155**

### I. Geschichtliche Entwicklung der Vorschrift

Um die heutige Fassung des Gesetzes zu verstehen, muss man die **Gesetzgebungsgeschichte** betrachten. Der Wortlaut der Vorschrift hat sich im Laufe des Gesetzgebungsverfahrens immer wieder geändert. **156**

Die Vorschrift geht auf einen Vorschlag der Bund-Länder-Arbeitsgruppe „Mietrechtsvereinfachung" zurück, den der Entwurf für ein Mietrechtsneuordnungsgesetz übernommen hatte. In § 560 a BGB-Vereinfachungsentwurf hieß es noch: „*Enthält ein qualifizierter Mietspiegel Angaben für die Wohnungen, so kann **nur** auf diesen Mietspiegel Bezug genommen werden.*" Durch diese Regelung war dem Vermieter zur Begründung seines Mieterhöhungsverlangens der Rückgriff auf drei Vergleichswohnungen oder ein Sachverständigengutachten versagt. Das hätte zwingend eine Mietpreisbegrenzung zur Folge gehabt, da kein Gericht die Richtigkeit des Mietspiegels hätte überprüfen können. Ein Mieterhöhungsverlangen, in dem der Vermieter eine Miete verlangt hätte, die über den Werten des Mietspiegels gelegen hätte, wäre unzulässig gewesen, so dass es auf die materielle Berechtigung gar nicht angekommen wäre. Deshalb wäre diese Regelung **verfassungswidrig** gewesen.[754] **157**

Um die verfassungsrechtliche Problematik zu entschärfen, wurde dann im Referentenentwurf des § 558 a BGB-Referentenentwurf folgende Formulierung vorgeschlagen: „*Enthält ein qualifizierter Mietspiegel (§ 558 d Abs. 1), bei dem die Vorschrift des § 558 d Abs. 2 eingehalten ist, Angaben für die Wohnung, so ist **jedenfalls** hierauf Bezug zu nehmen*". Dies sollte dazu dienen, das Mieterhöhungsverfahren einfacher, transparenter und weniger streitträchtig zu machen. Trotz Vorliegens eines qualifizierten Mietspiegels wurde dem Vermieter nach diesem Vorschlag allerdings nicht die Möglichkeit genommen, sein Mieterhöhungsverlangen auch auf andere Begründungsmittel zu stützen[755], namentlich wenn er der Auffassung ist, dass der qualifizierte Mietspiegel nicht die ortsübliche Vergleichsmiete wiedergibt und er eine höhere Mieterhöhung geltend machen will. Die Informationen aus dem qualifizierten Mietspiegel sollten dem Mieter **nur eine Kontrolle** ermöglichen. **158**

Dieser Vorschlag wurde mit einer kleinen sprachlichen Änderung dann Gesetz. **159**

---

[752] Staudinger/*V. Emmerich* BGB § 558 a Rn. 77.

[753] Und nach den ersten Vorschlägen auch einer Auskunft aus einer qualifizierten Mietdatenbank, die dann aber nicht weiterverfolgt wurden.

[754] So auch *Hinkelmann,* Die ortsübliche Miete, 1999, 156; *Beuermann* GE 2000, 935 (936) hält diese Regelung für konsequenter, ohne auf die verfassungsrechtliche Problematik einzugehen.

[755] LG Berlin GE 2016, 1383.

### II. Kritik an der Regelung

160 Die Regelung wird zu Recht **stark kritisiert.**[756] Sie widerspricht insbes. auch dem Grundansatz der Mietrechtsreform 2001, das Mietrecht zu vereinfachen. Bereits die Überlegungen der Bund-Länder-Arbeitsgruppe gingen von falschen Voraussetzungen aus. Nach einer von der Bundesregierung in Auftrag gegebenen empirischen Untersuchung des Instituts für Stadtforschung und Strukturpolitik GmbH[757] führen nur ca. 2–3% aller Mieterhöhungsverlangen zu einem Prozess. Diese Untersuchung lag der Bund-Ländergruppe Mietrechtsvereinfachung bei der Formulierung ihres Textvorschlages noch nicht vor, da sie erst kurze Zeit später veröffentlicht wurde, so dass der Vorschlag, qualifizierte Mietspiegel einzuführen ohne diesen empirischen Hintergrund erfolgte. Da der Vorschlag dann in der Welt war, wurde er ohne Rücksicht auf die neueren empirischen Forschungen ausschließlich aus politischen Gründen weiterverfolgt. **Politisch gewollt** ist es, den Vermieter von Mieterhöhungsverlangen über die Werte eines qualifizierten Mietspiegels abzuhalten ohne dass es zu einer verfassungsrechtlichen Prüfung kommt.[758] Dazu wird es dem Vermieter zugemutet, dem Mieter im Erhöhungsverlangen bereits Argumente gegen den gerade geltend gemachten Anspruch zu liefern. Dadurch wurde das Ziel auch erreicht.[759] Es werden aber weiterhin ernstzunehmende verfassungsrechtliche Bedenken gegen die Regelung geäußert.[760]

### III. Voraussetzungen für die Hinweispflicht

161 **Voraussetzung für die Anwendung** des § 558a Abs. 3 BGB ist, dass es für die Gemeinde einen qualifizierten Mietspiegel gibt, der Angaben für die Wohnung des Mieters enthält.[761] Es muss also zunächst einen qualifizierten Mietspiegel für die Gemeinde geben. Zu den Voraussetzungen siehe § 558d BGB. Dieser Mietspiegel muss aber auch „Angaben für die Wohnung" enthalten. Mietspiegel enthalten nur Werte für vergleichbare Wohnungen. Zu verstehen ist die Vorschriften deshalb so, dass nach der jeweiligen Gliederung des Mietspiegels die konkrete **Vertragswohnung in diesen Mietspiegel eingruppiert werden kann** und für die Art von Wohnung auch eine Vergleichsmiete enthält. Dies ist bei einem Tabellenmietspiegel dann nicht der Fall, wenn das entsprechende Mietspiegelfeld leer ist. Dies kann zB dann der Fall sein, wenn der Mietspiegel Werte für Wohnungen dieser Art generell nicht enthält (zB Einfamilienhäuser, Zweifamilienhäuser, Penthouse-Wohnungen usw.) oder wenn dieser Art von Wohnungen zwar erfasst werden, aber trotzdem für die konkrete Kombination von Beschaffenheit (= Baualter), Größe, Ausstattung und Lage keine Werte ausgewiesen werden. Dies kann dann möglich sein, wenn die Merkmalskombination so einzigartig ist, dass es keine weiteren vergleichbaren Wohnungen mehr gibt. Problematisch sind die Mietspiegelfelder, die zwar einen Wert enthalten, aber durch eine Fußnote zu erkennen geben, dass diesen Feldern **nur eine geringe Feldbesetzung zu Grunde liegt.** Durch diesen Zusatz gibt der jeweilige Mietspiegelersteller bereits zu erkennen, dass die Aussagekraft dieser Felder eingeschränkt ist. Wegen der weitreichenden Folgen an das Vorliegen eines qualifizierten Mietspiegels muss man solche sog. **„Sternchen-Felder"** nicht als qualifizierte Mietspiegelfelder behandeln.[762] Dies gilt aber nur für diese besonderen Felder. Hierbei handelt es sich dann bzgl. dieses Feldes um einen einfachen Mietspiegel.[763] In der Regel sind solche Felder als Schätzungsgrundlage geeignet[764] und einem Sachverständigengutachten über-

---

756 *Langenberg* NZM 2001, 212; *Upmeier* WuM 2000, 445; *Jahn* NZM 2000, 9; *Börstinghaus* NZM 2000, 1087; NZM 2002, 273; **aA** *Eisenschmid* NZM 2001, 11.

757 IfS, Auswirkungen mietrechtlicher Regelungen auf die Mietenentwicklung und die Wohnungsversorgung, 1996.

758 Zweifel an der Verfassungsgemäßheit hat Bamberger/Roth/*Schüller* BGB § 558a Rn. 21.

759 *Paschke* GE 2012, 1072 (1077).

760 Bub/Treier MietR-HdB/*Schultz* Kap. III A Rn. 1242; Bamberger/Roth/*Schüller* BGB § 558a Rn. 21; offen gelassen von MüKoBGB/*Artz* § 558a Rn. 38.

761 AG Lichtenhagen MM 9/2012, 29.

762 KG GE 2010, 60; NZM 2009, 544 mAnm *Börstinghaus* jurisPR-MietR 14/2009 Anm. 4; LG Berlin GE 2015, 127; 2014, 463; *Schach* GE 2009, 1011; *Paschke* GE 2012, 1072 (1074); **aA** *Ulbricht* DS 2012, 197.

763 LG Hamburg ZMR 2014, 646 bei Feldbesetzung von 18.

764 KG GE 2010, 60; 2009, 1044; LG Berlin GE 2013, 359 (MSP 2011 Feld 61); AG Mitte GE 2014, 1013 (MSP 2013 Feld D7); **aA** LG Berlin GE 2012, 1043 (MSP Berlin 2005 Feld L6).

legen.[765] Das soll insbes. dann gelten, wenn nur wenige statistische Werte vorliegen und die Spanne zwischen Ober- und Unterwert besonders groß ist.

Der **Wortlaut** der Vorschrift ist insofern **missverständlich,**[766] als er die Hinweispflicht an das Vorliegen eines qualifizierten Mietspiegels knüpft, *bei dem die Vorschrift des § 558d Abs. 2 BGB eingehalten ist.* Das könnte so verstanden werden, dass der Mietspiegel mindestens einmal fortgeschrieben worden sein muss, damit auf seine Werte hingewiesen werden muss. Dies entspricht aber **nicht dem Sinn und Zweck der Vorschrift.** Auch auf die **Werte eines neuen qualifizierten Mietspiegels,** der nach § 558d Abs. 2 BGB noch gar nicht fortgeschrieben werden muss, muss hingewiesen werden.[767] Ein neu aufgestellter qualifizierter Mietspiegel lässt viel eher vermuten, dass seine Werte die ortsübliche Vergleichsmiete richtiger wiedergeben als ein ggf. mit einem Index pauschal fortgeschriebener qualifizierter Mietspiegel. Von besonderer Bedeutung ist hier die Frage, wann die Zweijahresfrist des § 558d Abs. 2 BGB abläuft, also wann der Mietspiegel fortgeschrieben werden muss. Zu dieser Streitfrage siehe § 558d BGB. 162

## IV. Umfang des Hinweises

Liegt ein qualifizierter Mietspiegel vor und enthält dieser Angaben zu der konkreten Wohnung, so hat der Vermieter die Angaben aus dem qualifizierten Mietspiegel in seinem Mieterhöhungsverlangen dem Mieter mitzuteilen. Der Vermieter ist aber weiterhin in der **Wahl seines Begründungsmittels frei,** wenn ein qualifizierter Mietspiegel vorliegt; er muss dem Mieter die entsprechenden Angaben nur (zusätzlich) mitteilen.[768] Das Gesetz verlangt nur, dass der Vermieter dem Mieter im Mieterhöhungsverlangen die „Angaben für die Wohnung“ aus dem qualifizierten Mietspiegel mitteilt. Der Vermieter hat die Angaben des Mietspiegels zur Wohnung, auf die er sein Erhöhungsverlangen stützt, dem Mieter im Mieterhöhungsverlangen mitzuteilen.[769] Es genügt nicht, wenn die Werte des qualifizierten Mietspiegels im vorprozessualen und dem Mieter mitgeteilten Sachverständigengutachten enthalten sind.[770] Es muss weder der gesamte Mietspiegel mitgeteilt werden noch muss der qualifizierte Mietspiegel in einem Fall, in dem sich der Vermieter gerade nicht auf diesen qualifizierten Mietspiegel als Begründungsmittel stützt, beigefügt werden.[771] Enthält der Mietspiegel eine Spanne, so **genügt die Mitteilung der Spanne.**[772] Das ergibt sich aus einem Argumentum a fortiori. Wenn schon bei der Begründung eines Mieterhöhungsverlangens mit einem qualifizierten Mietspiegel nur die Spanne mitgeteilt werden muss[773], dann kann für die zusätzlich Mitteilung von dessen Werten, wenn ein anderes Begründungsmittel benutzt wird, nichts anderes gelten. Weitere Angaben zur Spanneneinordnung sind nicht erforderlich. Die bloße Angabe des Rasterfeldes des qualifizierten Mietspiegels in das Wohnung eingeordnet werden muss, reicht ohne Angabe der Spanne nicht aus.[774] Es ist aber nicht erforderlich, dass die Angeben zum qualifizierten Mietspiegel so umfassend sein müssten, als ob der Vermieter die Mieterhöhung mit dem qualifizierten Mietspiegel begründen würde.[775] Eine Belehrung über die Rechtsfolgen ist ebenfalls nicht erforderlich. Eine so weit gehende Entmündigung des Mieters sieht das Gesetz nicht vor. Der Mieter ist gleichberechtigter Vertragspartner und muss sich grds. über seine Rechte und Pflichten selbst informieren. Der Hinweis auf den qualifizierten Mietspiegel muss aus sich heraus verständlich sein.[776] 163

Unschädlich ist es, wenn der Vermieter darüber hinaus **weitere Angaben** zB Anmerkungen zum qualifizierten Mietspiegel gemacht hat. Dies gilt zunächst uneingeschränkt für solche Erläute- 164

---

765 LG Berlin GE 2015, 127.
766 So auch AnwK WohnraumMietR/*Lammel* BGB § 558a Rn. 45.
767 BGH VIII ZR 46/12, NZM 2013, 138 Rn. 17.
768 LG Berlin GE 2016, 1383.
769 BGH VIII ZR 11/07, NZM 2008, 164.
770 LG München I ZMR 2014, 364 (366) mAnm *Herlitz* jurisPR-MietR 22/2014 Anm. 3.
771 Zumindest dann nicht, wenn der Mietspiegel allgemein zugänglich ist: BGH VIII ZR 11/07, NZM 2008, 164; **aA** LG Berlin GE 2007, 986.
772 AG Berlin-Tempelhof-Kreuzberg GE 2020, 1566; AG Lichtenberg MM 9/2012, 29.
773 BGH VIII ZR 11/07, NZM 2008, 164.
774 LG Berlin GE 2007, 986; **aA** wohl AG Charlottenburg GE 2014, 1009; Bub/Treier MietR-HdB/*Schultz* Kap. III A Rn. 1241.
775 **AA** AG Schöneberg GE 2013, 817, Angabe der Betriebskostenanteile bei Bruttomiete erforderlich.
776 LG München I WuM 2002, 496.

rungen mit denen der Vermieter begründen will, warum er einen vermeintlichen qualifizierten Mietspiegel nicht für einschlägig erachtet. Es gilt aber auch für solche Hinweise, mit denen der Vermieter begründet, warum die von ihm verlangte Miete höher als die Werte eines einschlägigen qualifizierten Mietspiegels sein soll. Dies ergibt sich daraus, dass der Vermieter ja auch auf diese höhere Miete einen Anspruch hat und ggf. im Prozess auch durchsetzen kann. Die zusätzlichen Angaben ermöglichen es dem Mieter rechtzeitig die Erfolgsaussichten einzuschätzen und das Kostenrisiko abzuschätzen.

165 Fehlt ein eigentlich erforderlicher Hinweis auf die Werte eines qualifizierten Mietspiegels so ist das **Mieterhöhungsverlangen formell unwirksam.**[777] Stimmt der Mieter einem solchen unwirksamen Erhöhungsverlangen teilweise zu, so ändert dies die Miete nur dann, wenn der Vermieter wiederum dies Angebot annimmt, § 151 BGB. Dies kann auch konkludent erfolgen. Der Vermieter muss anderenfalls ein neues Erhöhungsverlangen stellen. Der Vermieter kann aber den **Hinweis auf den qualifizierten Mietspiegel auch nachschieben** und damit den Mangel heilen, § 558b Abs. 3 BGB.[778] Weist das Gericht im Prozess, wozu es gem. § 139 ZPO verpflichtet ist, darauf hin, dass es den örtlichen Mietspiegel für einen qualifizierten Mietspiegel nach § 558d BGB hält, und fehlte bisher der Hinweis darauf im Mieterhöhungsverlangen nach § 558a Abs. 3 BGB, so kann der Vermieter jetzt diesen Hinweis im Prozess nachholen. Dies setzt eine neue Zustimmungsfrist in Gang. Das Gericht ist aber nicht verpflichtet, auf die gesetzliche Möglichkeit der Heilung gem. § 558b Abs. 3 BGB hinzuweisen.[779]

## V. Beweislast

166 Fraglich ist wer hier die Darlegungs- und Beweislast hat, wenn es um die Frage geht, ob der Vermieter auf die Werte des örtlichen Mietspiegels im Mieterhöhungsverlangen zusätzlich hinwiesen muss.[780] Nach geänderter Ansicht des BGH[781] stellt das Mieterhöhungsverlangen aber **keine besondere Sachentscheidungsvoraussetzung** einer Zustimmungsklage mehr dar, mit der Folge, dass die Klage als unzulässig abzuweisen wäre.[782] Auch bei den Formalien handele es sich um eine materielle Voraussetzung der Zustimmungsanspruch, so dass die Klage bei Mängeln als unbegründet abzuweisen ist. Der Erhöhungsanspruch des Vermieters hängt davon ab, dass der Vermieter in einem formell ordnungsgemäßen Verfahren seinen materiell bestehenden Anspruch geltend macht. Deshalb muss der Vermieter die **negative Tatsache** „es gibt keinen qualifizierten Mietspiegel, der Angaben für die Wohnung des Mieters enthält" darlegen und beweisen.[783] Der Vermieter hat dabei drei Möglichkeiten, was er hierzu vortragen kann.

### 1. Voraussetzungen als qualifiziert

167 Der Vermieter behauptet, der örtliche Mietspiegel erfüllt gar nicht die Voraussetzungen des § 558d BGB, er sei also insgesamt gar nicht als qualifiziert zu betrachten. Dazu kann er je nach örtlichen Gegebenheiten Tatsachen darlegen, zB:

168 **a) Anerkennung durch die Gemeinde.** Der Mietspiegel sei nicht ordnungsgemäß als qualifizierter Mietspiegel **von der Gemeinde anerkannt.** Nach den Gemeindeordnungen ist der Rat regelmäßig für alle Angelegenheiten zuständig, es sei denn sie sind auf den Bürgermeister übertragen worden. Hierzu gehören regelmäßig die Geschäfte der laufenden Verwaltung. Ob die Qualifizierung eines Mietspiegels dazu gehört ist umstritten. Dagegen spricht schon die Tatsache, dass zwischen den einzelnen Mietspiegelerstellungen Zeiträume von zwei Jahren und mehr liegen. Außerdem hat ein Mietspiegel erhebliche Bedeutung für das Mietpreisniveau in der Gemeinde und gehört deshalb nicht zu den einfachen Verwaltungsgeschäften. Auf Grund der

---

[777] LG München I ZMR 2014, 364 (366), WuM 2002, 427; 2002, 496; AG Lichtenberg MM 9/2012, 299.
[778] LG München I ZMR 2014, 364 (366), WuM 2002, 427.
[779] *Hinz* NZM 2002, 633 (635).
[780] *Börstinghaus* NZM 2002, 273; *Langenberg* WuM 2001, 523 (525) schneidet die Frage an, ohne eine Antwort zu geben.
[781] BGH VIII ZR 355/18 NZM 2020, 534 = NJW 2020, 1947 mAnm. *Börstinghaus* NZM 2020, 541; *Börstinghaus* LMK 2020, 430371; *Happ* DWW 2020, 219.
[782] *BGH VIII ARZ 1/82 BGHZ* 84, 392 (399); VIII ZR 234/03, NZM 2004, 581; VIII ZR 212/05, NJW-RR 2006, 1305; VIII ZR 331/06, NJW 2008, 848; VIII ZR 413/12, NZM 2014, 236 = NJW 2014, 1173; VIII ZR 136/17, NJW 2018, 2792; VIII ZR 190/17, WuM 2018, 509.
[783] *Blank* PiG 62 (2002), 17 (23); *Börstinghaus* NZM 2000, 1087; NZM 2002, 273.

Rechtsfolgen, die die Qualifizierung hat, kommt dem Akt schon Rechtssetzungscharakter zu.[784] Möglich ist aber, dass der qualifizierte Mietspiegel von den Interessenverbänden anerkannt worden ist.[785]

**b) Wissenschaftliche Grundsätze.** Bei der Mietspiegelerstellung sind die **anerkannten wissenschaftlichen Grundsätze** der Mietspiegelerstellung nicht eingehalten worden. Dies ist sicher der problematischste Angriff. Jedoch spricht für den Vermieter **eine Vermutung,** dass die anerkannten wissenschaftlichen Grundsätze nicht eingehalten wurden, wenn die Gemeinde die Mietspiegelerstellung nicht dokumentiert hat oder zumindest die **Dokumentation nicht öffentlich zugänglich ist.** Die anerkannten wissenschaftlichen Grundsätze der Mietspiegelerstellung verlangen die Offenlegung aller Schritte der Mietspiegelerstellung.[786] Zu den wissenschaftlichen Grundsätzen gehört der **Anspruch auf Zuverlässigkeit.**[787] Zur Zuverlässigkeit wissenschaftlicher Arbeit gehört, dass bei einer Wiederholung dieselben Ergebnisse herauskommen müssen. Dazu muss aber bekannt sein, was überhaupt genau gemessen wurde und wie die Auswertung erfolgte. Umgedreht soll eine umfangreiche Dokumentation für die Anwendung wissenschaftlicher Grundsätze sprechen.[788] Nicht ausreichend ist es aber den Mietspiegel als qualifiziert zu bezeichnen. Das ist eine rechtliche Bewertung die voll gerichtlich überprüfbar ist.[789] Dies kann auch durch die Zivilgerichte erfolgen und muss nicht vorab vor den Verwaltungsgerichten erfolgen. Zu den anerkannten wissenschaftlichen Grundsätzen iÜ § 558d BGB. Es reicht nicht aus, wenn der Vermieter sich nur darauf beruft, der Mietspiegel weise nicht wie andere Großstadtmietspiegel eine Lageklage „beste Wohnlage“.[790] Es müsste schon eine Auseinandersetzung mit den Feststellungen in der Dokumentation erfolgen, um statistische Fehler aufzuzeigen. Ab 1.7.2022 sprechen für die Tatsache, dass es sich um einen qualifizierten Mietspiegel handelt, die beiden Vermutungen des § 558d Abs. 1 S. 3 und Abs. 3 BGB. 169

### 2. Betrachtung nur noch als einfacher Mietspiegel

Der Vermieter behauptet, der Mietspiegel sei zwar früher einmal qualifiziert gewesen aber **inzwischen veraltet** und deshalb nur noch als einfacher Mietspiegel anzusehen. Gemäß § 558a Abs. 3 BGB muss der Vermieter nur auf solche Mietspiegel hinweisen, bei denen die Voraussetzungen des § 558d Abs. 2 BGB eingehalten werden. Danach ist der Mietspiegel alle zwei Jahre an die Marktentwicklung anzupassen. **Wann die Zweijahresfrist beginnt** ist strittig. Zum Teil wird vertreten, die Frist beginne jeweils mit dem Stichtag, zu dem die Daten erhoben worden sind[791] und nicht mit dem Datum der Veröffentlichung des Mietspiegels oder dem selbst festgelegten Geltungsbeginn.[792] Für die erste Auffassung spricht, dass die besonderen Rechtsfolgen, die an eine Qualifizierung eines Mietspiegels geknüpft werden ihre Rechtfertigung nur darin haben, dass die Daten eben besonders gut sind, weil sie nach qualifizierten Regeln und vor allem sehr zeitnah[793] erhoben worden sind. Umso älter die Daten sind, umso eher bergen sie die Gefahr, nicht richtig iSv „wahr“ zu sein. Da der qualifizierte Mietspiegel aber erst mit der Anerkennung rechtlich existiert läuft die Zweijahresfrist ab der Anerkennung (→ BGB §§ 558c, 558d Rn. 88). 170

### 3. Darlegungs- und Beweislast

Und zuletzt kann der Vermieter behaupten, der Mietspiegel sei zwar teilweise qualifiziert, aber entweder gerade in dem Mietspiegelfeld, zu dem die Vertragswohnung gehört nicht, zB weil in einigen Mietspiegelfeldern die **erforderliche Feldbesetzung** von ca. 30 Treffern nicht 171

---

[784] *Rips* WuM 2002, 415 (418); AnwK WohnraumMietR/*Lammel* BGB § 558d Rn. 20; **aA** Die Hinwiese zur Aufstellung von Mietspiegeln, Stand 2002, abgedr. bei *Börstinghaus* Miethöhe-HdB S. 764.

[785] AG Dortmund NZM 2005, 258; zu den verfassungsrechtlichen Problemen in diesem Zusammenhang AnwK WohnraumMietR/*Lammel* BGB § 558d Rn. 36; *Hinkelmann*, Die ortsübliche Miete, 1999, 157.

[786] *Haber* NZM 2001, 305 (308).

[787] Börstinghaus/*Clar* Mietspiegel Rn. 616.

[788] LG München I WuM 2002, 427.

[789] *Langenberg* WuM 2001, 523 (525).

[790] LG Berlin GE 2012, 271.

[791] *Langenberg* WuM 2001, 523 (525); Blank/Börstinghaus/*Börstinghaus,* Neues Mietrecht, 2001, BGB § 558d Rn. 11.

[792] AnwK WohnraumMietR/*Lammel* BGB § 558d Rn. 24.

[793] *Weitemeyer* NZM 2001, 563 (568).

erreicht wird.[794] Möglich ist auch, dass die Wohnung solche Besonderheiten aufweist, die im Mietspiegel nicht erfasst werden, weshalb der Mietspiegel generell auf die Wohnung gar nicht anwendbar ist.

172 **Die notwendigen Darlegungen und Beweisantritte des Vermieters** richten sich danach, welchen dieser Punkte er aufgreifen will. Als Beweismittel eignet sich für die Behauptung zunächst der Zeugenbeweis, wenn es um Tatsachen der Erstellung geht. Hier können Mitarbeiter der Kommune, die den Mietspiegel erstellt hat oder des beauftragten Instituts als Zeugen vernommen werden. Auch die Frage der Feldbesetzung kann auf diese Weise aufgeklärt werden wenn es keine aussagekräftige Mietspiegeldokumentation gibt. In der Mehrzahl der Fälle werden hier die völlig unproblematischen Fälle, bei denen wohl kein qualifizierter Mietspiegel vorliegt auszuschließen sein. In den Fällen, in denen es um die Einhaltung der anerkannten wissenschaftlichen Grundsätze geht wird ggf. nach einer Zeugenvernehmung über die notwendigen Tatsachen noch ein **Sachverständigengutachten über die Einhaltung der wissenschaftlichen Grundsätze** erforderlich sein. Dabei handelt es sich nicht um ein übliches Wohnwertgutachten sondern um ein Gutachten über die statistischen Regeln; deshalb wird ein solches Gutachten von einem Sachverständigen für Statistik zu erstellen sein.

## E. Abweichende Vereinbarungen

173 Nach § 558a Abs. 5 BGB sind **abweichende Vereinbarungen** zum Nachteil des Mieters unwirksam. Die Vorschrift ist eigentlich überflüssig, da bereits gem. § 557 Abs. 4 BGB alle nachteiligen Vereinbarungen im Bereich der Mieterhöhungen unwirksam sind. Gemäß § 557 Abs. 3 kann der Vermieter Mieterhöhungen im Bestand nur unter den Voraussetzungen der §§ 558–560 BGB verlangen. Das bedeutet dann aber auch, dass dies nur unter den in der Vorschrift des § 558a BGB genannten Voraussetzungen möglich ist und jede Abweichung hiervon zu Lasten des Mieters auch gegen § 557 Abs. 4 BGB verstößt. Zur Frage wann eine Vereinbarung vorliegt und den allgemeinen Voraussetzungen siehe deshalb § 557 BGB.

### I. Unzulässige Vereinbarungen

174 **Unwirksam** sind nach §§ 557 Abs. 4 BGB iVm § 558a Abs. 5 BGB alle Vereinbarungen, die von den Voraussetzungen der § 558a Abs. 1–4 BGB zum Nachteil des Mieters abweichen. Unwirksam sind danach alle Vereinbarungen, die die Möglichkeit beinhalten, dass dem Vermieter Erleichterungen von den formellen Voraussetzungen einer Mieterhöhung eingeräumt werden.

175 Das Mieterhöhungsverfahren gem. § 558a BGB ist vom Gesetzgeber als ein **sehr formales Verfahren** ausgestaltet worden. Alle Vereinbarungen, die entweder dem Vermieter erlauben, nicht alle Formalien einhalten zu müssen oder vom Mieter die Einhaltung zusätzlicher Formalien verlangen, sind unwirksam. Deshalb kann weder vom Textformerfordernis noch vom Begründungserfordernis wirksam zu Lasten des Mieters abgewichen werden.

176 Unzulässig ist auch die Vereinbarung in einem Mietvertrag über die Einordnung einer Wohnung in den Mietspiegel.[795] Unwirksam ist auch eine Klausel im Mietvertrag, wonach sich die Parteien „zur Ermittlung der ortsüblichen Miete einvernehmlich auf § 558a Abs. 2 Ziff. 4 BGB" beziehen.[796] Die Klausel ist unklar, weil nicht deutlich wird, ob damit nur das Begründungsmittel des Vermieters beschränkt werden soll auf drei Vergleichswohnungen oder ob eine – unzulässige – Beschränkung der Beweismittel im Prozess damit verbunden sein sollte.

### II. Zulässige Vereinbarungen

177 § 558a Abs. 5 BGB verbietet aber keine Vereinbarungen, die die Mieterhöhung für den Vermieter erschweren. So ist die Vereinbarung einer strengerer Formen als der Textform, zB der früheren Schriftform zu Lasten des Vermieters möglich. Möglich ist auch eine Vereinbarung, wonach das Erhöhungsverlangen per **Einschreiben** verschickt werden soll oder zuvor die Zustimmung eines Dritten eingeholt werden muss.

[794] *Börstinghaus* NZM 2000, 1087.
[795] AG Hamburg WuM 2001, 287.
[796] LG Berlin GE 2018, 762.

## § 558b Zustimmung zur Mieterhöhung

**(1) Soweit der Mieter der Mieterhöhung zustimmt, schuldet er die erhöhte Miete mit Beginn des dritten Kalendermonats nach dem Zugang des Erhöhungsverlangens.**

**(2) [1]Soweit der Mieter der Mieterhöhung nicht bis zum Ablauf des zweiten Kalendermonats nach dem Zugang des Verlangens zustimmt, kann der Vermieter auf Erteilung der Zustimmung klagen. [2]Die Klage muss innerhalb von drei weiteren Monaten erhoben werden.**

**(3) [1]Ist der Klage ein Erhöhungsverlangen vorausgegangen, das den Anforderungen des § 558a nicht entspricht, so kann es der Vermieter im Rechtsstreit nachholen oder die Mängel des Erhöhungsverlangens beheben. [2]Dem Mieter steht auch in diesem Fall die Zustimmungsfrist nach Absatz 2 Satz 1 zu.**

**(4) Eine zum Nachteil des Mieters abweichende Vereinbarung ist unwirksam.**

### Systematische Übersicht



### Alphabetische Schnellübersicht

## A. Allgemeines

1 § 558b BGB enthält die **Rechtsfolgen eines Mieterhöhungsverlangens** und zwar danach unterschieden, ob der Mieter zustimmt oder nicht. Hat er zugestimmt, dann ändert sich gem. § 558b Abs. 1 BGB die Miete, hat er nicht zugestimmt, dann steht dem Vermieter der Klageweg gem. § 558b Abs. 2 BGB offen. In § 558b Abs. 3 BGB ist die Möglichkeit der nachträglichen Heilung geregelt.

## B. Rechtsfolgen des Mieterhöhungsverlangens

### I. Allgemeines

2 Ist dem Mieter ein **wirksames Mieterhöhungsverlangen** zugegangen, dann treten die Rechtsfolgen automatisch ein. Voraussetzung ist hierfür erstens ein formell fehlerfreies Mieterhöhungsverlangen und zweitens dessen Zugang. Als Rechtsfolge wird zunächst einmal die **Überlegungsfrist** des § 558b Abs. 2 BGB in Gang gesetzt, zusätzlich entsteht das **Kündigungsrecht** des Mieters gem. § 561 BGB und schließlich wird durch den Zugangstermin auch der **Wirkungszeitpunkt** für die Mieterhöhung bestimmt. Das Gesetz knüpft in § 558b Abs. 1 BGB zunächst an die erteilte Zustimmung an, obwohl die erste Rechtsfolge des Zustimmungsverlangens der Beginn der Überlegungsfrist ist.

### II. Überlegungsfrist (Abs. 2)

3 Der Zugang des wirksamen Mieterhöhungsverlangens setzt die Überlegungsfrist des § 558b Abs. 2 BGB in Lauf. Die **Überlegungsfrist** wird teilweise auch **Zustimmungsfrist** genannt. Gemäß § 558b Abs. 2 S. 1 BGB kann der Mieter bis zum Ablauf des zweiten Kalendermonats zustimmen, der dem Zugang des Erhöhungsverlangens folgt. Für die Berechnung der Frist gelten mangels abweichender Regelung die Vorschriften der §§ 187 ff. BGB. Die Überlegungsfrist beginnt mit dem Zugang des Mieterhöhungsverlangens. Zu diesem Zeitpunkt beginnt die Frist zu laufen. Sie endet grds. um 24:00 Uhr des letzten Tages des übernächsten Monats. Die Überlegungsfrist beträgt deshalb immer mindestens zwei Monate und maximal drei Monate. Im Einzelnen bedeutet dies folgendes:

| **Zugang des Mieterhöhungsverlangens** | | | **Ablauf der Überlegungs- oder Zustimmungsfrist am** |
|---|---|---|---|
| 1.1. | bis | 31.1. | 31.3. |
| 1.2. | bis | 28./29.2. | 30.4. |
| 1.3. | bis | 31.3. | 31.5. |
| 1.4. | bis | 30.4. | 30.6. |
| 1.5. | bis | 31.5. | 31.7. |
| 1.6. | bis | 30.6. | 31.8. |
| 1.7. | bis | 31.7. | 30.9. |
| 1.8. | bis | 31.8. | 31.10. |
| 1.9. | bis | 30.9. | 30.11. |
| 1.10. | bis | 31.10. | 31.12. |
| 1.11. | bis | 30.11. | 31.1. |
| 1.12. | bis | 31.12. | 28./29.2. |

Entscheidend für den Fristbeginn ist der **Zugang.** Zugegangen ist das Mieterhöhungsverlangen dann, wenn es so in den Machtbereich des Mieters gelangt ist, dass nach dem gewöhnlichen Lauf der Dinge mit der Kenntnisnahme zu rechnen ist (iE → BGB § 542 Rn. 70; → BGB Vor § 558 Rn. 68). 4

**Die Frist endet** grds. am Ende eines Kalendermonats. Dies soll zum einen eine einfache Fristberechnung ermöglichen und zum anderen auch der Tatsache Rechnung tragen, dass die Miete für Wohnräume ganz überwiegend nach Monaten berechnet wird. Etwas anderes gilt nur dann, wenn der letzte Tag des Monats, in dem die Zustimmungsfrist abläuft, auf einen **Samstag,** einen Sonntag oder einen am Erklärungsort, also dem Wohn- oder Geschäftssitz des Vermieters, staatlich anerkannten Feiertag fällt, § 193 BGB. In diesem Fall endet die Zustimmungsfrist erst mit Ablauf des nächsten Werktages.[1] 5

**Beispiel:** Das Mieterhöhungsverlangen geht dem Mieter wirksam am 31.3. zu. Hier endet die Zustimmungsfrist grds. am 31.5. Ist dies ein Samstag, Sonntag oder Feiertag, so endet die Frist am nächsten Werktag also am 1. oder 2.6.

Auf das **Ende der Zustimmungsfrist ist § 193 BGB** ohne Einschränkungen anzuwenden.[2] Soweit der BGH[3] der Auffassung ist, dass die Vorschrift auf eine Kündigungsfrist keine Anwendung findet, kann diese Rspr. nicht auf die Zustimmungsfrist übertragen werden. Bei der Zustimmungsfrist handelt es sich gerade um eine innerhalb einer bestimmten Frist abzugebende Erklärung. Wer innerhalb einer Frist eine Erklärung abgeben muss, soll davor bewahrt werden, dass das ihm zustehende Recht, die Frist bis zum letzten Tag auszunutzen, wegen der Arbeitsruhe am Wochenende oder an Feiertagen zB auch der Post verkürzt wird. Bedeutung hat die Anwendung der Regelung für den Beginn der anschließenden Klagefrist (→ Rn. 83 ff.)[4], nicht jedoch auf den Wirkungszeitpunkt für die Mieterhöhung (→ Rn. 45 ff.). 6

Eine **Verlängerung der Überlegungsfrist** ist nicht möglich.[5] Dafür würde allenfalls sprechen, dass es für den Mieter einen Vorteil darstellt, wenn er ggf. eine längere Zeit darüber nachdenken kann, ob er dem Erhöhungsverlangen zustimmen will oder nicht.[6] Das Mieterhöhungsverfahren ist jedoch ein **formalisiertes Verfahren.** Mit den Regelungen der § 558 ff. BGB stellt das Gesetz ein in seinen Voraussetzungen und seinem Ablauf normiertes Verfahren zur Durchsetzung des Anspruchs des Vermieters auf Mietzinserhöhung zur Verfügung, das gerade gewährleisten soll, dass innerhalb verhältnismäßig kurzer Zeit zwischen den Vertragsparteien Klarheit über die Miethöhe erzielt werden kann. Dies erstrebt die gesetzliche Regelung zu verwirklichen, indem sie auch die vorprozessuale Phase des Verfahrens einer gesetzlichen Befristung unterwirft und sie nahtlos in ein sich anschließendes Klageverfahren mit einbindet. Diesen am Ziel der Rechtssicherheit orientierten Zweck kann die Regelung ungefährdet nur erreichen, wenn man von der Unveränderbarkeit der in § 558 b BGB festgelegten Fristen, also auch der Überlegungsfrist ausgeht. Soweit der BGH[7] aus der Tatsache, dass der Vermieter die Mieterhöhung auch zu einem späteren, als dem gesetzlich vorgesehenen Wirkungszeitpunkt, verlangen kann, folgert, dass in diesen Fällen das Sonderkündigungsrecht des § 561 BGB über den Wortlaut der Vorschrift hinaus bis einen Tag vor dem Wirksamwerden der Mieterhöhung ausüben kann (zur Kritik an der Entscheidung → BGB § 561 Rn. 38), ändert dies nichts am Ablauf der Überlegungsfrist. Es handelt sich um zwei selbständige Fristen, die zwar aufeinander abgestimmt sind, aber selbständig laufen.[8] Aber selbst wenn man eine Verlängerung der Überlegungsfrist bis zum letzten Tag der **Klagefrist**[9] zulassen würde, so berechnet sich die Klagefrist nach dem Lauf der gesetzlichen Überlegungsfrist.[10] Der Vermieter kann die **Kla-** 7

---

[1] *Börstinghaus* ZMR 2002, 834; *Hinz* NZM 2004, 681 (687); übersehen von AG Pinneberg ZMR 2002, 602.

[2] **AA** Staudinger/*V. Emmerich* BGB § 558 b Rn. 11.

[3] BGH III ZR 172/04, WuM 2005, 247; so auch Bamberger/Roth/*Henrich* BGB § 193 Rn. 4.

[4] *Beuermann* GE 1995, 848.

[5] AG Charlottenburg MM 2000, 47; **aA** AnwK WohnraumMietR/*Lammel* BGB § 558 b Rn. 66; Staudinger/*V. Emmerich* BGB § 558 b Rn. 12.

[6] So Staudinger/*J. Emmerich* BGB § 557 Rn. 79 unter Hinweis auf LG Düsseldorf WuM 1981, 286; Staudinger/*V. Emmerich* BGB § 558 b Rn. 12.

[7] BGH VIII ZR 280/12, NJW 2013, 3641; *Börstinghaus* jurisPR-BGHZivilR 21/2013 Anm. 2; *Blank* jurisPR-MietR 25/2013 Anm. 1.

[8] So schon früher LG München WuM 1994, 383; AG Hamburg WuM 1988, 129; MüKoBGB/*Artz* § 558 b Rn. 11.

[9] LG Kiel WuM 1994, 547.

[10] LG München WuM 1994, 384; LG Kiel WuM 1994, 547; AG Köln WuM 1997, 51; AG Hamburg WuM 1993, 619; AG Aachen WuM 1992, 629; AG Hamburg WuM 1988, 129; Kossmann/Meyer-Abich Wohnraummiete-HdB/*Meyer-Abich* § 155 Rn. 9; Staudinger/*V. Emmerich* BGB § 558 b Rn. 12; **aA** AG Ebersberg ZMR

**gefrist** auf keinen Fall verlängern.[11] Die Klagefrist ist in § 558b Abs. 2 S. 2 BGB selbständig und zwingend geregelt. Hat der Vermieter dem Mieter im Mieterhöhungsverlangen eine längere als die gesetzliche Zustimmungsfrist eingeräumt, so ist dies idR die Zusage, innerhalb der angegebenen längeren Frist den Zustimmungsanspruch nicht gerichtlich geltend zu machen. Würde der Vermieter trotzdem vor Ablauf der selbst gesetzten längeren Frist klagen, müsste er bei einem sofortigen Anerkenntnis die Kosten des Verfahrens tragen, da der Mieter keinen Anlass zur Klage gegeben hat. Möglich ist jedoch die **Verschiebung des Wirksamkeitszeitpunkts** der Mieterhöhung.[12] Auch in diesem Fall läuft die Klagefrist aber nach den gesetzlichen Fristen.[13]

## C. Die Reaktionsmöglichkeiten des Mieters

### I. Allgemeines

8 Die Mieterhöhung nach § 558 BGB setzt eine **Mitwirkung des Mieters** voraus. Anders als bei den Mieterhöhungsmöglichkeiten nach den §§ 559, 560 BGB oder nach dem WoBindG oder einzelnen Landesgesetzen (→ BGB Vor § 557 Rn. 35 ff.) kann der Vermieter die Miete nicht einseitig erhöhen oder eine irgendwie geartete neue Umlage einführen. In Fortführung der bis zur Einführung des Vergleichsmietensystems geltenden Prinzips der Änderungskündigung, das sogar eine neue Einigung der Parteien über den ganzen Mietvertrag verlangte, hat der Gesetzgeber bei der Mieterhöhung gem. § 558 BGB zumindest den Abschluss eines Änderungsvertrages hinsichtlich der Miethöhe vorgesehen. Die Miete ändert sich also nur, wenn der Mieter mit der Erhöhung einverstanden ist. Der Vermieter hat auf diese Zustimmung einen **durchsetzbaren Anspruch,** wenn die Voraussetzungen der §§ 558, 558a BGB gegeben sind. Will der Mieter die Zustimmung nicht erteilen, bleibt ihm in diesem Fall nur die Möglichkeit das Mietverhältnis zu kündigen, § 561 BGB.

### II. Ablehnung des Erhöhungsangebots

9 Obwohl er dies nicht muss, kann der Mieter das Zustimmungsverlangen des Vermieters auch **ausdrücklich ablehnen.** Wie die Zustimmung selbst, so kann auch eine solche Ablehnung ausdrücklich oder auch konkludent erfolgen. Während nach den allgemeinen Regeln des BGB, § 146 BGB, die Ablehnung zur Folge hat, dass der Antrag des Vermieters nunmehr erlischt, ist dies im Mieterhöhungsrecht nicht der Fall. Der Vermieter kann deshalb seinen Anspruch auf Zustimmung gerichtlich weiterverfolgen und der Mieter kann auch nach ausdrücklicher Ablehnung des Antrags diesen annehmen.[14] Die ausdrückliche Ablehnung des Mieters hat aber zur Konsequenz, dass der Vermieter bereits **vor Ablauf der Überlegungsfrist** die Zustimmungsklage erheben darf.[15] Hat der Vermieter nach einem unwirksamen Mieterhöhungsverlangen im laufenden Klageverfahren ein wirksames Erhöhungsverlangen gem. § 558b Abs. 3 BGB nachgeholt oder bestehende formelle Mängel beseitigt und hat der Mieter bereits zuvor ausdrücklich oder konkludent erklärt, dass er auch den neuen Anspruch des Vermieters insgesamt ablehne, dann ist auch die Klage auf Grund des nachgeholten Zustimmungsverlangens vor Ablauf der Überlegungsfrist zulässig.[16] Keine Ablehnung ist das bloße Schweigen auf ein Zustimmungsverlangen. Eine besondere Verpflichtung, binnen der Überlegungsfrist sich ausdrücklich zu erklären, also entweder der Mieterhöhung zuzustimmen oder sie abzulehnen, besteht für den Mieter nicht. Da die Miete nur bei Zustimmung des Mieters gem. § 558b Abs. 1 BGB sich erhöht, tritt bei einem bloßen **Schweigen des Mieters** keine Vertragsänderung ein.

---

1996, 39; zweifelnd und auf die Folgeprobleme der BGH-Entscheidung hinweisend *Blank* jurisPR-MietR 25/2013 Anm. 1.

[11] AG Charlottenburg MM 2000, 66; AnwK WohnraumMietR/*Lammel* BGB § 558b Rn. 66.

[12] BGH VIII ZR 280/12, NJW 2013,3641; *Börstinghaus* jurisPR-BGHZivilR 21/2013 Anm. 2; *Blank* jurisPR-MietR 25/2013 Anm. 1.

[13] *Auf das Problem weist Blank* jurisPR-MietR 25/2013 Anm. 1 hin.

[14] LG Berlin NJWE-MietR 1996, 195.

[15] KG WuM 1981, 54; AG Pankow-Weißensee GE 1995, 1555.

[16] OLG Celle NJWE MietR 1996, 76.

## III. Zustimmung

### 1. Allgemeines

10 Da das Zustimmungsverlangen des Vermieters gem. § 558a Abs. 1 BGB einem Vertragsangebot iSd §§ 145ff. BGB gleichzusetzen ist[17], entspricht die Zustimmung des Mieters einer Annahmeerklärung iSd §§ 145ff. BGB.[18] Nur soweit zwei übereinstimmende Willenserklärungen vorliegen, kommt ein Änderungsvertrag zustande. Auf die formelle Wirksamkeit des Zustimmungsverlangens kommt es dabei nicht an.[19] Auf die Zustimmungserklärung des Mieters sind deshalb die allgemeinen Vorschriften des BGB anwendbar[20], wie Anfechtung[21], Stellvertretung, Geschäftsfähigkeit, Zugang von Willenserklärungen und die sonstigen Vorschriften über die Wirksamkeit von Rechtsgeschäften, §§ 125, 134 BGB wie auch die besonderen Vorschriften über Verträge, § 145ff. BGB, soweit sich jeweils aus den §§ 558ff. BGB nichts anderes ergibt.[22] Der Mieter kann deshalb seine Willenserklärung wegen **Inhalts- oder Erklärungsirrtums** anfechten, er kann sich vertreten lassen und er muss zum Zeitpunkt der Erklärung geschäftsfähig sein. Bei einer Zustimmung durch einen Vertreter besteht genauso wie beim Zustimmungsverlangen des Vermieters[23] analog § 174 BGB das Zurückweisungsrecht.[24] Für eine Zustimmung, die während eines Zustimmungsprozesses abgegeben wird, gilt § 174 BGB nicht.[25]

### 2. Inhalt der Zustimmung

11 § 558 BGB räumt dem Vermieter unter den im Gesetz näher aufgeführten Voraussetzungen gegenüber dem Mieter einen Anspruch auf Zustimmung zu einer Vertragsänderung bzgl. der Miethöhe ein. Die Erklärung des Mieters muss die Erfüllung dieses Anspruchs des Vermieters darstellen. Ob dies der Fall ist, richtet sich nach § 362 Abs. 1 BGB. Der Mieter muss also die richtige Leistung zur richtigen Zeit am richtigen Ort erbringen. Der **Inhalt der Willenserklärung** ist darauf gerichtet, dass der Mieter gegenüber dem Vermieter erklärt, er stimme einer Änderung der Miete auf die neue verlangte Miete zu. Dabei muss sich die abgegebene Willenserklärung auf die künftig zu zahlende neue Miete beziehen.[26] Nicht ausreichend ist eine Zustimmung, die sich nur auf den Erhöhungsbetrag bezieht. Die Zustimmung bezieht sich auf die **Gesamtmiete** für die Wohnung und nicht auf eine Quadratmetermiete.[27]

12 Ist bei einem Mietvertrag, der keine Flächenangaben enthält, die **Wohnung tatsächlich kleiner** als im Mieterhöhungsverlangen angegeben, dann muss der Mieter nur einer Erhöhung der Miete, die unter Zugrundelegung der richtigen Fläche errechnet wurde, zustimmen.[28] Hat der Mieter einer Mieterhöhung unter Zugrundelegung der falschen zu großen Flächen **zugestimmt,** dann ist die Mieterhöhung **wirksam** vereinbart worden.[29] Das gilt selbst dann, wenn man der Auffassung ist, dass ein Mieterhöhungsverlangen mit falscher Fläche unwirksam ist.[30] Eine fehlende

---

[17] BGH VIII ZR 234/18, NZM 2020, 322; VIII ZB 74/16, NZM 2018, 279; *Beyer* jurisPR-MietR 7/2018 Anm. 2; *Börstinghaus* jurisPR-BGHZivilR 8/2018 Anm. 1.

[18] Staudinger/*V. Emmerich* BGB § 558b Rn. 3; Palandt/*Weidenkaff* BGB § 558 Rn. 9; Bamberger/Roth/*Schüller* BGB § 558 Rn. 4; **aA** Soergel/*Heinzmann* BGB § 558b Rn. 1; *Schmid* GE 2011, 242 jeweils „Erklärung eigener Art".

[19] BGH VIII ZR 234/18, NZM 2020, 322.

[20] Staudinger/*V. Emmerich* BGB § 558b Rn. 3.

[21] AG Hamburg-Wandsbek ZMR 2010, 47; zur Anfechtung im Mietrecht allg. und ihren Rechtsfolgen BGH XII ZR 67/06, NZM 2008,; *Schmid* WuM 2009, 155; *Fischer* NZM 2005, 567; Staudinger/*V. Emmerich* BGB Vor § 535 Rn. 104ff.; *Emmerich* NZM 1998, 692.

[22] Bub/Treier MietR-HdB/*Schultz* Kap. III A Rn. 1425.

[23] OLG Hamm NJW 1982, 2076; LG Berlin GE 2007, 152; offen gelassen BGH VIII ZR 72/02, NZM 2003, 229; AG Wedding MM 2009, 263.

[24] AG Dortmund WuM 2016, 103; Lützenkirchen MietR/*Dickersbach* BGB § 558b Rn. 10.

[25] Für den umgekehrten Fall des Zustimmungsverlangens BGH VIII ZR 72/02, NZM 2003, 229; → BGB Vor § 558 Rn. 44.

[26] KG NZM 1998, 68; *Sternel* MietR Kap. IV Rn. 723.

[27] BGH VIII ZR 234/18, NZM 2020, 322.

[28] *Börstinghaus* Flächenabweichungen Rn. 682.

[29] BGH VIII ZR 234/18, NZM 2020, 322; *Börstinghaus* Flächenabweichungen Rn. 683.

[30] Nach *Lützenkirchen/Dickersbach,* Vertragsstörungen im Mietrecht, 2. Aufl. 2017, Rn. 1012 ist ein Mieterhöhungsverlangen mit falscher Flächenangabe formell unwirksam; ausdrücklich offen gelassen von BGH VIII ZR 192/03, NZM 2004, 699 = NJW 2004, 3115.

oder falsche Begründung[31] des Mieterhöhungsverlangens stellt nämlich grds. einen formellen Fehler dar. Zwar besteht in diesem Fall kein durchsetzbarer Anspruch des Vermieters auf Zustimmung zur Mieterhöhung, jedoch kann ein formell unwirksames Mieterhöhungsverlangen umgedeutet werden in ein Angebot auf Abschluss einer **Mietabänderungsvereinbarung** gem. § 557 Abs. 1 BGB. Die ausdrückliche Zustimmung oder die Zahlung des Mieters auf ein solches unwirksames Mieterhöhungsverlangen stellt dann wiederum selbst eine konkludente Annahme dieses Angebots auf Abschluss eines Mietabänderungsvertrages dar.[32] Diese Vertragsänderung erfolgt unter Zugrundelegung der größeren als der tatsächlichen Fläche.

**12a** Der Mieter kann seine Annahmeerklärung hinsichtlich der Mietabänderungsvereinbarung anfechten, wenn er zu ihrer Abgabe durch eine **arglistige Täuschung** durch den Vermieter bestimmt wurde. Im Zusammenhang mit der Angabe einer größeren als der tatsächlichen Flächen liegt dann eine arglistige Täuschung vor, wenn der Vermieter beim Mieter einen Irrtum erregt oder aufrechterhält, indem er ihm falsche Tatsachen vorspiegelt oder wahre Tatsachen unterdrückt.[33] Erforderlich ist eine bewusste Irrtumserregung mit **Täuschungswillen.**[34] Die im Erhöhungsverlangen angegebene Fläche muss falsch sein. Falsch ist die Tatsache immer dann, wenn die tatsächliche Fläche von der angegebenen Fläche abweicht. Auf die **Höhe der Abweichung** kommt es dabei nicht an. Die Erheblichkeitsschwelle des § 536 Abs. 1 S. 3 BGB gilt hier nicht. Auch bei einer Flächenabweichung von weniger als 10% ist die Anfechtung wegen arglistiger Täuschung theoretisch möglich.[35] Dies ergibt sich bereits aus dem Wortlaut des § 123 BGB. Hier geht es nur um falsche Tatsachen und nicht um die Feststellung einer Gebrauchsbeeinträchtigung wie in § 536 Abs. 1 BGB. Eine Korrektur kann in diesem Fall allenfalls über die Täuschungsabsicht erfolgen. Neben dem objektiven Tatbestand der Flächenabweichung muss darüber hinaus das subjektive Moment der zumindest **bedingt vorsätzlichen Täuschungshandlung** hinzukommen. Dazu muss der Vermieter die richtige Größe kennen. Auch der BGH[36] hat einmal formuliert, dass er nur den „gutgläubigen Vermieter" schützen will, indem er ihm einen Anspruch auf Vertragsanpassung bei zu kleiner Fläche im Mietvertrag nach den Grundsätzen des Fehlens der Geschäftsgrundlage einräumt. Es genügt, wenn der Vermieter weiß, dass die von ihm im Zustimmungsverlangen angegebene Fläche falsch ist und zwar zu Ungunsten des Mieters. Dabei ist die ganz genaue Kenntnis der richtigen Fläche nicht erforderlich. Es genügt **bedingter Vorsatz.**[37] Dazu reicht es aus, dass der Vermieter „ernsthaft mit der Unrichtigkeit rechnet."[38] Eine Schädigungsabsicht ist auf Seiten des Vermieters ebenso wenig erforderlich wie Schädigungsvorsatz.[39] Ausreichend ist das Vermieterbewusstsein, dass der Mieter ohne die falsche Angabe zur Wohnfläche die Zustimmung zu einer Mieterhöhung in diesem Umfang nicht abgegeben hätte.[40] Nur kleinere Abweichungen, insbes. solche, die auf Verwendung unterschiedlicher Anrechnungsvorschriften beruhen, erfüllen zwar den objektiven Tatbestand einer Täuschung, in solchen Fällen wird es aber regelmäßig am bedingten Vorsatz fehlen. Der Vermieter geht von der Richtigkeit seiner Angaben aus und irrt selbst über die Anwendung der zutreffenden Berechnungsvorschriften.

**12b** Ein Vermieter, der im Mieterhöhungsverlangen zumindest fahrlässig eine falsche Wohnfläche angegeben hat und aufgrund dieser Falschangabe die Zustimmung zu einer unter Berücksichtigung der richtigen Fläche nicht zu erzielenden Erhöhung der Miete für die Wohnung erlangt, macht sich dem Mieter gegenüber gem. §§ 280, 311 Abs. 2 Nr. 2, § 241 Abs. 2 BGB **schadensersatzpflichtig.**[41] Er hat eine sich aus dem Rücksichtnahmegebot ergebende Nebenpflicht verletzt. Er ist verpflichtet, dem Mieter gegenüber nur richtige Angaben zu machen und alles zu unterlassen, was den Mieter aufgrund unwahrer Angaben schädigen könnte. Hier geht es auch nicht um eine Offen-

---

[31] *Sternel* MietR Kap. IV Rn. 96.

[32] BGH VIII ZR 234/18, NZM 2020, 322; *Börstinghaus* WuM 2005, 192 (193); *Sternel* MietR Kap. IV Rn. 9; **aA** AG Donaueschingen WuM 2004, 609.

[33] Bamberger/Roth/*Wendtland* BGB § 123 Rn. 7.

[34] *Fischer* WuM 2006, 3 (9).

[35] *Börstinghaus* Flächenabweichungen Rn. 686.

[36] BGH VIII ZR 138/06, NJW 2007, 2626; *Börstinghaus* NJW 2007, 2627; *Bieber* BGHReport 2007, 795; *Beyer* NJW 2010, 1025.

[37] BGH VIII ZR 209/05, NJW 2006, 2839; VIII ZR 185/96, NJW 1998, 2360.

[38] BGH VIII ZR 101/73, BGHZ 63, 382 (388); VIII ZR 209/05, NJW 2006, 2839.

[39] *BGH V ZR 15/73, NJW 1974, 1505.*

[40] BGH V ZR 15/73, NJW 1974, 1505 unter Hinweis auf BGH VIII ZR 258/69, NJW 1971, 1795.

[41] AG Hamburg-Wandsbek ZMR 2010, 47; Staudinger/*V. Emmerich* BGB § 558b Rn. 3; Herrlein/Knops/Spiegelberg MietR/*Ormanschick* BGB § 558a Rn. 47.

barungspflicht, wenn der Vermieter im Zustimmungsverlangen schuldhaft eine falsche Wohnfläche angibt. Dieser Schadensersatzanspruch ist gerichtet auf Befreiung von der Mieterhöhung und auf Rückzahlung der im Vertrauen auf die Wirksamkeit der Mieterhöhung geleisteten Zahlungen.[42] Schadensersatzansprüche gem. § 536a Abs. 1 BGB kommen demgegenüber nicht in Betracht, da es hier nicht um einen Mangel der Mietsache geht, sondern um falsche Angaben im Mieterhöhungsverlangen.[43]

Der Mieter kann uU gem. § 313 Abs. 2 BGB wegen **Fehlens der Geschäftsgrundlage** die Anpassung der Mieterhöhung auf die richtige Wohnungsgröße verlangen. Ein solches Verlangen ist aber erforderlich, da anders als früher[44] die Anpassung des Vertrages nicht mehr automatisch eintritt. Es kann auch nach der Schuldrechtsreform unmittelbar auf die Leistung geklagt werden, die sich aus der Vertragsanpassung ergibt[45], es muss nicht auf Vertragsanpassung geklagt werden. **12c**

Die Gewährleistungsregeln verdrängen das Rechtsinstitut des **Fehlens der Geschäftsgrundlage** nicht.[46] Wenn beide Vertragsparteien von der falschen größeren Fläche ausgegangen sind, dann liegt ein beiderseitiger **Motivirrtum** vor, der unter § 313 BGB fällt. Dabei ist es unerheblich, ob man von einem formell wirksamen oder unwirksamen Erhöhungsverlangen ausgeht. Entweder liegt eine Vertragsänderung nach §§ 558ff. BGB oder nach § 557 Abs. 1 BGB vor.[47] Gemäß § 313 Abs. 2 BGB iVm § 558b Abs. 1 BGB kann eine Anpassung des Vertrages verlangt werden, wenn wesentliche Vorstellungen, die zur Grundlage des Vertrages geworden sind, sich als falsch herausstellen. Dabei kann eine Anpassung nur insoweit verlangt werden, als dem einen Teil unter Berücksichtigung aller Umstände des Einzelfalls, insbes. der vertraglichen oder gesetzlichen Risikoverteilung, das Festhalten am unveränderten Vertrag nicht zugemutet werden kann. Die Geschäftsgrundlage eines Vertrages wird nach der Rspr. des BGH gebildet durch die bei Vertragsschluss bestehenden gemeinsamen Vorstellungen der Parteien oder die dem Geschäftsgegner erkennbaren und von ihm nicht beanstandeten Vorstellungen der einen Vertragspartei vom Vorhandensein oder dem künftigen Eintritt gewisser Umstände, sofern der Geschäftswille der Parteien auf dieser Vorstellung aufbaut.[48] Diese Voraussetzungen sind hinsichtlich der Wohnfläche, die die Parteien aufgrund eines beiderseitigen Kalkulationsirrtums den jeweiligen Mieterhöhungsvereinbarungen zugrunde gelegt haben, erfüllt.[49] Die – beidseitige – Vorstellung über die Größe der Wohnung ist Geschäftsgrundlage für die Mieterhöhung gewesen. Das Fehlerrisiko stammt nicht aus dem Risikobereich des Mieters. Eine **Vertragsanpassung** nach den Grundsätzen des Fehlens der Geschäftsgrundlage ist also grds. möglich.[50] Ob dem Mieter ein Festhalten am Vertrag zumutbar ist oder nicht, hängt nicht allein von der Flächenabweichung ab. Entscheidend ist dabei nach Ansicht des BGH[51] die Höhe der Abweichung der rechtmäßig möglichen maximalen Miete von der Miete, zu der der Mieter sich verpflichtet hat. Stimmt der Mieter einem Mieterhöhungsverlangen zu, das auf einer zu großen Wohnfläche beruht, liegen die Voraussetzungen einer Vertragsanpassung nach § 313 Abs. 1 BGB dann nicht vor, wenn der Vermieter die vereinbarte Mieterhöhung unter Berücksichtigung der tatsächlichen Wohnfläche auch in einem gerichtlichen Mieterhöhungsverfahren nach §§ 558, 558b BGB hätte durchsetzen können. Eine zu große Fläche kann durch eine unterhalb der ortsüblichen Vergleichsmiete kompensiert werden. Erst bei Abweichungen von mehr als **10 %** soll eine Vertragsanpassung in Betracht kommen. Dies gilt auch nach der Rechtsprechungsänderung des BGH zu Flächenabweichungen im Mieterhöhungsverfahren.[52] Zwar hat der Senat in dieser Entscheidung eine Vertragsanpassung nach den Grundsätzen des Fehlens der Geschäftsgrundlage für den Fall abgelehnt, dass die Wohnfläche größer als im Mietvertrag angegeben ist, das bedeutet aber nicht, **12d**

[42] LG Hamburg WuM 1987, 354.

[43] Zum Konkurrenzverhältnis der Ansprüche aus § 280 Abs. 1 S. 1 BGB, § 311a Abs. 2 BGB zu den Ansprüchen aus § 536a BGB s. *Oechsler* NZM 2004, 881.

[44] BGH KZR 7/69, BGHZ 54, 155; BGH V ZR 103/69, NJW 1972, 152.

[45] BGH V ZR 17/11, NZM 2012, 168 = MDR 2011, 1468.

[46] *Börstinghaus* Flächenabweichungen Rn. 695.

[47] *Börstinghaus* Flächenabweichungen Rn. 697.

[48] BGH VIII ZR 191/18, NZM 2021, 137; VIII ZR 234/18, NZM 2020, 322 = NJW-RR 2020, 523.

[49] BGH VIII ZR 234/18, NZM 2020, 322 = NJW-RR 2020, 523.

[50] So auch BGH VIII ZR 192/03, NZM 2004, 699 = NJW 2004, 3115; *Wiek* WuM 2004, 487; *Börstinghaus* BGHReport 2004, 1204; zust. *Beyer* NZM 2010, 417 (419).

[51] BGH VIII ZR 234/18, NZM 2020, 322 = NJW-RR 2020, 523.

[52] BGH VIII ZR 266/14, NJW 2016, 239; *Börstinghaus* jurisPR-BGHZivilR 2/2016 Anm. 1; LMK 2016, 375498 *Beyer* jurisPR-MietR 1/2016 Anm. 1; *Beuermann* GE 2016, 30; *Kunze* MietRB 2016, 29; *Heix* WuM 2016, 263.

dass damit die Grundsätze für Falschangaben im Erhöhungsverlangen nicht gelten.[53] Bei der Feststellung, ob eine Vertragsanpassung nach § 313 Abs. 2 BGB in Betracht kommt, geht es um die Frage, ob eine bestimmte Tatsache Geschäftsgrundlage geworden ist. Das ist auch nach der neuen Rspr. des BGH zur Bedeutung der Wohnfläche auf jeden Fall so. Das Risiko der falschen Fläche hat der Mieter nicht zu tragen. Er ist für die Flächenangabe nicht – allein – verantwortlich.[54] Die **Beweislast für die Größe der Wohnung** trägt der Vermieter.[55]

**12e** Das bedeutet nach der Rspr. des BGH: **(1)** Wenn die falsche Tatsache im Zustimmungsverlangen keine Auswirkung auf die auch bei Angabe der richtigen Tatsache maximal mögliche Miete hat, dann ist es für den Mieter zumutbar, am Vertrag festzuhalten.[56] Bedeutung hat dies in all den Fällen, in denen der Vermieter bei einer anderen Tatsache (zB der ortsüblichen Vergleichsmiete) weniger als maximal möglich verlangt. **(2)** Führt die falsche Tatsache zu einer Mietzinsvereinbarung, die erheblich über dem Maximalanspruch des Vermieters liegt, so soll eine Vertragsanpassung erfolgen können.[57] Das Merkmal „erheblich" füllt der Senat mit seiner 10% Rspr. aus. **(3)** Offen ist die Frage, ob diese bisher nur zu Flächenabweichungen ergangene Rspr. auch für die Höhe der ortsüblichen Vergleichsmiete gilt. Soll dem Mieter auch ein Anspruch auf Vertragsanpassung zustehen, wenn der Vermieter eine um mehr als 10% überhöhte Miete als ortsübliche Vergleichsmiete angibt? Konsequent wäre das. Dogmatisch hängt dies vor allem mit der Einordnung des Begriffs der ortsüblichen Vergleichsmiete ab. Wenn man diese als Tatsache versteht, gibt es keinen Grund dies anders zu beurteilen, als falsche Flächenangaben, Sieht man darin eher einen normativen – also auslegungsbedürftigen Rechtsbegriff – Begriff, scheidet eine Übertragung der Rspr. aus. **(4)** Von der Beantwortung der Frage hängt auch die Antwort auf die Frage ab, was in den Fällen zu gelten hat, in denen zB die Fläche 5% zu hoch angegeben wurde und die maximale ortsübliche Vergleichsmiete auch um 5% überschritten wurde? Wenn beides Tatsachen sind, dann ist die verlangte Gesamtmiete auch um 10% zu hoch. Nicht übersehen werden darf dabei, dass bei tatsächlich kleineren Wohnflächen sich auch die ortsübliche Vergleichsmiete nach oben entwickeln kann, da bekanntlich für kleinere Wohnungen regelmäßig höhere Quadratmetermieten gezahlt werden als für größere Wohnungen.

**12f** Die Anpassung des Vertrages gem. § 313 BGB wirkt grds. immer nur für die Zukunft.[58] Nach Ansicht des BGH[59] ist bei Flächenabweichungen ausnahmsweise eine **Rückwirkung der Vertragsanpassung** geboten, weil die Geschäftsgrundlage zum einen von Anfang an fehlte und schützenswerte Interessen des Vermieters einer rückwirkenden Anpassung nicht entgegenstehen. Es ist seine Aufgabe, die tatsächliche Wohnungsgröße richtig zu ermitteln. Er allein hat deshalb das Risiko einer unzutreffenden Wohnflächenangabe im Mietvertrag, in einem Mieterhöhungsverlangen oder einer Betriebskostenabrechnung zu tragen.[60] Der Mieter braucht sich daher unabhängig davon, ob die Flächenabweichung mehr oder weniger als 10% beträgt, nicht an seiner Zustimmung zu dem Mieterhöhungsverlangen des Vermieters festhalten zu lassen, wenn er diese im Vertrauen auf die Richtigkeit der Angaben des Vermieters über die Größe der Wohnung abgegeben hat. Zum Einfluss der Vertragsanpassung auf das Wohnwertmerkmal „Größe" → BGB § 558 Rn. 59.

**12g** Ist der Mieter **zur Zustimmung zur Mieterhöhung** unter Zugrundelegung der zu großen Fläche **verurteilt** worden, dann ist der Mieter mit dem Einwand der falschen Fläche gem. § 767 Abs. 2 ZPO präkludiert.[61] In Betracht kommen allenfalls Schadensersatzansprüche gem. § 826 BGB. Danach macht sich derjenige schadenersatzpflichtig, der in einer gegen die guten Sitten verstoßenden Weise einem anderen vorsätzlich einen Schaden zufügt. Hierzu zählen auch die **Erschleichung und der Missbrauch eines rechtskräftigen Titels.**[62] Die entsprechenden Rechtsgrundsätze wurden bereits vom Reichsgericht[63] entwickelt und vom BGH fortge-

---

53 BGH VIII ZR 234/18, NZM 2020, 322; *Beyer* NJW 2010, 1025 (1028).

54 Davon zu unterscheiden ist die Frage, ob der Mieter die angegebene Fläche mit Nichtwissen bestreiten darf; dagegen BGH VIII ZR 41/14, NJW 2015, 475.

55 BGH VIII ZR 255/17, NZM 2019, 334.

56 BGH VIII ZR 234/18, NZM 2020, 322.

57 BGH VIII ZR 192/03, NZM 2004, 699 = NJW 2004, 3115.

58 BGH VI ZR 47/71, BGHZ 58, 355 (363); VIII ZR 192/03, NJW 2004, 3115; *Beyer* NZM 2010, 417 (421).

59 BGH VIII ZR 119/92, NJW 1994, 576.

60 *BGH VIII ZR 192/03, NJW 2004, 3115; Wiek* WuM 2004, 487.

61 *Börstinghaus* Flächenabweichungen Rn. 707.

62 Bamberger/Roth/*Spindler* BGB § 826 Rn. 104ff.

63 RGZ 61, 359 (365); 78, 389 (393).

führt.[64] Diese inzwischen als gefestigt anzusehende Rspr. beruht auf dem aus dem Gebot von Treu und Glauben hergeleiteten Grundsatz, dass die formelle Rechtskraft dann zurücktreten muss, „wenn es mit dem Gerechtigkeitsgedanken schlechthin unvereinbar wäre, dass der Titelgläubiger seine formale Rechtsteilung unter Missachtung der materiellen Rechtslage zu Lasten des Schuldners ausnutzt".[65] Voraussetzungen für einen solchen Schadensersatzanspruch sind[66], dass der Titel unrichtig ist, der Vermieter dies positiv weiß[67] und dass weitere besondere Umstände vorliegen, die eine Vollstreckung für missbräuchlich erscheinen lassen.[68] Das Erschleichen eines Titels iSd § 826 BGB setzt eine **bewusst unwahre Tatsachenbehauptung** im Zustimmungsprozess voraus.[69] Fahrlässigkeit auf Seiten des Vermieters reicht dafür nicht aus. Der Vermieter muss vorsätzlich handeln. Dazu gehört, dass er positiv die maßgebliche kleinere Wohnfläche kennt. Das kann zB aufgrund eines Prozesses mit einem Vormieter und dem in diesem Verfahren eingeholten Sachverständigengutachten zur Ermittlung der Wohnfläche der Fall sein. Ein Irrtum über die richtige Anrechnung von Freiflächen reicht für Vorsatz nicht aus. Auch einfache Erklärungen „ins Blaue hinein" ergeben noch keinen Schädigungsvorsatz. Der Mieter hat die Möglichkeit sich im Zustimmungsprozess umfassend zu verteidigen. Er kann die behauptete Wohnfläche substantiiert bestreiten[70], so dass der Vermieter seine Behauptung beweisen muss.[71] Der Mieter muss deshalb im Schadensersatzprozess darlegen und beweisen, dass der Vermieter positive Kenntnis davon hatte, dass die behauptete Wohnfläche falsch und zwar zu groß ist. Schließlich müssen noch **besondere Umstände** hinzukommen, die eine **Vollstreckung missbräuchlich** erscheinen lassen. Insbesondere bei Vollstreckungsbescheiden hat die Rspr. hier die Anforderungen herabgesetzt. Dies beruht darauf, dass im Mahnverfahren keine Schlüssigkeitsprüfung stattfindet, so dass die Rechtskraft solcher Titel zwar formell besteht, aber die Verteidigungsmöglichkeiten gegen missbräuchlich erlangte Titel[72] leichter ist als gegen Urteile.[73] Da der Zustimmungsanspruch nicht im Mahnverfahren geltend gemacht werden kann, da es sich nicht um einen Zahlungsanspruch handelt, muss der Vermieter in jedem Fall Klage und zwar auf Abgabe einer Willenserklärung erheben. Hier findet eine **Schlüssigkeitsprüfung** statt. Der Mieter hat alle prozessualen Möglichkeiten, sich zu verteidigen. In der Regel genügt einfaches Bestreiten, es sei denn, es geht um Tatsachen im eigenen Wahrnehmungsbereich, wie zB die Wohnfläche.[74] Allein der bewusste falsche Sachvortrag zur Fläche genügt deshalb bei einem Zustimmungsurteil noch nicht, um mittels eines Schadensersatzanspruchs vom Vermieter die Rückgängigmachung der Mieterhöhung verlangen zu können. Er muss den Mieter schon auf besonders betrügerische oder arglistige Weise dazu veranlasst haben, sich nicht gegen die Klage, zumindest nicht gegen die Wohnungsgröße, zu verteidigen.[75] Das könnte zB der Fall sein, wenn er gefälschte Bescheinigungen von Ämtern oder Sachverständigen vorgelegt hat.

Die **Zustimmung ist bedingungsfeindlich.** Eine unter Bedingungen oder einem Vorbehalt **13**
erteilte Zustimmung ist rechtlich nichtig.[76] Die Zustimmung ist eine Annahme iSd § 146 BGB, also eine empfangsbedürftige Willenserklärung, die nach objektivem Empfängerhorizont auszulegen ist, § 133 BGB.[77] Erklärt ein Mieter die Zustimmung unter einem **Vorbehalt** oder „ohne Anerkennung einer Rechtspflicht", so muss die Zustimmung zusammen mit dieser Erklärung ausgelegt werden. Gibt der Mieter durch den Vorbehalt zu erkennen, dass er die Zustimmung nur gelten lassen will, wenn weitere Umstände oder Ereignisse eintreten, dann fehlt es an einer wirksamen Zustimmung. Allein der Zusatz „ohne Anerkennung einer Rechtspflicht" nimmt der im gleichen Schreiben

---

[64] BGH III ZR 187/86, BGHZ 101, 380 (383); VI ZR 165/87, BGHZ 103, 44 (46); VI ZR 9/98, NJW 1999, 1257 (1258); VIII ZR 299/04, NJW 2005, 2991 (2994).
[65] LG Bamberg BeckRS 2010, 29602.
[66] Aufzählung gemäß Urteil des LG Bamberg BeckRS 2010, 29602.
[67] Bamberger/Roth/*Spindler* BGB § 826 Rn. 105.
[68] *Börstinghaus* Flächenabweichungen Rn. 708.
[69] Bamberger/Roth/*Spindler* BGB § 826 Rn. 107.
[70] BGH VIII ZR 181/16, NZM 2017, 435; *Börstinghaus* LMK 2017, 393841; *Selk* WuM 2017, 472.
[71] BGH VIII ZR 255/17, MietPrax-AK § 144 ZPO Nr. 1 mAnm *Börstinghaus.*
[72] Insbes. aus dem Bereich der sittenwidrigen Ratenkredite und der Partnerschaftsvermittlungsverträge.
[73] Siehe die Literaturnachweise bei Bamberger/Roth/*Spindler* BGB § 826 Rn. 112 Fn. 644.
[74] BGH VIII ZR 181/16, NZM 2017, 435; *Börstinghaus* LMK 2017, 393841; *Selk* WuM 2017, 472.
[75] Staudinger/*Oechsler* BGB § 826 Rn. 497–502.
[76] LG Berlin BeckRS 2020, 18379; GE 2008, 1492; AG Charlottenburg GE 2020, 266; AG Heilbronn ZMR 1998, 171; AG Hohenschönhausen GE 2001, 855; 1996, 869; BeckOGK/*Fleindl* BGB § 558b Rn. 7; Staudinger/*V. Emmerich* BGB § 558b Rn. 6.
[77] BGH VIII ZR 88/13, NJW 2015, 934 Rn. 35.

erklärten Zustimmung nicht die Annahmewirkung. Der Zusatz allein kann auch bedeuten, dass der Mieter sich zwar rechtlich nicht verpflichtet sieht, die Zustimmung zu erteilen, dass er sie aber trotzdem erteilt.[78] Befinden sich in dem Schreiben aber noch weitere Einschränkungen zB zeitlicher Art wie „einstweilige Zustimmung" oder „vorbehaltlich der Wirksamkeit des MietenWoG Bln"[79] oä, liegt keine wirksame Zustimmung vor. Hat der Mieter einem einseitigen Zustimmungsverlangen mit der Einschränkung teilweise zugestimmt, dass der Vermieter auf den weiter gehenden Anspruch verzichtet oder diesen nicht weiterverfolgt, liegt ebenfalls keine wirksame Zustimmung zu einer Mieterhöhung gem. § 558b Abs. 1 BGB vor. Jedoch enthält diese Zustimmung mit Einschränkung selbst ein wirksames Angebot auf Abschluss eines Mietabänderungsvertrages gem. § 557 Abs. 1 BGB. Der Vermieter kann dieses Angebot annehmen oder ablehnen. Wenn er es ablehnt, kann und muss er den gesamten Zustimmungsanspruch geltend machen; es liegt keine Teilzustimmung vor. Eine **Klage auf Wegfall des Vorbehalts** ist unzulässig, da § 558b Abs. 2 BGB lex specialis ist. Hat der Mieter bereits Zahlungen geleistet, kann er die Mehrleistung zurückfordern bis er rechtskräftig zur Zustimmung verurteilt wurde. Dies gilt ebenso im Falle eines unwirksamen Mieterhöhungsverlangens bei einer Teilzustimmung unter dem Vorbehalt, dass der Vermieter von einer weiter gehenden Miethöheforderung Abstand nimmt.[80]

14 Eine andere Frage ist die, ob zum Zeitpunkt der Zustimmung überhaupt noch ein Vorbehalt oder eine Einschränkung gemacht wurde. Bedeutung hat dies insbes. für die Auslegung **konkludenten Verhaltens als Zustimmung,** insbes. der mehrmaligen Zahlung. Die vorbehaltlose Zahlung auf ein Zustimmungsverlangen ist eine Zustimmung. Dies gilt aber dann nicht, wenn dem Vermieter der entgegenstehende Wille des Mieters positiv bekannt ist.[81] Eine **ausdrücklich erklärte Verweigerung** der Zustimmung geht grds. der konkludenten **Zustimmung** durch schlüssiges Verhalten vor. Zu prüfen ist aber in diesen Fällen immer, ob der Mieter seinen Vorbehalt tatsächlich weiter aufrecht hält, denn auch der Mieter kann es sich anders überlegt haben und doch noch zustimmen, so dass in der Zahlung die konkludente Rücknahme des Vorbehalts zu sehen ist.[82]

### 3. Frist

15 Die Zustimmung des Mieters kann **ab Zugang** des Mieterhöhungsverlangens erteilt werden. Erst wenn ein Angebot des Vermieters vorliegt, kann dieses angenommen werden; zuvor handelt es sich um ein Angebot des Mieters. Der Mieter kann das Angebot des Vermieters solange annehmen, wie das Angebot annahmefähig ist. Dies ist zunächst solange der Fall, wie der Vermieter das Angebot nicht zurückgenommen hat. Die Rücknahme des Angebots ist jederzeit möglich, auch während der Überlegungsfrist (→ BGB § 558a Rn. 19). Hat der Vermieter das Erhöhungsverlangen nicht zurückgenommen, dann kann der Mieter dies Verlangen zunächst innerhalb der Überlegungsfrist annehmen. Dies ergibt sich bereits aus dem klaren Wortlaut des Gesetzes.

16 Das Angebot des Vermieters bleibt aber auch danach annahmefähig bis der Vermieter es entweder zurückgenommen hat oder bis es wegen **Ablaufs der Klagefrist** unwirksam wurde. Die Regelung des § 558b BGB geht insofern den Bestimmungen der §§ 147ff. BGB vor. Das Gesetz geht selbst davon aus, dass dem Vermieter bis zum fruchtlosen Ablauf der Klagefrist ein Anspruch auf Zustimmung zu einer Mieterhöhung zusteht. Wenn der Vermieter seinen Anspruch sogar in der Form gerichtlich durchsetzen kann, dass er den Mieter zur Annahme des Angebots zwingen kann, dann muss das Angebot des Vermieters auch nach der Gesetzessystematik annahmefähig sein. Der Mieter kann deshalb das Angebot des Vermieters auch noch innerhalb der Klagefrist annehmen[83], selbst wenn der Mieter vorher eine Zustimmung abgelehnt hat.[84] Die Annahme kann auch noch **nach Ablauf der gesetzlichen Klagefrist** erfolgen, wenn der Vermieter zuvor fristgerecht Klage erhoben hat. Die Annahme kann auch in diesem Fall durch vorbehaltlose Zahlung erfolgen. Insofern erledigt sich der Rechtsstreit. Nimmt der Vermieter die Zustimmungsklage

---

[78] AG Tempelhof-Kreuzberg GE 2008, 1430; AG Heilbronn ZMR 1998, 171.
[79] LG Berlin BeckRS 2020, 18379; AG Charlottenburg GE 2020, 548.
[80] AG Gladbeck WuM 1993, 745.
[81] AG Leipzig WuM 1996, 347; AG Hohenschönhausen GE 2001, 855; 1996, 869.
[82] AG Potsdam MM 1996, 248.
[83] *LG Hannover WuM 1990, 222 (223)*; Staudinger/*V. Emmerich* BGB § 558b Rn. 12; Bub/Treier MietR-HdB/*Schultz* Kap. III A Rn. 1429; **aA** LG Berlin MM 1996, 292.
[84] MüKoBGB/*Artz* § 558b Rn. 6; Staudinger/*V. Emmerich* BGB § 558b Rn. 12; Bub/Treier MietR-HdB/*Schultz* Kap. III A Rn. 1429.

zurück, dann entfällt die Annahmefähigkeit nicht rückwirkend. Der Vermieter kann durch die **Rücknahme der Zustimmungsklage** einer Teilzustimmung des Mieters wegen fehlenden Angebots nicht den Boden entziehen. Erst ab Wirksamwerden der Klagerücknahme entfällt die Annahmefähigkeit. Die Klage kann ohne Zustimmung des Beklagten bis zum Beginn der mündlichen Verhandlung zurückgenommen werden. Die Klagerücknahme wird grds. erst mit Zustellung des Rücknahmeschriftsatzes wirksam. Nach Beginn der mündlichen Verhandlung ist für die wirksame Klagerücknahme auch noch die Zustimmung des Beklagten erforderlich. Diese wird gem. § 269 Abs. 2 S. 4 ZPO jedoch vermutet, wenn der Beklagte nicht ausdrücklich der Klagerücknahme widerspricht. Bedeutung hat der Zeitpunkt der Zustimmungserklärung vor allem für die Kostenentscheidung eines Zustimmungsverfahrens (→ Rn. 133).

### 4. Form

Anders als für das Mieterhöhungsverlangen des Vermieters in § 558 a Abs. 1 BGB ist für die Zustimmung des Mieters grds. von Gesetzes wegen **keine Form vorgeschrieben.**[85] Möglich ist deshalb, dass die Zustimmung des Mieters ausdrücklich oder auch konkludent erfolgt.[86] **17**

**a) Ausdrückliche Zustimmung.** Eine **ausdrückliche Zustimmung** liegt vor, wenn der Mieter eine Willenserklärung gegenüber dem Vermieter abgibt, wonach er einer Änderung der Miete auf die neue verlangte Miete zustimme. Da die Zustimmung eine empfangsbedürftige Willenserklärung ist, muss sie vom Mieter gegenüber dem Vermieter abgegeben werden und wird erst mit Zugang wirksam. Die Willenserklärung kann **grds. formfrei** erfolgen, also sowohl schriftlich, mündlich, telefonisch, per Telefax, auf den Anrufbeantworter gesprochen, per E-Mail[87] oder in jeder sonst denkbaren Form. Allein das Beweisinteresse des Vermieters rechtfertigt es nicht, strengere Formen zu verlangen.[88] **18**

Der Vermieter hat gegen die Mieter gem. § 127 Abs. 2 S. 2 BGB einen Anspruch auf nachträgliche **schriftliche Fixierung der Vertragsänderung**[89], wenn es sich aus um einen Vertrag handelt, der wirksam für **länger als ein Jahr** abgeschlossen wurde, § 550 BGB.[90] Dies gilt unabhängig von der absoluten oder prozentualen Höhe der Mieterhöhung.[91] Auf Grund einer **Schriftformklausel** im Mietvertrag besteht demgegenüber **keine Verpflichtung** zur Erteilung einer schriftlichen Zustimmung[92], da eine solche Schriftformklausel nicht für die einseitige Zustimmungserklärung gilt[93] und iÜ regelmäßig auch gegen § 305 b BGB[94] verstößt und deshalb gem. § 307 BGB unwirksam ist.[95] Auch die Vereinbarung im Mietvertrag, wonach die Zustimmung immer schriftlich zu erfolgen habe, ist unwirksam.[96] Jede Mietvertragspartei kann jedoch im Fall einer wirksamen Schriftformklausel gem. § 127 Abs. 2 S. 2 BGB nachträglich, also nach Abgabe der beiderseitig auf Vertragsänderung gerichteten Willenserklärungen die schriftliche Fixierung der Änderungsvereinbarung zu verlangen. Zu Schriftformklauseln → BGB Vor § 535 Rn. 41; → BGB § 550 Rn. 75 f. Da es sich um Allgemeine Geschäftsbedingungen handelt, sind diese Klauseln an den §§ 305–310 BGB zu messen. Soweit in einer formularvertraglichen Klausel für nachträgliche Vereinbarungen konsti- **19**

---

[85] BGH VIII ZB 74/16, NZM 2018, 279; AG Pankow/Weißensee GE 2016, 335; AG Neuruppin WuM 2013, 232; AG Hannover ZMR 2010, 290; AG Schöneberg NZM 2009, 123; MüKoBGB/*Artz* § 558 b Rn. 4; *Lindner* FS Gramlich (2021) 289, 294.

[86] LG Wuppertal NJWE-MietR 1997, 266; *Schmid* ZMR 2007, 514; Kossmann/Meyer-Abich Wohnraummiete-HdB/*Meyer-Abich* § 154 Rn. 5.

[87] AG Pankow/Weißensee GE 2016, 335.

[88] AG Schöneberg NZM 2009, 123; *Schmid* ZMR 2007, 514; falsch deshalb LG Berlin und AG Höhenschönhausen ZMR 2007, 196.

[89] BGH VIII ZB 74/16, NZM 2018, 279; *Beyer,* jurisPR-MietR 7/2018 Anm. 2; *Börstinghaus,* jurisPR-BGHZivilR 8/2018 Anm. 1.

[90] BGH VIII ZR 300/09, NZM 2011, 117; Kossmann/Meyer-Abich Wohnraummiete-HdB/*Meyer-Abich* § 154 Rn. 5; Bub/Treier MietR-HdB/*Schultz* Kap. III A Rn. 1433; **aA** AG Schöneberg NZM 2009, 123.

[91] BGH XII ZR 114/14, NJW 2016, 311; *Schweitzer* NZM 2016, 101; *Börstinghaus* jurisPR-BGHZivilR 1/2016 Anm. 1; *Bieber* jurisPR-MietR 8/2016 Anm. 2.

[92] Für das Mieterhöhungsverlangen BGH VIII ZB 74/16, NZM 2018, 279; VIII ZR 275/10, ZMR 2011, 707; VIII ZR 300/09, NZM 2011, 117; *Beuermann* GE 2011, 95; LG Berlin GE 2005, 1431; *Bloching/Ortolf* NZM 2012, 334.

[93] Für das Mieterhöhungsverlangen BGH VIII ZR 300/09, NZM 2011, 117; *Börstinghaus* jurisPR-BGH-ZivilR 8/2011 Anm. 2; *Bloching/Ortolf* NZM 2012, 334.

[94] KG MDR 2016, 819.

[95] *Bloching/Ortolf* NZM 2012, 334; NJW 2009, 3393 (3395); krit. *Neuhaus* ZMR 2014, 15 (17).

[96] AG Neuruppin WuM 2013, 232.

tutiv die Schriftform verlangt wird, verstößt eine solche Klausel gegen § 307 Abs. 1 BGB und ist unwirksam.[97] Nach *Bloching/Ortolf*[98] darf bei der **Klauselkontrolle** jedoch nicht übersehen werden, dass die Schriftform den Mieter schützt, da er von einer Unwirksamkeit der Willenserklärungen profitiert. Vertragliche **Schriftformklauseln** sind auch im Fall des § 558b BGB dispositiv, dh beide Mietvertragsparteien können für den konkreten Einzelfall auf die Einhaltung des Schriftformerfordernisses verzichten[99] oder die Schriftformklausel auch formfrei aufheben. Das gilt für die Begründung vertraglicher Pflichten. für ihre Ergänzung[100] und für ihre Einschränkung.[101] Die Gültigkeit derartiger, formfreier – nicht notwendig ausdrücklicher – Absprachen wird dann bejaht, wenn die Parteien übereinstimmend die Maßgeblichkeit des mündlich Vereinbarten gewollt haben, sich also darüber einig waren, dass für ihre vertraglichen Beziehungen neben dem Urkundeninhalt auch jene mündliche Abrede gelten sollte.[102] Die Gültigkeit des mündliche Abgesprochenen wird mit der Erwägung bejaht, dass die Bindung, der sich die Parteien durch Vereinbarung der im Gesetz nicht vorgesehenen Schriftform unterworfen haben, nur so lange und soweit bestehen bleibt, als die Vertragsschließenden keinen anderen Willen zum Ausdruck bringen, die Schriftformklausel also nicht außer Kraft setzen.[103] Die übereinstimmend gewollte mündliche Absprache macht, soweit sie reicht, das gewillkürte Formerfordernis hinfällig. Solche Vereinbarungen sind dann gem. § 305b BGB der Formularklausel vorgehende **Individualvereinbarungen.**[104] Dabei ist es unerheblich, ob die formularmäßige Schriftformklausel das Schriftformerfordernis auch für die Abänderung der Schriftform vorsieht.[105] Solche Klauseln haben den einzigen Zweck, die Aushöhlung der Schriftformvereinbarung durch Bindung der Vertragspartner an mündliche Erklärungen oder gar an schlüssiges Verhalten unmöglich zu machen.[106] Jedoch können die Mietvertragsparteien für die Zukunft nicht auf die Vertragsfreiheit verzichten. Deshalb hat das zuletzt auch mündlich Vereinbarte gegenüber früheren Abreden Vorrang.[107] Allein weil der Vermieter im Mieterhöhungsverlangen die Abgabe einer schriftlichen Zustimmungserklärung verlangt besteht ein solcher Anspruch nicht.[108]

20 Auch aus der Tatsache, dass der BGH[109] auch in der Wohnraummiete das **Urkundsverfahren** für zulässig erachtet hat, ergibt sich kein Anspruch auf eine schriftliche Zustimmung.[110] Zwar benötigt der Vermieter für eine solche Klage eine Urkunde aus der sich die Höhe der Miete ergibt, dies allein gibt dem Vermieter aber keinen Anspruch auf eine solche Urkunde. In Betracht kommen könnte ein solcher Anspruch allenfalls aus einer **Nebenpflicht** des Mietvertrages. Aus der Existenz des § 550 BGB ergibt sich aber, dass der Gesetzgeber nur bei Mietverträgen mit einer Laufzeit von mehr als einem Jahr die Schriftform vorgesehen hat, bei allen anderen Mietverträgen aber wie bei so gut wie allen anderen Verträgen auch, auch mündliche Vereinbarungen für ausreichend hielt. Diese Wertung des Gesetzgebers ist bei der Beurteilung, ob eine vertragliche Nebenpflicht zur Ausstellung einer Urkunde über die Zustimmung besteht zu berücksichtigen. Sie kann nur dazu führen, dass ein solcher Anspruch nicht besteht. Davon zu unterscheiden ist die Frage,

---

[97] BGH VIII ZR 93/94, NJW 1995, 1488; IX ZR 96/85, NJW 1986, 3131 (3132); VII ZR 276/83, NJW 1984, 2468; OLG München NJW-RR 1989, 1499 (1502); OLG Frankfurt a. M. NJW-RR 1992, 396; AG Hannover ZMR 2010, 290; v. Westphalen/Thüsing VertrR/AGB-Klauselwerke/*Drettmann* Wohnraummiete Rn. 23; v. Westphalen/Thüsing VertrR/AGB-Klauselwerke/*v. Westphalen* Schriftformklauseln Rn. 7; Palandt/*Grüneberg* BGB § 307 Rn. 146; BGB § 305b Rn. 5; *Boergen* BB 1971, 202.

[98] *Bloching/Ortolf* NZM 2012, 334 (337).

[99] BGH XII ZR 312/02, NJW 2006, 138, NJW-RR 1995, 179 (180), NJW 1986, 3131; 1985, 320 (321), NJW 1978, 1585 (1586); *Hromadka* DB 2004, 1261 (1264); ebenso BAG NJW 2009, 316.

[100] BGH V ZR 157/60, NJW 1962, 1908; VIII ZR 173/65, WM 1966, 1335.

[101] BGH VII ZR 111/63, NJW 1965, 293.

[102] So schon RGZ 95, 175 (176); BGH VIII ZR 173/65, WM 1966, 1335; III ZR 122/80, BeckRS 1982, 31069723; V ZR 157/60, NJW 1962, 1908; VIII ZR 97/74, BGHZ 66, 378 (381); BAG NJW 1989, 2149; v. Westphalen/*Thüsing* VertrR/AGB-Klauselwerke/*v. Westphalen* Schriftformklauseln Rn. 4.

[103] BGH VIII ZR 106/64, BeckRS 1966, 31181541.

[104] BGH XII ZR 312/02, NJW 2006, 138.

[105] BGH VIII ZR 97/74, BGHZ 66, 378 (381); OLG Naumburg ZMR 2013, 36.

[106] BGH VIII ZR 97/74, BGHZ 66, 378 (382).

[107] v. Westphalen/*Thüsing* VertrR/AGB-Klauselwerke/*v. Westphalen* Schriftformklauseln Rn. 4.

[108] AG Schöneberg NZM 2009, 123; *Sternel* MietR Kap. IV Rn. 259; **aA** AG Hohenschönhausen/LG Berlin *ZMR 2007, 196.*

[109] BGH VIII ZR 200/08, NJW 2009, 3099; VIII ZR 112/06, NZM 2007, 161; VIII ZR 216/04, NJW 2005, 2701.

[110] AG Schöneberg BeckRS 2009, 25268.

ob der Vermieter bei einer konkludenten Zustimmung durch Zahlung durch Vorlage von Kontoauszügen urkundlich die Zustimmung des Mieters beweisen kann.[111] Bedenken können sich aber daraus ergeben, dass der Mieter ggf. einen Vorbehalt erklärt hat, der der Zahlung die Wirkung der Zustimmung nimmt. Interne Buchhaltungsunterlagen des Vermieters reichen nie als Urkunde.

21 Bedeutung hat die Schriftform deshalb idR nur für Mietverträge, die für **längere Zeit als ein Jahr** abgeschlossen wurden oder eine entsprechende Kündigungsausschlussvereinbarung enthalten.[112] § 550 BGB schreibt für einen Mietvertrag von mehr als einem Jahr Dauer die Schriftform vor. Wird diese nicht eingehalten, gilt er als für unbestimmte Zeit geschlossen und kann jederzeit – frühestens zum Schluss des ersten Jahres – gekündigt werden.[113] Für die Schriftform fordert § 126 Abs. 2 S. 1 BGB, dass die Unterzeichnung der Parteien auf derselben Urkunde erfolgt **(Grundsatz der Einheitlichkeit der Urkunde).** Danach muss das von den Parteien unterzeichnete Schriftstück alle Abreden enthalten, die nach ihrem Willen Vertragsinhalt sind. Dabei erfordert die Schriftform des § 126 BGB keine **körperliche Verbindung** der einzelnen Blätter der Urkunde, wenn sich deren Einheit aus fortlaufender Paginierung, fortlaufender Nummerierung der einzelnen Bestimmungen, einheitlicher graphischer Gestaltung, inhaltlichem Zusammenhang des Textes oder vergleichbarer Merkmale zweifelsfrei ergibt.[114] Diese Grundsätze gelten über den Wortlaut des § 550 BGB hinaus[115] nicht nur für den Abschluss des Vertrages sondern auch für spätere Vertragsänderungen[116] insbes. für alle Veränderungen der Miete (→ BGB § 550 Rn. 41) und zwar unabhängig von der Höhe der Mietänderung.[117] Die Miethöhevorschriften sind auch keine die Form des § 550 BGB verdrängenden Spezialvorschriften.[118] Die Vorschriften gelten nebeneinander. Verstöße haben unterschiedliche Rechtsfolgen. Es reicht für die gesetzliche Schriftform des gesamten Vertragswerks aus, wenn die **Nachtragsurkunde** auf den ursprünglichen Vertrag Bezug nimmt[119] und zum Ausdruck bringt, es solle unter Einbeziehung des Nachtrags bei dem verbleiben, was früher bereits formgültig niedergelegt war, vorausgesetzt, dass die neue Urkunde ebenfalls von beiden Parteien unterzeichnet ist.[120]

22 Daraus folgt für das **Formerfordernis für die Zustimmungserklärung** des Mieters zu einem Mieterhöhungsverlangen des Vermieters, dass der Mieter immer dann, wenn der Mietvertrag wegen § 550 BGB der Form des § 126 BGB unterfällt, nachträglich die sich seiner **Zustimmung ergebende Vertragsänderung schriftlich** bestätigen muss.[121] Die Miete gehört zu den **Essentialen des Vertrages,** die schriftlich niedergelegt werden müssen. Auch bei einem Abänderungsvertrag muss gem. § 126 Abs. 2 BGB die Unterzeichnung der Parteien grds. **auf derselben Urkunde** erfolgen.[122] Deshalb müssen grds. beide Vertragsparteien eine Vereinbarung unterzeichnen, in der die Vertragsabänderung festgehalten ist.[123] Wichtig ist, dass sich auf der Urkunde die Willenserklärungen beider Parteien befinden.[124] Die Schriftform eines langfristigen Mietvertrages ist aber nach neuerer Rspr. schon dann gewahrt, wenn die Vertragsbestimmungen in einem unterzeichneten Schreiben der einen Partei niedergelegt sind, das die andere mit oder ohne einen das

---

[111] Dafür *Blank* NZM 2000, 1083.

[112] BGH VIII ZR 223/06, NJW 2007, 1742.

[113] BGH XII ZR 68/02, NJW 2004, 2962 = NZM 2004, 738.

[114] BGH XII ZR 234/95, NJW 1998, 58 mAnm *Sternel* MDR 1998, 33; VII ZR 93/97, NZM 1999, 310 mAnm *Schultz* NZM 1999, 298; *Lindner-Figura* NJW 1998, 731; *Lenz/Schlößer* MDR 1998, 1; *Kinne* GE 1998, 218; *Schneider* ZAP Fach 13, 713; *Franke* ZMR 1998, 529.

[115] *Schach* GE 2004, 1280 (1281).

[116] *Lindner-Figura* MDR 1997, 209.

[117] BGH XII ZR 114/14, NZM 2016, 98; *Schweizer* NZM 2016, 101; *Blank/Börstinghaus* BGB § 550 Rn. 53; **aA** KG NZM 2005, 457; *Timme/Hülk* NJW 2007, 3313 (3316); *Sternel* MietR Kap. IV Rn. 15; erst für Mietänderungen von mehr als 10%; auch für eine Grenze aber 10% zu hoch: Lindner-Figura/Oprée/Stellmann Geschäftsraummiete/*Lindner-Figura* Kap. 6 Rn. 70, 64.

[118] *Nies* NZM 2009, 687; **aA** MüKoBGB/*Bieber* § 550 Rn. 7; AG Schöneberg BeckRS 2009, 25268.

[119] BGH XII ZR 89/06, NJW 2008, 2181; XII ZR 258/97, NZM 2000, 548; *Streyl* WuM 2008, 579.

[120] BGH XII ZR 129/90, NJW 1992, 2283 (2284) mAnm *Dürkes* BB 1993, 238; KG NJWE-MietR 1997, 175; OLG Düsseldorf NJW-RR 1994, 1234.

[121] BGH VIII ZB 74/16, NZM 2018, 279.

[122] *Schmid* GE 2002, 1039 (1043).

[123] BGH XII ZR 179/98, NJW 2001, 221.

[124] OLG Hamburg ZMR 2000, 589; inhaltlich wohl bestätigt von BGH XII ZR 187/00, ZMR 2002, 907; *Schmid* GE 2002, 1039 (1043).

uneingeschränkte Einverständnis erklärenden Zusatz ihrerseits unterzeichnet hat.[125] Der nochmaligen Unterzeichnung durch die eine Partei unterhalb der Gegenzeichnung der anderen bedarf es entgegen der älteren Rspr. des Reichsgerichts[126] heute nicht mehr. Es reicht deshalb aus, wenn der Mieter dem Vermieter ein Exemplar des Mieterhöhungsverlangens zurückschickt und auf dem vom Vermieter unterschriebenen Erhöhungsverlangen befindet sich die unterschriebene Zustimmung des Mieters. Nicht ausreichend für die Einhaltung der Schriftform ist weiterhin die Unterzeichnung einer **isolierten „Zustimmungserklärung"**, in der der Mieter einer Mieterhöhung zustimmt, ohne dass in dieser Erklärung auch die Willenserklärung des Vermieters enthalten ist.

23 Erfüllt die Zustimmung des Mieters nicht diese Formvorschriften, also hat er entweder gar nicht schriftlich seine Zustimmung erklärt oder ist dies nicht in einer Urkunde zusammen mit der Willenserklärung des Vermieters geschehen, so hat dies für die Mieterhöhung selbst keine Konsequenzen. Es liegen zwei übereinstimmende Willenserklärungen vor, so dass der Vertrag geändert wurde.[127] Die Vorschrift des § 550 BGB ist keine Formvorschrift iSd § 125 BGB mit der Rechtsfolge, dass die **Nichteinhaltung der Form** zur Nichtigkeit des Rechtsgeschäfts führt. Insofern enthält § 550 BGB eine speziellere Rechtsfolge. Die Nichteinhaltung der Form führt nur dazu, dass der **Vertrag jetzt kündbar** ist. In der Regel[128] verstößt es auch nicht gegen **Treu und Glauben,** wenn eine Partei unter Berufung auf einen von ihr mit veranlassten Formmangel das Mietverhältnis kündigt. Das gilt ohne Einschränkung für einen Erwerber.[129]

24 **b) Zustimmung durch schlüssiges Verhalten.** Die Zustimmung des Mieters kann auch durch **schlüssiges Verhalten** erfolgen.[130] Eine solche konkludente Willenserklärung setzt voraus, dass der Vermieter aus einem bestimmten Verhalten nur den Schluss ziehen kann, der Mieter wolle damit die verlangte Zustimmungserklärung abgeben. Ob das Verhalten als konkludente Willenserklärung zu verstehen ist, ist **durch Auslegung** zu ermitteln, die nicht schematisch erfolgten darf, sondern von den konkreten Umständen des Einzelfalles abhängt.[131] Dabei ist **Maßstab der objektive Empfängerhorizont.** Es ist also jeweils zu prüfen, ob ein objektiver Empfänger, der den Inhalt des Angebots des Vermieters und alle sonstigen Umstände kennt, aus dem Verhalten des Mieters den Schluss auf einen **Rechtsbindungswillen** des Mieters ziehen würde.[132] Dies kann zB sogar bei der Verwendung von **Emojis** als Antwort auf ein Zustimmungsverlangen der Fall sein.[133] Voraussetzung für die Annahme einer konkludenten Willenserklärung ist, dass demjenigen, der eine solche konkludente Erklärung abgegeben haben soll, überhaupt bewusst ist, eine rechtsgeschäftliche Erklärung abzugeben. Eine Willenserklärung erfordert zumindest einen objektiven Tatbestand, aus dem die Äußerung eines auf eine Rechtsfolge gerichteten Willens geschlossen werden kann. Bei konkludenten Willenserklärungen muss der Erklärende die Umstände kennen, die seine Handlung als Ausdruck eines Rechtsfolgewillens erscheinen lassen. Er muss dabei vor allem wissen oder damit rechnen, dass eine von ihm abzugebende Willenserklärung erforderlich sein könnte.[134] Dazu gehört, dass der erklärende Mieter weiß, dass in seinem Verhalten der Ausdruck des Willens zu sehen ist, ein bisher unverbindliches Angebot verbindlich werden zu lassen.[135]

---

[125] BGH XII ZR 68/02, NJW 2004, 2962.

[126] RGZ 105, 60 (62).

[127] Insofern ist der Ansatz des AG Schöneberg NZM 2009, 123 richtig, wonach die §§ 558 ff. BGB im Verhältnis zu § 550 BGB die spezielleren Vorschriften sind. Die Schlussfolgerung, dass der Vermieter deshalb keinen Anspruch auf eine – nachträgliche – schriftliche Zustimmungserklärung habe, ist wegen § 127 Abs. 2 S. 2 BGB falsch.

[128] BGH XII ZR 146/12, NJW 2014, 2102; XII ZR 68/10, NJW 2014, 1087; XII ZR 38/12, NJW 2013, 1083; XII ZR 134/02, NJW 2004, 1103; AG Pinneberg ZMR 2008, 468.

[129] BGH XII ZR 146/12, NJW 2014, 2102; XII ZR 68/10, NJW 2014, 1087; *Sternel* MietR Kap. IV Rn. 260.

[130] LG Wuppertal NJWE-MietR 1997, 266; AG Pankow/Weißensee GE 2016, 335; *Artz* NZM 2005, 367; Kossmann/Meyer-Abich Wohnraummiete-HdB/*Meyer-Abich* § 154 Rn. 5.

[131] LG Wuppertal NJWE-MietR 1997, 266; LG Kiel WuM 1993, 198; LG Aachen WuM 1988, 280; LG Berlin WuM 1985, 311.

[132] LG Wuppertal NJWE-MietR 1997, 266; LG Kiel WuM 1993, 198.

[133] Dazu ausf. *Barnert* myops 37/2019, 32 unter Hinweis auf ein entsprechendes Urteil in Israel: http://qz.com/987032/emojis-prove-intent-a-judge-im israel-ruled.

[134] BGH IX ZR 197/88, BGHZ 109, 177; V ZR 85/09, NJW 2010, 2873; V ZR 16/73, NJW 1973, 1789.

[135] BGH XII ZR 5/15, NJW 2016, 1441; V ZR 85/09, NZM 2010, 587; V ZR 266/88, BGHZ 110, 220; XI ZR 175/93, NJW 1995, 953; II ZR 92/87, NJW 1988, 1199 (1200).

Unerheblich ist, dass der Vermieter ausdrücklich auf einer schriftlichen Zustimmung bestanden hat, denn darauf hat er idR (zur Ausnahme → Rn. 22) keinen Anspruch.[136]

25 Die stärkste Form des konkludenten Verhaltens in diesem Zusammenhang ist die **Zahlung.**[137] Hat der Vermieter den Mieter ausdrücklich aufgefordert, einer Mieterhöhung zuzustimmen und zahlt der Mieter dann, ohne zuvor sein Einverständnis ausdrücklich erklärt zu haben die erhöhte Miete, dann weiß der Mieter zum einen, dass er rechtsgeschäftlich tätig wird, da er ja zur Zustimmung aufgefordert wurde und der **Empfänger der Zahlung** kann dies nur als Zustimmung verstehen. Von daher kommt zunächst dem Angebot des Vermieters auf Abschluss der Änderungsvereinbarung für die Auslegung einer Zahlung als Zustimmung große Bedeutung zu. Hat der Vermieter dem Mieter ein Mieterhöhungsverlangen nach § 558 BGB mit ausdrücklicher Aufforderung zur Zustimmung zu einer Mieterhöhung zukommen lassen, dann darf ein Vermieter aus der Sicht eines objektiven Empfängers bereits **eine einzige Zahlung** als Zustimmung verstehen.[138] Dies gilt auch, wenn der Mieter den Dauerauftrag entsprechend anpasst.[139] Nach Ansicht des BGH[140] kann *jedenfalls eine mehrmalige vorbehaltlose Zahlung* der erhöhten Miete als schlüssig erklärte Zustimmung des Mieters zum Mieterhöhungsverlangen gewertet werden. Offen gelassen hat der Senat, ob schon in der erstmaligen Zahlung der erhöhten Miete die konkludente Zustimmung des Mieters zu der geforderten Mieterhöhung gesehen werden kann. Trotz fehlenden Erklärungsbewusstseins (Rechtsbindungswillens, Geschäftswillens) liegt in diesen Fällen eine Willenserklärung vor, wenn der Erklärende bei Anwendung der im Verkehr erforderlichen Sorgfalt hätte erkennen und vermeiden können, dass seine Äußerung nach Treu und Glauben und der Verkehrssitte als Willenserklärung aufgefasst werden durfte, und wenn der Empfänger sie auch tatsächlich so verstanden hat.[141] Der Mieter kann eine solche konkludente Erklärung jedoch wegen Inhaltsirrtums anfechten, wenn er eine solche Erklärung gar nicht abgeben wollte.[142] Ein **Widerrufsrecht** gem. § 312c BGB (→ Rn. 35b) besteht nicht, da die sich aus der Zahlung ergebende konkludente Zustimmung nicht unter Benutzung von **Fernkommunikationsmitteln** erfolgte.[143]

26 Teilweise wird jedoch vertreten, dass erst **mehrere Zahlungen** eine Zustimmung bedeuten.[144] Dabei stellt sich die Frage, wie viele Zahlungen es sein sollen und was dann die Zahlungen sein sollen, die der Mieter bereits geleistet hat, aber die nach Ansicht der Vertreter dieser Meinung als Zustimmung noch nicht ausreichen. Etwas überspitzt gesagt, müsste man solche Zahlungen, da sie ja bewusste rechtsgrundlose Zahlungen darstellen, als **Spenden des Mieters** an den Vermieter verstehen. Dies zeigt, wie wenig praxisgerecht solche aus einem falsch verstandenen Mieterschutz abgeleiteten Auffassungen sind. Der Mieter will an seinen Vermieter nur das zahlen, wozu er auch verpflichtet ist. Freiwillige Mehrzahlungen ohne Rechtsgrund sind lebensfremd. Auch aus der Dauer der Zustimmungsfrist lässt sich nichts Abweichendes herleiten. Die Zustimmungsfrist ist vor der Fälligkeit der ersten erhöhten Miete bereits abgelaufen. Wenn der Mieter dann nach Ablauf der Zustimmungsfrist zum ersten Wirkungszeitpunkt des Mieterhöhungsverlangens die erhöhte Miete zahlt, dann kann der Vermieter dies nur als Zustimmung verstehen. Es kommt bei der Auslegung des Verhaltens des Mieters **ausschließlich auf den objektiven Empfängerhorizont** auf Vermieterseite an.

---

136 **AA** AG Hohenschönhausen/LG Berlin ZMR 2007, 196.

137 *Beuermann* GE 1990, 84.

138 LG Berlin GE 2009, 1625; LG Trier WuM 1994, 217; LG Kiel WuM 1993, 198; LG Berlin WuM 1989, 308; LG Braunschweig WuM 1986, 142; AG München ZMR 2014, 460; AG Frankfurt ZMR 1989, 180, DWW 1987, 263; *Artz* NZM 2005, 367 (369); *Sternel* MietR Kap. IV Rn. 9; Staudinger/*V. Emmerich* BGB § 558b Rn. 6; Bub/Treier MietR-HdB/*Schultz* Kap. III A Rn. 1434; etwas relativierend: Herrlein/Knops/Spiegelberg MietR/*Ormanschick* BGB § 558b Rn. 29 „bereits eine einzge, jedenfalls eine mehrmalige Zahlung".

139 LG Berlin WuM 1987, 266.

140 BGH VIII ZB 74/16, NZM 2018, 279.

141 BGH IX ZR 66/83, BGHZ 91, 324 = NJW 1984, 2279.

142 BGH IX ZR 66/83, BGHZ 91, 324 = NJW 1984, 2279.

143 AG Spandau GE 2015, 1463 (1464).

144 BGH VIII ZR 373/96, NJW 1998, 445 (446); LG Leipzig NZM 2002, 20; LG Düsseldorf DWW 1999, 377; AG Mannheim NZM 2012, 561 mAnm *Börstinghaus* jurisPR-MietR 8/2012 Anm. 1; AnwK Wohnraum-MietR/*Lammel* BGB § 558b Rn. 15; nach BGH VIII ZB 74/16, NZM 2018, 279 kann „jedenfalls eine mehrmalige vorbehaltlose Zahlung der erhöhten Miete als schlüssig erklärte Zustimmung gewertet werden"; nach NK-BGB/*Scheff* § 558b Rn. 4 vermag diese Auffassung nicht „plausibel zu erklären", warum die erste Zahlung nicht schon die Zustimmung darstellt.

27 Soweit der Gesetzgeber in der Vergangenheit in den neuen Ländern befristet für ca. zweieinhalb Jahre in **§ 12 Abs. 6 Nr. 2 MHG** bestimmt hatte, dass die zweimalige Zahlung als Zustimmung gelten sollte, bedeutet dies nicht, dass weniger Zahlungen keine Zustimmung darstellen. Zum einen handelte es sich um eine den ostdeutschen Besonderheiten gerecht werdende **Sondervorschrift.** Die Mieter in den neuen Ländern kannten das Zustimmungsverfahren nicht, da alle bisherigen Mieterhöhungen nach dem Beitritt einseitig durch die Vermieter erfolgten. Deshalb sollte auch bei Zahlung der Miete schnell Rechtssicherheit geschaffen werden, damit nicht später unzählige Rückforderungsprozesse möglich waren und zum anderen sollte aber dem Mieter die Möglichkeit gegeben werden, für den Fall, dass er bei der ersten Zahlung noch meinte, wie in all den Jahren vorher, nur auf eine einseitige Mieterhöhung reagieren zu müssen, doch noch eine gerichtliche Überprüfung vornehmen zu lassen. Insofern war die Vorschrift ein Kompromiss zwischen den verschiedenen Interessen in der Übergangsphase gewesen. Im Übrigen hatte der Gesetzgeber dieser Vorschrift selbst nur eine zeitlich sehr **kurze befristete Bedeutung** beigemessen, nämlich für Mieterhöhungsverlangen v. 11.6.1995 bis 31.12.1997. Hätte der Gesetzgeber eine generelle Geltung dieser Fiktion gewollt, dann hätte er sie nach der Mietrechtsreform übernehmen müssen. Das wäre sinnvoll gewesen.[145] Aber auch diejenigen, die in einer Zahlung noch keine Zustimmung sehen, verlangen vom Vermieter sich vor Klageerhebung durch Nachfrage zu erkundigen, ob die einmalige Zahlung als Zustimmung gelten soll. Anderenfalls habe der Vermieter die Kosten des Verfahrens im Falle der Klagerücknahme zu tragen.[146]

28 Soweit mehrere Zahlungen zur Annahme einer Zustimmung verlangt werden, ist man sich in Rspr. und Lit. über die **Anzahl der Zahlungen** nicht einig. Im Einzelnen:

| | **Zahlung als Zustimmung** | |
|---|---|---|
| **Anzahl der Zahlungen** | **erst die Zahlung von … ist Zustimmung** | **ist keine Zustimmung** |
| 1 | LG Berlin GE 2009, 1625; LG Trier WuM 1994, 217; LG Kiel WuM 1993, 198; LG Berlin MDR 1992, 235; WuM 1989, 308; WuM 1985, 311; GE 1984, 179; WuM 1987, 266, Änderung des Dauerauftrages; LG Braunschweig WuM 1986, 142; AG München ZMR 2014, 460; AG Frankfurt ZMR 1989, 180; AG Bad Dürkheim ZMR 1990, 150; AG Frankfurt DWW 1987, 263; LG Braunschweig WuM 1986, 142; MüKoBGB/*Artz* § 558b Rn. 4, § 557 Rn. 31; Sternel MietR Kap. IV Rn. 9; Kossmann/Meyer-Abich Wohnraummiete-HdB/*Meyer-Abich* § 154 Rn. 7; Bub/Treier MietR-HdB/*Schultz* Kap. III A Rn. 1435 | |
| 2 | AG Schöneberg NZM 2009, 123; BeckRS 2009, 25268; AG Leipzig NZM 2002, 20; LG Düsseldorf DWW 1999, 377; LG Berlin GE 1992, 207; LG München DWW 1987, 18; AG Solingen WuM 1996, 279; AG Bad Dürkheim ZMR 1990, 150; AG Spandau GE 1988, 893; AG Tiergarten GE 1988, 145 | LG Berlin und AG Hohenschönhausen ZMR 2007, 196; AG Flensburg WuM 1991, 356; LG Berlin GE 1984, 85; ZMR 1990, 180; LG Frankfurt a. M. WuM 1990, 224; LG Köln WuM 1982, 129; AG Hohenschönhausen GE 2001, 855, bei vorherigem Vorbehalt; AG Charlottenburg MDR 1998, 1159, bei vorherigem Widerspruch |

[145] *Börstinghaus* NZM 2000, 583.
[146] AG Köln 7.4.2005 – 210 C 48/05, abgedr. bei *Lützenkirchen* KM 20 Nr. 82.

| Zahlung als Zustimmung | | |
|---|---|---|
| **Anzahl der Zahlungen** | **erst die Zahlung von … ist Zustimmung** | **ist keine Zustimmung** |
| 3 | AG Mannheim NZM 2012, 561[147]; LG Berlin WuM 1987, 266; AG Charlottenburg GE 1988, 1171, nach vorheriger ausdrücklicher Verweigerung der Zustimmung; AnwK WohnraumMietR/*Lammel* BGB § 558b Rn. 15; „jedenfalls" als Zustimmung zu werten: BGH VIII ZB 74/16, NZM 2018, 279 | |
| 4 | LG Dortmund BeckRS 1996, 12842; LG Hamburg ZMR 1980, 86 | |
| 5 | LG Berlin NJW-RR 1986, 236; AG Bad Hersfeld WuM 1996, 708 | LG München I WuM 1996, 44; AG Schöneberg GE 2009, 117, Vermieter hatte schriftliche Zustimmung verlangt und Mieter hatte unter Vorbehalt zugestimmt |
| 6 | AG Hohenschönhausen GE 2004, 301 | |
| 7 | LG Berlin WuM 1987, 158 | |

Das Problem ist durch die **Verlängerung der Klagefrist** auf drei Monate und die gesetzliche **Vorverlegung der Fälligkeit** der Miete in § 556b Abs. 1 BGB seit 2001 etwas entschärft. Jetzt kann der Vermieter drei Fälligkeitstermine abwarten, bevor er sich entscheiden muss, ob er die Zustimmungsklage erheben will. Nach altem Recht war es nach dem in der Praxis aber kaum noch vorkommenden gesetzlichen Normalfall der Fälligkeit am Ende des Monats nur ein Fälligkeitstermin, bei der vertraglich vereinbarten Vorfälligkeit der Miete konnte der Vermieter immerhin zwei Fälligkeitstermine abwarten. Zwei Termine sind es heute auch in den Altfällen (MV vor 1.9.2001 abgeschlossen), wenn die Vorfälligkeitsklausel wegen einer unwirksamen Rechtzeitigkeitsklausel unwirksam ist.[147] 29

Jedoch setzt die Bewertung einer Zahlung als konkludentes Verhalten voraus, dass der objektive Empfänger dies wirklich so verstehen durfte. Hat der Mieter seine **Zahlung ausdrücklich mit einem Vorbehalt** verbunden, dann kann der Vermieter erkennen, dass der Mieter nicht zustimmen will.[148] Dabei ist es egal, welche Bedeutung der Vorbehalt im Einzelfall genau hat, da dadurch, dass der Mieter zu erkennen gibt, dass er sich nicht zur Zahlung verpflichtet fühlt bzw. dadurch, dass er sich die Rückforderung vorbehält, ausreichend deutlich zu erkennen gibt, dass sein Wille nicht auf eine Zustimmung gerichtet ist. Es wäre dann unzulässig, der Zahlung eine Bedeutung beizumessen, die der Mieter ihr für den Vermieter erkennbar nicht beimessen will.[149] Der Vorbehalt muss aber zum Zeitpunkt der Zahlung noch wirksam sein. Zahlen zB die Mieter, die zunächst erklärt haben, einer Mieterhöhung erst nach Beseitigung der Mängel zustimmen zu wollen, auch ohne Beseitigung der Mängel die erhöhte Miete, dann kann dies eine konkludente Zustimmung zum Mieterhöhungsverlangen darstellen.[150] Entscheidend ist, dass der Vermieter bei Eingang der Zahlung als objektiver Empfänger den Eindruck haben durfte, der Vorbehalt werde nicht weiter aufrechterhalten. Allein an dieser Stelle kann im Einzelfall erst eine mehrfache vorbehaltlose Zahlung als Zustimmung zu werten sein, da hier ein objektiver Empfänger bei der ersten Zahlung noch nicht wissen kann, ob damit der früher einmal erklärte Vorbehalt aufgegeben wird oder nicht.[151] Ebenso sollen sich Mieter widersprüchlich verhalten, die zwar die Miete vorbehaltlos zahlen, im 30

[147] Das gilt selbst dann, wenn die beiden Mieter getrennt leben und für den Vermieter nicht erkennbar ist, wer die Zahlung veranlasst hat; *Börstinghaus* jurisPR-MietR 8/2012 Anm. 1.

[147] BGH VIII ZR 222/15, NZM 2017, 120; *Schüller/Mehle* NZM 2017, 124; *Wedel* ZMR 2017, 235; *Bruns* NJW 2017, 1600.

[148] AG Schöneberg GE 2009, 117.

[149] AG Charlottenburg MDR 1998, 1159.

[150] LG Wuppertal NJWE-MietR 1997, 266.

[151] AG Charlottenburg GE 1988, 1171, drei Zahlungen nach vorherigem Vorbehalt.

Zustimmungsverfahren aber Klageabweisung beantragen und zwar nicht wegen der bereits erteilten konkludenten Zustimmung, sondern weil der Zustimmungsanspruch gar nicht bestanden haben soll.[152] Das ist durchaus zweifelhaft. Wenn die Zahlung als konkludente Zustimmung verstanden werden durfte, dann kann dies durch eine Monate später erfolgtes Verhalten der Zahlung diese Wirkung nicht nachträglich genommen werden.[153]

31 Auch in der bloßen **Duldung der Einziehung** einer erhöhten Miete kann noch keine Annahme zu einem Vertragsangebot des Vermieters gesehen werden, selbst wenn die Abbuchung mehrfach erfolgt.[154] Dies gilt auch nach Einführung der SEPA-Lastschrift ab 1.2.2014.[155] Auch nach dem neuen Verfahren liegt wie zuvor beim deutschen Einzugsermächtigungsverfahren nur ein **„Schweigen" des Mieters** vor. Auch wenn er die Möglichkeit hat, der Abbuchung zu widersprechen[156], ist die erfolgte Unterlassung des Widerspruchs keine konkludente Zustimmung.[157] Nach Ziff. 2.2.1 der Bedingungen für Einzugsermächtigungslastschriften autorisiert der Kunde mit der Einzugsermächtigung nur gegenüber der Bank die Einlösung von Lastschriften des Zahlungsempfängers. Darin ist keine Willenserklärung gegenüber dem Vermieter zu sehen. Auch eine historische Auslegung des § 558b BGB spricht für dies Ergebnis. Der Gesetzgeber hatte befristet bis 31.12.1997 in § 12 Abs. 6 Nr. 2 MHG für die neuen Länder angeordnet, dass auch die **zweimalige Duldung des Einzugs als** Zustimmung gilt. Der Mietrechtsreformgesetzgeber hat diese Regelung 2001 trotz der bekannten Rspr. zu diesem Problem nicht aufgegriffen. Der Rückforderung evtl. eingezogener Beträge steht § 814 BGB selbst dann nicht entgegen, wenn der Mieter im Zustimmungsprozess Klageabweisung beantragt hat aber den Lastschriften nicht widersprochen hat.[158]

32 Ebenfalls keine Zustimmung liegt in den Fällen vor, in denen es deshalb an einem wirksamen Mieterhöhungsverlangen mangelt, weil der Vermieter in diesem Verlangen vom Mieter nicht die Abgabe einer Zustimmungserklärung verlangte, sondern **einseitig die Miete erhöht** hat, zB weil er sich dieses Recht im Mietvertrag vorbehalten hat. Wenn der Mieter auf ein solches Schreiben hin Zahlungen leistet, dann darf ein objektiver Empfänger auf Seiten des Vermieters dies nicht als Willenserklärung verstehen. Die Zahlung von Miete, zu der der Mieter nicht verpflichtet ist, auf Grund einseitiger Geltendmachung ist **keine konkludente Willenserklärung** auf Abschluss eines Änderungsvertrages.[159] Dem Mieter fehlt hier auch für den Vermieter erkennbar jegliches Bewusstsein, dass die Zahlung eine über die bloße Erfüllung einer vermeintlichen Verpflichtung hinausgehende Bedeutung hat. Dabei ist es völlig unerheblich, ob der Mieter nur eine oder zahlreiche Zahlungen geleistet hat. Die Qualität der Erklärung wird nicht durch die Häufigkeit der Wiederholung bestimmt. Die Zahlungen erfolgen sämtlichst rechtsgrundlos und können vom Mieter kondiziert werden.[160]

33 Im Regelfall ist der Vermieter für das Vorliegen einer konkludenten Zustimmung **darlegungs- und beweispflichtig,** wenn er vom Mieter die Zahlung der erhöhten Miete verlangt.[161] Klagt der Vermieter aber auf Zustimmung zur Mieterhöhung, dann muss der Mieter die Erfüllung des Anspruchs darlegen und beweisen. Liegt eine Zustimmung des Mieters vor und zwar entweder ausdrücklich oder auf Grund konkludenten Verhaltens, dann ist die Zustimmungsklage – insofern – unzulässig, da es an einem Rechtsschutzbedürfnis für die Klage fehlt.[162]

---

[152] LG Berlin GE 2009, 657.

[153] *Börstinghaus* jurisPR-MietR 17/2009 Anm. 3.

[154] LG Stuttgart NZM 2011, 854 mAnm *Börstinghaus* jurisPR-MietR 2/2012 Anm. 5; LG München WuM 1996, 44; LG Göttingen WuM 1991, 280; AG Hamburg WuM 2000, 359; *Artz* WuM 2005, 215 (217); MüKo-BGB/*Artz* § 557 Rn. 31; Staudinger/*J. Emmerich* BGB § 557 Rn. 34; Staudinger/*V. Emmerich* BGB § 559b Rn. 6; Elzer/Riecke/*Elzer* BGB § 558b Rn. 4; **aA** AnwK WohnraumMietR/*Lammel* BGB § 558b Rn. 16.

[155] *Omior* NJW 2012, 2150.

[156] Durch das Zahlungsdienstegesetz (BGBl. 2009 I 2355) wurde in § 675x Abs. 2 BGB eine Frist von acht Wochen hierfür eingeführt; *Derleder* NJW 2009, 3195; *Omior* NJW 2012, 2150.

[157] AG Ludwigslust WuM 2014, 345.

[158] AG Ludwigslust WuM 2014, 345.

[159] BGH VIII ZR 199/04, NZM 2005, 735; OLG Hamm WuM 1981; 62, LG Mannheim WuM 2004, 481 mzustAnm *Börstinghaus* WuM 2005, 192; LG Berlin GE 2000, 812; LG Braunschweig WuM 1990, 159; *Artz* WuM 2005, 215.

[160] BGH VIII ZR 199/04, NZM 2005, 735; *Artz* ZMR 2006, 165; OLG Hamburg WuM 1986, 82; LG München II WuM 1996, 624; LG Hamburg WuM 1989, 580; AG Flensburg WuM 1991, 356.

[161] BGH GE 1997, 1521 (1523).

[162] AG Mannheim NZM 2012, 561; AG Gelsenkirchen WuM 2001, 612; **aA** LG Berlin ZMR 2007, 196, Anspruch auf schriftliche Zustimmung.

**5. Besonderheiten bei Personenmehrheiten**

Befindet sich auf Mieterseite eine Personenmehrheit, dann schulden alle Mieter gemeinsam in ihrer **gesamthänderischen Bindung** die Zustimmung.[163] Da das Zustimmungsverlangen nach § 558a Abs. 1 BGB das Angebot zum Abschluss eines Änderungsvertrages darstellt, kann die nach § 558 Abs. 1 BGB von den Mietern geschuldete Zustimmung nur von allen Mietern übereinstimmend erbracht werden. Der Vermieter kann die **einheitliche Zustimmung** nur von allen Mietern zusammen fordern.[164] Geschuldet wird von den Mietern nach § 558 BGB unter den dort gegebenen Voraussetzungen die Zustimmung zu einer Abänderung des gesamten Mietverhältnisses, was schon daraus folgt, dass das Gesetz schlechthin von „dem Mieter" spricht und mehrere Mieter demnach als Einheit verstanden werden müssen. Der innere Grund hierfür besteht darin, dass, soweit nichts anderes vereinbart wird, die Mieter durch den gemeinsamen Vertragsabschluss dem Vermieter gegenüber zum Ausdruck gebracht haben, die Mietsache gemeinschaftlich benutzen zu wollen und dass für sie keine unterschiedlichen Rechte und Pflichten bestehen sollen, so dass das Mietverhältnis für alle Mieter denselben Inhalt hat. Der Anspruch des Vermieters auf Zustimmung zur Vertragsänderung gem. § 558 BGB kann demzufolge seinem Inhalt nach nur gegenüber allen Mietern gemeinsam ausgeübt und von den Mietern auch nur gemeinschaftlich erfüllt werden. Hat nur ein Mieter die Zustimmung nicht oder nicht in vollem Umfang erteilt, so ist die Zustimmung insgesamt bzw. zumindest in dem Umfang, in dem ein Mieter Einschränkungen vorgenommen hat, nicht erteilt worden. 34

Dabei ist auf Seiten der Mieter aber eine **Vertretung zulässig.** Die Vertretungsmacht muss sich auf die Abgabe der Zustimmungserklärung beziehen. Die in Mietverträgen üblichen **Empfangsbevollmächtigungen** genügen hierzu nicht. Diese beziehen sich nicht auf die Abgabe von Willenserklärungen. Formularmäßige Vollmachtsklauseln in Mietverträgen, die einen Mieter berechtigen auch im Namen des anderen Mieters die Zustimmung zu erteilen, sind unwirksam.[165] Bei Ehegatten ergibt sich die Vertretungsmacht auch nicht aus § 1357 BGB.[166] Die Vorschrift setzt zwingend voraus, dass es sich um ein Geschäft zur angemessenen Deckung des Lebensbedarfs handelt. Hierzu zählen in erster Linie Haushaltsgeschäfte. Die Anmietung einer Wohnung gehört nicht hierzu.[167] Die Konsequenzen der Zustimmung zu einer Mieterhöhung ähneln in ihrem Umfang wegen der langfristigen Verpflichtung denen einer erstmaligen Anmietung einer Wohnung.[168] Möglich ist aber die Einräumung einer Vertretungsmacht durch Individualvereinbarung. Der handelnde Mieter muss aber gem. § 164 Abs. 2 BGB auch im Namen des vertretenen Mieters handeln. Für das **Vorliegen der Vertretungsmacht** spricht bei Ehegatten eine **Vermutung** oder ein **Anscheinsbeweis.**[169] Die Lebenserfahrung spricht dafür, dass ein Ehegatte, der in einem bestehenden Mietverhältnis auf Verlangen des Vermieters eine Zustimmung angibt, dies zugleich auch im Auftrag des anderen mietenden Ehegatten tut. Wenn ein Ehegatte alle Dinge des Mietvertrages in der Vergangenheit geregelt hat, dann kommt eine Vertretungsmacht auch über das Rechtsinstitut der **Duldungs- oder auch der Anscheinsvollmacht** in Betracht. Die mangels Vertretungsmacht für den anderen Mieter erklärte Zustimmung eines Mieters kann nach § 177 Abs. 1 BGB geheilt werden mit der Folge, dass dann von einer Zustimmung beider Mieter auszugehen ist.[170] Wird bei getrennt lebenden Mietern die Miete dreimal vorbehaltlos auf ein Zustimmungsverlangen gezahlt, 35

---

163 Bub/Treier MietR-HdB/*Schultz* Kap. III A Rn. 1438.

164 BGH VIII ZR 124/03, NJW 2004, 1797; KG WuM 1985, 12; *Bartels,* Der vertragliche Schuldbeitritt im Gefüge gegenseitiger Dauerschuldverhältnisse, 2003, 125; keine Gesamtschuld: AG Dortmund 9.10.2007 – 425 C 6099/07; LG Berlin GE 1999, 573.

165 OLG Frankfurt a. M. NJW-RR 1992, 396 (400); OLG Celle WuM 1990, 103; 112; LG Hannover WuM 1988, 259 (261); LG Frankfurt a. M. WuM 1990, 271 (281), KG GE 2004, 753, für Gewerberaummiete; *Oppler,* Unwirksame Mietvertragsklauseln nach dem ABG-Gesetz, 1992, Rn. 304; v. Westphalen/Thüsing VertrR/AGB-Klauselwerke/*v. Westphalen* Vollmachtsklauseln Rn. 12, 15, 16ff.; offen gelassen BGH VIII ARZ 1/97, NZM 1998, 22.

166 LG Berlin GE 2003, 1210 (1211); Bub/Treier MietR-HdB/*Schultz* Kap. III A Rn. 1439; **aA** AG Münster MDR 1996, 900.

167 LG Berlin GE 1995, 1343; LG Köln WuM 90, 142, Mietaufhebungsvertrag; LG Flensburg NJW 1973, 1085, Ferienwohnung; AG Potsdam GE 1996, 1305; **aA** AG Frankfurt NJW-RR 1993, 1144, für Ferienwohnung und § 96 ÖstBGB.

168 LG Berlin GE 2003, 1210 (1211).

169 Für Vertragsabschluss: OLG Düsseldorf WuM 1989, 362; *Sternel* MietR Kap. I Rn. 22; *Scholz* WuM 1986, 5; offen gelassen BGH LwZR 4/93, NJW 1994, 1649.

170 LG Berlin NJWE-MietR 1996, 195.

so soll dies beiden Mietern zugerechnet werden, so dass eine wirksame Zustimmung vorliegt.[171] Der Vermieter kann die Zustimmung eines Vertreters des Mieters aber bei nicht beigefügter Originalvollmacht[172] entsprechend § 174 BGB zurückweisen.[173] Insofern kann nichts anderes gelten als für das Zustimmungsverlangen des Vermieters (→ BGB Vor § 558 Rn. 44).[174] Bei der Zustimmung handelt es sich um eine von einer normalen Annahmeerklärung wegen der besonderen Folgen abweichende Erklärung, bei der für den Vermieter ein besonderes Bedürfnis besteht, schnell und zuverlässig Klarheit darüber zu haben, ob für die von einem Vertreter für den Mieter abgegebene Zustimmungserklärung zur Mieterhöhung eine Vollmacht des Mieters vorliegt oder nicht. Für den Vermieter läuft die Klagefrist. Nur innerhalb dieser Frist kann er seinen Zustimmungsanspruch gerichtlich geltend machen.

### 6. Widerrufsmöglichkeit

35a Bei einem **Verbrauchervertrag** steht dem Verbraucher[175] grds. gem. §§ 312g BGB. ein **Widerrufsrecht** (→ BGB Vor § 535 Rn. 75 ff.) zu.[176] Das setzt entweder voraus, dass es sich um einen **außerhalb der Geschäftsräume** des Vermieters geschlossenen Vertrag handelt oder um einen im Wege des **Fernabsatzes** gem. § 312c BGB geschlossenen Vertrag. Voraussetzung ist zunächst, dass der Vermieter tatsächlich Unternehmer gem. § 14 BGB ist (→ BGB Vor § 535 Rn. 68 f.). Problematisch ist dies nur bei privaten Vermietern.[177] Besucht ein unternehmerisch tätiger Vermieter oder dessen Mitarbeiter den Mieter und wird bei diesem Besuch oder sonst wo außerhalb der Geschäftsräume des Vermieters[178] eine Mieterhöhung vereinbart, so ist diese Erklärung für den Mieter widerruflich.[179] Dabei kommt es nicht darauf an, ob der Vermieter gem. § 558 BGB einen Anspruch auf die Zustimmung hat oder nicht. Liegen die situativen Voraussetzungen des § 312b BGB vor, besteht das Widerrufsrecht. Die §§ 558 ff. BGB stellen insofern kein vorrangiges lex specialis dar.[180]

35b Verlangt ein Vermieter, der Unternehmer ist[181], im förmlichen Verfahren gem. §§ 558a, 558b BGB vom Mieter als Verbraucher die **Zustimmung zu einer Mieterhöhung** und stimmt der Mieter ausdrücklich oder konkludent zu, so besteht kein Widerrufsrecht nach den Vorschriften eines Fernabsatzgesetzes. (→ BGB Vor § 535 Rn. 92).[182] Art. 3 Abs. 3f RL 2011/83/EU[183] verlangte keine Anwendung der Regelungen auf Mietverträge. Der Bundesgesetzgeber hat eine „überschießende Regelung" dahingehend vorgenommen, dass die fernabsatzrechtlichen Widerrufsregeln in Deutschland auch auf Mietverträge Anwendung finden. Deutlich wird dies in § 312

---

171 AG Mannheim NZM 2012, 561.

172 Eine Telefaxkopie einer Originalvollmacht ist keine Vollmachtsurkunde iSd § 174 BGB: BGH XI ZR 457/16, NJW-RR 2018, 116.

173 AG Dortmund NZM 2016, 443 mzustAnm *Bühler; Börstinghaus* jurisPR-MietR 3/2016 Anm. 2; Lützenkirchen MietR/*Dickersbach* BGB § 558b Rn. 10; **aA** *Stellwaag* MK 2016, 52.

174 OLG Hamm WuM 1982, 204; AG Neuss NJW-RR 1994, 1036; LG München II NJW-RR 1987, 1164; Palandt/*Ellenberger* § 174 Rn. 2; offen gelassen BGH VIII ZR 141/02, WuM 2003, 149.

175 Zum Verbraucherbegriff: *Meller-Hannich* in Artz/Gsell/Harke/Lima Marques/Meller-Hannich, Wer ist Verbraucher (2018), Seite 193 ff.

176 Zur seit 13.6.2014 geltenden Neuregelung und den Auswirkungen auf das Mietrecht *Rolfs/Möller* NJW 2017, 3275; *Hinz* WuM 2016, 76; *Koch* VuR 2016, 92; *Horst* DWW 2015, 2; *Mediger* NZM 2015, 185; *Artz/Brinkmann/Pielsticker* ZAP Fach 4, 1639; *Hau* NZM 2015, 435; *Lindner* ZMR 2015, 261; *Pisal/Schreiner* ZfIR 2015, 505; *Gsell* WuM 2014, 375.

177 *Fervers* NZM 2018, 640.

178 Zur Frage, ob dazu auch der Gerichtssaal zählt → Rn. 142.

179 BGH VIII ZR 29/16, NZM 2017, 517 = NJW 2017, 2823; *Blank* WuM 2017, 453; *Börstinghaus* NZM 2017, 519; *Rolfs/Möller* NJW 2017, 3275; *Lindner* ZMR 2018, 190.

180 *Börstinghaus* NZM 2018, 1015; *Gsell* WuM 2014, 375 (377); *Mediger* NZM 2015, 185; *Artz/Brinkmann/Pielsticker* ZAP Fach 4, 1639; **aA** *Horst* DWW 2015, 2 (6).

181 Dazu *Fervers* NZM 2018, 640; zur Frage, ob ein Privatvermieter Unternehmer, weil er Hausverwaltung oder Anwalt einschaltet → Rn. 142; dafür *Lehmann-Richter* NZM 2011, 57 (61); *Mediger* NZM 2015, 185 unter Hinweis auf AG Waiblingen WuM 1996, 137; LG Wiesbaden WuM 1996, 698, jeweils noch zum alten Begriff des „geschäftsmäßigen Handelns"; **aA** *Gsell* WuM 2014, 375 (379); *Artz/Brinkmann/Pielsticker* ZAP Fach 4, 1639; *Horst* DWW 2015, 2 (4).

182 BGH VIII ZR 94/17, NZM 2018, 1011 = NJW 2019, 303; *Börstinghaus* NZM 2018, 1015; *Menke* LMK 2018, 412415; *Fervers* NJW 2019, 308 *Mediger* NZM 2015, 185; *Artz/Brinkmann/Pielsticker* ZAP Fach 4, 1639; *Beuermann* GE 2015, 563; *Hinz* WuM 2016, 76 (84); *Tavakoli* VuR 2019, 203; **aA** *Rolfs/Möller* NJW 2017, 3275; *Hau* NZM 2015, 435.

183 RL 2011/83 EU v. 25.10.2011.

Abs. 4 S. 2 BGB, der bestimmte Situationen ausdrücklich vom Widerrufsrecht ausnimmt. Auch wenn aufgrund des – zu – weiten Wortlauts der Regelungen eine Anwendung grds. in Betracht käme, so ist diese doch aufgrund einer **teleologischen Auslegung** hier ausgeschlossen.[184] Das Widerrufsrecht wurde ua wegen der bestehenden Überrumpelungsgefahr eingeführt. Die Ausgangssituation ist bei Mieterhöhungen im formalisierten Verfahren aber **ganz anders, als beim typischen Fernabsatzgeschäft.** Die darauf beruhenden gesetzgeberischen Motive passen gerade nicht für die Zustimmung des Mieters zu einem Zustimmungsverlangen des Vermieters gem. § 558 a BGB. Der Mieter kennt die „Ware". Er wohnt mindestens ein Jahr in der Wohnung, da sonst eine Mieterhöhung nicht möglich wäre, § 558 Abs. 1 BGB. In der Regel kennt er auch seinen Vertragspartner oder zumindest dessen Vertreter (Hausverwaltung). Das Mieterhöhungsverfahren ist zu seinem Schutz bereits so ausgestaltet, dass er weder unter zeitlichem Druck handeln muss, wobei das auch für Fernabsatzgeschäfte kein Tatbestandsmerkmal ist, noch ein gravierendes Informationsdefizit hat. Der Vermieter muss sein Zustimmungsverlangen begründen. Auch wenn die Anforderungen an diese Begründung vom BGH immer wieder sehr weit heruntergeschraubt werden, so muss der Mieter zumindest rudimentäre Informationen erhalten, die es ihm ermöglichen – zumindest unter Einholung fachlichen Rats – die Berechtigung der Mieterhöhung ansatzweise zu überprüfen. Damit besteht in folgenden Situationen kein Widerrufsrecht: **a)** Vermieter schickt dem Mieter in Textform ein Zustimmungsverlangen. Unerheblich ist, ob das Erhöhungsverlangen formell wirksam ist, solange es nur die Aufforderung zu Abgabe einer Zustimmungserklärung enthält und nicht die Miete einseitig festsetzt. Der Mieter stimmt unter Verwendung eines Fernkommunikationsmittel (Brief, Fax, Telefonanruf, E-Mail, SMS, Messenger-Nachricht) zu, **b)** der Vermieter schickt dem Mieter in Textform ein Zustimmungsverlangen, der Mieter gibt keine ausdrückliche Zustimmungserklärung ab, sondern zahlt die erhöhte Miete. Dabei kommt es auf den Streit, ob erst die mehrfache Zahlung eine Zustimmung darstellt, nicht an, **c)** der Mieter erklärt die Zustimmung im Rahmen eines im Zustimmungsprozess geschlossenen gerichtlichen Vergleichs. Umgedreht gibt es **weiterhin ein Widerrufsrecht,** wenn **d)** der unternehmerisch tätige Vermieter dem Mieter ein Zustimmungsverlangen zuschickt, ihn dann aber außerhalb seiner Geschäftsräume zur Zustimmung hierzu veranlasst, zB bei einem Hausbesuch[185], **e)** der unternehmerisch tätige Vermieter dem Mieter ein Angebot auf Änderung des Mietvertrages ggf. mit einer Mieterhöhung (ohne dass die Voraussetzungen des § 558 a BGB vorliegen oder der Vermieter sich darauf beruft), einer Staffelmietvereinbarung oder einer Änderung bei den Schönheitsreparaturen oder den Betriebskosten unterbreitet und der Mieter dieses Angebot unter Verwendung eines Fernkommunikationsmittels annimmt, **f)** der unternehmerisch tätige Vermieter den Mieter zu Hause aufsucht und mit ihm bei diesem Anlass eine Mieterhöhung vereinbart.

## IV. Teilzustimmung

Der Mieter kann dem Mieterhöhungsverlangen des Vermieters auch teilweise zustimmen.[186] Im Fall eines formell ordnungsgemäßen Mieterhöhungsverlangens gilt die allgemeine Regel des § 150 Abs. 2 BGB, wonach eine Annahme unter Einschränkungen als Ablehnung verbunden mit einem neuen Angebot gilt, nicht. Dies ergibt sich aus der Formulierung „soweit". Durch eine solche **Teilzustimmung** zu einem Mieterhöhungsverlangen ist die teilweise Mieterhöhung unabhängig vom Willen des Vermieters vereinbart.[187] Für die Teilzustimmung gelten iÜ die gleichen Voraussetzungen, wie für eine uneingeschränkte Zustimmung. Auch die Teilzustimmung kann ausdrücklich oder konkludent erfolgen. Die Teilzustimmung löst bis zum Ablauf der Klagefrist die Jahressperrfrist nicht aus.[188] **36**

Bedeutung hat die Teilzustimmung nicht nur für den Umfang der Mieterhöhung. Der Mieter, der einem Mieterhöhungsverlangen zumindest teilweise vorbehaltlos zugestimmt hat, hat auch zu erkennen gegeben, dass er das Mieterhöhungsverlangen bis zu dieser Höhe für wirksam hält. Er kann sich nach einer Teilzustimmung deshalb grds. nicht mehr auf die **Unwirksamkeit des Erhö-** **37**

[184] BGH VIII ZR 94/17, NZM 2018, 1011 = NJW 2019, 303.
[185] *Tavakoli* VuR 2019, 203.
[186] BayObLG NJW-RR 1989, 1172; LG Berlin GE 1998, 490, NJWE-MietR 1996, 195; *Fleindl* AnwZert MietR 12/2014 Anm. 2.
[187] LG Landshut WuM 1990, 223.
[188] BGH VIII ZR 141/09, NZM 2010, 436.

**hungsverlangens** berufen.[189] Dies gilt für die Formalien des Mieterhöhungsverlangens, die auch für den Teil eingehalten werden mussten, zu dem der Mieter seine Zustimmung erteilt hat. So kann der Mieter nicht vorbehaltlos dem Mieterhöhungsverlangen teilweise zustimmen und später vermeintliche Fehler bei der Begründung oder Adressierung rügen. Ein solches Verhalten wäre widersprüchlich. Anders ist es aber dann, wenn der Mieter auf den Mangel hinweist und trotzdem teilweise zustimmt. Hier liegt kein widersprüchliches Verhalten vor. In der Regel ist für den Vermieter erkennbar, dass der Mieter erkannt hat, zur Zustimmung nicht verpflichtet zu sein, dass er aber weiteren Streit vermeiden will, wenn eine Einigung auf der Basis der Teilzustimmung zu Stande kommt. Soweit das Mieterhöhungsverlangen auf Grund des Mangels unwirksam ist, handelt es sich bei der „Teilzustimmung" um ein neues Angebot des Mieters, weil in diesem Fall § 150 Abs. 2 BGB durch die Regelungen der §§ 558 ff. BGB nicht verdrängt wird.

38 Der Mieter kann der verlangten Mieterhöhung nicht nur betragsmäßig eingeschränkt zustimmen, er kann auch hinsichtlich des Wirksamkeitszeitpunkts Einschränkungen machen. So ist auch eine **Zustimmung zu einem späteren Zeitpunkt** als dem gesetzlichen Wirkungszeitpunkt des § 558b Abs. 1 BGB möglich; auch dies ist eine Teilzustimmung.[190] Zwar ist der Wirkungszeitpunkt eines Mieterhöhungsverlangens als Rechtsfolge eines Mieterhöhungsverlangens gesetzlich geregelt, jedoch unterliegt auch er der **Parteidisposition.** Der Mieter, der der Auffassung ist, er schuldet die Zustimmung erst zu einem späteren Zeitpunkt, zB weil er die Frist des § 558b BGB anders berechnet als der Vermieter, muss die Möglichkeit haben, ohne Kostenrisiko hinsichtlich des Teils, dem auch er zustimmen will, das seiner Auffassung nach unberechtigte Verlangen zurückzuweisen. Der Vermieter kann seinen Anspruch auf Zustimmung zu einem früheren Termin selbstverständlich gerichtlich geltend machen.[191] Dies gilt aber nur in den Fällen, in denen ein wirksames Mieterhöhungsverlangen vorliegt. Stellt der Vermieter zB ein Mieterhöhungsverlangen unter Verstoß gegen die Jahressperrfrist, bedeutet die Zustimmung des Mieters zu einem Termin nach Ablauf der Jahressperrfrist eine Ablehnung des Angebots des Vermieters verbunden mit einem neuen Angebot des Mieters, § 150 Abs. 2 BGB. In diesem Fall wird der Vertrag erst geändert, wenn der Vermieter, ggf. auch konkludent durch vorbehaltlose Annahme der Miete, das Mieterangebot annimmt. Ein vor Ablauf der Jahressperrfrist gestelltes Mieterhöhungsverlangen kann nämlich nicht in ein zulässiges Mieterhöhungsverlangen mit Wirkung zu einem späteren Zeitpunkt umgedeutet werden.[192] Strittig ist, ob die Nichteinhaltung der Jahressperrfrist geheilt werden kann (→ Rn. 160). Wenn man eine Heilung zulässt, dann hat die Teilzustimmung keine neue Jahressperrfrist ausgelöst.[193]

39 Keine wirksame Teilzustimmung, für die die Vorschrift des § 150 Abs. 2 BGB nicht gilt, liegt vor, wenn der Mieter seine **Zustimmung mit weiteren Einschränkungen** versieht, zB davon abhängig macht, dass der Vermieter auf die Geltendmachung eines höheren Zustimmungsanspruchs verzichtet oder dass der Vermieter bestimmte Mängel beseitigt.[194] § 558b Abs. 1 BGB verdrängt § 150 Abs. 2 BGB nur soweit es sich um die Miethöhe handelt. Hinsichtlich der anderen Beschränkungen enthält die Vorschrift keine Regelungen und kann demnach auch § 150 Abs. 2 BGB nicht verdrängen. Hier gelten dann die allgemeinen Regeln, wonach solche eingeschränkten Zustimmungen eine Ablehnung des Angebots verbunden mit einem neuen Angebot des Mieters darstellen.

## V. Kündigung

40 Schließlich kann der Mieter den Eintritt der Mieterhöhung endgültig dadurch verhindern, dass er das **Mietverhältnis gem. § 561 BGB kündigt** (s. hierzu die Kommentierung bei § 561 BGB). Verlangt der Vermieter eine Mieterhöhung nach § 558 BGB, so ist der Mieter nach § 561 BGB

[189] AG Münster WuM 1985, 364; **aA** LG Berlin GE 2008, 931, für einen Fall der fehlenden Aktivlegitimation des nicht eingetragenen Erwerbers.

[190] LG Duisburg WuM 1976, 81; Palandt/*Weidenkaff* BGB § 558b Rn. 6; AnwK WohnraummietR/*Lammel* BGB § 558b Rn. 12; **aA** *Gaul* GE 1987, 1134; Bub/Treier MietR-HdB/*Schultz* Kap. III A Rn. 1450.

[191] Insofern ist die Auffassung von Bub/Treier MietR-HdB/*Schultz* Kap. III A Rn. 1450 nicht nachzuvollziehen, wonach der Vermieter nicht an die Zustimmung „gebunden" werden könnte, da der Mieter sonst die Fristen des § 556 (wohl 558) Abs. 1 S 1 BGB bestimmen könnte. Es gelten immer die gesetzlichen Fristen, Streit kann nur über deren Lauf bestehen, zB wegen unterschiedlichem Vortrag zum Zugangszeitpunkt der Erklärung.

[192] AG Münster WuM 1983, 238.

[193] BGH VIII ZR 141/09, WuM 2010, 161.

[194] LG Mannheim NJW 1975, 316.

berechtigt, bis zum Ablauf des zweiten Monats, der auf den Zugang des Erhöhungsverlangens folgt, für den Ablauf des übernächsten Monats zu kündigen. Dem Mieter steht also die volle Überlegungsfrist des § 558b Abs. 2 BGB zur Verfügung, um zu entscheiden, ob er der Mieterhöhung ganz oder teilweise zustimmen will oder ob er das Mietverhältnis kündigen will. Die Frist beträgt also mindestens zwei Monate, sie kann aber auch fast drei Monate betragen. Es handelt sich um eine außerordentliche Kündigung mit gesetzlicher Frist. Außerdem tritt gem. § 561 Abs. 1 S. 2 BGB die Wirkung der Mieterhöhung nicht ein. Das bedeutet, durch die Kündigung wird das Mieterhöhungsverlangen insgesamt, mit Ausnahme als Auslöser für das Kündigungsrecht, von Anfang an bedeutungslos.

## VI. Zurückbehaltungsrecht

Dem Mieter steht gegenüber dem Zustimmungsanspruch des Vermieters weder nach § 273 noch 41
nach § 320 BGB ein **Zurückbehaltungsrecht** zu. Dies gilt für alle Gegenansprüche des Mieters gegenüber dem Vermieter[195], insbes. auch für Ansprüche des Mieters wegen Mängeln an der Mietwohnung.[196] Dies gilt selbst dann, wenn der Vermieter rechtskräftig zur Mangelbeseitigung verurteilt wurde.[197] Die Gewährung eines Zurückbehaltungsrechts soll dazu dienen, auf den Forderungsinhaber einzuwirken, damit dieser Ansprüche des Schuldners erfüllt, da ihm ansonsten Rechtsnachteile erwachsen. Wirkt sich aber, wie im Fall des § 558 BGB, das Zurückbehaltungsrecht überhaupt nicht nachteilig auf den Forderungsinhaber aus, dann besteht kein Bedürfnis für die Gewährung eines Zurückbehaltungsrechts. Das Zustimmungsverfahren soll erst künftige Ansprüche auf eine höhere Miete schaffen, gegen die dann ein Zurückbehaltungsrecht ausgeübt werden kann. Deshalb besteht auf Grund der Natur des Zustimmungsanspruchs kein Zurückbehaltungsrecht. Dies gilt selbst dann, wenn das Zustimmungsverlangen erläuterungsbedürftig ist.[198] Bei nicht ausreichender Erläuterung des Erhöhungsverlangens ist der Zustimmungsanspruch gar nicht fällig.

## VII. Sonstiges

Im Einzelfall können dem Mieter auch **Schadensersatzansprüche** zustehen. So kann der Ver- 42
mieter schuldhaft eine **vertragliche Nebenpflicht** verletzen, wenn er dem Mieter ein „klar" ungerechtfertigtes Mieterhöhungsverlangen zukommen lässt und der Mieter hierdurch kausal verursachte Aufwendungen, insbes. Rechtsberatungskosten[199] hat. Voraussetzung hierfür ist nicht nur die objektive Pflichtwidrigkeit des Tuns, sondern vor allem auch ein Verschuldensvorwurf.[200] Der Vermieter muss zumindest fahrlässig gehandelt haben. Allein die Angabe einer zu hohen ortsüblichen Vergleichsmiete ist nicht vorwerfbar, da die Ermittlung schwierig ist.[201] Dies insbes. dann, wenn der Vermieter sich auf den noch gültigen Mietspiegel beruft, obwohl die Daten für einen neuen Mietspiegel schon erhoben worden waren. Allenfalls wenn der Vermieter **„ins Blaue hinein"** Angaben macht, kann dies vorwerfbar sein. Auch die falsche **Anrechnung von Kürzungsbeträgen** nach öffentlicher Förderung ist wegen der großen Rechtsprobleme nicht vorwerfbar, wenn die Tatsachen selbst dem Mieter alle richtig mitgeteilt werden. Soweit der Mieter Kosten zur Abwehr eines ohne Begründung abgegebenen Zustimmungsverlangens[202] hatte, muss der Vermieter dies ebenso erstatten wie der Käufer einer Wohnung, der vor Eintragung die Zustimmung zu

---

[195] LG Berlin GE 2014, 1007; 1999, 378.

[196] OLG Frankfurt a. M. NJW 2000, 2115; LG Hamburg WuM 1991, 593; LG Konstanz WuM 1991, 279; LG Berlin MM 1991, 330, WuM 1985, 331; AG Charlottenburg GE 1994, 1319; AG Kassel WuM 1992, 137; AG Kempen ZMR 1992, 453; AG Hamburg-Altona (Abt. 314) WuM 1991, 279; *Mutter* ZMR 1992, 185; Kossmann/Meyer-Abich Wohnraummiete-HdB/*Meyer-Abich* § 155 Rn. 17; Bub/Treier MietR-HdB/*Schultz* Kap. III A Rn. 1413.

[197] LG Berlin GE 2014, 1007.

[198] So aber AG Hohenschönhausen MM 2004, 80.

[199] LG Landau WuM 1987, 27; AG Hannover WuM 1985, 122; **aA** AG Itzehoe WuM 1985, 122.

[200] Zu falschen Flächenangaben *Börstinghaus* Flächenabweichungen Rn. 691.

[201] AG Berlin-Mitte GE 2008, 273.

[202] Soweit der BGH VIII ZR 9/10, NZM 2011, 119 = NJW 2011, 914 für das Begründungserfordernis gem. § 573 Abs. 3 BGB angenommen hat, dass es sich nur um eine Obliegenheit zum Schutz des Vermieters handelt, ist das dort bereits fraglich; *Börstinghaus* jurisPR-BGHZivilR 4/2011 Anm. 3; *Sternel* NZM 2011, 688. Für das Begründungserfordernis des § 558a Abs. 1 BGB gilt dies aber auf keinen Fall. Der Begründungszwang soll ausschließlich den Mieter schützen.

einer Mieterhöhung verlangt.[203] Gibt der Vermieter im Mieterhöhungsschreiben fahrlässig eine falsche Wohnfläche an und einigt er sich mit dem Mieter auf dieser Grundlage über eine Erhöhung des Mietpreises je Quadratmeter, soll dem Mieter ein Schadensersatzanspruch aus § 311a Abs. 2 Nr. 2, § 241 Abs. 2 BGB auf Befreiung von der Mieterhöhung und auf Ersatz der im Vertrauen auf den Vertrag erbrachten Aufwendungen zustehen.[204] Entscheidend ist für die Beurteilung, ob der Vermieter schuldhaft gehandelt hat, der Grund für die unterschiedliche Wohnungsgrößenermittlung. Geht es nur um Bewertungsfragen, also zB die Frage, ob der Balkon mit 10, 20, 25 oder 50% seiner Grundfläche anzurechnen ist, dann dürfte es regelmäßig an einem Verschuldensvorwurf gegenüber dem Vermieter fehlen, wenn er sich in einem vertretbaren Rahmen gehalten hat. Bei arglistig falscher Angabe von Tatsachen kann auch eine Anfechtung der Zustimmungserklärung gem. § 123 BGB und ein Schadensersatzanspruch in Betracht kommen.[205]

## D. Rechtsfolgen der Zustimmung oder Teilzustimmung (Abs. 1)

### I. Allgemeines

43 Hat der Mieter die Zustimmung oder auch nur eine Teilzustimmung erteilt, dann ist im Umfang der Zustimmung eine **Abänderungsvereinbarung** gem. § 311 Abs. 1 BGB zustande gekommen.[206] Bei einer Teilzustimmung entfällt insoweit das Rechtsschutzbedürfnis für eine Klage.[207] Auf die Frage, ob das Mieterhöhungsverlangen formell wirksam und materiell begründet war, kommt es dann nicht mehr an, da zwei übereinstimmende Willenserklärungen vorliegen.[208] Haben die Parteien nichts anderes vereinbart, dann tritt die Wirkung der Zustimmung zum Wirkungszeitpunkt des Erhöhungsverlangens ein. War das Zustimmungsverlangen des Vermieters unwirksam, dann bedeutet die Teilzustimmung des Mieters eine Ablehnung des Angebots verbunden mit einem neuen Angebot. Allein durch die Teilzustimmung kommt keine Vertragsänderung zustande.[209] Erforderlich ist noch die Annahme durch den Vermieter, die aber auch konkludent erfolgen kann, zB durch Annahme der Zahlung oder ggf. auch Klageerhebung bzgl. des Restbetrages.[210]

44 Hat der Vermieter in seinem Zustimmungsverlangen – unzulässigerweise – auch eine **Änderung der Mietstruktur** vorgenommen, zB dadurch, dass er die Zustimmung zu einer Erhöhung der Netto- oder Grundmiete verlangt hat, dann bedeutet die Zustimmung des Mieters hierzu zugleich auch eine vertragliche Änderung der Mietstruktur. Dies gilt sowohl bei einer ausdrücklichen Zustimmung[211] als auch in den Fällen, in denen der Mieter einem solchen Mieterhöhungsverlangen konkludent durch Zahlung zugestimmt hat.[212] Die Zustimmung muss dabei nicht ausdrücklich eine Zustimmung zur Änderung der Mietstruktur enthalten. Da der Vermieter dem Mieter ein konkretes Angebot auf Abschluss eines Änderungsvertrages macht, dessen Inhalt ggf. aus der Sicht eines objektiven Empfängers auszulegen ist, beinhaltet jede vorbehaltlose und uneingeschränkte Zustimmung des Mieters hierzu die vollständige Annahme dieses Angebots. War der Mieter sich gar nicht bewusst, dass er durch seine Zustimmung nicht nur seiner gesetzlichen Verpflichtung zur Zustimmung zu einer Mieterhöhung nachgekommen ist, sondern darüber hinaus auch noch einer Vertragsänderung zugestimmt hat, so kann er seine Zustimmung insofern wegen eines **Inhaltsirrtums** anfechten.[213] Der Mieter wollte gerade keine Willenserklärung dieses Inhalts

---

203 AG Waldbröl WuM 1993, 121.

204 LG Hamburg WuM 1987, 354.

205 AG Hamburg-Wandsbek ZMR 2010, 47.

206 BGH VIII ZR 234/18, NZM 2020, 322; Staudinger/*V. Emmerich* BGB § 558a Rn. 9; nach *Schmid* GE 2011, 242 liegen zwei einseitige getrennte Willenserklärungen vor, die in ihrem Zusammenwirken einen Vertrag ergeben; soweit *Bloching/Ortolf* NZM 2012, 334 (336) Fn. 29 der Auffassung sind, der BGH VIII ZR 373/96, NZM 1998, 102 gehe dort nach einer Zustimmung zur Mieterhöhung von einer „Vereinbarung über erhöhte Miete" aus, übersehen sie, dass der BGH eine Mietabänderungsvereinbarung gem. § 10 MHG (heute § 557 Abs. 1 BGB) meinte, die immer ein Vertrag ist.

207 AG Tempelhof-Kreuzberg GE 2008, 1430; AG Gelsenkirchen WuM 2001, 612.

208 BGH VIII ZR 234/18, NZM 2020, 322.

209 LG Berlin WuM 1997, 51; LG Frankfurt a. M. WuM 1990, 224; AG Hamburg NZM 1998, 574.

210 **AA** AG Hamburg NZM 1998, 574.

211 LG Berlin ZMR 1998, 165.

212 *LG Berlin MM 1996, 243.*

213 Zur Anfechtung im Mietrecht und ihren Rechtsfolgen: BGH XII ZR 67/06, NZM 2008, 886; *Schmid* WuM 2009, 155; *Fischer* NZM 2005, 567; Staudinger/*V. Emmerich* BGB Vor § 535 Rn. 7104ff.; *V. Emmerich* NZM 1998, 692.

abgeben, da er die weitere Bedeutung der Willenserklärung des Vermieters schon nicht verstanden hatte. Die Anfechtung muss unverzüglich erfolgen, § 121 Abs. 1 BGB, spätestens nach zehn Jahren. Unverzüglich bedeutet, dass die Erklärung ohne schuldhaftes Zögern unmittelbar nach Kenntnis vom Anfechtungsgrund erfolgen muss. Diese Kenntnis dürfte spätestens nach Vorlage einer ersten entsprechenden Betriebskostenabrechnung durch den Vermieter vorliegen.

### II. Wirkungszeitpunkt der Mieterhöhung

Nach § 558b Abs. 1 BGB schuldet der Mieter nach einer Zustimmung zu einem Mieterhöhungsverlangen die erhöhte Miete **von Beginn des dritten Kalendermonats, der dem Zugang des Mieterhöhungsverlangens folgt,** an. Nach der gesetzlichen Regelung tritt die Wirkung des Mieterhöhungsverlangens also unmittelbar nach Ablauf der Überlegungsfrist ein. Dies gilt aber nur, wenn die Parteien, keine abweichende Vereinbarung getroffen haben.[214] Der Vermieter kann als Minus zu seinem Anspruch auch eine Mieterhöhung zu einem späteren als dem gesetzlich zulässigen Termin verlangen. Aus § 561 Abs. 1 BGB lässt sich in diesem Fall nichts Gegenteiliges ableiten.[215] Der Vermieter hat nur keinen Anspruch gegen den Mieter, dass dieser einer Mieterhöhung zu einem früheren Termin zustimmt. Hat der Mieter eine solche Zustimmung jedoch erteilt, dann ist diese wirksam. Umgedreht tritt die Mieterhöhung auch erst später in Kraft, wenn der Mieter ausdrücklich erst zu einem späteren Termin die Zustimmung erteilt hat und der Vermieter vom Mieter nicht gerichtlich die Zustimmung zu einem früheren Termin verlangt. **45**

Der Vermieter muss im Mieterhöhungsverlangen nicht zwingend ein Datum nennen, zu dem die Mieterhöhung wirken soll,[216] da diese Angaben nicht zu den Wirksamkeitsvoraussetzungen eines Mieterhöhungsverlangens gehören. Fehlt ein Datum, dann gilt der gesetzliche Wirkungszeitpunkt. **46**

Wird der **Mieter zur Zustimmung verurteilt,** dann richtet sich der Wirkungszeitpunkt für die Mieterhöhung nach dem **Tenor der Entscheidung.** Aus dem Tenor muss sich ergeben, ab wann die erhöhte Miete zu zahlen ist.[217] Der Zahlungstermin wird zunächst vom Antrag des Vermieters bestimmt. Eine Verurteilung zu einem früheren Termin als den des § 558b Abs. 1 BGB ist nicht möglich, da insofern kein durchsetzbarer Anspruch des Vermieters besteht. Hat der Vermieter beantragt, den Mieter zur Abgabe der Zustimmungserklärung zu einem späteren als dem gesetzlichen Termin zu verurteilen, kann das Gericht darüber nicht hinweggehen, § 308 ZPO. Das Gericht ist nicht befugt, der Partei etwas zuzusprechen, was sie nicht beantragt hat. Hat der Vermieter im Klageantrag kein Datum genannt und ist dem ganzen Sachvortrag durch Auslegung auch kein Termin zu entnehmen[218], so wirkt die Zustimmung zum Zeitpunkt der Rechtskraft der Entscheidung.[219] **47**

Für die **Berechnung des Wirkungszeitpunktes** kommt es nur auf den Zugangszeitpunkt des Mieterhöhungsverlangens an. Unerheblich ist, wann der Mieter der Mieterhöhung zugestimmt hat. Wenn die Parteien keine abweichende Vereinbarung getroffen haben, dann wirkt die Mieterhöhung bei einer sofortigen Zustimmung zu Beginn der Überlegungsfrist genauso wie bei einer Zustimmung am letzten Tag der Zustimmungsfrist wie auch bei einer gerichtlich durchgesetzten Zustimmung immer zum gleichen Termin. **48**

**Beispiel:** Das Mieterhöhungsverlangen wird am Samstag den 28.2. nachmittags in den Briefkasten geworfen. Es ist dem Mieter somit erst am 2.3. zugegangen mit der Folge, dass die Mieterhöhung zum 1.6. wirksam wird.

Die Vorschrift des § 193 BGB hat für die Berechnung des Wirkungszeitpunkts einer Mieterhöhung keine Bedeutung. § 558b Abs. 1 BGB stellt nicht auf das Ende einer Frist ab, sondern auf den Beginn eines Monats. Auch wenn der Gesetzgeber idR davon ausgeht, dass die Wirkung einer Mieterhöhung unmittelbar nach Ablauf der Überlegungsfrist eintritt, hat er den Wirkungszeitpunkt nicht ausdrücklich an den Ablauf der Überlegungsfrist gekoppelt. Es kann deshalb in Einzel- **49**

---

[214] BGH VIII ZR 204/10, NZM 2012, 112; *Börstinghaus* jurisPR-BGHZivilR 17/2011 Anm. 2; *Krapf* jurisPR-MietR 19/2011 Anm. 4; BGH VIII ZR 280/12, NJW 2013, 3641.
[215] BGH VIII ZR 280/12, NJW 2013, 3641.
[216] OLG Koblenz NJW 1983, 1861.
[217] *Sternel* MietR Kap. III Rn. 727.
[218] So im Fall des BGH VIII ZR 204/10, NZM 2012, 112.
[219] Zur Frage, wann die Rechtskraft von Urteilen eintritt, → BGB § 569 Rn. 107.

fällen möglich sein, dass die Überlegungsfrist zum Zeitpunkt des gesetzlichen Wirkungszeitpunkts noch nicht abgelaufen ist.

**Beispiel:** Das Mieterhöhungsverlangen geht dem Mieter im Dezember zu. Dann läuft die Überlegungsfrist bis Ende Februar. Fällt der 28.2. auf einen Samstag, dann läuft die Überlegungsfrist am 2.3. um 24:00 Uhr ab.

Bei einer Zustimmung am letzten Tag wirkt die Zustimmung also zurück auf den 1.3. Dies ist aber unschädlich, da die Parteien auch rückwirkend Leistungspflichten verändern können. Auch im Fall einer Verurteilung wirkt die vom Gericht ersetzte Zustimmung zurück.

50 Ein Mieterhöhungsverlangen wirkt jeweils zu folgenden Zeitpunkten:

| **Zugang des Mieterhöhungsverlangens zwischen** | | **Wirkungszeitpunkt des Mieterhöhungsverlangens** |
|---|---|---|
| 1.1. | 31.1. | 1.4. |
| 1.2. | 28./29.2. | 1.5. |
| 1.3. | 31.3. | 1.6. |
| 1.4. | 30.4. | 1.7. |
| 1.5. | 31.5. | 1.8. |
| 1.6. | 30.6. | 1.9. |
| 1.7. | 31.7. | 1.10. |
| 1.8. | 31.8. | 1.11. |
| 1.9. | 30.9. | 1.12. |
| 1.10. | 31.10. | 1.1. |
| 1.11. | 30.11. | 1.2. |
| 1.12. | 31.12. | 1.3. |

51 Die Frage, ab wann die Mieterhöhung wirkt, ist von der Frage, wann die **erhöhte Miete tatsächlich fällig** ist, zu unterscheiden.[220] Der Wortlaut des § 558b Abs. 1 BGB ist hier weiterhin missverständlich, wenn es dort heißt, dass „der Mieter die erhöhte Miete mit Beginn des dritten Kalendermonats" schulde. Dies entspricht ungefähr der sprachlich ungenauen Regelung des § 2 Abs. 4 MHG aF. Auch nach der Mietrechtsreform ist damit lediglich gemeint, für welchen Zeitraum erstmals die erhöhte Miete gezahlt werden muss, da die Miete bekanntlich nach Zeitabschnitten berechnet ist. Für die Fälligkeit der Miete gelten vorrangig die Parteivereinbarungen und anderenfalls § 556b Abs. 1 BGB.[221] Hieran wird durch § 558b Abs. 1 BGB nichts verändert.[222] Der Mieter schuldet deshalb weder eine Zustimmung zur Veränderung der Fälligkeitsregelungen des Mietvertrages noch tritt eine solche Änderung nach einer Zustimmung des Mieters ein. Die Vorschrift des § 558b Abs. 1 BGB ist deshalb so zu lesen, als wenn dort bestimmt wäre, dass die erhöhte Miete „erstmals für den dritten Kalendermonat, der dem Zugang des Mieterhöhungsverlangens folgt" zu zahlen ist. Dies ergibt eine Auslegung nach dem Gesetzeszweck.

52 Von Bedeutung ist diese Unterscheidung auch für die Frage des **Verzugseintritts**[223] und eventueller Schadenersatzpflichten. Dabei muss unterschieden werden zwischen dem Anspruch des Vermieters auf Zustimmung zu einer Mieterhöhung und dem Anspruch auf die Miete. Der Anspruch auf Zustimmung zu einer Mieterhöhung wird mit Ablauf der Überlegungsfrist **fällig.**[224] Zuvor ist er **erfüllbar.** Erteilt der Mieter die geschuldete Zustimmung nicht, liegt zunächst eine Pflichtwidrigkeit gem. § 280 Abs. 1 BGB vor.[225] Außerdem kann auch ein Anspruch gem. § 286 wegen Verzuges in Betracht kommen.[226] Fraglich ist, ob der Mieter mit Ablauf der Überlegungsfrist ohne weiteres in Verzug gerät oder ob der Vermieter den Mieter zunächst noch mahnen muss. Während bis

---

[220] *Beuermann* GE 1995, 848 (849); Staudinger/*V. Emmerich* BGB § 558b Rn. 9c.

[221] Für Verträge, die vor dem 1.9.2001 abgeschlossen wurden, gilt § 551 BGB aF weiter, s. Art. 229 § 3 Abs. 1 Nr. 7 EGBGB; dazu auch BGH VIII ZR 66/08, NJW 2009, 1491.

[222] *Beuermann* GE 1995, 848 (849); *Sternel* MietR Kap. III Rn. 726.

[223] Umf. *Lehmann-Richter* NZM 2006, 849; *Meier* WuM 1990, 531.

[224] Bub/Treier MietR-HdB/*Schultz* Kap. III A Rn. 1324.

[225] AG Schöneberg GE 2017, 837.

[226] AG Köpenick IMR 2019, 18 = BeckRS 2018, 41678.

31.12.2001 eine Mahnung erforderlich war, hat sich dies durch die Schuldrechtsreform geändert. Nach § 286 Abs. 2 Nr. 2 BGB tritt Verzug ohne Mahnung ein, wenn der Leistung ein Ereignis vorauszugehen hat und eine angemessene Zeit für die Leistung in der Weise bestimmt ist, dass sie sich von dem Ereignis nach dem Kalender berechnen lässt. Außerdem kommt der Mieter gem. § 286 Abs. 2 Nr. 3 BGB auch dann ohne Mahnung in Verzug, wenn er die Zustimmung ernsthaft und endgültig verweigert. Dem Vermieter stehen deshalb Schadenersatzansprüche wegen verspäteter Zustimmung mit Ablauf der Überlegungsfrist zu, ohne dass es einer weiteren Mahnung bedarf.[227] § 558b Abs. 2 BGB enthält – trotz des verunglückten Wortlauts[228] – nach ganz überwiegender Meinung eine Fälligkeitsregelung für den Zustimmungsanspruch. Diese Fälligkeit ist nach dem Kalender bestimmt („Ablauf des zweiten Kalendermonats nach Zugang"). § 286 Abs. 2 Nr. 2 BGB ist nicht nur auf vertragliche, sondern auch auf **gesetzliche Bestimmungen der Leistungszeit** anwendbar.[229] Gemäß § 286 Abs. 4 BGB setzt Verzug darüber hinaus auch noch Verschulden auf Seiten des Mieters voraus. Das Verschulden wird jedoch vermutet. Der Mieter kann diese gegen ihn sprechende Vermutung widerlegen. Dabei kommt es auf die Umstände des Einzelfalls an. Ein unverschuldeter Rechtsirrtum ist auch hier nur ausnahmsweise anzunehmen.[230] Auch ein Tatsachenirrtum entschuldigt nur ausnahmsweise.[231] Besondere Bedeutung kommt dabei der Qualität des Mieterhöhungsverlangens zu. Begründet der Vermieter das Erhöhungsverlangen mit einem qualifizierten Mietspiegel und verlangt auch nur den Median[232], muss der Mieter schon sehr gute Gründe darlegen, warum seiner Meinung nach entweder der Mietspiegel nicht qualifiziert ist oder ein unter dem Median liegender Wert die Einzelvergleichsmiete darstellt. Insbesondere der in der Praxis häufige Hinweis auf Mängel der Mietwohnung ist nicht ausreichend, weil diese für die Ermittlung der ortsüblichen Vergleichsmiete unerheblich sind, zumindest wenn sie behebbar sind. Der Mieter kann sich jedoch nicht darauf berufen, dass er als Laie gar nicht wisse, wie hoch die ortsübliche Vergleichsmiete für die Wohnung sei. Hat der Mieter sich fachkundig beraten lassen[233] und daraufhin die Zustimmung zur Mieterhöhung nicht erteilt, kann im Einzelfall[234] das Verschulden entfallen, da die Feststellung der ortsüblichen Vergleichsmiete ein äußerst komplexer Vorgang ist.[235] Auch wenn im Zustimmungsprozess ein Sachverständigengutachten eingeholt werden muss, soll der Mieter nach Vorlage des Gutachtens nicht ohne weiteres in Verzug kommen.[236] Befindet sich der Mieter mit der Zustimmung in Verzug, muss er dem Vermieter gem. §§ 280 Abs. 2, 286 BGB Schadenersatz leisten. Hierzu zählt ggf. die Erstattung von vorgerichtlichen Anwaltskosten[237], soweit diese wirklich nach Verzugseintritt entstanden sind.[238] Zu prüfen ist aber außerdem, ob die Einschaltung eines Anwalts notwendig war und ob der Vermieter nicht gegen seine Schadensminderungspflicht verstoßen hat.[239] Ferner kann auch **Verzinsung des Mieterhöhungsbetrages** in Betracht kommen, wenn der Mieter später zur Zustimmung verurteilt wird. § 288 BGB ist aber nicht anwendbar, da es sich bei der geschuldeten Zustimmungserklärung nicht um eine Geldschuld handelt.[240] Ist der Mieter zur Zustimmung verurteilt worden, schuldet er den Erhöhungsbetrag erst mit Rechtskraft des Urteils[241], selbst wenn die

---

[227] LG Berlin BeckRS 2019, 32795; AG Schöneberg GE 2017, 837; AG Köln WuM 2012, 206; *Börstinghaus* WuM 2012, 207; Staudinger/*V. Emmerich* BGB § 558b Rn. 10 **aA** AG Charlottenburg GE 2007, 919.

[228] *Lehmann-Richter* NZM 2006, 849.

[229] *Lehmann-Richter* NZM 2006, 849 (850) mwN in den Fn. 10–12.

[230] So der BGH für den Verzug bei der Zahlungsverzugskündigung: BGH VIII ZR 175/14, NZM 2015, 196; BGH XII ZR 48/10, WuM 2012, 323; auch für Verschulden bei ordentlicher Kündigung gem. § 573 Abs. 2 Nr. 1 BGB: BGH VIII ZR 102/06, NZM 2007, 35; *Klees* NJW 2007, 431; *Blank* NZM 2007, 788; umf. *Lorenz* WuM 2013, 202.

[231] Ebenfalls für Zahlungsverzugskündigung BGH VIII ZR 138/11, NJW 2012, 2882.

[232] AG Dortmund WuM 2012, 103.

[233] Wobei ein Beraterverschulden dem Mieter gem. § 278 BGB zugerechnet wird: BGH VIII ZR 102/06, NJW 2007, 428.

[234] *Meier* WuM 1990, 531 (534).

[235] AG Charlottenburg GE 1990, 765 mkritAnm *Müller* GE 1990, 847.

[236] So aber LG Berlin GE 1993, 585.

[237] AG Köln WuM 2012, 206 mzustAnm *Börstinghaus* WuM 2012, 207; **aA** AG Charlottenburg GE 2007, 919 (Großvermieter).

[238] Zu den einzelnen Fallgestaltungen und der Frage, wann, welche Gebühren nach dem RVG anfallen *Börstinghaus* WuM 2012, 207.

[239] AG Schöneberg GE 2017, 837.

[240] BGH VIII ZR 94/04, NJW 2005, 2310.

[241] BGH VIII ZR 94/04, NJW 2005, 2310; LG Berlin ZMR 2020, 944, 945; zur Frage, wann die Rechtskraft von Urteilen eintritt → BGB § 569 Rn. 107.

Vertragsänderung rückwirkend in Kraft tritt.[242] Es tritt aber nicht rückwirkend Verzug mit dem Zahlungsanspruch ein.[243] Ferner muss der Mieter auch die Kosten des Zustimmungsprozesses tragen. Für eine Anwendung des § 93 ZPO ist dann kein Raum.[244]

53 Wegen der Besonderheiten bei der Kündigung gem. § 543 Abs. 2 Nr. 3 BGB s. auch § 569 Abs. 3 Nr. 3 BGB.

## E. Der Zustimmungsprozess (Abs. 2)

54 Wenn der Mieter innerhalb der Überlegungsfrist nicht oder nicht vollständig der Mieterhöhung zugestimmt hat, dann kann der Vermieter gem. § 558b Abs. 2 BGB auf Zustimmung klagen.

### I. Sachentscheidungsvoraussetzungen

#### 1. Zuständiges Gericht

55 Die **sachliche Zuständigkeit** für Wohnraummietsachen ergibt sich aus **§ 23 Nr. 2a GVG.** Danach sind die Amtsgerichte ohne Rücksicht auf den Wert des Streitgegenstandes ausschließlich zuständig für Streitigkeiten über Ansprüche aus einem Mietverhältnis über Wohnraum.[245] Die **örtliche Zuständigkeit** ergibt sich aus § 29a ZPO, wonach jeweils das Amtsgericht, in dessen Bezirk sich die gemietete Wohnung befindet, zuständig ist. Auch dies ist eine ausschließliche Zuständigkeit, so dass eine Zuständigkeit eines anderen Gerichts weder durch rügelose Einlassung gem. § 39 ZPO noch durch eine Gerichtsstandsvereinbarung gem. § 40 ZPO begründet werden kann.[246] Der Gesetzgeber ging davon aus, dass das örtlich nächste Amtsgericht die besten Möglichkeiten besitzt, in die örtlichen Verhältnisse Einblick zu nehmen. Außerdem handelt es sich bei dieser Zuständigkeitsregelung auch um einen Teil des sozialen Mietrechts. Der Mieter soll sich vor dem ihm nächsten Amtsgericht verteidigen und sich nicht durch die Verpflichtung, zu einem evtl. weit entfernt liegenden Gericht anreisen zu müssen, verpflichtet fühlen, einen an sich unbegründeten Anspruch anzuerkennen. Eine Verweisung unter Verstoß gegen diese bindenden Zuständigkeitsregelungen ist unbeachtlich.[247]

56 Soweit einige Bundesländer[248] von der Ermächtigungsgrundlage in § 15a EGZPO[249] Gebrauch gemacht haben und bei Klagen bis zu einem Streitwert von 750 EUR (bzw. teilweise auch nur bis 600 EUR) vor Klageerhebung eine **obligatorische Streitschlichtung** vorgeschrieben haben, gilt dies für Zustimmungsklagen unabhängig von der Streitfrage, wie der Streitwert bei einer Zustimmungsklage richtig zu berechnen ist, nicht, da mit der Zustimmungsklage eine Frist unterbrochen werden soll. In diesen Fällen ist die vorgerichtliche Streitschlichtung unabhängig vom Streitwert ausdrücklich nicht vorgeschrieben.

56a Der Inhalt der Klageschrift richtet sich nach § 253 ZPO. Es handelt sich um einen bestimmenden Schriftsatz gem. § 129 ZPO, der eigenhändig unterschrieben werden muss. Eine Unterschrift erfordert nach dem Sprachgebrauch und dem Zweck der Formvorschrift,[250] dass es sich tatsächlich um eine Schrift handeln muss. Eine **Namensunterschrift** setzt ein aus Buchstaben einer üblichen

---

242 AG Dortmund NZM 2002, 949.

243 BGH VIII ZR 94/04, NJW 2005, 2310; LG Köln WuM 1980, 76; AG Braunschweig WuM 1986, 343; AG Dortmund NZM 2002, 949; *Meier* WuM 1990, 531 (532); *Sternel* MietR Kap. III Rn. 108, 726; MüKo-BGB/*Artz* § 558b Rn. 11; **aA** AG Köln WuM 1984, 134; LG Saarbrücken WuM 1997, 626 (627); Bamberger/Roth/*Schüller* BGB § 558b Rn. 21; Palandt/*Weidenkaff* BGB § 558b Rn. 17.

244 LG Berlin WuM 2020, 46; AG Schöneberg GE 2017, 837; AG Köln WuM 2012, 206; *Börstinghaus* WuM 2012, 207; Staudinger/*V. Emmerich* BGB § 558b Rn. 10.

245 *Sternel* PiG 10 (1982), 127 (129), zum alten Recht, das aber insofern inhaltlich unverändert gilt.

246 OLG Frankfurt/M MDR 1979, 851; LG München ZMR 1987, 271.

247 LG München ZMR 1987, 271.

248 Länder mit außergerichtlicher Streitschlichtung sind: Baden-Württemberg, Bayern, Brandenburg, Hessen, NRW, Saarland und Sachsen-Anhalt.; *Schmidt* DAR 2001, 481; einen Überblick über die Rspr. zu § 15a EGZPO gibt *Friedrich NJW 2002, 3223.*

249 IdF v. 17.12.2008, gültig ab 1.9.2009.

250 BGH IX ZR 24/97, NJW 1997, 3380 (3381); X ZB 11/84, NJW 1985, 1227; VIII ZR 254/74, NJW 1975, 1704; VII ZR 57/63, MDR 1964, 747 = BeckRS 1964, 31190948.

Schrift[251] bestehendes Gebilde voraus, das nicht lesbar[252] zu sein braucht. Für die Frage, ob eine formgültige Unterschrift vorliegt, ist aber nicht die Lesbarkeit oder die Ähnlichkeit des handschriftlichen Gebildes mit den Namensbuchstaben entscheidend, sondern es kommt darauf an, ob der Name vollständig, wenn auch nicht unbedingt lesbar, wiedergegeben wird.[253] Erforderlich, aber auch genügend, ist das Vorliegen eines die Identität des Unterschreibenden ausreichend kennzeichnenden Schriftzuges, der individuelle und entsprechend charakteristische Merkmale aufweist, die die Nachahmung erschweren.[254] sich als **Wiedergabe eines Namens** darstellt und die Absicht einer vollen Unterschriftsleistung erkennen lässt.[255] selbst wenn er nur flüchtig niedergelegt ist und von einem **starken Abschleifungsprozess** gekennzeichnet ist.[256] Unter diesen Voraussetzungen ist selbst ein vereinfachter und nicht lesbarer Namenszug als Unterschrift anzuerkennen, wobei insbes. von Bedeutung ist, ob der Unterzeichner auch sonst in gleicher oder ähnlicher Weise unterschreibt. Deshalb wird von der Rspr. zunehmend ein großzügiger Maßstab angelegt, wenn an der Autorenschaft keine Zweifel bestehen und zwar auch in Anbetracht der Variationsbreite, die selbst Unterschriften ein und derselben Person aufweisen.[257] Zum Teil wird mit Rücksicht auf die modernen Kommunikationsmittel, die häufig eine eigenhändige Unterschrift nicht mehr zulassen und deshalb auch nicht erfordern,[258] eine noch weitere Lockerung bzgl. des Unterschriftserfordernisses gefordert. Nach Ansicht des BGH genügt aber weder eine eingescannte[259] noch eine zuvor blanko erteilte und dann ausgeschnittene und aufgeklebte Unterschrift[260] den Anforderungen an eine wirksame Unterschriftsleistung. Bloße Striche oder geometrische Figuren genügen aber als Unterschrift[261] ebenso wenig wie die bloße Wiedergabe von Anfangsbuchstaben.[262] Es ist idR erforderlich, dass man bei wohlwollendster Betrachtung bei Kenntnis des Namens des Unterzeichners diesen in der Unterschrift wiedererkennen kann.[263] Dabei darf eine dem Schriftzug beigefügte Namenswiedergabe in Maschinenschrift zur Deutung vergleichend herangezogen werden.[264] Handzeichen, die allenfalls einen Buchstaben erkennen lassen, sowie Unterschriften mit einer Buchstabenfolge, die als bewusste und gewollte Unterzeichnung mit einer Namensabkürzung **(Paraphe)**[265] erscheinen, sowie Faksimile-Stempel,[266] erfüllen nicht die Voraussetzung einer formgültigen Unterschrift.[267] Ob ein Schriftzug eine Unterschrift oder lediglich eine Abkürzung darstellt, beurteilt sich dabei nach dem äußeren Erscheinungsbild.[268] Bei Doppelnamen muss grds. mit beiden Namensteilen unterschrieben werden. Die willkürliche Abkürzung führt zur Unwirksam-

---

[251] BGH XI ZB 6/91, NJW 1992, 243; VIII ZR 190/91, NJW-RR 1992, 1150; I ZR 149/87, NJW 1989, 588; V ZR 141/86, NJW 1987, 1333; X ZB 11/84, NJW 1985, 1227; I ZR 235/83, NJW 1985, 2651; VIII ZR 254/74, NJW 1975, 1704.

[252] BGH VI ZB 51/18, MDR 2020, 305 = BeckRS 2019, 34723; IX ZR 24/97, NJW 1997, 3380 (3381); III ZR 39/81, NJW 1982, 1467; BGH 2 StR 550/58, NJW 1959, 734; BFH NJW 2000, 607.

[253] BGH VI ZB 51/18, MDR 2020, 305 = BeckRS 2019, 34723; VI ZB 16/16, VersR 2017, 506; VI ZB 71/14, VersR 2015, 1045; VIII ZB 67/09, MietPrax-AK § 130 ZPO Nr. 1.

[254] BGH VI ZB 51/18, MDR 2020, 305 = BeckRS 2019, 34723; VI ZB 16/16, VersR 2017, 506; VI ZB 71/14, VersR 2015, 1045; V ZB 203/14, NJW 2015, 3104; VIII ZB 62/12, NJW-RR 2013, 1395.

[255] BFH NJW 2000, 607 (608); VI ZB 16/16, NJW-RR 2017, 445; V ZR 112/92, NJW 1994, 55.

[256] BGH VI ZB 16/16, NJW-RR 2017, 445; XII ZB 199/96, NJW-RR 1997, 760; IX ZR 24/97, NJW 1997, 3380 (3381).

[257] BGH IX ZR 24/97, NJW 1997, 3380 (3381); V ZR 141/86, NJW 1987, 1333; BVerfG NJW 1998, 1853; *Schneider* NJW 1998, 1844.

[258] GemS-OGB NJW 2000, 2340.

[259] BGH XI ZB 40/05, NJW 2006, 3784.

[260] BGH III ZB 60/14, NJW 2015, 3246 mAnm *Einsele* LMK 2015, 373985.

[261] Sog. „Schlingenrechtsprechung" zB OLG Oldenburg NStZ 1988, 145; LG Berlin MM 1992, 65; AG Dortmund NZM 2000, 32.

[262] LAG Berlin NJW 2002, 989.

[263] BGH VI ZR 268/86, NJW 1988, 713; KG NJW 1988, 2807.

[264] BGH XII ZB 199/96, NJW-RR 1997, 760; XI ZB 6/91, NJW 1992, 243; OLG Düsseldorf NJW-RR 1992, 946.

[265] GemS-OGB NJW 2000, 2340; BGH XII ZB 124/97, NJW 1998, 762; IX ZR 24/97, NJW 1997, 3380 (3381); V ZR 112/92, NJW 1994, 55; X ZB 11/84, NJW 1985, 1227; III ZR 39/81, NJW 1982, 1467; Ia ZB 1/67, NJW 1967, 2310; OLG Hamm NJW 1989, 3289 mAnm *Späth* VersR 1990, 675; OLG Köln RPfleger 1991, 198; OLG Düsseldorf NJW-RR 1992, 946 (947); VGH München NVwZ 1987, 729.

[266] BGH XI ZB 3/88, NJW 1989, 838; VG Wiesbaden NJW 1994, 537.

[267] OLG Frankfurt a. M. NJW 1988, 2807.

[268] BGH IX ZR 24/97, NJW 1997, 3380 (3381); BGH V ZR 112/92, NJW 1994, 55; BGH III ZR 18/86, NJW 1987, 957; BGH III ZR 39/81, NJW 1982, 1467.

keit der Unterschrift.[269] Nur wenn keine Zweifel an der Identität des Unterzeichners bestehen reicht die Unterzeichnung mit dem ersten Teil des **Doppelnamens** aus[270] zB weil sich die Identität eindeutig aus dem Briefkopf ergibt. Das **Fehlen der Unterschrift** soll aber dann unschädlich sein, wenn sich aus sonstigen Umständen die Urheberschaft des Schriftsatzes und der Wille zur Klageerhebung ergeben.[271] Dies soll insbes. in den Fällen der Fall sein, in denen zwar das Original der Klageschrift nicht unterzeichnet wurde aber der Beglaubigungsvermerk auf der begl. Abschrift.[272] In allen anderen Fällen ist Gelegenheit zur Nachholung zu geben,[273] wobei diese innerhalb der Klagefrist zu erfolgen hat.

### 2. Der richtige Kläger

57 Nur die vom richtigen Kläger erhobene Klage unterbricht die Klagefrist. Entscheidend ist die **Vermietereigenschaft zum Zeitpunkt der Rechtshängigkeit.** Wenn das Gebäude unter Zwangsverwaltung steht muss unterschieden werden. Ist der Eigentümer zugleich Vermieter, dann fehlt dem Eigentümer die Verfügungsbefugnis. Sowohl das Mieterhöhungsverlangen[274] wie auch die Zustimmungsklage müssen vom Zwangsverwalter stammen, § 7 ZwVwV.[275] Die Klage des Eigentümers ist unzulässig.[276] Sind Eigentümer und Vermieter personenverschieden, dann muss der Vermieter die Zustimmungsklage erheben. Hat eine Rechtsnachfolge auf Seiten des Vermieters stattgefunden, dann tritt der Erwerber auch in die Rechte aus dem Mieterhöhungsverlangen ein,[277] so dass der Kläger nicht identisch sein muss mit dem Absender des Mieterhöhungsverlangens. Eine Klage des ausgeschiedenen Vermieters unterbricht die Klagefrist nicht, da er nicht mehr Inhaber des Anspruchs ist.[278] Erfolgt die Rechtsnachfolge auf Vermieterseite während des Zustimmungsprozesses, so bleibt der Veräußerer entsprechend § 265 Abs. 2 ZPO weiter der richtige Kläger.[279] Umstritten ist, ob eine Ermächtigung zur Erhebung der Zustimmungsklage durch den Erwerber möglich ist (→ BGB Vor § 558 Rn. 47). Der BGH[280] hat für eine Modernisierungsankündigung gem. § 554 BGB eine solche Prozessstandschaft dann für zulässig erklärt, wenn der Prozessstandschafter (hier Erwerber) ein rechtliches Interesse an der gerichtlichen Geltendmachung eines fremden Rechts im eigenen Namen hat und eine Beeinträchtigung schutzwürdiger Belange des Prozessgegners nicht zu befürchten ist. Nach Ansicht des LG Berlin[281] kann dementsprechend der Erwerber ermächtigt werden, die Zustimmungsklage vor Eigentumsumschreibung zu erheben, wenn der Veräußerer noch das Erhöhungsverlangen gestellt hat. Ein Hausverwalter kann jedoch im Wege der Prozessstandschaft keine Zustimmungsklage erheben.[282] Voraussetzung ist weiter, dass die Prozessstandschaft innerhalb der Klagefrist aufgedeckt wird.[283] Dies entspricht der Rspr. zur materiell rechtlichen Ermächtigung, bei der der Ermächtigte auch offenlegen muss, den Zustimmungsanspruch zwar im eigenen Namen geltend zu machen, aber aus einem vom Vermieter abgeleiteten Recht

---

[269] LAG Köln NZA 1987, **aA** BAG NJW 1988, 2822, Abkürzung des zweiten Namens mit den beiden Anfangsbuchstaben reicht aus.

[270] BGH III ZR 73/95, NJW 1996, 997; OLG Frankfurt a. M. NJW 1989, 3030.

[271] Prütting/Gehrlein/*Geisler* ZPO § 253 Rn. 6.

[272] AG Lichtenberg GE 2014, 199 unter Hinweis auf RGZ 27, 405; BGH VII ZR 342/83, BGHZ 92, 251 (255); IX ZR 226/91, NJW 1993, 735 = VersR 1993, 456; XII ZB 120/06, NJW-RR 2008, 1020 = MDR 2008, 760; ebenso BGH II ZB 23/11, NJW 2012, 1738; Zöller/*Greger* ZPO § 130 Rn. 19.

[273] Zöller/*Greger* ZPO § 253 Rn. 22.

[274] BGH VIII ZR 330/03, NZM 2005, 596; AG Dortmund WuM 1994, 546; *Stöber* ZVG § 152 Rn. 12.8; *Depré/Mayer,* Die Praxis der Zwangsverwaltung, 7. Aufl. 2013, Rn. 491; *Brüggemann/Haut,* Arbeitshilfen Zwangsverwaltung, 2008, 588; *Reismann* MM 1998, 159; *Kinne* GE 1999, 359, NZM 986, 990; **aA** AG München ZflR 1998, 53 mAnm *Paulus.*

[275] BGH VIII ZR 330/03, NZM 2005, 59; AG Dortmund WuM 1994, 546; *Börstinghaus* FS Merle, 2010, 69; *Stöber* ZVG § 152 Rn. 12.8.

[276] LG Berlin GE 1998, 357.

[277] LG Kassel NJWE-MietR 1996, 222; *Börstinghaus* PiG 70 (2005), 65 (82); *Blank/Börstinghaus* BGB § 566 Rn. 76; BKKSZ Mietprozess/*Kinne* Kap. 4 Rn. 7.

[278] KG NJWE-MietR 1997, 170.

[279] LG Köln NZM 2002, 288; *Blank/Börstinghaus* BGB § 566 Rn. 76; AnwK WohnraumMietR/*Lammel* BGB § 566 Rn. 66.

[280] *BGH VIII ZR 105/07, NJW 2008, 1218.*

[281] GE 2004, 483.

[282] AG Köln WuM 1989, 579; *Drasdo* NJW-Spezial 2009, 321.

[283] LG Karlsruhe WuM 1988, 88.

zu handeln.[284] Ist der Kläger eine juristische Person, zB eine GmbH, eine Aktiengesellschaft, eine Genossenschaft oder ein eingetragener Verein, muss die Zustimmungsklage von dem vertretungsberechtigten Organ stammen. Insofern sind die gesellschaftsrechtlichen Vorschriften maßgeblich. So muss die Klage auf Zustimmung zur Mieterhöhung, die eine AktG als Vermieter erhebt, von einem Vorstandsmitglied der Aktiengesellschaft unterzeichnet sein.[285] Im Übrigen gilt für die Vertretung vor Gericht § 79 ZPO.[286] Danach können die Parteien vor dem Amtsgericht den Rechtsstreit selbst führen oder sich durch einen Rechtsanwalt vertreten lassen. Eine Vertretung durch andere Personen, insbes. Verwalter, ist grds. nicht möglich.[287]

Gemäß § 253 Abs. 2 Nr. 1 ZPO muss die Klageschrift die Bezeichnung der Parteien enthalten. **58**
§ 253 Abs. 4 ZPO bestimmt, dass auf die Klageschrift die allgemeinen Vorschriften über die vorbereitenden Schriftsätze anzuwenden sind. Nach § 130 Nr. 1 HS 1 ZPO sollen die vorbereitenden Schriftsätze die Bezeichnung der Parteien und ihrer gesetzlichen Vertreter nach Namen, Stand oder Gewerbe, Wohnort und Parteistellung enthalten. Aus diesen Vorschriften folgt nach der Rspr. des BGH, dass eine ordnungsgemäße Klageerhebung grds. die Angabe der ladungsfähigen Anschrift des Klägers voraussetzt. Wird diese Angabe schlechthin oder ohne zureichenden Grund verweigert, ist die Klage unzulässig.[288] Das gilt auch dann, wenn der Kläger durch einen Prozessbevollmächtigten vertreten ist. Durch die Angabe seiner ladungsfähigen Anschrift dokumentiert der Kläger seine Bereitschaft, sich möglichen nachteiligen Folgen des Prozesses, insbes. einer Kostenpflicht, zu stellen, und ermöglicht dem Gericht die Anordnung seines persönlichen Erscheinens. Führt ein Kläger einen Prozess aus dem Verborgenen, um sich dadurch einer möglichen Kostenpflicht zu entziehen, handelt er rechtsmissbräuchlich. Die Angabe der ladungsfähigen Anschrift des Klägers ist daher jedenfalls dann zwingendes Erfordernis einer ordnungsgemäßen Klageerhebung, wenn sie ohne weiteres möglich ist.[289] Die für natürliche Personen entwickelten Grundsätze zur Angabe einer ladungsfähigen Anschrift lassen sich nicht unmittelbar auf juristische Personen übertragen. Dem Wohnsitz einer natürlichen Person entspricht bei juristischen Personen der Sitz. Deshalb genügt bei juristischen Personen des Privatrechts als ladungsfähige Anschrift die Angabe der im Handelsregister eingetragenen Geschäftsanschrift, sofern dort gem. § 170 Abs. 2 ZPO Zustellungen an das Organ als gesetzlichen Vertreter der juristischen Person oder den rechtsgeschäftlich bestellten Vertreter iSv § 171 ZPO bewirkt werden können.[290] Eine Zustimmungsklage ohne **Anschrift** des Vermieters unterbricht die Klagefrist jedoch dann, wenn spätestens bis zum Schluss der **mündlichen Verhandlung** die Anschrift des Klägers angegeben wird.[291] Ausgehend vom Schutzzweck des § 253 ZPO genügt es, wenn die Anschrift bis zum Schluss der mündlichen Verhandlung angegeben wird. Die Angabe einer Postfach-Adresse genügt aber nicht.[292]

Bilden die Vermieter eine **Personenmehrheit,** muss die Klage von allen Vermietern erhoben **59**
werden.[293] Es handelt sich um einen Fall der notwendigen Streitgenossenschaft gem. § 62 ZPO.[294] Die Vorschrift des § 62 ZPO umfasst zwei verschiedene Arten einer Streitgenossenschaft. Bei der zweiten Alternative des § 62 ZPO ist es aus Gründen des materiellen Rechts geboten, dass auf der Klägerseite mehrere Personen als Prozesspartei auftreten. Das ist der Fall, wenn nach dem sachlichen Recht der mit der Klage verfolgte Anspruch nur von mehreren Personen oder gegen mehrere Personen gemeinsam ausgeübt und deshalb auch im Wege der Klage nur gemeinsam geltend gemacht werden kann. Bei dieser notwendigen Streitgenossenschaft scheitert die Klage eines einzelnen oder

---

284 BGH XII ZR 119/96, NZM 1998, 146 (147).
285 AG Coesfeld WuM 1993, 468.
286 IdF v. 12.12.2007 (BGBl. I 2840).
287 *Elzer* ZMR 2008, 772; GE 2008, 964.
288 BGH IVb ZR 4/87, BGHZ 102, 332 (335 f.) = NJW 1988, 2114; *Meyer-Abich* NJW 2017, 1529.
289 BGH IVb ZR 4/87, BGHZ 102, 332 (336).
290 BGH I ZR 257/16, MDR 2018, 1400.
291 AG Dortmund WuM 2005, 254, bestätigt in einem Parallelverfahren durch LG Dortmund NZM 2006, 134.
292 Soweit vom BGH V ZB 182/11, NJW-RR 2012, 1012; BFH BeckRS 2008, 25013940 und BFH BeckRS 2004, 25007137, die Ersatzzustellung an eine Postfachadresse zugelassen wurde, ändert dies an der Verpflichtung zur Angabe einer Anschrift nichts. Dort geht es um die Frage, ob ein Postfach eine ähnliche Vorrichtung iSv § 180 ZPO ist, so dass ggf. eine öffentliche Zustellung unzulässig ist. Die Angabe der Anschrift dient demgegenüber neben der Erreichbarkeit auch der Identifikation der Person.
293 LG Marburg WuM 2001, 439.
294 LG Marburg NZM 2003, 394; BKKSZ Mietprozess/*Kinne* Kap. 4 Rn. 8.

gegen einzelne der notwendigen Streitgenossen daran, dass ihnen die Sachlegitimation (Aktiv- oder Passivlegitimation) zur Durchführung des Prozesses fehlt und dass deshalb die Klage ohne eine weitere Sachprüfung abgewiesen werden muss. Ein Fall dieser Art ist bei Aktivprozessen von **Gesamthandsgemeinschaften** gegeben.[295] Diese Grundsätze gelten auch dann, wenn Eheleute Vermieter sind. Auch in diesem Fall muss die Klage auf Zustimmung zur Mieterhöhung von beiden Ehepartnern erhoben werden.[296] Dies gilt auch dann, wenn der Vermieter nach Abschluss des Mietvertrages einen Miteigentumsanteil an seine Ehefrau übertragen hat.[297] Abweichende Vereinbarungen im Übertragungsvertrag sind im Außenverhältnis unwirksam.[298] Der eine Ehepartner kann den anderen nicht zur Klageerhebung im eigenen Namen ermächtigen, da eine **gewillkürte Prozessstandschaft** mangels Abtretbarkeit des Anspruchs auf Zustimmung zu einer Mieterhöhung unzulässig ist.[299]

### 3. Der richtige Beklagte

60 Die Klage muss nicht nur von allen Vermietern erhoben werden, sie muss auch **gegen alle Mieter gerichtet** sein.[300] Maßgeblich ist zunächst die **Bezeichnung der Partei in der Klageschrift.** Es kommt jedoch vor allem darauf an, welcher Sinn der in der Klageschrift gewählte Parteibezeichnung bei objektiver Würdigung des Erklärungsinhalts beizulegen ist. Bei unrichtiger äußerer Bezeichnung ist grds. diejenige Person Partei, die erkennbar durch die Parteibezeichnung gemeint war.[301] Bei der **Auslegung der Parteibezeichnung** sind nicht nur die im Rubrum der Klageschrift enthaltenen Angaben, sondern auch der gesamte Inhalt der Klageschrift einschließlich etwaiger beigefügter Anlagen und späterer Klarstellungen zu berücksichtigen.[302] Bei dieser Auslegung gilt der Grundsatz, dass die Klageerhebung gegen die in Wahrheit gemeinte Partei nicht an deren fehlerhafter Bezeichnung scheitern darf, wenn diese Mängel in Anbetracht der jeweiligen Umstände letztlich keine vernünftigen Zweifel an dem wirklich Gewollten aufkommen lassen, solange nur aus dem Inhalt der Klageschrift und ihren Anlagen sowie den weiter zu berücksichtigenden Umständen deutlich wird, welche Partei tatsächlich gemeint ist. Von einer solchen fehlerhaften Parteibezeichnung, deren Korrektur keiner Klageänderung, sondern nur einer **Rubrumsberichtigung** bedarf, ist jedoch die irrtümliche Benennung einer falschen, am materiellen Rechtsverhältnis nicht beteiligten Person als Partei zu unterscheiden.[303] Entscheidend ist die Mieterstellung zum **Zeitpunkt der Zustellung der Klage.**[304] Hat inzwischen gem. §§ 563–564 BGB eine Rechtsnachfolge auf Mieterseite stattgefunden, dann ist die Klage gegen diese Rechtsnachfolger zu richten.[305] Die Klage ist bei einer Personenmehrheit gegen alle Mieter zu richten.[306] Dies folgt aus der **gesamthänderischen Bindung der Mieter**[307], die eine einheitliche Entscheidung erfordert. Auch insofern liegt eine notwendige Streitgenossenschaft vor.[308] Die nur gegen einen oder einen Teil von mehreren Mietern desselben Mietverhältnisses erhobene Klage des Vermieters

---

[295] BGH II ZR 44/58, BGHZ 30, 195 (197).
[296] LG Marburg NZM 2003, 394.
[297] LG Marburg NZM 2003, 394.
[298] AG Pinneberg ZMR 2002.
[299] KG NJWE-MietR 1997, 170, GE 1990, 1257; LG Kiel WuM 1999, 293; LG Köln FamRZ 1994, 39; LG Augsburg WuM 1990, 226; LG Berlin GE 1989, 829; AG Regensburg WuM 1990, 226; AG Köln WuM 1989, 579; AG Stuttgart ZMR 1973, 158; *Sternel* MietR Kap. III Rn. 552; BKKSZ Mietprozess/*Kinne* Kap. 4 Rn. 3; Kossmann/Meyer-Abich Wohnraummiete-HdB/*Meyer-Abich* § 155 Rn. 18; **aA** für Modernisierungsankündigung: BGH VIII ZR 105/07, NJW 2008, 1218; → Rn. 57.
[300] BGH VIII ZR 124/03, NJW 2004, 1797; OLG Koblenz NJW 1984, 244; LG Berlin GE 2003, 1210.
[301] BGH VIII ZR 265/08, NZM 2009, 513.
[302] BGH VIII ZR 265/08, NZM 2009, 513.
[303] BGH VIII ZR 265/08, NZM 2009, 513.
[304] *Theesfeld* MietRB 2009, 26; BKKSZ Mietprozess/*Kinne* Kap. 4 Rn. 10.
[305] Ggf. muss zu diesem Zweck ein Nachlasspfleger bestellt werden, §§ 1961, 1960 Abs. 1 BGB: AnwK WohnraumMietR/*Lammel* BGB § 558b Rn. 35.
[306] BGH VIII ZR 124/03, NJW 2004, 1797; BKKSZ Mietprozess/*Kinne* Kap. 4 Rn. 10; Kinne/Schach/Bieber MietR/*Kinne* Teil 2 Rn. 93.
[307] AG Dortmund 9.10.2007 – 425 C 6099/07, nv.
[308] *BGH VIII ZR 124/03, NJW 2004*, 1797; KG NJW-RR 1986, 439 (440); LG Kiel ZMR 1989, 429 (430); Sternel MietR Kap. I Rn. 15; Staudinger/*V. Emmerich* BGB § 558b Rn. 26; Musielak/Voit/*Weth* ZPO § 62 Rn. 12; Stein/Jonas/*Bork* ZPO § 62 Rn. 20; *Götz/Brudermüller,* Die gemeinsame Wohnung, 2008, Rn. 71.

ist grds. unzulässig.[309] Dies gilt auch in den Fällen, in denen die Mietvertragsparteien vereinbart haben, dass die Mieter zur Vornahme und Entgegennahme von Erklärungen als gegenseitig bevollmächtigt gelten.[310] Da das Zustimmungsverlangen nach § 558a Abs. 1 BGB das Angebot zum Abschluss eines Änderungsvertrages darstellt, kann die nach § 558 BGB von den Mietern geschuldete Leistung nur von allen Mietern übereinstimmend erbracht werden. Daraus ergibt sich ebenfalls, dass der Gläubiger die einheitliche (unteilbare) Leistung der Zustimmung nur von allen Schuldnern zusammen fordern kann.[311] Geschuldet wird von den Mietern nach § 558 BGB unter den dort gegebenen Voraussetzungen die Zustimmung zu einer Abänderung des gesamten Mietverhältnisses, was schon daraus folgt, dass das Gesetz schlechthin von „dem Mieter" spricht und mehrere Mieter demnach als Einheit verstanden werden müssen. Da der Anspruch des Vermieters auf Zustimmung zur Vertragsänderung gem. § 558 BGB demzufolge seinem Inhalt nach nur gegenüber allen Mietern gemeinsam ausgeübt und von den Mietern auch nur gemeinschaftlich erfüllt werden kann, sind die Mieter im Streitfall **notwendige Streitgenossen** iSd § 62 Abs. 1 Alt. 2 ZPO.[312] Die Vorschrift des § 62 ZPO umfasst zwei verschiedene Arten einer Streitgenossenschaft. Bei der einen ist es aus Gründen des materiellen Rechts geboten, dass auf der Beklagtenseite mehrere Personen als Prozesspartei auftreten. Das ist der Fall, wenn nach dem sachlichen Recht der mit der Klage verfolgte Anspruch nur von mehreren Personen oder gegen mehrere Personen gemeinsam ausgeübt und deshalb auch im Wege der Klage nur gemeinsam geltend gemacht werden kann. Dieser Fall liegt bei der Zustimmungsklage vor. Aus Gründen des materiellen Rechts ist eine einheitliche Prozessführung gegenüber sämtlichen Mietern des Mietverhältnisses geboten.[313] Wird demnach nur gegen einen oder einen Teil der notwendigen Streitgenossen Klage erhoben, so scheitert die Klage daran, dass dem mit der Klage in Anspruch genommenen Streitgenossenschaften die Passivlegitimation fehlt. Dies hat zur Folge, dass für eine Klage gegen nur einen Mieter kein Raum ist und diese Klage durch Prozessurteil als unzulässig abzuweisen ist.[314] Der Vermieter muss grds. auch den Mieter verklagen, der aus der Wohnung ausgezogen ist,[315] solange er ihn nicht mit Zustimmung des anderen Mieters aus dem Mietvertrag entlassen hat.

Dies gilt selbst dann, wenn ein Mieter **vorprozessual** uneingeschränkt der Mieterhöhung **61**
**zugestimmt hat.**[316] Auch in diesem Fall muss er mit verklagt werden, da es sich um **eine notwendige Streitgenossenschaft** gem. § 62 Abs. 1 Alt. 2 ZPO handelt.[317] Soweit das LG Kiel[318] der Entscheidung des BGH v. 8. 6. 1962[319] entnehmen will, dass eine Rechtsverfolgung gegen den Mitmieter, der die Zustimmung vorprozessual bereits erteilt hat, nicht erforderlich ist, ist dies nicht richtig. Der BGH hat in den Fällen, in denen andere notwendige Streitgenossen erklärt haben, zur Leistung bereit und in der Lage zu sein, ein Teilurteil gegen einen notwendigen Streitgenossen zugelassen. Dies hat mit dem vorliegenden Fall aber nichts zu tun, da es im vorliegenden Fall um die Abgabe einer Willenserklärung geht, die nur einheitlich erfolgen kann und nicht „scheibchenweise" und zum anderen im Fall des BGH auch alle notwendigen Streitgenossen Partei waren und es nur um die Frage der Zulässigkeit eines Teilurteils ging. Die Zustimmungserklärung wird von beiden Mietern in ihrer gesamthänderischen Bindung geschuldet.[320] Die Zustimmung nur eines Mieters ist juristisch gar keine Zustimmung auch keine schwebend unwirksame, die erst durch die Zustimmung des anderen Mieters wirksam wird.[321] Beide Mieter müssen zusammen die Erklärung

---

[309] BGH VIII ZR 124/03, NJW 2004, 1797; V ZR 181/60, BGHZ 36, 187 (191); V ZR 67/83, BGHZ 92, 351 (353); V ZR 105/89, NJW-RR 1991, 333; AG München NZM 2003, 394.

[310] KG NJW-RR 1986, 439; AG München NZM 2003, 394.

[311] KG WuM 1985, 12.

[312] BGH VIII ZR 124/03, NJW 2004, 1797; KG NJW-RR 1986, 439 (440); LG Kiel ZMR 1989, 429 (430); *Sternel* MietR Kap. I Rn. 15; Staudinger/*V. Emmerich* BGB § 558b Rn. 26; Musielak/Voit/*Weth* ZPO § 62 Rn. 12; Stein/Jonas/*Bork* ZPO § 62 Rn. 20.

[313] BGH V ZR 181/60, BGHZ 36, 187 (188).

[314] BGH II ZR 44/58, BGHZ 30, 195 (197); VI ZR 236/61, BGHZ 37, 187 (191).

[315] LG Heidelberg WuM 1993, 342; **aA** AG Tiergarten GE 1989, 1059 (1061).

[316] Kinne/Schach/Bieber MietR/*Kinne* Teil 2 Rn. 93.

[317] LG Berlin GE 2003, 1210; AG Wiesbaden WuM 1992, 135; MüKoZPO/*Schultes* § 62 Rn. 34; Kossmann/Meyer-Abich Wohnraummiete-HdB/*Meyer-Abich* § 157 Rn. 14; BKKSZ Mietprozess/*Kinne* Kap. 4 Rn. 14; **aA** LG Kiel ZMR 1989, 429; Staudinger/*V. Emmerich* BGB § 558b Rn. 26; Musielak/Voit/*Weth* ZPO § 62 Rn. 12 mwN in Fn. 85.

[318] LG Kiel ZMR 1989, 429.

[319] BGH V ZR 171/61, NJW 1962, 1722.

[320] AG Dortmund 9. 10. 2007 – 425 C 6099/07, nv.

[321] AG Wiesbaden WuM 1992, 135; BKKSZ Mietprozess/*Kinne* Kap. 4 Rn. 14.

abgeben und deshalb müssen auch beide verklagt werden.[322] Was sollte denn gelten, wenn ein Mieter vorprozessual der verlangten Mieterhöhung zustimmt und der andere im Klageverfahren zu einer niedrigeren Mieterhöhung verurteilt wird? Hier anzunehmen, dass die Zustimmung zur niedrigeren Mieterhöhung in der Zustimmung zur höheren Miete enthalten wäre wird weder dem Inhalt der Willenserklärung gerecht noch entspricht es der Risikoverteilung zwischen den Mietvertragsparteien. Stimmt der zahlungskräftige Mieter der Mieterhöhung voll zu und lässt der zahlungsunfähige Mieter sich auf Zustimmung verklagen, würde der Vermieter das Kostenrisiko alleine tragen. Richtigerweise müssen beide Mieter verklagt werden. Gegebenenfalls hat dann der Mieter, der vorprozessual zugestimmt hat gegen den anderen Mieter aus den für die beiden im Innenverhältnis geltenden materiellen Vorschriften einen Schadensersatzanspruch.

62 In extremen Ausnahmefällen kann es aber **gegen Treu und Glauben verstoßen,** wenn der allein in der Wohnung noch lebende Mieter sich darauf beruft, dass die Klage auch gegenüber der mitmietenden Ehefrau erhoben werden müsste, die aber schon vor mehr als zwei Jahren aus der Wohnung ausgezogen ist und mit dem Vermieter ohne Zustimmung des in der Wohnung verbliebenen Mieters einen Mietaufhebungsvertrag abgeschlossen hat. Dies kann eine unzulässige Rechtsausübung darstellen[323], wenn keinerlei Interessen des in der Wohnung verbliebenen Mieters darüber hinaus tangiert werden. Dies ist insbes. dann der Fall, wenn Ausgleichsansprüche zwischen den Ehegatten/Mietern wegen der endgültig erfolgten Trennung nicht mehr in Betracht kommen.

### 4. Der Klageantrag

63 **a) Abgabe einer Willenserklärung.** Der Anspruch des Vermieters gem. § 558 Abs. 1 BGB ist auf „Zustimmung zu einer Erhöhung" gerichtet, also auf **Abgabe einer Willenserklärung.** Der Zustimmungsanspruch kann auch als Widerklage in einem vom Mieter betriebenen Verfahren auf Feststellung der Unwirksamkeit des Mieterhöhungsverlangens geltend gemacht werden.[324] Der Klageantrag darf niedriger als der Erhöhungsbetrag aus dem Mieterhöhungsverlangen sein[325] nicht aber höher. Aus der Zustimmung und demgemäß aus dem Tenor des Urteils muss sich also ergeben, welche Miete der Mieter nach Wirksamwerden der Mieterhöhung nach § 558 BGB schuldet. § 558 BGB gibt dem Vermieter unter den näher beschriebenen Voraussetzungen gegenüber dem Mieter einen Anspruch, die Zustimmung zu einer Vertragsänderung bzgl. der Miethöhe zu verlangen. Dabei bezieht sich die geschuldete Zustimmungserklärung des Mieters auf den Betrag der künftig zu zahlenden Miete und nicht allein auf den geforderten Erhöhungsbetrag.[326] Deshalb muss auch der Klageantrag auf Zustimmung zur künftig zu zahlenden neuen Miete gerichtet sein. Es ist deshalb nicht zwingend erforderlich, dass im Klageantrag und demnach auch im Urteilstenor neben der neuen erhöhten Miete auch die Angabe der bisherigen Miete und sogar des Erhöhungsbetrages erfolgt; dies ist aber strittig.[327] Angegeben werden muss bei einem einheitlichen Mietverhältnis zB über Wohnung und Garage oder Mansarde die für das einheitliche Mietverhältnis zu zahlende Gesamtmiete.[328] Mindestens sind deshalb folgende Angaben erforderlich:

1. Angabe zur Identifizierbarkeit des betroffenen Mietverhältnisses
2. Neue Miethöhe
3. Wirkungszeitpunkt, ab wann diese erhöhte Miete zu zahlen ist.

**Beispiel:** Es wird beantragt, den Beklagten zu verurteilen, einer Mieterhöhung der monatlichen Miete für die von ihm innegehaltene Wohnung in der … str. (von bisher … EUR) auf … EUR zzgl. Betriebskosten- und Heizkostenvorauszahlung wie bisher mit Wirkung ab … 20 … zuzustimmen.

---

322 Soweit MüKoZPO/*Schultes* § 62 Rn. 34 meint, dass eine Klage dann nicht erforderlich ist, wenn der notwendige Streitgenosse „soweit dies möglich ist seine Mitwirkung bereits erbracht hat" liegen die Voraussetzungen gerade nicht vor, da die Teilzustimmung gerade nicht möglich ist.

323 BGH VIII ZR 124/03, NJW 2004, 1797.

324 LG Köln ZRM 2008, 718, die Feststellungsklage ist aber unzulässig.

325 AG Schöneberg GE 2009, 981.

326 *KG NZM 1998, 68.*

327 Dafür wohl *Sternel* MietR Kap. III Rn. 727; für Angabe im Erhöhungsverlangen: LG Berlin GE 2003, 669; dagegen LG Berlin GE 2017, 535.

328 LG München WuM 1998, 379.

Ob im Klageantrag oder zumindest in der Klagebegründung die genaue Lage der Wohnung angegeben werden muss ist strittig.[329] Die Auslegungsregeln, die für Willenserklärungen gelten, müssen auch auf eine Zustimmungsklage angewandt werden. Das Urteil wendet sich gerade nicht an einen Dritten, sondern nur an den klagenden Vermieter. Dieser muss erkennen, welche Willenserklärung der Mieter abgegeben hat. Dazu ist natürlich die Willenserklärung des Vermieters, also das Zustimmungsverlangen, das wichtigste Auslegungskriterium. Kann der Mieter nach dem objektiven Empfängerhorizont erkennen, was der Vermieter von ihm will, dann bezieht sich seine Antwort, also die Annahme, auf dieses Angebot. Ist das Zustimmungsverlangen für den Mieter aber unklar, weil er zB zwei Wohnungen vom Vermieter angemietet hat, so muss sich aus der Klageschrift deutlich ergeben, auf welche Wohnung sich dies Verfahren bezieht. Für den Normalfall ist die Angabe der Wohnung nicht zwingend erforderlich, wenn auch sinnvoll.

Sind Mieter **mehrere Personen,** schulden sie die Zustimmung **nicht als Gesamtschuldner.** Die Zustimmungserklärung ist nicht teilbar iSd § 420 BGB.[330] Ist im Klageantrag eine gesamtschuldnerische Verurteilung beantragt worden, kann das Gericht gem. § 308 ZPO trotzdem zur gemeinsamen Abgabe der Zustimmungserklärung verurteilen. Insofern wird dem Vermieter nicht mehr zugesprochen als er beantragt. Es handelt sich noch um eine zulässige Auslegung des Klageantrags. Dem Vermieter sind auch keine – anteiligen – Kosten aufzuerlegen.

Im Einzelfall können aber noch **weitere Angaben** notwendig sein:

Ein Urteil auf Grund des gestellten Klageantrags darf zu keiner Änderung der **Mietstruktur** **64**
führen. Deshalb ist bei der Verwendung von Rechtsbegriffen wie Netto-, Brutto-, Inklusiv-, Teilinklusiv- oder Grundmiete äußerste Vorsicht geboten. Ist nur eine der 17 Betriebskostenpositionen des § 2 BetrKV in der Miete enthalten, ohne dass hierfür abrechenbare Vorauszahlungen erhoben werden, so ist ein Klageantrag, der eine Zustimmung zur Erhöhung der Grund- oder Nettomiete verlangt, falsch, da damit eine Teil-Miete geändert werden soll, die in der Form gar nicht existiert und auch nicht geschuldet wird. Klagt der Vermieter zunächst fälschlicherweise auf die **Zustimmung zu einer Nettomiete** und korrigiert den Antrag auf die Zustimmung zu einer Erhöhung der vertraglich vereinbarten Bruttomiete, so handelt es sich um eine **Klageänderung,** die nur zulässig ist, wenn sie innerhalb der Klagefrist des § 558b Abs. 2 S. 2 BGB erfolgt.[331] Bei einer Teilinklusivmiete kann auf die bisherigen Absprachen hierzu im Klageantrag Bezug genommen werden.

**Beispiel:** Es wird beantragt, den Beklagten zu verurteilen, einer Erhöhung der monatlichen Miete für die von ihm innegehaltene Wohnung auf … EUR zzgl. Betriebskosten- und Heizkostenvorauszahlung wie bisher mit Wirkung ab … 20 … zuzustimmen.

Ebenso unzulässig ist bei einer **Inklusivmiete** ein Antrag, der auf eine Netto- oder Grundmiete abstellt.[332] Es darf in diesem Fall nur die neue Inklusivmiete genannt werden.

**Beispiel:** Es wird beantragt, den Beklagten zu verurteilen, einer Erhöhung der monatlichen Miete für die von ihm innegehaltene Wohnung auf … EUR mit Wirkung ab … 20 … zuzustimmen.

Soweit der Mieter prozessual **teilweise** der Mieterhöhung **zugestimmt** hat, muss sich dies aus **65**
dem Antrag und demnach auch aus dem Hauptsachetenor ergeben.[333] Bei einer Teilzustimmung entfällt nämlich insoweit das Rechtsschutzbedürfnis für eine Klage.[334]

**Beispiel:** Es wird beantragt, den Beklagten zu verurteilen, einer Erhöhung der monatlichen Miete für die von ihm innegehaltene Wohnung über die bereits erteilte Zustimmung hinaus auf … EUR zzgl. Betriebskosten- und Heizkostenvorauszahlung wie bisher mit Wirkung ab … 20 … zuzustimmen.
Oder:
Es wird beantragt, den Beklagten zu verurteilen, einer Erhöhung der monatlichen Miete für die von ihm innegehaltene Wohnung von schon anerkannten … EUR auf … EUR zzgl. Betriebskosten- und Heizkostenvorauszahlung wie bisher mit Wirkung ab … 20 … zuzustimmen.

---

329 Dafür AG Charlottenburg GE 2006, 1619; dagegen LG Berlin GE 2007, 782; AG Schöneberg GE 2007, 1621.

330 AG Dortmund 9.10.2007 – 425 C 6099/07; der BGH VIII ZB 25/10, NJW 2011, 1455 scheint das auch so zu sehen. Er hat in einem Rechtsbeschwerdeverfahren die Formulierung des Amtsgerichts „als Gesamtschuldner" in Anführungszeichen gesetzt, um darauf besonders hinzuweisen.

331 AG Schönenberg BeckRS 2011, 20574 mAnm *Emmert* jurisPR-MietR 23/2011 Anm. 3.

332 OLG Hamburg NJW 1983, 580; LG Hamburg WuM 1985, 314; AG Hamburg NZM 1998, 574.

333 LG Berlin GE 1998, 490; AG Tempelhof-Kreuzberg GE 2008, 1430.

334 AG Gelsenkirchen WuM 2001, 612.

66 Problematisch ist der Fall, in dem der Vermieter nach der Mieterhöhung nach § 558 BGB eine Mieterhöhung nach § 559 BGB vorgenommen hat, die zum gleichen Termin oder sogar schon einen Monat eher einseitig zu einer Erhöhung der Miete geführt hat:

**Beispiel:** Der Vermieter verlangt mit Anfang Oktober zugegangenem Schreiben eine Zustimmung zu einer Mieterhöhung von 400 EUR auf 420 EUR. Dabei hat er die Modernisierung nicht berücksichtigt. Im Laufe des Monats Oktober führt er eine Modernisierungsmaßnahme durch, die ihn berechtigt, die Miete um ebenfalls 20 EUR im Monat zu erhöhen.

Da die Mieterhöhung nach § 559 BGB Bestandteil der Miete wird, würde eine Verurteilung zu einer Mieterhöhung von 420 EUR dazu führen, dass die Mieterhöhung nach § 559 BGB unberücksichtigt bliebe. Auf der anderen Seite hat der Vermieter einen Anspruch auf Zustimmung zu der ortsüblichen Vergleichsmiete zum Zeitpunkt des Zugangs des Mieterhöhungsverlangens, also im Oktober. Wenn die ortsübliche Vergleichsmiete zu diesem Termin für die unrenovierte Wohnung tatsächlich so hoch war, dann kann der Vermieter diese ortsübliche Vergleichsmiete auch durch die Mieterhöhung nach § 559 BGB mindestens um 20% gem. § 5 WiStG überschreiten. Dies ist im Antrag ausreichend zu kennzeichnen:

**Beispiel:** Der Beklagte wird verurteilt, einer Erhöhung der monatlichen Miete für die von ihm innegehaltene Wohnung … Str. in … auf … EUR zzgl. der Mieterhöhung auf Grund des Schreibens vom … um … EUR mit Wirkung ab 1.1 … zuzustimmen.

Die Zustimmung bezieht sich dabei nicht auf die Modernisierungserhöhung, sondern nur auf die Miete vor Wirksamwerden der Erhöhung nach § 559 BGB.

67 **b) Unzulässig sind folgende Klageanträge:. aa) Bezifferter Zahlungsantrag**[335]. Der Vermieter darf nicht direkt auf Zahlung klagen. Soweit im Entwurf zu § 2 Abs. 3 MHG[336] das erst noch vorgesehen war, ist dies aufgrund der Bedenken des Bundesrates[337] nie Gesetz geworden.[338] Bei einem solchen Antrag muss das Gericht ggf. rechtzeitig auf eine sachdienliche Antragstellung hinwirken. Der Zustimmungsantrag muss aber innerhalb der Klagefrist zugestellt werden. Eine spätere Änderung im Laufe des Verfahrens ist nicht möglich.[339]

68 **bb) Klagehäufung.** Ebenso unzulässig ist die **Klagehäufung von Zustimmungsklage und Zahlungsklage**[340] oder auch die Stufenklage. Bei der Zahlungsklage handelt es sich zum Zeitpunkt der Klageeinreichung um eine Klage auf eine nicht fällige Leistung. Ein Zahlungsanspruch besteht bis zur rechtskräftigen Verurteilung zur Zustimmung hinsichtlich des Erhöhungsbetrages nicht. Etwas Anderes kann allenfalls dann gelten, wenn das Zustimmungsurteil rechtskräftig wird und nur der mit der Zahlungsklage unterlegene Vermieter Berufung eingelegt hat.[341] In diesem Fall ist die Forderung während des Verfahrens fällig geworden.[342] Wenn der Mieter die Forderung unverzüglich anerkennt, hat der Vermieter gem. § 93 ZPO die Kosten des Verfahrens zu tragen. Soweit sogar die Zahlung des Erhöhungsbetrages nicht nur für abgelaufene Zeiträume in der Vergangenheit, sondern auch für die Zukunft verlangt wird, handelt es darüber hinaus um eine **Klage auf zukünftige Leistung** gem. § 259 ZPO. Voraussetzung für eine solche Klage ist die „Befürchtung der Nichterfüllung". Allein die Tatsache, dass der Mieter die Zustimmung zur verlangten Mieterhöhung nicht erteilt hat, rechtfertigt diese Befürchtung noch nicht. Umstritten ist, ob der Eintritt der Fälligkeit bei einer Klage auf zukünftige Leistung eine Klageänderung darstellt. Nach der hier vertretenen Auffassung ist das anders als der BGH annimmt jedoch nie der Fall gewesen, da es sich um eine Klage auf Zahlung einer nicht fälligen Forderung handelte. Fraglich ist dann aber, ob das Berufungsgericht gem. § 513 ZPO die eingetretene Fälligkeit überhaupt prüfen darf und wenn ja, ob es dann nicht gem. § 538 ZPO die Sache zurückverweisen muss, weil auf diese Weise dem Mieter eine Instanz genommen wird. Die Voraussetzungen des § 258 ZPO sind eben-

---

335 LG Braunschweig ZMR 1973, 154.

336 BT-Drs. 7/2001, 5.

337 BT-Drs. 7/2011, 16.

338 *Loyal* AcP 214, 746 (782).

339 **AA** wohl LG Braunschweig ZMR 1973, 154.

340 LG Braunschweig ZMR 1973, 154; AG Augsburg WuM 1998, 670; Soergel/*Heintzmann* BGB § 558b Rn. 11; Sternel MietR Kap. III Rn. 730; **aA** BGH VIII ZR 5/04, NZM 2005, 582; LG Duisburg NZM 1998, 764 *mablAnm Eckert/Rau ZMR 1999, 334.*

341 So der Sachverhalt in BGH VIII ZR 5/04, NZM 2005, 582.

342 Wenn der Antrag sich nur auf Zahlung bereits fälliger Forderungen richtet, handelt es sich nicht um Klage auf zukünftige Leistung: *Both* DWW 2010, 82.

falls nicht gegeben. Als **Stufenklage** kommt die Klagehäufung auch nicht in Betracht, da die Zustimmungsklage keine Klage auf Rechnungslegung iSd § 254 ZPO darstellt Zur Kostenentscheidung in diesen Fällen → Rn. 134.

**cc) Unbezifferter Zustimmungsantrag.** Ein **unbezifferter Zustimmungsantrag** ist ebenfalls unzulässig.[343] Solche unbezifferten Zahlungsanträge sind dort anerkannt, wo die Entscheidung des Rechtsstreits von einer gewissen Angemessenheits- oder Billigkeitsprüfung durch das Gericht abhängt. Dies gilt für Schmerzensgeldansprüche, Ansprüche auf Schadenersatz für nutzlos aufgewandte Urlaubszeit,[344] bei immissionsrechtlichen Ansprüchen[345] oder werkvertraglichen oder mietrechtlichen[346] Minderungsansprüchen. Auch wenn die Feststellung der ortsüblichen Vergleichsmiete im Einzelfall durchaus schwierig ist und zahlreiche Wertungsfragen zu entscheiden sind, geht der Gesetzgeber letztendlich davon aus, dass es sich um eine empirisch feststellbare Größe handelt, die frei von allen Billigkeits- und Angemessenheitserwägungen ist. **69**

**dd) Änderung des Quadratmeterpreises.** Unzulässig ist auch ein Klageantrag, der nicht die Zustimmung zu einer Erhöhung der für die Wohnung zu zahlenden Miete, sondern die **Änderung des Quadratmeterpreises** zum Gegenstand hat.[347] Die Quadratmetermiete ist nur eine Rechengröße bei der Ermittlung der insgesamt für die Wohnung zu zahlenden Miete. Die genaue Wohnungsgröße kann ebenso strittig sein wie die Frage, ob die vereinbarte Größe oder die tatsächliche Größe maßgeblich ist. **70**

**ee) Feststellungsklagen.** Unzulässig sind alle Formen von **Feststellungsklagen.** Eine Feststellungsklage, wonach festgestellt werden soll, dass der Mieter die Zustimmung schulde, ist wegen des Vorrangs der Leistungsklage unzulässig. Das Gleiche gilt für eine Feststellungsklage, dass der Mieter eine erhöhte Miete schulde, zB nach einer vermeintlichen Zustimmung durch mehrfache vorbehaltlose Zahlung.[348] Auch hier geht die Zahlungsklage vor. Feststellungs- oder Zwischenfeststellungsklagen dahingehend, die Wirksamkeit eines bestimmten Mieterhöhungsverlangens gerichtlich zu bestätigen, sind nicht möglich, da das Gericht über die Wirksamkeit des Erhöhungsverlangens **inzidenter** entscheiden muss und deshalb eine gesonderte Feststellung der Zulässigkeit der Klage gem. § 280 ZPO überflüssig ist. Auch die zur Begründung einer Mieterhöhung erforderliche Feststellung eines Ausstattungsmerkmals der Wohnung ist eine tatsächliche Vorfrage des zukünftigen Mieterhöhungsverlangens und damit einer gesonderten Feststellungsklage nicht zugänglich.[349] **71**

**ff) Hilfsweiser Antrag.** Unzulässig ist es auch den Zustimmungsanspruch **hilfsweise** für den Fall der Abweisung der Räumungsklage zu stellen.[350] Es handelt sich gerade nicht um eine unschädliche Rechtsbedingung. **71a**

**c) Wirkungszeitpunkt.** Aus dem Klageantrag muss sich der **Wirkungszeitpunkt** ergeben, zu dem auf Grund der Zustimmungserklärung die Miete sich erhöht. Wird der Mieter nämlich zur Zustimmung verurteilt, dann richtet sich der Wirkungszeitpunkt für die Mieterhöhung nach dem Tenor der Entscheidung. Aus dem Tenor muss sich ergeben, ab wann die erhöhte Miete zu zahlen ist.[351] Und dieser wird vor allem **vom Antrag des Vermieters** bestimmt. Eine Verurteilung zu einem früheren Termin als den des § 558b Abs. 2 BGB ist nicht möglich, da insofern kein durchsetzbarer Anspruch des Vermieters besteht. Hat der Vermieter beantragt, den Mieter zur Abgabe der Zustimmungserklärung zu einem späteren als den gesetzlichen Termin zu verurteilen, kann das Gericht den Mieter nicht zu einer Zustimmung zu dem früheren Termin des § 558b Abs. 1 BGB verurteilen. Dem steht § 308 ZPO entgegen. Das Gericht ist nicht befugt, der Partei etwas zuzusprechen, was sie nicht beantragt hat. Hat der Vermieter **im Klageantrag kein Datum** genannt, zu dem der Mieter die Zustimmungserklärung abgeben soll, so ist zunächst der ganze Sachvortrag auszulegen. Ergibt sich aus der Begründung, insbes. aus dem vorgelegten Mieterhöhungsverlangen, dass der Vermieter die Zustimmung zu einem bestimmten Termin verlangt hat und ist offensichtlich, dass das Datum im Klageantrag nur vergessen wurde, dann kann das Gericht im Rahmen einer **72**

---

343 LG Stuttgart NJW 1974, 1252; **aA** *Klien* NJW 1973, 977.
344 LG Hannover NJW 1989, 1936.
345 BGH V ZR 62/91, NJW 1993, 1656.
346 *Börstinghaus* NZM 1998, 656; NZM 2000, 583 (585); *Derleder* PiG 65 (2002), 71 (78) = NZM 2002, 676.
347 AG Dortmund WuM 2006, 157; Herrlein/Knops/Spiegelberg MietR/*Ormanschick* BGB § 558a Rn. 31.
348 AG Schöneberg GE 1988, 893.
349 AG Münster WuM 1980, 236.
350 LG Hamburg ZMR 2005, 367 mkritAnm *Riecke*.
351 *Sternel* MietR Kap. III Rn. 727.

Auslegung des Klageantrags das Datum ergänzen.[352] Ist ein solches Datum aber auch aus dem vorgetragenen Sachvortrag nicht feststellbar, dann darf das Gericht keine Verurteilung zum Termin des § 558b Abs. 1 BGB aussprechen.[353] Dies würde § 308 ZPO widersprechen. Zwar muss der Vermieter im Mieterhöhungsverlangen nicht zwingend ein Datum nennen, zu dem die Mieterhöhung wirken soll,[354] da diese Angaben nicht zu den Wirksamkeitsvoraussetzungen eines Mieterhöhungsverlangens gehören, so dass auch bei einem Erhöhungsverlangen ohne Angabe des Wirkungszeitpunktes ein Zustimmungsanspruch zum gesetzlichen Termin besteht, davon ist aber die prozessuale Frage der Urteilswirkung zu unterscheiden. Selbst wenn der Vermieter also materiell rechtlich einen Anspruch auf Zustimmung zu einem in der Vergangenheit liegenden Termin hat, dann bedeutet die Verurteilung zu diesem Termin eine Mehrforderung, wenn der Vermieter dies nicht ausdrücklich beantragt hat. Der Antrag ist aber auch nicht gem. § 253 ZPO wegen eines nicht vollstreckbaren Inhalts als unzulässig anzusehen. Falsch wäre es auf jeden Fall, die Klage in einem solchen Fall ohne gerichtlichen Hinweis als unzulässig abzuweisen, da das Gericht auf die Stellung sachdienlicher Anträge hinwirken muss. Ein Urteil ohne Wirkungszeitpunkt würde nämlich von der **Rechtskraft der Entscheidung**[355] an die Zustimmung ersetzen, so dass die Zustimmung zu diesem Termin als abgegeben gilt mit der Folge, dass die Mieterhöhung ab Rechtskraft wirken würde.[356]. Zum Teil[357] wurde auch angenommen, die Zustimmung ist zum Termin der Rechtshängigkeit des Zustimmungsanspruchs auszusprechen.

73 **d) Widerklage.** Hat der Vermieter eine Zustimmungsklage erhoben, dann kann der Mieter in diesem Verfahren **Widerklage auf Feststellung von Mängeln oder auf Mängelbeseitigung** erheben.[358] Möglich ist auch eine Widerklage auf Erstattung der Anwaltskosten zur Abwehr eines formell unwirksamen Mieterhöhungsverlangens.[359] Es liegt der gem. § 33 ZPO erforderliche Zusammenhang mit dem Klageantrag vor. Beide Klagen beruhen auf dem gleichen Mietverhältnis. Soweit mit der Widerklage der Zweck verfolgt wird, eine alsbaldige Anpassung der Miete an die ortsübliche Vergleichsmiete zu verhindern, kann dem mit einem Teilurteil oder besser noch einer Abtrennung des Verfahrens gem. § 145 Abs. 2 ZPO begegnet werden. Insofern unterscheiden sich die Voraussetzungen des § 33 ZPO und des § 145 ZPO. Während der besondere Gerichtsstand des § 33 ZPO bereits dann gegeben ist, wenn ein „Zusammenhang" zwischen den mit Klage und Widerklage verfolgten Ansprüchen besteht, wozu genügt, dass die Parteien ihre jeweiligen Ansprüche aus demselben Mietverhältnis ableiten, gestattet § 145 Abs. 2 ZPO eine Trennung der Widerklage bereits dann, wenn die Ansprüche nicht in einem rechtlichen Verhältnis stehen. Das ist bei der Zustimmungsklage oder Mangelbeseitigungsklage der Fall, da über denen einen Anspruch ohne Auswirkungen auf den anderen entschieden werden kann.

### 5. Die Klagebegründung

74 Gemäß § 253 ZPO muss die Zustimmungsklage die Angabe des Gegenstandes und des Grundes des erhobenen Anspruchs enthalten. Hierzu gehört die **Angabe aller Tatsachen,** die vorliegen müssen, damit die Voraussetzungen der §§ 558ff. BGB erfüllt sind. Da §§ 558ff. BGB sowohl formelle wie auch materielle Voraussetzungen aufweist, müssen in der Klageschrift alle Tatsachen mitgeteilt werden, die diese Voraussetzungen erfüllen. Der Vermieter trägt für alle anspruchsbegründenden Tatsachen gem. §§ 558ff. BGB die Darlegungs- und damit auch die Beweislast.[360] Wie substantiiert die einzelnen Tatsachen vorgetragen werden müssen hängt maßgeblich vom Bestreiten und den Behauptungen der beklagten Partei ab.[361] Grundsätzlich genügt die pauschale Behauptung

[352] BGH VIII ZR 204/10, WuM 2011, 423; *Börstinghaus* jurisPR-BGHZivilR 17/2011 Anm. 2; *Krapf* jurisPR-MietR 19/2011 Anm. 4; LG Berlin ZMR 1998, 165 (166).
[353] **AA** wohl BGH VIII ZR 204/10, NZM 2012, 112; *Börstinghaus* jurisPR-BGHZivilR 17/2011 Anm. 2; *Krapf* jurisPR-MietR 19/2011 Anm. 4; nicht eindeutig zu dieser Frage: *Hummel* WuM 1986, 78; *Sternel* MietR Kap. III Rn. 727.
[354] OLG Koblenz NJW 1983, 1861.
[355] Zur Frage, wann die Rechtskraft von Urteilen eintritt → BGB § 569 Rn. 107.
[356] **AA** BGH VIII ZR 204/10, NZM 2012, 112.
[357] AG Charlottenburg GE 1994, 1319.
[358] AG Tiergarten MM 2007, 263; AG Gelsenkirchen WuM 2008, 671 mAnm *Tiefenbacher;* **aA** Soergel/*Heintzmann BGB § 558b* Rn. 11.
[359] LG Frankfurt a. M. NZM 2012, 342 mAnm *Pfeilschifter* jurisPR-MietR 13/2012 Anm. 3.
[360] Kossmann/Meyer-Abich Wohnraummiete-HdB/*Meyer-Abich* § 155 Rn. 23.
[361] *Seutemann* MDR 1997, 615.

des Klägers, eine bestimmte Tatsache sei gegeben. Umso genauer und substantiierter der Beklagte dies bestreitet umso genauer und substantiierter muss der Kläger seinen Sachvortrag darlegen. Zu den einzelnen Tatsachen, die die Klageschrift enthalten muss:

**a) Wohnraummietvertrag.** Dazu gehört zunächst die Behauptung, dass zwischen den Parteien ein **Wohnraummietvertrag** besteht. Dieser Vertrag darf nicht gem. § 549 Abs. 2, 3 BGB vom Anwendungsbereich der §§ 558 ff. BGB ausgeschlossen sein, auch dürfen die Vorschriften des WoBindG nicht einschlägig sein. Aus dem Sachvortrag muss sich dabei ergeben, dass der Kläger der Vermieter und die beklagte Partei der Mieter ist und dass die Räume zum Zwecke des Bewohnens durch die beklagte Partei vermietet wurden. Rechtsnachfolgen auf Vermieter – aber auch auf Mieterseite muss der Kläger erst dann iE darlegen, wenn der Mieter die Aktiv- oder Passivlegitimation bestreitet. Die Höhe der augenblicklichen Miete und die Mietstruktur sind anzugeben. Ferner darf die Anwendung des § 558 BGB auch nicht gem. §§ 557a, 557b BGB ausgeschlossen sein. 75

**b) Schilderung des Mieterhöhungsverfahrens.** Der Kläger muss dann das **vorprozessuale Mieterhöhungsverfahren** schildern. Hierzu gehört das Datum des Zugangs des Mieterhöhungsverlangens und sein Inhalt[362] einschließlich der Angabe der entsprechenden Begründung aus dem Erhöhungsverlangen. Soweit zur Berechnung der Zustimmungs- und Klagefrist weitere Angaben erforderlich sind, müssen diese ebenfalls vorgetragen werden, wie zB die Zustimmungsverweigerung für den Fall, dass die Klage vor Ablauf der Überlegungsfrist erhoben wird. 76

**c) Fristen.** Wegen der **Einhaltung der 15-Monatsfrist und der Jahressperrfrist** muss angegeben werden, dass die Miete im letzten Jahr vor Zugang der Mieterhöhungserklärung unverändert geblieben ist oder nur unschädliche Mieterhöhungen nach den §§ 559, 560 BGB stattgefunden haben. Wenn der Mieter auf eine bestimmte Mieterhöhung hinweist und behauptet, dass diese, zB nach einer Modernisierung nicht nach § 559 BGB, sondern auf Grund einer Mietabänderungsvereinbarung gem. § 557 Abs. 1 BGB erfolgt sei, dann muss der Vermieter als Kläger die Einzelheiten der früheren Mieterhöhung darlegen und ggf. auch beweisen. 77

**d) Kappungsgrenzen.** Wegen der Beschränkung von Mieterhöhungen durch die **Kappungsgrenze,** muss der Vermieter ferner die maßgebliche Miete drei Jahre vor Wirksamwerden des Mieterhöhungsverlangens mitteilen. Haben in den drei Jahren Mieterhöhungen stattgefunden, die nicht auf die Kappungsgrenze angerechnet werden, dann sind diese einschließlich des jeweiligen Grundes mitzuteilen. In den Fällen, in denen die Kappungsgrenze von 20% überschritten wird, muss der Vermieter die Höhe der Fehlbelegungsabgabe und die sonstigen Tatsachen des § 558 Abs. 4 BGB vortragen. Die Frage, ob für die Gemeinde oder den Gemeindeteil eine herabgesetzte Kappungsgrenze von 15% gilt, ist eine Rechtsfrage, die das Gericht ermitteln und beantworten muss. Sachvortrag ist hierzu zwingend nicht erforderlich. 78

**e) Ortsübliche Vergleichsmiete.** Und schließlich muss der Vermieter vortragen, dass die von ihm verlangte Miete die **ortsübliche Vergleichsmiete** nicht übersteigt. Hierzu gehört zunächst die Beschreibung der gemieteten Wohnung nach den fünf Wohnwertmerkmalen des § 558 Abs. 2 BGB.[363] Neben der Größe der Wohnung müssen Angaben zur Ausstattung, zur Beschaffenheit und zur Lage gemacht werden. Der Vermieter, der eine Mieterhöhung verlangt, trägt nach allgemeinen Grundsätzen die Darlegungs- und Beweislast für die in Ansatz zu bringende tatsächliche Wohnfläche.[364] Wenn er jedoch eine bestimmte Wohnfläche vorträgt, stellt das einen substantiierten Sachvortrag dar[365], den wiederum der Mieter substantiiert bestreiten muss. Ein Bestreiten mit Nichtwissen ist nicht möglich.[366] Ein substantiierter Vortrag ist ihm auch zumutbar, da die Fläche in seinem Wahrnehmungsbereich liegt. Er kann die Wohnfläche der gemieteten Wohnung zumindest überschlägig vermessen und seinerseits einen bestimmten abweichenden Flächenwert vortragen. Das gilt auch für Wohnungen, die Dachschrägen und eine Loggia haben. Erforderlich sei zumindest eine laienhafte Vermessung.[367] Existiert für die Gemeinde ein Mietspiegel wird verlangt, dass sich der Kläger in der Klage mit der Einordnung in den Mietspiegel auseinandersetzt. Enthält der **Mietspiegel** in den einzelnen Mietspiegelfeldern Spannen, dann wird zT verlangt, dass der Vermieter genaue Angaben dazu machen muss, auf Grund welcher Tatsachen eine Abweichung 79

---

362 Kossmann/Meyer-Abich Wohnraummiete-HdB/*Meyer-Abich* § 155 Rn. 19.
363 *Sternel* PiG 10 (1982), 126 (140).
364 BGH VIII ZR 255/17, MietPrax-AK § 144 ZPO Nr. 1 mAnm *Börstinghaus.*
365 BGH VIII ZR 181/16, NZM 2017, 435; *Börstinghaus* LMK 2017, 393841; *Selk* WuM 2017, 472.
366 BGH VIII ZR 181/16, NZM 2017, 435; *Börstinghaus* LMK 2017, 393841; *Selk* WuM 2017, 472.
367 BGH VIII ZR 181/16, NZM 2017, 435.

vom Mittelwert[368] der Spanne in Betracht kommt; zT wird vertreten, dass schon jede Abweichung vom Unterwert der Spanne begründet werden muss.[369] Teilweise wird ohne weitere Angaben auch der Oberwert der Spanne akzeptiert.[370] Für die Zulässigkeit der Klage sind diese Angaben aber nicht erforderlich, es handelt sich bei der Spanneneinordnung um eine Frage der Begründetheit der Klage. Zur Zulässigkeit der Klage gehört aber eine Begründung der Überschreitung des Oberwertes eines Mietspiegelfeldes[371], da das Mieterhöhungsverlangen insoweit unwirksam ist, als es den Oberwert des Mietspiegelfeldes überschreitet.[372] Behauptet der Vermieter, die von ihm verlangte Miete überschreite nicht die ortsübliche Vergleichsmiete, so ist dies eine **konkrete Tatsachenbehauptung,** die auch ausreichend substantiiert ist.[373] Der Vermieter kann deshalb nur dann gezwungen sein, seinen Sachvortrag zu substantiieren, wenn die beklagte Partei zuvor Tatsachen dargelegt hat, die gegen diesen Wert sprechen. Zu den besonderen Anforderungen, wenn in der Gemeinde ein qualifizierter Mietspiegel existiert und der Vermieter sich auf die Vermutungswirkung beruft oder diese gem. § 292 ZPO widerlegen will → BGB §§ 558c–558d Rn. 124ff.

### 6. Die Bedeutung des Mieterhöhungsverlangens

80 **a) Ablauf der Überlegungsfrist.** Neben den materiellen Voraussetzungen, Einhaltung der Jahressperrfrist und Nichtüberschreiten der Kappungsgrenze und der ortsüblichen Vergleichsmiete, setzt der Zustimmungsanspruch des Vermieters gegenüber dem Mieter in formeller Hinsicht noch voraus, dass der Vermieter seinen Anspruch in einem **ordnungsgemäßen Erhöhungsverlangen** geltend macht. § 558a Abs. 1 BGB verlangt vom Vermieter die Geltendmachung zumindest in Textform und die Begründung des Anspruchs. Eine formell unwirksame Mieterhöhung löst unabhängig davon, ob materiell-rechtlich der Anspruch besteht oder nicht, regelmäßig keine Rechtsfolgen aus.[374] Nach geänderter Ansicht des BGH[375] stellt das Mieterhöhungsverlangen aber **keine besondere Sachentscheidungsvoraussetzung** einer Zustimmungsklage mehr dar, mit der Folge, dass die Klage als unzulässig abzuweisen wäre.[376] Das Mieterhöhungsverlangen setzt aber erst die Überlegungsfrist in Gang. Eine vor Ablauf der Überlegungsfrist erhobene Zustimmungsklage ist unbegründet.[377] Da eine Klage grds. durch Zustellung der Klageschrift erhoben wird, muss zum Zeitpunkt der Zustellung der Klage die Überlegungsfrist abgelaufen sein.[378] auf den Zeitpunkt der Anhängigkeit der Klage kommt es nicht an. Die Überlegungsfrist wird nur durch ein wirksames Mieterhöhungsverlangen in Gang gesetzt.,[379] Ein unwirksames Erhöhungsverlangen setzt die Überlegungsfrist nicht in Gang, so dass eine Klage als unzulässig abzuweisen ist.[380] Die Überprüfung der Zulässigkeit einer Klage auf Zustimmung zur Mieterhöhung erfordert idR keine Beweiserhebung über die tatsächlichen Angaben in einem Erhöhungsverlangen,[381] es sei denn, die Angaben sind nicht wahr.

81 Ausnahmsweise darf der Vermieter bereits vor Ablauf der Überlegungsfrist die Zustimmungsklage erheben, nämlich dann, wenn der **Mieter die Zustimmung endgültig und bestimmt**

[368] LG Berlin GE 2005, 1251, MM 1995, 67, GE 1994, 1055; 1993, 749; 1991, 1149; 1991, 1151; 1991, 49; LG Wiesbaden WuM 1992, 256; LG Dortmund NZM 2006, 134, ZMR 2002, 918; AG Gelsenkirchen-Buer NZM 1998, 509; AG Tempelhof-Kreuzberg MM 1993, 327; AG Norderstedt WuM 1990, 356; *Sternel* MietR Kap. IV Rn. 211; Kossmann/Meyer-Abich Wohnraummiete-HdB/*Meyer-Abich* § 148 Rn. 1.

[369] AG Köln WuM 1996, 421.

[370] LG Berlin GE 1990, 495; 1989, 1231; 1989, 473; LG Lübeck WuM 1989, 306.

[371] LG Berlin WuM 1989, 397.

[372] BGH VIII ZR 52/03, NJW 2004, 1379.

[373] BVerfG NJW-RR 1993, 1485.

[374] BGH VIII ZR 199/04, NZM 2005, 735; *Artz* ZMR 2006, 165.

[375] BGH VIII ZR 355/18, NZM 2020, 534 = NJW 2020, 1947 mAnm *Börstinghaus* NZM 2020, 541; *Börstinghaus* LMK 2020, 430371; *Happ* DWW 2020, 219.

[376] BGH VIII ARZ 1/82, BGHZ 84, 392 (399); VIII ZR 234/03, NZM 2004, 581; VIII ZR 212/05, NJW-RR 2006, 1305; VIII ZR 331/06, NJW 2008, 848; VIII ZR 413/12, NZM 2014, 236 = NJW 2014, 1173; VIII ZR 136/17, NJW 2018, 2792; VIII ZR 190/17, WuM 2018, 509.

[377] BGH VIII ZR 355/18, NZM 2020, 534 = NJW 2020, 1947.

[378] AG Wedding MM 10/1989, 31; AG Münster WuM 1980, 81; Sternel MietR Kap. III Rn. 730.

[379] *AG Dortmund NZM 1999, 415.*

[380] BGH VIII ZR 413/12, NZM 2014, 236; VIII ZR 212/05, NZM 2006, 652; VIII ZR 234/03, NZM 2004, 581; 2006, 101; AG Dortmund NZM 1999, 415.

[381] BayObLG WuM 1985, 53.

**verweigert** hat.[382] Ob eine endgültige Verweigerung vorliegt, ist durch Auslegung zu ermitteln; so kann auch in der Teilzustimmung eine Verweigerung der Zustimmung hinsichtlich des weiter gehenden Teils gesehen werden.[383] In diesem Fall würde das Verlangen, die Überlegungsfrist müsse erst ablaufen, bevor Klage erhoben werden könne, eine überflüssige Förmelei darstellen, die das Verfahren nur unnötig verzögert. Zwar könnte der Mieter es sich noch innerhalb der Überlegungsfrist anders überlegen und doch noch seine Zustimmung erteilen, was zulässig ist, da das Angebot des Vermieters auch nach der Ablehnung durch den Mieter weiter annahmefähig bleibt, jedoch ändert dies nichts daran, dass der Mieter dem Vermieter durch die Ablehnung die Möglichkeit gegeben hat, nunmehr seinen Anspruch gerichtlich zu verfolgen.

Die vor Ablauf der Überlegungsfrist des § 558b Abs. 2 S. 2 BGB erhobene Zustimmungsklage 82 wird aber zulässig, wenn die **Frist zur Zeit des letzten Verhandlungstermins abgelaufen** ist.[384] Bedeutung hat dies vor allem für Mieterhöhungsverlangen, die während eines Zustimmungsrechtsstreits gem. § 558b Abs. 3 BGB nachgeholt werden. Auch hier läuft grds. eine neue Überlegungsfrist,[385] so dass eine Klage auf Grund eines solchen nachgeschobenen Verlangens grds. unzulässig wäre. Hat der Mieter aber durch die Stellung seiner Anträge und ggf. auch seinen sonstigen Parteivortrag zu erkennen gegeben, dass er auch den neuen Anspruch des Vermieters insgesamt ablehnt, dann ist die Klage auf Grund des nachgeholten Zustimmungsverlangens vor Ablauf der Überlegungsfrist zulässig.[386] Erkennt der Mieter den Anspruch vor Ablauf der Überlegungsfrist an, so hat der Vermieter die Kosten des Rechtsstreits zu tragen. Ist die Überlegungsfrist auch zum Zeitpunkt der letzten mündlichen Verhandlung nicht abgelaufen, ist die Klage als unzulässig abzuweisen.[387]

**b) Ablauf der Klagefrist.** Die Klagefrist schließt sich unmittelbar an das Ende der Über- 83 legungsfrist an. Dies gilt auch, wenn der Mieter zuvor endgültig die Zustimmung verweigert hat.[388] Die Klagefrist beträgt **drei volle Monate.** Die Klagefrist ist zumindest teilweise das Gegenstück zur Überlegungsfrist. Innerhalb der Überlegungsfrist kann der Mieter sich entscheiden, ob er dem Anspruch des Vermieters zustimmt oder nicht. Hat der Mieter nicht oder nicht vollständig dem Verlangen zugestimmt, kann nun der Vermieter überlegen, ob er seinen ursprünglichen Anspruch ganz oder teilweise weiterverfolgt oder nicht. Der Vermieter muss sich aber innerhalb der Klagefrist nicht nur entscheiden, ob er den Anspruch weiterverfolgt, er muss innerhalb dieser Frist auch die **notwendige Unterbrechungshandlung** herbeiführen, also die Klage tatsächlich erhoben haben. Insofern ist die Klagefrist mit der Überlegungsfrist nicht ganz vergleichbar, obwohl auch dort der Mieter innerhalb der Frist die Zustimmung erteilt haben muss. Der Ablauf der Klagefrist hat zur Folge, dass das betreffende Erhöhungsverlangen des Vermieters als nicht gestellt gilt, bzw als unwirksam angesehen wird.[389]

Die **Klagefrist** wird **durch eine formell ordnungsgemäße Klageerhebung unterbrochen.** 84 Dazu muss eine unterschriebene Klageschrift bei Gericht eingereicht werden. Das ergibt sich aus dem Schriftformerfordernis des § 253 Abs. 5 ZPO. Die Unterschrift kann zwar nachgeholt werden, jedoch tritt die Heilung damit erst vom Zeitpunkt der Nachholung ein.[390] Die Anschrift des Klägers muss grds. bei Klageerhebung angegeben werden.[391] Wird die Anschrift im Laufe des Verfahrens bei einem anwaltlich vertretenen Kläger unrichtig, ist das unerheblich.[392] Wird die Klage ohne Anschrift des Klägers aber mit Angabe der Anschrift eines Vertreters eingereicht, so muss die Anschrift spätes-

---

382 KG WuM 1981, 54; LG Mannheim NZM 1999, 957; AG Osnabrück WuM 1998, 290; AG Pankow-Weißensee GE 1995, 1555.

383 AG Osnabrück WuM 1990, 290.

384 KG WuM 1981, 54; BayObLG NJW 1982, 1292; OLG Celle NJWE-MietR 1996, 73; BayObLG WuM 1982, 154; LG Karlsruhe ZMR 1980, 150; LG Ravensburg MDR 1979, 231; AG Pankow-Weißensee GE 1995, 1555; **aA** AG Wedding MM 10/1989, 31.

385 LG Hamburg WuM 1985, 321; AG Rüsselsheim WuM 1989, 186.

386 OLG Celle NJWE-MietR 1996, 73.

387 AG Wermelskirchen WuM 1992, 442.

388 AG Tempelhof-Kreuzberg GE 2009, 1051.

389 BGH VIII ZR 355/18, NZM 2020, 534 = NJW 2020, 1947 unter Hinweis auf BT-Drs. VI/2421, 4; BT-Drs. 9/2079, 16.

390 Für Anwaltsunterschrift gem. § 253 Abs. 5 ZPO: BGH IV ZR 458/02, NJW-RR 2004, 755; VIII ZB 40/05, NJW-RR 2006, 342; III ZR 142/89, BGHZ 111, 339 (343f.); IX ZR 33/83, BGHZ 90, 249 (253); VII ZB 13/79, VersR 1980, 331 = BeckRS 1979, 30381384; Zöller/*Greger* ZPO § 253 Rn. 22; MüKoZPO/*Lüke* § 253 Rn. 165; Stein/Jonas/*Leipold* ZPO § 129 Rn. 29.

391 *Meyer-Abich* NJW 2017, 1529.

392 BGH VIII ZR 107/02, NJW-RR 2004, 1503.

tens bis zum Schluss der mündlichen Verhandlung angegeben werden (→ Rn. 58)[393] Die Klageerhebung setzt weiter gem. § 253 Abs. 1 ZPO die Zustellung der Klageschrift voraus.[394] Die Zustellung eines Mahnbescheids genügt nicht, da kein Zahlungsanspruch besteht, sondern ein Zustimmungsanspruch.[395] Es müssen alle Vermieter gegen alle Mieter klagen. Bei einer notwendigen Streitgenossenschaft auf Mieterseite ist der **Zeitpunkt der letzten Zustellung** maßgeblich. Ist die Klagefrist auch nur hinsichtlich eines von mehreren Mietern abgelaufen, so ist die Klage insgesamt unzulässig, weil eine besondere Sachentscheidungsvoraussetzung nicht gegeben ist.[396] Die Klagefrist ist auch versäumt, wenn das wirksame Mieterhöhungsverlangen noch dem Mieter zugestellt wurde, dieser danach verstorben ist, und die Zustimmungsklage dem nach §§ 563–564 BGB in das Mietverhältnis eingetretenen Angehörigen erst nach Ablauf der Klagefrist, gerechnet ab Zugang des Mieterhöhungsverlangens bei dem verstorbenen Mieter, zugestellt worden ist.[397] Auf die Schlüssigkeit der Zustimmungsklage kommt es grds. nicht an. Auch eine unschlüssige Zustimmungsklage, die den Anspruch ausreichend konkretisiert, ist wirksam erhoben und wahrt die Klagefrist.[398] Die Klagefrist wird aber nur bei einer Klage durch den richtigen Vermieter unterbrochen. Bedeutung hat dies bei einer Änderung der Parteibezeichnung auf Klägerseite. Hier kommt entweder eine Parteiberichtigung oder eine Klageänderung in Form des Parteiwechsels in Betracht. Eine sog. Parteiberichtigung, dh die Berichtigung der Parteibezeichnung im Klagerubrum, liegt nur dann vor, wenn die alte Partei mit der neuen Partei identisch ist.[399] In diesem Fall hat die ursprüngliche Klage die Klagefrist wirksam unterbrochen. Liegt keine Identität vor, dann handelt es sich um einen als Klageänderung anzusehenden Parteiwechsel. Für die Frage der Wahrung der Klagefrist kann in diesem Fall nicht auf den Zeitpunkt der Klageerhebung durch den früheren Kläger abgestellt werden. Ist bei einer Klage auf Zustimmung zur Mieterhöhung zum Zeitpunkt des Parteiwechsels die Klagefrist des § 558b Abs. 2 S. 2 BGB bereits abgelaufen, ist die Klage folglich unzulässig. Das Gleiche gilt auch für Änderungen der Parteibezeichnung auf Beklagtenseite. Klagt der Vermieter zunächst fälschlicherweise auf die **Zustimmung zu einer Nettomiete** und korrigiert den Antrag auf die Zustimmung zu einer Erhöhung der vertraglich vereinbarten Bruttomiete, so handelt es sich um eine **Klageänderung,** die nur zulässig ist, wenn sie innerhalb der Klagefrist des § 558b Abs. 2 S. 2 BGB erfolgt.[400] Die Klagefrist ist ebenfalls nicht gewahrt, wenn mit der rechtzeitig erhobenen Klage der Vermieter sich zunächst auf ein anderes Erhöhungsverlangen stützt und den Irrtum erst nach Fristablauf durch Klageänderung korrigiert.[401]

**85** Ausnahmsweise kann die **Klagefrist** aber bereits **durch Klageeinreichung unterbrochen** werden. Auch auf die Klagefrist des § 558b Abs. 2 S. 2 BGB ist die Vorschrift des § 167 ZPO anwendbar.[402] Danach tritt die Wirkung der Klagezustellung bereits mit Klageeinreichung bei Gericht ein, wenn die Zustellung *demnächst* erfolgt. Ob eine Zustellung „demnächst" iSd § 167 ZPO erfolgt ist, beurteilt sich nach dem Sinn und Zweck dieser Regelung.[403] Danach soll die Partei bei der Zustellung von Amts wegen vor Nachteilen durch Zustellungsverzögerungen innerhalb des gerichtlichen Geschäftsbetriebs bewahrt werden. Denn derartige Verzögerungen liegen außerhalb ihres Einflussbereichs. Dagegen sind der Partei die Verzögerungen zuzurechnen, die sie oder ihr Prozessbevollmächtigter (§ 85 Abs. 2 ZPO) bei gewissenhafter Prozessführung hätte vermeiden können. Eine Zustellung „demnächst" nach der Einreichung des zuzustellenden Antrags bedeutet daher eine Zustellung innerhalb einer nach den Umständen angemessenen, hinnehmbaren[404], selbst längeren Frist[405], wenn die Partei oder ihr Prozessbevollmächtigter unter Berücksichtigung

---

[393] AG Dortmund WuM 2005, 254 bestätigt durch LG Dortmund WuM 2005, 723.

[394] Falsch deshalb AG Gelsenkirchen WuM 2021, 370, das auf Anhängigkeit abstellt; krit. dazu auch *Tiefenbacher* WuM 2021, 371.

[395] *Scholz* WuM 1986, 5.

[396] *Sternel* MietR Kap. III Rn. 728; nach LG Hamburg WuM 1976, 186 fehlt der Klage gegen die anderen Mieter das Rechtsschutzbedürfnis.

[397] LG München WuM 1996, 44.

[398] LG Braunschweig MDR 1984, 1026.

[399] KG NJWE-MietR 1997, 170.

[400] AG Schönenberg BeckRS 2011, 20574 mAnm *Emmert* jurisPR-MietR 23/2011 Anm. 3.

[401] LG Berlin GE 2001, 1469.

[402] LG Hamburg ZMR 2009, 452 mAnm *Riecke;* LG Hannover WuM 1978, 33; AG Dortmund NJW-RR 1995, 971, WuM 1977, 234; AG Schöneberg GE 1999, 649; MM 1992, 210; Staudinger/*V. Emmerich* BGB *§ 558b Rn. 18.*

[403] BGH III ZB 22/06, NJW 2007, 439.

[404] BGH V ZR 34/18, NZM 2019, 628.

[405] BGH IV ZR 23/05, NJW 2006, 3206.

der Gesamtsituation alles Zumutbare für die alsbaldige Zustellung getan hat. Die Zustellung ist dagegen nicht mehr „demnächst" erfolgt, wenn die Partei, der die Fristwahrung obliegt, oder ihr Prozessbevollmächtigter durch nachlässiges – auch leicht fahrlässiges – Verhalten zu einer nicht bloß geringfügigen Zustellungsverzögerung[406] beigetragen hat. Voraussetzung ist also, dass der Vermieter von sich aus alles unternommen hat, damit die Klage ordnungsgemäß zugestellt werden kann. Es muss also innerhalb der Klagefrist eine zulässige Klage beim **zuständigen Gericht**[407] eingegangen sein. Ob die Klage versehentlich an das falsche Gericht adressiert oder in dessen Briefkasten geworfen wurde oder ob dies absichtlich[408] erfolgte, ist dabei unerheblich.[409] Sobald dem Vermieter zumindest ein Fahrlässigkeitsvorwurf bzgl. der Zeitverzögerung gemacht werden kann, scheidet eine Anwendung des § 167 ZPO aus. Allenfalls wenn interne dem Vermieter nicht bekannte Zuständigkeitsbestimmungen betroffen sind, kommt eine Anwendung des § 167 ZPO in Betracht. Nur wenn das unzuständige Gericht die Klage zustellt, taucht die Frage auf, ob die Erhebung der Klage vor dem unzuständigen Gericht fristwahrend ist. Das wird von der Rspr. für andere Rechtsgebiete idR bejaht.[410] Die Klage kann auch **per Telefax**[411] oder Computerfax[412] erhoben werden. Ein solches Computerfax wird von der Zivilprozessordnung als schriftliches Dokument in der Form einer Telekopie eingeordnet. Es handelt sich deshalb nicht um ein elektronisches Dokument gem. § 130a ZPO. Letzteres wahrt nur dann die gesetzlich vorgeschriebene Schriftform, wenn es für die Bearbeitung durch das Gericht geeignet (§ 130a Abs. 1 S. 1 ZPO) und mit einer qualifizierten elektronischen Signatur nach dem Signaturgesetz versehen ist.[413] Dem Vermieter ist es gestattet, die Klage auch erst am letzten Tag der Klagefrist bei Gericht einzureichen.[414] Bei Klageerhebung durch Telefax genügt es, wenn die vollständige Klage vor Mitternacht des letzten Tages der Frist im Telefaxgerät des Gerichts vollständig gespeichert wurde.[415] Der Ausdruck selbst kann auch später erfolgen.[416] Die Unterschrift auf dem Telefax muss sichtbar sein.[417] Der mit einem „OK"-Vermerk versehene Sendebericht begründet nicht den Beweis des ersten Anscheins für den tatsächlichen Zugang der Sendung beim Empfänger. Er belegt nur das Zustandekommen der Verbindung, nicht aber die erfolgreiche Übermittlung der Signale an das Empfangsgerät.[418] Eine eingescannte Unterschrift des Prozessbevollmächtigten unter der Klage genügt aber dann nicht den Formerfordernissen des § 130 Nr. 6 ZPO, wenn der Schriftsatz mit Hilfe eines normalen Faxgerätes und nicht unmittelbar aus dem Computer versandt wurde.[419] In den Fällen der Fristausnutzung bis zum letzten Augenblick trägt der Vermieter aber das volle Risiko, dass eine **baldige Zustellung** erfolgen kann. Für die Frage, ob eine Zustellung „demnächst" erfolgt ist, wird die

---

406 BGH VII ZR 230/01, MDR 2002, 1085.

407 LG Essen ZMR 2014, 892, zumindest für Irrläufer, der gar nicht erst vom unzuständigen Gericht zugestellt wurde; AG Schöneberg MM 6/2012, 30; Kinne/Schach/Bieber MietR/*Kinne* Teil II Rn. 100; nach LG Düsseldorf BeckRS 1996, 04377 soll auch die Klage vor dem unzuständigen Gericht ausreichen; LG Hamburg ZMR 2009, 452 mAnm *Börstinghaus* jurisPR-MietR 13/2010 Anm. 4.

408 Ist dem Kläger bewusst, dass das angerufene Gericht nicht zuständig ist und bittet er um Weiterleitung an das zuständige Gericht, liegt gar keine wirksame Klageerhebung vor: OVG Münster NJW 2009, 2615.

409 So aber wohl die Unterscheidung von *Riecke* ZMR 2009, 453.

410 Bejahend BGH V ZR 43/12, MDR 2014, 47, für Ausschlussfrist nach Art. 237 § 2 Abs. 2 S. 1 EGBGB; BGH V ZR 99/10, NJW 2011, 3237 (3238), Klagefrist für wohnungseigentumsrechtliche Beschlussanfechtungsklage gem. § 46 WEG aF; BGH V ZB 14/98, BGHZ 139, 305 (307), für Vorgängervorschrift in § 23 Abs. 4 WEG aF; BGH III ZR 232/84, NJW 1986, 2255, für Klagefrist gem. § 30 PrEntEigG; BGH III ZR 232/84, BGHZ 97, 155 (161), Enteignungsrecht; BGH VIII ZR 178/81, NJW 1983, 1050, Mahnbescheidsantrag; BGH III ZR 120/60, NJW 1961, 2259; LG Stuttgart BeckRS 2011, 13050, für Frist gem. § 13 StrEG; Musielak/Voit/*Foerste* ZPO § 281 Rn. 13; abgelehnt OLG Frankfurt a. M. NZG 2009, 1225, für § 4 SpruchG.

411 BGH VI ZB 7/15, NJW-RR 2016, 816; AG Dortmund NJW-RR 1995, 971; dabei müssen die Signale der letzten Seite vor 0:00 Uhr eingegangen sein: AG Schöneberg GE 1999, 649; **aA** AG Sömmerda WuM 2000, 612.

412 GemS-OGB NJW 2000, 2340; BGH XI ZR 13/13, FamRZ 2015, 253.

413 BGH VII ZB 112/08, BGHZ 184, 75; BGH XI ZR 13/13, FamRZ 2015, 253.

414 LG Mannheim ZMR 1977, 285.

415 Nutzt ein Rechtsanwalt zur Übermittlung eines fristgebundenen Schriftsatzes ein Telefaxgerät, hat er eine ausreichende Zeitreserve einzuplanen, um einen vollständigen Zugang des zu übermittelnden Schriftsatzes bis zum Fristablauf zu gewährleisten: BGH XII ZB 335/17, NJW-RR 2018, 312.

416 BGH IV ZB 20/05, NJW 2006, 2263.

417 BGH III ZB 88/18, MDR 2019, 565 mAnm *Vollkommer* MDR 2019, 566.

418 BGH VI ZB 7/15, NJW-RR 2016, 816.

419 BGH XI ZB 40/05, NJW 2006, 3784.

Zeitdauer der Verzögerung vom Tage des Ablaufs der Klagefrist und nicht von dem Zeitpunkt der Einreichung der Klageschrift gerechnet.[420] Bei der Berechnung der Zeitdauer der Verzögerung ist dann auf die Zeitspanne abzustellen, um die sich der ohnehin erforderliche Zeitraum für die Zustellung der Klage als Folge der Nachlässigkeit des Klägers verzögert.[421] Der Vermieter muss nicht mit der Klage direkt den **Gerichtskostenvorschuss** einzahlen.[422] Der Vermieter muss nicht mehr tun, als das Gesetz verlangt. Das Gerichtskostengesetz verlangt aber in § 12 Abs. 1 GKG gerade nicht eine Zahlung ohne Aufforderung. Der Vermieter hat lediglich die Möglichkeit, nicht aber die Verpflichtung, schon vor Anforderung durch das Gericht die Kosten zu bezahlen. Der Vermieter ist berechtigt, die gerichtliche Aufforderung zur Einzahlung abzuwarten. Nach Erhalt der schriftlichen[423] gerichtlichen Aufforderung muss er den Vorschuss aber binnen Wochenfrist einzahlen.[424] Zahlt der Vermieter den Vorschuss ein, besteht grds. keine Nachfrageobliegenheit.[425] Fordert das Gericht keinen Gerichtskostenvorschuss an und bleibt der Kläger untätig, beginnt der ihm im Rahmen der Prüfung der Voraussetzungen des § 167 ZPO („demnächst") zuzurechnende Zeitraum einer Zustellungsverzögerung frühestens drei Wochen nach Einreichung der Klage bzw. drei Wochen nach Ablauf der durch die Klage zu wahrenden Frist.[426] Bei der Berechnung der Frist kommt es auf die **Absendung des Geldes** und nicht auf die Gutschrift bei Gericht an.[427] Die Frist beginnt aber erst mit Erteilung einer richtigen Gerichtskostenrechnung, so dass durch eine weit überhöhte Gerichtskostenrechnung, bei der der Kostenbeamte statt des Jahresdifferenzbetrags die Jahresmiete als Streitwert zu Grunde gelegt hat, die Frist noch nicht läuft.[428] **Wie lang die Frist genau ist,** hängt von den Umständen des Einzelfalls ab. Es gibt keine absolute Obergrenze, nach deren Überschreitung eine Zustellung nicht mehr als demnächst anzusehen ist.[429] Die Verzögerung muss sich in einem hinnehmbaren Rahmen halten..[430] In der Regel wird eine Verzögerung von nicht mehr als 14 Tagen noch als geringfügig angesehen.[431] Eine absolute zeitliche Grenze, nach der eine Zustellung unabhängig von einer Verantwortlichkeit der Partei nicht mehr als demnächst anzusehen wäre, gibt es aber nicht.[432] Bei der Berechnung der Zeitdauer der Verzögerung ist auf die Zeitspanne abzustellen, um die sich der ohnehin erforderliche Zeitraum für die Zustellung der Klage als Folge der Nachlässigkeit des Klägers verzögert.[433] Zeitverzögerungen, die auf Fehlern des Gerichts beruhen[434], werden nicht auf den Zeitraum angerechnet, der im Zusammenhang mit der Frage maßgeblich ist, ob die Zustellung einer Klage trotz einer von dem Kläger zu vertretenden Verzögerung noch demnächst iSd § 167 ZPO erfolgt ist.[435] Entscheidend ist, ob den Vermieter oder seinen Prozessbevollmächtigten im konkreten Fall ein Mitverschulden[436] an der eingetretenen

---

[420] BGH VII ZR 191/94, NJW 1995, 2230; I ZR 100/91, NJW 1993, 2320; II ZR 236/84, NJW 1986, 1347; OLG Hamm NJW-RR 1992, 480, MedR 1983, 189.

[421] BGH V ZR 34/18, NZM 2019, 628; V ZR 2/14, NJW 2015, 2666; III ZR 66/14, NJW 2015, 3101.

[422] OLG Hamm DAR 2001, 403; LG Düsseldorf ZMR 2015, 778, Anfechtungsklage; LG Berlin GE 2002, 733.

[423] OLG Hamburg NVersZ 2002, 133.

[424] BGH V ZR 103/16, NZM 2018, 178.

[425] AG München ZMR 2016, 157 mAnm *Dötsch* MietRB 2016, 20.

[426] BGH V ZR 203/14, NZM 2016, 53 = NJW 2016, 568.

[427] LG Berlin MM 2001, 496.

[428] AG Dortmund NJW-RR 1995, 971.

[429] BGH IV ZR 23/05, NJW 2006, 3206; IV ZR 448/02, FamRZ 2004, 21; VII ZR 116/99, NJW 2000, 2282.

[430] BGH V ZR 2/14, NZM 2015, 664.

[431] BGH V ZR 34/18, NZM 2019, 628; V ZR 2/14, NZM 2015, 664; VII ZR 185/07, NJW 2011, 1227; VIII ZR 360/03, NJW 2004, 3775; IX ZR 135/04, GE 2005, 1420, Hinweisbeschluss; BGH VII ZR 230/01, MDR 2002, 1085; AG Tempelhof-Kreuzberg MM 2008, 335; LG Berlin GE 2013, 1656, Zahlung GK-Vorschuss 16 Tage nach Zugang der GK-Rechnung noch rechtzeitig.

[432] BGH VI ZR 190/92, NJW 1993, 2614; OLG Hamm MDR 2002, 1211.

[433] BGH V ZR 34/18, NZM 2019, 628; V ZR 2/14, NZM 2015, 664; VII ZR 185/07, NJW 2011, 1227; VII ZR 116/99, NJW 2000, 2282.

[434] Wird zB der Kostenvorschuss verfahrenswidrig (zB in Berlin nach § 31 Abs. 1, § 32 Abs. 2 KostVfg-Berlin aF) nicht von der klagenden Partei, sondern vom Anwalt angefordert, ist eine Verzögerung von regelmäßig weiteren drei Tagen nicht der klagenden Partei zuzurechnen: BGH V ZR 2/14, NZM 2015, 664. In NRW und Hessen soll die Kostenanforderung grds. gem. § 26 Abs. 6 KostVfg dem Bevollmächtigten zugesandt werden *(BGH V ZR 103/16, NZM 2018, 173)*.

[435] BGH IX ZR 262/18, NZM 2019, 950, 952; IV ZR 23/05, NJW 2006, 3206; VII ZR 116/99, NJW 2000, 2282; OLG Hamm MDR 2002, 1211; LG Berlin GE 2005, 993.

[436] BGH VIII ZR 327/93, NJW-RR 1995, 254; AG Tiergarten GE 1997, 747.

Verzögerung trifft. So muss sich der Prozessbevollmächtigte geraume Zeit[437] nach Klageeinreichung nach dem Sachstand erkundigen, wenn er vom Gericht weder eine Gerichtskostenrechnung erhalten hat noch sonst einen Bearbeitungshinweis.[438] Diese Grundsätze gelten auch bei Verzögerungen durch ein Prozesskostenhilfeverfahren. Deshalb wahrt die Einreichung der Klageschrift auch in diesem Fall rückwirkend die Frist, wenn die Klage nur unverzüglich nach der vom Kläger nicht verzögerten (positiven oder negativen) Entscheidung über den Prozesskostenhilfeantrag zugestellt wird.[439] Gegen einen PKH verweigernden Beschluss muss er binnen der Notfrist von einem Monat gem. § 127 Abs. 2 S. 3, § 569 Abs. 1 ZPO sofortige Beschwerde einlegen. Der Vermieter hat eine Verzögerung der Zustellung zu vertreten, wenn er **unzureichende oder unrichtige Angaben über Namen und Anschrift** des Zustellungsempfängers macht.[440] Wird dem Vermieter die Anschrift des ins Ausland verzogenen Mieters mitgeteilt, kann die Zustimmungsklage nicht wirksam an die Anschrift der gemieteten Wohnung erfolgen.[441] Das Gericht muss die klagende Partei rechtzeitig auf den Zustellungstermin der Klageschrift hinweisen, anderenfalls kann eine unrichtige Sachbehandlung vorliegen, die zu einer Niederschlagung der Gerichtskosten nach § 21 Abs. 1 GKG führt.[442]

Die **Klagefrist unterliegt nicht der Disposition der Parteien.** Also selbst wenn der Vermie- **86**
ter ggf. dem Mieter eine längere Überlegungsfrist eingeräumt hat[443], ist die Klagefrist nach dem gesetzlichen Ablauf der Überlegungsfrist zu bestimmen.[444] Das Gesetz knüpft in § 558b BGB sowohl für den Beginn der dem Mieter eingeräumten Überlegungsfrist wie auch für die Berechnung der Frist zur Erhebung einer Klage auf Erteilung einer Zustimmung zur Mieterhöhung ausschließlich an den Zugang des Erhöhungsverlangens an. Soweit der BGH[445] aus der Tatsache, dass der Vermieter die Mieterhöhung auch zu einem späteren, als dem gesetzlich vorgesehenen Wirkungszeitpunkt, verlangen kann, folgert, dass in diesen Fällen das Sonderkündigungsrecht des § 561 BGB über den Wortlaut der Vorschrift hinaus bis einen Tag vor dem Wirksamwerden der Mieterhöhung ausüben kann (zur Kritik an der Entscheidung → BGB § 561 Rn. 38), ändert dies nichts am Ablauf der Klagefrist.[446] Das Mieterhöhungsverfahren ist ein streng formalisiertes Verfahren. Mit der Regelung der §§ 558 ff. BGB stellt das Gesetz ein in seinen Voraussetzungen und seinem Ablauf normiertes Verfahren zur Durchsetzung des Anspruchs des Vermieters auf Mieterhöhung zur Verfügung, das gerade gewährleisten soll, dass innerhalb verhältnismäßig kurzer Zeit zwischen den Vertragsparteien Klarheit über die Miethöhe erzielt werden kann. Dieses Ziel kann die Regelung ungefährdet nur erreichen, wenn man von der Unveränderbarkeit der in § 558b Abs. 2 S. 2 BGB festgelegten Frist ausgeht. Ebenso wenig kann der Mieter dem Vermieter eine längere Klagefrist einräumen. Auch ein Verzicht auf Einhaltung der Klagefrist ist nicht möglich.

Die Klagefrist des § 558b Abs. 2 S. 2 BGB stellt eine **Ausschlussfrist** dar, gegen deren Versäum- **87**
nis **keine Wiedereinsetzung in den vorigen Stand möglich** ist.[447] Eine Nachholung gem. § 558b Abs. 3 BGB ist in diesen Fällen nicht möglich. Diese Vorschrift betrifft nur den Fall eines unwirksamen Mieterhöhungsverlangens, hier geht es um die Versäumung der Klagefrist nach einem

---

[437] Nach LG Düsseldorf ZMR 2015, 778 beträgt die Frist bei einer Anfechtungsklage nach § 46 WEG 3 Wochen.

[438] BGH I ZR 237/03, NJW-RR 2006, 1436; LG Ellwangen WuM 1997, 117; AG Tiergarten GE 1997, 747.

[439] BGH III ZR 94/89, NJW 1991, 1745 (1746); III ZB 22/06, NJW 2007, 439.

[440] OLG Frankfurt a. M. MDR 1984, 943; OLG Oldenburg NVersZ 2000, 150.

[441] AG Tempelhof-Kreuzberg GE 2009, 1627.

[442] OLG Düsseldorf JurBüro 1994, 302.

[443] BGH VIII ZR 204/10, NZM 2012, 112; VIII ZR 280/12, NJW 2013, 3641.

[444] LG München WuM 1994, 384; LG Kiel WuM 1994, 547; AG Charlottenburg MM 2000, 47; AG Hamburg WuM 1993, 619; AG Köln WuM 1997, 51; AG Aachen WuM 1992, 629; AG Hamburg WuM 1988, 129; AnwK WohnraumMietR/*Lammel* BGB § 558b Rn. 66; *Kossmann* ZAP Fach 4, 483; Kossmann/Meyer-Abich Wohnraummiete-HdB/*Meyer-Abich* § 155 Rn. 9; Staudinger/*V. Emmerich* BGB § 558b Rn. 17a; **aA** AG Ebersberg ZMR 1996, 39; aus der Entscheidung des BGH VIII ZR 280/12, NJW 2013, 3641 ist nicht zu entnehmen, ob die Klage innerhalb der gesetzlichen Frist oder einer verlängerten Frist erhoben wurde; auf die Folgeprobleme dieser Entscheidung weist *Blank* jurisPR-MietR 25/2013 Anm. 1 hin.

[445] BGH VIII ZR 280/12, NJW 2013, 3641.

[446] Auf die Folgeprobleme weist *Blank* jurisPR-MietR 25/2013 Anm. 1 hin.

[447] LG Hamburg ZMR 2009, 452 mAnm *Riecke;* LG Berlin GE 1996, 1549; AG Aachen WuM 1992, 629; LG Frankenthal NJW 1985, 273; AG Mölln WuM 1985, 315; AG Lübeck WuM 1985, 315; AG Osnabrück WuM 1975, 150; *Sternel* MietR Kap. III Rn. 706; *Börstinghaus* jurisPR-MietR 13/2010 Anm. 4; *Theesfeld* MietRB 2009, 26; *Hummel* WuM 1986, 79.

wirksamen Mieterhöhungsverlangen. Auch eine eine Analogie rechtfertigende Regelungslücke liegt nicht vor, da seit 1982 durch ein Mieterhöhungsverlangen auch wenn keine Klage erhoben wird, keine Sperrfrist mehr ausgelöst wird. Der Vermieter kann deshalb in diesen Fällen unmittelbar ein neues Mieterhöhungsverlangen stellen, welches dann eine neue Klagefrist auslöst.

88 Die Klagefrist beträgt **drei volle Monate.** Der Gesetzgeber hat die Frist mit der Mietrechtsreform auf Anregung der Expertenkommission Wohnungspolitik[448] um einen Monat verlängert, weil die alte Zwei-Monatsfrist dem Vermieter nicht ausreichend Zeit ließ, um seine Klage vorzubereiten. Die Frist beginnt nach Ablauf der Überlegungsfrist. Da die Überlegungsfrist idR am Ende des Monats endet, beginnt die Klagefrist am ersten Tag des nächsten Monats und endet am letzten Tag des dann übernächsten Monats. Im Regelfall endet die Klagefrist bei einem Mieterhöhungsverlangen, das dem Mieter zugegangen ist wie folgt:

| **Zugang des Mieterhöhungsverlangens zwischen** | | **Ablauf der Klagefrist regelmäßig** |
|---|---|---|
| 1.1. | 31.1. | 30.6. |
| 1.2. | 28./29.2. | 31.7. |
| 1.3. | 31.3. | 31.8. |
| 1.4. | 30.4. | 30.9. |
| 1.5. | 31.5. | 31.10. |
| 1.6. | 30.6. | 30.11. |
| 1.7. | 31.7. | 31.12. |
| 1.8. | 31.8. | 31.1. |
| 1.9. | 30.9. | 28./29.2. |
| 1.10. | 31.10. | 31.3. |
| 1.11. | 30.11. | 30.4. |
| 1.12. | 31.12. | 31.5. |

89 Die Überlegungsfrist muss jedoch nicht zwingend am Monatsletzten enden. Auch auf den Lauf der Überlegungsfrist ist die Vorschrift des § 193 BGB anzuwenden (→ Rn. 6). Fällt also der letzte Tag des Monats, in dem die Überlegungsfrist abläuft, auf einen Samstag, einen Sonntag oder einen am Erklärungsort, also dem Wohn- oder Geschäftssitz des Vermieters, staatlich anerkannten Feiertag, endet die Zustimmungsfrist erst mit Ablauf des nächsten Werktages.[449] Das bedeutet zwingend, dass die Klagefrist nicht am Monatsersten beginnt, sondern später. Da die Klagefrist immer drei volle Monate beträgt, endet sie in diesem Fall gem. § 187 Abs. 2, § 188 Abs. 2 BGB einen Tag vor dem Tag, der durch seine Zahl dem Anfangstag der Frist entspricht.[450]

**Beispiel:** Das Mieterhöhungsverlangen geht dem Mieter wirksam am 20.3. zu. Die Zustimmungsfrist endet grds. am 31.5. Ist dies ein Samstag, so endet diese Frist am 2.6. und die Klagefrist beginnt am 3.6. und endet am 2.9.

Ob der erste Tag der Klagefrist auf einen Sonn- oder Feiertag fällt ist unerheblich, da § 193 BGB nur für das Ende der Frist gilt.

90 Die Frist endet nach drei vollen Monaten. Fällt **der letzte Tag der Klagefrist** auf einen Samstag, einen Sonntag oder einen am Erklärungsort, also dem Wohn- oder Geschäftssitz des Vermieters, staatlich anerkannten Feiertag, so endet die Klagefrist erst mit Ablauf des nächsten Werktages, § 193 BGB.[451] Soweit der BGH[452] der Auffassung ist, dass die Vorschrift auf eine Kündigungsfrist keine Anwendung findet, kann diese Rspr. nicht auf die Klagefrist übertragen werden. Bei der Klagefrist handelt es sich gerade um eine innerhalb einer bestimmten Frist vorzunehmende Handlung. Wer innerhalb einer Frist eine Klage erheben muss, soll davor bewahrt werden, dass das ihm zustehende Recht, die Frist bis zum letzten Tag auszunutzen, wegen der

[448] Tz. 5519.
[449] *Börstinghaus* ZMR 2002, 834.
[450] *Beuermann GE 1995, 848 (849)*; *Börstinghaus* ZMR 2002, 834.
[451] Zum Samstag als Werktag BGH VIII ZR 206/04, NJW 2005, 2154; AG Mitte MM 2004, 80; *Eisenhardt* WuM 2005, 487; *Schreiber* WuM 2005, 564 *Bottenberg/Kühnemann* ZMR 1999, 221.
[452] BGH III ZR 172/04, NJW 2005, 1354; so auch Bamberger/Roth/*Henrich* BGB § 193 Rn. 4.

Arbeitsruhe am Wochenende oder an Feiertagen zB auch der Post verkürzt wird. § 193 BGB gilt deshalb unmittelbar.

**Beispiel:** Das Mieterhöhungsverlangen geht dem Mieter wirksam am 31.3. zu. Die Zustimmungsfrist endet grds. am 31.5. Die Klagfrist beginnt am 1.6. und endet am 30.8. Ist dies ein Samstag, so endet die Frist erst am 2.9. um 24:00 Uhr.

Eine nicht innerhalb der gesetzlichen Klagefrist des § 558b Abs. 2 S. 2 BGB erhobene Zustimmungsklage ist **unbegründet.**[453] Eine Heilung der Versäumung der Klagefrist gem. § 558b Abs. 3 BGB ist nicht möglich.[454] **91**

Zurzeit unbesetzt **92**

Der Ablauf der Klagefrist hat eine doppelte **materiell rechtliche Bedeutung.** Zunächst kann der Vermieter seinen Anspruch materiell nicht mehr durchsetzen. Die Klage ist – als unbegründet – abzuweisen. Mit Ablauf der Klagefrist ohne entsprechende Klageerhebung erlischt aber auch die Annahmefähigkeit des Angebots auf Vertragsänderung, das der Vermieter in Form des Mieterhöhungsverlangens abgegeben hat.[455] Das Mieterhöhungsverlangen ist, soweit nicht eine Teilzustimmung vorliegt, nichtig und entfaltet keinerlei Wirkungen, insbes. löst es keine Sperrfristen für zukünftige Erhöhungsverlangen mehr aus.[456] Hierbei handelt es sich um die materiell-rechtliche Auswirkungen des Fristablaufs. Hat der Mieter das Erhöhungsverlangen teilweise angenommen, dann wird das Erhöhungsverlangen hinsichtlich des überschießenden Teiles mit Ablauf der Klagefrist unwirksam. Die Teilzustimmung hat aber die 15-Monatsfrist und die Jahressperrfrist vom Wirkungszeitpunkt an ausgelöst.[457] Nimmt der Mieter das Mieterhöhungsverlangen nach Ablauf der Klagefrist an, stellt dies ein neues Angebot dar, das der Vermieter ausdrücklich oder konkludent, zB durch vorbehaltlose Annahme des Geldes, annehmen kann. **93**

Es ist nicht erforderlich, dass das Mietverhältnis zum Zeitpunkt der letzten mündlichen Verhandlung über die Zustimmungsklage noch besteht.[458] Aus § 557 Abs. 1 BGB kann nichts Anderes hergeleitet werden. Die dortige Formulierung „während des Mietverhältnisses" bezieht sich auf Mietanpassungsvereinbarungen und hat mit der Zustimmungsklage nichts zu tun. Selbstverständlich kann eine Mieterhöhung nur während eines bestehenden Mietverhältnisses verlangt werden. Geht das Zustimmungsverlangen also dem Mieter nach Ende des Mietverhältnisses zu oder wirkt es erst zu einem Zeitpunkt, zu dem das Mietverhältnis bereits beendet sein wird, dann besteht der Zustimmungsanspruch nicht. Endet das Mietverhältnis aber erst zu einem Termin, der nach dem Wirkungszeitpunkt der Mieterhöhung liegt, dann besteht der Zustimmungsanspruch materiell rechtlich. Stimmt der Mieter nicht zu, hat das Gericht, wenn die Voraussetzungen gegeben sind, die Willenserklärung des Mieters zu ersetzen, § 894 ZPO. Deshalb tritt nach der Kündigung auch keine Erledigung des Zustimmungsprozesses ein. Zu berücksichtigen ist eine baldige Beendigung des Mietverhältnisses bei der Streitwertfestsetzung und der Ermittlung der Beschwer. Zu den Besonderheiten einer Kündigung durch den Mieter gem. § 561 BGB siehe die dortige Kommentierung. **93a**

## II. Die gerichtliche Entscheidungsfindung

### 1. Allgemeines

Für das gerichtliche Zustimmungsverfahren gelten zivilprozessual keine besonderen Regeln. Es gibt weder in der ZPO besondere Verfahrensregeln für die Zustimmungsklage noch ist eines der prozessualen Spezialverfahren, wie zB das Urkundsverfahren auf das Zustimmungsverfahren anwendbar. Da das Amtsgericht aber gem. § 23 Nr. 2a GVG für Zustimmungsklagen nach § 558 BGB sachlich ausschließlich zuständig ist, gelten die Vorschriften der §§ 495–510b ZPO, die spezielle Verfahrensvorschriften für das amtsgerichtliche Verfahren enthalten. Bei der Klage auf Zustimmung zu einer Mieterhöhung auf die ortsübliche Vergleichsmiete gem. § 558b BGB handelt es sich um eine Strei- **94**

[453] LG Frankenthal NJW 1985, 273; Staudinger/*V. Emmerich* BGB § 558b Rn. 17a unter Hinweis auf die Gesetzesbegründung BT-Drs. 14/4553, 56.
[454] LG Duisburg WuM 2005, 457.
[455] BGH VIII ZR 355/18, NZM 2020, 534 = NJW 2020, 1947; Staudinger/*V. Emmerich* BGB § 558b Rn. 18.
[456] BGH VIII ZR 355/18, NZM 2020, 534 = NJW 2020, 1947; LG Berlin GE 1996, 865.
[457] LG Berlin NJWE-MietR 1997, 125; LG Mannheim ZMR 1994, 516.
[458] *Riecke* ZMR 2008, 543; ZMR 2005, 369; **aA** AG Hamburg-Altona ZMR 2008, 542 unter Berufung auf LG Hamburg ZMR 2005, 367.

tigkeit zwischen Vermieter und Mieter wegen Überlassung oder Benutzung von Räumen, weswegen eine Verlegung eines Termins zwischen dem 1.7. und 31.8. gem. § 227 Abs. 3 S. 2 Nr. 2 ZPO ausscheidet.[459]

95 Es handelt sich bei der Zustimmungsklage um eine allgemeine Leistungsklage auf **Abgabe einer Willenserklärung.** Das Mahnverfahren ist, da es sich nicht um einen Zahlungsanspruch handelt, unzulässig. Das Gericht kann nach Eingang der Klage und Einzahlung des Gerichtskostenvorschusses grds. einen **frühen ersten Termin** gem. § 275 ZPO oder das schriftliche Vorverfahren gem. § 276 ZPO anordnen. Für Verfahren bis zu einem Streitwert von 600 EUR kann es gem. § 495 a ZPO das **Verfahren nach freiem Ermessen** gestalten. Es muss in diesem Fall nur dann eine mündliche Verhandlung durchführen, wenn eine Partei dies ausdrücklich beantragt hat. Ferner kann das Urteil bei dieser Verfahrensweise gem. § 495 a ZPO ohne Tatbestand abgefasst werden und die Entscheidungsgründe können ins Protokoll diktiert werden, § 313 a ZPO. Der Streitwert, nach dem sich entscheidet, ob diese Verfahrensweise zulässig ist oder nicht, ist nicht der Gebührenstreitwert, sondern der Zuständigkeits- oder **Rechtsmittelstreitwert.**[460] Dies ergibt sich daraus, dass diese Verfahrensart auf die Verfahren beschränkt ist, bei denen das Amtsgericht abschließend entscheidet. In Verfahren, in denen das Landgericht zweitinstanzlich mit der Sache befasst werden kann, muss eine überprüfbare Entscheidung mit Tatbestand und Entscheidungsgründen vorliegen. Da insbes. im Mietrecht der Gesetzgeber über § 41 Abs. 5 GKG als Teil des sozialen Mietrechts[461] eine bewusste Herabsetzung des Gebührenstreitwertes vorgenommen hat, um den Mieter nicht wegen des Risikos besonders hoher Kosten zu einer Zustimmung zu veranlassen, kann die Vorschrift des § 41 Abs. 5 GKG an dieser Stelle zur Streitwertberechnung nicht herangezogen werden. Es gelten die allgemeinen Wertvorschriften der §§ 3, 9 ZPO. Auch für die Streitwertberechnung iRd **§ 495 a ZPO** ist die Vorschrift des § 9 ZPO entsprechend anwendbar, da es sich letztendlich auch bei der Zustimmungsklage um eine Klage handelt, die zu einer wiederkehrenden Leistungsverpflichtung führt (→ Rn. 149). Enthält das amtsgerichtliche Urteil keinen Tatbestand und ergibt sich auch nicht aus dem Tenor oder den Entscheidungsgründen der Streitgegenstand und damit der Umfang der möglichen Rechtskraft, ist das Urteil in entsprechender Anwendung von § 538 ZPO aufzuheben und die Sache ans Amtsgericht zurückzuverweisen.[462]

96 Der mündlichen Verhandlung soll gem. § 278 Abs. 2 ZPO eine **Güteverhandlung** vorausgehen. Dazu soll das persönliche Erscheinen der Parteien angeordnet werden. Ordnet das Gericht das schriftliche Vorverfahren an, bedarf es keiner Güteverhandlung. Die Güteverhandlung kann ferner entfallen, wenn sie erkennbar aussichtslos erscheint, insbes. wenn eine Partei ausdrücklich erklärt, sich nicht einigen zu wollen.

### 2. Beweisaufnahme

97 Das Schwergewicht der richterlichen Tätigkeit bei zulässigen Mieterhöhungsklagen liegt in der **Feststellung der materiellen Voraussetzungen des § 558 BGB.** Dabei ergeben sich für die Einhaltung der Jahressperrfrist und der Kappungsgrenze keine Besonderheiten bei der gerichtlichen Tatsachenfeststellung. Etwas anderes gilt für die Feststellung der ortsüblichen Vergleichsmiete. Hier ist das Gericht bei der Beurteilung der Begründetheit eines Mieterhöhungsverlangens **nicht an dieformellen Begründungsmittel gebunden.**[463] Vier der fünf beispiel-

[459] *Wiese* NZM 2018, 961, 972; *Baumbach/Lauterbach/Albers/Hartmann,* ZPO, 76. Aufl., 2018 § 227 Rn. 41; Harz/Riecke/Schmid/*Harsch,* Handbuch des Fachanwalts Miet- und Wohnungseigentumsrechts, 6. Aufl. 2018, Kap. 32 Rn. 223 a; **aA** *Kazele* in Prütting/Gehrlein, ZPO, § 227 Rn. 10; *Beuermann* GE 1996, 1461.

[460] LG Mainz WuM 2012, 507; LG Berlin GE 2008, 59; LG Hildesheim WuM 1996, 716; AG Reutlingen WuM 2016, 189; AG Dortmund NZM 2002, 949; BKKSZ Mietprozess/*Kinne* Kap. 4 Rn. 68; Zöller/*Herget* ZPO § 495 a Rn. 5; Musielak/Voit/*Wittschier* ZPO § 495 a Rn. 4.

[461] *Weitemeyer* NZM 2000, 313 spricht davon, dass das Miethöherecht eine der beiden Pfeiler des sozialen Mietrechts sei, neben dem Kündigungsschutz; nach BR-Drs. 22/21, 1 ist das Vergleichsmietensystem „das Aushängeschild des sozialen Mietrechts".

[462] LG Berlin GE 2008, 59.

[463] BGH VIII ZR 354/12, NJW 2013, 2963; VIII ZR 267/12, NZM 2013, 612; LG Berlin MM 1992, 171; *LG Bochum WuM 1991, 700;* AG Frankfurt WuM 2002, 54; AG Bochum DWW 1989, 171; Staudinger/*V. Emmerich* BGB § 558b Rn. 30; *Kunze/Tietzsch* Miethöhe Teil III Rn. 251; falsch deshalb AG Kandel WuM 2012, 102; ungenau BGH VIII ZR 46/12, NZM 2013, 138, der meint, der Vermieter sei nicht auf die Begründungsmittel *„beschränkt"*.

haft aufgezählten Begründungsmittel für das Mieterhöhungsverlangen in § 558a Abs. 2 BGB haben für das gerichtliche Verfahren grds. keine Bedeutung.[464] Im Zustimmungsprozess gelten die allgemeinen Beweisregeln der ZPO. Das Gericht kann sich deshalb aller in der ZPO vorgesehenen Beweismittel zur Ermittlung der ortsüblichen Vergleichsmiete bedienen, damit es dann am Ende im Rahmen der freien Beweiswürdigung gem. § 286 ZPO entscheiden kann, ob die verlangte Miete die ortsübliche Vergleichsmiete übersteigt oder nicht. Etwas anderes gilt lediglich für einen qualifizierten Mietspiegel, dem gem. § 558d Abs. 3 BGB im Zustimmungsprozess eine Vermutungswirkung zukommt.[465] Wegen der Bedeutung dieser Vorschrift siehe die Kommentierung bei §§ 558c, 558d BGB.

Für die Frage der **Beweiserhebung** muss im Miethöheprozess **differenziert werden.**[466] Zum **98**
einen muss die Höhe der ortsüblichen Vergleichsmiete festgestellt werden, es muss also ermittelt werden was **andere Vermieter** vereinbart haben. Dazu müssen die vereinbarten Mieten in einer Gemeinde entsprechend den Wohnwertmerkmalen des § 558 Abs. 2 BGB und der zeitlichen Komponente (Sechsjahresfrist) festgestellt werden. Maßgeblicher Stichtag ist hier der Tag des Zugangs des Erhöhungsverlangens. Anschließend müssen die **Wohnwertmerkmale der konkreten Vertragswohnung** festgestellt werden, damit dann ein Vergleich mit den zuvor ermittelten ortsüblichen Mieten stattfinden kann. Hier muss das Gericht den unbestimmten Rechtsbegriff der ortsüblichen Vergleichsmiete anwenden. Dies erfordert eine wertende Betrachtung. Ein Mietspiegel kann hier nicht herangezogen werden. Soweit es für den Mietspiegel Einordnungs- oder Orientierungshilfen gibt, sind diese für die Gerichte zwar nicht bindend[467], die Gerichte können diese Hilfen aber im Rahmen **der Schätzung gem. § 287 ZPO** anwenden.[468] Die Vorschrift stellt an das Maß der Überzeugungsbildung des erkennenden Richters geringere Anforderungen als die Vorschrift des § 286 ZPO.[469] Im Rahmen des § 286 ZPO muss der Richter zwar auch keine absolute oder unumstößliche Gewissheit von der Richtigkeit der Tatsache haben, erforderlich ist ein „für das praktische Leben brauchbarer Grad der Gewissheit, der Zweifeln Schweigen gebietet, ohne sie völlig auszuschließen".[470] Nach § 287 ZPO ist der Richter demgegenüber ermächtigt, sich mit einer mehr oder minder hohen – mindestens aber überwiegenden – Wahrscheinlichkeit zu begnügen.[471] Hinsichtlich der genauen Höhe der ortsüblichen Vergleichsmiete steht ihm ein Ermessen zu, wobei in Kauf genommen wird, dass das Ergebnis uU mit der Wirklichkeit nicht übereinstimmt.[472] Die Gerichte haben alles zu unternehmen, ein Kosten auslösendes Sachverständigengutachten zu vermeiden.[473]

Das Gericht hat nur über **strittige Tatsachen** Beweis zu erheben. Das bedeutet, dass der Kläger **99**
eine Tatsache behaupten und der Beklagte diese wirksam bestreiten muss, damit es überhaupt zu einer Beweisaufnahme kommen kann. Jede Behauptung in einem Gerichtsverfahren muss ausreichend substantiiert sein. Behauptet der Vermieter, die von ihm verlangte Miete überschreite nicht die ortsübliche Vergleichsmiete, so ist dies eine **konkrete Tatsachenbehauptung,** die auch ausreichend substantiiert ist.[474] Bestreitet der Mieter die Höhe der ortsüblichen Vergleichsmiete nicht oder gilt der Vortrag des Klägers wegen der Säumnis des Beklagten gem. § 331 Abs. 1 ZPO als zugestanden, dann ist die Höhe der ortsüblichen Vergleichsmiete unstreitig.[475] Fraglich ist, was zu gelten hat, wenn das Gericht die Unrichtigkeit des Klägervortrags erkennt, insbes. wenn es unter Anwendung des örtlichen qualifizierten Mietspiegels zu einer anderen ortsüblichen Vergleichsmiete kommt.

---

[464] AG Mitte GE 2016, 593; falsch deshalb AG Fritzlar WuM 2015, 560, das die Benennung von drei Vergleichswohnungen als Beweismittel bezeichnet.

[465] BGH VIII ZR 46/12, NZM 2013, 138; *Clar* WuM 2013, 233.

[466] Zur „Objektiven Entscheidungsfindung des Richters und den anwaltlichen Strategien" *Geipl* ZAP Fach 13, 2111.

[467] *Sternel* DS 1994 Heft 4, 17; **aA** AG Wedding GE 2003, 1084, Beweismittel.

[468] BGH VIII ZR 110/04, NJW 2005,; *Thomma* WuM 2005, 496.

[469] BGH VI ZR 296/18, NJW 2020, 236.

[470] BGH VI ZR 44/12, NJW 2014, 71; VI ZR 139/02, NJW 2003, 1116; VI ZR 268/88, NJW 1989, 2948; VI ZR 155/92, NJW 1994, 801; VI ZR 274/07, NJW 2008, 2845; III ZR 139/67, BGHZ 53, 245, 256; VIII ZR 286/75, VersR 1977, 721.

[471] BGH VI ZR 296/18, NJW 2020, 236; VI ZR 221/06, NJW 2008, 1381; VI ZR 134/71, NJW 1972, 1515.

[472] BGH VI ZR 296/18, NJW 2020, 236; VI ZR 84/10, NJW 2013, 525; III ZR 47/63, NJW 1964, 589.

[473] KG WuM 2009, 407, NZM 2009, 544.

[474] BVerfG NJW-RR 1993, 1485.

[475] Diff. *Blank* ZMR 2013, 170 (174).

Soweit es sich um offenkundige Tatsachen[476] gem. § 291 ZPO handelt wird vertreten, dass das Gericht diese auch bei einer Säumnisentscheidung berücksichtigen darf.[477] Tritt der Vermieter Beweis für seine Behauptung durch Einholung eines Sachverständigengutachtens an, so handelt es sich auch nicht um einen unzulässigen **Ausforschungsbeweis.**[478] Der Vermieter hat durch die Bezeichnung der Wohnung und die Angabe des Begründungsmittels im Mieterhöhungsverlangen ausreichend Tatsachen vorgetragen, die dem Sachverständigen eine Ermittlung der ortsüblichen Vergleichsmiete ermöglichen. Ein Sachverständiger kann also ohne weiteres beurteilen, welches Entgelt für andere vergleichbare Wohnungen gezahlt wird.[479] Hat der Vermieter sein Erhöhungsverlangen ordnungsgemäß begründet, dann kann es gar nicht mehr darum gehen, dass der Vermieter sich die für die Vergleichbarkeit der Wohnungen erforderlichen Tatsachen erst durch die Beweisaufnahme verschaffen will. Erforderlich ist aber, dass er in der Klagebegründung die objektiven Tatsachen, die die Wohnwertmerkmale ausmachen vorgetragen hat, also die Größe der Wohnung, die Ausstattung, die Beschaffenheit, die Lage und schließlich die Art der Wohnung. Der Vermieter ist für die Behauptung der richtigen Wohnungsgröße beweispflichtig[480], wobei einfaches Bestreiten des Mieters nicht ausreicht.[481] Es bedarf eines Beweisantritts des Vermieters, da ein Gutachten von Amts wegen regelmäßig ausscheidet.[482]

**100** Die ZPO sieht als **Beweismittel das Sachverständigengutachten,** die Inaugenscheinnahme, die Parteivernehmung, den Urkundenbeweis und schließlich die Zeugenvernehmung vor. Das Gericht kann ohne Antrag gem. § 144 ZPO die Inaugenscheinnahme und das Sachverständigengutachten von Amts wegen ebenso anordnen wie die Vorlage von Urkunden, die übrigen Beweismittel setzen einen entsprechenden Beweisantritt der beweisbelasteten Partei voraus. Es steht im pflichtgemäßen Ermessen der Gerichte, ob es nach § 144 ZPO ein Gutachten ohne Antrag einholt.[483] Daher ist es regelmäßig nicht ermessensfehlerhaft, wenn der Tatrichter, nachdem er zuvor auf die Erforderlichkeit eines entsprechenden Beweisantrages hingewiesen hat, von der Einholung eines Gutachtens von Amts wegen absieht.[484] Soweit die Parteien über **objektive Merkmale** der Wohnung, wie Ausstattung, Größe und ggf. auch Lage streiten, kann das Gericht die notwendigen Feststellungen uU durch **richterliche Inaugenscheinnahme** feststellen.[485] Soweit es um Fragen geht, die dem Zeugenbeweis zugänglich sind, also zB wann das Gebäude errichtet wurde, oder welche Einbauten der Mieter vorgenommen hat und ob sie deshalb bei der Ausstattung nicht berücksichtigt werden dürfen, kann es auch angebotene Zeugen vernehmen. Hier gilt aber die Dispositionsmaxime uneingeschränkt, dh die Parteien müssen den Zeugenbeweis ausdrücklich angeboten haben.

**100a** Die ortsübliche Vergleichsmiete darf im Prozess nur auf der Grundlage von Erkenntnisquellen bestimmt werden, die die tatsächlich und üblicherweise gezahlten Mieten für vergleichbare Wohnungen in einer für die freie tatrichterliche Überzeugungsbildung gem. § 286 ZPO hinreichenden Weise ermittelt haben,[486] Hat der Mieter die Höhe der vom Vermieter seinem Zustimmungsverlangen zugrunde gelegten ortsüblichen Vergleichsmiete bestritten, muss das Gericht sich seine richterliche Überzeugung durch Erhebung des vom beweisbelasteten Vermieter angebotenen tauglichen Beweismittels verschaffen, sofern nicht eine Schätzung nach § 287 Abs. 2 ZPO möglich ist. Einer solchen Beweisaufnahme steht nicht entgegen, dass der Mieter sich darauf beruft, die ortsübliche Vergleichsmiete sei auf der Grundlage eines Mietspiegels zu bestimmen, dessen Eigenschaft als qualifizierter Mietspiegel iSd § 558d Abs. 1 BGB im Prozess ausreichend bestritten worden ist.[487] Dabei kommt für die **Ermittlung der ortsüblichen Vergleichsmiete** und der Wohnungsgröße von den prozessualen Beweismitteln vor allem das Sachverständigengutachten in Betracht. Die ortsüb-

[476] Der BGH VIII ZR 46/12, NZM 2013, 138 spricht von einem qualifizierten Mietspiegel in einem anderen Zusammenhang von „offenkundigen Tatsachen".
[477] Prütting/Gehrlein/*Czub* ZPO § 331 Rn. 14 unter Hinweis auf BGH III ZR 156/77, NJW 1979, 2089.
[478] BVerfG NJW-RR 1993, 1485; LG Wuppertal WuM 1985, 325; Kossmann/Meyer-Abich Wohnraummiete-HdB/*Meyer-Abich* § 152 Rn. 20; **aA** wohl *Sternel* MietR Kap. III Rn. 209.
[479] BVerfG NJW-RR 1993, 1485.
[480] BGH VIII ZR 255/17, NZM 2019, 334.
[481] BGH VIII ZR 181/16, NZM 2017, 435.
[482] BGH VIII ZR 255/17, NZM 2019, 334.
[483] BGH VIII ZR 255/17, NZM 2019, 334.
[484] BGH VIII ZR 255/17, NZM 2019, 334.
[485] *LG Dortmund WuM 2003, 297.*
[486] BGH VIII ZR 123/20, NZM 2021, 88; VIII ZR 46/12, NJW 2013, 775; VIII ZR 346/12, NJW 2014, 292; VIII ZR 295/15, NJW 2017, 2679; VIII ZR 62/18, NJW 2019, 3142.
[487] BGH VIII ZR 123/20, NZM 2021, 88.

liche Vergleichsmiete wird ausschließlich bestimmt durch die Mieten für andere Wohnungen, so dass die Inaugenscheinnahme oder der Zeugenbeweis allenfalls zur Ermittlung von Tatsachen, die die Vertragswohnung betreffen, dienen können. Die Frage, welche Mieten für andere Wohnungen in einer Gemeinde in den letzten sechs Jahren vereinbart wurden, kann dadurch nicht geklärt werden.[488]

**a) Vorprozessuales Gutachten.** Für dieses Sachverständigengutachten gelten die Regeln der ZPO und nicht die des § 558a Abs. 2 BGB. Das **vorprozessuale Sachverständigengutachten** zur Begründung eines Mieterhöhungsverlangens ist Parteigutachten[489] wohingegen das Sachverständigengutachten während des Prozesses formelles Beweismittel gem. den §§ 402ff. ZPO ist. Im gerichtlichen Verfahren muss der Vermieter den vollen Beweis erbringen, dass die von ihm verlangte Miete die ortsübliche Vergleichsmiete nicht übersteigt, im vorprozessualen Gutachten sind die Anforderungen nicht so streng.[490] Gemäß § 404 ZPO erfolgt die Auswahl des zuzuziehenden Sachverständigen durch das Prozessgericht, dabei soll es idR jedoch auf **öffentlich bestellte Sachverständige** zurückgreifen. Nur wenn besondere Umstände dies erfordern sollen andere Personen zum Sachverständigen ernannt werden, § 404 Abs. 2 ZPO. Der Sachverständige ist dabei nur **Hilfsperson des Gerichts.** Vor der „Übermacht der Sachverständigen" wird berechtigterweise ebenso gewarnt[491] wie ganz vereinzelt auch vor dem **Richter als Halbgott.**[492] Gemäß § 404a Abs. 1 ZPO hat das Gericht die Tätigkeit des Sachverständigen zu leiten.[493] Es ist gegenüber dem Sachverständigen weisungsbefugt. Das Gericht hat zu bestimmen, welchen Sachverhalt der Sachverständige dem Gutachten zu Grunde zu legen hat. Das Gericht kann gem. § 404a Abs. 2, 5 ZPO einen Termin, in dem der Sachverständige in seine Aufgabe eingewiesen wird und ihm sein Auftrag erläutert wird, bestimmen. Der Sachverständige muss die **Wohnung besichtigen.**[494] Soweit für sog. Typgutachten (→ BGB § 558a Rn. 88) oder vorgerichtliche Gutachten, die aufgrund Vorkenntnissen des Sachverständigen ohne Besichtigung erstellt wurden[495] auf dies Erfordernis verzichtet wird (→ BGB § 558a Rn. 88), betrifft dies nur die Frage, ob das Mieterhöhungsverlangen zulässig ist und nicht den Inhalt des Gutachtens. Aber darauf kommt es bei einem gerichtlichen Gutachten gerade an. Das Gericht darf aber gem. § 144 Abs. 1 S. 3 ZPO weder dem Mieter noch einem Dritten die Duldung der Besichtigung aufgeben, da das Gesetz dies für Wohnungen ausdrücklich verbietet.[496] Dies gilt auch für nicht allgemein zugängliche Nebengebäude und Garagen.[497] Verweigert der Mieter die Besichtigung, so handelt es sich um eine **Beweisvereitelung**[498] auf Seiten des Mieters.[499] Eine Beweisvereitelung liegt dann vor, wenn die beweisbelastete Partei durch pflichtwidriges Verhalten oder Unterlassen der anderen Partei in Beweisnot gerät. Die Rechtsfolgen sind umstritten.[500] Entweder man unterstellt, dass die beweisführungsbelastete Partei den Beweis erbracht hat[501] oder man geht von 101

---

[488] LG Bonn WuM 1994, 692.

[489] BayObLG NJW-RR 1987, 1302; OLG Karlsruhe NJW 1983, 1863; nach LG Berlin GE 1991, 1147 soll das vorprozessuale Gutachten aber im Wege der freien Beweiswürdigung berücksichtigt werden dürfen.

[490] → BGB § 558a Rn. 386; Staudinger/*V. Emmerich* BGB § 558b Rn. 31; *Sternel* MietR Kap. III Rn. 749.

[491] *Sendler* NJW 1986, 2907; *Sendler* FS Lamprecht, 1968, 240 unter Bezugnahme auf *Lamprecht* Der Spiegel 19/1989, 59; ferner *Reinecke* WuM 1993, 101; *Müller-Luckmann* DRiZ 1993, 71; *Meyer* DRiZ 1992, 126; *Franzki* DRiZ 1991, 314.

[492] *Geipl* ZAP Fach 13, 2111, der unterscheidet zwischen dem „guten Richter", der aus ungefähr jedem Gesetz etwa Gutes oder zumindest etwas Erträgliches macht (nach *Baumbach* DJZ 1933, Sp. 1459), oder dem Richter, der „gottähnlich" entscheidet (aber am Beispiel des Strafrechts nach *Schünemann* wistra 2015, 161).

[493] *Seibel* NJW 2014, 1628.

[494] OLG Oldenburg WuM 1981, 150.

[495] BGH VIII ZR 136/17, NJW 2018, 2792 = NZM 2018, 742 *Börstinghaus* LMK 2018, 410810; *Börstinghaus* DS 2018, 261; *Fleindl* NZM 2018, 744; BGH VIII ZR 190/17, WuM 2018, 509.

[496] KG NJW-RR 2006, 241; **aA** für formularvertragliches Besichtigungsrecht in der Gewerberaummiete LG Hamburg ZMR 2015, 312.

[497] BGH V ZR 95/08, NZM 2009, 679.

[498] OLG Stuttgart MDR 2017, 1322; *Harsch* WuM 2020, 1, 6; *Basler/Meßerschmidt* NJW 2014, 3329; allg. zur Beweisvereitelung Baumgärtel/Laumen/Prütting Beweislast-HdB/*Laumen* Grundlagen § 16 Rn. 1ff.

[499] LG Berlin GE 2014, 671; *Franke* DWW 1998, 299 (300) spricht von einer unzulässigen Rechtsausübung gem. § 226 BGB, was aber nichts über die prozessualen Folgen besagt.

[500] Siehe die Darstellung der unterschiedlichen Auffassungen bei Baumgärtel/Laumen/Prütting Beweislast-HdB/*Laumen* Grundlagen § 16 Rn. 34ff.

[501] LG Berlin GE 2014, 671; Baumgärtel/Laumen/Prütting Beweislast-HdB/*Laumen* Grundlagen § 16 Rn. 38.

einer Beweislastumkehr[502] aus, wonach der Mieter also beweisen muss, dass die verlangte Miete die ortsübliche Vergleichsmiete übersteigt. Gemäß § 411 Abs. 4 ZPO haben die Parteien dem Gericht innerhalb eines angemessenen Zeitraums nach Eingang des Gutachtens ihre **Einwendungen gegen das Gutachten,** die Begutachtung betreffende Anträge und Ergänzungsfragen zu dem schriftlichen Gutachten mitzuteilen.[503] Dies muss innerhalb einer Frist von ca. vier bis sechs Wochen nach Gutachtenzustellung geschehen.[504] Dem Gericht ist auch gestattet, den Parteien hierzu eine mit dem Sanktionsmittel der Präklusion versehene Frist zu setzen. Die Parteien müssen jedoch nicht alle denkbaren Einwendungen vorbringen oder ankündigen. Nach dem Zweck der Vorschrift genügt es, wenn erkennbar erläuterungsbedürftige Punkte des Gutachtens so bezeichnet werden, dass sich alle Prozessbeteiligten rechtzeitig darauf einstellen können. Zusatzfragen, die sich erst auf Grund der Erläuterung des Sachverständigen in der mündlichen Verhandlung ergeben, sind weiter zulässig. Die Sachverständige muss wegen des Grundsatzes des rechtlichen Gehörs mündlich angehört werden, wenn dies eine Partei beantragt.[505] Dem Antrag ist selbst dann zu entsprechen, wenn das Gericht das Gutachten für überzeugend hält und selbst keinen Erläuterungsbedarf sieht.[506] Etwas anderes gilt allenfalls dann, wenn ausgeschlossen werden kann, dass die Befragung zu einer anderen Beurteilung durch das Gericht führen würde.[507] Das Gericht muss ggf. auch ohne Antrag einer Partei den Sachverständigen anhören oder ein Ergänzungsgutachten in Auftrag geben, wenn der Sachverständige in einem Gutachten Anknüpfungstatsachen zu Grunde legt, deren Berücksichtigung der Tatrichter für falsch hält.[508] Dies gilt auch, wenn eine Partei substantiierte Einwendungen gegen ein Gutachten vorgebracht hat.[509] Der gerichtliche Sachverständige kann von den Parteien wegen Besorgnis der Befangenheit abgelehnt werden, wenn Gründe vorliegen, die ein berechtigtes Misstrauen des Mieters gegen die Unparteilichkeit des Sachverständigen rechtfertigen.[510] Es müssen aber objektive Gründe gegen die Unparteilichkeit des Sachverständigen vorliegen.

102 Für die richterliche Überzeugungsbildung gem. § 286 ZPO ist die **Qualität des Gutachtens** von besonderer Bedeutung. Dazu muss das Gutachten zunächst erkennen lassen, dass es von einem **richtigen Begriff der ortsüblichen Vergleichsmiete** ausgeht.[511] Dazu muss der Sachverständige zunächst den richtigen Betrachtungszeitraum, der in der Gemeinde nach Art. 229 § 50 Abs. 2 EGBGB örtlich gilt, ermitteln. Dies verlangt uU die Auseinandersetzung mit dem örtlichen Mietspiegel und seinem Stichtag. Das Gutachten muss den Betrachtungszeitraum zugrunde legen, den der maßgebliche Mietspiegel verwendet. Das Gutachten darf nicht nur Neuvertragsmieten der letzten Monate als Vergleichsmieten berücksichtigen[512], sondern muss darlegen, wie sich die Mieten die letzten sechs (oder vier) Jahre entwickelt haben. Ausreißermieten sind zu eliminieren.[513] Er muss ein angemessenes Verhältnis von veränderten Bestandsmieten und Neuvertragsmieten aus dem maßgeblichen Betrachtungszeitraum berücksichtigen.[514] Er darf keine Wohnungen berücksichtigen,

---

[502] StRspr seit RGZ 20, 5; 60, 147; 87, 434; BGH IV ZR 155/50, BGHZ 3, 162; II ZR 277/51, BGHZ 6, 224; VI ZR 183/76, BGHZ 72, 132; VIII ZR 43/05, NJW 2006, 434; Baumgärtel/Laumen/Prütting Beweislast-HdB/*Laumen* Grundlagen § 16 Rn. 35.

[503] BGH IV ZR 290/56, NJW 1957, 870 mAnm *Johannsen;* BGH VI ZR 233/64, VersR 1966, 637 (638); BGH VIII ZR 157/80, MDR 1981, 1015.

[504] OLG Köln OLGR 1997, 116 (198); fraglich die **aA** OLG Koblenz NJW-RR 1993, 1215, spätestens in der mündlichen Verhandlung, in der das Gutachten zum Gegenstand der Verhandlung wird. Das widerspricht allen Grundsätzen der Verfahrensbeschleunigung und dem Grundsatz in möglichst einem Termin das Verfahren zu erledigen, so auch *Schrader* NJW 1984, 2806.

[505] BGH VIII ZR 295/08, NJW-RR 2009, 1361; VI ZR 353/01, NJW-RR 2003, 208; 1997, 459; NJW 1992, 1459; 1986, 2886; OLG Celle VersR 1993, 629; OLG Hamm NJW-RR 1992, 1469; OLG Düsseldorf NJW-RR 1986, 224; OLG Hamm MDR 1985, 593; LG Frankfurt a. M. MDR 1985, 150; *Pantle* MDR 1989, 312; *Schrader* NJW 1984, 2806.

[506] BGH VIII ZR 295/08, NJW-RR 2009, 1361; VI ZR 353/01, NJW-RR 2003, 208.

[507] BGH X ZR 112/87, NJW-RR 1989, 953; IVa ZR 225/84, NJW-RR 1986, 1470 (1471); OLG Karlsruhe VersR 1990, 53; OLG Zweibrücken MedR 1984, 27.

[508] BGH VI ZR 86/96, NJW 1997, 1446; OLG Köln NJW 1994, 394.

[509] OLG Celle VersR 1993, 629.

[510] AG Duisburg-Hamborn WuM 2010, 639.

[511] BGH VIII ZR 346/10, NJW 2012, 1351 *Börstinghaus* WuM 2012, 244; DS 2012, 183; *Blank* LMK 5/2012 Anm. 3; *Muth* ZMR 2012, 530; *Bühler* ZMR 2012, 531.

[512] BGH VIII ZR 62/18, NZM 2019, 469 = NJW 2019, 3142 mAnm *Börstinghaus* DS 2019, 177; *Börstinghaus LMK 2019, 417863; Blank* LMK 2019, 419009; *Flatow* jM 2019, 320; BGH VIII ZR 82/18 DS 2019, 199; AG Charlottenburg NZM 1999, 460; LG Gießen WuM 2014, 210.

[513] BGH VIII ZR 346/10, NJW 2012, 1351.

[514] BGH VIII ZR 62/18, NZM 2019, 469 = NJW 2019, 3142; VIII ZR 82/18 DS 2019, 199.

der Preisvereinbarung außerhalb des maßgeblichen Betrachtungszeitraums lag.[515] Abschließend muss zumindest ansatzweise erkennbar sein, dass der Gutachter aus diesen Neu- und Bestandsmieten durch Gewichtung die ortsübliche Vergleichsmiete ermittelt hat.[516] Schließlich muss dargelegt werden, wie aus den vorliegenden Daten die Beschränkung auf die Üblichkeit vorgenommen wurde.[517] All diese Voraussetzungen sind dann nicht gegeben, wenn der Gutachter erkennbar nur die Mietwerte des Finanzamtes für selbstgenutzte Wohnungen ausgewertet hat.[518] Unbrauchbar[519] sind auch Gutachten die zum Ergebnis kommen, die geforderte Miete sei angemessen oder darlegen, dass irgendwo im Stadtgebiet eine ähnliche Miete gezahlt werde.

Zur Ermittlung der ortsüblichen Vergleichsmiete kann der das **Vergleichswertverfahren** **102a** anwenden und hierbei die qualitativen Unterschiede der Vergleichswohnungen zu der zu beurteilenden Wohnung durch Zu- und Abschläge berücksichtigen.[520] Vier[521] oder sechs[522] Wohnungen stellen dabei im Regelfall eine zu geringe Datengrundlage dar, um im Prozess die ortsübliche Vergleichsmiete zu beweisen 11[523], 15[524] oder 19[525] Wohnungen hat der BGH aber ausreichend angesehen. Hat der Sachverständige keine völlig passenden Vergleichswohnungen gefunden, muss er darlegen, wie er diese Daten angepasst hat.[526] Dazu gehört auch, dass er erläutert, woher er die Umrechnungskoeffizienten hat, wie sie ermittelt wurden und ob sie heute noch aktuell sind. Der Sachverständige muss darlegen, wie groß die Streubreite der von ihm herangezogenen Daten ist. Das erfordert die Angaben aller ausgewerteten Daten. Dann muss er darlegen, wie er aus dieser Streubreite die ortsübliche Einzelvergleichsmiete ermittelt hat. Dazu muss er entscheiden, ob er von einer kleinen oder großen Streubreite ausgeht. Diese Entscheidung ist gerichtlich überprüfbar. Bei einer **kleinen Streubreite** stellt der obere Eckwert (= höchste Wert) die ortsübliche Vergleichsmiete dar.[527] Anders ist es bei einer **größeren Streubreite** aus.[528] In einem solchen Fall kommt es auf die Verteilung der Mieten innerhalb der Streubreite an. Ist sie einigermaßen gleichmäßig, dann entspricht die ortsübliche Einzelvergleichsmiete als Punktwert dem arithmetischen Mittel innerhalb der Streubreite. Gibt es aber keine gleichmäßige Verteilung, sondern eine Häufung um bestimmte Werte herum, dann soll die ortsübliche Vergleichsmiete als eine Art Modalwert[529] gebildet werden, nämlich einer Bandbreite um diesen häufigsten Wert herum. Der Oberwert dieser kleinen Bandbreite stellt dann die ortsübliche Vergleichsmiete darf. Diese Sachverständigen Schlussfolgerungen sind alle vom Tatsachengericht zu überprüfen.

Problematisch ist die **Repräsentativität der Daten eines Gutachtens.** Während die Anforde- **103** rungen an Mietspiegel von der Rspr. immer höhergeschraubt werden,[530] ist die Rspr. bei den Anforderungen an die Repräsentativität der Daten eines Sachverständigengutachtens bisher äußerst

---

[515] BGH VIII ZR 62/18, NZM 2019, 469 = NJW 2019, 3142; VIII ZR 82/18 DS 2019, 199.

[516] BGH VIII ZR 346/10, NJW 2012, 1351; *Börstinghaus* WuM 2012, 244; *Börstinghaus* DS 2012, 183; *Blank* LMK 5/2012 Anm. 3; *Muth* ZMR 2012, 530; *Bühler* ZMR 2012, 531; *Stelter/Finger* DS 2013, 95.

[517] Soweit *Täffner* DS 2019, 246 meint, dass sich Sachverständige wegen der hohen Anforderungen der Rspr. auch „Ersatzlösungen" vorbehalten dürften, ist dies juristisch falsch und als Vorschlag mehr als bedenklich.

[518] LG Koblenz DWW 1991, 22.

[519] BVerfG WuM 1986, 239.

[520] BGH VIII ZR 123/20, NZM 2021, 88; VIII ZR 62/18, NZM 2019, 469 = NJW 2019, 3142; VIII ZR 82/18 DS 2019, 199.

[521] BGH VIII ZR 46/12, NZM 2013, 138 = NJW 2013, 775; LG Düsseldorf WuM 1990, 393; LG Berlin GE 2004, 482.

[522] BGH VIII ZR 346/12, NZM 2014, 24 = NJW 2014, 292 (zumindest, wenn die Wohnungen alle aus dem Bestand des Vermieters stammen).

[523] BGH VIII ZR 346/10, NJW 2012, 1351.

[524] BGH VIII ZR 123/20, NZM 2021, 88.

[525] BGH VIII ZR 30/09, NJW 2010, 149 = NZM 2010, 122.

[526] BGH VIII ZR 62/18, NZM 2019, 469 = NJW 2019, 3142; VIII ZR 82/18 DS 2019, 199.

[527] BGH VIII ZR 30/09, WuM 2009, 746; *Börstinghaus* LMK 12/2009 Anm. 2; WuM 2010, 218; DS 2010, 70; *Mätschke* WuM 2010, 247; BGH VIII ZR 322/04, NJW 2005, 2621; LG Berlin NZM 1999, 412; LG München NJWE-MietR 1997, 123 mkritAnm *Blank* WuM 1997, 178, die VB gegen das Urteil wurden nicht zur Entscheidung angenommen: BVerfG WuM 1997, 202; dieser Oberwert ist zB auch bei der Fehlbelegungsabgabe im Beschränkungsverfahren maßgeblich VG Stuttgart WuM 1996, 482.

[528] BGH Urt. v. 26.5.2021 – VIII ZR 93/20; VIII ZR 62/18, NZM 2019, 469 = NJW 2019, 3142; VIII ZR 82/18 DS 2019, 199.

[529] Beim Modalwert handelt es um den häufigsten Wert, der ermittelt wurde.

[530] Börstinghaus/*Clar* Mietspiegel Rn. 536ff.; *Fischer* WuM 1996, 604; *Lützenkirchen* WuM 1996, 753; *Streich* WuM 1997, 93; *Isenmann* WuM 1997, 154; *Schlittgen/Uhlig* WuM 1997, 314.

großzügig gewesen,[531] obwohl hierzu kein Grund besteht. Nicht die **Quantität der Daten** ist überzeugend, sondern ihre **Qualität.** Viele Mietedaten in einem Gutachten zu verwerten ist weniger aufwendig als wenige richtige, weil repräsentative Daten. Der BGH[532] hat für das **gerichtliche Sachverständigengutachten** inzwischen gefordert, dass es **auf repräsentativen Daten beruhen** müsse, ohne den genauen Maßstab vorzugeben. Das Problem in der Praxis beruht darauf, dass idR jedoch für das Gericht nur wenige Sachverständige zur Auswahl stehen und das Gericht kaum Alternativen hat. Deshalb werden häufig Gutachten eingeholt, um der prozessualen Verpflichtung zur Beweiserhebung nachzukommen, obwohl diese Gutachten als Erkenntnismittel in vielen Fällen kaum brauchbar sind.[533] Dies liegt an den eingeschränkten Erkenntnismitteln der Sachverständigen. Ein Sachverständiger, der die ortsübliche Vergleichsmiete exakt ermitteln soll, müsste im Prinzip eine Vollerhebung der Daten vornehmen oder zumindest eine nach den Grundsätzen der Repräsentativität ermittelte **Stichprobe** auswerten. Die Datensätze eines Sachverständigen erfüllen so gut wie nie die Kriterien von Zufallsauswahlverfahren.[534] In diesem Fall muss der Sachverständige aber in seinem Gutachten darlegen, dass er mit den Analyseinstrumenten der deskriptiven Statistik die vorhandenen Daten ausgewertet hat.[535] Deshalb müssen im Gutachten Angaben zu Art und Größe[536] Stichprobe und der Auswertungsmethode enthalten sein.[537] Manche Gerichte begnügen sich mit einem Weniger. Es ist aber nicht Aufgabe des Sachverständigen dieses Weniger festzulegen, sondern Aufgabe des Gerichtes, das die Beweisaufnahme leitet. Es ist zulässig, dass der Sachverständige die betreffenden Vergleichswohnungen und deren Mieten nur durch eine Vermieterbefragung ermittelt[538], wenn kein Anlass zu der Annahme besteht, dass die Vermieter nur besonders teuren Wohnraum angegeben und den billigen Wohnraum verschwiegen haben. Unzulässig ist es aber, wenn der Sachverständige nur die Wohnungen eines Vermieters aus einer Siedlung seinem Gutachten zugrunde legt.[539] Es fehlt dann an Daten für die ganze Gemeinde. Dass die Wohnungen alle von einer Hausverwaltung verwaltet werden ist für sich genommen alleine nicht schädlich.[540] Gibt es für das Gemeindegebiet einen Mietspiegel, so muss sich der Sachverständige mit den Werten dieses Mietspiegels in seinem Gutachten beschäftigen.[541] Dabei kann sich ein Sachverständigengutachten kritisch mit einer geringen Erhebungsdichte, einer übergroßen Pauschalierung und einer mangelnden Aktualität des Mietspiegels auseinandersetzen.[542]

**104** Inwieweit der Sachverständige in seinem Gutachten die **konkreten Befundtatsachen**[543] angeben muss, hängt von den Umständen des Einzelfalles ab und kann nicht generell für alle Gutachten beantwortet werden. Es kann gegen Art. 2 Abs. 1 GG iVm dem **Rechtsstaatsprinzip** verstoßen, wenn ein Gutachten über die ortsübliche Vergleichsmiete zur Grundlage eines Urteils gemacht wird, obwohl weder das Gericht noch die Prozessparteien die Möglichkeit hatten, die

---

[531] Kenntnis von einem repräsentativen Querschnitt verlangt LG München ZMR 1986, 169; *Fischer* WuM 1996, 604; *Lützenkirchen* WuM 1996, 735; *Streich* WuM 1997, 93; *Isenmann* WuM 1997, 154.

[532] BGH VIII ZR 346/10, NJW 2012, 1351; dazu *Börstinghaus* WuM 2012, 244; DS 2012, 183; *Schach* GE 2012, 517; *Kunze* MietRB 2012, 129; *Blank* LMK 5/2012 Anm. 3; *Muth* ZMR 2012, 530; *Bühler* ZMR 2012, 531.

[533] Nach *Blank* WuM 1997, 178 (180) erreicht ein Sachverständigengutachten über die ortsübliche Vergleichsmiete nur in den seltensten Fällen die Genauigkeit einer Sonnenuhr, meistens sogar nur einer Sonnenuhr bei wolkenverhangenem Himmel.

[534] *Stelter/Finger* DS 2012, 95.

[535] ZB Analyse mittels Punkt- und Intervallschätzung unter Angabe des Stichprobenfehlers sowie mit Testverfahren *Stelter/Finger* DS 2012, 95.

[536] *Stelter/Finger* DS 2012, 95 halten ca. 30 Werte für ausreichend, meinen aber auch, dass mit 10–20 Werten schon ordentliche Ergebnisse erzielt werden können.

[537] **AA** LG Berlin GE 1992, 985, wonach das Gericht nicht gehalten sein soll, auf den Antrag einer Partei das Datenmaterial des Sachverständigen sich vorlegen zu lassen.

[538] BGH VIII ZR 30/09, NJW 2010, 149; *Börstinghaus* DS 2010, 70; *Mätschke* WuM 2010, 247.

[539] BGH VIII ZR 267/12, NZM 2013, 612; *Börstinghaus* DS 2013, 299.

[540] *Schach* GE 2014, 1312; **aA** LG Berlin GE 2014, 1338.

[541] LG Potsdam WuM 2004, 671; LG Düsseldorf WuM 1996, 421, DWW 1992, 284; LG Berlin GE 1993, 749; LG Köln WuM 1992, 256; LG Wiesbaden WuM 1992, 256; LG Bielefeld WuM 1983, 24; AG Dortmund WuM 1992, 138.

[542] LG Berlin GE 1993, 49.

[543] BVerfG BeckRS 2000, 30135440; WuM 1998, 13, NJW 1997, 311; 1995, 40 mAnm *Walterscheid* WuM *1995, 63; Jansen GE 2005, 1046; Dröge/Gebele/Zehnter* Mietpreisbewertung-HdB S. 131 ff.; *Isenmann* DWW 1995, 68; ZMR 1993, 446; *Kamphausen* DS 1995, 4; BGH KZR 18/90, NJW 1992, 1817 (1819); BGH V ZR 286/92, NJW 1994, 2899 unter Hinweis auf BayObLGZ 1956, 114; BGH VIII ZR 16/81, NJW 1983, 2250 (2251).

vom Sachverständigen zu Grunde gelegten Befundtatsachen zu überprüfen. Zu einem grundgesetzlich geschützten fairen Verfahren gehört, dass das Gericht die Richtigkeit bestrittener Tatsachen nicht ohne hinreichende Prüfung bejaht. Den Parteien muss dabei die Möglichkeit gegeben werden, an dieser Prüfung mitzuwirken. Dazu müssen auch ihnen die konkreten Befundtatsachen, die das Gericht durch Übernahme des Sachverständigengutachtens verwerten will, zugänglich sein.[544] Zur Nachprüfung eines Sachverständigengutachtens kann die Kenntnis der einzelnen tatsächlichen Umstände, die der Sachverständige selbst erhoben und seinem Gutachten zu Grunde gelegt hat, unentbehrlich sein. In einem solchen Fall ist die **Offenlegung dieser Tatsachen** aus rechtsstaatlichen Gründen regelmäßig geboten. Ist der Sachverständige dazu nicht bereit, weil er sich den Informanten gegenüber zur Verschwiegenheit verpflichtet hat, darf sein Gutachten nicht verwertet werden.[545] Allein die Tatsache, dass Dritte eine Bekanntgabe von Tatsachen aus ihrer **Privatsphäre** nicht wünschen und der Sachverständige sich daran gebunden fühlt, ist kein ausreichender Grund dafür, das Urteil auf ein solches Gutachten zu stützen. Das Gericht kann den Sachverständigen nicht zwingen, diese Angaben zu machen. Der Sachverständige hat gem. § 383 Abs. 1 Nr. 6 ZPO, der gem. § 402 ZPO auch auf Sachverständige anwendbar ist, ein Zeugnisverweigerungsrecht aus persönlichen Gründen.[546]

105 Ob und inwieweit das Gericht und die Verfahrensbeteiligten die Kenntnisse von Tatsachen, die ein Sachverständiger seinem Gutachten zu Grunde gelegt hat, für eine kritische Würdigung des Gutachtens tatsächlich benötigen ist aber von Fall zu Fall unterschiedlich.[547] Entscheidend ist auf der einen Seite der **Anspruch auf rechtliches Gehör** und auf der anderen Seite die tatrichterliche Überzeugungsbildung. Der Umfang der Offenbarungspflicht hängt deshalb von der **Qualität des Gutachtens** aber auch vom **Sachvortrag der Parteien** ab.[548] Ist der Gutachter nachvollziehbar zu einem Ergebnis gekommen, dass das Gericht überzeugt und gegen das die Parteien keine substantiierten Einwendungen erhoben so ist eine weiter gehende Offenlegung der Befundtatsachen nicht erforderlich.[549] Anders sieht es aus, wenn derjenige, der das Gutachten angreift, eine signifikante Zahl von Wohnungen benennt, in denen eine höhere oder niedrigere als vom Sachverständigen festgestellte Miete in den letzten sechs Jahren neu vereinbart oder erhöht wurde. Wenn der Beweiswert des Gutachtens erschüttert ist und auch durch Befragung keine Klarheit gewonnen werden kann, ist es erforderlich, vom Sachverständigen die Offenlegung der Vergleichswohnungen zu verlangen.[550]

106 Die Frage, wie genau der Sachverständige die von ihm dem Gutachten zu Grunde gelegten Vergleichsmieten angeben muss, ist umstritten. Zum Teil[551] wird verlangt, dass der Sachverständige die von ihm herangezogenen Vergleichswohnungen nachvollziehbar benennt. Dazu müsse der Sachverständige die Wohnungen nach den gesetzlichen Wohnwertmerkmalen genau beschreiben, wobei auf eine Offenlegung von Mietpreis und **Adresse von Vergleichswohnungen** idR nicht verzichtet werden könne. Demgegenüber geben sich einige Gerichte[552] auch mit einer anonymisierten Offenlegung der vom Sachverständigen herangezogenen Vergleichsobjekte zufrieden. Es genüge die Angabe des Stadtteils und die weitere Ortsangabe „nähe … Straße". Eine Benennung der einzelnen Wohnungsmieter ist auch dann überflüssig, wenn die Vergleichsangaben alle Wohnungen des Hauses betreffen.[553] Bei der Beurteilung der Frage muss eine Abwägung stattfinden. Grundsätzlich sind vom Sachverständigen die Vergleichswohnungen mit Adresse und Mietpreis

---

544 LG München I ZMR 2018, 331.

545 BVerfG NJW 1995, 40; BGH V ZR 286/92, NJW 1994, 2899; offen gelassen von LG Berlin WuM 2019, 330.

546 Kossmann/Meyer-Abich Wohnraummiete-HdB/*Meyer-Abich* § 155 Rn. 30.

547 BGH VIII ZR 62/18, NZM 2019, 469 = NJW 2019, 3142 mAnm *Börstinghaus* DS 2019, 177; *Börstinghaus* LMK 2019, 417863; *Blank* LMK 2019, 419009; *Flatow* jM 2019, 320; LG München I ZMR 2018, 331.

548 BVerfG BeckRS 2000, 30135440; NJW 1997, 311.

549 BVerfG NJW 1997, 311; BGH VIII ZR 62/18, NZM 2019, 469 = NJW 2019, 3142 mAnm *Börstinghaus* DS 2019, 177; *Börstinghaus* LMK 2019, 417863; *Blank* LMK 2019, 419009; *Flatow* jM 2019, 320; LG Hannover WuM 2001, 469; AG Neuss WuM 2004, 200; LG Mönchengladbach WuM 1995, 489; *Dröge/Gebele/Zehnter* Mietpreisbewertung-HdB S. 148 mwN.

550 BVerfG WuM 1998, 13; NJW 1997, 311; LG München WuM 2002, 547; LG Mönchengladbach NJWE-MietR 1996, 52; AG Dietz WuM 1996, 44.

551 LG Saarbrücken WuM 1996, 279.

552 LG München I ZMR 2018, 331; LG Berlin GE 2012, 1378; LG München WuM 1996, 280; AG Dortmund NJW-RR 1995, 971; dafür auch *Sternel* MietR Kap. IV Rn. 241.

553 AG Dortmund NJW-RR 1995, 971.

anzugeben. Da der Sachverständige aber private Daten Dritter verwertet, kann er durchaus berechtigt sein, diese Daten zu schützen. Soweit er sich bemüht hat, das Einverständnis der Vermieter der anderen Wohnungen zu erhalten und ihm dies verweigert wurde und es sich auch nicht um Daten aus anderen Prozessen handelt, die das Gericht durch Beiziehung der Akten überprüfen kann, kann die Offenlegung der Adressen aus anerkennenswerten Gründen unterbleiben. Besteht keine andere Möglichkeit der Beweiserhebung und kann auf die Verwertung des Gutachtens aus überwiegenden Interessen der beweispflichtigen Partei dennoch nicht verzichtet werden, setzt dies jedoch voraus, dass der Sachverständige im Gutachten die Wohnungen möglichst entsprechend den Wohnwertmerkmalen des § 558 Abs. 2 BGB beschreibt. Hierzu gehört zunächst das Baujahr des Gebäudes, die Geschosszahl, die Bauweise des Gebäudes, die Lage der Wohnung im Gebäude, die Zahl der Räume und die Wohnungsgröße. Die einzelnen Räume sind nach der Ausstattung zu schildern, ferner sind die Art der Beheizung und der Wasserversorgung anzugeben. Die Lage der Wohnung innerhalb der Gemeinde hat so genau wie möglich, aber so, dass eine Identifizierung der Wohnung ausgeschlossen ist, zu erfolgen.[554] Insgesamt müssen die Daten so sein, dass Gericht und Parteien überprüfen können, ob die Verwendung dieser Wohnung als Vergleichsmaßstab richtig ist.

**107** Erstattet der gerichtliche Sachverständige **vorsätzlich oder grob fahrlässig** das Gutachten **unrichtig,** so ist er gem. § 839a BGB[555] der Partei, der hierdurch ein Schaden entsteht zum Schadensersatz verpflichtet. Die Vorschrift enthält eine abschließende Regelung der Haftung des gerichtlichen Sachverständigen und verdrängt dessen deliktsrechtliche Haftung nach §§ 823ff. BGB.[556] Unrichtig ist ein Sachverständigengutachten, wenn es nicht der objektiven Sachlage entspricht; dies ist insbes. der Fall, wenn es von einem unzutreffenden Sachverhalt ausgeht oder aus dem festgestellten Sachverhalt falsche Schlüsse zieht.[557] Für den Anspruch nach § 839a BGB ist danach zu unterscheiden, ob das unrichtige Gutachten für den Inhalt der gerichtlichen Entscheidung (mit-)ursächlich geworden ist („beruhen auf"; haftungsbegründende Kausalität) und ob der geltend gemachte Schaden durch die von dem unrichtigen Gutachten beeinflusste Gerichtsentscheidung herbeigeführt worden ist (haftungsausfüllende Kausalität).[558] Bei der Frage, ob der geltend gemachte Schaden auf die vom unrichtigen Gutachten beeinflusste Gerichtsentscheidung zurückzuführen ist, ist maßgebend, wie der Ausgangsprozess bei Vorlage eines richtigen Gutachtens des Sachverständigen richtigerweise hätte entschieden werden müssen.[559] Stützt ein Vermieter seinen Schadensersatzanspruch darauf, dass er für die bewertete Wohnung bei korrekter Ermittlung der ortsüblichen Vergleichsmiete die Zustimmung zu einer für ihn günstigeren Miete bekommen hätte, ist bei der Schadensberechnung auf die Differenz zwischen der fehlerhaft angegebenen und der tatsächlichen ortsüblichen Vergleichsmiete abzustellen.[560] Dabei ist aber zu beachten, dass die Ermittlung der ortsüblichen Vergleichsmiete wegen des auch normativen Charakters nur annäherungsweise und nicht exakt im Sinne einer mathematischen Genauigkeit ermittelt werden kann. Dementsprechend sind mehr oder weniger unterschiedliche Ergebnisse unvermeidbar[561], so dass kleinere Unterschiede zwischen der vom Regressgericht festgestellten und der vom Sachverständigen ermittelten ortsüblichen Vergleichsmiete nicht ohne weiteres zu dessen Lasten gehen.[562] Nach Ansicht des BGH[563] darf dabei die Erheblichkeit oder Unerheblichkeit einer Schätzungsabweichung nicht schematisch nach einem bestimmten Prozentsatz beurteilt werden, sondern ist nach den besonderen Umständen des einzelnen Falls zu entscheiden. Jedoch stellt eine Fehleinschätzung der ortsüblichen Vergleichsmiete, die sich unterhalb der bei Schätzungen dieser Art hinzunehmen-

[554] BVerfG WuM 1998, 13 (14).
[555] Eingefügt in das BGB mit Wirkung ab 1.8.2002 durch das Zweite Gesetz zur Änderung schadensersatzrechtlicher Vorschriften v. 19.7.2002 (BGBl. I 2674).
[556] BGH III ZR 143/05, BGHZ 166, 313 (315) unter Hinweis auf BT-Drs. 14/7752, 28.
[557] OLG Rostock OLGR 2006, 803; OLG Saarbrücken OLGR 2009, 196 (197); Palandt/*Sprau* BGB § 839a Rn. 3; MüKoBGB/*Wagner* § 839a Rn. 17; Bamberger/Roth/*Reinert* BGB § 839a Rn. 5; Staudinger/*Wöstmann* BGB § 839a Rn. 9.
[558] BGH III ZR 363/17, NJW-RR 2018, 1364.
[559] BGH III ZR 363/17, NJW-RR 2018, 1364.
[560] BGH I ZR 47/15, NZM 2016, 828.
[561] *BGH III ZR 345/12, NJW-RR 2014*, 90; V ZR 213/03, BGHZ 160, 8 (14); OLG Rostock DS 2008, 386 (387).
[562] BGH III ZR 345/12, NJW-RR 2014, 90.
[563] BGH III ZR 345/12, NJW-RR 2014, 90.

den Toleranzschwelle bewegt, kein rechtmäßiges Alternativverhalten zu der noch gröberen Fehleinschätzung dar, die diesen Rahmen verlässt.[564] Grobe Fahrlässigkeit erfordert einen in objektiver Hinsicht schweren und in subjektiver Hinsicht nicht entschuldbaren Verstoß gegen die Anforderungen der im Verkehr erforderlichen Sorgfalt. Diese Sorgfalt muss in ungewöhnlich hohem Maße verletzt und es muss dasjenige unbeachtet geblieben sein, was im gegebenen Fall jedem hätte einleuchten müssen. Es muss eine auch subjektiv schlechthin unentschuldbare Pflichtverletzung vorliegen, die das in § 276 Abs. 2 BGB bestimmte Maß erheblich überschreitet.[565] Das ist zB der Fall, wenn der Sachverständige den Begriff der ortsüblichen Vergleichsmiete völlig falsch anwendet.

**b) Mietspiegel.** Gibt es in der Gemeinde einen **Mietspiegel,** so ist zu unterscheiden: Handelt es sich um einen einfachen oder einen qualifizierten Mietspiegel? Gemeinsam ist beiden Arten von Mietspiegeln, dass sie keine förmlichen Beweismittel nach der ZPO sind.[566] Gibt es in der Gemeinde jedoch einen qualifizierten Mietspiegel, so spricht gem. § 558d Abs. 3 BGB eine **widerlegbare Vermutung** dafür, dass die in ihm angegebenen Werte die ortsübliche Vergleichsmiete wiedergeben.[567] Die Einholung eines Sachverständigengutachtens wird in Gemeinden mit qualifiziertem Mietspiegel regelmäßig ausscheiden.[568] Aber allein die Existenz eines qualifizierten Mietspiegels entbindet das Gericht nicht, sich mit dessen Zustandekommen intensiv zu beschäftigen, wenn eine Partei entsprechende Einwände erhebt.[569] Derjenige, der sich die Vermutungswirkung beruft, muss die Vermutungsgrundlagen, also die Einhaltung der anerkannten wissenschaftlichen Grundsätze, darlegen und beweisen.[570] Dafür sprechen ab 1.7.2022 wiederum zwei Vermutungen, nämlich zum einen wird widerleglich vermutet, dass ein Mietspiegel nach den wissenschaflichen Grundsätze der Mietspiegelerstellung erstellt worden ist, wenn er den Anforderungen der MietspiegelVO (abgedr. → BGB Anh. §§ 558c, 558d) entspricht und zum anderen wird die Einhaltung der Grundsätze widerleglich vermutet, wenn er von der nach Landesrecht zuständigen Behörde und jeweils einem Interessenverband der Vermieter und Mieter als qualifiziert anerkannt worden ist. Wegen der Voraussetzungen und der Rechtsfolgen siehe die Kommentierung → BGB §§ 558c–558d. 108

Problematisch ist seit Einführung des qualifizierten Mietspiegels die Verwendung **einfacher Mietspiegel** gem. § 558c BGB im Prozess. Hierzu zählen auch die Teile eines qualifizierten Mietspiegels, die wegen nicht ausreichender Feldbesetzung (sog. „Sternchenfelder") als nicht qualifiziert gelten (→ BGB § 558a Rn. 161) oder gem. § 6 Abs. 2 S. 2 MsV Mietspiegel, die den Anforderungen der MietspiegelVO an qualifizierte Mietspiegel nicht entsprechen. Der Gesetzgeber hat in § 558d Abs. 3 BGB nur den qualifizierten Mietspiegeln im Prozess eine Beweiswirkung in Form der Vermutung beigemessen. Das bedeutet im Umkehrschluss, dass Mietspiegel, die die Voraussetzungen des § 558d BGB nicht erfüllen, zumindest keine Vermutungswirkung zukommt. Damit wäre die Einführung des qualifizierten Mietspiegels in der Masse der Verfahren kontraproduktiv, da allenfalls ca. 10% der Mietspiegel in der Bundesrepublik als qualifiziert anzusehen sind (→ BGB §§ 558c–558d Rn. 6).[571] 109

Einfache Mietspiegel sind **kein förmliches Beweismittel** nach den Vorschriften der ZPO.[572] In der Vergangenheit wurden Mietspiegel auch ohne das Rechtsinstitut der qualifizierten Mietspiegel von den Gerichten zur Ermittlung der ortsüblichen Vergleichsmiete herangezogen (s. die Tabelle → Rn. 119). Es wurden verschiedene dogmatische Ansätze vertreten, wie die Werte eines solchen einfachen Mietspiegels im Zustimmungsprozess verwandt werden können und zwar 110

---

564 BGH I ZR 47/15, NZM 2016, 828.

565 BGH III ZR 345/12, NJW-RR 2014, 90.

566 *Rips* WuM 2002, 415 (419); LG Halle JMBl. LSA 2001, 286; **aA** HWE MietR-HdB/*Emmert* § 12 Rn. 80; so auch die Hinweise zur Aufstellung von Mietspiegeln, abgedr. bei *Börstinghaus* Miethöhe-HdB S. 764 Rn. 16 (nicht amtl.).

567 BGH VIII ZR 46/12, NZM 2013, 138; *Börstinghaus/Clar* NZM 2014, 889.

568 LG Berlin GE 2012, 271; LG Hamburg WuM 2005, 726.

569 BGH VIII ZR 46/12, NZM 2013, 138; *Börstinghaus/Clar* NZM 2014, 889.

570 BGH VIII ZR 46/12, NZM 2013, 138.

571 *Börstinghaus/Börstinghaus* NZM 2003, 377.

572 KG NJW-RR 1992, 80; LG Halle JMBl. ST 2001, 286; *Rips* WuM 2002, 415 (419); MüKoBGB/*Artz* § 558c Rn. 5.

– als ein antizipiertes Sachverständigengutachten,[573]
– als ein normkonkretisierender Verwaltungsakt,[574]
– als eine Übersicht, die die in ihr ausgewiesenen Zahlen allgemeinkundig macht,[575] so dass sie im Wege des Freibeweises[576] in den Prozess eingeführt werden können,
– als ein Parteigutachten,[577]
– als eine amtliche Auskunft,[578]
– iRd § 287 ZPO,[579]
– oder schlicht als ein in der ZPO[580] nicht vorgesehenes Beweismittel eigener Art.[581]

111 Die Frage, ob ein Mietspiegel im Prozess zur Ermittlung der ortsüblichen Vergleichsmiete herangezogen wird oder nicht hängt von der systematischen Bewertung des **Begriffs der ortsüblichen Vergleichsmiete** ab. Da es sich bei der ortsüblichen Vergleichsmiete um eine „modifizierte Durchschnittsmiete"[582] handelt, bedarf es zur Feststellung dieses Wertes einer **empirischen Datenerhebung,** die umso genauer ist, umso größer aber vor allem auch repräsentativer die zu Grunde liegende Datenerhebung ist. Wenn einem Mietspiegel eine solchen Ansprüchen genügende Datenerhebung zu Grunde liegt, dann ist der Mietspiegel einem üblichen Sachverständigengutachten deutlich überlegen.[583] Zur Ermittlung der ortsüblichen Vergleichsmiete mittels Sachverständigengutachten wäre grds. eine Datenerhebung auf Grund einer repräsentativen Stichprobe notwendig. Diesen Anforderungen genügen die Sachverständigengutachten allenfalls in extremen Ausnahmefällen. Deshalb ist der Mietspiegel den übrigen Beweismitteln überlegen. Soweit dies in der Praxis verneint wird, beruht das auf einem anderen Verständnis vom Begriff der ortsüblichen Vergleichsmiete als einer „marktorientierten Miete".[584] Ihr liegt die Überzeugung zu Grunde, dass ein allgemein aufgestellter Mietspiegel dem Einzelfall, insbes. der Marktentwicklung seit seiner Erstellung, nicht ausreichend gerecht wird. Dazwischen gibt es eine Reihe vermittelnder Ansichten.[585] Ein Rechtsentscheid zu dieser Frage konnte nicht ergehen, da es sich bei der Ermittlung der ortsüblichen Vergleichsmiete um eine Frage der Tatsachenfeststellung handelt.[586] Auch wenn der Mietspiegel generell zur Ermittlung der ortsüblichen Vergleichsmiete im Prozess in Betracht kommt, kann seine Verwendung im Einzelfall aber ausgeschlossen sein, zB bei besonderen **Adresslagen.**[587]

---

[573] Ausdrücklich für einfache Mietspiegel nach der Mietrechtsreform AnwK WohnraumMietR/*Lammel* BGB § 558d Rn. 37; zum alten Recht OLG Frankfurt a. M. NJW-RR 1994, 1233; KG GE 1994, 991 (995); LG Frankfurt a. M. NJW-RR 1991, 1417; AG Dresden NZM 2000, 460; AG Lüdenscheid WuM 1996, 772; AG Frankfurt WuM 1993, 621; 1992, 626; AG Schönberg MM 1992, 210; **aA** für OWi-Verfahren: *Bohnert,* Ordnungswidrige Mietpreisüberhöhung, 1996, 73, da die §§ 72f. StPO einen konkreten Sachverständigen, der sein Gutachten in der Hauptverhandlung vorträgt, verlangen.

[574] *Huber* ZMR 1992, 469 im Anschluss an *Niederberger* WuM 1980, 172; **aA** *Hinkelmann,* Die ortsübliche Miete, 1999, 128.

[575] KG NJW-RR 1992, 80; LG Berlin GE 1996, 1486; MM 1994, 66; LG Düsseldorf WuM 1990, 393; *Winter* WuM 1977, 85.

[576] LG Duisburg WuM 2005, 460; LG Arnsberg WuM 1992, 443; LG Hamburg WuM 1978, 134; HmbGE 1981, 591; LG Bochum ZMR 1993, 284; *Sternel* MietR Kap. IV Rn. 222; *Sternel* PiG 10 (1982), 127 (140); *Hinkelmann,* Die ortsübliche Miete, 1999, 131; es soll sich aber nicht um offenkundige Tatsachen iSd § 291 ZPO handeln: MüKoBGB/*Artz* § 558c Rn. 5.

[577] AG Dresden NZM 2000, 460; MüKoBGB/*Artz* § 558c Rn. 5; *Voelskow* ZMR 1992, 327; Staudinger/*Emmerich* BGB § 558c Rn. 6; *V. Emmerich* GE 1988, 434; **aA** für OWi-Verfahren *Bohnert,* Ordnungswidrige Mietpreisüberhöhung, 1996, 73.

[578] LG München I WuM 1992, 25.

[579] *Börstinghaus* NZM 2002, 273.

[580] Nach *Bohnert,* Ordnungswidrige Mietpreisüberhöhung, 1996, 73, ist der Mietspiegel im OWi-Verfahren ein Beweismittel „gemischter Natur", zusammengesetzt aus Elementen des Urkunds- und des Augenscheinbeweises.

[581] LG Lübeck WuM 2001, 82; LG Landau ZMR 1985, 129; LG Essen WuM 1991, 120; LG Hamburg WuM 1991, 49; LG Landshut WuM 1990, 223; LG Bonn WuM 1982, 18; LG Berlin WuM 1996, 102; LG Wiesbaden WuM 1996, 420; AG Norderstedt WuM 1990, 356; AG Charlottenburg WuM 1992, 138; *Hinkelmann,* Die ortsübliche Miete, 1999, 132.

[582] → BGB § 558 Rn. 44.

[583] LG Lübeck WuM 2001, 82; AG Charlottenburg GE 2015, 457 (459).

[584] OLG Stuttgart NJW 1981, 2365, für § 5 WiStG; OLG Stuttgart NJW-RR 1994, 334; LG Berlin GE 1990, 1209; 1991, 1151; 1992, 213; AG Schöneberg GE 1993, 209; AG Charlottenburg GE 1992, 43.

[585] *LG Bochum NJW-RR 1991,* 1039; LG Berlin GE 1993, 49; 1993, 585.

[586] KG NZM 1998, 188, Ermittlung der Nettomiete aus Bruttomietspiegel; KG GE 1994, 991, OWi-Verfahren nach § 5 WiStG; KG NJW 1992, 80; OLG Hamm WuM 1984, 238.

[587] AG Hamburg-Blankenese ZMR 1998, 568.

Da der **einfache Mietspiegel**[588] weder ein zivilprozessuales Beweismittel[589] darstellt noch ihm eine Vermutungswirkung beigemessen werden darf, können seine Werte im Rahmen der freien Beweiswürdigung iRd § 287 Abs. 2 ZPO herangezogen werden.[590] Die Vorschrift stellt an das Maß der Überzeugungsbildung des erkennenden Richters geringere Anforderungen als die Vorschrift des § 286 ZPO. Nach § 287 ZPO ist der Richter ermächtigt, sich mit einer mehr oder minder hohen – mindestens aber überwiegenden – Wahrscheinlichkeit zu begnügen.[591] Das Gericht hat in Verfahren, bei denen die Ermittlung der Tatsachen, die zur Feststellung der Höhe von strittigen Forderungen, notwendig sind aber mit Schwierigkeiten verbunden sind, ein großes Ermessen, wie es diese Feststellungen trifft. Das Gericht entscheidet dabei unter Würdigung aller Umstände nach freier Überzeugung. In diesem Rahmen ist die Verwendung einfacher Mietspiegel weiterhin zulässig.[592] Das Gericht ist aber nicht verpflichtet, seine Überzeugungsbildung auf solche aussagekräftigen Indizien eines Mietspiegels zu stützen und von der Erhebung des von der beweisbelasteten Partei zum Nachweis der Haupttatsache angebotenen Beweismittels abzusehen.[593] Auch ein sog. „Sternchenfeld" eines qualifizierten Mietspiegels (→ BGB § 558 a Rn. 161) kann einem Sachverständigengutachten überlegen sein.[594] Das hat nichts mit einer Vermutungswirkung zu tun, sondern ist ein Indiz. Einem einfachen Mietspiegel kann deshalb nur eine **Indizwirkung** zukommen.[595] Wie bei der Vermutungswirkung des qualifizierten Mietspiegels auch, bezieht sich die Indizwirkung aber auch nur darauf, dass die ortsübliche Einzelvergleichsmiete innerhalb der maßgeblichen Mietspiegelspanne liegt.[596] Ob einem einfachen Mietspiegel eine Indizwirkung zukommt oder nicht, hängt von den Umständen des Einzelfalls ab. Für alle Mietspiegel kann dies wegen der sehr unterschiedlichen Qualität einfacher Mietspiegel nicht pauschal behauptet werden.[597] Der BGH differenzierte an dieser Stelle früher nicht. Seiner Meinung nach liege es eher fern anzunehmen, die Interessenvertreter der Vermieter und der Mieter würden einen Mietspiegel erstellen oder billigen, der den Interessen ihrer jeweiligen Mitglieder widerspricht, weil er die ortsübliche Vergleichsmiete, die tatsächlichen Verhältnisse ignorierend, unzutreffend abbildet. Inzwischen hat der BGH dies zumindest etwas relativiert, wenn er formuliert, dass die Werte eines einfachen Mietspiegels vom Tatrichter bei der Überzeugungsbildung „(mit)berücksichtigt" werden dürfen.[598] Im Falle eines einfachen Mietspiegels stelle sich für die Tatsacheninstanz jeweils die Frage, ob diesem tatsächlich eine mögliche Indizwirkung hinsichtlich der richtigen Wiedergabe der ortsüblichen Vergleichsmiete durch die dort angegebenen Entgelte Bedeutung zukommt.[599] So kann die Indizwirkung erschüttert sein, wenn zwischen dem Stichtag der Mietspiegelerstellung und dem Zugang des Erhöhungsverlangens eine erhebliche Mietenentwicklung stattgefunden hat. In diesem Fall können die Gerichte einen Stichtagszuschlag zu den Mietspiegelwerten hinzurechnen (→ Rn. 122). Einer Orientierungshilfe[600] zur Einordnung der konkreten Wohnung in eine Mietspiegelspanne kommt keine Indizwirkung 112

[588] Hierzu zählt auch der von der Gemeinde als qualifiziert bezeichnete Mietspiegel, der aber dies aber nach Ansicht des Gerichts nicht ist: LG Bochum DWW 2007, 298.

[589] Bub/Treier MietR-HdB/*Schultz* Kap. III A Rn. 1376 *Börstinghaus/Clar* NZM 2014, 889.

[590] BGH VIII ZR 22/20; BeckRS 2021, 13354; VIII ZR 123/20, NZM 2021, 88; VIII ZR 99/09, NZM 2010, 665; KG NZM 2009, 544; LG Nürnberg-Fürth WuM 2015, 675; LG Bochum DWW 2007, 298 mAnm *Börstinghaus;* LG Duisburg WuM 2005, 460; AG Dortmund WuM 2003, 35 m.zust.Anm *Beuermann* GE 2003, 233; LG Berlin GE 2003, 1020; MüKoBGB/*Artz* § 558 c Rn. 5; krit. *Abramenko* MietRB 2016, 94. Zum erforderlichen Grad der Überzeugungsbildung s. → Rn. 98.

[591] BGH VI ZR 396/18; NJW 2020, 236.

[592] Für Mietspiegel Dresden: BGH VIII ZR 245/17, NZM 2019, 250; Für Mietspiegel Berlin: BGH VIII ZR 123/20, NZM 2021, 88; BGH VIII ZR 355/18, NZM 2020, 534; BGH VIII ZR 45/19, NZM 2020, 551.

[593] BGH VIII ZR 123/20, NZM 2021, 88.

[594] LG Berlin GE 2015, 127.

[595] BGH VIII ZR 245/17, NZM 2019, 250; *Börstinghaus* LMK 2019, 415378; BGH VIII ZR 295/15, WuM 2017, 208; VIII ZR 46/12, NZM 2013, 138; VIII ZR 99/09, NZM 2010, 665; LG Nürnberg-Fürth WuM 2015, 675; *Börstinghaus/Clar* NZM 2014, 889; Bub/Treier MietR-HdB/*Schultz* Kap. III A Rn. 1376, ggf. auch nur „grobe Orientierungsmöglichkeit".

[596] BGH VIII ZR 123/20, NZM 2021, 88.

[597] Ähnlich krit. Bub/Treier MietR-HdB/*Schultz* Kap. III A Rn. 1380.

[598] BGH VIII ZR 295/15, NZM 2017, 321 mAnm *Fleindl* NZM 2017, 325.

[599] BGH VIII ZR 354/12, BGHZ 197, 366 = NZM 2013, 610; VIII ZR 46/12, NZM 2013, 138; VIII ZR 99/09, NZM 2010, 665; LG Berlin WuM 2016, 670; 2018, 209.

[600] Äußerst krit. zur Qualität von Orientierungshilfen Staudinger/*V. Emmerich* BGB § 558 Rn. 28, es treffe nicht zu, dass sie von Fachleuten aufgestellte Erfahrungssätze seien, sie würden im besten Fall von Fachleiten frei geschätzt und im schlimmsten Fall nach dem Prinzip „do ut des" ausgehandelt.

zu.[601] Der **Indizienbeweis** ermöglicht nämlich einen vollen Beweis iSd § 286 ZPO, die Orientierungshilfe stellt nur eine **Schätzungsgrundlage** dar.[602]

**112a** In der Regel streiten die Parteien über die konkrete Einordnung einer Wohnung in einen solchen Mietspiegel und ggf. auch über die Frage, ob bestimmte Ausstattungsmerkmale vorliegen; die Werte des Mietspiegels an sich sind häufig zwischen den Parteien gar nicht im Streit. Dies gilt insbes. auch dann, wenn die Parteien ausschließlich über die richtige Einordnung innerhalb der Spanne streiten.[603] Ob die von einem einfachen Mietspiegel ausgehende Indizwirkung im Einzelfall zum Nachweis der Ortsüblichkeit der verlangten Miete ausreicht, hängt davon ab, welche Einwendungen der Mieter gegen den Erkenntniswert des Mietspiegels erhebt. Von der Systematik her ist der Indizienbeweis ein indirekter Beweis. Es wird aus tatbestandsfremden (Hilfs-)Tatsachen der Schluss auf das Vorliegen der Haupttatsache gezogen. Nach der grundlegenden Entscheidung des BGH[604] ist der **Indizienbeweis** geführt, wenn andere Schlüsse aus den Indiztatsachen ernstlich nicht in Betracht kommen. Die **Darlegungs- und Beweislast** für das Vorliegen der Hilfstatsache richtet sich danach, wer den Hauptbeweis zu erbringen hat. Das ist in Verfahren der vorliegenden Art immer der Vermieter. Trotzdem verlangt der VIII. Senat, dass der Mieter substantiierte Einwände gegen den Mietspiegel erhebt.[605] Die Anforderungen daran sind nach der Rspr. sogar sehr hoch. So soll der Mieter etwa substantiiert vortragen, den Verfassern des Mietspiegels habe es an der erforderlichen Sachkunde gefehlt oder sie hätten sich von sachfremden Erwägungen leiten lassen oder der Mietspiegel beruhe auf unrichtigem oder nicht repräsentativem Datenmaterial. Da das alles Tatsachen sind, die der Mieter nicht kennt, reicht hier durchaus ein **Bestreiten mit Nichtwissen.**[606] Der Vermieter muss dann solche Tatsachen zu dem Mietspiegel vortragen, die es rechtfertigen aus seinen Werten auf die Haupttatsache, nämlich die ortsübliche Vergleichsmiete, zu schließen.

**113** Gegen die Verwendung von Mietspiegeln im Prozess bestehen auch **keine verfassungsrechtlichen Bedenken.**[607] Dies ergibt sich daraus, dass der Gesetzgeber bereits mit der Novelle 1982 nicht nur eine verstärkt marktorientierte Anpassung, sondern ganz wesentlich auch das Ziel verfolgt hat, die Verwendung von Mietspiegeln zu verstärken. Er sah diese nicht nur als die beste Möglichkeit zur vorprozessualen Begründung des Erhöhungsverlangens an; er hat vielmehr zusätzlich herausgestellt, sie seien das beste Mittel zum „Nachweis" der ortsüblichen Vergleichsmiete.[608] Der Mietrechtsreformgesetzgeber hat dies noch verstärken wollen indem er qualifizierte Mietspiegel geschaffen hat. Eine Abwertung einfacher Mietspiegel sollte damit nicht verbunden sein. Es entspricht daher dem Willen des Gesetzgebers, wenn die herrschende Rechtspraxis die Ortsüblichkeit des geforderten Mietzinses nach Möglichkeit unter Verwendung ordnungsgemäß aufgestellter Mietspiegel ermittelt. Auch wenn Mietspiegel nicht ausdrücklich in der ZPO als Beweismittel vorgesehen sind, verstößt die Berücksichtigung ihrer Werte nicht gegen das Grundrecht des Vermieters aus Art. 14 Abs. 1 S. 1 GG. Die Verwendung von Mietspiegeln im gerichtlichen Erkenntnisverfahren liegt nämlich auch im Interesse des Vermieters. Sie garantiert nicht nur eine rasche Entscheidung, sie erleichtert dem Vermieter vielmehr zugleich in ganz erheblichem Maße die ihm obliegende prozessuale Darlegungslast. Ihr Vorzug besteht aber vor allem darin, dass ordnungsgemäß aufgestellte Mietspiegel idR auf einer erheblich breiteren Tatsachenbasis beruhen, als sie ein gerichtlich bestellter Sachverständiger mit einem Kosten- und Zeitaufwand ermitteln könnte, der zum Streitwert des gerichtlichen Verfahrens in einem angemessenen Verhältnis stünde. Ihre Verwendung vermeidet daher die Entstehung von **Rechtsverfolgungskosten,** die im Falle eines Teilunterliegens den erstrittenen Erhöhungsbetrag leicht erheblich schmälern oder sogar vollständig aufzehren können. Solche Kosten sollen die Instanzgerichte im Interesse der Parteien vermeiden.[609] Die Hinzuziehung eines Sachverständigen ist deshalb nur dann erforderlich, wenn für die Entscheidung Erfahrungssätze oder Spezialkenntnisse benötigt werden. Dies ist bei der Einordnung einer

---

[601] BGH VIII ZR 123/20, NZM 2021, 88.
[602] BGH VIII ZR 22/20, BeckRS 2021, 13354; VIII ZR 123/20, NZM 2021, 88.
[603] BGH VIII ZR 123/20, NZM 2021, 88.
[604] BGH III ZR 139/67, NJW 1970, 946.
[605] BGH VIII ZR 99/09, NZM 2010, 665; inzidenter auch BGH VIII ZR 245/17, NZM 2019, 250.
[606] *Börstinghaus/Clar* NZM 2014, 889.
[607] *BVerfG NJW 1992, 1377* mAnm *Schopp* ZMR 1993, 284; BVerfG WuM 1991, 523.
[608] BT-Drs. 9/2079, 8.
[609] BVerfG NJW 1992, 1377; BGH VIII ZR 94/04, NJW 2005, 2310; Kossmann/Meyer-Abich Wohnraummiete-HdB/*Meyer-Abich* § 155 Rn. 35.

Wohnung in den Mietspiegel idR nicht der Fall[610], jedoch ist es auch nicht zu beanstanden, wenn das Gericht hierzu ein Gutachten einholt.[611] Da eine solches Bewertungsgutachten im Zweifel auch günstiger ist, als ein Gutachten zur Feststellung der Qualifikation eines Mietspiegels iSd § 558d BGB, ist es auch nicht zu beanstanden, wenn das Gericht die Einordnung eines Mietspiegels als qualifizierten Mietspiegel dahinstehen lässt und den Mietspiegel als einfachen Mietspiegel verwertet, aber zu Spanneneinordnung ein Gutachten einholt.[612]

Die Entscheidung, ob im konkreten Einzelfall ein Mietspiegel vom Gericht zur Ermittlung **114** der ortsüblichen Vergleichsmiete herangezogen wird, hängt vor allem von der **Qualität des Mietspiegels** ab.[613] Nur ordnungsgemäß erstellte Mietspiegel können zur Ermittlung der ortsüblichen Vergleichsmiete herangezogen werden.[614] Dabei bezieht sich ordnungsgemäß nicht nur auf die Formalien des Aufstellungsverfahrens nach der MietspiegelVO, sondern vor allem auf die Frage, ob die Werte „richtig" sind. Der Tatrichter muss im Rahmen der ihm obliegenden freien Beweiswürdigung feststellen und bewerten, ob das Zahlenmaterial hinsichtlich der Datengewinnung und -auswertung vollständig ermittelt und dargestellt wurde.[615] Obwohl für das Mieterhöhungsverlangen die verschiedenen Mietspiegelarten gleich behandelt werden, sind nur empirisch auf Grund einer Datenerhebung erstellte Mietspiegel jedem Sachverständigengutachten überlegen, wo hingegen ausgehandelte Mietspiegel keine Erkenntnisquelle sein können.[616]

Zweifel an der gerichtlichen Verwertbarkeit von Mietspiegel können sich auch aus der benutz- **115** ten Auswertungsmethode[617] ergeben. Mietspiegel, die mittels der **Regressionsanalyse**[618] erstellt worden sind, sind von den Gerichten entweder wegen genereller Zweifel an der Geeignetheit dieser Methode[619] oder auf Grund methodischer Fehler im Einzelfall nicht zur Ermittlung der ortsüblichen Vergleichsmiete herangezogen worden.[620] Die Regressionsmethode ist zwar ein anerkanntes statistisches Verfahren, sie basiert aber auf einem komplexen mathematischen Modell. Dies Modell setzt einige bedeutsame Annahmen voraus. Entsprechen diese Annahmen nicht der Realität, dann spiegelt ein Regressionsmietspiegel die Realität nur verfälscht wider und ist zumindest als **Beweismittel im Prozess** unbrauchbar. Die Festlegung der Annahmen bedeutet auch schon eine Wertentscheidung. Deshalb bergen Regressionsmietspiegel ein sehr viel höheres Risiko in sich, von den Gerichten nicht anerkannt zu werden als Tabellenmietspiegel,[621] die die ermittelten Daten nur zusammenfassend darstellen. Mit einem Regressionsmietspiegel kann die ortsübliche Vergleichsmiete für Wohnraum errechnet werden, den es uU in der Gemeinde gar nicht gibt. Auch wenn das Ausmaß der Auseinandersetzung in der mietrechtlichen Lit.[622] und

---

[610] LG Dortmund WuM 2003, 297.

[611] BGH VIII ZR 123/20, NZM 2021, 88.

[612] BGH VIII ZR 123/20, NZM 2021, 88.

[613] BGH VIII ZR 46/12, NZM 2013, 138; *Clar* WuM 2013, 233; LG Lübeck WuM 2001, 82; 1995, 189; LG Bochum NJW-RR 1991, 1039; Sternel MietR Kap. IV Rn. 216.

[614] VerfGH Berlin NZM 1998, 183.

[615] BVerwG NJW 1996, 2046 (2047); VerfGH Berlin NZM 1998, 183.

[616] AG Frankfurt NJW-RR 1989, 12; *Börstinghaus* WuM 1997, 421.

[617] Ein tabellarischer Vergleich zwischen den beiden Auswertungsverfahren „Regression" und „Tabelle" befindet sich bei *Börstinghaus/Clar* Mietspiegel Rn. 650; zur Frage, was für welche Methode spricht: *Leutner* WuM 2019, 128.

[618] *Börstinghaus/Clar* Mietspiegel Rn. 647.

[619] LG München WuM 2002, 547.

[620] ZB mit ausführlicher Begründung LG München WuM 2002, 547; 1996, 709 mablAnm *Blank* WuM 1977, 178; die gegen das Urteil eingelegte Verfassungsbeschwerde wurde nicht zur Entscheidung angenommen: BVerfG WuM 1997, 202; nach *Krämer* WuM 1992, 172 (174), soll jeder per Regressionsanalyse erstellte Mietspiegel bis zum Beweis des Gegenteils als statistisch unzulässig anzusehen sein in „Prämissen und Handlungsempfehlungen zur Reform des Mietspiegelrechts – Gutachterstudie –" S. 15 empfiehlt er „Regressionsmietspiegel nur dann zuzulassen, wenn der Ersteller nachweislich etwas von Regressionsanalyse versteht"; zweifelhaft AG Charlottenburg WuM 2015, 361.

[621] *Börstinghaus/*Clar Mietspiegel Rn. 384, 650.

[622] *Voelskow* WuM 1993, 21; ZMR 1992, 326; *Aigner/Oberhofer/Schmidt* WuM 1993, 10; 1993, 16; *Oberhofer/Schmidt* WuM 1995, 137; 1993, 585; *Oberhofer/Schmidt,* Kriterien der Mietspiegelerstellung, Teilgutachten im Rahmen des Forschungsvorhabens „Auswirkungen mietrechtlicher Regelungen auf die Mietenentwicklung und die Wohnungsversorgung", 1996; *Krämer* WuM 1992, 175; *Gaede/Kredler* WuM 1992, 578; *Alles* WuM 1988, 241; *Isenmann* ZMR 1993, 446; *Blinkert/Höfflin* WuM 1994, 589; *Schießl* WuM 1995, 18; *Clar* WuM 1992, 662; *Klein/Martin* WuM 1994, 513.

Rspr.[623] etwas anderes vermuten lässt, so sind Regressionsmietspiegel in der Bundesrepublik zurzeit immer noch die Ausnahme darstellen. Nur eine sehr kleine Zahl von Mietspiegeln wurde nach diesem Verfahren erstellt, wobei bei weiteren Mietspiegeln auch Mischformen zwischen Tabellenmethode und Regressionsmethode verwandt werden. Die geringe Zahl wird aber dadurch relativiert, dass gerade die Mietspiegel von Millionenstädten wie München und Frankfurt nach der Regressionsmethode erstellt wurden und dort vor Gericht unterschiedlich Bestand hatten. Die Arbeitshilfe zur Erstellung von Mietspiegeln in Sachsen empfiehlt auf Grund der unkomplizierten Handhabung und der großen Zuverlässigkeit ausdrücklich die Aufstellung von Mietspiegeln nach der Tabellenmethode.

**116** Keine Frage der Geeignetheit eines Mietspiegels zur Ermittlung der ortsüblichen Vergleichsmiete im Prozess ist die Frage, ob an der Mietspiegelerstellung „alle Interessengruppen in ausreichender Weise beteiligt" waren.[624] Dies ist uU von Bedeutung für die Frage, ob das Mieterhöhungsverlangen mit einem solchen Mietspiegel begründet werden darf,[625] hat aber keine Bedeutung für die Frage, ob in einem Mietspiegel die sog. ortsübliche Vergleichsmiete richtig wiedergegeben wird. Wie in der Politik auch, bedeutet **der kleinste gemeinsame Nenner** zwischen den an der Mietspiegelerstellung beteiligten Verbänden nicht unbedingt, dass dieser Wert richtig ist. Es ist nur der Wert, der konsensfähig war. Die Tatsache, dass ein bestimmter Wert die Zustimmung aller an der Mietspiegelerstellung beteiligten Verbände gefunden hat, rechtfertigt auch keinen Anscheinsbeweis für die Richtigkeit dieses Wertes. Das BVerwG[626] hat mit der Begründung, dass es Aufgabe der Zivilgerichte ist, die Richtigkeit der Daten des Mietspiegels zu überprüfen, eine **verwaltungsgerichtliche Klage** gegen einen kommunalen Mietspiegel nach altem Recht für unzulässig erklärt. Dann dürfen sich die Zivilgerichte aber dieser Aufgabe auch nicht entziehen[627] (→ BGB §§ 558c–558d Rn. 14). Die Aufgabe des Mietspiegels als Begründungsmittel und die Ermittlung der ortsüblichen Vergleichsmiete im Prozess sind unterschiedlich und stellen jeweils ganz andere Anforderung an einen Mietspiegel. Als **Begründungsmittel** muss der Mietspiegel vor allem befrieden. Aber wenn es denn zum Prozess kommt, dann haben beide Vertragsparteien ein Recht darauf, dass sich das Gericht mit dem Tatbestandsmerkmal der ortsüblichen Vergleichsmiete gem. § 558 Abs. 2 BGB beschäftigt und versucht, diesen Wert, so schwierig das im Einzelfall ist, möglichst exakt festzustellen. Dazu gehört es auch, die Qualität eines Mietspiegels zu überprüfen. Hat sich das Gericht von der Qualität der Daten und der ermessensfehlerfreien Datenauswertung überzeugt, dann kann es sein Urteil bei der Feststellung der ortsüblichen Vergleichsmiete als Obergrenze des dem Vermieter zustehenden Zustimmungsanspruch, auf diesen Mietspiegel stützen.

**117** Um zu überprüfen, wie die Werte des Mietspiegels zustande gekommen sind, ist auch bei einfachen Mietspiegeln eine **Dokumentation**[628] der Mietspiegelerstellung wichtig. Sie ist jetzt gem. § 4 MsV auch für einfache Mietspiegel vorgeschrieben. Nach den Vorstellungen des Verordnungsgebers[629] soll anhand der Dokumentation zumindest grob nachvollzogen werden können, auf welche Weise und auf welchen Grundlagen die im Mietspiegel ausgewiesenen Werte ermittelt wurden. Hierzu sollen Angaben dazu gehören, welche Daten oder sonstigen tatsächlichen Grundlagen in welchem Umfang verwendet wurden. Der Verordnungsgeber stellte sich auch vor, dass der Weg von der Auswertung zur Darstellung der ortsüblichen Vergleichsmiete im Mietspiegel erläutert wird. Das soll die Verwendung **einfacher Mietspiegel als Schätzgrundlage** verbessern.[630] Genauso wie die Veröffentlichung eines Mietspiegels entsprechend der Vorgabe in § 558c Abs. 4 S. 2 BGB keine Wirksamkeitsvoraussetzung für einen einfachen Mietspiegel ist[631], ist auch die Dokumentation keine Wirksamkeitsvoraussetzung für einen Mietspiegel. Ist aber eine Dokumenta-

---

[623] OLG Karlsruhe NJW 1997, 3388; LG München WuM 2002, 547; 1996, 709 mablAnm *Blank* WuM 1997, 178; LG Frankfurt a. M. NJW-RR 1993, 277; LG München NJW-RR 1993, 1427; LG Kiel HmbGE 1994, 235; LG Freiburg NJWE-MietR 1996, 51.

[624] So aber LG Darmstadt WuM 1997, 442 mAnm *Börstinghaus* WuM 1997, 421; AG Bergheim WuM 1998, 36.

[625] OLG Hamm NJW-RR 1991, 209.

[626] BVerwG NJW 1996, 2046 mAnm von *Storr* ZMR 1996, 453; die gegen das Urteil eingelegte Verfassungsbeschwerde wurde nicht zur Entscheidung angenommen: 1 BvR 701/96; *Huber* JZ 1996, 893; *Brodersen* JuS 1997, 279; *Schönlau* DVP 1996, 172; *Vahle* DVP 1997, 37.

[627] BGH VIII ZR 46/12, NJW 2013, 775; BGH VIII ZR 346/12, NJW 2014, 292; LG Bochum DWW 2007, 298; dafür jetzt auch LG Berlin GE 2012, 271 unter Aufgabe seiner gegenteiligen Auffassung LG Berlin GE 2004, 1296.

[628] *Börstinghaus/Clar* Mietspiegel Rn. 388, 697; *Börstinghaus* WuM 1997, 421.

[629] BR-Drs. 766/20, 22.

[630] BR-Drs. 766/20, 22.

[631] BR-Drs. 22/21, 24.

tion nicht erfolgt, scheidet eine Verwendung eines einfachen Mietspiegels im Prozess als Indiz aus. Das Gericht darf sein Urteil nur auf Werte stützen, die feststehen oder auf Grund ihrer nachvollziehbaren Ermittlungsmethode mit hoher Wahrscheinlichkeit feststehen. Wenn das Gericht sich davon nicht überzeugen kann, dann ist der Mietspiegel auch nicht verwertbar. Eine Dokumentation ist auch deshalb erforderlich, weil das Gericht insbes. die Datenqualität überprüfen können muss. Nicht die Menge der Daten ist entscheidend, sondern vor allem deren Qualität.

Damit kommen hier insbes. veraltete qualifizierte Mietspiegel in Betracht, denen also wegen Ablaufs der Zwei-Jahresfrist keine gesetzliche Vermutungswirkung mehr zukommt[632] oder **vermeintlich qualifizierte Mietspiegel,** denen die Qualifikation abgesprochen wird.[633] Das ergibt sich jetzt auch aus § 6 Abs. 2 S. 2 MsV. Verwendet werden können solche einfachen Mietspiegel, die auf einer Datenerhebung beruhen ohne dass die ganz strengen Regeln der Repräsentativität eingehalten wurden oder bei denen ggf. Mängel in der Datenauswertung eine Qualifizierung verhindert haben, **als Indiz.** Maßstab ist die Alternative, die sich dem Gericht stellt. Wenn es nämlich den Mietspiegel nicht heranzieht, dann muss es ein Sachverständigengutachten über die ortsübliche Vergleichsmiete einholen. **118**

Bei der **Verwendung von Mietspiegeln** wird **in der Praxis** teilweise noch unterschieden, ob es sich um ein Zustimmungsverfahren nach § 558 BGB, einen Rückzahlungsanspruch wegen vermeintlich überzahlter Miete gem. § 5 WiStG oder um ein Bußgeldverfahren[634] auf Grund eines Verfahrens nach § 5 WiStG handelt. Im Einzelnen: **119**

| **Mietspiegel** | | **Mietspiegel verwertbar im Verfahren nach** | | | | | |
|---|---|---|---|---|---|---|---|
| | | **§ 558 BGB** | | **§ 5 WiStG Rückforderung** | | **§ 5 WiStG Bußgeldverfahren** | |
| **Ort** | **Jahr** | **ja** | **nein** | **ja** | **nein** | **ja** | **nein** |
| Aachen | 1990 | LG Aachen WuM 1991, 120 | | | | | |
| Aachen | 2015 | LG Aachen GE 2017, 177 | | | | | |
| Berlin | 1988 | LG Berlin WuM 1989, 397 | AG Wedding GE 1989, 947 | | | | KG WuM 1992, 140 |
| Berlin | 1990 | LG Berlin WuM 1990, 119; LG Berlin MM 1992, 352; GE 1992, 296; LG Berlin MM 1992, 282; GE 1991, 1149; AG Neukölln MM 1991, 66 | LG Berlin GE 1990, 1209; AG Schöneberg GE 1993, 209; AG Tiergarten MM 1992, 176; AG Charlottenburg GE 1992, 43; nur bedingt verwertbar LG Berlin GE 1991, 1151 | LG Berlin GE 1996, 1486 | | | KG WuM 1992, 140; KG GE 1994, 991 |

[632] *Langenberg* WuM 2001, 523 (525); AnwK WohnraumMietR/*Lammel* BGB § 558d Rn. 37.

[633] BGH VIII ZR 123/20, NZM 2021, 88; VIII ZR 22/20, BeckRS 2021, 13354; VIII ZR 245/17, NZM 2019, 250; LG Berlin WuM 2018, 502; NZM 2017, 332; GE 2017, 535; GE 2017, 53; WuM 2016, 676; WuM 2016, 670; GE 2016, 1152; WuM 2015, 504; GE 2014, 1338; AG Mitte GE 2016, 593; AG Lichtenberg WuM 2016, 293; AG Charlottenburg WuM 2015, 500; BeckRS 2015, 06289 mAnm *Herlitz* jurisPR-MietR 13/2015 Anm. 3.

[634] KG GE 1994, 991; *Bohnert,* Ordnungswidrige Mietpreisüberhöhung, 1996, 73; *Schopp* ZMR 1993, 284.

| **Mietspiegel** | | **Mietspiegel verwertbar im Verfahren nach** | | | | | |
|---|---|---|---|---|---|---|---|
| | | **§ 558 BGB** | | **§ 5 WiStG Rückforderung** | | **§ 5 WiStG Bußgeldverfahren** | |
| **Ort** | **Jahr** | **ja** | **nein** | **ja** | **nein** | **ja** | **nein** |
| Berlin | 1992 | LG Berlin GE 1993, 749; WuM 1996, 102 | | VerfGH Berlin NZM 1998, 183; LG Berlin MM 1994, 66; MM 1995, 67; GE 1996, 1486; WuM 1996, 102; GE 1995, 813; AG Schöneberg MM 1993, 291 | | | |
| Berlin | 1992 | LG Berlin GE 1993, 749; WuM 1996, 102 | | VerfGH Berlin NZM 1998, 183; LG Berlin MM 1994, 66; MM 1995, 67; GE 1996, 1486; WuM 1996, 102; GE 1995, 813; AG Schöneberg MM 1993, 291 | | | |
| Berlin | 1994 | LG Berlin MM 1996, 78; GE 1995, 565; GE 1994, 1055; GE 1996, 1110 | | VerfGH Berlin NZM 1998, 183; LG Berlin MM 1996, 78; MM 1995, 67; GE 1996, 1486; MM 1998, 81; GE 1998, 42; WuM 1996, 101 | LG Berlin NJWE-MietR 1996, 98 | | |
| | | LG Berlin GE 1997, 187, WuM 1997, 51, zumindest für Altbauwohnungen | | | | | |

| **Mietspiegel** | | **Mietspiegel verwertbar im Verfahren nach** | | | | | |
|---|---|---|---|---|---|---|---|
| | | **§ 558 BGB** | | **§ 5 WiStG Rückforderung** | | **§ 5 WiStG Bußgeldverfahren** | |
| **Ort** | **Jahr** | **ja** | **nein** | **ja** | **nein** | **ja** | **nein** |
| Berlin | 1996 | LG Berlin GE 1996, 1110; GE 1997, 747 | | VerfGH Berlin GE 2005, 423; LG Berlin MM 1997, 407; MM 1998, 81; WuM 1998, 421; GE 1998, 1341; NZM 1998, 1000 | LG Berlin GE 2000, 1107, bei durch Qualität und Lage besonderen Objekten | | |
| Berlin | 1998 | LG Berlin GE 2000, 283; AG Tiergarten GE 1998, 1217; AG Charlottenburg GE 1999, 841 | | VerfGH Berlin GE 2005, 423 | | | |
| Berlin | 2000 | LG Berlin GE 2002, 261; MM 2001, 151 | AG Tiergarten GE 2001, 1200, bei überhöhtem Möblierungszuschlag für Sondermerkmale | | LG Berlin GE 2002, 261, bei sanierten Wohnungen | | |
| Berlin | 2005 | LG Berlin GE 2008, 733 | | | | | |
| Berlin | 2007 | KG NZM 2009, 544[635] | | | | | |
| Berlin | 2009 | | LG Berlin 17.7.2015 – 63 S 220/13[636] | | | | |

[635] Das gilt für die Mietspiegelfelder, die nicht Teil des qualifizierten Mietspiegels sind, weil sie auf lediglich 15–29 Mietedaten basieren.

[636] Dem Mietspiegel Berlin 2009 hat die Kammer die Qualifikation abgesprochen und ihn auch nicht als einfachen Mietspiegel verwendet.

| Mietspiegel | | Mietspiegel verwertbar im Verfahren nach | | | | | |
|---|---|---|---|---|---|---|---|
| | | § 558 BGB | | § 5 WiStG Rückforderung | | § 5 WiStG Bußgeldverfahren | |
| Ort | Jahr | ja | nein | ja | nein | ja | nein |
| Berlin | 2011 | | AG Charlottenburg GE 2014, 325[637]; AG Charlottenburg GE 2014, 1458 | | | | |
| Berlin | 2013 | AG Charlottenburg WuM 2015, 361 | LG Berlin BeckRS 2015, 11344[638]; LG Berlin WuM 2015, 504[639]; AG Charlottenburg WuM 2015, 500[640]; AG Charlottenburg BeckRS 2015, 06289[641] | | | | |
| Berlin | 2015 | LG Berlin WuM 2016, 670; AG Charlottenburg GE 2016, 331[642] | LG Berlin Urt. v. 1.3.2019 – 63 S 230/16 | | | | |
| Berlin | 2017 | LG Berlin WuM 2018, 209 | | | | | |
| Bielefeld | 1981 | LG Bielefeld WuM 1983, 24 | | | | | |
| Bochum | 1989 | LG Bochum WuM 1991, 700 | | | | | |
| Bochum | 1996 [643] | | | LG Bochum NZM 1999, 1001 | | | |

[637] Der Mietspiegel 2011 ist qualifizierter Mietspiegel.

[638] Der Mietspiegel 2013 soll qualifiziert iSd § 558d BGB sein.

[639] Das Gericht hat offen gelassen, ob der Mietspiegel 2013 als qualifiziert zu bewerten ist, zumindest könne er als einfacher Mietspiegel im Prozess verwendet werden.

[640] Mit Anm. *Börstinghaus* jurisPR-MietR 14/2015 Anm. 1.

[641] Mit Anm. *Herlitz* jurisPR-MietR 13/2015 Anm. 3.

[642] Die Gerichte haben offen gelassen, ob der Mietspiegel 2015 als qualifiziert zu bewerten ist, zumindest könne er als einfacher Mietspiegel im Prozess verwendet werden.

[643] Aus dem veröffentlichten Teil des Urteils ist das genaue Datum des Mietspiegels nicht ersichtlich.

| **Mietspiegel** | | **Mietspiegel verwertbar im Verfahren nach** | | | | | |
|---|---|---|---|---|---|---|---|
| | | **§ 558 BGB** | | **§ 5 WiStG Rückforderung** | | **§ 5 WiStG Bußgeldverfahren** | |
| **Ort** | **Jahr** | **ja** | **nein** | **ja** | **nein** | **ja** | **nein** |
| Bonn | 1992 | LG Bonn WuM 1994, 692 | | | | | |
| Braunschweig | 2018 | LG Braunschweig Urt. v. 24.11.2020 – 6 S 307/19 | | | | | |
| Bremerhaven | 1991 | LG Bremen WuM 1992, 626; AG Bremerhaven WuM 1992, 28 | | | | | |
| Datteln | 1990 | AG Recklinghausen WuM 1992, 443 | | | | | |
| Dormagen | 1989 | | LG Düsseldorf 16.12.1990 – 24 S 419/90 | | | | |
| Dortmund | 1990 | LG Dortmund WuM 1991, 559; AG Dortmund WuM 1992, 624 | | AG Dortmund NJW-RR 1991, 1228; LG Dortmund WuM 1997, 332 | | | |
| Dortmund | 1992 | | | | | OLG Hamm NJWE-MietR 1996, 97 | |
| Dortmund | 1994 | AG Dortmund NJW-RR 1995, 971 | | | | | |
| Dortmund | 1995 | AG Dortmund BeckRS 1995, 10897 | | AG Dortmund WuM 1997, 440; LG Dortmund WM 1998, 489 | | | |

| Mietspiegel | | Mietspiegel verwertbar im Verfahren nach | | | | | |
|---|---|---|---|---|---|---|---|
| | | § 558 BGB | | § 5 WiStG Rückforderung | | § 5 WiStG Bußgeldverfahren | |
| **Ort** | **Jahr** | **ja** | **nein** | **ja** | **nein** | **ja** | **nein** |
| Dortmund | 1996 | AG Dortmund 30.9.1997 – 125 C 8196/97 | | | | | |
| Dortmund | 1998 | AG Dortmund NZM 2001, 584 | | | | | |
| Dortmund | 2000 | LG Dortmund ZMR 2002, 918; AG Dortmund WuM 2003, 35 | | | | | |
| Dortmund | 2002 | AG Dortmund WuM 2003, 35; WuM 2004, 718 | | | | | |
| Dortmund | 2004 | LG Dortmund NZM 2006, 134; AG Dortmund NZM 2005, 258 | | | | | |
| Dreieich | 1995 | | | LG Darmstadt WuM 1997, 442; AG Langen WuM 1997, 442 | | | |
| Dresden | 2015 | BGH VIII ZR 245/17, NZM 2019, 250 | | | | | |
| Dresden | 1999 | AG Dresden NZM 2000, 460 | | | | | |
| Düsseldorf | | LG Düsseldorf WuM 1990, 393 | | | | | |
| Elsdorf | 1994 | | | AG Bergheim WuM 1998, 36 | | | |

| **Mietspiegel** | | **Mietspiegel verwertbar im Verfahren nach** | | | | | |
|---|---|---|---|---|---|---|---|
| | | **§ 558 BGB** | | **§ 5 WiStG Rückforderung** | | **§ 5 WiStG Bußgeldverfahren** | |
| **Ort** | **Jahr** | **ja** | **nein** | **ja** | **nein** | **ja** | **nein** |
| Frankfurt/M. | 1987 | LG Frankfurt a. M. WuM 1989, 148; NJW-RR 1991, 1417 | AG Frankfurt NJW-RR 1989, 12 | | | | |
| Frankfurt/M. | 1990 | LG Frankfurt a. M. WuM 1991, 595; 1992, 694; AG Frankfurt WuM 1992, 626 | | LG Frankfurt a. M. NJW-RR 1995, 462 | | AG Frankfurt WuM 1993, 621; 1992, 626 | OLG Frankfurt a. M. WuM 1994, 436 |
| Frankfurt/M. | 1992 | | | LG Frankfurt a. M. WuM 1998, 168 (169) | | AG Frankfurt WuM 1993, 621 | |
| Frankfurt/M. | 2000 | AG Frankfurt WuM 2002, 54 | | | | | |
| Freiburg | 1994 | LG Freiburg NJWE-MietR 1996, 51. | | | | | OLG Karlsruhe NJW 1997, 3388, wegen Mietwucher § 291 StGB |
| Freiburg | 1996 | | | | | | OLG Karlsruhe WuM 1997, 500, wegen Mietwucher § 291 StGB |
| Gelsenkirchen | 1997 | AG Gelsenkirchen-Buer NZM 1998, 509 | | | | | |
| Germering | 1994 | LG München II WuM 1995, 45 | | | | | |

| **Mietspiegel** | | **Mietspiegel verwertbar im Verfahren nach** | | | | | |
|---|---|---|---|---|---|---|---|
| | | **§ 558 BGB** | | **§ 5 WiStG Rückforderung** | | **§ 5 WiStG Bußgeldverfahren** | |
| **Ort** | **Jahr** | **ja** | **nein** | **ja** | **nein** | **ja** | **nein** |
| Germering | 1997 | | LG München II WuM 1998, 726 | | | | |
| Germering | 2000 | LG München II WuM 2003, 97 | | | | | |
| Gladbeck | 1989 | LG Essen WuM 1991, 120 | | | | | |
| Hagen | 1985 | AG Hagen WuM 1989, 579 | | | | | |
| Haltern | 2016 | WuM 2019, 382 | | | | | |
| Hanau | 1989–1993 | | | | LG Hanau WuM 1996, 773 | | |
| Hamburg | 1986 | BVerfG NJW 1992, 1377; LG Hamburg BeckRS 1990, 07737 | | | | | |
| Hamburg | 1989 | LG Hamburg WuM 1990, 31; 1990, 441; 1991, 49; 1991, 699 | | | | | |
| Hamburg | 1993 | LG Hamburg WuM 1996, 45; 1996, 543 | | | | | |
| Hamburg | 1995 | | | LG Hamburg WuM 1998, 490; ZMR 1998, 499 | | | |
| Hamburg | 1997 | AG Hamburg ZMR 1999, 33 | | | | | |
| Hamburg | 1999 | LG Hamburg ZMR 2001, 896 | | | | | |

| Mietspiegel | | Mietspiegel verwertbar im Verfahren nach | | | | | |
|---|---|---|---|---|---|---|---|
| | | § 558 BGB | | § 5 WiStG Rückforderung | | § 5 WiStG Bußgeldverfahren | |
| **Ort** | **Jahr** | **ja** | **nein** | **ja** | **nein** | **ja** | **nein** |
| Heidelberg | 1999 [644] | | | LG Heidelberg WuM 2001, 346 | | | |
| Hochsauerlandkreis | 1991 | LG Arnsberg WuM 1992, 443 = WuM 1992, 625 | | | | | |
| Hochsauerland-/Märkischer Kreis/Stadt Schwerte | 1995 | AG Lüdenscheid WuM 1996, 772 | | | | | |
| Köln | 1988 | LG Köln WuM 1992, 256 | | | | | |
| Köln | 2000 [645] | | AG Köln WuM 2001, 515 | | | | |
| Landshut | 1982 | LG Landshut WuM 1990, 223 | | | | | |
| Lübeck | 1993 | LG Lübeck WuM 1995, 189 | | | | | |
| Lübeck | 1997 | LG Lübeck WuM 2001, 82; 23.11.1999 – 14 S 96/99 | | | | | |
| Lübeck | 1999 | LG Lübeck WuM 2001, 82 | | | | | |
| Lüchow-Dannenberg | 1995/96 | AG Dannenberg 5.8.1997 – 1 C 134/97 | | | | | |
| München | 1999 | | LG München WuM 2002, 547 | | | | |

[644] Aus dem veröffentlichten Teil des Urteils ist das genaue Datum des Mietspiegels nicht ersichtlich.
[645] Aus dem veröffentlichten Teil des Urteils ist das genaue Datum des Mietspiegels nicht ersichtlich.

| Mietspiegel | | Mietspiegel verwertbar im Verfahren nach | | | | | |
|---|---|---|---|---|---|---|---|
| | | § 558 BGB | | § 5 WiStG Rückforderung | | § 5 WiStG Bußgeldverfahren | |
| **Ort** | **Jahr** | **ja** | **nein** | **ja** | **nein** | **ja** | **nein** |
| München | 1994 | | LG München WuM 1996, 709; 1996, 773 | | | | |
| München | 1991 | LG München WuM 1992, 25 | LG München NJW-RR 1993, 1427; WuM 1993, 451 | | | | |
| München | 1990 | LG München WuM 1992, 25 | LG München NJW-RR 1993, 1427; WuM 1993, 451 | | | | |
| München | 1989 | LG München WuM 1992, 25; AG München WuM 1991, 277 | | | | | |
| Neuss | 1990 | LG Düsseldorf WuM 1996, 421 | | | | | |
| Norderstedt | 1989 | AG Norderstedt WuM 1990, 356 | | | | | |
| Osnabrück | 1990 | AG Osnabrück WuM 1992, 138 | | | | | |
| Reutlingen | 2013 | BGH VIII ZR 295/15, NZM 2017, 321[646] | | | | | |
| Schorndorf | 2002 | BGH VIII ZR 99/09, NJW 2010, 2946 | | | | | |
| Stuttgart | 1981 | | | LG Stuttgart WuM 1990, 357 | | | |
| Troisdorf | 1995 | AG Siegburg WuM 1996, 152 | | | | | |

[646] Ggf. mit Stichtagszuschlag wegen der erheblichen Mietsteigerung von ca. 12% in 19 Monaten bis zum Stichtag des Mietspiegels Reutlingen 2015; Anm. *Fleindl* NZM 2017, 325.

| Mietspiegel | | Mietspiegel verwertbar im Verfahren nach | | | | | |
|---|---|---|---|---|---|---|---|
| | | § 558 BGB | | § 5 WiStG Rückforderung | | § 5 WiStG Bußgeldverfahren | |
| Ort | Jahr | ja | nein | ja | nein | ja | nein |
| Voerde | 2004 | LG Duisburg WuM 2005, 460 | | | | | |
| Wesel | 1990 | LG Duisburg WuM 1991, 501 | | | | | |
| Wiesbaden | 1991 | LG Wiesbaden WuM 1996, 420 | | | | | |

Wenn denn ein Mietspiegel benutzt wird, taucht immer wieder die Frage auf, ob in einem Prozess ohne weitere Angaben einer Partei der **jeweilige Mittelwert**[647] oder der untere[648] oder obere[649] Wert einer Mietspiegelspanne maßgeblich ist. Für das Mieterhöhungsverlangen hat der Gesetzgeber in § 558a Abs. 4 S. 1 BGB ausdrücklich eine Regelung getroffen. Danach genügt es, wenn die verlangte Miete innerhalb der entsprechenden Mietspiegelspanne liegt. Dabei geht es aber nur um die formelle Seite des Erhöhungsverlangens. Hier geht es aber um die Tatsachenermittlung im Zustimmungsprozess, nämlich. die Ermittlung der richtigen Einzelvergleichsmiete innerhalb der Mietspiegelspanne. Es geht nicht um die Ermittlung eines Mittelwerts innerhalb der konkreten Bandbreite.[650] Steht nämlich die **Bandbreite,** zB an Hand eines Sachverständigengutachtens fest, muss die Rechtsfrage entschieden werden, ob es sich um eine große oder kleine Streubreite handelt und dementsprechend der Vermieter den Oberwert der Bandbreite verlangen kann[651] oder einen zu ermittelnden Wert um den Modalwert herum[652] (→ BGB § 558 Rn. 45). Das liegt aber daran, dass die ortsübliche Einzelvergleichsmiete **kein Punktwert, sondern in der Regel eine Bandbreite** ist und der Vermieter eine Miete verlangen darf, die die ortsübliche Vergleichsmiete nicht übersteigt. Davon ist aber die **Mietspiegelspanne** zu unterscheiden, da innerhalb einer Mietspiegelspanne unzählige Bandbreiten zusammengefasst werden.[653] Die Feststellung der Einzelvergleichsmiete kann sich schon deshalb nicht am höchsten Wert der Mietspiegelspanne orientieren, da sonst die Angabe von Mietspannen in einem Mietspiegel jegliche Funktion verlieren würde.[654] Die Einzelvergleichsmiete ist ggf. gem. § 287 Abs. 2 ZPO innerhalb der Mietspiegelspanne zu schätzen. Im gerichtlichen Verfahren muss zunächst die maßgebliche Bandbreite[655] (→ BGB § 558 Rn. 45) und dann deren Oberwert festgestellt werden.[656] Und darin ist der Unterschied zwischen einem auf die konkrete Wohnung bezogenen Sachverständigengutachten und der 120

[647] BGH VIII ZR 245/17, NZM 2019, 250; LG Dortmund WuM 2012, 469 mAnm *Börstinghaus;* WuM 2012, 547; 2010, 633; NZM 2006, 134; ZMR 2002, 918; LG Halle JMBl. ST 2001, 286; LG Berlin NZM 1998, 1000; MM 1995, 67; GE 1994, 1055; 1993, 749; 1991, 1149; 1991, 1151; 1991, 49; LG Wiesbaden WuM 1992, 256; AG Lübeck WuM 2018, 111; AG Brandenburg WuM 2007, 268; AG Dortmund WuM 2012, 103; 2004, 718 (719); NZM 2005, 258 (259); WuM 2005, 254; AG Gelsenkirchen-Buer NZM 1998, 509; AG Tempelhof-Kreuzberg GE 1997, 1345; MM 1993, 327.

[648] AG Köln (218) WuM 1996, 421.

[649] LG Berlin GE 1990, 495; 1989, 1231; 1989, 473; LG Lübeck WuM 1989, 306; für Rückforderungsprozess § 5 WiStG: LG Berlin NZM 1999, 412; GE 1998, 1341; LG Dortmund WuM 1998, 489; AG Charlottenburg GE 2004, 52, für qualifizierten Mietspiegel; AG Dortmund WuM 1997, 440; AG Tiergarten MM 7/8/1989, 23.

[650] *Börstinghaus* WuM 2012, 244; *Bühler* NZM 2011, 729.

[651] BGH VIII ZR 30/09, NJW 2010, 149 = NZM 2010,; *Börstinghaus* WuM 2010, 218; DS 2010, 70; *Mätschke* WuM 2010, 247; BGH VIII ZR 322/04, NJW 2005, 2621 = NZM 2005, 660.

[652] BGH Urt. v. 26.5.2021 – VIII ZR 93/20; VIII ZR 62/18, NZM 2019, 469 = NJW 2019, 3142; VIII ZR 82/18 DS 2019, 199.

[653] AG Lübeck WuM 2018, 111; gegen die Differenzierung zwischen Bandbreite und Spanne *Blank* ZMR 2013, 170 (171).

[654] BGH VIII ZR 227/10, NJW 2011, 2284; VIII ZR 110/04, NJW 2005, 2074; *Thomma* WuM 2005, 496.

[655] BGH VIII ZR 62/18, NZM 2019, 469 = NJW 2019, 3142; VIII ZR 82/18 DS 2019, 199.

[656] BGH VIII ZR 245/17, NZM 2019, 250.

dort ermittelten **Bandbreite** und der in einem Mietspiegel ausgewiesenen **Spanne** zu sehen.[657] In einem Mietspiegelfeld werden nämlich durchaus unterschiedliche Wohnungsbestände zusammengefasst. Das Gesetz geht von fünf Wohnwertmerkmalen aus. Wenn man diese nur je fünfmal differenziert (was ja durchaus auch schon eine Beschränkung sein könnte) kommt man auf $5^5$ Felder (= 3.125) in einem Mietspiegel. Mietspiegel weisen üblicherweise 24–48, aber fast nie mehr als 100 Felder aus. Das zeigt, dass in einem Mietspiegelfeld verschiedene der 3.125 Bandbreiten zusammengefasst werden. Die Feststellung der Einzelvergleichsmiete kann sich nicht am höchsten Wert der Mietspiegelspanne orientieren, da sonst die Angabe von Mietspannen in einem Mietspiegel jegliche Funktion verlieren würde.[658] Es ist deshalb zulässig im Rahmen der Ermittlung der konkreten Einzelvergleichsmiete gem. § 287 ZPO vom **Median des Mietspiegelfeldes** auszugehen.[659] Im gerichtlichen Verfahren kann dann anhand des Sachvortrags bei der Schätzung bewertet werden, ob das Baualter der Wohnung an den Anfang oder das Ende der Baualtersklasse fällt, ob bei Lage- oder Ausstattungskriterien gerade das erforderliche Minimum erreicht wird oder die nächste Stufe gerade verpasst wird.[660] Jede Partei muss bei Einordnung in Mietspiegel die für sie günstigen Tatsachen darlegen und beweisen.[661]

**120a** Bei der Ermittlung der ortsüblichen Vergleichsmiete mittels Mietspiegel im Prozess ist in einem **ersten Schritt** auf der Grundlage der Vergleichskriterien des § 558 Abs. 2 BGB die einschlägige Mietpreisspanne festzustellen. In einem **zweiten Schritt** ist ausgehend vom **Mittelwert** der Spanne anhand zusätzlicher qualitativ einzelfallbezogener, den individuellen Wohnwert bestimmender Faktoren die konkrete ortsübliche Vergleichsmiete im Sinne einer Einzelvergleichsmiete zu ermitteln. Dabei kann auf eine dem Mietspiegel beigefügte Orientierungshilfe Bezug genommen werden.[662] Modernisierungsmaßnahmen dürfen bei der Spanneneinordnung bei einem qualifizierten Mietspiegel berücksichtigt werden, auch wenn dieser keinen Modernisierungszuschlag vorsieht.[663]

**121** Das Gericht muss die ortsübliche Vergleichsmiete zum **Tag des Zugangs des Mieterhöhungsverlangens** feststellen.[664] Der Mietspiegel ist im Gegensatz zur dynamischen ortsüblichen Vergleichsmiete aber statisch, dh er spiegelt die ortsübliche Vergleichsmiete zu einem in der Vergangenheit liegenden Erhebungsstichtag wider. Bei einer nicht nur unerheblichen Mietentwicklung ist deshalb ein Mietspiegel schnell veraltet und gibt nicht mehr den richtigen Wert wieder. Lag ungefähr zum Zeitpunkt des Zugangs des Mieterhöhungsverlangens[665] der **Erhebungsstichtag des nächsten Mietspiegels,** so kann das Gericht in einem anschließenden Erhöhungsverlangen zur Ermittlung der maßgeblichen ortsüblichen Vergleichsmiete auch auf diesen Mietspiegel zurückgreifen[666],

---

[657] *Börstinghaus* WuM 2012, 244 mit Erwiderung *Bühler* ZMR 2012, 531.

[658] BGH VIII ZR 110/04, NJW 2005, 2074; VIII ZR 227/10, NJW 2011, 2284.

[659] BGH VIII ZR 245/17, NZM 2019, 250; VIII ZR 346/10, NJW 2012, 1351; VIII ZR 123/20, NZM 2021, 88 (zumindest ist das der dort zugesprochene Wert); *Börstinghaus* WuM 2012, 244; DS 2012, 183; *Schach* GE 2012, 517; *Blank* LMK 5/2012 Anm. 3; ZMR 2013, 170; *Muth* ZMR 2012, 530; *Bühler* ZMR 2012, 531; NZM 2011, 729; LG Dortmund WuM 2012, 469 mAnm *Börstinghaus* WuM 2012, 547; AG Aachen WuM 2015, 164 (165).

[660] Ähnlich AG Lübeck WuM 2018, 111.

[661] LG Berlin ZMR 2010, 37; AG München BeckRS 2012, 06820.

[662] BGH VIII ZR 245/17, NZM 2019, 250.

[663] LG Nürnberg-Fürth WuM 2020, 29.

[664] BGH Urt. v. 26.5.2021 – VIII ZR 93/20; VIII ZR 22/20; VIII ZR 22/20, WuM 2021, 442; VIII ZR 295/15, WuM 2017, 208; VIII ZR 141/09, NZM 2010, 436; VIII ZR 331/06, NJW 2008, 848; VIII ZR 41/05, NZM 2006, 101; VIII ZR 215/05, WuM 2006, 569; KG GE 2005, 180; BayObLG WuM 1992, 677; LG Berlin GE 2015, 126; 2010, 61; 2004, 626 LG Rottweil NZM 1998, 432; AG Hamburg ZMR 2005, 54; AG Charlottenburg GE 2005, 743; AG Schöneberg GE 2007, 153; 2005, 1129; AG Tiergarten GE 2005, 1135.

[665] Unerheblich ist, dass der Erhebungsstichtag des neuen Mietspiegels ca. 150 Tage näher am maßgeblichen Stichtag liegt als der Erhebungsstichtag des zum Zugangszeitpunkts gültigen Mietspiegels: LG Berlin GE 2014, 254.

[666] LG Aachen GE 2017, 177; LG Berlin WuM 2018, 209; GE 2016, 1152; 2015, 126; 2010, 61; 2008, 1057; 2008, 334; 2006, 391; 2005, 1433; 2004, 483; 2003, 1022; LG Reutlingen Urt. v. 4.12.2015 – 1 S 50/15 (juris); AG Charlottenburg GE 2019, 1640; GE 2016, 331; 2004, 52; AG Esslingen WuM 2015, 161 (163); AG Gelsenkirchen ZMR 2009, 129; AG Gelsenkirchen-Buer NZM 1998, 509; AG Dortmund NJW-RR 1995, 971, WuM 2003, 35; AG Frankfurt DWW 1993, 44; Kinne/Schach/Bieber MietR/*Schach* BGB § 558a Rn. 6; ***dagegen*** *KG WuM 2009, 748; GE* 2007, 1629; LG Berlin GE 2004, 352, sogar bei qualifiziertem Mietspiegel; LG Hamburg WuM 1990, 310; LG Köln WuM 1992, 20; AG Dresden 4.5.2015 – 141 C 6572/12; AG Pankow/Weißensee MM 2007, 371; AG Aachen WuM 1995, 656; AG Berlin-Schöneberg GE 1990, 663; Elzer/Riecke/*Elzer* BGB § 558a Rn. 8.

ggf. mit einem Abschlag.[667] (→ BGB §§ 558c–558d Rn. 46) Es geht im Zustimmungsverfahren darum, die ortsübliche Vergleichsmiete möglichst Tag genau festzustellen und nicht darum festzustellen, ob der Vermieter nach der Begründung des Mieterhöhungsverlangens einen Anspruch auf Zustimmung hatte. Auch ein Sachverständiger müsste die ortsübliche Vergleichsmiete zum Zeitpunkt des Zugangs feststellen. Die Verwendung der Daten des alten Mietspiegels, der zu einem weit in der Vergangenheit liegenden Zeitpunkt errichtet wurde, führt faktisch zu einem Mietpreisstopp und ist rechtlich nicht begründbar. Auf der anderen Seite ist der Vermieter nicht verpflichtet, im Zustimmungsprozess im Klageverfahren sein Mieterhöhungsverlangen an den neuen Mietspiegel anzupassen.[668] Bei steigenden Mieten verlangt der Vermieter in diesem Fall zu wenig, bei fallenden Mieten zu viel. Auf die Wirksamkeit des Erhöhungsverlangens, das mit einem damals gültigen Mietspiegel begründet wurde, hat dies aber keine Auswirkungen. Liegt zwar ein neuer Mietspiegel vor, beruht dieser aber auf einer **Indexfortschreibung** und nicht auf einer neuen Datenerhebung, dann ist dieser Mietspiegel zur Ermittlung der ortsüblichen Vergleichsmiete nicht heranzuziehen.[669] Dies Verfahren ist im Rahmen der **Mietspiegelfortschreibung** zwar zulässig, besagt aber über die Richtigkeit der Daten überhaupt nichts. Die Fortschreibung erfolgt mittels des Lebenshaltungskostenindex. Ob dieser für die Entwicklung der Mieten generell oder in der konkreten Stadt aussagekräftig ist, kann bezweifelt werden. Neben der Nivellierung mit den Preisen anderer Wirtschaftsgüter und denen anderer Regionen kommt auch noch hinzu, dass selbst in den einzelnen Wohnungsteilmärkten in einer Gemeinde unterschiedliche Mietpreisentwicklungen stattfinden. Deshalb ist ein so fortgeschriebener neuer Mietspiegel auch keine bessere Erkenntnisquelle.

Gibt es keine neue Datenerhebung für einen neuen Mietspiegel zum Zeitpunkt des Zugangs des **122** Mieterhöhungsverlangens, muss das Gericht im Rahmen der tatrichterlichen Überzeugungsbildung entscheiden, ob es zu den Werten des Mietspiegels eine sog. **Stichtagsdifferenz** hinzurechnet[670] oder davon abzieht[671]. Das gilt entgegen der Ansicht des BGH nicht nur bei ungewöhnlichen Steigerungen.[672] Im Mieterhöhungsrechtsstreit kann das Gericht nämlich Veränderungen der ortsüblichen Vergleichsmiete, die seit der Datenerhebung und dem Zugang des Mieterhöhungsverlangens eingetreten sind, als Zu- oder auch Abschlag zu dem für die Wohnung zutreffenden Mietspiegelwert berücksichtigen.[673] Der Gesetzgeber wollte mit der Möglichkeit, Mietspiegel als Begründungsmittel einzusetzen, das Verfahren erleichtern und objektivieren. Das hatte eine gewisse Pauschalierung zur Folge. Soweit das Gesetz für einfache und qualifizierte Mietspiegel bestimmte Aktualisierungszyklen vorschreibt, bedeutet dies nicht, dass die Miete für diese Zeiträume „festgeschrieben" werden sollte.[674] Mietspiegel sollten dies nach den Gesetzesmaterialien[675] auch nicht und dürfen dies verfassungsrechtlich auch nicht, da dies anderenfalls zu einem **Mietenstopp** während ihrer Laufzeit führen würde. Maßgeblich ist, dass es in einer Gemeinde für vergleichbaren Wohnraum zu einem bestimmten Stichtag der Höhe nach nur „eine" ortsübliche Vergleichsmiete gibt. Eine sachliche Rechtfertigung für eine unterschiedliche Bemessung der Miethöhe gibt es für die Fälle, dass das ortsübliche Preisniveau auf Grund eines neueren Mietspiegels, eines älteren Mietspiegels oder einem Sachverständigengutachten festgestellt wird, nicht. Die Wahl des Begründungsmittels durch den Vermieter und des Erkenntnismittels durch das Gericht wird idR nicht von rechtlichen Erwägungen, sondern von den vorhandenen Möglichkeiten bestimmt. Zwar sind Einschränkungen auf Grund von zeitlichen Verzögerungen, die sich durch materiell-rechtliche Vorschriften ergeben, in Kauf zu nehmen, die Verweigerung einer feststellbaren Stichtagsdifferenz würde jedoch iE dazu führen, dass der Vermieter durch eine formale, nicht an der materiellen Rechtslage orientierten Anwendung von § 558

[667] LG Berlin WuM 2018, 209 = ZMR 2018, 755.
[668] LG Berlin GE 2008, 1057; 2004, 626; **aA** AG Lichtenberg GE 2003, 1497.
[669] AG Dortmund WuM 2004, 718 (719), NZM 2005, 258 (259), WuM 2005, 254 (256).
[670] BGH VIII ZR 295/15, NZM 2017, 321; *Börstinghaus* jurisPR-BGHZivilR 8/2017 Anm. 2; *Fleindl* NZM 2017, 325.
[671] LG Berlin WuM 2018, 209; AG Berlin-Mitte WuM 2020, 358.
[672] LG Berlin GE 2021, 632 (für Wiedervermietungsmiete).
[673] OLG Hamm NJW-RR 1997, 142; OLG Stuttgart NJW-RR 1994, 334 mAnm *Blank* ZMR 1994, 137; LG Lübeck WuM 2001, 82; LG Berlin GE 1996, 1547; LG Hamburg ZMR 2000, 538, WuM 1996, 45; LG München WuM 1992, 25; Kossmann/Meyer-Abich Wohnraummiete-HdB/*Meyer-Abich* § 155 Rn. 32; AG Mönchengladbach-Rheydt WuM 2016, 299; **aA** LG Frankfurt a. M. WuM 1992, 629, NJW-RR 1995, 462; LG Frankenthal WuM 1991, 597; AG Münster WuM 1993, 66; AG Köln WuM 1995, 115; AG Schöneberg GE 1994, 819; abl. LG Berlin GE 2002, 192.
[674] BGH VIII ZR 295/15, NZM 2017, 321 mAnm *Fleindl* NZM 2017, 325.
[675] BT-Drs. 7/5160, 5f.

BGB gehindert würde, die gesetzlich zulässige Miete gerichtlich durchzusetzen. Hierin liegen eine verfassungswidrige Änderung des materiellen Rechts mit Hilfe verfahrensrechtlicher Vorschriften sowie eine Verletzung des Anspruchs auf einen effektiven Rechtsschutz, der sich aus der Eigentumsgarantie ergibt, vor.[676] Für die Berücksichtigung einer solchen **Stichtagsdifferenz** ist es unerheblich, ob es sich um einen einfachen oder einen qualifizierten Mietspiegel[677] handelt. Auswirkungen hat dies allenfalls wegen der Vermutungswirkung des § 558d BGB auf die Darlegungs- und Beweislast für die Mietsteigerung nach dem Erhebungsstichtag. Das Gericht muss gem. § 287 ZPO die Höhe der ortsüblichen Vergleichsmiete zum Zeitpunkt des Zugangs des Erhöhungsverlangens ermitteln. Es ist dabei nicht auf das im Erhöhungsverlangen des Vermieters genannte Begründungsmittel iSd § 558a Abs. 2 BGB beschränkt. Existiert ein ordnungsgemäßer Mietspiegel, der Angaben für die in Rede stehende Wohnung enthält, darf dieser vom Tatrichter als Indiz (mit)berücksichtigt werden.[678] Um den Schluss von der Hilfstatsache (Mietspiegelwert) auf die Haupttatsache ziehen zu können, muss das Gericht sich im Rahmen der richterlichen Überzeugungsbildung gerade auch mit der Frage beschäftigen, ob eine mögliche Indizwirkung wegen zwischenzeitlich erfolgter Mietsteigerungen entfällt. Die Tatsache, dass der Gesetzgeber in § 558c Abs. 3 BGB vorgesehen hat, dass Mietspiegel alle 2 Jahre fortgeschrieben werden sollen, lässt nämlich nicht den Schluss zu, dass zumindest innerhalb dieser Zweijahresfrist eine Veränderung der ortsüblichen Miete nicht berücksichtigt werden darf.[679] Die Zweijahresfrist in § 558c Abs. 3 BGB betrifft ausschließlich die Verpflichtung der Mietspiegelaufsteller, das Begründungsmittel regelmäßig zu aktualisieren. Eine inhaltliche Veränderung des Begriffs der ortsüblichen Vergleichsmiete erfolgt durch diese Vorschrift aber nicht. Dies ergibt sich nicht nur aus dem Wortlaut, sondern auch aus dem systematischen Zusammenhang. Die Voraussetzungen des Erhöhungsanspruchs ergeben sich aus §§ 558, 558a BGB. Die Vorschrift des § 558c Abs. 3 BGB enthält verfahrensrechtliche Vorschriften, die die Mietspiegelerstellung betreffen. Eine Stichtagsdifferenz kommt aber praktisch nur dann in Betracht, wenn überhaupt Veränderungen der ortsüblichen Vergleichsmiete, die ja kein punktgenauer Wert ist und immer eine gewisse Spanne umfasst, messbar ist. Dies ist vier Monate nach Erstellung eines Mietspiegels idR nicht der Fall. Letztendlich hängt die Länge des Zeitraums vor allem davon ab, wie sich die Mieten entwickeln. Die Erhöhung muss nachhaltig und nicht nur vorübergehend und nicht nur ganz unwesentlich sein.[680] Bei stagnierenden Mieten können die Zeiträume länger sein als bei steigenden oder fallenden Mieten. Bei einem Zeitraum von einem Jahr und mehr ist aber idR eine Veränderung messbar, so dass ab diesem Zeitraum das Gericht im Rahmen der Tatsachenfeststellung gem. § 286 ZPO sich auch mit der Frage zu beschäftigen hat, ob eine Stichtagsdifferenz zu berücksichtigen ist. Es kommt auf die Veränderungen am Markt an. Strittig ist, ob eine Stichtagsdifferenz auch bei einem qualifizierten Mietspiegel zulässig ist.

123 Die Stichtagsdifferenz ist aber nicht nur zugunsten des Vermieters als Zuschlag zu den Mietspiegelwerten zu berücksichtigen, sondern **auch als Abschlag** von den Mietspiegelwerten. Dies kann zB auf der negativen Veränderung der Wohnlageneinordnung beruhen[681] oder auf teilweise sinkenden Mieten für bestimmte Wohnungsteilmärkte. Die Stichtagsdifferenz soll Veränderungen der ortsüblichen Vergleichsmiete zwischen zwei Stichtagen ausgleichen. Solche Veränderungen können nicht nur in eine Richtung gehen. Hat der Vermieter also ein Mieterhöhungsverlangen mit einem älteren Mietspiegel begründet, dann ist es theoretisch möglich, dass das Gericht vom Wert des konkreten Mietspiegelfeldes einen Abschlag abzieht, weil die Mieten gefallen sind. In der Praxis ist dies aber nur schwer umsetzbar, da Mieten häufig nicht auf breiter Front gleichmäßig fallen, sondern nur in einzelnen Segmenten und für einzelne Wohnungsteilmärkte. Deshalb ist die Feststellung eines prozentualen Abschlags ohne aufwendige Beweiserhebung kaum vorstellbar.

124 Schwierig ist die **Feststellung der Stichtagsdifferenz.** Nach dem Rechtsentscheid des OLG Stuttgart[682] sollte die Ermittlung mittels Indexzahlen unzulässig sein.[683] Dem kann nicht gefolgt

---

[676] OLG Hamm NJW-RR 1997, 142.

[677] Gegen „Zeitzuschlag“ bei qualifiziertem Mietspiegel Bub/Treier MietR-HdB/*Schultz* Kap. III A Rn. 1368.

[678] BGH VIII ZR 295/15, NZM 2017, 321 mAnm *Fleindl* NZM 2017, 325.

[679] BGH VIII ZR 295/15, NZM 2017, 321 mAnm *Fleindl* NZM 2017, 325.

[680] LG Berlin NZM 2019, 818 (Steigerung von 3,35% p. a.); LG Hamburg ZMR 2000, 538; LG Osnabrück *Beschl. v. 20.3.2018 – 1 S 380/17 (juris)*; LG Nürnberg-Fürth WuM 2020, 29 (10% nicht ausreichend).

[681] AG Berlin-Mitte WuM 2020, 358.

[682] OLG Stuttgart NJW-RR 1994, 334.

[683] Krit. *Blank* ZMR 1994, 137.

werden. Wenn schon die ortsübliche Vergleichsmiete im Rahmen der §§ 286, 287 ZPO durch das Gericht mittels eines Mietspiegels festgestellt werden kann und dabei im Rahmen einer Schätzung auch die Spanneneinordnung möglich ist[684], dann spricht nichts dagegen, einen solchen Mietspiegel im Einzelfall durch die Verwendung eines möglich zeit- und ortsnahen **Index fortzuschreiben.** Hiergegen spricht umso weniger, als diese Methode seit 1997 sogar für die Fortschreibung von Mietspiegeln in den Hinweisen zur Aufstellung von Mietspiegeln[685] vorgesehen ist. Selbst qualifizierte Mietspiegel dürfen gem. § 558d Abs. 2 BGB mittels eines Index fortgeschrieben werden (→ BGB §§ 558c–558d Rn. 84f.). Wenn aber schon der ganze Mietspiegel mittels Index fortgeschrieben werden kann, dann muss dies für einen einzelnen Wert innerhalb der längeren Fortschreibungsfrist von zwei Jahren erst recht gelten.[686] Entscheidend ist nicht so sehr die grundsätzliche Frage, ob Index oder nicht, sondern vielmehr die Frage nach der konkreten Geeignetheit eines Index. Das Gericht kann nämlich die ortsübliche Vergleichsmiete durch Addition einer Stichtagsdifferenz mit dem Mietspiegelwert dann nicht feststellen, wenn zur Berechnung dieses Zeitdifferenzzuschlags hinreichendes statistisches Material, das ggf. von einem Sachverständigen selbst ermittelt worden wäre, nicht zur Verfügung steht.[687] Der **Bundesmietenindex** des statischen Bundesamtes ist für sich genommen **untauglich.** Er weist eine Bruttokaltmiete aus, so dass die dort ermittelten Veränderungen auch die Veränderungen der Betriebskosten erfassen. Denknotwendig wären also die Steigerungen der kalten Betriebskosten herauszunehmen. Ein Zuschlag auf Grund statistischer Erhebungen auf Landesebene zu dem vom gerichtlichen Sachverständigen ermittelten Mietspiegelwert für die vermietete Wohnung ist zum Beweis der ortsüblichen Vergleichsmiete im Zustimmungsprozess zur Mieterhöhung untauglich.[688] Zulässig ist es aber auch die Werte zwischen zwei Mietspiegeln linear zu interpolieren.[689] Denn auch dem neuen Mietspiegel kommt eine Indizwirkung für die Höhe der ortsüblichen Vergleichsmiete für die Zeit seines Geltungszeitraums zu. Weist der neue Mietspiegel für die maßgebliche Einzelvergleichsmiete eine signifikante Veränderung aus, lässt dies einen Rückschluss auf die Mietsteigerungsrate seit der vorangegangenen Erhebung zu.[690] Mangels anderer Erkenntnis ist es zulässig, von einer linearen Mietentwicklung auszugehen. Bedenken gegen die Methode bestehen aber, wenn zwischen den beiden Stichtagen, zwischen den interpoliert wird, ein längerer Zeitraum liegt und die Mietenentwicklung sehr unterschiedlich verlief.

### 3. Urteilstenor

**a) Hauptsachetenor.** Das Gericht kann, wenn es die Klage für zulässig erachtet, dies aber strittig ist, die Zulässigkeit der Klage durch eine Vorabentscheidung im Zwischenurteil gem. § 280 Abs. 2 S. 1 ZPO feststellen.[691] Dies macht Sinn, wenn es um schwierige Rechtsfragen in Zusammenhang mit der Wirksamkeit des Erhöhungsverlangens geht. Die Beweisaufnahme über die Höhe der ortsüblichen Vergleichsmiete findet dann erst nach Rechtskraft des Zwischenurteils statt. Der **Hauptsachetenor** richtet sich zunächst nach den gestellten Anträgen. Hat der Vermieter richtigerweise den Mieter auf Zustimmung zu einer Mieterhöhung verklagt, dann hat das erkennende Gericht ein entsprechendes Urteil zu erlassen, wenn die Klage ganz oder teilweise begründet ist. Das Urteil erkennt auf Abgabe einer Willenserklärung. Aus dem Tenor des Urteils muss sich ergeben, wer zur Abgabe welcher Zustimmung für welches Mietverhältnis mit welchem Inhalt verurteilt wird. Neben dem Schuldner muss also die neue Miete angegeben sein und der Zeitpunkt, ab wann die Vertragsänderung wirksam wird. Anzugeben ist der neue **Gesamtmiete,** nicht der Erhöhungsbetrag.[692] Es ist deshalb nicht zwingend erforderlich, dass im Urteilstenor neben der neuen erhöhten Miete auch die Angabe der bisherigen Miete und sogar des Erhöhungsbetrages erfolgt. 125

---

[684] BGH VIII ZR 110/04, NJW 2005, 2074.

[685] Die Hinweise 2002 sind abgedr. bei *Börstinghaus* Miethöhe-HdB S. 764, die Hinweise aus dem Jahr 1997 sind abgedr. bei *Börstinghaus/Clar* Mietspiegel im Anhang Seite 365.

[686] So auch *Sternel* MietR Kap. IV Rn. 226.

[687] AG Aachen WuM 1995, 656.

[688] LG Köln WuM 1995, 114.

[689] BGH VIII ZR 295/15, WuM 2017, 208; LG Berlin GE 2018, 1396; WuM 1996, 102; LG Lübeck WuM 2001, 82; AG Mönchengladbach-Rheydt WuM 2016, 299; **aA** LG Hamburg ZMR 2000, 538; offen gelassen *Sternel* MietR Kap. IV Rn. 226.

[690] BGH VIII ZR 295/15, WuM 2017, 208.

[691] LG Itzehoe ZMR 2013, 286; AG Pinneberg ZMR 2004, 277.

[692] KG NZM 1998, 68.

**Beispiel:** Der Beklagte wird verurteilt, einer Erhöhung der monatlichen Miete für die von ihm innegehaltene Wohnung (von bisher … EUR) auf … EUR zzgl. Betriebskosten- und Heizkostenvorauszahlung wie bisher mit Wirkung ab … 20 … zuzustimmen.

126 Aus dem Hauptsachetenor darf sich keine Zustimmung zu einer **Änderung der Mietstruktur** ergeben. Deshalb muss sich aus dem Urteil entweder die richtige Mietstruktur ergeben oder der Tenor ist so zu formulieren, dass sich aus ihm deutlich ergibt, dass die bisherige Mietstruktur unverändert fortgelten soll.

**Beispiel:** Der Beklagte wird verurteilt, einer Erhöhung der monatlichen Miete für die von ihm innegehaltene Wohnung auf … EUR zzgl. Betriebskosten- und Heizkostenvorauszahlung wie bisher mit Wirkung ab … 20 … zuzustimmen.

127 Soweit der Mieter **vorprozessual** teilweise **der Mieterhöhung zugestimmt** hat, muss sich dies aus dem Hauptsachetenor nur dann ergeben, wenn der Vermieter auch Klage bzgl. dieses Teils erhoben hat. Insofern fehlte es nämlich am Rechtschutzbedürfnis bzgl. der Klage.[693] Die Klage ist bzgl. dieses Teils als unzulässig abzuweisen. Hat der Vermieter richtigerweise nur wegen des weiter gehenden Betrages Zustimmungsklage erhoben, dann muss die vorgerichtliche Teilzustimmung aus dem Hauptsachetenor nicht ersichtlich sein, da sich aus dem Tenor ja nur die neue Gesamtmiete ergeben muss. Die Teilzustimmung ergibt sich aus dem Tatbestand.

128 Hat der Mieter den Anspruch des Vermieters ausdrücklich während des Verfahrens anerkannt, dann hat das Gericht ohne weitere Sachprüfung durch **Anerkenntnisurteil** den Beklagten zur Zustimmung zu verurteilen.[694] Für das Anerkenntnisurteil ist seit 1.1.2002 **kein Antrag** des Klägers mehr erforderlich. Es ergeht von Amts wegen. Wird der Anspruch gegen mehrere Mieter geltend gemacht, muss unterschieden werden. Liegt tatsächlich eine Personenmehrheit auf Mieterseite vor, dann können auch nur alle Mieter gemeinsam den Anspruch anerkennen. Das Anerkenntnis nur eines Mieters ist prozessual unbeachtlich. Anderenfalls bestünde die Gefahr, dass das Gericht gegen den Mieter, der anerkannt hat, ein Anerkenntnisurteil erlässt und gegen den anderen Mieter ein klageabweisendes Urteil. Dies ist wegen § 62 Abs. 1 ZPO unzulässig. Das Gericht kann nur **einheitlich entscheiden.** Anders ist es, wenn der Kläger fälschlicherweise zwei Personen verklagt hat und sich dann herausgestellt hat, dass nur eine Partei tatsächlich Mieter ist. Hier kann der richtige Mieter anerkennen, während die Klage gegen den Nicht-Mieter durch strittiges Urteil abgewiesen wird.

129 Ist der Beklagte im Termin säumig, dann kann gegen ihn bei schlüssiger Klage auf Antrag des Klägers ein **Versäumnisurteil** ergehen. Dies gilt auch, wenn das Gericht ein schriftliches Vorverfahren angeordnet hat und der Beklagte nicht innerhalb der Notfrist des § 276 Abs. 1 ZPO seine Verteidigungsbereitschaft angezeigt hat, § 331 Abs. 2 ZPO. Besteht die Mieterseite aus einer Personenmehrheit, so liegt eine **notwendige Streitgenossenschaft** auf Beklagtenseite gem. § 62 ZPO vor. Das Gericht kann in diesem Fall nur einheitlich entscheiden. Solange gegen einen notwendigen Streitgenossen kein Versäumnisurteil ergehen kann, darf auch gegen den oder die Streitgenossen, die schuldhaft säumig sind, kein Versäumnisurteil ergehen. Die **säumigen Streitgenossen** werden gem. § 62 Abs. 1 ZPO als von den übrigen Streitgenossen als vertreten angesehen.[695] Das bedeutet, dass immer dann, wenn ein Streitgenosse zur Sache verhandelt oder nicht schuldhaft säumig ist, zB weil er nicht ordnungsgemäß geladen worden ist oder sich ausreichend entschuldigt hat, kein Versäumnisurteil ergehen darf. Der säumige Streitgenosse ist auch zu den evtl. notwendig werdenden weiteren Terminen wieder zu laden, § 62 Abs. 2 ZPO. Im schriftlichen Vorverfahren darf kein Versäumnisurteil ergehen, wenn mindestens ein notwendiger Streitgenosse seine Verteidigungsbereitschaft angezeigt hat. Hat ein notwendiger Streitgenosse die Klageforderung anerkannt während die anderen Streitgenossen keinen Antrag gestellt haben, kann ein **Anerkenntnisurteil** gegen alle notwendigen Streitgenossen ergehen.[696] Der säumige Streitgenosse kann sich von dem mit Gesamtwirkung nach § 62 Abs. 1 ZPO vorgenommenen Prozessverhalten des nicht Säumigen

[693] AG Mannheim NZM 2012, 561 mAnm *Börstinghaus* jurisPR-MietR 8/2012 Anm. 1; AG Gelsenkirchen WuM 2001, 612; **aA** LG Berlin ZMR 2007, 196.
[694] BGH V ZB 93/18, NJW 2020, 1442.
[695] *Theesfeld MietRB 2009, 26 (27).*
[696] BGH V ZR 76/14, NJW 2016, 716; OLG Karlsruhe ZEV 2011, 324 (325); MüKoZPO/*Schultes* § 62 Rn. 43, 49; Prütting/Gehrlein/*Gehrlein* ZPO § 62 Rn. 20; Musielak/Voit/*Weth* ZPO § 62 Rn. 14, 18; **aA** Stein/Jonas/*Bork* ZPO § 62 Rn. 30, 38.

wieder lösen, sofern es noch nicht zu einer unanfechtbaren Endentscheidung gekommen ist.[697] Der säumige Streitgenosse kann deshalb im Berufungsverfahren ein von dem anwesenden Streitgenossen mit Wirkung für ihn erklärtes Anerkenntnis widerrufen.[698]

Ein **Teilurteil** über eine Mieterhöhung ist bei zwei aufeinander aufbauenden Mieterhöhungen wegen der Gefahr der divergierenden Entscheidungen unzulässig.[699] **129a**

**b) Rücknahme des Erhöhungsverlangens.** Der Vermieter kann sein Erhöhungsverlangen zurücknehmen.[700] (→ BGB § 558a Rn. 19). Nimmt der Vermieter im laufenden Zustimmungsprozess das Erhöhungsverlangen zurück, so stellt dies kein erledigendes Ereignis dar.[701] Zwar kommt es nicht zwingend darauf an, dass das erledigende Ereignis aus der Sphäre des Beklagten kommt, aber zu berücksichtigen ist auch, dass die Klage allein durch das freie und unbeeinflusste Verhalten des Klägers unzulässig wurde.[702] Die Situation ist vergleichbar mit der des grundlosen Verzichts auf eine Forderung im Zahlungsprozess. Dort könnte der Beklagte auf seinen Anspruch verzichten, so dass gem. § 306 ZPO Verzichtsurteil ergehen könnte. Mit diesem Fall ist die Rücknahme des Erhöhungsverlangens durchaus vergleichbar, auch wenn in der Rücknahme des Erhöhungsverlangens prozessual kein Verzicht iSd § 306 ZPO zu sehen ist. Durch die Rücknahme des Erhöhungsverlangens wird nur eine eigentlich erforderliche Klagerücknahme oder Verzichtserklärung umgangen. Schließt sich der Mieter der Erledigungserklärung an, sind dem Vermieter gem. § 91 a ZPO die Kosten aufzuerlegen. Widerspricht der Mieter der Erledigungserklärung, ist die Klage abzuweisen, unabhängig davon ob die Klage ohne Rücknahme des Erhöhungsverlangens ganz oder teilweise begründet gewesen wäre.[703] Unabhängig von der Tatsache, dass in diesem Fall gar kein erledigendes Ereignis vorliegt, dürfte die Rücknahme des Erhöhungsverlangens auf den Abgabezeitpunkt zurückwirken, so dass die Klage von Anfang an unzulässig war.[704] Eine zurückgenommene Gestaltungs- oder Willenserklärung hat es nie gegeben. Sie kann auch nicht bis zu einem bestimmten Zeitpunkt Wirkungen entfalten. **129b**

Zu unterscheiden sind die verschiedenen prozessualen Lagen, wenn der Mieter die Zustimmung erteilt hat. Die Zustimmung stellt, selbst wenn sie im Termin erklärt wird, ein **erledigendes Ereignis**[705] und kein Anerkenntnis dar.[706] Welche Entscheidung noch zu treffen ist, hängt vom Antrag der Parteien und ggf. auch vom Zeitpunkt der Zustimmung ab. Haben die Parteien den Rechtsstreit auf Grund der Zustimmung durch den Mieter übereinstimmend für erledigt erklärt, dann muss das Gericht gem. § 91 a ZPO durch Beschluss über die Kosten entscheiden. Dabei kommt es weder darauf an, ob tatsächlich ein erledigendes Ereignis vorliegt noch wann dies eingetreten ist. Also selbst wenn die falsche Partei die Zustimmung erteilt hat oder die Zustimmung mit einer Bedingung versehen hat, hat sich der Rechtsstreit bei **übereinstimmender Erledigungserklärung** erledigt. Für die Kostenentscheidung ist der voraussichtliche Ausgang des Rechtsstreits maßgebliches Kriterium. War die Klage auf Grund eines formell unwirksamen Erhöhungsverlangens unzulässig, hat der Vermieter die Kosten trotz der Zustimmung zu tragen. Dies gilt auch, wenn die Zustimmung vor Anhängigkeit erteilt wurde, da in diesem Fall die Klage von Anfang an unbegründet war. Dass dem Vermieter wegen des Verzuges des Mieters ggf. ein Schadensersatzanspruch zusteht, kann im Rahmen der prozessualen Kostenentscheidung nicht berücksichtigt werden. Lediglich bei der Klagerücknahme könnte das Gericht gem. § 269 Abs. 3 ZPO dem Mieter die Kosten auferlegen, wenn er diese letztendlich aus einem Grund, also zB aus Verzug, zu tragen hätte. Dieser Schadensersatzanspruch darf auch bei er Kostenentscheidung nach Klagerücknahme wegen erteilter Zustimmung nach Anhängigkeit und vor Rechtshängigkeit berücksichtigt werden, § 269 **130**

---

[697] Musielak/Voit/*Weth* ZPO § 62 Rn. 14; Prütting/Gehrlein/*Gehrlein* ZPO § 62 Rn. 20; MüKoZPO/*Schultes* § 62 Rn. 43; Wieczorek/Schütze/*Schütze* ZPO § 62 Rn. 64; *Lindacher* JuS 1986, 379.

[698] BGH V ZR 76/14, NJW 2016, 716.

[699] LG Stuttgart NZM 2011, 854.

[700] → BGB § 558a Rn. 19 ff.

[701] AG Tempelhof-Kreuzberg NJW-Spezial 2017, 675; **aA** AG Dresden Urt. v. 27.6.2014 – 141 C 7895/13 (juris), mablAnm *Börstinghaus* MietRB 2014, 295.

[702] Prütting/Gehrlein/*Hausherr* ZPO § 91 Rn. 8.

[703] **AA** AG Dresden Urt. v. 27.6.2014 – 141 C 7895/13 (juris); bereits die Formulierung des Tenors: Feststellung der Erledigung „soweit der Kläger die Zustimmung der Miete auf … € verlangt" zeigt, dass dies falsch ist. Die Klage muss schlicht abgewiesen werden; *Börstinghaus* MietRB 2014, 295.

[704] So auch für die Testamentsanfechtung BGH IV ZR 285/02, NJW 2003, 3268 (3270).

[705] Staudinger/*V. Emmerich* BGB § 558b Rn. 12; AnwK WohnraumMietR/*Lammel* BGB § 558b Rn. 32.

[706] AG Hildesheim ZMR 1976, 153; Kossmann/Meyer-Abich Wohnraummiete-HdB/*Meyer-Abich* § 155 Rn. 45.

Abs. 3 S. 3 ZPO.[707] Ein **sofortiges Anerkenntnis** iSd § 93 ZPO liegt nicht vor, wenn der Mieter zunächst vorprozessual persönliche Härtegründe geltend gemacht hat und deshalb seine Zustimmung verweigert hat. Mit Ablauf der Überlegungsfrist befindet sich der Mieter in Verzug und hat allein hierdurch Anlass zur Klageerhebung gegeben.[708], denn der Vermieter muss dann innerhalb weiterer drei Monate Klage erheben, ansonsten verliert er seinen Anspruch auf Zustimmung zur Mieterhöhung.[709] Zahlt der Mieter die erhöhte Miete einmal und klagt der Vermieter vor der zweiten Fälligkeit der Miete auf Zustimmung, so soll er die Kosten der Klagerücknahme zu tragen haben, da er sich vorher hätte erkundigen müssen, ob die Zahlung als Zustimmung zu verstehen gewesen sei.[710] Hat der Vermieter erst im Laufe des Verfahrens seinen Anspruch schlüssig vorgetragen, kann in Einzelfällen auf den Rechtsgedanken des § 93 ZPO zurückgegriffen werden,[711] wonach der Kläger bei einem sofortigen Anerkenntnis die Kosten zu tragen hat. Entscheidend ist dabei aber immer die Frage, ob ein formell wirksames Mieterhöhungsverlangen vorlag, da dieses den Zustimmungsanspruch auslöst und nicht die Klage. Eine Entscheidung entsprechend § 93 ZPO kommt deshalb dann in Betracht, wenn der Vermieter im Laufe des Verfahrens erstmals nachweist, überhaupt Vermieter zu sein, zB nach einem Eigentumsübergang. Besteht lediglich Streit über die Höhe der ortsüblichen Vergleichsmiete, dann trägt ab Ablauf der Überlegungsfrist der Mieter das Kostenrisiko, dass der Vermieter im Prozess die Höhe der ortsüblichen Entgelte darlegt und beweist. Eine Kostenentscheidung gem. § 93 ZPO zu Lasten des Vermieters kann auch bei einem nachgeholten Erhöhungsverlangen gem. § 558b Abs. 3 BGB in Betracht kommen, wenn der Vermieter dies im Prozess geltend macht.

131 **Kostenrechtlich** nicht ganz einfach ist der Fall, dass der Mieter seine Zustimmungserklärung **nach Ablauf der Zustimmungsfrist und nach Einreichung der Klage** erteilt.[712] Hier ist zu unterscheiden:

- Ist die Zustimmung nach Klagezustellung erfolgt, dann hat sich der Rechtsstreit erledigt und der Kläger muss ihn für erledigt erklären. Eine Klagerücknahme mit dem Antrag, dem Beklagten die Kosten gem. § 269 Abs. 3 S. 2 ZPO aufzuerlegen ist nicht möglich.[713]
- Ist die Klage zum Zeitpunkt der Erteilung der Zustimmung noch nicht zugestellt worden kann der Vermieter die Klage zurücknehmen und das Gericht hat gem. § 269 Abs. 3 S. 3 ZPO über die Kosten nach billigem Ermessen zu entscheiden. Es kann dem Mieter die Kosten aus materiellen Gründen, zB Verzug (→ Rn. 52), auferlegen.[714]

Hat der Mieter der Erledigungserklärung widersprochen, muss das Gericht durch Feststellungsurteil entscheiden, ob sich der Rechtsstreit erledigt hat, was dann der Fall ist, wenn die Zustimmungsklage zulässig und begründet war und wenn tatsächlich ein erledigendes Ereignis nach Rechtshängigkeit eingetreten ist. Wenn die Voraussetzungen vorliegen, ist zu tenorieren: *„Es wird festgestellt, dass sich der Rechtsstreit erledigt hat."* War die Klage unzulässig oder unbegründet oder lag gar keine wirksame Zustimmung vor, ist die Klage abzuweisen. Ob für die früher mögliche **Kostenfeststellungsklage**[715] bei einer Erledigung vor Rechtshängigkeit wegen § 269 Abs. 3 S. 3 ZPO noch ein Rechtschutzbedürfnis besteht ist zweifelhaft.[716]

Zusammenstellung der gerichtlichen Entscheidungsformen im Fall der Zustimmung des Mieters.

---

[707] AG Brandenburg GE 2017, 1226.
[708] LG Berlin BeckRS 2019, 32795; AG Schöneberg GE 2017, 837; Staudinger/*V. Emmerich,* § 558b Rn. 10a.
[709] AG Wedding GE 2017, 539.
[710] AG Köln 7.4.2005 – 210 C 48/05, abgedr. bei *Lützenkirchen* KM 20 Nr. 82.
[711] AG Hannover ZMR 2010, 290; Staudinger/*V. Emmerich* BGB § 558b Rn. 36.
[712] *Gehrlein* MDR 2004, 541 (542); *Löhnig* JA 2004, 122.
[713] *BGH II ZB 38/02, NJW 2004,* 223.
[714] LG Berlin GE 2003, 881; BGH VIII ZB 72/03, NJW 2004, 1530, für Räumungsklage.
[715] BGH III ZR 98/93, NJW 1994, 2895; KG NJW 1991, 499.
[716] Dafür LG Berlin GE 2004, 51; AG Spandau ZMR 2003, 584.

| Zeitpunkt der Zustimmung | Erledigungserklärung | | Klagerücknahme |
|---|---|---|---|
| | einseitig nur vom Vermieter | beidseitig | |
| **Vor Anhängigkeit** | Klageabweisung durch Urteil | Beschluss gem. § 91 a ZPO | Kosten Vermieter, es sei denn Kostentragung aus anderem Grund, § 269 Abs. 3 S. 2 ZPO |
| **nach Anhängigkeit** | Klageabweisung durch Urteil | Beschluss gem. § 91 a ZPO | Bei Klagerücknahme Kostenentscheidung unter Berücksichtigung des bisherigen Sach- und Streitstandes nach billigem Ermessen, § 269 Abs. 3 S. 3 ZPO |
| **nach Rechtshängigkeit** | a) Feststellungsurteil, dass sich die Hauptsache erledigt hat<br>b) Klageabweisung | Beschluss gem. § 91 a ZPO | Kosten Vermieter, es sei denn Kostentragung aus anderem Grund, § 269 Abs. 3 S. 2 ZPO |

Gegen Beschlüsse nach § 91 a ZPO und § 269 Abs. 3 ZPO ist das Rechtsmittel der **sofortigen Beschwerde** zulässig. Erforderlich ist aber, dass der Streitwert der Hauptsache 600 EUR übersteigt. Anders als bei der Berufungssumme kommt es also nicht auf die Beschwer, also auf ein eventuelles Unterliegen an, sondern auf den gesamten Streitwert der Hauptsache. Maßgeblich ist der Rechtsmittelstreitwert und nicht der Gebührenstreitwert. Der Rechtsmittelstreitwert bemisst sich entsprechend § 9 ZPO auf den 42-fachen rechtshängigen Erhöhungsbetrag (→ Rn. 153). Eventuelle Teilzustimmungen, die im Antrag berücksichtigt wurden, bleiben unberücksichtigt, wirken also Streitwert vermindernd. Nach einer einseitigen Erledigungserklärung reduziert sich der Streitwert auf die bis dahin entstandenen Kosten. Diese bestimmen auch die Beschwer des Beklagten, der der Erledigung widerspricht und eine Klageabweisung erreichen will.[717] 132

**c) Kostenentscheidung.** Die **Kostenentscheidung** richtet sich nach den §§ 91 ff. ZPO. Für die Kostenentscheidung gem. § 92 Abs. 1 ZPO ist das teilweise Obsiegen einer Partei aus dem Gebührenstreitwert, nicht aus dem Rechtsmittelstreitwert zu errechnen.[718] Der Mieter trägt die Kosten auch bei einem **sofortigen Anerkenntnis,** wenn er mit der Zustimmung zur Mieterhöhung in Verzug war.[719] Hat der Mieter teilweise der Mieterhöhung zugestimmt und klagt der Vermieter die Mieterhöhung insgesamt ein, also inklusive des Teils dem der Mieter vorprozessual bereits teilweise zugestimmt hat, so hat der Vermieter diesbezüglich die Kosten zu tragen.[720] Es bedarf deshalb in diesem Fall nicht zusätzlich noch eines Anerkenntnisses des Mieters.[721] Obsiegt der Vermieter wegen eines nachgeholten Zustimmungsverlangen zu einem späteren als dem ursprünglich verlangten Wirkungszeitpunkt, hat er (zeit-)anteilig die Kosten zu tragen.[722] Dies gilt aber nicht für die Sachverständigenkosten, die erforderlich waren, weil der Mieter gegenüber beiden Erhöhungsverlangen die Höhe der ortsüblichen Vergleichsmiete bestritten hatte. Über diese ist ggf. gem. § 96 ZPO gesondert zu entscheiden.[723] 133

Mehrere Mieter schulden die Kosten gem. § 100 Abs. 1 ZPO nicht als Gesamtschuldner, sondern **nach Kopfteilen.**[724] § 100 Abs. 4 ZPO ist nicht einschlägig. Die Mieter schulden die Zustimmung nicht als Gesamtschuldner (→ Rn. 63). Daran ändert auch die Tatsache nichts, dass die Mie- 133a

---

[717] BGH V ZB 72/07, WuM 2008, 35; XII ZR 146/06, GuT 2008, 144; XII ZR 295/02, NZM 2005, 917; umf. *Deppert* FS Wenzel, 2005, 23.

[718] LG München WuM 1994, 337; LG Marburg BeckRS 2014, 12908.

[719] LG Berlin GE 1995, 1133; AG Wedding GE 2017, 539, kein sofortiges Anerkenntnis, wenn vorgerichtlich Zustimmung wegen Härtegründen verweigert wurde.

[720] Abl. insofern *Wünnemann,* Das Mieterhöhungsverlangen nach § 2 MHG im System des Bürgerlichen Rechts, 2002, 187 ff., der aber eine Teilzustimmung bei § 2 MHG nicht zuließ.

[721] So aber *Wünnemann,* Das Mieterhöhungsverlangen nach § 2 MHG im System des Bürgerlichen Rechts, 2002, 188.

[722] LG Marburg BeckRS 2014, 12908.

[723] LG Marburg BeckRS 2014, 12908.

[724] KG WuM 2009, 407.

ter notwendige Streitgenossen (→ Rn. 60) sind.[725] Dies gilt umgekehrt auch für das Unterliegen mehrerer Vermieter (→ Rn. 59). Auch hier sind mehrere Kläger nur nach Kopfteilen erstattungspflichtig.[726] Lautet die Kostenentscheidung „Die Kläger (oder Beklagten) tragen die Kosten des Rechtsstreits" so haftet jeder Streitgenosse nur nach dem auf ihn entfallenden Kopfteil.[727] Dies muss sich dann aus dem anschließend ergehenden Kostenfestsetzungsbeschluss deutlich ergeben.[728] Allein das Nichtankreuzen des Feldes „als Gesamtschuldner" reicht nicht aus. Gegebenenfalls ist der Beschluss gem. § 319 ZPO zu berichtigen.[729] Im Übrigen ist für das Innenverhältnis zwischen mehreren Klägern oder Beklagten das auf die jeweiligen Rechtsbeziehungen geltende materielle Recht entscheidend. Etwaige Ansprüche sind im gesonderten Verfahren geltend zu machen.[730] Auch obsiegende Streitgenossen, egal ob auf Vermieter- oder Mieterseite, sind kostenrechtlich nicht Gesamt-, sondern Anteilsgläubiger.[731] Für die Gerichtskosten ordnet § 32 Abs. 1 GKG aber auch bei Streitgenossen, die materiell rechtlich keine Gesamtschuldner sind, eine gesamtschuldnerische Haftung an. Wird die Zustimmungsklage mit einer Zahlungsklage verbunden (→ Rn. 68) dann besteht für die die Zustimmungsklage keine Gesamtschuld aber für den Zahlungsanspruch sehr wohl. Insofern ist gem. § 100 Abs. 4 ZPO die gesamtschuldnerische Haftung anzuordnen. Gegebenenfalls ist mit Hilfe der sog. Baumbachschen Formel die Kostenentscheidung zu formulieren.

Werden zwei Streitgenossen verklagt, steht es grds. jedem von ihnen frei, sich von einem eigenen Anwalt vertreten zu lassen mit der Folge, dass im Falle des Obsiegens die jedem Streitgenossen entstandenen Anwaltskosten erstattungsfähig sind.[732] Ausnahmen sind dann zu machen, wenn feststeht, dass ein eigener Prozessbevollmächtigter für eine interessengerechte Prozessführung nicht erforderlich sein wird. In einem solchen Fall ist es rechtsmissbräuchlich, ohne besonderen sachlichen Grund einen eigenen Anwalt einzuschalten, so dass die doppelt geltend gemachten Kosten nicht als notwendig iSv § 91 Abs. 1 ZPO anzusehen und damit auch nicht erstattungsfähig sind.[733] Im Zustimmungsprozess dürfte idR die Rechtsverteidigung der Streitgenossen gleichartig sein, so dass die Einschaltung zweier Anwälte nicht notwendig iSd § 91 ZPO erscheint. Ausnahmen können dann gelten, wenn ein Streitgenosse meint aus dem Vertrag ausgeschieden zu sein.

134 **d) Vollstreckbarkeit.** Das Urteil ist in der Hauptsache **nicht für vorläufig vollstreckbar** zu erklären.[734] Es handelt sich um ein Leistungsurteil auf Abgabe einer Willenserklärung. Diese Urteile werden gem. § 894 Abs. 1 ZPO dadurch vollstreckt, dass die Willenserklärung mit Rechtskraft des Urteils[735] als abgegeben gilt. Eine vorläufige Vollstreckung ist deshalb nicht möglich. Das Urteil ist aber hinsichtlich der Kostenentscheidung für vorläufig vollstreckbar zu erklären. Die vorläufige Vollstreckbarkeit richtet sich im Regelfall nach § 708 Nr. 7 ZPO, da es sich auch bei der Zustimmungsklage um eine Streitigkeit aus der Überlassung oder Benutzung von Wohnraum handelt.[736] Nur in den Fällen eines Versäumnis- oder Anerkenntnisurteils regelt sich die vorläufige Vollstreckbarkeit nach § 708 Nr. 1 ZPO oder § 708 Nr. 2 ZPO. Richtet sich die vorläufige Vollstreckbarkeit nach § 708 Nr. 7 ZPO so hat das Gericht grds. gem. § 711 ZPO eine **Abwendungsbefugnis** für den vorläufig zur Zahlung der Kosten Verurteilten auszusprechen.[737] Die zur Abwendung der Vollstreckung zu leistende Sicherheit wird in einem bestimmten Verhältnis zur Höhe des auf Grund des Urteils vollstreckbaren Betrages im Urteil angegeben.

---

[725] Zöller/*Herget* ZPO § 100 Rn. 1; Musielak/Voit/*Lackmann* ZPO § 100 Rn. 1; *Zimmermann*, Zivilprozessordnung, 10. Aufl. 2015, ZPO § 100 Rn. 1.

[726] *Zimmermann*, Zivilprozessordnung, 10. Aufl. 2015, ZPO § 100 Rn. 1; **aA** wohl *Deckenbrock/Dötsch* JurBüro 2004, 181 die für eine analoge Anwendung des § 100 Abs. 4 ZPO plädieren.

[727] MüKoZPO/*Giebel* § 100 Rn. 7.

[728] OLG Köln OLGR Köln 2007, 232.

[729] OLG Köln OLGR Köln 2007, 232.

[730] Musielak/Voit/*Lackmann* ZPO § 100 Rn. 1.

[731] Musielak/Voit/*Lackmann* ZPO § 100 Rn. 6.

[732] BGH VIII ZA 21/08, WuM 2009, 186 unter Hinweis auf BVerfG NJW 1990, 2124.

[733] BGH VIII ZA 21/08, WuM 2009, 186.

[734] *Wiese* NZM 2018, 961, 972.

[735] Zur Frage, wann die Rechtskraft von Urteilen eintritt → BGB § 569 Rn. 107.

[736] *Wiese NZM 2018, 961, 972; Baumbach/Lauterbach/Albers/Hartmann*, ZPO, 76. Aufl., 2018 § 227 Rn. 41; FA-MietR/*Harsch*, 6. Aufl. 2018, Kap. 32 Rn. 223a; **aA** Prütting/Gehrlein/*Kazele*, ZPO, § 227 Rn. 10; *Beuermann* GE 1996, 1461.

[737] Zur erleichterten Vollstreckbarkeit von Zivilurteilen in Bagatellverfahren: *Aumann* NJW 2020, 6.

135 Dies soll jedoch gem. § 713 ZPO entfallen, wenn gegen das Urteil **unzweifelhaft kein Rechtsmittel** möglich ist.[738] Dies hängt zum einen davon ab wie hoch die Beschwer der Parteien ist, also zu welcher Zustimmung der Mieter verurteilt wurde oder in welcher Höhe die Klage des Mieters ganz oder teilweise abgewiesen wurde, und zum anderen auch davon, nach welcher Vorschrift man den Rechtsmittelstreitwert einer Mieterhöhungsklage berechnet (→ Rn. 152). Verurteilungen zur Zustimmung zu einer Mieterhöhung von monatlich weniger als 14,29 EUR sind berufungsfähig. Das Gleiche gilt für eine Klageabweisung in dieser Höhe. Für alle Beträge darüber steht aber nicht unzweifelhaft fest, dass kein Rechtsmittel möglich ist, da nach der Rspr. des BVerfG[739] und des BGH[740] der Rechtsmittelstreitwert entsprechend § 9 ZPO nach dem 3½-fachen Jahresdifferenzbetrag zu errechnen ist. Ob im Einzelfall ein Landgericht sich daran nicht hält ist unbeachtlich, da § 713 ZPO ausdrücklich verlangt, dass das Rechtsmittel unzweifelhaft nicht möglich ist.

Hat das Amtsgericht fälschlicherweise § 713 ZPO angewandt, obwohl die Berufungsbeschwer erreicht wurde, ist ein Antrag auf Urteilsergänzung gem. § 321 ZPO möglich.[741] Der Antrag ist binnen zwei Wochen nach Zustellung des Urteils schriftsätzlich zu stellen. Hat das Amtsgericht bei einer Beschwer unter 600 EUR über die Berufungszulassung nicht entschieden, weil es selbst von einer Beschwer von über 600 EUR ausging, muss das Berufungsgericht die Entscheidung nachholen.[742]

## 4. Selbständiges Beweisverfahren

136 Unzulässig ist die Durchführung eines selbständigen Beweisverfahrens gem. §§ 485 ff. ZPO zur Ermittlung der ortsüblichen Vergleichsmiete.[743] Dies gilt sowohl für die Zeit vor Stellung des Mieterhöhungsverlangens (→ BGB § 558a Rn. 93 ff.) wie auch für die Zeit danach.[744] Dies war für das frühere Beweissicherungsverfahren bereits anerkannt.[745] Es besteht nämlich weder die Gefahr eines Verlustes noch der erschwerten Benutzung des Beweismittels, da ein Gutachten zur Höhe der ortsüblichen Miete ohne Nachteil für die Beweisführung in einem späteren Mieterhöhungsverfahren nachgeholt werden kann. Die notwendigen Feststellungen können auch rückwirkend getroffen werden. Außerdem ermöglichte das Beweissicherungsverfahren früher nur die Feststellung des gegenwärtigen Zustands einer Sache, um den es aber nicht geht. Seit Neufassung des § 485 ZPO durch das Rechtspflegevereinfachungsgesetz v. 17. 12. 1990[746] kann ein selbständiges Beweisverfahren ua aber auch außerhalb eines Rechtsstreits beantragt werden, wenn eine Partei ein rechtliches Interesse daran hat, dass der Zustand oder Wert einer Sache, festgestellt wird. Ein rechtliches Interesse ist anzunehmen, wenn die Feststellung der Vermeidung eines Rechtsstreits dienen kann.

137 Trotz dieser im Gegensatz zur früheren Rechtslage weiteren Gesetzesfassung kann der Vermieter nicht die Feststellung der ortsüblichen Vergleichsmiete mittels selbständigen Beweisverfahrens beantragen.[747] Bei der Feststellung der ortsüblichen Vergleichsmiete geht es nicht um die **Feststellung des Wertes der Wohnung.**[748] Unerheblich ist dabei, ob man unter Wert der Sache iSd § 485 ZPO nur den **Verkehrswert**[749] oder auch den **Ertragswert**[750] versteht, die ortsübliche Vergleichsmiete hat mit beiden Werten nichts zu tun, obwohl sie natürlich den Ertragswert beeinflusst. Der

---

738 Zur Frage, wann die Rechtskraft von Urteilen eintritt → BGB § 569 Rn. 107.

739 BVerfG NJW 1996, 1531.

740 BGH VIII ZB 30/13, WuM 2014, 427; VIII ZB 10/03, NZM 2004, 617.

741 BGH VIII ZR 98/08, WuM 2008, 613; III ZR 87/83, NJW 1984, 1240.

742 BGH VIII ZR 42/13, GE 2014, 798; VIII ZB 101/07, WuM 2008, 614.

743 LG Braunschweig WuM 1996, 291; LG Mannheim ZMR 1976, 152; *Sternel* MietR Kap. III Rn. 756; *Sternel* PiG 10 (1982), 127 (140); **aA** *Scholl* WuM 1997, 307 (308); WuM 1998, 77; Palandt/*Weidenkaff* BGB § 558b Rn. 12.

744 Umstritten ist, ob das selbständige Beweisverfahren zur Vorbereitung einer Rückforderungsklage wegen Mietpreisüberhöhung zulässig ist: dagegen LG Berlin NJW-RR 1997, 585; LG Freiburg WuM 1997, 337; LG Köln NJWE-MietR 1996, 268 mkritAnm *Scholl* WuM 1997, 307; **aA** LG Köln WuM 1995, 490; zumindest wenn Umbau bevorsteht: LG Mainz WuM 1997, 631.

745 LG Mannheim WuM 1976, 58.

746 BGBl. I 2847.

747 Zur Frage, ob das selbständige Beweisverfahren als Begründungsmittel möglich ist, → BGB § 558a Rn. 93 ff.

748 LG Berlin NJW-RR 1997, 585.

749 So das LG Berlin NJW-RR 1997, 585.

750 So *Scholl* WuM 1997, 307.

Ertragswert iSd Bewertungsrechts wird bestimmt durch die **nachhaltig erzielbare Miete.** Dieser Begriff ist ein ganz anderer als der der ortsüblichen Vergleichsmiete. Die ortsübliche Vergleichsmiete ist ein Rechtsbegriff, der, vereinfacht ausgedrückt, bestimmt wird durch alle zu einem bestimmten Stichtag in einer Gemeinde gezahlten Mieten, soweit diese Mieten innerhalb der letzten vier Jahre neu vereinbart oder verändert wurden. Für die Ermittlung der ortsüblichen Vergleichsmiete kommt es insoweit auf den Zustand der Wohnung an, um festzustellen welche Wohnungen als Vergleichsmaßstab herangezogen werden müssen, der Wert der ortsüblichen Vergleichsmiete selbst wird aber durch die für die anderen Wohnungen gezahlten Mieten bestimmt.[751]

138 Das selbständige Beweisverfahren ist auch aus **systematischen Gründen** unzulässig. § 558b Abs. 2 BGB ist hier die **Spezialvorschrift.** Nach Zugang des Mieterhöhungsverlangens steht dem Mieter die Überlegungsfrist zu. Die Einleitung eines selbständigen Beweisverfahrens würde den Mieter in seiner Entscheidungsfreiheit während dieser Überlegungsfrist unzulässig beeinflussen. Das selbständige Beweisverfahren löst Kosten aus, die ggf. in einem späteren Verfahren vom Mieter zu tragen wären. Auf den Mieter wird also ein zusätzlicher Druck ausgeübt. Außerdem steht die Beweisaufnahme im selbständigen Beweisverfahren der Beweisaufnahme im späteren Prozess gem. § 493 ZPO gleich. Der Vermieter könnte also über die Durchführung eines selbständigen Beweisverfahrens bestimmen, auf welche Art und Weise das Gericht die ortsübliche Vergleichsmiete zu ermitteln hat. Es handelt sich aber um eine Frage der Tatsachenfeststellung, die dem erkennenden Gericht obliegt. Hierzu kann sich das Gericht des gültigen und hinreichend aussagekräftigen **Mietspiegels** bedienen. Da das erkennende Gericht durch ein selbständiges Beweisverfahren an der Anwendung eines Mietspiegels zur Ermittlung der ortsüblichen Vergleichsmiete nicht gehindert werden kann, kann durch dies Verfahren auch ein Rechtsstreit häufig nicht vermieden werden, da die Parteien ja in diesen Fällen vor allem darüber streiten, wie die ortsübliche Vergleichsmiete zu ermitteln ist. Dieser Streit wird durch die vorweggenommene versuchte Festlegung des Gerichts auf das Sachverständigengutachten aber nicht geschlichtet, weil eine solche Festlegung für das Gericht nicht bestehen kann.

139 Schließlich kann der Vermieter durch Einleitung des selbständigen Beweisverfahrens auch nicht die **Klagefrist** des § 558b Abs. 2 S. 2 BGB einhalten. Der Wortlaut der Vorschrift verlangt ausdrücklich die Erhebung der Zustimmungsklage. Genauso wenig wie die unmittelbar erhobene Zahlungsklage die Frist wahrt, kann die Einleitung des selbständigen Beweisverfahrens diese Frist wahren. Aus § 204 Abs. 1 Nr. 7 BGB kann nichts Anderes hergeleitet werden, da diese Vorschrift nur die Verjährungshemmung betrifft. Hier geht es nicht um die Hemmung der Verjährung, sondern um eine rechtzeitige Klageerhebung.

140 Hat das Amtsgericht dennoch ein schriftliches Sachverständigengutachten im selbständigen Beweisverfahren eingeholt, dann ist strittig, ob das Gericht auf Antrag einer Partei eine mündliche Anhörung des Sachverständigen im selbständigen Beweisverfahren durchführen muss.[752] Zum Teil wird vertreten, dass ein Anspruch auf Anhörung des Sachverständigen nicht besteht.[753] Zulässig sei nur das schriftliche Sachverständigengutachten. Eine Erläuterung des Gutachtens wäre allenfalls in einer gem. § 492 Abs. 3 ZPO anberaumten mündlichen Erörterung möglich. Nach § 492 Abs. 3 ZPO kann das Gericht allenfalls die Parteien zur mündlichen Erörterung laden, wenn eine Einigung zu erwarten ist. Nach anderer Auffassung[754] ist eine solche Beschränkung nicht gerechtfertigt. Bereits in der Gesetzesbegründung zum Rechtspflegevereinfachungsgesetz[755] sei darauf hingewiesen worden, dass die Vorschriften über die **Ladung des Sachverständigen** zur Erläuterung seines Gutachtens gem. § 411 Abs. 3 ZPO auch im selbständigen Beweisverfahren Geltung habe. Der Anspruch besteht auf jeden Fall nur ganz ausnahmsweise, da dem Gericht ein beweisrechtliches Ermessen zusteht und es in diesem Rahmen auch die schriftliche Beantwortung der Fragen anordnen kann.[756] Nur wenn der jeweilige Antragsteller darlegt, welche Fragen überhaupt noch erklärungsbedürftig sind und diese Fragen schriftlich nicht zu klären sind, kann ggf. eine Verpflichtung zur Ladung ausnahmsweise bestehen.

---

[751] So auch LG Braunschweig WuM 1996, 291; LG Freiburg WuM 1997, 327 für den Begriff der „üblichen Entgelte" in § 5 WiStG.
[752] OLG Düsseldorf MDR 1994, 939.
[753] LG Köln WuM 1998, 110.
[754] *Scholl WuM 1998, 77 unter Hinweis auf* OLG Düsseldorf BauR 1993, 637; MDR 1994, 939; OLG München BauR 1994, 663; OLG Saarbrücken NJW-RR 1994, 788; OLG Köln VersR 1997, 511; OLGR 1997, 69.
[755] BT-Drs. 11/3621, 42.
[756] *Scholl* WuM 1998, 77.

### 5. Vergleich

Da auch im Zustimmungsprozess gem. § 558b BGB die volle **Dispositionsmaxime** gilt, steht es den Parteien frei, zu jedem Zeitpunkt den Rechtsstreit durch einen gerichtlichen oder außergerichtlichen Vergleich zu beenden. Ein Vergleich ist ein Vertrag, durch den der Streit oder die Ungewissheit der Parteien über ein Rechtsverhältnis im Wege gegenseitigen Nachgebens beseitigt wird, § 779 BGB. Kein Vergleich liegt vor, wenn nur eine Partei nachgibt. Deshalb liegt kein Vergleich bei einem Anerkenntnis vor. Ansonsten sind die Parteien bei der inhaltlichen Gestaltung des Vergleichs grds. frei. Es ist weder die **Jahressperrfrist** noch die **Kappungsgrenze** oder die Begrenzung auf die ortsübliche Vergleichsmiete zu beachten. Aber auch ein gerichtlicher Vergleich darf nicht gegen ein gesetzliches Verbot verstoßen, so dass Mietpreisvereinbarungen, die gegen § 5 WiStG oder § 291 StGB verstoßen, trotz der gerichtlichen Protokollierung unwirksam sind.[757] Ein Verstoß gegen § 556g Abs. 1 BGB ist an dieser Stelle nicht denkbar, da es nicht um den Abschluss eines neuen Mietvertrags geht, sondern um die Erhöhung der Miete in einem bestehenden Vertrag. Ein Nachgeben des Vermieters liegt nicht nur vor, wenn er sich mit einer Zustimmung zu einer geringeren als der verlangten Mieterhöhung einverstanden erklärt, sondern auch wenn er sich mit einem späteren Termin zufrieden gibt oder wenn die erhöhte Miete für längere Zeit fest vereinbart wird. Dabei ist es auch möglich, eine **Staffelmietvereinbarung** iRd § 557a BGB abzuschließen. Schließlich kann im Vergleich auch eine Änderung der **Mietstruktur** vereinbart werden. Wegen der Rückstände aus der Mieterhöhung kann ggf. auch eine Bezifferung und damit Titulierung des Zahlungsanspruchs erfolgen. 141

Der Vergleich kann im **obligatorischen Gütetermin** wie auch im **Haupttermin** geschlossen werden. Wenn der **Vermieter Unternehmer**[758] und der Mieter Verbraucher ist, stellt sich die Frage, ob ein solcher Vergleich gem. §§ 312b, 312g Abs. 1, 355 BGB widerrufen werden kann, da der **Gerichtssaal** ein außerhalb des Geschäftslokals liegender Ort ist.[759] Nach Auskunft des BMJV hat ein Widerrufsrecht für gerichtliche Vergleiche bei den Verhandlungen zur Verbraucherrechterichtlinie keine wesentliche Rolle gespielt. Es soll zwar ganz allgemein Einigkeit darüber bestanden haben, dass gerichtliche Vergleiche nicht erfasst sein sollen. In den Erwägungsgründen der Richtlinie oder sonst in den Materialien findet sich dazu jedoch keine Aussage. Demgegenüber ergibt sich aus dem Gesetz durchaus etwas Anderes. Dass nämlich das Widerrufsrecht grds. auch bei gerichtlichen Vergleichen gilt, ergibt sich aus einem Vergleich mit § 491 Abs. 3 BGB, der das Widerrufsrecht bei Verbraucherdarlehnsverträgen genau für diesen Fall ausschließt. Da dies wohl eine **nicht analogiefähige Spezialvorschrift** ist, die zudem weitere Voraussetzungen für den Ausschluss des Widerrufsrechts enthält, kann im **Umkehrschluss** daraus gefolgert werden, dass bei sonstigen gerichtlichen Vergleichen prinzipiell das allgemeine Widerrufsrecht gilt.[760] Nach Art. 3 Abs. 3i RL 2011/83/EU wäre es zulässig gewesen, gerichtliche Vergleiche insgesamt aus dem Anwendungsbereich des Widerrufsrechts auszuklammern. Der deutsche Gesetzgeber hat dies aber nur für die erwähnten Verbraucherdarlehensverträge sowie für einige notariell beurkundete Verträge, § 312 Abs. 2 Nr. 1 BGB und § 312g Abs. 2 Nr. 13 BGB getan. So gilt das Widerrufsrecht bei notariell beurkundeten Verträgen dann nicht, wenn sie trotzdem beurkundet werden und der Notar darüber belehrt, dass kein Widerrufsrecht besteht. *Hau*[761] ist der Auffassung, dass gem. § 127a BGB dies dann auch für gerichtliche Vergleiche zu gelten habe, wenn der Richter über das Nichtbestehen des Widerrufsrechts belehrt habe. Das ist zweifelhaft, weil § 127a BGB der Rspr. des BGH[762] entspricht, wonach Erklärungen, die der notariellen Beurkundung bedürfen, auch in einen gerichtlichen Vergleich aufgenommen werden dürfen. Ob damit auch Verträge, die gar nicht der notariellen Beurkundung bedürfen, gleichgestellt werden sollen, ist zu bezweifeln. Ein Richter ist zwar ein öffentlicher Amtsträger, der gesetzlich zur Unabhängigkeit und Unparteilichkeit verpflichtet ist, jedoch lässt sich aus der ZPO kaum ableiten, dass der Richter „durch umfassende rechtliche Aufklärung sicherzustellen hat, dass der Verbraucher den Vertrag nur aufgrund gründlicher rechtlicher Prüfung und in Kenntnis seiner rechtlichen Tragweite abschließt". Deshalb bestehen keine Belehrungspflicht des Richters, wie sie den Notar trifft. Es spricht deshalb durchaus viel dafür, eine prinzipielle Verpflich- 142

757 *Beuermann* GE 1991, 212.
758 *Horst* DWW 2015, 2.
759 Dafür *Mediger* NZM 2015, 185; dagegen AG Hanau WuM 2015, 543; *Hinz* WuM 2016, 76 (85); *Hau* NZM 2015, 435.
760 Gegen Widerrufsrecht bei Anwaltsvergleichen *Horst* DWW 2015, 2 (9); *Rolfs/Möller* NJW 2017, 3275, 3277.
761 *Hau* NZM 2015, 435.
762 BGH V BLw 25/54, BGHZ 14, 386.

tung zur Erteilung einer Widerrufsbelehrung für den Unternehmer (nicht den Richter) anzunehmen. Voraussetzung hierfür ist aber gem. §§ 312 ff. BGB ein Vertrag über eine entgeltliche Leistung eines Unternehmers. Normalerweise geht es bei einem Vergleich nicht um die Erbringung einer Leistung gegen Entgelt, sondern um die Beseitigung eines Streits oder einer Ungewissheit durch gegenseitiges Nachgeben, § 779 Abs. 1 BGB. Bei einem Vergleich über eine Mieterhöhungserklärung gibt der Mieter aber eine Willenserklärung ab, was wohl eine Leistung darstellen dürfte. Etwas anderes kann bei **anwaltlich vertretenen Parteien** gelten, so dass evtl. ein **Privatvermieter** wegen der Einschaltung eines Anwalts zum Unternehmer wird[763] und umgedreht ein Verbraucher zum Unternehmer wird.[764] Auch die Unterscheidung zwischen der materiell-rechtlichen und der prozessualen Bedeutung eines Vergleichs hilft nicht weiter, da es zum einen bei der Mieterhöhung um die materiell-rechtliche Seite geht und zum anderen die materiell-rechtliche Unwirksamkeit (nach einem Widerruf) die Unwirksamkeit der prozess-rechtlichen Seite immer zur Folge hat.[765]

142a Möglich ist auch ein Vergleichsschluss auf Grund eines gerichtlichen Vergleichsvorschlags den beide Parteien gegenüber dem Gericht schriftlich angenommen oder unterbreitet haben, § 278 Abs. 6 ZPO. Das Gericht stellt in diesem Fall das Zustandekommen und den Inhalt des Vergleichs durch Beschluss fest.

143 Die **Schonfrist des § 569 Abs. 3 Nr. 3 BGB** gilt für einen Zahlungsrückstand auf Grund eines gerichtlichen Vergleichs nicht. Bei einem Vergleich handelt es sich unabhängig davon, ob er außerhalb oder während eines Prozesses geschlossen wird, um eine Mietabänderungsvereinbarung, auf die § 569 Abs. 3 Nr. 3 BGB nicht anwendbar ist. Eine Mietabänderungsvereinbarung hat ihre gesetzliche Rechtfertigung in § 557 Abs. 1 BGB. Diese Norm ist in § 569 Abs. 3 Nr. 3 BGB nicht erwähnt. Aber selbst dann, wenn der Mieter innerhalb eines Zustimmungsprozesses in einem Vergleich seine vollständige oder teilweise Zustimmung zu einem zuvor gestellten Zustimmungsverlangen erklärt hat, ist **§ 569 Abs. 3 Nr. 3 BGB weder unmittelbar noch analog anwendbar.**[766] Es handelt sich um eine freiwillige Zustimmung des Mieters, bei der nicht die gleiche Schutzbedürftigkeit besteht, wie einer Zustimmungsersetzung durch Urteil.[767] Der Mieter kann sowohl hinsichtlich der Fälligkeit des Rückstandes wie auch hinsichtlich der Vereinbarung einer Schonfrist entsprechend der Regelung des § 569 Abs. 3 Nr. 3 BGB im Vergleich eine Regelung treffen.

144 Die **Vollstreckung** aus einem solchen Vergleich hängt von seinem Wortlaut ab. Verpflichtet sich der Mieter in dem Vergleich einer Mieterhöhung zuzustimmen, dann ist § 894 ZPO, der nur für Urteile gilt, nicht anwendbar.[768] Da die Verpflichtung zur Abgabe der Zustimmung noch nicht die Willenserklärung selbst darstellt, richtet sich die Vollstreckung nach Vorschriften über die Zwangsvollstreckung auf **Vornahme einer unvertretbaren Handlung** gem. § 888 Abs. 1 ZPO.[769] Hat der Mieter im Vergleich bereits einer Mieterhöhung auf einen bestimmten Betrag zugestimmt oder haben die Parteien im Vergleich sich auf eine Änderung des Vertrages dahin gehend geeinigt, dass die Miete ab einem bestimmten Zeitpunkt einen bestimmten Betrag betragen soll, dann bedarf es keiner Zwangsvollstreckung aus dem Vergleich, da der Vergleich zugleich die Erfüllung der Verpflichtung enthält. In diesem Fall kann und muss ggf. unmittelbar Zahlungsklage erhoben werden, wenn der Mieter seiner neuen Zahlungsverpflichtung nicht nachkommt.

### 6. Streitwerte

145 Das Prozessrecht unterscheidet **verschiedene Streitwerte.**[770] Neben dem Zuständigkeitsstreitwert nach den §§ 3–9 ZPO gibt es den Gebührenstreitwert und den Rechtsmittelstreitwert.

---

[763] *Mediger* NZM 2015, 185 unter Hinweis auf AG Waiblingen WuM 1996, 137; LG Wiesbaden WuM 1996, 698, jeweils noch zum alten Begriff des „geschäftsmäßigen Handelns"; **aA** *Gsell* WuM 2014, 375 (379); *Artz/Brinkmann/Pielsticker* ZAP Fach 4, 1639.

[764] Dafür *Mediger* NZM 2015, 185; **aA** LG Rostock NZM 2007, 370.

[765] Zöller/*Stöber* ZPO § 794 Rn. 15.

[766] OLG Hamm NJW-RR 1992, 340; *Bub* GS Sonnenschein, 2013, 419 (424).

[767] OLG Hamm NJW-RR 1992, 340; Palandt/*Weidenkaff* BGB § 569 Rn. 21; Sternel MietR Kap. III Rn. 867; MüKoBGB/*Häublein* § 569 Rn. 35; Staudinger/*V. Emmerich* BGB § 569 Rn. 53; *Bub* GS Sonnenschein, 2013, 419.

[768] Schuschke/Walker/*Walker,* Vollstreckung und Vorläufiger Rechtsschutz, 6. Aufl. 2016, ZPO § 888 Rn. 4; Schuschke/Walker/*Sturhahn,* Vollstreckung und Vorläufiger Rechtsschutz, 6. Aufl. 2016, ZPO § 894 Rn. 1.

[769] *BGH IX ZR 141/85, NJW* 1986, 2704; BGH I B 57/10, NJW 2011, 3161; Kossmann/Meyer-Abich Wohnraummiete-HdB/*Meyer-Abich* § 155 Rn. 44.

[770] Zu den unterschiedlichen Streitwerten und ihren Berechnungen im Wohnraummietrecht: *Meyer-Abich* NJW 2020, 31; *Gies* NZM 2003, 886.

**a) Gebührenstreitwert.** Nur für den Gebührenstreitwert einer Mieterhöhungsklage nach § 558 BGB enthält das Gesetz, nämlich in § 41 Abs. 5 GKG, eine ausdrückliche Regelung. Danach ist maßgebend **höchstens der Jahresbetrag** der zusätzlich geforderten Miete. Dies gilt auch, wenn der Kläger eine Teilzustimmung des Mieters nicht beachtet hat.[771] Der Gebührenstreitwert ist dann kleiner als der Jahresdifferenzbetrag, wenn das Mietverhältnis, zB bei einer Befristung oder bereits ausgesprochener Kündigung, kein ganzes Jahr mehr fortbesteht. Der Gesetzgeber hat diese Regelung geschaffen, um den Gebührenwert in Mietstreitigkeiten aus sozialen Gründen niedrig zu halten. Auf die sonst im Mietrecht sich immer wieder stellende Frage, ob dabei von der Grundmiete, der Inklusivmiete oder einer Zwischenform auszugehen ist, kommt es an dieser Stelle nicht an, da bei der Streitwertberechnung gem. § 41 Abs. 5 GKG bei Mieterhöhungen der Differenzbetrag zwischen alter und neuer Miete unabhängig von der Mietstruktur maßgeblich ist. Auch wenn der Vermieter gem. Abs. 3 im laufenden Verfahren ein Mieterhöhungsverlangen nachgeholt hat, soll es beim Jahreswert der begehrten Mieterhöhung bleiben.[772] Das ist mE nicht richtig, wenn zunächst das erste formell unwirksame Erhöhungsverlangen Streitgegenstand war.[773] Etwas anderes gilt allenfalls dann, wenn gleich aus dem neuen in der Klageschrift nachgeholten Erhöhungsverlangen geklagt wird. Für die Kostenentscheidung ist das teilweise Obsiegen einer Partei aus dem Gebührenstreitwert, nicht aus dem Zuständigkeitsstreitwert zu errechnen.[774] Obsiegt der Vermieter wegen eines nachgeholten Zustimmungsverlangen zu einem späteren als dem ursprünglich verlangten Wirkungszeitpunkt, hat er (zeit)anteilig die Kosten zu tragen.[775] 146

**b) Rechtsmittelstreitwert.** Die Frage, ob gegen ein Urteil die Streitwertberufung möglich ist, bestimmt sich danach, ob der Wert des Beschwerdegegenstandes 600 EUR übersteigt, § 511 Abs. 1 Nr. 1 ZPO. Für die Berechnung kommt es auf der Vermieterseite auf die sog. **formelle Beschwer,** also die Abweichung der angegriffenen Entscheidung vom letzten Antrag an; auf Beklagtenseite ist die **materielle Beschwer** maßgeblich, also die Frage, inwieweit der Mieter durch die Entscheidung tatsächlich benachteiligt wird. Maßgeblicher **Zeitpunkt** für die Feststellung des Rechtsmittelstreitwertes ist der Zeitpunkt der Rechtsmitteleinlegung.[776] 147

Umstritten war jahrelang[777] die Frage der Ermittlung des Rechtsmittelstreitwertes bei **Zustimmungsklagen** gem. § 558b BGB. 148

*unbesetzt* 149–151

Nach richtiger und heute absolut herrschender Auffassung berechnet sich die Beschwer im Zustimmungsverfahren **analog § 9 ZPO.**[778] Eine unmittelbare Anwendung der Vorschrift scheidet aus, weil es sich bei der Zustimmungsklage um keine **Klage auf wiederkehrende Leistungen** handelt, sondern um eine Klage auf Abgabe einer Willenserklärung. Die Vorschrift ist entsprechend anzuwenden. Es liegt erkennbar eine Regelungslücke vor. Es gibt keine Bestimmung, die die Berechnung der Beschwer für die Zustimmungsklage regelt. Die Sachverhalte sind auch durchaus vergleichbar. Während § 9 ZPO den Fall meint, dass ein Kläger seinen Schuldner unmittelbar auf Leistung von wiederkehrenden Leistungen in Anspruch nimmt, hat der Gesetzgeber das Mieterhöhungsverfahren so gestaltet, dass nicht unmittelbar auf Zahlung geklagt werden kann, sondern zunächst auf Zustimmung zu einer Vertragsänderung. Wirtschaftlich besteht hier aber kein Unterschied. Ist der Mieter zur Zustimmung verurteilt, schuldet er eine wiederkehrende Leistung und zwar auf unbestimmte Zeit. Soweit hiergegen vorgebracht wurde, dass gar nicht feststehe, ob das Mietverhältnis noch 42 Monate bestehe[779] ist dies ein generelles Problem des § 9 ZPO, das nicht auf Zustimmungsklagen begrenzt ist. Steht fest, dass das Mietverhältnis früher als 42 Monate nach 152

---

771 LG Wuppertal WuM 1993, 478.

772 LG Berlin WuM 2012, 511 „keine formale, sondern wertende Betrachtungsweise".

773 Dafür auch Staudinger/*V. Emmerich* BGB § 558b Rn. 24.

774 LG München WuM 1994, 337.

775 LG Marburg BeckRS 2014, 12908.

776 Zöller/*Gummer* ZPO § 511 Rn. 5 mwN.

777 Zu den einzelnen Auffassungen und ihren Vertretern Schmidt-Futterer, Mietrecht, 11. Aufl. 2013, BGB § 558b Rn. 149ff. und die dortige tabellarische Zusammenstellung.

778 BVerfG NJW 1996, 1531; BGH VIII ZB 4/16, WuM 2016, 510; VIII ZB 10/03, NZM 2004, 617; VIII ZB 30/13, WuM 2014, 427; XII ZR 314/99, NJW 2000, 3142, obiter dictum; VerfG Potsdam, Beschl. v. 18.1.2019 – 54/18 (juris); LG Hildesheim WuM 1996, 351; 1996, 716; LG Kassel WuM 1996, 417; LG Düsseldorf DWW 1996, 279; LG Berlin ZMR 1997, 358, MM 1996, 449; LG Kiel MDR 1994, 834; LG Dortmund ZMR 2002, 918; AG Dortmund NZM 2002, 949; Musielak/Voit/*Heinrich* ZPO § 9 Rn. 3; *Meyer-Abich* NJW 2020, 31; *Gärtner* WuM 1997, 160.

779 LG Bremen WuM 1997, 334.

Wirksamwerden der Mieterhöhungserklärung enden wird (Zeitmietvertrag[780], bereits erfolgte Kündigung), so ist die Beschwer entsprechend herabzusetzen.[781] Damit ist die Berufung ab einer Beschwer von 14,29 EUR möglich. Stimmt der Mieter vor Ablauf der Berufungsfrist dem Mieterhöhungsverlangen teilweise zu, bemisst sich die Beschwer nach dem Mehrfachen der insoweit zu berechnenden Mietdifferenz. Durch Anpassung des Berufungsantrags hinsichtlich der Teilzustimmung auf Feststellung der teilweisen Erledigung des Rechtsstreits kann die gem. § 511 ZPO erforderliche Beschwer erhalten bleiben.[782] Das gilt aber nicht, wenn der Mieter zur Zustimmung auch hinsichtlich des Teils verurteilt wurde, dem er vermeintlich zugestimmt hat.[783]

**153** Zurzeit unbesetzt

**154** Feststellungsklagen sind im Verfahren nach § 2 MHG zwar unzulässig, das ändert aber nichts daran, dass auch für unzulässige Klagen ein Streitwert und ggf. auch eine Beschwer festzusetzen ist. Die Beschwer des Vermieters bei einer **Feststellungsklage,** dass der Mieter einen bestimmten Mieterhöhungsbetrag schulde, ist grds. auch nach dem 3½-fachen Jahresbetrag der Erhöhung zu bemessen. Von diesem Wert ist für die positive Feststellungsklage ein Abzug von 20% vorzunehmen, weil diese nur vorbereitenden Charakter hat.[784] Unabhängig davon, um welche Art von Mieterhöhung es sich handelt, bemisst sich die Beschwer des Mieters bei einer **negativen Feststellungsklage** gegen eine Mieterhöhung das Dreieinhalbfache des vermeintlich nicht geschuldeten Betrages, auch wenn der Gebührenstreitwert dem Jahreserhöhungsbetrag entspricht.[785]

### 7. Rechtsmittel

**155** Gegen das amtsgerichtliche Urteil ist das **Rechtsmittel der Berufung** möglich, wenn

a) entweder die Beschwer mehr als 600 EUR beträgt (→ Rn. 147 ff.) oder
b) wenn das Gericht die Berufung ausdrücklich zugelassen hat.

Die Zulassung der Berufung erfolgt durch das Amtsgericht, wenn die Rechtssache grundsätzliche Bedeutung hat oder die Fortbildung des Rechts oder die Sicherung einer einheitlichen Rspr. dies erfordert.[786] Hat das Amtsgericht über die Berufungszulassung nicht entschieden, weil es davon ausging, dass die Berufungsbeschwer von 600 EUR erreicht war, dann muss das Berufungsgericht selbst über die Zulassung entscheiden, wenn es die Beschwer auf unter 600 EUR festsetzt.[787] Hat das Amtsgericht keine Berufung zugelassen und legt die unterlegene Partei hiergegen Verfassungsbeschwerde ein, so muss sie gleichzeitig auch Berufung einlegen und nach § 148 ZPO die Aussetzung des Verfahrens beantragen. Legt sie erst nach erfolgreicher Verfassungsbeschwerde Berufung ein, soll diese verfristet sein.[788] Hat das Amtsgericht die Klage als unzulässig abgewiesen, weil es Bedenken gegen die formelle Ordnungsmäßigkeit des Mieterhöhungsverlangens gehabt hat, dann kann das Landgericht statt selbst im Berufungsverfahren zu entscheiden gem. § 538 Abs. 2 Nr. 3 ZPO auf Antrag einer Partei unter Aufhebung des amtsgerichtlichen Urteils die Sache an das Amtsgericht **zurückverweisen,** wenn es der Auffassung ist, dass die Klage zulässig ist. Dabei hat es sämtliche Rügen zu erledigen, damit die Zulässigkeit umfassend geprüft und festgestellt wird.[789] Zuständig für die Berufung ist **immer das Landgericht.**

**156** Hat der Mieter **Prozesskostenhilfe** für die Berufung beantragt und wird dieser Antrag nach dem Ablauf der Rechtsmittelfrist zurückgewiesen, bleibt der Partei nach der Bekanntgabe der Entscheidung noch eine Zeit von höchstens drei bis vier Tagen für die Überlegung, ob sie das Rechtsmittel auf eigene Kosten durchführen will.[790] Danach beginnt die zweiwöchige Frist des § 234

[780] BGH XII ZR 24/99, NZM 1999, 561.
[781] LG Wiesbaden WuM 1993, 470.
[782] LG Saarbrücken WuM 1989, 441.
[783] BGH VIII ZB 30/13, WuM 2014, 427.
[784] BGH XII ZR 162/00, NZM 2004, 423.
[785] BGH VIII ZR 89/13, GE 2015, 249.
[786] Zu den Rechtsmitteln im Mietprozess *Ball* NZM 2002, 409; *Hinz* WuM 2002, 3; 2002, 352; *Schläger* ZMR 2002, 401.
[787] BGH VIII ZB 42/13, GE 2014, 798; VIII ZB 36/04, WuM 2008, 614.
[788] LG Berlin GE 2009, 1318.
[789] *Zu den Auswirkungen* der ZPO Reform auf das Mietrecht: *Ball* NZM 2002, 409; *Hinz* WuM 2002, 3; 2002, 352; *Schläger* ZMR 2002, 401.
[790] Deshalb darf ein unter Bedingung der PKH-Bewilligung eingelegte Berufung erst nach Entscheidung über PKH-Antrag zurückgewiesen werden: BGH VIII ZB 38/12, MietPrax-AK § 233 ZPO Nr. 10.

Abs. 1 ZPO für das **Wiedereinsetzungsgesuch** und die damit zu verbindende Einlegung des Rechtsmittels. Das gilt auch dann, wenn das Gericht nicht die Mittellosigkeit der Partei, sondern die Erfolgsaussicht der beabsichtigten Rechtsverfolgung verneint hat.[791]

Gegen die Urteile der Berufungsgerichte ist das Rechtsmittel der **Revision** in Zustimmungs- **157** verfahren nach § 558b BGB zulässig, wenn das Berufungsgericht die Berufung zugelassen hat oder das Revisionsgericht auf eine Nichtzulassungsbeschwerde hin die Revision zugelassen hat. Zuständig für die Entscheidung über die Revision ist der **BGH.** Gegen die Nichtzulassung der Revision ist die **Beschwerde** gem. § 544 ZPO möglich. Dies erfordert eine Beschwer von 20.000 EUR.[792] Für Zustimmungsklagen gem. § 558 BGB dürfte diese Grenze unerreichbar sein.

Möglich ist gem. § 566 ZPO auch die **Sprungrevision** gegen amtsgerichtliche Urteile. Voraus- **158** setzung ist, dass die Beschwer 600 EUR übersteigt, der Gegner in die Übergehung der Berufungsinstanz einwilligt und das Revisionsgericht die Sprungrevision zulässt. Die Sprungrevision ist nur zuzulassen, wenn die Sache grundsätzliche Bedeutung hat oder die Fortbildung des Rechts oder die einheitliche Rspr. eine Entscheidung des BGH erfordert, § 566 Abs. 4 ZPO. Erst wenn der Antrag auf Zulassung der Zulassungsrevision abgelehnt wird, wird das Urteil rechtskräftig. Erst in diesem Augenblick gilt die Willenserklärung des Mieters gem. § 894 ZPO als abgegeben.

## F. Die Nachbesserung von Mieterhöhungsverlangen (Abs. 3)

### I. Allgemeines

Hat der Vermieter eine Mieterhöhungserklärung abgegeben, die nicht den Anforderungen des **159** § 558a BGB entsprach, so ist er nach § 558b Abs. 3 BGB berechtigt, in einem anschließenden Zustimmungsprozess diese Mängel zu heilen. **Voraussetzung** ist nach dem Wortlaut der Vorschrift aber, dass überhaupt ein Mieterhöhungsverlangen der Zustimmungsklage vorausgegangen ist.[793] Soweit zum alten Recht teilweise eine andere Auffassung vertreten wurde ist diese durch die Umformulierung der Vorschrift jetzt gänzlich unbeachtlich.

Die Vorschrift gestattet nur die **Heilung von Mängeln** nach § 558a BGB.[794] Es können also **160** **nur formelle Mängel** geheilt werden.[795] Hierzu zählen Mängel der Textform und der Begründung gem. § 558a Abs. 2, 3 BGB. Auch der Hinweis auf einen qualifizierten Mietspiegel gehört hierzu. Nicht geheilt werden kann zB die fehlende Aktivlegitimation, also wenn der falsche Vermieter[796] das Erhöhungsverfahren gestellt hat oder wenn es an den falschen Mieter oder nicht alle Mieter adressiert wurde.[797] Offengelegt werden kann die Ermächtigung zur Abgabe einer Erhöhungserklärung.[798] Auch die Nichteinhaltung der **Jahressperrfrist** kann nicht gem. § 558b Abs. 3 BGB geheilt werden[799], obwohl der Vermieter natürlich ein neues Erhöhungsverlangen stellen kann. Mit Heilung hat das aber nichts zu tun. Nicht möglich ist auch die Heilung in den Fällen, in denen der Vermieter die Klagefrist versäumt hat und zwar unabhängig davon, ob das erste Mieterhöhungsverlangen formell fehlerfrei war oder nicht.[800] In diesem Fall ist auch eine analoge Anwendung nicht möglich, da die Fallgestaltungen nicht vergleichbar sind.[801] Anderenfalls wäre die Heilungsmögichkeit überflüssig, da der Vermieter die Versäumung der Frist durch ein neues Erhöhungsverlangen, das im Wege der Klageänderung in das Verfahren eingeführt werden könnte, auch ohne die Heilungsvorschrift heilen könnte.[802] Zustellungsmängel können ebenfalls nicht

---

[791] BGH VIII ZA 21/08, WuM 2009, 186; VIII ZB 76/08, WuM 2009, 262; IVb ZB 142/84, VersR 1985, 271.

[792] Die früheren Kettenverlängerungen der Übergangsregelungen sind inzwischen Dauerrecht geworden.

[793] *Hinz* NZM 2002, 633 (634).

[794] *Hinz* NZM 2002, 633 (634).

[795] LG Berlin GE 2013, 1656.

[796] OLG Hamburg ZMR 2010, 108; *Weitemeyer* ZMR 2004, 153; **aA** *Paschke* DMT-Bilanz 2011, 679 (681); offen gelassen LG Berlin GE 2013, 1656.

[797] **AA** *Schach* MietRB 2009, 86.

[798] LG Berlin GE 2013, 1656; nach BGH VIII ZR 203/13, NJW 2014, 1802 bedarf es für die formelle Zulässigkeit des Erhöhungsverlangens aber gar keiner Offenlegung der Ermächtigung.

[799] **AA** Palandt/*Weidenkaff* BGB § 558 Rn. 12, der aber darauf hinweist, dass der Fall im Gesetz nicht geregelt ist.

[800] LG Berlin GE 2021, 311; LG Duisburg WuM 2005, 457 (458); MüKoBGB/*Artz* § 558b Rn. 19; **aA** ohne Begr. AG Pinneberg ZMR 2002, 602.

[801] LG Duisburg WuM 2005, 457 (458).

[802] LG Berlin GE 2021, 311.

geheilt werden.[803] Hierzu zählt auch die Zustellung an einen unter Betreuung mit Einwilligungsvorbehalt stehenden Mieter.[804] Gleiches gilt auch bei einem **falschen Klageantrag,** zB auf Erhöhung der Quadratmetermiete[805] oder bei einer nach Ablauf der Klagefrist vorgenommenen Klageänderung[806], zB wegen Änderung des Klageantrags von Netto- auf Bruttomiete.

## II. Die Ergänzung zulässiger Mieterhöhungsverlangen

161 Von der Nachbesserungsmöglichkeit nach § 558b Abs. 3 BGB zu unterscheiden ist die **Ergänzung eines wirksamen Mieterhöhungsverlangens.** Dies ist ohne Einschränkung zulässig.[807] Es ist schon aus verfassungsrechtlichen Gesichtspunkten geboten, eine solche Nachbesserung wirksamer Erhöhungsverlangen zuzulassen. Auch mit dem Schutzbedürfnis des Mieters lässt sich die Auffassung, wonach jede spätere Ergänzung oder Berichtigung ungenügender Angaben unbeachtlich sein soll, nicht begründen. Berichtigungen des Sachvortrags können zB erforderlich sein, weil **offensichtlich Tipp- oder Rechenfehler** richtiggestellt werden müssen oder offensichtliche Fehler der Beschreibung der Wohnung oder der Einordnung in den Mietspiegel richtiggestellt werden. Diese Fehler haben noch keinen Einfluss auf die Wirksamkeit des Erhöhungsverlangens, so dass eine Berichtigung möglich ist, ohne dass eine Klageänderung gem. § 264 ZPO vorliegt. Durch solche Berichtigungen und Ergänzungen wird gerade kein neues Mieterhöhungsverlangen gestellt, was ja auch nicht notwendig ist, da das erste Mieterhöhungsverlangen formell wirksam war. Deshalb lösen solche **Berichtigungen und Ergänzungen** keine neue Überlegungs- und damit auch keine neue Klagefrist aus.

## III. Die Heilung formell unwirksamer Mieterhöhungsverlangen

### 1. Voraussetzungen

162 Anders ist es, wenn das erste **Mieterhöhungsverlangen formell unwirksam** war. Hier müsste die Klage als unzulässig abgewiesen werden. Um dies zu vermeiden gestattet § 558b Abs. 3 BGB die Heilung der Mängel.[808]

163 Das Gesetz erlaubt zunächst die **Nachholung** des Mieterhöhungsverlangens. Damit ist ein gänzlich neues Mieterhöhungsverlangen gemeint. Insofern ist das Gesetz eigentlich überflüssig, weil der Vermieter sowieso berechtigt ist, jederzeit ein neues Mieterhöhungsverlangen zu stellen.[809] Die Bedeutung der Vorschrift liegt also allenfalls darin, die Nachholung auch während des Zustimmungsprozesses zuzulassen. Wenn das erste Erhöhungsverlangen formell unwirksam war und der Mieter deshalb nicht zugestimmt hat, dann kann es auch keine Jahressperrfrist ausgelöst haben.

164 Bei Abfassung des Erhöhungsverlangens muss so getan werden, als wenn das erste formell unwirksame Erhöhungsverlangen nie existiert hätte. Insbesondere Bezugnahmen auf das vorherige Mieterhöhungsverlangen sind unzulässig, wenn das neue Mieterhöhungsverlangen nicht selbst alle erforderlichen Angaben enthält.[810] Für dies Erhöhungsverlangen gelten die gleichen formellen und materiellen Voraussetzungen wie für jedes Mieterhöhungsverlangen gem. § 558a BGB. Der Vermieter kann das Erhöhungsverlangen während eines Rechtsstreits zunächst dadurch nachholen, dass er außerhalb des Verfahrens ein wirksames Zustimmungsverlangen stellt und dieses schriftsätzlich zum Verfahrensgegenstand macht.[811] Möglich ist aber auch, das Mieterhöhungsverlangen **während eines Prozesses** in einem Schriftsatz zu stellen.[812] Erforderlich ist hierfür nach Einführung der Textform nur noch, dass dem Mieter eine Abschrift zugeht.[813] Der Schriftsatz muss wirklich ein Mieterhöhungsverlangen enthalten, also alle Voraussetzungen erfüllen, die auch ein vorprozessuales Mieterhö-

[803] AG Kirchheim unter Teck WuM 2021, 36.
[804] AG Kirchheim unter Teck WuM 2021, 36.
[805] AG Dortmund WuM 2006, 157.
[806] AG Schönenberg BeckRS 2011, 20574 mAnm *Emmert* jurisPR-MietR 23/2011 Anm. 3.
[807] BVerfG NJW 1974, 1499.
[808] *Schach* MietRB 2009, 86; *Paschke* NZM 2008, 705; DMT-Bilanz 2011, 679; *Hinz* NZM 2002, 633.
[809] BKKSZ Mietprozess/*Kinne* Kap. 4 Rn. 71.
[810] LG Berlin WuM 1983, 291.
[811] *AG Gießen WuM 1985*, 321.
[812] LG Fulda NJW-RR 1988, 912; LG Mannheim WuM 1985, 320.
[813] Soweit das LG München ZMR 1980, 148 noch eine unterschriebene Abschrift verlangt, ist das wegen der seit 1.8.2001 geltenden Textform überholt.

hungsverlangen erfüllen muss. Der Schriftsatz muss für den Mieter klar und eindeutig erkennen lassen, ob dieses Schriftstück zugleich ein neues materiell rechtliches Mieterhöhungsverlangen enthält[814] oder ob damit nur ein früheres Erhöhungsverlangen weiterverfolgt und durchgesetzt werden soll.[815] Entscheidend ist dabei, wie der Mieter als Erklärungsempfänger die Erklärung verstehen durfte, nicht wie das Gericht sie verstanden hat. Hierzu gehört insbes. die Aufforderung, eine zustimmende Willenserklärung abzugeben.[816] Wird nur die Verurteilung durch das Gericht begehrt, liegt kein wirksames Erhöhungsverlangen vor.[817] Stammt das Mieterhöhungsverlangen in einem Schriftsatz von einem Vertreter insbes. von einem Rechtsanwalt, so kann der Mieter bzw. sein Prozessvertreter das Fehlen einer nicht beigefügten Vollmacht gem. § 174 BGB nicht rügen, da die Vorschrift auf eine von einem Anwalt im Rahmen seiner Prozessvollmacht abgegebenen Erklärung keine Anwendung findet.[818] Der Mieteranwalt ist auf Grund der erteilten Prozessvollmacht auch zur Entgegennahme des nachgeholten Mieterhöhungsverlangens während des Prozesses bevollmächtigt.[819]

Das Mieterhöhungsverlangen kann **bis zum rechtskräftigen Abschluss des Mieterhöhungsverfahrens** nachgeholt werden.[820] Rechtskräftig abgeschlossen ist das Mieterhöhungsverfahren mit **Rechtskraft der Entscheidung.**[821] Das bedeutet, dass die Nachholung zunächst während des gesamten erstinstanzlichen Verfahrens vor dem Amtsgericht bis zum Schluss der mündlichen Verhandlung möglich ist. Ferner kann die Nachholung aber auch nach Schluss der mündlichen Verhandlung erfolgen[822] sogar erst in der Berufungsinstanz.[823] Führt der Kläger, der aus einem unwirksamen Mieterhöhungsverlangen klagt, in einem nicht nachgelassenen Schriftsatz nach der letzten mündlichen Verhandlung beim Amtsgericht vor Urteilsverkündung ein neues wirksames Mieterhöhungsverlangen in den Prozess ein, so ist dies rechtserheblich erstmals in der Berufung vorgetragen. Eine Verpflichtung zur Wiedereröffnung der mündlichen Verhandlung besteht in diesem Fall für das Amtsgericht nicht. Etwas anderes gilt aber dann, wenn das Amts- oder später auch das Landgericht nicht rechtzeitig vor der mündlichen Verhandlung auf Bedenken gegen die formelle Unwirksamkeit des Erhöhungsverlangens hingewiesen hat.[824] In diesem Fall muss die mündliche Verhandlung zwingend gem. § 156 Abs. 2 Nr. 1 ZPO wiedereröffnet werden.[825] Greift der Mieter mit der Berufung das erstinstanzliche Urteil gar nicht an, sondern verfolgt nur seinen Anspruch aus dem nachgeholten Erhöhungsverlangen weiter, dann ist die Berufung trotzdem zulässig.[826] War das einer Klage vorausgegangene Mieterhöhungsverlangen nur teilweise wirksam und ist der Mieter auf Grund dessen im ersten Rechtszug verurteilt worden, der Erhöhung der Miete auf einen geringeren, als den vom Vermieter verlangten Betrag zuzustimmen, so steht der Nachholung eines Mieterhöhungsverlangens im Berufungsverfahren die Jahresfrist nicht entgegen.[827] Wenn das Gesetz eine Nachholung im Prozess ausdrücklich vorsieht, dann ist es dem Vermieter erst recht gestattet vor dem Zustimmungsprozess ein neues Mieterhöhungsverlangen zu stellen.[828] 165

Möglich ist neben der vollständigen Nachholung des Mieterhöhungsverlangens auch die **Nachbesserung** bzgl. einzelner Mängel. Dies gilt aber nur für Nachbesserungen während des Zustimmungsprozesses.[829] Vorprozessual ist eine Nachbesserung nicht möglich. Hier muss der Vermieter ein neues vollständiges Mieterhöhungsverlangen nachholen. Während des Prozesses ist die Nachbesserung theoretisch nicht auf einen Versuch beschränkt, so dass mehrere Mängel auch nacheinander nachgebessert werden können. Die Möglichkeit bietet sich insbes. dann an, wenn Anlagen zur 166

---

814 AG Köln WuM 1985, 321.
815 BayObLG NJW 1981, 2197.
816 AG Braunschweig WuM 1985, 364.
817 LG Karlsruhe WuM 1991, 48; AG Pinneberg ZMR 2002, 602.
818 BGH VIII ZR 72/02, NZM 2003, 229.
819 BGH VIII ZR 72/02, NZM 2003, 229.
820 BKKSZ Mietprozess/*Kinne* Kap. 4 Rn. 73.
821 Zur Frage, wann die Rechtskraft von Urteilen eintritt → BGB § 569 Rn. 107.
822 BKKSZ Mietprozess/*Kinne* Kap. 4 Rn. 73.
823 BKKSZ Mietprozess/*Kinne* Kap. 4 Rn. 79; *Schach* MietRB 2009, 86 (88).
824 BGH V ZR 43/12, MDR 2014, 47.
825 Insofern wohl nicht richtig AG Köln WuM 2014, 301, das eine Hinweispflicht des Gerichts auf die Unwirksamkeit des Erhöhungsverlangens verneint hat.
826 BGH VIII ZB 123/06, NJW-RR 2007, 934, für neue Kündigung; LG Berlin GE 1995, 812; **aA** LG Mannheim ZMR 1989, 381; LG Hamburg WuM 1985, 323; *Hinz* NZM 2002, 633 (640).
827 BayObLG NJW-RR 1989, 1172.
828 LG Düsseldorf WuM 1992, 197.
829 *Sternel* MietR Kap. IV Rn. 118.

Mieterhöhungserklärung fehlten (zB das Sachverständigengutachten oder die Auskunft aus der Mietdatenbank nicht beigefügt war). Bedeutung hat dies auch dann, wenn das Gericht der Auffassung sein sollte, der Mietspiegel müsse dem Erhöhungsverlangen beigefügt werden. Auch dann kann dies nachgeholt werden. Des Weiteren kommt die Nachholung eines Hinweises auf die Werte eines qualifizierten Mietspiegels gem. § 558a Abs. 3 BGB in Betracht, wenn dies im Erhöhungsverlangen unterblieben war. Auch wenn rechtsirrtümlich die weiter anzurechnenden Kürzungsbeträge gem. § 558 Abs. 5 BGB nicht angegeben wurden kann dies im Laufe des Zustimmungsprozesses zB durch Vorlage der früheren Mieterhöhung gem. § 559b Abs. 1 BGB geheilt werden.[830]

**2. Rechtsfolge**

167 Ein nachgeholtes oder nachgebessertes[831] Mieterhöhungsverlangen stellen juristisch gleichermaßen **ein neues Mieterhöhungsverlangen** iSd § 558a BGB dar.[832] Es werden die gleichen Fristen wie bei einem originären Mieterhöhungsverlangen ausgelöst also sowohl die Jahressperrfrist für zukünftige Mieterhöhungen wie auch die Überlegungsfrist.[833] Letzteres ist in § 558b Abs. 3 BGB ausdrücklich so bestimmt. Die Überlegungsfrist steht dem Mieter auch dann zu, wenn er auf das unwirksame vorprozessuale Zustimmungsverlangen bereits teilweise einer Mieterhöhung zugestimmt hat.[834] Innerhalb dieser Frist kann die Zustimmungsklage grds. nicht, auch nicht hilfsweise, auf das nachgeholte Zustimmungsverlangen gestützt werden. Eine solche Klage müsste als zurzeit unbegründet abgewiesen werden. Etwas anderes gilt nur dann, wenn der Mieter bereits hinsichtlich des ersten unwirksamen Mieterhöhungsverlangens eindeutig zu erkennen gegeben hat, dass er auch einem formell wirksamen Mieterhöhungsverlangen auf keinen Fall zustimmen werde. Auf diesen Fall sind die Grundsätze des Rechtsentscheids des KG v. 12.1.1981[835] entsprechend anzuwenden.[836] Da der Wirkungszeitpunkt eines Erhöhungsverlangens vom Zeitpunkt der Zustimmung aber auch vom Zeitpunkt der Klageerhebung unabhängig ist, würde das Abwarten der Überlegungsfrist eine überflüssige und sinnlose Förmelei darstellen. Dem nachgeholten Erhöhungsverlangen steht aber nicht die durch eventuelle vorprozessuale Teilzustimmung zum formell unwirksamen Erhöhungsverlangen ausgelöste Jahressperrfrist entgegen.[837] Es handelt sich um ein einheitliches Erhöhungsverfahren. Sonst könnte der Mieter durch eine Zustimmung um wenige Cent jede Nachbesserung verhindern.

168 Sinn und Zweck der gesetzlichen Regelung bestehen ua darin, zu einer **Verfahrensvereinfachung und -beschleunigung** zu kommen.[838] Ein Vermieter soll einen ihm materiell rechtlich zustehenden Anspruch möglichst in einem einzigen Verfahren geltend machen können. Formale Fehler im Mieterhöhungsverfahren sollen zumindest für die Zukunft heilbar sein. Da der Gesetzgeber aber ausdrücklich bestimmt hat, dass für dieses **nachgeholte Mieterhöhungsverlangen** keine anderen abgekürzten Fristen gelten, sondern die allgemeinen Voraussetzungen und Rechtsfolgen gelten, kann es zu einem Bruch zwischen dem gesetzgeberischen Zweck des § 558b Abs. 3 BGB und dem Beschleunigungsgebot der ZPO kommen. Da § 558b Abs. 3 BGB die **speziellere Regelung** ist, kommt der materiellen Rechtslage eine größere Bedeutung zu als den prozessualen Verfahrensregeln. Aus § 558b Abs. 3 BGB lässt sich die Intention des Gesetzgebers entnehmen, dass die Gerichte in einem einzigen Verfahren den Streit der Parteien entscheiden sollen.

169 Daraus folgt, dass die Gerichte über das nachgeholte Erhöhungsverlangen mitentscheiden sollen. Das Gericht kann aber nur über Klageanträge entscheiden, die zum einen tatsächlich gestellt und zum anderen zulässig sind. Der Vermieter muss also zunächst seinen Klageantrag umgestellt haben. Diese Klageänderung ist sachdienlich iSd § 263 ZPO.[839] Es handelt sich um eine objektive Klageänderung. Keine Klageänderung läge nur dann vor, wenn bei gleicher Tatsachengrundlage ein anderer rechtlicher Gesichtspunkt geltend gemacht wird.[840] Das nachgeholte Erhöhungsverlangen stellt

---

[830] BGH VIII ZR 179/08, NZM 2009, 393.
[831] BGH VIII ZR 179/08, NZM 2009, 393.
[832] Nach BGH VIII ZR 141/09, NZM 2010, 436 handelt es sich aber um kein „weiteres" Verlangen.
[833] LG Hannover WuM 2013, 362; LG Berlin GE 2008, 203; AG Wedding GE 2008, 203.
[834] AG Rüsselsheim WuM 1989, 186.
[835] KG WuM 1981, 54.
[836] OLG Celle NJWE-MietR 1996, 73; Palandt/*Weidenkaff* BGB § 558b Rn. 9.
[837] BGH VIII ZR 141/09, NZM 2010, 436.
[838] *BKKSZ Mietprozess/Kinne Kap. 4 Rn.* 76.
[839] *Schach* MietRB 2009, 86 (87); *Paschke* GE 2007, 971 (976); iE Palandt/*Weidenkaff* BGB § 558b Rn. 21; Staudinger/*V. Emmerich* BGB § 558b Rn. 23.
[840] Zöller/*Greger* ZPO § 263 Rn. 7.

aber einen **eigenen Streitgegenstand** dar und ist deshalb ein aliud[841] und kein Minus.[842] Nur bei gleichbleibendem Klagegrund läge keine Klageänderung vor. Der Anspruch über den zu entscheiden ist aber der, ob der Mieter verpflichtet ist auf Grund eines bestimmten konkreten Mieterhöhungsverlangens eine bestimmte Willenserklärung nämlich die Zustimmung abzugeben. Wenn aus einem anderen Mieterhöhungsverlangen geklagt wird, wird auch ein anderer Anspruch geprüft. Das nachgeholte Mieterhöhungsverlangen hat zudem einen **anderen Wirkungszeitpunkt.**[843] Der spätere Zeitpunkt ist auch kein Minus im Verhältnis zum früheren Wirkungszeitpunkt auf Grund des ersten unwirksamen Mieterhöhungsverlangens.[844] Die geänderte Klage muss auch zulässig sein, was insbes. dann nicht der Fall ist, wenn die Überlegungsfrist noch nicht abgelaufen ist und der Mieter auch nicht endgültig die Abgabe der Zustimmungserklärung verweigert hat. Die Klageänderung ist regelmäßig sachdienlich. Ist die geänderte Klage zum Entscheidungszeitpunkt zulässig, dann muss das Gericht darüber materiell entscheiden. Ein Teilurteil über das erste mangelhafte Mieterhöhungsverlangen ist aber unzulässig, da die Gefahr widerstreitender Entscheidungen besteht zwischen dem Berufungsurteil über das Teilurteil und dem Schlussurteil des Amtsgerichts.[845] Der Gebührenstreitwert ist bei einem nachgeholten Erhöhungsverlangen angemessen entsprechend dem späteren Wirkungszeitpunkt zu erhöhen.[846] Obsiegt der Vermieter wegen eines nachgeholten Zustimmungsverlangen zu einem späteren als dem ursprünglich verlangten Wirkungszeitpunkt, hat er (zeit)anteilig die Kosten zu tragen.[847] Dies gilt aber nicht für die Sachverständigenkosten, die erforderlich waren, weil der Mieter gegenüber beiden Erhöhungsverlangen die Höhe der ortsüblichen Vergleichsmiete bestritten hatte. Über diese ist ggf. gem. § 96 ZPO gesondert zu entscheiden.[848]

Umstritten ist die Frage, was das Gericht zu tun hat, wenn die geänderte Klage zum **Zeitpunkt der letzten mündlichen Verhandlung** noch nicht zulässig ist, weil die Überlegungsfrist noch nicht abgelaufen ist.[849] Eindeutige rechtliche Regeln lassen sich hier nicht aufstellen. Prozessrecht und materielles Recht sind hier nicht aufeinander abgestimmt. Der entsprechenden Bitte des Bundesrates[850] ist die Bundesregierung[851] unter Hinweis auf § 227 ZPO nicht gefolgt. Insbesondere kann das gerichtliche Mieterhöhungsverfahren nicht gem. § 148 ZPO ausgesetzt werden, wenn im Laufe des Mieterhöhungsprozesses ein Mieterhöhungsverlangen nachgeholt wird. Letzteres ist weder für die Frage, ob das geltend gemachte Mieterhöhungsbegehren derzeit begründet ist, vorgreiflich noch begründet es ein Rechtsverhältnis, das anderweitig rechtshängig oder von einer Verwaltungsbehörde festzustellen ist.[852] Das Gericht kann allenfalls im Rahmen des aus Art. 20 Abs. 3 GG und Art. 6 MRK herzuleitenden Grundsatzes eines **„fair trial"** verpflichtet sein, bei Vorliegen des nachgeholten Erhöhungsverlangens nicht kurzfristig so zu terminieren, dass die Klageänderung gerade noch nicht zulässig ist.[853] Der Grundsatz des fairen Verfahrens verlangt aber nicht zwingend vorausschauend, soweit in die Zukunft zu terminieren ist, dass die Überlegungsfrist für evtl. erst noch zu erklärende neue Erhöhungsverlangen abgelaufen sein wird.[854] So muss auch ein Termin, der bereits anberaumt wurde und vor dem Ablauf der Überlegungsfrist liegt, nicht verlegt werden, nur weil ein neues Erhöhungsverlangen vorliegt.[855] Der Vermieter hat gegen den Mieter einen Pro- 170

---

[841] *Roth* ZMR 2007, 866; Emmerich/Sonnenschein/*V. Emmerich* BGB § 558b Rn. 17; Staudinger/*V. Emmerich* BGB § 558b Rn. 23; MüKoBGB/*Artz* § 558b Rn. 20, sachdienliche Klageänderung gem. § 263 ZPO; **aA** *Weitemeyer* NZM 2001, 563 (569).

[842] So aber LG München I ZMR 2007, 866 mablAnm *Roth;* zweifelnd auch LG Berlin GE 2008, 995, dort hatte der Vermieter aber nur noch das zweite Erhöhungsverlangen weiterverfolgt.

[843] LG Stuttgart WuM 2016, 361.

[844] AG Köln WuM 2014, 301.

[845] LG Berlin GE 2008, 995; zur Unzulässigkeit eines Teilurteils bei zwei aufeinander aufbauen Mieterhöhungen LG Stuttgart NZM 2011, 854; zur Zulässigkeit von Teilurteilen generell BGH VIII ZR 269/06, NZM 2008, 280; VIII ZR 378/04, MietPrax-AK § 301 ZPO Nr. 1.

[846] **AA** LG Berlin WuM 2012, 511 „keine formale sondern wertende Betrachtungsweise".

[847] LG Marburg BeckRS 2014, 12908.

[848] LG Marburg BeckRS 2014, 12908.

[849] Ausf. *Hinz* NZM 2002, 533.

[850] BR-Drs. 439/00 abgedr. bei *Börstinghaus/Eisenschmid* AKNeues MietR/S. 310.

[851] BT-Drs. 14/4553, abgedr. bei *Börstinghaus/Eisenschmid* AKNeues MietR/S. 310.

[852] LG Berlin MM 9/1989, 21; AG Stuttgart WuM 1985, 364.

[853] LG Berlin GE 2008, 995.

[854] *Hinz* NZM 2002, 533; *Sternel* MietR Kap. IV Rn. 120; nach *Paschke* GE 2007, 971 (976) *„sollte das Gericht allerdings aus Gründen der Prozessökonomie ... vertagen."*

[855] LG München NJW-RR 2004, 523; LG Berlin GE 2008, 203; AG Wedding GE 2008, 203; AG Pinneberg ZMR 2003, 583 (584); *Sternel* MietR Kap. IV Rn. 120; AnwK WohnraumMietR/*Lammel* BGB § 558b Rn. 58;

zess begonnen, dessen Risiken er zu tragen hat. Auch der Mieter hat einen Anspruch auf Entscheidung des Verfahrens. Unbenommen bleibt es den Parteien, das Ruhen des Verfahrens zu beantragen oder zunächst nicht über den Klageantrag zu verhandeln, was ebenfalls das Ruhen des Verfahrens zur Folge hat.

171 Das Gericht ist nicht verpflichtet, den Vermieter auf die Möglichkeit der Heilung gem. § 558b Abs. 3 BGB hinzuweisen.[856] Die **Hinweispflicht** des § 139 ZPO geht nicht so weit auf alternative Gestaltungsmöglichkeiten hinzuweisen.[857] Zwar ist im Rechtsstreit grds. über alles aufzuklären, was im Sinn einer umfassenden Entscheidung des Streitstoffes und Verwirklichung der materiellen Gerechtigkeit der Klärung bedarf, doch legt § 139 ZPO dem Gericht keine allgemeine Beratungs- oder gar Fürsorgepflicht auf.[858] Zurückhaltung ist insbes. dort geboten, wo das materielle Recht Gestaltungsrechte bietet. Weist das Gericht trotzdem auf die Möglichkeit hin kann es ggf. gem. § 42 Abs. 2 ZPO abgelehnt werden.[859] Das Gericht muss aber rechtzeitig und aktenkundig auf seine Bedenken gegen die Zulässigkeit der Klage also auf Mängel des Mieterhöhungsverlangens hinweisen.[860] Tut es dies nicht liegt ein Verstoß gegen den Anspruch auf rechtliches Gehör vor. Es ist dann Sache des Vermieters daraus die Konsequenzen zu ziehen.

## G. Nachteilige Vereinbarungen

172 Nach § 558b Abs. 4 BGB sind **abweichende Vereinbarungen zum Nachteil des Mieters** unwirksam. Die Vorschrift ist eigentlich überflüssig, da bereits gem. § 557 Abs. 4 BGB alle nachteiligen Vereinbarungen im Bereich der Mieterhöhungen unwirksam sind. Gemäß § 557 Abs. 3 BGB kann der Vermieter Mieterhöhungen im Bestand nur unter den Voraussetzungen der §§ 558–560 BGB verlangen. Das bedeutet dann aber auch, dass dies nur unter den in der Vorschrift des § 558b BGB genannten Voraussetzungen möglich ist und jede Abweichung hiervon zu Lasten des Mieters auch gegen § 557 Abs. 4 BGB verstößt. Zur Frage wann eine Vereinbarung vorliegt und den allgemeinen Voraussetzungen siehe deshalb § 557 BGB.

173 Vereinbarungen, die zum Nachteil des Mieters von dem Zustimmungserfordernis abweichen, sind gem. Abs. 4 BGB unwirksam. Hierzu gehört zB eine Klausel, nach der **die Zustimmung des Mieters als erteilt gilt,** wenn nicht bis zu einem bestimmten Zeitpunkt eine schriftliche gegenteilige Erklärung eingeht.[861] Dies hat jedoch keinen Einfluss darauf, dass mit dem Zugang des Erhöhungsverlangens die Überlegungsfrist des Mieters in Lauf gesetzt wird. Des Weiteren sind Klauseln unwirksam, wonach die Zustimmung nach einmaliger Zahlung als erteilt gilt. Zwar kann durchaus auch die einmalige Zahlung schon eine Zustimmung bedeuten, jedoch handelt es sich um die Auslegung konkludenten Verhaltens im Einzelfall. Eine generelle Regelung kann für den Mieter im Einzelfall nachteilig sein, da danach zB auch irrtümliche Zahlungen oder Zahlungen trotz Vorbehalts eine Zustimmung bedeuten können. Auch die Vereinbarung eines anderen für den Mieter **ungünstigeren Wirkungszeitpunkts** ist unzulässig[862], ebenso wie die Vereinbarung, wonach die Zustimmung immer schriftlich zu erfolgen habe.[863]

174 Auch alle **Erleichterungen bzgl. des Klageverfahrens** sind unwirksam, insbes. die Verlängerung der Klagefrist.[864] Unwirksam ist auch eine Klausel im Mietvertrag, wonach sich die Parteien „zur Ermittlung der ortsüblichen Miete einvernehmlich auf § 558a Abs. 2 Nr. 4 BGB" beziehen.[865] Die Klausel ist unklar, weil nicht deutlich wird, ob damit nur das Begründungsmittel des Vermieters beschränkt werden soll auf drei Vergleichswohnungen oder ob eine – unzulässige – Beschränkung der Beweismittel im Prozess damit verbunden sein sollte.

---

*Bieber* GE 2015, 889; wohl auch Palandt/*Weidenkaff* BGB § 558b Rn. 21; **aA** LG Berlin GE 2015, 916, Richterablehnung wegen Versagung der Vertagung; Prütting/Wegen/Weinreich/*Elzer* BGB § 558b Rn. 23.

[856] *Hinz* NZM 2002, 533; **aA** LG Berlin GE 2008, 995; MüKoBGB/*Artz* § 558b Rn. 20; *Elzer* IMR 2015, 478.

[857] BGH V ZR 56/98, NJW 1999, 2890 (für Aufrechnungserklärung); BGH V ZB 22/03, NJW 2004, 164 (für Einrede der Verjährung).

[858] BGH V ZR 56/98, NJW 1999, 2890.

[859] BGH V ZB 22/03, NJW 2004, 164, bei Hinweis auf Verjährung der Forderung.

[860] *Paschke* NZM 2008, 705.

[861] AG Wolfsburg FWW 1983, 317.

[862] *Staudinger/J. Emmerich* BGB § 557 Rn. 73.

[863] AG Neuruppin WuM 2013, 232.

[864] Staudinger/*J. Emmerich* BGB § 557 Rn. 73.

[865] LG Berlin GE 2018, 762.

## § 558c Mietspiegel

**(1) Ein Mietspiegel ist eine Übersicht über die ortsübliche Vergleichsmiete, soweit die Übersicht von der Gemeinde oder von Interessenvertretern der Vermieter und der Mieter gemeinsam erstellt oder anerkannt worden ist.**

**(2) Mietspiegel können für das Gebiet einer Gemeinde oder mehrerer Gemeinden oder für Teile von Gemeinden erstellt werden.**

**(3) Mietspiegel sollen im Abstand von zwei Jahren der Marktentwicklung angepasst werden.**

**(4) [1]Gemeinden sollen Mietspiegel erstellen, wenn hierfür ein Bedürfnis besteht und dies mit einem vertretbaren Aufwand möglich ist. [2]Die Mietspiegel und ihre Änderungen sollen veröffentlicht werden.**

**(5) Die Bundesregierung wird ermächtigt, durch Rechtsverordnung mit Zustimmung des Bundesrates Vorschriften zu erlassen über den näheren Inhalt von Mietspiegeln und das Verfahren zu deren Erstellung und Anpassung einschließlich Dokumentation und Veröffentlichung.**

**§ 558c in der ab 1.7.2022 geltenden Fassung lautet:***

**§ 558c Mietspiegel; Verordnungsermächtigung**

***(1) Ein Mietspiegel ist eine Übersicht über die ortsübliche Vergleichsmiete, soweit die Übersicht von der nach Landesrecht zuständigen Behörde oder von Interessenvertretern der Vermieter und der Mieter gemeinsam erstellt oder anerkannt worden ist.***

***(2) Mietspiegel können für das Gebiet einer Gemeinde oder mehrerer Gemeinden oder für Teile von Gemeinden erstellt werden.***

***(3) Mietspiegel sollen im Abstand von zwei Jahren der Marktentwicklung angepasst werden.***

***(4) [1]Die nach Landesrecht zuständigen Behörden sollen Mietspiegel erstellen, wenn hierfür ein Bedürfnis besteht und dies mit einem vertretbaren Aufwand möglich ist. [2]Für Gemeinden mit mehr als 50.000 Einwohneren sind Mietspiegel zu erstellen. [3]Die Mietspiegel und ihre Änderungen sind zu veröffentlichen.***

***(5) Die Bundesregierung wird ermächtigt, durch Rechtsverordnung mit Zustimmung des Bundesrates Vorschriften zu erlassen über den näheren Inhalt von Mietspiegeln und das Verfahren zu deren Erstellung und Anpassung einschließlich Dokumentation und Veröffentlichung.***

## § 558d Qualifizierter Mietspiegel

**(1) Ein qualifizierter Mietspiegel ist ein Mietspiegel, der nach anerkannten wissenschaftlichen Grundsätzen erstellt und von der Gemeinde oder von Interessenvertretern der Vermieter und der Mieter anerkannt worden ist.**

**(2) [1]Der qualifizierte Mietspiegel ist im Abstand von zwei Jahren der Marktentwicklung anzupassen. [2]Dabei kann eine Stichprobe oder die Entwicklung des vom Statistischen Bundesamt ermittelten Preisindexes für die Lebenshaltung aller privaten Haushalte in Deutschland zugrunde gelegt werden. [3]Nach vier Jahren ist der qualifizierte Mietspiegel neu zu erstellen.**

**(3) Ist die Vorschrift des Absatzes 2 eingehalten, so wird vermutet, dass die im qualifizierten Mietspiegel bezeichneten Entgelte die ortsübliche Vergleichsmiete wiedergeben.**

**§ 558d in der ab 1.7.2022 geltenden Fassung lautet:**

**§ 558d Qualifizierter Mietspiegel**

***(1) [1]Ein qualifizierter Mietspiegel ist ein Mietspiegel, der nach anerkannten wissenschaftlichen Grundsätzen erstellt und von der nach Landesrecht zuständigen Behörde oder von Interessenvertretern der Vermieter und der Mieter anerkannt worden ist. [2]Entspricht ein Mietspiegel den Anforderungen, die eine nach § 558c Absatz 5 erlassene Rechtsverordnung an qualifizierte Mietspiegel richtet, wird vermutet, dass er nach wissenschaftlichen Grundsätzen erstellt wurde. [3]Haben die nach Landesrecht***

---

* Die Neufassung von Abs. 5 ist bereits am 18.8.2021 in Kraft getreten.

***zuständige Behörde und Interessenvertreter der Vermieter und der Mieter den Mietspiegel als qualifizierten Mietspiegel anerkannt, so wird vermutet, dass der Mietspiegel wissenschaftlichen Grundsätzen entspricht.***

***(2) [1]Der qualifizierte Mietspiegel ist im Abstand von zwei Jahren der Marktentwicklung anzupassen. [2]Dabei kann eine Stichprobe oder die Entwicklung des vom Statistischen Bundesamt ermittelten Preisindexes für die Lebenshaltung aller privaten Haushalte in Deutschland zugrunde gelegt werden. [3]Nach vier Jahren ist der qualifizierte Mietspiegel neu zu erstellen. [4]Maßgeblicher Zeitpunkt für die Anpassung nach Satz 1 und für die Neuerstellung nach Satz 3 ist der Stichtag, zu dem die Daten für den Mietspiegel erhoben wurden. [5]Satz 4 gilt entsprechend für die Veröffentlichung des Mietspiegels.***

***(3) Ist die Vorschrift des Absatzes 2 eingehalten, so wird vermutet, dass die im qualifizierten Mietspiegel bezeichneten Entgelte die ortsübliche Vergleichsmiete wiedergeben.***

**Systematische Übersicht**



## A. Allgemeines

### I. Übersicht

1 Bei den §§ 558c, 558d BGB handelt es sich um **Definitions- und Ergänzungsvorschriften** zu den Mieterhöhungsvorschriften der §§ 558–558b BGB. Während in den ersten drei Vorschriften über die Mieterhöhung auf die ortsübliche Vergleichsmiete ab § 558 BGB die Anspruchsgrundlage und die Form- und Verfahrensvorschriften enthalten sind, beinhalten die weiteren drei Vorschriften Definitionen und Verfahrensregeln über die drei Instrumente des Vergleichsmietensystems, nämlich den einfachen und den qualifizierten Mietspiegel sowie die Mietdatenbank.

Das Gesetz gestattet dem Vermieter in § 558a Abs. 2 Nr. 1 BGB zur Begründung seines Mieterhöhungsverlangens die **Bezugnahme auf einen Mietspiegel.** Durch die Einführung von Mietspiegeln hat der Gesetzgeber 1974 auf Kritik am 1. Wohnraumkündigungsschutzgesetz reagiert, das diese Art der Begründung noch nicht vorsah. Es wurde damals die Auffassung vertreten, dass der Gesetzgeber mit der Schaffung des Begriffs der ortsüblichen Vergleichsmiete die Gerichte vor eine *„nahezu unlösbare Aufgabe"* gestellt hatte.[1] Es wurde vermutet, dass sich die *„Vorschrift zu einer Quelle immerwährender Streitigkeiten entwickeln"*[2] würde. Ferner wurden ernstliche Bedenken gegen die Ermittelbarkeit der ortsüblichen Entgelte geäußert.[3] Schnell wurde festgestellt, dass der Begriff der ortsüblichen Vergleichsmiete *„objektiver, empirischer Natur ist"*[4] und sich deshalb durch örtlich repräsentative, soziologisch-statistische Umfragen ermitteln lasse.[5] Mit dem 2. Wohnraumkündigungsschutzgesetz hat der Gesetzgeber darauf reagiert und Mietspiegel als Begründungsmittel im MHG vorgesehen. 2

Durch das **Mietrechtsreformgesetz**[6] von 2001 wurden diese Vorschriften ins BGB übernommen und teilweise auch verändert, wobei insbes. an bestimmte Mietspiegel besondere Rechtsfolgen geknüpft wurden. In § 558a Abs. 2 Nr. 1 BGB werden beide Paragrafen (§§ 558c, 558d BGB) hinter dem Begründungsmittel Mietspiegel zitiert. Daraus ergibt sich bereits, dass der einfache und der qualifizierte Mietspiegel keine gänzlich verschiedenen Begründungsmittel sind, sondern letztendlich **zwei Ausprägungen von Mietspiegeln.** Das gab es faktisch schon früher in den Formen der ausgehandelten Mietspiegel und den Mietspiegeln, die auf einer nach den Grundsätzen der Repräsentativität beruhenden empirischen Datenerhebung erstellt worden waren.[7] 3

Bei einigen wenigen vermeintlich qualifizierten Mietspiegeln[8] haben Gerichte ihre Qualifikation in Frage gestellt. Deshalb sah die Politik die Notwendigkeit, Änderungen an den Regeln vorzunehmen und vor allem über eine Mietspiegelverordnung verbindliche Vorgaben zur Erstellung von Mietspiegeln zu machen. Im Jahr 2016 hat das BMJV einen ersten Referentenentwurf für eine „Verordnung über den Inhalt und das Verfahren zur Aufstellung und zur Anpassung von Mietspiegeln sowie zur Konkretisierung der Grundsätze für qualifizierte Mietspiegel" zusammen mit dem Entwurf eines „Gesetzes zur weiteren Novellierung mietrechtlicher Vorschriften" (2. MietNovG) in die interne Abstimmung der Ministerien gegeben. Die Regelungen waren äußerst ausdifferenziert und sehr kompliziert. Ein Einvernehmen konnte damals nicht hergestellt werden, so dass in der 18. Legislaturperiode nichts mehr geschah. Erst im Februar 2020 gab das Ministerium einen neuen Entwurf eines Gesetzes zur **Reform des Mietspiegelrechtes** und einer **Mietspiegelverordnung** in die interne Abstimmung mit dem BMI, das wegen der datenschutzrechtlichen Regelungen und der neuen Zuständigkeit als Bauministerium zu beteiligen war. Im Oktober 2020 wurden dann die beiden Entwürfe offiziell veröffentlicht und in die Verbändeanhörung gegeben.[9] Aufgrund der Stellungnahmen aus der Praxis wurde dann ein erheblich abgespeckter Entwurf des Mietspiegelgesetzes[10] und der Mietspiegelverordnung[11] in die parlamentarische Beratung eingebracht. Die vorgesehenen technischen Vorschriften zu den Auskunftspflichten von Vermietern, Mietern, Behören und Dritten wurden aus dem BGB ins das EGBGB verschoben. Das Verbot der Begründung von Mieterhöhungen mittels Vergleichswohnungen in Gemeinden mit einem qualifizierten Mietspiegel ist ersatzlos gestrichen worden. Die Vermutungsregeln wurden geändert. Wenn die Vorgaben der Mietspiegelverordnung eingehalten wurden, dann wird vermutet, dass der Mietspiegel qualifiziert ist. Die Einhaltung der Regeln der Verordnung wird wiederum vermutet, wenn die nach Landesrecht zuständigen Behörden und jeweils ein Interessenverband von Vermietern und Mietern zugestimmt haben. Die Änderungen treten im Wesentlichen am 1.7.2022 in Kraft[12]. 4

---

[1] *Löwe* NJW 1972, 2017 (2020).

[2] *Löwe* NJW 1972, 2017 (2020).

[3] *Roquette* ZMR 1972, 138; *Klein* NJW 1973, 974 (975).

[4] *Höfel* WuM 1973, 152 (153); **aA** *Huber* ZMR 1992, 469 (474) für den der Begriff nicht primär empirisch, sondern normativ ist; aktuell zu der Diskussion *Börstinghaus/Clar* NZM 2014, 889; *Blank* ZMR 2013, 170.

[5] LG Mannheim ZMR 1973, 157 (158); *Sydow* wi 1996, 263.

[6] Vom 19.6.2001 (BGBl. I 1142).

[7] Umf. hierzu *Börstinghaus/Clar* Mietspiegel.

[8] Nach *Sebastian,* „Mietspiegelreform mit Pferdefuß", FAZ.NET (aktualisiert 1.10.2020) waren es fünf.

[9] Siehe dazu die Stellungnahme aus amtsrichterlicher Sicht: *Börstinghaus* NZM 2020, 965; zum Entwurf *Dobroschke* IMR 2021, 175.

[10] BT-Drs. 19/26918.

[11] BR-Drs. 766/20.

[12] BGBl 2021 I, 3515.

## II. Bedeutung von Mietspiegeln

5 Die Erstellung von Mietspiegeln ist auch ein **Wirtschaftsfaktor.** Ein ganzer Wirtschaftszweig an Forschungsinstituten und Beratungsfirmen hat sich auf die Erstellung von Mietspiegeln für Gemeinden spezialisiert und konkurriert in regelmäßigen Abständen in den jeweiligen Ausschreibungsverfahren der Gemeinden. Deshalb erfolgt die Auftragsvergabe regelmäßig an den günstigsten Anbieter, was im Einzelfall zur Folge haben kann, dass die Standards immer weiter sinken. Es müssen ab Juli 2022 aber die Vorgaben der Mietspiegelverordnung[13] eingehalten werden. Darüber hinaus ist es **Aufgabe der Justiz,** die Einhaltung von **Mindeststandards** einzufordern.

6 Es gibt heute in allen deutschen Großstädten mit mehr als 500.000 Einwohnern Mietspiegel mit Ausnahme von Bremen.[14] In Gemeinden mit Einwohnerzahlen zwischen 100.000 und 500.000 haben 89% einen Mietspiegel. Unter den 81 Kommunen mit mehr als 100.000 Einwohner gibt es in 11 Städten keinen Mietspiegel, nämlich in Bremen, Göttingen, Gütersloh, Hildesheim, Ingolstadt, Kassel, Magdeburg, Saarbrücken, Salzgitter, Wolfsburg und Würzburg.[15] Aber selbst in den übrigen Großstädten sind nicht alle Mietspiegel qualifiziert iSd § 558 d BGB. Die Zahlen darüber, wieviel Mietspiegel es in Deutschland gibt, sind sehr unterschiedlich. Nach dem F&B Mietspiegelindex 2020 soll es ca. 603 Mietspiegel in Gemeinden mit mehr als 10.000 Einwohnern geben[16], davon 420 in Gemeinden mit mehr als 20.000 Einwohnern. Bei 223 Mietspiegeln soll es sich um qualifizierte Mietspiegel gem. § 558 d BGB handeln; dh sie sind in den letzten zwei Jahren neu aufgestellt oder fortgeschrieben worden und nach wissenschaftlichen Grundsätzen erarbeitet worden. Nach einer Untersuchung des Instituts für Volkswirtschaftslehre und Recht der Universität Stuttgart hat es zum Stichtag 31.2.2012 in den deutschen Gemeinden mit mehr als 10.000 Einwohnern 94 Mietspiegel gegeben, die als qualifiziert deklariert wurden.[17] Fünf Jahre später sollen es bereits 124 qualifizierte Mietspiegel gewesen sein.[18] Das entspricht ca. 8% der 1553 Städte mit mehr als 10.000 Einwohnern. Nach Angabe des Bundesinstituts für Bau-, Stadt- und Raumforschung (BBSR)[19] gab es mit Stichtag Januar 2019 in 998 Kommunen Mietspiegel, von denen wiederum 161 als qualifiziert geführt werden. Auch nach Angabe der Bundesregierung können ca. 1000 Gemeinden auf einen Mietspiegel zurückgreifen, teilweise allerdings nur auf modifizierte Nachbarmietspiegel oder auf Landkreisebene erstellte Spiegel.[20] Da Mietspiegel vor allem in den größeren Gemeinden existieren, führt das zu dem Ergebnis, dass es zwar in den weitaus meisten Gemeinden keinen Mietspiegel gibt, aber für ca. 60% der Wohnungen in Deutschland ein Mietspiegel existiert.

## III. Übergangsrecht

7 Ein Mieterhöhungsverlangen muss die zum **Zeitpunkt seines Zugangs** gültigen Regelungen einhalten. Am Begründungserfordernis des § 558 a Abs. 2 BG hat sich aber seit 2001 nichts geändert. Die Ermächtigungsgrundlage zum Erlass der Mietspiegelverordnung ist nach Art. 5 des Mietspiegelreformgesetz – MsRG[21] am 18.8.2021 in Kraft getreten. Die Verordnung selbst gilt ab dem 1.7.2022.[22] Die Änderungen der §§ 558 c, 558 d BGB treten am 1. Juli 2022 in Kraft. Das bedeutet, dass Mietspiegel, die nach diesem Datum erstellt wurden, die Vorgaben der neuen Verordnung ein-

---

[13] Abgedruckt im Anhang. Die VO soll nach Redaktionsschluss dieses Buches vom Bundesrat beschlossen werden.

[14] Aus der Begr. der Bremer Mietpreisbremsenverordnung erfährt man, dass es sehr wohl einen von der Fa. empirica im Rahmen der jährlichen Sozialberichterstattung der Arbeitnehmerkammer Bremen erstellten „Pseudo-Mietspiegel" gibt, um Anhaltspunkte für die Mietentwicklung in der Stadtgemeinde Bremen zu erhalten.

[15] BT-Drs. 19/15613.

[16] F&B Mietspiegelindex 2020, 3.

[17] *Freund/Hilla/Missal/Promann/Woeckener* WuM 2013, 259 (260).

[18] *Freund,* Die Berücksichtigung energetischer Ausstattung und Beschaffenheit in qualifizierten Mietspiegeln, 2018, S. 23 f.; *Auer/Hilla,* „Der qualifizierte Mietspiegel: Bedeutung, Verbreitung und Ausgestaltung" in Woeckener, Beiträge zur Reform des qualifizierten Mietspiegels, 2018, S. 25 (39).

[19] http://www.bbsr.bund.de/BBSR/DE/WohnenImmobilien/Immobilienmarktbeobachtung/Projekte Fachbeitraege/Mietspiegel/Mietspiegel.html (abgefragt 1/2019).

[20] Antwort der Bundesregierung auf Kleine Anfrage der FDP-Fraktion (BT-Drs. 19/15209): BT-Drs. 19/15613.

[21] BGBl. 2021 I, 3515.

[22] § 24 MsV.

halten müssen, um die daran geknüpften Rechtsfolgen (Vermutung der Erstellung nach wissenschaftlichen Grundsätzen) zu erfüllen. Da es an einer weitergehenden Übergangsregel fehlt, gilt im Zustimmungsprozess die zum Zeitpunkt der letzten mündlichen Verhandlung geltende Regelung. Es wird also nur dann vermutet, dass der Wert des Mietspiegels die maßgebliche ortsübliche Vergleichsmiete darstellt, wenn ein Mietspiegel den Anforderungen der Mietspiegelverordnung entspricht. Ebenso wird vermutet, dass die wissenschaftlichen Grundsätze eingehalten wurden, wenn die nach Landesrecht zuständige Behörde und Interessenvertreter der Vermieter und der Mieter den Mietspiegel den Mietspiegel als qualifiziert anerkannt haben.

## B. Die rechtliche Qualifikation und Bedeutung von Mietspiegeln

### I. Rechtsgrundlagen der Mietspiegelerstellung

Die rechtlichen Regelungen zur Mietspiegelerstellung befinden sich außer in den § 558c und 8
§ 558d BGB noch in der Verordnung über den Inhalt und das Verfahren zur Erstellung und zur Anpassung von Mietspiegeln sowie zur Konkretisierung der Grundsätze für qualifizierte Mietspiegel (Mietspiegelverordnung – MsV)[23] sowie in Art. 238 § 1–4 EGBGB. Während die §§ 558c, 558d BGB **Hilfsnormen für das Mieterhöhungsverfahren** sind, sind die MsV und Art. 238 EGBGB wiederum **technische Hilfsnormen** für die Mietspiegelerstellung. Sie wenden sich vor allem an den jeweiligen Mietspiegelersteller aber auch mit den Auskunftspflichten an Dritte. Dabei sind die Vorgaben für einfache Mietspiegel nur sehr gering. Für diese Mietspiegel gelten nur die §§ 1–5 MsV, während für qualifizierte Mietspiegel die §§ 1–2, 6–23 MsV gelten. Art. 238 EGBGB gilt zwar theoretisch für beide Arten von Mietspiegeln, jedoch wird eine Datenerhebung, bei der bei Dritten so aufwändig Daten abgefragt werden, wohl nur bei qualifizierten Mietspiegeln stattfinden.

Im Jahre 1981 gab es einmal den Versuch, ein **Mietspiegelgesetz** zu verabschieden.[24] Danach 9
sollten Gemeinden mit mehr als 100.000 Einwohnern verpflichtet werden, Mietspiegel zu erstellen. Bei kleineren Gemeinden sollte dies auf Antrag der Interessenverbände geschehen. Dem vom Bundestag verabschiedeten Gesetz stimmte der Bundesrat jedoch nicht zu. Das Vermittlungsverfahren konnte wegen der Auflösung des Bundestages nicht zu Ende geführt werden. Es ist deshalb nie Gesetz geworden. Durch das Mietspiegelreformgesetz hat der Gesetzgeber nunmehr aber eine **Verpflichtung zur Aufstellung von Mietspiegeln** für Gemeinden mit mehr als **50.000 Einwohnern** eingeführt.[24a] Nach der Überleitungsvorschrift in Art 229 EGBGB ist ein solcher Mietspiegel in Gemeinden, die bisher keinen Mietspiegel hatten, bis spätestens 1. Januar 2023 zu erstellen und zu veröffentlichen. Wird für die Gemeinde in Erfüllung dieser Verpflichtung ein qualifizierter Mietspiegel erstellt, ist dieser bis spätestens 1. Januar 2024 zu erstellen und zu veröffentlichen. Die Verpflichtung wird sowohl durch die Erstellung eines Mietspiegels durch die Gemeinde wie auch durch einen Verbändemietspiegel erfüllt. Der Gesetzgeber wollte mit der Einführung einer Pflicht zur Erstellung von Mietspiegeln deren Verbreitung erhöhen. Zumindest in Gemeinden mit mehr als 50.000 Einwohnern soll gewährleistet werden, dass Mietspiegel als Orientierungshilfe zur Ermittlung der ortsüblichen Vergleichsmiete stets zur Verfügung stehen. Besondere Bedeutung hat dies für Gemeinden, die in eine Mietpreissenkungsverordnung nach § 556d Abs. 2 BGB aufgenommen wurden.[25] Die Aufnahme in eine solche Verordnung dürfte in Zukunft auch davon abhängig sein, ob die Gemeinde ihrer Verpflichtung zur Mietspiegelaufstellung nachgekommen ist.

Für Gemeinden mit mehr als 50.000 Einwohnern sei davon auszugehen, dass ein **Bedürfnis für** 9a
**einen Mietspiegel** besteht und dass dieser mit vertretbarem Aufwand erstellt werden kann. Die Pflicht bezieht sich auf die Erstellung einfacher Mietspiegel. Freiwillig kann auch ein qualifizierter Mietspiegel erstellt werden. Ein **subjektives Recht** eines Vermieters oder Mieters auf Erstellung eines Mietspiegels gibt es aber auch in Gemeinden mit mehr als 50.000 Einwohnern nicht.

---

[23] Abgedr. im Anhang zu §§ 558c–d.

[24] BT-Drs. 9/745; abgedr. bei *Börstinghaus/Clar* Mietspiegel Anh. Kap. A III.

[24a] Offen ist, wie diese Zahl zu ermitteln ist (nur Erst- oder auch Zweitwohnsitze oä).

[25] Zu den damit verbundenen Bedenken schon die Gesetzesbegründung BT-Drs. 18/3121, 29; Verfassungsrechtliche Bedenken auch bei *Schuldt* Mietpreisbremse S. 248; auf verfassungsrechtliche Probleme weist auch *Blank* WuM 2014, 641 (646) hin; nach *Weigelt* Herausforderung S. 292 soll die Aufnahme einer Gemeinde ohne qualifizierten Mietspiegel in eine VO kaum möglich sein.

9b Sobald eine Gemeinde mehr als 50.000 Einwohner aufweist, ist für ihr Gebiet ein Mietspiegel zu erstellen. Für die nach Landesrecht zuständige Behörde, idR die Gemeinde, besteht eine Handlungspflicht. Sie ist aber frei, wie sie diese Pflicht umsetzt. Die nach Landesrecht zuständige Behörde kann sich hierzu der Hilfe Dritter bedienen. Der Mietspiegel kann insbesondere auch von Interessenvertretern der Mieter und der Vermieter erstellt werden. Zu befürchten ist aber, dass Verbände wegen der nunmehr bestehenden Pflicht für Gemeinden, Mietspiegel zu erstellen, sich aus der Mietspiegelerstellung zumindest in Gemeinden mit mehr als 50.000 Einwohnern zurückziehen. Auch kann der Mietspiegel gemäß § 558c Abs. 2 BGB für mehrere Gemeinden oder für Teile der Gemeinde erstellt werden. Entscheidend ist, dass alle Teile einer Gemeinde, die mehr als 50.000 Einwohner aufweist, in den Geltungsbereich eines Mietspiegels fallen. Die **Verpflichtung** bezieht sich **auch auf die Fortschreibungspflicht** nach § 558c Abs. 3 BGB.

10 Von 1974–2022 gab es auch keine Vorschriften über die Mietspiegelerstellung, obwohl schon in § 2 Abs. 5 MHG aF und seit 2001 in § 558c Abs. 5 BGB eine Ermächtigungsgrundlage für den Erlass einer solchen Verordnung existierte. Solange es keine einfachen Mietspiegel gab, war eine solche Verordnung auch völlig überflüssig. Die Diskussion über die Notwendigkeit hat erst mit Einführung des qualifizierten Mietspiegels und dem neuen Begriff der „anerkannten wissenschaftlichen Grundsätze" begonnen. Seither haben die **unterschiedlichsten Wissenschaften** ihre Grundsätze für die Erstellung eines aus ihrer Sicht richtigen Mietspiegels veröffentlicht. In der Folgezeit wurde in 20 Jahren der Existenz des Rechtsinstituts des qualifizierten Mietspiegels bei fünf dieser Mietspiegel über deren Qualität gestritten.[26] Da dies zumindest auf Grund der beiden BGH Entscheidungen zum Berliner Mietspiegel[27] und der folgenden LG Berlin Entscheidung[28] mit größerem medialen Interesse verbunden war, hatte die Politik das Thema zunächst im Koalitionsvertrag 2013[29] aufgegriffen, ohne dass in der Legislaturperiode eine Einigung über den vorliegenden Entwurf eines 2. Mietrechtsnovellierungsgesetzes und eine Mietspiegelverordnung erzielt werden konnte.[30] Deshalb wurde das Thema in die Koalitionsvereinbarung 2017[31] erneut aufgegriffen. Beabsichtigt war durch gesetzliche Mindestanforderungen eine standardisierte Gestaltung qualifizierter Mietspiegel zu sichern. Ziel sollte es sein, eine repräsentative und differenzierte Qualität dieses Instruments zur rechtssicheren und zuverlässigen Abbildung der Vergleichsmiete zu gewährleisten.[32] Auch diesmal war der Widerstand größer und ein im Vergleich zum Entwurf 2016 schon weniger einschneidenderer Referentenentwurf vom Februar 2020 wurde nach Anhörung der Praxis[33] noch weiter beschränkt und erst am 16.12.2020 vom Bundeskabinett verabschiedet. Der Rechtsausschuss hat einige Änderungsvorschläge aber wieder herausgenommen und andere hinzugefügt.[34] Die Änderungen der §§ 558c, 558d BGB und die neue Mietspiegelverordnung sowie Art. 238 EGBGB sollen am 1.7.2022[35] in Kraft treten.

11 Vor Inkrafttreten der Mietspiegelverordnung gab es lediglich Hinweise zur Aufstellung von Mietspiegeln. Diese beruhten auf einem Beschluss des Deutschen Bundestages im Zusammenhang mit der Verabschiedung des Zweiten Wohnraumkündigungsschutzgesetzes im Oktober 1974. Danach wurde die Bundesregierung ersucht, „baldmöglichst mit den Ländern und den kommunalen Spitzenverbänden Verhandlungen mit dem Ziel aufzunehmen festzustellen, ob und inwieweit eine vermehrte Aufstellung von Mietspiegeln durch die Gemeinden ermöglicht werden kann und sodann über das Ergebnis der Beratung zu berichten".[36] Daraufhin wurde beim Bundesminister für Raumordnung, Bauwesen und Städtebau **ein Arbeitskreis „Mietspiegel"** gebildet. Der Arbeitskreis hat auf der Grundlage bereits vorliegender Mietspiegel sowie der bis zu diesem Zeitpunkt gesammelten Erfahrungen rechtlich unverbindliche **Hinweise für die Aufstellung von Miet-**

---

[26] *Sebastian,* „Mietspiegelreform mit Pferdefuß", FAZ.NET (aktualisiert 1.10.2020).

[27] BGH VIII ZR 46/12, NZM 2013, 138 = NJW 2013, 775; VIII ZR 346/12, NZM 2014, 24 = NJW 2014, 292.

[28] LG Berlin NJW 2015, 3252.

[29] Herunterladbar: https://www.cdu.de/sites/default/files/media/dokumente/koalitionsvertrag.pdf

[30] Zur Geschichte auch dieses Verfahren *Börstinghaus* NZM 2019, 841.

[31] Herunterladbar: https://www.bundesregierung.de/resource/blob/656734/847984/5b8bc23590d4cb2892b31c987ad672b7/2018-03-14-koalitionsvertrag-data.pdf.

[32] Koalitionsvertrag ab Zeile 5208.

[33] Siehe dazu die Stellungnahme aus amtsrichterlicher Sicht: *Börstinghaus* NZM 2020, 965.

[34] *BT-Drs. 19/30933 (Beschluss*empfehlung); BT-Drs. 19/31106 (Bericht).

[35] Mit Ausnahme der Änderungen der Ermächtigungsgrundlage in § 558c Abs. 5 BGB, die bereits vorher in Kraft getreten ist.

[36] BR-Drs. 7/2629.

**spiegeln** erarbeitet. Diese wurden erstmals im Jahre 1976[37] veröffentlicht, im Jahre 1980 wurden sie vervollständigt und fortgeschrieben[38] und im Jahr 1997 völlig neu erstellt.[39] Auf Grund der Ergänzung durch das Mietrechtsänderungsgesetz 2013 hat das damalige BMBAU im Jahre 2013 eine Arbeitshilfe für die kommunale Mietspiegelerstellung unter dem Titel „Hinweise zur Integration der energetischen Beschaffenheit und Ausstattung von Wohnraum in Mietspiegeln"[40] veröffentlicht. Die letzten **Hinweise zur Erstellung von Mietspiegeln** wurden im Sommer 2020 in 3. Auflage veröffentlicht.[41] Die Hinweise sollten nur eine Orientierungshilfe bieten, ohne in irgendeiner Form rechtlich verbindlich zu sein.

## II. Rechtliche Qualifikation eines Mietspiegels

Die Aufstellung von Mietspiegeln ist eine Aufgabe der **öffentlichen Daseinsvorsorge.**[42] 12
§ 558c Abs. 3–5, § 558d Abs. 2 BGB gehören ebenso dem öffentlichen Recht an wie Art. 238 EGBGB, da alleiniges Zuordnungsobjekt der Regelung ein Träger der öffentlichen Gewalt ist. Die Rechtsnatur von Mietspiegeln ist immer noch nicht abschließend geklärt.[43] Ein Mietspiegel ist nämlich weder ein **Verwaltungsakt**[44] noch eine **Allgemeinverfügung.** Ein Mietspiegel ist auch keine **normkonkretisierende Verwaltungsvorschrift**[45] oder sonst eine Rechtsnorm.[46] Das gilt sowohl für den einfachen wie auch für den qualifizierten Mietspiegel.

### 1. Der einfache Mietspiegel

Der einfache Mietspiegel stellt lediglich eine **statistisch aufbereitete Sammlung** von Ver- 13
gleichsmieten dar, wobei durchaus auch normative Entscheidungen getroffen sein können. Der Mietspiegel enthält dabei auch Elemente eines Sachverständigengutachtens in Gestalt der Bewertung von Tatsachen. Er weist ebenso Ähnlichkeiten mit einer amtlichen Auskunft in Form einer Zusammenfassung von Einzeltatsachen (Erfassung eines statistischen Durchschnittswertes) auf. In seiner generellen Anwendbarkeit auf viele Einzelfälle nach abstrakten Tatbestandsmerkmalen gleicht er auch einer Verwaltungsvorschrift, obwohl §§ 558c, 558d BGB die Aufstellung eines örtlichen Mietspiegels nicht zwingend der nach Landesrecht zuständigen Behörde vorbehalten. Anders als bei normkonkretisierenden Verwaltungsvorschriften (zB TA-Luft, TA-Lärm) dient der einfache Mietspiegel nicht einer wertenden, eben normkonkretisierenden Ausfüllung unbestimmter Rechtsbegriffe.[47] Behördliche Äußerungen ohne Bindungswirkung – namentlich Gutachten, antizipierte Gutachten oder schlichte Auskünfte – treffen weder eine Regelung noch begründen sie ein feststellungsfähiges Rechtsverhältnis. Auch amtliche Auskünfte, deren Inhalt in einer gutachtlichen Äußerung besteht, binden die Gerichte rechtlich nicht, sondern werden ohne förmliches Beweisverfahren im Wege des Freibeweises verwertet. Die große **praktische Bedeutung** eines kommunalen Mietspiegels und ein ihm von den Zivilgerichten beigemessener **hoher Beweiswert** ändern daran nichts. Es ist allein Aufgabe der Zivilgerichte, die **materielle Richtigkeit eines Mietspiegels** zu überprüfen. Ob die ortsüblichen Vergleichsmieten richtig ermittelt wurden, ist keine dem öffentlichen Recht zuzuordnende Frage. Das BGB enthält keine öffentlichrechtlichen Mietpreisvorschriften. Es regelt in Ergänzung des privaten Mietrechts die zivilrechtliche Befugnis des Vermieters zur Mieterhöhung. Die in Richtung auf die Ermittlung der ortsüblichen

---

37 Abgedr. bei *Börstinghaus/Clar* Mietspiegel Anh. Kap. B I.

38 Abgedr. bei *Börstinghaus/Clar* Mietspiegel Anh. Kap. B II.

39 Abgedr. bei *Börstinghaus/Clar* Mietspiegel Anh. Kap. B III.

40 Abgedr. in → 12. Aufl. 2015, BGB Anh. §§ 558c, 558d Rn. 115 ff.

41 Unter bbsr.bund.de abrufbar.

42 BT-Drs. 19/26918, 7; LG Berlin GE 2004, 1296; VGH München ZMR 1994, 81 (83).

43 VerfGH Berlin NZM 2013, 674; BGH VIII ZR 227/10, NZM 2011, 511; Staudinger/*V. Emmerich* BGB § 558c Rn. 6, § 558d Rn. 9; MüKoBGB/*Artz* § 558c Rn. 3.

44 BVerwG NJW 1996, 2046 mAnm *Storr* ZMR 1996, 453; und *Schönlau* DVP 1996, 172; die gegen das Urteil eingelegte Verfassungsbeschwerde wurde nicht angenommen: 1 BvR 701/96; *Huber* JZ 1996, 893; *Vahle* DVP 1997, 37; *Brodersen* JuS 1997, 279; VG Gelsenkirchen NZM 1999, 381.

45 BVerwG NJW 1996, 2046; mAnm *Storr* ZMR 1996, 453; und *Schönlau* DVP 1996, 172; die gegen das Urteil eingelegte Verfassungsbeschwerde wurde nicht angenommen: 1 BvR 701/96; *Huber* JZ 1996, 893; *Vahle* DVP 1997, 37; *Brodersen* JuS 1997, 279; VGH München ZMR 1994, 81 (84); **aA** *Huber* ZMR 1992, 469.

46 VerfGH Berlin NZM 2013, 674 (675); *Bünnemeyer/Hebecker/Werling* ZMR 2016, 96 (97).

47 Börstinghaus/Clar/*Börstinghaus* Mietspiegel Rn. 75.

Vergleichsmiete an einen kommunalen Mietspiegel zu stellenden Anforderungen ergeben sich allein aus dessen zivilrechtlicher Zweckbestimmung und Funktion. Die ortsübliche Vergleichsmiete ist ausschließlich für das Rechtsverhältnis zwischen Vermieter und Mieter von Bedeutung. Die Aufstellung und Veröffentlichung eines örtlichen Mietspiegels durch eine nach Landesrecht zuständige Behörde ist zwar eine der öffentlichen Verwaltung zugewiesene Aufgabe. Bei ihrer Wahrnehmung handelt es sich jedoch lediglich um eine schlicht verwaltende Tätigkeit ohne bindende Außenwirkung. Die positiven oder negativen Einflüsse eines einfachen Mietspiegels auf die Durchsetzbarkeit privater Mieterhöhungsansprüche verleihen ihm selbst noch keinen regelnden Charakter. Von Rechts wegen stellt er vielmehr nur ein formelles Begründungsmittel für Mieterhöhungsverlangen der Vermieter dar. Dies ist seine einzige ihm vom Gesetz beigelegte Funktion. Die Leistungsklage einzelner Vermieter gegen einen kommunalen Mietspiegel iSd § 558c BGB ist ebenso unzulässig,[48] wie die Klage auf Beteiligung an der Mietspiegelerstellung.[49]

### 2. Der qualifizierte Mietspiegel

14 Umstritten war die Frage, ob qualifizierte Mietspiegel anders zu beurteilen sind und deshalb einer **verwaltungsgerichtlichen Kontrolle** unterliegen.[50] Klagen gegen einfache Mietspiegel wurden nämlich in der Vergangenheit mit der Begründung abgewiesen, dass es Aufgabe der Zivilgerichte sei, die Richtigkeit der Mietspiegel zu überprüfen.[51] Das BVerwG hatte sich dabei darauf gestützt, dass der Mietspiegel kein Beweismittel im Sinne der ZPO ist und dass das Gesetz ihnen bisher auch keine **Vermutungswirkung** iSd § 292 ZPO dahin gehend beigemessen hat, dass ein Mietspiegel die ortsübliche Vergleichsmiete tatsächlich wiedergibt. Diese Prämisse der Rspr. des BVerwG ist seit 2001 entfallen, da § 558d Abs. 3 BGB seither eine Vermutungswirkung zumindest für den Zustimmungsprozess schafft. Gegen eine verwaltungsgerichtliche Kontrolle von qualifizierten Mietspiegeln wird eingewandt,[52] dass auch ein qualifizierter Mietspiegel kein konkretes Rechtsverhältnis begründet, da er nur abstrakt-generelle Angaben enthalte und keine subjektiv-öffentlichen Rechte von Vermietern. Die Anerkennung durch die nach Landesrecht zuständige Behörde sei auch keine hoheitliche Maßnahme, da sie gleichberechtigt neben der Anerkennung durch die Interessenverbände steht und sich zudem nicht darauf beziehe, dass die wissenschaftlichen Grundsätze eingehalten wurden. Da die Verwaltungsgerichte inzwischen durchweg eine Klage gegen einen qualifizierten Mietspiegel als unzulässig abweisen[53], haben die Zivilgerichte begonnen die sachliche Überprüfung qualifizierter Mietspiegel vorzunehmen.[54] Dies kann aber nicht in einer isolierten Klage erfolgen, sondern geschieht inzidenter in einem Zustimmungsprozess.[55] Nach Ansicht

---

[48] BVerwG NJW 1996, 2046 mAnm *Storr* ZMR 1996, 453; und *Schönlau* DVP 1996, 172; die gegen das Urteil eingelegte Verfassungsbeschwerde wurde nicht angenommen: 1 BvR 701/96; *Huber* JZ 1996, 893; *Vahle* DVP 1997, 37; *Brodersen* JuS 1997, 279; VGH München ZMR 1994, 81.

[49] VG Gelsenkirchen NZM 1999, 381.

[50] **Dafür** LG Berlin GE 2004, 1296 (Meinung ausdrücklich aufgegeben LG Berlin GE 2012, 271); *Kniep/Gratzel* WuM 2008, 645 (646); *Busz,* Die Äquivalenz im freifinanzierten Wohnraummietrecht, 2002, 137; *Börstinghaus* NZM 2000, 1087 (1090); *Haber* NZM 2001, 305 (315); *Hinz* NZM 2001, 264; *Löwe* NZM 2000, 577 (583); Palandt/*Weidenkaff* BGB § 558d Rn. 7; AnwK WohnraumMietR/*Lammel* BGB § 558d Rn. 35; *Wetekamp* NZM 2003, 184 (185); **aA** OVG Münster NZM 2006, 906, Vorinstanz: VG Minden ZMR 2004, 226; VG München BeckRS 2020, 43372; BeckRS 2020, 43413; LG Berlin GE 2012, 271; *Brüning* WuM 2003, 303; *Sternel* MietR Kap. IV Rn. 194; MüKoBGB/*Artz* § 558d Rn. 3; *Kunze/Tietzsch* Miethöhe Teil II Rn. 262 Fn. 3; HWE MietR-HdB/*Emmert* § 12 Rn. 113; offen gelassen von *Blank* PiG 62 (2002), 17 (30).

[51] BVerwG NJW 1996, 2046, die gegen das Urteil eingelegte Verfassungsbeschwerde wurde nicht angenommen: 1 BvR 701/96.

[52] OVG Münster NZM 2006, 906 mAnm *Börstinghaus* WuM 2007, 9; Vorinstanz: VG Minden NZM 2004, 178 und zuvor Zwischenbescheid des VG Minden MM 2003, 91; VG München BeckRS 2020, 43372; BeckRS 2020, 43413.

[53] Der Bundesrat hat in seiner Stellungnahme zum Mietspiegelreformgesetz (BT-Drs. 19/26918, Anl. 3 die Bundesregierung gebeten zu prüfen, ob eine gesetzliche Regelung geschaffen werden könne, wonach qualifizierte Mietspiegel „generell mit allgemeiner Wirkung gerichtlich überprüft werden könne." In der Gegenäußerung der Bundesregierung (BT-Drs. 19/26918, Anl. 4) hat diese erklärt, das geprüft zu haben, aber das in das bestehende System der Normenkontrollverfahren nicht passen würde und die Rechtssicherheit von Mietspiegeln nicht entscheidend stärken würde.

[54] *LG Bochum DWW* 2007, 298 mAnm *Börstinghaus;* AG Mainz BeckRS 2014, 13372 mAnm *Börstinghaus* jurisPR-MietR 18/2013 Anm. 4; AG Mainz BeckRS 2013, 11862.

[55] BGH VIII ZR 46/12, NJW 2013, 775; BGH VIII ZR 346/12, NJW 2014, 292; AG Mainz BeckRS 2013, 11862; *Blümmel* GE 2013, 151; *Börstinghaus* LMK 2/2013 Anm. 3; *Börstinghaus* jurisPR-BGHZivilR 4/2013

des BGH[56] unterliegt außerdem die Auslegung eines Mietspiegels der uneingeschränkten revisionsrechtlichen Nachprüfung. Die Auffassung[57], dass eine Überprüfung der qualifizierten Mietspiegel weder vor den Zivil- noch vor den Verwaltungsgerichten möglich sei, da es sich um eine schlichtverwaltende Tätigkeit handele, ist deshalb falsch. Diese Auffassung würde dem grundgesetzlich geschützten Rechtsgewährleistungsanspruch widersprechen.

### III. Bedeutung von Mietspiegeln

Mietspiegel nutzen sowohl Vermietern wie auch Mietern.[58] Sie haben heute aber auch eine weit 15
über die reine Begründungsfunktion im Mieterhöhungsverfahren hinausgehende Bedeutung.[59] Sie verbessern die **Transparenz auf den Wohnungsmärkten.**[60] Sie haben den Vorteil der Objektivität[61] in einem Markt, der stark von Vorurteilen auf Grund fehlender Transparenz gekennzeichnet ist. Sie dienen Mietern als Orientierung, um die ortsübliche Miete einschätzen zu können. Sie haben Einfluss auf die Neuvertragsmieten, und zwar nicht nur in Gemeinden mit angespannten Wohnungsmärkten, in denen gem. §§ 556d–556g BGB die Neuvertragsmiete begrenzt ist. Außerdem helfen sie unangemessene Mieterhöhungen abzuwehren. Mietspiegel versachlichen die Diskussion über die Miethöhe und sind in Massenverfahren, wie sie Mieterhöhung häufig sind, heute kaum wegzudenken. In Großstädten werden ca. ⅔ aller Mieterhöhungsverlangen mit Mietspiegelwerten begründet.[62] Sie ersparen Vermietern vor allem auch Kosten,[63] die ansonsten uU bei der Beschaffung der Daten über die ortsübliche Vergleichsmiete anfallen würden.

Auch das BVerfG hat insofern die **Bedeutung von Mietspiegeln** mehrfach ausdrücklich 16
betont.[64] Nach Ansicht des BVerfG liegt die Verwendung von Mietspiegeln im gerichtlichen Erkenntnisverfahren auch im Interesse der Vermieter. Sie garantiert nicht nur eine rasche Entscheidung, sie erleichtert dem Vermieter vielmehr zugleich in ganz erheblichem Maße die ihm obliegende prozessuale Darlegungslast. Ihr Vorzug besteht aber vor allem darin, dass ordnungsgemäß aufgestellte Mietspiegel idR auf einer erheblich breiteren Tatsachenbasis beruhen, als sie ein gerichtlich bestellter Sachverständiger mit einem Kosten- und Zeitaufwand ermitteln könnte, der zum Streitwert des gerichtlichen Verfahrens in einem angemessenen Verhältnis steht.[65] Ihre Verwendung vermeidet daher die Entstehung von Rechtsverfolgungskosten, die im Falle eines Teilunterliegens den erstrittenen Erhöhungsbetrag leicht erheblich schmälern oder sogar vollständig aufzehren kann.[66]

Über diese originäre Aufgabe im Mieterhöhungsverfahren im weitesten Sinn hinaus, haben 17
Mietspiegel aber inzwischen auch **weitere Funktionen.**[67] Im Rahmen von familienrechtlichen **Unterhaltsverfahren** ist es häufig erforderlich, den Wohnwert einer Wohnung zu ermitteln.[68] Dabei ist idR von der objektiven Marktmiete auszugehen.[69] Dies spielt sowohl bei der **Berechnung von Sachleistungen**[70] eine Rolle, also wenn ein Ehepartner dem anderen Unterkunft gewährt, wie auch bei der Berechnung der Nutzungsentschädigung, die derjenige Ehegatte zu zahlen hat, der in der in gemeinschaftlichem Eigentum stehenden ehelichen Wohnung verblieben ist.[71]

---

Anm. 4; jurisPR-BGHZivilR 2/2014 Anm. 2; *Clar* WuM 2013, 233 = GE 2013, 457; *Theesfeld* jurisPR-MietR 2/2014 Anm. 2.

56 BGH VIII ZR 227/10, NJW 2011, 2284. Auf Grund dieser Entscheidung hat das LG Berlin in GE 2012, 271 seine Rspr. zur verwaltungsgerichtlichen Kontrolle von qualifizierten Mietspiegeln aufgegeben.

57 Elzer/Riecke/*Elzer* BGB § 558d Rn. 6.

58 *Leutner* WuM 1992, 658.

59 Zum Nutzen und Missbrauch von Mietspiegeln im Vergleichsmietensystem: *Lörler* NJ 2012, 7.

60 *Auer/Hilla,* „Der qualifizierte Mietspiegel: Bedeutung, Verbreitung und Ausgestaltung" in Woeckener, Beiträge zur Reform des qualifizierten Mietspiegels, 2018, S. 25 (37).

61 *Aigner/Oberhofer/Schmidt* WuM 1993, 10f.

62 *Leutner* WuM 1992, 658.

63 *Aigner/Oberhofer/Schmidt* WuM 1993, 10f.

64 *ZB BVerfG NJW 1992, 1377.*

65 Nach BGH VIII ZR 123/20, NZM 2021, 88 ist das zwar ein von den Gerichten zu beachtendes Argument, aber nicht zwingend.

66 BVerfG NJW 1992, 1377; BGH VIII ZR 110/04, NJW 2005, 2074.

67 Ausf. *Börstinghaus*/Clar Mietspiegel Rn. 77ff.

68 Hierzu ausf. Götz/Brudermüller/Giers/*Götz/Brudermüller,* Die Wohnung in der familienrechtlichen Praxis, 2. Aufl. 2018, Rn. 475ff.

69 BGH XII ZR 21/05, NZM 2007, 616; *Gerhardt* FamRZ 1993, 1139.

70 BGH IVb ZR 66/88, NJW 1989, 2809.

71 OLG Bamberg FamRZ 1987, 703.

Auch hierfür werden die Daten aus Mietspiegeln angewandt. Bei der im Rahmen der Vollstreckung aus dem Unterhaltstitel vorzunehmenden Ermittlung des **pfändbaren Teils des Arbeitseinkommens** gem. § 850d Abs. 2 ZPO ist bei den Kosten der Unterkunft ebenfalls auf das sich aus dem Mietspiegel sich ergebende Mietpreisniveau abzustellen.[72] Soweit ein Ehegatte nach der Scheidung gem. § 1568a Abs. 4 BGB Anspruch auf Abschluss eines Mietvertrages hat, ist ebenfalls die ortsübliche Vergleichsmiete durch Verwendung des Mietspiegels zu ermitteln. Zur Ausfüllung der Tatbestandsmerkmale der § 5 WiStG und § 291 StGB bedienen sich die Gerichte eines Mietspiegels,[73] auch wenn dies wegen des im **Bußgeldverfahren** geltenden Amtsermittlungsgrundsatzes[74] nicht unwidersprochen geblieben ist.[75] Diesen Zweifeln folgen zT auch die Zivilgerichte bei Verfahren auf Rückzahlung wegen vermeintlich überzahlter Miete gem. § 812 BGB iVm § 134 BGB, § 5 WiStG.[76] Auch für Rückforderungsansprüche gem. § 556g BGB spielen Mietspiegel eine zentrale Bedeutung. Ob die Marktmiete bei einem Anspruch auf Zahlung von Nutzungsentschädigung gem. § 546a BGB mittels Mietspiegel ermittelt werden kann erscheint aber fraglich.[77] Die übliche Miete iSd § 79 Abs. 2 S. 2 BewG wird von den Finanzgerichten ebenso anhand von Mietspiegeln ermittelt[78] wie ein eventueller geldwerter Vorteil einer Wohnungsüberlassung[79] oder Einkünfte nach § 21 Abs. 1 S. 2 EStG aus Vermietung und Verpachtung.[80] Auch im öffentlichen Recht wird zur Ermittlung von Tatbestandsmerkmalen des besonderen Verwaltungsrechts immer häufiger auf die Daten von Mietspiegeln zurückgegriffen. Dies gilt zB für Wohngeldentscheidungen, Urteilen zur **Fehlbelegungsabgabe**[81], Entscheidungen zu Ausgleichszahlungen wegen **Zweckentfremdung**[82] und zum Sozialhilferecht[83]. Sogar im Disziplinarrecht haben Mietspiegel eine Bedeutung, da das Gericht einem Verurteilten in einem auf Entfernung aus dem Dienst oder auf Aberkennung des Ruhegehalts lautenden Urteil einen Unterhaltsbetrag bewilligen kann. Dabei ist die ortsübliche Miete, die für eine dem angemessenen Wohnbedarf entsprechende Wohnung zu zahlen wäre, Maßstab.[84]

18 Eine besondere Bedeutung haben Mietspiegel bei der Ermittlung der Angemessenheit der **Kosten der Unterkunft im Rahmen von Arbeitslosengeld II-Leistungen.**[85] Solche Leistungen werden gem. § 22 Abs. 1 S. 1 SGB II in Höhe der tatsächlichen Aufwendungen erbracht, soweit diese angemessen sind.[86] Bei dem Begriff der **„Angemessenheit"** handelt es sich um einen unbestimmten Rechtsbegriff.[87] Zur Festlegung der abstrakt angemessenen Leistungen für die Unterkunft sind zunächst die angemessene Wohnungsgröße und der maßgebliche örtliche Vergleichsraum zu ermitteln. Anschließend ist die **Mietobergrenze** einer angemessenen Miete zu ermitteln. Nach § 22c SGB II sollen zur Bestimmung der angemessenen Aufwendungen für Unterkunft und Heizung die Kreise und kreisfreien Städte Satzungen erlassen und dabei insbes. Mietspiegel, qualifizierte Mietspiegel[88] und Mietdatenbanken berücksichtigen. Auszugehen ist dabei nach stRspr des BSG von einem **einfachen, im unteren Marktsegment liegenden Standard;** die

---

[72] BGH VII ZB 40/17, NJW-RR 2018, 1272; BGH VII ZB 103/08, WuM 2009, 540; BGH IXa ZB 151/03, BGHZ 156, 30.

[73] LG Frankfurt a. M. ZMR 1995, 75, für ein zivilrechtliches Verfahren auf Rückzahlung von vermeintlich überzahlter Miete.

[74] OLG Frankfurt a. M. WuM 1994, 436; KG WuM 1992, 140; Baumgärtel/Laumen/Prütting Beweislast-HdB/*Börstinghaus,* 4. Aufl. 2018, BGB § 535 Rn. 44; nach *Rips* WuM 2002, 415 (419) sei das „selbstverständlich".

[75] ZB *Isenmann* ZMR 1993, 446.

[76] LG Berlin NJWE-MietR 1996, 98.

[77] So aber AG Brandenburg BeckRS 2021, 14385 (Mietspiegelwert + 10%).

[78] BFH BeckRS 2003, 25002967.

[79] BFH NZM 2006, 148.

[80] BFH DB 2021, 993; BFH DB 2016, 2157 = DWW 2016, 313; FG Hamburg BeckRS 2012, 96544.

[81] BVerwG NJW 1999, 735, WuM 1997, 275; OVG Münster WuM 2001, 499; 1996, 49; ZMR 1996, 288; VG Berlin GE 1996, 1255.

[82] VG Berlin GE 1996, 993.

[83] OVG Lüneburg WuM 1996, 355.

[84] BVerwG NVwZ 1988, 158.

[85] Ausführlich dazu *Knieckrehm/Flatow* WuM 2018, 465.

[86] *Rips/Gautzsch,* Hartz IV – Unterkunftskosten und Heizkosten, 2009; *Gautzsch* Sozialrecht aktuell 2011, 137; NZM 2011, 497; *Knickrehm* JM 2014, 337; *Manger* GE 2006, 1432; *Goch* WuM 2006, 599; *Rips* WuM 2005, 632.

[87] *BSGE 97, 231; BSG BeckRS 2012,* 67075; SozR 4-4200 § 22 Nr. 27; BSG SozR 4-4200 § 22 Nr. 42.

[88] Für Stuttgart zB LSG Baden-Württemberg BeckRS 2016, 73476 mAnm *Theesfeld* jurisPR-MietR 3/2017 Anm. 6; für Dessau-Rößlau SG Dessau-Roßlau BeckRS 2018, 46847 mAnm *Theesfeld* jurisPR-MietR 24/2019 Anm. 6.

Wohnung muss hinsichtlich ihrer Ausstattung, Lage und Bausubstanz einfachen und grundlegenden Bedürfnissen entsprechen.[89] Die Festlegung der Mietobergrenze sollte nach der Rspr. des BSG, bevor der Gesetzgeber den neuen § 22c SGB II geschaffen hatte, auf der Grundlage eines **schlüssigen Konzepts** die Festlegung der Mietobergrenze erfolgen.[90] Dies Konzept erfordert nach der Rspr. des BSG, dass eine repräsentative Datenerhebung stattfinden muss. Dabei ist es zulässig auf die Daten, die zur Erstellung eines qualifizierten Mietspiegels erhoben wurden, zurückzugreifen.[91] Bei der Datenauswertung müssen mathematisch-statistische Grundsätze eingehalten werden und Angaben über die gezogenen Schlüsse erfolgen.[92] Nach der Rspr. des BSG[93] kann iÜ davon ausgegangen werden, dass es in ausreichendem Maße Wohnungen zu einem abstrakt angemessenen Quadratmeterpreis im örtlichen Vergleichsraum gibt, wenn ein qualifizierter Mietspiegel, der in einem wissenschaftlich gesicherten Verfahren aufgestellt wurde, entsprechende Durchschnittswerte ausweist oder wenn dem Mietspiegel Aussagen zur Häufigkeit von Wohnungen mit dem angemessenen Quadratmeterpreis entnommen werden können.

## C. Gemeinsame Voraussetzungen für einfache und qualifizierte Mietspiegel

### I. Allgemeines

19 Auch für den qualifizierten Mietspiegel gelten zunächst die Voraussetzungen des § 558c BGB. Jeder Mietspiegel muss also eine Übersicht über die ortsübliche Vergleichsmiete iSd § 558 Abs. 2 BGB sein. **Beide Arten von Mietspiegeln** können für das Gebiet einer Gemeinde oder für mehrere Gemeinden gemeinsam oder für Teile von Gemeinden erstellt werden, § 558c Abs. 2 BGB. Aufgestellt werden können die Mietspiegel von der Gemeinde, von den Interessenvertretern der Vermieter und Mieter gemeinsam oder von einem Interessenverband oder einem Dritten, wenn er von der nach Landesrecht zuständigen Behörde oder dem bzw. den Interessenverbänden anerkannt wird.

20 Tabelle zu den **Tatbestandsvoraussetzungen** einfacher und qualifizierter Mietspiegel:

| | **Übersicht über die ortsübliche Vergleichsmiete** | | | |
|---|---|---|---|---|
| **Voraussetzungen für jeden Mietspiegel** | **Mietspiegelersteller** | **Mietspiegelanerkennung** | **Geltungsbereich** | **Veröffentlichung des Mietspiegels** |
| | nach Landesrecht zuständige Behörde | durch einen oder mehrere Interessenverbände | Gemeinde | Mietspiegel und ihre Änderungen müssen veröffentlicht werden. Eine bestimmte Art der Veröffentlichung ist nicht vorgeschrieben. |
| | Je ein Interessenverband der Mieter und Vermieter | durch nach Landesrecht zuständige Behörde | Teile einer Gemeinde | |
| | Ein Interessenverband | durch nach Landesrecht zuständige Behörde oder den anderen Interessenverband | mehrere Gemeinden | |
| | Dritter | durch nach Landesrecht zuständige Behörde oder jeweils einen Interessenverband der Mieter und Vermieter | | |
| | | | **Anpassung des Mietspiegels**<br>Sollen im Abstand von zwei Jahren der Marktentwicklung angepasst werden | |

[89] BSGE 97, 231 = SozR 4-4200 § 22 Nr. 3 jeweils Rn. 20.
[90] Zu den Voraussetzungen für ein solches schlüssiges Konzept s. BT-Drs. 19/26918, 27.
[91] BSG NZM 2014, 361 (363).
[92] Vgl. zum schlüssigen Konzept iE BSGE 104, 192; BSG SozR 4-4200 § 22 Nr. 27.
[93] BSG SGb 2012, 361 mAnm *Winter* SGb 2012, 366; zur aktuellen Rspr. zu den Kosten der Unterkunft *Wiemer* NZS 2012, 9.

| Zusätzliche Voraussetzungen für einen qualifizierten Mietspiegel | **Erstellung nach den wissenschaftlichen Grundsätzen** | **Anerkennung des Mietspiegels als qualifiziert** | **Laufzeit und Anpassung des Mietspiegels** |
|---|---|---|---|
| | Wird vermutet, wenn die Anforderungen der Mietspiegelverordnung eigehalten wurden. | durch die nach Landesrecht zuständige Behörde **und** durch je einen Interessenverband der Mieter und Vermieter | spätestens nach zwei Jahren Anpassung an Marktentwicklung. Maßgeblicher Zeitpunkt für die Anpassung der Stichtag, zu dem die Daten für den Mietspiegel erhoben wurden |
| | | | nach vier Jahren Neuerstellung spätestens nach drei Jahren Anpassung an Marktentwicklung. Maßgeblicher Zeitpunkt für die Neuerstellung ist der Stichtag, zu dem die Daten für den Mietspiegel erhoben wurden. |

## II. Die Mietspiegelaufsteller

21 Nach der **Legaldefinition** eines Mietspiegels in § 558 c Abs. 1 BGB ist ein Mietspiegel[94]:

– eine Übersicht über die ortsüblichen Vergleichsmieten
– die erstellt wurde
– von der die nach Landesrecht zuständige Behörde oder
– von den Interessenvertretern der Vermieter und Mieter gemeinsam oder
– von einem Interessenverband der Vermieter oder Mieter allein und vom jeweils anderen Verband oder der die nach Landesrecht zuständige Behörde anerkannt wurde
– von einem Dritten und von beiden Verbänden oder der die nach Landesrecht zuständige Behörde anerkannt wurde.

22 Alle Mietpreisübersichten oder Mietwerttabellen, die nicht diese Voraussetzungen erfüllen, sind keine Mietspiegel im Sinne des Gesetzes. Deshalb sind auch die **folgenden Übersichten keine Mietspiegel** und können weder zur Begründung eines Erhöhungsverlangens noch im Prozess oder zu anderen Zwecken der Feststellung der ortsüblichen Vergleichsmiete herangezogen werden:

– der „VDM-Preisspiegel für Wohn- und Anlageimmobilien“,
– der „RDM-Immobilienpreisspiegel“,
– der „ivd-Preisspiegel“,
– Mietpreisübersichten der Finanzämter,[95]
– Mietübersicht des Staatsbauamtes,[96]
– Mietenindex der Statistikämter,
– ein von einem Vermieter-Verband erstellter Mietspiegel.[97]

23 All diese Übersichten erfüllen einen Zweck, aber eben nicht den, die ortsübliche Vergleichsmiete auszuweisen. In den Preisübersichten der Maklerverbände werden **Neuvertragsmieten** ausgewiesen, die zudem nicht repräsentativ erhoben werden und nach Opportunität veröffentlicht werden. Der **Mietenindex** beinhaltet weder eine zeitliche Beschränkung der erfassten Mieten noch stimmt seine Mietstruktur. Er weist Bruttokaltmieten aus. Die Übersichten der Finanz- und

[94] Zum Mietspiegel und seiner Erstellung s. auch *Börstinghaus/Clar* Mietspiegel, 2. Aufl. 2013; *Cromm/Koch,* Mietspiegel in Deutschland: Entwicklung der Mietpreispolitik, Einstellungen und Umsetzungen der Städte und Amtsgerichte unter besonderer Berücksichtigung des qualifizierten Mietspiegels – eine empirische Studie, Diss München 2006; *Kny,* Die alternativen Eigenschaften und Auswirkungen des Mietspiegels, 1982; *Promann, Die Berücksichtigung des Wohn*wertmerkmals Lage in den Mietspiegeln der deutschen Großstädte, 2012.
[95] LG Aurich WuM 1990, 222; **aA** AG Büdingen WuM 1989, 81.
[96] AG Friedberg WuM 1986, 322.
[97] LG Verden Nds. Rpfl. 1993, 363.

Staatsbauämter erfüllen ebenfalls andere Aufgaben und orientieren sich an Tatbestandsvoraussetzungen des öffentlichen Rechts. Allen Übersichten aber ist gemeinsam, dass die jeweiligen Ersteller vom Gesetzgeber nicht als Mietspiegelersteller, zumindest, solange ihre Übersichten nicht von beiden Interessenverbänden anerkannt wurden, vorgesehen sind.

Das Gesetz bietet verschiedene Möglichkeiten an, von wem ein Mietspiegel erstellt werden kann. Diese Möglichkeiten stehen gleichberechtigt nebeneinander. Es fehlt an einer **Kollisionsnorm.** Das Gesetz erklärt alternativ die die nach Landesrecht zuständige Behörde oder die Interessenvertreter der Vermieter und der Mieter gemeinsam für zuständig und lässt bei einseitiger Aufstellung durch eine Interessengruppe auch die Anerkennung durch die andere genügen. Was in den Fällen zu geschehen hat, in denen die die nach Landesrecht zuständige Behörde und die Interessenvertreter jeweils gemeinsam zwei widerstreitende Mietspiegel erstellen, ist nicht geregelt.[98] Nach dem Wortlaut des Gesetzes sind beide Mietspiegel wirksam. Einen Vorrang eines gemeindlichen Mietspiegels vor anderen Mietspiegeln gibt es nicht. Das Gleiche gilt auch für das Verhältnis von qualifizierten Mietspiegeln zu einfachen Mietspiegeln. Theoretisch denkbar ist der Fall, dass die die nach Landesrecht zuständige Behörde einen qualifizierten Mietspiegel erstellt und anerkennt und jeweils ein Interessenverband der Vermieter und Mieter einen eigenen einfachen Mietspiegel erstellen. In diesem Fall kann der Vermieter zwar sein Erhöhungsverlangen auf den einfachen Verbändemietspiegel stützen, er muss aber im Erhöhungsverlangen auf den qualifizierten Mietspiegel gem. § 558a Abs. 3 BGB hinweisen. 24

### 1. Die die nach Landesrecht zuständige Behörde als Mietspiegelersteller

Die für die Erstellung oder Anerkennung von Mietspiegeln zuständige Behörde bestimmt sich nach Landesrecht. Die bis Juni 2022 vorgesehene Gemeindezuständigkeit ist vor der Föderalismusreform 2006[99] geschaffen worden. Seit der Föderalismusreform dürfen jedoch gem. Art. 84 Abs. 1 S. 7 GG den Gemeinden und Gemeindeverbänden keine Aufgaben mehr durch Bundesgesetz übertragen werden. Zwar besteht die bisherige Regelung nach Art. 125a Abs. 1 GG fort. Die Bundesregierung war sich aber nicht sicher, ob sich die Änderungen durch das Mietspiegelreformgesetz noch in den Grenzen diesen verfassungsrechtlichen Grenzen bewegen.[100] Deshalb hat man die genaue Zuständigkeitsbestimmung auf die Länder übertragen. Die Frage der Zuständigkeit für die Erstellung ist aber zu trennen von der Frage, für welche örtlichen Einheiten Mietspiegel zu erstellen sind. Nach § 558c Abs. 2 BGB gilt hier weiter der Gemeindebegriff. Damit ist die **politische Gemeinde** gemeint.[101] Die Abgrenzung erfolgt dabei aus verwaltungstechnischen Gründen und nicht aus wohnungsmarktspezifischen Überlegungen.[102] Der Gesetzeswortlaut ist diesbezüglich eindeutig. Es genügt, wenn der Auftrag zur Erstellung des Mietspiegels von der nach Landesrecht zuständige Behörde stammt. Die Erstellung selbst kann dann auch von einem wissenschaftlichen Institut vorgenommen werden. Möglich ist auch die Mitwirkung von Interessenverbänden. Ein Widerspruch dieser Verbände ist aber unerheblich.[103] 25

Mietspiegel können auch für **mehrere Gemeinden,** zB auch für einen Landkreis, oder für **Teile einer Gemeinde** aufgestellt werden dürfen. Die Möglichkeit, Mietspiegel für Gemeindeteile zu erstellen, ist und bleibt sicher die Ausnahme. Sinn macht dies nur bei sehr unterschiedlichen Gemeindestrukturen, also zB Gemeindeteilen, die an eine Großstadt grenzen und großen ländlich geprägten Gemeindeteilen. Besonderheiten sind allenfalls über die Lageklasse zu erfassen. Eine größere Bedeutung dürften Mietspiegel für mehrere Gemeinden bekommen. So sind bei der vor allem wegen der Arbeitslosengeld II-Leistungen erfolgten Erstellung des Mietspiegels für die Region Hannover am Ende für jede der ca. 21 Gemeinden eigene Mietspiegel veröffentlicht worden. Zu beachten ist hierbei jedoch, dass der Begriff der ortsüblichen Vergleichsmiete immer gemeindebezogen ist und deshalb sowohl ein Mietspiegel für mehrere Gemeinden die ortsübliche Vergleichsmiete für jede Gemeinde und Mietspiegel für einen Teil der Gemeinde die ortsübliche Vergleichsmiete für die ganze Gemeinde[104] ausweisen muss. 26

[98] Zu einem solchen Fall: *Börstinghaus* NZM 1999, 113.
[99] BGBl I S. 2034.
[100] BT-Drs. 19/26918, 17.
[101] LG Marburg BeckRS 2014, 12908; AG Bayreuth WuM 1993, 454; AG Augsburg WuM 1990, 221.
[102] *Aigner/Oberhofer/Schmidt* WuM 1993, 10 (11).
[103] AG Recklinghausen WuM 1992, 443 für Mietspiegel der Stadt Datteln 1990.
[104] BGH VIII ZR 267/12, NZM 2013, 612; VIII ZR 354/12; NZM 2013, 610 = NJW 2013, 2963.

27 Die **Erstellung** eines Mietspiegels ist ein faktischer Vorgang. Der Mietspiegel stellt eine statistisch aufbereitete Sammlung von Vergleichsmieten dar. Deshalb ist es grds. nicht erforderlich, dass ein von der der nach Landesrecht zuständigen Behörde, idR der Gemeinde, erstellter einfacher Mietspiegel vom Kommunalparlament verabschiedet wird.[105] Ein **Ratsbeschluss** ist nicht Wirksamkeitsvoraussetzung für die Erstellung eines Mietspiegels.[106] Davon zu unterscheiden ist die Anerkennung eines Mietspiegels als qualifiziertem Mietspiegel iSd § 558d Abs. 1 BGB. Dies ist ein Rechtssetzungsakt, für den ein Ratsbeschluss erforderlich ist.[107]

28 Erstellt ist der Mietspiegel dann, wenn das mit der Erstellung des Mietspiegels beauftragte Gremium die Daten ermittelt hat und Einigkeit darüber erzielt hat, welche Mieten üblich sind und welche Gruppen als vergleichbare Wohnungen ausgewiesen werden sollen. Ferner muss Einigkeit über den Textteil des Mietspiegels bestehen. Dass die Erstellung ein rein **tatsächlicher Vorgang** ist, ergibt sich auch aus dem Vergleich mit der anderen Möglichkeit, wie ein Mietspiegel entstehen kann, nämlich der Anerkennung. Anders als die Erstellung ist die Anerkennung ein **rechtlicher Vorgang,** der in der Abgabe einer Willenserklärung besteht. Der Unterschied rechtfertigt sich dadurch, dass die Anerkennung zwingend die Erstellung eines Mietspiegels voraussetzt. Nur ein von anderen bereits erstellter Mietspiegel kann anerkannt werden. Da die Erstellung eines Mietspiegels bereits mit Wertungen verbunden ist, zB welche Art der Datenerhebung durchgeführt wird, welche statistische Methode der Datenauswertung angewandt wird, wie die übliche Miete ermittelt wird, welche Ausreißermieten[108] eliminiert werden, wie die Daten präsentiert werden, hat der Ersteller eines Mietspiegels bereits während dieser tatsächlichen Tätigkeit eine Einflussmöglichkeit auf die Werte. Deshalb bedarf es hier keiner späteren Willenserklärung mehr, da dieser Wille sich während des Erstellungsverfahrens dauernd manifestiert.

29 Wird der Mietspiegel von der der nach Landesrecht zuständigen Behörde, idR der Gemeinde, erstellt, dann reicht es aus, wenn der Mietspiegel, bestehend aus der Mietpreisübersicht und den textlichen Erläuterungen, von dem beauftragten Amt vorgelegt wird, ohne dass es sich ersichtlich um einen Entwurf handelt. Ist ein Arbeitskreis Mietspiegel von der der nach Landesrecht zuständigen Behörde, idR der Gemeinde, eingesetzt worden, dann ist der Mietspiegel erstellt, wenn in einer Sitzung dieses Arbeitskreises der Mietspiegel verabschiedet wurde, also mit Mehrheit der vorgelegte Entwurf akzeptiert wurde. Ein von beiden Interessenverbänden aufgestellter Mietspiegel ist erstellt im Sinne des Gesetzes, wenn über die Mietpreisübersicht und den Textteil Einigkeit erzielt wurde.[109] Dies gilt selbst dann, wenn der Mietspiegel unter Mitwirkung der der nach Landesrecht zuständigen Behörde, idR der Gemeinde, erstellt wurde,[110] da es sich letztendlich auch in diesem Fall um einen Mietspiegel der Interessenverbände handelt. Zu beachten ist dabei allenfalls, dass es sich bei den Interessenverbänden idR um juristische Personen (eingetragene Vereine oder deren Untergliederungen handelt) und diese auch bei der Mietspiegelerstellung durch vertretungsberechtigte Organe handeln müssen.[111]

### 2. Mietspiegel von Interessenverbänden

30 Das Gesetz unterscheidet dabei **zwei Alternativen.** Entweder wird der Mietspiegel von den Interessenvertretern der Vermieter und Mieter gemeinsam aufgestellt oder er wird von den Interessenvertretern der Vermieter oder Mieter allein aufgestellt und vom jeweils anderen Verband oder der der nach Landesrecht zuständigen Behörde, idR der Gemeinde, anerkannt. Dabei kann sich die Anerkennung auch nur auf einzelne Teile des Mietspiegels beziehen. Nicht möglich ist die Mietspiegelaufstellung durch nur einen Verband, zB den örtlichen Vermieterverein[112] Auch Übersichten von anderen (interessierten) Verbänden genügen nicht. Es müssen beide Interessenverbände damit einverstanden sein, also die Mietpreisübersicht zumindest teilweise anerkennen.[113] Kartell-

[105] LG Essen NJW-RR 1996, 1416; AG Gelsenkirchen-Buer NZM 1998, 509.
[106] Börstinghaus/Clar Mietspiegel/*Börstinghaus* Rn. 336; MüKoBGB/*Artz* § 558d Rn. 3.
[107] AG Dortmund WuM 2003, 35; *Rips* WuM 2002, 415 (418); AnwK WohnraumMietR/*Lammel* BGB § 558d Rn. 20; MüKoBGB/*Artz* § 558d Rn. 3; **aA** die Hinweise zur Aufstellung von Mietspiegeln, Stand 2002, abgedr. bei *Börstinghaus* Miethöhe-HdB S. 764.
[108] Nach § 12 Abs. 2 MsV „können" die Daten um Ausreißermieten bereinigt werden.
[109] LG Essen NJW-RR 1996, 1416; AG Gelsenkirchen-Buer NZM 1998, 509.
[110] *LG Essen NJW-RR 1996, 1416.*
[111] AG Dortmund WuM 2003, 35.
[112] LG Verden Nds. Rpfl. 1993, 363; AG Aachen WuM 1991, 277.
[113] AG Aachen WuM 1991, 277.

rechtliche Bedenken[114] gegen die Mitwirkung der Interessenverbände bei der Aufstellung von Mietspiegeln bestehen nicht.

Anerkannt ist ein von einem **Interessenverband oder von einem Dritten** erstellter Mietspiegel dann, wenn der andere Interessenverband oder bei Mietspiegeln, die von Dritten erstellt wurden, auch von beiden Interessenverbänden oder der der nach Landesrecht zuständigen Behörde, idR der Gemeinde, seine Zustimmung erteilt hat. Dies ist eine Willenserklärung, die von einem **vertretungsberechtigten Organ** abgegeben werden muss. Eine Form ist dafür nicht vorgeschrieben. 31

Es ist nicht die Zustimmung aller Interessenverbände auf jeder Seite erforderlich. Dies gilt auch dann, wenn auf einer Seite mehrere Verbände, ggf. unterschiedlicher Größe vorhanden sind. Es genügt die **Zustimmung je eines Interessenverbandes.**[115] Aus dem Wortlaut des § 558c Abs. 1 BGB ergibt sich weder, dass alle Interessenverbände oder eine irgendwie geartete Mehrheit einem Mietspiegel zustimmen muss. Auch nach Sinn und Zweck des § 558c Abs. 1 BGB ist nicht mindestens die Zustimmung der jeweils größten Gruppe der Interessenvertreter erforderlich. Da der Mietspiegel zum einen den Vermieter hindern soll, voreilige und willkürliche Erhöhungen geltend zu machen und zum anderen den Mieter in die Lage versetzen soll, die Mieterhöhung zu überprüfen, genügt es, wenn der Mietspiegel auf Grund eines Zusammenwirkens von Interessenverbänden zustande gekommen ist. Dies rechtfertigt allein die Annahme, dass er eine unverfälschte Übersicht, über die in der Gemeinde üblicherweise gezahlten Entgelte enthält. Lediglich in den Fällen, in denen begründeter Anlass zur Annahme besteht, dass ein Verband von der Gegenseite beeinflusst ist, können Zweifel an der Objektivität gerechtfertigt sein. Schließlich würde eine andere Auslegung einem Verband die Möglichkeit geben, entgegen der Absicht des Gesetzgebers, in möglichst vielen Gemeinden einen Mietspiegel zu haben, die Erstellung zu verhindern. 32

Der Begriff **„Interessenverband"** setzt dabei vom Wortlaut bereits voraus, dass es sich um den **Zusammenschluss von mindestens zwei Mitgliedern** handeln muss. Ein örtlicher Großvermieter, zB in den neuen Ländern, die städtische Wohnungsbaugenossenschaft, ist kein Interessenverband. Ein solcher Großvermieter kann zwar am Arbeitskreis Mietspiegel teilnehmen, er kann aber keinen Mietspiegel erstellen oder anerkennen. Der Interessenverband muss auf der anderen Seite auch nicht alle Vermieter oder Mieter vertreten. So ist durchaus denkbar und möglich, dass der Verband der freien Wohnungsunternehmen mit dem Mieterbund einen Mietspiegel erstellt. Entscheidend ist, dass durch die Struktur des Verbandes nicht nur **Singularinteressen eines Vermieters** vertreten werden, sondern die Interessen einer bestimmten Art von Vermietern. Es muss sich um den für die Gemeinde örtlich zuständigen Verband handeln. Ist der Verband nicht auf Ortsebene organisiert, dann kann auch der überörtliche Verband für die Gemeinde einen Mietspiegel erstellen. 33

### 3. Mietspiegelerstellung durch Dritte

Schließlich ist es grds. auch möglich, dass **Dritte Mietspiegel erstellen** (lassen).[116] Voraussetzung für eine Anerkennung als Begründungsmittel ist in diesem Fall aber, dass dieser durch Dritte erstellte Mietspiegel von den Interessenverbänden der Mieter und Vermieter oder der der nach Landesrecht zuständigen Behörde, idR der Gemeinde, **anerkannt** wird. So ist es in Zeiten leerer Kassen durchaus denkbar, dass ein großes Wohnungsunternehmen einen Mietspiegel erstellen lässt. Die Wohnungswirtschaft gehört zu den größten Nutznießern von Mietspiegeln. Sie kann für einen großen Bestand sehr einfach die Mieten erhöhen. Die Kosten für die Erstellung eines Mietspiegels sind pro Wohnung bei einem großen Wohnungsunternehmen im Vergleich mit einem Sachverständigengutachten äußerst gering. Die Begründung des Erhöhungsverlangens mittels dreier Vergleichswohnungen ist idR prozessträchtiger und ebenfalls mit einem Kostenrisiko verbunden. 34

---

[114] So *V. Emmerich* „Die Anforderungen zur Erstellung und zur Anerkennung von Mietspiegeln im Widerstreit der Meinungen" in Emmerich ua, Mietpreisermittlung, 1980, 46.
[115] OLG Hamm NJW-RR 1991, 209; LG Berlin WuM 2016, 670; AG Bitterfeld-Wolfen WuM 2013, 45.
[116] **AA** AnwK WohnraumMietR/*Lammel* BGB § 558c Rn. 13.

### III. Datenschutz und Auskunftspflicht

35 Die Aufstellung von Mietspiegel kann **datenschutzrechtliche Gesichtspunkte** berühren.[117] Das ist immer dann der Fall, wenn der Mietspiegelstellung eine Datenerhebung zu Grunde liegt. Immer dann, wenn kommunale Stellen zum Zwecke der Statistik Datenerhebungen durchführen oder veranlassen, müssen die Vorschriften der Datenschutzgesetze und vor allem der Landesstatistikgesetze eingehalten werden. Die Datenerhebung und deren Analyse in einem Mietspiegel stellt grds. eine kommunale Statistik dar.[118] Die **Landesstatistikgesetze** verlangen idR, dass Kommunalstatistiken nur auf Grund einer gesetzlichen Grundlage, also idR einer Satzung, erstellt werden dürfen. Diese Satzung muss dann die Erhebungsmerkmale, die Hilfsmerkmale,[119] die Art und Weise der Erhebung, den Berichtszeitpunkt (= Mietspiegelstichtag) und den Kreis der zu Befragenden (Mieter und/oder Vermieter enthalten). Ferner ist in einer solchen Satzung zu bestimmen, ob die Erhebung mit oder ohne Auskunftspflicht erfolgen soll. Die Landesstatistikgesetze der Länder beinhalten hierzu unterschiedliche Regelungen.[120] Vielfach müssen eigene **Statistikstellen** eingerichtet werden, die räumlich und organisatorisch von den anderen Verwaltungsstellen zu trennen sind. Beim **Statistikrecht** handelt es sich um **besonderes Datenschutzrecht,** das den allgemeinen datenschutzrechtlichen Regelungen vorgeht.[121] Ein Anspruch auf Herausgabe der Daten besteht nicht nach dem Informationsfreiheitsrecht und iÜ dann nicht, wenn die Daten nicht mehr vorhanden sind.[122]

36 Der Gesetzgeber hat im Mietspiegelreformgesetz[123] in Art. 238 § 1–4 EGBGB ausdrücklich Regelungen zur Datenverarbeitung und Auskunftspflichten für qualifizierte Mietspiegel aufgenommen:

#### § 1 Erhebung und Übermittlung von Daten

**(1) Zur Erstellung eines qualifizierten Mietspiegels dürfen die nach Landesrecht zuständigen Behörden bezogen auf das Gebiet, für das der Mietspiegel erstellt werden soll, die bei der Verwaltung der Grundsteuer bekannt gewordenen Namen und Anschriften der Grundstückseigentümer von den für die Verwaltung der Grundsteuer zuständigen Behörden erheben und in sonstiger Weise verarbeiten.**

**(2) Zur Erstellung eines qualifizierten Mietspiegels übermittelt die Meldebehörde der nach Landesrecht zuständigen Behörde bezogen auf das Gebiet, für das der Mietspiegel erstellt werden soll, auf Ersuchen die nachfolgenden Daten aller volljährigen Personen:**

**1. Familienname,**

**2. Vornamen unter Kennzeichnung des gebräuchlichen Vornamens,**

**3. derzeitige Anschriften im Zuständigkeitsbereich der Meldebehörde,**

**4. Einzugsdaten sowie**

**5. Namen und Anschriften der Wohnungsgeber.**

**Das Ersuchen kann nur alle zwei Jahre gestellt werden. Die nach Landesrecht zuständigen Behörden dürfen die in Satz 1 genannten Daten in dem zur Erstellung eines qualifizierten Mietspiegels erforderlichen Umfang erheben und in sonstiger Weise verarbeiten.**

**(3) Die in den Absätzen 1 und 2 Satz 1 genannten Daten dürfen auch von Stellen verarbeitet werden, die von der nach Landesrecht zuständigen Behörde damit beauftragt wurden, wenn die Datenverarbeitung auf der Grundlage einer Vereinbarung nach Artikel 28 Absatz 3 der Verordnung (EU) 2016/679 des Europäischen Parlaments und des Rates vom 27. April 2016 zum Schutz natürlicher Personen bei der Verarbeitung personenbezogener Daten, zum freien Datenverkehr und zur Aufhebung der Richtlinie 95/46/EG (Datenschutz-Grundverordnung) (ABl. L 119 vom 4.5.2016, S. 1; L 314 vom 22.11.2016, S. 72; L 127 vom 23.5.2018, S. 2) erfolgt.**

---

[117] Zu den Auswirkungen der Einführung der Datenschutz-Grundverordnung auf Mietverhältnisse: *Eisenschmid* NZM 2019, 313; *Eisenschmid* FS Börstinghaus, 2020, 63; *Eisenschmid* PiG 109 (2019), 147; *Storm* DWW 2018, 204; *Will* WuM 2017, 502.

[118] VG München ZD 2019, 47, teilweise abgeändert durch BayVGH NZM 2019, 862 = NJW 2020, 85.

[119] Hilfsmerkmale sind Angaben, die der technischen Durchführung der Statistik dienen.

[120] *Börstinghaus/Clar Mietspiegel/Börstinghaus* Rn. 398ff., 699.

[121] VG München ZD 2019, 47, teilweise abgeändert durch BayVGH NZM 2019, 862 = NJW 2020, 85.

[122] VG München ZD 2019, 47, teilweise abgeändert durch BayVGH NZM 2019, 862 = NJW 2020, 85.

[123] BGBl. I 3515.

**(4) Die nach Landesrecht zuständige Behörde und die in Absatz 3 bezeichneten Stellen haben die nach den Absätzen 1 und 2 erhobenen Daten unverzüglich zu löschen, sobald sie für die Erstellung des qualifizierten Mietspiegels nicht mehr erforderlich sind, es sei denn, sie werden für eine Anpassung mittels Stichprobe nach § 558d Absatz 2 Satz 2 des Bürgerlichen Gesetzbuchs benötigt. Die nach den Absätzen 1 und 2 erhobenen Daten sind spätestens drei Jahre nach ihrer Erhebung zu löschen.**

**(5) Zur Erstellung eines qualifizierten Mietspiegels dürfen die Statistikstellen der Gemeinden und der Gemeindeverbände, sofern sie das Statistikgeheimnis gewährleisten, von den statistischen Ämtern des Bundes und der Länder folgende Daten aus der Gebäude- und Wohnungszählung des Zensus, bezogen auf das Gebiet, für das der Mietspiegel erstellt werden soll, erheben und in sonstiger Weise verarbeiten:**

**1. Erhebungsmerkmale für Gebäude mit Wohnraum und bewohnte Unterkünfte:**
   **a) Gemeinde, Postleitzahl und amtlicher Gemeindeschlüssel,**
   **b) Art des Gebäudes,**
   **c) Eigentumsverhältnisse,**
   **d) Gebäudetyp,**
   **e) Baujahr,**
   **f) Heizungsart und Energieträger,**
   **g) Zahl der Wohnungen,**

**2. Erhebungsmerkmale für Wohnungen:**
   **a) Art der Nutzung,**
   **b) Leerstandsdauer,**
   **c) Fläche der Wohnung,**
   **d) Zahl der Räume,**
   **e) Nettokaltmiete.**

**3. Hilfsmerkmale:**
   **Straße und Hausnummer der Wohnung.**

**Die Statistikstellen der Gemeinden und Gemeindeverbände haben die nach Satz 1 Nummer 3 erhobenen Hilfsmerkmale zum frühestmöglichen Zeitpunkt, spätestens jedoch zwei Jahre nach Erhebung, zu löschen.**

## § 2 Auskunftspflichten

**(1) Zur Erstellung eines qualifizierten Mietspiegels und zu seiner Anpassung mittels Stichprobe sind Eigentümer und Mieter von Wohnraum verpflichtet, der nach Landesrecht zuständigen Behörde auf Verlangen Auskunft zu erteilen darüber, ob der Wohnraum vermietet ist, sowie über die Anschrift der Wohnung.**

**(2) Zur Erstellung eines qualifizierten Mietspiegels und zu seiner Anpassung mittels Stichprobe sind Vermieter und Mieter von Wohnraum verpflichtet, der nach Landesrecht zuständigen Behörde auf Verlangen Auskunft über folgende Merkmale zu erteilen:**

**1. Erhebungsmerkmale:**
   **a) Beginn des Mietverhältnisses,**
   **b) Zeitpunkt und Art der letzten Mieterhöhung mit Ausnahme von Erhöhungen nach § 560 des Bürgerlichen Gesetzbuchs,**
   **c) Festlegungen der Miethöhe durch Gesetz oder im Zusammenhang mit einer Förderzusage,**
   **d) Art der Miete und Miethöhe,**
   **e) Art, Größe, Ausstattung, Beschaffenheit und Lage des vermieteten Wohnraums einschließlich seiner energetischen Ausstattung und Beschaffenheit (§ 558 Absatz 2 Satz 1 des Bürgerlichen Gesetzbuchs),**
   **f) Vorliegen besonderer Umstände, die zu einer Ermäßigung der Miethöhe geführt haben, insbesondere Verwandtschaft zwischen Vermieter und Mieter, ein zwischen Vermieter und Mieter bestehendes Beschäftigungsverhältnis oder die Übernahme besonderer Pflichten durch den Mieter,**

**2. Hilfsmerkmale:**
   **a) Anschrift der Wohnung,**
   **b) Namen und Anschriften der Mieter und Vermieter.**

**(3) Die Auskunftspflichten nach den Absätzen 1 und 2 bestehen auch gegenüber Stellen, die von der nach Landesrecht zuständigen Behörde mit der Erstellung oder Anpassung eines qualifizierten Mietspiegels nach § 1 Absatz 3 beauftragt wurden.**

**§ 3 Datenverarbeitung**

**(1) Die nach Landesrecht zuständige Behörde darf die in § 2 Absatz 1 und 2 genannten Merkmale in dem zur Erstellung oder Anpassung eines qualifizierten Mietspiegels erforderlichen Umfang erheben und in sonstiger Weise verarbeiten. Doppelerhebungen sind nur dann zulässig, wenn begründete Zweifel an der Richtigkeit einer Erhebung bestehen oder wenn dies zur stichprobenartigen Prüfung der Qualität der Erhebung erforderlich ist.**

**(2) Die nach Landesrecht zuständige Behörde hat die Hilfsmerkmale des § 2 Absatz 2 Nummer 2 von den weiteren erhobenen Merkmalen zum frühestmöglichen Zeitpunkt zu trennen und gesondert zu verarbeiten. Die Hilfsmerkmale sind zu löschen, sobald die Überprüfung der Erhebungs- und Hilfsmerkmale auf ihre Schlüssigkeit und Vollständigkeit abgeschlossen ist und sie auch für eine Anpassung des Mietspiegels nach § 558d Absatz 2 Satz 2 des Bürgerlichen Gesetzbuchs nicht mehr benötigt werden.**

**(3) Die Absätze 1 und 2 gelten entsprechend für Stellen, die von der nach Landesrecht zuständigen Behörde mit der Erstellung oder Anpassung eines qualifizierten Mietspiegels nach § 1 Absatz 3 beauftragt worden sind.**

**(4) Die nach Landesrecht zuständige Behörde darf die nach Absatz 1 erhobenen Daten zu wissenschaftlichen Forschungszwecken in anonymisierter Form an Hochschulen, an andere Einrichtungen, die wissenschaftliche Forschung betreiben, und an öffentliche Stellen übermitteln. Sie ist befugt, die Daten zu diesem Zweck zu anonymisieren.**

**§ 4 Bußgeldvorschriften**

**(1) Ordnungswidrig handelt, wer vorsätzlich oder fahrlässig entgegen § 2 Absatz 1 oder 2, jeweils auch in Verbindung mit Absatz 3, eine Auskunft nicht, nicht rechtzeitig, nicht richtig oder nicht vollständig erteilt.**

**(2) Die Ordnungswidrigkeit kann mit einer Geldbuße bis zu fünftausend Euro geahndet werden.**

37 Um die für die Erstellung eines qualifizierten Mietspiegels **notwendige repräsentative Stichprobe** ziehen zu können, muss zunächst die Gesamtheit der für den Mietspiegel relevanten Wohnungen (Grundgesamtheit) ermittelt werden. Es ist deshalb hilfreich, wenn der Mietspiegelersteller Kenntnis von solchen Datensätzen erhält, die ursprünglich für andere Zwecke erhoben wurden, aus denen er aber die erforderlichen Informationen über die Grundgesamtheit ermitteln kann. Da für die Übermittlung und den Abruf personenbezogener Daten, die zu einem anderen Zweck erhoben wurden, eine ausdrücklichen Rechtsgrundlage erforderlich ist[124], hat der Gesetzgeber diese in Art. 238 § 1 EGBGB passend zu den Regelungen in der AO oder des Zensusgesetzes 2021 geschaffen. Für die Durchführung der Erhebung und der Übermittlung sowie für die weitere Verarbeitung dieser Daten ist die DSGVO zu beachten. Zu beachten sind insbes. die Grundsätze der Datenminimierung und der Speicherbegrenzung gem. Art. 5 Abs. 1 lit. c, e DSGVO. Darauf nimmt Art. 238 § 1 Abs. 2 S. 2 EGBGB Rücksicht fordert deshalb eine Datenminimierung und Art. 238 § 1 Abs. 3 EGBGB bestimmt die Verarbeitungsrechte. Art. 238 § 1 Abs. 4 EGBGB konkretisiert die Pflicht zur Löschung.

38 Art. 238 § 1 Abs. 1 EGBGB enthält die Erhebungsbefugnis für die in der AO vorgesehene Übermittlung der Namen und Anschriften von Grundstückseigentümern. Die für die Verwaltung der Grundsteuer zuständigen Behörden dürfen nach ihrem Ermessen gem. § 31 Abs. 3 AO die dabei bekannt gewordenen Namen und Anschriften von Grundstückseigentümern zur Erfüllung sonstiger öffentlicher Aufgaben anderen Behörden mitteilen. Von einer Übermittlung der Daten zB abgesehen werden, wenn dies technisch nicht möglich oder mit unverhältnismäßig großem Aufwand verbunden ist.[125] In Art. 238 § 1 Abs. 2 EGBGB ist die Verpflichtung für die Meldebehörden geregelt, bestimmte Daten an den Mietspiegelersteller zu übermitteln, die zur Vorbereitung und der Durchführung der Stichprobenerhebung erforderlich. Dabei geht es nicht nur um die konkreten Bewohner, sondern auch um solche Daten, die ggf. von vornherein deutlichen machen, dass die Wohnung von einem Eigennutzer bewohnt wird und deshalb dort keine mietspiegelrelevanten

[124] BVerfGE 130, 151 = NJW 2012, 1419.
[125] BT-Drs. 19/26918, 22.

Daten anfallen. In Art. 238 Abs. 5 EGBGB sind dann die nach den Statistikgesetzes geforderten Erhebungs- und Hilfsmerkmale iE aufgeführt.

In Art. 238 § 2 EGBGB hat der Gesetzgeber jetzt erstmals eine **Auskunftspflicht** im Zusammenhang mit der Erstellung und Fortschreibung qualifizierter Mietspiegel eingeführt. In Art. 238 § 2 Abs. 1 EGBGB befindet sich eine allgemeine Auskunftspflicht, in der es zunächst darum geht festzustellen, ob und wo mietspiegelrelevante Wohnungen vorhanden sind. In Art. 238 § 2 Abs. 2 EGBGB sind dann die Erhebungs- und Hilfsmerkmale iE aufgeführt, über die die Auskunft zu erteilen ist. Dabei können insbes. zu Art. 238 § 2 Abs. 2 Nr. 1 e Ausstattungslisten und -alternativen vorgegeben werden. Das passiert heute schon. 39

Problematisch ist dabei die Auskunftspflicht gem. Art. 238 § 2 Abs. 2 Nr. 1 f EGBGB. Danach müssen Vermieter und Mieter über das Vorliegen besonderer Umstände, die zu einer Ermäßigung der Miethöhe geführt haben, insbes. Verwandtschaft zwischen Vermieter und Mieter, ein zwischen Vermieter und Mieter bestehendes Beschäftigungsverhältnis oder die Übernahme besonderer Pflichten durch den Mieter Auskunft erteilen. **Fehler** sind gem. Art. 238 § 4 EGBGB sogar bußgeldbewehrt. Die Auskunft soll es nach den Vorstellungen des Gesetzgebers[126] ermöglichen, hohe Abweichungen hinsichtlich der Miethöhe festzustellen, um so eine Miete ggf. als Ausreißermiete zu identifizieren, die dann bei der Mietspiegelerstellung nicht weiter berücksichtigt wird. Zur Feststellungen „hoher Abweichungen" bedarf es der Informationen sicher nicht, da sich diese Abweichungen mathematisch leicht errechnet lassen. Es kann nur um die Gründe der Abweichung gehen. Soll nach den Vorstellungen des Gesetzgebers jeder der aufgeführten Umstände gleichzeitig eine hohe Abweichung indizieren, oder soll bei jeder hohen Abweichung die Miete nur dann eliminiert werden, wenn bei der Auskunft auf solche Umstände hingewiesen wurde? Wo soll das zu offenbarende Verwandtschaftsverhältnis aufhören? Nach dem Wortlaut der Norm sollen nur Beschäftigungsverhältnisse zwischen Vermieter und Mieter aufgedeckt werden. Beschäftigungsverhältnisse mit Tochterunternehmen oder Verwandte des Vermieters sollen keine Rolle spielen. Die Auskunftspflicht ist insofern ungeeignet ihren Zweck zu erfüllen. 40

Art. 238 § 3 EGBGB regelt unter Berücksichtigung datenschutzrechtlicher Vorgaben die Fragen der Datenverarbeitung zur Erstellung eines qualifizierten Mietspiegels und zu seiner Anpassung. In Art. 238 § 4 EGBGB befindet sich die Ordnungswidrigkeitenvorschrift. Vorsätzlich oder fahrlässige Verstöße können mit einer Geldbuße bis zu 5000 EUR geahndet werden. 41

### IV. Die Veröffentlichung des Mietspiegels

Die **Veröffentlichung eines Mietspiegels** ist seit 1.7.2022 zwingend vorgeschrieben. Insofern hat sich die Rechtslage durch das Mietspiegelreformgesetz geändert, da es vorher nur eine Sollvorschrift gab. § 558c Abs. 4 S. 2 BGB legt fest, dass sowohl einfache als auch qualifizierte Mietspiegel veröffentlicht werden müssen. Das entsprach schon bisher der gängigen Praxis, weil der Mietspiegel ohne Veröffentlichung seine Funktion nicht erfüllen kann. An die Veröffentlichung werden weiterhin keine besonderen Voraussetzungen geknüpft, insbes. ist kein rechtsförmliches Veröffentlichungsverfahren wie bei Rechtsnormen erforderlich.[127] Diese Veröffentlichungspflicht beinhaltet **keine Wirksamkeitsvoraussetzung** für einen einfachen oder qualifizierten Mietspiegel. Sie ist nur eine Voraussetzung für die **Befriedungsfunktion** von Mietspiegeln. Ein Mietspiegel braucht, um seiner Befriedungsfunktion gerecht zu werden, Akzeptanz. Akzeptiert werden aber keine unbekannten Geheimdaten. Der Mietspiegel lebt davon, dass die Mehrheit der Marktteilnehmer sich auf ihn beruft bzw. auf Grund seiner Werte die Zustimmung erteilt. Deshalb ist § 558c Abs. 4 S. 2 BGB keine Voraussetzung für die Wirksamkeit, sondern eine gesetzgeberische Vorgabe, um den Erfolg eines Mietspiegels zu sichern. Das bedeutet, dass ein Mietspiegel nicht erst für den Zeitraum nach der Veröffentlichung anwendbar wird. Auch für Zeiträume vor der Veröffentlichung kann der Mietspiegel als Erkenntnisquelle verwendet werden. Relevant wird diese Frage, wenn der im Mietspiegel bestimmte Stichtag, zu dem die ortsübliche Vergleichsmiete ermittelt wurde, vor dem Zugang eines Mieterhöhungsverlangens liegt, der Mietspiegel selbst aber erst später veröffentlicht wird.[128] 42

---

[126] BT-Drs. 19/26918, 24f.

[127] BT-Drs. 19/26918, 18; *Müglich/Börstinghaus* NZM 1998, 353.

[128] BT-Drs. 19/26918, 18; LG Aachen GE 2017, 177; LG Berlin WuM 2018, 209; GE 2016, 1152; 2015, 126; 2010, 61; 2008, 1057; 2008, 334; 2006, 391; 2005, 1433; 2004, 483; 2003, 1022; AG Charlottenburg GE

43 Der einfache Mietspiegel ist gem. § 5 S. 1 MsV[129] inkl. der Dokumentation kostenfrei im Internet zu veröffentlichen. Nur für eine zusätzliche Ausgabe in gedruckter Form kann ein Entgelt verlangt werden. Zwingend ist also die kostenlose Zugänglichmachung im Internet. Das muss nur eine Leseversion sein. Schon der Ausdruck des Dokuments kann kostenpflichtig sein. Dabei darf aber nicht vergessen werden, dass der Mietspiegel nicht nur aus der Mietwerttabelle besteht, sondern auch aus den textlichen Erläuterungen, die ebenfalls veröffentlicht werden müssen.

44 Erstmals ist jetzt in § 4 MsV[130] eine **Dokumentation der Mietspiegelerstellung** auch für einfache Mietspiegel vorgeschrieben. Danach sind bei einem einfachen Mietspiegel zumindest in Grundzügen die Erstellung und Anpassung eines einfachen Mietspiegels und die dafür verwendeten tatsächlichen Grundlagen entweder im Mietspiegel oder in einer gesonderten Dokumentation anzuzeigen und zu erläutern. Nach § 5 MsV muss ein einfacher Mietspiegel und seine Dokumentation kostenfrei im Internet veröffentlicht werden.

45 Der Mietspiegel kann **Urheberschutz** genießen.[131] Voraussetzung hierfür ist zunächst, dass der Mietspiegel ein urheberrechtlich geschütztes Werk ist. Dafür ist erforderlich, dass der Mietspiegel eine individuelle geistige Schöpfung darstellt.[132] Dafür kommt es sowohl auf die von der Gedankenformung und -führung geprägten sprachlichen Gestaltung wie auch die Art der Sammlung, Auswahl, Einteilung und Anordnung des dargebotenen Stoffs an. An die Individualität von Tabellen und Zeichnungen als Darstellungen sind dabei keine hohen Anforderungen zu stellen. Es reicht aus, dass eine individuelle Geistestätigkeit in dem dargestellten Gedanken zum Ausdruck kommt. Allein die Tatsache, dass wesentliche Teile eines Mietspiegels wegen der gesetzlichen Funktion vorgegeben sind und die „Hinweise zur Erstellung von Mietspiegeln" weitere Vorgaben machen, steht der Einordnung als eigene geistige Schöpfung nicht entgegen. Hierbei kommt es aber durchaus auf die Umstände des Einzelfalls an. Nicht alle Mietspiegel werden diese **„Werkqualität"** erreichen.

46 Es handele sich zwar um ein **„amtliches Werk"** iSd § 5 UrhG, dies ist jedoch nicht „gemeinfrei" iSd Vorschrift.[133] Bei einem Mietspiegel einer nach Landesrecht zuständigen Behörde handelt sich zwar um amtliches Werk, dieses ist jedoch nicht gemeinfrei. Für die Beurteilung als amtliches Werk kommt es auf die rechtliche Einordnung eines qualifizierten Mietspiegels und die Frage, ob es einen öffentlich-rechtlichen Rechtsschutz gegen Mietspiegel gibt, nicht an. Gemeinfrei sind gem. § 5 Abs. 1 UrhG nur Gesetze, Verordnungen, amtliche Erlasse oder andere amtliche Bekanntmachungen. Unter letztere fallen alle Rechtsnormen und regelnde Äußerungen einer Stelle, die mit der Erfüllung öffentlicher, hoheitlicher Aufgaben betraut ist. Ein Mietspiegel ist weder ein Gesetz noch eine Verordnung. Er ist auch kein amtlicher Erlass und keine amtliche Bekanntmachung. Letzter ist nur dann gemeinfrei, wenn sie ebenso wie die sonst in der Vorschrift aufgezählten Werke eine normative oder einzelfallbezogene rechtliche Regelung enthält. Rein informatorische Äußerungen eines Amtes fallen nicht darunter. Eine Gemeinfreiheit scheidet aus, weil es sich bei einem Mietspiegel nicht um eine Rechtsnorm oder regelnde Äußerung der nach Landesrecht zuständigen Behörde handelt. Gemeinfreiheit gem. § 5 Abs. 2 UrhG kommt mangels eines spezifischen Verbreitungs- oder Veröffentlichungsinteresses nicht in Betracht. Allein die Tatsache, dass ein qualifizierter Mietspiegel gem. § 558 a Abs. 2 BGB zwingend dem Mieterhöhungsverlangen beizufügen ist, wenn er nicht kostenlos erhältlich ist, führt nicht zu einem Regelungscharakter des Mietspiegels. Die Rechtsfolge resultiert nicht aus dem Mietspiegel, sondern aus dem Gesetz. Das Gleiche gilt für die Vermutungswirkung gem. § 558 d Abs. 3 BGB. Diese dient nur der Verfahrensvereinfachung und hat keine regelnde Funktion.

---

2019, 1640; GE 2016, 331; 2004, 52; AG Esslingen WuM 2015, 161 (163); AG Gelsenkirchen ZMR 2009, 129; AG Gelsenkirchen-Buer NZM 1998, 509; AG Dortmund NJW-RR 1995, 971; WuM 2003, 35; AG Frankfurt DWW 1993, 44.

[129] Abgedr. im Anhang nach §§ 558c–558 d BGB.

[130] Abgedr. im Anhang nach §§ 558c–558 d BGB.

[131] LG Stuttgart BeckRS 2010, 18900; rkr., da Berufung zurückgewiesen, OLG Stuttgart GRUR-RR 2010, 369; und NZB zurückgewiesen BGH 7.7.2011 – I ZR 149/10, nv; *Müglich/Börstinghaus* NZM 1998, 353; Börstinghaus/Clar Mietspiegel/*Börstinghaus* Rn. 440; *Emmert* DMT-Bilanz 2011, 668; **aA** Staudinger/*V. Emmerich* BGB § 558 a Rn. 40 „Annahme liegt fern" und „Streit darf nicht auf dem Rücken der Mieter ausgetragen werden".

[132] *Börstinghaus/Müglich* NZM 1998, 353.

[133] Zu der gleichen Problematik bei Bodenrichtwert-Sammlungen BGH I ZR 185/03, GRUR 2007, 137; gegen Urheberschutz für Mietspiegel deshalb *Kniep/Gratzel* WuM 2008, 645 (646).

## D. Der einfache Mietspiegel

### I. Die Datenerhebung

Auch ein einfacher Mietspiegel iSd § 558c BGB ist eine Übersicht über die ortsübliche Vergleichsmiete in der Gemeinde. Deshalb muss er entsprechende Werte enthalten. Dabei ist die **Datenqualität von einfachen Mietspiegeln äußerst unterschiedlich.** § 3 MsV bestimmt ausdrücklich, dass die Erstellung und Anpassung eines einfachen Mietspiegels vorbehaltlich der Dokumentations- und Veröffentlichungspflicht an kein Verfahren gebunden sind. Das gilt sowohl für die Datenerhebung als auch für die Datenauswertung. Soweit ein Mietspiegel ursprünglich als qualifizierter Mietspiegel erstellt werden sollte, aber eine der in den §§ 7–21 MsV aufgestellten Anforderungen nicht erfüllt, handelt es sich gem. § 6 Abs. 2 S. 2 MsV um einen einfachen Mietspiegel. **47**

#### 1. Primärdatenerhebung

Die beste Qualität hat ein Mietspiegel, der auf Daten beruht, die **ausschließlich zum Zweck der Mietspiegelerstellung erhoben** wurden. In der Regel wird dies aber nur bei qualifizierten Mietspiegeln der Fall sein. Aber denkbar ist sie auch bei einfachen Mietspiegeln, zB weil die Anerkennung nicht vom zuständigen Organ erfolgte oder die Fristen für die Fortschreibung oder Neuaufstellung verstrichen sind. Auch Verstöße gegen andere wissenschaftliche Grundsätze der Mietspiegelerstellung können dazu führen, dass ein solcher Mietspiegel nicht als qualifiziert gilt. **48**

Möglich sind auch eine Primärdatenerhebungen, die nicht die **hohen Anforderungen der Repräsentativität** erfüllen.[134] Hierzu zählt zB die Befragung der Mitglieder eines oder mehrerer Interessenverbände. Die Mitgliedsstruktur dieser Verbände unterscheidet sich von der Struktur aller Mieterhaushalte bzw. aller Vermieter. Während zB bei Haus und Grund idR eher Klein- und Privatvermieter Mitglieder sind, wird der Wohnungsmarkt stark von Wohnungsbauunternehmen und gewerblichen Vermietern bestimmt. Mitglieder bei Mietvereinen sind überproportional Mieter, die in irgendeiner Form eine Konfliktsituation im Mietverhältnis zu bewältigen hatten. **49**

#### 2. Sekundärdaten

Teilweise werden bei der Mietspiegelerstellung auch Sekundärdaten, also solche **Daten, die zu anderen Zwecken** als den der Mietspiegelerstellung **erhoben wurden,** verwertet. Dies Verfahren ist grds. zweifelhaft, da hier keine Repräsentativität[135] des Stichprobenergebnisses mehr vorliegt. Aber auch nach Erlass der Mietspiegelverordnung ist die Verwendung von Sekundärdaten für die Erstellung und Anpassung einfacher Mietspiegel zulässig.[136] Herangezogen werden hier zB: **50**

**a) Wohngeldstatistiken.** Diese Daten sind äußerst zweifelhaft, da in den Wohngeldstatistiken wegen der gesetzlichen Beschränkungen im Wohngeldgesetz bestimmte Wohnungen nicht oder nur eingeschränkt vorkommen. Wohngeldempfänger spiegeln nicht das gesamte Spektrum der Mieter wider. **51**

**b) Gebäude und Wohnungszählung.** Im Jahre 2011 hat eine Gebäude- und Wohnungszählung stattgefunden. Die Daten wurden inzwischen veröffentlicht.[137] Auch hier ist zu beachten, dass die Daten nur sehr eingeschränkt für den Zweck tauglich sind, da sie häufig nicht aktuell sind und zum anderen auch nicht repräsentativ. Es werden nur sehr eingeschränkt Differenzierungen nach den Wohnwertfaktoren des § 558 Abs. 2 BGB vorgenommen. **52**

**c) Daten von Finanzämtern.** Auch diese Daten sind idR zu niedrig und entsprechen nicht den Anforderungen der ortsüblichen Vergleichsmiete. **53**

**d) Daten des Gutachterausschusses.** Gemäß § 193 BauGB erstattet der Gutachterausschuss Gutachten über den Verkehrswert von bebauten und unbebauten Grundstücken sowie Rechten an Grundstücken. Dazu führen die Gutachterausschüsse eine Kaufpreissammlung, wertet sie aus und ermittelt Bodenrichtwerte und sonstige zur Wertermittlung erforderliche Daten. Seit Mitte 2010 **54**

---

134 *Schlittgen/Uhlig* WuM 1997, 314; Bedenken gegen die übliche Forderung nach Repräsentativität der Daten äußern *Ulbricht* DS 2012, 197; *Stelter/Finger* DS 2013, 95; demgegenüber strenger *Cischinsky/Malottki/Rodenfels* WuM 2014, 239.

135 *Schlittgen/Uhlig* WuM 1997, 314.

136 So ausdrücklich BT-Drs. 19/26918, 21.

137 www.zensus2011.de.

erfolgt die Berechnung nach der „Verordnung über die Grundsätze für die Ermittlung der Verkehrswerte von Grundstücken – Immobilienwertermittlungsverordnung (ImmoWertV)"[138] Bis zu deren Inkrafttreten wurden bei der Ermittlung des Ertragswerts nach der WertV 88 die nachhaltig zu erzielenden Mieten ermittelt und bei der Berechnung in Ansatz gebracht. Seither kommt es gem. § 17 Abs. 1 ImmoWertV auf die marktüblichen erzielbaren Erträge an. Der Verordnungsgeber wollte mit der Formulierung, dass die marktüblichen anstelle der nachhaltigen Erträge nunmehr maßgeblich sein sollen, deutlicher ausdrücken, dass Ausgangspunkt im Ertragswertverfahren die nach den Marktverhältnissen am Wertermittlungsstichtag für die jeweilige Grundstücksart durchschnittlich erzielbaren Erträge sind. Es kommt jetzt also weniger auf die Nachhaltigkeit und dafür mehr auf die Marktüblichkeit an. Das spricht eher für die Marktmiete statt für die ortsübliche Vergleichsmiete.

55 **e) Daten aus Mietdatenbanken.** In der Regel handelt es sich um verbandsinterne Daten eines Interessenverbandes. Hier fehlt es häufig an der Repräsentativität. So sind allenfalls 10% aller Mieter Mitglied in einem Mieterverein. Diese Mitgliedschaft hat dann auch häufig etwas damit zu tun, dass die Miete zu hoch ist oder weil es sonst Probleme im Mietverhältnis gibt.

### 3. Ausgehandelte Mietspiegel

56 Unter dem Begriff der ausgehandelten Mietspiegel lässt sich ein **breites Spektrum von Mietspiegeln** subsumieren.[139] Zum Teil werden hierfür auch die Begriffe „manipulierte Mietspiegel" oder „verhandelte Mietspiegel"[140] gebraucht. Die Hinweise zur Erstellung von Mietspiegeln 1997 haben den Begriff der *„einvernehmlich festgestellten Mietspiegel"* geschaffen. Die Datengrundlage dieser einvernehmlich festgestellten Mietspiegel ist äußerst unterschiedlich. Teilweise werden die Mietspiegel **auf Grund vorhandener Daten** erstellt. Teilweise beruhen diese Mietspiegel auf einer empirischen Datenerhebung und einer wissenschaftlichen Auswertung derselben, auf Grund derer die Verfahrensbeteiligten dann eine Einigung in Streitfragen erzielt haben. In Extremfällen wurden solche Mietspiegel **auch ohne Datenmaterial** auf Grund der Kenntnisse der Verbandsvertreter ähnlich einem Tarifvertrag ausgehandelt. In juristischen Kategorien gedacht handelt es sich um einen „Mietspiegelvertrag[141]", aber nicht um eine Übersicht über tatsächlich gezahlte Entgelte. Häufig beruht die Datengrundlage dieser Mietspiegel vor allem auf der Erfahrung der ihn aushandelnden Funktionäre. Schließlich sind in manchen Kommunen die Mietspiegel auch zum Gegenstand politischer Verhandlungen geworden. Es soll mit dem Mietspiegel „Mietspiegelpolitik" gemacht werden.[142]

57 Auch mit einem **ausgehandelten Mietspiegel** kann ein Mieterhöhungsverlangen wirksam begründet werden. Der BGH[143] hat einem solchen ausgehandelten Mietspiegel in einem Prozess sogar eine Indizwirkung[144] beigemessen, da eine starke Vermutung dafür spreche, dass keiner der beteiligten Verbände sich habe über den Tisch ziehen lassen, so dass von ausgeglichen Werten auszugehen sei. Das erscheint auch im Hinblick auf die inzwischen strengeren Vorgaben des BGH[145], wie die ortsübliche Vergleichsmiete zu ermittelt ist, fraglich. Für die Frage, ob ein ausgehandelter Mietspiegel ein wirksames Begründungsmittel ist, gibt der Wortlaut des § 558a Abs. 2 Nr. 1 BGB nichts her. Die Formulierung „Übersicht" spricht dabei jedoch eher dafür, dass tatsächlich vorhandene Gegebenheiten widergespiegelt werden sollen. Ein Vertrag oder ein Aushandeln würde dem widersprechen. Auf der anderen Seite sagt dies alles nur etwas über das Zustandekommen eines Mietspiegels aus, aber nichts über seine materielle Richtigkeit, also das Ergebnis des Erstellungsprozesses. Möglich ist, dass ein ausgehandelter Mietspiegel genau die richtigen Werte ausweist, es ist

---

[138] BGBl. 2010 I 639; *Zimmermann* NZM 2012, 599; *Vogel* GE 2012, 1479; *Stemmler* ZfBR 2010, 637.

[139] *Sydow* wi 1996, 263; AG Frankfurt DWW 1991, 54.

[140] So die Terminologie von GEWOS zB in BBU, Leitfaden zum Vergleichsmietensystem, S. 20; Arbeitshilfe zur Erstellung von Mietspiegeln in Sachsen, Nr. 3. 1.

[141] *Kofner* Zeitschrift für Wohnungspolitik 1996, 397 (401) Fn. 7 spricht von einer „Art Tarifabkommen".

[142] Dies wird bereits von *Eckhoff,* „Zur Kontroverse um die ökonomischen Auswirkungen des 2. WoBauG", Zeitschrift für die gesamte Staatswissenschaft, Bd. 137, 62 (70) beklagt.

[143] BGH VIII ZR 99/09, NJW 2010, 2946; VIII ZR 245/17, NZM 2019, 250; BGH VIII ZR 355/18, NZM 2020, 534 = NJW 2020, 1947.

[144] *So auch LG Berlin 2014, 463;* und AG Mitte GE 2014, 1013; AG Schöneberg GE 2015, 127; für sog. Sternchenfeld im qualifizierten Mietspiegel → BGB § 558a Rn. 161.

[145] BGH VIII ZR 346/10, NJW 2012, 1351; VIII ZR 62/18, NZM 2019, 469 = NJW 2019, 3142; *Börstinghaus* WuM 2012, 244; *Blank* LMK 5/2012 Anm. 3; *Muth* ZMR 2012, 530; *Bühler* ZMR 2012, 531.

nur eben nicht sehr wahrscheinlich. Der Wortlaut sagt deshalb für sich nichts über die Zulässigkeit ausgehandelter Mietspiegel als Begründungsmittel.

Zu entscheiden ist diese Frage deshalb nach **Sinn und Zweck** des § 558a Abs. 2 Nr. 1 BGB. 58
Gegen die Zulassung als Begründungsmittel spricht dabei, dass die Feststellung der ortsüblichen Vergleichsmiete eine **empirische Tatsachenfeststellung**[146] ist, die grds. nicht durch Absprachen ersetzt werden kann.[147] Das Ergebnis solcher Absprachen kann durchaus aus verschiedensten Gründen verzerrt sein. So hängt das Ergebnis der Verhandlungen wesentlich von der **Verhandlungsstärke der einzelnen Verbände** aber auch der beteiligten Personen ab. Zum Teil wurde vertreten, dass ein solcher ausgehandelter Mietspiegel auch nicht zur Begründung eines Mieterhöhungsverlangens herangezogen werden kann. Richtig ist, dass eine solche Übersicht den Markt gerade nicht richtig widerspiegelt, sondern nur Wunschvorstellungen oder Vorurteile wiedergibt. Anerkanntermaßen kann ein solcher Mietspiegel **im Prozess** als Erkenntnismittel nicht benutzt werden.[148] Hierzu wird nämlich verlangt, dass ein solcher Mietspiegel in verlässlicher Weise Auskunft über die ortsübliche Vergleichsmiete gibt. § 558a Abs. 2 Nr. 1 BGB will sicherstellen, dass der Mieter mit dem Erhöhungsverlangen zugleich die Informationen bekommt, die er benötigt, um zu entscheiden, ob er seine Zustimmung erteilen muss oder nicht. Von daher müssen die Informationen so genau wie möglich sein und die gesetzlichen Anspruchsvoraussetzungen ausfüllen. Vorliegend geht es um das Tatbestandsmerkmal „der ortsüblichen Vergleichsmiete" iSd § 558 Abs. 2 BGB. Der Vermieter soll also dies Tatbestandsmerkmal darlegen, wobei das Gesetz ihm fünf Alternativen beispielhaft vorgibt. Bereits zwischen diesen Alternativen bestehen erhebliche qualitative Unterschiede. Bei einem qualifizierten Mietspiegel besteht die beste Richtigkeitsgewähr wohingegen es bei drei willkürlich ausgesuchten Vergleichswohnungen am unwahrscheinlichsten ist, dass diese genau die ortsübliche Vergleichsmiete widerspiegeln. Im Unterschied zum ausgehandelten Mietspiegel sind diese drei Vergleichswohnungen aber zumindest Realität. Diese Mieten werden tatsächlich am Markt gezahlt.

**Sinn und Zweck eines Mietspiegels** sprechen dafür, ausgehandelte Mietspiegel als Begrün- 59
dungsmittel zuzulassen.[149] Da die Aufgabe und das Ziel eines Mietspiegels auch darin bestehen, zur **Befriedung** beizutragen, kann auch ein Mietspiegel, der nicht die strengen Anforderungen eines repräsentativ-empirischen Mietspiegels erfüllt, diesem Ziel gerecht werden. Ähnlich dem System einer Mietdatenbank, die ja auch kaum den methodischen Erfordernissen einer empirischen Feststellung der ortsüblichen Vergleichsmiete gerecht wird, haben die Daten eines solchen Mietspiegels eine hohe Akzeptanz bei den beteiligten Kreisen. Ein Mieter, der von seinem Vermieter ein Mieterhöhungsverlangen bekommt, das mit einem zwischen dem örtlichen Vermieter- und Mieterverein ausgehandelten Mietspiegel begründet wurde und der sich anschließend vom Mieterverein beraten lässt, wird mit einer größeren Wahrscheinlichkeit dem Verlangen zustimmen, als ein Mieter, der ein Mieterhöhungsverlangen erhalten hat, welches mit drei willkürlich ausgesuchten Vergleichswohnungen begründet wurde. Letztendlich ist jeder akzeptierte Mietspiegel für die Befriedung innerhalb des örtlichen Wohnungsmarktes besser als kein Mietspiegel. Es darf iÜ nicht vergessen werden, dass gerade diese Art von Mietspiegeln auf einer Absprache zwischen mindestens zwei Verbänden beruht. Der Gesetzgeber hat als **Richtigkeitsgewähr** für einen Mietspiegel gerade auf die **Vertrauenswürdigkeit dieser Verbände** abgestellt. Wenn die hierzu vom Gesetzgeber berufenen Verbände auf Grund ihrer Qualifikation zu dem Ergebnis kommen, dass die ausgewiesenen Werte die ortsübliche Vergleichsmiete richtig widerspiegeln, dann spricht dies für einen Mietspiegel, der als Begründungsmittel iSd § 558a Abs. 2 Nr. 1 BGB benutzt werden kann. Deshalb kann auch ein ausgehandelter Mietspiegel, soweit er von einem gesetzlich vorgesehenen Mietspiegelaufsteller erstellt wurde, als Begründungsmittel benutzt werden.[150]

---

146 **AA** *Huber* ZMR 1992, 469 (474), der nicht die empirische Tatsachenfeststellung im Vordergrund sieht, sondern das Normative.

147 *Sydow* wi 1996, 263.

148 AG Frankfurt DWW 1991, 54; *Börstinghaus* WuM 1997, 421.

149 So ausdrücklich auch die Begründung der MsV BR-Drs.766/20, 22.

150 So auch *Sydow* wi 1996, 263; Börstinghaus/Clar Mietspiegel/*Börstinghaus* Rn. 358.

## II. Dokumentation

60 § 4 MsV verlangt auch für einfache Mietspiegel eine Dokumentation. Nach den Vorstellungen des Verordnungsgebers[151] soll anhand der Dokumentation zumindest grob nachvollzogen werden können, auf welche Weise und auf welchen Grundlagen die im Mietspiegel ausgewiesenen Werte ermittelt wurden. Hierzu sollen Angaben dazu gehören, welche Daten oder sonstigen tatsächlichen Grundlagen in welchem Umfang verwendet wurden. Der Verordnungsgeber stellte sich auch vor, dass der Weg von der Auswertung zur Darstellung der ortsüblichen Vergleichsmiete im Mietspiegel erläutert wird. Das soll die Verwendung **einfacher Mietspiegel als Schätzgrundlage** verbessern.[152] Nach der Rspr. des BGH stellt ein einfacher Mietspiegel aber ein Indiz dar.[153] Seine Indizwirkung beruht maßgeblich darauf, dass eine Datenerhebung erfolgt ist, die von der Gemeinde oder von Interessenvertretern der Vermieter und Mieter gemeinsam erstellt oder anerkannt worden ist. Wie weit diese Indizwirkung reicht, hängt von den konkreten Umständen des jeweiligen Einzelfalls, insbes. der Qualität des Mietspiegels ab. Die Indizwirkung eines Tabellenmietspiegels bezieht sicher nur auf die Spanne. Innerhalb der Spanne kann dann das Gericht gem. § 287 ZPO die Einzelvergleichsmiete schätzen.[154] Dabei hilft eine Dokumentation, zumal wenn sie, wie § 4 MsV nur verlangt, nur in Grundzügen erfolgt. Hierzu ist dann schon mehr erforderlich, also entweder, wie in Berlin, eine Orientierungshilfe[155] oder eine sehr in die Einzelheiten gehende Dokumentation. Wo die Dokumentation erfolgt, also im Textteil oder gesondert, schreibt § 4 MsV ausdrücklich nicht vor.

61 Genauso wie die Veröffentlichung eines Mietspiegels entsprechend der Vorgabe in § 558 c Abs. 4 S. 2 BGB **keine Wirksamkeitsvoraussetzung** für einen einfachen Mietspiegel ist[156], ist auch die Dokumentation keine Wirksamkeitsvoraussetzung. Ein Mieterhöhungsverlangen, das mit einem einfachen Mietspiegel begründet wurde, für den es keine Dokumentation gibt, ist wirksam. Einem solchen Mietspiegel kommt idR keine Indizwirkung in einem Zustimmungsprozess zu.

## III. Zeitlicher Geltungsbereich des Mietspiegels

### 1. Zeitpunkt der erstmaligen Verwendung

62 Mietspiegel geben die ortsübliche Vergleichsmiete zu einem bestimmten **Stichtag** wieder. Vor diesem Stichtag können sie deshalb zur Begründung eines Mieterhöhungsverlangens nicht benutzt werden. Aber auch, wenn der Stichtag des Mietspiegels vor dem Zugang des Mieterhöhungsverlangens liegt, stellt sich die Frage, ab wann ein Mietspiegel iSd Gesetzes überhaupt existiert, also ab wann er als Begründungsmittel iSd § 558 a Abs. 2 BGB benutzt werden kann. Das Gesetz verweist auf Mietspiegel iSd §§ 558 c, 558 d BGB. Beim einfachen Mietspiegel ist der Mietspiegel **ab Vollendung der Erstellung** bzw. der letzten notwendigen Anerkennung in der Welt und kann als Begründungsmittel verwandt werden. Es ist nicht erforderlich, dass der Mietspiegel bereits gedruckt ist.[157] Veröffentlichung und Drucklegung sind gerade keine Wirksamkeitsvoraussetzung. Es genügt, dass der Mietspiegel erstellt ist. Ein Mietspiegel, der noch nicht veröffentlicht oder erhältlich ist, muss aber zwingend vom Vermieter dem Mieter mit dem Erhöhungsverlangen zur Verfügung gestellt werden.

63 Eine andere Frage ist, ob die **Gerichte,** die ja erst nach Ablauf der Überlegungsfrist die Höhe der ortsüblichen Vergleichsmiete feststellen müssen, ggf. die Daten eines erst später veröffentlichten Mietspiegels mit einem nach dem maßgeblichen Zeitpunkt liegenden Stichtag berücksichtigen dürfen. Dies ist zu bejahen,[158] da das Gericht die Höhe der ortsüblichen Vergleichsmiete zum Zeit-

---

[151] BR-Drs. 766/20, 22.
[152] BR-Drs. 766/20, 22.
[153] BGH VIII ZR 123/20, NZM 2021, 88.
[154] BGH VIII ZR 123/20, NZM 2021, 88.
[155] Äußerst krit. zur Qualität von Orientierungshilfen Staudinger/*V. Emmerich* BGB § 558 Rn. 28, es treffe nicht zu, dass sie von Fachleuten aufgestellte Erfahrungssätze seien, sie würden im besten Fall von Fachleiten frei geschätzt und im schlimmsten Fall nach dem Prinzip „do ut des" ausgehandelt.
[156] BT-Drs. 19/26918, 24.
[157] LG Essen NJW-RR 1996, 1416 entgegen AG Gelsenkirchen WuM 1995, 542.
[158] BT-Drs. 19/26918, 18; LG Berlin WuM 2018, 209; GE 2016, 1152; 2015, 126; 2010, 61; 2008, 1057; 2008, 334; 2006, 391; 2005, 1433; 2004, 483; 2003, 1022; MM 2001, 151; ZMR 1998, 165; GE 1996, 1547; 1994, 1055; LG Aachen GE 2017, 177; LG Dresden 9.12.2014 – 4 S 53/14, nv; LG Hamburg WuM 1991, 355;

punkt des Zugangs des Erhöhungsverlangens feststellen muss.[159] Der Mietspiegel, mit dem der Vermieter sein Erhöhungsverlangen begründet hat, ist aber zu einem zeitlich früher liegenden Stichtag erstellt worden. Deshalb ist der **spätere Mietspiegel die bessere Erkenntnisquelle** zur Ermittlung der ortsüblichen Vergleichsmiete. Soweit teilweise etwas anderes vertreten wird,[160] beruht dies auf der Grundvorstellung, dass das Gericht die materielle Richtigkeit des Erhöhungsverlangens feststellen muss. Dies ist aber bereits vom Ansatz her nicht richtig, da der Mietspiegel, auf den sich der Vermieter im Erhöhungsverfahren beruft, nur ein Begründungsmittel ist. Das Gericht muss unter Ausschöpfung aller seiner Erkenntnisquellen aber die materielle Berechtigung des Anspruchs feststellen. Unerheblich ist aber, dass der Erhebungsstichtag des neuen Mietspiegels ca. 150 Tage näher am maßgeblichen Stichtag liegt als der Erhebungsstichtag des zum Zugangszeitpunkt gültigen Mietspiegels.[161] Hier ist nicht ersichtlich, dass der neue Mietspiegel die relativ bessere Erkenntnisquelle[162] darstellt.

Im Übrigen ist dies keine Frage, der Mietspiegelerstellung, sondern eine methodische Frage, wie im gerichtlichen Verfahren ggf. die Höhe der ortsüblichen Miete festgestellt werden kann, → BGB § 558b Rn. 121. 64

## 2. Zeitpunkt der letztmaligen Verwendung

Das Gesetz enthält unmittelbar keine Regelungen über das **Ende der Mietspiegelgültigkeit.** 65 Vorgesehen ist lediglich die Fortschreibung von Mietspiegeln alle drei Jahre, was aber nicht umgekehrt bedeutet, dass ein Mietspiegel nach Ablauf von drei Jahren automatisch ungültig wird.[163] Vielmehr ordnet das Gesetz in § 558a Abs. 4 S. 2 BGB gerade an, dass sogar ein veralteter Mietspiegel als Begründungsmittel benutzt werden kann. Selbst wenn in Mietspiegeln häufig im Textteil Laufzeiten vorgegeben werden, kann der Vermieter auch nach Ablauf der Laufzeit sein Erhöhungsverlangen mit diesem Mietspiegel begründen. Wie sich aus § 558a Abs. 4 S. 2 BGB ergibt, soll dies aber nur gelten, wenn zum Zeitpunkt des Erhöhungsverlangens kein Mietspiegel vorliegt, bei dem die Voraussetzungen der § 558c Abs. 3 BGB oder § 558d Abs. 2 BGB eingehalten sind. Daraus folgt, dass ein Mietspiegel dann keine Wirkung mehr hat und nicht mehr als Begründungsmittel benutzt werden kann, wenn zum Zeitpunkt des Zugangs des Erhöhungsverlangens **ein neuer Mietspiegel** erstellt worden ist.[164] Dabei ist es unerheblich, ob der neue Mietspiegel erst wenige Tag gilt oder schon länger.[165] Der Verweis auf einen Mietspiegel in § 558a Abs. 2 BGB bezieht sich nach Sinn und Zweck immer auf den aktuellen Mietspiegel und nicht auf einen veralteten Mietspiegel. Das ist systemimmanent, wurde vom Gesetzgeber aber in § 558a Abs. 4 S. 2 BGB noch einmal klargestellt. Hierbei handelt es sich um eine Ausnahmevorschrift, die eben nur ausnahmsweise die Verwendung alter Mietspiegel gestattet. Das bedeutet dann im Umkehrschluss, dass immer dann, wenn die Voraussetzungen des § 558a Abs. 4 S. 2 BGB nicht vorliegen, die Verwendung veralteter Mietspiegel nicht zulässig ist. Dass es sich um einen formellen Fehler handelt, zeigt letztendlich auch noch ein Blick auf die Heilungsvorschrift in § 558b Abs. 3 S. 1 BGB. Dort

---

LG Bochum WuM 1982, 18; LG Wuppertal WuM 1982, 19; AG Charlottenburg GE 2016, 331; 2004, 52; AG Esslingen WuM 2015, 161 (163); AG Gelsenkirchen ZMR 2009, 129; AG Gelsenkirchen-Buer ZMR 1998, 236; AG Dortmund NJW-RR 1995, 971; WuM 2003, 35; AG Frankfurt DWW 1993, 44; Kinne/Schach/Bieber MietR/*Schach* BGB § 558a Rn. 6; MüKoBGB/*Artz* § 558c Rn. 10; **dagegen:** KG WuM 2009, 748; GE 2007, 1629; LG Berlin GE 2004, 352, sogar bei qualifiziertem Mietspiegel; LG Hamburg WuM 1990, 310; LG Köln WuM 1992, 20; AG Pankow/Weißensee MM 2007, 371; AG Aachen WuM 1995, 656; AG Berlin-Schöneberg GE 1990, 663; Elzer/Riecke/*Elzer* BGB § 558a Rn. 8.

[159] BGH VIII ZR 295/15, NZM 2017, 321; *Fleindl* NZM 2017, 325; BGH VIII ZR 141/09, NZM 2010, 436; VIII ZR 331/06, NJW 2008, 848; VIII ZR 41/05, NZM 2006, 101; VIII ZR 215/05, WuM 2006, 569; KG GE 2005, 180; BayObLG WuM 1992, 677; LG Berlin GE 2015, 126; 2010, 61; 2004, 626; LG Rottweil NZM 1998, 432; AG Hamburg ZMR 2005, 54; AG Charlottenburg GE 2005, 743; AG Schöneberg GE 2007, 153; 2005, 1129; AG Tiergarten GE 2005, 1135.

[160] *KG GE 2007, 1629;* LG Berlin GE 1997, 1029; LG Hamburg WuM 1990, 310; LG Köln WuM 1992, 20; AG Aachen WuM 1995, 656; AG Berlin-Schöneberg GE 1990, 663; AG Recklinghausen WuM 1982, 19.

[161] LG Berlin GE 2014, 254.

[162] Soweit das LG Aachen GE 2017, 177 meint, dass die hiesige Kommentierung wegen des Wortes „relativ" inkonsistent sei, beruht dies mE auf einem Missverständnis. Nach allg. Auffassung sind alle Mietspiegel nur das relativ bessere Erkenntnismittel wegen evtl. Mängel bei ihrer Erstellung.

[163] So unter Hinweis auf die hiesige Kommentierung auch AG Ludwigsburg WuM 2014, 30 (32).

[164] AG Ludwigsburg WuM 2014, 30 (32); **aA** BGH VIII ZR 337/10, NZM 2011, 743; *Börstinghaus* jurisPR-MietR 20/2011 Anm. 1.

[165] *Börstinghaus* jurisPR-MietR 20/2011 Anm. 1; **aA** BGH VIII ZR 337/10, NZM 2011, 743.

hat der Gesetzgeber ausdrücklich geregelt, dass der Vermieter bei einem Erhöhungsverlangen, dass die Voraussetzungen des § 558a Abs. 2 BGB nicht erfüllt, während des Zustimmungsklageverfahrens ein neues Erhöhungsverlangen stellen kann oder den Fehler heilen kann.

**66** Ein von der nach Landesrecht zuständigen Behörde erstellter Mietspiegel darf, wenn seine Laufzeit abgelaufen ist, auch dann nicht mehr als Begründungsmittel benutzt werden, wenn die beiden Interessenverbände einen neuen Mietspiegel gemeinsam erstellt haben oder ein Verband den vom anderen Verband erstellten Mietspiegel anerkannt hat. Umgekehrt ersetzt auch ein gemeindlicher Mietspiegel einen veralteten Mietspiegel der Interessenverbände. Dies gilt natürlich nur, wenn der zuerst aufgestellte Mietspiegel eine Laufzeit auswies oder wenn der Mietspiegel älter als drei Jahre ist. Ob zum **in der Zukunft liegenden Wirkungszeitpunkt** ein neuer Mietspiegel vorliegt, ist für die Frage, ob das Mieterhöhungsverlangen formell in Ordnung ist, unerheblich.[166] Dies ergibt sich daraus, dass die ortsübliche Vergleichsmiete zum Zeitpunkt des Zugangs des Erhöhungsverlangens zu ermitteln ist[167] und weder Vermieter noch Mieter wissen können, ob zwischen Zugang des Erhöhungsverlangens und dem Wirkungszeitpunkt ein neuer Mietspiegel veröffentlicht wird. Gegebenenfalls können die Daten des neuen Mietspiegels aber im gerichtlichen Verfahren herangezogen werden, um die materielle Berechtigung des Erhöhungsverlangens zu überprüfen.[168]

**67** Auch wenn das in §§ 558c Abs. 3, 558d Abs. 2 BGB von einem **Aktualisierungserfordernis** für Mietspiegel innerhalb einer Frist von drei Jahren ausgeht, so bedeutet das nicht, dass ein Mietspiegel nach Ablauf von drei Jahren automatisch ungültig wird.[169] Umgedreht folgert aus § 558a Abs. 4 S. 2 BGB allerdings nicht, dass das Alter des Mietspiegels bedeutungslos wäre. Allein aus der Tatsache, dass das Gesetz eine Höchstgrenze für das Alter eines nach § 558a Abs. 4 S. 2 BGB herangezogenen veralteten Mietspiegels nicht festlegt, ergibt sich nichts anderes. Denn § 558a Abs. 4 S. 2 BGB soll nur sicherstellen, dass die formelle Wirksamkeit eines sachlich berechtigten Erhöhungsverlangens nicht allein von den in §§ 558c Abs. 3, 558d Abs. 2 BGB genannten Fristen abhängt. Hierdurch wird aber von dem grds. bestehenden Aktualisierungserfordernis gerade nicht Abstand genommen. Für die formelle Wirksamkeit des Erhöhungsverlangens kommt es deshalb auch bei einem veralteten Mietspiegel darauf an, ob diesem noch ein in § 558a Abs. 1 BGB vorausgesetzter Informationsgehalt zukommt.[170] Erforderlich sind nämlich im Zustimmungsverlangen „konkreter Hinweise auf die sachliche Berechtigung des Erhöhungsverlangens."[171] Die Angaben im Zustimmungsverlangen sollen nach stRspr nicht dazu dienen, bereits den Nachweis der ortsüblichen Vergleichsmiete zu führen. Sie sollen vielmehr den Mieter lediglich in die Lage versetzen, das Erhöhungsverlangen zumindest ansatzweise nachzuvollziehen und ggf. mittels weiterer Nachforschungen die Vergleichbarkeit der Wohnungen zu überprüfen.[172] Hieran fehlt es etwa, wenn der Vermieter das Erhöhungsverlangen mit Tatsachen begründet, die eine Mieterhöhung nach § 558 Abs. 1 BGB schon auf den ersten Blick nicht zu tragen vermögen, weil durch deren Mitteilung deutlich wird, dass der Vermieter von falschen Voraussetzungen ausgeht oder das Erhöhungsverlangen in wesentlichen Punkten unvollständig, unverständlich oder widersprüchlich erscheint.[173] Eine derartige Begründung steht einer fehlenden Begründung gleich, weil durch sie das Ziel des Begründungserfordernisses ebenso wenig erreicht werden kann wie im Falle des vollständigen Verzichtes auf eine Begründung.

**68** Ein Mietspiegel kann nicht von einem **Interessenverband gekündigt** oder sonst einseitig beendet werden.[174] Nach dem Gesetz ist nur die Mitwirkung bei der Erstellung erforderlich, eine

---

[166] LG Berlin ZMR 1998, 165; **aA** LG Stuttgart NZM 2010, 161 für qualifizierten Mietspiegel.

[167] BGH VIII ZR 295/15, WuM 2017, 208; VIII ZR 141/09, NZM 2010, 436; VIII ZR 331/06, NJW 2008, 848; VIII ZR 41/05, NZM 2006, 101; VIII ZR 215/05, WuM 2006, 569; KG GE 2005, 180; BayObLG WuM 1992, 677; LG Berlin GE 2015, 126; 2010, 61; 2004, 626 LG Rottweil NZM 1998, 432; AG Hamburg ZMR 2005, 54; AG Charlottenburg GE 2005, 743; AG Schöneberg GE 2007, 153; 2005, 1129; AG Tiergarten GE 2005, 1135.

[168] LG Berlin ZMR 1998, 165; GE 1996, 1547; 1994, 1055; LG Hamburg WuM 1991, 355; LG Bochum WuM 1982, 18; LG Wuppertal WuM 1982, 19; AG Gelsenkirchen-Buer NZM 1998, 509; AG Dortmund NJW-RR 1995, 971; AG Frankfurt DWW 1993, 44.

[169] AG Ludwigsburg WuM 2014, 30.

[170] BGH VIII ZR 340/18, NZM 2019, 852.

[171] BGH VIII ZR 340/18, NZM 2019, 852.

[172] BGH VIII ZR 236/18 NZM 2020, 459; VIII ZR 136/17 NJW 2018, 2792; VIII ZR 79/11 NJW-RR 2012, 710; *VIII ZR 216/13 NJW-RR 2014, 1357*; BVerfG NJW-RR 1993, 1485 (1486); BayObLG NJW-RR 1992, 455 (457); OLG Hamm NJW-RR 1991, 209.

[173] BGH VIII ZR 340/18 NZM 2019, 852; BGH VIII ZR 255/18 NJW 2019, 3515.

[174] **AA** *Haase* WuM 1993, 441 (443).

Fortgeltung der Zustimmung oder eine sonstige Identifizierung mit den dokumentierten Daten ist nicht vorgeschrieben Dies rechtfertigt sich daraus, dass der Gesetzgeber durch die personellen Voraussetzungen an die Mietspiegelersteller mittelbar Einfluss auf die Qualität und Akzeptanz des Mietspiegels nehmen wollte. Dafür genügt aber die gemeinsame Erstellung oder die Anerkennung zu Beginn der Mietspiegellaufzeit. Der einmal in die Welt gesetzte Mietspiegel kann deshalb als gesetzliches Begründungsmittel gem. § 558 a Abs. 2 BGB verwandt werden.

### IV. Fortschreibung einfacher Mietspiegel

Mietspiegel geben die Marktverhältnisse zu einem bestimmten Zeitpunkt wieder. Mietspiegel sind **statisch,** die ortsübliche Vergleichsmiete ist **dynamisch.** Sie veralten umso schneller, je schneller das allgemeine Mietenniveau sich verändert. Das ist regional äußerst verschieden. Nach der Sollvorschrift des § 558 c Abs. 3 BGB sollen einfache Mietspiegel im Abstand von zwei Jahren **der Marktentwicklung angepasst** werden. Die ursprünglich geplante Verlängerung des Bindungszeitraums für Mietspiegel von zwei auf drei Jahre sollte nach den Vorstellungen des Gesetzgebers[175] dazu führen, dass die für die Anpassung eines Mietspiegels erforderlichen Kosten sinken. Der Rechtsausschuss hat die Änderung gestrichen. Die Sollvorschrift soll gewährleisten, dass der Mietspiegel tatsächlich ein *Spiegel* der tatsächlichen Gegebenheiten ist. Das Gesetz unterscheidet selbst zwischen der (Erst-)Erstellung oder auch Neuaufstellung und der Anpassung von Mietspiegeln. Wenn der Gesetzgeber davon ausgegangen wäre, dass ein Mietspiegel nach zwei Jahren immer veraltet ist und deshalb immer ein neuer Mietspiegel aufgestellt werden muss, dann hätte es sich angeboten, eine feste Laufzeit für Mietspiegel vorzuschreiben. Das hat der Gesetzgeber aber nicht getan. Vielmehr hat er weiterhin als **Sollvorschrift** angeordnet, dass der Mietspiegel nach zwei Jahren der Marktentwicklung angepasst werden soll. Das bedeutet, dass eine solche Anpassung ein Minus zur Aufstellung eines Mietspiegels ist. 69

Die Notwendigkeit der Fortschreibung hängt von den **tatsächlichen Marktgegebenheiten** ab. Nicht weil der Mietspiegel drei Jahre alt ist muss er fortgeschrieben werden, sondern weil die tatsächlichen Verhältnisse sich geändert haben. Hier hat der Gesetzgeber **eine Vermutung** aufgestellt, dass die Marktverhältnisse sich in zwei Jahren verändert haben. Je nach Marktgeschehen kann aber der Zeitraum zu lang aber auch zu kurz sein. In Gemeinden mit einem sich stark verändernden Mietniveau kann es im Einzelfall angebracht sein, den Mietspiegel in kürzerem Abstand an die Marktentwicklung anzupassen bzw. neu zu erstellen.[176] Die Marktentwicklung kann grds. in beide Richtungen stattfinden. Neben der Situation allgemein steigender oder auch fallender Mieten gibt es auch Situationen, in denen sich die Mieten in einzelnen Teilmärkten unterschiedlich entwickeln, zB im Bereich der teuren Neubauwohnungen fallen aber bei großen preiswerteren Altbauwohnungen noch steigen. Solch differenziertes Marktgeschehen kann aber idR nur durch eine Datenerhebung festgestellt werden. 70

Beim **einfachen Mietspiegel** schreibt das Gesetz weder die **Form der Fortschreibung** vor, noch begrenzt es die Anzahl der möglichen Mietspiegelfortschreibungen. Letztendlich wird die Entscheidung, wie und wie oft die Fortschreibung erfolgt, davon abhängen, wie sich das Mietenniveau verändert hat. Bei größeren Veränderungen dürfte eine Neuaufstellung sinnvoll sein, ansonsten kommt die Fortschreibung in Betracht. 71

Unzulässig ist die **Fortschreibung des Mietspiegels durch den Vermieter** im konkreten Mieterhöhungsverlangen. Der Vermieter darf also wegen des Alters eines Mietspiegels keinen Zuschlag zu den Werten des Mietspiegels hinzurechnen.[177] Dies würde dem Sinn und Zweck einer Begründung des Mieterhöhungsverlangens widersprechen, wonach möglichst objektive Informationen dem Mieter zur Verfügung gestellt werden sollen und nicht die Einschätzung des Vermieters. Auch ein Sachverständigengutachten, das auf einem Mietspiegel aufbaut, ist kein fortgeschriebener Mietspiegel.[178] 72

---

175 BR-Drs. 766/20, 18.
176 BR-Drs. 766/20, 18.
177 OLG Stuttgart NJW 1982, 945; OLG Hamburg NJW 1983, 1803 (1805); LG München WuM 1998, 726.
178 OLG Frankfurt a. M. WuM 1985, 216.

## E. Der qualifizierte Mietspiegel

### I. Allgemeines

73 Das Instrument eines qualifizierten Mietspiegels[179] ist, zumindest was seine **rechtliche Kodifikation betrifft,** erstmals durch die Mietrechtsreform 2001 eingeführt worden. Mit dem Mietspiegelreformgesetz[180] und vor allem durch die Mietspiegelverordnung[181] wurden die Anforderungen an die Erstellung und Fortschreibung sowie die Rechtsfolgen modifiziert. Auch schon vor 2001 wurden bestimmten Mietspiegeln weitreichendere Wirkungen beigemessen als nur als Begründungsmittel im vorgerichtlichen Verfahren zu dienen[182] Lediglich die dogmatische Begründung war umstritten.

### II. Die anerkannten wissenschaftlichen Grundsätze

#### 1. Allgemeines

74 Auch der qualifizierte Mietspiegel ist zunächst eine **Übersicht über die ortsübliche Vergleichsmiete,** soweit sie von der nach Landesrecht zuständigen Behörde oder von Interessenvertretern der Vermieter und der Mieter gemeinsam erstellt oder anerkannt ist. Dies ergibt sich aus der Bestimmung des § 558c BGB, der uneingeschränkt auch für den qualifizierten Mietspiegel gilt. § 558d Abs. 1 BGB bestimmt darüber hinaus zusätzlich, dass ein qualifizierter Mietspiegel nur dann vorliegt, wenn er nach wissenschaftlichen Methoden erstellt wird, die gewährleisten, dass er ein realistisches Abbild des Wohnungsmarktes liefert. Die Bezeichnung als qualifizierter Mietspiegel reicht nicht aus.[183] Realistischerweise wird man aber wohl feststellen müssen, dass die ortsübliche Vergleichsmiete für eine konkrete Wohnung selbst mit maximalem Aufwand niemals wissenschaftlich so exakt ermittelt werden kann, dass das Ergebnis so eindeutig ist, dass bei einer zweiten unabhängigen Feststellung centgenau der gleiche Betrag herauskommt. Da gilt iÜ aber auch für Sachverständigengutachten, die auch nur ein Näherungswert ermitteln, bei dem Fehler nicht auszuschließen sind.[184]

#### 2. Der Begriff der wissenschaftlichen Grundsätze

75 Das Gesetz geht wie selbstverständlich weiterhin davon aus, dass es tatsächlich **anerkannte wissenschaftliche Grundsätze der Mietspiegelerstellung** gibt. Das ist mindestens zweifelhaft.[185] Die Expertenkommission Wohnungspolitik[186] hat durch ein Sachverständigengutachten[187] feststellen lassen, dass die Methoden Mietspiegel zu erstellen und aufzubauen in der Bundesrepublik uneinheitlich sind. Es bestünden erhebliche Gestaltungsspielräume selbst „innerhalb anerkannter Kriterien". Deshalb hatte die Bundesregierung vorgeschlagen, den Begriff zu „modifizieren" und auf das Merkmal „anerkannt" zu verzichten.[188] Der Ansatz der Anerkennung der wissenschaftlichen Grundsätze habe sich nicht bewährt. Es habe sich keine gefestigte Rechtsprechung zur Frage, welche Verfahren der Mietspiegelerstellung anerkannten wissenschaftlichen Grundsätzen genügen, entwickelt. Auch könne sich das Erfordernis der Anerkennung nachteilig auf die Optimierung und Weiterentwicklung der Methoden der Mietspiegelerstellung auswirken. Wenn qualifizierte Mietspiegel nur nach anerkannten Verfahren erstellt werden dürfen, werde die Erprobung neuer

---

[179] Zu den Auswirkungen auf die Praxis s. die empirische Untersuchung von *Cromm/Koch,* Mietspiegel in Deutschland, München, 2006.

[180] BGBl. I S. 3515.

[181] Abgedruckt in Anh. zu §§ 558c, 558d.

[182] KG NJW-RR 1992, 80.

[183] BGH VIII ZR 46/12, NZM 2013, 138.

[184] LG Berlin GE 2016, 1152; *Bruns/Paschedag/Kauermann* ZMR 2016, 669 (679) sprechen davon, dass die Ermittlung der ortsüblichen Vergleichsmiete nach wissenschaftlichen Grundsätzen „schwierig" ist.

[185] *Börstinghaus/Börstinghaus* NZM 2003, 377 (381); *Sternel* ZMR 2001, 937 (941); *Emmerich* JuS 2000, 1051 (1053); und *Bruns/Paschedag/Kauermann* ZMR 2016, 669 (672) bezweifeln, dass es solche Grundsätze gibt; zweifelnd auch MüKoBGB/*Artz* § 558d Rn. 2; kein Verständnis für diese Auffassung haben unter Hinweis auf § 15 ImmoWertV *Stelter/Finger DS 2013, 95.*

[186] Expertenkommission Wohnungspolitik, Wohnungspolitik auf dem Prüfstand, 1995, Ziff. 5512.

[187] F+B Forschung und Beratung, Praxis der Vergleichsmietenermittlung, 1994.

[188] BR-Drs 22/21 S. 19.

Methoden zumindest erschwert. Deshalb sollte auf zusätzliche Anforderungen verzichtet werden. Nach Ansicht des Rechtsausschusses[189] sollte aber der für die Erstellung qualifizierter Mietspiegel geltende **Maßstab** der anerkannten wissenschaftlichen Grundsätze **beibehalten werden.** Man wollte an der **„etablierten Formulierung"** festhalten. Hierdurch sollte dem möglichen Umkehrschluss vorgebeugt werden, dass die Anforderungen an die wissenschaftlichen Grundsätze zukünftig niedriger sein könnten.

Der **Begriff der anerkannten wissenschaftlichen Grundsätze** bedarf der **Auslegung.** Der Gesetzgeber selbst definiert ihn nicht.[190] In keiner Wissenschaft wird gelehrt, wie Mietspiegel zu erstellen sind.[191] Für den Bereich der anerkannten Regeln der Technik hat der BGH[192] entschieden, dass nicht die Einhaltung von DIN-Normen maßgeblich ist. Vergleichbare Normen gibt es im Bereich der Mietspiegelerstellung auch nicht. Entscheidend ist, dass sich **eine Regel auf Grund der wissenschaftlichen Erkenntnis als richtig und unanfechtbar erweist** und von der überwiegenden Zahl der Anwender als richtig anerkannt wird.[193] Die Hinweise zur Erstellung von Mietspiegeln 2002[194] enthalten keine Regeln, deren Nichteinhaltung zur Disqualifizierung des Mietspiegels führen. Die Hinweise enthalten den Minimalkonsens der beteiligten Institute und folgen teilweise politischen Vorgaben. Rechtlich sind sie völlig unerheblich.[195] **76**

Dabei taucht zunächst die Frage auf, welche **die richtige Wissenschaft ist,** auf deren Erkenntnismöglichkeiten abzustellen ist. Die Bund-Länder-Arbeitsgemeinschaft „Mietrechtsvereinfachung"[196] stellt in ihrer Begründung ausschließlich auf die „statistische Wissenschaft" ab. Auch der Referentenentwurf[197] spricht ausschließlich von den anerkannten *statistischen* Methoden So deutlich ist dann aber die Begründung des Kabinettsentwurfs nicht mehr. Sie spricht nur noch von der „wissenschaftlichen Erstellung" und „anerkannten wissenschaftlichen Methoden". In der weiteren Begründung wird auf die Methode der Erstellung eingegangen *(Primärdatenerhebung)* und darauf hingewiesen, dass es mehrere von „der Wissenschaft" anerkannte Methoden gäbe (Tabellen- oder Regressionsmethode). Das legt die Vermutung nahe, dass auch hier nur an die Statistik als Wissenschaft gedacht wurde.[198] Die „Hinweise zur Erstellung von Mietspiegeln Stand 2002"[199] legen das Gesetz gleich so aus, dass sie von den „anerkannten wissenschaftlichen Grundsätzen der Statistik" sprechen. *Haas*[200] spricht zum einen zwar von der „jeweiligen" juristischen Methode, was den Schluss zulassen könnte, dass er von mehreren betroffenen Wissenschaften ausgeht, anschließend spricht er aber nur von statistischen Arbeiten, so dass sich seine Formulierung wohl ausschließlich auf verschiedene statistische Methoden bezieht. **76a**

Das ist aber zu eng. Die Ermittlung der ortsüblichen Vergleichsmiete ist **keine ausschließlich empirische Tätigkeit.** Der Mietspiegel soll als Ergebnis die ortsübliche Vergleichsmiete widerspiegeln. Der Begriff der ortsüblichen Vergleichsmiete ist ein unbestimmter Rechtsbegriff der das Ergebnis zahlreicher normativer Entscheidungen ist (→ BGB § 558 Rn. 42 ff.).[201] Diese Entscheidungen müssen nicht nur bei der Einordnung der konkreten Wohnung in einem Mietspiegel getroffen werden, sondern bereits bei der jeder Mietspiegelerstellung vorangehenden Datenerhebung. Welche Mieten sollen in der Gemeinde überhaupt ermittelt werden, wie werden sie gewich- **76b**

---

189 BT-Drs 19/31106 S. 6.

190 *Bruns/Paschedag/Kauermann* ZMR 2016, 669 (672) halten die Formulierung im Gesetz für „mutig".

191 *Bruns/Paschedag/Kauermann* ZMR 2016, 669 (672).

192 BGH GE 1998, 1085 (1086).

193 So auch *Lammel* WohnraumMietR BGB § 558 d Rn. 13 unter Bezugnahmen auf RGSt 44, 76; **aA** wohl *Bruns/Paschedag/Kauermann* ZMR 2016, 669 (671), ausreichend jede Methode, die einen weiten Verbreitungsgrad hat, wobei Fortschritten der Wissenschaft nicht der Weg versperrt werden dürften.

194 Abgedr. bei *Börstinghaus* Miethöhe-HdB S. 764.

195 Nach *Woeckener,* „Der qualifizierte Mietspiegel: Eine Erfolgsgeschichte mit Reformbedarf" in: Woeckener (Hrsg.) Beiträge zur Reform des qualifizierten Mietspiegels, Seite 9 wird eine höhere Rechtssicherheit von qualifizierten Mietspiegeln nur durch eine Konkretisierung der Mindestanforderungen an die anerkannten wissenschaftlichen Grundsätze zu erreichen sein.

196 Bund-Länder-Arbeitsgruppe Mietrechtsvereinfachung, Bericht zur Neugliederung und Vereinfachung des Mietrechts, 1996, 135.

197 NZM 2000, 415; abgedr. auch bei *Börstinghaus/Eisenschmid* Arbeitskommentar Neues MietR S. 336.

198 *Blank* PiG 62 (2002), 17 (26).

199 Abgedr. bei *Börstinghaus* Miethöhe-HdB S. 764.

200 *Haas* Neues MietR BGB § 558 d Rn. 3.

201 *Hinkelmann,* Die ortsübliche Miete, 1999, 120; *Börstinghaus/Clar* NZM 2014, 889; *Blank* ZMR 2013, 170; *Weitemeyer* NZM 2000, 313 (315); *Haber* NZM 2001, 305 (308); *Emmerich* PiG 40 (1993), 23; *Voelskow* WuM 1993, 21.

tet, welche Mieten werden ausgeschlossen? All dies sind keine Fragen der Statistik, sondern juristische Fragestellungen. Ein nach den anerkannten wissenschaftlichen Grundsätzen der Statistik richtig erstellter Mietspiegel kann ohne weiteres **nach juristischen Kategorien falsch** sein.[202] Deshalb müssen zumindest auch die anerkannten wissenschaftlichen Grundsätze der Rechtswissenschaft beachtet werden.[203] Teilweise wird auch gefordert, dass weitere relevante Wissenschaften wie Geographie, die (Stadt-)Soziologie und die Immobilienökonomie zu beachten seien.[204]

**76c** Eine überwiegende Anerkennung der Anwender von Mietspiegeln liegt nur für einen kleinen Bereich der Probleme im Zusammenhang mit der Mietspiegelerstellung vor. Weite Bereiche sind umstritten[205] und werden regional sehr unterschiedlich gehandhabt. Die **überwiegende Anerkennung muss aber bundesweit vorliegen** und nicht nur regional. Anderenfalls könnte ein völlig aus der Reihe fallender Mietspiegel als nach den anerkannten wissenschaftlichen Grundsätzen erstellt angesehen werden, nur weil in der Gemeinde ggf. auf Grund der Meinungsführerschaft weniger vermeintlicher Fachleute eine Auffassung als richtig gilt, die ansonsten überwiegend abgelehnt wird.

**77** Der Gesetzgeber des Mietspiegelreformgesetzes hat jetzt eine doppelte Vermutung eingeführt: (1) § 558d Abs. 1 S. 2 BGB enthält zunächst die widerlegliche Vermutung, dass ein Mietspiegel, der die Vorgaben der Mietspiegelverordnung einhält nach anerkannten wissenschaftlichen Grundsätzen erstellt wurde. Dies gilt aber nur, soweit die Rechtsverordnung auch das für die konkrete Mietspiegelerstellung angewandte Verfahren näher regelt. Ist das nicht der Fall, so ist die Einhaltung wissenschaftlicher Grundsätze gesondert zu prüfen. Das für qualifizierte Mietspiegel bestehende Erfordernis der Erstellung nach wissenschaftlichen Grundsätzen betrifft gem. § 6 Abs. 1 MsV alle Phasen der Mietspiegelerstellung. (2) Haben die nach Landesrecht zuständige Behörde und jeweils ein Interessenverband auf Mieter- und Vermieterseite den Mietspiegel „als qualifiziert" anerkannt, gilt als zweite Vermutung, dass der Mietspiegel wissenschaftlichen Grundsätzen entspricht. Zur daraus folgenden Beweislast siehe → Rn. 124.

### 3. Die Mindestvoraussetzungen

**78** Auch die Mietspiegelverordnung gibt nur **Mindeststandards** vor, die eingehalten werden müssen, damit man von der Einhaltung der anerkannten wissenschaftlichen Grundsätze sprechen kann.[206] Für die Einhaltung der wissenschaftlichen Grundsätze ist mindestens erforderlich:

- der Mietspiegel muss vom richtigen Begriff der ortsüblichen Vergleichsmiete ausgehen,
- die Daten müssen auf einer **repräsentativen Datenerhebung**[207] beruhen,
- es muss eine **wissenschaftliche Auswertungsmethode** gewählt worden sein,
- die Einhaltung der drei zuvor genannten Voraussetzungen muss in einer öffentlich zugänglichen **Dokumentation** niedergelegt sein.

Die Mietspiegelverordnung enthält für alle diese Punkte in den §§ 7–21 MsV Vorgaben. Soweit ein Mietspiegel eine dieser Anforderungen nicht erfüllt, handelt es sich gem. § 6 Abs. 2 S. 2 MsV um einen einfachen Mietspiegel.

**79** **a) Der richtige Begriff der ortsüblichen Vergleichsmiete.** Der Mietspiegel muss sich dabei an der **Legaldefinition** in § 558 Abs. 2 BGB orientieren, → BGB § 558 Rn. 42 ff.[208] Weder dürfen subjektive Wohnwertmerkmale einfließen noch darf ein von den örtlichen Verhältnissen abweichendes Mischungsverhältnis zwischen Neuvertrags- und Bestandsmieten gewählt werden. Netto- und Bruttomieten müssen getrennt ermittelt werden oder es muss eine Umrechnung erfolgen. Sonderausstattungen der Wohnungen, die auf die Miethöhe Einfluss haben (Garten, Möblierung usw.), müssen ermittelt und ihr Einfluss isoliert werden. Die Mietspiegelverordnung enthält in

---

[202] *Blank* PiG 62 (2002), 17 (27) deshalb ist auch ein qualifizierter Mietspiegel rechtlich voll überprüfbar; **aA** *Clar* WuM 2013, 233.

[203] Elzer/Riecke/*Elzer* BGB § 558d Rn. 3.

[204] *Bünnemeyer/Hebecker/Werling* ZMR 2016, 96 (97) Fn. 19; zust. auch *Bruns/Paschedag/Kauermann* ZMR 2016, 669, die selbst die Rechtswissenschaft, die Immobilienwirtschaft und die Immobilienfinanzierung repräsentieren.

[205] Nach Ansicht von *Blank* PiG 62 (2002), 17 (28) müssen die Fragen vom Gesetzgeber beantwortet werden.

[206] *Sternel ZMR 2001, 937 (941).*

[207] Bedenken gegen die übliche Forderung nach Repräsentativität der Daten äußern *Ulbricht* DS 2012, 197; *Stelter/Finger* DS 2013, 95.

[208] *Rips* WuM 2002, 415 (417).

den §§ 17–19 MsV Vorschriften, die sich mit einzelnen Wohnwertmerkmalen des § 558 Abs. 2 BGB befassen.

**aa) Art der Wohnung.** § 17 Abs. 1 MsV bestimmt, in einem qualifizierten Mietspiegel idR Wohnungen in Mehrfamilienhäusern mit mehr als zwei Wohnungen erfasst werden sollen. Die Verordnung will das auch nicht als Mindestvorgabe verstehen, sondern nur als konzeptionellen Regelansatz.[209] Andere Wohnungen sowie besondere Wohnungs- und Vertragstypen in Mehrfamilienhäusern mit mehr als zwei Wohnungen können bei der Erstellung eines qualifizierten Mietspiegels unberücksichtigt bleiben oder Gegenstand von getrennten Erhebungen sein. Nach § 17 Abs. 2 MsV muss der qualifizierte Mietspiegel Angaben darüber enthalten, welche Wohnungsarten von ihm erfasst sind. Das entspricht der bisherigen Praxis. Theoretisch können auch die Mieten in Ein- und Zweifamilienhäusern in einem Mietspiegel ausgewiesen werden, wegen der geringen Menge der vermieteten Objekte und der großen Unterschiede bei den Objekten erfolgt dies aber sehr selten. § 17 Abs. 1 S. 2 MsV erlaubt dies weiterhin. Das gilt auch für die vereinzelt erfolgte Angabe von Zuschlägen für die Vermietung solcher Objekte. Ob diese aber wirklich nach wissenschaftlichen Grundsätzen ermittelt wurden, ist nicht immer klar und müsste sich aus einer Dokumentation ergeben. Wenn nicht, handelt es sich bzgl. Dieses Wohnungsbestandes um einen einfachen Mietspiegel. 80

**bb) Größe, Beschaffenheit und Ausstattung der Wohnungen.** Auch insofern enthält § 18 MsV eine Selbstverständlichkeit, wenn er formuliert, dass im qualifizierten Mietspiegel dargestellt werden **soll,** welche Auswirkung die Größe sowie die Beschaffenheit und die Ausstattung der Wohnung, einschließlich der energetischen Ausstattung und Beschaffenheit, auf die Höhe der Miete pro Quadratmeter hat. Aus der Darstellung muss sich ergeben, wenn bestimmte Wohnungen, zB mit einer Größe über 150 m² vom Anwendungsbereich ausgeschlossen sind. Selbstverständlich dürfen bestimmte Merkmale nicht mehrfach bewertet werden, also bei der Einordnung in eine bestimmte Ausstattungsklasse und dann noch einmal als Zuschlagsfaktor. 81

In Mietspiegeln werden üblicherweise zwischen 2–12 Altersklassen ausgewiesen. Die jüngsten durch die letzte Baualtersgruppe einbezogenen Wohnungen sollten am Stichtag der Erhebung der Mieten für den Mietspiegel seit mindestens einem vollen Jahr bezugsfertig sein, damit sich eine „übliche Miete" bereits gebildet haben kann. Im Übrigen sollten nach oben offen Gruppen vermieden werden („nach 2014"). Eine Datenerhebung kann nur in einer **geschlossenen Gruppe** erfolgen. Anderenfalls würde im Beispielsfall auch eine Wohnung aus dem Jahr 2013 in diese Gruppe fallen, obwohl uU die letzte erhobene Vergleichsmiete eine Wohnung mit dem Baujahr 2012 betraf. Gerade die Festlegung der letzten Baualtersgruppe macht Probleme. Es wird in den letzten Jahren vor der Datenerhebung nur sehr wenige neu errichtete Mietwohnungen geben. Um überhaupt eine aussagekräftige Anzahl von Wohnungen zu haben, wird die letzte Baualtersgruppe verhältnismäßig weit angelegt werden (zB 1990–2010). Die Wohnungen in einer solchen Gruppe sind sowohl was die Beschaffenheit (zB auch den energetischen Zustand) angeht sehr unterschiedlich aber vor allem auch hinsichtlich der Höhe der Miete. Das bedeutet, dass die Mieten der älteren Wohnungen über den Median des Mietspiegelfeldes nach oben gezogen werden als auch, dass die Mieten der letzten Jahrgänge lange Zeit nicht erhöht werden können, weil die ortsübliche Vergleichsmiete durch die älteren Bestände in diesem Feld über Jahre nach unten gezogen werden. Soweit ein neuer Mietspiegel erstellt wird, kann man auf dies Phänomen mit einer **Teilung der Baualtersklasse** reagieren. Dieser Wechsel der Mietspiegelmethodik stellt keinen Fehler dar, sondern ist methodisch sogar geboten. 82

In älteren Mietspiegeln wurden häufig Wohnungen, die bis 1948 fertig gestellt wurden in einer Gruppe zusammengefasst. Anschließend ging es in mehr oder weniger einheitlichen Zehnjahres-Schritten weiter. Diese starre Gruppenbildung ist wenig sinnvoll.[210] Es geht bei der Frage des Baualters darum ein „***Indiz***" **für den Baustandard** des Gebäudes abzufragen. Erforderlich ist deshalb eine Einteilung, die dieser Vorgabe gerecht wird. So ist es sicher sinnvoll für länger zurückliegende Zeiträume durchaus größere Zeitspannen zu bilden, es sei denn es haben sich bautechnisch oder auch baurechtlich wesentliche Veränderungen ergeben.[211] So wurde nach dem Krieg in Deutschland Wohnraum benötigt und deshalb in einem sehr einfachen Baustandard errichtet. Der Dach- 83

[209] BT-Drs. 19/26918, 40.

[210] So auch die Kritik von *Keller,* Zivilrechtliche Mietpreiskontrolle, S. 137f.

[211] Siehe auch die Beschreibung des Gebäudebestandes bei *Derleder* PiG 92 (2012), 13 unter Berufung auf eine Untersuchung der DBV.

raum war nicht isoliert, eine Wärmeisolierung erfolgte nur sehr unzureichend und auch die Häufigkeit von bauwerksbedingten Mängeln ist sehr hoch. Es schloss sich dann Ende der 1960er Jahre eine Phase der sehr stark industriell geprägten Bauweise an. Stahlbeton-Skelettbauten aus vorproduzierten Teilen mit Vorhangfassade prägten diese Bauweise. Insgesamt wurde aber sehr viel gründlicher gebaut als in den ersten beiden Nachkriegsjahrzehnten. Insbesondere die Flachdächer mit 0 Dachneigung prägten die Schadensbilder vieler Bauprozesse. Erst spät setzte sich die Einsicht durch, dass solche Dächer einfach nicht dicht zu bekommen sind. In den folgenden Jahren wurden sie deshalb aufwendig modernisiert. Erst seit Anfang der 80er Jahre hat sich wieder ein konventionellerer Wohnungsbaustil durchgesetzt. Begleitet und teilweise auch angestoßen wurden diese bautechnischen Veränderungen in rechtlicher Hinsicht durch verschärfte Wärmeschutzverordnungen oder Schallschutzvorschriften. Auch das Inkrafttreten der jeweiligen neuesten Fassung der EnEV ist ein sinnvoller Zeitpunkt zur Bildung einer neuen Baualtersklasse. Hinzu kommen soziologische Phänomene. So war Ende der 1960er bis Mitte der 1970er Jahre die Großsiedlung mit ihren anonymen Massenwohnungen aktuell, während man seit Anfang der 1980er Jahre wieder zu kleineren Siedlungsformen gefunden hat. In bautechnischer Sicht kommt insbes. für die neuen Länder eine Einteilung nach den verschiedenen Bauprogrammen in Betracht. Eine Datenerhebung sollte deshalb hinsichtlich des Baualters durchaus offen sein und nicht bestimmte Altersgruppen angeben, sondern möglichst den Errichtungszeitpunkt erfragen, um dann anhand der ermittelten Mieten zu ermitteln, wo ggf. ein anderer Wohnungsmarkt beginnt; zumindest sollte die Baualterseinteilung nach sachlichen Gesichtspunkten und nicht schematisch erfolgen.

84 cc) **Wohnlagen.** Das Lagemerkmal gehört zu den umstrittensten Wohnwertmerkmalen.[212] Das liegt zum einen an den unterschiedlichen Vorstellungen[213] darüber, was eine einfache, normale oder gute Lage ist[214] und zum anderen an den Problemen der Feststellung der erforderlichen Merkmale und ihrer statistischen Erfassung.[215] Gewissen Ungenauigkeiten sind hinzunehmen.[216] § 19 MsV versucht hier nur vorsichtig Vorgaben zu machen und überlässt hier sehr viel dem örtlichen Mietspiegelersteller. Der Schwerpunkt der Vorgaben liegt im Bereich der Dokumentation. Unterschiedliche Wohnlagen müssen nur insoweit gesondert ausgewiesen werden, als eine sachgerechte Unterteilung in Wohnlagen überhaupt möglich ist und ein Einfluss der Lage auf die Mietpreisbildung festgestellt werden kann. Beruhend auf dem Streit in Berlin, ob der Berliner Mietspiegel statt drei richtigerweise vier Lageklassen ausweisen müsste, stellt § 19 Abs. 1 S. 1 MsV klar, dass es gerade keine Mindestzahl von auszuweisenden Wohnlagen gibt. Entscheiden ist, dass überhaupt abgrenzbare Wohnlagen identifiziert werden können und ob wesentliche preisrelevante Unterschiede ermittelt werden könne. Der Streit, inwieweit unterschiedlich beschriebene Wohnlagen einer Gemeinde (zB Innenstadtbereich oder Außenbereich) im Mietspiegel nur in einer Lageklasse zusammengefasst werden können, wird von der Verordnung dahingehend beantwortet, dass dies grds. möglich, wenn eine Gesamtbetrachtung aller Einzelfaktoren zu dem Ergebnis kommt, dass die lagebedingte Preisbildung ähnlich ist bzw. sich keine signifikanten Auswirkungen der unterschiedlich beschriebenen Wohnlagen auf den Preis feststellen lassen.

85 Die Einhaltung der wissenschaftlichen Grundsätze bezieht sich auf den gesamten Mietspiegel also auch auf eine zum Mietspiegel gehörenden **Lagekarte** oder ein **Straßenverzeichnis.** Auch diese müssen nach wissenschaftlichen Grundsätzen erstellt werden.[217] Nach § 19 Abs. 2 MsV soll zur Ermittlung von Wohnlagen untersucht werden, inwiefern sich durch Beschreibungen mittels vor Ort feststellbarer Faktoren wie insbes. Bebauungs- und Verkehrsdichte, Zentralität, Infrastruktur, Begrünung oder vergleichbarer Kriterien Wohnlageneinteilen lassen. Wird hierdurch die Einteilung von Wohnlagen nicht sachgerecht ermöglicht, sollen nach der Verordnung weitere Bewertungsmaßstäbe wie Bodenrichtwerte oder Kriterien der allgemeinen Beliebtheit bestimmter Wohngegenden berücksichtigt werden. Das ist problematisch. **Bodenrichtwerte** sind bei der Ermittlung der ortsüblichen Vergleichsmiete als Kriterium ungeeignet. Grundstückspreise lassen keine verlässliche Rückschlüsse auf eine ortsübliche (Vergleichs-)Miete zu.[218] Auch als Indiz[219] für weiche Standortfaktoren,

---

[212] *Börstinghaus/Clar* NZM 2014, 889; *Bünnemeyer/Hebecker/Werling* ZMR 2016, 96 (98); BT-Drs. 19/26918, 41.
[213] Die Verordnungsbegründung spricht von „nicht objektivierbaren Kriterien", BT-Drs. 19/26918, 41.
[214] Siehe den Ausgangsstreit in BGH VIII ZR 87/15, WuM 2016, 290.
[215] *Bünnemeyer/Hebecker/Werling* ZMR 2016, 96 (98); *Bruns/Paschedag/Kauermann* ZMR 2016, 669 (675).
[216] *BT-Drs. 19/26918, 42.*
[217] Siehe auch *Börstinghaus/Clar* NZM 2014, 889; *Bünnemeyer/Hebecker/Werling* ZMR 2016, 96.
[218] BGH VIII ZR 255/18 NJW 2019, 3515 Rn. 20.
[219] So BT-Drs. 19/26918, 42.

wie zB das Image eines Stadtteils, sind sie nur sehr bedingt geeignet. In sog. In-Vierteln kann die Eigentümerquote uU äußerst gering sein. Auch die Berücksichtigung der allgemeinen Beliebtheit bestimmter Wohngegenden widerspricht dem Begriff der ortsüblichen Vergleichsmiete, die letztendlich eine Wohnwertmiete sein soll.[220] Weil die Wohnung einen bestimmten Wert hat, ist die Miete so hoch wie sie ist. Auch in objektiv schlechten Lagen kann die Miete sehr hoch sein, weil der Stadtteil bei den **Trendsettern beliebt** ist. Das allein macht das Quartier aber noch nicht zu einer guten Lage. Häufig liegt hier ein **Zirkelschluss** vor: Die Lage ist nicht deshalb gut, weil die Mieten hoch sind; vielmehr soll die Miete hoch sein, weil die Lage gut ist. Umso mehr man das **Image einer Lage** berücksichtig („In-Szene"), umso mehr nähert sich die ortsübliche Vergleichsmiete der Marktmiete. Weiter spricht gegen die Berücksichtigung des Images einer Lage, dass dies oft nur für bestimmte Bevölkerungsgruppen eine Bedeutung hat (junge Singles, Künstler). Man nähert sich hier deshalb sehr stark einem subjektiven Merkmal in der Person des Mieters und nicht einem objektiven Kriterium, das mit der Lage zu tun hat.

Vorgaben macht § 19 Abs. 3 MsV hinsichtlich der Darstellung der Wohnlageneinteilung im qualifizierten Mietspiegel. Weist ein qualifizierter Mietspiegel unterschiedliche Wohnlagen aus, so sind diese exakt zu verorten, etwa durch ein Straßenverzeichnis oder durch eine aussagekräftige Wohnlagenkarte. Zulässig ist auch der Ausweis bestimmter Zu- oder Abschläge oder Hinweise zur Einordnung innerhalb der Spanne. In der Mietspiegeldokumentation muss unter Darlegung der Beurteilungskriterien und ihrer Zusammenhänge die Einteilung der Wohnlagen nachvollziehbar erläutert werden. Die Verordnung erlaubt die Fortschreibung von in früheren Mietspiegeln gebildete Wohnlageneinteilungen, wenn **(a)** die Dokumentation des früheren Mietspiegels eine Dokumentation der Wohnlageneinordnung enthielt und **(b)** eine Plausibilitätsprüfung erfolgt, die geänderte Verhältnisse vor Ort berücksichtigt. Hiervon gibt es für eine Übergangszeit jedoch eine Ausnahme. Die Voraussetzung zu (a) muss nicht vorliegen für qualifizierte Mietspiegel, deren Stichtag bis zum 1.7.2024 liegt. Ein Straßenverzeichnis, das sich ausschließlich an den Bodenrichtwerten orientiert, ist ebenso untauglich, wie ein solches, das vor mehreren Jahrzehnten aufgestellt und seither wissenschaftlich nicht fortgeschrieben worden ist. Die Durchführung der Plausibilitätsprüfung und ihre Ergebnisse müssen in der Dokumentation erläutert werden. 86

**b) Datenerhebung.** Die Qualität eines Mietspiegels hängt zunächst ganz wesentlich von den Daten ab, auf denen er beruht, dann aber auch von der Qualität der Datenauswertung. 87

**aa) Primärdaten.** Für einen qualifizierten Mietspiegel ist immer eine Primärdatenerhebung erforderlich. § 8 Abs. 1 S. 1 MsV.[221] Das sind Daten, die ausschließlich zum Zweck der Mietspiegelerstellung erhoben wurden.[222] Die Verwendung von Sekundärdaten entspricht nicht den wissenschaftlichen Grundsätzen. Bei ihrer Verwendung handelt es sich immer um einen einfachen Mietspiegel. Sekundärdaten dürfen gem. § 8 Abs. 2 MsV zur Vorbereitung der Datenerhebung oder zur Plausibilitätsprüfung gem. § 9 Abs. 3 S. 1 MsV verwendet werden. Die Mietspiegelersteller sind aber frei in der Entscheidung, ob die Primärdatenerhebung durch Mieter- oder Vermieterbefragung erfolgt. Je nachdem, welche Merkmale der Mietwohnung eher den Mietern oder den Vermietern bekannt sind, kann die eine oder andere Gruppe als Ansprechpartner erfolgversprechender sein.[223] Auch gemischte Modelle sind möglich, wenn sichergestellt ist, dass Verzerrungen bspw. durch mehrfache Berücksichtigung derselben Wohnung ausgeschlossen sind. 88

**bb) Repräsentativität.** Es ist gem. § 8 Abs. 1 S. 2 MsV **keine Vollerhebung** erforderlich, da deren Kosten viel zu hoch wären. Die Daten der der Primärdatenerhebung zugrundeliegenden Stichprobe müssen jedoch gem. § 8 Abs. 1 S. 3, § 9 Abs. 1 MsV repräsentativ sein.[224] § 8 Abs. 1 S. 4 MsV definiert, wann eine Stichprobe als repräsentativ gilt. Das ist der Fall, wenn sie auf einer Zufallsauswahl[225] beruht, bei der im Wesentlichen jede Wohnung der Auswertungsgrundgesamtheit eine positive und bekannte Wahrscheinlichkeit hat, in die Erhebung einbezogen zu werden. Eine solche 89

---

220 Blank FS Börstinghaus, *2020, 9.*

221 *Kniep/Gratzel* WuM 2008, 645 (646); *Rips* WuM 2002, 415 (417).

222 Zum Anspruch auf Herausgabe der Daten: VG München ZD 2019, 47, teilweise abgeändert durch BayVGH NZM 2019, 862 = NJW 2020, 85.

223 BT-Drs. 19/26918, 29.

224 BGH VIII ZR 346/10, NJW 2012, 1351, für die Daten eines gerichtlichen Sachverständigengutachtens zur Ermittlung der ortsüblichen Vergleichsmiete; LG Bochum DWW 2007, 298 mAnm *Börstinghaus; Rips* WuM 2002, 415 (419); Bedenken gegen den Begriff der Repräsentativität aus bewertungspraktischer Sicht äußern *Stelter/Finger* DS 2013, 95.

225 *Stelter/Finger* DS 2013, 95.

zeichnet sich dadurch aus, dass im Wesentlichen jede Wohnung der Auswertungsgrundgesamtheit eine positive und bekannte Wahrscheinlichkeit hat, in die Erhebung einbezogen zu werden. Aus diesem Prinzip ergibt sich, dass sich die Stichprobe bei größer werdender Anzahl ausgewerteter Wohnungen stärker der Auswertungsgrundgesamtheit annähert. Für eine repräsentative Stichprobe im Sinne dieser Regelung ist daher zusätzlich ein ausreichender Stichprobenumfang erforderlich. Das bedeutet, dass die Stichprobe ein getreues Abbild des Wohnungsmarktes abgeben muss. Jede Wohnung muss die gleichen Chancen haben, in der Stichprobe vertreten zu sein.[226] Dabei muss sichergestellt werden, dass alle Wohnungen mit ihren Mietpreis bestimmenden Merkmalen in dieser Stichprobe annähernd im gleichen Verhältnis wie in der Grundgesamtheit enthalten sind.[227] Dem Wesen einer Stichprobe ist aber immanent, dass einem solchen Ziel nie entsprochen, sondern sich ihm nur angenähert werden kann.[228] Bevor eine **Zufallsstichprobe** gezogen wird, sollte die Datei, aus der das geschieht, möglichst um alle Haushaltsadressen oder Wohnungen bereinigt werden, die nicht zur Ermittlung der ortsüblichen Vergleichsmiete herangezogen werden dürfen oder die nicht in den Mietspiegel aufgenommen werden sollen. Hierdurch wird erreicht, dass Grundlage der Stichprobe eine Gesamtheit ist, die einen möglichst hohen Anteil mietspiegelrelevanter Daten aufweist. Diese Grundsätze gelten gem. § 9 Abs. 1 MsV auch für das Ziehen der Bruttostichprobe, als der Stichprobe, hinsichtlich derer eine Primärdatenerhebung stattfinden soll.

**90** Bei der **Erhebungsmethode** sind Mietspiegelersteller frei. Das gilt sowohl für den Adressaten der Erhebung – Mieter- oder Vermieterbefragung[229] – als auch für die Befragungsart – Telefoninterview, schriftliche oder persönliche Befragung. Allein unter dem Gesichtspunkt der Beachtung der wissenschaftlichen Grundsätze sind alle diese Erhebungsformen zulässig. Jede hat Vor- und Nachteile gegenüber einer anderen, wobei häufig das Kostenargument ausschlaggebend sein wird. Bei Mieterbefragungen ist die Rücklaufquote systembedingt niedriger, da die Mieter nicht unbedingt an einem neuen Mietspiegel, der idR zu Mieterhöhungen führt, mitwirken wollen. Hinzu kommt immer häufiger Sprachprobleme bei den Mietern.[230] Immer schwieriger wird es bestimmte Mietergruppen für eine persönliche Befragung anzutreffen, da sie beruflich und privat viel unterwegs sind. Da diese Gruppe regelmäßig die höherpreisigen Wohnung bewohnen, fallen für diese Art von Wohnungen häufig zu wenig Daten an.[231]

**91** Die Bruttostichprobe kann gem. § 9 MsV entweder als **einfache Zufallsstichprobe,** bei der jede Wohnung die gleiche Wahrscheinlichkeit hat, oder als **geschichtete Zufallsstichproben** gezogen zu werden. § 9 Abs. 2 MsV spricht davon, dass die Bruttostichprobe proportional oder disproportional geschichtet werden kann. Im letzteren Fall werden die Elemente der Erhebungsgrundgesamtheit zunächst in Schichten eingeteilt und dann aus jeder einzelnen Schicht eine Zufallsstichprobe gezogen. Grundsätzlich sind hierbei proportionale und disproportionale Aufteilungen möglich.[232] Bei einer proportional geschichteten Stichprobe entspricht der Anteil einer Schicht an der Gesamtstichprobe dem Anteil dieser Schicht an der Erhebungsgrundgesamtheit. Bei einer disproportional geschichteten Stichprobe sind die Anteile für die Schichten in der Stichprobe grds. frei wählbar. Wurde eine disproportional geschichtete Zufallsstichprobe gezogen, so ist bei der Datenauswertung eine entsprechende Rückgewichtung vorzunehmen, sofern ansonsten eine Verzerrung der Ergebnisse zu erwarten ist. Das ganze Verfahren steht gem. § 9 Abs. 3 MsV unter dem Vorbehalt einer **Plausibilitätsprüfung.**

**92** Allein die **Qualität und der Umfang der Bruttostichprobe** sind für die Repräsentativität des Ergebnisses der Datenerhebung aber nicht allein ausschlaggebend. Zunächst ist die Höhe der Antwortrate entscheidend. Das ist die Nettostichprobe. Wieviel Fragebögen wurden zurückgeschickt oder (Telefon-)Interviews konnten tatsächlich durchgeführt werden, § 10 Abs. 1 MsV. Diese Nettostichprobe muss anschließend noch bereinigt werden um die Rückläufer, die mangels Zugehörigkeit zur Auswertungsgrundgesamtheit oder aufgrund einer Mehrfachzählung derselben Wohnung oder aufgrund grob unvollständiger oder offensichtlich unzutreffender Antworten für die Auswer-

---

[226] Dies gilt uneingeschränkt nur für die ungeschichtete Stichprobe. Bei der geschichteten Stichprobe erfolgt eine Bewertung.

[227] Zu den stichprobenmethodischen Anforderungen an qualifizierte Mietspiegel: *Cischinsky/von Malottki/Rodenfels/Vaché* WuM 2014, 239; *Schlittgen/Uhlig* WuM 1997, 314.

[228] BT-Drs. 19/26918, 29.

[229] *BGH VIII ZR 30/09, NZM* 2010, 122.

[230] *Leutner* WuM 2019, 128.

[231] *Leutner* WuM 2019, 128.

[232] BT-Drs. 19/26918, 31.

tung nicht verwendet werden können. Das Ergebnis ist die **bereinigte Nettostichprobe.** Auszusortieren sind nicht zugestellte Fragebögen, weil zB die Adresse falsch war oder die Wohnung steht leer. Genauso unerheblich sind Wohnungen, in denen der Eigentümer wohnt oder für die eine Kostenmiete gezahlt wird. Immer größer wird auch der Anteil derjenigen, die an der Befragung nicht teilnehmen.[233] Für die Repräsentativität sind die Größe der Ergebnisstichprobe und ihr Verhältnis zur **Bruttostichprobe** entscheidend.[234] Die Rücklaufquote und die Bereinigung der Nettostichprobe sind zu dokumentieren. In der Dokumentation ist gem. § 10 Abs. 2 MsV darzulegen, in welchem Umfang und aus welchen Gründen die Rückläufer bereinigt wurden, ohne dass die genauen Umstände jedes Einzelfalles mitzuteilen sind.

Um den Ansprüchen der Repräsentativität zu genügen, dürfen die Abweichungen zwischen Bruttostichprobe und **Ergebnisstichprobe** nicht zu groß sein. Und genau hier fängt die **juristische Aufgabe** an festzustellen, welche **Abweichung** nach den wissenschaftlichen Grundsätzen noch hingenommen werden kann.[235] In der Vergangenheit wurde eine Ergebnisstichprobe von 60%–70% gefordert.[236] Heute ist man froh, wenn man nur einen Bruchteil davon erreicht. Die Zahlen sind teilweise sehr niedrig, so dass durchaus Zweifel an der Repräsentativität im Einzelfall angebracht sind.[237] Die Mietspiegelverordnung gibt keinen Wert vor. Der Verordnungsgeber hofft jedoch durch die in Art. 238 EGBGB aufgenommen Auskunftspflichten, das wachsende Problem zumindest für die Zukunft entschärfen zu können. **93**

Für die Frage, ob im Mietspiegel für eine bestimmte vergleichbare Wohnung Werte ausgewiesen werden können, kommt es entscheidend darauf an, wie viele Mietspiegeldaten für vergleichbare Wohnungen erhoben werden konnten. Je weniger Mietwerte ausgewertet werden können, desto geringer ist die Wahrscheinlichkeit, dass die ermittelten Mieten das tatsächliche Mietniveau hinreichend genau abbilden. Nach § 11 MsV, der die auch früher schon bestehenden wissenschaftlichen Grundsätzen für den Stichprobenumfang kodifiziert, beträgt die **Mindestfeldbesetzung** 30 Wohnungen[238] je Mietspiegelfeld. Daraus lässt sich dann im Umkehrschluss auch die Mindestgröße der Stichprobe errechnen: Bei einem Mietspiegel mit 40 Tabellenfeldern und einer minimalen Feldbesetzung von 30 Wohnungen je Mietspiegelfeld ist eine Ergebnisstichprobe von mindestens 1.200 Wohnungen erforderlich. Bei einer Ausschöpfungsquote von 50% und einer Sicherheitsreserve muss die Bruttostichprobe bei ca. 3.000–5.000 Wohnungen liegen (Zahlen aus den Hinweisen zur Aufstellung von Mietspiegeln 2002[239]. Bei einer geschichteten Stichprobe kann ein geringerer Stichprobenumfang genügen. **94**

Bei einem Regressionsmietspiegel genügt im Vergleich zu einem Tabellenmietspiegel eine kleinere Stichprobe. Hier soll die bereinigte Nettostichprobe Wohnungen in einer Anzahl enthalten, die wenigstens 1% der Wohnungen im Geltungsbereich des Mietspiegels entspricht. Würde dieser Wert unter 500 liegen, so bedarf es idR eines Stichprobenumfangs von mindestens 500 Wohnungen.[240] Kommt man bei der 1% Stichprobe auf mehr 3.000 Wohnungen, so genügt ein Stichprobenumfang von 3.000 Wohnungen. **95**

Möglich ist, dass ein Mietspiegel **in Teilen** nach wissenschaftlichen Grundsätzen erstellt ist und insofern **als qualifiziert gilt,** und in anderen Teilen nicht.[241] § 8 Abs. 3 S. 3 MsV sieht das ausdrücklich so vor. Das kann insbes. der Fall sein, wenn die Feldbesetzung in einzelnen Tabellenfel- **96**

---

[233] Eine Tabelle über den Rechenweg von der Bruttostichprobe zur Ergebnisstichprobe befindet sich in den Hinweisen zur Aufstellung von Mietspiegeln 2002, abgedr. bei *Börstinghaus* Miethöhe-HdB S. 764.

[234] Zum Rechenweg Börstinghaus/*Clar* Mietspiegel/*Clar* Rn. 593; äußerst krit. *Cischinsky/von Malottki/Rodenfels/Vaché* WuM 2014, 239 (247).

[235] Dies halten *Cischinsky/von Malottki/Rodenfels/Vaché* WuM 2014, 239 (247) für „unsinnig".

[236] Börstinghaus/*Clar* Mietspiegel/*Clar* Rn. 596; krit. *Cischinsky/von Malottki/Rodenfels/Vaché* WuM 2014, 239 (247).

[237] Zur Frage des Verhältnisses der Daten verschiedener Vermietergruppen AG Berlin-Charlottenburg GE 2015, 457 (459); BeckRS *2015, 06289.*

[238] KG NZM 2009, 544 mAnm *Börstinghaus* jurisPR-MietR 14/2009 Anm. 4; *Schach* GE 2009, 1011, Mietspiegel für Berlin ist in den Feldern mit 15–29 Mietwerten nicht qualifiziert; nach *Stelter/Finger* DS 2012, 95 kann auch ein Sachverständigengutachten mit 30 Werten, in Einzelfällen aber auch mit 10–20 Werten wissenschaftlich ordentlich erstellt werden.

[239] Abgedr. bei *Börstinghaus* Miethöhe-HdB S. 764.

[240] So schon LG Braunschweig 24.11.2020 – 6 S 307/19, nv zum alten Recht.

[241] KG GE 2010, 60; 2009, 1044; LG Hamburg ZMR 2014, 646; LG Berlin GE 2013, 359; AG Mitte GE 2014, 1013; Bub/Treier MietR-HdB/*Schultz* Kap. III A Rn. 1383; *Paschke* GE 2012, 1072 (1074); **aA** *Ulbricht* DS 2012, 197.

dern nicht den wissenschaftlichen Grundsätzen genügt.[242] Dabei macht es durchaus Sinn auch Werte bei Feldern, denen nur ca. 20–30 Datensätze zu Grunde liegen anzugeben, da dies immer noch besser ist, als das Feld leer zu lassen, jedoch handelt es sich bei diesen Feldern dann nicht um einen qualifizierten Mietspiegel.[243] Im Mietspiegel muss dies ausreichend deutlich gekennzeichnet sein. Die Daten solche Felder können ggf. als Schätzungsgrundlage gem. § 287 Abs. 1 ZPO verwandt werden[244] Die Vorschrift stellt an das Maß der Überzeugungsbildung des erkennenden Richters geringere Anforderungen als die Vorschrift des § 286 ZPO.[245] Im Rahmen des § 286 ZPO muss der Richter zwar auch keine absolute oder unumstößliche Gewissheit von der Richtigkeit der Tatsache haben, erforderlich ist ein „für das praktische Leben brauchbarer Grad der Gewissheit, der Zweifeln Schweigen gebietet, ohne sie völlig auszuschließen".[246] Nach § 287 ZPO ist der Richter demgegenüber ermächtigt, sich mit einer mehr oder minder hohen – mindestens aber überwiegenden – Wahrscheinlichkeit zu begnügen.[247] Hinsichtlich der genauen Höhe der ortsüblichen Vergleichsmiete steht ihm ein Ermessen zu, wobei in Kauf genommen wird, dass das Ergebnis uU mit der Wirklichkeit nicht übereinstimmt.[248]

97 **c) Die Datenauswertung.** Die erhobenen Daten muss ausgewertet und aufbereitet werden, damit sie als Mietspiegel Verwendung finden können. Dies soll gem. § 12 Abs. 1 MsV so erfolgen, dass eine Nettokaltmiete pro Quadratmeter ausgewiesen werden kann. Über die **statistische Methode**[249] zur Erstellung eines Mietspiegels wurde in der Vergangenheit äußerst **kontrovers diskutiert.**[250] In den letzten Jahren war die Diskussion vor allem durch einzelne große kapitalmarktorientierte Wohnungsunternehmen und einzelne Betriebswirtschaftler und Mietspiegelersteller wieder neu entfacht worden[251] Es wird dabei allein die Regressionsmethode als modern und die Tabellenmethode als veraltet bezeichnet.[252] Wie die Verteilung der beiden Methoden auf die existierenden Mietspiegel genau ist, ist strittig. Während das Bundesinstituts für Bau-, Stadt- und Raumforschung (BBSR) nach seinen Erhebungen davon ausgeht, das von den 161 qualifizierten Mietspiegeln Anfang 2019 insgesamt ca. 22% nach der Regressionsmethode erstellt worden sind, wobei die Quote bei Gemeinden mit mehr als 100.000 Einwohnern auf ca. 43,7% ansteigt, kommt der gif-Mietspiegelreport[253] bei der Untersuchung von 44 qualifizierten Mietspiegeln zu dem Ergebnis, dass 24, also 55%, nach der Regressionsmethode erstellt wurden. Hinzu sollen noch ca. neun Mietspiegel nach der Hybridmethode kommen. Nach der Untersuchung von *Freund*[254] soll sich bei der Methodenwahl keine Präferenz abzeichnen. Von den von untersuchten 124 Mietspiegeln waren jeweils exakt 50% nach einer der beiden Methoden erstellt worden. Die **Tabellenmethode** ist deshalb nach wie vor wohl trotz aller Angriffe auch heute noch die **Standardmethode.** Mietspiegel, die nach der Tabellenmethode erstellt wurden können auch in der gerichtlichen Entscheidungsfindung berücksichtigt

---

242 **AA** *Ulbricht* DS 2012, 197 (198).

243 **AA** *Ulbricht* DS 2012, 197 (198).

244 KG GE 2010, 60; 2009, 1044; LG Hamburg ZMR 2014, 646, als einfacher Mietspiegel; LG Berlin GE 2013, 359; AG Mitte GE 2014, 1013; *Paschke* GE 2012, 1072 (1074).

245 BGH VI ZR 296/18, NJW 2020, 236.

246 BGH VI ZR 44/12, NJW 2014, 71; VI ZR 139/02, NJW 2003, 1116; VI ZR 268/88, NJW 1989, 2948; VI ZR 155/92, NJW 1994, 801; VI ZR 274/07, NJW 2008, 2845; III ZR 139/67, BGHZ 53, 245 (256); VIII ZR 286/75, VersR 1977, 721.

247 BGH VI ZR 296/18, NJW 2020, 236; VI ZR 221/06, NJW 2008, 1381; VI ZR 134/71, NJW 1972, 1515.

248 BGH VI ZR 296/18, NJW 2020, 236; VI ZR 84/10, NJW 2013, 525; III ZR 47/63, NJW 1964, 589.

249 Nach *Bünnemeyer/Hebecker/Werling* ZMR 2016, 96 begegnet es „rechtlichen Bedenken, wenn in unterschiedlichen Kommunen verschiedene Verfahren zur Mietspiegelerstellung angewandt werden (…)". Das ist nicht nachvollziehbar, da Mietspiegel nicht die Mieten zwischen verschiedenen Gemeinden vergleichbar machen sollen, sondern nur für eine Gemeinde gelten. Deshalb erlaubt § 7 MsV auch beide Methoden zur Datenauswertung.

250 Bub/Treier MietR-HdB/*Schultz* Kap. III A Rn. 1378; *Schmidt/Emmert* WuM 2000, 285 (286); *Voelskow* WuM 1993, 21; ZMR 1992, 326; *Aigner/Oberhofer/Schmidt* WuM 1993, 10; 1993, 16; *Oberhofer/Schmidt* WuM 1993, 585; *Krämer* WuM 1992, 175; *Gaede/Kredler* WuM 1992, 578; *Alles* WuM 1988, 241; *Isenmann* ZMR 1993, 446; *Blinkert/Höfflin* WuM 1994, 589; *Schließl* WuM 1995, 18; *Clar* WuM 1992, 662; *Klein/Martin* WuM 1994, 513.

251 *Leutner* WuM 2019, 128 mit Hinweisen auf Quellen in Fn. 1.

252 *Zur Recht* ***aA*** *Leutner* WuM 2019, 128.

253 Herunterladbar unter: https://mieterinido.files.wordpress.com/2019/02/mietspiegelreport-2019-final.pdf.

254 *Freund,* Die Berücksichtigung energetischer Ausstattung und Beschaffenheit in qualifizierten Mietspiegeln, 2018, S. 198–217.

tung nicht verwendet werden können. Das Ergebnis ist die **bereinigte Nettostichprobe.** Auszusortieren sind nicht zugestellte Fragebögen, weil zB die Adresse falsch war oder die Wohnung steht leer. Genauso unerheblich sind Wohnungen, in denen der Eigentümer wohnt oder für die eine Kostenmiete gezahlt wird. Immer größer wird auch der Anteil derjenigen, die an der Befragung nicht teilnehmen.[233] Für die Repräsentativität sind die Größe der Ergebnisstichprobe und ihr Verhältnis zur **Bruttostichprobe** entscheidend.[234] Die Rücklaufquote und die Bereinigung der Nettostichprobe sind zu dokumentieren. In der Dokumentation ist gem. § 10 Abs. 2 MsV darzulegen, in welchem Umfang und aus welchen Gründen die Rückläufer bereinigt wurden, ohne dass die genauen Umstände jedes Einzelfalles mitzuteilen sind.

Um den Ansprüchen der Repräsentativität zu genügen, dürfen die Abweichungen zwischen Bruttostichprobe und **Ergebnisstichprobe** nicht zu groß sein. Und genau hier fängt die **juristische Aufgabe** an festzustellen, welche **Abweichung** nach den wissenschaftlichen Grundsätzen noch hingenommen werden kann.[235] In der Vergangenheit wurde eine Ergebnisstichprobe von 60%–70% gefordert.[236] Heute ist man froh, wenn man nur einen Bruchteil davon erreicht. Die Zahlen sind teilweise sehr niedrig, so dass durchaus Zweifel an der Repräsentativität im Einzelfall angebracht sind.[237] Die Mietspiegelverordnung gibt keinen Wert vor. Der Verordnungsgeber hofft jedoch durch die in Art. 238 EGBGB aufgenommen Auskunftspflichten, das wachsende Problem zumindest für die Zukunft entschärfen zu können. **93**

Für die Frage, ob im Mietspiegel für eine bestimmte vergleichbare Wohnung Werte ausgewiesen werden können, kommt es entscheidend darauf an, wie viele Mietspiegeldaten für vergleichbare Wohnungen erhoben werden konnten. Je weniger Mietwerte ausgewertet werden können, desto geringer ist die Wahrscheinlichkeit, dass die ermittelten Mieten das tatsächliche Mietniveau hinreichend genau abbilden. Nach § 11 MsV, der die auch früher schon bestehenden wissenschaftlichen Grundsätzen für den Stichprobenumfang kodifiziert, beträgt die **Mindestfeldbesetzung** 30 Wohnungen[238] je Mietspiegelfeld. Daraus lässt sich dann im Umkehrschluss auch die Mindestgröße der Stichprobe errechnen: Bei einem Mietspiegel mit 40 Tabellenfeldern und einer minimalen Feldbesetzung von 30 Wohnungen je Mietspiegelfeld ist eine Ergebnisstichprobe von mindestens 1.200 Wohnungen erforderlich. Bei einer Ausschöpfungsquote von 50% und einer Sicherheitsreserve muss die Bruttostichprobe bei ca. 3.000–5.000 Wohnungen liegen (Zahlen aus den Hinweisen zur Aufstellung von Mietspiegeln 2002[239]. Bei einer geschichteten Stichprobe kann ein geringerer Stichprobenumfang genügen. **94**

Bei einem Regressionsmietspiegel genügt im Vergleich zu einem Tabellenmietspiegel eine kleinere Stichprobe. Hier soll die bereinigte Nettostichprobe Wohnungen in einer Anzahl enthalten, die wenigstens 1% der Wohnungen im Geltungsbereich des Mietspiegels entspricht. Würde dieser Wert unter 500 liegen, so bedarf es idR eines Stichprobenumfangs von mindestens 500 Wohnungen.[240] Kommt man bei der 1% Stichprobe auf mehr 3.000 Wohnungen, so genügt ein Stichprobenumfang von 3.000 Wohnungen. **95**

Möglich ist, dass ein Mietspiegel **in Teilen** nach wissenschaftlichen Grundsätzen erstellt ist und insofern **als qualifiziert gilt,** und in anderen Teilen nicht.[241] § 8 Abs. 3 S. 3 MsV sieht das ausdrücklich so vor. Das kann insbes. der Fall sein, wenn die Feldbesetzung in einzelnen Tabellenfel- **96**

---

[233] Eine Tabelle über den Rechenweg von der Bruttostichprobe zur Ergebnisstichprobe befindet sich in den Hinweisen zur Aufstellung von Mietspiegeln 2002, abgedr. bei *Börstinghaus* Miethöhe-HdB S. 764.

[234] Zum Rechenweg Börstinghaus/*Clar* Mietspiegel/*Clar* Rn. 593; äußerst krit. *Cischinsky/von Malottki/Rodenfels/Vaché* WuM 2014, 239 (247).

[235] Dies halten *Cischinsky/von Malottki/Rodenfels/Vaché* WuM 2014, 239 (247) für „unsinnig".

[236] Börstinghaus/*Clar* Mietspiegel/*Clar* Rn. 596; krit. *Cischinsky/von Malottki/Rodenfels/Vaché* WuM 2014, 239 (247).

[237] Zur Frage des Verhältnisses der Daten verschiedener Vermietergruppen AG Berlin-Charlottenburg GE 2015, 457 (459); BeckRS 2015, 06289.

[238] KG NZM 2009, 544 mAnm *Börstinghaus* jurisPR-MietR 14/2009 Anm. 4; *Schach* GE 2009, 1011, Mietspiegel für Berlin ist in den Feldern mit 15–29 Mietwerten nicht qualifiziert; nach *Stelter/Finger* DS 2012, 95 kann auch ein Sachverständigengutachten mit 30 Werten, in Einzelfällen aber auch mit 10–20 Werten wissenschaftlich ordentlich erstellt werden.

[239] Abgedr. bei *Börstinghaus* Miethöhe-HdB S. 764.

[240] So schon LG Braunschweig 24.11.2020 – 6 S 307/19, nv zum alten Recht.

[241] KG GE 2010, 60; 2009, 1044; LG Hamburg ZMR 2014, 646; LG Berlin GE 2013, 359; AG Mitte GE 2014, 1013; Bub/Treier MietR-HdB/*Schultz* Kap. III A Rn. 1383; *Paschke* GE 2012, 1072 (1074); **aA** *Ulbricht* DS 2012, 197.

Im Übrigen darf nicht übersehen werden, dass selbst bei Anwendung der gleichen Methode der Auswertung und Darstellung (Tabelle oder Regression) und Verwendung des gleichen Datensatzes durchaus unterschiedliche Werte ermitteln werden können, ohne dass eine Auswertung im Sinne der Statistik falsch wäre. Wie es in der Rechtswissenschaft unterschiedliche Auslegungsmethoden gibt und man deshalb je nach Gewichtung der jeweiligen Methode zu unterschiedlichen Ergebnissen kommen kann, so kann es auch bei der Anwendung anerkannter statistischer Verfahren durch eine andere methodische Gestaltung zu durchaus unterschiedlichen Ergebnissen kommen. Dies zu dokumentieren entspricht wissenschaftlicher Ehrlichkeit. Hinzukommt, dass jedes der gewählten Modelle Fehlspezifikationen enthält. Es wird immer Einflüsse geben, die man nicht gemessen hat oder nicht erkannt hat. Außerdem schränkt das Mietrecht durch die Vorgabe der alleinzulässigen fünf Wohnwertmerkmale Art, Lage, Größe, Beschaffenheit und Ausstattung die Merkmalsauswahl bei der Mietspiegelerstellung ein. Anerkanntermaßen die Miethöhe beeinflussende Merkmale wie Wohndauer, Vermietertyp etc. dürfen nicht berücksichtigt werden. Man wird zu jedem Mietspiegel auch noch einen besseren entwickeln können, wenn man mehr, Zeit und Geld investiert. Damit ist dann die normative Seite der Mietspiegelerstellung noch nicht einmal erfasst. Die Gerichte sollten nach der hier vertretenen Auffassung sich darauf beschränken absolute Mindestanforderungen festzulegen und jeder Mietspiegelersteller kann dann entscheiden, wieviel mehr er in seiner Gemeinde haben will. Allein die Tatsache, dass mehr – immer – geht, führt noch nicht zu einem Verstoß gegen die wissenschaftlichen Grundsätze. 104

**d) Die Dokumentation.** Für einen qualifizierten Mietspiegel ist eine Dokumentation zwingend erforderlich. Die wissenschaftlichen Grundsätze der Mietspiegelerstellung verlangen die Offenlegung aller Schritte der Mietspiegelerstellung.[270] Zu den wissenschaftlichen Grundsätzen gehört der **Anspruch auf Zuverlässigkeit.**[271] Zur Zuverlässigkeit wissenschaftlicher Arbeit gehört, dass bei einer Wiederholung dieselben Ergebnisse herauskommen müssen. Dazu muss aber bekannt sein, was überhaupt genau gemessen wurde und wie die Auswertung erfolgte.[272] Dementsprechend verlangt die MsV an den verschiedensten Stellen[273] eine entsprechende Dokumentation, dessen was bei der Mietspiegelerstellung genau gemacht wurde, Nach § 20 MsV soll die Dokumentation ermöglichen, die im qualifizierten Mietspiegel angegebenen Werte in ihrer Herleitung nachzuvollziehen; nicht erforderlich ist dabei eine Dokumentation, die eine vollständige Nachberechnung der Ergebnisse ermöglicht. In der Dokumentation ist in allgemeiner Form darzustellen, welche der personenbezogenen Daten, die ursprünglich für andere Zwecke erhoben wurden, der Mietspiegelersteller von öffentlichen und nichtöffentlichen Stellen erhalten hat und wozu diese Daten benötigt und verwendet wurden. Auch das BSG[274] verlangt für die Verwertbarkeit qualifizierter Mietspiegel im Rahmen der Ermittlung der Kosten der Unterkunft Werte, die sich nicht aus dem Mietspiegel, sondern nur aus der Dokumentation ergeben. 105

Die Dokumentation ist vom **Textteil des Mietspiegels** zu unterscheiden.[275] Die textlichen Erläuterungen gehören zum Mietspiegel selbst.[276] Angaben, die für die Anwendung des qualifizierten Mietspiegels notwendig sind, einschließlich des Stichtags, zu dem die Daten für den Mietspiegel erhoben wurden, sind gem. § 20 Abs. 1 MsV bereits in den Mietspiegel aufzunehmen. Die Dokumentation hingegen soll dem fachlich versierten Anwender wie auch dem Gericht die Möglichkeit geben, alle Schritte der Mietspiegelerstellung nachzuvollziehen, um überprüfen zu können, ob die wissenschaftlichen Grundsätze eingehalten wurden und ob der Mietspiegel im konkreten Fall anwendbar ist.[277] In der Dokumentation sollten die Datengrundlage, ggf. die Datenerhebung und 106

---

270 *Auer/Hilla,* „Der qualifizierte Mietspiegel: Bedeutung, Verbreitung und Ausgestaltung" in Woeckener, Beiträge zur Reform des qualifizierten Mietspiegels, 2018, S. 25 (42); *Haber* NZM 2001, 305 (308).

271 Börstinghaus/Clar Mietspiegel/*Clar* Rn. 534.

272 *Rips* WuM 2002, 415 (419).

273 §§ 8 Abs. 4, 9 Abs. 4, 10 Abs. 2, 11 Abs. 4, 12 Abs. 3, 13 Abs. 3, 14 Abs. 2, 15 Abs. 5, 16 Abs. 4, 19 Abs. 5, 23 Abs. 3.

274 BSG SGb 2012, 361 mAnm *Winter* SGb 2012, 366.

275 *Missal,* „Bestandsaufnahme, Probleme und Reform der Mietspiegeldokumentation" in Woeckener, Beiträge zur Reform des qualifizierten Mietspiegels, 2018, S. 154 (164).

276 *Cromm/Koch,* Mietspiegel in Deutschland, 2006, 158 sehen es aus Gründen der Vertrauens- und Glaubwürdigkeit wegen der besonderen Rechte und Pflichten, die sich aus einem qualifizierten Mietspiegel ergeben, für erforderlich an, dass dem Mietspiegel eine Kurzfassung der Dokumentation sowie der Hinweis auf vollständige Dokumentation beigefügt wird.

277 *Rips* WuM 2002, 415 (419).

das Verfahren der Datenauswertung dargestellt werden. Mängel der Dokumentation sprechen gegen die Qualifikation des Mietspiegels.[278]

Die Dokumentation muss **Angaben zu folgenden Punkten** enthalten[279]:

- **Träger des Verfahrens** und Verfahrensbeteiligte;
- **Datengrundlage und Datenermittlung**[280]: Verfahren der Stichprobenziehung, Stichprobengröße, Befragungsart, Erhebungsinstrument (Fragebogen), Ausschöpfungsquote der Stichprobe
- Darstellung der verschiedenen **Kontrollverfahren** und Plausibilitätsprüfungen
- **Auswertungsmethode:** Darstellung der Verfahren – Tabellen- oder Regressionsmietspiegel – Darlegung der Verfahrensschritte, Darstellung der Mietwerte, Ausweisung von Spannen, Feldbesetzung (bei Tabellenmietspiegeln)[281];
- ggf. Dokumentation der **Mietspiegelfortschreibung:** Bei Indexfortschreibung Angabe des benutzten Index und der Stichtage; bei Anpassung mittels Stichprobe Datengrundlage und Datenermittlung wie oben.

107 Da anerkanntermaßen aus jedem ordnungsgemäß ermittelten Datensatz unter Verwendung verschiedener anerkannter statistischer Methoden leicht unterschiedliche Ergebnisse ermittelt werden können, sollte in der Dokumentation auch mitgeteilt werden, ob solche unterschiedlichen Verfahren angewandt wurden, welche Ergebnisse dabei herauskamen und warum man sich für ein bestimmtes Verfahren entschieden hat.

## III. Die Anerkennung des qualifizierten Mietspiegels

### 1. Allgemeines

108 Die Erstellung eines Mietspiegels ist ein **faktischer Vorgang.** Ein Mietspiegel ist weder ein Verwaltungsakt[282] noch eine Allgemeinverfügung. Ein Mietspiegel ist auch keine normkonkretisierende Verwaltungsvorschrift.[283] Der Mietspiegel stellt lediglich eine statistisch aufbereitete Sammlung von Vergleichsmieten dar. Damit die besonderen Rechtsfolgen, die das Gesetz an qualifizierte Mietspiegel knüpft, eintreten, verlangt das Gesetz neben der Erstellung nach wissenschaftlichen Grundsätzen gleichberechtigt daneben noch die **Anerkennung des qualifizierten Mietspiegels.** Diese Anerkennung kann alternativ durch die nach Landesrecht zuständigen Behörde oder durch je einen Interessenverband der Mieter und Vermieter erfolgen. Nach wie vor erfordert ein qualifizierter Mietspiegel auf formaler Ebene nur, dass die nach Landesrecht zuständige Behörde einerseits oder Interessenvertreter der Vermieter und der Mieter andererseits den Mietspiegel als qualifiziert anerkennen. Das hat zur Folge, dass die nach Landesrecht zuständigen Behörden qualifizierte Mietspiegel auch erstellen können, wenn Interessenvertreter einer oder beider Seiten ihre Mitwirkung verweigern. Möglich ist auch die kumulative Anerkennung durch die Behörde und die beiden Interessenvertreter. Das Mietspiegelreformgesetz[284] hat an eine solche kumulative Anerkennung durch die Behörde und jeweils einen Interessenverband der Vermieter und Mieter **eine zusätzliche Rechtsfolge** geknüpft. In diesem Fall wird nämlich vermutet, dass der Mietspiegel nach wissenschaftlichen Grundsätzen erstellt wurde. Die mehrfache Anerkennung erhöht zunächst die Befriedungsfunktion des Mietspiegels. Die dreifache Anerkennung erleichtert die Anwendung der schon seit 2001 bestehenden Vermutungswirkung gem. § 558d Abs. 3 BGB im Zustimmungsprozess hinsichtlich der Höhe der ortsüblichen Vergleichsmiete. Hierdurch werden die Schwierigkeiten, die bei der Anwendung dieser Vermutungsregel

[278] LG Bochum DWW 2007, 298.

[279] Zum Inhalt der Mietspiegeldokumentation auch *Missal,* „Bestandsaufnahme, Probleme und Reform der Mietspiegeldokumentation" in Woeckener, Beiträge zur Reform des qualifizierten Mietspiegels, 2018, S. 154 (168ff.).

[280] LG Bochum DWW 2007, 298.

[281] Nach *Stelter/Finger* DS 2013, 95 (96) soll sich aus der Dokumentation die Werteverteilung in den besetzten Feldern ergeben.

[282] BVerwG NJW 1996, 2046 mAnm *Storr* ZMR 1996, 453 und *Schönlau* DVP 1996, 172, die gegen das Urteil eingelegte Verfassungsbeschwerde wurde nicht angenommen: 1 BvR 701/96.

[283] *BVerwG NJW* 1996, 2046 mAnm *Storr* ZMR 1996, 453 und *Schönlau* DVP 1996, 172, die gegen das Urteil eingelegte Verfassungsbeschwerde wurde nicht angenommen: 1 BvR 701/96; VGH München ZMR 1994, 81 (84); **aA** *Huber* ZMR 1992, 469.

[284] BGBl. 2021 I, 3515.

gesamt oder im jeweiligen Tabellenfeld ist. Zusätzlich können Zu- und Abschläge ausgehend vom Mittelwert des Tabellenfeldes wegen wohnwertrelevanter gesetzlicher Merkmale angesetzt werden.

101 Demgegenüber erfolgt bei der **Regressionsmethode**[264] eine Verknüpfung zwischen den Daten aller Rasterfelder mittels einer Regressionsfunktion, so dass es zu keinen Leerfeldern und auch zu keinen Mietsprüngen kommt. Nach § 14 MsV sind bei einem Regressionsmietspiegel wohnwertrelevante gesetzliche Merkmale daraufhin zu untersuchen, ob sie einen statistisch signifikanten Einfluss auf den Mietpreis haben mit dem Ziel, den Zusammenhang zwischen der Miethöhe und der gesetzlichen wohnwertrelevanten Merkmale möglichst gut zu beschreiben. Außergesetzliche Merkmale können insbes. zur Wahl des Regressionsmodells und bei der Bemessung von Spannen nach § 16 Abs. 3 MsV herangezogen werden. Regressionsmietspiegel untersuchen also simultan die statistischen Beziehungen zwischen allen erhobenen Daten. Regressionsmietspiegel ermöglichen es deshalb, im Grunde für jede Art von Wohnung die Miete zu ermitteln. Es werden auch Differenzierungen vorgenommen, die es so gar nicht am Markt gibt.[265] Und hier setzt im Wesentlichen auch die Kritik an, da der Mietspiegel ggf. dann nicht widerspiegelt, was am Markt ist, sondern wie es sein würde, wenn es wäre.[266] Andere[267] bezweifeln, dass ein Regressionsmietspiegel noch hinreichend Raum für eine Einzelfallbewertung lässt. Die Tabellenmethode erfordert statistisch viel weniger mathematische Berechnungen, erlaubt aber auch nur eine sehr grobe Einteilung, während die Regressionsmethode vor allem **erhebliche Vorüberlegungen** erfordert. Hierzu müssen erhebliche Modellannahmen aufgestellt werden, die der Wirklichkeit nicht immer entsprechen müssen. Deshalb hängt die Qualität eines Mietspiegels, der nach der Regressionsmethode erstellt wurde, maßgeblich von der Richtigkeit dieser Modellannahmen ab.[268] Die Entscheidung, ob ein solcher Mietspiegel den wissenschaftlichen Grundsätzen entspricht, kann immer nur für den Einzelfall getroffen werden. Eine Verallgemeinerung oder generelle Methodenkritik verbietet sich hier in jede Richtung.[269] Streitträchtiger und problematischer waren in der Vergangenheit aber Regressionsmietspiegel.

102 Bei einem Regressionsmietspiegel soll gem. § 16 Abs. 1 MsV die ortsübliche Vergleichsmiete als Punktwert oder klassifiziert in Tabellenform ggf. mit Zu- und Abschlägen ausgewiesen werden. Erforderlich ist, dass im qualifizierten Mietspiegel genau darzustellen ist, wie die durch Regression festgestellten wohnwertrelevanten gesetzlichen Merkmale definiert werden und welchen Einfluss das jeweilige Merkmal auf die Miethöhe hat. Auch bei einem Regressionsmietspiegel kann die Schwankungsbreite der ermittelten ortsüblichen Vergleichsmiete durch Spannen berücksichtigt werden. Bei der Bildung von Spannen soll dargestellt werden, inwieweit die durch Befragung erhobenen Mieten von den auf Basis der Regressionsanalyse errechneten Mieten nach oben oder unten abweichen. Auch hier kann, wie beim Tabellenmietspiegel, am oberen und unteren Ende je ein Sechstel bis ein Achtel der Werte nicht berücksichtigt werden.

103 Hinzu kommen in letzter Zeit immer mehr **Hybridmietspiegel.** Dabei handelt es sich um eine Mischform, bei der zB bei einem Tabellenmietspiegel die Zu- und Abschläge nach der Regressionsmethode ermittelt werden. Diese sind nach § 7 Abs. 1 MsV zulässig. Für sie gelten die §§ 11–16 MsV nur insoweit, als sie die jeweils angewandte Methode betreffen.

---

[264] Börstinghaus/Clar Mietspiegel/*Clar* Rn. 647.

[265] Beispiel: In ostdeutschen Städten mit dem normierten DDR-Wohnungsbau werden Mieten in 2 qm-Schritten für Wohnungsgrößen der 60er bis 80er Jahre berechnet, die es im industriellen Wohnungsbau gar nicht gab und die es deshalb auch heute noch nicht gibt. Richtigerweise werden über die Wohnungsgröße unterschiedliche Wohnungstypen (2-, 3-, 4-Zimmer-Wohnungen) auseinandergehalten, wie es über die Größenklassen im Tabellenmietspiegel geschieht.

[266] Dahin zielt auch die Kritik von *Dröge/Gebele/Zehnter* Mietpreisbewertung-HdB S. 267.

[267] *Sternel* DS 1994 Heft 4, 20.

[268] *Kauermann/Windmann,* Mietspiegel heute – zwischen Realität und statistischen Möglichkeiten, 2016, 5, die Autoren vermuten, dass die weit stärkere Verbreitung von Tabellenmietspiegeln in der Praxis an der vermeintlich fehlenden statistischen Expertise in Unternehmen und Kommunen liege. Richtig dürfte sein, dass Regressionsmietspiegel schlicht fehleranfälliger sind und deshalb das Risiko Rechtsnachteile zu erleiden, die Entscheider veranlasst den „sichereren Weg" zu gehen.

[269] Nach AnwK WohnraumMietR/*Lammel* BGB § 558d Rn. 14, soll ein Regressionsmietspiegel wegen des immer noch herrschenden Streits über diese Methode nicht nach (anerkannten) wissenschaftlichen Grundsätzen aufgestellt worden sein; grundlegende Bedenken gegen die Methode hat auch das LG München WuM 2002, 547; zweifelnd auch weiterhin *Blank* PiG 62 (2002), 17 (26, 27); nach *Leutner* WuM 2019, 128 sind beide Methoden gleichwertig; nach *Schmidt/Emmert* WuM 2000, 285 sollen beide Methoden durch die Begr. des Mietrechtsreformgesetzes jetzt anerkannt sein. Das entspricht heute auch der Formulierung in § 1 Abs. 1 MsV.

werden, selbst wenn sie nicht qualifiziert iSd § 558d BGB sind.[255] Vor allem in den Gemeinden, in denen die Mietspiegel nach der **Regressionsmethode** aufgestellt worden waren, mussten sich auch die Gerichte mit diesem Statistikerstreit befassen.[256] Während die eine Seite sich fragt, ob Mietspiegel neben der seit Jahrzehnten angewandten Tabellenmethode auch nach der Regressionsmethode erstellt werden können, vertritt die andere Seite die Auffassung, der Tabellenmietspiegel sei nicht mehr „State of the Art". Soweit wiederum von anderer Seite Vorbehalte[257] gegen den Beweiswert von Mietspiegeln bestehen, die nach der Regressionsmethode erstellt worden sind, richten sich diese aber nicht grds. gegen die Methode als solche, sondern gegen die Umsetzung im konkreten Fall.[258] Sowohl die Tabellen- wie auch die Regressionsmethode sind gleichberechtigte anerkannte **Methoden der Statistik.**[259] Beide Methoden zur Erstellung von Mietspiegeln basieren auf Modellen, die einen Schluss von Stichprobendaten auf die Gesamtheit aller Daten ermöglichen soll.[260] Trotz aller Bemühungen interessierter Kreise hat der Verordnungsgeber in **§ 7 Abs. 1 MsV** ausdrücklich festgelegt, dass **beide Methoden** oder auch eine Kombination der Methoden bei der Erstellung qualifizierter Mietspiegel **zulässig** sind.

Die **Tabellenmethode** stellt die Daten als Mietspannen nach den einzelnen Wohnwertmerk- **98**
malen in Rasterfeldern zusammen. Nach § 13 MsV sind dabei Tabellenfelder durch Kombinationen wohnwertrelevanter gesetzlicher Merkmale zu bilden mit dem Ziel, in sich möglichst homogene Tabellenfelder zu erzeugen, die gegenüber anderen Tabellenfeldern möglichst verschieden sind. Der Tabellenmietspiegel stellt bei der **Datenanalyse erheblich geringere Anforderungen** an die Daten und an die Auswertung als ein Regressionsmietspiegel. In ihm werden als Ergebnis nur diejenigen Daten dargestellt, die auch tatsächlich erhoben und untersucht wurden. Zwischen den einzelnen Rasterfeldern bestehen keine Beziehungen, so dass Mietsprünge für einen nach der Tabellenmethode erstellen Mietspiegel typisch sind. Da nicht für alle Mietspiegelfelder ausreichendes Datenmaterial vorhanden ist, gibt es zahlreiche Leerfelder.[261] Beim Tabellenmietspiegel kann es zu Miethöhesprüngen zwischen Tabellenfeldern kommen, dh der Oberwert des darunterliegenden Feldes ist größer als der Unterwert des nächsthöheren Feldes.[262] Es werden idR mehr Daten benötigt als bei einem Regressionsmietspiegel. Dafür ist die Datenauswertung bei letzterem erheblich aufwändiger. Ein Vorteil des Tabellenmietspiegels ist seine regelmäßig schnellere Datenauswertung als bei einem Regressionsmietspiegel.[263]

Gemäß § 15 MsV ist in einem Tabellenmietspiegel die ortsübliche Vergleichsmiete in den Tabel- **99**
lenfeldern durch einen **Mittelwert** und eine um diesen gebildete **Spanne** darzustellen. Die ortsübliche Vergleichsmiete soll im Einzelfall innerhalb der Spanne durch Zu- und Abschläge vom Mittelwert bestimmt werden. Unter Mittelwert versteht die Verordnung nach § 15 Abs. 2 MsV sowohl das arithmetische Mittel wie auch den Median. Beide Mittelwerte werden aus allen Mieten eines Tabellenfeldes, also vor der Spannenbildung durch Streichung von regelmäßig 1/6 am oberen und Rand des Feldes, sowie nach einer evtl. erfolgten Bereinigung um Ausreißermieten gebildet. Dieser Mittelwert soll die ortsübliche Vergleichsmiete für eine Wohnung wiedergeben, die im Vergleich zu anderen Wohnungen des gleichen Tabellenfeldes als durchschnittlich zu bewerten ist.

Für die nach § 15 Abs. 1 MsV vorgeschriebene Spannenbildung sieht § 15 Abs. 3 MsV vor, dass **100**
zu deren Ermittlung **idR je ein Sechstel** bis ein Achtel in einem Tabellenfeld verbliebenen Miete-Daten am oberen und am unteren Ende der größengeordneten Mieten unberücksichtigt bleiben. Bei der Bildung der Spanne kann berücksichtigt werden, wie stark die Streuung der Mieten ins-

[255] BGH VIII ZR 245/17, NZM 2019, 250.

[256] LG München WuM 2002, 547; NJWE-MietR 1997, 123 mkritAnm *Blank* WuM 1997, 178: die VB gegen das Urteil wurden nicht zur Entscheidung angenommen BVerfG WuM 1997, 202; LG Frankfurt a. M. NJW-RR 1993, 277; LG München NJW-RR 1993, 1427; LG Kiel HmbGE 1994, 235; LG Freiburg NJWE-MietR 1996, 51; OLG Karlsruhe NJW 1997, 3388.

[257] Nach *Krämer* WuM 1992, 172, 174 soll jeder per Regressionsmethode erstellte Mietspiegel bis zum Beweis des Gegenteils als statistisch unzulässig anzusehen sein; in „Prämissen und Handlungsempfehlungen zur Reform des Mietspiegelrechts – Gutachterstudie" S. 15 empfiehlt er „Regressionsmietspiegel nur dann zuzulassen, wenn der Ersteller nachweislich etwas von Regressionsanalyse versteht".

[258] LG Bochum DWW 2007, 298 mAnm *Börstinghaus*.

[259] So auch die Begr. für das Mietrechtsreformgesetz BR-Drs. 439/00; *Leutner* WuM 2019, 128; *Rips* WuM 2002, 415 (417); *Bub* PiG 40 (1993), 41 (54).

[260] Ein umfassender Methodenvergleich befindet sich bei Börstinghaus/Clar Mietspiegel/*Clar* Rn. 650.

[261] Börstinghaus/Clar Mietspiegel/*Clar* Rn. 641.

[262] So etwas gibt es auch beim Regressionsmietspiegel, man merkt es aber dort nicht.

[263] *Leutner* WuM 2019, 128 mit konkreten Zeiten für die Mietspiegel Hamburg, Berlin und München.

Im Übrigen darf nicht übersehen werden, dass selbst bei Anwendung der gleichen Methode der Auswertung und Darstellung (Tabelle oder Regression) und Verwendung des gleichen Datensatzes durchaus unterschiedliche Werte ermitteln werden können, ohne dass eine Auswertung im Sinne der Statistik falsch wäre. Wie es in der Rechtswissenschaft unterschiedliche Auslegungsmethoden gibt und man deshalb je nach Gewichtung der jeweiligen Methode zu unterschiedlichen Ergebnissen kommen kann, so kann es auch bei der Anwendung anerkannter statistischer Verfahren durch eine andere methodische Gestaltung zu durchaus unterschiedlichen Ergebnissen kommen. Dies zu dokumentieren entspricht wissenschaftlicher Ehrlichkeit. Hinzukommt, dass jedes der gewählten Modelle Fehlspezifikationen enthält. Es wird immer Einflüsse geben, die man nicht gemessen hat oder nicht erkannt hat. Außerdem schränkt das Mietrecht durch die Vorgabe der alleinzulässigen fünf Wohnwertmerkmale Art, Lage, Größe, Beschaffenheit und Ausstattung die Merkmalsauswahl bei der Mietspiegelerstellung ein. Anerkanntermaßen die Miethöhe beeinflussende Merkmale wie Wohndauer, Vermietertyp etc. dürfen nicht berücksichtigt werden. Man wird zu jedem Mietspiegel auch noch einen besseren entwickeln können, wenn man mehr, Zeit und Geld investiert. Damit ist dann die normative Seite der Mietspiegelerstellung noch nicht einmal erfasst. Die Gerichte sollten nach der hier vertretenen Auffassung sich darauf beschränken absolute Mindestanforderungen festzulegen und jeder Mietspiegelersteller kann dann entscheiden, wieviel mehr er in seiner Gemeinde haben will. Allein die Tatsache, dass mehr – immer – geht, führt noch nicht zu einem Verstoß gegen die wissenschaftlichen Grundsätze. 104

**d) Die Dokumentation.** Für einen qualifizierten Mietspiegel ist eine Dokumentation zwingend erforderlich. Die wissenschaftlichen Grundsätze der Mietspiegelerstellung verlangen die Offenlegung aller Schritte der Mietspiegelerstellung.[270] Zu den wissenschaftlichen Grundsätzen gehört der **Anspruch auf Zuverlässigkeit.**[271] Zur Zuverlässigkeit wissenschaftlicher Arbeit gehört, dass bei einer Wiederholung dieselben Ergebnisse herauskommen müssen. Dazu muss aber bekannt sein, was überhaupt genau gemessen wurde und wie die Auswertung erfolgte.[272] Dementsprechend verlangt die MsV an den verschiedensten Stellen[273] eine entsprechende Dokumentation, dessen was bei der Mietspiegelerstellung genau gemacht wurde, Nach § 20 MsV soll die Dokumentation ermöglichen, die im qualifizierten Mietspiegel angegebenen Werte in ihrer Herleitung nachzuvollziehen; nicht erforderlich ist dabei eine Dokumentation, die eine vollständige Nachberechnung der Ergebnisse ermöglicht. In der Dokumentation ist in allgemeiner Form darzustellen, welche der personenbezogenen Daten, die ursprünglich für andere Zwecke erhoben wurden, der Mietspiegelersteller von öffentlichen und nichtöffentlichen Stellen erhalten hat und wozu diese Daten benötigt und verwendet wurden. Auch das BSG[274] verlangt für die Verwertbarkeit qualifizierter Mietspiegel im Rahmen der Ermittlung der Kosten der Unterkunft Werte, die sich nicht aus dem Mietspiegel, sondern nur aus der Dokumentation ergeben. 105

Die Dokumentation ist vom **Textteil des Mietspiegels** zu unterscheiden.[275] Die textlichen Erläuterungen gehören zum Mietspiegel selbst.[276] Angaben, die für die Anwendung des qualifizierten Mietspiegels notwendig sind, einschließlich des Stichtags, zu dem die Daten für den Mietspiegel erhoben wurden, sind gem. § 20 Abs. 1 MsV bereits in den Mietspiegel aufzunehmen. Die Dokumentation hingegen soll dem fachlich versierten Anwender wie auch dem Gericht die Möglichkeit geben, alle Schritte der Mietspiegelerstellung nachzuvollziehen, um überprüfen zu können, ob die wissenschaftlichen Grundsätze eingehalten wurden und ob der Mietspiegel im konkreten Fall anwendbar ist.[277] In der Dokumentation sollten die Datengrundlage, ggf. die Datenerhebung und 106

---

[270] *Auer/Hilla,* „Der qualifizierte Mietspiegel: Bedeutung, Verbreitung und Ausgestaltung" in Woeckener, Beiträge zur Reform des qualifizierten Mietspiegels, 2018, S. 25 (42); *Haber* NZM 2001, 305 (308).

[271] Börstinghaus/Clar Mietspiegel/*Clar* Rn. 534.

[272] *Rips* WuM 2002, 415 (419).

[273] §§ 8 Abs. 4, 9 Abs. 4, 10 Abs. 2, 11 Abs. 4, 12 Abs. 3, 13 Abs. 3, 14 Abs. 2, 15 Abs. 5, 16 Abs. 4, 19 Abs. 5, 23 Abs. 3.

[274] BSG SGb 2012, 361 mAnm *Winter* SGb 2012, 366.

[275] *Missal,* „Bestandsaufnahme, Probleme und Reform der Mietspiegeldokumentation" in Woeckener, Beiträge zur Reform des qualifizierten Mietspiegels, 2018, S. 154 (164).

[276] *Cromm/Koch,* Mietspiegel in Deutschland, 2006, 158 sehen es aus Gründen der Vertrauens- und Glaubwürdigkeit wegen der besonderen Rechte und Pflichten, die sich aus einem qualifizierten Mietspiegel ergeben, für erforderlich an, dass dem Mietspiegel eine Kurzfassung der Dokumentation sowie der Hinweis auf vollständige Dokumentation beigefügt wird.

[277] *Rips* WuM 2002, 415 (419).

das Verfahren der Datenauswertung dargestellt werden. Mängel der Dokumentation sprechen gegen die Qualifikation des Mietspiegels.[278]

Die Dokumentation muss **Angaben zu folgenden Punkten** enthalten[279]:

- **Träger des Verfahrens** und Verfahrensbeteiligte;
- **Datengrundlage und Datenermittlung**[280]: Verfahren der Stichprobenziehung, Stichprobengröße, Befragungsart, Erhebungsinstrument (Fragebogen), Ausschöpfungsquote der Stichprobe
- Darstellung der verschiedenen **Kontrollverfahren** und Plausibilitätsprüfungen
- **Auswertungsmethode:** Darstellung der Verfahren – Tabellen- oder Regressionsmietspiegel – Darlegung der Verfahrensschritte, Darstellung der Mietwerte, Ausweisung von Spannen, Feldbesetzung (bei Tabellenmietspiegeln)[281];
- ggf. Dokumentation der **Mietspiegelfortschreibung:** Bei Indexfortschreibung Angabe des benutzten Index und der Stichtage; bei Anpassung mittels Stichprobe Datengrundlage und Datenermittlung wie oben.

**107** Da anerkanntermaßen aus jedem ordnungsgemäß ermittelten Datensatz unter Verwendung verschiedener anerkannter statistischer Methoden leicht unterschiedliche Ergebnisse ermittelt werden können, sollte in der Dokumentation auch mitgeteilt werden, ob solche unterschiedlichen Verfahren angewandt wurden, welche Ergebnisse dabei herauskamen und warum man sich für ein bestimmtes Verfahren entschieden hat.

## III. Die Anerkennung des qualifizierten Mietspiegels

### 1. Allgemeines

**108** Die Erstellung eines Mietspiegels ist ein **faktischer Vorgang.** Ein Mietspiegel ist weder ein Verwaltungsakt[282] noch eine Allgemeinverfügung. Ein Mietspiegel ist auch keine normkonkretisierende Verwaltungsvorschrift.[283] Der Mietspiegel stellt lediglich eine statistisch aufbereitete Sammlung von Vergleichsmieten dar. Damit die besonderen Rechtsfolgen, die das Gesetz an qualifizierte Mietspiegel knüpft, eintreten, verlangt das Gesetz neben der Erstellung nach wissenschaftlichen Grundsätzen gleichberechtigt daneben noch die **Anerkennung des qualifizierten Mietspiegels.** Diese Anerkennung kann alternativ durch die nach Landesrecht zuständigen Behörde oder durch je einen Interessenverband der Mieter und Vermieter erfolgen. Nach wie vor erfordert ein qualifizierter Mietspiegel auf formaler Ebene nur, dass die nach Landesrecht zuständige Behörde einerseits oder Interessenvertreter der Vermieter und der Mieter andererseits den Mietspiegel als qualifiziert anerkennen. Das hat zur Folge, dass die nach Landesrecht zuständigen Behörden qualifizierte Mietspiegel auch erstellen können, wenn Interessenvertreter einer oder beider Seiten ihre Mitwirkung verweigern. Möglich ist auch die kumulative Anerkennung durch die Behörde und die beiden Interessenvertreter. Das Mietspiegelreformgesetz[284] hat an eine solche kumulative Anerkennung durch die Behörde und jeweils einen Interessenverband der Vermieter und Mieter **eine zusätzliche Rechtsfolge** geknüpft. In diesem Fall wird nämlich vermutet, dass der Mietspiegel nach wissenschaftlichen Grundsätzen erstellt wurde. Die mehrfache Anerkennung erhöht zunächst die Befriedungsfunktion des Mietspiegels. Die dreifache Anerkennung erleichtert die Anwendung der schon seit 2001 bestehenden Vermutungswirkung gem. § 558 d Abs. 3 BGB im Zustimmungsprozess hinsichtlich der Höhe der ortsüblichen Vergleichsmiete. Hierdurch werden die Schwierigkeiten, die bei der Anwendung dieser Vermutungsregel

---

[278] LG Bochum DWW 2007, 298.

[279] Zum Inhalt der Mietspiegeldokumentation auch *Missal,* „Bestandsaufnahme, Probleme und Reform der Mietspiegeldokumentation" in Woeckener, Beiträge zur Reform des qualifizierten Mietspiegels, 2018, S. 154 (168ff.).

[280] LG Bochum DWW 2007, 298.

[281] Nach *Stelter/Finger* DS 2013, 95 (96) soll sich aus der Dokumentation die Werteverteilung in den besetzten Feldern ergeben.

[282] BVerwG NJW 1996, 2046 mAnm *Storr* ZMR 1996, 453 und *Schönlau* DVP 1996, 172, die gegen das Urteil eingelegte Verfassungsbeschwerde wurde nicht angenommen: 1 BvR 701/96.

[283] BVerwG NJW 1996, 2046 mAnm *Storr* ZMR 1996, 453 und *Schönlau* DVP 1996, 172, die gegen das Urteil eingelegte Verfassungsbeschwerde wurde nicht angenommen: 1 BvR 701/96; VGH München ZMR 1994, 81 (84); **aA** *Huber* ZMR 1992, 469.

[284] BGBl. 2021 I, 3515.

in der Vergangenheit aufgrund der Beweislastverteilung[285] bei der Anwendung auftraten, erheblich verringert.

Die Tatbestandsvoraussetzung der Anerkennung eines qualifizierten Mietspiegels neben der Einhaltung der wissenschaftlichen Grundsätze beruht auf den ersten Gesetzentwürfen des Mietrechtsreformgesetzes.[286] Dort war zunächst auch eine Qualifizierungsmöglichkeit von Mietspiegeln, die nicht nach wissenschaftlich Grundsätzen erstellt worden sind, vorgesehen. Erst im Laufe des Gesetzgebungsverfahrens wurde das kumulative Vorliegen beider Voraussetzungen, also auch der Anerkennung von wissenschaftlichen Mietspiegeln, eingeführt. Dafür war die Möglichkeit der Qualifizierung ausschließlich durch die Anerkennung entfallen. Begründet wurde diese Zusammenfassung damit, dass hierdurch eine größere Akzeptanz sichergestellt werden sollte. Umso größer die Akzeptanz sei, umso größer sei auch die befriedende Wirkung. Das Argument mochte noch insoweit zu überzeugen, als sowohl die Zustimmung durch die nach Landesrecht zuständigen Behörde wie auch der Interessenverbände verlangt wurde. Da man den Interessenverbänden aber so viel Macht nicht einräumen wollte, reicht zur Anerkennung als Mietspiegel entweder die durch die nach Landesrecht zuständigen Behörde oder alternativ die der beiden Interessenverbände. Aufgrund dieser Gesetzesfassung spielte das **Akzeptanzargument** nur noch eine untergeordnete Rolle, da ein wissenschaftlicher Mietspiegel, der von der nach Landesrecht zuständigen Behörde erstellt wurde, nicht mehr oder weniger akzeptiert wird, wenn diese Behörde ihn auch noch zusätzlich anerkennt.[287] 109

**Die Anerkennung nach § 558 d Abs. 1 S. 1 BGB bezieht sich darauf,** dass der jeweilige Anerkennende den vorliegenden Mietspiegel „als qualifizierten Mietspiegel mit den gesetzlichen Rechtsfolgen für die Gemeinde" anerkennt. Die (erste) Anerkenntnis hat allein nicht zwingend zur Folge, dass der Mietspiegel tatsächlich qualifiziert ist, also nach den wissenschaftlichen Grundsätzen erstellt worden ist. Dies Anerkenntnis macht die Feststellung, ob der Mietspiegel nach wissenschaftlichen Grundsätzen erstellt worden ist, nicht entbehrlich.[288] Erst das Anerkenntnis durch die nach Landesrecht zuständige Behörde und **kumulativ** auch der Interessenvertreter der Vermieter und Mieter löst gem. § 558d Abs. 1 S. 3 BGB die Vermutung der Einhaltung der wissenschaftlichen Grundsätze aus. Hat kein Verband oder nur ein Verband den Mietspiegel einer Behörde als qualifiziert anerkannt muss ggf. in gerichtlichem Verfahren die Einhaltung der sich aus der MsV ergebenden Anforderungen festgestellt werden. 110

Das Anerkenntnis der nach Landesrecht zuständigen Behörde aber vor allem auch das Anerkenntnis der Interessenverbände kann sich auch auf **einzelne Mietspiegelfelder** oder Wohnungsteilmärkte beziehen. Dann handelt es sich nur diesbezüglich um einen qualifizierten Mietspiegel und iÜ um einen einfachen Mietspiegel. 111

### 2. Anerkenntnis durch die nach Landesrecht zuständigen Behörde

Die Qualifizierung eines wissenschaftlich erstellten Mietspiegels kann durch ein entsprechendes **Anerkenntnis durch die** nach Landesrecht zuständigen Behörde, idR die Gemeinde erfolgen. Die Anerkennung ist eine **Willenserklärung,** die vom zuständigen **Organ der** nach Landesrecht zuständigen Behörde abgegeben werden muss. Hat die Gemeinde den Mietspiegel erstellt, richtet sich die Zuständigkeit nach der Gemeindeordnung. Danach ist der **Rat** regelmäßig für alle Angelegenheiten zuständig, es sei denn sie sind auf den Bürgermeister übertragen worden. Hierzu gehören regelmäßig die Geschäfte der laufenden Verwaltung. Ob die Qualifizierung eines Mietspiegels dazu gehört ist umstritten.[289] Dagegen spricht schon die Tatsache, dass zwischen den einzelnen Mietspiegelerstellungen Zeiträume von drei Jahren und mehr liegen. Außerdem hat ein Mietspiegel erhebliche Bedeutung für das Mietpreisniveau in der Gemeinde und gehört deshalb nicht zu den einfachen Verwaltungsgeschäften. Auf Grund der Rechtsfolgen, die die Qualifizierung hat, kommt dem Akt schon Rechtssetzungscharakter zu.[290] Es ist ein Rats- 112

---

[285] BGH VIII ZR 46/12, NZM 2013, 138 = NJW 2013, 775; VIII ZR 346/12, NZM 2014, 24 = NJW 2014, 292.

[286] Die verschiedenen Gesetzesvorschläge sind auch abgedr. bei *Börstinghaus/Eisenschmid* AK Neues MietR S. 324f.

[287] Krit. zu den kumulativen Voraussetzungen auch AnwK WohnraumMietR/*Lammel* BGB § 558c Rn. 18.

[288] VG Minden ZMR 2004, 226.

[289] Nach den Hinweisen zur Aufstellung von Mietspiegeln 2002 soll es sich idR um ein Geschäft der laufenden Verwaltung handeln; **aA** Lützenkirchen MietR-HdB/*Walterscheid* E Rn. 70.

[290] AG Dortmund WuM 2003, 35; *Rips* WuM 2002, 415 (418); AnwK WohnraumMietR/*Lammel* BGB § 558d Rn. 20; Erman/*Dickersbach* BGB § 558d Rn. 4; *Mersson* ZMR 2002, 806.

beschluss erforderlich.[291] Bei einem Mietspiegel eines Kreises ist der **Kreistag** zuständig. Er beschließt nach der Kreisordnung über die Angelegenheiten des Kreises, die ihrer Bedeutung nach einer solchen Entscheidung bedürfen.

### 3. Anerkenntnis durch die Interessenverbände

**113** Der wissenschaftlich erstellte Mietspiegel wird auch dadurch qualifiziert, dass ihn jeweils ein **Interessenverband der Mieter und der Vermieter** anerkennt.[292] Dabei kommt es nicht darauf an, wer den Mietspiegel iSd § 558c BGB erstellt hat. Qualifizierte Mietspiegel, die nur von den Interessenverbänden erstellt wurden, kommen wegen der Kosten in der Praxis nicht vor. Es geht also regelmäßig um die Anerkennung eines behördlichen Mietspiegels durch den Verband oder mehrere Verbände.

**114** Das Anerkenntnis als qualifizierter Mietspiegel ist eine **Willenserklärung,** die von einem **vertretungsberechtigten Organ** des Interessenverbandes abgegeben werden muss. Eine Form ist dafür nicht vorgeschrieben. Das Anerkenntnis iSd § 558d Abs. 1 BGB kann ggf. mit dem Anerkenntnis gem. § 558c Abs. 1 BGB verbunden werden. Es ist nicht das Anerkenntnis aller örtlich auftretenden Interessenverbände auf jeder Seite erforderlich.[293] Es genügt die Anerkennung durch je einen Interessenverband auf jeder Seite. Es ist kein Grund ersichtlich, warum hier etwas anderes gelten soll als bei der Anerkennung eines einfachen Mietspiegels[294] Auch die Rechtsfolgen eines qualifizierten Mietspiegels ändern daran nichts.[295] Zum Begriff des Interessenverbandes → Rn. 30ff.

**115** Erst die Zustimmung sowohl eines Interessenverbandes der Vermieter und Mieter zu einem behördlichen Mietspiegel löst die **Vermutung** aus, dass der Mietspiegel nach den anerkannten wissenschaftlichen Grundsätzen erstellt wurde.

## F. Die Fortschreibung qualifizierter Mietspiegel (Abs. 2)

### I. Die Zweijahresfrist

**116** Anders als bei einfachen Mietspiegeln (→ Rn. 49ff.) bestimmt § 558d Abs. 2 S. 1 BGB, dass qualifizierte Mietspiegel zwingend im Abstand von zwei Jahren **fortgeschrieben werden müssen,** um weiter als qualifizierte Mietspiegel zu gelten. Die **Fortschreibung** darf **nur einmal** erfolgen, dann muss zwingend wieder eine Neuaufstellung erfolgen.[296] Der Anpassung kann entweder die Entwicklung des vom Statistischen Bundesamt ermittelten **Preisindexes** für die Lebenshaltung aller privaten Haushalte in Deutschland[297] (der seit 2002 offiziell „Verbraucherpreisindex (VPI)" heißt) oder eine **Stichprobe** zu Grunde gelegt werden. Die Fortschreibung kann auch zu dem Ergebnis führen, dass keine Veränderung eingetreten ist. Sie muss aber trotzdem erfolgen.

**117** Das Gesetz, § 558d Abs. 2 S. 2 BGB und die MsV, §§ 22, 23 MsV, lassen beide Möglichkeiten der Fortschreibung gleichberechtigt nebeneinander zu. Bei der **Fortschreibung mittels Index** darf nur der Verbraucherpreisindex VPI benutzt werden. Unzulässig ist jede Verwendung eines regionalen Indexes ebenso wie die Verwendung des Mietenindexes.[298] Diese Art der Fortschreibung hat weniger etwas damit zu tun, dass der Mietspiegel den tatsächlich gezahlten Mieten angepasst wird, sondern bewirkt letztendlich nur, wie eine Indexmiete, eine Geldwertsicherung. Bei zwischenzeitlichen Umbasierungen durch das Statistische Bundesamt sind immer die neueste Indexreihe und deren Werte auch für die Vergangenheit zu verwenden.[299]

---

[291] MüKoBGB/*Artz* § 558d Rn. 3; *Kunze/Tietzsch* Miethöhe Teil II Rn. 260.
[292] Zu den verfassungsrechtlichen Problemen in diesem Zusammenhang AnwK WohnraumMietR/*Lammel* BGB § 558d Rn. 36; *Hinkelmann,* Die ortsübliche Miete, 1999, 157.
[293] AG Bitterfeld WuM 2013, 45.
[294] OLG Hamm NJW-RR 1991, 209.
[295] **AA** *Mersson* ZMR 2002, 806 (807); Erman/*Dickersbach* BGB § 558d Rn. 4.
[296] Deshalb ist der Mietspiegel Berlin 2021 wohl nicht qualifiziert, da es die zweite Fortschreibung des Mietspiegels 2017 ist. Er kann auch nicht als einfacher Mietspiegel benutzt werden, weil er vom falschen Betrachtungszeitraum ausgeht: *Beuermann* GE Sonderbeilage Mietspiegel 2021, 21.
[297] *Schmidt* WuM 2009, 23.
[298] *Blank* PiG 62 (2002), 17 (21); im Vereinfachungsentwurf der Bund-Länder-Arbeitsgruppe Mietrechtsvereinfachung war noch die Fortschreibung mit der Entwicklung von Wohnraummieten vorgesehen.
[299] BGH XII ZR 41/11, NZM 2013, 148.

118 Die **Fortschreibung mittels Index** ist eine Konzession an die eingeschränkten finanziellen Möglichkeiten der Gemeinden.[300] Sie ist durchaus problematisch, da bei diesem Verfahren zum einen ein Index benutzt wird, auf dessen Entwicklung die Höhe der Wohnungsmieten nur zu ca. 21% Einfluss hat[301] und der zum anderen dann auch noch über alle Mietspiegelfelder hinweg ohne Differenzierung angewandt wird. Weil sich Mieten heute zT sehr unterschiedlich entwickeln, ist es **eher unwahrscheinlich,** dass nach einer Indexfortschreibung die ausgewiesenen Werte in allen Feldern noch richtig iSv wahr sind. Nachgewiesenermaßen haben sich die Mieten in den letzten Jahren anders entwickelt als der Verbraucherpreisindex.[302] Da der Gesetzgeber dieses Verfahren aber einmal zugelassen hat, ist ein so fortgeschriebener Mietspiegel trotz der Bedenken weiterhin ein qualifizierter Mietspiegel. Eine andere Frage ist die, ob ein so fortgeschriebener Mietspiegel leichter zu widerlegen ist als ein neuer qualifizierter Mietspiegel oder ein mittels Stichprobe fortgeschriebener Mietspiegel.[303]

119 Da der **Verbraucherpreisindex VPI zeitverzögert veröffentlicht** wird, stellt sich die Frage, welcher Index für welchen Monat zu verwenden ist. Maßgeblicher Zeitpunkt für die Fortschreibung ist gem. § 558d Abs. 2 S. 4 BGB der Stichtag, zu dem die Daten für den Mietspiegel erhoben wurden, obwohl der Mietspiegel nach § 20 Abs. 2 MsV sogar bis zu neun Monate nach diesem Stichtag erst veröffentlicht werden muss. Es ist der Index für diesen Monat des Erhebungsstichtags mit dem Index zwei Jahre später zu vergleichen, um auf diese Art und Weise die Steigerung zu ermitteln. Man wird dabei nie auf volle zweijährige Geltung kommen, auch wenn fortzuschreibenden die Daten fast zwei Jahre alt sein können. Es fehlen sowohl wie am Anfang wie am Ende einige Monate.

**Beispiel:** Der Erhebungsstichtag für den qualifizierten Mietspiegel lag im März 2020. Der Mietspiegel wird im Juli 2020 veröffentlicht. Die Fortschreibung hat dann bis spätestens Ende März 2022 zu erfolgen. Dabei muss die Preissteigerung zwischen März 2020 und März 2022 ermittelt werden und zur Fortschreibung benutzt werden. Da der VPI für März 2022 erst einige Zeit nach Ablauf des Monats veröffentlicht wird, muss wahrscheinlich der VPI von Januar oder allenfalls Februar 2022 benutzt werden, so dass faktische eine Fortschreibung immer erheblich früher als 24 Monate nach der Erstellung des Mietspiegels und wenige Monate weniger als 24 Monate nach dem Stichtag erfolgt. Wird der Mietspiegel erst mehr als zwei Jahre nach dem Erhebungsstichtag fortgeschrieben, weil dann erst die maßgeblichen Daten vorliegen, entfällt die Qualifikation.

120 Die **Fortschreibung mittels Stichprobe** erfordert eine sehr viel kleinere Stichprobe als bei einer Neuaufstellung.[304] § 23 Abs. 1 MsV erlaubt die Verwendung vereinfachender Annahmen. Die Vorschriften über die Erstellung von Mietspiegeln in den §§ 7–21 MsV sind dabei entsprechend anzuwenden. Das Verfahren sollte immer dann gewählt werden, wenn Anhaltspunkte für eine stärkere Abweichung der örtlichen Mietentwicklung von der bundesweiten Preisentwicklung bestehen oder wenn der örtliche Wohnungsmarkt sich sehr unterschiedlich entwickelt hat. Die **Fortschreibung erfolgt** bei diesem Verfahren auch nicht real, sondern ebenfalls **prozentual.** Es wird anhand der Stichprobe ermittelt, wie sich die Mieten in den einzelnen Teilmärkten entwickelt haben. Die so ermittelten prozentualen Veränderungen werden dann auf den Mietspiegel umgerechnet. Dies Verfahren ermöglicht die Ermittlung von unterschiedlichen Indices für die einzelnen Mietspiegelfelder. Eine andere Frage ist, ob auf diese Weise ein einheitlicher örtlicher Mietenindex ermittelt werden kann, der dann undifferenziert auf alle Mietspiegelfelder angewandt wird. Das entspricht nur dann den wissenschaftlichen Grundsätzen, wenn keine signifikanten Unterschiede bei den einzelnen Wohnungsteilmärkten festgestellt wurden. Wenn aber bei der empirischen Untersuchung sich solche unterschiedlichen Entwicklungen in den letzten drei Jahren nachweisen lassen, dann wäre eine Ignorierung dieses Ergebnisses wissenschaftlich angreifbar.

121 Die Fortschreibung hat **spätestens nach zwei Jahren** zu erfolgen. Umstritten war, wann diese **Frist beginnt.** Der Gesetzgeber hat dies jetzt im Mietspiegelreformgesetz geregelt. Nach § 558d Abs. 2 S. 4 BGB ist maßgeblicher Zeitpunkt für die Anpassung und für die Neuerstellung der Stichtag, zu dem die Daten für den Mietspiegel erhoben wurden.

---

300 *Blank* PiG 62 (2002), 17 (21).
301 *Schmidt* WuM 2009, 23 Fn. 5.
302 *Schmidt* WuM 2009, 23 (25).
303 Dafür *Blank* PiG 62 (2002), 17 (29); Bedenken gegen Verwendung als Beweismittel eines später fortgeschriebenen Mietspiegels: AG Dortmund WuM 2005, 254.
304 AG Bitterfeld WuM 2013, 45.

122 Auch ein fortgeschriebener Mietspiegel muss wieder entweder von der nach Landesrecht zuständigen Behörde oder von den Interessenverbänden als qualifizierter Mietspiegel anerkannt werden. Insofern gelten die gleichen Grundsätze wie oben, → Rn. 108 ff.

### II. Die Vierjahresfrist

123 Nach spätestens vier Jahren muss der qualifizierte Mietspiegel **neu aufgestellt** werden. Dies gilt aber nur dann, wenn er nach zwei Jahren angepasst worden ist. Bei der Neuaufstellung handelt es sich ohne Einschränkungen um **einen neuen Mietspiegel.** Dabei laufen **zwei Fristen: (a)** Zum einen die Dreijahresfrist des § 558d Abs. 2 S. 1 BGB und **(b)** zum anderen die Vierjahresfrist des § 558d Abs. 2 S. 3 BGB. Die Zweijahresfrist beginnt **mit dem Stichtag,** zu dem die Daten für damals neu erstellten qualifizierten Mietspiegels erhoben wurden, § 558d Abs. 2 S. 4 BGB. Die sich anschließende Zweijahresfrist für einen evtl. fortgeschriebenen Mietspiegel beginnt ebenfalls mit dem Stichtag, zu dem die Daten für ursprünglich neu erstellten qualifizierten Mietspiegels erhoben wurden, § 558d Abs. 2 S. 5 BGB. Ist eine der beiden Fristen abgelaufen, dann handelt es sich nicht mehr um einen qualifizierten Mietspiegel, sondern nur noch um einen einfachen Mietspiegel iSd § 558c BGB. Es ist also nicht möglich, einen qualifizierten Mietspiegel bereits nach zwei Jahren fortzuschreiben und dann erst nach weiteren drei Jahren einen neuen qualifizierten Mietspiegel aufzustellen. Zwar ist die Fortschreibung nach zwei Jahren zunächst wirksam, aber nach einem Jahr erlischt die Qualifizierung. g Selbstverständlich ist eine frühere Neuerstellung möglich. Dieser früher neu erstellte qualifizierte Mietspiegel erlangt mit der Anerkennung seine Wirkung und ersetzt einen alten qualifizierten Mietspiegel.

## G. Die Vermutungswirkung (Abs. 3)

124 Nach § 558d Abs. 3 BGB wird bei einem Mietspiegel, der nicht älter als zwei Jahre ist, bzw. rechtzeitig angepasst wurde, **vermutet, dass die in ihm angegebenen Entgelte die ortsübliche Vergleichsmiete wiedergeben.** Damit ist der qualifizierte Mietspiegel zwar immer noch kein Beweismittel im Prozess[305], aber eine **Beweislastnorm.**[306] Beweislastnormen sind eine Art Hilfsmittel, die materielle oder prozessuale Rechtssätze ergänzen, um in Zweifelsfällen eine gerichtliche Entscheidung zu ermöglichen.[307] Die Regelung ist auf den ersten Blick einfach und praktikabel aber, wie sich inzwischen deutlich gezeigt hat, teilweise konfliktträchtig[308] und wenig hilfreich, insbes. wenn man die Rechtslage mit der Praxis der Gerichte vor Inkrafttreten des Mietrechtsreformgesetzes vergleicht.[309] Der Gesetzgeber hat die Vermutungsregel deshalb durch das Mietspiegelreformgesetz[310] durch zwei Vermutungen in § 558d Abs. 1 BGB ergänzt. Danach wird die Einhaltung der wissenschaftlichen Grundsätze zunächst vermutet, wenn die Vorgaben der Mietspiegelverordnung[311] eingehalten wurden. Außerdem wird dies vermutet, wenn sowohl die zuständige Behörde und jeweils ein Verband der Vermieter und der Mieter den Mietspiegel als qualifiziert anerkannt haben.

125 § 558d Abs. 3 BGB gilt zunächst **nur im Zustimmungsverfahren** nach §§ 558 ff. BGB. Dies ergibt sich bereits aus der Stellung der Vorschrift. Sie hätte nur dann allgemeine Gültigkeit, wenn sie in die ZPO aufgenommen worden wäre. Die Vermutungswirkung gilt ferner für die Ermittlung der maximalen **Wiedervermietungsmiete** gem. § 556d Abs. 1 BGB. Auch dort ist die ortsübliche Vergleichsmiete zu ermitteln. Mietspiegel spielten früher in der gerichtlichen Praxis auch eine Rolle bei den zivilrechtlichen Rückforderungsprozessen wegen vermeintlich überzahlter Miete

---

305 *Rips* WuM 2002, 415 (419); *Wetekamp* NZM 2003, 184 (185).

306 *Blank* PiG 62 (2002), 17 (25); *Börstinghaus/Clar* NZM 2014, 889.

307 Baumgärtel/Laumen/Prütting Beweislast-HdB/*Prütting* Bd. 1 Kap. 11 Rn. 16.

308 BGH VIII ZR 46/12, NJW 2013, 775; BGH VIII ZR 346/12, NJW 2014, 292; AG Mainz BeckRS 2013, 11862; *Beuermann* GE 2013, 150; *Blümmel* GE 2013, 151; *Börstinghaus* LMK 2/2013 Anm. 3; jurisPR-BGHZivilR 4/2013 Anm. 4; jurisPR-BGHZivilR 2/2014 Anm. 2; *Clar* WuM 2013, 233; *Theesfeld* jurisPR-MietR 2/2014 Anm. 2; *Zeimes,* Die Reform des Mietrechts, 2001, 186; *Blank* PiG 62 (2002), 17 (25).

309 *Weitemeyer NZM 2000,* 313 (315) hält die Vermutungswirkung für bedenklich und sieht einen Verstoß gegen Art. 14 Abs. 1 S. 1 GG; außerdem fehle den Mietspiegelerstellern die demokratische Legitimation.

310 BGBl. 2021 I, 3515.

311 Abgedruckt im Anh. zu §§ 558c, 558d BGB.

gem. § 5 WiStG. Hier gilt die Vermutungswirkung nicht,[312] so dass hier die Gerichte Mietspiegel im Rahmen freier Beweiswürdigung einsetzen haben. Dagegen spricht auch nicht die Tatsache, dass in § 5 WiStG immer noch *von den üblichen Entgelten* die Rede ist, während in § 558 Abs. 2 BGB inzwischen der umgangssprachliche Begriff der ortsüblichen Vergleichsmiete definiert wird[313], der durch das Mietrechtsänderungsgesetz 2013 was den energetischen Zustand angeht auch noch modifiziert wurde. Warum der Mietspiegel hier unterschiedlich bewertet wird, ist auch für die Prozessparteien nicht nachvollziehbar. Das Gleiche gilt für die Anwendung des Mietspiegels zB im Begrenzungsverfahren bei der Zahlung von Fehlbelegungsabgabe. Für die Ermittlung der Angemessenheit der Kosten der Unterkunft ist in § 22c SGB II ausdrücklich die Anwendung von Mietspiegeln vorgesehen.

Gesetzliche Vermutungen werden unterschieden in gesetzliche **Tatsachenvermutungen**[314] **126**
und **gesetzliche Rechtsvermutungen.**[315] Daneben gibt es in der Gerichtspraxis noch die besonders wichtigen tatsächlichen Vermutungen[316], auf die sich der Anscheinsbeweis stützt. Da der Gesetzgeber hier eine gesetzliche Vermutung in § 558d Abs. 3 BGB angeordnet hat, kommen nur die ersten beiden Möglichkeiten in Betracht.

Ob es sich bei der Vermutung in § 558d Abs. 3 BGB um eine **Tatsachenvermutung**[317] oder **127**
um eine **Rechtsvermutung** handelt, ergibt sich aus der Vorschrift selbst nicht.[318] Die Beantwortung dieser Frage hängt mit der systematischen Einordnung des Begriffs der ortsüblichen Vergleichsmiete zusammen. Nach bisher herrschender Auffassung, an der sich durch die Mietrechtsreform nichts geändert hat, ist die ortsübliche Vergleichsmiete **ein normativer Begriff.** Es handelt sich bei der ortsüblichen Vergleichsmiete um eine sog. „modifizierte Durchschnittsmiete", deren Feststellung in zwei Stufen erfolgt. Zum einen bedarf es einer empirischen Datenerhebung und zum anderen einer normativen Bewertung.[319] Damit fällt der Begriff der ortsüblichen Vergleichsmiete aus dem **starren Schema Tatsachen- oder Rechtsvermutung** heraus. Das macht auch das Dilemma dieser Regelung deutlich.[320] Dies gilt weniger für die Tatbestandsseite als für die Rechtsfolgenseite.

Eine gesetzliche Vermutung ist dann anzuwenden, wenn die Vermutungsgrundlagen also der **128**
**Vermutungstatbestand** dargelegt und ggf. auch bewiesen wurde. Dies ist iRd § 558d Abs. 3 BGB:

– es muss einen Mietspiegel iSd § 558c BGB geben, also eine Übersicht über den richtigen Begriff der ortsüblichen Vergleichsmiete, die von der nach Landesrecht zuständigen Behörde oder den Interessenverbänden erstellt und von mindestens der Behörde oder den beiden Interessenverbänden anerkannt worden ist,
– die Erstellung muss nach den anerkannten wissenschaftlichen Grundsätzen geschehen sein,
– er muss nach zwei Jahren der Marktentwicklung angepasst worden sein,[321]
– die konkrete Wohnung kann in den Mietspiegel eingeordnet werden.[322]

---

312 Das kritisiert auch *Beuermann* GE 2000, 935 (936), der auf die unterschiedliche Rspr. der verschiedenen Kammern des LG Berlin hierzu hinweist; nach *Rips* WuM 2002, 415 (419) ist das wegen des Amtsermittlungsgrundsatzes „selbstverständlich".

313 Nach *Blank* PiG 62 (2002), 17 (24) ist der begriffliche Unterschied unerheblich, wenn es nur um die sog. Grundmiete geht.

314 ZB in §§ 938, 1117 Abs. 3, 1253 Abs. 2, 1591 Abs. 2, 2009, 2255 S. 2 BGB, § 437 Abs. 1, § 440 Abs. 2 ZPO; Baumgärtel/Laumen/Prütting Beweislast-HdB/*Laumen* Bd. 1 Kap. 19.

315 ZB in §§ 891, 921, 1006, 1138, 1155, 1227, 1248, 1362, 1964 Abs. 2, §§ 2365, 2368 Abs. 3 BGB; Baumgärtel/Laumen/Prütting Beweislast-HdB/*Laumen* Bd. 1 Kap. 12 Rn. 16ff.

316 Dazu ausf. Baumgärtel/Laumen/Prütting Beweislast-HdB/*Laumen* Bd. 1 Kap. 19.

317 Dafür Staudinger/*V. Emmerich* BGB § 558d Rn. 15.

318 *Börstinghaus/Clar* NZM 2014, 889.

319 Ausf. *Hinkelmann,* Die ortsübliche Miete, 1999; *Blank* ZMR 2013, 170; *Weitemeyer* NZM 2001, 563 (568); *Börstinghaus* NZM 2000, 1087 (1089).

320 Darauf weist auch *Blank* PiG 62 (2002), 17 (28) hin; *Derleder* NZM 2001, 170 (173) hatte deshalb im Gesetzgebungsverfahren vorgeschlagen, die Vermutungswirkung an das Anerkenntnis durch die Gemeinde zu knüpfen. Der Vorschlag ist zumindest teilweise durch das Mietspiegelreformgesetz aufgegriffen worden.

321 AnwK WohnraumMietR/*Lammel* BGB § 558d Rn. 31 weist zu Recht daraufhin, dass die Formulierung insofern missverständlich ist, als dass die Vermutungswirkung danach die erstmalige Anpassung voraussetzt, so dass die ersten drei Jahre die Vermutungswirkung nicht gelten würde. Er kommt richtigerweise unter Hinweis auf das Gesetzgebungsverfahren zu einem anderen Ergebnis; so auch BGH VIII ZR 46/12, NZM 2013, 138.

322 Falsch deshalb AG Berlin-Mitte MM 2008, 75.

Diese **Vermutungsgrundlagen** müssen zum Zeitpunkt des Zugangs des Mieterhöhungsverlangens vorliegen. Die ortsübliche Vergleichsmiete ist zu diesem Termin[323], nicht dem Wirkungszeitpunkt oder dem der Klageerhebung oder gar der Beweisaufnahme zu ermitteln. Einem später anerkannten und/oder veröffentlichten qualifizierten Mietspiegel, dessen Erhebungsstichtag zum Zeitpunkt des Zugangs des Erhöhungsverlangens lag, kommt deshalb keine Vermutungswirkung für dies Erhöhungsverlangen zu.[324] Dies gilt ganz besonders dann, wenn es sich bei dem späteren Mietspiegel um einen mittels Index fortgeschriebenen Mietspiegel handelt.[325]

129 Diese **Vermutungsgrundlagen** muss im Zustimmungsprozess derjenige **darlegen** und ggf. auch **beweisen,** der sich auf die Vermutungswirkung berufen will. Verlangt der Vermieter also eine höhere Miete, als im qualifizierten Mietspiegel ausgewiesen ist, muss der Mieter die Vermutungsgrundlage beweisen,[326] im eher seltenen Fall, dass der Mieter weniger zahlen will, als sich aus dem qualifizierten Mietspiegel ergibt, muss der Vermieter die Vermutungsgrundlagen darlegen und beweisen.

130 Vermutungsgrundlage des § 558d Abs. 3 BGB ist vor allem die Erstellung des Mietspiegels nach den **anerkannten wissenschaftlichen Grundsätze.** Derjenige, zu dessen Gunsten die Vermutung streitet, muss also darlegen, dass der Mietspiegel nach wissenschaftlichen Grundsätzen erstellt worden ist.[327] Allein die Bezeichnung als qualifizierter Mietspiegel durch den Mietspiegelersteller reicht nicht aus.[328] Denn diese Umstände beweisen noch nicht, dass die Voraussetzungen des § 558d Abs. 1 BGB auch tatsächlich erfüllt sind, insbes. der Mietspiegel nach wissenschaftlichen Grundsätzen erstellt worden ist.[329] Diese Beweislastverteilung führt bis 30.6.2022 dazu, dass der Mieter regelmäßig beweisen muss, dass die anerkannten wissenschaftlichen Grundsätze der Mietspiegelerstellung eingehalten waren.[330] Dabei ging es um Fragen der Stichprobengröße, der Repräsentativität der Daten, der Eliminierung von Extremwerten sowie methodische Fehler der Datenauswertung[331] (Stichwort Regression versus Tabelle). Das war aufwändig und teuer. Auch wenn es nur sehr wenige Verfahren waren, so waren insbes. die Verfahren zum mit viel Aufwand und Kosten erstellten jeweiligen Berliner Mietspiegel äußerst medienwirksam, so der Gesetzgeber sehr lange über alternative Lösungsmöglichkeiten nachgedacht hat.

131 Mit dem Mietspiegelreformgesetz hat er **zwei neue Vermutungen** geschaffen. § 558d Abs. 1 S. 2 BGB stellt zunächst klar, dass für die Frage, ob ein Mietspiegel nach wissenschaftlichen Grundsätzen erstellt wurde, eine Rechtsverordnung aufgrund der Ermächtigungsgrundlage in § 558c Abs. 5 BGB erlassen wurde, herangezogen werden kann. Regelt eine solche Rechtsverordnung die Anforderungen, die bei Erstellung qualifizierter Mietspiegel zu beachten sind, und erfüllt der Mietspiegel diese Anforderungen, so wird widerleglich vermutet, dass er im Sinne des Gesetzes nach anerkannten wissenschaftlichen Grundsätzen erstellt wurde. Dies führt zwar zu mehr Transparenz und Sicherheit bei der Rechtsanwendung[332], hilft dem sich auf die Vermutungsgrundlage berufenden Mieter aber nur bedingt. Er muss auch hier die Vermutungsgrundlage beweisen, nämlich die Einhaltung der Vorgaben der Verordnung. Das ist aber bereits weniger als nach alter Rechtslage, weil jetzt zumindest konkrete Voraussetzungen feststehen und nicht mit dem schwammigeren Begriff der anerkannten wissenschaftlichen Grundsätze gearbeitet werden muss.

---

[323] BGH VIII ZR 295/15, WuM 2017, 208; VIII ZR 141/09, NZM 2010, 436; VIII ZR 331/06, NJW 2008, 848; VIII ZR 41/05, NZM 2006, 101; VIII ZR 215/05, WuM 2006, 569; KG GE 2005, 180; BayObLG WuM 1992, 677; LG Berlin GE 2015, 126; 2010, 61; 2004, 626 LG Rottweil NZM 1998, 432; AG Hamburg ZMR 2005, 54; AG Charlottenburg GE 2005, 743; AG Schöneberg GE 2007, 153; 2005, 1129; AG Tiergarten GE 2005, 1135.

[324] IErg ebenso LG Berlin GE 2004, 352. Soweit die Kammer dabei auf die Überleitungsvorschriften abgestellt hat, ist die dort gewählte Begr. aber falsch; so auch *Beuermann* GE 2004, 338.

[325] AG Dortmund WuM 2004, 718 (719); NZM 2005, 258 (259); WuM 2005, 254.

[326] BGH VIII ZR 346/13, NJW 2014, 292 VIII ZR 46/12, NZM 2013, 138.

[327] BGH VIII ZR 346/12, NZM 2014, 24 = NJW 2014, 292; VIII ZR 46/12, NZM 2013, 138 mablAnm *Clar* WuM 2013, 233.

[328] BGH VIII ZR 46/12, NZM 2013, 138.

[329] BGH VIII ZR 46/12, NZM 2013, 138; BKKSZ Mietprozess/*Kinne* Kap. 4 Rn. 41; *Langenberg* WuM 2001, 523 (525).

[330] Zu der bis 30.6.2022 geltenden Beweislastverteilung s. → 14. Aufl. 2019, BGB § 558d Rn. 108ff.

[331] *Soweit das AG Mainz BeckRS* 2013, 11862 die Frage, ob die Wohnlagen richtig abgeschichtet worden seien, durch einen Statistiker hat klären lassen, halten *Bruns/Paschedag/Kauermann* ZMR 2016, 669 (671) Fn. 27 dies für falsch.

[332] BT-Drs. 19/26918, 25.

Es kann einfacher als bisher beurteilt werden, ob ein Mietspiegel nach wissenschaftlichen Grundsätzen erstellt wurde.

Hilfreicher ist die **zweite Vermutung** in Satz 3. Danach wird die Einhaltung der wissenschaftlichen Grundsätze immer dann widerleglich vermutet, wenn der Mietspiegel sowohl von der Behörde wie auch von jeweils einem Interessenverband auf Mieter.- und Vermieterseite als qualifizierter Mietspiegel **anerkannt wurde.** Diese Vermutung ist bedeutsam, wenn die Qualifikation des Mietspiegels im Prozess angegriffen wird. In diesem Fall muss der sich regelmäßig auf den qualifizierten Mietspiegel berufende Mieter als Vermutungsgrundlage nur die diesbezügliche Anerkennung der mindestens drei Beteiligten darlegen und bei substantiiertem Bestreiten der Gegenseite auch beweisen. Im Zweifel wird sich die entsprechende Anerkennung aus dem Mietspiegeltext oder zumindest aus der Dokumentation ergeben. Gegebenenfalls muss der Mieter noch beweisen, dass die Anerkennung von dem zuständigen Organ erklärt worden ist (→ Rn. 114). Es genügt, wenn ein nicht ganz unbedeutender Interessenverband auf jeder Seite beteiligt ist.[333] Eine solche Anerkennung durch alle drei Seiten bildet ein hinreichendes Indiz dafür, dass der Mietspiegel den methodischen und inhaltlichen Anforderungen des § 558 d Abs. 1 BGB entspricht. Daran knüpft das Gesetz deshalb die Vermutungswirkung an. Das hat zur Folge, dass nicht mehr der Mieter, der sich auf den Mietspiegel beruft, dessen Qualifikation darlegen und beweisen muss, sondern umgekehrt **der Vermieter den Beweis des Gegenteils gem. § 292 ZPO erbringen muss.** Der Vermieter muss in diesem Fall darlegen und ggf. beweisen, dass die in einer Mietspiegelverordnung festgelegten Mindestvoraussetzungen doch nicht eingehalten worden sind bzw. in den Fällen, in denen der Mietspiegel nicht einem dort geregelten Verfahren erstellt wurde, er nicht nach wissenschaftlichen Grundsätzen erstellt worden ist. 132

Damit der Mieter die Vermutungsgrundlage des § 558 d Abs. 1 S. 3 BGB beweisen muss, bedarf es zunächst eines **erheblichen Bestreitens** des Vermieters. Er muss im Rahmen des Möglichen substantiierte Angriffe gegen die Anerkennung vorbringen. Dies wird sich im Zweifel auf die Zuständigkeit des Organs und die Wirksamkeit der Willensbildung beziehen. Bestritten werden kann auch, dass die Zustimmung eines Interessenverbandes nicht von einem nur unbedeutenden Verband erklärt wurde. 133

Hinsichtlich der **Vermutungsgrundlagen** (Anerkennung durch drei Seiten, nicht nur unbedeutender Verband) ist ein **Vollbeweis** zu erbringen. 134

Erst wenn die Vermutungsgrundlagen festgestellt worden sind, dann tritt die Rechtsfolge also die **Vermutungsfolge** ein. Es wird also zunächst vermutet, dass der qualifizierten Mietspiegel nach wissenschaftlichen Grundsätzen erstellt worden ist. Das hat dann wiederum zur Folge, dass die Vermutungsgrundlagen der Vermutung des § 558 d Abs. 3 BGB gegeben sind. Es wird also vermutet, dass die im qualifizierten Mietspiegel ausgewiesenen Entgelte die maßgebliche ortsübliche Vergleichsmiete wiedergeben. 135

Im Zustimmungsprozess muss die konkrete Einzelvergleichsmiete ermittelt werden. Deren Ermittlung hat in einem zweistufigen Verfahren stattzufinden.[334] In einem ersten Schritt ist auf der Grundlage generalisiert wohnwertrelevanter Vergleichskriterien die einschlägige Mietpreisspanne des konkreten Mietspiegels festzustellen, bevor in einem zweiten Schritt dann innerhalb dieser Spanne ausgehend vom Mittelwert anhand zusätzlicher qualitativ einzelfallbezogener, den individuellen Wohnwert bestimmender Faktoren die konkrete ortsübliche Vergleichsmiete im Sinne einer Einzelvergleichsmiete ermittelt werden kann. Die Vermutungswirkung eines qualifizierten Mietspiegels hat nur Bedeutung für den ersten Schritt. Wenn der Mietspiegel **Spannen** ausweist, dann wird vermutet, dass die ortsübliche Vergleichsmiete innerhalb dieser Spanne liegt.[335] Bei den heute üblichen weiten Spannen hilft das nicht wirklich weiter. Wird zusätzlich ein Mittelwert angegeben, dann hat dies für die Vermutungswirkung keine Bedeutung.[336] 136

Die Ermittlung der Einzelvergleichsmiete erfolgt in einem zweiten Schritt im Rahmen freier tatrichterlicher Schätzung gem. § 287 Abs. 2, Abs. 1 S. 2 ZPO. Dabei muss das Gericht zur Ermög- 137

---

333 OLG Hamm NJW-RR 1991, 209; AG Bitterfeld-Wolfen WuM 2013, 45.

334 BGH VIII ZR 245/17, NZM 2019, 250; *Börstinghaus* WuM 2020, 601.

335 BGH VIII ZR 110/04, NJW 2005, 2074; LG Duisburg WuM 2008, 598; LG Berlin GE 2004, 483; LG Dortmund WuM 2005, 723; AG Aachen WuM 2015, 164; AG Dortmund WuM 2005, 254; 2004, 718 (719); MüKoBGB/*Artz* § 558 d Rn. 7; AG Charlottenburg GE 2004, 52, für jeden Wert der Spanne spricht die Vermutung; AnwK WohnraumMietR/*Lammel* BGB § 558 d Rn. 33.

336 AG Brandenburg WuM 2007, 268; AnwK WohnraumMietR/*Lammel* BGB § 558 d Rn. 33.

lichung der Überprüfung die tatsächlichen Grundlagen der Schätzung und ihrer Auswertung im Urteil darlegen.[337] Das Gericht hat dabei ausgehend vom Mittelwert der Spanne anhand zusätzlicher qualitativ einzelfallbezogener, den individuellen Wohnwert bestimmender Faktoren die konkrete ortsübliche Vergleichsmiete im Sinne einer Einzelvergleichsmiete zu ermitteln.[338] Soweit es eine Orientierungshilfe zur Spanneneinordnung gibt, kann diese angewandt werden.[339] Es handelt sich um eine taugliche Schätzungsgrundlage[340], selbst wenn eine Vermutungswirkung nach § 558 d Abs. 3 BGB nicht zukommt, da sie auf dem Wissen und den Erfahrungen von Experten des örtlichen Wohnungsmarktes beruht.[341] Es kann deshalb erwartet werden, dass die örtlichen Verhältnisse im hinreichend abgebildet werden. Diese Einordnung innerhalb der Spanne ist **eine normative Bewertung**[342], die der Mietspiegel gerade nicht vornehmen kann, da er ja eine abstrakte generelle Datenbasis darstellt, in die jede Wohnung eingeordnet werden muss. Letztendlich wird also nur vermutet, dass die ortsübliche Vergleichsmiete für die konkrete Vertragswohnung nicht höher als der Oberwert der Spanne und nicht niedriger als der Unterwert der Spanne ist.[343] § 287 Abs. 2 ZPO stellt an das Maß der Überzeugungsbildung des erkennenden Richters geringere Anforderungen als die Vorschrift des § 286 ZPO.[344] Nach § 287 ZPO ist der Richter ermächtigt, sich mit einer mehr oder minder hohen – mindestens aber überwiegenden – Wahrscheinlichkeit zu begnügen.[345] Wie bei der Verwendung eines einfachen Mietspiegels als Indiz (→ BGB § 558 b Rn. 112) ist das Gericht aber nicht verpflichtet, seine Überzeugungsbildung bei der Spanneneinordnung allein aus dem qualifizierten Mietspiegel abzuleiten. Es kann auch bei einem qualifizierten Mietspiegel zur Spanneneinordnung das von der beweisbelasteten Partei zum Nachweis der Haupttatsache angebotenen Beweismittel, idR ein Sachverständigengutachten, verwenden.[346] In der Regel sollte dies möglichst zu unterbleiben, da dies idR wegen der damit verbundenen Kosten in keinem Verhältnis zu dem geringen Differenzbetrag steht, um den es geht.[347] In Gemeinden ohne Orientierungshilfe muss das Gericht auf andere Art und Weise seine Schätzung gem. § 287 Abs. 2 ZPO zur Spanneneinordnung begründen.[348]

138 Enthält der Mietspiegel **bezifferte Zu- und Abschläge** für bestimmte Wohnwertmerkmale, so gilt hier die Vermutungswirkung ebenfalls, wenn die Vermutungsgrundlage also die Tatsache, die nach dem Mietspiegel den konkreten Zu- oder Abschlag rechtfertigt, dargelegt und ggf. bewiesen ist. Um keinen unzulässigen Zuschlag handelt es sich, wenn erst die Vergleichbarkeit der Werte der Vertragswohnung mit den Mietspiegeldaten hergestellt werden muss.

139 Erst wenn die **Vermutungsgrundlagen** – Anerkennung durch drei Seiten oder Einhaltung der Vorgaben der Mietspiegelverordnung oder Einhaltung der wissenschaftlichen Grundsätze – **dargelegt** und dann entweder unstreitig oder bewiesen sind, muss die Partei gegen die die Vermutungswirkung streitet sie ggf. widerlegen und zwar gem. § 292 ZPO.[349] Das bedeutet, die entsprechende Partei muss zunächst substantiiert vortragen, warum der qualifizierte Mietspiegel die ortsübliche Vergleichsmiete nicht richtig angeben soll und dann muss er diesen Vortrag ggf. beweisen. Es erscheint fraglich, ob der bloße Hinweis darauf, dass es in Mietspiegeln anderer Städte vier Lagekategorien und dabei insbes. auch eine „beste Wohnlagen" gibt, genügt.[350] Es gibt auch Groß-

[337] BGH VIII ZR 110/04, = NZM 2005, 498 = NJW 2005, 2074; VIII ZR 295/15 NJW 2017, 2679 = NZM 2017, 321; VIII ZR 245/17, NZM 2019, 250.
[338] BGH VIII ZR 245/17, NZM 2019, 250.
[339] BGH VIII ZR 123/20, NZM 2021, 88; VIII ZR 110/04; NZM 2005, 498 = NJW 2005, 2074; VIII ZR 110/04, NZM 2005, 498 = NJW 2005, 2074.
[340] Äußerst krit. zur Qualität von Orientierungshilfen Staudinger/*V. Emmerich* BGB § 558 Rn. 28, es treffe nicht zu, dass sie von Fachleuten aufgestellte Erfahrungssätze seien, sie würden im besten Fall von Fachleiten frei geschätzt und im schlimmsten Fall nach dem Prinzip „do ut des" ausgehandelt.
[341] BGH VIII ZR 123/20, NZM 2021, 88.
[342] *Blank* ZMR 2013, 170.
[343] BGH VIII ZR 110/04, NJW 2005, 2074 mablAnm *Thomma* WuM 2005, 496; AG Aachen WuM 2015, 164.
[344] BGH VIII ZR 110/04, NJW 2005, 2074; KG WuM 2009, 407; LG Duisburg WuM 2008, 598 (599). Zur Anwendbarkeit und Durchführung der Schätzung nach § 287 ZPO: *Arz* NJW 2021, 355.
[345] BGH VI ZR 396/18, NJW 2020, 236.
[346] BGH VIII ZR 123/20, NZM 2021, 88.
[347] BGH VIII ZR 123/20, NZM 2021, 88; VIII ZR 110/04, NJW 2005, 2074; LG Berlin GE 2012, 271.
[348] *LG Dortmund NZM 2006, 134*; AG Brandenburg WuM 2007, 268; AG Dortmund NZM 2005, 258.
[349] *Börstinghaus/Clar* NZM 2014, 889; *Paschke* GE 2012, 1072 (1075); *Lehmann-Richter* IMR 2012, 225.
[350] Abl. LG Berlin GE 2012, 271, anders iErg wobei nicht feststeht, ob dieser Hinweis allein ohne die weiteren Argumente auch ausgereicht hätte: BGH VIII ZR 46/12, NZM 2013, 138.

städte[351] in denen es nur zwei Wohnlageklassen gibt und in denen mit vier Klassen ist teilweise eine völlig unbesetzt.[352] Auch für diesen sog. **Beweis des Gegenteils** ist ein voller Beweis erforderlich.[353] Er ist dann geführt, wenn die Unwahrheit der vermuteten Tatsache voll bewiesen ist. Der Beweis des Gegenteils dann nicht erforderlich, wenn es nur um die Spanneneinordnung geht, da sich die Vermutungswirkung darauf nicht bezieht.

Der **Beweis des Gegenteils** bezieht sich auf die letztendlich zu beweisende Tatsache, also die **Höhe der ortsüblichen Vergleichsmiete.** Die Frage ist, was derjenige, der die gesetzliche Vermutung widerlegen will, hierzu darlegen und ggf. beweisen muss. Nach LG Berlin[354] solltet dazu der Sachvortrag, dass sämtliche Wohnungen im Haus zu Mieten vermietet sind, die die Mietspiegelwerte übersteigen, ebenso wenig ausreichen wie der Hinweis auf die unterschiedlichen Lageklassen in Mietspiegeln anderer Großstädte.[355] Nach LG Nürnberg[356] reicht auch der Hinweis auf zwei Sachverständigengutachten nicht, wonach die ortsübliche Vergleichsmiete höher sein soll. Der VIII. Senat[357] hat die Entscheidung des LG Berlin aufgehoben. Der VI. Senat[358] hat im Streit über die die Erstattungsfähigkeit von Unfallersatztarifen entschieden, dass die Anwendung der Listen (Schwacke oder Fraunhofer) nur dann zweifelhaft ist, wenn die Partei, die die Listenwerte nicht akzeptiert, deutlich günstigere bzw. ungünstigere Angebote anderer Anbieter für den konkreten Zeitraum am Ort der Anmietung aufzeigt. Das ist weniger als das BVerfG verlangt, wonach die Behauptung, eine bestimmte Miete überschreite nicht die ortsübliche Vergleichsmiete, eine ausreichend substantiierte Tatsachenbehauptung ist.[359] Es fragt sich also, ob derjenige, der den Gegenbeweis führen will, bestimmte Mietverhältnisse für vergleichbare Wohnungen angeben muss, für die eine höhere oder niedrigere Miete als im qualifizierten Mietspiegel ausgewiesen, gezahlt wird, benennen muss. Dagegen spricht, dass eine solche Forderung insofern sinnlos wäre, da sich immer Wohnungen finden, für die mehr oder weniger als für eine andere Wohnung gezahlt wird. Der Begriff der ortsüblichen Vergleichsmiete ist nun einmal ein Wert, der so am Markt nicht vorkommt, sondern durch umfangreiche Tatsachenfeststellung ermittelt werden muss. Dies kann vorprozessual niemand, so dass letztendlich nur eine entsprechende Behauptung aufgestellt werden kann. Auf der anderen Seite besteht die Gefahr, dass Behauptungen ins Blaue aufgestellt werden, die schlicht zu einem **Ausforschungsbeweis** führen, durch den die Tatsachen erst ermittelt werden, über die Beweis erhoben wird. Die Abgrenzung ist hier schwierig und im Einzelfall vorzunehmen. Umso mehr konkrete Mietverhältnisse, die unter die zeitlichen und sachlichen Voraussetzungen des § 558 Abs. 2 BGB fallen benannt werden, umso eher wird man davon ausgehen müssen, dass keine Behauptung ins Blaue hin abgegeben wurde. Letztendlich ist dies eine Frage der Beweiswürdigung iRd § 287 ZPO, wobei der Vermutungswirkung des qualifizierten Mietspiegels von Gesetzes wegen eine besondere Bedeutung zukommt. **140**

351 ZB Hamburg nach *Clar* WuM 2013, 233.
352 ZB in München nach *Clar* WuM 2013, 233.
353 AG Berlin-Mitte MM 2008, 75; *Paschke* GE 2012, 1072 (1075).
354 LG Berlin GE 2012, 1039.
355 LG Berlin GE 2012, 271.
356 LG Nürnberg WuM 2014, 146.
357 BGH VIII ZR 46/12, NZM 2013, 138.
358 BGH VI ZR 316/11, MDR 2013, 334.
359 BVerfG NJW-RR 1993, 1485.

# Anhang zu § 558c–d BGB:
## Verordnung über den Inhalt und das Verfahren zur Erstellung und zur Anpassung von Mietspiegeln sowie zur Konkretisierung der Grundsätze für qualifizierte Mietspiegel (Mietspiegelverordnung – MsV)

in der Fassung des BR-Beschlusses vom 17. September 2021, BR-Drs. 685/21

Auf Grund des § 558c Absatz 5 des Bürgerlichen Gesetzbuchs, der durch Artikel 1 Nummer 1 Buchstabe d des Gesetzes (BGBl. I S. 3515) neu gefasst worden ist, verordnet die Bundesregierung:

### Inhaltsübersicht



## Abschnitt 1 Allgemeine Regelungen

### § 1 Gegenstand

Gegenstand der Verordnung sind der Inhalt und das Verfahren zur Erstellung und Anpassung von Mietspiegeln im Sinne des § 558c Absatz 1 des Bürgerlichen Gesetzbuchs. Die Verordnung betrifft sowohl qualifizierte Mietspiegel (§ 558d Absatz 1 des Bürgerlichen Gesetzbuchs) als auch Mietspiegel, die keine qualifizierten Mietspiegel sind (einfache Mietspiegel).

### § 2 Begriffsbestimmungen

(1) Wohnwertrelevante gesetzliche Merkmale sind die in § 558 Absatz 2 Satz 1 des Bürgerlichen Gesetzbuchs genannten Merkmale Art, Größe, Ausstattung, Beschaffenheit und Lage einer Wohnung, soweit sie für die Mietpreisbildung relevant sind oder im Erstellungsstadium des Mietspiegels relevant sein können.

(2) Außergesetzliche Merkmale sind Merkmale in Bezug auf die Wohnung oder das Mietverhältnis, die in § 558 Absatz 2 Satz 1 des Bürgerlichen Gesetzbuchs nicht genannt sind, aber dennoch für die Mietpreisbildung relevant sind oder im Erstellungsstadium des Mietspiegels relevant sein können.

(3) Die Auswertungsgrundgesamtheit ist die Gesamtheit der mietspiegelrelevanten Wohnungen.

(4) Die Erhebungsgrundgesamtheit ist die Gesamtheit der Wohnungen, aus der die Bruttostichprobe gezogen wird, um nach Aussortierung nicht mietspiegelrelevanter Wohnungen die für den Mietspiegel relevante Stichprobe der Auswertungsgrundgesamtheit zu generieren.

### Abschnitt 2 Einfache Mietspiegel

**§ 3 Erstellung und Anpassung**

Die Erstellung und Anpassung eines einfachen Mietspiegels ist vorbehaltlich der §§ 4 und 5 an kein Verfahren gebunden.

**§ 4 Dokumentation**

Die Erstellung und Anpassung eines einfachen Mietspiegels und die dafür verwendeten tatsächlichen Grundlagen sind in Grundzügen im Mietspiegel oder in einer gesonderten Dokumentation anzuzeigen und zu erläutern.

**§ 5 Veröffentlichung**

Ein einfacher Mietspiegel und seine Dokumentation sind kostenfrei im Internet zu veröffentlichen. Für ihre Ausgabe in gedruckter Form können angemessene Entgelte verlangt werden.

### Abschnitt 3 Qualifizierte Mietspiegel

**§ 6 Allgemeine Anforderungen**

(1) Das für qualifizierte Mietspiegel bestehende Erfordernis der Erstellung nach anerkannten wissenschaftlichen Grundsätzen (§ 558 d Absatz 1 Satz 1 des Bürgerlichen Gesetzbuchs) betrifft alle Phasen der Mietspiegelerstellung.

(2) Soweit Mietspiegel unter Beachtung der in den §§ 7 bis 21 geregelten Anforderungen erstellt wurden, wird vermutet, dass sie anerkannten wissenschaftlichen Grundsätzen entsprechen. Soweit Mietspiegel diese Anforderungen nicht erfüllen, sind sie einfache Mietspiegel.

#### Unterabschnitt 1 Erstellung des qualifizierten Mietspiegels

**§ 7 Methoden**

(1) Qualifizierte Mietspiegel können mittels Regressions- oder mittels Tabellenanalyse oder durch eine Kombination beider Methoden oder durch eine vergleichbar geeignete Methode erstellt werden.

(2) Auf qualifizierte Mietspiegel, die mittels einer Kombination der Regressions- und Tabellenanalyse erstellt werden, sind die §§ 11 bis 16 nur insoweit anzuwenden, als sie die jeweils angewandte Methode betreffen. Entsprechendes gilt für qualifizierte Mietspiegel, die durch eine vergleichbar geeignete Methode (Absatz 1) erstellt werden.

**§ 8 Datengrundlagen**

(1) Qualifizierte Mietspiegel müssen vorbehaltlich des Absatzes 3 auf der Grundlage einer direkten Datenerhebung durch Befragung von Vermietern oder Mietern oder von beiden Gruppen erstellt werden (Primärdatenerhebung). Eine Vollerhebung ist nicht erforderlich. Qualifizierte Mietspiegel sind zumindest auf der Basis einer repräsentativen Stichprobe zu erstellen mit dem Ziel, die Auswertungsgrundgesamtheit möglichst wirklichkeitsgetreu abzubilden. Als repräsentativ gilt eine Stichprobe mit einer nach § 11 ausreichenden Datenmenge, wenn sie auf einer Zufallsauswahl beruht, bei der im Wesentlichen jede Wohnung der Auswertungsgrundgesamtheit eine positive und bekannte Wahrscheinlichkeit hat, in die Erhebung einbezogen zu werden.

(2) Nicht durch eine Primärdatenerhebung ermittelte Daten über Wohnungen (Sekundärdaten) dürfen zur Vorbereitung der Datenerhebung oder zur Plausibilitätsprüfung (§ 9 Absatz 3 Satz 1) verwendet werden.

(3) Qualifizierte Mietspiegel können auch Angaben enthalten, die auf einer Auswertung solcher Primärdaten beruhen, die mangels ausreichender Fallzahlen keine verlässlichen Angaben zur Mietpreisbildung zulassen. Sie können auch Angaben aufgrund der Auswertung von Sekundärdaten oder fachkundlichen Schätzungen enthalten. Angaben nach den Sätzen 1 und 2 sind nicht Teil des

qualifizierten Mietspiegels; hierauf ist im Mietspiegel ausdrücklich hinzuweisen. Die Angaben sollen in entsprechender Anwendung des § 4 dokumentiert werden.

(4) In der Dokumentation sind die Erstellung der Erhebungsgrundgesamtheit und die dafür verwendeten Datengrundlagen darzustellen.

## § 9 Bruttostichprobe

(1) Beim Ziehen einer Stichprobe von Wohnungen, hinsichtlich derer eine Primärdatenerhebung stattfinden soll (Bruttostichprobe), ist sicherzustellen, dass es sich um eine repräsentative Stichprobe nach § 8 Absatz 1 Satz 4 handelt.

(2) Die Bruttostichprobe kann nach wohnwertrelevanten gesetzlichen Merkmalen oder außergesetzlichen Merkmalen proportional oder disproportional geschichtet werden. Eine Schichtung kann insbesondere nach Vermietertypen, Größenklassen, Ausstattungsmerkmalen, Wohnlagen und Baualtersklassen vorgenommen werden. Die Schichtung erfolgt aufgrund einer Aufteilung der Erhebungsgrundgesamtheit in homogene und überschneidungsfreie Teilgruppen. Wurde eine disproportional geschichtete Zufallsstichprobe gezogen, so ist bei der Datenauswertung eine entsprechende Rückgewichtung vorzunehmen, sofern ansonsten eine Verzerrung der Ergebnisse zu erwarten ist.

(3) Liegen gesicherte Erkenntnisse über die statistische Ausprägung wesentlicher wohnwertrelevanter gesetzlicher oder außergesetzlicher Merkmale und über ihre Anteile an der Erhebungsgrundgesamtheit vor, so soll die Bruttostichprobe darauf überprüft werden, ob Wohnungen mit solchen statistischen Ausprägungen entsprechend ihrem Anteil an der Erhebungsgrundgesamtheit vertreten sind (Plausibilitätsprüfung). Sind Wohnungen mit solchen statistischen Ausprägungen offensichtlich nicht angemessen vertreten und sind dadurch Verzerrungen der Ergebnisse zu erwarten, soll einer Verzerrung durch geeignete Maßnahmen, beispielsweise durch eine korrigierende Gewichtung bei der Datenauswertung, begegnet werden.

(4) In der Dokumentation ist nachvollziehbar darzustellen, wie die Bruttostichprobe gezogen wurde, einschließlich etwaiger Schichtungen und dadurch notwendiger Rückgewichtungen, ob und in welcher Weise eine Plausibilitätsprüfung durchgeführt wurde, zu welchem Ergebnis eine solche Überprüfung geführt hat und welche Folgerungen daraus gezogen wurden.

## § 10 Nettostichprobe

(1) Die Nettostichprobe ist der Rücklauf aus der Befragung von Vermietern oder Mietern oder beider Gruppen. Die Nettostichprobe ist um die Rückläufer zu bereinigen, die mangels Zugehörigkeit zur Auswertungsgrundgesamtheit oder aufgrund einer Mehrfachzählung derselben Wohnung oder aufgrund grob unvollständiger oder offensichtlich unzutreffender Antworten für die Auswertung nicht verwendet werden können (bereinigte Nettostichprobe).

(2) Die Rücklaufquote und die Bereinigung der Nettostichprobe sind zu dokumentieren. In der Dokumentation ist darzustellen, ob durch einen unvollständigen oder selektiven Rücklauf oder durch die Bereinigung der Nettostichprobe Verzerrungen der Ergebnisse möglich sind.

## § 11 Stichprobenumfang

(1) Die bereinigte Nettostichprobe muss eine ausreichende Datenmenge enthalten.

(2) Bei Tabellenanalysen ist hierfür im Regelfall eine Belegung von mindestens 30 Wohnungen pro Tabellenfeld erforderlich.

(3) Bei Regressionsanalysen soll die bereinigte Nettostichprobe Wohnungen in einer Anzahl enthalten, die wenigstens ein Prozent der Wohnungen im Geltungsbereich des Mietspiegels entspricht. Unterschreitet die nach Satz 1 erforderliche Anzahl an Wohnungen 500, so bedarf es in der Regel eines Stichprobenumfangs von mindestens 500 Wohnungen. Übersteigt die nach Satz 1 erforderliche Anzahl an Wohnungen 3 000, so genügt ein Stichprobenumfang von 3 000 Wohnungen.

(4) Die Erfüllung der Anforderungen nach den Absätzen 1 bis 3 ist in der Dokumentation nachzuweisen.

### § 12 Datenaufbereitung

(1) Die erhobenen Mietwerte sollen so aufbereitet werden, dass eine einheitliche Ausweisung der ortsüblichen Vergleichsmiete im qualifizierten Mietspiegel als Nettokaltmiete pro Quadratmeter ermöglicht wird.

(2) Die erhobenen Daten können um Ausreißermieten bereinigt werden. Ausreißermieten sind besonders geringe oder besonders hohe Mieten, die unter Berücksichtigung der wohnwertrelevanten Eigenschaften der Wohnung mit der weit überwiegenden Zahl der übrigen Mietwerte unvereinbar erscheinen. Die Ermittlung von Ausreißermieten soll durch statistische Standardverfahren erfolgen und auf Plausibilität überprüft werden. Für die Prüfung können sowohl wohnwertrelevante gesetzliche als auch außergesetzliche Merkmale herangezogen werden.

(3) In der Dokumentation sind eine Bereinigung um Ausreißermieten sowie weitere zur Datenaufbereitung durchgeführte Maßnahmen einschließlich der gewählten Verfahren zu erläutern und es ist darzustellen, welche Mietwerte aus welchen Gründen ausgesondert wurden.

### § 13 Datenauswertung bei der Tabellenanalyse

(1) Wird die ortsübliche Vergleichsmiete mithilfe der Tabellenanalyse ermittelt, so sind Tabellenfelder durch Kombinationen wohnwertrelevanter gesetzlicher Merkmale zu bilden mit dem Ziel, in sich möglichst homogene Tabellenfelder zu erzeugen, die gegenüber anderen Tabellenfeldern möglichst verschieden sind.

(2) Lassen sich ungeachtet des Vorgehens nach Absatz 1 abweichende homogene Teilmengen innerhalb eines Tabellenfeldes feststellen, die sich in ihren Mieten signifikant von den restlichen Mieten des Tabellenfeldes unterscheiden, so soll überprüft werden, ob hierfür separate Tabellenfelder gebildet oder ergänzende Hinweise für die Bewertung dieser Teilmengen gegeben werden können.

(3) In der Dokumentation ist darzustellen, nach welchen Kriterien und Verfahren die Tabellenfelder gebildet wurden, wie viele Wohnungen für ein Tabellenfeld ausgewertet wurden und wie hoch die Mieten dieser Wohnungen waren.

### § 14 Datenauswertung bei der Regressionsanalyse

(1) Wird die ortsübliche Vergleichsmiete nach der Regressionsanalyse ermittelt, so sind wohnwertrelevante gesetzliche Merkmale daraufhin zu untersuchen, ob sie einen statistisch signifikanten Einfluss auf den Mietpreis haben mit dem Ziel, den Zusammenhang zwischen der Miethöhe und der gesetzlichen wohnwertrelevanten Merkmale möglichst gut zu beschreiben. Außergesetzliche Merkmale können insbesondere zur Wahl des Regressionsmodells und bei der Bemessung von Spannen nach § 16 Absatz 3 herangezogen werden.

(2) In der Dokumentation ist darzustellen und zu erläutern,

1. welche Regressionsfunktion der Analyse zugrunde liegt,
2. welche Merkmale sich mit welchem Einfluss auf die Miethöhe auswirken, ob dieser Einfluss statistisch signifikant ist und welches Signifikanzniveau dabei zugrunde gelegt wird,
3. wie hoch der Erklärungsgehalt der verwendeten Regressionsfunktion ist und
4. inwieweit die tatsächlich vorgefundenen Mieten von den Ergebniswerten der Regressionsformel abweichen.

In der Dokumentation ist weiter zu erklären, ob und in welcher Weise eine Modellvalidierung erfolgte und zu welchem Ergebnis sie führte.

### § 15 *Bestimmung und* Darstellung der ortsüblichen Vergleichsmiete bei der Tabellenanalyse

(1) In einem nach der Tabellenanalyse erstellten qualifizierten Mietspiegel wird die ortsübliche Vergleichsmiete in den Tabellenfeldern durch einen Mittelwert und eine um diesen gebildete Spanne dargestellt. Die ortsübliche Vergleichsmiete soll im Einzelfall innerhalb der Spanne durch Zu- und Abschläge vom Mittelwert bestimmt werden.

(2) Der Mittelwert ist das arithmetische Mittel oder der Median und wird aus allen Mieten eines Tabellenfeldes nach einer etwaigen Bereinigung um Ausreißermieten gebildet. Der Mittelwert ent-

spricht der ortsüblichen Vergleichsmiete für eine Wohnung, die im Vergleich zu anderen Wohnungen des entsprechenden Tabellenfeldes unter Berücksichtigung von Qualität und Quantität weiterer wohnwertrelevanter gesetzlicher Merkmale, die nicht mittels der Tabellenfelder beschrieben werden, als durchschnittlich zu bewerten ist.

(3) Für die Bildung der Spanne sollen in der Regel je ein Sechstel bis ein Achtel der nach Ausreißerbereinigung in einem Tabellenfeld verbliebenen Mieten am oberen und am unteren Ende der größengeordneten Mieten unberücksichtigt bleiben. Bei der Bildung der Spanne kann berücksichtigt werden, wie stark die Streuung der Mieten insgesamt oder im jeweiligen Tabellenfeld ist.

(4) Aus wohnwertrelevanten gesetzlichen Merkmalen, die nicht mittels der Tabellenfelder beschrieben werden, können sich Zu und Abschläge ausgehend vom Mittelwert des Tabellenfeldes ergeben. Der Mietspiegel kann Bewertungshilfen für die Zu- und Abschläge vorsehen, um die Einordnung einer Wohnung innerhalb der Spanne eines Tabellenfeldes zu erleichtern. Machen besondere Merkmale eine Überschreitung des Oberwertes oder eine Unterschreitung des Unterwertes der Spanne notwendig, ist dies im Mietspiegel gesondert auszuweisen.

(5) Die Bildung der Mittelwerte und der Spannen ist in der Dokumentation zu erläutern. Sieht der Mietspiegel Bewertungshilfen für Zu- und Abschläge vor, ist in der Dokumentation darzulegen, nach welchen Kriterien und auf welche Weise diese Bewertungshilfen erstellt wurden.

### § 16 Bestimmung und Darstellung der ortsüblichen Vergleichsmiete bei der Regressionsanalyse

(1) Die ortsübliche Vergleichsmiete in einem mittels Regressionsanalyse erstellten qualifizierten Mietspiegel wird im Einzelfall durch Anwendung der Regressionsfunktion ermittelt. Die Vergleichsmiete für eine bestimmte Wohnung kann insbesondere als wohnungsspezifischer Punktwert oder klassifiziert in Tabellenform gegebenenfalls mit Zu- und Abschlägen ausgewiesen werden.

(2) Im qualifizierten Mietspiegel ist darzustellen, wie die durch Regression festgestellten wohnwertrelevanten gesetzlichen Merkmale definiert werden und welchen Einfluss das jeweilige Merkmal auf die Miethöhe hat.

(3) In dem mittels Regressionsanalyse erstellten qualifizierten Mietspiegel kann die Schwankungsbreite der ermittelten ortsüblichen Vergleichsmiete durch Spannen berücksichtigt werden. Bei der Bildung von Spannen soll dargestellt werden, inwieweit die durch Befragung erhobenen Mieten von den auf Basis der Regressionsanalyse errechneten Mieten nach oben oder unten abweichen. Dies kann insbesondere dadurch erfolgen, dass von der Abweichung zwischen den vorhergesagten und den beobachteten Mieten am oberen und unteren Ende je ein Sechstel bis ein Achtel nicht berücksichtigt wird.

(4) In der Dokumentation ist zu erläutern, wie das Ergebnis der Regressionsanalyse im qualifizierten Mietspiegel dargestellt und die ortsübliche Vergleichsmiete einer Wohnung konkret berechnet wird. Eine etwaige Bildung von Spannen ist darzustellen und zu erläutern.

## Unterabschnitt 2 Inhalt des qualifizierten Mietspiegels

### § 17 Art der Wohnungen

(1) Der qualifizierte Mietspiegel soll in der Regel Wohnungen in Mehrfamilienhäusern mit mehr als zwei Wohnungen erfassen. Andere Wohnungen sowie besondere Wohnungs- und Vertragstypen in Mehrfamilienhäusern mit mehr als zwei Wohnungen können bei der Erstellung eines qualifizierten Mietspiegels unberücksichtigt bleiben oder Gegenstand von getrennten Erhebungen sein.

(2) Der qualifizierte Mietspiegel muss Angaben dazu enthalten, welche Wohnungsarten von ihm erfasst sind.

### § 18 Größe, Beschaffenheit und Ausstattung der Wohnungen

Im qualifizierten Mietspiegel soll dargestellt sein, welche Auswirkung die Größe sowie die Beschaffenheit und die Ausstattung der Wohnung, einschließlich der energetischen Ausstattung und Beschaffenheit, auf die Höhe der Miete pro Quadratmeter hat. Hierzu können Wohnungen in geeigneten Größenklassen zusammengefasst werden und es kann auf Untermerkmale sowie auf deren Gruppierung und Klassifizierung zurückgegriffen werden, sofern keine Mehrfachberücksichtigung erfolgt.

### § 19 Wohnlagen

(1) Unterschiedliche Wohnlagen müssen im qualifizierten Mietspiegel nur insoweit gesondert ausgewiesen werden, als eine sachgerechte Unterteilung in Wohnlagen möglich ist und ein Einfluss der Lage auf die Mietpreisbildung festgestellt werden kann. Unterschiedlich beschriebene Wohnlagen einer Gemeinde können im Mietspiegel nur dann zusammengefasst werden, wenn der lagebedingte Wohnwert vergleichbar ist.

(2) Zur Ermittlung von Wohnlagen soll untersucht werden, inwiefern sich durch Beschreibungen mittels vor Ort feststellbarer Faktoren wie insbesondere Bebauungs- und Verkehrsdichte, Zentralität, Infrastruktur, Begrünung oder vergleichbarer Kriterien Wohnlagen einteilen lassen. Wird hierdurch die Einteilung von Wohnlagen nicht sachgerecht ermöglicht, können weitere Bewertungsmaßstäbe wie Bodenrichtwerte oder Kriterien der allgemeinen Beliebtheit bestimmter Wohngegenden berücksichtigt werden.

(3) Weist ein qualifizierter Mietspiegel unterschiedliche Wohnlagen aus, so sind diese exakt zu verorten, etwa durch ein Straßenverzeichnis oder durch eine aussagekräftige Wohnlagenkarte.

(4) Soweit wohnwertrelevante Lagemerkmale nicht bereits in eine Wohnlageneinteilung einbezogen wurden oder soweit die Lage vom Durchschnitt vergleichbarer Wohnungen in derselben Wohnlage wesentlich abweicht, können wohnwertrelevante Lagemerkmale durch Zu- oder Abschläge zum Ergebniswert oder innerhalb der nach § 15 Absatz 1 oder § 16 Absatz 3 gebildeten Spanne berücksichtigt werden.

(5) Die Einteilung von Wohnlagen muss in der Dokumentation unter Darlegung der Beurteilungskriterien und ihrer Zusammenhänge nachvollziehbar erläutert werden. In einem früheren Mietspiegel gebildete Wohnlageneinteilungen können fortgeschrieben werden, wenn

1. die Dokumentation für den früheren Mietspiegel eine Dokumentation nach Satz 1 enthält und
2. eine Plausibilitätsprüfung erfolgt, die geänderte Verhältnisse vor Ort berücksichtigt.

Die Voraussetzung des Satzes 2 Nummer 1 muss nicht gegeben sein für qualifizierte Mietspiegel, deren Stichtag innerhalb von zwei Jahren nach dem 1. Juli 2022 liegt. Die Durchführung der Plausibilitätsprüfung und ihre Ergebnisse sind in der Dokumentation zu erläutern.

## Unterabschnitt 3 Dokumentation und Veröffentlichung des qualifizierten Mietspiegels

### § 20 Dokumentation

(1) Angaben, die für die Anwendung des qualifizierten Mietspiegels notwendig sind, einschließlich des Stichtags, zu dem die Daten für den Mietspiegel erhoben wurden, sind in den Mietspiegel aufzunehmen.

(2) Erläuterungen, die notwendig sind, um das Verfahren und die Bewertungen, die zu den Angaben im qualifizierten Mietspiegel, auch in der fortgeschriebenen Form, geführt haben, nachzuvollziehen und zu prüfen, sind in einer Dokumentation darzulegen. Die Dokumentation soll vom Text- und Ergebnisteil des Mietspiegels getrennt sein. Sie soll es ermöglichen, die im qualifizierten Mietspiegel angegebenen Werte in ihrer Herleitung nachzuvollziehen; nicht erforderlich ist eine Dokumentation, die eine vollständige Nachberechnung der Ergebnisse ermöglicht.

(3) In der Dokumentation ist in allgemeiner Form darzustellen, welche der personenbezogenen Daten, die ursprünglich für andere Zwecke erhoben wurden, der Mietspiegelersteller von öffentlichen und nichtöffentlichen Stellen erhalten hat und wozu diese Daten benötigt und verwendet wurden.

(4) Weitere Anforderungen an die Dokumentation ergeben sich aus § 8 Absatz 4, § 9 Absatz 4, § 10 Absatz 2, § 11 Absatz 4, § 12 Absatz 3, § 13 Absatz 3, § 14 Absatz 2, § 15 Absatz 5, § 16 Absatz 4, § 19 Absatz 5 und § 23 Absatz 3.

### § 21 Veröffentlichung

(1) Der qualifizierte Mietspiegel und seine Dokumentation sind kostenfrei im Internet zu veröffentlichen. Für ihre Abgabe in gedruckter Form können angemessene Entgelte verlangt werden.

(2) Die Veröffentlichung des qualifizierten Mietspiegels soll binnen einer Frist von neun Monaten nach dem Stichtag, auf den sich die Erhebung bezieht, erfolgen.

## Unterabschnitt 4 Anpassung des qualifizierten Mietspiegels

### § 22 Anpassung mittels Index

Erfolgt die Anpassung des qualifizierten Mietspiegels unter Zugrundelegung der Entwicklung des vom Statistischen Bundesamt veröffentlichten Preisindexes für die Lebenshaltung aller privaten Haushalte in Deutschland, so gelten die §§ 20 und 21 entsprechend.

### § 23 Anpassung mittels Stichprobe

(1) Bei der Anpassung eines qualifizierten Mietspiegels mittels Stichprobe können vereinfachende, mit der Fortschreibung auf der Grundlage eines Indexes vergleichbare Annahmen getroffen werden.

(2) Die §§ 7 bis 21 sind auf die Anpassung mittels Stichprobe entsprechend anwendbar. Der Umfang der bereinigten Nettostichprobe kann von den in § 11 bezeichneten Werten abweichen, sofern nach Absatz 1 getroffene, vereinfachende Annahmen dies zulassen.

(3) Vereinfachende Annahmen nach Absatz 1 sowie ein von den Werten des § 11 abweichender Stichprobenumfang sind in der Dokumentation darzulegen und zu begründen.

## Abschnitt 4 Schlussvorschrift

### § 24 Inkrafttreten

Diese Verordnung tritt am 1. Juli 2022 in Kraft.

# § 558e Mietdatenbank

**Eine Mietdatenbank ist eine zur Ermittlung der ortsüblichen Vergleichsmiete fortlaufend geführte Sammlung von Mieten, die von der Gemeinde oder von Interessenvertretern der Vermieter und der Mieter gemeinsam geführt oder anerkannt wird und aus der Auskünfte gegeben werden, die für einzelne Wohnungen einen Schluss auf die ortsübliche Vergleichsmiete zulassen.**

## Systematische Übersicht



## A. Allgemeines

### I. Geschichte

1 Die Mietdatenbank ist durch die Mietrechtsreform neu als Begründungsmittel eingeführt worden. Damit hat der Gesetzgeber der **Entwicklung der Informationstechnik** Rechnung tragen wollen, die es ermöglicht, große Mengen an Daten zu speichern, zu verarbeiten und aufzubereiten. Auf Grund des Widerstandes des Mieterbundes und den Anforderungen der Sozialgerichte an die Ermittlung der Angemessenheit der Kosten der Unterkunft gibt es zurzeit wohl in der Bundesrepublik keine Mietdatenbank mehr.

2 Bei der Mietdatenbank handelt es sich ausschließlich um ein **vorprozessuales Begründungsmittel.** Soweit der Vereinfachungsentwurf des Bund-Länder-Arbeitskreises „Mietrechtsvereinfachung" in § 560 d BGB[1] auch bei der Mietdatenbank, wie beim Mietspiegel, zwischen einfachen und qualifizierten Mietdatenbanken differenzierte, und dementsprechend der Auskunft zT auch Vermutungswirkung im Prozess beigemessen werden sollte, ist davon im weiteren Gesetzgebungsverfahren Abstand genommen worden. Es heißt jetzt in der Gesetzesbegründung nur noch, dass der Gesetzgeber sich für die Zukunft vorbehält, das Instrument Mietdatenbank mit weiterreichenden Rechtsfolgen auszustatten, wenn die notwendigen praktischen Erfahrungen vorliegen.

3 Vorbild für dieses zusätzliche Begründungsmittel war die früher einzige in der Bundesrepublik geführte **Mietdatenbank in Hannover.** Dort existiert der „Verein zur Ermittlung und Auskunftserteilung über die ortsüblichen Vergleichsmieten – MEA eV". Der MEA eV war zunächst 1977 als Interessenverband der Vermieter und Mieter in der Form einer GmbH gegründet worden. Im Jahre 1984 erfolgte die Umwandlung in einen gemeinnützigen Verein. Mitglieder des Vereins und damit **Träger der Datenbank** waren zunächst ausschließlich der Haus- & Grundeigentümerverein Hannover sowie der Mieterverein Hannover und Umgebung eV. In der Folgezeit traten die Stadt Hannover, sowie die örtlichen Untergliederungen des Rings Deutscher Makler und des Bundesverbandes Wohnungsverwalter dem Verein bei. Erfasst waren in der Datenbank 12.000 Wohnungen in der Stadt Hannover. Für das Stadtgebiet Langenhagen waren 1.000 Wohnungen und das Stadtgebiet Laatzen 700 Wohnungen erfasst.[2] Die Datensammlung erfolgte ua dadurch, dass jeder, der eine Auskunft aus der Datenbank erhalten wollte, selbst seine eigenen **Mietedaten der Datenbank**

---

[1] Abgedr. bei *Börstinghaus/Eisenschmid* Arbeitskommentar Neues MietR S. 340.
[2] Angaben nach *Stöver* NZM 2002, 279.

**zur Verfügung** stellen musste. Auskunft aus der Datenbank erhielt jeder. Die Auskunft war kostenpflichtig.[3] Die Auskunft bestand in der Angabe von drei Vergleichswohnungen. Dabei handelte es sich um die drei Wohnungen, die um das arithmetische Mittel der Mietdaten in einem der 96 Datenfelder herum lagen. Zwei der Wohnungen lagen dabei mit ihrer Miete dicht über dem Mittelwert, eine weitere knapp darunter. Zwischen den Verbänden gab es die Abrede, die Werte der Datenbank nicht zu bestreiten. Individuelle Zu- und Abschläge wurden von den Verbänden auf Grund der Ergebnisse von Sachverständigengutachten ausgehandelt. Letztendlich war das Verfahren in Hannover eine professionalisierte und institutionalisierte Vergleichsmietenbegründung. Auf Grund der Entscheidungen der Sozialgerichte zu den Kosten der Unterkunft bei SGB II Empfängern hat sich die Region Hannover, ein Kommunalverband besonderer Art, entschlossen einen Mietspiegel erstellen zu lassen. Da die Region Hannover aus 21 Gemeinden besteht, handelt es sich rechtlich um 21 eigenständige Mietspiegel. Faktisch hat sich das Thema Mietdatenbank damit – vorerst – erledigt. Der Gesetzgeber hatte den Begriff der Mietdatenbank in Hannover in der Mietrechtsreform aufgegriffen aber letztendlich inhaltlich anders ausgestaltet als das Vorbild. § 558e BGB umfasste wohl auch die Hannoveraner Mietdatenbank, geht aber auch darüber hinaus.

## II. Inhalt und Zweck der Norm

4 Durch § 558a Abs. 1 BGB ist die Auskunft aus der Mietdatenbank ausdrücklich als weiteres Begründungsmittel eingeführt worden. § 558e BGB enthält die gesetzliche Definition der Mietdatenbank. Es handelt sich um eine Art **Experimentierklausel,**[4] da es an jeglichen Ausführungsregelungen[5] fehlt. Die **Interessen der beteiligten Verbände** und der Gemeinde sind sehr unterschiedlich:

### 1. Gemeinde

5 Das Interesse der Gemeinden könnte dahin gehen, die **Kosten für die Mietspiegelerstellung zu senken** oder ganz zu vermeiden. Soweit bisher ein gemeindlicher Mietspiegel existierte beruhte dieser regelmäßig auf einer mehr oder weniger guten und deshalb kostenaufwendigen Datenerhebung. Durch die Einführung einer Mietdatenbank könnten diese Kosten vermieden oder zumindest zT auf die tatsächlichen Nutznießer, nämlich die Vermieter, verlagert werden. Dies gilt aber im Wesentlichen nur dann, wenn die Mietdatenbank durch die Interessenvertreter betrieben würde, da eine gemeindliche Mietdatenbank auch Personal erfordert, das den Datenbestand pflegt und die Auskünfte erteilt. Dem stünden aber, anders als bei einem Mietspiegel, Einnahmemöglichkeiten durch Erhebung einer Auskunftsgebühr gegenüber. Wenn es in der Gemeinde bisher keinen Mietspiegel gegeben hat, würde die Einführung einer gemeindlichen Mietdatenbank der Gemeinde neue Einnahmen verschaffen, der aber die Betriebskosten gegenüberstehen. Außerdem würde die Mietdatenbank ggf. helfen, die Diskussion über die Qualität der Vergleichswohnungen zu versachlichen und für Mieter und Vermieter eine zusätzliche Dienstleistung darstellen. Problematisch ist der Datenschutz.

### 2. Vermieterverbände

6 Vermietern würde die Einführung einer Mietdatenbank **ein weiteres Begründungsmittel** zur Durchsetzung von Mieterhöhungen zur Verfügung stellen. Es würde die Informationsbeschaffung für die Benennung von Vergleichswohnungen erleichtert. Verglichen mit einem Mietspiegel sind **Mietdatenbanken dynamisch.** Sie geben stichtagsgenau Auskunft über die aus ihren Daten ermittelte ortsübliche Vergleichsmiete, während der Mietspiegel bereits zum Zeitpunkt des Erscheinens auf ca. sechs Monaten alten Daten beruht, die während der ca. zweijährigen Laufzeit des Mietspiegels permanent weiter veralten.

---

[3] Die Auskunft kostete ab 47 EUR (Stand 31.3.2009). Gab es keine vergleichbaren Wohnungen in der Datenbank kostete die Auskunft 16 EUR.

[4] *So auch Blank PiG 62 (2002), 17 (33); Börstinghaus/Eisenschmid* AK Neues MietR *aus* S. 341.

[5] In den Hinweisen zur Aufstellung von Mietspiegeln 2002 (abgedr. bei *Börstinghaus* Miethöhe-HdB S. 764) befinden sich in einem *Exkurs* einige wenige Hinweise auch für Mietdatenbanken. Diese sind rechtlich aber völlig unverbindlich.

### 3. Mieterverbände

7 Mieterverbände stehen der Einführung von Mietdatenbanken **eher skeptisch** gegenüber. Sie sehen darin vor allem ein Instrument zur Durchsetzung von Mieterhöhungen. Wegen der regelmäßig wohl **fehlenden Repräsentativität** der Daten[6] wird der Auskunft nur eine eingeschränkte Aussagekraft beigemessen. Im Vergleich zu den systembedingt statischen Mietspiegeln wird die Gefahr stärkerer Mietsteigerungen gesehen. Da regelmäßig bei der Mietspiegelerstellung auch eine normative Korrektur der ermittelten Werte durch den Arbeitskreis Mietspiegel unter Beteiligung der Mietervertreter stattfindet, wird auch eine Einflussnahme auf das gemeindliche Mietniveau geringer werden.

### 4. Gerichte

8 Gerichte haben mit der Mietdatenbank nichts zu tun. Die Auskunft ist **kein förmliches gerichtliches Beweismittel.**[7] Sie hat auch keine Vermutungswirkung und kann auch nicht im Rahmen einer freien Beweiswürdigung nach § 286 ZPO herangezogen werden.[8] Es handelt sich im besten Fall um eine qualifizierte Form der Begründung mit Vergleichswohnungen. Für Gerichte ist ein besonders guter, d. h. für die Gerichte vor allem ein von allen Marktbeteiligten akzeptierter Mietspiegel hilfreich, da er zum einen hilft, Prozesse zu vermeiden und zum anderen im Streitfall zur Ermittlung der ortsüblichen Vergleichsmiete ohne aufwendiges Sachverständigengutachten herangezogen werden kann.

### 5. Datenschutz

9 Datenschützer sehen in jeder Datensammlung eine **Gefahr für den Bürger.** Sie stehen einer Mietdatenbank deshalb kraft Amtes skeptisch gegenüber, ohne im Einzelfall den Konsens der beteiligten Verbände und die Vorteile einer Mietdatenbank gegenüber einer Gemeinde, die weder Mietspiegel noch Mietdatenbank hat, dagegen abzuwägen. Am Widerstand der örtlichen Datenschützer ist bisher die Einführung von Mietdatenbanken in anderen Städten gescheitert.

## III. Anwendungsbereich der Norm

10 Die Vorschrift gilt **nur für Wohnraummietverhältnisse.** Dies ergibt sich bereits aus der Stellung im Kapitel „Mietverhältnisse über Wohnraum". Sie gilt nicht bei den gem. § 549 Abs. 2, 3 BGB ausgenommenen Mietverhältnissen, also Mietverhältnissen über Wohnraum zu einem vorübergehenden Gebrauch, Mietverhältnisse über Wohnraum, der Teil der vom Vermieter genutzten Wohnung ist und von diesem überwiegend mit Einrichtungsgegenständen ausgestattet wurde, Wohnraum den juristische Personen des öffentlichen Rechts oder gleichgestellte Organisationen zur Versorgung hilfsbedürftiger Personen angemietet haben und schließlich von Wohnraum in Jugend- und Studentenwohnheimen.

11 Die Vorschrift gilt nicht bei Gewerberaummietverhältnissen, weil dort das System der ortsüblichen Vergleichsmiete nicht gilt und dementsprechend ein Verweis in § 578 BGB fehlt.

## B. Die Mietdatenbank

### I. Begriff der Mietdatenbank

12 In § 558e BGB befindet sich die **Legaldefinition** für eine Mietdatenbank. Unter einer Mietdatenbank wird eine **fortlaufend geführte Sammlung** von Mietedaten verstanden, deren Zweck darin besteht, die ortsübliche Vergleichsmiete zu ermitteln und aus der Auskünfte erteilt werden, die einen Schluss auf die ortsübliche Vergleichsmiete für einzelne Wohnungen zulassen Die Mietdatenbank muss von der Gemeinde oder von den Interessenvertretern der Mieter und Vermieter gemeinsam geführt oder anerkannt werden.

---

6 *Szameitat* WuM 2002, 63.
7 Palandt/*Weidenkaff* BGB § 558e Rn. 5; Erman/*Dickersbach* BGB § 558e Rn. 3.
8 Palandt/*Weidenkaff* BGB § 558e Rn. 5; Erman/*Dickersbach* BGB § 558e Rn. 3.

13 Daraus ergeben sich folgende **Tatbestandsmerkmale:**

- Sammlung von Mieten
- mit dem Zweck die ortsübliche Vergleichsmiete zu ermitteln
- es müssen Auskünfte erteilt werden
- die den Schluss auf die ortsübliche Vergleichsmiete für eine konkrete Wohnung zulassen
- geführt oder anerkannt von
  - der Gemeinde
  - je einem Interessenvertreter der Vermieter und der Mieter.

Wenn es nur an einem der Tatbestandsmerkmale fehlt, dann handelt es sich nicht um eine Mietdatenbank iSd § 558e BGB, so dass der Vermieter mit darauf gestützten Angaben kein Mieterhöhungsverlangen gem. § 558a BGB begründen kann. Deshalb handelt es sich bei Auskünften aus dem MietpreisCheck von immoscout24[9] oder „empirica-Daten"[10] um keine Auskunft aus einer Mietdatenbank. Diese Daten beziehen sich nicht unbedingt nur auf eine Gemeinde. Es werden, wie bei Anzeigen, nur Preiserwartungen ausgewertet, ohne Rücksicht, ob die angebotene Wohnung zu dem Preis auch vermietet wurde. Unerheblich, dass kein Durchschnittswert der letzten 4 Jahre gebildet wird. Das ist bei Vergleichswohnungen auch nicht der Fall.[11]

14 Davon zu unterscheiden ist aber die Frage, ob auf Grund einer nicht den Anforderungen des § 558e BGB entsprechenden Datensammlung der Vermieter zB in die Lage versetzt wird, ein **anderes zulässiges Begründungsmittel** verwenden zu können. Das ist zB dann der Fall, wenn er aus einer Datensammlung zB eines Vermieterverbandes drei Vergleichswohnungen benannt bekommt, mit denen er dann sein Mieterhöhungsverlangen begründet. Die Frage der Zulässigkeit des Begründungsmittels „Vergleichswohnungen" ist unabhängig von der Frage zu beantworten, woher der Vermieter die Daten für die drei Vergleichswohnungen hat. Mängel der Datensammlung haben deshalb in diesen Fall keinen Einfluss auf die Wirksamkeit der Mieterhöhungserklärung. Deshalb handelte es sich bei der Begründung einer Mieterhöhung in Hannover bisher auch nicht um eine solche mit einer Mietdatenbank, sondern um eine solche mit Vergleichswohnungen.

## II. Die einzelnen Tatbestandsmerkmale

### 1. Die Sammlung von Mietedaten

15 Es muss sich um Sammlung von Mietedaten handeln. Wie diese Daten gesammelt werden, also mit Hilfe einer elektronischen Datenverarbeitung oder herkömmlich mittels „Zettelkasten" ist für den Begriff der Mietdatenbank unerheblich. In der heutigen Zeit wird es sich aber regelmäßig um **computerunterstützte Datensammlungen** handeln, die eine komfortable Auswertung nach allen möglichen Kriterien erlauben.

16 Die Sammlung muss sich auf die **örtlich maßgeblichen Mietedaten** beziehen. Die ortsübliche Vergleichsmiete ist immer gemeindebezogen zu ermitteln. Auch wenn in der Datenbank zB die Mietdaten für verschiedene Gemeinden enthalten sind, muss über das Suchkriterium der Gemeinde eine Selektion auf den maßgeblichen Datenbestand möglich sein. Nur aus diesem Datenbestand darf dann auch die ortsübliche Vergleichsmiete ermittelt werden.

17 Zulässig ist es aber, die Mietdatenbank nur für einen bestimmten **Wohnungsteilmarkt** zu betreiben. So könnte zB eine Mietdatenbank in Ergänzung zu einem Mietspiegel betrieben werden um mittels der Auskunft aus der Mietdatenbank Auskünfte über die Mieten in Einfamilienhäusern erteilen zu können. Auch für sonstige aus dem Mietspiegel herausgefallene Wohnungsbestände könnte eine Mietdatenbank betrieben werden zB für Appartements oder teilgewerblich genutzte Objekte. Notwendig ist die Beschränkung jedoch nicht. Wegen der Kosten der Mietspiegelerstellung und der Notwendigkeit der Anerkennung durch die Gemeinde bzw. die Interessenverbände dürfte eine Mietdatenbank in Konkurrenz zu einem örtlichen Mietspiegel aber in der Realität nicht vorkommen.

18 Ideal wäre natürlich, wenn die gespeicherten Daten auch **repräsentativ** für den regionalen Mietmarkt wären. Dies setzt aber einen erheblichen Aufwand voraus, der dann über die Auskunfts-

[9] AG München WuM 2018, 773.
[10] AG Coesfeld WuM 2020, 456.
[11] **AA** AG München WuM 2018, 773, 774.

gebühr wieder refinanziert werden muss. Genauso wie auch ausgehandelte Mietspiegel ohne repräsentative Daten als Begründungsmittel für ein Mieterhöhungsverlangen eingesetzt werden können, können auch Auskünfte aus Mietdatenbanken verwandt werden, die auf nicht repräsentativen Daten beruhen. Die Alternative wäre in vielen Fällen die Begründung mit drei willkürlich ausgewählten Vergleichswohnungen.

### 2. Die Zweckbestimmung

Die Sammlung muss den **Zweck** haben, die ortsübliche **Vergleichsmiete zu ermitteln.** Aus dem Wortlaut ergibt sich nicht, ob es der einzige Zweck sein darf. Zumindest muss es aber das Primärziel der Datenbank sein. Ob daneben dann noch andere Ziele mit der Datenbank zum Zwecke der Einnahmeerzielung verfolgt werden ist für die Qualifikation der Datenbank unerheblich. Werden die Daten der Datenbank aber zu anderen Zwecken, zB zu Werbezwecken weitergegeben, dürfte es datenschutzrechtliche Probleme geben, da diese Weitergabe von der Einverständniserklärung nicht abgedeckt wird. Die Verwendung von anderen Datensammlungen, zB Wohngeldstatistiken, Dateien von Maklerverbänden, der Finanzämter oder der Gutachterausschüsse ist aber nicht möglich, da diese gerade nicht zum Zweck der Ermittlung der ortsüblichen Vergleichsmiete betrieben werden. 19

### 3. Die Auskunftserteilung

Die Datensammlung soll nach § 558e BGB nicht Selbstzweck sein, sondern aus ihr sollen Auskünfte erteilt werden. Eine Auskunft ist eine **Wissenserklärung.**[12] Die Auskunft ist grds. **schriftlich** zu erteilen.[13] Diese allgemeinen Grundsätze gelten auch für die Auskunft aus einer Mietdatenbank. Die Auskunft soll gem. § 558a BGB dem Mieterhöhungsverlangen beigefügt werden, so dass daraus schon das Erfordernis der Schriftlichkeit folgt. Damit ist aber nicht die Schriftform des § 126 BGB gemeint. Eine eigenhändige Unterschrift ist nicht erforderlich zumal das Mieterhöhungsverlangen selbst ja auch nur der Textform bedarf. Es genügt die Verkörperung in einer Urkunde. 20

Aus der Auskunft muss sich ergeben, **wie hoch die ortsübliche Vergleichsmiete** nach den in der Mietdatenbank gespeicherten Werten für die konkrete Wohnung ist. Bei der bisher einzigen Mietdatenbank in Hannover wurde im strengen Sinn keine Auskunft über die ortsübliche Vergleichsmiete erteilt, sondern es wurden als Ergebnis der Anfrage drei Vergleichswohnungen mitgeteilt, aus denen dann wiederum ein Schluss auf die ortsübliche Vergleichsmiete gezogen werden konnte. Es wird deshalb vertreten, dass die Auskunft aus der Hannoveraner Datenbank keine iSd § 558a Abs. 2 Nr. 2 BGB sei.[14] Die Unterscheidung, ob es sich um ein Mieterhöhungsverlangen begründet mit einer Auskunft aus einer Mietdatenbank oder mit drei Vergleichswohnungen handelt, ist aber keine Frage, welchen Inhalt die Auskunft hat, sondern wie der Vermieter seine Begründung abfasst. Beruft er sich, wie es in der Vergangenheit eben nur möglich war, auf den Inhalt der Auskunft der Art, dass er die dort benannten Vergleichswohnungen zur Begründung angibt, dann handelt es sich um eine Mieterhöhung begründet mit Vergleichswohnungen. Woher er die Daten hat, also aus einer Mietdatenbank ist unerheblich. Die Wirksamkeit des Mieterhöhungsverlangens richtet sich nach den Grundsätzen, die für die Begründung mit Vergleichswohnungen aufgestellt worden sind (→ BGB § 558a Rn. 98ff.). Teilt der Vermieter aber nur das Ergebnis der Auskunft mit, und beruft er sich gerade auf dies Ergebnis, dann handelt es sich um das Begründungsmittel „Mietdatenbank". Der Vermieter will dann gerade auch die Autorität dieser Institution und die Anerkennung durch die Gemeinde oder die Interessenverbände für sich in Anspruch nehmen. 21

Wie die Auskunft auszusehen hat, ergibt sich aus dem Gesetz nicht.[15] Dies ist nach dem Sinn und Zweck der Vorschrift zu ermitteln. Inhaltlich muss die Auskunft einen Zahlenwert enthalten, der eine **Quadratmetermiete in Euro** ausdrückt. Dazu muss ferner angegeben werden, für welchen Wohnungsteilmarkt die Auskunft erteilt wurde. Es müssen also die **Wohnwertmerkmale angegeben** werden, aus deren Kombination der Datenbank der angegebene Wert entnommen wurde. Dazu zählt der Art des Wohnraums, also zB Mehrfamilienhaus, Einfamilienhaus oder Appartement, die Lage innerhalb des Stadtgebietes, die Größe der Wohnung oder zumindest eine Spanne von 22

[12] MüKoBGB/*Keller* § 260 Rn. 51.
[13] Palandt/*Heinrichs* BGB § 260 Rn. 20; MüKoBGB/*Keller* § 260 Rn. 51 mwN.
[14] *Blank* PiG 62 (2002), 17 (32).
[15] *Börstinghaus* NZM 2000, 583.

Wohnungsgrößen und letztendlich auch Angaben zur Beschaffenheit und zur Ausstattung. Die Beschaffenheit kann auch bei der Mietdatenbank über das Baualter erfasst werden.

23 Fraglich ist, ob die Auskunft **konkrete Angaben über einzelne Wohnungen** enthalten muss. Zum Teil wird vertreten, dass die Angabe konkreter Vergleichswohnungen nicht mehr erforderlich ist.[16] Der Wortlaut der Vorschrift verlangt zwar nicht die Angabe von Vergleichswohnungen aber auch mehr als die bloße Angabe der Quadratmetermiete. Die Auskunft soll nämlich den Schluss auf die ortsübliche Vergleichsmiete zulassen. Es heißt nicht im Gesetz, dass die ortsübliche Vergleichsmiete anzugeben ist. Die Angabe der ortsüblichen Vergleichsmiete ist die Angabe eines bestimmten Wertes. Eine Auskunft, die den Schluss auf die ortsübliche Vergleichsmiete zulässt, ist jedoch etwas anderes. Hier bedarf es der **Mitteilung von Fakten** und Informationen, deren Auswertung dann als Ergebnis eines Gedankenganges die ortsübliche Vergleichsmiete ergeben. Dies kann durch die **Angabe mehrere Vergleichsmieten** erfolgen aber auch durch die Angabe, dass in der Datenbank unter Berücksichtigung der für die konkrete Wohnung zutreffenden Wohnwertmerkmale insgesamt eine bestimmte Anzahl von Mietdaten gespeichert sind und dabei Mieten von x EUR bis y EUR pro Quadratmeter gezahlt werden. Angegeben werden kann dann ggf. auch noch ein **Mittelwert.** Allein die Angabe eines Quadratmeterwertes auf dem Briefkopf einer Mietdatenbank-Gesellschaft reicht aber nicht aus.

24 Dafür spricht auch die **Funktion der Auskunft,** die als vorprozessuales Begründungsmittel vor allem der Befriedung dienen soll. Dazu muss sie dem Mieter aber mindestens die Informationen geben, die bisher schon das schlechteste Begründungsmittel vermittelte. Das war die Begründung mit Vergleichswohnungen. Der Mietspiegel enthält zwar auch keine Angaben über die einzelnen Wohnungsmieten, aus denen der konkrete Mietspiegelwert ermittelt wurde, aber insofern ist der Wortlaut des § 558c Abs. 1 BGB auch abw. Der Mietspiegel ist *eine Übersicht über die ortsübliche Vergleichsmiete.* Der Mietspiegel soll also die ortsübliche Vergleichsmiete unmittelbar angeben, während die Auskunft aus der Datenbank nur einen Schluss darauf zulassen soll.

### 4. Der Schluss auf die ortsübliche Vergleichsmiete

25 Dieser Schluss auf die ortsübliche Vergleichsmiete setzt ferner voraus, dass die Auskunft Angaben über die **Mietstruktur** enthält. Es muss angegeben werden, ob die angegebenen Mieten Nettokaltmieten, Bruttokalt- oder Teilinklusivmieten sind. Ferner muss aus der Auskunft auch ersichtlich sein, dass vom **richtigen Begriff der ortsüblichen Vergleichsmiete** ausgegangen wurde, also dass insbes. nicht nur Neuvertragsmieten gespeichert wurden, sondern auch in den letzten vier Jahren veränderte Bestandsmieten. Es sollte in der Auskunft auch angegeben werden, nach welchen Kriterien die Wohnungen sortiert wurden, damit der Mieter aus der Auskunft ggf. erkennen kann, in welcher Hinsicht seine Wohnung sich von den der Auskunft zu Grunde liegenden Wohnungen unterscheidet. Des Weiteren wäre es sinnvoll, in der Auskunft Angaben über eventuelle Zu- und Abschlagsfaktoren zu machen, da auch diese Angaben erheblich zur Streitvermeidung beitragen. Aus der Auskunft soll sich auch ergeben, wer Träger der Mietdatenbank ist und durch wenn die Datenbank anerkannt wird.

### 5. Träger der Mietdatenbank

26 Das Gesetz bietet verschiedene Möglichkeiten an, von wem eine Mietdatenbank betrieben werden kann. Diese Möglichkeiten stehen gleichberechtigt nebeneinander. Es fehlt an einer Kollisionsnorm.[17] Das Gesetz erklärt alternativ die **Gemeinde oder die Interessenvertreter der Vermieter und der Mieter** gemeinsam für zuständig und lässt bei einer nur von einem Verband betriebenen Datenbank auch die Anerkennung durch den anderen Verband genügen. Möglich ist schließlich der Fall, dass die Mietdatenbank von einem Dritten geführt wird und von beiden Verbänden anerkannt wird. Dies ist zB bei der Mietdatenbank in Hannover der Fall, die von einem unabhängigen Verein MEA eV geführt und von Haus und Grund und dem Mieterverein anerkannt wird. Was in den Fällen zu geschehen hat, in denen die Gemeinde und die Interessenvertreter jeweils gemeinsam zwei konkurrierende Mietdatenbanken betreiben, ist nicht geregelt. Nach dem

---

[16] *Blank PiG 62 (2002), 17 (32).*

[17] Die Gefahr eines Konkurrenzkampfes mehrerer Mietdatenbankanbieter sah *Behrens* WuM 1997, 77 (80); die Gefahr dürfte wegen der schwierigen Kostensituation bei Mietdatenbanken jedoch kaum bestehen, so *Stöver* WuM 2002, 65 (70).

Wortlaut des Gesetzes sind beide Mietdatenbanken zulässige Begründungsmittel. Einen Vorrang einer gemeindlichen Mietdatenbank gibt es genauso wenig wie den Vorrang des Mietspiegels gegenüber einer Mietdatenbank.[18]

**a) Die Gemeinde.** Mit Gemeinde ist die **politische Gemeinde** gemeint.[19] Die Abgrenzung erfolgt dabei aus verwaltungstechnischen Gründen und nicht aus wohnungsmarktspezifischen Überlegungen.[20] Der Gesetzeswortlaut ist diesbezüglich eindeutig. Anders als beim Mietspiegel fehlt es zwar an einer ausdrücklichen Regelung, dass eine Mietdatenbank auch für ein Teilgebiet einer Gemeinde also zB für einen Ortsteil erstellt werden kann, dies ist aber trotzdem zulässig. Wenn die Gemeinde der Auffassung ist, dass wegen der vorliegenden Daten nur für einen Teil des Gemeindegebietes Auskünfte erteilt werden können ist das zulässig. Es darf nur nicht außer Acht gelassen werden, dass der Begriff der ortsüblichen Vergleichsmiete auf die Gemeinde bezogen zu ermitteln ist, wobei aber die Lageklasse eine zulässige Differenzierung darstellt. Unter dieser Einschränkung ist es zulässig, eine Mietdatenbank für mehrere Gemeinden zu betreiben. Dabei geht es aber nur um die Trägerschaft der Datenbank. Das Ergebnis der Auskunft muss dann aber jeweils aus den Daten für eine bestimmte Gemeinde ermittelt werden. 27

**b) Die Interessenvertreter.** Das Gesetz unterscheidet dabei zwei Alternativen. Entweder wird die Mietdatenbank von den Interessenvertretern der Vermieter und Mieter gemeinsam geführt oder sie wird von einem der Interessenverbände der Vermieter oder Mieter allein aufgestellt und vom jeweils anderen Verband anerkannt. Nicht möglich ist das Führen der Mietdatenbank nur durch einen Verband, zB den örtlichen Vermieterverein ohne Anerkennung durch den zuständigen Mieterverein. 28

Es ist nicht die **Anerkennung aller Interessenverbände** auf jeder Seite erforderlich. Dies gilt auch dann, wenn auf einer Seite mehrere Verbände, ggf. unterschiedlicher Größe vorhanden sind. Es genügt die Zustimmung je eines Interessenverbandes jeder Seite.[21] Der Wortlaut des § 558e BGB verlangt nur die Anerkennung „von Interessenvertretern" nicht von „den" oder „allen" Interessenvertretern. Auch nach Sinn und Zweck des § 558e BGB ist nicht mindestens die Zustimmung der jeweils größten Gruppe der Interessenvertreter erforderlich. Da die Mietdatenbank zum einen den Vermieter hindern soll, voreilige und willkürliche Erhöhungen geltend zu machen und zum anderen den Mieter in die Lage versetzen soll, die Mieterhöhung zu überprüfen, genügt es, wenn die Auskunft aus der Mietdatenbank auf Grund eines Zusammenwirkens von Interessenverbänden zustande gekommen ist. Dies rechtfertigt allein die Annahme, dass die Auskunft nicht völlig unergiebig ist, zumal der Vermieter anderenfalls drei Vergleichswohnungen benennen kann die er ganz allein auswählen kann. Lediglich in den Fällen, in denen begründeter Anlass zur Annahme besteht, dass ein Verband von der Gegenseite beeinflusst ist, können Zweifel an der Objektivität gerechtfertigt sein. 29

Der Begriff **„Interessenverband"** setzt dabei vom Wortlaut bereits voraus, dass es sich um den **Zusammenschluss von mindestens zwei Mitgliedern** handeln muss. Ein örtlicher Großvermieter, zB in den neuen Ländern, die städtische Wohnungsbaugenossenschaft, ist kein Interessenverband. Der Interessenverband muss auf der anderen Seite auch nicht alle Vermieter oder Mieter vertreten. So ist durchaus denkbar und möglich, dass der Verband der freien Wohnungsunternehmen oder ein Verband der Wohnungsgenossenschaft mit dem Mieterbund eine Mietdatenbank führt. Entscheidend ist, dass durch die Struktur des Verbandes nicht nur Singularinteressen eines Vermieters vertreten werden, sondern die Interessen einer bestimmten Art von Vermietern. Es muss sich um den für die Gemeinde örtlich zuständigen Verband handeln. Ist der Verband nicht auf Ortsebene organisiert, dann kann auch der überörtliche Verband für die Gemeinde eine Mietdatenbank führen oder anerkennen. 30

**c) Mietdatenbanken von Dritten.** Schließlich ist es grds. auch möglich, dass Dritte Mietdatenbanken führen. Voraussetzung für eine Anerkennung als Begründungsmittel ist in diesem Fall aber, dass diese durch Dritte erstellte Mietdatenbank von den Interessenverbänden der Mieter und Vermieter oder der Gemeinde anerkannt wird. Denkbar ist das Führen einer Mietdatenbank durch ein kommerzielles Unternehmen oder ein Institut der Universität. Möglich ist aber auch, dass die Gemeinde oder die Interessenverbände selbst Träger der juristischen Person (zB GmbH oder Ver- 31

[18] Mit Ausnahme der Hinweispflicht gem. § 558a Abs. 3 BGB bei einem qualifizierten Mietspiegel.
[19] AG Bayreuth WuM 1993, 454; AG Augsburg WuM 1990, 221.
[20] *Oberhofer/Schmidt,* Kriterien der Mietspiegelerstellung, 1996, 11.
[21] OLG Hamm NJW-RR 1991, 209, für Mietspiegel.

ein) sind, die die Mietdatenbank betreibt. Das Gesetz schreibt der Gemeinde oder den Interessenverbänden nicht vor, in welcher Organisationsform sie die Datenbank betreiben.[22] Bei Auskünften aus dem MietpreisCheck von immoscout24[23] oder bei „empirica-Daten"[24] handelt es um keine Auskünfte zugelassener Mietdatenbankbetreibern.

### III. Datenschutz

32 Die Führung einer Mietdatenbank berührt datenschutzrechtliche Gesichtspunkte,[25] da **personenbezogene Daten** erhoben, verarbeitet oder genutzt werden. Dies ist regelmäßig der Fall, da unter personenbezogenen Daten Einzelangaben zu verstehen sind, die über die Verhältnisse einer natürlichen Person (des Betroffenen) Auskunft geben können. Angaben über Wohnungen sind bereits dann personenbezogene Daten, wenn aus ihnen Rückschlüsse auf die jeweiligen Wohnungsmieter gezogen werden können (zB bei Angabe der Wohnungsadresse).

33 Bei der Erhebung und der anschließenden Speicherung und Nutzung der Mietedaten ist auf Grund der datenschutzrechtlichen Vorgaben vor allem zu beachten, dass die danach erforderlichen **Einwilligungen der Betroffenen** vorliegen. Dies gilt bei einer Angabe der Werte durch den Mieter oder Vermieter zunächst für diesen selbst aber auch für den jeweiligen Vertragspartner. Zur Anwendung können dabei Regelungen des Bundesdatenschutzgesetzes, der Datenschutz-Grundverordnung und der jeweiligen Landesdatenschutzgesetze kommen. Das Bundesdatenschutzgesetz gilt bei der Erhebung, Verarbeitung und Nutzung von personenbezogenen Daten durch öffentliche Stellen des Bundes und durch nicht öffentliche Stellen, zB Forschungs- und Beratungsinstitute oder Wissenschaftler sowie bei Mietdatenbanken, die von den Interessenverbänden geführt werden. Die Landesdatenschutzgesetze gelten für Mietdatenbanken der Gemeinden und Landkreise.

34 Darüber hinaus kommt die Anwendung von **Landesstatistikgesetzen** in Betracht, wenn eine kommunale Stelle eine Datenerhebung selbst durchführt oder veranlasst. Nach einigen Landesstatistikgesetzen dürfen Kommunalstatistiken nur auf Grund einer gesetzlichen Grundlage, idR einer Satzung, erstellt werden. Das ist immer der Fall, da der Mietdatenbank eine Datenerhebung zu Grunde liegt. Immer dann, wenn kommunale Stellen zum Zwecke der Statistik Datenerhebungen durchführen oder veranlassen, müssen die Vorschriften der Datenschutzgesetze und vor allem der Landesstatistikgesetze eingehalten werden. Die Landesstatistikgesetze verlangen meist, dass Kommunalstatistiken nur auf Grund einer gesetzlichen Grundlage, also idR einer Satzung erstellt werden dürfen. Diese Satzung muss dann enthalten die Erhebungsmerkmale, die Hilfsmerkmale,[26] die Art und Weise der Erhebung und den Kreis der zu Befragenden (Mieter und/oder Vermieter).

## C. Die Rechtsfolgen

35 Die Auskunft aus einer Mietdatenbank kann gem. § 558a Abs. 2 BGB als **Begründungsmittel** für ein Mieterhöhungsverlangen benutzt werden. Sie hat von Gesetzes wegen darüber hinaus keine weitere Bedeutung. Sie ist also weder in einem späteren Zustimmungsverfahren vom Gericht als Beweismittel zu verwenden noch besteht eine Vermutung für die Richtigkeit der Daten. Die Auskunft aus der Mietdatenbank ist auch nicht geeignet, in einem Rückforderungsprozess wegen vermeintlich überzahlter Miete Beweis über die Höhe der ortsüblichen Vergleichsmiete zu erbringen. Auch in all den anderen Verfahren, in denen Mietspiegel herangezogen werden[27], spielt die Auskunft aus der Mietdatenbank keine Rolle.

## D. Vereinbarungen zum Nachteil des Mieters

36 Die Vorschrift des § 558e BGB enthält **keine ausdrückliche Bestimmung** darüber, dass Vereinbarungen zum Nachteil des Mieters unwirksam sind. Diese Rechtsfolge ergibt sich bereits aus

[22] *Haas* Neues MietR BGB § 558e Rn. 4.
[23] AG München WuM 2018, 773.
[24] AG Coesfeld WuM 2020, 456.
[25] *Szameitat* WuM 2002, 63 (64); zu den Auswirkungen der Datenschutz-GrundVO auf Mietverträge generell: *Eisenschmid* NZM 2019, 313; *Storm* DWW 2018, 204; *Will* WuM 2017, 502.
[26] Hilfsmerkmale sind Angaben, die der technischen Durchführung der Statistik dienen.
[27] → BGB § 558c Rn. 10ff.; → BGB § 558d Rn. 10ff.

den §§ 557 Abs. 4, 558 Abs. 6, 558a Abs. 5 BGB. Danach sind alle Vereinbarungen die dem Vermieter gestatten Mieterhöhungen zum Nachteil des Mieters abw. von den gesetzlichen Vorschriften durchzuführen, unwirksam. Deshalb verstoßen alle Vereinbarungen, die Auskünfte aus Datensammlungen, die nicht die Voraussetzungen der Mietdatenbank gem. § 558e BGB erfüllen zu einem zulässigen Begründungsmittel machen oder der Auskunft im Zustimmungsverfahren Beweis- oder Vermutungswirkung zu kommen lassen bereits gegen die zuvor genannten Vorschriften, so dass sie bereits deshalb unwirksam sind.

## E. Kritik und Ausblick

Mietdatenbanken sind dann umso sinnvoller umso besser ihre Daten sind und umso höher die **Akzeptanz** vor Ort ist. Die Einrichtung einer Mietdatenbank, egal ob von der Kommune oder von den Interessenverbänden macht deshalb nur dann Sinn, wenn die Einbindung möglichst vieler Marktteilnehmer sichergestellt ist. Gegen den Willen eines Verbandes ist eine Mietdatenbank, die ja Kosten und Aufwand verursacht, kaum möglich. Wenn die Vermieter die Datenbank nicht nutzen, fehlt es an Einnahmen und auch an neuen aktuellen Mietedaten. Wenn die Mieter Mieterhöhungen nicht akzeptieren, die mit einer solchen Auskunft begründet werden, werden Vermieter auf Dauer sich auch überlegen, ob sie dieses für sie dann doppelt kostenträchtige Verfahren (Auskunftsgebühr und anschließend Prozesskosten) weiter in größerem Umfang benutzen. 37

Die Akzeptanz hängt ganz wesentlich von der **Qualität der Daten** ab. Die Kritik an Mietdatenbanken[28] wird deshalb auch überwiegend an der fehlenden Repräsentativität der Daten festgemacht. Dabei darf man aber nicht Äpfel und Birnen vergleichen. Natürlich sind die Daten eines qualifizierten Mietspiegels besser als die einer Mietdatenbank. Aber es gibt eben nicht nur Gemeinden mit qualifizierten Mietspiegeln, sondern auch Gemeinden mit ausgehandelten Mietspiegeln oder ganz ohne Mietspiegel. Und hier muss die Mietdatenbank, wenn sie unter Einschluss aller Marktteilnehmer betrieben wird keinesfalls schlechter sein. Besser als drei vom Vermieter willkürlich ausgesuchte Vergleichswohnungen ist sie allemal. 38

Die Mietdatenbank hat gegenüber einem Mietspiegel durchaus den **Vorteil,** viel zeitnäher die ortsübliche Vergleichsmiete angeben zu können, da beim Mietspiegel die Erhebungsintervalle ca. zwei Jahre betragen, während die Datenbank permanent fortgeschrieben wird. Auch kurzfristige Schwankungen, zB auch Mietsenkungen auf Grund zeitweisen Überangebots an Wohnungen, schlagen sich in einer Mietdatenbank schneller nieder, während Mietspiegel oft diese Schwankungen weg nivellieren. 39

Ein weiter Vorteil der Mietdatenbank ist, dass er auf Grund der heute sehr preiswerten Speicherkapazitäten eine sehr **viel genauere Marktdifferenzierung** enthalten kann als jeder Mietspiegel. So kann man in einer Mietdatenbank bestimmte Renovierungen und Modernisierungen oder Sonderausstattungen (Carport, Kamin, Fußbodenheizung etc.) erfassen, um ohne pauschalierende Zu- und Abschläge die vergleichbaren Mieten zu ermitteln. 40

Wichtig ist die **Transparenz der Daten.** Eine Mietdatenbank setzt deshalb eine Art Beirat voraus, in dem alle Marktteilnehmer, private Vermieter, Wohnungsgenossenschaften, gewerbliche Vermieter, Mieterorganisationen usw. vertreten sind, um jederzeit einen Überblick über die gemeldeten und erfassten Daten zu haben. 41

[28] ZB *Szameitat* WuM 2002, 63.

## § 559 Mieterhöhung nach Modernisierungsmaßnahmen

**(1) [1]Hat der Vermieter Modernisierungsmaßnahmen im Sinne des § 555b Nummer 1, 3, 4, 5 oder 6 durchgeführt, so kann er die jährliche Miete um 8 Prozent der für die Wohnung aufgewendeten Kosten erhöhen. [2]Im Fall des § 555b Nummer 4a ist die Erhöhung nur zulässig, wenn der Mieter seinen Anbieter von öffentlich zugänglichen Telekommunikationsdiensten über den errichteten Anschluss frei wählen kann und der Vermieter kein Bereitstellungsentgelt gemäß § 72 des Telekommunikationsgesetzes als Betriebskosten umlegt oder umgelegt hat.**

**(2) Kosten, die für Erhaltungsmaßnahmen erforderlich gewesen wären, gehören nicht zu den aufgewendeten Kosten nach Absatz 1; sie sind, soweit erforderlich, durch Schätzung zu ermitteln.**

**(3) Werden Modernisierungsmaßnahmen für mehrere Wohnungen durchgeführt, so sind die Kosten angemessen auf die einzelnen Wohnungen aufzuteilen.**

**(3a) Bei Erhöhungen der jährlichen Miete nach Abs. 1 darf sich die monatliche Miete innerhalb von sechs Jahren, von Erhöhungen nach § 558 oder § 560 abgesehen, nicht um mehr als 3 Euro je Quadratmeter Wohnfläche erhöhen. Beträgt die monatliche Miete vor der Mieterhöhung weniger als 7 Euro pro Quadratmeter Wohnfläche, so darf sie sich abweichend von Satz 1 nicht um mehr als 2 Euro je Quadratmeter Wohnfläche erhöhen.**

**(4) [1]Die Mieterhöhung ist ausgeschlossen, soweit sie auch unter Berücksichtigung der voraussichtlichen künftigen Betriebskosten für den Mieter eine Härte bedeuten würde, die auch unter Würdigung der berechtigten Interessen des Vermieters nicht zu rechtfertigen ist. [2]Eine Abwägung nach Satz 1 findet nicht statt, wenn**
**1. die Mietsache lediglich in einen Zustand versetzt wurde, der allgemein üblich ist, oder**
**2. die Modernisierungsmaßnahme auf Grund von Umständen durchgeführt wurde, die der Vermieter nicht zu vertreten hatte.**

**(5) [1]Umstände, die eine Härte nach Absatz 4 Satz 1 begründen, sind nur zu berücksichtigen, wenn sie nach § 555d Absatz 3 bis 5 rechtzeitig mitgeteilt worden sind. [2]Die Bestimmungen über die Ausschlussfrist nach Satz 1 sind nicht anzuwenden, wenn die tatsächliche Mieterhöhung die angekündigte um mehr als 10 Prozent übersteigt.**

**(6) Eine zum Nachteil des Mieters abweichende Vereinbarung ist unwirksam.**

### Systematische Übersicht

## Alphabetische Schnellübersicht



## A. Allgemeines

### I. Inhalt und Zweck der Norm

#### 1. Allgemeines

1 Neben der einvernehmlichen Mietanpassung gem. § 557 Abs. 1 BGB und der allgemeinen Mieterhöhung gem. § 558 BGB auf die ortsübliche Vergleichsmiete stellt die Mieterhöhung nach § 559 BGB die **dritte wichtige Säule** des Mietpreisrechts im freifinanzierten Wohnungsbau dar. Die Vorschrift wird ergänzt durch die beiden folgenden Vorschriften. § 559 a regelt die Anrechnung von Förder- oder Drittmitteln. § 559 b BGB enthält die Formalien zur Durchsetzung des Anspruchs und die Rechtsfolgen einer Mieterhöhungserklärung; demgegenüber enthält § 559 c BGB geringfügige Erleichterungen für das sog. „Vereinfachte Verfahren". § 559 d BGB enthält eine Beweislastnorm und hat mit einer Modernisierungsmieterhöhung nichts zu tun und ist vom Gesetzgeber fälschlicherweise an dieser Stelle einsortiert worden.

2 Die Vorschrift ist eine eng auszulegende **Ausnahmevorschrift.**[1] Das Vergleichsmietensystem des preisfreien Wohnungsbaus beruht auf der Vertragsfreiheit. Die Mietvertragsparteien sollen sich über die Höhe der Miete einigen. Dies gilt uneingeschränkt für die Neuvertragsmiete, entspricht aber auch den Vorstellungen des Gesetzgebers für Mieterhöhungen im Bestand. Auch wenn der Vermieter gem. § 558 BGB unter bestimmten Umständen einen Anspruch auf die Zustimmung des Mieters zur Vertragsänderung hat, so stellt der Gesetzgeber die Einigung in den Vordergrund. Dies ergibt sich daraus, dass die einvernehmliche Mieterhöhung nunmehr in § 557 Abs. 1 BGB an den Anfang der Vorschriften über die Mieterhöhung gestellt wurde. Demgegenüber enthält § 559 BGB ein einseitiges Gestaltungsrecht. Insofern ähnelt die Vorschrift den entsprechenden aber inzwischen auslaufenden und nicht mehr in allen Bundesländern geltenden Regelungen (→ BGB Vor § 557 Rn. 25 ff.) für den preisgebundenen Wohnraum in §§ 6, 13 NMV und § 11 II. BV, die ebenfalls einseitige Erhöhungen der Kostenmiete zulassen, bzw. § 12 AMVO, der früher in vergleichbaren Fällen eine Mieterhöhung gestattete. Die Ähnlichkeit bezieht sich aber nicht nur auf

[1] *Sternel* MietR Kap. III Rn. 761; Staudinger/*V. Emmerich* BGB § 559 Rn. 3 spricht von „Systembruch"; *Krüger,* Der Modernisierungsbegriff im Miet- und WEG-Recht, 2009, 59; BeckOGK/*Schindler* BGB § 559 Rn. 1.

die Frage des Zustandekommens der neuen Miete, sondern auch auf die Höhe. Nach § 559 BGB soll dem Vermieter nicht die Miete zustehen, die für modernisierten Wohnraum gezahlt wird, sondern eine **an den Kosten orientierte Miete.**[2] Auch dies ist eine Durchbrechung allgemeiner Regeln, weshalb die Vorschrift als Fremdkörper[3] stark kritisiert[4] und immer häufiger die Abschaffung der Vorschrift gefordert wird.[5] Die Vorschrift ist aber auf keinen Fall verfassungswidrig. In der 18. Legislaturperiode gab es Überlegungen der Bundesregierung die Modernisierungsmieterhöhungen zeitlich zu befristen bis sie sich „amortisiert" hat. Das hätte den Charakter eines Zuschlags verstärkt. Stattdessen wurde zunächst durch das Mietrechtsnovellierungsgesetz v. 21.5.2015[6] im Rahmen der Einführung einer Begrenzung der Wiedervermietungsmiete in den §§ 556d–556g BGB die Modernisierungsmieterhöhung doppelt privilegiert. Zum einen fallen Wohnungen, die „umfassend modernisiert" wurden gem. § 556f BGB zumindest bei der ersten Vermietung nach einer solchen Modernisierung aus dem Anwendungsbereich der Begrenzung der Wiedervermietungsmiete und zum anderen dürfen Mieterhöhungen für Modernisierungen der letzten drei Jahre zu einer Überschreitung der ortsüblichen Vergleichsmiete um mehr als 10% führen, § 556e Abs. 2 BGB, auch wenn sie bis zur Neuvermietung gar nicht verlangt worden waren. Durch das Mietrechtsanpassungsgesetz v. 18.12.2018[7] wurde zwar der Umlagesatz von 11% auf 8% abgesenkt und eine Kappungsgrenze eingeführt, durch die Einführung des vereinfachten Verfahrens gem. § 559c BGB hat der Gesetzgeber aber deutlich zu erkennen gegeben, dass er an der Modernisierungsmieterhöhung auch für die Zukunft festhalten will. Bereits seit der Mietrechtsänderung 2013 ist klargestellt, dass bestimmte Modernisierungen im Rahmen der Ermittlung der ortsüblichen Vergleichsmiete stärker berücksichtigt werden sollen. Seit 1.5.2013 hat der Gesetzgeber dies in § 558 Abs. 2 BGB dadurch zum Ausdruck gebracht, indem er klargestellt hat, dass der energetische Zustand jetzt auch bei den Wohnwertmerkmalen „Ausstattung" und „Beschaffenheit" zu berücksichtigen ist.[8]

### 2. Zweck der Vorschrift

3 Dabei gehen die Bedeutung und der Zweck des § 559 BGB **weit über das Vertragsverhältnis** zwischen dem konkreten Vermieter und dem konkreten Mieter hinaus. § 559 BGB hat insofern eine mehrfache Bedeutung. Zu unterscheiden ist zwischen dem privatrechtlichen Zweck, der Anpassung der Miete im konkreten Mietverhältnis, und den öffentlich-rechtlichen Zweckbestimmungen, die der Gesetzgeber über den Anreiz einer Mieterhöhung mittelbar erreichen will. Eine bestimmte Rangfolge ist mit der Reihenfolge der aufgeführten Gesetzeszwecke nicht verbunden.[9]

4 **a) Im privatrechtlichen Bereich.** erlaubt § 559 BGB zunächst dem Vermieter – im Zusammenhang mit den § 555b ff. BGB – abw. vom allgemeinen Grundsatz, dass keine Partei während der Vertragslaufzeit einseitig den Vertragsgegenstand und den Leistungsumfang ändern darf,[10] dies bei einem Wohnraummietverhältnis zu tun. Die §§ 555b BGB gestatten dem Vermieter zunächst seine **eigene Leistungspflicht zu verändern,** indem er den Mieter verpflichtet, bestimmte Leistungsänderungen zu dulden. Seit der Mietrechtsänderung 2013 sind der Duldungsanspruch und der Mieterhöhungsanspruch vollständig entkoppelt[11]. Der Mieter muss ggf. Maßnahmen dulden, die nicht zu einer Mieterhöhung berechtigen. Er kann wirtschaftliche Härtegründe nicht mehr gegen-

---

[2] Staudinger/*V. Emmerich* BGB § 559 Rn. 3.

[3] *Siegmund* FS Börstinghaus,2020,397 (399); *Gsell/Siegmund* NZM 2019, 489 (490); *Kummer* WuM 2020, 313; *Raabe* WuM 2020, 673, 675; *Rödl/Restorff* WuM 2020, 57, 58; *Weitemeyer* NZM 2000, 313 (318); *Weitemeyer* NZM 2001, 562 (569); Herrlein/Knops/Spiegelberg MietR/*Ormanschick* BGB § 559 Rn. 1.

[4] Staudinger/*V. Emmerich* BGB § 559 Rn. 3; *Gsell* NZM 2017, 305 „Vorschrift hoch problematisch"; *Rips* WuM 2014, 695.

[5] MüKoBGB/*Artz* § 559 Rn. 7 „bedenkenswert" auf die Vorschrift zu verzichten; *Blank* WuM 2011, 195 (199).

[6] BGBl. I 610; *Börstinghaus* NJW 2015, 1553.

[7] BGBl. I 2648; dazu *Artz/Börstinghaus* NZM 2019, 12; *Selk* NJW 2019, 329; *Lützenkirchen* MietRB 2019, 86, 91.

[8] Das Bundesministerium für Verkehr, Bau und Stadtentwicklung hat deshalb im Jahre 2013 durch zwei Institute Arbeitshilfen für die kommunale Mietspiegelerstellung erarbeiten lassen, die unter dem Titel „Hinweise zur Integration der energetischen Beschaffenheit und Ausstattung von Wohnraum in Mietspiegeln" veröffentlicht wurden; abgedr. in Schmidt-Futterer/*Börstinghaus,* 12. Aufl. 2015, Anh. §§ 558c–d BGB.

[9] Nach *Krüger,* Der Modernisierungsbegriff im Miet- und WEG-Recht, 2009, 57 kann diese auch nicht getroffen werden.

[10] *Langenberg* PiG 40 (1993), 59 (61); *V. Emmerich* PiG 33 (1991), 55.

[11] *Artz* WImmoT 2019, 43, 44; *Derleder* PiG 95 (2013), 1, 11; *Kummer* WuM 2020, 313, 314 sieht das anders, als die überwiegende Meinung, als für den Mieter nachteilig an.

über dem Duldungsanspruch geltend machen. Es haben jetzt also ggf. **zwei voneinander unabhängige Interessenabwägungen** stattzufinden. Nachdem der Vermieter seinen eigenen vertraglichen Leistungsumfang verändert und zwar regelmäßig erweitert hat, kann er gem. § 559 BGB durch einseitige Erklärung dann auch die Leistungspflicht des Mieters erweitern, also die Miete erhöhen. Die §§ 555b ff. BGB und § 559 BGB stellen für den Vermieter einen Ersatz für die im Wohnraummietrecht gem. § 573 Abs. 1 BGB unzulässige Änderungskündigung oder die nur in ganz besonderen Ausnahmefällen zulässige Kündigung wegen wirtschaftlicher Verwertung dar.

**b) Öffentlich-rechtlich.** hat § 559 BGB darüber hinaus aber auch eine wohnungs- wie auch eine wirtschaftspolitische Bedeutung.[12] Die **wirtschaftspolitische Bedeutung** der Vorschrift liegt darin, dass Modernisierungsmaßnahmen eine ganz wesentliche Stütze der Bauwirtschaft darstellen. Einschränkungen bei den mietrechtlichen Umlagemöglichkeiten von Modernisierungskosten haben unmittelbare Auswirkungen auf den Arbeitsmarkt.[13] 5

**c) Wohnungspolitisch.** ist die Bedeutung von § 559 BGB darin zu sehen, dass die Vorschrift eine **permanente Modernisierung** des teilweise überalterten Wohnungsbestandes zur Folge hat. Dies geschah durchaus auch im öffentlichen Interesse.[14] Wie die Verhältnisse in der DDR plastisch dokumentierten, erfolgen Investitionen in den Mietwohnungsbau nur dann, wenn sie sich wirtschaftlich lohnen. Ohne die Regelung in § 559 BGB wäre dies nicht gewährleistet. Die Qualität des westdeutschen Wohnungsbestandes beruht deshalb ganz wesentlich auf § 559 BGB.[15] Bei der Auslegung der Vorschrift darf auch dies nicht vergessen werden. Durch § 559 BGB sollte für den einzelnen Vermieter im gesamtgesellschaftlichen Interesse ein Anreiz für die Verbesserung sowie die Modernisierung älterer Wohnungen geschaffen werden.[16] Dies zeigt sich auch deutlich daran, dass Mieterhöhungen gem. § 559 BGB auch im Rahmen von Mieterhöhungen nach § 558 BGB privilegiert werden. Mieterhöhungen gem. § 559 BGB lösen weder die Jahressperrfrist aus noch werden sie auf die Kappungsgrenze angerechnet. Auf der anderen Seite beeinflussen Mieterhöhungen gem. § 559 BGB die Höhe der ortsüblichen Vergleichsmiete, da zum einen, die so erhöhten Mieten in die Ermittlung der ortsüblichen Vergleichsmiete mit einfließen und zum anderen Mieterhöhungen gem. § 559 BGB in den letzten vier Jahren ua erst dazu führen, dass die konkrete Miete bei der Ermittlung der ortsüblichen Vergleichsmiete berücksichtigt werden darf. Insbesondere die **energetische Modernisierung** erfolgt auch im Interesse des Vermieters. „Mehr Miete dank **Green-Building**" lautet in der Wohnungswirtschaft durchaus das Motto.[17] Durch den sparsamen Umgang mit Energien und Wasser können Betriebskosten eingespart werden, so dass finanzielle Spielräume für Mieterhöhungen entstehen.[18] Dem steht auf der anderen Seite das sog. **Nutzer-Investor-Dilemma**[19] gegenüber, weil uU, der Vermieter langfristig keinen höheren Ertrag erzielt, der Mieter aber langfristig Vorteile hat. Diese Problematik ist insbes. bei der Ermittlung der ortsüblichen Vergleichsmiete für energetisch modernisierte Gebäude zu berücksichtigen (→ BGB § 558 Rn. 81). Auf der anderen Seite darf nicht übersehen werden, dass insbes. bei knappem Wohnungsangebot durch umfassende Modernisierungen ganz erhebliche Mieterhöhungen verursacht werden können, die zur Vertreibung der angestammten Mieterschaft führen kann.[20] 6

**d) Umweltschutz.** Schließlich hat § 559 BGB auch eine **umweltpolitische Bedeutung.**[21] Durch die **Schaffung finanzieller Anreize** für den Vermieter soll dieser angehalten werden, einen 7

---

[12] BGH VIII ZR 367/18, NZM 2021, 297; *Sonnenschein* NJW 1998, 2172, 2177; eine wirtschaftliche Betrachtung des § 559 BGB befindet sich bei *Mersson* DWW 2009, 122 (131).

[13] *Krüger,* Der Modernisierungsbegriff im Miet- und WEG-Recht, 2009, 55.

[14] Unter Hinweis auf die problematischen Folgen: Staudinger/*V. Emmerich* BGB § 559 Rn. 3; *Gsell/Siegmund* NZM 2019, 489 (491 und 505 weisen darauf hin, dass dort, wo der Markt als Korrektiv versagt, die Vorschrift Fehlanreize zur Durchführung unnötig kostenintensiver Modernisierungsmaßnahmen ohne Bezug zur tatsächlichen Wohnwertverbesserung auslöst.

[15] Nach *Krüger,* Der Modernisierungsbegriff im Miet- und WEG-Recht, 2009, 54 ist dies reine Spekulation.

[16] OLG Hamburg NJW 1981, 2820.

[17] *Schlemminger,* Frankfurter Allgemeine Zeitung v. 24.7.2009 – Immobilienseite.

[18] Zur Wohnraummiete und Green Lease s. *Sternel* FS Derleder, 2015, 455; *Sternel* PiG 99 (2015), 95; *Flatow* PiG 99 (2015), 53.

[19] Ausf. *Hallof,* Das Vermieter-Mieter-Dilemma bei der energetischen Gebäudesanierung: eine rechtliche und ökonomische Analyse, 2013.

[20] *Rips* WuM 2014, 695.

[21] BGH VIII ZR 367/18, NZM 2021, 297; VIII ZR 149/03, NJW 2004, 1738; VIII ZR 153/03, NZM 2004, 379; *Börstinghaus* LMK 2004, 97; *Krüger,* Der Modernisierungsbegriff im Miet- und WEG-Recht, 2009, 57.

umweltschonenderen Umgang mit Energien zu veranlassen. Während dies zunächst nur für Heizenergie galt, hat der Gesetzgeber zunächst 1993 auch die Einsparung von Wasser in den Katalog mit aufgenommen und seit dem 1.9.2001 auch Maßnahmen zur Stromeinsparung privilegiert. Ein Anlass für die Mietrechtsänderung 2013 war es auch, durch Veränderung der mietrechtlichen Vorschriften verstärkt energetische Modernisierungen am Wohnungsmarkt zu forcieren um die Klimaziele, zu deren Einhaltung sich die Bundesrepublik Deutschland verpflichtet hat, einhalten zu können. All dies erfolgte ausschließlich im öffentlichen Interesse und hat mit Mietrecht an sich wenig zu tun. Das Mietrecht ist hier, ähnlich dem Steuerrecht, Vehikel, um ordnungs- und umweltpolitische Zielvorgaben zu verwirklichen. Flankierend unterstützt werden diese Maßnahmen durch Zuschüsse und zinsverbilligte Maßnahmen, da anderenfalls umfassende energetische Modernisierungsmaßnahmen weder von den Vermietern noch den Mietern oder auch beiden gemeinsam finanziert werden könne.

8 **e) Mieterschutz.** Auf der anderen Seite darf aber nicht übersehen werden, dass § 559 BGB auch Teil des sozialen Mietrechts ist. Die Vorschrift hat auch **mieterschützende Funktion.**[22] Durch eine Modernisierungsmaßnahme wird das Mietverhältnis einseitig umgestaltet. Das hat der Gesetzgeber erkannt, wenn er schreibt: „Der Mieter erhält ein verändertes Mietobjekt und muss hierfür eine höhere Miete zahlen, auch wenn die Veränderung von ihm nicht gewünscht ist oder er sich die erhöhte Miete nicht leisten kann."[23] Allein das Sonderkündigungsrecht gem. § 555e BGB reicht zum Mieterschutz nicht. Deshalb enthalten die § 559ff. BGB einige Beschränkungen. Während die Vorschriften auf der einen Seite die Befugnisse des Vermieters dahingehend erweitert, dass dieser eine einseitige Änderung des Leistungsumfangs vornehmen kann, schränken sie auf der anderen Seite die Befugnisse des Vermieters auch ein. Der Vermieter kann nämlich nur unter den Voraussetzungen der §§ 555a ff. BGB und § 559 BGB die Leistungspflichten aus dem Mietvertrag einseitig ändern. Nur wenn und soweit die Voraussetzungen des § 559 BGB gegeben sind, kann er vom Mieter eine höhere Miete verlangen. Die Mieterhöhungsmöglichkeit wird jetzt auf 8% beschränkt und zusätzlich durch eine Kappungsgrenze in § 559 Abs. 3a BGB begrenzt. Auch aus den Regelungen über die Anrechnung von Kürzungsbeträgen in § 559a BGB ergibt sich die mieterschützende Funktion der Vorschrift deutlich. Sie ist aber nicht auf diesen Bereich beschränkt, sondern ist bei der Auslegung aller Tatbestandsvoraussetzungen der Norm mit zu beachten. § 559 BGB birgt für den Mieter nämlich ein erhebliches Risiko, da die Höhe der zukünftigen Miete auch nach Einführung der Kappungsgrenze in § 559 Abs. 3a BGB für ihn immer noch schwer kalkulierbar ist.[24]

## II. Entstehungsgeschichte

9 Die Vorgängervorschrift des § 559 BGB, der § 3 MHG, ist durch das 2. Wohnraumkündigungsschutzgesetz[25] v. 18.12.1974 geschaffen worden. Unter Geltung des 1. Wohnraumkündigungsschutzgesetzes war es dem Vermieter noch nicht möglich, die Kosten einer Modernisierungsmaßnahme auf den Mieter umzulegen. Die damals neu geschaffene Vorschrift orientierte sich dabei an **früheren preisrechtlichen Vorschriften** wie § 12 AMVO und § 11 AMVO-Berlin sowie den aktuellen Vorschriften des Kostenmietrechts in § 8 WoBindG, § 13 NMVO und § 11 II. BV. Im Regierungsentwurf[26] des 2. Wohnraumkündigungsschutzgesetzes war damals noch eine Kappungsgrenze vorgesehen, nach der die Miete bei Modernisierungsmaßnahmen höchstens um 10% über die ortsübliche Vergleichsmiete erhöht werden durfte. Im weiteren Gesetzgebungsverfahren[27] ist diese Kappungsgrenze wieder fallen gelassen worden, da diese Kappungsgrenze den Anreiz für die Vermieter in den damals stark modernisierungsbedürftigen Wohnungsbestand zu investieren, zu stark eingeschränkt hätte.

10 In der Folgezeit wurde § 3 MHG **viermal geändert** oder ergänzt. Durch Art. II § 2 des Gesetzes zur Änderung des Bundesbaugesetzes v. 18.8.1976[28] wurde mit Wirkung ab 1.1.1977 Abs. 1 S. 6 dahingehend ergänzt, dass auch Kosten, die durch Zuschüsse aus öffentlichen Haushalten

---

[22] *Krüger,* Der Modernisierungsbegriff im Miet- und WEG-Recht, 2009, 56.
[23] BT-Drs 19/4672 S. 29.
[24] *Sternel* MietR Kap. III Rn. 762.
[25] *BGBl. I 3603.*
[26] BT-Drs. 7/2011, 11.
[27] BT-Drs. 7/2638, 4.
[28] BGBl. I 2221 (2252).

gedeckt sind, nicht zu den anrechenbaren Kosten gehören. Ferner wurde der § 3 Abs. 5 MHG aF ersatzlos gestrichen, der auf eine Vorschrift des Städtebauförderungsgesetzes Bezug nahm. Die nächste Änderung erfuhr das Gesetz durch Art. III des Gesetzes zur Änderung des Wohnungsmodernisierungsgesetzes v. 27.7.1978[29] mit Wirkung ab 1.7.1978. Die bis zu diesem Zeitpunkt mögliche jährliche Umlage von 14% der Kosten wurde auf 11% gesenkt. Ferner wurde die Einsparung von Heizenergie in den Maßnahmenkatalog aufgenommen und definiert, dass es sich bei den ersten drei Maßnahmen um Modernisierungen handelt. Bezüglich der Anrechnung von Kürzungsmitteln wurde klargestellt, dass auch die Mittel von Finanzierungsinstituten des Bundes oder eines Landes als Mittel aus öffentlichen Haushalten gelten. Zuletzt wurde § 3 MHG durch das 4. MietRÄndG[30] v. 21.7.1993[31] mit Wirkung ab 1.9.1993 geändert. Seither gehören auch Maßnahmen zur Wassereinsparung zu den geförderten Maßnahmen. Außerdem wurde die besondere Hinweispflicht des Vermieters gem. § 3 Abs. 2 MHG aF als Beitrag zur Rechtsvereinfachung gestrichen und dafür in Abs. 4 die Fälligkeitsregelung für Mieterhöhungen neu gefasst. Zum 1.8.2001 wurde das Schriftformerfordernis durch die Textform ersetzt.

Durch das **Mietrechtsreformgesetz** von 2001 wurde der Inhalt der Vorschrift sprachlich etwas 11
verändert und vor allem auf drei Paragraphen aufgeteilt. Die Vorschrift wurde ins BGB aufgenommen. Neu eingeführt worden ist damals die Umlagefähigkeit von allen Formen von Energieeinsparungen also insbes. auch von Strom. Der Wirkungszeitpunkt der Mieterhöhung wurde um einen Monat nach hinten verlegt.

Das **MietRÄndG 2013** hat zu einer **Entkoppelung** der Duldungspflicht[32] von der Mieterhö- 12
hung bei Modernisierungsmaßnahmen geführt. Dazu wurde im BGB das Kap. 1a „Erhaltungs- und Modernisierungsmaßnahmen“ in den §§ 555a–555f BGB neu eingeführt. Dort ist in § 555b BGB nunmehr abschließend sowohl für den Duldungsanspruch wie auch für die Mieterhöhung definiert, was Modernisierungsmaßnahmen sind. Deshalb enthält § 559 Abs. 1 BGB nicht mehr wie früher eine Definition dessen, was eine Modernisierungsmaßnahme ist. Stattdessen wird auf fünf der sieben in § 555b BGB aufgeführten Modernisierungsmaßnahmen Bezug genommen. Der Mieter kann sich jetzt auch nicht mehr gegenüber dem Duldungsanspruch auf wirtschaftliche Härtegründe berufen. Dieser Einwand ist jetzt nur noch gegenüber der anschließenden Mieterhöhung möglich. Er muss aber grds. bereits vor Beginn der Maßnahme erhoben werden. Ferner wurde die amtliche Überschrift dem neuen Sprachgebrauch angepasst. Durch das Mietrechtsnovellierungsgesetz wurde die Vorschrift des § 559 BGB zwar nicht geändert, aber die Bedeutung von Modernisierungsmaßnahmen durch die doppelte Privilegierung (→ Rn. 2) bei der Wiedervermietung in Gemeinden mit angespannten Wohnungsmärkten in den §§ 556d–556g BGB stark betont.

Durch das **Mietrechtanpassungsgesetz** v. 18.12.2018[33] wurde der **Umlagesatz** von 11% auf 12a
8% abgesenkt. Außerdem wurde eine neue **Kappungsgrenze** eingeführt. Bei Erhöhungen der jährlichen Miete nach § 559 Abs. 1 BGB darf sich die monatliche Miete innerhalb von sechs Jahren, von Erhöhungen auf die ortsübliche Vergleichsmiete nach § 558 BGB oder Betriebskostenerhöhungen gem. § 560 BGB abgesehen, nicht um mehr als 3 EUR/m² erhöhen. Beträgt die monatliche Miete vor der Mieterhöhung weniger als 7 EUR/m², so beträgt die neue Modernisierungskappungsgrenze sogar nur 2 EUR/m². Ferner wurde ein **vereinfachtes Verfahren** für Modernisierungsmieterhöhungen in § 559c BGB eingeführt. Im Zusammenhang mit massiven und teilweise rücksichtslosen Modernisierungsmaßnahmen wurde in § 559d BGB eine **Beweislastnorm** und in § 6 WiStG[34] ein **Bußgeldtatbestand** gegen das sog. „Herausmodernisieren“ geschaffen.

Eingeführt wurde ab 1.12.2021 durch das Gesetz zur Umsetzung der Richtlinie (EU) 2018/1972 12b
des Europäischen Parlaments und des Rates vom 11.12.2018 über den europäischen Kodex für die elektronische Kommunikation (Neufassung) und zur Modernisierung des Telekommunikationsrechts (Telekommunikationsmodernisierungsgesetz)[35] § 559 Abs. 1 S. 2 BGB. Damit soll der Ausbau

---

[29] BGBl. I 878 (882).

[30] *Blank* WuM 1993, 503; 1993, 573; *Bub* NJW 1993, 2897; *Kreissel* ZMR 1994, 49; *Geldmacher* ZMR 1993, 548; *V. Emmerich* PiG 43 (1994), 177; *Schilling,* Neues Mietrecht, 1993; *Schilling/Meyer* ZMR 1994, 499.

[31] BGBl. I 1257.

[32] *Derleder* PiG 95 (2013), 1.

[33] BGBl. I 2648; dazu *Artz/Börstinghaus* NZM 2019, 12; *Selk* NJW 2019, 329; *Lützenkirchen* MietRB 2019, 86, 91.

[34] *Blank* NZM 2019, 73; zur ursprünglichen Fassung im Referentenentwurf krit. *Börstinghaus/Krumm* NZM 2018, 633.

[35] BGBl. I 2021, 1858.

und die Nutzung von Netzen mit sehr hoher Kapazität beschleunigt werden. Geändert und ergänzt werden die Vorschriften über die Modernisierungsduldung und die anschließende Mieterhöhung sowie die Umlage von Kosten in der Betriebskostenabrechnung. Hinsichtlich der Modernisierungsduldung wurde in § 555b BGB eine neue Ziff. 4a eingefügt. Dadurch wurde gesetzlich klargestellt, dass der erstmalige Anschluss der Wohnung durch ein Glasfaserkabel an ein öffentliches Netz mit sehr hoher Kapazität eine Modernisierungsmaßnahme darstellt. Sofern der Vermieter also selbst den Ausbau vornimmt, ist er von einer näheren Darlegung entbunden, worin in dem erstmaligen Glasfaseranschluss eine Gebrauchswerterhöhung im Sinne des § 555b Ziff. 4 BGB liegt.

Ebenfalls neu geregelt ist die anschließende Möglichkeit einer Mieterhöhung. In § 559 Abs. 1 wurde Satz 2 angefügt. Danach ist eine Modernisierungsmieterhöhung bei Maßnahmen nach § 555b Ziff. 4a BGB nur zulässig, wenn der Mieter seinen Anbieter von öffentlich zugänglichen Telekommunikationsdiensten über den errichteten Anschluss frei wählen kann. Damit wollte der Gesetzgeber verhindern, dass der Mieter einen Dienst nur bei einem Anbieter in Anspruch nehmen kann, den der Vermieter festgelegt hätte. Die Wahlfreiheit ermöglicht es dem Mieter, Angebote bei verschiedenen Anbietern einzuholen. Dies stärkt seine Stellung als Verbraucher und sichert zugleich den Wettbewerb der Anbieter. Die Wahlfreiheit des Mieters korrespondiert mit dem Zugangsanspruch des Anbieters von Telekommunikationsdiensten gegen den jeweiligen Betreiber der gebäudeinternen Netzinfrastruktur gem. § 72 Absatz 6 TKG. Die Modernisierungsmieterhöhung ist in den Fällen ausgeschlossen, in denen die Errichtung der Anlage durch Umlage des Bereitstellungsentgelts gemäß § 72 Abs. 1 TKG finanziert worden ist. Dies Bereitstellungsentgelt tritt an die Stelle der Modernisierungsmieterhöhung in Höhe von 8% der für die Erstellung des schnellen Breitbandkabelanschlusses aufgewandten Kosten. In den Fällen, in denen der Mieter seinen Anbieter von öffentlich zugänglichen Telekommunikationsdiensten frei wählen kann, kann der Vermieter dies Bereitstellungsentgelt gemäß § 72 Abs. 1 TKG in der Betriebskostenabrechnung in Ansatz bringen. Nach der Vorschrift dürfen nur die für die Errichtung des passiven Gebäudenetzes tatsächlich entstandenen Kosten gleichmäßig verteilt werden. Zum Schutz der Mieter wird dieser Betrag sowohl der Höhe nach als auch zeitlich gedeckelt. Das Entgelt darf pro Jahr und Wohneinheit höchstens 60 € und insgesamt höchstens 540 Euro betragen. Im Regelfall soll der Zeitraum für die Erhebung des Bereitstellungsentgeltes längstens fünf Jahre maximal neun Jahre betragen. Nach § 556 Abs. 3a S 2 BGB muss der Vermieter bei aufwendigen Maßnahmen regelmäßig drei Angebote vor der Beauftragung einholen, wenn der Vermieter das Bereitstellungsentgelt auf den Mieter als Betriebskosten umlegen will. Dem Mieter steht insofern eine Einsichtsrecht zu.

**13** Um die Modernisierung von Wohnraum zu fördern, hat der Gesetzgeber neben den mietrechtlichen Vorschriften immer wieder diverse **Förderprogramme** aufgelegt.[36] Teilweise werden und wurden unmittelbar Zuschüsse gezahlt, teilweise bestanden besondere Abschreibungsmöglichkeiten steuerlicher Art, um entsprechend den jeweiligen Vorstellungen des Gesetzgebers verschiedene Modernisierungsmaßnahmen zu forcieren.[37] Zeitweise gab es hierfür eine eigene gesetzliche Regelung nämlich das am 27.6.1978 verkündete Gesetz zur Förderung der Modernisierung von Wohnungen und von Maßnahmen zur Einsparung von Heizenergie[38] **(ModEnG)**[39]. Das Gesetz regelte, welche einzelnen Modernisierungsmaßnahmen öffentlich gefördert wurden, wie die Mittel aufzubringen waren und wie diese zu bewilligen waren. Nach § 14 ModEnG musste sich jeder Empfänger von Fördermitteln dazu verpflichten, höchstens eine sich nach diesen Vorschriften zu berechnende Miete anlässlich der Modernisierung zu verlangen. Die Regelungen beinhalteten bei Mieterhöhungen im Bestand keine Einschränkung des § 3 MHG, bestimmten aber, dass auch bei einer Neuvermietung nur diese Miete verlangt werden durfte. Nachdem der Bund seine Förderhilfen seit 1983 eingestellt hat, ist das Gesetz in wesentlichen Teilen durch das Rechtsbereinigungsgesetz v. 16.12.1986[40] aufgehoben worden. Dessen ungeachtet sind die **gesetzlichen Definitionen dieses Gesetzes** für die Praxis noch immer von Bedeutung.[41] Flankiert wurden die

---

[36] BeckOGK/Schindler BGB § 559 Rn. 4.1; eine Übersicht über solche Förderprogramme befindet sich zB auf der Homepage der KfW-Bank: www.kfw.de/inlandsfoerderung/Privatpersonen/Bestandsimmobilie/Förderprodukte/Förderprodukte-für-Bestandsimmobilien.html oder des Bundesamtes für Wirtschaft und Ausfuhrkontrolle (BAFA) http://www.co2online.de/foerdermittel/bafa-foerderung/.

[37] *Schneider* DWW 2003, 278.

[38] *BGBl. I 878; geändert durch G v. 20.12.1982* (BGBl. I 1912) und G v. 16.12.1986 (BGBl. I 2441).

[39] *Freund/Barthelmess* ZMR 1977; NJW 1976, 2191; *Hemming* ZMR 1989, 4.

[40] BGBl. I 2441.

[41] **AA** *Krüger,* Der Modernisierungsbegriff im Miet- und WEG-Recht, 2009, 41.

Bemühungen des Gesetzgebers eine Energieeinsparung zu erreichen durch das Gesetz zur Einsparung von Energie in Gebäuden v. 22.7.1976[42] sowie durch die HeizkostenVO[43] und die Heizungsanlagenverordnung v. 22.3.1994.[44] Inzwischen werden in immer kürzer werdenden Abständen Neufassungen der Energieeinsparverordnung verkündet. Zum 1.1.2020 wurde die EnEV 2014[45] durch das Gesetz zur Einsparung von Energie und zur Nutzung erneuerbarer Energien zur Wärme- und Kälteerzeugung in Gebäuden – Gebäudeenergiegesetz – GEG v. 8.8.2020[46] ersetzt. Diese Bestimmungen sollen neben weiteren baurechtlichen Vorschriften dafür sorgen, dass in den Haushalten energiesparend mit Energie umgegangen wird. Mietrechtliche Regelungen enthalten diese Vorschriften – mit Ausnahme der HeizkostenVO – unmittelbar nicht, obwohl durch sie der einzuhaltende Standard festgelegt wird und Vermieter auch gezwungen werden zu modernisieren.

### III. Übergangsrecht

Nach der Übergangsregelung in Art. 229 § 49 Abs. 1 EGBGB gilt der Umlagesatz von 11% ohne dass es eine Kappungsgrenze gem. § 559 Abs. 3a BGB gibt bei einem bis zum 31.12.2018 begründeten Mietverhältnis, wenn dem Mieter eine ordnungsgemäße Modernisierungsankündigung nach § 555c Abs. 1 S. 1 BGB bis einschließlich 31.12.2018 zugegangen ist. Die Weitergeltung der bis 31.12.2018 geltenden Regelung hängt vom Vorliegen einer „ordnungsgemäßen Modernisierungsankündigung" ab. Art. 229 § 49 Abs. 1 S. 1 EGBGB stellt an eine ordnungsgemäße Modernisierungsankündigung keine weitergehenden Anforderungen als § 555c BGB.[47] Das OLG München[48] hat in einem **Musterfeststellungsverfahren**[49] den Gesetzeszweck darin gesehen, für beide Vertragsparteien Planungssicherheit zu gewährleisten. Es muss deshalb im Einzelfall untersucht werden, wann eine **schützenswerte Planungssituation** eingetreten ist.[50] Die Überleitungsvorschrift setzt das Vorliegen eines engen zeitlichen Zusammenhangs zwischen einer Modernisierungsankündigung und dem Ausführungsbeginn nicht voraus.[51] Aber nicht jede Überlegung oder Vorbereitungshandlung des Vermieters ist schützenswert. Man denke an erste Gespräche mit dem Architekten und wahrscheinlich auch noch die Ausschreibungsphase, weil man erst danach das Investitionsvolumen kennt und weiß, ob Baufirmen überhaupt zur Verfügung stehen. Auf der anderen Seite können alle Aufträge schon vergeben sein, aber wegen des Mangels an Handwerkern liegt der fest terminierte Baubeginn weiter als üblich in der Zukunft. Hier liegt sicher eine schützenwertere Situation vor. Eine feste Zahl von Monaten[52] zwischen Zugang der Modernisierungsankündigung und angekündigtem Baubeginn ist kein geeignetes Abgrenzungskriterium zwischen ordnungsgemäßer und nicht ordnungsgemäßer Ankündigung iSd Art. 229 § 49 Abs. 1 S. 1 EGBGB.[53] **13a**

Hatte der Vermieter die Modernisierungsmaßnahme bis 31.12.2018 nicht oder **nicht ordnungsgemäß nach § 555c BGB angekündigt,** so kommt es statt des Zugangs der Modernisierungsankündigung auf den Zugang der Mieterhöhungserklärung nach § 559b BGB an. **13b**

§ 559 Abs. 1 S. 2 BGB ist am 1.12.2021 in Kraft getreten. Die Regelungen über das Bereitstellungsentgelt gem. § 72 TKG gelten für Glasfaserinfrastrukturen, die spätestens am 31.12.2027 errichtet worden sind. Das Bereitstellungsentgelt kann auch für Infrastrukturen erhoben werden, die im Zeitraum 1.1.2015 bis 31.12.2021 errichtet wurden, wenn die Voraussetzungen des § 72 Abs. 7 TKG erfüllt sind. **13c**

---

[42] IdF der Bek. v. 1.9.2005 (BGBl. I 2684).
[43] V. 20.1.1989 (BGBl. 115) zuletzt geändert durch VO v. 2.12.2008 (BGBl. I 2375).
[44] BGBl. I 613.
[45] V. 18.11.2013 (BGBl. I 3951).
[46] BGBl I 2020, 1728; dazu *Karwatzki* CuR 2020, 167.
[47] BGH VIII ZR 305/19, NZM 2021, 472.
[48] *OLG München* NZM 2019, 933 (aufgehoben durch BGH VIII ZR 305/19, NZM 2021, 472).
[49] Zur Musterfeststellungsklage im Mietrecht generell: *Meller-Hannich* WuM 2021, 1.
[50] BGH VIII ZR 305/19, NZM 2021, 472; *Brinkmann/Pielsticker* FS Börstinghaus, 2020, 31; *Börstinghaus* jurisPR-MietR 23/2019 Anm. 1.
[51] BGH VIII ZR 305/19, NZM 2021, 472.
[52] Elf Monate: OLG München NZM 2019, 933 (aufgehoben durch BGH VIII ZR 305/19, NZM 2021, 472); **aA** nach MüKoBGB/*Artz* EGBGB Art. 229 § 49 Rn. 8 ist die Argumentation des OLG „perplex"; ebenso auch *Mahlstedt* NZM 2019, 905 (907); *Brinkmann/Pielsticker* FS Börstinghaus, 2020, 31; 16 Monate: LG Berlin NZM 2020, 799.
[53] BGH VIII ZR 305/19, NZM 2021, 472.

## B. Verhältnis zu anderen Vorschriften

### I. Verhältnis zu § 555 b BGB

14 §§ 555 b, 559 BGB betreffen **zwei Seiten der gleichen Medaille**[54], in den Gesetzesmaterialien zum Mietrechtsreformgesetz war bereits zur Vorgängervorschrift in § 554 BGB aF von „Gleichlauf" die Rede.[55] Daran hat sich durch die Mietrechtsänderung 2013 auch nichts geändert. Vielmehr ist durch die Verweisung in § 559 BGB auf die Definitionsnorm des § 555 b BGB jetzt eine noch stärkere Parallelität erreicht. Während die §§ 555 b–555 f BGB die Erweiterung der Leistungspflicht des Vermieters betreffen, regelt § 559 BGB die anschließende **Anpassung der Gegenleistung** des Mieters für die erweiterte Vermieterleistung. Grundsätzlich haben die Mietvertragsparteien ihre wechselseitigen Leistungspflichten nämlich im Mietvertrag bindend festgelegt. Da der Mietvertrag aber als langfristiges Dauerschuldverhältnis ausgelegt ist, hat der Gesetzgeber für Mietverträge im Gesetz Anpassungsmöglichkeiten vorgesehen, um dadurch die weit stärkere Konsequenz, nämlich die Beendigung des Mietverhältnisses zum Zwecke der Vertragsanpassung, ausschließen zu können. Seit der Mietrechtsänderung von 2013[56] hat der Gesetzgeber zunächst die Duldungspflicht stärker von der Mieterhöhung abgekoppelt. Einwendungen gegen die Duldungspflicht können jetzt nicht mehr mit Gründen erhoben werden, die sich auf die Mieterhöhung beziehen, § 555 d Abs. 2 S. 2 BGB. Der Modernisierungsbegriff beider Normen deckt sich jetzt aber stärker als früher, da § 559 Abs. 1 BGB auf die einzelnen Modernisierungstatbestände des § 555 b Abs. 1 BGB verweist.

15 Die Mieterhöhung gem. § 559 Abs. 1 BGB ist **unabhängig davon möglich,** ob der Vermieter dem Mieter eine Modernisierungsankündigung gem. § 555 c BGB hat zukommen lassen oder ob ein Duldungsanspruch bestand.[57] Aus § 559 b Abs. 2 BGB ergibt sich deutlich, dass Fehler der Ankündigung nur Auswirkungen haben auf den Wirkungszeitpunkt der Mieterhöhung. Entscheidend ist allein, dass der Vermieter eine Baumaßnahme durchgeführt hat, die eine Modernisierung iSd § 555 b BGB darstellt. Die Frage, ob eine ordnungsgemäße Ankündigung vorausgegangen ist, stellt sich dann erst bei der Frage, ob der Mieter ggf. sich noch auf Härtegründe berufen kann und wann die Mieterhöhung in Kraft tritt. Den Vermieter trifft deshalb auch keine Aufklärungspflicht bei Mietvertragsabschluss über beabsichtigte Modernisierungsmaßnahmen, da der Mieter über die §§ 555 b ff., 559 Abs. 4, 5 BGB hinreichend geschützt ist.[58]

### II. Verhältnis zu § 558 BGB

16 § 559 BGB ist keine **andere Mieterhöhungsmöglichkeiten ausschließende Spezialvorschrift.**[59] Deshalb hat ein Vermieter, der Modernisierungsarbeiten vornimmt, das Wahlrecht zwischen verschiedenen Möglichkeiten, wie er die Modernisierungsmaßnahmen bei der Bestimmung der zukünftigen Miete berücksichtigt wissen will (→ BGB Vor §§ 558 ff. Rn. 4 ff.). Auswirkungen hat die Wahl des Verfahrens auch auf die Berechnung der verschiedenen Kappungsgrenzen bei einer Mieterhöhung nach § 558 BGB (→ BGB § 558 Rn. 174) und der Kappungsgrenze nach § 559 Abs. 3 a BGB (→ Rn. 87).

### III. Verhältnis zu § 557 BGB

17 Möglich sind auch im Zusammenhang mit einer Modernisierungsmaßnahme **Vereinbarungen über die Miethöhe.** Es handelt sich dann um eine Mietabänderungsvereinbarung iSd § 557 Abs. 1 BGB. Solche Vereinbarungen können vor, während oder nach Durchführung der Modernisierungs-

[54] Nach BGH VIII ZR 275/07, NJW 2008, 3630 handelte es sich bei § 554 BGB aF und § 559 BGB um „korrespondierende Regelungen"; nach Soergel/*Heintzmann* BGB § 559 Rn. 1 steht die Vorschrift „in einem direkten Zusammenhang mit § 554 BGB".

[55] BT-Drs. 14/4553.

[56] BGBl. 2013 I 434.

[57] BGH VIII ZR 367/18, NZM 2021, 297; BT-Drs. 7/2638, 4; Bub/Treier MietR-HdB/*Schultz* Kap. III A Rn. 1474; Lützenkirchen MietR/*Dickersbach* BGB § 559 Rn. 35.

[58] Allenfalls für Ausnahmefälle bejaht *Wietz* WuM 2016, 323 (332) eine solche Aufklärungspflicht.

[59] BGH VIII ZR 367/18, NZM 2021, 297; Lützenkirchen MietR/*Dickersbach* BGB § 559 Rn. 42; *Fleindl* PiG 99 (2015), 111 (118) = NZM 2016, 65 (69); *Siegmund* FS Börstinghaus, 2020,397 (399).

maßnahme geschlossen werden.[60] Unzulässig ist es lediglich, abstrakt ohne konkreten Bezug zu einer Modernisierungsmaßnahme bei Abschluss des Mietvertrages bereits Vereinbarungen über die Mieterhöhung aus Anlass einer Modernisierungsmaßnahme zu treffen. Das ergibt sich sowohl aus § 557 Abs. 4 BGB wie auch aus § 559 Abs. 5 BGB. Aus § 555f BGB[61] ergibt sich ebenfalls deutlich, dass die Vertragsparteien nach Abschluss des Mietvertrags aus Anlass von konkreten Erhaltungs- und Modernisierungsmaßnahmen Vereinbarungen treffen, insbes. auch über die künftige Höhe der Miete. Eine zeitliche Schranke enthält die Vorschrift nicht, so dass eine solche Vereinbarung bereits vor Arbeitsbeginn aber auch noch nach Beendigung der Arbeiten geschlossen werden kann. § 559 Abs. 5 BGB verbietet solche Vereinbarungen über die Höhe der Miete gerade nicht. Gemäß § 557 Abs. 1 BGB können die Mietvertragsparteien sich jederzeit auf eine neue Miete einigen. Hat der Mieter bei einer **Modernisierungsankündigung** eine Erklärung unterschrieben, woraus sich der voraussichtliche Erhöhungsbetrag ergibt, aber angekündigt wird, dass eine genaue Abrechnung noch erfolgen wird, so handelt es sich nicht um die Zustimmung zu einer Mieterhöhung. Der Vermieter muss in diesem Fall noch eine Mieterhöhungserklärung gem. § 559b BGB abgeben.[62] Die **Vereinbarung über eine Mieterhöhung** nach einer Modernisierungsmaßnahme darf keinen Zweifel über die verbindliche neue Miete zulassen. Es reicht deshalb weder, dass der Mieter sich verpflichtet, nach Abschluss der Sanierungsarbeiten maximal 4,50 EUR/m² zu zahlen noch, dass er die Modernisierungsankündigung gegenzeichnet.[63] In diesem Fall hat der Mieter damit nicht einer bestimmten Mieterhöhung zugestimmt, sondern nur einen **Maximalbetrag** angegeben, der bei der Mieterhöhung nicht überschritten werden darf.[64]

## C. Anwendungsbereich der Vorschrift

### I. Allgemeines

Die Vorschrift gilt **nur für Wohnraummietverhältnisse.** Dies ergibt sich bereits aus der Stellung im Kapitel „Mietverhältnisse über Wohnraum". Eine Ausnahme gilt für Verträge über die Anmietung von Räumen durch eine juristische Person des öffentlichen Rechts oder einen anerkannten privaten Träger der Wohlfahrtspflege, die geschlossen werden, um die Räume Personen mit dringendem Wohnungsbedarf zum Wohnen zu überlassen. Auf diese Verträge sind die §§ 559–559d BGB gem. § 578 Abs 3 BGB auch anzuwenden (→ BGB § 578 Rn. 17). Demgegenüber gelten die Vorschriften nicht bei den gem. § 549 Abs. 2, 3 BGB ausgenommenen Mietverhältnissen. Hier steht dem Vermieter das Recht der Änderungskündigung zu. Sie gilt grds. **nicht bei öffentlich geförderten Wohnungen,** für die eine Kostenmiete nach dem WoBindG zu zahlen ist. Hier gehen die Regelungen der NMV und der II. BV spezialgesetzlich vor. Etwas anderes gilt wiederum dann, wenn landesgesetzlich etwas anderes angeordnet wurde. (→ BGB Vor § 557 Rn. 35 ff.) 18

Die Vorschrift gilt nicht bei **Gewerberaummietverhältnissen,** weil dort das System der ortsüblichen Vergleichsmiete nicht gilt und dementsprechend ein Verweis in § 578 Abs. 1, 2 BGB fehlt. Eine Ausnahme gilt nur für die in § 578 Abs. 3 BGB aufgeführten Mietverhältnisse.[65] Das bedeutet nicht, dass in der Gewerberaummiete Mieterhöhungen nach Modernisierungsmaßnahmen ausgeschlossen sind; erforderlich ist hier aber entweder eine Vereinbarung im Mietvertrag über die Erhöhungsmöglichkeit oder eine spätere Einigung der Parteien über eine Mieterhöhung.[66] 19

---

[60] *Artz* WImmoT 2014, 139 (148); *Abramenko* MietRB 2014, 307; MietRB 2013, 278; *Sternel* PiG 99 (2015), 95 (108); *Dickersbach,* „Modernisierungsvereinbarung – Vertragsfreiheit und halbzwingende Normen", Vortrag auf dem Mietgerichtstag, 2014, download unter www.mietgerichtstag.de.

[61] Zur Zulässigkeit von Modernisierungsvereinbarungen nach § 555f BGB im Wohnraummietrecht s. *Artz WImmoT 2014, 139; Abramenko* MietRB 2013, 278; *Mahlstedt* WImmoT 2017, 145; *Dickersbach,* Vortrag auf dem DMT 2014 herunterladbar aus der Mietrechtsdatenbank des Deutschen Mietgerichtstages: www.mietgerichtstag.de.

[62] AG Görlitz WuM 2016, 301; AG Hamburg WuM 1999, 341.

[63] AG Görlitz WuM 2016, 301.

[64] LG Görlitz WuM 1999, 340.

[65] Eingefügt durch das MietAnpG v. 18.12.2018 BGBl I 2648; dazu *Artz/Börstinghaus* NZM 2019, 12; *Selk* NJW 2019, 329; *Börstinghaus* ZAP F. 4 S. 1777; *Lützenkirchen* MietRB 2019, 86; *Wichert* ZMR 2019, 245; zur Entstehung der Vorschrift und der Kritik daran *Häublein* FS Börstinghaus, 2020, 211; *Schultz* GE 2019, 230.

[66] *Horst* DWW 2014, 282 (293) *Schach* GE 2006, 1446 jeweils mit konkreten Klauselvorschlägen.

20 Die Vorschrift gibt dem Vermieter das Recht, die Miete zu erhöhen. Sie enthält ebenso wenig wie die §§ 555ff. BGB einen **Anspruch des Mieters auf Modernisierung.**[67] Dies gilt sowohl für eine Genehmigung zur Durchführung einer Mietermodernisierung[68] wie auch für einen Anspruch auf Durchführung der Modernisierung durch den Vermieter. Auch aus dem Wirtschaftlichkeitsgrundsatz lässt sich kein Anspruch des Mieters auf Modernisierung herleiten.[69] Bei bloßer Unwirtschaftlichkeit besteht auch kein Anspruch auf Instandsetzung. Lediglich im Rahmen der Betriebskostenabrechnung kann dem Mieter ein Schadensersatzanspruch gegen den Vermieter wegen Verstoßes gegen den Wirtschaftlichkeitsgrundsatz dahingehend zustehen, mit den Kosten unwirtschaftlicher Anlagen nicht belastet zu werden.[70] Ebenso wenig gibt es einen allgemeinen Anspruch des Mieters, dass die Räume dem neuesten Stand der Technik entsprechen.[71] Auch aus den Modernisierungsempfehlungen in einem Energieausweis kann der Mieter keinen Anspruch auf Modernisierung oder auch Instandsetzung herleiten.[72] Es obliegt grds. allein der Entscheidung des Vermieters, ob er eine Wohnung modernisiert oder nicht. Nur in ganz seltenen Ausnahmefällen kann sich ein Anspruch auf Genehmigung einer Mietermodernisierung aus § 242 BGB ergeben.[73] Dieser entfällt aber, wenn der Vermieter sachliche Gründe hat, die Genehmigung nicht zu erteilen.

21 Der Vermieter muss **Mangelbeseitigungsarbeiten** gem. § 535 Abs. 2 S. 2 BGB durchführen, die der Mieter dann gem. § 555a BGB dulden muss. Soweit der BGH[74] Gewährleistungsrechte des Mieters angenommen hat, weil die Wohnung nicht dem **Mindeststandard** entsprach, betrifft dies nur Fälle, bei denen bereits ein bei Anmietung vorliegender Mindeststandard nicht erreicht wurde.[75] Davon zu unterscheiden ist der Fall, dass die Wohnung von Anfang eine bestimmte Ausstattung aufwies, sich über die Jahrzehnte der Mindeststandard weiterentwickelt hat, zB ökologische Standards.[76] In diesem Fall ist die Wohnung nicht mangelhaft iSd § 536 BGB so dass dem Mieter keine gewährleistungsrechtlichen Erfüllungsansprüche zustehen.[77] Maßgeblich ist immer der zum Zeitpunkt des Mietvertragsschlusses geschuldete Zustand. Deshalb handelt es sich um eine Modernisierungs- und nicht Erhaltungsmaßnahme, wenn der Vermieter Wärmebrücken in den Außenwänden einer Mietwohnung beseitigen lässt, um eine bei unzureichender Lüftung und Heizung bestehende Gefahr einer Schimmelpilzbildung zu beseitigen, wenn dieser Zustand mit den zum Zeitpunkt der Errichtung des Gebäudes geltenden Bauvorschriften und technischen Normen in Einklang steht.[78] Allenfalls in extremen Ausnahmefällen kann hier ein Anspruch des Mieters auf Modernisierung nach den **Grundsätzen des Fehlens der Geschäftsgrundlage** bestehen.[79] Das ist dann aber eine Modernisierungs- und keine Erhaltungsmaßnahme. Der Zustand der Wohnung als allgemeinüblich und den Mindestansprüchen an ein zeitgemäßes Wohnen gerecht werdend ist die Geschäftsgrundlage des Mietvertrages. Die Fortentwicklung bestimmter technischer Standards fällt auch nicht einseitig in den Risikobereich einer Partei. Erforderlich ist gem. § 313 BGB aber eine schwerwiegende Veränderung der Umstände. Dabei darf aber nicht übersehen werden, dass es verschiedene Wohnungsteilmärkte gibt, die auch ganz unterschiedliche Bedürfnisse der Mieter sowohl was deren Ansprüche aber auch was deren finanziellen Möglichkeiten betrifft, bedienen. Ferner hat der Gesetzgeber grds. nur den Fall geregelt, dass der Vermieter seine Leistungspflicht erhöhen will.

---

[67] Zum Anspruch des Mieters auf bauliche Umgestaltung des Mietobjekts: *Streyl* PiG 105 (2017), 89.

[68] BGH VIII ZR 10/11, WuM 2011, 671; *Schläger* ZMR 2012, 266.

[69] BGH XII ZR 80/12, NZM 2014, 163; VIII ZR 261/06, NJW 2008, 14; *Blank* PiG 85 (2009), 43 (64); WImmoT 2009, 219; *Artz,* Das Gebot der Wirtschaftlichkeit, Vortrag auf dem Deutschen Mietgerichtstag, 2009, download unter www.mietgerichtstag.de; *Börstinghaus/Lange* WuM 2010, 538.

[70] BGH VIII ZR 340/10, NJW 2011, 3028 = NZM 2011, 705; *Hinz* NZM 2012, 137; *Peters* NZM 2012, 145; zur praktischen Durchsetzung des Wirtschaftlichkeitsgebots *Milger* NZM 2012, 657; *Streyl* NZM 2013, 97.

[71] *Sternel* MietR Kap. IV Rn. 320 mwN; zum technischen Fortschritt und Modernisierungsbegriff *Schultz* PiG 105 (2017), 1.

[72] *Friers* WuM 2008, 255 (257); anders nach *Artz* WuM 2008, 259 (260) wenn nur der vertragsgemäße Zustand wiederhergestellt werden soll.

[73] BGH VIII ZR 10/11, WuM 2011, 671; Staudinger/*V. Emmerich* BGB § 535 Rn. 41.

[74] BGH VIII ZR 281/03, NJW 2004, 3174; VIII ZR 343/08, NZM 2010, 356.

[75] *Sternel* MietR Kap. IV Rn. 317; offen geblieben im Tatbestand von BGH VIII ZR 88/13, NZM 2015, 198.

[76] *Sternel NZM 2006, 495; Friers* WuM 2008, 255 (257).

[77] **AA** wohl *Artz* WuM 2008, 259 (262).

[78] BGH VIII ZR 271/17, NZM 2019, 136; VIII ZR 67/18, ZMR 2019, 576.

[79] *Börstinghaus* NZM 2005, 561.

§ 555b BGB ist der allgemeine Rechtsgedanke zu entnehmen, dass der Vermieter derjenige ist, der entscheiden darf, ob modernisiert wird oder nicht. Nur im Rahmen der **Interessenabwägung** gem. § 555d Abs. 2 BGB ist auf die Interessen des Mieters und gleichgestellter Personen abzustellen. Auch der Vermieter kann also nicht so ohne weiteres seine Leistungspflichten gegen den Willen des Mieters erhöhen. Es muss eine umfassende Abwägung der beteiligten Interessen stattfinden.

### II. Ausschlusstatbestände

#### 1. Gesetzliche Ausschlusstatbestände

Das Mieterhöhungsrecht des Vermieters gem. § 559 BGB kann selbst bei genereller Anwendbarkeit der Vorschrift auf das konkrete Vertragsverhältnis ausgeschlossen sein. Ein solcher gesetzlicher Ausschluss liegt bei einer **Staffelmietvereinbarung** gem. § 557a BGB vor. Bei einer **Indexvereinbarung** gem. § 557b BGB ist das Erhöhungsrecht für alle Mieterhöhungen wegen Modernisierungsmaßnahmen gem. § 555b Nr. 1, 3–5 BGB ausgeschlossen, wohingegen Mieterhöhungen wegen baulicher Änderungen gem. § 555b Nr. 6 BGB weiter zulässig sind. Veränderungen des Vertragsumfangs und der Leistungspflichten fallen bei diesen vertraglichen Mietpreisvereinbarungen in den Risikobereich des Vermieters.[80] Er kann auch keine Vereinbarung mit dem Mieter treffen, wonach trotz einer Staffelvereinbarung oder einer Indexvereinbarung trotzdem noch Mieterhöhungen gem. §§ 558, 559 BGB möglich sein sollen.[81] Eine solche Vereinbarung verstößt, unabhängig davon, ob sie formularmäßig erfolgt oder nicht, gegen § 557 Abs. 4 BGB iVm §§ 557a Abs. 4, 557b Abs. 4 BGB. Sie stellt nämlich eine Abweichung zum Nachteil des Mieters von den gesetzlichen Regelungen dar. 22

Weiter ist eine Mieterhöhung in den Fällen ausgeschlossen, in denen die Modernisierung zu einem Zeitpunkt durchgeführt wurde, zu dem die Wohnung noch der **Preisbindung** unterlag und keine Genehmigung zur Durchführung der baulichen Änderungen hierfür gem. § 6 Abs. 1 S. 2 NMV vorlag.[82] 23

#### 2. Vertragliche Ausschlusstatbestände

Den Mietvertragsparteien steht es frei, die Mieterhöhungsmöglichkeit gem. § 559 BGB ganz oder teilweise einzuschränken. Eine solche **Vereinbarung ist gem. §§ 557 Abs. 3, 559 Abs. 6 BGB** zulässig. Eine solche Vereinbarung kann ausdrücklich oder konkludent geschlossen werden. In beiden Fällen kann entweder das Mieterhöhungsrecht nach den Vorschriften des BGB insgesamt ausgeschlossen werden oder nur das Mieterhöhungsrecht gem. § 559 BGB oder nur das Erhöhungsrecht nach § 558 BGB.[83] 24

**Ein konkludent vereinbarter Ausschluss** des Mieterhöhungsrechts nach § 559 BGB ist zB dann anzunehmen, wenn der Vermieter sich im Mietvertrag verpflichtet hat, bestimmte Modernisierungsarbeiten durchzuführen.[84] Wenn die Parteien in einem solchen Fall im Mietvertrag neben dieser Modernisierungsverpflichtung eine bestimmte Miete vereinbart haben, dann ergibt die Auslegung dieser Vereinbarung grds., dass sich die vereinbarte Miete auf die modernisierte Wohnung bezieht. Etwas anderes gilt nur dann, wenn die Parteien ausdrücklich etwas anderes vereinbart haben. 25

[80] *Kofner* DWW 1998, 66.
[81] AG Dortmund NZM 2010, 862 insofern bestätigt durch LG Dortmund NZM 2012, 136.
[82] AG Stuttgart WuM 1987, 429.
[83] Dafür regelmäßig AnwK WohnraumMietR/*Lammel* BGB § 559 Rn. 6.
[84] *Sternel* MietR Kap. III Rn. 766.

## D. Allgemeine Voraussetzungen der Mieterhöhung

### I. Vermieter als Bauherr

#### 1. Allgemeines

26 Das Gesetz verlangt ausdrücklich, dass „der Vermieter Modernisierungsmaßnahmen iSd § 555 b Nr. 1, 3, 4, 5 oder Nr. 6 BGB durchgeführt" hat. Daraus folgt, dass der **Vermieter selbst Bauherr der Maßnahme** gewesen sein muss.[85] Daran hat sich auch durch Mietrechtsänderung 2013 und den hierdurch veränderten Wortlaut der Vorschrift nichts geändert. Der Notwendigkeit der Bauherreneigenschaft kann nicht entgegengehalten werden, dem Wortlaut der Vorschrift könne insoweit keine entscheidende Bedeutung beigemessen werden, denn iE komme es allein darauf an, dass technisch ein dem Vermieter kostenmäßig zurechenbarer Erfolg eintrete, der auch dem Mieter zu Gute komme.[86] Eine solche Argumentation übersieht, dass die Vorschriften des BGB wegen ihrer Funktion als Mieterschutzbestimmungen eng auszulegen sind. Ferner hat der Gesetzgeber insofern § 559 BGB bewusst anders formuliert als § 12 AMVO, der im Rahmen der Wohnungszwangswirtschaft die Umlagefähigkeit von Kosten, die dem Vermieter entstanden waren, auf die Mieter regelte. Dort kam es auf vom „Vermieter getragene Kosten und Aufwendungen" an. Diese weite Fassung hat der Gesetzgeber weder bei der Mietrechtsreform 2001 noch bei der Mietrechtsänderung 2013 aufgegriffen. Schließlich sprechen auch noch eine **teleologische** sowie eine **historische Auslegung** für dieses Ergebnis. Der Gesetzgeber wollte mittels § 559 BGB die Vermieter in Person zu den für dringend erforderlich gehaltenen Modernisierungsinvestitionen in den zT erheblich überalterten Baubestand motivieren;[87] gewünscht und gefordert war mithin in erster Linie die wirtschaftliche Aktivität und die Risikobereitschaft des Vermieters, weniger dagegen dessen finanzielles Leistungsvermögen schlechthin.

27 **Bauherr** gem. § 559 BGB ist derjenige, der selbst oder durch einen Dritten eine Baumaßnahme **im eigenen Namen und auf eigene Rechnung** wirtschaftlich und technisch vorbereitet und durchführt.[88] Dabei ist ein gestuftes Verhältnis durchaus zulässig. So ist es unschädlich, wenn der Vermieter einen Architekten oder Generalunternehmer beauftragt, der dann die Aufträge für die einzelnen Gewerke im eigenen Namen erteilt. Da der Vermieter in diesem Fall weiterhin derjenige ist, der das **„Ob", „Wann" und „Wie" der Maßnahme** bestimmt und die Kosten zu tragen hat, ist er Bauherr. Unschädlich ist es weiter, wenn neben dem Vermieter noch weitere Personen Bauherren sind.[89] Bauherr iSd § 559 BGB ist auch der Alleinvermieter, auch wenn die Bauaufträge zusätzlich namens und auf Rechnung seines Ehepartners erteilt wurden, zB weil dieser auch Miteigentümer des Grundstücks ist. Dies ist allenfalls bei der Aufteilung der Kosten zu berücksichtigen. Anders sieht es aber aus, wenn die Arbeiten auf Rechnung einer GmbH ausgeführt werden, ggf. um die gezahlte Mehrwertsteuer als Vorsteuer geltend machen zu können, wenn aber Vermieter der Gesellschafter der GmbH ist.[90] Dies gilt selbst dann, wenn es sich um den einzigen Gesellschafter der GmbH handelt. Auch wenn die Arbeiten von einer Verwaltungs-GmbH auf eigene Rechnung in Auftrag gegeben wurden, scheidet eine Mieterhöhung gem. § 559 BGB aus, selbst wenn der Vermieter der GmbH die Kosten erstattet.[91] Überträgt der Vermieter einem Dritten den Betrieb der Heizungsanlage[92] und modernisierte dieser Betreiber die Heizung, so ist der Vermieter nicht Bauherr und der Betreiber nicht Vermieter, so dass eine Mieterhöhung nach § 559 BGB ausscheidet.[93] In all diesen Fällen ist der Vermieter nicht zumindest Mit-Bauherr.

---

85 OLG Hamm NJW 1983, 2331; BayObLG NJW 1981, 2259; LG Berlin GE 1990, 371; LG Hildesheim WuM 1985, 340; AG Oschersleben WuM 1995, 592; AG Hamburg WuM 1987, 30; 1987, 356; Staudinger/*V. Emmerich* BGB § 559 Rn. 14; *Sternel* MietR Kap. III Rn. 768; *Langenberg* PiG 40 (1993), 59 (71); *Sonnenschein* NJW 1998, 2172 (2178); PiG 13 (1983), 65 (71); AnwK WohnraumMietR/*Lammel* BGB § 559 Rn. 13.

86 *Mersson* DWW 2009, 122.

87 BT-Drs. 7/2011; 7/2638.

88 *Flatow* NZM 2008, 785 (786) unter Hinweis auf BGH VII ZR 50/77, NJW 1978, 1054; Lützenkirchen MietR/*Dickersbach* BGB § 559 Rn. 48.

89 Zur Bauherreneigenschaft bei Wohnungseigentümergemeinschaften → Rn. 30.

90 LG Berlin GE 1990, 371; Blömeke/Blümmel Modernisierung/*Kinne* Teil B Rn. 44.

91 *AG Hamburg WuM 1987, 30.*

92 *Wüstefeld* WuM 1996, 736.

93 BGH VIII ZR 362/04, NJW 2006, 2185 *Eisenschmid* WuM 1998, 449 (450); *Pfeifer* DWW 2006, 237; *Beyer* GE 2006, 826; *Schach* GE 2006, 832; *Quint* GE 2006, 833.

Führt der Vermieter während des Bestandes eines Mietverhältnisses das **Wärmecontracting** ein, so gilt § 556c BGB nur für die Frage, der Betriebskosten. Eine Modernisierungsmieterhöhung gem. § 559 BGB ist bei der Einführung der eigenständigen gewerblichen Lieferung der Wärme durch einen Wärmelieferanten alleine noch nicht gegeben. Wird die Heizungsanlage zunächst vom Vermieter iSd § 555b Nr. 1 BGB modernisiert kann der Vermieter eine Modernisierungsmieterhöhung vornehmen, wenn er anschließend die Heizung an den Wärmecontractor verpachtet (Betriebsführungscontracting).[94] Allenfalls im Rahmen der Betriebskostenabrechnung muss er sich die Pachtzahlungen auf den Wärmepreis anrechnen lassen.[95] Verkauft er die modernisierte Heizungsanlage an den Wärmecontractor dürfte eine Mieterhöhung nach § 559 BGB bereits deshalb ausscheiden, weil der Vermieter den Kaufpreis auf die anrechenbaren Kosten der Heizungsmodernisierung sich anrechnen lassen muss.[96] Modernisiert der Wärmecontractor die Heizung scheidet eine Mieterhöhung nach § 559 BGB aus, da der Vermieter nicht Bauherr ist und der Wärmecontractor nicht Vermieter.[97] 27a

**2. Besondere Mietverhältnisse**

**a)** § 559 BGB ist grds. auch bei einem **Untermietverhältnis** anwendbar[98], es sei denn, es handelt sich um ein Mietverhältnis iSd § 549 Abs. 2 Nr. 2 BGB, wenn es sich also um Wohnraum handelt, der Teil vom Vermieter bewohnten Wohnung ist und der vom Vermieter überwiegend mit Einrichtungsgegenständen ausgestattet wurde. Die Anwendung des § 559 BGB im Untermietverhältnis setzt aber voraus, dass der Hauptmieter Bauherr der Modernisierungsmaßnahme ist. Hat der Hauptvermieter bauliche Maßnahmen iSd § 559 BGB durchgeführt und gegenüber dem Hauptmieter eine Mieterhöhung vorgenommen, berechtigt dies den Hauptmieter nicht, die Untermiete gem. § 559 BGB zu erhöhen.[99] 28

**b)** Die gleichen Grundsätze sind auch auf **gewerbliche Zwischenmietverhältnisse** anzuwenden. Wurden namens und im Auftrag des Eigentümer-Vermieters bauliche Maßnahmen durchgeführt, so ist er nicht berechtigt, die Miete gegenüber dem gewerblichen Zwischenvermieter gem. § 559 BGB zu erhöhen, da die Vorschrift auf dies Mietverhältnis gar nicht anwendbar ist. Es handelt sich um einen Gewerberaummietvertrag. Aber auch der gewerbliche Zwischenvermieter kann die Miete gegenüber dem Endmieter nicht gem. § 559 BGB erhöhen.[100] Auf dieses Mietverhältnis ist § 559 BGB zwar anwendbar, jedoch ist der gewerbliche Zwischenvermieter nicht Bauherr der Maßnahme gewesen. Eine Mieterhöhung kommt allenfalls dann in Betracht, wenn der gewerbliche Zwischenmieter selbst bauliche Maßnahmen iSd § 559 BGB durchgeführt hat, was aber nur sehr selten vorkommen dürfte. Nicht ausreichend ist es, wenn der gewerbliche Zwischenvermieter als Stellvertreter des Eigentümers die Bauaufträge erteilt. Ob Mieterhöhungen nach Beendigung der gewerblichen Zwischenvermietung möglich sind für Maßnahmen, die der gewerbliche Zwischenvermieter noch durchgeführt hat, wegen derer er aber noch keine Erhöhungserklärung abgegeben hat, war strittig (→ Rn. 34 ff.). Zumindest kann er keine Mieterhöhung nach § 559 BGB wegen Modernisierungsarbeiten vornehmen, die er vor Beendigung des gewerblichen Zwischenmietverhältnisses durchgeführt hat, wenn er später gem. § 565 BGB in das Mietverhältnis eintritt. Die Vermietereigenschaft und die Bauherreneigenschaft müssen gleichzeitig vorliegen und nicht nacheinander. 29

**c)** Problematisch ist die Bauherreneigenschaft bei Mieterhöhungen gem. § 559 BGB bei **vermieteten Eigentumswohnungen**[101], wenn die Arbeiten vom Wohnungseigentumsverwalter auf eigene Rechnung in Auftrag gegeben wurden.[102] Im Fall einer Veräußerung der Wohnung ist der Erwerber kein Rechtsnachfolger des Verwalters, sondern allenfalls des Veräußerers. Hat demgegen- 30

---

[94] *Milger* NZM 2008, 1 (7).
[95] *Milger* NZM 2008, 1 (7).
[96] *Milger* NZM 2008, 1 (7); Bub/Treier MietR-HdB/*Schultz* Kap. III A Rn. 1551.
[97] Staudinger/*V. Emmerich* BGB § 559 Rn. 18.
[98] Lützenkirchen MietR/*Dickersbach* BGB § 559 Rn. 50; MüKoBGB/*Artz* § 559 Rn. 14; zur Anwendung der Duldungsansprüche im Untermietverhältnis Börstinghaus/Eisenschmid Modernisierungs-HdB/*Eisenschmid* Kap. 5 Rn. 10, 11; *Jablonski* GE 2015, 234.
[99] Staudinger/*V. Emmerich* BGB § 559 Rn. 12; MüKoBGB/*Artz* § 559 Rn. 14.
[100] *Blank/Börstinghaus* BGB § 566 Rn. 77; *Börstinghaus* PiG 70 (2005), 65 (86).
[101] *Jacoby* PiG 105 (2017), 61.
[102] Gegen Mieterhöhungsmöglichkeit: AG Hamburg WuM 1987, 30.

über die Wohnungseigentümergemeinschaft selbst die Modernisierungsarbeiten in Auftrag gegeben und war die Gemeinschaft selbst Bauherr, dann ist auf Grund der sich aus § 10 Abs. 6 WEG ergebenden Teilrechtsfähigkeit der Wohnungseigentümergemeinschaft durchaus zweifelhaft, ob der einzelne Wohnungseigentümer wirklich Bauherr ist.[103] Soweit zum einen die Wohnungseigentümergemeinschaft nach der Rspr. des BGH[104] im Interesse des Verbraucherschutzes der in ihr zusammengeschlossenen, nicht gewerblich handelnden natürlichen Personen dann einem **Verbraucher** gem. § 13 BGB gleichzustellen ist, wenn ihr wenigstens ein Verbraucher angehört und zum anderen auch eine Gesellschaft bürgerlichen Rechts **Eigenbedarf** zugunsten eines ihrer Gesellschafter geltend machen kann[105], ändert das an der Frage, wer bei baulichen Veränderungen am Gemeinschaftseigentum Bauherr ist, nichts.[106] Ähnlich wie bei den öffentlichen Erschließungsmaßnahmen (→ Rn. 34) ist der einzelne Wohnungseigentümer nur Kostenträger. Die Maßnahme kann sogar gegen seinen Willen unter bestimmten Voraussetzungen durchgeführt werden. Die Kostenverteilung auf ihn kann auch nach anderen Maßstäben als denen des § 559 BGB, erfolgen. Problematisch ist schon die Durchsetzung des Duldungsanspruchs gem. § 555 d BGB[107], da dieser den Bestand eines Mietverhältnisses voraussetzt, das aber weder mit dem Verwalter noch zur Wohnungseigentümergemeinschaft besteht.[108] Auch soweit der BGH[109] angenommen oder zumindest angedeutet hat, dass bei Mängeln am Gemeinschaftseigentum Ansprüche gegen den die Wohnung nutzenden Dritten (zB Nießbraucher) nach § 1004 Abs. 1 BGB in Betracht kommen können, ändert das an der Beurteilung der **Rechtslage bei Modernisierungen** nichts. Bei notwendigen Erhaltungsmaßnahmen handele es sich um Individualansprüche, die jedem einzelnen betroffenen beeinträchtigten Wohnungseigentümer zustehen. Originär ist also nur der einzelne Eigentümer aktivlegitimiert. Jedoch kann die Gemeinschaft den Anspruch durch Beschluss an sich ziehen und durch den Verwalter dann geltend machen. Bei einer Modernisierung des Gemeinschaftseigentums (zB Wärmeschutzfassade, neue Zentralheizung, Anlage eines Kinderspielplatzes) bestehen keine vertraglichen Ansprüche der Gemeinschaft gegen den Mieter eines Wohnungseigentümers. § 1004 BGB passt hier nicht, da ja gerade keine Beeinträchtigung im Sinne der Vorschrift vorliegt. Die Immobilie soll ja umgestaltet, modernisiert werden. Hier einen unmittelbaren Anspruch der Gemeinschaft gegen den Mieter anzunehmen, würde massiv in das Vertragsverhältnis zwischen Vermieter und Mieter eingreifen. Besonders extrem wäre dies bei einem Zeitmietvertrag, der alleine durch die Modernisierungsankündigung des Verwalters/der Gemeinschaft plötzlich gem. § 555 e BGB kündbar wäre, was uU den elementaren Vorstellungen des Vermieters widersprechen könnte. So könnte die Gemeinschaft einen **„unliebsamen" Fremdnutzer** loswerden. Ferner stellt sich die Frage, wessen Interessen ggf. bei der Abwägung gem. § 555 d BGB gegeneinander abzuwägen wären. Sind das auf der Anspruchstellerseite die der Gemeinschaft oder doch nur die des vermietenden Wohnungseigentümers? Fraglich ist auch, ob die Gemeinschaft mit dem Mieter eine Vereinbarung gem. § 555 f BGB treffen dürfte, mit dem diesem eine hohe Minderung zugebilligt wird. Dies würde einseitig in die Vermieterinteressen eingreifen. Das bedeutet, dass der vermietende Wohnungseigentümer aufgrund der Beschlussfassung der Eigentümergemeinschaft die Maßnahme gem. § 555 c BGB seinem Mieter ankündigen muss. Er ist dann auch Bauherr und kann die Miete gem. § 559 BGB erhöhen. Dafür spricht jetzt auch der neue § 559 c Abs. 4 Nr. 2 BGB, der solche Maßnahmen teilweise von der Sperrwirkung einer Mieterhöhung im vereinfachten Verfahren ausdrücklich ausnimmt. Nichts anderes gilt bei Baumaßnahmen am **Sondereigentum.** Hier ist der Sondereigentümer immer Bauherr und Vermieter.

---

103 Nach Staudinger/*V. Emmerich* BGB § 559 Rn. 17 soll der Erwerber trotzdem die Miete gem. § 559 BGB erhöhen können, „obwohl er nicht Bauherr ist" „es dürfte bei der Anwendung des § 559 BGB bleiben"; Zweifel an der hier vertretenen Auslegung äußert auch Lützenkirchen MietR/*Abramenko* BGB § 556 e Rn. 42 bei der Beschränkung der Wiedervermietungsmiete.

104 BGH VIII ZR 243/13, NJW 2015, 3228.

105 BGH VIII ZR 232/15, NJW 2017, 547; *Börstinghaus* LMK 2017, 385346; *Derleder* WuM 2017, 104; *Selk* NJW 2017, 521; *Singbartl* NZM 2017, 119; *Meier* ZMR 2017, 150; *Dubovitskaya/Weitemeyer* NZM 2017, 201; ausführlich dazu *Palmen* Eigenbedarfsähnliche Kündigungsgründe, S. 81 ff.

106 **AA** *Jacoby PiG 105 (2017)*, 61.

107 *Horst* DWW 2012, 204, 214; *Lehmann-Richter* WuM 2013, 82.

108 Darauf weist auch Staudinger/*J. Emmerich* BGB § 555 a Rn. 9 a hin.

109 BGH V ZR 194/14, NJW 2015, 2968.

### 3. Mietermodernisierung

31 **Modernisierungsmaßnahmen durch den Mieter**[110] berechtigen den Vermieter nicht zu einer Mieterhöhung nach § 559 BGB,[111] selbst wenn der Vermieter dem Mieter hinterher bestimmte Kosten erstattet.[112] Dadurch wird der Vermieter nicht Bauherr der Maßnahme. Im Übrigen ergibt sich aus § 559 a BGB, dass Mieterleistungen bei der Ermittlung der Kosten in Abzug zu bringen sind. Vom Mieter durchgeführte oder finanzierte Modernisierungskosten stellen regelmäßig einen abwohnbaren Baukostenzuschuss dar.[113] Der geschaffene Zustand darf auch bei der Mieterhöhung auf die ortsübliche Vergleichsmiete nicht berücksichtigt werden.[114] Eine Mieterhöhung kommt aber dann in Betracht, wenn der Mieter zwar die Arbeiten ausführt, dies aber Namens und im Auftrag des Vermieters tut. In diesem Fall ist der Mieter nicht im eigenen Interesse als Mieter tätig, sondern für den Vermieter, wie jeder andere Handwerker auch. Außerdem kommen im Rahmen von Modernisierungsarbeiten durch den Mieter häufig Vereinbarungen über die Anrechnung der Verwendungen, das Wegnahmerecht und auch die Berücksichtigung bei der Mieterhöhung in Betracht. Solche Vereinbarungen sind iRd § 557 Abs. 4 BGB iVm § 559 Abs. 3 BGB wirksam und regelmäßig auch sinnvoll.[115]

### 4. Fälle der Rechtsnachfolge

32 Auch in den Fällen der Rechtsnachfolge kann der Erwerber eine Mieterhöhung nach § 559 BGB auf Grund von Modernisierungsarbeiten vornehmen. Im Fall der **Universalsukzession gem. § 1922 BGB,** geht der Anspruch auf Mieterhöhung nach § 559 BGB auf einen oder mehrere Erben als Rechtsnachfolger über. Hat der Erblasser in seiner Zeit als Vermieter Modernisierungsarbeiten vorgenommen, dann kann der Erbe bzw. können die Mitglieder der Erbengemeinschaft noch eine Mieterhöhungserklärung nach § 559 BGB abgeben. **Der Erwerber eines Grundstücks,** der nach § 566 BGB in das Mietverhältnis eingetreten ist, kann die Miete ebenfalls nach durchgeführter Modernisierung gem. § 559 BGB erhöhen, unabhängig davon, ob die **Modernisierungsarbeiten vor**[116] **oder nach**[117] **Eintritt des Erwerbers** in das Mietverhältnis abgeschlossen worden sind. Die anderslautende ältere Rspr. ist damit überholt. Im Einzelfall kann eine Pflicht des Veräußerers zur Durchführung einer Modernisierungsmieterhöhung bestehen, deren Verletzung gem. §§ 280, 241 Abs. 2 BGB schadensersatzpflichtig macht.[118]

33 Hat der **Erwerber** selbst **vor seiner Grundbucheintragung** bereits Modernisierungsmaßnahmen durchgeführt, dann kann er nach seiner Eintragung im Grundbuch und damit seinem Eintritt in das Mietverhältnis gem. § 566 BGB wegen dieser Maßnahmen keine Mieterhöhung nach § 559

---

[110] Zur Mietermodernisierung Börstinghaus/Eisenschmid Modernisierungs-HdB/*Eisenschmid* Kap. 14; *Damrau-Schröter,* Zivilrechtliche Aspekte der „Mieter-Modernisierung" – Die Rechtsstellung des Mieters zwischen Verwendungsersatz und Wegnahmerecht, 1994; *Horst* DWW 2014, 282 (292); Staudinger/*V. Emmerich* BGB § 559 Rn. 22; *Kinne* GE 2007, 30; *Sternel* PiG 105 (2017), 73; WuM 1984, 287 (315); *Ackermann* ZMR 1988, 43; *Gundlach* ZMR 1983, 218; *Kahlen* ZMR 1984, 2.

[111] BayObLG NJW 1981, 2259; *Kinne* GE 2007, 30 (34); *Sternel* MietR Kap. III Rn. 771; Staudinger/*V. Emmerich* BGB § 559 Rn. 22; Kossmann/Meyer-Abich Wohnraummiete-HdB/*Meyer-Abich* § 158 Rn. 9; Lützenkirchen MietR/*Dickersbach* BGB § 559 Rn. 57.

[112] AG Gelsenkirchen ZMR 1987, 340; AG Essen WuM 1978, 213; *Sternel* PiG 16 (1989), 105; PiG 105 (2017), 73 (86); **aA** Lützenkirchen MietR/*Dickersbach* BGB § 559 Rn. 58; *Mersson* DWW 2009, 122 (126); wohl jetzt auch Staudinger/*V. Emmerich* BGB § 559 Rn. 22 unter Berufung auf BGH VIII ZR 173/10, NJW 2011, 1499, Aufwendungsersatzansprüche als anrechenbare Kosten.

[113] BGH VIII ZR 315/09, NZM 2010, 735; OVG Berlin ZMR 1989, 391.

[114] BGH VIII ZR 315/09, NZM 2010, 735.

[115] S. dazu Mustervereinbarung zur Mietermodernisierung des BMJ abgedr. bei *Börstinghaus/Eisenschmid* Modernisierungs-HdB Anh. Kap. A VII; s. auch das eigene Muster von *Horst* DWW 2014, 282 (292).

[116] KG NZM 2000, 860; *Blank/Börstinghaus* BGB § 566 Rn. 77; *Beuermann* GE 1994, 733 (734); Bub/Treier MietR-HdB/*Schultz* Kap. III A Rn. 1467; Lützenkirchen MietR/*Dickersbach* BGB § 559 Rn. 53; *Flatow* WImmoT 2008, 129, 140; *Mersson* DWW 2009, 122 (127); Staudinger/*V. Emmerich* BGB § 559 Rn. 15; *Kinne* ZMR 2001, 868; Palandt/*Weidenkaff* BGB § 559 Rn. 3; **aA** Bub/Treier MietR-HdB/*Schultz* Kap. III A Rn. 1467; AnwK WohnraumMietR/*Lammel* BGB § 559 Rn. 15; *Sternel* NZM 2001, 1058 (1065).

[117] KG NZM 2000, 652; AnwK WohnraumMietR/*Lammel* BGB § 559 Rn. 15; *Börstinghaus* PiG 70 (2005), 65 (86); *Blank/Börstinghaus* BGB § 566 Rn. 77; *Flatow* WImmoT 2008, 129, 140; *Beuermann* GE 1994, 733 (734); *Kinne* ZMR 2001, 868; Palandt/*Weidenkaff* BGB § 559 Rn. 3; Lützenkirchen MietR/*Dickersbach* BGB § 559 Rn. 53; *Mersson* DWW 2009, 122 (127); Staudinger/*V. Emmerich* BGB § 559 Rn. 15; **aA** *Sternel* NZM 2001, 1058 (1065); PiG 40 (1993), 45 (48); *Langenberg* PiG 40 (1993), 59 (71).

[118] KG GE 2002, 1263.

BGB vornehmen.[119] Er war zwar Bauherr der Maßnahme aber zu diesem Zeitpunkt nicht Vermieter. Als er Vermieter wurde war er nicht mehr Bauherr. Beide Voraussetzungen müssen aber gleichzeitig vorliegen und nicht zeitlich gestaffelt nacheinander. § 566 BGB ändert daran nichts.

### 5. Öffentliche Erschließungsmaßnahmen

34 Wird der Grundstückseigentümer als Vermieter nach Erstellung eines ihm gehörenden Wohnhauses und nach Abschluss des Mietvertrages auf Grund öffentlich-rechtlicher Vorschriften zur Entrichtung von **Beiträgen zum gemeindlichen Erschließungsaufwand** für den nachträglich erfolgten Straßenausbau herangezogen, dann kann er diese Kosten nicht als Kosten „anderer baulicher Änderungen auf Grund von Umständen, die er nicht zu vertreten hat" iSv § 559 Abs. 1 BGB auf die Mieter umlegen.[120] In diesem Fall ist der Vermieter nicht Bauherr der Maßnahme. Dass er letztendlich der Kostenträger ist, ändert daran nichts. Es liegt auch kein Verstoß gegen den Gleichheitsgrundsatz vor, da die Sachverhalte bei einem sich selbst zu einer Modernisierung entscheidenden Vermieter und einem zur Zahlung auf Grund einer öffentlichen Erschließungsmaßnahme herangezogenen Eigentümer durchaus unterschiedlich sind und deshalb auch unterschiedlich behandelt werden dürfen.[121] Dies entspricht dem Wortlaut der Vorschrift aber auch ihrem Sinn und Zweck, wonach der Vermieter angehalten werden sollte, in den Wohnungsbestand zu investieren. Gerade dieser Zweck würde bei einer Umlage von öffentlich-rechtlichen Erschließungsmaßnahmen, wie zB **Straßenbaubeiträgen, Anliegerkosten, Erschließungskosten** usw. nicht erreicht. Der Vermieter muss erst gar nicht motiviert werden, diese Arbeiten durchzuführen, da sie von den Gebietskörperschaften auf Grund organschaftlicher Beschlüsse durchgeführt werden. Der Vermieter muss, einerlei ob von sich aus völlig freiwillig oder gezwungenermaßen auf Grund gesetzlicher Verpflichtung, die Baumaßnahme, deren Kostenumlage § 559 BGB gestattet, als Bauherr durchgeführt haben. Auf die Vorhersehbarkeit solcher Arbeiten und auch Kosten für den Vermieter kommt es nicht an.[122] Dies ist kein Tatbestandsmerkmal des § 559 BGB.

35 Maßgebendes Abgrenzungskriterium ist vielmehr die Tatsache, ob die Baumaßnahme auf einer **Entscheidung des Vermieters** beruht, sie überhaupt oder zumindest zu diesem Zeitpunkt durchzuführen. Entschließt sich der Vermieter, bestimmte Anschlussarbeiten durchführen zu lassen, dann handelt es sich um eine bauliche Maßnahme, die der Vermieter als Bauherr durchführt.[123] Dies bezieht sich dann nicht nur auf die von ihm selbst in Auftrag gegebenen Arbeiten auf seinem Grundstück, sondern auch auf die Anschlussarbeiten, die das Versorgungsunternehmen oder die öffentlich-rechtliche Körperschaft eigenverantwortlich durchführt und dem Vermieter nur in Rechnung stellt. So wird bei einer Umstellung von Heizöl auf Gas der Hausanschluss bis zum Übergabepunkt vom Versorgungsunternehmen hergestellt und erst ab diesem Punkt kann der Vermieter durch eigene Handwerker die Arbeiten ausführen lassen. Das ändert aber nichts daran, dass der Vermieter die Entscheidung getroffen hat, auf eine Gasversorgung umzustellen. Wenn hierdurch eine nachhaltige Einsparung von Heizenergie erreicht wird, dann gehören auch die an das Versorgungsunternehmen gezahlten Anschlussgebühren zu den umlegbaren Kosten.[124] Dies gilt auch, wenn der Vermieter öffentlich-rechtlich zum Anschluss verpflichtet war.[125] Ist der Eigentümer zur Durchführung baulicher Veränderungen verpflichtet worden, sind die Kosten hierfür auch dann umlagefähig, wenn er bei mehreren Ausführungsmöglichkeiten eine kostenaufwendigere, wirtschaftlich dennoch sinnvolle Maßnahme wählt.[126]

---

119 Blömeke/Blümmel Modernisierung/*Kinne* Teil B Rn. 44; Staudinger/*V. Emmerich* BGB § 559 Rn. 15; *Börstinghaus* PiG 70 (2005), 65 (86); *Mersson* DWW 2009, 122 (126); **aA** Lützenkirchen MietR/*Dickersbach* BGB § 559 Rn. 54 (unter Aufgabe seiner eigenen **aA** in Erman/*Dickersbach* BGB § 559 Rn. 8).

120 OLG Hamm NJW 1983, 2331 mAnm *Wüstefeld* WuM 1985, 66; LG Hamburg WuM 1991, 121; LG Hildesheim WuM 1985, 340; LG Lübeck WuM 1981, 44; AG Oschersleben WuM 1995, 592; AG Hamburg WuM 1987, 356; *Sternel* MietR Kap. III Rn. 769; *Sternel* PiG 41 (1993), 45 (48); Staudinger/*V. Emmerich* BGB § 559 Rn. 21; *Eisenschmid* WuM 1981, 45; AnwK WohnraumMietR/*Lammel* BGB § 559 Rn. 14; Lützenkirchen MietR/*Dickersbach* BGB § 559 Rn. 49; **aA** LG München II WuM 1985, 66; AG Ratzeburg SchlHA 1978, 145; *Mersson* DWW 2009, 122 (125); *Gutekunst* PiG 16 (1989), 149 (152).

121 Nach *Mersson* DWW 2009, 122 (125) liegt ein Verstoß gegen den Gleichheitsgrundsatz vor.

122 **AA** LG Hildesheim WuM 1985, 340.

123 *Staudinger/V. Emmerich BGB* § 559 Rn. 21.

124 AG Ratzeburg SchlHA 1978, 145; **aA** LG Lübeck WuM 1981, 44.

125 LG Wiesbaden WuM 1982, 77.

126 LG Wiesbaden WuM 1982, 77.

## E. Bauliche Veränderungen

36 Das Mieterhöhungsrecht gem. § 559 BGB steht dem Vermieter dann zu, wenn er **Modernisierungsmaßnahmen** nach den fünf[127] ausdrücklich aufgezählten Alternativen des § 555b BGB durchgeführt hat. Nach der Definitionsnorm des § 555b BGB setzen alle dort aufgezählten, auch die, die nicht zu einer Mieterhöhung gem. § 559 BGB berechtigen, voraus, dass eine **bauliche Veränderung** stattgefunden hat Es liegt hinsichtlich der fünf verschiedenen Alternativen kein Ausschließlichkeitsverhältnis vor. Es ist durchaus möglich, dass sich die verschiedenen Alternativen überschneiden. Eine exakte Abgrenzung ist deshalb nicht erforderlich, da die Rechtsfolgen inzwischen alle gleich sind.[128] Es genügt also die Feststellung, dass die Maßnahme wahlweise in die eine oder andere Kategorie fällt. Wichtig ist die Abgrenzung bei der energetischen Modernisierung gem. § 555b Nr. 1, 2 BGB, da der Mieter zwar beide Maßnahmen dulden muss, aber nur Maßnahmen gem. Nr. 1 zur Mieterhöhung berechtigen. Nach unten hin ist die bauliche Veränderung zu den reinen Instandsetzungs- oder Instandhaltungsmaßnahmen gem. § 555a BGB (→ Rn. 47) abzugrenzen und nach oben hin zu den Luxusmodernisierungen (→ Rn. 45) oder völligen Umgestaltungen.[129]

### I. Begriff der baulichen Veränderung

37 Eine Mieterhöhung nach § 559 BGB setzt gem. § 555b BGB zunächst voraus, dass der Vermieter als Bauherr eine **bauliche Veränderung** durchgeführt hat. Bis 2013 hieß es noch „bauliche Maßnahme". Der Begriff der Veränderung ist demgegenüber weiter. Entsprechend dem Sinn und Zweck des § 559 BGB, eine umfassende Modernisierung des Wohnungsbestandes zu erreichen, ist der Begriff sehr weit auszulegen.[130] Erfasst werden neben Eingriffen in die bauliche Substanz etwa auch Veränderungen der Anlagetechnik des Gebäudes.[131] Dies gilt auch für die Frage, wann die Modernisierungsmaßnahme beendet ist.[132] Bedeutung hat dies für die Frage, welche Kosten zur Wiederherstellung des ursprünglichen Zustands noch zu den ansatzfähigen Kosten zählen.[133] Auf Grund der Modernisierungsmaßnahme muss ein neuer oder veränderter baulicher Zustand entstanden sein.[134] Eine Veränderung der Bausubstanz ist nicht zwingend erforderlich.[135] Auch die Installation von Geräten, wie zB einem Boiler genügt.[136] Die bloße **Änderung der Zweckbestimmung eines Raumes,** zB die „Umwidmung" eines nicht mehr benötigten Waschkellers zum Party- oder Hobbykeller, stellt aber ebenso wenig eine bauliche Maßnahme dar[137] wie die **Aufteilung eines Gebäudes in Wohnungseigentum** und die hierfür erforderlichen Maßnahmen zur Erlangung der Abgeschlossenheit.[138] Soweit im Rahmen von „Smart-Wohnen" jetzt technische Einrichtungen melden, dass der Kühlschrank leer ist oder der Zusammenstellung des Fernsehprogramms dient, sind dies keine baulichen Veränderungen.[139] Eine bauliche Veränderung liegt nur vor, wenn diese intelligenten Systeme der technischen Funktion des Gebäudes selber dient und etwa nicht dem verständlichen Wunsch des Mieters nach einem bequemeren Leben.[140] Der Anlagentechnik des Gebäudes selber dient hingegen ein intelligentes Gebäudemanagement, soweit sich die Steuerungsmöglichkeiten auf Bereiche beschränken, die mit der Beleuchtung oder der Heizung

---

127 Wenn man Ziff. 4 und 4a als eine Alternative ansieht.
128 ZB BGH VIII ZR 110/11, NJW 2012, 2954; BGH VIII ZR 56/12, WuM 2012, 678, jeweils zur Abgrenzung „Gebrauchswerterhöhung" und „Energieeinsparung".
129 BGH VIII ZR 28/17, NJW 2018, 1008 = NZM 2018, 2.
130 BGH VIII ZR 290/14, GE 2015, 908 mAnm *Börstinghaus* jurisPR-BGHZivilR 13/2015 Anm. 2; *Mersson* DWW 2009, 122 (123); krit aus grundsätzlichen Überlegungen Staudinger/*V. Emmerich* BGB § 559 Rn. 3.
131 BT-Drs. 17/10485, zu § 555b BGB.
132 BGH VIII ZR 173/10, NZM 2011, 358; *Blank* NZM 2011, 508 (510).
133 BGH VIII ZR 173/10, NZM 2011, 358; *Blank* NZM 2011, 508 (510).
134 *Krüger,* Der Modernisierungsbegriff im Miet- und WEG-Recht, 2009, 20.
135 BGH VIII ZR 290/14, GE 2015, 908; *Sternel* MietR Kap. IV Rn. 307; Staudinger/*J. Emmerich* BGB § 555b Rn. 4; *Langenberg* PiG 40 (1993), 59 (72); **aA** AG Kiel WuM 1977, 171; AnwK WohnraumMietR/*Lammel* BGB § 559 Rn. 17.
136 *Sternel* MietR Kap. IV Rn. 307.
137 *Sternel* MietR Kap. III Rn. 770.
138 LG Stuttgart WuM 1992, 13.
139 *Cimiano/Herlitz* NZM 2016, 409.
140 *Cimiano/Herlitz* NZM 2016, 409.

in Verbindung stehen.[141] Soweit in der Gesetzesbegründung[142] des Mietrechtsreformgesetzes 2001 der Austausch von Glühbirnen durch Energiesparbirnen als Fall der damals noch erforderlichen „baulichen Maßnahme" angeführt wurde, die der Energieeinsparung dient, ist dies wohl, was die Tatbestandsvoraussetzung der baulichen Veränderung betrifft, zu weit.[143] Das **Austauschen von Glühbirnen** wird man auch bei weitester Auslegung des Begriffs nicht als bauliche Veränderung einordnen können.

38 Die Maßnahmen können sowohl **in der Wohnung** des Mieters, **am Haus** oder **auf dem Grundstück** durchgeführt worden sein.[144] Dies ergibt sich aus dem Begriff der Maßnahme, der sehr weit ist, und dem fehlenden Bezug im Gesetz, wonach nur Maßnahmen in der Wohnung das Tatbestandsmerkmal erfüllen. Aus dem Sinn und Zweck der Vorschrift ergibt sich aber die Beschränkung auf Maßnahmen, die zumindest in einem wirtschaftlichen Zusammenhang mit dem Mietgebrauch stehen.[145] Auch die Anlage von Kinderspielplätzen, Kfz-Stellplätzen oder eines Gartens oder das Aufstellen von Müllboxen[146] können deshalb eine bauliche Maßnahme iSd § 559 BGB darstellen, wenn dies im Zusammenhang mit der vermieteten Wohnung erfolgt. Es ist noch nicht einmal erforderlich, dass die Arbeiten auf dem Grundstück des Vermieters durchgeführt werden, wenn der Vermieter dem Mieter gegenüber für die Erfüllung der Leistungserweiterung einstehen will.[147]

39 Aus der Einschränkung, dass es sich um **bauliche Veränderungen** gehandelt haben muss, ergibt sich, dass die **Möblierung einer Wohnung** keine zur Mieterhöhung berechtigende Maßnahme ist.[148] Bereits vom allgemeinen Sprachgebrauch her wird die Ausstattung einer Wohnung mit Einrichtungsgegenständen nicht als Baumaßnahme verstanden. Einrichtungen und Ausstattungen sind deshalb regelmäßig keine baulichen Maßnahmen. Solange diese frei beweglich bleiben, fehlt es regelmäßig an der Baumaßnahme. Deshalb stellt das Aufstellen von einzelnen Küchengeräten,[149] zB einer fabrikmäßigen Küchenzeile[150] oder auch von Gasgeräten,[151] sowie von transportablen Duschkabinen oder das Verlegen eines losen Teppichbodens[152] regelmäßig keine bauliche Maßnahme dar.

40 Es ist nicht erforderlich für eine bauliche Veränderung, dass die eingebrachten Materialien zu wesentlichen Bestandteilen des Mietobjekts werden. Auch die **Einbringung von Scheinbestandteilen** gem. § 95 BGB, die nur zu einem vorübergehenden Zweck eingebracht werden, kann im Einzelfall genügen.[153] So kann der Einbau einer individuell angepassten und fest eingebauten Einbauküche eine bauliche Veränderung darstellen.[154] Hier haben regelmäßig Schreinerarbeiten stattzufinden, um die Küchenmöbel anzupassen. Die Möbel sind in der genauen Zusammensetzung vollständig idR in einem anderen Raum nicht verwertbar; trotzdem bleibt die Küche Scheinbestandteil. Auch die **Verlegung eines Teppichbodens** kann im Einzelfall eine bauliche Veränderung darstellen. Daran fehlt es aber, wenn der Boden nur lose verlegt wird.[155] Wenn der

[141] *Cimiano/Herlitz* NZM 2016, 409.
[142] BR-Drs. 439/00 = BT-Drs. 14/4553 abgedr. auch bei Arbeitskommentar Neues MietR/*Eisenschmid* S. 194.
[143] Kinne/Schach/Bieber MietR/*Schach* BGB § 559 Rn. 3.
[144] Staudinger/*J. Emmerich* BGB § 555b Rn. 5.
[145] *Sternel* MietR Kap. III Rn. 770; Staudinger/*J. Emmerich* BGB § 555b Rn. 4; *Langenberg* PiG 40 (1993), 59 (72).
[146] OVG Berlin GE 1984, 333; *Langenberg* PiG 40 (1993), 59 (72).
[147] AG Lübeck WuM 1981, 44 mzustAnm *Eisenschmid*.
[148] *Sternel* MietR Kap. IV Rn. 307; Herrlein/Knops/Spiegelberg MietR/*Ormanschick* BGB § 559 Rn. 30.
[149] *Sternel* MietR Kap. III Rn. 770; **aA** aber *Sternel* PiG 41 (1993), 45 (49); *Sternel* MietR Kap. IV Rn. 307.
[150] LG Hamburg WuM 1981, U 22; *Blömeke/Blümmel* Modernisierung „Einbaumöbel".
[151] LG Berlin GE 1998, 616; wobei in vielen Entscheidungen allein oder zusätzlich auf eine nicht umlagefähige Instandsetzungsmaßnahme abgestellt wird: AG Hoyerswerda WuM 1997, 228; AG Rostock WuM 1996, 559; AG Tiergarten MM 1996, 128; AG Spandau MM 1996, 128; AG Wedding GE 1995, 1139; AG Görlitz WuM 1993, 264; AG Kiel WuM 1977, 171; *Sternel* MietR Kap. III Rn. 770 Staudinger/*J. Emmerich* BGB § 555b Rn. 5; **aA** LG Berlin GE 1996, 131; 1995, 429.
[152] Nach *Sternel* MietR Kap. III Rn. 770 ist die Verlegung von Teppichboden nie eine bauliche Maßnahme; **aA** für fest verklebten Teppichboden: Herrlein/Knops/Spiegelberg MietR/*Ormanschick* BGB § 559 Rn. 30.
[153] LG Berlin GE 1995, 429; 1996, 131; Staudinger/*J. Emmerich* BGB § 555b Rn. 8; **aA** AnwK Wohnraum-MietR/*Lammel* BGB § 559 Rn. 17.
[154] *Sternel* MietR Kap. III Rn. 770; *Blömeke/Blümmel* Modernisierung Teil „Anbauteile" und „Einbaumöbel".
[155] LG Berlin GE 1977, 844; VG Berlin GE 1982, 279; VG Berlin GE 1977, 844 (847); Herrlein/Knops/Spiegelberg MietR/*Ormanschick* BGB § 559 Rn. 30.

Boden verklebt wurde, dann wird er zumindest Scheinbestandteil des Grundstücks. Wenn der Vermieter zB in der Wohnung umfangreiche Schallisolierungen vornimmt, die keine Instandsetzung darstellen, dann kann auch die Verlegung des Teppichbodens im Einzelfall zu den baulichen Maßnahmen gehören. Stattet der Vermieter eine Altbauwohnung mit Holzdielen aus, dann handelt es sich ebenfalls um eine bauliche Veränderung.[156] Es liegt zudem auch eine Wohnwertverbesserung gem. § 555b Nr. 5 BGB verglichen mit dem früheren Zustand mit einem Estrichboden vor.[157]

Unerheblich ist es, ob die bauliche Veränderung vom Vermieter auf Grund eigenen freien Entschlusses oder auf **Grund eines behördlichen Gebotes oder Verbotes** erfolgte.[158] Entscheidend ist allein, dass der Vermieter als Bauherr die Modernisierungsmaßnahmen durchgeführt hat. Ob er dazu verpflichtet war oder nicht, ist kein Tatbestandsmerkmal. Wenn nicht eine Modernisierungsmaßnahme nach den § 555b Nr. 1, 2–5 BGB vorliegt kann in diesem Fall jedoch auch noch eine Maßnahme nach § 555b Nr. 6 BGB in Betracht kommen. Dazu darf es sich jedoch nicht um Erhaltungsmaßnahmen nach § 555a BGB handeln. Das ist immer dann der Fall, wenn dem Vermieter aufgegeben wird, einen Mangel zu beseitigen. Haben sich aber nach Beginn des Mietverhältnisses Rechtsvorschriften geändert, die den Vermieter zwingen, bestimmte bauliche Maßnahmen durchzuführen, dann kommt eine Mieterhöhung nach §§ 559, 555b Nr. 6 BGB in Betracht.[159] War das Gebäude oder die Wohnung aber schon bei Beginn des Mietverhältnisses baurechtswidrig, dann handelt es sich um eine Erhaltungsmaßnahme (→ BGB § 557a Rn. 40). 41

Die baulichen Veränderungen müssen **nach Beginn des Mietverhältnisses** begonnen worden sein. Bauliche Veränderungen, die vor Beginn des Mietverhältnisses abgeschlossen waren, rechtfertigen keine Mieterhöhung nach § 559 BGB,[160] weil der so geschaffene Zustand der Wohnung bereits bei der Berechnung der Neuvertragsmiete berücksichtigt werden kann.[161] Dasselbe gilt regelmäßig auch bei Modernisierungsarbeiten, die zum Zeitpunkt der Vermietung noch nicht abgeschlossen waren. Auch hier kann der Vermieter den ihm bekannten Zustand nach Abschluss der Modernisierungsarbeiten bereits zum Gegenstand seiner Mietkalkulation machen, ggf. in Form einer Staffelmiete. Schließlich geht es in diesem Fall auch nicht um die einseitige Änderung des Leistungsumfangs und die Anpassung der Gegenleistung. Der Vermieter schuldet bei einer **Vermietung während der Modernisierung** bereits die Fertigstellung aus dem Mietvertrag. Auch der **Sinn und Zweck** des § 559 BGB sprechen hier gegen eine Anwendung der Vorschrift. Dem Vermieter muss kein Anreiz geboten werden, in den Wohnungsbestand zu investieren. Er hat die Entscheidung hierfür ja bereits getroffen. Schließlich sprechen auch erhebliche praktische Probleme für diese Auffassung. Würde man nämlich hier eine Mieterhöhung für die nach Mietvertragsabschluss weiter durchgeführten Modernisierungsmaßnahmen zulassen, so käme es zu großen Abgrenzungsschwierigkeiten, zwischen den bis zu diesem Zeitpunkt bereits abgeschlossenen Arbeiten und den erst anschließend durchgeführten Arbeiten. Allein die Tatsache, dass die Mieterhöhung nach § 559 BGB erst nach Abschluss der Arbeiten möglich und noch später fällig wird, ändert an der Aufteilungspflicht nichts. Zumindest liegt in diesem Fall ein stillschweigender Ausschluss des Erhöhungsrechts gem. § 557 Abs. 3 BGB vor.[162] 42

Beim **Übergang vom preisgebundenen zum preisfreien Wohnraum** kommt es auf die Rechtslage zum Zeitpunkt der Beendigung der Maßnahme an. Dabei ist auf die unterschiedliche Rechtslage in den einzelnen Bundesländern nach der Föderalismusreform zu achten (→ BGB Vor § 557 Rn. 35). Hat der Vermieter die Arbeiten begonnen, als die Wohnung noch der Preisbindung unterfiel, dann kann er nach den entsprechenden Vorschriften der NMV und der II. BV diese nur dann zum Anlass einer Erhöhung der Kostenmiete nehmen, wenn diese Vorschriften bei Abschluss den Arbeiten in diesem Bundesland noch galten. Dann sind diese Vorschriften aber vorrangig. Der Vermieter kann die während der Preisbindung beendeten Modernisierungsarbeiten nach Auslaufen der Preisbindung nicht zum Gegenstand einer Mieterhöhung nach § 559 BGB machen.[163] Umgedreht ist eine Mieterhöhung nach § 559 BGB möglich, wenn die Preisbindung zum Zeit- 43

---

[156] LG Berlin GE 1982, 83.
[157] OVG Berlin GE 1984, 333 (337); **aA** *Glaser* ZMR 1976, 34; *Hermes* ZMR 1976, 229; *Warnecke* ZMR 1976, 228.
[158] OLG Hamm NJW 1983, 2351; Staudinger/*J. Emmerich* BGB § 555b Rn. 6.
[159] *Pfeifer* DWW 1994, 13.
[160] AG Bad Segeberg WuM 1992, 197; AnwK WohnraumMietR/*Lammel* BGB § 559 Rn. 49.
[161] LG Berlin GE 1994, 1053; AG Bad Segeberg WuM 1992, 197.
[162] *Sternel* MietR Kap. III Rn. 766.
[163] AG Stuttgart/Bad Cannstatt WuM 1987, 429.

punkt des Abschlusses der baulichen Maßnahmen ausgelaufen war oder wenn die Vorschrift des § 559 BGB in dem entsprechenden Bundesland auch für diesen Wohnungsbestand anwendbar ist. Dann gibt es nämlich keine anderen vorrangigen Vorschriften. Für die Mieterhöhung nach § 559 BGB kommt es nicht darauf an, ob bei Beginn der Maßnahme und noch unter Geltung der Preisbindungsvorschriften eine Genehmigung gem. § 6 NMV vorlag.[164]

44 Eine Modernisierungsmaßnahme setzt eine **Veränderung des Zustandes** voraus.[165] Strittig ist, ob es dabei ausschließlich auf einen Vergleich mit dem **vom Vermieter geschuldeten Zustand** ankommt oder ob ein Vergleich mit dem Zustand unmittelbar vor Beginn der baulichen Maßnahme stattzufinden hat. Bedeutung hat dies in den Fällen, in denen der Mieter selbst bereits durch eigene Maßnahmen, zB den Einbau eines Badezimmers, den Modernisierungszustand geschaffen hatte, den der Vermieter durch die bauliche Maßnahme nun erreichen will. Nach Ansicht des BGH[166] ist grds. auf den tatsächlichen Zustand vor Beginn der Baumaßnahme abzustellen. Dafür spricht, dass das Gesetz in § 559 BGB an den Zustand der Wohnung und nicht an die vertragliche Leistungspflicht des Vermieters anknüpft.[167] Soweit die **Mietermodernisierung** mit Zustimmung des Vermieters erfolgte, ist der vom Mieter geschaffene modernisierte Zustand der Wohnung auch nicht vertragswidrig.[168] Anderenfalls ist der vertraglich geschuldete Zustand für die Vergleichsbetrachtung maßgeblich.[169] Diese Unterscheidung ist vor allem für die Feststellung von Gebrauchswert- und Wohnwertverbesserungen bedeutsam. Trotzdem kann die Modernisierungsmaßnahme aber auch noch eine Energieeinsparung zur Folge haben, was zum einen dann die Duldungspflicht auslöst und zum anderen eine Mieterhöhung rechtfertigt. Zumindest bei der Modernisierungsduldung sieht der BGH[170] dies aber dann anders, wenn der Vermieter, zB beim **Einbau von Rauchwarnmeldern,** eine nur ihn und nicht den Mieter treffenden Verpflichtung nachkommen will. Hier soll es unerheblich sein, dass der Mieter vor Beginn der Modernisierung den Zustand schon geschaffen hatte.

45 **Erstattet der Vermieter dem Mieter die Kosten** der Modernisierungsmaßnahme, so berechtigt dies den Vermieter nicht zu einer Mieterhöhung nach § 559 BGB, da der Vermieter nicht Bauherr der Maßnahme war (→ Rn. 25 f.).[171] Die gleiche Rechtsfolge gilt, wenn der Mieter sich verpflichtet, seine Maßnahme nach Beendigung des Mietverhältnisses mit oder ohne Entschädigung in der Wohnung zu belassen.[172]

45a Grundsätzlich kann der Vermieter den Umfang der Modernisierungsmaßnahme bestimmen. Dies bezieht sich sowohl auf die Frage, welche Maßnahmen überhaupt durchgeführt werden als auch auf die Art und Weise, wie die Maßnahme ausgeführt wird. Die Grenze stellen aber die sog. **Luxusmodernisierungen** oder grundlegende Veränderung der Mietsache[173] dar. Eine solche Luxusmodernisierung oder Veränderung berechtigt nicht zur Mieterhöhung nach § 559 BGB.[174] Hinsichtlich solcher Maßnahmen besteht schon kein Duldungsanspruch des Vermieters gem. § 555 d BGB.[175] Luxusmodernisierungen entsprechen auch nicht dem **Sinn und Zweck** des § 559 BGB, der den Vermieter anhalten soll, in den renovierungsbedürftigen Wohnungsbestand zu investieren und einen den heutigen Wohngewohnheiten entsprechenden Zustand zu schaffen. Bei der Frage, ob eine Luxusmodernisierung vorliegt oder nicht, geht es um die Frage, ob eine Maßnahme

---

164 **AA** AG Stuttgart Bad Cannstatt WuM 1987, 429.

165 AnwK WohnraumMietR/*Lammel* BGB § 559 Rn. 17.

166 BGH VIII ZR 110/11, NJW 2012, 2954; VIII ZR 56/12, WuM 2012, 678; VIII ZR 25/12, NZM 2013, 141; **aA** LG Berlin GE 1998, 616; LG Hamburg ZMR 1984, 60; *Sternel* MietR Kap. II Rn. 309; *Sternel* PiG 41 (1993), 45 (51).

167 AG Hamburg WuM 1993, 41 (42); *Derleder* PiG 16 (1989), 11 (19).

168 *Sternel* PiG 41 (1993), 45 (51).

169 BGH VIII ZR 110/11, NJW 2012, 2954; *Krüger,* Der Modernisierungsbegriff im Miet- und WEG-Recht, 2009, 24.

170 BGH VIII ZR 216/14, NJW 2015, 2488; VIII ZR 290/14, NJW 2015, 2476; *Oppermann/Steege* WuM 2016, 3.

171 BayObLG NJW 1981, 2259; AG Gelsenkirchen ZMR 1987, 340; AG Essen WuM 1978, 213; Staudinger/*V. Emmerich* BGB § 559 Rn. 22; *Sternel* MietR Kap. III Rn. 771; *Sternel* PiG 16 (1989), 105 (118).

172 *Sternel* MietR Kap. III Rn. 771.

173 BGH VIII ZR 28/17, NJW 2018, 1008 = NZM 2018, 2.

174 *Börstinghaus/Eisenschmid* Modernisierungs-HdB/*Eisenschmid* Kap. 3 Rn. 86; MüKoBGB/*Artz* § 559 Rn. 13; Bub/Treier MietR-HdB/*Schultz* Kap. III A Rn. 1552; Lützenkirchen MietR/*Dickersbach* BGB § 555 b Rn. 68; *Scholz* WuM 1995, 87 (88); zu dem Problem schon OLG Hamm NJW 1981, 1622.

175 OLG Frankfurt a. M. NJW-RR 1992, 145; Blömeke/Blümmel Modernisierung/*Blümmel* Teil A Rn. 46.

überhaupt eine solche iSd § 559 BGB ist. Maßstab ist hierfür das **Verhalten eines durchschnittlichen Hauseigentümers,** der in sein eigenes Gebäude, in dem er ggf. mit seiner Familie selbst wohnt, investieren würde. Unerheblich ist, was wohnungswirtschaftlich als objektiv notwendige und wirtschaftlich vernünftige Grundausstattung anzusehen ist.[176] Der Vermieter kann den bisherigen Standard der Wohnung aber anheben[177], es sei denn, es handelt sich nur um Erhaltungsmaßnahmen, zB auch um den geschuldeten Mindeststandard zu erreichen.[178] Deshalb stellt der **Einbau eines Fahrstuhls** keine Luxusmodernisierung dar.[179] Nur besonders aufwendige Maßnahmen, die zu unzumutbaren Mieten führen können eine Luxusmodernisierung darstellen.[180] Um eine solche Luxusmaßnahme handelt es sich zB beim Ein- oder Anbau eines Schwimmbades. Bei einer Luxusmodernisierung können gar keine Kosten auf den Mieter umgelegt werden, weil bereits die Voraussetzungen einer baulichen Maßnahme iSd § 559 BGB nicht gegeben sind. Eine nicht duldungspflichtige Umgestaltung, die dann auch nicht zur Mieterhöhung berechtigt, liegt vor, wenn ihre Durchführung den Charakter der Mietsache grdl. verändert und sich nicht auf eine Verbesserung des vorhandenen Bestands beschränkt sondern nach der Verkehrsanschauung etwas ganz geschaffen wurde.[181]

Demgegenüber wird eine Maßnahme, die grds. auch von einem durchschnittlichen Hauseigentümer durchgeführt würde, nicht deshalb zur Luxusmodernisierung, weil der Vermieter eine **luxuriöse Ausführung** gewählt hat.[182] Die **Art und Weise der Ausführung** kann vom Vermieter bestimmt werden, ohne dass damit die Qualifikation als bauliche Maßnahme iSd § 559 BGB entfällt.[183] So ist bspw. der Einbau von Mahagonifensterrahmen statt solchen aus Kiefernholz keine Luxusmodernisierung.[184] Das bedeutet aber nicht, dass auch alle Kosten dieser Maßnahme anrechenbar sind. Unnötiger oder **unwirtschaftlicher Aufwand** können nicht in Ansatz gebracht werden (→ Rn. 59 ff.).[185] **46**

## II. Abgrenzung zur Instandsetzung und Instandhaltung

Das Gesetz unterscheidet bei den Erhaltungsmaßnahmen gem. § 555 a BGB zwischen Instandhaltungs- und Instandsetzungsmaßnahmen (wegen der Einzelheiten → BGB § 555 a Rn. 1). Den Vermieter trifft gem. § 535 Abs. 1 S. 2 BGB die **Instandhaltungspflicht** während des Bestandes des Mietverhältnisses. Entscheidend ist der vom Vermieter geschuldete vertragsgemäße Zustand. Diesen muss der Vermieter während des Bestandes des Mietverhältnisses erhalten.[186] Demgemäß muss der Mieter gem. § 555 a Abs. 1 BGB solche Einwirkungen auf die Mietsache dulden, die zur Erhaltung der Mieträume oder des Gebäudes erforderlich sind. Sie stellen gerade keine Erweiterung der Leistungspflicht des Vermieters dar, für die er eine höhere Gegenleistung zu fordern berechtigt ist.[187] Solche Maßnahmen schuldet der Vermieter bereits aus dem bestehenden Mietvertrag. Sie zu unterlassen, berechtigt den Mieter, Gewährleistungsrechte gem. §§ 536 ff. BGB geltend zu machen. **47**

Zur Auslegung der Begriffe der Instandhaltung und Instandsetzung kann auf die in § 3 Abs. 4 des mit Wirkung ab 1. 1. 1987 aufgehobenen ModEnG Bezug genommen werden. Danach ist **Instandsetzung** die Behebung von baulichen Mängeln, insbes. von Mängeln, die infolge Abnutzung, Alterung, Witterungseinflüssen oder Einwirkungen Dritter entstanden sind, durch Maßnahmen, die in **48**

---

[176] BGH VIII ZR 28/17, NJW 2018, 1008 = NZM 2018, 2; VIII ARZ 5/91, NJW 1992, 1386 mAnm *Haase* JR 1992, 337 und *Sonnenschein/Weitemeyer* JZ 1993, 626.

[177] LG Berlin MM 10/2013, 30 unter Hinweis auf BGH VIII ZR 253/03, NJW 2005, 2995.

[178] BGH VIII ZR 88/13, NZM 2015, 198.

[179] AG Brandenburg GE 2018, 1286.

[180] LG Berlin MM 10/2013, 30 unter Hinweis auf BGH VIII ZR 253/03, NJW 2005, 2995.

[181] BGH VIII ZR 28/17, NJW 2018, 1008 = NZM 2018, 226.

[182] *Börstinghaus/Eisenschmid* Modernisierungs-HdB/*Eisenschmid* Kap. 3 Rn. 86; Lützenkirchen MietR/*Dickersbach* BGB § 555 b Rn. 68; Bub/Treier MietR-HdB/*Schultz* Kap. III A Rn. 1553.

[183] Staudinger/*J. Emmerich* BGB § 555 b Rn. 5; *Scholz* WuM 1995, 87 (88).

[184] LG Hamburg WuM 1986, 344.

[185] BGH VIII ZR 84/08, NZM 2009, 150; LG Hamburg ZMR 2002, 918 (919); Staudinger/*V. Emmerich* BGB § 559 Rn. 27; *V. Emmerich* PiG 33 (1991), 55 (69); *Sternel* MietR Kap. III Rn. 786; *Sternel* PiG 41 (1993), 55 (60); *Langenberg* PiG 40 (1993), 59 (76).

[186] BGH VIII ZR 163/18, NZM 2020, 704; VIII ZR 270/18, NZM 2020, 710 jeweils im Zusammenhang mit der Schönheitsreparaturlast des Vermieters bei unrenoviert übergebener Wohnung.

[187] BGH VIII ZR 88/13, NZM 2015, 198.

den Wohnungen den zum bestimmungsgemäßen Gebrauch geeigneten Zustand wiederherstellen. Die Definition in § 3 Abs. 4 ModEnG ist aber insofern zu eng, als sie nur auf Maßnahmen *in* den Wohnungen abstellt. Instandsetzungs- und Instandhaltungsmaßnahmen können auch **außerhalb der Wohnung** stattfinden und berechtigen auch dann nicht zu einer Mieterhöhung gem. § 559 BGB. Dementsprechend weiter ist die teilweise noch für den preisgebundenen Wohnungsbau geltende Vorschrift des § 28 Abs. 1 S. 1 II. BV. Danach zählen alle Kosten, die während der Nutzungsdauer zur Erhaltung des bestimmungsgemäßen Gebrauchs aufgewendet werden müssen, zu den Instandsetzungskosten. Ähnlich ist auch die Definition in § 2 Abs. 8 HOAI. Danach handelt es sich bei Instandsetzungen um Maßnahmen zur Wiederherstellung des zum bestimmungsgemäßen Gebrauch geeigneten Zustandes. **Instandhaltung** bedeutet dabei die Aufrechterhaltung eines ordnungs- und vertragsgemäßen Zustandes des Mietobjekts[188] während **Instandsetzung** die Überführung eines ordnungs- oder vertragswidrigen Zustandes in einen ordnungs- und vertragsgemäßen Zustand darstellt.[189] Deshalb liegt eine nicht umlegbare Instandhaltungsmaßnahme vor, wenn ältere aber noch funktionsfähige Einrichtungen durch eine gleichwertige Neuanschaffung ersetzt werden.[190] Dass das neue Teil wirtschaftlich wertvoller ist, ist iRd § 559 BGB kein Maßstab. Entscheidend ist, dass der Gebrauchsvorteil des neuen Teils dem des ausgetauschten Teils zu Beginn des Mietverhältnisses entspricht.[191]

49 Die Abgrenzung zwischen Instandsetzungsmaßnahmen und Modernisierungsmaßnahme, ist im Einzelfall schwierig, zumal es häufig Maßnahmen gibt, die beide Kriterien erfüllen. Man spricht dann von **modernisierender Instandsetzung** oder **Instandmodernisierung.**[192] Nur die reinen Instandsetzungs- oder Instandhaltungsmaßnahmen stellen keine Maßnahmen iSd § 559 BGB dar und berechtigen überhaupt nicht zu einer Mieterhöhung. Bei den modernisierenden Instandsetzungsarbeiten handelt es sich – auch – um eine Maßnahme nach § 559 BGB. Hier tauchen die Probleme erst bei der Ermittlung der anrechenbaren Kosten auf.[193] Gemäß § 559 Abs. 2 BGB gehören die Kosten, die für Erhaltungsmaßnahmen erforderlich gewesen wären, nicht zu den aufgewendeten Kosten nach § 559 Abs. 1 BGB (→ Rn. 67).

50 Der **Gebrauchswert eines Gebäudes** nimmt mit jedem Jahr des Bestehens und vor allem des Gebrauchs ab. Diesen **Wertverlust** muss der Vermieter durch Instandhaltung möglichst geringhalten und, wenn er denn eingetreten ist, durch Instandsetzung beseitigen. Umstritten ist, welcher Zustand dabei der maßgebliche Maßstab ist. Während teilweise auf den Gebäudezustand bei Errichtung des Gebäudes abgestellt wird,[194] stellen andere auf den aktuellen Zustand ab.[195] Richtigerweise kommt es immer auf die vertraglichen Abreden zwischen den Parteien an.[196] Der Mieter hat die Wohnung besichtigt. Die Auslegung der beiderseitigen zum Vertragsschluss führenden Willenserklärungen führt regelmäßig mangels eindeutiger abweichender Vereinbarungen zu dem Ergebnis, dass die Parteien den zu diesem Zeitpunkt gültigen Standard und Zustand vereinbaren wollen.[197] Wenn der Zustand einer Wohnung – ohne dass ein Defekt vorliegt – dem zum Zeitpunkt der Errichtung üblichen oder geltenden Standard entspricht, ist die Wohnung im Sinne des Gewährleistungsrechts nicht mangelhaft.[198] Dies ergibt sich daraus, dass **das Baurecht keine Nachbesserungspflicht** kennt.[199] Auch eine unrenoviert übergebene Wohnung kann deshalb nach den vertraglichen Abreden vertragsgemäß sein. Für die Abgrenzung der Modernisierungsmaßnahmen von

---

[188] Nach § 2 Abs. 9 HOAI sind Instandhaltungen Maßnahmen zur Erhaltung des Soll-Zustandes eines Objekts.
[189] AG Dortmund WuM 1979, 146; *Scholz* WuM 1995, 12.
[190] LG Hamburg WuM 1984, 217; *Sternel* MietR Kap. III Rn. 774.
[191] Zur Besonderheit des Heizungsaustausches unter der früheren Geltung der EnEV *Blank* WImmoT 2006, 109 (115); WuM 2008, 311.
[192] *Kummer* WuM 1981, 145; *Lenz* DWW 1978, 182.
[193] BGH VIII ZR 81/19, NZM 2020, 795.
[194] LG Berlin WuM 1991, 251, GE 1989, 411; LG Kassel WuM 1988, 355; AG Schöneberg GE 1991, 189; 1990, 663; *Pfeifer* GE 1994, 245 (247).
[195] LG Berlin GE 1996, 677; LG Waldshut-Tiengen NJW-RR 1991, 592; AG Bremerhaven WuM 1992, 601.
[196] BGH VIII ZR 163/18, NZM 2020, 704; BGH VIII ZR 270/18, NZM 2020, 710; BGH VIII ZR 131/08, NJW 2009, 2441; OLG Celle WuM 1985, 9 mAnm *Isenmann* ZMR 1985, 80; und *Schläger* ZMR 1985, 13; Staudinger/*V. Emmerich* BGB § 536 Rn. 5, 12a.
[197] *BGH VIII ZR 163/18*, NZM 2020, 704; VIII ZR 270/18, NZM 2020, 710.
[198] BGH VIII ZR 271/17, NZM 2019, 136; VIII ZR 67/18, GE 2019, 113; VIII ZR 85/09, NJW 2010, 3088; VIII ZR 131/08, NJW 2009, 2441; VIII ZR 300/08, NJW 2010, 1133.
[199] AG Osnabrück ZMR 1989, 339.

den Instandsetzungsarbeiten bedeutet dies zunächst, dass alle Maßnahmen, die nur den Zustand erhalten oder wiederherstellen, der bei Abschluss des Mietvertrages bestand oder bestanden haben müsste, keine Modernisierungsarbeiten darstellen können.[200] Deshalb ist die erstmalige Erreichung eines Mindeststandards im Sinne der BGH-Rechtsprechung[201] keine Modernisierung, sondern Instandsetzung.[202] Entscheidend ist aber, dass der Vermieter den Mindeststandard bereits zum Zeitpunkt des Abschlusses des Mietvertrages schuldete.[203] Bei einer späteren Veränderung des Standards wird die Mietsache nicht nachträglich mangelhaft.[204] Bedeutung hat dies heute für den Bereich der energetischen Modernisierung. Da hier die Anforderungen durch zahlreiche öffentlich-rechtliche Vorschriften, wie zB das Gesetz zur Einsparung von Energie und zur Nutzung erneuerbarer Energien zur Wärme- und Kälteerzeugung in Gebäuden – Gebäudeenergiegesetz – GEG v. 8.8.2020[205] immer strenger werden, wird vertreten, dass die Mietsache, die diesen Anforderungen nicht – mehr – entspricht mangelhaft wird, so dass es sich bei den Maßnahmen um Instandsetzungsmaßnahmen handelt.[206] Dies ist aber nicht richtig, da eine unwirtschaftliche Heizung nicht mangelhaft iSd § 536 BGB ist.[207] Die Wohnung wird ja warm. Die Kosten sind nur im Rahmen des Wirtschaftlichkeitsgebots gem. § 556 Abs. 2 BGB zu berücksichtigen. Deshalb handelt es sich um eine Modernisierungs- und nicht um eine Erhaltungsmaßnahme, wenn der Vermieter Wärmebrücken in den Außenwänden einer Mietwohnung beseitigen lässt, um eine bei unzureichender Lüftung und Heizung bestehende Gefahr einer **Schimmelpilzbildung** zu beseitigen, wenn dieser Zustand mit den zum Zeitpunkt der Errichtung des Gebäudes geltenden Bauvorschriften und technischen Normen in Einklang steht.[208]

Genauso wie der Gebrauchswert eines einmal errichteten Gebäudes jährlich sinkt, steigt der Gebrauchswert neu errichteter Gebäude auf Grund der technischen Entwicklung jährlich an. Das **Baualter ist als Indiz für die Beschaffenheit** von Wohnraum immer noch ein wichtiges Differenzierungsmerkmal in einem Mietspiegel.[209] Deshalb stellt sich die Frage, ob eine reine Instandsetzung auch dann vorliegt, wenn der Vermieter bei einer Maßnahme den Zustand nicht an den ursprünglichen Zustand zu Beginn des Mietverhältnisses wieder anpasst, sondern den Zustand von neu errichteten Gebäuden zu Grunde legt. Richtigerweise ändert sich an der Qualifikation der Arbeiten als Instandsetzungsarbeiten auch dann nichts, wenn der Vermieter bei der Instandsetzung an sich mangelhafter Bauteile neuere Verfahren oder Materialien verwendet und dadurch den Gebäudewert erhöht. Die vom Vermieter beauftragten Handwerker sind bei Ausführung des Auftrags werkvertraglich gehalten, den **jeweiligen Stand der Technik** anzuwenden. Dies führt auch im Verhältnis zum Mieter nicht dazu, dass eine teilweise Modernisierung vorliegt.[210] Der Vermieter ist in Einzelfällen mietvertraglich sogar verpflichtet, solche altbaubedingten Beeinträchtigungen durch Anpassung an neuere Standards zu beseitigen.[211] Deshalb handelt es sich selbst dann um nicht umlagefähige Instandsetzungsarbeiten, wenn defekte alte Zwei-Lochbatterien durch Einhandmischer[212] ersetzt werden oder eine defekte 30 Jahre alte Heizungsanlage durch eine heutigen Vorschriften entsprechende Anlage ersetzt wird.[213] Eine modernisierende Instandsetzung liegt aber in **51**

---

[200] BGH VIII ZR 88/13, NZM 2015, 198.

[201] BGH VIII ZR 343/08, NZM 2010, 356; VIII ZR 281/03, NJW 2004, 3174; *Schläger* ZMR 2004, 810; *Börstinghaus* NZM 2005, 561; zu den Standards im Mietrecht *Lützenkirchen* MietRB 2006, 115.

[202] BGH VIII ZR 88/13, NZM 2015, 198.

[203] *Börstinghaus* NZM 2005, 561.

[204] In der Entscheidung BGH VIII ZR 88/13, NZM 2015, 198 bleibt offen, ob der BGH davon ausgegangen ist, dass der vom Vermieter mit der Baumaßnahme erreichte Zustand der Elektroanlage nur dem bereits bei Abschluss des Mietvertrages im Jahre 1988 schon geschuldeten Mindeststandard entsprach.

[205] BGBl I 2020, 1728; dazu *Karwatzki* CuR 2020, 167.

[206] Ausführliche Darstellung des Meinungsstandes bei *Flatow* NZM 2008, 785.

[207] BGH XII ZR 80/12, NZM 2014, 163; VIII ZR 261/06, NJW 2008, 142; KG ZMR 2012, 858; 2008, 892; OLG Düsseldorf GE 2011, 132; LG Berlin GE 2010, 771; *Blank* WImmoT 2009, 219; *Börstinghaus/Lange* WuM 2010, 538.

[208] BGH VIII ZR 271/17, NZM 2019, 136; VIII ZR 67/18, ZMR 2019, 576.

[209] *Börstinghaus*/Clar Mietspiegel Rn. 184; nach LG München WuM 2002, 547 ist das Baualter kein Wohnmerkmal, sondern ein merkmalsübergreifender Einflussfaktor.

[210] LG Oldenburg WuM 1980, 86; AG Görlitz WuM 1993, 264; AG Kiel WuM 1989, 18; AG Darmstadt WuM 1982, 299; AG Bremerhaven WuM 1980, 14; AG Mannheim WuM 1979, 98; *Sternel* MietR Kap. IV Rn. 323.

[211] AG Bremerhaven WuM 1992, 601; *Pfeifer* GE 1994, 245 (247).

[212] **AA** AG Köpenick GE 2008, 411.

[213] *Blank* WImmoT 2006, 109 (115); WuM 2008, 311; **aA** LG Berlin WuM 2018, 212 für 28 Jahre alte Heizung.

den folgenden zwei Fällen vor: Wenn der Vermieter den alten Zustand auch heute noch herstellen könnte und trotzdem den besseren heutigen Zustand wählt, dann handelt es sich um eine modernisierende Instandsetzung, zB wenn er im Rahmen von Instandsetzungsarbeiten im Badezimmer einen Ölsockel durch Fliesen ersetzt.[214] Das Gleiche gilt, wenn gar keine Instandsetzungsmaßnahme fällig[215] war und er ausschließlich zur Anhebung des Wohnwertes den Zustand auf den heute üblichen Zustand anhebt. Es ist zwar nicht zu verkennen, dass es damit in der Hand des Vermieters liegt, durch rechtzeitige Investitionen dazu beizutragen, dass eine Maßnahme noch als bauliche Maßnahme iSd § 559 BGB gilt, aber dies entspricht durchaus dem Zweck des § 559 BGB, der den Vermieter ja gerade motivieren soll, in den Wohnungsbestand zu investieren, um aus gesamtwirtschaftlichen Gründen einen intakten Wohnungsbestand möglichst langfristig zu erhalten.

51a Anders ist die Rechtslage, wenn aus **rechtlichen Gründen** der bei Mietvertragsabschluss **geschuldete Zustand nicht weiter aufrechterhalten werden darf,** sondern ggf. sogar eine Nachrüstungspflicht besteht. Das ist zB bei der Heizungsmodernisierung der Fall, weil bisher schon die jeweils aktuelle EnEV strengere Anforderungen an die Heizungsanlage enthielt. § 72 GEG[216] enthält weitergehende Betriebsverbote für bestimmte Heizungen. Hier stellt sich die Frage, ob zB der rechtlich gebotene Austausch wegen der Vorgabe aus dem GEG solch alter Kessel eine Instandsetzung[217] oder eine zur Mieterhöhung berechtigende Modernisierungsmaßnahme darstellt.[218] Im früheren preisgebundenen Wohnungsbau, § 11 Abs. 4 Nr. 2 II. BV, wurde zwischen „baulichen Änderungen" auf der einen und „Erneuerungen, Instandhaltungs- und Ersetzungsmaßnahmen" auf der anderen Seite unterschieden. Eine Mieterhöhung war bei der letzten Gruppe nicht möglich. Unter **„Erneuerung"** wurde die vollständige Ersetzung eines Bauteils, einer Anlage oder einer Einrichtung durch gleichwertige Teile verstanden.[219] Wird nun ein alter Standardkessel durch einen heutigen Vorgaben entsprechenden Standardkessel ausgetauscht so handelt es sich um eine solche Erneuerungsmaßnahme, die im bisherigen preisgebundenen Wohnungsbau (zu den Änderungen durch die Föderalismusreform → BGB Vor § 557 Rn. 35 ff.) zu keiner Mieterhöhung der Kostenmiete berechtigte. Der Aufwand wird dort durch die höhere Abschreibung kompensiert. Es wird deshalb vertreten, dass dies auch auf den preisfreien Wohnungsbau zu übertragen ist[220], so dass allenfalls dann, wenn ein besserer als ein den heutigen Vorgaben des GEG entsprechender Standardkessel eingebaut wird, eine Mieterhöhung möglich ist, aber dann nur die Preisdifferenz zwischen dem heutigem Standardkessel und dem höherwertigen Kessel an Modernisierungskosten angesetzt werden darf.[221] Damit würden aber wieder **Kostenmietargumente** in den preisfreien Wohnungsbau übernommen, was der BGH[222] bereits bei der Ermittlung eines Zuschlags zur ortsüblichen Vergleichsmiete bei unwirksamer Schönheitsreparaturklausel abgelehnt hat. Auch die Höhe der – in der Vergangenheit sowieso mehrfach geänderten – Abschreibung von Wohngebäude spielt bei der Ermittlung der Miete keine Rolle. Bei der Neuvermietung bestimmt nur der Markt die Miethöhe. Im preisfreien Wohnungsbau kommt es deshalb ausschließlich darauf an, ob eine Verbesserung im Vergleich zum ursprünglich geschuldeten Zustand vorliegt. Deshalb ist der Austausch eines veralteten Standardkessels gegen einen modernen Standardkessel auch eine Maßnahme zur Energieeinsparung zumindest aber eine Maßnahme auf Grund von Umständen, die der Vermieter nicht zu vertreten hat.[223] Das Problem ist im Bereich der ansatzfähigen Kosten zu lösen. Es sind nur die **tatsächlichen Mehrkosten** ansatzfähig. In der Sache dürften die verschiedenen Auffassungen überwiegend zum gleichen Ergebnis führen, da alte Heizungsanlagen, die ausgetauscht werden müssen, idR auch die zu erwartende Lebensdauer erreicht haben so dass die abzuziehenden Instandhaltungskosten zu einer Reduzierung der Modernisierungskosten auf Null

214 AG Gelsenkirchen NZM 1999, 801.

215 BGH VIII ZR 88/13, NZM 2015, 198.

216 BGBl I 2020, 1728; dazu *Karwatzki* CuR 2020, 167.

217 Dafür *Eisenschmid* WuM 2009, 624 (627).

218 Ausf. *Flatow* NZM 2009, 785 (791); *Blank* WImmoT 2006, 109; WuM 2008, 311 (313).

219 *Herzog* ZdWBay 2005, 385; *Blank* WuM 2008, 311 (314).

220 *Artz* WuM 2008, 259 (263); *Blank* WImmoT 2006, 109 (115); WuM 2008, 211 (213); *Franke* DWW 2009, 15 (17).

221 *Blank* WImmoT 2006, 109 (115); WuM 2008, 211 (213).

222 BGH VIII ZR 181/07, BGHZ 177, 186 = NJW 2008, 2840; *Lehmann-Richter* BGHReport 2008, 1001; *Blümmel* GE 2008, 1086; *Niebling* ZMR 2008, 881; *Häublein* ZMR 2009, 1; BGH VIII ZR 83/07, WuM 2008, 487; VIII ZR 210/08, NJW 2009, 1410.

223 *Sternel* PiG 85 (2009), 19 (28); *Flatow* NZM 2009, 785 (792); *Mersson* DWW 2009, 122 (125); **aA** *Eisenschmid* WuM 2009, 624 (627).

führen.[224] Zu unterschiedlichen Ergebnissen führen die beiden Auffassungen aber dann, wenn der Vermieter das **vereinfachte Verfahren** gem. § 559c BGB wählt. In diesem Fall muss er nur 30% der Aufwendungen als Instandsetzungsanteil abziehen, auch wenn der Anteil sehr viel größer ist. Keine Modernisierung, sondern eine Instandsetzung liegt dann vor, wenn die Parteien bzgl. des energetischen Zustands eine Beschaffenheitsvereinbarung getroffen haben, die durch die Baumaßnahme erst erfüllt wird. Allein in der Vorlage des **Energieausweises** ist zurzeit noch keine solche Vereinbarung zu sehen.[225] Bei Maßnahmen nach § 47 GEG (Isolierung von obersten Geschossdecken; Isolierung von Leitungen) ist eine Mieterhöhung aber auf jeden Fall möglich, da hier nichts erneuert, sondern neu hinzugefügt wird.[226]

Soweit der BGH[227] dem Mieter **bei einer wesentlichen Verschlechterung des Dekorationszustands** bei einer bereits **unrenoviert übergebenen Wohnung** bei fehlender oder unwirksamer Abwälzung der Schönheitsreparaturlast einen Instandhaltungsanspruch in Form der Durchführung der Schönheitsreparaturen zubilligt, ist dies an sich **keine Modernisierungsmaßnahme.** Da in diesem Fall die Wiederherstellung dieses ursprünglichen abgewohnten Dekorationszustands der Wohnung idR nicht praktikabel, zumindest aber wirtschaftlich nicht sinnvoll ist und deshalb nicht im Interesse vernünftiger Mietvertragsparteien liegt, soll nach der Ansicht des BGH[228] der Vermieter verpflichtet sein, die Wohnung in einen **frisch renovierten Zustand** zu versetzen. Ob diese Verbesserung eine Modernisierung iSd § 555b Nr. 5 BGB darstellt, hängt davon ab, ob hierdurch eine Verbesserung der allgemeinen Wohnverhältnisse „auf Dauer" eintritt. Damit ist eine nachhaltige, also nicht nur vorübergehende Wirkung gemeint.[229] Das kann auch bei der **Durchführung von Schönheitsreparaturen** der Fall sein. Es muss sich aber zusätzlich um eine „bauliche Veränderung" iSd § 555b BGB handeln. Entsprechend dem Sinn und Zweck der § 555b, 559 BGB, eine umfassende Modernisierung des Wohnungsbestandes zu erreichen, ist der Begriff grds. sehr weit auszulegen.[230] Eine Veränderung der Bausubstanz ist deshalb nicht zwingend erforderlich.[231] Aus der Einschränkung, dass es sich um **bauliche** Maßnahmen handeln muss, ergibt sich aber, dass allein die **Möblierung einer Wohnung** sowie die Ausstattung mit sonstigen Einrichtungsgegenständen[232] keine umlagefähige Maßnahme ist. Bereits vom allgemeinen Sprachgebrauch her wird die Ausstattung einer Wohnung mit Einrichtungsgegenständen nicht als Baumaßnahme verstanden. Einrichtungen und Ausstattungen sind deshalb regelmäßig keine baulichen Maßnahmen. Deshalb stellt das Verlegen eines Teppichbodens[233] regelmäßig keine bauliche Veränderung dar. Deshalb spricht viel dafür die **Durchführung von Schönheitsreparaturen** in Form von Anstrich- oder Tapezierarbeiten **nicht als bauliche Veränderung** iSd § 555b BGB zu verstehen.[234] Deshalb scheidet eine Mieterhöhung gem. § 559 BGB wegen der durch die Durchführung der Schönheitsreparaturen eintretenden Verbesserung im Vergleich zum geschuldeten Zustand aus.[235] 51b

[224] *Flatow* NZM 2009, 785 (794).

[225] So auch *Flatow* NZM 2008, 785 (789) unter Hinweis auf die Argumentation des BGH NJW 2004, 2156 bei der Vereinbarung einer bestimmten Wohnfläche.

[226] *Artz* WuM 2008, 259 (261); *Blank* WImmoT 2006, 109 (116); *Franke* DWW 2009, 15 (17); diff. *Eisenschmid* WuM 2009, 624 (628).

[227] BGH VIII ZR 163/18, NZM 2020, 704; VIII ZR 270/18, NZM 2020, 710.

[228] BGH VIII ZR 163/18, NZM 2020, 704; VIII ZR 270/18, NZM 2020, 710; **aA** *Artz* NZM 2020, 769; *Kratzlmeier* ZfIR 2020, 661; *Wiek* WuM 2020, 564; *Kappus* NJW 2020, 3522; *Herrlein/Kappus* NJW 2021, 36.

[229] BGH VIII ARZ 3/01, NZM 2002, 519.

[230] BGH VIII ZR 216/14, NZM 2015, 587; Lützenkirchen MietR/*Dickersbach* BGB § 555bb Rn. 12.

[231] BGH VIII ZR 216/14, NZM 2015, 587; Lützenkirchen MietR/*Dickersbach* BGB § 555bb Rn. 12; *Langenberg* PiG 40, 59, 72; **aA** AnwK WohnraumMietR/*Lammel* BGB § 559 Rn. 17.

[232] Lützenkirchen MietR/*Dickersbach* BGB § 555bb Rn. 12.

[233] Nach *Sternel* MietR Kap. III Rn. 770 ist die Verlegung von Teppichboden nie eine bauliche Maßnahme; nach Lützenkirchen MietR/*Dickersbach* BGB § 555bb Rn. 58 soll die Ersetzung von Bodenbelägen durch modernere aber eine solche Maßnahme sein können.

[234] Staudinger/*J. Emmerich* BGB § 555b Rn. 7; Herrlein/Knops/Spiegelberg MietR/*Ormanschick* BGB § 559 Rn. 93.

[235] Ob der Mieter sich nach dem Gebot von Treu und Glauben an dieser Verbesserung durch eine angemessene finanzielle Beteiligung des Mieters an den Renovierungskosten zu beteiligen hat, ist strittig: dafür BGH VIII ZR 163/18, NZM 2020, 704; VIII ZR 270/18, NZM 2020, 710; dagegen: *Artz* NZM 2020, 769; *Kratzlmeier* ZfIR 2020, 661; *Wiek* WuM 2020, 564; *Kappus* NJW 2020, 3522; *Herrlein/Kappus* NJW 2021, 36.

### III. Die einzelnen Mieterhöhungstatbestände

52 § 559 BGB erlaubt eine Mieterhöhung nach Modernisierungsmaßnahmen gem. § 555b Nr. 1, 3–6 BGB, inkl. Ziff. 4a. Zu den Einzelheiten siehe die Kommentierung bei § 555b BGB. Das bedeutet, dass Modernisierungsmaßnahmen, durch die nur nicht erneuerbare Primärenergie nachhaltig eingespart oder das Klima nachhaltig geschützt wird, zwar zu dulden sind, aber nicht zu einer Mieterhöhung berechtigen[236], es sei denn durch die Maßnahme wird auch Endenergie eingespart. Problematisch von allen denkbaren Maßnahmen ist er Einbau von **Sonnenkollektoren,** mit denen Warmwasser hergestellt wird. Hier erfolgt zunächst nur ein Austausch eines Energieträgers (Strom oder Gas gegen Sonne), was für eine Einordnung unter § 555b Nr. 2 BGB sprechen würde und damit eine Mieterhöhung ausschließen würde. Jedoch sinkt die „zu bezahlende Endenergie“[237], da die Sonne kostenlos und unbeschränkt zur Verfügung steht und deshalb weniger Energie dazugekauft werden muss.[238] Deshalb berechtigt auch der Einbau von Sonnenkollektoren zu einer Mieterhöhung gem. § 559 Abs. 1 BGB.

52a Ausgenommen ist ferner der Modernisierungstatbestand der **„Schaffung neuen Wohnraums“** in § 555b Nr. 7 BGB. Das entspricht der früheren Rechtslage. Schaffung neuen Wohnraums bedeutet sprachlich nicht unbedingt, dass eine neue Wohnung, zB durch Dachgeschossausbau geschaffen wird, auch die Anpassung vorhandenen Wohnraums an veränderte Wohnbedürfnisse[239] kann im Einzelfall darunter subsumiert werden. Dabei wird es überwiegend zu Wohnflächenvergrößerungen kommen. **Die (bloße) Vergrößerung** oder auch eine Verkleinerung der Wohnfläche einer Wohnung ist regelmäßig aber **keine Modernisierungsmaßnahme** iSd § 555b BGB.[240] In der Regel handelt es sich um eine Veränderung des Vertragsgegenstandes, die ein aliud zu einer Modernisierung darstellt. Man muss aber in jedem Einzelfall untersuchen, ob die bauliche Maßnahme, die eine Veränderung der Wohnfläche zur Folge hat, eine Modernisierungsmaßname darstellt.[241] Entscheidend ist dabei nicht die Wertung des derzeitigen Mieters, sondern die Verkehrsanschauung.[242] Wenn der Vermieter damit rechnen kann, dass die Wohnung nach Durchführung der Maßnahme von künftigen Mietinteressenten eher angemietet würde als eine vergleichbare Wohnung, bei der diese Maßnahme nicht durchgeführt worden ist, dann kann eine Wohnwertverbesserung vorliegen.[243] Das ist zB beim Anbau von Balkonen[244] oder der Schaffung einer Terrasse der Fall. Auch der Einbau von Dachgauben oder die Beseitigung von Dachschrägen[245] im Dachgeschoss kann zu einer Wohnflächenvergrößerung führen, weil so teilweise Raumhöhen von mehr als zwei Metern geschaffen werden, die dann vollständig anzurechnen sind. Auch Änderungen des Wohnungsgrundrisses können im Einzelfall zur Vergrößerung der Wohnfläche führen. Das bedeutet, dass § 555b Nr. 7 BGB keine abschließende den Rückgriff auf andere Modernisierungstatbestände verbietende Spezialvorschrift ist.[246] Wenn die Vergrößerung einer Wohnung im Einzelfall tatsächlich eine Gebrauchswertverbesserung darstellt, dann hat der Mieter sie gem. § 555b Nr. 4 BGB zu dulden und der Vermieter kann die Maßnahme zum Gegenstand einer Mieterhöhung gem. § 559 BGB machen.[247]

---

236 Krit. *Derleder* KJ 2015, 5 (15) Fn. 65.

237 So die Gesetzesbegründung BT-Drs. 17/10485, 19.

238 So iErg auch Börstinghaus/Eisenschmid/*Eisenschmid* BGB § 555d Rn. 17; uneingeschränkt: *Blank* WImmoT 2013, 47 (57, 59); *Derleder* NZM 2013, 441 (443); *Eisenschmid* WuM 2009, 624.

239 → BGB § 555b Rn. 159.

240 LG Frankfurt a. M. WuM 1986, 138; LG Kiel WuM 1977, 120; Staudinger/*J. Emmerich* BGB § 555b Rn. 26; *Sternel* MietR Kap. IV Rn. 310; *Sternel* PiG 41 (1993), 45 (49); *Degen* WuM 1983, 277; **aA** AG Pankow/Weißensee NZM 2008, 769.

241 So auch *Dickersbach* WuM 2010, 117.

242 BGH VIII ZR 253/04, NZM 2005, 697 = NJW 2005, 2995.

243 So die Formulierung des BGH VIII ZR 253/04, NZM 2005, 697 = NJW 2005, 2995.

244 **aA** LG Lübeck WuM 2018, 511 „marktkonforme Ertüchtigung des Gebäudes ist keine Modernisierung“.

245 Staudinger/*J. Emmerich* BGB § 555b Rn. 26.

246 *Börstinghaus* Flächenabweichungen Rn. 784.

247 *Sternel* PiG 95 (2013), 15 (16).

## F. Der Umfang der Mieterhöhung

Der Vermieter kann nach dem Gesetzeswortlaut eine **Erhöhung der jährlichen Miete** um 8% der für die Wohnung aufgewandten Kosten verlangen. Zu ermitteln sind deshalb zum einen die „jährliche Miete“ und zum anderen die auf die Wohnung entfallenden Kosten. Eine Besonderheit gilt in **Baden-Württemberg** für den geförderten Wohnungsbau. Nach Übertragung der ausschließlichen Gesetzgebungszuständigkeit für den Bereich des Wohnraumförderung durch die Föderalismusreform[248] auf die Länder gilt dort seit 1.1.2008 das Landeswohnraumförderungsgesetz (LWoFG BW)[249] (→ BGB Vor § 557 Rn. 24). Danach gelten seit dem 1.1.2009 auch für den gesamten geförderten Wohnungsbau die Vorschriften der §§ 557 ff. BGB soweit landesgesetzlich nichts anderes bestimmt ist. Gemäß § 32 Abs. 3 S. 2 LWoFG BW darf der Vermieter bei einer Modernisierung die den mittleren Standard einer entsprechenden Neubauwohnung übersteigt die Miete um nur 4% der aufgewendeten Kosten erhöhen. Ob damit wirklich nur **„Luxusmodernisierung“** betroffen sind[250] erscheint jedoch fraglich. „Luxus“ fängt nicht bei Überschreitung eines mittleren Standards an.[251] Die landesgesetzliche Begrenzung beginnt also schon viel früher. Aufwendungen für Luxusmodernisierungen sind sowieso nicht ansatzfähig (→ Rn. 45). Wegen der weiteren Beschränkung für diesen Wohnungsbestand → Rn. 88 ff. 53

### I. Die berücksichtigungsfähigen Kosten

#### 1. Allgemeines

Nach § 559 Abs. 1 BGB sind 8% der **für die Wohnung aufgewendeten Kosten** auf die Miete umlegbar. Hierzu zählen die reinen Baukosten einschließlich der Baunebenkosten. Grundsätzlich sind alle Kosten ansatzfähig. Soweit § 5 II. BV Definitionen zu den einzelnen Baukostenarten enthielt, kann auf diese Definitionen nur eingeschränkt zurückgegriffen werden.[252] Bei den Vorschriften der II. BV ging es vor allem darum, Grundsätze für die Berechnung der Wirtschaftlichkeit bei der Vermietung öffentlich geförderten Wohnraums aufzustellen.[253] § 559 BGB enthält demgegenüber eine eigenständige Regelung für den preisfreien Wohnungsbau. Hier geht es nicht um eine Kostendeckung, sondern um die Ermöglichung einer **angemessenen Rendite,** die eine Modernisierung für den Vermieter finanziell interessant macht. Es muss deshalb bei jeder Kostenposition, die in der II. BV als zu den Baukosten zählend definiert wird, überprüft werden, ob diese auch im System des preisfreien Wohnungsbaus nach Sinn und Zweck des § 559 BGB berücksichtigungsfähig ist. Pauschale oder kalkulatorische Ansätze wie sie die II. BV zB für das Mietausfallwagnis, Abschreibungen oder Verwaltungsleistungen der Bauherren kennt, scheiden deshalb im Rahmen der Kostenermittlung aus.[254] 54

Angesetzt werden können alle Kosten, die zur **vollständigen Durchführung** der Modernisierungsmaßnahme erforderlich sind. Die Modernisierungsmaßnahme ist nicht bereits dann beendet, wenn die Bauarbeiten im engeren Sinn beendet sind, also die Maueröffnung verschlossen ist[255], erforderlich ist die Wiederherstellung eines vertragsgemäßen Zustands.[256] Das wird idR der ursprüngliche Zustand sein, kann aber bei Modernisierungsmaßnahmen auch davon unterscheiden, zB beim Badeinbau oder Grundrissänderungen. Deshalb gehören zur Modernisierungsmaßnahme auch die Reinigungsarbeiten und die Durchführung von Schönheitsreparaturen (→ Rn. 66).[257] Das ergib sich aus dem Sinn und Zweck des § 559 BGB. Der Vermieter soll die von ihm aufgewandten Kosten in Ansatz bringen können und dadurch motiviert werden in den Wohnungsbestand zu investieren. Nur ein weiter Modernisierungsbegriff wird diesem gesetzgeberischen Ziel gerecht. 55

---

248 *G zur Änderung* des GG v. 28.8.2006 (BGBl. 2006 I 2034).
249 Gesetzblatt für Baden-Württemberg Nr. 20 v. 14.12.2007.
250 So *Feßler* WuM 2009, 90 (96).
251 BGH VIII ZR 253/03, NJW 2005, 2995; LG Berlin MM 10/2013, 30.
252 *Sternel* MietR Kap. III Rn. 784; einschränkend Staudinger/*V. Emmerich* BGB § 559 Rn. 26.
253 OLG Hamburg NJW 1981, 2820.
254 *Sternel* MietR Kap. III Rn. 784.
255 Dafür aber wohl *Kraemer* NZM 2003, 417 (418).
256 AnwK WohnraumMietR/*Lammel* BGB § 559 Rn. 37.
257 *Blank* NZM 2011, 508 (510).

56 Umlagefähig sind nur die tatsächlichen Kosten. **Rabatte, Skonti** usw. sind deshalb von den anrechenbaren Kosten in Abzug zu bringen.[258] Fraglich ist, ob wirklich alle **Nachlässe,** die dem Vermieter vom Handwerker zB nach Geltendmachung von **Gewährleistungsansprüchen** gewährt werden, von den aufgewandten Kosten in Abzug zu bringen sind.[259] Der Mieter hat einen Anspruch auf Mangelfreiheit. Wenn durch die Modernisierung Mängel entstanden sind oder das modernisierte Bauteil mängelbehaftet ist, dann mindert sich die Miete gem. § 536 Abs. 1 BGB. Deshalb ist in diesen Fällen regelmäßig der ungekürzte Rechnungsbetrag in Ansatz zu bringen. Die anschließenden Mangelbeseitigungskosten stellen ebenso wenig wie eventuelle Rechtsberatungs- und Prozesskosten keinen Modernisierungsaufwand dar.

56a Sind dem Vermieter ganz oder teilweise keine Kosten entstanden, weil die Arbeiten vom Mieter oder Dritten für den Mieter (auch → Rn. 58) kostenlos durchgeführt wurden, dann kann er auch keine fiktiven Kosten hierfür in Ansatz bringen.[260] Gewährt der Vermieter dem Mieter für die Durchführung der Arbeiten einen **Mietnachlass** oder eine sonstige Vergünstigung, so ist der objektive Wert dieser Vergünstigung in Ansatz zu bringen und nicht der objektive Wert der Leistung. Anderenfalls würde der Vermieter an der Art der Ausführung verdienen, was nicht dem Sinn und Zweck des § 559 BGB entspricht. Das Gleiche gilt, wenn Dritte die Arbeiten besonders kostengünstig erledigen. Auch dann sind nur die tatsächlich aufgewandten Kosten in Ansatz zu bringen.

57 Wurde ein **ausländischer Mieter** im Hinblick darauf, dass er für den Vermieter Arbeitsleistungen erbringt, von der Mietzahlung befreit, so ist diese „Mietbefreiung" unwirksam, sofern der Mieter im Inland keine **Arbeitserlaubnis** hat. Die Vereinbarung über die Verrechnung ist infolge des beiderseitigen Verstoßes von Mieter und Vermieter gegen das Verbot der Beschäftigung von ausländischen Arbeitnehmern ohne Arbeitserlaubnis nichtig.[261] Demgemäß sind dem Vermieter auch keine Kosten entstanden, die er gem. § 559 BGB auf die Miete umlegen könnte. Das Gleiche gilt, wenn der Vermieter die Arbeiten durch Dritte unter **Verstoß gegen das Gesetz zur Bekämpfung der Schwarzarbeit** ausführen lässt.[262] § 1 Abs. 2 Nr. 2 SchwarzArbG enthält das Verbot zum Abschluss eines Werkvertrages, wenn dieser Regelungen enthält, die dazu dienen, dass eine Vertragspartei als Steuerpflichtige ihre sich aufgrund der nach dem Vertrag geschuldeten Werkleistungen ergebenden steuerlichen Pflichten nicht erfüllt.[263] Nach der Neufassung des Gesetzes „leistet" nach § 1 Abs. 2 SchwarzArbG nunmehr auch derjenige Schwarzarbeit, der Dienst- oder Werkleistungen „ausführen lässt" und dabei bestimmte in den Nr. 1–3 normierte qualifizierte Merkmale erfüllt. Das kann der Vermieter sein. Aber selbst, wenn dieser keine „Schwarzarbeit geleistet hat", ist der Werkvertrag nichtig, wenn der Unternehmer gegen das Gesetz verstoßen hat. Das Verbot der Schwarzarbeit führt jedenfalls dann gem. § 134 BGB zur Nichtigkeit des ganzen Vertrages, wenn der Unternehmer vorsätzlich hiergegen verstößt und der Besteller den Verstoß des Unternehmers kennt und bewusst zum eigenen Vorteil ausnutzt.[264]

58 Führt der Vermieter die Arbeiten ganz oder teilweise durch **Eigenleistungen** oder durch eigene Mitarbeiter aus, so kann er hierfür entsprechend der Regelung in § 9 II. BV und nach allgemeinen Rechtsgrundsätzen einen Betrag in Rechnung stellen, der bei Beauftragung eines Handwerkers entstanden wäre,[265] jedoch analog § 1 Abs. 1 S. 2 BetrKV ohne Mehrwertsteuer.[266] Aufwendungen für sonstige Steuern und Sozialversicherungsbeiträge sowie der Unternehmensgewinn sind nicht zusätzlich abzuziehen. Diese Befugnis steht nicht nur dem privaten Vermieter zur Verfügung, der seine eigene Arbeitskraft einsetzt; vielmehr können auch institutionelle Eigentümer, die diese Leistungen durch ihre Arbeitnehmer oder durch unselbständige Einheiten erbringen, nach den Kosten

---

[258] Bub/Treier MietR-HdB/*Schultz* Kap. III A Rn. 1572; Staudinger/*V. Emmerich* BGB § 559 Rn. 26; MüKo-BGB/*Artz* § 559 Rn. 17; Lützenkirchen MietR/*Dickersbach* BGB § 559 Rn. 67.

[259] Lützenkirchen MietR/*Dickersbach* BGB § 559 Rn. 66.

[260] Lützenkirchen MietR/*Dickersbach* BGB § 559 Rn. 74.

[261] LG Berlin GE 1991, 1253.

[262] Bub/Treier MietR-HdB/*Schultz* Kap. III A Rn. 1578; Staudinger/*V. Emmerich* BGB § 559 Rn. 27.

[263] BGH VII ZR 6/13, NJW 2013, 3167.

[264] BGH VII ZR 6/13, NJW 2013, 3167; VII ZR 197/16, MDR 2017, 564 mwN.

[265] LG Halle ZMR 2003, 35 (38); *Sternel* MietR Kap. III Rn. 784; *Kossmann* ZAP Fach 4, 859 (867); *Langenberg* PiG 40 (1993), 59 (76); AnwK WohnraumMietR/*Lammel* BGB § 559 Rn. 34; Bub/Treier MietR-HdB/*Schultz Kap. III A Rn. 1576;* Staudinger/*V. Emmerich* BGB § 559 Rn. 30; Lützenkirchen MietR/*Dickersbach* BGB § 559 Rn. 67.

[266] LG Halle ZMR 2003, 35; Sternel MietR Kap. IV Rn. 353; AnwK WohnraumMietR/*Lammel* BGB § 559 Rn. 34.

abrechnen, die bei Beauftragung eines Dritten (Unternehmen) entstanden wären.[267] Das gilt auch für Kosten, die ein rechtlich verselbständigter **Regiebetrieb** des Vermieters diesem in Rechnung stellt, wenn er die Arbeiten selbst durchführt. Es gibt auch keinen Anlass, dies bei der unentgeltlichen Durchführung der Arbeiten durch Familienangehörige anders zu sehen.[268] Die Leistung soll dem Vermieter und nicht dem Mieter zugutekommen und ist deshalb wie eine Eigenleistung des Vermieters zu bewerten. Es handelt sich dabei nicht um Dritte, zB Gasversorger oÄ, die dem Vermieter eine Gegenleistung zukommen lassen wollen. Voraussetzung ist aber immer eine **fachgerechte Ausführung** der Arbeiten.[269] Ob der Vermieter formal die fachliche Qualifikation hat, die Arbeiten auszuführen, also zB selbst gelernter Maurer ist, ist unerheblich, wenn das Ergebnis stimmt.[270] Für die **Verwaltungs- und Überwachungstätigkeit,** die üblicherweise mit baulichen Maßnahmen verbunden ist, kann der Vermieter aber keine Kosten ansetzen. So kann er zB kein Architektenhonorar ansetzen, wenn er die entsprechende Qualifikation selbst gar nicht hat.[271] Das Gleiche gilt für sonstige mit der Verwaltung des Grundbesitzes in Zusammenhang stehenden Aufgaben, wie zB Einholung von Kostenvoranschlägen, Projektierung, Besprechungen, Einholung von Genehmigungen, Bauleitung und Rechnungsprüfung.

Mit dem **Begriff der aufgewendeten Kosten** sind aber nur die notwendigen Kosten 59
gemeint.[272] Die Notwendigkeit ist dabei **Tatbestandsmerkmal** der aufgewendeten Kosten. Der Vermieter muss darlegen und beweisen, dass die Kosten notwendig waren. Anders als beim Wirtschaftlichkeitsgrundsatz im Betriebskostenrecht[273] handelt es sich hier nicht um eine Nebenpflicht des Vermieters, so dass der Mieter eine schuldhafte Pflichtverletzung gem. §§ 280, 241 Abs. 2 BGB darlegen und beweisen müsste.[274] Die Notwendigkeit der Kosten ist eine Tatbestandsvoraussetzung. Der Vermieter entscheidet die Frage, ob, wie und wie viel er modernisieren will. Wenn er diese Entscheidung getroffen hat, die nur sehr eingeschränkt (Luxusmodernisierung) gerichtlich überprüfbar ist, dann muss er in diesem Rahmen sich wirtschaftlich verhalten und darf nur notwendige Kosten ansetzen. Dies ergibt sich auch aus der oben (→ Rn. 8) angesprochenen mieterschützenden Funktion des § 559 BGB. Deshalb darf jeder unnötige, unzweckmäßige oder überhöhte Aufwand nicht in Ansatz gebracht werden.[275] Der Vermieter muss sich deshalb wie ein **ordentlicher Kaufmann** verhalten und bei der Auswahl von Baumaterialien und der Handwerker wirtschaftlich vorgehen.[276] Daraus folgt aber nicht, dass der Vermieter vor jeder Modernisierungsmaßnahme uneingeschränkt verpflichtet ist, die Arbeiten auszuschreiben[277] oder immer die preiswerteste Alternative wählen muss.[278] So kann eine längere Lebensdauer einer Maßnahme ebenso zu berücksichtigen sein wie deren Wartungsfreundlichkeit. Arbeitet er jahrelang mit einem ihm bekannten Handwerker zusammen, dessen Leistungen nicht zu beanstanden waren und der bisher angemessene und ortsübliche Preise verlangt hat, dann ist es dem Vermieter nicht vorzuwerfen, auf diesen Handwerker zurückgegriffen zu haben. Insgesamt ist bei der Beurteilung der Frage, was nötig ist und was nicht, dem Vermieter ein Ermessen einzuräumen, das nicht nachträglich durch kleinliche Kürzungen eingeschränkt werden darf.[279] Es ist das Eigentum des Vermieters, das dieser grds. nach seinen Vorstellungen berechtigt ist auszubauen. Nur wirtschaftlich ganz unsinniger Aufwand[280] oder reine

---

[267] Für die Betriebskostenabrechnung: BGH VIII ZR 41/12, NZM 2013, 120 unter Hinweis auf BR-Drs. 568/03, 28; *Schmid* WuM 2013, 144.

[268] **AA** Kossmann/Meyer-Abich Wohnraummiete-HdB/*Meyer-Abich* § 158 Rn. 2; MüKoBGB/*Artz* § 559 Rn. 17; Staudinger/*V. Emmerich* BGB § 559 Rn. 26.

[269] Staudinger/*V. Emmerich* BGB § 559 Rn. 30; Lützenkirchen MietR/*Dickersbach* BGB § 559 Rn. 67.

[270] **AA** wohl *Sternel* MietR Kap. IV Rn. 353: nur, wenn Vermieter Fachbetrieb unterhält oder gelernter Handwerker für das Gewerk ist.

[271] VG Berlin GE 1980, 753.

[272] BGH VIII ZR 41/08, NJW 2009, 839; LG Halle ZMR 2003, 35; LG Berlin MM 2007, 147.

[273] BGH XII ZR 170/13, NJW 2015, 220; BGH VIII ZR 340/10, NJW 2011, 3028; *Milger* NZM 2012, 657; *Streyl* NZM 2013, 97; *Börstinghaus/Lange* WuM 2010, 538.

[274] Für einen Schadensersatzanspruch auf Freistellung wohl Staudinger/*V. Emmerich* BGB § 559 Rn. 40.

[275] BGH VIII ZR 41/08, NZM 2009, 150; LG Hamburg ZMR 2002, 918 (919); WuM 1986, 344; AG Hamburg WuM 1986, 344; *Langenberg* PiG 40 (1993), 59 (76); *Sternel* MietR Kap. III Rn. 786; *Sternel* PiG 41 (1993), 45 (76); *V. Emmerich* PiG 33 (1991), 55 (69).

[276] Staudinger/*V. Emmerich* BGB § 559 Rn. 40.

[277] LG Hamburg WuM 1986, 344; Staudinger/*V. Emmerich* BGB § 559 Rn. 41; **aA** wohl *Blank* info *M* 2009, 61.

[278] *Mersson* DWW 2009, 122 (125).

[279] **AA** BGH VIII ZR 41/08, NZM 2009, 150.

[280] Das soll nach Ansicht des AG Pankow-Weißensee WuM 2015, 357 zB der Fall sein, wenn sich eine Fassadendämmung erst nach 20 Jahren amortisiert; *Halama* DWW 2015, 206.

Luxusmodernisierungen (→Rn. 45) können auf die Kosten nicht angerechnet werden. Entscheidend ist dabei keine ex-post Betrachtung, sondern eine **ex ante-Betrachtung** bei der auch das Risiko das die verschiedenen Arbeitswege in sich tragen (Beschädigungen, Beeinträchtigung des Mieters aber auch Nachbarn) mit einzubeziehen ist.[281] Keine Modernisierungskosten sind auch **Kick back-Zahlungen,** die der Handwerker an den Vermieter/Bauherren zurückfließen lässt.[282]

**2. Einzelne Kostenarten**

60 **a) Architektenhonorar.** Die Beauftragung eines Architekten selbst stellt keine Modernisierungsmaßnahme dar. In Betracht kommt allenfalls, das Honorar des Architekten als eine Kostenposition bei der durchgeführten Modernisierungsmaßnahme mit in Ansatz zu bringen. Für den preisgebundenen Wohnungsbau ist dies in § 5 Abs. 4 Nr. 1 II. BV geregelt, wonach die Kosten der Architektenleistung mit zu den ansatzfähigen Baunebenkosten zählen. Da aber nur die notwendigen Kosten bei einer Modernisierungsmaßnahme in Ansatz gebracht werden dürfen, kommt ihr Ansatz nur dann in Betracht, wenn Art und Umfang der Arbeiten die **Beauftragung eines Architekten notwendig** machen.[283] Ist die Maßnahme auch ohne Einschaltung eines Architekten möglich, scheidet ein Ansatz aus.[284] Dies gilt auch, wenn die Architektenleistungen bei Modernisierungsmaßnahmen lediglich in Koordinierungsaufgaben und Kontrollaufgaben bestehen. Dann gehören sie zum nicht berücksichtigungsfähigen Verwaltungsaufwand. Dies ist zB bei einer bloßen Fenstermodernisierung[285] oder dem Einbau einer Gasetagenheizung[286] der Fall. Werden gleichzeitig Modernisierungs- und Instandsetzungsarbeiten durchgeführt, so muss der auf die Modernisierung entfallende Teil nachvollziehbar berechnet und erläutert werden. Die Architektenkosten sind dabei regelmäßig nach dem Verhältnis der Modernisierungskosten zu den Gesamtkosten zu verteilen, wenn nicht besondere Umstände vorliegen, aus denen sich ergibt, dass das Honorar des Architekten für eine der beiden Tätigkeiten besonders hoch war (aber auch →Rn. 70).

61 **b) Aufwendungsersatz.** Der Mieter kann vom Vermieter Ersatz seiner **Aufwendungen,** die ihm im Zusammenhang mit der Modernisierung entstanden sind, verlangen, § 555d Abs. 6 BGB iVm § 555a Abs. 3 BGB (→BGB § 555a Rn. 41).[287] Dabei kommen in erster Linie Aufwendungen zur Sicherung der Wohnungseinrichtung in Betracht, wie zB die Abnahme der Gardinen, das Aufrollen der Teppiche, das Wegräumen und Abdecken von Möbeln, das Abdecken des Bodens, Reinigungsarbeiten[288] ua. Ersatzfähig sind alle Kosten, die kausal durch die Modernisierung verursacht wurden und den Umständen nach angemessen sind.[289] Im Einzelfall können auch die Kosten für die Unterbringung des Mieters in einer Pflegeeinrichtung für die Zeit der Modernisierung zu den zu erstattenden Kosten gehören, soweit diese Kosten nicht von der Pflegeversicherung übernommen werden.[290]

62 Ob es sich bei diesen Kosten um **Modernisierungskosten** handelt, hängt auch davon ab, wann man die bauliche Maßnahme als beendet ansieht.[291] Richtigerweise wird man davon auszugehen haben, dass dies erst mit **Wiederherstellung des vertragsgemäßen Zustands** der Fall ist. Alle Kosten, die dem Vermieter entstehen, um diesen Zustand wiederherzustellen gehören grds. zu den ansatzfähigen Kosten. Zumindest in einigen Fällen des Aufwendungsersatzes handelt es sich um solche Kosten.[292] Soweit argumentiert wird, dass §§ 555a Abs. 3, 555d Abs. 6 BGB die Kostentragung

---

[281] **AA** aber wohl BGH VIII ZR 41/08, NZM 2009, 150: Sachverständige haben im Nachhinein zu bestimmen, was angemessen ist; zust. *Beyer* GE 2009, 944 (953), der sich aber auch gegen „kleinliches Bohren" ausspricht.

[282] BGH 5 StR 129/07, NZM 2009, 152.

[283] LG Halle ZMR 2003, 35 (38); LG Hamburg WuM 1985, 366; AG Köln WuM 1990, 2265; AG Hamburg WuM 1985, 365; AG Münster WuM 1985, 366; Staudinger/*V. Emmerich* BGB § 559 Rn. 28; *Langenberg* PiG 40 (1993), 59 (75).

[284] LG Berlin GE 2007, 985; Lützenkirchen MietR/*Dickersbach* BGB § 559 Rn. 70.

[285] AG Hamburg WuM 1985, 366.

[286] LG Berlin GE 2007, 985.

[287] *Blank* NZM 2011, 508.

[288] AG Hamburg WuM 2007, 445; *Sternel* MietR Kap. IV Rn. 353.

[289] Blömeke/Blümmel Modernisierung/*Blümmel* Teil A Rn. 80.

[290] AG Hamburg St. Georg WuM 2007, 262.

[291] *Blank NZM 2011, 508 (510).*

[292] BGH VIII ZR 173/10, NZM 2011, 358; *Sternel* PiG 99 (2015), 95 (108); Lützenkirchen MietR/*Dickersbach* BGB § 559 Rn. 79; *Disput* NJW 2011, 3003; *Schläger* ZMR 2011, 623; *Schriever* ZMR 1988, 85; *Gutekunst* PiG 16 (1989), 149 (158); **aA** AG Schöneberg MM 1990, 130; MM 12/1989, 35; Staudinger/*V. Emmerich* BGB

endgültig regelten und es deshalb unzulässig sei, den Mieter über den Umweg des § 559 BGB letztendlich die Kosten doch tragen zu lassen, kann dem so uneingeschränkt nicht gefolgt werden. Die §§ 555a Abs. 3, 555d Abs. 6 BGB bestimmen zunächst nur, dass der Vermieter dem Mieter die Kosten zu ersetzen hat. Der Mieter muss diese Kosten also zunächst nicht selbst tragen, der Vermieter muss sie ihm bevorschussen. Außerdem ist der Anwendungsbereich des § 555d Abs. 6 BGB mit dem des § 559 BGB nicht identisch. Nicht alle gem. § 555b BGB duldungspflichtigen Arbeiten berechtigen auch zu einer Mieterhöhung. Es ist auch kein Grund ersichtlich, warum der Vermieter die Kosten ansetzen kann, wenn er die Arbeiten durch Dritte entgeltlich durchführen lässt, dies aber nicht tun kann, wenn er dem Mieter für die Tätigkeit ein Entgelt zahlt. Anders als zB der Mietausfall auf Grund von Mietminderungen während der Bauphase ist der Aufwendungsersatz auch **unmittelbarer Bauaufwand.** Er hat direkt mit den baulichen Veränderungen zu tun, da die Aufwendungen im Zusammenhang mit Vorbereitungsarbeiten für die bauliche Maßnahme entstanden sind. Der **Aufwendungsersatz** zählt deshalb hinsichtlich einzelner Positionen zu den „für die Wohnung aufgewendeten Kosten" iSd § 559 BGB. Dies bezieht sich aber nur auf Kosten, die zur Vorbereitung der baulichen Maßnahme erforderlich sind oder noch zur baulichen Maßnahme gehören, wie zB die Reinigung der Wohnung[293], der Anstrich[294] oder das Neudekorieren der alten Gardinen. Kosten, die nur aus Anlass der Bauarbeiten anfallen, zB der Kauf neuer Gardinen, weil das Fenster nach der Modernisierung eine andere Größe hat, oÄ stellen keine für die Wohnung aufgewendeten Kosten mehr dar.[295] Das Gleiche gilt für Schadensersatzansprüche des Mieters, weil während der Arbeiten Schäden an seinem Eigentum verursacht wurden.[296] Hat der Vermieter aber Instandsetzungsarbeiten und Modernisierungsarbeiten durchgeführt, dann sind nur die Aufwendungen ansatzfähig, die ausschließlich durch die Modernisierungsarbeiten verursacht wurden. Der Mieter hat gem. § 555a Abs. 3 BGB auch einen Aufwendungsersatzanspruch bei Instandsetzungsarbeiten. Insofern handelt es sich um „Sowieso-Kosten" (→ Rn. 70), wenn der Vermieter mit den Instandsetzungsarbeiten zugleich Modernisierungsarbeiten durchführt.

**c) Baunebenkosten.** Neben den Architekten- und Ingenieurhonoraren fallen bei einer bau- **63**
lichen Maßnahme noch weitere Baunebenkosten an, die ebenfalls zu den anrechenbaren Kosten iSd § 559 BGB zählen. Hierzu zählen zB die **Baugenehmigungsgebühren,**[297] Projektplanung und Kosten der Auftragsvergabe,[298] nicht jedoch für die Veröffentlichung einer nicht vorgeschriebenen Ausschreibung[299] oder die Kosten für die Ausstellung eines Energieausweises.[300] Die **Kosten des Energieausweises** sind Vorleistungen. Zwar enthält der Energieausweis Empfehlungen, welche Energiesparmaßnahmen empfohlen werden, ob diese dann tatsächlich durchgeführt werden ist völlig offen. Anders könnte die Frage zu beurteilen sein, wenn der Vermieter bereits einen gültigen Verbrauchsausweis besitzt und nun für eine Modernisierungsmaßnahme KfW-Mittel beantragen will. Hierfür ist die Vorlage eines Bedarfsausweises zwingend erforderlich, so dass es sich um Baunebenkosten handeln könnte. Gemäß § 8 Abs. 7 II. BV dürfen jedoch **Kosten der Beschaffung der Finanzierungsmittel** im ehemaligen preisgebundenen Wohnungsbau nicht angesetzt werden. Das gilt hier entsprechend. Auch die **Kosten der Gerüstaufstellung** gehören zu den anrechenbaren Kosten.[301] Reinigungskosten[302] nach Beendigung der baulichen Maßnahme stellen dann anrechenbare Kosten dar, wenn sie nach Beendigung der baulichen Maßnahme erforderlich waren, um die Folgen der Baumaßnahmen zu beseitigen. Man kann weder sagen, dass es sich insofern um Instandsetzungskosten handelt, weil vor Beginn der Arbeiten der Schmutz ja gar nicht vorhanden

---

§ 559 Rn. 33/34; *Sternel* MietR Kap. IV Rn. 364; AnwK WohnraumMietR/*Lammel* BGB § 559 Rn. 35; MüKoBGB/*Artz* § 559 Rn. 17; diff. *Blank* NZM 2011, 508.

[293] AG Hamburg WuM 2007, 445; *Sternel* PiG 99 (2015), 95 (108).

[294] BGH VIII ZR 173/10, NZM 2011, 358; **aA** Staudinger/*V. Emmerich* BGB § 559 Rn. 34.

[295] *Sternel* PiG 99 (2015), 95 (108); *Langenberg* PiG 40 (1993), 59 (76).

[296] *Langenberg* PiG 40 (1993), 59 (76).

[297] Staudinger/*V. Emmerich* BGB § 559 Rn. 28; Lützenkirchen MietR/*Dickersbach* BGB § 559 Rn. 69.

[298] LG Halle ZMR 2003, 35 (38).

[299] LG Halle ZMR 2003, 35 (38).

[300] *Sternel* MietR Kap. IV Rn. 334; *Sternel* NZM 2006, 495; *Flatow* NZM 2009, 785 (795); *Friers* WuM 2008, 255; *Horst* NZM 2008, 145; *Stangl* ZMR 2008, 14; *Rips* WuM 2008, 379; **aA** *Horst* NZM 2006, 1 (5).

[301] AG Hamburg 1985, 366; Staudinger/*V. Emmerich* BGB § 559 Rn. 36; **aA** AG Hamburg WuM 1985, 341; 1985, 365; nur die Kosten der verlängerten Standzeit bei modernisierender Instandsetzung ansatzfähig LG Berlin GE 2017, 592.

[302] Staudinger/*V. Emmerich* BGB § 559 Rn. 36; *Langenberg* PiG 40 (1993), 59 (75); AnwK WohnraumMietR/*Lammel* BGB § 559 Rn. 35.

war, noch dass die Reinigungsarbeiten keine Wohnwertverbesserung darstellen.[303] Nicht die Reinigungsarbeiten sind die Wertverbesserung, sondern die Baumaßnahme. Eine Kostenposition der Baumaßnahme stellen eben auch die Reinigungskosten dar, genauso wie zB die Anfahrtskosten des Handwerkers zur Baustelle.

64 **d) Finanzierungskosten.** Finanzierungskosten gehören nicht zu den anrechenbaren Kosten einer Modernisierungsmaßnahme nach § 559 BGB.[304] Die Kosten der Finanzierung der Maßnahme hat der Vermieter aus der 8%igen Mieterhöhung gem. § 559 BGB zu bezahlen. Soweit im Kostenmietrecht etwas anderes gilt, beruht dies gerade auf dem völlig anderen Prinzip der Mietermittlung. Dort geht es darum, die Kosten an den Mieter weiterzugeben, im freifinanzierten Wohnungsbau geht es um eine ausreichende Rendite. Wie der Vermieter die Maßnahme finanziert, ob aus Eigenmitteln oder mit Fremdmitteln ist seine Angelegenheit und beeinflusst die Höhe der Miete nicht. Zu den nicht umlagefähigen Kosten gehören deshalb auch die einmaligen mit der Finanzierung in Zusammenhang stehenden Kapitalbeschaffungskosten wie Damnum, Grundbuchgebühren, Notargebühren, Beleihungsprüfungsgebühren oder Zwischenfinanzierungskosten. Auch soweit diese gem. § 5 Abs. 4 Nr. 4 II. BV im öffentlich geförderten Wohnungsbau zu den Baunebenkosten gehören, ist diese Einordnung für den freifinanzierten Wohnungsbau unerheblich. § 559 BGB beruht auf dem Prinzip, dass dem Vermieter eine pauschale Rendite und Tilgung von 11% der tatsächlichen Kosten zustehen soll. Ob er diese Kosten aus Eigenkapital aufgebracht hat oder finanziert hat, ist unerheblich. Deshalb verbleibt es auch bei der um 11% der anrechenbaren Kosten erhöhten Miete, wenn die Finanzierung ausgelaufen ist oder sich die Baumaßnahme selbst amortisiert[305] hat.

65 **e) Mietausfall.** Soweit durch die bauliche Maßnahme ein Mangel der Mietsache entsteht, der die Tauglichkeit zum gewöhnlichen Gebrauch der Mietsache aufhebt oder mindert, ist die Miete gem. § 536 Abs. 1 BGB automatisch gemindert, wenn nicht der Ausnahmetatbestand des § 536 Abs. 1 a BGB eingreift. Dabei kann die Beeinträchtigung sowohl in der Wohnung eintreten, in der die Modernisierungsarbeiten stattfinden wie auch in Nachbarwohnungen[306] oder -häusern.[307] Soweit der Mieter gem. § 555 d BGB die Modernisierungsarbeiten ausdrücklich oder auf gerichtliche Verurteilung hin geduldet hat, schließt dies eine **Minderung** wegen der Beeinträchtigungen durch die baulichen Maßnahmen zB durch Lärm, Schmutz, Gebrauchsbeeinträchtigungen nicht aus.[308] Dies ergibt sich daraus, dass der Wohnwert für die Wohnung für die Zeit der Modernisierung tatsächlich eingeschränkt war und die Duldung keinen Ausschlusstatbestand iSd § 536 b BGB darstellt. Nur bei Beeinträchtigungen der Tauglichkeit, die durch eine energetische Modernisierung iSd § 555 b Nr. 1 BGB verursacht wurde ist für 3 Monate die Minderung ausgeschlossen oder wenn die Beeinträchtigung insgesamt unerheblich war, § 536 Abs. 1 S. 3 BGB. Der dem Vermieter durch eine berechtigte Minderung entstehende Mietausfall gehört aber nicht zu den anrechenbaren Kosten der Modernisierungsmaßnahme und kann nicht gem. § 559 BGB mit 8% auf die Mieter umgelegt werden.[309] Es handelt sich gerade nicht um Kosten, die für die Wohnung aufgewendet wurden. Der Mietausfall hängt auch nicht mit der Wertverbesserung zusammen, sondern wird ausschließlich durch die Gebrauchsbeeinträchtigung beeinflusst. Die Gebrauchsbeeinträchtigung hängt wiederum davon ab, wie die Arbeiten durchgeführt werden, rücksichtsvoll oder weniger, schnell oder langsam. Auch dies zeigt, dass der Mietausfall mit der Modernisierung nichts zu tun hat.

66 **f) Schönheitsreparaturen.** Modernisierungsmaßnahmen haben häufig zur Folge, dass anschließend Schönheitsreparaturen durchgeführt werden müssen.[310] Strittig ist, ob die hierfür aufgewandten Kosten bei einer Mieterhöhung gem. § 559 BGB berücksichtigt werden dürfen[311], oder

---

303 OVG Berlin GE 1984, 333; VG Berlin GE 1977, 844 (847).

304 OLG Hamburg NJW 1981, 2820; Staudinger/*V. Emmerich* BGB § 559 Rn. 32; *Langenberg* PiG 40 (1993), 59 (75); Lützenkirchen MietR/*Dickersbach* BGB § 559 Rn. 76.

305 Staudinger/*V. Emmerich* BGB § 559 a Rn. 7.

306 LG Berlin MM 1994, 396; AG Hamburg WuM 1987, 272.

307 BayObLG NJW 1987, 1950 mAnm *Schmidt* NJW 1991, 153; LG Berlin GE 1988, 1115; LG Göttingen NJW 1986, 1112; AG Tiergarten GE 1991, 579; AG Bad Homburg WuM 1987, 84; AG Köln WuM 1983, 53.

308 LG Mannheim WuM 1986, 139; Sternel MietR Kap. II Rn. 573; *Börstinghaus,* Mietzinsminderung bei Wohnraummietverträgen, 2006, Rn. 52.

309 OVG Berlin GE 1982, 273; 1983, 753; VG Berlin GE 1980, 751; *Börstinghaus,* Mietzinsminderung bei Wohnraummietverträgen, 2006, Rn. 52; *Sternel* MietR Kap. III Rn. 785; Blömeke/Blümmel Modernisierung/*Kinne Teil C Rn. 30;* AnwK WohnraumMietR/*Lammel* BGB § 559 Rn. 35; *Gramlich* BGB § 559 Anm. 9; Staudinger/*V. Emmerich* BGB § 559 Rn. 32; Lützenkirchen MietR/*Dickersbach* BGB § 559 Rn. 73.

310 *Blank* NZM 2011, 508.

311 AnwK WohnraumMietR/*Lammel* BGB § 559 Rn. 37.

ob es sich um Erhaltungsaufwand oder um Aufwendungen des Mieters handelt. Werden aufgrund einer Modernisierungsmaßnahme Maßnahmen notwendig, die üblicherweise zu den Schönheitsreparaturen zählen, also vor allem Anstrich oder Tapezieren, dann muss der Vermieter diese grds. ausführen; etwas anderes gilt nur dann, wenn die Schönheitsreparaturen zum Zeitpunkt der Modernisierungsarbeiten fällig waren und wirksam auf den Mieter abgewälzt worden sind.[312] In diesem Fall muss der Mieter die Arbeiten durchführen. Muss der Vermieter die Arbeiten durchführen und die Kosten tragen, dann gehört dieser Aufwand zu den ansatzfähigen Kosten gem. § 559 BGB.[313]

**g) Kabelgebühren.** Wegen der Besonderheiten bei der Umlage der Anschlusskosten an ein schnelles Internet → BGB § 559 Rn. 12b. 66a

### 3. Nichtberücksichtigung von Instandsetzungskosten 66a

Modernisierungsmaßnahmen liegen **kraft Definition** nur dann vor, wenn es sich nicht um Erhaltungsarbeiten handelt. Das ergibt sich jetzt deutlich aus §§ 555a, 555b BGB. Dort wird gerade zwischen **Erhaltungsmaßnahmen** (§ 555a Abs. 1 BGB) und **Modernisierungsmaßnahmen** (§ 555b BGB) differenziert. Erhaltungsmaßnahmen werden unterschieden in Instandhaltungs- und Instandsetzungsmaßnahmen. Bei Erhaltungsmaßnahmen handelt es sich nicht um eine Modernisierung. Die hierfür aufgewandten Kosten stellen deshalb keine anrechenbaren Kosten der Modernisierung dar.[314] § 559 Abs. 1 BGB erlaubt dem Vermieter eine Mieterhöhung deshalb auch nur dann, wenn er bestimmte Modernisierungsmaßnahmen nach § 555b BGB durchgeführt hat. 67

Zusätzlich und nur **klarstellend**[315] bestimmt § 559 Abs. 2 Hs. 1 BGB, dass die Kosten, die für Erhaltungsmaßnahmen erforderlich gewesen wären, **nicht zu den aufgewendeten Kosten** nach § 559 Abs. 1 BGB gehören. Nicht ansetzbar sind zunächst diejenigen Kosten, die einen vor Beginn der Maßnahme bereits instandsetzungs- oder instandhaltungsbedürftigen Zustand beseitigen sollen.[316] Ob dieser Zustand erst während der Arbeiten erkannt wird oder schon vorher bekannt war, ist unerheblich, zB während der Dachdämmung erkannter Mangel am Dachstuhl. Umgedreht sind die Kosten für die Beseitigung von Schäden, die durch die Modernisierungsmaßnahme erst entstanden sind, ansatzfähige Modernisierungskosten[317], zB Einputzarbeiten bei Fensteraustausch usw. Diese Maßnahmen gehören entsprechend der früher geltenden Regelung in § 3 Abs. 2 ModEnG zu den Modernisierungskosten.[318] **Modernisierung** ist nur der Teil der Aufwendungen, der über die Instandsetzung hinausgeht. Also der gesamte Sockel der Kosten, der auch für die Instandsetzung angefallen wäre, ist nicht anzusetzen.[319] Bedeutung hat dies bei den sog. **Sowieso-Kosten,** zB den Gerüstkosten. Muss das Gerüst auch für die Instandsetzung der Fenster oder Außenfassade aufgestellt werden, dann gehören die Gerüstkosten weder ganz noch anteilig zu den Modernisierungskosten, sondern ausschließlich zu den Instandsetzungskosten.[320] Falsch ist es deshalb, bei modernisierenden Instandsetzungen die Gemeinkosten anteilig auf die Modernisierung und die Instandsetzung zu verteilen, etwa in dem auf die Gesamtkosten eine Quote[321] angewandt wird, die den Modernisierungs- und Instandsetzungsanteil jeweils angeben soll. Erforderlich ist vielmehr ein **konkreter Vergleich der Kosten,** die für die Instandsetzung auch unter Verwendung moderner und zeitgemäßer Materialien[322] hätte aufgewandt werden müssen und den tatsächlich aufgewendeten Kosten für die modernisierende Instandsetzung. Dabei sind die fiktiven Instandsetzungskosten nach gegenwärtigen Preisen anzusetzen.[323] Nur die Differenz zwischen den beiden Berechnungen stellt den **Modernisierungs-** 68

---

312 *Blank* NZM 2011, 508 (510).

313 *Blank* NZM 2011, 508 (510); **aA** Staudinger/*V. Emmerich* BGB § 559 Rn. 34.

314 AG Münster WuM 2012, 610.

315 BGH VIII ZR 121/17, NZM 2018, 948.

316 AG Münster WuM 2012, 610.

317 *Sternel* MietR Kap. IV Rn. 363 unter Hinweis auf § 3 Abs. 2 ModEnG.

318 *Sternel* MietR Kap. III Rn. 785; *Sternel* PiG 41 (1993), 45 (61).

319 LG Berlin GE 2013, 419.

320 LG Berlin GE 2013, 419; 1998, 550; LG Bückeburg WuM 1992, 378; Staudinger/*V. Emmerich* BGB § 559 Rn. 36; **aA** Bub/Treier MietR-HdB/*Schultz* Kap. III A Rn. 1560, Kosten sind quotenmäßig aufzuteilen; nur die Kosten der verlängerten Standzeit sind ansatzfähig LG Berlin GE 2017, 592.

321 Staudinger/*V. Emmerich* BGB § 559 Rn. 36; LG Lüdenscheid WuM 1997, 438; **aA** LG Halle ZMR 2003, 35 (36); LG Dresden WuM 1998, 216 (217); LG Stralsund WuM 1996, 229.

322 AG Gera WuM 1995, 399.

323 LG Bückeburg WuM 1992, 378; *Sternel* MietR Kap. IV Rn. 361; Lützenkirchen MietR/*Dickersbach* BGB § 559 Rn. 91.

**anteil** dar und kann gem. § 559 BGB auf die Miete umgelegt werden.[324] Zu den fiktiven Instandsetzungskosten bei der modernisierenden Fenstersanierung gehören auch die fälligen Kosten des Anstrichs und der Nacharbeitung der Verkittung.[325] Die ersparten Aufwendungen sind bezogen auf die jeweilige Wohnung zu ermitteln.[326] Soweit der BGH[327] es für zulässig erachtet hat, dass zur Darlegung des Instandsetzungsanteils eine **Quote** angegeben wird, bezieht sich dies nur auf die Frage, der formellen **Wirksamkeit der Modernisierungsmieterhöhung.** Dort reicht noch die Angabe einer Quote. Spätestens im Prozess muss der Vermieter aber die genaue Höhe der fälligen Instandsetzungskosten darlegen und auch beweisen. Dabei dürfen die Substantiierungsanforderungen hinsichtlich der Instandsetzungskosten nicht überspannt werden.[328] Es muss angegeben werden, welche Teile der Vermieter für instandsetzungsbedürftig angesehen hat und welche Kosten für die seiner Meinung mögliche Erhaltungsmaßnahme angefallen wären.[329] Steht fest, dass eine Modernisierungsmieterhöhung dem Grunde nach berechtigt ist, sind aber genaue Feststellungen zu den ersparten Instandsetzungskosten nicht möglich, muss das Gericht nach pflichtgemäßem Ermessen einen Mindesterhöhungsbetrag gem. § 287 ZPO schätzen.[330] Die Vorschrift stellt an das Maß der Überzeugungsbildung des erkennenden Richters geringere Anforderungen als die Vorschrift des § 286 ZPO.[331] Im Rahmen des § 286 ZPO muss der Richter zwar auch keine absolute oder unumstößliche Gewissheit von der Richtigkeit der Tatsache haben, erforderlich ist ein „für das praktische Leben brauchbarer Grad der Gewissheit, der Zweifeln Schweigen gebietet, ohne sie völlig auszuschließen".[332] Nach § 287 ZPO ist der Richter demgegenüber ermächtigt, sich mit einer mehr oder minder hohen – mindestens aber überwiegenden – Wahrscheinlichkeit zu begnügen.[333] Hinsichtlich der genauen Höhe der ortsüblichen Vergleichsmiete steht ihm ein Ermessen zu, wobei in Kauf genommen wird, dass das Ergebnis uU mit der Wirklichkeit nicht übereinstimmt.[334] Nur wenn jegliche konkreten Anhaltspunkte fehlen und deshalb jede Schätzung willkürlich wäre, darf es sie unterlassen.[335]

**69** Werden durch eine bauliche Veränderung vorhandene Bauteile durch eine moderne höherwertige Ausstattung zu einem Zeitpunkt ersetzt, zu dem ihre **durchschnittliche Lebensdauer** zwar zu einem erheblichen Teil abgelaufen ist, konkrete Maßnahmen zur Erhaltung aber **noch nicht „fällig"** sind, weil die vorhandenen Bauteile **noch ausreichend funktionsfähig** sind und ihnen auch sonst bislang ein unmittelbar zu beseitigender Mangel nicht anhaftet, müssen trotzdem anteilige Erhaltungskosten in Abzug gebracht werden.[336] Soweit nach bisher auch hier vertretener Meinung nur bereits „fällige" Instandsetzungsmaßnahmen in Abzug zu bringen waren[337] hat der BGH[338] diese Auffassung nicht übernommen. Sinn und Zweck der Vorschriften über die Modernisierung sprechen dagegen, bei der Ersetzung schon länger genutzter Bauteile durch solche von besserer Qualität und höherem Wohnkomfort, die gesamten für diese Maßnahme aufgewendeten Kosten ungekürzt auf den Mieter umzulegen. § 559 BGB will dem Vermieter auch nicht teilweise die **Umlage von Erhaltungskosten** auf den Mieter zu ermöglichen. Verbesserungen der Mietsache sollen dadurch gefördert werden, dass für den Vermieter durch die Möglichkeit der Umlage der darauf entfallenden Kosten auf den Mieter ein Anreiz zur Vornahme dieser Maßnahmen gesetzt wird, und die Interessen des Mieters dadurch gewahrt werden, dass er spiegelbildlich von einer

324 LG Landau/Pfalz ZMR 2009, 211 (212).
325 AG Rheine WuM 1996, 714.
326 AG Köln WuM 1990, 226.
327 BGH VIII ZR 88/13, NZM 2015, 198.
328 BGH VIII ZR 88/13, NZM 2015, 198.
329 BGH VIII ZR 88/13, NZM 2015, 198.
330 BGH VIII ZR 88/13, NZM 2015, 198.
331 BGH VI ZR 296/18, NJW 2020, 236.
332 BGH VI ZR 44/12, NJW 2014, 71; VI ZR 139/02, NJW 2003, 1116; VI ZR 268/88, NJW 1989, 2948; VI ZR 155/92, NJW 1994, 801; VI ZR 274/07, NJW 2008, 2845; III ZR 139/67, BGHZ 53, 245 (256); VIII ZR 286/75, VersR 1977, 721.
333 BGH VI ZR 296/18, NJW 2020, 236; VI ZR 221/06, NJW 2008, 1381; VI ZR 134/71, NJW 1972, 1515.
334 BGH VI ZR 296/18, NJW 2020, 236; VI ZR 84/10, NJW 2013, 525; III ZR 47/63, NJW 1964, 589.
335 AG Bremen WuM 2018, 512.
336 BGH VIII ZR 81/19, NZM 2020, 795; VIII ZR 369/18, NZM 2021, 220; *Schindler* NZM 2021, 258.
337 OLG Celle OLGZ 1981, 318; NJW 1981, 1625; OLG Hamburg WuM 1983, 13; LG Berlin GE 2011, *951; ZMR 1998, 167; GE 1995, 429;* LG Görlitz WuM 1997, 228; LG Hannover WuM 1990, 227; LG Aachen WuM 1980, 203; LG Hamburg MDR 1981, 1021; 1978, 935; *Fleindl* NZM 2016, 65; *Langenberg* PiG 40 (1993), 59 (76); *Gellwitzki* ZMR 1978, 225; *Marienfeld* ZMR 1978, 38.
338 BGH VIII ZR 81/19, NZM 2020, 795; VIII ZR 369/18, NZM 2021, 220; *Schindler* NZM 2021, 258.

Erhöhung des Gebrauchswerts profitiert. Die Umlagefähigkeit der reinen Modernisierungskosten wird durch den Abzug fiktiv ersparter Instandhaltungskosten in derartigen Fallgestaltungen nicht infrage gestellt. Hat der Vermieter vor allem bei Mieterhöhungen vor der Entscheidung des BGH v. 17.6.2020[339] solche Abzüge nicht vorgenommen, ist die Mieterhöhungserklärung nicht formell unwirksam, so dass der Mieter alle gezahlten Erhöhungsbeträge kondizieren könnte, sondern nur teilweise materiell unbegründet, so dass der Mieter nur den zu Unrecht auf die fiktiven Erhaltungskosten entfallenden Anteil kondizieren kann[340] (→ BGB § 557 Rn. 16a).

In der Praxis wird bei Modernisierungsmieterhöhungen nun **so gut wie immer ein Abzug für fiktive Erhaltungskosten** zu erfolgen haben. Es sind kaum Fälle denkbar, in denen der Vermieter verhältnismäßig neue Bauteile wegen einer Modernisierung austauscht. Selbst bei gesetzlich vorgeschriebenen Maßnahmen, zB nach dem GEG[341], gibt es idR Übergangsfristen. Wie bei der Berechnung der Nutzungsentschädigung bei der Weiternutzung eines Pkw, der mit manipulierter Software ausgestattet ist[342], muss auch der Vermieter die anteilige Nutzung der verbauten Bauteile sich anrechnen lassen. Fraglich ist, ob dies vom ersten Tag der Nutzung an zu erfolgen hat. Der BGH formuliert im Leitsatz, dass das Bauteil „bereits über einen **nicht unerheblichen Zeitraum** seiner zu erwartenden Gesamtlebensdauer (ab-)genutzt worden ist". Das spricht dafür, kürzere Nutzungsdauern im Verhältnis zur Gesamtnutzungsdauer nicht anzurechnen. Nicht unerheblich ist ein Zeitraum, der **ca. ein Viertel der Gesamtlebensdauer** des Bauteils ausmacht. Das ist aber eine Grenze, ab der eine Anrechnung dann stattzufinden hat. Es ist kein Sockel, der auf Dauer unberücksichtigt bleibt. Zur Berechnung der anteiligen Erhaltungskosten bedarf es dreier Werte, nämlich dem Anschaffungsdatum des Bauteils, dem Datum des Ausbaus bzw. der Erneuerung sowie der „üblichen Lebensdauer" solcher Bauteile. Dabei ist die **technische Lebensdauer** nicht mit der **wirtschaftlichen Nutzungsdauer** identisch. Es kommt nur auf die technische Lebensdauer an. Deshalb sind AfA Tabellen der Finanzämter eher ungeeignet. Mit technischer Lebensdauer ist der Zeitraum gemeint, während dessen die Nutzbarkeit und die vorgesehene Funktion des Bauteils nicht mehr erfüllt werden kann und für eine Bestandserhaltung mehr aufzuwenden ist, als die Kosten zur Herstellung des Bauteils ausmachen. Nicht übersehen werden darf auch, dass die Lebensdauer einzelner Bauteile nicht nur von dem Bauteilselbst abhängen kann, sondern auch von der gesamten Bauteilkonstruktion, d. h. von den Bauteilen, die für die Nutzung dieses Bauteils mit erforderlich sind. Anhaltspunkte können hier ähnlich von der Schwacke-Liste im Verkehrsunfallbereich entsprechende Tabellenwerke von Sachverständigen und Architekten geben.[343] Auch die Werte der ImmoWertV 2021[344] können herangezogen werden. 70

Hinsichtlich der **Kosten** ist nicht auf die Kosten für ein baugleiches Teil aus der Zeit des erstmaligen Einbaus abzustellen, sondern auf die Kosten, die das auszutauschenden Bauteil **zum Zeitpunkt des Austausches** kosten würde.[345] Als Modernisierungskosten ist dann nur der überschießende Kostenanteil in Ansatz zu bringen, also die Differenz zwischen den Kosten für das alte Bauteil und den Kosten für das modernere Bauteil mit besseren Leistungsmerkmalen. 71

Nach § 559 Abs. 2 Hs. 2 BGB sind die auf die Erhaltungsmaßnahme entfallenden Kosten, soweit erforderlich, **durch Schätzung zu ermitteln.** Das gilt sowohl fällige Instandsetzungen wie auch für anteilige Instandsetzungskosten bei vorzeitigem Austausch.[346] Der Einschub „soweit erforderlich" schränkt den Anwendungsbereich der Norm dabei nicht auf den Fall ein, dass dem Grunde nach überhaupt Erhaltungskosten angefallen sein könnten, sondern gestattet die Schätzung nur in den Fällen, in denen die Erhaltungskosten nicht eindeutig und leicht ermittelt werden können[347], zB bei Pauschal- oder Generalunternehmerverträgen. Nur in diesen Fällen ist eine Schätzung gestattet. Das kann sich auch auf einzelne Kostenpositionen beziehen, zB die Einbaukosten für ein instandsetzungsbedürftiges Teil oder die Ersatzbeschaffungskosten für alte auszutauschende aber heute nicht mehr lieferbare Teile. Die Schätzung dient vorliegend der ungefähren Ermittlung der Kosten für die erforderliche Erhaltungsmaßnahme auf Grund konkreter Vorgaben oder Erfahrungen. Die Schätzung ist von 72

339 BGH VIII ZR 81/19, NZM 2020, 795.
340 AG Mitte ZMR 2021, 326.
341 BGBl I 2020, 1728; dazu *Karwatzki* CuR 2020, 167.
342 BGH VI ZR 252/19, NJW 2020, 1962.
343 ZB der BTE-Lebensdauerkatalog des BTE – Bund Technischer Experten e. V. o. ä.
344 Gültig ab 1.1.2022, BGBl. I 2021, 2805.
345 Lützenkirchen MietR/*Dickersbach* BGB § 559 Rn. 91.
346 BGH VIII ZR 81/19, NZM 2020, 795.
347 LG Hamburg NZM 2018, 952; AG Bremen WuM 2018, 512.

der Leistungsbestimmung nach billigem Ermessen gem. § 315 Abs. 1 BGB zu unterscheiden. Dort findet im Streitfall nur eine Billigkeitskontrolle durch die Gerichte statt. Die Schätzung selbst ist zunächst eine Erleichterung bei der Darlegung des Sachverhalts und dann im Prozess eine Beweiserleichterung. Der Zivilprozess kennt eine solche Beweiserleichterung bereits in § 287 ZPO (zum erforderlichen Grad der Überzeugung → Rn. 70). Dort wie hier müssen aber ausreichende Ausgangs- und Anknüpfungstatsachen vorliegen und vom Vermieter vorgetragen werden.[348] Das bedeutet, dass soweit wie möglich die Kosten der fälligen Erhaltungsmaßnahme konkret zu ermitteln sind, ggf. durch Einholung eines Alternativangebots. Nur dort, wo solche Tatsachen nicht oder mit einem nicht zumutbaren Aufwand ermittelt werden könnten, können die Kosten auf Grund der Erfahrung fachkundiger Kreise, idR Architekten und Fachingenieure, festgelegt werden. Das Ergebnis dieser Schätzung ist vom Gericht **voll überprüfbar.** Es findet nicht nur eine Billigkeitskontrolle statt.

**73** Von den Modernisierungskosten ist kein **angemessener Restwert, zB der Schrottpreis** abzusetzen.[349] Eine Anrechnung fiktiver Einnahmen scheidet aus. Etwas anders gilt nur dann, wenn der Vermieter tatsächlich aus dem **Verkauf gebrauchter Teile** Einnahmen erzielt oder es schuldhaft unterlässt, tatsächlich mögliche Einnahmen zu erzielen. Eine Anrechnung kommt auch dann in Betracht, wenn der Vermieter die ausgebauten Teile anderweitig weiterverwendet. All diese Fälle dürften aber in der Immobilienwirtschaft kaum vorkommen.

## II. Der Umlageschlüssel

### 1. Allgemeines

**74** Das Gesetz geht als Normalfall davon aus, dass die Mieterhöhung grds. nach den Kosten berechnet wird, die für die konkrete Wohnung aufgewendet wurden.[350] Insofern unterscheidet sich die Regelung von den Bestimmungen des preisgebundenen Wohnungsbaus.[351] Dort muss zunächst eine Durchschnittsmiete für alle Wohnungen aus dem gesamten Modernisierungsaufwand berechnet werden und aus dieser Durchschnittsmiete ist dann unter Berücksichtigung des individuellen Wohnwertes der einzelnen Wohnungen die Einzelmiete abzuleiten. Im preisfreien Wohnungsbau hat normalerweise nicht eine Aufteilung eines Modernisierungszuschlags auf alle Wohnungen zu erfolgen, sondern die Kosten sind bereits auf Wohnungsebene zu erfassen.

**75** Soweit die Kosten nur für **einzelne Wohnungen** entstanden sind, sind auch nur die jeweiligen Kosten in Ansatz zu bringen. Soweit Kosten für mehrere Wohnungen angefallen sind, wie zB Gerüstkosten, Wärmedämmung, Zentralheizungseinbau oder auch notwendige Architektenhonorare, sind diese vom Vermieter gem. § 559 Abs. 3 BGB angemessen zu verteilen. Der Vermieter kann dazu im Rahmen der §§ 315, 316 BGB nach **billigem Ermessen** einen Verteilungsschlüssel bestimmen.[352] Ihm steht dabei ein gewisser Ermessensspielraum zu.[353] Die Verteilung der Kosten kann im Zahlungsprozess auf Billigkeit überprüft werden. Das Gericht hat gem. § 315 Abs. 3 S. 2 BGB die Bestimmung einer der Billigkeit entsprechenden Verteilung im Zahlungsverfahren dann selbst vorzunehmen.[354] Ist die Verteilung im Einzelfall unbillig so ist das Erhöhungsverlangen aber trotzdem formell wirksam, es ist nur materiell fehlerhaft.[355]

### 2. Die einzelnen Umlageschlüssel

**76** **Unbillig** sind zunächst solche Umlageschlüssel, die bestimmte Mieter unberechtigterweise bevorzugen oder benachteiligen.[356] Das ist zB dann der Fall, wenn zahlungsunfähige Mieter nicht oder weniger belastet werden[357] aber auch, wenn zahlungsunwillige oder schwierige Mieter „zur

---

[348] LG Berlin MM 11/2014, 29; mAnm *Börstinghaus* jurisPR-MietR 2/2015 Anm. 3; Bub/Treier MietR-HdB/*Schultz* Kap. III A Rn. 1561.
[349] AnwK WohnraumMietR/*Lammel* BGB § 559 Rn. 41; *Storz* NJW 1971, 413 (414).
[350] Staudinger/*Emmerich* BGB § 559 Rn. 42; *Sternel* PiG 41 (1993), 45 (62); *Marienfeld* ZMR 1978, 38.
[351] *Sternel* PiG 41 (1993), 45 (62); *Sternel* MietR Kap. IV Rn. 366.
[352] LG Berlin MM 5/2018, 27; Bub/Treier MietR-HdB/*Schultz* Kap. III A Rn. 1585; Staudinger/*V. Emmerich* BGB § 559 Rn. 42; Lützenkirchen MietR/*Dickersbach* BGB § 559 Rn. 96.
[353] LG Berlin GE 2019, 1579.
[354] *LG Berlin GE 2019, 1579;* wörtlich die ganze Rn. auch schon LG Berlin GE 2013, 1654.
[355] LG Berlin GE 2019, 1579.
[356] LG Berlin Urt. v. 18.1.2018 – 67 S 268/17 (juris).
[357] Staudinger/*V. Emmerich* BGB § 559 Rn. 45.

Strafe" stärker belastet werden.[358] Unbillig ist auch ein Verteilungsschlüssel, der zurzeit unvermietete Wohnungen aus der Verteilung ausnimmt[359] oder die vom Vermieter[360] oder Hausmeister genutzte Wohnung gar nicht oder mit einem günstigeren Verteilungsschlüssel in Ansatz bringt. Das Gleiche gilt, wenn Mieterhöhungen gem. § 559 BGB für bestimmte Wohnungen kraft Gesetzes, zB wegen bestehender Staffelmiet- oder Mietanpassungsvereinbarung oder weil es sich um gewerbliche Mietverhältnisse handelt oder auf Grund des Mietvertrages gem. § 557 Abs. 3 BGB, ausgeschlossen sind. Auch in diesem Fall muss der Vermieter die auf diese Wohnungen entfallenden Kosten selbst tragen.[361] Unzulässig ist es auch, den Modernisierungsaufwand für mehrere Gebäude, die keine Wirtschaftseinheit bilden, zusammenzufassen und einheitlich zu verteilen.[362]

In allen übrigen Fällen muss die Verteilung der Kosten durch den Vermieter angemessen sein. **77**
Dabei ist von dem Grundsatz auszugehen, dass immer dann, wenn keine separate Erfassung der Kosten für die einzelnen Wohnungen erfolgt ist oder ein anderer praktikabler und nachvollziehbarer Umlagemaßstab offensichtlich ist, eine Verteilung der Kosten nach dem **Verhältnis der tatsächlichen Wohnfläche** der einzelnen Wohnung zur Gesamtfläche, die modernisiert wurde, angemessen ist.[363] Dies gilt zunächst für den Fall, dass im Mietvertrag keine Flächenvereinbarung getroffen wurde.[364] Ist im Mietvertrag eine größere als die tatsächliche Wohnfläche vereinbart, dann ist sowohl die Gesamtwohnfläche des Hauses nach der Summe der tatsächlichen Flächen zu ermitteln[365] wie auch die konkrete Vertragswohnung mit der tatsächlichen Fläche zu berücksichtigen.[366] Nur das entspricht der Formulierung „angemessen" in Abs. 3 und hält einer Billigkeitskontrolle gem. §§ 315, 316 BGB stand. Ist im Mietvertrag eine kleinere Fläche als tatsächlich vorhanden vereinbart, hat dies auf die Gesamtfläche des Hauses, auf die die Kosten aufzuteilen sind, keinen Einfluss.[367] Die Verwendung einer größeren vereinbarten als der tatsächlichen Fläche würde den konkreten Mieter im Verhältnis zu den anderen Mietern benachteiligen, die Verwendung einer kleineren vereinbarten als der tatsächlichen Fläche würde alle anderen Mieter benachteiligen und ist deshalb unbillig. Etwas anderes gilt aber hinsichtlich der Fläche der einzelnen Wohnung. Hier liegt idR eine Ausschlussvereinbarung gem. § 557 Abs. 3 BGB vor, so dass der Vermieter nicht 100% der Kosten zum Gegenstand einer Mieterhöhung machen kann (→ BGB § 557 Rn. 56).[368] Der BGH vertritt inzwischen[369] ebenfalls sowohl bei der Mieterhöhung nach § 558 BGB[370] wie auch für Betriebskostenabrechnungen[371] die Auffassung, dass „die tatsächlich vorhandene Wohnfläche" maßgeblich ist.

Ein anderer Maßstab ist zB dann sachgerechter, wenn es um den Einbau von **Fenstern** geht. **78**
Hier können die Kosten ohne weiteres nach der Anzahl der Fenster und ggf. nach der Größe erfolgen.[372] Dies gilt zumindest dann, wenn die Wohnungen unterschiedlich groß sind und eine unterschiedlich große Anzahl oder unterschiedlich große Fenster aufweisen. Dies gilt auch, wenn einige Wohnungen mit Terrassen- oder Balkontüren ausgestattet werden mussten. In Betracht kommen kann auch eine **Verteilung nach der Anzahl der Wohnungen.** Das ist dann der Fall, wenn die

---

358 LG Offenburg WuM 1998, 289 für Mieterhöhung nach § 2 MHG bei Genossenschaftswohnung; anders aber zu Recht BGH VIII ZR 159/08, NZM 2010, 121; LG Köln ZMR 2008, 718 mAnm *Börstinghaus* WuM 2009, 223; zur Gleichbehandlung → BGB § 557 Rn. 45.

359 Staudinger/*V. Emmerich* BGB § 559 Rn. 45; *Kinne* ZMR 2001, 868 (871).

360 *Langenberg* PiG 40 (1993), 59 (78).

361 Staudinger/*V. Emmerich* BGB § 559 Rn. 45; *Sternel* MietR Kap. III Rn. 792.

362 *Sternel* MietR Kap. IV Rn. 367.

363 Staudinger/*V. Emmerich* BGB § 559 Rn. 43; Bub/Treier MietR-HdB/*Schultz* Kap. III A Rn. 1586; MüKo-BGB/*Artz* § 559 Rn. 22; **aA** maßgeblich „zunächst einmal" die im Mietvertrag vereinbarte Wohnfläche: Lützenkirchen MietR/*Dickersbach* BGB § 559 Rn. 98.

364 *Börstinghaus* Flächenabweichungen Rn. 856.

365 *Börstinghaus* Flächenabweichungen Rn. 866.

366 *Börstinghaus* Flächenabweichungen Rn. 863.

367 *Börstinghaus* Flächenabweichungen Rn. 874.

368 *Börstinghaus* Flächenabweichungen Rn. 870.

369 **AA** noch BGH VIII ZR 205/08, WuM 2009, 460; VIII ZR 261/06, NJW 2008, 142.

370 BGH VIII ZR 266/14, NZM 2016, 42 = NJW 2016, 239; *Börstinghaus* jurisPR-BGHZivilR 2/2016 Anm 1; *Beyer* jurisPR-MietR 1/2016 Anm. 1; *Beuermann* GE 2016, 30; *Börstinghaus* LMK 2016, 375498; *Heix* WuM 2016, 263.

371 BGH VIII ZR 220/17, NJW 2018, 2317 = NZM 2018, 671; *Börstinghaus* LMK 2018, 406662; *Wall* WuM 2018, 496; *Lehmann-Richter/Streyl* NZM 2018, 673; BGH VIII ZR 173/17, WuM 2019, 144.

372 LG Potsdam WuM 2000, 553; LG Stralsund WuM 1996, 229; LG Frankfurt a. M. WuM 1983, 114; *Sternel* MietR Kap. III Rn. 791; *Mersson* DWW 2009, 206 (209); Bub/Treier MietR-HdB/*Schultz* Kap. III A Rn. 1589.

Modernisierungsmaßnahme für jede Wohnung im gleichen Umfang durchgeführt wurde,[373] zB beim Einbau einer Gegensprechanlage, einer neuen einbruchssichereren Haustüranlage oder den Anschluss an ein Breitbandkabelnetz.[374] Demgegenüber ist eine Verteilung der Kosten nach der Kopfzahl regelmäßig nicht sachgerecht.[375] Es kann deshalb vom Vermieter auch nicht verlangt werden, die Kosten einer Badrenovierung nach der Anzahl der das Bad benutzenden Personen zu verteilen. Sollen etwa die Kosten der Anlegung eines Kinderspielplatzes nur auf die Familien mit Kindern umgelegt werden können oder auch auf die Familien, deren Familienplanung noch nicht offensichtlich (?) abgeschlossen ist?

79 Im Übrigen ist der Vermieter aber nicht verpflichtet, bei der Verteilung den unterschiedlichen **Gebrauchswert** der Modernisierungsmaßnahme oder das Maß der potenziellen Energieeinsparung zu berücksichtigen. Auch hier kommt es zu Ungleichbehandlungen. So ist es grds. nicht erforderlich, den Erdgeschossmieter bei der Umlage der Kosten für den Einbau oder die Modernisierung eines **Fahrstuhls** auszuklammern[376] oder zumindest die Bewohner der oberen Geschosse stärker zu belasten.[377] Die Verteilung der Kosten nach Gesamtquadratmetern des Hauses ist nicht unbillig.[378] Dies gilt auch für die Verteilung der Kosten für einen Balkonanbau nach dem Verhältnis der Balkonfläche.[379] Grundsätzlich spricht gegen eine solche Verteilung nach dem unterschiedlichen Gebrauchswert nichts[380], nur ist es regelmäßig kaum möglich einen angemessenen und akzeptablen Verteilungsschlüssel anzuwenden, der die Verteilung plausibler und billiger macht.[381] Auch Erdgeschossbewohner können ein Interesse an der Fahrstuhlnutzung haben. Das beginnt beim Transport der Bierkästen in den Keller und endet beim Besuch von Mitmietern im Obergeschoss. Nur wenn der Erdgeschossmieter objektiv keinen Nutzen hat, zB weil der Fahrstuhl im Zwischengeschoss hält[382] oder weil es sich um einen Fahrstuhl in einem anderen Gebäudeteil handelt,[383] scheidet eine Umlage auf den betreffenden Mieter aus. Zum Teil[384] wird vorgeschlagen 60% der Kosten linear auf jedes Stockwerk und 40% gebrauchsabhängig zu verteilen. Das LG Hamburg hat folgende Umlageschlüssel für die Kosten eines Fahrstuhleinbaus auch für angemessen anerkannt, der aber iE auch nicht „friedensfördernder" ist als eine Umlage nach der Wohnfläche[385]:

| | LG Hamburg[386] | *Kinne*[387] |
|---|---|---|
| Erdgeschoss | 0% | 0% |
| 1. OG | 12% | 16% |
| 2. OG | 17,5% | 18% |
| 3. OG | 21% | 20% |
| 4. OG | 23,5% | 22% |
| 5. OG | 26% | 24% |

[373] Blömeke/Blümmel Modernisierung/*Kinne* Teil C Rn. 101.
[374] BGH VIII ZR 202/06, NJW 2007, 3060; *Derckx* NJW 2007, 3061; *Beyer* NZM 2008, 12.
[375] *Kinne* ZMR 2001, 868 (871).
[376] LG Duisburg WuM 1991, 597; LG Berlin WuM 1990, 559; AG Brandenburg GE 2018, 1286; Lützenkirchen MietR/*Dickersbach* BGB § 559 Rn. 98; nach dem Urteil des BGH VIII ZR 103/06, NJW 2006, 3557 ist der Erdgeschossmieter auch an den Betriebskosten des Fahrstuhls zu beteiligen; **aA** LG Braunschweig WuM 1990, 558; *Langenberg* PiG 40 (1993), 59 (77); Bub/Treier MietR-HdB/*Schultz* Kap. III A Rn. 1591.
[377] So aber LG Hamburg ZMR 2002, 918 mAnm *Bottenberg;* LG Berlin GE 1994, 703; *Kinne* ZMR 2001, 868 (871).
[378] Blömeke/Blümmel Modernisierung/*Kinne*/*Lorenz* Teil B S. 217.
[379] AG Wedding GE 2014, 943.
[380] *Mersson* DWW 2009, 122 (129).
[381] *Sternel* PiG 41 (1993), 45 (63).
[382] LG Berlin WuM 2018, 212: für Mieter in Hochparterrewohnung.
[383] Staudinger/*V. Emmerich* BGB § 559 Rn. 44; zum ähnlichen Problem bei der Betriebskostenabrechnung BGH VIII ZR 128/08, NJW 2009, 2058; LG Berlin GE 2005, 1489.
[384] Blömeke/Blümmel/Kinne/Lorenz/*Kinne,* Die Modernisierung und Instandsetzung von Wohnraum, 1994, Teil C Rn. 104, S. 254.
[385] Nach Staudinger/*V. Emmerich* BGB § 559 Rn. 44 ist der Vermieter berechtigt aber nicht verpflichtet die Kostenverteilung zu staffeln.
[386] LG Hamburg ZMR 2002, 918 mAnm *Bottenberg* ZMR 2002, 920.
[387] Blömeke/Blümmel/Kinne/Lorenz/*Kinne,* Die Modernisierung und Instandsetzung von Wohnraum, 1994, Teil C Rn. 104, S. 254.

Bei einer Wärmedämmung muss nicht zwischen Innen- und Außenwohnungen[388] oder solchen die an der gedämmten Außenwand und solchen, die an der ungedämmten Brandschutzwand liegen[389] differenzieren werden. Eine **Wärmedämmung** kommt mittelbar auch den Mietern von Innenwohnungen zugute. Dies gilt auch für die Dämmung der Kellerdecke und des Daches, da hierdurch die **umlagefähigen verbrauchsunabhängigen Heizkosten** sinken.[390] Etwas anderes kann uU gelten, wenn die Dachgeschosswohnung ofenbeheizt ist bei einer entfernten Fassadendämmung.[391] Nach den Erfahrungen der Wärmemessfirmen erfolgt mehr als ⅔ des Wärmeverlustes bei gedämmten Gebäuden im Haus. Das bedeutet, dass durch die Abstrahlung und den sog. **„Wärmeklau"** eine Beheizung von Nachbarwohnungen stattfindet. Deshalb hat der Gesetzgeber bei der Neufassung der Heizkostenverordnung zum 1.1.2009 auch die Vorschläge der Mieterseite nicht aufgegriffen bei energetisch sanierten Gebäuden die Kosten ausschließlich nach dem gemessenen Verbrauch zu verteilen. Die Mieter, der etwas entfernter von den Dämmmaßnahmen liegenden Wohnungen, profitieren bei der Heizkostenabrechnung also nicht nur über den Flächenanteil[392], sondern uU auch über den nach Verbrauch abzurechnenden Anteil der Kosten.[393] Bei jeder Maßnahme profitiert einmal der eine und einmal der andere Mieter etwas mehr. Die Kosten sind insgesamt umlagefähig, so dass es auch nicht um die Verteilung zwischen Mieter und Vermieter geht, sondern nur um die Verteilung auf die verschiedenen Mieter. Das Gericht darf nur prüfen, ob die durch die Billigkeit gezogenen Grenzen überschritten sind[394], allein die Tatsache, dass das Gericht einen anderen Abrechnungsschlüssel für richtiger hält, genügt nicht.[395] Selbst wenn eine Wohnung im Haus noch nicht an die Zentralheizung angeschlossen ist, soll es nicht unbillig sein, die Kosten der Dachdämmung auf alle Wohnungen des Hauses gleichmäßig zu verteilen.[396] 80

Alle Vorschläge, die für eine stärkere Belastung der einen und eine Entlastung der anderen Gruppe plädieren, haben durchaus etwas für sich, es gibt aber gegen jedes Argument auch Gegenargumente. Nicht nur, dass der Vermieter zT die persönlichen Verhältnisse und Gewohnheiten der Mieter erkunden müsste, um individuelle Gebrauchsvorteile feststellen zu können, er müsste diese Umstände auch bewerten, was im Zweifel die betroffenen Mieter jeweils zu ihren Gunsten anders sehen werden. **Die Prognostizierbarkeit der gerichtlichen Entscheidungen** in diesem Zusammenhang wäre kaum gegeben. Auch die Gerichte werden die einzelnen Vorteile unterschiedlich bewerten. Ausgehend vom Sinn und Zweck der Regelung, ein einfaches und pauschales Umlageverfahren zu schaffen, und den Vermieter nicht durch übermäßige formale Anforderungen zu belasten, ist deshalb idR eine Umlage nach der tatsächlichen Wohnfläche auf alle Mieter des Hauses nicht unbillig.[397] Es geht auch nicht darum, den allein richtigen Umlageschlüssel zu finden, sondern den **vom Vermieter gewählten Schlüssel** daraufhin zu überprüfen, ob er gem. § 315 BGB der **Billigkeit** entspricht. Nur wenn wirklich gar keine Veränderung durch die Baumaßnahme auf Seiten des betreffenden Mieters feststellbar ist, scheidet seine Einbeziehung in die Verteilung aus. 81

### III. Ermittlung der neuen Miete

Der **Erhöhungsbetrag** ist zu der jährlichen Miete hinzuzurechnen. Der Begriff der **jährlichen Miete** war früher strittig. Richtigerweise wird auf den 12-fachen Betrag der **aktuell gezahlten** 82

[388] LG Münster WuM 2010, 93; AG Celle WuM 1992, 379; AG Münster WuM 2009, 248; Staudinger/*Emmerich* BGB § 559 Rn. 44; *Sternel* PiG 41 (1993), 45 (63); *Sternel* MietR Kap. IV Rn. 369; Lützenkirchen MietR/*Dickersbach* BGB § 559 Rn. 98; nach Bub/Treier MietR-HdB/*Schultz* Kap. III A Rn. 1587 ist sowohl eine Verteilung auf alle Mieter wie auch eine Verteilung nur auf die Mieter einer Außenwohnung nicht unbillig.

[389] LG Berlin GE 2017, 1024 mAnm *Herlitz* jurisPR-MietR 21/2018 Anm. 5.

[390] LG Berlin GE 2013, 1654; LG Halle ZMR 2003, 35 (37); **aA** wohl KG GE 2006, 714; AG Celle WuM 1992, 379; AG Münster WuM 1997, 498; *Blank* WuM 2008, 311; *Mersson* DWW 2009, 209.

[391] LG Berlin GE 2019, 1579.

[392] Darauf weist auch das LG Berlin GE 2013, 1654 hin.

[393] Anders kann der Fall zu beurteilen sein, wenn eine Wohnung nicht über eine Zentralheizung beheizt wird: LG Berlin MM 6/2014, 30.

[394] LG Berlin GE 2019, 1579.

[395] LG Berlin GE 2013, 1654 unter Hinweis auf BGH I ZR 299/02, BGHZ 163, 119.

[396] LG Berlin GE 2013, 1654; **aA** LG Berlin GE 2014, 874, für fernliegende Außenwanddämmung bei Einzelofenheizung; LG Berlin 2019, 1579 für ofenbeheizte Dachgeschosswohnung bei Fassadendämmung.

[397] LG Münster WuM 2010, 93; so auch das Argument des BGH VIII ZR 103/07, NJW 2006, 3557; *Sternel* MietR Kap. IV Rn. 369.

**Monatsmiete** abgestellt.[398] Ganz vereinzelt wird aber auch heute noch die in den letzten 12 Monaten tatsächlich geschuldete Miete herangezogen.[399] Der Streit ist nur dann erheblich, wenn die vom Mieter zu zahlende Miete sich in den letzten 12 Monaten verändert hat.

**Beispiel:** Betrug die Miete zB acht Monate 400 EUR und die letzten vier Monate 500 EUR, und hat der Vermieter anrechenbare Modernisierungskosten von 10.000 EUR aufgewandt dann beläuft sich der Erhöhungsbetrag auf jährlich 1.100 EUR. Geht man von der aktuellen Miete als Erhöhungsgrundlage aus, ist der Erhöhungsbetrag von 1.100 EUR der Jahresmiete von 6.000 EUR hinzuzurechnen, was einer neuen Monatsmiete von 591,66 EUR entspricht. Knüpft man demgegenüber an die Miete der letzten 12 Monate an, beträgt die neue Miete nur 525 EUR.

83 Für die Auffassung, wonach es auf **den 12-fachen Monatsbetrag der zum Zeitpunkt des Abschlusses der Baumaßnahme geschuldeten Miete** ankommt, spricht zunächst der Wortlaut. Dort ist von der jährlichen Miete die Rede. Das Gesetz spricht gerade nicht von der „Miete des letzten Jahres" oder in ähnlichen Formulierungen. Die zeitliche Umschreibung war auch nur deshalb erforderlich, weil Erhöhungsbetrag und Miete in denselben zeitlichen Dimensionen zu berechnen waren. Da der Erhöhungssatz ein Prozentwert ist, der üblicherweise ein Jahreswert ist, musste der Gesetzgeber auch die zu erhöhende Miete auf den Jahreswert umrechnen. Aber selbst wenn man davon ausgehen sollte, dass der Wortlaut zumindest nicht eindeutig ist, sprechen Sinn und Zweck der Regelung für diese Auslegung. Der Gesetzgeber wollte dem Vermieter als Anreiz für Modernisierungsmaßnahmen eine Verzinsung von 8% zukommen lassen. Dies wird bei der Berechnungsart der anderen Auffassung aber nicht erreicht. Es ist auch kein Grund ersichtlich, warum ein Vermieter für die gleiche Modernisierungsmaßnahme unterschiedlich hohe Mieterhöhungen verlangen kann, nur weil die Miete in der Vergangenheit sich verändert hat. Hinsichtlich der Mieterhöhung sind die Ergebnisse völlig willkürlich, da der Umfang einer ansonsten leicht berechenbaren Mieterhöhung davon abhängt, ob sich die Miete in den vergangenen Monaten verändert hat und wann dies ggf. war. Die Mieterhöhung nach § 559 BGB knüpft an die Modernisierungskosten an. Diese sind ausschließlicher Einflussfaktor für die Mieterhöhung. Die Mieterhöhung nach § 559 BGB wirkt in die Zukunft und hat mit der Miete der Vergangenheit nichts zu tun. Die Miete der vergangenen 12 Monate soll nicht zu einer Limitierung der Mieterhöhung nach § 559 BGB führen.[400]

Es muss deshalb wie folgt gerechnet werden:

Aktuelle monatliche Grundmiete × 12 = Jahresgrundmiete
Ansatzfähige auf die Wohnung
entfallenden Baukosten × 8% = Jahreserhöhungsbetrag
neue Jahresmiete
: 12 = neue Monatsmiete

84 Die Modernisierungsmieterhöhung nach § 559 BGB wird ab Fälligkeit **Teil der Miete.**[401] Es handelt sich bei der Modernisierungsmieterhöhung demnach nicht um einen **Mietzuschlag,** der neben der Miete zu bezahlen wäre.[402] Der Zuschlag kann auch nicht als Teil der Betriebskosten vereinbart werden.[403] Da die Mieterhöhung gem. § 559 BGB nicht durch die ortsübliche Vergleichsmiete begrenzt wird[404], sind Mieterhöhungen gem. § 558 BGB solange nicht möglich, wie die ortsübliche Vergleichsmiete für modernisierten Wohnraum nicht höher als die erhöhte Vertragsmiete ist. Probleme[405] kann der Vermieter auch bei einem **Mieterwechsel** haben, da hier regelmäßig die

[398] *Sternel* MietR Kap. III Rn. 783; *Sternel* PiG 41 (1993), 45 (62); MüKoBGB/*Artz* § 559 Rn. 16; Staudinger/*V. Emmerich* BGB § 559 Rn. 25; Bub/Treier MietR-HdB/*Schultz* Kap. III A Rn. 1569; *Scholz* WuM 1995, 87 (89); AnwK WohnraumMietR/*Lammel* BGB § 559 Rn. 36; *Mersson* DWW 2009, 122 (128); *Langenberg* PiG 40 (1993), 59 (75); *Gutekunst* PiG 16 (1989), 149 (158); *Gelhaar* ZMR 1978, 164.

[399] Kossmann/Meyer-Abich Wohnraummiete-HdB/*Meyer-Abich* § 158 Rn. 10; *Derleder* WuM 1976, 224; *Marienfeld* ZMR 1978, 38; *Sonnenschein* PiG 13 (1983), 65 (75).

[400] *Sternel* MietR Kap. III Rn. 783; *Langenberg* PiG 41 (1993), 59 (75).

[401] BGH VIII ZR 331/06, NJW 2008, 848; LG München WuM 1996, 43; LG Essen WuM 1994, 217; LG Hamburg WuM 1989, 82; 1985, 229; AG Lichtenberg GE 2004, 629; MM 2001, 106; AG Mühlheim WuM 1990, 221; *Mersson* DWW 2009, 122 (129); *Langenberg* PiG 40 (1993), 59 (63); *Sternel* MietR Kap. III Rn. 764, Kap. IV Rn. 405; AnwK WohnraumMietR/*Lammel* BGB § 559b Rn. 25; Herrlein/Kandelhard/*Both* BGB Vor §§ 559–559b Rn. 8.

[402] *AG Lichtenberg GE 2004, 629*; Falsch deshalb AG Berlin-Mitte GE 2003, 461.

[403] LG Aachen WuM 2015, 118.

[404] Zu den landesgesetzlichen Ausnahmen im preisgebundenen Wohnungsbau → Rn. 88 ff.

[405] Zur wirtschaftlichen Betrachtung des § 559 BGB s. *Mersson* DWW 2009, 122 (131).

sog. Marktmiete die Weitervermietungsmiete darstellt. Diese muss nicht so hoch sein wie die gem. § 559 BGB erhöhte Miete.

### IV. Anrechnung von Drittmitteln

Hat der Vermieter für die Modernisierungsmaßnahme **Fördermittel** oder **Zuschüsse** von Mietern oder Dritten bekommen, so müssen diese Leistungen unter den Voraussetzungen des § 559a BGB in Anrechnung gebracht werden. Wegen der verschiedenen Fallkonstellationen siehe die dortige Kommentierung. **85**

### V. Steuerliche Auswirkungen

Der Mieter kann die Mieterhöhung gem. § 559 BGB nicht iRd § 35a EStG steuerlich geltend machen.[406] Zwar ermäßigt sich gem. § 35a Abs. 3 EStG[407] die tarifliche Einkommensteuer um 20% der Aufwendungen des Steuerpflichtigen, höchstens 1.200 EUR ua für die Inanspruchnahme von Modernisierungsmaßnahmen, so dass der Mieter, wenn er die Arbeiten selbst in Auftrag gegeben und unbar bezahlt hätte, in den Genuss des Steuervorteils gekommen wäre. Nach dem Anwendungsschreiben des BMF v. 10.1.2014[408] gilt die Vorschrift für alle handwerklichen Tätigkeiten für Renovierungs-, Erhaltungs- und Modernisierungsmaßnahmen, die in einem inländischen Haushalt des Steuerpflichtigen erbracht werden, unabhängig davon, ob es sich um regelmäßig vorzunehmende Renovierungsarbeiten oder kleine Ausbesserungsarbeiten handelt, die gewöhnlich durch Mitglieder des privaten Haushalts erledigt werden, oder um Erhaltungs- und **Modernisierungsmaßnahmen, die im Regelfall nur von Fachkräften** durchgeführt werden. Für den Bereich der Betriebskostenabrechnung ist deshalb anerkannt, dass der Mieter die anteiligen Arbeitskosten in der Abrechnung in seiner Steuererklärung geltend machen kann.[409] Der Fall ist hier aber nicht vergleichbar. Steuerlich entscheidend ist, wer den Aufwand trägt. Dass ergibt sich bereits aus der amtlichen Überschrift des § 35a EStG und ist auch ansonsten steuerlich allein entscheidend. Der Mieter hat aber den Aufwand weder unmittelbar noch mittelbar. Deshalb liegt auch keine Ungleichbehandlung im Verhältnis zum selbstnutzenden Eigentümer vor. Es handelt sich um unterschiedliche Sachverhalte. Der Mieter trägt keine Modernisierungskosten, wenn der Vermieter gem. § 559 BGB die Miete erhöht. Die Modernisierungskosten sind nur Berechnungsgrundlage für die Mieterhöhung.[410] Das reicht für eine „Inanspruchnahme von Handwerkerleistungen" im Sinne der Vorschrift nicht aus. Da der Mieter die Mieterhöhung nach § 559 BGB auch nicht iRd § 35a EStG steuerlich geltend machen kann, muss der Vermieter ihm auch keine entsprechende Bescheinigung über anteilige Arbeitskosten ausstellen und vorlegen. **86**

### VI. Die Kappungsgrenze des Abs. 3a

Bisher galt für Mieterhöhungen nach § 559 BGB keine Kappungsgrenze. Soweit die Bundesregierung bei § 3 MHG als Vorgängervorschrift des § 559 BGB eine Kappungsgrenze von 10% über der ortsüblichen Vergleichsmiete hatte einführen wollen, ist diese Grenze auf Vorschlag des Bundesrates fallen gelassen worden, damit weiterhin ein erhöhter Anreiz für Modernisierungsmaßnahmen bestand.[411] Durch das Mietrechtsanpassungsgesetz v. 18.12.2018[412] wurde zum 1.1.2019 erstmals eine absolute **Kappungsgrenze für Modernisierungsmieterhöhungen** eingeführt. Bei Erhöhungen der jährlichen Miete nach § 559 Abs. 1 BGB darf sich die monatliche Miete **innerhalb von sechs Jahren,** von Erhöhungen auf die ortsübliche Vergleichsmiete nach § 558 BGB oder **87**

---

[406] AG Berlin-Mitte MM 10/2019, 28.

[407] IdF des Gesetzes zur Umsetzung steuerrechtlicher Regelungen des Maßnahmenpakets „Beschäftigungssicherung durch Wachstumsstärkung" v. 21.12.2008 (BGBl. I 2896).

[408] BMF IV C 4 – S 2296-b/07/0003 (2010/0014334), DStR 2015, 2608 herunterladbar unter www.bundesfinanzministerium.de; abgedr. auch bei Börstinghaus/Eisenschmid Modernisierungs-HdB/*Eisenschmid* S. 401.

[409] *Herrlein* ZAP Fach 4, 1077; WuM 2007, 54; *Sauren* NZM 2007, 231; *Ludley* ZMR 2007, 331; *Kinne* GE 2007, 764.

[410] *Beck,* Haushaltsnahe Dienstleistungen im Miet- und Wohnungseigentumsrecht, 2007, 23.

[411] Schmidt-Futterer/*Blank,* Wohnraumkündigungsschutzgesetz, 6. Aufl., 1988, C 203.

[412] BGBl. I 2648; dazu *Artz/Börstinghaus* NZM 2019, 12; *Selk* NJW 2019, 329; *Lützenkirchen* MietR 2019, 86, 91.

Betriebskostenerhöhungen gem. § 560 BGB abgesehen, nicht **um mehr als 3 EUR/m²** erhöhen. Beträgt die monatliche Miete vor der Mieterhöhung weniger als 7 EUR/m², so beträgt die neue Modernisierungskappungsgrenze sogar nur 2 EUR/m², da eine darüberhinausgehende Mieterhöhung für Mieter mit einer solchen Ausgangsmiete besonders belastend sei.[413] In der Mehrzahl der Gemeinden in Deutschland dürfte die Kappungsgrenze wegen der Miethöhe 2 EUR/m² betragen.[414]

**87a** Anknüpfungspunkt für die Ermittlung der maßgeblichen Kappungsgrenze ist jeweils die *Nettokaltmiete* also ohne Berücksichtigung von Betriebskostenvorauszahlungen oder -pauschalen, da sich Änderungen bei den Betriebs- und Heizkosten durch die Modernisierungsmaßnahmen nicht mit der erforderlichen Sicherheit prognostizieren lassen.[415] Bei einer *Teilinklusiv-* oder *Bruttomiete* haben keine Beträge herausgerechnet zu werden. Sowohl für die Ermittlung der maßgeblichen Kappungsgrenze von 2 EUR/m² oder 3 EUR/m² oder für die Ermittlung der anzurechnenden Erhöhungen auf diese Kappungsgrenze ist vom **Wirkungszeitpunkt** der Mieterhöhung gem. § 559b Abs. 2 BGB auszugehen und hiervon **sechs Jahre zurückzurechnen;** die Verlängerung der Frist gem. § 559b Abs. 2 S. 2 BGB ist zu beachten. Es kommt weder auf den Zugang der Modernisierungsankündigung gem. § 555c BGB an noch auf den Zugang der Modernisierungsmieterhöhung. Auf die jeweilige Kappungsgrenze werden auch Modernisierungsmieterhöhungen im maßgeblichen sechs Jahren vor dem 1.1.2019 angerechnet. Betrug die Nettokaltmiete zum maßgeblichen Zeitpunkt nur 6,99 EUR/m² darf die Miete sich um maximal 2 EUR/m² erhöhen, in allen anderen Fällen 3 EUR/m². Der Betrag muss nicht durch eine Modernisierungsmieterhöhung ausgeschöpft werden. Nicht verbrauchte Teile können durch spätere Mieterhöhungen „aufgefüllt" werden.[416] Dabei kann es dazu führen, dass die Kappungsgrenze sich von 2 EUR/m² auf 3 EUR/m² ändert.

**Beispiel:** Die Nettokaltmiete betrug am 1.4.2016 5,50 EUR/m². Im Jahre 2019 führt der Vermieter eine ordentlich angekündigte Modernisierungsmaßnahme gem. § 555b BGB durch. Er erhöht mit Schreiben v. 10.5.2021 rechtlich wirksam die Miete um 1,70 EUR/m² auf 7,20 EUR/m² ab 1.8.2021. Im Jahre 2020 führt er eine weitere Modernisierung durch. Da die Miete zum Zeitpunkt der Modernisierungsmieterhöhung nun 7,20 EUR/m² beträgt, kann er jetzt noch eine Mieterhöhung iHv 1,30 EUR/m² durchführen. Hätte er die Maßnahmen zusammen durchgeführt, hätte er die Miete nur um weitere 0,30 EUR/m² erhöhen dürfen.

**87b** Mieterhöhungen nach den §§ 558, 560 BGB werden auf die Kappungsgrenze nicht angerechnet. Dies gilt auch für eine **Mieterhöhung auf die ortsübliche Vergleichsmiete** für den modernisierten Standard (→ BGB Vor §§ 558 Rn. 9). Auch wenn solche Mieterhöhungen nicht auf die Kappungsgrenze angerechnet werden, so können sie aber Einfluss auf die Höhe der Kappungsgrenze haben. Wurde die ortsübliche Vergleichsmiete vor der Modernisierungsmieterhöhung erhöht, so kommt es darauf an, ob der Mieter dieser Mieterhöhung gem. § 558b BGB bereits zum Zeitpunkt des Wirksamwerdens der Modernisierungsmieterhöhung gem. § 559b BGB zugestimmt hat. Problematisch wird dies, wenn der Mieter erst später zur Zustimmung verurteilt wird. In diesem Fall wird die Modernisierungsmieterhöhung nachträglich teilwirksam, wenn die Kappungsgrenze des Abs. 3a BGB nunmehr 3 EUR beträgt.

**Beispiel:** Die Nettokaltmiete betrug am 1.4.2016 6,50 EUR/m². Im Januar 2021 verlangte der Vermieter gem. §§ 558ff. BGB vom Mieter die Zustimmung zu einer ortsüblichen Vergleichsmiete für nicht modernisierten Wohnraum von 7,30 EUR/m² ab 1.4.2021. Der Mieter stimmt nicht zu. Im Februar/März 2021 führt der Vermieter eine ordentlich angekündigte Modernisierungsmaßnahme gem. § 555b BGB durch. Er erhöht mit Schreiben v. 10.5.2021 rechtlich wirksam die Miete um 2,50 EUR/m² ab 1.8.2021. Ende Juni 2021 erhebt der Vermieter Zustimmungsklage. Der Mieter wird im November 2021 zur Zustimmung zu einer Mieterhöhung von 7,10 EUR/m² verurteilt. Das bedeutet, der Mieter schuldet ab 1.8.20219,60 EUR/m², da die Kappungsgrenze gem. § 559 Abs. 3a BGB hier 3 EUR/m² beträgt.

**87c** Die Kappungsgrenze gilt auch für Mieterhöhungen im neuen **vereinfachten Verfahren** gem. § 559c BGB. Da die maximale Mieterhöhung hier 560 EUR jährlich pro Wohnung betragen kann (7000 EUR × 8%), spielt diese absolute Kappungsgrenze bei einer Ausgangsmiete von bis zu 7 EUR/m² nur bei Wohnungen mit einer Größe von bis zu 23,33 m² und bei einer Ausgangsmiete ab 7 EUR/m² bei Wohnungen mit einer Größe mit maximal 15,55 m² eine Rolle.

---

[413] BT-Drs 19/6153 S. 22; *Selk* NJW 2019, 329 (332) begrüßt die Differenzierung grds., meint aber, dass dies *immer noch an „der Wirklichkeit (…) in vielen Wohnraummangelgebieten"* vorbeigehe.

[414] *Artz/Börstinghaus* NZM 2019, 12, 19 unter Hinweis auf die Zahlen des Statistischen Bundesamtes.

[415] BT-Drs 19/4672 S. 30.

[416] MüKoBGB/*Artz* § 559 Rn. 23.

Die neue **Kappungsgrenze gilt nicht,** wenn dem Mieter die Modernisierungsankündigung nach § 555c Abs. 1 S. 1 BGB bis einschließlich 31.12.2018 zugegangen ist.[417] Hat der Vermieter die Modernisierungsmaßnahme nicht oder nicht ordnungsgemäß nach § 555c BGB angekündigt, so kommt es statt des Zugangs der Modernisierungsankündigung auf den Zugang der Mieterhöhungserklärung nach § 559b BGB an. In den Fällen, in denen keine Kappungsgrenze gilt, beträgt der Umlagesatz auch noch 11%. **87d**

Hat der Vermieter bei der Mieterhöhung nach Modernisierung die Kappungsgrenze nicht beachtet, führt dies nicht zur formellen oder materiellen Unwirksamkeit der ganzen Mieterhöhung. Unwirksam ist nur der die Kappungsgrenze überschießende Teil.[418] **87e**

### VII. Begrenzung des Erhöhungsanspruchs

Im **geförderten Wohnungsbau in einigen Bundesländern** Gelten zusätzliche Beschränkungen. Nach Übertragung der ausschließlichen Gesetzgebungszuständigkeit für den Bereich des Wohnraumförderung durch die Föderalismusreform[419] auf die Länder haben einige Bundesländer abweichende Regelungen erlassen: **88**

In **Baden-Württemberg**[420] gilt seit 1.1.2008 das Landeswohnraumförderungsgesetz (LWoFG BW).[421] Danach gelten in Baden-Württemberg das WoBindG, die NMV 1970, die II. BV seit 1.1.2008 und das WoFG seit 1.1.2008 nicht (→ BGB Vor § 557 Rn. 35). Dort gilt jetzt auch für den gesamten geförderten Wohnungsbau das Vergleichsmietensystem. Die zum 31.12.2008 geschuldete Kostenmiete gilt seit 1.1.2009 als vertraglich vereinbarte Miete, § 32 Abs. 2 LWoFG BW. Für die Mieterhöhung gelten die Vorschriften der §§ 557 ff. BGB soweit landesgesetzlich nichts anderes bestimmt ist. Das ist zunächst die Beschränkung auf 4% statt 8% der aufgewendeten Kosten bei einer Modernisierung, die den mittleren Standard einer entsprechenden Neubauwohnung übersteigt (→ Rn. 151). Außerdem darf die Wohnung nicht zu einem höheren Entgelt überlassen werden, als sie die Gemeinde durch Satzung festgelegt hat. Dabei dürfen die Gemeinden in der Satzung keine höhere Miete festsetzen als die ortsübliche Vergleichsmiete minus eines Abschlags von 10%. Diese Grenze ist auch nach einer Modernisierung einzuhalten und darf nicht überschritten werden unabhängig davon, ob durch die Modernisierung ein Zustand geschaffen wird, der den mittleren Zustand einer entsprechenden Neubauwohnung übersteigt oder nicht.[422] Hier hat die ortsübliche Vergleichsmiete also Einfluss auf die Modernisierungsmieterhöhung. Entscheidend ist aber bei der Einordnung in die Gemeindesatzung der durch die Modernisierung geschaffene Zustand der Wohnung. **89**

In **Schleswig-Holstein** gilt seit 1.7.2009 das **Gesetz über die Wohnraumförderung in Schleswig-Holstein (SHWoFG).**[423] Auch hier gilt die im 1.7.2009 gezahlte Kostenmiete als Basismiete, jedoch anders als in Baden-Württemberg gilt hier die preisrechtlich zulässige Miete aus Ausgangspunkt. Hierauf sind die Erhöhungsvorschriften der §§ 558 ff. BGB anzuwenden, § 16 Abs. 7 SHWoFG. Grundsätzlich darf diese Miete bis zum 1.1.2014 nicht erhöht werden **(Bestandsgarantie).** Danach darf die Miete in drei Jahren um lediglich 9% erhöht werden **(Kappungsgrenze).** Die Bestandsgarantie und die Kappungsgrenze gelten aber nicht für Mieterhöhungen nach § 559 BGB. Hat der Vermieter eine Modernisierung durchgeführt, kann er die jährliche Miete um 11% der für die Wohnung aufgewendeten Kosten anheben[424], sofern der Vermieter mit dem Mieter eine entsprechende Erhöhung der Miete vereinbart hat. Kommt eine solche Vereinbarung nicht zustande, darf durch eine Erhöhung der Miete nach § 559 BGB die ortsübliche Vergleichsmiete nach § 558 Abs. 2 BGB nicht überschritten werden. Also wenn keine Einigung zustande kommt deckelt auch hier die ortsübliche Vergleichsmiete die Modernisierungsmieterhöhung. **90**

---

417 Hierzu BGH VIII ZR 305/19, NZM 2021, 463.
418 *Lützenkirchen* MietRB 2019, 86, 92.
419 G zur Änderung des GG v. 28.8.2006 (BGBl. I 2034).
420 *Feßler* WuM 2009, 90; 2010, 267.
421 Gesetzblatt für Baden-Württemberg Nr. 20 v. 14.12.2007.
422 *Feßler* WuM 2009, 90 (96); 2010, 267.
423 GS SchlH II, Gl.Nr. 233-5 v. 14.5.2009; s. auch Gesetzentwurf der Landesregierung LT-Drs. 16/2134, Bericht und Beschlussempfehlung des Innen- und Rechtsausschusses 16/2486.
424 Bisher ist der Prozentsatz nicht an den seit 1.1.2019 abgesenkten Prozentsatz in § 559 BGB angepasst worden.

91 In **Niedersachsen, Hamburg, Nordrhein-Westfalen, Rheinland-Pfalz, Hessen, Thüringen** und **Bayern** gilt die Kostenmiete in unterschiedlichen Ausprägungen fort (→ BGB Vor § 557 Rn. 35ff.) Spezielle Regelungen für Modernisierungsmieterhöhungen existieren nicht.

92 Die Mieterhöhung kann ausnahmsweise auch gem. **§ 5 WiStG** beschränkt sein. Die Vorschrift ist auch auf Mieterhöhungen nach § 559 BGB anwendbar.[425] Der Vermieter, der im laufenden Mietverhältnis modernisiert hat und eine Mieterhöhung vornehmen will, darf nicht bessergestellt sein, als ein Vermieter, der vor Beginn des Mietverhältnisses modernisiert hat und mit dem Mieter eine Neuvertragsmiete unter Berücksichtigung der erfolgten Modernisierung vereinbart. Da die Modernisierungserhöhung nach § 559 BGB Teil der Miete wird und nicht als gesonderter Zuschlag neben der bisherigen Miete zu zahlen ist[426], handelt es sich auch um eine einheitliche Miete.[427] Da der Modernisierungsanteil bei steigenden Mieten immer geringer wird, kann auch nach einiger Zeit nicht mehr unterschieden werden, auf welchen Teil der Miete § 5 WiStG anwendbar ist und auf welchen nicht. Deshalb kann § 5 WiStG nur einheitlich auf die gesamte Miete angewandt werden.

93 **Für die Anwendbarkeit** des § 5 WiStG spricht bereits der **Wortlaut der Vorschriften.** Weder § 559 BGB noch § 5 WiStG enthalten irgendwelche Einschränkungen hinsichtlich der Anwendbarkeit der jeweiligen Vorschrift. § 5 WiStG enthält keine diesbezügliche Einschränkung. Vielmehr sind nach der Neufassung des § 5 Abs. 1 WiStG durch Art. 3 Nr. 5 des Gesetzes v. 20.12.1982[428] bei der Frage der Angemessenheit der Miete grds. auch die Entgelte zu berücksichtigen, die zur Deckung der laufenden Aufwendungen des Vermieters erforderlich sind. Danach sind als nicht unangemessen hoch iSd § 5 Abs. 1 WiStG auch solche Entgelte anzusehen, die zwar die ortsübliche Vergleichsmiete um mehr als 20% überschreiten, aber zur Deckung der laufenden Aufwendungen des Vermieters erforderlich sind. Das bedeutet aber umgekehrt, dass auch nach § 559 BGB erhöhte Mieten unangemessen hoch iSd § 5 WiStG sein können, die zur Deckung der laufenden Aufwendungen die ortsübliche Vergleichsmiete nicht um mehr als 20% überschreiten müssen. Nach dem Rechtsentscheid des KG[429] sind laufende Aufwendungen des Vermieters iSv § 5 WiStG auch solche, die auf Modernisierung beruhen.[430] Die Ausnahmevorschrift in § 5 WiStG will solche Mieten noch zulassen, bei denen der Vermieter keinen Gewinn macht. Deshalb sollen auch Mieten zulässig sein, die mehr als 20% über der ortsüblichen Vergleichsmiete liegen aber die zur Deckung der laufenden Aufwendungen erforderlich sind.

94 Es müssen aber die Voraussetzungen des § 5 WiStG alle erfüllt sein. Neben der **nicht unwesentlichen Überschreitung der üblichen Entgelte** muss der Vermieter das erhöhte Entgelt unter **Ausnutzung eines geringen Angebots an Wohnungen** verlangt haben.[431] Zwar verlangt der Vermieter die Erhöhung gem. § 559 BGB auf Grund einer Modernisierung, er nutzt das geringe Angebot aber auch bei einer solchen Mieterhöhung dann aus, wenn der Mieter wegen dieses geringen Angebots von seinem Sonderkündigungsrecht gem. § 561 BGB keinen Gebrauch macht, weil er anderweitig keine vergleichbare Wohnung findet. Die Überschreitung der ortsüb-

---

[425] OLG Karlsruhe WuM 1985, 17; NJW 1984, 62; LG Berlin GE 1991, 49 (51); LG Mannheim WuM 1980, 183; LG Duisburg WuM 1979, 221; AG Tiergarten GE 1989, 155; AG Mannheim WuM 1979, 107; *Sternel* MietR Kap. III Rn. 37, 57; *Scholz* WuM 1995, 87 (90, 91); *Langenberg* PiG 40 (1993), 59 (77); AnwK WohnraumMietR/*Lammel* BGB § 559 Rn. 38; *de Nocker* WuM 1982, 216; *Gramlich* NJW 1983, 418; **aA** *Otto* DWW 1981, 70; *Gather* DWW 1985, 121; LG Berlin GE 1998, 42; 1992, 211; MM 1992, 138, für den Sonderfall des ehemals preisgebundenen Altbaubestands in Berlin soll die Wuchergrenze 50% auf die preisrechtlich zulässige Miete für unrenovierte Wohnung gelten.

[426] Auch nicht als Teil der Betriebskosten LG Aachen WuM 2015, 118.

[427] BGH VIII ZR 331/06, NJW 2008, 848; LG München WuM 1996, 43; LG Frankfurt a. M. PE 1996, 154; LG Essen WuM 1994, 217; LG Hamburg WuM 1989, 82; 1985, 229; AG Lichtenberg GE 2004, 629; MM 2001, 106; AG Mühlheim WuM 1990, 221; *Mersson* DWW 2009, 122 (129); *Langenberg* PiG 40 (1993), 59 (63); *Sternel* MietR Kap. III Rn. 764 AnwK WohnraumMietR/*Lammel* BGB § 559b Rn. 25.

[428] BGBl. I 1912.

[429] KG NZM 1998, 225; *Börstinghaus* DWW 1998, 129; *Börstinghaus* PiG 55 (1998), 209 (229); LG Stuttgart DWW 1997, 271 (272); **aA** LG Berlin MM 1995, 352; AG Köln WuM 1996; 25, KG WuM 1992, 140; *Horst,* Wohnungsmodernisierung, 1993, 34.

[430] Soweit in dem Rechtsentscheid noch der Stichtag 31.8.1993 genannt wird, ist dieser durch die Änderung *des § 5 WiStG durch* das Mietrechtsreformgesetz obsolet geworden.

[431] Zum Begriff des geringen Angebots BGH VIII ZR 190/03, NJW 2004, 1740; VIII ZR 56/04, NZM 2006, 291; *van de Loo* WuM 1996, 131; *Beiler* ZMR 1998, 480; *Kinne* ZMR 1998, 473; *Boecken* WuM 1997, 145; *Velten* WuM 1997, 535.

lichen Vergleichsmiete und die Ausnutzung des geringen Angebots müssen aber gleichzeitig vorliegen. Dies ergibt sich aus dem Tatbestandsmerkmal „Ausnutzen".[432]

Zu berücksichtigten ist aber, dass ein Verstoß gegen § 5 WiStG nur eine sog. **dynamische Nichtigkeit** zur Folge hat.[433] Also nur, wenn die nach § 559 BGB erhöhte Miete zu dem Zeitpunkt, zu dem sie erstmals zu zahlen war, die ortsübliche Vergleichsmiete um mehr als 20% übersteigt, kann sie teilweise unwirksam sein. Der Mieter schuldet dann nur die auf 120% der ortsüblichen Vergleichsmiete für modernisierte Wohnungen begrenzte Miete. Es müssen also zunächst exakt zum Wirkungszeitpunkt der Mieterhöhung nach § 559 BGB die üblichen Entgelte für neu modernisierte Wohnungen entsprechend der Beschaffenheit und Ausstattung wie die Vertragswohnung ermittelt werden. Da die Mieterhöhung gem. § 559 BGB dann aber nicht für alle Zukunft hinsichtlich des überschießenden Betrages nichtig ist, müssen auch für die kommenden Monate jeweils die üblichen Entgelte festgestellt werden. Dem Vermieter stehen diese Steigerungen zzgl. 20% ebenfalls zu. Wenn nämlich nach der Rspr. zur dynamischen Nichtigkeit im **Rückforderungsverfahren** solche Veränderungen der ortsüblichen Vergleichsmiete dazu führen, dass die entsprechenden Zahlungen mit Rechtsgrund iSd § 812 BGB erfolgt sind, dann muss dem Vermieter auch vorher bereits ein eigener Anspruch gegen den Mieter zustehen. Dies entspricht auch dem Sinn und Zweck des § 5 WiStG. Die Vorschrift hat nämlich nur eine preisregulierende Funktion; sie soll als Mieterschutzvorschrift lediglich die Vereinbarung überhöhter Mieten unterbinden.[434] Dieser Funktion wird eine Auslegung dahingehend gerecht, die davon ausgeht, dass nur jeweils der Teil der Mieterhöhung nach § 559 BGB unwirksam ist, der verboten ist. Dieser Anteil wird bei steigenden Mieten mit der Zeit immer geringer. 95

Jedoch darf auch eine Mieterhöhung nach § 559 BGB nicht gegen § 291 StGB verstoßen. Anders als bei § 5 WiStG handelt es sich bei der Vorschrift des § 291 StGB um die Verfolgung von **Individualwucher.** Während die Vorschrift des § 5 WiStG gerade nicht die Ausnutzung einer persönlichen Zwangslage voraussetzt und selbst dann erfüllt sein kann, wenn der Mieter die überhöhte Miete durchaus zahlen kann und zu zahlen bereit ist, verlangt § 291 StGB die Ausnutzung persönlicher Eigenschaften oder Zwangslagen des Mieters zum Zweck einer übermäßigen Gewinnerzielung auf Seiten des Vermieters. Gemäß § 291 Nr. 1 StGB macht sich strafbar, wer sich als Vermieter eine Miete versprechen lässt, die in einem auffälligen Missverhältnis zur eigenen Leistung steht. Ein solch auffälliges Missverhältnis wird angenommen, wenn die Vertragsmiete die ortsübliche Vergleichsmiete um mehr als 50% überschreitet. Die Vorschrift ist eine **Verbotsnorm** iSd § 134 BGB. Die Vorschrift ist neben § 138 BGB anzuwenden. Der Tatbestand des Mietwuchers verlangt, dass der Vermieter die Zwangslage, die Unerfahrenheit, den Mangel an Urteilsvermögen oder die erhebliche Willensschwäche des Mieters ausnutzt (iE Anh. § 535 BGB). 96

Bei einem Verstoß gegen § 291 StGB ist nur der mehr als 150% über den üblichen Entgelten liegende Teil der Mieterhöhung nichtig. Nur wenn die sonstigen Voraussetzungen des § 5 WiStG alle tatsächlich vorliegen, ist bereits die 120% über den üblichen Entgelten liegende Mieterhöhung nichtig. Bei einem Verstoß gegen § 291 StGB richtet sich die Nichtigkeitsfolge nach § 134 BGB, so dass auch hier der Satz zu gelten hat, dass die Teilnichtigkeit nicht weiter reichen kann als das Verbotsgesetz.[435] Mieterhöhungen bis 50% über die ortsübliche Vergleichsmiete sind aber zulässig. 97

Gegen die Vorschriften zur **Begrenzung der Wiedervermietungsmiete** in den §§ 556d–556g BGB kann eine Mieterhöhung gem. § 559 BGB bereits deshalb nicht verstoßen, weil die §§ 556d–556g BGB nur die Neuvertragsmiete betreffen und die Mieterhöhung gem. § 559 BGB eine Mieterhöhung im Bestand darstellt. Modernisierungen können aber entweder dazu führen, dass die Begrenzung der Neuvertragsmiete gem. § 556f BGB bei einer umfassenden Modernisierung für die erste Vermietung im Anschluss gar nicht gilt (s. Kommentierung von → BGB § 556f 97a

---

[432] Zu Begriff des „Ausnutzens" BGH VIII ZR 190/03, NJW 2004, 1740.

[433] KG NJW-RR 1995, 1037 mkritAnm *Buchmann* WuM 1995, 427; OLG Hamm NJW 1983, 1622; OLG Frankfurt a. M. WuM 1985, 139; iE ebenso *Keller,* Zivilrechtliche Mietpreiskontrolle, 1996, 99.

[434] BGH VIII ARZ 13/83, NJW 1984, 722.

[435] LG Hamburg NJW-RR 1999, 1170; LG Berlin GE 1996, 979; LG Stuttgart NJW-RR 1993, 279; Staudinger/*V. Emmerich* BGB Vor § 535 Rn. 178; Emmerich/Sonnenschein/*V. Emmerich* BGB Vor §§ 535, 536 Rn. 55; **aA** *Sternel* MietR Kap. III Rn. 53; *Sonnenschein,* Mietrecht: Wohnraummiete – eine Analyse des geltenden Rechts, Anh. zum Gutachten der Expertenkommission „Wohnungspolitik auf dem Prüfstand", S. 15; Palandt/*Ellenberger* BGB § 138 Rn. 76 die alle von einer Nichtigkeit ausgehen ab der ortsüblichen Vergleichsmiete.

Rn. 16) oder dass die ortsübliche Vergleichsmiete gem. § 556e Abs. 2 BGB um mehr als 10% überschritten werden darf. Dabei kommt es noch nicht einmal darauf an, dass der Vermieter im Anschluss an die Modernisierungsmaßnahme tatsächliche eine Modernisierungsmieterhöhung durchgeführt hat (→ BGB § 556e Rn. 52ff.).

## G. Ausschluss der Mieterhöhung (Abs. 4)

### I. Allgemeines

98 Durch die Mietrechtsänderung 2013 wurde der Duldungsanspruch gem. § 555d Abs. 1 BGB vom Mieterhöhungsanspruch entkoppelt.[436] Seither können **wirtschaftliche Härtegründe** gegenüber dem Duldungsanspruch nicht mehr erhoben werden. Dies ist ausdrücklich in § 555d Abs. 2 S. 2 BGB geregelt. Danach bleibt die zu erwartende Mieterhöhung einschließlich der künftigen Betriebskosten bei der Abwägung gem. § 555d Abs. 2 S. 1 BGB außer Betracht. Die Mieterhöhung ist jetzt nur bei der Härtefallabwägung des § 559 Abs. 4 BGB zu berücksichtigen. Anders als nach altem Recht wird jetzt erst nach Durchführung der Maßnahme überprüft, ob die Mieterhöhung in wirtschaftlicher Hinsicht auch unter Einbeziehung der voraussichtlichen künftigen Betriebskosten eine Härte für den Mieter bedeuten würde. In diesem Fall ist der Vermieter zwar zur Modernisierung berechtigt, eine Mieterhöhung ist jedoch **ganz oder teilweise auf Dauer ausgeschlossen.** Sie kann auch nicht bei späteren Veränderungen der Leistungsfähigkeit des Mieters nachgeholt oder wiederholt werden.[437]

### II. Die Abwägungskriterien

99 Die Mieterhöhung ist gem. § 559 Abs. 4 BGB ausgeschlossen, soweit sie auch unter Berücksichtigung der voraussichtlichen künftigen Betriebskosten für den Mieter eine **Härte** bedeuten würde, die auch unter Würdigung der berechtigten Interessen des Vermieters nicht zu rechtfertigen ist. Damit unterscheidet sich der **Abwägungsmaßstab** in einigen Punkten von dem des § 555d Abs. 2 S. 1 BGB. Es kommt zunächst nur auf die Interessen der konkreten Mietvertragsparteien an.[438] Das ist auch konsequent, da es hier nur um die wirtschaftliche Leistungsfähigkeit des Mieters geht, so dass die Interessen von Familien- oder Haushaltsangehörigen ebenso wenig interessieren wie die Interessen eines **Untermieters**[439] oder der übrigen Hausbewohner. Ebenso wenig kommt es für die Frage, ob der Mieter die erhöhte Miete zu zahlen hat auf die Belange des Klimaschutzes und der Energieeinsparung an. Solche Überlegungen spielen nur beim „Ob" der Maßnahme, also dem Duldungsanspruch, eine Rolle und haben keinen Einfluss auf die Frage, wer sie zu finanzieren hat.

100 Das bedeutet insbes. bei **energetischen Modernisierungen** gem. § 555b Nr. 1 BGB, dass die Höhe der Kosten und die daraus folgende Mieterhöhung auch unter dem Gesichtspunkt der Wirtschaftlichkeit beim **Duldungsanspruch** keine Rolle spielen. Der Duldungsanspruch besteht immer dann, wenn die Energieeinsparung **nachhaltig** ist, also dauerhaft Energie eingespart wird. Nachhaltig ist die Einsparung schon dann, wenn überhaupt eine **messbare Einsparung** an Energie erzielt wird und diese **dauerhaft** ist. Für den Begriff der Nachhaltigkeit ist nicht die Feststellung einer bestimmten Mindestenergieeinsparung erforderlich.[440] Bereits aus den Gesetzesmaterialien zur Änderung des § 3 MHG, wodurch die Durchführung von Maßnahmen zur Heizenergieersparnis als weiterer Erhöhungsgrund in § 3 Abs. 1 MHG eingefügt worden ist, ergibt sich, dass eine Einsparung von Heizenergie bereits dann als nachhaltig anzusehen ist, wenn sie nicht nur vorübergehend eintritt.[441] Daran hat sich durch die Mietrechtsreform 2001 und die Mietrechtsänderung

---

436 *Artz* WImmot 2019, 2019, 43, 44; *Derleder* PiG 95 (2013), 1 (11).

437 LG Berlin MM 12/2020, 29.

438 Insofern nicht ganz richtig *Horst* WuM 2014, 454 (466), der auch auf Härtegründe für Familien oder Haushaltsangehörige abstellt.

439 Dessen sonstige Härtegründe können aber uU ggü. dem Duldungsanspruch eine Rolle spielen Börstinghaus/Eisenschmid Modernisierungs-HdB/*Eisenschmid* Kap. 5 Rn. 11; **aA** *Jablonski* GE 2015, 234.

440 *BGH VIII ARZ 3/01*, NZM 2002, 519 mAnm *Schläger* ZMR 2002, 580; LG Berlin GE 2003, 391 = ZMR 2003, 932; AG Rheine WuM 2008, 491 mAnm *Börstinghaus* WuM 2009, 282.

441 Bericht des Rechtsausschusses, auf dessen Vorschlag die Fassung von § 3 Abs. 1 MHG zurückgeht, in BT-Drs. 8/1782, 6.

2013 nichts geändert. Die **Nachhaltigkeit** bezieht sich aber nur auf die **Energieeinsparung,** nicht auf die Kostenersparnis. Nachhaltig ist die Einsparung, wenn sie von Dauer ist und zu einer messbaren Einsparung von Energie führt. Soweit in der Vergangenheit vereinzelt die Auffassung vertreten wurde, dass die Einsparung einen bestimmten Umfang erreichen musste, um als nachhaltig anerkannt zu werden, ist diese Auffassung bereits seit dem Jahr 2002 durch den Rechtsentscheid des BGH[442] überholt.

Den wirtschaftlichen Interessen des Mieters wird erst im Rahmen des Mieterhöhungsverlangens dadurch Rechnung getragen, dass gem. § 559 Abs. 4 S. 1 BGB eine für ihn aus der Modernisierung resultierende Härte zu berücksichtigen ist.[443] Dabei ist auf Seiten des Mieters **seine wirtschaftliche Leistungsfähigkeit** zur Entrichtung der höheren Miete maßgebend. Weiter ist unabhängig davon auch das objektive Verhältnis zwischen der Mieterhöhung und den durch die Modernisierungsmaßnahme erzielten Vorteilen, insbes. Einsparung von Energiekosten, zu beachten.[444] Hierbei ist aber zu berücksichtigen, dass nicht alle Modernisierungsmaßnahmen nach § 555b Nr. 1 BGB zwingend mit einer finanziellen Ersparnis verbunden sind, sondern uU sogar zu einer Betriebskostensteigerung führen können. § 559 Abs. 4 S. 1 BGB macht keine Vorgaben, unter welchen Umständen die Grenzen der finanziellen Fähigkeit des Mieters zur Erbringung der Mieterhöhung überschritten sind.[445] 101

Ob eine Modernisierung vorliegt ist durch einen Vergleich mit dem vor Beginn der Veränderungen vorhandenen Zustand und nicht dem vertraglich geschuldeten Zustand zu ermitteln.[446] Ob dem Mieter die Maßnahme **wirtschaftlich zugemutet** werden kann, richtet sich nach objektiven Wertmaßstäben und benachteiligt damit tendenziell den einkommensschwachen Mieter.[447] Der in § 559 Abs. 4 BGB verwendete Begriff der Härte ist ein **unbestimmter Rechtsbegriff.**[448] Er meint ebenfalls die **Unzumutbarkeit.** Wird die Zumutbarkeit verneint, ist zu prüfen, ob der Zustand nach Modernisierung **üblich** ist. Der Erhöhungsbetrag ist einerseits zu dem individuellen Einkommen des Mieters, andererseits zu dem Wert der Verbesserungsmaßnahmen ins Verhältnis zu setzen. Dabei ist auf die Mieterhöhung und eine eventuelle Veränderung auf Seiten der Betriebskosten abzustellen. Bei einer energetischen Modernisierung sinken die Betriebskosten idR, da § 555b Nr. 1 BGB die nachhaltige Einsparung von Endenergie verlangt. Der in der Praxis seltene Fall der ausschließlichen Einsparung von Primärenergie löst zwar gem. § 555b Nr. 2 BGB einen Duldungsanspruch aber kein Recht zur Mieterhöhung aus. Insofern ist keine Härtefallabwägung erforderlich. Andere Modernisierungsmaßnahmen, wie zB der Einbau eines Fahrstuhls, können zu erheblichen Betriebskostensteigerungen führen, die bei der Härtefallabwägung mit zu berücksichtigen sind.[449] 101a

### 1. Die zu erwartende Mieterhöhung

Mit **Mieterhöhung** ist eine solche **gem. § 559 Abs. 1 BGB** gemeint. Dies ergibt sich daraus, dass § 559 Abs. 4 BGB als Ausschlusstatbestand für eine Mieterhöhung nach § 559 Abs. 1 BGB formuliert ist. Auszugehen ist von der Bruttomiete, die der Vermieter im Erhöhungsschreiben gem. § 555b Abs. 1 BGB angegeben hat. Das ist die ursprüngliche Miete zzgl. der Mieterhöhung gem. § 559 Abs. 1 BGB wegen der konkreten Modernisierungsmaßnahme sowie zzgl. der zukünftigen Betriebskostenvorauszahlungen. Letztere können sich nach einer energetischen Modernisierung ggf. verringern, aber auf Grund anderer Maßnahmen (Fahrstuhleinbau) auch erhöhen. 102

Entscheidend ist die **neue zu zahlende Miete** inklusive der Erhöhung der Betriebskostenvorauszahlungen, nicht die prozentuale Anhebung der Miete vor der Modernisierung.[450] Diese prozentuale Steigerung hängt vor allem von der Höhe der bisherigen Miete ab und kann deshalb allenfalls 103

---

[442] BGH VIII ARZ 3/01, NZM 2002, 519 = WuM 2002, 366 mAnm *Schläger* ZMR 2002, 580; AG Rheine WuM 2008, 491 mAnm *Börstinghaus* WuM 2009, 282.

[443] BT-Drs. 17/10485, 21, 24; BGH VIII ZR 21/19, NZM 2019, 928 = NJW 2020, 835 mAnm. *Börstinghaus* LMK 2019, 422549; Lützenkirchen MietR/*Dickersbach* BGB § 559 Rn. 106a.

[444] BT-Drs. 17/10485, 24; BGH VIII ZR 21/19, NZM 2019, 928 = NJW 2020, 835.

[445] BGH VIII ZR 21/19, NZM 2019, 928 = NJW 2020, 835.

[446] BGH VIII ZR 110/11, NJW 2012, 2954.

[447] *Blank* PiG 60 (2000), 79 (92).

[448] BGH VIII ZR 21/19, NZM 2019, 928 = NJW 2020, 835; *Raabe* WuM 2020, 673, 675.

[449] LG Berlin WuM 2016, 424 (425).

[450] LG Berlin WuM 2019, 89 = WuM 2019, 205 (206); MüKoBGB/*Artz* § 559 Rn. 30; Staudinger/*V. Emmerich* BGB § 559 Rn. 58; *Hinz* NZM 2013, 208 (224).

ein Indiz sein. Auch das Verhältnis der aufgewandten Kosten zu den evtl. eingesparten Kosten ist nicht entscheidend. Soweit der BGH[451] noch zum Härteeinwand der fehlenden wirtschaftlichen Leistungsfähigkeit gegenüber dem Duldungsanspruch gem. § 554 BGB aF eine umfassende Interessenabwägung verlangt hat, gilt das jetzt nur noch eingeschränkt. Der Gesetzgeber hat den Duldungsanspruch vom Mieterhöhungsanspruch abgekoppelt. Einwendungen gegen den Duldungsanspruch führen dazu, dass bereits die Modernisierungsmaßnahme nicht durchgeführt werden darf. Es handelt sich aber um das Eigentum des Vermieters, so dass er den Standard der Maßnahme bestimmen kann. Hohe energetische Standards sind dabei vom Gesetzgeber grds. erwünscht und sollen auch zu einer Mieterhöhung berechtigen. Nach den Gesetzesmaterialien[452] ist eine Grenze jedoch dort zu ziehen, wo etwa eine für das konkrete Gebäude bzw. für die Mietsache völlig ungeeignete Technik angewandt wird oder wo von einem bereits bestehenden hohen energetischen Standard ausgehend unter Aufwendung hoher Kosten nur geringfügig gesteigerte Einspareffekte erzielt werden können. Auch wenn der Vermieter zB bereits gut isolierende Fenster mit hohen Kosten gegen Fenster mit „optimaler Verglasung" austauschen möchte, besteht zwar der Duldungsanspruch, aber idR kein Recht zur Mieterhöhung, sofern sich der Mieter auf den Härtefalleinwand beruft.

### 2. Höhe des Mietereinkommens

104 Die Bestimmung der maßgeblichen Höhe ist schwierig und nur im Einzelfall unter Berücksichtigung und umfassender Abwägung aller Umstände zu treffen.[453] Von der individuellen **Belastbarkeitsgrenze** des Mieters unabhängige, objektive Schranken einer Mieterhöhung sieht das Gesetz nicht vor.[454] Generelle prozentuale Mietzuschläge oder andere schematischen Betrachtungen sind für die Bestimmung einer Härte ungeeignet.[455] Es ist vielmehr auf die konkreten Gegebenheiten des Einzelfalles abzustellen[456], wobei neben der modernisierungsbedingten finanziellen Belastung des Mieters auch das Maß der durch die Modernisierung geschaffenen Komfortverbesserung zu berücksichtigen ist.[457] Dabei ist zunächst das konkrete Gesamteinkommen des Mieters maßgeblich.[458] Dabei ist nicht allein das Nettoeinkommen[459] des Mieters zu Grunde zu legen, weil dabei zB Sachzuwendungen des Arbeitgebers nicht ausreichend berücksichtigt werden. Pflegegeld gem. § 37 SGB XI ist grds. bei der Beurteilung des dem Mieter zur Verfügung stehenden monatlichen Geldbetrages mit einzubeziehen, auch wenn es sich nicht um steuerpflichtiges Einkommen handelt.[460] Auch wenn der **Ehegatte/Lebensgefährte** nicht selbst Mieter ist, ist sein Einkommen mit zu berücksichtigen.[461] Unberücksichtigt bleibt künftig höheres Einkommen, wenn es nur mit einer spekulativen Erwartung, zB einer Erbschaft[462], begründet wird.[463] Nach Abzug der Miete muss dem Mieter ein Einkommen verbleiben, das es ihm ermöglicht, im Wesentlichen an seinem bisherigen Lebenszuschnitt festzuhalten.[464] Dabei kann von einem Mieter mit besserem Einkommen ein höherer Anteil zugemutet werden, als einem Mieter mit nur geringem Einkommen. Die Rechtsordnung enthält in den **verschiedensten Regelungssystemen,** wie zB dem Unterhaltsrecht, den Pfändungsfreigrenzen, dem Wohngeld, dem Steuerrecht und sonstigen Sozialleistungen ganz unterschiedliche Werte (Selbstbehalte), die dort die **Zumutbarkeitsgrenze** darstellen.[465] Dabei variieren sowohl die Grenzwerte wie auch das darauf anzurechnende Einkommen bzw. Ver-

[451] BGH VIII ZR 38/90, NJW 1991, 1750.
[452] BT-Drs. 17/10485, 24.
[453] LG Berlin WuM 2019, 89; ausf. *Raabe* WuM 2020, 673.
[454] LG Berlin GE 1992, 37; 1992, 39.
[455] KG NJW 1981, 2307; LG Berlin GE 2017, 532; AG Berlin-Mitte GE 2013, 1589, 1590.
[456] BGH VIII ZR 174/13, WuM 2014, 145; LG Berlin WuM 2019, 205 (206); GE 2017, 532; WuM 2016, 424, 425.
[457] LG Berlin GE 2017, 532.
[458] LG Berlin WuM 2016, 424, 425.
[459] LG Berlin GE 2005, 1491; Kinne/Schach/Bieber MietR/*Kinne* BGB § 555d Rn. 15.
[460] LG Berlin GE 2017, 532.
[461] Bub/Treier MietR-HdB/Schultz Kap. III A Rn. 1631; Lützenkirchen MietR/*Dickersbach* BGB § 559 Rn. 111, 112; Staudinger/*V. Emmerich* BGB § 559 Rn. 57; **aA** MüKoBGB/*Artz* § 559 Rn. 31.
[462] *Börstinghaus* PiG 97 (2014) 81 (84).
[463] Kinne/Schach/Bieber MietR/*Kinne* BGB § 555d Rn. 15; MüKoBGB/*Artz* § 559 Rn. 31; Staudinger/*V. Emmerich BGB § 559 Rn. 57.*
[464] LG Berlin GE 1992, 831; offen gelassen von LG Berlin WuM 2016, 424, 425.
[465] Eine tabellarische Darstellung dieser Werte hinsichtlich des Einkommens und des Vermögens befindet sich bei *Raabe* WuM 2020, 673, 676/677.

mögen ganz erheblich. Dies liegt vor allem an den ganz unterschiedlichen Schutzzwecken dieser jeweiligen Grenzen in den unterschiedlichen Rechtsbereichen. Die Zumutbarkeitsgrenze ist aber nicht erst dort zu ziehen, wo der Mieter mit seinem verbleibenden Einkommen nur noch sein **Existenzminimum** gem. § 32a Abs. 1 Nr. 1 EStG bestreiten kann.[466] Umgedreht bedeutet aber die Unterschreitung des steuerlichen Existenzminimums, dass ein Härtefall für den Mieter vorliegt.[467] § 559 Abs. 4 BGB bezweckt, dass durch eine Mieterhöhung die Existenz des Mieters nicht gefährdet wird. Auf der anderen Seite sind die Grenzwerte von Sozialgesetzen zu niedrig, weil sie der Unterstützung der Mieter dienen sollen, die sich sonst nicht mehr helfen können. In der Gerichtspraxis wurde bei einer dreiköpfigen Familie die Mieterhöhung um rund 60 EUR bei einer Bruttowarmmiete von 502,34 EUR und einem Arbeitsloseneinkommen von 1.385,09 EUR als unzumutbar angesehen.[468] Bei einem Einpersonenhaushalt ist bei einem monatlichen Einkommen von 846,65 EUR und einer Ausgangsmiete von 204,58 EUR eine Mieterhöhung inkl. Betriebskostensteigerung um 179,66 EUR nicht zumutbar. Bezieht der Mieter 409 EUR Arbeitslosengeld II-Leistungen und erhält er zur Deckung seines Wohnbedarfs einen Betrag iHv 463,10 EUR stellt eine Miete von 640,18 EUR eine Härte dar.[469] Eine solche Miete zieht mit hoher Wahrscheinlichkeit den Verlust der Wohnung nach sich.

Nach Abzug der Miete muss dem Mieter ein Einkommen verbleiben, das es ihm ermöglicht, im **105**
Wesentlichen **an seinem bisherigen Lebenszuschnitt festzuhalten.**[470] Es ist eine **Gesamtschau** der Einkommens- und Vermögensverhältnisse des Mieters vorzunehmen und so eine Belastungsquote zu ermitteln. Weiteres Kriterium bei der Beantwortung der Frage, ab wann eine Härte vorliegt, können die vom Statistischen Bundesamt[471] auf Grund der Mikrozensus-Erhebung veröffentlichten durchschnittlichen Mietbelastungsquoten sein.[472] Die Mietbelastung, dh der Anteil der Bruttokaltmiete am verfügbaren Haushaltsnettoeinkommen, betrug im Jahr 2010 durchschnittlich 22,5%. Einige Haushalte wiesen jedoch zT deutlich höhere Belastungen auf, wie zB Rentnerhaushalte oder Haushalte von Alleinerziehenden. Jeder dritte Rentnerhaushalt gab 35% oder mehr des Haushaltsnettoeinkommens für die Bruttokaltmiete aus; durchschnittlich lag die Mietbelastung für Rentnerhaushalte bei 26,3%. Bei Alleinerziehenden stieg die Belastung mit der Zahl der Kinder: für einen Alleinerziehenden Haushalt mit einem Kind unter 18 Jahren lag sie im Schnitt bei 28,5%, mit zwei Kindern bei 30,2% und mit drei oder mehr Kindern bei 31,1% des Haushaltsnettoeinkommens.[473] Diese Werte sind ein Anhaltspunkt dafür, wo die Belastungsgrenze liegt.[474] In der Regel dürfte eine Belastung von über 30% des zu berücksichtigenden Einkommens problematisch werden.[475] Mietbelastungen von mehr als der Hälfte der Rente bzw. des Einkommens[476] sind regelmäßig nicht zumutbar.[477] Diese Grenzen sind im Einzelfall zu korrigieren, insbes., wenn der Mieter die Verschlechterung der finanziellen Verhältnisse zu vertreten hat.[478]

---

466 LG Berlin WuM 2019, 89 = WuM 2019, 205 (207); offen gelassen von LG Berlin WuM 2016, 424, 425.

467 *Raabe* WuM 2020, 673, 682.

468 LG Berlin NZM 1999, 705; s. auch AG Freiburg WuM 2012, 386 Mietereinkommen von ca. 900 EUR und neuer Mietbelastung von 600 EUR bei 20 EUR Heizkostenersparnis; AG Hamburg WuM 2010, 32 bei 40% Mietbelastung und einem verbleibenden Nettoeinkommen von 788 EUR.

469 BGH VIII ZR 21/19, NZM 2019, 928 = NJW 2020, 835.

470 LG Berlin WuM 2019, 89 = WuM 2019, 205 (206); WuM 2010, 88; offen gelassen von LG Berlin WuM 2016, 424 (425).

471 www.destatis.de.

472 LG Berlin IMR 3/2014, 104 mAnm *Harsch* MietRB 2013, 318.

473 Umfassendes Zahlenmaterial bei *Tilman Repgen,* Die soziale Aufgabe des Privatrechts. Eine Grundfrage in Wissenschaft und Kodifikation aE des 19. Jahrhunderts (Jus privatum, 60), 2001, 232, 246.

474 Schmoeckel/Rückert/Zimmermann/*Oestmann* BGB §§ 535–580a Rn. 105 weist daraufhin, dass die Mietbelastung zwar bereits bei Inkrafttreten des BGB durchschnittlich 25–30% betragen habe, aber damals die Ausgaben für Nahrung bei 50% gelegen habe. Dieser Wert liege jetzt bei ca. 26%, Daraus schließt er, dass die Mieten schon damals „sehr hoch" waren, was er auch daraus folgert, dass wohlhabende Mieter (Einkommen > 4000 DM) nur 8% des Einkommens für Wohnen ausgaben.

475 LG Berlin IMR 3/2014, 104, 51%; LG Berlin GE 2010, 912, 33%; LG Berlin GE 2002, 930, zwischen 20% und 30%; LG Berlin NJWE-MietR 1997, 145; ZMR 1985, 338; NJW-RR 1992, 144; LG Frankfurt a. M. WuM 1986, 312 LG Hamburg WuM 1989, 174, 36%; AG Berlin-Tiergarten GE 1993, 921, 40%; nach MüKoBGB/*Artz* § 559 Rn. 30 ist die Grenze von einem Drittel „nicht ganz unplausibel".

476 LG Freiburg WuM 2012, 387 bei einem Einkommen von 850 EUR und einer Miete nach Modernisierung von 615 EUR.

477 LG Wiesbaden WuM 1986, 244.

478 LG Berlin GE 1985, 479.

105a Berücksichtigt werden darf bei der Härtefallabwägung grds. auch die Tatsache, dass der Mieter gemessen an seinen wirtschaftlichen Verhältnissen und seinen Bedürfnissen eine **viel zu große Wohnung** nutzt.[479] Dies liegt jedoch nicht bereits dann vor, wenn der Mieter eine Wohnung nutzt, die gemessen an den Ausführungsvorschriften zur Gewährung von staatlichen Transferleistungen (etwa zu § 22 SGB II, § 35f. SGB XII) oder an den Vorschriften für die Bemessung von Zuschüssen für den öffentlich geförderten Wohnungsbau zu groß ist.[480] Diese Grenzwerte haben ebenso wie die in diesen Gesetzen enthaltenen Grenzwerte über die maximale Einkommenshöhe nur eine Bedeutung für die Frage, wann staatliche Sozialleistungen zu gewähren sind. Daraus lässt sich aber noch nicht ableiten, dass auch ein deutliches Überschreiten der dort angesetzten Wohnungsgrößen dem Mieter im Rahmen der Härtefallabwägung zum Nachteil gereicht. Die sozialrechtlichen Grenzen sollen sicherstellen, dass sich ein Mieter nicht auf Kosten der Allgemeinheit eine zu große Wohnung leistet. Im Rahmen des § 559 Abs. 4 S. 1 BGB gilt es dagegen abzuwägen, ob der Mieter, der sich einer von ihm nicht beeinflussbaren Entscheidung des Vermieters ausgesetzt sieht, Modernisierungsmaßnahmen an der von ihm angemieteten Wohnung durchzuführen, trotz des Refinanzierungsinteresses des Vermieters seinen bisherigen Lebensmittelpunkt beibehalten darf.[481] Das Bestandsinteresse des Mieters ist bei der Abwägung auch vor dem Hintergrund des Art. 14 Abs. 1 GG zu berücksichtigen. Deshalb kann nicht allein auf die Wohnfläche abgestellt werden, es müssen auch die sonstigen Umstände berücksichtigt werden. Es kommt darauf an, ob die vom Mieter genutzte Wohnung unter Berücksichtigung aller Umstände des Einzelfalls für seine Bedürfnisse deutlich zu groß ist. Dabei spielen beispielhaft auch die Verwurzelung des Mieters in der Wohnung und seine gesundheitliche Verfassung sowie weitere im Einzelfall gegebene Gesichtspunkte eine Rolle.[482]

106 Der Mieter kann zur Verbesserung seiner Einkommenssituation grds. nicht verpflichtet werden, einen Teil der Wohnung **unterzuvermieten.**[483] Ausnahmen wird man zulassen müssen, wenn die Wohnung deutlich unterbelegt ist oder wenn die Wohnung ein separates Zimmer mit eigenem Ausgang umfasst.

107 Wird die Mieterhöhung jedoch zu einem guten Teil durch Wohngeld oder vergleichbare Beihilfeleistungen aufgefangen, entfällt der Härtegrund gem. § 559 Abs. 4 BGB.[484] Das Wohngeld ist nämlich als Teil des Gesamtnettoeinkommens des Mieters zu behandeln, weil er auf diese öffentliche Hilfe einen Anspruch hat. Es steht nicht in seinem Belieben, ob er diese Hilfe in Anspruch nimmt.[485] Macht der Mieter von dem ihm zustehenden Anspruch auf **Wohngeld** keinen Gebrauch, muss er sich so behandeln lassen, als würde ihm Wohngeld gewährt.[486] Das Vorliegen einer **Mietbürgschaft** spielt keine Rolle, da es nur auf die Einkommensverhältnisse des Mieters ankommt.[487]

108 Verpflichtungen des Mieters aus einem **Konsumentenkredit** werden grds. nicht berücksichtigt[488]; insbes., wenn die eingegangenen Verbindlichkeiten in Kenntnis der Modernisierungsvorhaben getroffen wurden. Sie können aber dann maßgebend sein, wenn der Mieter die Ratenzahlungsverpflichtungen im Vertrauen auf den unmodernisierten Wohnungszustand und die dadurch günstige Miete getroffen hat.

108a Aus dem Wortlaut der §§ 559 Abs. 4, 555d Abs. 3, 4 BGB ergibt sich nicht eindeutig, auf **welchen Zeitpunkt zur Feststellung der Härte** abzustellen ist.[489] In Betracht kommen (1) Zugang

---

[479] BGH VIII ZR 21/19, NZM 2019, 928 = NJW 2020, 835; LG Berlin WuM 2016, 424 (426), 74,65 $m^2$-Wohnung für eine Person nicht zu groß; AG Schöneberg GE 1990, 767; vgl. auch Klein-Blenkers/Heinemann/Ring/*Scheff* BGB § 559 Rn. 27; strenger MüKoBGB/*Artz* § 559 Rn. 30 „Mieter über seine Verhältnisse lebt".

[480] BGH VIII ZR 21/19, NZM 2019, 928 = NJW 2020, 835.

[481] BGH VIII ZR 21/19, NZM 2019, 928 = NJW 2020, 835.

[482] BGH VIII ZR 21/19, NZM 2019, 928 = NJW 2020, 835.

[483] LG Berlin WuM 2019, 89; AG Berlin-Mitte GE 2013, 1589; LG Hamburg WuM 1986, 245; MüKoBGB/*Artz* § 559 Rn. 31; Lützenkirchen MietR/*Dickersbach* BGB § 559 Rn. 117b; Staudinger/*V. Emmerich* BGB § 559 Rn. 57; offen gelassen von BGH VIII ZR 21/19, NZM 2019, 928 = NJW 2020, 835 Rn. 32.

[484] KG NJW 1981, 2307; LG Berlin GE 2005, 1491.

[485] MüKoBGB/*Artz* § 559 Rn. 31; Staudinger/*V. Emmerich* BGB § 559 Rn. 58.

[486] KG WuM 1982, 293; LG Köln WuM 1992, 431.

[487] AG Berlin-Mitte GE 2013, 1589 (1591).

[488] *LG Berlin WuM 1990, 206.*

[489] Ausf. *Börstinghaus* NZM 2014, 689; *Lehmann-Richter* WuM 2013, 511; offen gelassen von Kinne/Schach/Bieber MietR/*Schach* BGB § 559 Rn. 4, 5; nach MüKoBGB/*Artz* § 559 Rn. 38 handelt es sich um „ein schwer auflösbares Anwendungsproblem".

der Modernisierungsankündigung gem. § 555c BGB[490], (2) Mitteilung des Härtegrundes durch den Mieter, (3) Ablauf der gesetzlichen Frist zur Mitteilung des Härtegrundes, (4) Ablauf der absoluten Ausschlussfrist[491] (Beginn der Bauarbeiten), (5) Zugang der Mieterhöhungserklärung gem. § 559b Abs. 1 BGB[492], (6) Wirkungszeitpunkt der Mieterhöhung gem. § 559b Abs. 2 BGB[493] oder (7) der Schluss der mündlichen Verhandlung über Zahlungsklage. Diese Frage ist von der Frage, bis wann der Mieter Härtegründe mitteilen muss, strikt zu trennen. Es gibt bekanntlich Fälle, in denen auch für den Mieter gar keine Frist läuft (→ Rn. 120). Unterschiedliche Stichtage für den Mieter je nach Vermieterverhalten anzunehmen entspricht nicht dem Zweck des Gesetzes. Entscheidend ist, dass der Gesetzgeber weder für Mieter noch für Vermieter einen Stichtag festgelegt hat. Der Vermieter kann seine Interessen, die er vorher noch nicht einmal dem Mieter mitteilen muss, noch bis zur letzten mündlichen Verhandlung der Zahlungsklage vortragen. Maßgeblich ist der **Zeitpunkt des Zugangs der Mieterhöhungserklärung.**[494] Zu diesem Zeitpunkt kann die Mieterhöhung ausgeschlossen sein, wenn die Abwägung der zu diesem Zeitpunkt vorliegenden gegenseitigen Interessen zugunsten des Mieters ausfällt. Fraglich ist, ob zu diesem Zeitpunkt bereits feststehende zukünftige Veränderungen der Leistungsfähigkeit, wie zB der Pensionseintritt in acht Monaten, berücksichtigt werden können.[495] Dagegen spricht, dass der Mieter in diesem Fall ja für einige Monate leistungsfähig ist. Die Mieterhöhung wäre dann für diese Zeit berechtigt und danach nicht mehr.[496] Einen solchen Wegfall der Mieterhöhungsmöglichkeit in der Zukunft sieht das Gesetz nicht vor und widerspricht auch dem System des Miethöherechts. Dann könnten ggf. auch andere Mieter bei zukünftig eingeschränkter Leistungsfähigkeit nachträglich eine Mietsenkung verlangen.[497] Der Wirkungszeitpunkt gem. § 559b Abs. 1 BGB ist nur die Rechtsfolge einer wirksamen Mieterhöhungserklärung. Die Voraussetzungen der Mieterhöhung müssen zum Zeitpunkt ihres Zugangs gegeben sein.

Der Mieter muss zunächst seine **Härtegründe** dem Vermieter zu den Stichtagen der §§ 559 **108b**
Abs. 4, 555c Abs. 3, 4 BGB nur so substantiiert mitteilen, dass sie **individualisierbar** und nicht austauschbar sind. Dafür spricht der der Sinn und Zweck der Regelung. Es geht darum, dem Vermieter eine gewisse **Planungssicherheit** zu geben. Er soll auf Risiken hingewiesen werden, also von den dann wirklich substantiiert vorgetragenen Härtegründen nach Zugang der Modernisierungsmieterhöhung nicht mehr überrascht werden. Die Mitteilung der zu diesem Zeitpunkt durchaus noch allgemein gehaltenen Angaben soll es den Parteien ermöglichen, in einem Gespräch zu klären, ob überhaupt eine Härte vorliegt und wie diese ggf. abgemildert werden kann. Entscheidend ist deshalb nur, dass der Härteeinwand individualisierbar ist, also einen konkreten Lebenssachverhalt umfasst. Dazu reicht der Hinweis auf Arbeitslosengeld II-Bezug oder auf eine bis zum Zeitpunkt des Wirksamwerdens der Mieterhöhung drohende Arbeitslosigkeit oder sonstige finanzielle Engpässe. Ähnlich wie beim Einwendungsausschluss gem. § 556 Abs. 3 S. 5 BGB reicht der Hinweis auf allgemeine Bedenken, die Mieterhöhung nicht zahlen zu können, nicht aus. So wie im Betriebskostenrecht nur der Hinweis auf konkrete Beanstandungen Sinn macht, macht auch hier nur der Hinweis auf konkrete wirtschaftliche Härtegründe Sinn. Der Mieter muss innerhalb der Ausschlussfrist auf alle möglichen Härtegründe hinweisen. Ein **Austausch von Gründen** ist nur unter der Voraussetzung des § 555d Abs. 4 BGB möglich, also wenn der Mieter ohne Verschulden die neuen Gründe nicht innerhalb der Frist des § 555d Abs. 3 BGB mitteilen konnte. Erforderlich ist in diesem Fall, dass der Mieter die neuen Härtegründe und die Gründe für die Fristversäumung

---

490 Staudinger/*V. Emmerich* BGB § 559 Rn. 52; mit Modifikationen Lützenkirchen MietR/*Dickersbach,* 1. Aufl. 2001, BGB § 559 Rn. 115, der seine Auffassung aber ab der 2. Aufl. 2015 ausdrücklich aufgegeben hat; zum alten Recht so: LG Berlin GE 2010, 1121; AG Berlin-Mitte GE 2013, 1589; **aA** MüKoBGB/*Artz* § 559 Rn. 39.

491 Den Begriff gebraucht *Osthus,* Die energetische Gebäudemodernisierung im Mietwohnungsbestand, 2013, 184.

492 LG Berlin MM 12/2020, 29; WuM 2019, 89.

493 *Abramenko,* Das neue Mietrecht in der anwaltlichen Praxis, 2013, 123.

494 So auch *Lehmann-Richter* WuM 2013, 511; Bub/Treier MietR-HdB/*Schultz* Kap. III A Rn. 1629; *Graz* AnwZert MietR 22/2015 Anm. 1; *Börstinghaus* NZM 2014, 689; MüKoBGB/*Artz* § 559 Rn. 40; Lützenkirchen MietR/*Dickersbach* BGB § 559 Rn. 115; etwas ungenau LG Berlin WuM 2016, 424 (425) „maßgeblich das zum Erklärungs- und Erhöhungszeitpunkt erzielte monatliche Gesamteinkommen".

495 Dafür LG Berlin MM 12/2020, 29.

496 Offen gelassen von LG Berlin MM 12/2020, 29.

497 Gegen die Berücksichtigung späterer Veränderungen der Leistungsfähigkeit: AG Tempelhof-Kreuzberg MM 6 + 7/2021, 30.

unverzüglich in Textform mitteilt. Möglich ist die Nachholung regelmäßig aber nur bis zum Beginn der Modernisierungsmaßnahme.

**108c** Ob diese Gründe tatsächlich vorliegen, ist dann für den **Zeitpunkt des Zugangs der Modernisierungsmieterhöhung** festzustellen.[498] Dabei kann es zwischen der Anzeige und dem maßgeblichen Stichtag durchaus zu Veränderungen kommen:

**108d** Hat der Mieter sich auf keine Härtegründe berufen und lief mindestens eine der beiden Ausschlussfristen, so kann er sich nach dem eindeutigen Wortlaut des § 559 Abs. 5 BGB auch gegenüber einer Mieterhöhung nicht unter Berufung auf wirtschaftliche Härtegründe verteidigen. Dabei ist es völlig **egal, wann der Härtegrund entstanden** oder dem Mieter bekannt geworden ist. Wird er also nach Beginn der Bauarbeiten arbeitslos, so bleibt das unberücksichtigt. Insofern entspricht die Situation aber auch der bis 30.4.2013 geltenden Rechtslage und stellt keine Verschlechterung dar. Hatte der Vermieter früher die Bauarbeiten geduldet, dann stand einer späteren Mieterhöhung nichts mehr im Weg. Keinen Einfluss hat ein wirtschaftlicher Härtegrund, der erst nach Zugang der Modernisierungsmieterhöhung entsteht.

**108e** Lag umgedreht **zum Zeitpunkt des Zugangs der Mieterhöhungserklärung** ein wirtschaftlicher Härtegrund vor auf den der Mieter auch fristgerecht hingewiesen hatte, dann ist die Mieterhöhung ein für alle Male ausgeschlossen. Der Vermieter darf nach einer Modernisierung nur eine Mieterhöhung vornehmen. Er kann nicht nach Wegfall des wirtschaftlichen Härtegrundes eine neue Mieterhöhung vornehmen.

**108f** Da es sich bei dem Härteeinwand um einen **Ausschlusstatbestand** handelt, den derjenige darlegen und beweisen muss, der sich auf ihn beruft, muss der Mieter seine Einkommens- und Vermögensverhältnisse zunächst darlegen. Der Vermieter kann diese Angaben nicht einfach pauschal bestreiten. Behauptet er, dass der Mieter weitere Einkünfte habe, muss zwar der Mieter die negative Tatsache der fehlenden weiteren Einkünfte beweisen, jedoch trifft den Vermieter eine sekundäre Darlegungslast. Er muss substantiiert vortragen, welche zusätzlichen Einkommen der Mieter haben soll oder welches Vermögen ihm zur Verfügung steht.[499] Dann erst muss der Mieter diese Behauptung widerlegen.[500] Entscheidend sind die Verhältnisse zum Zeitpunkt des Zugangs des Erhöhungsverlangens.[501]

**109** Der Vermieter hat es stets in der Hand, durch einen vertraglichen Verzicht auf einen Teil der gewünschten Mietanpassung oder auf die vollständige Mieterhöhung die finanzielle Härte beim Mieter abzuwenden.[502]

### 3. Vermieterinteressen

**110** Nach dem Wortlaut des § 559 Abs. 4 S. 1 BGB sind die Mieterinteressen gegenüber den Interessen des Vermieters abzuwägen. Nur wenn die Mieterinteressen eine Härte bedeuten würde, die auch unter Würdigung der berechtigten Interessen des Vermieters nicht rechtfertigen ist, entfällt die Mieterhöhung. Als Vermieterinteresse ist an dieser Stelle auch nur das Interesse an einer Mieterhöhung gerechtfertigt. Alle Interessen, die sich auf die Durchführung der Maßnahme beziehen sind bereits erledigt, weil die Maßnahme zu diesem Zeitpunkt schon durchgeführt wurde. Es bleibt also nur das Interesse an der Refinanzierung der Modernisierungsmaßnahme. Auch dies ist auf Grund einer Einzelfallbetrachtung zu bewerten, so dass ggf. zwischen einem Privatvermieter und einer Wohnungsgesellschaft zu differenzieren ist.

### 4. Teilweiser Ausschluss

**111** § 559 Abs. 4 BGB spricht davon, dass die Mieterhöhung „soweit" ausgeschlossen ist, soweit eine Härte vorliegt. Aus dieser Formulierung ergibt sich, dass hier kein „entweder oder" gilt, sondern ggf. auch ein teilweiser Ausschluss in Betracht kommt.[503] Die Mieterhöhungserklärung ist nicht ins-

---

498 LG Berlin WuM 2019, 89 = WuM 2019, 205 (206).

499 LG Berlin WuM 2016, 424 (425).

500 LG Berlin WuM 2016, 424 (425); IMR 3/2014, 104; LG Freiburg WuM 2013, 386; *Harsch* MietRB 2013, 318; so auch BGH XII ZR 120/11, NJW 2013, 1447 für Unterhaltsverfahren.

501 *Lehmann-Richter* WuM 2013, 511; etwas ungenau LG Berlin WuM 2016, 424 (425) wonach die Umstände zum „Erklärungs- und Erhöhungszeitpunkt" maßgeblich sein sollen; **aA** LG Berlin GE 2010, 1121; AG Berlin-*Mitte GE 2013, 1589 (1590)*, aber zum alten Recht als wirtschaftliche Härtegründe noch gegen Duldungsanspruch geltend gemacht werden konnten.

502 LG Köln WuM 1993, 608; LG Berlin GE 1989, 1229.

503 LG Berlin MM 12/2020, 29; MüKoBGB/*Artz* § 559 Rn. 28; *Fleindl* PiG 99 (2015), 111 (118).

gesamt unwirksam, wenn der Mieter sich teilweise auf einen Härtegrund berufen kann. Anders als früher, wo der wirtschaftliche Härtegrund den Duldungsanspruch zu Fall bringen konnte, geht es jetzt nur darum einen Interessenausgleich im Rahmen der Miethöhe herbeizuführen. Das ist auch dadurch möglich, dass die Mieterhöhung nur teilweise ausgeschlossen ist.[504] Im Zahlungsprozess müsste das Gericht die Klage teilweise abweisen. Problematisch ist dann die Rechtskrafterstreckung auf zukünftige Monate (→ Rn. 134).

### 5. Geltendmachung des Härteeinwands

Die Mieterhöhung ist kraft Gesetzes ausgeschlossen, soweit die Abwägung der maßgeblichen Interessen zu einem Härtegrund auf Seiten des Mieters führt. Es handelt sich um keine Einrede. Soweit sich aus dem Sachverhalt ergibt, dass dem Mieter Härtegründe zustehen sind diese im Prozess zu berücksichtigen. Jedoch muss der Mieter die Umstände dem Vermieter gem. § 555 d Abs. 3 BGB fristgerecht mitgeteilt haben, damit sie zu berücksichtigen sind (→ Rn. 120). **112**

### 6. Ausschluss des Härteeinwandes

Nach § 559 Abs. 4 S. 2 BGB kann der Mieter sich in drei Fällen nicht auf eine Härte wegen der Miethöhe berufen: **113**

**a) Allgemein üblicher Zustand.** Nach Nr. 1 findet eine Abwägung dann nicht statt, wenn die Mietsache lediglich in einen Zustand versetzt wurde, der allgemein üblich ist. Es handelt sich um eine **eng auszulegende Ausnahmevorschrift**[505], deren Voraussetzungen der Vermieter beweisen muss.[506] Sinn dieser Regelung ist, dass der Mieter Modernisierungen, die sich als allgemeiner Standard durchgesetzt haben, nicht behindern soll.[507] Bei Maßnahmen, die zT allgemein üblich und zT noch nicht, kann der Mieter sich dann nicht auf eine unzumutbare wirtschaftliche Härte berufen, wenn die höhere Mitbelastung für ihn bereits allein auf Grund der Herstellung des allgemein üblichen Zustands eine wirtschaftliche Härte darstellen würde.[508] **114**

„Allgemein üblicher Zustand" bedeutet nicht, dass ein bestimmter Baustandard maßgebend ist. Entscheidend ist vielmehr die weit überwiegende Mehrheit aller im Geltungsbereich des Gesetzes gelegenen Mietwohnungen unter Einbeziehung der Altbauwohnungen.[509] So ist bspw. in Berlin der Anbau eines Balkons allgemein üblich[510], in Hamburg demgegenüber der Anbau eines zweiten Balkons nicht.[511] Nach der Rspr. des BGH[512] ist von einem „allgemein üblichen Zustand" auszugehen, wenn der angestrebte Zustand bei der **überwiegenden Zahl von Mieträumen** – mindestens zwei Drittel – in Gebäuden gleichen **Alters**[513] innerhalb der **Region**[514] angetroffen wird.[515] Das Baualter oder richtigerweise die Beschaffenheit gem. § 558 Abs. 2 BGB ist ein maßgebliches Kriterium. Die Ausnahmevorschrift will die Modernisierung des Altbaubestandes forcieren. Neu- und Altbauten sind auch sonst nicht vergleichbar, so dass das Merkmal allgemein üblich anderenfalls zum Vergleich ganz unterschiedlicher Wohnungsbestände führen würde. In der Lit.[516] wird vertreten, dass der allgemein übliche Zustand auch dann angenommen werden soll, wenn ein Zustand hergestellt wird, den der Gesetzgeber anstrebt. Dabei wird an die Umsetzung der Anforde- **115**

---

504 Nach *Fleindl* PiG 99 (2015), 111 (118) führt dies zwar zur „Unwägbarkeit gerichtlicher Entscheidungen", erlaube aber auch eine größere Einzelfallgerechtigkeit.

505 *Schmid* ZMR 2012, 593.

506 AG Berlin-Mitte GE 2013, 1589 (1590).

507 Zur Kritik vgl. *Thomsen* S. 57.

508 LG Berlin 10/2013, 30.

509 AnwK WohnraumMietR/*Lammel* BGB § 554 Rn. 65.

510 LG Berlin GE 2014, 1007, für Gebäude der Baualtersklasse 1919–1949.

511 AG Hamburg WuM 2010, 32 = GE 2010, 415.

512 BGH VIII ZR 21/19, NZM 2019, 928 = NJW 2020, 835; BGH VIII ARZ 5/91, NJW 1992, 1386; AG Wiesbaden WuM 2002, 309 zum Balkon.

513 Lützenkirchen MietR/*Dickersbach* BGB § 559 Rn. 122; *Sonnenschein/Weitemeyer* JZ 1993, 626 (627); Kossmann/Meyer-Abich Wohnraummiete-HdB/*Meyer-Abich* § 157 Rn. 37; **aA** *Schmid* ZMR 2012, 593 (594); offen gelassen von Staudinger/*Emmerich* BGB § 559 Rn. 63ff.

514 Bub/Treier MietR-HdB/*Schultz* Kap. III A Rn. 1626; Lützenkirchen MietR/*Dickersbach* BGB § 559 Rn. 122; Kossmann/Meyer-Abich Wohnraummiete-HdB/*Meyer-Abich* § 157 Rn. 37; **aA** abzustellen ist auf das Bundesgebiet *Schmid* ZMR 2012, 593 (594).

515 Bub/Treier MietR-HdB/*Schultz* Kap. III A Rn. 1626; Staudinger/*V. Emmerich* BGB § 559 Rn. 66; *Hinz* NZM 2013, 209 (225); *Sternel* NZM 2011, 1058.

516 *Schläger* ZMR 2009, 339 (341); **aA** Staudinger/*V. Emmerich* BGB § 559 Rn. 65.

rungen nach dem GEG gedacht. Diese Auffassung ist abzulehnen, weil sie sich zu weit vom Wortlaut des Gesetzes entfernt.[517]

116 Der Begriff der „Region" ist **großräumig** zu sehen. Ein Abstellen auf örtliche oder sogar innerörtliche Verhältnisse würde den Anforderungen ebenso wenig gerecht werden wie das Abstellen auf ein Bundesland.[518] Insbesondere in Flächenländern sind die Unterschiede zwischen Ballungszentrum (zB Ruhrgebiet) und ländlichen Gegenden (zB im Münsterland) idR viel zu groß. In **Berlin** ist nicht mehr zwischen den ehemaligen Teilen Ost und West zu unterscheiden.[519] In Berlin soll ein Balkon in den Baualtersklassen 1956–1964 allgemein üblich sein.[520] Bei Altbauwohnungen ist die Ausstattung mit einer Sammelheizung allgemein üblich, so dass dort der nachträgliche Einbau einer Zentralheizung vom Mieter grds. zu dulden ist.[521] Ebenso ist der Einbau einer Gasetagenheizung anstelle von Gas-Einzelöfen als Herbeiführung eines allgemein üblichen Standards angesehen worden.[522] Bäder werden in Berlin allgemein als üblich angesehen,[523] nicht dagegen der Einbau von Isolierglasfenstern[524], der Anbau eines Fahrstuhls[525] oder der Austausch von Kastendoppelfenster mit isolierverglasten Kunststoffrahmenfenstern.[526] Das Gleiche gilt für den Einbau eines Gasbrennwertkessels[527] oder die Ausstattung mit verstärkten Elektrosteigleitungen.[528] Auch iÜ ist nicht mehr zwischen neuen und alten Bundesländern zu differenzieren. Abzustellen ist jeweils auf den Ist-Zustand der Wohnung.[529] Dies gilt zumindest dann, wenn der Mieter die baulichen Änderungen in zulässigerweise durchgeführt hat.

117 Die Beweislast, dass nur ein allgemein üblicher Zustand hergestellt werden soll, trägt der Vermieter, da diese Tatsache ihn begünstigt.[530] Dabei darf aber nicht auf den Mietspiegel und dessen Orientierungshilfe abgestellt werden, sondern muss ggf. durch Sachverständigengutachten Beweis erhoben werden.[531]

118 **b) Nicht zu vertretende Umstände.** Nach Nr. 2 scheidet eine Abwägung unter Härtegesichtspunkten aus, wenn die Modernisierungsmaßnahme auf Grund von Umständen durchgeführt wurde, die der Vermieter nicht zu vertreten hatte. Das wäre nicht zwingend gewesen. Zwar darf der Mieter eine Maßnahme, zu deren Durchführung der Vermieter verpflichtet ist, nicht verhindern können, auch nicht auf Grund wirtschaftlicher Argumente, jedoch bedeutet dies nicht zwingend, dass der Mieter die Maßnahme auch finanzieren muss. Die Vorschrift knüpft an § 555b Nr. 6 BGB an. Soweit dort Erhaltungsmaßnahmen ausgenommen sind, konnte auf diese Einschränkung hier verzichtet werden, weil solche Maßnahmen erst gar nicht zu einer Mieterhöhung berechtigen (→ Rn. 47). Gemeint sind hier Modernisierungsmaßnahmen, zu denen der Vermieter rechtlich verpflichtet ist. Eine solche rechtliche Verpflichtung kann sich sowohl aus gesetzlichen Vorgaben aber auch aus bestandskräftigen Bescheiden (zB des Schornsteinfegers) ergeben. Eine rechtliche Verpflichtung besteht etwa bei Modernisierungsmaßnahmen, die der Erfüllung sog. **Nachrüstpflichten** nach dem Gesetz zur Einsparung von Energie und zur Nutzung erneuerbarer Energien zur Wärme- und Kälteerzeugung in Gebäuden – Gebäudeenergiegesetz – GEG[532], insbes. nach § 47 GEG, dienen.[533] Hierbei handelt es sich um durch öffentlich-rechtliche Vorschriften

---

[517] *Schmid* ZMR 2012, 593 mit weiteren Argumenten; *Graz* AnwZert MietR 22/2015 Anm. 1 unter Wiederholung des hiesigen Textes.

[518] So aber wohl BGH VIII ARZ 5/91, NJW 1992, 1386.

[519] AG Pankow/Weißensee MM 2004, 222.

[520] LG Berlin GE 2012, 486; 2010, 908.

[521] LG Berlin GE 2012, 270; 2005, 919; 1995, 1013; AG Schöneberg GE 1991, 253 für Gasetagenheizung; **aA** LG Berlin GE 1999, 46 = NZM 1999, 705.

[522] AG Langenfeld WuM 1999, 284.

[523] LG Berlin GE 2005, 919; 1992, 1319; AG Schöneberg MM 1993, 76 jeweils für Berlin-West.

[524] LG Berlin GE 1999, 46; AG Tiergarten MM 1991, 104.

[525] LG Berlin GE 2011, 483.

[526] LG Berlin GE 1999, 46; NZM 1999, 705.

[527] LG Berlin NZM 1999, 705.

[528] AG Pankow/Weißensee MM 2004, 222.

[529] BGH VIII ZR 25/12, WuM 2012, 677; VIII ZR 56/12, WuM 2012, 678; LG Wiesbaden WuM 1986, 244; AG Berlin-Mitte GE 2000, 129.

[530] AG Berlin-Mitte GE 2000, 129; Staudinger/*V. Emmerich* BGB § 559 Rn. 69; Lützenkirchen MietR/*Dickersbach* BGB § 559 Rn. 124; *Schmid* ZMR 2012, 593 (594).

[531] *BGH VIII ZR 21/19, NZM 2019, 928* = NJW 2020, 835.

[532] Gesetz v. 8.8.2020, BGBL I 2020, 1728.

[533] Ob der Vermieter solche Maßnahmen generell nicht zu vertreten hat, hat das BVerwG GE 2013, 1468 offen gelassen; zumindest in den Fällen, in denen bei einer durch das Alter des Gebäudes bedingten, unaus-

zwingend vorgeschriebene Maßnahmen, denen sich der Vermieter nicht entziehen kann. Davon zu unterscheiden sind die sog. **bedingten Anforderungen** gem. § 48 GEG. Diese schreiben die Einhaltung bestimmter Wärmedurchgangskoeffizienten vor, wenn der Vermieter sich entscheidet, Arbeiten an der Fassade durchzuführen. Hier befindet sich der Vermieter nicht in der gleichen Zwangslage wie bei zwingenden Nachrüstpflichten. Er führt die Arbeiten aus freiem Entschluss durch. Die beiden Gruppen sind dann wieder gleich zu behandeln, wenn die Durchführung der Arbeiten an dem Gebäude für den Vermieter unausweichlich geworden ist.[534] Dies ist zB bei einer Erneuerung des Außenputzes dann anzunehmen, wenn die Putzfassade aufgrund altersbedingten Verschleißes oder aufgrund von auf sie einwirkenden schädigenden Ereignissen ersetzt werden muss und zudem Mieter den Vermieter berechtigterweise auf Instandsetzung des Putzes in Anspruch nehmen. Gleich behandelt wird der Fall, in dem eine bestandskräftige behördliche Anordnung zur Behebung der Schäden vorliegt oder die Beseitigung von Schäden dringend aus Verkehrssicherheitsgründen geboten ist.[535] Denn in all diesen Fällen kann sich der Vermieter nicht der Durchführung der Instandsetzungsmaßnahme entziehen. Als Ausnahme von der Ausnahme gilt hier aber die Bagatellgrenze des § 48 S. 2 GEG. Nur wenn die zwingend zu sanierende Fläche weniger als 10% der Gesamtfläche ausmacht, entfällt die bedingte Anforderung und der Vermieter handelt wieder freiwillig.

Ist der Vermieter zu einer Maßnahme verpflichtet, die zugleich auch eine Gebrauchswerterhöhung, Wohnwertverbesserung oder energetische Modernisierung darstellt, so schließt der Ausschlusstatbestand des § 559 Abs. 4 Nr. 2 BGB den Härteeinwand soweit aus, wie die Kosten durch die verpflichtende Maßnahme verursacht wurden. Weitergehende Maßnahmen und die daraus resultierende Mieterhöhung sind vom Ausschlusstatbestand nicht umfasst.[536] 119

**c) Form und Frist für Erhebung der Einwendungen.** Umstände, die eine Härte nach § 559 Abs. 4 S. 1 BGB begründen, sind nach § 559 Abs. 5 BGB nur zu berücksichtigen, wenn der Mieter sie gem. § 555d Abs. 3–5 BGB dem Vermieter rechtzeitig mitgeteilt hat. Etwas anderes gilt nur dann, wenn die tatsächliche Mieterhöhung die angekündigte **um mehr als 10% übersteigt.** Denn in diesen Fällen konnte der Mieter vorab nicht beurteilen, inwieweit die Mieterhöhung eine unzumutbare wirtschaftliche Härte für ihn darstellt. 120

Obwohl der Gesetzgeber den Duldungs- vom Mieterhöhungsanspruch entkoppelt hat, muss der Mieter dem Vermieter in Textform seine Härtegründe bereits bis zum Ablauf des zweiten auf Zugang der Modernisierungsankündigung folgenden Monats mitgeteilt haben, § 555d Abs. 3 BGB. Die **wirtschaftlichen Härtegründe** vermögen zwar nunmehr den Duldungsanspruch nicht mehr zu Fall zu bringen, trotzdem muss der Mieter sie bereits gegenüber dem Duldungsanspruch erheben, um sie später gegenüber der Mieterhöhung geltend machen zu können. Der Vermieter erhält hierdurch rechtzeitig Informationen über Umstände, die für seine Finanzierungsentscheidung maßgeblich sind. 121

Hat der Vermieter den Mieter nicht über die Form und Frist des Härteeinwandes entsprechend § 555c Abs. 2 BGB informiert, dann kann der Mieter sich auf wirtschaftliche Härtegründe auch noch nach Ablauf der Frist berufen. Das ergibt sich aus § 555d Abs. 5 BGB, auf den in § 559 Abs. 5 S. 1 BGB verwiesen wird. Danach bedarf die Mitteilung des Mieters nach § 555d Abs. 3 S. 1 BGB nicht der dort bestimmten Form und Frist, wenn der Vermieter in der Modernisierungsankündigung nicht auf die Form und die Frist des Härteeinwands gem. § 555c Abs. 2 BGB hingewiesen hat. Das gilt zunächst nur für Einwände gegen die Duldungspflicht. § 559 Abs. 5 BGB verweist aber auch für den Ausschluss von wirtschaftlichen Härtegründen auf die Vorschrift. 122

Bei den weiteren Rechtsfolgen ist zu unterscheiden zwischen den Fällen, in denen zwar eine ordnungsgemäße Modernisierungsankündigung gem. § 555c BGB erfolgte aber der Hinweis nach § 555c Abs. 2 BGB unterblieben ist und dem Fall, dass gar keine Modernisierungsankündigung erfolgte: 123

**aa) Ordnungsmäßige Modernisierungskündigung.** Liegt eine **ordnungsgemäße Modernisierungsankündigung** vor, die **keinen Hinweis** gem. § 555c Abs. 2 BGB auf die Formen 124

weichlichen Instandsetzungsmaßnahme die von der Energieeinsparungsverordnung zusätzlich geforderte Wärmeschutzmaßnahme durchgeführt werde, liege es nahe davon auszugehen, dass der Vermieter dies nicht zu vertreten habe.

534 BGH VIII ZR 21/19, NZM 2019, 928 = NJW 2020, 835.

535 BGH VIII ZR 21/19, NZM 2019, 928 = NJW 2020, 835.

536 LG Berlin WuM 2019, 89.

und Fristen des Härteeinwandes enthält, gibt es für die Erhebung des Härteeinwands gegen die Duldungspflicht keine Frist. Jedoch muss der Mieter spätestens bis zum Beginn der Bauarbeiten seine wirtschaftlichen Härtegründe dem Vermieter mitteilen. Das ergibt sich aus der Verweisung in § 555d Abs. 5 S. 2 BGB auf § 555d Abs. 4 BGB. Etwas anderes gilt wiederum dann, wenn die tatsächliche Mieterhöhung mehr als 10% höher als die angekündigte war, § 559 Abs. 5 S. 2 BGB.

125 **bb) Verschuldenloses Fristversäumnis.** Hat der Vermieter den Mieter gem. § 555c Abs. 2 BGB belehrt, dann kann der Mieter Einwände nur dann erheben, wenn er **ohne Verschulden an der Einhaltung der Frist** gehindert war und er dem Vermieter die Umstände sowie die Gründe der Verzögerung unverzüglich in Textform mitteilt. Für wirtschaftliche Härtegründe enthält § 555d Abs. 4 S. 2 BGB aber wiederum eine Höchstfrist. In diesem Fall müssen die Umstände, die eine Härte im Hinblick auf die Mieterhöhung begründen, bis spätestens zum Beginn der Modernisierungsmaßnahme mitgeteilt werden. Fraglich ist, ob in diesem Fall auch erforderlich ist, dass der Mieter den Vermieter unverzüglich nicht nur über die Härtegründe, sondern auch über die Gründe der Verzögerung informiert hat, wie § 555d Abs. 4 S. 1 BGB vorschreibt. Das dürfte zu verlangen sein, da Satz 2 nur eine weitere Einschränkung von Satz 1 formuliert. Auch in diesem Fall tritt die Mieterhöhung mit Beginn des dritten Monats nach Zugang in Kraft.

126 **cc) Fehlerhafte Modernisierungskündigung.** Hat der Vermieter dem Mieter gar **keine oder eine fehlerhafte Modernisierungsankündigung** zukommen lassen, dann werden alle Fristen nicht in Gang gesetzt. Das ergibt sich aus § 555d Abs. 3 S. 2 BGB. Danach beginnt der Lauf der Frist nur, wenn die Modernisierungsankündigung den Vorschriften des § 555c BGB entspricht.

127 **dd) Unerwartet höhere Mieterhöhung.** Etwas anderes gilt aber gem. § 559 Abs. 5 S. 2 BGB wiederum dann, wenn die Mieterhöhung mehr als 10% höher als die in der Modernisierungsankündigung angegebene zukünftige Miete ausfällt. Dabei sind auch Betriebskostensteigerungen zu berücksichtigen.[537] In diesem Fall kann der Mieter die Härtegründe auch noch gegenüber der Mieterhöhung geltend machen, auch wenn er vorher gar keine Härtegründe angeführt hat und die Modernisierungsmaßnahmen bereits durchgeführt worden sind. Der Mieter konnte ja gar nicht wissen, dass er mit einer Mieterhöhung konfrontiert wird, die er wirtschaftlich nicht tragen kann. Zusätzlich verschiebt sich der Wirkungszeitpunkt für die Mieterhöhung (s. § 559b Abs. 2 BGB). Der Härteeinwand kann in diesen Fällen nicht nur gegenüber dem Teil der Mieterhöhung geltend gemacht werden, der oberhalb der angekündigten Mieterhöhung liegt[538], sondern gegen die Mieterhöhung insgesamt.[539] Es handelt sich insofern um eine „Strafvorschrift". Der Vermieter hat durch die unrichtige Angabe den Mieter zur Duldung veranlasst. Die Konsequenz ist, dass der Mieter so zu stellen ist, als wenn die Angabe von Anfang an richtig gewesen wäre. Auch in diesem Fall hätte der Mieter gegen die Mieterhöhung in voller Höhe Einwendungen erheben können.

128 Das bedeutet iErg:

| **Zeitliche Möglichkeiten zur Geltendmachung von Härtegründen** | | |
|---|---|---|
| **Vermieterverhalten** | **Mietereinwände** | |
| | **Gegen Duldungsanspruch** | **Wirtschaftlicher Härteeinwand gegen Mieterhöhung** |
| Ordnungsgemäße Modernisierungsankündigung mit Hinweis gem. § 555c Abs. 2 BGB und tatsächliche Mieterhöhung übersteigt angekündigte Mieterhöhung um nicht mehr als 10%. | **§ 555d Abs. 3 S. 1 BGB:** Bis zum Ablauf des Monats, der auf den Zugang der Modernisierungsankündigung folgt. | **§ 559 Abs. 5 S. 1, § 555d Abs. 3 S. 1 BGB:** Bis zum Ablauf des Monats, der auf den Zugang der Modernisierungsankündigung folgt. |
| Ordnungsgemäße Modernisierungsankündigung mit Hinweis gem. § 555c Abs. 2 BGB aber die tatsächliche Mieterhöhung übersteigt angekündigte Mieterhöhung um mehr als 10% | **§ 555d Abs. 3 S. 1 BGB:** Bis zum Ablauf des Monats, der auf den Zugang der Modernisierungsankündigung folgt. | **§ 559 Abs. 5 S. 2 BGB:** Es gibt keine Ausschlussfrist |

[537] Bub/Treier MietR-HdB/*Schultz* Kap. III A Rn. 1481.
[538] So aber Lützenkirchen MietR/*Dickersbach* BGB § 559 Rn. 126.
[539] Bub/Treier MietR-HdB/*Schultz* Kap. III A Rn. 1628; Staudinger/*V. Emmerich* BGB § 559 Rn. 53.

| **Zeitliche Möglichkeiten zur Geltendmachung von Härtegründen** | | |
|---|---|---|
| **Vermieterverhalten** | **Mietereinwände** | |
| | **Gegen Duldungsanspruch** | **Wirtschaftlicher Härteeinwand gegen Mieterhöhung** |
| Ordnungsgemäße Modernisierungsankündigung ohne Hinweis gem. § 555c Abs. 2 BGB und tatsächliche Mieterhöhung übersteigt angekündigte Mieterhöhung um nicht mehr als 10%. | **§ 555d Abs. 5 S. 1 BGB:** Es gibt rechtlich keine Ausschlussfrist. | **§ 559 Abs. 5 S. 2 BGB iVm § 555d Abs. 4 S. 2 BGB:** Härtegründe müssen bis zum Beginn der Arbeiten mitgeteilt werden. |
| Ordnungsgemäße Modernisierungsankündigung ohne Hinweis gem. § 555c Abs. 2 BGB und tatsächliche Mieterhöhung übersteigt angekündigte Mieterhöhung um mehr als 10%. | **§ 555d Abs. 5 S. 1 BGB:** Es gibt rechtlich keine Ausschlussfrist. | **§ 559 Abs. 5 S. 2 BGB:** Es gibt keine Ausschlussfrist |
| Ordnungsgemäße Modernisierungsankündigung mit Hinweis gem. § 555c Abs. 2 BGB und tatsächliche Mieterhöhung übersteigt angekündigte Mieterhöhung um nicht mehr als 10%. Mieter versäumt Frist schuldlos. | **§ 555d Abs. 4 S. 1 BGB:** Rechtlich dann keine Frist, wenn der Mieter dem Mieter die Härtegründe sowie die Gründe der Verzögerung unverzüglich in Textform mitteilt. | **§ 559 Abs. 5 S. 2 BGB iVm § 555d Abs. 4 S. 2 BGB:** Härtegründe müssen bis zum Beginn der Arbeiten mitgeteilt werden. Fraglich ob auch die Gründe der Verzögerung mitgeteilt werden müssen. |
| Ordnungsgemäße Modernisierungsankündigung mit Hinweis gem. § 555c Abs. 2 BGB und tatsächliche Mieterhöhung übersteigt angekündigte Mieterhöhung um mehr als 10%. Mieter versäumt Frist schuldlos. | **§ 555d Abs. 4 S. 1 BGB:** Rechtlich dann keine Frist, wenn der Mieter dem Mieter die Härtegründe sowie die Gründe der Verzögerung unverzüglich in Textform mitteilt. | **§ 559 Abs. 5 S. 2 BGB:** Es gibt keine Ausschlussfrist |
| Keine (ordnungsgemäße) Modernisierungserklärung und keine Bagatellmaßnahme gem. § 555c Abs. 4 BGB. | **§ 555d Abs. 3 S. 2 BGB:** Keine Ausschlussfrist. Der Lauf der (Ausschluss-)Frist beginnt nur, wenn die Modernisierungsankündigung den Vorschriften des § 555c entspricht. | **§ 559 Abs. 5 S. 1 BGB iVm § 555d Abs. 3 S. 2 BGB** Keine Ausschlussfrist. Der Lauf der (Ausschluss-)Frist beginnt nur, wenn die Modernisierungsankündigung den Vorschriften des § 555c entspricht. **aber auch** **§ 559 Abs. 5 S. 2 BGB:** Da keine Mitteilung einer Mieterhöhung erfolgte, ist jede Mieterhöhung mehr als 10% höher als die (nicht) angekündigte. |
| Keine (ordnungsgemäße) Modernisierungserklärung aber Bagatellmaßnahme gem. § 555c Abs. 4 BGB. | **§ 555d Abs. 3 S. 1 BGB:** Keine Ausschlussfrist. Da keine Modernisierungsankündigung erfolgt ist, ist auch keine Frist in Gang gesetzt worden. | **§ 559 Abs. 5 S. 1 BGB iVm § 555d Abs. 3 S. 1:** Keine Ausschlussfrist. Der Lauf der (Ausschluss-)Frist beginnt nur, wenn eine Modernisierungsankündigung erfolgte. |

## H. Abweichende Vereinbarungen (Abs. 6)

129 Nach § 559 Abs. 6 BGB sind abweichende Vereinbarungen zum Nachteil des Mieters unwirksam. Die Vorschrift ist eigentlich überflüssig, da bereits gem. § 557 Abs. 4 BGB alle nachteiligen Vereinbarungen im Bereich der Mieterhöhungen unwirksam sind. Gemäß § 557 Abs. 3 kann der Vermieter Mieterhöhungen im Bestand nur unter den Voraussetzungen der §§ 558–560 BGB verlangen. Das bedeutet dann aber auch, dass dies nur unter den in der Vorschrift des § 559 BGB genannten Voraussetzungen möglich ist und jede Abweichung hiervon zu Lasten des Mieters auch gegen § 557 Abs. 4 BGB verstößt. Zur Frage wann eine Vereinbarung vorliegt und den allgemeinen Voraussetzungen deshalb → BGB § 557 Rn. 62ff.

### I. Unzulässige Vereinbarungen

130 Unwirksam sind alle Vereinbarungen, die von den Voraussetzungen der § 559 Abs. 1–5 BGB **zum Nachteil des Mieters abweichen.**

131 Unzulässig sind alle Vereinbarungen, die den Vermieter berechtigen aus anderen als in § 559 BGB genannten Gründen eine Mieterhöhung nach § 559 BGB vorzunehmen, insbes. auch eine **Mieterhöhung wegen Instandsetzungsarbeiten** zu verlangen. Selbstverständlich kann auch nicht vereinbart werden, dass der Mieter mehr als 11% der aufgewandten Kosten zu tragen hat.[540] Bei der Vermietung von Eigentumswohnungen ist eine Vereinbarung, die Zuführungen zur Instandhaltungsrücklage für umlagefähig erklärt, unwirksam. Auch die Vereinbarung im Mietvertrag, dass die Miete um einen bestimmten, von vornherein feststehenden Betrag steigt, wenn der Vermieter eine bestimmte Baumaßnahme durchführt, zB die Wohnung an das Breitbandkabelnetz anschließt oder eine Gemeinschaftsantenne installiert[541] ist unwirksam. Nicht möglich ist eine Vereinbarung, wonach vor Abschluss des Mietvertrages abgeschlossene Modernisierungsmaßnahmen zu einer späteren Mieterhöhung wegen dieser Modernisierung berechtigen sollen.[542] Dies wäre zum einen eine Vereinbarung einer *vorläufigen Miete,* was gerade nicht möglich ist[543] und zum anderen würde durch eine solche Vereinbarung von dem Tatbestandsmerkmal des § 559 BGB, wonach die bauliche Maßnahme während des Bestandes des Mietverhältnisses erfolgt sein muss, zum Nachteil des Mieters abgewichen. Ebenso wenig kann abstrakt im Mietvertrag vereinbart werden, dass die Mieterhöhung bereits vor Beginn der Baumaßnahme fällig wird.[544] Etwas anderes gilt aber nach Abschluss des Mietvertrages für Vereinbarungen aus Anlass einer konkreten Modernisierungsmaßnahme. Dies ergibt sich aus § 555f Abs. 1 BGB.[545] Danach können die Parteien auch Vereinbarungen über die künftige Höhe der Miete treffen. Darunter fällt aber nicht die Vereinbarung zwischen Vermieter und Mieter einer Wohnung, dass der Mieter die gesamten Kosten der Maßnahme in einem Betrag dem Vermieter erstatten werde.[546] Unwirksam ist schließlich auch eine Vereinbarung, wonach die Kürzungsbeträge des § 559a BGB auf Grund einer Zinsverbilligung durch öffentliche Darlehen oder eines Mieterdarlehens nicht angerechnet werden sollen. Auch jede Einschränkung des Härteeinwandes ist unwirksam. Das betrifft sowohl die Formalien, wie Form und Frist, als auch den materiellen Inhalt, also die Schwelle, ab wann ein Härtegrund erst vorliegen soll.

### II. Zulässige Vereinbarungen

132 § 559 Abs. 6 BGB verbietet aber keine Vereinbarungen über die Höhe der Miete und zwar auch nicht nach Modernisierungsarbeiten. Gemäß § 555f BGB sind solche Vereinbarungen auch über die Miethöhe nach Abschluss eines Mietvertrages aus Anlass einer konkreten Modernisierungsmaß-

[540] LG Köln WuM 1989, 24; Sternel MietR Kap. III Rn. 767.
[541] LG Köln WuM 1989, 24.
[542] AG Bad Segeberg WuM 1992, 197.
[543] LG Karlsruhe WuM 1989, 335.
[544] AG Freiburg WuM 1985, 364.
[545] Zur Zulässigkeit von Modernisierungsvereinbarungen nach § 555f BGB im Wohnraummietrecht s. *Artz* WImmoT 2014, 139; *Abramenko MietRB 2013, 278; Mahlstedt* WImmoT 2017, 145; *Dickersbach,* Vortrag auf dem DMT 2014 herunterladbar aus der Mietrechtsdatenbank des Deutschen Mietgerichtstages: www.mietgerichtstag.de.
[546] AG Köln WuM 1991, 159; AG Freiburg WuM 1985, 364.

nahme ausdrücklich gestattet.[547] § 557 Abs. 1 BGB gestattet den Mietvertragsparteien eine Einigung auf eine neue Miete. Hat der Mieter bei einer **Modernisierungsankündigung** eine Erklärung unterschrieben, woraus sich der voraussichtliche Erhöhungsbetrag ergibt, aber angekündigt wird, dass eine genaue Abrechnung noch erfolgen wird, so handelt es sich nicht um die Zustimmung zu einer Mieterhöhung. Der Vermieter muss in diesem Fall noch eine Mieterhöhungserklärung gem. § 559b BGB abgeben.[548] Die **Vereinbarung über eine Mieterhöhung** nach einer Modernisierungsmaßnahme darf keinen Zweifel über die verbindliche neue Miete zulassen. Es reicht deshalb nicht aus, dass der Mieter sich verpflichtet, nach Abschluss der Sanierungsarbeiten maximal 4,50 EUR/m² zu zahlen. In diesem Fall hat der Mieter damit nicht einer bestimmten Mieterhöhung zugestimmt, sondern nur einen **Maximalbetrag** angegeben, der bei der Mieterhöhung nicht überschritten werden darf.[549]

Eine solche Einigung ist aber nicht bereits dann anzunehmen, wenn der Mieter auf eine einsei- 133
tige unwirksame Mieterhöhungserklärung des Vermieters **die verlangte neue erhöhte Miete zahlt.**[550] Hier ist bereits fraglich, ob ein Angebot des Vermieters auf Abschluss einer Mietabänderungsvereinbarung vorliegt, wenn der Vermieter erkennbar von seinem einseitigen Gestaltungsrecht gem. § 559 BGB Gebrauch machen will. Zumindest liegt regelmäßig keine Annahmeerklärung durch den Mieter vor. Ob der Mieter mit der Zahlung nämlich zugleich konkludent eine Willenserklärung auf Zustimmung abgegeben hat, ist durch Auslegung zu ermitteln. Voraussetzung für die Annahme einer konkludenten Willenserklärung ist, dass demjenigen, der eine solche konkludente Erklärung abgegeben haben soll, überhaupt bewusst ist, eine rechtsgeschäftliche Erklärung abzugeben.[551] Solange keinerlei Hinweise dafür existieren, dass der Mieter davon ausgehen musste, dass eine Verpflichtung zur Zahlung nicht bestand, und er automatisch in der Annahme zahlt, hierzu ohne eigenen Spielraum kraft Gesetzes gezwungen zu sein, fehlt es bereits an einem entsprechenden Verpflichtungswillen.[552] Eine **Willenserklärung** erfordert zumindest einen **objektiven Tatbestand,** aus dem die Äußerung eines auf eine Rechtsfolge gerichteten Willens geschlossen werden kann. Bei konkludenten Willenserklärungen muss der Erklärende die Umstände kennen, die seine Handlung als Ausdruck eines Rechtsfolgewillens erscheinen lassen. Er muss dabei vor allem wissen oder damit rechnen, dass eine von ihm abzugebende Willenserklärung erforderlich sein könnte.[553] Dazu gehört, dass der erklärende Mieter weiß, dass in seinem Verhalten der Ausdruck des Willens zu sehen ist, ein bisher unverbindliches Angebot verbindlich werden zu lassen.[554] Die Zahlung von Miete, zu dem der Mieter nicht verpflichtet ist, aber rechtsirrig annimmt, die erhöhte Miete zu schulden, ist keine konkludente Willenserklärung auf Abschluss eines Änderungsvertrages.[555] Dem Mieter fehlt hier auch für den Vermieter erkennbar jegliches Bewusstsein, dass die Zahlung eine über die bloße Erfüllung einer vermeintlichen Verpflichtung hinausgehende Bedeutung hat. Dabei ist es völlig unerheblich, ob der Mieter nur eine oder zahlreiche Zahlungen geleistet hat. Die Qualität der Erklärung wird nicht durch die Häufigkeit der Wiederholung bestimmt. Die Zahlungen erfolgten rechtsgrundlos und können vom Mieter kondiziert werden.[556]

---

547 Zur Zulässigkeit von Modernisierungsvereinbarungen nach § 555f BGB im Wohnraummietrecht s. *Artz* WImmoT 2014, 139; *Abramenko* MietRB 2013, 278; *Mahlstedt* WImmoT 2017, 145; *Dickersbach,* Vortrag auf dem DMT 2014 herunterladbar aus der Mietrechtsdatenbank des Deutschen Mietgerichtstages: www.mietgerichtstag.de.

548 AG Hamburg WuM 1999, 341.

549 LG Görlitz WuM 1999, 340.

550 LG Berlin GE 1996, 470; 1992, 207; ZMR 1990, 180; AG Tiergarten GE 1995, 1279; AG Braunschweig WuM 1984, 62; AG Osnabrück ZMR 1989, 340; **aA** LG Berlin GE 2002, 804, Bestätigung; LG Leipzig ZMR 1999, 767; ein Rechtsentscheid des OLG Dresden zu dieser Frage ist auf Grund des Vorlagebeschlusses des LG Leipzig ZMR 2001, 548 nicht ergangen, da der Rechtsstreit sich anderweitig erledigt hatte; wohl auch LG Görlitz WuM 2001, 28; AG Tiergarten GE 1995, 1279; Staudinger/*V. Emmerich* BGB § 559b Rn. 17 mwN; ausdrücklich offen gelassen von BGH VIII ZR 156/03, NZM 2004, 252.

551 BGH XII ZR 5/15, NJW 2016, 1441; V ZR 85/09, NZM 2010, 587; V ZR 266/88, BGHZ 110, 220; XI ZR 175/93, NJW 1995, 953; II ZR 92/87, NJW 1988, 1199 (1200).

552 LG Berlin GE 1996, 470; Sternel MietR Kap. III Rn. 718.

553 BGH IX ZR 197/88, BGHZ 109, 177; V ZR 85/09, NJW 2010, 2873; V ZR 16/73, NJW 1973, 1789.

554 BGH II ZR 92/87, NJW 1988, 1199 (1200).

555 OLG Hamm WuM 1981, 62; LG Braunschweig WuM 1990, 159.

556 OLG Hamburg WuM 1986, 82; LG München II WuM 1996, 624; LG Hamburg WuM 1989, 580; AG Flensburg WuM 1991, 356.

### I. Prozessuales

134 Der Vermieter kann und muss direkt auf Zahlung klagen. Eine **Sicherungsanordnung** gem. § 283a ZPO scheidet wegen der Erhöhungsbeträge nach dem ausdrücklichen Wortlaut des § 283a Abs. 1 S. 3 ZPO aus.[557] Dabei ist die Klage an keine besonderen Fristen gebunden. Da die Mieterhöhungserklärung, wenn die materiellen und formellen Voraussetzungen der §§ 559, 559b BGB vorlagen, die Miete einseitig erhöht hat, kann der Vermieter auch abwarten, bis der Mietrückstand größer geworden ist, um ggf. die Berufungsbeschwer zu erreichen. Eine solche Klage über einen bestimmten Rückstand erwächst aber nur hinsichtlich dieses Rückstands in **Rechtskraft.** Beruft sich der Mieter in einem solchen Zahlungsverfahren auf Härtegründe, dann erwächst dieses Urteil **hinsichtlich zukünftiger Monate** nicht in Rechtskraft. Hat das Gericht das Vorliegen eines Härteeinwands verneint oder ging es von der Nichtbeachtung von Ausschlussfristen aus, ist der Mieter nicht gehindert, den Härteeinwand erneut und jetzt ggf. substantiierter gegenüber einer weiteren Zahlungsklage für die Folgemonate zu erheben. Dieser Verfahrensweise kann nur so begegnet werden, dass der Vermieter **zugleich auch Klage auf zukünftige Leistung** erhebt. Dazu müssen aber die Voraussetzungen des § 259 ZPO gegeben sein. Wenn das nicht der Fall ist, kommt auch eine **Feststellungsklage** des Vermieters gegenüber dem Mieter dahingehend in Betracht, *„festzustellen, dass der Mieter auf Grund der Mieterhöhungserklärung vom … verpflichtet ist, eine um … EUR erhöhte Miete zu zahlen.“* → BGB § 559b Rn. 62.

135 Fraglich ist, ob der Vermieter dann, wenn der Mieter sich nach Zugang der Modernisierungsankündigung auf wirtschaftliche Härtegründe berufen hat, **Feststellungsklage** mit dem Antrag erheben kann, die Zahlungsverpflichtung des Mieters nach durchgeführter Modernisierung festzustellen. In der Begründung des Kabinettsentwurfs für das MietRÄndG[558] wird das behauptet. In der Lit. wird das ebenfalls teilweise vertreten.[559] Dem ist nicht zu folgen.[560] Unabhängig von der Tatsache, dass die genaue Höhe der Mieterhöhung nicht feststeht, da die exakten Kosten noch unbekannt sind, ist auch noch offen, welcher Stichtag maßgeblich ist und welche Einkommens- und Vermögensverhältnisse zu diesem Zeitpunkt auf Seiten des Mieters vorliegen. Es kommt auf den Zeitpunkt des Zugangs der Mieterhöhung an (→ Rn. 108a). Dieser Termin kann Monate nach der Geltendmachung der Härtegründe liegen. Der Mieter kann mit letzter Sicherheit auch gar nichts über seine finanzielle Situation zu einem ihm nicht bekannten Zeitpunkt in der Zukunft sagen. Im Übrigen würde die Möglichkeit der Feststellungsklage dem gesetzgeberischen Ziel der Entkopplung der Duldungspflicht von der anschließenden Mieterhöhung zuwiderlaufen. Wenn der Vermieter erst Feststellungsklage erhebt, um sich sicher zu sein, dass der Mieter später die Mieterhöhung zahlen muss, dann sind außerdem die in der Modernisierungsankündigung gem. § 555c BGB anzugebenden Termine über den Beginn und die Dauer der Maßnahme lange abgelaufen und die Modernisierungsankündigung verbraucht.

136 Umgekehrt kann ggf. der Vermieter in den Fällen, in denen das Gericht die **Klage wegen des Härteeinwandes** abgewiesen hat, für die folgenden Monate erneut Klage erheben und auf die Ausführungen im ersten Urteil eingehen, also seine berechtigten Interessen besser darlegen oder sich mit zusätzlichen Einkommensmöglichkeiten des Mieters auseinandersetzen. Um diesem Risiko zu entgehen kann der Mieter **negative Feststellungswiderklage** im ersten Zahlungsprozess erheben. Der Antrag muss aber so formuliert sein, dass er sich nur auf Zeiträume bezieht, die der Vermieter mit der bezifferten Zahlungsklage nicht rechtshängig gemacht hat. Unzulässig ist aber eine negative Feststellungsklage unter Berufung auf den Härteeinwand bereits gegen die Modernisierungsankündigung.[561]

---

557 Prütting/Gehrlein/*Börstinghaus* ZPO § 283a Rn. 11.

558 BT-Drs. 17/10485, 21, abgedr. bei Börstinghaus/Eisenschmid/*Eisenschmid* BGB § 555d Rn. 34.

559 *Blank* WImmoT 2013, 47 (65).

560 MüKoBGB/*Artz* § 559 Rn. 39; so auch für den umgekehrten Fall der neg. Feststellungsklage des Mieters: AG Schöneberg BeckRS 2016, 02358.

561 AG Schöneberg BeckRS 2016, 02358.

## § 559a Anrechnung von Drittmitteln

**(1) Kosten, die vom Mieter oder für diesen von einem Dritten übernommen oder die mit Zuschüssen aus öffentlichen Haushalten gedeckt werden, gehören nicht zu den aufgewendeten Kosten im Sinne des § 559.**

**(2) [1]Werden die Kosten für die Modernisierungsmaßnahmen ganz oder teilweise durch zinsverbilligte oder zinslose Darlehen aus öffentlichen Haushalten gedeckt, so verringert sich der Erhöhungsbetrag nach § 559 um den Jahresbetrag der Zinsermäßigung. [2]Dieser wird errechnet aus dem Unterschied zwischen dem ermäßigten Zinssatz und dem marktüblichen Zinssatz für den Ursprungsbetrag des Darlehens. [3]Maßgebend ist der marktübliche Zinssatz für erstrangige Hypotheken zum Zeitpunkt der Beendigung der Modernisierungsmaßnahmen. [4]Werden Zuschüsse oder Darlehen zur Deckung von laufenden Aufwendungen gewährt, so verringert sich der Erhöhungsbetrag um den Jahresbetrag des Zuschusses oder Darlehens.**

**(3) [1]Ein Mieterdarlehen, eine Mietvorauszahlung oder eine von einem Dritten für den Mieter erbrachte Leistung für die Modernisierungsmaßnahme stehen einem Darlehen aus öffentlichen Haushalten gleich. [2]Mittel der Finanzierungsinstitute des Bundes oder eines Landes gelten als Mittel aus öffentlichen Haushalten.**

**(4) Kann nicht festgestellt werden, in welcher Höhe Zuschüsse oder Darlehen für die einzelnen Wohnungen gewährt worden sind, so sind sie nach dem Verhältnis der für die einzelnen Wohnungen aufgewendeten Kosten aufzuteilen.**

**(5) Eine zum Nachteil des Mieters abweichende Vereinbarung ist unwirksam.**

### Systematische Übersicht



### Alphabetische Schnellübersicht



### A. Allgemeines

Modernisierungsmaßnahmen werden auch im preisfreien Wohnungsbau häufig durch öffentliche Zuschüsse und zinsverbilligte Darlehen gefördert. Gerade in den neuen Ländern mit dem immensen Modernisierungsbedarf spielten solche Förderungen in der Vergangenheit eine sehr große Rolle. Der Fördergeber will mit einer solchen Förderung regelmäßig zwei Dinge erreichen: 1

– der Vermieter soll aus wohnungswirtschaftlichen, umwelt- oder gesellschaftspolitischen Gründen veranlasst werden, trotz ggf. fehlenden oder nicht ausreichenden Eigenkapitals Modernisierungsmaßnahmen durchzuführen.
– der Mieter soll dadurch entlastet werden, dass die Mieterhöhung nach der Modernisierungsmaßnahme nicht ganz so hoch ausfällt, wie es ohne die Fördermittel gewesen wäre.

2 Der Gesetzgeber hat deshalb eine entsprechende **Anrechnungspflicht** in § 559a BGB aufgenommen. Die Vorschrift ist durch das Mietrechtsänderungsgesetz v. 11.3.2013[1] sprachlich an die neue Terminologie angepasst worden, ohne dass damit eine inhaltliche Änderung verbunden war. Da der Vermieter aber nach einer Modernisierung auch die Möglichkeit hat, die Miete gem. § 558 BGB bis zur ortsüblichen Vergleichsmiete für modernisierten Wohnraum zu erhöhen (→ BGB Vor § 558 Rn. 6),[2] hat der Gesetzgeber zusätzlich in § 558 Abs. 5 BGB die Anrechnung von Kürzungsbeträgen auch bei der Mieterhöhung gem. § 558 BGB (→ BGB § 558 Rn. 200 ff.)[3] angeordnet, damit der Vermieter nicht durch die Wahl des Erhöhungsverfahrens darüber entscheiden kann, ob die öffentliche Förderung dem Mieter zugutekommt oder nicht.

3 **Voraussetzung für jede Anrechnungsverpflichtung** ist, dass der Vermieter eine Modernisierungsmaßnahme durchgeführt hat, die er nicht zu vertreten hat und dass er für diese Baumaßnahme vom Mieter oder einem Dritten Fördermittel bekommen hat. Diese sollen wirtschaftlich dem Mieter zu Gute kommen. Da es verschiedene Formen von Fördermittel gibt, nämlich

a) Zuschüsse
b) zinsverbilligte Darlehen
c) Aufwendungsbeihilfen

und die Berechnungsarten jeweils unterschiedlich sind, enthält die Vorschrift in den verschiedenen Absätzen die unterschiedlichen Berechnungsweisen.

3a Wählt der Vermieter das **vereinfachte Verfahren gem. § 559c BGB** entfällt die Anrechnungspflicht aus Vereinfachungsgründen teilweise. So muss der **Zinsvorteil zinsvergünstigter oder zinsloser Darlehen** gem. § 559a Abs. 2 S 1–3 BGB nicht angerechnet werden. Dieser würde in Anbetracht der maximal geförderten Investitionssumme von 10.000 EUR ohnehin nur einen sehr geringen Betrag ausmachen. Anders verhält es sich aber mit **Zuschüssen** aus öffentlichen Haushaltsmitteln oder mit von Dritten übernommenen Kosten, die gem. § 559a Abs. 2 S. 4 BGB auch im vereinfachten Verfahren von den aufgewendeten Kosten abgezogen werden müssen. Hierzu zählen insbes. auch Tilgungszuschüsse der Kreditanstalt für Wiederaufbau. Diese öffentlichen Fördermittel sollen auch dem Mieter zugutekommen. Gleichgestellt sind gem. § 559a Abs. 3 BGB Mieterdarlehen.

## B. Voraussetzungen für den Abzug von Kürzungsbeträgen

### I. Zuschüsse gem. Abs. 1

4 Nach § 559a Abs. 1 BGB gehören Kosten, die vom Mieter oder für diesen von einem Dritten übernommen oder die mit Zuschüssen aus öffentlichen Haushalten gedeckt werden, nicht zu den aufgewendeten Kosten iSd § 559 BGB. In diesem Fall reduzieren sich bereits die auf die Wohnung aufgewandten Kosten iSd § 559 Abs. 1 BGB. Diese gilt ohne Einschränkungen auch bei **Mieterhöhungen im vereinfachten Verfahren** nach § 559c BGB.

#### 1. Zuschuss zu Modernisierungsmaßnahmen

5 Der **Abzug von Kürzungsbeträgen** kommt nur dann in Betracht, wenn die öffentliche Hand, der Mieter oder Dritte Zuschüsse zu Baumaßnahmen iSd § 559 BGB geleistet haben. Es muss sich also um Modernisierungen oder bauliche Veränderungen auf Grund von Umständen, die der Vermieter nicht zu vertreten hat, gehandelt haben. Der Begriff des Zuschusses ist im Zivilrecht nicht definiert. Es kann zurückgegriffen werden auf den öffentlich-rechtlichen Zuschussbegriff.[4] In Betracht kommen vor allem Mittel aus Wohnungsbauförderungs- und Stadtsanierungsprogrammen.[5] Auch

---

[1] BGBl. 2013 I 434.

[2] OLG Hamm NJW 1983, 298; NJW-RR 1993, 399; Staudinger/*V. Emmerich* BGB § 559b Rn. 2; *Sternel* MietR Kap. III Rn. 556.

[3] *Börstinghaus* MDR 1998; 933; *Maciejewski* MM 1998, 97; *Kunze/Tietzsch* WuM 1997, 308 (309); *Beuermann* GE 1996, 1514.

[4] *Both* GE 2000, 102.

[5] Eine Übersicht über solche Förderprogramme befindet sich zB auf der Homepage der KfW-Bank: www.kfw.de/inlandsfoerderung/Privatpersonen/Bestandsimmobilie/Förderprodukte/Förderprodukte-für-Bestandsimmobilien.html oder des Bundesamtes für Wirtschaft und Ausfuhrkontrolle (BAFA) http://www.co2online.de/foerdermittel/bafa-foerderung/.

ein **Teilschuldenerlass** bei einem KfW-Darlehn gehört zu den anzurechnenden Zuschüssen.[6] Auch Zuschüsse nach dem Landesmodernisierungsprogramm (LAMOD-Programm) in Berlin sind abzuziehen.[7] Umstritten ist, ob der Schulderlass im Rahmen des Bonussystems dieses Programms als Zuschuss zu behandeln ist.[8]

6 **Investitionszulagen,** die für Investitionen, die bis spätestens 1.1.2005 getätigt wurden, nach § 3 InvZulG 1999[9] für Modernisierungsmaßnahmen gewährt wurden, waren keine gem. § 559a BGB anzurechnenden Fördermittel.[10] Die Investitionszulage ist ein steuerrechtliches Instrument, das sich im Rahmen der Abgabenordnung bewegt und deshalb auch von den Finanzämtern verwaltet wird. Auf die Investitionszulage besteht ein Rechtsanspruch. Sie ist ein Mittel der Refinanzierung des Vermieters, der gefördert werden soll und nicht der Mieter.

7 Soweit der Vermieter bei einem Modernisierungs- oder Instandsetzungsgebot der Gemeinde Kostenerstattungsbeträge nach § 177 Abs. 4 BauGB erhalten hat, handelt es sich ebenfalls nicht um anrechnungspflichtige Zuschüsse.[11] Die Zahlung erfolgt hier zwar aus einem öffentlichen Haushalt iSd § 559a BGB, jedoch soll damit kein Zuschuss zu der Baumaßnahme erfolgen. Es handelt sich vielmehr um einen öffentlich-rechtlichen Entschädigungsanspruch, der vermeiden soll, dass auf Seiten des Vermieters ein enteignungsgleicher Eingriff vorliegt. Deshalb soll der Betrag dem Vermieter zugewandt werden und nicht dem Mieter. Eine Anrechnung dieses Betrages bei einer Mieterhöhung nach § 559 BGB würde letztendlich dazu führen, dass der Zweck dieser Leistung nicht erreicht würde. Soweit Zahlungen durch die Gemeinde für bestimmte Baumaßnahmen iSd § 559 Abs. 1 BGB gezahlt werden, führen diese Kostenerstattungsbeträge aber dazu, dass die aufgewendeten Kosten des Vermieters geringer sind, so dass die Mieterhöhung nach § 559 BGB geringer ausfällt, da der mit 8% auf die Jahresmiete umlegbare Bauaufwand geringer ist.

8 **Zuschüsse zu Instandsetzungsarbeiten** sind unerheblich und begründen keine Verpflichtung zum vollständigen oder anteiligen Abzug.[12] Maßgeblich ist dabei der **Verwendungszweck** der Gelder, nicht die tatsächliche Verwendung.[13] Dies ergibt sich aus dem Zweck des Gesetzes. Der Vermieter ist bei Instandsetzungsarbeiten nicht berechtigt, die Miete nach § 559 BGB zu erhöhen. Zahlt die öffentliche Hand, der Mieter oder ein Dritter für solche Maßnahmen Geld, dann ergibt sich daraus, dass diese Zahlung letztendlich dem Vermieter zufließen sollte und nicht dem Mieter. Der Zuschussgeber hat also durch die Zweckbestimmung zugleich auch denjenigen bestimmt, der den wirtschaftlichen Vorteil haben soll. Verwendet der Vermieter diese Gelder dann für Modernisierungen, mag dies im Verhältnis zum Zuwendungsgeber vertragswidrig sein, ändert aber an der fehlenden Anrechnungspflicht nichts. Hinzu kommt, dass bei Maßnahmen, die sowohl Instandsetzungs- wie auch Modernisierungsarbeiten umfassen sowohl die Trennung zwischen diesen beiden Bereichen wie auch eine Trennung zwischen den verschiedenen Finanzierungsmitteln nur sehr schwer bis gar nicht möglich ist. Möglich ist bei solchen Finanzierungszuschüssen zu Instandsetzungsmaßnahmen allenfalls eine vertragliche Abrede über die zukünftige Miete, ggf. iRd § 557 Abs. 3 BGB, was aber eindeutige und ausdrückliche Vereinbarungen voraussetzt und mit der Anrechnung von Kürzungsbeträgen nichts zu tun hat. Dieser Weg wird von der öffentlichen Hand häufig beschritten. Sie fördert eine bestimmte Baumaßnahme ohne zwischen Modernisierung und Instandsetzung zu unterscheiden. Als Gegenleistung vereinbart sie mit dem Vermieter im Fördervertrag eine Höchstmiete, die nicht überschritten werden darf.[14]

### 2. Der Vermieter muss Bauherr der Modernisierungsmaßnahme sein

9 Der Vermieter muss auf Grund der Modernisierungsmaßnahme zu einer Mieterhöhung nach § 559 BGB berechtigt sein. Nur der Vermieter, der die Vorteile des § 559 Abs. 1 BGB nutzen darf,

---

[6] AG Neubrandenburg WuM 2017, 148 zur Anrechnung gem. § 558 Abs. 5 BGB.

[7] Zur Anrechnung dieser Zuschüsse iRd § 558 Abs. 5 BGB: KG NZM 2002, 211; VerfGH Berlin NZM 2001, 228; LG Berlin GE 2000, 604.

[8] Die entsprechende Vorlagefrage des LG Berlin hat das KG ausdrücklich nicht beantwortet: KG NZM 2002, 211.

[9] BGBl. 1997 I 2070.

[10] Staudinger/*V. Emmerich* BGB § 559a Rn. 5; *Both* GE 2000, 102; Bub/Treier MietR-HdB/*Schultz* Kap. III A Rn. 1607; **aA** *Wüstefeld* WuM 2000, 283.

[11] Staudinger/*V. Emmerich* BGB § 559a Rn. 5; *Beuermann* GE 1996, 1514.

[12] *Schach* GE 2002, 842; *Beuermann* GE 1996, 1514 (1518); *Maciejewski* MM 1998, 97.

[13] **AA** AG Tempelhof MM 1989, Nr. 4, 31.

[14] *Schach* GE 2002, 842 (843).

muss auch die Nachteile des § 559a BGB in Kauf nehmen.[15] Daraus folgt, dass der Vermieter, der eine einseitige Mieterhöhung nach § 559 BGB vornimmt, sowohl Bauherr der Baumaßnahme gewesen wie auch Empfänger der Fördermittel sein muss.[16] In den Fällen der Individual-Rechtsnachfolge auf Vermieterseite scheidet deshalb eine Anrechnung von Kürzungsbeträgen immer dann aus, wenn die Baumaßnahmen gem. § 559 BGB noch vom ehemaligen Vermieter oder einem Dritten durchgeführt wurden, ohne dass dieser eine Mieterhöhung gem. § 559 BGB vorgenommen hat.[17] Dies gilt auch in der Zwangsversteigerung.[18] Zwar kann der Erwerber eines Grundstücks, der nach § 566 BGB in das Mietverhältnis eingetreten ist, die Miete nach durchgeführter Modernisierung nach § 559 BGB erhöhen, unabhängig davon, ob die Modernisierungsarbeiten vor[19] oder nach[20] Eintritt des Erwerbers in das Mietverhältnis abgeschlossen worden sind, jedoch muss eine Anrechnung der Fördermittel nur dann erfolgen, wenn der Erwerber auch in den Genuss der Mittel gekommen ist.[21] Gegebenenfalls hat der Veräußerer gegen den Fördervertrag verstoßen und muss die Fördermittel zurückzahlen, wenn er die Verpflichtung zur Anrechnung im Erwerbsvertrag nicht auf den Erwerber übertragen hat. Eine Verpflichtung zur Anrechnung von Fördermitteln kann sich für den Erwerber aber dann ergeben, wenn im Mietvertrag eine vertragliche Beschränkung der Mieterhöhungsmöglichkeiten vereinbart wurde, in die der Erwerber gem. § 566 BGB eingetreten ist.[22]

### 3. Modernisierung bei bestehendem Mietverhältnis

10 Eine Anrechnung von Kürzungsbeträgen hat nur bei einer **Mieterhöhung im Bestand** zu erfolgen. Eine Anrechnung bei einer Neuvermietung war bisher im Gesetz nicht vorgesehen und wäre prinzipiell auch systemfremd.[23] Neuvertragsmieten werden im preisfreien Wohnungsbau nach Vorstellung des Gesetzgebers frei ausgehandelt. Kraft Gesetzes erlischt die Anrechnungspflicht mit der Beendigung des Mietverhältnisses, so dass bei der Vermietung einer bereits modernisierten Wohnung eine Kürzung weder bei der Berechnung der Neuvertragsmiete noch bei späteren Mieterhöhungen in Betracht kommt.[24] Etwas anderes gilt aber in den Gemeinden, in denen die Neuvertragsmiete gem. § 556d ff. BGB begrenzt ist. Gemäß § 556e Abs. 2 BGB darf der Vermieter bei der Neuvermietung mit dem Mieter eine Miete vereinbaren, die mehr als 10% über der ortsüblichen Vergleichsmiete liegt, wenn er in den letzten drei Jahren vor Beginn des Mietverhältnisses Modernisierungsmaßnahmen gem. § 555b BGB durchgeführt hat. In diesem Fall errechnet sich die zulässige Miete aus der um 10% erhöhten ortsüblichen Vergleichsmiete für nicht modernisierten Wohnraum zzgl. einer – fiktiven – Mieterhöhung gem. § 559 BGB. Dabei sind dann auch Kürzungsbeträge gem. § 559a BGB zu berücksichtigen. Insofern ist der Wortlaut des § 556e Abs. 2 BGB eindeutig. Er verweist auch auf § 559a BGB.

## II. Gewährung von zinsverbilligten oder zinslosen Darlehen gem. Abs. 2

11 Nach § 559a Abs. 2 BGB verringert sich der Erhöhungsbetrag nach § 559 BGB, auch wenn der Vermieter zwar keinen Zuschuss zu den Kosten der Modernisierung bekommt, jedoch die Kosten mit einem **zinslosen oder zinsverbilligten Darlehen** aus öffentlichen Haushalten deckt, wobei Mittel der Finanzierungsinstitute des Bundes oder eines Landes ebenfalls als Mittel aus öffentlichen

---

[15] KG NZM 1998, 107; LG Berlin GE 2003, 458; 2000, 604; WuM 2001, 612.

[16] KG NZM 1998, 107 mkritAnm *Lützenkirchen* WuM 1998, 187 (195); LG Berlin GE 2003, 458.

[17] Staudinger/*V. Emmerich* BGB § 559a Rn. 3; **aA** Bub/Treier MietR-HdB/*Schultz* Kap. III A Rn. 1601, der die entsprechenden Entscheidungen nur auf die Anrechnungspflicht gem. § 558 Abs. 5 BGB beschränken will.

[18] BGH VIII ZR 58/03, NZM 2003, 973; **aA** Bub/Treier MietR-HdB/*Schultz* Kap. III A Rn. 1602, der meint, dass die Entscheidung nur für § 558 Abs. 5 BGB gilt.

[19] KG NZM 2000, 860.

[20] KG NZM 2000, 652.

[21] Nach Bub/Treier MietR-HdB/*Schultz* Kap. III A Rn. 1601 rechnet der Erwerber gar nicht mit dieser Erhöhungsmöglichkeit. Wenn die Rspr. ihm das Recht einräume, müsse sie auch die Anrechnungspflicht für den Erwerber annehmen.

[22] BGH VIII ZR 58/03, NZM 2003, 973.

[23] *LG Berlin GE 1997, 238; LG Berlin GE 2001*, 210; *Schach* GE 2004, 278 (282), mit Übersichtstabelle über die divergierende Rspr. der verschiedenen Kammern des LG Berlin bei *Schach* GE 2004, 278 (281); **aA** *Kunze/Tietzsch* WuM 2003, 423.

[24] LG Berlin GE 1997, 238; Bub/Treier MietR-HdB/*Schultz* Kap. III A Rn. 1603, 1605.

Haushalten gelten. Werden Zuschüsse oder Darlehen zur Deckung der **laufenden Aufwendungen** gewährt, verringert sich der Erhöhungsbetrag um den Jahresbetrag des Zuschusses oder des Darlehens. Aus Vereinfachungsgründen wird bei einer Mieterhöhung im vereinfachten Verfahren gem. § 559c Abs. 1 S. 3 BGB darauf teilweise verzichtet. Zuschüssen aus öffentlichen Haushaltsmitteln oder mit von Dritten übernommenen Kosten, die gem. § 559a Abs. 2 S. 1–3 BGB sind aber auch im vereinfachten Verfahren von den aufgewendeten Kosten abzuziehen. Hierzu zählen insbes. auch Tilgungszuschüsse der Kreditanstalt für Wiederaufbau. Diese öffentlichen Fördermittel sollen gerade dem Mieter zugutekommen.[25] Daran ändert die Wahl des Verfahrens nichts.

Unter Mitteln der öffentlichen Haushalte iSd § 559a Abs. 2 S. 1 BGB sind alle Finanzmittel zu verstehen, die in öffentlichen Haushalten, also des Bundes, eines Bundeslandes oder einer Gemeinde zur Verfügung gestellt wurden. Auf die Bewilligungsstelle kommt es nicht an.[26] Ein Finanzierungsinstitut des Bundes ist zB die Kreditanstalt für Wiederaufbau. Eine dingliche Absicherung dieser Finanzierungsmittel ist nicht erforderlich, obwohl das Gesetz als Vergleichsmaßstab auf dinglich abgesicherte Darlehen abstellt. Eine solch einschränkende Auslegung des Gesetzes würde dem Sinn und Zweck der Anrechnungsregelung widersprechen, wonach die Vorteile der Förderung wirtschaftlich dem Mieter zugutekommen sollen. 12

### III. Mieterdarlehen gem. Abs. 3

Den Mitteln aus öffentlichen Haushalten stehen **Mieterdarlehen** und **Mietvorauszahlungen** sowie Leistungen von einem Dritten für den Mieter gleich. Hierbei kann es sich zB um Leistungen des Arbeitgebers des Mieters handeln. Nicht hierzu zählen Zinsvergünstigungen und -zuschüsse die Private im Zusammenhang mit dem Vertrieb ihrer Waren und Anlagen zahlen.[27] So zahlen Energieversorger bei Heizungsmodernisierungen teilweise Zinszuschüsse zur Finanzierung der Baumaßnahme, wenn auf eine andere Energieart umgestellt wird. Solange es sich um Zuschüsse bzgl. der Finanzierungskosten handelt, werden diese Zuschüsse bereits vom Wortlaut her von § 559a Abs. 3 BGB nicht erfasst. Es handelt sich gerade um keine Zuschüsse, die von einem Dritten für den Mieter geleistet werden. Der Dritte will gerade dem Vermieter einen Vorteil zukommen lassen, damit dieser die Ware des Dritten kauft oder mit diesem ein Dauerschuldverhältnis abschließt. Handelt es sich bei dem Vermieter um eine Genossenschaft und hält der Mieter einen **Genossenschaftsanteil,** dann ist weder dieser Anteil noch die verrechnete Verzinsung vom Mieterhöhungsbetrag in Abzug zu bringen.[28] 13

Hat ein Dritter einen **Zuschuss** zu den Kosten der Baumaßnahme nach § 559 BGB geleistet, muss er dies **für den Mieter** getan haben. Zahlungen, die der Dritte leistet, um dem Vermieter einen Vorteil zukommen zu lassen, führen nicht zu einer Anrechnungsverpflichtung. Deshalb sind Zuschüsse von Privaten, zB Energieversorgern, die diese bei Abschluss eines langfristigen Liefervertrages zahlen, nicht anzurechnen. Auch in diesem Fall handelt es sich nicht um einen Zuschuss gem. § 559a Abs. 3 BGB, den der Dritte für den Mieter leistet. Das Unternehmen zahlt diesen Zuschuss aus Werbegründen, um den Vermieter als Kunden zu gewinnen. Der Zuschuss soll dem Vermieter zugutekommen. Dass dieser Zuschuss dazu führt, dass der Vermieter weniger Kosten aufgewandt hat, ändert daran nichts. Das Gesetz verlangt ausdrücklich, dass der Dritte Zahlungen **für den Mieter** erbracht hat. Allenfalls dann, wenn der Zuschuss in Form einer Gutschrift erfolgt, die ansonsten von den vom Vermieter zu zahlenden Baukosten an den Zuschussgeber abzuziehen ist, kann es sich um ein Umgehungsgeschäft handeln, so dass nur die um die Gutschrift gekürzten Baukosten angesetzt werden dürfen. 14

## C. Berechnung der Anrechnung

Bei der Berechnung der Kürzungsbeträge muss zwischen den verschiedenen Arten der Förderung unterschieden werden: 15

---

25 AG Neubrandenburg WuM 2017, 148.

26 *Beuermann* GE 1994, 558.

27 Bub/Treier MietR-HdB/*Schultz* Kap. III A Rn. 1620; Staudinger/*V. Emmerich* BGB § 559a Rn. 11; Lützenkirchen MietR/*Dickersbach* BGB § 559a Rn. 24.

28 AG Magdeburg WuM 1996, 229; **aA** AG Leipzig WuM 1993, 268 jeweils für preisgebundenen Wohnraum gem. § 11 Abs. 2 MHG aF.

### I. Zinsverbilligte Darlehen

#### 1. Bei gleichbleibender Förderung

16 Bei **zinsverbilligten Darlehen** ist zunächst die jährliche Zinsersparnis zu ermitteln. Dazu ist die prozentuale Zinsverbilligung auf den maßgeblichen Darlehensbetrag anzuwenden. Die prozentuale Zinsverbilligung ergibt sich aus einem Vergleich zwischen dem Zinssatz für erstrangige Hypotheken zum Zeitpunkt der Beendigung der Maßnahme[29] mit dem tatsächlich vom Vermieter zu zahlenden Zinssatz. Der Wortlaut der Norm ist eindeutig.[30] Maßgeblich sind die marktüblichen Zinsen, die zum Zeitpunkt der Beendigung der Baumaßnahme gezahlt werden. Zu deren Ermittlung kann zurzeit immer noch auf die Vorschrift des § 23a II. BV zurückgegriffen werden. Danach ist der marktübliche Zinssatz für erstrangige Hypotheken entweder zu ermitteln aus dem durchschnittlichen Zinssatz der durch erstrangige Hypotheken gesicherten Darlehen, die zum Zeitpunkt der Beendigung der Baumaßnahme von Kreditinstituten oder privatrechtlichen Unternehmen, zu deren Geschäften üblicherweise die Hergabe derartiger Darlehen gehört, zu geschäftsüblichen Bedingungen für Bauvorhaben an demselben Ort gewährt worden sind oder in Anlehnung an den Zinssatz der zum Zeitpunkt der Beendigung der Baumaßnahme zahlenmäßig am meisten abgesetzten **Pfandbriefe** unter Berücksichtigung der üblichen Zinsspanne. Von diesem so ermittelten Zinssatz ist der mit dem Fördergeber tatsächlich vereinbarte Zinssatz in Abzug zu bringen. Als Ergebnis erhält man die **prozentuale Zinsvergünstigung.** Um den absoluten Euro-Betrag der Zinsvergünstigung zu erhalten, muss man die prozentuale Zinsvergünstigung auf den maßgeblichen Darlehensbetrag anwenden. Der maßgebliche Darlehensbetrag ergibt sich aus dem aus öffentlichen Haushalten oder dem vom Mieter gezahlten Darlehensbetrag. Als Ergebnis der Berechnung erhält man den jährlichen Kürzungsbetrag.

**Beispiel:** Der Vermieter hat von der landeseigenen Investitionsbank ein Darlehen von 30.000 EUR zu einem Zinssatz von 3% erhalten. Der übliche Zinssatz für erstrangig abgesicherte Darlehen beträgt zum maßgeblichen Zeitpunkt 7%. Dann berechnet sich der Kürzungsbetrag wie folgt: 7% minus 3% gleich 4%. 4% von 30.000 EUR sind 1.200 EUR jährlich. Der Vermieter muss also vom Jahresbetrag der nach § 559 BGB möglichen Mieterhöhung 1.200 EUR abziehen. Bei einem anrechenbaren Bauaufwand von 60.000 EUR kann er also die Jahresmiete des Gesamtobjekts nicht um 4.800 EUR (8% von 60.000 EUR), sondern nur um 3.600 EUR (4.800 EUR minus 1.200 EUR) erhöhen.

17 Genauso wie im öffentlich geförderten Wohnungsbau gilt für den Rest der Förderdauer dann der sog. **Einfrierungsgrundsatz,** zumindest was die Berücksichtigung des Darlehensbetrages und des Zinssatzes für erstrangig gesicherte Darlehen betrifft. Der wie oben errechnete Kürzungsbetrag ist ohne Rücksicht auf die tatsächlichen Vorteile der Förderung in gleicher Höhe in der Zukunft in Abzug zu bringen.[31] Dies gilt sowohl dann, wenn die tatsächliche absolute Zinsersparnis in Euro sinkt, wie auch in den Fällen, in denen die Zinsvergünstigung sogar gestiegen ist. Die tatsächliche Zinsvergünstigung sinkt sowohl in den Fällen, in denen der Vermieter das Darlehen teilweise getilgt hat, so dass der gleichbleibende Prozentsatz auf eine niedrigere Darlehensvaluta anzuwenden ist, als auch in den Fällen, in denen der prozentuale Zinsvorteil real gesunken ist, zB deshalb, weil das Zinsniveau für erstrangige Hypotheken **gefallen** ist. Beide Sachverhalte können auch zusammentreffen.

**Beispiel:** Im obigen Beispiel ist der maßgebliche Zinssatz für erstrangig gesicherte Darlehen nach der Beendigung der Baumaßnahme von 7% auf 6% gefallen, außerdem hat der Vermieter inzwischen 5.000 EUR getilgt. Obwohl der Zinsvorteil durch die Förderung nunmehr nur noch 750 EUR (6% minus 3% = 3%; deshalb 3% von nur noch 25.000 EUR) beträgt, berechtigt dies nicht zu einer neuen Mieterhöhung nach § 559 BGB. Es fehlt an einer Modernisierungsmaßnahme.

---

[29] Bub/Treier MietR-HdB/*Schultz* Kap. III A Rn. 1611; Staudinger/*V. Emmerich* BGB § 559a Rn. 8; BeckOGK/*Schindler* BGB § 559a Rn. 17.

[30] **AA** MüKoBGB/*Artz* § 559a Rn. 5 (Zeitpunkt der Mieterhöhung), der sich aber fälschlich auf die Kommentierung von Emmerich/Sonnenschein/*Emmerich* Miete § 559a Rn. 3 beruft. Dort wird aber auch entsprechend dem Gesetzeswortlaut auf den Zeitpunkt der Beendigung der Modernisierungsmaßnahme abgestellt.

[31] Staudinger/*V. Emmerich* BGB § 559a Rn. 8; BeckOGK/*Schindler* BGB § 559a Rn. 18; Bub/Treier MietR-HdB/*Schultz* Kap. III A Rn. 1610; Lützenkirchen MietR/*Dickersbach* BGB § 559a Rn. 19; *Kinne* ZMR 2003, 396 (400); *Kunze/Tietzsch* WuM 2003, 423 (425); *Thomsen* Modernisierung S. 142.

Der Vorteil der Förderung kann aber auch **steigen.** Da der Darlehensbetrag nachträglich nicht größer werden kann,[32] kann eine tatsächliche Veränderung nur über einen allgemeinen Zinsanstieg eintreten. 18

**Beispiel:** Im obigen Beispiel ist der maßgebliche Zinssatz für erstrangig gesicherte Darlehen nach der Beendigung der Baumaßnahme von 7% auf 8% gestiegen, ohne dass bisher Tilgungen erfolgten. Obwohl der Zinsvorteil durch die Förderung nunmehr bereits 1.500 EUR (5% von 30.000 EUR) beträgt, muss weiterhin nur ein jährlicher Kürzungsbetrag von 1.200 EUR in Abzug gebracht werden. Die Miete muss nicht gesenkt werden.

### 2. Bei degressiver Förderung

Etwas anders gilt jedoch in den **Fällen einer degressiven Förderung.**[33] Im Fall der zinsverbilligten Darlehen liegt eine degressive Förderung dann vor, wenn der Zinssatz für die Darlehen der öffentlichen Hand oder im Einzelfall auch des Mieters, jährlich steigt. In diesem Fall verringert sich jährlich der Abstand zu dem üblichen Zinssatz für erstrangig abgesicherte Darlehen. Deshalb ist der Förderbetrag, der dem Vermieter zufließt, von vornherein bereits geringer. Der Vermieter muss aber an den Mieter nur das weitergeben, was er vereinbarungsgemäß erhalten soll. Deshalb ist in diesen Fällen steigender Zinsen für die Darlehen auch jährlich ein geringer werdender Kürzungsbetrag in Abzug zu bringen.[34] Dabei ist der im Voraus festgelegte Zinssatz für jedes Jahr von dem maßgeblichen Zinssatz am Ende der Baumaßnahme für erstrangig abgesicherte Darlehen in Abzug zu bringen. Dies Datum ist im Gesetz ausdrücklich festgelegt. Unrichtig wäre es deshalb, den Zinssatz für erstrangig abgesicherte Darlehen jeweils neu für den Beginn eines neuen Förderjahres zu ermitteln. Veränderungen auf dieser Seite bleiben auf Grund des **Einfrierungsgrundsatzes** unberücksichtigt. Problematisch ist in diesen Fällen der Inhalt der Erhöhungserklärung (→ BGB § 559b Rn. 30). Die Verringerung der Fördermittel im Laufe des Mietverhältnisses gibt dem Vermieter aber nicht das Recht zu einer Neufestsetzung des Modernisierungszuschlages ist nach § 559 BGB.[35] 19

## II. Aufwendungszuschüsse

Neben den Fällen, in denen die Baumaßnahme selbst mit zinsverbilligten Darlehen der öffentlichen Hand oder des Mieters finanziert wurde, sind nach dem ausdrücklichen Gesetzeswortlaut des § 559a Abs. 2 S. 4 BGB auch **Aufwendungszuschüsse** anzurechnen. Damit werden die Fälle erfasst, in denen nicht die Baumaßnahme selbst subventioniert wird, sondern die durch die Baumaßnahme verursachten Aufwendungen auf Seiten des Vermieters.[36] Es muss sich tatsächlich um einen Zuschuss zu den laufenden Aufwendungen des Vermieters handeln. Was zu den laufenden Aufwendungen zählt, ergibt sich aus den §§ 18 ff. der II. BV. Danach zählen zu den laufenden Aufwendungen des Vermieters die Kapitalkosten und die Bewirtschaftungskosten. Die Kapitalkosten setzen sich zwar gem. § 19 Abs. 1 S. 2 II. BV wiederum zusammen aus den Eigenkapital- und den Fremdkapitalkosten, jedoch gehören die Eigenkapitalkosten, also die Verzinsung des eingesetzten Eigenkapitals nicht zu den laufenden Aufwendungen iSd § 559 BGB. Die angemessene Eigenkapitalverzinsung ist im freifinanzierten Wohnungsbau eine Frage des nach den Regeln von Angebot und Nachfrage sich ergebenden Mietpreises. Eine garantierte Mindestverzinsung des eingesetzten Eigenkapitals ist dem BGB insofern systemfremd. 20

Genauso, wie **direkte Baukostenzuschüsse** von den umlagefähigen Kosten abgezogen werden, müssen die Aufwendungszuschüsse unmittelbar vor dem Jahresumlagebetrag abgezogen werden. 21

**Beispiel:** Der Vermieter hat für eine Modernisierung 40.000 EUR aufgewandt. Er hat einen Aufwendungsersatzzuschuss von 7% der Baukosten erhalten. Dann ist die gem. § 559 BGB mögliche jährliche Mieterhöhung von 3.200 EUR (8% von 40.000 EUR) um 2.800 EUR (7% von 40.000 DM) zu kürzen, so dass der Vermieter noch einen Betrag 400 EUR gem. § 559 BGB anteilig auf die Mieter umlegen kann.

---

[32] Der Fall, dass der Vermieter mit Zinszahlungen in Verzug gerät, die dann die Verbindlichkeit erhöhen, kann hier vernachlässigt werden, da diese vom Vermieter zu vertretenden Umstände unerheblich sind.

[33] *Rupp* ZMR 1977, 323; BeckOGK/*Schindler* BGB § 559a Rn. 19.

[34] Bub/Treier MietR-HdB/*Schultz* Kap. III A Rn. 1611/1612; Staudinger/*V. Emmerich* BGB § 559a Rn. 9; Lützenkirchen MietR/*Dickersbach* BGB § 559a Rn. 19; *Kunze/Tietzsch* WuM 2003, 423 (425).

[35] LG Berlin MM 1999, 439.

[36] *Kunze/Tietzsch* WuM 1997, 308 (310).

Auch hier gilt, dass grds. die Berechnung für jede Wohnung gesondert vorzunehmen ist und nur in den Fällen, in denen nicht festgestellt werden kann, in welcher Höhe die Zuschüsse für welche Wohnung gezahlt worden sind, die Zuschüsse nach dem Verhältnis der aufgewandten Kosten zu verteilen sind.

### III. Aufwendungsdarlehen

22 Eine Mischung aus den zinsverbilligten Darlehen und den Aufwendungszuschüssen stellen die Aufwendungsdarlehen dar. In diesem Fall erhält der Vermieter keinen Zuschuss zu seinen laufenden Aufwendungen, sondern zur Finanzierung der laufenden Aufwendungen wird ihm ein zinsverbilligtes Darlehen gewährt. Die Förderung des Vermieters besteht in der Zinsersparnis. Nur diese ist deshalb von der grds. möglichen Mieterhöhung in Abzug zu bringen.

**Beispiel:** Der Vermieter hat für eine Modernisierung 40.000 EUR aufgewandt. Er hat ein Aufwendungsdarlehen von der landeseigenen Investitionsbank von 5.000 EUR zu einem Zinssatz von 3% erhalten, wobei der übliche Zinssatz für erstrangig abgesicherte Darlehen zum Zeitpunkt der Beendigung der Baumaßnahme 8% betrug. Dann ist die gem. § 559 BGB mögliche jährliche Mieterhöhung von 3.200 EUR (8% von 40.000 EUR) um 250 EUR (Zinsvorteil 5% von 5.000 EUR) zu kürzen, so dass der Vermieter noch einen Betrag von 2.950 EUR gem. § 559 BGB anteilig auf die Mieter umlegen kann.

### IV. Baukostenzuschüsse

23 Seltener sind die Fälle von **verlorenen Baukostenzuschüssen** geworden. Regelmäßig werden heute Zinszuschüsse oder Zinsvorteile gewährt. Für die verlorenen Baukostenzuschüsse bestimmt § 559a Abs. 1 BGB, dass Kosten, die ganz oder teilweise vom Mieter oder für diesen von einem Dritten übernommen werden, nicht zu den umlagefähigen Aufwendungen gehören und deshalb erst gar nicht zu einer Mieterhöhung um 8% herangezogen werden können. Der Abzug des Baukostenvorschusses von den aufgewandten Kosten bedeutet wirtschaftlich auch, dass die Mieterhöhung nach § 559 BGB um 8% des Zuschusses jährlich niedriger ausfällt als ohne Anrechnung des Vorschusses.

**Beispiel:** Für die Modernisierung einer 80 $m^2$ großen Wohnung wurden 30.000 EUR aufgewandt. Der Vermieter erhielt einen Zuschuss von 10.000 EUR. In diesem Fall kann der Vermieter nur eine Mieterhöhung von 1.67 EUR/$m^2$ vornehmen (20.000 EUR 8%/12 Monate/80 $m^2$).

## D. Verteilung der Drittmittel auf verschiedene Wohnungen (Abs. 4)

24 Das Gesetz geht davon aus, dass im Normalfall die öffentlichen Darlehen für jede Wohnung gesondert bewilligt und ausgezahlt werden, so dass es keine **Verteilungsprobleme** gibt. In diesen Fällen muss der Kürzungsbetrag für jede Wohnung gesondert berechnet werden.[37] Für den Fall, dass dies nicht der Fall sein sollte, bestimmt § 559a Abs. 4 BGB, dass die Verteilung nach dem Verhältnis der aufgewandten Kosten zu erfolgen hat. Dies ist deshalb sachgerecht, weil auf diese Weise die Verteilung der Kürzungsbeträge nach dem gleichen Maßstab erfolgt, wie die Verteilung der für die Modernisierungsmaßnahme aufgewandten Kosten.[38] Diese Kosten sind nach dem Wortlaut des § 559 Abs. 1 BGB angemessen auf die einzelnen Wohnungen zu verteilen. Auch wenn hier ein $m^2$-Maßstab idR nicht unbillig ist, so sind Fälle denkbar, in denen eine Verteilung nach einem anderen Maßstab angemessener ist, weil damit der unterschiedlichen Entstehung der Kosten und dem unterschiedlichen Nutzen an der Baumaßnahme eher Rechnung getragen werden kann. Dies ist zB bei der Fenstermodernisierung der Fall, bei der eine Verteilung nach der Anzahl oder Größe der eingebauten Fenster sachgerechter ist. Die Verteilung der Kürzungsbeträge nach dem Verhältnis der aufgewandten Kosten hat deshalb zur Konsequenz, dass die Mieter, auf die höhere Kosten umgelegt werden, auch stärker von den Kürzungsbeträgen profitieren. Umgedreht bedeutet dies aber auch, dass zB in den Fällen des Wohnungsleerstandes auch Kürzungsbeträge auf **unvermietete Wohnungen** entfallen, weil auf diese Wohnungen die Baukosten nach § 559 Abs. 1 BGB auch

[37] Staudinger/*V. Emmerich* BGB § 559a Rn. 13; *Sternel* MietR Kap. III Rn. 794.
[38] Bub/Treier MietR-HdB/*Schultz* Kap. III A Rn. 1621; Staudinger/*V. Emmerich* BGB § 559a Rn. 13.

angemessen zu verteilen sind.[39] Diese Kürzungsbeträge muss der Vermieter aber grds. bei einer anschließenden Neuvermietung nicht an den neuen Mieter weitergeben.

### E. Dauer der Anrechnung

Die Anrechnung von Kürzungsbeträgen hat iRd § 559a BGB **nur einmal** zu erfolgen, nämlich bei der nach Abschluss der Modernisierungsmaßnahme möglichen Mieterhöhung nach § 559 BGB. Dabei kommt es nicht auf die Auszahlung der Fördermittel an. Selbst wenn die Fördermittel erst lange nach Abschluss der Modernisierungsmaßnahme an den Vermieter ausgezahlt werden, muss der Vermieter die bewilligten Fördermittel bei der Berechnung der Mieterhöhung **von Anfang an** in Abzug bringen.[40] Dies ergibt sich auch daraus, dass der Vermieter die Finanzierungskosten selbst zu tragen hat. 25

**Nach Ablauf der Förderung,** zB bei zinsverbilligten Darlehen, Aufwendungszuschüssen oder Aufwendungsdarlehen, ist **keine neue Mieterhöhung** nach § 559 BGB möglich. Der Vermieter ist in diesem Fall darauf angewiesen, eine Mieterhöhung nach § 558 BGB auf die ortsübliche Vergleichsmiete vorzunehmen, was aber voraussetzt, dass die ortsübliche Vergleichsmiete inzwischen über die Vertragsmiete gestiegen ist. Auch die ortsübliche Vergleichsmiete ist in diesem Fall nicht mehr um Kürzungsbeträge gem. § 558 Abs. 5 BGB zu vermindern. Für die Mieterhöhung nach § 559 BGB gilt auch für Baukostenzuschüsse nichts anderes.[41] 26

### F. Abweichende Vereinbarungen

Nach Abs. 5 sind abweichende Vereinbarungen zu Lasten des Mieters unwirksam. Die Vorschrift ist eigentlich überflüssig, da bereits gem. § 557 Abs. 4 BGB alle nachteiligen Vereinbarungen unwirksam sind. Gemäß § 557 Abs. 3 BGB kann der Vermieter in den Fällen, in denen er keine Mietabänderungsvereinbarung nach § 557 Abs. 1 BGB oder eine Staffel- oder Indexmiete nach §§ 557a, 557b BGB vereinbart hat, die Miete **nur nach Maßgabe der §§ 558–560 BGB** erhöhen. Das bedeutet für Mieterhöhungen nach Modernisierungsmaßnahmen, dass diese nur unter den in den Vorschriften der §§ 559–559b BGB genannten Voraussetzungen möglich sind und jede Abweichung hiervon zu Lasten des Mieters auch gegen § 557 Abs. 4 BGB verstößt. Zur Frage wann eine Vereinbarung vorliegt und den allgemeinen Voraussetzungen deshalb → BGB § 557 Rn. 62ff. 27

Unwirksam sind alle Vereinbarungen, die von den Voraussetzungen und Rechtsfolgen des § 559a BGB zum Nachteil des Mieters abweichen. Hierzu zählen zB 28

- Ausschluss der Anrechnung von Baukostenzuschüssen
- Befristung der Anrechnung von Fördermitteln
- Vereinbarung anderer für den Mieter ungünstiger Anrechnungssätze
- Vereinbarung einer Mieterhöhungsmöglichkeit bei degressiver Förderung im Fall des Wegfalls der Förderung.[42]

---

[39] Staudinger/*V. Emmerich* BGB § 559 Rn. 45.
[40] AG Lichtenberg MM 2000, 87.
[41] Die Anrechnung iRd § 558 Abs. 5 BGB hat bei Zuschüssen 12 Jahre zu erfolgen: BGH VIII ZR 310/11, NJW 2012, 857; AG Neubrandenburg WuM 2017, 148.
[42] BGH VIII ZR 41/03, NZM 2004, 136.

# § 559b Geltendmachung der Erhöhung, Wirkung der Erhöhungserklärung

**(1) [1]Die Mieterhöhung nach § 559 ist dem Mieter in Textform zu erklären. [2]Die Erklärung ist nur wirksam, wenn in ihr die Erhöhung auf Grund der entstandenen Kosten berechnet und entsprechend den Voraussetzungen der §§ 559 und 559a erläutert wird. [3]§ 555c Absatz 3 gilt entsprechend.**

**(2) [1]Der Mieter schuldet die erhöhte Miete mit Beginn des dritten Monats nach dem Zugang der Erklärung. [2]Die Frist verlängert sich um sechs Monate, wenn**

1. **der Vermieter dem Mieter die Modernisierungsmaßnahme nicht nach den Vorschriften des § 555c Absatz 1 und 3 bis 5 angekündigt hat oder**
2. **die tatsächliche Mieterhöhung die angekündigte um mehr als 10 Prozent übersteigt.**

**(3) Eine zum Nachteil des Mieters abweichende Vereinbarung ist unwirksam.**

**Systematische Übersicht**



## A. Allgemeines

### I. Überblick

1 Die Vorschrift enthält in § 559b Abs. 1 BGb die **Formalien einer Mieterhöhung** gem. § 559 BGB und in § 559b Abs. 2 BGB **die Rechtsfolgen.** Da es sich bei der Mieterhöhung nach Modernisierung um ein einseitiges Gestaltungsrecht des Vermieters handelt, muss er verhältnismäßig strenge formale Voraussetzungen einhalten.[1] Er muss die Mieterhöhung erläutern und berechnen und so für den Mieter nachvollziehbar machen. Der **Wirkungszeitpunkt** der Mieterhöhung hängt zum einen vom Zugangszeitpunkt der Mieterhöhungserklärung und zum anderen von der ordnungsgemäßen Ankündigung gem. § 555c BGB ab.

### II. Übergangsregelungen

2 Die Vorschrift ist durch das MietRÄndG 2013 geändert worden. Neu eingeführt wurde für den Vermieter die Möglichkeit hinsichtlich der energetischen Qualität von Bauteilen auf allgemein anerkannte Pauschalwerte Bezug zu nehmen.[2] Damit sollen die formalen Anforderungen an das Erläuterungserfordernis abgesenkt werden. Schließlich wurde bei der Bestimmung des Wirkungszeitpunkts für die Mieterhöhung klargestellt, dass der Vermieter auch ohne Modernisierungsankündigung gem. § 555c BGB berechtigt ist, eine Modernisierungsmieterhöhung vorzunehmen. In diesem Fall verschiebt sich der Wirkungszeitpunkt um sechs Monate. Das entspricht der BGH-Rechtsprechung.[3]

---

[1] *LG* Landau/Pfalz ZMR 2009, 211.
[2] *Harsch* MietRB 2013, 222.
[3] BGH VIII ZR 164/10, NJW 2011, 1220.

Durch das Mietrechtsanpassungsgesetz v. 18.12.2018[4] wurde das vereinfachte Verfahren gem. § 559c BGB eingeführt. Wählt der Vermieter dies Verfahren, so gelten Erleichterungen bei den Formalien einer Modernisierungsmieterhöhung. Die Erleichterungen sind gem. Art. 229 § 49 Abs. 1 EGBGB nur anzuwenden, wenn der Vermieter die Modernisierungsmaßnahme nach dem 31.12.2018 dem Mieter angekündigt hat. 3

## B. Die Mieterhöhungserklärung

Der Vermieter muss seinen Anspruch auf Mieterhöhung wegen einer Modernisierungsmaßnahme gem. § 559 Abs. 1 BGB nach § 559b Abs. 1 BGB durch eine **Erklärung, die zumindest in Textform erfolgen muss,** gegenüber dem Mieter geltend machen.[5] Die Erklärung ist nur wirksam, wenn in ihr die Erhöhung auf Grund der entstandenen Kosten berechnet und entsprechend den Voraussetzungen nach § 559b Abs. 1 BGB erläutert wird.[6] Durch die Angaben soll der Mieter geschützt werden. Er soll ausreichend Gelegenheit haben, die geforderte Mieterhöhung auf ihre Berechtigung hin zu überprüfen. Die Mieterhöhungserklärung ist eine einseitige empfangsbedürftige Willenserklärung, für die die allgemeinen Regeln über Willenserklärungen gelten. 4

### I. Form der Erklärung

#### 1. Absender

Absender eines Mieterhöhungsverlangens muss der jeweilige **Vermieter** zum Zeitpunkt der Abgabe[7] der Mieterhöhungserklärung sein (→ BGB Vor § 558 Rn. 17 ff.). Es kommt nicht darauf an, wann die Baumaßnahme durchgeführt wurde. Der Erwerber eines Grundstücks, der nach § 566 BGB in das Mietverhältnis eingetreten ist, kann die Miete aber nach durchgeführter Modernisierung nach § 559 BGB erhöhen, unabhängig davon, ob die Modernisierungsarbeiten vor[8] oder nach[9] Eintritt des Erwerbers in das Mietverhältnis abgeschlossen worden sind. 5

#### 2. Adressat

Adressat der Mieterhöhungserklärung gem. § 559b BGB müssen sämtliche Mieter sein (→ BGB Vor § 558 Rn. 48 ff.).[10] Eine nicht an alle Mieter gerichtete Erhöhungserklärung ist unwirksam.[11] Allenfalls kann es treuwidrig sein, wenn der Mieter sich auf diesen Mangel beruft.[12] 6

#### 3. Form

Die Gestaltungserklärung nach § 559b BGB muss der Vermieter gem. Abs. 1 in **Textform** abgeben. Die Voraussetzungen der Textform ergeben sich aus § 126b BGB (zur Textform ausf. → BGB § 550 Rn. 77 ff.). Die Textform genügt selbst dann, wenn im Mietvertrag eine **Schriftformklausel** enthalten ist. Unabhängig davon, dass es sich um eine gewillkürte Schriftform gem. § 127 BGB handeln würde, die nicht ganz so streng wie die gesetzliche Schriftform ist und Teile der der Textform aber nicht der Schriftform genügenden Formen (zB Telefax) abdeckt, ist eine solche Schriftformklausel idR gem. § 307 BGB unwirksam (→ BGB Vor § 535 Rn. 41; → BGB § 550 Rn. 75). 7

---

4 BGBl. I 2648; dazu *Artz/Börstinghaus* NZM 2019, 12; *Selk* NJW 2019, 329; *Lützenkirchen* MietRB 2019, 86, 91.

5 *Messon* DWW 2009, 206.

6 Zum Zweck der Erläuterung BGH VIII ARZ 3/01, NJW 2002, 2036 mAnm *Schläger* ZMR 2002, 580.

7 LG Köln WuM 1996, 623; *Weitemeyer* FS Blank, 2006, 445 (449); ungenau deshalb AG Ludwigsburg WuM 2013, 546.

8 KG NZM 2000, 860.

9 KG NZM 2000, 652.

10 OLG Celle WuM 1982, 102; OLG Koblenz NJW 1984, 18; AG Lichtenberg MM 1998, 441; AG Schöneberg GE 1998, 1217; AG Hamburg WuM 1980, 58; *Sternel* PiG 41 (1993), 45 (63); *Nies* NZM 1998, 221 (222); zu Rechtsproblemen bei Personenmehrheiten bei Mietern und Vermietern auch *Scholz* WuM 1986, 5; *Spies* ZMR 2020, 183; ZMR 2020, 276.

11 OLG Celle WuM 1982, 102; LG Heidelberg WuM 1993, 342.

12 BGH VIII ZR 124/03, NJW 2004, 1797.

8 Bei **Verträgen mit einer Laufzeit von mehr als einem Jahr** muss die Erklärung nicht abweichend von § 559b Abs. 1 BGB in Schriftform abgegeben werden[13] um die Befristung oder den in der Praxis weit häufiger vorkommenden Kündigungsverzicht aufrecht zu halten. Für die Wirksamkeit der Mieterhöhung ist die Einhaltung der Schriftform immer unerheblich. Für sie genügt die Textform. Zwar sind die Miethöhevorschriften keine die Form des § 550 BGB verdrängenden Spezialvorschriften, das Schriftformgebot des § 550 BGB gilt jedoch für solch **einseitigen Gestaltungserklärungen** nicht.[14] Die **verschiedenen Schutzzwecke**[15] des § 550 BGB verlangen nicht die Einhaltung der Schriftform. Die Warn- und Beweisfunktion sind anders als bei der Mieterhöhung nach §§ 558ff. BGB (→ BGB § 558a Rn. 10; → BGB § 558b Rn. 21) nicht betroffen. Für den Erwerberschutz als Hauptschutzzweck des § 550 BGB ist es bei einer einseitigen Gestaltungserklärung wie die des § 559b Abs. 1 BGB völlig egal, ob sich diese Erklärung in einer Kopie von einem die Schriftform genügenden Schreiben oder in einer Kopie einer nur die Textform erfüllenden Mitteilung beim Mietvertrag oder der Mieterakte befindet. Wie der BGH[16] festgestellt hat, gibt es zahlreiche Fallgestaltungen, in denen § 550 BGB den Zweck, einem Grundstückserwerber Klarheit über die Bedingungen eines langfristigen Mietvertrags zu verschaffen, nicht umfassend gewährleisten kann. Sinn und Zweck des § 550 BGB sprechen deshalb gegen die Anwendung des § 550 BGB auf den vorliegenden Fall.

## II. Inhalt der Erklärung

### 1. Allgemeines

9 Nach § 559b Abs. 1 BGB ist für die **Wirksamkeit der Erhöhungserklärung** eine Berechnung sowie eine Erläuterung der Erhöhung erforderlich. Die Vorschrift entspricht insofern hinsichtlich dieser Formalien § 10 Abs. 1 S. 2 WoBindG, der für Kostenmieterhöhungen die gleichen Voraussetzungen aufstellt. Dort wie hier geht es jeweils um die Ausübung eines einseitigen Gestaltungsrechts, das zu einer Mieterhöhung führt. Da die Zustimmung des Mieters zu einer Mieterhöhung gem. § 559 BGB nicht erforderlich ist, tritt die Rechtsfolge einer Mieterhöhung nach § 559 BGB unabhängig vom Willen des Mieters immer dann ein, wenn die materiellen und formalen Voraussetzungen des § 559 BGB gegeben sind. Damit der Mieter dies überprüfen kann, muss der Vermieter ihm die erforderlichen Informationen geben. Insofern ist der **Begründungs- und Erläuterungszwang kein Selbstzweck,** sondern eine sinnvolle Ergänzung des Gestaltungsrechts.[17] Gerade bei Großprojekten kann es aber auch nicht Aufgabe der Mieterhöhungserklärung sein, gegenüber jedem einzelnen Mieter das Bauvorhaben bis ins Detail abzurechnen.[18] Auf eine Begründung und Erläuterung kann der Vermieter deshalb selbst dann nicht verzichten, wenn er nur eine einzige Modernisierungsmaßnahme durchgeführt hat.[19] Nach der Rspr. des BGH[20] sollen an die formelle Wirksamkeit des Mieterhöhungsverlangens keine überhöhten Anforderungen gestellt werden.

10 Eine Mieterhöhungserklärung, die **nicht den formalen Voraussetzungen** des § 559b Abs. 1 BGB genügt, ist **nichtig.**[21] Der Mieter kann Zahlungen, die er auf Grund einer solchen Erklärung erbracht hat, grds. zurückverlangen.[22] Der Rückzahlungsanspruch gem. § 812 BGB kann jedoch im

---

[13] Ausf. *Börstinghaus* DMT-Bilanz 2011, 377 (382); ebenso aber ohne Begr.: Elzer/Riecke/*Elzer* BGB § 559b Rn. 2.

[14] RGRK-BGB/*Krüger-Nieland* § 126 Rn. 30; für die Optionsausübung ebenso BGH XII ZR 15/12, NJW 2015, 402 = NZM 2015, 84; Wolf/Eckert/Ball MietR-HdB Rn. 129; **aA** Bamberger/Roth/*Wendtland* BGB § 125 Rn. 8. Etwas anderes gilt natürlich dann, wenn für die einseitige Willenserklärung die Schriftform vorgeschrieben ist, dann ist die Gestaltungserklärung bereits unwirksam.

[15] BGH XII ZR 69/06, NJW 2008, 2178.

[16] BGH XII ZR 178/04, NZM 2007, 443 (444); XII ZR 18/00, NJW 2003, 2158; XII ZR 234/95, NJW 1998, 58.

[17] LG Landau/Pfalz ZMR 2009, 211.

[18] LG Kiel WuM 2000, 613.

[19] LG Köln WuM 1989, 308.

[20] BGH VIII ZR 121/17 (2 Beschlüsse), NZM 2018, 948 mAnm *Börstinghaus* WuM 2018, 726.

[21] BGH VIII ZR 47/05, NZM 2006, 221; LG Hamburg WuM 1991, 121; LG Stralsund WuM 1997, 271; AG Lüdenscheid *WuM 1997, 438; Staudinger/V. Emmerich* BGB § 559b Rn. 27; *Sonnenschein* PiG 13 (1983) 65 (68).

[22] LG Dresden WuM 1998, 216 (217); LG Berlin GE 2002, 802 zur unwirksamen Mieterhöhung nach § 10 WoBindG und zur Beweislast in diesem Fall; *Wiek* WuM 1999, 559; *Heinze* NJW 1991, 1849; MüKoBGB/*Artz*

Einzelfall gem. § 814 BGB ausgeschlossen sein, wenn der Mieter positive Kenntnis von der Nichtschuld hatte.[23] Dabei ist es nicht ausreichend, wenn der Mieter Kenntnis von den Tatsachen hat, aus denen sich das Fehlen einer rechtlichen Verpflichtung zur Zahlung ergibt, er muss vielmehr positive Kenntnis davon haben nichts zu schulden.[24] Bloße Zweifel genügen ebenso wenig[25] wie grob fahrlässige Unkenntnis.[26] Der Rückzahlungsanspruch verjährt in der **Regelverjährungsfrist** des § 195 BGB. Die Frist beginnt am Ende des Jahres in dem die Überzahlung erfolgte und in dem der Mieter von den anspruchsbegründenden Tatsachen Kenntnis erhalten hat.[27] Der Rückforderungsanspruch kann jedoch **verwirkt** sein.[28] Eine Verwirkung des Rückzahlungsanspruchs des Mieters gegen den Vermieter setzt voraus, dass sich der Vermieter bei objektiver Betrachtung darauf verlassen konnte, dass der Mieter den Anspruch nicht mehr geltend macht. Dazu ist neben einem gewissen Zeitablauf (Zeitmoment) auch das Vorliegen von weiteren Umständen erforderlich (Umstandsmoment)[29], aufgrund derer sich der Vermieter darauf einrichten durfte und auch eingerichtet hat, dass der Mieter sein Recht nicht mehr geltend machen werde. In diesem Fall verstößt die verspätete Geltendmachung gem. § 242 BGB gegen Treu und Glauben. Die Verwirkung ist ein Unterfall der unzulässigen Rechtsausübung aufgrund widersprüchlichen Verhaltens.[30]

Vereinzelt wird auch angenommen, dass die **mehrmalige Zahlung** auf eine formunwirksame einseitige Mieterhöhung nach § 559b BGB als konkludenter Abschluss eines Mietabänderungsvertrages zu verstehen sei.[31] Dem ist nicht zu folgen. Eine **Umdeutung** der Mieterhöhungserklärung in ein Angebot auf Abschluss einer Mietabänderungsvereinbarung gem. § 557 Abs. 1 BGB scheitert bereits daran, dass der Vermieter mit einer einseitigen Gestaltungserklärung gar kein Vertragsangebot unterbreiten will und der Meter mit der Zahlung auch gar keine Willenserklärung abgeben will (→ BGB § 557 Rn. 15).[32] **11**

Ist die Erklärung gem. § 559b Abs. 1 BGB unwirksam, kann der Vermieter eine neue wirksame Erklärung abgeben.[33] Eine bloße **Nachbesserung,** wie sie bei der allgemeinen Mieterhöhung auf die ortsübliche Vergleichsmiete in § 558b Abs. 3 BGB vorgesehen ist, ist bei der Mieterhöhung nach einer baulichen Maßnahme nicht möglich.[34] Eine solche Regelung war auch nicht erforderlich, weil es anders als bei der Mieterhöhung nach § 558 BGB keine Klagefrist gibt und somit eine Nachholung problemlos auch ohne ausdrückliche Regelung möglich ist. Dadurch verschiebt sich jedoch der Wirkungszeitpunkt der Mieterhöhung. **Eine Heilung** von Formmängeln für die Vergangenheit **ist nicht möglich.**[35] Der Mieter verhält sich regelmäßig auch nicht treuwidrig, wenn er sich auf die Formnichtigkeit des Mieterhöhungsverlangens beruft.[36] **12**

---

§ 557 Rn. 39; AnwK WohnraumMietR/*Lammel* BGB § 559b Rn. 24; ausdrücklich offen gelassen BGH VIII ZR 156/03, NZM 2004, 252.

[23] AnwK WohnraumMietR/*Lammel* BGB § 559b Rn. 24.

[24] BGH VIII ZR 100/18, NZM 2018, 1018; VIII ZR 265/07, NJW 2009, 580; VIII ZR 199/04, NJW 1997, 2381.

[25] BGH II ZR 90/71, WM 1973, 294; LG Berlin GE 2002, 802 (803); Palandt/*Sprau* BGB § 814 Rn. 4.

[26] BGH III ZR 58/69, WM 1972, 283 = BeckRS 1971, 31122903; LG Berlin GE 2002, 802 (803).

[27] Im preisgebundenen Wohnungsbau ist ggf. der abweichende Verjährungsbeginn gem. § 8 Abs. 2 S. 3 WoBindG zu beachten.

[28] LG Berlin GE 2002, 464; zur Verwirkung im Mietrecht umf. *Hinkelmann* PiG 65 (2002), 247; *Kandelhard* NZM 2005, 43.

[29] BGH XII ZR 22/07, NJW 2010, 1065; VII ZR 23/02, NJW 2003, 824.

[30] StRspr zuletzt BGH VIII ZR 27/10, NJW 2011, 445; XI ZR 426/07, NJW-RR 2005, 276; XI ZR 425/04, NJW-RR 2006, 1277; VII ZR 23/02, NJW 2003, 824; KG WuM 2004, 348 (349); LG Berlin GE 2002, 802 (803); zur Verwirkung im Mietrecht *Kandelhard* NZM 2005, 43; *Hinkelmann* PiG 65 (2002), 247.

[31] LG Leipzig ZMR 1999, 767; ein Rechtsentscheid des OLG Dresden zu dieser Frage ist auf Grund des Vorlagebeschlusses des LG Leipzig ZMR 2001, 548 nicht ergangen, da der Rechtsstreit sich anderweitig erledigt hatte; wohl auch LG Görlitz WuM 2001, 28; **aA** LG Bautzen WuM 2002, 497; *Derckx/Wolbers* ZMR 1999, 733.

[32] BGH VIII ZR 160/09, NJW 2010, 1663; zur einseitigen Mieterhöhung im öffentlich geförderten Wohnungsbau; BGH XII ZR 176/04, NZM 2007, 514.

[33] *Fleindl* PiG 99 (2015), 111 (116); Palandt/*Weidenkaff* BGB § 559b Rn. 2.

[34] BGH VIII ZR 47/05, NZM 2006, 221; LG Berlin ZMR 2001, 188; AG Wedding GE 2014, 943; AG Dortmund WuM 2009, 120 (123); Palandt/*Weidenkaff* BGB § 559b Rn. 2; Bub/Treier MietR-HdB/*Schultz* Kap. III A Rn. 1526; *Fleindl* PiG 99 (2015), 111 (116); Prütting/Wegen/Weinreich/*Elzer* BGB § 559b Rn. 6.

[35] BGH VIII ZR 47/05, NZM 2006, 221; LG Berlin BeckRS 2018, 25308; AG Charlottenburg BeckRS 2017, 149157; Palandt/*Weidenkaff* BGB § 559b Rn. 2.

[36] AG Greifswald WuM 1994, 671; **aA** BGH VIII ZR 124/03, NJW 2004, 1797: Erklärung nur an einen von zwei Mietern.

13 Der Vermieter muss in der Mieterhöhungserklärung nicht zwingend ein Datum nennen, zu dem die Mieterhöhung wirken soll,[37] da diese Angaben nicht zu den Wirksamkeitsvoraussetzungen einer Erklärung gem. § 559b Abs. 1 BGB gehören. Fehlt ein Datum, dann gilt **der gesetzliche Wirkungszeitpunkt des § 559 Abs. 2 BGB.**

**2. Berechnung**

14 Eine Mieterhöhungserklärung nach § 559b Abs. 1 BGB muss eine **nachvollziehbare Berechnung** des Erhöhungsbetrages und eine **hinreichende Erläuterung** des angegebenen Verteilungsschlüssels sowie **nachvollziehbare** Angaben zu den abgesetzten Kostenanteilen für Instandsetzung enthalten.[38] Ferner müssen in der Erklärung auch die Kürzungsbeträge gem. § 559a BGB auf Grund von Fördermitteln oder gleichgestellten Mitteln (dazu § 559a BGB) angegeben werden.[39] Dies ergibt sich aus dem Wortlaut des § 559b Abs. 1 BGB, der ausdrücklich davon spricht, dass auch die Voraussetzungen des § 559a BGB zu erläutern sind.

15 Die Erklärung nach § 559b Abs. 1 BGB muss so ausgestaltet sein, dass eine **überschlägige Überprüfung** des verlangten Mehrbetrages dem Mieter ohne besondere Kenntnisse auf dem Gebiet der Rechnungsprüfung und ohne Einsicht in die Belege möglich ist.[40] Dies erfordert, dass die tatsächlichen Grundlagen der Berechnung, also eine spezifizierte Berechnung mit für den Mieter überprüfbarer Erläuterung der Positionen, angegeben werden.[41] An die formelle Wirksamkeit des Mieterhöhungsverlangens sind keine überhöhten Anforderungen zu stellen. Vielmehr genügt es, wenn der Mieter den Grund der Mieterhöhung anhand der Erläuterung als plausibel nachvollziehen kann.[42]

16 **Ausgangspunkt** jeder Berechnung sind die jeweiligen **Gesamtkosten** der Maßnahme.[43] Diese müssen immer angegeben werden. Nicht ausreichend ist bei einer mehrere Wohnungen betreffenden Maßnahme die bloße Angabe der auf die Wohnung des Mieters entfallenden Kosten.[44] Sind die Modernisierungskosten für mehrere baulich miteinander nicht verbundene Gebäude aufgewandt worden, muss der Vermieter diese Kosten zunächst auf die einzelnen Häuser aufteilen.[45] Der weitere Umfang der Angaben hängt vor allem vom Umfang der Modernisierungsarbeiten ab. Hat der Vermieter nur eine Modernisierungsmaßnahme durchgeführt, müssen die Kosten insofern nicht notwendigerweise weiter aufgeteilt werden. Hat er aber mehrere Modernisierungsarbeiten gleichzeitig durchführen lassen, so muss er die Gesamtkosten zunächst auf die **verschiedenen Modernisierungsmaßnahmen** aufteilen.[46] Für die Frage, ob mehrere Modernisierungsmaßnahmen durchgeführt wurden, kann zunächst der **Katalog des § 555b BGB** zur Abgrenzung der verschiedenen Maßnahmen herangezogen werden. Möglich ist aber auch, dass verschiedene Modernisierungsmaßnahmen durchgeführt werden, die alle unter eine Ziffer des § 555b BGB zu subsumieren sind, zB Außendämmung und Heizungserneuerung, die beide unter § 555b Nr. 1 BGB fallen. Fraglich ist im zweiten Fall auch noch eine Aufteilung der Kosten nach den verschiedenen Gewerken zB Mauerarbeiten, Malerarbeiten, Installationsarbeiten, Gerüst usw. erfolgen muss.[47]

---

[37] OLG Koblenz NJW 1983, 1861 für § 2 MHG.

[38] LG Bremen WuM 2018, 365, 366; LG Dresden WuM 1998, 216; LG Halle WuM 1997, 628; LG Berlin MM 1994, 326; GE 2003, 122 (123); LG Hagen WuM 1978, 242; AG Köln WuM 1986, 123; AnwK WohnraumMietR/*Lammel* BGB § 559b Rn. 15; *Schach* MietRB 2012, 176 (178).

[39] KG NZM 2002, 211; Lützenkirchen MietR/*Dickersbach* BGB § 559b Rn. 40.

[40] LG Görlitz WuM 1999, 44; LG Dresden WuM 1998, 216 (217).

[41] *Sternel* MietR Kap. III Rn. 803 ff.

[42] BGH VIII ZR 121/17 (2 Beschlüsse), NZM 2018, 948 mAnm *Börstinghaus* WuM 2018, 726.

[43] LG Köln WuM 1987, 273; LG Frankfurt a. M. WuM 1983, 115; LG Hamburg WuM 1976, 236; AG Greifswald WuM 1994, 379.

[44] LG Berlin GE 2003, 883; LG Köln WuM 1987, 273; AG Köln WuM 1986, 123; AG Wernigerode WuM 2002, 54; *Beuermann* GE 1993, 826.

[45] AG Bremen WuM 2018, 512.

[46] LG Berlin Urt. v. 16.2.2021 – 63 S 41/20; LG Bremen WuM 2018, 365; LG Berlin GE 2003, 883; Staudinger/*V. Emmerich* BGB § 559b Rn. 16; *Sternel* MietR Kap. III Rn. 804; **aA** AG Wedding GE 2014, 943.

[47] **Dafür** LG Bremen WuM 2018, 365; 2019, 450; 2020, 158; LG Hamburg ZMR 2020, 192; LG Berlin *ZMR 2001, 277; Urt. v. 15.12.2020 – 63 S 41/20* (Revision unter VIII ZR 59/21); LG Potsdam WuM 2000, 553; AG Lichtenberg MM 1997, 239; AG Schöneberg GE 1995, 621; MüKoBGB/*Artz* § 559b Rn. 5; BeckOGK/*Schindler* BGB § 559b Rn. 20; Herrlein/Knops/Spiegelberg MietR/*Ormanschick* BGB § 559b Rn. 19; **aA** Lützenkirchen MietR/*Dickersbach* BGB § 559b Rn. 35, aber nach Rn. 35a „empfiehlt sich" eine

Der Wortlaut „Berechnung" deckt sowohl eine enge wie auch eine weite Auslegung, da es um den ersten Wert der folgenden Rechenschritte geht. Nach hier vertretener Auffassung hat die Aufteilung aber auch in diesem Fall zu erfolgen. Wenn es sich um in sich abgeschlossene Maßnahmen handelt, können sie sogar Gegenstand einzelner Mieterhöhungserklärungen sein.[48] Zwar steht dem Mieter ein Belegeinsichtsrecht zu, bei Investitionen von mehreren hunderttausend und noch mehr Euro ist es ihm aber nur schwer zuzumuten, alle Belege durchzusehen, wenn er Zweifel an einem bestimmten Punkt (zB Gerüstkosten) hat. Entscheidend sind der Sinn und Zweck der Regelung. Da die Mieterhöhung automatisch nach kurzer Zeit wirksam wird, soll die Pflicht zur Erläuterung und Berechnung unzumutbare Nachteile für den Mieter dadurch verhindern, dass dieser die Berechtigung der Mieterhöhung überprüfen kann.[49] Auch wenn nach Ansicht des BGH[50] an die formelle Wirksamkeit der Mieterhöhungserklärung keine überhöhten Anforderungen zu stellensind, so ist es zumindest erforderlich, dass der Mieter den Grund der Mieterhöhung anhand der Angaben des Vermieters als plausibel nachvollziehen kann. Das erfordert bei umfassenden Modernisierungsmaßnahmen mehr als nur die Angabe einer Gesamtsumme. Plausibel wird ein solcher Betrag erst mit einer Aufschlüsselung auf verschiedene Gewerke. Durch die zumindest grobe Aufteilung auf verschiedene Gewerke kann schnell eine Plausibilitätskontrolle stattfinden, ob diese Arbeiten stattgefunden haben und ob hier ein Instandsetzungsanteil in Betracht kommt. Einzelne Rechnungen müssen aber nicht angegeben werden.[51]

**16a** Mussten also für eine oder mehrere Modernisierungsarbeiten verschiedene Gewerke ausgeführt werden, so muss der Vermieter grds. innerhalb der einzelnen Modernisierungsmaßnahmen nochmals nach Gewerken, zB Maurerarbeiten, Malerarbeiten, Installationsarbeiten, Gerüst usw. untergliedert werden.[52] Das gilt auch, wenn arbeiten an verschiedenen Häusern durchgeführt werde.[53] Nicht ausreichend sind idR die bloße Angabe eines Gesamtbetrages[54] oder widersprüchliche Angaben.[55] Etwas anderes gilt zunächst dann, wenn der Vermieter einen Pauschalpreis mit einem **Generalunternehmer** bezüglicher einer Modernisierungsmaßnahme vereinbart hat.[56] Nichts anderes gilt aber auch, wenn der Vermieter mehrere gewerkeweise aufeinander gesattelte **Pauschalpreisvereinbarungen** zur Vollsanierung eines Hauses vereinbart hat.[57] Auch dann kann zumindest für jedes Gewerk ein (Pauschal-)Preis ermittelt werden. Anders ist der Fall einer einheitlichen Pauschalpreisvereinbarung für mehrere Gewerke zu behandeln.[58] Besonders bei großflächiger Sanierung mehrere Gebäude können diese Anforderungen für den Vermieter schwer zu erfüllen sein.[59] Hier muss darauf geachtet werden, dass die Formalien nicht zu einem Modernisierungsstopp führen. Sie sind hier ggf. sehr zielorientiert zu reduzieren.[60]

**17** Soweit vereinzelt verlangt wurde, dass der Vermieter in einem Mieterhöhungsverlangen nach § 559b Abs. 1 BGB jeden einzelnen Rechnungsbetrag nach **Rechnungsdatum** und bauausfüh-

---

Aufteilung nach unterschiedlichen Gewerken unter Hinweis auf BGH VIII ZR 81/19, NZM 2020, 795; etwas kann gelten, wenn die Arbeiten „in engem Zusammenhang stehen": AG Tempelhof-Kreuzberg Urt. v. 9.12.2019 – 7 C 227/19.

[48] BGH, VIII ZR 88/13, NZM 2015, 198 = NJW 2015, 934; VIII ZR 81/19, NZM 2020, 995.

[49] BGH VIII ZR 121/17, NJW-RR 2018, 1357 (Hinweisbeschluss) und BGH NZM 2018, 948 (Zurückweisungsbeschluss); BGH VIII ZR 88/13, NJW 2015, 934 = NZM 2015, 198.

[50] BGH VIII ZR 121/17, NJW-RR 2018, 1357 (Hinweisbeschluss) und NZM 2018, 948 (Zurückweisungsbeschluss).

[51] BeckOKG/*Schindler* BGB § 559b Rn. 20.1 m. w. N.

[52] LG Berlin ZMR 2001, 277; LG Potsdam WuM 2000, 553; AG Lichtenberg MM 1997, 239; AG Schöneberg GE 1995, 621; *Sternel* MietR Kap. III Rn. 804.

[53] Staudinger/*V. Emmerich* BGB § 559b Rn. 19, der aber meint, dass „kein vernünftiger Mieter in solchen Fällen vom Vermieter eine ins Detail gehende Abrechnung der Kosten erwarten kann".

[54] LG Berlin GE 1984, 1127; LG Frankfurt a. M. WuM 1983, 115.

[55] AG Aachen WuM 2018, 367.

[56] LG Kiel WuM 2000, 613; LG Berlin GE 1994, 765; AG Neukölln MM 1994, 67; Staudinger/*V. Emmerich* BGB § 559b Rn. 17, Pauschalpreis; *Mersson* DWW 2009, 206 (209); **aA** bei Vorlage eine Modernisierungsvereinbarung in der sich der Vermieter zu einer Modernisierungserklärung *„im Rahmen der gesetzlichen Bestimmungen"* verpflichtet hat: LG Berlin GE 2003, 883; diff. für den Fall der personellen Verflechtung zwischen Vermieter und Generalunternehmer: AG Berlin-Mitte MM 3/2018, 30.

[57] LG Berlin GE 2009, 844.

[58] LG Berlin GE 2003, 883 mzustAnm *Schach* GE 2003, 853; offen gelassen *Mersson* DWW 2009, 206 (209).

[59] Staudinger/*V. Emmerich* BGB § 559b Rn. 19.

[60] LG Kiel WuM 2000, 613; *Both* NZM 2001, 78 (85); Staudinger/*V. Emmerich* BGB § 559b Rn. 19; *Mersson* DWW 2009, 206, 208.

rendem Unternehmen anzugeben hat,[61] kann dem nicht gefolgt werden.[62] Ähnlich wie eine Betriebskostenabrechnung soll die Mieterhöhung nach § 559 BGB für den Mieter verständlich sein und ihn in die Lage versetzen, die Abrechnung gedanklich und rechnerisch nachzuvollziehen. Bei der Betriebskostenabrechnung genügt aber anerkanntermaßen auch eine geordnete Zusammenstellung der Gesamtkosten sowie die Angabe und Erläuterung des Verteilungsschlüssels und die Berechnung des Anteils des Mieters.[63] Dort wie hier ist die Angabe der Einzelkosten nicht erforderlich. Erforderlich ist lediglich eine Zusammenfassung der entstandenen Einzelkosten, die derselben Kostenart zugehören. Die Aufgliederung muss soweit erfolgen, dass Grund und Höhe der entstandenen Kosten nachvollziehbar sind. Das sind sie für die Berechnung der Mieterhöhung nach § 559b Abs. 1 BGB, wenn die Kosten nach den einzelnen Modernisierungsmaßnahmen und den dazugehörigen **Gewerken aufgeschlüsselt** sind. Ob nun unter der Position „Maurerarbeiten" eine Summe auftaucht oder sechs verschiedene Rechnungen angegeben werden, macht die Erhöhungserklärung für den Mieter nicht nachvollziehbarer. Wenn er Zweifel an der Richtigkeit hat, muss er sowieso die der Erhöhung zu Grunde liegenden Buchungen und Belege einsehen.[64] Da sich die Zweifel des Mieters kaum auf eine ihm nur nach dem Datum und ggf. dem ausführenden Handwerker nach bekannte Rechnung beziehen wird, wird er schon die Kosten für ein Gewerk oder sogar für eine Modernisierungsmaßnahme überprüfen wollen und müssen. Dies ist ihm aber bei einer Aufschlüsselung der Kosten nach den einzelnen Modernisierungsmaßnahmen und den einzelnen Gewerken möglich. Auch die Gegenauffassung erklärt sich mit einer einzigen Rechnung einverstanden, wenn der Vermieter einen **Pauschalpreis** vereinbart hat.[65] In diesem Fall kann der Mieter noch weniger kontrollieren.[66] Das Festhalten an der Notwendigkeit, alle Einzelrechnungen genau zu bezeichnen, würde iÜ nur dazu führen, dass die Vermieter mit einem Generalunternehmer arbeiten, der ihnen eine Rechnung schreibt, während dieser selbst Subunternehmer einschaltet. Da § 559 BGB auch eine wirtschaftspolitische Funktion hat (→ BGB § 559 Rn. 5), würde eine solche Auslegung des Gesetzes zumindest diesem Zweck des Gesetzes widersprechen. Das Verlangen nach der Angabe von Einzelpositionen ist deshalb eine überflüssige formale Hürde, die inhaltlich dem Mieter kaum nennenswerte Informationen gibt.

**18** Da **Erhaltungskosten** nicht zu den Modernisierungskosten gehören, muss der Vermieter in der Erhöhungserklärung nachvollziehbar darlegen, welche Kosten er in welcher Höhe von den angegebenen Gesamtkosten[67] vorab als Instandsetzungskosten in Abzug gebracht hat.[68] Fehlen solche Angaben, obwohl der Vermieter in der Modernisierungsankündigung Abzüge für Instandsetzung in Aussicht gestellt hat, so soll die Modernisierungsmieterhöhung insgesamt unwirksam sein.[69] Nach der Rspr. des BGH[70] kommt den Formalien generell keine große Bedeutung zu, weshalb auch bei Modernisierungsmieterhöhungen an die formellen Voraussetzungen keine überhöhten Anforderungen gestellt werden dürfen.[71] Aus der **Mieterhöhungserklärung** muss sich jedoch ergeben, in welchem Umfang durch die durchgeführten Maßnahmen **Instandsetzungskosten**

[61] LG Berlin MM 1993, 217; 1992, 68; LG Köln WuM 1989, 308; WuM 1987, 273; AG Lichtenberg MM 1997, 239; AG Greifswald WuM 1994, 379; AG Neukölln MM 1994, 67; AG Spandau MM 1992, 23; Blömeke/Blümmel Modernisierung/*Kinne* Teil C Rn. 12; offen gelassen LG Kassel NJW-RR 1992, 1361.

[62] LG Berlin MM 12/2020, 29; Lützenkirchen MietR/*Dickersbach* BGB § 559b Rn. 37.

[63] BGH VIII ZR 298/80 NJW 1982, 573; OLG Bbg GE 1998, 1271; KG NZM 1998, 620; LG Berlin ZMR 1998, 778; *Schmid* ZMR 1998, 630.

[64] Staudinger/*V. Emmerich* BGB § 559b Rn. 12; Lützenkirchen MietR/*Dickersbach* BGB § 559b Rn. 28.

[65] AG Berlin-Mitte MM 3/2018, 30.

[66] Nach Lützenkirchen MietR/*Dickersbach* BGB § 559b Rn. 35 muss der Vermieter „spätestens im Rahmen der Belegeinsicht" die Kalkulation des Pauschalpreises darlegen.

[67] *Schach* MietRB 2012, 176 (179) unter Bezugnahme auf BGH VIII ZR 1/06, NZM 2007, 770 (für eine Betriebskostenabrechnung).

[68] BGH VIII ZR 88/13, NJW 2015, 934; LG Berlin WuM 2018, 215; GE 2003, 122 (123); LG Hamburg WuM 2000, 195; AG Aachen WuM 2018, 367; WuM 2018, 368; AG Charlottenburg WuM 2017, 532; GE 2007, 989; Kinne/Schach/Bieber MietR/*Schach* BGB § 559b Rn. 4.

[69] LG Berlin WuM 2018, 215; weitergehend: AG Aachen WuM 2018, 367; WuM 2018, 368.

[70] *BGH VIII ZR 121/17, NJW-RR 2018, 1357* (Hinweisbeschluss) und NZM 2018, 948 (Zurückweisungsbeschluss); *Börstinghaus* NZM 2009, 681.

[71] BGH VIII ZR 121/17 (2 Beschlüsse), NZM 2018, 948 mAnm *Börstinghaus* WuM 2018, 726; BGH VIII ZR 88/13, NJW 2015, 934.

erspart wurden.[72] Das gilt sowohl für bereits fällige Erhaltungskosten als auch für die anteiligen Kosten für ältere Bauteile, die aber noch nicht instandsetzungsbedürftig sind.[73] Hat der Vermieter erklärt, dass keine solche Erhaltungskosten in diesem Sinne angefallen oder eingespart wurden, ist die Erhöhungserklärung auch dann formell ordnungsgemäß, wenn sich später herausstellt, dass solche Kosten sehr wohl hätten angesetzt werden müssen.[74] Eine umfassende Vergleichsrechnung zu den hypothetischen Kosten einer bloßen Erhaltungsmaßnahme[75] ist nach der Rspr. des BGH in der Erhöhungserklärung noch nicht erforderlich.[76] Erforderlich[77] aber auch ausreichend ist es, den ersparten Instandsetzungsaufwand zumindest durch **Angabe einer Quote** von den aufgewandten Gesamtkosten nachvollziehbar darzulegen.[78] Daran ändert die Erlaubnis zur Schätzung solcher Kosten in § 559 Abs. 2 Hs. 2 BGB auch nichts. Danach ist es dem Vermieter soweit erforderlich gestattet, die auf die Erhaltungsmaßnahme entfallenden Kosten durch **Schätzung** zu ermitteln. Der Einschub „soweit erforderlich" beschränkt den Anwendungsbereich der Norm auf die Fälle, in denen die Erhaltungskosten nicht eindeutig und leicht ermittelt werden können. Nur in diesen Fällen ist eine Schätzung gestattet.[79] Das kann sich auch auf einzelne Kostenpositionen beziehen. Die Schätzung ist von der Leistungsbestimmung nach billigem Ermessen gem. § 315 Abs. 1 BGB zu unterscheiden. Dort findet nur eine Billigkeitskontrolle durch die Gerichte statt. Die Schätzung selbst ist zunächst eine Erleichterung bei der Darlegung des Sachverhalts Für die Schätzung müssen ausreichende Ausgangs- und Anknüpfungstatsachen spätestens im Zahlungsprozess vorgetragen werden. Das bedeutet, dass soweit wie möglich die Kosten der Erhaltungsmaßnahme konkret zu ermitteln sind. Das gilt nicht nur für bereits fällige Maßnahmen, sondern auch bei Bauteilen, die zwar noch ausreichend funktionsfähig sind und bislang einen zu beseitigenden Mangel nicht aufweisen, aber bereits über einen **nicht unerheblichen Zeitraum ihrer zu erwartenden Gesamtlebensdauer** abgenutzt worden sind.[80] Das erfordert bei älteren Bauteilen die Angabe des ungefähren Alters des Bauteils und der Gesamtlebensdauer, von dem der Vermieter ausgeht, sowie der Kosten.[81] Hinsichtlich der ansatzfähigen Kosten sind nicht auf die **Kosten** für ein baugleiches Teil aus der Zeit des erstmaligen Einbaus in Ansatz zu bringen, sondern auf die Kosten, die das auszutauschenden Bauteil **zum Zeitpunkt des Austausches** kosten würde.[82] Als Modernisierungskosten ist dann nur der überschießende Kostenanteil in Ansatz zu bringen, also die Differenz zwischen den Kosten für das alte Bauteil und den Kosten für das modernere Bauteil mit besseren Leistungsmerkmalen. Hat der Vermieter vor allem bei Mieterhöhungen vor der Entscheidung des BGH v. 17.6.2020[83] solche Abzüge nicht vorgenommen, ist die Mieterhöhungserklärung nicht formell unwirksam, so dass der Mieter alle gezahlten Erhöhungsbeträge kondizieren könnte, sondern nur teilweise materiell unbegründet, so dass der Mieter nur den zu Unrecht auf die fiktiven Erhaltungskosten entfallenden Anteil kondizieren kann (→ BGB § 557 Rn. 16a).

Nur dort, wo solche Tatsachen nicht oder mit einem nicht zumutbaren Aufwand ermittelt werden könnten, können die Kosten auf Grund der Erfahrung fachkundiger Kreise, idR Architekten und Fachingenieure, festgelegt werden. Das Ergebnis dieser Schätzung ist vom Gericht voll überprüfbar, und zwar nicht nur im Rahmen einer Billigkeitskontrolle gem. § 316 BGB. Das bedeutet, dass im Regelfall spätestens im Prozess eine **Vergleichsrechnung** aufgemacht werden muss, welche Kosten tatsächlich entstanden wären, wenn statt der Instandmodernisierung eine bloße Instand- **18a**

[72] BGH VIII ZR 121/17 (2 Beschlüsse), NZM 2018, 948; BGH VIII ZR 88/13, NJW 2015, 934; MüKo-BGB/*Artz* § 559b Rn. 6.

[73] BGH VIII ZR 81/19, NZM 2020, 795 (zur Frage, was der Mieter ggf. kondizieren kann); *Bentrop* WuM 2021, 79; → BGB § 557 Rn. 16a.

[74] BGH VIII ZR 121/17 (2 Beschlüsse), NZM 2018, 948.

[75] So noch LG Lüdenscheid WuM 1997, 438; LG Berlin MM 2001, 401; LG Potsdam WuM 2000, 553; LG Hamburg WuM 2000, 195; AG Charlottenburg GE 2007, 989; AG Wernigerode WuM 2002, 54; AnwK WohnraumMietR/*Lammel* BGB § 559b Rn. 15.

[76] BGH VIII ZR 88/13, NJW 2015, 934.

[77] Die bloße Angabe, die ersparten Instandsetzungsaufwendungen seien vorab abgezogen worden, reicht nicht: *Kinne* GE 2015, 296 (297).

[78] BGH VIII ZR 88/13, NJW 2015, 934; KG WuM 2006, 450; LG Kassel WuM 1992, 444; LG Stralsund WuM 1996, 229; LG Dresden WuM 1998, 216; LG Landau/Pfalz ZMR 2009, 211; LG Berlin ZMR 2012, 352.

[79] LG Hamburg NZM 2018, 952.

[80] BGH VIII ZR 81/19, NZM 2020, 795.

[81] Lützenkirchen MietR/*Dickersbach* BGB § 559 Rn. 91.

[82] Lützenkirchen MietR/*Dickersbach* BGB § 559 Rn. 91.

[83] BGH VIII ZR 81/19, NZM 2020, 795.

setzung stattgefunden hätte.[84] Hierzu kann ggf. auf ein Angebot oder eine Ausschreibung zurückgegriffen werden. In diesem Fall können ggf. vom Gericht die Instandsetzungskosten gem. § 287 ZPO geschätzt werden.[85] Hat der Vermieter den Abzug von Instandsetzungskosten nur „vorsorglich und ohne Rechtsanspruch und Verpflichtung jederzeit widerruflich" vorgenommen, so führt dies nicht zur formellen Unwirksamkeit der Erhöhungserklärung.[86]

**19** Aus den so angegebenen und aufgeschlüsselten Gesamtkosten ist dann in nachvollziehbarer und übersichtlicher Weise der auf die einzelne Wohnung entfallende Erhöhungsbetrag zu berechnen. Dazu muss für jede einzelne bauliche Maßnahme der Verteilungsschlüssel angegeben werden und der sich für jede einzelne bauliche Mieterhöhung ergebende Erhöhungsbetrag. Eine Mieterhöhungserklärung nach § 559b Abs. 1 BGB, die auf mehrere tatsächlich trennbare Baumaßnahmen gestützt wird, ist gem. § 139 BGB nicht insgesamt nichtig, wenn sie im Hinblick auf einzelne Baumaßnahmen unzureichend begründet oder erläutert und deshalb insoweit unwirksam ist. Vielmehr hat eine solche Mieterhöhungserklärung hinsichtlich des wirksam erklärten Teils nach Maßgabe des § 139 BGB Bestand.[87] Einfache Rechenvorgänge können dem Mieter abverlangt werden.[88] Dabei ist die Benutzung eines **Taschenrechners** durch den Mieter durchaus zumutbar. Größere wohnungswirtschaftliche oder mietrechtliche Sachkunde muss beim Mieter demgegenüber nicht vorliegen und darf demgemäß vom Vermieter auch nicht vorausgesetzt werden. An einer nachvollziehbaren Abrechnung fehlt es, wenn der Vermieter dem Mieter Rechnungskopien zur Verfügung stellt, aus denen sich der Mieter die Angaben heraussuchen muss.[89] Auch das Angebot zur Rechnungseinsicht allein ohne eigene Begründung reicht nicht aus.[90]

**20** Kleinere Mängel oder **Rechenfehler** machen die Mieterhöhungserklärung nicht unwirksam.[91] Es kommt auf den objektiven Empfängerhorizont an. Kann der Mieter aus dieser Sicht den Fehler erkennen und selbst ggf. mittels eines Taschenrechners leicht berichtigen, ist die Erhöhungserklärung nicht formell unwirksam, sondern nur teilweise unbegründet.

**21** Die Beifügung der **Belege** ist für die Wirksamkeit der Mieterhöhungserklärung nicht erforderlich.[92] Der Mieter hat aber ein **Einsichtsrecht** in die Belege[93] entsprechend § 259 BGB. Der Vermieter ist verpflichtet, dem Mieter im Original sämtliche Rechnungen und sonstigen Belege inklusiv der Zahlungsbelege[94] in geordneter Zusammenstellung nach Modernisierungsmaßnahmen und Gewerken sortiert zu präsentieren. Das Einsichtsrecht bezieht sich auch auf die Verträge, Ausschreibungen usw., soweit die Heranziehung zur sachgerechten Überprüfung der Belege notwendig ist, zB weil in den Rechnungen auf diese zur Bestimmung des Leistungsumfangs verwiesen wird. Zu den Belegen, auf die sich das Einsichtsrecht des Mieters bezieht, gehören neben den Rechnungen auch die dazugehörigen Zahlungsbelege über die der Mieterhöhung gem. § 559 BGB zugrunde gelegten Modernisierungskosten.[95] Daran ändert die Tatsache, dass die **Bezahlung der Rechnung**[96] für die Fälligkeit der Modernisierungsmieterhöhung nicht erforderlich ist, nichts. Da Skonti und sonstige Nachlässe nicht in Ansatz gebracht werden dürfen, kommt es schlussendlich auf den genauen Zahlbetrag an. Dass solche Abzüge auf den Rechnungen notiert werden müssen, reicht im Rahmen der

[84] LG Berlin GE 2013, 419; MM 2001, 401.

[85] So wohl auch *Sternel* MietR Kap. IV Rn. 361; großzügiger LG Hannover WuM 1990, 227; AG Hamburg WuM 1986, 344. Zum erforderlichen Grad der Überzeugungsbildung in diesem Fall s. → BGB § 558b Rn. 98.

[86] BGH VIII ZR 88/13, NJW 2015, 934; *Kinne* GE 2015, 296 (297).

[87] BGH VIII ZR 81/19, NZM 2020, 795.

[88] BGH VIII ZR 81/19, NZM 2020, 795.

[89] OLG München NJW 1995, 465 (466); LG Berlin GE 1991, 629; LG Frankfurt a. M. WuM 1983, 115.

[90] LG Münster ZMR 1972, 214; LG Essen ZMR 1957, 308; AG Lüneburg WuM 1975, 194.

[91] LG Berlin GE 2000, 126.

[92] LG Berlin GE 2007, 985; MM 1994, 326; Blömeke/Blümmel Modernisierung/*Kinne* Teil C Rn. 12; Lützenkirchen MietR/*Dickersbach* BGB § 559b Rn. 27; **aA** LG Berlin MM 1993, 217; 1992, 68; LG Köln WuM 1989, 308; WuM 1987, 273; AG Lichtenberg MM 1997, 239; AG Greifswald WuM 1994, 379; AG Neukölln MM 1994, 67; AG Spandau MM 1992, 23.

[93] LG Berlin GE 2007, 985; Staudinger/*V. Emmerich* BGB § 559b Rn. 12; Bub/Treier MietR-HdB/*Schultz* Kap. III A Rn. 1509/1520; Lützenkirchen MietR/*Dickersbach* BGB § 559b Rn. 28; *Beuermann* GE 1993, 826; Blömeke/Blümmel Modernisierung/*Kinne* Teil C Rn. 12; *Mersson* DWW 2009, 206 (210): ob eingescannte Belege als Ersatz ausreichen, untersucht *Schmid* ZMR 2003, 15.

[94] BGH VIII ZR 118/19, NZM 2021, 31 = NJW 2021, 693 (für Betriebskostenabrechnung).

[95] BGH VIII ZR 118/19, NZM 2021, 31 = NJW 2021, 693 (für Betriebskostenabrechnung).

[96] BGH VIII ZR 294/11, NZM 2012, 832; LG Berlin ZMR 2012, 352; GE 2011, 951; *Sternel* NZM 2001, 1058 (1065); Staudinger/*V. Emmerich* BGB § 559b Rn. 7; MüKoBGB/*Artz* § 559b Rn. 9; Bub/Treier MietR-HdB/*Schultz* Kap. III A Rn. 1488; Bamberger/Roth/*Schüller* BGB § 559b Rn. 18; *Kinne* GE 2011, 724; 2011, 926.

Kontrolle durch den Mieter nicht.[97] Da die Belegeinsicht regelmäßig später erfolgt, ist zu erwarten, dass der Vermieter berechtigte Rechnungsbeträge seinerseits inzwischen im normalen Geschäftsgang bezahlt hat. Der Mieter hat aber keinen Anspruch auf Vorlage der dem jeweiligen ausführenden Unternehmen von dessen Vorlieferanten ausgestellten Rechnungen oder eigene Preiskalkulationen.[98] Der Mieter ist allein auf den Einwand des Verstoßes gegen das Wirtschaftlichkeitsgebot angewiesen. Das gilt auch bei der Durchführung der Arbeiten durch einen Regiebetrieb. Das Einsichtsrecht ist am Sitz des Vermieters auszuüben.[99] Dies ergibt sich aus § 269 BGB, wonach Erfüllungsort grds. der Wohnsitz des Schuldners ist. Nur wenn der Sitz des Vermieters nicht am Ort des Mietobjekts ist kann der Mieter verlangen, dass ihm die Unterlagen am Ort des Mietobjekts vorgelegt werden. Der Mieter hat aber keinen Anspruch auf Überlassung der Originalbelege. **Grundsätzlich** besteht auch kein Anspruch auf Übersendung von Kopien statt der Belegeinsicht.[100] Wenn der Mieter aber bei der Belegeinsicht, die er auch durch einen Vertreter durchführen lassen kann, Zweifel an einer oder mehreren Positionen hat, hat er einen Anspruch auf Aushändigung einer Kopie gegen Kostenerstattung, um eine weitere Überprüfung vornehmen zu lassen.[101] Kommt der Vermieter seiner Verpflichtung nicht nach, steht dem Mieter gegenüber dem Zahlungsanspruch hinsichtlich des Mieterhöhungsbetrages ein aus § 242 BGB folgendes temporäres Leistungsverweigerungsrecht zu, solange ihm eine nach § 259 Abs. 1 BGB berechtigterweise begehrte Belegeinsicht nicht gewährt worden ist.[102]. Ein Zurückbehaltungsrecht scheidet demgegenüber aus, da es dazu führen würde, dass der Mieter zur Zahlung der erhöhten Mieten Zug um Zug gegen Belegeinsicht oder Übergabe der Belegkopien verurteilt würde.[103] Der Mieter hätte dann zwar vor Zahlung die verlangten Informationen, er müsste aber selbst dann zahlen, wenn sich nach Einsicht in die Unterlagen ggf. ein niedriger Zahlbetrag ergeben würde. Da der Mieter die Mieterhöhung nach § 559 BGB auch nicht iRd **§ 35 a EStG** steuerlich geltend machen kann (→ BGB § 559 Rn. 86), muss der Vermieter ihm auch keine entsprechende Bescheinigung über anteilige Arbeitskosten ausstellen und vorlegen.

### 3. Erläuterung

Nach § 559b Abs. 1 BGB setzt die **Wirksamkeit einer Mieterhöhungserklärung** des Vermieters wegen Modernisierungsmaßnahmen nach § 559 Abs. 1 BGB neben einer Berechnung der Mieterhöhung aus den entstandenen Kosten voraus, dass darin die Erhöhung entsprechend den gesetzlichen Voraussetzungen des § 559 Abs. 1 BGB erläutert wird. Da die Mieterhöhung automatisch nach kurzer Zeit wirksam wird, soll die Erklärungspflicht **unzumutbare Nachteile** für den Mieter dadurch verhindern, dass dieser die Berechtigung der Mieterhöhung überprüfen kann. Dabei sind nach ständiger Rspr. des BGH an die formelle Wirksamkeit des Mieterhöhungsverlangens keine überhöhten Anforderungen zu stellen. Vielmehr genügt es, wenn der Mieter den Grund der Mieterhöhung anhand der Erläuterung als **plausibel nachvollziehen** kann.[104] Aus der Bezugnahme auf die materiellen Voraussetzungen der Mieterhöhung nach § 559 Abs. 1 BGB folgt, dass der Vermieter in der Erklärung darlegen muss, inwiefern die von ihm durchgeführten baulichen Maßnahmen solche sind, die Endenergie einsparen, den Gebrauchswert der Mietsache nachhaltig erhöhen, die allgemeinen Wohnverhältnisse auf Dauer verbessern, nachhaltig die Einsparung von Wasser bewirken oder auf Umständen beruhen, die der Vermieter nicht zu vertreten hat.[105] § 559b Abs. 1 BGB unterscheidet sich insofern vom Wortlaut des § 558a Abs. 1 BGB. Verlangt der Vermieter die Erhöhung der Miete auf die ortsübliche Vergleichsmiete, muss er dies nämlich *begründen*. Ob mit diesem Unterschied im Wortlaut auch ein inhaltlicher Unterschied gemeint ist, erscheint frag- 22

---

97 BGH VIII ZR 118/19, NZM 2021, 31 = NJW 2021, 693 (für Betriebskostenabrechnung).

98 BGH VIII ZR 322/12, NZM 2013, 755 (für Wärmecontracting).

99 Blömeke/Blümmel Modernisierung/*Kinne* Teil C Rn. 13; so auch der BGH VIII ZR 78/05, NJW 2006, 1419 für das Parallelproblem bei der Betriebskostenabrechnung.

100 LG Berlin GE 2007, 985; AG Köpenick GE 2008, 411; anders wohl *Sternel* MietR Kap. IV Rn. 378 der von einer „Vorlagepflicht" ausgeht.

101 Lützenkirchen MietR/*Dickersbach* BGB § 559b Rn. 29.

102 BGH VIII ZR 118/19, NZM 2021, 31; BGH VIII ZR 189/17, NJW 2018, 1599; BGH VIII ZR 250/17, NJW-RR 2019, 977 jeweils zur Betriebskostenabrechnung.

103 **AA** *Sternel* MietR Kap. IV Rn. 378.

104 BGH VIII ZR 121/17, NJW-RR 2018, 1357 (Hinweisbeschluss) und NZM 2018, 948 (Zurückweisungsbeschluss).

105 BGH VIII ARZ 3/01, NJW 2002, 2036; BGH VIII ZR 175/02, DWW 2003, 229; LG Berlin ZMR 2012, 352.

lich. Der Gesetzgeber ging früher wohl davon aus, dass *erläutern* geringere formale Anforderungen an den Inhalt stellt als *begründen*. Im Mietenüberleitungsgesetz wurde befristet und regional begrenzt auf die neuen Länder deshalb in § 12 Abs. 6 Nr. 1 MHG bestimmt, dass der Vermieter das Mieterhöhungsverlangen auf die ortsübliche Vergleichsmiete nur *erläutern* musste. Damit sollte gerade eine Erleichterung im Vergleich zum damaligen § 2 Abs. 2 MHG[106] eintreten.[107] Wenn man auf die entsprechende Regelung in § 10 WoBindG abstellt, wird man aber sagen müssen, dass der Unterschied zwischen beiden Begriffen nur sehr gering ist. Beide Begriffe verlangen die Angabe eines Grundes, warum der Vermieter der Auffassung ist, dass die von ihm durchgeführten Maßnahmen die Tatbestandsvoraussetzungen des § 559 BGB erfüllen.

23 Die **Auslegung des Begriffs „Erläuterung"** muss sich deshalb am Sinn und Zweck des Erfordernisses einer „Erläuterung" orientieren. **Sinn und Zweck** dieser Verpflichtung bestehen darin, dem Mieter die Informationen zu geben, die er benötigt, um qualifiziert überprüfen zu können, ob der Anspruch berechtigt ist. Die Vorschriften über die Berechnungs- und Erläuterungspflichten des Vermieters sind das **notwendige Gegengewicht** zu der dem Vermieter in Abweichung von allgemeinen Grundsätzen des Vertragsrechts eingeräumten Möglichkeit, die Pflicht des Mieters zur Mietzahlung durch einseitige Erklärung zu gestalten.[108] Die Erläuterungspflicht stellt somit einen Ausgleich zwischen der nach Art. 14 Abs. 1 S. 1 GG geschützten Privatnützigkeit und der in Art. 14 Abs. 2 GG statuierten Sozialpflichtigkeit des Eigentums dar. Dies kann nicht als unangemessen angesehen werden.[109] Der Mieter soll durch die Erläuterung die Tatsachen erfahren, die die Tatbestandsmerkmale des § 559 BGB ausfüllen.[110] Hierzu bedarf es der Konkretisierung des erfüllten Modernisierungszwecks.[111] Der Vermieter darf sich nicht darauf beschränken, den Gesetzeswortlaut des § 559 Abs. 1 BGB teilweise zu wiederholen, sondern muss konkrete Tatsachen aufführen, wie etwa die Nennung der alten und neuen Wärmedurchgangskoeffizienten, anhand derer der Mieter die behauptete Einsparung von Heizenergie nachvollziehen kann.[112] Unter den Voraussetzungen des § 555c Abs. 3 BGB darf er dabei insbes. hinsichtlich der energetischen Qualität von Bauteilen auf allgemein anerkannte Pauschalwerte Bezug nehmen (→ Rn. 29). Andererseits legt schon der vom Gesetz gebrauchte Begriff „erläutern" nahe, dass die Mieterhöhungserklärung nicht eine in tatsächlicher und rechtlicher Hinsicht erschöpfende Begründung dafür zu enthalten braucht, warum die einzelnen Baumaßnahmen solche iSd § 559 Abs. 1 BGB darstellen.[113] Es genügt, wenn der Mieter den Grund der Mieterhöhung anhand der Erläuterung als plausibel nachvollziehen kann.[114] Der Gesetzgeber ist deshalb davon ausgegangen, dass dem Mieter eine Überprüfung der Berechtigung der Mieterhöhung auch auf Grund der Erläuterung nicht selten nur unter Hinzuziehung von sachkundigen Personen möglich sein wird.[115]

24 Der **Umfang der Erläuterungen** ist deshalb sowohl davon abhängig, wie umfangreich die durchgeführten Arbeiten waren als auch davon, welche Informationen dem Mieter bereits vorliegen.[116] Umso umfangreicher die Arbeiten waren, umso ausführlicher müssen die Erläuterungen sein, da gerade bei komplexen Maßnahmen die Gebrauchswerterhöhung jeder einzelnen Maßnahme genau überprüft werden muss. Die nachhaltige[117] Erhöhung des Gebrauchswertes muss im

[106] Entspricht jetzt § 558a Abs. 1 BGB.

[107] *Börstinghaus*/Meyer Mietzinserhöhung Rn. 267; **aA** *Beuermann* MietenüberleitungsG § 12 Rn. 129, der meint, dass „erläutern" mehr verlangt als „begründen".

[108] LG Landau/Pfalz ZMR 2009, 211.

[109] BVerfG WuM 1998, 463 zu den gleich lautenden Erfordernissen in § 10 WoBindG.

[110] Begr. zum Entwurf des MHG, BR-Drs. 161/74, 12.

[111] MüKoBGB/*Artz* § 559b Rn. 8; AG Dortmund WuM 2009, 120 (123).

[112] BGH VIII ZR 47/05, NZM 2006, 221; LG Bremen WuM 2018, 365, 366; LG Berlin ZMR 2012, 352, GE 2010, 1747; AG Wedding GE 2014, 943; *Schach* GE 2006, 283.

[113] BGH VIII ARZ 3/01, NJW 2002, 2036 = NZM 2002, 519 mAnm *Schläger* ZMR 2002, 580; BGH VIII ZR 175/02, DWW 2003, 229.

[114] Palandt/*Weidenkaff* BGB § 559b Rn. 2; Staudinger/*V. Emmerich* BGB § 559b Rn. 14; Bub/Treier MietR-HdB/Schultz Kap. III A Rn. 1494; Lützenkirchen MietR/*Dickersbach* BGB § 559b Rn. 19; ähnlich BGH VIII ZR 242/10, NJW 2012, 63.

[115] BGH VIII ARZ 3/01, BGHZ 150, 277 (281); VIII ZR 175/02, WuM 2004, 154; VIII ZR 156/03, NZM 2004, 252.

[116] *LG Neubrandenburg WuM 2002, 27* (das OLG Rostock NZM 2002, 210 hat den Erlass des Rechtsentscheids wegen der neuen Möglichkeit der Revisionszulassung abgelehnt) daraufhin erneut LG Neubrandenburg WuM 2002, 373; LG Hamburg ZMR 2002, 918 mAnm *Bottenberg*.

[117] Zum Begriff der Nachhaltigkeit BGH VIII ARZ 3/01, NJW 2002, 2036.

Erhöhungsverlangen begründet werden.[118] Dies gilt auch bei baulichen Maßnahmen, die in und an mehreren Gebäuden durchgeführt werden.[119] Die Erläuterungspflicht kann dann entfallen, wenn der Modernisierungscharakter der Maßnahme auf der Hand liegt.[120] Das ist zB bei der Dämmung einer bisher ungedämmten Außenwand regelmäßig der Fall.

Da der Vermieter die Mieterhöhung gem. § 559b Abs. 1 BGB bereits berechnet haben muss, bezieht sich die **Erläuterung** zunächst auf die **bauliche Veränderung.** Es ist also anzugeben, was für bauliche Veränderungen durchgeführt wurden und weshalb dies entweder eine Gebrauchswerterhöhung oder eine Verbesserung der Wohnverhältnisse darstellt oder inwiefern hierdurch eine Einsparung von Energie oder Wasser eintritt. Soweit der Vermieter andere bauliche Änderungen durchgeführt hat, muss er angeben, auf Grund welcher Umstände dies erfolgte und warum er diese nicht zu vertreten hat. Je umfangreicher die baulichen Maßnahmen waren, desto umfangreicher müssen auch die Erläuterungen sein.[121] Sind dem Mieter die baulichen Maßnahmen iE bekannt, können ausführliche Angaben hierzu entfallen. Dies ist insbes. dann der Fall, wenn der Mieterhöhung eine ausführliche Modernisierungsankündigung nach § 555c BGB vorausgegangen ist. Hierauf kann Bezug genommen werden.[122] In diesem Fall genügen eine stichwortartige Beschreibung der Arbeiten und die Erklärung, dass die Arbeiten wie angekündigt durchgeführt wurden. Sinnvoll ist es, die Modernisierungsankündigung in diesem Fall nochmals beizufügen. Das bloße Hineinkopieren der Ausführungen aus dem Ankündigungsschreiben bedeutet für den Mieter keinerlei Mehrwert. Sinn und Zweck der Erläuterungspflicht ist es, den Informationsvorsprung auf Vermieterseite abzubauen und dem Mieter die fehlenden Informationen zu geben, die er benötigt, um die Berechtigung der Forderung des Vermieters überprüfen zu können. Ist keine Ankündigung gem. § 555c BGB vorausgegangen[123] oder ist **abweichend von der Ankündigung gebaut** worden[124], dann muss der Vermieter den Umfang und ggf. die Folgen der Arbeiten für den Energieverbrauch ausführlicher erläutern, anderenfalls ist Mieterhöhung unwirksam. Aber auch dabei muss danach differenziert werden, ob der Mieter den Umfang der Arbeiten kannte oder nicht. Bei vom Mieter geduldeten Arbeiten in seiner Wohnung würde eine Wiedergabe aller durchgeführten Arbeiten eine bloße Förmelei darstellen, es sei denn, der Mieter musste wegen des Umfangs der Arbeiten anderweitig untergebracht werden. Hat der Vermieter dem Mieter in einem ersten später für wirkungslos erklärten oder nicht weiterverfolgten Mieterhöhungsverlangen die Maßnahme erläutert und alle Rechnungen mitübersandt, dann müssen die Rechnungen nicht noch einmal übersandt werden.[125] **Die höchste Anforderung** an eine Erläuterung ist dann zu stellen, wenn es sich um Maßnahmen außerhalb der Wohnung handelt. Hier kann der Mieter den Umfang der Arbeiten und auch die Frage, inwieweit hierdurch eine Modernisierung iSd § 559 BGB eintritt, am aller wenigsten beurteilen. Der **Umfang der Erläuterungspflicht** ist also umgekehrt proportional zu den dem Mieter vorliegenden Informationen.[126] 25

Es darf aber nicht übersehen werden, dass so gut wie jede Mieterhöhung nach § 559 BGB durch ein Anheben der Erfordernisse an eine ausreichende Erläuterung für unwirksam erklärt werden kann. Eine allzu restriktive Handhabung der Verfahrensrechte verstößt aber gegen Art. 14 GG.[127] Die mietrechtlichen Verfahrensvorschriften dienen dem Ausgleich zwischen Belangen des Vermieters und des Mieters; sie dürfen nicht in einer Weise ausgelegt werden, die die Verfolgung der Ver- 26

---

118 LG Berlin ZMR 2001, 277.
119 LG Kassel WuM 1992, 444; *Mersson* DWW 2009, 206.
120 LG Berlin GE 2003, 122 (123).
121 LG Dresden WuM 1998, 216 (217).
122 BGH VIII ZR 88/13, NJW 2015, 934; VIII ZR 28/10, NZM 2011, 31; VIII ZR 156/03, NZM 2004, 252; LG Berlin GE 2010, 1747; LG Neubrandenburg WuM 2002, 27 (das OLG Rostock NZM 2002, 210 hat den Erlass des Rechtsentscheids wegen der neuen Möglichkeit der Revisionszulassung abgelehnt), daraufhin erneut LG Neubrandenburg WuM 2002, 373; LG Hamburg ZMR 2002, 918 mAnm *Bottenberg; Sternel* MietR Kap. IV Rn. 373; Lützenkirchen MietR/*Dickersbach* BGB § 559b Rn. 26; **aA** LG Berlin GE 2002, 398 Modernisierungsankündigung muss nochmals beigefügt werden; ebenso Emmerich/Sonnenschein/*V. Emmerich* BGB § 559b Rn. 4, Erklärung gem. § 555c BGB muss mit beigefügt werden; MüKoBGB/*Artz* § 559b Rn. 2.
123 Zur Frage, wann dann überhaupt eine Mieterhöhung möglich ist, → BGB § 559 Rn. 14ff.
124 LG Berlin GE 2021, 186.
125 LG Hamburg ZMR 2002, 918 mzustAnm *Bottenberg;* LG Neubrandenburg WuM 2002, 373.
126 LG Neubrandenburg WuM 2002, 27 (das OLG Rostock NZM 2002, 210 hat den Erlass des Rechtsentscheids wegen der neuen Möglichkeit der Revisionszulassung abgelehnt), daraufhin erneut LG Neubrandenburg WuM 2002, 373; LG Hamburg ZMR 2002, 918 mAnm *Bottenberg.*
127 BVerfGE, 53, 352; BVerfG NJW-RR 1993, 1485; WuM 1982, 146.

mieterinteressen unzumutbar erschwert.[128] Deshalb dürfen auch bei einer Mieterhöhungserklärung nach § 559b BGB von Verfassung wegen nicht so hohe formale Anforderungen an die Begründung des Erhöhungsverlangens gestellt werden, dass hierdurch der gesetzliche Anspruch auf die Mieterhöhung zu Fall gebracht würde.[129] Letztendlich ist es ein **Balanceakt** zwischen den verschiedenen Interessen. Es gibt immer ein Mehr an Informationen und Erläuterungen, die man vom Vermieter verlangen kann, auf der anderen Seite gibt es Mieter, denen weniger Informationen ausreichen, abgesehen davon, dass es gesamt- und wohnungswirtschaftlich sowie auch ökologisch schädlich ist, die wünschenswerte Modernisierung des Wohnungsbestandes durch Formalien zu behindern. Deshalb muss man in jedem Einzelfall sehr sorgfältig prüfen, ob eine weiter gehende Erläuterung tatsächlich allen Zwecken des Gesetzes gerecht wird. Gerade bei Großprojekten kann es aber auch nicht Aufgabe der Mieterhöhungserklärung sein, gegenüber jedem einzelnen Mieter das Bauvorhaben bis ins Detail abzurechnen.[130]

27 **Bei Baumaßnahmen, deren Modernisierungswert sich erst auf Grund ihrer technischen Wirkungen erschließt,** ist es nicht ausreichend, wenn der Vermieter lediglich behauptet, die Maßnahme diene einem der in § 555b BGB genannten Modernisierungszwecke.[131] Bei Baumaßnahmen, für deren Beurteilung es umfangreicher technischer Darlegungen bedürfte, ist es aber ausreichend, wenn der Vermieter die durchgeführte bauliche Maßnahme so genau beschreibt, dass der Mieter allein anhand dieser Beschreibung, wenn auch uU unter Zuhilfenahme einer bautechnisch oder juristisch sachkundigen Person, beurteilen kann, ob die Baumaßnahme eine solche des § 559 Abs. 1 BGB ist.[132] Für bauliche Maßnahmen zur Einsparung von Heizenergie ergibt sich daraus, dass der Vermieter in der Mieterhöhungserklärung neben einer schlagwortartigen Bezeichnung der Maßnahme und einer Zuordnung zu den Positionen der Berechnung diejenigen Tatsachen darlegen muss, anhand derer überschlägig beurteilt werden kann, ob die bauliche Änderung eine nachhaltige Einsparung von Heizenergie bewirkt.[133] Dazu bedarf es jedoch nicht der Vorlage einer **Wärmebedarfsberechnung**[134] und zwar weder nach der früheren Wärmeschutzverordnung noch nach der EnEV oder der DIN 4701 (1983) oder im untechnischen Sinne.[135] Weder der Begriff der Nachhaltigkeit noch das Gebot der Wirtschaftlichkeit erfordern die Beifügung von Anlagen[136] insbes. einer Wärmebedarfsberechnung. Ohnehin wäre eine solche nur dann aussagekräftig, wenn sie auf Grund zweier Berechnungen den Jahresheizwärmebedarf des Gebäudes vor und nach der Durchführung der Baumaßnahme angibt. Erforderlich ist nur die Einhaltung bestimmter Wärmedurchgangskoeffizienten.[137] Eine Wärmebedarfsberechnung nach der Wärmeschutzverordnung bzw. der EnEV spiegelt infolge der theoretischen Natur oft nicht die tatsächlichen Verhältnisse des Objekts wider.[138] Einer Wärmebedarfsberechnung kann der Mieter iÜ nicht seinen voraussichtlichen Heizenergiebedarf entnehmen. Aus ihr ist nämlich lediglich der abstrakte Jahresheizwärmebedarf für das gesamte Gebäude zu ersehen.

28 Während der Mieter bei Maßnahmen in seiner Wohnung regelmäßig noch gut selbst einschätzen kann, ob eine Gebrauchswerterhöhung dadurch objektiv eintritt, ist dies insbes. bei Maßnahmen der **Energie- und Wassereinsparung** nur eingeschränkt möglich. Der Vermieter muss aber nicht ein bestimmtes Maß der voraussichtlich einzusparenden Heizenergie in der Erhöhungserklärung angeben, sondern nur die Tatsachen darlegen, aus denen sich als Folge der durchgeführten Baumaß-

---

[128] BVerfG NJW 1989, 969.

[129] BVerfG NJW 1987, 313.

[130] LG Kiel WuM 2000, 613.

[131] AG Charlottenburg BeckRS 2017, 149157.

[132] BGH VIII ZR 55/19, NZM 2020, 793; VIII ZR 332/18, NZM 2020, 281 (jeweils zur Modernisierungsankündigung); VIII ZR 121/17 (2 Beschlüsse), NZM 2018, 948 und *Börstinghaus* WuM 2018, 726; VIII ARZ 3/01, NJW 2002, 2036; VIII ZR 175/02, WuM 2004, 154; VIII ZR 156/03, NZM 2004, 252; *Mersson* DWW 2009, 206 (207); großzügiger anscheinend *Beyer* GE 2009, 944 Fn. 90.

[133] AG Karlsruhe DWW 2009, 148; AG Hamburg BeckRS 2010, 13653.

[134] BGH VIII ARZ 3/01, NJW 2002, 2036; VIII ZR 175/02, WuM 204, 154; VIII ZR 156/03, NZM 2004, 252; OLG Naumburg NZM 2002, 18, Vorlagebeschluss; LG Berlin GE 1999, 383; LG Halle ZMR 2003, 35 (36); **aA** LG Berlin GE 2000, 892, Vorlagebeschluss; KG NZM 2000, 1049 (die Verfassungsbeschwerde hiergegen wurde verworfen: VerfGH Berlin NZM 2001, 1124; dem hat sich das LG Neubrandenburg angeschlossen: WuM 2002, 373); LG Berlin MM 2001, 401; ZMR 2001, 277; 2001, 188; 1999, 401 (aufgehoben durch VerfGH Berlin NZM 2000, 231); AG Berlin-Mitte MM 2001, 154.

[135] *So die „Leseanleitung" des VerfGH Berlin* NZM 2001, 1124 zum Rechtsentscheid des KG NZM 2000, 1049.

[136] *Kunze* MDR 2002, 142.

[137] *Dittert* WuM 2001, 6 (7); *Schläger* ZMR 2000, 823.

[138] OLG Naumburg NZM 2002, 18; *Schläger* ZMR 2000, 823.

nahmen eine dauerhafte Energieeinsparung[139] oder Wassereinsparung[140] ergibt. Ausreichend, aber idR auch mindestens erforderlich, ist für eine **plausible Darlegung eines Energieeinsparungseffektes** der durchgeführten Maßnahmen die Angabe der alten und neuen Wärmedurchgangskoeffizienten (U-Wert)[141] der renovierten Außenbauteile.[142] Je höher der Wärmedurchgangskoeffizient, desto schlechter ist die Wärmedämmeigenschaft des Stoffs. Bei einer nennenswerten Veränderung dieser Messgrößen ergibt sich bei sonst gleichen Bedingungen ohne weiteres eine Einsparung an Heizenergie; denn die U-Werte der Außenhülle des Gebäudes gehen als Faktoren in die Berechnung des Wärmebedarfs ein.[143] Der Angabe der Wärmedurchgangskoeffizienten bedarf es aber dann nicht, wenn der Vermieter ein bisher ungedämmtes Mauerwerk erstmals dämmt.[144] Hier ist die Energieeinsparung zumindest dem Grunde nach offensichtlich. Nicht ausreichend ist es, wenn der Vermieter in der Erhöhungserklärung die (Primär-)Energieverbräuche vor und nach Durchführung der Maßnahme gegenüberstellt.[145] Diese Veränderungen können auch auf ganz anderen Umständen beruhen, wie milderes Wetter, verändertes Nutzungsverhalten oder eine andere Wohnungsbelegung.

Auf Grund der Verweisung in § 559b Abs. 1 S. 2 BGB auf § 555c Abs. 3 BGB kann der Vermieter in der Modernisierungsmieterhöhungserklärung zur Darlegung insbes. der energetischen Qualität von Bauteilen auf allgemein anerkannte **Pauschalwerte** Bezug nehmen.[146] Das ist im Prinzip als formelle Erleichterung zu begrüßen.[147] Nicht immer hat der Vermieter die Werte der alten auszutauschenden Bauteile noch zur Hand.[148] Das wird aber die Ausnahme sein.[149] Fraglich ist, wer solche Pauschalwerte ermittelt und wer sie anerkennt.[150] In Betracht kommen sowohl privatrechtliche Stellen wie der DIN oder der VDI[151] als auch Behörden wie ein Ministerium oder selbständige Oberbehörden, wie das Bundesumweltamt oder das Bundesamt für Bauwesen und Raumordnung. In § 50 Abs. 4 S. 1 GEG[152] gibt es eine ähnliche Regelung. Dort ist dem Gebäudeeigentümer gestattet zur Durchführung der erforderlichen Berechnungen in den Fällen, in denen energetische Kennwerte für bestehende Bauteile nicht vorliegen, **„gesicherte Erfahrungswerte für Bauteile und Anlagenkomponenten vergleichbarer Altersklassen"** zu verwenden. Dabei können anerkannte Regeln der Technik verwendet werden. Die Einhaltung solcher Regeln wird vermutet, soweit vom Bundesministerium für Verkehr, Bau und Stadtentwicklung im Einvernehmen mit dem Bundesministerium für Wirtschaft und Technologie im Bundesanzeiger bekannt gegebene Werte benutzt werden. Die Bekanntmachung solcher Werte erfolgte bereits für die Vorgängervorschrift in § 9 Abs. 2 Nr. 2 EnEV durch die „Bekanntmachung der Regeln zur Datenaufnahme und Datenverwendung im Wohngebäudebestand" v. 30.7.2009.[153] In Tabelle 2 der Verordnung sind Pauschalwerte für den Wärmedurchgangskoeffizienten nicht nachträglich gedämmter Bauteile im Urzustand nach Baualtersklassen aufgeführt. In der Gesetzesbegründung[154] für das MietRÄndG wird beispielhaft auf diese Bekanntmachung Bezug genommen als mögliche anerkannte Pauschalwerte.[155] Den Einspareffekt kann der Vermieter dann durch Vergleich dieses Wertes mit dem Wärmedurchgangskoeffizienten des zu montierenden neuen Bauteils darlegen, der vom Hersteller 29

---

[139] BGH VIII ARZ 3/01, NJW 2002, 2036; VIII ZR 175/02, WuM 204, 154; VIII ZR 156/03, NZM 2004, 252.

[140] LG Berlin GE 2003, 122 (123).

[141] Auch Wärmedämmwert genannt, früher k-Wert.

[142] BGH VIII ZR 47/05, WuM 2006, 157; LG Bremen WuM 2018, 365, 366; LG Hamburg WuM 2009, 124; LG Berlin MM 2008, 370; AG Karlsruhe DWW 2009, 148.

[143] BGH VIII ARZ 3/01, NJW 2002, 2036; VIII ZR 175/02, WuM 204, 154; VIII ZR 156/03, NZM 2004, 252.

[144] BGH VIII ZR 121/17, (2 Beschlüsse), NZM 2018, 948 und NJW-RR 2018, 1357.

[145] AG Dortmund WuM 2009, 120 (123).

[146] *Harsch* MietRB 2013, 222.

[147] *Börstinghaus* NZM 2012, 697.

[148] So zB im Fall BGH VIII ZR 47/05, NJW 2006, 1126; *Hinz* ZMR 2012, 153 (156).

[149] AK MietRÄnderungsG/*Eisenschmid* BGB § 555c Rn. 11.

[150] *Börstinghaus* NZM 2012, 697 (701).

[151] AK MietRÄnderungsG/*Eisenschmid* BGB § 555c Rn. 12.

[152] BGBl I 2020, 1728; dazu *Karwatzki* CuR 2020, 167.

[153] http://www.bbsr-energieeinsparung.de/cln_033/nn_1025542/EnEVPortal/DE/EnEV/Bekanntmachungen/Download/WGDatenaufnahme.html?__nnn=true.

[154] BT-Drs. 17/10485, 20; abgedr. auch bei AK MietRÄnderungsG/*Eisenschmid* BGB § 555c Rn. 30.

[155] Nach *Harsch* MietRB 2013, 222 soll auch auf die „Bekanntmachung der Regeln zur Datenaufnahme und Datenverwendung im *Nicht*wohngebäudebestand" v. 30.7.2009 Bezug genommen werden dürfen.

mitgeteilt wird. Möglich ist dies vereinfachte Verfahren aber nur bei Standardmaßnahmen. Bei ganz individuellen und den Rahmen des Üblichen verlassenden Maßnahmen kann keine Bezugnahme auf Pauschalwerte erfolgen. Hier muss ggf. mittels Gutachten der alte Zustand ermittelt werden. Das ergibt sich daraus, dass jeder Durchschnittswert maßgeblich von den Extremen beeinflusst wird. Wenn aber schon feststeht, dass ein Wert ein Extremwert ist, dann scheidet eine Pauschalierung aus.

**30** Der Vermieter muss in der Erhöhungserklärung nicht auf die Frage eingehen, ob die **Modernisierung wirtschaftlich** ist.[156] Eine solche Begrenzung oder Kappung gibt es bei der Mieterhöhung gem. § 559 BGB nicht.[157] Macht der Vermieter jedoch Angaben zur Energieeinsparung und sind diese objektiv falsch, dann kann dem Mieter nach § 280 Abs. 1, § 241 Abs. 1 BGB ein Schadensersatzanspruch auf Freistellung von Betriebs- oder Heizkostennachzahlungsbeträgen zustehen.[158]

**31** Bei **Wohnwertverbesserung im Außenbereich** muss in der Erhöhungserklärung die Maßnahme so beschrieben sein, dass die Wohnwertverbesserung daraus erkennbar ist.

**32** Besondere Bedeutung kommt der Erläuterung dann zu, wenn mit den Arbeiten auch **Instandsetzungsarbeiten** durchgeführt wurden[159] (zur Berechnung in diesen Fällen → Rn. 18) Fraglich ist, ob er dem Mieter auch in den Fällen, in denen er der Auffassung ist, dass keine Erhaltungsmaßnahme gem. § 555a BGB vorliegt, dies dem Mieter gegenüber bereits im Erhöhungsverlangen begründen muss. Das wird zT verlangt[160], zT wird aber auch darauf verzichtet.[161] Zur Begründung der zweiten Auffassung wird auf die Rspr. des BGH[162] zu den Rechtsfolgen fehlender Angaben zu den Vorauszahlungen in einer Betriebskostenabrechnung verwiesen. Dort wie hier läge kein formeller, sondern nur ein materieller Mangel vor.[163] Gegen die Verpflichtung zur Angabe spricht vor allem, dass der Vermieter ja davon ausgeht, dass keine Erhaltungsmaßnahme vorliegt. Es reicht deshalb, wenn er die Modernisierungsmaßnahme so genau beschreibt, dass der Mieter ohne besondere Fachkenntnisse nachprüfen kann, ob nicht auch bloße Instandhaltungsmaßnahmen in Ansatz gebracht worden sind. Alles andere ist dann eine Frage der materiellen Berechtigung des Anspruchs dem Grunde und der Höhe nach. Wurden jedoch auch nach Ansicht des Vermieters zugleich Erhaltungsmaßnahmen durchgeführt, dann muss erläutert werden, welche Arbeiten der Vermieter als Erhaltung ansieht und welche als Modernisierung.[164] Die Erlaubnis in § 559 Abs. 2 BGB die Kosten zu schätzen bezieht sich nur auf die Kosten und die Berechnung der anrechenbaren Kosten nicht auf die Erläuterung. Soweit eine Differenzierung der Rechnungspositionen bzgl. Modernisierung und Instandsetzung möglich ist, hat eine entsprechende Aufteilung zu erfolgen. Hier ist ggf. eine Schätzung zulässig. Eine Mieterhöhungserklärung, die diesen Mindestanforderungen bzgl. der Angabe von Instandsetzungskosten nicht genügt, ist unwirksam.[165] Davon zu unterscheiden ist die Frage der Darlegungslast im anschließenden Zahlungsprozess. Hier muss der Mieter zunächst substantiiert vortragen, wo welche konkreten Schäden sich befunden haben sollen. Erst dann ist es Aufgabe des Vermieters dies zu widerlegen (sog. sekundäre Behauptungslast).[166] Soweit der Vermieter der Auffassung ist, dass keine Instandsetzung vorliegt, muss sich dies zumindest inzidenter aus der Erklärung ergeben. Diese ist dann formell in Ordnung, auch wenn richtigerweise ein Abzug hätte erfolgen müssen.[167]

**33** Schließlich muss der Vermieter erläutern, wie er die anrechenbaren Gesamtkosten auf die Wohnung des Mieters verteilt hat.[168] Dazu muss er hinsichtlich jeder einzelnen Modernisierungsmaß-

---

[156] BGH VIII ARZ 3/01, NJW 2002, 2036; **aA** AG Köln WuM 2000, 331 mAnm *Schläger* ZMR 2002, 580; BGH VIII ZR 175/02, WuM 204, 154; BGH VIII ZR 156/03, NZM 2004, 252.

[157] BGH VIII ZR 149/03, NJW 2004, 1738 mAnm *Börstinghaus* LMK 2004, 97; BGH VIII ZR 153/03, NZM 2004, 379; BGH VIII ZR 151/03, WuM 2004, 288.

[158] AG Neukölln MM 1998, 354.

[159] LG Landau/Pfalz ZMR 2009, 211; LG Dresden WuM 1998, 216 (217); *Schach* MietRB 2012, 176.

[160] LG Görlitz WuM 2001, 613; LG Berlin ZMR 1998, 167; LG Stralsund WuM 1997, 271; 1996, 229.

[161] *Schach* MietRB 2012, 176 (178).

[162] BGH VIII ZR 197/11, NJW 2012, 1502; *Schmid* ZMR 212, 527.

[163] LG Berlin DWW 2014, 182.

[164] BGH VIII ZR 88/13, NJW 2015, 934.

[165] LG Görlitz WuM 2001, 613; LG Berlin ZMR 1998, 167.

[166] *BGH VIII ZR 175/02, WuM 2004, 154 (155).*

[167] BGH VIII ZR 121/17, NJW-RR 2018, 1357 (Hinweisbeschluss) und BGH VIII ZR 121/17, NZM 2018, 948 (Zurückweisungsbeschluss).

[168] LG Stralsund WuM 1997, 271; 1996, 229; *Mersson* DWW 2006, 209.

nahme den **Verteilungsschlüssel** angeben und begründen. Besondere Bedeutung hat dies, wenn der Gebrauchsvorteil für die Mieter im Haus unterschiedlich ist.

Die Erläuterung muss im Erhöhungsverlangen erfolgen. Es kann allenfalls auf dem Mieter bereits zuvor mitgeteilte Informationen und Unterlagen Bezug genommen werden (→ Rn. 25). Ein **Nachschieben der Berechnung** oder der Erläuterung macht das ursprünglich unwirksame Erhöhungsverlangen nicht wirksam.[169] Auch die mündliche Erläuterung eines Mieterhöhungsbegehrens auf der Versammlung der Wohnungsbaugenossenschaftler macht die Erläuterung im Erhöhungsschreiben nicht überflüssig.[170] **34**

Der Vermieter muss im Erhöhungsverlangen Angaben zu den **Kürzungsbeträgen** machen.[171] Dies ergibt sich seit 1.9.2001 unmittelbar aus dem Gesetz, wonach auch die Voraussetzungen des § 559a BGB zu erläutern sind. **35**

Das bedeutet nicht, dass in jeder Mieterhöhungserklärung Angaben zu den Kürzungsbeträgen enthalten sein müssen. Ein Erhöhungsverlangen, in dem der Vermieter keine Angabe zu Kürzungsbeträgen gemacht hat, ist aus der maßgeblichen Sicht eines objektiven Empfängers auf Seiten des Mieters so zu verstehen, dass der Vermieter damit ausdrücklich erklärt, keine Fördermittel erhalten zu haben und deshalb auch keine Kürzungsbeträge in Anrechnung bringen zu müssen.[172] Kommen Kürzungsbeträge in Betracht, muss der Vermieter dem Mieter zunächst einmal die **objektiven Tatsachen** mitteilen, also wer wann welche Mittel zu welchem Zinssatz mit welcher Zweckbestimmung gezahlt hat. Anschließend muss der Vermieter darlegen, welche Konsequenzen das für die konkrete Erhöhungserklärung hat, also welche Kürzungsbeträge konkret anzurechnen sind.[173] Umstritten ist die Frage, ob Angaben gemacht werden müssen, wenn die Anrechnung von Drittmitteln keinen Einfluss auf die Mieterhöhung hat.[174] **36**

Problematisch ist die Abfassung der Erhöhungserklärung bei **degressiver Förderung.**[175] Die Zinsvergünstigung ist in diesen Fällen nicht gleichbleibend, sondern fallend. Manche Förderungsprogramme fördern in den ersten Jahren stärker als später. Bei einer Mieterhöhung nach § 559 BGB muss der Vermieter bereits **in der ersten Mieterhöhung** nach § 559 BGB diese fallenden Kürzungsbeträge angeben, so dass er in dieser Erklärung bereits jeweils angegeben muss, wie hoch die Miete nach der Mieterhöhung nach § 559 BGB in den einzelnen Monaten ist.[176] Der Vermieter kann nämlich zu dem Zeitpunkt, an dem die Kürzungsbeträge sich verringern oder ganz entfallen, keine Mieterhöhung nach § 559 BGB durchführen.[177] § 559 BGB setzt voraus, dass eine Modernisierungsmaßnahme stattgefunden hat. Dies ist zum Zeitpunkt des Wegfalls von Subventionen nicht der Fall. Die damalige Modernisierung kann nicht nochmals Anlass für eine Mieterhöhung sein. **37**

### 4. Angaben zur Kappungsgrenze

Durch das Mietrechtsanpassungsgesetz v. 18.12.2018[178] wurde für die Modernisierungsmieterhöhung erstmals eine **absolute Kappungsgrenze** eingeführt. Innerhalb von sechs Jahren darf sich die Miete, von Erhöhungen auf die ortsübliche Vergleichsmiete nach § 558 BGB oder Betriebskostenerhöhungen gem. § 560 BGB abgesehen, nicht um mehr als 3 EUR/m² Wohnfläche erhöhen. Beträgt die monatliche Miete vor der Mieterhöhung weniger als 7 EUR/m² Wohnfläche, so beträgt die neue Modernisierungskappungsgrenze sogar nur 2 EUR/m². In der Mieterhöhungserklärung gem. § 559b BGB muss der Vermieter weder auf die Tatsache, dass diese Kappungsgrenze überhaupt gilt noch auf deren Höhe oder die Ausgangsmiete vor sechs Jahren hinweisen. Das sind Informationen, die der Mieter hat. Rechtskenntnisse muss er sich selbst verschaffen. Zum ähnlichen Problem bei der Mieterhöhung auf die ortsübliche Vergleichsmiete (→ BGB § 558a Rn. 27). **37a**

---

169 Bub/Treier MietR-HdB/*Schultz* Kap. III A Rn. 1526.

170 LG Neustrelitz WuM 1992, 589.

171 LG Berlin MM 1996, 327; 1990, 229; *Kunze/Tietzsch* WuM 1997, 308 (309); *Beuermann* GE 1996, 1514 (1521); *Maciejewski* MM 1998, 97; zweifelnd LG Berlin GE 1997, 240.

172 AG Hamburg WuM 1980, 114; *Beuermann* GE 1996, 1514 (1521).

173 LG Berlin NJW-RR 1997, 1100; AG Tempelhof GE 1997, 435.

174 Keine Angaben verlangt der BGH in vier Urteile v. 23.6.2004 (VIII ZR 282/03, VIII ZR 283/03, VIII ZR 284/03, VIII ZR 285/03, MietPrax-AK § 558 BGB Nr. 5–8 = NZM 2004, 655); LG Berlin GE 2003, 591; 2000, 677; 2002, 195; 1997, 239; *Schach* GE 2002, 842; **aA** LG Berlin GE 2003, 1020.

175 *Rupp* ZMR 1977, 323.

176 *Bub/Treier MietR-HdB/Schultz* Kap. III A Rn. 1517; *Rupp* ZMR 1977, 323.

177 LG Berlin MM 1999, 439; → BGB § 559a Rn. 19.

178 BGBl. I 2648; dazu *Artz/Börstinghaus* NZM 2019, 12; *Selk* NJW 2019, 329.

### 5. Vereinfachtes Verfahren

37b Auch im vereinfachten Verfahren tritt die Mieterhöhung nicht automatisch in Kraft, sondern erfordert die Abgabe einer entsprechenden Gestaltungserklärung gem. § 559b BGB durch den Vermieter. Nach § 559c Abs. 3 BGB gilt § 559b BGB im vereinfachten Verfahren entsprechend. Dem Mieter muss die Gelegenheit gegeben werden, die Angaben des Vermieters nachzuvollziehen.[179] Hierfür muss der Vermieter auch bei einer Mieterhöhung im vereinfachten Verfahren angeben, **welche Modernisierungsmaßnahmen** er durchgeführt hat und **wie hoch die Kosten** für diese Maßnahmen insgesamt waren. Verteilen sich diese auf mehrere Wohnungen, so muss er nachvollziehbar berechnen, wie sich die Kosten auf die einzelnen Wohnungen verteilen. Werden verschiedene Maßnahmen durchgeführt, so muss er die Kosten auf die verschiedenen Maßnahmen nur dann aufteilen, wenn neben Modernisierungsmaßnahmen auch reine Instandhaltungsmaßnahmen durchgeführt worden sind. Angaben zu den ersparten Instandhaltungskosten sind wegen der für das vereinfachte Verfahren geltenden Pauschalen nach § 559c Abs. 2 BGB nicht erforderlich. Der Vermieter muss in der Mieterhöhungserklärung angeben, dass er das vereinfachte Verfahren anwendet. Die Mieterhöhung im vereinfachten Verfahren ist auch dann möglich, wenn der Vermieter in der Modernisierungsankündigung gem. § 555c BGB nicht darauf hingewiesen hat. In diesem Fall kann der Mieter sich aber auf Härtegründe gegenüber der Mieterhöhung berufen.[180] Angaben zur Kappungsgrenze gem. § 559 Abs. 3a BGB bedarf es auch bei einer Mieterhöhung im vereinfachten Verfahren in der Modernisierungsmieterhöhung nicht (→ Rn. 37a).

### 6. Erhöhungsbetrag

38 Schließlich muss in der Erhöhungserklärung **der insgesamt zu zahlende Erhöhungsbetrag** in Euro angegeben werden. Der Betrag muss auch exakt angegeben werden, die bloße Bestimmbarkeit des Betrages genügt nicht.[181] Deshalb reicht auch nicht die Angabe eines neuen Quadratmeterpreises.[182] Der Mieter schuldet regelmäßig **keinen Quadratmeterpreis,** sondern eine Gesamtmiete für die Wohnung. Hinzu kommt, dass die Wohnungsgröße zwischen den Parteien auch nicht immer unstreitig ist, so dass die Miethöhe bei Angabe einer Quadratmetermiete durchaus strittig sein kann. Der Vermieter kann den **Erhöhungsbetrag auch zeitlich gestaffelt** geltend machen.[183] Wenn er schon berechtigt ist, den gesamten Erhöhungsbetrag in einem Betrag geltend zu machen, dann ist es ihm als Minus erst recht gestattet, den Erhöhungsbetrag in jährlichen Teilbeträgen geltend zu machen. Dies kann zunächst in Form der einseitigen Gestaltungserklärung gem. § 559b BGB erfolgen. Dem Vermieter steht es dabei frei, einseitig die Miete zu erhöhen und dies entweder unmittelbar gestaffelt zu tun oder nachträglich auf Teile der Forderung zu verzichten. In jedem Fall liegt eine einzige Mieterhöhung nach § 559 BGB vor. Dass Teilbeträge hiervon erst später fällig werden, ändert nichts daran, dass es sich jeweils um eine Mieterhöhung nach § 559 BGB handelt, die weder die Jahressperrfrist auslöst noch auf die Kappungsgrenze angerechnet wird.

39 Eine Rolle spielt dies vor allem bei Inanspruchnahme öffentlicher Mittel **mit degressiver Förderung** (→ Rn. 37), aber auch bei umfangreichen Modernisierungsmaßnahmen, die eine nicht unerhebliche Mieterhöhung nach § 559 BGB zur Folge hätten. Gerade bei der letzten Alternative schließen die Parteien häufig eine Vereinbarung gem. § 557a Abs. 1 BGB über die zu den einzelnen Zeitpunkten jeweils fällig werdenden Mieterhöhungen. Hierbei handelt es sich um eine Staffelmietvereinbarung gem. § 557a Abs. 1 BGB für die die dortigen Voraussetzungen gelten und die weitere Mieterhöhungen nach §§ 558, 559 BGB ausschließt. Dass der Vermieter wirtschaftlich auf einen Teil der ihm zustehenden Mieterhöhung verzichtet, ändert nichts daran, dass der Vermieter den für ihn einfacheren Weg einer Vereinbarung gewählt hat. Er hat damit nicht nur die erheblichen Probleme der Durchsetzung einer Mieterhöhung nach § 559 BGB bei umfangreichen Modernisierungsmaßnahmen und insbes. auch das Risiko, der ausreichenden Anrechnung von Instandsetzungskosten, umgegangen, er hat durch eine solche Vereinbarung ggf. auch sichergestellt, dass der Mieter nicht von seinem Sonderkündigungsrecht gem. § 561 BGB Gebrauch macht und er

---

[179] BT-DRs. 19/4672 S. 32.

[180] *Artz/Börstinghaus* NZM 2019, 12, 22.

[181] LG Berlin MM 1984, 225; Staudinger/*V. Emmerich* BGB § 559b Rn. 11; Blömeke/Blümmel Modernisierung/*Kinne* Teil C Rn. 19; *Beuermann* GE 1993, 828.

[182] **AA** Bub/Treier MietR-HdB/*Schultz* Kap. III A Rn. 1518.

[183] Blömeke/Blümmel/Kinne/Lorenz/*Kinne,* Die Modernisierung und Instandsetzung von Wohnraum, 1994, Teil C Rn. 15.

die modernisierte Wohnung nicht mehr zu der verlangten Miete vermieten kann. Der Abschluss der Staffelmietvereinbarung aus Anlass einer Modernisierung ist deshalb im beiderseitigen Interesse und rechtfertigt es nicht, hier die zwingenden Regelungen des § 557a BGB außer Kraft zu setzen, zumal der Vermieter die Wahl zwischen den verschiedenen Handlungsalternativen hat, die für ihn mit unterschiedlichen Vorteilen aber auch Nachteilen und Risiken behaftet sind.[184] Zur Frage, ob solche Mieterhöhungen auf die Kappungsgrenze angerechnet werden → BGB § 558 Rn. 178.

### 7. Auswirkung von einzelnen Fehlern auf die Gesamterklärung

Hat der Vermieter eine Modernisierungsmieterhöhung auf mehrere tatsächlich trennbare Baumaßnahmen gestützt, so stellt sich die Frage, welche Auswirkungen es hat, wenn einzelne Teile der Erklärung gem. §§ 559, 559b BGB unwirksam sind, zB weil es sich bei der Maßnahme um gar keine Modernisierung, sondern um eine Erhaltungsmaßnahme gehandelt hat oder weil die Erläuterungen und Berechnungen formell nicht ausreichend waren. Richtigerweise wird man hier von einer bloßen Teilunwirksamkeit der entsprechenden Mieterhöhungserklärung auszugehen haben. Eine solche Mieterhöhungserklärung hat hinsichtlich des wirksam erklärten Teils nach Maßgabe des § 139 BGB Bestand, wenn sie sich in Bezug auf die einzelnen baulichen Maßnahmen in selbständige Rechtsgeschäfte trennen lässt und davon auszugehen ist, dass die Gültigkeit wenigstens des wirksam erklärten Teils der Mieterhöhung dem infolge der Einseitigkeit des Rechtsgeschäfts allein maßgeblichen hypothetischen Willen des Vermieters bei Abgabe der Erklärung entspricht.[185] **39a**

## C. Zeitpunkt der Mieterhöhungserklärung

Die Erklärung kann **nicht vor Abschluss der Arbeiten** abgegeben werden.[186] Dies ergibt sich aus dem Wortlaut des § 559 Abs. 1 BGB. „Hat der Vermieter bauliche Maßnahmen durchgeführt", bedeutet sprachlich, dass diese Arbeiten ausgeführt sind und nicht erst noch bevorstehen oder noch andauern. Eine vor Abschluss der Arbeiten abgegebene Erklärung ist unwirksam.[187] Dies gilt selbst dann, wenn absehbar ist, dass die Arbeiten bis zum Monatsende abgeschlossen sein werden. Die Erklärung kann deshalb auch nicht für einen nach Fertigstellung der Modernisierungsmaßnahme liegenden Zeitpunkt abgegeben werden[188] oder wirkt kraft Gesetzes erst zu einem solchen späteren Termin. Die Arbeiten müssen **vollständig abgeschlossen** sein. Das sind sie nicht, wenn die Maßnahme zB durch unzureichende Bauausführung im Umfang von 5–8% noch nicht gänzlich abgeschlossen ist[189] oder nach dem Einbau von Fenstern die Ritzen zwischen Fenster und Wand noch nicht abgedichtet bzw. verputzt sind.[190] Der Vermieter hat durch eine zu früh abgegebene Erklärung aber sein Mieterhöhungsrecht nicht verloren. Er kann die Mieterhöhung später wiederholen.[191] Diese neue Mieterhöhung wirkt aber nur für die Zukunft. **40**

Die Arbeiten sind abgeschlossen, **wenn die bauliche Veränderung fertig gestellt** ist.[192] Insofern kann auf die Definition in § 13 Abs. 4 WoBindG Bezug genommen werden.[193] Gemäß § 13 Abs. 4 WoBindG gilt eine Wohnung als bezugsfertig, wenn sie soweit fertig gestellt ist, dass den zukünftigen Bewohnern zugemutet werden kann, sie zu beziehen; die Genehmigung der Bauauf- **41**

---

[184] *Kofner* DWW 1998, 66.
[185] BGH VIII ZR 81/19, NZM 2020, 795.
[186] BGH VIII ZR 88/13, NJW 2015, 934; *Eisenschmid* WuM 2015, 283; OLG Hamburg WuM 1983, 13; LG Berlin GE 2015, 513, ZMR 1990, 422; AG Hamburg BeckRS 2010, 11129 mAnm *Börstinghaus* jurisPR-MietR 12/2010 Anm. 5; AG Nördlingen GE 2017, 233 mAnm *Börstinghaus* jurisPR-MietR 5/2017 Anm. 4; Kossmann/Meyer-Abich Wohnraummiete-HdB/*Meyer-Abich* § 159 Rn. 7; Staudinger/*V. Emmerich* BGB § 559b Rn. 4; Emmerich/Sonnenschein/*V. Emmerich* BGB § 559b Rn. 1; AnwK WohnraumMietR/*Lammel* BGB § 559b Rn. 8; MüKoBGB/*Artz* § 559b Rn. 9; Kinne/Schach/Bieber MietR/*Schach* BGB § 559b Rn. 3; Bub/Treier MietR-HdB/*Schultz* Kap. III A Rn. 1485; *Mersson* DWW 2009, 206 (211).
[187] BayObLG WuM 1971, 151; OLG Hamburg WuM 1983, 13; 14; LG Berlin WuM 1990, 311; AG Charlottenburg WuM 2018, 213; AG Görlitz WuM 1992, 589; Staudinger/*V. Emmerich* BGB § 559b Rn. 4; *Sternel* PiG 41 (1993), 45 (63).
[188] AnwK WohnraumMietR/*Lammel* BGB § 559b Rn. 8; BayObLG ZMR 1972, 26.
[189] AG Nördlingen AG Nördlingen GE 2017, 233 mAnm *Börstinghaus* jurisPR-MietR 5/2017 Anm. 4.
[190] AG Charlottenburg WuM 2018, 213.
[191] *Fleindl* PiG 99 (2015), 111 (116).
[192] AG Nördlingen GE 2017, 233 mAnm *Börstinghaus* jurisPR-MietR 5/2017 Anm. 4; *Kinne* ZMR 2001, 868 (869).
[193] *Sternel* PiG 41 (1993), 45 (63).

sichtsbehörde zum Beziehen oder eine Bauabnahme und die Übergabe des Schlussabnahmescheins sind nicht entscheidend. Unerheblich ist auch, ob der Mieter die Modernisierung schon nutzt.[194] Die Arbeiten sind deshalb iSd § 559 BGB auch dann fertig gestellt, wenn noch Außen- oder Gemeinschaftsflächen fertig gestellt werden müssen. Auch die Durchführung von Mängelbeseitigungsmaßnahmen steht einer **Fertigstellung** nicht entgegen.[195] Soweit aber die Benutzung rechtlich noch nicht zulässig ist, liegt auch noch keine Fertigstellung vor.

**42** Die Fertigstellung allein genügt faktisch aber nicht. Der Vermieter muss auch die **Höhe der Kosten** kennen, die er für die bauliche Maßnahme hat aufwenden müssen. Dazu ist es regelmäßig erforderlich, dass er alle Rechnungen für die geleisteten Arbeiten in den Händen hat[196] oder sonst die Höhe der Kosten kennt.[197] Die **Bezahlung der Rechnung** ist nicht erforderlich.[198] Das Gesetz spricht davon, dass der Vermieter 11% der *aufgewendeten Kosten* auf die Miete umlegen kann. **Kosten** im Sinne der gesetzlichen Regelung entstehen dem Vermieter bereits dann, wenn die Rechnung vorliegt oder Verbindlichkeiten fällig werden. Der Wortlaut gestattet deshalb auch eine Auslegung dahin, dass keine Ausgabe auf Vermieterseite vorliegen muss, sondern nur eine Verbindlichkeit. Sinn und Zweck der Regelung sprechen auch für diese Auslegung. Der Vermieter kann auf Grund einer Modernisierungsmaßnahme nur eine einzige Mieterhöhungserklärung abgeben (→ Rn. 43).[199] Genauso, wie der Baufortschritt einer Modernisierungsmaßnahme sukzessive erfolgt, erfolgt auch die Bezahlung der Rechnungen sukzessive. Zum Teil wird der Vermieter **Sicherheitseinbehalte** vereinbart haben, die erst nach Ablauf der Gewährleistungsfristen fällig werden. Teilweise wird der Werklohn wegen einer fehlenden Abnahme noch nicht fällig sein. Die daraus resultierenden unterschiedlichen Zahlungszeitpunkte würden dazu führen, dass der Vermieter eine Erklärung nach § 559b BGB erst Monate oder sogar Jahre nach Abschluss der Modernisierungsarbeiten abgeben könnte. Eine sukzessive Mieterhöhung nach Zahlung von Abschlagzahlungen und/oder Baufortschritt[200] ist nicht möglich. Kommen Fördermittel in Betracht, muss er diese von Anfang an berücksichtigen. Werden diese erst später ausgezahlt, kann der Vermieter für die Zwischenzeit keine Mieterhöhung ohne Anrechnung von Kürzungsmitteln vornehmen[201], auch wenn er ankündigt, den Betrag später um die Kürzungsbeträge wieder zu senken, egal ob ex nunc oder ex tunc. Eine **vorläufige Mieterhöhung** unter dem Vorbehalt der Nachforderung auf Grund geschätzter Kosten oder auf Grund von Kostenvoranschlägen und Abschlagszahlungen ist unzulässig,[202] da diese auch auf Grund zu hoher Massenansätze zu Überzahlungen führen können. All dies spricht entsprechend dem Sinn und Zweck der Regelung, dem Vermieter einen Anreiz zu Investitionen zu bieten, dafür die Mieterhöhungserklärung bereits zuzulassen, bevor die Zahlung erfolgt ist. Der Mieter ist iÜ hinreichend dadurch geschützt, dass er bei mangelhafter Fertigstellung nur eine geminderte Miete zahlen muss und die sonstigen **Gewährleistungsrechte** nach §§ 536 ff., 543 Abs. 2 Nr. 1 BGB geltend machen kann.

---

194 *Kinne* ZMR 2001, 868 (869).

195 Bub/Treier MietR-HdB/*Schultz* Kap. III A Rn. 1485.

196 AG Köpenick MM 2001, 354; Lützenkirchen MietR/*Dickersbach* BGB § 559b Rn. 44.

197 LG Berlin ZMR 2012, 352.

198 BGH VIII ZR 294/11, NZM 2012, 832; LG Berlin ZMR 2012, 352; GE 2011, 951; AG Schöneberg GE 2011, 1489; Sternel MietR Kap. IV Rn. 375; *Sternel* NZM 2001, 1058 (1065); Staudinger/*V. Emmerich* BGB § 559b Rn. 5; MüKoBGB/*Artz* § 559b Rn. 9; Bub/Treier MietR-HdB/*Schultz* Kap. III A Rn. 1488; Bamberger/Roth/*Schüller* BGB § 559b Rn. 18; *Kinne* GE 2011, 724; 2011, 926; **aA** AG Schöneberg MM 2011, Nr. 7/8, 30 mAnm *Theesfeld* jurisPR-MietR 8/2011 Anm. 5; Kinne/Schach/Bieber MietR/*Schach* BGB § 559b Rn. 3, der ebenso auf den Mittelabfluss abstellt wie vormals *Kinne* ZMR 2001, 868 (869), heute aber wohl anders s. oben; so wohl auch *Mersson* DWW 2009, 206 (211).

199 MüKoBGB/*Artz* § 559b Rn. 10.

200 Bub/Treier MietR-HdB/*Schultz* Kap. III A Rn. 1485; MüKoBGB/*Artz* § 559b Rn. 9; Staudinger/*V. Emmerich* BGB § 559b Rn. 4; HK-Miete/*Rieke* BGB § 559b Rn. 9, Begr. überzeugt nicht aber Gesetzeswortlaut spricht gegen die Gegenmeinung; **aA** *Kinne* ZMR 2001, 869.

201 AG Lichtenberg MM 2000, 87.

202 AG Köpenick MM 1997, 410, zumindest, wenn noch eine Verminderung der Kosten durch Anrechnung von Fördergelder zu erwarten ist; AG Köpenick MM 2001, 354; AG Albstadt NJW-RR 1991, 1482; AnwK WohnraumMietR/*Lammel* BGB § 559b Rn. 9; *Sternel* PiG 41 (1993), 45 (63); Staudinger/*V. Emmerich* BGB § 559b Rn. 4a; Lützenkirchen *MietR/Dickersbach* BGB § 559b Rn. 44, 46; **aA** LG Potsdam WuM 2001, 559; *LG Berlin GE 1989, 41*; AG Lichtenberg MM 1997, 239; *Beuermann* GE 1989, 1080; 1993, 826; Kinne/Schach/Bieber MietR/*Schach* BGB § 559b Rn. 3; *Kinne* ZMR 2001, 868 (869); offen gelassen Blömeke/Blümmel/Kinne/Lorenz/*Kinne,* Die Modernisierung und Instandsetzung von Wohnraum, 1994, Teil C Rn. 6.

43 Auf Grund einer Modernisierungsmaßnahme ist immer nur **eine Mieterhöhung nach § 559b BGB möglich,**[203] so dass die von der Gegenansicht[204] geforderte Mieterhöhung nach Vorlage der Schlussrechnung unter Anrechnung der Teilmieterhöhungserklärung gar nicht möglich ist. Anders sieht es nur dann aus, wenn tatsächlich **trennbare Maßnahmen** durchgeführt wurden. Dann kann der Vermieter zunächst wegen eines selbständigen Teils der Maßnahmen eine Mieterhöhung gem. § 559 BGB vornehmen[205] und sich die Erklärung vorbehalten, auch wegen der übrigen Arbeiten eine Mieterhöhung nach § 559 BGB nachzuholen. Dies spielt dann eine Rolle, wenn der Vermieter erst für einen abtrennbaren Teil der Arbeiten Rechnungen vorliegen hat.[206] Da der Mieter von den bereits abgeschlossenen Modernisierungsmaßnahmen bereits profitiert, ist es nicht unangemessen, ihn an den Kosten zu beteiligen.[207]

44 Bedeutung kann die zeitlich gestaffelte Geltendmachung von Modernisierungsmieterhöhungen neben dem zeitlich früheren Zahlungstermin vor allem für die Kappungsgrenze gem. § 559 Abs. 3a BGB haben. Da diese bei einer Ausgangsmiete von bis zu 7,00 €/qm nur 2,– €/m$^2$ beträgt, im Übrigen aber 3,– €/m$^2$, kann durch eine vorgezogene Mieterhöhung für die später geltend gemachten Erhöhungen u. U. erreicht werden, dass hier die höhere Kappungsgrenze zur Anwendung kommt, wenn mit der ersten Erhöhung die Ausgangsmiete erstmals über 7,– €/m$^2$ steigt.

45 Der Vermieter ist nicht verpflichtet, nach einer Modernisierung unverzüglich eine Mieterhöhungserklärung abzugeben. Er ist nicht gehindert, den Anspruch erst später geltend zu machen.[208] Es gilt allenfalls der **Einwand der Verwirkung.**[209] Es verhält sich hier im Grundsatz nicht anders als bei sonstigen Gestaltungsrechten, von denen der Berechtigte alsbald Gebrauch machen muss, wenn er sie nicht verlieren will. Das gilt nicht nur für die Erhebung bereits entstandener und in ihren Rechtswirkungen abgeschlossener Ansprüche, sondern auch insoweit, als es sich um in die Zukunft gerichtete Ansprüche handelt. Wird nämlich der Erhöhungsanspruch erst nach langer Zeit geltend gemacht, so kann hierdurch die **Rechtsverteidigung des Mieters** beeinträchtigt werden, etwa indem er auf Umstände, die ihm ein schlüssiges Bestreiten ermöglicht hätten oder auf Beweismittel nicht mehr zurückzugreifen vermag.[210] Dabei muss aber beachtet werden, dass die Verwirkung nicht nur einen gewissen Zeitablauf erfordert, sondern auch noch das Vorliegen weiterer Umstände, aus denen der Mieter den Schluss ziehen durfte, der Vermieter werde seinen Anspruch auf eine einseitige Mieterhöhung nach § 559 BGB nicht mehr geltend machen.[211] Allein die fehlende gerichtliche Geltendmachung stellt noch keinen Verwirkungstatbestand dar. Verwirkung setzt zunächst den Ablauf einer bestimmten Zeit voraus. Feste Grenzen gibt es hierfür nicht. Ausreichen sollen hierfür Zeitabläufe von einem Jahr,[212] vier Jahren[213], aber auch erst von zehn Jahren.[214] Entscheidend sind die Umstände des Einzelfalls. Hat der Vermieter dem Mieter keine Modernisierungsankündigung gem. § 555c BGB zukommen lassen, dann muss der Mieter zu einem früheren Zeitpunkt bereits nicht mehr damit rechnen, noch mit einer Mieterhöhung konfrontiert zu werden. Das Gleiche gilt, wenn der Vermieter in der Zwischenzeit diverse Mieterhöhungen durchgeführt hat, ohne darauf hinzuweisen, dass er auch noch beabsichtigt, wegen der länger zurückliegenden Modernisierungsmaßnahme die Miete zu erhöhen.[215] Letzteres stellt zugleich auch einen für die Verwirkung zusätzlichen erforderlichen Umstand dar, aus dem der Mieter den Schluss zu ziehen berechtigt ist, mit keiner Mieterhöhung mehr rechnen zu müssen. Im Übrigen ist eine Mieterhöhung nach § 559 BGB

---

[203] BGH VIII ZR 88/13, NJW 2015, 934; *Eisenschmid* WuM 2015, 283; AG Lichtenberg MM 2000, 87; LG Berlin GE 2015, 1531 „jedenfalls einmal"; Staudinger/*V. Emmerich* BGB § 559b Rn. 4/5; MüKoBGB/*Artz* § 559b Rn. 10; AnwK WohnraumMietR/*Lammel* BGB § 559b Rn. 9.

[204] So Kinne/Schach/Bieber MietR/*Schach* BGB § 559b Rn. 3; *Kinne* ZMR 2001, 868 (869).

[205] BGH VIII ZR 5/20, NZM 2021, 504; VIII ZR 88/13, NJW 2015, 934; LG Berlin GE 2015, 513.

[206] LG Potsdam WuM 2001, 559; AnwK WohnraumMietR/*Lammel* BGB § 559b Rn. 10; **aA** LG Gera NZM 2000, 1051 zu § 13 MHG.

[207] BGH VIII ZR 88/13, NJW 2015, 934.

[208] Kinne/Schach/Bieber MietR/*Schach* BGB § 559b Rn. 3.

[209] LG Berlin MM 2000, 280; LG Stuttgart ZMR 1997, 29 (Ls.); LG Berlin MM 1993, 218; GE 1990, 611; LG Hamburg WuM 1989, 308; AG Hamburg WuM 1985, 366; Staudinger/*V. Emmerich* BGB § 559b Rn. 6; MüKoBGB/*Artz* § 559b Rn. 10; AnwK WohnraumMietR/*Lammel* BGB § 559b Rn. 12; *Horst* MDR 1998, 72 (76); allg. zur Verwirkung im Mietrecht *Hinkelmann* PiG 65 (2002), 247; *Kandelhard* NZM 2005, 43.

[210] LG Hamburg WuM 1989, 308.

[211] ZB AG Neukölln GE 1996, 681; für den umgekehrten Fall ausf. LG Berlin GE 2002, 802 (803).

[212] AG Hamburg WuM 1985, 366.

[213] LG Hamburg WuM 1989, 308.

[214] LG Stuttgart ZMR 1997, 29 (Ls.).

[215] LG Berlin MM 2000, 280; Kinne/Schach/Bieber MietR/*Schach* BGB § 559b Rn. 3.

ausgeschlossen, wenn der Vermieter zwischenzeitlich eine Mieterhöhung nach § 558 BGB auf die ortsübliche Vergleichsmiete für modernisierten Wohnraum vorgenommen hat.[216] Dies gilt auch dann, wenn die Mietvertragsparteien sich auf einen niedrigeren Betrag als die ortsübliche Vergleichsmiete für modernisierten Wohnraum geeinigt haben.[217] Wartet der Vermieter alleine deshalb mit der Abgabe der Modernisierungsmieterhöhung ab, bis der Mieter leistungsfähig ist und sich deshalb nicht mehr auf einen Härtegrund berufen kann (→ BGB § 559 Rn. 98), stellt dies allein noch keinen Verwirkungstatbestand dar.[218] Der Vermieter verzichtet in diesem Fall ja für die Zeit, innerhalb der der Mieter nicht leistungsfähig war, auf die höhere Miete.

## D. Die Rechtsfolgen einer Erklärung nach § 559b BGB

### I. Allgemeines

46 Ist dem Mieter eine wirksame Mieterhöhungserklärung gem. § 559b BGB zugegangen, dann treten die **Rechtsfolgen automatisch** ein. Voraussetzung ist hierfür erstens eine formell fehlerfreie Mieterhöhungserklärung und zweitens deren Zugang. Als Rechtsfolge dieser **einseitigen Gestaltungserklärung** ändert sich die Miete für die Zukunft. Die Modernisierungsmieterhöhung stellt eine einseitige Änderung des Mietvertrages in Bezug auf die bisherige Mietvereinbarung dar.[219] Der Anspruch des Vermieters aus § 559 BGB ist ein Zahlungsanspruch und kein Zustimmungsanspruch.[220] Der Vermieter kann demgemäß auch unmittelbar auf Zahlung klagen. Außerdem entsteht das Sonderkündigungsrecht des Mieters gem. § 561 BGB und schließlich wird durch den Zugangstermin auch der Wirkungszeitpunkt für die Mieterhöhung bestimmt.

47 Die Modernisierungsmieterhöhung nach § 559 BGB wird ab Fälligkeit **Teil der Miete** und ist deshalb bei späteren Mieterhöhungen gem. § 558 BGB nicht mehr getrennt von der Miete in Ansatz zu bringen.[221] Der Wortlaut des § 559 BGB lautet insoweit: „so kann er eine Erhöhung der jährlichen Miete um 8% der für die Wohnung aufgewendeten Kosten verlangen". Die Formulierung in § 559 BGB ist eindeutig. Als Miete iSd § 558 Abs. 1 BGB ist mithin bei anschließenden Mieterhöhungen auf die ortsübliche Vergleichsmiete der „Modernisierungszuschlag" nicht mehr gesondert auszuwerfen, sondern in den Gesamtbetrag der Miete, der erhöht werden soll, einzurechnen. Da die Mieterhöhung gem. § 559 BGB nicht durch die ortsübliche Vergleichsmiete begrenzt wird, sind Mieterhöhungen gem. § 558 BGB solange nicht möglich, wie die ortsübliche Vergleichsmiete für modernisierten Wohnraum nicht höher als die erhöhte Vertragsmiete ist. Probleme[222] kann der Vermieter auch bei einem Mieterwechsel bekommen, da hier regelmäßig faktisch die sog. Marktmiete die Weitervermietungsmiete darstellt. Diese muss nicht so hoch sein wie die gem. § 559 BGB erhöhte Miete. In angespannten Wohnungsmärkten darf der Vermieter die erhöhte Miete unter den Voraussetzungen des § 556e Abs. 1 BGB oder § 556e Abs. 2 BGB vom Nachmieter verlangen.

48 Die Notwendigkeit, den Modernisierungszuschlag in die bisherige Miete einzurechnen, ergibt sich aus der Überlegung, dass der Modernisierungszuschlag nach § 559 BGB nicht entfällt, auch wenn die aufgewendeten Modernisierungskosten sich amortisiert haben. Die Mieterhöhung nach § 559 BGB führt nämlich zu einer dauernden Mieterhöhung ohne zeitliche Beschränkung.[223] Da die **ortsübliche Vergleichsmiete** aber, zumindest in der Vergangenheit, regelmäßig steigt, verliert die Modernisierungsmieterhöhung mit der Zeit immer mehr an Bedeutung, da der Vermieter einen immer größeren Anteil der Miete auch als ortsübliche Vergleichsmiete verlangen könnte. In dem Augenblick, in dem die ortsübliche Vergleichsmiete für die modernisierte Wohnung so hoch ist,

---

216 OLG Hamm WuM 1983, 17; LG Wuppertal WuM 1983, 238; AG Osnabrück ZMR 1989, 340; AG Münster WuM 1981, 44; Kinne/Schach/Bieber MietR/*Schach* BGB § 559b Rn. 3.

217 AG Köln WuM 1990, 520.

218 **AA** MüKoBGB/*Artz* § 559b Rn. 10.

219 *Sternel* MietR Kap. III Rn. 807.

220 AG Köln WuM 1980, 201.

221 BGH VIII ZR 331/06, NJW 2008, 848; LG München WuM 1996, 43; LG Frankfurt a. M. PE 1996, 154; LG Essen WuM 1994, 217; LG Hamburg WuM 1989, 82; 1985, 229; AG Lichtenberg GE 2004, 629; MM 2001, 106; AG Mühlheim WuM 1990, 221; *Schach* GE 2008, 20; *Mersson* DWW 2009, 122 (129); *Langenberg* PiG 40 (1993), 59 (63); *Sternel* MietR Kap. III Rn. 764, Kap. IV Rn. 405; Staudinger/*V. Emmerich* BGB § 559 Rn. 14, § 559b Rn. 18; AnwK WohnraumMietR/*Lammel* BGB § 559b Rn. 25; falsch deshalb AG Berlin-Mitte GE 2003, 461.

222 Zur wirtschaftlichen Bedeutung des § 559 BGB s. *Mersson* DWW 2009, 122 (131).

223 Staudinger/*V. Emmerich* BGB § 559b Rn. 18f.; AnwK WohnraumMietR/*Lammel* BGB § 559b Rn. 25.

wie die um § 559 BGB erhöhte Miete, hat die frühere Mieterhöhung nach § 559 BGB letztendlich so gut wie keine Bedeutung mehr. Eine Rolle spielt sie noch bei der Berechnung der Kappungsgrenze gem § 558 Abs. 3 BGB, da die Modernisierungsmieterhöhung darauf nicht angerechnet wird.

### II. Wirkungszeitpunkt der Mieterhöhung

Die Erklärung des Vermieters hat gem. § 559b Abs. 2 BGB die Wirkung, dass **mit Beginn des dritten Monats** nach dem Zugang der Erklärung die erhöhte Miete an die Stelle der bisher zu entrichtenden Miete tritt.[224] Der Vermieter kann aber die Mieterhöhung auch zu jedem späteren Zeitpunkt verlangen.[225] Er kann sogar eine gestaffelte Mieterhöhung vornehmen, also die eigentlich mögliche Mieterhöhung um einen bestimmten Betrag aufteilen und zu verschiedenen in der Zukunft liegenden Zeitpunkten wirksam werden lassen.[226] Es handelt sich in diesem Fall um **keine Staffelmiete,** auf die die Vorschrift des § 557a BGB anzuwenden ist. Der Abstand zwischen den verschiedenen Erhöhungszeitpunkten muss deshalb nicht mindestens ein Jahr betragen. Auch schließt eine solche gestaffelte Erhöhung keine anderen Mieterhöhungen gem. § 557a Abs. 2 S. 2 BGB aus. Rechtlich handelt es sich um einen teilweisen Verzicht des Vermieters.[227] 49

Die Frist berechnet sich vom **Zugang** der Erklärung beim Mieter. Zugang bedeutet, dass die Erklärung so in den Machtbereich des Empfängers gelangt sein muss, dass nach normalem Lauf der Dinge mit der Kenntnisnahme gerechnet werden kann (→ BGB Vor §§ 558 Rn. 68 ff.).[228] Muss die Erklärung gem. § 559b Abs. 1 BGB mehreren Personen zugehen, weil sich auf Mieterseite eine **Personenmehrheit** befindet, kommt es zur Berechnung des Wirkungszeitpunktes der Mieterhöhung auf den **Zeitpunkt des letzten Zugangs** an. Die Mieterhöhungserklärung des Vermieters ist eine einseitige Willenserklärung, die in diesem Fall lediglich zwei oder mehr Personen zugehen muss. Sie wird insgesamt erst wirksam, wenn sie der letzten Person zugegangen ist und ist unwirksam, wenn sie einem Erklärungsempfänger nicht zugegangen ist. Im Übrigen ergibt sich diese Rechtsfolge auch aus der Einheitlichkeit des Mietverhältnisses. 50

**Die Vorschrift des § 193 BGB** hat für die Berechnung des Wirkungszeitpunkts einer Mieterhöhung keine Bedeutung. § 559b Abs. 2 BGB stellt nicht auf das Ende einer Frist ab, sondern regelt als Rechtsfolge, dass die neue Miete an die Stelle der alten Miete tritt.[229] Auch für den Zugang der Erhöhungserklärung spielt § 193 BGB keine Rolle. Selbst wenn die Erhöhungserklärung dem Mieter am Samstag oder Sonntag zugeht und dies jeweils der letzte Tag eines Monats ist, tritt die Wirkung mit Beginn des dritten Monats ein. Bei der Frage des Zugangs der Erhöhungserklärung geht es nicht um einen Fristablauf. Besonders sorgfältig geprüft werden muss aber in diesen Fällen, ob dem Mieter die Erklärung tatsächlich am Wochenende zugegangen ist. Dies ist regelmäßig nur bei persönlicher Übergabe der Fall, da ansonsten regelmäßig erst am Montag mit der Kenntnisnahme gerechnet werden muss. 51

Die neue erhöhte Miete tritt an die Stelle der bisher zu entrichtenden Miete.[230] **Die Fälligkeit** der Miete wird dadurch nicht verändert. Haben die Parteien keine Vereinbarung getroffen, ist die erhöhte Miete bei Verträgen, die vor dem 1.9.2001 abgeschlossen wurden, gem. § 551 Abs. 1 BGB aF am Ende des Monats zu zahlen. Haben die Parteien bei diesen sog. Altverträgen wirksam[231] eine Vorauszahlungsklausel vereinbart, dann gilt diese auch für die erhöhte Miete. Bei Mietverträgen, 52

---

[224] BGH VIII ZR 331/06, NJW 2008, 848; LG München WuM 1996, 43; LG Frankfurt a. M. PE 1996, 154; LG Essen WuM 1994, 217; LG Hamburg WuM 1989, 82; 1985, 229; AG Lichtenberg GE 2004, 629; MM 2001, 106; AG Mühlheim WuM 1990, 221.

[225] BGH VIII ZR 280/12, NJW 2013, 3641 (für Mieterhöhung gem. § 558 BGB).

[226] Bub/Treier MietR-HdB/*Schultz* Kap. III A Rn. 1490; Staudinger/*V. Emmerich* BGB § 559b Rn. 4 a.

[227] *Mersson* DWW 2009, 206 (211).

[228] AG Friedberg WuM 1992, 596; Palandt/*Ellenberger* BGB § 130 Rn. 5; Prütting/Wegen/Weinreich/*Ahrens* BGB § 130 Rn. 8.

[229] BGH VIII ZR 331/06, NJW 2008, 848; LG München WuM 1996, 43; LG Frankfurt a. M. PE 1996, 154; LG Essen WuM 1994, 217; LG Hamburg WuM 1989, 82; 1985, 229; AG Lichtenberg GE 2004, 629; MM 2001, 106; AG Mühlheim WuM 1990, 221; *Schach* GE 2008, 20; *Mersson* DWW 2009, 122 (129); *Langenberg* PiG 40 (1993), 59 (63); *Sternel* MietR Kap. III Rn. 764, Kap. IV Rn. 405; Staudinger/*V. Emmerich* BGB § 559 Rn. 14, § 559b Rn. 18; AnwK WohnraumMietR/*Lammel* BGB § 559b Rn. 25.

[230] BGH VIII ZR 331/06, NJW 2008, 848.

[231] Unwirksam ist zB eine Vorauszahlungsklausel, die eine Rechtzeitigkeitsklausel enthält, die das Risiko eines Bankfehlers dem Mieter auferlegt BGH VIII ZR 222/15, NZM 2017, 120; dazu Artz/Börstinghaus AGB id Wohnraummiete/*Börstinghaus,* Rn. 99 ff.

die ab dem 1.9.2001 abgeschlossen wurden, ist die Miete gem. § 556b Abs. 1 BGB zu Beginn des Monats fällig. Auch dies gilt für die erhöhte Miete. Allein eine Mieterhöhung, egal ob nach § 558 BGB oder § 559 BGB, nach dem 1.9.2001 führt nicht dazu, dass bei Altverträgen jetzt die neue Fälligkeitsregelung des § 556b Abs. 1 BGB gilt.

53 Der **Wirkungszeitpunkt** verschiebt sich gem. § 559b Abs. 2 S. 2 BGB **um sechs Monate,** wenn der Vermieter dem Mieter die Modernisierungsmaßnahme nicht nach den Vorschriften des § 555c Abs. 1, 3–5 BGB angekündigt hat oder wenn die tatsächliche Mieterhöhung die angekündigte um mehr als zehn Prozent überschreitet.[232] Dies gilt aber bereits nach dem Wortlaut der Vorschrift und nach der Systematik nur im freifinanzierten Wohnungsbau und nicht im öffentlich geförderten Wohnungsbau alten Rechts, wenn die Kostenmiete geschuldet wird.[233] Die Situation ist vergleichbar mit der Kündigungssperre in § 569 Abs. 3 Nr. 3 BGB, die nach der Rspr. des BGH[234] ebenfalls nicht auf Mieterhöhungen gem. § 10 WoBindG angewendet werden kann. Die Verlängerung um sechs Monate ist vom normalen Wirkungszeitpunkt gem. § 559b Abs. 2 S. 1 BGB aus zu berechnen und nicht vom Zugang der Erhöhungserklärung.[235] Die Verlängerung erfolgt nach dem eindeutigen Gesetzeswortlaut nicht *auf* sechs Monate, sondern *um* sechs Monate, sie wirkt also ab dem neunten Monat, der dem Zugang des Erhöhungsverlangens folgt.[236] Die Verschiebung betrifft aber nur die Fälligkeit der Miete. Wurden durch die Modernisierungsmaßnahme neue **Betriebskosten** eingeführt oder erhöhten sich bestehende Betriebskostenpositionen, so muss der Mieter diese Betriebskosten ab Entstehung tragen, selbst die Modernisierungsankündigung – insofern – formell mangelhaft war.[237]

54 Die Verlängerung tritt zunächst ein, wenn der Vermieter dem Mieter die Modernisierungsmaßnahme nicht nach den Vorschriften des § 555c Abs. 1, 3–5 BGB angekündigt hat. Damit wird sowohl der Fall erfasst, dass **gar keine Modernisierungsankündigung** erfolgt ist oder dass die erklärte **Ankündigung mangelhaft** war.[238] Insofern hat der Gesetzgeber einen zum alten Recht bestehenden Streit entschieden[239] und die Rspr. des BGH kodifiziert.[240] Eine Modernisierung ganz ohne Ankündigung oder Duldung wird vor allem bei Modernisierungsmaßnahmen außerhalb der Wohnung des Mieters (Aufzugeinbau, Anlage eines Spielplatzes oÄ) vorkommen. Bei Innenmodernisierungen wird auch bei fehlender Ankündigung gem. § 555c BGB eine Duldung der Maßnahme durch den Mieter vorliegen, was auch schon nach altem Recht für eine Modernisierungsmieterhöhung dem Grunde nach genügte.

55 Die Modernisierungsankündigung muss die Voraussetzungen des § 555c Abs. 1, 3–5 BGB erfüllen. Hat der Vermieter lediglich in der Modernisierungsankündigung den gem. § 555c Abs. 2 BGB als Soll-Vorschrift vorgesehenen Hinweis auf die Form und die Frist des Härteeinwands nach § 555d Abs. 3 S. 1 BGB unterlassen, so hat dies nur zur Folge, dass der Mieter seine Härtegründe auch noch später vortragen kann, der Wirkungszeitpunkt der Mieterhöhung wird hierdurch aber nicht verschoben.[241] Zu einer Verschiebung führen eine Unterschreitung der Dreimonatsfrist und die Nichteinhaltung der Textform gem. § 555c Abs. 1 S. 1 BGB sowie inhaltliche Mängel der Ankündigung gem. § 555c Abs. 1 S. 2 Nr. 1–3 BGB. Hierzu zählen auch fehlende Angaben zu neuen oder erhöhten **Betriebskosten** (zu den Rechtsfolgen → Rn. 53). Bei **Bagatellmaßnahmen** ist gem. § 555c Abs. 4 BGB eine Modernisierungsankündigung nicht erforderlich. Ihr Fehlen führt deshalb auch nicht zu einer Verschiebung des Wirkungszeitpunkts einer Erhöhungserklärung gem. § 559b Abs. 1 BGB.[242] Zwar stellt § 559b Abs. 2 BGB nicht auf die Erforderlichkeit der Ankündigung ab, jedoch ergibt eine Auslegung nach Sinn und Zweck, dass der Vermieter hier nicht bestraft werden muss. § 559 Abs. 2 S. 2 BGB will eine Sanktion aussprechen für ein Fehlverhalten des Vermieters. Wenn

---

[232] Nach *Sonnenschein* NJW 1998, 2172 (2178) hat diese strafrechtliche Sanktion in einer Privatrechtsordnung nichts zu suchen.
[233] *Bellinger* WuM 2014, 449.
[234] BGH VIII ZR 327/11, NZM 2012, 529 mAnm *Börstinghaus* jurisPR-BGHZivilR 13/2012 Anm. 3; *Blank* WuM 2012, 444; *Hinz* ZMR 2012, 842.
[235] So aber *Cuypers,* Rechtshandbuch der Sanierung und Modernisierung von Gebäuden, 1995, 25.
[236] Lützenkirchen MietR/*Dickersbach* BGB § 559b Rn. 57.
[237] *Dickersbach* WuM 2013, 575 (576) „Der Schutz des § 559b Abs. 2 S. 2 BGB erscheint zum Schutz des Mieters ausreichend."
[238] BT-Drs. 17/10485, 25.
[239] *→ 10. Aufl. 2011,* BGB § 559 Rn. 18.
[240] BGH VIII ZR 164/10, NJW 2011, 1220; BGH VIII ZR 76/15, NZM 2016, 46.
[241] Lützenkirchen MietR/*Dickersbach* BGB § 559b Rn. 59.
[242] AG Rheine WuM 2008, 491 mAnm *Börstinghaus* WuM 2009, 282.

dieser aber gem. § 555c Abs. 4 BGB die Maßnahmen gar nicht ankündigen muss, dann besteht auch keine Notwendigkeit, dem Vermieter die Mieterhöhung erst zu einem späteren Zeitpunkt zuzubilligen. Auch der weitere Schutzzweck der Norm, wonach der Mieter sich auf die Mieterhöhung soll einstellen können, erfordert bei Bagatellmieterhöhungen keine Verlängerung der Frist gem. § 559b Abs. 2 BGB. Eine Bagatellmaßnahme liegt vor, wenn die Maßnahme mit keinen oder nur unerheblichen Einwirkungen auf die Mietsache verbunden ist und zu keiner oder nur zu einer unwesentlichen Mieterhöhung führt. Die Voraussetzungen müssen kumulativ vorliegen.[243] Eine **unwesentliche Mieterhöhung** ist dann gegeben, wenn die Miete durch die Modernisierungsmaßnahme um **bis zu 5%** der Miete erhöht wird.[244]

Ansonsten wird von der Neuregelung der bisher schon geregelte Fall erfasst, dass der Vermieter dem Mieter die zu erwartende Mieterhöhung in der Erklärung gem. § 555c Abs. 1 BGB nicht mitgeteilt hat. Mitgeteilt werden muss in der Modernisierungsankündigung aber nur die mögliche und beabsichtigte **Erhöhung der Miete gem. § 559 BGB.**[245] Eine evtl. auch mögliche **Erhöhung gem. § 558 BGB,** weil für die Wohnung nach der Modernisierungsmaßnahme eine höhere ortsübliche Vergleichsmiete zu zahlen ist, muss nicht mitgeteilt werden. Dies ergibt sich aus dem Wortlaut des § 555c Abs. 1 S. 2 Nr. 3 BGB. **56**

**Die Verlängerung tritt auch dann ein,** wenn zwar eine Mitteilung über die beabsichtigte Mieterhöhung erfolgte, aber die tatsächliche Mieterhöhung gegenüber dieser Mitteilung um mehr als 10% nach oben abweicht. Die Verschiebung des Wirkungszeitpunkts betrifft die gesamte Mieterhöhung und nicht nur den die 10%-Grenze übersteigenden Teil der Mieterhöhung.[246] Die Grenze wird berechnet aus der mitgeteilten neuen Miete inkl. der Betriebskostenveränderungen in der Modernisierungsankündigung und nicht aus der ursprünglich gezahlten Miete. Hat der Vermieter mehrere für sich gesehen trennbare Modernisierungsmaßnahmen angekündigt und dafür jeweils auch einen eigenen Mieterhöhungsbetrag angegeben, berechnet sich die 10%-Grenze für jede Maßnahme getrennt.[247] Ursprünglich wollte der Gesetzgeber hier den Vermieter „bestrafen", der um das Risiko eines Widerspruchs gegen die Duldung der Modernisierung zu minimieren, eine zu niedrige zukünftige Miete angegeben hatte. Nach altem Recht konnte der Mieter sich auch gegen die Duldung mit dem Einwand der mangelnden Leistungsfähigkeit wehren. Dies ist heute nicht mehr der Fall. Der Einwand kann nur noch gegen die Mieterhöhung erhoben werden. Insofern hat sich der Zweck der Vorschrift etwas geändert. Es geht nicht mehr darum, die Duldung von Modernisierungsmaßnahmen durch falsche Angaben zu verhindern, sondern darum, die Parteien **zu möglichst ehrlichen Erklärungen** nach § 555c BGB zu erziehen. Falsche Angaben bleiben eben nicht folgenlos.[248] Bei Abweichungen von mehr zehn Prozent kann der Mieter noch Härtegründe gegen die Mieterhöhung vorbringen (→BGB § 559 Rn. 127).[249] Bei einer Abweichung der tatsächlichen Mieterhöhung von bis zu 10% kann der Vermieter sich dann schadensersatzpflichtig machen, wenn er die Modernisierungskosten bewusst zu niedrig angesetzt hat. In diesem Fall kann er gem. § 280 Abs. 1 BGB verpflichtet sein, den Mieter so zu stellen, als wenn seine Angaben richtig gewesen wären.[250] Hat er in einer ansonsten formell ordnungsgemäßen Modernisierungsankündigung eine zu hohe Miete angekündigt und ist die tatsächlich später verlangte Mieterhöhung niedriger, dann verschiebt sich der Erhöhungszeitpunkt nicht.[251] **57**

---

243 AG Rheine WuM 2008, 491 mAnm *Börstinghaus* WuM 2009, 282.

244 LG Berlin NJW-RR 1992, 144; WuM 1991, 482; ZMR 1986, 444; Palandt/*Weidenkaff* BGB § 555c Rn. 10; AG Rheine WuM 2008, 491, 2,77% mAnm *Börstinghaus* WuM 2009, 282; LG Detmold WuM 1990, 121, 7,5% sind zu viel; **aA** *Eisenschmid* →BGB § 555c Rn. 61, der einen absoluten Betrag von 10 EUR als Grenze ansieht (ausdrücklich abgelehnt von AG Rheine WuM 2008, 491).

245 Zum alten Recht schon so BGH VIII ZR 275/07, NJW 2008, 3630.

246 BGH VIII ZR 76/15, NZM 2016, 46.

247 AG Schöneberg GE 1998, 359; Staudinger/*Emmerich* BGB § 559b Rn. 35; Lützenkirchen MietR/*Dickersbach* BGB § 559b Rn. 63; Bub/Treier MietR-HdB/*Schultz* Kap. III A Rn. 1480; ähnlich für die Teilunwirksamkeit trennbarer Modernisierungsmieterhöhungen BGH VIII ZR 81/19, NZM 2020, 795.

248 Ob wirklich eine falsche Ankündigung einer Maßnahme als Instandsetzung statt Modernisierung jegliche Mieterhöhungsmöglichkeit ausschließt, erscheint aber fraglich, da eine Mieterhöhung selbst ohne jede Ankündigung möglich ist, nur zu einem späteren Zeitpunkt wirkt; **aA** aber LG Berlin NZM 2018, 949.

249 *Börstinghaus* NZM 2013, 449.

250 Börstinghaus/Eisenschmid Modernisierungs-HdB/*Eisenschmid* Kap. 4 Rn. 101; Bub/Treier MietR-HdB/*Schultz* Kap. III A Rn. 1479; *Dickersbach* WuM 2013, 575 (576).

251 Lützenkirchen MietR/*Dickersbach* BGB § 559b Rn. 69.

58 Die **verschiedenen Alternativen** stellen sich somit wie folgt dar:

| Verhalten des Vermieters | Verhalten des Mieters | Wirkungszeitpunkt der Mieterhöhung |
|---|---|---|
| Materiell und formell ordnungsgemäße Ankündigung gem. § 555c BGB | Mieter duldet die Modernisierung oder wird gerichtlich zur Duldung verurteilt | Mieterhöhung zum Beginn des dritten Monats nach Zugang der Erklärung |
| Bagatellmieterhöhung ohne Ankündigung | Mieter duldet die Modernisierung oder wird gerichtlich zur Duldung verurteilt | Mieterhöhung zum Beginn des dritten Monats nach Zugang der Erklärung |
| | Mieter hat keine Kenntnis von Modernisierung und duldet sie | Mieterhöhung zum Beginn des dritten Monats nach Zugang der Erklärung |
| | Mieter widerspricht der Modernisierung | Mieterhöhung zum Beginn des dritten Monats nach Zugang der Erklärung |
| Vermieter unterlässt die Ankündigung gem. § 555c BGB völlig | Mieter hat Kenntnis von Modernisierungsabsicht und duldet die Modernisierung | Mieterhöhung nach § 559b Abs. 2 BGB sechs Monate später |
| | Mieter hat keine Kenntnis von Modernisierung und duldet sie | Mieterhöhung nach § 559b Abs. 2 BGB sechs Monate später |
| | Mieter widerspricht der Modernisierung, Vermieter führt sie aus | Mieterhöhung nach § 559b Abs. 2 BGB sechs Monate später |
| Ankündigung der Modernisierung nicht frist- oder formgerecht aber enthält Ankündigung der Mieterhöhung | Mieter hat Kenntnis von Modernisierungsabsicht und duldet die Modernisierung | Mieterhöhung nach § 559b Abs. 2 BGB sechs Monate später |
| | Mieter widerspricht der Modernisierung | Mieterhöhung nach § 559b Abs. 2 BGB sechs Monate später |
| Ankündigung gem. 555c BGB erfolgt aber es fehlt Ankündigung der Mieterhöhung | Mieter hat Kenntnis von Modernisierungsabsicht und duldet die Modernisierung | Mieterhöhung nach § 559b Abs. 2 BGB sechs Monate später |
| | Mieter widerspricht der Modernisierung | Mieterhöhung nach § 559b Abs. 2 BGB sechs Monate später |
| Ankündigung gem. § 555c BGB mit Ankündigung der Mieterhöhung, die tatsächlich aber mehr als 10% höher ausfällt | Mieter duldet die Modernisierung | Mieterhöhung nach § 559b Abs. 2 BGB sechs Monate später |
| Ankündigung gem. § 555c BGB mit Ankündigung der Mieterhöhung, die auch nicht mehr als 10% höher ausfällt aber ohne Hinweis gem. § 555c Abs. 2 BGB | Mieter duldet die Modernisierung | Mieterhöhung zum Beginn des dritten Monats nach Zugang der Erklärung |

| **Verhalten des Vermieters** | **Verhalten des Mieters** | **Wirkungszeitpunkt der Mieterhöhung** |
|---|---|---|
| Ankündigung gem. § 555c BGB mit Ankündigung der Mieterhöhung, die tatsächlich aber mehr als 10% höher ausfällt aber ohne Hinweis gem. § 555c Abs. 2 BGB | Mieter duldet die Modernisierung | Mieterhöhung nach § 559b Abs. 2 BGB sechs Monate später |

Je nach Zugangszeitpunkt der Erhöhungserklärung wirkt die Erhöhung dann zu folgenden Terminen: 59

| Frist, innerhalb derer die Erklärung gem. § 559b Abs. 1 BGB dem Mieter zugegangen sein muss | | Wirkungszeitpunkt dritter Monat | Wirkungszeitpunkt bei Verlängerung um sechs Monate |
|---|---|---|---|
| 1.1. | 31.1. | 1.4. | 1.10. |
| 1.2. | 28.2. | 1.5. | 1.11. |
| 1.3. | 31.3. | 1.6. | 1.12. |
| 1.4. | 30.4. | 1.7. | 1.1. |
| 1.5. | 31.5. | 1.8. | 1.2. |
| 1.6. | 30.6. | 1.9. | 1.3. |
| 1.7. | 31.7. | 1.10. | 1.4. |
| 1.8. | 31.8. | 1.11. | 1.5. |
| 1.9. | 30.9. | 1.12. | 1.6. |
| 1.10. | 31.10. | 1.1. | 1.7. |
| 1.11. | 30.11. | 1.2. | 1.8. |
| 1.12. | 31.12. | 1.3. | 1.9. |

## E. Das gerichtliche Verfahren

### I. Vom Vermieter betriebenes Verfahren

#### 1. Anträge

Soweit eine Einigung zwischen den Mietvertragsparteien nicht zustande kommt, muss der Vermieter seinen Anspruch ggf. **gerichtlich** geltend machen. Dabei ist gerade im Zusammenhang mit Modernisierungsmaßnahmen immer zu unterscheiden, in welchem Stadium sich das Verfahren gerade befindet. 60

Verweigert der Mieter bereits die Durchführung der Maßnahme, muss zunächst nach § 555d Abs. 1 BGB **auf Duldung** geklagt werden.[252] 61

Ist die Maßnahme beendet und hat der Vermieter eine Mieterhöhungserklärung gem. § 559b BGB dem Mieter zukommen lassen, so kann der Vermieter **unmittelbar auf Zahlung klagen.**[253] Dabei ist die Klage an keine besonderen Fristen gebunden. Da die Mieterhöhungserklärung, wenn die materiellen und formellen Voraussetzungen der §§ 559, 559b BGB vorlagen, die Miete einseitig erhöht hat, kann der Vermieter auch abwarten, bis der Mietrückstand größer geworden ist, um ggf. die Berufungsbeschwer zu erreichen. Grenzen stellen hier nur die Verjährungsregeln und ggf. der Verwirkungseinwand (→ Rn. 10) dar. Eine bloße Feststellungsklage des Vermieters ist demgegenüber wegen des Vorrangs der Leistungsklage unzulässig.[254] Etwas anderes kann aber dann in Betracht kommen, wenn der Vermieter für die Vergangenheit Rückstände aufgrund einer Modernisierungsmieterhöhung einklagt und der Mieter sich auf Härtegründe beruft. Da hier die Verurtei- 62

[252] Ausf. Börstinghaus/Eisenschmid Modernisierungs-HdB/*Eisenschmid* Kap. 7.
[253] BKKSZ Mietprozess/*Kinne* Kap. 4 Rn. 91.
[254] *Horst* GE 1999, 28; BKKSZ Mietprozess/*Kinne* Kap. 4 Rn. 92.

lung zur Zahlung des Rückstands keine Rechtskraftwirkung für zukünftige Zeiträume entwickelt, kann der Vermieter für die Zukunft nur eine bindende Entscheidung über eine Feststellungsklage dahingehend erlangen, festgestellt zu bekommen, dass die Miete *„für die Wohnung xy durch die Erklärung vom um x EUR auf y EUR erhöht wurde.“*

63 Möglich ist in diesem Fall auch die Klage auf Zahlung der rückständigen Miete mit einer **Klage auf zukünftige Leistung** zu verbinden.[255] Klagen auf zukünftige Leistung sind nach der ZPO nur eingeschränkt möglich. Gemäß § 257 ZPO ist eine solche Klage bei einer Geldforderung nur dann zulässig, wenn sie nicht von einer Gegenforderung abhängig ist. Da § 258 ZPO die Vorschrift des § 257 ZPO nur ergänzt, setzt auch § 258 ZPO voraus, dass der Anspruch von keiner Gegenleistung abhängig ist. Da der Mietzahlungsanspruch von der Gebrauchsüberlassung der Räume abhängig ist, scheiden **Klagen auf zukünftige Leistungen** nach den §§ 257, 258 ZPO aus.[256] In Betracht kommt jedoch eine Klage auf zukünftige Leistung gem. § 259 ZPO.[257] Beim Anspruch des Vermieters auf Zahlung von Miete handelt es sich um einen Anspruch auf eine wiederkehrende Leistung. Soweit § 259 ZPO verlangt, dass nach den Umständen die Besorgnis gerechtfertigt ist, dass der Mieter sich der rechtzeitigen Leistung entziehen werde, ist diese Voraussetzung gegeben, wenn der Mieter auch für die Zukunft die Verpflichtung zur Zahlung der erhöhten Miete ernstlich bestreitet[258] oder in der Vergangenheit unter Berufung auf eine unwirksame Mieterhöhung nach § 559 BGB nur teilweise erfüllt hat. Es genügt, dass der Mieter den Anspruch des Vermieters – auch gutgläubig – bestreitet.[259] Auch der Gesichtspunkt der Prozessökonomie spricht für die Zulässigkeit einer solchen Klage, da die Ansprüche auf rückständigen Mietzins wie auf zukünftigen Mietzins aus dem gleichen Sachverhalt hergeleitet werden und in einem besonders engen Zusammenhang stehen. Wird keine Klage auf zukünftige Leistung erhoben, dann erwächst nur die Zahlungsverpflichtung für die Monate, die eingeklagt wurden, in Rechtskraft. Das Urteil hat für zukünftige weitere Zahlungsklagen keine Bindungswirkung. Möglich ist in Einzelfällen auch eine Feststellungsklage; eine Klage auf zukünftige Leistung ist nicht vorrangig.[260]

64 In einigen Bundesländern muss bei einer Zahlungsklage zuvor eine **obligatorische vorgerichtliche Streitschlichtung** durchgeführt werden. Anders als bei der Klage nach § 558b BGB muss mit der Klage keine Frist unterbrochen werden, so dass anders als bei der Zustimmungsklage die außergerichtliche Streitschlichtung grds. bis zu einem bestimmten Streitwert notwendig ist. Möglich ist aber, den Anspruch in den Bundesländern, in denen die außergerichtliche Streitschlichtung nicht nur für bestimmte Rechtsgebiete, sondern auch zwingend bis zu einem bestimmten Streitwert vorgeschrieben ist, im Mahnverfahren geltend zu machen. Das Streitschlichtungsverfahren kann nicht nachgeholt werden.[261] Die Streitwertgrenze beträgt in Baden-Württemberg, Bayern, Brandenburg, Hessen und Schleswig-Holstein 750 EUR und im Saarland und in Sachsen-Anhalt 600 EUR. Maßgeblich ist der Zuständigkeits- und nicht der Gebührenstreitwert.[262] Dem Erlass eines Anerkenntnisurteils steht die fehlende Durchführung eines obligatorischen Schlichtungsverfahrens vor der Klageerhebung nicht entgegen.[263]

65 Eine **Sicherungsanordnung** gem. § 283a ZPO scheidet im Räumungs- und Zahlungsprozess aus. Das gilt zumindest für den Teil eines Zahlungsrückstandes, der sich aus der Mieterhöhung ergibt, § 283a Abs. 1 S. 2 ZPO.

66 Der Vermieter muss aber den Rückstand aufgrund einer Mieterhöhung nach § 559 BGB nicht zwingend zuvor einklagen, um dann wegen dieses Rückstandes fristlos kündigen zu können. Aus § 569 Abs. 3 Nr. 3 BGB ergibt sich dies gerade nicht.[264] Die Frist, innerhalb derer der Mieter einen ausgeurteilten Rückstand ausgleichen kann gilt nur dann, wenn ein Urteil ergangen ist. § 569

---

[255] BGH VIII ZR 41/08, NJW 2009, 839; XII ZR 162/00, NZM 2004, 423; VIII ZB 66/02, NJW 2003, 1395; zur Klage auf zukünftige Leistung im Wohnraummietrecht ausf. *Both* DWW 2009, 82; *Henssler* NJW 1989, 132.

[256] BGH MDR 1996, 1232.

[257] Kinne/Schach/Bieber MietR/*Kinne* Teil II Rn. 130 ff.

[258] BGH MDR 1996, 1232, BGHZ 5, 342, RGZ 132, 338 (240); Zöller/*Greger* ZPO § 259 Rn. 1, 3 mwN; LG Hamburg WuM 1979, 170 ausdrücklich für Mieterhöhung gem. § 3 MHG.

[259] LG Hamburg WuM 1988, 168; 1979, 170; *Both* DWW 2010, 82.

[260] AG Köpenick GE 2008, 411.

[261] BGH VI ZR 336/03, NJW 2005, 437.

[262] *Schneider* MietRB 2006, 55.

[263] BGH V ZR 287/13, NZM 2014, 797.

[264] Für einseitige Erhöhungen der Betriebskostenvorauszahlungen BGH VIII ZR 1/11, NJW 2012, 3089; VIII ZR 360/11, WuM 2012, 681.

Abs. 3 Nr. 3 BGB postuliert nicht das Erfordernis, vor einer Räumungsklage zunächst immer erst Zahlungsklage erheben zu müssen.

## 2. Beweislast

**Der Vermieter** trägt nach allgemeinen Regeln die Beweislast für sämtliche Tatbestandsvoraussetzungen des § 559 BGB.[265] Er muss darlegen und beweisen, dass eine Modernisierungsmaßnahme iSd § 555b Nr. 1, 3–6 BGB durchgeführt worden ist. Deshalb muss der Vermieter auch eine nachhaltige Energieeinsparung[266] durch den Einbau von Isolierfenstern[267], eine Wärmedämmmaßnahme[268] oder eine moderne Heizungsanlage[269] darlegen und beweisen. Dabei reicht die pauschale Behauptung, dass Energie eingespart werde, nicht aus. Vielmehr muss diese Einsparung rechnerisch dargelegt werden.[270] Schließlich hat der Vermieter auch die Höhe der anrechenbaren Kosten zu beweisen. 67

Den Vermieter trifft deshalb auch die Beweislast dafür, dass es sich nicht um **Instandsetzungsarbeiten** gehandelt hat und bei modernisierenden Instandsetzungsarbeiten auch hinsichtlich der Aufteilung der Kosten auf den Modernisierungsanteil und den Instandsetzungsanteil.[271] Er muss ggf. die Schätzungsgrundlagen darlegen und beweisen. Soweit der Mieter im Prozess behauptet, die geltend gemachten Modernisierungskosten seien ganz oder teilweise Instandsetzungskosten, handelt es sich um ein **qualifiziertes Bestreiten** durch den Mieter. Dazu muss der Mieter zunächst substantiiert vortragen, wo welche Schäden sich befunden haben sollen, erst dann ist es Aufgabe des Vermieters dies zu widerlegen (sog. sekundäre Behauptungslast).[272] Da Instandsetzungsmaßnahmen begrifflich Modernisierungen ausschließen, muss der Vermieter beweisen, dass er tatsächlich eine Modernisierung durchgeführt hat. Bestreitet der Mieter die Höhe der Modernisierungskosten mit der Begründung, es seien fällige Instandsetzungskosten abzuziehen, muss ebenfalls der Vermieter beweisen, dass die geltend gemachten Kosten nur die Modernisierungsmaßnahmen betreffen. Es handelt sich nicht um den Einwand, der Vermieter habe Aufwendungen erspart, wofür ggf. der Mieter darlegungs- und beweispflichtig wäre.[273] 68

Der Vermieter ist ferner für die Tatsache, ob und in welcher Höhe öffentliche Fördermittel oder Zahlungen von Dritten anzurechnen sind und somit **Kürzungsbeträge** den Erhöhungsbetrag verringern, darlegungs- und beweispflichtig. Es handelt sich bei § 559a BGB nicht um eine Einwendung oder Einrede des Mieters, die dieser darlegen und beweisen muss.[274] Behauptet der Vermieter, ausdrücklich oder konkludent, keine anrechnungspflichtigen Zahlungen erhalten zu haben, dann behauptet er eine **„negative Tatsache"**. Bei negativen Tatsachen muss der Anspruchsteller bei anspruchsbegründeten Rechtsnormen das Nichtvorhandensein tatsächlicher Umstände darlegen und beweisen. Dabei dreht sich die Beweislast nicht um. Vielmehr sind die Umstände zu widerlegen, die nach dem substantiierten Vortrag der anderen Partei für das Vorhandensein der Tatsache sprechen. Der Vermieter muss deshalb darlegen und beweisen, dass keine Fördermittel oder nur in der von ihm behaupteten Höhe geflossen sind. Dazu reicht zunächst die pauschale Behauptung, 69

---

[265] LG Bückeburg WuM 1992, 378; LG Lübeck WuM 1990, 499; LG Braunschweig WuM 1990, 158; LG Berlin MM 1990, 287; LG Hamburg WuM 1988, 168; AG Rostock WuM 1998, 166; AG Wernigerode WuM 1995, 442; AG Tempelhof MM 1994, 285; AG Görlitz WuM 1994, 378; AG Hamburg WuM 1985, 365; AG Dillingen WuM 1982, 300; *Sternel* MietR Kap. IV Rn. 339; Staudinger/*V. Emmerich* BGB § 559b Rn. 39; *Kossmann* ZAP Fach 4, 563 (578); *Scholz* WuM 1995, 87 (88); *Horst* GE 1999, 28; AnwK WohnraumMietR/*Lammel* BGB § 559b Rn. 20.

[266] *Sternel* MietR Kap. IV Rn. 339.

[267] LG Hamburg WuM 1988, 168.

[268] LG Bückeburg WuM 1992, 378.

[269] LG Lübeck WuM 1990, 499; AG Rostock WuM 1998, 166.

[270] LG Bückeburg WuM 1992, 378.

[271] LG Braunschweig WuM 1990, 158; LG Hannover WuM 1990, 227; AG Neumünster WuM 1992, 258; AG Neunkirchen WuM 1991, 560; AG Hamburg WuM 1986, 344; Staudinger/*V. Emmerich* BGB § 559b Rn. 39; *Sternel* MietR Kap. III Rn. 709; *Sternel* PiG 41 (1993), 45 (61); **aA** AG Rostock GE 1996, 1251; AG Gießen WuM 1991, 280; AG Köln WuM 1990, 226; AnwK WohnraumMietR/*Lammel* BGB § 559b Rn. 20, der zwischen der Fälligkeit der Instandsetzungsmaßnahmen – Beweislast Mieter – und Höhe der Instandsetzungskosten – Beweislast Vermieter – differenziert; *Scholz* WuM 1995, 87 (88).

[272] BGH VIII ZR 175/02, WuM 2004, 154 (155).

[273] So aber AG Rostock GE 1996, 1251; AG Gießen WuM 1991, 280; AG Köln WuM 1990, 227.

[274] BeckOGK/*Schindler* BGB § 559 Rn. 117; **aA** Staudinger/*V. Emmerich* BGB § 559b Rn. 40; Kossmann/Meyer-Abich Wohnraummiete-HdB/*Meyer-Abich* § 160 Rn. 3.

dass dies so ist. Wenn der Mieter jedoch einzelne Zahlungen behauptet, muss der Vermieter darlegen und beweisen, dass diese nicht geflossen sind oder dass sie nicht anzurechnen sind. Je konkreter die Behauptungen des Mieters sind, desto substantiierter muss der Vermieter diesen Sachvortrag widerlegen.[275] Für diese Auffassung spricht auch, dass es sich bei den Tatsachen, um die es geht, um solche handelt, die fast ausschließlich aus der Sphäre des Vermieters stammen. Mit Ausnahme der Fälle, in denen es um die Anrechnung von Mieterleistungen geht, handelt es sich um Vertragsverhältnisse, die der Mieter nicht kennt und zu denen er regelmäßig keinen substantiierten Sachvortrag abgeben kann.

### II. Vom Mieter betriebenes Verfahren

70 Hat der Vermieter vom Mieter die Zahlung einer erhöhten Miete nach einer Modernisierung verlangt, diesen Anspruch aber dann nicht gerichtlich geltend gemacht ohne zu erkennen zu geben, ob er den Anspruch nicht mehr weiterverfolgt, dann kann der Mieter gegen den Vermieter **Feststellungsklage** erheben. Möglich sind hierbei sowohl eine positive wie auch eine negative Feststellungsklage.[276] Bei der negativen Feststellungsklage beantragt er festzustellen, *„dass dem Vermieter aus der Mieterhöhungserklärung vom … kein Anspruch auf Zahlung einer um … EUR erhöhten Miete zusteht“*, bei der positiven Feststellungsklage beantragt er festzustellen, *„dass dem Vermieter nur eine monatlich bis zum … zahlbare Miete von … EUR zusteht“*. Hält der Mieter das Mieterhöhungsverlangen nur für teilweise unbegründet, kann er dies auch entsprechend eingeschränkt mit der Feststellungsklage geltend machen.[277] Die Feststellungsklage kann vom Mieter im Zahlungsverfahren auch **widerklagend** erhoben werden. Insofern geht die Rechtskraftwirkung der Feststellungsklage über den Zahlungsanspruch für die Vergangenheit hinaus.

71 In Betracht kommen auch Klagen auf **Rückzahlung** wegen vermeintlich zu Unrecht gezahlter Modernisierungsmieterhöhungen in der Vergangenheit. Hat der Mieter längere Zeit auf ein formell unwirksames Mieterhöhungsverlangen Zahlungen geleistet stellt sich immer die Frage, ob durch die **vorbehaltlose mehrmalige Zahlung** ein Abänderungsvertrag gem. § 557 BGB zustande gekommen ist. Dies wird vereinzelt bejaht,[278] ist aber grds. zu verneinen, da die Mieterhöhung nach §§ 559ff. BGB eine einseitige Mieterhöhungserklärung ist, die aus der Sicht des objektiven Empfängers nicht zugleich ein Vertragsangebot enthält (→ BGB § 557 Rn. 15).[279] Der Mieter soll gerade nicht wählen können, ob er die Vertragsänderung will oder nicht, der Vermieter will erkennbar von seinem einseitigen Erhöhungsrecht Gebrauch machen. Die Zahlung stellt auch kein deklaratorisches Schuldanerkenntnis dar. Dies würde voraussetzen, dass die Parteien mit der Zahlung das Schuldverhältnis ganz oder teilweise dem Streit entziehen wollten und sich einigen wollten.[280] Hat der Mieter aber später einer Mieterhöhung nach § 558 BGB zugestimmt, dann umfasst diese Zustimmung, die auch konkludent durch Zahlung erfolgen kann, zugleich auch alle früheren Mieterhöhungen nach § 559 BGB.[281] Der Rückzahlungsanspruch entfällt, wenn der Vermieter nicht mehr bereichert ist, § 818 Abs. 3 BGB.[282] Der Rückzahlungsanspruch gem. § 812 BGB kann jedoch gem. § 814 BGB ausgeschlossen sein, wenn der Mieter Kenntnis von der Nichtschuld hatte.[283] Dabei ist es nicht ausreichend, wenn der Mieter Kenntnis von den Tatsachen hat, aus denen sich das Fehlen einer rechtlichen Verpflichtung zur Zahlung ergibt, er muss vielmehr

---

[275] *Seutemann* MDR 1997, 615.

[276] BGH VIII ZR 88/13, NZM 2015, 198 *Börstinghaus* jurisPR-BGHZivilR 5/2015 Anm. 2; *Eisenschmid* WuM 2015, 283.

[277] *Vogel* JZ 1975, 73 (79).

[278] LG Leipzig ZMR 1999, 767; ein Rechtsentscheid des OLG Dresden zu dieser Frage ist auf Grund des Vorlagebeschlusses des LG Leipzig ZMR 2001, 548 nicht ergangen, da der Rechtsstreit sich anderweitig erledigt hatte; wohl auch LG Görlitz WuM 2001, 28.

[279] LG Berlin GE 2003, 807; LG Bautzen WuM 2002, 497; so auch OLG Karlsruhe ZMR 1986, 239 (zur einseitigen Mieterhöhung nach § 10 WoBindG); AnwK WohnraumMietR/*Lammel* BGB § 559b Rn. 24.

[280] BGH VIII ZR 265/07, NJW 2009, 580; BGH VII ZR 165/05, NJW-RR 2007, 530; NJW 1994, 960; 1995, 3311; so auch *Milger* NZM 2009, 497 für den vergleichbaren Fall der Zahlung auf eine fehlerhafte Betriebskostenabrechnung.

[281] LG Berlin GE 2003, 669, LG Berlin ZMR 2001544, 545.

[282] *LG Essen* ZMR 1999, 557 für den Fall einer unwirksamen Kostenmieterhöhung, wenn der Vermieter aber eine wirksame Mieterhöhung nach § 2 MHG hätte machen können; diff. *Derckx/Wolbers* ZMR 1999, 733.

[283] AnwK WohnraumMietR/*Lammel* BGB § 559b Rn. 24.

positive Kenntnis davon haben nichts zu schulden[284], bloße Zweifel genügen ebenso wenig[285] wie grob fahrlässige Unkenntnis.[286] Der Rückzahlungsanspruch verjährt i. d. Regelverjährungsfrist des § 195 BGB. Die Frist beginnt am Ende des Jahres in dem die Überzahlung erfolgte und in dem der Mieter von den anspruchsbegründenden Tatsachen Kenntnis erhalten hat. Im Einzelfall kann die Geltendmachung des Rückzahlungsanspruchs auch verwirkt sein.[287] Dies setzt aber neben dem reinen Zeitmoment noch weitere Umstände voraus.[288] Ist eine Mieterhöhung nach Modernisierung weder durch Vereinbarung noch auf Grund Erhöhungserklärung zustande gekommen, sondern nimmt der Vermieter das Angebot des Mieters zur Mieterhöhung um den tatsächlich monatlich gezahlten Mehrbetrag nicht an und verfolgt die Durchsetzung der unwirksamen Erhöhungserklärung, so kann der Mieter die gezahlten Mehrbeträge zurückfordern.[289] Im Rückforderungsprozess hat der Mieter die Beweislast für das Nichtbestehen des Rechtsgrundes, er muss also die Gründe darlegen und beweisen, warum das Mieterhöhungsverlangen gem. § 559b BGB unwirksam war.[290]

### III. Streitwert

Hinsichtlich des Streitwertes muss zwischen den verschiedenen Verfahrensarten differenziert 72
werden. Für den **Gebührenstreitwert** einer Klage auf Zahlung rückständiger Miete nach einer Mieterhöhung gem. § 559 BGB ist der Zahlungsantrag maßgeblich.[291] Im Falle einer Klage auf künftige Miete bestimmt sich der Gebührenstreitwert nach § 12 Abs. 1 GKG, § 9 ZPO; eingeklagte Mietrückstände sind entsprechend § 17 Abs. 4 GKG hinzuzurechnen.[292] Der Gebührenstreitwert einer Feststellungsklage über die Höhe der Miete richtet sich nach § 3 ZPO, begrenzt durch den Wert einer entsprechenden Leistungsklage.[293] Maßgeblich ist deshalb für den Gebührenstreitwert der **Jahresbetrag.**[294] Ein Abzug ist bei einer Feststellungsklage nicht vorzunehmen.[295] Dies ergibt sich sowohl aus dem Sinn und Zweck des § 41 GKG wie auch aus dem Zusammenhang der GKG-Vorschriften, die auch bei anderen wiederkehrenden Leistungen regelmäßig vom Jahresbetrag ausgehen. Für die Feststellungsklage des Mieters, dass eine Mieterhöhung nach Modernisierungsmaßnahmen unwirksam ist, ist ebenfalls entsprechend § 41 Abs. 5 GKG der Jahreserhöhungsbetrag maßgeblich ohne Abschlag.[296] Die Vorschrift gilt nicht für Klage „auf" eine Mieterhöhung, sondern auch für Klagen „aus" einer Mieterhöhung[297] Dem steht nicht entgegen, dass der Gebührenstreitwert einer negativen Feststellungsklage des Mieters gegenüber dem Anspruch auf Zahlung zukünftiger Miete nach § 9 ZPO berechnet wird.[298] In einer Klage auf Feststellung der Unwirksamkeit einer Mieterhöhung, liegt ebenso wenig das Spiegelbild einer Leistungsklage des Vermieters auf Zahlung künftiger Miete, wie in dem nach § 41 Abs. 1 GKG privilegierten Fall, dass der Mieter seinen Antrag auf die Feststellung der Unwirksamkeit des Mietvertrages beschränkt.[299] In beiden Fällen wird eine Feststellung begehrt, die lediglich Vorfrage des Leistungsanspruchs ist.[300]

---

[284] BGH VIII ZR 265/07, NJW 2009, 580; 1997, 2381; *Milger* NZM 2009, 497 (500).
[285] BGH II ZR 90/71, WM 1973, 294; LG Berlin GE 2002, 802 (803); Palandt/*Sprau* BGB § 814 Rn. 4.
[286] BGH III ZR 58/69, WM 1972, 283 = BeckRS 1971, 31122903; LG Berlin GE 2002, 802 (803).
[287] **AA** *Derckx/Wolbers* ZMR 1999, 733.
[288] LG Berlin GE 2002, 802 (803); zur Verwirkung im Mietrecht umf. *Hinkelmann* PiG 65 (2002), 247; *Kandelhard* NZM 2005, 43.
[289] LG Görlitz WuM 2001, 28; AG Hamburg WuM 2000, 212.
[290] So auch *Milger* NZM 2009, 497 (501) für den vergleichbaren Fall der Zahlung auf eine fehlerhafte Betriebskostenabrechnung.
[291] LG Hagen WuM 1985, 130.
[292] BGH XII ZR 162/00, NZM 2004, 423.
[293] BGH XII ZR 162/00, NZM 2004, 423.
[294] KG NJW-RR 2013, 262; LG Berlin WuM 2015, 565 mAnm *Dötsch* MietRB 2015, 360; Kossmann/Meyer-Abich Wohnraummiete-HdB/*Meyer-Abich* § 190 Rn. 16; *Kossmann* ZAP Fach 4, 563 (579); *Sternel* MietR Kap. V Rn. 86.
[295] BGH XII ZB 75/08, NJW-RR 2009, 156; KG GE 2012, 1095; LG Berlin WuM 2014, 154; 2015, 565 mAnm *Dötsch* MietRB 2015, 360; **aA** LG Hamburg WuM 1978, 243, Abschlag von 20%.
[296] BGH VIII ZR 89/13, GE 2015, 249; KG NJW-RR 2013, 262; KG AGS 2014, 561 = BeckRS 2014, 21212; **aA** KG GE 2010, 546.
[297] KG NJW-RR 2013, 262; **aA** *Schneider* NJW-Spezial 2012, 347.
[298] BGH XII ZR 256/03, NJW-RR 2006, 16 (17); XII ZR 248/04, NJW-RR 2005, 938, jeweils zur Rechtslage vor Inkrafttreten des Kostenrechtsmodernisierungsgesetzes am 1.7.2004.
[299] BGH XII ZR 248/04, NJW-RR 2005, 938.
[300] KG AGS 2014, 561 = BeckRS 2014, 21212.

Erhebt der Vermieter gegenüber der negativen Feststellungsklage des Mieter widerklagend Zahlungsklage für bestimmte Monate ist regelmäßig der höhere Wert der negativen Feststellungsklage maßgeblich, da insofern der gleiche Streitgegenstand betroffen ist.[301]

73 Anders ist es jedoch in diesem Fall mit dem **Rechtsmittelstreitwert.** Dieser beträgt regelmäßig das 3,5-fache des Erhöhungsbetrages.[302] Es handelt sich um eine Klage auf wiederkehrende Leistung, so dass § 9 ZPO und nicht § 3 ZPO[303] maßgeblich ist. Wenn § 9 ZPO richtigerweise schon bei den Zustimmungsklagen nach § 558b BGB maßgeblich sein soll,[304] dann muss dies erst recht bei Zahlungsklagen, die auf § 559 BGB beruhen, gelten. Das Argument, dass der Beschwerdewert nicht höher als der Gebührenstreitwert sein dürfe,[305] überzeugt nicht, da beide Streitwerte eine ganz andere Funktion haben. Die Kostenvorschriften im Mietrecht sind Teil des sozialen Mietrechts, zu dem eben auch gehört, dass der Zugang zu den Gerichten bezahlbar und das Kostenrisiko für die Mieter überschaubar bleibt.

## F. Abweichende Vereinbarungen (Abs. 3)

74 Nach § 559b Abs. 3 BGB sind **abweichende Vereinbarungen zum Nachteil des Mieters** unwirksam. Die Vorschrift ist eigentlich überflüssig, da bereits gem. § 557 Abs. 4 BGB alle nachteiligen Vereinbarungen im Bereich der Mieterhöhungen unwirksam sind. Gemäß § 557 Abs. 3 BGB kann der Vermieter Mieterhöhungen im Bestand nur unter den Voraussetzungen der §§ 558–560 BGB verlangen. Das bedeutet dann aber auch, dass dies nur unter den in der Vorschrift des § 559b BGB genannten Voraussetzungen möglich ist und jede Abweichung hiervon zu Lasten des Mieters auch gegen § 557 Abs. 4 BGB verstößt. Zur Frage, wann eine Vereinbarung vorliegt und den allgemeinen Voraussetzungen deshalb → BGB § 557 Rn. 60ff.

75 Unwirksam sind alle Vereinbarungen, die von den Voraussetzungen der § 559b Abs. 1 BGB oder den Rechtsfolgen des § 559b Abs. 2 BGB zum Nachteil des Mieters abweichen. Hierzu zählen

- Verzicht auf die Verpflichtung, vor Durchführung der Maßnahme auf die voraussichtliche Höhe der entstehenden Kosten und die sich daraus ergebende Mieterhöhung hinzuweisen;
- Verzicht auf die Textform oder Zugangserleichterung;
- Verzicht auf die Begründungs- und Erläuterungspflicht bzgl. der Mieterhöhung;
- Vereinbarung, dass die Mieterhöhung bereits bei Beginn der Baumaßnahme zu zahlen ist.

76 **Zulässig sind** hingegen zunächst Vereinbarungen, die für den Mieter nur günstig sind, also zB die Verlängerung des Wirkungszeitpunkts der Mieterhöhung, die Vereinbarung eines geringeren Prozentsatzes, die zeitliche Befristung einer Mieterhöhung nach § 559 BGB oder Vereinbarungen über die Berücksichtigung von Modernisierungen bei der Ermittlung der ortsüblichen Vergleichsmiete bei späteren Mieterhöhungen, zB dass zeitlich befristet eine bestimmte Ausstattung unberücksichtigt bleiben soll.

77 Des Weiteren sind gerade im Zusammenhang mit Modernisierungsmaßnahmen **Vereinbarungen über die Miethöhe** gem. § 557 Abs. 1 BGB möglich. Das ergibt sich auch deutlich aus § 555f BGB.[306] Die Vereinbarung muss nach Abschluss des Mietvertrages aus Anlass einer konkreten Modernisierungsmaßnahme geschlossen werden. Eine förmliche Mieterhöhung des Vermieters gem. § 559b BGB muss dabei gar nicht erfolgen. Bei einer Mietabänderung sind die Mietvertragsparteien auch nicht an die Fristen des § 559b Abs. 2 BGB gebunden, so dass grds. auch ein früherer Termin vereinbart werden kann.[307] Möglich ist es auch, dass der Mieter vor Beginn der Moderni-

---

301 BGH VIII ZR 89/13, GE 2015, 249.

302 BGH VIII ZR 112/18, WuM 2019, 44, betrifft die Duldungsklage gem. § 555d BGB.

303 So aber LG Hamburg MDR 1982, 148; WuM 1989, 435; LG Hannover MDR 1981, 232; LG Karlsruhe WuM 1979, 155.

304 LG Hildesheim WuM 1996, 351; LG Kassel WuM 1996, 417; LG Düsseldorf DWW 1996, 279; LG Berlin ZMR 1997, 358; MM 1996, 449; LG Kiel MDR 1994, 834; LG Hildesheim WuM 1996, 351; 1996, 716; *Gärtner* WuM 1997, 160; **aA** LG Köln WuM 1997, 279; LG Bremen WuM 1997, 334.

305 So LG Hamburg WuM 1989, 435.

306 Zur Zulässigkeit von Modernisierungsvereinbarungen nach § 555f BGB im Wohnraummietrecht s. *Artz* WImmoT 2014, 139; *Abramenko* MietRB 2013, 278; *Mahlstedt* WImmoT 2017, 145; *Dickersbach*, Vortrag auf dem DMT 2014 herunterladbar aus der Mietrechtsdatenbank des Deutschen Mietgerichtstages: www.mietgerichtstag.de.

307 **AA** LG Osnabrück WuM 1978, 10, dort aber vorherige Zustimmung zu einer nur mit „ca." angegebenen Mieterhöhung.

sierung einer Mieterhöhung, um einen bestimmten Betrag zustimmt.[308] Dann ist die Modernisierung zwar Anlass für die Mietabänderungsvereinbarung, sie ist aber unabhängig von der Modernisierung wirksam. Führt der Vermieter die Modernisierung dann doch nicht durch, kann der Mieter seine Zustimmungserklärung zur Mietabänderungsvereinbarung ggf. gem. § 123 BGB **anfechten,** wenn der Vermieter die Modernisierungsabsicht nur vorgetäuscht hat. Möglich ist auch eine Vertragsanpassung nach den **Grundsätzen des Wegfalls der Geschäftsgrundlage.** Die Parteien können die Vereinbarung aber auch unter der aufschiebenden Bedingung der Beendigung der Modernisierung schließen. Unwirksam sind hingegen alle Vereinbarungen, nach denen der Mieter sich vor Beginn der Modernisierung verpflichtet, eine noch näher vom Vermieter nach der Höhe der Kosten zu ermittelnde erhöhte Miete zu zahlen, oder sich vorher schon mit einer Mieterhöhung gem. § 559 BGB einverstanden erklärt. Dies wäre ein unzulässiges einseitiges Leistungsbestimmungsrecht des Vermieters.[309]

[308] AG Tiergarten GE 1999, 1651.
[309] LG Osnabrück WuM 1978, 10.

## § 559c Vereinfachtes Verfahren

**(1) [1]Übersteigen die für die Modernisierungsmaßnahme geltend gemachten Kosten für die Wohnung vor Abzug der Pauschale nach Satz 2 10 000 Euro nicht, so kann der Vermieter die Mieterhöhung nach einem vereinfachten Verfahren berechnen. [2]Als Kosten, die für Erhaltungsmaßnahmen erforderlich gewesen wären (§ 559 Abs. 2), werden pauschal 30 Prozent der nach Satz 1 geltend gemachten Kosten abgezogen. [3]§ 559 Abs. 4 und § 559a Abs. 2 Satz 1 bis 3 finden keine Anwendung.**

**(2) Hat der Vermieter die Miete in den letzten fünf Jahren bereits nach Abs. 1 oder nach § 559 erhöht, so mindern sich die Kosten, die nach Abs. 1 Satz 1 für die weitere Modernisierungsmaßnahme geltend gemacht werden können, um die Kosten, die in diesen früheren Verfahren für Modernisierungsmaßnahmen geltend gemacht wurden.**

**(3) [1]§ 559b gilt für das vereinfachte Verfahren entsprechend. [2]Der Vermieter muss in der Mieterhöhungserklärung angeben, dass er die Mieterhöhung nach dem vereinfachten Verfahren berechnet hat.**

**(4) [1]Hat der Vermieter eine Mieterhöhung im vereinfachten Verfahren geltend gemacht, so kann er innerhalb von fünf Jahren nach Zugang der Mieterhöhungserklärung beim Mieter keine Mieterhöhungen nach § 559 geltend machen. [2]Dies gilt nicht,**

**1. soweit der Vermieter in diesem Zeitraum Modernisierungsmaßnahmen aufgrund einer gesetzlichen Verpflichtung durchzuführen hat und er diese Verpflichtung bei Geltendmachung der Mieterhöhung im vereinfachten Verfahren nicht kannte oder kennen musste,**

**2. sofern eine Modernisierungsmaßnahme aufgrund eines Beschlusses von Wohnungseigentümern durchgeführt wird, der frühestens zwei Jahre nach Zugang der Mieterhöhungserklärung beim Mieter gefasst wurde.**

**(5) Für die Modernisierungsankündigung, die zu einer Mieterhöhung nach dem vereinfachten Verfahren führen soll, gilt § 555c mit den Maßgaben, dass**

**1. der Vermieter in der Modernisierungsankündigung angeben muss, dass er von dem vereinfachten Verfahren Gebrauch macht;**

**2. es der Angabe der voraussichtlichen künftigen Betriebskosten nach § 555c Abs. 1 Satz 2 Nummer 3 nicht bedarf.**

### Systematische Übersicht



### Alphabetische Schnellübersicht

## A. Übersicht

### I. Entstehungsgeschichte

1 Die Modernisierung von Wohnraum und die anschließende Mieterhöhung sind unter formalen Gesichtspunkten nicht ganz einfach.[1] Trotz der Formalien und immer neuen Beschränkungen des Mieterhöhungsrechts nach Modernisierungen ist die **Modernisierung des Wohnungsbestandes weiterhin politisch gewollt.** Das gilt vor allem für die energetische Modernisierung des Wohnungsbestandes, ohne den die ehrgeizigen Klimaziele nicht erreicht werden können. Die Bundesregierung befürchtete, dass insbes. Kleinvermieter oftmals auf die Durchführung von Modernisierungen verzichten, weil sie sich von den Anforderungen, die an die Modernisierungsankündigung sowie insbes. an ein anschließendes Mieterhöhungsverfahren gestellt werden, überfordert fühlen. Deshalb schlug die Bundesregierung auf Anregung von Haus und Grund die Einführung eines sog. „vereinfachten Verfahrens" vor.[2] Der Rechtsausschuss des Deutschen Bundestages hat die vorgeschlagene Regelung dann um einige Ausnahmen ergänzt und die Absätze umgestellt.[3] In dieser überarbeiteten Fassung ist die Norm durch das Mietrechtsanpassungsgesetz v. 18.12.2018[4] eingeführt worden.[5]

### II. Inhalt und Zweck der Norm

2 Mit dem neu eingefügten § 559c BGB wollte der Gesetzgeber zum einen (Klein-)Vermietern formale Erleichterung sowohl bei der Modernisierungsankündigung gem. § 555c BGB wie auch bei der Modernisierungsmieterhöhung nach § 559ff. BGB einräumen und zum anderen Mieter schützen. Bei Maßnahmen, deren Kosten 10.000 EUR pro Wohnung nicht übersteigen, werden die Instandhaltungskosten mit 30% pauschaliert in Abzug gebracht. In der Ankündigung der Modernisierungsmaßnahme nach § 555c Abs. 1 S. 2 Nr. 3 BGB müssen die häufig nur schwer zu ermittelnden künftigen voraussichtlichen Betriebskosten nicht mehr angegeben werden. Darüber hinaus müssen Vorteile zinsverbilligter oder zinsloser Darlehen aus öffentlichen Haushalten nicht von den Kosten für die Modernisierungsmaßnahme abgezogen werden. Bedeutsam ist auch, dass der Mieter sich nicht auf das Vorliegen eines wirtschaftlichen Härtefalls gem. § 559 Abs. 4 BGB berufen kann. Auf der anderen Seite enthalten die Vorschriften im Sinne eines Mieterschutzes auch Beschränkungen und zwar sowohl für die aktuelle Mieterhöhung wie auch für zukünftige Erhöhungen. Die Höchstgrenze von 10.000 EUR gilt für Mieterhöhungen über einen Zeitraum von fünf Jahren. Darüber hinausgehende weitere Modernisierungsmieterhöhungen gem. § 559 BGB sind ausgeschlossen. Gerade diese Beschränkung dürfte das Verfahren für die Mehrzahl der Vermieter eher uninteressant machen. Der Vermieter hat ein Wahlrecht, ob er die letztendlich kleineren formellen Erleichterungen durch die weitgehende Beschränkung für die Zukunft erkaufen will, oder ob er das normale Verfahren nach §§ 559, 559b BGB durchführt.[6] Das gilt auch dann, wenn die anzusetzenden Modernisierungskosten für die einzelne Wohnung mehr als 10.000 EUR ausmachen, der Vermieter auf den überschießenden Betrag aber verzichtet und nur 10.000 EUR der Mieterhöhung zugrunde legt.[7] Auch wenn die Vorschrift vom Gesetzgeber für Kleinvermieter geschaffen wurde, so ist sie nicht auf diesen Vermietertyp beschränkt. Die Vorschrift selbst enthält keine Einschränkung, so dass jeder – auch Großvermieter – das Verfahren wählen könnte. Aufgrund der dort vorhandenen Expertise zur Durchführung einer Modernisierungsmieterhöhung aber vor allem auch wegen der bei der Wahl des Verfahrens zukünftigen Restriktionen ist die Anwendung bei dieser Vermietergruppe eher unwahrscheinlich.

---

[1] Siehe hierzu *Börstinghaus/Eisenschmid,* Modernisierungs-Handbuch, 2014.
[2] BT-Drs. 19/4672.
[3] BT-Drs. 19/6153.
[4] BGBl. I 2648; dazu *Artz/Börstinghaus* NZM 2019, 12; *Selk* NJW 2019, 329; *Lützenkirchen* MietRB 2019, 86, 91; *Eisenschmid* WuM 2019, 225; *Harsch* MDR 2019, 449; *Mersson* DWW 2019, 324; *Hinz* JR 2020, 275.
[5] Zu dem Verfahren auch *Mersson* DWW 2019, 324.
[6] Lützenkirchen MietR/*Dickersbach* BGB § 559c Rn. 40.
[7] Lützenkirchen MietR/*Dickersbach* BGB § 559c Rn. 42a.

### III. Übergangsregelung – In-Kraft-Treten

3 Das vereinfachte Verfahren nach § 559c BGB ist auch auf bestehende Mietverhältnisse anwendbar. Es kann gem. Art. 229 § 49 Abs. 1 EGBGB vom Vermieter aber nur gewählt werden, wenn er die Modernisierung gem. § 555c BGB nach dem 31. 12. 2018 dem Mieter angekündigt hat.[8]

## B. Tatbestandsvoraussetzungen

### I. Allgemeine Voraussetzungen

4 Es handelt sich bei dem neuen vereinfachten Verfahren um einen Unterfall des normalen Mieterhöhungsverfahrens nach einer Modernisierungsmaßnahme. Deshalb müssen alle Voraussetzungen des normalen Verfahrens vorliegen, soweit in § 559c BGB nicht etwas anderes geregelt ist. Deshalb muss es sich bei der Baumaßnahme vor allem um eine Modernisierungsmaßnahme gehandelt haben. Insofern siehe → BGB § 559. Möglich ist das Verfahren auch bei einer modernisierenden Instandsetzung. Werden verschiedene trennbare Baumaßnahmen gleichzeitig durchgeführt, muss für jede Maßnahme untersucht werden, ob es sich um eine reine Erhaltungsmaßnahme gem. § 555a BGB handelt. In diesem Fall müssen die Kosten, die auf diese Maßnahmen entfallen, zunächst vollständig herausgerechnet werden.

### II. Die Höchstgrenze bei den Aufwendungen

5 Da im vereinfachten Verfahren auf einen Teil des Mieterschutzes verzichtet wird, kann es vom Vermieter nach dem ausdrücklichen Wortlaut der Norm nur bei kleineren Modernisierungsmaßnahmen bis zu einem Investitionsvolumen von 10.000 EUR je Wohnung gewählt werden. Das Gesetz spricht davon, dass es sich um die „geltend gemachten Kosten für die Wohnung" handeln muss, die den Betrag von 10.000 EUR nicht übersteigen dürfen. Da es nicht um die aufgewandten, sondern die geltend gemachten Kosten geht, kann der Vermieter das Verfahren auch wählen, wenn die Kosten tatsächlich mehr als 10.000 EUR pro Wohnung betragen, er aber nur 10.000 EUR für die Maßnahme geltend macht.[9] Das kann bei einem insgesamt sehr hohen Anteil an Instandhaltungskosten im Einzelfall wirtschaftlich interessant sein, im Regelfall wahrscheinlich eher nicht.

6 Maßgeblich sind die Kosten, die auf die **einzelne Wohnung** entfallen, so dass bei Modernisierungsmaßnahmen, die das ganze Haus betreffen, zunächst der auf die Wohnung entfallende Anteil zu ermitteln ist.[10] Das entspricht der Rechtslage bei der normalen Modernisierungsmieterhöhung gem. § 559 BGB (→ BGB § 559 Rn. 74).

7 Der **Höchstbetrag** muss nicht durch eine Mieterhöhung im vereinfachten Verfahren verbraucht werden. Solange der Höchstbetrag nicht verbraucht ist, kann der Vermieter das Verfahren für weitere Mieterhöhungen gem. § 559c BGB bis zu einer Maximalhöhe von 10.000 EUR in fünf Jahren wählen.[11] Dabei ist es unerheblich, ob es sich bei der Mieterhöhung in den letzten fünf Jahren um eine solche im ordentlichen Verfahren nach §§ 559, 559b BGB oder im vereinfachten Verfahren nach § 559c BGB gehandelt hat. Wird der Höchstbetrag überschritten, kann nur der restliche Betrag bis zum Erreichen des Höchstbetrages von 10.000 EUR geltend gemacht werden. Der Vermieter kann weder den ganzen Betrag noch nur den überschießenden Betrag zum Gegenstand einer Mieterhöhung nach §§ 559, 559b BGB machen, da einer solchen Erhöhung – zumindest zeitweise – gem. § 559c Abs. 4 BGB die Sperrfrist von fünf Jahren entgegensteht, es sei denn es liegt einer der dort aufgeführten Ausnahmen vor.

### III. Anrechnung früherer Mieterhöhungen

8 Der Gesetzgeber wollte dem Vermieter mit dem vereinfachten Verfahren keine zusätzliche Mieterhöhungsmöglichkeit einräumen. Das vereinfachte Verfahren tritt an die Stelle des normalen Verfahrens. Deshalb werden gem. § 559c Abs. 2 BGB die aufgewandten Kosten aller Modernisie-

---

[8] *MüKoBGB/Artz Art* 229 § 49 EGBGB Rdn. 5.
[9] MüKoBGB/*Artz* § 559c Rn. 2; Lützenkirchen MietR/*Dickersbach* BGB § 559c Rn. 42a.
[10] *Mersson* DWW 2019, 324, 325.
[11] Diff. *Mersson* DWW 2019, 324, 325.

rungsmieterhöhungen der letzten fünf Jahre vor Zugang der Modernisierungsmieterhöhung im vereinfachten Verfahren vor Abzug der Instandhaltungskosten auf den Maximalbetrag von 10.000 EUR angerechnet. Wurde der Höchstbetrag schon durch Modernisierungsmieterhöhungen in den letzten fünf Jahren erreicht, ist eine Mieterhöhung gem. § 559c BGB ganz ausgeschlossen (zur Dauer des Ausschlusses s. → Rn. 19). Wurde der Höchstbetrag in den letzten fünf Jahren nicht erreicht, kann erstmals eine Mieterhöhung gem. § 559c BGB durchgeführt werden, jedoch reduziert sich der Höchstbetrag von 10.000 EUR um die vormalig aufgewandten Kosten. Der Vermieter kann in diesem Fall aber auch, anders als in den Fällen des Auffüllens des nicht verbrauchten Höchstbetrages (→ Rn. 7) eine Mieterhöhung im ordentlichen Verfahren nach §§ 559, 559b vornehmen.[12]

## C. Rechtsfolgen

### I. Die Modernisierungsankündigung

9 Die Entscheidung, ob das vereinfachte oder das normale Verfahren gewählt wird, muss der Vermieter bereits bei **Abfassung der Modernisierungsankündigung** treffen.[13] Die Erleichterungen des vereinfachten Verfahrens kommen dem Vermieter gem. § 559c Abs. 5 Nr. 1 BGB nur dann zugute, wenn er bereits in der Modernisierungsankündigung nach § 555c BGB angibt, vom vereinfachten Verfahren Gebrauch machen zu wollen. Anderenfalls bliebe für den Mieter verborgen, dass für das Schreiben reduzierte formale Anforderungen gelten. Die Mieterhöhung im vereinfachten Verfahren ist auch dann möglich[14], wenn der Vermieter in der Modernisierungsankündigung gem. § 555c BGB nicht darauf hingewiesen hat. In diesem Fall kann der Mieter sich aber auf Härtegründe gegenüber der Mieterhöhung berufen.[15]

10 Wählt der Vermieter das vereinfachte Verfahren, muss er nach § 559c Abs. 5 Nr. 2 BGB die im normalen Verfahren nach § 555c Abs. 1 S 2 Nr. 3 BGB erforderliche Angabe der voraussichtlichen künftigen Betriebskosten in der Modernisierungsankündigung nicht machen. Dies erschien dem Gesetzgeber vor dem Hintergrund sinnvoll, dass gerade bei energetischen Modernisierungen die Berechnung der hiermit verbundenen Betriebskostenersparnis und damit der voraussichtlichen künftigen Betriebskosten mit hohem Aufwand verbunden sein kann. Für den Mieter hingegen sind mit dem Verzicht auf diese Angabe im Verhältnis hierzu lediglich geringere Nachteile verbunden. Denn aufgrund der betragsmäßigen Begrenzung der Modernisierungen im vereinfachten Verfahren dürfte die hierdurch erzielbare Reduzierung von Betriebskosten gegenüber investitionsintensiveren Maßnahmen in ähnlichem Verhältnis geringer sein wie die hierdurch mögliche Mieterhöhung.[16] Wegen der weiteren Einzelheiten siehe → BGB § 555c Rn. 54a.

### II. Die Modernisierungsmieterhöhung

11 Auch im vereinfachten Verfahren tritt die Mieterhöhung nicht automatisch in Kraft, sondern erfordert die Abgabe einer entsprechenden Gestaltungserklärung gem. § 559b BGB durch den Vermieter. Nach § 559c Abs. 3 BGB gilt § 559b BGB im vereinfachten Verfahren entsprechend. Der Vermieter muss **in der Modernisierungsmieterhöhung angeben,** dass diese im vereinfachten Verfahren erfolgt. An die Erklärung ist er gebunden.[17] Das gilt auch, wenn sich später herausstellt, dass die Kosten höher sind.[18] Fraglich ist, ob er davon Abstand nehmen kann oder ob er eine neue Modernisierungsankündigung gem. § 555c BGB an den Mieter richten muss.[19] Das gilt aber nur dann, wenn der Vermieter die Vorteile dieses Verfahrens nutzen will, also vor allem bei Pauschalierung des Instandsetzungsanteils. Hat er, obwohl er in der Modernisierungsankündigung gem.

---

[12] *Börstinghaus/Artz* NZM 2019, 12 (20).
[13] MüKoBGB/*Artz* § 559c Rn. 12; *Mersson* DWW 2019, 324.
[14] Nach *Mersson* DWW 2019, 324 soll denkbar sein, dass der Vermieter in diesem Fall nur noch im regulären Verfahren nach § 559 BGB die Miete erhöhen kann.
[15] Nach BeckOK MietR/*Schultz* soll sich in diesem Fall gem. § 559b Abs. 2 BGB der Wirkungszeitpunkt der Mieterhöhung um sechs Monate verschieben.
[16] BT-Drs. 19/4762, 31, damals noch zu § 559c Abs. 2 S. 2 BGB.
[17] Lützenkirchen MietR/*Dickersbach* BGB § 559c Rn. 33.
[18] Lützenkirchen MietR/*Dickersbach* BGB § 559c Rn. 33.
[19] Dafür Lützenkirchen MietR/*Dickersbach* BGB § 559c Rn. 33.

§ 555c BGB eine Modernisierung im vereinfachten Verfahren angekündigt hat, in der Mieterhöhung davon keinen Gebrauch und eine ordentliche Mieterhöhung gem. §§ 559, 559b BGB vorgenommen, ist diese nur daran zu messen und deshalb nicht formell unwirksam. Ist demgegenüber eine solche Angabe in der Modernisierungsankündigung nicht erfolgt, ist eine anschließende Erhöhung im vereinfachten Verfahren unwirksam.[20] Möglich ist in einem solchen Fall aber eine Mieterhöhung im regulären Verfahren nach § 559 BGB. Ob die Mieterhöhung in einem solchen Fall gem. § 559b Abs. 2 BGB erst sechs Monate später wirksam wird, hängt von der genauen Höhe der angekündigten und der später verlangten Mieterhöhung ab.[21] Nur wenn hier ein Unterschied von mehr als 10% vorliegt tritt die Verschiebung ein.[22] Dem Mieter muss die Gelegenheit gegeben werden, die Angaben des Vermieters nachzuvollziehen. Hierfür muss der Vermieter auch bei einer Mieterhöhung im vereinfachten Verfahren angeben, **(a)** welche Modernisierungsmaßnahmen er durchgeführt hat und **(b)** wie hoch die Kosten für diese Maßnahmen insgesamt waren. **(c)** Verteilen sich diese auf mehrere Wohnungen, so muss er nachvollziehbar berechnen, wie sich die Kosten auf die einzelnen Wohnungen verteilen.

12 **(d)** Werden verschiedene Maßnahmen durchgeführt, so muss er die Kosten auf die verschiedenen Maßnahmen nur dann aufteilen, wenn neben Modernisierungsmaßnahmen auch reine Instandhaltungsmaßnahmen durchgeführt worden sind.[23] Wegen der Einzelheiten siehe → BGB § 559b Rn. 32. Angaben zu den ersparten Instandhaltungskosten sind aber anders als bei einer Modernisierungsmieterhöhung gem. § 559b BGB aufgrund der Pauschale nach § 559c Abs. 2 BGB nicht erforderlich.

## III. Die Berechnung der Mieterhöhung

### 1. Die Pauschalierung der Instandsetzungskosten

13 Bei der Mieterhöhung nach einer Modernisierungsmaßnahme sind typischerweise zwei Punkte regelmäßig strittig: Die Höhe der in Abzug zu bringenden Instandsetzungskosten und der Umlageschlüssel bei Maßnahmen, die für die Mieter unterschiedliche Gebrauchsvorteile bieten (dazu → BGB § 559 Rn. 74). Da die Umlage der Kosten sehr stark von den Umständen des Einzelfalles abhängt, war hier eine Vereinfachung durch Vereinheitlichung auf einen Umlageschlüssel eher nicht möglich und wegen der Begrenzung auf Maßnahmen von maximal 10.000 EUR pro Wohnung auch faktisch eher unbedeutend. Demgegenüber sind gem. § 559c Abs. 1 S. 2 BGB für Instandhaltungskosten immer 30% der aufgewandten Kosten abzuziehen. Es handelt sich dabei **nicht um eine widerlegliche Vermutung,** so dass dem Vermieter die Möglichkeit verwehrt ist, sich auf das Fehlen jeglicher Instandsetzungsarbeiten oder eine niedrigere Quote zu berufen. In einem solchen Fall bleibt ihm nur die Möglichkeit, das „normale" Erhöhungsverfahren nach §§ 559 Abs. 1, 559b BGB zu wählen.

### 2. Die Anrechnung von Kürzungsbeträgen

14 Eine weitere Vereinfachung betrifft den Abzug von Kürzungsbeträgen. Gemäß § 559a BGB müssen Drittmittel bei einer Modernisierungsmieterhöhung abgezogen werden. Aus Vereinfachungsgründen wird im vereinfachten Verfahren **darauf teilweise verzichtet.** So muss der Zinsvorteil zinsvergünstigter oder zinsloser Darlehen gem. § 559a Abs. 2 S 1–3 BGB nicht in Abzug gebracht werden. Dieser würde in Anbetracht der maximal geförderten Investitionssumme von 10.000 EUR ohnehin nur einen sehr geringen Betrag ausmachen. Soweit der Vermieter **Zuschüsse** aus öffentlichen Haushaltsmitteln erhalten hat oder Dritte Kosten der Modernisierung übernommen haben, müssen diese gem. § 559a Abs. 1 BGB bzw. § 559a Abs. 2 S. 4 BGB **auch im vereinfachten Verfahren** von den aufgewendeten Kosten **abgezogen werden.** Hierzu zählen insbes. auch Tilgungszuschüsse der Kreditanstalt für Wiederaufbau. Diese öffentlichen Fördermittel sollen auch dem Mieter zugutekommen.

15 Etwas anderes gilt aber bei einer während der Laufzeit des zinsverbilligten Darlehens erfolgten **Mieterhöhung auf die ortsübliche Vergleichsmiete.** In § 558 Abs. 5 BGB fehlt dieser Ausnah-

---

[20] *MüKoBGB/Artz § 559c Rn. 7; Lützenkirchen* MietR/*Dickersbach* BGB § 559c Rn. 35a.
[21] **AA** *Mersson* DWW 2019, 324: Verlängerung immer.
[22] Zumindest iErg ebenso Lützenkirchen MietR/*Dickersbach* BGB § 559c Rn. 35a.
[23] *Mersson* DWW 2019, 324, 327.

metatbestand, da es ja auch keine Mieterhöhung auf die ortsübliche Vergleichsmiete im vereinfachten Verfahren gibt.

### 3. Der Verzicht auf den Härteeinwand

Hat der Vermieter das vereinfachte Verfahren gewählt, kann der Mieter sich nicht gem. § 559 Abs. 4 BGB auf das **Vorliegen einer finanziellen Härte** berufen. Bei einer ordentlichen Modernisierungsmieterhöhung nach §§ 559, 559 b BGB kann dies zum vollständigen oder teilweisen Ausschluss der Mieterhöhungsmöglichkeit führen. Der Gesetzgeber wollte auf diese Weise Planungssicherheit für den Vermieter schaffen. Wegen der maximal möglichen Mieterhöhung von 46,67 EUR/Monat sei eine unbillige wirtschaftliche Härte für den Mieter regelmäßig nicht zu erwarten. 16

Hat der Vermieter in der Modernisierungsankündigung darauf hingewiesen, dass er das vereinfachte Verfahren wählt, ist ein **Hinweis** auf die Geltendmachung wirtschaftlicher Härtegründe gem. § 555 c Abs. 2 BGB **in der Modernisierungsankündigung** im vereinfachten Verfahren nicht erforderlich, da es den Einwand ja nicht gibt. Sind die aufgewandten Kosten anschließend doch höher als 10.000 EUR oder nimmt der Vermieter von dem vereinfachten Verfahren bei der Modernisierungsmieterhöhung Abstand, zB, weil er von einem niedrigeren Instandsetzungsanteil als 30% ausgeht, dann kann der Mieter den Härteeinwand noch gegenüber der Modernisierungsmieterhöhung entsprechend § 555 d Abs. 3 S. 2 BGB nachholen. 17

Der Mieter kann sich aber gegenüber der Duldungspflicht gem. § 555 d BGB auch im vereinfachten Verfahren auf Härtegründe die keine wirtschaftliche Härte darstellen, berufen.[24] 18

## IV. Die Sperrwirkung für die Zukunft

### 1. Grundsatz

Der Vermieter zahlt für die Vereinfachung des Verfahrens aber auch einen Preis. Wählt er das vereinfachte Verfahren, so sperrt dies für **fünf Jahre weitere Modernisierungsmieterhöhungen** gem. § 559 BGB. Nicht erfasst werden von dieser Sperre weitere Modernisierungsmieterhöhungen im vereinfachten Verfahren, um den Höchstbetrag von 10.000 EUR auszuschöpfen. Dafür sprechen die teleologische und die historische Auslegung. Sinn und Zweck der Regelung ist, dass der Mieter im Gegenzug für den Verzicht auf Mieterschutzrechte die Sicherheit haben soll, in den nächsten fünf Jahren keine weiteren Mieterhöhungen aufgrund von Modernisierungsmaßnahmen zahlen zu müssen. Das ist die Gegenleistung für den Verzicht auf Formalien. Diese Gegenleistung soll aber 560 EUR jährlich ((10.000 – 3000) × 8/100) wert sein. Ob der Vermieter diese Gegenleistung für den Verzicht in einer Erklärung oder in mehreren Erklärungen geltend macht ist vom Sinn und Zweck her gleichgültig. Das entspricht auch dem historischen Willen des Gesetzgebers, da es in Gesetzmaterialien heißt, dass die Sperrwirkung „bei Ausschöpfen des Maximalbetrags" gerechtfertigt ist und dass bei Ausschöpfung „in den kommenden fünf Jahren keine weiteren Mieterhöhungen, und zwar weder nach § 559 BGB-E noch nach § 559 c BGB-E, möglich" seien.[25] Schließlich spricht auch ein systematisches Argument für die Auslegung. Nach § 559 c Abs. 2 BGB werden auf den Höchstbetrag Mieterhöhungen im normalen und im vereinfachten Verfahren angerechnet, was auch nur dann Sinn macht, wenn in diesem Fall eine spätere Mieterhöhung überhaupt möglich ist. Deshalb kann der Vermieter auch innerhalb der Sperrfrist eine weitere Mieterhöhung nach § 559 c BGB vornehmen, wenn er mit der vorangegangenen Erhöhung im vereinfachten Verfahren in den letzten fünf Jahren zusammen, den Höchstbetrag von 10.000 EUR nur ausnutzt.[26] Eine solche Mieterhöhung löst aber wieder eine neue fünfjährige Sperrfrist aus.[27] 19

Von diesem Grundsatz hat der Gesetzgeber jedoch zwei Ausnahmen zugelassen, bei denen innerhalb der Frist doch noch zusätzlich eine Modernisierungsmieterhöhung möglich sein soll: 20

---

[24] MüKoBGB/*Artz* § 559 c Rn. 5.
[25] BT-Drs. 19/4672, 32.
[26] MüKoBGB/*Artz* § 559 c Rn. 8.
[27] MüKoBGB/*Artz* § 559 c Rn. 8.

### 2. Nicht zu vertretende Maßnahmen

21 Muss der Vermieter in den fünf Jahren nach Zugang der Mieterhöhung im vereinfachten Verfahren gem. § 559 c BGB Modernisierungsmaßnahmen **aufgrund einer gesetzlichen Verpflichtung** durchzuführen, so kann er diese zum Gegenstand einer normalen Modernisierungsmieterhöhung gem. § 559 Abs. 1 BGB machen. Dies gilt nur, wenn er diese gesetzliche Verpflichtung zur Modernisierung bei Geltendmachung der Mieterhöhung im vereinfachten Verfahren nicht kannte oder kennen musste. Unter die Ausnahme können bspw. Modernisierungen von Fassaden oder der Austausch von Brennern fallen, die aufgrund der Energieeinsparverordnung (EnEV) durchzuführen sind. Wegen der Einzelheiten siehe → BGB § 555b Rn. 151.

22 In der Praxis wird die Feststellung des genauen Zeitpunkts, wann der Vermieter die gesetzliche Verpflichtung kannte oder gar kennen musste, häufig problematisch sein. Gerade bei strittigen politischen Themen kann der Vermieter nicht wissen, was am Ende ggf. als politischer Kompromiss herauskommt. Das Gesetz verlangt aber **positive Kenntnis.** Auch beim Kennenmüssen kommt es deshalb auf die Verpflichtung an und die Ahnung, dass etwas in der Richtung kommen könnte, genügt noch nicht. Für ein Kennenmüssen reicht deshalb zB die Vereinbarung im Koalitionsvertrag, in der kommenden Legislaturperiode eine bestimmte Regelung einzuführen, ebenso wenig wie ein Referenten- oder sogar Kabinettsentwurf. Ausreichend dürfte der Beschluss des Bundestages sein, so dass die Veröffentlichung im Bundesgesetzblatt nicht erforderlich ist.[28]

23 Der Vermieter muss die Maßnahme in den kommenden fünf Jahren „durchführen müssen". Soweit die gesetzliche Verpflichtung Übergangsfristen enthält, müssen diese innerhalb der Fünfjahresfrist enden. Denn innerhalb der Übergangsfrist ist die Pflicht erfüllbar aber noch nicht fällig. Eine Mieterhöhung innerhalb der Sperrfrist ist in diesem Fall nicht möglich.[29] Soweit die Verpflichtung zur Durchführung von Maßnahmen von weiteren Tatbestandsvoraussetzungen abhängt, zB die Veräußerung des Grundstücks, den reparaturbedingten Austausch eines Bauteils (Brenner) oder den Ausbau von Gebäudeteilen (Dachgeschoss, Fassade), hat es der Vermieter in der Hand, den Zeitpunkt zu bestimmen, wann die Handlungsverpflichtung entsteht.

### 3. Der vermietende Wohnungseigentümer

24 Der Vermieter einer Eigentumswohnung ist berechtigt auch innerhalb der fünfjährigen Sperrfrist nach einer Mieterhöhung im vereinfachten Verfahren eine ordentliche Mieterhöhung gem. § 559 BGB durchzuführen, sofern eine Modernisierungsmaßnahme aufgrund eines Beschlusses der Wohnungseigentümergemeinschaft durchgeführt wird. Einschränkend gilt, dass dieser Beschluss frühestens zwei Jahre nach Zugang der Mieterhöhungserklärung im vereinfachten Verfahren gefasst wurde. Bei dieser Ausnahme handelt es sich neben den schon bestehenden **Sonderrechten für umgewandelte Eigentumswohnungen** in §§ 577, 577 a BGB um die erste Sondervorschrift für die vermietete Eigentumswohnung. Nach Ansicht des Rechtsausschusses[30] hätte der vermietende Wohnungseigentümer in der Regel noch nicht konkret absehen können, als er die Mieterhöhung im vereinfachten Verfahren geltend machte, dass die Wohnungseigentümer später einen Beschluss über die Modernisierung des Gemeinschaftseigentums, zB Fassadendämmung, fassen würden. Es sei im Gegenteil vielmehr davon auszugehen, dass der Vermieter auch die erste Mieterhöhung nach § 559 BGB und nicht nach § 559c BGB geltend gemacht hätte, wenn er ansonsten damit hätte rechnen müssen, dass eine weitere Mieterhöhung hinsichtlich solcher Maßnahmen, die er uU nicht beeinflussen kann, nicht möglich wäre.

25 Der Beschluss darf erst erst Jahre nach Zugang der Mieterhöhung im vereinfachten Verfahren gefasst worden sein. Ob der Beschluss später angefochten wurde, ist unerheblich. Anders als bei der ersten Alternative schadet ein „Kennen-müssen" hier nicht.

### 4. Möglichkeiten nach Ablauf der Sperrfrist

26 Nach Ablauf der fünfjährigen Sperrfrist darf der Vermieter eine Mieterhöhung gem. § 559 Abs. 1 BGB zumindest **für die Zukunft** auch für Maßnahmen, die innerhalb der fünfjährigen Sperrfrist durchgeführt wurden, **nachholen.**[31] § 559 c Abs. 4 S. 1 BGB spricht nur davon, dass der

---

[28] *Weitere Anknüpfungszeitpunkte bei Artz/Börstinghaus* NZM 2019, 12 (20).
[29] BT-Drs. 19/4762, 32.
[30] BT-Drs. 19/6153.
[31] *Mersson* DWW 2019, 324, 326.

Vermieter innerhalb der Frist „keine Mieterhöhungen nach § 559 BGB geltend machen kann". Der Wortlaut der Vorschrift stellt gerade nicht auf den Zeitpunkt der Modernisierungsmaßnahme ab, sondern auf das „Geltendmachen".[32] Ausgeschlossen ist also nur die Abgabe der Gestaltungserklärung. Der Mieter soll bei Durchführung einer Modernisierungsmieterhöhung im vereinfachten Verfahren fünf Jahre vor weiteren Erhöhungen geschützt werden, nicht mehr und nicht weniger. Eine Ausstrahlungswirkung einer Mieterhöhung in diesem Verfahren auf die Zeit nach Ablauf der Sperrfrist enthält die Vorschrift nicht.[33] Soweit das LG Berlin[34] auf die Kalkulationssicherheit und Planbarkeit bei Mietvertragsabschluss für den Mieter abstellt, betrifft dies allenfalls nur die Fälle, in denen der Vermieter bereits bei Durchführung der Mieterhöhung im vereinfachten Verfahren eine weitere Modernisierungsabsicht hegt. Hier wird der Mieter aber durch die Einschränkung, dass der Vermieter die Verpflichtung zur Durchführung der Arbeiten nicht kennen durfte, ausreichend geschützt. Einen weitergehenden Schutz enthält § 559c BGB nicht. Das Gesetz räumt dem Mieter nur das doppelte Kündigungsrecht gem. §§ 555e, 561 BGB ein.

Die Sperrwirkung des § 559c Abs. 4 BGB gilt nach dem ausdrücklichen Wortlaut der Norm nur für Mieterhöhungen gem. §§ 559ff. BGB. **Mieterhöhungen auf die ortsübliche Vergleichsmiete** für den modernisierten Zustand der Wohnung gem. § 558 BGB werden nicht ausgeschlossen. Im Übrigen ist der Vermieter nicht verpflichtet das vereinfachte Verfahren mit den daraus folgenden Konsequenzen zu wählen. Er kann auch dann, wenn die tatbestandlichen Voraussetzungen des § 559c BGB vorliegen, das ordentliche Verfahren gem. §§ 559ff. BGB wählen. **27**

[32] Zum ähnlichen Problem bei der Staffelmiete: *Börstinghaus* NZM 2018, 600; Bamberger/Roth/*Schüller* BGB § 557a Rn. 21; MüKoBGB/*Artz* § 557a Rn. 8; **aA** LG Berlin NZM 2018, 599.
[33] MüKoBGB/*Artz* § 559c Rn. 10.
[34] LG Berlin NZM 2018, 599 mablAnm *Börstinghaus* NZM 2018, 600.

## § 559d Pflichtverletzungen bei Ankündigung oder Durchführung einer baulichen Veränderung

**[1]Es wird vermutet, dass der Vermieter seine Pflichten aus dem Schuldverhältnis verletzt hat, wenn**

**1. mit der baulichen Veränderung nicht innerhalb von zwölf Monaten nach deren angekündigtem Beginn oder, wenn Angaben hierzu nicht erfolgt sind, nach Zugang der Ankündigung der baulichen Veränderung begonnen wird,**

**2. in der Ankündigung nach § 555c Abs. 1 ein Betrag für die zu erwartende Mieterhöhung angegeben wird, durch den die monatliche Miete mindestens verdoppelt würde,**

**3. die bauliche Veränderung in einer Weise durchgeführt wird, die geeignet ist, zu erheblichen, objektiv nicht notwendigen Belastungen des Mieters zu führen, oder**

**4. die Arbeiten nach Beginn der baulichen Veränderung mehr als zwölf Monate ruhen.**

**[2]Diese Vermutung gilt nicht, wenn der Vermieter darlegt, dass für das Verhalten im Einzelfall ein nachvollziehbarer objektiver Grund vorliegt.**

### Systematische Übersicht



### Alphabetische Schnellübersicht



## A. Übersicht

### I. Entstehungsgeschichte

1 Die Vorschrift ist durch das Mietrechtsanpassungsgesetz v. 18.12.2018[1] neu eingeführt worden. Ein Ziel dieses Gesetzgebungsvorhabens war nach dem Koalitionsvertrag die **Bekämpfung des sog. „Herausmodernisierens“.** Zunächst sah der Referentenentwurf v. 10.7.2018[2] in § 559d Abs. 1 BGB eine eigene Anspruchsgrundlage für die Mieter vor. Vermietern sollte damit ursprünglich deutlich vor Augen geführt werden, dass die Rechtsordnung Maßnahmen, die in der Absicht durchgeführt werden, den Mieter zu Kündigung des Mietverhältnisses zu veranlassen, missbilligt. Nach dem Hinweis aus der Praxis, dass ein solcher Anspruch schon heute besteht[3] und die spezialgesetzliche Regelung eher eine Beschränkung von Mieterrechten zur Folge haben könnte, wenn die engen Voraussetzungen des § 559c BGB-E nicht vorliegen, wurde im Gesetzentwurf der Bundesregierung[4] die Anspruchsgrundlage in Abs. 1 des Entwurfs ersatzlos gestrichen.[5] Es verblieb im Gesetzgebungsvorschlag nur die im Referentenentwurf in Abs. 2 vorgesehene **Vermutungsregelung,** wobei nunmehr vier Verhaltensweisen aufgeführt wurden, die ein sog. „bewusstes Heraus-

[1] BGBl. I 2648; dazu *Artz/Börstinghaus* NZM 2019, 12; *Herrlein/Hoff/Muchow* NZM 2021, 57, 62; *Selk* NJW 2019, 329; *Lützenkirchen* MietRB 2019, 116 *Eisenschmid* WuM 2019, 225; *Harsch* MDR 2019, 449; *Hinz* JR 2020, 275; *ders.* ZMR 2019, 645; *Heix* WuM 2019, 57; *Lehmann-Richter* WuM 2020, 258; *Lehmann-Richter* WImmoT 2019, 167.

[2] *Börstinghaus* NZM 2018, 652 (654).

[3] BGH VIII ZR 199/16, NZM 2017, 595 = NJW 2017, 2907; nach *Lützenkirchen* MietRB 2019, 116 soll *diese BGH-Entscheidung* „Pate gestanden haben bei Einführung des § 559d BGB.“

[4] BT-Drs. 19/4672.

[5] Zu den unterschiedlichen Gesetzvorschlägen im Gesetzgebungsverfahren s. die Synopse von *Börstinghaus* NZM 2018, 705.

modernisieren" nahe legen. Im Übersendungsschreiben des BMJV v. 11.7.2018[6] wurde darauf hingewiesen, dass der Vorschlag zwischen den beteiligten Ressorts noch strittig sei. Der Rechtsausschuss hat an der Vorschrift keine Änderungen vorgenommen.[7] Zugleich wurde durch das Mietrechtsanpassungsgesetz ein neuer Ordnungswidrigkeitentatbestand gegen das Herausmodernisieren in §6 WiStG[8] geschaffen. Er betrifft aber nach der am Ende Gesetz gewordenen Fassung nur noch die dritte Variante des §559d BGB.

## II. Inhalt und Zweck der Norm

Mit dem neu eingefügten §559d BGB wollte die Regierungskoalition erreichen, dass ein gezieltes „Herausmodernisieren" von Mietern den Vermieter schadensersatzpflichtig macht. Statt eines eigenen Schadensersatzanspruchs hat man nur eine **prozessuale Vermutung für pflichtwidriges Verhalten** bei Verhaltensweisen in Zusammenhang mit der Ankündigung oder Durchführung baulicher Veränderungen, die ein gezieltes Herausmodernisieren nahelegen, geschaffen. Von der Einführung eines eigenen Schadensersatzanspruchs hatte man Abstand genommen, da dieser sich nicht bruchfrei in das System vertraglicher Haftung einfügen ließ. Außerdem wurde die Gefahr gesehen, dass die bisher schon bestehenden Schadensersatzansprüche[9] in diesem Zusammenhang aufgrund eines Umkehrschlusses in Zukunft ausschieden. Anspruchsgrundlage für Schadensersatzansprüche ist §280 Abs. 1 BGB. Hier trägt der Mieter die Beweislast für die objektive Pflichtverletzung. Daneben kommen auch Ansprüche aus §823 Abs. 2 BGB iVm §6 WiStG in den Fällen der nachgewiesenen „Herausmodernisierungs-Absicht" in Betracht.[10] §559d BGB soll in beiden Fällen nur zu einer **Beweiserleichterung** für den Mieter führen und für typische Verhaltensweisen eine Vermutung für eine schuldhafte Pflichtwidrigkeit des Vermieters aufstellen, um ihm damit die Geltendmachung des Anspruchs zu erleichtern. Die Vorschrift schließt aber Schadensersatzansprüche wegen anderen pflichtwidrigen Verhaltens des Vermieters nichts aus.[11] 2

Ursprünglich hatte die **Vermutungswirkung keine eigenständige Bedeutung.** Sie stand in §559d Abs. 2 BGB-E, der in §559d Abs. 1 BGB damals den eigenen Schadensersatzanspruch „bei baulicher Veränderung zur Beendigung des Mietverhältnisses" enthielt. Die jetzt Gesetz gewordenen verschiedenen enumerativ aufgezählten Alternativen betreffen immer noch typische Verhaltensweisen, die nach Ansicht des Gesetzgebers ein sog. „bewusstes Herausmodernisieren" nahelegen. Die Vermutungsregelung beschränkt sich nach der geänderten amtlichen Überschrift aber nicht mehr nur auf die Fälle des Herausmodernisierens. Auch der Wortlaut der Norm ist jetzt weiter. Erfasst werden jetzt alle „Pflichtverletzungen bei Ankündigung oder Durchführung einer baulichen Veränderung". Die Absicht des Vermieters, den Mieter zur Kündigung zu bewegen, ist gerade nicht – mehr – erforderlich.[12] Deshalb kann der Mieter sich auf die Vermutungsregelung auch berufen, wenn er Schadensersatzansprüche gem. §280 BGB im Zusammenhang mit einer pflichtwidrigen Ankündigung oder Durchführung von Baumaßnahmen beruft, zB, weil er wegen Unzumutbarkeit ins Hotel zieht oder sich anwaltlich beraten lässt. Die Vermutungsregelung gilt auch bei Unterlassungsansprüchen des Mieters gegen den Vermieter gem. §1004 BGB. Die Vermutungswirkung gilt aber nicht bei schikanösem Verhalten, das nicht um Zusammenhang mit einer baulichen Veränderung steht, und auch den Mieter zum Auszug bewegen soll.[13] Die Vorschrift gilt aber nur im Zivilverfahren. Dies ergibt sich bereits aus der Stellung der Vorschrift im BGB. Im Bußgeldverfahren gem. §6 WiStG gilt die Norm nicht. Insofern entspricht die Rechtslage der bei §5 WiStG. Auch dort gilt die Vermutungswirkung des §558d Abs. 2 BGB für qualifizierte Mietspiegel nicht.[14] 3

---

6 *Börstinghaus* NZM 2018, 652.

7 BT-Drs. 19/6153.

8 *Blank* NZM 2019, 73; zur ursprünglichen Fassung im Referentenentwurf krit. *Börstinghaus/Krumm* NZM 2018, 633.

9 So zB schon BGH VIII ZR 199/16, NZM 2017, 59.

10 *Artz/Börstinghaus* NZM 2019, 12 (23); *Börstinghaus/Krumm* NZM 2018, 633 (637); wohl auch *Blank* NZM 2019, 73 (75).

11 Lützenkirchen MietR/*Dickersbach* BGB §559d Rn. 14.

12 *Lützenkirchen* MietRB 2019, 116.

13 *Selk* NJW 2019, 329 (333).

14 Das kritisiert auch *Beuermann* GE 2000, 935 (936), der auf die unterschiedliche Rspr. der verschiedenen Kammern des LG Berlin hierzu hinweist; nach *Rips* WuM 2002, 415 (419) ist das wegen des Amtsermittlungsgrundsatzes „selbstverständlich".

4 Es handelt sich um eine widerlegliche Vermutung. Der Mieter muss die **Vermutungsgrundlagen darlegen.** Erst wenn diese entweder unstreitig oder bewiesen sind, muss der Vermieter gegen den die Vermutungswirkung streitet, sie ggf. widerlegen und zwar gem. § 292 ZPO. Für diesen sog. **Beweis des Gegenteils** ist ein voller Beweis erforderlich. Er ist dann geführt, wenn die Unwahrheit der vermuteten Tatsache voll bewiesen ist. Dies bezieht sich **nicht auf die Vermutungsgrundlagen.** Diese muss ja der Mieter beweisen. Der **Beweis des Gegenteils** bezieht sich auf die letztendlich zu beweisende Tatsache, also die schuldhafte Pflichtwidrigkeit im Zusammenhang mit der Durchführung der Baumaßnahme und die innere Tatsache der Absicht des Herausmodernisierens.

5 Der Gesetzgeber hat mit dieser Norm die durch die letzte große Mietrechtsreform[15] geschaffene **stringente Systematik** des Mietrechts **verletzt.** Die Vorschrift betrifft ausschließlich Verhaltensweisen, die im Zusammenhang mit der Ankündigung und Durchführung der Baumaßnahme stehen und wirklich gar nichts mit der Höhe der Miete zu tun haben. Insofern ist die Stellung der Norm im Kap. 2 „Miete" und im Unterkapitel „Regelungen über die Miethöhe" völlig verfehlt. Wenn man eine solche Regelung überhaupt ins BGB aufnehmen will, dann hätte die Norm ins Kap. 1 a „Erhaltungs- und Modernisierungsmaßnahmen" gehört. Auch der Hinweis auf die Widerlegbarkeit bei „nachvollziehbar-objektiven" Gründen ist überflüssig.[16]

### III. Übergangsregelung – In-Kraft-Treten

6 Die Vorschrift gilt auch für bei Inkrafttreten bereits bestehende Mietverhältnisse. Die Vermutungswirkung ist gem. Art. 229 § 49 Abs. 1 EGBGB aber nur anzuwenden auf ein Verhalten nach dem 31. 12. 2018. Das bedeutet, dass das Ganze zu beurteilende Verhalten erst ab dem 1. 1. 2019 stattgefunden haben muss. Es findet auch keine Zusammenrechnung von „Altverhalten" und neuerem Verhalten statt.[17] Das gilt aber nur für die Anwendung der Vermutungswirkung. Schadensersatzansprüche können auch für Verhaltensweisen davor bestehen, nur gelten hier dann die allgemeinen Beweislastregeln. Gemäß § 280 Abs. 1 S. 2 BGB muss der Vermieter sich aber hinsichtlich des Verschuldens entlasten.

## B. Tatbestandsvoraussetzungen

### I. Allgemeines

7 Die Vorschrift enthält vier Varianten, bei deren Vorliegen widerleglich vermutet wird, dass eine Pflichtverletzung des Vermieters vorliegt. Alle vier Varianten stehen im Zusammenhang mit baulichen Veränderungen, so dass andere Verhaltensweisen des Vermieters, zB schikanöse Kündigungen, die auch auf eine Kündigung des Mieters abzielen, nicht erfasst werden.[18] Es besteht auch keine völlige Identität mit dem neuen Bußgeldtatbestand in § 6 WiStG. Während im ersten Entwurf[19] auch in der Ahndungsvorschrift noch vier Verhaltensweisen aufgeführt waren[20] enthält § 6 WiStG jetzt nur noch einen Tatbestand, der der dritten Variante des § 558 d BGB entspricht.[21] Unerheblich ist, ob die benannten Verhaltensweisen durch den Vermieter selbst durchgeführt werden, von einem Hausverwalter veranlasst werden oder von den Bauhandwerkern verursacht werden. Die Formulierung insbes. in Nr. 3 spricht nur davon, dass die Veränderung „durchgeführt wird". Insofern unterscheidet sich der Wortlaut von § 6 WiStG, der denjenigen erfasst, „der (…) die Veränderung durchführt". Soweit in der Vorschrift von baulichen Veränderungen die Rede ist, sind damit sowohl Modernisierungsmaßnahmen gem. § 555 b BGB, Erhaltungsmaßnahmen gem. § 555 a BGB, modernisierende Instandsetzungen aber auch Rückbaumaßnahmen (Demontage eines Müllschluckers, Rückbau von Stockwerken) gemeint.

---

[15] *Artz* NJW 2015, 1573.
[16] *Selk* NJW 2019, 329 (333).
[17] **AA** *Lützenkirchen* MietRB 2019, 116, 117.
[18] *Selk NJW 2019, 329 (333).*
[19] NZM 2018, 487 (489).
[20] *Börstinghaus/Krumm* NZM 2018, 633.
[21] → BGB Nach § 535 Anhang 2.

## II. Verzögerter Baubeginn (Nr. 1)

Nach § 559d Nr. 1 BGB wird vermutet, dass der Vermieter pflichtwidrig handelt, wenn mit der baulichen Veränderung nicht **innerhalb von zwölf Monaten** nach deren angekündigtem Beginn oder, wenn Angaben hierzu nicht erfolgt sind, nach Zugang der Ankündigung der baulichen Veränderung begonnen wird. Die Ankündigung einer Baumaßnahme, mit der nicht begonnen wird, lässt vermuten, dass die Arbeiten gar nicht ernsthaft beabsichtigt waren und nur deshalb angekündigt wurden, um den Mieter zur Kündigung zu veranlassen, um den massiven Belästigungen durch die Bauarbeiten und vor allem der erheblichen Mieterhöhung zu entgehen. Der Zeitraum von zwölf Monaten ist ausreichend weit gestaltet, um trotz sachgerechter Planung unvermeidbaren Verzögerungen Rechnung zu tragen.[22] Die Frist beginnt bei einer Modernisierungsmaßnahme mit dem gem. § 555c Abs. 1 S. 2 Nr. 2 BGB mitzuteilenden voraussichtlichen Baubeginn. Hat der Vermieter keinen Baubeginn mitgeteilt, beginnt die Frist mit Zugang der Modernisierungsankündigung. 8

## III. Verdopplung der Miete (Nr. 2)

Nach Nr. 2 wird eine Pflichtverletzung des Vermieters vermutet, wenn er in der Ankündigung der Baumaßnahme gem. § 555c Abs. 1 S. 2 Nr. 3 BGB eine zu erwartende Mieterhöhung angibt, durch die die monatliche Miete mindestens verdoppelt würde. Die Ankündigung einer **so erheblichen Mieterhöhung** soll nach den Vorstellungen des Gesetzgebers vermuten lassen, dass der Vermieter seine Pflicht zur ordnungsgemäßen Ermittlung einer nach Abschluss der Maßnahme erlaubten Mieterhöhung verletzt hat.[23] Da die Ankündigung einer solchen Mieterhöhung zudem bei vielen Mietern Angst auslöst, sich die Miete zukünftig nicht mehr leisten zu können, dürfte regelmäßig ein vorhersehbarer kausaler Zusammenhang zwischen einer solchen Ankündigung und der Beendigung des Mietverhältnisses durch den Mieter bestehen.[24] Auf die absolute Höhe der Miete für die Wohnung oder pro Quadratmeter kommt es dabei nicht an. In § 555c Abs. 1 S. 2 Nr. 3 BGB wird der Vermieter verpflichtet die zu erwartende Höhe der Miete und die voraussichtlichen Betriebskosten mitzuteilen. Da das BGB vom Modell der **Inklusivmiete** ausgeht[25] kommt es auf eine Verdoppelung der Grundmiete inkl. der Betriebskostenvorauszahlungen an. Dabei sind auch Betriebskostensenkungen durch eine energetische Modernisierung zu berücksichtigen. Umgedreht können auch erhebliche Betriebskostensteigerungen, zB bei Einbau einer Fahrstuhlanlage, zu berücksichtigen sein. 9

## IV. Schikanöse Durchführung (Nr. 3)

Ferner wird eine Pflichtverletzung vermutet, wenn die Baumaßnahme in einer Weise durchgeführt wird, die geeignet ist, zu erheblichen, objektiv nicht notwendigen Belastungen des Mieters zu führen. Die Vermutung greift nur dann ein, wenn eine Baumaßnahme in einer Art und Weise durchgeführt wird, die das nach einem regulären Bauablauf Erforderliche deutlich überschreitet und wenn hierdurch erhebliche, **objektiv nicht notwendige Belastungen** für den Mieter entstehen. Erfasst werden sollen mit der Alternative vor allem leider in der Vergangenheit vorgekommene schikanöse Vorgehensweisen einzelner Vermieter. Beispielhaft nennt die Gesetzbegründung[26] hier das mehrmonatige Verhängen der Fenster mit einer blickdichten Plane, ohne dass im zeitlichen Anschluss überhaupt bauliche Maßnahmen durchgeführt werden, für die eine solche Plane notwendig ist. Als schikanös kann auch gelten die Durchführung von besonders lärmintensiven Maßnahmen, die ohne erkennbaren Grund überwiegend zur Unzeit (sehr früh morgens und/oder spät abends) ausgeführt werden, oder das längerfristige Abstellen von Frischwasser[27] oder Strom[28]. Auch 10

---

[22] BT-Drs. 19/4672 S. 33.
[23] BT-Drs. 19/4672 S. 33.
[24] BT-Drs. 19/4672 S. 33.
[25] BGH VIII ZR 254/17, NZM 2019, 253; BGH XII ZR 88/10, NJW-RR 2012, 1034; BT-Drs. 14/4553, 50; MüKoBGB/*Schmid*/*Zehelein* § 556 Rn. 5.
[26] BT-Drs. 19/4762, 33.
[27] BT-Drs. 19/4762, 33.
[28] So das Bsp. von *Blank* NZM 2019, 73 (74).

die Missachtung der grundlegendsten Sicherheitsstandards, wie das nicht bloß kurzfristige Aushängen der Haustür, wird vom Gesetzgeber als Verhaltensweise aufgezählt, die den neuen Vermutungstatbestand erfüllen soll. Erforderlich sind, wie der Wortlaut deutlich zum Ausdruck bringt, erhebliche, objektiv nicht notwendige Belastungen des Mieters. Daraus folgt, dass die Schwelle hoch ist, so dass an die Beeinträchtigungen auf Mieterseite hohe Anforderungen zu stellen sind.[29] *Blank*[30] führt als weitere Beispiele noch an ein von den Bauherren geduldetes rüpelhaftes Benehmen der Bauarbeiter, das Lagern von Bauschutt über längere Zeit in der Mietwohnung oder im Zugangsbereich.

11 Da die Maßnahme nur „geeignet sein muss" zu Belastungen des Mieters zu führen, ist eine **konkrete Beeinträchtigung** des Mieters **nicht erforderlich.**[31] Deshalb kann die Vermutungswirkung – ebenso wie der neue Ordnungswidrigkeitentatbestand[32], auch verwirklicht sein, wenn der Mieter sich gar nicht in der Wohnung aufhält, also zB im Urlaub ist oder wegen der Arbeiten zeitweise ausgezogen ist. In diesem Fall sind aber an den Gegenbeweis gem. § 292 ZPO keine zu hohen Anforderungen zu stellen. Der Vermieter, der weiß, dass der Mieter unter der konkreten Bauausführung nicht leidet, weil er ortsabwesend ist, muss die sonst erforderliche Rücksicht nicht aufbringen.

12 Eine zeitliche Grenze enthält der Vermutungstatbestand der Nr. 3 anders als die beiden in Nr. 1 und 4 aufgeführten Verhaltensweisen nicht. Die erhebliche Belastung muss also weder über 12 Monate noch für die Dauer der gesamten Baumaßnahme bestanden haben. Die Dauer der Belastung ist aber bei der Frage, ob die Belastung erheblich ist, zu berücksichtigen.

### V. Ruhen der Arbeiten (Nr. 4)

13 Nach Nr. 4 wird auch bei einem **12-monatigen Baustillstand** eine Pflichtwidrigkeit vermutet. Ein solche Baustillstand lässt vermuten, dass die Arbeiten gar nicht ernsthaft beabsichtigt waren und nur deshalb begonnen wurden, um den Mieter zur Kündigung zu veranlassen oder ihn sonst zu schädigen. Die Frist beginnt mit der letzten baulichen Maßnahme Hier dürfte im Einzelfall die Feststellung des genauen Termins schwierig sein. Die Tatsache des Baustillstandes wird dem Mieter erst mit einiger zeitlichen Verzögerung bewusst werden. Oft werden die Arbeiten auch nicht abrupt eingestellt, sondern „versanden" langsam. Auch hier ist der Fristbeginn schwerlich zu ermitteln. Darlegungs- und beweispflichtig ist für die Vermutungsgrundlagen ist der Mieter. Gegebenenfalls kann er vom Vermieter die Vorlage des Bautagebuchs verlangen. Werden die Arbeiten wieder kurzfristig aufgenommen, beginnt jeweils eine neue Frist. Das gilt aber nicht für Nebentätigkeiten von untergeordneter Bedeutung, wie zB Reinigungsarbeiten.[33] In ganz extremen Einzelfällen, wenn dies erkennbar nur geschieht, um den Vermutungstatbestand nicht eintreten zu lassen, kann ein **Umgehungsgeschäft** vorliegen. In diesem Fall tritt keine Unterbrechungswirkung ein. Die Anforderungen daran sind aber sehr hoch.

## C. Rechtsfolgen

14 Sind die Vermutungsgrundlagen unstreitig oder hat der Mieter sie bewiesen, so wird gemäß Satz 1 vermutet, dass der Vermieter eine Pflichtwidrigkeit iSd § 280 BGB des Mietverhältnisses begangen hat. Das Verschulden des Vermieters wird gem. § 280 Abs. 1 S. 2 BGB wiederum widerleglich vermutet.

15 Gesetzliche Vermutungen werden unterschieden in gesetzliche **Tatsachenvermutungen**[34] und **gesetzliche Rechtsvermutungen.**[35] Daneben gibt es in der Gerichtspraxis noch die besonders wichtigen tatsächlichen Vermutungen[36], auf die sich der Anscheinsbeweis stützt. Da der Gesetzgeber hier eine gesetzliche Vermutung in § 559d S. 1 BGB angeordnet hat, kommen nur die ersten

[29] So auch *Blank* NZM 2019, 73 (74).
[30] *Blank* NZM 2019, 73 (74).
[31] *Blank* NZM 2019, 73 (74).
[32] *Blank* NZM 2019, 73 (74).
[33] *Lützenkirchen MietRB 2019, 116* (121).
[34] §§ 1591 Abs. 2, 2009, 2255 S. 2 BGB, §§ 437 Abs. 1, 440 Abs. 2 ZPO.
[35] ZB in §§ 891, 921, 1006, 1138, 1155, 1227, 1248, 1362, 1964 Abs. 2, 2365, 2368 Abs. 3 BGB.
[36] Dazu ausf. Baumgärtel/Laumen/Prütting Beweislast-HdB/*Laumen,* 4. Aufl. 2018, Bd. 1 Kap. 19.

beiden Möglichkeiten in Betracht. Bei § 559d BGB handelt um eine **Tatsachenvermutung** nämlich die objektive Pflichtwidrigkeit des Vermieterverhaltens.

16 Eine gesetzliche Vermutung ist dann anzuwenden, wenn die Vermutungsgrundlagen also der **Vermutungstatbestand** dargelegt und ggf. auch bewiesen wurde. Das ist vorliegend eine der in den Nr. 1–4 benannten Verhaltensweisen. Diese **Vermutungsgrundlagen** muss im Schadensersatz- oder ggf. auch Unterlassungsprozess derjenige **darlegen** und ggf. auch **beweisen,** der sich auf die Vermutungswirkung berufen will. Hinsichtlich der **Vermutungsgrundlagen** ist ein **Vollbeweis** zu erbringen. Das ist im vorliegenden Fall regelmäßig der Mieter. Erst wenn die Vermutungsgrundlagen festgestellt worden sind, dann tritt die Rechtsfolge also die **Vermutungsfolge** ein. Das ist hier die Pflichtwidrigkeit.

17 Erst wenn die **Vermutungsgrundlagen dargelegt** und dann entweder unstreitig oder bewiesen sind, muss der Vermieter gegen den die Vermutungswirkung streitet, sie ggf. widerlegen und zwar gem. § 292 ZPO. Das ist etwas anderes als das Bestreiten der Vermutungsgrundlagen, zB den Zeitraum des Baustillstands. Der Beweis des Gegenteils betrifft den Grund, für die Verzögerung oder Belästigung. Er ist erbracht, wenn der Vermieter darlegt, dass für das Verhalten im Einzelfall ein nachvollziehbarer objektiver Grund vorliegt. Der Vermieter kann bspw. die Vermutung schon dadurch widerlegen, dass er darlegt, dass die deutliche Verzögerung des Baubeginns nicht auf ihn zurückzuführen ist bzw. von ihm nicht zu verantworten ist. Dies ist zB der Fall, wenn der Vermieter aus nachvollziehbaren Gründen von einer ernsthaft geplanten Maßnahme Abstand genommen hat, bspw. aufgrund der Veränderung seiner eigenen finanziellen Situation, wegen der Vorrangigkeit anderer Maßnahmen, oder wenn die Maßnahme sich zB wegen Verzögerungen in Genehmigungsverfahren oder wegen der schlechten Verfügbarkeit von Handwerkern zeitlich verschoben hat.[37] Die Vermutung nach Nr. 2 kann Vermieter dadurch widerlegt werden, dass nachvollziehbar dargelegt wird, dass die angekündigte Maßnahme Kosten erfordert, die zu einer solchen Mieterhöhung führen können.[38]

18 Der Mieter ist hinsichtlich der Höhe des **Schadens** darlegungs- und beweispflichtig. Zum Schaden können gehören, die Kosten eines Umzugs, die An- und Abmeldekosten für die Wohnung und aller Versorgungs- und Kommunikationsanschlüsse, die Kosten der Einlagerung von Gegenständen, Ersatz für beschädigte Gegenstände, aber auch höhere Fahrtkosten zur und von der Arbeitsstelle sowie ggf. auch ein Mietdifferenzschaden.[39]

---

[37] BT-Drs. 19/4762, 34.

[38] BT-Drs. 19/4762, 34.

[39] Dazu und vor allem zur Frage der Dauer, für die der Kündigungsfolgeschaden zu zahlen ist: *Siegmund* WuM 2017, 613.

## § 560 Veränderungen von Betriebskosten

**(1) Bei einer Betriebskostenpauschale ist der Vermieter berechtigt, Erhöhungen der Betriebskosten durch Erklärung in Textform anteilig auf den Mieter umzulegen, soweit dies im Mietvertrag vereinbart ist. Die Erklärung ist nur wirksam, wenn in ihr der Grund für die Umlage bezeichnet und erläutert wird.**

**(2) Der Mieter schuldet den auf ihn entfallenden Teil der Umlage mit Beginn des auf die Erklärung folgenden übernächsten Monats. Soweit die Erklärung darauf beruht, dass sich die Betriebskosten rückwirkend erhöht haben, wirkt sie auf den Zeitpunkt der Erhöhung der Betriebskosten, höchstens jedoch auf den Beginn des der Erklärung vorausgehenden Kalenderjahres zurück, sofern der Vermieter die Erklärung innerhalb von drei Monaten nach Kenntnis von der Erhöhung abgibt.**

**(3) Ermäßigen sich die Betriebskosten, so ist eine Betriebskostenpauschale vom Zeitpunkt der Ermäßigung an entsprechend herabzusetzen. Die Ermäßigung ist dem Mieter unverzüglich mitzuteilen.**

**(4) Sind Betriebskostenvorauszahlungen vereinbart worden, so kann jede Vertragspartei nach einer Abrechnung durch Erklärung in Textform eine Anpassung auf eine angemessene Höhe vornehmen.**

**(5) Bei Veränderungen von Betriebskosten ist der Grundsatz der Wirtschaftlichkeit zu beachten.**

**(6) Eine zum Nachteil des Mieters abweichende Vereinbarung ist unwirksam.**

### Systematische Übersicht



### Alphabetische Schnellübersicht

## A. Allgemeines

§ 560 BGB stammt aus der Mietrechtsreform 2001 und regelt unter der Überschrift „Veränderungen von Betriebskosten" die **Anpassung** von **Betriebskostenpauschalen** und **-vorauszahlungen.** Die praxisrelevanten Nachzahlungs- oder Erstattungsansprüche bei Vereinbarung des Abrechnungsmodells, die man ebenfalls als „Veränderungen von Betriebskosten" verstehen kann, sind hingegen nicht Gegenstand von § 560 BGB. Ihr Rechtsgrund ist der Mietvertrag (→ BGB § 556 Rn. 99). Rechtshistorische Wurzel von § 560 BGB ist § 4 MHG. 1

§ 560 BGB gilt nur für **Wohnraummietverträge;** zu Besonderheiten des preisgebundenen Wohnraums → BGB § 556 Rn. 60. § 560 Abs. 4 BGB findet grds. auch auf **Altmietverträge** aus der Zeit vor dem 1.9.2001 Anwendung.[1] Für § 560 Abs. 1, 2, 5, 6 BGB gilt dies gem. Art. 229 § 3 Abs. 4 EGBGB indes nur, soweit im Mietvertrag vereinbart ist, dass der Mieter Erhöhungen der Betriebskosten zu tragen hat.[2] 2

## B. Erhöhung von Betriebskostenpauschalen (§ 560 Abs. 1 und Abs. 2 BGB)

§ 560 Abs. 1, 2 BGB regeln die Erhöhung von Betriebskostenpauschalen. Die Vorschriften haben einen **mieterschützenden Zweck.** Denn sie beschränken über § 560 Abs. 6 BGB die Möglichkeit des Vermieters, sich ein weitergehendes Erhöhungsrecht vertraglich versprechen zu lassen. 3

§ 560 Abs. 1, 2 BGB sind nur **anwendbar,** wenn die Parteien eine die Betriebskosten betreffende Pauschalvereinbarung getroffen haben, dazu → BGB § 556 Rn. 44. 4

Die in § 560 Abs. 1 BGB geregelte Befugnis des Vermieters ist ein **Gestaltungsrecht.** Es hängt vom Mietvertrag ab, ob dem Vermieter mehrere, nach Betriebskostenpositionen zu unterscheidende Gestaltungsrechte oder lediglich ein einziges, sich auf sämtliche Betriebskosten der Pauschalvereinbarung beziehendes Gestaltungsrecht zusteht: Haben die Parteien eine **Gesamtpauschale** vereinbart, so kann diese nur einheitlich erhöht werden. Haben sie hingegen die Pauschale nach einzelnen Betriebskostenpositionen betragsmäßig aufgesplittet **(Pauschalensplitting),** so besteht für jeden Einzelbetrag ein eigenständiges Erhöhungsrecht. 5

Das Gestaltungsrecht **entsteht** nach seiner wirksamen Ausübung **neu,** sobald der Gestaltungsgrund, nämlich die Erhöhung der Betriebskosten, erneut eingetreten ist. Eine **Wartefrist** für seine erneute Ausübung besteht **nicht.**[3] Es kann, wie jedes andere Recht auch, nach allgemeinen Grundsätzen verwirkt werden.[4] 6

### I. Vertragliche Vereinbarung des Erhöhungsrechts

§ 560 Abs. 1 BGB enthält kein gesetzliches Erhöhungsrecht, sondern macht ein solches von einer **vertraglichen Vereinbarung** abhängig. Ob die Parteien ein Erhöhungsrecht vereinbart haben, ist in Zweifelsfällen durch Auslegung zu ermitteln, wobei bei Vermieter-AGB § 305 c Abs. 2 BGB zu beachten ist. 7

### II. Gestaltungsgrund: Erhöhungen der Betriebskosten

Gestaltungsgrund ist, dass sich die Betriebskosten erhöht haben. Die **Details** sind im **Gesetz nicht** geregelt, was zu einer Reihe von Problemen führt. 8

Der erforderliche **Vergleich** bezieht sich **gegenständlich** nur auf die Betriebskostenpositionen, die von der Pauschalvereinbarung erfasst sind. Haben die Parteien eine Gesamtpauschale vereinbart, so setzt die Erhöhung voraus, dass sich die Betriebskosten insgesamt erhöht haben.[5] Steigerungen *einzelner Kostenpositionen werden* also durch Reduzierungen bei anderen Positionen ausgegli- 9

---

[1] Vgl. BT-Drs. 14/4553, 75.

[2] Etwa AG Köln ZMR 2017, 67; AG München ZMR 2014, 893.

[3] Etwa Staudinger/*Artz* BGB § 560 Rn. 18.

[4] Vgl. LG Berlin GE 1999, 111, das eine Verwirkung allein wegen des Zeitmoments (konkret: vier Jahre) zu Recht ablehnt.

[5] BGH VIII ZR 106/11, NJW 2012, 303 Rn. 11.

chen. Anders ist es beim Pauschalensplitting, weil hier für jede Kostenposition ein eigenständiges Erhöhungsrecht besteht (→ Rn. 5).

10 Ob eine Erhöhung eingetreten ist, bedarf aus **zeitlicher Sicht** zweier Anknüpfungspunkte. Denn es ist anerkannt, dass der Vergleich nicht einfach zwischen der zum Zeitpunkt der Erhöhung geschuldeten Pauschale und den zu diesem Zeitpunkt entstehenden Betriebskosten gezogen werden darf.[6]

**Beispiel:** Vertragsschluss am 1.12.2020, M schuldet eine Pauschale von 200 EUR/Monat; tatsächlich fallen Betriebskosten von 210 EUR/Monat an. V macht im März 2022 eine Erhöhung geltend; die Betriebskosten betragen jetzt 220 EUR/Monat. Der Erhöhungsbetrag beläuft sich nicht etwa auf 20 EUR/Monat (sondern nur auf 10 EUR/Monat).

11 Der **erste Stichtag** ist der Zeitpunkt der letzten Veränderung der Pauschale, hilfsweise der Beginn des Mietvertrags.[7] Der Vermieter hat es also nicht etwa in der Hand, durch „Verschiebung" des Vergleichszeitpunkts einen für ihn optimalen Erhöhungsbetrag zu beanspruchen. Kann der Vermieter die Betriebskosten zum ersten Stichtag nicht berechnen, geht dies zu seinen Lasten; er kann nicht etwa einen anderen Stichtag bestimmen.[8] Denn bei einer flexiblen Festlegung des ersten Stichtags droht eine Benachteiligung des Mieters.

**Beispiel:** Vertragsbeginn am 1.12.2018, M schuldet eine Pauschale von 200 EUR/Monat; tatsächlich fallen Betriebskosten von 210 EUR/Monat an. Im März 2019 betragen die Betriebskosten nur noch 180 EUR/Monat, im März 2020 dann 250 EUR/Monat. V kann nicht eine Erhöhung um 70 EUR/Monat unter Berufung auf die Kostensteigerung zwischen März 2019 und März 2020 verlangen. Denn dann würde M eine Pauschale von 270 EUR/Monat schulden und damit einen Betrag, der über der Betriebskostenlast im März 2020 liegt. Die zulässige Erhöhung beläuft sich vielmehr 40 EUR/Monat.

12 Der **zweite Stichtag** ist der Zugang des Erhöhungsverlangens, weil zu diesem Zeitpunkt die Gestaltungserklärung wirksam wird.

13 Damit ist die zeitliche Dimension indes noch nicht abschließend geklärt. Denn es ist offensichtlich, dass es nicht auf die am Stichtag entstehenden (Tages)betriebskosten ankommen kann, weil diese sich praktisch nicht ermitteln lassen. Hier überzeugt es, das in § 556 Abs. 3 S. 1 BGB, aber auch in § 560 Abs. 4 BGB zum Ausdruck kommende Prinzip fruchtbar zu machen, nach dem die Betriebskostenregelungen auf **einer jährlichen Betrachtungsweise** beruhen. Der Gestaltungsgrund setzt daher voraus, dass die Erhöhung anhand eines Jahresbetrags der Betriebskosten ermittelt wird.[9] Ebenso wie bei der Betriebskostenabrechnung im Abrechnungsmodell kann, wenn die Parteien hierzu nichts vereinbart haben, der Vermieter den Zwölf-Monats-Zeitraum bestimmen (→ BGB § 556 Rn. 362). Gleiches gilt für die Abrechnungsmethode (→ BGB § 556 Rn. 371). Die Ermittlung der Betriebskostenlast am **ersten Stichtag** hat also anhand einer Jahresabrechnung zu erfolgen, in deren Zeitraum der Stichtag liegt.

**Beispiel:** Vertragsbeginn am 1.12.2020, V macht am 5.3.2021 eine Erhöhung geltend. Die Betriebskostenlast zu Vertragsbeginn ist anhand einer den 1.12.2020 erfassenden Jahresabrechnung zu ermitteln.

14 Problematischer ist die Ermittlung der Betriebskostenlast für den **zweiten Stichtag,** dem Zugang der Erhöhungserklärung. Denn dieser liegt in der Zukunft, was eine den Stichtag einbeziehende Ermittlung der Jahresbetriebskosten praktisch unmöglich macht. Es stellt sich daher die Frage nach dem Umfang der Verwertbarkeit des sich auf die Vergangenheit stützenden Zahlenmaterials. Dass ein solches Zahlenmaterial im Ausgangspunkt verwertbar ist, folgt aus dem Zweck von § 560 Abs. 1 BGB, weil dem Vermieter anderenfalls die Erhöhung praktisch unmöglich wäre. Bei dem Problem, ab wann es sich um ein veraltetes Rechenwerk handelt, liegt es nahe, an die Drei-Monats-Frist aus § 560 Abs. 2 S. 2 BGB anzuknüpfen: Für den zweiten Stichtag ist jede Betriebskostenlast geeignet, die sich aus einer Jahresabrechnung ergibt, zwischen deren Schlusstag und dem Zugang der Erhöhungserklärung nicht mehr als drei Monate liegen.

**Beispiel:** Vertragsbeginn am 1.12.2019, V macht am 5.3.2021 eine Erhöhung geltend. Die Betriebskostenlast am 5.3.2021 kann V auf die Betriebskostenabrechnung für das Kalenderjahr 2020 stützen.

---

[6] *Spielbauer/Schneider/Schneider* BGB § 560 Rn. 18; Lützenkirchen MietR/*Dickersbach* BGB § 560 Rn. 21.
[7] Etwa Spielbauer/Schneider/*Schneider* BGB § 560 Rn. 16.
[8] **AA** Lützenkirchen MietR/*Dickersbach* BGB § 560 Rn. 24.
[9] Davon gehen ohne weiteres auch aus etwa LG Berlin ZMR 1996, 144; *Blank/Börstinghaus* BGB § 560 Rn. 6.

## III. Gestaltungserklärung

Die Erhöhung setzt eine Gestaltungserklärung des Vermieters voraus. 15

### 1. Form und Zugang

Die Erhöhungserklärung bedarf der **Textform.** Sie wird nach §§ 130, 315 Abs. 2 BGB durch 16 **Zugang** beim Mieter wirksam. Bei einer Mieter- oder Vermietermehrheit liegt es auf Basis der zu anderen Vertragsänderungen vertretenen hM nahe, wegen der Umgestaltung des Mietvertrags die Mitwirkung aller Vertragspartner zu verlangen.[10]

### 2. Mitteilung von Erhöhungsbetrag und -zeitpunkt

**Inhaltlich** muss die Erklärung darauf gerichtet sein, die Betriebskostenpauschale zu erhöhen. 17 Dies setzt voraus, dass die Erklärung einen **bestimmten** oder **bestimmbaren Erhöhungsbetrag** mitteilt.[11] Der Vermieter kann also etwa den konkreten Erhöhungsbetrag, aber auch die zukünftige Pauschale oder auch die zukünftige Gesamtmiete nennen. Zu den Folgen fehlerhafter Zahlen → Rn. 23.

Den **Wirkungszeitpunkt** muss die Erklärung nicht bezeichnen, da er aus § 560 Abs. 2 BGB 18 folgt. Gibt der Vermieter einen abweichenden Termin an, ist zu unterscheiden: Liegt der Termin nach dem gesetzlichen Zeitpunkt, tritt die Erhöhungswirkung erst dann ein. Liegt der genannte Termin davor, greift der gesetzliche Termin (zu den Fehlerfolgen → Rn. 23).

### 3. Begründung

§ 560 Abs. 1 S. 2 BGB verlangt, dass in der Erklärung der Grund für die Umlage bezeichnet und 19 erläutert wird. **Rspr.** und **Lit.** hierzu ergeben kein einheitliches Bild. Ob die Begründung eine formelle Abrechnung der Betriebskosten verlangt, wird überwiegend nicht thematisiert.[12] Verbreitet werden aber in der Sache vergleichbare Anforderungen aufgestellt.[13] Häufig wird ein Recht des Mieters auf Einsicht in die Belege bejaht[14] oder eine über die Berechnung der Kosten hinausgehende Erläuterung der Kostensteigerung verlangt.[15]

**Stellungnahme:** Die **Begründungsobliegenheit** aus § 560 Abs. 1 S. 2 BGB hat einen der 20 Betriebskostenabrechnung im Abrechnungsmodell vergleichbaren **Zweck** (→ BGB § 556 Rn. 313), nämlich dem Mieter das Erhöhungsrecht nachvollziehbar zu erläutern. Erkennt man diese Parallele, so ist es folgerichtig, die Tatbestandsmerkmale der Bezeichnung und Erläuterung, die in der Summe die Begründungsobliegenheit ergeben, im Lichte der zur Betriebskostenabrechnung im Abrechnungsmodell entwickelten Grundsätze auszulegen.

Die Erklärung ist daher nur – dann aber auch stets – ausreichend begründet, wenn der Vermie- 21 ter die Betriebskostenlast zu den beiden Stichtagen durch zwei **formell ordnungsgemäße Abrechnungen** (→ BGB § 556 Rn. 338) erläutert. Haben die Parteien zur Art und Weise der Abrechnung nichts vereinbart, kann der Vermieter die Abrechnungsmethode und den Abrechnungszeitraum festlegen. Der Umlagemaßstab richtet sich, wenn die Parteien hierzu nichts vereinbart haben, nach § 556 a Abs. 2 BGB oder § 556 a Abs. 3 BGB. Einer weitergehenden Begründung bedarf es hingegen nicht, weil der Mieter durch Vergleich der jeweiligen Zahlen aus den Abrechnungen unschwer erkennen kann, wo die Differenzen liegen und die Erhöhung der Betriebskostenlast ihren Grund hat.

Möchte der Mieter die Richtigkeit der vom Vermieter in den Abrechnungen mitgeteilten Zah- 22 len überprüfen, steht ihm ein Recht zur **Einsicht** in die **Belege** der Abrechnungen zu. Dieses Recht ist unabdingbarer Bestandteil der vertraglichen Vereinbarung über das Erhöhungsrecht. Für

---

[10] Vgl. Spielbauer/Schneider/*Schneider* BGB § 560 Rn. 24.

[11] Vgl. etwa Spielbauer/Schneider/*Schneider* BGB § 560 Rn. 16.

[12] Ausdrücklich gegen eine Parallele zur Betriebskostenabrechnung aber Langenberg/Zehelein BetrKostR/*Zehelein* Kap. C Rn. 33.

[13] Etwa LG Kiel WuM 1995, 546; AG Bayreuth WuM 1989, 423; *Blank/Börstinghaus* BGB § 560 Rn. 9ff.; Lützenkirchen MietR/*Dickersbach* BGB § 560 Rn. 27 („ähnlich wie bei einer Betriebskostenabrechnung"); *Wall* Betrriebs-/Heizkosten Rn. 2708.

[14] Etwa *Blank/Börstinghaus* BGB § 560 Rn. 11.

[15] Etwa LG Berlin ZMR 1996, 144; Spielbauer/Schneider/*Schneider* BGB § 560 Rn. 21.

Inhalt und Umfang des Einsichtsrechts gelten die Grundsätze zum Abrechnungsmodell (→ BGB § 556 Rn. 488) entsprechend. Der Mieter kann das Einsichtsrecht der Forderung des Vermieters auf Zahlung des Erhöhungsbetrags im Wege der Einrede (§ 273 BGB) entgegenhalten.

#### 4. Fehlerfolgen

23 Die Gestaltungserklärung kann nach allgemeinen Grundsätzen **nicht** mit einer ex-tunc-Wirkung **nachgebessert** werden.[16] Ist sie formell oder inhaltlich fehlerhaft, muss die Gestaltung mithin erneut erklärt werden. Ist ein zu hoher Erhöhungsbetrag angegeben, ist die Erklärung in Höhe des tatsächlichen Betrags wirksam.[17] Denn der Erklärung lässt sich der Wille des Vermieters entnehmen, den bestehenden Gestaltungsgrund auszuüben und damit die Pauschale auch in einer geringeren Höhe anzupassen. Gleiches gilt bei Angabe eines zu frühen Wirkungstermins.

24 **Zahlt** der **Mieter** bei Unwirksamkeit der Gestaltungserklärung die erhöhte Pauschale, liegt darin mangels entsprechender Willenserklärungen **keine Vertragsänderung.**[18] Berühmt sich der Vermieter eines nicht bestehenden Erhöhungsrechts, so liegt darin eine **Pflichtverletzung,** die unter den Voraussetzungen des § 280 BGB zum Schadensersatz führen kann.[19] Die formell oder inhaltlich fehlerhafte Ausübung eines bestehenden Gestaltungsrechts ist nach der Rspr. des BGH zur Kündigung hingegen eine bloße Obliegenheitsverletzung[20], was nicht überzeugt[21] und daher nicht auf § 560 BGB zu übertragen ist.

### IV. Rechtsfolgen

25 Ist die Erhöhungserklärung wirksam, schuldet der Mieter die erhöhte Miete nach Maßgabe des **§ 560 Abs. 2 BGB.**

#### 1. Grundsatz: Wirkung pro futuro

26 Den Grundsatz statuiert **§ 560 Abs. 2 S. 1 BGB:** Danach schuldet der Mieter den Erhöhungsbetrag mit Beginn des auf die Erklärung folgenden übernächsten Monats. Ist die Miete nicht monatlich fällig, ist der Erhöhungsbetrag in analoger Anwendung ab dem nächsten Termin geschuldet, der nach dem in § 560 Abs. 2 S. 1 BGB beschriebenen – dann fiktiven – Termin liegt.

#### 2. Ausnahme: Rückwirkung

27 Eine Ausnahme regelt **§ 560 Abs. 2 S. 2 BGB:** Haben sich Betriebskosten rückwirkend erhöht und gibt der Vermieter die Erklärung innerhalb von drei Monaten nach Kenntnis von der Erhöhung ab, so schuldet der Mieter den Erhöhungsbetrag bereits ab dem Zeitpunkt der Erhöhung der Betriebskosten, frühesten mit dem Beginn des der Erklärung vorausgehenden Kalenderjahres.

28 Die Vorschrift entspricht § 4 Abs. 3 S. 2 MHG, der **im Jahr 1974 Gesetz** wurde.[22] Anlass für die Einführung war eine damalige Grundsteuerreform: § 4 Abs. 3 S. 2 MHG sollte die rückwirkende Umlage von Grundsteuermehrbelastungen für das Jahr 1974 ermöglichen, die teilweise nachträglich erst im Laufe des Jahres 1975 bekannt werden konnten.[23] Schon die Lösung dieses Einzelfallproblems im Jahr 1974 durch eine allgemeine gesetzliche Regelung war methodisch äußerst zweifelhaft. Jedenfalls war aber die Übernahme der Regelung in das BGB durch die Mietrechtsreform 2001 ein ganz offensichtlicher Fehlgriff. Denn die Vorschrift ist sowohl im System der Betriebskostenpauschale als auch im allgemeinen Mieterhöhungsrecht ein **Fremdkörper,** weil beiden der Gedanke zugrunde liegt, dass nicht rückwirkend in die Mietstruktur eingegriffen wird.

---

[16] LG Berlin MM 2002, 97.
[17] LG Berlin ZMR 1995, 353; *Wall* Betriebs-/Heizkosten Rn. 2711.
[18] BGH XII ZR 176/04, NZM 2007, 514 Rn. 11.
[19] Vgl. BGH V ZR 133/08, NJW 2009, 1262 Rn. 17 (unberechtigter Rücktritt von Kaufvertrag).
[20] *BGH VIII ZR 9/10, NJW* 2011, 914.
[21] *Lehmann-Richter* WuM 2020, 258 (260).
[22] BGBl. 1973 I 1970.
[23] BT-Drs. 7/1332, 3.

§ 560 Abs. 2 S. 2 BGB setzt voraus, dass sich die **Betriebskosten** des **Vermieters rückwirkend** erhöht haben. Wann dies der Fall ist, beschreibt das Gesetz nicht. Die soeben dargestellte Normgeschichte zeigt, dass der Gesetzgeber Fälle vor Augen hatte, in denen **in** einen **scheinbar abgeschlossenen Sachverhalt** – Höhe der Grundsteuer für einen bereits abgelaufenen Zeitraum – **eingegriffen** wird. Es geht also nicht um Konstellationen, in denen der Vermieter an Versorger Vorauszahlungen leistet und klar ist, dass über die genauen Kosten für die Vergangenheit noch abgerechnet werden wird. Kommt es hier zu Nachzahlungen, liegt keine rückwirkende Erhöhung iSd § 560 Abs. 2 S. 2 BGB vor. **29**

Der Sachverhalt, der für die Einführung der Vorgängernorm des § 560 Abs. 2 S. 2 BGB Pate stand, erhellt auch, was es mit dem Merkmal des **Zeitpunkts der Erhöhung** auf sich hat, auf den die Anpassung der Pauschale zurückwirkt. Damit ist der Beginn des Zeitraums gemeint, auf den sich die rückwirkende Erhöhung der Betriebskosten des Vermieters bezieht. Bei einer Grundsteueranpassung für das Kalenderjahr 2020 ist der Zeitpunkt der Erhöhung also nicht etwa die Fälligkeit des Erhöhungsbetrags, sondern der 1. 1. 2020. **30**

Versucht man sich an einer Beschreibung des **Normzwecks,** so dürfte dieser darin liegen, dem Vermieter die Erstattung von Betriebskosten zu ermöglichen, mit deren Entstehung er nicht zu rechnen brauchte. Warum es der Gesetzgeber allerdings beim Pauschalmodell, das – anders als das Abrechnungsmodell – nicht auf der Erstattung tatsächlich angefallener Kosten fußt, für angemessen hält, dieses Risiko dem Mieter zuzuweisen, liegt im Dunkeln.[24] Es überrascht daher nicht, dass § 560 Abs. 2 S. 2 BGB zu merkwürdigen Ergebnissen führt, was das folgende Beispiel illustrieren soll: **31**

**Beispiel:** Vertragsschluss am 1. 12. 2019. Es ist eine Gesamtpauschale von 300 EUR/Monat vereinbart. V erhöht am 5. 3. 2021 die Pauschale um 30 EUR/Monat. Die Erhöhung begründet er mit einem Grundsteuerbescheid vom 25. 2. 2021, mit dem die Grundsteuer für das Jahr 2020 erhöht wurde; den Anteil des Mieters hieran berechnet er mit 20 EUR/Monat. Außerdem haben sich die Wasserkosten für das Jahr 2020 erhöht (10 EUR monatlicher Anteil des Mieters), was der Vermieter durch die Abrechnung der Wasserwerke vom 12. 2. 2021 erfahren hat. – Der Mieter schuldet hier wegen der Grundsteueränderung rückwirkend ab dem 1. 1. 2020 eine Erhöhung der Pauschale um 20 EUR im Monat (§ 556 a Abs. 2 S. 2 BGB), aber erst ab dem 1. 4. 2021 die weitere Erhöhung – Wasser – von 10 EUR/Monat (§ 556 a Abs. 2 S. 1 BGB). Ein Grund für die unterschiedliche Behandlung der Grundsteuer und der Wasserkosten ist nicht ersichtlich.

Die rückwirkende Erhöhung der Pauschale setzt voraus, dass der Vermieter die Erklärung innerhalb von drei Monaten nach Kenntnis von der Erhöhung abgibt. Entgegen dem Wortlaut soll es für die **Fristwahrung** nach hM auf den Zugang der Erhöhungserklärung beim Mieter ankommen.[25] Für die Kenntnis soll bei der Grundsteuer der Eingang des Bescheids[26] bzw. bei Rechtsmitteln gegen den Bescheid seine Rechtskraft[27] maßgeblich sein. Die Beweislast für die Wahrung der Frist trägt der Vermieter.[28] § 560 Abs. 2 S. 2 BGB berechtigt nach **Beendigung** des **Mietvertrags** nicht mehr zu einer rückwirkenden Erhöhung.[29] **32**

Der Mieter **schuldet** den **Erhöhungsbetrag** rückwirkend ab dem Beginn des Zeitraums, auf den sich die rückwirkende Erhöhung der Betriebskosten des Vermieters erstreckt (→ Rn. 30), frühesten aber mit dem Beginn des der Erklärung vorausgehenden Kalenderjahres. Der die Vergangenheit betreffende Erhöhungsbetrag wird insgesamt mit Zugang der Erklärung fällig und für die Zeit nach Zugang der Erklärung jeweils monatlich. Den Mieter trifft an einer **Nichtzahlung** aber kein Verschulden, falls ihn der Vermieter nicht darüber in Kenntnis setzt, in welchem Umfang der Erhöhungsbetrag abweichend von dem Grundsatz des § 560 Abs. 2 S. 2 BGB geschuldet ist. **33**

[24] Fehlanzeige einer Begründung bei BT-Drs. 7/1332, 3.

[25] LG Frankfurt a. M. NZM 2001, 583; Staudinger/*Artz* BGB § 560 Rn. 30; Sternel MietR Kap. III Rn. 821; **aA** Schmid Mietnebenkosten-HdB/*Harz* Rn. 2110.

[26] LG Frankfurt a. M. NZM 2001, 583.

[27] LG München I DWW 1978, 99.

[28] LG Bonn WuM 1985, 373.

[29] Etwa AG Hannover MDR 1988, 676; *Blank/Börstinghaus* BGB § 560 Rn. 13.

## C. Herabsetzung von Betriebskostenpauschalen (§ 560 Abs. 3 BGB)

34 § 560 Abs. 3 BGB betrifft die Herabsetzung einer Betriebskostenpauschale. Die Vorschrift ist nur **anwendbar,** wenn die Parteien eine die Betriebskosten betreffende **Pauschalvereinbarung** getroffen haben, dazu → BGB § 556 Rn. 4.

### I. Allgemeines

35 § 560 Abs. 3 BGB ist ein Fremdkörper im System der Miethöhevorschriften, dem iÜ eine Reduzierung der Miete unbekannt ist. Rechtstechnisch operiert die Norm nicht (wie § 560 Abs. 4 BGB) mit einem Gestaltungsrecht des Mieters, sondern mit einem **Leistungsbestimmungsrecht** des **Vermieters.** Dieses folgt aus der Formulierung „ist herabzusetzen" in § 560 Abs. 3 S. 1 BGB sowie aus § 560 Abs. 3 S. 2 BGB, wonach der Vermieter die Ermäßigung mitzuteilen hat.

36 Das Leistungsbestimmungsrecht aus § 560 Abs. 3 BGB unterliegt den allgemeinen Regelungen des **§ 315 BGB.** Der Vermieter ist daher verpflichtet, vom Leistungsbestimmungsrecht in wirksamer Art und Weise Gebrauch zu machen.[30] Verletzt er diese Pflicht, kann der Mieter sein Gestaltungsklagerecht nach § 315 Abs. 3 S. 2 BGB ausüben; zudem kommen Schadensersatzansprüche in Betracht.[31] Dies zeigt: § 560 Abs. 3 BGB enthält zwar ein Recht des Vermieters, das aber nur das rechtstechnische Vehikel ist, um dem Mieter über § 315 Abs. 3 S. 2 BGB ein Recht auf Herabsetzung der Pauschale einzuräumen. Der Mieter hat mithin einen Anspruch auf Herabsetzung der Pauschale, den er nach § 315 Abs. 3 S. 2 BGB aber nur durch Gestaltungsklage durchsetzen kann. Das ist prozessrechtlich von Bedeutung (→ Rn. 45).

37 Damit wird auch deutlich, dass § 560 Abs. 3 BGB einen **mieterschützenden Zweck** hat. Denn er gibt dem Mieter über § 315 Abs. 3 S. 2 BGB das Recht auf Herabsetzung, das durch § 560 Abs. 6 BGB gegen **abweichende Vereinbarungen** abgesichert ist. Das zur Verwirklichung der Herabsetzung dem Vermieter eingeräumte Leistungsbestimmungsrecht hat hierfür nur den beschriebenen funktional-dienenden Charakter, ist hingegen nicht Normzweck in dem Sinne, dass die Vorschrift einer Begünstigung des Vermieters dient.

38 Haben die Parteien eine **Gesamtpauschale** vereinbart, bezieht sich das Leistungsbestimmungsrecht auf diese, beim **Pauschalensplitting** besteht eine entsprechende Zahl an (Einzel-)bestimmungsrechten (vgl. → Rn. 5).

39 Die **Regelung krankt** entscheidend an **zwei Stellen:** In der Theorie ist der Vermieter zur Reduzierung der Pauschale verpflichtet, sobald sich die Betriebskosten reduziert haben. Das setzt aber eine Feststellung voraus, zu der sich § 560 Abs. 4 BGB nicht verhält. Oft wird der Vermieter, der im Pauschalmodell zu einer Abrechnung über Betriebskosten nicht verpflichtet ist, die Ermäßigung der Betriebskosten nicht oder jedenfalls nicht betragsgemäß kennen. Und selbst wenn dies der Fall sein sollte, wird er oft an der Abgabe der Ermäßigungserklärung kein Interesse haben. Dem Mieter wiederum, der dieses Interesse hat, fehlen typischerweise erst Recht die Informationen über die Entwicklung der Betriebskostenlast. Eine funktionsfähige Vorschrift müsste deshalb den Vermieter zu einer regelmäßigen Abrechnung verpflichten, um den Mieter in die Lage zu versetzen, die Berechtigung der Pauschale überprüfen zu können. Eine solche Abrechnungspflicht ist aber offensichtlich mit dem Pauschalmodell nicht zu vereinbaren, das dem Vermieter gerade diese Mühe ersparen soll. All dies spricht dafür, de lege lata die Anpassungsregeln im Pauschalmodell zu streichen.

### II. Voraussetzungen

40 Das in § 560 Abs. 3 S. 2 BGB geregelte Leistungsbestimmungsrecht des Vermieters setzt voraus, dass sich die Betriebskosten ermäßigt haben. Dies verlangt nicht, dass der Vermieter die Pauschale im laufenden Vertrag erhöht hat und es jetzt um eine Reduzierung dieser Erhöhung geht.[32] Ausreichend ist vielmehr **jede Ermäßigung** der Betriebskosten. Der Reduzierung einer anfänglich über-

---

[30] *Vgl. Staudinger/Rieble* BGB § 315 Rn. 541.

[31] Vgl. Staudinger/*Rieble* BGB § 315 Rn. 106f.

[32] Ganz hM, etwa LG Berlin 15.5.2007 – 65 S 334/06 (juris); Bub/Treier MietR-HdB/*Schultz* Kap. III Rn. 1751.

höhten Pauschale (dazu → BGB § 556 Rn. 144) ohne dass es zu einer Kostenermäßigung gekommen ist, dient § 560 Abs. 3 S. 2 BGB nicht.[33]

Wie die erforderliche **Ermäßigung** zu **ermitteln** ist, regelt das Gesetz – ebenso wie im Parallelfall der Erhöhung der Betriebskostenpauschale nach § 560 Abs. 1 S. 1 BGB – nicht. Auf die dort entwickelten Prinzipien ist daher zu verweisen (→ Rn. 8). 41

### III. Rechtsfolgen

Haben sich die Betriebskosten ermäßigt, ist der **Vermieter** zur **Ausübung** des ihm zustehenden **Leistungsbestimmungsrechts verpflichtet** (→ Rn. 36). Der Betrag, um den die Pauschale zu ermäßigen ist, entspricht dem Betrag, um den sich die Betriebskosten reduziert haben. Die Pflicht entsteht, sobald eine Ermäßigung der Betriebskosten eingetreten ist. Der Vermieter erfüllt seine Pflicht durch Abgabe der Erklärung, dass sich die Pauschale um den zutreffenden Betrag ab dem nächsten auf die Fälligkeit der Anpassungspflicht folgenden Zahlungstermin ermäßigt. Das Recht, Anpassung verlangen zu können, unterliegt nicht der **Verjährung**[34], was sich indes praktisch nicht auswirkt, weil ein neuer Anspruch entsteht, sobald sich die Betriebskosten erneut ermäßigt haben. 42

Die Reduzierung der Pauschale tritt mit Zugang der entsprechenden Gestaltungserklärung des Vermieters beim Mieter ein. Bei einer Mieter- oder Vermietermehrheit liegt es auf Basis der zu anderen Vertragsänderungen vertretenen hM nahe, wegen der Umgestaltung des Mietvertrags die Mitwirkung aller Vertragspartner zu verlangen. Die Erklärung ist formlos wirksam. Erforderlich ist aber, dass die Erklärung einen **bestimmten** oder **bestimmbaren Reduzierungsbetrag** mitteilt. Auch den Wirkungszeitpunkt muss die Erklärung bezeichnen; fehlen hierzu konkrete Angaben, wird die Auslegung regelmäßig eine Wirkung zum nächsten Zahlungstermin ergeben. 43

Gibt der Vermieter die geschuldete Gestaltungserklärung nicht unverzüglich (§ 120 BGB) ab, begeht er eine **Pflichtverletzung,** die unter den Voraussetzungen des § 280 BGB zum Schadensersatz führt.[35] Beim Vertretenmüssen ist zu beachten, dass den Vermieter im Pauschalmodell keine Obliegenheit zur Kontrolle der Betriebskostenlast trifft (→ Rn. 39). Den Vermieter kann Unkenntnis der Betriebskostenermäßigung daher entlasten. Die Nichterfüllung des Herabsetzungsanspruchs löst ein Zurückbehaltungsrecht des Mieters aus[36], das er in den Grenzen des § 273 BGB etwa dem Anspruch auf Mietzahlung entgegenhalten kann. 44

**Prozessrechtlich** ist der Anspruch des Mieters auf Anpassung der Pauschale – entgegen der hM[37] – nicht mit der Leistungsklage, sondern mit der Gestaltungsklage (§ 315 Abs. 3 S. 2 BGB) durchzusetzen. Die von § 315 Abs. 3 S. 2 BGB vorausgesetzte Verzögerung der Leistungsbestimmung liegt nach § 560 Abs. 3 S. 2 BGB vor, falls der Vermieter die Erklärung nicht unverzüglich abgibt. Der Mieter kann im Wege der unechten Eventualhäufung[38] in einem Prozess eine die Pauschale reduzierende Gestaltung und die Rückzahlung der danach überzahlten Miete verlangen. Zulässig ist nach der Rspr. zu § 315 Abs. 3 S. 2 BGB auch eine verdeckte Gestaltungsklage, mit der allein Zahlung verlangt wird.[39] Es bedarf daher nicht des Rückgriffs auf einen ohne Abgabe der Gestaltungserklärung aus § 280 BGB folgenden Schadensersatzanspruch auf Erstattung der „überzahlten" Miete.[40] 45

### IV. Anspruch auf Auskunft

Der Wortlaut von § 560 Abs. 3 BGB verhält sich nicht dazu, ob und unter welchen Voraussetzungen dem Mieter ein Anspruch gegen den Vermieter auf Auskunft darüber zusteht, ob sich die 46

---

33 Vgl. BGH VIII ZR 106/11, NJW 2012, 303 Rn. 11.
34 LG Mannheim NZM 1999, 365.
35 Nach Staudinger/*Artz* BGB § 560 Rn. 45 soll ein Verzögerungsschaden ohne Mahnung zu ersetzen sein.
36 Langenberg/Zehelein BetrKostR/*Zehelein* Kap. D Rn. 14.
37 Etwa AG Charlottenburg 206 C 566/15 BeckRS 2016, 20003; Bamberger/Roth/Hau/Poseck/*Schüller* BGB § 560 Rn. 32.
38 Vgl. BGH V ZR 254/99, NJW 2001, 1285.
39 BGH V ZR 174/94, NJW 1996, 1054.
40 Für einen solchen Schadensersatzanspruch aber LG Berlin 15.5.2007 – 65 S 334/06 (juris); AG Charlottenburg 206 C 566/15 BeckRS 2016, 20003.

Betriebskosten ermäßigt haben. Ein solcher **Anspruch folgt** aber aus der **Vereinbarung** des **Pauschalmodells,** weil dessen zwingende gesetzliche Folge der Herabsetzungsanspruch Mieters ist, dessen Ausübung ohne Auskunft typischerweise nicht möglich ist.

47 Die Anerkennung eines Auskunftsanspruchs bedeutet selbstverständlich nicht, dass der Mieter jederzeit Information über die Betriebskostenlast verlangen kann. Es bedarf nämlich der Konkretisierung der Anspruchsvoraussetzungen. Nach Ansicht des **BGH** besteht kein allgemeiner, turnusmäßiger Auskunftsanspruch: Dem Mieter stehe ein Auskunftsanspruch über die tatsächliche Höhe der von einer Pauschale abgedeckten Betriebskosten nur zu, wenn konkrete Anhaltspunkte für eine – nachträgliche – Ermäßigung der Betriebskosten ohne Kompensation in anderen Bereichen bestehen.[41] Das ist systematisch überzeugend, beruht das Pauschalmodell doch gerade nicht auf einer regelmäßigen Abrechnungspflicht des Vermieters. Indes ist die Kompensationsthese des BGH – Steigerungen bei einer Kostenposition können durch Ermäßigung in einer anderen ausgeglichen werden – nur bei einer Einheitspauschale (→ Rn. 9) zutreffend.

48 **Konkrete Anhaltspunkte** für eine Reduzierung bestehen, wenn der Vermieter von sich aus die Pauschale ermäßigt hat. Nicht hinreichend konkret ist nach Ansicht des BGH hingegen der Vergleich mit gemeinde- oder landesbezogenen Betriebskostenspiegeln.[42] Im Übrigen verbieten sich allgemeine Aussagen. Besteht ein Auskunftsanspruch, muss der Vermieter zwei Betriebskostenabrechnungen vorlegen (näher → Rn. 21). Ein Auskunftsanspruch des Mieters erstreckt sich auch auf die **Belegeinsicht,** damit er den Umfang einer Reduzierung auf seine Richtigkeit hin überprüfen kann.[43] Dieses Recht kann der Mieter über § 273 BGB dem Anspruch des Vermieters auf Zahlung des Erhöhungsbetrags entgegenhalten.[44]

## D. Anpassung von Betriebskostenvorauszahlungen (§ 560 Abs. 4 BGB)

49 § 560 Abs. 4 BGB betrifft die Anpassung einer Betriebskostenvorauszahlung. Sie hat kein direktes Vorbild in § 4 MHG, sondern wurde erst durch die **Mietrechtsreform 2001** eingeführt.

### I. Allgemeines

50 § 560 Abs. 4 BGB ist nur **anwendbar,** wenn die Parteien eine die Betriebskosten betreffende **Abrechnungsvereinbarung** mit **Vorauszahlungspflicht** des Mieters getroffen haben (→ BGB § 556 Rn. 4).

51 Um die Anpassung zu ermöglichen, gibt § 560 Abs. 4 BGB beiden Parteien ein Gestaltungsrecht. Es berechtigt sowohl Mieter als auch Vermieter, die Höhe der Vorauszahlung durch Gestaltungserklärung zu modifizieren. Rechtstechnisch besteht hier also ein Unterschied zur Änderung der Betriebskostenpauschale, die allein in den Händen des Vermieters liegt. Das **doppelte Gestaltungsrecht** ist auf Anregung des Rechtsausschusses Gesetz geworden; der Regierungsentwurf der Mietrechtsreform 2001 hatte noch ein an § 558 BGB angelehntes Zustimmungsmodell vorgesehen.[45] Dieses Modell erschien dem Rechtsausschuss als nicht praktikabel.[46]

52 **Normzweck** ist der Schutz beider Parteien vor unangemessenen finanziellen Belastungen.[47] Der Mieter soll vor überhöhten Vorauszahlungen geschützt werden, die ihn zum einen mit einer Zahlungspflicht, zum anderen mit dem Ausfall seines Erstattungsanspruchs in der Insolvenz Vermieters belasten. Vergleichbares gilt für den Vermieter, dem die Last der Vorfinanzierung sowie das Insolvenzrisiko des Mieters abgenommen werden soll.

53 Das Gestaltungsrecht setzt keine entsprechende Vereinbarung der Parteien voraus, sondern **folgt aus** dem **Gesetz.** Das Gestaltungsrecht des **Mieters** ist nach § 560 Abs. 6 BGB **unabdingbar,** das Anpassungsrecht des Vermieters kann hingegen abbedungen werden, indes mit Blick auf den Normzweck nicht in Mieter-AGB (§ 307 Abs. 1 S. 1 BGB).

---

[41] BGH VIII ZR 106/11, NJW 2012, 303 Rn. 13; **aA** etwa BeckOGK/*Schindler* BGB § 560 Rn. 52.
[42] BGH VIII ZR 106/11, NJW 2012, 303 Rn. 15.
[43] Etwa *Blank/Börstinghaus* BGB § 560 Rn. 17; Bub/Treier MietR-HdB/*Schultz* Kap. III Rn. 1760.
[44] *Spielbauer/Schneider/Schneider* BGB § 560 Rn. 38.
[45] BT-Drs. 14/4553, 14.
[46] BT-Drs. 14/5663, 81.
[47] Vgl. BGH VIII ZR 271/10, NJW 2011, 2350 Rn. 16.

Da der Mieter seinerseits die Vorauszahlungen einseitig anpassen kann, ist er nicht auf eine Ausübung des korrespondierenden Leistungsbestimmungsrechts durch den Vermieter angewiesen. Der Mieter hat daher **keinen Anspruch auf Leistungsbestimmung** durch den Vermieter; ihm steht auch kein diesbezügliches Gestaltungsklagerecht nach § 315 Abs. 3 S. 2 BGB zu. Gleiches gilt vice versa für den Vermieter. **54**

Das Anpassungsrecht wird durch seine wirksame Ausübung **verbraucht.**[48] Diese Rechtsfolge löst auch das in der Lit. mit unterschiedlichen Thesen[49] diskutierte Problem **konkurrierender Anpassungserklärungen** der Parteien: Hat eine der Parteien die Vorauszahlungen wirksam angepasst und dabei das Gestaltungsrecht vollständig ausgeschöpft, ist für eine erneute Anpassung der anderen Partei, die sich auf dieselbe Abrechnung stützt, mangels Gestaltungsgrund kein Raum mehr. Anders ist es, wenn nach der Gestaltung durch die eine Partei noch ein Gestaltungsgrund besteht, etwa bei einer den zeitlichen Rahmen der Anpassung nicht ausschöpfenden Erklärung der Gegenseite (→ Rn. 74). **55**

Das Anpassungsrecht erlischt, sobald eine neue Abrechnung über Betriebskosten erteilt wird.[50] Es **entsteht** nämlich **neu,** sobald der Gestaltungsgrund – Abrechnung mit dem Ergebnis unangemessener Vorauszahlungen – erneut eingetreten ist. Das Gestaltungsrecht kann, wie jedes andere Recht auch, nach allgemeinen Grundsätzen **verwirkt** werden. **56**

Haben die Parteien eine **Gesamtvorauszahlung** vereinbart, bezieht sich das Leistungsbestimmungsrecht auf diese, beim **Vorauszahlungssplitting** (→ BGB § 556 Rn. 104) besteht hingegen eine entsprechende Zahl an (Einzel-)bestimmungsrechten. Ein Anwendungsbeispiel ist die in der Praxis verbreitete Aufteilung der Vorauszahlungen in einen Betrag für die Heiz- und einen Betrag für die sonstigen Betriebskosten.[51] **57**

## II. Gestaltungsgrund

Den Gestaltungsgrund knüpft § 560 Abs. 4 BGB an zwei Voraussetzungen. Die erste ist die ausdrücklich als Bedingung genannte Abrechnung, die zweite folgt aus der Rechtsfolge der Gestaltung: Erforderlich ist, dass die bisherigen Vorauszahlungen der Höhe nach unzutreffend sind. **58**

### 1. Abrechnung

§ 560 Abs. 4 BGB setzt eine Abrechnung voraus, ohne diesen Begriff näher zu definieren. **Zweck** dieses Merkmals ist es, in einem parteiinternen Vorverfahren der Gegenseite die **Berechtigung** der **Vorauszahlungsanpassung** nachvollziehbar zu **erläutern.** § 560 Abs. 4 BGB setzt dafür – ebenso wie § 556 Abs. 3 BGB (→ BGB § 556 Rn. 313) – die Abrechnung als Instrument ein. **59**

Diesem Zweck genügt nur eine Abrechnung, die die zu § 556 Abs. 3 BGB entwickelten **formellen Kriterien** erfüllt (zur inhaltlichen Richtigkeit → Rn. 67).[52] Es ist aber nicht erforderlich, dass die Abrechnung binnen der Frist des § 556 Abs. 3 S. 2 BGB erteilt wird.[53] Denn die **Abrechnungsfrist** soll den Mieter nur vor Nachzahlungsansprüchen aus länger zurückliegenden Abrechnungsperioden schützen[54], nicht hingegen vor einer Anpassung der Vorauszahlungen mit Wirkung pro futuro. **60**

Eine Abrechnung gem. § 560 Abs. 4 BGB ist auch ein veraltetes Rechenwerk für einen Abrechnungszeitraum, der zwischenzeitlich von einem späteren Abrechnungszeitraum überholt wurde, für den aber noch keine Abrechnung vorliegt.[55] Ob eine **veraltete Abrechnung** die Angemessenheit der Anpassung stützt, ist eine hiervon zu trennende Frage (→ Rn. 68). **61**

---

48 Allg. zum Verbrauch von Gestaltungsrechten BAG NJW 1994, 473.

49 Etwa *Blank/Börstinghaus* BGB § 560 Rn. 21, gerichtliche Feststellung nach § 315 Abs. 3 S. 2 BGB erforderlich; Langenberg/Zehelein BetrKostR/*Zehelein* Kap. E Rn. 59, Erklärung maßgeblich, die Angemessenheit am nächsten kommt.

50 Vgl. BGH VIII ZR 294/10, NJW 2011, 3642 Rn. 11 (Ausgangspunkt für die Anpassung ist die letzte Betriebskostenabrechnung).

51 LG Duisburg WuM 2006, 199.

52 BGH VIII ZR 246/11, NJW 2012, 2186.

53 BGH VIII ZR 258/09, NJW 2011, 145 Rn. 25.

54 BGH VIII ZR 115/04, NJW 2005, 219; BT-Drs. 14/4553, 27.

55 BGH VIII ZR 271/10, NJW 2011, 2350 Rn. 15.

62 Die Betriebskostenabrechnung muss nicht zwingend vom Vermieter stammen. Vielmehr kann auch der **Mieter** ein solches Rechenwerk **erstellen.**[56] Abgerechnet iSd § 560 Abs. 4 BGB ist aber in beiden Fällen nur, wenn das Rechenwerk der anderen Partei **zugegangen** ist. Denn nur so wird dem Zweck dieses Merkmals genügt, zwischen den Parteien die Grundlage für die Anpassungserklärung offen zu legen. Der Zugang der Abrechnung muss nicht, kann aber gemeinsam mit der Anpassungserklärung erfolgen.

### 2. Prognose unzutreffender Vorauszahlungen

63 Neben der Abrechnung setzt die Anpassung voraus, dass die Vorauszahlungen der Höhe nach unzutreffend sind.

64 **a) Grundlagen.** Hierfür ist es **nicht** erforderlich, dass sich die **Betriebskosten verändert** haben.[57] Eine solche Auslegung würde neben dem Wortlaut auch dem Zweck der Norm widersprechen, für der Höhe nach angemessene Vorauszahlungen zu sorgen.

65 Unzutreffend sind Vorauszahlungen, die erwarten lassen, dass es zu einer **Über- oder Unterdeckung kommen** wird. Dies setzt die Ermittlung der zu erwartenden Betriebskosten voraus. Haben die Parteien eine Gesamtvorauszahlung vereinbart, sind hierfür die prognostizierten Gesamtbetriebskosten in den Blick zu nehmen. Beim Vorauszahlungssplitting geht es hingegen um die prognostizierten Einzelbetriebskosten.

66 **b) Bedeutung der Abrechnung.** Die Anwendung von § 560 Abs. 4 BGB erfordert damit eine Prognoseentscheidung. Bei dieser kommt der **Abrechnung** eine besondere Bedeutung zu, was daraus folgt, dass das Gesetz sie für eine Anpassung voraussetzt: Sind nach den inhaltlich zutreffenden Zahlen in der Abrechnung die Vorauszahlungen unzutreffend, so ist dies ein **Indiz** dafür, dass die Summe der Vorauszahlung auch die in Zukunft zu erwartenden Betriebskosten nicht passgenau abdecken wird.[58]

67 Es ist offensichtlich, dass einer **inhaltlich fehlerhaften** Abrechnung diese Indizwirkung nicht zukommt. Eine inhaltlich fehlerhafte Abrechnung ist daher nicht geeignet, die Anpassung von Vorauszahlungen zu stützen.[59] Dies gilt, was der BGH bislang nicht zu entscheiden hatte, auch für die auf eine inhaltlich falsche Abrechnung des Vermieters gestützte Anpassungserklärung des Mieters.[60] Ebenfalls noch nicht höchstrichterlich geklärt ist, ob die Fiktionswirkung aus § 556 Abs. 3 S. 5 BGB auch bei § 560 Abs. 4 BGB gilt. Dagegen spricht vor allem, dass die Vorschrift ein Korrelat zur Abrechnungsfrist des Vermieters ist, die bei § 560 Abs. 4 BGB indes nicht zur Anwendung kommt (→ Rn. 60).

68 Auch eine **veralteten Abrechnung** (→ Rn. 61) kann eine Indizwirkung haben. Diese Wirkung ist aber schwächer als die einer aktuellen Abrechnung. Zu beachten ist, dass die Indizwirkung jeder Abrechnung entkräftet ist, wenn die Prognose der zukünftigen Entwicklung der Betriebskosten auf andere, iErg abweichende, aber zumindest ebenso aussagekräftige Prognosetatsachen gestützt wird.

## III. Gestaltungserklärung

69 Die Anpassung setzt eine Gestaltungserklärung einer der beiden Parteien voraus.

### 1. Form und Zugang

70 Die Anpassungserklärung bedarf der **Textform.** Sie wird nach §§ 130, 315 Abs. 2 BGB durch **Zugang** beim Vertragspartner wirksam. Bei einer Mieter- oder Vermietermehrheit liegt es auf Basis der zu anderen Vertragsänderungen vertretenen hM nahe, wegen der Umgestaltung des Mietvertrags die Mitwirkung aller Vertragspartner zu verlangen.[61]

---

56 BGH VIII ZR 184/12, NJW 2013, 1595.

57 BeckOGK/*Schindler* BGB § 560 Rn. 57; *Bub* NZM 2011, 644 (647); **aA** Palandt/*Weidenkaff* BGB § 560 Rn. 16.

58 Vgl. BGH VIII ZR 294/10, NJW 2011, 3642 Rn. 12 (Ausgangspunkt für die Anpassung ist die letzte Betriebskostenabrechnung).

59 *BGH VIII ZR 246/11, NJW 2012,* 2186 unter Aufgabe seiner früheren Rspr., nach der die Zahlen aus einer bloß formell richtigen Abrechnung für die Anpassung maßgeblich waren.

60 **AA** wohl BeckOGK/*Schindler* BGB § 560 Rn. 60.

61 Vgl. Spielbauer/Schneider/*Schneider* BGB § 560 Rn. 81.

### 2. Mitteilung von Anpassungsbetrag und -termin

**Inhaltlich** muss die Erklärung darauf gerichtet sein, die Betriebskostenvorauszahlung zu erhöhen oder zu reduzieren. Dies setzt voraus, dass die Erklärung einen **bestimmten** oder **bestimmbaren Erhöhungs- oder Ermäßigungsbetrag** mitteilt.[62] Dafür kann die Erklärung etwa den konkreten Änderungsbetrag, aber auch die zukünftige Vorauszahlung oder auch die zukünftige Gesamtmiete nennen. 71

Auch den **Wirkungszeitpunkt** muss die Erklärung bezeichnen; fehlen hierzu konkrete Angaben, wird die Auslegung regelmäßig eine Wirkung zum nächsten Zahlungstermin ergeben. Eine rückwirkende Anpassung ermöglicht § 560 Abs. 4 BGB nicht.[63] Denn eine solche Rückwirkung ist für die Gegenseite mit besonderen Belastungen verbunden und hätte daher im Gesetz ausdrücklich Erwähnung finden müssen. Eine Erklärung, die sich Rückwirkung beimisst, wird regelmäßig so auszulegen sein, dass die Anpassung zum nächstmöglichen Termin erfolgen soll. 72

Der **Anpassungsbetrag** muss der Höhe nach angemessen sein. Mit diesem Merkmal engt § 560 Abs. 4 BGB den allgemeinen Maßstab des billigen Ermessens aus § 315 Abs. 1 BGB ein. Nach der Rspr. des **BGH** ist regelmäßig nur eine sich exakt an dem Ergebnis der letzten Betriebskostenabrechnung orientierende Anpassung angemessen. Nur auf Grund besonderer Umstände sind Ausnahmen von dieser Berechnungsweise zulässig, nicht hingegen die Erhebung eines abstrakten Sicherheitszuschlag, um allgemeine Kostensteigerungen abzufangen.[64] Diese Rspr. erkennt richtigerweise den jedem Leistungsbestimmungsrecht immanenten Gestaltungsspielraum an, wenn sie ihn auch denkbar eng definiert. 73

Auch beim **Anpassungstermin** besteht ein Gestaltungsspielraum. Die Anpassung kann stets zum nächstmöglichen Termin vorgenommen werden. Hat eine Partei die Gestaltung zu einem späteren Zeitpunkt vorgenommen, steht dies dem Eintritt der Gestaltungswirkung nicht entgegen; für die verbleibenden Zahlungstermine ist das Gestaltungsrecht aber nicht verbraucht (dazu → Rn. 74) und kann auch von der Gegenseite noch ausgeübt werden. 74

### 3. Begründung

Die Anpassungserklärung bedarf **keiner eigenen Begründung,** setzt aber den Zugang der Abrechnung voraus (→ Rn. 62). Der BGH hat in diesem Zusammenhang erklärt, es verstehe sich von selbst, dass der Erklärende eine von ihm beanspruchte Anpassung der Vorauszahlungen zumindest nachträglich der anderen Partei gegenüber rechtfertigen müsse, wenn diese die Angemessenheit bestreite.[65] Damit macht der BGH die Wirkung der Erhöhung aber nicht etwa von einer nachträglichen Begründung abhängig, sondern weist nur auf die prozessuale Situation hin (vgl. → Rn. 79). 75

### 4. Fehlerfolgen

Die Gestaltungserklärung kann nach allgemeinen Grundsätzen **nicht** mit einer ex-tunc-Wirkung **nachgebessert** werden. Ist sie formell oder inhaltlich fehlerhaft, muss die Gestaltung mithin erneut erklärt werden. 76

**Zahlt** der **Mieter** bei Unwirksamkeit der Gestaltungserklärung die erhöhten Vorauszahlungen, liegt darin mangels entsprechender Willenserklärungen **keine Vertragsänderung.**[66] Berühmt sich eine der Parteien eines nicht bestehenden Anpassungsrechts, so liegt darin eine **Pflichtverletzung,** die unter den Voraussetzungen des § 280 BGB zum Schadensersatz führen kann.[67] Die formell oder inhaltlich fehlerhafte Ausübung eines bestehenden Gestaltungsrechts ist nach der Rspr. des BGH zur Kündigung hingegen eine bloße Obliegenheitsverletzung.[68] Diese nicht überzeugende Ansicht[69] ist auf § 560 BGB nicht zu übertragen. 77

---

[62] Vgl. etwa Spielbauer/Schneider/*Schneider* BGB § 560 Rn. 16.
[63] BGH VIII ZR 271/10, NJW 2011, 2350 Rn. 18.
[64] Vgl. BGH VIII ZR 294/10, NJW 2011, 3642.
[65] Vgl. BGH VIII ZR 294/10, NJW 2011, 3642 Rn. 18.
[66] BGH XII ZR 176/04, NZM 2007, 514 Rn. 11.
[67] Vgl. BGH V ZR 133/08, NJW 2009, 1262 Rn. 17.
[68] BGH VIII ZR 9/10, NJW 2011, 914.
[69] *Lehmann-Richter* WuM 2020, 258 (260).

### IV. Rechtsfolgen

78 Ist die Anpassungserklärung wirksam, **schuldet** der **Mieter** die **angepassten Vorauszahlungen** ab dem in der Erklärung bestimmten Zeitpunkt. Eine Wartefrist sieht das Gesetz nicht vor. Eine solche ist auch nicht prater legem zu entwickeln[70], weil der Mieter über sein Recht zur Belegeinsicht geschützt wird (zu diesem → BGB § 556 Rn. 488). Der Mieter kann dieses Recht dem Anspruch auf Zahlung der erhöhten Vorauszahlung als Einrede über § 273 BGB entgegenhalten.[71] Das Recht des Vermieters zur fristlosen **Kündigung** wegen Nichtzahlung der erhöhten Vorauszahlungen schränkt § 569 Abs. 3 Nr. 3 BGB ein (näher → BGB § 569 Rn. 100).

### V. Darlegungs- und Beweislast

79 Die Verteilung der Darlegungs- und Beweislast ist **verfahrensabhängig:** Macht der Vermieter einen Anspruch auf Zahlung der erhöhten Vorauszahlungen oder Rechte wegen Nichtzahlung geltend, muss er die Wirksamkeit der Erhöhungserklärung darlegen und beweisen. Umgekehrt trifft den Mieter diese Last, wenn er sich auf die Wirkungen einer Herabsetzungserklärung beruft.

80 Ob die Vorauszahlungen unzutreffend und damit einer Anpassung zugänglich waren, bedarf einer **Prognoseentscheidung.** Diese kann, wie der BGH zutreffend festgestellt hat, naturgemäß nur eine gewisse Wahrscheinlichkeit, aber keine Gewissheit für sich beanspruchen. Deshalb obliegt nach Ansicht des BGH dem Tatrichter nur die Prüfung, ob die Prognose plausibel erscheint.[72] Das ist zutreffend, weil es bei der Prüfung einer Leistungsbestimmung eine Beweislastverteilung nur für die der Abwägung zugrundeliegenden Umstände, nicht hingegen für die Leistungsbestimmung selbst gibt. Der Richter hat also (nur) die Rechtsfrage zu beantworten, ob sich die Leistungsbestimmung innerhalb der rechtlichen Grenzen – bei § 560 Abs. 4 BGB ist dies die Angemessenheit des neuen Vorauszahlungsbetrags – hält.[73]

## E. Wirtschaftlichkeitsgrundsatz (§ 560 Abs. 5 BGB)

81 § 560 Abs. 5 BGB postuliert den Wirtschaftlichkeitsgrundsatz. Die Vorschrift stammt aus der **Mietrechtsreform 2001;** sie wurde auf Anregung des Rechtsausschusses Gesetz. In der Begründung heißt es, der Vermieter solle deutlicher als bisher im Gesetzestext darauf hingewiesen werden, dass er wirtschaftlich handeln müsse.[74]

82 Konkret ordnet § 560 Abs. 5 BGB an, dass bei Veränderungen von Betriebskosten der Grundsatz der Wirtschaftlichkeit zu beachten ist. Das meint nicht, dass die Anpassung in dem Sinne wirtschaftlich sein muss, dass sie zutreffend kalkuliert sein muss. Denn dieses Problem ist durch Vorgaben zur Festlegung des Anpassungsbetrags in den einzelnen Absätzen von § 560 BGB speziell geregelt. § 560 Abs. 5 BGB **ergänzt** vielmehr den Wirtschaftlichkeitsgrundsatz aus **§ 556 Abs. 1 S. 1 Hs. 2 BGB.** Während dieser bei der Abrechnung zu beachten ist, gilt jener bei der Anpassung von Pauschalen oder Vorauszahlungen.

83 Damit ist die Wirkungsweise der Vorschrift aber noch nicht ermittelt. In der Lit. wird sie teilweise als **Schranke des Erhöhungsrechts** des Vermieters angesehen.[75] Das überzeugt, liegt es doch auf der Linie der zutreffenden Ansicht, wonach der Wirtschaftlichkeitsgrundsatz aus § 556 Abs. 1 S. 1 Hs. 2 BGB den Umfang der vom Mieter zu tragenden Betriebskosten einschränkt (→ BGB § 556 Rn. 462). Indes soll nach **hM** § 556 Abs. 1 S. 1 Hs. 2 BGB anders zu verstehen sein, nämlich als **Nebenpflicht** des Vermieters. Es liegt auf Basis der hM nahe, dieses Modell auf § 560 Abs. 5 BGB zu übertragen. Verletzt der Vermieter den Wirtschaftlichkeitsgrundsatz (dazu → BGB § 556 Rn. 461), würde dies lediglich unter den Voraussetzungen des § 280 BGB zu einem Anspruch auf Freistellung von dem Erhöhungsbetrag führen.[76]

---

[70] Anders Langenberg/Zehelein BetrKostR/*Zehelein* Kap. E Rn. 64.

[71] Vgl. zum Nachzahlungsanspruch BGH VIII ZR 78/05, NJW 2006, 1419; BGB VIII ZR 189/17, NJW 2018, 1599 Rn. 26.

[72] BGH VIII ZR 294/10, NJW 2011, 3642 Rn. 19.

[73] *Staudinger/Rieble BGB § 315* Rn. 625 mN.

[74] BT-Drs. 14/5663, 81.

[75] Spielbauer/Schneider/*Schneider* BGB § 560 Rn. 91; ebenso iE AG Köln WuM 2012, 57.

[76] Lützenkirchen MietR/*Dickersbach* BGB § 560 Rn. 79f.

## F. Abweichende Vereinbarungen (§ 560 Abs. 6 BGB)

§ 560 Abs. 6 BGB verbietet es, zum Nachteil des Mieters von den Regelungen der § 560 Abs. 1–5 BGB abzuweichen. Dies betrifft etwa die Vereinbarung, dass Pauschalen oder Vorauszahlungen außerhalb des Anwendungsbereichs des § 560 Abs. 2 S. 2 rückwirkend oder zu einem früheren Zeitpunkt als in § 560 Abs. 1 S. 1 BGB bestimmt erhöht werden dürfen, eine Erhöhung trotz Nichtbeachtung der in § 560 Abs. 1 BGB oder § 560 Abs. 4 BGB geregelten Voraussetzungen zulässig ist oder das Reduzierungsrecht des Mieters aus § 560 Abs. 3 BGB oder § 560 Abs. 4 BGB eingeschränkt oder ausgeschlossen wird. Da § 560 BGB nur die einseitige Änderung von Pauschalen oder Vorauszahlungen regelt, steht § 560 Abs. 6 BGB einer **einvernehmlichen Änderung** aber **nicht entgegen** (allgM). **84**

## § 561 Sonderkündigungsrecht des Mieters nach Mieterhöhung

**(1) [1]Macht der Vermieter eine Mieterhöhung nach § 558 oder § 559 geltend, so kann der Mieter bis zum Ablauf des zweiten Monats nach dem Zugang der Erklärung des Vermieters das Mietverhältnis außerordentlich zum Ablauf des übernächsten Monats kündigen. [2]Kündigt der Mieter, so tritt die Mieterhöhung nicht ein.**

**(2) Eine zum Nachteil des Mieters abweichende Vereinbarung ist unwirksam.**

**Systematische Übersicht**



### A. Allgemeines

#### I. Einführung

1 Die Vorschrift enthält die Regelung über das Sonderkündigungsrecht nach einer Mieterhöhung. Die Vorschrift gilt nur für Wohnraummietverträge im preisfreien Wohnungsbau[1], soweit sie nicht in § 549 Abs. 2 BGB ausgenommen sind. Das Kündigungsrecht besteht nach Mieterhöhungen auf die ortsübliche Vergleichsmiete gem. § 558 BGB und nach einer Modernisierungsmaßnahme gem. § 559 BGB.

2 Bei Mieterhöhungen wegen Steigerungen der **Betriebskostenvorauszahlungen** gem. § 560 Abs. 4 BGB oder der Anhebung der **Betriebskostenpauschale** gem. § 560 Abs. 1 BGB kann der Mieter nicht kündigen.[2] Dies beruht auf dem Gedanken, dass der Mieter sich diesen Mieterhöhungen, die idR auf einem Anstieg von bestimmten Kosten beruhen oder zumindest ein ganzes Mietobjekt, wenn nicht sogar eine ganze Region, betreffen, durch Kündigung wirtschaftlich sowieso nicht entziehen könne. Die Vorschrift gilt ebenfalls nicht nach dem Eintritt einer weiteren Staffel bei einer **Staffelmietvereinbarung,** § 557a BGB oder nach einer **Indexerhöhung** gem. § 557b BGB.

---

[1] Nach Mieterhöhungen im preisgebundenen Wohnungsbau alten Rechts gilt ein Sonderkündigungsrecht nach § 11 Abs. 2 WoBindG.

[2] Lützenkirchen MietR/*Dickersbach* BGB § 561 Rn. 11.

Die Bedeutung der Vorschrift ist auf Grund der seit 2001 eingeführten kurzen Kündigungsfristen zugunsten des Mieters in § 573c BGB und erst recht seit der Änderung des Art. 229 § 3 Abs. 10 EGBGB begrenzt. Der Mieter kann das Mietverhältnis sowieso ohne Angabe von Gründen mit dreimonatiger Frist kündigen. Kündigt er gem. § 561 BGB tritt die Mieterhöhung auch während der Kündigungsfrist nicht in Kraft. Die Vorschrift hat ihre Bedeutung heute nur noch bei Zeitmietverträgen, die der Mieter ordentlich gar nicht kündigen kann. Ferner kommt eine Anwendung dann in Betracht, wenn die Parteien wirksam das Kündigungsrecht des Mieters befristet ausgeschlossen haben.[3] 3

## II. Inhalt und Zweck der Norm

### 1. Allgemeines

**a) Einhaltung von Verträgen.** Die Vorschrift ist im Zusammenhang mit dem Anspruch des Vermieters auf Zustimmung zu einer Mieterhöhung bzw. dem einseitigen Mieterhöhungsrecht des § 559 BGB zu sehen. Grundsätzlich sind Verträge, so wie sie abgeschlossen wurden, einzuhalten und abzuwickeln. Für **Dauerschuldverhältnisse** hat der Gesetzgeber aber je nach Vertragstyp unterschiedliche Vertragsanpassungsmöglichkeiten geschaffen. Für das Wohnraummietrecht sind dies der Anspruch auf Zustimmung zu einer Mieterhöhung gem. § 558 BGB oder das einseitige Mieterhöhungsrecht des § 559 BGB. Während der Gesetzgeber also dem Vermieter einen Anspruch auf Anpassung der Gegenleistung einräumt, hat er, wie bei anderen Dauerschuldverhältnissen zT auch (zB beim Versicherungsvertrag), dem Schuldner der Gegenleistung, hier also dem Mieter, das Recht eingeräumt, sich dieser Vertragsänderung durch Kündigung zu entziehen. Der Mieter hat damit das **Wahlrecht,** das Dauerschuldverhältnis unter den veränderten Bedingungen fortzusetzen oder diese Veränderungen nicht zu akzeptieren und das Dauerschuldverhältnis zu beenden. 4

Vorbild für die Vorgängervorschrift im MHG und jetzt auch § 561 BGB war § 11 Abs. 1 WoBindG, wonach bei preisgebundenem Wohnraum der Mieter nach Erhalt einer Mieterhöhungserklärung gem. § 10 Abs. 1 WoBindG im Anwendungsbereich des WoBindG (→ BGB Vor § 557 Rn. 35) berechtigt ist, das Mietverhältnis zu kündigen. Da das BGB dem Vermieter entweder in § 558 BGB einen Anspruch auf Zustimmung zu einer Vertragsänderung einräumt oder ihn in § 559 BGB berechtigt, einseitig den Vertragsinhalt zu ändern, ist die Ausgangslage auch im preisfreien Wohnungsbau mit der im preisgebundenen Wohnungsbau identisch. Bereits § 20 I Bundesmietengesetz enthielt eine entsprechende Vorschrift. 5

**b) Treu und Glauben.** Zum Teil[4] wurde vertreten, dass die Vorschrift als ein Spezialfall des Grundsatzes von **Treu und Glauben** (clausula rebus sic stantibus, § 242 BGB) anzusehen sei. Das Gesetz unterstelle, dass dem Mieter bei Ausübung dieses Sonderkündigungsrechts ein weiteres Festhalten am Vertrag angesichts der veränderten Vertragsbedingungen nicht zugemutet werden kann. Ob tatsächlich ein Rückgriff auf Treu und Glauben erforderlich ist, erscheint fraglich[5], da zum einen als **Geschäftsgrundlage** nur grundlegende Verhältnisse bei Vertragsschluss angesehen werden und zum anderen eher das Erhöhungsrecht des Vermieters ein Anwendungsfall der Grundsätze des Wegfalls der Geschäftsgrundlage des Vertrages darstellt, weil es ermöglicht, eine den veränderten ökonomischen Verhältnissen entsprechende Miete durchzusetzen. Im Zuge dieser Vertragsanpassung kann der Vermieter entweder die angepasste Miete vom bisherigen Mieter verlangen oder, wenn dieser dazu nicht bereit oder in der Lage ist, von einem Nachfolgemieter. Das Wahlrecht hat der Gesetzgeber durch Einräumung des Kündigungsrechts und durch Ausschluss der Vermieterkündigung in § 573 Abs. 1 BGB dem Mieter zugestanden. 6

**c) Mieterschutz.** Die Vorschrift ist deshalb als **Schutzvorschrift** zugunsten des Mieters zu verstehen. Sie gibt dem Mieter neben der Zustimmung, der Teilzustimmung und der Verweigerung der Zustimmung eine weitere Reaktionsmöglichkeit auf ein Mieterhöhungsverlangen gem. § 558 BGB oder eine einseitige Mieterhöhung nach § 559 BGB. Sie stellt dabei, wenn auch mit umgekehrtem Vorzeichen, den bis zum In-Kraft-Treten des I. WKSchG geltenden Rechtszustand wieder her und zwar unabhängig davon, ob es sich um eine Mieterhöhung gem. § 558 BGB 7

[3] BGH VIII ZR 81/03, WuM 2004, 157; ausf. → BGB § 575 Rn. 80 ff.; → BGB § 557a Rn. 62 ff.
[4] AnwK WohnraumMietR/*Lammel* BGB § 561 Rn. 2.
[5] So auch HK-Miete/*Riecke* BGB § 561 Rn. 5.

oder um eine solche nach § 559 BGB handelt. Soweit damals nämlich keine Preisvorschriften mehr galten, konnte der Vermieter die Miete in einem bestehenden Mietverhältnis durch die Erklärung einer **Änderungskündigung** erhöhen. Er sprach also eine Kündigung aus, die grds. das Mietverhältnis beendete. Gleichzeitig bot er dem Mieter den Abschluss eines neuen Mietvertrages an. Der Mieter war frei, ob er das Angebot annahm oder nicht. Nahm er das Angebot nicht an, dann musste der Mieter die Wohnung nach Ablauf der Kündigungsfrist räumen, aber niemals die erhöhte Miete zahlen. Das BGB hat dem Vermieter in § 573 Abs. 1 BGB eine Kündigung zum Zwecke der Mieterhöhung ausdrücklich untersagt. Dafür hat es ihm entweder einen Anspruch auf Zustimmung in § 558 BGB oder ein einseitiges Mieterhöhungsrecht in § 559 BGB eingeräumt. Also ist anders als früher nicht die Beendigung des Mietverhältnisses der normale Lauf der Dinge, sondern die Mieterhöhung. Erst durch Ausübung des Gestaltungsrechts „Kündigung" kann jetzt der Mieter den früher geltenden Zustand wiederherstellen, d. h. das Mietverhältnis wird ohne die Verpflichtung, die erhöhte Miete zu zahlen, beendet. Die Vorschrift ist deshalb Ausdruck des **allgemeinen Rechtsgedankens,** dass keiner Vertragspartei von der anderen Vertragspartei eine Vertragsänderung aufgezwungen werden darf, selbst wenn ihr ein gesetzlicher Anspruch darauf zusteht.[6]

8 **d) Ordentliches Kündigungsrecht.** Die Vorschrift war früher auch erforderlich, da das grds. dem Mieter zustehende **ordentliche Kündigungsrecht** allein nicht zur Abwehr einer Mieterhöhung ausreichte. Zum einen gilt die Vorschrift auch bei befristeten Mietverhältnissen, die der Mieter ordentlich gar nicht kündigen kann, und zum anderen hatte der Mieter bis Ende August 2001 bei einer ordentlichen Kündigung grds. die Kündigungsfristen des § 565 Abs. 2 BGB aF einzuhalten. Da diese Fristen idR länger waren als die Überlegungsfrist, könnte der Mieter sich einer Mieterhöhung nicht vollständig entziehen. Die ordentliche Kündigung des Mietverhältnisses entbindet den Mieter nämlich nicht von der Verpflichtung, der Mieterhöhung zuzustimmen bzw. die erhöhte Miete zu zahlen. Heute spielt die Kündigungsmöglichkeit, außer bei den mengenmäßig durch § 575 BGB stark eingeschränkten Zeitmietmietverträgen, jetzt vor allem noch bei Mietverträgen eine Rolle, die vor dem 1.9.2001 abgeschlossen worden sind und in denen die Parteien vertraglich die Fortgeltung der alten gestaffelten Kündigungsfristen vereinbart haben.[7] Ferner kommt eine Anwendung dann in Betracht, wenn die Parteien wirksam das Kündigungsrecht des Mieters befristet ausgeschlossen haben (→ BGB § 557a Rn. 62f.; → BGB § 575 Rn. 80ff.).[8]

9 **e) Praxisrelevanz.** Die Vorschrift hat in der Praxis nur eine **geringe Bedeutung.**[9] Entweder es gibt einen Wohnungsleerstand in der Gemeinde, dann wird der Vermieter idR keine Mieterhöhung vornehmen, um dem Mieter keinen Anlass zu geben zu kündigen und woanders eine ggf. preiswertere Wohnung anzumieten oder es herrscht Wohnungsmangel, dann wird der Mieter, mangels Alternativwohnung, nicht kündigen. Das **Sonderkündigungsrecht** hat allenfalls mittelbar Einfluss auf das Vermieterverhalten, da der Vermieter befürchten muss, dass er einen langjährigen, ihm bekannten Mieter verliert und noch nicht einmal sicher ist, dass er bei einer Neuvermietung seine Mietvorstellung realisieren kann.[10] Rechtlich bedeutsam ist das Sonderkündigungsrecht im Prinzip nur bei Zeitmietverträgen und Mietverträgen mit Kündigungsausschlussvereinbarung. Hier eröffnet der Vermieter dem Mieter durch sein Mieterhöhungsverlangen ein ansonsten überhaupt nicht bestehendes Kündigungsrecht.[11] Alle anderen Verträge kann der Mieter sowieso gem. § 573c Abs. 1 BGB zum Ablauf der übernächsten Monats kündigen.[12]

## 2. Anwendungsbereich

10 Die Vorschrift findet auf alle Wohnraummietverhältnisse Anwendung. Dies ergibt sich aus der Stellung der Vorschrift. Ausgenommen sind jedoch die in § 549 Abs. 2, 3 BGB genannten Mietverhältnisse. Bei diesen Mietverhältnissen kann der Vermieter die Mieterhöhung durch Änderungskündigung durchsetzen. Die Vorschrift gilt für **Mischmietverhältnisse** nicht, bei denen das Schwergewicht auf dem gewerbemietrechtlichen Teil liegt. Unerheblich ist es für die Anwendung

---

[6] MüKoBGB/*Artz* § 561 Rn. 1.

[7] BGH VIII ZR 240/02, WuM 2003, 505.

[8] *Börstinghaus* ZGS 2009, 221; NJW 2009, 1391; *Klumpp,* Der Kündigungsausschluss im unbefristeten und befristeten Wohnraum Mietverhältnis, 2009.

[9] *MüKoBGB/Artz § 561 Rn. 9;* HK-Miete/*Riecke* BGB § 561 Rn. 26.

[10] MüKoBGB/*Artz* § 561 Rn. 9.

[11] MüKoBGB/*Artz* § 561 Rn. 9.

[12] Emmerich/Sonnenschein/*Haug* BGB § 573d Rn. 3.

des § 561 BGB, ob es sich um ein **unbefristetes oder ein befristetes Mietverhältnis** handelt. Beide Arten von Mietverhältnissen können gem. § 561 BGB gekündigt werden.

## B. Voraussetzungen des Sonderkündigungsrechts

### I. Sachliche Voraussetzungen

#### 1. Mieterhöhungen gem. §§ 558 a, 559 BGB

**a) Formalia.** Das Gesetz verlangt **vom Wortlaut her** nur, dass der Vermieter entweder eine 11
Mieterhöhung nach § 558 BGB oder nach § 559 BGB geltend macht.[13] Das Kündigungsrecht besteht auch nach einer Mieterhöhung im vereinfachten Verfahren gem. § 559 c BGB. Die Vorschrift gilt nicht bei einseitigen Mieterhöhungen nach dem teilweise noch weiter geltenden WoBindG[14] (→ BGB Vor § 557 Rn. 35) oder der an seine Stelle getretenen Landesgesetze.[15] Soweit noch das Wohnraumförderungsgesetz des Bundes (WoFG)[16] ausnahmsweise Anwendung findet, ist § 561 BGB wegen der in § 28 Abs. 3 WoFG enthaltenen Verweisung anzuwenden.[17] Vom Wortlaut her lösen damit alle Willenserklärungen des Vermieters, die entweder darauf gerichtet sind, dass der Mieter einer Mieterhöhung zustimmen soll oder, dass er ab einem bestimmten Zeitpunkt eine erhöhte Miete gem. § 559 BGB zahlen soll, das Kündigungsrecht aus. Kein Geltendmachen iSd Gesetzes ist lediglich ein Angebot auf einverständliche Änderung des Vertrages gem. § 557 Abs. 1 BGB. Für die im Einzelfall uU schwierige Abgrenzung kommt es auf den objektiven **Empfängerhorizont** auf Seiten des Mieters an. Konnte der Mieter die Willenserklärung nur als Angebot verstehen, dass er ohne rechtliche Konsequenzen ablehnen konnte, scheidet das Sonderkündigungsrecht aus. Dies gilt auch dann, wenn der Vermieter in seinem ersten Angebot auf Vertragsänderung abschließend darauf hinweist, dass er für den Fall der Ablehnung des Angebots ein Zustimmungsverlangen oder eine einseitige Mieterhöhung aussprechen wird. Ob der Mieter mit einer einvernehmlichen Mieterhöhung einverstanden ist oder nicht ist dabei unerheblich, weil bereits die Erklärung des Vermieters kein „Geltendmachen" iSd § 561 BGB darstellt, welches das Kündigungsrecht auslöst. Diese Auslegung vom Wortlaut her entspricht auch dem Sinn und Zweck der Regelung, die dem Mieter nur als **Reflex** auf eine ihm gegen seinen Willen aufgezwungene Mieterhöhung zusteht. Beruht die Verpflichtung zur Zahlung der erhöhten Miete aber auf einer freiwilligen Zustimmung des Mieters, so ist dieser nicht schutzbedürftig.

**b) Wirksamkeit.** Umstritten ist die Frage, ob das **Mieterhöhungsverlangen wirksam** sein 12
muss, damit es das Sonderkündigungsrecht auslöst. Zum Teil[18] wird dies gefordert, da nur ein wirksames Mieterhöhungsverlangen Rechtswirkungen entfalte. Nur wenn dem Mieter tatsächlich eine Mieterhöhung drohe, sei er schutzbedürftig. Für diese Auslegung soll auch § 561 Abs. 1 S. 2 BGB sprechen, wonach die Mieterhöhung nach einer Kündigung nicht eintritt.[19] Die Mieterhöhung tritt aber grds. nur nach einem wirksamen Mieterhöhungsverlangen ein. Hat der Mieter im Vertrauen auf eine an sich unwirksame Mieterhöhung gekündigt, so liege eine Obliegenheitsverletzung des Vermieters vor, die diesen nach §§ 280, 282 BGB verpflichte, den Mieter so zu stellen, als wenn die Mieterhöhung wirksam gewesen sei, ihm soll also untersagt sein, sich auf Unwirksamkeit der Mieterhöhung zu berufen.[20]

**Gesetzesgeschichte,**[21] Wortlaut und der Sinn der Vorschrift sprechen aber gegen diese Aus- 13
legung.[22] Nach Satz 1 knüpft das Sonderkündigungsrecht zunächst einmal nur an die Geltend-

[13] Falsch deshalb AG Hamburg-Altona ZMR 2008, 542 wonach § 561 BGB nur für Mieterhöhungen nach § 559 BGB gelte; abl. Anm. auch von *Riecke* ZMR 2008, 543.

[14] HK-Miete/*Riecke* BGB § 561 Rn. 7; Lützenkirchen MietR/*Dickersbach* BGB § 561 Rn. 2.

[15] ZB Art. 11 BayWoBindG.

[16] BGBl. 2001 I 2376.

[17] Lützenkirchen MietR/*Dickersbach* BGB § 561 Rn. 2.

[18] AG Bergisch-Gladbach WuM 1983, 182; Sternel MietR Kap. III Rn. 859.

[19] *Sternel* MietR Kap. III Rn. 859.

[20] LG Heidelberg NJW 1975, 1974; LG Wuppertal MDR 1962, 990, noch zu § 20 I. BMG; AG Andernach WuM 1994, 547 (548); *Sternel* MietR Kap. III Rn. 859.

[21] So ausdrücklich die Begr. zum MietRRefG: BT-Drs. 14/4553, 59; BT-Drs. 14/4553, abgedr. bei *Börstinghaus/Eisenschmid* Arbeitskommentar Neues MietR S. 383.

[22] LG Berlin GE 1998, 43; LG Braunschweig WuM 1986, 323; AG Ibbenbüren WuM 1982, 216; AG Münsingen NJW-RR 1998, 228; AG Brakel WuM 1983, 349, zu § 11 WoBindG; MüKoBGB/*Artz* § 561 Rn. 4;

machung des Vermieters an. Dies ist eine einfach zu bewertende Tatsache. Eine rechtliche Bewertung hat nach dem Wortlaut nicht stattzufinden. Ein solches Geltendmachen durch den Vermieter kann in drei Kategorien fallen: Das Mieterhöhungsverlangen kann bereits formell unwirksam sein, es kann aber auch formell grds. in Ordnung sein, aber materiell Fehler aufweisen, schließlich kann es auch insgesamt fehlerfrei sein. Dies zu beurteilen ist im Einzelfall schwierig und die Antwort fällt selbst bei Fachleuten bekanntermaßen häufig unterschiedlich aus. Es ist dem Mieter nicht zuzumuten, diese Frage erst gerichtlich prüfen zu lassen.[23] Auch die Regelung in § 561 Abs. 1 S. 2 BGB rechtfertigt vom Wortlaut her nicht zwingend eine andere Auslegung. Nach dieser Bestimmung tritt die Mieterhöhung nach einer Kündigung nicht ein. Diese Regelung betrifft selbstverständlich nur wirksame Mieterhöhungsverlangen, weil formell und/oder materiell unwirksame Verlangen gar keine Wirkungen entfalten. Das bedeutet aber nicht, dass deshalb, weil Satz 2 eine Regelung nur für eine von drei Alternativen enthält, diese Einschränkung auch bei Satz 1 zu gelten hat. Für die anderen beiden Alternativen war eine Regelung systematisch nicht erforderlich. Vielmehr spricht die Fristenregelung in § 561 Abs. 1 S. 1 BGB dafür, nur auf die bloße Tatsache des Geltendmachens abzustellen. Die Fristen knüpfen an den Zugang der Erklärung an. Selbst wenn der Mieter Zweifel an der Wirksamkeit hat und es auf einen Rechtsstreit ankommen lässt, dann muss er sich innerhalb der gesetzlichen Fristen, die ab Zugang des Erhöhungsverlangens zu berechnen sind, entscheiden, ob er kündigen will. Eine Auslegung dahin, dass die Fristen in diesen Fällen erst ab rechtskräftiger Verurteilung laufen, geht über den Wortlaut des § 561 Abs. 1 BGB hinaus, was sich nicht nur aus dem eindeutigen Wortlaut, sondern auch aus einem Vergleich mit § 569 Abs. 3 Nr. 3 BGB ergibt. Die dortige Regelung knüpft gerade an die rechtskräftige Verurteilung an.

14 Da der Wortlaut der Vorschrift also nicht zwingend auf ein wirksames Mieterhöhungsverlangen abstellt, kommt dem **Sinn und Zweck**[24] der Regelung für die Auslegung eine entscheidende Bedeutung zu. Die Frage, ob ein Wohnraummietverhältnis wirksam gekündigt wurde oder nicht, ist für beide Mietvertragsparteien von großer Bedeutung. Eine Unklarheit, die dadurch entstehen würde, dass man das Kündigungsrecht von der aufschiebenden Bedingung abhängig macht, dass eine andere Rechtshandlung wirksam ist, würde zu unzumutbaren Zuständen führen.[25] Nicht nur der Mieter muss sich im Klaren darüber sein, ob er sich eine neue Wohnung suchen muss, auch der Vermieter hat ein Interesse an Rechtsklarheit. Neben anderen Fragen interessiert den Vermieter in diesem Zusammenhang doch, ob er die Wohnung kurzfristig zu der von ihm verlangten Miete neu vermieten kann. Wenn sich erst nach einem längeren Rechtsstreit herausstellt, dass die Kündigung unwirksam ist und deshalb die Kündigung nicht möglich war, dann steht sich der Vermieter wirtschaftlich ebenfalls schlechter, als wenn er nach der unwirksamen Mieterhöhung zwar die Kündigung des Mieters erhält, aber die Wohnung dann seinen Vorstellungen und den Marktgegebenheiten entsprechend neu vermieten kann. Wenn er dies auf Grund der Marktsituation ggf. nicht kann, so fällt dies Risiko ebenfalls in seine Risikosphäre, da er durch seine Mieterhöhung den Anlass gegeben hat. Und schließlich dürfte sich der Vermieter dem Vorwurf des widersprüchlichen Verhaltens aussetzen, wenn er sich hinsichtlich der Kündigung auf die Unwirksamkeit seines eigenen Mieterhöhungsverlangens beruft. Der Sinn der Vorschrift ist es, schnell Rechtsklarheit über das Vertragsverhältnis herzustellen. Dies betrifft sowohl die Miethöhe, aber auch die Frage des Bestandes des Mietverhältnisses.

15 Schließlich spricht auch noch ein **systematisches Argument** für diese Auslegung. Auch die Klagefrist berechnet sich vom Zugang des Mieterhöhungsverlangens an, unabhängig davon, ob dies wirksam ist oder nicht oder ob der Vermieter dem Mieter ggf. eine längere Frist eingeräumt hat. Da die Fristen in § 558b Abs. 2 BGB und in § 561 Abs. 1 S. 1 BGB erkennbar gleich ausgestaltet sind,[26] spricht auch dies dafür, das Sonderkündigungsrecht nur von der Tatsache des Zugangs des Mieterhöhungsverlangens selbst abhängig zu machen und nicht noch dessen Wirksamkeit als zusätzliche Voraussetzung zu verlangen.

---

*Sternel* MietR Kap. IV Rn. 285; Staudinger/*J. Emmerich* BGB § 561 Rn. 9; Emmerich/Sonnenschein/*Weitemeyer* BGB § 561 Rn. 6, 12; Bub/Treier MietR-HdB/*Schultz* Kap. III A Rn. 1660; AnwK WohnraumMietR/*Lammel* BGB § 561 Rn. 6; *Hau* NZM 2014, 809 (817) „vorzugswürdige Meinung"; HK-Miete/*Riecke* BGB § 561 Rn. 8; Lützenkirchen MietR/*Dickersbach* BGB § 561 Rn. 12.

[23] LG Berlin GE 1998, 43 (44).

[24] *So auch AG Münsingen NJW-RR* 1998, 228.

[25] Palandt/*Weidenkaff* BGB § 561 Rn. 4; *Nies* NZM 1998, 398; MüKoBGB/*Artz* § 561 Rn. 4.

[26] So ausdrücklich LG München I WuM 1994, 383 für den umgekehrten Fall der systematischen Auslegung des § 558b Abs. 2 BGB unter Verweis auf die Fristen des § 561 BGB, jeweils noch zum alten Recht.

Das bedeutet, dass auch ein **mündliches Erhöhungsverlangen** das Sonderkündigungsrecht auslöst.[27] Es darf sich aber nicht nur um die Ankündigung einer Mieterhöhung[28] oder um ein Verhandlungsangebot darüber handeln. Ebenso löst eine Mieterhöhung, der die gem. § 558a BGB bzw. § 559b BGB erforderliche **Begründung fehlt,** das Sonderkündigungsrecht aus. Voraussetzung ist aber, dass dem Mieter ein Mieterhöhungsverlangen bzw. eine einseitige Mieterhöhung zugegangen ist. Insofern unterscheidet sich der Wortlaut des § 561 BGB von dem der Vorgängervorschrift in § 9 MHG, bei der dies noch strittig war. Jetzt genügt das „Geltendmachen" ohne dass auf die Wirksamkeit der Erklärung ankommt.[29] Auch nach einem Mieterhöhungsverlangen, das dem Mieter **vor Ablauf der Jahressperrfrist** zugegangen ist kann der Mieter gem. § 561 Abs. 1 BGB kündigen.[30] 16

Eine Grenze wird hier allenfalls durch das sich aus § 242 BGB ergebende Gebot von **Treu und Glauben** gezogen; denn dies bildet eine allen Rechten immanente Inhaltsbegrenzung.[31] In den Fällen, in denen der Mieter zweifelsfrei erkennen kann, dass das Mieterhöhungsverlangen unwirksam ist, kann es im Einzelfall eine unzulässige Rechtsausübung darstellen, wenn der Mieter trotzdem das Mietverhältnis gem. § 561 BGB kündigt.[32] Dabei handelt es sich um die missbräuchliche Ausnutzung einer formalen Rechtsstellung. Ferner fehlt dem Mieter in diesem Fall auch ein schutzwürdiges Eigeninteresse, da er aus einer so evident unwirksamen Erklärung des Vermieters idR mit keinerlei Rechtsnachteilen zu rechnen braucht. Der Mieter kann sich risikolos auf einen Rechtsstreit über die Mieterhöhung einlassen.[33] Dies gilt aber nur für Extremfälle, zB Mieterhöhungen, die ohne jeden Bezug zum BGB abgegeben werden.[34] 17

Genauso unerheblich wie die Frage, ob das Mieterhöhungsverlangen wirksam ist oder nicht, ist die Frage, ob dem Mieter die verlangte Mieterhöhung zuzumuten ist. Der Gesetzeswortlaut ist auch insofern eindeutig. Es kommt nur auf die Geltendmachung an. Allein die Tatsache, dass der Vermieter eine Änderung der im Synallagma stehenden Leistungspflicht der Gegenseite verlangt, gibt dem Mieter das Recht, dieser Änderung durch Beendigung des gesamten Vertragsverhältnisses zu entgehen. Der Vermieter kann sich deshalb nicht darauf berufen, dass die Mieterhöhung nur sehr gering ist oder dass die restliche Mietzeit nur noch sehr kurz ist. 18

### 2. Mieterhöhung nach § 560 BGB

Das Gesetz beschränkt das Kündigungsrecht auf die Mieterhöhung im Zustimmungsverfahren gem. § 558 BGB sowie die einseitige Erhöhungsmöglichkeit wegen Modernisierung gem. § 559 BGB. Damit lösen weder Erhöhungen der Betriebskostenpauschale wegen **Betriebskostensteigerungen gem. § 560 Abs. 1 BGB** noch Erhöhungen der Betriebskostenvorauszahlungen gem. § 560 Abs. 4 BGB das Sonderkündigungsrecht aus. Das gilt auch für den Fall der Erhöhung von Brutto- oder Teilinklusivmieten bei Altverträgen gem. der Übergangsregelung in Art. 229 § 3 Abs. 4 EGBGB. Der Gesetzgeber war bei diesen auf Kostensteigerungen beruhenden Mieterhöhungen der Auffassung, dass der Mieter sich diesen Mieterhöhungen, die idR auf einem Anstieg von bestimmten Kosten für ein ganzes Mietobjekt beruhen, sich sowieso nicht durch Kündigung entziehen könne,[35] da die Kosten regelmäßig im gesamten Gemeindegebiet gestiegen seien. Ob dies heute noch gerechtfertigt ist, erscheint zweifelhaft. So treten sowohl hinsichtlich der Kostenstruktur verschiedener Häuser innerhalb einer Gemeinde auf Grund unterschiedlichen Verbrauchsverhaltens, aber auch zwischen den öffentlichen Gebühren und Versorgungskosten benachbarter Gemeinden heutzutage teilweise ganz erhebliche Unterschiede auf. Da der Mieter diese Kosten, soweit der Vermieter nicht gegen das Gebot der Wirtschaftlichkeit verstoßen hat, grds. ohne Rücksicht auf ihre Höhe zu zahlen hat, fehlt auch dem Vermieter jegliche Motivation, diese Kosten 19

[27] **AA** *Sternel* MietR Kap. III Rn. 859.
[28] Lützenkirchen MietR/*Dickersbach* BGB § 561 Rn. 13.
[29] Staudinger/*J. Emmerich* BGB § 561 Rn. 9.
[30] Staudinger/*J. Emmerich* BGB § 561 Rn. 16; Emmerich/Sonnenschein/*Weitemeyer* BGB § 561 Rn. 12.
[31] Palandt/*Ellenberger* BGB § 138 Rn. 38.
[32] LG Berlin GE 1998, 43 (44); AG Münsingen NJW-RR 1998, 228; **aA** Lützenkirchen MietR/*Dickersbach* BGB § 561 Rn. 12.
[33] AG Münsingen NJW-RR 1998, 228.
[34] Im Fall des AG Münsingen NJW-RR 1998, 228 hatte der Vermieter den Mietern einen nicht unterschriebenen Zettel in den Briefkasten geworfen mit dem Text: „Mieterhöhung ab Monat Sept. 94 um 100 DM auf 500 DM mtl. Bitte Dauerauftrag ändern.".
[35] BT-Drs. 7/2011 zu Art. 3 § 7 2. WKSchG.

gering zu halten oder ggf. gegen Bescheide Widerspruch einzulegen. Könnte der Mieter hier sein Sonderkündigungsrecht ausüben, wäre er in der Lage auch auf solche Unterschiede zu reagieren.

20 Hinzu kommt ein systematischer Bruch. Bei (Teil-)Inklusivmieten kann der Vermieter die Betriebskostensteigerungen durch eine Erhöhung der ortsüblichen Vergleichsmiete an die Mieter weitergeben. Da es sich dann um eine Mieterhöhung gem. § 558 BGB handelt, kann der Mieter in diesem Fall kündigen, obwohl wirtschaftlich die Situation mit der nach einer Mieterhöhung gem. § 560 BGB identisch ist. Da der Gesetzgeber hier aber eine ausdrückliche Regelung getroffen hat, scheidet auch eine analoge Anwendung des Sonderkündigungsrechts auf Mieterhöhungen gem. § 560 BGB aus.

### 3. Mieterhöhungen gem. §§ 557–557b BGB

21 **a) Anwendbarkeit.** Die Vorschrift ist ferner auf alle **einverständlichen Mieterhöhungen** nicht anwendbar.[36] Hierzu zählt auch der Fall, dass der Mieter bereits einem Mieterhöhungsverlangen des Vermieters gem. § 558a BGB zugestimmt hat.[37] Die Vorschrift will dem Mieter gestatten, sich der Erhöhung zu entziehen. Hat er aber zugestimmt, bedarf es keines Kündigungsrechts mehr als Rechtsverteidigung. Hat der Mieter der Mieterhöhung nur teilweise zugestimmt, dann kann er trotzdem kündigen.[38] Sinn macht dies aber nur, wenn dies zeitlich gestaffelt erfolgt, also wenn der Mieter zunächst teilweise zustimmt und der Vermieter dann vor Ablauf der Kündigungsfrist des § 561 BGB zu erkennen gibt, auch auf Zustimmung bzgl. des Restbetrages zu bestehen. Dann kann der Mieter noch kündigen. Durch die Kündigung wird aber gem. § 561 Abs. 1 S. 2 BGB nur der Teil des Mieterhöhungsverlangens unwirksam, zu dem der Mieter seine Zustimmung noch nicht erteilt hat. Hinsichtlich des ersten Teils liegt eine einverständliche Vertragsänderung vor, da § 150 Abs. 2 BGB hier nicht gilt. Dies ergibt sich auch deutlich aus der Formulierung in § 558b Abs. 1 BGB *„soweit der Mieter der Mieterhöhung zustimmt …"*. Wartet der Mieter in diesen Fällen ab, ob der Vermieter innerhalb der Klagefrist klagt, ist die Kündigungsfrist für den Mieter abgelaufen, da die Klagefrist des § 558b Abs. 2 S. 2 BGB sich an die Überlegungsfrist nach § 561 Abs. 1 BGB erst anschließt.

22 **b) Vereinbarungen isd § 557 Abs. 1 BGB.** Eine einvernehmliche, eine Kündigung ausschließende Mieterhöhung, liegt auch bei allen **Vereinbarungen iSd § 557 Abs. 1 BGB** vor.[39] Hier spricht bereits der Wortlaut der Vorschrift gegen eine Anwendung, da das Kündigungsrecht an die einseitige Geltendmachung des Vermieters anknüpft und nicht an Willenserklärungen, die auf eine vertragliche Regelung gerichtet sind. Schließlich sprechen auch Sinn und Zweck der Regelung gegen eine Anwendung des Sonderkündigungsrechts auf Mieterhöhungen, die auf Grund einer vertraglichen Einigung der Parteien erfolgen. Der Mieter soll vor Mieterhöhungen gegen seinen Willen geschützt werden. Er würde sich jedoch widersprüchlich verhalten, wenn er zunächst einer Mieterhöhung zustimmt, um dann anschließend diese Zustimmung durch Kündigung wieder unwirksam zu machen. Deshalb besteht das Sonderkündigungsrecht bei Mieterhöhungen auf Grund einer **Staffelmietvereinbarung** gem. § 557a BGB genauso wenig, wie nach einer Mieterhöhung auf Grund einer **Indexklausel** gem. § 557b BGB. Auch hier beruht die Mieterhöhung auf einer, wenn auch idR schon bei Vertragsschluss geschlossenen, Vereinbarung der Parteien. Neben dem Wortlaut spricht auch hier der Sinn der Vorschrift gegen eine Anwendung. Der Mieter weiß bei Abschluss des Vertrages, welche Miete er ab wann zu zahlen hat. Er wird nicht vom Verlangen des Vermieters überrascht. Jedoch kann der Mieter dann das Mietverhältnis außerordentlich kündigen, wenn der Vermieter unter Berufung auf die Unwirksamkeit der Staffelmietvereinbarung eine Mieterhöhung geltend macht.[40]

### 4. Zurückgenommene Mieterhöhungen

23 Schließlich kann der Vermieter die Kündigung des Mieters auch nicht dadurch unwirksam machen, in dem er sein Erhöhungsverlangen zurücknimmt (→ BGB § 558a Rn. 19f.). Ein Mieterhöhungsverlangen gem. § 558a BGB kann zwar vom Vermieter grds. zurückgenommen werden,

[36] Staudinger/*J. Emmerich* BGB § 561 Rn. 8.
[37] *Sternel MietR Kap. III Rn. 860;* Staudinger/*J. Emmerich* BGB § 561 Rn. 11.
[38] *Sternel* MietR Kap. III Rn. 860.
[39] AG Solingen WuM 1982, 142.
[40] LG Berlin GE 1998, 43.

damit entfällt aber nicht das einmal entstandene Kündigungsrecht des Mieters. Hierfür sprechen Sinn und Zweck der Regelung. Ein Mieter, der die erhöhte Miete nicht zahlen kann oder will, wird sich vor der Kündigung eine neue Wohnung suchen und dementsprechend einen neuen Mietvertrag abschließen. Wenn der Vermieter ihm das Kündigungsrecht durch Rücknahme des Mieterhöhungsverlangens nehmen könnte, dann bestünde die Gefahr, dass der Mieter zumindest zeitweise durch zwei Mietverträge gebunden wäre. Bei einer Mieterhöhung gem. § 559 BGB ergibt sich dies bereits aus dem Gesetzeswortlaut, der nur auf den Zugang der Mieterhöhungserklärung abstellt. Außerdem würde der Vermieter sich widersprüchlich verhalten.

## II. Zeitliche Voraussetzungen

### 1. Zugang

24 Unabhängig davon, ob der Vermieter seinen Anspruch auf Zustimmung zu einer Mieterhöhung gem. § 558 BGB geltend macht oder ob er einseitig die Miete gem. § 559 BGB erhöht, in beiden Fällen kann der Mieter erst kündigen, wenn ihm das entsprechende Verlangen des Vermieters **zugegangen** ist.[41] Dies ergibt sich daraus, dass das Mieterhöhungsverlangen eine empfangsbedürftige Willenserklärung ist, für deren Wirksamkeit gem. § 130 Abs. 1 S. 1 BGB der **Zugang** erforderlich ist. Dies ist auch deshalb von Bedeutung, weil für die Berechnung der Kündigungsfristen ein eindeutiger Zeitpunkt feststehen muss. Eine vor Zugang der Mieterhöhung erklärte Kündigung ist unwirksam.

### 2. Sonderkündigungsrecht

25 Das Sonderkündigungsrecht steht dem Mieter selbst dann zu, wenn das zu Grunde liegende Mietverhältnis bereits **vorher von ihm oder vom Vermieter gekündigt worden** ist. Dies setzt voraus, dass die Kündigungsfrist noch nicht abgelaufen ist und die Mieterhöhung vor dem Kündigungstermin wirksam werden soll. Erforderlich ist aber in diesem Fall, dass der Mieter – ggf. erneut – kündigt. Allein die Tatsache, dass er das Mietverhältnis bereits einmal gekündigt hat, genügt idR nicht. Die Kündigung nach § 561 BGB hat in diesen Fällen nur dann Bedeutung, wenn die Erhöhung vor Ablauf der Kündigungsfrist eintritt. Da die Kündigung gem. § 561 BGB dann das Mietverhältnis aber zeitlich früher beendet, ist auch eine neue darauf gerichtete Gestaltungserklärung erforderlich. Bei Mieterhöhungserklärungen nach Modernisierung soll bei einem gekündigten Mietverhältnis analog § 561 BGB keine Mieterhöhung eintreten, wenn die Wahrnehmung des Sonderkündigungsrechts zu keiner früheren als der bereits bewirkten Beendigung des Vertrages führen könnte. Der Mieter muss sich allerdings auf das Sonderkündigungsrecht berufen.[42]

26 Der Mieter kann ebenfalls noch kündigen, wenn das Mietverhältnis nach Vermieterkündigung und **Kündigungswiderspruch** des Mieters gem. §§ 574ff. BGB noch nicht beendet ist. In diesem Fall kann der Mieter durch die Ausübung des Sonderkündigungsrechts erreichen, dass das Mietverhältnis zu einem früheren Zeitpunkt endet, als es auf Grund der Vermieterkündigung der Fall gewesen wäre und dass die Verpflichtung zur Zahlung der höheren Miete nicht eintritt. Außerdem kann der Mieter auf diese Weise seine frühere Absicht, das Mietverhältnis fortzusetzen, wegen der Mieterhöhung aufgeben.

### 3. Unwirksamkeit

27 Hat der Mieter das Mietverhältnis gem. § 561 BGB gekündigt, dann wird diese Kündigung durch eine **spätere Zustimmung** zur verlangten Mieterhöhung oder Zahlung der verlangten erhöhten Miete nicht unwirksam. In einem solchen Verhalten kann je nach Zeitpunkt allenfalls ein Angebot auf Fortsetzung des Mietverhältnisses oder ein Angebot auf Abschluss eines neuen Mietvertrages zu sehen sein (→ BGB § 542 Rn. 86ff.). Haben die Mietvertragsparteien sich nach Ausspruch der Kündigung einvernehmlich auf eine neue Miete geeinigt,[43] dann dürfte eine solche Vereinbarung idR dahin auszulegen sein, dass damit ein neuer Mietvertrag abgeschlossen werden

---

[41] Staudinger/*J. Emmerich* BGB § 561 Rn. 10.
[42] AG Frankfurt WuM 1989, 580.
[43] Zu den Anforderungen an das Schriftformerfordernis in diesen Fällen BGH XII ZR 195/96, NZM 1998, 628.

soll. Eine **Anfechtung** der Kündigungserklärung wegen Irrtums dürfte idR ausscheiden, da es sich in diesen Fällen, von den Situationen des Erklärungsirrtums abgesehen, um einen unbeachtlichen Motivirrtum handelt.[44]

## C. Die Kündigung

28 Die Kündigung des Mietvertrages erfolgt durch eine **einseitige empfangsbedürftige Willenserklärung.** Um ihre Wirksamkeit entfalten zu können, muss sie vom richtigen Absender dem richtigen Adressanten in der richtigen Form mit dem richtigen Inhalt zugehen.

### I. Formalien

#### 1. Absender

29 Die Kündigung muss durch den oder die Mieter erfolgen. Insofern gelten die gleichen Grundsätze wie bei der Abgabe der Mieterhöhungserklärung. Es kann deshalb auf die dortigen Ausführungen Bezug genommen werden (→ BGB Vor §§ 558–559 Rn. 17 ff.). Ist Mieter eine **Personenmehrheit,** kann die Kündigung nur durch alle Mieter gemeinsam erfolgen[45] und zwar in einer einheitlichen Willenserklärung. Die Kündigungserklärung nur eines von mehreren Mietern oder mehrere Kündigungen jeweils von einem Mieter sind unwirksam. Unter Umständen steht dem einzelnen Mieter gegenüber dem Mitmieter aber ein Anspruch auf Mitwirkung an der Kündigung, und zwar auch an einer Kündigung gem. § 561 BGB, zu.[46] Erfolgt die Kündigung durch einen Vertreter des Mieters, kann die Erklärung gem. § 174 BGB vom Vermieter zurückgewiesen werden, wenn der Erklärung keine Originalvollmacht beigefügt war.

#### 2. Adressat

30 Die Kündigung ist an **alle Vermieter** zu richten. Die nur gegenüber einem von mehreren Vermietern erklärte Kündigung ist grds. unwirksam.[47] Insofern gelten die gleichen Grundsätze wie bei der Abgabe der Mieterhöhungserklärung. Es kann deshalb auf die dortigen Ausführungen Bezug genommen werden (→ BGB Vor §§ 558–559 Rn. 48 ff.). Ist Vermieter eine BGB-Gesellschaft, braucht die Kündigung des Mieters nicht allen Gesellschaftern zuzugehen. Vielmehr wird bei **Passivvertretung** eine gegenüber der BGB-Gesellschaft abzugebende Willenserklärung nach dem auch hier anwendbaren Rechtsgedanken aus § 125 Abs. 2 S. 3 HGB bei Abgabe gegenüber einem der zur Mitwirkung bei der Vertretung befugten Gesellschafter wirksam.[48]

#### 3. Form der Erklärung

31 Auch für die Kündigung des Mieters gilt die Formvorschrift des § 568 Abs. 1 BGB. Die Kündigung muss danach schriftlich erfolgen (→ BGB § 557a Rn. 21), also vom Mieter eigenhändig unterschrieben sein. Textform genügt nicht. Die Kündigung ist deshalb weder per Telefax noch per E-Mail möglich.

#### 4. Inhalt der Erklärung

32 In der Kündigungserklärung muss eindeutig zum Ausdruck kommen, dass der Mieter das Mietverhältnis beenden will. Das Wort „Kündigung" muss er hierfür nicht unbedingt gebrauchen. Im Interesse der Rechtssicherheit und Rechtsklarheit ist an dem Grundsatz festzuhalten, dass sich aus der Kündigungserklärung der übereinstimmende **Kündigungswille** aller Kündigenden ergibt und

---

[44] Zur Anfechtung im Mietrecht und ihren Rechtsfolgen BGH VIII ZR 275/07, NZM 2008, 886; *Schmid* WuM 2009, 155; *Fischer* NZM 2005, 567; Staudinger/*V. Emmerich* BGB Vor § 535 Rn. 104 ff.; *V. Emmerich* NZM 1998, 692; *Blank/Börstinghaus* BGB Vor § 535 Rn. 7.

[45] BGH VIII ZR 240/99, NJW 2000, 3133; VIII ZR 88/70, NJW 1972, 249, RGZ 138, 183 (186), 90, 328 *(330, 331); KG NJW-RR 1986, 173.*

[46] KG MM 1995, 183.

[47] BGH VIII ZR 240/99, NJW 2000, 3133.

[48] OLG Hamburg WuM 1978, 120.

dieser Kündigungswille allen Kündigungsempfängern zuverlässig zur Kenntnis gebracht wird.[49] Als einseitige Willenserklärung ist eine Kündigung **bedingungsfeindlich.**

Die Kündigung muss **nicht begründet** werden.[50] Es gibt noch nicht einmal mehr eine Soll-Vorschrift wie früher im §564a Abs. 1 S. 2 BGB aF. Der Gesetzgeber hat mit dem Mietrechtsreformgesetz auch diese Soll-Begründungspflicht für Kündigungen gem. §561 BGB ersatzlos gestrichen. §569 Abs. 4 BGB ist nicht anwendbar. Die Vorschrift ist vom Wortlaut der Überschrift nur auf die außerordentliche fristlose Kündigung anzuwenden. Die Vorschrift stellt systematisch auch nur eine Ergänzung des §543 BGB dar und ist schon deshalb auf §561 BGB nicht anzuwenden. Die Begründungspflicht ergibt sich auch nicht aus §573d iVm §573 Abs. 3 BGB.[51] Nach §573d BGB sind die §§573–573a BGB auch auf die außerordentliche Kündigung mit gesetzlicher Frist anzuwenden. Gemäß §573 Abs. 3 BGB sind die Gründe für ein berechtigtes Interesse im Kündigungsschreiben anzugeben. Die Kündigung gem. §561 BGB ist aber keine außerordentliche Kündigung mit gesetzlicher Frist gem. §573d Abs. 1 BGB. Die Überschrift von §561 BGB lautet gerade „Sonderkündigungsrecht des Mieters nach Mieterhöhung". Diese Terminologie weicht von der übrigen Einteilung der Kündigungsrechte gerade ab. In der Gesetzesbegründung zu §573d BGB[52] sind die Vorschriften aufgezählt, auf die §573d BGB anzuwenden ist.[53] §561 BGB gehört ausdrücklich nicht dazu. Aber selbst wenn man die Auffassung vertreten sollte, dass die Aufzählung nur beispielhaft und nicht abschließend sei[54], weisen alle aufgezählten Vorschriften als Gemeinsamkeit die Formulierung auf „kann das Mietverhältnis außerordentlich mit gesetzlicher Frist gekündigt werden." In §561 BGB fehlt nicht nur diese Formulierung, die angeordnete Kündigungsfrist ist gerade nicht die gesetzliche Frist. 33

So genügt es, wenn die Voraussetzungen des §561 BGB bei Ausspruch der Kündigung tatsächlich vorlagen, ohne dass sie im Kündigungsschreiben ausdrücklich erwähnt werden müssen. Sinnvoll und Streit schlichtend ist es aber, zumindest kurz auf den Anlass der Kündigung, nämlich die Mieterhöhung, hinzuweisen. 34

## II. Die Überlegungs- und Kündigungsfristen

### 1. Allgemeines

Bei der Berechnung der Kündigungsfrist sind **zwei Fristen zu unterscheiden.** Zum einen steht dem Mieter eine **Überlegungsfrist** zu, innerhalb derer er entscheiden muss, ob er überhaupt kündigen will und zum anderen gibt es die eigentliche **Kündigungsfrist,** aus der sich ergibt, zu welchem Termin das Mietverhältnis beendet wird, wenn der Mieter tatsächlich gekündigt hat. 35

### 2. Überlegungsfrist

**a) Dauer der Frist.** Der Mieter kann die Kündigungserklärung bis zum Ende des zweiten Monats nach Zugang der Erhöhungserklärung abgeben. Bei der Mieterhöhung nach §558 BGB steht dem Mieter also die volle Überlegungsfrist des §558b Abs. 2 BGB zur Verfügung, um zu entscheiden, ob er der Mieterhöhung ganz oder teilweise zustimmen will oder ob er das Mietverhältnis kündigen will. Bei der Mieterhöhung nach einer Modernisierungsmaßnahme muss die Kündigungserklärung dem Vermieter spätestens einen Tag vor dem Wirksamwerden der Mieterhöhung gem. §559b Abs. 2 BGB zugehen. 36

Die Frist für den Mieter innerhalb derer er überlegen kann, ob er kündigt oder nicht beträgt also immer mindestens zwei Monate, sie kann aber auch fast drei Monate betragen. Dies hängt davon ab, wann das Mieterhöhungsverlangen dem Mieter zugeht, da die restlichen Tage des Monats, in dem das Mieterhöhungsverlangen dem Mieter zugegangen ist, zur Zweimonatsfrist hinzuzurechnen ist (s. Tabelle → Rn. 42). 37

[49] AG Friedberg WuM 1980, 63.

[50] AG Tempelhof-Kreuzberg WuM 2006, 452; MüKoBGB/*Artz* §561 Rn. 5; Emmerich/Sonnenschein/*Haug* BGB §573d Rn. 3; Emmerich/Sonnenschein/*Weitemeyer* BGB §561 Rn. 9; HK-Miete/*Riecke* BGB §561 Rn. 11; Lützenkirchen MietR/*Dickersbach* BGB §561 Rn. 9.

[51] Emmerich/Sonnenschein/*Haug* BGB §573d Rn. 4.

[52] BT-Drs. 14/4553 abgedr. bei *Börstinghaus/Eisenschmid* Arbeitskommentar Neues MietR S. 534.

[53] §540 Abs. 1 S. 2, §§544, 563 Abs. 4, 563a Abs. 2, 564 BGB.

[54] Es fehlen zB die Kündigungsrechte gem. §§109, 111 InsO.

38 **b) Fristbeginn.** Die Frist beginnt mit dem **Zugang des Mieterhöhungsverlangens.** Sie endet grds. mit Ablauf des folgenden zweiten Monats. Etwas anderes soll nach Ansicht des BGH[55] dann gelten, wenn der Vermieter die Mieterhöhung erst zu einem späteren als dem gesetzlich vorgesehenen Termin verlangt. § 558b Abs. 1 BGB und § 561 Abs. 1 BGB seien aufeinander abgestimmte Regelungen, deren Verständnis sich nur aus einer Zusammenschau erschließe. Der Mieter habe zwei Möglichkeiten auf das Erhöhungsverlangen zu reagieren, nämlich zuzustimmen bzw. sich auf Zustimmung verklagen zu lassen oder das Mietverhältnis zu kündigen. Aus der Tatsache, dass die Fristen aufeinander abgestimmt seien, folgert der Senat, dass in den Fällen, in denen der Vermieter die Mieterhöhung zu einem späteren Termin verlangt, auch die Frist zur Ausübung des Kündigungsrecht in § 561 Abs. 1 BGB entsprechend länger ist. Sie laufe in diesem Fall einen Tag vor dem Tag, zu dem sie nach den Vorstellungen des Vermieters wirksam werden soll, ab. Diese Argumentation ist nur auf den ersten Blick überzeugend. Ihr steht zunächst der klare Wortlaut des § 561 BGB entgegen.[56] Dort heißt es, dass der Mieter bis zum Ablauf des zweiten Monats nach Zugang des Erhöhungsverlangens kündigen kann. Auch wenn diese Frist mit der Überlegungsfrist des § 558b Abs. 2 BGB übereinstimmt, so hat der Gesetzgeber hier doch eine eigene Frist kodifiziert. Er hat nicht auf die Frist des § 558b Abs. 2 BGB verwiesen. Die Argumentation überzeugt aber auch deshalb nicht, weil hier zwei Fälle miteinander verglichen werden, die nicht miteinander vergleichbar sind. In beiden miteinander verglichenen Fällen konnte der Mieter im dritten und vierten Monat nach Zugang des Erhöhungsverlangens zur nicht erhöhten Miete in der Wohnung wohnen.

38a Die Argumentation des BGH gilt aber nicht bei einer Modernisierungsmieterhöhung[57], wenn diese gem. § 559 Abs. 2 BGB erst sechs Monate später wirksam wird. Zwar legt der BGH[58] § 561 Abs. 1 BGB so aus, dass die Fristen der Kündigungsvorschrift im Gleichklang zu den Zustimmungs- und Wirkungsfristen der Mieterhöhung laufen. Verschiebe der Vermieter den Wirkungszeitpunkt gem. § 558b BGB, so soll sich auch die Frist zur Ausübung des Kündigungsrechts in § 561 Abs. 1 BGB entsprechend verlängern. Bei dem Verhältnis von § 558b BGB zu § 561 BGB geht es also um den Zeitpunkt, bis zu dem der Mieter sich entscheiden muss, ob er der Mieterhöhung zustimmt oder ob er kündigt. Der Wirkungszeitpunkt der Mieterhöhung ist davon prinzipiell losgelöst. Deshalb führt die Verschiebung des Wirkungszeitpunkts gem. § 559b Abs. 2 S. 2 BGB nicht zu einer Verlängerung der Frist zur Ausübung des Kündigungsrechts. Hier geht es nicht um eine Entscheidung, die der Mieter treffen muss. Die Mieterhöhung tritt automatisch ein. Die Kündigungsfrist läuft deshalb unabhängig vom Wirkungszeitpunkt. Der Gesetzgeber hat dem Mieter gerade nicht gestattet, zum Wirkungszeitpunkt einer Mieterhöhung zu kündigen, sondern eine eigene Kündigungsfrist in § 561 BGB geschaffen. Dies hat er auch in Kenntnis der verschiedenen Wirkungszeitpunkte einer Mieterhöhung in § 559b Abs. 2 BGB getan.

39 Für die Wirksamkeit der Kündigung, und damit deren Rechtzeitigkeit, kommt es nicht auf die Absendung, sondern gem. § 130 BGB auf den Zugang beim Empfänger an. Zugang (→ BGB Vor § 558 Rn. 68 ff.) bedeutet, dass die Erklärung so in den Machtbereich des Empfängers gelangt sein muss, dass nach normalem Lauf der Dinge mit der Kenntnisnahme gerechnet werden kann.[59] Die Kündigung muss bis zum Ablauf des Monats dem Vermieter zugegangen sein. Für die Berechnung der Fristen gelten die §§ 187 ff. BGB. Mit Ablauf des Monats ist deshalb gem. § 192 BGB der letzte Tag des Monats gemeint. Die Frist endet gem. § 188 BGB mit dem Ablaufe des letzten Tages des Monats, wobei nicht der Einwurf der Kündigung bis 24:00 Uhr in den Briefkasten ausreichend ist, sondern der Zugang. Das Einwerfen des Kündigungsschreibens in den **Briefkasten** bewirkt den Zugang der Kündigungserklärung, sobald nach der Verkehrsanschauung mit der nächsten Leerung des Briefkastens zu rechnen ist.[60] Bis wie viel Uhr ein Mieter seinen Briefkasten kontrollieren muss, ist in der Rspr. umstritten.

---

[55] BGH VIII ZR 280/12, NJW 2013, 3641; *Börstinghaus* jurisPR-BGHZivilR 21/2013 Anm. 2; *Blank* WuM 2014, 17.

[56] *Blank* WuM 2014, 17; *Börstinghaus* LMK 2014, 354192.

[57] *Blank* WuM 2014, 17 weist zu Recht daraufhin, dass die Argumentation auch nicht auf die Kündigung gem. § 555e BGB nach einer „verfrüht" abgegebenen Modernisierungsankündigung übertragen werden kann.

[58] *BGH VIII ZR 280/12, NJW 2013, 3641; Börstinghaus* jurisPR-BGHZivilR 21/2013 Anm. 2; Blank WuM 2014, 17; *Börstinghaus* LMK 2014, 354192.

[59] Palandt/*Ellenberger* BGB § 130 Rn. 5; AG Friedberg WuM 1992, 596.

[60] AG Lahr WuM 1987, 85.

**§ 193 BGB ist anwendbar.**[61] Die Überlegungsfrist in § 561 BGB stimmt mit der Überlegungsfrist in § 558b Abs. 2 BGB überein. Auf die Überlegungsfrist des § 558b Abs. 2 BGB ist § 193 BGB aber anwendbar.[62] Läuft die Überlegungsfrist an einem Sonntag, Samstag oder Feiertag ab, dann endet die Frist erst am nächsten Werktag. Da aber das Kündigungsrecht eine gleichberechtigte Reaktion des Mieters auf ein Mieterhöhungsverlangen ist, gibt es keinen Grund, den Mieter auf der einen Seite zu verpflichten, dafür Sorge zu tragen, dass eine Kündigung bis Samstag dem Vermieter zugeht, wohingegen die Zustimmung zur Mieterhöhung erst am Montag beim Vermieter zu sein braucht. Soweit der BGH[63] § 193 BGB auf die Kündigungsfrist nicht anwenden will, greift die dortige Argumentation hier nicht. Anders als bei der Berechnung der Kündigungsfrist geht es hier nicht darum, dem Vermieter die Kündigungsfrist voll zu erhalten.[64] Hier läuft wirklich eine Frist ab, zu deren Ablauf der Mieter letztmalig kündigen kann.[65] Insofern unterscheidet sich der Fall, von einer ordentlichen Kündigung, die jeder Zeit erfolgen kann und deren Wirkung sich nur nach dem Zugangszeitpunkt berechnet. Hinzu kommt, dass der Vermieter durch sein Erhöhungsverlangen die Fristen des § 558b Abs. 2 BGB und § 561 BGB selbst erst in Gang gesetzt hat und mit der Kündigung als Reaktion rechnen muss. 40

**c) Wirkungszeitpunkt.** Die Kündigung wirkt auf den Ablauf des übernächsten Monats, also gem. §§ 192, 188 BGB zum Ablauf des letzten Tages des Monats. Die Fristen berechnen sich nach dem gesetzlich zulässigen spätesten Kündigungstermin und nicht nach der tatsächlich abgegebenen Kündigungserklärung.[66] Das ergibt sich bereits aus dem Wortlaut der Vorschrift. Die Zeitbestimmung „bis zum Ablauf des übernächsten Monats" bezieht sich auf den in der Vorschrift unmittelbar zuvor genannten Zeitpunkt des Ablaufs des zweiten Monats, der auf den Zugang des Erhöhungsverlangens folgt. In der Vorschrift ist der Zeitpunkt der Kündigungserklärung des Mieters gar nicht genannt, so dass auf ihn auch nicht Bezug genommen werden kann. Hat der Vermieter einen späteren Erhöhungszeitpunkt angegeben, dann verlängert sich die Frist zur Abgabe der Kündigungserklärung entsprechend.[67] Die Wirkung der Kündigung tritt dann wiederum zum Ende des übernächsten folgenden Monats ein. 41

Daraus ergibt sich folgende **Tabelle zur Berechnung der Kündigungsfristen** und des Kündigungszeitpunkts nach Mieterhöhungen gem. §§ 558, 559 BGB: 42

| **Tabelle zur Berechnung der Kündigungsfristen und des Kündigungszeitpunkts nach Mieterhöhungen gem. §§ 558, 559 BGB** | | |
|---|---|---|
| Zugang des Mieterhöhungsverlangens im Laufe des Monats | Zugang der Kündigung beim Vermieter bis spätestens Ende des Monats | Wirkung der Kündigung zum Ende des Monats |
| Januar | März | Mai |
| Februar | April | Juni |
| März | Mai | Juli |
| April | Juni | August |
| Mai | Juli | September |
| Juni | August | Oktober |
| Juli | September | November |
| August | Oktober | Dezember |
| September | November | Januar |

[61] MüKoBGB/*Artz* § 561 Rn. 7; wohl auch Staudinger/*J. Emmerich* BGB § 561 Rn. 17: *„Die Berechnung der Fristen richtet sich nach den Auslegungsvorschriften der §§ 187ff. BGB"*.
[62] Staudinger/*V. Emmerich* BGB § 558b Rn. 17; *Sternel* MietR Kap. III Rn. 702.
[63] BGH III ZR 172/04, NJW 2005, 1354; *Artz* LMK 2005, 85.
[64] BGH VII ZR 186/71, BGHZ 59, 265; BAG NJW 1970, 1470.
[65] Der BGH VIII ZR 129/09, NZM 2010, 661; BGH VIII ZR 291/09, NZM 2010, 664 differenziert auch bei der Einordnung des Samstags zwischen Zugang und Mietfälligkeit.
[66] So auch die Gesetzesbegründung BT-Drs. 14/4553, abgedr. auch bei *Börstinghaus/Eisenschmid* Arbeitskommentar Neues MietR S. 383; LG Bonn NJWE-MietR 1997, 221; LG Saarbrücken WuM 1993, 339; Staudinger/*J. Emmerich* BGB § 561 Rn. 20; MüKoBGB/*Artz* § 561 Rn. 8; *Sternel* MietR Kap. III Rn. 861.
[67] BGH VIII ZR 280/12, NJW 2013, 3641.

| **Tabelle zur Berechnung der Kündigungsfristen und des Kündigungszeitpunkts nach Mieterhöhungen gem. §§ 558, 559 BGB** | | |
|---|---|---|
| Zugang des Mieterhöhungsverlangens im Laufe des Monats | Zugang der Kündigung beim Vermieter bis spätestens Ende des Monats | Wirkung der Kündigung zum Ende des Monats |
| Oktober | Dezember | Februar |
| November | Januar | März |
| Dezember | Februar | April |

43 **d) Wiedereinsetzung in den vorigen Stand.** Hat der Mieter die Kündigungsfrist versäumt, kommt eine **Wiedereinsetzung in den vorigen Stand** nicht in Betracht.[68] Die Kündigungsfrist beginnt mit dem Zugang des Mieterhöhungsverlangens bzw. der Mieterhöhungserklärung. Auf ein Verschulden des Mieters an der Versäumung der Frist kommt es nicht an. Ist die Mieterhöhung so in den Machtbereich des Mieters gelangt, dass nach dem gewöhnlichen Lauf der Dinge mit der Kenntnisnahme zu rechnen ist, hat der Mieter die Erklärung gegen sich gelten zu lassen und die Frist läuft. Er muss ggf. organisatorische Vorkehrungen treffen, dass an ihn gerichtete Erklärungen ihn auch erreichen. Der Mieter muss sich insbes. nach Zugang der Mieterhöhungserklärung entscheiden, ob er kündigen will oder nicht. Er kann nicht zunächst die Berechtigung der Mieterhöhung in Zweifel ziehen und ggf. gerichtlich klären lassen und nach für ihn negativem Ausgang des Prozesses das Kündigungsrecht ausüben.

## D. Wirkung der Kündigung

### I. Beendigung des Mietverhältnisses

44 Das Mietverhältnis wird durch die Kündigung zunächst zu dem gesetzlichen Termin beendet. Es handelt sich um eine außerordentliche Kündigung mit einer besonderen Frist. Der Mieter kann diese **Frist weder einseitig verlängern noch verkürzen.** Der Gesetzgeber hat dem Mieter dies Kündigungsrecht eingeräumt, weil sich die Vertragsverhältnisse durch die Mieterhöhung erheblich verändert haben und es der Entscheidung des Mieters überlassen bleiben sollte, ob er das Mietverhältnis zu den veränderten Bedingungen fortsetzen will oder nicht. Da diese außerordentliche Kündigung also nicht auf einem Fehlverhalten einer Mietvertragspartei beruhte, war dem Mieter auch die gesetzliche Kündigungsfrist einzuräumen. Umgekehrt hat aber auch der Vermieter einen Anspruch auf die Miete bis zum Ende der Kündigungsfrist. Der Mieter kann zumindest gem. § 561 BGB nicht zu einem früheren Zeitpunkt kündigen. Eine bei der ordentlichen Kündigung durchaus mögliche Verlängerung der Kündigungsfrist dadurch, dass der Mieter die Kündigung erst zu einem späteren als dem gesetzlich zulässigen frühestmöglichen Zeitpunkt ausspricht, ist bei der Kündigung gem. § 561 BGB gerade ausgeschlossen. Es handelt sich um ein Sonderkündigungsrecht, das dem Mieter eben gerade unabhängig von der gesetzlich grds.[69] daneben bestehenden Möglichkeit der ordentlichen Kündigung erlaubt, das Mietverhältnis zu beenden. Der Mieter kann von dieser Möglichkeit Gebrauch machen oder nicht, verändern kann er die Rechtsfolgen einseitig nicht. Möglich ist jedoch der Abschluss eines Mietaufhebungsvertrages, so dass in Einzelfällen die Kündigungserklärung auch das Angebot zum Abschluss eines Mietaufhebungsvertrages enthalten kann.

### II. Nichteintritt der Mieterhöhung

45 Außerdem tritt gem. § 561 Abs. 2 BGB die **Wirkung der Mieterhöhung** nicht ein. Das bedeutet, durch die Kündigung wird das Mieterhöhungsverlangen insgesamt, mit Ausnahme seiner Wirkung als Auslöser für das Kündigungsrecht, von Anfang an – ex tunc – bedeutungslos. Der auszugswillige und -bereite Mieter muss die erhöhte Miete nicht zahlen. Dies gilt selbst dann, wenn

[68] MüKoBGB/*Artz* § 561 Rn. 7.

[69] Es sei denn, es handelt sich um einen Zeitmietvertrag BGH VIII ZR 112/08, WuM 2009, 48 oder die Kündigung ist sonst vertraglich ausgeschlossen.

der Mieter sich bei seiner Kündigung nicht ausdrücklich auf den Kündigungsgrund des § 561 berufen hat.[70] Erforderlich ist aber, dass die Kündigung erkennbar aus Anlass der Mieterhöhung und mit den Fristen des § 561 BGB erfolgte.

Hat der Mieter demgegenüber das Mietverhältnis nach Zugang des Mieterhöhungsverlangens gem. § 558a BGB oder der Mieterhöhungserklärung nach § 559b BGB ausdrücklich **aus anderen Gründen gekündigt,** dann tritt die Wirkung des § 561 Abs. 1 S. 2 BGB nicht ein. Der Mieter muss also bei zum Ende der Kündigungsfrist die erhöhte Miete zahlen. Zu unterscheiden ist die Rechtslage in den Fällen, in denen der Mieter das Mietverhältnis bereits vor Zugang der Mieterhöhungserklärungen bzw. -verlangen gekündigt hat: 46

### 1. Früher ausgesprochene Kündigung

Eine **früher ausgesprochene Kündigung** bleibt zunächst wirksam, auch wenn der Mieter später von seinem Sonderkündigungsrecht Gebrauch macht.[71] Würde jedoch eine Kündigung nach § 561 BGB das Mietverhältnis zu keinem früheren Termin beenden als die bereits ausgesprochene Kündigung, dann geht eine Kündigung nach § 561 BGB ins Leere. Dies hätte zur Folge, dass ein Mieter, der bereits vor Zugang der Mieterhöhung auszugswillig war, die verlangte Mieterhöhung zahlen müsste, wo hingegen ein Mieter, der aus Anlass der Mieterhöhung ausziehen will, durch Ausspruch der Kündigung noch die Möglichkeit hat, die Mieterhöhung unwirksam werden zu lassen. Diese unterschiedliche Behandlung ist jedoch nicht gerechtfertigt. Nach Sinn und Zweck des § 561 BGB soll dem Mieter unter gewissen Voraussetzungen das Recht eingeräumt werden, den Eintritt einer Mieterhöhung zu verhindern. Dieses Recht muss unabhängig davon gelten, ob das Mietverhältnis bereits gekündigt oder nicht gekündigt ist. Vor diesem Hintergrund ist die analoge Anwendung des § 561 BGB geboten, da nur auf diese Art und Weise die Regelungslücke geschlossen werden kann, die während der Dauer der Kündigungsfrist besteht. Dem Normzweck wird dadurch ebenfalls Genüge getan, da dieser dahingeht, dass der Mieter auf jeden Fall die Mieterhöhung dadurch verhindern kann, dass das Mietverhältnis beendet wird.[72] Demzufolge kann der Mieter auch bei einem bereits gekündigten Mietverhältnis die Rechtsfolgen des § 561 BGB dadurch herbeiführen, dass er sich auf das Sonderkündigungsrecht des § 561 BGB beruft. Eine derartige Geltendmachung muss dabei jedoch zwingend erfolgen. § 561 BGB gibt dem Mieter ein Gestaltungsrecht. Auch bei einem gekündigten Mietverhältnis muss der Mieter also zu erkennen geben, dass er sich darauf berufen will, weil durchaus Fälle denkbar sind, in denen der Mieter aus den unterschiedlichsten Gründen die erhöhte Miete zahlen will. 47

### 2. Wirksamkeit

Würde die Kündigung nach § 561 BGB das Mietverhältnis zu einem früheren Termin beenden als die bereits ausgesprochene Kündigung, zB weil es sich um einen **Altvertrag** handelt, in dem die Parteien vertraglich ausnahmsweise noch die Fortgeltung der alten gestaffelten Kündigungsfristen wirksam vereinbart haben,[73] dann muss der Mieter das Mietverhältnis nochmals ausdrücklich kündigen, um die Wirkung des § 561 Abs. 1 S. 2 BGB herbeizuführen. Dies führt dann aber auch dazu, dass das Mietverhältnis zu einem früheren Termin beendet wird,[74] als es der Mieter auf Grund der ersten Kündigung beabsichtigt hatte oder es ihm möglich war. 48

## III. Fortsetzung des Mietverhältnisses

Räumt der Mieter nach einer Kündigung gem. § 561 BGB die Wohnung nicht, muss der Vermieter nach allgemeinen Regeln der Fortsetzung des Mietverhältnisses wirksam widersprechen, § 545 BGB. Tut er dies nicht, wird das Mieterverhältnis **zu unveränderten Bedingungen fortgesetzt.** Da auf Grund der Kündigung des Mieters die Wirkung der Mieterhöhung gem. § 561 Abs. 1 S. 2 BGB entfallen ist, wird das Mietverhältnis zu unveränderten Bedingungen, also mit einer 49

---

70 Staudinger/*J. Emmerich* BGB § 561 Rn. 21.
71 LG Wiesbaden WuM 1988, 265.
72 AG Frankfurt WuM 1989, 580.
73 *Börstinghaus* NJW 2005, 1900.
74 Staudinger/*J. Emmerich* BGB § 561 Rn. 22.

nicht erhöhten Miete fortgesetzt.[75] Der Vermieter kann in diesen Fällen auch keine Zustimmungsklage mehr erheben. Zwar läuft die Klagefrist jetzt einen Monat länger als der Wirkungszeitpunkt der Mieterhöhung, die Kündigung hat aber die Wirkung des Mieterhöhungsverlangens gem. § 558 a BGB gem. § 561 Abs. 1 S. 2 BGB beseitigt.

50 Soweit hiergegen eingewandt wird, dass der **Mieter sich widersprüchlich verhalte** und deshalb die Mieterhöhung wirksam sein muss, geht dieser Einwand fehl. Natürlich kann es Fälle von widersprüchlichem Verhalten geben, aber allein die Tatsache der Gebrauchsfortsetzung reicht hierzu nicht aus, da diese durchaus auch auf Gründen beruhen kann, die der Mieter gar nicht beeinflussen kann, zB wenn die von ihm zu beziehende Wohnung nicht rechtzeitig freigemacht wird. Auf der anderen Seite hat es der Vermieter durchaus selbst in der Hand, seine Ansprüche weiterzuverfolgen. Er kann gem. § 545 BGB der Fortsetzung rechtzeitig widersprechen oder die Wirkung des § 545 BGB sogar schon im Mietvertrag ausschließen. Anschließend kann er gem. § 546 a BGB **Nutzungsentschädigung** verlangen und dabei gem. § 546 a Abs. 1 Alt. 2 BGB statt der vereinbarten Miete auch die ortsübliche Marktmiete verlangen.[76] Insofern ist der Vermieter nicht auf die ortsübliche Vergleichsmiete beschränkt. Für die Geltendmachung der höheren Neuvertragsmiete anstatt der bisherigen Vertragsmiete ist keine Willenserklärung des Vermieters erforderlich.[77] Der Vermieter kann deshalb den Anspruch auch rückwirkend zumindest im Rahmen der dreijährigen Verjährungsfrist geltend machen.

## E. Ausschluss des Kündigungsrechts des Mieters

51 **Das Kündigungsrecht des Mieters ist ausgeschlossen,** wenn der Mieter der Mieterhöhung nach § 558 b Abs. 1 BGB zugestimmt hat.[78] Dies ergibt sich aus dem Sinn und Zweck der Regelung. § 561 BGB gibt dem Mieter ein eigenständiges Reaktionsmittel gegenüber einem Mieterhöhungsverlangen des Vermieters gem. § 558 a BGB. Hat der Mieter dem Mieterhöhungsverlangen zugestimmt, dann ist der Mietvertrag abgeändert worden. Der Mieter hat also sein Wahlrecht ausgeübt. Dies führt bereits nach allgemeinen Regeln zum Erlöschen der übrigen wahlweise eingeräumten Möglichkeiten. Hinzu kommt, dass auch der Schutzzweck der Norm nicht mehr eingreift. § 561 BGB will dem Mieter ermöglichen, eine Vertragsänderung gegen seinen Willen abzuwenden. Wenn er aber mit der Vertragsänderung einverstanden ist, dann bedarf er dieses Schutzes nicht mehr, da aus dem einseitigen Verlangen ja ein zweiseitiger Vertrag geworden ist. Und schließlich würde ein Mieter, der zunächst einer Mieterhöhung zustimmt und dann gem. § 561 BGB kündigt, sich widersprüchlich verhalten, weil auf der einen Seite auf Grund der Zustimmung eine Mieterhöhung eingetreten wäre und zum anderen gem. § 561 Abs. 1 S. 2 BGB die Mieterhöhung nicht eintreten würde. In diesem Fall ist die Kündigung zumindest gem. § 242 BGB unwirksam.

## F. Abweichende Vereinbarungen zum Nachteil des Mieters

52 Vertragliche Vereinbarungen, die das Kündigungsrecht des Mieters einschränken sind gem. § 561 Abs. 2 BGB unwirksam. Deshalb **sind folgende Regelungen unzulässig:**

– Vereinbarungen, die das Kündigungsrecht des Mieters nach einer Mieterhöhung ausschließen,
– Vereinbarungen, die das Kündigungsrecht erschweren insbes.,
– eine Verschärfung der Schriftform des § 568 BGB,
– die Vereinbarung, wonach die Kündigung begründet werden muss,
– die Vereinbarung, wonach ein Kündigungstermin angegeben werden muss. Gesetzlich ist dies nämlich nicht vorgeschrieben. Es gilt in diesen Fällen die gesetzliche Frist.
– Vereinbarungen, die die Frist, innerhalb derer der Mieter kündigen muss, verkürzen
– Vereinbarungen, die die anschließende Kündigungsfrist verlängern
– Vereinbarungen, wonach trotz der Kündigung die erhöhte Miete zu zahlen ist.

[75] Staudinger/*J. Emmerich* BGB § 561 Rn. 24; MüKoBGB/*Artz* § 561 Rn. 11; **aA** *Sternel* MietR Kap. III Rn. 864 *„Mieter setzt sich zu früherem Verhalten in Widerspruch"*.
[76] BGH VIII ZR 17/16, NZM 2017, 189.
[77] BGH XII ZR 215/97, BGHZ 142, 186 (189).
[78] AG Solingen WuM 1982, 142; Staudinger/*J. Emmerich* BGB § 561 Rn. 11.

Zulässig sind demgegenüber alle Vereinbarungen, die das Kündigungsrecht des Mieters erleichtern oder lediglich die Rechtslage des § 561 BGB wiederholen. Hierzu gehören insbes. die Vereinbarung von längeren Fristen oder Formerleichterungen. 53

## G. Prozessuales

Hat der Vermieter trotz der Kündigung des Mieters eine **Zustimmungsklage gem. § 558b BGB erhoben** ist diese Klage unbegründet, nicht unzulässig. Unzulässig wäre sie nur dann, wenn gem. § 561 Abs. 1 S. 2 BGB das Mieterhöhungsverlangen unwirksam würde, denn ohne Mieterhöhungsverlangen wird die Überlegungsfrist nicht in Gang gesetzt und der Ablauf der Überlegungsfrist ist ebenso wie die Einhaltung der Klagefrist, die auch erst durch die Überlegungsfrist in Gang gesetzt wird, eine besondere Sachentscheidungsvoraussetzung für die Zustimmungsklage.[79] Nach dem ausdrücklichen Wortlaut des § 561 Abs. 1 S. 1 BGB hat die Kündigung aber nur die Folge, dass die Mieterhöhung nicht eintritt. Dies ist für Mieterhöhungen gem. § 558 BGB eigentlich falsch formuliert, da die Erhöhung nach § 558b BGB sowieso erst wirksam wird, wenn der Mieter der Mieterhöhung zugestimmt hat oder zur Zustimmung verurteilt wurde. Die gesetzliche Formulierung passt nur für die einseitige Mieterhöhung nach § 559 BGB. Nach Sinn und Zweck der Vorschrift kann dies für Mieterhöhungen nach § 558 BGB aber nur bedeuten, dass die Rechtsfolge des Mieterhöhungsverlangens entfällt, also die Verpflichtung des Mieters, der verlangten Mieterhöhung zuzustimmen. Da das Mieterhöhungsverlangen davon selbst nicht berührt wird, und nur der Anspruch des Vermieters gegenüber dem Mieter entfallen ist, ist die Klage unbegründet. Eine **Erledigung des Rechtsstreits** kann hierbei nicht eintreten, da die Frist, innerhalb der der Mieter entscheiden muss, ob er kündigt oder nicht, mit Ablauf der Überlegungsfrist endet. Eine zuvor erhobene Klage wäre bereits unzulässig gewesen.[80] Es kann deshalb nicht im Wege der Klageänderung festgestellt werden, dass sich der Rechtsstreit erledigt hat. Haben die Parteien den Rechtsstreit dennoch übereinstimmend für erledigt erklärt, dann darf das Gericht im Rahmen der nach § 91a ZPO zu treffenden Kostenentscheidung bekanntlich nicht prüfen, ob überhaupt ein erledigendes Ereignis eingetreten ist oder nicht. Da die Kostenentscheidung aber nach dem wahrscheinlichen Ausgang des Rechtsstreits entsprechend dem bisherigen Sach- und Streitstand zu erfolgen hat, werden die Kosten, da die Klage von vornherein unbegründet war, dem Vermieter aufzuerlegen sein.[81] Der Vermieter hätte bei dieser Fallkonstellation nie siegen können. 54

---

[79] BGH VIII ZR 413/12, WuM 2014, 33; VIII ZR 234/03, NZM 2004, 581.
[80] BayObLG NJW 1982, 1292; WuM 1985, 53; KG WuM 1981, 54; Staudinger/*V. Emmerich* BGB § 558b Rn. 16.
[81] AG Köln WuM 1977, 60.

# Anhang zu § 561 BGB: Mieterhöhung im öffentlich geförderten Wohnraum

## Systematische Übersicht



## Alphabetische Schnellübersicht



## A. Einleitung

1 Nach dem 2. Weltkrieg wurde versucht, über den sozialen und steuerbegünstigten Wohnungsbau die Neubauaktivitäten anzukurbeln. Mit dem I. WoBauG v. 24. 4. 1950[1] wurden die rechtlichen Rahmenbedingungen für den **öffentlich geförderten**[2] und den **steuerbegünstigten** Wohnraum geschaffen. Für den steuerbegünstigten Wohnraum galt zunächst ausschließlich die Kostenmiete und für den öffentlich-geförderten Wohnraum die sog. Richtsatzmiete. Die Mieten berechneten sich nach der Verordnung für die Miethöhe für neu geschaffenen Wohnraum (Mietenverordnung) v. 20. 11. 1950[3]. Das I. WoBauG wurde durch das II. WoBauG v. 27. 6. 1956[4] ersetzt. Im Rahmen der dort aufgeführten Förderung richtete sich die Miete des so geschaffenen Wohnraumes nach den Vorschriften zur Ermittlung der **Kostenmiete.** Diese wurde ermittelt mit Hilfe der Verordnung über den Mietpreis für den seit dem 1. 1. 1957 bezugsfertig gewordenen Wohnraum (Neubaumietenverordnung) v. 17. 10. 1957[5] sowie durch die Verordnung über wohnungs-

---

[1] BGBl. I 83.

[2] Zu den einzelnen Förderstrukturen des preisgebundenen Wohnraums instruktiv MietPrax/*Goch* Fach 11, *Teil I A.*

[3] BGBl. I 759.

[4] BGBl. I 523.

[5] BGBl. I 1736.

wirtschaftliche Berechnungen nach dem II. WoBauG (II. BV) v. 17.10.1957[6]. Im Jahre 1989 wurde die sog. Vereinbarte Förderung (§ 88d II. WoBauG) als Alternative zum klassischen öffentlich geförderten Wohnungsbau eingeführt und später durch die sog. Einkommensorientierte Förderung (§ 88e II. WoBauG) ergänzt. Die daraus resultierenden Bindungen für den Investor waren auf einen Zeitraum von 15 Jahren angelegt (§ 88d Abs. 2 Nr. 2 II. WoBauG). Als wichtigste Folge dieser Förderung ist hervorzuheben, dass die so errichteten Wohnungen als freifinanziert und nicht als preisgebundener Wohnraum gelten (§ 88d Abs. 3 II. WoBauG).

Das II. WoBauG wurde mit Wirkung zum 1.1.2002[7] aufgehoben und durch das Wohnraumförderungsgesetz (WoFG) ersetzt. Für den Altbestand gilt allerdings § 48 WoFG, wonach für bestimmte Wohnungsbauten die dort genannten – aufgehobenen – Bestimmungen weiter anzuwenden sind. 2

Mit dem Gesetz zur Änderung des Grundgesetzes (GG)[8] wurde ua Art. 74 Abs. 1 Nr. 18 geändert und das Wohnungswesen in die Zuständigkeit der Länder übertragen. Dementsprechend wurde das WoFG durch Art. 9 Föderalismusreform-Begleitgesetzes[9] (FödRefBeglG) geändert und ist in dieser Fassung seit dem 1.1.2007 in Kraft (Art. 22 FödRefBeglG). Gem. Art. 125a GG gilt das WoFG als Bundesrecht fort, solange es nicht durch Landesrecht ersetzt wird. 3

Bislang haben die meisten Bundesländer, nämlich Baden-Württemberg[10], Bayern[11], Berlin[12], Bremen[13], Hamburg[14], Hessen[15], Niedersachen[16], Nordrhein-Westfalen[17], Rheinland-Pfalz[18], Schleswig-Holstein[19] und Thüringen[20] von ihrer Gesetzgebungskompetenz Gebrauch gemacht und eigene landesrechtliche Grundlagen für die Wohnraumförderung geschaffen. 4

## B. Die Mieterhöhung nach dem Wohnraumförderungsgesetz

### I. Zweck des WoFG

Die soziale **Wohnraumförderung** erfolgt seit dem 1.1.2002 im Rahmen des Wohnraumförderungsgesetzes (WoFG).[21] Gem. § 1 Abs. 1 WoFG regelt das Gesetz die Förderung des Wohnungsbaus und anderer Maßnahmen zur Unterstützung von Haushalten bei der Versorgung mit Mietwohnraum, einschließlich genossenschaftlich genutztem Wohnraum, und bei der Bildung von selbst genutztem Wohneigentum. 5

Die Anwendung des Wohnraumförderungsgesetzes setzt eine Förderung durch Programme innerhalb dieses Zwecks voraus. Plant der Bauherr bspw. eine Modernisierung und nimmt hierfür 6

---

[6] BGBl. I 1719; Einzelheiten bei Eisenschmid/Wall/*Eisenschmid,* 3. Aufl., Rn. 1028ff.

[7] Art. 2 des Gesetzes zur Reform des Wohnungsbaurechtes v. 13.9.2001 (BGBl. I 2376).

[8] G v. 28.8.2006 (BGBl. I 2034).

[9] G v. 5.9.2006 (BGBl. I 2098).

[10] Landesgesetz zur Förderung von Wohnraum und Stabilisierung von Quartiersstrukturen (Landeswohnraumförderungsgesetz – LWoFG), verkündet als Art. 1 des Gesetzes zur Umsetzung der Föderalismusreform im Wohnungswesen v. 11.12.2007, GBl. 581; in Kraft getreten am 1.1.2008.

[11] G über die Wohnraumförderung in Bayern (Bayerisches Wohnraumförderungsgesetz – BayWoFG) v. 10.4.2007, BayGVBl. 260; in Kraft getreten am 1.5.2007.

[12] G über den Sozialen Wohnungsbau in Berlin (WoGBlu) – GVBl. 2011, 319.

[13] Bremisches G zur Sicherung der Zweckbestimmung von Sozialwohnungen (BremWoBindG) – GBl. 2008, 391.

[14] G über die Wohnraumförderung der Freien und Hansestadt Hamburg (Hamburgisches Wohnraumförderungsgesetz – HmbWoFG), verkündet als Art. 1 des Gesetzes zur Umsetzung der Föderalismusreform im Wohnungswesen v. 19.2.2008, HmbGVBl. 74; in Kraft getreten am 1.4.2008.

[15] Hessisches Wohnraumfördergesetz (HWoFG) v. 13.12.2012, Hess. GVBl. 2012, 600, gültig ab 1.1.2013 bis 31.12.2019.

[16] Niedersächsisches Wohnraumfördergesetz (NWoFG) – Nds. GVBl. 2009, 403.

[17] G und Förderung und Nutzung von Wohnraum für das Land Nordrhein-Westfalen (WFNG NRW) – GV NRW 2009, 772.

[18] Landeswohnraumfördergesetz Rheinland-Pfalz (LWoFG) v. 22.11.2013, RhPf-GVBl. 2013, 472, in Kraft getreten am 1.1.2014.

[19] G über die Wohnraumförderung in Schleswig-Holstein (Schleswig-Holsteinisches Wohnraumförderungsgesetz – SHWoFG) 25.4.2009, GVBl. 194; in Kraft getreten am 1.7.2009.

[20] Thüringer Wohnraumfördergesetz (ThürWoFG) v. 31.1.2013, Thüringer GVBl. 2013, 1, in Kraft getreten am 1.4.2013.

[21] Art. 1 des Gesetzes zur Reform des Wohnungsbaurechts v. 13.9.2001 (BGBl. I 2376); sowie Art. 9 des Föderalismus-Begleitgesetzes v. 5.9.2006 (BGBl. I 2098).

**Fördermittel** in Anspruch, die die Modernisierung zur ausschließlichen Verbesserung der energetischen Qualität der Wohnung zum Ziel hat, ohne den Zweck der sozialen Wohnraumförderung zentral zu verfolgen, findet das Wohnraumförderungsgesetz keine Anwendung[22].

7 Mit der Auflistung der unterschiedlichen Zwecke wird verdeutlicht, dass das Wohnraumförderungsgesetz nicht nur der Wohnraumversorgung durch Wohnungsneubau dient, sondern Gegenstand der Förderung auch andere Maßnahmen sein können. § 2 WoFG präzisiert dies mit den dort aufgelisteten Fördergegenständen[23]. Eine Förderung außerhalb dieser Fördergegenstände fällt nicht unter das Wohnraumförderungsgesetz. Damit ist auch in solchen Fällen die unmittelbare Anwendung des WoFG ausgeschlossen. Keine Rolle für die Anwendung des Wohnraumförderungs-Gesetzes spielt es, ob die Förderung Mietwohnraum, genossenschaftlich genutzten Wohnraum oder selbst genutztes Wohneigentum betrifft.

### II. Fördermittel

8 Gem. § 2 Abs. 2 Nr. 1 WoFG erfolgt die Förderung im Wesentlichen durch Gewährung von **Fördermitteln,** die aus öffentlichen Haushalten oder Zweckvermögen als Darlehen zu Vorzugsbedingungen, auch zur nachstelligen Finanzierung, oder als Zuschüsse bereitgestellt werden. Art und Höhe der Darlehen bzw. der Zuschüsse lässt das Gesetz offen. Die Förderung kann auch durch Übernahme von **Bürgschaften, Garantien** und **sonstigen Gewährleistungen** erfolgen. Letztlich ist es möglich, die Förderung durch Bereitstellung verbilligten **Baulands** durchzuführen. Die Verbilligung liegt im Regelfall in der Überlassung des Baulands an den Förderungsempfänger unterhalb des Verkehrswertes[24]. Das Land Mecklenburg-Vorpommern hat für die Wohnraumförderung ein Sondervermögen errichtet.[25]

### III. Miete im Wohnraumförderungsrecht

9 Findet das Wohnraumförderungsgesetz auf die Wohnung Anwendung, gilt hinsichtlich der Miete § 28 WoFG. Danach bestimmt sich die höchstzulässige Miete aus der **Förderzusage.** Letztere ist generell maßgeblich für Veränderungen der höchstzulässigen Miete während der Dauer der Förderung sowie für Mieterhöhungen nach durchgeführter Modernisierung. Die Förderzusage geht somit im Rahmen ihres Regelungsbereiches den §§ 557 ff. BGB vor, zumal ihr Inhalt bzgl. der höchstzulässigen Miete nicht vertraglich zum Nachteil des Mieters verändert werden darf.

10 Der Vermieter darf somit die Wohnung nicht gegen eine höhere als die **höchstzulässige** Miete zum Gebrauch überlassen (§ 28 Abs. 2 S. 1 WoFG). Der Mietvertrag muss die in der **Förderzusage** enthaltenen Bestimmungen über die höchstzulässige Miete sowie die Angabe des Bindungsendes angeben.

11 Die Miete ist grds. als freifinanziert zu behandeln. Daher sind Mieterhöhungen nach den mietrechtlichen Vorschriften über die freifinanzierte Wohnraummiete vorzunehmen. Die höchstzulässige Miete bildet aber eine generelle **Kappungsgrenze,** die für den Bindungszeitraum nicht überschritten werden darf. Die höchstzulässige Miete bestimmt sich ohne Betriebskosten. Letztere darf der Vermieter vertraglich vereinbaren unter Beachtung der §§ 556, 556a, 560 BGB. Einmalige Nebenleistungen darf er nur insoweit fordern, als dies nach Landesrecht oder Förderzusage zulässig ist.

## C. Die Mieterhöhung für Sozialmietwohnungen

12 Für den Zeitraum bis 31.12.2001, in Ausnahmefällen bis 31.12.2002, wurden öffentlich geförderte Wohnungen nach dem I. WoBauG bzw. II. WoBauG im Rahmen des „sozialen Mietwohnungsbaus“ errichtet. Für diese Wohnungen gilt bzgl. der Miete nicht § 28 WoFG, sondern es gelten die Übergangsregelungen der §§ 48–50 WoFG.

---

[22] *Söfker,* Wohnraumförderungsrecht, 2002, S. 7.

[23] Eisenschmid/Wall/*Eisenschmid,* 3. Aufl., Rn. 4107 ff.

[24] *Söfker, Wohnraumförderungsrecht,* 2002, S. 12.

[25] G über die Errichtung eines Sondervermögens „Wohnraumförderung Mecklenburg-Vorpommern“ v. 17.12.2007, verkündet als Art. 7 des Haushaltsbegleitgesetzes 2008/2009 v. 17.12.2007, GVOBl.MV 472 (475).

## I. Der preisgebundene Wohnraum

Vom „Sozialen Mietwohnungsbau" spricht man, wenn der Bauherr zur Finanzierung seines Bauobjektes verbilligte **„öffentliche Mittel"** (§ 3 I. WoBauG; § 6 II. WoBauG) in Anspruch nimmt. Dafür wird er gesetzlich verpflichtet, den Wohnraum nur an bestimmte Personen zu überlassen und höchstens eine kostendeckende Miete, die sog. **Kostenmiete,** zu erheben. Die Länder Bayern und Hamburg führen mit ihren Wohnraumförderungsgesetzen die Kostenmiete fort, während bspw. in Baden-Württemberg und Schleswig-Holstein das Kostenmietprinzip abgeschafft wurde (Nachw. → Rn. 4). 13

Wohnraum ist in diesem Sinne somit preisgebunden, wenn für ihn nicht mehr als die Kostenmiete verlangt werden kann. Der Verfügungsberechtigte, also der Vermieter, kann den Mietzins nur in der Höhe fordern, wie er zur Deckung der jährlich entstehenden Belastung erforderlich ist (§ 8 Abs. 1 WoBindG, § 72 Abs. 1 II. WoBauG). Die Berechnung der Belastungen erfolgt anhand einer sog. **Wirtschaftlichkeitsberechnung.** 14

Zu den Mietwohnungen, für die lediglich die Kostenmiete aufgrund einer Wirtschaftlichkeitsberechnung verlangt wird, gehören: Sozialmietwohnungen, die mit öffentlichen Mitteln iSd § 6 Abs. 2 II. WoBauG bzw. iSd § 3 I. WoBauG gefördert wurden, mit Wohnungsfürsorgemitteln iSd § 87a Abs. 1 II. WoBauG geförderte Wohnungen sowie Wohnraum, der mit **Aufwendungsdarlehen** oder **-zuschüssen** gefördert ist (§ 88b II. WoBauG). Sonderstellungen nehmen die ehemaligen Bergarbeiterwohnungen sowie öffentlich geförderter oder steuerbegünstigter Wohnraum im Saarland ein.[26] 15

Nicht der Preisbindung unterliegen Wohnungen nach §§ 88d, 88e II. WoBauG, sowie diejenigen gem. § 87b II. WoBauG. Sie wurden im Rahmen der **vereinbarten** und **einkommensorientierten** Förderung gebaut und gelten als freifinanziert. Beschränkungen können sich aber aus der Förderabsprache ergeben. 16

## II. Die Wirtschaftlichkeitsberechnung

Der Vermieter darf die Miete nicht wie im freifinanzierten Wohnungsbau frei bestimmen. Die Miete darf vielmehr nicht höher sein als das, was der Vermieter zur Deckung seiner Kosten benötigt. Dabei wird dem Vermieter durch das WoBindG, die NMV und die II. BV genau vorgeschrieben, welche Kosten iE berücksichtigt werden dürfen. 17

Grundlage für die Ermittlung der Miete ist die **Wirtschaftlichkeitsberechnung.** Aus ihr ergibt sich, welche Kosten dem Vermieter pro Quadratmeter Wohnfläche durchschnittlich entstehen und welche Miete er folglich nehmen darf. Die erste Wirtschaftlichkeitsberechnung muss von der Bewilligungsstelle geprüft und mit der daraus resultierenden Durchschnittsmiete (zur Einzelmiete → Rn. 47 ff.) genehmigt werden. Ihre Überprüfung obliegt den Zivilgerichten.[27]

Die Wirtschaftlichkeitsberechnung besteht aus mehreren Teilen. Sie muss gem. § 3 II. BV enthalten: 18

- die Grundstücks- und Gebäudebeschreibung,
- die Berechnung der Gesamtkosten,
- den Finanzierungsplan,
- die laufenden Aufwendungen und die Erträge.

### 1. Grundstücks- und Gebäudebeschreibung

Die Grundstücks- und Gebäudebeschreibung dient der genauen Festlegung des Bauobjektes. Sie hat eine mehrfache Bedeutung. Mit ihr wird die Förderfähigkeit des Gebäudes bestimmt sowie die Art der Wirtschaftlichkeitsberechnung festgelegt. Darüber hinaus enthält sie Angaben über das Gebäude, über **Wirtschaftseinheiten,** über das **Grundstückseigentum** bzw. das **Erbbaurecht,** was für die Berechnung der Gesamtkosten, Finanzierungsmittel und laufenden Aufwendungen von Bedeutung ist.[28] Insbesondere bei sog. Wirtschaftseinheiten ist wichtig, welche Grundstücke und 19

---

[26] MietPrax/*Goch* Fach 11 Rn. 12, 18 ff.
[27] BVerwG WuM 1986, 179; OLG Hamburg WuM 1991, 152; **aA** OLG Hamm WuM 1993, 591.
[28] DHF/*Heix* II. BV § 3 Rn. 1.

Gebäude zusammengefasst werden. Die Wirtschaftlichkeitsberechnung erfasst alle Kosten, die für die in der Beschreibung genannten Grundstücke und Gebäude angefallen sind.

**2. Die Berechnung der Gesamtkosten**

20 Die Gesamtkosten (§§ 5–8 II. BV) setzen sich zusammen aus den Kosten des **Baugrundstücks** und der **Baukosten** (§ 5 Abs. 1 II. BV). Die Anlage 1 zu § 5 Abs. 5 II. BV gibt eine detaillierte Übersicht darüber, was zu den Kosten des Baugrundstücks bzw. zu den Baukosten gehört.

**3. Der Finanzierungsplan**

21 Der Finanzierungsplan (§§ 12–16 II. BV) zeigt an, wie der Vermieter die Gesamtkosten aufbringt. Im Finanzierungsplan sind die Mittel auszuweisen, die zur Deckung der in der Wirtschaftlichkeitsberechnung angesetzten **Gesamtkosten** dienen. Die Summe der Finanzierungsmittel muss genauso hoch sein wie die Summe der Gesamtkosten. Der Bauherr kann auch Eigenleistungen sowie entsprechende Positionen (zB Wert des eigenen Grundstückes, eigene Arbeitsleistung) ansetzen.

**4. Die laufenden Aufwendungen**

22 Die laufenden Aufwendungen (§ 18 II. BV) sind das Kernstück der Wirtschaftlichkeitsberechnung. Sie setzen sich zusammen aus den **Kapitalkosten** und den **Bewirtschaftungskosten.** Die Kostenübersicht ist eine Jahresaufstellung, aus der sich die Kostenmiete entwickelt.

23 **a) Kapitalkosten.** Kapitalkosten sind die Zinsen für die Dauerfinanzierung. Die Zinsen für **Tilgungshypotheken** werden in gleich bleibender Höhe gerechnet, obwohl sie sich mit zunehmender Tilgung verringern. Der Bauherr erhält somit Beträge, die der Entschuldung und damit der Vermögensmehrung dienen.[29]

24 Die Kapitalkosten sind zu unterscheiden zwischen Eigenkapital- und Fremdkapitalkosten (§ 19 Abs. 1 II. BV). Unberücksichtigt bleiben verlorene **Baukostenzuschüsse,** Kosten, die in der Schlussabrechnung nicht von der Bewilligungsbehörde anerkannt wurden, und grds. auch **Tilgungen.** Letztere dürfen nur ausnahmsweise (§ 19 Abs. 4 iVm § 22 II. BV) bei erhöhter Tilgung als **sog. Zinsersatz** angesetzt werden.

25 **aa) Die Eigenkapitalkosten.** Die Eigenkapitalkosten sind die Zinsen für die Eigenleistungen (§ 20 II. BV). Die **Eigenleistungen** müssen von Anfang an im **Finanzierungsplan** als solche ausgewiesen sein (§ 12 Abs. 1 II. BV). Ausnahmsweise sind Ansätze auch in späteren Wirtschaftlichkeitsberechnungen möglich.[30] Für sie darf eine Verzinsung von 4% angesetzt werden für den Teil, der 15% der Gesamtkosten des Bauvorhabens nicht übersteigt. Für den 15% hinausgehenden Teil der Eigenleistungen darf eine Verzinsung in Höhe des marktüblichen Zinssatzes für erste Hypotheken angesetzt werden, sofern die öffentlichen Mittel vor dem 1.1.1974 bewilligt worden sind. In den übrigen Fällen ist ein Ansatz iHv 6,5% zulässig.

26 Für steuerbegünstigte und freifinanzierte Wohnungen, die mit **Wohnungsfürsorgemitteln** gefördert worden sind, dürfen abweichende Zinsen für die Eigenleistungen angesetzt werden. Ihr Ansatz ist möglich mit dem Zinssatz, der mit dem Darlehens- oder Zuschussgeber vereinbart wurde. Selbst wenn niedrigere Zinsen vereinbart wurden, bleiben die Zinssätze für erste Hypotheken als zulässiger Mindestzinssatz maßgebend (§ 87 a Abs. 2 Nr. 2 II. WoBauG).

27 Zu beachten ist, dass der Bauherr auf den Ansatz der Verzinsung von Eigenleistungen **verzichten** konnte. Ob und wie lange er daran gebunden ist richtet sich grds. nach der Art der Förderung (ua steuerbegünstigter Wohnungsbau – grds. keine Bindung – und öffentlich-geförderter Wohnraum – grundsätzliche Bindung von sechs Jahren).

28 **bb) Die Fremdkapitalkosten.** Die Fremdkapitalkosten sind die Kapitalkosten, die sich aus der Inanspruchnahme der **Fremdmittel** ergeben (§ 21 II. BV). Hierzu zählen Zinsen für Fremdmittel (Darlehen), laufende Aufwendungen, die aus Bürgschaften für Fremdmittel entstehen sowie wiederkehrende Leistungen aus Fremdmitteln, zB Rentenschulden. Auch die **Erbbauzinsen** gelten als Fremdkapitalkosten. Laufende Verwaltungskostenbeiträge[31] sind gem. § 21 Abs. 1 S. 3 II. BV wie Zinsen zu behandeln.

---

[29] DHF/*Feulner* II. BV § 18 Rn. 1.
[30] DHF/*Feulner* II. BV § 20 Rn. 1.
[31] Zum Begriff s. DHF/*Feulner* II. BV § 21 Rn. 4.

Zinsen für Fremdkapitalkosten sind mit dem Betrag anzusetzen, der sich aus den im **Finanzierungsplan** ausgewiesenen Fremdmitteln mit dem maßgebenden Zinssatz errechnet. In Sonderfällen können Fremdmittel auch in einer späteren Wirtschaftlichkeitsberechnung angesetzt werden.[32] Der maßgebende Zinssatz ist der Zinssatz, der vereinbart ist. Wenn die Zinsen tatsächlich nach einem niedrigeren Zinssatz gezahlt werden, so ist dieser maßgebend, höchstens jedoch der marktübliche Zinssatz für Ersthypotheken im Zeitpunkt der Antragstellung oder Bewilligung der öffentlichen Mittel. 29

Der niedrigere Zinssatz bleibt auch maßgebend, wenn die **Fremdmittel** planmäßig getilgt wurden oder nach der Ersetzung des Fremdmittels durch andere Mittel, deren Kapitalkosten höher sind, wenn der Bauherr die Ersetzung zu vertreten hat.[33] Bei der **Kostenmiete** besteht hier eine Besonderheit. Es gilt der sog. **Einfrierungsgrundsatz (§ 4 a Abs. 1 II. BV).** Das bedeutet, dass bei einem Tilgungsdarlehen der mit fortschreitender Rückzahlung der Darlehens sinkende Zinsanteil von Jahr zu Jahr niedriger wird und der Tilgungsanteil dementsprechend höher, da die Gesamtbelastung gleich bleibt (**Tilgungsgewinn** – → Rn. 23). Dies führt aber nicht zu einer geringeren Miete, sondern es bleibt bei der ursprünglich errechneten Miete. Der Vermieter darf somit weiterhin den Anfangs errechneten Betrag verlangen.[34] Die Gesamtkosten ändern sich auch nicht dadurch, dass das öffentlich geförderte Grundstück zu einem geringeren Preis, als ursprünglich angesetzt, veräußert wird. Die Ausnahmetatbestände gem. § 4 a Abs. 1 S. 1 II. BV sind auch nicht tangiert, wenn aufgrund einer späteren Vereinbarung der Eigentümer keine Finanzierungskosten mehr zu tragen hat.[35] 30

**b) Die Bewirtschaftungskosten.** Die Bewirtschaftungskosten sind die Kosten, die zur Bewirtschaftung des Gebäudes oder der Wirtschaftseinheit laufend erforderlich sind (§ 24 II. BV). Hierzu zählen die Abschreibung, Verwaltungskosten, Betriebskosten, Instandhaltungskosten sowie das Mietausfallwagnis. 31

Im Rahmen der Bewirtschaftungskosten sind nur die Kosten ansetzbar, die zur Bewirtschaftung des Gebäudes oder der Wirtschaftseinheit „laufend erforderlich sind". Die Kosten müssen somit **erforderlich** sein und **laufend entstehen,** dürfen also nicht nur **vorübergehend** oder in dieser Höhe vorübergehend anfallen.[36] 32

**aa) Die Abschreibung.** Die Abschreibung ist der auf jedes Jahr der Nutzung fallende Anteil der gebrauchsbedingten **Wertminderung** des Gebäudes, der Anlagen und Einrichtungen.[37] Die Höhe der Abschreibung richtet sich nach der mutmaßlichen **Nutzungsdauer,** die sich aus § 25 II. BV ergibt. Bei Gebäuden ist der regelmäßige Abschreibungssatz 1 Prozent (§ 25 Abs. 2 II. BV). Bei Anlagen und Einrichtungen des Gebäudes kann eine besondere Abschreibung zusätzlich zur Gebäudeabschreibung erfolgen (iE § 25 Abs. 3 II. BV). 33

Der Wert des Baugrundstücks, die Erwerbskosten und die Erschließungskosten dürfen bei der Abschreibung nicht berücksichtigt werden, weil sie nicht zu den Baukosten gehören. Für die Erbbaurechte gibt es Sonderregelungen (§ 5 Abs. 2 S. 3 II. BV), weil sie nur für bestimmte Zeit bestellt werden und die aufgewendeten Kosten daher mit dem Erlöschen des Erbbaurechts dem Bauherrn verloren gehen.[38] 34

**bb) Die Verwaltungskosten.** Verwaltungskosten sind die Kosten der zur Verwaltung des Gebäudes oder der Wirtschaftseinheit erforderlichen Arbeitskräfte und Einrichtungen, die Kosten der Aufsicht sowie der Wert der vom Vermieter persönlich geleisteten Verwaltungsarbeit (§ 26 Abs. 1 S. 1 II. BV). Die Verwaltungskosten dürfen ab dem 1. 1. 2017 bis zum 31. 12. 2019 höchstens mit 284,63 EUR (Basiswert (bis 31. 12. 2004) 230 EUR) jährlich je Wohnung, bei Eigenheimen, Kaufeigenheimen und Kleinsiedlungen je Wohngebäude angesetzt werden. Für Garagen oder ähnliche Einstellplätze dürfen Verwaltungskosten ab 1. 1. 2017 höchstens mit 37,12 EUR (Basiswert: 30 EUR) jährlich je Garage und Einstellplatz angesetzt werden. 35

Verwaltungskosten für **Garagen,** die zu dem Gebäude oder der Wirtschaftseinheit gehören, können in der Wirtschaftlichkeitsberechnung auch dann angesetzt werden, wenn die Garage von einem Mieter des Gebäudes, für das die Wirtschaftlichkeitsberechnung erstellt wird, nicht genutzt 36

[32] DHF/*Feulner* II. BV § 21 Rn. 1.
[33] BGH WM 1971, 172; AG Freiburg WM 1981, 141.
[34] OLG Hamm WM 1985, 178; OLG Frankfurt a. M. WM 1983, 83.
[35] LG Berlin GE 2013, 56.
[36] DHF/*Wienicke* II. BV § 24 Rn. 2.
[37] DHF/*Wienicke* II. BV § 25 Rn. 3.
[38] DHF/*Wienicke* II. BV § 25 Rn. 2.

oder gemietet wird. Auch bei vermieteten **Eigentumswohnungen** dürfen höchstens 284,63 EUR (Basiswert: 230 EUR) angesetzt werden. Lediglich für die **Lastenberechnung** des „selbstnutzenden" Eigentümers gilt in solchen Fällen ein Höchstbetrag von 340,31 EUR (Basiswert: 275 EUR – vgl. § 41 Abs. 2 II. BV). Der Ansatz der Verwaltungskosten (Basiswert) ändert sich gem. § 26 Abs. 4 II. BV in dreijährigen Abständen entsprechend der Veränderung des Verbraucherpreisindexes für Deutschland (→ Rn. 42).

37 **cc) Die Betriebskosten.** Die Betriebskosten gehörten ursprünglich zur Wirtschaftlichkeitsberechnung. Durch eine zum 1.5.1984 wirksame Änderung[39] der NMV und der II. BV ist das System zum 1.1.1986 geändert worden. Die Kosten nach § 1 BetrKV (§ 27 II. BV) gehören nunmehr für öffentlich geförderte Wohnungen nicht mehr in die Wirtschaftlichkeitsberechnung. Andererseits lässt § 20 NMV die Umlage von Betriebskosten und § 25 a NMV den Ansatz des Umlageausfallwagnisses neben der Einzelmiete zu (→ Rn. 44). Für die Ermittlung der Betriebskosten ist die Anlage 3 zu § 27 II. BV maßgebend; ab 1.1.2004 die Betriebskostenverordnung (vgl. § 27 Abs. 1 II. BV). Sonderregelungen enthalten die §§ 21–25 NMV für die Umlegung der Kosten der Wasserversorgung und Entwässerung (§ 21 NMV), die Umlegung der Kosten der Versorgung mit Wärme und Warmwasser (§ 22 NMV), die Umlegung der Kosten für Müllbeseitigung (§ 22 a NMV), die Umlegung der Kosten des Betriebs der zentralen Brennstoffversorgungsanlage (§ 23 NMV), die Umlegung der Kosten des Betriebs von Aufzügen (§ 24 NMV), die Umlegung der Kosten des Betriebs der mit einem Breitbandkabelnetz verbundenen privaten Verteilanlage und der Gemeinschafts-Antennenanlage (§ 24 a NMV) sowie die Umlegung der Betriebs- und Instandhaltungskosten der Einrichtung für Wäschepflege (§ 25 NMV).

38 Betriebskosten dürfen auf die Mieter nur umgelegt werden, wenn sie ihm bei Überlassung der Mietwohnung bekanntgemacht wurden (vgl. § 20 Abs. 1 S. 3 NMV). Dem Mieter müssen somit die einzelnen Betriebskostenarten einschließlich des Vorauszahlungsbetrages mitgeteilt werden.[40] Dabei dürfen nur solche Kosten umgelegt werden, die bei gewissenhafter Abwägung aller Umstände und bei **ordentlicher Geschäftsführung** gerechtfertigt sind. Art und Höhe der Kosten sind im Vertrag anzugeben, wobei angemessene **Vorauszahlungen** vereinbart werden können (§ 20 Abs. 3 S. 1 NMV). Soweit §§ 21–25 NMV nichts anderes vorsehen, sind die Kosten nach dem Verhältnis der **Wohnfläche** umzulegen. Dabei sind Betriebskosten, die nicht für Wohnraum entstanden sind, vorweg abzuziehen.

39 Der Vermieter hat die Betriebskosten, wie im freifinanzierten Wohnungsbau (vgl. § 556 BGB), **jährlich abzurechnen.** Gem. § 20 Abs. 3 S. 4 NMV ist die Abrechnung dem Mieter spätestens bis zum Ablauf des zwölften Monats nach dem Ende des **Abrechnungszeitraumes** zuzuleiten. Versäumt der Vermieter die Frist, ist er mit Nachforderungen ausgeschlossen, es sei denn, dass er die Verzögerung nicht zu vertreten hatte.

40 **dd) Die Instandhaltungskosten.** Kosten, die durch im Laufe der Zeit notwendig werdende Instandhaltungs- und Instandsetzungsmaßnahmen entstehen, darf der Vermieter in die Kostenmiete einkalkulieren. Dafür sind je nach **Baualter** und **Ausstattung** der Wohnung verschiedene Pauschalen vorgesehen. Der Vermieter darf diese ansetzen, auch wenn über Jahre hinweg keine Reparaturen anfallen.

41 Als Instandhaltungskosten dürfen je Quadratmeter Wohnfläche im Jahr angesetzt werden:
- für Wohnungen, deren Bezugsfertigkeit am Ende des Kalenderjahres weniger als 22 Jahre zurückliegt, höchstens 8,78 EUR ab 1.1.2017 bis 31.12.2019 (Basiswert 7,10 EUR),
- für Wohnungen, deren Bezugsfertigkeit am Ende des Kalenderjahres mindestens 22 Jahre zurückliegt, höchstens 11,14 EUR ab 1.1.2017 bis 31.12.2019 (Basiswert 9 EUR),
- für Wohnungen, deren Bezugsfertigkeit am Ende des Kalenderjahres mindestens 32 Jahre zurückliegt, höchstens 14,23 EUR ab 1.1.2017 bis 31.12.2019 (Basiswert 11,50 EUR),
- für Garagen und Einstellplätze 82,60 EUR ab 1.1.2017 bis 31.12.2019 (Basiswert 30 EUR).

42 § 28 Abs. 2–4 II. BV sieht Sonderregelungen vor, welche die Pauschalen erhöhen bzw. senken. Die Pauschalen verringern sich zB bei eigenständig gewerblicher Leistung von Wärme iSd § 1 Abs. 2 Nr. 2 HeizKV um 0,24 EUR/m²/Jahr (Basiswert 0,20 EUR) oder bei Übernahme von kleineren **Instandhaltungen** um 1,30 EUR/m²/Jahr (Basiswert 1,05 EUR). Die Pauschalen erhöhen sich, wenn der Vermieter bspw. **Schönheitsreparaturen** trägt (höchstens 10,51 EUR/m²/Jahr

[39] VO zur Änderung wohnungsrechtlicher Vorschriften v. 5.4.1984 (BGBl. I 546).
[40] LG Itzehoe WuM 2009, 404.

(Basiswert 8,50 EUR) oder wenn ein maschinell betriebener Aufzug vorhanden ist 1,24 EUR/m²/ Jahr (Basiswert 1 EUR). Die Beträge haben sich seit 1.1.2005 um 4,51% erhöht[41], ab 1.1.2008 um 6%, ab dem 1.1.2011 um 3,7%, ab dem 1.1.2014 um 5,7% und ab 1.1.2017 um 1,9%. Sie erhöhen sich am 1.1. eines jeden darauf folgenden dritten Jahres um den Prozentsatz, um den sich der vom Statistischen Bundesamt festgestellte **Verbraucherpreisindex** für Deutschland für den der Veränderung vorausgehenden Monat Oktober gegenüber dem Verbraucherpreisindex für Deutschland für den der letzten Veränderung vorausgehenden Monat Oktober erhöht oder verringert hat (§ 28 Abs. 5a II. BV iVm § 26 Abs. 4 II. BV). Diese Preisindexklausel gilt auch für Verwaltungskosten (→ Rn. 35).

Es war lange Zeit umstritten, ob die Pauschale für Schönheitsreparaturen angesetzt werden darf, wenn der Vermieter die Schönheitsreparaturen **unwirksam** auf den Mieter übertragen hat[42]. Inzwischen hat der BGH die Zulässigkeit des Kostenansatzes klargestellt.[43] Eine Klausel, die die Überschreitung des Kostenansatzes bestimmt, ist aber teilunwirksam. Unwirksam ist eine Klausel auch, die den Vermieter nur in Höhe des wirksamen Kostenansatzes zu Schönheitsreparaturen verpflichtet.[44] Höchstrichterlich noch nicht entschieden ist der Fall, bei dem der Vermieter eine unwirksame Kleinreparaturklausel vereinbart hat.[45] 43

**ee) Das Mietausfallwagnis.** Das Mietausfallwagnis (§ 29 II. BV) soll die Kosten einer möglichen Ertragsminderung decken, die durch uneinbringliche Rückstände von Mieten, Pachten, Vergütungen, Umlagen und Zuschlägen oder durch Leerstehen von Raum, der zur Vermietung bestimmt ist, entsteht. Der Bauherr hat somit die Möglichkeit, aus dem Mietausfallwagnis **Rückstellungen** zur Deckung der vorgenannten Ausfälle zu bilden. Es werden auch uneinbringliche Kosten einer Rechtsverfolgung auf Zahlung oder Räumung vom Mietausfallwagnis erfasst. Das Mietausfallwagnis darf höchstens mit 2% der laufenden Aufwendungen angesetzt werden (die in den Abrechnungen regelmäßig angesetzten 2,04% der übrigen laufenden Aufwendungen ergeben sich aus dem Umstand, dass das Mietausfallwagnis selbst zu den laufenden Aufwendungen zählt). Das Wagnis einer Einnahmenminderung, das durch uneinbringliche Rückstände von Betriebskosten oder nicht umlegbaren Betriebskosten entsteht, wird gem. § 25a NMV durch das Umlageausfallwagnis (bis zu 2% der im Abrechnungszeitraum auf den Wohnraum entfallenden Betriebskosten) abgedeckt.[46] 44

Nach überwiegender Ansicht sind vor der Berechnung des Mietausfallwagnisses bei einer neuen Wirtschaftlichkeitsberechnung die Aufwendungsdarlehen, oder -zuschüsse von den bisher errechneten Aufwendungen (Kapitalkosten, Abschreibung, Verwaltungs- und Instandhaltungskosten) abzuziehen. Die Zinsen und Tilgungen für Aufwendungsdarlehen werden im Gegenzug hinzugerechnet. 45

**ff) Die Zuschüsse.** Von den gesamten Aufwendungen sind die jährlichen Zuschüsse abzuziehen. Das sind zB Beihilfen von der Stadt sowie vom Land, die dazu gedacht sind, die laufenden Aufwendungen zu verringern (§ 18 Abs. 2 II. BV). 46

### III. Die Berechnung der Endmiete (Kostenmiete)

Die Endmiete wird berechnet aus der **Durchschnittsmiete,** indem man die jährlichen „laufenden Aufwendungen" addiert und durch die Quadratmeter der gesamten Wohnfläche teilt. Hierdurch erhält man die Kosten der laufenden Aufwendungen durchschnittlich für den Quadratmeter Wohnfläche pro Jahr. Teilt man diesen Kostenbetrag durch 12 Monate, erhält man den monatlichen Mietzins pro Quadratmeter Wohnfläche. 47

---

[41] BT-Drs. 16/329, 3.

[42] Verneinend *Wüstefeld* WuM 2008, 697; AG Stuttgart-Bad Cannstatt WuM 2009, 674; AG Tempelhof-Kreuzberg GE 2009, 1053; bejahend LG Nürnberg-Fürth ZMR 2010, 196; AG Ravensburg WuM 2010, 247; AG Wetzlar WuM 2009, 172; AG Schöneberg GE 2008, 1495; *Bellinger* WuM 2009, 158; s. auch *Flatow* WuM 2009, 674; sowie *Flatow* jurisPR-MietR 4/2009 Anm. 3; *Feßler* WuM 2009, 90; *Feßler/Roth* WuM 2009, 560.

[43] BGH, VIII ZR 250/16, WuM 2017, 663 = NJW-RR 2017, 1356 = ZMR 2018, 27 = MietPrax-AK § 28 II. BV Nr 6 = NZM 2017, 759 mablAnm *Kappus;* VIII ZR 177/09, WuM 2010, 296 = NZM 2010, 396 = NJW 2010, 1590 = AK-MietPrax § 28 II. BV Nr. 1; ablehnend Graf v. Westphalen unter Verweis auf die Rechtsprechung des EuGH NZM 2018, 1001, 1008.

[44] LG Lübeck NZM 2017, 221.

[45] LG Berlin GE 2013, 1279, Vermieter darf volle Instandsetzungspauschale geltend machen.

[46] AG Lehrte ZMR 2012, 708.

### 1. Die Einzelmiete

48 Auf der Grundlage der Durchschnittsmiete hat der Vermieter die Einzelmieten der Wohnung nach deren Wohnfläche zu berechnen (§ 8a Abs. 5 WoBindG iVm § 3 Abs. 3 NMV), wobei er jedoch den unterschiedlichen Wohnwert der Wohnungen, insbes. Lage, Ausstattung und Zuschnitt angemessen zu berücksichtigen hat. Es genügt also nicht die einfache Multiplikation der Durchschnittsmiete mit der Quadratmeterzahl der Wohnfläche der Wohnung. Vielmehr ist den verschiedenen Merkmalen der einzelnen Wohnungen durch entsprechende Abweichungen nach oben oder nach unten Rechnung zu tragen. Der Vermieter muss auch die **Ableitung der Einzelmiete** von der Durchschnittsmiete berechnen und erläutern.[47] Allerdings hat der Mieter keinen Anspruch auf eine bestimmte Art der Ableitung der Einzelmiete aus der Durchschnittsmiete.[48] So kann zB die verschiedene **Stockwerkslage** in der Weise berücksichtigt werden, dass für die Wohnung im 1. Stock ein höherer Betrag zugrunde gelegt wird als für die Erdgeschosswohnung oder für die Dachgeschosswohnungen. Die Zu- und Abschläge müssen angemessen sein und dürfen keine zu großen Spannbreiten ausweisen.[49] Die Summe der Einzelmieten darf aber nicht die Summe aller Durchschnittsmieten übersteigen (§ 3 Abs. 3 NMV). Zur Erhöhung der Einzelmiete → Rn. 56.

49 Die **Angemessenheit** der **Mietpreisbildung** unterliegt billigem Ermessen gem. § 315 BGB[50], da die Einzelmiete keiner Genehmigung bedarf und vom Vermieter eigenverantwortlich gebildet wird. Das gilt nicht, wenn die Wohnungen unterschiedlich gefördert worden sind.[51]

Für die Ermittlung der Einzelmieten sind jedoch noch weitere Umstände zu berücksichtigen. So können außer den Betriebskosten auch Zuschläge oder Vergütungen zu berücksichtigen sein.

### 2. Die Zuschläge

50 Neben der Einzelmiete kann der Vermieter folgende Zuschläge erheben (§ 26 NMV).

- Zuschlag für die Benutzung von Wohnraum zu anderen als **Wohnzwecken.**
  Der Zuschlag darf je nach dem Grad der wirtschaftlichen Mehrbelastung des Vermieters bis zu 50% der anteiligen Einzelmiete der Räume betragen, die zu anderen als Wohnzwecken benutzt werden (§ 26 Abs. 2 NMV).
- Zuschlag für die **Untervermietung** von Wohnraum.
  Der Untermietzuschlag beträgt 2,50 EUR monatlich, wenn der untervermietete Wohnungsteil von einer Person benutzt wird und 5 EUR monatlich, wenn in zwei oder mehr Personen nutzen (§ 26 Abs. 3 NMV).
- Zuschlag wegen **Ausgleichszahlungen** nach § 7 WoBindG (§ 26 Abs. 4 NMV).
- Zuschlag zur Deckung erhöhter laufender **Aufwendungen,** die nur für einen Teil der Wohnungen des Gebäudes oder der Wirtschaftseinheit entstehen (§ 26 Abs. 5 NMV).
  So sind nach einer Modernisierung, die nur einen Teil der Wohnungen betrifft, die baulichen Änderungen nach Art oder Umfang für die einzelnen Wohnungen als Zuschlag bei der Berechnung der Einzelmiete angemessen zu berücksichtigen (§ 6 Abs. 1 S. 5 NMV).
- Zuschlag für **Nebenleistungen** des Vermieters, die nicht allgemein üblich sind oder nur einzelnen Mietern nutzen[52] (§ 26 Abs. 6 NMV).
- Zuschlag durch **Ausbau von Zubehörräumen** (§ 26 Abs. 7 NMV).

51 Der Anspruch des Vermieters auf Zahlung eines Zuschlags entfällt, wenn der Wohnraum nicht mehr zu anderen als Wohnzwecken genutzt wird oder wenn die Untervermietung endet. Gegebenenfalls ist der **Untermietzuschlag** zu verringern. Der Zuschlag für Modernisierung entfällt insoweit, als alle Wohnungen des Gebäudes – gleichartig – modernisiert werden. Er muss dann mit einer Wirtschaftlichkeitsberechnung die neue höhere Gesamtmiete darlegen und die Einzelmiete erhöhen (→ Rn. 50 ff.). Beruht der Zuschlag auf Umständen, die in der Person des Mieters liegen (zB Nebenleistungen), entfällt der Zuschlag bei Auszug des Mieters.[53]

---

[47] LG Berlin GE 2012, 1496; LG Hildesheim WM 1985, 184.
[48] LG Bremen WM 1980, 279; AG Friedberg WM 1981, 134.
[49] AG Münster WuM 1985, 399.
[50] *LG Hamburg WuM 1987*, 422.
[51] MietPrax/*Goch* Fach 11 Rn. 125.
[52] Gilt nicht für eine SAT-Schüssel – AG Gelsenkirchen WuM 2004, 234.
[53] Fischer-Dieskau/Pergande/Schwender/*Heix* WohnungsbauR, Bd. 6, 2017, NMV § 26 Rn. 8.

### 3. Die Erträge (Vergütungen)

Erträge sind die Einnahmen aus Miet- und Pachtverträgen sowie Vergütungen, die bei ordentlicher Bewirtschaftung des Gebäudes bzw. der Wirtschaftseinheit erzielt werden können (§ 31 Abs. 1 II. BV). Dazu gehören auch fiktive Mieteinnahmen für leerstehende Wohnungen.[54] Erträge und laufende Aufwendungen müssen deckungsgleich sein (§ 31 Abs. 3 II. BV). Nachhaltig erzielte Erträge vermindern daher die Kostenmiete. Zu den abzugsfähigen Beträgen gehören „ortsübliche" **Vergütungen,** zB **Garagen-** und **Stellplatzmieten.** Einnahmen aus dem Betrieb einer auf dem Haus installierten **Mobilfunkantenne** sind keine Erträge.[55] Ebenfalls nicht als Erträge gelten die Umlagen (→ Rn. 37) und Zuschläge (→ Rn. 50). 52

### 4. Die einmaligen Leistungen

Gem. § 9 Abs. 1 S. 1 WoBindG ist eine Vereinbarung, nach der der Mieter oder für ihn ein Dritter mit Rücksicht auf die Überlassung der Wohnung eine einmalige Leistung zu erbringen hat, unwirksam, wenn nicht einer der Ausnahmetatbestände nach Abs. 1 S. 2 oder der Absätze 2–6 vorliegt. Die Vorschrift will verhindern, dass mit der Vermietung öffentlich geförderter Wohnungen nicht erwünschte „Geschäfte" gemacht werden, indem durch Einmalleistungen die Kostenmiete überschritten wird.[56] Einmalleistungen nach § 9 WoBindG gehören somit nicht in die Wirtschaftlichkeitsberechnung (Rn. 17ff.). Daher stellen diese Leistungen, soweit sie zulässig sind, für den Mieter grundsätzlich eine Mehrbelastung dar. So darf der Vermieter keine Kosten für Beschaffung und Anbringung von Namensschildern, Überlassung bzw. Ausfertigung von Wohnungsunterlagen, Inserierung sowie sonstige Werbeaufwendungen verlangen.[57] Kautionen dürfen nur Schäden an der Wohnung und unterlassene Schönheitsreparaturen absichern (Abs. 5)[58]. Unzulässig sind auch Ablösevereinbarungen (s. § 535 BGB Rn. 693ff.) sowie Abstandszahlungen (→ § 535 BGB Rn. 689ff.). 52a

Bislang war auch ohne Einschränkung angenommen worden, dass die Übernahme der Anfangsrenovierung[59] einer Wohnung durch den Mieter ebenso unzulässig ist wie eine Beteiligung an derartigen Kosten[60], wenn der Vermieter die Anfangsrenovierung vornimmt. Der BGH[61] hat jedoch in einem Hinweisbeschluss die Auffassung vertreten, dass die individualvertraglich vereinbarte Übernahme der Anfangsrenovierung nicht gegen § 9 WoBindG verstößt, wenn der Mieter vom Vermieter eine entsprechende Gegenleistung erhält.[62] 52b

## IV. Die Mieterhöhung

Da der Vermieter an die Kostenmiete gebunden ist, kann er die Miete nicht nach Belieben erhöhen, auch nicht unter Berufung auf gestiegene Lebenshaltungskosten. Somit ist auch eine mit dem Mieter vereinbarte Mieterhöhung grds. unzulässig.[63] Eine Ausnahme soll gelten, wenn die Mieterhöhung die gesetzlich zulässige Miete nicht übersteigt. Dann sei es reine Förmelei, den Vermieter an die Voraussetzungen der §§ 10, 8 Abs. 2 WoBindG zu binden. Die Kostenmiete sei eine Höchstmiete und verbiete nicht, geringere Mieten zu vereinbaren. Wurde somit eine Staffelmiete vereinbart, ist dies zulässig, wenn die letzte Staffel die bei Vertragsschluss zulässige Kostenmiete nicht übersteigt.[64] Die Vereinbarung einer Staffelmiete, deren erste Staffel erst nach Auslaufen der Preisbindung wirksam wird, ist ebenfalls zulässig.[65] 53

Eine Mieterhöhung ist nur in den gesetzlich zugelassenen Fällen möglich, so bei höheren Kapitalkosten, gestiegenen Bewirtschaftungskosten, wie zB die Anhebung der Pauschalsätze für Verwal- 54

---

[54] AG Schöneberg GE 2016, 1099.
[55] BGH VIII ZR 310/04, WuM 2006, 26 = GE 2006, 111 = NZM 2006, 133; **aA** *Wüstefeld* WuM 2005, 689; MietPrax/*Goch* Fach 11 Rn. 115.
[56] Fischer-Dieskau/Pergande/Schwender/*Bellinger* WohnungsbauR, Bd. 5, 2006, WoBindG § 9 Anm. 2.2.
[57] AG Hamburg WuM 1979, 157.
[58] LG Hannover WuM 1998, 347.
[59] AG Rheine WuM 1981, 278.
[60] AG Hamburg WuM 1981, 134.
[61] BGH VIII ZR 287/17, WuM 2018, 754 = NZM 2018, 947.
[62] Kritisch und überzeugend *Flatow* NZM 2018, 939ff.
[63] LG Berlin GE 2007, 719 zur Vereinbarung einer Staffelmiete.
[64] OLG Hamm WuM 1993, 108 = ZMR 1993, 162 = GE 1993, 201; LG Landau WuM 1989, 332.
[65] BGH VIII ZR 157/03, WuM 2004, 28 = NZM 2004, 135 = NJW 2004, 511 = ZMR 2004, 175 = GE 2004, 175.

tungs- und Instandhaltungskosten sowie bei Ausweisung höherer Gesamtkosten nach Modernisierung. Diese Fälle ermöglichen die einseitige Mieterhöhung durch den Vermieter. Voraussetzung ist aber eine wirksame Mieterhöhungserklärung, die an bestimmte Voraussetzungen geknüpft ist.

### 1. Formale Anforderungen

**55** Die Mieterhöhung muss sich an § 10 WoBindG messen lassen. Eine formularmäßige Freistellung von diesen Anforderungen führt zu einer unangemessenen Benachteiligung des Mieters und ist unwirksam.[66] Der Vermieter kann die Erhöhung nur **schriftlich** fordern. Die Erklärung muss vom Vermieter oder seinem Bevollmächtigten persönlich unterschrieben werden, sonst ist sie unwirksam. Lediglich bei automatisch angefertigten Mieterhöhungserklärungen muss die Unterschrift nicht eigenhändig runter den Text gesetzt werden, wohl aber, wenn der Vermieter eine Vervielfältigungsmaschine benutzt.[67] Bei automatisch gefertigten Erklärungen reicht es aus, wenn sich die Identität des Erklärenden aus dem Briefkopf ergibt.[68] Der Vermieter muss dem Mieter einen bestimmten Betrag nennen, um den sich die Miete erhöhen soll. Er muss zudem die Erhöhung berechnen und erläutern.[69] Die Berechnung muss so gestaltet sein, dass ein durchschnittlich, nicht juristisch oder wohnungswirtschaftlich vorgebildeter Mieter damit zu Recht kommt.[70] Fehlt es an einer hinreichenden Erläuterung, hat der Mieter hinsichtlich des Erhöhungsbetrages ein vorübergehendes Leistungsverweigerungsrecht gem. § 273 BGB.[71]

**56** Eine Mieterhöhung **ohne Erläuterung** bleibt unwirksam, auch wenn diese später nachgereicht wird.[72] Zur Erläuterung gehört notwendigerweise auch die Angabe des Grundes der Mieterhöhung, weil nur so der Mieter erkennen kann, ob die Erhöhung vom Vermieter zu vertreten ist. Denn dann wäre eine Mieterhöhung unzulässig.[73] Bei einer energetischen Modernisierung sind Erläuterungen erforderlich, die die energiesparenden Maßnahmen und ihre Wirkung konkretisieren.[74] Es reicht für eine ordnungsgemäße Mieterhöhungserklärung aber aus, wenn der Vermieter nur die Kosten aufschlüsselt, die sich erhöht haben und iÜ nur die unveränderten Endbeträge angibt.[75] Zu den Angaben gehören aber nicht nur die laufenden Aufwendungen, sondern auch die nachhaltig erzielbaren Erträge (→ Rn. 52).[76] Wirkt sich die Mieterhöhung auf die Bildung der Einzelmieten (→ Rn. 47 f.) nicht aus, zB weil sich die Verwaltungs- und Instandsetzungspauschalen erhöht haben, ist der Vermieter nicht verpflichtet, die Bildung der Einzelmiete zu erläutern.[77] Die Einzelmieten erhöhen sich in diesem Fall entsprechend ihrem bisherigen Verhältnis zur Durchschnittsmiete. Laufende Aufwendungen, auf die der Vermieter zunächst verzichtet hat, indem er sie nicht in die genehmigte Wirtschaftlichkeitsberechnung aufgenommen hat, dürfen erst nach 6 Jahren seit Bezugsfertigkeit Gegenstand einer Mieterhöhung sein.[78] Will der Mieter mehr Informationen, muss er von seinem Auskunfts- und Einsichtsrecht gem. § 8 Abs. 4 WoBindG, § 29 Abs. 1 NMV Gebrauch machen. Der Hinweis, der Mieter könne in die **Belege Einsicht** nehmen, kann die notwendige Berechnung und Erläuterung zu den Mindestangaben nicht ersetzen.[79] Auch eine Wirtschaftlichkeitsberechnung macht die Berechnung und Erläuterung nicht überflüssig.[80] Eine Erläuterung zur Bildung der Einzelmiete ist nach einer Modernisierung erforderlich, soweit diese sich auf den Wohnwert einzelner Wohnungen auswirkt.[81]

---

[66] BGH VIII ZR 233/08, GE 2009, 712 = NZM 2009, 511 = ZMR 2009, 678. WuM 2009, 354.
[67] OLG Schleswig WuM 1983, 338 = ZMR 1984, 254; **aA** *Schultz* ZMR 1984, 218.
[68] BGH VIII ZR 32/13, WuM 2014, 102 = NJW 2014, 457 = GE 2014, 185 = ZMR 2014, 351.
[69] BGH WuM 1984, 70; LG Stuttgart WuM 1984, 157; LG München-Gladbach WuM 1981, 137.
[70] LG Itzehoe WuM 1986, 184; AG Aachen WuM 1985, 185; AG Köln WuM 1987, 189.
[71] LG Dortmund WuM 2015, 287.
[72] LG Berlin WuM 1984, 391.
[73] LG Kiel WuM 1984, 158.
[74] LG Köln WuM 2011, 566.
[75] BGH VIII ZR 199/10, WuM 2011, 371 = AK-MietPrax WoBindG § 10 Nr. 6 = NZM 2011, 545 = ZMR 2011, 706 = GE 2011, 815; OLG Hamm WuM 1984, 148.
[76] AG Schöneberg GE 2016, 1099.
[77] BGH VIII ZR 32/13, WuM 2014, 102 = NJW 2014, 457 = GE 2014, 185 = ZMR 2014, 351; LG Berlin ZMR 2013, 343.
[78] *KG WuM 1983, 81.*
[79] AG Köln WuM 1980, 272; AG Hannover WuM 1980, 271.
[80] AG Potsdam GE 2009, 118; AG Zossen GE 2009, 119; AG Hamburg WuM 1985, 186.
[81] *Hartmann* jurisPR-MietR 4/2014 Anm. 3.

Der Erhöhungserklärung muss der Vermieter beifügen entweder eine Wirtschaftlichkeitsberechnung oder einen Auszug daraus, der die Höhe der laufenden Aufwendungen erkennen lässt oder eine Zusatzberechnung zur letzten Wirtschaftlichkeitsberechnung oder eine Abschrift des Bescheides, mit dem die Bewilligungsstelle die Miete genehmigt hat. Die Wirtschaftlichkeitsberechnung muss aktuell sein.[82] **57**

Es steht dem Vermieter frei, welche Unterlagen er dem Schreiben beifügt. Die Unterlagen müssen nicht so umfangreich sein, dass der Mieter die Entwicklung der Kostenmiete bis auf die erste genehmigte Durchschnittsmiete zurückverfolgen kann.[83] Eine so weit reichende Information muss der Vermieter nur dann angeben, wenn sie vom Mieter angefordert wird. Grundsätzlich sind alle Mieterhöhungserklärungen ohne Genehmigung der Bewilligungsstelle zulässig. **58**

Bedurfte die Mieterhöhung dagegen der Genehmigung der **Bewilligungsbehörde,** ist der Erklärung eine Abschrift des **Genehmigungsbescheides** beizufügen.[84] Erforderlich ist die Genehmigung in folgenden Fällen: **59**

- Nach § 72 II. WoBauG zur Bewilligung der öffentlichen Mittel,
- nach § 8a Abs. 4 WoBindG, § 4 Abs. 2 NMV bei Erhöhung der laufenden Aufwendungen bis zur Genehmigung der Schlussabrechnung
- nach § 5a Abs. 1 S. 2 NMV iVm Abs. 3 S. 1 NMV bei Genehmigung der Durchschnittsmiete im Fall der nachträglichen Begründung von Wohneigentum[85],
- nach § 7 Abs. 3 S. 3 NMV bei Genehmigung der Durchschnittsmiete nach dem Ausbau von Zubehörräumen,
- nach § 8 Abs. 1 S. 2 NMV bei Genehmigung der Durchschnittsmiete nach Vergrößerung der Wohnung durch Ausbau oder Erweiterung,
- nach § 15 Abs. 3 NMV beim Übergang von der Vergleichsmiete zur Kostenmiete,
- nach § 11 Abs. 7 II. BV bei Berücksichtigung einer Modernisierung.[86]

Erfüllt eine Mietwohnung nicht die gesetzlichen Voraussetzungen für preisgebundenen Wohnraum, so ist die vertragliche Vereinbarung der Wohnungspreisbindung mit der Berechtigung des Vermieters zur einseitigen Erhöhung der Kostenmiete wegen § 557 Abs. 4, § 558 Abs. 6 BGB unwirksam. Eine solche Vereinbarung bietet für den Mieter nicht nur Vorteile, sondern auch Nachteile. Daher können Zahlungen auf solche Mieterhöhungen gem. § 812 BGB zurückverlangt werden.[87] Eine Vereinbarung der Kostenmiete ist nur dann wirksam, wenn die Einhaltung der Kostenmiete lediglich eine weitere Voraussetzung für die Zulässigkeit der Mieterhöhung gem. § 558 BGB sein soll.[88] **60**

## 2. Wirkungszeitpunkt der Mieterhöhung

Der Mieter schuldet bei einer wirksamen Mieterhöhungserklärung die erhöhte Miete vom 1. des auf die Erklärung folgenden Monats an, wenn die Mieterhöhungserklärung bis zum 15. eines Monats zugegangen ist. Erhält der Mieter die Erklärung erst nach dem 15. eines Monats, wird die Erklärung erst vom 1. des übernächsten Monats an wirksam. **61**

Enthält der Mietvertrag eine sog. **Gleitklausel,** bspw.: „Der Mieter schuldet jeweils die gesetzlich zulässige Miete", nach der der Vermieter eine erhöhte Kostenmiete von dem Tag an verlangen darf, an dem die Mieterhöhung zulässig ist, dann muss der Mieter die erhöhte Miete auch rückwirkend vom Tage ihrer Zulässigkeit an zahlen, höchstens jedoch noch für das jeweils vorangegangene Kalenderjahr. Diese Klausel kann auch **formularmäßig** vereinbart werden.[89] **62**

Allerdings fehlt es an einer wirksamen Gleitklausel, wenn vereinbart wird, dass „alle allgemein oder im konkreten Fall eintretenden Mieterhöhungen … vom Zeitpunkt des Eintritts ab verein- **62a**

---

[82] AG Schöneberg GE 2016, 1099, drei Jahre ist nicht mehr aktuell.
[83] BGH WuM 1984, 70 = NJW 1984, 1032 = ZMR 1984, 209 = MDR 1984, 663.
[84] MietPrax/*Goch* Fach 11 Rn. 241.
[85] MietPrax/*Goch* Fach 11 Rn. 243 mit Hinweis auf BVerwG WuM 1998, 671 = NZM 1998, 931 = ZMR 1998, 727.
[86] VG Berlin GE 2012, 137.
[87] AG Charlottenburg GE 2008, 334.
[88] BGH VIII ZR 122/05, WuM 2007, 133 = NZM 2007, 283 = ZMR 2007, 355 = MDR 2007, 707 = GE 2007, 510.
[89] BGH VIII ZR 10/03, WuM 2004, 25 = NJW 2004, 1598 = GE 2004, 102.

bart" sind.[90] Ebenfalls unwirksam ist die formularmäßige Vereinbarung, wonach der Vermieter befugt ist, die Kostenmiete rückwirkend zu verlangen.[91] Ist dagegen die jeweils gesetzlich zulässige Miete sowie die Erhöhung und Neueinführung von Nebenkosten vereinbart, ist nur der letzte Teil der Gleitklausel unwirksam.[92]

62b Von der Gleitklausel zu unterscheiden ist die **vorläufige Miete.** Ist laut Mietvertrag nur eine vorläufig genehmigte Miete zu zahlen, ist der Unterschiedsbetrag nach der endgültigen Genehmigung bis zum Beginn des vorangegangenen Kalenderjahres nachzuzahlen, § 4 Abs. 8 NMV. Dagegen ist der Differenzbetrag für die gesamte bisherige Mietdauer nachzuzahlen, wenn nur eine vorläufige – nicht genehmigte – Durchschnittsmiete vereinbart ist.[93]

62c Höhere Zinsen für öffentliche Baudarlehen dürfen trotz einer wirksamen Gleitklausel nicht für eine zurückliegende Zeit gefordert werden. Andererseits braucht der Vermieter in diesem Fall keine Wirtschaftlichkeitsberechnung vorlegen. Das gilt auch für den Wegfall von Aufwendungszuschüssen.[94]

### 3. Mieterhöhungsgründe

63 **a) Gestiegene Kapitalkosten.** Erhöht sich der Zinssatz für die erste Hypothek, kann der Vermieter, soweit der die **Zinssteigerungen** nicht zu vertreten hat[95], die Kostenerhöhung an den Mieter weitergeben. Wegen des **Einfrierungsgrundsatzes** muss der Vermieter den in der Zwischenzeit getilgten Betrag nicht berücksichtigen (→ Rn. 30). Er kann die Gesamtmieterhöhung an den Mieter weitergeben.[96] Entstehen für einen Erwerber durch den Zuschlag in der Zwangsversteigerung geringere Finanzierungskosten, ist dies wegen des Einfrierungsgrundsatzes in der Wirtschaftlichkeitsberechnung nicht zu berücksichtigen.[97]

64 **b) Vorzeitige Rückzahlung öffentlicher Mittel.** Zahlt der Vermieter die öffentlichen Mittel vorzeitig mit eigenen Mitteln oder durch andere bei der Bank aufgenommene **Fremdmittel** gem. § 23 Abs. 5 II. BV zurück, gilt die Wohnung im Regelfall noch für zehn Jahre als öffentlich gefördert (§ 16 WoBindG – Nachwirkungsfrist). Diese Regelung gilt ausschließlich für öffentliche **Baudarlehen** (§ 42 II. WoBauG), einschließlich des **Familienzusatzdarlehens** (§ 45 II. WoBauG). Nicht darunter fallen Baudarlehen aus **Wohnungsfürsorgemitteln** (§ 87 a II. WoBauG) sowie aus sonstigen nicht öffentlichen Mitteln, die neben Aufwendungszuschüssen und -darlehen gewährt worden sind.

65 Sind Wohnungen mit Wohnungsfürsorgemitteln gefördert und hat der Bauherr die Wohnungsfürsorgemittel vorzeitig zurückgezahlt oder abgelöst und durch andere Finanzierungsmittel mit höheren Kapitalkosten, als zuletzt tatsächlich zu entrichten waren, ersetzt, so tritt aufgrund dieser Ersetzung eine Erhöhung der Kostenmiete nicht vor Ablauf des **Wohnungsbesetzungsrechtes** ein (§ 16 Abs. 4 NMV).

66 Der Vermieter bleibt für den Nutzungszeitraum an die Kostenmiete gebunden (Nachwirkungsfrist). Für die eingesetzten Eigen- oder Fremdmittel darf er dann keine höhere Verzinsung als die Zinsen für das nach dem 1.1.1990 zurückgezahlte bzw. abgelöste Baudarlehen ansetzen.[98] Da die öffentlichen Baudarlehen idR jedoch eine niedrigere Verzinsung haben, führt die Ablösung der öffentlichen Mittel daher oft zu einer Mieterhöhung.

67 **c) Verwaltungs- und Instandsetzungskosten.** Verwaltungs- und Instandhaltungskosten werden dem Vermieter durch Gesetz vorgegeben. Alle 3 Jahre werden diese **Pauschalbeträge** nach einem **Kostenpreisindex** angepasst (→ Rn. 35 ff.). Dies führt zu Anhebungen der Miete, denn der Vermieter kann die höheren Beträge nunmehr seiner Kostenmiete zugrunde legen. Eine Erhöhung kann auch damit begründet werden, dass eine vereinbarte Klausel über Schönheitsreparaturen unwirksam ist. Dann kann der für Schönheitsreparaturen vorgesehene pauschale Kosten-

---

90 BGH VIII ZR 149/03, WuM 2004, 285 = AK-MietPrax WoBindG § 10 Nr. 2 = NJW 2004, 1738 = GE 2004, 620 = ZMR 2004, 424.

91 BGH VIII ZR 233/08, WuM 2009, 354 = AK-MietPrax WoBindG § 10 Nr. 5 = NZM 2009, 511 = GE 2009, 712.

92 BGH VIII ZR 151/03, WuM 2004, 288 = AK-MietPrax WoBindG § 10 Nr. 4.

93 BGH VIII ZR 14/79, WuM 1981, 140 = ZMR 1980, 240.

94 LG Berlin WuM 1988, 218 = ZMR 1988, 340 = GE 1988, 585.

95 *Zum Vertretenmüssen siehe MietPrax/Goch* Fach 11 Rn. 273 ff.

96 OLG Frankfurt a. M. WM 1983, 83.

97 LG Berlin GE 2013, 1279.

98 Zu den vielfältigen Änderungen der Vorschrift vgl. MietPrax/*Goch* Fach 11 Rn. 266 ff.

ansatz gem. § 28 Abs. 4 II. BV – ggf. auch rückwirkend gem. § 4 Abs. 8 S. 2 NMV analog – geltend gemacht werden.[99] Für die Erhöhungserklärung ist ausreichend, dass der Vermieter einen Auszug aus der Wirtschaftlichkeitsberechnung beifügt.[100] Der erneuten Bildung einer Einzelmiete bedarf es nicht (→ Rn. 48).

**d) Mieterhöhung bei degressivem Abbau öffentlicher Mittel.** Um die laufenden Aufwendungen so zu verringern, dass die vom Mieter zu zahlende Kostenmiete tragbar wird, werden dem Vermieter **Aufwendungsbeihilfen, Aufwendungsdarlehen** oder **Aufwendungszuschüsse** gewährt. Die einzelnen Bundesländer haben in der Vergangenheit jährlich Wohnungsbauförderungsbestimmungen erlassen, in denen die Gewährung der Zuschüsse geregelt war. Die Aufwendungsdarlehen werden für einen gewissen Zeitraum (zB 12 Jahre) mit der Maßgabe gewährt, dass diese sich jeweils nach einer Laufzeit von zB vier Jahren um ein Drittel ihres ursprünglichen Betrages verringern. Nach Ablauf von vier und acht Jahren wird auch eine Einkommensprüfung der Wohnungsinhaber vorgenommen mit dem Ziel, einen weiteren Abbau der Aufwendungsbeihilfen herbeizuführen, wenn sich bei dieser Prüfung ergibt, dass der Wohnungsinhaber die Einkommensgrenze des § 25 II. WoBauG überschritten hat. 68

Die Aufwendungsbeihilfen sind als Verbilligungsmittel in der Wirtschaftlichkeitsberechnung so zu behandeln, dass erst einmal die Kapital- und Bewirtschaftungskosten addiert werden. Von dieser Summe sind dann die **Aufwendungsbeihilfen** abzuziehen. Das hat zur Folge, dass sich eine geringere Belastung durch die entstandenen laufenden Aufwendungen ergibt. Dadurch verringert sich zunächst die vom Mieter gezahlte Durchschnitts- bzw. Kostenmiete. Demgegenüber erhöhen sich bei Wegfall der Aufwendungsbeihilfen wieder die laufenden Aufwendungen. Das hat zur Folge, dass der Vermieter nunmehr eine Mieterhöhung verlangen kann, wenn er die formalen Voraussetzungen beachtet (→ Rn. 52 ff.). In Einzelfällen gewähren die Landesregierungen einen Härteausgleich. 69

**e) Mieterhöhung nach Modernisierung.** Der Vermieter darf wie im freifinanzierten Wohnungsbau bauliche Änderungen, die er nicht zu vertreten hat, durchführen und kann danach die Kostenmiete erhöhen. Auch der Ausbau und der Anbau einer Wohnung iSd § 17 Abs. 2 II. WoBauG führen zu einer neuen Mietberechnung. Werden die bisherigen Gesamtkosten durch eine Modernisierung verändert, berechtigt dies ebenfalls zur Mieterhöhung (§ 11 Abs. 6 II. BV). Die Mietberechnung darf aber zu Lasten des Mieters nur berücksichtigt werden, wenn die zuständige Bewilligungsbehörde der Modernisierung zugestimmt hat.[101] Die Zustimmung ist nicht erforderlich für Wohnungen, bei denen die öffentlichen Mittel nach dem 31.12.1956 bewilligt wurden, wenn bauliche Änderungen vorgenommen wurden, die der Vermieter nicht zu vertreten hat. Das kann bei baulichen Änderungen aufgrund von Anforderungen nach dem GEG gegeben sein, wenn der Vermieter bspw. einen Modernisierungsstau verursacht hat, der die Anwendung des § 48 GEG bedingt.[102] Von der Mieterhöhung bei gleichartiger Modernisierung aller Wohnungen zu unterscheiden ist die Modernisierung einzelner Wohnungen, die zu **Zuschlägen** berechtigt (→ Rn. 50). 70

Der behördliche Stempelaufdruck „keine Bedenken" auf der Berechnung der Mieterhöhung stellt noch keine Zustimmung dar.[103] Hat der Vermieter die Zustimmung nicht rechtzeitig beantragt, hat er einen Anspruch auf eine rückwirkende Erteilung nur dann, wenn die Mieter mit der Maßnahme einverstanden waren, eine Mieterhöhung vereinbart hatten und kein öffentliches Interesse gegen die Erteilung der Zustimmung spricht.[104] Durch die Änderung der **Gesamtkosten** entstehen zusätzlich weitere Kapital- und Bewirtschaftungskosten. Diese bewirken letztlich die Mieterhöhung und müssen in einer neuen Wirtschaftlichkeitsberechnung oder in einer Zusatzberechnung nach § 39 a II. BV nachgewiesen werden. 71

Will der Vermieter nicht das gesamte Haus sondern nur einzelne Wohnungen modernisieren, braucht er nicht eine gesamte Wirtschaftlichkeitsberechnung für das Haus aufzustellen, sondern 72

---

[99] *BGH VIII ZR 250/16*, WuM 2017, 663 = NJW-RR 2017, 1356 = ZMR 2018, 27 = MietPrax-AK BV § 28 II. Nr 6 = NZM 2017, 759 mablAnm *Kappus;* WuM 2013, 174 = GE 2013, 207; BGH VIII ZR 6/10, WuM 2010, 296 = NZM 2010, 396 = NJW 2010, 1590 = AK-MietPrax BV § 28 II Nr. 1; ablehnend Graf v. Westphalen unter Verweis auf die Rechtsprechung des EuGH NZM 2018, 1001, 1008.

[100] LG Berlin GE 2012, 1496.

[101] BVerwG GE 2013, 1468; LG Wiesbaden WuM 1984, 166.

[102] Modernisierungsstau nicht erforderlich OVG Berlin-Brandenburg GE 2013, 757; *v. Seldeneck/Grützmacher* GE 2013, 718.

[103] LG Düsseldorf WuM 1985, 393.

[104] BVerfG WuM 1980, 280.

kann einen **Zuschlag** für die einzelne Wohnung errechnen. Die Zuschlagsberechnung muss jedoch den Anforderungen an eine **Wirtschaftlichkeitsberechnung** genügen und für den Mieter nachvollziehbar sein (→ Rn. 50).

73 Für die Duldungspflicht gelten §§ 555b–f BGB (Einzelheiten s. dort). Dies gilt selbst dann, wenn die zuständige Stelle der Maßnahme gem. § 11 Abs. 7 II. BV zugestimmt hat.

## D. Die Mietsenkung

74 So wie sich bei Erhöhung der laufenden Aufwendungen die Miete erhöhen kann, ist der Vermieter umgekehrt verpflichtet, bei jeder späteren Verringerung der laufenden Aufwendungen auch eine entsprechende Mietsenkung vorzunehmen. Dies ist zB der Fall, wenn sich der Zinssatz für eine Sparkassen- oder Bankhypothek senkt, sich die zulässigen Ansätze für Verwaltungs- und Instandhaltungskosten oder für Schönheitsreparaturen verringern oder nachträglich Subventionen (zB Härteausgleich) gewährt werden. Ein anderer Fall betrifft die Einführung des Contractings (§ 556c BGB). Bei der Umstellung von Eigenregie zur gewerblichen Wärmelieferung nach § 1 Abs. 1 Nr. 2 HeizKV sind die laufenden Aufwendungen in dem Maße zu verringern, wie sie den Kosten des Contractings zugrundegelegt werden.

75 Verringern sich die laufenden Aufwendungen, ist der Vermieter verpflichtet, unverzüglich eine neue **Wirtschaftlichkeitsberechnung** aufzustellen (§ 5 NMV). Der Vermieter muss die Mietsenkung von dem Zeitpunkt an vornehmen, von dem an sich die laufenden Aufwendungen verringert haben. Die Mietsenkung ist dem Mieter unverzüglich mitzuteilen. Nimmt der Vermieter die Mietsenkung nicht vor, kann der Mieter die zu viel gezahlte Kostenmiete gem. § 8 Abs. 2 WoBindG zurückfordern.

# Kapitel 3. Pfandrecht des Vermieters

## § 562 Umfang des Vermieterpfandrechts

**(1) [1]Der Vermieter hat für seine Forderungen aus dem Mietverhältnis ein Pfandrecht an den eingebrachten Sachen des Mieters. [2]Es erstreckt sich nicht auf die Sachen, die der Pfändung nicht unterliegen.**

**(2) Für künftige Entschädigungsforderungen und für die Miete für eine spätere Zeit als das laufende und das folgende Mietjahr kann das Pfandrecht nicht geltend gemacht werden.**

### Systematische Übersicht



### A. Regelungszweck

1 Mit dem Vermieterpfandrecht knüpft das BGB an rechtsgeschichtlich alte Sicherungsmittel an,[1] die dem Vermieter in verschiedener Ausgestaltung ein Vorzugsrecht hinsichtlich seiner Forderungen an solchen Sachen gewährten, die der Mieter in das Mietobjekt eingebracht hat. Das Pfandrecht ist in seiner gesetzlichen Ausgestaltung seit Erlass des BGB unverändert geblieben. Auch die Mietrechtsreform hat an ihm keine inhaltlichen, sondern nur sprachliche Veränderungen vorgenommen; die ursprünglich in einem Absatz enthaltenen drei Sätze der Vorgängerregelung wurden dergestalt auf zwei Absätze aufgeteilt, dass nunmehr im § 562 Abs. 1 BGB der gegenständliche Umfang und im § 562 Abs. 2 BGB die zeitliche Beschränkung hinsichtlich der gesicherten Forderungen des Vermieters enthalten sind. Allerdings ist die systematische Stellung der Pfandrechtsvorschriften in dem Abschnitt über Wohnraummietverhältnisse verfehlt; denn gerade in diesem Bereich hat das Vermieterpfandrecht seine Bedeutung nahezu vollständig verloren und ist durch die Mietsicherheit ersetzt worden (→ Rn. 3, 4). Für sonstige Mietverhältnisse (Grundstücke, Gewerberäume) gelten die hier niedergelegten Regelungen nur kraft der Verweisung in § 578 BGB.

2 Die Aufnahme des Vermieterpfandrechts in das BGB war sozialpolitisch stark umstritten.[2] Gerechtfertigt wurde sie schließlich mit drei Argumenten: die Forderungen des Vermieters, für die es hafte, sind umfangmäßig beschränkt worden[3]; die dem Pfandrecht unterfallenden Gegenstände sind durch den Verweis auf die Unpfändbarkeitsregeln der ZPO eingegrenzt worden[4]; und schließlich: mit dem Vermieterpfandrecht werde der „höchst bedauerlichen Vertragsbestimmung, Vorauszahlungen zu fordern", entgegengewirkt[5]; das Vermieterpfandrecht sei das Korrelat zu dem Kredit, den der Vermieter notwendigerweise gewähren müsse.[6] Nach der ursprünglichen Konzeption des BGB stellte daher das Vermieterpfandrecht das Gegenstück zur Vorleistungspflicht des Vermieters dar, die in der Bereitstellung des Mietobjekts zu sehen ist, ohne dafür – jedenfalls nach dem damaligen Grundgedanken des Gesetzes – wegen der nachschüssigen Zahlungspflicht in § 551 BGB aF sofort eine Gegenleistung zu erhalten. Dieser Zusammenhang ist jetzt durch die gesetzlich angeordnete vorschüssige Zahlungspflicht in § 556b Abs. 1 BGB aufgelöst worden, so dass der Sinn dieses Rechtsinstituts nur noch in der Sicherung des Vermieters für den Fall des Zahlungsverzugs gesehen wird.[7] Ferner können während des Gebrauchs des Mietobjekts Schadensersatzansprüche entstehen, die nicht durch die Zahlung des Mietzinses mit abgedeckt sind. Die Einschränkungen bzgl. des Umfangs des Pfandrechts und der gesicherten Forderungen beruhten dann aber nur zum geringen Teil auf derartigen Einsichten; im Vordergrund standen kreditpolitische Erwägungen zum Schutz anderer Gläubiger.[8]

---

[1] Herrlein/Knops/Spiegelberg/*Herrlein* BGB § 562 Rn. 1.
[2] MüKoBGB/*Artz* § 562 Rn. 1; Verhandlungen zum 20. DJT, 1889, Bd. IV, S. 431.
[3] Mugdan, Bd. II, Motive S. 1320.
[4] Mugdan, Bd. II, Motive S. 1321.
[5] Mugdan, Bd. II, Motive S. 1280.
[6] Verhandlungen zum 20. DJT, 1889, Bd. IV, S. 432.
[7] BT-Drs. 14/453, 60.
[8] So die Kommissionsprotokolle bei *Haidlen,* Bürgerliches Gesetzbuch, 1897, BGB § 559 (S. 626).

3 **Wirtschaftlich** im Sinne einer Befriedigung der Forderungen des Vermieters und nicht bloß als Druck[9] – oder gar Schikanemittel kommt dem Pfandrecht im Wohnraummietrecht heute keine große Bedeutung zu. Mieter notleidender Mietverhältnisse besitzen entweder gar keine pfändungswürdigen Gegenstände, oder derartige Sachen sind auf Abzahlung gekauft und stehen mithin – noch – nicht in ihrem Eigentum. Vorrangige Bedeutung hat das Vermieterpfandrecht daher vor allem im Gewerberaummietrecht, was sich auch rechtstatsächlich daran erweist, dass die veröffentlichten Gerichtsentscheidungen überwiegend aus diesem Bereich stammen.

4 Vorrangige Sicherungsmittel im Wohnraummietrecht stellen die Kaution nach § 551 BGB sowie ein in die Miete einkalkuliertes Mietausfallwagnis dar. Darüber hinaus erscheint angesichts des für § 551 BGB geltenden Kumulationsverbots[10] zweifelhaft, ob beide Sicherungsmittel unbeeinflusst und bzgl. des Pfandrechts unbegrenzt nebeneinander bestehen können.[11]

5 Nach der ausdrücklichen Wertung des Gesetzgebers handelt es sich bei dem Vermieterpfandrecht um ein **gesetzliches Pfandrecht** und nicht um eine stillschweigende Verpfändung. Ferner handelt es sich um ein **besitzloses Pfandrecht;** der Vermieter erlangt an den Sachen auch keinen mittelbaren Besitz, § 868 greift für die nicht vermieteten Sachen nicht ein. Daher sind auf das Pfandrecht die Vorschriften über das rechtsgeschäftliche Pfandrecht, §§ 1204 ff. BGB, nur insoweit anwendbar, als sie ihrem Tatbestand nach keinen Besitz am Pfandobjekt voraussetzen, § 1257 BGB. Die jeder dinglichen Rechtsänderung zu Grunde liegende Publizität wird hier dadurch erreicht, dass die dem Pfandrecht unterliegenden Sachen **eingebracht** werden müssen; dh dem Zugriff des Vermieters deshalb offen stehen, weil diese Sachen mit seinem Mietobjekt in Verbindung gebracht worden sind.

6 Die **Einbringung** der Sachen muss auf Grund eines wirksamen Miet- oder Pachtvertrages erfolgen. Ferner greift das Vermieterpfandrecht nur bei einer Grundstücks- oder Raummiete ein, nicht bei Fahrnismiete, worunter zB Miete von Wohnschiffen, Eisenbahnwagen, Zelten oder Wohnwagen fällt. Raummiete liegt allerdings auch dann vor, wenn das Gebäude nur ein sog. Scheinbestandteil iSd § 95 Abs. 1 BGB ist und somit dem Recht der beweglichen Sachen unterfällt. Nicht ganz konsequent wird dann aber die Anwendung des § 562 BGB wiederum bei der Vermietung von Räumen in den genannten anderen beweglichen Gegenständen verneint.[12]

7 Zur Zeit der Einbringung der Sachen in das Mietobjekt müssen noch keine Forderungen des Vermieters bestehen. Es reicht aus, dass solche jedenfalls während der Mietzeit entstehen und die eingebrachten Gegenständen noch vorhanden sind.

8 Außer dem gesetzlichen Pfandrecht besteht die Möglichkeit der **Verpfändung** einzelner Gegenstände, wozu aber die Übergabe des Besitzes an den Vermieter = Gläubiger erforderlich ist, § 1205 Abs. 1 BGB; die Verpfändung durch Besitzkonstitut ist unzulässig. Ferner kann als weitere Realsicherheit eine Sicherungsübereignung vorgenommen werden. Beide Sicherungsmittel dürfen aber nicht zu einer Übersicherung des Vermieters im Verbund mit einer Kaution führen. Letztlich kann der Vermieter im Wege der Zwangsvollstreckung ein **Pfändungspfandrecht** an den eingebrachten Sachen nach § 808 ZPO erlangen. In diesem Fall stehen gesetzliches Vermieterpfandrecht und prozessuales Pfändungspfandrecht nebeneinander; ihre Verwirklichung richtet sich nach den für das jeweilige Pfandrecht geltenden Vorschriften.

9 Die Tatbestandsmerkmale des § 562 BGB sind zugunsten des Mieters **abdingbar.**[13] Das Entstehen des gesetzlichen Pfandrechts kann entweder völlig ausgeschlossen oder von weiteren Voraussetzungen abhängig gemacht werden. Zu Lasten des Mieters kann von der Bestimmung des § 562 Abs. 1 S. 2 BGB dagegen nicht abgewichen werden. Das gilt auch für die Vereinbarung eines Zurückbehaltungsrechts für über § 562 Abs. 2 BGB hinausgehende Forderungen oder auf nach

[9] Darauf stellt Fischer-Dieskau/Pergande/Schwender WohnungsbauR/*Geldmacher,* BGB aF § 559 Anm. 4 gerade bei Wohnraummietverhältnissen ab, was kaum dem Gesetzeszweck entspricht; von *Franke* in der Neukommentierung zu § 562 BGB nicht übernommen.

[10] → BGB § 551 Rn. 54; Staudinger/*Emmerich* BGB § 551 Rn. 9b.

[11] AnwK WohnraummietR/*Lammel* BGB § 551 Rn. 21 f.

[12] Soergel/*Heintzmann* BGB § 562 Rn. 2 unter Berufung auf OLG Kiel OLGE 12, 69. Die in Bezug genommene Stelle bei den Mugdan, Bd. II, Motive S. 204, schließt aber die Anwendung der Vorschrift auf solche Räume nicht aus, sondern besagt lediglich, dass trotz des von den Verfassern durchaus erkannten Lebenssachverhalts (Wohnraum auf Schiffen) kein Bedürfnis für eine besondere Erwähnung der Wohnraummiete beim Vermieterpfandrecht bestehe.

[13] Zu pauschal Herrlein/Knops/Spiegelberg/*Herrlein* BGB § 562 Rn. 4; die in Bezug genommene Entscheidung RGZ 141, 99 (103) befasst sich mit der Frage nur am Rande und mehr die vorliegenden Tatsachen feststellend als rechtlich bewertend.

§ 562 Abs. 1 S. 2 BGB nicht pfändbare Gegenstände[14]; damit würden die genannten Schutzvorschriften umgangen.[15]

## B. Pfandobjekte

Das Vermieterpfandrecht erstreckt sich nur auf **eingebrachte Sachen des Mieters.** Der Sachbegriff bestimmt sich auch hier nach § 90 BGB; darunter sind nur körperliche Gegenstände zu verstehen. Außerdem müssen diese beweglich sein, so dass die Gegenstände, die durch Verbindung wesentliche Bestandteile des Grundstücks werden, §§ 946, 93 BGB, nicht in den Anwendungsbereich der Norm fallen mit der Rückausnahme der sog. Scheinbestandteile nach § 95 Abs. 1 BGB.[16] Bei Sachgesamtheiten (zB Briefmarkensammlung) müssen wegen des sachenrechtlichen Spezialitätsgrundsatzes für jedes einzelne Stück die pfandrechtsbegründenden Voraussetzungen vorliegen. 10

Ferner werden vom Vermieterpfandrecht nur solche Sachen erfasst, die auch im Rechtsverkehr als Vermögenswert angesehen werden. Deshalb scheiden Sachen als Pfandobjekt aus, denen nur ein Affektionsinteresse zukommt, wie etwa persönliche Andenken.[17] 11

**Forderungen** des Mieters unterfallen nicht dem Pfandrecht, auch nicht, wenn sie das Surrogat für zerstörte oder sonst aus dem Pfandbereich fallende Objekte darstellen.[18] Allerdings wäre hier durchaus an eine analoge Anwendung des § 1127 Abs. 1 BGB zu denken. 12

**Wertpapiere** sind nur dann dem Pfandrecht unterworfen, wenn sie Sachen gleichgestellt sind. Das ist der Fall bei solchen Papieren, bei denen das Recht aus dem Papier (= Forderung) dem Recht am Papier (= Eigentum) folgt, also bei Inhaberpapieren und indossablen Papieren, §§ 1292, 1293 BGB; dem gleichgestellt werden Banknoten.[19] Nicht hierzu gehören die Legitimationspapiere, bei denen das Recht am Papier dem Recht aus dem Papier folgt, mithin das Forderungsrecht im Vordergrund steht (zB Sparbücher,[20] § 808 BGB, auf den Namen lautende Hypothekenbriefe, Versicherungspolicen). 13

Kraft Gesetzes kann nach § 562 Abs. 1 S. 2 BGB an **unpfändbaren Sachen** kein Vermieterpfandrecht entstehen. Dazu gehören jedenfalls die in § 811 ZPO aufgeführten Sachen,[21] wie zB Sachen des persönlichen Gebrauchs (Nr. 1), die für eine kurze Zeit erforderlichen Nahrungs- und Feuerungsmittel (Nr. 2), Arbeitsmittel, die auch zur Fortführung eines Gewerbes benötigt werden (Nr. 4–7, 9)[22], Bücher des Hausgebrauchs (Nr. 10, 11).[23] Dem sind die Hausratsgegenstände nach § 812 ZPO nach Wortlaut und Systematik des Gesetzes nicht gleichgestellt, da keine absolute, sondern lediglich eine wertabhängige relative Unpfändbarkeit besteht.[24] Das bedeutet aber nicht, dass diese Gegenstände stets dem Vermieterpfandrecht unterliegen; im Regelfall werden sie mangels entsprechender Werthaltigkeit aus dem Pfandverbund herausfallen;[25] andererseits sprechen die von der hM angeführten sozialpolitischen Gründe nicht für den zahlungsunwilligen, aber mit wertvollem Inventar begüterten Mieter. 14

Das Vermieterpfandrecht erlebte eine Renaissance in der **Räumungsvollstreckung.** Diese wurde dadurch (vor allem im Kosteninteresse) gegenständlich beschränkt, dass der Vermieter = Gläubiger an **sämtlichen** eingebrachten Sachen des Mieters = Schuldners ein Vermieterpfand- 15

---

14 LG Berlin GE 2011, 1310.

15 Staudinger/*Emmerich* BGB § 562 Rn. 24.

16 RG WarnRspr. 1920 Nr. 184 für ein Gewächshaus.

17 Fischer-Dieskau/Pergande/Schwender WohnungsbauR/*Franke*, 186 2009 BGB § 562 Anm. 5; auch nicht Geschäftspapiere, die der Vorbereitung der Rechtsdurchsetzung dienen könnten, LG Frankfurt a. M. PE 1999, 9.

18 Staudinger/*Emmerich* BGB § 562 Rn. 8; OLG Dresden Annalen des kgl. sächs. OLG zu Dresden 25, 211.

19 RG SeuffBl. 68, 244.

20 aA *Bruns* NZM 2019, 46 (47).

21 LG Berlin NJW-RR 1992, 172.

22 KG ZMR 2016, 774.

23 Siehe iE die Aufzählungen der pfändbaren bzw. unpfändbaren Gegenstände bei Fischer-Dieskau/Pergande/Schwender WohnungsbauR/*Geldmacher*, 136 1997, BGB aF § 559 Anm. 14.1, 14.2.

24 Mittelstein Miete S. 547; MüKoZPO/*Gruber* ZPO § 812 Rn. 5; Musielak/Voit/*Becker* ZPO § 812 Rn. 2; **aA** die wohl überwiegende mietrechtliche Meinung Staudinger/*Emmerich* BGB § 562 Rn. 22, Fischer-Dieskau/Pergande/Schwender WohnungsbauR/*Geldmacher*, 136 1997, BGB aF § 559 Anm. 14; Soergel/*Heintzmann* BGB § 562 Rn. 20.

25 AG Köln WuM 1989, 296.

recht geltend machte (sog. Berliner Modell). Die Zwangsräumung beschränkte sich dann ausschließlich auf den Besitzwechsel an dem zu räumenden Objekt[26]; die kostenträchtige Entfernung der beweglichen Sachen von dem Grundstück und ihre Einlagerung entfielen.[27] Gerechtfertigt wurde dies mit einem Vorrang des materiellen (Vermieterpfand-)Rechts vor dem formellen Vollstreckungsrecht.[28] Eine Überprüfung des Bestehens materieller Rechte überschritte die Befugnisse des Gerichtsvollziehers; schutzwürdige Belange des Schuldners würden nicht beeinträchtigt, da dieser vom verwahrungspflichtigen Gläubiger die Herausgabe der unpfändbaren Gegenstände verlangen könnte.[29] Allerdings war der Vermieter bei diesem Vollstreckungsmodell verwahrungspflichtig und für Verluste haftbar[30], so dass sich der kostenmäßige Vorteil durchaus in einen schadensersatzrechtlichen Nachteil umwandeln konnte.

**16, 17** Zwar wurde damit der durch § 562 S. 2 BGB bezweckte Schutz ausgehebelt (→ 11. Aufl. 2013, Rn. 16, 17), jedoch wurde durch das MietRÄndG 2013 mit § 885 a ZPO die sog. Berliner Räumung legalisiert (s. dazu § 885 a ZPO).

**18** Die Regelung über die Unpfändbarkeit ist zwingend; eine formularvertraglich vereinbarte Verpfändung dieser Gegenstände verstößt gegen § 307 Abs. 1, 2 Nr. 1 BGB.[31] Unzulässig ist auch die analoge Anwendung des § 811 a ZPO durch eine Art privater Austauschpfändung; denn für diese ist notwendigerweise ein justizförmiges Verfahren einzuhalten.[32]

**19** Eingeschränkt werden die Bestimmungen über die Unpfändbarkeit und damit auch über die Reichweite des Vermieterpfandrechts nur dadurch, dass es für die Feststellung der entsprechenden Merkmale auf den **Zeitpunkt der Geltendmachung** des Pfandrechts ankommt und nicht auf den der Einbringung in das Mietobjekt. Deshalb können zunächst unpfändbare Sachen später dem Pfandrecht unterliegen, wenn etwa die berufliche oder gewerbliche Tätigkeit, die für die Pfändungsfreiheit nach § 811 Nr. 4–7, 9 ZPO Voraussetzung ist, im Laufe des Mietverhältnisses eingestellt worden ist.[33]

**20** Die pfändbaren Sachen müssen im **Eigentum des Mieters** stehen.[34] Das Vermieterpfandrecht erstreckt sich auch dann nicht auf Sachen, die im Eigentum Dritter stehen, wenn der Vermieter bei Einbringung der Sachen oder Geltendmachung des Pfandrechts diesbezüglich **gutgläubig** gewesen ist. Denn der gutgläubige Erwerb gesetzlicher Pfandrechte ist nicht möglich. Die Verweisungsnorm des § 1257 BGB setzt für die Anwendung der Vorschriften über das vertraglich begründete Pfandrecht auf die gesetzlichen Pfandrechte deren Entstehung voraus, bezieht aber den Entstehungstatbestand selbst nicht in die Verweisung ein. Diese Regelung wurde von den Gesetzesverfassern auch für das Vermieterpfandrecht ausdrücklich bestätigt.[35]

**21** Für das Eigentum des Mieters an den eingebrachten Sachen ist der Vermieter **beweispflichtig.** Zu seinen Gunsten kann er sich hierfür nicht auf die Eigentumsvermutung des § 1006 Abs. 1 BGB berufen und vom Besitz des Mieters an den Gegenständen auf dessen Eigentum schließen. Denn diese Vermutung gilt nur zugunsten des Besitzers, nicht aber zu seinen Lasten.[36] Der Vermieter kann allerdings diese Eigentumsvermutung einem Dritten entgegenhalten, der seinerseits Eigentum an der (umstrittenen) Sache des Mieters behauptet.[37]

---

[26] AG Leer ZMR 2005, 629; dazu zuletzt OLG Schleswig NJW-RR 2015, 1298.

[27] *Körner* GE 2005, 536; *Beuermann* GE 2005, 904, jeweils mit Nachweisen aus der Rspr.; ferner AG Berlin-Wedding GE 2005, 1135; AG Ratingen GE 2005, 1255; (Abt. 33) AG Berlin-Lichtenberg ZMR 2005, 879 (anders aber Abt. 34, AG Berlin-Lichtenberg GE 2005, 491); AG Wiesbaden DWW 2005, 164; AG Berlin-Köpenick GE 2005, 871; 921; LG Berlin GE 2006, 191; LG Osnabrück NZM 2006, 80; BGH IXa ZB 10/03, ZMR 2004, 734 problematisiert die Frage nicht, sondern tut sie mit einem Satz ab; die Frage stand auch nicht im Mittelpunkt des Beschlusses. Jetzt legalisiert durch § 885 a ZPO, → ZPO § 885 a Rn. 3.

[28] BGH I ZB 45/05, WuM 2006, 50 (51); Fischer-Dieskau/Pergande/Schwender WohnungsbauR/*Geldmacher,* 136 1997, BGB aF § 561 Anm. 7.

[29] So BGH I ZB 45/05, WuM 2006, 50 (51); bestätigt durch BGH I ZB 135/05, NJW 2006, 3273 mAnm *Flatow;* dazu Bespr. *Riecke* NZM 2006, 919; BGH I ZB 80/05, NZM 2009, 660.

[30] ZB LG Lübeck NZM 2010, 439.

[31] Staudinger/*Emmerich* BGB § 562 Rn. 24.

[32] Sternel MietR Kap. III Rn. 261; Soergel/*Heintzmann* BGB § 562 Rn. 20; **aA** Fischer-Dieskau/Pergande/Schwender WohnungsbauR/*Geldmacher,* 136 1997, BGB aF § 559 Anm. 14.3.

[33] OLG Düsseldorf MDR 1989, 546; s. aber oben Fn. 10.

[34] *OLG Koblenz MietRB 2007, 141.*

[35] Protokolle II, 201–205.

[36] LG Osnabrück MietRB 2020, 170.

[37] AG Berlin-Mitte GE 2010, 273; BGH V ZR 268/15, BeckRS 2017, 108487 = WuM 2017, 330.

Ein Vermieterpfandrecht entsteht auch dann nicht, wenn der Mieter eine formularmäßig im Mietvertrag enthaltene Eigentumserklärung über die eingebrachten Sachen abgibt, die nicht der wahren Rechtslage entspricht. Hierdurch kann sich der Mieter allenfalls wegen Eingehungsbetrugs strafbar und schadensersatzpflichtig machen, § 823 Abs. 2 BGB iVm § 263 StGB.[38] Diese Klausel ändert auch nichts an der Beweislastverteilung (→ Rn. 21). **22**

Obwohl der Mieter bei einer Lieferung unter **Eigentumsvorbehalt** noch kein Volleigentum, sondern nur aufschiebend bedingtes Eigentum an der Sache erworben hat, kann wirksam ein Vermieterpfandrecht entstehen. Dieses erfasst aber nur das dem Mieter zustehende Anwartschaftsrecht. Erst nach Zahlung des Kaufpreises, die auch durch den Vermieter – selbst bei Widerspruch des Mieters, § 267 Abs. 2 BGB, – erfolgen kann, tritt die Bedingung für den Eigentumserwerb ein und der Mieter erwirbt Volleigentum, allerdings belastet mit dem Vermieterpfandrecht.[39] Dieses Pfandrecht erhält denselben Rang wie das am Anwartschaftsrecht, worin der wesentliche wirtschaftliche Zweck dieser Konstruktion zu sehen ist. Trotz des Vermieterpfandrechts am Anwartschaftsrecht kann der Vermieter das Erlöschen des Anwartschaftsrechts und damit den Wegfall seines Pfandrechts nicht verhindern, sei es durch einverständliche Aufhebung des Kaufvertrages,[40] sei es durch Rücktritt des Vorbehaltsverkäufers bei Zahlungsverzug des Käufers. **23**

Ist der Mieter **auflösend bedingter Eigentümer,** etwa als Vorerbe, ist er bis zum Eintritt der Bedingung Volleigentümer, und die eingebrachte Sache unterliegt dem Vermieterpfandrecht. Dieses geht allerdings bei Eintritt der Bedingung nach dem Rechtsgedanken des § 161 Abs. 2 BGB wieder unter, da das gesetzliche Pfandrecht seinen Wirkungen nach einer Zwangsvollstreckungsmaßnahme gleichzustellen ist.[41] **24**

Bei einem **Raumsicherungsübereignungsvertrag** ist die Rangfolge der verschiedenen Sicherungsmittel zunächst nach dem Prioritätsprinzip zu entscheiden. Werden bereits sicherungsübereignete Sachen eingebracht, geht das Vermieterpfandrecht dem Sicherungseigentum nach, dh es kann mangels Eigentums des Mieters nicht entstehen;[42] erfolgt die Sicherungsübereignung erst nach der Einbringung, ist sie mit dem vorrangigen Vermieterpfandrecht belastet.[43] Beim Raumsicherungsübereignungsvertrag, der durch einen wechselnden Bestand des Warenlagers gekennzeichnet ist, würde die strenge Durchführung des Prioritätsprinzips dazu führen, dass vom Vermieterpfandrecht infolge des Austausches der Gegenstände immer weniger Sachen erfasst würden; denn die aus dem Warenlager entfernten Sachen werden nach § 562a BGB pfandfrei, die neuen sind vorab mit dem Sicherungseigentum belastet. Diese Konkurrenzsituation ist analog der Rechtslage beim Zusammentreffen von verlängertem Eigentumsvorbehalt mit einer Globalzession zugunsten des Sach-Kreditgebers (hier = Pfändgläubiger) gegenüber dem Geld-Kreditgeber zu entscheiden.[44] **25**

Steht die eingebrachte Sache im Miteigentum mehrerer Personen, von denen nur eine Mieter ist, erfasst das Vermieterpfandrecht nur deren Miteigentumsanteil, § 1258 Abs. 1 BGB.[45] **26**

Im Falle der **Vermietung an Ehegatten** ist nach der rechtlichen Ausgestaltung des Mietvertrages sowie der güterrechtlichen Beziehungen zu unterscheiden. Sind beide Ehegatten Mieter geworden, erfasst das Vermieterpfandrecht die im Eigentum jedes Ehegatten stehenden eingebrachten Sachen. Ist nur ein Ehegatte Mietvertragspartei, ist aber zwischen den Ehegatten vertraglich eine Gütergemeinschaft vereinbart, haftet das Gesamtgut nach § 1438 BGB auch für Forderungen aus dem Mietvertrag, den nur der verwaltende Ehegatte abgeschlossen hat. In den anderen Fällen der Mieterstellung nur eines Ehegatten unterliegen auch nur dessen Sachen dem Vermieterpfandrecht; allerdings kann sich der Vermieter auf die Vermutung des § 1362 Abs. 2 BGB berufen, **27**

---

38 Fischer-Dieskau/Pergande/Schwender WohnungsbauR/*Geldmacher,* 136 1997, BGB aF § 559 Anm. 12; ders., in: Guhling/Günter, § 562 Rn. 54.

39 KG GE 2000, 675.

40 BGH VIII ZR 244/83, NJW 1985, 376.

41 Str., Staudinger/*Emmerich* BGB § 562 Rn. 15b; MüKoBGB/*Artz* § 562 Rn. 16.

42 RG KonkTreuh. 1929, 104.

43 OLG Düsseldorf ZMR 1999, 474; LG Berlin GE 2001, 927; BGH XII ZR 163/12, NJW 2014, 3775.

44 Ähnlich in der Argumentation OLG Düsseldorf NZM 1998, 237; iErg ebenso BGH XII ZR 7/91, NJW 1992, 1156; BGH IX ZR 222/02, NJW-RR 2004, 772 (774); OLG Karlsruhe 27.5.2010 – 8 U 86/09 Rn. 19, BeckRS 2010, 16184; MüKoBGB/*Artz* § 562 Rn. 18; Lützenkirchen MietR/*Dickersbach* BGB § 562 Rn. 51; **aA** von einer Gleichrangigkeit der Sicherungsmittel ausgehend, Bub/Treier MietR-HdB/*von der Osten/Schüller* Kap. III Rn. 2206. Hierbei werden aber die Schwierigkeiten der Aufteilung der Sicherungen auf die verschiedenen Forderungen verkannt, was letztlich auch im Allgemeinen Kreditsicherungsrecht zur Ablehnung einer Gleichrangigkeit von verlängertem Eigentumsvorbehalt und Globalzession geführt hat.

45 RGZ 146, 334 (335); **aA** Mittelstein Miete S. 544.

wonach die sich im Besitz eines oder beider Ehegatten befindlichen beweglichen Sachen als im Eigentum des jeweiligen Schuldners stehend angesehen werden. Diese Vermutung ist wegen der weitgehenden Gleichstellung der – **nichtehelichen – Lebensgemeinschaften** im Mietrecht auch auf diese anwendbar;[46] für die eingetragenen Lebenspartnerschaften gilt dies nach § 8 Abs. 1 LPartG.

28 Bei **Vermietung an sonstige Personenmehrheiten** ist zwischen der BGB-Gesellschaft und den handelsrechtlichen Personengesellschaften zu unterscheiden. Das Vermieterpfandrecht erfasst sowohl die im Einzeleigentum der Gesellschafter als auch die im Gesamthandseigentum stehenden Sachen einer Binnen-BGB-Gesellschaft (zB Wohngemeinschaft), wenn alle Mitglieder Mieter geworden sind;[47] nach der Verselbständigung der Außen-BGB-Gesellschaft durch die höchstrichterliche Rspr.[48] reicht es aus, wenn diese Mietvertragspartei geworden ist und ihr gehörende Sachen eingebracht worden sind. Dagegen wird bei den Personenhandelsgesellschaften (OHG, KG) das eingebrachte persönliche Eigentum der einzelnen Gesellschafter wegen der nunmehr eingetretenen weitgehenden Verselbständigung dieser Gesellschaften vom Pfandrecht nicht mehr erfasst.[49]

29 Das Vermieterpfandrecht des Hauptvermieters erfasst nicht die eingebrachten **Sachen sonstiger Mitbewohner,** wie der Angehörigen des Mieters, und auch nicht die des Untermieters.[50] Der Hauptvermieter hat ferner keinen Anspruch auf Abtretung der Mietzinsforderungen des Untervermieters gegen den Untermieter, um auf diese Weise das dem Untervermieter zustehende Vermieterpfandrecht gem. §§ 401, 1250 BGB auf sich überzuleiten.[51]

30 Die im Eigentum des Mieters stehenden Sachen müssen in das Mietobjekt **eingebracht** worden sein. Dieses Tatbestandsmerkmal dient der bei dinglichen Rechtsänderungen erforderlichen Publizität. Der dafür im Regelfall erforderliche Besitzübergang wird hier dadurch ersetzt, dass die Sachen in einen Bereich gelangen, der dem Vermieter die Möglichkeit bietet, darauf zuzugreifen.

31 Das **Einbringen** erfordert die zielgerichtete, willensgetragene Ortsveränderung der Sachen in Ausübung der mietvertraglichen Gebrauchsrechte in den durch das Mietverhältnis vermittelten Machtbereich des Vermieters;[52] die Verbringung muss ferner für längere Zeit vorgenommen werden, nicht nur zu einem vorübergehenden Zweck.[53]

32 Zwar muss die Entstehung des gesetzlichen Vermieterpfandrechts nicht vom **Willen des Einbringenden** umfasst werden. Das entscheidet aber nicht die Frage, ob für die Einbringung selbst zumindest beschränkte Geschäftsfähigkeit erforderlich ist. Da das Einbringen die willensgetragene Ortsveränderung beinhaltet, kann sie von einem Geschäftsunfähigen, der zu einer derartigen Willensbildung nicht fähig ist, nicht vorgenommen werden.[54] Zwar muss die Einbringung nicht vom Mieter selbst vorgenommen werden; es ist aber erforderlich, dass sie mit seinem Willen erfolgt. Eine Einbringung ohne oder gegen seinen Willen (etwa durch Lieferanten) lassen daher das Vermieterpfandrecht nicht entstehen.

33 Das Tatbestandsmerkmal des Einbringens ist auch erfüllt, wenn im Mietobjekt bereits vorhandene Sachen mit Willen des Mieters dort belassen werden, zB vom Vermieter oder Vormieter erworbene Gegenstände. Es reicht ferner aus, wenn der Mieter die Sachen in den Mieträumen erst herstellt.

34 Dem Einbringen in die Mieträume steht das **Verbringen in Nebenräume** gleich, in denen Sachen des Mieters bestimmungsgemäß untergebracht zu werden pflegen und die – ausdrücklich

---

[46] Fischer-Dieskau/Pergande/Schwender WohnungsbauR/*Franke,* 186 2009, BGB § 562 Anm. 7; **aA** Soergel/*Heintzmann* BGB § 562 Rn. 18; BGH IX ZR 92/05, NJW 2007, 992 mit Bespr. *Heese/Bruns* LMK 2007, 226293; *Bruns* NZM 2019, 46 (48).

[47] Zu den verschiedenen Gestaltungsmöglichkeiten des Mietvertrages → BGB Vor § 535 Rn. 291.

[48] BGH II ZR 331/00, NJW 2001, 1056.

[49] Fischer-Dieskau/Pergande/Schwender WohnungsbauR/*Geldmacher,* 136 1997, BGB aF § 559 Anm. 11; ders., in: Guhling/Günter, § 562 Rn. 60, 61; Staudinger/*Emmerich* BGB § 562 Rn. 18; Soergel/*Heintzmann* BGB § 562 Rn. 15.

[50] OLG Düsseldorf DWW 1987, 330.

[51] OLG Celle WuM 1990, 103.

[52] RGZ 132, 116 (121).

[53] Soergel/*Heintzmann* BGB § 562 Rn. 24; Staudinger/*Emmerich* BGB § 562 Rn. 13; **aA** Herrlein/Knops/Spiegelberg/*Herrlein* BGB § 562 Rn. 12; Lützenkirchen MietR/*Dickersbach* BGB § 562 Rn. 18; *Bruns* NZM 2019, 46 (49); beim Einbringen geht es aber nicht um einen vermeintlichen Schutz des Mieters, sondern um einen sachenrechtlichen Publizitätsakt, die nach den sachenrechtlichen Normen stets einen gewissen Dauerzustand voraussetzen.

[54] Mittelstein Miete S. 535; Staudinger/*Emmerich* BGB § 562 Rn. 10; **aA** Erman/*Lützenkirchen* BGB § 562 Rn. 7; Sternel MietR Kap. III Rn. 263; Lützenkirchen MietR/*Dickersbach* BGB § 562 Rn. 17; der Wille muss sich aber nicht auf die Entstehung des Pfandrechts beziehen, sondern auf das „Einbringen".

oder stillschweigend – vom Mietvertrag mit erfasst werden (Garagen, Fahrradkeller, Keller allgemein). Sind allerdings über mehrere Räume getrennte Mietverträge abgeschlossen worden,[55] sind die Pfandrechte des Vermieters ebenfalls getrennt nach den jeweiligen Räumen zu behandeln.[56]

**Zeitlich** muss das Einbringen vor dem Abschluss (mit nachfolgendem Belassen in den Räumen) oder während des Bestandes des Mietvertrages erfolgen. Eingebrachte Gegenstände nach dem rechtlichen Ende des Mietvertrages werden nicht mehr vom Vermieterpfandrecht erfasst, auch wenn über dessen Beendigung gestritten wird oder dem Mieter eine Räumungsfrist gewährt worden ist; denn zu diesem Zeitpunkt erfolgte die Einbringung nicht mehr in Ausübung des Mietrechts.[57] **35**

Vom Einbringen zu unterscheiden ist das **Einstellen.** Dieser Tatbestand ist nicht nach dem Sprachgebrauch (zB Einstellen eines Kraftfahrzeugs ist rechtlich Einbringen), sondern nach dem rechtlichen Gehalt der Tätigkeit zu bestimmen. Von einem Einstellen kann dann ausgegangen werden, wenn die Sachen nur vorübergehend in den Mietbereich verbracht zu werden pflegen, dort aber weder bestimmungsgemäß noch endgültig verbleiben, sondern an einen anderen Ort geschafft werden sollen (zB Geschenke für Dritte, Zwischenlagerung für abwesenden Empfänger). Der Inhalt der Tageskasse fällt dagegen unter das Merkmal „Einbringen", auch wenn er jeden Abend bei der Bank eingezahlt zu werden pflegt; denn er befindet sich bestimmungsgemäß in den Geschäftsräumen.[58] **36**

## C. Pfandforderungen

Durch das Vermieterpfandrecht werden nur solche Forderungen des Vermieters gesichert, die ihren Rechtsgrund in den gesetzlich aus der Gebrauchsüberlassung fließenden Rechten haben.[59] Maßgebend ist also allein die Gewährung von entsprechenden Ansprüchen durch das Gesetz; der Kreis der gesicherten Forderungen kann dagegen nicht durch entsprechende Vereinbarungen im Mietvertrag erweitert werden. Die vertraglichen Vereinbarungen spielen nur insoweit eine Rolle, als sie die gesetzlich vorgesehenen Rechte für das konkrete Mietverhältnis festlegen und zwischen den Parteien verteilen. **37**

Zu den **gesicherten Forderungen** gehören mithin, wobei streng zwischen dem Umfang der Sicherung und der (beschränkten) Geltendmachung des Pfandrechts zu unterscheiden ist: Mietzins, Nebenkosten (sowohl die Vorauszahlungen als auch der spätere Abrechnungssaldo), Nutzungsentschädigung nach § 546a BGB,[60] – die hierfür erforderliche Vorenthaltung des Mietobjekts kann aber nicht darauf gestützt werden, dass der Vermieter sein Vermieterpfandrecht geltend gemacht und damit die räumende Wegschaffung verhindert hat[61] – Anspruch auf Ersatz des Mietausfalls, Schadensersatzansprüche wegen Beschädigung der Mietsache durch den Mieter und/oder dessen Untermieter, Schadensersatzansprüche wegen über den vertragsgemäßen Gebrauch hinausgehender Abnutzung, Ansprüche wegen unterlassener Mängelanzeige, auf einen Untermietzinszuschlag. Ferner ergibt sich aus § 1210 Abs. 1 BGB eine ausdrückliche Haftung für Zinsen und Vertragsstrafen; aus § 1210 Abs. 2 BGB eine für die Kosten der Kündigung (zB Kosten des hierfür eingeschalteten Rechtsanwalts), der Rechtsverfolgung (zB Räumungsprozess einschließlich der Zwangsvollstreckungsklage nach § 771 ZPO zur Sicherung des Pfandrechts[62]) und des Pfandverkaufs.[63] Der Anspruch auf Leistung eines Baukostenzuschusses wird durch das Pfandrecht gesichert, wenn durch diese Leistung die Gebrauchsgewährung erst ermöglicht werden soll.[64] **38**

---

55 Zur Problematik von einheitlichen oder getrennten Mietvertragen → BGB § 535 Rn. 31–34.

56 OLG Hamburg OLGE 38, 92.

57 Gramlich BGB § 562 Anm. 2; Schmid Miet- und WohnR/*Wetekamp* BGB aF § 559 Rn. 4.

58 Fischer-Dieskau/Pergande/Schwender WohnungsbauR/*Franke,* 186 2009, BGB § 562 Anm. 6.6; **aA** OLG Braunschweig OLGZ 1980, 239.

59 BGH VIII ZR 179/71, NJW 1973, 238.

60 BGH VIII ZR 183/70, NJW 1972, 721.

61 AG Villingen-Schwenningen WuM 2016, 100; KG ZMR 2016, 939 Rn. 11.

62 KG OLGE 34, 81; das entspricht auch den Kommissionserörterungen, wonach unter Rechtsverfolgung auch die Kosten der dinglichen Rechtsverfolgung zu verstehen sind; *Jakobs/Schubert,* Die Beratung des BGB §§ 1210–1211, 1991, S. 859, 861. Allerdings kann dies nur bei einem obsiegenden Urteil und mangelnder Kostenerstattung durch den Unterliegenden relevant werden.

63 Anders für die Versteigerungskosten AG Berlin-Lichtenberg GE 2009, 1629, zweifelhaft.

64 OLG Königsberg SeuffArch. 61 Nr. 103.

39 Das Vermieterpfandrecht sichert zwar auch die Ansprüche auf **Renovierung des Mietobjekts.** Jedoch ist eine Verwertung des Pfandes erst möglich, wenn diese dem Mieter auferlegte Leistungspflicht in eine Zahlungsverpflichtung übergegangen ist, § 1228 Abs. 2 BGB, also entweder nach Erfüllung der Voraussetzungen der §§ 281, 280 BGB oder bei Vorliegen einer quotalen Abgeltungsklausel im Mietvertrag (sofern derartige Regelungen überhaupt noch wirksam getroffen werden können).

40 Bei **gemischten Verträgen** sichert das Vermieterpfandrecht den Gesamtleistungsanspruch, wenn der mietvertragliche Charakter des Rechtsverhältnisses überwiegt und die Nebenleistungen untrennbar in dem „Mietzins" aufgehen (zB Vermietung mit Frühstück und Zimmerreinigung). Kommt der Nebenleistung dagegen auch rechtlich ein selbständiger Charakter zu (zB Pachtvertrag mit Bierlieferungsvertrag,[65] Darlehensvertrag), wird sie nicht durch das Vermieterpfandrecht gesichert.

41 **Nicht** gesichert wird der **Anspruch auf Leistung einer Kaution** (aA hM[66]). Zwar handelt es sich hierbei um eine vom Gesetz vorgesehene Forderung des Vermieters. Da aber für § 551 BGB das Kumulationsverbot gilt, kann der Vermieter keine doppelte Sicherung verlangen, einmal durch das Pfandrecht, zum anderen durch die Kaution. Umfangmäßig reicht das Pfandrecht zur Sicherung auch der künftigen Ansprüche aus, wenn es den Betrag der ausbedungenen Kaution erreicht. Nicht gesichert werden aus dem gleichen Grund die Ansprüche gegen einen Bürgen und aus einem zusätzlich bestellten Vertragspfandrecht.

42 Aus kreditpolitischen Gesichtspunkten im Hinblick auf andere Gläubiger des Mieters ist die Ausübung des Vermieterpfandrechts zeitlich beschränkt. § 562 Abs. 2 BGB begrenzt daher die Befugnis des Vermieters, sein Pfandrecht **geltend zu machen,** auf bestimmte Forderungen. Diese Schranke hindert aber nicht das Entstehen des Pfandrechts auch für solche Forderungen, für die es – später – nicht geltend gemacht werden kann;[67] denn das mit Einbringung entstandene Pfandrecht wahrt dadurch seinen Vorrang vor späteren (Pfändungs-)Pfandgläubigern.

43 Der für den **Umfang der Forderungen,** die durch das Pfandrecht letztlich gesichert sind, maßgebende Zeitpunkt, ist der der **Geltendmachung** des Vermieterpfandrechts. Hierunter ist jedes Verhalten des Vermieters zu verstehen, mit dem er hinsichtlich der bestimmten Pfandobjekte sein Pfandrecht durchsetzen will.[68] Hierzu ist nicht unbedingt die Beschreitung des Rechtsweges, wie Klage auf Herausgabe oder auf vorzugsweise Befriedigung, erforderlich; ausreichend ist auch das Bemühen, die Entfernung der Sachen aus dem Mietobjekt zu verhindern oder die Inbesitznahme der Gegenstände. Geltendmachung bedeutet aber nicht Verwertung, so dass das Pfandrecht zwar für die künftige noch nicht fällige Mietforderung als Sicherungsmittel geltend gemacht, aber der Pfandgegenstand erst nach Fälligkeit verwertet werden darf.[69] Andererseits entbindet die Geltendmachung den Mieter nicht davon, nach Beendigung des Mietverhältnisses die Mietsache herauszugeben.[70]

44 Uneingeschränkt haften die Pfandobjekte für alle durch das Vermieterpfandrecht gesicherten Forderungen, die vor diesem Zeitpunkt fällig geworden sind. Eine Einschränkung gilt nach § 50 Abs. 2 InsO allerdings in der **Insolvenz des Mieters.**[71] In diesem Fall kann der Vermieter abgesonderte Befriedigung,[72] gestützt auf sein Vermieterpfandrecht, nur für Mietzinsforderungen aus dem letzten Jahr vor der Verfahrenseröffnung geltend machen.[73] Damit soll verhindert werden, dass die

---

[65] RG JW 1905, 19.

[66] Bub/Treier MietR-HdB/*von der Osten/Schüller* Kap. III Rn. 2214; Staudinger/*Emmerich* BGB § 562 Rn. 27; Lützenkirchen MietR/*Dickersbach* BGB § 562 Rn. 40.

[67] Mittelstein Miete S. 551; Fischer-Dieskau/Pergande/Schwender WohnungsbauR/*Geldmacher,* 136 1997, BGB aF § 559 Anm. 6; ders., in: Guhling/Günter, § 562 Rn. 82; argumentativ ähnlich BGH IX ZR 102/03, NJW 2007, 1588; **aA** Staudinger/*Emmerich* BGB § 562 Rn. 29; Fischer-Dieskau/Pergande/Schwender WohnungsbauR/*Franke,* 186 2009, BGB § 562 Anm. 13.1.

[68] BGH VIII ZR 183/70, NJW 1972, 721.

[69] Das verwechselt wohl *Eusani* WE 2009, 76.

[70] KG ZMR 2013, 428 mAnm *Jahreis* jurisPR-MietR 16/2013 Anm. 3; LG Köln BeckRS 2015, 13330.

[71] Dazu auch BGH IX ZR 102/03, NJW 2007, 1588 mAnm *Lammel* jurisPR-MietR 4/2007 Anm. 5; *Keinert* AnwZertMietR 6/2014 Anm. 1.

[72] Das gilt auch für einen Erlös, den der Mieter durch einen vereinbarungsgemäßen Verkauf des dem Pfandrecht unterliegenden Inventars erzielt, OLG Frankfurt a. M. MietRB 2019, 77.

[73] Wobei str. ist, ob dem Insolvenzverwalter seinerseits nach § 366 BGB ein Bestimmungsrecht dahingehend zukommt, auf welche Forderungen die abgesonderte Befriedigung zu verrechnen ist, so OLG Dresden NZM 2012, 84; dagegen spricht, dass es sich um ein „Recht" des Vermieters handelt, dessen Inhalt er auch im Rah-

Insolvenzmasse zu Lasten der übrigen nicht bevorrechtigten Gläubiger übermäßig geschmälert wird. Unter Berücksichtigung dieses Gesichtspunktes gilt die Einschränkung nicht im Verhältnis zu anderen Absonderungsberechtigten.[74]

Für **Mietzinsforderungen** kann das Pfandrecht nur hinsichtlich solcher Ansprüche geltend 45
gemacht werden, die das laufende und das folgende Mietjahr betreffen, also maximal für zwei Jahre. Unter Mietzins ist hier nur die Gegenleistung für die Gebrauchsgewährung zu verstehen einschließlich der – vereinbarten – Nebenkostenzahlungen. Nicht mehr hierunter fallen mietzinsvertretende Ersatzforderungen, wie etwa die Nutzungsentschädigung nach § 546a BGB oder der Anspruch auf Ersatz des Mietausfalls bei fristloser Kündigung.

Das **Mietjahr** berechnet sich nicht nach dem Kalenderjahr, sondern nach der vertraglichen Ver- 46
einbarung über den Beginn des Mietverhältnisses. Die pfandrechtswahrende Jahresregelung gilt auch für Mietverträge auf unbestimmte Zeit oder mit einer Verlängerungsklausel, auch wenn die theoretische Möglichkeit einer früheren Beendigung des Mietverhältnisses besteht.

**Künftige Entschädigungsforderungen** werden durch das Vermieterpfandrecht überhaupt 47
nicht gesichert. Zu solchen Forderungen gehören alle Ersatzansprüche wegen der Verletzung von Haupt- oder Nebenpflichten des Mietvertrages, auch mit diesen konkurrierende Ansprüche nach den §§ 812, 823, 826 BGB. Um eine **künftige** Forderung, berechnet vom Zeitpunkt der Geltendmachung des Vermieterpfandrechts, handelt es sich, wenn entweder Grund und Höhe des Anspruchs erst danach feststehen (zB Beschädigung bei Auszug, Mietausfallschaden) oder zwar der Grund der Forderung bereits gelegt ist, deren Höhe aber noch nicht beziffert ist[75] (zB Schadensersatz wegen unterlassener Renovierung nach §§ 281, 289 BGB, anders aber der Zahlungsanspruch aus der Quotenklausel bei Schönheitsreparaturen, wenn die Geltendmachung des Pfandrechts mit dem Ende des Mietvertrages erfolgt[76]). Der Vermieter ist aber nicht gehindert, die zunächst künftigen Forderungen durch eine spätere erneute Geltendmachung seines Pfandrechts in dessen Sicherungsumfang einzubeziehen,[77] wenn diese durch Zeitablauf zu gegenwärtigen Forderungen geworden sind.

## D. Pfanddurchsetzung

Die Verwertung und Sicherung des Vermieterpfandrechts richtet sich gem. § 1257 nach den für 48
das Vertragspfandrecht geltenden Vorschriften, sofern diese nicht den Besitz des Pfandobjekts voraussetzen. Anwendbar sind daher insbes. folgende Vorschriften: §§ 1222, 1227–1250, 1252, 1255, 1256 BGB. Die verwickelten Verfahrensvorschriften[78], die für die Verwertung des Pfandrechts einzuhalten sind, rechtfertigen sich letztlich daraus, dass es sich hierbei um eine Art Privatvollstreckung handelt, bei der die Verfahrensregelungen dem Schuldner einen gewissen Schutz bieten sollen, so dass zB eine Verwertung durch Vernichtung unzulässig ist[79], was bei der sog. Berliner Räumung durchaus zu haftungsrelevanten Schwierigkeiten für den Vermieter hätte führen können.

Zwar hat der Vermieter gegen den Mieter nach § 1231 BGB einen **Anspruch auf Herausgabe 49
des Pfandobjekts.** Zur Verwirklichung dieses Rechts muss er jedoch gerichtliche Hilfe in Anspruch nehmen. Er darf weder das Mietobjekt zum Zwecke der Ausübung des Pfandrechts betreten – eine ihm dieses Recht einräumende Klausel im Formularmietvertrag ist unwirksam[80] –, noch ist er befugt, sich im Wege der Selbsthilfe in den Besitz des Pfandobjekts zu setzen[81] mit der Ausnahme nach § 562b Abs. 1 S. 2 BGB. Die Verwertung des Pfandes erfolgt durch Verkauf, § 1233 BGB, im Wege der öffentlichen Versteigerung, §§ 1234–1242 BGB.[82] Der Vermieter kann vor Ein-

men der BGB-gesetzlichen Vorgaben bestimmen können muss. Ein derartiges Bestimmungsrecht des Insolvenzverwalters verneint jetzt auch BGH IX ZR 69/14, NJW 2015, 162 (unter Bestätigung von OLG Karlsruhe ZMR 2014, 881).

[74] BGH VIII ZR 186/58, NJW 1959, 2251.

[75] OLG Hamm NJW-RR 1994, 655.

[76] Soergel/*Heintzmann* BGB § 562 Rn. 9.

[77] Staudinger/*Emmerich* BGB § 562 Rn. 31.

[78] Dazu zB OLG Frankfurt a. M. NJW-RR 2018, 699 für die Einhaltung der Ankündigungsfrist einer Versteigerung.

[79] OLG Stuttgart MietRB 2013, 4; s. aber § 885a Abs. 4 S. 4 ZPO, → ZPO § 885a Rn. 28–30.

[80] OLG München WuM 1989, 128 (132).

[81] Ob das im Fall OLG Stuttgart MietRB 2009, 130, beachtet worden ist, lässt sich dem mitgeteilten Sachverhalt nicht entnehmen.

[82] Eine zeitliche Begrenzung für die Verwertung verneint OLG Stuttgart MietRB 2009, 130.

tritt der Pfandreife nach § 1228 Abs. 2 BGB nicht mit dem Mieter vereinbaren, dass ihm das Eigentum an dem Pfandobjekt zufallen soll, falls der Mieter die gesicherten Forderungen des Vermieters nicht erfüllt, § 1229 BGB.

50 Die **Rangfolge** unter verschiedenen Sicherungsmitteln richtet sich nach dem Grundsatz der Priorität: die früher bestellte oder entstandene Sicherheit geht der späteren vor. Unter diesem Gesichtspunkt entsteht das Vermieterpfandrecht bereits mit Einbringung der Sachen in die Mieträume[83]; unmaßgeblich ist die Geltendmachung des Pfandrechts. Das Vermieterpfandrecht genießt ferner den Vorrang vor dem Wegnahmerecht des Mieters nach § 539 Abs. 2 BGB.[84]

51 Zwar kann bei einer Veräußerung der mit dem Vermieterpfandrecht belasteten Sache das Eigentum nach § 936 BGB lastenfrei erworben werden. Jedoch handelt der Erwerber grds. grob fahrlässig, wenn er sich bei Kenntnis des Bestehens eines Mietvertrages über die Räume, in denen sich der zu übereignende Gegenstand befindet, nicht nach dem Bestehen eines Vermieterpfandrechts beim Vermieter (nicht beim Mieter!) erkundigt.[85] Zusätzlich verlangt der mögliche lastenfreie Eigentumserwerb durch Besitzkonstitut die Übergabe der Sache an den Erwerber.[86] Dieser Übergabe kann der Vermieter nach § 562 a BGB widersprechen. Unterlässt er diesen Widerspruch, erlischt das Vermieterpfandrecht, so dass es auf den guten Glauben des Erwerbers an die Lastenfreiheit nicht mehr ankommt.

52 **Nutzungen,** die der Vermieter aus dem zurückbehaltenen Pfandobjekt zieht, entweder durch Eigengebrauch oder Weitervermietung, sind – ohne dass ein Nutzungspfand vereinbart worden ist –, nach den Regeln über die Geschäftsführung ohne Auftrag (§ 681 S. 2, § 667 BGB) herauszugeben.[87] Eine Anrechnung nach § 1214 Abs. 2 BGB auf seine Forderungen scheidet aus, weil dies der ausdrücklichen Wertung des § 1213 BGB widerspräche, wonach eine Erstreckung des Pfandrechts auf Nutzungen nur bei einer ausdrücklichen Vereinbarung zulässig ist.[88] Darin kommt der formale Charakter des Sachenrechts zum Ausdruck. Generell ist nicht davon auszugehen, dass ein zahlungsunwilliger oder -unfähiger Mieter dem Vermieter einen Vermögensvorteil zukommen lassen will.[89]

53 Macht der Vermieter sein Pfandrecht unberechtigterweise geltend, haftet er auf **Schadensersatz** wegen positiver Vertragsverletzung.[90] Außerdem hat er die gezogenen Nutzungen nach § 816 Abs. 1 S. 1 BGB iVm § 816 Abs. 2 BGB herauszugeben.

54 Ausfluss des Prioritätsprinzips ist allerdings nur, dass das früher entstandene Vermieterpfandrecht vorrangige Befriedigung gegenüber späteren Maßnahmen der Zwangsvollstreckung gewährt, es hindert aber nicht das Entstehen eines Pfändungspfandrechts; beide Pfandrechte bestehen dann nebeneinander.[91] In der Insolvenz des Mieters richtet sich die abgesonderte Befriedigung nach § 50 InsO; in der Einzelzwangsvollstreckung kann der Vermieter Klage auf vorzugsweise Befriedigung nach § 805 ZPO erheben. Der Vermieter braucht in diesem Falle nur zu beweisen, dass die gesicherte Forderung entstanden ist, nicht aber zusätzlich, dass sie nicht inzwischen erloschen ist.[92] Um dem Vermieter die Ausübung seiner vorrangigen Befriedigungsrechte zu ermöglichen, ist der Mieter in analoger Anwendung des § 536 c Abs. 1 S. 2 BGB verpflichtet, Vollstreckungsmaßnahmen Dritter dem Vermieter mitzuteilen; bei Unterlassung der Mitteilung kann er sich schadensersatzpflichtig machen.[93]

55 Bei einem **Eigentumswechsel** am Mietobjekt kann es zu einer Konkurrenz der Vermieterpfandrechte des Veräußerers und des Erwerbers kommen. Der Erwerber erlangt für seine Forderungen aus dem Mietverhältnis ein Vermieterpfandrecht an den bereits vorhandenen und an den neu

---

[83] BGH IX ZR 102/03, NJW 2007, 1588.

[84] BGH VIII ZR 136/86, NJW 1987, 2861.

[85] RG WarnJahrb. 1907 A VI 521 Nr. 3; KG GE 2000, 675; BGH IX ZR 132/10, NZM 2011, 275 Rn. 5; Staudinger/*Emmerich* BGB § 562 Rn. 21; krit. dazu *Fehrenbach* NZM 2012, 1.

[86] BGH II ZR 189/03, NZM 2005, 665.

[87] BGH XII ZR 140/12, NJW 2014, 3570.

[88] So jetzt BGH XII ZR 140/12, NJW 2014, 3570 Rn. 17; aA OLG Frankfurt a. M. NJW-RR 1996, 585 und die 11. Aufl.

[89] LG Münster MietRB 2004, 232; **aA** OLG Düsseldorf MDR 1989, 546.

[90] OLG Frankfurt a. M. WuM 1979, 191.

[91] OLG Frankfurt a. M. MDR 1975, 228.

[92] *BGH IX ZR 42/85, NJW 1986, 2426.*

[93] Staudinger/*Emmerich* BGB § 562 Rn. 36 b; der Vermieter kann aber nicht gegen die Herausgabevollstreckung Dritter gegen den Mieter mit der Erinnerung nach § 766 ZPO vorgehen, BGH I ZB 91/08, NZM 2009, 877.

eingebrachten Sachen des Mieters. Der Veräußerer behält allerdings sein Vermieterpfandrecht an den bereits vorhandenen eingebrachten Gegenständen, soweit er noch offene Forderungen gegen den Mieter hat. In diesem Fall stehen beide Pfandrechte an den ursprünglich vorhandenen Gegenständen gleichrangig nebeneinander, weil wegen § 566 BGB ein Eintritt in die bestehenden Vermieterrechte erfolgt.[94] Wenn aber der Veräußerer = Vermieter mit der Eigentumsübertragung am Mietobjekt auch seine Forderungen gegen den Mieter an den Erwerber abtritt, geht das Vermieterpfandrecht nach den §§ 401, 1250 BGB auf diesen über.

Ein **Mieterwechsel** führt grds. zu einer Trennung der dem Vermieterpfandrecht unterliegenden Objekte. Die Sachen des weichenden Mieters, auch wenn sie im Mietobjekt verbleiben (zB als Einbauten), haften nur für gegen ihn gerichtete Forderungen.[95] Die vom nachfolgenden Mieter eingebrachten Sachen haften grds. nur für dessen Mietschulden, es sei denn, der in den Mietvertrag eintretende neue Mieter hat die Schulden des alten Mieters nach den §§ 414, 415 Abs. 1 BGB übernommen oder im Wege des Schuldbeitritts mitübernommen.[96] **56**

Das Vermieterpfandrecht wird gegen Eingriffe Dritter durch § 1227 BGB iVm §§ 985, 1004 BGB geschützt. Weiterhin gilt es als sonstiges Recht iSd § 823 Abs. 1 BGB, so dass seine Beeinträchtigung schadensersatzpflichtig machen kann[97]; geschützt wird es ferner durch § 823 Abs. 2 BGB iVm § 289 StGB (Pfandkehr).[98] Schließlich setzt sich das Pfandrecht am Erlös einer unberechtigterweise wegen eines nachfolgenden Rechts vorgenommenen Versteigerung fort, so dass der Vermieter einen Bereicherungsanspruch auf Auskehrung des – seinen gesicherten Forderungen entsprechenden anteiligen – Erlöses hat.[99] **57**

---

[94] BGH XII ZR 140/12, NJW 2014, 3775 Rn. 18–24; MüKoBGB/*Artz* § 562 Rn. 24; Mittelstein Miete S. 557; Bub/Treier MietR-HdB/*von der Osten/Schüller* Kap. III Rn. 2224.
[95] OLG Hamburg OLGE 7, 462.
[96] BGH XII ZR 260/93, NJW 1995, 1350.
[97] OLG Stuttgart NZM 2012, 26.
[98] OLG Koblenz OLGSt StGB § 289 Nr. 1; BayObLG NJW 1981, 1745; KG BeckRS 2018, 1185.
[99] OLG Stettin OLGE 3, 357; OLG Kolmar ElsLothZ 28 (1903), 332; OLG Hamburg HansGZ 13 (1930), B. 5.

## § 562a Erlöschen des Vermieterpfandrechts

**[1]Das Pfandrecht des Vermieters erlischt mit der Entfernung der Sachen von dem Grundstück, außer wenn diese ohne Wissen oder unter Widerspruch des Vermieters erfolgt. [2]Der Vermieter kann nicht widersprechen, wenn sie den gewöhnlichen Lebensverhältnissen entspricht oder wenn die zurückbleibenden Sachen zur Sicherung des Vermieters offenbar ausreichen.**

### Systematische Übersicht



### A. Regelungszweck

1 Die Norm stellt die Parallele zu § 1253 BGB dar. Bei dem Faust-Pfandrecht, auf das die gesetzliche Regelung als Normalfall zugeschnitten ist, erlischt das Pfandrecht mit der Rückgabe des Pfandes, weil damit ein Tatbestandselement der Pfandrechtsbestellung weggefallen ist. Dem gleicht hier die Entfernung vom Grundstück. Die Einbringung der Sachen des Mieters auf das Grundstück als dem Bereich, der dem Zugriff des Vermieters offen steht, entspricht der Besitzverschaffung als Begründungsmerkmal für das Entstehen eines Pfandrechts. Die Entfernung steht dann der Besitzaufgabe gleich.

2 Da es sich bei den Regelungen über den Fortbestand oder das Erlöschen des Pfandrechts sowohl um solche zum Schutze des Rechtsverkehrs als auch um Fragen der dinglichen Rechtszuordnung bzw. Rechtsbeständigkeit handelt, sind sie **zwingend.**

3 So wie bei § 1253 Abs. 1 BGB nur die **willentliche Besitzaufgabe** zum Erlöschen des Pfandrechts führt, erlischt das Vermieterpfandrecht auch nur, wenn das Einverständnis mit der Entfernung vermutet werden kann (= bei Kenntnis des Vermieters, ohne dessen Widerspruch) oder auf Grund besonderer gesetzlicher Anordnung wegen übergeordneter Gesichtspunkte des Verkehrsinteresses.

4 Unabhängig von der Regelung des § 562a BGB können allgemeine rechtsgeschäftliche oder besondere pfandrechtliche Gründe zum Erlöschen des Vermieterpfandrechts führen. Der Vermieter kann auf das entstandene Pfandrecht allgemein oder für bestimmte Gegenstände verzichten[1]; die Mietvertragsparteien können die zunächst eingetretenen Wirkungen des § 562 Abs. 1 S. 1 BGB einverständlich wieder aufheben. Ist der Vermieter in Annahmeverzug hinsichtlich der ihm angebotenen offenstehenden Zahlungen des Mieters, verstößt ein Widerspruch gegen die Entfernung der eingebrachten Sachen gegen § 242 BGB (venire contra factum proprium).

5 Ferner finden die besonderen **pfandrechtlichen Erlöschensgründe** über § 1257 BGB auf das Vermieterpfandrecht Anwendung. Danach kann das Pfandrecht erlöschen, wenn das Pfandobjekt im Rahmen der Pfandverwertung rechtmäßig veräußert wird, § 1242 Abs. 2 S. 1 BGB. Wird die dem Pfandrecht zu Grunde liegende Forderung abgetreten und hierbei der Übergang des Pfandrechts ausgeschlossen, führt dies nach § 1250 Abs. 2 BGB zu dessen Erlöschen. Erlischt die durch das Pfandrecht gesicherte Forderung, erlischt ebenfalls das Pfandrecht, § 1252 BGB. Der Vermieter als Pfandgläubiger kann nach § 1255 Abs. 1 BGB sein Recht durch einseitige Erklärung aufgeben. Schließlich erlischt das Pfandrecht, wenn es sich mit dem Eigentum an dem Pfandobjekt in einer Hand vereinigt, § 1256 Abs. 1 BGB. Letzteres ist gegeben bei Erwerb des Eigentums am Pfandobjekt durch den Vermieter, bei Erwerb des Eigentums am Mietobjekt durch den Mieter, oder schließlich beim Erwerb der gesicherten Forderung durch einen Sicherungseigentümer des Pfandobjekts.[2]

6 Außerhalb des Anwendungsbereichs der Vorschrift liegt die Entfernung durch hoheitliche Zwangsmaßnahmen, insbes. die Pfändung durch Inbesitznahme durch den Gerichtsvollzieher. Hierfür trifft § 805 Abs. 1 Hs. 1 ZPO eine Sonderregelung dahingehend, dass der Pfandgläubiger diesen

---

[1] Ein solcher Verzicht wäre im Angebot des Vermieters zu sehen, die Sachen abzuholen, BGH VIII ZR 4/13, ZMR 2014, 709; anders wohl OLG München WuM 2002, 492.

[2] BGH VIII ZR 73/57, BGHZ 27, 227.

Maßnahmen (ebenso wie denen nach § 166 Abs. 1 InsO)[3] nicht widersprechen kann. Da aber die Klage auf vorzugsweise Befriedigung nach § 805 Abs. 1 Hs. 2 ZPO den Bestand des Vermieterpfandrechts voraussetzt, ist davon auszugehen, dass diese hoheitliche Entfernung unabhängig vom Wissen des Vermieters oder seinem Widerspruch[4] den materiell-rechtlichen Bestand des Vermieterpfandrechts nicht berührt.[5]

## B. Erlöschen des Pfandrechts

Die Entfernung des Pfandobjekts vom Grundstück stellt die Rückgängigmachung des Einbringens als pfandrechtsbegründendes Tatbestandsmerkmal dar. Entsprechend der dortigen rechtlichen Qualifizierung[6] handelt es sich um eine willensgerichtete Ortsveränderung, die zumindest beschränkte Geschäftsfähigkeit voraussetzt.[7] 7

Ebenso wie bei dem Einbringen[8] reichte für die Entfernung die von vornherein lediglich **vorübergehend geplante Wegschaffung** für das Erlöschen des Vermieterpfandrechts nach der bislang hier vertretenen Meinung nicht aus.[9] Gestützt wurde das zum einen aus dem systematischen Zusammenhang mit § 1253 Abs. 1 BGB (→ Rn. 1); eine nur vorübergehende Besitzübergabe führt dort nicht zum Erlöschen des Pfandrechts, da dieser nur kurz andauernde Zustand nach § 856 Abs. 2 nicht zur Beendigung des Besitzes führt. Zum anderen wird für die insoweit gleichlautenden Tatbestandsmerkmale im Hypothekenrecht, bei dem die gleiche Problematik hinsichtlich des Umfangs der Haftung besteht, zu den §§ 1121, 1122 BGB einhellig die Auffassung vertreten, dass unter dem Begriff der „Entfernung" nur die für dauernd geplante Wegschaffung zu verstehen ist.[10] Wegen der rechtlichen und tatsächlichen Vergleichbarkeit dieser Vorschriften sind die dortigen Ergebnisse auf § 562a BGB übertragbar. Nunmehr hat der **BGH**[11] sich der **hM** angeschlossen und das Erlöschen des Vermieterpfandrechts auch bei einer nur vorübergehenden Entfernung angenommen. Vorrangig war für ihn der Schutz des allgemeinen Rechtsverkehrs, der bei diesem besitzlosen Pfandrecht darauf vertrauen sollte, dass das Objekt außerhalb der Mietsache von Rechten des Vermieters unbelastet ist.[12] 8

Aus diesen Gründen des BGH (→ Rn. 8) lässt insbes. die tägliche Ausfahrt mit dem eingebrachten Kraftfahrzeug morgens das Pfandrecht erlöschen, das abends beim Einstellen auf dem Grundstück wieder neu begründet wird.[13] Die Entscheidung dieser Frage ist wirtschaftlich von besonderer Bedeutung für die Wirksamkeit zwischenzeitlicher Bestellungen von anderen Sicherungen am Kraftfahrzeug durch den Mieter. 9

Die zum Erlöschen des Vermieterpfandrechts führende Entfernung ist erst beendet, wenn die eingebrachten Gegenstände vollständig aus dem Zugriffsbereich des Vermieters verbracht worden sind. Dafür reicht das Ausräumen der gemieteten Räume allein nicht aus, sondern die Sachen müs- 10

---

[3] BGH IX ZR 189/94, NJW 1995, 2783.

[4] OLG Frankfurt a. M. MDR 1975, 228.

[5] Sehr str., wie hier: Bub/Treier MietR-HdB/*von der Osten/Schüller* Kap. III Rn. 2236; MüKoZPO/*Gruber* ZPO § 805 Rn. 9; Musielak/Voit/*Flockenhaus* ZPO § 805 Rn. 4 unter Verweis auf BGH IX ZR 42/85, NJW 1986, 2426; **aA** Palandt/*Weidenkaff* BGB § 562a Rn. 4; Staudinger/*Emmerich* BGB § 562a Rn. 6; BeckOGK/*Reuschle* BGB § 562a Rn. 2. Die Bezugnahme auf RGZ 71, 418 trägt diese Meinung allerdings nicht, da dort davon ausgegangen wird, dass die zurückgebliebenen Sachen zur Sicherung des Vermieters ausreichen.

[6] → BGB § 562 Rn. 31/32.

[7] **AA** die wohl hM, die aber diesen Zusammenhang mit dem „Einbringen" nicht beachtet, Staudinger/*Emmerich* BGB § 562a Rn. 3, aber in sich widersprüchlich, wenn „willentliches" Wegschaffen gefordert wird; Soergel/*Heintzmann* BGB § 562a Rn. 2.

[8] → BGB § 562 Rn. 31, 36.

[9] Sehr str., wie hier Jauernig/*Teichmann* BGB § 562a Rn. 2; Bub/Treier MietR-HdB/*von der Osten/Schüller* Kap. III Rn. 2232; Wolf/Eckert/Ball Gewerbl. Miet-/Pacht-/LeasingR-HdB Rn. 767; Soergel/*Heintzmann* BGB § 562a Rn. 3; **aA** die wohl hM MüKoBGB/*Artz* § 562a Rn. 5; Staudinger/*Emmerich* BGB § 562a Rn. 5; Sternel MietR Kap. III Rn. 265; Fischer-Dieskau/Pergande/Schwender WohnungsbauR/*Geldmacher,* 136 1997, BGB aF § 560 Anm. 2.2.

[10] MüKoBGB/*Eickmann* BGB § 1121 Rn. 20, § 1122 Rn. 8.

[11] BGH XII ZR 95/16, NZM 2018, 203 mAnm *Lammel* jurisPR-MietR 4/2018 Anm. 4.

[12] *Bergmann* ZMR 2018, 553 (557).

[13] OLG Karlsruhe NJW 1971, 624; OLG Hamm MDR 1981, 407; Herrlein/Knops/Spiegelberg/*Herrlein* BGB § 562a Rn. 4; BGH XII ZR 95/16, NZM 2018, 203; aA OLG Frankfurt a. M. ZMR 2006, 609; LG Neuruppin NZM 2000, 962.

sen auch vom Grundstück weggebracht worden sein.[14] Denn auch die Zuwege, Treppenhäuser, Nebenräume des eigentlichen Mietobjekts unterliegen dem Mietgebrauch des Mieters und damit spiegelbildlich auch dem Zugriffsrecht des Vermieters hinsichtlich der dort befindlichen Sachen des Mieters. Für diese Auffassung spricht nicht nur der Wortlaut der Norm, sondern auch der räumlich weite Begriff des „Einbringens"; maßgebend ist Zugriffsmöglichkeit und Zugriffsrecht des Vermieters, nicht das Mietobjekt.[15]

11 Die Entfernung muss nicht vom Mieter selbst vorgenommen werden; sie kann auch von einem Dritten (Käufer, Sicherungsgläubiger) durchgeführt werden, sofern sie mit Willen des Mieters erfolgt.

12 Unabhängig von der Kenntnis des Vermieters[16] (dazu → Rn. 23) oder seines Widerspruchs (dazu → Rn. 24–26) führt die Entfernung in den in Satz 2 aufgeführten Fällen stets zum Erlöschen des Vermieterpfandrechts. Damit sollten im Interesse des Rechtsverkehrs Unzuträglichkeiten vermieden werden, die sich aus einem Fortbestand des Pfandrechts an den vom Grundstück entfernten Sachen daraus ergeben würden, dass diese Belastung der Gegenstände nicht offenkundig ist.[17] Auch der Mieter sollte keine Einschränkungen seiner normalen Geschäfts- und Lebensgewohnheiten hinnehmen.

13 Für das Vorliegen der besonderen Erlöschenstatbestände kommt es auf den Zeitpunkt der Entfernung der eingebrachten Sachen vom Grundstück an, so dass nachträgliche Veränderungen, insbes. hinsichtlich der ausreichenden Sicherung, keinen Einfluss mehr auf das Bestehen des Vermieterpfandrechts haben.[18]

14 Das Merkmal der **Entfernung im regelmäßigen Geschäftsbetrieb** des Mieters ist zwar durch die Mietrechtsreform gestrichen worden. Jedoch ergibt die Gesetzesbegründung, dass damit keine sachliche Änderung der früheren Rechtslage beabsichtigt war, sondern das Tatbestandsmerkmal „im regelmäßigen Geschäftsverkehr" als von dem Merkmal „gewöhnliche Lebensverhältnisse" mit umfasst angesehen wurde.[19] Dem Merkmal lag zusätzlich (→ Rn. 12) die Überlegung zu Grunde, dass die jeweils Beteiligten mit einem Austausch der Pfandobjekte einverstanden sein würden;[20] wirtschaftlich gesehen wird durch den Warenumsatz das Sicherungsinteresse des Vermieters nicht geschmälert.[21]

15 Für die Feststellung der Entfernung im regelmäßigen Geschäftsbetrieb kommt es auf den konkreten Betrieb des jeweiligen Mieters an. Ferner muss die Entfernung zur Aufrechterhaltung des Geschäftsbetriebes erfolgen.[22] Deshalb wird der Erlöschenstatbestand nicht erfüllt, wenn die Waren, Maschinen, Halb- oder Fertigprodukte im Rahmen eines Räumungsverkaufs oder eines Insolvenz- oder Vergleichsverfahrens weggeschafft werden, weil in diesen Fällen der Geschäftsbetrieb nicht mehr aufrecht erhalten wird.[23] Das Gleiche gilt für die Entfernung im Rahmen eines Umzugs, da hier das Geschäft nicht mehr in den Mieträumen fortgesetzt werden soll.

16 Die Entfernung der eingebrachten Sachen führt ferner dann zum Erlöschen des Vermieterpfandrechts, wenn diese Maßnahme nach einem allgemeinen abstrakten Maßstab im **Rahmen der gewöhnlichen Lebensverhältnisse** eines Mieters vorgenommen wird. Hierher gehören zB die Mitnahme von Gegenständen auf Reisen; der Austausch Neu für Alt; das Wegbringen zur Reparatur[24] oder Aufbewahrung. Nicht erfasst wird von diesem Merkmal die Wegschaffung praktisch aller wertvollen Gegenstände durch den Mieter.[25]

---

14 MüKoBGB/*Artz* § 562a Rn. 4; Fischer-Dieskau/Pergande/Schwender WohnungsbauR/*Geldmacher,* 136 1997, BGB § 560 Anm. 2.1; ders., in: Guhling/Günter, § 562a Rn. 11; Bub/Treier MietR-HdB/*von der Osten/Schüller* Kap. III Rn. 2228; **aA** Roquette MietR BGB aF § 560 Rn. 5f.; Staudinger/*Emmerich* BGB § 562a Rn. 4; OLG Stuttgart GuT 2008, 127; OLG Bremen ZMR 2014, 30.

15 → BGB § 562 Rn. 30, 31; enger insoweit Blank/Börstinghaus/*Blank* BGB § 562 Rn. 9 und dem folgend auch enger Blank/Börstinghaus/*Blank* BGB § 562a Rn. 3.

16 BGH II ZR 262/91, NJW 1993, 1791.

17 Mugdan, Bd. II, Motive S. 408.

18 KG OLGE 20, 189 (190).

19 BT-Drs. 14/4553, 60; darin wird wiederum die systematisch verfehlte Einordnung des Vermieterpfandrechts im Rahmen des Wohnraummietrechts deutlich.

20 Motive bei *Haidlen,* Bürgerliches Gesetzbuch, 1897, BGB § 560 (S. 628) unter Hinweis auf ROHG 6, 385 (393), was aber auf der preußischen Theorie einer stillschweigenden Verpfändung beruhen dürfte.

21 OLG Braunschweig MDR 1980, 403.

22 ZB beim Verkauf von auf Pachtland geernteter Früchte, BGH IXZR 127/11, NJW 2014, 1239 Rn. 12.

23 *Soergel/Heintzmann BGB* § 562a Rn. 10; OLG Köln ZIP 1984, 89 (90).

24 Hier ist allerdings fraglich, ob es sich überhaupt um eine pfandrechtsrelevante „Entfernung" handelt, → Rn. 8.

25 MüKoBGB/*Artz* § 562a Rn. 10.

17 Schließlich erlischt das Pfandrecht an den entfernten Sachen, wenn der Vermieter für seine Forderungen durch die zurückbleibenden Sachen **ausreichend gesichert** ist. Hierin kommt der besondere Sicherungscharakter des Vermieterpfandrechts zu Ausdruck,[26] der sich nach den bestehenden oder zu erwartenden künftigen Forderungen richtet und kein allgemeines Druckmittel darstellt, mit dem die Erfüllungsbereitschaft des Mieters erzwungen werden soll.

18 Die ausreichende Sicherung ist dann anzunehmen, wenn sie offenkundig ist, wenn also ohne weitere Prüfung und nähere Untersuchung die restlichen Pfandobjekte die Forderungen des Vermieters decken.[27] Für den Erlöschenstatbestand kommt es nur auf diese Werthaltigkeit der verbliebenen eingebrachten Sachen an. Der Vermieter kann demgegenüber sich nicht darauf berufen, dass er ein besonderes Interesse an der Befriedigung gerade durch die weggeschafften Sachen hat.[28]

19 Nicht nur der Mieter ist berechtigt, den Vermieter auf die verbleibende ausreichende Sicherung zu verweisen, sondern dieses Recht steht auch Gläubigern des Mieters zu, die entweder im Rahmen einer Sicherungsübereignung oder eines Pfandrechts dem Einwand des Vermieters auf sein vorrangiges Vermieterpfandrecht ausgesetzt sind.[29] Der Vermieter seinerseits kann dem dadurch entgehen, dass er auf sein Pfandrecht an den zurückgelassenen Sachen vor der Entfernung der anderen Sache verzichtet. Dann kann er weiter zB vorzugsweise Befriedigung nach § 805 ZPO verlangen, weil möglicherweise das umstrittene Pfandobjekt leichter zu verwerten ist und seine Forderungen voll abdeckt.

20 Die **Beweislast** für das Vorliegen der Tatbestände des Erlöschens des Vermieterpfandrechts tragen der Mieter oder dessen Gläubiger, die auf das – vormalige – Pfandobjekt zugreifen wollen.

## C. Fortbestand des Pfandrechts

21 Nur im Fall der einfachen Entfernung der eingebrachten Sachen des Mieters vom Grundstück (→ Rn. 7) kann durch zwei besondere Umstände das Vermieterpfandrecht aufrechterhalten werden, nämlich im Falle des Widerspruchs des Vermieters oder seiner Unkenntnis des Fortbringens. Liegen dagegen die Sondertatbestände des Satzes 2 vor (→ Rn. 14–19), kann das Pfandrecht weder durch Widerspruch noch bei Unkenntnis erhalten werden.

22 Beide Merkmale dienen der Sicherung des Vermieterpfandrechts vor den Gläubiger = Vermieter benachteiligenden Handlungen des Mieters, insbes. durch sog. heimliches Ausrücken.[30]

23 Das Merkmal **„ohne Wissen"** ist nur dann erfüllt, wenn der Vermieter keine positive Kenntnis von der Entfernung der eingebrachten Sachen hat; grob fahrlässige Unkenntnis steht dem nicht gleich. Da es nur auf einen subjektiven Tatbestand beim Vermieter ankommt, braucht das Wegschaffen nicht heimlich zu erfolgen. Dem Vermieter schadet auch die positive Kenntnis eines ihn in Mietangelegenheiten Vertretenden, analog § 166 Abs. 1 BGB. Kenntnis erfordert zumindest beschränkte Geschäftsfähigkeit.

24 Erfolgt die Entfernung der eingebrachten Sachen des Mieters mit Wissen des Vermieters, muss er dieser **widersprechen,** um sein Vermieterpfandrecht zu erhalten. Der Widerspruch erfordert die Kundgabe des der Wegschaffung entgegenstehenden Willens des Vermieters; er kann ausdrücklich oder auch konkludent durch schlüssiges Verhalten erklärt werden. Die Einhaltung einer bestimmten Form ist nicht erforderlich, sofern nur dem Wegschaffenden deutlich wird, dass der Vermieter mit seinen Handlungen nicht einverstanden ist.

25 Der Widerspruch muss im zeitlichen Zusammenhang mit der Entfernung erklärt werden, unmittelbar vor und während der Wegschaffung der Gegenstände. Wirkungslos ist ein Widerspruch, der generell im Voraus (zB im Formularmietvertrag) oder erst nach Abschluss der Entfernung erklärt wird.

26 Da der Widerspruch der Rechtswahrung dient, ist er demjenigen zu erklären, gegenüber dem das Vermieterpfandrecht aufrecht erhalten werden soll. Dies ist als unmittelbar Betroffener jedenfalls der Mieter, gleichgültig, ob er selbst die Sachen entfernt oder ein Dritter. Handelt es sich bei

---

[26] Kommissionsprotokolle bei *Haidlen,* Bürgerliches Gesetzbuch, 1897, BGB § 560 (S. 628).
[27] RG WarnRspr. 1913 Nr. 359; HRR 1928 Nr. 827.
[28] KG OLGE 27, 175.
[29] BGH VIII ZR 73/57, BGHZ 27, 227.
[30] So die Motive bei *Haidlen,* Bürgerliches Gesetzbuch, 1897, BGB § 560 (S. 627 f.).

dem Dritten um einen potentiellen selbständigen Rechtsinhaber bzgl. der Sache (zB Käufer, Sicherungsgläubiger) und nicht nur um einen Besitzdiener des Mieters, ist der Widerspruch auch gegenüber diesem zu erklären.[31]

**27** Für beide Tatbestände, entweder seine Unkenntnis von der Entfernung eingebrachter Sachen oder seinen Widerspruch gegen die Wegschaffung, trägt der Vermieter die **Beweislast.**[32]

[31] Str., wie hier *Staudinger/Emmerich* BGB § 562a Rn. 14; **aA** die wohl hM, Bub/Treier MietR-HdB/*von der Osten/Schüller* Kap. III Rn. 2242, inhaltlich aber unklar; Fischer-Dieskau/Pergande/Schwender WohnungsbauR/*Geldmacher*, 136 1997, BGB aF § 560 Anm. 3.2.

[32] AG Köln WuM 1985, 123.

# § 562b Selbsthilferecht, Herausgabeanspruch

**(1) [1]Der Vermieter darf die Entfernung der Sachen, die seinem Pfandrecht unterliegen, auch ohne Anrufen des Gerichts verhindern, soweit er berechtigt ist, der Entfernung zu widersprechen. [2]Wenn der Mieter auszieht, darf der Vermieter diese Sachen in seinen Besitz nehmen.**

**(2) [1]Sind die Sachen ohne Wissen oder unter Widerspruch des Vermieters entfernt worden, so kann er die Herausgabe zum Zwecke der Zurückschaffung auf das Grundstück und, wenn der Mieter ausgezogen ist, die Überlassung des Besitzes verlangen. [2]Das Pfandrecht erlischt mit dem Ablauf eines Monats, nachdem der Vermieter von der Entfernung der Sachen Kenntnis erlangt hat, wenn er diesen Anspruch nicht vorher gerichtlich geltend gemacht hat.**

**Systematische Übersicht**



## A. Regelungszweck

Die Regelung, die durch die Mietrechtsreform 2001 lediglich sprachlich verändert worden ist, ist als Parallele zu den Rechten des Pfandgläubigers bei dem regulären vertraglich vereinbarten Pfandrecht zu sehen, zu dessen Bestellung die Einräumung des Besitzes erforderlich ist. Wird der Pfandgläubiger in seinen Rechten beeinträchtigt, hat er nicht nur nach § 1227 BGB die einem Eigentümer zustehenden Ansprüche, sondern ihm stehen als unmittelbarem Besitzer auch die Besitzschutzansprüche zu. Dazu gehört auch das Selbsthilferecht bei verbotener Eigenmacht nach § 859 BGB. Beim Vermieterpfandrecht entspricht die Einbringung in das Grundstück der Besitzverschaffung beim Vertragspfandrecht. Eine Beeinträchtigung dieses besitzlosen Pfandrechts droht aber dann, wenn das Pfandobjekt vom Grundstück entfernt werden soll. Deshalb stehen in diesem Fall dem Vermieter den Besitzschutzansprüchen vergleichbare Rechte zu.[1] 1

Unter diesem Gesichtspunkt (→ Rn. 1) stellt sich insbes. das Selbsthilferecht des Abs. 1 nicht als Zurückbehaltungsrecht dar, sondern als Ausfluss der sich aus dem Pfandrecht selbst ergebenden Rechte.[2] 2

Das Selbsthilferecht des § 562b Abs. 1 BGB geht über die Selbsthilfe nach den §§ 229, 230 BGB hinaus. Es ist weder davon abhängig, dass obrigkeitliche Hilfe nicht rechtzeitig zu erlangen ist, noch – ausdrücklich – davon, dass die Gefahr der Erschwerung oder Vereitelung des Anspruchs besteht; letzteres ist einer Entfernung der dem Vermieterpfandrecht unterliegenden eingebrachten Sachen vom Grundstück aber immanent. 3

Der rechtswahrende Charakter der Selbsthilfe kommt beim sog. Verfolgungsrecht nach § 562b Abs. 2 BGB noch deutlicher zum Ausdruck. Denn die Zurückschaffung des Pfandobjekts auf das Grundstück soll die durch die Einbringung vermittelte Publizität wieder herstellen. 4

Bei der Regelung handelt es sich wegen der Rechtsdurchsetzung ohne gerichtliche Hilfe um eine **Ausnahmevorschrift;** sie ist daher hinsichtlich Grund und Umfang der gewährten Rechte **zwingend.**[3] Die in der Norm gewährten Rechte dürfen daher weder inhaltlich erweitert noch darf die Ausschlussfrist des § 562b Abs. 2 S. 2 BGB verlängert werden.[4] 5

Die Vorschrift sichert nur die Rechte des Vermieters hinsichtlich seines Pfandrechts nach materiellem Recht. Auf die Entfernung des Pfandobjekts im Rahmen einer Zwangsvollstreckung nach § 808 ZPO oder eines Insolvenzverfahrens nach §§ 166–170 InsO ist sie insgesamt unanwendbar.[5] 6

---

[1] Die gegen diese Regelung gerichtete Kritik, Staudinger/*Emmerich* BGB § 562b Rn. 1, beachtet diese Zusammenhänge nicht und erscheint deshalb ungerechtfertigt.
[2] Mugdan, Bd. II, Motive S. 409.
[3] OLG München WuM 1989, 128 (132).
[4] Mittelstein Miete S. 580, 586.
[5] Palandt/*Weidenkaff* BGB § 562b Rn. 4 unter f; BGH I ZB 91/08, NZM 2009, 877.

7 Zur Sicherung seiner Rechte am Pfandobjekt ist der Vermieter nicht allein auf den § 562b angewiesen. Als Pfandgläubiger kann er nach § 1227 BGB iVm §§ 985, 1004 BGB Unterlassung der Entfernung oder Rückschaffung des entfernten Gegenstandes verlangen. Er genießt ferner einen deliktischen Schutz nach § 823 Abs. 1 BGB, da das Pfandrecht ein sonstiges absolut geschütztes Recht darstellt, nach § 823 Abs. 2 BGB iVm § 289 StGB, der Pfandkehr. Vertragliche Schadensersatzansprüche können sich unter dem Gesichtspunkt der positiven Vertragsverletzung ergeben, wenn Pfandobjekte unberechtigt vom Grundstück entfernt werden. Alle Schadensersatzansprüche gehen auf Wiederherstellung des ursprünglichen Zustandes, § 249 Abs. 1 BGB, dh vor allem Rückschaffung des Pfandobjekts auf das Grundstück. Schließlich kann der Vermieter bereits nach § 562a BGB Unterlassung der Entfernung verlangen. Unter den in §§ 229, 230 BGB genannten Voraussetzungen steht ihm auch das allgemeine Selbsthilferecht zur Seite.[6]

8 Vermögensmäßig geschützt ist der Vermieter bei einer unberechtigten Veräußerung des Pfandobjekts nach § 816 Abs. 1 BGB; hiernach kann er Herausgabe des Verwertungserlöses begehren, soweit das Pfandobjekt seine Forderungen gesichert hat.

9 Die anstelle des Selbsthilferechts nach § 562b BGB möglichen Ansprüche (→ Rn. 7f.) müssen allerdings gerichtlich durchgesetzt werden. Um angesichts der normalen Verfahrensdauer insoweit einer endgültigen Veränderung der Sachlage vorzubeugen, kann der Vermieter den Erlass einer **einstweiligen Verfügung auf Unterlassung der Wegschaffung** der Pfandobjekte nach § 935 ZPO beantragen.[7] Der Verfügungsgrund liegt in der Gefährdung des Bestandes des Pfandrechts, die in den unmittelbaren Vorbereitungen zur Entfernung des Pfandobjekts vom Grundstück zu sehen ist.[8] Der Verfügungsanspruch, dh die Rechte aus dem Vermieterpfandrecht, muss zumindest glaubhaft gemacht werden. Hierfür gelten hinsichtlich der beim Vermieter liegenden Tatbestandsmerkmale (gesicherte Forderung, Entstehen des Pfandrechts) die allgemeinen Anforderungen für eine Glaubhaftmachung. Hinsichtlich der Gefährdung (Entfernung von eingebrachten Sachen des Mieters) können dagegen die Anforderungen nicht hoch angesetzt werden, weil der Vermieter im Regelfall nicht wissen kann, welche Pfandobjekte der Mieter gerade entfernen will.[9]

10 Zweifelhaft ist dagegen die Sicherung der Ansprüche des Vermieters durch einen **Arrest nach § 916 ZPO.**[10] Die durch den Arrest zu sichernde Zwangsvollstreckung müsste die Vollstreckung auf Herausgabe des Pfandobjekts nach § 562b Abs. 2 S. 1 BGB sein.

11 **Allgemeine Voraussetzung** sowohl für das Selbsthilferecht nach Abs. 1 als auch den Herausgabeanspruch nach § 562b Abs. 2 BGB ist das wirksame **Bestehen eines Pfandrechts:** es muss sich um Sachen[11] des Mieters[12] handeln, die in das Mietobjekt eingebracht worden[13] und nicht unpfändbar sind.[14] Diese Sachen müssen Forderungen aus dem Mietverhältnis sichern;[15] es darf sich ferner nicht um Forderungen handeln, für die die Geltendmachung des Pfandrechts ausgeschlossen ist.[16]

12 Weiter darf kein Erlöschenstatbestand vorliegen. Bei der Wegschaffung muss es sich um eine Entfernung iSd § 562a BGB handeln,[17] sie muss (im Fall des 562a Abs. 2 BGB) ohne Wissen[18] oder unter Widerspruch[19] des Vermieters erfolgt sein. Grundsätzlich muss sowohl für den Fall des § 562a Abs. 1 BGB als auch den des § 562a Abs. 2 BGB ein Widerspruch überhaupt zulässig gewesen sein; es dürfen also nicht die Tatbestände des § 562a S. 2 BGB vorliegen,[20] also weder eine Entfernung im regelmäßigen Geschäftsbetrieb des Mieters noch den gewöhnlichen Lebensverhältnissen entsprechend erfolgen; oder die zurückbleibenden Sachen zur Sicherung offensichtlich ausreichen.

13 Schließlich darf kein werthaltiges Angebot zur Sicherheitsleistung nach § 562c BGB vorliegen.

---

[6] Dazu allg. *Duchstein* JuS 2015, 105.
[7] OLG Hamm NZM 2001, 623.
[8] OLG Celle NJW-RR 1987, 447.
[9] OLG Köln ZIP 1984, 89; OLG Hamm NZM 2001, 623.
[10] Mittelstein Miete 4. Aufl. 1932 S. 574 n. 2; LG Augsburg NJW 1975, 2350.
[11] → BGB § 562 Rn. 10–13.
[12] → BGB § 562 Rn. 20–29.
[13] → BGB § 562 Rn. 30–34.
[14] → BGB § 562 Rn. 18–19; KG ZMR 2016, 774.
[15] → BGB § 562 Rn. 37–41.
[16] → BGB § 562 Rn. 43–47.
[17] *→ BGB § 562a Rn. 7–10.*
[18] → BGB § 562a Rn. 23.
[19] → BGB § 562a Rn. 24–26.
[20] → BGB § 562a Rn. 12–19.

14 Die Rechte bzw. Ansprüche aus § 562b BGB richten sich gegen jeden, der das Vermieterpfandrecht durch unrechtmäßige Entfernung beeinträchtigt; das wird vor allem der Mieter, kann aber auch jeder Dritte sein, der die eingebrachte Sache entfernt oder später in Besitz[21] hat.

## B. Selbsthilferecht, Abs. 1

15 Ziel der Selbsthilfe ist es, die Wegschaffung des Pfandobjekts vom Grundstück zu verhindern. Hierzu dürfen alle Mittel eingesetzt werden, die diesem Zweck dienen. Welche dazu gehören, kann nur nach den besonderen Umständen des Einzelfalles entschieden werden. Letztlich kann sogar als ultima ratio zum Einsatz körperlicher Gewalt gegriffen werden.[22] Bei allen Maßnahmen ist aber der **Grundsatz der Verhältnismäßigkeit** zu beachten entsprechend § 230 Abs. 1 BGB. Es dürfen daher in abgestufter Intensität jeweils nur die Mittel eingesetzt werden, die zur Erreichung des Zieles ausreichend, aber auch unbedingt erforderlich sind.[23]

16 Das Recht zur Selbsthilfe darf nur bei **beginnender Entfernung** der eingebrachten Sachen ausgeübt werden; die drohende Vernichtung eines Pfandobjekts rechtfertigt die Selbsthilfe nicht. Da das Selbsthilferecht nicht präventiv ausgeübt werden darf,[24] muss mit der Entfernung eingebrachter Sachen bereits begonnen worden sein.[25] Die Entfernung darf noch nicht beendet worden sein, dh die Gegenstände müssen sich noch im durch den Mietgebrauch konkretisierten Einflussbereich des Vermieters befinden; ihm steht nach § 562b Abs. 1 BGB kein Recht der Nacheile zu.[26]

17 Für die Durchführung des Selbsthilferechts unterscheidet das Gesetz danach, ob der Mieter unter Aufrechterhaltung des Mietgebrauchs nur einzelne Gegenstände entfernt (→ Rn. 18) oder ob er bei der Entfernung der Sachen den Besitz an den Mieträumen vollständig aufgibt (dazu → Rn. 19).

18 Erhält der Mieter den Mietbesitz (berechtigt oder unberechtigt) aufrecht, steht dem Vermieter nur ein sog. **Sperrecht** zu, er darf also nur die Wegschaffung aus dem Mietbereich verhindern, dh die Besitzlage beim Mieter bewahren.[27] Sind die Pfandsachen schon aus den Mieträumen herausgebracht worden, befinden sie sich aber noch auf dem Grundstück, geht die Selbsthilfe des Vermieters dahin, den ursprünglichen Besitz des Mieters wiederherzustellen; er darf aber nicht selbst an den Gegenständen den Besitz ergreifen. Sperrecht heißt aber nicht Besitzkehr hinsichtlich des Mietobjekts; auch nach einem evtl. Schlossaustausch ist der Vermieter verpflichtet, dem Mieter den **vertragsgemäßen** Mietgebrauch zu gewähren.[28]

19 Wenn der Mieter den Mietbesitz endgültig aufgibt, kann sein pfandrechtsbewahrender Besitz an den eingebrachten Sachen nicht wiederhergestellt werden. In diesem Falle ist der Vermieter berechtigt, die Pfandobjekte selbst in Besitz zu nehmen. Er hat dann dieselbe Stellung wie ein Pfandgläubiger beim Faustpfandrecht.

20 Nach der Inbesitznahme der Pfandobjekte ist der Vermieter zu deren Verwahrung verpflichtet, §§ 1215, 688 BGB; er hat Anspruch auf Ersatz von Verwendungen, die er auf die Pfandsache macht, § 1216 BGB. Droht der Pfandsache der Verderb, stehen ihm die Veräußerungsrechte nach den §§ 1219–1221 BGB zu. Schließlich ist er verpflichtet, die Pfandsache gegen Zahlung der durch sie gesicherten Forderung herauszugeben, § 1223 Abs. 2 BGB.

21 Der das Selbsthilferecht ausübende Vermieter kann sich nach § 823 BGB wegen Besitzstörung[29] oder Eigentumsverletzung **schadensersatzpflichtig** machen, wenn er die Voraussetzungen seines Rechts schuldhaft verkannt hat. Allerdings wird er sich oftmals in einem entschuldbaren Irrtum zB über die Eigentumsverhältnisse am – vermeintlichen – Pfandobjekt befinden, wenn er hierüber vom Mieter nicht substantiiert aufgeklärt worden ist; ein allgemeines Bestreiten des Schuldners = Mieters oder eines die Sachen entfernenden Dritten reicht nicht aus, um den Vermieter „bösgläubig" zu machen.

---

21 *OLG Frankfurt a. M.* NZM 2007, 103.
22 Erman/*Lützenkirchen* BGB § 562b Rn. 2.
23 OLG Karlsruhe NZM 2005, 542.
24 OLG Celle ZMR 1994, 163.
25 OLG Düsseldorf ZMR 1983, 376; LG Freiburg WuM 1997, 113.
26 Staudinger/*Emmerich* BGB § 562b Rn. 8.
27 KG ZMR 2016, 774.
28 OLG Karlsruhe NZM 2005, 542; LG Berlin GE 2005, 238; 2013, 418, bestätigt durch KG BeckRS 2013, 12671; zu weitgehend OLG Koblenz NJW-RR 2005, 1174 mAnm *Lammel* JurisPR-Mietrecht 17/2005 Nr. 4.
29 KG ZMR 2016, 774.

### C. Herausgabeanspruch, Abs. 2

22 Sind die dem Pfandrecht unterliegenden Sachen vollständig aus dem Zugriffsbereich des Vermieters entfernt worden, endet die Möglichkeit der Selbsthilfe; eine Verfolgung des Entfernenden zum Zwecke der Wegnahme des Pfandobjekts ist nicht zulässig (entgegen § 859 Abs. 2 BGB bei der Besitzstörung). Dem Vermieter steht nur das sog. Verfolgungsrecht, der Anspruch auf Rückschaffung der Gegenstände auf das Grundstück, zu. Darin verwirklicht sich der sich auch aus § 1227 BGB ergebende Schutz des Pfandgläubigers; denn nach § 562 a S. 1 BGB ist das Pfandrecht trotz Entfernung vom Grundstück nicht erloschen, weil diese ohne Wissen oder unter Widerspruch des Vermieters erfolgt ist. Zu den **allgemeinen Voraussetzungen** → Rn. 11–13.

23 Das Verlangen auf Rückschaffung stellt einen dinglichen Anspruch dar und richtet sich gegen **jeden Besitzer** des Pfandobjekts.[30] Dies gilt auch, wenn der Mieter die Sache in neue Mieträume eingebracht hat und der nunmehrige Vermieter sich gegen den Rückschaffungsanspruch des ehemaligen Vermieters auf sein Vermieterpfandrecht beruft. Die Rangfolge beider Pfandrechte richtet sich nach § 1209 BGB, dem Prioritätsprinzip, nicht nach § 1208 BGB, dh der neue Vermieter kann nicht gutgläubig den Vorrang seines Pfandrechts vor dem verfolgten Pfandrecht erwerben, weil die Gutglaubensvorschriften des Vertragspfandrechts nicht auf die gesetzlichen Pfandrechte anwendbar sind.[31]

24 Dem Vermieter steht zur Durchsetzung seines Verlangens auf Rückschaffung ein **Anspruch auf Auskunft** gegen den Entfernenden gem. § 260 Abs. 1 BGB über den Verbleib der Pfandsachen zu.[32] Dieser kann im Wege der Stufenklage nach § 254 ZPO mit der Herausgabeklage verbunden werden, allerdings nur, wenn der Entfernende und der nunmehrige Besitzer weiterhin identisch sind.

25 Für das Ziel der Herausgabe der vom Grundstück entfernten Sachen unterscheidet das Gesetz wiederum danach, ob der Mieter noch im Mietobjekt verblieben (dazu → Rn. 26) oder aus diesem ausgezogen (dazu → Rn. 27) ist.

26 Ist der Mieter weiterhin Besitzer des Mietobjekts, kann der Vermieter nur die **Wiederherstellung** des vor der Entfernung bestehenden Zustandes verlangen, also **Rückschaffung auf das Grundstück** in den Besitz des Mieters. Hat der Mieter weiterhin Besitz an dem entfernten Gegenstand, ist er direkt zur Zurückschaffung zu verurteilen. Ist ein vom Mieter verschiedener Dritter nunmehr Besitzer, müsste dieser nach dem Wortlaut des Gesetzes zur Herausgabe des Pfandobjekts an den Vermieter zum Zwecke der Rückschaffung auf das Grundstück verurteilt werden. Die Zwangsvollstreckung wird nach § 883 ZPO durch Wegnahme der Sache und deren Übergabe an den Vermieter durch den Gerichtsvollzieher durchgeführt.[33] Die Rückschaffung ist dann Sache des Vermieters, wozu er auch verpflichtet ist.[34]

27 Hat der Mieter dagegen den Besitz am Mietobjekt aufgegeben, kann der Vermieter **Überlassung des Besitzes** am Pfandobjekt an sich verlangen. Seine Stellung entspricht dann wiederum der eines Faustpfandgläubigers (→ Rn. 20).

28 Die Gesetzesverfasser haben aber nicht verkannt, dass es sich bei dem Vermieterpfandrecht schon deshalb nicht um ein vollwertiges (gesetzliches) Pfandrecht handelt, weil der Vermieter auch ohne Erlangung des unmittelbaren Besitzes Pfandrechtsgläubiger wird. Unter Berufung auf das Volksbewusstsein, die Sicherheit des Rechtsverkehrs und die etwas abnorme Natur des Vermieterpfandrechts wurde daher der Rückschaffungsanspruch des Vermieters einer **zeitlichen Schranke** unterworfen.[35]

29 Im Anschluss an das französische Recht (art. 2102 n° 1 Code civil) und in Anlehnung an die Begrenzung der Besitzschutzansprüche in § 864 Abs. 1 BGB muss der Vermieter innerhalb eines Monats nach Kenntnis von der Entfernung der Pfandobjekte seinen Rückschaffungsanspruch gerichtlich geltend machen, § 562b Abs. 2 S. 2 BGB. Diese Frist gilt allerdings nicht bei einer Weg-

---

[30] OLG Frankfurt a. M. NZM 2007, 103.

[31] Mittelstein Miete 4. Aufl. 1932 S. 589n. 47.

[32] LG Mannheim WuM 1978, 92; OLG Rostock MietRB 2004, 231, auch im Wege der einstweiligen Verfügung, *was der Rechtslage zu § 861* entspricht; Palandt/*Bassenge* BGB § 861 Rn. 18.

[33] Roquette MietR BGB aF § 561 Rn. 22 f.; Mittelstein Miete S. 584.

[34] Staudinger/*Emmerich* BGB § 562b Rn. 15.

[35] Protokolle bei *Haidlen,* Bürgerliches Gesetzbuch, 1897, BGB § 561 (S. 629).

schaffung im Rahmen der Zwangsvollstreckung, weil § 562b BGB hierauf insgesamt nicht anwendbar ist.[36]

Bei der Frist handelt es sich nicht um die der Verjährung der sich aus dem Pfandrecht ergebenden Ansprüche, so dass ihr Lauf weder gehemmt oder unterbrochen werden kann.[37] Vielmehr stellt sie eine **Ausschlussfrist** dar, nach deren Ablauf das Pfandrecht **erloschen** ist. Denn nach Fristablauf kann sich der Rechtsverkehr darauf verlassen, dass an dem vormaligen Pfandobjekt keine dinglichen Lasten mehr geltend gemacht werden können, die sich nicht aus einer besitzmäßigen Zuordnung zum Pfandgläubiger erkennen lassen. **30**

Die Monatsfrist beginnt mit der positiven Kenntnis des Vermieters von der Entfernung der Pfandobjekte vom Grundstück; grob fahrlässige Unkenntnis steht dieser nicht gleich. Allerdings ist es für den Fristbeginn ab Kenntnis unerheblich, dass der Vermieter nicht weiß, wo sich die Sachen befinden und gegen wen er die Herausgabeklage erheben müsste.[38] In diesem Fall muss er zunächst vom Entfernenden Auskunft über den Verbleib der Sachen verlangen (→ Rn. 24). Der Lauf der Frist berechnet sich nach den §§ 187 Abs. 1, 188 Abs. 2 BGB. **31**

Innerhalb der Frist muss der Anspruch auf Rückschaffung **gerichtlich** geltend gemacht werden, nicht ausreichend ist die Geltendmachung des Anspruchs auf Verwertung des Pfandobjekts. Der Vermieter muss unter Zuhilfenahme des Gerichts deutlich machen, dass er seinen dinglichen Anspruch auf Rückschaffung zur Aufrechterhaltung des Pfandrechts durchsetzen will. Unter gerichtlicher Geltendmachung ist daher vor allem die **Klage auf Herausgabe des Pfandobjekts** zu verstehen. Daneben fallen darunter der Antrag auf Erlass einer einstweiligen Verfügung auf Herausgabe[39] (wohl aber an den Gerichtsvollzieher als Sequester[40]); ferner der Widerspruch gegen eine einstweilige Verfügung, die der Mieter auf Duldung der Wegschaffung durch den Vermieter erlangt hat.[41] **32**

**Keine** gerichtliche Geltendmachung iSd § 562b Abs. 2 S. 2 stellen die Pfändung des Gegenstandes für den Vermieter auf Grund eines Zahlungstitels dar;[42] ferner der Antrag auf Klageabweisung gegenüber der Klage des Mieters auf Duldung der Entfernung oder auf Herausgabe der Gegenstände, da in dieser Situation mangels Entfernung noch kein Anspruch auf Rückschaffung besteht, der geltend gemacht werden könnte. Schließlich reicht der Antrag auf Hinterlegung des Erlöses nach § 805 Abs. 4 ZPO nicht aus.[43] **33**

Die gerichtliche Geltendmachung **muss** gegenüber dem jeweiligen Besitzer des Pfandobjekts erfolgen; es reicht nicht aus, dass der Vermieter seinen Rückschaffungsanspruch gegen den Mieter richtet.[44] **34**

Versäumt der Vermieter die Monatsfrist oder unterlässt er die gerichtliche Geltendmachung ganz, **erlöschen** nicht nur das **Pfandrecht,** sondern auch seine **Schadensersatzansprüche** wegen unberechtigter Entfernung des Pfandobjekts vom Grundstück,[45] wodurch letztlich sein Vermieterpfandrecht vernichtet worden ist. Mit Fristablauf tritt die regelmäßige Rechtsfolge ein, dass die Entfernung der dem Vermieterpfandrecht unterliegenden Gegenstände vom Grundstück zum Erlöschen des Pfandrechts führt. Jetzt ist der Sachverhalt so anzusehen, als ob die Entfernung mit Wissen und ohne Widerspruch des Vermieters erfolgt ist; außerdem ist an eine Anwendung des Rechtsgedankens des § 839 Abs. 3 BGB zu denken. **35**

Unberührt von dem Rechtsverlust hinsichtlich der dinglichen Sicherheit bleiben die obligatorischen Ansprüche des Vermieters gegen den Mieter, die durch das Pfandrecht gesichert worden sind. **36**

---

[36] OLG Hamburg OLGE 9, 298; KG OLGE 11, 311; OLG Celle OLGE 19, 3.

[37] KG OLGE 27, 156 (157).

[38] OLG Hamburg OLGE 22, 251 (252).

[39] KG OLGE 20, 189; 27, 156.

[40] OLG Brandenburg GE 2007, 1316.

[41] KG OLGE 27, 156 (157).

[42] OLG Naumburg JW 1930, 2998; OLG Düsseldorf OLGE 17, 5; **aA** KG OLGE 11, 311.

[43] **AA** zB Staudinger/*Emmerich* BGB § 562b Rn. 20; die hierfür herangezogene Entscheidung des OLG Stettin OLGE 3, 357 stützt diese Meinung nicht, da das OLG von der grundsätzlichen Anwendbarkeit des § 561 auf § 805 ZPO ausgegangen ist; s. auch *Niendorff,* Mietrecht nach dem Bürgerlichen Gesetzbuch, 9. Aufl. 1912, S. 403.

[44] OLG Hamburg SeuffArch. 67, 192.

[45] Sternel MietR Kap. III Rn. 272; Oertmann Geschäftsgrundlage BGB § 561 Anm. 4a; Staudinger/*Emmerich* BGB § 562b Rn. 21; **aA** Palandt/*Weidenkaff* BGB § 562b Rn. 14; Fischer-Dieskau/Pergande/Schwender WohnungsbauR/*Geldmacher,* 136 1997, BGB aF § 561 Anm. 13; ders., in: Guhling/Günter, § 562b Rn. 28.

# § 562c Abwendung des Pfandrechts durch Sicherheitsleistung

**Der Mieter kann die Geltendmachung des Pfandrechts des Vermieters durch Sicherheitsleistung abwenden. [2]Er kann jede einzelne Sache dadurch von dem Pfandrecht befreien, dass er in Höhe ihres Wertes Sicherheit leistet.**

## Systematische Übersicht



## A. Regelungszweck

1 Die Vorschrift ist durch die Mietrechtsreform 2001 allenfalls stilistisch verändert worden. Sie gleicht die Interessen des Vermieters an dem Bestand seines Vermieterpfandrechts durch Aufrechterhaltung seines „Quasi-Besitzes" und die des Mieters an seiner Mobilität aus. Sie kommt insbes. beim Auszug eines Gewerberaum-Mieters zum Tragen. Denn in diesem Fall möchte der weichende Mieter zB seine Maschinen oder die sonstigen für die Weiterführung seines Gewerbebetriebes erforderlichen Gegenstände mitnehmen; der Vermieter würde aber durch deren Entfernung sein Vermieterpfandrecht verlieren. Die Norm ist wegen dieses Ausgleichscharakters unabdingbar.[1] Andererseits stellt sie auch das einzige Mittel für den Mieter dar, die Geltendmachung des Pfandrechts abzuwenden. Insbesondere widerspricht es der Norm, etwa im Wege der einstweiligen Verfügung dem Vermieter bei Streit über den Umfang der mit dem Vermieterpfandrecht gesicherten Forderungen untersagen zu lassen, das Vermieterpfandrecht in bestimmter Höhe geltend zu machen.[2]

2 Die Rechte nach § 562c BGB stehen über seinen Wortlaut hinaus nicht nur dem jeweiligen Mieter zu, sondern unter entsprechender Anwendung des § 268 BGB auch jedem Dritten, der Gefahr läuft, durch die Geltendmachung des Pfandrechts seinerseits Rechte am Pfandobjekt zu verlieren. Derartige Dritte können der Eigentümer bzw. Sicherungseigentümer der Sache sein, die ihr Recht nur mit dem Pfandrecht belastet erworben haben, oder nachrangige Pfändungspfandgläubiger.

3 Dagegen ist nicht jeder beliebige Dritte ohne Absprache mit dem Mieter nach § 267 BGB zur Sicherheitsleistung befugt. Denn den Schuldner-Mieter trifft hier keine Pflicht zur Sicherheitsleistung, sondern er hat nur ein diesbezügliches Recht.

4 Um die Ausübung der in § 562c BGB enthaltenen Rechte zu ermöglichen, ist der Gläubiger-Vermieter verpflichtet, auf Verlangen über Grund und Höhe seiner Forderungen Auskunft zu erteilen.[3]

5 Die Art und Weise einer Sicherheitsleistung richtet sich nach den §§ 232–240 BGB; in Betracht kommt vor allem die Hinterlegung von Geld oder Wertpapieren. Ist dies dem Berechtigten nicht möglich, kann subsidiär die Sicherheit auch durch die Stellung eines tauglichen Bürgen erfolgen, § 232 Abs. 2 BGB. Unter einem solchen wird nach § 239 Abs. 1 BGB eine Person verstanden, deren Vermögen zur Verwirklichung der Sicherheit ausreicht; außerdem muss der Bürge auf die Einrede der Vorausklage verzichten, § 239 Abs. 2 BGB.

6 Wird dem Vermieter durch einen Berechtigten eine taugliche Sicherheit zur Abwendung oder Befreiung des Pfandrechts vergeblich angeboten, steht der weiteren Geltendmachung des Vermieterpfandrechts der Einwand des Rechtsmissbrauchs entsprechend § 162 Abs. 1 BGB entgegen.

[1] *Staudinger/Emmerich* BGB § 562c Rn. 2; FAKomm MietR/*Riecke*, 4. Aufl. 2014, BGB § 562c Rn. 5; **aA**, aber widersprüchlich Soergel/*Heintzmann* BGB § 562c Rn. 5.
[2] Anders AG Ludwigslust WuM 2012, 559.
[3] BGH VI ZR 255/69, WM 1971, 1086 (1088).

## B. Abwendungsbefugnis

Nach Satz 1 kann die Geltendmachung des Vermieterpfandrechts durch Sicherheitsleistung 7
abgewendet werden. Damit soll verhindert werden, dass der Vermieter insbes. einer Entfernung der eingebrachten Gegenstände wirksam widerspricht oder sie verhindert.[4]

Die Höhe der zu leistenden Sicherheit richtet sich zunächst nach der Höhe der Forderungen des 8
Vermieters. Ist allerdings der Wert der vorhandenen Pfandobjekte geringer, braucht nur in Höhe dieses Wertes Sicherheit geleistet zu werden.[5] Denn die Möglichkeit der Sicherheitsleistung soll den Vermieter nur so stellen wie er bei Verwertung der Pfandobjekte stehen würde, ihm aber keine zusätzliche Sicherheit bieten.[6]

Werden (gegenwärtige oder künftige) Forderungen des Vermieters durch die Pfandobjekte bzw. 9
durch die an ihre Stelle getretene Sicherheit nicht abgedeckt, entsteht ein neues Pfandrecht an den nach der Sicherheitsleistung neu eingebrachten Sachen.

Die Sicherheitsleistung nach Satz 1 hat lediglich die Wirkung, dass der Vermieter das Vermieter- 10
pfandrecht nicht mehr geltend machen kann (→ Rn. 7). Sie lässt aber den Bestand des Pfandrechts unberührt, solange sich das Pfandobjekt noch auf dem Grundstück befindet.[7]

Sinkt der Wert der geleisteten Sicherheit unter den Wert der sich noch auf dem Grundstück 11
befindlichen Pfandobjekte, etwa durch Kursveränderungen der hinterlegten Wertpapiere, Vermögensverfall des Bürgen oder Ansteigen der Forderungen des Vermieters, entfällt die Sperrwirkung für die Geltendmachung des Pfandrechts.

## C. Befreiungsrecht

Nach Satz 2 kann bereits durch die Sicherheitsleistung das Pfandrecht zum Erlöschen gebracht 12
werden. Erforderlich ist hierfür, dass für jedes einzelne Pfandobjekt Sicherheit geleistet wird, wobei sich diese auch auf sämtliche Pfandobjekte erstrecken kann.

Die Höhe der Sicherheit richtet sich hier nach dem ausdrücklichen Wortlaut des Gesetzes nach 13
dem Wert jedes vom Pfandrecht des Vermieters zu befreienden Pfandobjekts.

Als Rechtsfolge der Einzel-Sicherheit ordnet das Gesetz die Befreiung der entsprechenden 14
Gegenstände vom Pfandrecht an, dieses erlischt also.

Wird die Sicherheit ohne Verschulden des Mieters unzureichend, lebt das Pfandrecht nicht wie- 15
der auf. Vielmehr hat der Vermieter nach § 240 BGB einen Anspruch auf Ergänzung der Sicherheit oder auf Leistung einer anderen Sicherheit.

---

[4] *Zum Begriff der Geltendmachung* → BGB § 562 Rn. 43.

[5] Palandt/*Weidenkaff* BGB § 562c Rn. 2.

[6] Oertmann Geschäftsgrundlage BGB § 562 Anm. 1a; weitergehend Fischer-Dieskau/Pergande/Schwender WohnungsbauR/*Franke,* 189 2010, BGB § 562c Anm. 3; Mittelstein Miete S. 563; Schmid Miet- und WohnR/*Wetekamp* BGB aF § 562 Rn. 1. Diese Meinung stützt sich darauf, dass die Geltendmachung des Pfandrechts auch für künftig eingebrachte Sachen durch die Sicherheitsleistung abgewendet würde, was aber nicht zutrifft. Denn der Vermieter kann sein Pfandrecht tatsächlich nur an den gegenwärtig vorhandenen Sachen des Mieters geltend machen.

[7] Str., Jauernig/*Teichmann* BGB § 562c Rn. 1; Fischer-Dieskau/Pergande/Schwender WohnungsbauR/*Franke,* 189 2010, BGB § 562c Anm. 4; **aA** Staudinger/*Emmerich* BGB § 562c Rn. 5.

# § 562d Pfändung durch Dritte

**Wird eine Sache, die dem Pfandrecht des Vermieters unterliegt, für einen anderen Gläubiger gepfändet, so kann diesem gegenüber das Pfandrecht nicht wegen der Miete für eine frühere Zeit als das letzte Jahr vor der Pfändung geltend gemacht werden.**

### Systematische Übersicht



## A. Pfandrechts-Konkurrenzen

1 Für das Verhältnis verschiedener Sicherungsrechte untereinander, seien es gesetzliche oder vertragliche, gilt grds. das Prioritätsprinzip, § 1209 BGB. Das früher entstandene Sicherungsrecht geht allen späteren Sicherungsrechten vor.

2 Dieser Vorrang gilt grds. auch gegenüber einem späteren Pfändungspfandrecht, § 804 Abs. 3 ZPO analog. Hat der Vermieter in Ausübung seines Pfandrechts das Pfandobjekt bereits zum Zwecke seiner Verwertung in Besitz genommen oder das Selbsthilferecht nach § 562b BGB ausgeübt, braucht er die Sache dem Gerichtsvollzieher nur dann herauszugeben, § 809 ZPO, wenn er dazu bereit ist. Auch ist er nicht verpflichtet, die Sache einem nachrangigen Pfandgläubiger zum Zwecke der Verwertung zu überlassen, § 1232 S. 1 BGB.

## B. Vermieterpfandrecht vs. Pfändungspfandrecht

3 Gegenüber der Pfändung und Wegnahme durch den Gerichtsvollzieher im Rahmen der Einzelzwangsvollstreckung stehen dem – das Pfandobjekt (noch) nicht besitzenden – Vermieter weder Widerspruchs- noch Selbsthilferechte zu.[1] An deren Stelle tritt die Klage auf vorzugsweise Befriedigung nach § 805 ZPO.

4 Die Klage ist – streitwertabhängig – vor dem Vollstreckungsgericht oder dem Landgericht zu erheben, § 805 Abs. 2 ZPO. Beklagter ist grds. der Pfändungspfandgläubiger; bestreitet aber der Mieter das Bestehen des Vermieterpfandrechts, können beide verklagt werden und treten dann als einfache Streitgenossen auf, § 805 Abs. 3 ZPO.

5 Der **Klageantrag** geht auf vorzugsweise Befriedigung aus der Verwertung des **bestimmt** zu bezeichnenden Pfandobjekts[2] in Höhe der konkret anzugebenden Forderung einschließlich Zinsen.

6 **Vorläufiger Rechtsschutz** kann nach § 805 Abs. 4 ZPO iVm § 769 ZPO bereits vor Erhebung der Klage mit dem Antrag auf Hinterlegung des vom Vermieter beanspruchten Anteils am Erlös erreicht werden; auch während des laufenden Verfahrens kann diese vorläufige Maßnahme beantragt werden, um den endgültigen Verlust des Vorrechts durch Auskehrung des Erlöses an den Pfändungspfandgläubiger zu verhindern.

7 Diese zwangsvollstreckungsrechtlichen Rechtsbehelfe sind nur statthaft während der Dauer der Zwangsvollstreckung.[3] Sie können daher frühestens nach Beginn der Zwangsvollstreckung (= Pfändung) geltend gemacht werden und sind spätestens vor deren Beendigung (= Auskehrung des Verwertungserlöses an den Pfändungspfandgläubiger) zu erheben. Die Frist des § 562b Abs. 2 S. 2 BGB ist dagegen nicht einzuhalten.

8 Hat der Vermieter diese Klagemöglichkeit versäumt, steht ihm gegen den Pfändungspfandgläubiger, an den der gesamte Verwertungserlös ausgekehrt worden ist, ein Bereicherungsanspruch in Höhe der vorrangigen Vermieterforderungen zu. Bei zumindest fahrlässiger Verletzung des vorrangigen Vermieterpfandrechts durch die Zwangsvollstreckung hat der Vermieter gegen den Dritten auch einen Schadensersatzanspruch nach § 823 BGB.

9 Gegenüber dem nachrangigen Pfändungspfandrecht ist der Vermieter jedoch umfangmäßig in der Geltendmachung seiner Forderungen beschränkt. Er kann seine Klage auf vorzugsweise Befrie-

---

[1] → BGB § 562a Rn. 6; → BGB § 562b Rn. 6.
[2] An der mangelnden Bestimmtheit scheiterte zB eine Herausgabeklage, OLG Dresden ZMR 2019, 484.
[3] Fischer-Dieskau/Pergande/Schwender WohnungsbauR/*Franke*, 189 2010, BGB § 562d Kap. F Anm. 2.1.

digung zunächst auf alle Forderungen stützen, für die er nach § 562 Abs. 2 BGB sein Vermieterpfandrecht geltend machen kann.[4] Beschränkt ist er dagegen nur bei der Geltendmachung von Mietzinsansprüchen. Entgegen § 562 Abs. 2 BGB kann er sein Vorzugsrecht nicht mit allen rückständigen Mietforderungen begründen, sondern nur mit denjenigen aus dem letzten Jahr vor der Pfändung. Das Jahr ist taggenau seit dem Zeitpunkt der Pfändung des Pfandobjekts im Wege der Zwangsvollstreckung zurückzurechnen; es findet aber keine Umrechnung des zB monatlich zu zahlenden Mietzinses auf Tage statt.

Die Beschränkung (→ Rn. 9) gilt **nur** für den Mietzins; wegen anderer rückständiger Forderungen kann dagegen unbeschränkt die vorzugsweise Befriedigung geltend gemacht werden. Ferner gilt die Beschränkung nur im Verhältnis zum Pfändungspfandgläubiger. Weder der Mieter noch andere Sicherungsnehmer des Mieters können sich auf diese Rangordnung berufen.[5] **10**

Schließlich führt die Beschränkung nicht zum Erlöschen des Vermieterpfandrechts. Der Vermieter hat einen Anspruch auf Auskehrung eines Resterlöses aus der Verwertung auch für den rückständigen Mietzins, dessen Geltendmachung zunächst durch § 562d BGB ausgeschlossen war.[6] **11**

Zur Rechtsverfolgung in der Insolvenz des Mieters → BGB § 562 Rn. 44. **12**

---

[4] → BGB § 562 Rn. 43–47.
[5] FAKomm MietR/*Riecke*, 4. Aufl. 2014, BGB § 562d Rn. 10.
[6] Mittelstein Miete S. 601 n. 29.

# Kapitel 4. Wechsel der Vertragsparteien

## § 563 Eintrittsrecht bei Tod des Mieters

**(1) [1]Der Ehegatte oder Lebenspartner, der mit dem Mieter einen gemeinsamen Haushalt führt, tritt mit dem Tod des Mieters in das Mietverhältnis ein.**

**(2) [1]Leben in dem gemeinsamen Haushalt Kinder des Mieters, treten diese mit dem Tod des Mieters in das Mietverhältnis ein, wenn nicht der Ehegatte oder Lebenspartner eintritt. [2]Andere Familienangehörige, die mit dem Mieter einen gemeinsamen Haushalt führen, treten mit dem Tod des Mieters in das Mietverhältnis ein, wenn nicht der Ehegatte oder der Lebenspartner eintritt. [3]Dasselbe gilt für Personen, die mit dem Mieter einen auf Dauer angelegten gemeinsamen Haushalt führen.**

**(3) [1]Erklären eingetretene Personen im Sinne des Absatzes 1 oder 2 innerhalb eines Monats, nachdem sie vom Tod des Mieters Kenntnis erlangt haben, dem Vermieter, dass sie das Mietverhältnis nicht fortsetzen wollen, gilt der Eintritt als nicht erfolgt. [2]Für geschäftsunfähige oder in der Geschäftsfähigkeit beschränkte Personen gilt § 210 entsprechend. [3]Sind mehrere Personen in das Mietverhältnis eingetreten, so kann jeder die Erklärung für sich abgeben.**

**(4) Der Vermieter kann das Mietverhältnis innerhalb eines Monats, nachdem er von dem endgültigen Eintritt in das Mietverhältnis Kenntnis erlangt hat, außerordentlich mit der gesetzlichen Frist kündigen, wenn in der Person des Eingetretenen ein wichtiger Grund vorliegt.**

**(5) Eine abweichende Vereinbarung zum Nachteil des Mieters oder solcher Personen, die nach Absatz 1 oder 2 eintrittsberechtigt sind, ist unwirksam.**

### Systematische Übersicht



### Alphabetische Schnellübersicht

## A. Allgemeines zu §§ 563–564 BGB

### I. Regelungszweck der Vorschriften

Ohne die Regelungen der §§ 563 ff. BGB würden die Rechte und Pflichten aus einem Mietvertrag mit dem **Tod des Mieters** auf dessen Erben übergehen. Das folgt schon aus §§ 1922, 1967 BGB.[1] Diese erbrechtliche Folge wird in § 564 BGB nur klargestellt. Bei einem Gewerberaummietverhältnis[2] wird ein Übergang des Vertrages auf den Erben regelmäßig erwünscht sein, um den Betrieb des Erblassers sinnvoll fortführen zu können. Eine Mietwohnung dient hingegen oftmals nicht nur dem Erblasser als Lebensmittelpunkt, sondern auch weiteren Personen, die mit dem verstorbenen Mieter dort leben bzw. gelebt haben. Wenn diese Personen keine eigenen vertraglichen Ansprüche gegenüber dem Vermieter haben, ist ihr Nutzungsrecht an der Wohnung vom Willen des Erblassers abhängig. Hier schaffen die §§ 563–564 BGB einen Ausgleich, indem sie Personen, die mit dem Erblasser in einem gemeinsamen Haushalt gelebt haben, eine erbrechtsunabhängige **Sonderrechtsnachfolge** einräumen. Auch wenn sich das Eintrittsrecht historisch als Schutz der Familie des verstorbenen Mieters entwickelt hat, von dem früher vornehmlich der Ehegatte profitiert hat, handelt es sich jedenfalls seit der zum 1.9.2001 in Kraft getretenen Mietrechtsreform nicht mehr um ein derartig beschränktes Schutzinstrument. Die Mietrechtsreform hat den Anwendungsbereich der Vorschriften nämlich erheblich erweitert, weil nicht das (familienrechtliche) Verhältnis entscheidend für das Schutzbedürfnis ist, sondern eher die gemeinsame Haushaltsführung, in der zum Ausdruck kommt, dass die Wohnung der (schützenswerte) **Mittelpunkt der Lebensführung** ist.[3] Nach dem **Tod des Vermieters** treten dessen Erben bzw. – wenn keine Erben vorhanden sind – der Fiskus im Wege der Gesamtrechtsnachfolge in die Vermieterstellung ein[4]; eine Sonderrechtsnachfolge wie in §§ 563 ff. BGB gibt es nicht. 1

Die Sonderrechtsnachfolge nach dem Tod des Mieters gem. §§ 563 ff. BGB beschränkt die Rechte des Erben, weil sie den Mietvertrag von der Erbschaft ausnimmt. Das ist Ausdruck eines wichtigen Zieles des sozialen Mietrechts, nämlich dem **Bestandsschutz von Wohnraummietverhältnissen.**[5] Aber auch die **Interessen des Vermieters** werden berührt. Allerdings nicht deshalb, weil er durch die Sonderrechtsnachfolge längere Zeit als vielleicht vorgesehen nicht über die Wohnung disponieren kann[6], da die verbleibende Lebenszeit des Mieters ungewiss ist. Die Interessen des Vermieters als Partner eines Dauerschuldverhältnisses werden vielmehr dadurch berührt, dass ihm ein anderer Mieter „aufgezwungen" wird als derjenige, den er bei Vertragsschluss akzeptiert hat. Der Ausgleich erfolgt über Sonderkündigungsrechte des Vermieters in § 563 Abs. 4 BGB und § 564 BGB. 2

---

[1] *Alexander* NZM 1998, 253.

[2] Einzelheiten des Rechtsübergangs bei der Kommentierung zu § 580 BGB; zu Mischmietverhältnissen → Rn. 9, 48.

[3] *Sonnenschein* NZM 2002, 10.

[4] Siehe zur Problematik des unbekannten Erben und des Fiskus als gesetzlichen Erben *Wotte/Ungerer* NZM 2012, 412.

[5] Staudinger/*Rolfs* BGB § 563 Rn. 3.

[6] So aber *Emmerich* NZM 2001, 783, der von Erbmiete spricht.

## II. Entstehungsgeschichte und Übergangsregelung

3 Die Vorschriften der §§ 563–564 BGB sind – bis auf redaktionelle Änderungen – inhaltsgleich mit den Regelungen der §§ 569–569c Abs. 1 BGB idF vor der zum 1.9.2001 in Kraft getretenen Mietrechtsreform. Allerdings galten die §§ 569–569c Abs. 1 BGB aF nur einen Monat lang. Sie sind nämlich erst durch das Gesetz zur Beendigung der Diskriminierung gleichgeschlechtlicher Gemeinschaften – Lebenspartnerschaften v. 16.2.2001 (LPartG) mit Wirkung zum 1.8.2001 in das BGB eingefügt worden. Vorher (seit dem Jahr 1964[7]) waren nur Ehegatten und Familienangehörige privilegiert, mit der Neuregelung treten auch Lebenspartner (§ 563 Abs. 1 S. 2 BGB) und Partner nichtehelicher Lebensgemeinschaften (§ 563 Abs. 2 S. 3 BGB) in den Vertrag ein; außerdem wurde eine Rangfolge der Eintrittsberechtigten eingeführt. Durch Art. 18 Nr. 1 des Gesetzes zur Bereinigung des Rechts der Lebenspartner[8], das am 26.11.2015 in Kraft getreten ist, wurde der Lebenspartner eines Mieters in § 563 BGB dem Ehegatten vollständig gleichgestellt. § 564 S. 2 BGB ist im Kern seit Inkrafttreten des BGB unverändert; seit 1964 gibt es die jetzt in Satz 1 (früher § 569 Abs. 2 BGB aF) enthaltene Subsidiaritätsklausel.

4 In Art. 229 § 3 Abs. 1 Nr. 5 EGBGB ist geregelt, dass die Vorschriften der §§ 569–569b BGB aF anzuwenden sind auf solche Fälle, in denen das Mietverhältnis vor Inkrafttreten des Mietrechtsreformgesetzes am 1.9.2001 begründet wurde und in denen der Mieter vor diesem Zeitpunkt gestorben ist; im Falle der Kündigung eines Wohnraumvermieters gegenüber dem Erben muss auch die Kündigungserklärung zugegangen sein.[9] Abgesehen davon, dass es inzwischen allein wegen des Zeitablaufs kaum noch derartige Fälle geben dürfte, ist die **Übergangsvorschrift** deswegen praktisch bedeutungslos, weil §§ 569–569b BGB aF, wie ausgeführt, in dieser Form nur einen Monat gegolten haben. Es ist aus diesem Grunde naheliegender, dass der Gesetzgeber mit Art. 229 § 3 Abs. 1 Nr. 5 EGBGB eine im LPartG unterlassene Übergangsregelung nachholen wollte[10], was durch den fehlenden Verweis auf § 569c BGB aF belegt wird, der vor dem 1.8.2001 nicht existierte, wohl aber nach diesem Datum.

## III. Überblick und Systematik

5 **Die Regelungen der §§ 563, 563a BGB gehen der erbrechtlichen Gesamt**rechtsnachfolge vor. Das ergibt sich aus § 564 BGB, indem dort die Fortsetzung des Mietverhältnisses mit dem Erben für den Fall geregelt ist, dass ein Eintritt nach § 563 BGB oder eine Fortsetzung nach § 563a BGB nicht erfolgt. Letztere Vorschrift knüpft zwar an § 563 BGB an, weil sie nur auf den in § 563 BGB genannten privilegierten Personenkreis Anwendung findet; **§ 563a BGB** stellt aber insofern eine **vorrangige Regelung** dar, als er für den Fall, dass mehrere privilegierte Personen Partei des Mietvertrages sind, der Vertrag mit diesen fortgesetzt wird und ein Eintritt gem. § 563 BGB nicht in Betracht kommt.

6 Der Eintritt gem. § 563 BGB vollzieht sich – anders als der Begriff des Eintritts vermuten lässt – ohne Zutun des Eintretenden kraft Gesetzes; dieser kann den Eintritt aber gem. § 563 Abs. 3 BGB **ablehnen.** Dem Vermieter steht ein **außerordentliches Kündigungsrecht** zu (§ 563 Abs. 4 BGB). Auch in den Fällen der § 563a BGB bzw. § 564 BGB gibt es außerordentliche Kündigungsrechte. In § 563b BGB ist die Haftung bei Eintritt oder Fortsetzung geregelt.

7 Bei **mehreren eintrittsberechtigten Personen** legt § 563 Abs. 2 BGB eine Rangfolge fest. Vorrang haben der Ehegatte und der Lebenspartner, danach treten gleichberechtigt und ggf. nebeneinander die Kinder ein, danach andere Familienangehörige und sonstige Personen, die mit dem Mieter einen auf Dauer angelegten gemeinsamen Haushalt führen.

8 Die gemeinsame Haushalts*führung* mit dem verstorbenen Mieter ist auch für Ehegatten, Lebenspartner und Familienangehörige immer notwendig, um zu den nach § 563 BGB privilegierten Personen zu gehören; nur bei den Kindern des verstorbenen Mieters reicht es aus, dass sie in dem gemeinsamen Haushalt *leben*.

---

[7] *Alexander* NZM 1998, 253.

[8] *BT-Drs. 18/5901.*

[9] Was sich wohl dadurch erklärt, dass die hM vor der Mietrechtsreform bei Wohnraummietverhältnissen ein besonderes Kündigungsinteresse des Vermieters gefordert hat (BGH VIII ARZ 3/96, NJW 1997, 1695).

[10] IErg ebenso *Bösche* WuM 2001, 368.

### IV. Anwendungsbereich

Aus der systematischen Stellung ergibt sich, dass die Vorschriften der §§ 563–564 BGB nur auf Mietverhältnisse über Wohnraum[11] anwendbar sind. Sie gelten **nur bei dem Tod des Mieters;** stirbt der Vermieter, treten dessen Erben im Wege der Gesamtrechtsnachfolge in die Vermieterstellung ein. In § 4 WBVG **(Wohn- und Betreuungsvertragsgesetz)** gibt es eine § 563 BGB vergleichbare Regelung. § 563 Abs. 4 BGB ist gem. § 1568a Abs. 3 S. 2 BGB entsprechend anwendbar bei der Wohnungsüberlassung bzw. **Wohnungszuweisung anlässlich eines Scheidungsverfahrens.** Bei der Trennung von nichtehelichen Lebensgemeinschaften sind §§ 563ff. BGB nicht, auch nicht analog, anwendbar.[12] Zu den Besonderheiten, die nach dem Tod des Mieters bei anderen Vertragsarten (Gewerberaummiete, Miete beweglicher Sachen, von Grundstücken oder Grundstücksteilen, Schiffen, Leasing) gelten, siehe bei der Kommentierung zu § 580 BGB; für die Pacht gibt es in §§ 584, 584a BGB und für die Landpacht in § 594d BGB eigene Vorschriften. Bei Mischmietverhältnissen kommt es auf den Schwerpunkt der Nutzung an, ob ein **Wohnraummietvertrag** vorliegt oder nicht (→ BGB § 549 Rn. 24); wenn danach Gewerberaummiete anzunehmen ist, gelten die §§ 563ff. BGB nicht. Für die Anwendbarkeit der §§ 563ff. BGB ist die Vertragsausgestaltung des Wohnraummietvertrages iE (möbliert oder unmöbliert, auf Dauer oder nur vorübergehend, Mietverhältnisse gem. § 549 Abs. 2, 3 BGB etc) gleichgültig[13]; den Vorschriften können insoweit keine Einschränkungen entnommen werden und auch in § 549 BGB sind für die dort genannten besonderen Vermietungsarten (etwa Einliegerwohnungen oder Studentenheime) keine Ausnahmen vorgesehen. Werkmietwohnungen iSv § 576 BGB und Werkdienstwohnungen iSv § 576b BGB werden ebenfalls erfasst.[14] Bei Werkdienstwohnungen muss der Dienstverpflichtete allerdings die Wohnung selbst ausgestattet oder dort mit seiner Familie bzw. mit Personen, mit denen er einen gemeinsamen Haushalt führt, gelebt haben, weil gem. § 576b Abs. 1 BGB nur dann die Vorschriften über die Wohnraummiete gelten; eine Aufspaltung des einheitlichen Dienst- und Mietvertrages muss nach dem Tod des Mieters/Dienstverpflichteten nicht befürchtet werden, steht also der Anwendung der §§ 563ff. BGB nicht entgegen, da nach dem Tod des Mieters/Dienstverpflichteten nur noch der „Wohnanteil" des Vertrages verbleibt.[15] Gleichfalls werden erfasst **Genossenschaftswohnungen.**[16] Soweit hiergegen Zweifel bzw. Ablehnung geäußert wird[17], weil die Ableitung des Nutzungsrechts aus der genossenschaftlichen Beteiligung, die ihren Mitgliedern nicht aber Dritten Wohnmöglichkeiten verschaffen soll, nicht mit der Vermietung vergleichbar sei, geht dies fehl. Die Eintrittsberechtigten sind nämlich nicht irgendwelche Dritte, sondern dem Mieter (Genossen) durch Familienbande oder die gemeinsame Haushaltsführung nahestehende Personen; aus Sicht des Genossen ist die Interessenlage bei dem Nutzungsverhältnis mit der Genossenschaft identisch mit derjenigen bei der Miete. Den Besonderheiten der Genossenschaft kann durch die besondere Kündigungsmöglichkeit gem. § 563 Abs. 4 BGB hinreichend Rechnung getragen werden (→ Rn. 69). Für Mietverträge, die in den neuen Bundesländern vor dem 3. 10. 1990 geschlossen wurden, gelten ebenfalls keine Besonderheiten. Die schriftliche Erklärung, die § 125 ZGB-DDR für den Eintritt eines Familienangehörigen vorsah, ist nicht mehr erforderlich, weil gem. Art. 232 § 2 EGBGB ab dem 3. 10. 1990 die Regeln des BGB Geltung haben. 9

**Sozialwohnungen** dürfen gem. § 27 Abs. 6 WoFG bzw. § 4 Abs. 2 WoBindG nur solchen Personen überlassen werden, die eine entsprechende Berechtigung haben (Wohnberechtigungsschein). Letztere Vorschrift wird durch § 4 Abs. 7 WoBindG eingeschränkt; bei Eintritt in den Mietvertrag 10

---

[11] Zur Abgrenzung der Wohnraummiete von anderen Vertragsarten → BGB § 549 Rn. 11.

[12] LG Konstanz WuM 2000, 675; *Schrader* NZM 2010, 259. Das ergibt sich iÜ auch aus der begrenzten Verweisung auf § 564 Abs. 4 BGB in § 1568a Abs. 3 S. 2 BGB für die Trennung von Verheirateten; bei der Trennung von Unverheirateten kann es keine weitergehende Anwendung geben.

[13] Blank/Börstinghaus/*Blank* BGB § 563 Rn. 1.

[14] Staudinger/*Rolfs* BGB § 563 Rn. 4; zur Abgrenzung der Werkwohnung von der Werkdienstwohnung → BGB Vor § 576 Rn. 3 und → BGB § 576b Rn. 3.

[15] Eine Aufspaltung des einheitlichen Dienst- und Mietvertrages muss nach dem Tod des Mieters/Dienstverpflichteten nicht befürchtet werden, steht also der Anwendung der §§ 563ff. BGB nicht entgegen; nach dem Tod des Mieters/Dienstverpflichteten verbleibt nämlich nur noch der „Wohnanteil" des Vertrages (zur dogmatischen Einordnung dieses Rechtsverhältnisses bei → BGB § 576b Rn. 22).

[16] BGH VIII ZR 254/09, WuM 2010, 431; AG Hamburg-Barmbek 15. 1. 2009 – 822 C 456/07, BeckRS 2010, 15637.

[17] *Drasdo* NZM 2012, 591.

gem. § 563 BGB, also bei Erfüllung aller Voraussetzungen dieser Vorschrift, ist ein Wohnberechtigungsschein nicht erforderlich.[18] Das bedeutet im Umkehrschluss, dass der Erbe, der den Vertrag gem. § 564 BGB fortsetzt, eine Berechtigung benötigt.[19] Der Übergang der Wohnberechtigung gem. § 4 Abs. 7 WoBindG darf nur ein einziges Mal erfolgen, um Erbhöfe im sozialen Wohnungsbau zu verhindern.[20] Das WoBindG hat allerdings einen langsam auslaufenden Anwendungsbereich. Es gilt nämlich gem. § 1 WoBindG, § 50 WoFG nur für solchen Wohnraum, für den die Fördermittel bis Ende 2001 bewilligt wurden.[21] Für Förderungen danach gilt vorbehaltlich der nachfolgend dargestellten landesrechtlichen Einschränkungen das WoFG, das § 4 WoBindG ersetzt[22], aber eine § 4 Abs. 7 WoBindG entsprechende spezielle Regelung für den Tod des Mieters nicht enthält. Der Eintretende bzw. der Erbe müssen deshalb einen Wohnberechtigungsschein gem. § 27 Abs. 3 WoFG für sich beantragen oder der Vermieter muss sich um eine Freistellung von der Belegungsbindung gem. § 30 WoFG bemühen. Das WoFG und das WoBindG gelten aber nicht mehr in allen Bundesländern. Durch die Föderalismusreform ist nämlich zum 1.9.2006 die ausschließliche Gesetzgebungsbefugnis für das Recht der Wohnraumförderung und der Wohnungsbindung auf die Länder übergegangen.[23] Die bundesrechtlichen Bestimmungen gelten gem. Art. 125 a GG fort, bis sie durch Landesgesetze ersetzt oder aufgehoben werden. Einige Bundesländer haben eigene Wohnraumförderungs- oder Wohnungsbindungsgesetze oder beides erlassen, die teilweise mit den bundesrechtlichen Regeln übereinstimmen, teilweise aber auch davon abweichen oder keine besonderen Bestimmungen enthalten. Zum Nachweis der in den einzelnen Bundesländern bestehenden Landewohnraumförderungsgesetze → BGB Vor § 557 Rn. 26 ff.

11 Der **zeitliche Anwendungsbereich** kann schon vor Einzug des Mieters eröffnet sein, nämlich wenn der Mieter nach Vertragsschluss, aber noch vor Gebrauchsüberlassung stirbt; auch in diesem Fall besteht idR ein Schutzbedürfnis der Eintrittsberechtigten, da die bisherige Wohnung meist nur noch für eine Übergangszeit genutzt werden kann. Ansonsten endet die Anwendung der §§ 563 ff. BGB mit dem Mietvertrag. Hier sind folgende Fallgestaltungen zu unterscheiden: Bei Zeitmietverträgen tritt der Berechtigte bis zum Ablauf der Vertragslaufzeit ein.[24] Gleiches gilt für einen mit Frist gekündigten Vertrag bis zum Ablauf der Kündigungsfrist oder für einen einvernehmlich aufgehobenen Vertrag bis zum Vertragsende[25], so dass der Eintretende den Räumungsanspruch zu erfüllen hat. Ein Eintritt gem. § 563 BGB ist nicht mehr möglich, wenn der Vertrag vor dem Tod des Mieters bereits beendet war[26] (etwa durch Ablauf der Kündigungsfrist bzw. mit Zugang der fristlosen Kündigung) oder wenn der Vertrag von Anfang an nichtig war (Anfechtung[27], Geschäftsunfähigkeit). Allerdings kann der Eintrittsberechtigte die Schutzrechte der §§ 574 ff. BGB und des § 569 Abs. 3 Nr. 2 BGB geltend machen[28] und so uU eine Fortsetzung des Mietverhältnisses erreichen. Evtl. Abwicklungspflichten und Abwicklungsansprüche aus einem vor dem Tod des Mieters beendeten Vertrag (Räumung, Renovierung, Kaution, Betriebskosten etc) treffen den Erben, gegen den Besitzer können Ansprüche aus § 985 BGB, Delikt, ungerechtfertigter Bereicherung oder einem Eigentümer-Besitzer-Verhältnis bestehen.[29]

12 Auch ein **auf Lebenszeit des Mieters geschlossener Vertrag** gem. § 544 S. 2 BGB läuft nach herrschender Meinung[30] auf bestimmte Zeit und soll damit ein Zeitmietvertrag sein. Allerdings endet der Vertrag nicht – wie typischerweise in den Fällen des § 575 BGB – nach einer festen, kalen-

---

[18] Auch nicht für Mietverträge, die vor dem 3.10.1990 unter DDR-Recht geschlossen wurden; vgl. Kinne/Schach/Bieber MietProzR/*Kinne* BGB § 563 Rn. 29 f.; s. allg. zu § 4 Abs. 7 WoBindG *Porer* NZM 2005, 488.

[19] In den Fällen des § 563 a BGB wird das Problem nicht relevant, da hier ein Mitmieter den Vertrag fortsetzt und als solcher schon bei Einzug eine Wohnberechtigung benötigte.

[20] VGH München NVwZ-RR 1996, 159; Fischer-Dieskau/Pergande/Schwender WohnungsbauR/*Bellinger* WoBindG § 4 Anm. 8.3.

[21] Siehe den Wortlaut des § 50 WoFG sowie *Söfker* WuM 2002, 296 und Fischer-Dieskau/Pergande/Schwender WohnungsbauR/*Bellinger* WoFG § 50 Anm. 2.

[22] Fischer-Dieskau/Pergande/Schwender WohnungsbauR/*Otte* WoFG § 27 Anm. 1.1.

[23] *Feßler* WuM 2010, 267; WuM 2009, 90.

[24] MüKoBGB/*Häublein* § 563 Rn. 4.

[25] Staudinger/*Rolfs* BGB § 563 Rn. 32.

[26] BGH I ZB 61/19, WuM 2020, 507 Rn. 29.

[27] Ist die Anfechtung noch nicht erklärt, ist ein Eintritt möglich, die Anfechtung kann aber evtl. gegenüber dem Eintretenden/Fortsetzenden erklärt werden; vgl. Blank/Börstinghaus/*Blank* BGB § 563 Rn. 15. Der BGH *bejaht die Anfechtbarkeit* von Mietverträgen mit ex-tunc Wirkung, vgl. BGH XII ZR 67/06, NZM 2008, 886.

[28] Staudinger/*Rolfs* BGB § 563 Rn. 32.

[29] Blank/Börstinghaus/*Blank* BGB § 563 Rn. 14, 18.

[30] BayObLG NJW-RR 1993, 1164; *Hinz* NZM 2003, 662; *Blank* ZMR 2002, 801.

dermäßig bestimmten Laufzeit, sondern mit dem Tod des Mieters; es gibt also eigentlich keine Restlaufzeit, in die privilegierte Personen eintreten könnten. Die damit verbundene Problematik wird in der Lit. vielfach diskutiert, die Praxisrelevanz dürfte hingegen gering sein. Auch wenn bei allen Arten von Mietverhältnissen Fälle denkbar sind, in denen der Mieter oder der Vermieter ein Interesse daran haben, den Bestand des Vertrages an der eigenen Lebensdauer festzumachen, so handelt es sich bei § 544 S. 2 BGB doch um eine typische Vorschrift zum Schutz des Wohnraummieters, der an seinem Lebensabend das Risiko ausschließen möchte, die Wohnung zu verlieren. Die Regelung wäre deshalb besser im Zusammenhang des § 575 BGB aufgehoben (ggf. mit einem Verweis auf andere Mietverhältnisse als solche über Wohnraum etwa in § 580 BGB). Der Schutzcharakter des § 544 S. 2 BGB zugunsten des Mieters verträgt sich allerdings vordergründig nicht mit den Beschränkungen für Zeitmietverhältnisse in § 575 BGB: Da das Lebensende des Mieters zwar gewiss ist, der genaue Zeitpunkt aber ungewiss, können Befristungsgründe gem. § 575 Abs. 1 BGB kaum sinnvoll vereinbart werden.[31] Diese Vorschrift dient vornehmlich den Vermieterinteressen[32], indem sie ausnahmsweise eine zeitliche Befristung eines grds. auf unbestimmte Dauer laufenden Wohnraummietvertrages zulässt und so dem Vermieter ermöglicht, die Wohnung bis zum Zeitpunkt des Eigeninteresses dem allgemeinen Wohnungsmarkt zur Verfügung zu stellen. Auf diesen Schutz kann der Vermieter verzichten; § 575 Abs. 4 BGB verbietet nur Abweichungen zu Lasten des Mieters.[33] Weder der Schutzzweck des § 575 BGB noch dessen sinnvoller Anwendungsbereich stehen also entgegen, Verträge auf Lebenszeit des Mieters von den speziellen Zulässigkeitsvoraussetzungen des § 575 BGB für Zeitmietverträge auszunehmen.[34] Dies zumal, als der auf Lebenszeit geschlossene Mietvertrag zwar nach gängiger Definition ein befristeter Vertrag (ein auf bestimmte Zeit geschlossener Vertrag) ist, dass die Mietzeit aber angesichts der Ungewissheit des Todeszeitpunkts nicht annähernd kalendermäßig bestimmt oder bestimmbar ist und er deshalb wertungsmäßig dem auf unbestimmte Zeit geschlossenen Vertrag näher steht[35], weil die Ungewissheit des Lebensendes im Vordergrund steht, und als dessen Spezialfall zu begreifen ist. § 549 Abs. 1 BGB oder § 575 Abs. 1 S. 2 BGB stehen dem nicht entgegen[36], da § 575 BGB aus den genannten Gründen auch ohne ausdrückliche Regelung eben nicht für den Lebenszeitvertrag gelten soll. Von dem üblichen Fall des auf unbestimmte Zeit geschlossenen Vertrags unterscheidet sich die Lebenszeitmiete dadurch, dass das Mietverhältnis nicht durch Kündigung, sondern den Tod des Mieters beendet wird. Wenn es sich hierbei nicht um eine Befristung handelt, dann ist der Auflösungsgrund eine Bedingung. Dem steht die übliche Definition der Bedingung bzw. Befristung nicht entgegen, weil sie durch übereinstimmendes Parteiverständnis abbedungen werden kann; dann muss auch eine Abbedingung durch ein bestimmtes Normverständnis möglich sein. Durch das Verständnis der Lebenszeitabrede als Bedingung wird der Wohnraummieter in besonderer Weise geschützt. Denn gem. § 572 Abs. 2 BGB kann sich der Vermieter auf eine zum Nachteil des Wohnraummieters auflösende Bedingung nicht berufen. Das bedeutet, der Wohnraummieter kann ordentlich kündigen (was bei betagten Mietern wichtig werden kann, wenn sie die Wohnung wegen Pflegebedürftigkeit aufgeben müssen), der Vermieter hingegen nicht. Wenn sich der Vermieter nicht zum Nachteil des Mieters auf die Lebenszeitabrede berufen kann, dann hat das Konsequenzen für ein Eintrittsrecht gem. § 563 BGB. Auch der Eintretende kann sich auf § 572 Abs. 2 BGB berufen, allerdings nicht auf eine Dauer des Vertrages bis zu seinem Lebensende. Denn ein Lebenszeitvertrag hat eine stark personalisierte Komponente. Es soll nicht der jeweilige Mieter auf Lebenszeit in der Wohnung verbleiben können, sondern derjenige, mit dem der Vermieter den Vertrag geschlossen hat. Dies dürfte einmal dem Willen der Vertragsparteien entsprechen und zum zweiten der Intention des Gesetzgebers, Erbmieten zu verhindern.[37] Die Spezialität der Lebenszeitmiete erfordert es hingegen nicht, diesem Personenkreis den Eintritt in den Mietvertrag zu verweigern, deren Eintrittsrecht wird vielmehr vom Zweck des

[31] *Hinz* NZM 2003, 662.
[32] → BGB § 544 Rn. 1.
[33] → BGB § 544 Rn. 4.
[34] Ebenso *Blank* ZMR 2002, 801; anders wohl *Hinz* NZM 2003, 663.
[35] Ähnlich *Foerste* JZ 1997, 732; an einer Befristung zweifelnd auch MüKoBGB/*Westermann*, 8. Aufl. 2018, § 163 Rn. 1.
[36] AA *Hinz* NZM 2003, 662; MüKoBGB/*Häublein* § 563 Rn. 5. Letzterer kommt zu einem ähnlichen Ergebnis durch eine Auslegung des Mietvertrages, nach der der Vermieter für die Lebenszeit des Mieters auf die ordentliche Kündigung verzichtet.
[37] → BGB § 544 Rn. 1.

§ 563 BGB ebenso gefordert wie bei allen übrigen Wohnraummietverträgen[38] – allerdings erfolgt der Eintritt nicht auf Lebenszeit, sondern auf unbestimmte Zeit[39], da die Lebenszeitvereinbarung, wie ausgeführt, personenbezogen war. Wegen dieser Personenbezogenheit dürfte auch die Vererblichkeit des Mietvertrages gem. § 564 BGB ausgeschlossen sein; wenn also kein Berechtigter gem. § 563 BGB vorhanden ist, hat der Erbe das Mietverhältnis nur noch abzuwickeln.[40]

## V. Juristische Personen und Personenvereinigungen als Mieter

13 Auch juristische Personen (AG, GmbH etc) und Personenvereinigungen (GbR[41], oHG, KG) können Mieter von Wohnraum sein. Endet deren Existenz durch **Auflösung,** so sind die §§ 563 ff. BGB nicht anwendbar.[42] Eine unmittelbare Anwendung scheidet schon deshalb aus, weil das mit einer Gesellschaft bestehende Mietverhältnis nicht ein solches über Wohnraum iSd §§ 549 ff. BGB sein kann; eine Gesellschaft kann nicht selbst wohnen.[43] Eine entsprechende Anwendung scheidet aus, weil der Tod einer Person weder vom Wortsinn noch der Sache nach mit der Auflösung einer Gesellschaft gleichzusetzen ist. Überdies fehlt das personale Element zwischen Mieter und möglichem Eintrittsberechtigtem (§ 563 BGB) sowie zwischen Vermieter und Mieter (§ 564 BGB). Während nämlich bei Mietverträgen zwischen natürlichen Personen idR ein mehr oder weniger starker persönlicher Bezug vorhanden ist und die Parteien den Vertrag erst nach Ansehen des Vertragspartners schließen, ist bei einer Gesellschaft von vornherein mit einem Wechsel der Gesellschafter bzw. der Geschäftsführer zu rechnen, so dass das persönliche Vertrauen in die Person eines einzelnen Gesellschafters und dessen Verbleib in der Gesellschaft weniger stark sein dürfte.[44] Auch ein Rechtsübergang nach dem **Umwandlungsgesetz** führt nicht zu einer (analogen) Anwendung des § 564 BGB, da es hier ebenfalls an der notwendigen personalen Beziehung fehlt; soweit die Haftung des Vermieters sich durch die Umwandlung verschlechtert, wird er durch die Vorschriften des Umwandlungsgesetzes (etwa §§ 224, 204, 22 UmwG) geschützt.[45]

14 Teilweise wird jedoch eine Anwendung der §§ 563 ff. BGB befürwortet, wenn der **Gesellschafter** einer Personengesellschaft die Wohnung bewohnt und **stirbt;** der häufigste Anwendungsfall dürfte hierbei der Tod eines GbR-Gesellschafters sein. Es werden folgende Ansätze vertreten: *Blank* meint, auf Grund der persönlich unbeschränkten Haftung der Gesellschafter sei der von § 564 BGB (Folge: Fortsetzung des Vertrages mit Kündigungsrecht) vorausgesetzte personale Bezug vorhanden und die Vorschrift deshalb anzuwenden.[46] *Lammel* meint dagegen, die Personengesellschaften seien weitgehend korporationsrechtlich verselbständigt, weswegen das personenrechtliche Element des § 564 BGB keine Rolle spiele.[47] *Rolfs* meint, der Schutzgedanke des § 563 BGB (Folge: Eintrittsrecht) gebiete eine Anwendung der Vorschrift zu Gunsten der aus dem Verhältnis zum verstorbenen Gesellschafter privilegierten Personen – außer bei Publikumsgesellschaften, die Kapitalgesellschaften angenähert seien.[48] Meines Erachtens ist folgendes richtig: Zweck der §§ 563 ff. ist der Erhalt der Wohnung für diejenigen Personen, die in einer privilegierten Beziehung zu dem verstorbenen Mieter gestanden haben; diese Beziehung ist meist familienrechtlich oder familienrechtsähn-

[38] Ähnlich *Blank* ZMR 2002, 801.

[39] IErg ebenso die hM, vgl. Staudinger/*Rolfs* BGB § 563 Rn. 33; *Lützenkirchen* PiG 38 (2019), 91; aA *Hinz* NZM 2003, 663; MüKoBGB/*Häublein* § 563 Rn. 4. Soergel/*Heintzmann* BGB § 563 Rn. 3 möchte die Entscheidung, ob der Vertrag befristet oder unbefristet fortgesetzt wird, davon abhängig machen, ob der Grund für die Befristung noch besteht; im Zweifel soll er unbefristet sein.

[40] AG Worms 18.2.2005 – 2 C 253/04, BeckRS 2005, 19470; *Hinz* NZM 2003, 663; Blank/Börstinghaus/*Blank* BGB § 564 Rn. 17 f.

[41] Zu der Frage, ob es sich bei einer Wohngemeinschaft um eine rechtsfähige Außen-GbR handelt, s. *Jacobs* NZM 2008, 111; Staake/von Bressensdorf/*Staake,* Rechtshandbuch Wohngemeinschaften, § 1 Rn. 27; *Streyl* NZM 2011, 380; *Grunewald* JZ 2015, 1027; s. allg. zur GbR als Partei von Mietverträgen *Streyl* NZM 2011, 380; *Kraemer* NZM 2002, 465; *Häublein* PIG 70 (2004), 56 (57); *Weitemeyer* ZMR 2004, 157; *Wiek* WuM 2009, 491 (492).

[42] AllgM, OLG Braunschweig NZM 1999, 1055; OLG Naumburg NZM 2002, 167; OLG Düsseldorf MDR 1989, 641; Staudinger/*Rolfs* BGB § 563 Rn. 6.

[43] BGH VIII ZR 282/07, NJW 2008, 3361; *Wiek* WuM 2009, 491; WuM 2011, 146; aA KG WuM 2019, 579 für die GbR.

[44] OLG Naumburg NZM 2002, 167.

[45] *Kraemer NZM 2002, 472.*

[46] Blank/Börstinghaus/*Blank* BGB § 564 Rn. 7.

[47] AnwK WohnraummietR/*Lammel* BGB § 564 Rn. 10.

[48] Staudinger/*Rolfs* BGB § 563 Rn. 12; ähnlich MüKoBGB/*Häublein* § 563 Rn. 7.

lich geprägt. Charakteristisch ist weiterhin das Fehlen von vertraglichen Absprachen. Während es üblicherweise bei natürlichen Personen als Vertragsparteien nur ein zweistufiges Verhältnis der Beteiligten gibt (Vermieter zu Mieter und dieser wiederum zu dem von § 563 BGB erfassten Personenkreis), kommt bei Personengesellschaften eine weitere Stufe hinzu: Der Vermieter schließt den Mietvertrag mit der Gesellschaft, diese wiederum überlässt aus einer Vielzahl denkbarer (Rechts-) Gründe die Wohnung einem Gesellschafter und dieser wiederum nimmt privilegierte Personen auf. Für die direkte Anwendung des § 563 BGB kommt es nur darauf an, ob der Mieter privilegierte Personen hinterlassen hat; wenn eine Gesellschaft Mieterin ist, kommt das kaum in Betracht. Für die direkte Anwendung des § 564 BGB kommt es nur darauf an, ob der Mieter (die Gesellschaft) einen Erben hat; das ist nicht der Fall, da nicht die Gesellschaft „stirbt", sondern nur der Gesellschafter und dessen Erben – falls die Gesellschaft nicht aufgelöst wird – seinen Gesellschaftsanteil übernehmen. Für eine analoge Anwendung der §§ 563ff. BGB besteht kein Anlass, da die Interessenlage nicht vergleichbar ist. Zwar mögen die zum Haushalt des verstorbenen Gesellschafters gehörenden Personen oder dessen Erben ein Interesse am Fortbestand des Mietverhältnisses haben. Entscheidend ist aber, dass der Gesellschafter sein Nutzungsrecht (es geht nur um den Gesellschafter, dem die Wohnung zur Nutzung überlassen war, da §§ 563ff. BGB eine solche Nutzung voraussetzen) nicht vom Vermieter ableitetet, sondern von der Gesellschaft. Würde man ein Eintrittsrecht bejahen, so würde neben die GbR als Mieterin ein weiterer Mieter treten, anstatt, wie ansonsten in §§ 563ff. BGB den verstorbenen Mieter nur auszutauschen. Die nach dem Tod des Gesellschafters in der Wohnung verbliebenen Personen müssen ihr weiteres Nutzungsrecht mit der Gesellschaft klären, nicht aber mit dem Vermieter.[49] Die Sachlage ist insofern eher mit einer Untermiete vergleichbar. Auch die Rspr. des BGH[50] zur Eigenbedarfskündigung wegen des Eigenbedarfs eines Gesellschafters einer GbR führt zu keinem anderen Ergebnis. §§ 563ff. BGB haben nämlich eine andere Schutzrichtung: Sie erhalten den Lebensmittelpunkt einer schon in der Wohnung lebenden privilegierten Person *auf Mieterseite,* wohingegen die Eigenbedarfskündigung der Durchsetzung der Eigentümerinteressen *auf Vermieterseite* für eine erst beabsichtigte Nutzung dient. Letzteres erreicht der BGH bei der Eigenbedarfskündigung dadurch, dass er eine Vermieter-GbR bzgl. des Eigenbedarfs wie eine Miteigentümergemeinschaft bzw. eine Erbengemeinschaft behandelt, also den Gesellschaftscharakter insoweit negiert.

## VI. Mehrere Mieter

Sind mehrere Personen gemeinsam Mieter, so schließt das die Anwendung von § 563ff. BGB nicht aus; die Vorschriften sind nicht nur auf einen Einzelmieter zugeschnitten und anwendbar.[51] Aus dem Wortlaut von § 563 Abs. 1 BGB („Tod des Mieters") ergibt sich nichts anderes. Wie in vielen anderen Normen auch schließt die Verwendung des Singular im Gesetz nicht die Anwendung bei einer Mehrzahl von Mietern aus. Auch § 563a BGB steht diesem Verständnis nicht entgegen; dort wird nur eine spezielle Form der Mietermehrheit geregelt, nämlich der Fall, dass alle Mitmieter privilegiert sind. Es sind bei Mietermehrheiten verschiedene **Fallgestaltungen** zu unterscheiden: **15**

Sind **alle** (einer oder mehrere) anderen Mieter **privilegiert** iSv § 563 BGB, so wird das Mietverhältnis mit ihnen fortgesetzt (§ 563a BGB). Diese Mitmieter verdrängen auch solche Personen, die nach § 563 BGB ansonsten eintrittsberechtigt wären. Haben etwa zwei Lebenspartner eine Wohnung gemietet und dort einen gemeinsamen Haushalt geführt, dann wird nach dem Tod eines Lebenspartners der Vertrag selbst dann nur mit dem anderen fortgesetzt, wenn in dem Haushalt Kinder des Verstorbenen gelebt haben; ihnen steht kein Eintrittsrecht gem. § 563 BGB zu, weil die Regelung des § 563a BGB vorrangig vor einem Eintritt gem. § 563 BGB ist.[52] *Häublein*[53] möchte den Vorrang des § 563a BGB allerdings teleologisch reduzieren, weil er kein sachgerechtes Differenzierungskriterium dafür erkennen kann, warum nach § 563 BGB privilegierte Personen von **16**

---

[49] Ähnlich wohl MüKoBGB/*Häublein* § 563 Rn. 7.

[50] BGH VIII ZR 232/15, NJW 2017, 547; s. zu dieser Entscheidung etwa *Dubovitskaya/Weitemeyer* NZM 2017, 201; *Häublein* NZG 2018, 41.

[51] Rechtsentscheid OLG Karlsruhe NJW 1990, 581; Staudinger/*Rolfs* BGB § 563 Rn. 10.

[52] Staudinger/*Rolfs* BGB § 563 Rn. 8/9 (dort auch zu von *Sonnenschein* in WuM 2000, 405 geäußerten, aber letztlich nicht durchgreifenden verfassungsrechtlichen Bedenken gegen diesen Vorrang des § 563a BGB); *Löhnig* FamRZ 2001, 894.

[53] MüKoBGB/*Häublein* § 563a Rn. 11.

einem Eintritt ausgeschlossen sein sollen; ein Eintritt gem. § 563 BGB soll neben einer Fortsetzung gem. § 563a BGB möglich sein. Diese Ansicht ist abzulehnen, weil das vermisste Differenzierungskriterium darin besteht, dass der überlebende Mitmieter bereits vor dem Tod Partei des Mietvertrages war und ein erhebliches Interesse daran haben kann, eine Lebensgemeinschaft (etwa mit den Kindern des Mitmieters) zu beenden, die er nur wegen der persönlichen Beziehung zu dem Verstorbenen für dessen Lebenszeit akzeptiert hat.

**17** Streitig ist die Behandlung von Fällen, in denen nach Versterben eines Mitmieters mindestens zwei Mitmieter verbleiben, von denen im Gegensatz zur eben erörterten Fallgestaltung aber **nur einer** nach § 563 BGB **privilegiert** ist. Dieser Mitmieter verdrängt wegen § 563a BGB auch nicht das Eintrittsrecht weiterer nach § 563 BGB privilegierter Personen. Abgesehen davon, dass der Wortlaut des § 563a BGB dafür spricht, dass alle Mitmieter nach § 563 BGB privilegiert sein müssen[54], passt diese Ansicht auch nicht zu der von § 563a BGB erfassten Interessenlage: Wenn mehrere Personen Mieter sind, ohne dass alle zum Personenkreis des § 563 BGB gehören, also ohne einen gemeinsamen Haushalt zu führen, dann wiegt der Vorrang der vertraglichen Beziehung weniger schwer als die Erhaltung des Wohnraums für die nach § 563 BGB privilegierten Personen.[55] Da § 563a BGB auf diese Fallkonstellation nicht anwendbar ist, besteht auch kein Kündigungsrecht gem. § 563a Abs. 2 BGB.[56]

**18** Gehört der überlebende von zwei Mitmietern **nicht** zu dem nach § 563 BGB **privilegierten** Personenkreis, so ist ein Eintritt von privilegierten Personen gem. § 563 BGB in den Anteil des Verstorbenen an dem Mietverhältnis möglich.[57] Das wäre etwa der Fall, wenn Eheleute gemeinsam eine Wohnung mieten, sich später aber trennen; die Kinder, die in dem Haushalt leben, haben nach dem Tod des in der Wohnung verbliebenen Elternteils ein Eintrittsrecht.

**19** Gehört der überlebende Mitmieter oder einer von mehreren Mitmietern nicht zum privilegierten Personenkreis und gibt es **keine Eintrittsberechtigten** (zB bei einer Wohngemeinschaft mit getrennter Wirtschaftsführung), dann gelten die allgemeinen Regeln des Erb- und Schuldrechts. Das heißt, neben den überlebenden Mietern tritt der Erbe des verstorbenen Mieters gem. §§ 1922, 1967 BGB in den Mietvertrag ein.[58] Sie haften als Gesamtschuldner und sind in Bezug auf die Mieterrechte Gesamtgläubiger. Zwischen ihnen kann *im Innenverhältnis* eine Gemeinschaft gem. § 741ff. BGB, eine GbR, eine Erbengemeinschaft oder eine familienrechtliche Beziehung gem. §§ 1353, 1361b BGB bestehen. Eine GbR läge vor, wenn die Mieter einen gemeinsamen Zwecks verfolgen würden[59] etwa indem sie die frühere GbR mit dem verstorbenen Mieter fortführen. Aus dem Gemeinschafts- bzw. Gesellschaftsverhältnis können sie zur Mitwirkung an der, nur in Bezug auf das gesamte Mietverhältnis möglichen Kündigung oder einer Vertragsänderung mit dem Vermieter verpflichtet sein.[60] Das ist nach den entsprechenden Vorschriften über die Gemeinschaft bzw. Gesellschaft zu beurteilen. Ob für Mieter und Vermieter in diesen Fällen auch ein Kündigungsrecht gem. § 564 S. 2 BGB besteht, ist streitig (→BGB § 564 Rn. 16). Was gilt, wenn *im Außenverhältnis* zum Vermieter eine rechtsfähige Personenvereinigung Mieter ist, →Rn. 14.

## B. Voraussetzungen des Eintritts (Abs. 1 und 2)

### I. Tod des Mieters

**20** Der Mieter muss während des Bestehens des Mietvertrages (→Rn. 11) verstorben sein. Die Todesursache ist unerheblich, auch Selbsttötung schließt die Anwendung nicht aus.[61] Die Todeserklärung gem. § 9 Abs. 1 VerschG steht dem Tod gleich, nicht jedoch die Verschollenheit an sich; gem. § 10 VerschG wird nämlich vermutet, dass eine Person lebt, solange sie nicht für tot erklärt ist. Zum Tod von juristischen Personen und Personenvereinigungen →Rn. 13.

---

54 Blank/Börstinghaus/*Blank* BGB § 563a Rn. 4, § 564 Rn. 8.
55 IErg ebenso Staudinger/*Rolfs* BGB § 563 Rn. 11; MüKoBGB/*Häublein* § 563 Rn. 9.
56 Soergel/*Heintzmann* BGB § 563a Rn. 5.
57 OLG Karlsruhe NJW 1990, 581; Staudinger/*Rolfs* BGB § 563 Rn. 10; MüKoBGB/*Häublein* § 563 Rn. 8.
58 *Blank/Börstinghaus/Blank* BGB § 563a Rn. 3.
59 *Jacobs* NZM 2008, 111; s. auch *Kraemer* NZM 2002, 465.
60 Staudinger/*Rolfs* BGB § 542 Rn. 14.
61 BGH III ZR 288/88, NJW-RR 1991, 76.

## II. Eintrittsberechtigte

Nach § 563 Abs. 1, 2 BGB sind eintrittsberechtigt der Ehegatte, der Lebenspartner im Sinne des LPartG, die Kinder, die Familienangehörigen und sonstige Personen. Das Eintrittsrecht ist aber daran geknüpft, dass sie mit dem verstorbenen Mieter einen gemeinsamen Haushalt geführt bzw. mit ihm in einem gemeinsamen Haushalt gelebt haben. Für die Beurteilung, ob ein gemeinsamer Haushalt oder die Zugehörigkeit zu dem privilegierten Personenkreis bestanden hat, ist der **Zeitpunkt des Todes des Mieters maßgeblich**[62]; die Verhältnisse bei Vertragsschluss sind belanglos. 21

### 1. Rangfolge der Eintrittsberechtigten

Aus dem Wortlaut des § 563 BGB lässt sich auch ein Stufenverhältnis der Eintrittsberechtigten für den Fall entnehmen, dass es mehrere Eintrittsberechtigte gibt. Es gilt folgendes[63]: 22

a) Vorrangig vor allen anderen treten der **Ehegatte bzw. der Lebenspartner** in das Mietverhältnis ein (§ 563 Abs. 1 BGB iVm § 563 Abs. 2 S. 1 BGB). 23

b) Gleichrangig mit dem Ehegatten ist der **Lebenspartner** im Sinne des LPartG (§ 563 Abs. 1 S. 2 BGB). Ein Konflikt kann aus dieser Gleichrangigkeit nicht entstehen, da eine Lebenspartnerschaft nur möglich ist zwischen unverheirateten Personen und eine Lebenspartnerschaft mit einer anderen Person ein Ehehindernis darstellt (§ 1 Abs. 3 Nr. 1 LPartG bzw. § 1306 BGB). Seit dem In-Kraft-Treten von Art. 18 Nr. 1 des Gesetzes zur Bereinigung des Rechts der Lebenspartner[64], am 26.11.2015 verdrängt auch der Lebenspartner wie der Ehegatte die Kinder des Mieters (§ 563 Abs. 2 S. 1 BGB; → Rn. 29). 24

c) Die **Kinder** des Mieters sind nachrangig gegenüber dessen Ehegatten bzw. dessen Lebenspartner, aber untereinander gleichrangig (§ 563 Abs. 2 S. 1 BGB). In solchen Fällen kann es zum Eintritt mehrerer Personen, dh mehrerer Kinder, kommen. Entgegen dem möglicherweise missverständlichen Wortlaut von § 563 Abs. 2 S. 1 BGB ist es nicht notwendig, dass neben den Kindern und dem verstorbenen Mieter weitere Personen in dem Haushalt wohnten.[65] 25

d) Die **Familienangehörigen** sind nachrangig gegenüber dem Ehegatten und dem Lebenspartner, aber gleichrangig mit den Kindern (§ 563 Abs. 2 S. 2 BGB). Auch hier kann es zum Eintritt mehrerer Personen kommen, also Familienangehörige(r) zusammen mit Kind(ern).[66] 26

e) Für die **sonstigen Personen,** die mit dem Mieter einen auf Dauer angelegten Haushalt geführt haben, gilt das Gleiche wie für die Familienangehörigen (§ 563 Abs. 2 S. 3 BGB). Deshalb ist hier ebenfalls der Eintritt mehrerer Personen möglich.[67] 27

### 2. Privilegierter Personenkreis

**a) Ehegatten.** Wer Ehegatte ist, bestimmt sich nach den Vorschriften des Eherechtes (§§ 1297 ff. BGB); für im Ausland geschlossene Ehen gelten die Vorschriften des Internationalen Privatrechts (Art. 13, 17 EGBGB sowie zahlreiche Staatsverträge oder internationale Abkommen). Eine Lebenspartnerschaft ist ein Ehehindernis (§ 1306 BGB). Nach § 1312 Abs. 1 S. 1 BGB beginnt die Ehe mit der Eheschließung[68] und endet entweder mit deren Aufhebung durch rechtskräftiges Urteil (§ 1313 BGB) oder mit der Auflösung durch rechtskräftiges Scheidungsurteil (§ 1564 S. 2 BGB). Auch nach Anhängigkeit eines Scheidungsverfahrens kann ein Ehegatte also grds. zum Kreis der eintrittsberechtigten Personen gehören[69], sogar noch nach Verkündung des Scheidungsurteils, wenn dieses nicht sofort rechtskräftig wird[70]; es wird allerdings in diesen Fällen meist an der weiteren Voraussetzung, der Führung eines gemeinsamen Haushalts, fehlen. 28

---

[62] LG Berlin 7.10.2016 – 63 S 94/13, juris.

[63] *Sternel* ZMR 2004, 716 (717); *Hinz* ZMR 2002, 642; Staudinger/*Rolfs* BGB § 563 Rn. 34 ff.; Blank/Börstinghaus/*Blank* BGB § 563 Rn. 43 ff.

[64] BT-Drs. 18/5901.

[65] Staudinger/*Rolfs* BGB § 563 Rn. 20.

[66] BGH VIII ZR 105/17, NZM 2018, 325 Rn. 20.

[67] BGH VIII ZR 105/17, NZM 2018, 325 Rn. 20.

[68] Eine kirchliche Trauung ohne Beteiligung des Standesamtes reicht bei Heirat in Deutschland nicht aus, es würde vielmehr eine nichteheliche Lebensgemeinschaft gem. § 563 Abs. 2 S. 3 BGB vorliegen. Bei Eheschließung im Ausland kann eine kirchliche Trauung nach den Vorschriften des Internationalen Privatrechts ausreichen.

[69] AllgM, s. nur MüKoBGB/*Häublein* § 563 Rn. 10.

[70] Blank/Börstinghaus/*Blank* BGB § 563 Rn. 3.

29 **b) Lebenspartner.** Wer Lebenspartner ist, richtet sich nach den Bestimmungen des LPartG. Nach § 1 Abs. 1 S. 1 LPartG können Lebenspartnerschaften nur von zwei gleichgeschlechtlichen Personen gegründet werden; die Verbindung ist auf Lebenszeit angelegt. Die Lebenspartner müssen unverheiratet sein und dürfen nicht eine weitere Lebenspartnerschaft führen (§ 1 Abs. 3 Nr. 1 LPartG). Nach § 11 LPartG gilt ein Lebenspartner als Familienangehöriger des anderen; mit den Angehörigen des Lebenspartners entsteht eine Schwägerschaft. Das hat auch Bedeutung für die Bestimmung des Kreises der eintrittsberechtigten Familienangehörigen gem. § 563 Abs. 2 S. 2 BGB. Die Lebenspartnerschaft endet durch rechtskräftiges Urteil (§ 15 Abs. 1 LPartG). Für die Zeit nach Anhängigkeit des Aufhebungsverfahrens bis zur Rechtskraft gilt das oben zur Ehe Ausgeführte entsprechend. Im Ausland geschlossene Lebenspartnerschaften stehen den in Deutschland geschlossenen gleich (Art. 17b Abs. 4 EGBGB).

30 **c) Kinder.** Kinder sind **unmittelbare Abkömmlinge des Mieters,** gleichgültig ob sie ehelich oder unehelich, minderjährig oder erwachsen sind.[71] Auch **adoptierte Kinder** (angenommen gem. §§ 1741 ff. BGB) gehören zum Kreis der nach § 563 BGB privilegierten Personen. Das folgt aus der Gleichstellung mit leiblichen Kindern in § 1754 BGB. Für die Adoption von Erwachsenen ist allerdings § 1770 BGB zu beachten. Danach entstehen Verwandtschafts- oder Schwägerschaftsbeziehungen nur zwischen dem Annehmenden und dem Angenommenen, nicht aber zu deren Ehegatten, Lebenspartnern oder Verwandten/Verschwägerten. Das kann Folgen für das Eintrittsrecht als Familienangehöriger haben.

31 Die hM[72] ist der Ansicht, **Pflegekinder** (Familienpflege gem. § 1630 Abs. 3 BGB oder Adoptionspflege gem. § 1744 BGB) gehörten nicht zu den Kindern iSv § 563 Abs. 2 BGB, sie seien aber Familienangehörige im Sinne dieser Vorschrift.[73] Auch wenn der hM die Begründung fehlt, ist ihr zuzustimmen. Der Schutzzweck des § 563 BGB erfordert eine Anwendung nicht, weil mit dem Tod des Mieters, der Pflegevater bzw. Pflegemutter war, ohnehin über den weiteren Aufenthalt des Kindes in der Pflegefamilie neu zu entscheiden ist. Endet die Pflege, braucht das Kind die Wohnung nicht mehr; wird die Pflege von anderen Personen des Haushalts fortgeführt, hat das Kind einen abgeleiteten Aufenthaltsanspruch in der Wohnung.

32 Für **Stiefkinder** gilt allerdings anderes.[74] Stiefkinder können ein ebenso großes Interesse am Erhalt der Familienwohnung wie leibliche oder angenommene Kinder haben, so dass der Schutzzweck des § 563 BGB dessen Anwendung gebietet. Die Aufnahme des Stiefkindes in die Familie zeigt überdies idR, dass der Stiefelternteil (Mieter) das Kind wie ein eigenes behandelt. Stiefkinder als Familienangehörige nach § 563 Abs. 2 S. 2 BGB anzusehen und unter den Schutz dieser Regelung zu stellen, ist nicht ausreichend. Die Anforderungen, die an einen gemeinsamen Haushalt mit dem verstorbenen Mieter zu stellen sind, sind nämlich bei Kindern niedriger als bei den sonstigen Eintrittsberechtigten einschließlich der Familienangehörigen (→ Rn. 38).

33 **d) Familienangehörige.** Zu den Familienangehörigen gehören – abgesehen von den Kindern – alle mit dem Mieter verwandten oder verschwägerten Personen einschließlich derjenigen, die aufgrund gesetzlicher Fiktion gem. § 11 LPartG als verwandt oder verschwägert gelten (zu adoptierten Erwachsenen → Rn. 30). Auch Pflegekinder sind Familienangehörige[75], weil Pflegekinder in der Pflegefamilie dieselbe Fürsorge und Erziehung erhalten sollen wie in ihrer eigenen Familie[76] und deshalb vollständig in den Familienverband integriert sind. Das Verlöbnis ist als Vorstufe zur Ehe ebenfalls eine familienrechtliche Beziehung, der Verlobte also Familienangehöriger.[77] Ein geschiedener Ehegatte, der mit dem verstorbenen Mieter nach der Scheidung wieder in der Wohnung lebt, ist hingegen kein Familienangehöriger, sondern allenfalls eine sonstige Person iSv § 563 Abs. 2 S. 3 BGB.

---

[71] AnwK WohnraummietR/*Lammel* BGB § 563 Rn. 28, der darauf hinweist, dass für minderjährige Kinder ggf. ein Vormund zu bestellen ist, wenn kein sorgeberechtigter Elternteil vorhanden ist.
[72] BGH VIII ARZ 6/92, NJW 1993, 999 unter Rn. 11 bei juris zur Vorgängervorschrift § 569a aF BGB; MüKoBGB/*Häublein* § 563 Rn. 12 mwN; aA Blank/Börstinghaus/*Blank* BGB § 563 Rn. 44.
[73] BGH VIII ARZ 6/92, NJW 1993, 999 unter Rn. 11 bei juris zur Vorgängervorschrift § 569a BGB aF.
[74] Blank/Börstinghaus/*Blank* BGB § 563 Rn. 44.
[75] *BGH VIII ARZ 6/92,* NJW 1993, 999 unter Rn. 11 bei juris zur Vorgängervorschrift § 569a BGB aF; MüKoBGB/*Häublein* § 563 Rn. 12 mwN; aA Blank/Börstinghaus/*Blank* BGB § 563 Rn. 44.
[76] Palandt/*Diederichsen* BGB Vor § 1626 Rn. 11.
[77] *Hinz* ZMR 2002, 641.

**e) Sonstige Personen.** Die Definition der eintrittsberechtigten Personen iSv § 563 Abs. 2 S. 3 BGB[78] hängt eng mit dem Begriff der gemeinsamen Haushaltsführung zusammen (s. dazu → Rn. 38), weil dieser Personenkreis nach dem Wortlaut des Gesetzes einzig dadurch eingegrenzt wird, dass er mit dem Mieter einen auf Dauer angelegten Haushalt geführt haben muss; eine darüber hinausgehende, wie auch immer geartete Nähebeziehung ist dem Gesetzestext nicht zu entnehmen. Im Sinne einer Nähebeziehung einschränkend definiert aber die hM den Personenkreis gem. § 563 Abs. 2 S. 3 BGB, wenn sie unter Berufung auf die Rspr. des BGH[79] vor der Mietrechtsreform, die der Gesetzgeber habe fortführen wollen, eine **Lebensgemeinschaft** für notwendig hält, die keine weiteren Bindungen gleicher Art zulasse und sich durch eine enge innere Bindung auszeichne, die ein gegenseitige Einstehen der Partner füreinander begründe und so über eine bloße Haushalts- und Wirtschaftsgemeinschaft hinausgehe.[80] Mit der damaligen Rspr. hatte der BGH eine eheähnliche Gemeinschaft verschiedengeschlechtlicher Partner definiert. 34

In der Gesetzesbegründung[81] selbst heißt es zu dieser privilegierten Personengruppe: „Das bedeutet, dass ein ‚auf Dauer angelegter gemeinsamer Haushalt' gegeben ist, wenn zwischen den Partnern eine Lebensgemeinschaft besteht, die auf Dauer angelegt ist, keine weiteren Bindungen gleicher Art zulässt und sich durch innere Bindungen auszeichnet, die ein gegenseitiges Füreinandereinstehen begründen, die über eine reine Wohn- und Wirtschaftsgemeinschaft hinausgehen. Sowohl die hetero- als auch die homosexuelle Partnerschaft wie auch das dauerhafte Zusammenleben alter Menschen als Alternative zum Alters- oder Pflegeheim, die ihr gegenseitiges Füreinandereinstehen z. B. durch gegenseitige Vollmachten dokumentieren, können daher grds. diese Kriterien erfüllen." Der erste Satz entspricht der Definition des BGH für eheähnliche Gemeinschaften. Der Folgesatz bringt dann eine Erweiterung, indem auch homosexuelle Paare einbezogen werden und indem das Zusammenleben älterer Menschen erwähnt wird, das mit einer eheähnlichen Gemeinschaft allerdings wenig zu tun hat. Einige Stimmen[82] halten die Begründung deshalb für inkonsequent. Meines Erachtens zu Unrecht, weil man die Begründung so verstehen kann, dass die Ausschließlichkeit der Beziehung nur ein beschreibendes Merkmal für eine nichteheliche Lebensgemeinschaft sein soll, nicht aber ein generelles Merkmal des Personenkreises gem. § 563 Abs. 2 S. 3 BGB.[83] Die Gesetzesbegründung nennt **zwei zentrale Voraussetzungen,** um zu diesem Personenkreis zu gehören: Eine **Wohn- und Wirtschaftsgemeinschaft** ist danach notwendiges, aber nicht hinreichendes Kriterium; hinzukommen muss eine **innere Bindung,** die ein gegenseitiges Füreinandereinstehen begründet.[84] Letzteres wird bei nichtehelichen Lebensgemeinschaften (gleichgültig ob homosexuell oder heterosexuell) regelmäßig gegeben sein, bei sonstigen Formen des Zusammenlebens wäre es hingegen sorgfältig anhand der Gesamtumstände zu prüfen. In diesem Sinne müsste eine an der Gesetzesgeschichte und der Gesetzesbegründung orientierte Auslegung den Personenkreis des § 563 Abs. 2 S. 3 BGB definieren; die oben erwähnte hM entspricht dem. 35

Eine solche Auslegung findet allerdings **keine hinreichende Stütze im Gesetz,** der Gesetzgeber hat seinen in der Gesetzesbegründung geäußerten Willen nur unzureichend zum Ausdruck 36

---

[78] Dieselbe Problematik besteht iRd § 549 Abs. 2 Nr. 2 BGB; dort verwendet das Gesetz auch den Begriff der Personen, die mit dem Mieter einen auf Dauer angelegten Haushalt führen.

[79] BGH VIII ARZ 6/92, NJW 1993, 999.

[80] LG München NZM 2005, 336; Blank/Börstinghaus/*Blank* BGB § 563 Rn. 49; *Gather* DWW 2001, 202; *Hinz* ZMR 2002, 642, *Sternel* ZMR 2004, 716. Überwiegend wird auf das Kriterium der Ausschließlichkeit der Beziehung verzichtet, weil in der Gesetzesbegründung auch das dauerhafte Zusammenwohnen alter Menschen als Anwendungsbeispiel genannt wird.

[81] BT-Drs. 14, 4553 (abgedr. in NZM 2000, 415 (444)). Die Stellungnahmen des Bundesrates (abgedr. in NZM 2001, 20) und die Beschlussempfehlung des Rechtsausschusses (abgedr. in NZM 2001, 798) enthalten hierzu nichts.

[82] Staudinger/*Rolfs* BGB § 563 Rn. 27; *Sternel* ZMR 2004, 716; LG Berlin WuM 2016, 107 = ZMR 2016, 289.

[83] So aber LG München NZM 2005, 335 mit dem Argument, dass so einem Rechtsmissbrauch vorgebeugt werden könne; der Rechtssicherheit dient eine danach erforderliche Erforschung der Beziehung allerdings nicht.

[84] *Grundmann,* die die für die Mietrechtsreform zuständige Referentin im Bundesjustizministerium war, spricht in NJW 2001, 2501 von einer besonders engen Gemeinschaft, an die entsprechend der bisherigen Rspr. hohe Anforderungen zu stellen sei, bei der es aber auf geschlechtliche Beziehungen gleich welcher Art nicht ankomme. *Sonnenschein* NZM 2002, 11 versteht die Gesetzesbegründung dahingehend, dass der Begriff Lebensgemeinschaft nur noch verwendet werde, um den auf Dauer angelegten Haushalt zu kennzeichnen.

gebracht.[85] Nach der hier vertretenen Ansicht gilt vielmehr Folgendes: Da der Gesetzgeber als **Voraussetzung,** um zum Personenkreis gem. § 563 Abs. 2 S. 3 BGB zu gehören, **nur die auf Dauer angelegte gemeinsame Haushaltsführung** in das Gesetz geschrieben hat, war er offenbar der Meinung, die Notwendigkeit des Füreinandereinstehens ergebe sich hieraus hinreichend. Dem ist aber nicht so. Die gemeinsame Haushaltsführung ist vielmehr für den Eintritt sämtlicher privilegierter Personen (Ehegatten, Lebenspartner, Kinder, Familienangehörige) notwendig, ohne dass sich – außer bei den Kindern (→ Rn. 38) – Unterschiede in den Anforderungen an die gemeinsame Haushaltsführung bzw. deren genaue Ausgestaltung erkennen ließen. Die in § 563 Abs. 2 S. 3 BGB erwähnte Dauerhaftigkeit der gemeinsamen Haushaltsführung mag zwar ein Indiz für eine Nähebeziehung und für ein Füreinandereinstehen sein, erforderlich ist das jedoch nicht. Das ist iÜ ähnlich bei den anderen Personengruppen des § 563 Abs. 2 BGB. Auch hier erfolgt die Anknüpfung zunächst an rein formale Kriterien wie Ehe oder Kindschaft, eine Nähe und ein Einstehen werden unterstellt, aber nicht formal gefordert. Die Absicherung der unterstellten Nähe erfolgt nur über die Notwendigkeit der dauerhaft gemeinsamen Haushaltsführung.[86] Deshalb erschöpft sich die Abgrenzung des Personenkreises gem. § 563 Abs. 2 S. 3 BGB darin, dass sie mit dem Mieter einen auf Dauer angelegten Haushalt geführt haben müssen; eine irgendwie geartete Nähebeziehung ist nicht notwendig[87], wenn sie auch oft gegeben sein mag und ein wichtiges Indiz für die gemeinsame Haushaltsführung darstellt (→ Rn. 39). Diese Auslegung entspricht dem **Zweck des Eintrittsrechtes:** Auch wenn sich nämlich das Eintrittsrecht historisch als Schutz der Familie des verstorbenen Mieters entwickelt hat, von dem vornehmlich der Ehegatte erfasst wurde, handelt es sich jedenfalls seit der Mietrechtsreform nicht mehr um ein derartig beschränktes Schutzinstrument. Die Mietrechtsreform hat den Anwendungsbereich der Vorschriften erheblich erweitert, weil nicht das (familienrechtliche) Verhältnis entscheidend für das Schutzbedürfnis ist; das Schutzbedürfnis ergibt sich vielmehr eher aus dem Umstand der gemeinsamen Haushaltsführung, in der zum Ausdruck kommt, dass die Wohnung der (schützenswerte) Mittelpunkt der Lebensführung ist.[88] Diesem Ergebnis kann auch nicht entgegengehalten werden, die Regelung der Eintrittsberechtigung in ein Mietverhältnis hätte sich dann auf § 563 Abs. 2 S. 3 BGB beschränken können; dann würde nämlich eine Rangfolge des Eintritts fehlen.

**37** Die Haushaltsführung ist auf Dauer angelegt, wenn die **Absicht einer langfristigen Gemeinsamkeit** besteht. Diese Absicht muss sich noch nicht verwirklicht haben; eine Mindestlaufzeit ist nicht erforderlich.[89] Die tatsächliche Dauer der gemeinsamen Haushaltsführung ist regelmäßig ein wichtiges Indiz für die Absicht der Dauerhaftigkeit[90], aber nicht das einzige. Die Vielgestaltigkeit des Lebens und der Organisation des Zusammenlebens kann unterschiedlichsten Umständen Indizwirkung zukommen lassen. Ein auf Dauer angelegter gemeinsamer Haushalt kann ausnahmsweise auch dann noch begründet werden, wenn der Tod des Mieters auf Grund unheilbarer Krankheit bevorsteht, denn der genaue Todeszeitpunkt bleibt auch in diesen Fällen idR ungewiss[91]; um Rechtsmissbrauch zu verhindern ist allerdings eine sorgfältige Prüfung notwendig. Soweit sich ansonsten in der Lit. Beispiele finden[92], ist zu prüfen, ob diese Beispiele, die von der hM geforderte Nähebeziehung belegen sollen oder die Dauerhaftigkeit der gemeinsamen Haushaltsführung. Bei Wohngemeinschaften wird danach zu differenzieren sein, ob sie – wie etwa bei Studenten – typischerweise einem bestimmten, vorübergehenden Lebensabschnitt zugeordnet werden können oder ob sie – wie etwa bei alten Menschen – typischerweise auf Lebenszeit angelegt sind.[93]

---

[85] So auch LG Berlin ZMR 2016, 289; AG Berlin Tempelhof-Kreuzberg WuM 2018, 92; *Sprau* NZM 2001, 222.

[86] Ähnlich *Sonnenschein* NZM 2002, 11.

[87] IErg wohl ebenso LG Berlin ZMR 2016, 289; AG Berlin Tempelhof-Kreuzberg WuM 2018, 92; MüKo-BGB/*Häublein* § 563 Rn. 15; AnwK WohnraummietR/*Lammel* BGB § 563 Rn. 35; *Kinne* GE 2011, 1661.

[88] AG Berlin Tempelhof-Kreuzberg WuM 2018, 92; *Sonnenschein* NZM 2002, 10.

[89] AllgM, vgl. nur Staudinger/*Rolfs* BGB § 563 Rn. 29; *Börstinghaus* WImmoT 2008, 81. AnwK WohnraummietR/*Lammel* BGB § 563 Rn. 14 meint, es müsse wenigstens der Einzug erfolgt sein; das erscheint aber nur richtig für den Fall, dass die Wohnung überhaupt schon übergeben wurde, zwischen Vertragsschluss und Gebrauchsgewährung reicht die Absicht der gemeinsamen Haushaltsführung.

[90] *AG Berlin Tempelhof-*Kreuzberg WuM 2018, 92; AnwK WohnraummietR/*Lammel* BGB § 563 Rn. 14.

[91] LG Berlin GE 2006, 1616.

[92] Etwa bei *Hinz* ZMR 2002, 642.

[93] AG Berlin Tempelhof-Kreuzberg WuM 2018, 92; Staudinger/*Rolfs* BGB § 563 Rn. 30.

### 3. Gemeinsamer Haushalt

Ein Eintritt in das Mietverhältnis gem. § 563 BGB erfordert nicht nur die Zugehörigkeit zu dem zuvor genannten Personenkreis. Als zentrale weitere Voraussetzung muss hinzukommen, dass ein gemeinsamer Haushalt mit dem verstorbenen Mieter bestand. Der Mieter kann auch in mehreren Wohnungen einen gemeinsamen Haushalt mit dem Eintrittsberechtigten geführt haben, wie etwa dann, wenn Ehegatten zeitweise im Ausland oder einer anderen Stadt leben. Dass dann eine weitere Wohnung zur Verfügung steht, ist für ein Eintrittsrecht belanglos.[94] § 563 BGB will nämlich nicht Obdachlosigkeit verhindern, sondern den Verlust der Wohnung als Lebensmittelpunkt (→ Rn. 1); ein solcher Verlust kommt bei mehreren Wohnsitzen, die idR bewusst bzw. aus Notwendigkeit gewählt werden, ebenso in Betracht. Die Anforderungen an eine gemeinsame Haushaltsführung dürfen nicht überspannt werden.[95] Der Gesetzeswortlaut gibt wegen einer besonderen Formulierung für die Kinder des Mieters erste Hinweise, wie der gemeinsame Haushalt beschaffen gewesen sein muss. Während nämlich das Gesetz bei Ehegatten, Lebenspartnern, Familienangehörigen und Personen gem. § 563 Abs. 2 S. 3 BGB davon spricht, dass sie mit dem Mieter einen gemeinsamen Haushalt *geführt* haben müssen, reicht es bei den Kindern des Mieters aus, dass sie mit ihm im gemeinsamen Haushalt *gelebt* haben, was geringere Anforderungen bedeutet.[96] Die unterschiedliche Wortwahl ist kein Redaktionsversehen des Gesetzgebers, sie stellt vielmehr eine sinnvolle, ja sogar notwendige Differenzierung dar. Der Begriff der *gemeinsamen* Haushalts*führung* deutet darauf hin, dass der Mieter und die weitere Person über den Aufenthalt in der Wohnung hinaus im Haushalt zusammen wirken, zusammen entscheiden und zusammen die Kosten tragen in Bezug auf die typischen und evtl. auch außergewöhnlichen Pflichten, die in einem Haushalt anfallen (Reinigung, tägliches Einkaufen, Nahrungszubereitung, Anschaffung von größeren Haushaltsgegenständen, Versorgung und Pflege in Krankheitsfällen etc). Je nach Alter eines Kindes ist eine solche **Mitwirkung, Mitentscheidung und Kostenbeteiligung** entweder nicht möglich oder nicht üblich; selbst erwachsene Kinder, die noch im elterlichen Haushalt leben (etwa Auszubildende oder Studenten), werden dort eher versorgt als dass sie sich an den Haushaltspflichten in nennenswertem Umfang beteiligen bzw. – etwa an den Kosten – beteiligen können. Um auch den Kindern die gemeinsame Wohnung im Falle des Todes des Mieters zu erhalten, war eine Beschränkung im Gesetz gegenüber den anderen Personenkreisen auf das Erfordernis des bloßen Zusammenlebens[97] im gemeinsamen Haushalt notwendig. 38

Im Übrigen lässt sich durch die genannten Kriterien Mitwirkung, Mitentscheidung und Kostenbeteiligung die gemeinsame Haushaltsführung hinreichend genau von anderen Formen des Zusammenwohnens, etwa von Studentenwohngemeinschaften[98], abgrenzen, insbes. wenn man entsprechend der Schutzrichtung des § 563 BGB das ***miteinander*** Wohnen im Gegensatz zum *nebeneinander* Wohnen betont im Sinne eines *gemeinsamen* Lebensmittelpunktes.[99] Auch in studentischen Wohngemeinschaften gibt es nämlich Bereiche, die gemeinsam geregelt, erledigt oder bezahlt werden müssen (etwa die Reinigung von Küche und Bad sowie der Einkauf der dafür notwendigen Mittel), genauso wie in einer Familienwohnung jedes Familienmitglied seinen eigenen Bereich hat, von dem die anderen Bewohner ausgeschlossen sind (etwa das Kinderzimmer). Ein wichtiges, aber nicht notwendiges Indiz, um feststellen zu können, ob das Miteinander oder das Nebeneinander im Vordergrund steht, kann die **Nähebeziehung** der Bewohner sein[100], wobei aber die Art der Nähebeziehung grds. keine Rolle spielt. Es macht in für den Schutzzweck des 39

[94] LG Berlin 7.10.2016 – 63 S 94/13, juris; aA AG Hamburg-St. Georg ZMR 2015, 937.

[95] BGH VIII ZR 25/14, NZM 2015, 207 Rn. 30.

[96] BGH VIII ZR 25/14, NZM 2015, 207 Rn. 30; LG Berlin WuM 2017, 149.

[97] So auch AnwK WohnraummietR/*Lammel* BGB § 563 Rn. 29.

[98] So auch LG Berlin 7.10.2016 – 63 S 94/13, juris. Mit der gesellschaftsrechtlichen Konstruktion einer studentischen Wohngemeinschaft, insbes. mit der Frage, ob es sich dabei um eine rechtsfähige Außen-GbR handelt, befasst sich ausf. *Jacobs* NZM 2008, 111. Das wird für den Regelfall verneint; ebenso *Streyl* NZM 2011, 380; *Wiek* WuM 2009, 491 (492); *Grunewald* JZ 2015, 1027.

[99] Wie hier LG Heidelberg WuM 2014, 37; AG Berlin-Charlottenburg GE 2018, 1284. Den Begriff des „gemeinsamen Lebensmittelpunktes" verwenden auch Staudinger/*Rolfs* BGB § 563 Rn. 14; MüKoBGB/*Häublein* § 563 Rn. 16; *Hinz* ZMR 2002, 640; *Sternel* ZMR 2004, 715; aA Blank/Börstinghaus/*Blank* BGB § 563 Rn. 6, der jedenfalls für Ehegatten im Hinblick auf die Gesetzesgeschichte ein bloßes Angewiesensein auf die Wohnung genügen lassen will.

[100] So auch *Sternel* ZMR 2004, 715. AnwK WohnraummietR/*Lammel* BGB § 563 Rn. 13 hält eine „geistige, persönliche und tatsächliche Verbindung zum Zwecke des Zusammenlebens" sogar für notwendig.

§ 563 BGB und für den Begriff der gemeinsamen Haushaltsführung keinen Unterschied, ob etwa zwei Freunde auf Dauer zusammenleben wollen, weil sie die Hoffnung auf eine Beziehung mit einer Frau aufgegeben haben, oder ob es sich um zwei Brüder handelt oder um zwei Männer unterschiedlichen Alters, die in einem Vater-Sohn-ähnlichen Verhältnis leben.[101] Bloße Zweckgemeinschaften können deshalb auch einen gemeinsamen Haushalt führen und einstmalige Nähebeziehungen können zu Zweckgemeinschaften werden, wenn Ehegatten zwar noch zusammenwohnen und wirtschaften, sich aber innerlich auseinandergelebt haben. Ein Untermietverhältnis des verstorbenen Mieters mit dem Eintrittsberechtigten schließt einen gemeinsamen Haushalt nicht zwingend aus[102], genauso wenig wie das Vorhandensein einer weiteren Wohnung für den Eintrittsberechtigten. Neben den üblichen Haushaltspflichten[103] wie Reinigung, tägliches Einkaufen, Nahrungszubereitung, Anschaffung von größeren Haushaltsgegenständen[104], Versorgung und Pflege in Krankheitsfällen etc können (nicht müssen) **Indizien** für eine gemeinsame Haushaltsführung im Sinne eines Miteinander sein die gemeinsame Versorgung von Kindern oder anderen Personen, die Verfügungsbefugnis über Einkommen bzw. Vermögen, eine gemeinsame Freizeit- und Urlaubsgestaltung[105], das Zusammenleben alter Menschen als Alternative zum Alters- oder Pflegeheim[106] etc.

40 Bei **nichtehelichen Lebensgemeinschaften** – gleichgültig ob hetero- oder homosexuell – wird eine gemeinsame Haushaltsführung genauso wie bei Ehegatten idR gegeben sein. Eine schematische Anwendung verbietet sich aber nicht nur in diesen Fällen, sondern generell; jeder Einzelfall ist gesondert zu werten. Dies mag an dem Beispiel der klassischen Hausfrauenehe deutlich werden, die ohne Zweifel eine gemeinsame Haushaltsführung darstellt, bei der sich der Ehemann aber klassischerweise auf die finanzielle Seite des Haushalts beschränkt und den Rest der Ehefrau überlässt, so dass in vieler Hinsicht kaum von einem miteinander gesprochen werden kann. Diese von den Eheleuten gewählte Arbeitsteilung muss man in anderer Weise auch bei anderen Lebensformen akzeptieren.

41 Anders als bei den sonstigen Personen gem. § 563 Abs. 2 S. 3 BGB geht das Gesetz schon nach seinem Wortlaut bei Ehegatten, Lebenspartnern und Familienangehörigen davon aus, dass deren Beziehung zum Mieter **auf Dauer angelegt** war.[107] Die gemeinsame Haushaltsführung (bzw. bei Kindern das Leben im gemeinsamen Haushalt) muss aber zum Zeitpunkt des Todes des Mieters noch bestehen.[108] Das ist auch der Fall bei vorübergehender Trennung (beruflicher Auslandsaufenthalt, Wochenendbeziehung, Krankenhausaufenthalt, Freiheitsstrafe[109] etc), selbst wenn diese länger dauert, solange nur der Wille zur Rückkehr besteht.[110] Bloßer Besuch begründet auch dann keine gemeinsame Haushaltsführung, wenn er länger dauert oder sich öfter bzw. regelmäßig wiederholt. So kann das Eintrittsrecht der Kinder verloren gehen, wenn sie ausgezogen sind, um zu studieren, aber die Eltern noch regelmäßig am Wochenende besuchen; kehren sie allerdings für die Semesterferien in die elterliche Wohnung zurück, kann man meist nicht davon ausgehen, sie hätten den gemeinsamen Haushalt aufgegeben. Bei Kindern getrennt lebender Eltern kommt es regelmäßig darauf an, welcher Elternteil personensorgeberechtigt ist, nur mit diesem Elternteil besteht ein gemeinsamer Haushalt; im Einzelfall kann das aber anders sein.

42 Ein **endgültiger Auszug** aus der Wohnung stellt grds. das Ende der gemeinsamen Haushaltsführung dar. Schwierig ist allerdings, wie manche **Grenzfälle** zu behandeln sind: Oftmals kann auf Grund äußerer Umstände nicht mehr sicher oder absehbar mit einer Rückkehr des Mieters in den gemeinsamen Haushalt gerechnet werden, zB bei Todkranken, auf Lebensdauer im Heim **Pflegebedürftigen** oder zu lebenslanger Freiheitsstrafe Verurteilten. Eine Rückkehr in den gemeinsamen Haushalt ist aber immerhin möglich, etwa wenn der Todkranke in der Wohnung sterben und des-

[101] LG Berlin ZMR 2016, 289; AG Berlin Tempelhof-Kreuzberg WuM 2018, 92.
[102] LG Berlin WuM 2017, 149; AG Berlin Tempelhof-Kreuzberg WuM 2018, 92.
[103] So auch AG Berlin Tempelhof-Kreuzberg WuM 2018, 92.
[104] AG Berlin Tempelhof-Kreuzberg WuM 2018, 92.
[105] AG Berlin Tempelhof-Kreuzberg WuM 2018, 92.
[106] AG Görlitz WuM 2012, 505.
[107] So auch LG Heidelberg WuM 2014, 37.
[108] AnwK WohnraummietR/*Lammel* BGB § 563 Rn. 15.
[109] Bei der teilweise vergleichbaren Frage, ob ein eigener (bei § 563 BGB: ein gemeinsamer) Hausstand gem. § 149 Abs. 1 ZVG vorliegt, geht die Rspr. (BGH IX ZR 224/12, WuM 2013, 627) davon aus, dass die Verbüßung einer Freiheitsstrafe den Lebensmittelpunkt idR noch nicht verschiebt.
[110] AG Düsseldorf ZMR 2014, 294; AG Hamburg-Barmbek 15.1.2009 – 822 C 456/07, BeckRS 2010, 15637 (für die Freiheitsstrafe); Staudinger/*Rolfs* BGB § 563 Rn. 15; *Hinz* ZMR 2002, 641.

halb jedenfalls kurz dorthin zurückkehren soll oder wenn der Gefangene vorzeitig entlassen wird. Wegen dieser Möglichkeit sollte privilegierten Personen (bspw. der Ehefrau des todkranken Mieters), die in der Wohnung bleiben, der Schutz des § 563 BGB zu Gute kommen. Das wäre aber nicht möglich, wenn man eine gemeinsame Haushaltsführung verneinen würde. Meines Erachtens ist darauf abzustellen, ob der Auszug des Mieters freiwillig erfolgte oder durch die Umstände erzwungen wurde (Krankheit etc). Genauso wie bei den sonstigen Personen gem. § 563 Abs. 2 S. 3 BGB die Absicht der Dauerhaftigkeit der gemeinsamen Haushaltsführung ausreicht, um vom ersten Tag an in den Schutz des § 563 BGB zu gelangen (→ Rn. 37), muss der Wunsch ausreichen, den gemeinsamen Haushalt weitergeführt zu haben, wenn die Umstände nicht den Auszug erzwungen hätten.[111] Es kommt hinzu, dass auch in solchen Fällen regelmäßig Reste eines gemeinsamen Haushaltes verbleiben, weil zB noch Gegenstände des Mieters in der Wohnung aufbewahrt werden oder dieser sich durch sein Einkommen oder seine Rente an den Kosten des Wohnens und Lebens beteiligt. Fehlt es dementgegen ausnahmsweise dennoch an einem gemeinsamen Haushalt, kommt auch eine **analoge Anwendung** des § 563 BGB nicht in Betracht, um eine Kündigung gem. § 564 S. 2 BGB auszuschließen.[112] Wenn man in solchen Fällen dennoch eine Analogie und damit ein Eintrittsrecht bejahen würde, käme es praktisch nur auf eine Wohnungsnutzung und ein (regelmäßig vorhandenes) Interesse an der Weiternutzung an; das zentrale Kriterium des § 563 BGB, die gemeinsame Haushaltsführung, wäre aufgegeben. Und dies unnötigerweise, weil die in der Wohnung verbliebene Person ihre rechtliche Situation kennt oder jedenfalls kennen kann und in der Zeit vom Auszug des Mieters bis zu dessen Tod meist ausreichend Zeit hat, entweder mit dem Vermieter eine Vertragsänderung zu vereinbaren oder eine andere Wohnung zu suchen. Schließlich ist zu berücksichtigen, dass der Gesetzgeber der Mietrechtsreform durch *Sonnenschein*[113] schon vor Erlass des Gesetzes auf Lücken bei der Schutzbedürftigkeit hingewiesen wurde, aber den Entwurf nicht geändert hat. Eine Analogie ist aus ähnlichen Erwägungen ausgeschlossen, wenn nie ein gemeinsamer Haushalt zwischen Mieter und Wohnungsnutzer bestand[114] (etwa dann, wenn die Eltern eine Studentenwohnung für ihr Kind mieten); dies zumal, als sich vielfach im Wege der ergänzenden Vertragsauslegung ein Ausschluss des Kündigungsrechtes gem. § 564 S. 2 BGB ergeben wird (→ BGB § 564 Rn. 23).

Häufiger dürften die Grenzfälle bei einer **Trennung von Eheleuten oder Lebenspartnern** 43 **oder nichtehelichen Lebensgemeinschaften** sein. Wenn einer der Beteiligten endgültig auszieht, endet regelmäßig auch der gemeinsame Haushalt.[115] Geschieht der Auszug vorübergehend oder auf Probe, dann bleibt er aber zunächst bestehen.[116] Eine dauerhafte Trennung liegt wohl spätestens dann vor, wenn einer der Partner einen Scheidungsantrag einreicht, bei gerichtlichen Anordnungen gem. §§ 1361 a, 1361 b BGB oder wenn die Partner sich freiwillig entsprechend diesen Vorschriften verhalten. Vollzieht sich die Trennung innerhalb der Wohnung in der Weise, dass ein gemeinsamer Haushalt nicht mehr besteht, dass die Beteiligten also nebeneinander in der Wohnung leben und nicht miteinander, dann entfällt auch das Eintrittsrecht gem. § 563 BGB.[117] Gewisse Gemeinsamkeiten (etwa gemeinsame Benutzung der Küche oder der Sanitärräume oder gelegentliche Handreichungen) sind bei einem solchen nebeneinander nicht ausgeschlossen, eine wertende Betrachtung ist vielmehr notwendig. Wenn die Beteiligten die mit der Trennung verbundenen mietrechtlichen Folgen anders gestalten wollen, als im Vertrag oder im Gesetz (s. §§ 1361 b, 1568 a BGB) vorgesehen, müssen sie ggf. gegenüber dem Vermieter auf eine Anpassung des Vertrages dringen.

## C. Rechtsfolgen des Eintritts

Der Eintrittsberechtigte wird nicht Erbe des Mieters in Bezug auf die Mietwohnung. Der Ein- 44 tritt in den Mietvertrag gem. § 563 BGB ist also keine Sondererbfolge[118], sondern eine gesetzliche (Sonder-)Rechtsnachfolge, die dem Erbrecht vorgeht und sich auch dann kraft Gesetzes unabhän-

[111] So auch AG Hamburg ZMR 2016, 458; LG Kiel WuM 1992, 692; *Damrau* NZFam 2014, 512.
[112] AA *Hinkelmann* NZM 2002, 378; ihr folgend Blank/Börstinghaus/*Blank* BGB § 563 Rn. 72 f.
[113] WuM 2000, 399.
[114] AA *Hinkelmann* NZM 2002, 378; ihr folgend Blank/Börstinghaus/*Blank* BGB § 563 Rn. 72 f.
[115] *Hinz* ZMR 2002, 641.
[116] Staudinger/*Rolfs* BGB § 563 Rn. 15.
[117] MüKoBGB/*Häublein* § 563 Rn. 16; Staudinger/*Rolfs* BGB § 563 Rn. 16; aA Blank/Börstinghaus/*Blank* BGB § 563 Rn. 8.
[118] So aber *Wenzel* ZMR 1993, 489.

gig vom Erbrecht vollzieht, wenn der Eintrittsberechtigte selbst Erbe ist.[119] Auch wenn diese rechtliche Einordnung zu gewissen Friktionen führen kann, weil Verträge mit Dritten (etwa einem Untermieter oder Versorgungsunternehmen) oder weitere Verträge mit dem Vermieter im Wege der Gesamtrechtsnachfolge auf den Erben übergehen, so geht es doch nicht – wie im Erbrecht – um die Verteilung des Nachlasses, sondern um das Wohnbedürfnis der überlebenden Wohnungsnutzer, also eine genuin vertragsrechtliche Problematik, die § 566 BGB näher steht als der erbrechtlichen Vermögenszuordnung. Der gesetzliche Mieterwechsel begründet keinen neuen Mietvertrag zwischen Vermieter und Eintretendem, der bisherige Vertrag wird vielmehr unverändert fortgesetzt.[120] Da die Identität des Schuldverhältnisses also erhalten bleibt und nur die Person des Mieters ausgewechselt wird, handelt es sich bei dem Eintritt um den Fall einer **gesetzlichen Vertragsübernahme**[121], der Eingetretene wird Rechtsnachfolger des verstorbenen Mieters. Der Begriff des Eintrittsrechtes in der amtlichen Überschrift ist missverständlich, da der Berechtigte unabhängig von seinem Willen und dem des Vermieters mit dem Zeitpunkt des Todes des Mieters[122] in das Mietverhältnis eintritt; auch Kenntnis vom Tod des Mieters ist nicht erforderlich, genauso wenig wie irgendwelche Mitteilungen davon oder von dem Eintritt an den Vermieter.[123]

### I. Gleichlauf mit § 566 BGB

45 Hinsichtlich der konkreten Folgen, die mit dem Eintritt verbunden sind, kann und sollte auf die iRd § 566 BGB entwickelten Regeln zurückgegriffen werden. Die § 566 BGB zu Grunde liegende Konstellation (gesetzlicher Vermieterwechsel mit Eigentumsübergang) ist nämlich mit einem Eintritt gem. § 563 BGB (gesetzlicher Mieterwechsel mit Tod des ursprünglichen Mieters) vergleichbar[124], beide sind ein Fall der gesetzlichen Vertragsübernahme.[125] Für § 566 BGB ist das zwar – auch vom BGH – bestritten.[126] Da der BGH aber auf seiner anderen dogmatischen Grundlage zu fast identischen Ergebnissen wie bei einer gesetzlichen Vertragsübernahme gelangt, spielt dieser Streit für die Vergleichbarkeit der Normstrukturen von § 566 BGB und § 563 BGB keine Rolle.

46 Auf eine Vertragsübernahme sind grds. die **§§ 398 ff., 414 ff. BGB analog** anwendbar.[127] Das gilt jedoch nicht, wenn der gesetzliche Zweck der Vertragsübernahme einer entsprechenden Anwendung entgegensteht. Hier ist insbes. – wiederum ähnlich wie bei § 566 BGB (→ BGB § 566 Rn. 14) – zu berücksichtigen, dass durch den Eintritt eine zeitliche Zäsur stattfindet und dass die Rechtsnachfolge nach dem klaren Wortlaut des § 563 Abs. 1 BGB nur *in das Mietverhältnis* und nicht in sonstige Abreden der Parteien erfolgt, die aus Anlass des Mietvertrages getroffen wurden oder in wirtschaftlichem Zusammenhang mit diesem stehen. Diese zeitliche Zäsur und die Beschränkung auf das Mietverhältnis schließen – wie in § 566 BGB[128] – die Anwendung des § 404 BGB aus. Die Parallelen von § 566 BGB und § 563 BGB (Auswechslung einer Mietpartei kraft Gesetzes; Beschränkung des Vertragsübergangs auf das Mietverhältnis; zeitliche Zäsur hinsichtlich der übergehenden Rechte und Pflichte; Zweck beider Vorschriften ist der Schutz vor Verlust der Wohnung) lassen es geboten erscheinen, einen **Gleichlauf** der Folgen eines Eintritts (§ 563 BGB) bzw. einer Veräußerung (§ 566 BGB) herzustellen. Bei offenen Fragen bzw. bei Zweifeln kann und sollte deshalb auf die zu § 566 BGB entwickelten Grundsätze zurückgegriffen werden.

---

[119] HM, vgl. Staudinger/*Rolfs* BGB § 563 Rn. 31; MüKoBGB/*Häublein* § 563 Rn. 18; *Weller* JZ 2012, 884.

[120] AllgM, vgl. Staudinger/*Rolfs* BGB § 563 Rn. 31; MüKoBGB/*Häublein* § 563 Rn. 18; *Sternel* ZMR 2004, 716.

[121] *Weitemeyer* FS Blank, 2006, 454. Vertragsübernahme ist eine Form der Rechtsnachfolge. Grundsätzlich zum Begriff der Rechtsnachfolge s. Nörr/Scheyhing/Pöggeler Sukzessionen/*Nörr* S. 1 ff. Danach ist Rechtsnachfolge oder Sukzession die Auswechslung eines Rechtssubjektes unter Wahrung der Identität und Kontinuität des oder der Rechtsverhältnisse.

[122] Staudinger/*Rolfs* BGB § 563 Rn. 36.

[123] *Sternel* ZMR 2004, 716.

[124] So auch BGH III ZR 211/99, NZM 2001, 159 für eine gesetzliche Vertragsübernahme auf Vermieterseite.

[125] *Siehe für § 566 BGB dort bei* → BGB § 566 Rn. 12.

[126] → BGB § 566 Rn. 10.

[127] Palandt/*Grüneberg* BGB § 398 Rn. 44.

[128] → BGB § 566 Rn. 14.

## II. Beschränkung des Eintritts auf das Mietverhältnis

47 Der Rechtsübergang findet nur in Bezug auf den Wohnraummietvertrag zwischen dem Vermieter und dem verstorbenen Mieter und den sich daraus ergebenden Rechten und Pflichten statt, da die §§ 563ff. BGB, wie oben ausgeführt, nur auf Wohnraummietverhältnisse anwendbar sind. Von § 563 BGB werden also nicht erfasst die **Verträge mit Dritten,** die der Mieter selbst mit den Versorgungsunternehmen über die Lieferung von Wasser, Strom, Energie etc geschlossen hat.[129] Haben Mieter und Vermieter neben dem Mietvertrag noch andere **Sondervereinbarungen** geschlossen (etwa über Hausmeister-, Reinigungs- oder sonstige Dienste), so findet § 563 BGB regelmäßig keine Anwendung und zwar auch dann nicht, wenn die Sondervereinbarung in derselben Vertragsurkunde getroffen wurde[130]; solche Sondervereinbarungen beurteilen sich nach den erbrechtlichen Regeln.[131] Entscheidend ist, ob die Sondervereinbarung als **mietrechtlich zu qualifizieren** ist oder nicht oder ob sie so unlösbar mit dem Mietvertrag zusammenhängt, dass eine Trennung von dem Mietvertrag nicht möglich erscheint; näher zur mietrechtlichen Qualifizierung und zum untrennbaren Zusammenhang → BGB § 566 Rn. 88ff. Wohnt der Mieter bspw. auf Grund von ihm zu erbringender Hausmeister- oder sonstiger Dienste ganz oder teilweise mietzinsfrei, dann ist die Erbringung der Dienste die Gegenleistung für die Gebrauchsüberlassung und damit eine mietrechtliche Vereinbarung (Mietvertrag mit atypischer Gegenleistung); in diesem Fall wäre die Dienstverpflichtung ein (mietrechtlich zu qualifizierender) Bestandteil des Mietvertrages und würde auf den Eintrittsberechtigten übergehen.[132] Will der Eintrittsberechtigte dieser Folge entgehen, muss er von seinem Ablehnungsrecht gem. § 563 Abs. 3 BGB Gebrauch machen. Es ist kein tragfähiger Grund ersichtlich, warum eine mietrechtliche Sondervereinbarung den Eintrittsberechtigten nicht binden sollte; dies widerspräche vielmehr dem Grundgedanken der gesetzlichen Vertragsübernahme. Würde man etwa um den Wert der Sondervereinbarung den Mietzins erhöhen, so würde das eine ggf. grundlegende Vertragsumgestaltung bedeuten, die dann wiederum den Vermieter zur Kündigung berechtigen müsste.

48 Hinsichtlich einer mit angemieteten **Garage** oder sonstigen mitvermieteten Grundstücksteilen ist danach zu unterscheiden, ob hierüber ein selbständiger Vertrag geschlossen wurde oder ob es sich um einen einheitlichen Vertrag über Wohnung und Garage handelt. Nur in letzterem Fall liegt ein einheitlicher Wohnraummietvertrag vor und der Berechtigte tritt in die Garagennutzung ein; in ersterem Fall wird der Erbe im Wege der Gesamtrechtsnachfolge Mieter in Bezug auf die Garage (mit den beiderseitigen Rechten aus § 580 BGB). Bei einer **Mischnutzung** von Wohnung und Gewerbe kommt es darauf an, wo im konkreten Einzelfall der Schwerpunkt des Vertrages liegt (näher → BGB § 549 Rn. 24). Wenn der Schwerpunkt die Wohnnutzung ist, kann ein Eintritt gem. § 563 BGB erfolgen, ansonsten gelten die erbrechtlichen Regeln und § 580 BGB, da auf einen schwerpunktmäßig gewerblichen Mietvertrag mit untergeordneter Wohnnutzung die Vorschriften über Wohnraummietverhältnisse insgesamt nicht anwendbar sind.

## III. Zeitliche Zäsur, Fälligkeitsprinzip

49 Aus dem Wesen der Rechtsnachfolge würde an sich folgen, dass der Vertrag mit allen zum Zeitpunkt des Todes des Mieters bestehenden Rechten und (Haupt- und Neben-)Pflichten übergeht.[133] Dieser Grundsatz gilt bei einem Eintritt aber nicht einschränkungslos, aus § 563b Abs. 1, 2 BGB ergeben sich vielmehr zwei wichtige Ausnahmen: Die Anordnung der gesamtschuldnerischen Haftung mit dem Erben für die bis zum Tod des Mieters entstandenen Verbindlichkeiten in § 563b Abs. 1 S. 1 BGB macht nur Sinn, wenn der Eingetretene nach der Vorstellung des Gesetzgebers hierfür eigentlich nicht haften würde, wenn er also nicht Gesamtrechtsnachfolger in Bezug auf den

---

[129] Staudinger/*Rolfs* BGB § 563 Rn. 31.

[130] Blank/Börstinghaus/*Blank* BGB § 563 Rn. 22; *Börstinghaus* WImmoT 2008, 86; aA Soergel/*Heintzmann* BGB § 563 Rn. 11, der von Nebenpflichten spricht und hierunter etwa Fahrdienste, Buchführung, Gartenpflege versteht; falls der Eintretende zu solchen Diensten nicht in der Lage sei, sollen die Grundsätze über den Wegfall der Geschäftsgrundlage zu Anwendung kommen. Diese Ansicht dürfte mit einer am Schutzzweck der Vorschrift orientierten Auslegung (Erhalt der Mietwohnung) nicht zu vereinbaren sein und würde die Sonderrechtsnachfolge zu weit zu einer allgemeinen gesetzlichen Vertragsübernahme ausdehnen.

[131] *Börstinghaus* WImmoT 2008, 86.

[132] AA Blank/Börstinghaus/*Blank* BGB § 563 Rn. 22.

[133] BGH VIII ZR 26/03, NJW 2003, 3265.

Mietvertrag geworden ist. Diese Sicht wird bestätigt durch § 563b Abs. 1 S. 2 BGB, wonach der Erbe im Innenverhältnis mit dem Eingetretenen haftet. Die **Altverbindlichkeiten** treffen also grds. den Erben; gegenüber dem Vermieter ist der Eingetretene aber ein zusätzliches Haftungssubjekt. Die zweite Einschränkung der Gesamtrechtsnachfolge des Eingetretenen in Bezug auf das Mietverhältnis folgt aus § 563b Abs. 2 BGB. Danach stehen Vorauszahlungen des verstorbenen Mieters auf die Miete im Innenverhältnis zwischen Eingetretenem und Erben Letzterem zu. Im Verhältnis des Eingetretenen zum Vermieter spielen diese Einschränkungen keine Rolle, da der Eingetretene dem Vermieter gegenüber wegen § 563b Abs. 1 BGB immer haftet. Für die Haftung des Erben gegenüber dem Vermieter ist die erstgenannte Einschränkung von Bedeutung, da der Vermieter den Erben nur wegen Altverbindlichkeiten in Anspruch nehmen kann.

50 Für die Abgrenzung, ob eine Verbindlichkeit eine Altverbindlichkeit ist, für die der Erbe haftet, ist grds. danach zu unterscheiden, ob sie im Zeitpunkt des Todes schon *entstanden* war; das ergibt sich aus dem erwähnten Zusammenspiel mit § 563b BGB. Der Begriff der Verbindlichkeit ist dabei mit dem der Schuld gleichzusetzen.[134] Ein aus einer Schuld resultierender Anspruch entsteht, wenn er im Wege der Klage geltend gemacht werden kann; das ist in aller Regel gleichzusetzen mit der Fälligkeit gem. § 271 BGB[135] **(Fälligkeitsprinzip).**

51 Waren **Ansprüche des verstorbenen Mieters** *bis zu dessen Tod* fällig, gehören sie grds. zum Nachlassvermögen. Das betrifft bspw. Bereicherungsansprüche auf Rückerstattung überzahlter Miete, weil das Mietobjekt mangelhaft war, oder Aufwendungsersatzansprüche für Aufwendungen des verstorbenen Mieters gem. §§ 536a, 539 BGB, weil diese Ansprüche mit der Aufwendung fällig werden[136]; gleiches gilt für Schadensersatzansprüche gem. § 536a BGB. **Ansprüche des Vermieters** gegen den Mieter, die *bis zu dessen Tod* fällig wurden, sind Nachlassverbindlichkeiten (für die der Eingetretene aber wie erwähnt gem. § 563b Abs. 1 S. 1 BGB gesamtschuldnerisch mithaftet). Das betrifft etwa rückständige Miete oder Schadensersatzansprüche[137] auf Grund von Beschädigungen durch den Mieter oder Ansprüche auf Durchführung von Schönheitsreparaturen bzw. sich daraus ergebende Schadensersatzansprüche. Das gilt aber nicht zwingend in den Fällen des § 281 Abs. 2 BGB, da der Schadensersatzanspruch erst mit dem Verlangen gem. § 281 Abs. 4 BGB entsteht.[138] Werden die Ansprüche erst *nach dem Tod* des Mieters, also nach dem Eintritt in den Vertrag fällig, so hat der Eintretende sie allein zu übernehmen. Das ist etwa bei einem Rückbauanspruch der Fall, der mit dem Vertragsende sowohl entsteht als auch fällig wird.[139]

## IV. Ausnahmen vom Fälligkeitsprinzip, insbesondere Betriebskosten

52 Schwierigkeiten bereitet die Behandlung von Tatbeständen, bei denen sich der Anspruch zeitlich gestreckt vor und nach dem Tod des Mieters verwirklicht. Das gilt insbes. für Betriebskostenguthaben bzw. -nachzahlungen. Hier kann – wie auch in anderen Zweifelsfällen – auf die iRd § 566 BGB entwickelten Regeln zurückgegriffen werden. Hinsichtlich der Betriebskosten werden bei § 566 BGB von dem Fälligkeitsprinzip Ausnahmen gemacht.[140] Die Anwendung der dort entwickelten Grundsätze ist auch iRd §§ 563ff. BGB gerechtfertigt, da die Sonderrechtsnachfolge in den Mietvertrag mit einem üblichen Mieterwechsel, der den Vermieter zu einer getrennten Abrechnung verpflichten würde[141], nicht zu vergleichen ist.[142] Es ändert sich bei der Sonderrechtsnachfolge zwar die Person des Mieters, nicht aber das Mietverhältnis als solches; überdies haben die Parteien auf den Wechsel, der durch den Tod des Mieters bedingt ist, keinen Einfluss.[143]

---

[134] Vgl. für Nachlassverbindlichkeiten Palandt/*Edenhofer* BGB § 1967 Rn. 2.

[135] Palandt/*Ellenberger* BGB § 199 Rn. 3; s. dort auch zu den Ausnahmen. LG Bochum ZEV 2019, 528 will nur auf die Entstehung der Forderung abstellen, die Fälligkeit soll unbeachtlich sein; nicht diskutiert wird allerdings das regelhafte Zusammenfallen von beiden Zeitpunkten.

[136] Einzelheiten und Abweichungen → BGB § 566 Rn. 136.

[137] Einzelheiten zu Schadensersatzansprüchen → BGB § 566 Rn. 132.

[138] Näher → BGB § 566 Rn. 132.

[139] AA LG Bochum ZEV 2019, 528.

[140] Zu Einzelheiten der Begründung → BGB § 566 Rn. 110.

[141] → BGB § 556 Rn. 362.

[142] AA *Blank/Börstinghaus/Blank* BGB § 563 Rn. 31, der eine zeitanteilige Aufteilung zwischen dem Erben und dem Eintretenden für nötig hält.

[143] Falls sie den Tod nicht vorsätzlich herbeigeführt haben; diese Ausnahme dürfte aber zu vernachlässigen sein.

Die entsprechende Anwendung der zu § 566 BGB entwickelten Grundsätze[144] führt dazu, dass Betriebskostennachzahlungen aus einer Abrechnung im Außenverhältnis zum Vermieter (zum Innenverhältnis von Erbe und Eingetretenem → BGB § 563b Rn. 13) als Gesamtschuldner den Erben und gem. § 563b Abs. 1 S. 1 BGB den Eintretenden treffen, soweit es **Abrechnungszeiträume** betrifft, die vor dem Tod des Mieters abgelaufen waren. Guthaben aus solchen Zeiträumen stehen dem Erben und dem Eintretenden gemeinschaftlich zu, im Innenverhältnis sind sie gem. § 563b Abs. 1 S. 2 BGB zu verteilen. Es spielt keine Rolle, wann die Abrechnung erfolgt, insbes., ob sie erst nach dem Tod des Mieters erstellt wird. Für Nachforderungen aus dem Abrechnungszeitraum, in dem der Mieter gestorben ist, haftet der Eingetretene im Außenverhältnis zum Vermieter allein; ein Guthaben steht ihm ebenfalls allein zu (zur Verteilung im Innenverhältnis → BGB § 563b Rn. 13). Offene Betriebskostenvorauszahlungen aus der Zeit vor dem Tod des Mieters müssen auch der Erbe und – wegen der Mithaftung nach § 563b Abs. 1 BGB – der Eingetretene als Gesamtschuldner begleichen, fällige Vorauszahlungen aus der Zeit nach dem Tod hat der Eingetretene zu erfüllen[145]; beides aber nur bis zum Eintritt der Abrechnungsreife, danach können Vorschüsse nicht mehr verlangt werden.[146] 53

### V. Sonstige Rechtsfolgen

Der Eintritt in das Mietverhältnis erfolgt „wie es steht und liegt“[147], der Eingetretene hat keinen Anspruch auf Anpassung der Vertragsbedingungen.[148] Zu den Rechten und Pflichten, die mit dem Mietvertrag auf den Eingetretenen übergehen[149], gehören **bspw.** der Mietbesitz, Ansprüche auf Unterlassung von Besitzstörungen, auf Herstellung des vertragsgemäßen Gebrauchs, auf Mängelbeseitigung, aus § 547 BGB (→ BGB § 563b Rn. 16), Erlaubnisse und Gestattungen (Untermiete, Tierhaltung etc), Minderungsrechte, das Wegnahmerecht aus § 539 Abs. 2 BGB etc; das Vorkaufsrecht nach der Bildung von Wohneigentum geht gem. § 577 Abs. 4 BGB auf die Eingetretenen über. Für die Berechnung von Fristen (Kündigung, Mieterhöhung, Modernisierung, Renovierung etc) werden zu Lasten des Eintretenden die Zeiträume berücksichtigt, die schon vor dem Tod des Mieters abgelaufen waren.[150] Die Kündigungsfristen gem. § 573c Abs. 1 S. 2 BGB werden nach der längsten Besitzzeit berechnet[151], die Kündigungssperrfrist des § 577a BGB unter Einrechnung der unter dem verstorbenen Mieter verwirklichten Zeit.[152] Gründe für eine außerordentliche Kündigung wirken fort, müssen sich nach dem Eintritt aber auf die Person des Eintretenden beziehen.[153] Für die Beurteilung der Frage, ob das berechtigte Interesse an einer Untervermietung gem. § 553 Abs. 1 BGB nach Abschluss des Mietvertrags entstanden ist, kommt es auf den Zeitpunkt des Abschlusses des ursprünglichen Mietvertrags an und nicht auf den Zeitpunkt des Eintritts gem. § 563 BGB.[154] 54

Zum Anspruch auf Rückerstattung einer Mietsicherheit (insbes. **Kautionsrückzahlungsanspruch**) → BGB § 563b Rn. 32. 55

## D. Ablehnungsrecht der Eintrittsberechtigten (Abs. 3)

Der sich automatisch im Wege der Sonderrechtsnachfolge vollziehende Eintritt kann für den Eintretenden unerwünscht sein, nämlich dann, wenn er an der Wohnung nicht festhalten kann oder will. Um den Eintrittsberechtigten nicht gegen seinen Willen zu schützen und ihm nach dem Tod des Mieters seine Dispositionsmöglichkeiten zu erhalten, sieht das Gesetz in § 563 Abs. 3 BGB ein Ablehnungsrecht für den Eintrittsberechtigten vor. 56

---

[144] → BGB § 566 Rn. 110.
[145] *Börstinghaus* NZM 2004, 481 zu § 566 BGB.
[146] BGH VIII ZR 258/09, NJW 2011, 145.
[147] *Sternel* ZMR 2004, 716.
[148] Blank/Börstinghaus/*Blank* BGB § 563 Rn. 52.
[149] Vgl. Blank/Börstinghaus/*Blank* BGB § 563 Rn. 25ff.
[150] MüKoBGB/*Häublein* § 563 Rn. 19.
[151] → BGB § 573c Rn. 10.
[152] BGH VIII ZR 26/03, NJW 2003, 3265.
[153] Soergel/*Heintzmann* BGB § 563 Rn. 14; auch → BGB § 566 Rn. 119.
[154] BGH VIII ZR 105/17, NZM 2018, 325.

## I. Ablehnungserklärung

57 Das Ablehnungsrecht wird durch **einseitige empfangsbedürftige Willenserklärung** (§§ 130ff. BGB) gegenüber dem Vermieter ausgeübt, bei mehreren Vermietern gegenüber allen; insofern gilt das gleiche wie bei einer Kündigung (→BGB § 542 Rn. 67). Ansonsten sind die Regeln über die Kündigung (zB Schriftformerfordernis gem. § 568 BGB) nicht anzuwenden, da der Rechtscharakter der Erklärungen nicht vergleichbar ist. Während nämlich die Kündigung den Vertrag für die Zukunft beendet (ex nunc), wirkt die Ablehnung des Eintritts kraft gesetzlicher Fiktion (vgl. den Wortlaut in § 563 Abs. 3 S. 1 BGB) auf den Zeitpunkt des Todes zurück (ex tunc).[155] Die Ablehnungserklärung kann deshalb **formfrei** abgegeben werden. Sie ist wie alle Gestaltungserklärungen bedingungsfeindlich.[156] Der Eintrittsberechtigte kann die Ablehnung auch schon (vorsorglich) vor dem Eintritt erklären. Bei einer Mehrheit von Eintrittsberechtigten kann jeder das Ablehnungsrecht für sich ausüben (§ 563 Abs. 3 S. 3 BGB). Ist der Ablehnende zugleich Erbe, kann die Ablehnung möglicherweise gleichzeitig als Kündigung gem. § 564 S. 2 BGB auszulegen sein, wenn die Formalien einer Kündigungserklärung eingehalten sind.[157]

## II. Ablehnungsfrist

58 Die Frist, innerhalb derer die Ablehnung des Eintritts erklärt werden muss, beträgt gem. § 563 Abs. 3 S. 1 BGB **einen Monat.** Sie beginnt mit der **Kenntnis vom Tod** des Mieters. Das bedeutet einmal, dass der Tod selbst gewiss sein muss (Todeserklärungen nach dem Verschollenheitsgesetz müssen bestandskräftig sein), und zum anderen, dass der Eintrittsberechtigte für seine Person Gewissheit vom Tod haben muss. Vermutungen oder Gerüchte reichen nicht; auch Erkundigungspflichten bestehen nicht[158], da man ansonsten die Möglichkeit der Kenntnisnahme ausreichen lassen würde, wohingegen das Gesetz auf positive Kenntnis abstellt. Der Eintrittsberechtigte darf sich allerdings Erkenntnissen, die sich ihm förmlich aufdrängen, nicht verschließen; auf die ähnlich gelagerte Problematik bei §§ 819, 814, 990 BGB kann verwiesen werden.[159] Gemäß § 166 Abs. 1 BGB kommt es bei **Geschäftsunfähigen** und beschränkt Geschäftsfähigen auf die Kenntnis des gesetzlichen Vertreters an.[160] Betreuer sind im Rahmen ihres Aufgabenkreises regelmäßig auch Vertreter des Betreuten[161], so dass deren Kenntnis zuzurechnen ist, wenn das Wohnen zu dem übertragenen Aufgabenkreis gehört (→Rn. 60). Bei der Berechnung der Frist sind die Vorschriften der §§ 187ff. BGB zu beachten (vgl. § 186 BGB). Das bedeutet, dass gem. § 193 BGB die Ablehnungsfrist am nächsten Wochentag abläuft, wenn das eigentliche Fristende auf einen Feiertag, einen Samstag oder Sonntag fällt. Die Frist kann auch durch **Vereinbarung** mit dem Vermieter nicht verlängert werden; hierdurch würde unzulässig in die Rechte der nachrangig Eintrittsberechtigten bzw. des Erben eingegriffen werden. Da es sich nicht um eine prozessuale Frist handelt, ist eine Wiedereinsetzung in den vorigen Stand nicht möglich. Die Frist läuft auch, wenn eine Ungewissheit über den Fortbestand des Mietvertrages (etwa wegen fristloser Kündigung) erst nach deren Ablauf beseitigt wird.

59 Sind **mehrere Eintrittsberechtigte** vorhanden, kann jeder von ihnen das Ablehnungsrecht für sich ausüben (§ 563 Abs. 3 S. 3 BGB), eine gemeinsame Ablehnung ist nicht notwendig. Das kann zu unterschiedlichem Fristenlauf führen, wenn die Kenntnis vom Tod des Mieters zu unterschiedlichen Zeitpunkten eintritt. Aber auch bei gleichzeitiger Kenntniserlangung kann es in bestimmten Konstellationen dazu kommen, dass die Ablehnungsfrist schon abgelaufen ist, wenn das Eintrittsrecht relevant wird. Wenn nämlich der vorrangig eintrittsberechtigte Ehegatte oder Lebenspartner bis zum letzten Tag der Frist mit der Ablehnung wartet und der nachrangig Eintrittsberechtigte zur selben Zeit oder schon früher Kenntnis vom Tod erlangt hat, dann läuft dessen Ablehnungsfrist

155 Staudinger/*Rolfs* BGB § 563 Rn. 43.
156 Palandt/*Ellenberger* BGB Vor § 158 Rn. 13.
157 *Damrau* NZFam 2014, 513.
158 Staudinger/*Rolfs* BGB § 563 Rn. 39; aA Blank/Börstinghaus/*Blank* BGB § 564 Rn. 46 unter Verweis auf OLG Hamm WuM 1981, 263. Das Urteil des OLG Hamm bezieht sich jedoch auf die Vorgängernorm (§ 569 BGB aF), die nicht auf die positive Kenntnis abstellte, sondern auf den frühest zulässigen Kündigungstermin; daraus leitete das Gericht eine Erkundigungspflicht ab.
159 Siehe etwa Palandt/*Sprau* BGB § 819 Rn. 2.
160 BGH VIII ZR 105/17, NZM 2018, 325 Rn. 20.
161 Palandt/*Ellenberger* BGB Einl Vor § 104 Rn. 2a.

gleichzeitig mit der des Ehegatten bzw. Lebenspartners ab oder sie ist schon davor abgelaufen. Das Ablehnungsrecht des nachrangig Eintretenden besteht dann eigentlich nicht mehr. Ein solches streng am Wortlaut des Gesetzes orientiertes Ergebnis könnte ein nachrangig Eintrittsberechtigter nur vermeiden, wenn er seine Ablehnung bereits vorsorglich innerhalb der Monatsfrist erklären würde.[162] Das wäre zwar kein untragbarer Zustand, aber es dürfte nicht dem Willen des Gesetzgebers entsprechen. Das Gesetz spricht nämlich in § 563 Abs. 3 S. 1 BGB von der „eingetretenen Person", der ein Ablehnungsrecht zusteht. Der Eintritt wirkt auf den Zeitpunkt des Todes zurück, weswegen ein Eintrittsberechtigter ab dem Tod des Mieters eine eingetretene Person ist. Das ist aber nur eine *Fiktion,* um die Rechte und Pflichten aus dem Mietvertrag einem Rechtsnachfolger lückenlos zuordnen zu können. *Tatsächlich* erfolgt der Eintritt erst, wenn der vorrangig berechtigte Ehegatte bzw. Lebenspartner die Ablehnung erklärt hat und diese Erklärung durch Zugang gegenüber dem Vermieter wirksam wurde. Für die davor liegende Zeit der Rückwirkungsfiktion war er keine „echte" eingetretene Person, die sich Gedanken um ein Ablehnungsrecht machen konnte. Mit anderen Worten: Das Gesetz ist widersprüchlich, weil es einmal für die Person des Ablehnenden bestimmte Eigenschaften fordert, nämlich dass er eingetreten ist; zum anderen aber knüpft es den Lauf der Ablehnungsfrist an ein Ereignis, bei dem diese Eigenschaft möglicherweise noch nicht vorhanden ist. Um diesen Widerspruch aufzulösen ist das Gesetz deshalb dahingehend auszulegen, dass die **Ablehnungsfrist erst zu laufen beginnt,** wenn der Eintrittsberechtigte Kenntnis vom Tod des Mieters hat und vorrangig eintrittsberechtigte Personen die Ablehnung erklärt haben und diese Erklärung durch Zugang gegenüber dem Vermieter wirksam wurde.[163] Das entspricht iÜ auch der gesetzlichen Regelung in § 1944 Abs. 2 BGB für den ähnlichen Fall der Frist für die Ausschlagung einer Erbschaft.

Eine besondere Regelung enthält § 563 Abs. 3 S. 2 BGB für den Fristenlauf bei **Geschäftsunfähigen** und beschränkt Geschäftsfähigen. Dort wird § 210 BGB für entsprechend anwendbar erklärt. Bedeutung hat der Verweis aber nur, wenn kein gesetzlicher Vertreter existiert; ist das der Fall, kommt es gem. § 166 Abs. 1 BGB auf dessen Kenntnis an.[164] § 210 BGB ist iRd § 563 Abs. 3 S. 2 BGB praktisch so zu lesen, dass „Verjährungsfrist" durch „Ablehnungsfrist" ersetzt wird. Da die Ablehnungsfrist kürzer als 6 Monate ist, kommt es wegen § 210 Abs. 1 S. 2 BGB für die Dauer der Hemmung auf die Dauer der Ablehnungsfrist an. Das bedeutet iVm § 210 Abs. 1 S. 1 BGB, dass die Ablehnungsfrist nicht vor Ablauf eines Monats nach Eintritt der Geschäftsfähigkeit oder Bestellung eines gesetzlichen Vertreters (als Ende des Mangels der Vertretung) vollendet werden kann.[165] Bei dem Vertreter muss dann auch die Kenntnis vom Tod des Mieters vorhanden sein, erst dann beginnt der Fristenlauf.[166] Auf erwachsene Personen, für die ein Betreuer bestellt wurde, sind § 563 Abs. 3 S. 2, § 210 BGB nicht anwendbar. Denn einmal führt eine **Betreuung** nicht automatisch zur Geschäftsunfähigkeit[167]; diese ist vielmehr unabhängig von der Betreuung gem. §§ 104ff. BGB zu beurteilen. Zum anderen läge auch kein Mangel der Vertretung iSv § 210 Abs. 1 S. 1 BGB vor, da ein Betreuer im Rahmen seines Aufgabengebietes regelmäßig auch Vertreter des Betreuten ist.[168] Im Fall der Betreuung ist § 1907 BGB zu beachten, also die Genehmigung des Betreuungsgerichts notwendig. 60

Eine **Anfechtung** der Ablehnung des Eintritts ist genauso ausgeschlossen wie die Anfechtung des Eintritts selbst.[169] Bei letzterem fehlt es schon an einer Willenserklärung, die angefochten werden könnte. Für beide Fälle gilt, dass ein Recht zur Anfechtung nicht nur in die Vertragsbeziehung zum Vermieter eingreifen würde, sondern auch Folgen für den nachrangig Eintrittsberechtigten bzw. den Erben hätte. Je nach Konstellation würden sie eintreten oder ihr Eintritt würde wirkungslos, obwohl sie hiermit nicht mehr rechnen mussten und in ihren Wohnbedürfnissen möglicherweise schon anders disponiert haben. Das ist mit der Schutzfunktion des § 563 BGB nicht zu vereinbaren. Das Anfechtungsrecht gem. § 119 BGB muss deshalb – wie in einer Vielzahl anderer anerkannter Fälle[170] – teleologisch eingeschränkt werden. Die Vorschriften über die Erbschafts- 61

[162] So *Burkhardt* BB 1964, 776.
[163] IErg ebenso Staudinger/*Rolfs* BGB § 563 Rn. 41 (mwN auf die hM in Rn. 40).
[164] MüKoBGB/*Häublein* § 563 Rn. 24.
[165] MüKoBGB/*Häublein* § 563 Rn. 24.
[166] BGH VIII ZR 105/17, NZM 2018, 325 Rn. 20.
[167] Palandt/*Ellenberger* BGB § 104 Rn. 3, Einl Vor § 104 Rn. 2a.
[168] Palandt/*Ellenberger* BGB Einl Vor § 104 Rn. 2a.
[169] Staudinger/*Rolfs* BGB § 563 Rn. 42.
[170] MüKoBGB/*Armbrüster,* 8. Aufl. 2018, § 119 Rn. 14.

anfechtung, die eine Anfechtung nach §§ 119 ff. BGB nicht ausschließen, sondern nur ergänzen (zB um ein Anfechtungsrecht wegen Versäumung der Ausschlagungsfrist in § 1956 BGB[171]) stehen diesem Ergebnis nicht entgegen. Zwar handelt es sich bei dem Erbschaftsanfall und dessen Ausschlagung um nicht unähnliche Fallkonstellationen der Rechtsnachfolge kraft Gesetzes; letztlich ist die Interessenlage aber deswegen nicht vergleichbar, weil ein Wohnungsnutzer ein sehr viel größeres Interesse an der schnellen und sicheren Klärung seiner Wohnsituation hat als ein Erbe, der „nur" eine weitere Vermögensmasse erhält oder nicht. Abgesehen davon dürfte der häufigste Anlass zur Anfechtung die Unkenntnis von der gesetzlichen Sonderrechtsnachfolge sein. Rechtsunkenntnis ist aber generell kein Anfechtungsgrund.[172] Auch ein Kündigungsrecht gem. § 564 BGB besteht selbst dann nicht, wenn der Eintretende zugleich Erbe ist. Die Vorschrift setzt nämlich voraus, dass ein Eintritt gem. § 563 BGB gerade nicht erfolgt ist.[173] Ein Recht auf Wiedereinsetzung in den vorigen Stand scheitert daran, dass es sich nicht um eine prozessuale Frist handelt.[174]

### III. Herausgabepflichten und sonstige Folgen der Ablehnung

62 Wird die Ablehnung fristgerecht erklärt und gilt deshalb der Eintritt kraft gesetzlicher Fiktion (vgl. den Wortlaut in § 563 Abs. 3 S. 1 BGB) rückwirkend auf den Todeszeitpunkt als nicht erfolgt[175], so setzt entweder ein gleichrangig Eintrittsberechtigter den Vertrag alleine fort oder ein nachrangig Eintrittsberechtigter tritt in den Vertrag ein oder – falls Eintrittsberechtigte nicht existieren – der Erbe wird gem. § 564 BGB Rechtsnachfolger des Mieters.[176] Der Erbe hat kein Ablehnungsrecht, er kann aber gem. § 564 S. 2 BGB kündigen.

63 Als weitere Folge der Ablehnung ist der Eintrittsberechtigte zur **Herausgabe** (nicht Räumung, die schuldet nur der Vertragspartner eines wirksamen Mietvertrages, näher → BGB § 546 Rn. 6) der Wohnung verpflichtet, auch wenn er noch keine Ersatzwohnung hat.[177] Eine entsprechende Anwendung der §§ 574 ff. BGB ist mangels vergleichbarer Sachlage und mangels Schutzbedürftigkeit des Ablehnenden ausgeschlossen. Es kommt allerdings – bei prozessualer Durchsetzung des Herausgabeanspruchs – die Gewährung einer Räumungsfrist gem. § 721 ZPO in Betracht sowie ein zeitlicher Aufschub gem. § 242 BGB (→ Rn. 64).

64 Hinsichtlich der **herausgabeberechtigten Person** und der Anspruchsgrundlage ist zu differenzieren: Ist ein weiterer (gleich- oder nachrangiger) **Eintrittsberechtigter** vorhanden, der von seinem Ablehnungsrecht keinen Gebrauch gemacht hat, der also Sonderrechtsnachfolger des Mieters geworden ist, so hat die Herausgabe an diesen zu erfolgen. Die Rechtsgrundlage eines solchen Anspruchs ist nicht ohne weiteres offensichtlich, da es regelmäßig an vertraglichen Beziehungen fehlt. Gegebenenfalls kann der Eintretende einen Anspruch aus unerlaubter Handlung gem. § 823 BGB geltend machen, weil der Ablehnende sich durch den Verbleib in der Wohnung ein Besitzrecht anmaßt, das ihm nicht zusteht; der Schadensersatzanspruch ist auf Wiederherstellung eines rechtmäßigen Zustandes durch Besitzaufgabe gerichtet.[178] Auch Besitzschutzansprüche gem. §§ 861 ff. BGB kommen in Betracht, soweit § 866 BGB nicht entgegensteht. Schließlich sind Ansprüche auf und aus Auflösung einer Gemeinschaft gem. §§ 741 ff. BGB, die sich nach dem Tod des Mieters zwi-

---

[171] Eine analoge Anwendung dieser Vorschrift befürwortet AnwK WohnraummietR/*Lammel* BGB § 563 Rn. 45 und wohl auch *Sternel* ZMR 2004, 717; dagegen *Hinz* ZMR 2002, 643, der die Rechtsunsicherheit für den Vermieter betont und zu Recht darauf hinweist, dass der Eintretende, der die Ablehnungsfrist versäumt, idR innerhalb der kurzen Frist des § 573c Abs. 1 BGB kündigen kann.

[172] Staudinger/*Rolfs* BGB § 563 Rn. 42.

[173] Staudinger/*Rolfs* BGB § 563 Rn. 42.

[174] AllgM, vgl. Staudinger/*Rolfs* BGB § 563 Rn. 42.

[175] Staudinger/*Rolfs* BGB § 563 Rn. 43.

[176] MüKoBGB/*Häublein* § 563 Rn. 25.

[177] Der Gerichtsstand für eine solche Klage bestimmt sich unabhängig von der Anspruchsgrundlage für ein solches Herausgabeverlangen nach § 29a ZPO, § 23 Nr. 2a GVG; die Sachlage ist insoweit ähnlich einem von Anfang an nichtigen Mietvertrag, vgl. hierzu Zöller/*Vollkommer* ZPO § 29a Rn. 13.

[178] So auch AG Berlin-Charlottenburg GE 2018, 1284; vgl. allg. zu deliktischen Ansprüchen bei Besitzverletzung Palandt/*Sprau* BGB § 823 Rn. 13, Vor § 823 Rn. 16, 28; Blank/Börstinghaus/*Blank* BGB § 563 Rn. 57 *möchte § 2018 BGB* (Herausgabeanspruch gegen den Erbschaftsbesitzer) analog anwenden; eine solche Analogie ist aber angesichts der deliktischen Ansprüche nicht notwendig und wird iÜ in vergleichbarer Konstellation für den vorläufigen Erben, der die Erbschaft ausgeschlagen hat, abgelehnt (vgl. Palandt/*Edenhofer* BGB § 2018 Rn. 8).

schen den verbliebenen Nutzern gebildet hat[179], denkbar. Aus diesem Gemeinschaftsverhältnis lassen sich zwanglos **Rücksichtspflichten** bei dem Verlangen auf Auflösung herleiten (etwa das Verbot der Kündigung zur Unzeit oder ein zeitlicher Aufschub[180]), die gem. § 242 BGB auch im Rahmen von deliktischen oder besitzschutzrechtlichen Ansprüchen zu berücksichtigen sind. Ist ein weiterer Eintrittsberechtigter nicht vorhanden, so wird der **Erbe** gem. § 564 BGB Mieter und kann die Herausgabe an sich verlangen; hier kommt neben den genannten Ansprüchen aus Besitz, Delikt und Gemeinschaft auch die Anwendung von § 2018 BGB in Betracht. Der **Vermieter** (Eigentümer) kann hingegen von dem Eintrittsberechtigten, der den Eintritt abgelehnt hat, nicht gem. § 985 BGB verlangen, die Wohnung an den (anderen) Eintretenden oder den Erben herauszugeben; solange die Gemeinschaft gem. § 741 ff. BGB nicht aufgelöst ist, hat der Ablehnende nämlich ein Besitzrecht gem. § 986 Abs. 1 BGB. Für ein solches Recht des Vermieters besteht auch kein Bedürfnis, da er selbst dann nicht gegenüber dem endgültig Eintretenden gegen seine Gebrauchsüberlassungspflichten verstößt, wenn ein Ablehnender den Auszug verweigert. Denn der Eintretende übernimmt das Mietverhältnis so, wie es beim Tod des Mieters bestanden hat, also auch mit allen zum Haushalt gehörenden Personen. Wenn eine von ihnen das ursprünglich vom Mieter abgeleitete Nutzungsrecht verliert, so betrifft das allein das Innenverhältnis der Bewohner (ähnlich wie bei eigentlich vorübergehenden Besuchern, die sich dann weigern, die Wohnung zu verlassen).

Ist das **Mietverhältnis insgesamt beendet,** weil alle Eintrittsberechtigten abgelehnt und der **65**
Erbe oder der Vermieter den Vertrag gekündigt haben (etwa nach § 564 BGB), dann ist der Erbe dem Vermieter gem. § 546 BGB zur **Räumung** verpflichtet. Der Erbe ist nämlich nach der Ablehnung der Eintrittsberechtigten Mieter geworden und hat deshalb wie ein Mieter auch die Abwicklungspflichten nach Beendigung des Vertrages zu erfüllen. Der Vermieter kann daneben gegen den Eintrittsberechtigten, der nach seiner Ablehnung Besitzer geblieben ist, aus § 985 BGB vorgehen; dem Erben stehen die erwähnten Ansprüche aus Delikt, Besitz, Gemeinschaft oder § 2018 BGB zu.

Die Fiktion, dass bei Ablehnung der Eintritt rückwirkend auf den Todeszeitpunkt als nicht erfolgt **66**
gilt, hat auch Folgen für die **Haftung für Ansprüche, die nach dem Tod des Mieters entstanden sind.** Der Ablehnende haftet dem Vermieter für diese Forderungen letztendlich nicht.[181] Er kann dem Eintretenden bzw. dem Erben aus Bereicherungsrecht aber im Innenverhältnis verpflichtet sein.[182] Hat der Ablehnende vor der Ablehnung Leistungen an den Vermieter erbracht, so entfällt mit der Ablehnung der Rechtsgrund hierfür und der Ablehnende kann sie gem. § 812 BGB zurückverlangen[183] und zwar wegen des Vorrangs der Leistungsbeziehung nur vom Vermieter, nicht vom nachrangig Eintretenden.[184] Der Rechtsgrund entfällt wegen der Fiktion des § 563 Abs. 3 S. 1 BGB rückwirkend. Das hat zur Folge, dass der Eingetretene bis zur Ablehnungserklärung Mieter ist und vom Vermieter in Anspruch genommen werden kann; im Einzelfall kann eine solche Inanspruchnahme des Vermieters während des Laufs der Ablehnungsfrist aber treuwidrig sein (dolo-agit-Einrede, weil der Vermieter nach der Ablehnung sofort das wieder herausgeben müsste, was er erlangt hat).[185] Der Anspruch des Vermieters gegen den Eingetretenen erlischt mit Zugang der Ablehnungserklärung.[186] Der Haftungsfortfall nach Ausspruch der Ablehnung gilt aber nur für vertragliche Ansprüche; außervertragliche Ansprüche stehen dem Vermieter auch nach einer Ablehnung zu.

---

[179] Die Bildung einer GbR ist ebenfalls möglich, es dürfte aber meist an dem notwendigen Erfordernis der Verfolgung eines gemeinsamen Zwecks fehlen; vgl. allg. dazu *Streyl* NZM 2011, 380; *Jacobs* NZM 2008, 111, *Grunewald* JZ 2015, 1027 und *Wiek* WuM 2009, 491 (492). Sollte ausnahmsweise eine GbR vorliegen, sind die Folgen aber ähnlich wie bei einer Gemeinschaft.

[180] Palandt/*Sprau* BGB § 749 Rn. 4.

[181] AA Staudinger/*Rolfs* BGB § 563 Rn. 43, der offenbar *Sternel* ZMR 2004, 717 missverstanden hat und sich deshalb zu Unrecht auf ihn beruft. Der von *Rolfs* angenommene Bereicherungsanspruch scheitert schon daran, dass der Vermieter immer einen vertraglichen Anspruch hat – entweder gegenüber einen anderen Eintretenden oder gegenüber dem Erben.

[182] IErg ebenso AnwK WohnraummietR/*Lammel* BGB § 563 Rn. 43, der den Anspruch aber auf eine unnötige analoge Anwendung der §§ 2020, 2021 BGB stützen will. Die Leistungskondiktion führt genauso zum Ziel, da sich die Nutzungsüberlassung auf Grund der Rückwirkungsfiktion des Eintritts bzw. der Ablehnung als Leistung des Eingetretenen bzw. des Erben darstellt.

[183] *Sternel* ZMR 2004, 717 der sich aber auch für die Konstruktion eines vorläufigen Mietverhältnisses ausspricht. Das passt jedoch nicht zu der gesetzlichen Fiktion der Rückwirkung der Ablehnung.

[184] MüKoBGB/*Häublein* § 563 Rn. 21.

[185] Staudinger/*Rolfs* BGB § 563b Rn. 8; MüKoBGB/*Häublein* § 563b Rn. 4.

[186] MüKoBGB/*Häublein* § 563b Rn. 4.

## E. Kündigungsrecht des Vermieters (Abs. 4)

67 Genauso wie das Gesetz dem Eintrittsberechtigten nach dem Tod des Mieters die Fortführung des Mietvertrages nicht aufzwingen will und ihm deshalb in § 563 Abs. 3 BGB das Ablehnungsrecht gewährt, möchte es verhindern, dass der Vermieter über den Eintritt nach § 563 BGB einen unzumutbaren Mieter akzeptieren muss. § 563 Abs. 4 BGB sieht deshalb zugunsten des Vermieters ein außerordentliches Kündigungsrecht mit gesetzlicher Frist (§ 573d BGB) vor. Diese Intention des Gesetzgebers führt dazu, dass auch gem. § 575 Abs. 1 BGB befristete Mietverträge gekündigt werden können sowie solche, für die ein befristeter Kündigungsausschluss vereinbart wurde.[187] In letzteren Fällen ist zu prüfen, ob der Kündigungsausschluss auch außerordentliche Kündigungsrechte wie dasjenige nach § 573d BGB erfassen sollte, was allerdings nur eingeschränkt möglich ist (→ BGB § 575 Rn. 66). Weiterhin hat die Intention des Gesetzgebers Auswirkungen auf die Anforderungen an den Kündigungsgrund. § 563 Abs. 4 BGB ist gem. § 1568a Abs. 3 S. 2 BGB entsprechend anwendbar bei der Wohnungsüberlassung bzw. Wohnungszuweisung anlässlich eines Scheidungsverfahrens.

### I. Wichtiger Grund

68 Gemäß § 563 Abs. 4 BGB kann der Vermieter außerordentlich mit gesetzlicher Frist kündigen, wenn in der Person des Eingetretenen ein wichtiger Grund vorliegt. Um der Vorschrift einen eigenständigen Anwendungsbereich zu verschaffen, kann der wichtige Grund auf der einen Seite nicht identisch sein mit dem berechtigten Interesse gem. § 573 BGB, auf der anderen Seite aber auch nicht mit den Anforderungen an die außerordentlichen Kündigungsgründe der §§ 543, 569 BGB. Der wichtige Grund iSd § 563 Abs. 4 BGB muss sich vielmehr an dem gesetzgeberischen Zweck der Vorschrift orientieren, nämlich zu verhindern, dass dem Vermieter ein unzumutbarer Mieter aufgezwungen wird.[188] Hierüber besteht weitgehend Einigkeit, genauso wie darüber, dass die Interessenlage derjenigen bei der **Erlaubnis einer Untermiete** (§ 540 Abs. 1 S. 2, § 553 Abs. 1 S. 2 BGB) in etwa **vergleichbar** ist.[189] Es kommt also auf die Prognose der zukünftigen Entwicklung des Mietverhältnisses an.[190] Neben dem wichtigen Grund gem. § 563 Abs. 4 BGB ist das Vorhandensein eines berechtigten Kündigungsinteresses gem. § 573 BGB nicht erforderlich. Zwar gilt für die Kündigung gem. § 563 Abs. 4 BGB wie für alle außerordentlichen Kündigungen mit gesetzlicher Frist die Vorschrift des § 573d BGB, die in Abs. 1 die entsprechende Anwendung des § 573 BGB vorsieht. Dieser Verweis ist aber so zu verstehen, dass das berechtigte Interesse des § 573 BGB mit dem Vorhandensein eines wichtigen Grundes gem. § 563 Abs. 4 BGB erfüllt ist[191], weil § 563 Abs. 4 BGB ansonsten leerlaufen würde und seinen Schutzzweck zugunsten des Vermieters nicht erfüllen könnte.[192] Im Einzelnen gilt zum wichtigen Grund folgendes:

69 Ein wichtiger Grund liegt vor, wenn dem Vermieter die Fortsetzung des Vertrages gerade mit dem Eingetretenen **nicht zugemutet** werden kann und die Umstände hierfür **in der Person des Eingetretenen** liegen.[193] Ein Verschulden des Eingetretenen ist nicht erforderlich. Die Unzumutbarkeit muss auf konkreten, objektiven und nachgewiesenen[194] Anhaltspunkten beruhen, die die Erwartung rechtfertigen, das Mietverhältnis werde sich für den Vermieter als nicht tragbar erweisen[195]; bloße subjektive Befürchtungen des Vermieters reichen nicht aus. Danach genügt bspw. das mehrmonatige Verschweigen des Todes des Mieters[196], eine persönliche Feindschaft zwischen dem

---

[187] Blank/Börstinghaus/*Blank* BGB § 563 Rn. 62.
[188] So ist auch wohl BGH VIII ZR 105/17, NZM 2018, 325 Rn. 28 zu verstehen.
[189] BGH VIII ZR 254/09, NZM 2015, 207; MüKoBGB/*Häublein* § 563 Rn. 26f. mwN; krit., aber iErg ähnlich *Sternel* ZMR 2004, 718.
[190] *Blank* LMK 2013, 347492.
[191] MüKoBGB/*Häublein* § 563 Rn. 26f. mwN; iErg ebenso, aber ohne Erwähnung der Problematik BGH VIII ZR 213/12, NJW 2013, 1806; aA unter Bezugnahme auf die Verweisung in § 573d Abs. 1 BGB auf § 573 BGB *Wiek* WuM 2013, 493.
[192] Ähnlich *Hinz* ZMR 2002, 643.
[193] *BGH VIII ZR 213/12*, NJW 2013, 1806 Rn. 13; BGH VIII ZR 254/09, WuM 2010, 431 Rn. 6.
[194] BGH VIII ZR 105/17, NZM 2018, 325 Rn. 33.
[195] *Sternel* ZMR 2004, 718; ähnlich *Blank* LMK 2013, 347492.
[196] AG München WuM 2017, 282.

Vermieter oder anderen Mietern und dem Eingetretenem[197] oder erhebliche tatsächliche oder rechtliche Auseinandersetzungen zwischen ihnen. Gleiches gilt bei konkreten Anhaltspunkten, die – etwa wegen Vorfällen in der Vergangenheit – eine erhebliche Störung des Hausfriedens in der Zukunft befürchten lassen oder bei einem anstößigen Lebenswandel des Eingetretenen[198] oder bei einer unerlaubten, weil nach außen in Erscheinung tretenden gewerblichen Nutzung der Mietwohnung.[199] Die bloße Verurteilung zu Strafhaft oder eine Drogenabhängigkeit reichen aber nicht aus, wenn der Eingetretene sich ansonsten beanstandungsfrei in die Mietergemeinschaft eingefügt hat[200]; bei besonderen Delikten (etwa schweren Gewalt- oder Sexualdelikten) dürfte eine andere Wertung möglich oder gar angebracht sein. Auch die Zugehörigkeit zu einer bestimmten (Rand-)Gruppe berechtigt aber für sich genommen nicht zu einer Kündigung[201], notwendig ist vielmehr die Gefahr konkreter Störungen. Derartige Gründe rühren meist aus Erfahrungen der Vergangenheit und berechtigen oft auch zu einer außerordentlichen Kündigung gem. § 543 BGB. Da der Eingetretene schon vor dem Eintritt in der Wohnung gewohnt haben muss (ansonsten wäre er mangels gemeinsamer Haushaltsführung nicht eintrittsberechtigt gewesen), hätte der Vermieter möglicherweise schon in der Vergangenheit die Möglichkeit gehabt, das Mietverhältnis durch Kündigung zu beenden. Hat er das trotz dieser Möglichkeit nicht getan, *kann* das zu der Wertung Anlass geben, einen wichtigen Grund iSv § 563 Abs. 4 BGB zu verneinen, weil der Vermieter durch ein Unterlassen der außerordentlichen Kündigung gem. § 543 BGB gezeigt hat, ihm sei die Fortsetzung des Vertrages nicht unzumutbar (Rechtsgedanke des § 314 Abs. 3 BGB). Solche Wertungen sind möglich und mE regelmäßig angebracht[202], sie dürfen aber nicht schematisch erfolgen. Denn es geht bei der Kündigung nach § 563 BGB darum, den Eingetretenen als künftigen Vertragspartner zu bewerten, wohingegen das Fehlverhalten der Vergangenheit aus seiner Stellung als Wohnungsnutzer beurteilt wurde. Der Vermieter kann etwa in der Vergangenheit aus Rücksicht auf die Person des (verstorbenen) Mieters auf eine Kündigung verzichtet haben, nach Wegfall dieser Loyalitätspflicht aber zur Fortsetzung des Vertrages nicht bereit sein. Eine ***objektiv feststehende*** **finanzielle Leistungsunfähigkeit** des Eingetretenen kann einen wichtigen Grund darstellen; Voraussetzung hierfür ist aber neben der Leistungsunfähigkeit selbst regelmäßig eine **Unzumutbarkeit** für den Vermieter, solange zuzuwarten, bis die Voraussetzungen einer Kündigung wegen Zahlungsverzugs nach § 543 Abs. 2 S. 1 Nr. 3 BGB erfüllt sind.[203] Eine auf eine nur ***drohende*** **finanzielle Leistungsunfähigkeit** oder eine „gefährdet erscheinende" Leistungsfähigkeit gestützte Unzumutbarkeit der Fortsetzung des Mietverhältnisses stellt nur im Ausnahmefall, nämlich nur dann einen Kündigungsgrund nach § 563 Abs. 4 BGB dar, wenn sie auf konkreten Anhaltspunkten und objektiven Umständen beruht, die nicht bloß die Erwartung rechtfertigen, sondern vielmehr den zuverlässigen Schluss zulassen, dass fällige Mietzahlungen alsbald ausbleiben werden; solche Anhaltspunkte fehlen dann, wenn Geldquellen vorhanden sind, die die Erbringung der Mietzahlungen sicherstellen, wie dies etwa bei staatlichen Hilfen, sonstigen Einkünften (auch Untermieteinnahmen) oder vorhandenem Vermögen der Fall ist.[204] Für die Annahme einer finanziellen Gefährdung reicht es nicht allein aus, dass der Eingetretene sich in einem Ausbildungsverhältnis befindet.[205] Die Unzumutbarkeit kann etwa darin liegen, dass die Mietwohnung fremdfinanziert und der Vermieter aus diesem Grund oder zur Bestreitung seines Lebensunterhalts auf die pünktliche und vollständige Erbringung der Mietzahlungen angewiesen ist, oder darin, dass schon in dem ursprünglichen Mietverhältnis Zahlungsrückstände aufgelaufen sind, weil die finanziellen Mittel des Mieters und des nunmehr Eingetretenen für die Begleichung der Miete nicht ausgereicht haben.[206] Bei mehreren Eingetretenen bzw. beim Vorhandensein weiterer Mieter (→ Rn. 15) ist darauf abzustellen, ob die Zahlung der Miete insgesamt gesichert erscheint oder nicht.[207] Ein wichtiger Grund liegt ebenfalls vor, wenn der Eingetretene nicht über eine erfor-

[197] AllgM, vgl. nur Blank/Börstinghaus/*Blank* BGB § 563 Rn. 64ff.
[198] *Hinz* ZMR 2002, 643.
[199] BGH VIII ZR 213/12, NJW 2013, 1806; krit. hierzu *Blank* LMK 2013, 347492, weil nach dem Sachverhalt nicht für die Zukunft mit einer Fortsetzung der gewerblichen Nutzung zu rechnen gewesen sei.
[200] BGH VIII ZR 254/09, WuM 2010, 431; AG Hamburg-Barmbek 15.1.2009 – 822 C 456/07, BeckRS 2010, 15637.
[201] *Sternel* ZMR 2004, 718.
[202] So auch AnwK WohnraummietR/*Lammel* BGB § 563 Rn. 54; aA *Sternel* ZMR 2004, 718.
[203] BGH VIII ZR 105/17, NZM 2018, 325 Rn. 28.
[204] BGH VIII ZR 105/17, NZM 2018, 325 Rn. 36.
[205] BGH VIII ZR 105/17, NZM 2018, 325 Rn. 45.
[206] BGH VIII ZR 105/17, NZM 2018, 325 Rn. 33.
[207] BGH VIII ZR 105/17, NZM 2018, 325 Rn. 26.

derliche **Wohnberechtigung** verfügt[208]; zur Frage, wann ein Eingetretener einen Wohnberechtigungsschein benötigt → Rn. 10. **Wichtige Gründe außerhalb der Person des Eingetretenen** gewähren kein Kündigungsrecht. Das gilt etwa für die Fälle, dass die Wohnung (auch eine Genossenschaftswohnung[209]) nach dem Tod des Mieters unterbelegt ist[210] oder dass der Eingetretene die Wohnung nicht benötigt, weil er noch über eine weitere Wohnung verfügt.[211] In beiden Konstellationen ist nämlich nicht die Person des Eingetretenen unzumutbar, es hat sich vielmehr die Wohnsituation verändert. Weigert sich allerdings der Eingetretene bei einer **Genossenschaftswohnung,** der Wohnungsgenossenschaft beizutreten, so stellt dies einen wichtigen Grund dar.[212] Die Unzumutbarkeit der Vertragsfortsetzung liegt schon allein darin, dass Wohnungsgenossenschaften bei Einnahmen aus Fremdnutzung (Nutzung durch Personen, die nicht Genossenschaftsmitglieder sind) zu mehr als 10% ihre Steuerbefreiung von der Körperschafts- und Gewerbesteuerpflicht verlieren können.[213] Deshalb muss es auch ausreichen, wenn der Beitritt zur Genossenschaft aus anderen Gründen als dem entgegenstehenden Willen des Eingetretenen scheitert – etwa an besonderen Satzungsbestimmungen der Genossenschaft[214] oder am finanziellen Unvermögen, die Genossenschaftsanteile zu bezahlen.[215] Das bloße Fehlen einer Genossenschaftsmitgliedschaft reicht hingegen nicht aus[216], solange ein Beitritt nicht ausgeschlossen ist. Die Sachlage ist vergleichbar derjenigen, in der der Eingetretene nicht über eine erforderliche Wohnberechtigung verfügt.

## II. Mehrere Eintretende bzw. Mieter

70 Treten mehrere Personen in den Vertrag ein oder gibt es neben dem Eingetretenen weitere Mieter, so stellt sich die Frage, ob und wem gegenüber dem Vermieter das Kündigungsrecht zusteht. Kann er nur dem Eingetretenen kündigen, in dessen Person ein wichtiger Grund vorliegt, oder kann/muss das Mietverhältnis insgesamt, also allen gegenüber gekündigt werden? Letzteres ist richtig[217], auch wenn es für beide Positionen gewichtige Argumente gibt. Grundsätzlich kann ein Mietvertrag nur einheitlich allen Mietern gekündigt werden, Teilkündigungen sind unwirksam.[218] Dem Gesetzgeber wäre es allerdings nicht verwehrt, Teilkündigungen zuzulassen. Eine solche Zulassung könnte man darin sehen, dass jeder Eintretende das Ablehnungsrecht nach § 563 Abs. 3 S. 3 BGB für sich ausüben kann. Wenn man das Kündigungsrecht als Pendant zum Ablehnungsrecht versteht, spricht viel für die Teilbarkeit der Kündigung in diesen Fällen[219], dies zumal, als es gegenüber den anderen Eingetretenen unbillig sein kann, ihnen den Schutz des § 563 BGB zu versagen, weil ein anderer Eintrittsberechtigter für den Vermieter unzumutbar ist. Bei näherer Betrachtung überzeugt das aber nicht. Das Gesetz hat nämlich die Rechte von Eingetretenen und Vermieter gerade nicht gleichartig ausgestaltet, sondern dem Vermieter ein Kündigungsrecht gewährt anstatt eines Ablehnungsrechtes.[220] Die Unteilbarkeit der Kündigung muss jedoch ggf. bei

---

[208] *Sternel* ZMR 2004, 718; LG Koblenz WuM 1987, 201.

[209] OLG Karlsruhe NJW 1984, 2584; LG Köln WuM 1994, 23; allerdings kommt in diesen Fällen eine Kündigung gem. § 573 BGB in Betracht.

[210] AG Hamburg-Barmbek 15.1.2009 – 822 C 456/07, BeckRS 2010, 15637; Blank/Börstinghaus/*Blank* BGB § 563 Rn. 64ff. Möglicherweise besteht in diesen Fällen aber ein Kündigungsrecht nach § 573 BGB. Für eine Kündigung gem. § 563 BGB: OLG Stuttgart WuM 1991, 379; LG Köln WuM 1994, 23; *Kinne* GE 2008, 1610.

[211] Staudinger/*Rolfs* BGB § 563 Rn. 50; aA LG Nürnberg-Fürth WuM 1985, 228 für den Spezialfall, dass der Eingetretene bei derselben Wohnungsgenossenschaft über eine weitere Wohnung verfügte; hier kann man in der Tat im Hinblick auf die genossenschaftliche Treuepflicht einen wichtigen Grund bejahen.

[212] OLG Hamburg ZMR 2021, 110; LG Köln WuM 1994, 23; *Kinne* GE 2008, 1610 und wohl auch BGH VIII ZR 254/09, WuM 2010, 431 Rn. 7.

[213] OLG Hamburg ZMR 2021, 110; s. zu der steuerrechtlichen Lage auch *Drasdo* NZM 2012, 593; *Roth* DMT-Bilanz 2011, 790.

[214] So wohl auch *Roth* DMT-Bilanz 2011, 792.

[215] OLG Hamburg ZMR 2021, 110.

[216] OLG Hamburg ZMR 2021, 110; AG Hamburg-Barmbek 15.1.2009 – 822 C 456/07, BeckRS 2010, 15637; offen lassend BGH VIII ZR 254/09, WuM 2010, 431 Rn. 7.

[217] HM, vgl. BGH VIII ZR 105/17, NZM 2018, 325 Rn. 22 mwN; aA AnwK WohnraummietR/*Lammel* BGB § 563 Rn. 53; *Eckert* GS Sonnenschein, 2003, 313 (326).

[218] Siehe → BGB § 542 Rn. 91.

[219] *So Sternel ZMR 2004, 718.*

[220] BGH VIII ZR 105/17, NZM 2018, 325 Rn. 22; s. ergänzend die weitergehende Analyse unter Berücksichtigung des (zu verneinenden) Schutzbedürfnisses der übrigen Eintretenden bei → 13. Aufl. 2017, BGB § 563 Rn. 70.

den Anforderungen an die Bejahung des wichtigen Kündigungsgrundes gem. § 563 Abs. 4 BGB berücksichtigt werden. Die Fortsetzung des Mietverhältnisses muss insgesamt unzumutbar werden.

Ähnliche Erwägungen gelten für den Fall, dass einer von mehreren Mietern gestorben ist und die verbliebenen Mieter mit einem Eintretenden den Vertrag fortsetzen (zu diesen Konstellationen → Rn. 15). Besteht in der Person des Eintretenden ein wichtiger Grund iSd § 563 Abs. 4 BGB, so beendet die Kündigung des Vermieters auch den Vertrag mit den übrigen Mietern.[221] Die Gegenmeinung[222] argumentiert zu Unrecht damit, dass die mit der Sonderrechtsnachfolge verbundene Kündigungsmöglichkeit des Vermieters nicht zu Lasten eines Mitmieters gehen dürfe; dabei wird verkannt, dass es eine solche Folgewirkung auch bei der außerordentlichen Kündigung von Mietverträgen gem. § 543 BGB gibt, außerdem ist das Schutzbedürfnis des Mitmieters in diesen Konstellationen, wie ausgeführt, regelmäßig nicht hoch. 71

### III. Form und Frist

Für die Kündigung gem. § 563 Abs. 4 BGB gelten dieselben allgemeinen Voraussetzungen wie für andere Kündigungen von Wohnraummietverhältnissen einschließlich des Schriftformerfordernisses gem. § 568 BGB; auf die Kommentierungen zu §§ 542, 568 BGB kann verwiesen werden. Bei mehreren Mietern muss gegenüber allen gekündigt werden.[223] Im Übrigen sind die Regeln des § 573d BGB anzuwenden, da es sich um eine außerordentliche Kündigung mit gesetzlicher Frist handelt.[224] Die gesetzliche Kündigungsfrist ist diejenige des § 573d Abs. 2 BGB. Trotz des Verweises in § 573d Abs. 1 BGB auf § 573 BGB muss der Vermieter kein berechtigtes Interesse an der Beendigung des Mietvertrages iSv § 573 Abs. 1, 2 BGB haben; es reicht vielmehr das Vorhandensein des wichtigen Grundes gem. § 563 Abs. 4 BGB (Einzelheiten → Rn. 68). Dieser Kündigungsgrund ist in dem Kündigungsschreiben anzugeben (§ 573d Abs. 1 BGB iVm § 573 Abs. 3 BGB). Obwohl in dem Verweis in § 573d Abs. 1 BGB nicht ausdrücklich erwähnt, gilt auch für die Beendigung des Mietvertrages durch außerordentliche Kündigung mit gesetzlicher Frist die **Sozialklausel** der §§ 574–574d BGB (Widerspruch zur Kündigung und ggf. Fortsetzung des Mietverhältnisses).[225] Hierbei kann sich der Eingetretene uU auf Härten in der Person solcher Familienangehöriger berufen, die ebenfalls eintrittsberechtigt waren, den Eintritt aber abgelehnt haben, wenn die Ablehnung nicht deshalb erfolgte, weil eine Fortsetzung des Wohnens nicht erfolgen sollte, sondern weil eine Haftung für die Verbindlichkeiten vermieden werden sollte. 72

Die Kündigung gem. § 563 Abs. 4 BGB kann nur innerhalb einer bestimmten **Frist** ausgeübt werden, nämlich innerhalb eines Monats, nachdem der Vermieter von dem endgültigen Eintritt in das Mietverhältnis Kenntnis erlangt hat. Sichere Kenntnis erlangt der Vermieter erst, wenn er die Person des Eintrittsberechtigten sowie die Tatsachen kennt, die Voraussetzung des Eintrittsrechts sind (ggf. durch Sterbeurkunde nachgewiesener Tod des Mieters[226], Beziehung zum verstorbenen Mieter, gemeinsame Haushaltsführung), und wenn außerdem die Ablehnungsfrist abgelaufen ist; bei mehreren (gleichrangig) Eingetretenen müssen wegen der einheitlichen Kündigung des gesamten Mietverhältnisses (→ Rn. 70) alle Ablehnungsfristen abgelaufen sein, nicht allerdings die Ablehnungsfristen von bloß nachrangig Eintritts*berechtigten*. Erkundigungspflichten des Vermieters bestehen aus den gleichen Gründen nicht, aus denen auch der Eintrittsberechtigte nicht um Kenntnis vom Tod des Mieters bemühen muss (→ Rn. 58). Die Frist kann schon vor Übergabe der Wohnung zu laufen beginnen, wenn der Mieter zwischen Vertragsschluss und (geplanter) Übergabe stirbt. Der Vermieter kann trotz des Wortlauts von § 563 Abs. 4 BGB die Kündigung schon vor Ablauf der Ablehnungsfrist erklären[227]; das Zuwarten wäre Förmelei und entgegenstehende Belange des Eingetretenen sind nicht schutzwürdig, wenn die Kündigungsfrist ab dem Ablauf der Ablehnungsfrist gerechnet wird. 73

---

221 MüKoBGB/*Häublein* § 563 Rn. 29.
222 Staudinger/*Rolfs* BGB § 563 Rn. 52.
223 BGH VIII ZR 105/17, NZM 2018, 325 Rn. 19.
224 BGH VIII ZR 105/17, NZM 2018, 325 Rn. 23.
225 AllgM, → BGB § 573d Rn. 7.
226 AG München WuM 2017, 282.
227 AnwK WohnraummietR/*Lammel* BGB § 563 Rn. 55; aA *Sternel* ZMR 2004, 717.

## F. Abweichende Vereinbarungen (Abs. 5)

74 Gemäß § 563 Abs. 5 BGB sind (auch individualvertragliche) Abweichungen von § 563 BGB zum Nachteil des Mieters[228] und der nach § 563 Abs. 1, 2 BGB privilegierten Personen unwirksam. Das erfasst bspw. Vereinbarungen, die den Kreis der privilegierten Personen einschränken, die ihren Eintritt von weiteren Voraussetzungen abhängig machen oder die Rangfolge des Eintritts ändern, und auch Vereinbarungen, die das Ablehnungsrecht erschweren oder die das Kündigungsrecht des Vermieters ausweiten.[229] Eine Abweichung von mittelbar über den Verweis auf § 573d BGB geltenden Vorschriften (etwa § 568 BGB) ist ebenfalls unzulässig[230], genauso eine Regelung, nach der ein Mietvertrag mit dem Tod des Mieters enden soll.[231] Der verstorbene Mieter darf über seine Mieterstellung nicht testamentarisch verfügen.[232] Abweichungen zu Gunsten des Mieters bzw. der privilegierten Personen sowie zu Lasten des Vermieters sind hingegen zulässig.

## G. Beweislast

75 Entsprechend den allgemeinen Regeln muss derjenige, der Rechtsfolgen aus einem Eintritt herleiten will, die Voraussetzungen des Eintritts darlegen und beweisen.[233] Die Personen gem. § 563 Abs. 1, 2 BGB müssen also beweisen, dass sie zum privilegierten Personenkreis gehören und einen gemeinsamen Haushalt geführt haben.[234] Pauschale Behauptungen reichen hierzu nicht, es müssen vielmehr hinreichend Indizien vorgetragen werden, um subsumieren zu können; unerträgliche Nachforschungen in der Intimsphäre sind aber nicht veranlasst.[235] Der Ablehnende muss die Abgabe der Ablehnungserklärung und deren rechtzeitigen Zugang beweisen, wenn er sich auf die Ablehnung beruft; macht der Vermieter die Folgen der Ablehnung geltend, so trägt er die Beweislast. Die Voraussetzungen des Kündigungsrechts gem. § 563 Abs. 4 BGB muss der Vermieter beweisen.[236]

---

[228] Siehe allg. zu halbzwingenden Normen *Lehmann-Richter* WuM 2010, 3.
[229] MüKoBGB/*Häublein* § 563 Rn. 32.
[230] Staudinger/*Rolfs* BGB § 563 Rn. 57.
[231] MüKoBGB/*Häublein* § 563 Rn. 32.
[232] AnwK WohnraummietR/*Lammel* BGB § 563a Rn. 20.
[233] *BGH VIII ARZ 6/92, NJW 1993, 999.*
[234] AG Düsseldorf ZMR 2014, 294; AG München ZMR 2020, 41.
[235] BGH VIII ARZ 6/92, NJW 1993, 999; AG Düsseldorf ZMR 2014, 294.
[236] LG Köln WuM 1994, 23.

## § 563a Fortsetzung mit überlebenden Mietern

**(1) Sind mehrere Personen im Sinne des § 563 gemeinsam Mieter, so wird das Mietverhältnis beim Tod eines Mieters mit den überlebenden Mietern fortgesetzt.**

**(2) Die überlebenden Mieter können das Mietverhältnis innerhalb eines Monats, nachdem sie vom Tod des Mieters Kenntnis erlangt haben, außerordentlich mit der gesetzlichen Frist kündigen.**

**(3) Eine abweichende Vereinbarung zum Nachteil der Mieter ist unwirksam.**

**Systematische Übersicht**



### A. Allgemeines

1 § 563a BGB baut auf § 563 BGB auf.[1] Zu Regelungszweck und Systematik, zu Entstehungsgeschichte und Übergangsrecht sowie zum sachlichen, zeitlichen und personellen Anwendungsbereich der Vorschrift kann deshalb auf die Kommentierung zu § 563 verwiesen werden.

2 § 563a BGB regelt den Fall, dass (einschließlich des gestorbenen Mieters) *mehrere* Mieter vorhanden sind, die zum privilegierten Personenkreis gem. § 563 Abs. 1, 2 BGB[2] gehören und einen gemeinsamen Haushalt führen.[3] In diesem Fall erfolgt nach dem Tod des Mieters **kein Eintritt gem. § 563 BGB,** der Vertrag wird vielmehr nur mit den überlebenden Mietern fortgesetzt; den überlebenden Mietern steht nach § 563a Abs. 2 BGB ein Sonderkündigungsrecht zu. Die Regelung des § 563a BGB verdrängt das Eintrittsrecht aus § 563 BGB[4] und das Erbrecht (§ 564 BGB) im Wege der Sonderrechtsnachfolge[5], um zu verhindern, dass zu den im gemeinsamen Haushalt lebenden Mitmietern noch weitere Familienangehörige als neue Mieter hinzukommen.[6] Da der überlebende Mitmieter den Anfall des Mietanteils nicht wie in § 563 Abs. 3 BGB ablehnen, sondern durch die Kündigung gem. § 563a Abs. 2 BGB den Mietvertrag nur für die Zukunft beenden kann, kommt auch im Falle dieser Kündigung ein **nachträglicher Eintritt des Erben** nicht in Betracht.[7]

3 Darüber hinaus kann es **ungewöhnliche Konstellationen** geben, in denen der Mitmieter des Verstorbenen im Zeitpunkt des Todes nicht zum privilegierten Personenkreis des § 563 BGB gehört oder in denen einer der Mitmieter des Verstorbenen privilegiert ist, ein weiterer hingegen nicht; zur Behandlung dieser Fälle → BGB § 563 Rn. 15. Gehört der Mitmieter nicht zum privilegierten Personenkreis und gibt es auch keine Eintrittsberechtigten (zB bei einer Wohngemeinschaft mit getrennter Wirtschaftsführung), dann gelten die allgemeinen Regeln des Erb- und Schuldrechts; zu den Einzelheiten → BGB § 563 Rn. 19.

### B. Fortsetzungsberechtigte

4 Die Mitmieter des verstorbenen Mieters, die den Vertrag fortsetzten, müssen die Voraussetzungen des § 563 Abs. 1, 2 BGB erfüllen; das ergibt sich aus dem Wortlaut des § 563a Abs. 1 BGB („Personen im Sinne des § 563"). Das heißt, die Mitmieter müssen im Zeitpunkt des Todes sämtlich[8] zum privilegierten Personenkreis gehören (Ehegatte, Lebenspartner, Kind, Familienangehöri-

---

[1] Zur Systematik der §§ 563 ff. BGB → BGB § 563 Rn. 5.
[2] Dazu → BGB § 563 Rn. 28.
[3] Dazu → BGB § 563 Rn. 38.
[4] Näher und mit Nachweisen zu dieser vereinzelt bestrittenen Meinung → BGB § 563 Rn. 16.
[5] Staudinger/*Rolfs* § 563a Rn. 1; auch → BGB § 563 Rn. 44.
[6] Soergel/*Heintzmann* BGB § 563a Rn. 1.
[7] AnwK WohnraummietR/*Lammel* BGB § 563a Rn. 10, 18.
[8] Auch → BGB § 563 Rn. 17.

ger oder sonstige Person) und mit dem verstorbenen Mieter einen gemeinsamen Haushalt geführt bzw. als Kind in diesem gelebt haben. Zu den Einzelheiten → BGB § 563 Rn. 21 ff.

### C. Gemeinschaftliches Mietverhältnis

5 Weitere Voraussetzung des § 563a Abs. 1 BGB ist, dass der verstorbene Mieter und der oder die Mitmieter gemeinsam Mieter der Wohnung waren. Das ist der Fall, wenn zum Zeitpunkt des Todes ein gemeinschaftliches Mietverhältnis bestand.[9] Ein gemeinschaftliches Mietverhältnis kann bereits bei Vertragsschluss begründet werden, wenn mehrere Personen Vertragspartner geworden und dadurch als Mitmieter desselben Wohnraums berechtigt und verpflichtet sind. Dritte iSd § 328 BGB sind nicht Mitmieter, genauso wenig wie Bürgen oder sonstige Personen, die nur für die Verpflichtungen aus dem Mietverhältnis haften, aber keine eigenen Rechte haben. Ob ein gemeinschaftliches Mietverhältnis vorliegt oder nicht, ist durch – im Einzelfall nicht einfache – Auslegung zu ermitteln. Bei einem **schriftlichen Vertrag** dürften idR (zwingend ist das nicht!) diejenigen Personen Vertragspartner werden, die im Kopf der Vertragsurkunde als Mieter bezeichnet sind. Haben nicht alle dort Genannten den Vertrag unterschrieben, kommt es auf die Bevollmächtigung des Unterzeichnenden an. Ein Unterzeichnender, der nicht im Vertragskopf genannt ist, kann Mitmieter sein, aber auch nur Vertreter oder Mithaftender ohne eigene Rechte. Zu den weiteren Einzelheiten, insbes. zur Behandlung von Eheleuten, → BGB Vor § 535.

6 Auch **nach Beginn des Mietvertrages** kann ein gemeinschaftliches Mietverhältnis entstehen, nämlich dann, wenn im Wege einer Vertragsänderung[10] ein weiterer Mieter in den Vertrag eintritt. Ein solcher Eintritt ist stillschweigend möglich. Hierzu reicht aber die bloße Aufnahme einer weiteren Person in die Wohnung selbst dann nicht aus, wenn der Vermieter dem nicht widerspricht; es müssen vielmehr konkrete Anhaltspunkte dafür vorliegen, dass der Aufgenommene Vertragspartner sein sollte. Das kann der Fall sein, wenn der Vermieter den Aufgenommenen wie einen Vertragspartner behandelt (etwa Mieterhöhungen oder Betriebskostenabrechnungen auch an sie richtet) und dieser das akzeptiert; ähnlich ist es, wenn der Aufgenommene sich wie ein Vertragspartner verhält und der Vermieter das akzeptiert.[11] Erfolgt ein Vertragseintritt während eines bestehenden Mietverhältnisses, bedarf dies der Schriftform gem. § 550 BGB, wenn der Vertrag noch länger als ein Jahr dauern soll.[12] Ist die Schriftform nicht gewahrt, berührt der Formverstoß ausnahmsweise nicht den Vertrag insgesamt, sondern nur den eintretenden Mieter.[13] Hinsichtlich der Laufzeit wird der Vertrag also ggf. aufgespalten.[14]

7 Bestand das Mietverhältnis in den **neuen Bundesländern** schon vor dem 3.10.1990, so ist § 100 Abs. 3 ZGB-DDR zu beachten. Danach waren beide Ehegatten Mieter einer Wohnung, auch wenn nur einer von ihnen den Vertrag geschlossen hatte oder wenn die Eheschließung und der Einzug des Ehegatten in die Wohnung nach Beginn des Vertrages erfolgte. Die Wirkungen dieser Regelung gelten noch heute fort.[15]

### D. Rechtsfolge

8 Der oder die überlebenden Mitmieter führen das Mietverhältnis mit dem Vermieter fort. Das besagt dreierlei[16]: Die Rechtsstellung des Mitmieters wird durch den Tod des Mieters nicht beeinträchtigt; der Mitmieter tritt im Wege der **Sonderrechtsnachfolge** in den Vertrag ein; das **Erbrecht wird verdrängt,** und zwar auch dann, wenn der Mitmieter gleichzeitig Erbe ist.[17]

9 Der Rechtsübergang findet allerdings **nur in Bezug auf den Wohnraummietvertrag** zwischen dem Vermieter und dem verstorbenen Mieter und den sich daraus ergebenden Rechten und

---

[9] BGH I ZB 61/19, WuM 2020, 507 Rn. 29.

[10] Es ist ein dreiseitiger Vertrag zwischen dem Vermieter, dem alten Mieter und dem neuen Mieter notwendig.

[11] Blank/Börstinghaus/*Blank* BGB § 563 Rn. 5.

[12] BGH VIII ZR 223/73, NJW 1975, 1653.

[13] BGH VIII ZR 223/73, NJW 1975, 1653.

[14] Staudinger/*Rolfs* BGB § 563a Rn. 7.

[15] *HM, vgl. LG Görlitz WuM 1995, 649 mwN auch zur abweichenden Meinung;* Staudinger/*Rolfs* BGB § 563a Rn. 6.

[16] Staudinger/*Rolfs* BGB § 563a Rn. 9.

[17] Staudinger/*Rolfs* BGB § 563a Rn. 10.

Pflichten statt, da die §§ 563 ff. BGB nur auf Wohnraummietverhältnisse anwendbar sind (→ BGB § 563 Rn. 9). Von § 563a BGB werden also nicht erfasst die Verträge, die der verstorbene Mieter allein oder mit den anderen Mitmietern mit Dritten wie etwa Versorgungsunternehmen über die Lieferung von Wasser, Strom, Energie etc geschlossen hat. Haben der verstorbene Mieter und der Vermieter neben dem Mietvertrag noch andere **Sondervereinbarungen** geschlossen (etwa über Hausmeister-, Reinigungs- oder sonstige Dienste), so gilt das → BGB § 563 Rn. 47 Ausgeführte. Bei einer angemieteten **Garage** oder sonstigen mitvermieteten Grundstücksteilen ist danach zu unterscheiden, ob hierüber ein selbständiger Vertrag geschlossen wurde oder ob es sich um einen einheitlichen Vertrag über Wohnung und Garage handelt. Nur in letzterem Fall tritt der Mitmieter in die Garagennutzung ein; in ersterem Fall wird der Erbe im Wege der Gesamtrechtsnachfolge (Mit-)Mieter in Bezug auf die Garage (mit den beiderseitigen Rechten aus § 580 BGB). Bei einer **Mischnutzung** von Wohnung und Gewerbe kommt es darauf an, wo im konkreten Einzelfall der Schwerpunkt des Vertrages liegt (Einzelheiten zur Abgrenzung → BGB § 549 Rn. 24). Wenn der Schwerpunkt die Wohnnutzung ist, kann eine Fortsetzung gem. § 563a BGB erfolgen, ansonsten gelten die erbrechtlichen Regeln und § 580 BGB, da auf einen schwerpunktmäßig gewerblichen Mietvertrag mit untergeordneter Wohnnutzung die Vorschriften über Wohnraummietverhältnisse insgesamt nicht anwendbar sind.

Das Mietverhältnis selbst bleibt unverändert, auch hinsichtlich unterschiedlicher Vertragslaufzeiten als Folge eines Schriftformverstoßes (→ Rn. 6). Anders als der nach § 563 BGB eingetretene Mieter (→ BGB § 563 Rn. 49) haftet der fortsetzende Mitmieter auch für sämtliche **Altverbindlichkeiten** aus der Zeit vor dem Tod des Mieters. Das folgt aus **Gesamtschuldnerschaft** mehrerer Mieter. Kündigungsfristen gem. § 573c Abs. 1 S. 2 BGB werden nach der längsten Besitzzeit eines der Mitmieter (ggf. auch eines bereits anderweitig Ausgeschiedenen) berechnet (→ BGB § 573c Rn. 10, die Kündigungssperrfrist des § 577a BGB unter Einrechnung der unter dem verstorbenen Mieter verwirklichten Zeit.[18] 10

## E. Sonderkündigungsrecht der überlebenden Mieter

Der Tod eines Mieters, mit dem die anderen Mieter einen gemeinsamen Haushalt geführt haben, kann mit großen Veränderungen verbunden sein, die auch die Mietsituation betreffen. So kann die Wohnung zu groß oder zu teuer werden. Um diese Friktionen aufzufangen gewährt das Gesetz dem oder den überlebenden Mitmietern in § 563a Abs. 2 BGB ein Sonderkündigungsrecht, genauer gesagt ein **außerordentliches Kündigungsrecht mit gesetzlicher Frist.** Es gilt deshalb § 573d BGB mit der dort in Abs. 2 angeordneten Kündigungsfrist. Ein Kündigungsgrund ist nicht erforderlich. Die Kündigung ist schriftlich zu erklären (§ 568 Abs. 1 BGB), muss aber, da ein Kündigungsgrund nicht erforderlich ist, nicht begründet werden.[19] Wegen § 573c BGB ist das Sonderkündigungsrecht eigentlich nur für Zeitmietverträge gem. § 575 BGB und Vereinbarungen über einen befristeten Kündigungsausschluss relevant.[20] 11

Das Kündigungsrecht besteht gem. § 563a Abs. 2 BGB nur **innerhalb eines Monats** nach Kenntnis vom Tod des Mieters. Hier gelten die gleichen Erwägungen wie zum Beginn der Ablehnungsfrist des § 563 Abs. 3 BGB.[21] Das bedeutet einmal, dass der Tod selbst gewiss sein muss (Todeserklärungen nach dem Verschollenheitsgesetz müssen bestandskräftig sein), und zum anderen, dass der Eintrittsberechtigte für seine Person Gewissheit vom Tod haben muss. Vermutungen oder Gerüchte reichen nicht; auch Erkundigungspflichten bestehen nicht[22], da man ansonsten die Möglichkeit der Kenntnisnahme ausreichen lassen würde, wohingegen das Gesetz auf positive Kenntnis abstellt. Der Eintrittsberechtigte darf sich allerdings Erkenntnissen, die sich ihm förmlich aufdrängen, nicht verschließen; auf die ähnlich gelagerte Problematik bei §§ 819, 814, 990 BGB kann verwiesen werden. Gemäß § 166 BGB kommt es bei Geschäftsunfähigen und beschränkt Geschäftsfähigen auf die Kenntnis des gesetzlichen Vertreters an; Betreuer sind im Rahmen ihres Aufgabenkreises regelmäßig auch Vertreter des Betreuten, so dass deren Kenntnis zuzurechnen ist, wenn das Wohnen zu 12

---

[18] BGH VIII ZR 26/03, NJW 2003, 3265.
[19] AG Wetzlar ZMR 2010, 375.
[20] Blank/Börstinghaus/*Blank* BGB § 563a Rn. 9.
[21] Die Auffassung von Staudinger/*Rolfs* BGB § 563a Rn. 12, die Sachlage sei derjenigen von § 563 Abs. 4 BGB vergleichbar, ist nicht nachvollziehbar, da es dort auf den Eintrittszeitpunkt für den Fristbeginn ankommt.
[22] Staudinger/*Rolfs* BGB § 563 Rn. 39.

deren Aufgabenkreis gehört. Bei der Berechnung der Frist sind die Vorschriften der §§ 187 ff. BGB zu beachten (vgl. § 186 BGB). Das bedeutet, dass gem. § 193 BGB die Ablehnungsfrist am nächsten Wochentag abläuft, wenn das eigentliche Fristende auf einen Feiertag, einen Samstag oder Sonntag fällt. Die Frist kann auch durch Vereinbarung mit dem Vermieter nicht verlängert werden; hierdurch würde unzulässig in die Rechte des Erben eingegriffen werden. Da es sich nicht um eine prozessuale Frist handelt, ist eine Wiedereinsetzung in den vorigen Stand nicht möglich.

13 **Mehrere Mitmieter** müssen die Kündigung gemeinsam erklären. Das ergibt sich schon aus allgemeinen schuldrechtlichen Erwägungen[23], aber auch aus der Interessenlage der Beteiligten.[24] Könnte ein Mieter den Vertrag für alle beenden, so könnte er über deren Wohnsituation disponieren, ohne dass sich aus dem Gesetz Anhaltspunkte für eine so weitreichende Befugnis ergäben; könnte ein Mieter nur für seine Person den Vertrag beenden, so verbliebe uU das Haftungsrisiko bei einem (oder mehreren) verbleibenden Mietern, die es nicht allein tragen können. Ein einzelner Mitmieter kann deshalb die Kündigung weder für sich allein noch mit Wirkung für die anderen erklären. Möglicherweise besteht aber ein Anspruch auf Zustimmung zur Kündigung.[25] Die zwangsweise Durchsetzung eines solchen Anspruchs innerhalb der Kündigungsfrist dürfte zwar nicht zu realisieren sein; es können aber Schadensersatzansprüche auf Freihaltung von den weiteren Verpflichtungen aus dem Vertrag entstehen. Die Kündigungsfrist des § 563a Abs. 2 BGB beginnt mit der Kenntnis des letzten Mitmieters vom Tod des Mieters, damit jeder Mitmieter die gleiche Überlegungsfrist hat.[26]

14 Dem Vermieter steht ein Sonderkündigungsrecht nicht zu[27], da seine Interessen nicht nennenswert berührt werden; er hat den fortsetzenden Mieter schon bei Vertragsschluss akzeptiert.

## F. Abweichende Vereinbarungen

15 Gemäß § 563a Abs. 3 BGB sind (auch individualvertragliche) Abweichungen zum Nachteil des Mieters unzulässig.[28] Dies gilt selbst dann, wenn der Mitmieter bei Vertragsschluss ein besonderes Interesse an der Beendigung des Vertrages nach dem Tod des Mieters hat, da sich diese Vorstellung im Lauf der Zeit ändern kann und – wenn das nicht der Fall ist – ein Festhalten an dem Vertrag bis zum Ablauf der Kündigungsfrist des § 573d Abs. 2 BGB (iVm § 563a Abs. 2 BGB) nicht unzumutbar erscheint.[29] Der verstorbene Mieter darf über seine Mieterstellung nicht testamentarisch verfügen.[30] Die Kündigungsfrist des § 563a Abs. 2 BGB kann auch durch Vereinbarung mit dem Vermieter nicht verlängert werden; hierdurch würde unzulässig in die Rechte des Erben eingegriffen werden.

---

[23] Eing. hierzu *Streyl* NZM 2011, 382; s. weiterhin Staudinger/*Rolfs* BGB § 563a Rn. 13 mwN auch auf eine abweichende Meinung.
[24] **AA,** aber ohne nähere Begründung *Eckert* GS Sonnenschein, 2003, 313 (324).
[25] OLG Düsseldorf ZMR 2007, 960 für den Fall der Beendigung einer nichtehelichen Lebensgemeinschaft.
[26] Staudinger/*Rolfs* BGB § 563a Rn. 13.
[27] *AllgM, vgl. nur MüKoBGB/Häublein* § 563a Rn. 17.
[28] Siehe allg. zu halbzwingenden Normen *Lehmann-Richter* WuM 2010, 3.
[29] **AA** Staudinger/*Rolfs* BGB § 563a Rn. 15.
[30] AnwK WohnraummietR/*Lammel* BGB § 563a Rn. 20.

# § 563b Haftung bei Eintritt oder Fortsetzung

**(1) [1]Die Personen, die nach § 563 in das Mietverhältnis eingetreten sind oder mit denen es nach § 563 a fortgesetzt wird, haften neben dem Erben für die bis zum Tod des Mieters entstandenen Verbindlichkeiten als Gesamtschuldner. [2]Im Verhältnis zu diesen Personen haftet der Erbe allein, soweit nichts anderes bestimmt ist.**

**(2) Hat der Mieter die Miete für einen nach seinem Tod liegenden Zeitraum im Voraus entrichtet, sind die Personen, die nach § 563 in das Mietverhältnis eingetreten sind oder mit denen es nach § 563 a fortgesetzt wird, verpflichtet, dem Erben dasjenige herauszugeben, was sie infolge der Vorausentrichtung der Miete ersparen oder erlangen.**

**(3) Der Vermieter kann, falls der verstorbene Mieter keine Sicherheit geleistet hat, von den Personen, die nach § 563 in das Mietverhältnis eingetreten sind oder mit denen es nach § 563 a fortgesetzt wird, nach Maßgabe des § 551 eine Sicherheitsleistung verlangen.**

### Systematische Übersicht



### Alphabetische Schnellübersicht



## A. Allgemeines

1 Auch wenn durch einen Eintritt gem. § 563 BGB bzw. durch eine Fortsetzung gem. § 563 a BGB[1] kein neues Mietverhältnis entsteht, folgt daraus nicht ohne Weiteres, dass die (Sonder-) Rechtsnachfolger des verstorbenen Mieters dem Vermieter auch für die Verbindlichkeiten haften, die vor dem Tod des Mieters entstanden sind. Der BGH[2] hatte im Jahre 1962 eine Haftung der Rechtsnachfolger abgelehnt und ist nur von einer Haftung des Erben gem. §§ 1922, 1967 BGB sowie ggf. weiterer Mitmieter gem. §§ 427, 421 BGB für die Altverbindlichkeiten ausgegangen. Diese Rspr. hat der Gesetzgeber 1964[3] korrigiert und regelt nunmehr in § 563 b Abs. 1 S. 1 BGB, dass diejenigen Personen, die nach § 563 BGB in das Mietverhältnis eingetreten sind oder mit denen es nach § 563 a BGB fortgesetzt wird (im Folgenden: Rechtsnachfolger gem. §§ 563, 563 a BGB), **gegenüber dem Vermieter** gesamtschuldnerisch neben dem Erben für die bis zum Tod des Mieters entstandenen Verbindlichkeiten haften. Die Haftung weiterer Mitmieter (auch solcher, *die nicht unter* § 563 a BGB fallen) gem. §§ 427, 421 BGB bleibt unberührt.

2 Im **Innenverhältnis** zwischen Erben und Rechtsnachfolger haftet der Erbe vorbehaltlich anderer Bestimmungen allein (§ 563 b Abs. 1 S. 2 BGB). Wie sich noch zeigen wird (→ Rn. 9ff.), gibt es hierzu allerdings erhebliche Einschränkungen. Abgesehen davon wird die Alleinhaftung des Erben

---

[1] Zur Systematik der §§ 563ff. BGB auch → BGB § 563 Rn. 5.
[2] BGH VIII ZR 185/60, NJW 1962, 487.
[3] Zur Entstehungsgeschichte → BGB § 563 Rn. 3; Vorgängernorm bis zum 1.8.2001 war § 569 a Abs. 2 S. 5, Abs. 3, 4 BGB aF.

im Innenverhältnis dadurch ausgeglichen, dass ihm die Rechtsnachfolger nach § 563b Abs. 2 BGB evtl. vom Mieter geleistete Vorauszahlungen auf die Miete herausgeben müssen. Damit macht das Gesetz deutlich, dass der Erbe (intern) in die Vermögensposition des Mieters vor dessen Tod eintritt, die Rechtsnachfolger erst danach.

3 § 563b Abs. 3 BGB gibt dem Vermieter das Recht, von dem Rechtsnachfolger gem. §§ 563, 563a BGB eine **Kaution** zu verlangen, sofern der verstorbene Mieter noch keine Sicherheit geleistet hatte.

### B. Haftung für Altverbindlichkeiten (Abs. 1 S.Satz 1)

4 §§ 563, 563a BGB gehen stillschweigend davon aus, dass dem Eingetretenen bzw. dem Fortsetzenden mit dem Eintritt die Rechte aus dem Mietvertrag zustehen, dass ihn aber auch die Pflichten, einschließlich der nach dem Tod des Mieters entstehenden Verbindlichkeiten treffen. Das folgt aus dem Wesen des Rechtsübergangs.[4] Für die Zeit vor Rechtsübergang, also vor dem Tod des Mieters, ordnet § 563b Abs. 1 S. 1 BGB an, dass die Rechtsnachfolger gem. §§ 563, 563a BGB auch für die bis dahin entstandenen **Altverbindlichkeiten** gegenüber dem Vermieter einzustehen haben und zwar gesamtschuldnerisch mit dem Erben, der hierfür ohnehin haftet.[5] Für den Fall der Fortsetzung des Mietverhältnisses gem. § 563a BGB wäre die Anordnung der gesamtschuldnerischen Haftung an sich überflüssig gewesen, da diese Rechtsnachfolger Mitmieter des verstorbenen Mieters gewesen sind und deshalb wie jeder andere Mitmieter idR auch nach §§ 427, 421 BGB haften.

5 Zu den Altverbindlichkeiten gehören nur die Ansprüche des Vermieters gegen den verstorbenen Mieter **aus dem Wohnraummietverhältnis,** nicht aus sonstigen Vereinbarungen zwischen ihnen. Ansprüche Dritter (etwa von Versorgungsunternehmen), die nicht auf dem Mietvertrag beruhen, zählen nicht dazu. Zu den Einzelheiten → BGB § 563 Rn. 47. Dritte kommen aber als Anspruchsinhaber in Betracht, wenn der Vermieter Forderungen an sie abgetreten hat oder wenn sie nach den Grundsätzen des Vertrages mit Schutzwirkung zugunsten Dritter unmittelbar aus dem Vertrag Ansprüche herleiten können.

6 Die Verbindlichkeiten müssen **vor dem Tod des Mieters entstanden** sein.[6] Zur näheren Erläuterung kann auf die Kommentierung zu § 563 BGB verwiesen werden (→ BGB § 563 Rn. 49ff.; zur Mietsicherheit → Rn. 32).

7 Der Vermieter kann nach seiner Wahl jeden der **Gesamtschuldner** ganz oder teilweise bzw. allein oder gemeinschaftlich in Anspruch nehmen (§ 421 BGB).[7] Das gilt auch für den Eingetretenen während des Laufs der Ablehnungsfrist.[8] Die Rückwirkungsfiktion des § 563 Abs. 3 S. 1 BGB hat nämlich zur Folge, dass der Eingetretene bis zur Ablehnungserklärung Mieter ist und vom Vermieter schon während des Fristenlaufs in Anspruch genommen werden kann; im Einzelfall kann eine solche Inanspruchnahme aber treuwidrig sein (dolo-agit-Einrede, weil der Vermieter nach der Ablehnung sofort das wieder herausgeben müsste, was er erlangt hat).[9] Der Anspruch des Vermieters gegen den nach § 563 BGB Eingetretenen erlischt mit Zugang der Ablehnungserklärung gem. § 563 Abs. 3 BGB[10]; bereits erbrachte Leistungen können nach §§ 812ff. BGB zurückgefordert werden. Ähnliches gilt aber nicht für den gem. § 563a BGB fortsetzenden Mitmieter.[11] Das folgt einmal aus § 427 BGB, zum anderen aber auch daraus, dass die Kündigung keine Rückwirkungsfiktion hat, sondern nur die Zukunft gestaltet.

8 Der Erbe kann seine **Haftung** auf den Nachlass **beschränken** (§ 1975 BGB), die Einrede der Dürftigkeit erheben (§ 1990 BGB) oder das Erbe ausschlagen (§ 1942 BGB), um der Haftung aus § 563b Abs. 1 BGB ganz oder teilweise zu entgehen.[12] Diese Möglichkeit haben die Rechtsnachfolger gem. §§ 563, 563a BGB nicht, der Eingetretene kann allerdings von seinem Ablehnungsrecht gem. § 563 Abs. 3 BGB Gebrauch machen. Ist der Erbe – wie oft – zugleich auch Rechtsnachfolger gem. §§ 563, 563a BGB nützen ihm die erbrechtlichen Beschränkungsmöglichkeiten nicht, da sie

[4] Staudinger/*Rolfs* BGB § 563b Rn. 4.
[5] LG Bochum ZEV 2019, 528.
[6] LG Bochum ZEV 2019, 528.
[7] LG Bochum ZEV 2019, 528.
[8] So auch MüKoBGB/*Häublein* § 563b Rn. 4.
[9] *Staudinger/Rolfs BGB § 563b Rn. 8*; MüKoBGB/*Häublein* § 563b Rn. 4.
[10] MüKoBGB/*Häublein* § 563b Rn. 4.
[11] MüKoBGB/*Häublein* § 563b Rn. 4.
[12] LG Bochum ZEV 2019, 528.

auf §§ 563ff. BGB keinen Einfluss haben.[13] Zur Haftung des Erben, der nicht Rechtsnachfolger gem. §§ 563, 563a BGB geworden ist, → BGB § 564 Rn. 3.

## C. Innenverhältnis und Gesamtschuldnerausgleich (Abs. 1 S.Satz 2)

Während § 563b Abs. 1 S. 1 BGB die gesamtschuldnerische Haftung der Rechtsnachfolger gem. §§ 563, 563a BGB im Verhältnis zum Vermieter (Außenverhältnis) regelt, verhält sich § 563b Abs. 1 S. 2 BGB über das **Innenverhältnis der Rechtsnachfolger untereinander.** Die Vorschrift bestimmt, dass der Erbe im Verhältnis zu den Rechtsnachfolgern gem. §§ 563, 563a BGB allein haftet, soweit nichts anderes bestimmt ist. Grundsätzlich gilt auch für dieses Innenverhältnis die allgemeine Regelung des **Gesamtschuldnerausgleichs** (§ 426 BGB).[14] § 563b Abs. 1 S. 2 BGB modifiziert allerdings § 426 Abs. 1 S. 1 BGB, der eine Haftung zu gleichen Anteilen vorsieht, dahingehend, dass der Erbe intern alles zu tragen hat.[15] Dies stellt – genau wie in § 426 Abs. 1 S. 1 BGB[16] – nur eine Zweifelsregelung dar, die eingreift, wenn ein anderer Verteilungsmaßstab fehlt. Das ergibt sich aus der Einschränkung in § 563b Abs. 1 S. 2 BGB „soweit nichts anderes bestimmt ist". Diese Einschränkung ist wortidentisch mit derjenigen in § 426 Abs. 1 S. 1 BGB und wird dort ebenso verstanden.[17] Für ein davon abweichendes Verständnis bei § 563b Abs. 1 S. 2 BGB ist nichts ersichtlich, im Gegenteil, der Gesetzgeber hat sich bewusst an § 426 Abs. 1 S. 1 BGB angelehnt.[18] Praktisch wirkt sich das dahin aus, dass derjenige, der eine Verteilung abw. von dieser Zweifelsregelung behauptet, hierfür die Darlegungs- und Beweislast trägt.[19] Der Erbe muss also darlegen und beweisen, dass und in welchem Umfang einer der Rechtsnachfolger gem. §§ 563, 563a BGB statt seiner im Innenverhältnis haften soll. 9

Für die Feststellung des **Umfangs der Haftung im Innenverhältnis** von Erben und Rechtsnachfolgern gem. §§ 563, 563a BGB muss, sofern mehrere Mitmieter vorhanden sind, zunächst geklärt werden, was bzw. welchen **Anteil der verstorbene Mieter** im Verhältnis zu den anderen Mitmietern zu tragen hatte. Nur dieser Anteil unterfällt der Regelung des § 563b Abs. 1 S. 2 BGB[20] und ist ggf. auszugleichen, da die Vorschrift keine Änderungen des Innenverhältnisses bewirken will, das ursprünglich zwischen dem verstorbenen Mieter und den weiteren Mietern bestand, sondern nur das verteilen will, was dem verstorbenen Mieter oblegen hätte.[21] Bei der Bestimmung dieses Anteils kommen die Grundsätze des § 426 BGB zur Anwendung. Vorranging sind die (ausdrücklichen oder stillschweigenden) Absprachen zwischen den Mitmietern; bei der Prüfung einer stillschweigenden Verteilung der Lasten können die gleichen Kriterien maßgeblich sein, wie nachfolgend für den Innenausgleich zwischen Erben und Rechtsnachfolgern gem. §§ 563, 563a BGB geschildert. Fehlen Absprachen, verteilen sich die Lasten nach Kopfteilen. 10

Ist der Anteil des verstorbenen Mitmieters entsprechend dem Vorgenannten bestimmt oder ist der verstorbene Mieter alleiniger Vertragspartner gewesen, dann verteilen sich die Lasten im **Innenverhältnis** zwischen Erben und Rechtsnachfolgern gem. §§ 563, 563a BGB wir folgt: **Absprachen** des Mieters mit seinen Mitbewohnern[22] über die Lastentragung können eine völlige Freistellung des verstorbenen Mieters im Innenverhältnis zu den anderen Mitbewohnern vorsehen mit der Folge, dass eine Haftung des Erben im Innenverhältnis ausscheidet. Die Absprachen können aber auch vorsehen, dass der verstorbene Mieter die finanziellen Lasten allein trägt mit der Folge, dass der Erbe sie auch allein zu übernehmen hat. Vereinbarungen über die Lastenverteilung im 11

---

13 *Schmid* GE 2013, 26; Blank/Börstinghaus/*Blank* BGB § 563b Rn. 8; s. auch Staudinger/*Rolfs* BGB § 563b Rn. 12.

14 MüKoBGB/*Häublein* § 563b Rn. 6.

15 Vor der Befriedigung des Vermieters richtet sich der Anspruch gem. § 563b Abs. 1 S. 2 BGB auf Freistellung; nach Befriedigung des Vermieters richtet er sich auf Zahlung. In letzterem Fall kann er auch auf § 426 Abs. 2 BGB gestützt werden.

16 Palandt/*Grüneberg* BGB § 426 Rn. 7.

17 Palandt/*Grüneberg* BGB § 426 Rn. 7.

18 BT-Drs. 14/4553, abgedr. in NZM 2000, 445.

19 Palandt/*Grüneberg* BGB § 426 Rn. 7.

20 Staudinger/*Rolfs* BGB § 563b Rn. 9.

21 AnwK WohnraummietR/*Lammel* BGB § 563b Rn. 12.

22 Eine Vereinbarung mit dem Erben würde auf einen unzulässigen Vertrag zu Lasten Dritter hinauslaufen (*Sternel* ZMR 2004, 720). Eine Belastung der Mitmieter oder Eintrittsberechtigten durch Testament dürfte ebenfalls unzulässig sein.

Innenverhältnis müssen nicht ausdrücklich getroffen werden, sie können sich auch **konkludent** aus der Art der Haushaltsführung ergeben. Es herrscht nämlich oft die Vorstellung, dass jedes Haushaltsmitglied den gleichen Anteil der Lasten trägt – sei es durch finanzielle, sei es durch sonstige Leistungen (Beispiel Hausfrauenehe). Dieser Anteil an der Haushaltsführung kann sowohl bei der Bestimmung des internen Anteils des verstorbenen Mieters als auch bei dem Ausgleich gem. § 563b Abs. 1 S. 2 BGB zu berücksichtigen sein.[23] Der Eingetretene haftet danach idR im Innenverhältnis zum Erben nur dann, wenn er sich auch zu Lebzeiten des verstorbenen Mieters an den Mietzahlungen beteiligt hat bzw. hätte beteiligen sollen (etwa durch Erstattung an den verstorbenen Mieter). Der Erbe übernimmt dann den Anteil des verstorbenen Mieters sowie ggf. die Anteile nicht eingetretener Haushaltsmitglieder. Das gilt auch dann, wenn einer von mehreren Eingetretenen zugleich Erbe ist; es ist kein Grund ersichtlich, in diesem Fall dem eingetretenen Erben im Innenverhältnis die alleinige Haftung aufzuerlegen.[24]

12 Eine **anderweitige Bestimmung** dürfte regelmäßig nicht schon darin liegen, dass ein Anwendungsfall des § 563a BGB gegeben ist. Zwar nutzen die Mitmieter dann die Wohnung nach dem Tod des Mieters gemeinsam und haben die Lasten allein zu tragen. Vor dem Tod des Mieters hatte aber auch dieser einen Anteil an der Nutzung, da § 563a BGB eine gemeinsame Haushaltsführung voraussetzt. Wenn er diesen Anteil bei Weiterleben zu tragen gehabt hätte, hat der Erbe nach dem Grundgedanken des § 563b BGB den vor dem Tod angefallenen Anteil zu übernehmen.

13 Die Höhe der **Betriebskosten** steht meist erst nach deren Abrechnung endgültig fest. Unabhängig davon, wann die Abrechnung erteilt wird, unterliegen vor dem Tod des Mieters abgelaufene Abrechnungszeiträume im Außenverhältnis zum Vermieter der gesamtschuldnerischen Haftung gem. § 563b Abs. 1 S. 1 BGB und damit dem Innenausgleich gem. § 563b Abs. 1 S. 2 BGB entsprechend den vorstehenden Grundsätzen. Die Kosten der Abrechnungsperiode, die bei Versterben des Mieters lief, sind anteilig den Zeiträumen vor und nach dem Tod des Mieters zuzuweisen.[25] Der Anteil der Betriebskosten, der auf die Zeit vor dem Tod entfällt, ist nach den vorstehenden Grundsätzen im Innenverhältnis zu verteilen. Der Anteil, der auf die Zeit nach dem Tod entfällt, gehört nicht in den Innenausgleich gem. § 563b Abs. 1 S. 2 BGB; ihn haben die Rechtsnachfolger gem. §§ 563, 563a BGB als „neue Mieter" ohnehin zu tragen.

14 Ein vom Vermieter in Anspruch genommener **Rechtsnachfolger** gem. §§ 563, 563a BGB kann auch dann im Innenverhältnis gegen einen Erben Rückgriff nehmen, wenn er **selbst ebenfalls Erbe** ist.[26] Eine solche Konstellation liegt etwa dann vor, wenn eine Tochter noch bei dem mietenden Vater wohnt und nach dessen Tod mit der schon ausgezogenen weiteren Tochter Erbin wird und vor dem Tod entstandene Mietforderungen begleicht. Hier ist – sofern nicht nach den vorstehenden Grundsätzen ohnehin eine alleinige Haftung des Rechtsnachfolgers gem. §§ 563, 563a BGB im Innenverhältnis anzunehmen ist – § 2058 BGB als anderweitige Bestimmung iSv § 563b Abs. 1 S. 2 BGB zu berücksichtigen, der Ausgleich hat also unter Berücksichtigung der Erbquote zu erfolgen. Wird nur einer von mehreren Erben auf Innenausgleich herangezogen, dann kann er von seinen Miterben nach den erbrechtlichen Regeln Ausgleich verlangen. Ist von mehreren Rechtsnachfolgern gem. §§ 563, 563a BGB nur einer zugleich Miterbe, so kann er gem. § 563b Abs. 1 S. 2 BGB von den anderen sofort auf vollen Ausgleich in Anspruch genommen werden, ohne dass diese anderen sich eine eigene Haftungsquote anzurechnen lassen müssen.[27] Sind alle Rechtsnachfolger gem. §§ 563, 563a BGB zugleich Miterben, so ist der Anteil, den der verstorbene Mieter zu tragen gehabt hätte, ebenfalls unter Berücksichtigung der Erbquote unter den Miterben aufzuteilen[28]; der Anteil, den jeder Rechtsnachfolger im Verhältnis zum verstorbenen Mieter zu tragen gehabt hätte (→ Rn. 10), verbleibt ohnehin bei ihm.

---

[23] AnwK WohnraummietR/*Lammel* BGB § 563a Rn. 12, § 563b Rn. 12; **aA** wohl MüKoBGB/*Häublein* § 563b Rn. 6, wenn er auf die Mitnutzung der Wohnung als Verteilungsmaßstab abstellt.

[24] **AA** ohne Begründung Staudinger/*Rolfs* BGB § 563b Rn. 11. Wenn sich die von *Rolfs* vertretene Alleinhaftung des Erben nur auf den Anteil bezieht, den der verstorbene Mieter zu tragen gehabt hätte, wäre das allerdings richtig.

[25] IErg ebenso MüKoBGB/*Häublein* § 563b in Fn. 16 zu Rn. 9 und Blank/Börstinghaus/*Blank* BGB § 563 Rn. 31, der dies schon im Außenverhältnis zum Vermieter so handhaben will; dazu → BGB § 563 Rn. 53.

[26] *Staudinger/Rolfs BGB § 563b Rn. 10.*

[27] Staudinger/*Rolfs* BGB § 563b Rn. 11.

[28] Staudinger/*Rolfs* BGB § 563b Rn. 12, dort auch zu erbrechtlichen Haftungsbeschränkungen; MüKoBGB/*Häublein* § 563b Rn. 7.

Sind ausdrückliche oder stillschweigende Absprachen zu Lebzeiten des verstorbenen Mieters nicht getroffen worden oder sind andere anderweitige Bestimmungen nicht ersichtlich, wäre im Falle des Weiterlebens des Mieters die **Zweifelsregelung** des § 426 Abs. 1 S. 1 BGB anwendbar gewesen, wonach die Verbindlichkeiten gleichmäßig zu verteilen sind. Diese Bestimmung gilt hingegen nicht; den Anteil, den der verstorbene Mieter zu tragen gehabt hätte, übernimmt nach dem Tod entsprechend der Zweifelsregelung des § 563b Abs. 1 S. 2 BGB vielmehr der Erbe. 15

## D. Ausgleich von Mietvorauszahlungen (Abs. 2)

Durch eine Fortsetzung gem. § 563a BGB oder einen Eintritt gem. § 563 BGB ändert sich die Identität des Mietverhältnisses nicht; es wird lediglich mit einem anderen Mieter weitergeführt. Das hat zur Folge, dass Mietzahlungen des verstorbenen Mieters, die dieser für die Zeit nach seinem Tod vorausentrichtet hat, auch den Rechtsnachfolgern gem. §§ 563, 563a BGB zu Gute kommen; die Mietschuld ist insofern erfüllt. Hierdurch ersparen sie eigene Mietzahlungen oder können uU vom Vermieter Ausgleich verlangen. Das in dieser Weise Ersparte bzw. das Erlangte müssen sie gem. § 563b Abs. 2 BGB an den Erben herausgeben. Die Ausgleichspflicht beruht auf dem auch § 563b Abs. 1 S. 2 BGB zugrundeliegenden Gedanken, dass der Erbe die Vermögenspositionen des Mieters vor dessen Tod übernimmt und der Rechtsnachfolger gem. §§ 563, 563a BGB diejenigen nach dem Tod. 16

Der Ausgleichsanspruch gem. § 563b Abs. 2 BGB setzt voraus, dass der verstorbene Mieter für einen nach seinem Tod liegenden Zeitraum Mietzahlungen im Voraus erbracht hat. Das Gesetz verwendet damit die Formulierung des § 547 Abs. 1 S. 1 BGB, die Zäsur tritt allerdings nicht – wie dort – durch Beendigung des Vertrages, sondern durch den Tod des Mieters ein. Wegen der vergleichbaren Begrifflichkeit ist unter einer **Mietvorauszahlung** gem. § 563b Abs. 2 BGB dasselbe zu verstehen wie unter einer Mietvorauszahlung gem. § 547 BGB.[29] Danach werden von der Ausgleichspflicht sämtliche im Voraus entrichteten Zahlungen als Gegenleistung für die Gebrauchsüberlassung verstanden, die nach dem Inhalt des Mietvertrages Bezug zum Mietzins haben und innerlich mit ihm verbunden sind, also alle Leistungen des Mieters, durch die der Mietzins ganz oder teilweise als im Voraus als erbracht gilt.[30] Auf die Fälligkeit der im Voraus erbrachten Leistung kommt es nicht an, entscheidend ist nur, dass sie für einen Zeitabschnitt in der Zukunft bestimmt war.[31] Nur so wird man dem Zweck der §§ 547, 563b BGB gerecht, einen Ausgleich zu schaffen; für diesen Ausgleich nach Beendigung des Vertrages bzw. nach Rechtsnachfolge in den Vertrag ist es belanglos, ob zur Zeit der Erbringung der Leistung ein fälliger Anspruch bestand; entscheidend ist allein, ob diese vor der Zäsur bewirkte Leistung Erfüllungswirkung für Ansprüche nach der Zäsur hat. 17

Zu den Vorauszahlungen können gehören **zB** Einmalzahlungen, Einmalmiete, anrechenbare Baukostenzuschüsse, Mieterdarlehen, deren Tilgungsraten mit der Miete verrechnet werden, Aufwendungen, die wie eine Mietvorauszahlung behandelt werden sollen; zu den Einzelheiten → BGB § 547 Rn. 6. 18

Auch **Betriebskostenvorauszahlungen** können dazugehören, es ist aber wie folgt zu differenzieren: Der Begriff der Betriebskostenvorauszahlung darf nicht dazu verleiten, sie generell dem Anwendungsbereich des § 563b Abs. 2 BGB zuzuordnen. Es handelt sich nämlich nicht um Vorauszahlungen auf die Zukunft, sondern um abzurechnende Abschläge, die monatlich fällig werden für eine Leistung, die der Vermieter zum Zeitpunkt der Abschlagszahlung erbringt. Insofern fehlt es an dem Zukunftselement, das einer Vorauszahlung gem. § 563b Abs. 2 BGB immanent ist. Die Regelung ist deshalb auf Betriebskostenvorauszahlungen nur anwendbar, wenn diese für zukünftige, nach dem Tod des Mieters liegende Zeiträume erfolgen. Das gilt uneingeschränkt für Vorauszahlungen auf solche Abrechnungsperioden, die nach dem Tod des Mieters beginnen. Für die Abrechnungsperiode, in die der Tod des Mieters fällt, kommt es letztlich auf den Abrechnungssaldo und dessen Verteilung im Innenverhältnis an. Im Zweifel ist eine zeitanteilige Aufteilung für die Zeit vor und nach dem Tod des Mieters vorzunehmen und dabei sind Zahlungen des verstorbenen Mieters, die er auf einen Zeitraum nach seinem Tod geleistet hat, dem Erben „gutzuschreiben" bzw. als herausgabepflichtig zu Lasten des Eingetretenen zu berücksichtigen. Ergänzend zur Behandlung von Betriebs- 19

[29] AllgM, vgl. nur Staudinger/*Rolfs* BGB § 563b Rn. 14; MüKoBGB/*Häublein* § 563b Rn. 9.
[30] BGH XII ZR 344/97, NJW 2000, 2987.
[31] Staudinger/*Rolfs* BGB § 547 Rn. 5.

kostenvorauszahlungen und Betriebskostenabrechnungen im Innenverhältnis → Rn. 13 sowie im Verhältnis zum Vermieter → BGB § 563 Rn. 53.

20 Zum Ausgleich einer vom verstorbenen Mieter erbrachten **Mietsicherheit** → Rn. 32.

21 **Schuldner des Ausgleichsanspruchs** ist der Rechtsnachfolger gem. §§ 563, 563a BGB. Mehrere Rechtsnachfolger haften als Gesamtschuldner. Ein Eingetretener ist auch schon während des Laufs der Ablehnungsfrist dem Erben zum Ausgleich verpflichtet; nach der auf den Todeszeitpunkt zurückwirkenden Ablehnung fällt aber der Rechtsgrund für etwaige Zahlungen fort und es entstehen Bereicherungsansprüche gegenüber dem Erben (zu der ähnlichen Sachlage hinsichtlich der Ansprüche des Vermieters → BGB § 563 Rn. 66). Dann schuldet der nachrangig Eingetretene den Ausgleich.[32] **Gläubiger des Ausgleichsanspruchs** ist der Erbe bzw. eine Mehrheit von Erben. Ist ein Rechtsnachfolger zugleich Miterbe, so schließt das die Ausgleichspflicht nicht aus, er kann seinen Miterben gegenüber jedoch den Betrag in Abzug bringen, der seiner Erbquote entspricht.[33]

22 **Herauszugeben** ist das, was die Rechtsnachfolger gem. §§ 563, 563a BGB erspart bzw. erlangt haben (beides ist nicht zwangsläufig identisch; → Rn. 23, 24). Das kann insgesamt aber nicht das überschreiten, was der verstorbene Mieter geleistet hat. Bei der vorrangig durchzuführenden[34] Bestimmung des **im Voraus Geleisteten** kommt es nicht zwingend auf den Zahlbetrag an, sondern – bei mehreren Mietern – auf das, was dem verstorbenen Mieter als eigene Zahlung zuzurechnen ist. Entscheidend ist, zu welchem Anteil die Vorauszahlung dem verstorbenen Mieter im Innenverhältnis zu Gute kommen sollte.[35] Das ist regelmäßig sein Anteil an der Mietverpflichtung, im Zweifel gilt der Verteilungsmaßstab des § 426 Abs. 1 S. 1 BGB. Diese Beschränkung der Herausgabe des Erlangten gründet darauf, dass sich der Rechtsnachfolger gem. §§ 563, 563a BGB nur das als erspart anrechnen lassen muss, was der verstorbene Mieter vorausentrichtet hat. Das kann weniger sein, als dem Zahlbetrag entspricht, etwa wenn ein Mitmieter dem verstorbenen Mieter seinen Anteil in Geld oder durch sonstige Leistungen im gemeinsamen Haushalt erstattet. Es kann aber auch dann eine Ersparnis vorliegen, wenn der verstorbene Mieter keine Zahlungen erbracht hat, sondern seinen Anteil an der Vorauszahlung im Innenverhältnis in sonstiger Weise entsprechend den Absprachen der Mitmieter geleistet hat. Im Übrigen kann auf die Wertungen zu § 563b Abs. 1 S. 2 BGB verwiesen werden (→ Rn. 10ff.).

23 Die **Ersparnis** des Rechtsnachfolgers gem. §§ 563, 563a BGB besteht darin, dass er zum Fälligkeitszeitpunkt nicht die volle Miete entrichten muss, sondern einen Betrag, der um den Vorauszahlungsbetrag gemindert ist. Ist die Miete wie üblich periodisch zu zahlen, dann tritt die Ersparnis periodisch ein, da auch dem Mieter die Vorauszahlung nur in dieser Weise zu Gute gekommen wäre. In solchen Fällen ist die Ersparnis also nicht gleich zu Beginn der Rechtsnachfolge mit der vom verstorbenen Mieter geleisteten Mietvorauszahlung gleichzusetzen, die Ersparnis entsteht vielmehr **zum jeweiligen Fälligkeitszeitpunkt** der Miete und ist erst dann herauszugeben.[36]

24 Statt oder neben der Ersparnis haben die Rechtsnachfolger gem. §§ 563, 563a BGB auch das **Erlangte** herauszugeben. Wenn nämlich zum Ende des Mietvertrages mit den Rechtsnachfolgern nicht alle Vorauszahlungen abgewohnt sind, stehen ihnen auf Grund ihrer Sonderrechtsnachfolge gegen den Vermieter auch die Ansprüche nach § 547 BGB zu. Diesen Anspruch müssen sie – auf Verlangen bereits vor Beendigung des Vertrages[37] – an den Erben abtreten oder ihm nach Erfüllung des Anspruchs durch den Vermieter das Erlangte in natura oder als Wertersatz[38] herausgeben. Auf Entreicherung gem. § 818 Abs. 3 BGB können sich die Rechtsnachfolger gem. §§ 563, 563a BGB gegenüber dem Erben selbst dann nicht berufen, wenn ihnen dieser Einwand im Rahmen den § 547 Abs. 1 S. 2 BGB gestattet sein sollte; der Ausgleichsanspruch gem.

---

[32] Staudinger/*Rolfs* BGB § 563b Rn. 16.

[33] MüKoBGB/*Häublein* § 563b Rn. 10.

[34] Staudinger/*Rolfs* BGB § 563b Rn. 15.

[35] Staudinger/*Rolfs* BGB § 563b Rn. 15.

[36] AllgM, vgl. nur MüKoBGB/*Häublein* § 563b Rn. 11; Staudinger/*Rolfs* BGB § 563b Rn. 17 weist zutr. darauf hin, dass das nicht gilt, wenn mit der Vorauszahlung die Miete *für einen bestimmten Zeitraum* getilgt werden soll, wenn die Erfüllungswirkung also nicht erst sukzessive eintreten soll (etwa eine im Voraus zu leistende Pauschalmiete für den Zeitraum einer Anfangsrenovierung). Dann nämlich haben die Parteien jedenfalls stillschweigend eine für diesen Zeitraum von der restlichen Mietzeit abweichende Fälligkeitsregelung (die sofortige Fälligkeit) getroffen. Das ist kein Fall der Einmalmiete (dazu → BGB § 547 Rn. 8), da nicht der gesamte Mietzins vorausentrichtet wird.

[37] Diese hM beruht auf der Abtretbarkeit künftiger Forderungen, vgl. MüKoBGB/*Häublein* § 563b Rn. 11; **aA** Staudinger/*Rolfs* BGB § 563b Rn. 18.

[38] MüKoBGB/*Häublein* § 563b Rn. 11.

§ 563b Abs. 2 BGB ist nämlich kein Bereicherungsanspruch.[39] Zu den Einzelheiten der Erstattungspflicht s. bei § 547 BGB.

## E. Anspruch des Vermieters auf Mietsicherheit (Abs. 3)

§ 563b Abs. 3 BGB verpflichtet den Rechtsnachfolger gem. §§ 563, 563a BGB auf Verlangen des Vermieters zur Leistung einer Mietsicherheit, falls der verstorbene Mieter keine Sicherheit geleistet hatte. Die Regelung beruht auf der **Erwägung des Gesetzgebers**[40], dass der Vermieter zu Beginn des Mietverhältnisses möglicherweise wegen der (guten) wirtschaftlichen Verhältnisse des verstorbenen Mieters oder aus sonstigen Gründen in dessen Person auf eine Sicherheit verzichtet hatte, dass diese Verhältnisse sich aber durch die Rechtsnachfolge geändert haben können. Die Umsetzung dieses Gedankens ist etwas inkonsequent geblieben, weil sich die Pflicht zur Sicherheitsleistung auf die Personen beschränkt, die gem. §§ 563, 563a BGB eintreten bzw. fortsetzen; der gem. § 564 BGB fortsetzende Erbe wird hingegen schon dem Wortlaut nach nicht erfasst.[41] 25

Die Pflicht zur Sicherheitsleistung gem. § 563b Abs. 3 BGB beschränkt sich auf die Fälle, in denen der Vermieter mit dem verstorbenen Mieter **keine Vereinbarung über die Leistung einer Sicherheit** getroffen hatte.[42] Der Wortlaut der Vorschrift („geleistet hat") würde zwar auch die Fälle erfassen, dass der verstorbene Mieter sich zur Sicherheitsleistung verpflichtet, diese aber nicht oder nicht vollständig erbracht hat.[43] Der erwähnte Normzweck spricht gegen eine solche Auslegung. Deshalb ist die Pflicht zur Erfüllung einer Sicherheitsabrede zwischen dem Vermieter und dem verstorbenen Mieter allein nach § 563b Abs. 1 BGB zu beurteilen; es handelt sich um eine sog. Altverbindlichkeit. Eine Anwendung von § 563b Abs. 3 BGB kommt in diesen Fällen allenfalls in Betracht, wenn der Anspruch gegen den verstorbenen Mieter verjährt oder verwirkt[44] oder sonst wie untergegangen ist. Dieses Ergebnis ist umständlich, weil letztlich – wie noch zu zeigen ist – der Rechtsnachfolger, also der Eintretende bzw. der Fortsetzende, die Sicherheit aufzubringen hat und deshalb Ausgleichspflichten entstehen. Der in § 563b Abs. 1 S. 1 BGB vorgesehene Schutz des Vermieters durch Anordnung einer gesamtschuldnerischen Haftung von Rechtsnachfolger und Erbe für Altverbindlichkeiten würde aber in dem wichtigen Bereich der Sicherheitsleistung aufgehoben, wenn man nur § 563b Abs. 3 BGB anwenden würde. Hat der verstorbene Mieter mit dem Vermieter eine Sicherheit von weniger als drei Monatsmieten vereinbart, besteht **kein Anspruch auf Erhöhung der Sicherheit.**[45] Ein solcher Anspruch würde, weil er über des Wortlaut von § 563b Abs. 3 BGB hinausginge, eine analoge Anwendung des § 563b Abs. 3 BGB erfordern, was aber wegen des Ausnahmecharakters der Vorschrift nicht zulässig ist[46] und wofür angesichts des Umstandes, dass der Vermieter selbst die geringere Sicherungshöhe vereinbart hat, keine Notwendigkeit besteht. 26

Ist eine vereinbarte Sicherheit vom verstorbenen Mieter nicht gezahlt worden, so handelt es sich um eine Altverbindlichkeit iSv § 563b Abs. 1 BGB.[47] Das gilt auch dann, wenn während der Lebenszeit des verstorbenen Mieters ein **Wiederauffüllungsanspruch** entstanden ist. Ein Anspruch auf Wiederauffüllung einer nach dem Tod des Mieters verwerteten Sicherheit unterliegt unabhängig davon, ob diese vom Vermieter für Altverbindlichkeiten oder für neue, nach dem Tod des Mieters entstandene Verbindlichkeiten in Anspruch genommen wurde, weder § 563b Abs. 1 BGB noch § 563b Abs. 3 BGB. Das folgt daraus, dass der Rechtsnachfolger gem. §§ 563, 563a BGB umfassend in die Rechte und Pflichten aus dem Mietverhältnis eingetreten ist, also auch in 27

---

[39] Staudinger/*Rolfs* BGB § 563b Rn. 18.
[40] BT-Drs. 14/4553, abgedr. in NZM 2000, 445.
[41] *Hinz* ZMR 2002, 645 mit überzeugender Ablehnung einer analogen Anwendung.
[42] MüKoBGB/*Häublein* § 563b Rn. 13; Staudinger/*Rolfs* BGB § 563b Rn. 20; *Hinz* ZMR 2002, 645.
[43] *Schmid* GE 2010, 1252.
[44] MüKoBGB/*Häublein* § 563b Rn. 13; **aA** *Schmid* ZMR 2014, 257 mit der Begründung, dass es nur darauf ankomme, ob mit dem verstorbenen Mieter eine Sicherheit vereinbart worden sei, nicht aber darauf, ob sie geleistet worden sei; nach dem Normzweck steht es aber gleich, ob der Vermieter (evtl. wegen besonderer Verhältnisse des verstorbenen Mieters) darauf verzichtet hat, eine Sicherheit zu vereinbaren, oder ob er den Anspruch auf eine vereinbarte Sicherheit verjähren lässt, da das Sicherungsbedürfnis nach dem Tod des Mieters in beiden Fällen neu zu bestimmen ist.
[45] **AA** Soergel/*Heintzmann* BGB § 563b Rn. 6.
[46] *Geldmacher* DWW 2002, 190.
[47] **AA** Soergel/*Heintzmann* BGB § 563b Rn. 5, der daneben Abs. 3 anwenden möchte; das widerspricht aber dem erwähnten Normzweck.

die Pflicht zur Sicherheitsleistung[48]; § 563b Abs. 3 BGB ist nicht notwendig. Es handelt sich auch nicht um eine Altverbindlichkeit gem. § 563b Abs. 1 BGB, weil der Wiederauffüllungsanspruch erst nach dem Tod des Mieters fällig wurde. Ähnlich wäre es, wenn eine **Mietbürgschaft** nach dem Tod des Mieters untergehen würde, weil sie nur die Ansprüche gegen den verstorbenen Mieter sichert, ohne besondere Abrede aber nicht die Ansprüche gegen den Rechtsnachfolger. Diese Auffassung vertritt das LG Münster[49], weil der Zweck der Bürgschaft personenbezogen auf den verstorbenen Mieter sei. Die Annahme des LG Münster ist abzulehnen. Gerade im Hinblick auf den Eintritt in den Mietvertrag gem. § 563 BGB und den dadurch beabsichtigten Schutz des Mitbewohners des verstorbenen Mieters ist der Bürgschaftsvertrag idR, also falls es nicht ausdrückliche gegenteilige Anhaltspunkte gibt, dahingehend auszulegen, dass die Bürgschaft auch – was möglich ist[50] – den Rechtsnachfolger des ursprünglichen Hauptschuldners (= der verstorbene Mieter) erfasst.[51] Dem Bürgen kann allerdings aus in der Person des Eingetretenen liegenden Gründen ein Kündigungsrecht zustehen.[52] Folgt man hingegen dem LG Münster, so steht dem Vermieter jedenfalls gegen den Eingetretenen ein Anspruch auf Wiederauffüllung der Bürgschaft zu.

**28** Nach dem Wortlaut des § 563b Abs. 3 BGB kann der Vermieter von dem Rechtsnachfolger gem. §§ 563, 563a BGB nur Sicherheit nach Maßgabe des § 551 BGB verlangen. Auch wenn §§ 551 BGB vornehmlich auf die Barkaution zugeschnitten ist, gilt die Vorschrift für **alle Arten der Sicherheitsleistung** (→ BGB § 551 Rn. 5), so dass als Sicherheit iRd § 563b Abs. 3 BGB ebenfalls alle Arten der Sicherheit in Betracht kommen[53], solange diese nicht gegen § 551 BGB verstoßen. Die Auswahl der Sicherheit und deren nähere Ausgestaltung stehen dem Vermieter zu.[54] Es handelt sich um ein **Leistungsbestimmungsrecht** gem. § 315 BGB. Der Vermieter kann nach Ausübung des Bestimmungsrechtes direkt auf Leistung klagen und muss nicht erst den Abschluss eines entsprechenden Vertrages bzw. einer Vertragsänderung begehren.[55] Dies alles folgt schon allein aus dem Wortlaut des § 563b Abs. 3 BGB[56]: Dort heißt es nämlich nicht, dem Vermieter stehe ein Anspruch auf Abschluss eines Vertrages zu[57], er kann danach vielmehr „Sicherheits*leistung*", also die Bewirkung der Sicherheit, verlangen.[58] Das Leistungsbestimmungsrecht hat der Vermieter, weil er nach dem Gesetz derjenige ist, der die Leistung verlangen kann; eingeschränkt ist er dabei nur durch die Grenzen des § 551 BGB („nach Maßgabe des …"). Da diese Vorschrift keine bestimmte Art der Sicherheit vorschreibt, kann der Vermieter wählen. Der Mieter ist aber bei dieser Wahl nicht nur durch § 551 BGB, sondern auch durch § 315 Abs. 3 BGB[59] geschützt. Danach kann ein Anspruch des Vermieters auf Stellung einer (mit laufenden Kosten verbundenen) Bürgschaft ausgeschlossen sein, wenn der Mieter bereit ist, eine Barkaution zu stellen.[60]

**29** Der Vermieter ist – vorbehaltlich einer Verwirkung oder Verjährung[61] – nicht gehalten, den Anspruch auf Sicherheitsleistung innerhalb bestimmter **Frist** geltend zu machen, da das Gesetz eine solche Frist nicht vorsieht.[62] Entgegen § 551 Abs. 2 S. 2 BGB ist die Sicherheit nicht sofort

---

[48] → BGB § 563 Rn. 45f. iVm → BGB § 566 Rn. 103.

[49] LG Münster WuM 2008, 481.

[50] BGH IX ZR 57/95, NJW 1996, 717.

[51] *Schmid* GE 2010, 1252. Für eine Einzelfallbetrachtung, die im entschiedenen Fall zur Verneinung der Ausdehnung auf den Erben führte, OLG München 29.11.2012 – 23 U 3400/12, BeckRS 2012, 25139.

[52] *Mohr* ZMR 2010, 415.

[53] HM, vgl. MüKoBGB/*Häublein* § 563b Rn. 16 mwN; **aA,** nämlich für eine Beschränkung auf die Barkaution Blank/Börstinghaus/*Blank* BGB § 563b Rn. 19.

[54] *Hinz* ZMR 2001, 646; *Sternel* ZMR 2004, 720.

[55] MüKoBGB/*Häublein* § 563b Rn. 16.

[56] So auch *Sternel* ZMR 2004, 720.

[57] So aber Staudinger/*Rolfs* BGB § 563b Rn. 20. Wegen § 550 BGB kann eine schriftliche Niederlegung der Regelung über die Sicherheit aber sinnvoll sein.

[58] Dem steht auch nicht entgegen, dass sich ein Anspruch auf eine Kaution ansonsten immer aus einer Kautionsabrede ergibt. § 563b Abs. 3 BGB stellt hiervon gerade eine Ausnahme dar, so dass der Umweg über eine notfalls einzuklagende Kautionsabrede unnötig erscheint.

[59] MüKoBGB/*Häublein* § 563b Rn. 16 weist zu Rechts darauf hin, dass nach der Meinung, die in § 563b Abs. 3 BGB nur einen Anspruch auf Abschluss eines Vertrages sieht, eine Anwendung des § 315 Abs. 3 BGB ausgeschlossen ist, da die Vorschrift nur für *einseitige* Leistungsbestimmungsrechte gilt.

[60] *Hinz* ZMR 2002, 646.

[61] *Der Anspruch auf Stellung* der Sicherheit verjährt gem. §§ 195, 199 BGB in drei Jahren ab Schluss des Jahres, in dem der Vermieter Kenntnis von dem endgültigen Eintritt des Mieters erlangt (*Schmid* ZMR 2014, 257; auch → BGB § 548 Rn. 64).

[62] Staudinger/*Rolfs* BGB § 563b Rn. 20.

mit dem Eintritt bzw. der Fortsetzung des Mietverhältnisses zu leisten, da die Pflicht hierzu – wie schon der Wortlaut des § 563b Abs. 3 BGB nahelegt – von einem **Verlangen des Vermieters** abhängt. Die Sicherheit wird also erst fällig, wenn der Vermieter einen entsprechenden Anspruch stellt[63]; Verzug tritt erst nach Mahnung ein. Falls der Vermieter nicht die Leistung einer Barkaution begehrt, wird man dem Mieter eine angemessene Zeit zur Umsetzung zugestehen müssen, etwa um einen Bürgschaftsvertrag zu beschaffen oder ein Sparbuch zu verpfänden.[64] Der Vermieter kann die Sicherheit direkt nach dem Tod des Mieters verlangen[65], da das Sicherungsbedürfnis wegen des Fortfalls des ursprünglichen Schuldners zu diesem Zeitpunkt beginnt. Wie bei allen anderen Ansprüchen auch (→ BGB § 563 Rn. 44 und 66) kann der Vermieter deshalb die Sicherheit grds. schon während des Laufs der Ablehnungsfrist gem. § 563 Abs. 3 BGB vom Rechtsnachfolger des verstorbenen Mieters beanspruchen; ein solch frühzeitiges Verlangen dürfte aber häufig gegen Treu und Glauben (dolo-petit-Einrede) verstoßen. Bei der Barkaution und der Verpfändung bzw. Abtretung eines Sparbuchguthabens gilt das **Teilzahlungsrecht** des § 551 Abs. 2 S. 1 BGB, bei der Mietbürgschaft hingegen nicht (→ BGB § 551 Rn. 45).

**Mehrere Rechtsnachfolger** gem. §§ 563, 563a BGB haften als Gesamtschuldner. Nach dem **30** Tod des Mieters kann der Fall eintreten, dass neben den Rechtsnachfolgern gem. §§ 563, 563a BGB ein **weiterer Mitmieter** vorhanden ist, der nicht zu den Rechtsnachfolgern gehört (zu dieser Konstellation → BGB § 563 Rn. 17). Nach dem Wortlaut des § 563b Abs. 3 BGB ist ein solcher Mitmieter dem Vermieter nicht zur Sicherheit verpflichtet.[66] Die Rechtsnachfolger müssen einen Ausgleich im Innenverhältnis (Gemeinschaft oder GbR) suchen.

Leisten die Rechtsnachfolger gem. §§ 563, 563a BGB die verlangte Sicherheit trotz Abmah- **31** nung gem. § 543 Abs. 3 BGB nicht, so kann der Vermieter ggf. gem. § 569 Abs. 2a BGB kündigen; die Vorschrift ist auf die Kautionsleistung gem. § 563b Abs. 3 BGB anwendbar, da es sich hierbei, wie oben ausgeführt, um die Pflicht zur erstmaligen Stellung einer Sicherheit zu Beginn des mit dem Rechtsnachfolger bestehenden Mietverhältnisses handelt (nur für diese erstmalige Pflicht gilt § 569 Abs. 2a BGB; → BGB § 569 Rn. 54), und nicht um eine Wiederauffüllungspflicht.[67]

## F. Mietsicherheit des verstorbenen Mieters nach Mietende

Probleme bereitet die Behandlung der vom verstorbenen Mieter geleisteten Sicherheit nach **32** Ende des Mietvertrages. Der Kautionsrückzahlungsanspruch bei der Barkaution bzw. der Freigabeanspruch bei einem verpfändeten/abgetretenem Sparbuch oder der Mietbürgschaft entsteht erst nach Ablauf einer angemessenen Abrechnungsfrist (→ BGB § 551 Rn. 82), so dass es sich bei Anwendung des Fälligkeitsprinzips (→ BGB § 563 Rn. 49) um eine Forderung handeln würde, die dem Rechtsnachfolger gem. §§ 563, 563a BGB zusteht.[68] Für einen solchen Ansatz spricht, dass die Sicherheit eng an den Mietbesitz geknüpft ist und deshalb mit diesem übergehen könnte.[69] Abgesehen davon, dass diese enge Verknüpfung allenfalls für die Pflicht zur Stellung der Mietsicherheit in Betracht kommt, für die Rechte und Pflichten aus der Sicherheit jedoch nicht[70], würde dieser Ansatz zu erheblichen Wertungswidersprüchen zwischen den verschiedenen Arten der Sicherheitsleistung und zu dem Haftungssystem des § 563b Abs. 1, 2 BGB führen. Deshalb gebührt eine vom verstorbenen Mieter geleistete Sicherheit letztlich – wenn auch nicht immer direkt – dem Erben. Im Einzelnen gilt Folgendes:

Hat der verstorbene Mieter, anstatt eine Barkaution zu leisten, ein Sparbuch verpfändet, so wird **33** der Erbe mit dem Tod des Mieters Inhaber der Forderung aus dem Sparbuch gegen die Bank (belastet natürlich mit dem Pfandrecht zugunsten des Vermieters).[71] Zu einer Sonderrechtsnachfolge

---

[63] MüKoBGB/*Häublein* § 563b Rn. 17, der den Anspruch mit einer Leistung auf Abruf vergleicht; *Geldmacher* DWW 2001, 182; *Sternel* ZMR 2004, 720.

[64] *Hinz* ZNR 2002, 646 spricht sich in Anlehnung an § 563 Abs. 3 BGB für eine Monatsfrist aus.

[65] MüKoBGB/*Häublein* § 563b Rn. 18.

[66] So auch *Sternel* ZMR 2004, 720.

[67] Ähnlich MüKoBGB/*Häublein* § 569 Rn. 30; *Schmid* MDR 2014, 940.

[68] Diese Ansicht vertreten iErg *Sprau* NZM 2001, 222; AG Hannover WuM 2011, 563; AG Düsseldorf WuM 2011, 624 = ZMR 2012, 629.

[69] Blank/Börstinghaus/*Blank* BGB § 563 Rn. 33 und sich anschließend AG Hannover WuM 2011, 563.

[70] MüKoBGB/*Häublein* § 566a Rn. 1; auch → BGB § 566a Rn. 9; iRd §§ 566, 566a BGB qualifiziert BGH XII ZR 124/97, NJW 1999, 1857 die Sicherheitsabrede als eigenständige, nicht mietrechtliche Vertragsart.

[71] Ebenso *Schmid* GE 2010, 1252.

gem. §§ 563, 563a BGB kommt es nicht, weil es sich nicht um einen Anspruch aus Wohnraummiete zwischen Mieter und Vermieter, sondern einem Dritten handelt und deswegen der Anwendungsbereich der Vorschriften nicht eröffnet ist (bei → BGB § 563 Rn. 47). Benötigt der Vermieter die Sicherheit nicht und gibt er sie frei, kann der Erbe über das Sparbuch verfügen.[72] Der Freigabeanspruch steht dem Erben und dem Rechtsnachfolger zu.[73] Das ist ein wirtschaftlich ganz anderes Ergebnis als bei der Barkaution, wenn man dort – wie soeben geschildert – einen Rechtsübergang auf den Rechtsnachfolger gem. §§ 563, 563a BGB bejahen würde.[74] In letzterem Fall hätte der Rechtsnachfolger einen Vermögenswert in Höhe der Kaution mehr in seinem Vermögen als bei einem verpfändeten Sparbuch und das allein wegen der teilweise von Zufälligkeiten abhängigen Art der Sicherheitsleistung. Nimmt der Vermieter die Sicherheit in Anspruch für solche Forderungen, die nach dem Tod des Mieters entstanden sind (zu Altverbindlichkeiten → Rn. 4ff.), dann müsste der Eingetretene diese Forderungen iErg nicht bezahlen, wenn ihm die vom verstorbenen Mieter geleistete Barkaution zu Gute käme. Das widerspricht aber dem Zweck der §§ 563b Abs. 1, 2 BGB. Nach § 563b Abs. 1 BGB soll der Rechtsnachfolger gem. §§ 563, 563a BGB nämlich für alle Verbindlichkeiten nach dem Tod des Vermieters allein haften; nach § 563b Abs. 2 BGB soll er Vorauszahlungen des verstorbenen Mieters auf die Zeit nach dem Tod erstatten bzw. herausgeben. Zwar handelt es sich bei der Mietsicherheit nicht um eine Vorauszahlung (zur Definition → Rn. 17), da sie nicht für bestimmte Mietzinspflichten im Voraus geleistet wurde; im Falle der Verwertung der Sicherheit kommt dies aber einer Vorauszahlung nahe.[75]

34 Aus alledem folgt jedoch nicht, vom Fälligkeitsprinzip abzugehen und in Abweichung davon den Kautionsrückzahlungsanspruch bzw. den Freigabeanspruch gegen den Vermieter dem Erben zuzubilligen. Das hätte für den Vermieter nämlich die missliche Folge, dass er sich bei Beendigung des Mietverhältnisse nicht nur dem Rechtsnachfolger als Mieter gegenüber sähe, sondern auch dem Erben, den zu ermitteln oft Schwierigkeiten bereitet. Würde er fälschlicherweise an den Rechtsnachfolger zahlen, so würde er nicht frei. Es spricht deshalb viel dafür, die Regelung des § 563b Abs. 2 BGB analog anzuwenden.[76] Kautionsrückzahlungsanspruch bzw. Freigabeanspruch stehen also im (Außen-)Verhältnis zum Vermieter dem Rechtsnachfolger gem. §§ 563, 563a BGB zu.[77] Ist die Barkaution verwertet worden, so stellt dies eine herauszugebende Ersparnis iSv § 563b Abs. 2 BGB dar. Ist sie nicht verwertet worden, so hat er den Kautionsrückzahlungsanspruch iSv § 563b Abs. 2 BGB erlangt; es gilt dann das → Rn. 16ff. Ausgeführte. Ist eine Mietbürgschaft oder ein verpfändetes Sparbuch verwertet worden, so stellt das ebenfalls eine herauszugebende Ersparnis iSv § 563b Abs. 2 BGB dar. Sind diese Arten der Sicherheit nicht verwertet worden, so stehen sie nach der Freigabe nach erbrechtlichen Grundsätzen ohnehin dem Erben zu (→ Rn. 33).

## G. Abweichende Vereinbarungen

35 § 563b BGB ist in den Grenzen der §§ 138, 242, 307ff. BGB abdingbar. Abweichende Vereinbarungen zwischen dem Erben und dem Rechtsnachfolger gem. §§ 563, 563a BGB können allerdings nicht den Vermieter belasten, sondern müssen auf das Innenverhältnis beschränkt bleiben. In dieses Innenverhältnis kann der verstorbene Mieter schon zu seinen Lebzeiten durch entsprechende Vereinbarungen eingreifen.[78] Soweit Haftungsvereinbarungen faktisch das Eintrittsrecht gem. § 563 BGB verhindern, dürfte darin eine Umgehung des § 563 Abs. 5 BGB zu sehen und deswegen nach dieser Vorschrift unwirksam sein.[79] Vereinbarungen zur Mietsicherheit müssen sich an die Vorgaben des § 551 BGB halten (s. § 551 Abs. 4 BGB).[80] Fraglich ist, ob in der Abbedingung der gesamt-

[72] IErg ebenso *Schmid* GE 2010, 1252.

[73] Das folgt daraus, dass der Freigabeanspruch die Kehrseite des Kautionsleistungsanspruchs des Vermieters ist, der – anders als die Rechtsbeziehung des verstorbenen Mieters zur Bank – eine mietvertragliche Vereinbarung ist, die auf den Rechtsnachfolger übergeht (→ BGB § 563 Rn. 45f. iVm → BGB § 566 Rn. 103) und ihn verpflichtet (etwa zur Wiederauffüllung; → Rn. 27) und berechtigt (etwa zum Freigabeverlangen); iErg ebenso *Schmid* GE 2010, 1252; AG Frankenthal 30.10.2014 – 3a C 270/14, BeckRS 2014, 22345 für den Fall des ohne Eintritt gem. §§ 563, 563a BGB beendeten Mietvertrages.

[74] So aber iErg *Sprau* NZM 2001, 222; AG Hannover WuM 2011, 563; AG Düsseldorf WuM 2011, 624.

[75] Ähnlich MüKoBGB/*Häublein* § 563b Rn. 15.

[76] So auch *Sternel* ZMR 2004, 720 Fn. 55; MüKoBGB/*Häublein* § 563b Rn. 15.

[77] *IErg ebenso Schmid GE 2010, 1252.*

[78] Blank/Börstinghaus/*Blank* BGB § 563b Rn. 5; *Lehmann-Richter* WImmoT 2008, 166.

[79] MüKoBGB/*Häublein* § 563b Rn. 19.

[80] Blank/Börstinghaus/*Blank* BGB § 563b Rn. 18.

schuldnerischen Haftung mehrerer Mitmieter in dem Mietvertrag zugleich eine Abbedingung des § 563b Abs. 1 S. 1 BGB liegen soll, dass der Erbe dem Vermieter also allein für die Altverbindlichkeiten haften soll und nicht auch der nach § 563a BGB fortsetzende Mitmieter.[81] Allgemein lässt sich das nicht beantworten, es kommt vielmehr auf die Umstände des Einzelfalls und insbes. die Vorstellungen und Interessen der Beteiligten zum Zeitpunkt einer solchen Vereinbarung an. Wollten sie eine Mithaftung der Mitmieter unter allen Umständen ausschließen, dann ist § 563b Abs. 1 BGB abbedungen und der Vermieter auf die Inanspruchnahme des Erben beschränkt. Auch in Zweifelsfällen dürfte das so sein, weil es der Interessenlage der Mitmieter besser entspricht, die bei Abschluss der Vereinbarung davon ausgingen, nur auf ihren Anteil zu haften, wohingegen dem Vermieter nach dem Tod des Mieters dessen Erbe als Haftender verbleibt.

[81] So Staudinger/*Rolfs* BGB § 563b Rn. 21; **aA** MüKoBGB/*Häublein* § 563b Rn. 20.

## § 564 Fortsetzung des Mietverhältnisses mit dem Erben, außerordentliche Kündigung

**[1]Treten beim Tod des Mieters keine Personen im Sinne des § 563 in das Mietverhältnis ein oder wird es nicht mit ihnen nach § 563 a fortgesetzt, so wird es mit dem Erben fortgesetzt. [2]In diesem Fall ist sowohl der Erbe als auch der Vermieter berechtigt, das Mietverhältnis innerhalb eines Monats außerordentlich mit der gesetzlichen Frist zu kündigen, nachdem sie vom Tod des Mieters und davon Kenntnis erlangt haben, dass ein Eintritt in das Mietverhältnis oder dessen Fortsetzung nicht erfolgt sind.**

### Systematische Übersicht



### Alphabetische Schnellübersicht



### A. Allgemeines

1 Gemäß § 564 S. 1 BGB wird das (Wohnraum-)Mietverhältnis nach dem **Tod des Mieters** mit dessen Erben fortgesetzt, sofern nicht ein Eintritt in den Vertrag gem. § 563 BGB erfolgt oder er nicht gem. § 563 a BGB fortgesetzt wird.[1] Die Fortsetzung mit dem Erben folgt schon aus den erbrechtlichen Regeln (§§ 1922, 1967 BGB), so dass § 564 S. 1 BGB (nur) die Bedeutung hat, den Vorrang der §§ 563, 563 a BGB klarzustellen. Insbesondere ergibt sich aus § 564 S. 1 BGB nicht eine haftungsmäßige Sonderstellung des Erben. Denn in der für sonstige Mietverhältnisse geltenden, vergleichbaren Vorschrift des § 580 BGB fehlt es an einer entsprechenden Bestimmung, das Gesetz setzt dort vielmehr den Übergang des Mietverhältnisses auf den Erben nach den erbrechtlichen Regeln der §§ 1922, 1967 BGB voraus und regelt dementsprechend nur die außerordentliche Kündigungsmöglichkeit.[2] § 564 S. 2 BGB gewährt sowohl dem Vermieter als auch dem Erben ein außerordentliches Kündigungsrecht, ohne ein besonderes Kündigungsinteresse zu erfordern. Die Vorschrift knüpft an § 564 S. 1 BGB an („in diesem Fall"), sie gilt aber nicht nur dann, wenn ein Eintritt zwar möglich war, aber wegen erklärter Ablehnung nicht erfolgt ist, sie gilt vielmehr auch, wenn der Erbe einem Alleinmieter nachfolgt. Das Kündigungsrecht hat den **Zweck,** dass Vermieter und Erbe einem starken personalen Bezug des Mietverhältnisses und den Veränderungen Rechnung tragen können, die der Tod des Mieters möglicherweise mit sich bringt[3], und ist ein gesetzlich geregelter Fall des Wegfalls der Geschäftsgrundlage. Die Person des Mieters ist für den Vermieter nämlich oft von wesentlicher Bedeutung; auf der anderen Seite hat ein Erbe oft kein Interesse an der Fortführung des Vertrages, weil er schon über Wohnraum verfügt (ansonsten würden §§ 563, 563 a BGB eingreifen). Der **Tod des Vermieters** begründet hingegen kein außerordentliches Kündigungsrecht für die Mieter.[4] Nach dem Tod des Vermieters treten dessen Erben bzw. – wenn

---

[1] *Zur Systematik der §§ 563 ff. BGB* auch bei → BGB § 563 Rn. 5.
[2] BGH VIII ZR 68/12, NJW 2013, 933 Rn. 16.
[3] MüKoBGB/*Häublein* § 564 Rn. 2 unter Bezugnahme auf die Gesetzesmotive; s. auch RGZ 90, 329.
[4] Staudinger/*Rolfs* BGB § 564 Rn. 4; *Wotte/Ungerer* NZM 2012, 414.

keine Erben vorhanden sind – der Fiskus im Wege der Gesamtrechtsnachfolge in die Vermieterstellung ein[5]; eine Sonderrechtsnachfolge wie in §§ 563ff. BGB gibt es nicht. Zur Entstehungsgeschichte der Norm bei → BGB § 563 Rn. 3.

## B. Anwendungsbereich

2 Der (personelle, sachliche und zeitliche) Anwendungsbereich des § 564 BGB entspricht dem der §§ 563–563b BGB. Auf die Kommentierung bei → BGB § 563 Rn. 9 wird verwiesen. Ergänzend gilt: Sind Personen gem. §§ 563, 563a BGB nicht vorhanden, greift § 564 BGB. Ist ein Eintrittsberechtigter gem. § 563 BGB vorhanden und hat er von seinem Ablehnungsrecht Gebrauch gemacht, so wirkt das ex tunc auf den Zeitpunkt des Todes des Mieters zurück[6]; der Eintritt gilt als nicht erfolgt und der Vertrag wird gem. § 564 BGB mit dem Erben fortgesetzt, wenn nicht weitere, nachrangig Eintrittsberechtigte vorhanden sind. § 564 BGB findet hingegen keine Anwendung, wenn der Vermieter (gem. § 563 Abs. 4 BGB) oder der fortsetzende Mieter (gem. § 563a Abs. 2 BGB) kündigen. Dann nämlich waren der Eintritt bzw. die Fortsetzung schon erfolgt, die Kündigung beseitigt den Vertrag nur für die Zukunft.[7] Endet das Mietverhältnis mit dem Tod des Mieters tritt der Erbe in das Abwicklungsschuldverhältnis ein.[8]

## C. Rechtsfolgen der Fortsetzung

3 Der Erbe wird – vorbehaltlich des Eintritts bzw. der Fortsetzung gem. §§ 563, 563a BGB (→ Rn. 2) – mit dem Tod des Mieters Vertragspartei, der Besitz an der Mietsache geht gem. § 857 BGB auf ihn über. Ergreift der Vermieter nach dem Tod des Mieters Besitz (etwa durch Auswechslung des Schlosses), begeht er eine verbotene Eigenmacht gem. § 858 BGB und dem Erben stehen die Besitzschutzansprüche des § 861 BGB zu.[9] Mehrere Erben bilden eine Erbengemeinschaft. Soll nur einer der Erben Mieter sein, so muss hierüber ein dreiseitiger Vertrag zwischen dem Vermieter, den Mitgliedern der Erbengemeinschaft und dem fortsetzungswilligen Miterben geschlossen werden, da es sich um eine Vertragsübernahme handelt.[10] Geschieht das nicht, bleiben die Mitglieder der Erbengemeinschaft Mieter, die ggf. einem ihrer Mitglieder die Wohnung überlassen, idR mit der Folge des Ausgleichs im Innenverhältnis. Je nach den Umständen des Einzelfalls kann in der Wohnungsüberlassung an einen Erben zugleich eine stillschweigende Vertragsübernahme zu sehen sein, wenn es genügend Anhaltspunkte dafür gibt, dass der Vermieter hiermit einverstanden ist. Ebenso kann im Einzelfall eine stillschweigende Vertragsbeendigung ohne ausdrückliche Kündigung gem. § 564 S. 2 BGB in Betracht kommen, dies etwa dann, wenn der Vermieter bei der Räumung der Wohnung hilft und ein Vertragsfortsetzungswille auch anderweitig nicht erkennbar ist.[11] Für **nach dem Erbfall fällig gewordene Verbindlichkeiten**[12] einschließlich der Pflichten aus der Abwicklung des Vertrages haftet der Erbe aus seiner Stellung als Mieter, wenn er das Mietverhältnis für seine Zwecke fortsetzt.[13] Ob und in welchem Umfang es sich dabei um eine sog. Nachlasserbenschuld oder um eine reine Eigenverbindlichkeit des Erben handelt[14], spielt im Ansatz eine untergeordnete Rolle, da der Erbe selbst im Fall der Nachlasserbenschuld mit seinem ganzen Vermögen (einschließlich des Nachlasses) haftet. Die Unterscheidung wird bedeutsam, wenn die Haftung des Erben in den Fällen des § 780 ZPO auf den Nachlass beschränkt ist, also etwa gem. § 1975 BGB bei einer Nachlassverwaltung bzw. einem Nachlassinsolvenzverfahren oder gem. § 1990 BGB

---

5 Siehe zur Problematik des unbekannten Erben und des Fiskus als gesetzlichen Erben *Wotte/Ungerer* NZM 2012, 412; *Horst* DWW 2013, 367.

6 Zur Rückabwicklung von Leistungen, die ein Eingetretener bis zur Ausübung des Ablehnungsrechts erbracht hat, bei → BGB § 563 Rn. 66.

7 *Sternel* ZMR 2004, 720.

8 Blank/Börstinghaus/*Blank* BGB § 564 Rn. 17.

9 LG Köln NJWE-MietR 1996, 269.

10 MüKoBGB/*Häublein* § 564 Rn. 6.

11 LG Gießen WuM 2012, 604.

12 Siehe allg. zur Haftung des Erben für Mietschulden *Herzog* NZM 2013, 175.

13 BGH VIII ZR 138/18, FamRZ 2019, 2030 Rn. 21 bzw. gleichlautend BGH VIII ZR 122/18, WuM 2019, 652.

14 Zur Definition und den Folgen der Qualifizierung einer Schuld als Nachlasserbenschuld s. BGH VIII ZR 138/18, FamRZ 2019, 2030 Rn. 22 bzw. gleichlautend BGH VIII ZR 122/18, WuM 2019, 652 Rn. 23.

bei Erhebung der Dürftigkeitseinrede. In diesen Fällen haftet der Erbe mit seinem persönlichen Vermögen nur für Nachlasserbenschulden, also solchen Verbindlichkeiten, die der Erbe bei der ordnungsgemäßen Verwaltung des Nachlassen eingegangen ist.[15] Eine Verwaltungsmaßnahme stellt es allerdings nicht dar, wenn der Erbe von dem Kündigungsrecht des § 564 S. 2 BGB nicht Gebrauch macht.[16] Als Verwaltungsmaßnahme sind ansonsten viele Formen rechtsgeschäftlichen Handelns denkbar, die eine Eigenverbindlichkeit des Erben bzw. eine Nachlasserbenschuld begründen können; insbes. kommen in Betracht eine Eigennutzung der Wohnung, die Überlassung an Dritte[17], die ausdrückliche Erklärung eines Vertragsfortsetzungswillens oder ein Unterlassen der Räumung nach Kündigung.[18] Jedenfalls bis zur Kündigung gem. § 564 S. 2 BGB handelt es sich bei den nach dem Erbfall fällig gewordenen Verbindlichkeiten (einschließlich Schadensersatz wegen unvollständiger Räumung, Beschädigung oder unterlassener Schönheitsreparaturen) aber um reine **Nachlassverbindlichkeiten**[19] mit der Folge, dass der Erbe die Haftung in allen Fällen des § 780 ZPO auf den Nachlass beschränken kann.[20] Allerdings kann der Vermieter die vom Mieter geleistete Sicherheit auch für Nachlassverbindlichkeiten in Anspruch nehmen oder ggf. bei Erhebung der Dürftigkeitseinrede außerordentlich fristlos gem. § 543 BGB kündigen.[21] Ebenso wie vorstehend ist zu differenzieren (ohne Kündigung Mieterverbindlichkeiten; mit Kündigung Nachlassverbindlichkeiten) bei solchen Leistungen, die ein gem. § 563 BGB Eingetretener vor Ausübung seines Ablehnungsrechtes gem. § 563 Abs. 3 BGB erbracht hat; in Bezug auf diese Leistungen steht dem Ablehnenden nämlich ein Bereicherungsanspruch gegenüber dem Vermieter zu[22], so dass dieser nach dem Bereicherungsausgleich wieder vom Erben zu befriedigen ist, da der Vertrag im Fall der Ablehnung mit ihm rückwirkend auf den Zeitpunkt des Todes fortgesetzt wird (→ Rn. 2). Für **Altverbindlichkeiten,** die vor dem Tod des Mieters entstanden sind (Nachlassverbindlichkeiten)[23], haftet der Erbe in jedem Fall nur aus seiner Stellung als Erbe (ggf. beschränkt durch erbrechtliche Haftungsbeschränkungen). Zu den Nachlassverbindlichkeiten gehören alle Ansprüche aus dem Mietvertrag wie Mietzahlungen, Betriebskosten, Schadensersatz etc, aber auch Ansprüche Dritter, die nicht auf dem Mietvertrag beruhen, etwa Schulden des Erblassers bei Versorgungsunternehmen. Schlägt der Erbe die Erbschaft gem. §§ 1942 ff. BGB aus, so gilt sein Eintritt als nicht erfolgt und sie fällt bei dem in der Erbfolge Nachberufenen an (§ 1953 BGB); das gilt solange, bis nur noch der Fiskus als Erbe übrig bleibt (§ 1936 BGB). Verfügungen (auch Kündigungen[24]) des vorläufigen Erben bis zur Ausschlagung bleiben wirksam (§ 1959 BGB). Zur **Mithaftung** der Rechtsnachfolger gem. §§ 563, 563 a BGB, wenn diese in das Mietverhältnis eintreten bzw. es fortsetzen, sowie zu der internen Haftungsverteilung → BGB § 563 a Rn. 4 ff. Zum Schicksal einer **Mietbürgschaft,** die der verstorbene Mieter geleistet hat, → BGB § 563 b Rn. 27.

### D. Kündigungsrecht für Mieter und Vermieter (Satz 2)

4 Sowohl der Erbe als auch der Vermieter können das Mietverhältnis kündigen. Der Erbe kann dies auch dann noch tun, wenn er über seine Erbenstellung hinaus gem. § 563 BGB eintrittsberechtigt war und von seinem Ablehnungsrecht Gebrauch gemacht hat.[25] Wenn der Eintritt hingegen endgültig vollzogen ist, besteht ein Kündigungsrecht in diesen Fällen der **Doppelstellung als Erbe und Eintrittsberechtigter** nicht mehr, da § 564 BGB eben voraussetzt, dass ein Eintritt nicht erfolgt ist.

5 Die Kündigung beendet das Mietverhältnis erst zum Ablauf der Kündigungsfrist. Die bis dahin entstandenen, also fällig gewordenen Verbindlichkeiten einschließlich der Pflichten aus der Abwick-

---

[15] BGH VIII ZR 138/18, FamRZ 2019, 2030 Rn. 23 bzw. gleichlautend BGH VIII ZR 122/18, WuM 2019, 652.

[16] BGH VIII ZR 138/18, FamRZ 2019, 2030 bzw. gleichlautend BGH VIII ZR 122/18, WuM 2019, 652.

[17] *Schubert* JR 2014, 293.

[18] BGH VIII ZR 138/18, FamRZ 2019, 2030 Rn. 48 bzw. gleichlautend BGH VIII ZR 122/18, WuM 2019, 652.

[19] Zum Begriff der Nachlassverbindlichkeiten s. BGH VIII ZR 68/12, NJW 2013, 933 Rn. 16.

[20] BGH VIII ZR 68/12, NJW 2013, 933.

[21] *Schmid* ZMR 2013, 424.

[22] *Bei → BGB § 563 Rn.* 66 und Staudinger/*Rolfs* BGB § 564 Rn. 7.

[23] Zur Abgrenzung bei → BGB § 563 Rn. 49.

[24] Dazu näher bei → Rn. 9.

[25] Staudinger/*Rolfs* BGB § 564 Rn. 13.

lung des Vertrages sind Nachlassverbindlichkeiten (→ Rn. 3); zu Räumungs- und Herausgabeansprüchen gegen in der Wohnung verbliebene Mitbewohner des verstorbenen Mieters → BGB § 563 Rn. 63.

### I. Kündigungsgrund und Kündigungsfrist

Es handelt sich bei dem Kündigungsrecht gem. § 564 S. 2 BGB nach dem Wortlaut der Vorschrift um ein außerordentliches Kündigungsrecht mit gesetzlicher Frist iSv § 573 d BGB. Es gelten also die Mieterschutzvorschriften der §§ 574 ff. BGB.[26] In dem Kündigungsschreiben sollte auf das Widerspruchsrecht gem. § 574 BGB hingewiesen werden (s. § 574 b Abs. 2 S. 2 BGB). Das Kündigungsrecht ist für den Vermieter nicht an ein besonderes **Kündigungsinteresse** gebunden, insbes. müssen die Voraussetzungen des § 573 BGB nicht erfüllt sein. Das folgt aus § 573 d Abs. 1 BGB, der die Kündigung, die der Vermieter gegenüber dem Erben gem. § 564 BGB ausspricht, von der entsprechenden Anwendung der §§ 573, 573 a BGB ausnimmt. Dennoch sollte etwaige Härtegründe auf Vermieterseite wegen § 574 Abs. 3 BGB schon im Kündigungsschreiben angegeben werden. Für den Vermieter erleichtert § 564 S. 2 BGB nicht nur die Kündigung überhaupt, die Vorschrift führt ggf. auch zu kürzeren **Kündigungsfristen,** da hierfür nicht § 573 c Abs. 1 S. 2 BGB bzw. bei Einliegerwohnraum § 573 a BGB anwendbar ist, sondern § 573 d Abs. 2 BGB, der keine Verlängerung der Kündigungsfrist nach bestimmter Dauer des Mietverhältnisses (§ 573 c Abs. 1 S. 2 BGB) bzw. für bestimmte Mietverhältnisse (§ 573 a BGB) vorsieht. Für den Erben besteht der Vorteil des Kündigungsrechtes gem. § 564 S. 2 BGB darin, dass hiervon auch Zeitmietverträge gem. § 575 BGB und ein befristeter Kündigungsrechtsausschluss erfasst werden.[27] 6

### II. Kündigungserklärung

Auf die Kündigung finden wie auf alle Kündigungen grds. die Vorschriften der §§ 542, 568 BGB Anwendung. Die Kündigung ist daher **schriftlich** mit der Belehrung gem. § 568 Abs. 2 BGB zu erklären. Die Kündigung erfordert – wie oben ausgeführt – keinen besonderen Kündigungsgrund. Schon deshalb muss die Kündigung nicht begründet werden, es ist nicht einmal eine Bezugnahme auf das Kündigungsrecht gem. § 564 BGB erforderlich, da § 568 BGB einen allgemeinen Begründungszwang nicht kennt und in § 573 d BGB die Vermieterkündigung vom Begründungszwang des § 573 Abs. 3 BGB ausgenommen ist. Dennoch kann es wegen §§ 568 Abs. 2, 574 ff. BGB angezeigt sein, das **Freimachungsinteresse** in dem Kündigungsschreiben darzulegen; ein Verstoß gegen § 568 Abs. 2 BGB nimmt der Kündigung zwar nicht ihre Wirksamkeit, bei der Abwägung iRd § 574 BGB werden aber grds. nur die im Kündigungsschreiben angegebenen Vermieterinteressen berücksichtigt.[28] Ist der Kündigende zugleich eintrittsberechtigt gem. § 563 BGB, kann die Kündigung gleichzeitig als Ablehnung gem. § 563 Abs. 3 BGB auszulegen sein.[29] Kündigt der Vermieter gem. § 563 BGB, bestreitet aber gleichzeitig den Eintritt des Erben gem. § 563 BGB in das Mietverhältnis, dann ist die Kündigung als eine solche nach § 564 S. 2 BGB auszulegen.[30] Wenn mehrere Vermieter vorhanden sind, muss die Kündigung des Erben wegen der Einheitlichkeit des Mietverhältnisses[31] an alle gerichtet sein und – vorbehaltlich einer Vertretung – an alle zugehen; mehrere Vermieter müssen gemeinsam kündigen.[32] 7

Hat der Mieter **mehrere Erben (Erbengemeinschaft),** so muss die Kündigung im Ansatz ebenfalls von allen Erben[33] ausgesprochen bzw. allen gegenüber erklärt werden und zugehen.[34] Es handelt sich nämlich bei einer Kündigung nicht um eine Verwaltungsmaßnahme iSv § 2038 BGB, 8

---

[26] Staudinger/*Rolfs* BGB § 564 Rn. 16 mwN.
[27] Blank/Börstinghaus/*Blank* BGB § 564 Rn. 32.
[28] *Sternel* ZMR 2004, 722.
[29] *Damrau* NZFam 2014, 513.
[30] BGH VIII ZR 25/14, WuM 2015, 85 Rn. 20.
[31] Siehe dazu *Streyl* NZM 2011, 382.
[32] So auch *Kinne* GE 2011, 1660.
[33] Dies aber nicht notwendig zeitgleich oder in einem Rechtsakt. Es genügt die Bevollmächtigung eines Miterben bzw. die Einwilligung im Voraus. Eine rückwirkende Genehmigung ist aber nicht möglich, vgl. Staudinger/*Rolfs* BGB § 564 Rn. 12.
[34] BGH VIII ZR 25/14, WuM 2015, 85 Rn. 21.

sondern um eine Verfügung iSv § 2040 BGB.[35] Eine solche Verfügung (Kündigung des Mietvertrages durch die Erbengemeinschaft) muss – entgegen der bisher hM[36] – aber dann nicht gemeinschaftlich (wohl aber im Namen aller Erben) erfolgen, wenn es sich bei ihr gleichzeitig um eine mehrheitlich beschlossene Maßnahme der ordentlichen Verwaltung iSv § 2038 BGB handelt.[37] War Letzteres nicht der Fall, ist die Kündigung unwirksam.[38] Um eine ordnungsgemäße Verwaltungsmaßnahme handelt es sich bei allen Maßregeln zur Verwahrung, Sicherung, Erhaltung und Vermehrung sowie zur Gewinnung der Nutzung und Bestreitung der laufenden Verbindlichkeiten; entscheidend ist aus objektiver Sicht der Standpunkt eines vernünftig und wirtschaftlich denkenden Beurteilers.[39] Hierdurch wird das Interesse der Erben, eine Entwertung des Nachlasses zu vermeiden, geschützt; darüber hin darüber hinaus gehende Interessen bleiben aber außer Betracht.[40] Bei einem offensichtlichen Missverhältnis zwischen angemessener und bezahlter Miete ist die Kündigung eines Mietvertrages eine Maßnahme ordnungsgemäßer Verwaltung.[41] Will hingegen der Vermieter kündigen, muss er dies immer gegenüber allen Miterben tun.[42] Er kann sich nicht darauf berufen, dass eine Kündigung ordnungsgemäßer Verwaltung entspricht; denn die vorbeschriebenen Lockerungen des Prinzips der gemeinschaftlichen Verwaltung dienen ausschließlich der Handlungsfähigkeit der Erbengemeinschaft, nicht aber dem Vermieter als Drittem. Auch mietvertragliche Empfangsvollmachten gelten nicht[43], da nicht sämtliche Miterben jeder für sich Mieter werden, sondern alle gemeinsam als Gesamthandsgemeinschaft.

9 Der Erbe muss sich zur Ausübung der Kündigung nicht durch einen **Erbschein** legitimieren.[44] Derartiges ergibt sich nicht aus dem Gesetz, deshalb kommt es, wie bei jeder anderen Kündigung auch, nur auf die tatsächliche Berechtigung an. Fehlt diese, weil der Kündigende nicht Erbe ist, ist die Kündigung unwirksam. Anders kann das nur sein, wenn für den vermeintlichen Erben ein Erbschein ausgestellt war. Wegen des öffentlichen Glaubens des Erbscheins gilt dieser als richtig, es sein denn der Vermieter kennt die Unrichtigkeit, und sowohl eine Kündigung des Erbscheinserben als auch eine Kündigung des Vermieters bleiben wirksam (§§ 2366, 2367 BGB).[45]

10 Auch eine vom oder gegenüber dem vorläufigen Erben ausgesprochene Kündigung behält wegen § 1959 BGB ihre Wirkung nach **Ausschlagung der Erbschaft**[46]; für die Kündigung des Vermieters gilt das wegen § 1959 Abs. 3 BGB uneingeschränkt, die Kündigung des (vorläufigen) Erben ist nach § 1959 Abs. 2 BGB aber nur zulässig, wenn sie ohne Nachteil für den Nachlass nicht verschoben werden kann – was aber regelmäßig zu bejahen sein dürfte, da der Beginn der Kündigungsfrist des § 564 S. 2 BGB nicht von der Annahme der Erbschaft abhängt[47] und die Ausschlagungsfrist gem. § 1944 BGB länger dauert als die Kündigungsfrist.

11 Die Kündigung stellt eine Verfügung über das Mietverhältnis dar.[48] Wenn der Erbe in seiner Verfügungsbefugnis über den Nachlass beschränkt ist, kann er das Kündigungsrecht des § 564 BGB nicht selbst ausüben. Solche Verfügungsbeschränkungen gibt es etwa bei der **Testamentsvollstreckung** (§ 2211 BGB), bei der **Nachlassverwaltung** (§ 1984 BGB) und der **Nachlassinsolvenzverwaltung** (§ 81 InsO). In diesen Fällen können nur der Testamentsvollstrecker, der Nachlassverwalter bzw. der Nachlassinsolvenzverwalter die Kündigung wirksam aussprechen.[49] Eine Kündigung des Erben ist aber bis zur Anordnung der Nachlassverwaltung bzw. Nachlassinsolvenzverwaltung möglich, da die Verfügungsbeschränkungen erst nach Anordnung bzw. Eröffnung wirken (vgl. den

---

[35] BGH XII ZR 210/05, NJW 2010, 765 = JZ 2011, 478 mkritAnm *Müßig;* BGH LwZR 10/05, NJW 2007, 150; s. auch MüKoBGB/*Häublein* § 564 Rn. 10 mwN.
[36] Vgl. zum Meinungsstand BGH XII ZR 210/05, NJW 2010, 765 und BGH LwZR 10/05, NJW 2007, 150 (151).
[37] BGH XII ZR 210/05, NJW 2010, 765.
[38] BGH XII ZR 210/05, NJW 2010, 765 Rn. 30.
[39] BGH XII ZR 210/05, NJW 2010, 765.
[40] BGH XII ZR 210/05, NJW 2010, 765.
[41] BGH XII ZR 210/05, NJW 2010, 765.
[42] **AA** LG Berlin WuM 2019, 656.
[43] **AA** LG Berlin WuM 2019, 656.
[44] AllgM, vgl. Blank/Börstinghaus/*Blank* BGB § 564 Rn. 35 mwN.
[45] MüKoBGB/*Häublein* § 564 Rn. 10.
[46] Blank/Börstinghaus/*Blank* BGB § 564 Rn. 37.
[47] *Die Erbschaft ist nämlich in seiner* Person angefallen, die Ausschlagung beseitigt dies durch Fiktion rückwirkend; iErg ebenso Staudinger/*Rolfs* BGB § 564 Rn. 19.
[48] BGH LwZR 10/05, NJW 2007, 150 (151).
[49] Staudinger/*Rolfs* BGB § 564 Rn. 11.

Wortlaut von § 1984 Abs. 1 S. 1 BGB bzw. § 81 Abs. 1 S. 1 InsO); im Falle der Testamentsvollstreckung besteht das Verfügungsverbot ab dem Erbfall.[50] Die Beschränkung der Verfügungsbefugnis umfasst auch den Empfang einer Kündigungserklärung des Vermieters, denn auch dann liegt eine Verfügung über das Mietverhältnis vor[51]: Im Erbrecht ist das anerkannt für den schon oben erwähnten Fall, dass einer Erbengemeinschaft gekündigt werden soll.[52] Weil es sich um eine Verfügung handelt, liegt ein Anwendungsfall von § 2040 BGB vor, der ein gemeinschaftliches Handeln von allen und gegen alle Erben fordert. Eine Verfügung liegt immer dann vor, wenn durch Rechts- oder Gestaltungsgeschäfte auf ein bestehendes Recht unmittelbar eingewirkt wird.[53] Eine Kündigung gestaltet einen Vertrag in der Weise um, dass sie ihn für die Zukunft aufhebt. Für diese Wirkung ist es gleichgültig, ob der Verfügungsberechtigte die Kündigung ausspricht oder empfängt. Eine Kündigung ist deshalb nur wirksam, wenn sie dem Verfügungsberechtigten gegenüber ausgesprochen wird.

Ist der **Erbe** dem Vermieter **unbekannt,** kommt eine öffentliche Zustellung der Kündigung gem. § 132 Abs. 2 BGB iVm den Vorschriften der §§ 185 ff. ZPO in Betracht.[54] Vorher muss der Vermieter jedoch alles ihm Zumutbare und Mögliche zur Ermittlung des Erben getan haben[55]; ansonsten ist der Erbe nicht als unbekannt anzusehen. Zu den zumutbaren Anstrengungen gehört zumindest die Anfrage beim Nachlassgericht, ob dort ein Erbe bekannt ist oder in näherer Zeit Aufklärung erwartet wird, nicht aber die Beantragung einer Nachlasspflegschaft gem. § 1960 BGB, um dann gegenüber dem Nachlasspfleger kündigen zu können. Zwar muss das Nachlassgericht – ggf. auf Antrag des Vermieters gem. § 1961 BGB – auch bei wertlosem Nachlass einen Nachlasspfleger bestellen[56], der dann zur Entgegennahme der Kündigung und zur Abwicklung des Mietverhältnisses (einschließlich Räumung) berufen wäre. Da das Gesetz aber neben der Nachlasspflegschaft (oder der Abwesenheitspflegschaft gem. § 1911 BGB) ausdrücklich in § 132 Abs. 2 BGB die öffentliche Zustellung als Mittel vorsieht, einer (aufenthalts-)unbekannten Person eine Willenserklärung zugehen zu lassen, darf der Vermieter nicht auf einen Vorrang der Nachlasspflegschaft verwiesen werden. Will der Vermieter allerdings nach erfolgreicher öffentlicher Zustellung der Kündigung räumen, so muss er erst einen Räumungstitel erstreiten oder eine berechtigte Person finden, die zur freiwilligen Räumung bereit ist; hierzu kann ein Nachlasspfleger notwendig sein, da der Vermieter ansonsten verbotene Eigenmacht[57] begehen würde. 12

### III. Ausschlussfrist

Die außerordentliche Kündigung gem. § 564 S. 2 BGB muss innerhalb eines Monats erklärt werden, ansonsten erlischt das Kündigungsrecht. Der Zugang der Kündigung setzt die Kündigungsfrist des § 573 d Abs. 2 BGB in Gang. Die Ausschlussfrist beginnt, wenn die Kündigungsberechtigten (also Erbe oder Vermieter) von dem Tod des Mieters sowie davon Kenntnis erlangt haben, dass ein Eintritt gem. § 563 BGB bzw. eine Fortsetzung gem. § 563 a BGB nicht erfolgt sind. Bei einem Eintritt gem. § 563 BGB ist der Ablauf der Ablehnungsfrist abzuwarten, da eine Ablehnung den Eintritt rückwirkend unwirksam werden, den Vertrag aber bestehen lässt (bei → BGB § 563 Rn. 57); bei einer Fortsetzung gem. § 563 a BGB kommt es hingegen nicht auf den Ablauf der Kündigungsfrist an, da eine Kündigung den Mietvertrag insgesamt beenden würde, so dass er nicht nochmals gem. § 564 S. 2 BGB gekündigt werden kann. Die Kenntnis kann im Einzelfall schon vor Vollzug des Mietverhältnisses, also vor Gebrauchsüberlassung bestehen[58]; die Kündi- 13

[50] Palandt/*Edenhofer* BGB § 2211 Rn. 2.

[51] AnwK WohnraummietR/*Lammel* BGB § 564 Rn. 21; **aA** Blank/Börstinghaus/*Blank* BGB § 564 Rn. 39; Staudinger/*Rolfs* BGB § 564 Rn. 20.

[52] Palandt/*Edenhofer* BGB § 2040 Rn. 5.

[53] Palandt/*Ellenberger* BGB § 185 Rn. 2.

[54] *Stellwaag* ZMR 1989, 407; *Sternel* ZMR 2004, 723; *Schopp* PiG 79 (2007), 171; **aA** Staudinger/*Rolfs* BGB § 564 Rn. 19; der Hinweis auf die mit einer öffentlichen Zustellung verbundene Einschränkung des Rechtsschutzes des Erben trägt jedoch nicht, sie ist der öffentlichen Zustellung vielmehr immanent (so auch *Sternel* ZMR 2004, 723 Fn. 76).

[55] Allg. zu den Anforderungen an die Ermittlungspflicht s. BGH XII ZR 94/10, WuM 2012, 630.

[56] OLG Zweibrücken ZEV 2015, 633; KG NZM 2017, 823; *Wotte/Ungerer* NZM 2012, 413; *Bieber* jurisPR-MietR 24/2017 Anm. 4.

[57] Dazu → BGB § 546 Rn. 115.

[58] Blank/Börstinghaus/*Blank* BGB § 564 Rn. 50.

gungsfrist (laufend ab Zugang der Kündigungserklärung) ist auch in diesem Fall einzuhalten[59], um dem Kündigungsgegner die Suche nach einem neuen Vertragspartner zu ermöglichen.[60]

14 Nach dem Wortlaut des § 564 S. 2 BGB scheint es auf die **Kenntnis der Erbenstellung** nicht anzukommen. Diese Kenntnis ist aber für den Fristenlauf ebenfalls notwendig[61], damit der Erbe bzw. der Vermieter überhaupt die Möglichkeit haben, eine Entscheidung über die Ausübung seines Kündigungsrechts zu treffen.[62] Aus dem gleichen Grund beginnt die Frist für den **Testamentsvollstrecker** frühestens mit der Annahme des Amtes gem. § 2202 BGB bzw. beim **Nachlassverwalter** mit dessen Einsetzung gem. § 1981 BGB zu laufen.[63] Die Kenntnis von der Erbenstellung wird nicht ohne weiteres durch eine Mitteilung von Familienangehörigen bzw. ähnlichen Personen oder durch Kenntnisnahme von einem Testament begründet; der Erbe darf sich vielmehr in solchen Fällen seines Erbrechtes durch unverzüglich einzuholende Auskunft beim Nachlassgericht (etwa über das Vorhandensein weiterer Testamente) oder bei einem Rechtsanwalt (etwa über die Auslegung des Testaments) vergewissern.[64] Ansonsten gelten die Erläuterungen zur Kenntnis sowie zur Kenntnisverschaffung iRd § 563 Abs. 3, 4 BGB sowie des § 563 a Abs. 2 BGB sinngemäß auch hier (→ BGB § 563 Rn. 58). Bei Geschäftsunfähigen oder beschränkt Geschäftsfähigen gilt mangels ausdrücklicher Bestimmung allerdings nicht § 210 BGB entsprechend, sondern § 166 BGB[65]; gleiches ist bei der Nachlassverwaltung und der Nachlassinsolvenzverwaltung der Fall.[66]

15 Spricht der Vermieter gegenüber einem Erben, der gleichzeitig Eintrittsberechtigter iSd § 563 BGB ist, die **Kündigung vor Ablauf der Ablehnungsfrist** gem. § 563 Abs. 3 BGB aus, so ist durch Auslegung zu ermitteln, ob es sich um eine Kündigung gem. § 563 Abs. 4 BGB oder um eine solche gem. § 564 S. 2 BGB handelt. Ersteres ist im Zweifel näherliegend, da die Kündigung gem. § 564 S. 2 BGB erst nach der Ablehnung Wirkung erlangen kann und – wenn die Ablehnung nicht erfolgt – ins Leere gehen würde. Für die Kündigung gem. § 563 Abs. 4 BGB ist allerdings ein wichtiger Grund in der Person des Eintretenden notwendig, so dass mangels Vorhandensein eines Grundes oder mangels Begründung der Kündigung eine vorsorglich für den Fall der Ablehnung ausgesprochene Kündigung gem. § 564 S. 2 BGB vorliegen kann. Bei Angabe von Kündigungsgründen und Ablehnung des Eintritts dürfte im Zweifel davon auszugehen sein, dass mit der Kündigung gem. § 563 Abs. 4 BGB gleichzeitig auch eine Kündigung nach § 564 S. 2 BGB ausgesprochen werden sollte. Die Kündigungsfrist berechnet sich in jedem Fall nach dem Zugang der Kündigungserklärung, da das Kündigungsrecht im Falle der Ablehnung des Eintritts zwar erst mit der Ablehnung entsteht, da die Ablehnung aber ex tunc auf den Zeitpunkt des Todes zurückwirkt, wird auch die Erbenstellung rückwirkend fingiert.[67]

## E. Kündigungsrecht bei mehreren Mietern

16 Das Kündigungsrecht gem. § 564 S. 2 BGB kann uU zu Härten führen, wenn neben einem Erben weitere Mieter vorhanden sind. Handelt es sich bei dem Mieter um eine (teil-)rechtsfähige **Personengemeinschaft** (GbR, oHG, KG), ist das nicht der Fall. Dann ist nämlich diese Gesellschaft Mieter und nicht jeder einzelne Gesellschafter. Der Erbe eines verstorbenen Gesellschafters tritt in dessen Anteil an der Gesellschaft ein, nicht aber in das Mietverhältnis. Folglich liegt auch kein Anwendungsfall des § 564 S. 2 BGB vor[68] (Einzelheiten, auch zu der Frage der analogen Anwendung von § 564 BGB, bei → BGB § 563 Rn. 13). Stirbt hingegen ein Mitglied einer **bloßen Mietermehrheit,** ohne dass ein Anwendungsfall der §§ 563, 563 a BGB vorliegt, hätte eine Kündigung des Erben oder des Vermieters auch Auswirkungen auf das Recht der übrigen Mieter. Rele-

---

[59] Hierdurch können Erfüllungspflichten entstehen.
[60] BGH VIII ZR 88/78, NJW 1979, 1288.
[61] LG München NZM 2004, 337, allerdings ohne Begründung; im Rahmen der gleichartigen Problematik bei § 580 BGB entspricht dies der fast allgM; Nachweise → BGB § 580 Rn. 10.
[62] OLG Hamm WuM 1981, 263 = ZMR 1981, 211.
[63] Staudinger/*Rolfs* BGB § 564 Rn. 20.
[64] LG München NZM 2004, 337.
[65] Dazu → BGB § 563 Rn. 58.
[66] ***AA** offenbar Blank/Börstinghaus/Blank* BGB § 564 Rn. 48.
[67] Staudinger/*Rolfs* BGB § 564 Rn. 15.
[68] So iErg auch OLG Brandenburg ZMR 2008, 780 für die § 564 BGB vergleichbare Vorschrift des § 580 BGB.

vant wird diese Problematik vor allem bei Wohngemeinschaften[69] und außerhalb des Wohnraummietrechts im Rahmen des dem § 564 S. 2 BGB ähnlichen § 580 BGB, also vornehmlich bei Gewerberaummietverhältnissen: Stirbt einer von mehreren Mietern und könnte der Vermieter deswegen kündigen, so verlören – wenn man ein einheitliches und einheitlich zu kündigendes Mietverhältnis annimmt – auch die überlebenden Mieter ihre Wohnung bzw. die Räume zur Ausübung des Gewerbebetriebes. Das kann eine erhebliche Belastung darstellen. Ähnlich ist es, wenn der Erbe des verstorbenen Mieters kündigen könnte. Dann würde er die Ursache für den Verlust der Wohnung bzw. der Gewerberäume der Mitmieter setzen.

Wegen der Auswirkungen einer Kündigung auf die anderen Mieter ist umstritten, ob in den Fällen einer einfachen Mietermehrheit das Kündigungsrecht gem. § 564 S. 2 BGB sowohl für den Vermieter als auch für den Erben ausgeschlossen ist.[70] Teilweise[71] wird das bejaht, weil ein Mietverhältnis nur von allen und gegenüber allen gekündigt werden könne. Teilweise[72] wird eine Kündigung gem. § 564 S. 2 BGB für möglich gehalten, weil es auch bei anderen Arten der außerordentlichen Kündigung ausreiche, dass ein Kündigungsgrund in der Person nur eines Mieters vorhanden ist und alle anderen Mitmieter von der Kündigung betroffen sind. Weiterhin wird im Hinblick auf das Bestandsinteresse der Mitmieter vertreten[73], das Kündigungsrecht des Vermieters vom Vorhandensein eines wichtigen Grundes in der Person des Erben (ähnlich wie in § 563 Abs. 4 BGB) abhängig zu machen und das Kündigungsrecht des Erben von einer Erklärung sämtlicher Mieter. **17**

Meines Erachtens gibt es auch in den Fällen der Mietermehrheit **keine Beschränkungen des Kündigungsrechtes** gem. § 564 S. 2 BGB, sie sind weder aus dogmatischen Gründen noch aus Gründen des Bestandsschutzes für die Mitmieter zu rechtfertigen. Auszugehen ist zunächst vom Grundsatz der **Unteilbarkeit des Mietverhältnisses,** der besagt, dass die Gebrauchsüberlassung eine unteilbare Leistung ist und zwischen Vermieter und Mieter ist und ein einheitliches Rechtsverhältnis begründet, weswegen das Mietverhältnis nur in seiner Gesamtheit aufgelöst werden kann.[74] Diesen Grundsatz erkennt § 564 S. 2 BGB auch an, indem dort auf die Kündigung des gesamten Vertrages („das Mietverhältnis") abgestellt wird. Eine Differenzierung im Sinne einer Beschränkung der Kündigungswirkung wäre dem Gesetzgeber auf Grund seiner Gestaltungsmacht durchaus möglich gewesen[75], er hat sie aber weder für die Kündigung des Vermieters noch für die Kündigung des Erben vorgesehen. Der Grundsatz der Einheitlichkeit des Mietverhältnisses schließt jedoch nicht aus, einem einzelnen von mehreren Vertragspartnern die Rechtsmacht zu verleihen, den Vertrag auch mit Wirkung für die anderen zu beenden. Dem Wortlaut des § 564 S. 2 BGB ist eine Beschränkung dahingehend, dass das Kündigungsrecht nur bestehen soll, wenn der Erbe Alleinmieter ist, nicht andeutungsweise zu entnehmen. Auch für die Notwendigkeit einer Ermächtigung des Erben durch die anderen Mieter gibt der Wortlaut der Vorschrift nichts her. Im Innenverhältnis der Mieter mag dem Erben zwar die Kündigung untersagt sein, im Außenverhältnis zum Vermieter sind aber keinerlei Beschränkungen erkennbar.[76] Auch wenn der Erbe allein kündigt, ist nur der Vermieter sein **Kündigungsgegner,** die Kündigung muss nicht auch den anderen Mitmie- **18**

---

[69] Wohngemeinschaften, deren Mitglieder regelmäßig wechseln wie etwa bei studentischen Wohngemeinschaften, können zwar eine Außen-GbR bilden, auf Grund der beiderseitigen Interessenlage im Fall des Mitgliederwechsels (Zustimmungsrecht; (Nach-)Haftung) ist aber regelmäßig davon auszugehen, dass nicht die GbR als solche Mieter wird sondern eine Mehrheit von Mietern; Einzelheiten bei *Jacobs* NZM 2008, 111; iErg ebenso *Wiek* WuM 2009, 491 (492); s. darüber hinaus allgemein zur GbR als Partei von Mietverträgen *Streyl* NZM 2011, 377; *Kraemer* NZM 2002, 465; *Häublein* PIG 70 (2004), 56 (57); *Weitemeyer* ZMR 2004, 157.

[70] Siehe grds. zur Kündigung eines Mietverhältnisses mit mehreren Mietern *Streyl* NZM 2011, 385 und *Eckert* GS Sonnenschein, 2003, 313ff.

[71] Staudinger/*Rolfs* BGB § 564 Rn. 6, der diese Auffassung als verbreitet bezeichnet, der sich aber zu Unrecht auf OLG Naumburg NZM 2002, 166 beruft; in dieser Entscheidung werden die verschiedenen Ansätze lediglich dargestellt und festgestellt, dass nach keiner dieser Auffassungen eine Kündigung erfolgt sei. Außerdem *Hinz* ZMR 2002, 645 unter Berufung auf LG Köln ZMR 2001, 457; *Sternel* ZMR 2004, 721.

[72] Blank/Börstinghaus/*Blank* BGB § 564 Rn. 11.

[73] MüKoBGB/*Häublein* § 564 Rn. 19; ähnlich AnwK WohnraummietR/*Lammel* BGB § 564 Rn. 13f.

[74] AllgM, vgl. BGH XII ZR 34/12, NJW 2013, 3232; BGH VIII ZR 92/57, NJW 1958, 421; grdl. zur Unteilbarkeit des Mietverhältnisses *Streyl* NZM 2011, 382.

[75] Siehe etwa für Teile der Mietsache § 573b BGB. Bei Schriftformverstößen anlässlich des Eintritts eines neuen Mieters kommt eine unterschiedliche Vertragslaufzeit in Betracht (s. BGH VIII ZR 223/73, NJW 1975, 1653). Auch bei dem Ablehnungsrecht gem. § 563 Abs. 3 BGB, das dem Kündigungsrecht zumindest verwandt ist, hat der Gesetzgeber die Ablehnung nur eines von mehreren Eintretenden vorgesehen.

[76] **AA** aber wohl RGZ 90, 330. Die Entscheidung vermischt mE unzulässig das Innenverhältnis der Mieter und die Rechtsmacht im Außenverhältnis.

tern zugehen. Das folgt aus der nach dem Gesetz dem Erben allein zustehenden Kündigungsmacht.[77]

19 Dieser am Wortlaut orientierten Auslegung des § 564 S. 2 BGB steht die **Entstehungsgeschichte des Gesetzes** nicht entgegen. Zwar wollte der historische Gesetzgeber des BGB die Klärung der Frage, wie die Fälle gemeinschaftlicher Miete zu behandeln sind, der Rspr. und Wissenschaft überlassen.[78] Abgesehen davon aber, dass eine solche Klärung auch im Sinne einer wortlautorientierten Auslegung erfolgen kann, sind inzwischen über 100 Jahre vergangen und es hat inzwischen in den Jahren 1964 und 2001 tiefgreifende Änderungen in den Regeln der §§ 563 ff. BGB bzw. den Vorgängernormen gegeben (dazu bei → BGB § 563 Rn. 3), so dass die ursprüngliche gesetzgeberische Vorstellung keine Rolle mehr spielt.

20 Es ist allerdings – wie oben schon ausgeführt – nicht zu verkennen, dass die uneingeschränkte Kündigungsmöglichkeit für Vermieter und Erben im Falle einer Mietermehrheit zu Härten bei den Mitmietern führen kann, weil in deren **Bestandsinteresse** miteingegriffen wird. Auch hieraus kann aber eine Korrektur des § 564 S. 2 BGB nicht hergeleitet werden. Wie dargestellt (→ Rn. 1) soll § 564 S. 2 BGB helfen, dass Vermieter und Erbe einem starken personalen Bezug des Mietverhältnisses und den Veränderungen Rechnung tragen können, die der Tod des Mieters möglicherweise mit sich bringt. Das Bedürfnis nach einer Lösungsmöglichkeit des Vertrages wird vom Gesetz abstrakt unterstellt, ein besonderes Kündigungsinteresse, das die vor der Mietrechtsreform hM noch gefordert hat, ist nach Meinung des Gesetzgebers auch für den Vermieter nicht mehr notwendig.[79] Dieser ausdrückliche Verzicht des Gesetzgebers auf das Vorhandensein konkreter Kündigungsgründe erlaubt es nicht, einen Kündigungsgrund analog § 563 Abs. 4 BGB zu konstruieren.[80] Er erlaubt es auch nicht, das Kündigungsrecht ganz auszuschließen, weil der Gesetzgeber, dem die Diskussion um die Behandlung von Mietermehrheiten bekannt sein musste, die Lösungsmöglichkeit nach § 564 S. 2 BGB offensichtlich höher bewertet als die damit verbundenen Belastungen für die Mitmieter. Bei der (abstrakten) Bewertung dieser Belastungen ist iÜ nur das Bestandsinteresse entscheidend, nicht aber, dass es sich bei dem Mietobjekt um Wohnraum handelt. Das ergibt sich aus der inhaltsgleichen Regelung des § 580 BGB, die im Falle von Mietermehrheiten nicht anders gehandhabt werden kann als § 564 S. 2 BGB.

21 Die hier vertretene Auffassung vermeidet auch **Wertungswidersprüche** zu § 109 InsO. Das dort vorgesehene Kündigungsrecht des Insolvenzverwalters entspricht in etwa demjenigen des Erben in § 564 S. 2 BGB. In Rahmen von § 109 InsO beendet der Insolvenzverwalter das Mietverhältnis im Falle einer Mietermehrheit für und gegen alle.[81]

22 Schließlich lässt sich Härten, die mit der hier vertretenen Auffassung verbunden sein können, durch **Regelungen in dem Mietvertrag** vorbeugen, die das Kündigungsrecht gem. § 564 S. 2 BGB beschränken oder ausschließen. Solche Härten können auch und gerade für die Mitmieter des Erben bestehen, für die § 564 S. 2 BGB kein Kündigungsrecht vorsieht.[82] Die Mitmieter können und müssen sich vor solchen Härten durch Vereinbarungen in dem Mietvertrag schützen dürfen. Abweichungen oder Erweiterungen von § 564 S. 2 BGB sind deshalb sowohl individualvertraglich als auch formularvertraglich zulässig (→ Rn. 24 ff.). Oftmals wird sich eine Beschränkung des Kündigungsrechts oder dessen Erweiterung auf die Mitmieter schon aus einer am Zweck des Vertrages bzw. einer an den Interessen der Parteien bei Vertragsschluss orientierten ergänzenden Vertragsauslegung ergeben[83]; eine stillschweigende Vereinbarung anzunehmen ist im Hinblick auf

[77] Das dürfte auch die Sicht des BGH sein, der in BGH XII ZR 34/12, NJW 2013, 3232 die Frage für die vergleichbare Konstellation bei § 109 InsO nicht einmal angesprochen hat.

[78] RGZ 90, 329.

[79] Vgl. die Begründung des Regierungsentwurfs, BT-Drs. 14/4553, abgedr. in NZM 2000, 445.

[80] So aber MüKoBGB/*Häublein* § 564 Rn. 19.

[81] BGH XII ZR 34/12, NJW 2013, 3232. Ein gewisser Wertungswiderspruch zu BGH XII ZR 113/12, WuM 2013, 752, wo ein Sonderkündigungsrecht gem. § 57 a ZVG für Teilflächen eines einheitlich vermieteten Objekts bejaht wurde, ist zwar nicht zu verkennen, eine auf das Mietobjekt bezogene Teilkündigung ist allerdings letztlich und im Unterschied zu einer auf die Vertragsparteien bezogenen Teilkündigung wohl gerechtfertigt, um – so der BGH – die Beleihungsfähigkeit des Grundstücks zu gewährleisten (s. auch *Hinz* INFO M 2013, 541).

[82] MüKoBGB/*Häublein* § 564 Rn. 15, dort auch zu den überzeugenden Gründen, aus denen eine analoge *Anwendung des § 564 S. 2 BGB* auf diese Fälle abzulehnen ist; s. auch LG Köln ZMR 2001, 357; LG Köln ZMR 2001, 457 zur Vorgängervorschrift.

[83] MüKoBGB/*Häublein* § 564 Rn. 16; AnwK WohnraummietR/*Lammel* BGB § 564 Rn. 11 hält aus Gründen der Rechtssicherheit eine ausdrückliche Vereinbarung für notwendig.

das Schriftformerfordernis problematisch. Im Einzelfall kommt unter besonderen Umständen für die Mitmieter auch eine Kündigung nach § 313 Abs. 3 BGB in Betracht, da § 564 S. 2 BGB eine besondere Ausprägung des Wegfalls der Geschäftsgrundlage ist (→ Rn. 1). Schutz vor einer Kündigung bietet den Mitmietern im Falle des Fehlens von Vereinbarungen evtl. die Sozialklausel der §§ 574ff. BGB.

## F. Abweichende Vereinbarungen

Die Subsidiaritätsklausel in § 564 S. 1 BGB ist zwingendes Recht, soweit ansonsten Abweichungen von §§ 563, 563a BGB zum Nachteil des Mieters oder der eintrittsberechtigten Personen eintreten würden (etwa Vorrangigkeit des Erben); solche nachteiligen Abweichungen verbieten §§ 563 Abs. 5, 563a Abs. 3 BGB.[84] Schon im Hinblick auf die Kündigungsmöglichkeit des § 564 S. 2 BGB erscheint es hingegen – auch durch AGB – zulässig, den (nachrangigen) Eintritt des Erben in den Mietvertrag ganz auszuschließen und den Mietvertrag mit dem Tod des Mieters enden zu lassen. **23**

§ 564 S. 2 BGB ist jedenfalls durch **Individualvereinbarung** abdingbar[85], auch durch Vertrag des verstorbenen Mieters mit dem Vermieter zu Lasten des Erben, da dieser durch die Erbschaft ohnehin nur in die durch den Erblasser geschaffene Rechtslage eintritt und das Schutzziel der §§ 563ff. BGB nicht betroffen ist: Wenn der Erbe zu den Eintrittsberechtigten gem. § 563 BGB gehörte, kommt § 564 BGB nur nach Ablehnung des Eintritts zum Tragen; wenn er „nur" Erbe ist, verfügt er idR bereits über Wohnraum. Das heißt, der Erblasser und der Vermieter können das Kündigungsrecht gem. § 564 BGB ganz ausschließen oder es hinsichtlich der Voraussetzungen und Fristen ändern (erleichtern oder verschärfen).[86] Das gilt in den Grenzen der §§ 138, 242 BGB auch für sehr langfristige Verträge oder einen langfristigen Kündigungsrechtsausschluss, da sich der Erbe vor einer übermäßigen Belastung durch Ausschlagung der Erbschaft schützen kann; er kann der Bindung auch durch Stellung eines geeigneten Nachmieters entgehen.[87] **24**

Ob die Abdingbarkeit auch für **Formularklauseln** gilt, soll nach hM davon abhängen, ob man das Kündigungsrecht nach § 564 S. 2 BGB zu dem gesetzlichen Leitbild der Miete zählt; in diesem Fall läge in einer Erschwerung des Kündigungsrechtes ein Verstoß gegen § 307 Abs. 2 Nr. 1 BGB. Ob § 564 S. 2 BGB zum gesetzlichen Leitbild gehört, ist umstritten.[88] Meines Erachtens kommt es auf diese Frage nicht an. § 307 BGB verbietet nur Benachteiligungen des Vertragspartners des Verwenders, also des verstorbenen Mieters. Dieser wird aber durch eine Abweichung von § 564 S. 2 BGB nicht belastet. Belastet wird erst der Erbe durch eine Erschwerung des Kündigungsrechtes. Dritte werden zwar uU auch durch § 307 BGB geschützt; dies aber nur aufgrund eines Rechtsverhältnisses zum Vertragspartner.[89] Ein solches Rechtsverhältnis existiert aber zwischen dem Erben und dem Vertragspartner nicht, der Erbe wird vielmehr mit dem Tod des Mieters selbst Vertragspartner.[90] **25**

Wenn man diesem Ansatz nicht folgt, müsste die Frage, ob § 564 S. 2 BGB zum **gesetzlichen Leitbild** der Miete gehört, verneint werden. Gerade die Fälle der Mietermehrheit zeigen nämlich (→ Rn. 16), dass es bei den Mitmietern des Erben ein erhebliches und anerkennenswertes Bedürfnis dafür geben kann, die Anwendung des § 564 S. 2 BGB auf sich zu erstrecken oder die Kündigungsmöglichkeit des Erben und des Vermieters zu beschränken bzw. auszuschließen. **26**

Eine AGB-Kontrolle erscheint allerdings notwendig, soweit in dem Vertrag zwischen dem Vermieter und dem verstorbenen Mieter nicht nur das Kündigungsrecht des Erben gem. § 564 S. 2 BGB ausgeschlossen wird, sondern **sonstige Kündigungsbeschränkungen bzw. Laufzeitrege-** **27**

---

84 MüKoBGB/*Häublein* § 564 Rn. 25; Staudinger/*Rolfs* BGB § 564 Rn. 22.

85 AllgM, vgl. nur Staudinger/*Rolfs* BGB § 564 Rn. 23 mwN; s. außerdem BVerfG NJW 1997, 2746 zur Vorgängernorm.

86 Staudinger/*Rolfs* BGB § 564 Rn. 23.

87 S. dazu *Streyl* WuM 2005, 183.

88 Vgl. zum Meinungsstand MüKoBGB/*Häublein* § 564 Rn. 25 sowie die ausführliche Argumentation von Staudinger/*Rolfs* BGB § 564 Rn. 25 und *Lehmann-Richter* WImmoT 2008, 158 (159, 167, 168). *Sternel* ZMR 2004, 720 ist der Ansicht, eine Abbedingung durch AGB sein unmöglich, weil die Vorschrift als gesetzlich geregelter Fall der Störung der Geschäftsgrundlage zum Leitbild eines jeden Schuldverhältnisses gehöre; das ist im Ansatz richtig, das Kündigungsrecht beruht aber auf einer anderen als der in § 313 BGB vorausgesetzten Risikoverteilung, weswegen die Argumentation iErg nicht durchgreift.

89 Staudinger/*Coester,* 2006, BGB § 307 Rn. 93.

90 **AA** *Lehmann-Richter* WImmoT 2008, 168.

**lungen** getroffen werden, die erst nach dem Erbfall gelten sollen. Solche Klauseln wären anstatt an § 564 S. 2 BGB an den allgemeinen Kündigungsschutzvorschriften zu messen. Danach ist eine Einschränkung des Kündigungsrechts gem. § 573c Abs. 4 BGB unzulässig, Zeitmietverträge unterliegen den Beschränkungen des § 575 BGB und ein befristeter Ausschluss des Kündigungsrechtes ist uU für vier Jahre möglich.[91]

[91] Näher → BGB § 575 Rn. 81.

# § 565 Gewerbliche Weitervermietung

**(1) [1]Soll der Mieter nach dem Mietvertrag den gemieteten Wohnraum gewerblich einem Dritten zu Wohnzwecken weitervermieten, so tritt der Vermieter bei der Beendigung des Mietverhältnisses in die Rechte und Pflichten aus dem Mietverhältnis zwischen dem Mieter und dem Dritten ein. [2]Schließt der Vermieter erneut einen Mietvertrag zur gewerblichen Weitervermietung ab, so tritt der Mieter anstelle der bisherigen Vertragspartei in die Rechte und Pflichten aus dem Mietverhältnis mit dem Dritten ein.**

**(2) Die §§ 566 a bis 566 e gelten entsprechend.**

**(3) Eine zum Nachteil des Dritten abweichende Vereinbarung ist unwirksam.**

## Systematische Übersicht



## Alphabetische Schnellübersicht



## A. Überblick und Zweck

1 Mietet ein Mieter Wohnraum von einem Zwischen(ver-)mieter, dann gelten in deren Verhältnis die Vorschriften des sozialen Mietrechts, insbes. die Kündigungsschutzvorschriften. Dieser Schutz ist allerdings nutzlos, wenn das Zwischenmietverhältnis des Hauptvermieters mit dem Zwischen (ver-)mieter beendet wird. Denn der Wohnraummieter ist Dritter gem. § 546 Abs. 2 BGB, so dass dem Hauptvermieter der nach dieser Vorschrift bestehende Rückforderungsanspruch zusteht.[1] § 565 BGB lässt in dieser Situation bei Beendigung (und auch bei anschließender Neubegründung) bestimmter **Zwischenmietverhältnisse** das Wohnraummietverhältnis vom Zwischen(ver-)mieter auf den Hauptvermieter (bzw. den neuen Zwischenmieter) in Anlehnung an §§ 566 ff. BGB übergehen (zur Rechtstechnik → Rn. 28). Erfasst sind nur Zwischenmietverhältnisse, die die gewerbliche Weitervermietung von Wohnraum zum Gegenstand haben.

2 § 565 BGB ist nach seiner systematischen Stellung eine wohnraummietrechtliche Vorschrift; Verweisungen auf sie gibt es nicht (s. aber § 578 Abs. 3 BGB). Nach ihrem Regelungsgehalt schützt sie ausschließlich den Wohnraummieter. **Zweck** von § 565 BGB ist die Schließung von Lücken im sozialen Mietrecht, die dadurch entstehen können, dass der Vermieter nicht mehr in der Lage ist, den Gebrauch zu gewähren, obwohl der Vertrag fortbesteht. Hauptfall der Gefahr eines derart begründeten Wohnungsverlusts ist die Veräußerung der Mietsache. Ohne besondere gesetzliche

[1] *Kunze* NZM 2012, 740.

Regelungen würde der Erwerber vom Wohnungsmieter deren Herausgabe verlangen können (→ BGB § 566 Rn. 4); § 566 BGB hilft dem ab und lässt das Mietverhältnis in dieser Situation auf den Grundstückserwerber übergehen, so dass dieser nun den Gebrauch zu gewähren hat. § 565 BGB dient der (verfassungsrechtlich gebotenen; → Rn. 7) Gleichbehandlung der Mieter von gewerblichen Zwischen(ver-)mietern mit Mietern, die vom Eigentümer des Mietobjekts gemietet haben. Bei Ende der Zwischenmiete verliert der Zwischen(ver-)mieter ähnlich wie bei einer Veräußerung die Rechtsmacht zur Gebrauchsgewährung und ähnlich wie bei § 566 BGB geht das Wohnraummietverhältnis gem. § 565 BGB auf den Hauptvermieter über, wenn es sich um ein gewerbliches Zwischenmietverhältnis gehandelt hat.[2] § 565 BGB will auch Umgehungen des sozialen Kündigungsschutzes durch Zwischenvermietung verhindern.[3] Die Regelung hat damit – ähnlich wie § 566 BGB – eine gewisse dingliche Wirkung (näher → BGB § 566 Rn. 12).

3 Allerdings verbleiben trotz § 565 BGB **Lücken im Mieterschutz** (→ Rn. 4). Das Gesetz schützt den Wohnraummieter nicht vor jeglichem Verlust der Rechtsmacht seines Vermieters zur Gebrauchsgewährung. Aus § 546 Abs. 2 BGB ergibt sich im Ansatz eine schwache Stellung des Mieters, der von einem nur schuldrechtlich berechtigten Zwischen(ver-)mieter mietet. Grund hierfür ist, dass der Hauptvermieter mit dem Rechtsverhältnis, das der Gebrauchsüberlassung an den Dritten zugrunde liegt, nichts zu tun hat; es geht nicht auf seinen Willen zurück und er soll in seiner Verfügungsmacht über das Mietobjekt nicht durch die Nutzung des Dritten beeinträchtigt sein (→ BGB § 546 Rn. 86). Das ist bei eine Anmietung vom Eigentümer anders, dieser hat sich selbst gegenüber dem geschützten Mieter verpflichtet. Das rechtfertigt dem Schutz durch § 566 BGB. Wertungsmäßig steht dem gleich, wenn Zweck des Mietverhältnisses gerade die Drittüberlassung ist. Die Nutzung durch Dritte geht hier ebenfalls auf den Eigentümer zurück; er ist mir ihr einverstanden und sie liegt in seinem Interesse, weil nur so der vereinbarte Mietzins erwirtschaftet werden kann.[4] Das erkennt § 565 BGB an. Allerdings erfasst das Gesetz nicht jedes Mietverhältnis mit dem Zweck der Drittüberlassung, sondern nur solche, die die gewerbliche Weitervermietung an Wohnraummieter zum Gegenstand haben. Weiteren Schutz gewährt **§ 578 Abs. 3 BGB,** indem dort Zwischenmietverhältnisse, die juristische Personen des öffentlichen Rechts oder anerkannte private Träger der Wohlfahrtspflege zum Zweck der Überlassung von Wohnräumen an Personen mit dringendem Wohnungsbedarf geschlossen haben, weitgehend dem sozialen Mietrecht und dessen Kündigungsschutzvorschriften unterstellt werden (→ BGB § 578 Rn. 19). Im Gegensatz zu § 565 BGB schützt § 578 Abs. 3 BGB den Wohnraummieter aber nur mittelbar. Denn bei Ende der Zwischenmiete geht nicht sein Mietverhältnis auf den Hauptvermieter über, vielmehr unterliegt das Zwischenmieteverhältnis den wohnraummietrechtlichen Kündigungsvorschriften. Das Gesetz geht davon aus, dass die Zwischen(ver-)mieter, die öffentlich-rechtlich bzw. durch ihre Satzung gebunden sind, ausreichend Gewähr gegen den Wohnungsverlust bieten.

4 **Schutzlücken** verbleiben danach insbes. **in den folgenden Fällen:**

- Mietzweck der Zwischenmiete ist nicht die Weitervermietung, sondern im Ansatz die Eigennutzung, es kommt aber aus anderen Gründen zu Drittüberlassung; das ist insbes. der Fall der klassischen Untermiete (dazu → Rn. 12).
- Mietzweck ist zwar die Weitervermietung, aber der Zwischen(ver-)mieter betreibt die Weitervermietung nicht zu gewerblichen Zwecken, sondern aus sonstigen, insbes. karitativen Gründen (dazu → Rn. 16).
- Mietzweck ist zwar die Weitervermietung, aber nicht die Weitervermietung von Wohnraum, sondern von sonstigen Räumen oder Grundstücken (insbes. zur gewerblichen Nutzung; dazu → Rn. 11).

5 Bei der Diskussion um die **Schließung** von Schutzlücken (→ Rn. 21) sind die aufgezeigten grundlegenden Wertungen zu beachten, die man dahingehend zusammenfassen kann, dass ein Vertragsübergang nur dann ausnahmsweise in Betracht kommt, wenn die Drittüberlassung mit dem Willen des Hauptvermieters erfolgte und (!) – als Abgrenzung zu Untermiete, die im Interesse des Untervermieters erfolgt – in seinem Interesse liegt.[5] Das entspricht auch den Kriterien bei § 566

[2] Diese Parallelen verkennt *Gärtner* JZ 1994, 442, wenn er das Fehlen der Veräußerung als gemeinsames Merkmal beider Vorschriften betont.

[3] MüKoBGB/*Häublein* § 565 Rn. 5; *Gärtner* JZ 1994, 443.

[4] Siehe zum Eigeninteresse des Hauptvermieters BVerfG NJW 1991, 2272; 1993, 2601.

[5] Siehe BVerfG NJW 1993, 2601; *Kunze* NZM 2012, 742; *Drasdo* WuM 2019, 1.

BGB, wenn es an der an sich notwendigen Identität zwischen Eigentümer und Vermieter fehlt, der Erwerber aber dennoch an das Mietverhältnis gebunden werden soll (→BGB § 566 Rn. 68). Außerdem ist bei der Diskussion um die Schließung von Schutzlücken die gesetzliche Beschränkung auf bestimmte (gewerbliche) Zwischen(ver-)mieter und auf die Weitervermietung von Wohnraum zu beachten. Letzteres beruht auf der gesetzlichen Wertung, dass anders als bei Veräußerung gem. § 566 BGB nur der Wohnungsmieter als Endmieter schutzwürdig ist. Ersteres beruht auf der Wertung, dass der Vermieter bei Beendigung des Zwischenmietverhältnisses nicht jedes Wohnraummietverhältnis übernehmen soll, sondern nur solche, die er auf dem allgemeinen Wohnungsmarkt zu üblichen Bedingungen angeboten hätte, wenn er nicht aus steuerlichen Gründen oder zur Verwaltungsvereinfachung einen Zwischenmieter eingeschaltet hätte.[6] Denn bei der Vermietung zum Zweck der Weitervermietung hat der Vermieter anders als bei der Eigenvermietung keinen Einfluss auf die Person des Endmieters bzw. nur eingeschränkt und mittelbar über die Ausgestaltung des Zwischenmietverhältnisses. Er soll deshalb nur solche Mietverhältnisse übernehmen müssen, die bei typisierender Betrachtung geeignet sind, die Vermietung für ihn wirtschaftlich zu machen. Das versucht das Gesetz dadurch sicherzustellen, dass die Weitervermietung einen gewerblichen Zweck verfolgt (näher →Rn. 15).

## B. Begrifflichkeiten

In der **Terminologie des Gesetzes** wird der Hauptvermieter stets als „Vermieter", der Zwischenmieter als „Mieter" und der Wohnungsnutzer als „Dritter" bezeichnet. Der Mietvertrag zwischen Vermieter und Mieter ist das Zwischenmietverhältnis; der Mietvertrag zwischen Mieter und Drittem ist das Wohnraummietverhältnis. Diese Terminologie liegt den folgenden Ausführungen zugrunde, zur Verdeutlichung werden gelegentlich die Begriffe Hauptvermieter, Zwischenmieter und Wohnraummieter verwendet. 6

## C. Entstehungsgeschichte

Die Vorschrift ist durch das 4. MietRÄndG v. 21.7.1993[7] als § 549a BGB in das BGB eingefügt worden. Das zum 1.9.2001 in Kraft getretene Mietrechtsreformgesetz hat die Vorschrift mit geringfügigen Änderungen im Wortlaut als § 565 BGB übernommen. Die Änderungen beruhen auf sprachlichen Erwägungen; der Regelungsgehalt der Vorschrift ist gleich geblieben. Vor 1993 hatte die Rspr. versucht, den aus § 556 Abs. 3 BGB aF (jetzt § 546 Abs. 2 BGB) folgenden Herausgabeanspruch durch die Anwendung des § 242 BGB zu korrigieren. Durch den Rechtsentscheid des BGH v. 21.4.1982[8] wurden jene Mieter geschützt, die beim Abschluss des Mietvertrags keine Kenntnis von den Eigentumsverhältnissen gehabt hatten. In diesem Fall wurde das Herausgabeverlangen des Eigentümers als rechtsmissbräuchlich bewertet. Durch den Rechtsentscheid des BGH v. 20.3.1991[9] wurde dieser Schutz auf jene Mieter erweitert, die zwar die Eigentumsverhältnisse, aber nicht die daraus folgenden rechtlichen Konsequenzen kannten. Durch den Beschluss des BVerfG v. 11.6.1991[10] wurde der Schutz des Mieters weiter verstärkt. Danach wird durch die Anwendung des § 556 Abs. 3 BGB aF in den hier fraglichen Fällen der allgemeine Gleichheitssatz (Art. 3 GG) verletzt. Das BVerfG führte hierzu aus, es sei für die Schutzbedürftigkeit und Schutzwürdigkeit des Wohnungsnutzers ohne Bedeutung, ob dieser von den Eigentumsverhältnissen und den daraus folgenden Konsequenzen bei Beendigung des Hauptmietverhältnisses Kenntnis gehabt habe. Es sei auch kein Grund ersichtlich, warum denjenigen Eigentümern, die sich eines Zwischen(ver-)mieters bedienen, weitergehende Möglichkeiten eingeräumt werden, als denen, die unmittelbar an die Wohnungsnutzer vermieten. Das BVerfG hat in der genannten Entscheidung allerdings nicht dazu Stellung genommen, welche Rechtsbeziehungen zwischen dem Eigentümer und dem Wohnungsnutzer *nach* der Beendigung des Hauptmietverhältnisses entstehen sollen. Mit Wirkung zum 1.9.1993 wurde diese Frage in § 549a BGB aF geregelt. Nach Diskussion verschiedener Vorschläge 7

[6] BGH VIII ZR 278/95, NJW 1996, 2862; BGH VIII ZR 241/16, NZM 2018, 281; BGH VIII ZR 311/14, NJW 2016, 1086.
[7] BGBl. I 1257.
[8] BGH VIII ARZ 16/81, NJW 1982, 1696.
[9] BGH VIII ARZ 6/90, NJW 1991, 1815.
[10] BVerfG NJW 1991, 2272.

in Rspr.[11] und Schrifttum[12] hat sich der Gesetzgeber auf Initiative des Bundesrates dafür entschieden, dass der zwischen dem Wohnungsnutzer und dem Zwischenvermieter bestehende Mietvertrag im Falle der Beendigung des Hauptmietverhältnisses in Anlehnung an § 566 BGB entweder mit dem Hauptvermieter oder mit einem anderen Zwischen(ver-)mieter fortgesetzt werden soll.[13]

## D. Tatbestandsvoraussetzungen

8 § 565 BGB erfasst (nur) die Fälle, in denen „der Mieter nach dem Mietvertrag den gemieteten Wohnraum gewerblich einem Dritten zu Wohnzwecken weitervermieten" soll. Geschieht dies tatsächlich, schließt also der Mieter mit dem Dritten (dem Wohnungsmieter) einen Wohnraummietvertrag, dann kommt es bei Ende der Zwischenmiete zu einem Vertragsübergang auf den Vermieter bzw. bei einer erneuten Zwischenvermietung auf den neuen (Zwischen-)Mieter. Die Anwendung von § 565 BGB setzt also **zwei (gestufte) Mietverträge** voraus, einmal den Zwischenmietvertrag, der ein auf gewerbliche Weitervermietung gerichteter Mietvertrag sein muss und selbst kein Wohnraummietverhältnis ist[14], und einen Wohnraummietvertrag, dessen Durchführung unabhängig vom Bestand des Zwischenmietvertrages durch § 565 BGB gewährleistet werden soll. Der Vermieter muss nicht gewerblich handeln (auch wenn er das oftmals tun wird), nur für den Mieter ist dies in Bezug auf den Zwischenmietvertrag erforderlich; der Zwischenmietvertrag muss also – entgegen eine vielfach zu findenden Formulierung[15] – keine Gewerbemietvertrag sein, er darf nur kein Wohnraummietvertrag sein. Obwohl der Zwischenmietvertrag für den Mieter ein gewerbliches Mietverhältnis ist, fällt er nicht unter die gesetzlichen Bestimmungen über die **Zweckentfremdung** von Wohnraum[16], weil der Wohnzweck letztlich durch die Weitervermietung an einen Wohnraummieter erhalten bleibt.

### I. Zwischenmietvertrag

9 Die Vorschrift setzt zunächst voraus, dass zwischen dem Vermieter und dem Mieter ein Mietverhältnis, das Zwischenmietverhältnis, besteht. Es ist nicht erforderlich, dass der Vermieter Eigentümer des Mietobjekts ist. Auch mehrfach **gestufte Zwischenmietverhältnisse** können jeweils für sich den Tatbestand des § 565 BGB erfüllen, wenn dessen Voraussetzungen gegeben sind. Auf (Zwischen-)**Pacht**verhältnisse ist § 565 BGB ebenfalls anwendbar. § 581 Abs. 2 BGB verweist auf die mietrechtlichen Vorschriften. Hierzu gehören zwar nicht die wohnraummietrechtlichen Vorschriften (es sein denn, § 578 BGB würde auf sie verweisen), § 565 BGB ist aber keine rein wohnraummietrechtliche, sondern auch eine allgemeinmietrechtliche Vorschrift, weil in ihr Mietverträge geregelt werden, die auf den Vertragszweck der gewerblichen Weitervermietung, also einen nicht wohnraummietrechtlichen Zweck, gerichtet sind.[17]

10 **Ohne Zwischenmietvertrag** kommt eine direkte Anwendung von § 565 BGB nicht in Betracht, wohl aber eine analoge Anwendung.[18] Der Zwischenmietvertrag mit dem Zweck der gewerblichen Weitervermietung ist erforderlich, um sicherzustellen, dass der Vermieter nicht ohne seine Veranlassung mit dem Übergang des Wohnraummietvertrages auf ihn belastet wird. Der Zwischenmietvertrag ist gesetzlicher Ausdruck für das notwendige Einverständnis und Interesse des Vermieters an der Drittüberlassung (→ Rn. 3). Lässt sich beides mit hinreichender Sicherheit auch ohne Vertrag feststellen, erscheint eine **analoge Anwendung** von § 565 BGB geboten, um das Ziel der Vorschrift (Schutz des Wohnraummieters vor Wohnungsverlust) zu verwirklichen. Die Sachlage ist ähnlich wie bei einer Veräußerung des Mietobjekts, wenn ein Nichteigentümer vermietet hat und deshalb das eigentlich nach § 566 BGB erforderliche Identitätserfordernis nicht gewahrt ist. Auch dort ist eine analoge Anwendung von § 566 BGB möglich, wenn der Eigentümer

---

[11] LG München WuM 1992, 246; AG Berlin-Tiergarten WuM 1992, 125.
[12] *Brunner/Jung* ZMR 1992, 177; *Bunn* WuM 1988, 388; *Derleder* WuM 1991, 641; *Matthies* NJW 1988, 1631; *Gather* DWW 1992, 37; *Hornick* ZMR 1992, 224; *Scheffler* NJW 1992, 477; *Langenberg* MDR 1993, 602; *Beuermann* GE 1992, 342; *Wein* GE 1993, 74; s. auch *Gärtner* JZ 1994, 442; *Kunze* NZM 2012, 743.
[13] BR-Drs. 396/93, 14.
[14] BGH VIII ZR 66/19, NZM 2021, 218 Rn. 22.
[15] *Kunze* NZM 2012, 741 mwN.
[16] LG Berlin GE 1992, 151.
[17] MüKoBGB/*Häublein* § 565 Rn. 5.
[18] IErg ebenso MüKoBGB/*Häublein* § 565 Rn. 5.

mit der Vermietung einverstanden war und sie in seinem Interesse lag (→ BGB § 566 Rn. 68). Bei § 565 BGB entspricht der Zwischenmietvertrag dem Eigentum und die Beendigung des Zwischenmietvertrages der Veräußerung des Mietobjekts. Nur durch eine analoge Anwendung von § 565 BGB kann eine Umgehung der Vorschriften des sozialen Mietrechts, insbes. des Kündigungsschutzes, verhindert werden. Notwendig ist allerdings ferner ein der Gewinnerzielungsabsicht (dazu → Rn. 16) eines Zwischenmieters vergleichbares Merkmal, weil das Gesetz nur in diesem Fall das Schutzbedürfnis des Dritten in Vergleich zu den Vermieterbelangen als vorrangig angesehen hat (→ Rn. 21). Ausreichend erscheint es aber, wenn der Gewinn letztlich dem Eigentümer zugutekommt.[19] So kann § 565 BGB bei Fehlen eines Zwischenmietvertrages analog angewendet werden, wenn ein **Ehegatte** dem anderen oder ein **Gesellschafter** der von ihm beherrschten Gesellschaft das ihm gehörende Grundstück zur Weitervermietung überlässt. Eine analoge Anwendung scheidet hingegen aus, wenn der Zwischenmietvertrag durch **Anfechtung** vernichtet ist, da mit der Anfechtung auch das Einverständnis mit der Weitervermietung rückwirkend vernichtet werden. Auch dies ist ähnlich wie zur Rechtslage bei § 566 BGB (→ BGB § 566 Rn. 62).

### II. Vertragszweck Weitervermietung als Wohnung

Der Zwischenmietvertrag muss als Vertragszweck die Weitervermietung des Mietobjekts als Wohnung zum Gegenstand haben. Dass allein der **Vertragszweck** und nicht die tatsächlichen Verhältnisse maßgeblich sind, dient dem Schutz des Vermieters[20] und folgt aus dem Wort „Soll“ in § 565 Abs. 1 S. 1 BGB. Es kommt deshalb nicht darauf an, ob die Räume tatsächlich zum Wohnen geeignet sind bzw. ob sie ausschließlich als Wohnraum (oder auch als Geschäftsraum) genutzt werden können. Entscheidend ist nur, dass der Mieter sie nach den vertraglichen Vereinbarungen mit dem Vermieter an einen Dritten als Wohnraum weitervermieten soll. Bei **Mischmietverhältnissen** entscheidet der Schwerpunkt, was etwa bei Heimverträgen häufig zu verneinen sein wird.[21] Ist es dem Mieter **freigestellt, ob er durch die Weitervermietung Geschäfts- oder Wohnraummietverhältnisse begründet,** so gilt § 565 BGB (nur) für den Abschluss von Wohnraummietverhältnissen. § 565 BGB ist nicht insgesamt unanwendbar[22], denn der Vermieter war jedenfalls mit der möglichen Weitervermietung als Wohnung einverstanden und musste deshalb mit einem Vertragseintritt gem. § 565 BGB in diesen Fällen rechnen.[23] Bei einer Unanwendbarkeit würden Schutzlücken im Mieterschutz verbleiben, die das Gesetz schließen wollte, und es würden Umgehungsmöglichkeiten durch eine bloße Erweiterung des Vertragszwecks geschaffen. Soweit allerdings Geschäftsraummietverhältnisse begründet werden, gelten die allgemeinen Vorschriften über die Untermiete (§ 540 BGB), da nach § 565 BGB nur der Wohnraummieter geschützt wird. 11

Die Weitervermietung muss der alleinige Vertragszweck sein.[24] Das bedeutet, dass eine **Eigennutzung des Mieters** nicht vorgesehen ist; in diesem Fall läge bei Drittüberlassung nicht ein Fall der Weitervermietung, sondern der Untermiete gem. § 540 BGB vor. Die Erlaubnis zur **Untermiete** gem. § 540 BGB ist keine Weitervermietung gem. § 565 BGB. Durch sie wird der Vertragszweck lediglich erweitert, aber nicht maßgeblich bestimmt. Der Mieter *kann* weitervermieten; die Weitervermietung stellt aber nicht eigentlichen Mietzweck dar.[25] Für die Fälle der Gebrauchsüberlassung nach § 553 Abs. 1 BGB gilt dasselbe. Die Weitervermietung als alleiniger Vertragszweck ist immer von der einzelnen Wohnung aus zu betrachten. Deshalb schadet es nicht, wenn der Mieter sich etwa bei der Anmietung eines Hauses mit zehn Einheiten die Eigennutzung einer Einheit vorbehält. Auf diese Einheit ist § 565 BGB nicht anzuwenden, wohl aber auf die neun anderen Einheiten. 12

Es ist nicht erforderlich, dass dieser Vertragszweck bereits beim Vertragsschluss vereinbart worden ist. Es genügt, wenn die Parteien während der Vertragszeit den Vertragszweck ändern. Die Vereinbarung über den Vertragszweck muss überdies **nicht ausdrücklich getroffen** werden, Vermieter und Mieter müssen nur übereinstimmend und hinreichend eindeutig von der Weiterver- 13

---

[19] So wohl auch MüKoBGB/*Häublein* § 565 Rn. 12.
[20] MüKoBGB/*Häublein* § 565 Rn. 4.
[21] Staudinger/*Emmerich* BGB § 565 Rn. 3.
[22] So aber LG Aachen ZMR 2016, 543.
[23] Siehe zu diesem Kriterium BVerfG NJW 1993, 2601.
[24] BVerfG NJW 1993, 2601.
[25] Siehe auch *Kunze* NZM 2012, 742.

mietung zu Wohnzwecken ausgehen.[26] § 565 BGB ist unanwendbar, wenn der Mieter **ohne Erlaubnis** weitervermietet oder wenn er die Räume **nur als Geschäftsraum** weitervermieten darf, tatsächlich aber Wohnraummietverhältnisse begründet.[27] In letzterem Fall ist dann eine Ausnahme zu machen, wenn die Räume wegen der Geltung einer Zweckentfremdungsverordnung nur als Wohnraum genutzt werden dürfen; der entgegenstehende Wille des Vermieters ist nicht schutzwürdig, weil er ihn nur unter Verstoß gegen die Rechtsordnung (das Zweckentfremdungsverbot) durchsetzen könnte.[28] Außerdem ist dann eine Ausnahme zu machen, wenn die Vereinbarung eines anderen Vertragszwecks der **Umgehung** des § 565 BGB dienen soll und die Parteien des Zwischenmietverhältnisses eigentlich von einer Weitervermietung als Wohnraum ausgehen. Ebenso kann es sein, wenn der Vermieter eine vertragszweckwidrige Weitervermietung als Wohnraum duldet[29] und dieser Duldung ein Erklärungswert dahingehend zu entnehmen ist, dass die Weitervermietung seinem Interesse entspricht; das wird – wenn überhaupt – wohl nur bei einer gewissen Dauerhaftigkeit in Betracht kommen.

### III. Tatsächliche Weitervermietung als Wohnung

14 § 565 BGB setzt weiter voraus, dass der Vertragszweck des Zwischenmietverhältnisses verwirklicht wird, dass also die Räume zu Wohnzwecken an den Dritten, den Wohnraummieter, weitervermietet werden. Maßgeblich ist allerdings nicht die tatsächliche Eignung der Räume oder deren tatsächliche Nutzung, sondern wiederum der **Vertragszweck.** Deshalb ist es belanglos, wenn etwa Büroräume als Wohnung weitervermietet werden; § 565 BGB greift auch in diesem Fall ein, wenn das Zwischenmietverhältnis dies vorgesehen hat. Umgekehrt greift § 565 BGB nicht ein, wenn Wohnräume zur Weitervermietung als solche vermietet wurden, der Mieter sie dem Dritten aber zur gewerblichen Nutzung überlässt. Weiterhin greift § 565 BGB nicht ein, wenn die Überlassung an den Dritten zwar zu Wohnzwecken erfolgt, aber nicht durch einen Wohnraummietvertrag, sondern etwa unentgeltlich (**Leihe,** Unterhaltspflicht etc); es fehlt an einer Weitervermietung.[30] Eine analoge Anwendung von § 565 BGB scheidet aus, da der Dritte in diesen Fällen keinen Kündigungsschutz bzw. die sonstigen Vorteile des sozialen Mietrechts genießt, die durch die Vorschrift gewährleistet werden sollen.

### IV. Gewerbliches Handeln des Mieters

15 § 565 Abs. 1 BGB erfordert weiter, dass der Mieter bei der Weitervermietung **„gewerblich"** handelt. Maßgeblich hierfür ist der Vertragszweck des Zwischenmietvertrages.[31] Nach der **Rspr. des BGH** liegt gewerbliches Handeln vor, wenn der Mieter die Weitervermietung an den Dritten geschäftsmäßig, auf Dauer ausgerichtet und mit der **Absicht der Gewinnerzielung** *oder* **im eigenen wirtschaftlichen Interesse** betreibt.[32] Damit scheiden sowohl eine private, also vermögensverwaltende, als auch eine ausschließlich (!) soziale (karitative oder gemeinwohlorientierte) Zielrichtung aus (dazu näher → Rn. 18). Abzustellen ist immer auf den **konkreten Vertrag.** Handelt der Mieter in Bezug auf ihn gewerblich mit Gewinnerzielungsabsicht oder nicht? Soweit sich hierzu keine besonderen Vereinbarungen finden, dürfte sich das Merkmal der Gewerblichkeit meist mit hinreichender Sicherheit aus dem Geschäfts- oder Satzungszweck des Mieters ergeben, hilfsweise aus der Art der Vermietungstätigkeit. Die Merkmale des geschäftsmäßigen, auf Dauer gerichteten Handelns sind auch Bestandteil des **Unternehmerbegriffs** in § 14 BGB; hierauf kann insofern verwiesen werden (→ BGB Vor § 535 Rn. 132). Problematisch sind die – nachfolgend zu behandelnden – Merkmale der Gewinnerzielungsabsicht bzw. des Handelns im eigenen wirtschaftlichen Interesse.

---

[26] LG Berlin MDR 2014, 1383.
[27] BVerfG NJW 1993, 2601; LG Kiel WuM 1993, 43; *Harsch* MDR 2018, 572.
[28] BVerfG NJW 1993, 2601.
[29] **AA** MüKoBGB/*Häublein* § 565 Rn. 4.
[30] *MüKoBGB/Häublein* § 565 Rn. 5.
[31] BGH VIII ZR 311/14, NJW 2016, 1086 Rn. 26.
[32] BGH VIII ZR 241/16, NZM 2018, 281; BGH VIII ZR 311/14, NJW 2016, 1086; BGH VIII ZR 278/95, NJW 1996, 2862.

### 1. Handeln in Gewinnerzielungsabsicht

Die Notwendigkeit einer Gewinnerzielungsabsicht ist Teil eines in anderen Rechtsgebieten überkommenen Gewerbebegriffs[33]; dementsprechend war und ist umstritten, ob sie als Voraussetzung für ein gewerbliche Handeln des Mieters erforderlich ist.[34] Die Notwendigkeit der Gewinnerzielungsabsicht engt den Anwendungsbereich des § 565 BGB stark ein, weil etwa Mieter, die aus karitativen Gründen mieten und weitervermieten, weitgehend ausgeschlossen sind und damit auch deren Wohnungsmietern nicht der Schutz des § 565 BGB zugutekommt, obwohl diese oftmals besonders schutzbedürftig sind. Der – ehemals berechtigte – Streit um die **Notwendigkeit der Gewinnerzielungsabsicht** beim Zwischenmieter entzündete sich vor allem daran, ob die Person des Mieters und die Ausgestaltung seiner Geschäftstätigkeit ein taugliches Kriterium dafür sei, die eigentlich relevanten Belange in Ausgleich zu bringen, nämlich das Interesse des Wohnungsmieters als Drittem am Erhalt der Wohnung und das Interesse des Vermieters, über die Vermietung und die Person des Mieters frei entscheiden zu können.[35] Dieser Streit ist allerdings inzwischen obsolet. Denn mit dem durch Art. 1 Nr. 7 MietAnpG v. 18.12.2018[36] in das Gesetz eingefügten § 578 Abs. 3 BGB hat der Gesetzgeber die Rspr. des BGH und damit die Notwendigkeit der Gewinnerzielungsabsicht nicht nur zugrunde gelegt, sondern akzeptiert und sich insbes. gegen einen erweiterten Anwendungsbereich des § 565 BGB entschieden, indem er in § 578 Abs. 3 BGB in vollem Bewusstsein der engen Rspr. des BGH[37] für bestimmte karitative bzw. gemeinwohlorientierte Mieter das soziale Wohnraummietrecht direkt für anwendbar erklärte. Damit kommt das ursprüngliche **Leitbild des Gesetzes** zum Tragen. § 565 BGB beruhte in der ursprünglichen Gesetzesfassung auf einem Vorschlag des Bundesrats. Danach hatte das Gesetz einen „gewerblichen Zwischenvermieter“ im Auge, wie er insbes. bei der Vermietung von Wohnungen eingeschaltet wurde, die im sog. „Bauherrenmodell“ errichtet worden sind.[38] Derartige Zwischenmieter handeln mit Gewinnerzielungsabsicht und bedienen hiermit das Interesse des Vermieters, nicht selbst die Abwicklung der Mietverhältnisses mit den Wohnraummietern zu übernehmen, sondern als eine Art Großhändler für Wohnungen aufzutreten und den Vertrieb und Betrieb der Wohnungen dem Zwischenmieter zu überlassen. 16

**Gewinnerzielungsabsicht liegt vor,** wenn sich der Vermieter aus der Vermietung von Wohnungen an Dritte eine ständige **Erwerbsquelle** verschaffen will. Es muss sich hierbei nicht um die einzige oder primäre Erwerbsquelle handeln; ein Nebengewerbe genügt. Es ist nicht erforderlich, dass der Mieter aus der Vermietung tatsächlich einen Gewinn erzielt. Das Handeln des Mieters muss nur auf Gewinnerzielung gerichtet sein.[39] Maßgeblich hierfür ist allein der Vertragszweck (→ Rn. 11), also die Absprache zwischen Vermieter und Mieter über die Art der Weitervermietung.[40] Ein nur nach außen (insbes. gegenüber dem Dritten) vorgetäuschter Zweck ist unbeachtlich. Die tatsächliche Ausgestaltung des Zwischenmietverhältnisses ist bedeutungslos, es sei denn, sie würde zu einer (stillschweigenden) Vertragsänderung führen. Verstöße gegen den Vertragszweck führen nicht zur Anwendbarkeit von § 565 BGB, sondern nur zu entsprechenden vertraglichen Ansprüchen bzw. Rechten (Unterlassung, Kündigung). Deshalb ist § 565 BGB unanwendbar, wenn der Mieter die Räume vereinbarungswidrig mit Gewinnaufschlag vermietet.[41] 17

Die Gewinnerzielungsabsicht schließt **weitere Motivationen** des Mieters bei der Weitervermietung nicht aus, im Gegenteil, sie können zum Geschäftszweck gehören. So kann es nicht nur Geschäftszweck sein, die Wohnungen dem allgemeinen Wohnungsmarkt zur Verfügung zu stellen, 18

---

[33] Siehe Nachweise bei *Kunze* NZM 2012, 745.

[34] Siehe nur *Kunze* NZM 2012, 746; MüKoBGB/*Häublein* § 565 Rn. 13; Staudinger/*Emmerich* BGB § 565 Rn. 5.

[35] Siehe MüKoBGB/*Häublein* § 565 Rn. 8.

[36] BGBl. 2018 I 2648.

[37] BT-Drs. 19/6153, 22: „Die Regelung des § 565 BGB findet aber keine Anwendung, wenn die Weitervermietung aus sozialem Interesse erfolgt (BGH, Urteil vom 20. Januar 2016, VIII ZR 311/14). Zum Schutz solcher Mietverhältnisse sowie zum Schutz der in den Wohnungen lebenden Personen wird die Anwendbarkeit von Vorschriften des Wohnraummietrechts erweitert auf gewerbliche Mietverhältnisse über Räume, die von juristischen Personen des öffentlichen Rechts oder anerkannten privaten Trägern der Wohlfahrtspflege angemietet werden, um sie Personen mit dringendem Wohnbedarf zum Wohnen zu überlassen.“

[38] BR-Drs. 396/93, 14; s. auch *Gärtner* JZ 1994, 441.

[39] BGH VIII ZR 173/05, NJW 2006, 2250.

[40] BGH VIII ZR 311/14, NJW 2016, 1086 Rn. 28.

[41] KG MDR 2014, 645.

es kann etwa auch ein sozialer Geschäftszweck verfolgt werden, etwa Wohnraum für Problemmieter zur Verfügung zu stellen. Gewerblich handelt der Mieter aber nur, wenn der soziale Zweck dazu dient, Gewinn erzielen zu wollen. Hierzu ist keine Erforschung bloßer Motivationen des Mieters erforderlich, es ist vielmehr an Hand objektiver Kriterien zu prüfen, ob dieser *nach dem Vertragszweck* vornehmlich zur Gewinnerzielung wirtschaften soll oder vornehmlich zum Wohl des potenziellen Wohnungsmieters bzw. aus Fürsorge für ihn und hierbei als Nebenfolge ggf. (aber nicht als zwingender Wunsch) Gewinn erzielt wird. Das Ziel der **Kostendeckung** reicht hingegen nicht aus; es wird von zahlreichen rein karitativ Tätigen verfolgt, die nicht von der öffentlichen Hand bezuschusst werden. Auf der anderen Seite ist nicht jede Überschusserzielung ein Gewinn; der Überschuss kann auch zur Bildung von bloßen Rücklagen dienen. Objektives Kriterium für eine bestehende oder fehlende **Gewinnerzielungsabsicht als Hauptzweck** der Zwischenanmietung ist oftmals die Rechtsform, unter der der Mieter handelt. Soziale oder gemeinnützige Vereine, karitative Organisationen, Kirchen oder Kommunen handeln nach ihrer Satzung bzw. nach dem Gesetz in aller Regel nicht zur Gewinnerzielung, juristische Personen des Privatrechts oder Handelsgesellschaften hingegen schon. So kann man etwa bei der Zwischenvermietung zur Unterbringung von Flüchtlingen und Asylbewerbern wie folgt unterscheiden: § 565 BGB gilt, wenn ein privater Vermieter Wohnraum an eine Gemeinde zum Zweck der Weitervermietung an Flüchtlinge oder Asylbewerbern vermietet. Dagegen ist § 565 BGB nicht anzuwenden, wenn als Zwischenmieter ein gemeinnütziger Verein in Erscheinung tritt und im Rahmen seines satzungsmäßigen Zwecks handelt.

**19** Gewinnerzielungsabsicht liegt deshalb nicht vor, wenn die Weitervermietung im vorstehendem Sinn aus sozialem oder sonstigem Interesse, insbes. zu karitativen oder gemeinwohlorientierten Zwecken erfolgt. Das wurde bejaht bei folgenden **Beispielen:** Anmietung mehrerer Wohnungen durch ein Studentenwerk zum Betrieb eines Studentenwohnheims.[42] Anmietung von Wohnungen durch die Bundesrepublik zur Unterbringung von Angehörigen der Stationierungsstreitkräfte.[43] Anmietung eines Hauses durch einen gemeinnützigen Verein zur Förderung der Rehabilitation psychisch Kranker, falls einzelne Zimmer an die Kranken weitervermietet werden sollen.[44] Anmietung und Weitervermietung durch einen gemeinnützigen Verein, dessen Vereinszweck „in der Beratung und Betreuung von Jugendlichen aus zerrütteten Elternhäusern sowie der Versorgung dieser Jugendlichen mit Wohnraum" besteht.[45] Anmietung einer Wohnung durch einen gemeinnützigen Verein zum Zwecke der Weitervermietung an Studenten zum Selbstkostenpreis.[46] Anmietung eines Hauses durch einen Verein zum Zwecke der Weitervermietung einzelner Zimmer an Vereinsmitglieder (Pfadfinder).[47] Anmietung von Wohnungen durch eine gemeinnützige GmbH zur Weitervermietung an Dritte im Rahmen eines Projekts für betreutes Wohnen[48] oder eines gemeinnützigen Vereins zur Betreuung von schwierigen Personen zur Weitervermietung an diese.[49] Anmietung eines Hauses durch einen Verein zur eigenverantwortlichen und selbstbestimmten Instandsetzung und Nutzung durch Vermietung zur Förderung selbstbestimmten Wohnens auf gewaltfreier Basis.[50]

### 2. Handeln im eigenen wirtschaftlichen Interesse

**20** Die Gewinnerzielungsabsicht muss sich nicht unmittelbar auf die Weitervermietung beziehen, eine mittelbare Wirkung im Sinne einer Förderung des eigenen wirtschaftlichen Interesses reicht aus.[51] Ein solches eigenes wirtschaftliches Interesse liegt etwa vor, wenn ein **Wirtschaftsunternehmen** Wohnungen anmietet, um sie seinen **Arbeitnehmern zu überlassen** mit dem Ziel, diese an sich zu binden und sich so Wettbewerbsvorteile gegenüber anderen Unternehmen zu verschaffen.

---

[42] BGH VIII ZR 235/81, ZMR 1983, 211.
[43] BGH VIII ZR 36/84, NJW 1985, 1772.
[44] OLG Karlsruhe NJW 1984, 373.
[45] BGH VIII ZR 278/95, NJW 1996, 2862.
[46] OLG Braunschweig WuM 1984, 237.
[47] OLG Frankfurt a. M. NJW-RR 1986, 1211.
[48] *KG NZM 2013, 313.*
[49] BayObLG NJW-RR 1996, 73.
[50] OLG Hamburg NJW 1993, 2322, gebilligt durch BVerfG NJW 1994, 848.
[51] BGH VIII ZR 241/16, NZM 2018, 281.

### 3. Analoge Anwendung

Die Notwendigkeit der Gewerblichkeit der Weitervermietung und hierbei insbes. die Notwendigkeit der Gewinnerzielungsabsicht führen zu Lücken im Schutz des Wohnraummieters; andere als Wohnungsmieter (insbes. Gewerbemieter) sind im Fall der Anmietung von einem Zwischenmieter bei Ende des Zwischenmietverhältnisses ohnehin nicht geschützt. Zu den Lücken → Rn. 4. Diese Lücken sind kaum durch eine analoge Anwendung des § 565 BGB zu schließen. Eine Analogie setzt eine planwidrige Regelungslücke voraus. Der Gesetzgeber hat sich aber bewusst dafür entschieden, nur den Wohnungsmieter eines gewerblichen Zwischenvermieters zu schützen. Bis zum Erlass von § 578 Abs. 3 BGB Ende 2018 (→ Rn. 16) war allenfalls Streit[52] darüber möglich, ob und in welchen Fällen das Merkmal der Gewinnerzielungsabsicht entbehrlich ist.[53] Diesen Streit hat der Gesetzgeber aber durch § 578 Abs. 3 BGB entschieden, indem er für bestimmte, aus sozialen Zwecken handelnde Zwischenmieter, aber eben nicht für alle, eine Sonderregelung geschaffen und hierdurch das Merkmal der Gewinnerzielungsabsicht mittelbar für unverzichtbar erklärt hat (→ Rn. 16). Die oben (→ Rn. 4) aufgezeigten Schutzlücken können also **nicht durch eine analoge Anwendung** von § 565 BGB geschlossen werden. 21

Auch das **Verfassungsrecht** gebietet eine solche Lückenschließung nicht. § 565 BGB geht zurück auf eine Entscheidung des BVerfG[54], das einen Verstoß gegen das Gleichheitsgebot des Art. 3 GG darin gesehen hatte, dass Mieter einer vom Zwischenmieter gemieteten Wohnung wegen der faktischen Aushöhlung der Kündigungsschutzvorschriften geringer vor deren Verlust geschützt ist als der Mieter, der die Wohnung unmittelbar vom Eigentümer gemietet hat. Dies trifft auf den Gewerbemieter nicht zu, der ohnehin, auch bei der Anmietung vom Eigentümer nicht in den Genuss eines sozialen Kündigungsschutzes kommt. Auch auf den klassischen Untermieter trifft es nicht zu, weil dieser von einem Wohnungsmieter untermietet und so mittelbar von dessen Kündigungsschutz profitiert, was nach dem BVerfG[55] ausreichend ist. Schließlich dürfte es kaum auf Wohnungsmieter sonstiger Mieter zutreffen, die nicht gewerblich handeln. Soweit sie aus sozialen Zwecken weitervermieten, ist zu beachten, dass das Gesetz für bestimmte „Problemmieter" in § 549 Abs. 2 Nr. 3 BGB einen geringeren Kündigungsschutz vorsieht und schon von daher – ähnlich wie bei der Gewerbemiete – eine Gleichbehandlung nicht geboten ist. Außerdem besteht in diesen Fällen idR eine enge Beziehung zwischen Mieter und Drittem, die beim gewerblichen Zwischenmietverhältnis nicht gegeben ist. Außerdem dient die Zwischenmiete nicht nur den Interessen des Vermieters, sondern mindestens gleichgewichtig den originären Interessen des Mieters und der jeweiligen Dritten, mit denen der Vermieter ohne die Zwischenmiete keinen direkten Vertrag geschlossen hätte.[56] Letzteres ist ein gewichtiges Kriterium bei der Prüfung von Art. 3 GG, weil es ein erhebliches Vermieterinteresse ist, nicht jedes Mietverhältnis übernehmen zu müssen, insbes. nicht solche mit – bei typisierender Betrachtungsweise – Problemmietern, sondern nur solche, die er selbst zu diesen Bedingungen geschlossen hätte.[57] Soweit Zwischenmieter aus anderen als sozialen oder gewerblichen Motiven handeln, also wenn etwa Vereine oder andere juristische, aber auch private Personen Wohnraum mieten, um Mitglieder oder Angehörige damit zu versorgen, gilt das Ähnliche.[58] Auch solche Zwischenanmietungen liegen hauptsächlich im Mieterinteresse und nicht so sehr im Vermieterinteresse wie beim gesetzlichen Leitbild des Bauherrenmodells.[59] Sie sind strukturell vielmehr der klassischen Untermiete verwandt und aus Fürsorge geboren, nicht aus Geschäftssinn.[60] Soweit der BGH mit Urteil v. 30.4.2003[61] entschieden hat, dass das Schutzbedürfnis der Mieter eines gemeinnützigen Vereins zur Förderung von künstlerischen und gestalterischen Berufen nicht geringer sei als das Schutzbedürfnis sonstiger Mieter und eine Ungleichbehandlung 22

---

[52] Siehe dazu *Kunze* NZM 2012, 747.
[53] Schon vorher wurde eine Analogie abgelehnt in BGH VIII ZR 278/95, NJW 1996, 2862; BGH VIII ZR 311/14, NZM 2016, 256; BGH VIII ZR 311/14, NJW 2016, 1086; BayObLG NJW-RR 1996, 73; KG NZM 2013, 313.
[54] BVerfG NJW 1991, 2272.
[55] BVerfG NJW 1991, 2272.
[56] BGH VIII ZR 278/95, NJW 1996, 2862; KG NZM 2013, 313.
[57] BGH VIII ZR 311/14, NJW 2016, 1086 Rn. 35; s. zur Interessenlage auch *Kunze* NZM 2012, 742.
[58] MüKoBGB/*Häublein* § 565 Rn. 14; s. auch BVerfG 1 BGR 2130/18 BeckRS 2020, 946.
[59] Siehe zum Vermieterinteresse BGH VIII ZR 311/14, NJW 2016, 1086 Rn. 35; s. auch *Drasdo* WuM 2019, 1.
[60] BGH VIII ZR 311/14, NJW 2016, 1086 Rn. 36.
[61] BGH VIII ZR 162/02, NJW 2003, 3054.

angenommen hat, dürfte dies angesichts des Vorstehenden nicht mehr aufrecht zu halten sein.[62] Der BGH hat diese Rspr. später[63] dementsprechend praktisch aufgegeben.

23 Die hier dargestellten Probleme stellen sich nicht, wenn die Parteien ähnlich **vertraglich vereinbaren,** dass auf das Hauptmietverhältnis die **Regelungen über die Wohnraummiete** anzuwenden sind. Hierfür genügt es nicht, wenn das Vertragsformular die Überschrift „Mietvertrag für Wohnraum" trägt. Auch reicht es nicht per se, wenn das Formular einzelne für Wohnraummietverhältnisse geltende Schutzvorschriften wiedergibt.[64]

### V. Beendigung des Zwischenmietvertrages

24 Für den Übergang des Wohnraummietvertrages des Dritten mit dem Mieter ist es schließlich erforderlich, dass der Zwischenmietvertrag des Vermieters mit dem Mieter beendet ist. Der **Beendigungsgrund** ist **unbeachtlich,** in Betracht kommen insbes. (fristgemäße wie fristlose) Kündigungen aller Art[65] (auch nach der Insolvenzordnung oder nach Zwangsversteigerung gem. § 57a ZVG[66]), Zeitablauf und Mietaufhebungsvertrag, aber auch der Eintritt einer auflösenden Bedingung; § 571 Abs. 2 BGB gilt nicht, weil der **Zwischenmietvertrag kein Wohnraummietvertrag** ist.[67] Zur **Anfechtung** → Rn. 10.

25 Im Unterschied zur Rechtslage bei § 566 BGB ist es nicht erforderlich, dass die **Mietsache** dem Dritten zum Zeitpunkt der Beendigung des Hauptmietvertrags bereits **überlassen** war; derartiges ergibt sich aus dem Gesetz nicht. Es genügt, wenn zwischen dem Mieter und dem Dritten ein wirksamer Mietvertrag besteht.

26 Maßgeblicher Zeitpunkt ist das **rechtliche Vertragsende.** Bei festbestimmter Mietzeit ist dies der im Zwischenmietvertrag vereinbarte Zeitpunkt. Bei Mietverhältnissen auf unbestimmte Zeit ist beim Ausspruch einer befristeten Kündigung der Ablauf der Kündigungsfrist maßgeblich. Bei der Beendigung durch fristlose Kündigung kommt es auf den Zugang der Kündigungserklärung beim Kündigungsempfänger an. Wird das Mietverhältnis durch Vertrag aufgehoben, so richtet sich der Beendigungszeitpunkt nach den Vereinbarungen im Mietaufhebungsvertrag. Ist dort keine Regelung getroffen, so endet das Mietverhältnis mit dem Vertragsschluss (§ 271 Abs. 1 BGB).

## E. Rechtsfolgen

27 § 565 BGB sieht bei Ende des Zwischenmietverhältnisses einen Wechsel des Vertragspartners des Dritten vor. Hierbei sind **drei Konstellationen** zu unterscheiden: Das Zwischenmietverhältnis endet, ohne dass es einen neuen Zwischenmieter gibt (→ Rn. 30); das Zwischenmietverhältnis endet und es beginnt nahtlos ein neues Zwischenmietverhältnis (→ Rn. 33); das Zwischenmietverhältnis endet und ein neues Zwischenmietverhältnis beginnt nicht sofort mit dessen Ende, sondern erst später (→ Rn. 34).

28 In all diesen Fällen erhält der Dritte einen **neuen Vertragspartner** – entweder den Vermieter oder den neuen Zwischenmieter. Streitig und bisher höchstrichterlich nicht entschieden ist die Frage, wie sich dieser Übergang **dogmatisch vollzieht** und wie weit er geht. Kommt es zu einer vollständigen Vertragsübernahme, zu einer Vertragsübernahme mit Zäsurwirkung oder wird das alte Mietverhältnis unter Entstehung eines neuen mit gleichem Inhalt beendet.[68] Hier setzt sich ein Streit fort, der auch zu § 566 BGB besteht näher (→ BGB § 566 Rn. 9), an den § 565 BGB angelehnt ist. Diese Anlehnung ergibt sich aus dem Verweis auf §§ 566a–566e BGB in § 565 Abs. 2 BGB.[69] Das lässt keinen zwingenden Rückschluss auf die Dogmatik des Übergangs zu, weil

---

[62] MüKoBGB/*Häublein* § 565 Rn. 13.

[63] BGH VIII ZR 311/14, NJW 2016, 1086 Rn. 32, 36.

[64] BGH VIII ZR 66/19, NZM 2021, 218.

[65] *Harsch* MDR 2018, 570.

[66] BGH XII ZR 113/12, NJW 2014, 536, der Ersteher kann von einem Mieter, der die Eigentumswohnung im Rahmen einer gewerblichen Weitervermietung an einen Endmieter zu Wohnzwecken vermietet hat, trotz Wirksamkeit der auf § 57a ZVG beruhenden Kündigung nicht Räumung und Herausgabe verlangen, weil der Endmieter wegen § 565 BGB unbeschadet dieser Kündigung zu Besitz und Nutzung berechtigt bleibt.

[67] BGH VIII ZR 66/19, NZM 2021, 218 Rn. 22.

[68] *Siehe exemplarisch* Staudinger/*Emmerich* BGB § 565 Rn. 9 und MüKoBGB/*Häublein* § 565 Rn. 20 jeweils mit Nachweisen auf die verschiedenen Meinungen.

[69] BR-Drs. 396/93, 14 zur inhaltsgleichen Vorgängerregelung. Kritisch zu dieser Anlehnung *Gärtner* JZ 1994, 443, der allerdings verkennt, dass diese Anlehnung nur die Rechtsfolgenseite betrifft, die sinnvoll, vielleicht

§ 565 BGB eine moderne Vorschrift ist und der moderne im Gegensatz zum historischen Gesetzgeber die Rechtsfigur der Vertragsübernahme kennt. Deshalb ist es naheliegend, den Übergang – ähnlich wie in der gleichfalls modernen Vorschrift des § 563 BGB – als gesetzliche Vertragsübernahme mit zeitlicher Zäsur zu begreifen (näher → BGB § 566 Rn. 9 und → BGB § 563 Rn. 44). Diese dogmatische Einordnung hat allerdings – ähnlich wie bei § 566 BGB (→ BGB § 566 Rn. 13) – kaum Auswirkungen auf die Rechtsfolgen; die Annahme, es entstehe ein neues Mietverhältnis mit gleichem Inhalt führt zu denselben Ergebnissen. Nur die Idee einer vollständigen Vertragsübernahme ohne zeitliche Zäsur ist allein wegen des in § 565 Abs. 2 BGB enthaltenen Verweises auf §§ 566b, 566c BGB nicht zu halten, weil hierdurch gerade sichergestellt wird, dass der übernehmende Vermieter nicht an alle Absprachen bzgl. des Mietzinses gebunden ist.[70]

Der Vermieterwechsel erfolgt **kraft Gesetzes;** eine besondere Mitteilung an den Dritten ist nicht erforderlich. Gleichwohl hat der Vermieter gegen den Mieter und den Dritten einen Anspruch auf Erteilung einer Auskunft über den Inhalt des Wohnraummietverhältnisses (ggf. einschließlich der Benennung der Person des Dritten).[71] Der **Auskunftsanspruch** ergibt sich aus einer Nebenpflicht des Mietvertrages und dem Interesse des Vermieters an der Sicherung seiner Rechte und der Erfüllung seiner Pflichten. 29

### I. Eintritt des Vermieters

Zum Eintritt des Vermieters in den Wohnraummietvertrag des Zwischenmieters mit dem Dritten kommt es gem. **§ 565 Abs. 1 S. 1 BGB,** wenn das Zwischenmietverhältnis endet (dazu → Rn. 24), ohne dass sich ein **neues Zwischenmietverhältnis unmittelbar anschließt** (zu diesem Fall → Rn. 33). 30

Mietet der Dritte vom Mieter nicht nur das Zwischenmietobjekt, sondern **mehrere Mietobjekte** gleichzeitig in einem **einheitlichen Vertrag,** kann es bei Ende der Zwischenmiete zu einer Vermehrung der Personen auf Vermieterseite kommen. Mögliche Konstellation ist die Anmietung einer Garage zusätzlich zur Wohnung, die dem Mieter entweder selbst gehört oder die er – wie die Wohnung – weitervermietet, allerdings für einen anderen Eigentümer als den der Wohnung. Ähnliche Fälle gibt es bei § 566 BGB, wenn das einheitliche Mietobjekt mehreren Eigentümern gehört (→ BGB § 566 Rn. 75). Die Einheitlichkeit des Mietverhältnisses verbietet hier wie dort dessen Aufspaltung, es ist vielmehr für jedes Teilobjekt zu prüfen, welche Folgen sich aus §§ 565, 566 BGB ergeben. Endet das Zwischenmietverhältnis über die Wohnung, wird der Vermieter zusammen mit dem Mieter als Eigentümer der Garage gem. § 565 BGB Vermieter des Dritten. Hat der Mieter die Garage weitervermietet und endet nur dieses Zwischenmietverhältnis, ändert sich an der Vertragssituation nichts, weil § 565 BGB nur für Wohnraummietverhältnisses als Endmietverhältnisse gilt. Gehört dem Mieter die Garage und veräußert er sie, tritt der Erwerber zunächst in den Mietvertrag des Zwischenmieters mit dem Dritten ein und – nach Ende des Zwischenmietvertrages – der Vermieter zusammen mit dem Erwerber der Garage. Sind Wohnung und Garage auf Grund von jeweils **selbständigen Verträgen** vermietet, so tritt der Vermieter bei Ende der Zwischenmiete über die Wohnung nur in das Wohnungsmietverhältnis ein. 31

### II. Eintritt eines anderen Mieters

Schließt der Vermieter **erneut einen Zwischenmietvertrag** zum Zwecke der gewerblichen Weitervermietung ab, so tritt der neue Mieter gem. **§ 565 Abs. 1 S. 2 BGB** in die Rechte und Pflichten aus dem Mietverhältnis mit dem Dritten ein. 32

Damit wird zunächst der Fall erfasst, dass das Zwischenmietverhältnis mit dem bisherigen Mieter beendet und **zugleich ein neues Zwischenmietverhältnis** mit einem anderen Mieter begründet wird. Hier tritt der neue Mieter nahtlos an Stelle des bisherigen Mieters in das Wohnraummietverhältnis ein. Einer Mitwirkung des Dritten bedarf es nicht; ein Durchgangseintritt des Vermieters findet nicht statt. 33

---

sogar notwendig erscheint, um dem Gleichbehandlungsgebot (→ Rn. 7) mit der Veräußerungssituation zu genügen.

[70] MüKoBGB/*Häublein* § 565 Rn. 20.

[71] So auch MüKoBGB/*Häublein* § 565 Rn. 20.

34 Die Regelung des § 565 Abs. 1 S. 2 BGB setzt allerdings nicht voraus, dass das Zwischenmietverhältnis nahtlos fortgesetzt wird; sie gilt auch dann, wenn zunächst der Vermieter in den Wohnraummietvertrag eingetreten ist und erst in der **Folgezeit ein neues Zwischenmietverhältnis** begründet wird. In diesem Fall tritt der neue Mieter an Stelle des Vermieters. Dies gilt allerdings nicht für diejenigen Mietverhältnisse, die der Vermieter zwischenzeitlich unmittelbar mit einem Wohnungsmieter abgeschlossen hat.

### III. Folgen des Vertragsübergangs

35 Mit der Beendigung des Zwischenmietverhältnisses findet in dem Wohnraummietvertrag zwischen dem Mieter und dem Dritten eine **Zäsur** statt. Es handelt sich um eine ähnliche Zäsur wie bei einem Vermieterwechsel gem. § 566 BGB in Folge einer Veräußerung des Mietobjekts. Wenn sich nämlich § 565 BGB an § 566 BGB anlehnt (→ Rn. 28), dann müssen auch die Folgen des Vertragsübergangs ähnlich bestimmt werden. Für die besonderen Regelungsbereiche der §§ 566a–566 e BGB, die sich auf die Mietzahlungspflicht beziehen, ist das ausdrücklich in § 565 Abs. 2 BGB angeordnet; für die übrigen Regelungsbereiche gilt es gleichermaßen.[72] In ähnlicher Weise wird iÜ auch der Mieterwechsel gem. § 563 BGB gehandhabt; auch dort werden – ganz ohne Verweisung auf §§ 566a–566 e BGB – die zu § 566 BGB entwickelten Regeln entsprechend angewendet (→ BGB § 563 Rn. 44). Allen Normen ist nämlich gemeinsam, dass ein Wechsel der Vertragspartners stattfindet, dies aber im Sinne einer zeitlichen Zäsur nur Wirkungen für die Zukunft haben soll, also nicht sämtliche Rechte und Pflichten übergehen, sondern nur diejenigen, die nach dem Vertragsübergang zu erfüllen sind.

36 Die **Anlehnung an § 566 BGB** bzw. die Parallele zu § 563 BGB hat vor allem zwei bedeutende **Auswirkungen:** Einmal gehen nur die Rechte und Pflichten aus dem Mietverhältnis über. Damit sind alle **als mietrechtlich zu qualifizierenden Vereinbarungen** (aber auch nur sie) erfasst. Auf die zu § 566 BGB entwickelten Grundsätze kann verwiesen werden (→ BGB § 566 Rn. 88). Außerdem gilt das **Fälligkeitsprinzip,** das besagt, dass Ansprüche, die vor dem Ende des Zwischenmietverhältnisses fällig geworden sind, dem Mieter zustehen bzw. von ihm zu erfüllen sind, Ansprüche, die danach fällig geworden sind, hingegen dem Vermieter; ihn treffen auch die nach dem Ende des Zwischenmietverhältnisses bestehen bleibenden Dauerverpflichtungen, etwa die Pflicht zur Gebrauchsgewährung (→ BGB § 566 Rn. 86).

37 Hinsichtlich der Auswirkungen auf einzelne vertragliche Rechte und Pflichten kann auf die **Ausführungen zu § 566 BGB** (→ BGB § 566 Rn. 95) und für die in § 565 Abs. 2 BGB angeordnete entsprechende Anwendung der §§ 566a–566 e BGB auf die Kommentierungen zu diesen Vorschriften **verwiesen** werden, sofern nachfolgend keine Besonderheiten beschrieben werden. Bei Übertragung der Ausführungen zu §§ 566–566 e BGB auf § 565 BGB ist hinsichtlich der unterschiedlichen **Begrifflichkeit** zu beachten, dass der Erwerber gem. § 566 der Vermieter gem. § 565 BGB ist, der Veräußerer ist der Mieter, der Mieter ist der Dritte; der Veräußerung (Eigentumswechsel) entspricht das Ende des Zwischenmietverhältnisses.

38 Die für den Eigentümerwechsel typische **Bürgenhaftung** des § 566 Abs. 2 BGB besteht beim Vermieterwechsel gem. § 565 BGB nicht, weil § 565 Abs. 2 BGB nur die §§ 566a–566 e BGB für entsprechend anwendbar erklärt.[73]

39 Erhält der Dritte **von dem Vermieterwechsel keine Kenntnis** und zahlt er deswegen die Miete weiter an den Mieter, so hat das keine erfüllende Wirkung (→ BGB § 566 e Rn. 22). Ist **ungewiss, ob das Hauptmietverhältnis beendet worden ist,** so kann der Dritte die Miete mit befreiender Wirkung hinterlegen. Von einer solchen Ungewissheit ist insbes. dann auszugehen, wenn zwischen dem Vermieter und dem Mieter Streit über die Beendigung des Hauptmietverhältnisses besteht und beide Beteiligten den Dritten unterschiedlich informieren.

## F. Abweichende Vereinbarungen

40 Die Regelungen der § 565 Abs. 1, 2 BGB können – anders als die verwiesenen §§ 566–566 e BGB – nicht zum Nachteil des Dritten abbedungen werden (§ 565 Abs. 3 BGB). Deshalb sind auch die verwiesenen Vorschriften der §§ 566a–566 e BGB, aber auch die entsprechend geltenden

---

[72] MüKoBGB/*Häublein* § 565 Rn. 23.

[73] Wie hier MüKoBGB/*Häublein* § 565 Rn. 23; für eine Anwendung von § 566 Abs. 2 wohl Staudinger/*Emmerich* BGB § 565 Rn. 13 a.

Grundsätze des § 566 Abs. 1 BGB im Anwendungsbereich des § 565 BGB **halbzwingend.**[74] Das Verbot nachteiliger Vereinbarungen betrifft sowohl den Zwischenmietvertrag als auch den Wohnraummietvertrag. Letzteres erfasst aber nur Vereinbarungen unmittelbar im Wohnraummietvertrag bzw. in dem Zeitraum bis zur Beendigung des Zwischenmietverhältnisses, weil der Dritte die konkreten Folgen für ihn zu dieser Zeit nicht absehen kann. Das ist anders, wenn solche Vereinbarungen in Zusammenhang mit oder nach einer Beendigung des Zwischenmietverhältnisses getroffen werden.[75]

Eine zwischen dem Mieter und dem Dritten getroffene Vereinbarung, wonach das Wohnraum- 41
mietverhältnis **mit dem Zwischenmietverhältnis endet** oder wonach der Bestand des Wohnraummietverhältnisses vom Zwischenmietverhältnis abhängen soll, ist allerdings nicht unwirksam.[76] Nur der Mieter kann sich auf eine solche Vereinbarung, die eine auflösende Bedingung enthält, gem. § 572 Abs. 2 BGB nicht berufen, der Dritte (der Wohnungsmieter) schon; diese speziellere Regelung geht § 565 Abs. 3 BGB vor. Das hat zur Folge, dass § 565 BGB eingreift, wenn der Dritte an der Wohnung festhalten will.

Ist zwischen dem Vermieter und dem Mieter vereinbart, dass das Zwischenmietverhältnis zu 42
einem bestimmten Zeitpunkt enden soll, so sind die Parteien des Wohnraummietverhältnisses wegen § 575 Abs. 1 S. 2 BGB gehindert, einen entsprechend **befristeten Mietvertrag** abzuschließen, der dieselbe Laufzeit wie das Hauptmietverhältnis hat. Vielmehr gilt der zwischen dem Mieter und dem Dritten abgeschlossene Mietvertrag als Mietverhältnis auf unbestimmte Zeit (§ 575 Abs. 1 S. 2 BGB). Hat der Vermieter nach Ablauf des Zwischenmietverhältnisses konkrete Verwendungsinteressen iSv § 575 Abs. 1 S. 1 BGB, so kann im Wohnraummietverhältnis gleichwohl kein Zeitmietvertrag nach § 575 Abs. 1 S. 1 BGB abgeschlossen werden, weil dort nur Verwendungsinteressen einer am Wohnraummietverhältnis beteiligten Vertragspartei – hier also des Mieters – berücksichtigt werden. Bei Beendigung des Zwischenmietverhältnisses tritt der Vermieter in dieses Mietverhältnis ein. Für **Altmietverträge** (Vertragsschluss vor dem 1.9.2001) ist Art. 229 § 3 Abs. 3 BGB zu beachten. Nach dieser Vorschrift ist auf befristete Mietverhältnisse, die vor dem 1.9.2001 abgeschlossen worden sind, das bis zum 1.9.2001 geltende Recht maßgeblich. Danach gilt folgendes: Ist zwischen dem Vermieter und dem Mieter vereinbart, dass das Zwischenmietverhältnis zu einem bestimmten Zeitpunkt enden soll, so waren die Parteien des Wohnraummietverhältnisses vor dem 1.9.2001 nicht gehindert, einen befristeten Mietvertrag abzuschließen, der dieselbe Laufzeit wie das Zwischenmietverhältnis hat. Der Dritte kann bei dieser Vertragsgestaltung die Rechte aus § 564c Abs. 1 BGB aF geltend machen und auf diese Weise erreichen, dass das Wohnraummietverhältnis auf unbestimmte Zeit verlängert wird; bei Beendigung des Zwischenmietverhältnisses tritt der Vermieter in das verlängerte Mietverhältnis ein. Anders ist es, wenn der Verlängerungsanspruch nicht geltend gemacht wird: hier endet das Wohnraummietverhältnis durch Zeitablauf; der Vermieter tritt in das Abwicklungsschuldverhältnis ein. Eine solche Vertragsgestaltung kann grds. nicht als rechtsmissbräuchlich angesehen werden. Dies gilt auch dann, wenn der Mieter rechtsunkundig ist. Zum einen geht § 564c BGB aF davon aus, dass die Initiative zur Vertragsverlängerung beim befristeten Mietvertrag vom Mieter ausgehen muss; zum anderen treffen den Vermieter iRd § 564c Abs. 1 BGB aF keine Hinweis- oder Belehrungspflichten. Ein vertraglicher Ausschluss des Verlängerungsanspruchs ist allerdings nicht möglich, weil § 564c Abs. 1 BGB aF nicht abbedungen werden kann (§ 564c Abs. 1 S. 2 BGB aF iVm § 564b Abs. 6 BGB aF).

---

[74] MüKoBGB/*Häublein* § 565 Rn. 26.
[75] *Lehmann-Richter* WImmoT 2008, 165.
[76] **AA** MüKoBGB/*Häublein* § 565 Rn. 26.

## § 566 Kauf bricht nicht Miete

**(1) Wird der vermietete Wohnraum nach der Überlassung an den Mieter von dem Vermieter an einen Dritten veräußert, so tritt der Erwerber anstelle des Vermieters in die sich während der Dauer seines Eigentums aus dem Mietverhältnis ergebenden Rechte und Pflichten ein.**

**(2) [1]Erfüllt der Erwerber die Pflichten nicht, so haftet der Vermieter für den von dem Erwerber zu ersetzenden Schaden wie ein Bürge, der auf die Einrede der Vorausklage verzichtet hat. [2]Erlangt der Mieter von dem Übergang des Eigentums durch Mitteilung des Vermieters Kenntnis, so wird der Vermieter von der Haftung befreit, wenn nicht der Mieter das Mietverhältnis zum ersten Termin kündigt, zu dem die Kündigung zulässig ist.**

### Systematische Übersicht



### Alphabetische Schnellübersicht

## A. Überblick

§ 566 BGB regelt das Schicksal des Mietverhältnisses, wenn der Vermieter die Mietsache nach 1
deren Überlassung an den Mieter an einen Dritten veräußert.[1] Die Vorschrift ist Ausdruck des Rechtssprichwortes[2] **„Kauf bricht nicht Miete"**, das sich auch in der amtlichen Überschrift wiederfindet. Die Überschrift stellt allerdings nur einen rechtsgeschichtlichen Bezug her und taugt nicht als Auslegungshilfe, da sie den Regelungsgehalt des § 566 BGB in dreifacher Hinsicht verfälscht wiedergibt[3]: Der Erwerber eines Mietgrundstückes tritt nicht schon mit dem Abschluss des Kaufvertrages in den Mietvertrag ein, sondern erst mit Eigentumserwerb, also Eintrag im Grundbuch; Rechtsgrund für den Eigentumserwerb kann nicht nur Kauf sein, sondern auch Tausch, Schenkung etc; ohne die Regelung würde der Mietvertrag auch nicht „gebrochen", sondern mit dem Vermieter fortbestehen.

---

[1] Siehe umf. zum Regelungszusammenhang der §§ 566ff. BGB *Streyl* NZM 2010, 343.
[2] Einige Autoren verwenden statt (Rechts-)Sprichwort den spätlateinischen, aber ursprünglich aus dem griechischen stammenden Begriff Parömie.
[3] *Weitemeyer* FS Blank, 2006, 445ff.

2 § 566 BGB greift zum **Schutz des Mieters** und als Ausnahme von dem Grundsatz, dass vertragliche Rechte und Pflichten nur zwischen den am Schuldverhältnis beteiligten Personen entstehen[4], tief in das Vertragsverhältnis ein, indem er vorschreibt, dass der ursprüngliche Vermieter im Falle der Veräußerung des Grundstücks durch den neuen Eigentümer ersetzt wird; wichtige und oft übersehene Voraussetzung hierfür ist allerdings, dass der Mieter im Zeitpunkt des Eigentumsübergangs bereits im Besitz der Mietsache[5] („nach der Überlassung") war; war er das nicht, ist der Vertragsübergang gem. § 567a BGB vom Übernahmewillen des Erwerbers abhängig. Aus der Formulierung „während der Dauer seines Eigentums" sowie aus § 566 Abs. 2 BGB folgt, dass der Eigentumswechsel eine Zäsur bewirkt in der Weise, dass die Rechte und Pflichten aus der Zeit vor dem Eigentumswechsel bei dem ursprünglichen Vermieter verbleiben und dass die Rechte und Pflichten danach den neuen Eigentümer treffen; der ursprüngliche Vermieter haftet dem Mieter allerdings gem. § 566 Abs. 2 BGB uU wie ein Bürge für Schäden, die der neue Eigentümer verursacht hat. In Bezug auf den Mietzins (Vereinbarungen und Verfügungen darüber, Aufrechnungen von Mieter und Veräußerer) gibt es in §§ 566b–566d BGB Sonderregelungen[6], die teilweise erheblich und zu Lasten des Mieters von den sonstigen Grundsätzen des § 566 BGB abweichen. Dem Mieterschutz dienen hingegen die besondere Regelung hinsichtlich der Kaution in § 566a BGB und die Gutglaubensvorschrift des § 566e BGB, die sich über das Vertrauen des Mieters in die Richtigkeit einer Mitteilung des Vermieters über den Eigentumsübergang verhält.

3 § 566 BGB betrifft unmittelbar nur die Wohnraummiete, es gibt aber zahlreiche Vorschriften, die auf § 566 BGB verweisen. Wichtigste Verweisungsvorschrift ist § 578 BGB, so dass der Grundsatz „Kauf bricht nicht Miete" auf **alle Grundstücks- und Raummietverträge** anwendbar ist, nicht aber auf die Miete von beweglichen Sachen. Zu den Einzelheiten und zu weiteren Verweisungsvorschriften, die insbes. den praktisch wichtigen Erwerb in der Zwangsversteigerung sowie andere dingliche Rechtsänderungen als den Eigentumsübergang („Veräußerung") betreffen, → Rn. 15 ff. sowie bei der Kommentierung zu § 567 BGB.

4 **Ohne § 566 BGB** würde der Eigentumswechsel an dem Mietgrundstück zwar den Bestand des Mietvertrages nicht berühren, der neue Eigentümer übernähme das Grundstück aber nur mit den aus dem Grundbuch ersichtlichen Lasten und Pflichten (§ 873 BGB). Da Mietverhältnisse wegen des Typenzwangs im Sachenrecht nicht grundbuchfähig sind[7], wäre er dem Mieter nicht zur Gebrauchsüberlassung verpflichtet, der neue Eigentümer könnte vom Mieter vielmehr Herausgabe des Grundstücks bzw. der vermieteten Räume verlangen. Der Mieter wäre dann auf Schadensersatzansprüche gegen seinen Vermieter beschränkt. Ist eine **bewegliche Sache** vermietet (zur Mitvermietung von Zubehör → Rn. 97a), greift zwar § 566 BGB nicht ein, der Mieter ist aber auch nicht in gleicher Weise schutzbedürftig. Wenn er nämlich die Mietsache schon in Besitz hat, dann vollzieht sich der Eigentumswechsel gem. § 931 BGB durch Abtretung des Herausgabeanspruchs. Diesem Herausgabeanspruch kann der Mieter aber gem. § 986 Abs. 2 BGB sein Besitzrecht auf Grund des Mietvertrages mit dem früheren Eigentümer entgegensetzen. Ist eine Anwendung von § 566 BGB nicht möglich oder wollen die Parteien dessen Wirkungen vorziehen oder modifizieren, so können sie dies ggf. durch eine Vertragsübernahme in entsprechender Anwendung der §§ 398 ff., 414 ff. BGB[8] erreichen, an der sämtliche Beteiligten, also Veräußerer, Erwerber und Mieter mitwirken müssen.[9]

5 In der folgenden Kommentierung wird im Gegensatz zum Wortlaut des § 566 BGB fast durchgängig nicht der Begriff Vermieter sondern Veräußerer verwendet, um Missverständnisse zu vermeiden, die dadurch entstehen können, dass der Erwerber bei Erfüllung der Voraussetzungen des § 566 BGB nach dem Eigentumsübergang Vermieter wird und der ursprüngliche Vermieter diese Eigenschaft verliert. Die synonyme Verwendung von Vermieter und Veräußerer ist zulässig, weil beide in aller Regel identisch sein müssen (iE → Rn. 64) und weil § 566 BGB nicht nur für den ursprünglichen Vermieter gilt, sondern auch für den Erwerber, der das Grundstück

---

[4] BGH VIII ZR 192/88, NJW 1989, 2053.

[5] Zur Bedeutung des Besitzes für § 566 BGB und zur Einordnung der Vorschrift in das sachenrechtliche System des BGB s. MüKoBGB/*Häublein* § 566 Rn. 2 ff.

[6] Siehe eing. zum Regelungszusammenhang zwischen § 566 BGB und §§ 566b–566d BGB, der für das Verständnis von § 566 BGB von erheblicher Bedeutung ist, bei → BGB § 566b Rn. 6 ff.

[7] *Paschke/Oetker* NJW 1986, 3175.

[8] MüKoBGB/*Roth/Kieninger,* 8. Aufl. 2018, § 398 Rn. 192.

[9] Dazu auch → Rn. 46.

weiterveräußert (s. § 567b BGB). Wegen § 567b S. 2 BGB kommt es allerdings bei der bürgengleichen Nachhaftung des Vermieters gem. § 566 Abs. 2 BGB darauf an, wer ursprünglicher Vermieter ist.

## B. Entstehungsgeschichte und Zweck der Vorschrift

Entstehungsgeschichte und Zweck der Vorschrift hängen eng zusammen. Dementsprechend intensiv ist die Geschichte der Norm aufbereitet worden.[10] Zu dem Einfluss des Eigentumswechsels auf das Mietverhältnis gibt es zwei **unterschiedliche Rechtstraditionen.** Auch wenn es im römischen Recht das Rechtssprichwort „Kauf bricht Miete" nicht gab, so galt diese Regel doch faktisch. Nach dem Codex Iustinianus, dem späteren Corpus Iuris Civilis, war der Käufer eines Grundstück nicht verpflichtet, einen Mieter des Voreigentümers zu behalten, es sei denn Käufer und Verkäufer hätten das verabredet; an eine solche Abrede wurden nur niedrige Voraussetzungen geknüpft.[11] In der deutschen Rechtstradition hatte sich jedoch der gegenteilige Grundsatz entwickelt, der sich in dem Rechtssprichwort „Kauf bricht nicht Miete" äußerte und der sich insbes. in vielen Stadtrechten sowie im preußischen Recht (§ 358 ALR) durchsetzte.[12] Die römische Rechtstradition[13] hatte aber nach wie vor starken Einfluss auf die Verfasser des BGB (besonders im Abstraktionsprinzip lebt das römische Recht fort) und so sollte nach dem ersten Entwurf des BGB noch der Grundsatz „Kauf bricht Miete" gelten, indem dort ein Sonderkündigungsrecht für den neuen Eigentümer vorgeschlagen wurde.[14] Erheblicher öffentlicher und fachöffentlicher Protest[15] sowie ein entsprechendes Votum des 19. Deutschen Juristentages[16] führten dann zu einer Wende und zur Kodifizierung des Grundsatzes „Kauf bricht nicht Miete" in § 571 BGB aF[17], der Vorgängernorm zu § 566 BGB. Die zweite Gesetzeskommission gab dem übermächtigen[18] Druck allerdings nur widerwillig und ohne innere Überzeugung[19] nach und stellte – als eine Art Rückzugsgefecht – nicht den möglichen Wohnungsverlust der Minderbemittelten in den Vordergrund, da diese meist ohnehin nicht auf längere Zeit mieteten, sondern den Schutz der Mieter von Gewerberäumen und der Pächter von Landgütern und Gewerbebetrieben[20] sowie das Interesse des Grundstückserwerbers an dem Erhalt solcher Mietverhältnisse.[21] Angesichts dieser Gesetzgebungsgeschichte hat die Regelung nach der Vorstellung des historischen Gesetzgebers Ausnahmecharakter[22]; dies zumal, als die dogmatische Umsetzung des Grundsatzes „Kauf bricht nicht Miete" wegen der Durchbrechung des schuldrechtlichen Relativitätsprinzips als Anomalie im Rechtssystem angesehen wurde. § 566 BGB bzw. die Vorgängernorm sind seit Inkrafttreten des BGB – bis auf redaktionelle Änderungen – unverändert geblieben; mit der **Mietrechtsreform** zum 1. 9. 2001 ist lediglich ihr unmittel- 6

[10] Siehe insbes. *Hattenauer* NZM 2003, 666, der die Entwicklung seit dem römischen Recht beschreibt; *Wieling* GS Sonnenschein, 2003, 201 ff., der das preußische ALR und die Gesetzgebungsgeschichte aufbereitet; Mugdan, Bd. 2, Motive S. 212, wo der zersplitterte Rechtszustand in Deutschland nach römischem und gemeinen Recht, nach französischem Recht und nach einzelnen Landesrechten geschildert wird; s. außerdem Staudinger/*Emmerich* BGB § 566 Rn. 2 und *Weitemeyer* FS Blank, 2006, 445 ff.

[11] *Hattenauer* NZM 2003, 666 (667).

[12] Das ALR sah im Gegensatz zu den meisten Stadtrechten auch kein Sonderkündigungsrecht des Erwerbers vor; vgl. *Hattenauer* NZM 2003, 666 (670, 674). Außerdem war die Miete nach dem ALR ein dingliches Recht; vgl. *Wieling* GS Sonnenschein, 2003, 201 (202).

[13] *Wieling* GS Sonnenschein, 2003, 201 (206).

[14] *Wieling* GS Sonnenschein, 2003, 201 (207).

[15] *Wieling* GS Sonnenschein, 2003, 201 (209); Mugdan, Bd. 2, Motive S. 815; *Jüttner,* Zur Geschichte des Grundsatzes „Kauf bricht nicht Miete", 1960, S. 63, 77. Nach letzterem war dieser Vorschlag die einzige Regelung des Entwurfs, die überhaupt öffentlich in nennenswerter Form diskutiert wurde; heftiger und polemischer Protest habe sich in Zeitschriften und Tageszeitungen sowie durch zahlreiche Eingaben privater Personen und landwirtschaftlicher, gewerblicher und sozialer Vereinigungen erhoben, daneben hebe es eine Vielzahl ablehnender Stellungnahmen aus der juristischen Fachöffentlichkeit gegeben.

[16] *Hattenauer* NZM 2003, 666 (675).

[17] Bei *Hattenauer* NZM 2003, 666 (675) findet sich auch der ursprüngliche Wortlaut des § 571 BGB aF.

[18] *Jüttner,* Zur Geschichte des Grundsatzes „Kauf bricht nicht Miete", 1960, S. 79.

[19] *Jüttner,* Zur Geschichte des Grundsatzes „Kauf bricht nicht Miete", 1960, S. 79; *Wolter,* Mietrechtlicher Bestandsschutz, 1984, S. 96.

[20] *Wieling* GS Sonnenschein, 2003, 201 (209 f.); Mugdan, Bd. 2, Motive S. 816.

[21] *Harke* ZMR 2002, 491.

[22] So auch BGH XII ZR 26/16, NZM 2017, 847 Rn. 30; *Jüttner,* Zur Geschichte des Grundsatzes „Kauf bricht nicht Miete", 1960, S. 85.

barer Anwendungsbereich aufgrund der neuen systematischen Stellung auf die Miete von Wohnraum beschränkt worden, für die Miete von sonstigen Räumen und Grundstücken gilt sie jetzt über § 578 BGB.

7 Die unterschiedlichen Rechtstraditionen sind Ausdruck des Konfliktes unterschiedlicher **Interessenlagen.** Die römische Rechtstradition betont die Freiheit des Eigentümers, uneingeschränkt über sein Eigentum zu verfügen; die deutsche Rechtstradition betont den Schutz des Mieters vor dem Verlust der Wohnung oder der sonstigen Räume. Bei näherer Betrachtung ist die Interessenlage aber durchaus ambivalent – und zwar sowohl bei der Wohn- wie bei der Gewerberaummiete. Je nach Situation auf dem Mietmarkt kann auch ein neuer Grundstückseigentümer ein Interesse am Bestand der Mietverhältnisse haben, oftmals machen sie den Kauf den Grundstücks erst interessant.[23] Umgekehrt kann mancher Mieter geneigt sein, sich wegen der Person des neuen Eigentümers/Vermieters oder aus ganz anderen Gründen von dem Vertrag zu lösen. Die geschichtliche Entwicklung bis zum BGB zeigt jedoch, dass das Lösungsinteresse des Mieters – damals wie heute – eher gering ist und eine Ausnahme darstellt. Neue Eigentümer versuchten zwar in Zeiten knappen Wohnungsangebotes, das seit Beginn der industriellen Revolution die Regel war, meist nicht, die bisherigen Mieter loszuwerden, sie wollten aber einen Altmieter nur dann behalten, wenn dieser eine höhere Miete akzeptierte, was vielen Mietern nicht möglich war; sie wurden dann oft obdachlos. Insofern hat sich § 566 BGB bzw. dessen Vorgängernorm § 571 BGB aF historisch als ausgesprochene **Mieterschutzvorschrift** entwickelt, um dem Wohnraummieter seinen Wohnraum zu erhalten **(Bestandsschutz).**[24] Das Bestandsschutzinteresse besteht auch heute noch, allerdings hat es sich wohl gewandelt. Anders als früher durch die industrielle Revolution und die beiden Weltkriege bedingt gibt es weitgehend keine Wohnungsnot mehr; teilweise bzw. zeitweise herrscht sogar ein Mietermarkt. Aber die Wohnung hat als Lebensmittelpunkt und zentraler Ort der Selbstverwirklichung erheblich an Bedeutung gewonnen; das BVerfG sieht in der Miete ein eigentumsgleiches Grundrecht.[25] Soweit trotz § 566 BGB Schutzlücken im Bestandsschutz verbleiben, werden diese teilweise durch § 565 BGB geschlossen (→ BGB § 565 Rn. 3).

8 § 566 BGB verwirklicht den Bestandsschutz, indem es den neuen Eigentümer für die Dauer seines Eigentums in den Vertrag eintreten lässt (zur dogmatischen Einordnung → Rn. 9). Damit treffen den neuen Eigentümer grds. dieselben Rechte und Pflichten wie den ursprünglichen Vermieter **(Verbot der Schlechterstellung).** In den Einzelheiten kann die dadurch bewirkte Zäsur in dem Mietverhältnis schwierige Abgrenzungsfragen nach sich ziehen. Bei der Lösung dieser Probleme muss der Zweck des § 566 BGB (das Bestandsinteresse des Mieters) natürlich berücksichtigt werden, es darf aber nicht verabsolutiert werden. Das Bestandsinteresse erfordert es nicht, den Mieter vor jeglicher Änderung bzw. vor jeglichem Nachteil, den der Wechsel seines Vertragspartners mit sich bringt, zu bewahren[26], schon gar nicht bedeutet es einen absoluten Vertragsinhaltsschutz; eine dynamische Entwicklung des Mietverhältnisses etwa durch ein Mieterhöhungsverlangen ist unter dem neuen Vermieter/Eigentümer genauso möglich wie unter dem alten.[27] Bei der Lösung der Abgrenzungsprobleme müssen vielmehr auch die (Eigentums-)Interessen von altem und neuem Vermieter/Eigentümer berücksichtigt werden.[28] Das Verbot der Schlechterstellung des Mieters nach einem Eigentümerwechsel ist nämlich nur Folge der rechtstechnischen Umsetzung des Bestandschutzzieles, es ist **nicht eigentlicher Zweck der Vorschrift.** Das hat wohl auch der BGH erkannt, der in früheren Urteilen noch ausführte, Ziel des § 566 BGB sei es, den Mieter in seinen Rechten bei einem Eigentumswechsel nicht zu verkürzen[29] bzw. ihm seine Rechtsposition zu erhalten.[30] Später dann betonte er neben dem Verbot der Schlechterstellung, dass es nicht Sinn der Vorschrift sei, den Vertrag aus formellen Gründen unnötig kompliziert zu gestalten[31] oder die Abrechnung von Nebenkosten zu erschweren[32]; außerdem hat er den Verlust einer Aufrechnungs-

---

[23] *Eckert* FS Blank, 2006, 129ff.
[24] AllgM, s. nur Staudinger/*Emmerich* BGB § 566 Rn. 3 mwN; BGH VIII ARZ 1/98, NJW 1999, 2178.
[25] BVerfG NJW 1993, 2035.
[26] BGH XII ZR 52/18, NJW 2020, 683 Rn. 34; *Derleder/Bartels* JZ 1997, 986.
[27] *Paschke/Oetker* NJW 1986, 3177.
[28] So auch *Weitemeyer* FS Blank, 2006, 455 unter Hervorhebung des verfassungsrechtlichen Aspektes der Eigentumsgarantie.
[29] *BGH VIII ZR 195/65, NJW* 1968, 886.
[30] BGH IX ZR 126/86, NJW 1988, 706.
[31] BGH VIII ARZ 1/98, NJW 1999, 2178.
[32] BGH XII ZR 71/01, NZM 2005, 17.

möglichkeit[33] bzw. eines Zurückbehaltungsrechtes[34] als notwendige Folge des Wechsels des Vertragspartners bezeichnet und den Mieter nicht für schutzwürdig gehalten, weil eine Personenmehrheit in den Vertrag eintritt und deshalb die Gefahr der Eigenbedarfskündigung steigt.[35] Weiterhin ist das Bestandsschutzinteresse nicht nur aus der Sicht des Wohnungsmieters zu beurteilen. Wegen der Vielzahl der Verweisungen auf § 566 BGB (insbes. in § 578 BGB hinsichtlich der gesamten Raum- und Grundstücksmiete) ist die Vorschrift vielmehr nach dem Bestandsinteresse aller in Betracht kommenden Arten von Mietern auszulegen. Schließlich darf nicht einseitig nur § 566 BGB in den Blick genommen werden, wo in der Tat die Mieterinteressen bevorzugt werden. Insbesondere durch §§ 566b, 566c BGB werden nämlich auch die Belange des Erwerbers am Erhalt des Mietzinses unter teils erheblicher Einschränkung des Mieterschutzes berücksichtigt, so dass sich die §§ 566ff. BGB insgesamt als Ausgleich der unterschiedlichen Interessen nach einem Eigentumswechsel darstellen. Eingehend zum Regelungszusammenhang zwischen § 566 BGB und §§ 566b–566d BGB, der für das Verständnis von § 566 BGB von erheblicher Bedeutung ist, → BGB § 566b Rn. 6ff.

## C. Dogmatik des Rechtsübergangs

Auch wenn die Vorschrift seit Inkrafttreten des BGB nahezu unverändert existiert, ist ihre dogmatische Grundlage nicht abschließend geklärt; gerade in jüngerer Zeit wurde heftig daran gerüttelt.[36] Das mag einmal daran liegen, dass das Verständnis der Vorschrift ohnehin nicht leicht fällt, aber auch daran, dass der darin verwirklichte Mieterschutz manchem zu weit geht[37], andere sehen Schutzlücken.[38] 9

Die auf das RG zurückgehende mietrechtliche Rspr. des BGH sieht in § 566 BGB seit jeher den Fall einer gesetzlich angeordneten Novation: Der Erwerber werde mit der Eigentumsumschreibung auf ihn nicht Rechtsnachfolger des ursprünglichen Vermieters, es entstehe vielmehr zu diesem Zeitpunkt unmittelbar kraft Gesetzes ein **neues Mietverhältnis,** allerdings mit den gleichen Rechten und Pflichten, wie sie nach dem Vertrag mit dem Vermieter bestanden haben.[39] Mit der Annahme einer Novation lehnt diese Rspr. – teilweise ausdrücklich[40] – eine gesetzliche Vertragsübernahme ab. Zwei nicht für das Mietrecht zuständige Senate des BGH gehen hingegen offenbar – allerdings ohne nähere Problematisierung – von einer Rechtsnachfolge aus.[41] Ebenfalls ohne nähere Problematisierung nimmt der für die Wohnraummiete zuständige VIII. Senat des BGH in einem Urteil v. 9.6.2010[42] wie selbstverständlich eine Rechtsnachfolge an, wenn er in Zusammenhang von § 57 ZVG, § 566 BGB davon spricht, die Zwangsversteigerung führe nicht zu einer Beendigung des Vertrages, sondern zu dessen Fortsetzung mit dem Ersteher; ein grundsätzlicher Rechtsprechungswechsel kann daraus aber wohl nicht entnommen werden, da bei einer Aufgabe dieser jahrzehntealten Rechtsprechungstradition zu erwarten gewesen wäre, dass dies ausdrücklich ausgesprochen wird. 10

Mit einer Novation ist die Auflösung des Vertrages bei anschließender Neubegründung verbunden; eine **Vertragsübernahme** bewahrt die Identität des Schuldverhältnisses, sie wechselt nur einen der Vertragspartner aus.[43] Die Vertragsübernahme stellt damit einen Fall der Rechtsnachfolge 11

---

[33] BGH VIII ZR 168/03, NZM 2004, 189.

[34] BGH VIII ZR 284/05, NZM 2006, 696.

[35] BGH VIII ZR 231/08, NJW 2009, 2738.

[36] Siehe *Weitemeyer* FS Blank, 2006, 445; *Wieling* GS Sonnenschein, 2003, 201ff.; *Gsell* WuM 2012, 412; *Lähn,* Der Vermieterwechsel im laufenden Mietverhältnis, 2015, S. 48. *Dötsch* ZMR 2011, 258 schließt sich den nachfolgenden Ausführungen vollumfänglich mit einer fast identischen Gedankenführung und Argumentation, die auf *Streyl* NZM 2010, 346 zurückgeht, an.

[37] *Hattenauer* NZM 2003, 666 (676) sieht in dem Mieterschutz eine Vermengung von Privatrecht und Sozialrecht.

[38] *Weitemeyer* FS Blank, 2006, 445 (448) weist auf die Probleme bei der Behandlung von Tatbeständen hin, die sich über den Eigentumsübergang hinweg entwickeln.

[39] StRspr, zuletzt BGH XII ZR 52/18, NJW 2020, 683 Rn. 24; BGH VIII ZR 224/13, NZM 2015, 79 Rn. 41; ferner BGH XII ZR 163/12, NJW 2014, 3775; RGZ 68, 12; RGZ 59, 188.

[40] BGH XII ZR 42/98, NJW 2000, 2346.

[41] Vgl. BGH VII ZR 34/68, NJW 1970, 753 „kraft Gesetzes in die Mietverträge eingetreten" und BGH V ZR 341/87, NJW 1990, 444 (445) „in das Mietverhältnis eingetreten".

[42] BGH VIII ZR 189/09, NZM 2010, 698.

[43] Staudinger/*Rieble,* 2018, BGB § 414 Rn. 121.

(Sukzession[44]) dar, die Novation hingegen nicht.[45] Die Frage, ob eine Novation oder eine Vertragsübernahme vorliegt, hat vor allem Bedeutung für die Einwendungen, die der neue Vertragspartner gegen sich gelten lassen muss; Sukzession bedeutet nämlich grds. Einwendungserhalt, Novation hingegen Einwendungsverlust.[46] Dieser Unterschied ist wohl der tiefere Grund dafür, warum die Rspr. zur Dogmatik des § 566 BGB vielfach nicht akzeptiert wird. Meines Erachtens war die Rspr. historisch richtig, sie müsste sich aber der Rechtsentwicklung anpassen und heute von einer Vertragsübernahme ausgehen. Die Unterschiede sind jedoch praktisch gering.[47]

**12** Nach dem Wortlaut des § 566 Abs. 1 BGB tritt der Erwerber in *die Rechte und Pflichten aus dem Mietverhältnis* ein. Diese Formulierung unterscheidet sich von derjenigen in § 563 Abs. 1 BGB. Dort tritt der Berechtigte in *das Mietverhältnis* ein; ähnlich ist es in § 16 Abs. 2 VermG (Eintritt in die jeweiligen Rechtsverhältnisse). Dieser sprachliche Unterschied könnte darauf hindeuten, dass mit § 566 BGB nur eine Vielzahl einzelner Rechte und Pflichten übertragen wird, die sozusagen in den neuen Vertrag mit dem Erwerber „eingebracht" werden, wohingegen bei § 563 BGB, § 16 VermG der Vertrag als Ganzes übergeht. In letzterem Sinne versteht die hM § 563 Abs. 1 BGB als Sonderrechtsnachfolge[48] (und nicht als Novation) und § 16 Abs. 2 VermG als gesetzliche Vertragsübernahme.[49] Die Formulierung in § 566 BGB ist historisch bedingt. Der Gesetzgeber des BGB kannte die (vertragliche oder gesetzliche) Vertragsübernahme noch nicht, diese Rechtsfigur wurde erst zu Beginn des 20. Jahrhunderts entwickelt[50] und nach dem zweiten Weltkrieg von der Rspr. des BGH anerkannt.[51] Schon den Gesetzesmaterialien kann allerdings entnommen werden, dass der historische Gesetzgeber einen möglichst vollständigen Eintritt des Erwerbers wollte. Die zweite Kommission verwarf nämlich einen Vorschlag, nach dem die *Rechte* des Vermieters nach Maßgabe der heutigen §§ 404–409 BGB[52] übergehen sollten mit der Begründung, dass dem Erwerber dann nur die *Forderungs*rechte zustünden, nicht aber andere Rechte wie etwa das Kündigungsrecht, die bei dem Veräußerer verblieben.[53] Um eine „Duplizität des Mietverhältnisses" zu vermeiden, nahm die Kommission eine „Anomalie" des gesetzgeberischen Gesamtkonzeptes in Kauf[54], nämlich den vollständigen Übergang aller Rechte und Pflichten[55] anstatt des ansonsten in den heutigen §§ 398 ff. BGB eigentlich nur vorgesehenen Übergangs von Einzelforderungen aus einem Schuldverhältnis; die zweite Kommission sah in einem Vertrag nämlich nicht – wie heute – ein einheitliches Rechts-

---

[44] Grds. zum Begriff der Rechtsnachfolge s. Nörr/Scheyhing/Pöggeler Sukzessionen/*Nörr* S. 1 ff. Danach ist Rechtsnachfolge oder Sukzession die Auswechslung eines Rechtssubjektes unter Wahrung der Identität und Kontinuität des oder der Rechtsverhältnisse.

[45] Staudinger/*Rieble,* 2018, BGB § 414 Rn. 121.

[46] Staudinger/*Rieble,* 2018, BGB § 414 Rn. 121.

[47] So auch *Derleder/Bartels* JZ 1997, 984.

[48] → BGB § 563 Rn. 44.

[49] BGH III ZB 34/95, ZMR 1996, 192; BGH III ZR 211/99, NZM 2001, 159.

[50] *Weitemeyer* FS Blank, 2006, 445 (454); Nörr/Scheyhing/Pöggeler Sukzessionen/*Nörr* S. 3. *Nörr* geht davon aus, dass der Gesetzgeber die Vertragsübernahme gesetzlich geregelt hätte, wenn er sie für möglich gehalten hätte.

[51] BGH VIII ZR 167/59, NJW 1961, 454; BGH IX ZR 173/84, NJW 1985, 2528.

[52] Der Vorschlag erwähnte die §§ 302–308 des damaligen (ersten) Entwurfs (Mugdan, Bd. 2, Motive S. 815), die den heutigen §§ 404–409 BGB entsprechen; die Regelung des heutigen § 413 BGB war also nicht in Bezug genommen.

[53] Mugdan, Bd. 2, Motive S. 816. Meines Erachtens ist die zweite Kommission hier einem Irrtum unterlegen. Der abgelehnte Vorschlag hat zwar nicht auf die dem heutigen § 413 BGB entsprechende Regelung verwiesen (§ 312 des ersten Entwurfs), mit der eine Übertragung anderer Rechte als Forderungen (nämlich etwa Gestaltungsrechte wie die Kündigung) ermöglicht wurde; das war aber wohl auch nicht notwendig, da sich die Anwendung der Abtretungsvorschriften entgegen den Vorstellungen der zweiten Kommission nach dem abgelehnten Vorschlag nicht auf die *Forderungsrechte* des Vermieters beschränken, sondern *alle Rechte* erfassen sollte. Deshalb kann man entgegen *Weitemeyer* (FS Blank, 2006, 454) in der Ablehnung des Vorschlags kein Votum gegen eine Rechtsnachfolge (*Weitemeyer* spricht von der Zessionstheorie) sehen, sondern nur gegen einen eingeschränkten Rechtsübergang und gegen den in den Abtretungsregeln vorgesehenen Einwendungserhalt. Soweit die Kommission die Befürchtung äußerte, im Falle der „Zessionslösung" sei der Erwerber an Vorausverfügungen über die Miete gebunden (Mugdan, Bd. 2, Motive S. 817), sind hierfür §§ 566b und 566c BGB geschaffen worden; diese Gefahr spricht also auch nicht gegen die Annahme einer Rechtsnachfolge (anders wohl *Weitemeyer* FS Blank, 2006, 445 (455)). Nicht zu dem Thema verhält sich *Streyl,* Die Beziehungen des *Bundes zu den Ländern im* Wasserrecht, 1954.

[54] Mugdan, Bd. 2, Motive S. 816.

[55] *Jüttner,* Zur Geschichte des Grundsatzes „Kauf bricht nicht Miete", 1960, S. 79 nennt dies einen gesetzlichen Eintritt in den Mietvertrag und auf S. 86 einen gesetzlichen Übergang des Schuldverhältnisses.

geschäft, sondern eine Summe von Einzelleistungen.[56] Bei Inkaufnahme der Anomalie stützte sie sich auf die *Hilfserwägung*, dass nach deutschrechtlichen Rechtsgrundsätzen gewisse Belastungen (Reallasten) dem Grundstück anhafteten; wenn man das Mietverhältnis als eine solche Belastung ansehe, müssten dem Erwerber auch die Rechte zustehen[57] und zwar nicht nur die Forderungsrechte, sondern alle Rechte ohne die Beschränkungen des Abtretungsrechtes. Aus dem Vergleich mit den Reallasten folgerte das RG, dies schließe eine Rechtsnachfolge aus, das neue Mietverhältnis erwachse vielmehr aus dem Eigentum.[58] Diese Schlussfolgerung des RG beruht wohl auf einer damals vertretenen Literaturansicht, die den Mietvertrag als eine Zustandsobligation, also als eine auf dem Grundstück ruhende, dinglich wurzelnde Obligation für die Dauer des Eigentums ansah; die aA[59], die ua *Enneccerus* vertrat, sah in § 566 BGB den gesetzlichen Übergang des Schuldverhältnisses, der dem Rechtssystem zwar fremd, aber in sich klar sei und keiner Zurückführung auf bekannte Rechtserscheinungen bedürfe. Die Schlussfolgerungen, die das RG aus der Bemerkung der zweiten Kommission zieht und auf denen wohl letztlich auch die Rspr. des BGH beruht, sind mE falsch. Im Gegensatz zum preußischen ALR[60] wurde der Grundsatz „Kauf bricht nicht Miete" nämlich gerade nicht als dingliches Recht ausgestaltet, sondern schuldrechtlich. Die Dinglichkeit würde voraussetzen, dass die Miete selbst ein dingliches Rechtsverhältnis im Sinne einer Verfügung über das Grundstück bzw. die Räume wäre, was aber allein schon wegen der systematischen Stellung der Vorschriften über die Miete ausscheidet.[61] Der Mietvertrag ist Kausalgeschäft für die Gebrauchsüberlassung. Nur wenn es auf Grund dieses Kausalgeschäftes auch tatsächlich zur Gebrauchsüberlassung kommt, werden an den Besitz (die Sachherrschaft) des Mieters – wie oftmals in anderen Fällen[62] – gewisse dingliche Wirkungen geknüpft.[63] Diese Wirkung besteht etwa in der Anwendung der Besitzschutzregeln oder eben des § 566 BGB.[64] Deshalb bleibt § 566 BGB aber dennoch ein schuldrechtliches Rechtsinstitut[65] und der Vergleich der zweiten Kommission mit den Reallasten muss als Versuch gewertet werden, die selbst eingeräumte Anomalie vorstellbar und akzeptierbar zu machen. Aus ihr können aber entgegen der Ansicht des RG keine Rückschlüsse auf die schuldrechtliche Konstruktion des Rechtsübergangs gezogen werden. Der historische Gesetzgeber hat keine weiteren Angaben zu der Art des Rechtsübergangs gemacht, man kann aber annehmen, dass er die moderne Konstruktion der Vertragsübernahme gewählt hätte, wenn sie ihm bekannt gewesen wäre. Auch wenn er die Vertragsübernahme als Rechtsfigur nicht kannte, ist er doch davon ausgegangen, dass entweder Forderungsabtretung und Schuldübernahme zur Sukzession auch in die Stellung als Vertragspartei ausreichten oder dass alternativ der Austausch einer Vertragspartei durch Aufhebungsvertrag und Neuabschluss möglich sei.[66] Entscheidendes Kriterium für die Abgrenzung beider Alternativen, also der Vertragsübernahme von der Novation ist die Frage, ob nur ein Vertragspartner ausgewechselt werden und das Schuldverhältnis iÜ unverändert gelassen werden soll oder nicht.[67] Diese Frage ist angesichts des angeordneten vollständigen Rechte- und Pflichtenübergangs im Sinne einer **Vertragsübernahme** zu bejahen.[68] Der Wortlaut des § 566 BGB steht dem letztlich nicht entgegen, und zwar auch dann nicht, wenn man berücksichtigt, dass der Gesetzgeber der Mietrechtsreform ihn unverändert gelassen hat. Denn auch der moderne Gesetzgeber, der schon um die

---

56 Nörr/Scheyhing/Pöggeler Sukzessionen/*Nörr* S. 180 f.

57 Mugdan, Bd. 2, Motive S. 816/817.

58 RGZ 68, 12 (13); RGZ 59, 188.

59 Nachweise für beide Ansichten bei *Jüttner,* Zur Geschichte des Grundsatzes „Kauf bricht nicht Miete", 1960, S. 86.

60 Siehe dazu *Wieling* GS Sonnenschein, 2003, 201 (202); *Jüttner,* Zur Geschichte des Grundsatzes „Kauf bricht nicht Miete", 1960, S. 85.

61 **AA** *Wieling* GS Sonnenschein, 2003, 201 (219) und – allerdings zu § 565 BGB – *Gärtner* JZ 1994, 445.

62 Etwa § 986 Abs. 2 BGB für bewegliche Sachen.

63 *Canaris* FS Flume, Bd. I, 1978, 371 (393) bezeichnet § 566 BGB als teilweise Verdinglichung durch das schuldrechtliche Instrument des Vertragsübergangs; ähnlich *Weller* JZ 2012, 881 (882, 885 f.). BGH XII ZR 13/10, NJW 2012, 1353 sieht § 566 a BGB als „der Sache nach" dingliche Belastung des Grundstücks.

64 BGH VIII ZR 192/88, NJW 1989, 2053; *Weller* JZ 2012, 881 (885 f.).

65 Ausf. und überzeugend dazu MüKoBGB/*Häublein* § 566 Rn. 3; außerdem Staudinger/*Emmerich* BGB § 566 Rn. 6 mwN auch zu den abweichenden Meinungen sowie *Gather* DWW 2006, 312 und *Harke* ZMR 2002, 492. Die Gegenmeinung von *Gärtner* JZ 1994, 445 setzt mE in unzulässiger Weise die eingeschränkten dinglichen Wirkungen mit einer Verdinglichung gleich.

66 Staudinger/*Rieble,* 2018, BGB § 414 Rn. 102.

67 BGH IX ZR 173/84, NJW 1985, 2528; Nörr/Scheyhing/Pöggeler Sukzessionen/*Nörr* S. 185.

68 Ähnlich *Derleder/Bartels* JZ 1997, 984, die das Modell der Novation als künstlich bzw. lebensfremd bezeichnen.

Anerkennung des Rechtsinstituts der Vertragsübernahme wusste, hat noch die Formulierung des § 566 BGB (Eintritt in die Rechte und Pflichten) gewählt, um eine gesetzliche Vertragsübernahme anzuordnen. Beispielhaft seien hier § 613a BGB und § 95 VVG (früher § 69 VVG) genannt.[69] Schließlich spricht auch die Regelung des § 563 BGB für die Einordnung als Vertragsübernahme. § 563 BGB wird fast einhellig[70] als Anordnung einer Rechtsnachfolge aufgefasst. Diese Bestimmung betrifft zwar den Wechsel der Person des Mieters; für die dogmatische Einordnung sollte es aber keine Rolle spielen, welcher der Vertragspartner (Mieter oder Vermieter) ausgetauscht wird. Die Struktur der Vorschriften ist auch vergleichbar, weil sie übereinstimmend von einer durch den Personenwechsel bedingten Zäsur in dem Vertragsverhältnis ausgehen, die grds. zur Anwendung des Fälligkeitsprinzips führt und so die Haftung des Ausgeschiedenen (des Veräußerers in § 566 BGB und des Erben des verstorbenen Mieters in § 563b BGB) auf die vor dem Vertragsübergang entstandenen Ansprüche beschränkt. Auch wenn bei § 566 BGB – anders als bei § 563 BGB – ein rechtsgeschäftlich bedingter Eigentumswechsel dominiert, ist § 566 BGB in zahlreichen Fällen auch auf andere Eigentumserwerbstatbestände (etwa § 57 ZVG) anwendbar.

**13** Die dogmatische Einordnung des § 566 BGB als Vertragsübernahme[71] und damit als Rechtsnachfolge hat allerdings kaum Einfluss auf die **materiell-rechtlichen**[72] **Folgen** des Rechtsübergangs. Mangels gesetzlicher Regelung hat sich das Rechtsinstitut der Vertragsübernahme durch Lit. und Rspr. geformt. Allgemein wird die entsprechende Anwendung der §§ 398ff., 414ff. BGB für richtig gehalten[73], sie steht allerdings unter dem Vorbehalt anderweitiger (ausdrücklicher oder stillschweigender) Vereinbarungen der Parteien des Übernahmevertrages.[74] Im Falle der gesetzlichen Vertragsübernahme gibt es solche Vereinbarungen nicht, es muss deshalb aus der gesetzlichen Anordnung und deren Zweck – wie bei jeder Analogie – im Einzelfall geprüft werden, ob eine entsprechende Anwendung geboten ist.[75]

**14** Im Rahmen des § 566 BGB ist hierbei zunächst zu berücksichtigen, dass das Gesetz mit den §§ 566a–566e BGB Spezialregelungen für den Rechtsübergang in Bezug auf die Mietforderung getroffen hat, die den §§ 398ff. BGB vorgehen.[76] Ohne Berücksichtigung dieser Regelungen ist ein richtiges Verständnis des § 566 BGB kaum möglich.[77] § 566c BGB ist § 407 BGB[78] nachgebildet, § 566d BGB dem § 406 BGB und § 566e BGB dem § 409 BGB. Der Schutzgehalt von §§ 566b–566d BGB, die entgegen ihrer mieterschützenden Diktion den Mieterschutz erheblich beschränken, ist gering; er entspricht demjenigen der vergleichbaren §§ 1124, 1125 BGB.[79] Außerdem gibt es bewusste Schutzlücken für den Mieter, der in Unkenntnis des Eigentumsübergangs an den Veräußerer oder an einen Zessionar leistet, weil die Vorschrift des § 407 BGB in § 566c BGB nur unvollständig übernommen wurde.[80] Eine Vorschrift, die § 404 BGB entspricht, gibt es in §§ 566a–566e BGB überhaupt nicht. Aus dem Gedanken des durch § 566 BGB bezweckten Mieterschutzes wird vielfach eine Anwendung des § 404 BGB befürwortet[81], um dem Mieter alle Ein-

---

[69] Staudinger/*Emmerich* BGB § 566 Rn. 5; Nörr/Scheyhing/Pöggeler Sukzessionen/*Nörr* S. 184, 200.

[70] → BGB § 563 Rn. 44.

[71] Wie hier Staudinger/*Emmerich* BGB § 566 Rn. 5; MüKoBGB/*Häublein* § 566 Rn. 26; *Weitemeyer* FS Blank, 2006, 445 (458, 447) mwN; *Gsell* WuM 2012, 412; *Derleder/Bartels* JZ 1997, 984; *Derleder* WImmoT 2008, 60; *Lehmann-Richter* WImmoT 2008, 155; Nörr/Scheyhing/Pöggeler Sukzessionen/*Nörr* S. 202; *Canaris* FS Flume, Bd. I, 1978, 371 (393); dem BGH folgen etwa Blank/Börstinghaus/*Blank* BGB § 566 Rn. 2; *Dötsch* ZMR 2011, 258 schließt sich den hiesigen Ausführungen vollumfänglich mit einer fast identischen Gedankenführung und Argumentation, die auf *Streyl* NZM 2010, 346 zurückgeht, an.

[72] Vollstreckungsrechtlich kann die Annahme einer Rechtsnachfolge die Anwendung des § 727 ZPO (Klauselerteilung für und gegen den Rechtsnachfolger) nach sich ziehen. Wegen der Zäsurwirkung des Eigentumsübergangs dürfte das aber kaum praktische Bedeutung haben, außer für den Räumungsanspruch.

[73] MüKoBGB/*Roth/Kieninger*, 8. Aufl. 2018, § 398 Rn. 192; s. auch BGH IX ZR 29/11, NJW 2012, 1881.

[74] Nörr/Scheyhing/Pöggeler Sukzessionen/*Nörr* S. 202f.

[75] Ebenso *Weitemeyer* FS Blank, 2006, 445 (456) und wohl auch MüKoBGB/*Häublein* § 566 Rn. 26.

[76] Ist nicht die Mietforderung betroffen, können §§ 406ff. BGB aber weitgehend entsprechend angewendet werden (Einzelheiten bei der Kommentierung zu § 566e BGB).

[77] Siehe eing. zum Regelungszusammenhang zwischen § 566 BGB und §§ 566b–566d BGB bei → BGB § 566b Rn. 6ff.

[78] Nach BGH XII ZR 106/99, NZM 2002, 291 und BGH IX ZR 29/11, NJW 2012, 1881 ist § 407 BGB auch bei § 566 BGB anwendbar; ausf. → BGB § 566e Rn. 19.

[79] *Einzelheiten bei der Kommentierung* zu § 566b BGB.

[80] Einzelheiten bei der Kommentierung zu § 566e BGB.

[81] Eingehend *Weitemeyer* FS Blank, 2006, 445 (456ff.) und *Gellwitzki* WuM 2006, 126; ebenso Staudinger/*Emmerich* BGB § 566 Rn. 5.

wendungen gegenüber dem Erwerber zu erhalten, die ihm gegen den ursprünglichen Vermieter zustanden. Die Rspr. lehnt eine **entsprechende Anwendung des § 404 BGB** ab, weil diese Vorschrift eine Rechtsnachfolge voraussetze, die es aber bei der von ihr angenommenen Novation nicht gebe.[82] Das ist zwar bei der hier angenommenen dogmatischen Konstruktion der Vertragsübernahme anders, das Gesetz ordnet aber – wie insbes. aus den dargelegten Einschränkungen des Schuldnerschutzes in §§ 566b–566e BGB deutlich wird – keine umfassende Rechtsnachfolge des Erwerbers an, sondern nur eine zeitlich beschränkte Rechtsnachfolge für die Dauer des Eigentums unter besonderer Berücksichtigung des Erwerberinteresses, den Mietzinses zu erhalten.[83] Dabei mag es Konstellationen geben, in denen die Anwendung des § 404 BGB wünschenswert erscheint[84], die Unangemessenheit eines Einwendungserhalts wird aber deutlich an einem bereits vom BGH[85] entschiedenen Fall, bei dem der Veräußerer möglicherweise treuwidrig den Abschluss eines schriftlichen Mietvertrages vereitelt hatte; wäre § 404 BGB anwendbar, dann könnte der Mieter sich dem Erwerber gegenüber auf den durch den Veräußerer begründeten Einwand der Treuwidrigkeit berufen und den Abschluss eines formgerechten Vertrages verlangen, wodurch aber der Zweck des in § 550 BGB geregelten Schriftformerfordernisses, den Erwerber über den Bestand von Mietverhältnissen zu informieren, weitgehend leerlaufen würde.[86] Durch den Eigentumswechsel an dem Grundstück tritt demnach eine **zeitliche Zäsur** ein, die Rechtsnachfolge erfasst nicht die Rechte und Pflichten vor dem Eigentumsübergang. Die Zäsur wirkt aber nicht nur zeitlich, die Rechtsnachfolge wird nach dem Wortlaut des § 566 Abs. 1 BGB auch auf die Rechte und Pflichten *aus dem Mietverhältnis* beschränkt, also auf die Vereinbarungen der vertragsschließenden Parteien (veräußernder Vermieter und Mieter), die als mietrechtlich zu qualifizieren sind (Einzelheiten → Rn. 88). Diese Ergebnisse stimmen überein mit der Rspr. des BGH auf dessen anderer dogmatischer Grundlage und sie entsprechen auch dem oben dargelegten Zweck des § 566 BGB, dem Mieter den Bestand des Mietvertrages zu sichern, ihn aber nicht vor allen Nachteilen des Eigentumswechsels zu bewahren. Wegen der weitgehenden Gleichheit der Ergebnisse ist es nicht zu erwarten, dass der BGH, die vom RG begründete, über 100jährige Rspr. zur Novation angesichts der hier dargelegten Meinung ändert; aber auch → Rn. 10 aE. Ergänzend zum Schutz des Mieters durch § 406 ff. BGB → BGB § 566 e Rn. 17 ff.

## D. Anwendungsbereich

15 Für die Miete **beweglicher Sachen** gilt § 566 BGB nicht; zu den Folgen → Rn. 4. Um die Miete beweglicher Sachen handelt es sich nicht bei Räumen, die lediglich wegen § 95 BGB als bewegliche Sachen (Scheinbestandteile) behandelt werden; in diesen Fällen (etwa bei Verkauf eines vom Mieter eines Grundstücks für einen vorübergehenden Zweck errichteten Hauses[87]) ist § 566 BGB vielmehr anwendbar.[88] Zur Mitvermietung von **Zubehör** → Rn. 97 a.

16 Nach dem Wortlaut des § 566 BGB löst nicht jede Eigentumsänderung an dem vermieteten Grundstück die Folgen des § 566 BGB aus, sondern nur eine **Veräußerung.** Veräußerung bedeutet Eigentumsübergang.[89] Aus dem Wortlaut des § 566 BGB („vom Vermieter an einen Dritten") ergibt sich, dass der Eigentumsübergang durch Rechtsgeschäft zwischen Vermieter und Erwerber veranlasst sein muss, ein gesetzlicher Rechtsübergang (etwa durch Erbschaft) ist kein Anwendungsfall des § 566 BGB. Da für einen Eigentumsübergang das kausale Grundgeschäft nicht ausreicht, ist mit Veräußerung das dingliche Rechtsgeschäft zwischen Vermieter und Erwerber gemeint.[90] Die rechtsgeschäftliche Eigentumsübertragung ist eine der Grenzen des unmittelbaren Anwendungsbereichs von § 566 BGB.

---

[82] BGH XII ZR 51/03, NJW 2006, 1800.
[83] Ähnlich *Derleder* WImmoT 2008, 60.
[84] Siehe hierzu *Weitemeyer* FS Blank, 2006, 445 (448 ff.) und *Gellwitzki* WuM 2006, 126.
[85] BGH VIII ZR 173/61, NJW 1962, 1388.
[86] Siehe zur Bindung des Erwerbers an Schriftformheilungsklauseln BGH XII ZR 68/10, NJW 2014, 1087 Rn. 27; *Leo* NZM 2006, 816; *Streyl* NZM 2009, 261 und → Rn. 94; s. aber auch *Lindner-Figura/Schnieders* DMT-Bilanz 2011, 441.
[87] Für die Grundstücksveräußerung gilt § 566 BGB ohnehin.
[88] Staudinger/*Emmerich* BGB § 566a Rn. 9.
[89] BGH XII ZR 18/00, NJW 2003, 2160; BayObLG NJW-RR 1992, 1167; Staudinger/*Emmerich* BGB § 566 Rn. 26.
[90] AllgM, vgl. nur MüKoBGB/*Häublein* § 566 Rn. 17.

17 Aus Wortlaut und systematischer Stellung der Vorschrift ergibt sich weiter, dass nicht alle Verträge, die Bezug zu dem veräußerten Grundstück haben, übergehen, sondern nur Mietverhältnisse über Wohnraum.[91] Hierzu gehören auch sog. **Dauernutzungsverträge mit einer Genossenschaft**[92]; auch → Rn. 124. Außerdem gehören zur Wohnraummiete Verträge über **Werkmietwohnungen** gem. § 576 BGB. In diesen Fällen gibt es zwei selbständige Verträge, den Dienst- und den Mietvertrag; für letzteren gelten die mietrechtlichen Regelungen, er ist mit Rücksicht auf ersteren aber leichter beendbar. Bei **Werkdienstwohnungen** gem. § 576b BGB gibt es hingegen einen einheitlichen Vertrag über Miete und Dienstleistung, bei der die Dienstleistung im Vordergrund steht und Mietrecht allenfalls kraft Vereinbarung Anwendung findet; nach Ende des Dienstverhältnisses ist der Wohnraum bei Vorliegen der Voraussetzungen des § 576b BGB aber nur unter den mietrechtlichen Voraussetzungen kündbar, so dass bis zur Beendigung ein gesetzliches Schuldverhältnis entsteht, für das – weil der Dienstverpflichtete vor Verlust seiner Wohnung geschützt werden soll – auch § 566 BGB gilt. Bei **Mischmietverhältnissen** von Wohnraum und Gewerbe kommt es auf den Schwerpunkt der Nutzung dafür an, ob ein Wohnraummietvertrag vorliegt oder nicht (zur Abgrenzung → BGB § 549 Rn. 24). Wegen der Verweisung auf § 566 BGB in § 578 BGB spielt die Abgrenzung aber praktisch keine Rolle. Zu typengemischten Verträgen → Rn. 29.

18 Der Anwendungsbereich des § 566 BGB ist durch zahlreiche **Verweisungen** erweitert worden. Diese Erweiterungen betreffen einmal die Art des Rechtsübergangs (insbes. § 57 ZVG), aber auch die Vertragsarten, auf Grund derer eine Grundstücksnutzung geschieht. Die Analyse dieser Verweisungen zeigt, dass als Vertragsart immer ein entgeltlicher Nutzungsvertrag notwendig ist und die Erweiterungen die Nutzungsintensität (Pacht) oder den Nutzungsgegenstand (über die Wohnräume hinaus alle Räume, Grundstücke, Schiffe etc) betreffen. Bei diesen Verweisungen steht – wie bei der Wohnraummiete – der Mieterschutz (Bestandsschutz) im Vordergrund; ein Sonderkündigungsrecht für den Erwerber gibt es dementsprechend nicht. Bei den Verweisungen, die die Art des Rechtsübergangs (zB Zwangsversteigerung) oder das dingliche Recht betreffen, aufgrund dessen die Nutzung gewährt worden ist (zB Nießbrauch), bevorzugt das Gesetz hingegen die Interessen des Eigentümers[93], indem es ihm ein Sonderkündigungsrecht einräumt.

### I. Verweisung auf die gesamte Raum- und Grundstücksmiete

19 Gemäß § 578 Abs. 1 BGB ist eine entsprechende Anwendung des § 566 BGB auf Mietverhältnisse über Grundstücke vorgeschrieben, gem. § 578 Abs. 2 BGB die entsprechende Anwendung auf Räume, die keine Wohnräume sind. Das bedeutet, dass die Vorschrift für die gesamte **Raum- und Grundstücksmiete** gilt, also insbes. für die neben der Wohnraummiete praktisch besonders wichtige Gewerbemiete von Räumen und Grundstücken. Zur Grundstücksmiete gehört auch die Miete von Grundstücksteilen[94] (etwa als Kfz-Stellplatz oder als Werbefläche bzw. zur Automatenanbringung an Außenwandflächen[95]). Zum Begriff der Raummiete → BGB § 578 Rn. 8. Insbesondere Innenbereiche beweglicher Sachen gehören nicht dazu (etwa Wohnwagen oder Container). Um die Miete beweglicher Sachen handelt es sich nicht bei Räumen, die lediglich wegen § 95 BGB als bewegliche Sachen (Scheinbestandteile) behandelt werden; in diesen Fällen (etwa bei Verkauf eines vom Mieter eines Grundstücks für einen vorübergehenden Zweck errichteten Hauses[96]) ist § 566 BGB vielmehr anwendbar.[97]

---

[91] Zur Abgrenzung der Wohnraummiete von anderen Vertragsarten → BGB § 549 Rn. 10.

[92] Grdl. OLG Karlsruhe NJW-RR 1986, 89. LG Frankenthal 27.5.2005 – 2 S 119/05, BeckRS 2011, 10423; der BGH hat mit Beschluss v. 10.1.2006 (VIII ZR 15/05, nv) Prozesskostenhilfe für eine Revision gegen dieses Urteil versagt. *Drasdo* NZM 2012, 597; ferner BGH VIII ZR 250/11, WuM 2012, 294; dieser Beschluss des BGH gem. § 552a ZPO ist allerdings nicht aus sich heraus verständlich (so auch *Drasdo* NZM 2012, 598), die ihm hier zugemessene Aussage ergibt sich nur aus dessen Rn. 3 durch Billigung der landgerichtlichen Entscheidung LG Freiburg GE 2012, 953.

[93] Staudinger/*Emmerich* BGB § 566 Rn. 8; s. auch *Roquette* NJW 1957, 1440.

[94] → BGB § 578 Rn. 4.

[95] *OLG München NJW 1972, 1995; OLG Hamm* NJW-RR 1992, 270. Dies gilt aber nur, wenn das Mietelement im Vordergrund steht; zu Gestattungsverträgen → Rn. 28.

[96] Für die Grundstücksveräußerung gilt § 566 BGB ohnehin.

[97] Staudinger/*Emmerich* BGB § 566a Rn. 9.

Vermietet ein Gesellschafter „seiner" Gesellschaft ein Grundstück oder Räume und stellt dies eine **eigenkapitalersetzende Leistung**[98] dar, so ist das ein Anwendungsfall des § 566 BGB auch dann, wenn es dem Gesellschafter nach den Eigenkapitalersatzregeln in der Krise verwehrt ist, den Mietzins zu fordern[99], da sich hierdurch der Rechtscharakter des Vertrages als Mietvertrag nicht ändert. Die Gesellschaft kann sich dem Erwerber gegenüber nicht auf die eigenkapitalersetzende Funktion berufen, muss also auch in der Krise leisten.[100] Seit Inkrafttreten des MoMiG zum 1.11.2008 sind die Kapitalersatzregeln allerdings grdl. umgestaltet worden; eine kapitalersetzende Nutzungsüberlassung gibt es danach nur noch für Altfälle[101], für Neufälle gilt § 135 Abs. 3 InsO.[102] Bringt ein Gesellschafter die Nutzung des Grundstücks als **Sacheinlage** ein, so handelt es sich nicht um einen Mietvertrag. Rechtsgrund für die Überlassung ist der Gesellschaftsvertrag, der Gesellschafter hat keinen Anspruch auf Mietzins, sondern auf Gewinnbeteiligung.[103] Damit ist der Anwendungsbereich des § 566 BGB nicht eröffnet, eine analoge Anwendung ist abzulehnen (dazu → Rn. 35). 20

§ 566 BGB gilt auch für die Veräußerung von vermietetem **Wohnungseigentum.** Besondere Probleme können jedoch auftreten, wenn an den mitüberlassenen Flächen Gemeinschaftseigentum (Treppenhaus, Keller) oder Sondereigentum (Garage, Garten) entsteht. Das ist allerdings keine Frage des Anwendungsbereiches, sondern der Rechtsfolgen der Veräußerung; deshalb → Rn. 79 ff. 21

### II. Verweisung ohne Sonderkündigungsrecht

Neben § 578 BGB verweisen noch zahlreiche andere Vorschriften auf § 566 BGB. Hierzu gehören § 565 Abs. 2 BGB (gewerbliche Weitervermietung), § 567 BGB (Belastung der Mietsache durch den Vermieter mit einem dinglichen Recht), § 567a BGB (Veräußerung oder dingliche Belastung vor Überlassung der Mietsache), § 567b BGB (Weiterveräußerung des Grundstücks oder der dinglichen Belastung), § 1059d BGB (nur Übergang oder Übertragung eines **Nießbrauchs;** für die Bestellung des Nießbrauchs gilt § 567 BGB, für die Beendigung verweist § 1056 BGB auf §§ 566 ff. BGB und gewährt ein Sonderkündigungsrecht; siehe insgesamt zum Nießbrauch bei der Kommentierung zu § 567 BGB), §§ 11, 30 ErbbauRG[104], § 5 Abs. 2 WBVG (Überlassung von Wohnraum in Zusammenhang mit einem Wohn- und Betreuungsvertrag – sog. Heimvertrag; § 566 BGB gilt aber nur für den Wohnanteil, der dienstvertragliche Anteil, insbes. Pflege, geht nicht auf den Erwerber über[105]), § 578a BGB (Mietverhältnisse über eingetragene Schiffe), § 98 Abs. 2 des Gesetzes über Rechte an Luftfahrzeugen (LuftRG) iVm § 578a BGB (Mietverhältnisse über eingetragene Luftfahrzeuge), § 581 Abs. 2 BGB (Pachtvertrag[106]), § 593b BGB (Landpachtvertrag gem. § 585 BGB), § 14 BJagdG (Pacht eines Eigenjagdbezirkes), § 45a Abs. 4 TKG (Nutzung von Grundstücken für Telekommunikationsdienste).[107] Manche Landesgesetze verweisen hinsichtlich der Fischereipacht auf § 566 BGB, teilweise auch auf §§ 1056, 2135 BGB.[108] Zum Dauerwohnrecht iSv § 31 WEG und zum Schicksal eines Mietvertrages bei Bestellung und Änderungen an einem dinglichen Wohnungsrecht gem. § 1093 BGB siehe insgesamt bei der Kommentierung zu § 567 BGB. Weiterhin gibt es Verweise auf § 566 BGB in § 22 Abs. 1 S. 3 des Gesetzes zur Zusammenführung und Neugliederung der Bundeseisenbahnen (BEZNG), § 8 Abs. 1a VZOG und § 11 Abs. 3 InVorG. §§ 11a Abs. 4, 16 Abs. 2, 17 VermG verweisen zwar nicht auf § 566 BGB, sondern ordnen selbst eine gesetzliche Vertragsübernahme an; deren Folgen dürften aber entsprechend den zu § 566 BGB entwickelten Grundsätzen zu behandeln sein.[109] 22

---

[98] Siehe dazu OLG Düsseldorf ZMR 2006, 857.

[99] BGH IX ZR 67/02, NJW 2006, 1800.

[100] BGH IX ZR 67/02, NJW 2006, 1800; s. auch BGH III ZB 53/03, ZIP 2005, 48.

[101] Das sind gem. § 103d EGInsO solche, bei denen das Insolvenzverfahren vor dem Inkrafttreten des MoMiG zum 1.11.2008 eröffnet wurde (BGH II ZR 260/07, NJW 2009, 1277).

[102] Siehe zu § 135 Abs. 3 InsO näher bei *Altmeppen* NJW 2008, 3607 und insbes. bei *Hörndler/Hoisl* NZM 2009, 377.

[103] MüKoBGB/*Schäfer,* 8. Aufl. 2018, § 706 Rn. 13.

[104] Siehe insgesamt zum Erbbaurecht bei der Kommentierung zu § 567 BGB.

[105] *Drasdo* NJW 2010, 1176.

[106] Hierzu gehört auch ein Vertrag über die Ausbeutung von Bodenschätzen auf einem Grundstück, wenn das Schwergewicht auf der Fruchtziehung des Berechtigten liegt (BGH XII ZR 105/93, NJW 1995, 2548).

[107] Siehe dazu sowie zur Rechtslage vor Inkrafttreten der Vorschrift BGH V ZR 62/14, NZM 2015, 592.

[108] Einzelheiten bei MüKoBGB/*Harke* § 581 Rn. 57.

[109] BGH III ZR 211/99, NZM 2001, 159, für §§ 16 Abs. 2, 17 VermG.

### III. Verweisungen mit Sonderkündigungsrecht

23 Bei den Verweisungen auf § 566 BGB, bei denen das Gesetz dem Erwerber ein Sonderkündigungsrecht einräumt, geht der Miet- bzw. Pachtvertrag zwar auch auf ihn über, er kann sich aber, wenn das seinen Interessen eher entspricht, durch Ausübung eines **Sonderkündigungsrechtes** vorzeitig von dem Vertrag lösen. Diese Regelung verhindert einmal einen vertragslosen Zustand, sie belässt dem Erwerber aber die Entscheidung, ob er fortsetzen oder kündigen möchte.[110] Der Mieter wird durch die Kündigungsfrist vor dem sofortigen Verlust des Nutzungsrechtes geschützt. Bei dem Sonderkündigungsrecht handelt es sich nämlich um eine außerordentliche Kündigung mit gesetzlicher Frist iSv §§ 573 d, 575 a BGB bzw. § 580 a Abs. 4 BGB.[111] Das hat für Wohnraummietverhältnisse die weitere Folge, dass über § 573 d Abs. 1 BGB (bzw. für Zeitmietverträge über § 575 a BGB) die §§ 573, 573 a BGB anwendbar sind[112]; es ist also einer der dort genannten Kündigungsgründe zur Wirksamkeit der Kündigung erforderlich. Bei der Gewerberaummiete ist die Regelung des § 580 a BGB zu den gesetzlichen Kündigungsfristen zwar grds. abdingbar, für das Kündigungsrecht gem. § 57 a ZVG gilt dies jedoch nicht, da es sich um einen Vertrag der Mietvertragsparteien zu Lasten Dritter, des Erstehers, handeln würde.[113]

24 Die wichtigste Verweisung mit Sonderkündigungsrecht gibt es in §§ 57, 57 a ZVG **(Zwangsversteigerung);** dient die Versteigerung allerdings der Aufhebung einer Gemeinschaft, entfällt gem. §§ 180, 183 ZVG das Sonderkündigungsrecht. Zu der Problematik, ob der Mieter gegen seinen früheren Vermieter Schadensersatzansprüche haben kann, wenn der Ersteher in der Zwangsversteigerung von seinem Sonderkündigungsrecht gem. § 57 a ZVG Gebrauch macht, → Rn. 145. Weitere Verweisungen mit Sonderkündigungsrecht sind enthalten in § 1056 BGB (Beendigung des **Nießbrauchs;** für die Übertragung eines Nießbrauchs gilt § 1059 d BGB, für die Bestellung des Nießbrauchs § 567 BGB; siehe insgesamt zum Nießbrauch bei der Kommentierung zu § 567 BGB), §§ 2135, 1056 BGB (Eintritt der **Nacherbfolge,** wenn Miet- oder Pachtvertrag von dem Vorerben geschlossen wurde), § 37 Abs. 3 S. 2 WEG (Zwangsversteigerung eines **Dauerwohnrechts** iSv § 31 WEG[114]), § 30 Abs. 2, 3 ErbbauRG (s. aber auch §§ 11, 30 Abs. 1 ErbbauRG).[115]

25 Veräußert der **Insolvenzverwalter** das Grundstück des Vermieters, dann steht das grds. einem Verkauf durch den Vermieter gleich und der Erwerber tritt gem. § 566 BGB in die bestehenden Miet- und Pachtverhältnisse ein. § 111 InsO setzt das voraus[116], gewährt aber dem Erwerber abw. von § 566 BGB ein Sonderkündigungsrecht[117]; dies allerdings dann nicht, wenn der Insolvenzverwalter selbst den Mietvertrag geschlossen hatte.[118] Zur Pflicht des Insolvenzverwalters, die Betriebskosten abzurechnen, → Rn. 116. Zur umstrittenen Frage, ob der Erwerber gem. § 566 a BGB eine nicht erhaltene Mietsicherheit zurückzuerstatten hat, → BGB § 566 a Rn. 44. Zu der Problematik, ob der Mieter gegen seinen früheren Vermieter, den Insolvenzschuldner, Schadensersatzansprüche haben kann, wenn der Ersteher in der Zwangsversteigerung von seinem Sonderkündigungsrecht gem. § 111 InsO Gebrauch macht, → Rn. 145.

### IV. Zwangsverwaltung

26 Bei der Zwangsverwaltung findet durch die Beschlagnahme nach § 148 Abs. 2 ZVG kein Eigentumswechsel und kein Rechtsübergang statt[119], so dass auch § 566 BGB nicht gilt. Der Vermieter bleibt Partei des Mietvertrages, ihm ist lediglich gem. § 148 Abs. 2 ZVG die Verwaltung des Grundstücks entzogen, die gem. § 152 ZVG dem Zwangsverwalter obliegt.[120] Dieser handelt zwar im eigenen Namen, aber doch für Rechnung des Schuldners/Vermieters.[121] Der Zwangsverwalter ist

110 MüKoBGB/*Häublein* § 566 Rn. 8.
111 MüKoBGB/*Häublein* § 573 d Rn. 3f.
112 MüKoBGB/*Häublein* § 566 Rn. 8.
113 *Derleder* NJW 2008, 1195.
114 Siehe insgesamt zum Dauerwohnrecht bei der Kommentierung zu § 567 BGB.
115 Siehe insgesamt zum Erbbaurecht bei der Kommentierung zu § 567 BGB.
116 MüKoInsO/*Eckert,* 4. Aufl. 2019, § 111 Rn. 5.
117 Auch bei diesem Sonderkündigungsrecht ist die Fristenregelung des § 580 a Abs. 4 BGB – ähnlich wie oben zu § 57 a ZVG erwähnt – nicht abdingbar, weil dies ein unzulässiger Vertrag zu Lasten Dritter wäre.
118 MüKoInsO/*Eckert,* 4. Aufl. 2019, § 111 Rn. 4.
119 BGH VIII ZR 330/03, NZM 2005, 596; *Börstinghaus* NZM 2004, 489.
120 *Gather* DWW 2006, 317.
121 BGH VIII ZR 330/03, NJW-RR 2005, 1030.

allerdings in Ergänzung des durch § 566 BGB bzw. § 57 ZVG bewirkten Schutzes[122] gem. § 152 Abs. 2 ZVG an die vom Eigentümer geschlossenen Miet- und Pachtverträge gebunden, sofern die Mietsache vor der Beschlagnahme bereits überlassen wurde; nicht gebunden ist der Zwangsverwalter an andere Gebrauchsüberlassungen, selbst wenn sie mietähnlichen Charakter haben wie etwa die Gebrauchsüberlassung (ohne Eigentumsübertragung) als Beitragsleistung eines GbR-Gesellschafters.[123] Der Eigentümer wiederum ist nach Aufhebung der Zwangsverwaltung an die vom Zwangsverwalter geschlossenen Verträge gebunden.[124] Das bedeutet, dass dem Zwangsverwalter alle Rechte eines Vermieters zustehen[125], dass er aber auch alle Pflichten zu erfüllen hat.[126] Mietforderungen gem. §§ 148 Abs. 1, 21 Abs. 2, 20 Abs. 2 ZVG, § 1123 Abs. 2 BGB kann er allerdings nur geltend machen, soweit sie innerhalb eines Jahres vor der Beschlagnahme fällig wurden.[127] Im Rahmen des § 566 BGB können die Folgen der Zwangsverwaltung nicht umfassend aufgearbeitet werden. Bei der Erläuterung der Rechtsfolgen des Vertragsübergangs wird dementsprechend lediglich die Rspr. des BGH zur Pflicht des Zwangsverwalters, die Betriebskosten abzurechnen, referiert und bei der Kommentierung zu § 566a BGB die Rspr. des BGH zur Kautionsrückzahlungspflicht des Zwangsverwalters.[128] Zur Prozessführungsbefugnis des Zwangsverwalters und zu sonstigen prozessualen Fragen → Rn. 156.

## V. Keine Anwendung des § 566 BGB

Mangels gesetzlicher Verweisung findet § 566 BGB auf die Miete **beweglicher Sachen** keine Anwendung (zur Mitvermietung von **Zubehör** → Rn. 97a), ebenso wenig auf **Leihverträge** (auch nicht auf die Leihe von Räumen oder Grundstücken[129]) oder auf sonstige Nutzungsverträge, die keine Miet- oder Pachtverträge sind.[130] Leihe liegt auch bei der unentgeltlichen Einräumung eines lebenslangen schuldrechtlichen Wohnrechts vor.[131] Sonstige Nutzungsverträge und nicht Miete sind etwa die Überlassung von Räumen zur Erfüllung **familienrechtlicher (Unterhalts-) Pflichten**[132] oder die Überlassung von Wohnraum während des Getrenntlebens von Lebenspartnern gem. § 14 LPartG oder Ehegatten gem. § 1361b BGB (ggf. erzwungen gem. § 1568a Abs. 1 BGB); anwendbar wird § 566 BGB erst auf solche Grundstücksveräußerungen, die nach Begründung eines Mietvertrages gem. § 1568a Abs. 3 BGB wirksam wurden.[133] Für **Mietvorverträge** gilt § 566 BGB ebenfalls nicht[134]; es fehlt schon an der Überlassung der Mietsache. 27

Ist bei einem Vertrag das Mietelement (also die entgeltliche Gebrauchsüberlassungspflicht) von untergeordneter Bedeutung, liegt insgesamt kein Mietvertrag, sondern ein **Gestattungsvertrag** vor, so dass §§ 566, 578 BGB keine Anwendung finden.[135] Der BGH lehnt eine analoge Anwen- 28

---

[122] BGH XII ZR 115/11, NJW 2013, 1881.

[123] (BGH XII ZR 115/11, NJW 2013, 1881); auch → Rn. 33.

[124] OLG Düsseldorf ZMR 2010, 439; BGH XII ZR 77/91, NJW 1992, 3041.

[125] Seine Aktivlegitimation im Prozess bleibt auch nach Aufhebung der Zwangsverwaltung bestehen für solche Ansprüche, die vor Aufhebung entstanden sind und auf die sich die Beschlagnahme bezieht (BGH IX ZR 89/08, NZI 2009, 572; BGH IX ZR 385/00, NJW-RR 2003, 1419); nach Rücknahme des Antrags entfällt die Aktivlegitimation (BGH IX ZR 385/00, NJW-RR 2003, 1419); s. außerdem BGH VIII ZR 301/03, NZM 2006, 312 (kein Kautionsrückzahlungsanspruch gegen den Zwangsverwalter, wenn die Zwangsverwaltung vor Rechtshängigkeit aufgehoben wurde) sowie BGH VIII ZR 98/89, NJW-RR 1990, 1213 (Parteiwechsel nach Aufhebung der Zwangsverwaltung während eines Prozesses möglich, aber nicht mehr in der Revision).

[126] BGH VIII ZR 330/03, NZM 2005, 596; *Börstinghaus* NZM 2004, 489.

[127] BGH VIII ZR 333/02, NJW 2003, 2321.

[128] Zu den weiteren Folgen der Zwangsverwaltung s. die einschlägige Kommentierung zu § 152 ZVG und *Börstinghaus* NZM 2004, 489.

[129] BGH III ZR 27/93, NJW 1994, 3158; OLG Köln NJW-RR 2000, 153. Das gilt auch, wenn sich ein Mietvertrag später durch Erlass der Miete in einen Leihvertrag umwandelt; vgl. Staudinger/*Emmerich* BGB § 566 Rn. 20.

[130] In dem Sonderfall BGH V ZR 215/00, NJW 2001, 2885 wurde das Entgelt nach Behauptung des dortigen Beklagten nicht für die Nutzung des Grundstücks bezahlt, sondern für sonstige Aufwendungen des Überlassers; das – so der BGH – sei keine Miete.

[131] BGH V ZR 247/80, NJW 1982, 820; OLG Köln NJW-RR 2000, 153.

[132] BGH V ZR 93/63, NJW 1964, 765 (766).

[133] OLG München NZM 2002, 232, zur vergleichbaren Regelung in der inzwischen aufgehobenen Hausratsverordnung.

[134] BGH VIII ZR 268/67, NJW 1970, 1596; RGZ 86, 33.

[135] BGH X ZR 27/01, NJW 2002, 3323; sehr instruktiv zur Abgrenzung der Gestattung von der Miete BGH VIII ZR 10/65, NJW 1967, 1414 und BGH XII ZR 93/92, NJW-RR 1994, 558.

dung des § 566 BGB auf Gestattungsverträge ab.[136] Solche Verträge erlauben meist die Ausübung eines Gewerbes, was notwendig und als Mittel zum Zweck mit einer bestimmten, aber eingeschränkten Grundstücksnutzung einhergeht; sie ähneln einer Rechtspacht.[137] Sofern es solchen Verträgen nicht schon an der Entgeltlichkeit fehlt, steht bei ihnen nicht die Zurverfügungstellung einer Fläche im Vordergrund, sondern eine bestimmte Rechteausübung. Diese Rechteausübung gestattet es, die besonderen Gegebenheiten des Grundstücks zu nutzen, etwa eines Unternehmens, das hauptsächlich in dem Mietobjekt betrieben wird.[138] Charakterisierendes Merkmal ist die Eingliederung (etwa eines Automaten) in den gewerblichen Betrieb eines anderen zum gemeinsamen Nutzen.[139] Ein Spielautomatenaufsteller hat ohne Gaststättenbetrieb kein Interesse an der Fläche für den Automaten. Anders ist das, wenn ein Waren- oder Geldautomat an einer Hauswand für die Nutzung von der Straße aus aufgehängt wird; hier steht die Gebrauchsgewährung im Vordergrund.[140] Beispiele für Gestattungsverträge sind etwa die Bandenwerbung oder der Verkauf von Getränken oder Fanartikeln in einem Stadion[141]; typische (Spiel-)Automatenaufstellverträge[142]; das Recht zur Errichtung einer Breitbandkabelanlage[143] oder von Kabelverzweigern für die Telekommunikation[144]; das Aufstellen von Werbetafeln auf einem Golfclubgelände zur Bewerbung der Mitglieder.[145] Verträge über die Aufstellung von Funkmasten für den Handytelefonverkehr dürften aber nicht als Gestattungsverträge einzuordnen sein. Bei ihnen geht es nämlich vornehmlich um Gebrauchsüberlassung, damit der Funknetzbetreiber seine Dienste für alle Kunden und nicht nur für die Nutzer des Grundstücks besser erbringen kann.

**29** Ähnlich wie Gestattungsverträge sind **typengemischte Verträge**[146] zu behandeln. Wenn es sich nach dem Vertragscharakter überwiegend um Grundstücks- oder Raummiete handelt, ist § 566 BGB anwendbar, ansonsten nicht. Eine Einzelfallbetrachtung ist notwendig.[147] Das nach dieser Einzelfallbetrachtung vorherrschende Vertragselement entscheidet über das anzuwendende Recht.[148] Ist der Mietcharakter nicht vorherrschend, kommt Mietrecht insgesamt und damit auch § 566 BGB nicht zur Anwendung.[149] Bei Alten- oder Pflegeheimverträgen wird oftmals das dienstvertragliche Element überwiegen[150]; hinsichtlich der Rechte und Pflichten, die die Überlassung von Wohnraum betreffen, verweist § 5 Abs. 2 WBVG auf §§ 566 ff. BGB. Bei Pferdeeinstellverträgen dürfte es darauf ankommen, ob im Einzelfall die räumliche Unterbringung des Pferdes oder die Obhut über das Tier und dessen Pflege durch den Einsteller im Vordergrund stehen.[151] Auch bei Fitnessstudioverträgen dürfte die Gebrauchsüberlassung der bei Vertragsschluss konkret vorhandenen Geräte und Räume nicht im Vordergrund stehen, es geht vielmehr um die Möglichkeit zur Nutzung irgendwelcher geeigneten Geräte. Im Übrigen schließt der Studionutzer den Vertrag idR mit dem Grundstücksmieter und nicht mit dem Eigentümer. Bei einem Inhaberwechsel des Fitnessstudios ist § 566 BGB nicht anwendbar, da es an einer dinglichen Veräußerung fehlt.[152]

**30** Wechselt im Fall der **Untermiete** der Hauptmieter, so ist der Untermieter zwar in einer ähnlichen Lage wie bei einer Veräußerung, weil sein Vermieter (der ausgeschiedene Hauptmieter) ihm aus eigenem Recht die Mietsache nicht mehr überlassen kann; eine direkte Anwendung des § 566 BGB scheitert aber an dem Merkmal der Veräußerung (Eigentumswechsel). Der BGH[153] lehnt eine

---

[136] BGH X ZR 27/01, NJW 2002, 3323.

[137] MüKoBGB/*Artz* § 578 Rn. 3; s. auch die eingehende Behandlung von Abgrenzungsfragen bei MüKoBGB/*Häublein* Vor § 535 Rn. 43 ff.

[138] BGH VIII ZR 10/65, NJW 1967, 1414; BGHZ 47, 202; *Canaris* FS Flume, Bd. I, 1978, 371 (395).

[139] BGH XII ZR 104/19, NZM 2020, 1111 Rn. 16.

[140] BGH XII ZR 104/19, NZM 2020, 1111 Rn. 16.

[141] MüKoBGB/*Artz* § 578 Rn. 3.

[142] BGH VIII ZR 10/65, NJW 1967, 1414; bestätigt in BGH XII ZR 86/01, NJW 2002, 3322.

[143] BGH XII ZR 86/01, NJW 2002, 3322; OLG Köln NJW-RR 1997, 751 (752).

[144] Staudinger/*Emmerich* BGB § 566 Rn. 10 mwN.

[145] BGH XII ZR 93/92, NJW-RR 1994, 558.

[146] Siehe allg. hierzu MüKoBGB/*Häublein* BGB Vor § 535 Rn. 20 ff.

[147] BGH II ZB 4/80, NJW 1981, 342.

[148] BGH VIII ZR 331/80, NJW 1982, 221; BGH II ZB 4/80, NJW 1981, 342.

[149] BGH VIII ZR 331/80, NJW 1982, 221. Das entspricht der vom BGH angewendeten Absorptionsmethode; s. dazu und zur Kombinationsmethode, die in der Lit. vorherrschend ist, *Häublein* NJW 2009, 2983.

[150] Siehe die Fälle BGH VIII ZR 331/80, NJW 1982, 221; BGH II ZB 4/80, NJW 1981, 342; allg. zu Heimverträgen *Drasdo NZM 2008, 665.*

[151] Siehe allg. zum Pferdeeinstellvertrag *Häublein* NJW 2009, 2982.

[152] **AA** LG Stuttgart 13.2.2007 – 5 S 199/06, BeckRS 2007, 4802.

[153] BGH VIII ZR 192/88, NJW 1989, 2053.

entsprechende Anwendung der Vorschrift auf die Untermiete unter Hinweis auf den Ausnahmecharakter der Vorschrift ab (zur Analogie → Rn. 35). § 566 BGB gilt ebenfalls nicht für die Vereinbarung eines Untermieters mit dem Veräußerer, bei Beendigung des Hauptmietverhältnisses in dieses zu denselben Bedingungen eintreten zu können; eine solche Vereinbarung ist kein Mietvertrag.[154] Für die Fälle einer gewerblichen Weitervermietung einer Wohnung gibt es in § 565 BGB eine besondere Regelung; danach tritt der Vermieter nach Beendigung des Vertrages mit dem Hauptmieter in dessen Vertrag mit dem Untermieter ein (Einzelheiten s. bei der Kommentierung zu § 565 BGB).

Zum Schicksal eines Mietvertrages bei Bestellung, Übertragung und Beendigung eines Erbbaurechts, einer beschränkt persönlichen Dienstbarkeit gem. §§ 1090 ff. BGB, insbes. in Form eines dinglichen **Wohnungsrechts** gem. § 1093 BGB oder einer sog. **Mieterdienstbarkeit,** sowie eines Dauerwohnrechts iSv § 31 WEG siehe bei der Kommentierung zu § 567 BGB. 31

Bei einer Grundstücksveräußerung bleibt ein eingetragenes dingliches Recht bestehen, auf **Begleitschuldverhältnisse** zwischen Veräußerer und Berechtigtem finden § 566 BGB (und auch § 567 BGB) keine Anwendung, sie müssen gesondert übertragen oder etwa durch eine Reallast dinglich gesichert werden.[155] 32

Ferner berührt ein Gesellschafterwechsel oder das **Hinzutreten eines Gesellschafters** die Eigentumslage an dem Grundstück nicht, so dass ein Anwendungsfall des § 566 BGB nicht vorliegt.[156] Das gilt jedenfalls dann, wenn die Gesellschaft eine juristische Person ist (AG, GmbH etc) oder wenn sie als Trägerin eigener Rechte und Pflichten (teil-)rechtsfähig ist (KG, oHG, Außen-GbR, Partnerschaftsgesellschaft, nicht aber Wohnungseigentümergemeinschaft[157] und Erbengemeinschaft[158]). Dann nämlich ist die Gesellschaft Zuordnungssubjekt des Eigentums, nicht die Gesellschafter. Scheidet ein Gesellschafter aus einer Handelsgesellschaft oder einer Außen-GbR aus, so unterliegt er der Nachhaftung gem. § 160 HGB, § 736 Abs. 2 BGB. § 566 BGB ist ebenfalls nicht bei einer identitätswahrenden **Umwandlung** (Verschmelzung, Spaltung einschließlich Ausgliederung, Vermögensübertragung, Formwechsel) nach dem UmwG[159] anwendbar, weil in diesen Fällen der Rechtsträger, dem das Eigentum zugewiesen ist, identisch bleibt, es also keinen Eigentumswechsel gibt.[160] Es ist vielmehr nach dem UmwG (insbes. bei Verschmelzung und Spaltung) ein umfassender Vermögensübergang einschließlich der Rechte und Pflichten aus geschlossenen oder zu schließenden Verträgen ausdrücklich gesetzlich angeordnet.[161] Das ergibt sich für die Verschmelzung aus § 20 Abs. 1 Nr. 1 UmwG, für die Spaltung aus dem Verweis in § 125 UmwG und für die Vermögensübernahme aus dem Verweis in §§ 176 ff. UmwG. Auch bei der Ausgliederung des Unternehmens aus dem Vermögen eines Einzelhandelskaufmanns und Umwandlung in eine GmbH gem. § 152 UmwG ist § 566 BGB nicht anwendbar, der Vermieterwechsel vollzieht sich vielmehr im Wege der Gesamtrechtsnachfolge.[162] Obwohl nicht im UmwG geregelt, liegt eine 33

---

[154] LG Frankfurt a. M. ZMR 2013, 114.

[155] MüKoBGB/*Häublein* § 566 Rn. 7. BGH IV ZR 86/70, NJW 1972, 199 und BGH V ZR 267/90, NJW-RR 1992, 591 zum Erbbaurecht; auch → Rn. 88.

[156] KG NZM 2001, 520; OLG Düsseldorf NJW-RR 2003, 513; *Weitemeyer* ZMR 2004, 161; speziell für die Außen-GbR: *Weitemeyer* ZMR 2004, 157, *Jacobs* NZM 2008, 111 ff., *Kraemer* NZM 2002, 467 sowie *Häublein* PIG 70 (2004), 43 (47); die frühere Rspr. des BGH (XII ZR 39/96, NJW 1998, 1220) zu den Folgen eines Gesellschafterwechsels auf den Mietvertrag ist mit der Anerkennung der Rechtsfähigkeit der Außen-GbR jedenfalls für diese überholt.

[157] Die Wohnungseigentümergemeinschaft ist zwar gem. § 9 a WEG rechtsfähig, Eigentümer sind aber, wie sich mittelbar aus § 9 a Abs. 2 WEG ergibt, die Wohnungseigentümer selbst. Zum Übergang von Mietverhältnissen bei Veräußerung von Wohnungseigentum → Rn. 79.

[158] Die Erben sind zwar gesamthänderisch verbunden, die Gemeinschaft ist aber nicht rechtsfähig (vgl. *Terner* RNotZ 2019, 386).

[159] BGH XII ZR 38/12, NJW 2013, 1083 Rn. 25; BGH XII ZR 137/12, BeckRS 2014, 1950; KG NZM 2001, 520; OLG Düsseldorf NJW-RR 2003, 513; LG Berlin GE 2018, 1063; *Weitemeyer* ZMR 2004, 161. Die frühere Rspr. des BGH (XII ZR 39/96, NJW 1998, 1220) zu den Folgen eines Gesellschafterwechsels auf den Mietvertrag ist mit der Anerkennung der Rechtsfähigkeit der Außen-GbR jedenfalls für diese überholt.

[160] So auch BVerfG NJW 2013, 3774; BGH XII ZR 171/08, NJW 2010, 3708 Rn. 13 für die einer GbR in eine KG, aber ohne nähere Problematisierung.

[161] BGH LwZR 20/01, NJW 2002, 2168, für die Verschmelzung.

[162] OLG Karlsruhe NZM 2009, 84 für den Fall, dass der Einzelhandelskaufmann Mieter war. Die Frage der Gesamtrechtsnachfolge ist aber unabhängig davon, ob die Mietpartei Vermieter oder Mieter ist; der BGH hatte das in NZM 2004, 78 im Hinblick auf die Entscheidung BGH XII ZR 43/99, NJW 2001, 2251 für den Mieter

identitätswahrende Umwandlung ebenfalls dann vor, wenn sich eine Außen-GbR in eine Partnerschaftsgesellschaft nach dem PartGG umwandelt.[163] Ähnliches gilt das für die vergleichbare Problematik auf **Mieterseite:** Eine GbR wandelte sich in eine oHG und anschließend in eine GmbH um, worin der BGH[164] keine Identitätsänderung und folglich auch keine pflichtwidrige Überlassung der Pachtsache an Dritte gesehen hat. Der Eintritt eines Gesellschafters in den Betrieb eines Einzelkaufmanns und die Fortführung des Geschäfts durch die neugegründete Gesellschaft führen hingegen nicht kraft Gesetzes (auch nicht gem. §§ 25, 28 HGB) dazu, dass die Gesellschaft Vertragspartei eines zuvor von dem Einzelkaufmann abgeschlossenen Mietvertrags über die weiter genutzten Geschäftsräume wird; zu einem solchen Vertragsübergang ist vielmehr die Mitwirkung des Vermieters erforderlich[165], der bei Vertragsschluss eine Einzelperson und nicht eine Gesellschaft als Mieter akzeptiert hatte und zu dessen Lasten auch nicht die Vorschriften des UmwG eingreifen. Veräußert ein Einzelkaufmann sein Handelsgeschäft, so führt dies gem. § 25 HGB nur zu einem Schuldbeitritt des Erwerbers, nicht aber zu einem Vertragsübergang durch Rechtsnachfolge.[166] Kann die Gesellschaft nicht Trägerin eigener Rechte und Pflichten sein (etwa als **Innen-GbR**[167] **oder als Erbengemeinschaft**[168]), so ist § 566 BGB auf einen Gesellschafterwechsel[169] analog anzuwenden, wenn das Grundstück zum Gesellschaftsvermögen gehört.[170] **Scheidet der vorletzte Gesellschafter** aus einer Personengesellschaft (GbR, oHG, KG, Partnerschaftsgesellschaft) **aus,** so führt das bei einer Fortsetzungsvereinbarung iSv § 736 BGB zum Übergang des Mietvertrags im Wege der Gesamtrechtsnachfolge (und nicht gem. § 566 BGB) auf den verbliebenen Gesellschafter unter Erlöschen der Gesellschaft.[171] Bei der **Auflösung von Gesellschaften** kann § 566 BGB hingegen anwendbar sein.[172] Nach der Auflösung besteht eine Gesellschaft nämlich zum Zwecke der Liquidation fort[173] (die Erbengemeinschaft ist ohnehin auf Auflösung gerichtet[174]). Die Liquidation ist erst dann

---

noch offen gelassen. In dem Urteil des OLG Karlsruhe wird auch auf Gläubigerschutzvorschriften in §§ 125, 156 UmwG hingewiesen.

[163] BayObLG NJW 1998, 1158.

[164] BGH LwZR 15/09, NZM 2010, 280 Rn. 17–19; s. auch BGH LwZR 20/01, NZM 2002, 660 und OLG Brandenburg 26.5.2011 – 5 U (LW) 14/08, BeckRS 2011, 16979.

[165] BGH XII ZR 43/99, NJW 2001, 2251.

[166] Bub/Treier MietR-HdB/*Landwehr* Kap. II Rn. 2605 mit Nachweisen auf die Gegenmeinung und Einzelheiten zur Haftung des Erwerbers.

[167] Siehe zur Innen-GbR und deren Abgrenzung zur Außen-GbR *Streyl* NZM 2011, 380; *Weitemeyer* ZMR 2004, 157, *Jacobs* NZM 2008, 111ff., *Kraemer* NZM 2002, 467 sowie *Häublein* PIG 70 (2004), 43 (47). Danach kommt der Grundbucheintragung gem. § 47 GBO für die Abgrenzung keine besondere Bedeutung zu, entscheidend ist vielmehr vornehmlich der Wille der Gesellschafter, der sich indiziell vor allem dadurch äußert, dass die GbR unter Verwendung eines Gesamtnamens (etwa Grundstücksgesellschaft X-Straße oder Familie Y GbR) auftritt.

[168] Hier kann es eine Erbteilsübertragung geben (vgl. *Terner* RNotZ 2019, 386).

[169] Die sonstigen Folgen eines Gesellschafterwechsels, insbes. die persönliche Haftung von eintretendem und ausgetretenem Gesellschafter, können hier nicht behandelt werden.

[170] Das folgt mE aus BGH XII ZR 39/96, NJW 1998, 1220 mAnm *Teichmann/Beck* in JZ 1998, 1011 (die eine analoge Anwendung des § 566 BGB nicht für notwendig halten). Wie hier für die Erbengemeinschaft *Terner* RNotZ 2019, 386; **aA** für die Innen-GbR MüKoBGB/*Häublein* § 566 Rn. 17; BGH XII ZR 39/96, NJW 1998, 1220 betraf zwar eine Außen-GbR, sie erging aber vor Anerkennung der Rechtsfähigkeit der Außen-GbR und ließ diese Frage ausdrücklich unbeantwortet, so dass es gerechtfertigt erscheint, die Wertungen dieses Urteils auch auf die Innen-GbR zu übertragen; dies insbes. deshalb, weil der BGH den Mieterschutz (Gleichlauf von Eigentümer- und Vermieterstellung) in den Vordergrund rückte, der bei Innen- und Außen-GbR gleichermaßen relevant ist (**aA** *Häublein* PIG 70 (2004), 62), der das Wesen der Innen-GbR als Internum betont). Die Einschränkung im Leitsatz des BGH-Urteils, dass § 566 BGB jedenfalls dann anwendbar sei, wenn die GbR als solche gem. § 47 GBO im Grundbuch eingetragen sei, findet sich in dieser Deutlichkeit in den Entscheidungsgründen nicht wieder; mE kann die Eintragung im Grundbuch auch kein entscheidendes Abgrenzungskriterium mehr sein, nachdem dies für die Außen-GbR auch belanglos ist (*Häublein* PIG 70 (2004), 43). Insgesamt krit. zu der Entscheidung *Häublein* PIG 70 (2004), 62 und MüKoBGB/*Häublein* § 566 Rn. 17, weil ihre Umsetzung zu einem Eigentumserwerb außerhalb des Grundbuches führen könne. Mit diesem Bedenken hat sich der BGH aber in dem Urteil schon auseinandergesetzt und eine Grundbuchberichtigung für möglich gehalten; abgesehen davon vollzieht sich ein Eigentumserwerb häufig außerhalb des Grundbuches, etwa bei der Zwangsversteigerung oder der Vererbung. Zu den Folgen einer analogen Anwendung des § 566 BGB auf einen Gesellschafterwechsel s. *Weitemeyer* ZMR 2004, 161 (162) sowie KG NZM 2000, 652.

[171] BGH II ZR 37/07, NJW 2008, 2992 für die GbR; MüKoBGB/*Häublein* § 566 Rn. 17; *Kraemer* NZM 2002, 472.

[172] BGH VIII ZR 74/11, NZM 2012, 150.

[173] Siehe für die GbR § 730 Abs. 2 BGB.

[174] Palandt/*Edenhofer* BGB Vor § 2032 Rn. 1.

beendet, wenn die Verbindlichkeiten berichtigt und die Vermögenswerte verteilt sind. Hierzu kann es notwendig sein, ein vermietetes Grundstück auf einen Nichtgesellschafter oder einen der Gesellschafter (etwa zum Zwecke der Abgeltung des Auseinandersetzungsguthabens) zu übertragen (§ 733 Abs. 3 BGB). Das stellt eine Eigentumsübertragung iSd § 566 BGB dar. In diesen Fällen ist auch bei Veräußerung an einen Gesellschafter immer ein Dritter iSv § 566 BGB Erwerber, weil die Gesellschaft ein eigener Rechtsträger ist. Wird eine **GbR** unter Bildung von Wohnungseigentum und Eintragung der einzelnen Gesellschafter als Eigentümer der jeweils zugewiesenen Wohnungen **auseinandergesetzt,** tritt der jeweilige Eigentümer gem. § 566 BGB in ein Mietverhältnis, das bzgl. der zugewiesenen Wohnung besteht, ein[175]; die Auseinandersetzung der GbR und die Eintragung der bisherigen Gesellschafter als Wohnungseigentümer stellen ein einheitliches Geschäft dar; die dafür notwendige Bildung von Miteigentumsanteilen ist ein bloßer rechtstechnischer Zwischenschritt zur Errichtung der WEG und nicht eine eigenständige Veräußerung iSv § 566 BGB an eine Bruchteilsgemeinschaft.[176] § 566 BGB ist ebenfalls anwendbar, wenn eine Fondsgesellschaft, die als Außen-GbR organisiert ist, die Fondsimmobilie in Wohnungseigentum aufteilt und die einzelnen Wohnungen auf die Gesellschafter überträgt.[177] Scheidet bei einer **Zwei-Personen-GbR** (bei der im Gesellschaftsvertrag die Fortführung der Gesellschaft für den Fall des Ausscheidens eines Gesellschafters vereinbart war[178]) der vorletzte Gesellschafter aus, so führt das zur liquidationslosen Vollbeendigung der Gesellschaft und zur Anwachsung des Gesellschaftsvermögens bei dem letzten verbliebenen Gesellschafter, ohne dass es eines besonderen Übertragungsaktes bedarf.[179] Das folgt aus einer entsprechenden Anwendung des § 738 BGB[180] und bedeutet, dass § 566 BGB – ähnlich wie bei einem Gesellschafterwechsel und einer Umwandlung – keine Anwendung findet, weil es keinen Veräußerungsakt gibt. Zwar bleibt – anders als bei einem Gesellschafterwechsel – der Rechtsträger nicht derselbe, weil die GbR untergegangen ist[181]; aber eben dieser Untergang führt nur zu einer entsprechenden und nicht einer direkten Anwendbarkeit des § 738 BGB und macht den Vorgang eher einer Umwandlung vergleichbar als einer Veräußerung. Die Regelung des § 566 BGB geht hingegen davon aus, dass es die Person des veräußernden Vermieters auch nach dem Vertragsübergang weiterhin gibt, was sich schon allein an § 566 Abs. 2 BGB zeigt. Würde man § 566 BGB im Falle der Anwachsung für anwendbar halten, würde man iÜ den Übergang anderer Verträge als Mietverträge auf den verbleibenden Gesellschafter nicht erklären können. Ähnlich ist es bei einer Anwachsung innerhalb einer **Erbengemeinschaft;** es gelten die gleichen Erwägungen.[182] Bei der Auseinandersetzung einer Erbengemeinschaft kommt iÜ auch ein Eigentumsübergang nach Teilungsversteigerung gem. §§ 2042, 753 BGB in Betracht, worauf § 57 ZVG anwendbar ist. Wird ein Grundstück unter **Zwangsverwaltung** gestellt, das einer GbR zu Eigentum gehörte, ist der Zwangsverwalter gem. § 152 Abs. 2 BGB an das Mietverhältnis gebunden, nicht hingegen dann, wenn die Gesellschafter der Gesellschaft nur den Gebrauch, nicht aber das Eigentum des Grundstücks als Beitragsleistung überlassen haben; in letzterem Fall endet das Besitzrecht der GbR mit der Zwangsverwaltung und der Zwangsverwalter kann gegen den Mieter einen Anspruch auf Herausgabe (nicht Räumung) und Nutzungsersatz gem. §§ 987 ff. BGB haben.[183] § 566 BGB ist nicht (analog) anwendbar auf den Übergang der Verfügungsbefugnis gem. **§ 31 Abs. 1 InvG bzw. § 93 Abs. 1 KAGB** auf eine Kapitalverwaltungsgesellschaft; es fehlt an einer Veräußerung.[184]

---

175 BGH VIII ZR 74/11, NZM 2012. Zu den besonderen Problemen bei Übertragung und Begründung von Wohnungseigentum auch → Rn. 79 ff.
176 BGH VIII ZR 74/11, NZM 2012, 150.
177 *Häublein* PIG 70 (2004), 50 (51); *Weitemeyer* ZMR 2004, 163.
178 Ohne eine Fortführungsklausel wird die Gesellschaft aufgelöst (§§ 723, 730 BGB).
179 BGH II ZR 37/07, NJW 2008, 2992 Rn. 9.
180 MüKoBGB/*Ulmer/Schäfer,* 8. Aufl. 2018, § 738 Rn. 11.
181 Wegen des durch § 566 BGB gewünschten Mieterschutzes möchte *Sick* ZMR 2011, 438 die GbR nicht untergehen, sondern nur zum Zwecke der Fortführung des Mietverhältnisses als Abwicklungsgesellschaft jedenfalls so lange fortbestehen lassen, bis der verbleibende Gesellschafter das Grundstück veräußert. Abgesehen davon, dass eine solche Abwicklungsgesellschaft zur ordnungsgemäßen Durchführung des Mietverhältnisses oftmals nicht willens oder in der Lage sein wird, rechtfertigt der Mieterschutz nicht (dazu auch → Rn. 8), die gesellschaftsrechtliche Behandlung des Ausscheidens des vorletzten Gesellschafters davon abhängig zu machen, ob ein Mietvertrag besteht oder nicht.
182 **AA** *Terner* RNotZ 2019, 387.
183 BGH XII ZR 115/11, NJW 2013, 1881.
184 AG Offenbach 17.12.2014 – 37 C 261/14, BeckRS 2015, 7993.

34 § 566 BGB gilt nicht für **öffentlich-rechtlich bedingte Eigentumsänderungen** oder ähnlichen Vorgängen wie Enteignung, vorläufige Besitzeinweisung im Enteignungs- oder Flurbereinigungsverfahren.[185] In diesen Fällen fehlt es an einer Veräußerung durch Rechtsgeschäft und die Anordnung einer entsprechenden Anwendung wie etwa bei dem hoheitlichen Eigentumserwerb gem. § 57 ZVG gibt es nicht. Außerdem ist zu berücksichtigen, dass zwar sowohl das Mietrecht als auch das Eigentum verfassungsrechtlich durch Art. 14 GG geschützt sind, dass es aber nicht sein kann, dass das „schwächere" Mietrecht im Falle der Enteignung bestehen bleiben soll, während das Eigentumsrecht weichen muss. Schließlich dürfte der Zweck einer Enteignung regelmäßig dem Übergang der Mietverhältnisse entgegenstehen.

## VI. Analoge Anwendung

35 Die Rspr. des BGH (und auch schon die des RG) ist gegenüber einer analogen Anwendung des § 566 BGB **restriktiv.** Zugelassen wurde sie bisher nur in **wenigen Fällen.**[186] Die beiden zeitlich ersten Entscheidungen betrafen eher exotische Fälle, nämlich die Aufgabe und Aneignung eines Grundstücks gem. § 928 BGB[187] und die Rückerstattung eines Grundstücks aufgrund der alliierten Rückerstattungsgesetze.[188] Zu diesen Analogien betont der BGH[189], hier liege die Ähnlichkeit mit der in § 566 BGB vorausgesetzten Änderung der dinglichen Rechtszuständigkeit in ähnlicher Weise auf der Hand wie bei §§ 1056, 2135 BGB, §§ 11, 30 ErbbauRG, § 37 Abs. 2 WEG, § 57 ZVG. Mit ähnlicher Begründung hat das LG Münster[190] eine analoge Anwendung des § 566 BGB für einen Eigentumsübergang durch Verwaltungsakt in einem Umlegungsverfahren gem. § 76 BauGB angenommen und das LG Gießen[191] für den Fall, dass der Eigentümer eines Grundstücks als Berechtigter einer Grunddienstbarkeit, die zu Lasten eines Nachbargrundstücks bestand, auf diese Grunddienstbarkeit durch Vertrag mit dem Eigentümer des Nachbargrundstücks verzichtet und hierdurch die Gebrauchsrechte eines Mieters infolge Wegfalls der Grunddienstbarkeit geschmälert hat, weil nur über das dienende Grundstück Zugang zum Keller des herrschenden Grundstücks bestand. Ansonsten wiederholt der BGH in stRspr seine Ansicht, § 566 BGB stelle eine Ausnahme von dem Grundsatz dar, dass Schuldverhältnisse nur zwischen den Vertragspartnern wirken und würde wegen des angeordneten Vertragsübergangs dem Mietverhältnis eine gewisse dingliche Wirkung zukommen lassen.[192] Mit dieser Begründung hat der BGH eine analoge Anwendung von § 566 BGB **abgelehnt** auf das schuldrechtliche Grundgeschäft zur Bestellung eines dinglichen Wohnungsrechtes gem. § 1093 BGB[193], auf eine Gebrauchsüberlassung auf Grund familienrechtlicher Beziehung (Unterhaltsersatz)[194], auf die Leihe[195], auf Gestattungs- bzw. gemischte Verträge mit untergeordnetem mietrechtlichen Element[196], auf die Gebrauchsüberlassung (ohne Eigentumsübertragung) als Beitragsleistung eines GbR-Gesellschafters[197] und auf die Untermiete.[198]

36 Die Differenzierung, die der BGH vornimmt, ist wichtig und richtig. Bei der Frage der Zulässigkeit der Analogie ist danach zu **unterscheiden,** ob es um eine entsprechende Anwendung des

[185] OLG Bamberg NJW 1970, 2109.
[186] BGH XII ZR 26/16, NZM 2017, 847; BGH IX ZR 128/07, NJW 2008, 2773; BGH IX ZR 62/97, NJW 1998, 1221; BGH VI ZR 217/52, NJW 1954, 267; RGZ 103, 167.
[187] RGZ 103, 167.
[188] BGH VI ZR 217/52, NJW 1954, 267.
[189] BGH VIII ZR 192/88, NJW 1989, 2053.
[190] LG Münster WuM 1979, 221.
[191] LG Gießen NJW 1957, 466; **aA** zu Recht Staudinger/*Emmerich* BGB § 566 Rn. 14, § 567 Rn. 19 sowie *Roquette* NJW 1957, 1440. Zwar mag der Mieter bei Erlöschen einer Grunddienstbarkeit in gleicher Weise schützenswert erscheinen wie bei deren Bestellung, die unter den Anwendungsbereich von § 567 BGB fällt. Diese Sicht lässt aber die Belange des Eigentümers des dienenden Grundstücks außer Betracht, der ein Interesse am Rückerhalt der vollen Verfügungsbefugnis über sein Grundstück hat und auf den Abschluss des Mietvertrages durch den Eigentümer des herrschenden Grundstücks keinen Einfluss hatte; s. auch der Kommentierung zu § 567 BGB).
[192] Siehe zuletzt BGH X ZR 27/01, NJW 2002, 3323; BGH VIII ARZ 1/98, NJW 1999, 2178 und BGH VIII ZR 192/88, NJW 1989, 2053.
[193] BGH V ZR 221/64, WM 1968, 775.
[194] BGH V ZR 93/63, NJW 1964, 765.
[195] *BGH III ZR 27/93, NJW 1994, 3158.*
[196] BGH X ZR 27/01, NJW 2002, 3323; BGHZ 47, 205.
[197] BGH XII ZR 115/11, NJW 2013, 1881; auch → Rn. 33.
[198] BGH VIII ZR 192/88, NJW 1989, 2053; BGH VIII ARZ 6/90, NJW 1991, 1816.

§ 566 BGB auf andere Schuldvertragstypen bzw. andere Gebrauchsüberlassungstatbestände als Miete und Pacht geht oder um eine Erweiterung des Veräußerungsbegriffs, also um die Eigentumserwerbstatbestände[199], oder um Erweiterungen sonstiger Tatbestandsmerkmale.[200] Ersteres ist restriktiv zu handhaben, letzteres erlaubt an Sinn und Zweck des § 566 BGB ausgerichtete Analogien.[201] In jedem Fall aber ist zu beachten, dass die Verfechter einer Analogie die Begründungslast haben. Analogie setzt eine planwidrige Regelungslücke voraus. Über das Vorhandensein einer Regelungslücke (man könne sie auch Gerechtigkeitslücke nennen) wird vielfach noch Einigkeit herrschen, auch wenn man sich davor hüten muss, die Gerechtigkeitsvorstellungen des Gesetzgebers durch die eigenen zu ersetzen. Erheblich viel schwieriger ist die Feststellung der Planwidrigkeit der Regelungslücke. Wollte der Gesetzgeber einen Bereich bewusst nicht regeln oder hat er etwas übersehen bzw. nicht vorhergesehen? Ist eine Vorschrift, die von einer allgemeinen Regel abweicht, eine (nur schwer analogiefähige) Ausnahme oder Ausdruck eines (analogiefähigen) allgemeinen Rechtsgedankens? Bleiben bei der Beantwortung dieser Fragen Zweifel, ist eine Analogie nicht möglich.

### 1. Andere Gebrauchsüberlassungstatbestände

In der Lit., insbes. von *Schön*[202], wird die analoge Anwendung des § 566 BGB auf andere Gebrauchsüberlassungstatbestände als Miete und Pacht mit erheblichen Argumenten befürwortet. Befürwortet wird insbes. eine Ausdehnung auf einen (auf feste Dauer abgeschlossenen) Leihvertrag, auf die unentgeltliche Nutzungsüberlassung als Unterhaltsersatz und für die Einbringung einer Grundstücksnutzung durch einen Gesellschafter als Sacheinlage[203] sowie für die Wohnungsüberlassung gem. § 1361 b BGB bzw. § 14 LPartG. Für das Schutzbedürfnis des Nutzers mag es in der Tat keine Rolle spielen, auf welcher Vertragsgrundlage er berechtigt ist. Auch ist es richtig, dass eine Nichtanwendung des § 566 BGB auf Seiten des Nutzers zu erheblichen Härten führen kann, etwa wenn der Entleiher im Vertrauen auf den Fortbestand des auf feste Dauer abgeschlossenen Leihverhältnisses Investitionen getätigt hat. Wie der BGH[204] aber zu Recht betont, ist § 566 BGB eine Ausnahmevorschrift, durch die bestimmten Schuldverhältnissen quasi dingliche Wirkung zukommt, und als solche nur eingeschränkt analogiefähig.[205] Den Charakter als Ausnahmevorschrift zieht *Schön* ebenfalls in Zweifel.[206] Ob diese Argumentation zutr. ist, ist nicht entscheidend. Entscheidend ist vielmehr, dass der historische Gesetzgeber der Regelung im heutigen § 566 BGB Ausnahmecharakter in Bezug auf die ihr unterfallenden Nutzungsverhältnisse zugemessen hat (um einem Massenphänomen bei der Miete Herr zu werden und öffentlichem Druck nachzugeben)[207] und damit klar zu erkennen gegeben hat, dass Schutzlücken nicht planwidrig sondern gewollt bzw. in Kauf genommen sind.[208] Dies zumal, als der Gesetzgeber der Mietrechtsreform in Kenntnis der BGH-Rechtsprechung zu dem Ausnahmecharakter und zu einer Zeit, als der Aufsatz von *Schön* schon veröffentlicht war, die Vorgängerregelung praktisch unverändert übernommen hat. **37**

Abgesehen davon ist bei den erwähnten Fallgruppen ein besonderes Schutzbedürfnis zweifelhaft.[209] Es geht nämlich im Wesentlichen um eher seltene unentgeltliche Formen der Gebrauchs- **38**

---

199 So auch MüKoBGB/*Häublein* § 566 Rn. 9.

200 Allg. gegen diese Differenzierung *Lammel* ZMR 2008, 882, weil man die Analogiefähigkeit einer Norm nicht aufspalten könne. Eine solche Aufspaltung wird durch die hier vertretene Ansicht nicht herbeigeführt, da der Ausnahmecharakter erstens auf bestimmte Tatbestandsmerkmale bezogen wird und zweitens Analogien nicht gänzlich ausschließt, sondern nur stärker beschränkt.

201 BGH XII ZR 26/16, NZM 2017, 847 Rn. 33; BGH IX ZR 128/07, NJW 2008, 2773; *Streyl* ZMR 2008, 602 (603); *Günter* WuM 2013, 268.

202 *Schön* JZ 2001, 119 ff.

203 *Schön* JZ 2001, 119 (120); für die Leihe s. auch *Schulte* JZ 1995, 160.

204 Siehe zuletzt BGH X ZR 27/01, NJW 2002, 3323; BGH VIII ARZ 1/98, NJW 1999, 2178 und BGH VIII ZR 192/88, NJW 1989, 2053.

205 Ausnahmevorschriften sind nicht grds. analogiefeindlich im Sinne eines Analogieverbots. Es kann vielmehr ein Bedürfnis bestehen, vergleichbare Ausnahmetatbestände gleich zu behandeln (*Häublein* WuM 2010, 395; *Würdinger* JuS 2008, 949). Der Begründungsaufwand muss mE aber ungleich höher sein; um dies zu verdeutlichen, erscheint es deshalb gerechtfertigt, von einem grundsätzlichen Verbot der analogen Anwendung von Ausnahmevorschriften zu sprechen und diese eng auszulegen.

206 Schön JZ 2001, 119 (122); dagegen mE zu Recht *Harke* ZMR 2002, 491 Fn. 16.

207 → Rn. 6.

208 *Streyl* ZMR 2008, 602 (603).

209 *Streyl* ZMR 2008, 602 (604).

überlassung, die meist auf einer persönlichen Beziehung zum Überlasser beruhen und nicht auf einem auf Gewinn gerichteten Austauschgeschäft. Ein neuer Eigentümer hat eine solche persönliche Beziehung in der Regel nicht und einem Nutzer musste bei Eingehung des Nutzungsverhältnisses klar sein, dass bei einem immer möglichen Eigentumswechsel die persönliche Beziehung keine Rolle mehr spielen wird. Darüber hinaus kann ein solcher Nutzer die Rspr. des BGH zu diesen Fällen kennen und wissen, dass er bei einem Eigentumswechsel einem Risiko für den Bestand seines Vertrages ausgesetzt ist. Schließlich spricht das Nutzungs- bzw. Rentabilitätsinteresse des Erwerbers erheblich gegen eine Analogie; die §§ 566 b, 566 c BGB sind Ausdruck der gesetzgeberischen Berücksichtigung dieses Interesses[210], das schon im Gesetzgebungsverfahren die zweite Kommission des historischen Gesetzgebers geleitet hat.[211]

**2. Weitere Analogien**

39 Die restriktive Haltung des BGH zur Analogiefähigkeit des § 566 BGB beschränkt sich auf die Ausdehnung auf andere Gebrauchsüberlassungstatbestände als Miete oder Pacht, bei den übrigen Tatbestandsmerkmalen, insbes. bei der **Art des Eigentumsübergangs,** hält der BGH sie für möglich. Das zeigt sich schon an den beiden ersten Analogien, die der BGH[212] bzw. das RG[213] positiv entschieden hat; sie betreffen beide eine Erweiterung des Veräußerungsbegriffs. Das widerspricht dem Ausnahmecharakter des § 566 BGB nicht, der, wie oben dargelegt, in der quasidinglichen Wirkung der schuldrechtlichen Miet- und Pachtverträge besteht. Innerhalb dieses Rahmens ist bei der Prüfung einer planwidrigen Regelungslücke maßgebend, ob die Erweiterung einzelner Tatbestandsmerkmale den gesetzgeberischen Zweck der Vorschrift beachtet, einen Bestandsschutz für Miet- oder Pachtverhältnisse unter Berücksichtigung der Belange der Erwerbers zu gewähren. Das betrifft insbes. die vielfältigen, vom Gesetzgeber in ihrer Fülle nicht vollständig übersehbaren Möglichkeiten des Eigentumsübergangs an einem Grundstück.[214]

40 So hat der BGH[215] – in einer Zeit, als die Rechtsfähigkeit der Außen-GbR noch nicht anerkannt war[216] – für den Gesellschafterwechsel bei einer GbR entschieden, § 566 BGB sei hierauf entsprechend anzuwenden, weil es nicht darauf ankomme, auf welche Weise sich die Eigentumsverhältnisse geändert hätten, entscheidend sei vielmehr, ob sie sich verändert hätten. Ähnlich hat der VIII. Zivilsenat des BGH[217] in dem Fall des (sich außerhalb des Grundbuchs vollziehenden) **gesetzlichen Eigentumsübergangs** gem. § 2 des Gesetzes zur Gründung einer Bundesanstalt für Immobilienaufgaben (BImAG)[218] argumentiert; es komme nicht entscheidend auf den Rechtsgrund des Eigentumserwerbs an, entscheidend sei der Eigentumswechsel als solcher und die Verwirklichung des Schutzzwecks des § 566 BGB. Dementsprechend hat der BGH eine analoge Anwendung von § 566 BGB auf diesen Fall des Eigentumsübergangs kraft Gesetzes bejaht.[219] Für andere grundstücksbezogene Verbindlichkeiten wendet der V. Zivilsenat des BGH[220] allerdings die Vorschrift des §§ 131, 171 UmwG (Wirkungen einer Spaltung bzw. Ausgliederung) analog an und kommt so zu einer umfassenden Rechtsnachfolge auch für Altverbindlichkeiten; mit der früheren Rspr. des VIII. Senats setzt sich der V. Senat nicht auseinander, was aber notwendig gewesen wäre, da § 566 BGB im Falle einer Rechtsnachfolge nach dem Umwandlungsgesetz nicht anwendbar ist (→ Rn. 33). Die analoge Anwendung von §§ 131, 171 UmwG erscheint überzeugender, da mit dem BImAG nicht nur Grundstückseigentum übertragen wird, sondern – wie im Urteil des

[210] MüKoBGB/*Häublein* § 566 Rn. 11, dort auch zur Widerlegung des Vorschlags von *Schön* JZ 2001, 119 (126), das Nutzungsverhältnis nach dem Eigentumsübergang entgeltlich auszugestalten.

[211] Mugdan, Bd. 2, Motive S. 816 f.

[212] BGH VI ZR 217/52, NJW 1954, 267.

[213] RGZ 103, 167.

[214] *Streyl* ZMR 2008, 602 (604).

[215] BGH IX ZR 62/97, NJW 1998, 1221.

[216] Zur heutigen Rechtslage → Rn. 33.

[217] BGH IX ZR 128/07, NJW 2008, 2773; ausf. dazu und auch zu den (teils abweichenden) Entscheidungen der Instanzgerichte *Streyl* ZMR 2008, 602 und *Lammel* ZMR 2008, 882.

[218] Durch diese Vorschrift war der Bundesanstalt für Immobilienaufgaben (BImA) ein Großteil der Immobilien des Bundes übertragen worden.

[219] *Weil § 566 BGB nur die* Fälle des rechtsgeschäftlichen Eigentumsübergangs regelt und andere Fälle des Eigentumsübergangs durch Verweisung auf § 566 BGB (etwa in § 57 ZVG) erfasst sind, könnte man eher von einer Analogie zu § 57 ZVG und anderen Verweisungsvorschriften sprechen (*Lammel* ZMR 2008, 882).

[220] BGH V ZR 205/14, NJW 2015, 3720.

V. Senats dargelegt[221] – die gesamte Liegenschaftsverwaltung des Bundes neu organisiert werden sollte und die Eigentumsübertragung nur ein Baustein dieser Umstrukturierung war.

Die einzelnen Analogietatbestände, die über die Erweiterung des Veräußerungsbegriffs hinaus noch diskutiert oder bejaht werden, werden bei den einzelnen Tatbestandsmerkmalen des § 566 BGB behandelt, zur Nichteinhaltung des Identitätserfordernisses etwa → Rn. 67 und zur Bildung und Übertragung von Sondereigentum und Sondernutzungsrechten nach dem WEG → Rn. 79 ff. 41

## VII. Vertragsübergang ohne § 566 BGB

Ein Mietvertrag kann nicht nur durch § 566 BGB (ggf. iVm den oben erwähnten Verweisungsvorschriften) auf einen neuen Vermieter übergehen, dies kann gleichfalls durch Rechtsgeschäft, nämlich durch – ggf. nur konkludente[222] – **Vertragsübernahme** geschehen[223] – so etwa in Zusammenhang mit dem Grundstückskaufvertrag oder bei einem Unternehmensverkauf durch sog. asset-deal, bei dem nicht Gesellschaftsanteile, sondern einzelne Wirtschaftsgüter (darunter Mietverträge) veräußert werden.[224] Eine Vertragsübernahme kann auch im Anwendungsbereich des § 566 BGB sinnvoll sein, wenn es gilt, die Zäsurwirkung der Vorschrift, also die zeitliche Aufspaltung der Rechte und Pflichten vor und nach dem Eigentumsübergang, zu vermeiden.[225] Den Vertragsparteien ist es nämlich unbenommen, den Rechtsübergang mit und ohne Zäsurwirkung zu vereinbaren. Was im Einzelfall gewollt ist, ist durch Auslegung zu ermitteln. Die Vertragsübernahme ist ein dreiseitiges Rechtsgeschäft zwischen dem Mieter, dem ursprünglichen Vermieter und dem übernehmenden Vermieter.[226] Entweder können die Beteiligten einen dreiseitigen Vertrag schließen oder zwei Beteiligte vereinbaren die Vertragsübernahme und der Dritte stimmt zu.[227] Meist vereinbaren Veräußerer und Erwerber die Vertragsübernahme in dem Grundstückskaufvertrag und holen die Zustimmung des Mieters später ein, die dann aber gem. § 184 Abs. 1 BGB auf den Zeitpunkt des vereinbarten Vertragsübergangs zurückwirkt.[228] Dessen Zustimmung kann konkludent dadurch erfolgen, dass er die Miete an den neuen Vermieter zahlt[229], was aber zumindest Kenntnis des Wechsels voraussetzt, oder dadurch, dass er Erfüllung (etwa Mängelbeseitigung) verlangt.[230] In der Regel führt die bei der Auslegung anzustellende Interessenabwägung aber dazu, eine konkludente Zustimmung des Mieters zur Vertragsübernahme zu verneinen.[231] Denn für den Mieter kann es nachteilig sein, wenn – und sei es nur bis zur Eigentumsumschreibung – Vermieter und Eigentümer nicht personenidentisch sind und wenn er die Ansprüche nach §§ 566 Abs. 2, 566 a S. 2 BGB verliert. Weiterhin kann ein solcher konkludenter Vertragsschluss gegen das Schriftformerfordernis des § 550 BGB verstoßen; zwar ist die Zustimmung des Dritten (meist des Mieters, es gilt aber für jede mögliche Konstellation[232]) formfrei, die Übernahmevereinbarung der beiden anderen Beteiligten (meist Erwerber und Veräußerer) ist hingegen gem. § 550 BGB formbedürftig.[233] Angesichts dessen dürfte jedenfalls bei der Gewerbemiete und bei der Wohnraummiete, soweit Kündigungsbeschränkungen vereinbart sind, eine konkludente Zustimmung nur in Betracht kommen, wenn die Übernahmevereinbarung der Form genügt und der Mieter dies weiß. Schließlich dürfte es dem Mieter bei seinen konkludenten Erklärungen (etwa der Mietzahlung an den Erwerber) an dem notwendigen Erklärungsbewusstsein fehlen[234], weil viele Mieter denken, § 566 BGB habe sich schon durch den Abschluss des notariellen Kaufvertrages und dem darin vereinbarten Lasten- und Nut- 42

---

221 BGH V ZR 205/14, NJW 2015, 3720 Rn. 19.

222 BGH VIII ZR 84/09, NZM 2010, 471.

223 Siehe eing. zum rechtsgeschäftlichen Mieter- und Vermieterwechsel *Schmid* WuM 2013, 643.

224 BGH XII ZR 38/12, NJW 2013, 1083 Rn. 25; BGH XII ZR 137/12, BeckRS 2014, 1950.

225 *Derleder/Bartels* JZ 1997, 988.

226 MüKoBGB/*Roth/Kieninger*, 8. Aufl. 2018, § 398 Rn. 193.

227 *Schmid* WuM 2013, 643; s. auch BGH XII ZR 38/12, NJW 2013, 1083 Rn. 25; BGH XII ZR 137/12, BeckRS 2014, 1950.

228 OLG Naumburg ZMR 2013, 650; *Schmid* ZWE 2013, 314.

229 LG Duisburg WuM 2004, 331; Staudinger/*Emmerich* BGB § 566 Rn. 31; *Gather* DWW 2006, 319.

230 BGH VIII ZR 84/09, NZM 2010, 471.

231 Siehe iE *Eckert* FS Blank, 2006, 129 (135 f.); ihm folgt MüKoBGB/*Häublein* § 566 Rn. 27; abl. auch LG Hamburg WuM 1993, 48.

232 *Guhling* NZM 2014, 531.

233 OLG Düsseldorf IBRRS 2012, 0552; BGH XII ZR 38/12, NJW 2013, 1083 Rn. 25; BGH XII ZR 137/12, BeckRS 2014, 1950, dort auch zu den Anforderungen an die Form; *Guhling* NZM 2014, 531.

234 *Eckert* FS Blank, 2006, 129 (136).

zenübergang vollzogen. In der Rspr. wird eine Vertragsübernahme oftmals ohne eingehende Auslegung und Interessenabwägung bejaht[235] – offenbar, um ein wünschenswertes Ergebnis zu erzielen. Ist der Mieter an der Vertragsübernahme nicht beteiligt, kommt es nicht zum Vertragsübergang. Das Zustimmungserfordernis kann nicht dadurch umgangen werden, dass sämtliche Rechte und Pflichten aus dem Vertrag abgetreten werden[236]; abtretbar sind nur die Rechte, wegen § 399 BGB dürften das vornehmlich Zahlungsansprüche sein.[237] Im gewerblichen Mietrecht (nicht aber im Wohnraummietrecht) kann die Zustimmung des Mieters zur Vertragsübernahme durch sog. **Vertragsübernahmeklauseln** im Mietvertrag formularvertraglich vorweggenommen werden; derartige Klauseln, die dem Verwender das Recht einräumen, seine vertragliche Stellung als Vermieter von Gewerberäumen jederzeit auf eine andere Person zu übertragen, stellen nicht generell eine unangemessene Benachteiligung dar, vielmehr ist, wenn der Mieter Unternehmer ist, eine am Maßstab des § 307 BGB ausgerichtete Prüfung der Umstände des Einzelfalls von Nöten.[238] Wenn es zu einer rechtsgeschäftlichen Vertragsübernahme kommt, sind die **Folgen aus der Vertragsübernahme** herzuleiten und nicht aus § 566 BGB bzw. § 566 a BGB.[239] Denn bei einer Vertragsübernahme vor Eigentumsübergang fehlt es für eine (ggf. zusätzliche) Anwendung der §§ 566, 566 a BGB an einer Identität zwischen Vermieter und Veräußerer/Eigentümer (→ Rn. 64).[240] Eine analoge bzw. zusätzliche[241] Anwendung, um evtl. Verstöße gegen das Schriftformgebot des § 550 BGB zu heilen oder dem Mieter die günstigeren Folgen des § 566 a BGB zukommen zu lassen, ist angesichts der vertraglichen Einigung nicht möglich.[242] Ein Vertragsübergang kann bei einer Ehescheidung auch durch **Wohnungszuweisung gem. § 1568 a BGB** erfolgen. Die Wirkungen einer einverständlichen Wohnungszuweisung gem. § 1568 a Abs. 3 Nr. 1 BGB sollen entgegen dem Wortlaut der Vorschrift erst mit Rechtskraft der Scheidung eintreten.[243] Sollte das so sein, wäre ein Erwerber an eine Mitteilung der Eheleute gebunden, falls der Eigentumserwerb zwischen Mitteilung und Rechtskraft erfolgt, da er das Mietverhältnis dann mit dieser in die Zukunft wirkenden Umgestaltungserklärung erwirbt.[244]

43 Auch bei einem **Erbfall** geht das Eigentum an dem vermieteten Grundstück auf einen neuen Eigentümer über. Hier besteht aber keine Notwendigkeit zur Anwendung des § 566 BGB, da der Erbe umfassend in die Rechtsstellung des früheren Eigentümers (Erblassers) eintritt, also auch in seine Stellung als Vermieter. Veränderungen im persönlichen Bestand der Erbengemeinschaft haben ähnliche Wirkungen wie bei einer GbR; dazu bei den Kommentierungen zu § 2042 BGB und → Rn. 33. Ähnlich wie bei der Erbengemeinschaft ist es bei manchen Formen der **Umwandlung** nach dem Umwandlungsgesetz, bei denen das Unternehmensvermögen insgesamt oder in Teilen übergeht (→ Rn. 33).

44 Schließlich gibt es **besondere Arten der Eigentumsübertragung,** bei denen hinsichtlich der Miet- und Pachtverhältnisse nicht auf § 566 BGB verwiesen wird, die vielmehr den Vertragsübergang eigenständig anordnen. Das ist der Fall bei einer Rückgabe von Grundeigentum nach dem VermG. Gemäß § 17 VermG wird der Bestand von Miet- oder Pachtverhältnissen nicht berührt[245]; gem. § 16 Abs. 2 VermG tritt der Berechtigte, also der neue Eigentümer, in alle Rechtsverhältnisse in Bezug auf das Grundstück ein. Bei diesem Eintritt handelt es sich um eine gesetzliche Vertragsübernahme, auf die aber § 566 BGB hinsichtlich der Rechtsfolgen entsprechend anzuwenden ist.[246] Im Unterschied und in Erweiterung zu § 566 BGB ordnet § 16 Abs. 2 VermG nicht nur den Eintritt in das Mietverhältnis, sondern in sämtliche Rechtsverhältnisse in Bezug auf das Grundstück an.

---

[235] So etwa in BGH VIII ZR 84/09, NZM 2010, 471 (krit. zu dieser Entscheidung *Eckert* INFO M 2010, 373); LG Berlin ZMR 2013, 798.

[236] OLG Düsseldorf DWW 2001, 63, das auch noch die Möglichkeit einer analogen Anwendung des § 566 BGB prüft und richtigerweise ablehnt.

[237] BGH XII ZR 34/02, NJW 2003, 2987; zum Streit um die Abtretbarkeit von Gestaltungsrechten s. BGH XII ZR 119/96, NJW 1998, 897.

[238] BGH XII ZR 171/08, NJW 2010, 3708; **aA** OLG Düsseldorf ZMR 2011, 715 für einen Leasingvertrag.

[239] OLG Naumburg ZMR 2013, 650; *Schmid* ZWE 2013, 314.

[240] OLG Naumburg ZMR 2013, 650; *Schmid* ZWE 2013, 314.

[241] So *Eckert* FS Blank, 2006, 129 (136 f.).

[242] *Schmid* ZWE 2013, 314.

[243] *Götz* NZM 2010, 385; *Abramenko* MDR 2013, 131.

[244] **AA** *Abramenko* MDR 2013, 132.

[245] Außer im Falle der Unredlichkeit des Mieters, was aber nicht zivilrechtlich, sondern öffentlich-rechtlich zu klären ist; s. hierzu AG Görlitz WuM 1993, 600.

[246] BGH III ZR 211/99, NZM 2001, 159.

## VIII. Ermächtigung, Abtretung

Der Mietvertrag und mit ihm die vertraglichen Rechte und Pflichten gehen erst mit dem Eigentum auf den Erwerber über. Übernimmt der Erwerber eines Grundstücks dessen Lasten und Nutzungen – wie üblich – schon vor dem Eigentumsübergang, ist eine Anwendung des § 566 BGB noch nicht möglich und in diesem Lasten- und Nutzenübergang ist in der Regel, wenn sich nicht im Einzelfall auf Grund der konkreten Umstände eine andere Auslegung ergibt, auch noch nicht – anders bei der Übertragung aller Rechte und Pflichten (→ Rn. 46) – eine **Abtretung** der abtretbaren[247] Rechte und Ansprüche (Mietzinsforderungen[248], Räumungsanspruch[249]) zu sehen, die diesem Zeitraum zuzuordnen sind, sondern nur eine Verteilung im Innenverhältnis zwischen Käufer (Erwerber) und Verkäufer (Veräußerer).[250] Eine Abtretung der abtretbaren Rechte und Ansprüche muss zwar nicht ausdrücklich[251], wohl aber mit hinreichender Deutlichkeit erklärt werden[252]; das Ergebnis der Auslegung von konkludenten Erklärungen muss eindeutig sein, weil eine Abtretung mit einem Wechsel der Rechtsinhaberschaft verbunden ist. Ohne Abtretung kann der Mieter befreiend nur an den Veräußerer leisten bzw. ist nur diesem zur Räumung verpflichtet. 45

Die Parteien des Grundstückskaufvertrages können den Erwerber neben einer Abtretung der abtretbaren Rechte schon für die Zeit vor dem Eigentumsübergang bevollmächtigen bzw. entsprechend § 185 Abs. 1 BGB ermächtigen[253], die sonstigen Rechte des Veräußerers auszuüben, die den Bestand des Vertragsverhältnisses oder dessen wesentliche Ausgestaltung zum Gegenstand haben. Die **Ermächtigung** betrifft aber im Ansatz nur Verfügungen iSv § 185 Abs. 1 BGB, so dass im Einzelfall für jede Rechtshandlung zu prüfen ist, ob sie eine Verfügung oder ein verfügungsähnliches Geschäft darstellt. Anerkannt ist das insbes. für die Gestaltungsrechte (Kündigung[254]) bzw. den Gestaltungsrechten ähnliche Rechte (Modernisierungsverlangen[255] oder Mieterhöhungsverlangen[256]). Bei einer Bevollmächtigung handelt der Erwerber in fremden Namen, also im Namen des Veräußerers; sie ist personenbezogen. Eine Ermächtigung ist hingegen gegenstandsbezogen; bei ihr handelt der Erwerber im eigenen Namen[257] und kann im Wege der gewillkürten Prozessstandschaft auch im eigenen Namen klagen.[258] Grundsätzlich muss eine Ermächtigung – vorprozessual[259] – nicht offengelegt werden; eine Offenlegung widerspräche vielmehr geradezu dem Wesen der Ermächtigung als Rechtsmacht zum Handeln im eigenen Namen. Auch bei den hier in Rede stehenden einseitigen Willenserklärungen des Erwerbers (Kündigung, Mieterhöhung etc) ist das zum Schutz des Mieters nicht notwendig.[260] Der Mieter, der die Verhältnisse oftmals nicht überschauen kann, hat jedoch aus ähnlichen Gründen wie bei der → BGB § 566 e Rn. 20 geschilderten Rechtslage ein Zurückweisungsrecht analog § 410 Abs. 1 S. 2 BGB (dazu auch → Rn. 117), bis der Erwerber seine Ermächtigung schriftlich nachweist.[261] Ob eine Bevollmächtigung oder eine Ermächtigung anzunehmen ist, hängt von den Umständen des Einzelfalls ab; angesichts des nahen Eigentumsübergangs dürfte der Veräußerer aber meist kein Interesse mehr daran haben, dass der Erwerber in seinem Namen auftritt. Die weitere Frage, ob eine Ermächtigung bzw. Bevollmächtigung oder eine Abtretung vorliegt, kann meist offenbleiben; dann kann auch die streitige Frage 46

---

[247] → Rn. 46.

[248] BGH XII ZR 34/02, NJW 2003, 2987.

[249] BGH XII ZR 119/96, NJW 1998, 896 aE.

[250] BGH XII ZR 34/02, NJW 2003, 2987; BGH LwZR 12/08, NZM 2010, 474 Rn. 29; OLG Düsseldorf NJW-RR 1994, 1234; *Eckert* FS Blank, 2006, 129 (143); **aA** AnwK WohnraummietR/*Lammel* BGB § 566 Rn. 20.

[251] So aber *Eckert* FS Blank, 2006, 129 (142).

[252] So wohl auch BGH LwZR 12/08, NZM 2010, 474 Rn. 28.

[253] BGH VIII ZR 105/07, NJW 2008, 1218; BGH XII ZR 119/96, NJW 1998, 896; OLG Celle NZM 2000, 93; krit. *Scholz* ZMR 2008, 522.

[254] BGH XII ZR 119/96, NJW 1998, 896; LG Stuttgart WuM 2018, 99.

[255] BGH VIII ZR 105/07, NJW 2008, 1218.

[256] BGH VIII ZR 203/13, NJW 2014, 1802; krit. *Börstinghaus* NZM 2009, 683 und *Zehelein* NZM 2015, 31, der das vor allem damit begründet, dass ein Mieterhöhungsverlangen keine Verfügung iSv § 185 Abs. 1 BGB sei.

[257] BGH XII ZR 119/96, NJW 1998, 896.

[258] BGH VIII ZR 105/07, NJW 2008, 1218.

[259] Im Prozess muss die Prozessstandschaft und damit die Ermächtigung offengelegt werden (BGH IVa ZR 38/80, NJW 1980, 2461; BGH I ZR 75/71, NJW 1972, 1580).

[260] BGH VIII ZR 203/13, NJW 2014, 1802; krit. dazu *Zehelein* NZM 2015, 31; zur auch hier früher vertretenen Gegenansicht s. die 11. Aufl. 2013, Rn. 46.

[261] Offenlassend BGH VIII ZR 203/13, NJW 2014, 1802 Rn. 21.

offenbleiben, ob eine isolierte Abtretung anstatt einer Bevollmächtigung bzw. Ermächtigung zulässig ist.[262] Das ist allerdings anders, wenn der Veräußerer vor dem Eigentumsübergang noch selbst Rechte ausüben möchte, da er seine Rechtsmacht zum eigenen Handeln im Falle der Abtretung verliert, im Falle der Ermächtigung bzw. Bevollmächtigung aber nicht.[263] Durch eine Vertragsklausel, wonach **„alle Rechte und Pflichten aus dem Mietvertrag"** auf den Erwerber übergehen sollen, wird zwar mangels notwendiger Zustimmung des Mieters keine Vertragsübernahme bewirkt, auf die die §§ 398 ff., 414 ff. BGB entsprechend anzuwenden wären[264]; hierin ist jedoch als Minus in der Regel jedenfalls eine umfassende Ermächtigung des Erwerbers insbes. zur Ausübung des Kündigungsrechtes[265] sowie eine Abtretung aller abtretbaren Ansprüche[266] zu sehen; anders ist das jedoch – wie oben schon erwähnt – bei der bloßen Vereinbarung des Lasten- und Nutzenübergangs.[267]

## E. Tatbestandsvoraussetzungen (Abs. 1)

47 Der Vertragsübergang gem. § 566 Abs. 1 BGB setzt voraus, dass Wohnraum (bzw. wegen des Verweises in § 578 BGB sonstige Räume oder Grundstücke) vermietet wurde und nach der Überlassung der Räume an den Mieter von dem Vermieter an einen Dritten (Erwerber) veräußert wurde. Ein Widerspruchsrecht gegen den Vertragsübergang steht dem Mieter nicht zu; die teilweise befürwortete[268] Analogie zu § 613 a BGB ist abzulehnen. Es fehlt schon an einer Regelungslücke angesichts des Umstandes, dass der Gesetzgeber dem Erwerber bzw. Ersteigerer in zahlreichen Vorschriften ein Sonderkündigungsrecht gewährt hat (Hauptbeispiel § 57 ZVG), dem Mieter aber nicht. Zudem fehlt es an einer Vergleichbarkeit der Sachlagen. Während ein Arbeitsverhältnis einen stark personalen Bezug hat und der Arbeitnehmer ständigen Kontakt und Weisungen des Arbeitgebers ausgesetzt ist, hat der Vermieter grds. keinen Zugang zum Mietobjekt und auf das Verhalten des Mieters in der Wohnung in der Regel nur geringen Einfluss. Schließlich würde die Verkehrsfähigkeit von vermieteten Grundstücken erheblich leiden, wenn eine Veräußerung mit der Unsicherheit belastet wäre, welche Mieter das Mietverhältnis fortsetzen wollen. Auch wenn § 566 BGB vornehmlich eine Mieterschutzvorschrift ist, so sind bei deren Anwendung und Auslegung auch die Vermieterbelange (Veräußerer und Erwerber) zu berücksichtigen[269] und sind auch während der Gesetzesberatungen berücksichtigt worden.

### I. Bestehen eines Mietvertrages

48 Die Vorschrift ist unmittelbar nur auf Wohnraummietverträge anwendbar. Über zahlreiche Verweise gilt sie aber für alle Miet- und Pachtverträge über Räume bzw. Grundstücke. Siehe hierzu und zu sonstigen Fragen des Anwendungsbereiches der Vorschrift iE in Abschnitt IV. Die folgenden Ausführungen befassen sich mit der zeitlichen Dimension des Bestehens eines Mietvertrages. Hierbei sind mit Mietvertrag – soweit nicht Differenzierungen angezeigt sind – alle Vertragsarten gemeint, die unmittelbar oder über Verweisungen dem Anwendungsbereich des § 566 BGB unterfallen.

49 Der Vertragsübergang auf den Erwerber setzt voraus, dass der Mietvertrag zum Zeitpunkt des Eigentumsübergangs wirksam besteht.[270] Das bedeutet allerdings nicht, dass die vertragliche Mietzeit schon begonnen haben muss; entscheidend ist vielmehr, dass die Rechte und Pflichten aus dem

---

[262] Siehe zum Meinungsstand, das Ergebnis aber offenlassend BGH XII ZR 119/96, NJW 1998, 896; BGH VIII ZR 105/07, NJW 2008, 1218; gegen eine Abtretbarkeit etwa LG Berlin GE 2010, 1743; LG München WuM 1989, 282; LG Augsburg NJW-RR 1992, 520.

[263] LG Berlin GE 2010, 1743; auch → Rn. 117.

[264] MüKoBGB/*Roth/Kieninger,* 8. Aufl. 2018, § 398 Rn. 192.

[265] BGH IX ZR 196/01, NJW 2002, 3391; zur Frage, ob der Veräußerer auch noch kündigen darf, → Rn. 117.

[266] LG Berlin GE 2009, 657; OLG Düsseldorf WuM 2017, 718; BGH XII ZR 34/02, NJW 2003, 2987, für den Mietzinsanspruch.

[267] BGH XII ZR 34/02, NJW 2003, 2987; BGH XII ZR 119/96, NJW 1998, 896 aE; *Eckert* FS Blank, 2006, 129 (143).

[268] *Kühn* NZM 2009, 4.

[269] → Rn. 8, 14.

[270] AllgM, vgl. BGH VIII ZR 219/06, NJW 2007, 1818 mwN; BGH VIII ZR 313/08, NJW 2010, 1068.

Mietvertrag bereits **wirksam angelegt** waren.[271] Die Überlassung der Mietsache als weiteres Tatbestandsmerkmal des § 566 BGB kann auch auf einem anderen Rechtsgrund beruhen. Deshalb reicht es aus, wenn der Vertrag bindend geschlossen wurde, die vertraglich vereinbarte Mietzeit aber erst nach Eigentumsübergang beginnt und die Mietsache dem Mieter schon vorher übergeben worden war[272] – sei es zu deren Herrichtung zum beabsichtigten Nutzungszweck, sei es aufgrund eines vorhergehenden Vertrages[273] oder sei es als Untermieter (wenn also die Untermiete in ein Hauptmietverhältnis umgewandelt wurde).[274] In einen bloß anfechtbaren Vertrag tritt der Erwerber uneingeschränkt ein, da die Rechtsgestaltung mangels Erklärung der **Anfechtung** noch nicht eingetreten ist und deshalb bei Eigentumsübergang ein Vertrag mit den daraus resultierenden Rechten und Pflichten besteht[275]; zum Übergang des Anfechtungsrechtes auf den Erwerber → Rn. 125. Ist ein Mietvertrag **schwebend unwirksam** geschlossen worden und wird er vor dem Eigentumsübergang genehmigt, liegt bei Eigentumsübergang ebenfalls ein wirksamer Mietvertrag vor[276], nicht hingegen, wenn die Genehmigung erst nach Eigentumsübergang erteilt wird; anders kann das allenfalls sein, wenn – bei überlassener Mietsache – für die Genehmigung in dem Vertrag eine Frist vereinbart wurde und die Frist nach Eigentumsübergang abläuft. Ähnlich ist es, wenn der Mietvertrag unter einer zur Zeit des Eigentumserwerbs noch nicht eingetretenen **aufschiebenden Bedingung** geschlossen wurde; auch dann tritt der Erwerber in das unter der aufschiebenden Bedingung abgeschlossene Rechtsgeschäft ein, weil die daraus resultierenden Rechte und Pflichten beim Eigentumsübergang schon begründet waren.[277] Wie eine aufschiebende Bedingung ist die sog. **Bedingungsoption** zu behandeln, nach der der Mieter – innerhalb einer nach Eigentumsübergang ablaufenden Frist – das Recht hat, durch einseitige Erklärung den inhaltlich feststehenden Mietvertrag zu begründen.[278] Miet*vor*verträge binden den Erwerber nicht, weil ein **Mietvorvertrag** noch kein wirksamer Mietvertrag ist.[279] Ebenso bindet ihn nicht die Vereinbarung eines Untermieters mit dem Veräußerer, bei Beendigung des Hauptmietverhältnisses in dieses zu denselben Bedingungen eintreten zu können; das ist kein Mietvertrag.[280] Verträge, die gegen das Schriftformerfordernis des § 550 BGB verstoßen, binden den Erwerber, weil sie nicht unwirksam sind, sondern gem. § 550 BGB nur als auf unbestimmte Zeit geschlossen gelten; zur Bindung des Erwerbers an sog. Schriftformheilungsklauseln → Rn. 94.

War der Vertrag zum Zeitpunkt des Eigentumsübergangs bereits gekündigt, die **Kündigungsfrist** aber noch nicht abgelaufen, so tritt der Erwerber für die Restlaufzeit in den Vertrag ein.[281] Ähnliches gilt für einen Mietaufhebungsvertrag.[282] Eine Kündigung des Mieters, die dem Veräußerer nach dem Eigentumsübergang zugeht, geht – mit Ausnahme von gewissen Vertrauenstatbeständen[283] – ins Leere[284], genauso wie eine Kündigung des Veräußerers, die dem Mieter nach Eigentumsübergang zugeht. 50

Wurde der Vertrag hingegen vor Eigentumsübergang durch fristlose Kündigung, Ablauf einer Kündigungsfrist, Zeitablauf oder durch Mietaufhebungsvertrag beendet, gibt es an sich kein Mietverhältnis mehr, das übergehen könnte; das gilt auch bei einer Kündigung wegen Eigenbedarfs nach Ablauf der Kündigungsfrist, wenn in der Person des Erwerbers kein Eigenbedarf besteht, da der Erwerber nicht zur Wiederbegründung des Mietverhältnisses verpflichtet ist.[285] Der Erwerber tritt aber bei beendetem Mietvertrag, wenn der Mieter noch nicht ausgezogen ist, in das **Abwick-** 51

---

[271] BGH V ZR 7/63, NJW 1964, 1852 (1853).
[272] Staudinger/*Emmerich* BGB § 566 Rn. 29.
[273] BGH V ZR 7/63, NJW 1964, 1852 (1853).
[274] BGH VIII ZR 183/87, NJW-RR 1989, 77.
[275] MüKoBGB/*Häublein* § 566 Rn. 13.
[276] MüKoBGB/*Häublein* § 566 Rn. 13.
[277] BGH XII ZR 41/94, WM 1995, 2115 = BeckRS 1995, 31061301.
[278] OLG Saarbrücken ZMR 2016, 371.
[279] BGH VIII ZR 173/61, NJW 1962, 1388.
[280] LG Frankfurt a. M. ZMR 2013, 114.
[281] BGH II ZR 166/77, NJW 1978, 2149; OLG Hamm NJW-RR 1992, 1164.
[282] Blank/Börstinghaus/*Blank* BGB § 566 Rn. 15; auch → Rn. 118.
[283] Etwa wenn der Mieter den Eigentumsübergang nicht kennt oder er durch den Veräußerer bzw. den Erwerber falsch informiert wurde (wenn etwa schon der Kauf oder der Nutzen- und Lastenübergang als Eigentumsübergang bezeichnet wird). In diesen Fällen werden § 566e BGB bzw. § 407 BGB entsprechend angewendet; vgl. Staudinger/*Emmerich* BGB § 566 Rn. 44 mwN; auch → Rn. 117.
[284] Blank/Börstinghaus/*Blank* BGB § 566 Rn. 13.
[285] *Gsell* WuM 2012, 412.

**lungsverhältnis** ein.[286] Der Eintritt in das Abwicklungsverhältnis soll aus der Nachwirkung des ursprünglichen Mietvertrages folgen[287], sich aber auf den Räumungsanspruch, Nutzungsentschädigung und Schadensersatz wegen Räumungsverzugs beschränken, also andere nachvertragliche Pflichten nicht erfassen.[288] Dementsprechend hat der BGH eine Haftung des Erwerbers für die Rückerstattung der Kaution bzw. deren Abrechnung abgelehnt, wenn der Mieter zwar nach Vertragsende, aber noch vor dem Eigentumsübergang ausgezogen ist, da es ein auf unterlassener Räumung beruhendes Abwicklungsschuldverhältnis zwischen Mieter und Erwerber nicht gibt und die Rechtsposition des Mieters durch den Eigentumswechsel nicht mehr berührt wird.[289] Ob das auch gilt, wenn das Mietverhältnis vor dem Eigentumsübergang zwar rechtlich beendet war, der Mieter aber noch nicht ausgezogen ist, → BGB § 566 a Rn. 4. Zu den Folgen der Vertragsbeendigung vor dem Eigentumsübergang für die Betriebskostenabrechnung → Rn. 111; zur Vertragsfortsetzung gem. § 545 BGB → Rn. 118. Der Übergang einzelner nachvertraglicher Rechte und Pflichten auf den Erwerber ist dogmatisch nur schwer zu begründen[290]; der BGH[291] beruft sich zugunsten des Erwerbers hinsichtlich der erwähnten Ansprüche aus §§ 546, 546 a, 280, 281, 286 BGB auf ein praktisches Bedürfnis, da einzig der Erwerber durch die nicht erfolgte Räumung beeinträchtigt sei[292], und hinsichtlich des Mieters (Kaution) auf ein mangelndes Schutzbedürfnis. Letztlich muss man wohl dahingehend argumentieren, dass die Rückgabeverpflichtung eine Dauerverpflichtung[293] ist, die nach dem Eigentumsübergang gegenüber dem Erwerber erfüllt werden muss. Ein Verstoß gegen diese Pflicht begründet in der Person des Erwerbers die genannten Ansprüche.

52 Die vorerwähnte Rspr. des BGH kann allerdings nicht auf eine von Anfang an nichtigen oder noch vor Eigentumsübergang angefochtenen Vertrag übertragen werden.[294] Die Erwerberinteressen sind zwar ähnlich. Da hier allerdings nie ein wirksamer Vertrag bestanden hat bzw. der Vertrag durch Anfechtung rückwirkend vernichtet wurde, kann als Ansatzpunkt für einen Rechtsübergang nicht die Nachwirkung eines früheren Vertrages dienen. Ein Bedürfnis nach einem Rechtsübergang besteht auch nicht, da dem Erwerber gegen den rechtsgrundlosen Mieter ein Herausgabeanspruch nach § 985 BGB sowie wegen der Nutzungen Bereicherungsansprüche sowie ggf. Ansprüche aus einem Eigentümer-Besitzer-Verhältnis zustehen.

53 Vollzieht sich der Eigentumsübergang durch Eintragung in das Grundbuch (etwa bei einem Verkauf des Grundstücks), kommt es für den Eintritt der Rechtswirkungen des § 566 BGB auf den **Zeitpunkt der Eintragung in das Grundbuch** und nicht etwa auf den Zeitpunkt des Vertragsschlusses an. Vollzieht sich der Eigentumsübergang durch ein Ereignis außerhalb des Grundbuchs (etwa bei einer Zwangsversteigerung gem. § 90 ZVG), kommt es auf des Zeitpunkt dieses Ereignisses an (den Zuschlag); die Eintragung in das Grundbuch hat dann nur deklaratorische Bedeutung.

## II. Mietsache und deren Überlassung

54 Weitere Voraussetzung für den Vertragsübergang nach § 566 Abs. 1 BGB ist die Überlassung der Mietsache an den Mieter *vor* der Veräußerung, also vor dem Eigentumsübergang; den Übergang von nicht durch Überlassung vollzogenen Mietverhältnissen auf den Erwerber regelt § 567a BGB (Einzelheiten dort). Das in der Vertragspraxis oft unterschätzte[295] Tatbestandsmerkmal der Überlassung übernimmt die **Publizitätsfunktion** in der Vorschrift.[296] Wie eingangs bereits ausgeführt (→ Rn. 12) ist § 566 BGB zwar eine schuldrechtliche Regelung, ihr kommt aber eine quasi dingliche Wirkung zu, weil sie den Bestand des Mietvertrages bzw. die Vermieterstellung entgegen den sonstigen schuldrechtlichen Grundsätzen an das Eigentum bindet. Diese „Belastung" des Eigen-

[286] *Gsell* WuM 2012, 411 (412).
[287] BGH II ZR 166/77, NJW 1978, 2149 und BGH VIII ZR 219/06, NJW 2007, 1818 mwN auf die hM; **aA** *Eisenhardt* WuM 2020, 398.
[288] BGH VIII ZR 219/06, NJW 2007, 1818 mwN.
[289] BGH VIII ZR 219/06, NJW 2007, 1818 mwN.
[290] Erheblich krit. auch *Eisenhardt* WuM 2020, 398.
[291] BGH VIII ZR 219/06, NJW 2007, 1818 mwN.
[292] AnwK WohnraummietR/*Lammel* BGB § 566 Rn. 29.
[293] In BGH II ZR 166/77, NJW 1978, 2149 wird die Räumungsverpflichtung als Dauerleistung bezeichnet.
[294] *IErg ebenso Blank/*Börstinghaus/*Blank* BGB § 566 Rn. 9. Der BGH bejaht die Anfechtbarkeit von Mietverträgen mit ex-tunc Wirkung, vgl. BGH XII ZR 67/06, NJW 2009, 1266.
[295] *Eckert* FS Blank, 2006, 129 ff.
[296] BGH VIII ZR 219/06, NJW 2007, 1818 mwN.

tums ist aus dem Grundbuch nicht ersichtlich, da Mietverträge nicht grundbuchfähig sind. Um einem Erwerber unabhängig von den Informationen des Veräußerers Kenntnis davon zu verschaffen, ob und welche Mietverhältnisse in Bezug auf das Grundstück bestehen, hat das Gesetz den Vertragsübergang an die Überlassung der Mietsache angeknüpft, die in der Regel mit der Verschaffung der gut erkennbaren Sachherrschaft, also dem Besitz verbunden ist (s. einschränkend aber → Rn. 55). Ähnliche Publizitätsfunktionen erfüllt die Sachherrschaft in §§ 1006, 929, 932 BGB.[297] Der Besitz eines Dritten an dem Grundstück oder Teilen davon muss dem Erwerber Anlass sein, sich über etwaige Mietverhältnisse zu vergewissern. In Verbindung mit der Schriftformregelung in § 550 BGB wird er vor einer überlangen, nicht erkennbaren Vertragsbindung geschützt.

Dieser Schutz durch die Publizitätsfunktion der Überlassung ist allerdings unvollkommen, da die **55** Überlassung der Mietsache zwar meist, aber nicht zwingend und immer die **Besitzverschaffung** bzw. die Erkennbarkeit des Besitzes erfordert. Den Begriff der Überlassung verwendet das Gesetz nicht nur in § 566 BGB, sondern bspw. auch in §§ 535, 536, 567a BGB. In allen Vorschriften ist der gleiche rechtliche Vorgang gemeint, so dass er einheitlich zu verstehen ist.[298] Es geht um den Inhalt der Gebrauchsgewährungspflicht des Vermieters. Setzt diese den Besitz der Mietsache voraus, hat der Vermieter den Besitz entsprechend § 854 BGB[299] zu verschaffen. Diese Besitzverschaffung muss allerdings nicht notwendig für Dritte erkennbar sein bzw. der Mieter muss seinen Besitz nicht manifestiert haben[300], da der Vermieter nur die Möglichkeit des Gebrauchs schuldet.

Diese Erwägungen haben folgende Konsequenzen: § 566 BGB bezieht sich nur auf den Miet- **56** gegenstand, die **Mietsache.**[301] Was vermietet ist, ergibt sich aus den Vereinbarungen der Vertragsparteien. Bei der notwendigen Auslegung ist ggf. zu unterscheiden zwischen dem eigentlichen Mietgegenstand und sonstigen Flächen, die der Mieter (nur) mitbenutzen darf, wie etwa die Gemeinschaftsflächen eines Hauses (Treppenhaus, Zugangswege, Waschkeller etc). Da letztere nicht mitvermietet sind, tritt ein Erwerber (nur) dieser Flächen nicht gem. § 566 BGB in den Mietvertrag ein.[302] Das gilt auch dann, wenn der Mieter auf die Nutzung dieser Flächen angewiesen ist, um die Mietsache vereinbarungsgemäß nutzen zu können (etwa für Lieferverkehr zu seinem Ladengeschäft[303] oder wenn über eine nicht vermietete Teilfläche die Versorgung der Mietsache mit Gas, Wasser und Strom erfolgt[304]); er ist dann auf Erfüllungs- und Gewährleistungsansprüche gegenüber dem Vermieter der eigentlichen Mietsache angewiesen.[305] Ein Eintritt des Erwerbers der Nebenflächen in den Mietvertrag würde diesen ungebührlich belasten, weil er als Mitvermieter alle Vermieterpflichten erfüllen müsste und entsprechend gesamtschuldnerisch haften würde.[306] § 566 BGB greift idR nur ein, wenn der Mieter **zum Erwerbszeitpunkt die tatsächliche Sachherrschaft** über die Mietsache ausübt; ein bloßes Besitzerlangungsinteresse reicht nicht.[307] Hat sich der Mieter eigenmächtig den Gebrauch der Mietsache verschafft (bspw. durch verbotene Eigenmacht), liegt keine Überlassung vor, da der Vermieter den Gebrauch nicht gewährt hat.[308] Der Vermieter muss den Besitz nicht selbst verschaffen, das kann bspw. auch durch den Vormieter geschehen; der Vermieter muss aber einverstanden sein.[309] Wird der Untermieter Hauptmieter, so gilt die Mietsache als mit dem Beginn dieses Mietverhältnisses als überlassen.[310] Der Vermieter kann eine Überlassung an den Mieter nicht erzwingen, auch nicht dadurch, dass er ihn in Annahmeverzug setzt.[311] Für eine Überlassung iSd § 566 Abs. 1 BGB reicht es aber aus, dass der Mieter die Schlüssel zum Mietobjekt erhalten hat; ein Bezug der Wohnung, die Einrichtung eines Betriebes oder die Einzäu-

---

[297] Siehe zum Ganzen auch MüKoBGB/*Häublein* § 566 Rn. 2.
[298] BGH IV ZR 17/75, NJW 1976, 106.
[299] BGH IV ZR 17/75, NJW 1976, 106.
[300] BGH IV ZR 17/75, NJW 1976, 106.
[301] BGH XII ZR 52/18, NJW 2020, 683 Rn. 24, 29, wo ausdrücklich auf das Überlassungserfordernis abgestellt wird; krit. zu diesem Aspekt *Harke* LMK 2020, 425662 und *Bieber* jurisPR-MietR 24/2019 Anm. 4.
[302] BGH XII ZR 52/18, NJW 2020, 683 Rn. 23.
[303] Siehe den Fall BGH XII ZR 52/18, NJW 2020, 683.
[304] OLG Karlsruhe MDR 2014, 708.
[305] BGH XII ZR 52/18, NJW 2020, 683 Rn. 34.
[306] BGH XII ZR 52/18, NJW 2020, 683 Rn. 36.
[307] BGH VIII ZR 31/15, WuM 2016, 364.
[308] Blank/Börstinghaus/*Blank* BGB § 566 Rn. 24.
[309] Blank/Börstinghaus/*Blank* BGB § 566 Rn. 24.
[310] Blank/Börstinghaus/*Blank* BGB § 566 Rn. 25.
[311] Staudinger/*Emmerich* BGB § 566 Rn. 35; Wolf/Eckert/Ball Gewerbl. Miet-/Pacht-/LeasingR-HdB Rn. 1359.

nung eines Grundstücks sind nicht erforderlich.[312] Bei teilweiser Überlassung kommt es darauf an, ob die Gebrauchsgewährungspflicht hierdurch im Wesentlichen erfüllt wurde oder nicht.[313] Überlassung wäre danach anzunehmen, wenn die Wohnräume übergeben wären, Keller oder Garage aber nicht; im umgekehrten Fall liegt eine Überlassung nicht vor. Aus dem Inhalt des Mietvertrages kann sich auch ergeben, dass eine **Besitzverschaffung nicht geschuldet** ist.[314] Das ist etwa der Fall bei der Pflicht zur Gewährung einer gelegentlichen Nutzungsmöglichkeit (zB von Unterrichtsräumen, Überfahren von Grundstücksteilen[315]) oder bei Vermietung einer Hauswand zur Anbringung von Werbeplakaten.[316] Bei Verträgen über die Ausbeutung von Bodenschätzen ist Überlassung anzunehmen, wenn mit den ersten Bohrungen bzw. Grabungen begonnen wurde.[317] Ist die Mietsache vor Eigentumsübergang an den Vermieter (Veräußerer) zurückgegeben worden (Besitzaufgabe durch den Mieter – und sei es auch nur vorläufig[318]), ist sie nach dem Wortlaut der Vorschrift nicht mehr überlassen und die Überlassung kann ihre Publizitätsfunktion nicht mehr erfüllen[319]; ein Vertragsübergang gem. § 566 BGB findet deshalb selbst dann nicht statt, wenn das Mietverhältnis rechtlich nicht beendet sein sollte.[320] Überlässt der Mieter die Mietsache hingegen an Dritte, etwa an einen Untermieter, beendet das die Überlassung durch den Vermieter an ihn selbst nicht, da er mittelbarer Besitzer bleibt.[321]

### III. Veräußerung

57 Wie bereits → Rn. 16 dargelegt, ist mit dem Begriff der Veräußerung in § 566 BGG das **dingliche Rechtsgeschäft** gemeint, auf Grund dessen der Eigentumsübergang im Grundbuch vollzogen wird. Es muss sich um einen „echten" Eigentumsübergang handeln, die Übertragung wirtschaftlichen Eigentums (etwa beim Immobilienleasing oder beim Lasten- und Nutzenübergang gem. § 446 BGB) reicht nicht aus[322], ebenso wenig die Eigentumsübertragung unter dem Vorbehalt des Nießbrauchs.[323] Vollendet ist die Veräußerung erst mit Eintragung des Erwerbers im Grundbuch, da erst zu diesem Zeitpunkt das Eigentum übergeht. Bei einem (gesetzlichen) Eigentumserwerb außerhalb des Grundbuches, etwa durch Zuschlag in der Zwangsversteigerung gem. §§ 57, 90 ZVG, kommt es auf den Eigentumsübergang und nicht auf die Eintragung im Grundbuch an. Der Zeitpunkt des Eigentumsübergangs ist maßgeblich für die Bejahung der schon erörterten Tatbestandsmerkmale, nämlich ob ein Mietvertrag bestand und ob die Mietsache bereits überlassen war.[324] Außerdem ist der Zeitpunkt des Eigentumsübergangs maßgeblich für die Rechtswirkungen des § 566 BGB; zur Vorverlagerung dieser Wirkungen durch Vereinbarungen im Kaufvertrag (Abtretung, Ermächtigung) → Rn. 45. Trifft ein Mieter in Kenntnis des Verkaufs noch vor dem Eigentumsübergang vertragsändernde Vereinbarungen mit dem Veräußerer, so können diese wegen Sittenwidrigkeit gem. § 138 BGB nichtig sein.[325] Zum Eigentumswechsel bei Realteilung eines Grundstücks sowie bei Begründung und Veräußerung von Mit- bzw. Wohnungseigentum → Rn. 73 ff. bzw. → Rn. 79 ff. Zur entsprechenden Anwendung von § 566 BGB bei der Belastung eines Mietgrundstücks mit dinglichen Rechten und sonstigen dinglichen Rechtsänderungen, die den Gebrauch der Mietsache entziehen oder beeinträchtigen können (etwa ein Nießbrauch), siehe bei der Kommentierung zu § 567 BGB. Zu den Folgen einer Weiterveräußerung durch den Erwerber siehe § 567 b BGB.

---

312 MüKoBGB/*Häublein* § 566 Rn. 15.
313 Staudinger/*Emmerich* BGB § 566 Rn. 36.
314 BGH VIII ZR 126/88, NJW-RR 1989, 589.
315 BGH VIII ZR 126/88, NJW-RR 1989, 589.
316 Staudinger/*Emmerich* BGB § 566 Rn. 35/36; OLG Hamm MDR 1976, 143.
317 Staudinger/*Emmerich* BGB § 566 Rn. 36.
318 BGH IX ZR 87/14, NZM 2015, 202 Rn. 26, 28.
319 BGH VIII ZR 219/06, NJW 2007, 1818 mwN; BGH VIII ZR 313/08, NJW 2010, 1068.
320 BGH VIII ZR 313/08, NJW 2010, 1068 für eine unwirksame Eigenbedarfskündigung; BGH IX ZR 87/14, NZM 2015, 202 Rn. 26, 28 für einen vorläufigen Auszug auf Grund einer Sanierungsvereinbarung.
321 MüKoBGB/*Häublein* § 566 Rn. 16.
322 *Eckert* FS Blank, 2006, 129 (132); MüKoBGB/*Häublein* § 566 Rn. 17.
323 *OLG Düsseldorf ZMR 2003*, 570; Palandt/*Weidenkaff* BGB § 566 Rn. 8; Einzelheiten zu dieser rechtsdogmatisch schwierigen Frage bei → BGB § 567 Rn. 15.
324 Staudinger/*Emmerich* BGB § 566 Rn. 26.
325 LG Hamburg ZMR 2015, 310.

In Einzelfällen ist eine **Erweiterung des Veräußerungsbegriffes** geboten, um durch eine analoge Anwendung des § 566 BGB dem Zweck der Vorschrift gerecht zu werden, das Bestandsschutzinteresse des Mieters an dem Vertrag zu sichern; hierzu → Rn. 35. Zur Anwendung von § 566 BGB auf Sondernutzungsrechte nach § 5 Abs. 4 WEG → Rn. 83. **58**

Die Eintragung einer **Auflassungsvormerkung** steht einem Eigentumsübergang nicht gleich.[326] Schon der Wortlaut des § 566 BGB steht dem entgegen. Der Veräußerer kann also noch nach der Eintragung der Auflassungsvormerkung Mietverträge abschließen, die auf den Erwerber nach der Eigentumsumschreibung übergehen; die bestehenden Verträge gehen noch nicht mit Eintragung der Auflassungsvormerkung über. Ein Vertragsübergang aufgrund der Eintragung einer Auflassungsvormerkung oder auch nur die Vorverlagerung des maßgeblichen Stichtages für den Erwerb mietvertraglicher Ansprüche durch den Grundstückserwerber von dem Zeitpunkt des Eigentumswechsels auf denjenigen der Eintragung der Auflassungsvormerkung müsste entgegen dem Wortlaut des § 566 BGB allerdings wohl dann angenommen werden, wenn der Erwerber gem. § 883 Abs. 2 BGB schon vom Zeitpunkt der Eintragung der Vormerkung an dagegen geschützt wäre, dass der Veräußerer nachträglich noch einen Mietvertrag abschließt, der nach § 566 BGB auf den Erwerber übergehen kann. Eine direkte oder analoge Anwendung des § 883 Abs. 2 BGB wird jedoch heute allgemein abgelehnt[327], weil ein Mietvertrag keine dingliche Verfügung iSd § 883 Abs. 2 BGB ist[328] und für eine analoge Anwendung ein hinreichendes Schutzbedürfnis des Erwerbers/Vormerkungsberechtigten nicht besteht und insbes. eine Bevorzugung seiner Interessen gegenüber dem Bestandsinteresse des Mieters nicht gerechtfertigt erscheint.[329] **59**

Auf welchem **Rechtsgrund** das dingliche Rechtsgeschäft (die Veräußerung) beruht, spielt keine Rolle. In Betracht kommen Kauf, Tausch, Schenkung, Vermächtnis (nicht Erbschaft, da sich hier der Rechtsübergang kraft Gesetzes sowohl am Eigentum als auch an den Verträgen vollzieht[330]), Einbringung des Grundstücks in eine Gesellschaft.[331] Letzterer Fall, bei dem das Grundstück durch Übereignung von seinem Eigentümer als Einlage in eine Gesellschaft eingebracht wird, der er selbst als Gesellschafter angehört, ist von dem Fall zu unterscheiden, dass nur der Gebrauch und die Mieteinnahmen eingebracht werden; hierauf findet § 566 BGB keine Anwendung.[332] Weiterhin die Einbringung des Eigentums an einem Grundstück zu unterscheiden von einem Wechsel im Gesellschafterbestand zu einem Zeitpunkt, als die Gesellschaft das Eigentum an dem Grundstück schon erworben hatte. Zum Gesellschafterwechsel (Hinzutreten, Ausscheiden), zur **Auflösung** (Liquidation) von Gesellschaften, deren Umwandlung und zur **Auseinandersetzung** einer GbR sowie zum Ausscheiden eines Gesellschafters aus einer **Zwei-Personen-GbR** → Rn. 33. **60**

Als Rechtsgrund für die Eigentumsübertragung reicht es auch aus, dass die Veräußerung auf **gutgläubigem Erwerb** gem. § 892 BGB[333] beruht oder in Erfüllung gesetzlicher Ansprüche erfolgt. In Betracht kommen dabei etwa bereicherungsrechtliche **Rückübertragungsansprüche** oder solche auf Rückgewähr gem. §§ 346 ff. BGB nach einem Vertragsrücktritt.[334] Die zum Rücktritt berechtigenden Gründe betreffen grds. nur das schuldrechtliche Kausalgeschäft (etwa den Grundstückskaufvertrag), so dass der Eigentumsübergang, der aufgrund des mängelbehafteten Kausalgeschäfts erfolgte, wirksam war und in Anwendung des § 566 BGB die bestehenden Mietverträge auf den Käufer übergehen ließ. Die Rückabwicklung nach erfolgtem Rücktritt zieht eine erneute Anwendung des § 566 BGB nach sich; im Zeitpunkt der Rückübereignung wird der Verkäufer wieder Vermieter, der Käufer ist nur für eine Übergangszeit Vermieter gewesen. **61**

---

326 Staudinger/*Emmerich* BGB § 566 Rn. 21, 26; *Eckert* FS Blank, 2006, 129 (132); BGH XII ZR 18/00, NJW 2003, 2159; **aA** *Kohler* NZM 2008, 554 unter Berufung auf die sachenrechtliche Lit.

327 BGH II ZR 33/53, NJW 1954, 953 und BGH VIII ZR 22/88, NJW 1989, 451, jeweils auch mit Nachweisen auf die früher vertretene **aA.** Dem BGH folgen bspw. Staudinger/*Emmerich* BGB § 566 Rn. 6; *Otte* GS Sonnenschein, 2003, 181 (187).

328 Zur Dinglichkeit der Miete auch → Rn. 12.

329 Siehe die überzeugenden Ausführungen in BGH II ZR 33/53, NJW 1954, 953 sowie *Streyl* NZM 2008, 879.

330 Staudinger/*Emmerich* BGB § 566 Rn. 26. Bei einer Mehrzahl von Erben wird nicht die Erbengemeinschaft Vermieter, sondern mangels deren Rechtsfähigkeit jeder einzelne Miterbe; vgl. BGH XII ZR 187/00, NJW 2002, 3390.

331 LG Berlin ZMR 1998, 704; MüKoBGB/*Häublein* § 566 Rn. 17.

332 OLG Saarbrücken GE 2014, 1271.

333 Staudinger/*Emmerich* BGB § 566 Rn. 6.

334 MüKoBGB/*Häublein* § 566 Rn. 18.

62 Ist hingegen das **dingliche Geschäft unwirksam,** kommt es nicht zum Eigentumsübergang und damit nicht zu einem Übergang der Mietverhältnisse gem. § 566 BGB.[335] Ähnlich ist es, wenn ein anfechtbares dingliches Rechtsgeschäft angefochten wird. Der Eigentumsübergang und damit auch der Übergang des Mietvertrages gelten ex tunc, also rückwirkend, als nicht erfolgt.[336] Diese Rechtslage kann zu Härten führen, wenn der im Grundbuch eingetragene Eigentümer (Bucheigentümer) einen Mietvertrag abschließt, der den wahren Eigentümer (Veräußerer) nicht bindet – der Mieter verliert das Mietobjekt. Wegen dieser Härte wird teilweise[337] eine analoge Anwendung des § 893 BGB zugunsten des Mieters befürwortet, wenn dieser berechtigter Weise und in gutem Glauben auf das Eigentum seines Vermieters vertrauen durfte.[338] Folge wäre, dass der wahre Eigentümer an den Vertrag gebunden wäre, und zwar entweder ab Erklärung der Anfechtung in entsprechender Anwendung des § 566 BGB, ansonsten von Anfang an.[339] Schon das Reichsgericht[340] hat eine Anwendung des § 893 BGB, der sich über Verfügungen verhält, abgelehnt, weil die Vermietung nicht als Verfügung anzusehen sei. Abgesehen davon spricht entscheidend gegen die analoge Anwendung des § 893 BGB, dass dem Mieter hierdurch nicht das Risiko eines Eigentumswechsels abgenommen werden soll, sondern das Risiko, mit einem „Nichtberechtigten", also mit jemandem, der den Gebrauch nicht aus eigenem Recht gewähren kann, einen Vertrag abgeschlossen zu haben. Dieses allgemeine Vertragsrisiko, das der Mieter genauso bei einem Vertragsschluss mit einem Geschäftsunfähigen zu tragen hat, unterfällt nicht dem Schutzzweck des § 566 BGB und ist auch ansonsten nicht schutzwürdig, da es auf eine dem Rechtssystem grds. fremde Verdinglichung von Schuldverhältnissen hinausliefe.

63 Eine andere Härte kann allerdings darin liegen, dass ein Mieter, der mit dem veräußernden Vermieter den Vertrag geschlossen hatte, an den Bucheigentümer den **Mietzins** leistet. Wegen der Unwirksamkeit des Eigentumsübergangs ist der Bucheigentümer nicht Vermieter geworden, die Zahlungen an ihn haben keine **befreiende Wirkung.** Zum Schutz des Mieters dürfte in diesen Fällen allerdings eine analoge Anwendung des § 566e BGB angezeigt sein.[341]

## IV. Identität zwischen Vermieter und Eigentümer

### 1. Identitätserfordernis

64 Nach dem Wortlaut des § 566 Abs. 1 BGB muss der Vermieter Veräußerer des Mietobjektes sein („vom Vermieter … veräußert"). Über diese Identität von Vermieter und Veräußerer hinaus muss aber der Vermieter in der Regel auch Eigentümer sein, es muss also eine **Identität zwischen Vermieter, Veräußerer und Eigentümer**[342] geben. Das folgt aus dem Gedankengang bzw. der Schlussfolgerung, dass Veräußerung Eigentumsübergang bedeutet und dass grds. nur der Eigentümer das Grundstück veräußern kann[343]; die wenig praktischen Ausnahmefälle des gutgläubigen Erwerbs vom Nichteigentümer und der nachträglichen Genehmigung können für die Auslegung außer Betracht bleiben.[344] Der Begriff der Veräußerung meint nicht das schuldrechtliche, sondern

[335] Staudinger/*Emmerich* BGB § 566 Rn. 27. Unwirksam ist bspw. auch ein unentgeltlicher Erwerb von vermietetem Wohnraum durch einen Minderjährigen gem. § 107 BGB, weil er nicht lediglich rechtlich vorteilhaft ist (OLG Oldenburg NJW-RR 1988, 839).

[336] MüKoBGB/*Häublein* § 566 Rn. 18.

[337] *Otte* GS Sonnenschein, 2003, 181 (187) mit Nachweisen.

[338] In ähnlicher Weise soll dies gelten bei der Vermietung durch den vorläufigen Erben.

[339] *Otte* GS Sonnenschein, 2003, 181 (199). In ähnlicher Weise soll § 566 BGB analog anwendbar sein bei der Vermietung durch den vorläufigen Erben (§§ 1953ff. BGB), den Erbscheinserben und den durch Testamentsvollstreckerzeugnis zu Unrecht als Testamentsvollstrecker Ausgewiesenen; vgl. *Otte* GS Sonnenschein, 2003, 181 (189, 192).

[340] RGZ 106, 111.

[341] Staudinger/*Emmerich* BGB § 566 Rn. 27.

[342] Die Eintragung einer Auflassungsvormerkung reicht nicht; dazu → Rn. 59.

[343] So auch Staudinger/*Emmerich* BGB § 566 Rn. 21 mwN; *Grooterhorst/Burbulla* NZM 2006, 248 und – allerdings ohne Begründung – BGH XII ZR 18/00, NJW 2003, 2159; BGH XII ZR 119/02, NZM 2004, 300; OLG Düsseldorf ZMR 2007, 33; OLG Hamm NZM 1999, 1091; OLG Celle ZMR 2000, 284; **aA** MüKoBGB/*Häublein* § 566 Rn. 20, der sich auf die Betrachtung des Wortlautes beschränkt und so nur von dem Erfordernis der Identität von Vermieter und Veräußerer ausgeht, aber zu ähnlichen Ergebnissen gelangt. Offenlassend BGH XII ZR 26/16, NZM 2017, 847 Rn. 17.

[344] **AA** wohl *Günter* WuM 2013, 266, der aber kurz später selbst darauf abstellt, dass diese Fälle für die Auslegung keine Rolle spielen.

das dingliche Rechtsgeschäft (→ Rn. 16, 57). Wenn der Vermieter das dingliche Rechtsgeschäft vornehmen will, muss er Eigentümer sein. Das Identitätserfordernis lässt sich also schon fast zwingend aus dem Wortlaut des § 566 Abs. 1 BGB herleiten[345], auf die dem zu Grunde liegende Wertung (→ Rn. 65) kommt es nicht entscheidend an. Der BGH[346] begründet das Identitätserfordernis hingegen mit der bürgengleichen Haftung in § 566 Abs. 2 BGB; der Veräußerer solle nicht wie ein Bürge für Verpflichtungen haften, die nicht in seiner Person (als Eigentümer), sondern in der Person eines Dritten (des Vermieters) bestehen. Diese Argumentation ist allerdings nicht tragfähig[347]: In § 566 Abs. 2 BGB ist nämlich nicht die Haftung des Veräußerers (Eigentümers) festgeschrieben, sondern die Haftung des Vermieters. Wenn es dem Vermieter gelingt, das Grundstück zu veräußern, obwohl es ihm nicht oder nicht allein gehört, führt das nicht zur Haftung des Eigentümers, es bleibt vielmehr bei der alleinigen Haftung des Vermieters. Diese Sicht entspricht auch dem Sinn des § 566 Abs. 2 BGB, dem Mieter nach dem „Zwangswechsel" seines Vertragspartners wenigstens das ursprüngliche Haftungssubjekt zu erhalten, falls der Erwerber als neuer Vermieter sich nicht als ausreichend leistungsfähig oder leistungswillig erweisen sollte.

Wenn man die – nachfolgend darzulegende – **Wertung** hinter dem Identitätserfordernis **65**
erkennt, werden auch manche Zweifelsfragen klarer, die bei der Frage der (analogen) Anwendung des § 566 BGB in den Fällen eine Rolle spielen, in denen das Identitätserfordernis nicht gewahrt ist (dazu → Rn. 67 ff.). Das Bestandsschutzinteresse des Mieters, also der Übergang des Vertrages auf den neuen Eigentümer, erfordern das Identitätserfordernis nicht, im Gegenteil, es kann dem Bestandsschutz entgegenstehen, wenn ein Nichteigentümer vermietet hat, weil das Mietverhältnis dann grds. nicht auf den Erwerber übergeht.[348] Das Identitätserfordernis ist vielmehr zum **Schutz des Grundeigentümers** geboten (mit der Reflexwirkung, dem Mieter Bestandsschutz zu geben).[349] Die Vermietung eines Grundstücks (oder von Teilen desselben) stellt eine Belastung in dem Sinne dar, dass sie den Eigentümer zur Gebrauchsüberlassung verpflichtet und ihn in der freien Eigennutzung hindert. Eine solche Belastung ist, selbst wenn sie rentabel ist, nur dann gerechtfertigt, wenn der Eigentümer sie sich selbst auferlegt hat oder – das wird bei einer analogen Anwendung von § 566 BGB relevant – andere hierzu ermächtigt hat; eine Ermächtigung zur Fremdvermietung und Gebrauchsüberlassung bzw. Besitzverschaffung kann auf eine analoge Anwendung des § 185 BGB[350] oder jedenfalls auf dessen Rechtsgedanken gestützt werden.[351] Deswegen darf die Belastung durch ein Mietverhältnis bei einem Eigentumswechsel auch nur dann an den Erwerber als neuen Eigentümer weitergegeben werden, wenn sie auf den alten Eigentümer zurückgeht.[352] Ansonsten würde möglicherweise der Verkehrswert oder die Verkehrsfähigkeit des Grundstücks negativ beeinflusst. Das Identitätserfordernis ist damit kein Ausdruck eines Vertrauenserfordernisses des Mieters in die Eigentümerstellung des Vermieters, sondern besteht als – zwar nicht ausdrückliches, aber doch zwingend herleitbares (→ Rn. 64) – Tatbestandsmerkmal im Interesse des Grundstückseigentümers und damit im mittelbaren Interesse des Erwerbers, der diese Belastung zu übernehmen hat. Derartige Interessen sind auch berücksichtigungsfähig.[353] Zwar ist § 566 BGB eine mieterschützende Vorschrift; insbes. aus §§ 566 b, 566 c BGB folgt aber, dass der Gesetzgeber einen umfassenden

---

[345] **AA** *Günter* WuM 2013, 266, der aber auch WuM 2013, 269 annimmt, der Gesetzgeber sei von der Identität von Vermieter und Eigentümer ausgegangen.

[346] BGH VIII ZR 6/73, NJW 1974, 1551; zuletzt nahm der BGH VIII ZR 84/09, NZM 2010, 471 Bezug auf diese Entscheidung.

[347] *Harke* ZMR 2002, 493 bezeichnet die Argumentation des BGH zu Recht als Zirkelschluss; dem haben sich MüKoBGB/*Häublein* § 566 Rn. 21 und *Günter* WuM 2013, 266 angeschlossen. Der BGH hat seine Begründung in BGH XII ZR 18/00, NJW 2003, 2159 und BGH XII ZR 119/02, NZM 2004, 300 zwar nicht mehr wiederholt, sondern auf Staudinger/*Emmerich* BGB § 566 Rn. 21 verwiesen, der wie hier mit dem Wortlaut und einer Schlussfolgerung argumentiert; in BGH XII ZR 89/06, NJW 2008, 2181 hat er aber wieder auf die alte Begründung zurückgegriffen, ohne sich mit den Gegenargumenten auseinanderzusetzen.

[348] So auch *Günter* WuM 2013, 269, der aber die nachfolgenden Überlegungen nicht teilt.

[349] So auch *Kawany* ZfIR 2019, 834.

[350] Staudinger/*Gursky* (2019) § 185 Rn. 145 ff., dort auch zu Gegenmeinungen.

[351] MüKoBGB/*Häublein* § 566 Rn. 20 entnimmt dem Wortlaut des § 566 BGB nur ein Identitätserfordernis zwischen Vermieter und Veräußerer; deshalb kann er § 185 Abs. 1 BGB direkt anwenden.

[352] *Harke* ZMR 2002, 493 (494); s. auch *Eisenhardt* WuM 1999, 23. Das OLG Celle ZMR 2000, 284 betont hingegen die Schutzwürdigkeit des Erwerbers, der nicht an einen Vertrag gebunden werden solle, den nicht der Vermieter geschlossen habe; das überzeugt nicht, da die Interessen des Erwerbers hinreichend durch das Publizitätskriterium der Überlassung geschützt sind, das ihn veranlassen müsste, sich nach dem Bestand von Mietverhältnissen zu erkundigen.

[353] **AA** *Günter* WuM 2013, 266.

Interessenausgleich der Beteiligten beabsichtigt hat (→ Rn. 8). Weil das Identitätserfordernis nicht Ausdruck des Mietervertrauens ist, spielt es keine Rolle, ob der Mieter berechtigterweise vom Eigentum des Vermieters ausgehen durfte oder ob er sich des Eigentums (etwa durch Grundbucheinsicht) hätte vergewissern können oder müssen; derartige Erfordernisse oder ein guter Glaube in das Eigentum sind dem Tatbestand des § 566 Abs. 1 BGB nicht zu entnehmen und entsprechen auch nicht dem Gesetzeszweck. Der objektive Umstand, dass der Mieter nicht vom Eigentümer gemietet hat, kann allerdings bei der Prüfung einer analogen Anwendung von § 566 BGB bedeutsam werden.

### 2. Zeitpunkt

66 Nach der soeben entwickelten Wertung reicht es aus, wenn das Identitätserfordernis, also die Identität zwischen Vermieter und veräußerndem Eigentümer, zum **Zeitpunkt des Eigentumsübergangs** gewahrt ist.[354] Aus Vermieter- bzw. Eigentümersicht ist es belanglos, ob schon bei der Vermietung Eigentum bestand oder erst danach begründet wurde. Der Mieter hingegen, der bei Anmietung vom Nichteigentümer mit dem Risiko eines Herausgabeverlangens vom Nocheigentümer belastet war, konnte nach Zusammenfallen beider Rechtspositionen damit rechnen, seine Stellung werde sich auch im Falle einer weiteren Veräußerung nicht verschlechtern. Dem Wortlaut des § 566 BGB ist nämlich keinerlei Anhaltspunkt dahingehend zu entnehmen, dass der Vermieter schon im Zeitpunkt der Vermietung Eigentümer sein müsse.[355] Gibt es während des Laufs des Mietverhältnisses **mehrere Eigentumswechsel,** so muss das Identitätserfordernis bei jedem Eigentumswechsel erfüllt sein.[356]

### 3. Auflockerungen, Problemfälle

67 Vom Wortlaut des § 566 BGB sind nicht gedeckt Fallgestaltungen, in denen der Mieter den Mietvertrag nicht mit allen Grundstückseigentümern (zB nur mit einem von mehreren Miteigentümern) schließt oder in denen ein Dritter (zB ein Hausverwalter, ein Treuhänder oder eine Gesellschaft, deren Gesellschaftern das Grundstück gehört[357]) im eigenen Namen vermietet hat oder in denen der Vermieter das Grundstück zwar gekauft, es aber ohne Eigentumseintragung wieder verkauft hatte (Kettenauflassung bei der Projektentwicklung). In den beiden erstgenannten Fällen fehlt es (jedenfalls teilweise) sowohl an der Veräußerereigenschaft des Vermieters als auch an der Eigentümerstellung; in dem letztgenannten Fall der Kettenauflassung ist zwar der Vermieter auch Veräußerer, aber nicht Eigentümer.[358] § 566 BGB kann aber nach der **Rspr. des BGH** analog angewendet werden, wenn der Eigentümer/Veräußerer mit der Vermietung einverstanden war, sie in seinem alleinigen wirtschaftlichen Interesse erfolgte und der Vermieter kein eigenes Interesse am Fortbestand des Mietvertrages zwischen ihm und dem Mieter hat[359] (näher zu diesen Voraussetzungen → Rn. 68). Vor einer analogen Anwendung ist zu prüfen, ob es nicht zu einer konkludenten **Vertragsübernahme** gekommen ist[360] oder das Interesse des Mieters, auch im Falle einer Veräußerung der Mietsache seine Rechtsstellung nicht zu verschlechtern, es gebietet, eine **Auslegung** des Vertrages vorzuziehen (konkret bei der Frage nach der Person des Vermieters), bei der das Identitätserfordernis gewahrt ist.[361] Falls beides nicht zielführend ist, ist eine **Analogie,** wie der BGH zu Recht entschieden hat, möglich und nicht grds. wegen des Ausnahmecharakters von § 566 BGB

---

[354] HM, s. nur OLG Rostock NZM 2006, 262; OLG Düsseldorf ZMR 2013, 276; MüKoBGB/*Häublein* § 566 Rn. 19; *Gather* DWW 2006, 314; *Grooterhorst/Burbulla* NZM 2006, 248; *Eckert* FS Blank, 2006, 129 (131); **aA** AG Dresden WuM 2010, 693; OLG Köln ZMR 2001, 967 und wohl auch *Neumann* WuM 2010, 665; entgegen *Grooterhorst/Burbulla* NZM 2006, 247 kann man der Entscheidung BGH XII ZR 119/02, NZM 2004, 300 nicht entnehmen, dass das Identitätserfordernis schon zum Zeitpunkt des Vertragsschlusses erfüllt sein müsse.

[355] OLG Rostock NZM 2006, 262; *Neumann* WuM 2010, 661.

[356] OLG Saarbrücken ZMR 2014, 35.

[357] Weitere Fallgestaltungen bei *Eisenhardt* WuM 1999, 21.

[358] *Haas/Ebel* ZfIR 2020, 170.

[359] BGH XII ZR 26/16, NZM 2017, 847 Rn. 26; zur Entwicklung der Rspr. des BGH in → 13. Aufl. 2017, Rn. 72.

[360] Dazu insbes. → Rn. 42; eine Vertragsübernahme wurde angenommen in BGH VIII ZR 142/12, WuM *2013, 496; BGH VIII ZR 84/09, NZM 2010,* 471; OLG Saarbrücken ZMR 2014, 35; LG Berlin GE 2013, 268; eine Vertragsübernahme wurde abgelehnt in BGH XII ZR 26/16, NZM 2017, 847 Rn. 18.

[361] BGH XII ZR 110/08, NZM 2010, 704, bestätigt für einen gleichgelagerten Fall in BGH XII ZR 48/10, WuM 2012, 323.

ausgeschlossen, da sich dieser Ausnahmecharakter (dazu → Rn. 35 ff.) auf die Vertragsarten, für die § 566 BGB gilt (Miet- und Pachtverträge über Räume und Grundstücke), beschränkt und ansonsten eine entsprechende Anwendung gestattet, soweit der Schutzzweck des § 566 BGB dies erfordert.[362] Auch eine Regelungslücke besteht. Die von Vermieter und Eigentümer geschaffene Sachlage, nämlich das Auseinanderfallen von Vermieter und Eigentümer, führt dazu, dass § 566 BGB nicht direkt anwendbar ist, obwohl die Schutzwürdigkeit des Mieters gleichermaßen vorhanden ist.[363] Da der Gesetzgeber von einer Identität von Vermieter und Eigentümer ausging, handelt es sich um eine planwidrige Regelungslücke, die eine Schließung durch Analogie erlaubt.[364] Von einem Bestandsschutzinteresse des Mieters ist auch dann auszugehen, wenn er sehenden Auges mit einem Nichteigentümer kontrahiert hat, denn § 566 BGB ist – wie dargelegt – kein Vertrauenstatbestand, der an den guten oder bösen Glauben des Mieters anknüpft, die Vorschrift soll vielmehr die Erfüllung von Mietverträgen auch nach einem Eigentumsübergang sichern.[365] Das Eigentum des Veräußerers ist durch den in analoger Anwendung von § 566 BGB erfolgenden Vertragsübergang nicht ungebührlich belastet, weil er sich – wie ein Vermieter – durch das nachfolgend näher definierte Einverständnis mit der Vermietung der Möglichkeit der eigenen freien Verfügbarkeit über das Grundstück begeben hat (mit der Folge, dass der Mieter sich auf § 986 BGB berufen kann[366]), woran er sich – wiederum wie ein Vermieter – im Falle der Veräußerung festhalten lassen muss.[367] Diese Selbstbelastung rechtfertigt es, auch den Mieter zu schützen, der – ggf. sehenden Auges – von einem Nichteigentümer gemietet hat.[368] Die analoge Anwendung des § 566 BGB setzt aber immer – genauso wie die direkte Anwendung – einen Eigentumsübergang voraus.[369]

Es reicht – wie erwähnt – nicht jedes Einverständnis des Eigentümers für eine analoge Anwendung des § 566 BGB zur Überwindung des Identitätserfordernisses. Insbesondere reicht als Einverständnis in diesem Sinne nicht eine bloße Zustimmung zur Vermietung aus, weil ansonsten, worauf der BGH[370] zutr. hinweist, eine erlaubte Untervermietung[371] genügen würde; das Untermietverhältnis verpflichtet den Vermieter jedoch nicht selbst, sondern stellt nur eine „besondere Nutzungsart" dar, die den Hauptmieter verpflichtet und die mit dem Hauptmietverhältnis endet (§ 546 Abs. 2 BGB). Entscheidend für das **Einverständnis des Eigentümers** muss vielmehr sein, dass es ihn quasi selbst belastet, weil das Mietverhältnis, das ein anderer geschlossen hat, in seinem wirtschaftlichen Interesse liegt oder weil er es aus sonstigen Gründen gegen sich gelten lassen möchte, ohne allerdings formal Vertragspartner zu sein. Das entspricht in etwa den Wirkungen des § 185 BGB.[372] Weiterhin ist erforderlich, dass der Vermieter, der nicht oder nicht vollständig Eigentümer des Grundstücks ist, Interesse an dem Bestand des Mietvertrages mit ihm selbst als Vertragspartner nur solange haben darf, wie das Eigentum an dem Grundstück nicht wechselt.[373] Denn ansonsten würde er nach einem Eigentumswechsel dem Erwerber die Vermieterposition streitig machen. Die Interessen des Erwerbers stehen nicht entgegen.[374] Da es sich bei diesen Umständen um Interna des Vermieters handelt, kann der Mieter in Beweisnot geraten. Deshalb und wegen anderer Publizitäts- **68**

[362] So auch BGH XII ZR 26/16, NZM 2017, 847 Rn. 33; krit. zur Analogie *Lammel* jurisPR-MietR 20/2017 Anm. 3.

[363] Siehe eing. BGH XII ZR 26/16, NZM 2017, 847 Rn. 36.

[364] So auch BGH XII ZR 26/16, NZM 2017, 847 Rn. 26 ff.

[365] **AA** OLG Brandenburg ZMR 2003, 830.

[366] BGH XII ZR 26/16, NZM 2017, 847 Rn. 36; *Günter* WuM 2013, 270.

[367] Ähnlich BGH XII ZR 26/16, NZM 2017, 847 Rn. 37; *Günter* WuM 2013, 270.

[368] So auch BGH XII ZR 26/16, NZM 2017, 847 Rn. 37.

[369] BVerfG NJW 2013, 3774, das allerdings über die Voraussetzungen einer analogen Anwendung nicht entschieden hat, weil es an einem Eigentumsübergang fehlte.

[370] BGH XII ZR 26/16, NZM 2017, 847 Rn. 40; BGH XII ZR 119/02, NZM 2004, 300; ebenso *Günter* WuM 2013, 270.

[371] Die Verwendung des Begriffs „Untervermietung" ist allerdings in diesem Zusammenhang missverständlich, da es zwischen Eigentümer und Vermieter bei den Konstellationen, in denen das Identitätserfordernis nicht gewahrt ist, typischerweise an einem Hauptmietverhältnis fehlt; dem Vermieter wird vom Eigentümer meist nur die Befugnis zur Vermietung eingeräumt.

[372] *Lammel* jurisPR-MietR 20/2017 Anm. 3 möchte die Zweifelsfälle mit ähnlichen Ergebnissen ausschließlich über § 185 BGB lösen.

[373] Ähnlich *Flatow* WImmoT 2008, 132 und BGH XII ZR 119/02, NZM 2004, 300, der davon spricht, dass die Position des Vermieters nicht der eines Untervermieters entsprechen dürfe. In dieser Formulierung kommt mE ebenfalls zum Ausdruck, dass der Vermieter kein unbedingtes, über den Eigentumswechsel hinausgehendes Interesse an seiner Vermieterstellung haben darf.

[374] **AA** OLG Celle ZMR 2000, 284.

aspekte, die in § 566 BGB angelegt sind, sollte darauf abgestellt werden, ob der Mieter auf Grund äußerer Umstände davon ausgehen durfte (oder hätte ausgehen dürfen), die Vermietung liege im wirtschaftlichen Interesse des Veräußerers.[375] Der Schutz des Erwerbers wird durch das Schriftformerfordernis des § 550 BGB in Zusammenwirken mit dem (sachenrechtsverwandten) Publizitätserfordernis der Überlassung (→ Rn. 54) gewährleistet; letzteres müsste den Erwerber veranlassen, sich nach dem Bestand von Mietverhältnissen zu erkundigen. Der vom Identitätserfordernis geschützte (→ Rn. 65) veräußernde Eigentümer weiß jedenfalls grds. von der Vermietung seines Eigentums, da eine analoge Anwendung des § 566 BGB nach dem Vorgesagten nur bei einem Einverständnis hiermit möglich ist.

**69** Unter dieser Prämisse sind die angesprochenen **Zweifelsfälle** wie folgt zu lösen: Vermietet ein Dritter zwar im eigenen Namen[376] aber doch letztlich für den Eigentümer (etwa mit dessen Auftrag, auf dessen Rechnung oder in dessen Interesse), so ist trotz Nichtvorliegens des Identitätserfordernisses im Falle der Veräußerung des Grundstücks eine analoge Anwendung des § 566 BGB gerechtfertigt.[377] Derartiges ist bspw. anzunehmen bei einer gestatteten Vermietung durch einen dem Eigentümer und seinen Interessen eng verbundenen Dritten (etwa einem Hausverwalter[378] oder Treuhänder oder einer Gesellschaft, deren Gesellschaftern das Grundstück gehört bzw. umgekehrt[379]), bei einer Vermietung durch einen von mehreren Miteigentümern[380], einen von mehreren Gesellschaftern einer Eigentümergesellschaft[381], den Alleingesellschafter einer GmbH[382] oder bei einer Vermietung durch mehrere Personen, die aber nicht alle Eigentümer sind.[383] Indizien dafür, dass ein Mietvertrag allein im wirtschaftlichen Interesse des Eigentümers abgeschlossen wurde, ohne dass es wie in den vorstehenden Fällen eine auf der Hand liegende persönliche Verflechtung gibt, können sein: Die Anweisung des Eigentümers zum Vertragsschluss und der Vorbehalt der Vertragsübernahme unter bestimmten Bedingungen[384]; das Verhalten des Eigentümers wie eine Vertragspartei (als sei er der Vermieter und habe den Vertrag geschlossen).[385]

**70** Endet die Hausverwaltung vor einem Eigentumsübergang oder scheidet der Gesellschaftereigentümer vor einem Eigentumsübergang aus der vermietenden Gesellschaft aus, so geht der Vertrag eigentlich nicht schon auf den Eigentümer über, sondern erst mit einer (späteren) Veräußerung des Grundstücks auf den Erwerber; für einen vorzeitigen Vermieterwechsel ohne Eigentumswechsel (Veräußerung) gibt es keine unmittelbare gesetzliche Stütze. Bei Ausscheiden des Miteigentümers aus einer Eigentümergemeinschaft, auf deren Rechnung der Miteigentümer vermietet hat, kommt es zwar zu einem Eigentumswechsel nicht aber zu einem Eigentümerwechsel (den verbliebenden Miteigentümern wächst der Eigentumsanteil des ausgeschiedenen Miteigentümers zu), so

---

[375] Ähnlich MüKoBGB/*Häublein* § 566 Rn. 24.

[376] Soweit in manchen Kommentaren, Aufsätzen oder Urteilen in diesem Zusammenhang von Bevollmächtigung die Rede ist, ist damit idR die Gestattung der Vermietung im eigenen Namen gemeint und nicht das von § 164 BGB vorausgesetzte Handeln in fremdem Namen, das den Eigentümer unmittelbar verpflichten und zum Vermieter machen würde.

[377] BGH XII ZR 26/16, NZM 2017, 847; OLG Saarbrücken ZMR 2016, 371; *Günter* WuM 2013, 270.

[378] Ebenso, allerdings mit teilweise abweichenden Begründungen BGH XII ZR 26/16, NZM 2017, 847 Rn. 42; BVerfG WuM 1996, 80; Staudinger/*Emmerich* BGB § 566 Rn. 23; *Günter* WuM 2013, 270; *Grooterhorst/Burbulla* NZM 2006, 248; *Eisenhardt* WuM 1999, 23; *Eckert* FS Blank, 2006, 129 (132 f.); OLG Celle ZMR 2000, 284; LG Berlin NJW-RR 1994, 781; offenlassend BGH XII ZR 119/02, NZM 2004, 301; ohne Begründung **aA** *Weitemeyer* ZMR 2004, 162. Diese Fallgruppe wurde insbes. relevant bei der Vermietung von Grundeigentum in der ehemaligen DDR, das westdeutschen Staatsangehörigen gehörte; die Hausverwalter schlossen die Mietverträge im eigenen Namen; weitere Fallgestaltungen bei *Eisenhardt* WuM 1999, 21.

[379] LG Berlin GE 2014, 636; *Blank* MDR 2017, 1168.

[380] Ebenso, allerdings teilweise mit abweichenden Begründungen *Eckert* FS Blank, 2006, 129 (132 f.); OLG Saarbrücken ZMR 2016, 371; 2014, 35; OLG Karlsruhe NJW 1981, 1278; LG Berlin GE 1990, 823; offenlassend BGH V ZR 164/72, NJW 1974, 1552; **aA** Staudinger/*Emmerich* BGB § 566 Rn. 22, der zusätzlich eine Bevollmächtigung fordert.

[381] OLG Saarbrücken ZMR 2016, 371; *Eckert* FS Blank, 2006, 129 (132 f.).

[382] *Günter* WuM 2013, 270.

[383] LG Waldshut-Tiengen WuM 1993, 56; *Mach* RNotZ 2017, 627; AnwK WohnraummietR/*Lammel* BGB § 566 Rn. 25; **aA** LG Berlin NZM 1998, 662. Bei dieser Fallgestaltung ist besonderes Augenmerk zu legen auf die Voraussetzung, dass der (Mit-)Vermieter, der nicht Eigentümer ist, im Interesse bzw. für Rechnung des Eigentümers vermieten will. Im Fall des LG Waldshut-Tiengen ist die Sachlage ambivalent, weil dieser (Mit-)Vermieter sich irrtümlich für einen Miteigentümer hielt. Einerseits hatte er den Willen, Vermieter auf eigene Rechnung zu sein, auf der anderen Seite hätte er sich dieses Vermieterrecht ohne den Irrtum nicht angemaßt.

[384] BGH XII ZR 26/16, NZM 2017, 847 Rn. 42.

[385] BGH XII ZR 26/16, NZM 2017, 847 Rn. 42.

dass § 566 BGB, der Personenverschiedenheit von Veräußerer und Erwerber fordert, wiederum nicht direkt anwendbar ist. In den Fällen des Miteigentums dürfte aber eine analoge Anwendung in Betracht kommen; zu den Einzelheiten der Begründung → Rn. 77. Um Wertungswidersprüche zu vermeiden, sollte man die Analogie dann auch auf die Fälle des Ausscheidens des Eigentümergesellschafters aus der vermietenden Gesellschaft bzw. der Beendigung des Vertrages mit der vermietenden Hausverwaltung ausdehnen.[386]

Eine analoge Anwendung von § 566 BGB ist ebenfalls nicht ausgeschlossen in den Fällen der **Kettenauflassung**[387], bei denen das Grundstück mehrfach ohne Zwischeneintragung der Erwerber im Grundbuch veräußert wird und einer dieser „Nichteigentümer" oder ein Projektentwickler einen Mietvertrag geschlossen hat.[388] Dieser Vertrag bindet den dann schließlich eingetragenen Erwerber, wenn der vermietende Projektentwickler oder Zwischenerwerber kein eigenes Interesse an dem Vertrag hat. Das kann durch die Art seiner Geschäftstätigkeit zum Ausdruck kommen oder durch die Vereinbarungen bei Verkauf des Grundstücks. Ein Projektentwickler will in der Regel nicht langfristig selbst Vermieter sein, er vermietet vielmehr zur Förderung der Vermarktung des Grundstücks. Ein fehlendes Interesse an der Vermieterstellung im Falle des Eigentumswechsels kann bei einem Zwischenerwerber etwa dadurch zum Ausdruck kommen, dass der Vertrag die Übertragung des Mietverhältnisses vorsieht. Das Einverständnis des veräußernden Eigentümers mit der Vermietung ist jedenfalls stillschweigend in der Bewilligung der Auflassung enthalten.[389] Bei mehrfacher Veräußerung müssen die Voraussetzungen der Analogie bei jedem Erwerbsvorgang erfüllt sein.[390] Beweispflichtig ist derjenige, der sich auf das Abweichen von dem Identitätserfordernis beruft. 71

*frei* 72

### V. Erwerber (Dritter), insbes.insbesondere Miteigentümer

Nach dem Wortlaut des § 566 BGB muss die Veräußerung *an einen Dritten* erfolgen, dh der veräußernde **Eigentümer und der Erwerber** müssen **personenverschieden** sein, der Erwerber darf bis zum Erwerb nicht Vermieter gewesen sein.[391] Personenidentität (zumindest teilweise) kann auftreten bei Miteigentümergemeinschaften und bei Wohnungseigentum (zu Letzterem bei → Rn. 79 ff.). Zur Veräußerung eines Grundstücks bei gleichzeitigem Vorbehalt des Nießbrauchs daran für den Veräußerer → BGB § 567 Rn. 15. Auch **Erwerber und Mieter** müssen personenverschieden sein. Erwirbt der Mieter das Mietobjekt vollständig allein, also ohne einen weiteren Miteigentümer, so erlischt der Mietvertrag durch Konfusion, weil sich Mieter- und Vermieterstellung in einer Person vereinigen.[392] Ein Fall der Konfusion liegt nicht vor, wenn ein Miteigentümer des Grundstücks an dem Mietvertrag sowohl auf Mieter- wie auf Vermieterseite beteiligt ist, weil sich in diesem Fall auf Gläubiger- und Schuldnerseite mehrere, verschiedene Personen gegenüberstehen und eine Miteigentümergemeinschaft berechtigt ist, das Grundstück an eines der Mitglieder zu vermieten.[393] In diesem Fall ist aber für die Anwendbarkeit des § 566 BGB durch Auslegung zu prüfen, ob die Gebrauchsüberlassung an den Miteigentümer tatsächlich ein Mietverhältnis begründen sollte, 73

---

386 So auch, aber ohne nähere Begründung BVerfG WuM 1996, 80. Eine vergleichbare Situation hat wohl in dem Fall des OLG Brandenburg ZMR 2003, 830 vorgelegen, bei dem zwei Miteigentümer, die ursprünglich Vermieter waren, das Mietverhältnis im Einverständnis mit dem Mieter aus steuerlichen Gründen auf eine aus den Eigentümern bestehende KG übertrugen. Auch hier dürfte die KG – ähnlich wie bei einem Hausverwalter oder Treuhänder – zwar im eigenen Namen, aber doch letztlich auf Rechnung der Eigentümer vermietet haben. Das OLG Brandenburg lehnte eine Anwendung des § 566 BGB auf den Erwerb des Alleineigentum durch einen der Miteigentümer ab; eine Analogie wird verneint, allerdings ohne Kenntnis der hier vertretenen Argumentation.

387 Eing. zu den möglichen Konstellationen *Kawany* ZfIR 2019, 834; außerdem *Harke* ZMR 2002, 494; *Haas/Ebel* ZfIR 2020, 170; *Mach* RNotZ 2017, 628; MüKoBGB/*Häublein* § 566 Rn. 20.

388 In diesen Fällen wird das Mietobjekt oftmals noch erstellt, es ist dem Mieter also noch nicht überlassen. Dann kann § 567a BGB zu beachten sein. § 567b BGB greift hingegen bei einer Kettenauflassung regelmäßig nicht ein, da es eben nicht zu einem Eigentumsübergang und damit zu einem mehrfachen Vermieterwechsel kommt.

389 *Kawany* ZfIR 2019, 837.

390 OLG Saarbrücken ZMR 2014, 35.

391 BGH VIII ARZ 2/94, NJW 1994, 2542; MüKoBGB/*Häublein* § 566 Rn. 22.

392 BGH VIII ZR 323/14, NZM 2016, 467 Rn. 18; BGH VIII ZR 176/17, NJW 2018, 2472 Rn. 23.

393 BGH VIII ZR 176/17, NJW 2018, 2472 Rn. 21.

was bei entgeltlicher Überlassung regelmäßig zu bejahen ist, oder nur eine Gebrauchsregelung gem. § 745 BGB darstellt.[394] Bei Bejahung eines Mietverhältnisses ist es unschädlich, dass die Vereinbarung zugleich (!) eine Gebrauchsregelung gem. § 745 BGB enthält; auch in diesem Fall ist eine Eintragung der mietvertraglichen Regelung als Belastung des Miteigentumsanteils im Grundbuch nicht gem. § 1010 Abs. 1 BGB notwendig.[395] Erwirbt nur einer von mehreren Mitmietern das Mietobjekt, so erlischt der Mietvertrag des anderen Mieters ebenfalls, da die Raummiete die Verschaffung des ungestörten alleinigen Besitzes an den Mieter voraussetzt, damit dieser die Mietsache ausschließlich, und zwar insbes. auch unter Ausschluss des Vermieters (des Erwerbers) nutzen kann.[396] In diesem Fall richtet sich das Nutzungsverhältnis zwischen dem früheren Mitmieter und dem Erwerber nach den ihr Innenverhältnis maßgebenden Vorschriften, die meist familienrechtlichen oder gesellschaftsrechtlichen Ursprungs sein dürften.

74 Die bloße **Realteilung** eines Grundstücks führt nicht zu einem Eigentumsübergang auf einen Dritten. Werden die Teile eines geteilten Grundstücks aber (mit der Teilung oder später) an mehrere Erwerber veräußert, so wird das ursprünglich über das ungeteilte Grundstück geschlossene, einheitliche Mietverhältnis nicht aufgespalten, sondern mit allen Erwerbern fortgesetzt.[397] Veräußert der Vermieter nur einen Teil des einheitlich vermieteten Grundstücks[398] bleibt der veräußernde Eigentümer Vermieter, neben ihm rückt der Erwerber in die Vermieterstellung ein.[399] Belanglos ist es, ob es sich um selbstständige Grundstücke, Sondereigentum oder Sondernutzungsrechte handelt.[400] Zum Innenverhältnis der Bruchteilseigentümer → Rn. 78. Zur **Bildung von Wohnungseigentum** → Rn. 84.

75 Befindet sich das durch einheitlichen Vertrag gemietete Mietobjekt auf **mehreren rechtlich selbständigen Grundstücken,** so gebietet es das Prinzip der Einheit des Mietvertrages[401], das seine Rechtfertigung letztlich in dem von § 566 BGB gesicherten Bestandsschutzinteresse des Mieters hat, den Mietvertrag bei Veräußerung auf alle Erwerber der vermieteten Grundstücksfläche übergehen zu lassen.[402] Dasselbe gilt bei Veräußerung eines mitvermieteten Sondernutzungsrechts, das einer anderen Wohnungseigentumseinheit als der vermieteten zugewiesen ist[403], und bei **Veräußerung** lediglich **eines Teils** (zB einer Wohnungseigentumseinheit) eines einheitlich vermieteten Grundstücks.[404] Zum Innenverhältnis der Bruchteilseigentümer → Rn. 78, zur Übertragung von Wohnungseigentum und Sondernutzungsrechten ergänzend → Rn. 79 und → Rn. 83. Bestehen rechtlich selbständige Verträge über unterschiedliche Grundstücke bzw. Grundstücksteile (etwa Wohnung und Stellplatz), nehmen die Verträge bei Veräußerung ein unterschiedliches Schicksal.[405]

76 Wird ein **ungeteiltes Grundstück** insgesamt an mehrere Erwerber veräußert, dann werden sämtliche (neuen) Miteigentümer (ggf. sukzessive, wenn nicht alle Veräußerungen zeitgleich vollzogen werden[406]) Vermieter. Verkaufen mehrere **Miteigentümer** an eine Einzelperson, so ist nur noch diese Vermieterin (der Mieter wird aber noch durch § 566 Abs. 2 geschützt).[407] Veräußert ein Miteigentümer (Bruchteilseigentümer iSv §§ 741 ff. BGB) nur seinen Miteigentumsanteil an einen Dritten, der nicht schon Miteigentümer ist, so tritt der Dritte (Erwerber) gem. § 566 BGB neben

---

[394] BGH VIII ZR 176/17, NJW 2018, 2472 Rn. 29, 32.
[395] BGH VIII ZR 176/17, NJW 2018, 2472 Rn. 36.
[396] BGH VIII ZR 323/14, NZM 2016, 467 Rn. 22.
[397] BGH VIII ZR 399/03, NJW 2005, 3781; BGH III ZR 69/71, NJW 1973, 455; OLG Brandenburg 15.12.2010 – 3 U 58/10, BeckRS 2011, 00404; BayObLG NJW-RR 1991, 651.
[398] In den Beispielen von Rspr. – s. etwa BGH XII ZR 46/19, NZM 2020, 503 Rn. 12 – und Lit. handelt es sich oftmals um die Grundstücksteile, auf denen sich Nebenräume wie etwa eine Garage befinden oder die als Stellplatz oder Garten genutzt werden. Zwingend ist das jedoch nicht, es können alle grundstücksrechtlich möglichen Konstellationen.
[399] BGH VIII ZR 399/03, NJW 2005, 3781; BGH XII ZR 46/19, NZM 2020, 503 Rn. 11; BGH III ZR 69/71, NJW 1973, 455; BayObLG NJW-RR 1991, 651.
[400] BGH XII ZR 46/19, NZM 2020, 503 Rn. 12.
[401] BayObLG NJW-RR 1991, 651, bestätigt durch BGH VIII ARZ 1/98, NJW 1999, 2177; s. grdl. zur Einheitlichkeit des Mietverhältnisses *Streyl* NZM 2011, 382.
[402] BGH V ZR 276/11, WuM 2012, 314. Der Fall ist vergleichbar mit dem Fall BGH VIII ZR 399/03, NJW 2005, 3781 (dazu → Rn. 80); dort fand die Aufteilung des Grundstücks (in Wohnungseigentum) allerdings erst nach der Vermietung statt.
[403] BGH VIII ZR 323/14, NZM 2016, 467 Rn. 16.
[404] *BGH XII ZR 113/12, WuM 2013,* 752 Rn. 15.
[405] Siehe den Fall BGH XII ZR 46/19, NZM 2020, 503 Rn. 11.
[406] BGH V ZR 62/14, NZM 2015, 592 Rn. 25.
[407] KG RNotZ 2021, 96.

den verbleibenden Miteigentümern in den Vertrag ein.[408] Dasselbe gilt, wenn ein Alleineigentümer nicht das gesamte Grundstück, sondern nur einen Miteigentumsanteil an einen Dritten veräußert; auch dann wird der Dritte gemeinsam mit dem Veräußerer Vermieter.[409]

Ist der **Erwerber** allerdings ein **schon vorhandener Miteigentümer,** findet zwar auch ein Eigentumswechsel statt (den verbliebenen Miteigentümer wächst der Eigentumsanteil des ausgeschiedenen Miteigentümers zu); es kommt aber keine neue Person als Vermieter hinzu. Deshalb liegt ein Anwendungsfall von § 566 BGB nicht vor; auch eine analoge Anwendung ist nicht möglich.[410] Das hat zur Konsequenz, dass der aus der Bruchteilsgemeinschaft ausgeschiedene Miteigentümer weiterhin (Mit-)Vermieter bleibt; sein Ausscheiden spielt allenfalls im Innenverhältnis der früheren Miteigentümer eine Rolle.[411] Diese Konsequenz führt zu Problemen bei einer späteren Veräußerung des Grundstücks. Dann gibt es nämlich einen Vermieter, der nicht veräußernder Eigentümer ist, was einen Verstoß gegen das Identitätserfordernis bedeutet (→ Rn. 70). Allerdings dürfte in einem solchen Fall eine analoge Anwendung des § 566 BGB möglich sein mit der Folge, dass das Mietverhältnis auf den Erwerber übergeht und auch der Vermieter, der nicht mehr Eigentümer gewesen ist, aus dem Vertrag ausscheidet.[412] **77**

Mehrere Eigentümer eines geteilten Grundstückes bzw. die Miteigentümer eines ungeteilten Grundstückes bilden in Bezug auf das Mietverhältnis ohne weitere Absprachen eine **Bruchteilsgemeinschaft** gem. §§ 745 ff. BGB.[413] Sie sind hinsichtlich der Verpflichtungen aus dem Mietverhältnis Gesamtschuldner gem. §§ 427, 421 BGB und hinsichtlich der Berechtigungen, insbes. der Mietzinsforderungen, Mitgläubiger gem. § 432 BGB.[414] Leistung kann also nur an alle gefordert und bewirkt werden. Die Bruchteilseigentümer sind an der Mitwirkung zur Einziehung der Miete verpflichtet.[415] Eine Kündigung kann nur gemeinschaftlich ausgeübt werden (Ausnahmen evtl. bei Sonderkündigungsrechten wie § 57 a ZVG).[416] Verabreden die Bruchteilseigentümer allerdings ausdrücklich oder stillschweigend die **Bildung einer Gesellschaft** (etwa einer GbR) und bringen sie das Eigentum in die Gesellschaft ein, so liegt ein Fall des § 566 BGB vor und die Gesellschaft wird Vermieter (näher → Rn. 60). **78**

## VI. Wohnungseigentum

Besondere Probleme bereitet die Schnittstelle von § 566 BGB zum Wohnungseigentum[417]; Teileigentum iSv § 1 Abs. 3 WEG an nicht zu Wohnzwecken dienenden Räumen ist gem. § 1 Abs. 6 WEG dem Wohnungseigentum gleichgestellt. Grundsätzlich ist dabei auf die Veräußerung von schon gebildetem Wohnungseigentum § 566 BGB anwendbar, so dass der Erwerber der Eigentumswohnung für die Dauer seines Eigentums in die Vermieterstellung eintritt; zur Rechtslage bei der Bildung von Wohnungseigentum nach Vermietung → Rn. 84. Zu einer Mietwohnung in einer Wohnungseigentumsanlage, an denen der Vermieter Sondereigentum hat, gehört meist auch ein Teil des Gemeinschaftseigentums – etwa das Treppenhaus oder die Waschküche, die der Mieter jedenfalls mitbenutzen darf, oder ein Kellerraum oder eine Garage, die ebenfalls im Sondereigentum (bzw. in Sondernutzung) des Vermieters stehen können und die der Mieter mit angemietet hat und allein nutzen darf. **Veräußert ein Wohnungseigentümer sein Sondereigentum** an der Wohnung, wird der neue Eigentümer Vermieter. Fraglich ist aber, was hinsichtlich des mitgenutzten **79**

---

[408] BGH VIII ZR 74/11, NZM 2012, 150; BGH VIII ZR 176/17, NJW 2018, 2472 Rn. 35; *Terner* RNotZ 2019, 385.

[409] KG RNotZ 2021, 96.

[410] BGH VIII ZB 26/17, NZM 2019, 208; krit. zur Verneinung einer Analogie *Gutzeit* JuS 2019, 584; *Mach* RNotZ 2017, 629.

[411] Siehe *Terner* RNotZ 2019, 384 zu einem notariellen Gestaltungsvorschlag für diese Situation.

[412] So auch *Terner* RNotZ 2019, 384.

[413] BGH V ZR 62/14, NZM 2015, 592 Rn. 25; BGH XII ZR 113/12, WuM 2013, 752 Rn. 15; BGH VIII ZR 399/03, NJW 2005, 3781; BGH II ZR 102/82, WPM 1983, 604; OLG Brandenburg WuM 2006, 272 (nur Ls., Gründe bei juris).

[414] BGH VIII ZR 399/03, NJW 2005, 3781; BGH II ZR 102/82, WPM 1983, 604; OLG Brandenburg WuM 2006, 272 (nur Ls., Gründe bei juris); BGH III ZR 69/71, NJW 1973, 455.

[415] BGH VIII ZR 399/03, NJW 2005, 3781.

[416] BGH V ZR 62/14, NZM 2015, 592 Rn. 25; BGH XII ZR 113/12, WuM 2013, 752 Rn. 15; auch → Rn. 117.

[417] Siehe umf. hierzu *Häublein* NZM 2014, 97; *Nüßlein,* Die Divergenzen zwischen Wohnungseigentums- und Mietrecht, 2006.

Anteils am **Gemeinschaftseigentum** gelten soll, an dem der neue und die alten Wohnungseigentümer gemeinschaftlich berechtigt sind, oder hinsichtlich des Kellers bzw. der Garage, wenn das Sondereigentum daran beim alten Vermieter verbleibt. Vor der Anerkennung der (Teil-)Rechtsfähigkeit der Wohnungseigentümergemeinschaft durch den BGH[418], die erstmals durch den zum 1.7.2007 in Kraft getretenen § 10 Abs. 6 WEG bestätigt wurde und jetzt in § 9a WEG geregelt ist, hätte eine wortgetreue Anwendung des § 566 BGB dazu geführt[419], dass wegen der Einheitlichkeit des Mietverhältnisses[420] alle Wohnungseigentümer Vermieter nicht nur hinsichtlich des Gemeinschaftseigentums, sondern auch hinsichtlich der Wohnung geworden wären. Eine solche Vervielfältigung der Vermieter, die früher in der Tat vielfach angenommen wurde[421], wäre sowohl für die Wohnungseigentümer als auch für den Mieter umständlich bis hin zur Möglichkeit der vollständigen Blockade des Mietverhältnisses, weil etwa der Mieter nur noch durch Zahlung an alle Eigentümer befreiend leisten könnte und sämtliche Willenserklärungen (Kündigung, Mieterhöhung etc) nur noch von allen und gegen alle vorzunehmen wären – und dies bei einem möglicherweise häufig wechselnden Wohnungseigentümerbestand.[422] Seit dem Jahr 1999 wenden der BGH[423] und ihm folgend Rspr. und Lit.[424] sowie der Gesetzgeber der Mietrechtsreform[425] zur Vermeidung solcher Schwierigkeiten § 566 BGB aus Gründen der Praktikabilität in der Weise einschränkend an, dass sich die Wirkung der Vorschrift auf die Veräußerung des Sondereigentums (das in der Regel an der Wohnung besteht) beschränkt und keine Anwendung auf die damit notwendig zusammenhängende Mitveräußerung der Anteile am Gemeinschaftseigentum findet. Diese **teleologische Reduktion** sei – so der BGH – wegen des Ausnahmecharakters von § 566 BGB zulässig; vor Herausgabeansprüchen anderer Wohnungseigentümer hinsichtlich des Gemeinschaftseigentums sei der Mieter durch § 986 BGB geschützt[426] und Mängel könne er dem Erwerber gegenüber geltend machen, der auch im Hinblick auf die im Gemeinschaftseigentum befindlichen Räume (es ging um einen Kellerraum) sein alleiniger Vermieter sei. Gewisse **Schutzlücken** für den Mieter bzw. rechtliche Unsicherheiten wegen ungeklärter Fragen sind allerdings nicht zu verkennen[427], die Schutzfunktion des § 986 BGB könnte vom BGH überstrapaziert worden sein und einer näheren Prüfung jedenfalls nicht vollständig standhalten.[428] Im Falle der Mangelhaftigkeit des Mietobjektes etwa hat der Mieter keinen direkten Anspruch gegen die Wohnungseigentümer. Soweit deren Tätigwerden bzw. deren Zustimmung erforderlich sind, kann der Mieter vom vermietenden Wohnungseigentümer lediglich verlangen, entweder seine Miteigentümer entsprechend in Anspruch zu nehmen oder seine Ansprüche gegen die Miteigentümer an den Mieter abzutreten, um sie dann selbst durchsetzen zu können.[429] Gewährt der Mietvertrag dem Mieter die Alleinnutzung an Gemeinschaftsflächen, so kann der Mieter möglicherweise gegenüber den anderen Miteigentümern nur Einräumung von Mitbesitz, nicht aber Alleinbesitz verlangen oder er kann Herausgabeansprüchen ausgesetzt sein.[430] Weiter können den übrigen Miteigentümern Unterlassungsansprüche gem. § 1004 BGB gegen den Mieter zustehen, wenn die ihm mietvertraglich eingeräumte Nutzung den Gebrauchsregelungen der Woh-

---

[418] BGH V ZB 32/05, NJW 2005, 2061.

[419] Siehe näher zur Herleitung BGH VIII ARZ 1/98, NJW 1999, 2177.

[420] Siehe hierzu BayObLG NJW-RR 1991, 651; bestätigt durch BGH VIII ARZ 1/98, NJW 1999, 2177.

[421] Vgl. die Nachweise in BGH VIII ARZ 1/98, NJW 1999, 2177.

[422] Siehe iE *Weitemeyer* NZM 1999, 173 (174); BGH VIII ARZ 1/98, NJW 1999, 2177.

[423] BGH VIII ARZ 1/98, NJW 1999, 2177.

[424] Staudinger/*Emmerich* BGB § 566 Rn. 16 mwN; MüKoBGB/*Häublein* § 566 Rn. 32/33, allerdings mit teilweise abweichender Begründung; *Börstinghaus* NZM 2004, 483 (484).

[425] BT-Drs. 14, 4553, abgedr. in NZM 2000, 445 (446).

[426] MüKoBGB/*Häublein* § 566 Rn. 32/33 und *Häublein* NZM 2014, 103 (104), der differenziert hinsichtlich des Schutzes durch § 986 BGB zwischen solchen Räumen, die der Mieter nur mitbenutzen dürfe, und solchen, die ihm zur Alleinnutzung zugewiesen seien; zur Durchsetzung von Letzterem gegenüber den anderen Wohnungseigentümern reiche § 986 BGB nicht aus, es müsse deshalb auf eine analoge Anwendung von § 567 S. 2 BGB zurückgegriffen werden; dem folgt *Lehmann-Richter* ZWE 2009, 346; für einen Schutz durch § 986 BGB mit eingehender Begründung *Simon* NZM 2000, 851; für eine analoge Anwendung von § 986 Abs. 2 BGB *Nüßlein,* Die Divergenzen zwischen Wohnungseigentums- und Mietrecht, 2006, S. 53; dagegen *Häublein* NZM 2014, 104 Fn. 44.

[427] So mit Beispielen *Simon* NZM 2000, 850 und *Häublein* NZM 2014, 102ff., der auch einen Gesetzesvorschlag zur Beseitigung derartiger Schutzlücken macht.

[428] So *Häublein* NZM 2014, 103, weniger weitgehend *Simon* NZM 2000, 851.

[429] *Häublein* NZM 2014, 104.

[430] *Häublein* NZM 2014, 104 (105); *Nüßlein,* Die Divergenzen zwischen Wohnungseigentums- und Mietrecht, 2006, S. 51; **aA** mit beachtlichen Gründen *Simon* NZM 2000, 852.

nungseigentümer widerspricht.[431] Wenn man die Schutzlücken für unzumutbar und eine Schließung im Wege der Rechtsfortbildung für notwendig hält[432], könnte das durch eine entsprechende Anwendung von § 567 S. 2 BGB geschehen.[433] In der Praxis sind die Schutzlücken allerdings nicht in nennenswertem Umfang zu Tage getreten, so dass einer solchen Rechtsfortbildung mit Skepsis zu begegnen ist. Dies insbes. auch deshalb, weil § 566 BGB zwar eine Schuldnerschutzvorschrift ist, die allerdings kein uneingeschränktes Verbot der Schlechterstellung des Mieters durch einen Eigentumswechsel enthält; es sind vielmehr alle Interessen in Betracht zu ziehen (→ Rn. 8), weswegen der Mieter um des Vorteils willen, nicht mit allen Wohnungseigentümern in Vertrag zu stehen, ggf. gewisse Nachteile in Kauf nehmen muss. Das ist auch die Sicht des BGH in einer etwas anderen, aber vergleichbaren Konstellation, wenn nämlich nicht mitvermietete, aber zur Mitbenutzung vorhandene Flächen (im entschiedenen Fall eine Zufahrt) veräußert werden; hier verneint der BGH einen Vertragsübergang auf den Erwerber der Nebenflächen und verweist den Mieter auf seine Ansprüche gegen den Vermieter des eigentlichen Mietgegenstandes.[434]

Aus Gründen der Rechtssicherheit für den Mieter darf die **Größe der Wohnungseigentümergemeinschaft** bei der Anwendung der BGH-Rechtsprechung mE keine Rolle spielen.[435] In einem Urteil aus dem Jahr 2005 hat der BGH[436] allerdings ausgeführt, eine bloße Verdopplung der Vermieterstellung stelle keine Erschwernis dar, die eine teleologische Reduktion des § 566 BGB rechtfertige. Dieser Fall wies jedoch Besonderheiten auf. Er betraf wie derjenige aus dem Jahr 1999[437] auch die Nutzung von Gemeinschaftseigentum, nämlich einen Stellplatz; anders als in der früheren Entscheidung war der Stellplatz wohnungseigentumsrechtlich aber nicht der vermieteten Wohnung zugeordnet, sondern einer anderen Wohnung als Sondernutzungsrecht zugewiesen. Der BGH behandelte dieses Sondernutzungsrecht faktisch wie Sondereigentum, indem er eine Vermehrung der Vermieter nach dessen Übergang auf einen neuen Wohnungseigentümer für möglich gehalten hat – aber eben nur eine Verdopplung um den Sondernutzungsberechtigten an dem Stellplatz, nicht eine Vermehrung um alle Wohnungseigentümer. Aus diesem Grund kann mE in dem Urteil aus 2005 keine Relativierung des seit 1999 vertretenen Standpunktes in der Weise gesehen werden, dass in jedem Einzelfall untersucht werden müsse, ob die (erhöhte) Anzahl der Vermieter einer gedeihlichen Durchführung des Mietverhältnisses noch zuträglich sei. Das wäre mit der Rechtssicherheit nicht vereinbar und der Gedanke der Praktikabilität, der hinter der teleologischen Reduktion steht, dürfte dann konsequenterweise nicht auf Wohnungseigentumsgemeinschaften beschränkt bleiben, sondern müsste dann auch auf Miteigentümergemeinschaften einer gewissen Größe angewendet werden. 80

Das Urteil aus 2005[438] ist deshalb wohl so zu verstehen, dass die **teleologische Reduktion** des § 566 BGB **nur** in Betracht kommt, **wenn ansonsten alle Wohnungseigentümer Vermieter würden;** betrifft die Vermehrung hingegen nur andere Sondereigentümer (zu Sondernutzungsberechtigten → Rn. 83), verbleibt es bei der uneingeschränkten Anwendung von § 566 BGB.[439] Die praktischen Probleme, die den BGH zu der erwähnten teleologischen Reduktion des § 566 BGB bewogen haben, dürften in diesen Fällen nur in geringem Maß auftreten. Es vergrößert sich zwar auch die Anzahl der Vermieter, da § 566 BGB nicht nur für die Erwerber des Sondereigentums an einer Wohnung gilt, sondern auch für die Erwerber von Sondereigentum an Nebenräumen oder Grundstücksteilen, die dem Mieter zum alleinigen Gebrauch vermietet wurden[440]; in der Regel bleibt die Anzahl aber überschaubar auf zwei oder wenige mehr beschränkt, wenn etwa – wie nicht selten – bei einem einheitlichen Mietverhältnis über eine Wohnung und eine Garage (oder einen anderen Nebenraum[441]) die Wohnung nach der Aufteilung einem anderen Eigentümer zugewiesen wird als die Garage. 81

---

[431] Eingehend BGH V ZR 271/18, NZM 2020, 107; außerdem *Simon* NZM 2000, 852; *Häublein* NZM 2014, 109.

[432] So wohl *Häublein* NZM 2014, 104; **aA** *Simon* NZM 2000, 852.

[433] *Häublein* NZM 2014, 104; für eine analoge Anwendung von § 986 Abs. 2 BGB *Nüßlein,* Die Divergenzen zwischen Wohnungseigentums- und Mietrecht, 2006, S. 53; dagegen *Häublein* NZM 2014, 104 Fn. 44.

[434] BGH XII ZR 52/18, NJW 2020, 683.

[435] So auch *Flatow* jurisPR-MietR 1/2009 Nr. 3.

[436] BGH VIII ZR 399/03, NJW 2005, 3781.

[437] BGH VIII ARZ 1/98, NJW 1999, 2177.

[438] BGH VIII ZR 399/03, NJW 2005, 3781.

[439] AG Mannheim ZMR 2009, 156; LG Hamburg ZMR 1999, 765 mablAnm *Greiner; Häublein* NZM 2014, 104; *Flatow* jurisPR-MietR 1/2009 Nr. 3.

[440] *Weitemeyer* NZM 1998, 173.

[441] So in dem Fall AG Mannheim 18.4.2008 – 9 C 48/08, BeckRS 2008, 23309.

82 An der Rspr. des BGH zur teleologischen Reduktion des § 566 BGB ist auch festzuhalten, nachdem die Wohnungseigentümergemeinschaft seit der zum 1.7.2007 in Kraft getretenen **WEG-Reform** (teil-)rechtsfähig wurde (damals § 10 Abs. 6 WEG, jetzt § 9a WEG).[442] Denn die Vermietung des Gemeinschaftseigentum ist zwar gem. § 18 Abs. 1 WEG eine Angelegenheit der gesamten Verwaltung; Eigentümer bleiben aber, wie sich mittelbar aus § 9a Abs. 2 WEG ergibt, die Wohnungseigentümer selbst[443], so dass auch ein Mietvertrag gem. § 566 BGB auf die Wohnungseigentümer übergehen würde[444] und es bei der Vervielfachung der Vermieter bliebe. Da die Verwaltung des Mietverhältnisses in den Händen der Gemeinschaft der Wohnungseigentümer läge, hätte der Mieter jedoch nur einen zusätzlichen „Ansprechpartner"; damit träte quasi (nicht rechtlich, sondern in der praktischen Handhabung) nur eine Verdopplung der Vermieterstellung ein. Die Schwierigkeiten, die die innere Willensbildung der teilrechtsfähigen WEG-Gemeinschaft oftmals bereitet, wären aber weiterhin vorhanden und könnten das Mietverhältnis immer noch erheblich belasten[445] – und dies angesichts des Umstands, dass die meisten Angelegenheiten, die in Bezug auf das Mietverhältnis zu regeln sind, das Gemeinschaftseigentum gar nicht betreffen. Es ist freilich nicht zu verkennen, dass einige erhebliche Probleme, die den BGH zu seiner Rspr. veranlasst haben, beseitigt sind, weil der Mieter nur noch einen zusätzlichen Adressaten hätte, an den er leisten und dem gegenüber er Willenserklärungen abgeben müsste. Letztlich ausschlaggebend dürfte sein, dass der Gesetzgeber der Mietrechtsreform eine Vermehrung der Zahl der Vermieter bei Veräußerung von Wohnungseigentum nicht wollte.[446]

83 Der BGH behandelt bloße **Sondernutzungsrechte** iErg genauso wie Sondereigentum[447], obwohl ein Sondernutzungsrecht kein Eigentumsrecht ist und der Rechtscharakter von Sondernutzungsrechten als dingliches oder bloß schuldrechtliches Rechtsinstitut umstritten ist.[448] Auch wenn der BGH die Frage, ob auf die Einräumung bzw. Übertragung eines Sondernutzungsrechtes §§ 566, 567 BGB direkt oder analog angewendet werden können, in keiner Weise problematisiert hat und deshalb nicht ausgeschlossen werden kann, dass er beides irrtümlich verwechselt hat, ist die Meinung des BGH wohl zutreffend.[449] Sondereigentum kann nämlich gem. §§ 5 Abs. 1, 3 Abs. 1 WEG nur an (Wohn-)*Räumen* begründet werden, für den Garten etwa oder für Stellflächen muss die Zuweisung an einzelne Wohnungseigentümer deshalb durch die Einräumung von Sondernutzungsrechten erfolgen. Der Begünstigte erreicht hierdurch eine eigentümerähnliche Stellung, falls das Sondernutzungsrecht gem. § 5 Abs. 4 WEG in das Wohnungsgrundbuch eingetragen wird; dann wirkt es nämlich gem. § 10 Abs. 3 WEG nicht nur unter denjenigen Wohnungseigentümern, die es vereinbart haben, sondern auch gegenüber Rechtsnachfolgern.[450] Deshalb ist, wenn man nicht das Sondernutzungsrecht als dingliches Recht ansehen will, eine analoge Anwendung von § 567 BGB[451] auf *eingetragene* Sondernutzungsrechte schon allein deshalb zu befürworten, um Wertungswidersprüche mit der Behandlung von Sondereigentum zu verhindern.[452]

---

442 So auch *Häublein* NZM 2014, 103.

443 So auch für die insofern unveränderte Gesetzeslage vor der WEG-Reform des Jahres 2020 BGH V ZB 77/06, NZM 2007, 411 Rn. 10.

444 *Schmid* ZWE 2013, 312.

445 *Flatow* jurisPR-MietR 1/2009 Nr. 3; *Häublein* NZM 2014, 103.

446 BT-Drs. 14, 4553, abgedr. in NZM 2000, 445 (446).

447 BGH VIII ZR 399/03, NJW 2005, 3781; offenlassend BGH XII ZR 46/19, NZM 2020, 503 Rn. 12.

448 Siehe MüKoBGB/*Häublein* § 567 Rn. 3/4 und die Dissertationen von *Bornemann,* Der Erwerb von Sondernutzungsrechten im Wohnungseigentumsrecht, 2000; *Ott,* Das Sondernutzungsrecht im Wohnungseigentum, 2000; *Häublein,* Sondernutzungsrechte und ihre Begründung im Wohnungseigentumsrecht, 2003; *Nüßlein,* Die Divergenzen zwischen Wohnungseigentums- und Mietrecht, 2006, S. 55ff.

449 Ebenso wie der BGH *Sternel* ZMR 1997, 316; Blank/Börstinghaus/*Blank* BGB § 567 Rn. 4 und – eing. – MüKoBGB/*Häublein* § 567 Rn. 3/4. Das AG Köln WuM 2007, 11 wendet § 566 BGB an, auch wenn es nicht von einem Sondernutzungsrecht, sondern von der Zuordnung eines Kellers spricht; **aA** allein unter Verweis auf fehlende Dinglichkeit des Sondernutzungsrechtes Staudinger/*Emmerich* BGB § 566 Rn. 16, § 567 Rn. 2f.; LG Stuttgart WuM 1988, 404 und – sich darauf berufend – *Börstinghaus* NZM 2004, 484; *Nüßlein,* Die Divergenzen zwischen Wohnungseigentums- und Mietrecht, 2006, S. 61.

450 BayObLG NZM 2005, 344.

451 Auch wenn es iErg keine Rolle spielt, ist die entsprechende Anwendung von § 567 BGB einer solchen von § 566 BGB vorzuziehen, weil das Sondernutzungsrecht einer dinglichen Belastung, etwa einem Nießbrauch, näher steht als dem Eigentum.

452 So auch *Flatow* WImmoT 2008, 136; MüKoBGB/*Häublein* § 567 Rn. 3/4 betont den Mieterschutzgedanken der §§ 566, 567 BGB; OLG Naumburg ZMR 2013, 650 ohne Problematisierung des Einflusses der WEG-Reform; *Schmid* ZWE 2013, 313 will § 566 BGB wohl direkt anwenden.

84 Schwierigkeiten ergeben sich auch dann, wenn das **Wohnungseigentum** erst **nach der Vermietung** gebildet wird. Hierbei sind zunächst verschiedene Fallgestaltungen auseinanderzuhalten. Einmal gibt es die vertragliche Einräumung von Sondereigentum gem. § 3 WEG, bei der jedem der schon vorhandenen **Miteigentümer** das Sondereigentum an einer Wohnung eingeräumt wird. Zum anderen gibt es die Teilung des Grundstücks durch den Eigentümer gem. § 8 WEG, bei der das Grundstück in Miteigentumsanteile geteilt und jedem Miteigentumsanteil (nicht Miteigentümer) das Sondereigentum an einer Wohnung zugewiesen wird; gab es mehrere Eigentümer (Bruchteilseigentum), so setzt sich diese Bruchteilsgemeinschaft an jedem Miteigentumsanteil (und dem damit verbundenen Sondereigentum) fort.[453] Unproblematisch ist nur der letztere Fall, die sog. Vorratsteilung gem. § 8 WEG. Dann nämlich bleiben Vermieter und Eigentümer auch nach der Bildung des Wohnungseigentums identisch[454], weil eine Änderung der Rechtszuständigkeit durch die bloße Teilung nicht eintritt. Wird hingegen nach der Vorratsteilung ein Miteigentumsanteil (und mit ihm das zugewiesene Sondereigentum an einer Wohnung) an jemanden veräußert, der noch nicht Miteigentümer war, so ist ein Dritter iSd § 566 BGB als Erwerber vorhanden, der in den Mietvertrag, der für das Sondereigentums bestand, eintritt – hinsichtlich des Gemeinschaftseigentums gilt, soweit es mitvermietet ist, das zuvor Ausgeführte entsprechend.[455] Wird das Mietobjekt durch die Umwandlung zu gemeinschaftlichem Eigentum (etwa bei einer Hausmeisterwohnung, einem Kellerraum, der an einen Contractor vermietet wird, oder einem Dachraum, der an einen Mobilfunkanbieter vermietet wird), dann ist ebenfalls ein Dritter vorhanden, nämlich sämtliche Miteigentümer, die dann gemeinschaftlich Vermieter werden.[456] Wenn das Sondereigentum an den Wohnungen gem. § 3 WEG den Miteigentümern zugeordnet wird oder wenn es nach einer Vorratsteilung an einen der schon vorhandenen Miteigentümer veräußert wird, kommt es zu einer ähnlichen Lage → Rn. 77 zur Veräußerung eines Miteigentumsanteils an einen schon vorhandenen Miteigentümer geschildert. Dementsprechend sollten beide Sachlagen[457] gleich behandelt werden, dh, in diesen Fällen kann ein Vertragsübergang entsprechend § 566 BGB nicht erfolgen[458], bei einer späteren Weiterveräußerung ist aber die entsprechende Anwendung des § 566 BGB möglich (→ Rn. 77). Wird eine **GbR** unter Bildung von Wohnungseigentum und Eintragung der einzelnen Gesellschafter als Eigentümer der jeweils zugewiesenen Wohnungen auseinandergesetzt, tritt der jeweilige Eigentümer gem. § 566 BGB in ein Mietverhältnis, das bzgl. der zugewiesenen Wohnung besteht, ein[459]; die Auseinandersetzung der GbR und die Eintragung der bisherigen Gesellschafter als Wohnungseigentümer stellen ein einheitliches Geschäft dar; die dafür notwendige Bildung von Miteigentumsanteilen ist ein bloßer rechtstechnischer Zwischenschritt zur Errichtung der WEG und nicht eine eigenständige Veräußerung iSv § 566 BGB an eine Bruchteilsgemeinschaft.[460]

## F. Rechtsfolgen von Abs. 1

85 Bei der Beurteilung der Rechtsfolgen des Eigentumsübergangs spielen eine Vielzahl von Faktoren eine Rolle, die nach Möglichkeit in Einklang miteinander gebracht werden müssen. Zentrale Bedeutung haben hierbei der Zweck der Vorschrift und seine dogmatische Konstruktion. § 566 BGB bewirkt eine zeitlich für die Dauer des Eigentums begrenzte Vertragsübernahme[461] des Mietverhältnisses durch den Erwerber. Deshalb ist als Zeitpunkt für den Eintritt der Rechtswirkungen

---

453 BayObLG NJW 1982, 451; BGH VIII ARZ 2/94, NJW 1994, 2542.

454 *Schmid* ZWE 2013, 312 und OLG Naumburg ZMR 2013, 650 für die Rechtslage nach der WEG-Reform 2007, mit der die Wohnungseigentümergemeinschaft als teilrechtsfähig anerkannt wurde. BayObLG NJW 1982, 451; BGH VIII ARZ 2/94, NJW 1994, 2542; *Börstinghaus* NZM 2004, 483.

455 **AA** *Schmid* ZWE 2013, 312 für den Fall, dass das Mietverhältnis eine Fläche betrifft, die nach der Teilung ausschließlich im Gemeinschaftseigentum steht (etwa ein Parkplatz); dann soll der Mietvertrag auf die Wohnungseigentümer als Bruchteilseigentümer und nicht auf den Sondernutzungsberechtigten übergehen.

456 *Häublein* NZM 2014, 105.

457 Von einer vergleichbaren Sachlage geht stillschweigend auch BGH VIII ZR 399/03, NJW 2005, 3781 aus, wenn dort die Rspr. zur Veräußerung von Miteigentum ohne weiteres auf die dem BGH-Fall zugrunde liegende Aufteilung von Wohneigentum angewendet wird.

458 *Terner* RNotZ 2019, 385; **aA** BayObLG NJW 1982, 451; WuM 1994, 189.

459 BGH VIII ZR 74/11, NZM 2012, 150; zu den besonderen Problemen bei Übertragung und Begründung von Wohnungseigentum auch → Rn. 79 ff.

460 BGH VIII ZR 74/11, NZM 2012, 150.

461 Streitig, der BGH geht davon aus, dass mit dem Eigentumsübergang ein neues, aber inhaltsgleiches Mietverhältnis entsteht; Einzelheiten → Rn. 10 ff.

des § 566 BGB auf die Vollendung des Eigentumsübergangs abzustellen, in der Regel also auf die Eintragung im Grundbuch und nicht etwa auf den Zeitpunkt des Vertragsschlusses. Vollzieht sich der Eigentumsübergang hingegen durch ein Ereignis außerhalb des Grundbuchs (etwa bei einer Zwangsversteigerung gem. § 90 ZVG), kommt es auf des Zeitpunkt dieses Ereignisses an (den Zuschlag); die Eintragung in das Grundbuch hat dann nur deklaratorische Bedeutung. Der Vertragsübergang vollzieht sich kraft Gesetzes, eine Kenntnis der Beteiligten, auch eine Kenntnis des Erwerbers von dem Mietverhältnis, ist nicht notwendig.[462] Der Erwerber muss das Mietverhältnis in dem Zustand hinnehmen, in dem es sich zum Zeitpunkt des Eigentumswechsels befindet, dh mit allen Änderungen und Ergänzungen, die der Mieter mit dem Veräußerer vereinbart hat oder die durch die Ausübung von Gestaltungsrechten oder kraft Gesetzes eingetreten sind.[463] Einige Rechtsfolgen werden durch die besonderen Vorschriften der §§ 566a–566e BGB geregelt. Siehe zum Schutz des Mieters, der in Unkenntnis des Eigentumsübergangs Rechtshandlungen noch gegenüber dem Veräußerer vornimmt oder bei unwirksamem oder vermeintlichen Eigentumsübergang gegenüber dem Erwerber, bei der Kommentierung zu § 566e BGB. Berechtigungen und Verpflichtungen aus Förderzusagen des **öffentlich geförderten Wohnungsbaus** gehen gem. § 13 Abs. 3 WoFG[464] mit dem Eigentumswechsel auf den Erwerber über.[465] Anders ist das bei Förderungen außerhalb des WoFG; hierzu → Rn. 94.

## I. Fälligkeitsprinzip

86 Die Begrenzung der Vertragsübernahme auf die Zeit der Eigentümerstellung des Erwerbers bewirkt eine Zäsur, die dazu führt, dass *nicht ausnahmslos alle* Rechte und Pflichten aus dem Mietverhältnis übergehen; es gilt vielmehr grds. das **Fälligkeitsprinzip.**[466] Mit ihm wird – grds. nach dem Zeitpunkt der Fälligkeit – die Frage beantwortet, welche der verschiedenen mietvertraglichen Rechte und Pflichten nach einem Eigentumsübergang dem Erwerber und welche dem Veräußerer zuzuordnen sind.[467] Für den *Inhalt* der dem Erwerber zuzuordnenden Rechte und Pflichten bleibt die Zäsur hingegen ohne Auswirkung; insoweit ordnet § 566 Abs. 1 BGB an, dass der Erwerber an die Stelle des Veräußerers tritt, so dass seine Rechte und Pflichten inhaltlich mit denen übereinstimmen, die dem Veräußerer bei Hinwegdenken des Eigentumsübergangs zustünden bzw. ihn träfen.[468] Das Fälligkeitsprinzip besagt, dass Ansprüche, die vor dem Eigentumsübergang fällig[469] geworden sind, dem veräußernden Vermieter zustehen bzw. von ihm zu erfüllen sind, Ansprüche, die danach fällig geworden sind, hingegen dem Erwerber.[470] Den Erwerber treffen auch die nach dem Eigentumsübergang bestehen bleibenden Dauerverpflichtungen, etwa die Pflicht zur Gebrauchsgewährung. Soweit es für den Inhalt der Ansprüche oder der sonstigen mietvertraglichen Rechte und Pflichten auf den Beginn des Mietverhältnisses ankommt, ist auf den Beginn des ursprünglichen Mietverhältnisses zwischen Veräußerer und Mieter abzustellen[471]; das betrifft etwa die Berechnung von Fristen bei Mieterhöhungen, Schönheitsreparaturen, Kündigungen (§ 573 Abs. 1 S. 2 BGB), die Berechnung der 30-Jahresfrist des § 544 BGB oder die Fortwirkung eines Verzugseintritts.[472] Das Fälligkeitsprinzip gilt aber nicht ausnahmslos. Dessen Angemessenheit muss vielmehr unter Berücksichtigung des Bestandsschutzinteresses des Mieters, des (nur eingeschränkt geltenden) Verbotes der Schlechterstellung des Mieters durch den Vertragsübergang und der Eigentumsinteressen von Veräußerer und Erwerber beurteilt werden.[473] Das ist insbes. bei gestreckten Tatbeständen notwendig, also solchen, die sich über die Zäsur des Eigentumsübergangs hinweg entwickeln. Das betrifft bspw. die mit den Betriebskosten bzw. deren Abrechnung zusammenhängenden Ansprüche; hier gilt das

---

[462] Staudinger/*Emmerich* BGB § 566 Rn. 37.
[463] Staudinger/*Emmerich* BGB § 566 Rn. 38.
[464] Das WoFG gilt nicht in allen Bundesländern; dazu → BGB § 563 Rn. 10.
[465] MüKoBGB/*Häublein* Vor § 535 Rn. 105.
[466] AllgM, s. nur BGH XII ZR 163/12, NJW 2014, 3775; BGH XII ZR 71/01, NZM 2005, 17; BGH VIII ZR 22/88, NJW 1989, 451; OLG Düsseldorf NZM 2008, 893.
[467] BGH XII ZR 163/12, NJW 2014, 3775; BGH XII ZR 71/01, NZM 2005, 17.
[468] BGH XII ZR 163/12, NJW 2014, 3775 Rn. 15; auch → Rn. 96.
[469] Fälligkeit tritt ein mit der Entstehung des Anspruchs; ein Anspruch entsteht, wenn er vom Gläubiger – notfalls gerichtlich – geltend gemacht werden kann (BGH VIII ARZ 5/90, NJW 1991, 836).
[470] *BGH XII ZR 71/01, NZM 2005, 17.*
[471] BGH XII ZR 163/12, NJW 2014, 3775 Rn. 16.
[472] BGH XII ZR 163/12, NJW 2014, 3775.
[473] Einzelheiten zu diesen Interessen → Rn. 7.

Fälligkeitsprinzip nur eingeschränkt (→ Rn. 110). Das Fälligkeitsprinzip greift darüber hinaus ausnahmsweise nicht ein bei dem Anspruch auf Leistung bzw. Wiederauffüllung der Kaution, weil die Sicherheit alle Ansprüche aus dem Mietvertrag sichert, also gleichfalls die des Erwerbers nach Eigentumsübergang.[474] Zur Verjährung von Ansprüchen des Veräußerers und des Mieters, die bei Veräußerung fällig waren und die nicht auf den Erwerber übergehen, → BGB § 548 Rn. 56.

Es ist weiterhin zu berücksichtigen, dass das Gesetz mit den §§ 566a–566e BGB Spezialregelungen für den Rechtsübergang in Bezug auf die Mietforderung getroffen hat, die den §§ 398 ff. BGB vorgehen.[475] Ohne Berücksichtigung dieser Regelungen ist ein richtiges Verständnis des § 566 BGB kaum möglich. § 566c BGB ist § 407 BGB[476] nachgebildet, § 566d BGB dem § 406 BGB und § 566e BGB dem § 409 BGB. Der Schutzgehalt von §§ 566b–566d BGB, die entgegen ihrer mieterschützenden Diktion den Mieterschutz erheblich beschränken, ist gering; er entspricht demjenigen der vergleichbaren §§ 1124, 1125 BGB.[477] Außerdem gibt es bewusste Schutzlücken für den Mieter, der in Unkenntnis des Eigentumsübergangs an den Veräußerer oder an einen Zessionar leistet, weil die Vorschrift des § 407 BGB in § 566c BGB nur unvollständig übernommen wurde.[478] Eine Vorschrift, die § 404 BGB entspricht, gibt es in §§ 566a–566e BGB überhaupt nicht. Aus dem Gedanken des durch § 566 BGB bezweckten Mieterschutzes wird vielfach eine Anwendung des § 404 BGB befürwortet[479], um dem Mieter alle Einwendungen gegenüber dem Erwerber zu erhalten, die ihm gegen den ursprünglichen Vermieter zustanden. Die Rspr. lehnt eine **entsprechende Anwendung des § 404 BGB** ab, weil diese Vorschrift eine Rechtsnachfolge voraussetze, die es aber bei der von ihr angenommenen Novation nicht gebe.[480] Das ist zwar bei der hier angenommenen dogmatischen Konstruktion der Vertragsübernahme anders, das Gesetz ordnet aber – wie insbes. aus den dargelegten Einschränkungen des Schuldnerschutzes in §§ 566b–566e BGB deutlich wird – keine umfassende Rechtsnachfolge des Erwerbers an, sondern nur eine zeitlich beschränkte Rechtsnachfolge für die Dauer des Eigentums unter besonderer Berücksichtigung des Erwerberinteresses, den Mietzinses zu erhalten. 87

## II. Beschränkung auf das Mietverhältnis

Die durch den Eigentumsübergang bewirkte Zäsur beschränkt sich nach dem Wortlaut des § 566 Abs. 1 BGB auf die Rechte und Pflichten *aus dem Mietverhältnis* und bezieht sich damit immer nur auf die Mietsache, nicht auf evtl. Nebenflächen, die der Mieter nur mitbenutzen darf (näher → Rn. 56). Die Beschränkung auf die Rechte und Pflichten *aus dem Mietverhältnis* bereitet insbes. dann Schwierigkeiten, wenn Mieter und Vermieter aus Anlass oder in Zusammenhang mit dem Abschluss oder einer Änderung des Mietvertrages Vereinbarungen getroffen haben, die über typische Mietvertragsinhalte hinausgehen. Dann ist zu entscheiden, ob solche Vereinbarungen auch auf den Erwerber übergehen. Die Grenzlinie ist wie folgt zu ziehen: Von § 566 BGB werden nur solche Rechte und Pflichten erfasst, die als mietrechtlich zu qualifizieren sind oder die in untrennbarem Zusammenhang mit dem Mietvertrag stehen; der Erwerber tritt deshalb nicht in Rechte und Pflichten ein, die außerhalb des Mietverhältnisses liegen, selbst wenn sie als zusätzliche Vereinbarung im Mietvertrag geregelt sind. Dieser Grenzziehung hat sich inzwischen der BGH ausdrücklich angeschlossen[481], nachdem seine Position zu dieser Problematik in der älteren Rspr. nicht leicht auszumachen war.[482] 88

---

[474] BGH XII ZR 22/11, NJW 2012, 3032 Rn. 34; weiter → BGB § 566a Rn. 10.

[475] Ist nicht die Mietforderung betroffen, können §§ 406 ff. BGB aber weitgehend entsprechend angewendet werden (→ BGB § 566e Rn. 18).

[476] Nach BGH XII ZR 106/99, NZM 2002, 291 ist § 407 BGB auch bei § 566 BGB anwendbar; entschieden wurde das für den Fall der Optionsausübung gegenüber dem Veräußerer in Unkenntnis des Eigentumsübergangs, ist aber nach der Argumentation des BGH nicht hierauf beschränkt; ausf. → BGB § 566e Rn. 17 ff.

[477] Einzelheiten bei der Kommentierung zu § 566b BGB.

[478] Einzelheiten bei der Kommentierung zu § 566e BGB.

[479] Eing. *Weitemeyer* FS Blank, 2006, 445 (456 ff.) und *Gellwitzki* WuM 2006, 126; ebenso Staudinger/*Emmerich* BGB § 566 Rn. 5.

[480] BGH XII ZR 51/03, NJW 2006, 1800.

[481] BGH XII ZR 9/15, NJW 2017, 254 mAnm *Streyl*. Vorher schon, allerdings ohne ausdrückliche Auseinandersetzung mit der Problematik BGH XII ZR 22/11, NJW 2012, 3032; BGH VIII ZR 224/13, NZM 2015, 79 Rn. 41.

[482] Die Unterschiede zwischen diesen älteren Urteilen (BGH XII ZR 51/03, NJW 2006, 1800; BGH V ZR 65/63, NJW 1965, 2198; BGH XII ZR 124/97, NJW 1999, 1858 (1859)) werden in → 12. Aufl. 2015, BGB § 566 Rn. 89 aufgearbeitet.

In dieser Unklarheit spiegelte sich die in der Lit. stark vertretene Meinung, dass § 566 BGB auf alle Vereinbarungen anwendbar sei, die nach dem Willen der Vertragsschließenden Bestandteil des Mietvertrages sein sollen.[483]

89 *frei*

90 Die Schwierigkeit, die auf den Erwerber übergehenden Rechte und Pflichten richtig von dem abzugrenzen, was bei dem veräußernden Vermieter verbleibt, sind wohl in der **mehrdeutigen Wortwahl des Gesetzes** begründet.[484] Man kann einerseits den Begriff Mietverhältnis mit Mietvertrag gleichsetzten und meinen, es sei der gesamte Vertragsinhalt gemeint, den die konkreten vertragsschließenden Parteien vereinbart haben. Man kann unter Mietverhältnis aber auch nur das verstehen, was als mietrechtlich zu qualifizieren ist; Vereinbarungen, mögen sie auch in demselben Vertrag geregelt worden sein, die einer anderen Vertragsart als dem Mietvertrag zuzuordnen sind, wären dann nicht Bestandteil des Mietverhältnisses iSv § 566 BGB. Ist der Wortlaut einer Vorschrift mehrdeutig, ist nach **Sinn und Zweck** der Norm zu entscheiden, was der letztgenannten Auslegung den Vorzug gibt.[485] Das Bestandsinteresse des Mieters erfordert nämlich eine Überleitung anderer als mietrechtlicher Vereinbarungen auf den Erwerber nicht. Es soll nur den Besitz bzw. die Möglichkeit des Gebrauchs der Mietsache schützen sowie die hierzu getroffenen Vereinbarungen.[486] Der Erwerber hingegen ist nach der Idee des Gesetzes schon durch die Einschränkung des Gebrauchsrechtes potenziell belastet.[487] Diese Belastung würde sich vergrößern, wenn sie darüber hinaus auch auf andere als mietrechtliche Vereinbarungen erstreckt würde. Entscheidend ist aber, dass einem Mietvertrag durch § 566 BGB eine gewisse dingliche Wirkung zukommt (ohne allerdings ein dingliches Recht zu sein).[488] Das stellt eine Ausnahme im Rechtssystem des BGB dar, die restriktiv zu handhaben ist.[489] Würde man noch andere Vereinbarungen als diejenigen, die mietvertraglich zu qualifizieren sind, auf den Erwerber übergehen lassen, dann würde dies zu einer Verdinglichung auch anderer Vertragsarten führen.[490] Die Notwendigkeit der mietrechtlichen Qualifizierung einer Vereinbarung ist dabei nicht gleichzusetzen mit dem Inhalt eines typischen Mietvertrages bzw. dem, was ein Erwerber typischerweise als Regelungsgehalt eines Mietvertrages erwarten darf.[491] Solche Erwartungen schützt § 566 BGB nicht, weil der Erwerber sich über den Inhalt des Vertrages durch Einblick in die bei längerer Bindung notwendig erstellten Urkunden (§ 550 BGB) selbst informieren kann; iÜ wird der Erwerber nur hinsichtlich der Vertragslaufzeit und des Mietzinses durch §§ 550, 566b–566d BGB geschützt.[492]

91 Wenn danach unter § 566 BGB **alle als mietrechtlich zu qualifizierenden Vereinbarungen** fallen[493], so bedeutet das im Umkehrschluss, dass alle anderen Vereinbarungen grds. (zur Ausnahme → Rn. 92, 93) nicht darunter fallen. Wenn etwa ein Mieter für den Vermieter gewisse Hausmeisterdienste oder die Treppenhausreinigung übernommen hat, dann handelt es sich hierbei um eine als Dienst- oder Werkvertrag zu qualifizierende Vereinbarung, die nicht von § 566 BGB erfasst wird. Wohnt der Mieter hingegen aufgrund solcher Dienste ganz oder teilweise mietzinsfrei, dann ist die Erbringung der Dienste die Gegenleistung für die Gebrauchsüberlassung und damit eine mietrechtliche Vereinbarung (Mietvertrag mit atypischer Gegenleistung); in diesem Fall wäre die Dienstverpflichtung ein (mietrechtlich zu qualifizierender) Bestandteil des Mietvertrages und würde auf den Erwerber als Dienstberechtigtem übergehen.

---

[483] Staudinger/*Emmerich* BGB § 566 Rn. 40; wohl auch MüKoBGB/*Häublein* § 566 Rn. 38. Die Beispiele bei *Emmerich* deuten darauf hin, dass nach seiner Meinung ein innerer Zusammenhang der Vereinbarungen gegeben sein muss und eine bloß zufällige Zusammenfassung mehrerer Verträge in einer Urkunde nicht genügen soll. *Häublein* stellt darauf ab, ob der Erwerber die Vereinbarungen kennen konnte, was bei einem schriftlichen Mietvertrag zu bejahen sei; nicht schriftlich abgefasste Nebenabreden sollen nicht übergehen, wenn sie einen ungewöhnlichen Inhalt haben.

[484] So auch BGH XII ZR 9/15, NJW 2017, 254 Rn. 22 mAnm *Streyl* NJW 2017, 256.

[485] BGH XII ZR 9/15, NJW 2017, 254 mAnm *Streyl;* BGH XII ZR 22/11, NJW 2012, 3032; BGH VIII ZR 224/13, NZM 2015, 79 Rn. 41.

[486] So auch BGH XII ZR 9/15, NJW 2017, 254 Rn. 23 mAnm *Streyl* NJW 2017, 256.

[487] BGH XII ZR 9/15, NJW 2017, 254 Rn. 25 mAnm *Streyl* NJW 2017, 256.

[488] → Rn. 12.

[489] So auch BGH XII ZR 9/15, NJW 2017, 254 Rn. 24 mAnm *Streyl* NJW 2017, 256.

[490] Auch → BGB § 567 Rn. 24.

[491] So aber OLG Düsseldorf ZMR 2008, 954 = NZM 2008, 893; OLG Stuttgart OLGR Stuttgart 2006, 455; AnwK WohnraummietR/*Lammel* BGB § 566 Rn. 57 ff.

[492] Hierauf weist MüKoBGB/*Häublein* § 566 Rn. 38 zu Recht hin.

[493] BGH VIII ZR 224/13, NZM 2015, 79 Rn. 41; BGH XII ZR 22/11, NJW 2012, 3032.

92 Dennoch gibt es Vereinbarungen, die nicht mietrechtlich zu qualifizieren sind, die aber derart in **unlösbarem Zusammenhang** mit dem Mietvertrag stehen, dass eine Trennung von dem Mietvertrag nicht möglich erscheint. Dazu reicht ein wirtschaftlicher Zusammenhang oder ein gemeinsamer Anlass zum Vertragsschluss nicht aus. Die Vereinbarung muss vielmehr ohne den Zusammenhang mit dem Mietvertrag bei wertender Betrachtung mehr oder weniger sinnlos werden. Den Übergang solcher in unlösbarem Zusammenhang mit dem Mietvertrag stehenden Vereinbarungen erkennt auch der BGH an.[494] Ein unlösbarer Zusammenhang ist etwa anzunehmen bei einer Schiedsvereinbarung[495], die nur Sinn macht zwischen den jeweiligen Mietparteien, nach dem Eigentumsübergang aber nicht mehr zwischen Veräußerer und Mieter (außer für die beim Veräußerer nach dem Fälligkeitsprinzip verbliebenen Ansprüche).

93 Ohne dass es auf die mietrechtliche Qualifizierung einer Vereinbarung oder einen unlösbaren Zusammenhang ankommt, sind in jedem Fall solche Vereinbarungen von dem Übergang auf den Erwerber ausgeschlossen, die nicht zwischen dem Vermieter und dem Mieter geschlossen wurden, sondern zwischen dem Vermieter und einem Dritten.[496] Einmal folgt dies schon daraus, dass der Dritte nicht an dem Mietverhältnis, das nach § 566 BGB übergeht, beteiligt ist; zum anderen widerspräche es aber auch dem Schutzzweck der Vorschrift, der sich auf das Bestandsschutzinteresse des Mieters beschränkt.[497] Deshalb erfasst der Ausschluss nicht nur direkte **Vereinbarungen des Veräußerers mit einem Dritten** (auch einem Untermieter[498]), sondern auch Vereinbarungen des Veräußerers mit dem Mieter zugunsten eines Dritten.[499]

94 **Beispiele für Vereinbarungen,** die keine Pflichten aus dem Mietverhältnis sind und deshalb **nicht übergehen** (zu den mietvertraglichen Pflichten, die übergehen, s. unter 3.): Ein Ankaufsrecht bzw. eine **Kaufoption**[500] sowie die Pflicht zur Begründung eines dinglichen Dauerwohnrechtes[501] gehen nicht auf den Erwerber über. Ebenso wenig geht ein Sonderkündigungsrecht gem. § 1056 Abs. 2 BGB auf einen Erwerber über, der erst nach Beendigung des Nießbrauchs Eigentümer wird.[502] Der Erwerber (ebenso der Ersteigerer gem. § 57 ZVG[503]) ist auch nicht an die Auflagen und Bedingungen (insbes. zur Beschränkung von Mieterhöhungen gem. §§ 558 Abs. 5, 559a BGB) gebunden, die der Veräußerer anlässlich der Bewilligung von öffentlichen Fördermitteln (etwa zur Modernisierung) gegenüber der Förderstelle (etwa einer öffentlichen Kreditanstalt) eingegangen ist.[504] Anders ist dies nur, wenn sie sich aus dem Mietvertrag selbst ergibt[505] oder wenn der Veräußerer dem Erwerber diese Verpflichtung in dem Kaufvertrag auferlegt hat.[506] In letzterem Fall folgt die Bindung aber aus § 328 BGB und nicht aus einem Rechtsübergang gem. § 566 BGB, weshalb ein weiterer Erwerber nicht daran gebunden ist.[507] Berechtigungen und Verpflichtungen aus Förderzusagen nach dem WoFG gehen allerdings gem. § 13 Abs. 3 WoFG[508] mit dem Eigentumswechsel auf den Erwerber über.[509] Eine im Mietvertrag erwähnte gesetzliche Mietpreisbindung gemeinnütziger Wohnungsunternehmen (§ 7 Abs. 2 WGG, § 12 WGG-DV) geht nicht auf den Erwerber über, da eine solche Kostenmietklausel – wie sich aus einer ergänzenden Vertragsauslegung ergibt – mit der Aufhebung des WGG zum Ende des Jahres 1989 hinfällig geworden ist[510]; anders ist es, wenn Ver-

---

494 BGH XII ZR 22/11, NJW 2012, 3032; BGH V ZR 65/63, NJW 1965, 2198; BGH IX ZR 67/02, NJW 2006, 1800; BGH XII ZR 42/98, NJW 2000, 2346.

495 BGH XII ZR 42/98, NJW 2000, 2346.

496 BGH VII ZR 398/97, NJW 1999, 1859; BGH VIII ZR 250/64, NJW 1967, 2258.

497 BGH VIII ZR 250/64, NJW 1967, 2258.

498 LG Frankfurt a. M. ZMR 2013, 114 (für den Fall, dass der Untermieter mit dem Veräußerer vereinbart hatte, bei Beendigung des Hauptmietverhältnisses in dieses zu denselben Bedingungen eintreten zu können).

499 BGH VIII ZR 250/64, NJW 1967, 2258.

500 BGH XII ZR 9/15, NJW 2017, 254 Rn. 14 mAnm *Streyl* NJW 2017, 256.

501 BGH V ZR 152/74, NJW 1976, 2265 (für einen Erwerb in der Zwangsversteigerung).

502 BGH LwZR 12/08, NZM 2010, 474; auch → BGB § 567 Rn. 21.

503 BGH VIII ZR 58/03, NZM 2003, 973.

504 BGH VIII ZR 373/96, NJW 1998, 445; BGH VIII ZR 58/03, NZM 2003, 973; KG NZM 1998, 107; auch → BGB § 559a Rn. 9 und *Börstinghaus* NZM 2004, 487.

505 BGH VIII ZR 58/03, NZM 2003, 973; LG Frankfurt a. M. WuM 1990, 440; *Börstinghaus* NZM 2004, 487.

506 BGH VIII ZR 109/18, NZM 2019, 209 (für eine Kündigungsbeschränkung); BGH VIII ZR 373/96, NJW 1998, 445; BGH VIII ZR 58/03, NZM 2003, 973; *Börstinghaus* NZM 2004, 487.

507 BGH VIII ZR 373/96, NJW 1998, 445.

508 Das WoFG gilt nicht in allen Bundesländern; dazu → BGB § 563 Rn. 10.

509 MüKoBGB/*Häublein* Vor § 535 Rn. 105.

510 BGH VIII ZR 128/05, NZM 2006, 693; s. auch *Paschke/Oetker* NJW 1986, 3177 f.

äußerer und Vermieter in einem Mietvertrag, der nie der Mietpreisbindung unterlag, eine Höchstmiete oder anderweitige (zulässige) Vereinbarungen zur Mieterhöhung getroffen haben; solche Vereinbarungen binden den Erwerber.[511] Der Erwerber ist nicht an eine Vereinbarung in dem Mietvertrag gebunden, wonach der Vermieter auf Grund eines Belegungsrechtes zugunsten des Arbeitgebers des Mieters verpflichtet ist, einen Mietvertrag mit einem anderen Betriebsangehörigen zu schließen, wenn das Mietverhältnis mit dem Mieter endet.[512] Das gilt ebenso für den Verzicht eines Arbeitgebers und Vermieters von Werkswohnungen auf die Umlage von Nebenkosten als freiwillige soziale Leistung[513] und für die Verpflichtung einen Mietvertrag mit dem Untermieter zu schließen, wenn das Hauptmietverhältnis endet.[514] Miet*vor*verträge binden den Erwerber nicht, weil ein Mietvorvertrag noch kein wirksamer Mietvertrag ist.[515] Auch ist der Erwerber nicht an eine Vereinbarung (sog. **Schriftformheilungsklausel**) gebunden, die zur Mitwirkung bei der Heilung eines Schriftformmangels verpflichtet, da hierdurch der Schutzzweck des § 550 BGB, den Erwerber vor der Eigentumsumschreibung über bestehende Mietverhältnisse und deren Inhalt zu informieren, gefährdet würde.[516] Das gilt auch, wenn erst der Erwerber die schriftformbegründende (Laufzeit-) Regelung eingegangen ist, weil er dann entgegen der Absicht des § 550 BGB ebenfalls an die Abreden der früheren Vertragsparteien gebunden wäre.[517] Im Übrigen sind Schriftformheilungsklauseln zwischen den ursprünglichen Vertragsparteien ebenfalls unwirksam.[518] Wenn der Erwerber an eine Heilungsklausel nicht gebunden ist, dann kann es der Mieter nach einem Eigentumsübergang gleichfalls nicht sein; der Mieter kann also ggf. seinerseits wegen des Formverstoßes kündigen. Es gibt nämlich keine „Rosinentheorie", der Erwerber muss die Folgen des § 550 BGB vielmehr komplett hinnehmen und nicht nur die ihm günstige Kündigungsmöglichkeit. Aus demselben Grund scheitert eine ausdrückliche oder konkludente Abtretung des Heilungsanspruchs vom Veräußerer an den Erwerber, wie sie teilweise bejaht wird[519]; eine solche isolierte Abtretung des Heilungsanspruchs würde die Heilungsklausel einseitig zu Gunsten des Erwerbers fortbestehen lassen. Richtigerweise wird man deshalb annehmen müssen, dass die Heilungsklausel nur insoweit gem. § 566 BGB übergehen kann, als sie Formverstöße heilen soll, die nach dem Erwerbsvorgang zwischen Erwerber und Mieter entstanden sind.[520] Lässt sich der Mieter noch während der Mietzeit für die Abkürzung des Mietverhältnisses eine Entschädigung versprechen, so geht die Pflicht zur Leistung dieser Entschädigung in der Regel nicht auf den Erwerber über; es sind aber Fallgestaltungen möglich, in denen eine solche Abfindungsvereinbarung als mietvertraglich im dargestellten Sinn zu qualifizieren ist.[521] Die auch ohne besondere vertragliche Regelung bestehende Pflicht eines Vermieter von Gewerberäumen Räume, den Mieter gegen Konkurrenz im Mietobjekt zu schützen (vertragsimmanenter Konkurrenzschutz), geht auf den Erwerber über[522]; vereinbarte **Konkurrenzschutzklauseln** gehen nicht ohne Weiteres über[523], es kommt vielmehr darauf an, ob sie im Einzelfall ausnahmsweise eine derartige Bedeutung für eine wirtschaftliche Verwertung des Grundstücks haben, dass ein unlösbarer Zusammenhang mit dem Mietverhältnis angenommen werden muss oder ob sie selbständig neben dem Mietvertrag stehen[524], weil sie etwa nur die persönliche Tätigkeit

---

[511] LG Berlin GE 2011, 339.

[512] BGH VIII ZR 250/64, NJW 1967, 2258.

[513] LG Wiesbaden ZMR 2002, 278.

[514] LG München I WuM 1989, 412.

[515] BGH VIII ZR 173/61, NJW 1962, 1388.

[516] BGH XII ZR 68/10, NJW 2014, 1087 mwN auch zur Gegenmeinung; BGH XII ZR 146/12, NJW 2014, 2102; OLG Düsseldorf NZM 2005, 147.

[517] BGH XII ZR 69/16, NZM 2017, 189 Rn. 11.

[518] BGH XII ZR 114/16, NJW 2017, 3772.

[519] OLG Hamm NZM 2013, 760.

[520] *Streyl* NZM 2015, 1.

[521] BGH VIII ZR 57/60, MDR 1961, 930; s. auch BGH XII ZR 86/09, NZM 2011, 201 für eine ähnliche Konstellation in der Zwangsverwaltung, bei der die Beschlagnahme einer Ausgleichszahlung verneint wurde, zu der sich der Mieter in einem Mietaufhebungsvertrag verpflichtet hatte, falls der Vermieter bei einer Weitervermietung des Mietobjekts nur eine geringere als die vom Mieter geschuldete Miete erzielen kann.

[522] Lindner-Figura/Opree/Stellmann, Geschäftsraummiete HdB/*Tischler* Kap. 2 Rn. 187.

[523] So aber ohne Problematisierung OLG Koblenz NZM 2008, 405; ebenso BGH XII ZR 117/10, NJW *2013, 44 und BGH XII ZR 40/10,* NJW 2012, 844, die nicht einmal § 566 BGB erwähnen; s. auch *Menn* NZM 2017, 691.

[524] OLG Celle NJW-RR 1990, 974; *Späth* ZMR 2013, 407, für Einzelhandelsimmobilien; Staudinger/*Emmerich* BGB § 566 Rn. 40 mwN.

des Vermieters schützen sollen, also an dessen Person und nicht an das Objekt gebunden sind.[525] Die Einordnung der **Mietsicherheit** ist problematisch, auch wegen der Sondervorschrift des § 566a BGB; → Rn. 102 und bei der Kommentierung zu § 566a BGB. Die Bestellung einer beschränkt persönlichen Dienstbarkeit gem. §§ 1090ff. BGB, insbes. in Form eines dinglichen **Wohnungsrechts** gem. § 1093 BGB oder einer sog. **Mieterdienstbarkeit,** sowie eines Dauerwohnrechts iSv § 31 WEG ist regelmäßig von besonderen schuldrechtlichen Vereinbarungen begleitet. Es handelt sich um sog. **Sicherungsabreden,** wenn das dingliche Recht der Sicherung der mietvertraglichen Nutzung dient; hierzu → BGB § 567 Rn. 24ff. Zur **Umsatzsteuer** → Rn. 99. Zu **Fristberechnungen** → Rn. 86. Zur Mitvermietung von **Zubehör** → Rn. 97a.

### III. Einzelne Rechte und Pflichten

Das Nachfolgende ist keine erschöpfende Zusammenstellung aller möglichen Rechte und Pflichten, die von dem Veräußerer auf den Erwerber übergehen können. Es handelt sich vielmehr um eine Darstellung dessen, was Rspr. und Lit. bisher beschäftigt hat, insbes. um das, was in Abweichung vom Fälligkeitsprinzip zu behandeln ist. Verbleibende Zweifelsfälle müssen an Hand der dargestellten Grundsätze (Fälligkeitsprinzip, Beschränkung auf das Mietverhältnis) unter Berücksichtigung des Zwecks der Vorschrift und der Dogmatik des Rechtsübergangs gelöst werden. Als **Zeitpunkt** für den Eintritt der Rechtswirkungen des § 566 BGB ist abzustellen auf die Vollendung des Eigentumsübergangs, in der Regel also auf die Eintragung im Grundbuch und nicht etwa auf den Zeitpunkt des Vertragsschlusses an. Vollzieht sich der Eigentumsübergang hingegen durch ein Ereignis außerhalb des Grundbuchs (etwa bei einer Zwangsversteigerung gem. § 90 ZVG), kommt es auf des Zeitpunkt dieses Ereignisses an (den Zuschlag); die Eintragung in das Grundbuch hat dann nur deklaratorische Bedeutung. 95

#### 1. Vertragsinhalt

Der Vertrag geht nicht mit seinem ursprünglich vereinbarten Inhalt, sondern in dem **Zustand** auf den Erwerber über, in dem er sich **zum Zeitpunkt des Eigentumswechsels** befindet[526], dh mit allen Änderungen und Ergänzungen, die der Mieter mit dem Veräußerer vereinbart hat oder die durch die Ausübung von Gestaltungsrechten oder kraft Gesetzes eingetreten sind.[527] Trifft ein Mieter in Kenntnis des Verkaufs noch vor dem Eigentumsübergang vertragsändernde Vereinbarungen mit dem Veräußerer, so können diese wegen Sittenwidrigkeit gem. § 138 BGB nichtig sein.[528] Vom Vertragsübergang werden nur mietvertragliche Rechte und Pflichten oder unlösbar mit dem Mietvertrag verbundene sonstige Vereinbarungen erfasst (Einzelheiten und Beispielsfälle → Rn. 88ff.). Hinsichtlich Vorausverfügungen und Vereinbarungen über den Mietzins sind einschränkend die §§ 566b, 566c BGB zu beachten, die die Erwerberinteressen am Erhalt des Mietzinses schützen. Für die Vertragsauslegung ist auf den Willen der Vertragsschließenden, also des Veräußerers und des Mieters, abzustellen.[529] Ob der Erwerber den (so ausgelegten) Vertrag selbst oder dessen Änderungen kannte oder kennen konnte, ist belanglos.[530] Ebenso ist es belanglos, ob die übergehenden Rechte und Pflichten innerhalb oder außerhalb der Vertragsurkunde oder erst nach Vertragsschluss getroffen[531] wurden und ob sie als mündliche Nebenabreden dem Formerfordernis des § 550 BGB genügen oder nicht.[532] 96

**Beispiele für übergehende Rechte und Pflichten** sind: Vereinbarungen über die Erlaubnis zur Untervermietung[533], zur Tierhaltung[534], zur Anbringung einer Parabolantenne[535], zu baulichen 97

[525] Soergel/*Heintzmann* BGB § 566 Rn. 21.
[526] BGH XII ZR 41/94, WM 1995, 2115 = BeckRS 1995, 31061301; s. auch OLG Hamm ZMR 2020, 107 für den Fall, dass die Parteien ihre vertragliche Beziehung auf eine vollständig neue Grundlage gestellt haben.
[527] BGH VIII ZR 57/60, MDR 1961, 930.
[528] LG Hamburg ZMR 2015, 310.
[529] KG WuM 2015, 666.
[530] LG Frankfurt a. M. DWW 1992, 84; AnwK WohnraummietR/*Lammel* BGB § 566 Rn. 83; Staudinger/*Emmerich* BGB § 566 Rn. 37.
[531] BGH VIII ZR 57/60, MDR 1961, 930.
[532] Staudinger/*Emmerich* BGB § 566 Rn. 52.
[533] AnwK WohnraummietR/*Lammel* BGB § 566 Rn. 84.
[534] MüKoBGB/*Häublein* § 566 Rn. 46.
[535] AnwK WohnraummietR/*Lammel* BGB § 566 Rn. 84.

Veränderungen[536] bzw. der Verpflichtung zu baulichen Veränderungen (Aus- und Umbauten)[537], über Betriebspflichten[538], über Instandhaltungspflichten[539] (einschließlich Vereinbarungen zu Schönheitsreparaturen[540]), über die Duldung von Modernisierungsmaßnahmen (§ 555f BGB)[541], über die Übernahme von Einrichtungen durch den Vermieter[542], über die Art der Mietzahlung (vorbehaltlich der Wirksamkeitsbeschränkungen in §§ 566b, 566c BGB), über Mietzinsanpassungen durch Staffelmietvereinbarungen oder Preisklauseln[543], über die Begünstigung des Mietpreises durch den Vermieter, der bei Vertragsschluss gleichzeitig der Arbeitgeber war[544], über Minderungsverbote, über Aufrechnungsverbote, über Aufwendungsersatz für Aufwendungen auf die Mietsache[545], über Vertragsverlängerungen bzw. über die Gewährung und Ausübung von Verlängerungsoptionen[546] oder in dem Mietvertrag vereinbarte Vormietrechte (auch wenn dies den Abschluss eines neuen Vertrages bedeutet)[547], es sei denn, der Erwerber hat den Vertrag gem. § 111 InsO oder § 57a ZVG gekündigt[548], über Vertragsverkürzungen[549], über Kündigungsbeschränkungen wie etwa die Erhöhung der Anforderungen an ein berechtigtes Interesse gem. § 573 Abs. 2 BGB[550], über den Ausschluss einer Eigenbedarfskündigung[551] oder sonstige Kündigungsausschlüsse[552] (bei einer Sonderkündigung gem. § 57a ZVG ist der Ersteigerer allerdings nicht an vereinbarte Kündigungsbeschränkungen gebunden, → Rn. 117), über die Einräumung von Gestaltungsrechten sowie die Folgen von deren Ausübung[553], über auflösende bzw. aufschiebende Bedingungen (das gilt selbst dann, wenn der ganze Vertrag aufschiebend bedingt war)[554], über das Vermieterpfandrecht[555] und über die Auswechslung des Mietobjekts.[556] Mietvertragliche Schiedsabreden binden den Erwerber ebenfalls.[557] Hat der Veräußerer dem Mieter bestimmte Verhaltensweisen bloß (unverbindlich) gestattet (wie etwa den Gebrauch eines Kellers oder die Gartennutzung) oder hat er einen vertragswidrigen Zustand geduldet, so geht das Recht zum Widerruf der Gestattung bzw. der Anspruch zur Unterlassung des vertragswidrigen Gebrauchs auf den Erwerber über. Zum Aufwendungsersatz → Rn. 136, zum **Konkurrenzschutz** → Rn. 94, zur **Wohnungszuweisung gem. § 1568a BGB** → Rn. 42.

**97a** Nach der Rspr. des BGH trifft den Erwerber auch die vom Veräußerer eingegangene Verpflichtung, das mitvermietete **Zubehör** (Hofinventar) bei Vertragsende zu übernehmen, wenn es der bestimmungsgemäßen Nutzung des Mietobjektes dient und deswegen einen wesentlichen und notwendigen Teil der Mietsache darstellt.[558] Das bedeutet gleichzeitig, dass der Erwerber Vermieter des Zubehörs wird, wenn Grundstück und Zubehör in einem einheitlichen Vertrag vermietet wurden. Unproblematisch ist das, wenn der Veräußerer Eigentümer des Zubehörs war und der Erwer-

---

[536] LG Berlin GE 1999, 316.
[537] *Späth* ZMR 2013, 408.
[538] *Späth* ZMR 2013, 408.
[539] KG WuM 2008, 597.
[540] BGH VIII ZR 224/13, NZM 2015, 79 Rn. 41.
[541] KG WuM 2008, 597.
[542] LG Hamburg ZMR 1978, 86.
[543] *Aufderhaar/Jaeger* NZM 2009, 574; aber auch → Rn. 109.
[544] LG Münster WuM 1998, 727. Bei solchen Vereinbarungen ist aber stets zu fragen, ob es sich um eine mietvertragliche oder um eine arbeitsvertragliche Regelung handelt; letztere würde nicht übergehen, es sei denn sie wäre untrennbar mit dem Mietvertrag verbunden (→ Rn. 92).
[545] BGH VIII ZR 224/13, NZM 2015, 79 Rn. 41.
[546] Blank/Börstinghaus/*Blank* BGB § 566 Rn. 84.
[547] BGH VIII ZR 77/69, NJW 1971, 423 mit ausführlicher Begründung.
[548] KG MDR 2011, 218.
[549] BGH VIII ZR 57/60, MDR 1961, 930.
[550] BGH VIII ZR 57/13, NZM 2013, 824.
[551] BGH VIII ZR 223/06, NJW 2007, 1742.
[552] Blank/Börstinghaus/*Blank* BGB § 566 Rn. 68.
[553] BGH XII ZR 41/94, WM 1995, 2115 = BeckRS 1995, 31061301; BGH VIII ZR 14/64, NJW 1966, 250 = MDR 1966, 229. Übt der Mieter das Gestaltungsrecht in Unkenntnis des Eigentumsübergangs gegenüber dem Veräußerer aus, so ist der Erwerber daran gem. §§ 412, 407 BGB gebunden, vgl. MüKoBGB/*Häublein* § 566 Rn. 46.
[554] BGH XII ZR 41/94, WM 1995, 2115 = BeckRS 1995, 31061301.
[555] BGH XII ZR 163/12, NJW 2014, 3775 Rn. 23.
[556] *BGH VIII ZR 235/11, NZM 2012*, 502.
[557] BGH XII ZR 42/98, NJW 2000, 2346; auch → Rn. 92.
[558] BGH V ZR 65/63, NJW 1965, 2198, für die Verpachtung eines Hofes; BGH XII ZR 9/15, NJW 2017, 254 Rn. 30 mAnm *Streyl* NJW 2017, 256; Bub/Treier MietR-HdB/*Landwehr* Kap. II Rn. 2662.

ber es (ausdrücklich oder gem. § 926 BGB) mit dem Grundstück erwirbt. Wird das Zubehör nicht mit veräußert, bleibt der Veräußerer nicht dessen Vermieter, auch in diesem Fall wird vielmehr der Erwerber Vermieter. Der einheitlich geschlossene Vertrag wird nicht aufgespalten, sondern geht einheitlich auf den Erwerber über, da es sich um Rechte und Pflichten aus dem Mietverhältnis iSv →Rn. 88ff. handelt. Der von § 566 BGB bezweckte Schutz des Mieters gebietet es auch nicht, den Veräußerer neben dem Erwerber Mitvermieter werden zu lassen[559], die Vermieterstellung also – ähnlich wie in den Fällen →Rn. 74ff. – zu verdoppeln. Denn der Mieter beweglicher Sachen wird grds. nicht durch § 566 BGB geschützt (→Rn. 4). Dass dies bei der gemischten Vermietung von beweglichen und unbeweglichen Sachen anders sein soll, ist nicht ersichtlich, weil ein derartiger Schutz sich auf eine gleichzeitige Veräußerung des Grundstücks mit Zubehör beschränken würde; bei einer jederzeit möglichen isolierten Veräußerung des Zubehörs bliebe hingegen der Veräußerer alleiniger Vertragspartner des Mieters, der Erwerber des Zubehörs würde nicht nach § 566 BGB mit in das Mietverhältnis eintreten. Der Mieter von Zubehör ist demnach sowohl bei Veräußerung des Zubehörs zusammen mit dem Grundstück als auch bei dessen isolierter Veräußerung, als auch im Fall der Vermietung von Zubehör, das von Anfang an Dritten gehörte, nur durch § 986 Abs. 2 BGB geschützt.

### 2. Mietzins, Umsatzsteuer, Mietvorauszahlungen, (anrechenbarer) Baukostenzuschuss

Für den Anspruch auf Zahlung des **Mietzinses** (einschließlich evtl. vereinbarter Vorauszahlungen auf die Betriebskosten[560], zur Minderung →Rn. 131) gilt das Fälligkeitsprinzip, dh die Mietzinsforderungen, die vor dem Eigentumsübergang bereits entstanden und fällig waren, stehen – vorbehaltlich einer Abtretung bzw. Ermächtigung[561] – dem Veräußerer zu, danach fällig gewordene Forderungen dem Erwerber.[562] Dabei spielt es keine Rolle, ob dies mit dem Zeitraum zusammenfällt, für den der Veräußerer bzw. der Erwerber den Gebrauch zu gewähren hatte.[563] Wenn also bspw. der Mietzins am ersten Tag eines Monats fällig war und die Eigentumsumschreibung schon am zweiten Tag des Monats erfolgt, so steht dem Veräußerer im Verhältnis zum Mieter der Mietzins für den gesamten Monat zu, der Erwerber hat aber ab dem zweiten Tag den Gebrauch zu gewähren.[564] Im Innenverhältnis von Veräußerer und Erwerber wird allerdings meist eine andere Verteilung vereinbart (auch →BGB § 566e Rn. 25). Hatte der Veräußerer eine Ordnungswidrigkeit gem. § 5 WiStG (Mietpreisüberhöhung) begangen, so ist die Mietpreisvereinbarung von Veräußerer und Mieter nicht wirksam; liegen die subjektiven Voraussetzungen des § 5 WiStG in der Person des Erwerbers nicht vor, so macht das die Mietpreisvereinbarung nicht nachträglich wirksam.[565] Auf eine **Vormiete gem. § 556e Abs. 1 BGB** bzw. auf eine nach § 556e Abs. 2 BGB ermittelte Miete kann sich ein Erwerber auch dann berufen, wenn der Veräußerer sie vereinbart bzw. wenn dieser die Renovierung durchgeführt hat.[566] Das folgt nicht nur aus dem Wortlaut der Vorschriften, sondern auch aus ihrem Zweck, der wohnungsbezogen und nicht personenbezogen ist. Wenn der Veräußerer bei Weitervermietung vor Veräußerung von den Regelungen durch Erzielung einer höheren Miete und damit einer höheren Rentabilität des Mietobjekts profitieren könnte, dann darf ihm dies im Falle einer Veräußerung nicht genommen werden, denn maßgeblich für die Preisbildung beim Verkauf sind die aktuell erzielten bzw. künftig erzielbaren Mieten. 98

Bei der Gewerbemiete können Mieter und Vermieter vereinbaren, dass der Vermieter trotz der grundsätzlichen Umsatzsteuerfreiheit der Miete zur **Umsatzsteuer** optieren darf (§ 4 Nr. 12a, § 9 UStG).[567] Diese Vereinbarung geht auf den Erwerber über. Hatte der Veräußerer nicht oder nicht 99

---

559 So aber Staudinger/*Schaub*, 2013, BGB § 581 Rn. 118.

560 *Börstinghaus* NZM 2004, 486; Einzelheiten →Rn. 110ff.

561 Dazu →Rn. 45.

562 Staudinger/*Emmerich* BGB § 566 Rn. 49 mwN.

563 OLG Düsseldorf GuT 2011, 517; Staudinger/*Emmerich* BGB § 566 Rn. 49; AnwK WohnraummietR/*Lammel* BGB § 566 Rn. 36; *Schenkel* NZM 1999, 5.

564 Siehe auch die ähnlichen Beispiele bei OLG Düsseldorf GuT 2011, 517; AG Bremen ZMR 2013, 808.

565 Siehe näher bei Blank/Börstinghaus/*Blank* BGB § 566 Rn. 79.

566 Ebenso für § 556e Abs. 2 BGB *Blank* WuM 2014, 652, aber **aA** für § 556e Abs. 1 BGB *Blank* WuM 2014, 650.

567 Einzelheiten →BGB § 535 Rn. 654; s. auch weitergehend *Beck* GE 2017, 1270; *Schütz* NZM 2014, 417; *Schmid* NZM 1999, 292; *Weitemeyer* NZM 2006, 881. Die Option kann auch nur für eindeutig bestimmbare Teile des Mietobjekts ausgeübt werden (BFH NZM 2014, 714.

wirksam zur Umsatzsteuer optiert, darf der Erwerber die Option ausüben; ob er die Option ausübt, steht – vorbehaltlich anderer Vereinbarungen – in seinem Ermessen.[568] Hatte der Veräußerer hingegen zur Umsatzsteuer optiert, so ist der Erwerber hieran zunächst gebunden, weil er den Vertrag zivilrechtlich gem. § 566 BGB in dem „Zustand" übernimmt, in dem er sich zum Zeitpunkt des Vertragsübergangs befunden hat.[569] Steuerrechtlich ist das ähnlich[570]: Die Grundstückveräußerung ist regelmäßig[571] eine (Teil-)Betriebsveräußerung gem. § 1 Abs. 1a S. 3 UStG und der Erwerber wird hinsichtlich des ausgeübten Optionsrechts und damit in Bezug auf die Steuerpflicht Rechtsnachfolger des Veräußerers.[572] Das bedeutet, dass ein Grundstückserwerber durch eben diesen Erwerb umsatzsteuerrechtlich zum Unternehmer werden kann, wenn er das Unternehmen fortführt, also weiterhin vermietet.[573] Damit wird der Erwerber jedenfalls in Bezug auf das Mietobjekt auch umsatzsteuerpflichtig, wenn der Voreigentümer für die Umsatzsteuer optiert hatte und der Mieter ausschließlich umsatzsteuerpflichtige Geschäfte iSv § 9 Abs. 2 UStG tätigt. Unternehmer ist gem. § 2 Abs. 1 UStG jeder, der selbständig und nachhaltig zur Erzielung von Einnahmen tätig wird; eine Gewinnerzielungsabsicht ist nicht notwendig. Die regelmäßige Vermietung von Räumen oder Grundstücken fällt hierunter.[574] Allerdings ist der Erwerber weder zivilrechtlich noch steuerrechtlich an die Option gebunden. Wenn der Vermieter vertraglich das Recht, aber nicht die Pflicht eingeräumt bekommen hat, zur Umsatzsteuer zu optieren, dann ergibt eine Auslegung dieser Vereinbarung, dass er die Option wieder rückgängig machen darf; dies schon allein deswegen, weil er die Option allein in seinem steuerrechtlichen Interesse ausüben durfte, aber auch, um auf steuerrechtliche Änderungen reagieren oder um einem Zahlungsverzug des Mieters mit der Umsatzsteuer begegnen zu können.[575] Steuerrechtlich ist eine Rücknahme der Option mit der Folge der Umsatzsteuerfreiheit der Miete ebenfalls jederzeit und unabhängig von vertraglichen Vereinbarungen möglich, allerdings nicht grenzenlos, sondern nur bis zur formellen Bestandskraft der Steuerfestsetzung für den maßgeblichen Zeitraum durch Umsatzsteuerjahreserklärung.[576] Die Rücknahme der Option kann allerdings erhebliche Folgen für den Veräußerer haben, u zu einer Rückabwicklung des Vorsteuerabzuges für vergangene Zeiträume führen.[577] Außerdem muss der Vermieter dem Mieter eine korrigierte Rechnung (also eine ohne Umsatzsteuerausweis) bzw. eine hinreichend bestimmte Berichtigung zukommen lassen[578], da ansonsten der Vermieter als leistender Unternehmer die in Rechnung gestellte Umsatzsteuer gem. § 14c UStG weiterhin schuldet. Tut er das nicht, muss er als leistender Unternehmer die in (Dauer-)Rechnung gestellte Umsatzsteuer gem. § 14c Abs. 1 UStG[579] weiterhin an das Finanzamt abführen – unabhängig davon, ob der Mieter die Umsatzsteuer an ihn zahlt oder nicht. Zahlt der Mieter an den Vermieter Umsatzsteuer, obwohl die Rechnung falsch ist oder fehlt, so ist der Mieter nicht zum Vorsteuerabzug berechtigt, da dies eine gesetzlich geschuldete Umsatzsteuer voraussetzt (§ 15 Abs. 1 Nr. 1 UStG) und steuerfreie Umsätze vorsteuer-

---

568 BGH VIII ZR 361/89, NJW-RR 1991, 647.

569 Siehe allg. BGH XII ZR 41/94, WM 1995, 2115 = BeckRS 1995, 31061301; **aA** OLG München ZMR 2012, 621, das offenbar meint, nur das Optionsrecht, nicht aber der durch die Ausübung der Option veränderte Vertragszustand gehe auf den Erwerber über.

570 Zu den umsatzsteuerrechtliche Auswirkungen eines Mieterwechsels oder einer Änderung der Geschäftstätigkeit des Mieters s. *Streyl* MietRB 2013, 253.

571 In Ausnahmefällen kann auch eine Lieferung im umsatzsteuerrechtlichen Sinn vorliegen, nämlich dann, wenn der Käufer das Geschäft nicht fortführt, was etwa bei Veräußerung an den Mieter der Fall ist; s. näher zur umsatzsteuerrechtlichen Behandlung und zu Regelungen hierzu im Grundstückskaufvertrag *Beck* GE 2014, 103.

572 FG Hessen 17.4.2007 – 6 V 2655/06, BeckRS 2007, 26023566; *Beck* GE 2014, 104; s. auch *Prätzler* DStR 2011, 507; **aA,** aber ohne Begründung OLG München ZMR 2012, 621.

573 *Streyl* MietRB 2013, 251.

574 *Weitemeyer* NZM 2006, 883.

575 OLG Hamm 10.12.2009 – XI R 7/08, NZM 1998, 575.

576 BFH BeckRS 2009, 25016233; 1998, 30021308; s. auch *Prätzler* DStR 2011, 507; *Weitemeyer* NZM 2006, 889; *Herrlein* NZM 2015, 73.

577 Siehe dazu *Streyl* MietRB 2013, 252; *Herrlein* NZM 2015, 73 und *Beck* GE 2014, 104.

578 BFH DStR 1993, 1222.

579 § 14c UStG unterscheidet zwischen unrichtigem Steuerausweis und unberechtigtem Steuerausweis. Bei *einem unrichtigen Steuerausweis* stellt ein grds. umsatzsteuerpflichtiger Unternehmer eine Rechnung mit zu hoher Umsatzsteuer aus oder er weist Umsatzsteuer für nicht steuerbare oder steuerfreie Leistungen aus. Bei einem unberechtigten Steuerausweis fehlt insgesamt die Berechtigung zum Steuerausweis, so zB bei Nichtunternehmern, Gesellschaften des öffentlichen Rechts oder Kleinunternehmern.

schädlich sind (§ 15 Abs. 2 UStG).[580] Der Mietvertrag kann in diesem Zusammenhang eine sog. Dauerrechnung sein, sofern die Anforderungen an einen ordnungsgemäßen Rechnungsausweis gem. § 14 UStG erfüllt werden.[581] Basierend auf dem Grundsatz der Neutralität der Umsatzsteuer zwischen Unternehmern im Sinne des UStG muss im Falle einer Rechnungsberichtigung bei dem leistenden Unternehmer (Vermieter) auch eine rückwirkende Berichtigung des Vorsteuerabzuges bei dem Leistungsempfänger (Mieter) erfolgen, da nach Rechnungsberichtigung auch dessen Vorsteuerabzug rückwirkend verloren geht.[582] Der Grundsatz der Neutralität besagt, dass nur der Endverbraucher mit Steuer belastet sein soll und die Steuerverwaltung letztlich keinen Steuerbetrag erheben darf, der den vom Endverbraucher gezahlten übersteigt.[583] Es kommt also iErg zu einer vollständigen Steuerrückabwicklung, soweit zeitlich eine Berichtigung möglich ist: Der leistende Unternehmer (Vermieter) erhält nach Berichtigung die zu viel abgeführte Umsatzsteuer vom Finanzamt zurück, ist aber zugleich verpflichtet, diese an den Leistungsempfänger (Mieter) auf Grund der rückwirkend geänderten Rechnung gem. § 812 BGB zu erstatten. Beim Leistungsempfänger entfällt rückwirkend die Vorsteuerabzugsberechtigung, dh, es kommt in gleicher Höhe zur Erstattungsverpflichtung des Leistungsempfängers gegenüber dem Finanzamt.

Bei einseitigen **Vorausverfügungen** des Vermieters über die Miete oder Vereinbarungen über die Miete zwischen Veräußerer und Mieter oder einem Dritten, die in die Zeit nach Eigentumsübergang wirken, wird der Erwerber weitgehend durch §§ 566b, 566c BGB geschützt. Hierunter fallen insbes. Vereinbarungen über Mietvorauszahlungen, die Vereinbarung einer aperiodischen, also nicht nach Monaten bemessenen Mietzinszahlung und ggf. die Vereinbarung einer Einmalmiete; zu den Einzelheiten siehe bei der Kommentierung zu §§ 566b, 566c BGB, dort ebenso zu möglichen Ausgleichsansprüchen zwischen den Beteiligten bei Eingreifen dieser Vorschriften. Bei vorzeitigem Mietvertragsende sind **Mietvorauszahlungen** gem. § 547 BGB zu erstatten. Diese Erstattungspflicht wegen im Voraus entrichteter Miete trifft nach einem Eigentumswechsel den Erwerber (→ BGB § 547 Rn. 28), möglicherweise greifen aber die Beschränkungen des § 566c BGB (→ BGB § 566c Rn. 23 ff.). Auch *anrechenbare* **Baukostenzuschüsse** sind Mietvorauszahlungen (→ BGB § 547 Rn. 9 und → BGB § 566c Rn. 23 ff.); *verlorene* Baukostenzuschüsse sind hingegen nach den Grundsätzen des Aufwendungsersatzes zu behandeln (dazu → Rn. 136 sowie → BGB § 547 Rn. 16, 21). 100

Zu den Folgen, wenn der Mieter in **Unkenntnis des Eigentumsübergangs** noch an den Veräußerer oder irrtümlich schon vor dem Eigentumsübergang an den Erwerber oder an einen vermeintlichen Erwerber zahlt, sowie zu den **Auskunfts- und Nachweisansprüchen** des Mieters → BGB § 566e Rn. 17 ff. 101

### 3. Kaution

Zur Frage, ob und inwieweit eine Mietsicherheit als mietvertraglich zu qualifizieren ist[584] und ob sie deshalb in den Anwendungsbereich des § 566 BGB fällt, → BGB § 566a Rn. 9/10. Soweit die Kaution geleistet wurde und es um deren **Verwertung bzw. deren Rückerstattung nach Vertragsende** geht, also um Ansprüche aus der Sicherungsabrede, greift § 566a BGB. Zu den Einzelheiten dieser Ansprüche und deren Schicksal bei Zwangsverwaltung und Insolvenz des Vermieters → BGB § 566a Rn. 37, 44. 102

*frei* 103

*frei* 104

### 4. Mieterhöhung, Modernisierung

Ein **Mieterhöhungsverlangen gem. § 558 BGB** muss entsprechend dem Wortlaut der Vorschrift vom Vermieter stammen; maßgeblich ist, wer zum **Zeitpunkt der Abgabe des Erhöhungsverlangens** Vermieter ist (→ BGB § 542 Rn. 44). Der Erwerber kann danach vor der Eigentumsumschreibung und dem dadurch bedingten Übergang des Mietverhältnisses auf ihn ein solches 105

580 BGH XII ZR 292/02, NZM 2004, 785; *Herrlein* NZM 2013, 413.
581 OLG Düsseldorf NZM 2006, 262.
582 BFH V R 23/00, DStR 2001, 788; *Weitemeyer* NZM 2006, 889.
583 Dazu *Weitemeyer* NZM 2006, 882.
584 Allgemein dazu → Rn. 88.

Verlangen nicht stellen (es wäre unwirksam[585]), der Veräußerer kann dies nach dem Eigentumsübergang nicht mehr tun. Möglich ist jedoch eine Bevollmächtigung bzw. Ermächtigung des Erwerbers durch den Vermieter (näher → Rn. 46). Außerdem wirkt ein wirksames Mieterhöhungsverlangen des Veräußerers zugunsten des Erwerbers fort, wenn der Eigentumswechsel während der Zustimmungsfrist erfolgte[586], und der Erwerber kann die Rechte aus diesem Erhöhungsverlangen geltend machen[587]; dasselbe gilt, wenn der Mieter die Zustimmung nicht erteilt und der Eigentumswechsel sich innerhalb der Klagefrist des § 558b Abs. 2 S. 2 BGB vollzieht. Die Frist und die Kappungsgrenze des § 558 Abs. 3 BGB wirken fort.[588] Eine im Mietvertrag erwähnte gesetzliche Mietpreisbindung gemeinnütziger Wohnungsunternehmen (§ 7 Abs. 2 WGG, § 12 WGG-DV) geht nicht auf den Erwerber über, da eine solche Kostenmietklausel – wie sich aus einer ergänzenden Vertragsauslegung ergibt – mit der Aufhebung des WGG zum Ende des Jahres 1989 hinfällig geworden ist.[589] Anders ist es, wenn Veräußerer und Vermieter in einem Mietvertrag, der nie der Mietpreisbindung unterlag, eine Höchstmiete oder anderweitige (zulässige) Vereinbarungen zur Mieterhöhung getroffen haben; solche Vereinbarungen binden den Erwerber.[590]

**106** Für die **Zustimmungsklage** gem. § 558b Abs. 2 BGB gilt folgendes: Der (jeweilige) Vermieter muss die Zustimmungsklage erheben, dh nach Eigentumsübergang muss dies der Erwerber tun, davor der Veräußerer; Kläger und Absender des Mieterhöhungsverlangens müssen nicht identisch sein, wenn das Eigentum nach Abgabe der Erhöhungsverlangens wechselt.[591] Eine Klage des Veräußerers unterbricht die Klagefrist des § 558b Abs. 2 S. 2 BGB nicht, wenn er das Eigentum bis zur Klageeinreichung (Anhängigkeit) bereits verloren hatte.[592] Nach Rechtshängigkeit (keine Vorverlegung gem. § 167 ZPO[593]) der Klage ist § 265 ZPO anwendbar, so dass der Veräußerer trotz Eigentumsverlust nach Rechtshängigkeit den Prozess fortführen kann, allerdings – wie in anderen Fällen der Rechtsnachfolge auch – die Klage auf Zustimmung gegenüber dem Erwerber als Rechtsnachfolger umstellen muss.[594] Findet der Eigentumswechsel zwischen Anhängigkeit der Klage und Rechtshängigkeit statt, dann verliert der Veräußerer seine Aktivlegitimation[595], was – mangels Anwendbarkeit des § 265 ZPO in diesem Stadium – nur dadurch geheilt werden könnte, dass der Erwerber den Prozess im Wege des Parteiwechsels übernimmt. Das muss innerhalb der Klagefrist des § 558b Abs. 2 S. 2 BGB geschehen und dürfte deshalb in der Praxis kaum in Betracht kommen; wenn doch, wäre die für einen Parteiwechsel notwendige Sachdienlichkeit gegeben. Diese Schwierigkeiten würden vermieden, wenn der Veräußerer den Erwerber zur Mieterhöhung, jedenfalls aber zur Klageerhebung ermächtigt (dazu → Rn. 46).

**107** Für ein **Mieterhöhungsverlangen gem. § 559 BGB** gilt entsprechendes; statt der Zustimmungsfrist und der daran anschließenden Klagefrist gibt es jedoch lediglich die Drei- bzw. Sechsmonatsfrist des § 559b Abs. 2 BGB. Es ist zu beachten, dass Bauherr der Modernisierung der (jeweilige) Vermieter sein muss.[596] Ist das der Fall, spielt es keine Rolle, ob die Modernisierung vor oder nach dem Eintritt des Erwerbers abgeschlossen wird.[597] Veranlasst hingegen der Erwerber als Bauherr selbst die Baumaßnahmen vor Eigentumsumschreibung, kann er keine Mieterhöhung vornehmen, da er zu dieser Zeit nicht Vermieter war[598], auch wenn es bei wertender Betrachtungsweise je nach den Einzelfallumständen (etwa Gestattung des Veräußerers) nicht unvertretbar erscheint, ihn als „Modernisierer" anzusehen. Eine **Modernisierungsankündigung** des Veräußerers gilt für

---

585 *Börstinghaus* NZM 2004, 486 mwN.

586 Wenn der Eigentumswechsel nach der Zustimmung erfolgte, tritt der Erwerber ohnehin in das durch das Erhöhungsverlangen umgestaltete Mietverhältnis ein.

587 LG Kassel WuM 1996, 417 mit ausführlicher Begründung; *Börstinghaus* NZM 2004, 486; MüKoBGB/*Häublein* § 566 Rn. 46.

588 BGH XII ZR 163/12, NJW 2014, 3775 Rn. 17; AG Lüdinghausen WuM 1994, 279 für die Kappungsgrenze.

589 BGH VIII ZR 128/05, NZM 2006, 693; s. auch *Paschke/Oetker* NJW 1986, 3177 f.

590 LG Berlin GE 2011, 339.

591 *Börstinghaus* NZM 2004, 486 (487).

592 *Börstinghaus* NZM 2004, 487.

593 *Foerste* in Musielak § 265 Rn. 8.

594 BGH VIII ZR 116/63, WM 1965, 680; LG Köln NZM 2002, 288; *Börstinghaus* NZM 2004, 487.

595 MüKoZPO/*Becker-Eberhard* § 265 Rn. 68.

596 → BGB § 559 Rn. 26 f.

597 KG NZM 2000, 652; NZM 2000, 860; *Börstinghaus* NZM 2004, 487 (488); MüKoBGB/*Häublein* § 566 Rn. 46; **aA** *Sternel* NZM 2001, 1065; auch → BGB § 559 Rn. 32 mwN zu beiden Ansichten.

598 → BGB § 559 Rn. 33 mwN.

den Erwerber fort. Der Erwerber selbst kann erst nach dem Eigentumswechsel wirksam gem. § 555c BGB ankündigen. Will er dies vorher tun, muss er sich ermächtigen lassen.[599] Die Sachlage ist ähnlich wie bei der Mieterhöhung gem. § 558 BGB. Vereinbarungen über die Duldung von Modernisierungsmaßnahmen (§ 555f BGB) binden den Erwerber.[600]

Der Erwerber (ebenso der Ersteigerer gem. § 57 ZVG[601]) ist nicht an die Auflagen und Bedingungen (insbes. zur Beschränkung von Mieterhöhungen gem. §§ 558 Abs. 5, 559a BGB, dh, den Abzug von Fördermitteln) gebunden, die der Veräußerer anlässlich der Bewilligung von **öffentlichen Fördermitteln** (etwa zur Modernisierung) gegenüber der Förderstelle (etwa einer öffentlichen Kreditanstalt) eingegangen ist[602]; anders ist dies nur, wenn der Veräußerer dem Erwerber diese Verpflichtung in dem Kaufvertrag auferlegt hat[603] oder wenn sie sich aus dem Mietvertrag selbst ergibt.[604] Berechtigungen und Verpflichtungen aus Förderzusagen nach dem WoFG gehen allerdings gem. § 13 Abs. 3 WoFG[605] mit dem Eigentumswechsel auf den Erwerber über.[606] **108**

**Preisklauseln** in Gewerberaummietverträgen sind entgegen § 1 PreisklG unbeschränkt zulässig, wenn ein gebietsansässiger (also in Deutschland ansässiger) Unternehmer einen Mietvertrag mit einem Gebietsfremden[607] schließt (§ 6 PreisklG), gleichgültig, wer von beiden Mieter bzw. Vermieter ist.[608] War der Vermieter gebietsfremd und veräußert er das Mietgrundstück gem. § 566 BGB an einen Gebietsansässigen, so fällt die Befreiung des § 6 PreisklG ex nunc, also mit dem Eigentumsübergang weg und §§ 1–5 PreisklG sind anwendbar.[609] **109**

### 5. Betriebskosten

Hinsichtlich der Betriebskosten sind **drei Ansprüche auseinanderzuhalten:** Der Anspruch des Vermieters auf Leistung der vereinbarten Vorauszahlungen, der Anspruch des Mieters auf Abrechnung der Vorauszahlungen und der Anspruch auf Begleichung des Saldos, der je nach Ergebnis der Abrechnung zu Gunsten oder zu Lasten des Mieters besteht. Die strenge Anwendung des Fälligkeitsprinzips auf diese Ansprüche – mit Ausnahme derjenigen auf die Vorauszahlungen – führt in manchen Konstellationen zu **Unzuträglichkeiten** für den Veräußerer bzw. Erwerber. Geht etwa das Eigentum kurz nach Ablauf einer Abrechnungsperiode über, so war der Veräußerer während dieser gesamten Abrechnungsperiode mit den Betriebskosten belastet. Gab es in dieser Periode Kostensteigerungen, die bei den Vorauszahlungen nicht berücksichtigt wurden, so könnte er ohne den Eigentumswechsel von den Mietern nach Abrechnung entsprechende Nachzahlungen verlangen. Bei einem Eigentumswechsel kurz nach Ablauf der Abrechnungsperiode ginge das hingegen nicht, wenn man das Fälligkeitsprinzip anwenden würde. Der Anspruch auf Nachzahlung wird nämlich erst nach der Abrechnung fällig, zu dieser Zeit ist aber schon der Erwerber Eigentümer und wäre damit nach dem Fälligkeitsprinzip Inhaber des Anspruchs. Ob ein Ausgleich im Innenverhältnis von Erwerber und Veräußerer möglich ist, hängt von deren Absprachen ab. Diese Absprachen werden einen Ausgleich regelmäßig nicht ausschließen, immerhin trägt aber der Veräußerer das Insolvenzrisiko des Erwerbers. Für den Erwerber ist diese Konstellation noch unzuträglicher. Der Anspruch des Mieters auf Abrechnung würde nämlich während der Zeit seines Eigentums fällig, er müsste also Betriebskostenvorauszahlungen abrechnen und ggf. erstatten, die er nie erhalten hat und mit denen er wirtschaftlich nichts zu tun hat; er dürfte meist nicht einmal über die Unterlagen verfügen, die für eine ordnungsgemäße Abrechnung notwendig sind. Auch hier wird es im Innenverhältnis zum Veräußerer regelmäßig einen Anspruch auf Überlassung der Unterlagen und auf finanziellen Ausgleich geben. Aber der Erwerber trägt das Insolvenzrisiko der Ver- **110**

---

599 BGH VIII ZR 105/07, NJW 2008, 1218. Zur Ermächtigung → Rn. 46.

600 KG WuM 2008, 597.

601 BGH VIII ZR 58/03, NZM 2003, 973.

602 BGH VIII ZR 373/96, NJW 1998, 445; BGH VIII ZR 58/03, NZM 2003, 973; KG NZM 1998, 107; auch → BGB § 559a Rn. 9 und *Börstinghaus* NZM 2004, 487.

603 BGH VIII ZR 373/96, NJW 1998, 445; BGH VIII ZR 58/03, NZM 2003, 973; *Börstinghaus* NZM 2004, 487.

604 BGH VIII ZR 58/03, NZM 2003, 973; LG Frankfurt a. M. WuM 1990, 440; *Börstinghaus* NZM 2004, 487.

605 Das WoFG gilt nicht in allen Bundesländern; dazu → BGB § 563 Rn. 10.

606 MüKoBGB/*Häublein* Vor § 535 Rn. 105.

607 Siehe dazu *Aufderhaar/Jaeger* NZM 2009, 574.

608 *Aufderhaar/Jaeger* NZM 2009, 574.

609 *Aufderhaar/Jaeger* NZM 2009, 574.

äußerers, was besonders gravierend wird, wenn der Erwerber die notwendigen Unterlagen nicht hat, ihm also eine Abrechnung nicht möglich ist und der Mieter deswegen die Rückzahlung der kompletten Vorauszahlungen von ihm verlangt.[610] Außerdem könnte das ungereimte Ergebnis entstehen, dass eine vor dem Eigentumswechsel fällig gewordene Abrechnungspflicht bei dem bisherigen Vermieter verbleibt, während Nachzahlungen und Erstattungen, deren Vorbereitung und Berechnung die Abrechnung dient, dem Erwerber zustehen bzw. von diesem zu erbringen sind.[611]

**111** Um diese Unzuträglichkeiten zu minimieren, aber auch, um die Abrechnungspflicht nach einem Eigentumsübergang praktikabel handhaben zu können, gilt nach überwiegender Meinung[612] einschließlich des BGH[613] **nicht** streng das **Fälligkeitsprinzip,** vielmehr ist die **Abrechnungsperiode maßgeblich** – und zwar sowohl hinsichtlich der Abrechnungspflicht als auch hinsichtlich der sich aus der Abrechnung ergebenden Ansprüche auf Nachzahlung bzw. Erstattung von Betriebskosten. War die Abrechnungsperiode vor der Eigentumsumschreibung vollständig abgelaufen, hat – unabhängig vom Fälligkeitsprinzip – der Veräußerer abzurechnen; ihm stehen evtl. Nachzahlungen zu und er hat evtl. Guthaben zu erstatten.[614] Fällt die Abrechnungsperiode vollständig in die Zeit nach Eigentumsübergang, so treffen diese Rechte und Pflichten den Erwerber; das wäre iÜ auch nach dem Fälligkeitsprinzip so. Weiterhin trifft den Erwerber die Abrechnungspflicht und er ist aus einem Abrechnungssaldo berechtigt bzw. verpflichtet, wenn sich der Eigentumsübergang während des Laufs einer Abrechnungsperiode vollzieht.[615] Eine Zwischenabrechnung ist wegen des in § 556 Abs. 3 S. 1 BGB vorgeschriebenen Jährlichkeitsprinzips grds. nicht geschuldet[616], vielmehr muss der Erwerber über den kompletten Zeitraum abrechnen, wozu der Veräußerer ihm ggf. die Unterlagen zu übergeben bzw. mit ihm zusammenzuwirken hat.[617] Nach einem obiter dictum des BGH[618] soll die Abrechnungspflicht bei einem Eigentumswechsel während der Abrechnungsperiode aber nicht für solche Mieter gelten, die bereits **vor dem Eigentumswechsel ausgezogen** sind, weil hier dem Veräußerer die Vorauszahlungen zu Gute gekommen seien; vielmehr soll der Veräußerer gegenüber diesen Mietern zur Abrechnung verpflichtet sein. Diese Ansicht widerspricht aber dem Jährlichkeitsprinzip bei der Betriebskostenabrechnung und führt dazu, dass unterschiedliche Abrechnungen erstellt werden müssen – ein unpraktikables Ergebnis[619], das im Gegensatz zu den praktischen Erwägungen steht, mit dem der BGH ansonsten das Abweichen vom Fälligkeitsprinzip begründet. Abgesehen davon dürfte es eher selten vorkommen, dass dem Veräußerer alle vor dem Eigentumsübergang fällig gewordenen Vorauszahlungen zustehen; im Innenverhältnis der Kaufvertragsparteien wird meist ein früherer Lasten- und Nutzenübergang vereinbart (auch → BGB § 566e Rn. 25). Anders, nämlich entsprechend der hier vertretenen Meinung, müsste aber auch der BGH nach seiner Begründung entscheiden, wenn das Mietverhältnis bei Eigentumsübergang zwar recht-

---

610 Siehe dazu BGH VIII ZR 191/05, NJW 2006, 2552.

611 BGH III ZR 211/99, NZM 2001, 158; BGH VIII ZR 168/03, NJW 2004, 851.

612 MüKoBGB/*Häublein* § 566 Rn. 51/52; Staudinger/*Emmerich* BGB § 566 Rn. 55; *Börstinghaus* NZM 2004, 486 (487); **aA,** also für eine strenge Anwendung des Fälligkeitsprinzips *Schenkel* NZM 1999, 5; *Weitemeyer* FS Blank, 2006, 445 (450ff.); krit. auch *Neumann* WuM 2012, 3ff.

613 BGH III ZR 211/99, NZM 2001, 158; BGH VIII ZR 168/03, NJW 2004, 851; BGH XII ZR 71/01, NZM 2005, 17 = ZMR 2005, 37.

614 BGH III ZR 211/99, NZM 2001, 158; BGH VIII ZR 168/03, NJW 2004, 851; BGH XII ZR 71/01, NZM 2005, 17.

615 BGH III ZR 211/99, NZM 2001, 158; MüKoBGB/*Häublein* § 566 Rn. 51; *Derleder* NZM 2009, 9; *Weitemeyer* FS Blank, 2006, 445 (450f.) mwN.

616 AG Dortmund NZM 2004, 96; *Börstinghaus* NZM 2004, 486; MüKoBGB/*Häublein* § 566 Rn. 51; Staudinger/*Emmerich* BGB § 566 Rn. 55. Anders ist das nur in der Vermieterinsolvenz: Wenn der Mietvertrag gem. § 108 Abs. 1 InsO mit Wirkung für die Insolvenzmasse fortbesteht, ist im Jahr der Eröffnung des Insolvenzverfahrens die Abrechnung für die Zeit bis zur Verfahrenseröffnung und für die Zeit danach getrennt vorzunehmen, weil die Erstattungsansprüche des Mieters für die Zeit bis zur Eröffnung des Verfahrens einfache Insolvenzforderungen sind (§ 108 Abs. 3 InsO), für die Zeit danach dagegen Masseforderungen (vgl. BGH IX ZR 7/06, NZM 2007, 162).

617 BGH III ZR 211/99, NZM 2001, 158; *Börstinghaus* NZM 2004, 486; *Derleder* NZM 2009, 9. *Blank* hält den Veräußerer in NZM 2008, 754 idR für verpflichtet, für seine Eigentumszeit eine interne Abrechnung zu erstellen, die der Erwerber dann in die Jahresabrechnung einarbeiten könne; diese Ansicht erscheint zweifelhaft, da sie dem Erwerber kaum Arbeit ersparen dürfte; wichtiger ist für diesen die Übergabe der Buchführung und einer geordneten Beleg- und Vertragssammlung sowie ein Auskunftsrecht.

618 BGH VIII ZR 219/06, NJW 2007, 1818 Rn. 13 aE; der Fall betraf eigentlich den Anspruch auf Kautionsrückzahlung.

619 So auch *Both* jurisPR-MietR 1/2008 Anm. 2, der die Unpraktikabilität anschaulich darlegt.

lich beendet, der Mieter aber noch nicht ausgezogen war[620] (zu dieser Problematik auch → Rn. 51). Denn in diesem Fall erhält auch der Erwerber als Teil der ihm zustehenden Nutzungsentschädigung Vorauszahlungen auf die in diesem Jahr angefallenen Betriebskosten.

Für die Abrechnungsperiode, in die der Eigentumswechsel fällt, ist der Erwerber auf einen **Ausgleich im Innenverhältnis** zum Veräußerer angewiesen.[621] Der Maßstab für den Innenausgleich richtet sich nach den Vereinbarungen im Kaufvertrag (→ BGB § 566e Rn. 25). Das mit einem Innenausgleich verbundene Risiko ist auf ein Jahr begrenzt, wohingegen die strenge Anwendung des Fälligkeitsprinzips zur Haftung des Erwerbers im Extremfall für viele Jahre führen kann, wenn der Veräußerer über lange Zeit nicht abgerechnet hat. Im Zweifel gilt wohl eine zeitanteilige Verteilung bezogen auf den Zeitpunkt des Eigentumsübergangs oder auf eine von den Parteien vereinbarten Zeitpunkt des wirtschaftlichen Übergangs. Forderungsausfälle mit Vorauszahlungen oder Nachzahlungen haben die Parteien entsprechend ihrem Zeitanteil zu tragen. Ein Innenausgleich kann deshalb sinnvoll erst gemacht werden nach der Jahresabrechnung und der – ggf. erfolglosen – Beitreibung der Forderungen. Wegen dieses Innenausgleichs kann der Mieter aus Treu und Glauben verpflichtet sein, eine Zwischenablesung zu dulden.[622] 112

Angesichts dieser einfachen und praktikablen Abgrenzung[623], die keine uU schwierig zu beantwortenden Fragen zur genauen Dauer der Abrechnungsfrist oder zur Fälligkeit vorgelegter Betriebskostenabrechnungen beantworten muss und die das Risiko des Erwerbers angemessen begrenzt, fallen die **Nachteile für den Mieter** nicht erheblich ins Gewicht.[624] Ein Nachteil besteht darin, dass dem Mieter gegenüber dem Erwerber als seinem neuen Vermieter das Zurückbehaltungsrecht an den Betriebskostenvorauszahlungen wegen nicht vorgelegter Abrechnung[625] für die vor dem Eigentumsübergang abgelaufenen Abrechnungsperioden und eine Aufrechnungsmöglichkeit mit einem Erstattungsanspruch gegenüber der laufenden Miete[626] nicht zusteht. Ein weiterer Nachteil ist darin zu sehen, dass ihm das Mietobjekt nicht mehr als Haftungsmasse zur Verfügung steht.[627] Da der Mieter aber durch § 566 BGB nicht vor jeglichem mit dem Eigentumswechsel verbundenen Nachteil geschützt werden soll und da neben dem Bestandsinteresse des Mieters auch die Interessen des Erwerbers zu berücksichtigen sind[628], erscheint der Verlust des Zurückbehaltungsrechts und der Aufrechnungsmöglichkeit für den Mieter sowie der Verlust des Mietobjektes als Haftungsmasse hinnehmbar.[629] Dies gilt auch vor dem Hintergrund der hier vertretenen Dogmatik des Rechtsübergangs als Rechtsnachfolge, für die § 404 BGB, der dem Rechtsnachfolger grds. alle Einwendungen erhält, nicht gilt.[630] Anders kann es aber dann sein, wenn der Veräußerer dem Erwerber Mietzinsansprüche aus seiner Eigentumszeit abtritt. Dann ist § 404 BGB anwendbar und der Mieter kann dem Erwerber gegenüber wegen des Abrechnungsanspruchs ein Zurückbehaltungsrecht hinsichtlich der abgetretenen Ansprüche ausüben bzw. mit einem Erstattungsanspruch aufrechnen.[631] 113

Wem der Anspruch auf die vereinbarten **Nebenkostenvorauszahlungen** zusteht, richtet sich nach dem Fälligkeitsprinzip. Da die Vorauszahlungen mit dem Mietzins fällig werden, teilen sie grds. dessen Schicksal, dh, vor dem Eigentumsübergang fällig gewordene Ansprüche stehen dem Veräußerer zu, diejenigen danach dem Erwerber.[632] Das gilt aber nur bis zur Erteilung einer Betriebskostenabrechnung bzw. bis zum Ablauf der Abrechnungsfrist. Nach Ablauf der Abrechnungsfrist können 114

---

620 Ebenso *Neumann* WuM 2012, 7.

621 Siehe auch BGH V ZB 1/07, NZM 2008, 100 für eine ähnlich gelagerte Fallkonstellation bei der Zwangsverwaltung.

622 *Schmid* GE 2013, 24.

623 BGH VIII ZR 168/03, NJW 2004, 851 spricht von Rechtsklarheit.

624 BGH VIII ZR 168/03, NJW 2004, 851; **aA** *Weitemeyer* FS Blank, 2006, 445 (452); *Schenkel* NZM 1999, 6; krit. auch *Derleder* NZM 2009, 10 (11), der dem Mieter dann einen Anspruch gegen den Erwerber zugestehen will, wenn der Veräußerer dazu nicht mehr in der Lage ist und der Erwerber bei den Vertragsverhandlungen für diesen Fall hätte Vorsorge treffen können.

625 Siehe dazu BGH VIII ZR 57/04, NJW 2005, 1499.

626 BGH VIII ZR 168/03, NJW 2004, 851 aE.

627 Darauf weist *Derleder* NZM 2009, 10 zutr. hin. Angesichts der meist vorhandenen dinglichen Belastungen und – im Vergleich dazu – relativ geringer Nachforderungsbeträge, ist eine Zwangsvollstreckung in das Mietgrundstück aber meist unrealistisch.

628 → Rn. 7 und MüKoBGB/*Häublein* § 566 Rn. 52.

629 BGH VIII ZR 168/03, NJW 2004, 851aE.

630 → Rn. 14.

631 *Derleder* NZM 2009, 11.

632 *Börstinghaus* NZM 2004, 486.

Vorauszahlungen nämlich nicht mehr verlangt werden[633]; nach Vorlage einer Abrechnung kommt es nur auf den sich daraus ergebenden Saldo an, in den die tatsächlich gezahlten Vorauszahlungen eingestellt werden müssen. Soweit ausnahmsweise Sollvorauszahlungen eingestellt werden dürfen[634], besteht der Anspruch auf die Vorauszahlungen weiter.[635] Kommt der Vermieter seiner Abrechnungspflicht nicht nach, kann der Mieter bei beendetem Mietverhältnis die **Vorauszahlungen zurückverlangen**[636], wohingegen er bei unbeendetem Vertrag lediglich ein Zurückbehaltungsrecht geltend machen kann.[637] Zwar endet das Mietverhältnis nach der hier vertretenen Auffassung zur Dogmatik des Rechtsübergangs[638] nicht. Dennoch kann der Mieter die Vorauszahlungen zurückverlangen, da ihm – wie soeben ausgeführt – für Forderungen aus der Zeit vor dem Eigentumsübergang gegenüber dem Erwerber das Zurückbehaltungsrecht verloren geht und er deswegen – anders als beim laufenden Mietverhältnis – kein Druckmittel zur Durchsetzung des Abrechnungsanspruchs hat.[639] Anspruchsgegner für Vorauszahlungen aus der Zeit vor dem Eigentumsübergang ist der Veräußerer[640], für die Zeit danach der Erwerber.

**115** Zur **Abrechnungspflicht des Zwangsverwalters** kann in diesem Rahmen im Wesentlichen nur die bisherige Rspr. des BGH referiert werden.[641] Der Zwangsverwalter hat gem. § 152 Abs. 2 ZVG für laufende Mietverhältnisse die Betriebskostenabrechnungen nicht nur für die Dauer seiner Bestellung, sondern auch für solche Abrechnungsperioden durchzuführen, die vor seiner Bestellung oder vor dem in § 1123 Abs. 2 BGB[642] bezeichneten Zeitraum abgelaufen sind.[643] Außerdem soll der Zwangsverwalter auch nach dem Ende der Zwangsverwaltung noch über die in der Zeit seiner Bestellung abgelaufenen Abrechnungsperioden abrechnen müssen[644]; das erscheint allerdings – ohne dass die Frage hier abschließend geklärt werden kann – angesichts von § 12 Abs. 2 Zwangsverwalterverordnung und angesichts der nach Aufhebung der Zwangsverwaltung eingeschränkten Prozessführungsbefugnis des Zwangsverwalters[645] zweifelhaft zu sein. Kommt der Zwangsverwalter der Abrechnungspflicht nicht nach, hat der Mieter ihm gegenüber die gleichen Rechte wie gegenüber dem Vermieter, dh, er kann im Wege des Zurückbehaltungsrechts die laufenden Vorauszahlungen einbehalten.[646] Nach Aufhebung der Zwangsverwaltung hat eine Abrechnung des Zwangsverwalters dem Eigentümer gegenüber die gleiche Wirkung, als hätte dieser sie selbst erstellt.[647] Nachzahlungsansprüche stehen bei laufender Zwangsverwaltung dem Zwangsverwalter zu[648], er hat aber auch die Erstattungsansprüche des Mieters zu erfüllen, und zwar auch dann, wenn ihm die Vorauszahlungen nicht zugeflossen sind.[649] Eine Erstattungspflicht dürfte den Zwangsverwalter aber nicht treffen hinsichtlich solcher Guthaben, die vor dem Beschlagnahmezeitraum des § 1123 Abs. 2 BGB fällig geworden sind.[650] Der BGH[651] betont, dass der Mietvertrag den Zwangsverwalter mit seinem

---

[633] BGH VIII ZR 258/09, NJW 2011, 145.

[634] BGH VIII ZR 108/02, NZM 2003, 196.

[635] Für die Abrechnungsperiode, in die der Eigentumswechsel fällt, ist allerdings ggf. ein Innenausgleich zwischen Veräußerer und Erwerber durchzuführen (→ Rn. 112).

[636] BGH VIII ZR 191/05, NJW 2006, 2552; einschränkend BGH VIII ZR 315/11, NJW 2012, 3508.

[637] BGH VIII ZR 57/04, NJW 2005, 1499.

[638] → Rn. 12.

[639] LG Berlin WuM 2015, 735; NZM 2008, 571; LG Magdeburg ZMR 2011, 289; OLG Naumburg 16.8.2011 – 9 U 16/11, BeckRS 2012, 01599; *Schmid* GE 2012, 1599.

[640] LG Berlin NZM 2008, 571; LG Magdeburg ZMR 2011, 289; OLG Naumburg 16.8.2011 – 9 U 16/11, BeckRS 2012, 01599.

[641] Zu den weiteren Folgen der Zwangsverwaltung und zu offenen Fragen auch in Zusammenhang mit der Abrechnung von Betriebskosten s. insbes. *Derleder* NZM 2009, 13 (14), außerdem die einschlägigen Kommentierungen zu § 152 ZVG, die Erläuterungen → Rn. 26 sowie *Börstinghaus* NZM 2004, 489.

[642] § 1123 BGB ist gem. §§ 148 Abs. 1, 21 Abs. 2, 20 Abs. 2 ZVG anwendbar.

[643] BGH VIII ZR 168/05, NJW 2006, 2626; BGH VIII ZR 333/02, NJW 2003, 2320 mwN auch auf gegenteilige Meinungen; *Milger* NJW 2011, 1250; *Derleder* NZM 2009, 13 (14).

[644] AG Köln WuM 2013, 109; LG Potsdam WuM 2001, 289.

[645] Siehe etwa BGH XII ZR 181/08, NJW 2010, 3033.

[646] *Milger* NJW 2011, 1250.

[647] KG ZMR 2009, 911.

[648] Nicht nur gem. § 152 Abs. 2 ZVG, sondern auch gem. § 152 Abs. 1 ZVG.

[649] BGH VIII ZR 168/05, NJW 2006, 2626; OLG Hamburg NJW-RR 1990, 151; *Milger* NJW 2011, 1250; zum Anspruch des Zwangsverwalters gegen den Schuldner auf Auskehrung nicht verbrauchter Betriebskostenvorauszahlungen s. *Heider/zur Nieden* NZM 2010, 601.

[650] OLG Köln 11.10.2013 – 22 U 208/12, BeckRS 2013, 19140.

[651] BGH VIII ZR 168/05, NJW 2006, 2626; s. auch *Derleder* NZM 2009, 13 (14) und *Milger* NJW 2011, 1250.

ganzen Inhalt bindet, und zwar gem. § 152 Abs. 2 ZVG unabhängig vom Eintritt der Wirkungen der Beschlagnahme. Offen ist allerdings, ob die Abrechnungspflicht aus Mieterschutzgesichtspunkten, die der BGH[652] teilweise hervorhebt, auch solche Mietverhältnisse erfasst, die bereits beendet waren[653] oder jedenfalls solche, die zwar beendet waren, bei denen der Mieter zum Zeitpunkt der Beschlagnahme aber noch nicht geräumt hatte.[654] Wegen der erwähnten „unbegrenzten Zuständigkeit des Zwangsverwalters zur Abrechnung"[655] dürfte hier aber das gleiche gelten wie ohne Zwangsverwaltung (dazu → Rn. 110). Wurde das Objekt versteigert und die Zwangsverwaltung über den Zuschlag hinaus fortgesetzt, so gebühren dem Ersteher die vor dem Zuschlag vereinnahmten, aber bis dahin nicht verbrauchten[656] Nebenkostenvorauszahlungen, da der Ersteher als neuer Eigentümer über die zur Zeit seines Eigentumserwerbs laufende Abrechnungsperiode abzurechnen hat und den Saldo auskehren muss bzw. einfordern darf.[657] Der Zwangsverwalter kann hingegen die im laufenden Abrechnungszeitraum bis zum Zuschlag verauslagten, nicht durch Vorauszahlungen abgedeckten Betriebskosten von dem Ersteher nicht als Aufwendungsersatz analog § 670 BGB beanspruchen.[658] Bezüglich der Ansprüche des Mieters auf Rückforderung von Vorauszahlungen nach Ablauf der Abrechnungsfrist gilt → Rn. 114 entsprechend.[659] Auch der Zwangsverwalter unterliegt der Ausschlussfrist des § 556 Abs. 3 BGB. Dass seine Bestellung erst zum Ende der Abrechnungsfrist erfolgt, entschuldigt eine Fristversäumnis noch nicht.[660] Zur Prozessführungsbefugnis des Zwangsverwalters → BGB § 566 a Rn. 43.

Wenn ein Mietvertrag bei **Insolvenz des Vermieters** gem. § 108 Abs. 1 InsO mit Wirkung für **116**
die Insolvenzmasse fortbesteht, ist im Jahr der Eröffnung des Insolvenzverfahrens die Abrechnung für die Zeit bis zur Verfahrenseröffnung und für die Zeit danach getrennt vorzunehmen, weil die Erstattungsansprüche des Mieters für die Zeit bis zur Eröffnung des Verfahrens einfache Insolvenzforderungen sind (§ 108 Abs. 3 InsO), für die Zeit danach dagegen Masseforderungen.[661] Die Abrechnungspflicht trifft den Insolvenzverwalter im Fall der Vertragsfortführung aber nicht nur für die bei Eröffnung laufende Abrechnungsperiode, aus der Vertragsbindung[662] des Insolvenzverwalters folgt vielmehr eine solche Pflicht auch für frühere Abrechnungsperioden.[663] Das gleiche Ergebnis ergibt sich aus dem Argument, dass der Insolvenzverwalter zur Abrechnung verpflichtet sein muss, wenn er berechtigt ist nach einer Abrechnung die Nachforderung geltend zu machen.[664] Mit einem Guthaben aus Abrechnungen für die Zeit vor der Insolvenzeröffnung, das – wie eingangs erwähnt – nur einfache Insolvenzforderung ist, kann der Mieter gegenüber Mietforderungen, die erst nach der Insolvenzeröffnung fällig wurden, nicht gem. § 95 Abs. 1 S. 1 InsO aufrechnen.[665] Diese Grundsätze gelten auch, wenn während des Insolvenzverfahrens gleichzeitig ein Zwangsverwalter bestellt ist, der dann statt des Insolvenzverwalters abrechnen muss; die Zwangsverwaltung ändert nichts daran, dass ein Guthaben aus einer Abrechnung für die Zeit vor der Insolvenzeröffnung eine einfache Insolvenzforderung bleibt, was sich aus §§ 88, 89 InsO ergibt. In der **Insolvenz des Mieters** ist eine Betriebskostennachforderung des Vermieters aus der Zeit bis zur Eröffnung des Verfahrens einfache Insolvenzforderung, für die Zeit danach dagegen Masseforderung[666]; deshalb ist auch in der Insolvenz des Mieters eine getrennte Abrechnung für die Zeit bis zur Verfahrenseröffnung und für die Zeit danach vorzunehmen. Die Nachforderung des Vermieters aus der Zeit vor Insolvenzeröffnung bleibt auch dann (einfache) Insolvenzforderung, wenn der Vermieter erst nach

[652] BGH VIII ZR 168/05, NJW 2006, 2626.
[653] Eine Kautionsrückzahlungspflicht verneint der BGH in solchen Fällen (NZM 2006, 680); auch → BGB § 566 a Rn. 4.
[654] Zur Kautionsrückzahlungspflicht in diesen Fällen → BGB § 566 a Rn. 4.
[655] *Derleder* NZM 2009, 14.
[656] Im Zweifel gilt wohl ein zeitanteiliger Verteilungsmaßstab.
[657] BGH V ZB 1/07, NZM 2008, 100.
[658] BGH V ZB 34/11, NZM 2012, 325.
[659] Siehe auch AG Berlin Charlottenburg GE 2009, 582; *Schmid* GE 2012, 1599.
[660] AG Dortmund WuM 2007, 697 mit eingehender Begründung; LG Dortmund NZM 2012, 400 mwN; AG Dortmund NZM 2010, 239; *Milger* NJW 2011, 1251.
[661] BGH IX ZR 7/06, NZM 2007, 162; soweit in dem Urteil über Aufrechnungsmöglichkeiten gem. § 95 InsO entschieden wurde, ist es durch BGH IX ZR 10/11, NZM 2012, 195 überholt.
[662] Dazu auch → BGB § 566 a Rn. 44.
[663] *Derleder* NZM 2009, 15; zweifelnd Wolf/Eckert/Ball Gewerbl. Miet-/Pacht-/LeasingR-HdB Rn. 1522.
[664] So in dem Fall BGH IX ZR 7/06, NZM 2007, 162.
[665] BGH IX ZR 10/11, NZM 2012, 195 unter Aufgabe von BGH IX ZR 7/06, NZM 2007, 162.
[666] *Flatow* NZM 2011, 613.

der Insolvenzeröffnung oder nach dem Wirksamwerden der **Enthaftungserklärung des Insolvenzverwalters gem. § 109 Abs. 1 S. 2 InsO,** die erst mit dem Ablauf der dreimonatigen Kündigungsfrist des § 109 Abs. 1 S. 1 Hs. 2 InsO eintritt[667], abgerechnet hat.[668] Mit Wirksamkeit der Enthaftungserklärung erlangt der Mieter die Verfügungs- und Verwaltungsbefugnis über das Mietverhältnis zurück.[669] Ab diesem Zeitpunkt ist die Betriebskostenabrechnung wieder dem Mieter gegenüber zu erteilen und ihm gegenüber die Abrechnungsfrist des § 556 Abs. 3 BGB einzuhalten.

### 6. Kündigung, Option

117 Im Ansatz ist die Rechtslage bei der Kündigung einfach: Sie muss von dem jeweiligen Vermieter ausgesprochen werden bzw., wenn der Mieter kündigt, gegenüber dem jeweiligen Vermieter.[670] Das ist vor dem Eigentumsübergang der Veräußerer, nach dem Eigentumsübergang der Erwerber.[671] Maßgeblich ist der Zeitpunkt der Abgabe der Kündigungserklärung (→ BGB § 542 Rn. 44). Gibt es mehrere Erwerber, führen sie das Mietverhältnis gemeinschaftlich fort[672] und müssen dementsprechend auch gemeinschaftlich kündigen.[673] Das gilt nicht, wenn das aus mehreren rechtlich selbständigen Teilflächen (etwa verschiedene Grundstücke oder mehrere Wohnungseigentumseinheiten) bestehende, einheitlich vermietete (!) Mietobjekt ganz oder teilweise zwangsversteigert wird; wegen der Besonderheiten der Zwangsversteigerung darf jeder Ersteher das Sonderkündigungsrecht nach § 57 a ZVG für die von ihm ersteigerte Teilfläche eigenständig ausüben.[674] Vor dem Eigentumsübergang kann der Erwerber nur mit Ermächtigung des Veräußerers bzw. mit seiner Vollmacht kündigen (dazu → Rn. 46). Hat er eine solche Ermächtigung bzw. Vollmacht nicht, so ist die **Kündigung** unwirksam[675], sie wird auch nicht durch die spätere Eigentumsumschreibung geheilt.[676] Eine trotz Ermächtigung des Erwerbers vom Veräußerer noch selbst vor dem Eigentumsübergang ausgesprochene Kündigung ist nicht ohne Weiteres wegen Treu und Glauben unwirksam[677]; Ermächtigung bedeutet – genauso wie Vollmachtserteilung – nämlich nicht, dass sich der ermächtigende Vermieter seiner Rechte gegenüber dem Mieter (anders ggf. gegenüber dem Erwerber als Ermächtigtem) begeben will, so dass ein widersprüchliches Verhalten nicht vorliegt.[678] Kündigt der Mieter gegenüber dem „falschen" Vermieter oder übt er diesem gegenüber eine (Verlängerungs-)**Option** aus, weil er den Eigentumsübergang nicht kennt oder er durch den Veräußerer bzw. den Erwerber falsch informiert wurde (wenn etwa schon der Kauf oder der Nutzen- und Lastenübergang als Eigentumsübergang bezeichnet wird), so ist die Kündigung/Option in entsprechender Anwendung des **§ 407 BGB** bzw. des § 409 BGB wirksam[679], wenn die Voraussetzungen dieser Vorschriften erfüllt sind. §§ 407, 409 BGB sind nur auf die Kündigungserklärung (und andere rechtserhebliche Erklärungen wie etwa die Enthaftungserklärung gem. § 109 Abs. 1 S. 2 InsO[680]) entsprechend anwendbar, nicht aber auf die Entrichtung der Miete; näher → BGB § 566 e Rn. 20 und → BGB § 566 e Rn. 21 ff. Dem Mieter „schadet" gem. § 407 BGB nur Kenntnis des Eigentumsübergangs, so dass die Information an ihn über das schuldrechtliche Rechtsgeschäft oder den wirtschaftlichen Lastenübergang nicht ausreicht[681], wohl aber ein (kopierter) Grundbuch-

---

[667] BGH VIII ZR 327/11, NJW 2012, 2270 Rn. 33; BGH IX ZR 29/11, NJW 2012, 1881.
[668] BGH VIII ZR 295/10, NZM 2011, 404.
[669] BGH VIII ZR 107/13, NJW 2014, 1954; BGH IX ZR 136/13, NJW 2014, 2585.
[670] *Börstinghaus* NZM 2004, 488.
[671] BGH V ZR 276/11, WuM 2012, 314 Rn. 16.
[672] → Rn. 75.
[673] BGH V ZR 276/11, WuM 2012, 314 Rn. 17; BGH XII ZR 113/12, WuM 2013, 752; KG NZM 2012, 304.
[674] BGH XII ZR 113/12, WuM 2013, 752; KG NZM 2012, 304; s. aber auch BGH XII ZR 34/12, NJW 2013, 3232 und → BGB § 564 Rn. 21.
[675] LG Münster WuM 1991, 105; LG Ellwangen WuM 1991, 489; *Gather* DWW 2006, 316; *Börstinghaus* NZM 2004, 488.
[676] OLG Hamm NJW-RR 1993, 273; AnwK WohnraummietR/*Lammel* BGB § 566 Rn. 77.
[677] *Schlimme* jurisPR-MietR 20/2009 Anm. 4; **aA** LG Berlin GE 2009, 657.
[678] LG Berlin GE 2010, 1743; **aA** LG Berlin GE 2009, 657.
[679] BGH IX ZR 29/11, NJW 2012, 1881, zur Kündigung bzw. die dieser gleichgestellten Enthaftungserklärung gem. § 109 Abs. 1 S. 2 InsO; BGH XII ZR 106/99, NZM 2002, 291, zur Optionsausübung; Staudinger/*Emmerich* BGB § 566 Rn. 44 mwN; Wolf/Eckert/Ball Gewerbl. Miet-/Pacht-/LeasingR-HdB Rn. 1414, 1418; auch → BGB § 566 e Rn. 18.
[680] BGH IX ZR 29/11, NJW 2012, 1881.
[681] BGH IX ZR 29/11, NJW 2012, 1881.

auszug[682] (s. auch bei § 566e BGB); Ermittlungspflichten treffen den Mieter nicht.[683] Wenn man §§ 407, 409 BGB auf die Kündigung entsprechend anwendet, dann muss dies konsequenterweise auch bei § 410 BGB geschehen mit der Folge, dass der Mieter eine Kündigung des Erwerbers (unverzüglich) gem. § 410 Abs. 1 S. 2 BGB zurückweisen darf, wenn der Erwerber nicht einen Grundbuchauszug (oder im Falle des § 57 ZVG einen Zuschlagsbeschluss) vorlegt oder der Mieter vorher durch den Veräußerer informiert wurde; außerdem hat der Mieter einen Zahlungsverzug gegenüber dem Erwerber wegen des Leistungsverweigerungsrechts gem. § 410 Abs. 1 S. 1 BGB nicht zu vertreten und der Erwerber kann ihm nicht kündigen, wenn er sich auf das Fehlen der Urkunde und damit auf sein Leistungsverweigerungsrecht[684] berufen hat.[685] Ein **Sonderkündigungsrecht** gem. § 1056 Abs. 2 BGB geht nicht auf einen Erwerber über, der erst nach Beendigung des Nießbrauchs Eigentümer wird[686]; näher zum Sonderkündigungsrecht nach Beendigung des Nießbrauchs → BGB § 567 Rn. 21. Bei Ausübung des Sonderkündigungsrechts gem. § 57a ZVG ist der Ersteigerer nicht an vertragliche Kündigungsbeschränkungen oder Kündigungsausschlüsse (etwa wegen Eigenbedarf) gebunden, weil nach dem Gesetzeszweck die gesetzlichen Kündigungsregeln gelten sollen[687]; anders ist das, wenn der Ersteigerer das Sonderkündigungsrecht verstreichen lässt und später kündigt. In der Insolvenz des Mieters erlangt dieser mit Wirksamkeit der **Enthaftungserklärung gem. § 109 Abs. 1 S. 2 InsO,** die erst mit dem Ablauf der dreimonatigen Kündigungsfrist des § 109 Abs. 1 S. 1 Hs. 2 InsO eintritt[688], die Verfügungs- und Verwaltungsbefugnis über das Mietverhältnis zurück.[689] Ab diesem Zeitpunkt ist die Kündigung wieder dem Mieter gegenüber auszusprechen[690] bzw. von diesem zu erklären; bis dahin ist der Insolvenzverwalter der richtige Kündigungsgegner.

Wird durch die Kündigung des Veräußerers oder des Mieters das Mietverhältnis (ggf. nach Ablauf einer Kündigungsfrist) noch vor dem Eigentumsübergang beendet oder schließen Veräußerer und Mieter einen Aufhebungsvertrag, so tritt der Erwerber in das **Abwicklungsverhältnis** ein; ihm steht nach dem Eigentumsübergang der Räumungsanspruch (§ 546 BGB) und der Anspruch auf Nutzungsentschädigung (§ 546a BGB) sowie ein evtl. Anspruch auf Schadensersatz wegen Räumungsverzugs zu.[691] Ihn treffen aber auch die Folgen einer Vertragsfortsetzung gem. § 545 BGB; das Widerspruchsrecht nach dieser Vorschrift steht ihm zu, soweit der Veräußerer es nicht schon ausgeübt hat (→ BGB § 545 Rn. 24). Läuft nach einer Kündigung die Kündigungsfrist erst nach der Eigentumsumschreibung ab, so tritt der Erwerber in das noch fortbestehende, aber durch die Kündigung umgestaltete Mietverhältnis ein.[692] **118**

Schwierigkeiten bereitet der hM[693] zur Dogmatik des Rechtsübergangs bei § 566 BGB, die eine Novation anstatt einer Rechtsnachfolge annimmt, die Behandlung solcher Fälle, bei denen sich die Kündigungslage schon ganz oder teilweise zur Vermieterzeit des Veräußerers entwickelt hat, bei denen dann aber erst der Erwerber kündigen will. Da diese hM mit dem Eigentumsübergang von dem Entstehen eines neuen Mietvertrages ausgeht, wirken bereits entstandene Kündigungsgründe eigentlich nicht fort.[694] Zwar hat das neue Mietverhältnis denselben Inhalt, den es vor dem Eigentumsübergang hatte; das bloße Vorliegen von Kündigungsgründen gestaltet den Vertrag aber noch nicht um, so dass die Kündigungsgründe nicht Vertragsinhalt waren. Trotz dieser dogmatischen Schwierigkeiten wird – allerdings ohne nähere Problematisierung – einhellig angenommen, dass jedenfalls gewisse Elemente von Kündigungstatbeständen, nämlich diejenigen, die von der Person **119**

---

682 AG Bremen ZMR 2013, 808.

683 BGH IX ZR 29/11, NJW 2012, 1881.

684 Zu den Besonderheiten dieses Leistungsverweigerungsrechts s. BGH LwZR 6/05, NJW 2007, 1269; BGH II ZR 102/67, NJW 1969, 1110.

685 IErg ebenso, aber ohne Erwähnung von § 410 BGB AG Gelsenkirchen WuM 2012, 204.

686 BGH LwZR 12/08, NZM 2010, 474; auch → BGB § 567 Rn. 21.

687 LG München ZMR 2020, 585 – Revision eingelegt zu BGH VIII ZR 76/20.

688 BGH VIII ZR 327/11, NJW 2012, 2270 Rn. 33; BGH IX ZR 29/11, NJW 2012, 1881.

689 BGH VIII ZR 107/13, NJW 2014, 1954; BGH IX ZR 136/13, NJW 2014, 2585.

690 BGH VIII ZR 107/13, NJW 2014, 1954.

691 Einzelheiten → Rn. 51, dort auch zur Rückerstattung einer Kaution; zur Abrechnung der Betriebskosten in diesen Fällen → Rn. 111.

692 Staudinger/*Emmerich* BGB § 566 Rn. 46.

693 Nachweise → Rn. 10.

694 Staudinger/*Emmerich* BGB § 566 Rn. 47; AnwK WohnraummietR/*Lammel* BGB § 566 Rn. 79; *Börstinghaus* NZM 2004, 488. Das LG München I WuM 1989, 180 hat deshalb eine Kündigung abgelehnt, die darauf gestützt wurde, dass der Mieter den Erwerber vor Eigentumsübergang beleidigt hat.

des Vermieters unabhängig sind, nach dem Eigentumsübergang zu Gunsten bzw. zu Lasten des Erwerbers fortwirken, die auf die Person des Vermieters bezogenen hingegen nicht.[695] Wenn man mit der hier vertretenen Ansicht den Eintritt des Erwerbers als Rechtsnachfolge ansieht, entfallen die dogmatischen Erklärungsdefizite, weil der Erwerber (vorbehaltlich der Zäsurwirkung) umfassend in die Rechtsstellung des Veräußerers eintritt.[696] Diese Zäsurwirkung drückt sich bei einer Kündigung ohne Weiteres dadurch aus, dass bei der Prüfung der Kündigungsvoraussetzungen auf den Zeitpunkt des Zugangs der Kündigung abgestellt werden muss.[697] Zu diesem Zeitpunkt ist bei **gestreckten Kündigungslagen** nicht mehr der Veräußerer, sondern bereits der Erwerber Vermieter, so dass es bei personenbezogenen Kündigungsgründen darauf ankommt, ob diese in Bezug auf die Person des Erwerbers verwirklicht sind.[698] Objektbezogene Kündigungsgründe wirken hingegen ohne weiteres zu Gunsten und zu Lasten des Erwerbers fort.[699]

120 Wenn für eine Kündigungslage eine Fortwirkung über den Eigentumsübergang hinaus anzunehmen ist, dann gilt das auch für evtl. vom Veräußerer ausgesprochene **Abmahnungen** gem. § 543 Abs. 3 BGB.[700] Die dreißigjährige Frist des § 544 BGB beginnt nicht mit dem Eigentumsübergang neu zu laufen, es ist vielmehr auf den Zeitpunkt der Überlassung durch den Veräußerer abzustellen.[701] Ebenso berechnen sich die **gestaffelten Kündigungsfristen** des § 573 c Abs. 1 S. 2 BGB ab dem Zeitpunkt der Überlassung der Mietsache an den Mieter und werden durch den Eigentumswechsel nicht berührt.[702]

121 Objektbezogene Kündigungsgründe, die fortwirken, sind zB Verstöße gegen die Gebrauchsgewährungspflicht (insbes. Mängel) durch den Vermieter bzw. Gebrauchsüberschreitungen oder Beschädigungen durch den Mieter. Personengebundene Kündigungsgründe sind solche, die die Persönlichkeit der Vertragsparteien betreffen. Hier ist zu prüfen, ob die Vertragsverletzungen, die sich in der Vergangenheit in Bezug auf den Veräußerer verwirklicht haben, nach dem Eigentumsübergang und im Zeitpunkt der Kündigungserklärung noch den Erwerber betreffen. Ein Beispiel mag das verdeutlichen: Ein Mieter hatte den Veräußerer in der Vergangenheit trotz Abmahnungen wiederholt beleidigt. Waren die Beleidigungen auf Streitigkeiten beider an dem gemeinsamen Arbeitsplatz zurückzuführen, ist nach dem Eigentumswechsel eine Wiederholung nicht zu befürchten, die Vertragsfortsetzung erscheint zumutbar; anders hingegen, wenn es aufgrund des Charakters des Mieters und der Art der Beleidigungen nahe liegt, dass sie unabhängig von der Person des konkreten Vermieters auch in Zukunft zu befürchten sind. Auch das Sonderkündigungsrecht nach § 540 BGB ist personenbezogen, nämlich auf den Vermieter, der die Genehmigung zur Untermiete verweigert. Hier ist dem Mieter in der Regel zuzumuten, den Erwerber um eine erneute Entscheidung zu bitten[703]; anders mag das sein, wenn ein solches Zuwarten den Mieter über Gebühr belastet. Eine Verwertungskündigung gem. § 573 Abs. 2 Nr. 3 BGB kann sowohl aus objekt- als auch aus personenbezogenen Gründen erfolgen; bei letzteren ist in dem oben genannten Sinn zu prüfen, ob sie in Bezug auf die Person des Erwerbers zutreffen.[704]

122 Schwierigkeiten bereitet die Einordnung von **Zahlungsrückständen.** Die wohl hM ist der Ansicht, dass dem Erwerber kein außerordentliches Kündigungsrecht gem. §§ 543, 569 BGB zusteht, wenn der zur Kündigung berechtigende Zahlungsrückstand sich bereits vollständig vor dem Eigentumsübergang verwirklicht hat; lediglich ein Teilrückstand wirke fort und könne zur Kündigung berechtigen, wenn sich nach dem Eigentumsübergang weitere Rückstände ergäben[705] oder wenn der Rückstand an den Erwerber abgetreten sei.[706] Diese hM sieht die Zahlungspflicht wohl als personenbezogen an. Das ist im Ausgangspunkt zwar richtig, weil der Erwerber durch den vor dem Eigentumsübergang verwirklichten Rückstand in seinem Vermögen nicht beeinträchtigt wird. Eine

---

[695] MüKoBGB/*Häublein* § 566 Rn. 41 f.; *Börstinghaus* NZM 2004, 488; *Derleder* NJW 2008, 1191.
[696] So auch *Emmerich* DMT-Bilanz 2011, 725 und *Gsell* WuM 2012, 412.
[697] Staudinger/*Emmerich* BGB § 566 Rn. 45.
[698] So auch *Gsell* WuM 2012, 412; **aA** LG München I WuM 1989, 180, das eine Kündigung abgelehnt hat, die darauf gestützt wurde, dass der Mieter den Erwerber vor Eigentumsübergang beleidigt hat.
[699] So auch *Gsell* WuM 2012, 412.
[700] *Emmerich* DMT-Bilanz 2011, 725.
[701] OLG Karlsruhe ZMR 2008, 533 = WuM 2008, 552 = DWW 2008, 178.
[702] BGH XII ZR 163/12, NJW 2014, 3775 Rn. 17.
[703] Wolf/Eckert/Ball Gewerbl. Miet-/Pacht-/LeasingR-HdB Rn. 1420.
[704] Ähnlich *Börstinghaus* NZM 2004, 488 und *Gsell* WuM 2012, 413.
[705] Staudinger/*Emmerich* BGB § 566 Rn. 47 mwN; *Börstinghaus* NZM 2004, 488; Wolf/Eckert/Ball Gewerbl. Miet-/Pacht-/LeasingR-HdB Rn. 1417.
[706] *Derleder* NJW 2008, 1191; AG Bremen ZMR 2013, 808.

Kündigung wegen Zahlungsrückstands wird in der Regel aber deshalb ausgesprochen, weil der Mieter sich als zahlungsunfähig oder zahlungsunwillig erwiesen hat und weil der Vermieter davon ausgeht, er werde dieses Verhalten in Zukunft fortsetzen. Stände diese Befürchtung nicht im Raum, würde er nicht kündigen, sondern lediglich auf Zahlung klagen. Aus diesem Grund müssen deshalb Zahlungsverzugslagen zugunsten des Erwerbers fortwirken.[707] Zum Schutz des Mieters, der von dem Eigentumsübergang keine Kenntnis hat, → BGB § 566e Rn. 24.

Eine **Eigenbedarfskündigung** gem. § 573 Abs. 2 Nr. 2 BGB ist in der Regel in noch stärkerer Weise personenbezogen als eine außerordentliche Kündigung (oder eine ordentliche Kündigung wegen Pflichtverletzung). Das ist in der vom BGH[708] angenommenen Pflicht des Vermieters begründet, dem Mieter bis zum Ende der Kündigungsfrist den Wegfall des Kündigungsgrundes mitzuteilen und ihm anzubieten, die Kündigungsfolgen rückgängig zu machen. Während eine vom Veräußerer wirksam ausgesprochene außerordentliche Kündigung das Mietverhältnis endgültig beendet, muss es der Erwerber bei einer Eigenbedarfskündigung iErg weiterführen, wenn die Eigentumsumschreibung während des Laufs der Kündigungsfrist erfolgt.[709] Der Zeitpunkt der Eigentumsumschreibung hängt allerdings oft von Zufälligkeiten ab und meist dürfte der Abschluss des notariellen Kaufvertrages bzw. die Verkaufsabsicht schon bei Ausspruch der Eigenbedarfskündigung vorgelegen haben. Das gibt dann Anlass, die Berechtigung des Eigenbedarfs sorgfältig zu hinterfragen und zu prüfen. Hat der Veräußerer allerdings zu Gunsten eines privilegierten Angehörigen gekündigt und ist dieser Angehörige der Erwerber oder hat der Veräußerer sich etwa ein Wohnrecht vorbehalten, dann wirkt die Eigenbedarfskündigung fort – nach Umwandlung in Wohnungseigentum auch ohne Einhaltung der Sperrfrist des § 577a BGB.[710] Zugunsten des Erwerbers oder dessen Angehöriger kann der Veräußerer allerdings nicht kündigen; der Erwerber muss vielmehr die Eigentumsumschreibung abwarten und dann selbst kündigen.[711] Auch eine dem Erwerber vom Veräußerer erteilte Ermächtigung reicht nicht aus, da sie den Erwerber nur zu einer Kündigung zugunsten des Veräußerers ermächtigen könnte.[712] Eine GbR kann – unter Beachtung der Beschränkungen des § 577a Abs. 1a BGB – auch wegen eines Eigenbedarfs kündigen, der in der Person eines ihrer Gesellschafter oder deren Angehörigen besteht[713] und zwar auch dann, wenn die BGB-Gesellschaft durch Veräußerung gem. § 566 Abs. 1 BGB in den Mietvertrag eingetreten ist.[714] Es kommt nicht darauf an, dass der Gesellschafter, in dessen Person der Eigenbedarf besteht, schon zu Beginn des Mietverhältnisses Mitglied der GbR war.[715] Wurde – vor Inkrafttreten des § 577a Abs. 1a BGB – eine GbR unter Bildung von Wohnungseigentum und Eintragung der einzelnen Gesellschafter als Eigentümer der jeweils zugewiesenen Wohnungen auseinandergesetzt, löste die Übertragung des Wohnungseigentums auf die Gesellschafter die Kündigungssperrfrist des § 577a Abs. 1 BGB nicht aus, weil die Eigenbedarfslage nicht erst durch die Umwandlung in Wohnungseigentum und eine anschließende Veräußerung begründet wurde, sondern bereits vorher bestand und deshalb eine Kündigung wegen Eigenbedarfs für einen Gesellschafter schon vor der Umwandlung hätte erfolgen können.[716] Die Kündigungssperrfrist nach Umwandlung in Wohnungseigentum (§ 577a Abs. 1 BGB) beginnt mit der erstmaligen Veräußerung; weitere Veräußerungen innerhalb der Sperrfrist lassen die Frist nicht neu beginnen, der Erwerber tritt vielmehr in die bereits teilweise abgelaufene Frist ein.[717] 123

Vereinbarungen über besondere Kündigungsgründe oder **Kündigungsbeschränkungen** – etwa ein Kündigungsausschluss für eine bestimmte Zeit[718], den Verzicht auf eine Eigenbedarfskün- 124

---

[707] Ebenso *Gsell* WuM 2012, 414.

[708] BGH VIII ZR 339/04, NJW 2006, 220; BGH VIII ZR 311/02, NJW 2003, 2604; BGH VIII ZR 271/06, NJW 2007, 2845; BGH VIII ZR 292/07, WuM 2008, 497; näher dazu MüKoBGB/*Häublein* § 573 Rn. 99 und krit. *Timme* NZM 2006, 249.

[709] Ebenso *Gsell* WuM 2012, 412 (413).

[710] LG Itzehoe ZMR 2014, 287; OLG Hamm NJW-RR 1992, 1164; Staudinger/*Emmerich* BGB § 566 Rn. 46.

[711] AG Ahrensburg ZMR 2013, 445; LG Stuttgart WuM 2018, 99 mwN.

[712] AG Ahrensburg ZMR 2013, 445; LG Stuttgart WuM 2018, 99 mwN; *Börstinghaus* NZM 2004, 488.

[713] BGH VIII ZR 232/15, NJW 2017, 547.

[714] BGH VIII ZR 231/08, NJW 2009, 2738; BGH VIII ZR 74/11, NZM 2012, 150.

[715] BGH VIII ZR 74/11, NZM 2012, 150 entgegen BGH VIII ZR 271/06, NJW 2007, 2845 mkritAnm *Häublein*.

[716] BGH VIII ZR 74/11, NZM 2012, 150.

[717] BayObLG WuM 1982, 46.

[718] Blank/Börstinghaus/*Blank* BGB § 566 Rn. 68.

digung[719] oder die Erhöhung der Anforderungen an ein berechtigtes Interesse gem. § 573 Abs. 2 BGB[720] – binden den Erwerber.[721] Das gilt auch für den oftmals vereinbarten, genossenschaftlich bedingten und geprägten Ausschluss der ordentlichen Kündigung bei **Genossenschaftswohnungen**[722] einschließlich des damit verbundenen Ausschlusses der Eigenbedarfskündigung.[723]

### 7. Anfechtung

125 Wenn man mit dem BGH der Meinung ist, durch den Eigentumsübergang entstehe in der Person des Erwerbers mit dem Mieter ein neues Mietverhältnis[724], so wäre eine Anfechtung des Mietvertrages nach dem Eigentumsübergang[725] aus vor dem Eigentumsübergang entstandenen Gründen an sich nicht möglich. Zwar entsteht das neue Mietverhältnis mit demselben Inhalt, den es vor dem Eigentumsübergang hatte; das bloße Vorliegen von Anfechtungsgründen gestaltet den Vertrag aber noch nicht um, so dass die Anfechtungsgründe nicht Vertragsinhalt waren. Dennoch wird – ähnlich wie bei dem Vorliegen von Kündigungsgründen – die Möglichkeit des Übergangs des Anfechtungsrechts[726] für notwendig gehalten und mit unterschiedlichen Ergebnissen bejaht[727]: Während wohl noch Einigkeit darüber besteht, dass jedenfalls der Veräußerer sein Anfechtungsrecht verliert, ist dann aber schon streitig, ob der Erwerber anfechten oder nur außerordentlich kündigen kann; der Mieter hingegen soll sein Anfechtungsrecht behalten, unklar ist aber, ob er es gegenüber dem Veräußerer oder dem Erwerber oder beiden gegenüber ausüben muss.

126 Diese Unklarheiten kann man weitgehend vermeiden[728], wenn man mit der hier vertretenen Meinung den Rechtsübergang gem. § 566 BGB als Rechtsnachfolge im Wege der gesetzlichen Vertragsübernahme[729] ansieht. Dann nämlich geht – wie bei der vertraglichen Vertragsübernahme – auch die „Anfechtungslage" auf den Erwerber über mit der Folge, dass der Mieter gegenüber dem Erwerber bzw. umgekehrt der Erwerber gegenüber dem Mieter anfechten muss und der Veräußerer sein Anfechtungsrecht – mit einer noch zu erwähnenden Ausnahme – verliert.[730] Auf den Lauf von Anfechtungsfristen hat der Eigentumswechsel keinen Einfluss.[731] Zum Schutz des Mieters, wenn dieser in Unkenntnis des Eigentumsübergangs oder in dessen unberechtigter Annahme gegenüber dem „falschen" Vermieter anficht, → BGB § 566e Rn. 20. Trotz bestehender Anfechtungslage können sowohl Erwerber als auch Mieter in ihrem Anfechtungsrecht beschränkt sein. Es ist bei Dauerschuldverhältnissen anerkannt, dass eine Anfechtung nach Treu und Glauben ausscheidet, wenn der Anfechtungsgrund im Laufe der Vertragsdurchführung weggefallen ist.[732] Auf den Vertragsübergang nach § 566 BGB übertragen bedeutet das, dass – sofern nicht ohnehin die Anfech-

[719] AG Bremen WuM 2015, 171; AG München WuM 1996, 38; *Börstinghaus* NZM 2004, 484.
[720] BGH VIII ZR 57/13, NZM 2013, 824.
[721] BGH VIII ZR 57/13, NZM 2013, 824.
[722] Grundlegend OLG Karlsruhe NJW-RR 1986, 89. AG Bremen WuM 2015, 171; LG Frankenthal 27.7.2005 – 2 S 119/05, BeckRS 2011, 10423; der BGH hat mit Beschluss v. 10.1.2006 (VIII ZR 15/05, nv) Prozesskostenhilfe für eine Revision gegen dieses Urteil versagt); ferner BGH VIII ZR 250/11, WuM 2012, 294; dieser Beschluss des BGH gem. § 552a ZPO ist allerdings nicht aus sich heraus verständlich (so auch *Drasdo* NZM 2012, 598), die ihm hier zugemessene Aussage ergibt sich nur aus Rn. 3 durch Billigung der landgerichtlichen Entscheidung LG Freiburg GE 2012, 953; s. weitergehend auch *Drasdo* NZM 2012, 597 (598).
[723] Einzelheiten bei OLG Karlsruhe NJW-RR 1986, 89; AG Bremen WuM 2015, 171.
[724] Nachweise → Rn. 10.
[725] Zur Anfechtung vor dem Eigentumsübergang → Rn. 49.
[726] Der BGH bejaht die Möglichkeit der Anfechtung von Mietverträgen wegen arglistiger Täuschung gem. § 123 BGB mit ex-tunc Wirkung, vgl. BGH XII ZR 67/06, NJW 2009, 1266 = ZMR 2009, 103. Der BGH hat nicht über die Zulässigkeit einer Anfechtung wegen Eigenschaftsirrtums gem. § 119 Abs. 2 BGB entschieden, die aber ebenfalls zu bejahen sein dürfte (*Rolfs/Schlüter* LMK 2008, 271832; s. näher auch *Emmerich* NZM 1998, 695; *Fischer* WuM 2006, 3; *Dötsch* NZM 2011, 457.
[727] Siehe OLG Hamburg 17.8.2012 – 4 U 8/12, BeckRS 2014, 7244 mwN sowie bspw. Staudinger/*Emmerich* BGB § 566 Rn. 42f.; MüKoBGB/*Häublein* § 566 Rn. 43ff.; *Emmerich* NZM 1998, 696 (697); *Dötsch* ZMR 2011, 261.
[728] Ebenso im Ansatz *Emmerich* DMT-Bilanz 2011, 724, aber mit teilweise anderen Ergebnissen.
[729] Einzelheiten → Rn. 12.
[730] **AA** *Emmerich* DMT-Bilanz 2011, 724 (ähnlich Staudinger/*Emmerich* BGB § 566 Rn. 43), der bei gleicher dogmatischer Ausgangslage (Rechtsnachfolge) nur ein Anfechtungsrecht des Veräußerers mit Zustimmung des Erwerbers annimmt. Ebenfalls für ein gemeinsames Anfechtungsrecht von Erwerber und Veräußerer OLG *Hamburg 17.8.2012 – 4 U 8/12,* BeckRS 2014, 7244; iErg für eine Anfechtung durch den bzw. gegenüber dem Erwerber auch MüKoBGB/*Häublein* § 566 Rn. 43ff.
[731] Staudinger/*Rieble,* 2018, BGB § 414 Rn. 128f.
[732] MüKoBGB/*Kramer,* 8. Aufl. 2018, § 119 Rn. 142; *Dötsch* ZMR 2011, 262.

tungsfristen abgelaufen sind – nur noch aus Gründen angefochten werden kann, die nach Vertragsübergang in der Person von Mieter bzw. Erwerber Bedeutung haben.[733] Ähnlich wie die Kündigungslage (→ Rn. 119) muss die Anfechtungslage also über den Eigentumsübergang hinaus fortbestehen. Beweispflichtig für den Wegfall der Anfechtungslage ist wegen des Ausnahmecharakters des § 242 BGB derjenige, der sich darauf beruft.[734] Anders als bei der Kündigung vernichtet die Anfechtung den Vertrag aber nicht ex nunc, sondern ex tunc, was grds. bedeutet, rückwirkend bezogen auf den Vertragsschluss. Allerdings ist auch hier wieder die Zäsurwirkung des § 566 BGB zu beachten. Der Veräußerer ist berechtigt und verpflichtet für die Zeit vor Eigentumsübergang und diese Rechte und Pflichten können ihm nicht durch eine Anfechtung des Erwerbers nach Eigentumsübergang genommen werden. Die Anfechtung, die nach einem Vertragsübergang gem. § 566 BGB erklärt wird, wirkt deshalb – anders als bei einem gewillkürten Vertragsübergang[735], bei dem es die Zäsurwirkung nicht gibt – nur auf den Zeitpunkt des Eigentumsübergangs zurück, nicht aber auf die Vertragszeit des Veräußerers bzw. dessen Vertragsschluss.[736] Auch wenn der Veräußerer – wie dargestellt – wegen der Rechtsnachfolge grds. kein Anfechtungsrecht mehr hat, kann er doch noch ein berechtigtes Interesse an der rückwirkenden Vernichtung des von ihm geschlossenen Vertrages haben. Er haftet dem Mieter nämlich nach §§ 566 Abs. 2, 566a S. 2 BGB uU fort. Ihm ist deshalb ein beschränktes Anfechtungsrecht dahingehend zuzubilligen, dass er diese Haftung (und nur diese, nicht den gesamten Vertrag) beseitigen kann; das vor dem Eigentumsübergang in seiner Person entstandene Anfechtungsrecht besteht in diesem eingeschränkten Umfang fort, iÜ geht es entsprechend dem oben Gesagten auf den Erwerber über.

### 8. Vereinbarungen über das Vertragsende

Haben der Veräußerer und der Mieter in dem Mietvertrag (oder auch später in Abänderung des ursprünglichen Mietvertrages) Abreden über die Art der Vertragsbeendigung, besondere Kündigungsgründe oder Kündigungsbeschränkungen[737], den Verzicht auf die Geltendmachung von Eigenbedarf[738], über Vormietrechte[739] (aber auch → Rn. 97), Vertragslaufzeiten bzw. Befristungen[740], Verkürzungen[741], Verlängerungen, Verlängerungsoptionen, Nachfolgerklauseln über das Recht zur Benennung eines Mietnachfolgers[742], Aufwendungsersatz[743], Entschädigungsklauseln etc getroffen, so bindet dies – vorbehaltlich der Wirksamkeit solcher Vereinbarungen insbes. bei Wohnraummietverhältnissen – den Erwerber. Auch an Mietaufhebungsverträge ist der Erwerber gebunden.[744] Die Eintrittswirkungen richten sich danach, ob der Vertrag gemäß dieser Vereinbarung bei Eigentumsübergang schon beendet war oder nicht. Werden in solchen Mietaufhebungsverträgen Vereinbarungen über die Pflicht zur Mietzahlung getroffen, so sind §§ 566b, 566c BGB zu beachten. Lässt sich der Mieter für die Abkürzung des Mietverhältnisses entschädigen, so geht die Pflicht zur Leistung dieser Entschädigung in der Regel nicht auf den Erwerber über[745]; es sind aber Fallgestaltungen möglich, in denen eine solche Abfindungsvereinbarung als mietvertraglich im → Rn. 88 dargestellten Sinn zu qualifizieren ist.[746] Fällt ein Befristungsgrund gem. § 575 Abs. 1 BGB mit dem Vertragsübergang weg, so entsteht nicht sofort ein unbefristetes Mietverhältnis. Das folgt aus § 575 Abs. 3 S. 2 BGB, der nur ein Recht des Mieters auf Fortsetzung gewährt, nicht aber eine automatische Umwandlung in ein unbefristetes Mietverhältnis vorsieht. Liegt in der Person des Erwerbers ebenfalls ein Befristungsgrund vor, so kann dieser sich nur darauf berufen, wenn der konkrete Grund auch gem. § 575 Abs. 1 BGB schriftlich mitgeteilt wurde. Das dürfte nur aus- 127

[733] Ähnlich MüKoBGB/*Häublein* § 566 Rn. 36.
[734] *Dötsch* ZMR 2011, 262.
[735] Siehe Staudinger/*Rieble*, 2017, BGB § 414 Rn. 155.
[736] *Dötsch* ZMR 2011, 262; ähnlich auch MüKoBGB/*Häublein* § 566 Rn. 43ff.
[737] LG Hagen NJW 1960, 1468 zum Kündigungsausschluss einer Genossenschaftswohnung für die Zeit der Mitgliedschaft in der Genossenschaft; Staudinger/*Emmerich* BGB § 566 Rn. 56.
[738] AG München WuM 1996, 38; *Börstinghaus* NZM 2004, 484.
[739] BGH VIII ZR 77/69, NJW 1971, 422.
[740] *Börstinghaus* NZM 2004, 484.
[741] BGH VIII ZR 57/60, MDR 1961, 930.
[742] Staudinger/*Emmerich* BGB § 566 Rn. 56 unter Berufung auf BGH VIII ZR 250/64, NJW 1967, 2258, wo diese Frage allerdings ausdrücklich offen gelassen wird.
[743] Einzelheiten → Rn. 136.
[744] Blank/Börstinghaus/*Blank* BGB § 566 Rn. 15.
[745] OLG Jena NZM 2019, 824.
[746] BGH VIII ZR 57/60, MDR 1961, 930.

nahmsweise der Fall sein, etwa dann, wenn die Mietsache an die mitgeteilte Eigenbedarfsperson veräußert wurde.

### 9. Gebrauchsgewährung und Mängelbeseitigung

128 Die Pflicht des Vermieters zur Gebrauchsgewährung gem. § 535 Abs. 1 BGB und die Pflicht des Mieters gem. § 541 BGB, einen vertragswidrigen Gebrauch zu unterlassen sind **Dauerverpflichtungen,** die nach dem Eigentumsübergang (nur noch) den Erwerber treffen bzw. deren Erfüllung nach dem Eigentumsübergang (nur noch) der Erwerber verlangen kann.[747] Zur Gebrauchsgewährungspflicht gehört insbes. die Erhaltungspflicht und die daraus folgende Pflicht zur Mängelbeseitigung. Wegen des Charakters als Dauerverpflichtung spielt es keine Rolle, ob der Mangel schon vor dem Eigentumswechsel vorgelegen hat und vom Veräußerer hätte beseitigt werden müssen.[748] Auch an Zusagen des Veräußerers zur Mängelbeseitigung ist der Erwerber gebunden.[749] Eine Mängelanzeige gem. § 536 c BGB wirkt gegenüber dem Erwerber fort[750]; bei Zweifeln des Mieters über den Eigentumsübergang kann wohl verlangt werden, den Mangel sowohl gegenüber dem alten und als auch dem neuen Eigentümer anzuzeigen.[751] Zu Aufwendungs- und Schadensersatzansprüchen, die auf der Mangelhaftigkeit des Mietobjektes beruhen, → Rn. 132.

### 10. Schönheitsreparaturen

129 Wenn das Mietobjekt während der Mietzeit renovierungsbedürftig wird oder wenn es aE des Mietverhältnisses renovierungsbedürftig ist, immer also, wenn Schönheitsreparaturen durchzuführen sind, dann liegt ein Mangel vor. Trifft den Vermieter die Pflicht zur Vornahme von Schönheitsreparaturen, so stellt dies eine Mängelbeseitigungsmaßnahme dar, die – wie vorstehend ausgeführt – als **Dauerverpflichtung** auf den Erwerber übergeht.[752] Dieser Charakter als Dauerverpflichtung ändert sich nicht, wenn die Dekorationspflicht auf den Mieter übertragen wurde, dh, nach dem Eigentumsübergang kann der Erwerber deren Erfüllung fordern.[753]

130 **Nach Beendigung des Mietverhältnisses** treffen den Vermieter allerdings keine Erfüllungspflichten mehr und damit auch keine Mängelbeseitigungspflichten (Dekorationspflichten). Insofern findet also auch kein Übergang auf den Erwerber statt. Erfüllt der **Mieter** die auf ihn wirksam abgewälzte Dekorationspflicht aE eines Mietverhältnisses nicht, kann sie durch Fristsetzung gem. § 281 BGB in einen Schadensersatzanspruch umgewandelt werden. Da der Erfüllungsanspruch aber nicht schon mit dem Fristablauf gem. § 281 Abs. 1 BGB, sondern erst mit dem Schadensersatzverlangen gem. § 281 Abs. 4 BGB untergeht, entsteht der – bis dahin verhaltene – Schadensersatzanspruch erst mit dieser Erklärung. Davor besteht der Anspruch auf Renovierung weiter und kann auf den Erwerber übergehen; vor dem Eigentumsübergang kann der Veräußerer die Erklärung nach § 281 Abs. 4 BGB wirksam abgeben, danach der Erwerber (→ Rn. 132). Der so entstandene und damit fällige Schadensersatzanspruch steht demjenigen zu, der zum Zeitpunkt der ersten wirksamen Erklärung gem. § 281 Abs. 4 BGB Eigentümer war.[754] **Während des Mietverhältnisses** ist nach hM ein Schadensersatzanspruch in Geld (des Vermieters gem. § 281 Abs. 4 BGB und des Mieters gem. § 536 a Abs. 1 BGB) wegen Verletzung der Dekorationspflicht – in aller Regel[755] – nicht gegeben, bei Verzug mit der Dekorationspflicht hat der Berechtigte vielmehr einen Aufwendungsersatz- bzw. Vorschussanspruch auf die Renovierungskosten[756], der beim Vermieter auf §§ 281, 284 BGB und beim Mieter auf § 536 a Abs. 2 BGB beruht. Ein Vorschuss stellt allerdings noch keine

---

747 BGH VIII ZR 284/05, NZM 2006, 696; *Lehmann-Richter* NJW 2008, 1197.

748 BGH VIII ZR 284/05, NZM 2006, 696.

749 Blank/Börstinghaus/*Blank* BGB § 566 Rn. 74.

750 Wolf/Eckert/Ball Gewerbl. Miet-/Pacht-/LeasingR-HdB Rn. 1381.

751 Wolf/Eckert/Ball Gewerbl. Miet-/Pacht-/LeasingR-HdB Rn. 1381 unter Berufung auf BGH XII ZR 142/99, NZM 2002, 217, wo diese Frage – im Gegensatz zu dem redaktionellen Leitsatz – aber offen gelassen wurde.

752 *Flatow* WImmoT 2008, 145.

753 *Flatow* WImmoT 2008, 145; **aA** wohl LG Berlin GE 1990, 823, das die Dekorationspflicht aber nicht als übergewälzte Mängelbeseitigungspflicht und damit als Dauerverpflichtung erkennt und dementsprechend nicht diskutiert.

754 BGH XII ZR 76/13, NJW *2014*, 1521 Rn. 23. Allg. zu Schadensersatzansprüchen → Rn. 132.

755 Zu Ausnahmen BGH VIII ZR 207/89, NJW 1990, 2376.

756 BGH VIII ZR 207/89, NJW 1990, 2376, bestätigt in BGH VIII ZR 192/04, NJW 2005, 1862; *Kraemer* FS Blank, 2006, 281 (287); auch → BGB § 538 Rn. 143; abl. *Weitemeyer* NZM 2005, 646 mwN.

endgültige Vermögensposition dar, sondern ist nach Ausführung der Schönheitsreparaturen abzurechnen, so dass Recht auf den Erhalt bzw. die Pflicht zur Zahlung des Vorschusses mit dem Eigentumsübergang auf den Erwerber übergeht. –

### 11. Minderung

Die Minderung tritt kraft Gesetzes und ohne Zutun oder Erklärung des Mieters ein; sie ist unmittelbare Folge der Mangelhaftigkeit des Mietobjektes und damit eines Verstoßes gegen die Gebrauchserhaltungspflicht. Ein Mangel mindert die Miete in jedem Monat, in dem er vorliegt, aufs Neue, so dass die berechtigte Mietminderung für die Zeit nach dem Eigentumsübergang den Erwerber trifft, wenn der Mangel noch nicht beseitigt ist.[757] Eine Mängelanzeige gem. § 536c BGB wirkt gegenüber dem Erwerber fort[758]; bei Zweifeln des Mieters über den Eigentumsübergang kann wohl verlangt werden, den Mangel sowohl gegenüber dem alten und als auch dem neuen Eigentümer anzuzeigen[759] (zum Schutz des Mieters aber auch → BGB § 566e Rn. 17ff.). Haben Mieter und Veräußerer ein Minderungsverbot vereinbart, so wirkt es nach dem Eigentumsübergang für rückständigen Mietzins des Veräußerers fort[760] und gegenüber den Mietzinsforderungen des Erwerbers. 131

### 12. Schadensersatz, Verzug

Für Schadensersatzansprüche gilt grds. das **Fälligkeitsprinzip.**[761] Da ein Schadensersatzanspruch nicht schon mit der Schadensverursachung, sondern erst mit der Schadensentstehung fällig wird[762], entscheidet der Zeitpunkt des Schadenseintritts, wer die Schadensersatzverpflichtung zu erfüllen hat bzw. wem die Ansprüche zustehen. Entstand der Schaden vor dem Eigentumsübergang, stehen dem Veräußerer die Schadensersatzansprüche gegen den Mieter zu bzw. muss er dem Mieter Schadensersatz leisten; entstand der Schaden nach Eigentumsübergang ist Berechtigter bzw. Verpflichteter der Erwerber. Beschädigt etwa der Mieter die Mietsache vor dem Eigentumsübergang, so muss er dem Veräußerer Ersatz leisten – und zwar auch dann, wenn der Schaden erst nach Eigentumsübergang auffällt, etwa anlässlich der Rückgabe; dem Erwerber können aber eigene Ansprüche gem. § 546 BGB zustehen (eing. → BGB § 546a Rn. 83). Ein **Schadensersatzanspruch statt der Leistung** gem. § 281 BGB entsteht erst mit dem Schadensersatzverlangen gem. § 281 Abs. 4 BGB und nicht schon mit dem Fristablauf gem. § 281 Abs. 1 BGB.[763] Davor besteht die Leistungsverpflichtung zur Erfüllung. Wer das Schadensersatzverlangen gem. § 281 Abs. 4 BGB aussprechen kann, hängt davon ab, wer nach dem Eigentumsübergang Inhaber des Leistungsanspruchs ist. Das ist in aller Regel der Erwerber, weil es Leistungspflichten des Mieters praktisch (aber → Rn. 130) nur in Zusammenhang mit der Rückgabe der Mietsache nach Beendigung des Mietverhältnisses als sog. Rückgabepflichten gibt. Da der Erwerber in die Abwicklungsrechte und -pflichten eintritt (→ Rn. 51), gehen auch die Ansprüche auf Erfüllung der Rückgabepflichten auf ihn über.[764] Vor dem Eigentumsübergang kann demnach der Veräußerer die Erklärung nach § 281 Abs. 4 BGB wirksam abgeben, danach der Erwerber.[765] Der so entstandene und damit fällige Schadensersatzanspruch steht demjenigen zu, der zum Zeitpunkt der ersten wirksamen Erklärung gem. § 281 Abs. 4 BGB Eigentümer war.[766] Die kurze **Verjährungsfrist** des § 548 BGB beginnt für die dort erfassten Ersatzansprüche des Veräußerers mit dem Eigentumsübergang zu laufen (→ BGB § 548 Rn. 57). Für den Schadensersatzanspruch des Veräußerers wegen Beschädigung der Mietsache (nur für diesen, nicht für Schadensersatz statt der Leistung wegen Verletzung von Leistungspflichten) ist zu beachten, dass er sich nach dem Eigentumsübergang grds. nicht mehr nach den Schadensbeseiti- 132

[757] MüKoBGB/*Häublein* § 566 Rn. 47f.
[758] Wolf/Eckert/Ball Gewerbl. Miet-/Pacht-/LeasingR-HdB Rn. 1381.
[759] Wolf/Eckert/Ball Gewerbl. Miet-/Pacht-/LeasingR-HdB Rn. 1381 unter Berufung auf BGH XII ZR 142/99, NZM 2002, 217, wo diese Frage – im Gegensatz zu dem redaktionellen Leitsatz – aber offen gelassen wurde.
[760] OLG Düsseldorf NZM 2010, 582.
[761] BGH VIII ZR 22/04, NJW 2005, 1187; KG ZMR 2010, 182.
[762] AllgM, s. nur Staudinger/*Emmerich* BGB § 566 Rn. 48.
[763] BGH XII ZR 76/13, NJW 2014, 1521 Rn. 23.
[764] Hiervon geht auch BGH XII ZR 76/13, NJW 2014, 1521 Rn. 23 aus.
[765] BGH XII ZR 76/13, NJW 2014, 1521 Rn. 23.
[766] BGH XII ZR 76/13, NJW 2014, 1521 Rn. 23; Staudinger/*Emmerich* BGB § 566 Rn. 48.

gungskosten bemessen soll, sondern nach der Verringerung des Kaufpreises, den der Veräußerer erzielt hat, es sei denn, der Anspruch wäre spätestens mit Wirksamwerden der Eigentumsübertragung an den Erwerber abgetreten worden.[767] Das ist – ungeachtet der grundsätzlichen Kritik an dem zu Grunde liegenden rechtlichen Ansatz[768] – schon deshalb abzulehnen, weil der Veräußerer oftmals von dem vom Mieter während der Mietzeit verursachten Schäden nichts erfährt und sie deshalb nicht bei der Preisfindung berücksichtigt und/oder sie an den Erwerber abtritt, was zur Folge hat, dass der Mieter haftungslos wird. Dem Erwerber können die bereits vor dem Eigentumsübergang fällig gewordenen Schadensersatzansprüche zustehen, wenn sie ihm ausdrücklich oder konkludent[769] abgetreten wurden.

**133** Bei Schadensersatzansprüchen fallen Schadensverursachung und Schadensentstehung meist zeitlich zusammen. Ein solcher zeitlicher Zusammenhang ist nicht zwingend. Es gibt auch **gestreckte Schadensersatzlagen,** bei denen die Schadensverursachung vor dem Eigentumsübergang liegt, der Schadenseintritt und damit die Fälligkeit des Schadensersatzanspruches aber danach. Das Fälligkeitsprinzip führt bei diesen gestreckten Schadensersatzlagen dazu, dass der Erwerber für Pflichtverletzungen einzustehen hat, die er nicht verursacht und verschuldet hat, wohingegen der Veräußerer als Schädiger aus der Haftung „entlassen" wird.[770] Aus diesem Grund wird teilweise eine Abweichung vom Fälligkeitsprinzip[771] bzw. eine gesamtschuldnerische Haftung von Veräußerer und Erwerber[772] befürwortet. Der BGH und die hM[773] folgen diesem Bedenken zu Recht nicht. Die Begründung zeigt aber wiederum die Schwächen auf, die die vom BGH befürwortete Dogmatik des Rechtsübergangs (keine Rechtsnachfolge, sondern Entstehen eines neuen Mietverhältnisses[774]) hat. Nach dem BGH[775] sollen Rechtsklarheit und Mieterschutzgesichtspunkte ausschlaggebend dafür sein, dass dem Erwerber Tatbestandsmerkmale (Schadensverursachung, Verschulden) „zugerechnet" werden, die vor Begründung seines Mietverhältnisses erfüllt wurden, um so dem Mieter die Rechtsposition (einschließlich der Möglichkeit, gegen die Miete aufzurechnen, oder das Grundstück als Haftungsobjekt zu nutzen) zu erhalten, die er bei Fortführung des Mietverhältnisses mit dem Veräußerer gehabt hätte. So richtig diese Argumentation ist, so läuft sie doch im Grunde auf nichts anderes hinaus als auf die Annahme einer Rechtsnachfolge, die nach der hier vertretenen Auffassung ohnehin dem Vertragsübergang gem. § 566 BGB zugrunde liegt. Bei einer Rechtsnachfolge bereitet die „Zurechnung" einzelner, vom Vorgänger verwirklichter Tatbestandsmerkmale auf den Rechtsnachfolger keine Schwierigkeiten. Die Entlassung des Veräußerers aus der Haftung für die von ihm verursachte und verschuldete Schadensersatzlage ist ebenfalls die schlichte Wirkung der Rechtsnachfolge, die der Mieter quasi als Preis für den Erhalt des Mietverhältnisses hinnehmen muss; eine Weiterhaftung des Veräußerers erkennt das Gesetz nur iRd § 566 Abs. 2 BGB an.

**134** Auch umstritten und höchstrichterlich bisher nicht entschieden[776] ist die Rechtslage, wenn sich nur die **Schadensentstehung über den Eigentumsübergang hinweg** entwickelt, wenn also ein Teil des Schadens während des Eigentums des Veräußerers entsteht und ein Teil danach mit der Folge, dass der Schadensersatzanspruch in Teilen vor bzw. nach dem Eigentumsübergang fällig wird. Die Anwendung des Fälligkeitsprinzips führt zu einer Aufspaltung des Schadensersatzanspruchs in der Weise, dass der Veräußerer für die vor dem Eigentumsübergang entstandenen Schadensanteile ersatzpflichtig ist, der Erwerber für diejenigen danach. Das wird unter Mieterschutzgesichtspunkten für misslich gehalten, weil die Schadensaufteilung für den Mieter nur schwer nachvollziehbar sei und er deshalb uU das Risiko zweier Prozesse tragen müsse.[777] Diese Bedenken greifen nicht durch. Der

---

[767] BGH V ZR 435/99, NJW 2001, 2250; BGH VIII ZR 360/03, NZM 2004, 901 mwN.

[768] Dazu MüKoBGB/*Oetker* § 249 Rn. 369 mwN.

[769] Siehe dazu BGH VIII ZR 22/88, NJW 1989, 451 und *Flatow* WImmoT 2008, 144.

[770] MüKoBGB/*Häublein* § 566 Rn. 49.

[771] AnwK WohnraummietR/*Lammel* BGB § 566 Rn. 92; weitere Nachweise in BGH VIII ZR 22/04, NJW 2005, 1187 = WuM 2005, 201 = ZMR 2005, 354.

[772] MüKoBGB/*Häublein* § 566 Rn. 49; danach kann sich der Erwerber für die Schäden, die vor dem Eigentumsübergang eingetreten sind, entlasten.

[773] BGH VIII ZR 22/04, NJW 2005, 1187 mwN; BGH VIII ZR 195/65, NJW 1968, 886 (887); *Derleder/Bartels* JZ 1997, 985; *Derleder* NJW 2008, 1190.

[774] Einzelheiten → Rn. 10.

[775] BGH VIII ZR 22/04, NJW 2005, 1187.

[776] *Der Fall in BGH VIII ZR 22/04*, NJW 2005, 1187 betraf einen Anspruch aus § 536a Abs. 1 BGB, bei dem die Verzugslage vor dem Eigentumswechsel eingetreten ist, der Schaden aber vollständig danach.

[777] *Derleder/Bartels* JZ 1997, 985; *Derleder* NJW 2008, 1190. Dieses Bedenken teilt auch MüKoBGB/*Häublein* § 566 Rn. 49, der zusätzlich meint, der Veräußerer als Schädiger dürfe nicht aus der Haftung „entlassen" werden;

Mieter als Geschädigter weiß in der Regel am besten, wann der Schaden bei ihm eingetreten ist. Dies nachzuweisen ist oftmals Gegenstand von Rechtsstreitigkeiten (etwa bei Verzug und Verjährung), ohne dass dies dort größere grundsätzliche Probleme aufwerfen würde. Wollte man hingegen bei der „gestreckten" Schadensentstehung vom Fälligkeitsprinzip abweichen, so würde dies zu teilweise willkürlichen Ergebnissen führen und es hinge von den Zufälligkeiten der Schadensentstehung ab, ob der Veräußerer oder der Erwerber vollständig haftet.[778] Deshalb ist eine Übertragung des verjährungsrechtlichen Grundsatzes der Schadenseinheit auf den Vertragsübergang nach § 566 BGB abzulehnen.

Obige Darlegungen gelten für alle Schadensersatzansprüche, insbes. für solche aus § 280 Abs. 1 **135**
BGB (etwa bei Beschädigung der Mietsache oder übermäßigem Gebrauch), §§ 241 Abs. 2, 280 Abs. 1 BGB (Nebenpflichtverletzungen wie die Verletzung von Verkehrssicherungspflichten[779] oder das pflichtwidrige Verlangen einer gem. § 556d BGB überhöhten Miete), § 281 BGB (etwa bei Nichterfüllung der Pflicht zur Durchführung von Schönheitsreparaturen[780]), § 286 BGB (ein **Verzug** des Veräußerers wirkt in der Person des Erwerbers fort[781]), § 546a Abs. 2 BGB[782] und § 536a Abs. 1 BGB. Letztere Vorschrift erfasst drei Haftungstatbestände, nämlich die Garantiehaftung für anfängliche Mängel und die Haftung für nachträgliche, schuldhaft herbeigeführte Mängel bzw. den Verzug mit der Mängelbeseitigung.[783] Das kann dazu führen, dass der Erwerber ohne Verschulden aus der **Garantiehaftung** gem. § 536a Abs. 1 BGB für solche Mängel einstehen muss, die bereits bei Vertragsschluss des Mieters mit dem Veräußerer vorlagen, die aber erst nach dem Eigentumsübergang zu Schäden geführt haben.[784] Der Eigentumsübergang gem. § 566 BGB führt hingegen nicht zu einem Neubeginn der Garantiehaftung in dem Sinne, dass alle bei Eigentumsübergang vorhandenen Mängel im Verhältnis des Mieters zum Erwerber als anfängliche Mängel gelten; es kommt nur auf den Vertragsschluss mit dem Veräußerer an.[785] Eine **Mängelanzeige** gem. § 536c BGB wirkt gegenüber dem Erwerber fort[786]; bei Zweifeln des Mieters über den Eigentumsübergang kann wohl verlangt werden, den Mangel sowohl gegenüber dem alten und als auch dem neuen Eigentümer anzuzeigen[787] (s. zum Schutz des Mieters aber auch bei der Kommentierung zu § 566e BGB).

### 13. Bereicherung, Aufwendungsersatz, (verlorener) Baukostenzuschuss

**Bereicherungsansprüche** gem. § 812 BGB richten sich nach dem Fälligkeitsprinzip. Bei der **136**
Leistungskondiktion entsteht der Bereicherungsanspruch mit dem Wegfall des Rechtsgrundes; bestand nie ein Rechtsgrund, hat der Bereicherungsgläubiger den Ausgleichsanspruch sofort nach Bewirkung der Leistung. Das bedeutet für rechtsgrundlos (auf Grundlage unwirksamer Schönheitsreparaturklauseln) ausgeführte Renovierungsarbeiten des Mieters, dass er von demjenigen Bereicherungsausgleich verlangen kann, in dessen Eigentumszeit er die Renovierung vorgenommen hat.[788] Das Fälligkeitsprinzip gilt auch für den **Rückforderungsanspruch gem. § 556g Abs. 1 BGB** wegen überhöhter Miete, der – selbst, wenn er nur eine Rechtsfolgenverweisung auf das Bereicherungsrecht enthält – diesem jedenfalls verwandt ist. Er wird sofort mit Zahlung des überhöhten Mietanteils fällig und ist deswegen von demjenigen zurückzuzahlen, in dessen Eigentumszeit die Überzahlung erfolgte. Zum Ausgleich von (Miet-)Vorauszahlungen → Rn. 99. Für **Aufwendungsersatzansprüche,** auch auf bereicherungsrechtlicher Grundlage, gilt Folgendes: Auch Abreden

---

deshalb befürwortet *Häublein,* dass Veräußerer und Erwerber im Zweifel als Gesamtschuldner haften und der Erwerber sich für die Schäden, die vor dem Eigentumsübergang eingetreten sind, entlasten muss.

778 *Flatow* WImmoT 2008, 148 will bei Unaufklärbarkeit den Erwerber allein haften lassen.

779 **AA** LG Berlin GE 2018, 642.

780 Einzelheiten → Rn. 129.

781 BGH XII ZR 163/12, NJW 2014, 3775 Rn. 17; BGH VIII ZR 22/04, NJW 2005, 1187; BGH VIII ZR 139/77, NJW 1978, 2148.

782 BGH VIII ZR 139/77, NJW 1978, 2148.

783 Ein solcher Fall lag der Entscheidung BGH VIII ZR 22/04, NJW 2005, 1187 zu Grunde.

784 BGH VIII ZR 195/65, NJW 1968, 886 (887).

785 Staudinger/*Emmerich* BGB § 566 Rn. 54; Wolf/Eckert/Ball Gewerbl. Miet-/Pacht-/LeasingR-HdB Rn. 1384; AnwK WohnraummietR/*Lammel* BGB § 566 Rn. 90.

786 Wolf/Eckert/Ball Gewerbl. Miet-/Pacht-/LeasingR-HdB Rn. 1381.

787 Wolf/Eckert/Ball Gewerbl. Miet-/Pacht-/LeasingR-HdB Rn. 1381 unter Berufung auf BGH XII ZR 142/99, NZM 2002, 217, wo diese Frage – im Gegensatz zu dem redaktionellen Leitsatz – aber offen gelassen wurde.

788 *Schach* GE 2010, 808.

über Aufwendungsersatz des Veräußerers mit dem Mieter binden den Erwerber, da es sich um mietvertragliche Pflichten handelt.[789] Wer den vertraglich vereinbarten oder gesetzlich geschuldeten (§§ 536a Abs. 2, 539 Abs. 1, 552, 812 BGB) Aufwendungsersatzanspruch des Mieters zu erfüllen hat, richtet sich nach dem Fälligkeitsprinzip, also danach, in wessen Eigentumszeit der Anspruch entstanden, also fällig geworden ist.[790] Grundsätzlich entstehen Aufwendungsersatzansprüche, die auf anderer Anspruchsgrundlage als Bereicherung beruhen, mit der Vornahme der Aufwendung.[791] Dies gilt vorbehaltlich anderweitiger Vereinbarungen der Vertragsparteien. Sollen danach Aufwendungen erst aE des Mietverhältnisses ausgeglichen werden, so hat der Erwerber diesen Anspruch zu erfüllen, wenn der Eigentumsübergang vor dem Ende des Mietverhältnisses erfolgte.[792] Ansprüche gem. § 552 BGB entstehen erst, wenn der Mieter die Wegnahme verlangt und der Vermieter diese durch eine Entschädigungsleistung abwenden will.[793] Ein bereicherungsrechtlicher Aufwendungsersatzanspruch (insbes. über Mieterinvestitionen und **verlorene Baukostenzuschüsse**[794]) ist fällig, wenn der jeweilige Vermieter die mit der Aufwendung verbundene Ertragswertsteigerung realisieren kann, was regelmäßig erst bei einer Neuvermietung (durch den Erwerber) der Fall ist[795]; das gilt auch für den Erwerb in der Zwangsversteigerung.[796] Eine zur Eigentumszeit des Veräußerers geschaffene Verzugslage gem. § 536a Abs. 2 Nr. 1 BGB wirkt – ähnlich wie eine Schadensersatzlage[797] – fort, der Mieter muss also nach dem Eigentumswechsel nicht nochmals gegenüber dem Erwerber die Verzugsvoraussetzungen schaffen.[798]

137 Falls sich der Aufwendungsersatzanspruch gegen den Veräußerer richtet, beginnt die **Verjährungsfrist** des § 548 Abs. 2 BGB nach der Rspr. des BGH[799] mit der Kenntnis des Mieters vom Eigentumswechsel. Anders verhält es sich bei dem von § 548 Abs. 2 BGB ebenfalls erfassten Anspruch auf Gestattung der Wegnahme einer Einrichtung gem. § 539 Abs. 2 BGB, der im Zweifel erst mit Beendigung des Mietvertrages fällig wird, sich also regelmäßig gegen den Erwerber richtet. Hier beginnt die Verjährung erst mit der Beendigung des Mietverhältnisses zu laufen.

### 14. Räumung, Nutzungsentschädigung, Wegnahme

138 Wurde das Mietverhältnis bereits vor dem Eigentumsübergang beendet, die Mietsache aber noch nicht zurückgegeben, so tritt der Erwerber in das Abwicklungsschuldverhältnis ein; ihm steht nach dem Eigentumsübergang der **Rückgabeanspruch**[800] (§ 546 BGB) und der Anspruch auf **Nutzungsentschädigung** (§ 546a BGB) sowie ein evtl. Anspruch auf Schadensersatz zu, andere Rechte bzw. Pflichten nach der Rspr. des BGH aber grds. nicht.[801] Anders ist dies bei einem bloß gekündigten Mietverhältnis, bei dem im Zeitpunkt des Eigentumsübergangs die Kündigungsfrist nicht abgelaufen war. In diesem Fall gibt es noch ein Mietverhältnis, das übergehen kann, und nicht nur ein Abwicklungsverhältnis; der Räumungsanspruch und evtl. Folgeansprüche entstehen dann

789 BGH VIII ZR 224/13, NZM 2015, 79 Rn. 41; BGH VIII ZR 246/86, NJW 1988, 705; *Picker* NJW 1982, 8; **aA** OLG Stuttgart OLGR Stuttgart 2006, 455 hinsichtlich der Vereinbarung eines Ausgleichs für die Errichtung eines Gebäudes; das OLG Stuttgart meinte, es handele sich nicht um eine typische mietvertragliche Vereinbarung (dazu → Rn. 88 ff.).

790 BGH VIII ZR 224/13, NZM 2015, 79 Rn. 42; BGH VIII ZR 246/86, NJW 1988, 705; *Derleder* NJW 2008, 1190.

791 OLG Düsseldorf GuT 2008, 341 (342); BGH VIII ZR 224/13, NZM 2015, 79 Rn. 42, für die Ausführung von Schönheitsreparaturen.

792 BGH VIII ZR 246/86, NJW 1988, 705; *Picker* NJW 1982, 8.

793 BGH XII ZR 43/02, NZM 2006, 15; BGH VIII ZR 246/86, NJW 1988, 705.

794 Einzelheiten und Definition → BGB § 547 Rn. 13, 21; zu anrechenbaren Baukostenzuschüssen auch → Rn. 99.

795 BGH XII ZR 43/02, NZM 2006, 15; zu den Einzelheiten eines solchen Anspruchs → BGB § 547 Rn. 13, 21.

796 BGH XII ZR 66/07, NJW 2009, 2374; Einzelheiten → BGB § 547 Rn. 22.

797 → Rn. 133.

798 OLG Brandenburg ZMR 2003, 909; LG Berlin NJW-RR 1990, 23.

799 BGH V ZR 268/62, NJW 1965, 1225; BGH VIII ZR 133/07, NJW 2008, 2256; zu Einzelheiten, auch zur Kritik von *Eckert* NZM 2008, 313, s. bei der Kommentierung zu § 548 BGB.

800 Hatte sich der Veräußerer verpflichtet, die Mietsache geräumt zu übereignen, dann stellt das Verlangen des Erwerbers, einen wegen Mietvertragsbeendigung schon entstandenen Räumungsanspruch durchzusetzen, eine Ermächtigung des Veräußerers dar (BGH VIII ZR 139/77, NJW 1978, 2148).

801 BGH VIII ZR 219/06, NJW 2007, 1818; BGH VIII ZR 139/77, NJW 1978, 2148. Einzelheiten → Rn. 51, dort auch zu möglichen weiteren Ausnahmen.

direkt und erstmals in der Person des Erwerbers.[802] Zur **prozessualen Situation** bei Veräußerung des Grundstücks während oder nach einem Rechtsstreit → Rn. 156.

Das **Wegnahmerecht** gem. § 539 Abs. 2 BGB bzw. dessen Abwendung gem. § 552 BGB teilen das Schicksal des Räumungsanspruchs, dh, nach dem Eigentumsübergang (auch den durch Zwangsversteigerung[803]) hat der Erwerber die Wegnahme zu dulden[804] und ihm steht das Recht zur Ausübung der **Abwendungsbefugnis** zu. Das Wegnahmerecht ist nämlich quasi das Spiegelbild der den Mieter grds. treffenden Wegnahmepflicht, die wiederum Teil der Räumungspflicht gem. § 546 BGB ist.[805] Schon aus diesem Grund richtet sich das Wegnahmerecht auch dann gegen den Erwerber, wenn das Mietverhältnis bereits vor dem Eigentumsübergang beendet war und sogar dann, wenn das Mietobjekt noch dem Veräußerer zurückgegeben wurde. Wenn nämlich bei beendetem Mietvertrag dem Erwerber – wie soeben dargelegt – die Rechte aus unterlassener oder unzureichender Räumung zustehen, dann muss das auch für die Pflicht zur Duldung der Wegnahme gelten. Das gleiche Ergebnis folgt aus der Überlegung, dass das Wegnahmerecht ein dingliches Recht[806] ist, also unabhängig von einem Rechtsübergang gem. § 566 BGB vorbehaltlich der Gutglaubensvorschriften gegenüber dem Erwerber geltend gemacht werden kann.[807] 139

### 15. Zurückbehaltungsrecht, Aufrechnung, Vermieterpfandrecht

Mit dem Eigentumsübergang verliert der Mieter seinen Erfüllungsanspruch (zB in Bezug auf die Gebrauchserhaltungspflicht) gegenüber dem Veräußerer. Mit dem Erfüllungsanspruch geht auch ein dem Mieter zustehendes **Leistungsverweigerungsrecht** gem. § 273 BGB bzw. § 320 BGB wegen unterlassener Mängelbeseitigung unter, da es – etwa gegenüber einem Restmietzinsanspruch des Veräußerers – keinen Gegenanspruch des Mieters mehr gibt.[808] Diese Schlechterstellung durch den Eigentumswechsel muss der Mieter hinnehmen; ihm steht ein Leistungsverweigerungsrecht für den Fall des Fortbestehens des Mangels nur gegen den Erwerber zu.[809] Dass gilt auch, wenn der Eigentumswechsel während eines Prozesses des Veräußerers gegen den Mieter erfolgt.[810] 140

Im Übrigen ist sowohl nach der hier vertretenen Auffassung als auch nach der Auffassung des BGH zur Dogmatik des Rechtsübergangs wegen der Zäsurwirkung des § 566 BGB und auch wegen der zu beachtenden Interessen des Erwerbers ein genereller **Einwendungserhalt** gem. § 404 BGB ausgeschlossen.[811] Das bedeutet, dass der Mieter gegenüber dem Erwerber nicht mit solchen Forderungen **aufrechnen** kann, die ihm gegenüber dem Veräußerer zustehen. 141

Die gesetzlichen **Pfandrechte** gem. § 562 BGB können uU zugunsten des Veräußerers und des Erwerbers entstehen. Es kommt nämlich dafür, ob eine in die Mieträume eingebrachte Sache dem **Vermieterpfandrecht** des Erwerbers unterfällt, ebenso wie beim Pfandrecht des Veräußerers auf den Zeitpunkt der Einbringung der Sache in die Mieträume an.[812] In diesem Fall entsteht neben dem Vermieterpfandrecht des Veräußerers, das dessen Forderungen aus dem Mietverhältnis sichert, ein eigenständiges Vermieterpfandrecht des Erwerbers; die beiden Vermieterpfandrechte erfassen dieselben Sachen und sind gleichrangig.[813] Hat der Veräußerer vor dem Eigentumsübergang rechtsgeschäftlich auf das Vermieterpfandrecht verzichtet oder einen Rangrücktritt gegenüber einem anderen Sicherungsgläubiger (etwa einem Sicherungseigentümer) erklärt, wirkt das auch gegenüber dem Erwerber, der dann insoweit für seine Forderungen ein Pfandrecht nicht mehr bzw. nur rangniedriger erlangen kann.[814] 142

---

[802] Staudinger/*Emmerich* BGB § 566 Rn. 50.
[803] AG Warendorf WuM 1990, 291.
[804] AG Köln WuM 1998, 345; Staudinger/*Emmerich* BGB § 566 Rn. 53; AnwK WohnraummietR/*Lammel* BGB § 566 Rn. 88; *Gather* DWW 2008, 124 mwN; auch in BGH VIII ZR 246/86, NJW 1988, 705 wird dies wohl stillschweigend vorausgesetzt.
[805] → BGB § 546 Rn. 37 ff.
[806] So BGH VIII ZR 326/80, NJW 1981, 2564; *Derleder* WuM 2006, 178.
[807] *Derleder* WuM 2006, 178; **aA** → BGB § 539 Rn. 80; *Gather* DWW 2008, 124.
[808] BGH VIII ZR 284/05, NZM 2006, 696; zu der mit dieser Rspr. verbundenen Durchbrechung der Fälligkeitstheorie s. MüKoBGB/*Häublein* § 566 Rn. 47 f.
[809] BGH VIII ZR 284/05, NZM 2006, 696.
[810] Blank/Börstinghaus/*Blank* BGB § 566 Rn. 74.
[811] Eingehend zur Begründung und zu Gegenmeinungen → Rn. 14.
[812] BGH XII ZR 163/12, NJW 2014, 3775.
[813] BGH XII ZR 163/12, NJW 2014, 3775; mit Recht krit. zur Begründung *Ganter* NZI 2015, 65.
[814] *Wilhelm* JZ 2015, 346 und ähnlich *de la Motte* NZI 2015, 504. Beide sehen das Urteil BGH XII ZR 163/12, NJW 2014, 3775 als dieser Folge eines Verzichts bzw. eines Rangrücktritts entgegenstehend an;

### 16. Verjährung

143 Ist in der Person des Veräußerers Verjährung hinsichtlich eines Einzelanspruchs eingetreten, der entgegen dem Fälligkeitsprinzip ausnahmsweise auf den Erwerber übergehen kann (etwa der Anspruch auf Leistung der Kaution[815]), so ändert sich an der Verjährung durch die Veräußerung nichts, der Anspruch lebt also in der Person des Erwerbers nicht wieder auf, weil sich der Charakter bzw. der Zustand eines Anspruchs durch einen Rechtsübergang grds. nicht ändert.[816] Ansonsten zum Einfluss des Rechtsübergang gem. § 566 BGB auf die Verjährung → BGB § 548 Rn. 56 und zur Verjährung von Schadensersatzansprüchen zusätzlich → Rn. 132.

## G. Haftung des Veräußerers (Abs. 2)

144 Durch § 566 BGB wird zwar der Bestand des Mietverhältnisses geschützt, der Mieter erhält aber einen neuen Vertragspartner, der möglicherweise weniger leistungsfähig oder leistungswillig als der ursprüngliche Vermieter ist. Zum Schutz des Mieters ordnet § 566 Abs. 2 S. 1 BGB deshalb die **bürgengleiche Haftung** des Vermieters für die Erfüllung der Pflichten an, die der Erwerber nicht erfüllt. Die Vorschrift betrifft – quasi als zu sichernde Hauptschuld aus dem bürgschaftsähnlichen Verhältnis – deshalb nur solche Pflichten, die (meist in Anwendung des Fälligkeitsprinzips) schon auf den Erwerber übergegangen waren; unerfüllte Ansprüche aus der Zeit vor dem Eigentumsübergang muss der Vermieter nach dem Fälligkeitsprinzip ohnehin erfüllen.[817] Es haftet nur der veräußernde Erstvermieter, nicht ein Zweit- oder weiterer Veräußerer; das ergibt sich aus § 567 b S. 2 BGB[818] (s. dort auch zur Weiterveräußerung und zur sog. Kettenveräußerung). Auf eine **Vertragsübernahme** ist § 566 Abs. 2 BGB nicht, auch nicht analog anwendbar, da der Mieter hier mit dem Vertragsübergang und dem Risiko eines neuen Vertragspartners einverstanden sein muss und deshalb nach der gesetzlichen Wertung nicht schutzbedürftig erscheint.

145 Eine **über § 566 Abs. 2 BGB hinausgehende Haftung des Veräußerers** für Nachteile, die der Mieter durch die Veräußerung oder in der Zeit danach erleidet, besteht grds. nicht. Der weitergehenden Rspr. des RG[819], die teilweise immer noch für richtig erachtet wird[820], ist nicht zu folgen. Das RG hatte entschieden[821], die Haftung des Veräußerers für die obligatorische (schuldrechtliche) Verpflichtung, das Mietobjekt für die gesamte vertragliche Zeit zu gewähren, bleibe bestehen; § 566 Abs. 2 BGB betreffe nur die Pflichten aus der Zeit nach dem Eigentumsübergang, die der Erwerber nicht erfülle. Letzteres ist zwar richtig (→ Rn. 147), geht aber am Kern der Frage vorbei. Relevant wird die Problematik insbes. bei Mieterinvestitionen, die sich nach Ausübung eines Sonderkündigungsrechts gem. § 57 a ZVG trotz eigentlich vereinbarter fester Laufzeit des Vertrages nicht amortisieren können; ähnlich ist es bei dem Sonderkündigungsrecht in § 111 InsO. Der Mieter ist ohne einen Schadensersatzanspruch auf einen Bereicherungsausgleich gegen den Ersteher angewiesen, der sich aber auf die wegen der Investitionen erzielte Mehrmiete beschränkt.[822] Diese Beschränkung hat der Mieter nach der Gesetzeskonzeption der §§ 566 ff. BGB hinzunehmen. Wie schon → Rn. 8 ausgeführt ist § 566 BGB zwar eine Mieterschutzvorschrift, sie kann und soll ihn aber nicht vor sämtlichen Nachteilen des Vertragsübergangs bewahren. Im Falle der Zwangsversteigerung (ähnlich bei der Veräußerung durch den Insolvenzverwalter gem. § 111 InsO oder der Beendigung des Nießbrauchs gem. § 1056 BGB) erhält der Mieter zunächst einen neuen Vermieter, weil § 566 BGB anwendbar ist; der ursprüngliche Vermieter hat also das seinige zur Gebrauchsgewährung „getan",

---

allerdings befasst sich das Urteil nicht ausdrücklich mit der Frage, obwohl der (von Mieter, Vermieter und Sicherungseigentümer vereinbarte) Verzicht ausdrücklich im Urteilstatbestand erwähnt ist, so dass eher davon auszugehen ist, dass der BGH das Problem übersehen hat.

[815] → BGB § 566 a Rn. 10.

[816] Siehe etwa BGH VIII ZR 51/75, NJW 1977, 36.

[817] AnwK WohnraummietR/*Lammel* BGB § 566 Rn. 96, der zutr. darauf hinweist, dass der Veräußerer auch für solche Verpflichtungen weiterhaftet, die, weil nicht aus dem Mietverhältnis stammend, nicht auf den Erwerber übergehen (→ Rn. 88).

[818] *Leo* NZM 2006, 245; näher → BGB § 567 b Rn. 4 und MüKoBGB/*Häublein* § 567 b Rn. 5.

[819] RGZ 63, 66.

[820] Siehe etwa *Eckert* NZM 2009, 769 mwN, der sich hauptsächlich auf § 111 InsO beziehen. *Emmerich,* auf den sich *Eckert* ebenfalls beruft, behandelt diese Frage in der aktuellen Bearbeitung nicht mehr, sondern letztmalig in Staudinger, Bearbeitung 1997, § 566 Rn. 117.

[821] RGZ 63, 66.

[822] Näher → BGB § 547 Rn. 17, 46.

der Vertrag besteht mit dem ursprünglich vereinbarten Inhalt fort. Erst die Ausübung der Sonderkündigungsrechte ändert die Sachlage. Eine solche Kündigung geht zwar kausal auf den ursprünglichen Vermieter zurück, weil das Sonderkündigungsrecht ohne die meist durch Vermögensverfall bedingte Zwangsversteigerung bzw. ohne die Insolvenz nicht entstanden wäre. Das steht aber nicht im Verantwortungsbereich des ursprünglichen Vermieters, der Gesetzgeber hat die Sonderkündigungsrechte vielmehr im Interesse des neuen Vermieters geschaffen. Das (abstrakte) Risiko der Sonderkündigung musste dem Mieter bei Vertragsschluss bekannt sein, es ist sozusagen der Preis dafür, dass der Vertrag überhaupt übergeht. Ohne § 566 BGB wäre der Mieter bei einem Verkauf des Mietobjekts auf die Willkür des Erwerbers hinsichtlich der weiteren Gebrauchsüberlassung angewiesen und hätte gegen den Veräußerer nur Ansprüche auf Schadensersatz wegen Verletzung der Gebrauchsgewährungspflicht (→ Rn. 4). § 566 BGB lässt nun zu seinen Gunsten das Mietverhältnis auf den Erwerber übergehen; mit dieser Regelung sollte der Mieter aber nicht doppelt begünstigt werden, sondern sozusagen statt der Schadensersatzansprüche den Erwerber als neuen Vermieter erhalten, auch wenn dies uU mit dem Risiko einer Sonderkündigung verbunden ist. Die Richtigkeit dieser Sicht zeigt sich auch an vergleichbaren Fällen, in denen ein Sonderkündigungsrecht nicht besteht. Wenn nämlich in der Person des Veräußerers eines Wohngebäudes Eigenbedarfsgründe nicht bestehen und der Mieter sich darauf verlässt, dann kann sich dies nach einem Eigentumswechsel zu seinem Nachteil ändern[823], ohne dass dem Mieter Schadensersatz gegen den Veräußerer zustehen würde; eine solche durch den Eigentumswechsel bedingte Verschlechterung hat der Mieter vielmehr hinzunehmen. Abgesehen davon wäre § 566 Abs. 2 BGB bei der Bejahung von Schadensersatzansprüchen weitgehend überflüssig, da sich die Haftung des Veräußerers schon aus allgemeinen Grundsätzen ergeben würde. Die Vorschrift zeigt vielmehr, dass durch § 566 BGB die Person des Vermieters (und damit des Haftenden) ausgewechselt wird, ohne die Zahl der Haftenden beliebig zu vermehren.

Der Veräußerer haftet nach § 566 Abs. 2 BGB wie ein **selbstschuldnerischer Bürge** (§ 773 **146**
BGB), kann also nicht gem. § 771 BGB die Einrede der Vorausklage gegen den Erwerber erheben, der Mieter kann den Veräußerer vielmehr auch direkt und unabhängig vom Erwerber in Anspruch nehmen, falls dieser seine Pflichten nicht erfüllt.[824] Bürge und Hauptschuldner sind zwar nicht Gesamtschuldner, sie haften aber iErg wie solche[825]; gleiches gilt iRd § 566 Abs. 2 BGB.[826] Dem Veräußerer stehen sämtliche Einreden eines Bürgen zu (§§ 768, 770 BGB); leistet er an den Mieter, geht der Anspruch auf ihn über und er kann Regress bei dem Erwerber nehmen (§ 774 BGB).

Die Haftung des Veräußerers gem. § 566 Abs. 2 S. 1 BGB beschränkt sich auf die Verletzung ver- **147**
traglicher Pflichten des Erwerbers als Vermieter, da mit dem Begriff der Pflichten in der Vorschrift nur diejenigen gemeint sind, die den Erwerber gem. § 566 Abs. 1 BGB treffen; deliktische Ansprüche werden nicht erfasst.[827] Da der Veräußerer nach dem Eigentumsübergang keine Erfüllung (Gebrauchsgewährung) mehr schuldet und sie in der Regel auch faktisch nicht mehr leisten kann, treffen den Veräußerer nach dem Gesetzeswortlaut nur **Schadensersatzpflichten.**[828] Das setzt uU voraus, dass der gegen den Erwerber gerichtete Erfüllungsanspruch zunächst in einen Schadensersatzanspruch umgewandelt werden muss (zB gem. §§ 281, 536a Abs. 1 BGB). Der Schadensersatz ist in der Regel in Geld zu erbringen.[829] Wenn ausnahmsweise aber der Veräußerer Schadensersatz durch Naturalrestitution leisten kann, kann der Mieter ihn auch darauf in Anspruch nehmen.[830] In **Sonderfällen** ist der Vermieter jedoch zu Leistungen in Geld verpflichtet, sei es kraft Vertrages, sei es nach dem Gesetz (etwa nach §§ 536a Abs. 2, 539 BGB), ohne dass es sich um Schadensersatz handelt. Dann kann, sofern der Erwerber eine solche Verpflichtung nicht erfüllt, nach dem Sinn des § 566 Abs. 2 BGB nichts anderes gelten, als wenn der Erwerber seiner Pflicht zur Überlassung und Erhaltung der Mietsache nicht nachkommt. Hier wie dort verletzt der Erwerber Verpflichtungen aus dem Mietvertrag und fügt dem Vermögen des Mieters eine Einbuße zu, deren Ausgleich dem ursprünglichen Vermieter obliegt, weil er dem Mieter einen neuen Vertragspartner verschafft

[823] Siehe etwa den Fall BGH VIII ZR 231/08, NJW 2009, 2738.
[824] AnwK WohnraummietR/*Lammel* BGB § 566 Rn. 99.
[825] *Leo* NZM 2006, 244.
[826] *Leo* NZM 2006, 244.
[827] AnwK WohnraummietR/*Lammel* BGB § 566 Rn. 100; MüKoBGB/*Häublein* § 566 Rn. 54 mwN.
[828] BGH VIII ZR 29/68, NJW 1969, 417.
[829] BGH VIII ZR 29/68, NJW 1969, 417.
[830] Hierauf weist zutr. MüKoBGB/*Häublein* § 566 Rn. 44 hin mit dem Beispiel der Übernahme von Gegenständen bei Vertragsende.

hat. Die entsprechende Anwendung des § 566 Abs. 2 S. 1 BGB auf den Fall, dass der Erwerber eine ihm obliegende Geldleistung nicht erfüllt, ist daher geboten und anerkannt.[831]

148 Der Vermieter kann sich – in Grenzen – von seiner bürgengleichen Haftung **befreien,** indem er dem Mieter gem. § 566 Abs. 2 S. 2 BGB Mitteilung von dem Eigentumsübergang macht. Eine besondere Form ist für diese Mitteilung, die eine rechtsgeschäftliche Handlung ist und in der auf die mit dem Eigentumsübergang verbundenen Konsequenzen nicht hingewiesen werden muss[832], nicht vorgesehen.[833] Sie muss nur durch den Veräußerer oder in dessen Vollmacht[834] (etwa durch den Rechtsanwalt[835] des Veräußerers oder durch den Erwerber) nach dem Eigentumsübergang erklärt werden[836]; eine Mitteilung des Erwerbers ohne Vollmacht des Veräußerers, eine Mitteilung vor Eigentumsübergang oder eine sonstige Kenntniserlangung des Mieters reichen nicht aus.[837] Die Regelung des § 566 Abs. 2 S. 2 BGB ist nicht entsprechend auf die Haftung des Veräußerers nach § 566a BGB anwendbar.[838]

149 Die **Haftungsbegrenzung** zugunsten des Veräußerers tritt nur ein, wenn der Mieter auf die Mitteilung hin nicht kündigt. § 566 Abs. 2 S. 2 BGB verschafft dem Mieter allerdings kein Sonderkündigungsrecht[839], er muss die Kündigung vielmehr zum ersten nach Zugang der Mitteilung zulässigen Termin entsprechend den vertraglichen oder gesetzlichen Regeln erklären.[840] Kündigt der Mieter, so ist die Begrenzung unnötig, da das Mietverhältnis ohnehin nur noch bis zum Ablauf der Kündigungsfrist dauert; bis zum Vertragsende haftet der Veräußerer aber in jedem Fall weiter. Kündigt der Mieter hingegen nicht, so macht er damit nach der Vorstellung des Gesetzes deutlich, er akzeptiere den Erwerber als allein Haftenden. Auch in diesem Fall besteht allerdings die Haftung bis zum Ablauf der Kündigungsfrist fort[841], da der Mieter nicht schlechter stehen soll als bei Beendigung des Vertrages. Dem Unterlassen der Kündigung stehen andere Geschehnisse gleich, denen man entnehmen kann, der Mieter sei mit dem Veräußerer als neuen Vertragspartner einverstanden; dazu gehören etwa der Abschluss eines neuen Mietvertrages, die Vereinbarung einer Vertragsverlängerung oder die Ausübung einer Verlängerungsoption.[842] Kann der Mieter, wie etwa bei Zeitverträgen, nicht ordentlich kündigen, besteht die bürgengleiche Haftung des Veräußerers bis zum Vertragsende fort, weil der Veräußerer sich selbst durch den Mietvertrag gegenüber dem Mieter gebunden hat und weil er als Veräußerer den Eigentumsübergang herbeigeführt hat.[843]

## H. Abweichende Vereinbarungen

150 **§ 566 Abs. 1 BGB** enthält kein zwingendes Recht, die Vorschrift, die für die notarielle Praxis von großer Bedeutung ist[844], ist grds. abdingbar. Da sie aber zum **gesetzlichen Leitbild** der Miete gehört, ist dies durch vom Vermieter gestellte AGB zu Lasten des Mieters weder bei der Wohnraummiete noch bei der Geschäftsraummiete möglich.[845] Ohne § 566 Abs. 1 BGB würde es näm-

[831] BGH VIII ZR 29/68, NJW 1969, 417.
[832] BGH V ZR 113/63, NJW 1966, 590.
[833] MüKoBGB/*Häublein* § 566 Rn. 55.
[834] § 174 BGB ist auf rechtsgeschäftsähnliche Handlungen anwendbar (MüKoBGB/*Schramm,* 8. Aufl. 2018, § 174 Rn. 3); deshalb empfiehlt sich die Beifügung der Originalvollmacht.
[835] BGH V ZR 113/63, NJW 1966, 590.
[836] OLG Saarbrücken ZMR 2016, 371.
[837] OLG Saarbrücken ZMR 2016, 371; OLG Köln 11.10.2013 – 22 U 208/12, BeckRS 2013, 19140; AnwK WohnraummietR/*Lammel* BGB § 566 Rn. 102; Staudinger/*Emmerich* BGB § 566 Rn. 61.
[838] BGH VII ZR 398/97, NJW 1999, 1859 zur – allerdings nicht vollständig inhaltsgleichen – Vorgängervorschrift des § 566a BGB; MüKoBGB/*Häublein* § 566a Rn. 1.
[839] OLG Köln 11.10.2013 – 22 U 208/12, BeckRS 2013, 19140.
[840] Staudinger/*Emmerich* BGB § 566 Rn. 62; MüKoBGB/*Häublein* § 566 Rn. 56; AnwK WohnraummietR/*Lammel* BGB § 566 Rn. 103.
[841] Staudinger/*Emmerich* BGB § 566 Rn. 62 mwN; AnwK WohnraummietR/*Lammel* BGB § 566 Rn. 105; MüKoBGB/*Häublein* § 566 Rn. 56.
[842] OLG Saarbrücken ZMR 2016, 371; AnwK WohnraummietR/*Lammel* BGB § 566 Rn. 106; Staudinger/*Emmerich* BGB § 566 Rn. 62; Wolf/Eckert/Ball Gewerbl. Miet-/Pacht-/LeasingR-HdB Rn. 1422.
[843] AnwK WohnraummietR/*Lammel* BGB § 566 Rn. 103; Staudinger/*Emmerich* BGB § 566 Rn. 62; MüKoBGB/*Häublein* § 566 Rn. 56.
[844] Siehe zu Gestaltungsvorschlägen *Mach* RNotZ 2017, 640.
[845] Staudinger/*Emmerich* BGB § 566 Rn. 58 mwN; MüKoBGB/*Häublein* § 566 Rn. 57.

lich nach einem Eigentumswechsel im Belieben des Erwerbers stehen, ob er dem Mieter die Mietsache weiter überlässt; dieses Risiko benachteiligt den Mieter unzumutbar.[846] Auch dürfte in der Regel ein Verstoß gegen das Überraschungsverbot des § 305c BGB gegeben sein.[847]

Eine Individualvereinbarung **zwischen Veräußerer und Erwerber** reicht für eine Abbedingung nicht, da beide hierdurch in unzulässiger Weise in die schon bestehende Vertragsbeziehung mit dem Mieter eingreifen würden (unzulässiger **Vertrag zu Lasten Dritter**).[848] Möglich soll allerdings ein dreiseitiger Vertrag sein oder ein Vertrag mit Zustimmung des Mieters.[849] Eine solche Vereinbarung begegnet hingegen ähnlichen Bedenken wie bei einem entsprechendem zweiseitigen Vertrag zwischen Veräußerer und Mieter (→ Rn. 152). **151**

Entgegen einer in der Lit. vertretenen Meinung[850] stellt die Individualvereinbarung des Ausschlusses von § 566 Abs. 1 BGB **zwischen Veräußerer und Mieter** keinen Vertrag zu Lasten des Erwerbers dar, weil dieser vor dem Eigentumsübergang keinerlei auch nur ansatzweise gesicherte Rechtsposition hatte. Selbst nach Abschluss des Kaufvertrages und Eintragung einer Auflassungsvormerkung kann der Vermieter noch Mietverhältnisse abschließen bzw. aufheben, ohne dass der Erwerber hiergegen geschützt wäre; eine entsprechende Anwendung des § 883 Abs. 2 BGB ist abzulehnen.[851] Dann muss der Veräußerer aber gegenüber dem Erwerber erst recht die Möglichkeit haben, § 566 Abs. 1 BGB und damit den Vertragsübergang durch Vereinbarung mit dem Mieter abzubedingen. Da der Mieter bei einer solchen Abbedingung nach der Eigentumsumschreibung gegenüber dem Erwerber kein Besitzrecht hat[852], befindet sich der Erwerber in einer ähnlichen Lage wie bei einem bereits vom Veräußerer gekündigten Mietverhältnis. Wegen der nach § 550 BGB notwendigen Schriftform konnte der Erwerber sogar von der Abbedingungsvereinbarung zwischen Veräußerer und Mieter wissen. Einer Abbedingungsvereinbarung steht aber – jedenfalls bei der Wohnraummiete – folgendes Wirksamkeitsbedenken entgegen[853]: Wenn Veräußerer und Mieter § 566 Abs. 1 BGB abbedingen könnten, dann würde der Mietvertrag im Falle der Eigentumsübertragung nicht enden, sondern mit dem Veräußerer fortgesetzt werden; das unterscheidet die Abbedingung des § 566 Abs. 1 BGB von der Bedingung, dass das Mietverhältnis bei einem Eigentumsübergang endet. Da der Erwerber dem Mieter nicht zur Besitzüberlassung verpflichtet ist, die Mietsache vielmehr vom Mieter heraus verlangen kann, ist die Position des Mieters faktisch extrem gefährdet. Das betrifft nicht nur die Besitzüberlassung als solche, sondern auch die mit einer ordnungsgemäßen Gebrauchsgewährung in Zusammenhang stehenden Erfüllungspflichten (Mängelbeseitigung, Versorgung mit Wasser und Energie etc). Damit wäre das Mietverhältnis zwar nicht im strengen Sinn einer Bedingung von dem Eigentumsübergang abhängig, aber faktisch führt diese Rechtslage bei entsprechendem Willen des Erwerbers zu einer Beendigung des Mietverhältnisses. Bei Gewerberaummietverträgen erscheint das individualvertraglich[854] zulässig, bei Wohnraummietverträgen ist jedoch § 572 Abs. 2 BGB zu beachten. Danach kann sich der Vermieter nicht auf eine Vereinbarung berufen, durch der der Vertrag zum Nachteil des Mieters auflösend (hier durch einen Eigentumsübergang) bedingt wird. Da sich die Abbedingung des § 566 Abs. 1 BGB idR (vorbehaltlich besonderer Interessenlagen auf Seiten des Mieters) als eine Umgehung des § 572 Abs. 2 BGB darstellt[855], würde sie – wenn man § 572 Abs. 2 BGB entsprechend anwenden würde – nicht zu Gunsten des Vermieters (also auch nicht zu Gunsten des Erwerbers) wirken, der Mieter hingegen könnte den Eintritt der Bedingung geltend machen und den Eigentumswechsel zum Anlass des Auszuges **152**

---

846 *Latinovic/Quennet* NZM 2009, 846 halten eine Abbedingung für zulässig, wenn dem Mieter eine beschränkt persönliche Dienstbarkeit oder ein Sicherungsnießbrauch eingeräumt wird.

847 Siehe dazu *Latinovic/Quinnet* NZM 2009, 845.

848 LG Köln WuM 1995, 151; AG Pinneberg ZMR 2002, 835; Staudinger/*Emmerich* BGB § 566 Rn. 58.

849 Staudinger/*Emmerich* BGB § 566 Rn. 58; *Gather* DWW 2006, 317; LG Berlin GE 1989, 409.

850 Staudinger/*Emmerich* BGB § 566 Rn. 58; *Börstinghaus* ZMR 2004, 483; AG Pinneberg ZMR 2002, 835. *Lehmann-Richter* WImmoT 2008, 156 meint, eine solche Vereinbarung müsse von allen Beteiligten geschlossen werden, weil sie ein actus contrarius zur Vertragsübernahme sei, die ebenfalls die Beteiligung aller erfordere.

851 → Rn. 59.

852 → Rn. 4.

853 Krit. zum Nachfolgenden *Lähn,* Der Vermieterwechsel im laufenden Mietverhältnis, 2015, S. 246.

854 Eine entsprechende AGB (oder auch die Vereinbarung eines Sonderkündigungsrechtes) wäre idR wohl überraschend und auch unangemessen iSv § 307 BGB, weil sie nur bei Verträgen mit fester Laufzeit Sinn macht und in diesen Fällen oftmals Dispositionen des Mieters im Hinblick auf die Vertragsdauer getroffen wurden (Ausbau, Ausstattung der Mieträume etc).

855 Ähnlich Staudinger/*Emmerich* BGB § 566 Rn. 58 mwN; AnwK WohnraummietR/*Lammel* BGB § 566 Rn. 15.

nehmen.[856] Mangels echter Bedingung kann § 572 Abs. 2 BGB jedoch weder direkt noch entsprechend auf eine Abbedingung von § 566 Abs. 1 BGB angewendet werden. Das Mietverhältnis endet rechtlich nicht, es geht nach dem Inhalt einer hier in Rede stehenden Abbedingungsvereinbarung nur nicht auf den Erwerber über, wohingegen der Vertrag mit dem Veräußerer formal fortbesteht. Würde man es dem Mieter in dieser Situation entsprechend § 572 Abs. 2 BGB überlassen, sich auf die Unwirksamkeit der Abbedingungsvereinbarung zu berufen, dann könnte er sich seinen Vertragspartner aussuchen. Das ist nicht der Zweck des § 572 Abs. 2 BGB, die Vorschrift soll vielmehr verhindern, dass Kündigungsschutzvorschriften zu Lasten des Mieters umgangen werden. Das spricht dafür, eine generelle Unwirksamkeit von Abbedingungsvereinbarungen anzunehmen. Gegen dieses Ergebnis spricht nicht, dass der Mieter jederzeit mit dem Vermieter eine Aufhebungsvereinbarung (bspw. in Erwartung des Eigentumsübergangs) schließen kann; auf solche Vereinbarungen hat der Mieter nämlich Einfluss, auf den Eigentumsübergang hingegen nicht.[857]

153 **Erwerber und Mieter** können nur Vereinbarungen über die Zeit nach Eigentumsübergang treffen[858], etwa einen Mietaufhebungsvertrag; Abreden nur zwischen ihnen für die Zeit davor würden zu Lasten des Veräußerers in dessen Rechtsposition eingreifen, weil eine Abbedingung von § 566 Abs. 1 BGB dazu führen würde, dass der Veräußerer weiter Vermieter bleibt, ohne den Gebrauch aus eigener Macht gewähren zu können. Zur Frage der Vorverlegung der Wirkungen des § 566 Abs. 1 BGB auf den Lasten- und Nutzenübergang anstatt auf den Eigentumsübergang → Rn. 46.

154 Vereinbarungen, mit denen § 566 Abs. 1 BGB **umgangen** werden soll, können unwirksam sein. Wenn etwa dem Erwerber ermöglicht werden soll, das Grundstück zu ersteigern anstatt es zu kaufen, um so das **Sonderkündigungsrecht** aus § 57 a ZVG in Anspruch nehmen zu können, so ist das gem. § 242 BGB rechtsmissbräuchlich.[859]

155 Die Regelung über die **bürgengleiche Haftung** des Veräußerers in **§ 566 Abs. 2 BGB** ist ebenfalls nicht zwingend und kann schon im Voraus im Mietvertrag erlassen werden. Da eine solche Regelung den Mieter jedoch unangemessen benachteiligt, weil hierdurch der aufgezwungene Wechsel des Vertragspartners ausgeglichen werden soll, ist dies formularvertraglich zum Nachteil des Mieters nicht möglich.[860] Aus § 6 Abs. 2 Nr. 2 Zwangsverwalterverordnung dürfte sich allerdings eine andere Wertung ergeben, wenn ein Zwangsverwalter für den Veräußerer handelt.[861] Dort ist nämlich vorgesehen, dass der Zwangsverwalter Mietverträge nur unter Ausschluss der Haftung nach § 566 Abs. 2 BGB schließen soll. Dem Gesetzgeber erscheint in diesen Fällen die verwaltete Masse schutzwürdiger als der Mieter.[862] Die Vorschrift bezieht sich nicht nur auf individuell ausgehandelte Klauseln, da sie dem Verwalter quasi eine Mehrfachverwendungsabsicht vorschreibt und deshalb idR eine AGB-Klausel vorliegen dürfte. Bei einer Vermietung durch einen Insolvenzverwalter dürfte es ähnlich sein wie bei einem Zwangsverwalter. Aus § 6 Abs. 2 Nr. 2 Zwangsverwalterverordnung kann allerdings keine allgemeine Abbedingungsmöglichkeit, also für alle Vermieter, durch AGB abgeleitet werden[863], da die jeweils verwalteten Massen, die die Haftung aus § 566 Abs. 2 trifft, besonderem Schutz unterliegen.

## I. Prozessuales

156 Erfolgt der Eigentumsübergang während eines Mietprozesses, so hat dies wegen §§ 265, 325 ZPO kaum Auswirkungen, wenn der Rechtsstreit schon rechtshängig war. Der Veräußerer führt den Prozess fort (§ 265 ZPO).[864] Bei einem Räumungsprozess muss der Veräußerer allerdings auf Herausgabe an den Erwerber umstellen.[865] Ein Urteil wirkt auch zu Gunsten oder zu Lasten des

---

[856] So Staudinger/*Emmerich* BGB § 566 Rn. 58.
[857] So auch Blank/Börstinghaus/*Blank* BGB § 566 Rn. 100.
[858] Staudinger/*Emmerich* BGB § 566 Rn. 58.
[859] BGH VIII ZR 48/77, WuM 1978, 164.
[860] MüKoBGB/*Häublein* § 566 Rn. 58 f.; *Börstinghaus* NZM 2004, 489; *Lehmann-Richter* WImmoT 2008, 169; **aA** für die Gewerberaummiete *Leo* NZM 2006, 245 und *Leo/Ghassemi-Tabar* NZM 2010, 570.
[861] *Leo/Ghassemi-Tabar* NZM 2010, 570.
[862] So auch MüKoBGB/*Häublein* § 566 Rn. 58 f.
[863] *So auch MüKoBGB/Häublein* § 566 Rn. 58 f.; **aA** *Leo/Ghassemi-Tabar* NZM 2010, 570.
[864] OLG Düsseldorf ZMR 2017, 726; LG Bonn ZMR 2013, 534; LG Berlin GE 2015, 1532 mwN; eing. *Gsell* WuM 2012, 416.
[865] OLG Düsseldorf ZMR 2017, 726; *Gsell* WuM 2012, 416.

Erwerbers (§ 325 ZPO).[866] § 265 ZPO ändert nichts daran, dass dem Mieter ein Zurückbehaltungsrecht wegen Mängelbeseitigungsansprüchen verloren gehen kann.[867] Zur Klage auf Zustimmung zur Mieterhöhung → Rn. 106. Der Erwerber kann einen Räumungstitel, den der Veräußerer erwirkt hat, gem. § 727 ZPO auf sich umschreiben lassen; hierfür reicht der Grundbuchauszug als Nachweis aus.[868] Der Ersteher eines Grundstücks, das nach vorangegangener Zwangsverwaltung zwangsversteigert worden ist, ist allerdings nicht Rechtsnachfolger des früheren Zwangsverwalters; hat Letzterer gegen den Mieter einen Räumungstitel erstritten, kann deshalb der Ersteher die Erteilung einer auf ihn lautenden vollstreckbaren Ausfertigung dieses Titels gem. § 727 ZPO jedenfalls nach der Beendigung der Zwangsverwaltung nicht verlangen, möglich ist aber eine Vollstreckung gem. § 93 ZVG.[869] Wird die **Zwangsverwaltung nach Rechtshängigkeit** angeordnet, kann der Zwangsverwalter durch bloße Übernahmeerklärung an Stelle des Klägers in den Rechtsstreit eintreten; einer Zustimmung des Klägers oder des Beklagten bedarf es nicht; die Regeln über die gewillkürte Prozessstandschaft gelten nicht.[870] Wird die Zwangsverwaltung nach Rechtshängigkeit wegen Rücknahme des Antrags aufgehoben, bleibt der Zwangsverwalter prozessführungsbefugt.[871]

[866] BGH VIII ZR 313/08, NJW 2010, 1068; LG Bonn ZMR 2013, 534; LG Berlin GE 2015, 1532; eing. *Gsell* WuM 2012, 416; **aA** AG Berlin-Neukölln GE 2012, 1321, das aber den Begriff der Streitbefangenheit in § 265 ZPO verkennt.

[867] → Rn. 140 und LG Bonn ZMR 2013, 534.

[868] LG Köln 13.7.2009 – 10 T 101/09, BeckRS 2009, 89377. Das LG Köln stützt sich allerdings fälschlicherweise nur auf § 985 BGB, nicht aber auf § 546 BGB, der dem Gläubiger weitergehende Rechte als die bloße Herausgabe gewährt, nämlich insbes. den Räumungsanspruch.

[869] BGH VII ZB 47/10, NZM 2012, 724.

[870] LG Krefeld NZI 2015, 94.

[871] BGH IX ZR 304/19, MDR 2020, 1201.

## § 566a Mietsicherheit

**[1]Hat der Mieter des veräußerten Wohnraums dem Vermieter für die Erfüllung seiner Pflichten Sicherheit geleistet, so tritt der Erwerber in die dadurch begründeten Rechte und Pflichten ein. [2]Kann bei Beendigung des Mietverhältnisses der Mieter die Sicherheit von dem Erwerber nicht erlangen, so ist der Vermieter weiterhin zur Rückgewähr verpflichtet.**

### Systematische Übersicht



### Alphabetische Schnellübersicht



### A. Normzweck, Entstehungsgeschichte und Übergangsrecht

1 § 566a BGB enthält eine – auch historisch bedingte[1] – Sonderregelung für die Mietsicherheit. Danach tritt der Erwerber in die Rechte und Pflichten des Veräußerers aus der Vereinbarung über die Mietsicherheit und in die Rechte und Pflichten einer vom Mieter geleisteten Sicherheit ein[2];

[1] Der historische Gesetzgeber der Vorgängervorschrift § 572 BGB aF wollte vor allem die Haftung des Erwerbers *beschränken, falls dieser die Sicherheit* nicht vom Veräußerer erhalten hatte; s. zu Einzelheiten der Gesetzgebungsgeschichte BGH XII ZR 124/97, NJW 1999, 1857.

[2] BGH VIII ZR 219/06, NJW 2007, 1818. Die Frage, ob dieser Eintritt eine Rechtsnachfolge ist oder ob mit dem Erwerber ein neues, aber inhaltsgleiches Vertragsverhältnis in Bezug auf die Sicherungsabrede entsteht,

außerdem haftet der Veräußerer nach Mietvertragsende weiterhin subsidiär für die Rückerstattung der Sicherheit. Die Struktur der Vorschrift ist ähnlich wie die von § 566 BGB, nämlich auf der einen Seite Eintritt des Erwerbers, auf der anderen Seite Weiterhaftung des Veräußerers unter bestimmten Umständen. Sie ist als **Ergänzung zu § 566 BGB** zum einen deswegen notwendig, weil der Veräußerer in weiterem Maße auf Rückerstattung der Sicherheit haftet, als er dies nach § 566 Abs. 2 BGB tun würde. Sie ist aber auch deshalb notwendig, weil sich der Gesetzgeber der Ansicht des BGH angeschlossen hat, wonach jedenfalls der Anspruch auf Rückzahlung der Kaution kein Anspruch ist, der sich auf das Mietgrundstück bezieht[3], der also nicht aus dem – nach § 566 BGB auf den Erwerber übergehenden – Mietvertrag stammt, sondern aus der davon zu trennenden, nicht unter § 566 BGB fallenden Sicherungsabrede.[4] § 566a BGB soll damit ein Auseinanderfallen von Mietvertrag und Kautionsabrede vermeiden.[5] Sie bürdet aber dem Erwerber das Insolvenzrisiko des Veräußerers auf, wenn dieser die Mietsicherheit weder insolvenzfest angelegt noch an den Erwerber ausgehändigt hat.[6] Sie stellt deshalb der Sache nach eine Belastung des vermieteten Grundstücks dar[7], was sich nicht nur in der Insolvenz des Veräußerers zeigt, sondern gleichermaßen bei der Zwangsversteigerung und Zwangsverwaltung des Grundstücks sowie bei der Insolvenz des Erwerbers (→ Rn. 37, 44).

Die Vorgängernorm (§ 572 BGB aF) war eine Vorschrift zum Schutz des Erwerbers. Ihr Rege- 2
lungsgehalt betraf nur ihn, indem sie bestimmte, dass er zwar in die Rechte einer geleisteten Sicherheit eintrat, die Pflicht zur Rückgewähr aber nur erfüllen musste, wenn er die Sicherheit erhalten hatte; eine Weiterhaftung des Veräußerers war nicht erwähnt. Demgegenüber ist § 566a BGB eine ausgesprochene **Mieterschutzbestimmung,** indem sie den Erwerber nun uneingeschränkt auf Rückerstattung der Sicherheit haften lässt und den Veräußerer subsidiär. Der Gesetzgeber wollte vermeiden, dass der Mieter sich uU noch lange nach der Veräußerung der Mietsache mit dem Veräußerer über die Sicherheit auseinandersetzen muss, dies zumal, als ihm der Aufenthalt des Veräußerers dann oftmals unbekannt ist.[8] Allerdings beabsichtigte der Gesetzgeber auch eine Verbesserung der Erwerberstellung insofern, als sie dem Erwerber im Unterschied zur Rechtslage vor der Mietrechtsreform, einen eigenen Anspruch auf erstmalige Leistung bzw. Wiederauffüllung der Kaution zugestand.[9]

Da es in der Mietreformgesetzgebung für § 566a BGB keine **Überleitungsvorschrift** gibt, 3
müsste die Regelung eigentlich gleichermaßen für alle Rückerstattungsansprüche gelten, die nach Inkrafttreten der Reform am 1. 9. 2001 fällig wurden bzw. werden. Dann würden aber auch Erwerber auf Rückerstattung der Sicherheit haften, die lange vor diesem Datum Eigentum an der Mietsache erworben haben. Das käme einer echten Rückwirkung gleich, auf die sich die Erwerber nicht einstellen konnten, weil sie nach der Vorgängervorschrift des § 572 BGB aF keine Veranlassung hatten, für eine Auskehrung der beim Veräußerer vorhandenen Kautionsguthaben an sich selbst Sorge zu tragen. Deshalb ist § 566a BGB nach dem Willen des Gesetzgebers[10] und in **verfassungskonformer Auslegung** nach der Rspr. des BGH[11] nur anwendbar, wenn das dem Eigentumsübergang

stellt sich iRd § 566a BGB gleichermaßen wie bei § 566 BGB, obwohl sie in der Lit. zu § 566a BGB nicht diskutiert wird; es gelten die gleichen Erwägungen wie bei § 566 BGB (→ BGB § 566 Rn. 9).

[3] BGH XII ZR 124/97, NJW 1999, 1857 mit ausführlicher Begründung zur Rechtslage vor der Mietrechtsreform. Der Gesetzgeber der Mietrechtsreform hat sich dieser Argumentation angeschlossen, vgl. BT-Drs. 14, 4553 (abgedr. in NZM 2000, 446) und insbes. BR-Drs. 439/00 (abgedr. in NZM 2001, 27), jeweils zu § 566a BGB. Der Entwurf der Bundesregierung, der die BGH-Entscheidung durch Anfügung eines weiteren Satzes an § 572 BGB aF zur Haftung des Veräußerers in Gesetzesform gießen wollte, ist zwar in dieser Form nicht Gesetz geworden; das bedeutet aber kein Abrücken von dem Grundansatz des BGH, der BR wünschte vielmehr auf dieser Basis und unter Erwähnung der BGH-Meinung eine weitere, dann auch Gesetz gewordene Verschärfung der Haftung des Erwerbers, der nach der Vorgängervorschrift und dem Entwurf der Bundesregierung zur Rückerstattung nur verpflichtet war, wenn er die Sicherheit erhalten hatte; der BR wollte dem Mieter Schwierigkeiten bei der Anspruchsdurchsetzung gegenüber dem uU schon lange ausgeschiedenen Veräußerer ersparen, aber auch dem Erwerber einen Anspruch auf Sicherheitsleistung verschaffen (vgl. BR-Drs. 439/00, abgedr. in NZM 2001, 27).

[4] → Rn. 9.

[5] BGH VIII ZR 219/06, NJW 2007, 1818; BGH VIII ZR 304/10, WuM 2011, 472.

[6] BGH XII ZR 13/10, NJW 2012, 1353.

[7] BGH XII ZR 13/10, NJW 2012, 1353.

[8] MüKoBGB/*Häublein* § 566a Rn. 1.

[9] BR-Drs. 439/00, abgedr. in NZM 2001, 27.

[10] Hierauf stellt entscheidend BGH XII ZR 145/07, NZM 2009, 615 ab.

[11] BGH XII ZR 145/07, NZM 2009, 615; BGH VIII ZR 381/03, NZM 2005, 639; BGH VIII ZR 372/04,

zu Grunde liegende Rechtsgeschäft nach Inkrafttreten der Mietrechtsreform (1.9.2001)[12] geschlossen wurde; für Rechtsgeschäfte davor gilt weiterhin § 572 BGB aF. Auf den Zeitpunkt des Eigentumsübergangs kommt es nicht an.[13] Wenn das Veräußerungsgeschäft ab dem 1.9.2001 erfolgt ist, ist es belanglos, ob es zuvor ggf. einen früheren Erwerber gegeben hat, der sich auf die einschränkende verfassungskonforme Auslegung berufen konnte; die Nichtanwendbarkeit des § 566a BGB perpetuiert sich bei späteren Erwerbern nicht.[14] Beispielhaft wäre zu nennen ein Ersterwerb vor dem 1.9.2001. Gegen einen solchen Ersterwerber hätte der Mieter gem. § 572 BGB aF keinen Anspruch auf Kautionsrückerstattung, wenn dieser von dem Veräußerer die Kaution nicht erhalten hätte. Verkauft der Ersterwerber in einer solchen Situation das Mietobjekt ab dem 1.9.2001, so ist der Zweiterwerber gem. § 566a BGB zur Rückerstattung verpflichtet: Die Voraussetzungen des § 566a BGB sind erfüllt, die Rückerstattungspflicht entspricht dem Zweck der Vorschrift und Rückwirkungsgesichtspunkte sind nicht einschlägig, da der Zweiterwerber in den Verhandlungen (bzw. bei einer Zwangsversteigerung bei der Abgabe des Gebots) dafür Sorge tragen konnte, dass die Rückerstattungspflicht bei der Preisfindung berücksichtigt wird.[15]

## B. Anwendungsbereich

4 § 566a BGB gilt für alle Arten von Mietsicherheiten, also nicht nur für die praktisch häufige Barkaution, sondern für alle in § 232 BGB erwähnten Sicherheiten (auch wenn sie – wie bspw. im Falle der Bürgschaft – durch Dritte geleistet werden) sowie für die Sicherungsübereignung und die Sicherungsabtretung[16] oder andere atypische Sicherheiten.[17] Das ergibt sich aus dem Wortlaut der Vorschrift, dem eine Beschränkung auf bestimmte Sicherheiten oder auch auf bestimmte sicherbare Ansprüche nicht zu entnehmen ist. Wie oben ausgeführt ist der **zeitliche** Anwendungsbereich der Vorschrift auf Eigentumsübergänge ab dem 1.9.2001 begrenzt. In **sachlicher** Hinsicht ist die Vorschrift nur anwendbar, wenn es gem. § 566 BGB überhaupt zu einem Eintritt des Erwerbers in den Mietvertrag gekommen ist, wenn also die Voraussetzungen des § 566 BGB erfüllt sind (zu dessen Anwendungsbereich und Voraussetzungen → BGB § 566 Rn. 15, 47). Das ergibt sich zwar nicht aus dem Gesetzeswortlaut, folgt aber aus dem Zusammenhang von § 566 BGB und § 566a BGB[18], die ersichtlich aufeinander aufbauen. Ansonsten würden dem Erwerber durch § 566a BGB Pflichten aus einem Vertrag auferlegt, an dem er nicht beteiligt war, dessen Nutzen er also auch nicht hatte. Insbesondere kommt es deshalb auch bei § 566a BGB darauf an, dass das **Mietverhältnis** bei Eigentumsübergang wirksam **besteht**[19] (→ BGB § 566 Rn. 48). Ohne das gibt es grds. keinen Eintritt des Erwerbers in die Vermieterrechte und -pflichten, obwohl es noch nicht abgewickelte Ansprüche geben kann. Zu solchen nicht abgewickelten Ansprüchen gehören die praktisch wichtigen, weil nicht seltenen Fälle, dass die Mietsicherheit noch abzurechnen und ggf. zu erstatten ist, sowie die Abrechnung und der Ausgleich von Betriebskosten aus vergangenen Abrechnungsperioden.[20] Als **Ausnahme** ist bei § 566 BGB lediglich anerkannt der Anspruch auf Räumung und daraus resultierende Folgeansprüche wie Nutzungsentschädigung und Schadensersatz, die auf den

---

NZM 2005, 907 mwN, für die Ersteigerung gem. § 57 ZVG; BGH XII ZR 124/03, NZM 2006, 179; s. auch MüKoBGB/*Häublein* § 566a Rn. 6; zur Rechtslage vor der Mietrechtsreform s. bspw. *Derleder* WuM 1986, 39.

[12] Nicht entscheidend ist, ob das schuldrechtliche Rechtsgeschäft nach der Beschlussfassung des Bundestages über das Mietrechtsreformgesetz am 29.3.2001 geschlossen wurde. Dann wäre zwar ein verfassungsrechtlicher Vertrauensschutz nicht geboten, eine solche Sicht entspräche aber nicht dem Willen des Gesetzgebers (BGH XII ZR 145/07, NZM 2009, 615; **aA** die Vorinstanz KG ZMR 2008, 48).

[13] BGH XII ZR 145/07, NZM 2009, 615; krit. dazu MüKoBGB/*Häublein* § 566a Rn. 6.

[14] BGH VIII ZR 304/10, NZM 2012, 81.

[15] So auch BGH VIII ZR 304/10, NZM 2012, 81; krit. dazu *Bister* NZM 2012, 447, der aber fälschlicherweise eine Pflicht des Mieters annimmt, für eine Übertragung der Kaution auf den Erwerber zu sorgen, und hieraus eine Einrede des Erwerbers ableitet.

[16] MüKoBGB/*Häublein* § 566a Rn. 7.

[17] **AA** *Späth* ZMR 2013, 407, der den Anwendungsbereich des § 566a BGB auf die klassischen Sicherheiten beschränken will.

[18] Staudinger/*Emmerich* BGB § 566a Rn. 2; *Feuerlein* WuM 2005, 79; AnwK WohnraummietR/*Lammel* BGB § 566a Rn. 1; auch der BGH geht in BGH VIII ZR 219/06, NJW 2007, 1818 hiervon aus, wenn er für beide Vorschriften das Bestehen eines wirksamen Mietverhältnisses fordert und den engen Zusammenhang von § 566a BGB *und dem Eintritt des Erwerbers in* das Mietverhältnis betont.

[19] BGH VIII ZR 219/06, NJW 2007, 1818; LG Potsdam GE 2017, 51.

[20] Auch die Pflicht zur Abrechnung und zum Ausgleich der bei Auszug laufenden Abrechnungsperiode soll nach einem obiter dictum des BGH VIII ZR 219/06, NJW 2007, 1818 den Veräußerer treffen, wenn der Aus-

Erwerber übergehen, auch wenn der Vertrag vor dem Eigentumsübergang rechtlich beendet war (→ BGB § 566 Rn. 51). Deshalb haftet der Erwerber nicht für die Rückerstattung der Kaution bzw. muss sie nicht abrechnen, wenn der Mieter zwar erst nach Vertragsende, aber noch **vor dem Eigentumsübergang ausgezogen** ist, da es ein auf unterlassener Räumung beruhendes Abwicklungsschuldverhältnis zwischen Mieter und Erwerber nicht gibt und die Rechtsposition des Mieters durch den Eigentumswechsel nicht mehr berührt wird.[21] Problematisch ist allerdings das Schicksal der Mietsicherheit, wenn der Vertrag zwar beendet ist, der Mieter aber **vor dem Eigentumsübergang noch nicht geräumt** hatte. Hier stehen dem Erwerber – wie dargelegt – aus dem Abwicklungsschuldverhältnis der Anspruch auf Räumung und daraus resultierende Folgeansprüche wie Nutzungsentschädigung und Schadensersatz zu. An deren Sicherung durch die Mietsicherheit hat der Erwerber regelmäßig ein Interesse, da die Nichterfüllung einer Räumungspflicht meist auf ein Problemmietverhältnis hindeutet. Deshalb sollte § 566a BGB auch in diesen Fällen angewendet werden, selbst wenn das mit der Folge verbunden ist, dass der Erwerber Schuldner des Kautionsrückerstattungsanspruchs wird. Letztlich entscheidend dürfte sein, dass es dem Sinn und Zweck des § 566a BGB entspricht, eine enge Verzahnung des Rechtsübergangs nach § 566 BGB mit der Kautionsabrede herzustellen[22] und die Sicherheit für die Zeiten der Krise vereinbart wurde, die sich gerade in dem Verstoß gegen die Räumungspflicht realisiert.[23]

Die Notwendigkeit des Erwerbereintritts in den Mietvertrag gem. § 566 BGB als unausgesprochene Anwendungsvoraussetzung des § 566a bedeutet weiter, dass § 566a BGB nicht auf die Fälle des rechtsgeschäftlichen Vermieterwechsels **(Vertragsübernahme)** anwendbar ist.[24] Meist vereinbaren die beteiligten Vertragsparteien aber zumindest stillschweigend einen Übergang der Sicherungsabrede, weil sie diese als zum Mietvertrag gehörig ansehen[25]; wegen dieses Vertragswillens ist eine analoge Anwendung des § 566a BGB nicht notwendig und überdies wegen der Gestaltungsmacht der Parteien nicht gerechtfertigt.[26] Eine Mietbürgschaft wird auch ohne Vereinbarung gem. § 401 BGB übergeleitet.[27] Die Vertragsübernahme bedeutet, dass der neue Vermieter die Kaution insolvenzfest anzulegen und unabhängig davon zurückzuzahlen hat, ob er sie vom alten Vermieter erhalten hat[28]; der alte Vermieter haftet hierfür nicht mehr, da § 566a S. 2 BGB nicht anwendbar ist.[29] Zur Vertragsübernahme → BGB § 566 Rn. 42. 5

§ 566a BGB gilt unmittelbar nur für die Mietsicherheit bei Veräußerung von Wohnraum. Neben der Erstreckung auf Mietverhältnisse über **Räume und Grundstücke** in § 578 BGB[30] ist § 566a BGB kraft **Verweisung** anwendbar bei der gewerblichen Weitervermietung (§ 565 Abs. 2 BGB), bei der dinglichen Belastung der Mietsache durch den Vermieter (§ 567 BGB), bei der Veräußerung oder dinglichen Belastung des Grundstücks vor Überlassung der Mietsache (§ 567a BGB) und bei der Weiterveräußerung des Grundstücks oder der dinglichen Belastung (§ 567b BGB), außerdem beim Nießbrauch (§§ 1056, 1059d BGB, aber nur bei dessen Beendigung und Übertragung, für die Bestellung gilt § 567 BGB[31]), bei der Nacherbfolge (§ 2135 BGB), bei der Überlassung von Wohnraum in Zusammenhang mit einem Wohn- und Betreuungsvertrag (§ 5 Abs. 2 WBVG), bei Mietverhältnissen über eingetragene Schiffe und Luftfahrzeuge (§ 578a BGB, für Luftfahrzeuge iVm § 98 Abs. 2 des Gesetzes über Rechte an Luftfahrzeugen (LuftFzgG)), bei Pachtverträgen (§ 581 Abs. 2), Landpachtverträgen (§ 593b BGB), Jagdpachtverträgen (§ 14 BJagdG), bei 6

---

zug vor dem Eigentumswechsel lag; mE (Einzelheiten → BGB § 566 Rn. 111) trifft dies Pflicht allerdings den Erwerber.

[21] BGH VIII ZR 219/06, NJW 2007, 1818.

[22] Ähnlich BGH VIII ZR 219/06, NJW 2007, 1818; **aA** Wolf/Eckert/Ball Gewerbl. Miet-/Pacht-/LeasingR-HdB Rn. 1433.

[23] IErg ebenso *Flatow* WImmoT 2008, 151.

[24] HM, vgl. nur MüKoBGB/*Häublein* § 566a Rn. 3 mwN; für eine analoge Anwendung AG Düsseldorf WuM 1989, 568, bestätigt durch LG Düsseldorf; *Kandelhard* NZM 2001, 703; für eine Analogie fehlt es allerdings an einer Regelungslücke, da die Parteien frei sind, eine entsprechende Regelung zu vereinbaren und dies jedenfalls stillschweigend regelmäßig auch tun.

[25] *Kandelhard* NZM 2001, 701 (702); ähnlich AG Oldenburg WuM 1988, 267.

[26] **AA** *Kandelhard* NZM 2001, 703.

[27] BGH IX ZR 173/84, NJW 1985, 2528; *Schmid* WuM 2013, 647.

[28] *Schmid* WuM 2013, 647; *Kandelhard* NZM 2001, 702.

[29] *Kandelhard* NZM 2001, 702.

[30] Einzelheiten → BGB § 566 Rn. 19.

[31] Siehe insgesamt zum Nießbrauch bei der Kommentierung zu § 567 BGB.

der Fischereipacht hängt es von der Landesgesetzgebung ab[32], nach § 11 Abs. 3 InVorG und bei der **Zwangsversteigerung** (§ 57 ZVG).[33] Veräußert der **Insolvenzverwalter** das Grundstück des Vermieters, dann steht das grds. einem Verkauf durch den Vermieter gleich mit der Folge, dass § 566a BGB anwendbar ist[34]; auch → Rn. 44.

7 Zum Schicksal eines Mietvertrages bei Bestellung und Änderung eines **Erbbaurechts,** eines dinglichen **Wohnungsrechts** gem. § 1093 BGB und eines Dauerwohnrechts iSv § 31 WEG siehe bei der Kommentierung zu § 567 BGB.

8 Da § 566a BGB – wie ausgeführt – auf § 566 BGB aufbaut, kann **ergänzend** auf die Ausführungen zum Anwendungsbereich des § 566 BGB verwiesen werden, insbes. zu den Fällen, in denen §§ 566ff. BGB nicht anwendbar sind.

## C. Verhältnis und Abgrenzung zu § 566 BGB

9 Von § 566 BGB werden nur solche Vereinbarungen der Vertragsparteien erfasst (und gehen auf den Erwerber über), die als mietvertraglich zu qualifizieren sind (allgemein dazu → BGB § 566 Rn. 88). Die Frage, ob und inwieweit eine Mietsicherheit als mietvertraglich zu qualifizieren ist, ist problematisch. Die **Sicherungsabrede** über eine Barkaution kann und muss auf der einen Seite als eigenständige, nicht mietrechtliche Vertragsart angesehen werden[35]; auf der anderen Seite ist es nicht fernliegend, einen unlösbaren Zusammenhang mit dem Mietvertrag anzunehmen, was für eine mietvertragliche Qualifizierung ausreichen würde.[36] Der BGH ist ersterer Ansicht[37], was letztlich wohl deshalb richtig ist, weil ansonsten § 566a S. 1 BGB überflüssig wäre und weil ansonsten Wertungswidersprüche zur Behandlung von anderen Arten der Mietsicherheit, wie etwa der Bürgschaft, auftreten würden, die mit außerhalb der Vertragsbeziehung stehenden Dritten vereinbart werden.[38] Dass der BGH seine Auffassung inzwischen aufgegeben hätte, ist nicht ersichtlich[39], im Gegenteil, in späteren Entscheidungen bezeichnet der BGH § 566a BGB ausdrücklich als Ergänzung zu § 566 BGB bzgl. der Rechte und Pflichten aus der Sicherungsabrede[40] bzw. spricht von einer Sonderregelung bzgl. der Rechte und Pflichten aus einer geleisteten Sicherheit.[41] Da § 566a BGB gerade für die Pflicht zur Rückerstattung der Mietsicherheit, die zentraler Bestandteil der Sicherungsabrede ist, den Eintritt des Erwerbers anordnet, liegt hierin zugleich ein (unausgesprochenes) Abweichen von der Notwendigkeit der Erfüllung der Voraussetzungen des § 566 BGB.

10 Von der Sicherungsabrede ist zu unterscheiden die Verpflichtung des Mieters, überhaupt eine Sicherheit zu stellen.[42] Diese Vereinbarung muss als jedenfalls unlösbar mit dem Mietverhältnis verbunden angesehen werden, so dass die **Pflicht zur Leistung der Sicherheit** (einschließlich eines

---

[32] Einzelheiten bei MüKoBGB/*Harke* § 581 Rn. 57.
[33] BGH XII ZR 13/10, NJW 2012, 1353; *Derleder* WuM 2002, 244.
[34] MüKoInsO/*Eckert/Hoffmann*, 4. Aufl. 2019, § 111 Rn. 11.
[35] Siehe zur Rechtsnatur der Barkaution *Kießling* JZ 2004, 1146.
[36] → BGB § 566 Rn. 92.
[37] BGH XII ZR 124–97, NJW 1999, 1857 mit ausführlicher Begründung zur Rechtslage vor der Mietrechtsreform. Der Gesetzgeber der Mietrechtsreform hat sich dieser Argumentation angeschlossen, vgl. BT-Drs. 14, 4553 (abgedr. in NZM 2000, 446) und insbes. BR-Drs. 439/00 (abgedr. in NZM 2001, 27), jeweils zu § 566a BGB. Der Entwurf der Bundesregierung, der die BGH-Entscheidung durch Anfügung eines weiteren Satzes an § 572 BGB aF zur Haftung des Veräußerers in Gesetzesform gießen wollte, ist zwar in dieser Form nicht Gesetz geworden; das bedeutet aber kein Abrücken von dem Grundansatz des BGH, der BR wünschte vielmehr auf dieser Basis und unter Erwähnung der BGH-Meinung eine weitere, dann auch Gesetz gewordene Verschärfung der Haftung des Erwerbers, der nach der Vorgängervorschrift und dem Entwurf der Bundesregierung zur Rückerstattung nur verpflichtet war, wenn er die Sicherheit erhalten hatte; der BR wollte dem Mieter Schwierigkeiten bei der Anspruchsdurchsetzung gegenüber dem uU schon lange ausgeschiedenen Veräußerer ersparen, aber auch dem Erwerber einen Anspruch auf Sicherheitsleistung verschaffen (vgl. BR-Drs. 439/00, abgedr. in NZM 2001, 27). In BGH VIII ZR 219/06, NJW 2007, 1818 geht der BGH ebenfalls davon aus, dass die Sicherungsabrede nach § 566a BGB übergeht.
[38] BGH XII ZR 124–97, NJW 1999, 1857.
[39] **AA** für Sicherungsabreden, die nicht mit Dritten getroffen wurden, Staudinger/*Emmerich* BGB § 566a Rn. 1.
[40] *BGH VIII ZR 219/06, NJW 2007, 1818 Rn. 7.*
[41] BGH XII ZR 22/11, NJW 2012, 3032.
[42] MüKoBGB/*Häublein* § 566a Rn. 1; von dieser Unterscheidung geht auch BGH XII ZR 22/11, NJW 2012, 3032 aus.

ggf. später nach § 240 BGB[43] entstehenden **Wiederauffüllungsanspruchs**) gem. § 566 BGB auf den Erwerber übergeht.[44] Das gilt entgegen dem Fälligkeitsprinzip selbst dann, wenn die Ansprüche auf Leistung und Wiederauffüllung schon vor dem Eigentumsübergang in der Person des Veräußerers entstanden sind[45]; das Fälligkeitsprinzip greift ausnahmsweise nicht ein, weil die Sicherheit alle Ansprüche aus dem Mietvertrag sichert, also gleichfalls die des Erwerbers nach Eigentumsübergang.[46] Hat der Mieter die Sicherheit *an den Veräußerer* geleistet, ist dieser Anspruch erfüllt und kann nicht mehr auf den Erwerber übergehen[47]; wohl aber geht über in möglicher Wiederauffüllungsanspruch. Hat der Mieter die Sicherheit *an den Erwerber* geleistet, so bedarf es für deren weitere Behandlung nicht des Rückgriffs auf § 566a BGB, da nun zwischen Erwerber und Mieter eine eigene Sicherungsabrede besteht und deshalb für eine Überleitung der Sicherungsabrede zwischen Veräußerer und Mieter keine Notwendigkeit vorhanden ist. Der Anspruch auf Leistung bzw. Wiederauffüllung der Kaution unterliegt der Regelverjährung des § 195 BGB.[48] Ist in der Person des Veräußerers **Verjährung** eingetreten, so ändert sich daran durch die Veräußerung nichts, der Anspruch lebt also in der Person des Erwerbers nicht wieder auf, weil sich der Charakter bzw. der Zustand eines Anspruchs durch einen Rechtsübergang grds. nicht ändert.[49] Hat der Veräußerer einen **Titel** auf (erstmalige) Leistung oder Wiederauffüllung der Sicherheit erstritten, dann kann der Erwerber ihn gem. § 727 ZPO auf sich **umschreiben** lassen. Erfolgt der Eigentumsübergang während eines Mietprozesses, so führt der Veräußerer den bereits rechtshängigen Prozess fort (§ 265 ZPO), er muss allerdings auf Herausgabe an den Erwerber umstellen; das Urteil wirkt auch zu Gunsten oder zu Lasten des Erwerbers (§ 325 ZPO). Die Rechtslage unterscheidet sich insofern nicht von derjenigen des Räumungsanspruchs; beide Ansprüche gehen nach der Rspr. des BGH gem. § 566 BGB auf den Erwerber über und für den Räumungsanspruch gem. § 546 BGB ist die Geltung von §§ 265, 325, 727 ZPO anerkannt.[50] Zu den Folgen, wenn der Veräußerer die Sicherheit an den Mieter zurückgibt, → Rn. 25, 32.

## D. Voraussetzungen

Nach dem Gesetzeswortlaut des § 566a S. 1 BGB ist Voraussetzung für den Eintritt des Erwerbers in die Rechte und Pflichten aus der Mietsicherheit nur, dass der Mieter die Sicherheit bereits vor Eigentumsübergang geleistet hat. Daneben müssen aber auch – wie schon ausgeführt (→ Rn. 4) – die Voraussetzungen des § 566 BGB erfüllt sein, dh, der Erwerber muss auch in das Mietverhältnis insgesamt eingetreten sein, insbes. muss das Mietverhältnis bei Eigentumsübergang noch bestehen. Der Rechtsgrund der Veräußerung ist belanglos; § 566a BGB gilt deshalb auch bei Erwerb in der Zwangsversteigerung[51] und vom Insolvenzverwalter.[52] Wann eine Sicherheit geleistet ist, bestimmt sich nach den vertraglichen Abreden der Parteien und ggf. nach speziellen gesetzlichen Vorschriften (etwa §§ 765 ff. BGB für die Bürgschaft). Ist eine Sicherheit vor Eigentumsübergang noch nicht geleistet worden oder (nach deren Verbrauch durch den Veräußerer) wiederaufzufüllen, ist dies nach dem Vorgesagten kein Anwendungsfall des § 566a BGB, sondern des § 566 BGB; diese Ansprüche stehen aber ebenfalls dem Erwerber zu. 11

[43] *Kraemer* NZM 2001, 741.
[44] BGH XII ZR 22/11, NJW 2012, 3032 Rn. 28 mwN.
[45] BGH XII ZR 22/11, NJW 2012, 3032 Rn. 31; *Börstinghaus* NZM 2004, 485 mwN; *Bister* NZM 2012, 447; ähnlich auch *Kraemer* NZM 2001, 742 und *Kießling* JZ 2004, 1152, die allerdings § 566a BGB analog anwenden wollen; **aA** wegen Verstoßes gegen das Fälligkeitsprinzip OLG Hamburg ZMR 1997, 415.
[46] BGH XII ZR 22/11, NJW 2012, 3032 Rn. 34.
[47] BGH VIII ZR 206/10, NZM 2012, 303, dort auch zu einem nach Treu und Glauben begründeten Ausnahmefall.
[48] → BGB § 548 Rn. 64.
[49] Siehe etwa BGH VIII ZR 51/75, NJW 1977, 36.
[50] Siehe eing. *Gsell* WuM 2012, 416.
[51] BGH XII ZR 13/10, NJW 2012, 1353.
[52] Einzelheiten → Rn. 47.

## E. Rechtsfolgen

### I. Unmittelbarer Rechtserwerb

12 Liegen die Voraussetzungen des § 566a BGB vor, so tritt der Erwerber kraft Gesetzes in die Rechtsstellung des Veräußerers ein[53]; er wird mit dem Eigentumsübergang unmittelbar Inhaber der Rechte und Pflichten[54] aus der Sicherheit, ohne dass es eines besonderen Übertragungsaktes[55] oder der Zustimmung des Mieters[56] bedürfte. Dieser unmittelbare Rechtserwerb erfolgt auch dann, wenn dadurch in das **Rechtsverhältnis Dritter** (etwa einer Bank, die das Kautionskonto führt) eingegriffen wird.[57] Die Gegenansicht[58], die einen unmittelbaren Rechtserwerb durch § 566a BGB auf das Verhältnis zwischen Veräußerer/Erwerber und Mieter beschränken will, missachtet den weiten Wortlaut der Vorschrift, ohne konkrete Anhaltspunkte für einen entsprechenden gesetzgeberischen Willen oder einen entgegenstehenden Zweck anführen zu können. Ein unmittelbarer Rechtserwerb kommt allerdings nicht in Betracht, wenn die Sicherheit nicht zu Gunsten des Veräußerers bestellt war.[59]

13 **Welche Rechte** und Pflichten mit dem Zeitpunkt des Eigentumswechsels auf den Erwerber **übergehen,** richtet sich nach der Art der Sicherheit. Bei der Bürgschaft erlangt der Erwerber an Stelle des Veräußerers die Rechte gegen den Bürgen.[60] Im Falle der Sicherungsübereignung wird der Erwerber Eigentümer der zur Sicherung übereigneten Gegenstände[61], bei der Sicherungsabtretung Inhaber der zur Sicherung abgetretenen Forderungen.[62] Sind Gegenstände oder Forderungen verpfändet worden, so erlangt der Erwerber die Rechte des Pfandgläubigers[63] und – soweit Sparforderungen (Sparbücher) oder Wertpapiere verpfändet wurden – das Eigentum an den Sparbüchern bzw. den Wertpapieren (§ 952 BGB).[64]

14 Bei der **Barkaution** sind zwei Konstellationen zu unterscheiden. Hat der Veräußerer die Barkaution – wie es bei Wohnraummietverhältnissen gem. § 551 Abs. 3 BGB seine Pflicht ist – auf einem Treuhandkonto angelegt, so wird der Erwerber kraft Gesetzes Inhaber des Treuhandkontos und gem. § 952 BGB Eigentümer eines ggf. vorhandenen Sparbuchs (oder einer anderen Schuldurkunde)[65] und kann es vom Veräußerer gem. §§ 985, 1251 BGB herausverlangen. Der Erwerber braucht dem Kreditinstitut nur den gesetzlichen Forderungsübergang nachzuweisen, um als Forderungsinhaber verbucht zu werden.[66] Handelt es sich um ein Sammeltreuhandkonto des Vermieters, auf dem die Sicherheiten aus mehreren verschiedenen Mietverhältnissen eingezahlt sind, so geht mit dem Eigentumsübergang auf den Erwerber ein Anspruch auf Auszahlung eines entsprechenden Teilguthabens über.[67] Bewahrt der Veräußerer die Barkaution hingegen nicht getrennt von seinem

---

[53] BGH VIII ZR 206/10, NZM 2012, 303; LG Wuppertal WuM 2015, 731; AG Erfurt WuM 2012, 209.

[54] Der Pflichtenübergang ist einer der wesentlichen Unterschiede zur Vorgängervorschrift § 572 BGB aF, nach der dem Erwerber die Rechte zustanden, die Pflichten ihn aber nur trafen, wenn er die Sicherheit erhalten hatte.

[55] MüKoBGB/*Häublein* § 566a Rn. 8.

[56] BGH VIII ZR 206/10, NZM 2012, 303; *Geldmacher* DWW 2011, 180.

[57] MüKoBGB/*Häublein* § 566a Rn. 9; *Derleder* NZM 2006, 606 (607); *Kraemer* NZM 2001, 742; LG Wuppertal WuM 2015, 731; AG Erfurt WuM 2012, 209; OLG Düsseldorf WuM 1997, 264, zur Vorgängervorschrift.

[58] AnwK WohnraummietR/*Lammel* BGB § 566a Rn. 10; unklar LG Berlin GE 2010, 1272, das meint, die Bank sei bei einem verpfändeten Sparbuch nicht ohne Zustimmung des verpfändenden Mieters zur Auszahlung an den Erwerber verpflichtet; diese Ansicht ist wegen §§ 1250, 1257 BGB nicht zutreffend.

[59] LG Berlin MM 2010, 74, für die Verpfändung eines Sparbuchs zu Gunsten der Hausverwaltung.

[60] Staudinger/*Emmerich* BGB § 566a Rn. 9.

[61] Staudinger/*Emmerich* BGB § 566a Rn. 9.

[62] Es sind gem. § 412 BGB auch die §§ 399ff. BGB anwendbar, insbes. § 407 BGB zugunsten des Abtretungsschuldners bis zu dessen Kenntnis von dem Forderungsübergang.

[63] AG Erfurt WuM 2012, 209; Staudinger/*Emmerich* BGB § 566a Rn. 9; BGH VIII ZR 206/10, NZM 2012, 303 hat die Frage offen gelassen, ob der Erwerber die übergegangenen Rechte aus einem verpfändeten Sparbuch gegenüber der Bank notfalls auch ohne Mitwirkung des Mieters durchsetzen kann; der Mieter hatte die Verpflichtungserklärung nur „zu Gunsten der Voreigentümerin persönlich" abgegeben.

[64] Staudinger/*Emmerich* BGB § 566a Rn. 9.

[65] LG Wuppertal WuM 2015, 731; OLG Düsseldorf NJW-RR 1997, 1170, zur Vorgängervorschrift § 572 BGB aF; MüKoBGB/*Häublein* § 566a Rn. 9; *Derleder* NZM 2006, 606 (607); *Kraemer* NZM 2001, 742; **aA** AnwK WohnraummietR/*Lammel* BGB § 566a Rn. 10 auf Grund der oben bereits widerlegten Ansicht, ein unmittelbarer Rechtserwerb sei nur im Verhältnis Veräußerer/Erwerber und Mieter möglich.

[66] *Derleder* WuM 2002, 243.

[67] MüKoBGB/*Häublein* § 566a Rn. 9.

sonstigen Vermögen auf[68], so steht dem Erwerber nur ein Anspruch auf Auszahlung des Kautionsbetrages einschließlich der aufgelaufenen Zinsen gegen den Veräußerer zu[69], da es an einem eigenständigen Vermögensobjekt fehlt, das ohne besonderen Übertragungsakt übergehen könnte (zum Herausgabeanspruch selbst → Rn. 18, zur Höhe → Rn. 15).

## II. Befriedigungsrecht des Veräußerers

Die Mietsicherheit geht vollständig auf den Erwerber über, dh in dem Zustand und der Höhe, in der sie zum Zeitpunkt des Eigentumswechsels bestand.[70] Hatte der Veräußerer sich vor dem Eigentumsübergang nicht aus der Sicherheit befriedigt (was nur eingeschränkt, nämlich wegen rechtskräftig festgestellter, unbestrittener oder offensichtlich begründeter Forderungen möglich ist; → BGB § 551 Rn. 67), so kann er dies nach dem Eigentumsübergang wegen bestehender Forderungen (etwa Mietzinsrückständen) bzw. noch zu erwartender Forderungen (etwa aus Betriebskostenabrechnungen) nicht mehr tun, da der Erwerber nunmehr Inhaber der Sicherheit ist; der Veräußerer kann den Bürgen also nicht mehr in Anspruch nehmen, Sicherungseigentum bzw. Sicherungsforderungen sowie Sparbücher bzw. Wertpapiere darf er nicht mehr verwerten.[71] Aus der neueren Rspr. des BGH[72] zum Vermieterpfandrecht bei Veräußerung ergibt sich nichts anderes. Zwar hat der BGH dort entschieden, dass das Vermieterpfandrecht gleichermaßen und gleichrangig die Ansprüche des Veräußerers wie des Erwerbers sichern könne. Das folgt aber aus den Besonderheiten des Pfandrechts, das Gegenständen des Mieters mit deren Einbringung kraft Gesetzes anhaftet. Die Kaution hingegen ist nicht in dieser Weise belegt, an ihr entsteht kein gesetzliches Pfandrecht; sie geht vielmehr als solche unbelastet auf den Erwerber über, lediglich der Anspruch auf Rückzahlung ist durch das Ende des Mietverhältnisses bedingt[73] und diesem Rückzahlungsanspruch gegenüber kann der Vermieter aufrechnen. Das gilt auch dann, wenn man wie der BGH (→ BGB § 566 Rn. 10) mit dem Eigentumsübergang das alte Mietverhältnis mit dem Veräußerer als beendet ansieht. Würde man dem Veräußerer deswegen ein Befriedigungsrecht einräumen, wäre der Umfang der Kaution, die auf den Erwerber übergeht, bis zu der (Aufrechnungs-)Erklärung des Veräußerers unbestimmt und unbestimmbar. Zwar ist eine Besserstellung des Mieters nicht zu leugnen, weil die von ihm nicht erfüllten Forderungen teilweise nicht mehr durch die Kaution besichert wären. Das ist aber hinzunehmen, weil bei Annahme eines Befriedigungsrechts der Erwerber mit dem Risiko der Kautionswiederauffüllung belastet würde, ein Anspruch, dessen Höhe er ohne entsprechende Information durch den Veräußerer und vor dessen Kautionsverwertung nicht einschätzen kann. Vereinbarungen zwischen Erwerber und Veräußerer, die Letzterem schuldrechtlich einen Zugriff auf die Sicherheit auch noch nach Eigentumsübergang ermöglichen, sind nicht zulässig[74], da die Sicherheit nach dem Eigentumsübergang ihren Zweck von Gesetzes wegen ändert (nicht mehr Sicherung des Veräußerers, sondern des Erwerbers) und eine zweckwidrige Verwertung nicht zulässig ist.[75] 15

---

[68] Das ist auch dann der Fall, wenn er die Barkaution zwar auf einem gesonderten Konto anlegt, dieses aber nicht offen als Treuhandkonto für die Mietsicherheit kennzeichnet.

[69] OLG Köln ZMR 2013, 438; LG Wuppertal WuM 2015, 731; MüKoBGB/*Häublein* § 566a Rn. 10; AG Pinneberg WuM 1981, 21, hinsichtlich der aufgelaufenen Zinsen.

[70] MüKoBGB/*Häublein* § 566a Rn. 11, auch Rn. 12; offenlassend BGH XII ZR 22/11, NJW 2012, 3032 Rn. 38 mwN zum Streitstand.

[71] LG Köln 14.5.2021 – 14 O 99/20, BeckRS 2021, 14652; *Hinz* NZM 2019, 84; *Häublein* FS 25 Jahre Deutsches Notarinstitut, 2018, 97; *Derleder* NZM 2006, 606 (607); MüKoBGB/*Häublein* § 566a Rn. 11; *Börstinghaus* NZM 2004, 485; zur Bürgschaft: LG Bonn NJW-RR 1994, 1357; **aA** *Kießling* JZ 2004, 1152, der eine gemeinschaftliche Berechtigung von Erwerber und Veräußerer an der Sicherheit annimmt, weil er den Verlust der Sicherheit als für den Veräußerer unangemessen hält; mit dieser Billigkeitserwägung kann aber der gesetzlich angeordnete Rechteübergang nicht ausgehebelt werden; **aA** Wolf/Eckert/Ball Gewerbl. Miet-/Pacht-/LeasingR-HdB Rn. 1405 für die Verpfändung von Sparbüchern und Wertpapieren und *Beuermann* GE 2015, 294 für die Barkaution wohl wegen des Sicherungsbedürfnisses des Veräußerers bzw. der Besserstellung des Mieters, weil die Kaution nicht mehr für alle offenen Forderungen aus seinem Mietverhältnis haftet; wie das allerdings mit der automatisch durch den Eigentumswechsel eintretenden Forderungsinhaberschaft des Erwerbers vereinbar ist, ist nicht ersichtlich.

[72] BGH XII ZR 163/12, NJW 2014, 3775.

[73] Siehe dazu *Ludley* NZM 2013, 777.

[74] **AA** MüKoBGB/*Häublein* § 566a Rn. 11; *Hinz* PiG 107 (2018), 132.

[75] Siehe BGH VIII ZR 36/12, NJW 2012, 3300 zum Verbot der Aufrechnung mit mietfremden Forderungen.

16 Auch aus einer nicht auf einem Treuhandkonto angelegten **Barkaution** darf sich der Veräußerer entgegen anderer Ansichten in Rspr.[76] und Lit.[77] nicht mehr wegen offener Ansprüche gegen den Mieter etwa durch Aufrechnung befriedigen.[78] Zwar geht bei einer solchen „Barkaution zur freien Verfügung" das Eigentum an der Kaution nicht mit dem Eigentum an dem Grundstück über[79]; der Veräußerer ist aber ab dem Eigentumsübergang mit dem Anspruch des Erwerbers auf Aushändigung der Kaution belastet und es kann den Veräußerer im Vergleich zu anderen Sicherheiten nicht besserstellen, dass diese ohne besonderen Übertragungsakt übergehen. Besonders deutlich wird das, wenn der Veräußerer die Barkaution unter Verstoß gegen § 551 Abs. 3 BGB nicht auf einem Treuhandkonto angelegt hat; hätte er dies pflichtgemäß getan, hätte er nach dem Eigentumswechsel keine Befriedigungsmöglichkeit mehr, da der Erwerber kraft Gesetzes Forderungsinhaber in Bezug auf das Konto geworden wäre. Der Veräußerer darf sich also nur bis zum Eigentumsübergang aus einer vom Mieter gestellten Sicherheit befriedigen; diese Befriedigung muss bis zum Eigentumsübergang abgeschlossen sein. Aus dem Innenverhältnis zwischen Veräußerer und Erwerber können sich weitere Einschränkungen ergeben, etwa wenn die Sicherheiten bei der Bestimmung des Kaufpreises berücksichtigt wurden.

17 Hat der Veräußerer sich noch nach dem Eigentumsübergang **zu Unrecht** aus nicht angelegten Barkaution oder – weil er das Sparbuch noch in Händen hatte und die Bank deshalb befreiend leisten konnte – aus einem Sparbuch oder aus einer anderen Sicherheit befriedigt, können sowohl der Erwerber (wegen Beeinträchtigung der nunmehr ihm zustehenden Sicherheit) als auch der Mieter (wegen Verletzung der Sicherungsabrede) im Wege des Schadensersatzes gem. § 280 BGB **Wiederauffüllung** der Sicherheit **vom Veräußerer** verlangen; der Mieter kann diesen Anspruch darüber hinaus noch gegen den Erwerber geltend machen, der nach § 566a BGB in sämtliche Pflichten aus der Sicherheit eintritt.[80] Bei berechtigter (aber nur dann[81]) Inanspruchnahme der Sicherheit richtet sich der Wiederauffüllungsanspruch gegen den Mieter (→ Rn. 10).

### III. Herausgabe an den Erwerber, insbes.insbesondere Aushändigung der Barkaution

18 Wenn die Sicherheit kraft Gesetzes auf den Erwerber übergeht, sind – wie ausgeführt – besondere Übertragungsakte nicht notwendig. **Urkunden** gem. § 952 BGB, insbes. Sparbücher, werden Eigentum des Erwerbers mit der weiteren Folge, dass der Veräußerer das Sparbuch bzw. die Wertpapiere an den Erwerber herausgeben muss. Diesem steht ein Herausgabeanspruch gem. § 985 BGB zu, bei einer Verpfändung ist Anspruchsgrundlage § 1251 BGB.[82] Daneben kommen vertragliche Ansprüche aus dem Verhältnis Erwerber – Veräußerer in Betracht. Für die vertraglichen Ansprüche gilt die **Regelverjährungsfrist** des § 195 BGB, die dinglichen Ansprüche aus §§ 985, 1251 BGB verjähren gem. § 197 Abs. 1 Nr. 1 BGB in 30 Jahren.

19 Bei der **„Barkaution zur freien Verfügung"**, also der nicht auf einem Treuhandkonto angelegten Barkaution, kann der Erwerber Aushändigung (also Auszahlung) der Sicherheit einschließlich der aufgelaufenen Zinsen an sich verlangen[83] – bei vorheriger rechtmäßiger Inanspruchnahme der Sicherheit in entsprechend verringertem Umfang (→ Rn. 15). Das folgt direkt aus § 566a BGB, die Vorschrift ist, auch wenn das in ihrem Wortlaut nur unzureichend zum Ausdruck kommt, Anspruchs-

---

[76] OLG Frankfurt a. M. ZMR 2011, 870.

[77] Staudinger/*Emmerich* BGB § 566a Rn. 12, der ein Befriedigungsrecht des Veräußerers wohl uneingeschränkt bejaht unter Berufung auf OLG Frankfurt a. M. NJW-RR 1987, 786 und OLG Karlsruhe NJW-RR 1989, 267; die Entscheidungen beziehen sich allerdings auf die Auslegung vertraglicher Vereinbarungen zur Weitergabe der Sicherheit nach der Rechtslage vor der Mietrechtsreform. MüKoBGB/*Häublein* § 566a Rn. 12 möchte wohl (ausdrücklich bezieht sich seine Argumentation nur auf das Verhältnis Veräußerer – Erwerber) das Befriedigungsrecht des Veräußerers auf (ggf. auch erst nach Eigentumsübergang) rkr. festgestellte, unbestrittene oder offensichtlich begründete Forderungen beschränken, weil nur wegen solcher Forderungen während des Laufs eines Mietverhältnisses Befriedigung gesucht werden dürfe.

[78] *Börstinghaus* NZM 2004, 485 und wohl auch *Kraemer* NZM 2001, 742 bei Fn. 112.

[79] → Rn. 14.

[80] *Derleder* WuM 2002, 243; *Kraemer* NZM 2001, 742.

[81] MüKoBGB/*Häublein* § 566a Rn. 11/12.

[82] AnwK WohnraummietR/*Lammel* BGB § 566a Rn. 9.

[83] Das ist allgM, die Begründungen sind unterschiedlich, vgl. Staudinger/*Emmerich* BGB § 566a Rn. 10; MüKoBGB/*Häublein* § 566a Rn. 10; *Kraemer* NZM 2001, 742; *Börstinghaus* NZM 2004, 485; AnwK WohnraummietR/*Lammel* BGB § 566a Rn. 13; OLG Köln ZMR 2013, 438; LG Bonn NZM 2005, 782; OLG Frankfurt a. M. NJW-RR 1987, 786; AG Pinneberg WuM 1981, 21, hinsichtlich der aufgelaufenen Zinsen.

grundlage. Nur so wird ein Gleichklang mit den anderen Arten der Sicherheitsleistung hergestellt, die – wie dargestellt – mit dem Eigentum an dem Mietobjekt kraft Gesetzes auf den Erwerber übergehen. Weil es bei der „Barkaution zur freien Verfügung" mangels Trennbarkeit des Kautionsbetrages von dem übrigen Vermögen des Veräußerers an einem Recht fehlt, das unmittelbar auf den Erwerber übergehen kann, muss quasi als Minus dazu der Anspruch auf Herausgabe (Übertragung) eines entsprechenden Vermögenswertes in der Person des Erwerbers entstehen, da der Erwerber dem Mieter auch im Falle der „Barkaution zur freien Verfügung" gem. § 566a BGB zur Rückerstattung verpflichtet ist. Hat der Veräußerer die Kaution zu Unrecht zu Gunsten des Erwerbers und des Mieters hinterlegt, steht dem Erwerber kein Recht zu, die Annahmeanordnung der Hinterlegungsstelle anzufechten; er kann und muss vielmehr den Veräußerer auf Erfüllung in Anspruch nehmen.[84] Der **Herausgabeanspruch des Erwerbers** gegen den Veräußerer auf die „Barkaution zur freien Verfügung" steht nicht unter dem Vorbehalt anderweitiger Vereinbarungen zwischen Erwerber und Veräußerer aus deren Innenverhältnis, etwa einer Verrechnungsabrede mit dem Kaufpreis. Eine Aufrechnung ist nicht zulässig.[85] Ansonsten würde der Anspruch seine wichtige Schutzfunktion zugunsten des Mieters verlieren, nämlich sicherzustellen, dass die Barkaution – wie auch die anderen Arten der Sicherheit – nach dem Eigentumsübergang ungeschmälert in das Vermögen des Erwerbers übergehen kann, um diesem ggf. die Rückzahlung an den Mieter zu ermöglichen. Der Umsetzung dieses Schutzzieles dient § 551 Abs. 3 BGB. Wenn der Veräußerer entgegen dieser Vorschrift die Barkaution nicht von seinem Vermögen getrennt hat, dann kann ihm dies und auch dem Erwerber nicht zum Vorteil gereichen, indem ihnen die Möglichkeit der Aufrechnung bzw. Verrechnung eingeräumt wird. Vereinbaren oder erklären die Beteiligten dennoch eine Aufrechnung, so ist das unwirksam[86], dem Erwerber steht weiterhin ein Anspruch auf Herausgabe der Barkaution zu. Macht er diesen Anspruch geltend und hatten die Parteien eine Verrechnung des Kautionsherausgabeanspruchs mit dem Kaufpreis vereinbart, so kann der Veräußerer Resterfüllung des Kaufpreises verlangen, aber eben ohne Aufrechnungsmöglichkeit. Es spielt zwar praktisch meist keine Rolle, ob die beiderseitigen Leistungen real bewirkt oder gegeneinander verrechnet werden. Dennoch ist die unbedingte Herausgabepflicht des Veräußerers gem. § 566a BGB ohne Aufrechnungsmöglichkeit und unabhängig von den Absprachen zwischen Veräußerer und Erwerber notwendig für den Fall, dass der Erwerber die Barkaution vom Veräußerer auf Grund der kaufvertraglichen Absprachen nicht erhalten würde, er selbst aber nicht in der Lage ist, die Kaution aus seinem Vermögen aufzubringen und insolvenzfest anzulegen. Zum selben Ergebnis gelangt man, wenn man die Barkaution mit der hM[87] als irreguläres Pfandrecht[88] ansieht. Auf ein solches irreguläres Pfandrecht sind die Bestimmungen der §§ 1204ff. BGB entsprechend anwendbar[89], was zur Folge hat, dass dem Erwerber ein Herausgabeanspruch gem. § 1251 BGB gegen den Veräußerer zusteht. Der Anspruch des Erwerbers auf Herausgabe der Barkaution verjährt innerhalb der Regelverjährungsfrist des § 195 BGB.[90] Das gilt auch, soweit sich der Erwerber auf § 1251 BGB stützen kann. Denn diese Vorschrift gilt nur entsprechend, bewirkt also nicht, dass das irreguläre Pfandrecht ein dingliches Recht (eigener Art) wird.[91] Mangels dinglichen Rechts ist § 197 Abs. 1 Nr. 1 BGB nicht anwendbar.[92]

---

[84] BGH IV AR (VZ) 1/18, BeckRS 2018, 26448.

[85] So auch OLG Frankfurt a. M. WuM 1991, 484; OLG Düsseldorf MDR 1983, 405; **aA** OLG Frankfurt a. M. NJW-RR 1987, 786, weil es den Herausgabeanspruch aus dem Vertragsverhältnis Erwerber – Veräußerer herleitet. MüKoBGB/*Häublein* § 566a Rn. 12 möchte das Befriedigungsrecht des Veräußerers auf (ggf. auch erst nach Eigentumsübergang) rkr. festgestellte, unbestrittene oder offensichtlich begründete Forderungen beschränken, weil nur wegen solcher Forderungen während des Laufs eines Mietverhältnisses Befriedigung gesucht werden dürfe.

[86] Palandt/*Grüneberg* BGB § 399 Rn. 11.

[87] OLG Frankfurt a. M. NJW-RR 1989, 891; Staudinger/*Wiegand,* 2019, BGB § 1204 Rn. 57; offenlassend BGH VIII ZR 344/82, NJW 1984, 1749 und BGH XII ZR 77/93, NJW 1994, 3287; **aA** *Kandelhard* NZM 2001, 696 und *Kießling* JZ 2004, 1146, die ein unregelmäßiges Darlehen verbunden mit dem schuldrechtlichen Anspruch des Mieters auf Rückgewähr der Barkaution annehmen, also ein Forderungspfandrecht, für die die nachfolgend diskutierte Vorschrift des § 1251 BGB ohnehin nicht einschlägig ist.

[88] Von einem irregulären oder unregelmäßigen Pfandrecht spricht man, wenn der Pfandgläubiger nach dem Erlöschen des Pfandrechts nicht die ihm zum Pfand übergebene Sache zurückgeben muss, sondern eine andere Sache derselben Art zurückgeben darf, BGH XII ZR 77/93, NJW 1994, 3287.

[89] BGH XII ZR 77/93, NJW 1994, 3287.

[90] LG Wuppertal WuM 2015, 731.

[91] BGH VIII ZR 344/82, NJW 1984, 1749.

[92] Die Vorschrift kann wegen ihres Ausnahmecharakters auch nicht ausdehnend angewendet werden, sondern wollte nur dingliche Ansprüche privilegieren; vgl. *Lüneborg* NJW 2012, 2147 (2148).

20 Der Veräußerer muss nur das an den Erwerber herausgeben, was er in seinem Vermögen hat bzw. – bei unberechtigter Verwertung der Kaution – haben müsste.[93] Wenn der Mieter die Kaution nicht an den Veräußerer geleistet hat, fehlt es schon an einer Voraussetzung des § 566a BGB für den Herausgabeanspruch. Wenn ein Voreigentümer sie nicht an den Veräußerer weitergegeben hat, fehlt es an einem entsprechenden Vermögenswert im Vermögen des Veräußerers[94]; der Veräußerer hat dann allerdings den Herausgabeanspruch hinsichtlich der Kaution gegen den Voreigentümer an den Erwerber abzutreten. Der Herausgabeanspruch ist (auch verjährungsrechtlich) zu trennen von möglichen Ausgleichsansprüchen aus dem Innenverhältnis zwischen Erwerber und Veräußerer (→ Rn. 35).

21 Das Recht, die Aushändigung an den Erwerber zu verlangen, steht auch dem Mieter zu. Zwar haftet der Erwerber ihm entgegen der Rechtslage vor der Mietrechtsreform in jedem Fall und nicht nur im Fall der Aushändigung der Kaution. Da der Mieter aber einen Anspruch auf insolvenzfeste Anlage der Kaution hat (der Wohnungsmieter gem. § 551 Abs. 3 BGB und der gewerblichen Mieter in entsprechender Auslegung des Mietvertrages[95]) und dieser Anspruch sich gegen den jeweiligen Vermieter, also nach dem Eigentumswechsel gegen den Erwerber, richtet, muss der Mieter vom Veräußerer auch die Auskehrung der „Barkaution zur freien Verfügung" an den Erwerber verlangen können[96] und von beiden Auskunft über das Schicksal der von ihm geleisteten Kaution.[97] Zur Frage, ob ein solches Herausgabeverlangen des Mieters Auswirkungen auf die subsidiäre Haftung des Veräußerers gem. § 566a S. 2 BGB hat, → Rn. 32. Allerdings ist nur bei der „Barkaution zur freien Verfügung" ein **Recht des Mieters, die Herausgabe an den Erwerber zu verlangen,** überhaupt notwendig. Die anderen Sicherheiten gehen kraft Gesetzes über. Bei ihnen käme allenfalls ein Anspruch auf Weitergabe der Urkunden zu der Sicherheit (insbes. Sparbuch) in Betracht, um unberechtigte Verfügungen des Veräußerers zu verhindern. Für den Herausgabeanspruch des Mieters gilt die Regelverjährungsfrist des § 195 BGB.

## IV. Rechte und Pflichten des Erwerbers

22 Der Erwerber tritt nach dem Wortlaut des § 566a S. 1 BGB umfassend in **alle** durch die Sicherheit begründeten **Rechte und Pflichten** ein[98] und nicht nur – wozu der Blick auf § 566a S. 2 BGB verleiten könnte – in die Pflicht zur Rückgewähr der Sicherheit. Der Erwerber hat die Sicherheit im Falle der Barkaution also anzulegen und zu verwalten, er hat sie gem. § 551 Abs. 3 BGB von seinem Vermögen getrennt aufzubewahren, er hat sie in angemessener Frist nach Beendigung des Mietverhältnisses abzurechnen und kann sie nach einer solchen Abrechnung ggf. verwerten. Sicherheit gem. § 566a BGB ist nicht nur die allgemeine Sicherheit gem. § 551 BGB, sondern auch eine Sondersicherheit wie etwa diejenige gem. § 554a BGB.[99] Zur Rückgewährpflicht gehört auch die Freigabeerklärung bzgl. eines verpfändeten Sparbuchs.[100] Da der Erwerber für die Sicherheit – anders als nach § 566 BGB – nicht nur für die Dauer seines Eigentums haftet, hat er dem Mieter **Zinsen** auf eine anzulegende Sicherheit ab deren Leistung durch den Mieter, also auch für die Zeit vor dem Eigentumswechsel zu vergüten[101]; hatte der Veräußerer die zinsbringende Anlage pflichtwidrig unterlassen, so hat der Erwerber den gem. § 566a BGB auf ihn übergegangenen Schadensersatzanspruch zu erfüllen. Einwendungen gem. § 417 BGB, die aus dem Verhältnis des Veräußerers zum Mieter herrühren, kann der Erwerber wegen der durch § 566 BGB bewirkten zeitlichen Zäsur und dem daraus folgenden Fälligkeitsprinzip nicht erheben.[102]

---

[93] So auch OLG Köln ZMR 2013, 438.

[94] So auch OLG Köln ZMR 2013, 438. Für einen Herausgabeanspruch in diesem Falle wohl LG Bonn NZM 2005, 782, wobei aus der Begründung aber nicht klar wird, ob nicht ein Ausgleichsanspruch im Innenverhältnis gemeint ist.

[95] KG NZM 1999, 376; *Kraemer* NZM 2001, 742; offenlassend BGH 5 StR 354/07, ZMR 2008, 698 = NJW 2008, 1827 in einer strafrechtlichen Entscheidung.

[96] LG Duisburg 12.4.2021 – 13 S 106/20, BeckRS 2021, 8095; AG Berlin-Neukölln GE 2012, 493; Staudinger/*Emmerich* BGB § 566a Rn. 12; *Derleder* WuM 2002, 243; zweifelnd MüKoBGB/*Häublein* § 566a Rn. 10 und *Börstinghaus* NZM 2004, 485. Teilweise unterscheiden die Autoren nicht zwischen der „Barkaution zur freien Verfügung" und den anderen Sicherheiten.

[97] Staudinger/*Emmerich* BGB § 566a Rn. 12.

[98] BGH VIII ZR 206/10, NZM 2012, 303; AG Erfurt WuM 2012, 209.

[99] *Häublein* FS 25 Jahre Deutsches Notarinstitut, 2018, 96.

[100] AG Erfurt WuM 2012, 209.

[101] AG Esslingen WuM 2018, 642; MüKoBGB/*Häublein* § 566a Rn. 14.

[102] → BGB § 566 Rn. 14 und 86; **aA** AnwK WohnraummietR/*Lammel* BGB § 566a Rn. 20.

23 Die **Pflicht zur Anlage der Sicherheit** trifft den Erwerber sofort nach dem Eigentumsübergang. Praktisch wird das in der Regel nur relevant bei der „Barkaution zur freien Verfügung", weil die anderen Arten der Sicherheit kraft Gesetzes auf ihn übergehen und eine Barkaution auf einem Treuhandkonto deshalb schon angelegt ist. Hat der Erwerber die „Barkaution zur freien Verfügung" nicht bei Eigentumsübergang vom Veräußerer erhalten, so muss er sie – auch ohne Verlangen des Mieters – aus dem eigenen Vermögen aufbringen und treuhänderisch anlegen. Dem Mieter steht ansonsten ein Zurückbehaltungsrecht bis zur Höhe der Kaution zu (→ BGB § 551 Rn. 59); dem Erwerber kann allenfalls eine ganz kurze Erledigungsfrist eingeräumt werden, bevor der Mieter von dem Zurückbehaltungsrecht Gebrauch machen darf. Ein Anspruch auf treuhänderische Anlage soll gem. § 242 BGB nicht bestehen, wenn der Mieter gegenüber dem Veräußerer die Kaution übersteigende Mietschulden hat.[103] Dem ist nicht zu folgen. Die Pflicht zur insolvenzfesten Anlage dient der Absicherung des Rückerstattungsanspruchs. Mietschulden des Veräußerers sind für den Rückerstattungsanspruch irrelevant und können deshalb auch keinen Einfluss auf dessen Absicherung haben.

24 Der Erwerber hat die Sicherheit (ggf. einschließlich Zinsen) unabhängig davon zurückzuerstatten, ob er sie (bzw. die Zinsen) erhalten hat[104] und unabhängig davon, ob der Mieter die Aushändigung der Sicherheit an den Erwerber verlangt hat; letzteres zu unterlassen begründet kein Mitverschulden.[105] Auch eine zwischen Veräußerer und Erwerber vereinbarte Zustimmung des Mieters zur Übertragung der Sicherheit auf den Erwerber beeinträchtigt den Rückerstattungsanspruch des Mieters nicht.[106] Bei Insolvenz des (Wohnraum-)Mieters steht die Verfügungs- und Verwaltungsbefugnis über das Mietverhältnis nach einer Enthaftungserklärung des Insolvenzverwalters gem. § 109 Abs. 1 S. 2 InsO wieder dem Mieter zu; das umfasst auch den Rückerstattungsanspruch jedenfalls insoweit, als die Sicherheit nicht die zulässige Höhe überschreitet.[107] Die **Rückerstattungspflicht** trifft grds. auch den Zwangsverwalter[108], den Insolvenzverwalter[109] sowie den Erwerber, der das Grundstück vom Insolvenzverwalter[110] oder in der Zwangsversteigerung[111] erworben hat. Vermietet eine GbR, KG oder oHG, so haften auch die Gesellschafter nach Maßgabe der §§ 128, 130, 160 HGB. Zur Rückerstattungspflicht des Erwerbers bei Vertragsende vor Eigentumsübergang → Rn. 4. Eine Kürzung des Rückerstattungsanspruchs kommt nur in Betracht, wenn die Sicherheit vom Veräußerer oder vom Erwerber berechtigt in Anspruch genommen und nicht wiederaufgefüllt wurde.[112] Die Rückerstattungspflicht betrifft vornehmlich die Barkaution (unabhängig davon, ob sie auf einem Treuhandkonto angelegt wurde oder sich sonst wie im Vermögen des Erwerbers oder noch des Veräußerers befindet). Die Barkaution hat der Erwerber zurückzuzahlen, um seiner Rückerstattungspflicht zu genügen. Bei der Verpfändung (etwa einer Sparforderung oder von Wertpapieren) hat der Erwerber die Rückgewähr durch Pfandfreigabeerklärung zu erfüllen. Sicherungsgut hat der Erwerber rückzuübereignen und Sicherungsforderungen rückabzutreten, sofern beides nicht unter der auflösenden Bedingung stand, dass das Eigentum bzw. die Forderungsinhaberschaft automatisch zurückfallen, wenn keine Ansprüche mehr bestehen. Eine Bürgschaft erlischt, sobald feststeht, dass Ansprüche gegen den Mieter nicht mehr bestehen, so dass allenfalls die Rückgabe der Bürgschaftsurkunde zur Erfüllung des Rückerstattungsanspruchs in Betracht kommt.[113] Der Veräußerer hat in keinem Fall Anspruch auf Rückerstattung einer nicht verbrauchten Sicherheit.[114] Der Erwerber darf sich nur im Rahmen der Sicherungsabrede aus der Sicherheit befriedigen. Begleicht der Erwerber Schulden des Mieters gegenüber dem Veräußerer, darf er die Sicherheit nicht verwerten.

---

103 So LG Berlin NZM 2015, 249.

104 BGH XII ZR 13/10, NJW 2012, 1353; LG Berlin GE 2009, 910; LG Bonn NZM 2005, 782.

105 MüKoBGB/*Häublein* § 566a Rn. 10.

106 AG Esslingen WuM 2018, 642.

107 BGH IX ZB 45/15, WuM 2017, 296; LG Berlin VuR 2017, 75; *Flatow* NZM 2011, 618; offenlassend BGH VIII ZR 107/13, NJW 2014, 1954 Rn. 16.

108 Einzelheiten → Rn. 37.

109 Einzelheiten → Rn. 44.

110 Einzelheiten → Rn. 47.

111 BGH XII ZR 13/10, NJW 2012, 1353.

112 Staudinger/*Emmerich* BGB § 566a Rn. 15; AnwK WohnraummietR/*Lammel* BGB § 566a Rn. 19.

113 Hat der Erwerber die Urkunde nicht, muss er sie beschaffen; ist sie nicht zu beschaffen, so ist die Rückgabeverpflichtung unmöglich.

114 Soergel/*Heintzmann* BGB § 566a Rn. 5.

25 Hat der Erwerber die **Barkaution nicht** vom Veräußerer **erhalten** (etwa wegen dessen Insolvenz) oder hat der Veräußerer sie unberechtigt verbraucht, so hat er keinen weiteren Anspruch darauf gegen den Mieter, weil der Anspruch auf **Leistung der Sicherheit** durch Erfüllung gegenüber dem Veräußerer erloschen ist.[115] Ein solcher Anspruch gegen den Mieter kommt gem. § 566 BGB – wie schon ausgeführt – nur in Betracht, wenn der Mieter die Sicherheit überhaupt noch nicht geleistet hatte oder als **Wiederauffüllungsanspruch** nach deren berechtigter Inanspruchnahme (Einzelheiten → Rn. 10). Eine Ausnahme ist aber zu machen, wenn der Veräußerer die Sicherheit an den Mieter zurückgibt, weil dieser an einer Übertragung an den Erwerber nicht mitwirkt (gleichgültig, ob objektiv notwendig oder nicht); dann ist die Kautionsrückgabe ausnahmsweise nicht mit einem Verlust des Anspruchs auf Leistung der Sicherheit verbunden, der Erwerber kann vielmehr nach Treu und Glauben (§ 242 BGB) die erneute Leistung vom Mieter fordern.[116] Zur Rückgabe der Sicherheit durch den Veräußerer vor dem Eigentumswechsel → Rn. 32.

### F. Subsidiäre Haftung des Veräußerers

26 § 566 a S. 2 BGB regelt die subsidiäre Haftung[117] des Veräußerers für die Rückgewähr der Sicherheit. Der Mieter kann den Veräußerer aber auch unabhängig von dieser Vorschrift und deren Voraussetzungen in Anspruch nehmen, wenn der Veräußerer die **Sicherheit nicht an den Erwerber weitergegeben** hat, was vornehmlich bei der „Barkaution zur freien Verfügung" in Betracht kommt, weil die übrigen Sicherheiten kraft Gesetzes auf den Erwerber übergehen; bei den übrigen Sicherheiten kann es allenfalls um die Rückgewähr der über die Sicherheit ausgestellten Urkunden gehen. Zwar ist der Veräußerer nach dem Eigentumsübergang nicht mehr Vertragspartner der Sicherungsabrede, dies ist vielmehr der Erwerber geworden. Wenn er aber vor Beendigung des Mietverhältnisses Aushändigung der Sicherheit an den Erwerber verlangen kann, dann muss er zur Vereinfachung nach Ablauf des Vertrages und wenn feststeht, dass die Sicherheit nicht benötigt wird, Aushändigung vom Veräußerer an sich verlangen dürfen.[118] Aus demselben Grund kann der Mieter gegenüber einem Mietzinsanspruch des Veräußerers mit dem Anspruch auf Rückzahlung einer „Barkaution zur freien Verfügung" aufrechnen, wenn und soweit der Erwerber die Sicherheit nicht benötigt.[119] Letzteres ist notwendige Voraussetzung, weil der Erwerber vorrangiger Berechtigter und Verpflichteter aus der Sicherungsabrede ist (→ Rn. 16). Er hat deshalb das Recht, sich aus der Sicherheit zu befriedigen; dies auch dann, wenn er den Kautionsbetrag nicht vom Veräußerer bekommen haben sollte, da er unabhängig davon zur Anlage der Kaution verpflichtet war (→ Rn. 23) und den Kautionsbetrag vom Veräußerer noch unbedingt herausverlangen kann (→ Rn. 19).

27 Ansonsten hat der Veräußerer gem. § 566 a S. 2 BGB den **Rückgewähranspruch** des Mieters zu erfüllen (einschließlich aller Zinsen ab Leistung der Sicherheit, also auch der während der Eigentumszeit des Erwerbers aufgelaufenen Zinsen[120]), wenn dieser bei Beendigung des Vertrages die Sicherheit vom Erwerber nicht erlangen kann. Auch wenn das Gesetz von der Beendigung des Mietvertrages spricht, so stellt das den frühesten Zeitpunkt dar. Hinzukommen muss noch die **Abrechnungsreife** des Anspruchs bzw. der Ablauf der Abrechnungsfrist, die sich nach den Umständen des Einzelfalles richtet (→ BGB § 551 Rn. 81).

28 Im Übrigen hängt die subsidiäre Haftung des Veräußerers nur davon ab, ob der Mieter die Sicherheit vom Erwerber erlangen kann. Damit verlangt das Gesetz nicht zwingend eine Klage mit erfolgloser Zwangsvollstreckung gegen den Erwerber. Das zeigt schon der Vergleich zum Bürgschaftsrecht, wo in § 771 BGB die Vorausklage ausdrücklich erwähnt ist.[121] Ausreichend sind viel-

[115] BGH VIII ZR 206/10, NZM 2012, 303; AG Frankfurt a. M. NJW-RR 1991, 1165.

[116] BGH VIII ZR 206/10, NZM 2012, 303; **aA** *Geldmacher* DWW 2011, 180.

[117] Soergel/*Heintzmann* BGB § 566a Rn. 6 meint, es handele sich wegen des Wortlautes der Vorschrift („zur Rückgewähr verpflichtet") nicht um eine Haftung, sondern um eine Schuld. Die § 566 Abs. 2 BGB vergleichbare Struktur der Vorschrift sowie deren Zweck als eine Art nachrangiges Sicherungsmittel legen aber eher den Haftungscharakter nahe.

[118] OLG Hamburg ZMR 2014, 784; AnwK WohnraummietR/*Lammel* BGB § 566a Rn. 26. *Sick* ZMR 2011, 273 kommt durch eine nicht notwendige und deshalb nicht überzeugende teleologische Reduktion des § 566a BGB zu demselben Ergebnis, erwähnt aber nicht, dass der Anspruch unter der Voraussetzung steht, dass der Erwerber die Sicherheit nicht benötigt.

[119] *OLG Hamburg* ZMR 2014, 784.

[120] MüKoBGB/*Häublein* § 566a Rn. 14.

[121] *Derleder* WuM 2002, 243; **aA** AnwK WohnraummietR/*Lammel* BGB § 566a Rn. 28, der eine Klage mit Zwangsvollstreckung gegen den Erwerber für notwendig hält.

mehr zumutbare **Anstrengungen des Mieters oder Umstände,** die deutlich machen, dass eine Befriedigung durch den Erwerber aussichtslos erscheint.[122] Auch wenn die dann Gesetz gewordene Formulierung („kann … der Mieter … nicht erlangen“) der Subsidiaritätsklausel in § 839 Abs. 1 S. 2 BGB ähnlich ist, so die dortige Fallkonstellation nicht mit derjenigen in § 566a S. 2 BGB vergleichbar; überdies wollte der Gesetzgeber an die frühere Rspr. des BGH[123] anknüpfen, die auf der bürgengleichen Haftung des § 566 Abs. 2 BGB beruhte. Weil eine Vorausklage in § 566a S. 2 BGB nicht angeordnet ist, kann deshalb als Anhaltspunkt für eine Aussichtslosigkeit der Befriedigung durch den Erwerber auf die Fallgruppen in § 773 Abs. 1 Nr. 2–4 BGB zurückgegriffen werden.[124] Danach ist jedenfalls ausreichend die Vermögenslosigkeit des Erwerbers, was etwa durch die Eröffnung des Insolvenzverfahrens, Abgabe der eidesstattlichen Versicherung oder die sonstige Offenlegung der Vermögenssituation nachgewiesen werden kann[125], oder Schwierigkeiten bei der Aufenthaltsermittlung des Erwerbers (unbekannter Aufenthalt, Auslandswohnsitz, wobei ein Wohnsitz im europäischen Ausland idR aus dem Rechtsgedanken der §§ 110, 917 ZPO nicht ausreicht[126]). Die bloße Erfüllungsverweigerung, eine Nichtreaktion auf eine Zahlungsaufforderung oder eine (vom Mieter für unberechtigt gehaltene) Verwertung der Sicherheit ohne konkrete Anhaltspunkte für eine Leistungsunfähigkeit begründen hingegen keinen Anwendungsfall der subsidiären Haftung des Veräußerers gem. § 566a S. 2 BGB[127], weil diese ansonsten vom Willen des Erwerbers abhinge anstatt von objektiven Umständen. Anders kann das nur sein, wenn der Anspruch gegen den Erwerber verjährt ist.[128] Eine **Klage** gegen den Erwerber ist für den Mieter nicht in jedem Fall unzumutbar, unzumutbar ist nur eine Klage ohne Aussicht auf Befriedigung. Wenn der Mieter nicht über die notwendigen Mittel für eine solche an sich zumutbare Klage verfügt, muss er ggf. Prozesskostenhilfe beantragen. Die Prozesskostenbedürftigkeit des Mieters kann den Veräußerer grds. nicht belasten; besondere Umstände des Einzelfalls mögen aber auch zu einer anderen Beurteilung führen.

**Unklarheiten,** ob die Sicherheit vom Erwerber zu erlangen ist, ob also die subsidiäre Haftung des Veräußerers eingreift, gehen zu Lasten des Mieters; im Zweifel muss er also zunächst den Erwerber in Anspruch nehmen.[129] Erwerber und Veräußerer sind auf Grund der Subsidiarität der Haftung des Letzteren nicht Gesamtschuldner[130]; eine Gesamtschuld würde Gleichartigkeit der Forderungen voraussetzen.[131] Da der Mieter die Sicherheit aber nur einmal verlangen kann, haften sie – ähnlich dem Rechtsverhältnis des Gläubigers zu dem Bürgen und dem Hauptschuldner – ***wie*** Gesamtschuldner[132] (unechte Gesamtschuldner). **29**

Auch der Veräußerer kann **Ansprüche des Erwerbers** aus dem Mietverhältnis von der Sicherheit in Abzug bringen[133]; mit eigenen Ansprüchen kann er aber nicht aufrechnen[134], da diese Ansprüche nicht mehr vom Sicherungszweck erfasst sind. **30**

Im Falle der **Weiterveräußerung** des Mietobjektes durch den Erwerber an einen Zweiterwerber haftet nicht der Ersterwerber dem Mieter gem. § 566a S. 1 BGB, sondern der Zweiterwerber. Dies folgt aus § 567b S. 1 BGB, wonach auch § 566a BGB bei einer Weiterveräußerung entsprechend anzuwenden ist (Einzelheiten s. bei der Kommentierung zu § 567b BGB). Aus Satz 2 von § 567b BGB ergibt sich nichts anderes. Dort wird in Abweichung von § 567b S. 1 BGB für die bürgengleiche Haftung des Veräußerers gem. § 566 Abs. 2 BGB zwar ausgesprochen, dass sie im Falle der Weiterveräußerung nicht den Ersterwerber trifft, sondern beim Veräußerer als dem ursprünglichen Vermieter verbleibt. Auch wenn aber § 566 Abs. 2 BGB und § 566a S. 2 BGB strukturell vergleichbar sind, ist eine analoge Anwendung von § 567b S. 2 BGB auf die Mietsicherheit nicht möglich, weil der Gesetzgeber bei § 566a BGB die Vorstellung hatte, die Sicherheit gehe auf den **31**

---

[122] BGH VIII ZR 143/12, NZM 2013, 230 Rn. 19; BT-Drs. 14/4553, abgedr. in NZM 2000, 446.
[123] BGH XII ZR 124/97, NJW 1999, 1857.
[124] Staudinger/*Emmerich* BGB § 566a Rn. 16.
[125] MüKoBGB/*Häublein* § 566a Rn. 16.
[126] Siehe auch OLG Düsseldorf NJOZ 2012, 487.
[127] Soergel/*Heintzmann* BGB § 566a Rn. 6; **aA** Staudinger/*Emmerich* BGB § 566a Rn. 16.
[128] Wenn der Mieter allerdings vor dem Verjährungseintritt nicht die ihm zumutbaren Anstrengungen zur Durchsetzung des Anspruchs gegen den Erwerber unternommen hat, sondern dem Verjährungslauf tatenlos entgegengesehen hat, sind die Voraussetzungen der subsidiären Haftung des Veräußerers nicht erfüllt.
[129] Staudinger/*Emmerich* BGB § 566a Rn. 16.
[130] Staudinger/*Emmerich* BGB § 566a Rn. 16; **aA** Soergel/*Heintzmann* BGB § 566a Rn. 7.
[131] HM, vgl. Palandt/*Grüneberg* BGB § 421 Rn. 7/8.
[132] *Leo* NZM 2006, 244; zum Innenausgleich → Rn. 35.
[133] Soergel/*Heintzmann* BGB § 566a Rn. 6.
[134] **AA,** aber ohne nähere Begründung Soergel/*Heintzmann* BGB § 566a Rn. 6.

Erwerber über bzw. sei ihm zu übergeben, wohingegen § 566 Abs. 2 BGB das Vertrauen des Mieters in den Verbleib und die Leistungsfähigkeit des ursprünglichen Vertragspartners schützen will.

32 Ansonsten wird der Veräußerer von der Haftung frei, wenn die Beteiligten, also der Veräußerer, der Erwerber und der Mieter, eine Vertragsübernahme (des Mietvertrages einschließlich der Kautionsabrede) vereinbaren.[135] Eine Pflicht des Mieters hierzu besteht nicht[136]; zur Zulässigkeit von Haftungsfreizeichnungen in AGB → Rn. 49. Bei einer Vertragsübernahme wird der Anwendung der §§ 566 ff. BGB der Boden entzogen, § 566 a BGB ist darauf nicht anwendbar.[137] Einen Willen zur Vertragsübernahme anzunehmen, besteht aber jedenfalls auf Mieterseite auch wegen des damit verbundenen Verlustes der Haftung nach §§ 566 Abs. 2, 566 a S. 2 BGB regelmäßig kein Anlass, so dass eine konkludente Zustimmung des Mieters zu einer Vertragsübernahme kaum in Betracht kommen dürfte.[138] In dem Verlangen oder der Zustimmung des Mieters, die Kaution an den Erwerber herauszugeben, kann ein Einverständnis mit einer Vertragsübernahme oder ein konkludenter Verzicht des Mieters auf die Haftung des Veräußerers nicht gesehen werden; der Mieter möchte sich vielmehr nur sein Recht auf sichere Anlage wahren.[139] Eine **Haftungsbefreiung zu Gunsten des Veräußerers** tritt hingegen ein, wenn die Sicherheit *vom Erwerber* verwertet oder an den Mieter zurückerstattet wird. In diesem Fall ist der Rückerstattungsanspruch nämlich untergegangen. Ein Streit hierüber ist ggf. in dem Haftungsprozess gegen den Veräußerer auszutragen.[140] In einem solchen Prozess steht dem Veräußerer die Einrede des Untergangs des Rückzahlungsanspruchs wegen Abrechnung des Erwerbers zu; um sie geltend machen zu können, hat er insofern Auskunftsansprüche gegen den Erwerber. Gibt *der Veräußerer* dem Mieter die Sicherheit vor Eigentumsübergang zurück, so stellt dies grds. einmal eine haftungsbefreiende Rückerstattung der Sicherheit dar[141] und außerdem eine den Erwerber bindende[142] Änderung des Vertrages, nämlich die Abbedingung der Pflicht zur Sicherheitsleistung[143], sofern Veräußerer und Mieter nicht gleichzeitig (ausdrücklich oder konkludent) vereinbaren, die Sicherheit müsse nach Eigentumsübergang erneut und dann an den Erwerber geleistet werden. Letzteres würde aber – bei AGB – auf eine unzulässige Abbedingung der Veräußererhaftung nach § 566 a S. 2 BGB hinauslaufen.[144] Gibt der Veräußerer die Sicherheit an den Mieter zurück, weil dieser an einer Übertragung an den Erwerber nicht mitwirkt (gleichgültig, ob objektiv notwendig oder nicht), dann ist das ausnahmsweise nicht mit einem Verlust des Kautionsanspruchs verbunden, der Erwerber kann vielmehr nach Treu und Glauben (§ 242 BGB) die erneute Leistung der Sicherheit vom Mieter fordern.[145]

33 Eine **Klage des Mieters auf Feststellung** der Haftung des Veräußerers kommt vor Fälligkeit des Rückerstattungsanspruchs selbst bei Bestreiten der Verpflichtung nur ganz ausnahmsweise in Betracht, weil die Haftung – anders als nach der Rechtslage vor der Mietrechtsreform unter § 572 BGB aF – nunmehr von dem veränderlichen Tatbestandsmerkmal der realistischen Möglichkeit der Inanspruchnahme des Erwerbers, also insbes. von dessen Leistungsfähigkeit abhängt. Nur wenn diese sich als auf unabsehbare Zeit schlecht darstellt, dürfte ein Feststellungsinteresse für eine Klage gegen den Veräußerer gegeben sein.[146] Diese Sicht deckt sich mit der Rspr. des BGH[147] zum Feststellungsinteresse bei reinen Vermögensschäden; danach besteht ein Feststellungsinteresse für einen künftigen Anspruch auf Ersatz eines allgemeinen Vermögensschadens regelmäßig nicht, solange der Eintritt irgendeines Schadens noch ungewiss ist und eine Verjährungsfrist nicht läuft.

---

135 MüKoBGB/*Häublein* § 566 a Rn. 17; Staudinger/*Emmerich* BGB § 566 a Rn. 16; *Derleder* WuM 2002, 243.

136 *Häublein* FS 25 Jahre Deutsches Notarinstitut, 2018, 102.

137 → Rn. 5.

138 → BGB § 566 Rn. 42; außerdem MüKoBGB/*Häublein* § 566 a Rn. 22; *Michelsburg/Jakoby* GE 2013, 856.

139 BGH VIII ZR 206/10, NZM 2012, 303.

140 **AA** wohl LG Düsseldorf DWW 1989, 393 zur Rechtslage vor der Mietrechtsreform.

141 So auch MüKoBGB/*Häublein* § 566 a Rn. 18.

142 → BGB § 566 Rn. 96.

143 So mittelbar BGH VIII ZR 206/10, NZM 2012, 303 Rn. 11, 18, wenn dort eine Ausnahmekonstellation bejaht wird. Ausdrücklich AG Hamburg-Altona ZMR 2019, 410; LG Berlin GE 2011, 546; LG Mannheim INFO M 2011, 162; *Lehmann-Richter* WImmoT 2008, 171; **aA** LG Berlin GE 2010, 1272 und *Both* jurisPR-MietR 25/2019 Anm. 1, der bei seiner Auslegung aber die Haftungsbefreiung des Veräußerers vernachlässigt.

144 → Rn. 49.

145 BGH VIII ZR 206/10, NZM 2012, 303; **aA** *Geldmacher* DWW 2011, 180.

146 **AA** Staudinger/*Emmerich* BGB § 566 a Rn. 16, der die Rspr. in BGH XII ZR 124/97, NJW 1999, 1857 zu § 572 BGB aF wohl fortschreiben will, aber die Veränderung des Tatbestandes durch die Mietrechtsreform nicht diskutiert.

147 BGH IX ZR 43/92, NJW 1993, 648; BGH IX ZR 242/94, NJW 1996, 1062.

Die subsidiäre Haftung des Veräußerers unterliegt der Regelverjährung des § 195 BGB.[148] Die **Verjährungsfrist** beginnt frühestens mit dem Ablauf des Jahres, in dem der Rückerstattungsanspruch gegenüber dem Erwerber fällig wurde[149]; zusätzlich dürfte für den Verjährungsbeginn die Kenntnis des Mieters über die Nichteinbringlichkeit vom Erwerber notwendig sein[150], um den Mieter nicht indirekt zu zwingen, gegen den Veräußerer gerichtlich vorzugehen, obwohl ihm die Erfüllung dieses objektiven Tatbestandsmerkmals noch nicht bekannt ist (§ 199 Abs. 1 Nr. 2 BGB). 34

## G. Innenausgleich zwischen Veräußerer und Erwerber

Über das Innenverhältnis zwischen Erwerber und Veräußerer enthält § 566a BGB keine Regelungen. Aus dem subsidiären Charakter der Haftung des Veräußerers kann nichts hergeleitet werden[151], da hiermit nach dem Zweck der Regelung nur die fehlende Leistungsfähigkeit bzw. sonstige Schwierigkeiten bei der Anspruchsdurchsetzung gegenüber dem neuen Vertragspartner des Mieters aufgefangen werden sollen. Das Gesetz geht im Gegenteil stillschweigend davon aus, dass der Erwerber die Sicherheit erhalten soll, wenn es ihn uneingeschränkt haften lässt (Einzelheiten → Rn. 22). Für den Innenausgleich von Erwerber und Veräußerer nach Befriedigung des Mieters (Rückerstattung der Sicherheit) kommt es vornehmlich auf deren Absprachen an; gibt es solche Absprachen nicht – wie regelmäßig bei der Zwangsversteigerung –, ist entscheidend, bei wem die Sicherheit vor der Rückerstattung **wirtschaftlich** vorhanden war.[152] Meist wird das der Erwerber sein, sei es durch Übergang kraft Gesetzes oder Vereinbarung, sei es durch Übergabe oder sei es durch Verrechnung[153]; insbes. bei der nicht treuhänderisch angelegten Barkaution kann das aber anders sein. Wenn dann derjenige erstattet (erstatten muss), der über die Sicherheit wirtschaftlich nicht verfügen konnte, so steht ihm ein Bereicherungsanspruch[154] gegen den anderen zu. Dieser Bereicherungsanspruch entsteht mit der Rückerstattung der Kaution an den Mieter und verjährt ab dann gem. § 195 BGB, also ggf. anders (später) als der Kautionsherausgabeanspruch des Erwerbers gegen den Veräußerer (→ Rn. 19).[155] Zum Aufrechnungsverbot des Veräußerers gegenüber dem Kautionsherausgabeanspruch des Erwerbers → Rn. 19. Muss Ersatz für nicht gezogene Zinsen geleistet werden, so trifft das im Zweifel denjenigen, der die Anlage der Kaution unterlassen hat.[156] 35

Die subsidiäre Haftung gem. § 566a BGB kann den Veräußerer uU noch Jahre nach dem Verkauf treffen. Dies stellt eine missliche **Belastung** dar, die durch Vereinbarung kaum vermeidbar ist (zur Abbedingung → Rn. 48). Will sich der Veräußerer schützen, muss er bei dem Erwerber Sicherheit für seinen Ausgleichsanspruch suchen.[157] Die Kosten für eine solche Sicherheit stehen aber möglicherweise in keinem Verhältnis zu dem Risiko des Veräußerers. 36

---

[148] Blank/Börstinghaus/*Blank* BGB § 566a Rn. 13.

[149] So Blank/Börstinghaus/*Blank* BGB § 566a Rn. 13; *Pfeifer* DWW 2009, 135.

[150] Wenn der Mieter allerdings nicht vor dem Verjährungseintritt die ihm zumutbaren Anstrengungen zur Durchsetzung des Anspruchs gegen den Erwerber unternommen hat, sondern dem Verjährungslauf tatenlos entgegengesehen hat, so sind schon die Voraussetzungen der subsidiären Haftung des Veräußerers nicht erfüllt.

[151] So iErg auch MüKoBGB/*Häublein* § 566a Rn. 20; **aA** wohl Staudinger/*Emmerich* BGB § 566a Rn. 17, der auf der einen Seite die Bedeutung der Subsidiarität betont, auf der anderen Seite einen Ausgleichsanspruch des Veräußerers gegen den Erwerber aber davon abhängig machen will, dass Letzterer die Sicherheit erhalten hat.

[152] MüKoBGB/*Häublein* § 566a Rn. 20.

[153] Eine Verrechnung bzw. eine ohne Verrechnungsabrede von einer Partei vorgenommene Aufrechnung scheitern entgegen OLG Frankfurt a. M. NJW-RR 1991, 1416 nicht aus der Zweckgebundenheit der Kaution und eine daraus folgenden Anwendbarkeit des § 394 BGB, da es zum einen keine Rolle spielt, ob sich das Vermögen des Erwerbers um den Kautionsbetrag mehrt oder es sich auf Grund der Verrechnung nicht mindert und dem Mieter zum anderen weiterhin gegen beide der Rückerstattungsanspruch zusteht; es geht also nicht der Rückerstattungsanspruch des Mieters unter, sondern nur der Herausgabeanspruch des Erwerbers.

[154] So auch LG Wuppertal WuM 2015, 731. Mangels Gesamtschuldnerschaft (→ Rn. 29) kommt ein Ausgleich gem. § 426 BGB nicht in Betracht (so auch OLG Köln ZMR 2013, 438; LG Wuppertal WuM 2015, 731).

[155] LG Wuppertal WuM 2015, 731.

[156] MüKoBGB/*Häublein* § 566a Rn. 20.

[157] Siehe hierzu *Häublein* FS 25 Jahre Deutsches Notarinstitut, 2018, 101.

## H. Zwangsverwaltung

37 Bei der Zwangsverwaltung findet durch die Beschlagnahme nach § 148 Abs. 2 ZVG kein Eigentumswechsel und kein Rechtsübergang statt, so dass auch § 566 BGB und damit **§ 566a BGB nicht gelten,** auch nicht in analoger Anwendung.[158] Der Vermieter bleibt Partei des Mietvertrages, ihm ist lediglich gem. § 148 Abs. 2 ZVG die Verwaltung des Grundstücks entzogen, diese obliegt gem. § 152 ZVG dem Zwangsverwalter.[159] Dieser handelt zwar im eigenen Namen, aber doch für Rechnung des Schuldners/Vermieters.[160] Der Zwangsverwalter ist gem. § 152 Abs. 2 ZVG an die vom Eigentümer geschlossenen Mietverträge gebunden, sofern die Mietsache vor der Beschlagnahme bereits überlassen wurde. Der Eigentümer wiederum ist nach Aufhebung der Zwangsverwaltung an die vom Zwangsverwalter geschlossenen Verträge gebunden.[161] Das bedeutet, dass dem Zwangsverwalter alle Rechte eines Vermieters zustehen[162], dass er aber auch alle Pflichten zu erfüllen hat.[163] Mietforderungen gem. §§ 148 Abs. 1, 21 Abs. 2, 20 Abs. 2 ZVG, § 1123 Abs. 2 BGB kann er allerdings nur geltend machen, soweit sie innerhalb eines Jahres vor der Beschlagnahme fällig wurden.[164] Für die Mietsicherheit haben diese Grundsätze folgende Konsequenzen:

38 Den Zwangsverwalter treffen die gleichen Rechte und Pflichten aus der Kautionsabrede wie den Vermieter.[165] Deshalb kann er vom Mieter ggf. die erstmalige Leistung der Sicherheit bzw. deren Wiederauffüllung nach berechtigter Inanspruchnahme verlangen.[166] Hatte der Mieter bereits vor der Zwangsverwaltung an den Vermieter geleistet, ist der Anspruch erfüllt; der Zwangsverwalter kann ihn auch dann nicht geltend machen, wenn der Vermieter die Kaution nicht an ihn weitergeleitet hat. Der Zwangsverwalter hat die Sicherheit anzulegen und zu verwalten (bei Wohnraummietverhältnissen unter Beachtung des § 551 Abs. 3 BGB) und dem Mieter Auskunft über die gezogenen Zinsen zu geben; die Verwaltungspflicht trifft ihn auch, soweit die Sicherheit auf einem Treuhandkonto angelegt wurde.[167] Gemäß § 152 Abs. 1 ZVG kann und muss der Zwangsverwalter vom Vermieter die Herausgabe der Sicherheit bzw. die darüber ausgestellten Urkunden (Sparbücher, Wertpapiere, Bürgschaftsurkunde etc) an sich verlangen, wenn sie sich noch im Vermögen bzw. im Besitz des Vermieters befinden.[168] Gegebenenfalls stehen dem Zwangsverwalter auch Ansprüche gegen einen Dritten auf Auskehrung des bei diesem befindlichen Kautionsbetrages zu.[169] Hatte der **Vermieter** die Kaution **nicht treuhänderisch angelegt,** trifft die Pflicht zu einer solchen Anlage nach Anordnung der Zwangsverwaltung den Zwangsverwalter[170] und zwar einschließlich der Zinsen[171]; wenn er sie nämlich, wie nachfolgend noch auszuführen sein wird, nach Wegfall des Sicherungszwecks zurückzuzahlen hat, dann muss er gleichermaßen die vorgelagerte Pflicht zur sicheren Anlage erfüllen – und zwar auch dann, wenn er die Kaution vom Vermieter nicht erhalten hat.[172] Da der Vermieter die Kaution, sofern er sie nicht angelegt hat, im Wege des Schadensersatzes gem. § 280 Abs. 1 BGB verzinsen muss, hat der Zwangsverwalter dies in gleicher Weise zu tun.[173] Der Beschluss über die Zwangsverwaltung ist iVm der Ermächtigung zur Besitzergreifung in § 150 Abs. 2 ZVG Vollstreckungstitel für eine entsprechende Herausgabevollstreckung gem. § 883 ZPO gegen den Vermieter.[174] Das gilt allerdings nicht für eine Barkaution, die nicht

---

[158] BGH VIII ZR 330/03, NZM 2005, 596; *Börstinghaus* NZM 2004, 489.
[159] *Gather* DWW 2006, 317.
[160] BGH VIII ZR 330/03, NZM 2005, 596.
[161] Staudinger/*Emmerich* BGB § 566 Rn. 18.
[162] Seine Aktivlegitimation im Prozess bleibt auch nach Aufhebung der Zwangsverwaltung bestehen, nach Rücknahme des Antrags hingegen nicht; vgl. für beide Konstellationen BGH IX ZR 385/00, NJW-RR 2003, 1419.
[163] BGH VIII ZR 330/03, NZM 2005, 596; BGH VIII ZR 336/08, NJW 2009, 3505; *Börstinghaus* NZM 2004, 489.
[164] BGH VIII ZR 333/02, NJW 2003, 2321.
[165] *Milger* NJW 2011, 1252.
[166] MüKoBGB/*Häublein* § 566a Rn. 4.
[167] Staudinger/*Emmerich* BGB § 566a Rn. 5f.
[168] BGH V ZB 6/05, NZM 2006, 71 = Rpfleger 2005, 463 mit instruktiver Anm. von *Schmidtberger.*
[169] BGH VIII ZR 300/14, NZM 2015, 859; AG Krefeld ZMR 2013, 894, für eine Kaution, die an eine Mietpoolgesellschaft gezahlt wurde.
[170] BGH VIII ZR 184/08, NJW 2009, 1673; BGH VIII ZR 336/08, NJW 2009, 3505.
[171] AG Wetzlar WuM 2012, 376.
[172] Eing. LG Lüneburg ZMR 2009, 687 und *Milger* NJW 2011, 1253.
[173] AG Wetzlar WuM 2012, 376.
[174] BGH V ZB 6/05, NZM 2006, 71= Rpfleger 2005, 463 mit instruktiver Anm. von *Schmidtberger.*

vom übrigen Vermögen getrennt aufbewahrt wird, sondern mit dem Vermögen des Vermieters vermischt ist.[175] Da hier ein Zahlungsanspruch vollstreckt werden müsste, muss der Zwangsverwalter einen Zahlungstitel gegen den Vermieter erwirken. Ebenso gilt es nicht für eine Barkaution, die ein Dritter (etwa der vom Vermieter beauftragte Hausverwalter) angelegt hat – gleichgültig, ob treuhänderisch oder nicht. Hier muss der Zwangsverwalter einen Titel gegen den Dritten erwirken, wenn dieser nicht zur Herausgabe bereit ist.

Auch der **Mieter** kann als Nebenpflicht aus dem Mietvertrag bzw. der Kautionsabrede vom Vermieter die Herausgabe der Sicherheit an den Zwangsverwalter verlangen[176] und zwar auch dann, wenn bereits ein Treuhandkonto angelegt war, denn dann dient der Anspruch des Mieters dem Schutz vor Missbrauch durch den Vermieter.[177] Wegen dieses gegen den Vermieter persönlich gerichteten Anspruchs auf Herausgabe kann der Mieter gegenüber dem Zwangsverwalter kein Zurückbehaltungsrecht an der Miete ausüben; das beruht schon auf der Personenverschiedenheit von Vermieter und Zwangsverwalter. Anders ist das, wenn der Mieter vom Zwangsverwalter den Nachweis über die insolvenzfeste Anlage der Sicherheit verlangt; in diesem Fall steht dem Mieter in gleicher Weise ein **Zurückbehaltungsrecht** zu wie ohne Anordnung der Zwangsverwaltung, weil er die Kaution auch dann anlegen muss, wenn er sie vom Vermieter nicht erhalten hat.[178] Das gilt auch dann, wenn über das Vermögen des Vermieters das Insolvenzverfahren eröffnet wurde.[179] §§ 392, 1125 BGB stehen einem Zurückbehaltungsrecht nur entgegen, wenn es wie eine Aufrechnung wirkt.[180] Eine solche Wirkung kann aber nicht generell angenommen werden, da der Zwangsverwalter zur Anlage und auch – wie noch auszuführen sein wird – zur Rückzahlung der Kaution verpflichtet ist und deshalb in der Regel erwartet werden kann, dass er den Rückerstattungsanspruch erfüllen wird.[181] 39

Der Zwangsverwalter ist bei Abrechnungsreife zur Abrechnung und **Rückerstattung der Sicherheit** verpflichtet, wenn den Vermieter zu dieser Zeit diese Pflicht getroffen hätte.[182] Die Pflichten des Zwangsverwalters gehen – auch soweit es um durch die Mietrechtsreform verursachte Überleitungsfälle handelt[183] – nicht weiter als die des Vermieters, bleiben aber auch nicht hinter ihnen zurück; sie treffen den Zwangsverwalter allerdings nur, wenn das Mietverhältnis bei Beschlagnahme des Grundstücks noch nicht beendet war, da sich § 152 Abs. 2 ZVG nur auf zur Zeit der Beschlagnahme bestehende Mietverhältnisse bezieht[184]. Das bedeutet, dass das Mietverhältnis während der Zwangsverwaltung beendet, der Mieter ausgezogen und der Rückerstattungsanspruch fällig geworden sein muss. Letzteres setzt Abrechnungsreife voraus. Den Vermieter kann der Mieter nicht in Anspruch nehmen, solange ein Anspruch gegen den Zwangsverwalter besteht. Es ist *nicht* Voraussetzung des Anspruchs gegen den Zwangsverwalter, dass dieser die Kaution erhalten hat, er ist zur Rückerstattung vielmehr auch ohne dies verpflichtet.[185] Wird der Wohnungsmieter allerdings durch Zuschlag im Zwangsversteigerungsverfahren selbst Eigentümer des Mietobjekts, so kann er vom Zwangsverwalter, wenn dieser die Kaution vom früheren Vermieter nicht erhalten hat, deren Auszahlung nicht an sich selbst verlangen, da das Mietverhältnis auf den Mieter als Ersteher übergeht und der Kautionsrückzahlungsanspruch durch Konfusion erlischt.[186] Die Rückerstattungspflicht des Zwangsverwalters trotz Nichterhalt der Kaution ist inzwischen gefestigte Rspr. des BGH[187] und muss – wie schon erwähnt – gleichermaßen für die der Rückerstat- 40

---

[175] *Schmidtberger* Rpfleger 2005, 465.

[176] LG Düsseldorf WuM 1992, 542 mwN; Staudinger/*Emmerich* BGB § 566a Rn. 5.

[177] LG Köln WuM 1990, 427; AG Düsseldorf WuM 1992, 432.

[178] BGH VIII ZR 336/08, NJW 2009, 3505 und eing. die Vorinstanz LG Lüneburg ZMR 2009, 687; insgesamt sehr krit. zu dieser Sicht *Keller* NZM 2009, 745.

[179] BGH VIII ZR 336/08, NJW 2009, 3505.

[180] BGH VIII ZR 2/78, WuM 1979, 101; LG Mannheim WuM 1990, 293.

[181] **AA** Staudinger/*Emmerich* BGB § 566a Rn. 5 unter Berufung auf LG Mannheim WuM 1990, 293, das mit BGH VIII ZR 2/78, WuM 1979, 101 und entgegen der jetzigen BGH-Rechtsprechung davon ausging, dass nur der Vermieter Schuldner des Rückerstattungsanspruchs sei und in dessen Person es – wie regelmäßig – konkrete Anhaltspunkte dafür gab, dass die Kaution nicht zurückgezahlt werde.

[182] BGH VIII ZR 381/03, NZM 2005, 639.

[183] Siehe BGH VIII ZR 381/03, NZM 2005, 639 und → Rn. 3.

[184] BGH VIII ZR 210/05, NZM 2006, 680.

[185] BGH VIII ZR 11/03, NJW 2003, 3342; BGH VIII ZR 330/03, NZM 2005, 596; BGH VIII ZR 381/03, NZM 2005, 639; BGH VIII ZR 210/05, NZM 2006, 680; *Milger* NJW 2011, 1252.

[186] BGH VIII ZR 189/09, NZM 2010, 698; LG Bonn NZM 2009, 817.

[187] BGH VIII ZR 11/03, NJW 2003, 3342; BGH VIII ZR 330/03, NZM 2005, 596; BGH VIII ZR 381/03, NZM 2005, 639; BGH VIII ZR 210/05, NZM 2006, 680.

tung vorgelagerte Pflicht zur insolvenzsicheren Anlage der Kaution auf einem Treuhandkonto gelten.[188] Die für die Rückerstattung uU notwendige Inanspruchnahme von Vermögen, das eigentlich als Haftungsmasse zugunsten der Zwangsvollstreckungsgläubiger dient, ist vom Gesetz gewollt, indem es in § 152 Abs. 2 BGB eine Bindung des Zwangsverwalters an Mietverträge mit ihrem gesamten Vertragsinhalt[189] vorsieht, wohingegen eine solche Bindung für andere Verträge nicht existiert.[190] Vornehmlich wegen dieser Folge ist der BGH heftig angegriffen worden[191], er hat aber mit der hM[192] und nach ausführlicher Auseinandersetzung mit diesen Angriffen zu Recht an seiner Rspr. festgehalten. Das ist nicht nur deshalb richtig, weil das Gesetz Mietverträge gegenüber anderen Verträgen bevorzugt, sondern auch deshalb, weil der Mieter sich nicht selbst schützen kann. Er hat nämlich keinen sicheren Einfluss darauf, ob der Vermieter seine Pflicht zur treuhänderischen Anlage der Barkaution (bei Wohnraummietverhältnissen folgt diese Pflicht aus § 551 Abs. 3 BGB, ansonsten aus der Kautionsabrede[193]) erfüllt. Zwar steht ihm ein entsprechender Anspruch zu und der Vermieter muss die Erfüllung nachweisen. Das hindert den Vermieter aber nicht zwingend, von einem Zugriff auf das Treuhandkonto abzusehen – im Gegenteil, in Zeiten der Krise, die regelmäßig einer Zwangsverwaltung vorangehen, ist die Versuchung eines Zugriffs auf das Treuhandkonto groß und innerhalb der Öffnungszeiten der kontoführenden Bank sehr kurzfristig möglich. Abgesehen davon unterliegt die Erfüllung des Anspruchs auf insolvenzfeste Anlage möglicherweise der Insolvenzanfechtung gem. §§ 129ff. InsO, wenn sie in der Krise, die oftmals mit der Zeit der Zwangsverwaltung zusammenfällt, oder gar nach Stellung eines Insolvenzantrages erfolgt.[194]

**41** Der Zwangsverwalter hat – wie soeben ausgeführt – die Kaution nicht mehr abzurechnen und zurückzuerstatten, wenn das **Ende des Mietverhältnisses vor Anordnung der Zwangsverwaltung** lag und der Mieter ausgezogen ist. Das Interesse der Zwangsvollstreckungsgläubiger an dem Erhalt der Haftungsmasse ist vorrangig vor dem Interesse des Mieters, den Zwangsverwalter in Anspruch nehmen zu können. Fraglich[195] ist allerdings die Behandlung von Fällen, in denen zwar der Mietvertrag vor Anordnung der Zwangsverwaltung rechtlich beendet wurde, in denen der Mieter aber noch nicht ausgezogen ist. In dieser Situation stehen dem Zwangsverwalter – ähnlich wie dem Erwerber im Falle der Veräußerung des Grundstücks[196] – nach der Rspr. des BGH[197] die Ansprüche auf Nutzungsentschädigung zu, obwohl zum Zeitpunkt der entscheidenden Zäsur (bei der Zwangsverwaltung ist das die Beschlagnahme, beim Vermieterwechsel die Eigentumsumschreibung) eigentlich ein noch bestehender Mietvertrag für den Rechtsübergang notwendig ist. Wenn aber diese wertungsmäßig vergleichbaren Fälle der Zwangsverwaltung und des Eigentumswechsels bei der Frage der Nutzungsentschädigung gleich behandelt werden, dann sollte das auch bei der Frage der Kautionsrückerstattungspflicht so sein. Hierzu wurde bereits → Rn. 4 für den Eigentumsübergang bejaht, dass den Erwerber die Pflichten aus § 566a BGB treffen, weil er die Kaution in Anspruch nehmen kann. Bei der Zwangsverwaltung sollte es ähnlich sein, was bedeuten würde,

---

[188] LG Lüneburg ZMR 2009, 687. Das folgt wohl auch zwingend aus BGH VIII ZR 168/05, NJW 2006, 2626, wo der BGH unter Rn. 11 feststellt, dass der Mietvertrag den Zwangsverwalter mit seinem gesamten Vertragsinhalt binde.

[189] BGH VIII ZR 168/05, NJW 2006, 2626 Rn. 11; BGH VIII ZR 184/0, NJW 2009, 1673; BGH VIII ZR 336/08, NJW 2009, 3505.

[190] BGH VIII ZR 330/03, NZM 2005, 596.

[191] Siehe vor allem *Keller* NZI 2009, 745; *Alff/Hintzen* Rechtspfleger 2003, 635 sowie die weiteren Nachweise bei BGH VIII ZR 330/03, NZM 2005, 596 und *Drasdo* NJW 2011, 1784; skeptisch auch MüKoBGB/*Häublein* § 566a Rn. 4.

[192] Siehe die ausführlichen Nachweise in BGH VIII ZR 330/03, NZM 2005, 596; außerdem eing. LG Lüneburg ZMR 2009, 688 und *Milger* NJW 2011, 1252.

[193] So die herrschende mietrechtliche Auffassung; s. Nachweise bei → BGB § 551 Rn. 105. Das Strafurteil BGH 5 StR 354/07, NJW 2008, 1827 (krit. dazu *Pauly* ZMR 2010, 256) steht dem nicht entgegen. Danach sind die schuldrechtliche Pflicht zur Anlage der Kaution und die Vermögensbetreuungspflicht bei der Untreue auseinanderzuhalten. Bei der Gewerbemiete gebe es eine Vermögensbetreuungspflicht nicht, bei der Wohnraummiete folge sie aus der Spezialvorschrift des § 551 BGB. Hinsichtlich der schuldrechtlichen Pflicht zur Kautionsanlage ist der Strafsenat zwar skeptisch, ob sie in der bloßen Vereinbarung einer Kaution schon mit enthalten sei oder ob sie gesondert geregelt werden müsse. Die herrschende mietrechtliche Lit. geht aber – wie erwähnt – von einer konkludenten Vereinbarung aus.

[194] Wolf/Eckert/Ball Gewerbl. Miet-/Pacht-/LeasingR-HdB Rn. 1538 mwN.

[195] Der BGH hat in BGH VIII ZR 210/05, NZM 2006, 680 diese Frage offen gelassen.

[196] → BGB § 566 Rn. 51.

[197] BGH VIII ZR 210/05, NZM 2006, 680.

dass auch der Zwangsverwalter trotz Vertragsbeendigung bei Verbleiben des Mieters in dem Objekt die Kaution fordern kann bzw. ihm die Rechte daraus zustehen, dass er aber auch zur Kautionsrückzahlung verpflichtet ist.[198] Dafür spricht zudem der Wortlaut des § 152 Abs. 2 ZVG, wenn dort die Formulierung „überlassen ist" verwendet wird.[199] Dagegen spricht nicht die Überlegung dass ein vertragsbrüchiger Mieter (Räumungsverzug) durch einen solchen Rückzahlungsanspruch gegen den Zwangsverwalter quasi belohnt würde[200]; der Zwangsverwalter würde bei der hier vertretenen Sicht nämlich – wie ein Erwerber – nicht nur Pflichten, sondern auch Rechte (an der Kaution) erhalten. Der Zwangsverwalter ist hingegen nicht zur Rückerstattung verpflichtet, wenn das Mietgrundstück *nach* Beendigung des Mietverhältnisses zwangsversteigert und die Zwangsverwaltung deshalb aufgehoben wird. Zwar fällt das Vertragsende als das den Rückzahlungsanspruch auslösende Ereignis in die Zeit der Zwangsverwaltung. Mit dem Ende der Zwangsverwaltung verliert der Zwangsverwalter aber die Verwaltungsbefugnis, der Mieter muss sich an den Vermieter halten. Die Pflicht zur ordnungsgemäßen Abwicklung der Zwangsverwaltung erfordert keine andere Sicht, sondern führt nur dazu, dass der Zwangsverwalter eine bei ihm vorhandene Sicherheit an den Vermieter aushändigen muss, sofern sie nicht dem Ersteher gebührt.[201] Im Übrigen führt nur dieses Ergebnis zu einem Gleichlauf mit dem Verlust der Prozessführungsbefugnis nach Aufhebung der Zwangsverwaltung (→ Rn. 43).

Der Mieter kann grds. gegenüber einem Mietzins- oder Schadensersatzanspruch des Zwangsverwalters nicht mit dem Anspruch auf Kautionsrückzahlung **aufrechnen.** Bis zur Abrechnungsreife der Kaution folgt dies schon aus der Kautionsabrede. Danach stehen einer solchen Aufrechnung § 392 BGB bzw. §§ 1124 Abs. 2, 1125 BGB entgegen.[202] § 392 BGB ist anwendbar, weil der Mietzins- bzw. Schadensersatzanspruch vor dem Kautionsrückzahlungsanspruch fällig geworden sein muss, da ansonsten keine Abrechnungsreife eingetreten wäre. §§ 1124 Abs. 2, 1125 BGB sehen zugunsten der Hypothekengläubiger ein Aufrechnungsverbot gegenüber solchen Ansprüchen des Vermieters vor, die nach der Beschlagnahme entstanden sind. Letztlich wird es aber meist (es sei denn, die Zwangsverwaltung ist masseunzulänglich) doch auf eine Verrechnung hinauslaufen, wenn nämlich der Mieter den Zwangsverwalter befriedigt und dieser das soeben erhaltene Geld zur Erfüllung des Kautionsrückerstattungsanspruchs zurückzahlt. Aus diesem Grund erscheint es ausnahmsweise gerechtfertigt, eine direkte Aufrechnung zuzulassen.[203] **42**

Eine Klage gegen den Zwangsverwalter auf Kautionsrückzahlung ist unzulässig, wenn die Zwangsverwaltung vor Rechtshängigkeit aufgehoben wurde; dem Zwangsverwalter fehlt die **Prozessführungsbefugnis** selbst dann, wenn die Aufhebung zwischen Anhängigkeit und Rechtshängigkeit erfolgte.[204] Ansonsten zu den Folgen der Anordnung oder Aufhebung einer Zwangsverwaltung → BGB § 566 Rn. 156. **43**

## I. Insolvenz des Vermieters

Die Insolvenz des Vermieters ist **kein Anwendungsfall** des § 566a BGB, da sie gem. § 108 Abs. 1 InsO das Bestehen des Mietverhältnisses nicht berührt (zur Veräußerung des Grundstücks durch den Insolvenzverwalter → Rn. 47). Weil aber der Mietvertrag fortbesteht, haben ihn Mieter und Insolvenzverwalter genauso zu erfüllen wie vor der Insolvenz; die Rechtslage ist insofern vergleichbar derjenigen bei der Zwangsverwaltung unter § 152 Abs. 2 ZVG. Die Insolvenz allein berechtigt den Mieter deswegen nicht, die Rückerstattung der Sicherheit zu verlangen oder mit dem Rückerstattungsanspruch aufzurechnen[205]; die Sicherheit erfüllt vielmehr ihren Sicherungs- **44**

---

[198] So auch Blank/Börstinghaus/*Blank* BGB § 551 Rn. 122; zweifelnd Wolf/Eckert/Ball Gewerbl. Miet-/Pacht-/LeasingR-HdB Rn. 1504; offenlassend BGH VIII ZR 210/05, NZM 2006, 680; **aA** *Milger* NJW 2011, 1253 mit dem gewichtigen Hinweis auf die Vertragsbrüchigkeit des Mieters, der deshalb keinen Schutz verdiene.

[199] Blank/Börstinghaus/*Blank* BGB § 551 Rn. 122; anders möglicherweise BGH VIII ZR 210/05, NZM 2006, 680, wo der BGH aber von einem falschen Wortlaut des § 152 Abs. 2 ZVG ausgeht („überlassen war" anstatt „überlassen ist").

[200] So aber *Milger* NJW 2011, 1253.

[201] Das ist nach der hier vertretenen Meinung der Fall, wenn der Mieter bei Eigentumsübergang noch nicht ausgezogen war (→ Rn. 4).

[202] Staudinger/*Emmerich* BGB § 566a Rn. 6.

[203] Ähnlich Fischer-Dieskau/Pergande/Schwender WohnungsbauR/*Geldmacher* BGB § 566a Anm. 11.1.

[204] BGH VIII ZR 301/03, NZM 2006, 312; BGH VIII ZR 189/09, NZM 2010, 698.

[205] *Cymutta* WuM 2008, 441; Staudinger/*Emmerich* BGB § 566a Rn. 7.

zweck in gleicher Weise wie vor dem Eintritt der Insolvenz. Der Insolvenzverwalter darf eine vom Mieter noch nicht geleistete Sicherheit einfordern[206], muss sie dann aber entsprechend der Kautionsabrede bzw. entsprechend § 551 Abs. 3 BGB anlegen und verwalten.

45 Den Insolvenzverwalter soll nach der Rspr. des BGH[207] bei bestehendem Mietverhältnis eine **Pflicht zur insolvenzfesten Anlage** auch dann nicht treffen, wenn der Vermieter (Schuldner) die Kaution zwar erhalten, aber nicht insolvenzfest angelegt hat; der Insolvenzverwalter müsse dies nicht (aus der Insolvenzmasse) nachholen, der Mieter hat kein Zurückbehaltungsrecht an den laufenden Mietzahlungen. Der BGH[208] stellt aber zu Unrecht auf die Zäsurwirkung der Insolvenzeröffnung ab. Zwar ist es richtig, dass die Pflicht zur insolvenzfesten Anlage der Kaution schon vor Insolvenzeröffnung fällig ist; der BGH verkennt aber den Dauercharakter dieser Pflicht, die die Aufrechterhaltung der insolvenzfesten Anlage über die Vertragsdauer hinweg beinhaltet.[209] Außerdem gibt es einen Widerspruch zu der → Rn. 47 vertretenen Ansicht.

46 Endet das Mietverhältnis *vor* Eröffnung des Insolvenzverfahrens, so gibt es keinen Vertrag mehr, den der Insolvenzverwalter gem. § 108 InsO fortführen könnte. Der Mieter kann deshalb nach Eintritt der Abrechnungsreife vom Insolvenzverwalter die **Rückerstattung der Sicherheit** im Wege der Aussonderung gem. § 47 InsO nur verlangen bzw. mit eigenen Ansprüchen aufrechnen, wenn nach der Abrechnung durch den Insolvenzverwalter noch ein Erstattungsanspruch verbleibt und wenn es sich um eine aussonderungsfähige Sicherheit iSv § 47 InsO handelt, also um eine Sicherheit, die nicht zum Schuldner-(Vermieter-)Vermögen gehört bzw. von dem Schuldner treuhänderisch und dinglich getrennt vom seinem übrigen Vermögen verwaltet wurde.[210] Eine derartige Sicherheit ist insbes. bei einem vom Mieter dem Vermieter verpfändetes Sparbuch bzw. bei verpfändeten Wertpapieren sowie bei einem offen als Mietsicherheit ausgewiesenes Treuhandkonto gem. § 551 Abs. 3 BGB gegeben; auch die Rückgabe einer Bürgschaftsurkunde dürfte hierunter fallen. Eine Sicherheit, die diesen Anforderungen nicht genügt, insbes. eine Barkaution, die sich zum Zeitpunkt der Eröffnung des Insolvenzverfahrens im sonstigen Vermögen des Vermieters befindet („Barkaution zur freien Verfügung"), ist nicht aussonderungsfähig gem. § 47 InsO, der Mieter kann sie deshalb bei vor Insolvenzeröffnung beendetem Mietverhältnis nicht vom Insolvenzverwalter heraus verlangen oder mit dem Rückerstattungsanspruch aufrechnen (§ 95 Abs. 1 S. 3 InsO); der Rückerstattungsanspruch ist vielmehr nur einfache Insolvenzforderung, die quotenmäßig befriedigt wird.[211]

47 Umstritten ist, ob der **Erwerber eines Grundstücks,** das ihm vom Insolvenzverwalter veräußert wurde, zur Rückerstattung einer Barkaution verpflichtet ist, die er vom Insolvenzverwalter nicht erhalten hat, weil sie nicht aussonderungsfähig im Vermögen des Vermieters vorhanden war. Teilweise[212] wird in diesen Fällen eine teleologische Reduktion von § 566a BGB befürwortet, weil der Erwerber bei der Preisfindung berücksichtige, wenn er zur Kautionsrückerstattung verpflichtet sei, ohne die Kaution selbst erhalten zu haben, was zu Lasten der Insolvenzgläubiger gehe und deswegen den Zielen des Insolvenzverfahrens widerspreche; der Mieter sei nicht schutzwürdig, weil er sich durch seinen Anspruch auf insolvenzfeste Anlage und das daraus folgende Zurückbehaltungsrecht vor einer solchen Situation hätte bewahren könne. Einer solchen teleologischen Reduktion ist aus vielerlei Gründen zu widersprechen.[213] Zunächst bietet das Recht des Mieters, die insolvenzfeste Anlage der Kaution zu verlangen, gerade in der Krise des Vermieters keinen zuverlässigen Schutz vor Missbrauch (→ Rn. 40). Weiter ist es rein tatsächlich nicht gesichert, ob und ggf. in welcher Höhe der Kaufpreis durch das Fehlen (einzelner, aller?) Sicherheiten negativ beeinflusst wird; die Preisfindung ist ein komplexer Vorgang, der sich pauschalen Urteilen entzieht. Abgesehen davon stünde die Insolvenzmasse genauso, wenn der Schuldner das Grundstück in der Krise selbst

---

[206] Staudinger/*Emmerich* BGB § 566a Rn. 7.

[207] BGH IX ZR 9/12, NZM 2013, 145 mwN; **aA** *Derleder* EWiR § 108 InsO 1/13, 81; NJW 2008, 1153; *Streyl* GuT 2009, 371.

[208] BGH IX ZR 9/12, NZM 2013, 145 Rn. 10f.; dem BGH folgend *Jacoby* ZMR 2015, 1, der auch allg. die Ansprüche des Mieters bei Insolvenz und Zwangsverwaltung untersucht.

[209] Siehe weitergehend in → 10. Aufl. 2011, BGB § 566a Rn. 45 sowie bei *Streyl* GuT 2009, 371.

[210] BGH IX ZR 132/06, NJW 2008, 1152 mkritAnm *Derleder.*

[211] BGH IX ZR 132/06, NJW 2008, 1152 mkritAnm *Derleder;* BGH IX ZR 9/12, NZM 2013, 145 Rn. 11 mwN; *Timme* NZM 2008, 429; *Cymutta* WuM 2008, 441; zu den Möglichkeiten und Voraussetzungen, die Mietsicherheit insolvenzfest anzulegen, s. *Eckert* ZMR 2010, 9.

[212] *Noltin* NZI 2007, 149; *Cymutta* WuM 2008, 442.

[213] Ähnlich MüKoBGB/*Häublein* § 566a Rn. 14; *Geldmacher* DWW 2011, 180, unter Hinweis auf die Gesetzgebungsgeschichte; s. auch BGH XII ZR 13/10, NJW 2012, 1353, der einen Rückerstattungsanspruch des Mieters gegen den Erwerber für den ähnlich gelagerten Fall des Erwerbs in der Zwangsversteigerung annimmt.

verkauft und wegen der nicht auf den Erwerber zu übertragenden Kautionen einen geringeren Kaufpreis erzielt hätte; ein Fall inkongruenter Deckung läge nicht vor. Wenn man tatsächlich eine teleologische Reduktion annehmen würde, dann müsste konsequenterweise nicht nur der Ersterwerber von der Rückerstattungspflicht (und allen anderen Rechten und Pflichten aus der Kautionsabrede) befreit sein, sondern auch alle evtl. Folgeerwerber.[214] Wenn nämlich bei Verkauf eines Grundstücks durch einen Insolvenzverwalter die Rechte und Pflichten aus der Kaution nicht auf den Ersterwerber übergehen, dann bestehen in der Person dieses Ersterwerbers auch keine Rechte und Pflichten in Bezug auf die Kaution, die gem. § 566a BGB auf die Folgeerwerber übergehen könnten. Entscheidend ist schließlich, dass der Gesetzgeber durch die in § 566a BGB vorgesehene, vom Erhalt der Kaution nicht abhängige Rückerstattungspflicht den Mieterschutz vor die Interessen des Erwerbers, aber auch vor die Interessen der Gläubiger des Vermieters gestellt hat.[215] Für die Gläubiger des Vermieters in der Zwangsverwaltung hat der BGH[216] das anerkannt; es besteht kein Grund zu der Annahme, dass er dies für die Insolvenzgläubiger anders sehen könnte.

## J. Abweichende Vereinbarungen

§ 566a BGB selbst enthält kein zwingendes Recht[217], abweichende Vereinbarungen sind möglich. Dies gilt für **Individualvereinbarungen** uneingeschränkt[218], wenn daran sowohl Veräußerer, Erwerber als auch der Mieter beteiligt sind bzw. dem zustimmen; ansonsten (bei nur zweiseitiger Vereinbarung) muss geprüft werden, ob ein unzulässiger Vertrag zu Lasten Dritter (meist des Mieters, da es in der Regel um den Ausschluss der Veräußererhaftung geht) vorliegt.[219] Wie → Rn. 32 ausgeführt ist in dem Verlangen des Mieters, die Sicherheit auf den Erwerber zu übertragen, keine (individualvertragliche) Erklärung der Haftentlassung gesehen werden.[220] Veräußerer und Erwerber können auch nicht vereinbaren, dass die Sicherheit beim Veräußerer verbleibt[221], da dies das Recht des Mieters, die Herausgabe an den Erwerber zu verlangen, beeinträchtigen würde (→ Rn. 18).[222] **48**

Eine **formularvertragliche Abweichung** von § 566a BGB zu Lasten des Mieters ist grds. nicht möglich[223], da dies sowohl im Wohnraum- als auch im Gewerberaummietverhältnis zu einer unangemessenen Benachteiligung bzw. zu einer Abweichung von einem wesentlichen Grundgedanken des Gesetzes iSv § 307 BGB führt.[224] Meist geht es hierbei um eine Enthaftung des Veräußerers. Diese soll ausnahmsweise durch AGB vereinbart werden können, wenn es unter der Bedingung steht, dass der Veräußerer die Sicherheit gem. § 551 Abs. 3 BGB insolvenzfest angelegt hat und sie vollständig auf den Erwerber übergegangen ist.[225] Diese Bedingungen erscheinen jedoch als nicht ausreichend[226], vielmehr ist zusätzlich zu fordern, dass der Erwerber nicht die Möglichkeit haben darf, allein, also ohne Mitwirkung des Mieters über die Sicherheit zu verfügen[227] (was etwa bei einer Verpfändung des Kontos der Fall wäre). Ohne das bestünde nämlich die Möglichkeit, dass der Erwerber unberechtigt, also nicht zur Befriedigung berechtigter Ansprüche aus dem Mietverhältnis, auf die Sicherheit zugreift und sie nicht zurückerstatten kann, was ebenfalls die Haftung des Veräußerers gem. § 566a S. 2 BGB nach sich ziehen würde. Der BGH[228] hat eine Enthaftung des Veräußerers durch eine formularmäßige vorbereitete Erklärung eines Zwangsverwalters, dieser werde nach Übertragung der Kaution an den Erwerber aus der „bürgenähnlichen Haftung" entlassen, wegen der Unklarheitenregel des § 305c Abs. 2 BGB scheitern lassen, weil auch die Auslegung möglich **49**

[214] MüKoBGB/*Häublein* § 566a Rn. 14.
[215] MüKoBGB/*Häublein* § 566a Rn. 14.
[216] BGH VIII ZR 330/03, NZM 2005, 596.
[217] Staudinger/*Emmerich* BGB § 566a Rn. 18; MüKoBGB/*Häublein* § 566a Rn. 21.
[218] Wird über den Regelungsgehalt des § 566a BGB hinaus in die Kautionsabrede selbst eingegriffen, so ist § 551 Abs. 4 BGB zu beachten.
[219] Soergel/*Heintzmann* BGB § 566a Rn. 10.
[220] So auch MüKoBGB/*Häublein* § 566a Rn. 22 mit Nachweisen auf die Gegenmeinung.
[221] So aber Blank/Börstinghaus/*Blank* BGB § 566a Rn. 22.
[222] Zu notariellen Gestaltungsmöglichkeiten s. *Plagemann* NotBZ 2013, 2; *Häublein* FS 25 Jahre deutsches Notarinstitut, 2018, 95; *Baer* AnwZert MietR 15/2019 Anm. 1.
[223] MüKoBGB/*Häublein* § 566a Rn. 21; offenlassend BGH VIII ZR 143/12, NZM 2013, 230 Rn. 18.
[224] *Derleder* WuM 2002, 243.
[225] *Derleder* WuM 2002, 243; *Börstinghaus* NZM 2004, 486.
[226] So auch MüKoBGB/*Häublein* § 566a Rn. 21; *Lehmann-Richter* WImmoT 2008, 171.
[227] Ähnlich MüKoBGB/*Häublein* § 566a Rn. 21.
[228] BGH VIII ZR 143/12, NZM 2013, 230 Rn. 18.

erscheine, es sei nur die Haftungsentlassung des Zwangsverwalters und nicht (auch) die des Veräußerers gemeint.

50 Eine **Rückgabe der Sicherheit** an den Mieter durch den Veräußerer vor Eigentumsübergang wirkt haftungsbefreiend und stellt außerdem eine den Erwerber bindende Änderung des Vertrages dar, nämlich die Abbedingung der Pflicht zur Sicherheitsleistung[229], sofern Veräußerer und Mieter nicht gleichzeitig vereinbaren, die Sicherheit müsse nach Eigentumsübergang erneut und dann an den Erwerber geleistet werden. Letzteres würde aber – bei AGB – auf eine unzulässige Abbedingung der Veräußererhaftung nach § 566 a S. 2 BGB hinauslaufen.

## K. Beweislast

51 Der Mieter trägt im Rückerstattungsprozess die Beweislast dafür, dass und in welcher Höhe er die Sicherheit geleistet hat.[230] Ob er an den Veräußerer oder den Erwerber geleistet hat bzw. leisten musste, ist für die Beweislast unerheblich. Verlangt der Erwerber die Herausgabe der Sicherheit vom Veräußerer, muss er beweisen, dass der Mieter sie geleistet hatte.[231] Der Erwerber ist für die berechtigte Inanspruchnahme der Sicherheit beweisbelastet, und zwar auch dann, wenn der Veräußerer die Sicherheit verwertet hat.[232] Der Mieter hat im Rahmen der subsidiären Haftung gem. § 566 a S. 2 BGB zu beweisen, dass er die Sicherheit von dem Erwerber nicht zurückerlangen kann.[233]

---

[229] → Rn. 32.
[230] MüKoBGB/*Häublein* § 566 a Rn. 13.
[231] Soergel/*Heintzmann* BGB § 566 a Rn. 9.
[232] AnwK WohnraummietR/*Lammel* BGB § 566 a Rn. 19, 31; MüKoBGB/*Häublein* § 566 a Rn. 13.
[233] MüKoBGB/*Häublein* § 566 a Rn. 16.

## § 566b Vorausverfügung über die Miete

**(1) [1]Hat der Vermieter vor dem Übergang des Eigentums über die Miete verfügt, die auf die Zeit der Berechtigung des Erwerbers entfällt, so ist die Verfügung wirksam, soweit sie sich auf die Miete für den zur Zeit des Eigentumsübergangs laufenden Kalendermonat bezieht. [2]Geht das Eigentum nach dem 15. Tag des Monats über, so ist die Verfügung auch wirksam, soweit sie sich auf die Miete für den folgenden Kalendermonat bezieht.**

**(2) Eine Verfügung über die Miete für eine spätere Zeit muss der Erwerber gegen sich gelten lassen, wenn er sie zur Zeit des Übergangs des Eigentums kennt.**

### Systematische Übersicht



### Alphabetische Schnellübersicht



### A. Überblick zu §§ 566b–566d BGB

1 Die §§ 566b–566d BGB sind in engem Zusammenhang zueinander und zu § 566 BGB zu sehen. Gemäß § 566 BGB tritt der Erwerber eines Grundstücks für die Zeit seines Eigentums in die Rechte und Pflichten des Vermieters/Veräußerers aus dem Mietvertrag ein; er übernimmt den Vertrag grds. so, wie er zum Zeitpunkt des Eigentumsübergangs bestanden hat (Einzelheiten → BGB § 566 Rn. 96). § 566 BGB schützt das Interesse des Mieters an der Fortsetzung des Mietverhältnisses. Auch wenn der Übergang des Vertrages oftmals auch im (wirtschaftlichen) Interesse der Erwerbers liegt, so handelt es sich doch um eine ausgesprochene Mieterschutzvorschrift[1]; gleiches gilt für § 566a BGB.[2] Das scheint auf den ersten Blick auch bei §§ 566b–566d BGB so zu sein,

---

[1] Einhellige Meinung → BGB § 566 Rn. 7.

[2] → BGB § 566a Rn. 2.

wenn der Gesetzeswortlaut von der Wirksamkeit von Verfügungen, Vereinbarungen und Aufrechnungen in Bezug auf die Miete spricht. Diese Formulierungen verschleiern aber, dass eher die Unwirksamkeit von derartigen Verfügungen, Vereinbarungen und Aufrechnungen in Bezug auf die Miete die Regel ist, weil der Erwerber sie nämlich – grob vereinfacht – nur für den zum Zeitpunkt des Eigentumsübergangs laufenden Monat bzw. den Folgemonat gegen sich gelten lassen muss. Die Normstruktur der §§ 566b–566d BGB ist an §§ 406ff. BGB angelehnt, der Schutzumfang aber an §§ 1124, 1125 BGB ausgerichtet.

2 **§ 566b BGB** regelt die Wirksamkeit von **Verfügungen des Veräußerers über die Miete.** Entscheidender Stichtag ist grds. der Zeitpunkt des Eigentumsübergangs. Hat der Veräußerer vor dem Eigentumsübergang über die Miete für einen danach liegenden Zeitraum verfügt, so ist die Verfügung gegenüber dem Erwerber nur bzgl. des bei Eigentumswechsel laufenden Kalendermonats wirksam, wenn das Eigentum spätestens zum Ablauf des 15. Tages des Monats übergeht; die Verfügung ist bzgl. der Miete für den laufenden und den folgenden Monat wirksam, wenn der Eigentümerwechsel nach dem 15. Tag des Monats erfolgt; sie ist für eine unbeschränkte Zeit wirksam, wenn der Erwerber die Verfügung zum Zeitpunkt des Eigentumsübergangs kennt.

3 **§ 566c BGB** regelt die Wirksamkeit von **Rechtsgeschäften über die Miete** zwischen Veräußerer und Mieter. Für die Wirksamkeit kommt es auf die Kenntnis des Mieters vom Eigentumsübergang an. Ist ein Rechtsgeschäft über die Miete vor dem Eigentumsübergang vorgenommen worden, so ist es gegenüber dem Erwerber bzgl. der Miete mindestens für den laufenden Kalendermonat wirksam, in dem der Mieter von dem Eigentumsübergang positive Kenntnis erlangt; das Rechtsgeschäft ist bzgl. der Miete für den laufenden Kalendermonat und den Folgemonat wirksam, wenn der Mieter die Kenntnis vom Eigentumsübergang erst nach dem 15. Tag des Monats erlangt; es ist für eine unbegrenzte Zeit wirksam, wenn der Mieter vom Eigentumsübergang keine Kenntnis erlangt. Wurde das Rechtsgeschäft nach dem Eigentumsübergang vorgenommen, so ist es unwirksam, wenn der Mieter bei der Vornahme des Rechtsgeschäfts von dem Eigentumsübergang positive Kenntnis hatte.

4 **§ 566d BGB** regelt die Möglichkeiten des Mieters, gegenüber den Mietforderungen des Erwerbers mit solchen Forderungen aufzurechnen, die ihm gegen den Veräußerer zustehen. Für die Möglichkeit der **Aufrechnung** ist grds. auf die Kenntnis des Mieters vom Eigentumsübergang bei Erwerb der Forderung gegen den Veräußerer abzustellen. Eine Aufrechnung mit einer Forderung, die dem Mieter gegen den Veräußerer zusteht, kann auch nach dem Eigentumsübergang wirksam dem Erwerber gegenüber erklärt werden mindestens bzgl. der Miete für den laufenden Kalendermonat, in welchem der Mieter von dem Eigentumsübergang positive Kenntnis erlangt hat; eine Aufrechnung gegenüber dem Erwerber ist möglich bzgl. der Miete für den laufenden Kalendermonat und den Folgemonat, wenn der Mieter vom Eigentumsübergang erst nach dem 15. Tag des Monats Kenntnis erlangt hat; die Aufrechnung ist möglich bzgl. der Miete für eine unbegrenzte Zeit, wenn der Mieter vom Eigentumsübergang keine Kenntnis erlangt. Eine Aufrechnung ist gegenüber dem Erwerber unwirksam, wenn der Mieter die Gegenforderung erworben hat, nachdem er von dem Eigentumsübergang Kenntnis erlangt hat, oder wenn die Gegenforderung erst nach der Erlangung der Kenntnis und später als der Mietzins fällig geworden ist.

## B. Entstehungsgeschichte

5 Durch die zum 1.9.2001 in Kraft getretene Mietrechtsreform wurden die Vorgängervorschriften in geringem Maße redaktionell, nicht aber inhaltlich geändert. § 566b BGB entspricht § 573 BGB aF, § 566c BGB entspricht § 574 BGB aF und § 566d BGB entspricht § 575 BGB aF. In dieser Form galten die Vorgängervorschriften seit 1953, von 1931–1953 gab es inhaltsgleiche Regelungen außerhalb des BGB.[3] Davor, nämlich von 1915–1931 stellten die §§ 573–575 BGB aF nicht auf den Kalendermonat ab, sondern auf das Kalendervierteljahr.[4] Vorausverfügungen und Vereinbarungen über die Miete waren wirksam bis zum Ende des Kalendervierteljahres nach Eigentumsübergang (§ 573 BGB aF) bzw. Kenntnis des Mieters davon (§ 574 BGB aF); bei Eigentumsübergang bzw. Kenntnis davon innerhalb des letzten halben Monats waren sie wirksam bis zum Ende des folgenden Kalendervierteljahres. Von Inkrafttreten des BGB bis 1915 waren Vorausverfügungen

[3] Einzelheiten bei MüKoBGB/*Häublein* § 566b Rn. 6.
[4] Vgl. *Planck,* Planck's Kommentar zum Bürgerlichen Gesetzbuch, 4. Aufl. 1930, S. 881.

bzw. Vereinbarungen über den Mietzins für das laufende und das folgende Kalendervierteljahr wirksam.[5]

## C. Zweck und Regelungszusammenhang der §§ 566b–566d BGB

Das Verständnis der §§ 566b–566d BGB fällt nicht leicht. Das ist wohl einmal bedingt dadurch, 6
dass – wie oben erwähnt – §§ 566, 566a BGB ausgesprochene Mieterschutzvorschriften sind und bei ihnen immer betont wird, der Erwerber trete vollständig und mit allen Änderungen so in den Vertrag ein, wie er ihn bei dem Eigentumsübergang vorfinde; dann aber ist es zunächst schwer nachvollziehbar, den §§ 566b, 566c BGB entnehmen zu müssen, dies gelte für die aus Mietersicht naturgemäß bedeutungsvolle Mietzinszahlungspflicht nur eingeschränkt, der Mieter habe vielmehr uU Leistungen an den Veräußerer vergeblich erbracht und müsse an den Erwerber nochmals zahlen. Zum anderen wird das Verständnis der Vorschriften erschwert durch die Frage der Abgrenzung von Vorausverfügungen über die Miete (§ 566b BGB) und Vereinbarungen über die Miete (§ 566c BGB).

Das Verständnis erschließt sich – wie meistens – durch genaue Analyse des Wortlautes und Kennt- 7
nis des **Zwecks der Vorschriften.** Der historische Gesetzgeber des BGB hatte ursprünglich Vorbehalte gegen den in § 566 BGB verankerten Grundsatz „Kauf bricht nicht Miete“ und deshalb ein Sonderkündigungsrecht des Erwerbers vorgesehen.[6] Auf öffentlichen Druck hin wurde die jetzige Regelung Gesetz, wonach Mietverhältnisse bei Veräußerung des Mietobjektes auf den Erwerber übergehen. Als die Gesetzgebungskommission dem öffentlichen Druck nachgab, betonte sie aber die Gefahr für den Erwerber (und damit auch für potentielle Grundpfandgläubiger), wenn Vorausverfügungen über die Miete gegenüber dem Erwerber wirksam seien; dann nämlich erhalte der Erwerber möglicherweise über längere Zeit nicht das seiner Gebrauchsüberlassungspflicht entsprechende Entgelt, was dem Wesen des Mietvertrages widerspreche.[7] Das birgt die weitere Gefahr, dass der Erwerber die Forderungen der Grundpfandgläubiger uU nicht mehr aus dem Ertrag des Grundstücks befriedigen kann. Es wurden deshalb verschiedene Schutzmechanismen in das Gesetz eingebaut, nämlich etwa das Schriftformerfordernis des § 550 BGB und das Sonderkündigungsrecht des § 57a ZVG. Beides wirkt allerdings kaum bei Wohnraummietverhältnissen, da Folge des Schriftformverstoßes nicht die Unwirksamkeit des gesamten Vertrages ist, sondern nur die Unwirksamkeit einer evtl. Befristung. Für eine Kündigung eines in dieser Weise unbefristeten Wohnraummietvertrages ist – genauso wie bei § 57a ZVG – ein berechtigtes Interesse iSv § 573 BGB notwendig. Effektiver wird die Rentabilität für den Erwerber durch §§ 566b–566d BGB gesichert. Zwar sind diese Regelungen den Schuldnerschutzvorschriften der §§ 406ff. BGB nachgebildet und ihre Formulierungen betonen vordergründig die Wirksamkeit von Vorausverfügungen bzw. Vereinbarungen über die Miete (was das Verständnis der Normen nicht fördert). Das darf aber nicht darüber hinwegtäuschen, dass §§ 566b–566d BGB entsprechend dem Willen des Gesetzgebers auch sicherstellen sollen, dass der Erwerber in den Genuss des auf seine Mietzeit entfallenden Mietzinses kommt.[8] Das mag zunächst einseitig belastend für den Mieter erscheinen, ist aber insgesamt betrachtet als Ausgleich für den durch § 566 BGB gewährten Bestandschutz zu verstehen. Mieterschützend wirkt[9], dass die Beschränkungen der §§ 566c, 566d BGB nur eingreifen, wenn der Mieter Kenntnis vom Eigentumsübergang hat. Abgesehen davon wird nicht nur der Mieter belastet, sondern durch § 566b BGB bspw. auch diejenigen Dritten, denen der Veräußerer die Miete abgetreten hatte. Die Belange des Veräußerers hat der Gesetzgeber mit der zeitlich begrenzten Wirksamkeit von Vorausverfügungen bzw. von Vereinbarungen über den Mietzins berücksichtigt, weil er hierfür ein oftmals vorhandenes wirtschaftliches Bedürfnis sah.[10] Die Vorschriften der §§ 566ff. BGB schaffen so insgesamt einen Ausgleich der unterschiedlichen Interessen von Mieter, Erwerber und Veräußerer.[11] Die Schutzrichtung der §§ 566b–566d BGB hat sich dabei im Laufe der Normgeschichte (→ Rn. 5) immer weiter zu Gunsten des Erwerbers verschoben. Daneben bewirken die §§ 566b–566d BGB im Hinblick auf §§ 161,

---

[5] Vgl. *Planck,* Planck's Kommentar zum Bürgerlichen Gesetzbuch, 4. Aufl. 1930, S. 881.
[6] Zur Gesetzesgeschichte → BGB § 566 Rn. 6.
[7] Mugdan, Bd. 2, Motive S. 816f.; ähnlich *Dedek* ZMR 1998, 681; *Dötsch* NZM 2012, 297.
[8] *Dedek* ZMR 1998, 681; *Dötsch* NZM 2012, 297.
[9] So zu Recht MüKoBGB/*Häublein* § 566b Rn. 2. Dieser Mieterschutz entspricht der Absicht des historischen Gesetzgebers, vgl. Mugdan, Bd. 2, Motive S. 823.
[10] Mugdan, Bd. 2, Motive S. 823.
[11] MüKoBGB/*Häublein* § 566b Rn. 4.

163 BGB Rechtsklarheit, weil sie die Mietzinsforderung eindeutig zuordnen.[12] Die **§§ 1124, 1125 BGB** enthalten eine den §§ 566b–566d BGB ähnliche Regelung, die über den Verweis in §§ 148, 20, 21 ZVG auch für ein unter Zwangsverwaltung stehendes Grundstück gelten. Dadurch werden auch die Grundpfandgläubiger in den Interessenausgleich einbezogen, weshalb die Vorschriften einheitlich auszulegen sind.[13]

8 Das Gesetz geht in §§ 566b–566d BGB davon aus, dass der Mietzins – entsprechend der ganz vorherrschenden praktischen Handhabung – periodisch bemessen und zahlbar ist, nämlich nach Kalendermonaten. Das kommt dadurch zum Ausdruck, dass es die Mietzahlung auf den Kalendermonat bezieht und die die Wirksamkeit von Vorausverfügungen und Vereinbarungen über die Miete an den Kalendermonat anknüpft. Durch die beschränkte Wirksamkeit von Vorausverfügungen und Vereinbarungen über die Miete kann und soll dem Erwerber nicht eine wirtschaftlich angemessene Miete gesichert werden, da dies auf eine Preiskontrolle hinauslaufen würde. Er soll auch nicht vor jeglichen Veränderungen des Mietniveaus geschützt werden, da er ansonsten zwar nicht an die Vereinbarung einer niedrigeren Miete gebunden wäre, aber auch von Mieterhöhungen nicht profitieren würde. Die eigentliche Aufgabe der Vorschriften kann man vielmehr schon aus deren Wortlaut herleiten. Dort ist nirgendwo von Veränderung (des ursprünglichen Mietvertrages) die Rede, sondern nur davon, dass bestimmte rechtliche Vorgänge (Vorausverfügungen und Vereinbarungen) dem Erwerber gegenüber keine Auswirkung auf die „Miete" (§ 566b Abs. 1 S. 1 BGB) bzw. die „Mietforderung" (§ 566c S. 1 BGB) haben. Wenn das Gesetz aber solche Vorausverfügungen und Vereinbarungen über die Miete zwischen dem Veräußerer und dem Mieter wirksam sein lässt, gegenüber dem Erwerber aber nicht (oder nur sehr eingeschränkt), soweit sie seine Eigentumszeit betreffen, so kann das ausschließlich den Sinn haben, dem Erwerber für die Zeit, für die er die Gebrauchsüberlassung schuldet, auch die **Gegenleistung,** die Miete, zukommen zu lassen.[14] Wäre dem nicht so, so könnte sich in der Tat, die vom historischen Gesetzgeber gesehene Gefahr realisieren, dass die Verkehrsfähigkeit von Grundstücken leidet.[15] Kann nämlich ein Erwerber laufende Einnahmen aus dem Grundstück nicht erzielen, weil der Veräußerer über die Mieten gegenüber dem Mieter oder einem Dritten schon verfügt hat, wird sich kaum ein Käufer oder – wichtiger – kaum ein Ersteigerer zu einem angemessenen Preis finden. Diese Gefahr beeinträchtigt auch schon die Belastungsgrenze, bis zu der Grundpfandkredite vergeben werden, mit der Folge, dass Kapital für einen Grundstückskauf schwerer aufzubringen ist. §§ 566b–566d BGB gewähren also **keinen Schutz vor Veränderungen des Mietniveaus**[16], es geht vielmehr darum, dass die Miete in dem Zeitraum (und damit nach einem Eigentumswechsel gegenüber dem Erwerber) erbracht werden muss, in dem auch die Gegenleistung, die Pflicht zur Gebrauchsgewährung, fällig wird.[17] Oder andersherum: Der Erwerber soll nicht wegen des Vertragsübergangs nach § 566 BGB zur Leistung (Gebrauchsüberlassung) gezwungen sein, ohne Anspruch auf die Gegenleistung zu haben.[18] Deshalb spielt es – entgegen einer erheblichen Gegenmeinung in der Lit.[19] – keine Rolle, ob die Vorausverfügung bzw. die Vereinbarung über den Mietzins bereits zu Beginn des Vertrages oder später erfolgte bzw. ob sie sich in einer über eine Einzelfallregelung hinausgehenden, **dauerhaften Vertragsänderung** (als Abweichung zu dem Ursprungsvertrag) niederschlägt; nach dieser Meinung fallen dauerhafte Vertragsänderungen nicht unter §§ 566b–566d BGB. Ein solches Verständnis mag zunächst vielleicht nahe liegen, weil die Vorstellung schwer fällt, eine schon in dem Mietvertrag enthaltene Vereinbarung über die Miete[20]

---

[12] Siehe dazu näher bei MüKoBGB/*Häublein* § 566b Rn. 4.

[13] BGH VIII ZR 234/06, NJW 2007, 2919, der seine Rspr. zu § 566b BGB ausdrücklich auf § 1124 BGB überträgt; BGH VIII ZR 103/13, NJW 2014, 2720 Rn. 20; BGH VIII ZR 103/11, WuM 2012, 112; *Dötsch* NZM 2012, 297.

[14] Mugdan, Bd. 2, Motive S. 816 f.; MüKoBGB/*Häublein* § 566c Rn. 3; *Dedek* ZMR 1998, 680 (681).

[15] Das ist wohl gemeint, wenn der historische Gesetzgeber von einer „mit dem modernen Grundbuchsystem nicht vereinbaren Gefährdung des Erwerbers" spricht und auf den heutigen § 1124 BGB verweist, vgl. Mugdan, Bd. 2, Motive S. 816 f.

[16] Dazu näher → BGB § 566c Rn. 17.

[17] So auch MüKoBGB/*Häublein* § 566c Rn. 10, der das Phasengleichheit von Leistung und Gegenleistung nennt, sowie *Dedek* ZMR 1998, 682; *Dötsch* NZM 2012, 297.

[18] So auch *Dötsch* NZM 2012, 297.

[19] Siehe insbes. *Emmerich* NZM 1999, 49. Dem folgt ohne nähere Problematisierung für § 1124 BGB KG *ZMR 2005, 949.*

[20] Diese Problematik betrifft hauptsächlich Vereinbarungen über die Miete zwischen Veräußerer und Mieter und deshalb den Anwendungsbereich des § 566c BGB. Das hängt mit dem noch dazulegenden Verfügungsbegriff in § 566b BGB zusammen.

könne nach einer Veräußerung des Grundstücks gegenüber dem Erwerber unwirksam sein oder eine dauerhafte Vertragsänderung könne den Erwerber nicht binden. Letztlich gibt es aber weder nach dem dargelegten Zweck der Vorschriften[21] noch in deren Wortlaut Anhaltspunkte für ein solches Verständnis; nach dem Gesetzeswortlaut ist vielmehr nur die **Zukunftswirkung** einer Verfügung bzw. einer Vereinbarung für die Zeit nach Eigentumsübergang entscheidend, die aber auch schon in dem Ursprungsvertrag angelegt sein kann.[22] Abgesehen davon ist es kaum möglich zu unterscheiden, wann eine Vorausverfügung oder Vereinbarung einen Mietvertrag dauerhaft verändert und wann nur hinsichtlich einzelner Mieten.[23] Fängt die Dauerhaftigkeit bei zwei oder erst bei fünf oder gar erst bei fünfzehn Mieten an?

Die Frage kulminiert an folgendem Beispiel von *Emmerich*[24]: In einem Mietvertrag ist bestimmt, dass der Mieter erst nach zehn Monaten zur Zahlung des vollen statt des hälftigen Mietzinses verpflichtet ist. Das Eigentum an dem Mietgrundstück geht aber schon im dritten Monat auf einen Erwerber über. Soll der Mieter ab dem vierten Monat voll zahlen müssen? Wie noch iE zu erörtern sein wird (→ Rn. 37), würde die Bejahung der Frage nicht zu einer doppelten Zahlungspflicht des Mieters führen. Wenn nämlich die vertragliche Regelung auf einer Vorauszahlung des Mieters beruht, dann steht dem Mieter gegen den Veräußerer ein Schadensersatzanspruch auf Erstattung der Vorauszahlung zu, so dass der Mieter allenfalls das Insolvenzrisiko des Veräußerers zu tragen hat.[25] Wenn die Vereinbarung hingegen der Ausgleich für eine Mangelhaftigkeit der Wohnung ist (weil eine benachbarte Baustelle noch für eine absehbare Zeit besteht), dann liegt gar kein Anwendungsfall des § 566c BGB vor, weil dem Erwerber durch die Vereinbarung nicht der für diesen Zeitraum angemessene Mietzins vorenthalten wird[26] (Einzelheiten → BGB § 566c Rn. 14). Die wirtschaftlichen Folgen für den Mieter sind also überschaubar und bestehen im Wesentlichen im Insolvenzrisiko des Veräußerers; dem Mieter kann und muss aber angesichts des § 566c BGB bewusst sein, dass er – wie bei jeder Vorleistung – dieses Risiko eingeht. Der Erwerber könnte sich ohne die Regelungen der §§ 566b–566d BGB nur durch Vereinbarung eines entsprechend niedrigeren Kaufpreises vor dem „Mietausfall" schützen. Das setzt Kenntnis der Vereinbarung voraus, die trotz des Schriftformerfordernisses in § 550 BGB oftmals nur schwer zu erlangen ist, weil derartige Vereinbarungen vielfach mündlich getroffen werden.[27] Der Grundpfandgläubiger, der wegen der ähnlichen Regelungen in §§ 1124, 1125 BGB auch in die Überlegungen einbezogen werden muss, kann Informationen in der Regel noch schwerer erhalten. **9**

Die hier vertretene Sichtweise[28] zum Zweck und Regelungszusammenhang der §§ 566b–566d BGB entspricht wohl der des **BGH.** Nach der Rspr. des RG[29] war der Erwerber nicht gem. § 566c BGB vor solchen Vorauszahlungen des Mietzinses geschützt, die schon im Mietvertrag vereinbart wurden. Der BGH[30] betont hingegen, dass zu den Rechten, die gem. § 566 BGB auf den Erwerber übergehen, auch das Recht auf Mietzins für die Dauer des Eigentums gehöre, wenn die Miete nach periodischen Zeitabständen bemessen sei; dieses Recht könne nur nach §§ 566b–566d BGB beschränkt werden. Zur Verwirklichung des Erwerberschutzes komme es nicht darauf an, wann die Vereinbarung über den Mietzins getroffen worden sei, da ansonsten Abreden zum Nachteil des Erwerbers möglich seien.[31] Der BGH stellt dabei die periodische Bemessung des Mietzinses in den Vordergrund[32] und hält § 566c BGB ausdrücklich nur bei einer im ursprünglichen Mietvertrag vereinbarten Einmalmiete und bei einem (anrechenbaren) Baukostenzuschuss nicht für anwend- **10**

---

[21] So auch MüKoBGB/*Häublein* § 566b Rn. 5, § 566c Rn. 7.
[22] So auch *Dötsch* NZM 2012, 300.
[23] Eing. dazu *Dedek* ZMR 1998, 680 und MüKoBGB/*Häublein* § 566c Rn. 8; *Dötsch* NZM 2012, 300.
[24] *Emmerich* NZM 1999, 51.
[25] Unter Umständen ist auch ein Freihaltungsanspruch gegen den Erwerber möglich (→ BGB § 566e Rn. 24).
[26] MüKoBGB/*Häublein* § 566c Rn. 9.
[27] Siehe dazu auch MüKoBGB/*Häublein* § 566c Rn. 7.
[28] Ebenso MüKoBGB/*Häublein* § 566c Rn. 6ff.
[29] RGZ 144, 194 mwN.
[30] BGH VIII ZR 55/97, NJW 1998, 595; BGH VIII ZR 98/61, NJW 1962, 1860; s. auch schon BGH V ZR 24/54, NJW 1955, 301. In BGH VIII ZR 234/06, NJW 2007, 2919 wird die vorgenannte Rspr. bestätigt und auf die gleichgelagerte Problematik in § 1124 BGB übertragen; ähnlich in BGH XII ZR 16/00, NZM 2003, 871.
[31] Die Missbrauchsgefahr betont auch MüKoBGB/*Häublein* § 566c Rn. 8.
[32] BGH VIII ZR 55/97, NJW 1998, 595; BGH VIII ZR 98/61, NJW 1962, 1860. Ebenso MüKoBGB/*Häublein* § 566c Rn. 9/10; *Dedek* ZMR 1998, 682.

bar.[33] Jedenfalls Ersteres entspricht auch der hier vertretenen Ansicht, da mangels periodischer Bemessung des Mietzinses bei unbefristetem Mietvertrag nicht bestimmt werden kann, welcher Teil der Miete auf die Zeit nach dem Eigentumsübergang entfällt.[34] Zu Einzelheiten und Ausnahmen → BGB § 566c Rn. 20. Zum Baukostenzuschuss → BGB § 566c Rn. 23. Nicht entschieden hat der BGH bisher, ob § 566c BGB im Falle einer nachträglichen Mietpreissenkung anwendbar sein soll.[35] Konsequenterweise müsste der BGH das verneinen, wenn die Erniedrigung auf einer Anpassung an die Gegenleistung beruht (Reduzierung wegen Mängeln oder Verschlechterung des Mietpreisniveaus), wenn also die Äquivalenz von Leistung und Gegenleistung beibehalten wird.[36]

11 Auch das **Verhältnis von § 566b BGB zu § 566c BGB** ist nicht einfach zu verstehen. § 566b BGB betrifft nur Verfügungen, die der Veräußerer in Bezug auf die Miete einseitig gegenüber dem Mieter oder auf Grund von Vereinbarungen mit Dritten für die Eigentumszeit des Erwerbers getroffen hatte.[37] Diese Beschränkung lässt sich zwar dem Wortlaut des § 566b BGB nicht entnehmen, sie folgt aber aus dem Vergleich mit § 566c BGB. Dort werden nämlich Rechtsgeschäfte zwischen Veräußerer und Mieter über die Miete geregelt, also Vereinbarungen, an denen beide beteiligt waren. Beruht eine Verfügung des Veräußerers über die Miete nicht auf einem Rechtsgeschäft mit dem Mieter, sondern auf einer **einseitigen Willenserklärung,** fällt sie unter § 566b BGB. Verfügungen des Vermieters auf Grund von **Vereinbarungen mit Dritten** beurteilen sich ebenfalls nach § 566b BGB. Die Unterscheidung in diese beiden verschiedenen Tatbestände und die unterschiedliche Begrifflichkeit (Verfügung in § 566b BGB und Rechtsgeschäft bzw. Vereinbarung in § 566c BGB) hat seinen Grund in dem stärker mieterschützenden Charakter des § 566c BGB.[38] Wenn nämlich der Veräußerer mit dem Mieter ein Rechtsgeschäft über die Miete schließt, also darüber verfügt, dann ist im Gegensatz zu § 566b BGB für die Bestimmung der Wirksamkeitsdauer nicht auf den Eigentumsübergang, sondern auf die Kenntnis des Mieters davon abzustellen. Das macht deutlich, dass § 566b BGB die – für den Mieter relativ harte, vornehmlich den Erwerber schützende – Grundregel hinsichtlich der Wirksamkeit von Vorausverfügungen über den Mietzins enthält und § 566c BGB in seinem Anwendungsbereich den Mieterschutz (jedenfalls etwas) stärker betont. Dieser stärkere Schutz ist deshalb angemessen, weil der Mieter selbst an der Verfügung beteiligt war und auf deren Wirksamkeit vertrauen durfte. § 566c BGB betrifft demnach vornehmlich Verfügungen, die durch ein **zweiseitiges Rechtsgeschäft zwischen Veräußerer und Mieter** getroffen wurden. Außerdem werden nicht nur Verfügungsverträge erfasst, sondern auch solche Rechtsgeschäfte, die eine unmittelbare Rechtsänderung nicht zur Folge haben und erst in Zukunft auf den Mietzins einwirken wie etwa Aufrechnungsverträge, in denen vereinbart wird, dass und wie künftig entstehende Mietzinsforderungen mit Gegenansprüchen des Mieters verrechnet werden. Bestätigt wird dieses Verständnis des Verhältnisses von §§ 566b, 566c BGB durch die vergleichbaren Regelung des § 1124 BGB. Dort gibt es einen § 566c BGB ähnlichen Tatbestand deshalb nicht, weil es für den (Grundpfand-)Gläubiger belanglos ist, auf Grund welchen Rechtsverhältnisses die Vollstreckung beeinträchtigt würde; der Erwerber hingegen ist nach § 566 BGB grds. an die vertraglichen Vereinbarungen zwischen Veräußerer und Mieter gebunden, weshalb ihm in dieser Beziehung stärkere Einschränkungen (nämlich Abhängigkeit von der Kenntnis des Mieters) zugemutet werden als bei einseitigen Verfügungen des Veräußerers oder Verfügungen gegenüber Dritten und auch stärkere Einschränkungen als einem (Grundpfand-)Gläubiger. Damit Vereinbarungen über die Miete zwischen Vermieter und Mieter von § 1124 BGB erfasst werden, ist nach dessen Wortlaut allerdings notwendig, dass sie verfügenden Charakter haben, was aber meistens der Fall ist.[39]

---

[33] BGH VIII ZR 55/97, NJW 1998, 595; s. auch BGH VIII ZR 234/06, NJW 2007, 2919 und BGH VIII ZR 103/11, WuM 2012, 112 (in diesem Fall war die Einmalmiete nur wenige Tage nach dem Mietvertragsschluss vereinbart worden, was für die Unwirksamkeit der Vorausverfügung ausreichte).

[34] BGH VIII ZR 55/97, NJW 1998, 595; MüKoBGB/*Häublein* § 566c Rn. 9; *Dedek* ZMR 1998, 682.

[35] In BGH XII ZR 197/99, NZM 2002, 291 hat er zwar ausgesprochen, eine Vertragsänderung falle nicht unter § 566c BGB, er hat die Problematik aber nicht ansatzweise erörtert, sondern sie nur erwähnt, um den Anwendungsbereich des § 407 BGB gegenüber dem der §§ 566b–566d BGB abzugrenzen.

[36] Ebenso MüKoBGB/*Häublein* § 566c Rn. 10.

[37] HM, s. nur MüKoBGB/*Häublein* § 566b Rn. 8.

[38] *Planck*, Planck's Kommentar zum Bürgerlichen Gesetzbuch, 4. Aufl. 1930, S. 882.

[39] Näher zum Verfügungsbegriff in § 566b BGB → Rn. 22 und zum vergleichbaren Verfügungsbegriff in § 1124 BGB (dort wird zwischen Einziehung und anderweitigen Verfügungen unterschieden, die Einziehung ist aber auch eine Form der Verfügung) bei Staudinger/*Wolfsteiner*, 2002, BGB § 1124 Rn. 3ff.

## D. Anwendungsbereich

12 § 566b BGB baut auf § 566 BGB auf, indem die Vorschrift an den nach § 566 BGB notwendigen Eigentumsübergang anknüpft. Wegen dieses Bezuges ist § 566b BGB – genauso wie § 566a BGB[40] – nicht auf den rechtsgeschäftlichen Vermieterwechsel **(Vertragsübernahme)** anwendbar; in diesen Fällen ist vielmehr § 407 BGB einschlägig. Es gibt aber im BGB und in anderen Gesetzen zahlreiche Verweisungen auf § 566b BGB, die gleichzeitig auch immer den gesetzlichen Vermieterwechsel nach § 566 BGB in Bezug nehmen.

### I. Verweisungen

13 § 566b BGB gilt unmittelbar nur für Vorausverfügungen über die Miete bei Veräußerung von Wohnraum. Neben der Erstreckung auf Mietverhältnisse über **Räume und Grundstücke** in § 578 BGB[41] ist § 566b BGB kraft **Verweisung** anwendbar bei der gewerblichen Weitervermietung (§ 565 Abs. 2 BGB), bei der dinglichen Belastung der Mietsache durch den Vermieter (§ 567 BGB), bei der Veräußerung oder dinglichen Belastung des Grundstücks vor Überlassung der Mietsache (§ 567a BGB) und bei der Weiterveräußerung des Grundstücks oder der dinglichen Belastung (§ 567b BGB), außerdem beim Nießbrauch[42] (§§ 1056, 1059d BGB, aber nur bei dessen Beendigung und Übertragung, für die Bestellung gilt § 567 BGB[43]), bei der Nacherbfolge (§ 2135 BGB), bei der Überlassung von Wohnraum in Zusammenhang mit einem Wohn- und Betreuungsvertrag (§ 5 Abs. 2 WBVG), bei Pachtverträgen (§ 581 Abs. 2), Landpachtverträgen (§ 593b BGB), Jagdpachtverträgen (§ 14 BJagdG), bei der Fischereipacht hängt es von der Landesgesetzgebung ab[44], nach § 11 Abs. 3 InVorG und – mit Modifikationen – bei der **Zwangsversteigerung** (§§ 57, 57b ZVG; Einzelheiten → Rn. 18). Zum Schicksal eines Mietvertrages bei Bestellung und Änderung eines Erbbaurechts, eines dinglichen Wohnungsrechts gem. § 1093 BGB und eines Dauerwohnrechts iSv § 31 WEG siehe bei der Kommentierung zu § 567 BGB.

14 In einigen Verweisungen (§§ 1056, 2135 BGB, §§ 57, 57b ZVG, § 11 InVorG) wird nur auf § 566b Abs. 1 BGB Bezug genommen, so dass eine **kenntnisabhängige Wirksamkeit von Vorausverfügungen** gem. § 566b Abs. 2 BGB in diesen Fällen nicht in Betracht kommt.[45]

15 Soweit es in den Verweisungsfällen nicht um eine Grundstücksveräußerung geht, kommt es statt des nach § 566b BGB eigentlich **maßgeblichen Zeitpunktes** des Eigentumsübergangs auf den der Veräußerung gleichgestellten Rechtsakt an[46] (etwa die Übertragung des Nießbrauchs).

16 **Nicht anwendbar** ist § 566b BGB bei Mietverhältnissen über eingetragene Schiffe und Luftfahrzeuge (§ 578a BGB, für Luftfahrzeuge iVm § 98 Abs. 2 des Gesetzes über Rechte an Luftfahrzeugen (LuftFzgG)); hier sind Vorausverfügungen über die Miete gem. § 578a Abs. 2 BGB wirksam. Außerdem gilt § 566b BGB nicht bei der Verfügung über **Nebenrechte** wie den Verzicht auf eine Bürgschaft[47], da es sich nicht um eine Mietzinsforderung handelt.

17 Da § 566b BGB – wie ausgeführt – auf § 566 BGB aufbaut, kann **ergänzend** auf die Ausführungen zum Anwendungsbereich des § 566 BGB verwiesen werden, insbes. zu den Fällen, in denen §§ 566ff. BGB nicht anwendbar sind.

### II. Zwangsversteigerung

18 Gemäß § 56 ZVG gebühren die Nutzungen eines Grundstücks, zu denen auch Mietzinsforderungen gehören, bis zum Zuschlag in der Zwangsversteigerung dem Vollstreckungsschuldner; der Schuldner kann also grds. vor dem Zuschlag über die Miete verfügen.[48] Soweit dies in die Zeit nach dem Zuschlag wirkt, also in die Zeit, ab der dem Ersteher die Nutzungen zustehen, beurteilt

---

[40] → BGB § 566a Rn. 5.
[41] Einzelheiten → BGB § 566 Rn. 19.
[42] Siehe zu Vorausverfügungen beim Nießbrauch *Emmerich* DMT-Bilanz 2011, 733.
[43] Siehe insgesamt zum Nießbrauch bei der Kommentierung zu § 567 BGB.
[44] Einzelheiten bei MüKoBGB/*Harke* § 581 Rn. 34.
[45] BGH IX ZR 160/04, NJW-RR 2005, 1466; MüKoBGB/*Häublein* § 566b Rn. 7.
[46] MüKoBGB/*Häublein* § 566b Rn. 7.
[47] Staudinger/*Emmerich* BGB § 566b Rn. 3.
[48] Staudinger/*Emmerich* BGB § 566b Rn. 5; s. allg. zur Zwangsvollstreckung in Mietforderungen *Schneider* ZMR 2008, 595.

sich die Wirksamkeit gem. § 57 ZVG grds. nach § 566b Abs. 1 BGB. § 566b Abs. 2 BGB wird von § 57 ZVG nicht in Bezug genommen, so dass eine kenntnisabhängige Wirksamkeit von Vorausverfügungen gem. § 566b Abs. 2 BGB in diesen Fällen nicht in Betracht kommt. § 57b ZVG modifiziert überdies § 566b Abs. 1 BGB dahingehend, dass maßgeblicher Zeitpunkt nicht der Eigentumsübergang, sondern die Beschlagnahme des Grundstücks zum Zwecke der Zwangs*versteigerung* ist.[49] Auf die Beschlagnahme in einer vorausgegangenen Zwangs*verwaltung* ist dann abzustellen, wenn die Zwangsverwaltung bis zum Zuschlag fortgedauert hat (§ 57b Abs. 2 S. 1 ZVG). § 57b ZVG ist nicht anzuwenden, wenn der Zwangsverwalter den Mietvertrag schließt oder die Vorausverfügung vornimmt (§ 57b Abs. 3 ZVG), die §§ 566b–566d BGB gelten dann vielmehr uneingeschränkt.[50] Weiterhin findet § 57b ZVG keine Anwendung bei einer Zwangsversteigerung zum Zwecke der Aufhebung einer Gemeinschaft (§ 183 ZVG). Zu den Besonderheiten bei der Behandlung von Baukostenzuschüssen → BGB § 566c Rn. 23.

## III. Zwangsverwaltung

19 Bei der Zwangsverwaltung findet durch die Beschlagnahme nach § 148 Abs. 2 ZVG kein Eigentumswechsel und kein Rechtsübergang gem. § 566 BGB statt[51], so dass auch § 566b BGB nicht anwendbar ist; der Vermieter bleibt Partei des Mietvertrages, ihm ist lediglich gem. § 148 Abs. 2 ZVG die Verwaltung des Grundstücks entzogen, diese obliegt gem. § 152 ZVG dem Zwangsverwalter.[52] Der Zwangsverwalter handelt zwar im eigenen Namen, aber doch für Rechnung des Schuldners/Vermieters.[53] Er ist gem. § 152 Abs. 2 ZVG an die vom Eigentümer geschlossenen Miet- und Pachtverträge gebunden, sofern die Mietsache vor der Beschlagnahme bereits überlassen wurde. Der Eigentümer wiederum ist nach Aufhebung der Zwangsverwaltung an die vom Zwangsverwalter geschlossenen Verträge gebunden[54] – in diesem Fall gelten bei einer späteren Zwangsversteigerung nicht die Besonderheiten des § 57b ZVG (s. § 57b Abs. 3 ZVG), sondern §§ 566b–566d BGB uneingeschränkt.[55] Den Zwangsverwalter treffen grds. alle Rechte und Pflichten eines Vermieters.[56] Zur Prozessführungsbefugnis des Zwangsverwalters → BGB § 566 Rn. 156. Von der Beschlagnahme sind im Gegensatz zur Zwangsversteigerung auch die Mietzinsforderungen umfasst.[57] Verpflichtet sich der Mieter in einem Mietaufhebungsvertrag zu Ausgleichszahlungen, falls der Vermieter bei einer Weitervermietung des Mietobjekts nur eine geringere als die vom Mieter geschuldete Miete erzielen kann, wird dieser Anspruch bei einer späteren Zwangsverwaltung des Grundstücks nicht von der Beschlagnahme erfasst, da es sich nicht um eine Mietforderung handelt.[58] Der Grundsatz, dass Mietforderungen der Beschlagnahme unterliegen, gilt zu Gunsten der Vollstreckungsgläubiger für **Vorausverfügungen** über den Mietzins gem. §§ 148 Abs. 1, 21 Abs. 2, 20 Abs. 2 ZVG, § 1124 BGB aber nur eingeschränkt.[59] Danach ist eine Verfügung über die Miete gegenüber dem Vollstreckungsgläubiger unwirksam, wenn sie sich auf den Mietzins für eine spätere Zeit als den zur Zeit der Beschlagnahme laufenden Monat bezieht. Erfolgt die Beschlagnahme nach dem 15. des Monats, so ist sie gegenüber dem Gläubiger wirksam, soweit sie sich auf den Mietzins für den folgenden Kalendermonat bezieht. Im Falle einer Abtretung der Miete muss der Zessionar

---

[49] Die Kenntnisfiktion des Mieters in § 57b Abs. 1 S. 2 ZVG ist nur bedeutsam bei § 566c BGB, da nur diese Vorschrift auf die Kenntnis des Mieters abstellt.

[50] Staudinger/*Emmerich* BGB § 566b Rn. 7.

[51] BGH VIII ZR 330/03, NZM 2005, 596; *Börstinghaus* NZM 2004, 489.

[52] *Gather* DWW 2006, 317.

[53] BGH VIII ZR 330/03, NJW-RR 2005, 1030.

[54] Staudinger/*Emmerich* BGB § 566 Rn. 18.

[55] Staudinger/*Emmerich* BGB § 566b Rn. 7.

[56] BGH VIII ZR 330/03, NZM 2005, 596; *Börstinghaus* NZM 2004, 489. Die Aktivlegitimation des Zwangsverwalters im Prozess bleibt auch nach Aufhebung der Zwangsverwaltung bestehen für solche Ansprüche, die vor Aufhebung entstanden sind und auf die sich die Beschlagnahme bezieht (BGH IX ZR 89/08, NZI 2009, 572; BGH IX ZR 385/00, NJW-RR 2003, 1419); nach Rücknahme des Antrags entfällt die Aktivlegitimation (BGH IX ZR 385/00, NJW-RR 2003, 1419); s. außerdem BGH VIII ZR 301/03, NZM 2006, 312 (kein Kautionsrückzahlungsanspruch gegen den Zwangsverwalter, wenn die Zwangsverwaltung vor Rechtshängigkeit aufgehoben wurde) sowie BGH VIII ZR 98/89, NJW-RR 1990, 1213 (Parteiwechsel nach Aufhebung der Zwangsverwaltung während eines Prozesses möglich, aber nicht mehr in der Revision).

[57] *Schneider* ZMR 2008, 596.

[58] BGH XII ZR 86/09, NZM 2011, 201.

[59] Weitere Einschränkungen sind in § 1123 BGB enthalten.

den betreffenden Mietzinsteil gem. § 816 Abs. 2 BGB zurückerstatten.[60] Es ist belanglos, ob ein Grundpfandgläubiger oder ein sonstiger Gläubiger die Zwangsverwaltung betreibt.[61] Der Begriff der Vorausverfügung in § 1124 BGB ist derselbe wie in § 566b BGB.[62] Zu den Besonderheiten bei der Behandlung von Baukostenzuschüssen → BGB § 566c Rn. 23.

### IV. Insolvenz

Nach § 110 Abs. 1 S. 1 InsO ist die vor Eröffnung des Insolvenzverfahrens getroffene Verfügung[63] des Schuldners über den Mietzins für eine Immobilie ab dem nächsten Kalendermonat nach Insolvenzeröffnung bzw. – bei Insolvenzeröffnung nach dem 15. Tag des Monats – ab dem übernächsten Monat unwirksam. Die Vorschrift beschränkt, rechtstechnisch gesehen, nicht die Wirksamkeit von Vorausverfügungen über Mietforderungen, sondern verdrängt in seinem Anwendungsbereich § 91 InsO, und begründet so (in ihren zeitlichen Grenzen) die Wirksamkeit einer Vorausabtretung, auch wenn diese nach der allgemeinen, die Masse schützenden Vorschrift des § 91 InsO unwirksam wäre; ist eine Vorausverfügung für die Zeit nach Insolvenzeröffnung hingegen nicht nach den § 91 Abs. 1 InsO unwirksam, ist für eine Anwendung von § 110 InsO kein Raum.[64] § 110 InsO ist an den §§ 1124, 1125 BGB ausgerichtet[65] (und damit auch mit § 566b BGB vergleichbar), weil sich der Insolvenzgläubiger in einer ähnlichen Lage befindet wie der Hypothekengläubiger, der die Beschlagnahme des Grundstücks bewirkt hat, und der Schutz, den die Hypothekengläubiger nach § 1124 Abs. 2 BGB genießen, auch den Konkurs- bzw. Insolvenzgläubigern zuerkannt werden sollte.[66] § 110 InsO bezweckt somit die Gleichbehandlung der Insolvenzgläubiger und die Erhaltung der Masse. Derjenige, der bisher in den Genuss der Vorausverfügung über den Mietzins gekommen war, insbes. der Zessionar, hat das Nachsehen, da sein Bereicherungsanspruch gegen den Schuldner (Vermieter) einfache Insolvenzforderung ist.[67] Vorausverfügungen des Insolvenzverwalters richten sich im Falle einer freihändigen Veräußerung nach § 566b BGB, im Falle einer Zwangsversteigerung nach §§ 57, 57b ZVG, § 566b Abs. 1 BGB.[68] Zu den Besonderheiten bei der Behandlung von Baukostenzuschüssen → BGB § 566c Rn. 23. 20

## E. Voraussetzungen

§ 566b BGB baut auf § 566 BGB auf, indem die Vorschrift an den nach § 566 BGB notwendigen Eigentumsübergang anknüpft. 21

### I. Verfügung über den Mietzins

Verfügung iSv § 566b BGB ist jedes Rechtsgeschäft, durch das die Mietforderung unmittelbar übertragen, belastet, geändert oder aufgehoben wird.[69] Das entspricht dem allgemeinen **Verfügungsbegriff** des BGB.[70] Das Rechtsgeschäft ist aber nur für die Seite eine Verfügung, die eine 22

---

[60] OLG Hamm NJW-RR 1989, 1421.

[61] BGH IX ZR 160/04, NJW-RR 2005, 1466 unter II.1.a.cc; s. auch MüKoBGB/*Lieder,* 8. Aufl. 2018, § 1124 Rn. 42; **aA** Blank/Börstinghaus/*Blank* BGB § 566b Rn. 7, der die mE eindeutige BGH-Entscheidung aber offenbar missversteht bzw. übersieht; in der Verweisungskette der §§ 148 Abs. 1, 21 Abs. 2, 20 Abs. 2 ZVG, § 1124 BGB gibt es auch keinerlei Anhaltspunkte für eine Beschränkung auf die Grundpfandgläubiger als betreibende Gläubiger; s. allg. zur Zwangsvollstreckung in Mietforderungen *Schneider* ZMR 2008, 595.

[62] Staudinger/*Emmerich* BGB § 566b Rn. 6. In BGH XII ZR 16/00, NZM 2003, 871 wird dies stillschweigend vorausgesetzt, indem sich der BGH auf die Kommentierung zu § 566b BGB beruft.

[63] Der Begriff der Verfügung ist in § 110 InsO derselbe wie in §§ 566b, 1124 BGB. AnwK WohnraummietR/*Lammel* BGB § 566b Rn. 22 nimmt einen weiteren Verfügungsbegriff an als in § 566b BGB, da eine § 566c BGB vergleichbare Regelung fehle.

[64] BGH IX ZR 62/12, NJW 2013, 2429 Rn. 25.

[65] BGH IX ZR 160/04, NJW-RR 2005, 1466.

[66] BGH IX ZR 160/04, NJW-RR 2005, 1466.

[67] Staudinger/*Emmerich* BGB § 566b Rn. 8.

[68] Staudinger/*Emmerich* BGB § 566b Rn. 9; AnwK WohnraummietR/*Lammel* BGB § 566b Rn. 24 für den Fall des § 57 ZVG; beide diskutieren aber nicht den Fall des freihändigen Verkaufs.

[69] BGH XII ZR 16/00, NZM 2003, 871.

[70] BGH XII ZR 170/07, NZM 2010, 126 Rn. 22.

Rechtsminderung erfährt oder deren Recht inhaltlich verändert wird; für den durch die Verfügung Begünstigten ist sie ein Erwerbsgeschäft.[71]

23 Zur Miete iSv § 566b BGB gehören auch die vereinbarten Vorauszahlungen auf abzurechnende **Betriebskosten,** da sie Bestandteil der Miete sind, wie inzwischen für die Frage der Mietminderung anerkannt ist.[72] Dem steht auch der Vorschusscharakter dieser Leistung nicht entgegen, im Gegenteil, wenn es – wie dargelegt – der Zweck des § 566b BGB ist, dem Erwerber für die Zeit seines Eigentums das Äquivalent für die Gebrauchsüberlassung an den Mieter zu sichern, dann kann dies nur effektiv umgesetzt werden, wenn die Betriebskostenvorauszahlungen – wie auch in anderen Vorschriften[73] – als Bestandteil der Miete angesehen werden; dies zumal, als der Betriebskostenvorschuss abgetreten werden, also Gegenstand von Verfügungen sein kann. Nicht unter den Mietbegriff des § 566b BGB fallen allerdings die Abrechnungssalden, da sie nicht zum periodisch anfallenden Entgelt für die Gebrauchsüberlassung gehören.[74] Ansprüche auf **Nutzungsentschädigung** gem. § 546a BGB (genauso wie Schadensersatz- und Bereicherungsansprüche wegen Vorenthaltung der Mietsache) sind schon begrifflich keine Miete. Sie sichern zwar auch das Äquivalenzinteresse des Erwerbers; wegen ihres (bis zur Räumung) vorübergehenden Charakters erscheint eine analoge Anwendung von § 566b BGB auf diese Ansprüche aber nicht notwendig. Verpflichtet sich der Mieter in einem Mietaufhebungsvertrag zu Ausgleichszahlungen, falls der Vermieter bei einer Weitervermietung des Mietobjekts nur eine geringere als die vom Mieter geschuldete Miete erzielen kann, handelt es sich ebenfalls nicht um eine Mietforderung.[75] Auch **Nebenforderungen** (Sicherungsrechte wie Bürgschaft etc, Zinsen) sind keine Miete in Sinne von § 566b BGB. Auf Verfügungen über **andere Rechte** aus dem Mietvertrag als den Mietzins (etwa Options- oder Kündigungsrechte) findet § 566b BGB (und auch § 566c BGB) ebenfalls keine Anwendung.

24 § 566b BGB gilt nur für Vorausverfügungen über den Mietzins.[76] Der Mieter, der in **gutem Glauben** an das Fortbestehen des Vertragsverhältnisses mit dem Veräußerer ein verfügendes Rechtsgeschäft *hinsichtlich anderer Regelungsbereiche als dem Mietzins* schließt, wird nach Ansicht des BGH durch §§ 407, 412 BGB geschützt[77]; dieser Schutz ist allerdings nur für nach dem Eigentumswechsel vorgenommene Verfügungen notwendig, da frühere Verfügungen den Erwerber gem. § 566 BGB binden.

25 Wie bereits erwähnt (→ Rn. 11) ergibt sich aus dem systematischen Zusammenhang mit § 566c BGB, dass § 566b BGB nur Verfügungen erfasst, die der Veräußerer in Bezug auf die Miete **einseitig** gegenüber dem Mieter oder auf Grund von **Vereinbarungen mit Dritten** für die Eigentumszeit des Erwerbers getroffen hat. Beruht also eine Verfügung des Veräußerers über die Miete nicht auf einem Rechtsgeschäft mit dem Mieter, sondern auf einer einseitigen Willenserklärung (zB Aufrechnung), fällt sie unter § 566b BGB. Schließen hingegen Veräußerer und Mieter eine Vereinbarung über die Miete, ist § 566c BGB anwendbar.

26 **Wichtigster Anwendungsfall** des § 566b BGB sind Verfügungsvereinbarungen des Vermieters mit Dritten. Dazu gehören insbes. die **Abtretung** und die **Verpfändung**[78], gleichgestellt sind Pfändungen oder Vorpfändungen durch Gläubiger des Veräußerers gem. §§ 829, 845 ZPO, weil es keinen Unterschied macht, ob die Entstehung des Pfandrechts auf einer Zwangsmaßnahme oder einer freiwilligen Verpfändung beruht.[79] Einseitige Vorausverfügungen des Vermieters gibt es praktisch nicht, auch die Erfüllung der Forderung durch Annahme an Erfüllung statt sowie ihre Stundung und ihr Erlass gehören nicht dazu; eine Annahme an Erfüllung statt, eine Stundung und ein Erlass setzen nämlich – auch wenn die Anforderungen an die Willenserklärung des Schuldners teilweise bis zur Unkenntlichkeit gering sind – formal einen Vertrag zwischen Gläubiger und Schuld-

[71] Staudinger/*Gursky,* 2004, BGB § 185 Rn. 4.

[72] BGH XII ZR 225/03, NZM 2005, 455.

[73] BGH XII ZR 225/03, NZM 2005, 455.

[74] Zum Tatbestandsmerkmal der periodischen Bemessung des Mietzinses → Rn. 30.

[75] BGH XII ZR 86/09, NZM 2011, 201 für die Beschlagnahme in der Zwangsverwaltung, für die derselbe Verfügungsbegriff gilt wie in §§ 566b, 566c BGB (→ Rn. 19).

[76] Einzelheiten zum Schutz des gutgläubigen Mieters → BGB § 566e Rn. 17 ff.

[77] MüKoBGB/*Häublein* § 566b Rn. 9; BGH IX ZR 29/11, NJW 2012, 1881; BGH XII ZR 197/99, NZM 2002, 291; Einzelheiten zum Schutz des gutgläubigen Mieters → BGB § 566e Rn. 17 ff.

[78] Staudinger/*Emmerich* BGB § 566b Rn. 10.

[79] AllgM, vgl. zu dieser früher umstrittenen Frage Staudinger/*Emmerich* BGB § 566b Rn. 15a mwN; MüKoBGB/*Häublein* § 566b Rn. 8.

ner voraus, also zwischen Vermieter und Mieter, so dass der Anwendungsbereich des § 566c BGB eröffnet ist und nicht eine einseitige Vorausverfügung iSv § 566b BGB vorliegt.[80]

Als einseitige Vorausverfügung über die Miete kommt die **Aufrechnung** des Veräußerers in Betracht, die er aber nur bis zum Zeitpunkt des Eigentumsübergangs erklären kann[81] (einen Aufrechnungsvertrag kann er mit dem Mieter allerdings gem. § 566c BGB noch bis zu dessen Kenntnis vom Eigentumsübergang schließen). Denn mit dem Eigentumswechsel gehen die Mietzinsforderungen nach dem gem. § 566 BGB geltenden Fälligkeitsprinzip auf den Erwerber über, so dass der Veräußerer nach dem Eigentumsübergang als Nichtberechtigter verfügen würde. Aus diesem Grund dürfte es kaum Fälle geben, in denen eine Aufrechnung des Veräußerers eine Vorausverfügung gem. § 566b BGB ist. Eine Mietzinsforderung ist nach der Rspr. des BGH[82] bei der Miete unbeweglicher Sachen nämlich regelmäßig[83] (Auslegungsfrage!) nicht ein betagter, sondern ein befristeter Anspruch, der abschnittsweise neu entsteht. Er wird deshalb erst mit Beginn des jeweiligen Leistungszeitraums erfüllbar.[84] Da § 387 BGB für den Anspruch, gegen den aufgerechnet werden soll (hier: die Mietzinsforderung), Erfüllbarkeit („bewirken kann") voraussetzt, hat das hat für die Aufrechenbarkeit, zur Folge, dass der Vermieter erst bei Entstehung des Anspruchs aufrechnen kann (also schon bei Beginn des jeweiligen Leistungszeitraums, Fälligkeit muss noch nicht eingetreten sein). Wegen des nach § 566 BGB geltenden Fälligkeitsprinzips[85] geht eine *nach* dem Eigentumswechsel erklärte Aufrechnung des Veräußerers mangels Inhaberschaft für solche Mietzinsansprüche ins Leere, die nach dem Eigentumsübergang erfüllbar wurden.[86] Eine Aufrechnung **vor** Eigentumsübergang geht mangels aufrechenbarer (erfüllbarer) Forderung ins Leere. **Praktisch** kommt deshalb eine einseitige Aufrechnung des Veräußerers nur in Betracht, wenn der Leistungszeitraum, für den der Mietzins geschuldet wird, über den in § 566b Abs. 1 BGB genannten Wirksamkeitszeitraum (Einzelheiten → Rn. 33) hinausgeht. Außerdem können Veräußerer und Mieter einen Aufrechnungsvertrag über noch nicht erfüllbare Ansprüche und damit auch für nach dem Eigentumsübergang liegende Zeiträume schließen[87]; dann liegt aber eine Vereinbarung über den Mietzins zwischen Mieter und Veräußerer vor, deren Wirksamkeit sich nicht nach § 566b BGB, sondern nach § 566c BGB beurteilt. Für die **Abtretung** des Mietzinsanspruches gelten diese Ausführungen nicht, da auch künftige Forderungen abgetreten werden können.[88] Bis zum Eigentumsübergang ist der Veräußerer also Berechtigter auch hinsichtlich der künftig entstehenden Ansprüche, § 566b BGB beschränkt aber die Wirksamkeit der Abtretung.[89] 27

Es spielt nach dem Tatbestand des § 566b BGB keine Rolle, ob der Veräußerer und der Dritte, der eine Vorausverfügung (etwa eine Abtretung) mit dem Veräußerer vereinbart hat, **Kenntnis** davon haben oder voraussehen können, dass es sich um eine Vorausverfügung, also um eine in die Eigentumszeit des Erwerbers fallende Einwirkung auf die Miete handelt. Nach § 566b Abs. 2 BGB würde nur die Kenntnis des Erwerbers Einfluss auf die Wirksamkeit der Vorauszahlung haben. Verfügungen des Veräußerers nach Abschluss des Kaufvertrages binden also den Erwerber, der Veräußerer macht sich aber ggf. schadensersatzpflichtig (→ Rn. 40). 28

---

[80] Staudinger/*Emmerich* BGB § 566b Rn. 15a. In BGH XII ZR 16/00, NZM 2003, 871 wird nur der Verfügungscharakter dieser Rechtsgeschäfte erwähnt, allerdings Bezug genommen auf die Kommentierung zu § 566c BGB, so dass auch wohl der BGH nicht von einer einseitigen Verfügung ausgeht; die Frage spielte in dem Urteil allerdings keine Rolle, da es um § 1124 Abs. 2 BGB ging.

[81] MüKoBGB/*Häublein* § 566b Rn. 12.

[82] BGH IX ZR 62/12, NJW 2013, 2429; BGH XII ZR 170/07, NZM 2010, 126; BGH XII ZR 183/05, NJW 2008, 1153 Rn. 35; BGH IX ZR 89/96, MDR 1997, 562; OLGR Nürnberg 2009, 121. Wenn man die Mietzinsforderung als betagt ansehen würde, so wäre eine Aufrechnung vor Fälligkeit möglich und damit auch Vorausverfügungen iSv § 566b BGB; s. zum Meinungsstand Staudinger/*Gursky,* 2016, BGB § 387 Rn. 116ff., insbes. Rn. 121; krit. zur Meinung des BGH *Koblizek* ZMR 2020, 178.

[83] Siehe zu einem Ausnahmefall (Miete beweglicher Sachen) etwa BGH XII ZR 170/07, NZM 2010, 126 sowie BGH IX ZR 62/12, NJW 2013, 2429 Rn. 30, 31 mit Nachweisen auf weitere Ausnahmefälle (insbes. Finanzierungsleasing).

[84] Staudinger/*Gursky,* 2016, BGB § 387 Rn. 116ff., insbes. Rn. 121.

[85] → BGB § 566 Rn. 86.

[86] So iErg auch AnwK WohnraummietR/*Lammel* BGB § 566b Rn. 10.

[87] Staudinger/*Gursky,* 2016, BGB Vor § 387 Rn. 67, 74ff.

[88] Palandt/*Grüneberg* BGB § 398 Rn. 11; s. auch MüKoBGB/*Häublein* § 566b Rn. 2f. mit Nachweisen auf die Gegenmeinung, die bei Abtretung.

[89] MüKoBGB/*Häublein* § 566b Rn. 2f.; **aA,** für eine Nichtberechtigung hinsichtlich der künftig nach Eigentumsübergang entstehenden Ansprüche AnwK WohnraummietR/*Lammel* BGB § 566b Rn. 2 und wohl auch *Emmerich* NZM 1999, 50.

29 Zu den Besonderheiten bei der Behandlung von **Baukostenzuschüssen** →BGB § 566c Rn. 23.

## II. Periodische Bemessung des Mietzinses

30 Wie bereits erwähnt (→Rn. 8), geht § 566b BGB davon aus, dass der Mietzins – entsprechend der ganz vorherrschenden praktischen Handhabung – periodisch bemessen und zahlbar ist, nämlich nach Kalendermonaten. Es handelt sich um eine Anwendungsvoraussetzung des § 566b BGB und damit um ein (ungeschriebenes) Tatbestandsmerkmal der Vorschrift.[90] Sollte dies ausnahmsweise nicht der Fall sein, muss – soweit dies möglich ist – eine **Umrechnung auf eine fiktive Monatsmiete** erfolgen, um den Wirksamkeitsumfang der Vorausverfügung bestimmen zu können. Folgende Fälle sind zu unterscheiden:

31 Haben die Vertragsparteien für ein Mietverhältnis auf **unbestimmte Dauer** eine Einmalmiete vereinbart (einen festen Betrag für einen auf Lebenszeit des Mieters geschlossenen Vertrag[91]), so kann nach der bisherigen Rspr. des BGH mangels periodischer Bemessung des Mietzinses nicht bestimmt werden, welcher Teil der Miete auf die Zeit nach dem Eigentumsübergang entfällt; hier liegt schon ein Anwendungsfall des § 566b BGB nicht vor.[92] In einer neueren Entscheidung hat der BGH offen gelassen, ob an dieser Sicht festzuhalten ist.[93] In der Tat ist es erwägenswert, die monatliche Miete an Hand der statistischen Lebenserwartung des Mieters zum Zeitpunkt der Vereinbarung der Einmalmiete zu ermitteln.[94] Hierdurch könnte auch einem Missbrauch entgegengewirkt werden.

32 Haben die Parteien hingegen für einen **zeitlich befristeten Vertrag** eine Einmalmiete vereinbart, ist eine Umrechnung auf einen fiktiven monatlichen Mietzins ohne weiteres möglich und durchzuführen.[95] In ähnlicher Weise ist zu verfahren, wenn nicht ein monatlicher, sondern ein nach **anderen Perioden** (Quartal, Jahr etc) zahlbarer Mietzins vereinbart wurde.[96]

# F. Rechtsfolgen

## I. Beschränkte Wirksamkeit der Vorausverfügung

33 Einseitige Vorausverfügungen des Veräußerers bzw. zweiseitige Vorausverfügungen des Veräußerers mit einem Dritten haben für die Zeit nach dem Eigentumsübergang nur **begrenzte Wirksamkeit.** Geht das Eigentum an dem Grundstück *bis* (einschließlich) zum 15. Tag eines Monats auf den Erwerber über, so sind nur die Vorausverfügungen wirksam, die sich auf den für diesen Monat entfallenden Mietzins beziehen (§ 566b Abs. 1 S. 1 BGB); geht das Eigentum an dem Grundstück *nach* dem 15. Tag eines Monats auf den Erwerber über, so sind darüber hinaus auch die Vorausverfügungen wirksam, die sich auf den für den Folgemonat entfallenden Mietzins beziehen (§ 566b Abs. 1 S. 2 BGB). Vorausverfügungen für Zeiträume danach sind – außer bei Kenntnis des Erwerbers, dazu sogleich – unwirksam.

34 Ist die Miete ausnahmsweise **nicht nach Kalendermonaten bemessen,** so ist sie entsprechend umzurechnen, um den Wirksamkeitszeitraum der Vorausverfügung bestimmen zu können (→Rn. 30).

---

[90] So ausdrücklich MüKoBGB/*Häublein* § 566b Rn. 10 und wohl auch BGH VIII ZR 103/13, NJW 2014, 2720 Rn. 19f.; BGH VIII ZR 55/97, NJW 1998, 595 spricht davon, §§ 566b, 566c BGB seien „nur für Verträge geschaffen, in denen der Mietzins nach wiederkehrenden Zeitabschnitten bemessen wurde".

[91] So in BGH VIII ZR 55/97, NJW 1998, 595; s. auch BGH VIII ZR 234/06, NJW 2007, 2919, wo die vorgenannte Rspr. bestätigt und auf die gleichgelagerte Problematik in § 1124 BGB übertragen wird.

[92] BGH VIII ZR 55/97, NJW 1998, 595, der die Vereinbarung einer solchen Einmalmiete iRd §§ 566b, 566c BGB zur Verhinderung von Missbrauch nur anerkennt, wenn sie im ursprünglichen Mietvertrag erfolgte; *Dedek* ZMR 1998, 682.

[93] BGH VIII ZR 103/13, NJW 2014, 2720 Rn. 21.

[94] So auch *Abramenko* ZfIR 2014, 836.

[95] MüKoBGB/*Häublein* § 566c Rn. 9, § 566b Rn. 10. Die Haltung des OLG Düsseldorf ZMR 2004, 257 in dieser Frage ist *nicht ganz eindeutig;* es wird wohl schon abgelehnt, dass überhaupt ein Mietzinses vereinbart wurde und die hier in Rede stehende Problematik offen gelassen.

[96] MüKoBGB/*Häublein* § 566b Rn. 13; Staudinger/*Emmerich* BGB § 566b Rn. 18; OLG Hamm NJW-RR 1989, 1421 für die gleichgelagerte Problematik in § 1124 BGB.

## II. Kenntnis des Erwerbers

35 Erlangt der Erwerber vor dem Eigentumsübergang (also ggf. auch erst nach Vertragsschluss[97]) Kenntnis von der Vorausverfügung, muss er sie gem. § 566b Abs. 2 BGB gegen sich gelten lassen, dh, die Vorausverfügung ist dann unbeschränkt wirksam. Nur **positive Kenntnis** hat diese Wirkung, Kennenmüssen reicht nicht[98]; einer sich aufdrängenden Kenntnis darf sich der Erwerber aber nicht verschließen, ansonsten ist Kenntnis anzunehmen.[99] Wie oder durch wen der Erwerber die Kenntnis erlangt, ist allerdings gleichgültig.[100]

36 **Sinn der Regelung** ist es, die Beteiligten durch rechtzeitige Mitteilung in die Lage zu versetzen, der Vorausverfügung auch für die Zeit nach dem Eigentumsübergang Geltung zu verschaffen.[101] Das leuchtet ein, wenn die Mitteilung vor Abschluss des dem Eigentumsübergang zu Grunde liegenden Erwerbsvertrages erfolgt; eine Mitteilung danach kann sich hingegen nicht mehr in den Verhandlungen des Erwerbers mit dem Veräußerer niederschlagen. Der historische Gesetzgeber hat sich aber dennoch für diese Regelung entschieden, weil der Erwerber beim Veräußerer Regress nehmen kann (→ Rn. 39) und weil der Mieter in der Regel nichts von den Vertragsverhandlungen erfährt.[102]

## III. Tilgungswirkung von Mieterleistungen

37 Wenn Vorausverfügungen gem. § 566b Abs. 1 BGB nur in bestimmtem (zeitlichen) Umfang wirksam sind, so bedeutet das im Umkehrschluss, dass Vorausverfügungen für die Zeit danach unwirksam sind – es sei denn, der Erwerber hätte Kenntnis davon gehabt (§ 566b Abs. 2 BGB). Wenn ein Mieter in Unkenntnis des Eigentumsübergangs und deshalb in Unkenntnis der Unwirksamkeit der Vorausverfügung Mietzahlungen an einen Dritten als Verfügungsempfänger erbracht hat, so hat er nicht an den richtigen Gläubiger gezahlt und seiner Leistung kommt **keine Tilgungswirkung** zu. Er muss nochmals an den Erwerber leisten.[103]

38 Dem kann nicht entgegen gehalten werden, § 566b BGB treffe keine Aussage über die Tilgungswirkung bei Unkenntnis des Mieters.[104] Ausdrücklich wird das in der Tat nicht angesprochen, es ergibt sich aber zwanglos aus der Unwirksamkeit der Vorausverfügung. Zwar sind Vorausverfügungen gem. § 566b BGB über den dort bestimmten Wirksamkeitszeitraum hinaus nur relativ unwirksam, weil der Erwerber die Vorausverfügung genehmigen kann.[105] Die relative Unwirksamkeit besteht aber gerade zu Gunsten des Erwerbers[106] und kann nicht über die Hintertür des Mieterschutzes als Folge von dessen Unkenntnis des Eigentumsübergangs wieder ausgehebelt werden. Die Anwendung des Rechtsgedankens der §§ 566c, 407 BGB aus Gründen des Mieterschutzes, der in der Lit.[107] teilweise befürwortet wird, widerspricht auch dem Zweck des § 566b BGB, der den Ausgleich zwischen Veräußerer, Erwerber und Mieter bei einseitigen Vorausverfügungen des Vermieters oder solchen, die der Vermieter mit Dritten vereinbart, zu Gunsten des Erwerbers vornimmt und eben deswegen die relative Unwirksamkeit der Vorausverfügungen anordnet. Der Mieter muss iErg nicht doppelt zahlen, er hat vielmehr einen Erstattungsanspruch gegen den Veräußerer bzw. den Dritten und ggf. sogar einen Schadensersatzanspruch gegen den Erwerber auf Freihaltung (dazu → Rn. 39). Allerdings trägt er das Insolvenzrisiko, wenn sich diese Ansprüche nicht realisieren lassen. Abgesehen davon ist zu bedenken, dass §§ 566b–566d BGB als spezialgesetzliche Ausprägung der §§ 406ff. BGB angesehen werden[108], soweit es um die Mietzinszahlungspflicht nach einem Eigentumsübergang geht. Dann kann aber der allgemeine Gedanke dieser Regelungen nicht auf § 566b übertragen werden, da es ansonsten der Anordnung der durch § 566b BGB bewirkten Einschränkungen nicht bedurft hätte. Auch die Regelung des § 566c BGB kann

---

97 *Heinemann* FS Riecke, 2019, 191.
98 MüKoBGB/*Häublein* § 566b Rn. 14.
99 BGH VI ZR 288/89, NJW 1990, 2808 zu der ähnlich gelagerten Problematik in § 852 BGB aF, der noch Kenntnis von den anspruchsbegründenden Voraussetzungen erforderte.
100 MüKoBGB/*Häublein* § 566b Rn. 14.
101 Staudinger/*Emmerich* BGB § 566b Rn. 20.
102 Mugdan, Bd. 2, Motive S. 822f.; MüKoBGB/*Häublein* § 566b Rn. 15.
103 AnwK WohnraummietR/*Lammel* BGB § 566b Rn. 18.
104 So aber MüKoBGB/*Häublein* § 566b Rn. 17.
105 BGH XII ZR 214/94, NJW-RR 1996, 1230.
106 BGH XII ZR 214/94, NJW-RR 1996, 1230.
107 MüKoBGB/*Häublein* § 566b Rn. 18; Staudinger/*Emmerich* BGB § 566b Rn. 17.
108 → BGB § 566 Rn. 14.

nicht herangezogen werden, da sie speziell nur für Vereinbarungen des Mieters mit dem Vermieter gilt.

### G. Folgeansprüche bei Vorausverfügungen

39 Eine **wirksame Vorausverfügung** belastet den **Erwerber,** der nach dem Fälligkeitsprinzip des § 566 BGB[109] davon ausgehen darf, ihm stehe der nach dem Eigentumsübergang fällig werdende Mietzins zu.[110] Deshalb dürfte der Veräußerer den Erwerber in der Regel über Vorausverfügungen über den Mietzins, die er einseitig oder durch Vereinbarung mit Dritten getroffen hat, aufzuklären haben, da sich derartige Vorausverfügungen regelmäßig nicht aus dem Mietvertrag ergeben; eine Automatik gibt es aber nicht, entscheidend ist wohl der Wissensvorsprung des Veräußerers[111], der bspw. entfallen kann, wenn die Vorausverfügung in dem Mietvertrag erwähnt ist, in den Einblick zu nehmen dem Erwerber zumutbar ist. Die Verletzung einer Aufklärungspflicht macht den Veräußerer gem. §§ 311 Abs. 2, 280 BGB schadensersatzpflichtig.[112] Außerdem kommen je nach Vertragsgestaltung, insbes. wenn ein Nutzen- und Lastenübergang schon vor dem Eigentumsübergang vereinbart ist, kaufrechtliche Gewährleistungsansprüche gem. § 437 BGB in Betracht. Bei kollusivem Zusammenwirken zwischen Veräußerer und einem Dritten (Verfügungsempfänger) kann sich auch Letzterer gem. § 826 BGB schadensersatzpflichtig machen, dies wegen § 566b Abs. 2 BGB insbes. bei Verfügungen in der Zeit zwischen Kaufvertragsschluss und Eigentumsübergang (→ Rn. 35). Außerdem steht dem Erwerber gegen den Dritten (Verfügungsempfänger) im Falle der Zahlung auf Grund einer unwirksamen Vorausverfügung ein Bereicherungsanspruch gem. § 816 Abs. 2 BGB zu, in dessen Geltendmachung gleichzeitig eine wegen der nur relativen Unwirksamkeit der Vorausverfügung zulässige[113], aber für den Bereicherungsanspruch auch notwendige Genehmigung derselben zu sehen ist.[114]

40 Eine **unwirksame Vorausverfügung** belastet hingegen den **Mieter,** der schon gezahlt hat, aber nochmals an den Erwerber leisten muss (→ Rn. 37). Er ist aber im Falle der Doppelzahlung nicht rechtlos. Seine bereits an den Dritten (Verfügungsempfänger) erbrachte Leistung kann er von diesem gem. § 812 Abs. 1 BGB kondizieren[115], da der Rechtsgrund durch das Eingreifen der Regelung des § 566b Abs. 1 BGB weggefallen ist. Der Veräußerer dürfte dem Mieter in der Regel schadensersatzpflichtig sein, da ihm die Nebenpflicht obliegt, für eine Tilgungswirkung der Leistungen des Mieters zu sorgen (etwa durch eine Kenntnisgabe des Eigentumsübergangs im Falle der Abtretung). Das betrifft Verfügungsvereinbarungen mit Dritten; bei einseitigen Vorausverfügungen des Veräußerers bestehen derartige Nebenpflichten hingegen nur, wenn der Veräußerer den Eigentumswechsel voraussehen konnte. Genauso wie der Veräußerer den Mieter über den Eigentumswechsel informieren muss, um ihm eine Tilgungswirkung seiner Leistung zu ermöglichen, muss dies in Erfüllung einer Nebenpflicht aus dem nach dem Eigentumswechsel bestehenden Mietverhältnis auch der Erwerber tun. Kommt er dieser Pflicht, deren Erfüllung überdies in seinem ureigenen Interesse liegt, nicht nach, macht er sich schadensersatzpflichtig; dieser Schadensersatzanspruch ist gerichtet auf Befreiung von dem Mietzinsanspruch. Über einen solchen Schadensersatzanspruch dürfte zwar in den meisten Fällen das gleiche Ergebnis erzielt werden wie über eine entsprechende Anwendung der §§ 406 ff. BGB. Es ist aber zum einen der dogmatisch richtige Weg; zum anderen kann es Fälle geben, in denen der Erwerber schuldlos nicht in der Lage ist, den Mieter zu informieren.

41 Zum **Schutz des Mieters** bei Unkenntnis vom Eigentumsübergang → BGB § 566e Rn. 17 ff.

---

[109] → BGB § 566 Rn. 86.

[110] AnwK WohnraummietR/*Lammel* BGB § 566b Rn. 2–4 meint, § 566b BGB betreffe nur die Wirksamkeit einer Verfügung im Außenverhältnis, im Innenverhältnis gelte uneingeschränkt das Fälligkeitsprinzip. Für diese Annahme fehlen aber Anhaltspunkte in dem Gesetzeswortlaut. Abgesehen davon steht der uneingeschränkten Geltung des Fälligkeitsprinzips der Grundsatz entgegen, dass der Erwerber gem. § 566 BGB das Mietverhältnis in dem Zustand zu übernehmen hat, in dem es sich zum Zeitpunkt des Eigentumsübergangs befindet. § 566b BGB schafft einen Ausgleich dieser Grundsätze.

[111] Vgl. BGH VIII ZR 236/06, NJW 2007, 3057 Rn. 35.

[112] MüKoBGB/*Häublein* § 566b Rn. 16, der eine Aufklärungspflicht über Vorausverfügungen wohl einschränkungslos bejaht.

[113] BGH XII ZR 214/94, NJW-RR 1996, 1230.

[114] MüKoBGB/*Häublein* § 566b Rn. 17; OLG Hamm NJW-RR 1989, 1421.

[115] MüKoBGB/*Häublein* § 566b Rn. 18.

## H. Abweichende Vereinbarungen

§ 566b BGB selbst enthält nach hM kein zwingendes Recht[116], abweichende Vereinbarungen sind möglich.[117] Dies gilt für Individualvereinbarungen uneingeschränkt, wenn daran sowohl Veräußerer, Erwerber und Mieter sowie ggf. der Dritte (Verfügungsempfänger) beteiligt sind bzw. dem zustimmen; ansonsten (bei nur zweiseitiger Vereinbarung) muss geprüft werden, ob ein unzulässiger Vertrag zu Lasten Dritter (meist des Erwerbers) vorliegt.[118] Das ist der Fall, wenn Verfügungen gegenüber dem Erwerber in weiterem Maße wirksam sein sollen als nach § 566b Abs. 1 BGB vorgesehen; solche Verfügungen sind dem Erwerber gegenüber relativ unwirksam, es sei denn, er kennt sie bei Eigentumsübergang gem. § 566b Abs. 2 BGB.[119] Eine AGB-Klausel in dem Erwerbsvertrag vermittelt eine solche Kenntnis nicht zwingend[120], da Kennenmüssen nicht ausreicht (→ Rn. 35). Formularvertragliche Abweichungen in dem Mietvertrag, die die Verfügungswirkung zu Lasten des Mieters einschränken, verstoßen gegen § 307 BGB.[121] Wenn Mieter und Erwerber versuchen, die Folgen des § 566b Abs. 2 BGB durch Aufhebung des alten Vertrages und Abschluss eines neuen Vertrages mit gleichem Inhalt zu verhindern, so wird man hierin in der Regel ein gem. § 134 BGB nichtiges Umgehungsgeschäft sehen müssen; außerdem kommen Schadensersatzansprüche wegen kollusiven Zusammenwirkens gem. § 826 BGB in Betracht.[122] 42

---

[116] MüKoBGB/*Häublein* § 566b Rn. 19 und wohl auch BGH XII ZR 214/94, NJW-RR 1996, 1230; **aA** AnwK WohnraummietR/*Lammel* BGB § 566b Rn. 7, weil die Rechtsfolgen von Verfügungen auch dem Verkehrsschutz dienten und deshalb nicht disponibel seien.

[117] Siehe zu notariellen Vertragsgestaltungsmöglichkeiten *Heinemann* FS Riecke, 2019, 189.

[118] MüKoBGB/*Häublein* § 566b Rn. 18; Staudinger/*Emmerich* BGB § 566b Rn. 21.

[119] BGH XII ZR 214/94, NJW-RR 1996, 1230; *Lehmann-Richter* WImmoT 2008, 173.

[120] **AA** *Lehmann-Richter* WImmoT 2008, 173.

[121] Staudinger/*Emmerich* BGB § 566b Rn. 21.

[122] MüKoBGB/*Häublein* § 566b Rn. 20; **aA,** aber ohne Erörterung der Umgehungsproblematik, AnwK WohnraummietR/*Lammel* BGB § 566b Rn. 20.

## § 566c Vereinbarung zwischen Mieter und Vermieter über die Miete

**[1]Ein Rechtsgeschäft, das zwischen dem Mieter und dem Vermieter über die Mietforderung vorgenommen wird, insbesondere die Entrichtung der Miete, ist dem Erwerber gegenüber wirksam, soweit es sich nicht auf die Miete für eine spätere Zeit als den Kalendermonat bezieht, in welchem der Mieter von dem Übergang des Eigentums Kenntnis erlangt. [2]Erlangt der Mieter die Kenntnis nach dem 15. Tag des Monats, so ist das Rechtsgeschäft auch wirksam, soweit es sich auf die Miete für den folgenden Kalendermonat bezieht. [3]Ein Rechtsgeschäft, das nach dem Übergang des Eigentums vorgenommen wird, ist jedoch unwirksam, wenn der Mieter bei der Vornahme des Rechtsgeschäfts von dem Übergang des Eigentums Kenntnis hat.**

### Systematische Übersicht



### Alphabetische Schnellübersicht



### A. Überblick und Zweck der Vorschrift

1 § 566c BGB ist in engem Zusammenhang zu §§ 566b, 566d BGB und zu § 566 BGB zu sehen. Gemäß § 566 BGB tritt der Erwerber eines Grundstücks für die Zeit seines Eigentums in die Rechte und Pflichten des Vermieters/Veräußerers aus dem Mietvertrag ein; er übernimmt den Vertrag grds. so, wie er zum Zeitpunkt des Eigentumsübergangs bestanden hat (Einzelheiten → BGB § 566 Rn. 96). § 566 BGB schützt das Interesse des Mieters an der Fortsetzung des Mietverhältnisses. Auch wenn der Übergang des Vertrages oftmals auch im (wirtschaftlichen) Interesse der Erwerbers liegt, so handelt es sich bei § 566 BGB doch um eine ausgesprochene Mieterschutzvorschrift; gleiches gilt für § 566a BGB. Das scheint auf den ersten Blick auch bei §§ 566b–566d BGB so zu sein, wenn der *Gesetzeswortlaut von der Wirksamkeit* von Verfügungen, Vereinbarungen und Aufrechnungen in Bezug auf die Miete spricht. Diese Formulierungen verschleiern aber, dass eher die Unwirksamkeit von Verfügungen, Vereinbarungen und Aufrechnungen in Bezug auf die Miete die Regel ist.

§ 566c BGB ist zwar § 407 BGB nachgebildet und soll deshalb in erster Linie den Mieter bei Vornahme von **Vereinbarungen über die Miete** gegen etwaige nachteilige Folgen des Eigentumsübergangs an dem vermieteten Grundstück schützen, solange er gutgläubig ist.[1] Abweichend von § 566b Abs. 1 BGB hält das Gesetz deshalb in § 566c S. 1 BGB diese Rechtsgeschäfte zwischen Vermieter und Mieter in Ansehung des Mietzinses so lange aufrecht, wie der Mieter noch keine positive Kenntnis von dem Eigentumsübergang hat. Die Folge ist, dass der ursprüngliche Vermieter sogar noch *nach* Eigentumsübergang derartige Rechtsgeschäfte mit dem **gutgläubigen Mieter** vornehmen kann, die dann auch gegenüber dem Erwerber wirken (§ 566c S. 3 BGB). Der Schutz besteht aber nicht in Bezug auf die gesamte Vereinbarung, sondern nur zeitlich eng begrenzt bis zur Kenntnis des Mieters bzw. noch kurz danach. Es gilt folgendes: 2

Ist ein Rechtsgeschäft über die Miete **vor dem Eigentumsübergang** vorgenommen worden, so ist es gegenüber dem Erwerber wirksam bzgl. der Miete für den laufenden Kalendermonat, in dem der Mieter von dem Eigentumsübergang positive Kenntnis erlangt; bzgl. der Miete für den laufenden Kalendermonat und den Folgemonat ist es wirksam, wenn der Mieter die Kenntnis vom Eigentumsübergang erst nach dem 15. des Monats erlangt; es ist für eine unbegrenzte Zeit wirksam, wenn der Mieter vom Eigentumsübergang keine Kenntnis erlangt. Wurde das Rechtsgeschäft **nach dem Eigentumsübergang** vorgenommen, so ist es unwirksam, wenn der Mieter bei der Vornahme des Rechtsgeschäfts von dem Eigentumsübergang positive Kenntnis hatte. In der Diktion des Mieterschutzes werden also – wie in §§ 566b, 566d BGB – vornehmlich die **Erwerberinteressen** am Erhalt der auf die Zeit nach dem Eigentumsübergang entfallenden Miete verwirklicht. 3

**Grundlegend zum Zweck** und dem schwierigen Verständnis der §§ 566b–566d BGB, deren Regelungszusammenhang und deren umstrittene Abgrenzung zueinander → BGB § 566b Rn. 6 ff. Zur **Entstehungsgeschichte** → BGB § 566b Rn. 5. 4

## B. Anwendungsbereich

§ 566c BGB baut auf § 566 BGB auf, indem die Vorschrift an die Kenntnis des nach § 566 BGB erfolgten Eigentumsübergangs anknüpft. Wegen dieses Bezuges ist § 566c BGB – genauso wie § 566a BGB – nicht auf den rechtsgeschäftlichen Vermieterwechsel **(Vertragsübernahme)** anwendbar; in diesen Fällen ist vielmehr § 407 BGB einschlägig. Es gibt aber im BGB und in anderen Gesetzen zahlreiche Verweisungen auf § 566c BGB, die den Anwendungsbereich der Vorschrift erweitern. 5

### I. Verweisungen

§ 566c BGB gilt unmittelbar nur für Vereinbarungen über die Miete bei Veräußerung von Wohnraum. Neben der Erstreckung auf Mietverhältnisse über **Räume und Grundstücke** in § 578 BGB[2] ist § 566c BGB kraft **Verweisung** anwendbar bei der gewerblichen Weitervermietung (§ 565 Abs. 2 BGB), bei der dinglichen Belastung der Mietsache durch den Vermieter (§ 567 BGB), bei der Veräußerung oder dinglichen Belastung des Grundstücks vor Überlassung der Mietsache (§ 567a BGB) und bei der Weiterveräußerung des Grundstücks oder der dinglichen Belastung (§ 567b BGB), außerdem beim Nießbrauch (§§ 1056, 1059d BGB, aber nur bei dessen Beendigung und Übertragung, für die Bestellung gilt § 567 BGB), bei der Nacherbfolge (§ 2135 BGB), bei der Überlassung von Wohnraum in Zusammenhang mit einem Wohn- und Betreuungsvertrag (§ 5 Abs. 2 WBVG), bei Pachtverträgen (§ 581 Abs. 2), Landpachtverträgen (§ 593b BGB), Jagdpachtverträgen (§ 14 BJagdG), bei der Fischereipacht hängt es von der Landesgesetzgebung ab, nach § 11 Abs. 3 InVorG und – mit Modifikationen – bei der **Zwangsversteigerung** (§§ 57, 57b ZVG; Einzelheiten → Rn. 10). Zum Schicksal eines Mietvertrages bei Bestellung und Änderung eines Erbbaurechts, eines dinglichen Wohnungsrechts gem. § 1093 BGB und eines Dauerwohnrechts iSv § 31 WEG siehe bei der Kommentierung zu § 567 BGB. 6

Soweit es in den Verweisungsfällen nicht um eine Grundstücksveräußerung geht, kommt es statt des nach § 566c BGB eigentlich **maßgeblichen Zeitpunktes** der Kenntnis des Eigentumsüber- 7

[1] *Emmerich* NZM 1999, 50.
[2] Einzelheiten → BGB § 566 Rn. 19.

gangs auf die Kenntnis des der Veräußerung gleichgestellten Rechtsaktes an (etwa die Übertragung des Nießbrauchs).

8 **Nicht anwendbar** ist § 566c BGB bei Mietverhältnissen über eingetragene Schiffe und Luftfahrzeuge (§ 578a BGB, für Luftfahrzeuge iVm § 98 Abs. 2 des Gesetzes über Rechte an Luftfahrzeugen (LuftFzgG)); hier sind Vereinbarungen über die Miete gem. § 578a Abs. 2 BGB wirksam. Außerdem gilt § 566c BGB nicht bei der Vereinbarungen über **Nebenrechte** wie den Verzicht auf eine Bürgschaft, da es sich nicht um eine Mietzinsforderung handelt.

9 Da § 566c BGB – wie ausgeführt – auf § 566 BGB aufbaut, kann ergänzend auf die Ausführungen zum Anwendungsbereich des § 566 BGB verwiesen werden, insbes. zu den Fällen, in denen §§ 566ff. BGB nicht anwendbar sind.

## II. Zwangsversteigerung

10 Gemäß § 56 ZVG gebühren die Nutzungen eines Grundstücks, zu denen auch Mietzinsforderungen gehören, bis zum Zuschlag in der Zwangsversteigerung dem Vollstreckungsschuldner; der Schuldner kann also grds. vor dem Zuschlag Vereinbarungen über die Miete schließen. Soweit das in die Zeit nach dem Zuschlag wirkt, also in die Zeit, ab der dem Ersteher die Nutzungen zustehen, beurteilt sich die Wirksamkeit gem. § 57 ZVG grds. nach § 566c BGB. § 57b ZVG modifiziert aber § 566c BGB dahingehend, dass maßgeblicher Zeitpunkt nicht der Eigentumsübergang, sondern die Beschlagnahme des Grundstücks zum Zwecke der Zwangs*versteigerung* ist. Auf die Beschlagnahme in einer vorausgegangenen Zwangs*verwaltung* ist dann abzustellen, wenn die Zwangsverwaltung bis zum Zuschlag fortgedauert hat (§ 57b Abs. 2 S. 1 ZVG). Die Kenntnisfiktion des Mieters von der Beschlagnahme in § 57b Abs. 1 S. 2 ZVG ist nur bedeutsam bei §§ 566c, 566d BGB (nicht aber bei § 566b BGB), da nur diese Vorschriften auf die Kenntnis des Mieters abstellen; danach gilt dem Mieter die Beschlagnahme als bekannt, wenn ihm der Beschluss über die Anordnung der Zwangsversteigerung zugestellt wurde. § 57b ZVG ist nicht anzuwenden, wenn der Zwangsverwalter den Mietvertrag oder die Vereinbarung über die Miete schließt (§ 57b Abs. 3 ZVG), die §§ 566b–566d BGB gelten dann vielmehr uneingeschränkt. Weiterhin findet § 57b ZVG keine Anwendung bei einer Zwangsversteigerung zum Zwecke der Aufhebung einer Gemeinschaft (§ 183 ZVG). Zu den Besonderheiten bei der Behandlung von Baukostenzuschüssen → Rn. 23.

## III. Zwangsverwaltung

11 Bei der Zwangsverwaltung findet durch die Beschlagnahme nach § 148 Abs. 2 ZVG kein Eigentumswechsel und kein Rechtsübergang gem. § 566 BGB statt, so dass auch § 566c BGB nicht anwendbar ist; der Vermieter bleibt Partei des Mietvertrages, ihm ist lediglich gem. § 148 Abs. 2 ZVG die Verwaltung des Grundstücks entzogen, diese obliegt gem. § 152 ZVG dem Zwangsverwalter. Der Zwangsverwalter handelt zwar im eigenen Namen, aber doch für Rechnung des Schuldners/Vermieters. Er ist gem. § 152 Abs. 2 ZVG an die vom Eigentümer geschlossenen Miet- und Pachtverträge gebunden, sofern die Mietsache vor der Beschlagnahme bereits überlassen wurde. Der Eigentümer wiederum ist nach Aufhebung der Zwangsverwaltung an die vom Zwangsverwalter geschlossenen Verträge gebunden – in diesem Fall gelten bei einer späteren Zwangsversteigerung nicht die Besonderheiten des § 57b ZVG (s. § 57b Abs. 3 ZVG), sondern §§ 566b–566d BGB uneingeschränkt. Den Zwangsverwalter treffen grds. alle Rechte und Pflichten eines Vermieters. Zur Prozessführungsbefugnis des Zwangsverwalters → BGB § 566 Rn. 156. Von der Beschlagnahme sind im Gegensatz zur Zwangsversteigerung grds. auch die Mietzinsforderungen umfasst. Verpflichtet sich der Mieter in einem Mietaufhebungsvertrag zu Ausgleichszahlungen, falls der Vermieter bei einer Weitervermietung des Mietobjekts nur eine geringere als die vom Mieter geschuldete Miete erzielen kann, wird dieser Anspruch bei einer späteren Zwangsverwaltung des Grundstücks nicht von der Beschlagnahme erfasst, da es sich nicht um eine Mietforderung handelt.[3] Der Grundsatz, dass Mietforderungen der Beschlagnahme unterliegen, gilt zu Gunsten der Vollstreckungsgläubiger für Vorausverfügungen über den Mietzins gem. §§ 148 Abs. 1, 21 Abs. 2, 20 Abs. 2 ZVG, 1124 BGB aber nur eingeschränkt. Danach ist eine **Verfügung** über die Miete gegenüber dem Vollstreckungsgläubiger **unwirksam,** *wenn sie sich* auf den Mietzins für eine spätere Zeit als den zur Zeit der

---

[3] BGH XII ZR 86/09, NZM 2011, 201.

Beschlagnahme laufenden Monat bezieht. Erfolgt die Beschlagnahme nach dem 15. des Monats, so ist sie gegenüber dem Gläubiger wirksam, soweit sie sich auf den Mietzins für den folgenden Kalendermonat bezieht. Im Falle einer Abtretung der Miete muss der Zessionar den betreffenden Mietzinsteil gem. § 816 Abs. 2 BGB zurückerstatten. Es ist belanglos, ob ein Grundpfandgläubiger oder ein sonstiger Gläubiger die Zwangsverwaltung betreibt. Der **Begriff der Vorausverfügung** in § 1124 BGB umfasst auch Vereinbarungen zwischen Veräußerer und Mieter über die Miete, wenn diese Vereinbarungen Verfügungscharakter haben (näher → BGB § 566b Rn. 11). Zu den Besonderheiten bei der Behandlung von Baukostenzuschüssen → Rn. 23.

### IV. Insolvenz

Nach § 110 Abs. 1 S. 1 InsO ist die vor Eröffnung des Insolvenzverfahrens getroffene Verfügung des Schuldners über den Miet- oder Pachtzins für eine Immobilie ab dem nächsten Kalendermonat nach Insolvenzeröffnung bzw. – bei Insolvenzeröffnung nach dem 15. Tag des Monats – ab dem übernächsten Monat unwirksam. Der Begriff der Verfügung in § 110 InsO umfasst genauso wie der Begriff der Vorausverfügung in § 1124 BGB auch Vereinbarungen zwischen Veräußerer und Mieter über die Miete, wenn diese Vereinbarungen Verfügungscharakter haben (→ BGB § 566b Rn. 11). § 110 Abs. 1 S. 1 InsO ist an den §§ 1124, 1125 BGB ausgerichtet (und damit auch §§ 566b, 566c BGB vergleichbar – → BGB § 566b Rn. 11), weil sich der Insolvenzgläubiger in einer ähnlichen Lage wie der Hypothekengläubiger, der die Beschlagnahme des Grundstücks bewirkt hat, befindet und der Schutz, den die Hypothekengläubiger nach § 1124 Abs. 2 BGB genießen auch den Insolvenzgläubigern zuerkannt werden sollte. § 110 InsO bezweckt somit die Gleichbehandlung der Insolvenzgläubiger und die Erhaltung der Masse. Derjenige, der bisher in den Genuss der Vorausverfügung über den Miet- oder Pachtzins gekommen ist, insbes. der Zessionar, hat das Nachsehen, da sein Bereicherungsanspruch gegen den Schuldner (Vermieter) einfache Insolvenzforderung ist. Vereinbarungen des Insolvenzverwalters mit dem Mieter über die Miete richten sich im Falle einer freihändigen Veräußerung nach § 566c BGB, im Falle einer Zwangsversteigerung nach §§ 57, 57b ZVG, § 566c BGB. Zu den Besonderheiten bei der Behandlung von Baukostenzuschüssen → Rn. 23. 12

## C. Voraussetzungen

§ 566c BGB baut auf § 566 BGB auf, indem die Vorschrift an die Kenntnis des nach § 566 BGB notwendigen Eigentumsübergangs anknüpft. 13

### I. Vereinbarung über den Mietzins

Unter § 566c BGB fallen nur Rechtsgeschäfte[4] zwischen Veräußerer[5] und Mieter über die Mietforderung. Rechtsgeschäfte des Veräußerers über die Miete mit einem Dritten oder einseitige Verfügungen des Veräußerers werden von § 566b BGB erfasst.[6] Erforderlich ist also ein **zweiseitiges** Rechtsgeschäft, das sich auf die Mietforderung bezieht. Der Wortlaut des § 566c S. 1 BGB ist zwar möglicherweise dahingehend missverständlich als darunter auch bloße Zahlungen des Mieters („Entrichtung der Miete") in Unkenntnis des Eigentumsübergangs verstanden werden könnten. Die Notwendigkeit der Zweiseitigkeit des Rechtsgeschäfts ergibt sich aber eindeutig aus der amtlichen Überschrift von § 566c BGB, in der von Vereinbarung die Rede ist. Überdies spricht die Normgeschichte für diese Sicht. Zu Anfang des letzten Jahrhunderts betrug der Wirksamkeitszeitraum von Vereinbarungen über die Miete nämlich nicht nur wie jetzt einen Monat, sondern ein Vierteljahr ab Kenntnis des Mieters.[7] Es ist kein Grund ersichtlich, bloße Zahlungen des Mieters, 14

[4] Soweit in der amtlichen Überschrift der Vorschrift von Vereinbarung die Rede ist, so ist dies synonym zu dem im Text der Vorschrift verwendeten Begriff des Rechtsgeschäfts.

[5] Das Gesetz spricht von Vermieter, gemeint ist allerdings der Veräußerer (vgl. MüKoBGB/*Häublein* § 566c Rn. 3). Das zeigt sich an § 566c S. 3 BGB. Danach können auch Vereinbarungen nach dem Eigentumswechsel wirksam sein, zu einer Zeit also, zu der der Veräußerer wegen § 566 BGB nicht mehr Vermieter ist, aber mit dem Mieter noch eine Vereinbarung über die Miete geschlossen hat.

[6] Zur Abgrenzung der Vorschriften → BGB § 566b Rn. 11.

[7] Dazu → BGB § 566b Rn. 5.

die nicht auf besonderen Vereinbarungen mit dem Veräußerer beruhen (nämlich Vorauszahlungsvereinbarungen), noch nach Kenntnis des Mieters zu privilegieren. Wenn das Gesetz als Anwendungsfall („insbes.") Vereinbarungen über die *Entrichtung* des Mietzinses hervorhebt, dann sind damit regelmäßig Vereinbarungen über die Vorverlagerung der Zahlungspflicht gemeint (Mietvorauszahlungen gem. § 547 BGB). Die **bloße Zahlung** (Erfüllung) in Unkenntnis des Eigentumsübergangs ohne (Vorauszahlungs-)Vereinbarung reicht also nicht aus; zur Wirkung solcher Zahlungen → BGB § 566e Rn. 22. Die Vereinbarung muss nicht zwingend Verfügungscharakter haben[8], auch wenn dies meist der Fall sein wird. Bei einem Erlass- oder Aufrechnungsvertrag ist der Verfügungscharakter offensichtlich, die Forderung erlischt. Bei einer **Vorauszahlungsvereinbarung,** dem im Gesetz besonders hervorgehobenen Anwendungsfall, erlischt die Forderung allerdings nicht schon durch die Vereinbarung, sondern erst bei späterer Zahlung. Der Verfügungscharakter einer solchen Vereinbarung ergibt sich aber aus der Verschiebung (Vorverlagerung) der Fälligkeit des Mietzinses; hierdurch wird unmittelbar auf die Forderung eingewirkt mit der Folge, dass wegen des nach § 566 BGB geltenden Fälligkeitsprinzips[9] der Veräußerer auch nach einem Eigentumswechsel Inhaber der Forderung für die nach dem Eigentumsübergang liegenden Leistungszeiträume bleiben würde, wenn es die Regelung des § 566c BGB nicht gäbe.[10] Ein Anspruch des Mieters gegen den Vermieter auf Rückgewähr von im Voraus entrichteter Miete gem. § 547 BGB kann sich nur insoweit gegen den Erwerber richten, als die Vereinbarung über die Vorauszahlung diesem gem. § 566c BGB gegenüber wirksam ist. Auch anrechenbare (Baukosten-)Zuschüsse gehören zu den Mietvorauszahlungen und fallen damit unter § 566c BGB, nicht aber verlorene Baukostenzuschüsse. Zu den Besonderheiten bei der Behandlung von anrechenbaren **Baukostenzuschüssen** → Rn. 23.

15 **Weitere Beispiele** für Rechtsgeschäfte zwischen Veräußerer und Mieter iSv § 566c BGB sind Stundung, Erlass, Annahme an Erfüllung statt, Vereinbarung der Mietzahlung an einen Dritten (etwa die den Grundkredit finanzierende Bank).[11] Ferner ist Anwendungsfall des § 566c BGB der Aufrechnungsvertrag mit dem Mieter, nicht aber die einseitige Aufrechnung des Vermieters, für die § 566b BGB gilt (→ BGB § 566b Rn. 27), und nicht die einseitige Aufrechnung des Mieters, für die § 566d BGB gilt.

16 Eine Vereinbarung über die Mietforderung ist nur möglich, wenn überhaupt bereits eine Abrede zur Zahlung von Mietzins besteht, auf die dann eingewirkt werden kann; nicht ausreichend ist, wenn die Verpflichtung zur Zahlung von Mietzins von Vornherein auf Zeit[12] abbedungen ist, ohne dass dieser Abbedingung eine Gegenleistung des Mieters (etwa ein Baukostenzuschuss) zu Grunde liegt. Die Mietforderung und das auf sie einwirkende Rechtsgeschäft können zwar in demselben Vertrag begründet werden (zB dem ursprünglichen Mietvertrag; → BGB § 566b Rn. 8), aber auch in diesem Fall ist die Vereinbarung iSv § 566c BGB von derjenigen Vereinbarung zu unterscheiden, die den Mietzins erst dem Grunde und der Höhe nach entstehen lässt.

17 Wenn Veräußerer und Mieter das **Mietniveau nachträglich ändern,** insbes. wenn es nachträglich[13] zu einer Herabsetzung der Miete kommt, dann liegt zwar nach dem Wortlaut des § 566c BGB ein Rechtsgeschäft über die Miete vor; dennoch wird die Vorschrift in aller Regel nicht anzuwenden sein. Zweck des § 566c BGB ist es nämlich nicht, den Erwerber vor Veränderungen des Mietpreisniveaus zu schützen, sondern ihm während der Zeit, in der er die Gebrauchsüberlassung schuldet, die vereinbarte Miete zukommen zu lassen (→ BGB § 566b Rn. 8). Durch § 566c BGB soll die Äquivalenz von Leistung und Gegenleistung in zeitlicher Hinsicht gesichert werden. Das geschieht nicht dadurch, dass ein bestimmtes Mietniveau festgeschrieben wird. Das käme einer Preiskontrolle gleich und würde Rechtsunsicherheit nach sich ziehen, da eine solche Vereinbarung zwischen Veräußerer und Mieter wirksam wäre, diese Wirksamkeit aber nach dem meist ungewis-

[8] Zum Begriff der Verfügung → BGB § 566b Rn. 22. Aus BGH XII ZR 16/00, NZM 2003, 871 ergibt sich nichts anderes; in dieser Entscheidung geht es nämlich um § 1124 BGB, wo – anders als in § 566c BGB – eine Verfügung gesetzliche Voraussetzung ist.

[9] → BGB § 566 Rn. 86.

[10] So iErg wohl auch AnwK WohnraummietR/*Lammel* BGB § 566c Rn. 8.

[11] OLG Frankfurt a. M. NZM 2012, 505, allerdings nicht für § 566c BGB, sondern die vergleichbare Konstellation in § 1124 Abs. 2 BGB.

[12] *Ist sie insgesamt abbedungen,* so wird meist der Fall der Einmalmiete vorliegen (dazu → Rn. 22).

[13] Das wird zwar der Hauptanwendungsfall sein, nach der hier vertretenen Meinung ist es aber belanglos, ob das Mietniveau nachträglich oder schon in dem ursprünglichen Mietvertrag für in der Zukunft liegende Zeiträume verändert wird.

sen Zeitpunkt des Eigentumsübergangs verlieren würde.[14] Vielmehr sieht § 566c BGB die Phasengleichheit[15] von Leistung und Gegenleistung vor, dh, im Verhältnis zu dem Erwerber sind dem Veräußerer und dem Mieter Vereinbarungen verwehrt, mit denen die Zahlung der Miete von dem Zeitraum der Gebrauchsgewährung über den in der Vorschrift vorgesehenen Wirksamkeitszeitraum hinaus abgekoppelt werden soll, indem der Mieter sie zu Lasten des Erwerbers vorab erbringt oder sie auf andere Weise nicht dem Vermögen des Erwerbers, sondern dem des Veräußerers oder eines Dritten zufließt.[16] Das bedeutet, dass Veräußerer und Mieter die Miete erhöhen und auch erniedrigen können, ohne dass § 566c BGB eingreift, solange sie nicht vereinbaren, dass die Miete ganz oder teilweise vor dem Zeitraum zu zahlen ist, für den sie Gegenleistung der Gebrauchsüberlassung ist.

Unter den Begriff der Miete iSv § 566c BGB fallen auch die vereinbarten Vorauszahlungen auf abzurechnende **Betriebskosten,** da sie Bestandteil der Miete sind, wie inzwischen für die Frage der Mietminderung anerkannt ist. Dem steht auch nicht der Vorschusscharakter dieser Leistung entgegen, im Gegenteil, wenn es der Zweck des § 566c BGB ist, dem Erwerber für die Zeit seines Eigentums das Äquivalent für die Gebrauchsüberlassung an den Mieter zu sichern (Einzelheiten → BGB § 566b Rn. 8), dann kann dies nur effektiv umgesetzt werden, wenn die Betriebskostenvorauszahlungen – wie auch in anderen Vorschriften – als Bestandteil der Miete angesehen werden. Nicht unter den Mietbegriff des § 566c BGB fallen allerdings die Abrechnungssalden, da sie nicht zum periodisch anfallenden Entgelt für die Gebrauchsüberlassung gehören. Ansprüche auf **Nutzungsentschädigung** gem. § 546a BGB (genauso wie Schadensersatz- und Bereicherungsansprüche wegen Vorenthaltung der Mietsache) sind schon begrifflich keine Miete. Sie sichern zwar auch das Äquivalenzinteresse des Erwerbers, wegen ihres (bis zur Räumung) vorübergehenden Charakters erscheint eine analoge Anwendung von § 566c BGB auf diese Ansprüche aber nicht notwendig. Verpflichtet sich der Mieter in einem Mietaufhebungsvertrag zu Ausgleichszahlungen, falls der Vermieter bei einer Weitervermietung des Mietobjekts nur eine geringere als die vom Mieter geschuldete Miete erzielen kann, handelt es sich ebenfalls nicht um eine Mietforderung.[17] Auch **Nebenforderungen** (Sicherungsrechte wie Bürgschaft etc, Zinsen) sind keine Miete in Sinne von § 566c BGB. Auf Vereinbarungen über **andere Rechte** aus dem Mietvertrag als den Mietzins (etwa Options- oder Kündigungsrechte) findet § 566c BGB ebenfalls keine Anwendung. Eine im Zusammenhang mit dem Mietvertrag getroffene Vereinbarung zwischen dem Vermieter und einer GbR als Mieterin dahingehend, dass die Haftung der Gesellschafter auf das Gesellschaftsvermögen beschränkt sei, stellt keine Vereinbarung über den Mietzins iSv § 566c BGB dar. Vereinbaren die Vertragsparteien einen vollständigen Verzicht auf Mietzinszahlungen oder eine sonstige Gegenleistung des Mieters, so wandelt sich der Vertrag in einen Leihvertrag um; § 566 BGB und als Folge davon § 566c BGB sind dann nicht mehr anwendbar (→ BGB § 566 Rn. 27). 18

Der Mieter, der in **gutem Glauben** an das Fortbestehen des Vertragsverhältnisses mit dem Veräußerer ein Rechtsgeschäft über *andere Regelungsbereiche als den Mietzins* schließt, wird nach Ansicht des BGH durch §§ 407, 412 BGB geschützt; dieser Schutz ist allerdings nur für nach dem Eigentumswechsel geschlossene Vereinbarungen notwendig, da frühere Vereinbarungen den Erwerber gem. § 566 BGB binden. 19

## II. Periodische Bemessung des Mietzinses

§ 566c BGB geht davon aus, dass der Mietzins – entsprechend der ganz vorherrschenden praktischen Handhabung – periodisch bemessen und zahlbar ist, nämlich nach Kalendermonaten.[18] Es handelt sich um eine Anwendungsvoraussetzung des § 566c BGB und damit um ein Tatbestandsmerkmal der Vorschrift. Sollte ausnahmsweise nicht eine Monatsmiete vereinbart sein, muss – soweit dies möglich ist – eine **Umrechnung auf eine fiktive Monatsmiete** erfolgen, um den 20

[14] Es sei denn man würde – wie Staudinger/*Emmerich* BGB § 566b Rn. 15b ff. – auf die Dauerhaftigkeit einer solchen Mietniveauänderung abstellen; dagegen aber → BGB § 566b Rn. 8f.
[15] So MüKoBGB/*Häublein* § 566c Rn. 10.
[16] MüKoBGB/*Häublein* § 566c Rn. 10.
[17] BGH XII ZR 86/09, NZM 2011, 201 für die Beschlagnahme in der Zwangsverwaltung, für die derselbe Verfügungsbegriff gilt wie in §§ 566b, 566c BGB (→ Rn. 11).
[18] Näher → BGB § 566b Rn. 8.

Wirksamkeitsumfang der Vereinbarung über die Miete bestimmen zu können. Folgende Fälle sind zu unterscheiden:

21 Haben die Vertragsparteien für ein Mietverhältnis auf **unbestimmte Dauer** eine Einmalmiete vereinbart (einen festen Betrag für einen auf Lebenszeit des Mieters geschlossenen Vertrag), so kann mangels periodischer Bemessung des Mietzinses nicht bestimmt werden, welcher Teil der Miete auf die Zeit nach dem Eigentumsübergang entfällt; hier liegt schon ein Anwendungsfall des § 566c BGB nicht vor.

22 Haben die Parteien hingegen für einen **zeitlich befristeten Vertrag** eine Einmalmiete vereinbart, ist eine Umrechnung auf einen fiktiven monatlichen Mietzins ohne weiteres möglich und durchzuführen. In ähnlicher Weise ist zu verfahren, wenn nicht ein monatlicher, sondern ein nach **anderen Perioden** (Quartal, Jahr etc) zahlbarer Mietzins vereinbart wurde.

### III. Baukostenzuschüsse

23 Es sind zwei Arten von Baukostenzuschüssen zu unterscheiden, nämlich die verlorenen und die auf die Miete anrechenbaren Zuschüsse. Nur bei letzteren findet – wie der Name schon sagt – eine Anrechnung auf die Miete in der Weise statt, dass sie mit der Zeit durch Nutzung abgegolten („abgewohnt") werden sollen; **verlorene Baukostenzuschüsse** haben auf den Mietzins keinen Einfluss und stellen deshalb keinen Anwendungsfall des § 566c BGB dar.[19] Zur Definition und Abgrenzung der anrechenbaren und verlorenen Baukostenzuschüsse → BGB § 547 Rn. 9, 13.

24 Wenn ein vom Mieter geleisteter Baukostenzuschuss abgewohnt werden soll **(anrechenbarer Zuschuss),** dann ist dies einmal eine Vorausleistung des Mieters iSv § 547 BGB und zum anderen stellt die Abrede hierüber eine Vereinbarung über die Miete dar, die je nach Länge der „Abwohndauer" in die Eigentumszeit des Erwerbers reichen kann, deren Wirksamkeit also nach § 566c BGB zu beurteilen ist. Wie oben bereits erwähnt, kann sich ein Anspruch des Mieters gegen den Vermieter auf Rückgewähr von im Voraus entrichteter Miete gem. § 547 BGB nur insoweit gegen den Erwerber richten, als die Vereinbarung über die Vorauszahlung diesem gegenüber gem. § 566c BGB wirksam ist.[20] Danach ist die Wirksamkeitsdauer von Vorauszahlungen begrenzt, nämlich grds. auf den Monat bzw. den Folgemonat, in dem der Mieter Kenntnis von dem Eigentumsübergang erlangt.

25 In der Zeit des Wiederaufbaus nach dem II. Weltkrieg, als sich viele Mieter an der Errichtung der Mietsache mit Zuschüssen beteiligt hatten, wurde diese Folge des § 566c BGB insbes. dann als misslich empfunden, wenn der Baukostenzuschuss und damit die Abwohnzeit erheblich waren. Deshalb vertritt der BGH seit der Nachkriegszeit in stRspr die Auffassung, dass **ausnahmsweise nicht § 566c BGB,** sondern nur § 566 BGB auf die Vereinbarung anrechenbarer Baukostenzuschüsse anwendbar sei, wenn folgende Voraussetzungen erfüllt sind: Es muss eine Vorauszahlung des Mieters vereinbart sein; die Leistung (Geld oder Sachleistung) muss von vornherein, also vor Erbringung, für den Aus- oder Aufbau des Mietgrundstücks im Zusammenhang mit dem Mietvertrag bestimmt gewesen sein und bei wirtschaftlicher Betrachtungsweise aus dem eigenen Vermögen des Mieters stammen; die Mittel sind bestimmungsgemäß verwendet worden und haben den Wert des Grundstücks erhöht; zum Zeitpunkt des Eigentumsübergangs muss die Werterhöhung noch vorhanden sein.[21] Tragender Gesichtspunkt für diese Rspr. ist die Erwägung, dass dem Erwerber der durch den Baukostenzuschuss geschaffene Sachwert zukomme, der Mieter aber auf der anderen Seite vor Doppelbelastungen geschützt werden müsse.[22] Dogmatischer Ansatzpunkt für die Berücksichtigung dieses Ansatzes sind § 242 BGB und der in **§ 57c ZVG** zum Ausdruck kommende Schutzgedanke.[23] In § 57c ZVG war das Kündigungsrecht des Erstehers gem. § 57a ZVG bei anrechenbaren Baukostenzuschüssen ausgeschlossen worden – nicht nur, um den Mieter vor dem Verlust des Raumbesitzes, sondern auch vor dem Verlust des Finanzierungsbeitrages zu bewahren[24], selbst wenn § 57c ZVG (nur Kündigungsmöglichkeit) kein direkter Einfluss auf die Wirksamkeit von Baukostenzuschüssen

---

[19] → BGB § 547 Rn. 23.

[20] BGH VIII ZR 98/61, NJW 1962, 1860; BGH VIII ZR 130/68, NJW 1970, 93.

[21] Siehe nur BGH VIII ZR 145/65, NJW 1967, 555, bestätigt durch BGH VIII ZR 55/97, NJW 1998, 595; BGH VIII ZR 166/10, NZM 2012, 301, zu der vergleichbaren Problematik bei § 1124 BGB; *Dötsch* NZM 2012, 298 (299) *mwN; MüKoBGB/Häublein* § 566c Rn. 13.

[22] BGH VIII ZR 145/65, NJW 1967, 557.

[23] BGH VIII ZR 145/65, NJW 1967, 557.

[24] BGH V ZR 24/54, NJW 1955, 301 aE.

gegenüber dem Ersteher zukam.[25] § 57c ZVG ist allerdings zum 1.2.2007 ersatzlos aufgehoben worden. Damit entfällt ein tragendes Argument für die Nichtanwendung des § 566c BGB auf anrechenbare Baukostenzuschüsse, die ohnehin aus Erwerbersicht problematisch war, weil er Gefahr lief, vom Mieter die laufende Miete nicht zu erhalten, die als Folge des Zuschusses eingetretene Werterhöhung des Grundstücks aber beim Erwerb mitbezahlen zu müssen.[26] Die Vorschrift wurde nach der Gesetzesbegründung ersatzlos aufgehoben, weil sie ihre Bedeutung verloren hatte und um Missbrauch vorzubeugen.[27] Das kann aber nicht nur für den in § 57c ZVG unmittelbar verwirklichten Kündigungsschutz gelten, sondern muss auch Bedeutung für die Behandlung von anrechenbaren Baukostenzuschüssen im Rahmen von § 566c BGB haben. Die in der Aufhebung von § 57c ZVG zum Ausdruck kommende Wertung lässt eine Sonderbehandlung von anrechenbaren Baukostenzuschüssen nicht mehr zu[28], sie sind vielmehr – genauso wie andere Vereinbarungen über Vorauszahlungen auch – nur bis zum dem Monat bzw. dem Folgemonat gegenüber dem Erwerber wirksam, in dem der Mieter Kenntnis von dem Eigentumsübergang erhält. Den Mieter belastet das zwar, aber meist (außer in der Zwangsversteigerung) nicht unzumutbar, da er Ersatzansprüche gegen den Veräußerer hat (→ Rn. 34) und er deshalb „nur" das Insolvenzrisiko des Veräußerers trägt. Untragbaren Ergebnissen kann man überdies mit § 242 BGB begegnen[29], dessen spezialgesetzliche Ausprägung § 57c ZVG ohnehin war.[30] Unter Vertrauensschutzgesichtspunkten dürfte diese Folge angesichts der dargestellten jahrzehntelangen gefestigten Rspr. des BGH erst auf Vereinbarungen über Baukostenzuschüsse anzuwenden sein, die nach der Aufhebung des § 57c ZVG, also nach dem 1.2.2007 geschlossen wurden.[31] Der **BGH**[32] hat an seiner Rspr. auch nach Aufhebung des § 57c ZVG festgehalten, allerdings ohne das Problem oder die Diskussion auch nur im Ansatz zu erwähnen, so dass – weil ein Versehen nicht auszuschließen ist – hieraus keine sicheren Schlüsse für künftige Fälle gezogen werden können; der Entscheidung lag auch eine Vorauszahlungsvereinbarung zu Grunde, die vor der Aufhebung des § 57c ZVG geschlossen wurde.

## D. Rechtsfolgen

Vereinbarungen des Veräußerers mit dem Mieter über die Miete haben gegenüber dem Erwerber nur eine begrenzte Wirksamkeit. Anders als in § 566b BGB wird aus Gründen des Mieterschutzes aber nicht auf den Zeitpunkt des Eigentumsübergangs abgestellt, sondern auf die Kenntnis des Mieters davon. Weil es deshalb möglich ist, dass eine Vereinbarung über die Miete noch nach dem Eigentumsübergang geschlossen wird, gibt es für beide Fälle unterschiedliche Regelungen, nämlich für Vereinbarungen vor Eigentumsübergang in den Sätzen 1 und 2, für solche danach in Satz 3. 26

### I. Vereinbarungen vor Eigentumsübergang (Sätze 1 und 2)

Erlangt der Mieter von dem Eigentumsübergang *bis* (einschließlich) zum 15. Tag eines Monats Kenntnis, so ist gegenüber dem Erwerber eine vor dem Eigentumsübergang geschlossene Vereinbarung über die Miete nur insofern wirksam, als sie sich auf den für diesen Monat entfallenden Mietzins oder die Zeit davor bezieht (Satz 1); erlangt der Mieter Kenntnis *nach* dem 15. Tag eines Monats, so ist die Vereinbarung darüber hinaus für den auf den Folgemonat entfallenden Mietzins wirksam (Satz 2). Vereinbarungen für Zeiträume danach sind dem Erwerber gegenüber[33] relativ 27

[25] BGH V ZR 24/54, NJW 1955, 301 aE; BGH VIII ZR 151/57, WM 1959, 120.
[26] MüKoBGB/*Häublein* § 566c Rn. 13; *Eckert* ZfIR 2008, 454.
[27] Siehe http://www.bmj.bund.de/media/archive/1276.pdf (S. 87).
[28] Ähnlich *Eckert* ZfIR 2008, 453; *Dötsch* NZI 2009, 713; *Dötsch* NZM 2012, 296; MüKoBGB/*Häublein* § 566c Rn. 13; AG Dortmund ZInsO 2018, 2416; offenlassend noch AG Dortmund NZI 2017, 897.
[29] *Eckert* ZfIR 2008, 456; *Dötsch* NZI 2009, 716 (717).
[30] BGH IX ZR 26/01, NZM 2002, 758.
[31] So auch OLG Saarbrücken ZMR 2014, 35; gegen einen Vertrauensschutz *Eckert* INFO M 2013, 331, weil § 57c ZVG auch für „Altfälle" abgeschafft worden sei. Die Erweiterung von Kündigungsmöglichkeiten durch die Abschaffung von § 57c ZVG hat jedoch eine andere Qualität als der Verlust eines Schuldners; zwar bleibt dem Mieter der frühere Vermieter als Schuldner, dieser Anspruch dürfte aber in den Fällen der Zwangsversteigerung meist wertlos sein, anders als der durch das Grundstück gesicherte Anspruch gegen den Ersteher.
[32] BGH VIII ZR 166/10, NZM 2012, 301, zu der vergleichbaren Problematik bei § 1124 Abs. 2 BGB, der eine § 566c BGB vergleichbare Regelung enthält.
[33] Zu den Folgeansprüchen gegen den Veräußerer in diesem Fall → Rn. 34.

unwirksam – und zwar auch bei Kenntnis des Erwerbers (→ Rn. 32). Der Erwerber kann ggf. erneut Zahlung der Miete verlangen.[34] Er kann die Vereinbarung zwischen Veräußerer und Mieter aber auch genehmigen und muss sie dann im Verhältnis zum Mieter in vollem Umfang gegen sich gelten lassen. Ein Anspruch des Mieters auf Rückgewähr von im Voraus entrichteter Miete gem. § 547 BGB kann sich nur insoweit gegen den Erwerber richten, als die Vereinbarung über die Vorauszahlung diesem gem. § 566 c BGB gegenüber wirksam ist.[35]

28 Der Mieter muss **positive Kenntnis** von dem Eigentumsübergang erlangen, Kennenmüssen oder grob fahrlässige Unkenntnis reichen nicht[36]; einer sich aufdrängenden Kenntnis darf sich der Erwerber aber nicht verschließen, ansonsten ist Kenntnis anzunehmen. Wie oder durch wen der Mieter die Kenntnis erlangt, ist allerdings gleichgültig. Mitteilungen von dem Kausalgeschäft oder von dem bevorstehenden Eigentumsübergang reichen nicht, weil der Eigentumsübergang (und damit die Kenntnis davon) noch nicht gesichert sind.[37] Zu eigenen Nachforschungen ist der Mieter nicht verpflichtet, um Kenntnis zu erlangen.[38] Andererseits verlangt § 566 c BGB nur Kenntnis, also Information, und nicht Nachweis des Eigentumsübergangs; deshalb ist die Vorlage eines Grundbuchauszuges oder gleichwertiger Unterlagen zur Kenntnisverschaffung grds. nicht notwendig. Es ist aber danach zu differenzieren, wer dem Mieter die Kenntnis verschafft. Eine Mitteilung des Veräußerers reicht in der Regel aus[39], was auch dem Rechtsgedanken der §§ 409, 566 e BGB entspricht. Eine Mitteilung des Erwerbers reicht nur dann, wenn sie vertrauenswürdig ist; das ist etwa bei einem auf den Erwerber umgeschriebenen Urteil der Fall.[40] Gibt es begründete Zweifel, muss der Erwerber einen Grundbuchauszug oder gleichwertige Urkunden vorlegen.[41] Im Übrigen können die iRd § 407 BGB entwickelten Grundsätze zur Kenntnis des Schuldners von einer Abtretung angewendet werden.[42] Bei Zweifeln kann der Mieter gem. § 372 BGB hinterlegen.[43] Die Kenntnis des Mieters hat der Erwerber zu beweisen[44], den Mieter können aber sekundäre Darlegungslasten treffen. Von der Art der Kenntnisverschaffung ist die Frage zu trennen, ob der Mieter einen Anspruch auf Nachweis darüber hat, wer sein neuer Vermieter ist. Diese Frage ist in entsprechender Anwendung von §§ 410, 412 BGB zu bejahen.[45]

29 Ist die Miete ausnahmsweise nicht nach Kalendermonaten bemessen, so ist sie entsprechend umzurechnen, um den Wirksamkeitszeitraum der Vereinbarung bestimmen zu können (→ Rn. 20).

### II. Vereinbarungen nach Eigentumsübergang (Satz 3)

30 Aus § 566 c S. 3 BGB ergibt sich, dass Veräußerer und Mieter auch nach dem Eigentumsübergang unter bestimmten Bedingungen noch mit Wirksamkeit für den Erwerber Rechtsgeschäfte über die Miete schließen können. Gemäß § 566 BGB hat der Veräußerer an sich diese Rechtsmacht verloren, da er nach dem Eigentumsübergang nicht mehr Vermieter ist. § 566 c S. 3 BGB überträgt jedoch den Schutzgedanken des § 407 Abs. 1 BGB teilweise auf Rechtsgeschäfte über die Miete.[46] **Unwirksam** sind solche Vereinbarungen, bei deren Vornahme der Mieter den Übergang des Eigentums kennt. Kennt er ihn nicht, greifen die Regelungen in § 566 c S. 1, 2 BGB[47], dh, die Vereinbarung über den Mietzins mit dem (nichtberechtigten) Veräußerer ist bis zum Monat der Kenntniserlangung bzw. bis zum Folgemonat wirksam. Aus der Formulierung von § 566 c S. 3 BGB ergibt sich, dass der Erwerber beweisen muss, dass der Mieter bei Vornahme des Rechtsgeschäfts von dem Eigentumsübergang wusste.[48] Zur Kenntnis des Mieters → Rn. 27.

---

34 Staudinger/*Emmerich* BGB § 566 c Rn. 4.
35 BGH VIII ZR 98/61, NJW 1962, 1860; BGH VIII ZR 130/68, NJW 1970, 93.
36 Staudinger/*Emmerich* BGB § 566 c Rn. 7.
37 BGH IX ZR 29/11, NJW 2012, 1881; OLG Hamm 24.8.2016 – 30 U 61/16, BeckRS 2016, 125773.
38 BGH IX ZR 29/11, NJW 2012, 1881 und BGH IX ZR 255/99, NJW 2001, 231 zu § 407 BGB.
39 AG Berlin-Schöneberg GE 1992, 727; Staudinger/*Busche,* 2012, BGB § 407 Rn. 33.
40 BGH VIII ZR 278/13, NJW 2015, 2650 Rn. 21.
41 AG Berlin-Schöneberg GE 1992, 727; LG Berlin GE 1996, 927; Staudinger/*Busche,* 2017, BGB § 407 Rn. 33.
42 AG Berlin-Schöneberg GE 1992, 727; MüKoBGB/*Häublein* § 566 c Rn. 16.
43 Staudinger/*Busche,* 2017, BGB § 407 Rn. 33.
44 MüKoBGB/*Häublein* § 566 c Rn. 15.
45 → *BGB § 566 e Rn. 20, dort auch* zum Leistungsverweigerungsrecht des Mieters.
46 MüKoBGB/*Häublein* § 566 c Rn. 16.
47 Staudinger/*Emmerich* BGB § 566 c Rn. 6.
48 LG Berlin GE 1996, 927; Staudinger/*Emmerich* BGB § 566 c Rn. 8.

31 Der Mieter, der in **gutem Glauben** an das Fortbestehen des Vertragsverhältnisses mit dem Veräußerer ein Rechtsgeschäft über andere Regelungsbereiche als den Mietzins schließt, wird nach Ansicht des BGH durch §§ 407, 412 BGB geschützt; dieser Schutz ist allerdings nur für nach dem Eigentumswechsel geschlossene Vereinbarungen notwendig, da frühere Vereinbarungen den Erwerber gem. § 566 BGB binden.

### III. Kenntnis des Erwerbers

32 § 566c BGB ist auch anwendbar, wenn der Erwerber Kenntnis von der Vereinbarung über den Mietzins hat; eine § 566b Abs. 2 BGB vergleichbare Regelung fehlt. Letztere Vorschrift kann auch nicht entsprechend angewendet werden.[49] Durch die Mietrechtsreform wurde die Regelung in einen eigenen Absatz, nämlich § 566b Abs. 2 BGB, verschoben; angesichts dessen kann nicht ein Versehen des Gesetzgebers hinsichtlich der dort verwirklichten Idee angenommen und eine planwidrige Regelungslücke demnach nicht unterstellt werden. Abgesehen davon ist § 566b Abs. 2 BGB als (nur eingeschränkt analogiefähige[50]) Ausnahme zu begreifen, was neben § 566c BGB auch die vergleichbaren Regelungen in § 1124 BGB, § 110 InsO zeigen, die allesamt letztlich die Rentabilität und damit die Verkehrsfähigkeit des Grundstücks sichern sollen.[51] Der Erwerber handelt auch nicht treuwidrig, wenn er sich trotz Kenntnis auf § 566c BGB beruft[52], weil er berechtigterweise davon ausgehen darf, das Gesetz habe ihm diese Rechtsposition bewusst und im Unterschied zu § 566b BGB eingeräumt.

## E. Folgeansprüche

33 Eine **wirksame Vereinbarung** über den Mietzins belastet den **Erwerber,** der nach dem Fälligkeitsprinzip des § 566 BGB (→ BGB § 566 Rn. 86) davon ausgehen darf, ihm stehe der nach dem Eigentumsübergang fällig werdende Mietzins zu. Bei Erfüllung der Voraussetzungen des § 547 BGB drohen nicht nur ausbleibende Mietzinszahlungen, sondern auch Erstattungsansprüche nach dieser Vorschrift für im Voraus gezahlte Miete. Deshalb dürfte der Veräußerer den Erwerber in der Regel über derartige Vereinbarungen aufzuklären haben; eine Automatik gibt es aber nicht, entscheidend ist wohl der Wissensvorsprung des Veräußerers, der bspw. entfallen kann, wenn sich die Vorausverfügung aus dem Mietvertrag ergibt, in den Einblick zu nehmen dem Erwerber zumutbar ist. Eine Verletzung dieser Aufklärungspflicht macht den Veräußerer gem. §§ 311 Abs. 2, 280 BGB schadensersatzpflichtig. Außerdem kommen je nach Vertragsgestaltung, insbes. wenn ein Nutzen- und Lastenübergang schon vor dem Eigentumsübergang vereinbart ist, kaufrechtliche Gewährleistungsansprüche gem. § 437 BGB in Betracht. Bei kollusivem Zusammenwirken zwischen Veräußerer und Mieter können sich beide gem. § 826 BGB schadensersatzpflichtig machen. Außerdem steht dem Erwerber gegen den Veräußerer im Falle der Zahlung auf Grund einer unwirksamen Vereinbarung ein Bereicherungsanspruch gem. § 816 Abs. 2 BGB zu, in dessen Geltendmachung gleichzeitig eine wegen der nur relativen Unwirksamkeit der Vereinbarung zulässige[53], aber für den Bereicherungsanspruch auch notwendige Genehmigung derselben zu sehen ist; Voraussetzung für einen solchen Anspruch ist allerdings, dass die Vereinbarung über den Mietzins Verfügungscharakter hatte, da § 816 BGB eine Verfügung erfordert.[54]

---

[49] So wohl MüKoBGB/*Häublein* § 566c Rn. 11 unter Berufung auf *Schön* JZ 2001, 125 (126), der sich zu dieser Analogie aber nicht ausdrücklich verhält.

[50] Ausnahmevorschriften sind nicht grds. analogiefeindlich im Sinne eines Analogieverbots. Es kann vielmehr ein Bedürfnis bestehen, vergleichbare Ausnahmetatbestände gleich zu behandeln (*Häublein* WuM 2010, 395; *Würdinger* JuS 2008, 949). Der Begründungsaufwand muss mE aber ungleich höher sein; um dies zu verdeutlichen, erscheint es deshalb gerechtfertigt, von einem grundsätzlichen Verbot der analogen Anwendung von Ausnahmevorschriften zu sprechen und diese eng auszulegen.

[51] Dazu → BGB § 566b Rn. 7; **aA** wohl *Schön* JZ 2001, 126, der die Vorschriften als Ausgleich für die fehlende grundbuchrechtliche Publizität der Mietverhältnisse ansieht; einmal widerspricht das aber der bei § 566b BGB dargelegten Intention des Gesetzgebers, zum anderen dient hierzu insbes. das Schriftformerfordernis des § 550 BGB.

[52] So aber MüKoBGB/*Häublein* § 566c Rn. 11.

[53] BGH XII ZR 214/94, NJW-RR 1996, 1230.

[54] → BGB § 566b Rn. 39 und die dortigen Nachweise zu der ähnlichen Situation bei Vorausverfügungen des Veräußerers sowie bei → Rn. 14 zum Verfügungscharakter von Vereinbarungen über den Mietzins.

34 Eine **unwirksame Vereinbarung** über die Miete belastet hingegen den **Mieter,** der schon (voraus)gezahlt hat, aber nochmals an den Erwerber leisten muss. Seine bereits erbrachte Leistung kann er von dem Veräußerer gem. § 812 Abs. 1 BGB kondizieren, da der Rechtsgrund durch das Eingreifen der Regelung des § 566c BGB weggefallen ist. Der Veräußerer ist dem Mieter in der Regel auch schadensersatzpflichtig, da ihm die Nebenpflicht obliegt, für eine Tilgungswirkung der Leistungen des Mieters zu sorgen. Überdies ist in einer Vereinbarung über die Vorausentrichtung der Miete regelmäßig eine Schadensersatz auslösende Verpflichtung des Veräußerers zu sehen, er wolle dem Mieter dafür einstehen, dass die Vorauszahlung während der ganzen Mietzeit verrechnet werden kann.[55]

## F. Abweichende Vereinbarungen

35 Die Ausführungen hierzu bei § 566b BGB gelten sinngemäß.[56]

[55] BGH VIII ZR 169/64, NJW 1966, 1703; MüKoBGB/*Häublein* § 566c Rn. 17.
[56] So auch MüKoBGB/*Häublein* § 566c Rn. 18.

## § 566d Aufrechnung durch den Mieter

**[1]Soweit die Entrichtung der Miete an den Vermieter nach § 566c dem Erwerber gegenüber wirksam ist, kann der Mieter gegen die Mietforderung des Erwerbers eine ihm gegen den Vermieter zustehende Forderung aufrechnen. [2]Die Aufrechnung ist ausgeschlossen, wenn der Mieter die Gegenforderung erworben hat, nachdem er von dem Übergang des Eigentums Kenntnis erlangt hat, oder wenn die Gegenforderung erst nach der Erlangung der Kenntnis und später als die Miete fällig geworden ist.**

### Systematische Übersicht



### Alphabetische Schnellübersicht



### A. Überblick und Zweck der Vorschrift

§ 566d BGB ist § 406 BGB nachgebildet, aber angepasst an die Wertungen des Ausgleichs zwischen Veräußerer, Erwerber und Mieter, die §§ 566b, 566c BGB zu Grunde liegen (→ BGB § 566b Rn. 7). Die Vorschrift soll ähnlich wie in § 406 BGB dem Mieter eine einmal erworbene Aufrechnungsmöglichkeit erhalten[1], der Schutzgehalt ist aber eher dem des § 1125 BGB vergleichbar. Im Ergebnis werden nämlich die Aufrechnungsmöglichkeiten erheblich beschränkt; wie in §§ 566b, 566c BGB werden in der Diktion des Mieterschutzes vornehmlich die **Erwerberinteressen** am Erhalt der auf die Zeit nach dem Eigentumsübergang entfallenden Miete verwirklicht. Eine Mieterschutzregelung ist § 566d BGB nur im Vergleich zu § 566b BGB, da in § 566b BGB auf das objektive Kriterium des Eigentumsübergangs abgestellt wird, wohingegen in §§ 566c, 566d BGB die Kenntnis des Mieters vom Eigentumsübergang entscheidend ist. § 566b BGB selbst bevorzugt bei dem Interessenausgleich der Beteiligten in erheblichem Maß diejenigen des Erwerbers. Die Kenntnisabhängigkeit in §§ 566c, 566d BGB wird nämlich nur relevant, wenn der Erwerber es in Vernachlässigung seiner eigenen Belange unterlässt, den Mieter zeitnah von dem Eigentumsübergang zu unterrichten. **Grundlegend zum Zweck** und dem schwierigen Verständnis der §§ 566b–566d BGB, deren Regelungszusammenhang und deren umstrittene Abgrenzung zueinander → BGB § 566b Rn. 6ff. Zur **Entstehungsgeschichte** der Norm, die seit der zum 1.9.2001 in Kraft getretenen Mietrechtsreform gilt und den inhaltsgleichen § 575 BGB aF ersetzt hat, → BGB § 566b Rn. 5. 1

[1] MüKoBGB/*Häublein* § 566 Rn. 1.

2 § 566d BGB ermöglicht es dem Mieter, den Mietzinsanspruch des Erwerbers durch **Aufrechnung** mit Ansprüchen, die ihm gegenüber dem Veräußerer zustehen, erlöschen zu lassen. Das aber nur in dem Umfang bzw. dem zeitlichen Rahmen, in dem er Vereinbarungen gem. § 566c BGB mit dem Veräußerer über die Mietforderung schließen könnte, die gegenüber dem Erwerber wirksam sind; hierdurch wird die Aufrechnungsmöglichkeit auf die Miete für den Monat bzw. den Folgemonat begrenzt, in dem der Mieter Kenntnis von dem Eigentumsübergang erhalten hat. Das ergibt sich aus dem Bezugnahme auf § 566c BGB in § 566d S. 1 BGB. Entscheidend ist, dass die **Aufrechnungslage** vor der Kenntnis vom Eigentumsübergang bestanden hat, die Aufrechnungserklärung selbst kann danach abgegeben werden.

## B. Anwendungsbereich

3 § 566d BGB baut auf § 566 BGB auf, indem die Vorschrift an die Kenntnis des nach § 566 BGB erfolgten Eigentumsübergangs anknüpft. Wegen dieses Bezuges ist § 566d BGB – genauso wie § 566a BGB[2] – nicht auf den rechtsgeschäftlichen Vermieterwechsel **(Vertragsübernahme)** anwendbar; in diesen Fällen ist vielmehr § 406 BGB einschlägig. Außerdem gilt § 566d BGB nicht für ein Zurückbehaltungsrecht des Mieters oder eine Mietminderung; diese Rechte beurteilen sich allein nach § 566 BGB.[3] Es gibt aber im BGB und in anderen Gesetzen zahlreiche Verweisungen auf § 566d BGB, die den Anwendungsbereich der Vorschrift erweitern.

### I. Verweisungen

4 § 566d BGB gilt unmittelbar nur für die Aufrechnung des Mieters von Wohnraum bei Veräußerung desselben. Neben der Erstreckung auf Mietverhältnisse über **Räume und Grundstücke** in § 578 BGB[4] ist § 566d BGB kraft **Verweisung** anwendbar bei der gewerblichen Weitervermietung (§ 565 Abs. 2 BGB), bei der dinglichen Belastung der Mietsache durch den Vermieter (§ 567 BGB), bei der Veräußerung oder dinglichen Belastung des Grundstücks vor Überlassung der Mietsache (§ 567a BGB) und bei der Weiterveräußerung des Grundstücks oder der dinglichen Belastung (§ 567b BGB), bei Mietverhältnissen über eingetragene Schiffe und Luftfahrzeuge (§ 578a Abs. 2 S. 3 BGB, für Luftfahrzeuge iVm § 98 Abs. 2 des Gesetzes über Rechte an Luftfahrzeugen (LuftFzgG)), außerdem beim Nießbrauch (§§ 1056, 1059d BGB, aber nur bei dessen Beendigung und Übertragung, für die Bestellung gilt § 567 BGB[5]), bei der Nacherbfolge (§ 2135 BGB), bei der Überlassung von Wohnraum in Zusammenhang mit einem Wohn- und Betreuungsvertrag (§ 5 Abs. 2 WBVG), bei Pachtverträgen (§ 581 Abs. 2), Landpachtverträgen (§ 593b BGB), Jagdpachtverträgen (§ 14 BJagdG), bei der Fischereipacht hängt es von der Landesgesetzgebung ab[6], nach § 11 Abs. 3 InVorG und – mit Modifikationen – bei der **Zwangsversteigerung** (§§ 57, 57b ZVG; näher → Rn. 7). Zum Schicksal eines Mietvertrages bei Bestellung und Änderung eines Erbbaurechts, eines dinglichen Wohnungsrechts gem. § 1093 BGB und eines Dauerwohnrechts iSv § 31 WEG siehe bei der Kommentierung zu § 567 BGB.

5 Soweit es in den Verweisungsfällen nicht um eine Grundstücksveräußerung geht, kommt es statt des nach § 566d BGB eigentlich **maßgeblichen Zeitpunktes** der Kenntnis des Eigentumsübergangs auf die Kenntnis des der Veräußerung gleichgestellten Rechtsaktes an[7] (etwa die Übertragung des Nießbrauchs).

6 Da § 566d BGB – wie ausgeführt – auf § 566 BGB aufbaut, kann **ergänzend** auf die Ausführungen zum Anwendungsbereich des § 566 BGB verwiesen werden, insbes. zu den Fällen, in denen §§ 566ff. BGB nicht anwendbar sind.

---

[2] → BGB § 566a Rn. 5.

[3] HM, MüKoBGB/*Häublein* § 566d Rn. 3; Einzelheiten → BGB § 566 Rn. 131 (Minderung) und → Rn. 140 (Zurückbehaltungsrecht).

[4] Näher → BGB § 566 *Rn. 19.*

[5] Siehe insgesamt zum Nießbrauch bei der Kommentierung zu § 567 BGB.

[6] Einzelheiten bei MüKoBGB/*Harke* § 581 Rn. 34.

[7] MüKoBGB/*Häublein* § 566b Rn. 7 zu der ähnlichen Problematik bei § 566b BGB.

## II. Zwangsversteigerung

§ 57b ZVG modifiziert aber § 566d BGB dahingehend, dass maßgeblicher Zeitpunkt nicht der Eigentumsübergang, sondern die Beschlagnahme des Grundstücks zum Zwecke der Zwangs*versteigerung* ist. Auf die Beschlagnahme in einer vorausgegangenen Zwangs*verwaltung* ist dann abzustellen, wenn die Zwangsverwaltung bis zum Zuschlag fortgedauert hat (§ 57b Abs. 2 S. 1 ZVG). Die Kenntnisfiktion des Mieters von der Beschlagnahme in § 57b Abs. 1 S. 2 ZVG ist nur bedeutsam bei §§ 566c, 566d BGB (nicht aber bei § 566b BGB), da nur diese Vorschriften auf die Kenntnis des Mieters abstellen; danach gilt dem Mieter die Beschlagnahme als bekannt, wenn ihm der Beschluss über die Anordnung der Zwangsversteigerung zugestellt wurde. § 57b ZVG ist nicht anzuwenden, wenn der Zwangsverwalter den Mietvertrag oder die Vereinbarung über die Miete schließt (§ 57b Abs. 3 ZVG), die §§ 566b–566d BGB gelten dann vielmehr uneingeschränkt.[8] Weiterhin findet § 57b ZVG keine Anwendung bei einer Zwangsversteigerung zum Zwecke der Aufhebung einer Gemeinschaft (§ 183 ZVG). 7

## III. Zwangsverwaltung

Bei der Zwangsverwaltung findet durch die Beschlagnahme nach § 148 Abs. 2 ZVG kein Eigentumswechsel und kein Rechtsübergang gem. § 566 BGB statt[9], so dass auch § 566d BGB nicht anwendbar ist; der Vermieter bleibt Partei des Mietvertrages, ihm ist lediglich gem. § 148 Abs. 2 ZVG die Verwaltung des Grundstücks entzogen, diese obliegt gem. § 152 ZVG dem Zwangsverwalter.[10] Der Zwangsverwalter handelt zwar im eigenen Namen, aber doch für Rechnung des Schuldners/Vermieters.[11] Er ist gem. § 152 Abs. 2 ZVG an die vom Eigentümer geschlossenen Miet- und Pachtverträge gebunden, sofern die Mietsache vor der Beschlagnahme bereits überlassen wurde. Der Eigentümer wiederum ist nach Aufhebung der Zwangsverwaltung an die vom Zwangsverwalter geschlossenen Verträge gebunden[12] – in diesem Fall gelten bei einer späteren Zwangsversteigerung nicht die Besonderheiten des § 57b ZVG (s. § 57b Abs. 3 ZVG), sondern §§ 566b–566d BGB uneingeschränkt.[13] Den Zwangsverwalter treffen grds. alle Rechte und Pflichten eines Vermieters.[14] Zur Prozessführungsbefugnis des Zwangsverwalters → BGB § 566 Rn. 156. Von der Beschlagnahme sind im Gegensatz zur Zwangsversteigerung grds. auch die Mietzinsforderungen umfasst.[15] Allerdings gilt dieser Grundsatz zu Gunsten der Vollstreckungsgläubiger für Aufrechnungen des Mieters gegenüber der Mietforderung gem. §§ 148 Abs. 1, 21 Abs. 2, 20 Abs. 2 ZVG, § 1125 BGB iVm § 1124 Abs. 2 BGB nur eingeschränkt.[16] Danach kann der Mieter gegenüber dem Vollstreckungsgläubiger nicht aufrechnen, wenn sich die Aufrechnung auf den Mietzins für eine spätere Zeit als den zur Zeit der Beschlagnahme laufenden Monat bezieht. Erfolgt die Beschlagnahme nach dem 15. Tag des Monats, so ist die Aufrechnung möglich, soweit sie sich auf den Mietzins für den folgenden Kalendermonat bezieht. Es ist belanglos, ob ein Grundpfandgläubiger oder ein sonstiger Gläubiger die Zwangsverwaltung betreibt.[17] 8

---

[8] Staudinger/*Emmerich* BGB § 566b Rn. 7.

[9] BGH VIII ZR 330/03, NZM 2005, 596; *Börstinghaus* NZM 2004, 489.

[10] *Gather* DWW 2006, 317.

[11] BGH VIII ZR 330/03, NZM 2005, 596.

[12] Staudinger/*Emmerich* BGB § 566 Rn. 18.

[13] Staudinger/*Emmerich* BGB § 566b Rn. 7.

[14] BGH VIII ZR 330/03, NZM 2005, 596; *Börstinghaus* NZM 2004, 489. Die Aktivlegitimation des Zwangsverwalters im Prozess bleibt auch nach Aufhebung der Zwangsverwaltung bestehen für solche Ansprüche, die vor Aufhebung entstanden sind und auf die sich die Beschlagnahme bezieht (BGH IX ZR 89/08, NZI 2009, 572; BGH IX ZR 385/00, NJW-RR 2003, 1419); nach Rücknahme des Antrags entfällt die Aktivlegitimation (BGH IX ZR 385/00, NJW-RR 2003, 1419). Siehe außerdem BGH VIII ZR 301/03, NZM 2006, 312, kein Kautionsrückzahlungsanspruch gegen den Zwangsverwalter, wenn die Zwangsverwaltung vor Rechtshängigkeit aufgehoben wurde sowie BGH VIII ZR 98/89, NJW-RR 1990, 1213, Parteiwechsel nach Aufhebung der Zwangsverwaltung während eines Prozesses möglich, aber nicht mehr in der Revision.

[15] *Schneider* ZMR 2008, 596.

[16] Weitere Einschränkungen sind in § 1123 BGB enthalten.

[17] BGH IX ZR 160/04, NJW-RR 2005, 1466 unter II.1.a.cc; s. auch MüKoBGB/*Eickmann*, 6. Aufl. 2013, § 1124 Rn. 47; **aA** Blank/Börstinghaus/*Blank* BGB § 566d Rn. 9, der die mE eindeutige BGH-Entscheidung aber offenbar missversteht bzw. übersieht; in der Verweisungskette der §§ 148 Abs. 1, 21 Abs. 2, 20 Abs. 2 ZVG, § 1124 BGB gibt es auch keinerlei Anhaltspunkte für eine Beschränkung auf die Grundpfandgläubiger als betreibende Gläubiger; s. allg. zur Zwangsvollstreckung in Mietforderungen *Schneider* ZMR 2008, 595.

### IV. Insolvenz

9 § 110 Abs. 3 InsO enthält eine § 566d BGB vergleichbare Regelung, allerdings wird nicht auf § 566c BGB, sondern auf die ähnliche Regelung des § 110 Abs. 1 InsO[18] Bezug genommen. Außerdem ist maßgeblicher Zeitpunkt nicht die Kenntnis des Mieters vom Eigentumsübergang, sondern der Zeitpunkt der Eröffnung des Insolvenzverfahrens; auf die Kenntnis des Mieters hiervon kommt es nach § 110 InsO grds. nicht an, der gute Glaube des Mieters wird aber ggf. gem. § 82 InsO geschützt.[19] Die Aufrechnung kann gem. § 110 Abs. 3 S. 2, §§ 95, 96 Nr. 2–4 InsO in den dort bestimmten Fällen ausgeschlossen sein.

## C. Voraussetzungen

10 § 566d BGB baut auf § 566 BGB auf, indem die Vorschrift an die Kenntnis des nach § 566 BGB notwendigen Eigentumsübergangs anknüpft.

### I. Aufrechnung

11 § 566d BGB setzt eine Aufrechnungslage iSv § 387 ff. BGB voraus. Für eine Vorschrift, die die Aufrechnung von Ansprüchen des Mieters, die ihm gegen den Erwerber zustehen, gegenüber einer Mietzinsforderung des Erwerbers ermöglicht, gäbe es allerdings keine Notwendigkeit, eine solche Aufrechnung wäre schon gem. § 387 BGB zulässig. § 566d BGB erlaubt vielmehr die Aufrechnung von fälligen Ansprüchen des Mieters, die ihm *gegen den Veräußerer* zustehen, gegenüber dem Mietzinsanspruch des Erwerbers und ist damit – wie § 406 BGB – eine **Abbedingung des Gegenseitigkeitserfordernisses** gem. § 389 BGB.[20] Für die Aufrechnung genügt die Gleichartigkeit der Leistungen (idR Geldzahlung). Der Rechtsgrund des Anspruchs, mit dem der Mieter aufrechnet, ist gleichgültig, also nicht auf Ansprüche gegen den Veräußerer aus dem Mietverhältnis beschränkt[21]; die Forderung des Erwerbers, gegenüber der aufgerechnet wird, muss nach dem klaren Gesetzeswortlaut aber auf die Entrichtung der Miete gerichtet sein. Zum Begriff der Miete → BGB § 566b Rn. 18. Der Mieter muss die Aufrechnungslage beweisen.[22]

12 § 566d BGB gilt nur für die einseitige Aufrechnung des Mieters; ein **Aufrechnungsvertrag** ist eine Vereinbarung über die Miete und wird deshalb von § 566c BGB erfasst.[23] Der Mieter muss die Aufrechnungserklärung gegenüber dem Erwerber abgeben, da dieser der Inhaber derjenigen Forderung ist, gegenüber der aufgerechnet wird.[24] Hierbei darf (und wird) er bereits Kenntnis von dem Eigentumsübergang haben, nur bei Entstehung der Aufrechnungslage muss er **gutgläubig** gewesen sein. Falls der Mieter in Unkenntnis des Eigentumsübergangs noch gegenüber dem Veräußerer aufrechnet, muss das Gleiche gelten wie bei einer Zahlung nach Eigentumsübergang, da die Aufrechnung ein Erfüllungssurrogat ist. Der Erwerber muss Zahlungen an den Veräußerer, die in Unkenntnis des Eigentumsübergangs erfolgen, nicht gegen sich gelten lassen, deshalb ist auch die Aufrechnung dem Veräußerer gegenüber unwirksam[25] (Einzelheiten → BGB § 566e Rn. 22).

### II. Periodische Bemessung des Mietzinses

13 § 566d BGB geht durch die Bezugnahme auf § 566c BGB davon aus, dass der Mietzins – entsprechend der ganz vorherrschenden praktischen Handhabung – periodisch bemessen und zahlbar ist, und zwar nach Kalendermonaten.[26] Sollte ausnahmsweise nicht eine Monatsmiete vereinbart sein, muss allerdings eine Umrechnung auf eine fiktive Monatsmiete idR nicht erfolgen, um die Aufrechnungsmöglichkeiten bestimmen zu können. Haben die Parteien nämlich längere Leistungs-

[18] Zu § 110 Abs. 1 InsO → BGB § 566b Rn. 20.
[19] MüKoInsO/*Eckert/Hoffmann*, 4. Aufl. 2019, § 110 Rn. 28.
[20] MüKoBGB/*Häublein* § 566d Rn. 4.
[21] LG Berlin WuM 1992, 439; Blank/Börstinghaus/*Blank* BGB § 566d Rn. 7.
[22] MüKoBGB/*Häublein* § 566d Rn. 4.
[23] *MüKoBGB/Häublein* § 566d Rn. 1.
[24] MüKoBGB/*Häublein* § 566d Rn. 5.
[25] **AA** MüKoBGB/*Häublein* § 566d Rn. 5.
[26] Näher → BGB § 566b Rn. 8.

perioden als die Monatsmiete vereinbart, dann hat der Mieter die Mietforderung entweder schon erfüllt (er kann also nicht mehr aufrechnen) oder sie wurde vor dem Eigentumsübergang fällig und steht daher nach dem Fälligkeitsprinzip des § 566 BGB grds. dem Veräußerer zu. Eine solche Vereinbarung fällt zwar auch unter § 566c BGB und hat deshalb eine (zeitlich) begrenzte Wirksamkeit gegenüber dem Erwerber (→ BGB § 566c Rn. 27). Diese zeitliche Grenze ist jedoch identisch mit derjenigen des § 566d BGB (→ Rn. 14), so dass es in diesen Fällen keine Mietforderungen des Erwerbers geben kann, gegenüber denen der Mieter mit Ansprüchen gegen den Veräußerer aufrechnen kann.

## D. Rechtsfolge

14 Die Erklärung der Aufrechnung durch den Mieter bringt die Mietforderung des Erwerbers gem. § 389 BGB ex tunc zum Erlöschen. Das gilt allerdings nur in den zeitlichen Grenzen des § 566c BGB[27], da die **Aufrechnungsmöglichkeit** in § 566d S. 1 BGB auf die Mietforderungen beschränkt ist, über die Mieter und Veräußerer wirksame Vereinbarungen treffen können. Das bedeutet folgendes: Erlangt der Mieter von dem Eigentumsübergang *bis* (einschließlich) zum 15. Tag eines Monats Kenntnis, so kann der Mieter nur gegen den auf diesen Monat entfallenden Mietzinsanspruch aufrechnen; erlangt der Mieter Kenntnis *nach* dem 15. Tag eines Monats, so kann er darüber hinaus gegen den auf den Folgemonat entfallenden Mietzinsanspruch aufrechnen. Gegen Mietzinsansprüche des Erwerbers für Zeiträume danach kann er nicht aufrechnen. **Praktisch** ist die Aufrechnungsmöglichkeit des § 566d BGB weitgehend wertlos. Da der Mietzins in aller Regel vorfällig geschuldet wird (entweder gem. § 556b BGB oder auf Grund des Mietvertrages) gebührt dem Veräußerer nach dem gem. § 566 BGB geltenden Fälligkeitsprinzip ohnehin die Miete für den laufenden Monat, wenn der Eigentumsübergang nach dem 3. Werktag des Monats erfolgt. Bei Eigentumswechsel zwischen dem 3. Werktag und dem 15. Tag gibt es dann keinen Mietzinsanspruch des Erwerbers, gegenüber dem der Mieter aufrechnen könnte. Bei Eigentumsumschreibung nach dem 15. Tag kann der Mieter gegenüber dem Mietzinsanspruch für den Folgemonat aufrechnen.

15 Soweit es wegen der Bezugnahme auf § 566c BGB auf die Kenntnis des Mieters von dem Eigentumsübergang ankommt, gilt zu den Voraussetzungen, wann eine **positive Kenntnis** anzunehmen ist, das Gleiche wie zu § 566c BGB (→ BGB § 566c Rn. 28). Der Erwerber muss die Kenntnis des Mieters, die die Aufrechnungsbefugnis begrenzt, beweisen; es gibt keinen tragfähigen Grund, den Mieter in dieser Beziehung anders zu stellen als bei § 566c BGB.[28] Den Mieter können aber sekundäre Darlegungslasten treffen.

## E. Ausschlusstatbestände (Satz 2)

16 § 566d S. 2 BGB beschränkt die Aufrechnungsbefugnis des Mieters. Einmal ist die Aufrechnung ausgeschlossen, wenn der Mieter die Gegenforderung erst **nach Kenntniserlangung**[29] von dem Eigentumserwerb **erwirbt.** In diesen Fällen fehlt es auf Mieterseite an einem schützenswerten Vertrauen in das Fortbestehen der Aufrechnungslage[30] und damit der Möglichkeit der Erfüllung durch Erklärung der Aufrechnung.

17 Zum anderen ist die Aufrechnung ausgeschlossen, wenn die Forderung des Mieters gegen den Veräußerer, mit der er aufrechnen könnte, erst fällig geworden ist, nachdem er Kenntnis von dem Eigentumsübergang erhalten hat und nachdem die Mietforderung des Erwerbers fällig geworden ist. Bei gleichzeitiger **Fälligkeit** bleibt die Aufrechnungsmöglichkeit erhalten.[31] Grund für diese Regelung ist, dass der Mieter auch dann nicht hätte aufrechnen können, wenn er die Miete pünktlich gezahlt hätte.[32] Bei mehreren Mietforderungen des Erwerbers kommt es auf die Fälligkeit der ersteren an, soweit dadurch die Aufrechnungsforderung des Mieters verbraucht würde. Verbleibt ein Rest, kommt es auf die Fälligkeit der späteren Mietforderungen an.

---

27 MüKoBGB/*Häublein* § 566d Rn. 8.
28 Staudinger/*Emmerich* BGB § 566d Rn. 6.
29 Dazu → BGB § 566c Rn. 28.
30 MüKoBGB/*Häublein* § 566d Rn. 6.
31 LG Stuttgart NJW 1977, 1885.
32 MüKoBGB/*Häublein* § 566d Rn. 7; BGH V ZR 52/95, NJW 1996, 1057 (1058) zu § 406 BGB.

18 Der Erwerber hat die Voraussetzungen der Ausschlusstatbestände entsprechend den allgemeinen Beweislastregeln zu beweisen.[33]

## F. Folgeansprüche

19 Durch die Aufrechnung verliert der Erwerber die Mietforderung in dem durch §§ 566c, 566d BGB bestimmten Rahmen. Deshalb kommen je nach Vertragsgestaltung zwischen Veräußerer und Erwerber, insbes. wenn ein Nutzen- und Lastenübergang schon vor dem Eigentumsübergang vereinbart ist, kaufrechtliche Gewährleistungsansprüche gem. § 437 BGB in Betracht. Der Veräußerer wird durch die Aufrechnung von der Forderung des Mieters befreit. Das begründet für den Erwerber einen Bereicherungsanspruch gegen den Veräußerer analog § 816 Abs. 2 BGB[34]

## G. Abweichende Vereinbarungen

20 Haben Veräußerer und Mieter ein Aufrechnungsverbot vereinbart, so ist § 566d BGB nicht anwendbar.[35] Zur Wirksamkeit solcher Verbote → BGB § 556b Rn. 28. Ansonsten gelten die Ausführungen bei § 566b BGB zu abweichenden Vereinbarungen sinngemäß, ergänzend ist § 309 Nr. 3 BGB zu beachten.

---

[33] MüKoBGB/*Häublein* § 566d Rn. 6.
[34] Soergel/*Heintzmann* BGB § 566d Rn. 5.
[35] Blank/Börstinghaus/*Blank* BGB § 566d Rn. 6.

## § 566e Mitteilung des Eigentumsübergangs durch den Vermieter

**(1) Teilt der Vermieter dem Mieter mit, dass er das Eigentum an dem vermieteten Wohnraum auf einen Dritten übertragen hat, so muss er in Ansehung der Mietforderung dem Mieter gegenüber die mitgeteilte Übertragung gegen sich gelten lassen, auch wenn sie nicht erfolgt oder nicht wirksam ist.**

**(2) Die Mitteilung kann nur mit Zustimmung desjenigen zurückgenommen werden, der als der neue Eigentümer bezeichnet worden ist.**

### Systematische Übersicht



### Alphabetische Schnellübersicht



### A. Überblick und Zweck der Vorschrift

§ 566e BGB ist § 409 BGB nachgebildet. Während aber §§ 566b–566d BGB in der Diktion des Mieterschutzes vornehmlich die Interessen des Erwerbers wahren, indem sie zwar Verfügungen und Vereinbarungen über den Mietzins sowie dessen Abtretung für wirksam erklären, dies aber nur für eine sehr begrenzte Zeit nach Eigentumsübergang bzw. Kenntnis des Mieters davon[1], ist § 566e BGB eine reine **Mieterschutzvorschrift.** Sie schützt das Vertrauen des Mieters in die Richtigkeit einer Mitteilung des Eigentumsübergangs durch den Veräußerer in Bezug auf die Mietforderung, weil der Mieter idR keinen Einblick in die Rechtsbeziehungen zwischen Veräußerer und Erwerber hat.[2] Leistet etwa ein Mieter nach einer solche Mitteilung an den (vermeintlichen) Erwerber, so muss der (vermeintliche) Veräußerer die Leistung gegen sich gelten lassen, auch wenn sich herausstellt, dass es tatsächlich nicht oder nicht wirksam zu einem Eigentumsübergang gekommen ist. Ist der Eigentumserwerb hingegen wirksam und beständig, bedarf es der Regelung in § 566e BGB nicht, da der Erwerber gem. § 566 BGB ohnehin Forderungsinhaber ist. Die Norm gilt seit der zum 1.9.2001 in Kraft getretenen Mietrechtsreform und hat den inhaltsgleichen § 576 BGB aF ersetzt. 1

[1] Siehe grdl. zum Zweck und dem schwierigen Verständnis der §§ 566b–566d BGB, deren Regelungszusammenhang und deren umstrittene Abgrenzung zueinander → BGB § 566b Rn. 6ff.

[2] AnwK WohnraummietR/*Lammel* BGB § 566e Rn. 2.

## B. Anwendungsbereich

2 § 566e BGB baut auf § 566 BGB auf, indem die Vorschrift an die Mitteilung des nach § 566 BGB erfolgten Eigentumsübergangs anknüpft. Wegen dieses Bezuges ist § 566e BGB – genauso wie § 566a BGB[3] – nicht auf den rechtsgeschäftlichen Vermieterwechsel **(Vertragsübernahme)** anwendbar; in diesen Fällen ist vielmehr § 409 BGB einschlägig. Es gibt aber im BGB und in anderen Gesetzen zahlreiche Verweisungen auf § 566e BGB, die den Anwendungsbereich der Vorschrift erweitern.

3 § 566e BGB gilt unmittelbar nur für die Veräußerung von Wohnraum. Neben der Erstreckung auf Mietverhältnisse über **Räume und Grundstücke** in § 578 BGB[4] ist § 566e BGB kraft **Verweisung** anwendbar bei der gewerblichen Weitervermietung (§ 565 Abs. 2 BGB), bei der dinglichen Belastung der Mietsache durch den Vermieter (§ 567 BGB), bei der Veräußerung oder dinglichen Belastung des Grundstücks vor Überlassung der Mietsache (§ 567a BGB) und bei der Weiterveräußerung des Grundstücks oder der dinglichen Belastung (§ 567b BGB), bei Mietverhältnissen über eingetragene Schiffe und Luftfahrzeuge (§ 578a BGB, für Luftfahrzeuge iVm § 98 Abs. 2 des Gesetzes über Rechte an Luftfahrzeugen (LuftFzgG)), außerdem beim Nießbrauch (§§ 1056, 1059d BGB, aber nur bei dessen Beendigung und Übertragung, für die Bestellung gilt § 567 BGB[5]), bei der Nacherbfolge (§ 2135 BGB), bei der Überlassung von Wohnraum in Zusammenhang mit einem Wohn- und Betreuungsvertrag (§ 5 Abs. 2 WBVG), bei Pachtverträgen (§ 581 Abs. 2), Landpachtverträgen (§ 593b BGB), Jagdpachtverträgen (§ 14 BJagdG), bei der Fischereipacht hängt es von der Landesgesetzgebung ab[6], und nach § 11 Abs. 3 InVorG. Zum Schicksal eines Mietvertrages bei Bestellung und Änderung eines Erbbaurechts, eines dinglichen Wohnungsrechts gem. § 1093 BGB und eines Dauerwohnrechts iSv § 31 WEG siehe bei der Kommentierung zu § 567 BGB.

4 Soweit es in den Verweisungsfällen nicht um eine Grundstücksveräußerung geht, kommt es auf die Mitteilung des der Veräußerung **gleichgestellten Rechtsaktes** an[7] (etwa Übertragung des Nießbrauchs).

5 Mangels Verweisung findet § 566e BGB **keine Anwendung** bei der **Zwangsversteigerung** gem. §§ 57, 57b ZVG. Für die **Zwangsverwaltung** fehlt es in § 1124ff. BGB und für die **Insolvenz** in § 110 InsO ebenfalls an einer entsprechenden Regelung. Grund hierfür ist, dass in diesen Fällen eines staatlichen Zwangsverfahrens ein Vertrauensschutz des Mieters in eine Mitteilung des Vermieters, gegen den das Zwangsverfahren läuft, nicht gerechtfertigt ist.

6 Da § 566e BGB – wie ausgeführt – auf § 566 BGB aufbaut, kann **ergänzend** auf die Ausführungen zum Anwendungsbereich des § 566 BGB verwiesen werden, insbes. zu den Fällen, in denen §§ 566ff. BGB nicht anwendbar sind.

## C. Übertragungsmitteilung des Veräußerers

7 Durch § 566e BGB wird nur das Vertrauen des Mieters in eine **Mitteilung** der Eigentumsübertragung **des Veräußerers**[8] geschützt, da den Vermieter nur in diesem Fall die nachteiligen Folgen der Regelung treffen sollen. Die Regelung gilt entsprechend bei einer falschen Mitteilung des Veräußerers über eine Erfüllungsübernahme durch den Erwerber gem. § 567a BGB.[9] Kenntniserlangung auf sonstige Weise oder die Mitteilung durch andere Personen reichen nicht, es sei denn die Mitteilung ist dem Veräußerer zurechenbar. Das ist etwa der Fall, wenn der Erwerber oder ein sonstiger Dritter als bevollmächtigter Vertreter des Veräußerers den Mieter informiert; dazu muss er offen in dessen Namen auftreten.[10] Informiert der **Erwerber** den Mieter nicht als bevollmächtigter Vertreter, sondern in eigenem Namen *und* legt er hierbei einen Grundbuchauszug vor, so wird der

---

[3] → BGB § 566a Rn. 5.
[4] Näher → BGB § 566 Rn. 19.
[5] Siehe insgesamt zum Nießbrauch bei der Kommentierung zu § 567 BGB.
[6] Einzelheiten bei MüKoBGB/*Harke* § 581 Rn. 57.
[7] MüKoBGB/*Häublein* § 566b Rn. 7 zu der ähnlichen Problematik bei § 566b BGB.
[8] Wenn Veräußerer und Vermieter ausnahmsweise verschieden sind, kommt es auf die Mitteilung des Vermieters an, da diesem gegenüber die Mietschuld besteht, Soergel/*Heintzmann* BGB § 566e Rn. 2.
[9] Soergel/*Heintzmann* BGB § 567a Rn. 6.
[10] MüKoBGB/*Häublein* § 566e Rn. 5; AnwK WohnraummietR/*Lammel* BGB § 566e Rn. 10.

Mieter durch § 893 BGB geschützt[11], weil Grundlage des Rechteübergangs auf den Erwerber gem. § 566 BGB der Eigentumswechsel ist, der sich wiederum aus dem Grundbuch ergibt.

8 Um die Rechtswirkungen des § 566e BGB auszulösen, muss der Veräußerer dem Mieter eine **falsche Mitteilung** über einen erfolgten Eigentumsübergang gemacht haben.[12] Die Fehlerhaftigkeit kann darin liegen, dass es eine dingliche Rechtsänderung nie gegeben hat, dass es sie noch nicht gegeben hat, weil sie erst zu einem späteren, nach der Mitteilung liegenden Zeitpunkt eintritt, oder dass sie unwirksam ist. Die Anzeige vom Abschluss des schuldrechtlichen Vertrages reicht hingegen nicht, da der Vertragsschluss noch nicht die Rechtswirkungen des § 566 BGB nach sich zieht. Gleichfalls reicht es nicht aus, wenn der Veräußerer den mutmaßlichen, in der Zukunft liegenden Zeitpunkt des Eigentumsübergangs bekannt gibt. Dem Mieter könnte nämlich klar sein, dass der Veräußerer keinen entscheidenden Einfluss auf den Eintragungszeitpunkt hat; ein berechtigtes Vertrauen kann sich deshalb bei ihm nicht entwickeln.[13] Haben Veräußerer und Erwerber in dem Kaufvertrag vereinbart, dass dem Erwerber die Nutzungen, also auch die Mieten, schon vor dem Eigentumsübergang zustehen sollen, so wird der Mieter bei einer entsprechenden Benachrichtigung durch §§ 409, 412 BGB geschützt[14], da es sich um einen Fall der Abtretung der Mietforderung handelt.

9 Die **Mitteilung** des Veräußerers gem. § 566e BGB ist **nicht formgebunden** und begründet, wenn sie falsch ist, keine Kenntnis iSv § 566c BGB (→ BGB § 566c Rn. 28). Die Mitteilung kann etwa konkludent durch Übersendung eines Grundbuchauszuges erfolgen oder durch die Aufforderung, nunmehr an den Erwerber zu zahlen. Sie ist – ähnlich wie die Anzeige gem. § 409 BGB – keine Willenserklärung, sondern eine **geschäftsähnliche Handlung,** auf die aber die Vorschriften über die Willenserklärungen anzuwenden sind.[15] Es gelten also insbes. die Vorschriften über die Geschäftsfähigkeit (§§ 105ff. BGB), den Zugang (§ 130 BGB) und die Anfechtung (§§ 119ff. BGB einschließlich der Schadensersatzpflicht gem. § 122 BGB). Nach dem Sinn und Zweck des § 566e BGB ist eine Anfechtung aber ausgeschlossen, wenn sich der Veräußerer über die Bedeutung und die Folgen der Mitteilung oder darüber geirrt hat, dass der Eigentumsübergang tatsächlich erfolgt oder wirksam ist; denn vor der Unrichtigkeit der Mitteilung soll § 566e BGB den Mieter gerade schützen.[16]

## D. Wirkung der Mitteilung

10 Wenn der Veräußerer dem Mieter den Eigentumsübergang mitgeteilt hat, so muss er dies gegen sich gelten lassen, auch wenn es tatsächlich nicht oder nicht wirksam oder erst zu einem späteren Zeitpunkt zu einer Eigentumsübertragung gekommen ist.[17] Die Wirkung des § 566e BGB betrifft vornehmlich die Zahlung des Mietzinses. Es werden darüber hinaus aber alle Rechtsgeschäfte des Mieters **in Bezug auf die Mietforderung** erfasst. Dazu gehören neben der Zahlung etwa Aufrechnung oder Erlass.[18] Zum Begriff der Miete bei → BGB § 566b Rn. 18. Anders als bei den §§ 566b–566d BGB gehören nicht nur die Betriebskostenvorauszahlungen, sondern auch die Salden aus Betriebskostenabrechnungen zur Miete, soweit sie dem Erwerber zustehen können[19], da es iRd § 566e BGB – anders als bei den genannten Vorschriften – nicht auf den periodischen Anfall dieser Leistung ankommt.[20]

---

11 MüKoBGB/*Häublein* § 566e Rn. 5 unter Hinweis auf einen entsprechenden Willen des historischen Gesetzgebers; ferner AnwK WohnraummietR/*Lammel* BGB § 566e Rn. 8; Staudinger/*Emmerich* BGB § 566e Rn. 2.

12 Staudinger/*Emmerich* BGB § 566e Rn. 3.

13 **AA** MüKoBGB/*Häublein* § 566e Rn. 4.

14 AnwK WohnraummietR/*Lammel* BGB § 566e Rn. 6; MüKoBGB/*Häublein* § 566e Rn. 4.

15 MüKoBGB/*Häublein* § 566e Rn. 3.

16 MüKoBGB/*Häublein* § 566e Rn. 3; Staudinger/*Busche,* 2017, BGB § 409 Rn. 12 zu der gleichgelagerten Problematik bei § 409 BGB.

17 Die Mitteilung hat keine rechtsgestaltende Kraft, ersetzt also nicht den Eigentumsübergang oder macht den Erwerber zum Forderungsinhaber (BGH VII ZR 69/74, NJW 1975, 1160 zu dem vergleichbaren § 409 BGB; AnwK WohnraummietR/*Lammel* BGB § 566e Rn. 3).

18 Staudinger/*Emmerich* BGB § 566e Rn. 5.

19 Hierzu → BGB § 566 Rn. 110.

20 IErg wohl ebenso MüKoBGB/*Häublein* § 566e Rn. 7; **aA** AnwK WohnraummietR/*Lammel* BGB § 566e Rn. 15.

11 Rechtsgeschäfte (auch einseitige) des Mieters mit bzw. gegenüber dem Erwerber, die sich **nicht auf die Miete** beziehen, werden trotz einer entsprechenden Mitteilung nicht von § 566e BGB erfasst und sind unwirksam, weil der Mieter sie nicht mit bzw. gegenüber seinem Vertragspartner getroffen hat.[21] Es kommt aber ein Schutz durch §§ 409, 412 BGB in Betracht, etwa wenn der Mieter gegenüber dem Erwerber kündigt.[22]

12 Hatte der Mieter **Kenntnis** von der Unrichtigkeit der Mitteilung, also vom Fehlen des Eigentumsübergangs, kommt ihm der Schutz des § 566e BGB dennoch zu Gute, es sei denn er hat mit dem Erwerber iSv § 826 BGB kollusiv zusammengewirkt. Das ergibt sich mittelbar aus § 566e Abs. 2 BGB. Die dortige Regelung wäre nämlich ansonsten leicht dadurch zu umgehen, dass der Veräußerer den Mieter vom Fehlen des Eigentumsübergangs in Kenntnis setzt.[23] Der Mieter, der die wahre Rechtslage kennt, muss allerdings den Schutz des § 566e BGB nicht in Anspruch nehmen und an den Erwerber leisten, er kann vielmehr auch an den Veräußerer zahlen.[24] Der Veräußerer bleibt gem. § 566e Abs. 2 BGB klagebefugt, da die Mitteilung keine rechtsgestaltende Kraft hat, also nicht den Eigentumsübergang ersetzt oder den Erwerber zum Forderungsinhaber macht. Der Mieter kann allerdings ohne Rücknahme der Mitteilung gem. § 566e Abs. 2 BGB die Zahlung an den Veräußerer verweigern[25]; letzteres gilt jedoch nicht, wenn der Veräußerer im Prozess die Zustimmungspflicht nachweist und – etwa durch eine Streitverkündung – dafür sorgt, dass der Mieter nicht mehrfach in Anspruch genommen werden kann.

13 Hat der Mieter befreiend an den unberechtigten Erwerber geleistet, hat dieser den Mietzins an den berechtigten Veräußerer gem. § 816 Abs. 1 BGB herauszugeben.[26]

## E. Rücknahme der Mitteilung (Abs. 2)

14 Sobald dem Mieter die Mitteilung des Veräußerers über den Eigentumsübergang zugegangen ist, kann der durch § 566e BGB bewirkte Schutz des Mieters nur durch eine Rücknahme gem. § 566e Abs. 2 BGB beseitigt werden. Vor dem Zugang gilt § 130 Abs. 1 S. 2 BGB. Für eine Rücknahme gem. § 566e Abs. 2 BGB ist neben einer entsprechenden Erklärung des Veräußerers zusätzlich die Zustimmung desjenigen notwendig, der in der Mitteilung als Eigentümer bezeichnet wurde. Auf die Erteilung dieser Zustimmung hat der Veräußerer einen Anspruch aus Eingriffskondiktion gem. § 812 BGB[27] und zwar auch dann, wenn es noch zu einem Eigentumsübergang kommen kann, da der Veräußerer bis dahin Vermieter bleibt und ihm bis dahin der Mietzinsanspruch zusteht. Sowohl die Rücknahmeerklärung des Veräußerers als auch die Zustimmung des vermeintlichen Eigentümers müssen dem Mieter zugehen; Formerfordernisse gibt es jedoch nicht[28], weshalb beide Erklärungen auch konkludent abgegeben werden können. Bis zum Zugang kann der Mieter noch befreiend an den vermeintlichen Eigentümer leisten.[29] Dem Nachweis der Zustimmung steht der Nachweis der Tatsachen, aus denen sich die Pflicht zur Zustimmung ergibt, nicht gleich.[30]

---

[21] MüKoBGB/*Häublein* § 566e Rn. 7.

[22] IErg wohl ebenso MüKoBGB/*Häublein* § 566e Rn. 7; AnwK WohnraummietR/*Lammel* BGB § 566e Rn. 17 lehnt eine analoge Anwendung des § 566e BGB in diesen Fällen ab, äußert sich aber nicht zur Anwendbarkeit der §§ 409, 412 BGB.

[23] MüKoBGB/*Häublein* § 566e Rn. 6; Staudinger/*Emmerich* BGB § 566e Rn. 4; **aA** AnwK WohnraummietR/*Lammel* BGB § 566e Rn. 13f.; Blank/Börstinghaus/*Blank* BGB § 566e Rn. 1, die mit beachtlichen Argumenten der Ansicht sind, nur das berechtigte Vertrauen werde durch § 566e BGB geschützt, und die eine teleologische Reduktion des § 566e BGB befürworten, was aber wegen § 566e Abs. 2 BGB nicht möglich sein dürfte; *Lammel* geht von einem Redaktionsversehen des Gesetzgebers aus.

[24] BGH VII ZR 69/74, NJW 1975, 1160 zu dem vergleichbaren § 409 BGB; MüKoBGB/*Häublein* § 566e Rn. 6.

[25] BGH VII ZR 69/74, NJW 1975, 1160 zu dem vergleichbaren § 409 BGB; AnwK WohnraummietR/*Lammel* BGB § 566e Rn. 3, 22.

[26] AnwK WohnraummietR/*Lammel* BGB § 566e Rn. 3.

[27] Der vermeintliche Erwerber erhält nämlich die kondizierbare Rechtsposition nicht durch eine Leistung an ihn selbst, weil die Mitteilung an den Mieter gerichtet gewesen ist.

[28] MüKoBGB/*Häublein* § 566e Rn. 8.

[29] AnwK WohnraummietR/*Lammel* BGB § 566e Rn. 20.

[30] Staudinger/*Emmerich* BGB § 566e Rn. 8.

## F. Beweislast

Der Mieter muss die Voraussetzungen von § 566e Abs. 1 BGB beweisen, wenn er sich auf den Schutz der Vorschrift berufen will, der Veräußerer die Voraussetzungen der Rücknahme gem. § 566e Abs. 2 BGB.[31] Nimmt der Erwerber den Mieter nach einer Mitteilung iSv § 566e Abs. 1 BGB in Anspruch, so muss er dennoch bei Bestreiten den wirksamen Eigentumsübergang beweisen[32], da § 566e BGB nur den Mieter schützt, ihn aber – wie dargelegt (→ Rn. 12) – nicht verpflichtet an den vermeintlichen Eigentümer zu zahlen. 15

## G. Abweichende Vereinbarungen

§ 566e Abs. 1 BGB ist nicht abdingbar, weil dadurch der Mitteilung das durch sie geschaffene Vertrauen genommen würde. Das verstieße gegen § 242 BGB (venire contra factum proprium) bzw. gegen den Rechtsgedanken des § 444 BGB. In § 566e Abs. 2 BGB ist die Zustimmung des Erwerbers abdingbar, da die Vorschrift nicht diesen, sondern den Mieter schützt. 16

## H. Sonstiger Schutz des gutgläubigen Mieters

§ 566e BGB schützt nach seinem Wortlaut nur das Vertrauen des Mieters in eine Mitteilung des Veräußerers über den Eigentumsübergang bzw. entsprechend in eine falsche Mitteilung des Veräußerers über eine Erfüllungsübernahme durch den Erwerber gem. § 567a BGB; Schutzgut ist danach nur die Mietzinszahlungspflicht. Schutzwürdig erscheint der Mieter aber auch in anderen Fällen, in denen er (nicht nur, aber auch in Bezug auf den Mietzins) Rechtshandlungen vornimmt entweder in der fälschlichen Annahme eines Eigentumsübergangs oder in Unkenntnis des Eigentumsübergangs. Der Mieter ist nämlich nicht an dem Eigentumswechsel oder dessen vorbereitenden Verhandlungen beteiligt und weiß deshalb meistens nichts davon. Ein Mieterschutz in diesen Fällen ist jedoch dogmatisch nicht einfach zu begründen, in wichtigen Bereichen sogar ausgeschlossen. 17

### I. Allgemeiner Schutz

Wenn man den Vertragsübergang gem. § 566 BGB entsprechend der hier vertretenen Ansicht als Rechtsnachfolge im Wege der gesetzlichen Vertragsübernahme begreift[33], dann sind mangels spezieller gesetzlicher Regelung grds. §§ 398ff., 414ff. BGB anwendbar. Durch die Zäsurwirkung des § 566 BGB, die einen Rechtsübergang auf die Rechte und Pflichten aus dem Mietverhältnis und auf die Zeit des Eigentums des Erwerbers beschränkt, kommt es aber zu Einschränkungen bei der Anwendbarkeit der §§ 398ff., 414ff. BGB, insbes. ist § 404 BGB nicht anwendbar[34] – eine Vorschrift, die es dem Mieter erlauben würde, dem Erwerber sämtliche Einwendungen (auch aus anderen Rechtsverhältnissen) entgegenzuhalten, die ihm gegen den Veräußerer zustehen. Bei Beachtung dieser Grundsätze und Besonderheiten sind die **Schuldnerschutzvorschriften der §§ 406ff. BGB hingegen anwendbar.** Die teilweise befürwortete Analogie zu §§ 566c, 566e BGB[35] mag zwar meist zum gleichen Ergebnis führen, ist aber abzulehnen, weil es sich hierbei um Ausnahmevorschriften handelt. 18

Wenn man jedoch mit dem **BGH** davon ausgeht, dass mit dem Eigentumswechsel zwischen Erwerber und Mieter kraft Gesetzes ein neues Mietverhältnis entsteht, das allerdings den gleichen Inhalt hat wie das mit dem Veräußerer (→ BGB § 566 Rn. 10), dann bereitet die Anwendung der §§ 406ff. BGB, die eine Rechtsnachfolge voraussetzen, dogmatische Probleme. Darüber geht der BGH[36] teilweise lapidar hinweg, wenn er urteilt, den §§ 566b–567b BGB sei kein Hinweis zu entnehmen, der die Anwendbarkeit des § 407 BGB ausschließen würde; teilweise befürwortet der BGH[37] wegen der vergleichbaren Sachlage eine analoge Anwendung. Im Ergebnis können also 19

[31] Staudinger/*Emmerich* BGB § 566e Rn. 9.
[32] Staudinger/*Emmerich* BGB § 566e Rn. 9.
[33] Ausf. → BGB § 566 Rn. 9ff.
[34] Ausf. → BGB § 566 Rn. 14.
[35] Siehe LG Duisburg NJW-RR 1997, 1171; ausdrücklich dagegen BGH IX ZR 29/11, NJW 2012, 1881.
[36] BGH XII ZR 197/99, NZM 2002, 291.
[37] BGH IX ZR 29/11, NJW 2012, 1881.

auch nach dieser Ansicht die Schuldnerschutzvorschriften der §§ 406ff. BGB (außer auf Mietzinszahlungen → Rn. 21) angewendet werden.

**20** Relevant wird die Anwendung der §§ 406ff. BGB insbes. dann, wenn der Mieter in Unkenntnis des Eigentumsübergangs und damit in Unkenntnis des Vermieterwechsels gegenüber der falschen Person kündigt, eine Option, die Enthaftungserklärung (des Insolvenzverwalters) gem. § 109 Abs. 1 S. 2 InsO[38] oder sonstige **Gestaltungsrechte** ausübt oder Anzeigen bzw. **rechtserhebliche Mitteilungen** (etwa eine Mängelanzeige) macht.[39] Hierbei handelt es sich um Rechtsgeschäfte iSv § 407 BGB.[40] Im umgekehrten Fall wird der Mieter durch § 409 BGB geschützt, wenn er also Rechtsgeschäfte im Sinne dieser Vorschrift gegenüber dem vermeintlichen Erwerber vornimmt, obwohl es einen Eigentumsübergang nicht oder noch nicht oder nicht wirksam gegeben hat; die Voraussetzungen des § 409 BGB müssen erfüllt sein, insbes. das Erfordernis der Anzeige des Eigentumsübergangs durch den Veräußerer. Dem Mieter „schadet" gem. § 407 BGB nur Kenntnis des Eigentumsübergangs, so dass die Information an ihn über das schuldrechtliche Rechtsgeschäft oder den wirtschaftlichen Lastenübergang nicht ausreicht[41], wohl aber ein (kopierter) Grundbuchauszug[42]; Ermittlungspflichten treffen den Mieter nicht.[43] Ergänzend zur Kenntnisverschaffung → BGB § 566c Rn. 28. Die Vorschriften der §§ 407, 409 BGB finden allerdings keine Anwendung auf die **Entrichtung der Mietforderung,** hierfür gelten §§ 566b–566e BGB (näher dazu sogleich). Der Mieter hat gegenüber einem *Hausverwalter* keinen Anspruch auf **Auskunft** darüber, wer neuer Eigentümer und damit Vermieter geworden ist[44], da sich der Mieter diese Kenntnis durch Einblick in das Grundbuch selbst verschaffen kann bzw. einen entsprechenden Anspruch gegenüber dem *Veräußerer* hat (→ Rn. 23). Von der Kenntnisverschaffung, auf die die iRd § 407 BGB entwickelten Grundsätze angewendet werden können[45], ist die Frage zu trennen, ob der Mieter einen Anspruch auf Nachweis darüber hat, wer sein neuer Vermieter ist. Der Mieter kann von dem *Erwerber* in entsprechender Anwendung der §§ 410, 412 BGB, die auch vom abschließenden Charakter der §§ 566b–566e BGB als Sonderregelung nicht erfasst werden, einen **Nachweis über den Eigentumsübergang** (Grundbuchauszug, Zuschlagsbeschluss gem. § 57 ZVG; Kopien dürften idR ausreichen) verlangen[46] bzw. von der Beendigung eines Zwischenmietverhältnisses iSv § 565 BGB.[47] § 410 BGB gewährt zwar keinen einklagbaren Anspruch, aber ein Leistungsverweigerungsrecht eigener Art, das der Schuldner geltend machen muss und das bis zur Vorlage der Urkunde den Verzug ausschließt.[48] Der Nachweis des Eigentumsübergangs führt gleichfalls zur Kenntnisverschaffung des Mieters gem. § 566c BGB.

## II. Schutz in Bezug auf die Mietforderung

**21** In Bezug auf die Mietforderung sind §§ 406ff. BGB **nicht anwendbar** (wohl aber § 410 BGB, → Rn. 20), da mit §§ 566b–566e BGB besondere Regelungen vorhanden sind, die die Rechte von Mieter, Veräußerer und Erwerber abschließend regeln. Dabei sind §§ 566b–566e BGB den §§ 406ff. BGB nachempfunden, schränken aber deren Schutzgehalt zu Gunsten des Erwerbers und zu Lasten des Mieters erheblich ein. Hierdurch soll dem Erwerber der Mietzinsanspruch für die Zeit seines Eigentums weitgehend gesichert werden (ausf. → BGB § 566b Rn. 6ff.). Die Ausschließlichkeit der §§ 566b–566e BGB gegenüber §§ 406ff. BGB scheint auch der BGH[49] anzunehmen, wenn er – allerdings eher nebenbei – erwähnt, § 566c BGB beträfe nur Rechtsgeschäfte über den Mietzinsanspruch.

---

[38] BGH IX ZR 29/11, NJW 2012, 1881.
[39] *Eckert* FS Blank, 2006, 129 (135); BGH IX ZR 29/11, NJW 2012, 1881; BGH XII ZR 197/99, NZM 2002, 291.
[40] Siehe dazu MüKoBGB/*Roth/Kieninger,* 8. Aufl. 2018, § 407 Rn. 7ff.
[41] BGH IX ZR 29/11, NJW 2012, 1881.
[42] AG Bremen ZMR 2013, 808.
[43] BGH IX ZR 29/11, NJW 2012, 1881.
[44] **AA** LG Dortmund WuM 2019, 384; AG Tempelhof-Kreuzberg GE 2008, 1199.
[45] Auch → BGB § 566c Rn. 28.
[46] LG Berlin GE 1996, 927; AnwK WohnraummietR/*Lammel* BGB § 566 Rn. 65.
[47] AG Stuttgart 30.3.2021 – 35 C 5509/15, BeckRS 2021, 6530.
[48] BGH LwZR 6/05, NJW 2007, 1269; BGH II ZR 102/67, NJW 1969, 1110.
[49] BGH XII ZR 197/99, NZM 2002, 291.

Die Bevorzugung der Erwerberinteressen wird insbes. dann relevant, wenn der Mieter in Unkenntnis des Eigentumsübergangs die danach fällig werdende Miete noch an den Veräußerer zahlt oder diesem gegenüber aufrechnet. Der Veräußerer ist nach dem gem. § 566 BGB geltenden Fälligkeitsprinzip[50] nicht Inhaber der Forderung, die Zahlung hat keine befreiende Wirkung bzw. die Aufrechnung geht ins Leere, der Mieter muss nochmals an den Erwerber leisten. Aus **§ 407 Abs. 1 BGB** würde sich etwas anderes ergeben; § 566c BGB, der § 407 nachempfunden ist[51], enthält aber anders als § 407 BGB gerade keine Regelung über die (befreiende) Leistung der Miete an den alten Gläubiger (Veräußerer) in Unkenntnis des Eigentumsübergangs (Einzelheiten → BGB § 566c Rn. 14). Eine ähnliche Situation tritt ein, wenn der Mieter im Falle einer Abtretung von Mietforderungen durch den Veräußerer an einen Dritten, die gegenüber dem Erwerber eine unwirksame Vorausverfügung gem. § 566b BGB darstellt, in Unkenntnis des Eigentumsübergangs noch an den Dritten zahlt. Eine Zahlung nach dem in § 566b BGB bestimmten Wirksamkeitszeitraum hat keine Tilgungswirkung, der Mieter muss nochmals an den Erwerber leisten. Ausführlich hierzu → BGB § 566b Rn. 37. 22

Diesem Ergebnis kann nicht entgegengehalten werden, der Erwerber habe es selbst in der Hand, ob er den Mieter von dem Eigentumsübergang informiert.[52] Der Mieter ist nämlich im Falle der Doppelzahlung nicht rechtlos. Seine bereits an den Veräußerer oder den Dritten erbrachte Leistung kann er von diesem gem. § 812 Abs. 1 BGB kondizieren, da ein Rechtsgrund bei Zahlung an den Veräußerer in Unkenntnis des Eigentumsübergangs nie bestanden hat bzw. durch das Eingreifen der Regelung des § 566b Abs. 1 BGB weggefallen ist.[53] Im Fall der Aufrechnung kann er den aufgerechneten Anspruch einfordern. Der **Veräußerer** dürfte dem Mieter idR auch **schadensersatzpflichtig** sein, da ihm die Nebenpflicht obliegt, für eine Tilgungswirkung der Leistungen des Mieters zu sorgen (etwa durch eine Kenntnisgabe des Eigentumsübergangs). Bei einseitigen Vorausverfügungen des Veräußerers gem. § 566b BGB kommen derartige Nebenpflichten aber nur in Betracht, wenn er den Eigentumswechsel voraussehen konnte. 23

Genauso wie der Veräußerer den Mieter über den Eigentumswechsel informieren muss, um ihm eine Tilgungswirkung seiner Leistung zu ermöglichen, muss dies in Erfüllung einer Nebenpflicht aus dem nach dem Eigentumswechsel bestehenden Mietverhältnis auch der **Erwerber** tun. Kommt er dieser Pflicht, deren Erfüllung in seinem ureigenen Interesse liegt, nicht nach, macht er sich schadensersatzpflichtig; dieser **Schadensersatzanspruch** ist gerichtet **auf Befreiung von dem Mietzinsanspruch.** Über diesen Schadensersatzanspruch dürfte zwar in den meisten Fällen das gleiche Ergebnis erzielt werden wie über eine entsprechende Anwendung der §§ 406ff. BGB. Es ist aber zum einen der dogmatisch richtige Weg; zum anderen kann es Fälle geben, in denen der Erwerber schuldlos nicht in der Lage ist, den Mieter zu informieren. Angesichts der Pflicht des Erwerbers, den Mieter von dem Eigentumsübergang zu informieren, kann ein **Verschulden** des Mieters an der Entstehung eines **kündigungsrelevanten Mietrückstands** ausgeschlossen sein, wenn dieser die Miete ohne Tilgungswirkung weiterhin an den Veräußerer zahlt. 24

Soweit dem Erwerber im **Innenverhältnis zum Veräußerer** die Mietforderung zusteht, kann er die rechtsgrundlose Zahlung des Mieters an den Veräußerer genehmigen und sie gem. **§ 816 Abs. 2 BGB vom Veräußerer direkt herausverlangen** anstatt sich an den Mieter zu halten; in dem Zahlungsverlangen gegenüber dem Veräußerer ist eine (stillschweigende) Genehmigung zu sehen. Wem die Mietforderung im Innenverhältnis zwischen Erwerber und Veräußerer zusteht, ist in Grundstückkaufverträgen zumeist durch Festlegung des Zeitpunktes für den wirtschaftlichen Übergang geregelt. Fehlt es an einer solchen Regelung (wie etwa auch bei einem Erwerb in der Zwangsversteigerung), ist im Zweifel anzunehmen, dass dem Erwerber die Mietforderung taggenau ab dem Zeitpunkt des Eigentumserwerbs gebührt, weil er ab diesem Zeitpunkt das Nutzungsrecht hat. 25

---

50 → BGB § 566 Rn. 86.

51 → BGB § 566c Rn. 2.

52 So MüKoBGB/*Häublein* § 566b Rn. 17.

53 Siehe für letzteren Fall MüKoBGB/*Häublein* § 566b Rn. 18; AnwK WohnraummietR/*Lammel* BGB § 566b Rn. 5.

# § 567 Belastung des Wohnraums durch den Vermieter

**[1]Wird der vermietete Wohnraum nach der Überlassung an den Mieter von dem Vermieter mit dem Recht eines Dritten belastet, so sind die §§ 566 bis 566 e entsprechend anzuwenden, wenn durch die Ausübung des Rechts dem Mieter der vertragsgemäße Gebrauch entzogen wird. [2]Wird der Mieter durch die Ausübung des Rechts in dem vertragsgemäßen Gebrauch beschränkt, so ist der Dritte dem Mieter gegenüber verpflichtet, die Ausübung zu unterlassen, soweit sie den vertragsgemäßen Gebrauch beeinträchtigen würde.**

## Systematische Übersicht



## Alphabetische Schnellübersicht



## A. Überblick und Zweck der Vorschrift

1 § 567 BGB erweitert den Anwendungsbereich der §§ 566 ff. BGB. Durch § 566 BGB wird der Bestand des Mietverhältnisses zu Gunsten des Mieters nur bei einem Wechsel des Eigentums an dem Mietobjekt geschützt. Das Gebrauchsrecht des Mieters kann aber auch durch andere dingliche Rechte beeinträchtigt werden. Führt eine solche dingliche Rechtsänderung dazu, dass dem Mieter der **vertragsgemäße Gebrauch entzogen** wird, so findet in entsprechender Anwendung des § 566 BGB ein Vermieterwechsel statt, der dinglich Berechtigte tritt in die Vermieterstellung ein (§ 567 S. 1 BGB). Es handelt sich nicht nur um einen Rechtsfolgenverweis, es müssen vielmehr auch die Voraussetzungen des § 566 BGB erfüllt sein – nur der dort notwendige Eigentumswechsel wird iRd § 567 BGB durch die sonstige dingliche Rechtsänderung ersetzt. Neben § 566 BGB sind die §§ 566a–566 e BGB entsprechend anwendbar.

2 Wird dem Mieter durch die dingliche Rechtsänderung der **vertragsgemäße Gebrauch** nicht entzogen, sondern er darin nur **beeinträchtigt,** so findet gem. § 567 S. 2 BGB kein Vermieterwechsel statt, der dinglich Berechtigte hat dem Mieter gegenüber vielmehr alles zu unterlassen, was den vertragsgemäßen Gebrauch stört.

3 § 567 BGB gilt seit der zum 1. 9. 2001 in Kraft getretenen Mietrechtsreform und hat den inhaltsgleichen § 577 BGB aF ersetzt. Soweit nunmehr von „Wohnraum" statt – wie in § 577 BGB aF – von „Belastung des Grundstücks" die Rede ist, stellt dies keine Änderung des sachlichen Regelungsgehaltes dar, sondern ist der geänderten systematischen Stellung der Vorschrift bei den Mietverhältnissen über Wohnraum (§§ 549 ff. BGB) geschuldet, auch wenn die Formulierung sachenrechtlich nicht völlig korrekt ist. Gemäß § 578 BGB gilt die Regelung ebenfalls für Mietverhältnisse über Räume und Grundstücke.

## B. Anwendungsbereich

Wie erwähnt gilt § 567 BGB unmittelbar nur für die Belastung von Wohnraum durch den Vermieter. Kraft Verweisung ist § 567 BGB – neben der Erstreckung auf Mietverhältnisse über Räume und Grundstücke in § 578 BGB[1] – anwendbar bei dinglicher Belastung des Grundstücks vor Überlassung der Mietsache (§ 567a BGB), bei dessen Belastung durch den Erwerber (§ 567b BGB), bei der Überlassung von Wohnraum in Zusammenhang mit einem Wohn- und Betreuungsvertrag (§ 5 Abs. 2 WBVG), bei Mietverhältnissen über eingetragene Schiffe und Luftfahrzeuge (§ 578a BGB, für Luftfahrzeuge iVm § 98 Abs. 2 des Gesetzes über Rechte an Luftfahrzeugen (LuftFzgG)), außerdem bei Pachtverträgen (§ 581 Abs. 2), Landpachtverträgen (§ 593b BGB), Jagdpachtverträgen (§ 14 BJagdG), bei der Fischereipacht hängt es von der Landesgesetzgebung ab.[2] Bei der **Zwangsversteigerung** kann es keine dinglichen Belastungen iSv § 567 BGB geben. Sollte ein Zwangs- oder Insolvenzverwalter für den Schuldner (Vermieter) eine Belastung bestellen, ist § 567 BGB anwendbar (→ BGB § 566 Rn. 26 zur Zwangsverwaltung und → BGB § 566 Rn. 25 zur Insolvenz). 4

## C. Voraussetzungen

§ 567 BGB erweitert den Anwendungsbereich der §§ 566–566e BGB, indem die Vorschrift nicht auf einen Eigentumsübergang des Mietobjektes abstellt, sondern auf die Belastung mit dem (dinglichen Gebrauchs-)Recht eines Dritten, und hierfür die entsprechende Anwendung der §§ 566–566e BGB anordnet. Daraus ergibt sich, dass in den Fällen des § 567 S. 1 BGB **(Gebrauchsentziehung)** sämtliche Voraussetzungen der §§ 566–566e BGB erfüllt sein müssen mit Ausnahme des Tatbestandsmerkmals des Eigentumswechsels, an dessen Stelle die Belastung mit dem Recht des Dritten durch Eintragung in das Grundbuch gem. § 873 BGB tritt[3]; das gilt auch für §§ 566a–566e[4], da diese Regelungen auf § 566 BGB aufbauen und sein Eingreifen voraussetzen. Die entsprechende **Anwendung des § 566 BGB** erfordert danach nicht nur die in § 567 BGB besonders erwähnte **Überlassung des Mietobjekts[5] an den Mieter *vor*[6] der Belastung mit dem Recht eines Dritten,** sondern auch das Bestehen eines Mietvertrages, die Identität zwischen Eigentümer und Vermieter[7] und den Rechtserwerb durch einen vom Vermieter/Eigentümer verschiedenen Dritten. An letzterem fehlt es, wenn der Vermieter für sich selbst einen Eigennießbrauch eintragen lässt, was möglich ist.[8] Für eine Anwendung von § 567 BGB besteht auch kein Anlass, weil der Vermieter weiterhin ohne Einschränkungen zur Gebrauchsgewährung in der Lage ist, ein Vertragsübergang auf den Erwerber ist nicht notwendig. Veräußert[9] der Vermieter, der sich einen Eigennießbrauch bestellt hat, die Mietsache später, dann ist er (und nur er) aus dem Nießbrauchsrecht zur Gebrauchsgewährung in der Lage; auch wenn eigentlich die Voraussetzungen des § 566 BGB vorliegen, kommt es nicht zum Vertragsübergang auf den Erwerber, der Vermieter bleibt als Nießbraucher Vertragspartner (s. zur Begründung bei der vergleichbaren Sachlage in → Rn. 15; zur Rechtslage bei Ende des Nießbrauchs → Rn. 21). Siehe ansonsten zu Einzelheiten dieser Voraussetzungen bei der Kommentierung zu § 566 BGB. **Maßgeblicher Zeitpunkt** für den Eintritt der Wirkungen des § 567 BGB ist die Eintragung des dinglichen Rechts im Grundbuch.[10] Es muss wirksam eingetragen sein, ein schuldrechtlicher Anspruch auf Eintragung reicht nicht.[11] Schließt der Eigentümer nach Eintragung des dinglichen Rechts einen Mietvertrag, dann greift § 567 BGB nicht ein. Die Frage nach der ana- 5

---

[1] Dazu näher bei → BGB § 566 Rn. 19.
[2] Einzelheiten bei MüKoBGB/*Harke* § 581 Rn. 57.
[3] AnwK WohnraummietR/*Lammel* BGB § 567 Rn. 13; Staudinger/*Emmerich* BGB § 567 Rn. 3.
[4] Staudinger/*Emmerich* BGB § 567 Rn. 3; AnwK WohnraummietR/*Lammel* BGB § 567 Rn. 13.
[5] Für vor Überlassung vorgenommene Belastungen gilt § 567a BGB.
[6] Entscheidender Zeitpunkt ist die Eintragung des Rechts in das Grundbuch gem. § 873 BGB.
[7] Staudinger/*Emmerich* BGB § 567 Rn. 3.
[8] BGH V ZB 271/10, NJW 2011, 3517.
[9] In dieser Konstellation kommt praktisch nur eine Eigentumsübertragung in Betracht, eine Übertragung des Nießbrauchs ist gem. § 1059 BGB grds. ausgeschlossen; sollte sie gem. § 1059a BGB ausnahmsweise doch möglich sein, so geht das Mietverhältnis gem. §§ 1059d, 566ff. BGB über.
[10] Blank/Börstinghaus/*Blank* BGB § 567 Rn. 11.
[11] LG Mannheim ZMR 1977, 284; Staudinger/*Emmerich* BGB § 567 Rn. 9. Zu den Folgen einer Unwirksamkeit oder Anfechtbarkeit der Eintragung s. die entsprechend geltenden Ausführungen → BGB § 566 Rn. 62; zur Vorverlagerung der Wirkungen der Eintragung durch Vereinbarungen zwischen Eigentümer und Berechtigtem (Abtretung, Ermächtigung) → BGB § 566 Rn. 45.

logen Anwendbarkeit des § 567 BGB ist nach ähnlichen Grundsätzen zu beurteilen wie bei § 566 BGB.[12]

6 Auch in den Fällen des § 567 S. 2 BGB **(Gebrauchsbeeinträchtigung)** müssen die Voraussetzungen des § 566 BGB erfüllt sein. Es treten aber nicht die Rechtsfolgen des § 566 BGB ein, da die Regelung eine eigene Rechtsfolgenanordnung enthält. Für den Fall nämlich, dass dem Mieter durch Belastung des Grundstücks der Gebrauch nicht entzogen, sondern er nur beschränkt wird, kommt es nicht – wie nach § 566 BGB – zu einem Vermieterwechsel, der Rechtsinhaber ist dem Mieter lediglich zur Unterlassung der Beeinträchtigung verpflichtet. §§ 566 Abs. 2, 566a–566e BGB haben in diesem Fall keine Bedeutung, da sie einen Vermieterwechsel voraussetzen.

7 Weder die Gebrauchsentziehung (§ 567 S. 1 BGB) noch die Gebrauchsbeeinträchtigung (§ 567 S. 2 BGB) müssen **tatsächlich eingetreten** sein, um die Rechtsfolgen (Vermieterwechsel bzw. Unterlassungspflicht) auszulösen, auch wenn der Wortlaut das nahezulegen scheint. Genauso wie bei § 566 BGB reicht vielmehr die Gefahr für den Bestand bzw. die ungestörte Durchführung des Mietverhältnisses aus, die mit einer dinglichen Rechtsänderung verbunden ist. Der dinglich Berechtigte muss von seinem Recht also noch nicht Gebrauch gemacht haben oder dies auch nur beabsichtigen.[13] Tut er es jedoch unberechtigterweise und zieht der Mieter aus, so kann der Mieter von dem dinglich Berechtigten nach den gleichen Grundsätzen Schadensersatz verlangen, nach denen ihm ein Anspruch gegen einen unberechtigt kündigenden Vermieter zustehen würde dazu → BGB § 542 Rn. 101).

8 § 567 BGB erfasst nur die Fälle der dinglichen Belastung eines Mietobjektes, die Vorschrift gilt **nicht für schuldrechtliche Gebrauchs- oder Nutzungsverträge.**[14] Das ergibt sich einmal aus der sachenrechtlichen Diktion der Vorschrift („mit dem Recht eines Dritten belastet"), die derjenigen in § 873 BGB ähnlich ist. Zum anderen ergibt es sich daraus, dass die nach § 566 BGB notwendige Veräußerung, der die Belastung in § 567 BGB gleichgestellt wird, ein dingliches Geschäft ist. Überdies kann auch nur eine dingliche Rechtsänderung die Rechte des Mieters beeinträchtigen (→ BGB § 566 Rn. 57). Der Rechtscharakter von **Sondernutzungsrechten** nach dem WEG ist noch nicht abschließend geklärt. Selbst wenn man sie aber als schuldrechtliche Rechtsinstitute versteht, ist eine entsprechende Anwendung des § 567 BGB schon allein deshalb geboten, um Wertungswidersprüche zu der Behandlung von Sondereigentum zu vermeiden; zu den Einzelheiten dieser umstrittenen, aber wohl vom BGH[15] geteilten Auffassung → BGB § 566 Rn. 83.

9 Nicht jede dingliche Rechtsänderung an dem Mietgrundstück führt zur Anwendbarkeit des § 567 BGB. Die Vorschrift greift nach ihrem Wortlaut vielmehr nur bei einer **Belastung** des Grundstücks **durch den Vermieter** ein; zur gleichartigen Rechtslage bei Belastung durch einen Grundstückserwerber siehe bei § 567 b BGB. Zur Behandlung anderer Rechtsänderungen als Belastungen (zB Übertragung oder Erlöschen des dinglichen Rechts) → Rn. 20. Diese Differenzierung hat ihren Grund darin, dass der Gesetzgeber insbes. bei dem Erlöschen von dinglichen Rechten dem Interesse des Eigentümers an der damit verbundenen Rückerlangung der Verfügungsbefugnis oftmals den Vorrang vor dem Bestandsschutzinteresse des Mieters gegeben hat, indem er das Mietverhältnis enden oder nicht auf den Eigentümer übergehen lässt.[16]

10 Zu den dinglichen Gebrauchsrechten (Belastungen), die geeignet sind, dem Mieter den vertragsgemäßen Gebrauch des Mietobjekts zu **entziehen** (§ 567 S. 1 BGB), gehören[17]: Die Bestellung des **Nießbrauchs** am vermieteten Grundstück[18] (§§ 1031 ff. BGB; für die Beendigung bzw. die Übertragung des Nießbrauchs ordnen § 1056 BGB bzw. § 1059 d BGB die entsprechende Anwendung der §§ 566 ff. BGB an), eines dinglichen Wohnungsrecht (§ 1093 BGB)[19], eines Erbbaurechts (§§ 1 ff. ErbbauRG), eines Dauerwohnrechts (§ 31 WEG) sowie eines Wohnungs- bzw. Teilerbbaurechts (§ 30 WEG). Dies gilt unabhängig davon, ob die Vermietung nach dem dinglichen Recht

---

12 MüKoBGB/*Häublein* § 567 Rn. 2; näher zu den Voraussetzungen einer Analogie → BGB § 566 Rn. 35 ff.
13 AG Hamburg WuM 1997, 330; Staudinger/*Emmerich* BGB § 567 Rn. 8.
14 MüKoBGB/*Häublein* § 567 Rn. 2.
15 BGH VIII ZR 399/03, NJW 2005, 3781; offenlassend BGH XII ZR 46/19, NZM 2020, 503 Rn. 12.
16 *Roquette* NJW 1957, 1440.
17 AllgM, s. nur MüKoBGB/*Häublein* § 567 Rn. 2.
18 Einzelheiten unten bei den Rechtsfolgen. Siehe auch die umfassende Darstellung von *Emmerich* DMT-Bilanz 2011, 729.
19 BGH V ZR 154/70, NJW 1972, 1416 für den Fall, dass das Wohnungsrecht sämtliche Mieträumlichkeiten erfasst. Zur Frage, ob dann, wenn das dingliche Recht nur einen Teil des Mietobjektes betrifft, Satz 1 (Entziehung des Gebrauchs) oder Satz 2 (Beeinträchtigung des Gebrauchs) einschlägig ist, → Rn. 16.

gestattet oder verboten oder – etwa gem. § 1092 Abs. 1 BGB – von einer Genehmigung abhängig ist.[20] Ob nämlich eine Gebrauchsentziehung iSv § 567 BGB vorliegt, bestimmt sich allein nach dem Umfang der dem dinglich Berechtigten eingeräumten Befugnisse; darf er die zuvor einem Mieter überlassenen Räume seinerseits unter Ausschluss des Eigentümers nutzen, so schlösse eine tatsächliche Ausübung dieses Rechts auch den Mieter vom Gebrauch aus, was gem. § 567 S. 1 BGB zur Folge hat, dass der Berechtigte das dingliche Recht gerade nicht in der vorgesehenen Weise ausüben kann. Der Berechtigte muss vielmehr das bestehende Mietverhältnis, weil er in die dadurch begründeten Rechte und Pflichten des bisherigen Vermieters eintritt, hinnehmen und zwar auch dann, wenn er und der Grundeigentümer bei Bestellung des dinglichen Rechts davon ausgegangen sind, er werde es lediglich in eigener Person ausüben und dürfe die Ausübung nicht irgendwelchen Dritten überlassen. Wird der Mietvertrag später beendet, ist dem Berechtigten der Neuabschluss eines Vertrages allerdings verwehrt bzw. von der Genehmigung des Eigentümers abhängig.

Als dingliche Rechte, die geeignet sind, den vertragsgemäßen Gebrauch des Mieters lediglich zu **beeinträchtigen** (§ 567 S. 2 BGB), kommen Grunddienstbarkeiten (§§ 1018 ff. BGB) und beschränkt persönliche Dienstbarkeiten (§§ 1090 ff. BGB mit Ausnahme des dinglichen Wohnungsrechts, das – wie soeben dargelegt – zu einer Entziehung des Gebrauchs gem. Satz 1 führt) in Betracht[21], also etwa Wegerechte, (Leitungs-)Verlegungsrechte, Rechte auf Entnahme von Wasser- oder sonstigen Bodenbestandteilen. 11

**Grundpfandrechte** beeinträchtigen das Gebrauchsrecht des Mieters nicht. Sie sind dingliche Verwertungsrechte, fallen also nicht unter § 567 BGB.[22] Im Falle der Beschlagnahme des Grundstücks unterliegt allerdings die Mietforderung dem Haftungsverband und es gelten die §§ 1123 ff. BGB.[23] 12

## D. Rechtsfolgen

Für die Rechtsfolgen ist danach zu unterscheiden, ob die Belastung des Mietobjekts mit dem dinglichen Recht eines Dritten geeignet ist, dem Mieter das Gebrauchsrecht zu entziehen (§ 567 S. 1 BGB) oder nur zu beeinträchtigen (§ 567 S. 2 BGB). 13

### I. Gebrauchsentziehung (Satz 1)

Für den Fall, dass eine dingliche Belastung geeignet ist, dem Mieter sein Gebrauchsrecht zu entziehen, erfolgt in entsprechender Anwendung der Rechtsfolgen des § 566 BGB ein **vollständiger Eintritt** des dinglich Berechtigten an Stelle des Eigentümers **in das Mietverhältnis.** Der Nießbraucher, Wohnungs- oder Erbbauberechtigte wird also alleiniger Vermieter.[24] Mehrere Nießbraucher werden gemeinsam Vermieter.[25] Der Nießbraucher übernimmt alle Rechte und Pflichten des Eigentümers als früherer Vermieter während der Zeit, in der er Inhaber des dinglichen Rechts ist.[26] Für Vorausverfügungen und Vereinbarungen über die Miete gelten die §§ 566b–566e BGB entsprechend[27], für die Kaution § 566a BGB. Im Außenverhältnis zum Mieter ist er in keiner Weise durch evtl. Abreden aus seinem Innenverhältnis zum Eigentümer beschränkt[28], letzterer hat kein Mitspracherecht.[29] Der Vertragsübergang ist aber – genauso wie bei § 566 BGB – auf die Rechte und Pflichten aus dem Mietverhältnis beschränkt; weiterhin gilt das Fälligkeitsprinzip. Wegen der 14

---

[20] BGH V ZR 154/70, NJW 1972, 1416, wo auch entschieden wurde, dass dem dinglich Berechtigten und nicht dem Eigentümer im Falle der unberechtigten Vermietung der Anspruch auf den Mietzins zusteht (krit. zu Letzterem *Baur* JZ 1972, 630 und *Kollhosser* BB 1973, 820); ebenso AnwK WohnraummietR/*Lammel* BGB § 567 Rn. 7.

[21] MüKoBGB/*Häublein* § 567 Rn. 2.

[22] AnwK WohnraummietR/*Lammel* BGB § 567 Rn. 2; MüKoBGB/*Häublein* § 567 Rn. 2, Staudinger/*Emmerich* BGB § 567 Rn. 3.

[23] Siehe näher bei der einschlägigen Kommentierung dieser Vorschriften sowie – zu Vorausverfügungen – bei → BGB § 566b Rn. 19.

[24] BGH VIII ZR 24/05, NJW 2006, 51.

[25] LG Verden NZM 2010, 360.

[26] Staudinger/*Emmerich* BGB § 567 Rn. 11; AnwK WohnraummietR/*Lammel* BGB § 567 Rn. 9.

[27] Staudinger/*Emmerich* BGB § 567 Rn. 14.

[28] Soergel/*Heintzmann* BGB § 567 Rn. 2.

[29] Blank/Börstinghaus/*Blank* BGB § 567 Rn. 7.

Einzelheiten zu den Rechtsfolgen kann auf die Kommentierung zu §§ 566–566e BGB verwiesen werden. Ergänzend sei nur angemerkt, dass – entgegen einer älteren Meinung[30] – der dinglich Berechtigte als neuer Vermieter auch Vertragsänderungen mit dem Mieter vereinbaren kann, die nicht auf die Dauer seines Rechts beschränkt sind, sondern im Rahmen des nach § 566 BGB möglichen auch nachfolgende Vermieter binden.[31]

15 Wenn das Eigentum an einem Grundstück übertragen und dem Veräußerer **gleichzeitig der Nießbrauch** an dem Grundstück vorbehalten wird, so stellt sich die Frage, ob ein bestehender Mietvertrag für eine sog. juristische Sekunde gem. § 566 BGB auf den Erwerber übergeht, um dann praktisch zeitgleich gem. § 567 BGB an den Veräußerer/Nießbraucher zurückzufallen, oder ob der Veräußerer durchgehend Vermieter bleibt. Eine solche Konstellation von Eigentumsübertragung eines Mietobjektes unter gleichzeitigem Nießbrauchsvorbehalt dürfte in der Praxis häufig vorkommen. Der BGH[32] hat die Frage aufgeworfen, aber mangels Erheblichkeit nicht entschieden[33]; das OLG Koblenz[34] hat sich – ohne Problematisierung – für eine Anwendung der §§ 566, 567 BGB ausgesprochen, mE allerdings zu Unrecht.[35] Die Vorschriften sollen nämlich verhindern, dass der Mieter durch eine dingliche Rechtsänderung in die Lage gerät, dass sein Vermieter die Pflichten aus dem Mietvertrag nicht mehr erfüllen, insbes. den Gebrauch nicht mehr gewähren kann. Diese Gefahr besteht bei Eigentumsübertragung unter Nießbrauchsvorbehalt nicht, wohl aber würde ein Vermieterwechsel für eine juristische Sekunde die damit verbundenen Vor- bzw. Nachteile zeigen können, ohne dass hierfür eine innere Berechtigung bestände. Der Mieter würde gem. § 566 Abs. 2 BGB einen zusätzlichen Schuldner erhalten, der neue Eigentümer würde gem. § 566a BGB auf Rückzahlung der Kaution haften und Vorausverfügungen wären ggf. unwirksam. Selbst nach der Gegenansicht ist aber in dem häufig vorkommenden Fall, dass Eltern das Grundstück ihren minderjährigen Kindern übertragen und sich den Nießbrauch vorbehalten, eine vormundschaftliche Genehmigung gem. § 1822 BGB nicht erforderlich, da ein rechtsgeschäftlicher Erwerb nicht vorliegt.[36]

16 § 567 S. 1 BGB ist auch anwendbar, wenn sich das dingliche Recht (zB das Wohnungsrecht) nicht auf das **gesamte Mietobjekt** bezieht, sondern nur auf abgrenzbare Teile davon, etwa einen von mehreren Räumen der vermieteten Wohnung. Die Abgrenzung zu § 567 S. 2 BGB ist allerdings nicht unproblematisch und dementsprechend auch umstritten. Einmal könnte man argumentieren, die Gebrauchsentziehung eines Raumes stelle nur eine Beeinträchtigung des gesamten Mietobjektes dar[37]; man kann aber auch auf die vollständige Nichtnutzbarkeit des einzelnen Raumes abstellen. Ein geringfügig anderes Beispiel zeigt eine Parallele zu § 566 BGB auf und bestätigt die Anwendbarkeit von § 567 S. 1 BGB. Wenn es nämlich nicht um einen Raum in der Wohnung geht, sondern eine mitvermietete Garage, dann führt die Veräußerung nur der Garage nach einer Grundstücksteilung gem. § 566 BGB zu einer Vermehrung der Vermieter, dh der Eigentümer des Garagengrundstücks wird zusammen mit dem Eigentümer des Wohnungsgrundstücks Vermieter. Ähnlich muss es sich bei der dinglichen Belastung von Teilen des Mietobjekts verhalten; der dinglich Berechtigte und der Eigentümer werden gemeinsam Vermieter.[38] Diese Folge ist auch deshalb angemessen, weil dem Berechtigten jedenfalls wirtschaftlich ein Teil der Miete zusteht – anders als bei den typischen Fällen der bloßen Gebrauchsbeeinträchtigung gem. § 567 S. 2 BGB, etwa einem Wegerecht.

---

[30] OLG Celle OLGE 33, 320; weitere Nachweise zu dieser in aktuellen Kommentaren nicht mehr vertretenen Meinung bei MüKoBGB/*Häublein* § 567 Rn. 5.

[31] MüKoBGB/*Häublein* § 567 Rn. 6; AnwK WohnraummietR/*Lammel* BGB § 567 Rn. 15.

[32] BGH V ZR 177/81, NJW 1983, 1780. In BGH VIII ZR 24/05, NJW 2006, 51 ist er lapidar von der Vermieterstellung des Nießbraucher ausgegangen und hat das Problem des Vermieterwechsels für eine logische Sekunde – wohl wegen offenkundig fehlender Entscheidungserheblichkeit – nicht einmal erwähnt.

[33] Ebenso AG Dortmund NZM 1998, 511.

[34] OLG Koblenz NZM 2002, 293.

[35] MüKoBGB/*Häublein* § 567 Rn. 7; *Mach* RNotZ 2017, 621; so iErg auch OLG Düsseldorf GE 2009, 906; ZMR 2003, 570; LG Baden-Baden WuM 1993, 357, auch wenn sie das konstruktive Problem nicht ausdrücklich ansprechen.

[36] BGH V ZR 154/70, NJW 1972, 1416.

[37] So – allerdings ohne nähere Begründung – LG Bremen WuM 1990, 514; Staudinger/*Emmerich* BGB § 567 Rn. 6. In BGH V ZR 154/70, NJW 1972, 1416 wurde die Frage offen gelassen.

[38] MüKoBGB/*Häublein* § 567 Rn. 8; AnwK WohnraummietR/*Lammel* BGB § 567 Rn. 11.

### II. Gebrauchsbeeinträchtigung (Satz 2)

17 Wenn das dingliche Rechts nur geeignet ist, den Gebrauch des Mietobjekts zu beeinträchtigen, anstatt ihn völlig zu entziehen, wäre ein Vermieterwechsel nicht die richtige Rechtsfolge, da dann der dinglich Berechtigte als neuer Vermieter den Gebrauch ebenso wenig vollständig gewähren könnte wie der Eigentümer. Da der Mieter aber gegen den dinglich Berechtigten keine eigenen vertraglichen Ansprüche hat, hat das Gesetz zu seinen Gunsten in § 567 S. 2 BGB einen **Unterlassungsanspruch** vorgesehen. Mit diesem Anspruch kann er vom dinglich Berechtigten einmal aktiv Unterlassung einer Beeinträchtigung des Mietgebrauchs verlangen; zum anderen kann er aber seinen Duldungsanspruch gem. § 567 S. 2, § 1004 Abs. 2 BGB einem Anspruch des dinglich Berechtigten aus § 1027 BGB bzw. § 1090 Abs. 2 BGB (jeweils iVm § 1004 Abs. 1 BGB) entgegensetzen.[39] Bei mehreren (zeitlich gestaffelten oder nebeneinander bestehenden) Dienstbarkeiten hat der Mieter gegen jeden Berechtigten einen Unterlassungsanspruch.[40]

18 Der Unterlassungsanspruch gem. § 567 S. 2 BGB gegen den dinglich Berechtigten führt allerdings – ähnlich wie bei jeder anderen Gebrauchsbeeinträchtigung durch Dritte – nicht dazu, dass der Mieter seine Ansprüche gegen den Vermieter verliert. Er kann also diesem gegenüber bei Erfüllung der gesetzlichen Voraussetzungen die **Beseitigung der Beeinträchtigung** durch das dingliche Recht verlangen (also Erfüllung gem. § 535 BGB), mindern (§ 536 Abs. 1, 3 BGB), Schadens- bzw. Aufwendungsersatz fordern (§ 536a BGB) oder kündigen (§ 543 Abs. 2 Nr. 1 BGB).[41] Oftmals wird der Vermieter/Eigentümer aber nicht in der Lage sein, den dinglich Berechtigten zur Unterlassung gegenüber dem Mieter zu bewegen. Dann stehen dem Mieter gegen den Vermieter die erwähnten Rechte nur zu, wenn er in zumutbarer Weise an der Beseitigung der Beeinträchtigung mitwirkt.[42] Dies kann etwa dadurch geschehen, dass er den Vermieter zur Ausübung des Unterlassungsanspruchs gem. § 567 S. 2 BGB ermächtigt oder sogar selbst – ggf. gegen Zahlung eines Kostenvorschusses – den dinglich Berechtigten gerichtlich auf Unterlassung in Anspruch nimmt.

19 Der Unterlassungsanspruch verjährt gem. § 195 BGB.

## E. Andere Rechtsänderungen als Belastungen

20 § 567 BGB enthält nur eine Regelung über die dingliche Belastung eines Mietgrundstücks, die Vorschrift verhält sich nicht darüber, welche Folgen eine Weiter- bzw. Rückübertragung oder ein Erlöschen des dinglichen Rechts haben.

21 **Endet ein Nießbrauchsrecht** vor dem Ende des Mietverhältnisses, so ordnet § 1056 Abs. 1 BGB die entsprechende Anwendung der §§ 566ff. BGB für den Fall an, dass der Nießbraucher den Mietvertrag abgeschlossen hatte. Das heißt, der vom Nießbraucher geschlossene Mietvertrag geht entsprechend den Regeln der §§ 566ff. BGB auf den Eigentümer über. Eine Regelung für den Fall, dass der Nießbraucher das Mietverhältnis nicht während seines Nutzungsrechtes erstmals geschlossen, sondern es gem. § 567 BGB vom Eigentümer bei Begründung des Nießbrauchs übernommen hat, fehlt zwar; beide Konstellationen sind aber gleich zu behandeln.[43] Die Zeitpunkte des Abschlusses und der Beendigung von Mietverträgen sind oftmals von Zufälligkeiten abhängig, die unabhängig vom Bestehen des Nießbrauchs sind und deshalb auf den durch §§ 566, 567 BGB gewährleisteten Mieterschutz keinen Einfluss haben dürfen. § 1056 Abs. 2 BGB sieht für den Fall der Beendigung des Nießbrauchs einschränkungslos ein **Sonderkündigungsrecht** für den Eigentümer des Grundstücks vor, auf den das Mietverhältnis übergegangen ist, um ihn davor zu schützen, in einen von einem Dritten ohne sein Zutun abgeschlossenen Vertrag gedrängt zu werden und so das Grundstück vermietet zurückzuerhalten.[44] Veräußert allerdings der Eigentümer, dem nach dem

---

[39] MüKoBGB/*Häublein* § 567 Rn. 9.

[40] Staudinger/*Emmerich* BGB § 567 Rn. 19.

[41] MüKoBGB/*Häublein* § 567 Rn. 9; AnwK WohnraummietR/*Lammel* BGB § 567 Rn. 24 möchte wegen des Unterlassungsanspruchs das Kündigungsrecht ausschließen; es ist aber kein Grund ersichtlich, die Rechte des Mieters gegenüber dem Vermieter zu schmälern, nur weil dieser noch einen anderen Schuldner hat.

[42] Das entspricht dem allgemeinen Grundsatz, dass eine Minderung ausgeschlossen ist, wenn der Mieter die Mängelbeseitigung erschwert oder verhindert (→ BGB § 536 Rn. 627).

[43] OLG Koblenz NZM 2002, 293 MüKoBGB/*Häublein* § 567 Rn. 7. Auch der BGH geht in NJW 1990, 443 (V ZR 341/87) und WuM 2005, 769 (VIII ZR 24/05) wohl von dieser Ansicht aus, wenngleich er das nicht ausdrücklich erwähnt.

[44] BGH XII ZR 25/09, NZM 2011, 73; BGH LwZR 12/08, NZM 2010, 474.

Ende des Nießbrauchs das Sonderkündigungsrecht zusteht, das Grundstück weiter, so geht das (zum Zeitpunkt der Veräußerung noch bestehende) Sonderkündigungsrecht entgegen der Regelung des § 1056 Abs. 2 BGB nicht auf einen Erwerber über, da diesem das Mietverhältnis nicht durch die Beendigung des Nießbrauchs aufgedrängt wird, er es vielmehr gem. § 566 BGB übernimmt und diese Vorschrift ein Sonderkündigungsrecht nicht vorsieht.[45] Weiterhin besteht das Sonderkündigungsrecht gem. § 1056 Abs. 2 BGB entgegen dem Wortlaut der Vorschrift dann nicht, wenn der Eigentümer des Grundstücks bereits vor Bestellung des Nießbrauchs Vermieter war[46] oder wenn er den Mietvertrag bei Bestehen eines Eigennießbrauchs geschlossen hat (→ Rn. 5). In gleicher Weise ist das Sonderkündigungsrecht ausgeschlossen, wenn der Eigentümer dem vom Nießbraucher abgeschlossenen Mietvertrag persönlich beigetreten ist.[47] In diesen Fällen wird der Grundstückseigentümer nicht ohne sein Einverständnis in einen zwischen dritten Personen abgeschlossenen Mietvertrag hineingedrängt; er hat vielmehr durch seine eigene schuldrechtliche Beteiligung an dem Mietvertrag gegenüber dem Mieter den Eindruck erweckt, dass das Mietverhältnis unabhängig vom Bestand des Nießbrauchs fortbesteht.[48] Fraglich und durch die Rspr. ungeklärt ist, ob das Sonderkündigungsrecht nur entfällt, wenn der Eigentümer an dem Mietvertragsschluss persönlich beteiligt war oder ob ein Einverständnis mit dem Vertragsschluss oder allgemein mit einer Vermietung ausreicht. Dagegen spricht zwar die grundsätzliche gesetzliche Wertung, eben die Einräumung des Sonderkündigungsrechts. Wenn aber der Eigentümer das Grundstück zur Vermietung an unbestimmte Dritte vorgesehen hat und bei der Einräumung des Nießbrauchs davon ausging, auch der Nießbraucher werde weiter so verfahren, ist er nicht iSd § 1056 Abs. 2 BGB schutzbedürftig. Allgemein formuliert bedeutet das, dass das Sonderkündigungsrecht gem. § 1056 Abs. 2 BGB immer dann ausgeschlossen ist, wenn das Grundstück bei Bestellung des Nießbrauchs vermietet war oder nach dem Willen des Eigentümers an beliebige Dritte für unbestimmte Zeit hätte vermietet sein sollen. Auch der Tod des Nießbrauchers führt zur Beendigung des Nießbrauchs (§ 1061 BGB). Hier kommt ebenfalls ein Ausschluss des eigentlich nach § 1056 Abs. 2 BGB zu Gunsten des Eigentümers bestehenden Sonderkündigungsrechts in Betracht, nämlich dann, wenn der Eigentümer den Nießbraucher als Alleinerbe beerbt hat, da er in diesem Fall nach erbrechtlichen Grundsätzen durch Universalsukzession unmittelbarer Vertragspartner des Mieters geworden ist und daher bereits erbrechtlich für die Erfüllung des Mietvertrages als Nachlassverbindlichkeit haftet.[49] Das gilt auch dann, wenn der Nießbraucher ohne Beteiligung des Erben (Eigentümers) besondere Vereinbarungen mit dem Mieter über die Vertragsdauer schließt (Vertrag auf Lebenszeit; Ausschluss der ordentlichen Kündigung); solche Vereinbarungen sind keine unzulässigen Verträge zu Lasten Dritter.[50] Das Sonderkündigungsrecht entfällt aber dann nicht (als Ausnahme von der Ausnahme), wenn zwischen dem Eigentümer und dem Erben des Nießbrauchers keine (vollständige) Personenidentität besteht, etwa weil die Miteigentümer des (ehemals) belasteten Grundstücks Teil einer noch weitere Personen umfassenden Miterbengemeinschaft sind.[51] Hinsichtlich des Erben ist nämlich zu bedenken, dass er – im Gegensatz zu den eingangs genannten Fällen – nicht Vertragspartner des Mieters gewesen, sondern erst durch den Erbfall geworden ist und er durch die Ausübung des Sonderkündigungsrechts nur dann treuwidrig handelt, wenn sich die mietrechtlichen Verpflichtungen mit der tatsächlichen Möglichkeit, diese zu erfüllen, in einer Person vereinigen, wie es der Fall ist, wenn der Grundstückseigentümer Alleinerbe des Nießbrauchers ist.[52] Gibt es hingegen weitere Eigentümer des Grundstücks als den durch Erbfall Vermieter gewordenen Erben, dann liegt ein Fall der Treuwidrigkeit nicht vor. Für die **Übertragung des Nießbrauchs** ordnet § 1059 d BGB die entsprechende Anwendung der §§ 566ff. BGB an, wenn der übertragende Nießbraucher das Grundstück vermietet hatte. § 1059 d BGB gilt analog, wenn der Mietvertrag schon vor Nießbrauchbestellung vom Eigentümer des Grundstücks abgeschlossen worden war und der Nießbraucher, der gem. § 567 BGB in den Mietvertrag eingetreten ist, den Nießbrauch überträgt.[53] Die vor-

[45] BGH LwZR 12/08, NZM 2010, 474.
[46] BGH V ZR 341/87, NJW 1990, 443; BGH XII ZR 25/09, NZM 2011, 73; ebenso OLG Koblenz NZM 2002, 293, das allerdings von der in Rn. 15 abgelehnten Rechtsansicht ausgeht.
[47] BGH V ZR 341/87, NJW 1990, 443; BGH XII ZR 25/09, NZM 2011, 73.
[48] BGH XII ZR 25/09, NZM 2011, 73.
[49] BGH V ZR 341/87, NJW 1990, 443; BGH XII ZR 25/09, NZM 2011, 73.
[50] BGH VIII ZR 50/11, NZM 2012, 558.
[51] *BGH XII ZR* 25/09, NZM 2011, 73.
[52] BGH XII ZR 25/09, NZM 2011, 73.
[53] LG Verden NZM 2010, 360; Staudinger/*Emmerich* BGB § 566 Rn. 12.

stehenden Ausführungen zum Nießbrauch gelten entsprechend für den Eintritt der **Nacherbfolge** (§ 2135 BGB) und zwar sowohl bzgl. des Sonderkündigungsrechts als auch bzgl. der dazu entwickelten Ausnahmen über die Bindung des Nacherben an den Mietvertrag. Überdies kann bei einem Nacherben das Sonderkündigungsrecht ausgeschlossen sein, wenn die Vermietung über den Nacherbfall hinaus einer ordnungsgemäßen Verwaltung des Nachlasses entsprochen hat und der Nacherbe deshalb dem Mietvertrag hätte zustimmen müssen.[54]

In § 11 ErbbauRG wird auf alle sich auf Grundstücke beziehenden Vorschriften verwiesen, also auch auf §§ 566ff. BGB. § 11 ErbbauRG erfasst aber nur den Fall, dass das **Erbbaurecht** selbst betroffen ist, also bestellt oder veräußert (übertragen) wird, nicht hingegen den Fall der Grundstücksveräußerung (weshalb etwa ein nur schuldrechtlich vereinbarter Erbbauzinsanspruch nicht gem. § 566 BGB auf den Erwerber übergeht)[55]; im Fall der Grundstücksveräußerung ist der Erbbauberechtigte dinglich durch das Erbbaurecht gesichert, der Mieter wiederum leitet sein Besitzrecht von dem vermietenden Erbbauberechtigten ab. Es soll also durch § 11 ErbbauRG nicht der Erbbauberechtigte dem Mieter gleichgestellt werden. Erfasst werden vielmehr die Fälle, in denen der Eigentümer für das vermietete Grundstück ein Erbbaurecht bestellt; hier greift § 567 BGB (→Rn. 10). Außerdem werden erfasst die Fälle, in denen der Erbbauberechtigte das Grundstück vermietet und dann das Erbbaurecht an einen Dritten veräußert. Auf diese Veräußerung des Erbbaurechts findet § 566 BGB Anwendung, gleiches gilt gem. § 30 Abs. 1 ErbbauRG für die Aufhebung und das Erlöschen des Erbbaurechts.[56] Bei Erlöschen durch Zeitablauf steht dem Eigentümer gem. § 30 Abs. 2, 3 ErbbauRG ein Sonderkündigungsrecht unter den dort näher bezeichneten Voraussetzungen zu. Die Frage, ob das Sonderkündigungsrecht ausgeschlossen ist, wenn das Grundstück bei Bestellung des Erbbaurechts vermietet war oder nach dem Willen des Eigentümers hätte vermietet sein sollen, ist genauso zu behandeln wie beim Nießbrauch (→Rn. 21). 22

Auf das Erlöschen des **Dauerwohnrechts** iSv § 31 WEG finden §§ 566ff. BGB grds. keine Anwendung. Das Mietverhältnis endet vielmehr gem. § 37 Abs. 1 WEG mit dem Ende des Dauerwohnrechtes – dies aber nur im Verhältnis zum Grundeigentümer, nicht gegenüber dem Vermieter, der schuldrechtlich haften kann.[57] Anders ist das allerdings gem. § 37 Abs. 2, 3 WEG, wenn der Wohnungseigentümer von seinem Heimfallanspruch gem. § 37 Abs. 2 WEG Gebrauch macht oder wenn das Dauerwohnrecht veräußert (übertragen) wird; in diesen Fällen greifen §§ 566–566e BGB ein. Bei einer Veräußerung im Wege der Zwangsvollstreckung steht dem Ersteigerer ein Sonderkündigungsrecht zu (§ 37 Abs. 3 S. 2 WEG iVm § 57a ZVG). 23

Endet ein **dingliches Wohnungsrecht** gem. § 1093 BGB (eine Übertragung ist gem. § 1092 BGB ausgeschlossen), hat das ähnliche Folgen wie bei einem dinglichen Dauerwohnrecht gem. § 31 WEG. Es erlischt zwar – anders als bei § 37 Abs. 1 WEG – ein vom Wohnungsberechtigten abgeschlossenes Mietverhältnis nicht, das Mietverhältnis geht aber auch nicht auf den Eigentümer über, da in der Vorschrift ein Verweis auf § 1056 BGB und damit auf § 566 BGB fehlt[58]; der Vermieter ist zur Gebrauchsüberlassung nicht mehr in der Lage. Auch für die schuldrechtliche Vereinbarung zwischen Eigentümer und Wohnungsberechtigtem, die einem dinglichen Wohnungsrecht zugrunde liegt[59], greift § 566 BGB nicht ein. Sie ist nämlich nicht wie bei der Miete auf Gebrauchs- 24

---

54 BGH VIII ZR 278/13, NJW 2015, 2650 Rn. 25f.

55 BGH V ZR 88/69, NJW 1972, 198; BGH V ZR 267/90, NJW-RR 1992, 591; BGH VIII ZR 156/59, WM 1960, 1125.

56 BGH V ZR 88/69, NJW 1972, 198.

57 AnwK WohnraummietR/*Lammel* BGB § 566 Rn. 11. Auch wenn man eine Schutzlücke mit guten Gründen bejahen kann und Wertungswidersprüche zum (von der Rspr. angenommenen) Ausschluss des Sonderkündigungsrechts beim Nießbrauch gem. § 1056 Abs. 2 BGB (dazu →Rn. 21) nicht zu übersehen sind, scheidet angesichts des eindeutigen Wortlauts von § 37 WEG, der ähnlichen Regelung in § 1093 BGB und der dem zu Grunde liegenden gesetzgeberischen Wertung (dazu →Rn. 9 und *Roquette* NJW 1957, 1440) eine Analogie bzw. eine teleologische Reduktion von § 37 Abs. 1 WEG aber aus.

58 MüKoBGB/*Häublein* § 567 Rn. 7; Staudinger/*Reymann*, 2017, BGB § 1093 Rn. 38 spricht sich bei Gestattung der Vermietung unter Verweis auf eine Schutzlücke für eine analoge Anwendung der Vorschriften aus; auch wenn man eine Schutzlücke mit guten Gründen bejahen kann und Wertungswidersprüche zum (von der Rspr. angenommenen) Ausschluss des Sonderkündigungsrechts beim Nießbrauch gem. § 1056 Abs. 2 BGB (dazu →Rn. 21) nicht zu übersehen sind, scheidet angesichts des eindeutigen Wortlauts von § 1093 BGB, der ähnlichen Regelung in § 37 WEG und der dem zu Grunde liegenden gesetzgeberischen Wertung (→Rn. 9 und *Roquette* NJW 1957, 1440) eine Analogie aber aus.

59 Siehe zu Gestaltungsmöglichkeiten Palandt/*Herrler* BGB Vor § 1018 Rn. 2; BayObLG NJW-RR 1990, 208; außerdem BGH V ZR 29-98, NZM 1999, 138; hiernach kann das Wohnungsrecht vom Bestehen des Mietvertrags abhängig gemacht werden.

gewährung, sondern auf Bestellung des Wohnungsrechtes gerichtet.[60] Damit liegt ein Mietvertrag nicht vor und die Rechte und Pflichten aus einer solchen Vereinbarung (Entgeltzahlung auf Seiten des Wohnungsberechtigten bzw. Bestellung des Wohnungsrechtes auf Seiten des Eigentümers) gehen nicht gem. § 566 BGB auf den Erwerber eines Grundstücks über.[61] Einen Anspruch auf Entgelt für die Bestellung des Wohnungsrechtes muss der Erwerber sich von dem Veräußerer ggf. abtreten lassen.[62] Ist *neben* dem dinglichen Wohnungsrecht ein Mietvertrag geschlossen worden[63], so ist auf den Mietvertrag, aber nur auf diesen, § 566 BGB anwendbar. Aus einer solchen Verknüpfung zwischen einem Mietvertrag und der Pflicht zur Bestellung eines dinglichen Wohnungsrechtes kann nicht gefolgert werden, die Pflicht zur Bestellung des Wohnungsrechtes stehe in unlösbarem Zusammenhang mit dem Mietvertrag und müsse deshalb ausnahmsweise gem. § 566 BGB auf den Erwerber übergehen, wenn das Wohnungsrecht noch nicht vom ursprünglichen Vermieter/Eigentümer bestellt wurde. Die Annahme eines derartigen unlösbaren Zusammenhangs würde nämlich zu einer Verdinglichung der Miete und damit zu einem Verstoß gegen den Typenzwang im Sachenrecht führen.[64] Ähnlich ist es bei der Sicherungsabrede für eine sog. **Mieterdienstbarkeit**[65], die eine **beschränkt persönliche Dienstbarkeit** gem. § 1090 BGB ist und die gewährt wird, um den Mieter vor den Folgen einer Sonderkündigung gem. § 57 a ZVG bzw. § 111 InsO zu schützen; im Falle der Veräußerung vor Eintragung der Mieterdienstbarkeit geht die Pflicht aus der Sicherungsabrede zur Eintragung nicht auf den Erwerber über[66], da die Sicherungsabrede nicht Teil des Mietvertrages ist und mit diesem auch nicht in unlösbaren Zusammenhang steht.[67]

25 Wird **nach Erlöschen eines dinglichen Rechts** der Eigentümer wieder Vermieter, nachdem er die Vermieterstellung durch die Bestellung des dinglichen Rechts zeitweise verloren hatte, kann er sich auf die Haftungsbefreiung gem. § 566 Abs. 2 BGB[68] oder die Unwirksamkeit (eigener sowie solcher des dinglich Berechtigten) Vorausverfügungen gem. §§ 566 b, 566 c BGB bzw. auf § 566 d BGB berufen.[69] Das Mietverhältnis wurde nämlich durch den zwischenzeitlichen Vermieterwechsel[70] auf den dinglich Berechtigten umgestaltet und es fällt – ähnlich wie bei rechtsgeschäftlichen Änderungen zwischen dinglich Berechtigtem und Mieter, an die der Eigentümer als neuer Vermieter gebunden ist – mit dem geänderten Inhalt an den Eigentümer zurück. Bei den Sonderkündigungsrechten ist das anders, weil sie nicht Vertragsinhalt sind, sondern dem (hier nicht schützenswerten) Interesse des Eigentümers am Rückerhalt der vollen Verfügungsbefugnis über das Grundstück nach Erlöschen der dinglichen Belastung dienen.[71]

26 Wenn der Eigentümer eines Grundstücks als Berechtigter einer Grunddienstbarkeit, die zu Lasten eines Nachbargrundstücks besteht, auf diese Grunddienstbarkeit durch Vertrag mit dem Eigentümer des Nachbargrundstücks verzichtet und hierdurch die Gebrauchsrechte eines Mieters infolge **Wegfalls der Grunddienstbarkeit** geschmälert werden würden (etwa weil nur über das dienende Grundstück Zugang zum Keller des herrschenden Grundstücks bestand[72]), sind §§ 566, 567 BGB grds. nicht entsprechend anwendbar.[73] Zwar mag der Mieter bei Erlöschen einer Grunddienstbar-

[60] Instruktiv BGH V ZR 221/64, WM 1968, 775 und BGH V ZR 29/98, NZM 1999, 138.
[61] BGH V ZR 221/64, WM 1968, 775; BGH V ZR 152/74, NJW 1976, 2264; *Haegele* Rpfleger 1973, 352.
[62] BGH V ZR 221/64, WM 1968, 775.
[63] Das ist möglich, vgl. BGH V ZR 191/14, NJW 2016, 1242 Rn. 28; BGH V ZR 29/98, NZM 1999, 138; BayObLG NJW-RR 1990, 208; *Haegele* Rpfleger 1973, 349. Der BGH geht in WM 1968, 775 aber davon aus, dass der Mietvertrag idR stillschweigend aufgehoben wird, wenn das Wohnungsrecht nachträglich, also nach Abschluss des Mietvertrages bestellt wird; gegen eine Regelhaftigkeit Palandt/*Herrler* BGB Vor § 1018 Rn. 2 mwN.
[64] *Haegele* Rpfleger 1973, 349; auch → Rn. 27 sowie → BGB § 566 Rn. 88.
[65] Siehe allg. zu Mieterdienstbarkeiten *Krüger* NZM 2012, 377; *Stapenhorst/Voß* NZM 2003, 873; *Wortberg* ZfIR 2011, 591. Sachenrechtlich ist eine solche Dienstbarkeit zulässig, s. BGH V ZB 11/10, NZM 2012, 392.
[66] So auch *Wortberg* ZfIR 2011, 594.
[67] Allg. zu diesen Voraussetzungen → BGB § 566 Rn. 88 ff.; auch *Krüger* NZM 2012, 378 geht von zwei nebeneinander bestehenden Verträgen aus, ohne allerdings ausdrücklich die hiesige Problematik zu behandeln.
[68] So auch MüKoBGB/*Häublein* § 567 Rn. 7; **aA** die hM, vgl. Staudinger/*Emmerich* BGB § 567 Rn. 12; AnwK WohnraummietR/*Lammel* BGB § 567 Rn. 16/17; Blank/Börstinghaus/*Blank* BGB § 567 Rn. 7.
[69] Soergel/*Heintzmann* BGB § 567 Rn. 2; Staudinger/*Emmerich* BGB § 567 Rn. 15 f.
[70] Um einen solchen handelt es sich nämlich entgegen der Ansicht von AnwK WohnraummietR/*Lammel* BGB § 567 Rn. 16, der von einer auflösenden Bedingung ausgeht. Dafür gibt es aber im Gesetz keinen Anhaltspunkt, im Gegenteil, es geht um die entsprechende Anwendung von § 566 BGB.
[71] *Roquette* NJW 1957, 1440.
[72] So im Fall des LG Gießen NJW 1957, 466.
[73] Staudinger/*Emmerich* BGB § 567 Rn. 19 sowie *Roquette* NJW 1957, 1440; **aA** LG Gießen NJW 1957, 466.

keit in gleicher Weise schützenswert erscheinen wie bei deren Bestellung, die unter den Anwendungsbereich von § 567 BGB fällt. Diese Sicht lässt aber die Interessen des Eigentümers des dienenden Grundstücks außer Betracht, der ein Interesse am Rückerhalt der vollen Verfügungsbefugnis über sein Grundstück hat und auf den Abschluss des Mietvertrages durch den Eigentümer des herrschenden Grundstücks keinen Einfluss hatte.

Bei einer Grundstücksveräußerung bleibt ein eingetragenes dingliches Recht bestehen, auf **Begleitschuldverhältnisse** zwischen Veräußerer und Berechtigtem finden §§ 566, 567 BGB keine Anwendung, sie müssen gesondert übertragen oder etwa durch eine Reallast dinglich gesichert werden.[74] **27**

## F. Abweichende Vereinbarungen

§ 567 BGB ist grds. abdingbar; es sind aber die gleichen Einschränkungen und Regel zu beachten wie bei §§ 566–566 e BGB.[75] **28**

[74] MüKoBGB/*Häublein* § 566 Rn. 7; Staudinger/*Emmerich* BGB § 566 Rn. 15; BGH V ZR 152/74, NJW 1976, 2264 zum dinglichen Wohnrecht und BGH V ZR 88/69, NJW 1972, 199 und BGH V ZR 267/90, NJW-RR 1992, 591 zum Erbbaurecht; auch → BGB § 566 Rn. 88.

[75] MüKoBGB/*Häublein* § 567 Rn. 10; AnwK WohnraummietR/*Lammel* BGB § 567 Rn. 4.

## § 567a Veräußerung oder Belastung vor der Überlassung des Wohnraums

**Hat vor der Überlassung des vermieteten Wohnraums an den Mieter der Vermieter den Wohnraum an einen Dritten veräußert oder mit einem Recht belastet, durch dessen Ausübung der vertragsgemäße Gebrauch dem Mieter entzogen oder beschränkt wird, so gilt das Gleiche wie in den Fällen des § 566 Abs. 1 und des § 567, wenn der Erwerber dem Vermieter gegenüber die Erfüllung der sich aus dem Mietverhältnis ergebenden Pflichten übernommen hat.**

### Systematische Übersicht



### A. Zweck der Vorschrift, Entstehungsgeschichte

1 §§ 566, 567 BGB (und als darauf aufbauende Vorschriften auch §§ 566a–566e BGB) haben die Überlassung der Mietsache an den Mieter vor dem Eigentumsübergang (§ 566 BGB) bzw. vor dem Entstehen des dinglichen Rechts (§ 567 BGB) zur Voraussetzung. Wenn § 567a BGB die Anwendung der §§ 566, 567 BGB nach Vertragsschluss aber noch vor Überlassung anordnet, so dient das nicht vordringlich, sondern allenfalls mittelbar dem Bestandsschutzinteresse des Mieters; mit § 567a BGB werden vielmehr die **Belange des Veräußerers** berücksichtigt, der dem Mieter schadensersatzpflichtig ist, wenn er den Gebrauch nach dem Eigentumsübergang nicht mehr gewähren kann.[1] Die Belange des Erwerbers, der nach der gesetzgeberischen Vorstellung durch das Erfordernis der Überlassung die bestehenden Mietverhältnisse selbst erkennen können soll (Publizitätsfunktion[2]), werden dadurch gewahrt, dass der Vertragsübergang an seine Zustimmung geknüpft ist. Eine Zustimmung des Mieters ist hingegen entbehrlich angesichts des von §§ 566, 567 BGB unterstellten Interesses am Fortbestand des Mietvertrages mit dem neuen Eigentümer des Mietgrundstücks; ein solches Erfordernis würde auch den Schutz des Veräußerers relativieren. Hauptwirkung des § 567 BGB ist deshalb die Abbedingung der nach § 415 BGB an sich notwendigen Zustimmung des Mieters zu einer Vertragsübernahme.[3] Dieser Aspekt darf aber nicht dazu verleiten, unreflektiert die sonstigen Regeln der Vertragsübernahme anzuwenden; abgesehen davon, dass umstritten ist, ob § 566 BGB ein Fall der gesetzlichen Vertragsübernahme ist[4], sind auch im Anwendungsbereich des § 567a BGB die bei §§ 566, 567 BGB geltenden Besonderheiten zu beachten, was sich schon allein aus dem Verweis auf diese Vorschriften ergibt.

2 § 567a BGB gilt seit der zum 1.9.2001 in Kraft getretenen Mietrechtsreform und hat den inhaltsgleichen § 578 BGB aF ersetzt. Soweit nunmehr von „Wohnraum" statt – wie in § 578 BGB aF – von „Belastung des Grundstücks" die Rede ist, stellt dies keine Änderung des sachlichen Regelungsgehaltes dar, sondern ist der geänderten systematischen Stellung der Vorschrift bei den Mietverhältnissen über Wohnraum (§§ 549ff. BGB) geschuldet, auch wenn die Formulierung sachenrechtlich nicht völlig korrekt ist. Gemäß § 578 BGB gilt die Regelung aber gleichfalls für Mietverhältnisse über Räume und Grundstücke.[5]

---

1 Staudinger/*Emmerich* BGB § 567a Rn. 1; MüKoBGB/*Häublein* § 567a Rn. 1; auch → BGB § 566 Rn. 4.
2 → BGB § 566 Rn. 54.
3 MüKoBGB/*Häublein § 567a Rn. 1.* Auf eine Vertragsübernahme sind die Regeln der §§ 398ff., 414ff. BGB entsprechend anwendbar (Palandt/*Grüneberg* BGB § 398 Rn. 39a).
4 → BGB § 566 Rn. 9ff.
5 Näher → BGB § 566 Rn. 19.

## B. Anwendungsbereich

Der Anwendungsbereich von § 567a BGB ist im Grundsatz identisch mit dem der §§ 566, 567 BGB sowie der darauf aufbauenden §§ 566a–566e BGB, da § 567a BGB nur von dem Erfordernis der Überlassung der Mietsache vor Eigentumsübergang bzw. Überlassung der Mietsache absieht. Die Ausführungen zum Anwendungsbereich bei der Kommentierung zu §§ 566–567 BGB gelten deshalb entsprechend. Folgende **Einschränkungen** sind jedoch zu beachten: In § 1056 BGB (Beendigung des Nießbrauchs, anders für die Übertragung in § 1059d BGB), § 37 Abs. 2, 3 WEG (Heimfall und Veräußerung des Dauerwohnrechts), § 57 ZVG (Zwangsversteigerung), § 11 Abs. 3 InVorG fehlt ein Verweis auf § 567a BGB. In den beiden letztgenannten Fällen liegt das daran, dass es sich nicht um einen rechtsgeschäftlichen Erwerb handelt, eine Zustimmung des Erwerbers also idR nicht möglich ist.[6] In den erstgenannten Vorschriften ist der Verweis wohl im Hinblick auf das Sonderkündigungsrecht des Eigentümers unterblieben, das deswegen besteht, weil der Eigentümer in diesen Fällen oftmals an einer Fortführung des Mietverhältnisses nicht interessiert ist. 3

## C. Allgemeine Voraussetzungen

§ 567a BGB macht nur die Überlassung der Mietsache als Voraussetzung für das Eingreifen der §§ 566, 567 BGB und – darauf aufbauend – der §§ 566a–566e BGB entbehrlich. Die übrigen Voraussetzungen der §§ 566–567 BGB müssen in deren Regelungsbereich erfüllt sein[7], die Ausführungen hierzu bei der Kommentierung zu §§ 566–567 BGB gelten deshalb entsprechend. 4

## D. Erfüllungsübernahme

Statt der Überlassung der Mietsache ist Voraussetzung für die Vertragsüberleitung gem. §§ 566, 567 BGB bzw. für die Anwendung der darauf aufbauenden §§ 566a–566e BGB, dass der Übernehmende (also der Erwerber bzw. der dingliche Berechtigte) erklärt, er übernehme sämtliche Rechte und Pflichten aus dem bereits geschlossenen Mietvertrag; eine teilweise Übernahme reicht nicht.[8] Es müssen allerdings nur diejenigen mietvertraglichen Pflichten übernommen werden, die auch gem. § 566 BGB auf den Erwerber übergehen, die also als mietvertraglich zu qualifizieren sind.[9] Eine einseitige Übernahmeerklärung des Erwerbers genügt ebenfalls nicht, erforderlich ist vielmehr eine **Vereinbarung mit dem Veräußerer.** Das dürfte jedenfalls aus der gesetzlichen Formulierung „dem Vermieter gegenüber … übernommen hat" zu folgern sein.[10] Die Übernahmeerklärung muss nur dem Vermieter zugehen, nicht dem Mieter; die Übernahme muss dem Mieter auch nicht angezeigt werden.[11] Eine Anzeige empfiehlt sich aber, um die Kenntniswirkungen der §§ 566 ff. BGB auszulösen. § 567a BGB verleiht dem zweiseitigen Vertrag zwischen Vermieter und Erwerber bzw. dinglich Berechtigtem **Wirkung für den Mieter,** ohne dass dieser zustimmen muss.[12] 5

Ausreichend für eine Übernahmevereinbarung ist jedenfalls, wenn sie in Bezug auf ein konkretes Mietverhältnis erfolgt. Problematisch kann hingegen die häufig in Notarverträgen verwendete Klausel sein, der Erwerber übernehme die Rechte und Pflichten aus (allen) bestehenden Mietverträgen, wenn er **keine Kenntnis** von der Existenz **des** noch nicht durch Überlassung vollzogenen **Mietverhältnisses** hat. Der BGH[13] geht unabhängig von einer Kenntnis von einer wirksamen Übernahmeerklärung iSv § 567a BGB aus. Das ist in dieser Allgemeinheit mE nicht haltbar, der Inhalt einer solchen Erklärung unterliegt vielmehr den gleichen Grundsätzen wie jede andere Wil- 6

---

[6] Staudinger/*Emmerich* BGB § 567a Rn. 2 spricht sich für eine entsprechende Anwendung aus, wenn der Ersteher die Verpflichtung übernimmt; da die Erfüllungsübernahme aber ein Vertrag ist (→ Rn. 5), reicht eine einseitige erklärte Übernahme nicht aus, es handelt sich vielmehr um eine unverbindliche Selbstverpflichtung, die allenfalls bei tatsächlicher Überlassung an den Mieter zum konkludenten Abschluss eines neuen Vertrages führen mag (ähnlich wohl AnwK WohnraummietR/*Lammel* BGB § 567a Rn. 10).

[7] MüKoBGB/*Häublein* § 567a Rn. 3; BGH XII ZR 18/00, NJW 2003, 2158 für das nach § 566 BGB notwendige Erfordernis der Identität zwischen Vermieter, Veräußerer und Eigentümer.

[8] MüKoBGB/*Häublein* § 567a Rn. 4.

[9] Dazu → BGB § 566 Rn. 88.

[10] So auch Blank/Börstinghaus/*Blank* BGB § 567a Rn. 6; AnwK WohnraummietR/*Lammel* BGB § 567a Rn. 3.

[11] MüKoBGB/*Häublein* § 567a Rn. 4.

[12] Staudinger/*Emmerich* BGB § 567a Rn. 4.

[13] BGH VIII ZR 288/63, MDR 1966, 229; dem folgen Blank/Börstinghaus/*Blank* BGB § 567a Rn. 6.

lenserklärung auch. Deshalb kommt es ggf. darauf an, ob die Vertragsparteien über bestimmte Mietverhältnisse verhandelt haben und nur diese trotz des weitergehenden Wortlauts zum Gegenstand der Übernahmeerklärung machen wollten (falsa demonstratio[14]). Ansonsten bindet eine weitgefasste Übernahmeerklärung, die der Erwerber trotz Unkenntnis und ohne Erkundigung der wahren Sachlage abgegeben hat und über die er sich keine bestimmte, andersartige Vorstellung gemacht hat, in ähnlicher Weise wie die Unterzeichnung einer ungelesenen Urkunde, bei der auch eine Anfechtung gem. § 119 BGB idR ausgeschlossen ist.[15]

7 Ebenfalls weit verbreitet sind in Notarverträgen Klauseln, nach denen Nutzen und Lasten des Grundstücks zu einem bestimmten Zeitpunkt auf den Erwerber übergehen sollen. Hierin liegt weder eine Abtretung noch eine Vertragsübernahme noch eine Erfüllungsübernahme iSv § 567a BGB, sondern es wird nur eine **Verteilung im Innenverhältnis** vorgenommen.[16] Wenn die Parteien in derartigen Fällen von einem gesetzlichen Vertragsübergang gem. § 566 BGB ausgehen, fehlt es überdies schon an dem notwendigen Erklärungsbewusstsein.[17]

8 Die Erfüllungsübernahme durch den Erwerber (§ 566 BGB) bzw. den dinglich Berechtigten (§ 567 BGB) ist grds. **nicht formbedürftig** und deshalb auch konkludent möglich.[18] Stellt sie allerdings eine Nebenabrede zu dem beurkundungsbedürftigen Grundstücksgeschäft dar, so ist § 311b BGB zu beachten und demgemäß auch die Erfüllungsübernahme zu beurkunden.[19] Das Schriftformerfordernis des § 550 BGB ist nicht zu beachten.[20] Zwar gilt es auch für einen Austausch der Vertragsbeteiligten; bei § 567a BGB handelt es sich aber trotz des Zustimmungserfordernisses nicht um einen rechtsgeschäftlichen Wechsel des Vertragspartners, für den allein § 550 BGB gilt, sondern um einen gesetzlichen Vermieterwechsel[21]; zudem entspricht diese Sicht dem Rechtsgedanken des § 182 Abs. 2 BGB.

9 Die **Erfüllungsübernahme** kann nur **bis zum Eigentumsübergang** (§ 566 BGB) bzw. bis zur Entstehung des dinglichen Rechts (§ 567 BGB) erklärt werden. Die hM[22] nimmt hingegen an, dies sei auch noch danach möglich, die Vertragsübernahme wirke dann auf den Zeitpunkt der dinglichen Rechtsänderung zurück. Die hM kann aber einmal zu Rechtsunsicherheiten auf Mieterseite führen, der nicht weiß, ob nicht sein Vertragspartner noch wechselt, und der deshalb nicht weiß, ob der Veräußerer, mit dem der Vertrag zunächst fortbesteht, in Zukunft zur Gebrauchsüberlassung in der Lage ist; er kann deshalb nicht sinnvoll entscheiden, ob er sich ein anderes Mietobjekt suchen muss. Zum anderen ist die hM mit der Rechtsidee des § 566 BGB nicht vereinbar, die die Rechtswirkungen zentral an den Zeitpunkt des Eigentumsübergangs knüpft und der eine Rückwirkung fremd ist. Wenn zu diesem Zeitpunkt der Vertrag nicht auf den Erwerber übergeht, bleibt er mit dem Veräußerer bestehen. Überlässt der Erwerber dem Mieter aber in der Folgezeit die Mietsache, kommt möglicherweise konkludent ein (neuer) Vertrag zu Stande, der im Zweifel den gleichen Inhalt haben dürfte wie der mit dem Veräußerer geschlossene Vertrag. Zu Unzuträglichkeiten kann dies allenfalls wegen § 550 BGB führen.

10 Die Erfüllungsübernahme wird und bleibt nur **wirksam,** wenn es tatsächlich zum Eintritt des Erwerbers bzw. des dinglich Berechtigten in den Vertrag kommt, also bis zum Eigentumsübergang bzw. bis zur dinglichen Rechtsänderung. Bis zu diesem Zeitpunkt kann die Übernahmevereinbarung auch noch aufgehoben werden. Da der Mieter bis zu diesem Zeitpunkt noch keine gesicherte Rechtsstellung hat, ist seine Mitwirkung bzw. Zustimmung bis dahin nicht notwendig.[23]

---

[14] Siehe dazu Palandt/*Ellenberger* BGB § 133 Rn. 8. Der Grundsatz gilt auch bei beurkundungspflichtigen Grundstücksgeschäften, vgl. Palandt/*Bassenge* BGB § 873 Rn. 10 unter Verweis auf Palandt/*Bassenge* BGB § 925 Rn. 14.

[15] Siehe dazu Palandt/*Ellenberger* BGB § 119 Rn. 9f.; *Eckert* FS Blank, 2006, 129 (138) geht davon aus, derartige Erklärungen bezögen sich nur auf bekannte Mietverhältnisse; das ist aber mit dem Wortlaut idR nicht vereinbar, wenn von „bestehenden" oder sogar „allen bestehenden" Verträgen die Rede ist.

[16] MüKoBGB/*Häublein* § 567a Rn. 4.

[17] MüKoBGB/*Häublein* § 567a Rn. 4.

[18] Staudinger/*Emmerich* BGB § 567a Rn. 4.

[19] MüKoBGB/*Häublein* § 567a Rn. 4.

[20] MüKoBGB/*Häublein* § 567a Rn. 4; **aA** *Eckert* FS Blank, 2006, 129 (139).

[21] Das gilt unabhängig davon, ob man eine Rechtsnachfolge im Wege der gesetzlichen Vertragsübernahme annimmt oder die gesetzliche Neubegründung eines Mietvertrages mit dem Erwerber (dazu → BGB § 566 Rn. 9ff.).

[22] MüKoBGB/*Häublein* § 567a Rn. 4; Soergel/*Heintzmann* BGB § 567a Rn. 3 hält die Übernahme nur bis zur Überlassung für möglich.

[23] MüKoBGB/*Häublein* § 567a Rn. 6; AnwK WohnraummietR/*Lammel* BGB § 567a Rn. 14f.

## E. Rechtsfolgen

Die Rechtsfolgen des Eingreifens von § 567a BGB richten sich nach §§ 566–567 BGB, je nachdem, welcher Regelungsgehalt betroffen ist. Kommt es zu einem Vermieterwechsel, übernimmt der Erwerber (§ 566 BGB) bzw. der dinglich Berechtigte (§ 567 BGB) alle Rechte und Pflichten des früheren Vermieters von dem Zeitpunkt des Eigentumsübergangs bzw. der Entstehung des dinglichen Rechts; für Vorausverfügungen und Vereinbarungen über die Miete gelten die §§ 566b–566e BGB entsprechend, für die Kaution § 566a BGB[24]; der ausscheidende Vermieter haftet gem. § 566 Abs. 2 BGB.[25] Bezüglich der Einzelheiten zu den Rechtsfolgen kann auf die Kommentierungen zu §§ 566–567 BGB verwiesen werden. § 566e BGB greift nicht nur bei einer falschen Mitteilung des Veräußerers über den Eigentumsübergang ein, sondern entsprechend auch bei einer falschen Mitteilung über die Erfüllungsübernahme.[26] Bei bloßer Gebrauchsbeeinträchtigung schuldet der dinglich Berechtigte nur Unterlassung der Beeinträchtigung (§ 567 S. 2 BGB); näher → BGB § 567 Rn. 17. All diese Wirkungen treten erst mit dem Eigentumsübergang (§ 566 BGB) bzw. der Entstehung des dinglichen Rechts (§ 567 BGB) ein.[27] Das gilt naturgemäß nicht für die Rechtsfolgen der Gutglaubensvorschrift § 566e BGB. 11

## F. Fehlende oder nichtige Erfüllungsübernahme

Fehlt eine Erfüllungsübernahme oder ist sie unwirksam, so bleibt der ursprüngliche Mietvertrag bestehen, den Erwerber bzw. dinglich Berechtigten treffen keine Rechte oder Pflichten, der Mieter ist vielmehr dessen Herausgabeanspruch bzw. dessen dinglichem Nutzungsrecht ausgesetzt.[28] Gegenüber seinem Vermieter stehen dem Mieter dann Gewährleistungsrechte[29] bzw. das Recht zur Kündigung zu. 12

[24] Staudinger/*Emmerich* BGB § 567a Rn. 7; *Eckert* FS Blank, 2006, 129 (131).
[25] OLG Köln OLG-Report Köln 1992, 153; MüKoBGB/*Häublein* § 567a Rn. 7.
[26] Soergel/*Heintzmann* BGB § 567a Rn. 6.
[27] MüKoBGB/*Häublein* § 567a Rn. 7; *Eckert* FS Blank, 2006, 129 (131).
[28] Soergel/*Heintzmann* BGB § 567a Rn. 7.
[29] Diese richten sich nach allgemeinem Schuldrecht, da es nicht zu einer Übergabe gekommen ist (→ BGB § 536 Rn. 532).

## § 567b Weiterveräußerung oder Belastung durch Erwerber

**[1]Wird der vermietete Wohnraum von dem Erwerber weiterveräußert oder belastet, so sind § 566 Abs. 1 und die §§ 566a bis 567a entsprechend anzuwenden. [2]Erfüllt der neue Erwerber die sich aus dem Mietverhältnis ergebenden Pflichten nicht, so haftet der Vermieter dem Mieter nach § 566 Abs. 2.**

### Systematische Übersicht



### A. Zweck der Vorschrift

1 § 567b BGB erklärt die §§ 566 Abs. 1, 566a–567a BGB für entsprechend anwendbar, wenn der Erwerber eines Grundstücks dieses weiterveräußert oder mit einem dinglichen Recht iSv § 567 BGB belastet. Diese Folge ergäbe sich auch ohne § 567b BGB, da ein Erwerber mit dem Eigentumsübergang gem. § 566 BGB Vermieter wird und der Fall der Weiterveräußerung deshalb ohne Schwierigkeiten direkt unter § 566 BGB subsumiert werden könnte; der Ersterwerber ist dann Vermieter, der Zweiterwerber der Erwerber iSv § 566 BGB.[1] § 567b S. 1 BGB hat deshalb im wesentlichen klarstellende Funktion. Die eigenständige Bedeutung der Vorschrift liegt in Satz 2, wo die bürgengleiche Nachhaftung des Vermieters gem. § 566 Abs. 2 BGB modifiziert wird.[2]

2 § 567b BGB gilt seit der zum 1.9.2001 in Kraft getretenen Mietrechtsreform und hat den inhaltsgleichen § 579 BGB aF ersetzt. Soweit nunmehr von „Wohnraum" statt – wie in § 579 BGB aF – von „Belastung des Grundstücks" die Rede ist, stellt dies keine Änderung des sachlichen Regelungsgehaltes dar, sondern ist der geänderten systematischen Stellung der Vorschrift bei den Mietverhältnissen über Wohnraum (§§ 549 ff. BGB) geschuldet, auch wenn die Formulierung sachenrechtlich nicht völlig korrekt ist. Gemäß § 578 BGB gilt die Regelung aber ebenfalls für Mietverhältnisse über Räume und Grundstücke.

### B. Anwendungsbereich

3 Wie erwähnt gilt § 567b BGB unmittelbar nur für die Weiterveräußerung und Belastung von Wohnraum durch den Erwerber. Neben der Erstreckung auf Mietverhältnisse über **Räume und Grundstücke** in § 578 BGB[3] ist § 567b BGB kraft **Verweisung** anwendbar bei der Überlassung von Wohnraum in Zusammenhang mit einem Wohn- und Betreuungsvertrag (§ 5 Abs. 2 WBVG), bei Mietverhältnissen über eingetragene Schiffe und Luftfahrzeuge (§ 578a BGB, für Luftfahrzeuge iVm § 98 Abs. 2 des Gesetzes über Rechte an Luftfahrzeugen (LuftFzgG)), bei Pachtverträgen (§ 581 Abs. 2), Landpachtverträgen (§ 593b BGB), Jagdpachtverträgen (§ 14 BJagdG), bei der Fischereipacht hängt es von der Landesgesetzgebung ab[4], außerdem bei Beendigung und Übertragung des Nießbrauchs (§§ 1056, 1059d BGB), bei der Nacherbfolge (§ 2135 BGB), beim Erbbaurecht (§ 30 ErbbauRG) und nach § 11 Abs. 3 InVorG. Für den Heimfall und die Veräußerung eines Dauerwohnrecht iSv § 31 WEG gibt es in § 37 Abs. 2, 3 WEG keine Ver-

---

[1] MüKoBGB/*Häublein* § 567b Rn. 1; **aA** AnwK WohnraummietR/*Lammel* BGB § 567b Rn. 2, der meint, § 566 BGB gelte nach seinem Wortlaut nur bei vertraglich begründeten Mietverhältnissen. Meines Erachtens ist diese Beschränkung dem Wortlaut des § 566 BGB nicht zu entnehmen und widerspricht auch des Gesetzgebungsgeschichte. Nach Staudinger/*Emmerich* BGB § 567b Rn. 1 war nämlich gesetzgeberisches Motiv, durch Satz 1 etwaigen Zweifeln über die Rechtslage vorzubeugen.

[2] MüKoBGB/*Häublein* § 567b Rn. 1.

[3] Dazu näher bei → BGB § 566 Rn. 19.

[4] Einzelheiten bei MüKoBGB/*Harke* § 581 Rn. 36.

weisung. In diesem Fall ist § 567b BGB **entsprechend anwendbar,** wenn der Dauerwohnberechtigte das Wohnrecht veräußert oder wenn der Eigentümer den Heimfallanspruch geltend macht.[5]

## C. Folgen einer Weiterveräußerung oder Belastung (Satz 1)

§ 567b BGB geht von folgender **Konstellation** aus: Nach Abschluss eines Mietvertrages veräußert der ursprüngliche, erste Vermieter das Mietgrundstück. Der Erwerber tritt nach Eigentumsübergang gem. § 566 BGB in das Mietverhältnis ein mit den besonders geregelten Folgen für Kaution und Mietzinsforderung in §§ 566a–566e BGB; erfolgt der Eigentumsübergang vor Überlassung der Mietsache an den Mieter, so gilt stattdessen § 567a BGB. Veräußert nun der Ersterwerber als neuer Vermieter das Grundstück an einen Zweiterwerber weiter, dann ordnet § 567b BGB das Gleiche an, nämlich den Eintritt des Zweiterwerbers in das Mietverhältnis in entsprechender Anwendung des § 566 Abs. 1 BGB (bzw. bei noch nicht überlassener Mietsache des § 567a BGB) sowie die entsprechende Anwendung der §§ 566a–566e BGB für Kaution und Mietforderung.[6] Lediglich für die bürgengleiche Nachhaftung des Vermieters gem. § 566 Abs. 2 BGB gibt es in § 567b S. 2 BGB eine besondere Regelung. Entsprechende Anwendung der §§ 566ff. BGB bedeutet, dass diese Vorschriften so zu lesen sind, als stünde dort Ersterwerber anstatt Vermieter und Zweiterwerber anstatt Erwerber.[7] 4

Veräußert der Ersterwerber das Grundstück nicht weiter, sondern bewilligt er die **Belastung mit einem dinglichen Recht** (etwa einem Nießbrauch), dann gilt § 567 BGB entsprechend; die Vorschrift ist dann so zu lesen, als stünde dort Ersterwerber anstatt Vermieter. 5

§ 567b BGB gilt nicht nur für die zweite Veräußerung eines Grundstücks nach Vertragsschluss bzw. nicht nur für die dingliche Belastung durch den Ersterwerber, sondern auch für **jede weitere Veräußerung** bzw. Belastung. 6

## D. Weiterhaftung des Vermieters (Satz 2)

Eine Ausnahme von der entsprechenden Anwendung der §§ 566–567a BGB ist in Satz 2 enthalten, indem dort nicht auf § 566 Abs. 2 BGB verwiesen, sondern abweichend davon geregelt wird, dass die bürgengleiche Nachhaftung im Falle der Weiterveräußerung nicht den Ersterwerber trifft, sondern weiterhin den ursprünglichen Vermieter.[8] Grund der Nachhaftung gem. § 566 Abs. 2 BGB ist nämlich, dass der Mieter im Falle des Vermieterwechsels den Vertragspartner verliert, den er sich ausgesucht hat, und ihm ein neuer Vertragspartner, der Erwerber, aufgezwungen wird; falls dieser seine Pflichten aus dem Mietverhältnis nicht erfüllt, soll er Rückgriff bei dem ursprünglichen Vermieter nehmen können.[9] Dieser Zweck des § 566 Abs. 2 BGB kann grds. auch bei einer Weiterveräußerung eingreifen, da der Zweiterwerber dem Mieter ebenfalls aufgezwungen wird. Ist allerdings bereits eine Haftungsbefreiung des ursprünglichen Vermieters gem. § 566 Abs. 2 S. 2 BGB eingetreten, dann besteht kein Grund, die Haftung im Falle der Weiterveräußerung wiederaufleben zu lassen, da die Haftungsbefreiung auf der Fiktion beruht, der Mieter habe den Erwerber als neuen Vermieter akzeptiert, wenn er von einer Kündigungsmöglichkeit nicht Gebrauch macht. § 567b BGB ist deshalb wie folgt **teleologisch zu reduzieren:** Der ursprüngliche Vermieter haftet allein[10] gem. § 566 Abs. 2 BGB, bis der Kündigungstermin iSv § 566 Abs. 2 S. 2 BGB verstrichen ist oder der Mieter in anderer Weise ausdrücklich oder konkludent den Erwerber als neuen Vermieter akzeptiert hat (dazu → BGB § 566 Rn. 148); seine Haftung lebt auch im Falle einer Weiterver- 7

---

5 MüKoBGB/*Häublein* § 567b Rn. 2. Die dort befürwortete entsprechende Anwendung auf alle Fälle der Veräußerung oder Belastung durch einen dinglich Berechtigten iSv § 567 BGB ist überflüssig, da nur der Dauerwohnberechtigte zu einer Veräußerung berechtigt ist, nicht aber der Wohnungsberechtigte gem. § 1093 BGB (s. § 1092 BGB); dingliche Belastungen können die dinglich Berechtigten ohnehin nicht vornehmen.

6 MüKoBGB/*Häublein* § 567b Rn. 3. Hatte der Erwerber hingegen mit dem Mieter unmittelbar einen neuen Vertrag geschlossen, gelten die §§ 566ff. BGB im Falle der Weiterveräußerung unmittelbar.

7 MüKoBGB/*Häublein* § 567b Rn. 3; AnwK WohnraummietR/*Lammel* BGB § 567b Rn. 11.

8 Staudinger/*Emmerich* BGB § 567b Rn. 6.

9 Näher → BGB § 566 Rn. 144.

10 Der Ersterwerber haftet nicht zusätzlich neben dem Vermieter (MüKoBGB/*Häublein* § 567b Rn. 5).

äußerung nicht wieder auf.[11] Nach der Haftungsbefreiung des Vermieters haftet vielmehr allein der Ersterwerber gem. § 566 Abs. 2 BGB.[12]

8 Eine analoge Anwendung von § 567b S. 2 BGB auf die **Mietsicherheit** ist trotz der strukturellen Vergleichbarkeit von § 566 Abs. 2 BGB und § 566a S. 2 BGB nicht möglich, weil der Gesetzgeber bei § 566a BGB die Vorstellung hatte, die Sicherheit gehe auf der Erwerber über bzw. sei ihm zu übergeben, wohingegen § 566 Abs. 2 BGB das Vertrauen des Mieters in den Verbleib und die Leistungsfähigkeit des ursprünglichen Vertragspartners schützen will.

## E. Abweichende Vereinbarungen

9 Zur Abdingbarkeit gelten die Ausführungen bei der Kommentierung zu §§ 566–567a BGB entsprechend.

[11] AllgM, vgl. MüKoBGB/*Häublein* § 567b Rn. 5; AnwK WohnraummietR/*Lammel* BGB § 567b Rn. 14f., der aber in Bezug auf die Haftung des Ersterwerbers in diesem Fall eine abweichende Meinung vertritt.

[12] HM, vgl. MüKoBGB/*Häublein* § 567b Rn. 5; **aA** AnwK WohnraummietR/*Lammel* BGB § 567b Rn. 14f., der sich gegen die Haftung des Ersterwerbers aussprechen. Diese Ansicht lässt sich aber mit dem Gesetz nicht vereinbaren, das die bürgengleiche Haftung mit § 567b S. 2 BGB nicht ersatzlos streichen, sondern entsprechend dem Zweck des § 566 Abs. 2 BGB beim ursprünglichen Vermieter belassen wollte. Diese Ratio greift zwar abgeschwächt, aber dennoch auch bei dem Ersterwerber ein, den der Mieter sich zwar nicht ausgesucht, den er aber doch durch Unterlassen der Kündigung akzeptiert hat.

# Kapitel 5. Beendigung des Mietverhältnisses

## Unterkapitel 1. Allgemeine Vorschriften

### § 568 Form und Inhalt der Kündigung

**(1) Die Kündigung des Mietverhältnisses bedarf der schriftlichen Form.**

**(2) Der Vermieter soll den Mieter auf die Möglichkeit, die Form und die Frist des Widerspruchs nach den §§ 574 bis 574b rechtzeitig hinweisen.**

#### Systematische Übersicht



#### Alphabetische Schnellübersicht



## A. Schriftform der Kündigung (Abs. 1)

### I. Überblick und Zweck

1 Die Beendigung des Mietvertrags durch Kündigung ist in § 542 Abs. 1 BGB geregelt. Dort gibt es aber keine Bestimmungen über die notwendige Form. Die **Formanforderungen** sind vielmehr in verschiedenen Vorschriften enthalten, weil der Gesetzgeber die Form nach der Art der Kündigung differenzieren wollte. So sieht § 568 Abs. 1 BGB (nur[1]) für die Kündigung von **Wohnraummietverhältnissen** die Schriftform vor, nicht aber die allgemeine Notwendigkeit einer Begründung, weil diese nur sinnvoll ist bei Kündigungen, die einen Kündigungsgrund erfordern. Deshalb sind Begründungspflichten bei den entsprechenden gesetzlichen Kündigungstatbeständen geregelt, deren wichtigste §§ 569 Abs. 4, 573 Abs. 3 BGB sind.

2 Durch das Schriftformerfordernis des § 568 Abs. 1 BGB soll in erster Linie verhindert werden, dass ein Mietverhältnis über Wohnraum unüberlegt („aus einer augenblicklichen Gefühlsreaktion") durch Kündigung beendet wird **(Übereilungsschutz und Warnfunktion).**[2] Das hat eine mieterschützende Funktion und ist als Teil des sozialen Mietrechts anzusehen. Daneben

[1] Siehe aber den Verweis in § 578 Abs. 3 BGB für die dort geregelten gewerblichen Zwischenmietverhältnisse über Räume für dringenden Wohnbedarf.

[2] AllgM, s. nur MüKoBGB/*Häublein* § 568 Rn. 1.

dient die Vorschrift der Rechtsklarheit sowie dem Schutz und dem Interesse des Erklärungsempfängers **(Beweissicherungs- und Klarstellungsfunktion).**[3] Die hauptsächlich mieterschützende Funktion darf nicht dazu verleiten, im Einzelfall ein dem Mieter günstiges Ergebnis erzielen zu wollen; Korrekturen unbilliger Ergebnisse im Einzelfall sind ggf. gem. § 242 BGB möglich (→ Rn. 31).

## II. Entstehungsgeschichte

3 Der Vorläufer des § 568 Abs. 1 BGB ist als § 564a BGB durch das Gesetz v. 29.7.1963[4] in das BGB eingefügt worden und hat durch die Gesetze v. 21.12.1967[5] und v. 4.11.1971[6] seine bis zum 31.8.2001 geltende Fassung erhalten. Das MietRRefG v. 19.6.2001[7] hat die Regelung im Wesentlichen unverändert übernommen. Der Anwendungsbereich des § 568 Abs. 1 BGB ist allerdings etwas weiter. Nach altem Recht konnten Mietverhältnisse über Wohnraum, der nur zu vorübergehendem Gebrauch vermietet ist und über möblierten Wohnraum innerhalb der Vermieterwohnung formlos gekündigt werden (§ 564a Abs. 3 S. 1 BGB aF). Nunmehr bedarf auch die Kündigung dieser Mietverhältnisse der Schriftform, weil § 568 Abs. 1 BGB im Gegensatz zu früher auch Mietverhältnisse gem. § 549 Abs. 2 BGB erfasst.

## III. Anwendungsbereich

4 Entsprechend der systematischen Stellung gilt § 568 Abs. 1 BGB **nur für Wohnraummietverhältnisse** (einschließlich Untermietverhältnissen über Wohnraum) und – gem. dem Verweis in § 578 Abs. 3 BGB – für gewerbliche Zwischenmietverhältnisse über Räume für dringenden Wohnungsbedarf. Die Kündigung von Mietverhältnissen, die keine Wohnraummietverhältnisse sind (etwa **Gewerbemiete,** Grundstücksmiete, Miete beweglicher Sachen), ist hingegen formfrei möglich, sie unterliegt keinem Schriftformzwang (und auch keinem Begründungszwang); zu Vereinbarungen hierüber → BGB § 542 Rn. 37.

5 § 568 Abs. 1 BGB erfasst alle Mietverhältnisse über Wohnraum gem. § 549 BGB, also einschließlich derer mit eingeschränktem Kündigungsschutz gem. § 549 Abs. 2, 3 BGB. Zum **Begriff des Wohnraummietverhältnisses** → BGB § 549 Rn. 5. Maßgeblich ist – ähnlich wie bei den Abgrenzungen gem. § 578 BGB – nicht die tatsächliche Nutzung, sondern der vereinbarte Vertragszweck; bei Mischmietverhältnissen kommt es auf den Schwerpunkt der vereinbarten Nutzung an (→ BGB § 549 Rn. 24).

6 § 568 Abs. 1 BGB unterstellt **alle Arten der Kündigung** der Schriftform, also sowohl die ordentliche wie auch die außerordentliche befristete und die fristlose Kündigung.[8] Ob der Mietvertrag selbst befristet oder unbefristet ist, spielt keine Rolle, entscheidend ist nur die Möglichkeit der Beendigung durch Kündigung. Belanglos ist auch, wer kündigt, erfasst sind die Kündigung des Mieters, des Vermieters und auch die Kündigung der sie evtl. ersetzenden Personen wie Insolvenzverwalter oder Zwangsverwalter. Andererseits ist der Anwendungsbereich des § 568 Abs. 1 BGB auf die Kündigung beschränkt; auf **andere Arten der Vertragsbeendigung** erstreckt er sich nicht[9], also etwa nicht auf Rücktritt, Anfechtung oder Mietaufhebungsverträge. Dabei ist nicht zu verkennen, dass die Ausdehnung des Schriftformerfordernisses auf alle Arten der Vertragsbeendigung konsequent wäre. Der Wortlaut des § 568 Abs. 1 BGB ist indes eindeutig und ein wirkliches Bedürfnis für eine Ausdehnung nicht vorhanden, weil die Vertragsbeendigung praktisch ausschließlich durch Kündigung herbeigeführt wird.

---

[3] OLG Hamm NJW 1982, 452; BayObLG NJW 1981, 2197 = WuM 1981, 200.
[4] BGBl. 1963 I 505.
[5] BGBl. 1967 I 1248.
[6] BGBl. 1971 I 1745.
[7] BGBl. 2001 I 1149.
[8] Staudinger/*Rolfs* BGB § 568 Rn. 10.
[9] MüKoBGB/*Häublein* § 568 Rn. 4; Staudinger/*Rolfs* BGB § 568 Rn. 11; **aA** für Mietaufhebungsverträge AG Köln WuM 1993, 119.

## IV. Kündigungserklärung

Eine **Kündigung** ist die eindeutige, unbedingte, einseitige Erklärung einer Mietvertragspartei, den Vertrag für die Zukunft beenden zu wollen. Durch Auslegung ist die Kündigung **abzugrenzen** insbes. vom Rücktritt (Umwandlung in ein Rückabwicklungsschuldverhältnis) und der Anfechtung (rückwirkende Vernichtung des Vertrages), die bei der Miete als Dauerschuldverhältnis aber kaum praktische Bedeutung haben. Falls sie doch einmal erklärt worden sein sollten, gilt für sie das Schriftformerfordernis nicht (→ Rn. 6). Der Begriff der Kündigung muss nicht verwendet werden, es muss nur ein entsprechender Wille mit hinreichender Deutlichkeit zum Ausdruck kommen; ferner muss die Kündigungserklärung den Erklärenden und das betroffene Mietverhältnis erkennen lassen, wobei jeweils Bestimmbarkeit genügt. Weitergehend zu den Anforderungen an eine Kündigungserklärung → BGB § 542 Rn. 7. 7

Erfordert die Kündigung eine Begründung, muss diese Begründung mit ausgesprochen werden. Solche **Begründungserfordernisse** finden sich zunächst in § 573 Abs. 3 BGB (ordentliche Kündigung des Vermieters) und § 573a Abs. 3 BGB (erleichterte ordentliche Kündigung des Vermieters). Da die ordentliche Kündigung gem. § 573b BGB (Teilkündigung) eine solche gem. § 573 BGB ist, ist auch sie zu begründen. Für außerordentliche Kündigungen mit gesetzlicher Frist wird in § 573d Abs. 1 BGB bzw. § 575a Abs. 1 BGB die Vorschrift des § 573 BGB für entsprechend anwendbar erklärt und damit auch das Begründungserfordernis des § 573 Abs. 3 BGB. Schließlich schreibt § 569 Abs. 4 BGB (außerordentliche fristlose Kündigung aus wichtigem Grund) eine Begründung vor. Da § 569 BGB die für alle Mietverhältnisses geltende Grundnorm des § 543 BGB für Wohnraummietverhältnisse ergänzt, unterliegen sämtliche außerordentlichen Kündigungen von Wohnraummietverhältnissen gem. §§ 543, 569 BGB – gleichgültig ob vom Mieter oder Vermieter ausgesprochen – dem Begründungszwang. 8

Sämtliche **notwendigen Elemente der Kündigungserklärung** müssen vollständig den Anforderungen der Schriftform genügen, also einschließlich etwaiger Begründungserfordernisse. Zum Nachschieben von Kündigungsgründen → BGB § 542 Rn. 46. Es gilt – wie allgemein bei Schriftformerfordernissen – die **Andeutungstheorie,** dh, es können auch außerhalb der Urkunde liegende Umstände mitberücksichtigt werden, der so ermittelte Parteiwille muss aber in der förmlichen Erklärung zumindest andeutungsweise zum Ausdruck gekommen sein.[10] Soweit es um den Kündigungsgrund geht, reicht eine Andeutung, die allein der Formwahrung dient, meist nicht aus; die materiell-rechtlichen Begründungserfordernisse reichen idR darüber hinaus (→ BGB § 542 Rn. 35). Zur Kündigung durch **schlüssiges Verhalten** → Rn. 30; zur **Umdeutung** → BGB § 542 Rn. 27. 9

## V. Schriftform

Wenn § 568 Abs. 1 BGB für die Kündigung Schriftform vorschreibt, dann ist damit ein Verweis auf § 126 Abs. 1 BGB verbunden, der Grundnorm für Schriftformerfordernisse. Ergänzend zum Folgenden wird auf die einschlägigen Kommentierungen hierzu verwiesen. Nach § 126 Abs. 1 BGB muss der Kündigende die Kündigungserklärung **eigenhändig durch Namensunterschrift** oder mittels notariell beglaubigtem Handzeichen unterzeichnen. § 126 BGB geht vom Vorhandensein einer Urkunde (→ Rn. 12) aus, lässt aber in § 126 Abs. 3 BGB die elektronische Form, also die in einer Datei enthaltene Willenserklärung zu. Die Anforderungen an die **elektronische Form** regelt § 126a BGB (→ Rn. 26). Besonderheiten bzgl. der (schriftlichen wie elektronischen) Form gibt es bei Kündigungen im **Prozess** (→ Rn. 27). 10

Da die Kündigung eine empfangsbedürftige Willenserklärung ist, kommt es für die Einhaltung des Formerfordernisses auf den Zustand der Kündigungserklärung zum **Zeitpunkt des Zugangs** beim Erklärungsempfänger an.[11] Ein Verbleib der Urkunde beim Empfänger ist nicht erforderlich.[12] 11

---

[10] Siehe nur BGH Xa ZR 73/07, NJW 2011, 218.
[11] BGH XI ZR 139/05, NJW 2006, 681 Rn. 13; *Ehrmann/Streyl* NZM 2019, 876.
[12] BGH VIII ZR 209/74, MDR 1976, 662.

### 1. Urkunde

12 Herkömmlicherweise versteht man unter einer Urkunde ein beschriebenes Blatt Papier. Zwingend ist Papier als Informationsträger nicht, es genügt jede feste Unterlage, auf der man Schriftzeichen anbringen kann. Die Art der Beschriftung (Handschrift, Maschinenschrift, handschriftlich ergänzte Maschinenschrift) ist belanglos.

### 2. Namentliche Unterzeichnung

13 Die namentliche Unterzeichnung soll die Person des Ausstellers der Kündigung **identifizierbar** machen. Die Anforderungen an eine Namensunterzeichnung sind insgesamt eher gering.[13] Auf die Lesbarkeit kommt es nicht an, es muss nur die Absicht der vollen Unterschriftsleistung (im Gegensatz zum Handzeichen oder Kürzel) erkennbar sein.[14] Ein Handzeichen reicht gem. § 126 Abs. 1 BGB nur bei notarieller Beurkundung aus. Die Form der Schrift ist gleichgültig. Es muss sich nicht um die üblicherweise gebrauchte Unterschrift handeln; auch die Wiedergabe des Namens in Druckbuchstaben ist eine Unterschrift. Gleiches gilt für die von einem Analphabeten verwendeten Schriftzeichen (zB „drei Kreuze").

14 **Name** iSd § 126 BGB ist der Vor- und Familienname. Die Unterschrift mit dem Familiennamen genügt. Eine Unterzeichnung mit dem Vornamen reicht dann aus, wenn der Empfänger den Kündigenden unter diesem Namen kennt. Unter diesen Umständen kann der Kündigende auch mit einem Pseudonym, einem Künstler- oder einem Phantasienamen unterschreiben. Die Niederschrift einer bloßen Funktionsbezeichnung („Der Hauseigentümer") oder Verwandtschaftsbezeichnung („Euer Sohn") ist keine „Namensunterschrift", wie sie § 126 Abs. 1 BGB ausdrücklich fordert.

15 Die Namensunterschrift muss **unter dem Text** der Kündigungserklärung stehen und diesen räumlich abschließen. Wird die Kündigung in einem Zusatz in einem Schreiben in anderer Sache erklärt, so muss der Zusatz erneut unterschrieben werden. Die zeitliche Reihenfolge der Abfassung der Kündigungserklärung und der Unterschrift spielt keine Rolle. Der Kündigende kann auch **blanko** unterschreiben; der später eingefügte Text muss aber auch hier vollständig über der Unterschrift stehen.

### 3. Eigenhändigkeit

16 § 126 BGB verlangt eine **eigenhändige Unterschrift.** Dieses Erfordernis ist nicht gewahrt bei der Wiedergabe des Namens mittels einer Schreibmaschine, bei der Verwendung eines Namensstempels, beim Einsatz eines Unterschriftenautomaten oder bei einer gedruckten Unterschrift (Faksimile).[15] Die **Fotokopie** einer Kündigungserklärung enthält ebenfalls keine eigenhändige Unterschrift. Wer nicht schreiben kann, muss eine **notariell beurkundete Kündigungserklärung** abgeben (§ 126 Abs. 3 BGB).

### 4. Fernkommunikation (Telefax, E-Mail)

17 Durch **Telefax** kann – anders als bei vertraglichen Vereinbarungen über die Schriftform einer Kündigung; → BGB § 542 Rn. 37 – nicht wirksam gekündigt werden, weil der Empfänger hier nicht die Urschrift mit der eigenhändigen Unterschrift des Kündigenden erhält, sondern nur ein Bild davon.[16] Daran ändert auch die prozessuale Wirksamkeit von per Telefax eingereichten bestimmenden Schriftsätzen im Prozess nichts.[17] Die teilweise vertretene Ansicht, wonach eine Kündigung per „Vorab-Telefax" zur Fristwahrung ausreicht, wenn in dem Fax der spätere Zugang der Originalerklärung angekündigt wird und in der Folgezeit auch erfolgt[18], trifft nicht zu, weil eine formunwirksame Erklärung nichtig (§ 125 S. 1 BGB) und deshalb auch zur Fristwahrung ungeeignet ist. Dieselben Grundsätze gelten für eine auf einem **Notepad** geleistete und dem Empfänger per Datenleitung übermittelte Unterschrift und für die in einer **E-Mail**

---

[13] Siehe etwa BGH IX ZR 24/97, NJW 1997, 3380.
[14] BGH IX ZR 24/97, NJW 1997, 3380; BAG NZA 2008, 521; **aA** AG Dortmund NZM 2000, 32.
[15] *Flatow* NZM 2004, 283.
[16] *BGH IX ZR 259/91*, NJW 1993, 1126, für eine Bürgschaftserklärung.
[17] BGH IX ZR 259/91, NJW 1993, 1126.
[18] So *Schürmann* NJW 1992, 3005.

wiedergegebene Unterschrift, weil in all diesen Fällen dem Kündigungsempfänger keine Originalunterschrift zugeht.

### 5. Kündigung durch einen Vertreter

Kündigt ein Vertreter, ist er der Aussteller der Urkunde. Deshalb muss er die für die Wahrung der Schriftform notwendige **Namensunterschrift** vollziehen. Eine nicht unterzeichnete Erklärung ist auch dann unwirksam, wenn der Kündigung eine vom Vertretenen unterzeichnete Vollmacht beigefügt ist.[19] **18**

Notwendiges Element der Schriftform ist es, dass der Kündigungsberechtigte sich aus der Urkunde ergibt. Deshalb muss ein Vertreter sein Handeln in fremdem Namen nicht nur irgendwie **offenkundig iSv § 164 Abs. 1 S. 2 BGB** machen, das Vertreterhandeln muss sich vielmehr in der Urkunde wiederfinden. Für die Frage, ob jemand eine Erklärung in fremdem Namen abgibt, kommt es auf deren objektiven Erklärungswert an; maßgeblich ist gem. § 157 BGB, wie sich die Erklärung nach Treu und Glauben unter Berücksichtigung der Verkehrssitte für den Empfänger darstellt. Hierbei sind außer dem Wortlaut der Erklärung alle Umstände zu berücksichtigen, die unter Beachtung der Verkehrssitte Schlüsse auf den Sinn der Erklärung zulassen.[20] Es gilt auch hier die **Andeutungstheorie,** wonach die Schriftform nur gewahrt ist, wenn der ermittelte Vertretungswille in der Urkunde, wenn auch nur unvollkommen, Ausdruck gefunden hat.[21] Maßgeblich für die Einhaltung der Schriftform ist allein, ob sich das Handeln des Urkundenausstellers gem. §§ 157, 164 Abs. 1 S. 2 BGB nach außen für den Empfänger der Kündigung als Vertreterhandeln darstellt. Dazu reicht es nicht, dass die kündigende Mietvertragspartei in der Kündigungserklärung genannt oder aus ihr bestimmbar ist. Zwar ist dann klar, dass ein Dritter handelt; in der Urkunde muss sich aber zusätzlich das Handeln in fremdem Namen andeuten, etwa durch einen Vertreterzusatz oder ein Auftreten als Verwalter des Vermieters. Die Andeutung in der Urkunde ist auch notwendig, wenn der Kündigungsgegner weiß, dass der Kündigende in allen Mietangelegenheiten durch den Unterzeichner des Kündigungsschreibens vertreten wird.[22] Eine Ausnahme gilt nur, wenn der Vertreter mit dem Namen des Vertretenen unterzeichnet[23], und zwar auch dann, wenn der Vertreter die Unterschrift des Vertretenen nachahmt (fälscht) und so den Eindruck erweckt, der Vertretene habe selbst unterzeichnet.[24] **19**

**Problematisch ist die Wahrung des Offenkundigkeitsgrundsatzes** bei Personenmehrheiten, wenn nur eine von ihnen die Urkunde unterzeichnet, oder bei Gesamtvertretungen, wenn eine GbR, Erbengemeinschaft, Handelsgesellschaft oder juristische Person mehrere (gesetzliche) Vertreter hat. Für die Frage der Wahrung der Schriftform ist es dabei unerheblich, ob der Kündigende allein kündigen konnte oder nur zusammen mit weiteren Vertragsparteien bzw. weiteren Vertretern. Das betrifft allein die Vertretungsmacht (dazu → Rn. 23). Entscheidend ist vielmehr, ob alle, die nach einer anzustellenden Auslegung Aussteller der Urkunde sein sollen, erkennbar als Vertreter handeln. Hierzu muss – wie vorstehend erläutert – ermittelt werden, welchen objektiven Erklärungswert die Kündigung in Bezug auf die Offenkundigkeit des Vertreterhandelns hatte. Die Problemlage ist insoweit vergleichbar mit der Schriftformwahrung gem. § 550 BGB bei Vertragsschluss.[25] Auch dort kommt es auf die Unterzeichnung derjenigen Personen an, die nach äußerlich erkennbaren Umständen für den Vertretenen handeln; auch dort ist die Einhaltung der Schriftform von der Wirksamkeit des Vertragsschlusses zu trennen, ein Mietvertragsschluss ist formlos möglich, der Schriftformverstoß berührt gem. § 550 BGB nur die Wirksamkeit von Laufzeitklauseln. Deshalb kann zur näheren Ausfüllung der Anforderungen an die Offenkundigkeit iE auf die zu § 550 BGB entwickelten Grundsätze verwiesen werden.[26] Es ist allerdings zu beachten, dass es bei § 550 BGB idR nur um die Frage geht, wer unterzeichnen muss, nicht aber darum, ob diejenigen, die unterzeichnet haben, dies als Vertreter getan haben, weil die Vertreterstellung sich oftmals hinreichend daraus ergibt, dass die Unterschrift in einem entsprechend bezeichneten Ver- **20**

---

[19] AG Friedberg WuM 1993, 48 = BeckRS 1992, 911.
[20] BAG NZA 2008, 348 Rn. 19.
[21] BAG NZA 2008, 348 Rn. 19; auch → Rn. 9.
[22] LG Düsseldorf DWW 1993, 20.
[23] RGZ 74, 69; BGH II ZR 18/64, NJW 1966, 1069; krit. dazu MüKoBGB/*Einsele* § 126 Rn. 12.
[24] LG Berlin GE 2011, 1372.
[25] MüKoBGB/*Häublein* § 568 Rn. 6; **aA** Staudinger/*Rolfs* BGB § 568 Rn. 19.
[26] Siehe näher Staudinger/*Emmerich* BGB § 550 Rn. 12; *Jacoby* NZM 2011, 1.

tragsfeld („Mieter") geleistet wurde.[27] Derartiges gibt es bei schriftlichen Kündigungen eher nicht, hier muss das Vertreterhandeln aus anderen in der Urkunde angedeuteten Umständen ermittelt werden.

21 Ist aus dem Urkundeninhalt ersichtlich, für welche Vertragspartei gekündigt werden soll, dann ist nach der Andeutungstheorie bei **Personenmehrheiten** hinreichend deutlich, welche Personen ggf. vertreten werden müssen. Handelt einer der Vertragspartner allein, muss er deshalb (durch einen entsprechenden Zusatz) deutlich machen, dass er nicht nur für sich, sondern auch für den anderen unterzeichnet[28]; dieser Zusatz darf allerdings nicht so gestaltet sein, dass er ein Handeln zugleich im eigenen Namen ausschließt. Sind **Eheleute** Vermieter und wird eine Kündigungserklärung nur von einem Ehepartner unterschrieben, so ist die Kündigung demnach nur wirksam, wenn sich aus dem Kündigungsschreiben ergibt, dass der eine zugleich als Vertreter für den anderen unterzeichnet hat.[29] Ist im Briefkopf eines Kündigungsschreibens die Ehefrau mit aufgeführt und verwendet der Ehemann in der Kündigungserklärung den Plural, so legt dies zwar die Annahme nahe, dass die Kündigung auch durch die Ehefrau erklärt werden soll. Eine solche Praxis ist bei Personenmehrheiten häufig. Sie rechtfertigt aber nicht ohne Weiteres den Schluss, dass der Unterzeichner einer Erklärung zugleich für sich und für andere Personen unterschreiben wollte; es muss hierfür vielmehr hinreichende weitere Anhaltspunkte in der Urkunde geben. Gleiches gilt, wenn eine Wohnung an Eheleute vermietet ist und lediglich einer der Ehepartner die Kündigungserklärung unterschrieben hat. Ähnlich wie bei einfachen Personenmehrheiten ist es bei der **GbR**[30] und der **Erbengemeinschaft**[31] wegen der in § 709 BGB bzw. § 2038 BGB angeordneten Gesamtvertretung.

22 Bei Handelsgesellschaften oder **juristischen Personen** hingegen ist Gesamtvertretung nicht vorgeschrieben, so dass nur die Unterzeichnung einer Person als Vertreter zu erwarten ist. Offenkundigkeit ist aber nur gegeben, wenn klar ist, dass der Urkundenaussteller nicht für sich im eigenen Namen, sondern für einen Dritten (die juristische Person oder Handelsgesellschaft) auftritt. Wenn in der Urkunde noch andere mögliche Vertretungsberechtigte genannt sind, ist eine Gesamtvertretung zu erwarten und ein allein Unterzeichnender muss seine Alleinvertretung durch einen entsprechenden Zusatz deutlich machen.

23 Die **Vertretungsmacht** muss sich weder aus der Urkunde ergeben noch muss sie schriftlich erteilt sein. Gemäß § 167 Abs. 2 BGB bedarf die Vollmachterteilung nicht der Form des Rechtsgeschäfts, auf das sie sich bezieht. Anders ist das nur bei gesetzlicher Anordnung der Schriftform für die Vollmacht oder bei einer unwiderruflichen Vollmacht[32], weil der Vollmachtgeber hierdurch genauso gebunden wird wie durch das formgebundene Geschäft selbst.[33] Die Vollmacht muss ansonsten für die Wirksamkeit der Kündigung nur tatsächlich vorhanden sein (s. auch § 180 BGB). Für den Fall, dass der Vertreter der Kündigung eine Originalvollmacht der kündigenden Vertragspartei nicht beifügt, hat der Kündigungsgegner ein unverzüglich auszuübendes (!) **Zurückweisungsrecht gem. § 174 Abs. 1 S. 1 BGB** (näher → BGB § 542 Rn. 56). Insofern ergeben sich keine Besonderheiten zu einer nicht der Schriftform unterliegenden Kündigung.

### 6. Ermächtigung

24 Die zur Vertretung dargelegten Grundsätze gelten nicht für eine **Ermächtigung** gem. § 185 BGB, da sich eine Ermächtigung gerade durch die Befugnis auszeichnet, im eigenen Namen zu handeln. Im Gegensatz zur Vollmacht ist die Ermächtigung nicht personen- sondern gegenstandsbezogen. Aufgrund dessen hat sie praktische Bedeutung nur im Fall der Veräußerung des Grundstücks für die Phase bis zur Eigentumseintragung; deshalb → BGB § 566 Rn. 46.

### 7. Kündigung gegenüber Personenmehrheiten

25 Sind auf Mieter- oder Vermieterseite mehrere Personen beteiligt, so muss **von allen gegenüber allen** gekündigt werden. Zu den Anforderungen an die Erklärung → BGB § 542 Rn. 68; zu den Anforderungen an den Zugang → BGB § 542 Rn. 85.

---

[27] Dazu BGH XII ZR 86/07, NJW 2010, 1453 Rn. 16; BGH XII ZR 69/06, NJW 2008, 2178 Rn. 28.
[28] BGH XII ZR 86/07, NJW 2010, 1453; BGH XII ZR 69/06, NJW 2008, 2178 Rn. 25.
[29] BGH LwZR 4/93, NJW 1994, 1649.
[30] Siehe BGH XII ZR 65/02, NJW 2003, 3053.
[31] BGH XII ZR 187/00, NJW 2002, 3389.
[32] Staudinger/*Rolfs* BGB § 568 Rn. 18.
[33] *Rösler* NJW 1999, 1151.

### VI. Elektronische Form

26 Nach § 126 Abs. 3 BGB kann die Schriftform durch die **elektronische Form** ersetzt werden. Diese Form ist von Bedeutung, wenn die Kündigungserklärung durch ein elektronisches Dokument, zB per E-Mail, übermittelt werden soll. An den Inhalt einer in elektronischer Form erklärten Kündigung sind dieselben Anforderungen zu stellen wie an eine in Schriftform erklärten Kündigung. Anders sind nur die Anforderungen an die Speicherung der Schriftzeichen und an die Authentifizierung. Bei der elektronischen Form muss der Kündigende statt zu unterschreiben der Erklärung seinen Namen hinzufügen und das elektronische Dokument mit einer qualifizierten elektronischen Signatur versehen (§ 126 a Abs. 1 BGB). Allerdings ist eine dergestalt übermittelte Erklärung nur wirksam, wenn der Erklärungsempfänger damit einverstanden ist[34], weil dieser ansonsten gezwungen wäre, Vorrichtungen für die Prüfung der Signatur vorzuhalten. Das Einverständnis kann formlos erteilt werden. Es genügt, wenn die Parteien ihre Erklärungen in der Vergangenheit in elektronischer Form abgegeben haben. Zur Definition der qualifizierten elektronischen Signatur siehe Art. 3 Nr. 10–12 VO (EU) Nr. 910/2014 iVm Art. 26 VO (EU) Nr. 910/2014 (eIDAS-VO); das Signaturgesetz gilt nicht mehr.

### VII. Kündigung im Prozess

27 Die Kündigung kann auch im Lauf eines gerichtlichen Verfahrens erklärt werden; zu den Anforderungen und zur Abgrenzung von reinen Prozesshandlungen → BGB § 542 Rn. 11. Zur Form gilt im Ansatz das Gleiche wie bei außerprozessualen Kündigungen mit folgenden Besonderheiten: Die Schriftform wird nicht gewahrt, wenn die Kündigung zu Protokoll erklärt wird, da der Kündigende nicht Aussteller der Urkunde (des Protokolls) ist; bei einem gerichtlich protokollierten Vergleich wäre das anders, da dieser nach § 127 a ZPO die notarielle Form ersetzt.[35] Wird **durch prozessualen Schriftsatz** gekündigt, so ist die Schriftform gewahrt, wenn der bevollmächtigte Rechtsanwalt die für den Kündigungsempfänger bestimmte Abschrift eigenhändig unterschreibt. Es genügt aber auch, wenn die für das Gericht bestimmte Urschrift eigenhändig unterzeichnet ist und der Kündigungsempfänger eine mit einem Beglaubigungsvermerk versehene Abschrift erhält. Erforderlich ist allerdings, dass Beglaubigung vom schriftsatzverfassenden Rechtsanwalt stammt[36]; eine Beglaubigung durch andere Personen, auch durch die Geschäftsstelle des Gerichts, reicht nicht.[37]

28 Die Prozessvollmacht umfasst das Recht zu materiell-rechtlichen Willenserklärungen, wenn sie zur Rechtsverfolgung innerhalb des Prozessziels oder zur Rechtsverteidigung dienen.[38] Das Recht des Kündigungsempfängers **gem. § 174 BGB,** die Kündigung eines Vertreters **zurückweisen** zu dürfen, wenn keine Originalvollmacht vorgelegt wird, findet auf eine von einem Rechtsanwalt im Rahmen des gesetzlichen Umfangs seiner Prozessvollmacht abgegebenen Erklärung keine Anwendung.[39]

29 Im Zuge des Ausbaus des **elektronischen Rechtsverkehrs** werden Schriftsätze und damit auch die in ihnen enthaltenen oder ihnen anliegenden Kündigungen elektronisch eingereicht, etwa über das **besondere elektronische Anwaltspostfach (beA).**[40] Die Abgabe der Kündigungserklärung in einem Schriftsatz, der mit einer qualifiziert elektronischen Signatur nach Art. 3 Nr. 10–12 VO (EU) Nr. 910/2014 iVm Art. 26 VO (EU) Nr. 910/2014 (eIDAS-VO) versehen elektronisch bei Gericht eingereicht wird, genügt dem Schriftformerfordernis (§ 126 a Abs. 1 BGB), nicht hingegen die Abgabe der Erklärung mit bloß einfacher Signatur und Übertragung auf einem sicheren Übermittlungsweg gem. § 130 a Abs. 3, 4 ZPO. Die durch das Gesetz zur Förderung des elektronischen Rechtsverkehrs mit den Gerichten eingeführte Erleichterung bei der Übertragung auf einem sicheren Übermittlungsweg wurde nicht auf die materiellen Formerfordernisse erweitert.[41] Weiterhin ist für eine formgerechte Kündigung notwendig, dass der qualifiziert signierte Schriftsatz, der die Kün-

---

34 BT-Drs. 14/4987, 41.
35 LG Berlin MDR 1982, 321.
36 BGH V ZR 41/86, NJW-RR 1987, 395; BayObLG NJW 1981, 2197; OLG Hamm NJW 1982, 452; *Ehrmann/Streyl* NZM 2019, 876.
37 BGH V ZB 20/61, NJW 1962, 736; *Ehrmann/Streyl* NZM 2019, 876.
38 BGH VIII ZR 72/02, NJW 2003, 963.
39 BGH VIII ZR 72/02, NJW 2003, 963.
40 Eing. zu den verschiedenen Fallkonstellationen und zur Übergangszeit *Ehrmann/Streyl* NZM 2019, 873.
41 *Ehrmann/Streyl* NZM 2019, 876.

digung enthält, dem Kündigungsempfänger **in der gesetzlichen Form zugeht** (→ Rn. 11). Das erfordert bei elektronischer Einreichung und Zustellung auf elektronischem Weg den Zugang des qualifiziert elektronisch signierten Schriftsatzes. Bis zur vollständigen elektronischen Aktenführung der Gerichte im Jahr 2026 wird die Zustellung von Abschriften an den Prozessgegner als Kündigungsempfänger auf elektronischem Weg zwar zunehmen, aber jedenfalls nicht stetig und vorhersehbar erfolgen, die „klassischen" Zustellungswege werden beibehalten. Dies hat zur Folge, dass für elektronisch eingereichte Dokumente ein **Medientransfer** nach § 298 ZPO erforderlich ist. Unabhängig von der Art des Übermittlungswegs muss dabei ein Transfervermerk oder im Fall des § 298 Abs. 2 ZPO ein dem Transfervermerk ähnliches Dokument erstellt werden, der das Ergebnis der Integritäts- und Signaturprüfung aufweist. Dieser wird dem Prozessgegner zusammen mit einem Ausdruck des elektronischen Dokuments zugestellt. So zugestellte elektronische Dokumente erfüllen materiell-rechtliche Schriftformerfordernisse, wie bei der Kündigung nötig, sofern das Dokument mit einer qualifiziert elektronischen Signatur versehen war. Die parallele Übersendung des Dokuments in Papierform mit beglaubigten Abschriften ist nicht notwendig. Dem Transfervermerk kommt insoweit **materiell-rechtliche Bedeutung** zu, um den durch die Einführung des elektronischen Rechtsverkehrs gegebenen Neuerungen Rechnung zu tragen.[42] Eine unterschiedliche rechtliche Behandlung von elektronischen Dokumenten abhängig von der Art der Aktenführung bei den Gerichten wird verhindert. Den Interessen des Empfängers einer formgebundenen Erklärung an der Gewissheit über die formgerechte Abgabe der Erklärung wird durch die Übersendung des Transfervermerks Rechnung getragen. Dieses Ergebnis widerspricht nicht der oben erwähnten Rspr. des BGH zur Frage des formgerechten Zugangs bei der Zustellung von durch das Gericht erstellten beglaubigten Abschriften, weil der Ausdruck des elektronischen Dokuments der Urschrift näher als einer beglaubigten Abschrift.[43]

## VIII. Rechtsfolgen

30 Wird die notwendige Form nicht eingehalten, so ist die Kündigung unwirksam (§ 125 BGB). Eine **mündlich erklärte Kündigung** ist deshalb stets unwirksam. Dies gilt auch dann, wenn sie vor Gericht in der mündlichen Verhandlung **zu Protokoll** erklärt wird (→ Rn. 27). Ebenso ist eine Kündigung durch **schlüssiges Verhalten,** etwa durch Auszug des Mieters, formunwirksam. Zur Annahme bzw. Bestätigung einer unwirksamen Kündigung durch den Kündigungsempfänger → BGB § 542 Rn. 185; zur Umdeutung in ein Angebot zum Abschluss eines Mietaufhebungsvertrags → BGB § 542 Rn. 181.

31 Unbillige Ergebnisse müssen – unter voller Beachtung des Schutzzwecks des § 568 Abs. 1 BGB – über § 242 BGB korrigiert werden. Das darf aber nicht dazu führen, dass das Formerfordernis leichtfertig aufgegeben wird, wenn der Schutzzweck anderweitig erreicht wurde und/oder wenn dies zu Härten führt. Die Anforderungen an eine Billigkeitskorrektur sind vielmehr hoch. Dies beachtend kann sich etwa ein Vermieter nicht auf den Formmangel einer von ihm ausgesprochenen Kündigung berufen, wenn er eine Zwangsräumung angekündigt und der Mieter im Vertrauen auf die Wirksamkeit der Kündigung ausgezogen ist.[44] Außerdem kann sich der Kündigungsgegner nicht auf einen Formverstoß berufen, wenn er den Kündigenden arglistig von der Formwahrung abgehalten hat. Wenn der Vermieter die Kündigung schriftlich bestätigt hat, soll ein späteres Berufen auf den Formmangel ebenfalls treuwidrig sein.[45] In dieser Pauschalität dürfte das nicht richtig sein, weil ansonsten das Verhalten der Parteien praktisch in einen Mietaufhebungsvertrag umgedeutet wird, obwohl dafür meist das Erklärungsbewusstsein fehlt. Maßgeblich dürfte vielmehr sein, inwieweit sich der Kündigende mit Billigung des Kündigungsempfängers schon auf die Vertragsbeendigung einrichten durfte. Ebenfalls zu weitgehend ist es, von der Formeinhaltung nur deshalb abzusehen, weil der Mieter schon ausgezogen ist und deshalb die Warnfunktion der Form gewahrt sei.[46] Denn dann wäre bei jedem ernsthaften Beendigungswunsch die Formwahrung entbehrlich.

---

42 *Ehrmann/Streyl* NZM 2019, 876; **aA** *Ulrich/Schmieder* jM 2017, 399; *Dötsch* MietRB 2018, 31.
43 *Ehrmann/Streyl* NZM 2019, 876.
44 LG Nürnberg-Fürth WuM 2017, 475.
45 AG Gifhorn WuM 1992, 250.
46 So aber LG Wuppertal WuM 2005, 585.

### IX. Abdingbarkeit

§ 568 Abs. 1 BGB wird vom Gesetz nicht ausdrücklich für unabdingbar erklärt, jedoch ist dies aus der Funktion der Vorschrift zu folgern und entspricht dem Willen des Gesetzgebers, der eine Klarstellung im Gesetz für entbehrlich hielt.[47] Die Form kann wegen dieses zwingenden Charakters durch Vertrag weder erleichtert, noch erschwert werden. Dies gilt sowohl für die Kündigung des Vermieters als auch für die Kündigung des Mieters. Zu vertraglichen Regelungen über den Zugang einer Kündigung (Vollmachtsklauseln) → BGB § 542 Rn. 89; zu vertraglichen Schriftformregelungen im Gewerberaummietrecht → BGB § 542 Rn. 37. 32

## B. Hinweis auf das Recht zum Kündigungswiderspruch (Abs. 2)

### I. Entstehungsgeschichte und Überblick

Die Regelung ist dem bis zum Inkrafttreten des MietRRefG[48] am 1.9.2001 geltenden § 564a Abs. 2 BGB aF nachgebildet. Sie ist als Ergänzung zu § 574 BGB zu verstehen und dient dem Schutz des rechtsunkundigen Mieters. Die Einlegung des Kündigungswiderspruchs soll nicht an der Unwissenheit des Mieters scheitern. 33

Nach § 574 BGB kann der Mieter der Kündigung des Vermieters widersprechen und von ihm die Fortsetzung des Mietverhältnisses verlangen, wenn die Beendigung des Mietverhältnisses eine nicht zu rechtfertigende Härte bedeuten würde. Gemäß § 568 Abs. 2 BGB soll der Vermieter den Mieter „auf die Möglichkeit, die Form und die Frist des Widerspruchs nach den §§ 574 bis 574b rechtzeitig hinweisen". Die „Möglichkeit" des Widerspruchs ergibt sich aus § 574 BGB; „die Form und die Frist" sind in § 574b Abs. 1, 2 BGB geregelt. Rechtzeitig ist der Hinweis, wenn er so zeitig erfolgt, dass der Mieter den Kündigungswiderspruch zwei Monate vor der Beendigung des Mietverhältnisses erklären kann (§ 574b Abs. 2 BGB). § 568 Abs. 2 BGB ist als „Soll-Vorschrift" ausgestaltet. Wird der Hinweis nicht erteilt, so kann der Widerspruch noch im ersten Termin des Räumungsrechtsstreits erklärt werden (§ 574b Abs. 2 S. 2 BGB). 34

### II. Anwendungsbereich

Der Anwendungsbereich des § 568 Abs. 2 BGB ist doppelt einzugrenzen, einmal nach der Art des Mietverhältnisses und weiterhin nach der Art der Kündigung. Die Hinweispflicht besteht für alle Mietverhältnisse, die dem Anwendungsbereich der §§ 574ff. BGB unterliegen. Das sind im Wesentlichen alle **Wohnraummietverhältnisse** (Ausnahmen nachfolgend). Für Mietverhältnisse, die keine Wohnraummietverhältnisse sind (etwa **Gewerbemiete,** Grundstücksmiete, Miete beweglicher Sachen), greift § 568 Abs. 2 BGB nach seiner systematischen Stellung nicht, in § 578 BGB wird nicht darauf verwiesen. Zum Begriff des Wohnraummietverhältnisses → BGB § 549 Rn. 5. Maßgeblich ist – ähnlich wie bei den Abgrenzungen gem. § 578 BGB – nicht die tatsächliche Nutzung, sondern der vereinbarte Vertragszweck; bei Mischmietverhältnissen kommt es auf den Schwerpunkt der vereinbarten Nutzung an (→ BGB § 549 Rn. 24). Die Hinweispflicht gilt nicht bei Mietverhältnissen gem. § 549 Abs. 2 BGB, weil diese Mietverhältnisse keinen speziellen Kündigungsschutz genießen, wohl aber für Mietverhältnisse über Wohnraum in einem Studenten- oder Jugendheim iSv § 549 Abs. 3 BGB, weil diese Vorschrift die Regeln über das Widerspruchsrecht nicht ausnimmt. Für befristete Mietverhältnisse iSv § 575 Abs. 1 S. 1 BGB ist § 568 Abs. 2 BGB unanwendbar, weil solche Mietverhältnisse nicht nach § 574 BGB fortgesetzt werden können. Innerhalb der so erfassten Wohnraummietverhältnisse gilt § 568 Abs. 2 BGB nur für solche Kündigungen, die einen Widerspruch gem. § 574 BGB vorsehen. Das sind die ordentliche und die außerordentliche Kündigung mit Frist, nicht aber die außerordentliche fristlose Kündigung aus wichtigem Grund gem. §§ 543, 569 BGB. Das folgt aus § 574 Abs. 1 S. 2 BGB. Hat der Vermieter einen Grund zur fristlosen Kündigung, kündigt er aber nur ordentlich, ist ein Widerspruch ebenfalls ausgeschlossen; nach § 574 Abs. 1 S. 2 BGB kommt es nur auf das Bestehen des Kündigungsgrundes an, nicht auf die gewählte Kündigungsform. 35

---

[47] BT-Drs. 14/4553, 64.
[48] BGBl. 2001 I 1149.

36 Eine Besonderheit gilt für **einfache befristete Mietverhältnisse nach § 564c Abs. 1 BGB aF,** die vor dem 1.9.2001 begründet worden sind. Auf diese Mietverhältnisse ist § 556b BGB aF weiterhin anwendbar (Art. 229 § 3 Abs. 3 EGBGB). Nach § 556b BGB aF kann der Mieter eines befristeten Mietverhältnisses in Härtefällen dessen Fortsetzung über den vertraglich vereinbarten Zeitpunkt hinaus verlangen. Aus diesem Grunde war der Vorläufer des § 568 Abs. 2 BGB, also die Regelung des § 564a Abs. 2 BGB aF auch in diesen Fällen anwendbar.[49] Die Regelung des § 564a Abs. 2 BGB aF ist zwar in Art. 229 § 3 Abs. 3 BGB nicht genannt. Es handelt sich aber um eine Gesetzeslücke, weil § 564a Abs. 2 BGB aF und § 556b BGB aF in einem engen sachlichen Zusammenhang stehen. Daraus folgt, dass der Hinweis auf die Sozialklausel auch bei den befristeten Altmietverträgen zu erteilen ist.

## III. Hinweis

37 Der Vermieter muss den Mieter auf die Möglichkeit des Kündigungswiderspruchs und seine form- und fristgerechte Erhebung gem. §§ 574–574b BGB hinweisen (nicht darüber belehren). Der **Hinweis** kann **formlos** erteilt werden. Das Formerfordernis des § 568 Abs. 1 BGB gilt nicht, da Hinweis und Kündigung nicht notwendig zusammen erfolgen müssen.[50] Nach dem Wortlaut von § 568 Abs. 2 BGB muss der Hinweis nur rechtzeitig erteilt werden. Es muss aber ein zeitlicher Zusammenhang zwischen Kündigung und Hinweis bestehen, um dessen Zweck zu verwirklichen. Ohne den zeitlichen Zusammenhang besteht die Gefahr, dass der Mieter ihn vergisst. Deshalb reicht eine im Mietvertrag erteilte Belehrung nicht aus.[51]

38 Die **Rechtzeitigkeit** ist gewahrt, wenn der Hinweis so frühzeitig erfolgt, dass der Mieter die Widerspruchsfrist einhalten kann. Eine angemessene Überlegungs- und Beratungszeit sowie die Postlaufzeiten sind dabei zu berücksichtigen. In der Regel wird es ausreichen, wenn zwischen dem Zugang des Hinweises beim Mieter und dem Ablauf der Widerspruchsfrist des § 574b Abs. 2 S. 1 BGB ein Zeitraum von ca. zwei Wochen liegt.[52]

39 Der Hinweis ist auch dann nicht entbehrlich, wenn die Kündigung gegenüber oder zu Händen eines **Rechtskundigen** erklärt wird. Gesetzliche Hinweispflichten gelten aus Gründen der Rechtssicherheit üblicherweise ohne Rücksicht auf die Belehrungsbedürftigkeit des Adressaten.

40 Der Hinweis muss **verständlich und vollständig** sein. Der bloße Hinweis auf die Gesetzesbestimmung reicht für sich genommen nicht aus. Jedoch genügt es, wenn der wesentliche Inhalt der §§ 574–574b BGB mitgeteilt wird. Eine Übermittlung der entsprechenden Gesetzestexte genügt ebenfalls.[53] Druckt der Vermieter den Gesetzestext auf der Rückseite des Kündigungsschreibens ab, muss er hierauf auf der Vorderseite hinweisen.[54] Über den Gesetzestext oder dessen wesentlichen Inhalt hinaus muss der Vermieter keine weiteren Belehrungen geben[55], bei Unklarheiten kann der Mieter dann Rechtsrat einholen, dessen Erteilung der Vermieter nicht gem. § 568 Abs. 2 BGB schuldet. Ebenso muss er besonderen Verständnisschwierigkeiten, insbes. ausländischer Mieter nicht Rechnung tragen.

## IV. Rechtsfolgen eines Verstoßes

41 Die Regelung des § 568 Abs. 2 BGB begründet **kein Wirksamkeitserfordernis** für die Kündigung, sondern stellt eine Obliegenheit dar. Die Rechtsfolgen der Obliegenheitsverletzung ergeben sich aus § 574b Abs. 2 S. 2 BGB: Wird der Mieter entgegen § 568 Abs. 2 BGB nicht oder nur unvollständig über sein Recht zum Kündigungswiderspruch belehrt, so kann er den Widerspruch noch im ersten Termin des Räumungsrechtsstreits erklären.

---

[49] OLG Hamm NJW-RR 1991, 1485 = WuM 1991, 423 = ZMR 1991, 375; LG Hildesheim WuM 1990, 209; AG Köln WuM 1990, 210.

[50] OLG Hamm NJW-RR 1991, 1485 zur Vorgängervorschrift.

[51] Staudinger/*Rolfs* BGB § 568 Rn. 30; *Kossmann,* Der Wohnraummietvertrag, 2. Aufl. 1998, § 87 Rn. 21.

[52] AnwK WohnraummietR/*Lammel* BGB § 568 Rn. 18.

[53] LG Rottweil ZMR 1980, 183.

[54] *LG* Rottweil ZMR 1980, 183.

[55] Staudinger/*Rolfs* BGB § 568 Rn. 28; **aA** AG Bergheim WuM 1996, 415, danach muss der Vermieter bei einer Mietermehrheit mitteilen, dass der Widerspruch von allen Mietern erhoben werden muss.

## V. Abweichende Vereinbarungen

Aus § 574b Abs. 3 BGB ergibt sich mittelbar, dass von § 568 Abs. 2 BGB nicht zum Nachteil des Mieters abgewichen werden darf; Abweichungen zu seinen Gunsten sind möglich.[56] 42

[56] Staudinger/*Rolfs* BGB § 568 Rn. 34.

## § 569 Außerordentliche fristlose Kündigung aus wichtigem Grund

(1) [1]Ein wichtiger Grund im Sinne des § 543 Abs. 1 liegt für den Mieter auch vor, wenn der gemietete Wohnraum so beschaffen ist, dass seine Benutzung mit einer erheblichen Gefährdung der Gesundheit verbunden ist. [2]Dies gilt auch, wenn der Mieter die gefahrbringende Beschaffenheit bei Vertragsschluss gekannt oder darauf verzichtet hat, die ihm wegen dieser Beschaffenheit zustehenden Rechte geltend zu machen.

(2) Ein wichtiger Grund im Sinne des § 543 Abs. 1 liegt ferner vor, wenn eine Vertragspartei den Hausfrieden nachhaltig stört, so dass dem Kündigenden unter Berücksichtigung aller Umstände des Einzelfalls, insbesondere eines Verschuldens der Vertragsparteien, und unter Abwägung der beiderseitigen Interessen die Fortsetzung des Mietverhältnisses bis zum Ablauf der Kündigungsfrist oder bis zur sonstigen Beendigung des Mietverhältnisses nicht zugemutet werden kann.

(2a) Ein wichtiger Grund im Sinne des § 543 Abs. 1 liegt ferner vor, wenn der Mieter mit einer Sicherheitsleistung nach § 551 in Höhe eines Betrages im Verzug ist, der der zweifachen Monatsmiete entspricht. Die als Pauschale oder als Vorauszahlung ausgewiesenen Betriebskosten sind bei der Berechnung der Monatsmiete nach Satz 1 nicht zu berücksichtigen. Einer Abhilfefrist oder einer Abmahnung nach § 543 Abs. 3 Satz 1 bedarf es nicht. Abs. 3 Nummer 2 Satz 1 sowie § 543 Absatz 2 Satz 2 sind sinngemäß anzuwenden.

(3) Ergänzend zu § 543 Abs. 2 Satz 1 Nr. 3 gilt:

1. [1]Im Falle des § 543 Abs. 2 Satz 1 Nr. 3 Buchst. a ist der rückständige Teil der Miete nur dann als nicht unerheblich anzusehen, wenn er die Miete für einen Monat übersteigt. [2]Dies gilt nicht, wenn der Wohnraum nur zum vorübergehenden Gebrauch vermietet ist.
2. [1]Die Kündigung wird auch dann unwirksam, wenn der Vermieter spätestens bis zum Ablauf von zwei Monaten nach Eintritt der Rechtshängigkeit des Räumungsanspruchs hinsichtlich der fälligen Miete und der fälligen Entschädigung nach § 546a Abs. 1 befriedigt wird oder sich eine öffentliche Stelle zur Befriedigung verpflichtet. [2]Dies gilt nicht, wenn der Kündigung vor nicht länger als zwei Jahren bereits eine nach Satz 1 unwirksam gewordene Kündigung vorausgegangen ist.
3. Ist der Mieter rechtskräftig zur Zahlung einer erhöhten Miete nach den §§ 558 bis 560 verurteilt worden, so kann der Vermieter das Mietverhältnis wegen Zahlungsverzugs des Mieters nicht vor Ablauf von zwei Monaten nach rechtskräftiger Verurteilung kündigen, wenn nicht die Voraussetzungen der außerordentlichen fristlosen Kündigung schon wegen der bisher geschuldeten Miete erfüllt sind.

(4) Der zur Kündigung führende wichtige Grund ist in dem Kündigungsschreiben anzugeben.

(5) [1]Eine Vereinbarung, die zum Nachteil des Mieters von den Absätzen 1 bis 3 dieser Vorschrift oder von § 543 abweicht, ist unwirksam. [2]Ferner ist eine Vereinbarung unwirksam, nach der der Vermieter berechtigt sein soll, aus anderen als den im Gesetz zugelassenen Gründen außerordentlich fristlos zu kündigen.

### Systematische Übersicht

**Alphabetische Schnellübersicht**



## A. Überblick

§ 569 BGB ergänzt die Regelungen des § 543 BGB über die außerordentliche fristlose Kündigung um einige Sonderbestimmungen. Die Vorschrift ist deshalb im **Zusammenhang mit § 543 BGB** zu lesen. Sie gilt für alle Wohnraummietverhältnisse iSv § 549 BGB. Außerhalb der Wohnraummiete ist sie in all ihren Absätzen **anwendbar** auf Mietverhältnisse über Räume für Personen mit dringendem Wohnungsbedarf (§ 578 Abs. 3 BGB). § 569 *Abs. 1* BGB gilt für die Miete von Räumen, die zum Aufenthalt von Menschen bestimmt sind (§ 578 Abs. 2 S. 3 BGB), § 569 *Abs. 2* BGB für die gesamte sonstige Raummiete (§ 578 Abs. 2 S. 1 BGB) und § 569 *Abs. 1, 2* BGB für Pacht- und Landpachtverhältnisse (§§ 581 Abs. 2, 594e Abs. 1 BGB). Die Vorschrift besteht in dieser Form seit der zum 1.9.2001 in Kraft getretenen Mietrechtsreform; § 569 Abs. 2a BGB wurde aber erst durch das MietRÄndG 2013 zum 1.5.2013 eingeführt. 1

**§ 569 Abs. 1 BGB** ist § 544 BGB aF nachgebildet. Die Vorschrift bestimmt, dass ein wichtiger Grund iSd § 543 Abs. 1 BGB auch dann vorliegt, wenn die Benutzung der Räume mit einer **erheblichen Gefährdung der Gesundheit** verbunden ist. Kündigungsbefugt ist nur der Mieter; dem Vermieter steht in diesem Fall kein Kündigungsrecht zu. 2

**§ 569 Abs. 2 BGB** erlaubt die **Kündigung wegen Störung des Hausfriedens,** die vorher in § 554a BGB aF als besonders geregelter Fall („insbesondere") der schweren Pflichtverletzung enthalten war. 3

**§ 569 Abs. 2a BGB** hat keinen Vorgänger. Die Vorschrift begründet zugunsten des Vermieters von Wohnraum erstmals ein ausdrückliches Recht zur fristlosen Kündigung, wenn der Mieter mit der Verpflichtung zur **Zahlung der Kaution in Verzug** gerät. 4

**§ 569 Abs. 3 BGB** enthält nur für die Wohnraummiete ergänzende Regelungen für die **Kündigung wegen Zahlungsverzugs.** Sie sind im Zusammenhang mit § 543 Abs. 2 S. 1 Nr. 3 BGB zu lesen. **§ 569 Abs. 3 Nr. 1 BGB** entspricht dem bisherigen § 554 Abs. 2 Nr. 1 BGB aF und legt fest, wann ein Mietrückstand nicht unerheblich ist. **§ 569 Abs. 3 Nr. 2 BGB** ist dem bisherigen § 554 Abs. 2 Nr. 2 BGB aF nachgebildet und gibt dem Mieter die Möglichkeit, durch nachträgliche Zahlung eine fristlose Kündigung wegen Zahlungsverzugs unwirksam zu machen (sog. Schonfristzahlung oder Nachholrecht); jedoch ist die Frist zur nachträglichen Zahlung von einem auf zwei Monate verlängert worden. **§ 569 Abs. 3 Nr. 3 BGB** regelt inhaltsgleich zu § 9 Abs. 2 MHG aF den Fall, dass der Zahlungsverzug aus einer Erhöhung der Miete, der Betriebskostenpauschale oder 5 einer Betriebskostenvorauszahlung herrührt; in diesen Fällen kann der Vermieter das Mietverhältnis wegen Zahlungsverzugs nicht vor Ablauf von zwei Monaten nach rechtskräftiger Verurteilung kündigen.

6 In **§ 569 Abs. 4 BGB** ist eine Formvorschrift und schreibt – neben dem Schriftformerfordernis des § 568 BGB – nur für die Wohnraummiete die Notwendigkeit einer **Begründung der Kündigung** insofern vor, als der zur Kündigung führende wichtige Grund in dem Kündigungsschreiben anzugeben ist. Das gilt sowohl für die Kündigung durch den Vermieter als auch für die Kündigung durch den Mieter. Die Vorschrift hat im bisherigen Recht kein Vorbild. Die Regelung ähnelt der für die befristete Kündigung maßgeblichen Vorschrift des § 573 Abs. 3 S. 1 BGB, wonach die Gründe für das berechtigte Interesse im Kündigungsschreiben angegeben werden müssen.

7 Gemäß **§ 569 Abs. 5 BGB** sind § 569 Abs. 1–3 BGB zu Gunsten des Wohnraummieters **zwingend.** Außerdem ist bei der Wohnraummiete eine vertragliche Erweiterung der Gründe für eine außerordentliche fristlose Kündigung unwirksam.

## B. Gesundheitsgefahr (Abs. 1)

### I. Anwendungsbereich und Zweck

8 Nach § 569 Abs. 1 BGB kann der Mieter außerordentlich fristlos kündigen, wenn der **Wohnraum** so beschaffen ist, dass seine Benutzung mit einer erheblichen Gefährdung der Gesundheit verbunden ist. Das gleiche Recht hat der Mieter von **sonstigen Räumen, die vertragsgemäß zum Aufenthalt von Menschen** bestimmt sind (§ 578 Abs. 2 S. 3 BGB), der Mieter von Räumen für Personen mit dringendem Wohnungsbedarf (§ 578 Abs. 3 BGB), außerdem der **Pächter** (§§ 581 Abs. 2, 594e Abs. 1 BGB). Ob ein Raum als Wohnraum oder zum Aufenthalt von Menschen dient, richtet sich nicht nach der tatsächlichen Nutzung, sondern nach dem **Vertragszweck;** näher dazu sowie zum Raum- und Aufenthaltsbegriff → BGB § 578 Rn. 18.

9 Die Vorschrift regelt einen **Sonderfall der Kündigung wegen Nichtgewährung des vertragsgemäßen Gebrauchs** gem. § 543 Abs. 2 S. 1 Nr. 1 BGB und ist damit ein Regeltatbestand der außerordentlichen fristlosen Kündigung aus wichtigem Grund gem. § 543 Abs. 1 BGB.[1] Das bedeutet, dass die bei § 543 BGB geltenden allgemeinen Regeln und Grundsätze auch für die Kündigung gem. § 569 Abs. 1 BGB gelten, insbes. das Abmahn- bzw. Abhilfeerfordernis des § 543 Abs. 3 BGB (näher, auch zu den Besonderheiten → Rn. 22) und die Entbehrlichkeit der Einzelfallabwägung (→ BGB § 543 Rn. 10; dort auch zum Verhältnis des Regeltatbestands zur Generalklausel des § 543 Abs. 1 BGB).

10 Das Kündigungsrecht wegen Gesundheitsgefährdung ist von Anfang an Bestandteil des BGB gewesen; es beruht auf sozialpolitischen Erwägungen.[2] Die Regelung verfolgte angesichts der damaligen Wohnungszustände den **Zweck,** „die besitzlosen Klassen thunlichst vor der Gefahr zu schützen, durch das Bewohnen gesundheitswidriger Räume ihr höchstes Gut, die Gesundheit und Arbeitskraft zu verlieren".[3] Sie sollte auf den Vermieter Druck ausüben, die Wohnungen besser zu gestalten, und dem Mieter auch dann das Recht zu Kündigung geben, wenn er bei Anmietung von deren Zustand weiß und sie dennoch mietet.[4] Über das Vehikel des Zivilrechts sollte das Ordnungsrecht gestützt werden.[5] Dieser Zweck ist heute noch aktuell. Auch wenn der Zustand des Wohnungsbestands sich erheblich gebessert hat und das öffentliche Baurecht der Stütze des Zivilrechts kaum noch bedarf, ist nach wie vor die Notwendigkeit eines Kündigungsrechts wegen Gesundheitsgefahr im Einzelfall gegeben. Allerdings genügt damals wie heute nicht jegliche Gesundheitsgefährdung, sie muss vielmehr auf einem Mangel der Wohnung beruhen.[6] Oder präziser: Sie muss auf einem **Zustand beruhen, der einen Mangel darstellt oder darstellen würde,** wenn der Mieter ihn nicht durch seine Kenntnis (§ 536b BGB) oder durch Verzicht auf seine diesbezüglichen Rechte akzeptiert hätte. Das Kündigungsrecht soll sich nicht vollständig vom Gewährleistungsrecht abkoppeln, sondern nur in den Fällen, in denen der Mieter einen eigentlich vertragswidrigen und

---

[1] BGH VIII ZR 182/06, NJW 2007, 2177 Rn. 12.
[2] BGH VIII ZR 54/58, NJW 1959, 1424.
[3] Mugdan, Bd. II, Motive S. 874.
[4] Mugdan, Bd. II, Motive S. 875; BGH XII ZR 308/00, NJW 2004, 848.
[5] BGH VIII ZR 54/58, NJW 1959, 1424.
[6] Mugdan, Bd. II, Motive S. 874.

zugleich gesundheitsgefährdenden Zustand als vertragsgemäß zu akzeptieren hat. Diese Sicht ergibt sich nicht nur aus der Gesetzgebungsgeschichte, sondern auch daraus, dass § 569 Abs. 1 BGB ein Sonderfall der Kündigung wegen Nichtgewährung des vertragsgemäßen Gebrauchs gem. § 543 Abs. 2 S. 1 Nr. 1 BGB ist. Auch dort ist das Kündigungsrecht an die Mangelhaftigkeit des Mietobjekts geknüpft.[7] Das bedeutet, dass bei einem gesundheitsgefährdenden Mangel der Mietsache ein Kündigungsrecht sowohl nach § 569 Abs. 1 BGB als auch nach § 543 Abs. 2 S. 1 Nr. 1 BGB bestehen kann.[8] Die Anforderungen des § 569 Abs. 1 BGB sind dabei einerseits höher, weil sie nicht nur einen Mangel erfordern, dieser muss vielmehr – anstatt nur nicht unerheblich zu sein (→ BGB § 543 Rn. 96) – eine erhebliche Gesundheitsgefährdung darstellen. Andererseits greift § 569 Abs. 1 BGB auch in den Fällen und hat dort seine besondere Bedeutung, in denen ein gesundheitsgefährdender Zustand der Mietsache (etwa wegen Vereinbarung eines Substandards) keinen Mangel im Rechtssinn darstellt oder in denen der Mieter seine Mängelrechte verloren hat (durch Verzicht oder gem. § 536 b BGB).

## II. Kündigungsvoraussetzungen

### 1. Betroffener Personenkreis

§ 569 Abs. 1 BGB knüpft an die gesundheitsgefährdende Beschaffenheit der Räume an. Deshalb wird eine Gesundheitsgefährdung aller Personen erfasst, die sich in den Räumen aufhalten.[9] Das sind einmal der **Mieter** selbst, zum anderen alle **Mitbewohner, Untermieter, Angehörige, Angestellte, Besucher oder Kunden** des Mieters.[10] Es müssen nicht alle Nutzer betroffen sein, die erhebliche Betroffenheit eines (ständigen) Nutzers ist ausreichend. 11

Der Mieter hat auch dann ein Kündigungsrecht, wenn der die Räume nicht selbst nutzt, sondern im Wege der **Unter- oder (gewerblichen) Zwischenvermietung** weitervermietet hat.[11] Der **Vermieter** hat hingegen schon nach dem Wortlaut der Norm kein Kündigungsrecht. Das ist darin begründet, dass der Kündigungsgrund aus seiner Risikosphäre stammt (→ BGB § 543 Rn. 14). 12

### 2. Gesundheitsgefahr

Nach dem Wortlaut von § 569 Abs. 1 BGB ist notwendig, aber auch ausreichend eine erhebliche **Gefährdung** der Gesundheit. Die gesundheitliche Beeinträchtigung muss noch nicht eingetreten sein, sie soll vielmehr dadurch verhindert werden, dass der Mieter durch Kündigung den Aufenthalt in den gesundheitsbeeinträchtigenden Räumen beendet. Bloße Befindlichkeitsstörungen, Unbequemlichkeiten oder Komfortmängel (Wohnung ohne Bad, Wohnung mit Kohleofen, zu kleine Wohnung, unbeheizbare Toilette, usw) genügen hingegen nicht.[12] Auf ein Verschulden des Vermieters kommt es nicht an[13] (→ BGB § 543 Rn. 104). 13

Eine **Gefahr liegt vor,** wenn eine gewisse Wahrscheinlichkeit besteht, in absehbarer Zeit könne (nicht werde) eine Beeinträchtigung der Gesundheit eintreten.[14] Eine sichere Zukunftsprognose ist nicht zu verlangen. Das hohe Schutzgut der körperlichen Unversehrtheit und die Unvorhersehbarkeit körperlicher Reaktionen gebieten es vielmehr, das Vorsorgeprinzip walten und Wahrscheinlichkeiten ausreichen zu lassen.[15] Die aus einer ungeklärten Sachlage folgenden Gesundheitsrisiken sind nach dem Wertesystem des Grundgesetzes zugunsten der körperlichen Unversehrtheit (Art. 2 Abs. 2 GG) dem Vermieter zuzuweisen.[16] **Je gravierender die Gesundheitsgefahren** bzw. die drohenden Gesundheitsbeeinträchtigungen, **desto geringer sind die Anforderung an die Wahrscheinlichkeit.** Besteht Lebensgefahr, etwa wegen eines Deckeneinsturzes oder eines Brandrisikos, so kann es ausreichen, wenn die Gefahr nur nicht ausgeschlossen werden kann; hingegen muss die Wahr- 14

7 Zum Unterschied beim maßgeblichen Zeitpunkt für den geschuldeten Standard → Rn. 18.
8 *Kraemer* NZM 2001, 553 (562).
9 BGH XII ZR 308/00, NJW 2004, 848.
10 BGH VIII ZR 54/58, NJW 1959, 1424; BGH XII ZR 308/00, NJW 2004, 848.
11 BGH XII ZR 308/00, NJW 2004, 848; **aA** mit erheblichen Argumenten *Blank* NZM 2004, 249 mwN.
12 OLG Brandenburg NZM 2013, 151.
13 LG Lübeck NZM 1998, 190.
14 OLG Düsseldorf NJOZ 2010, 2548; MüKoBGB/*Häublein* § 569 Rn. 7.
15 *Streyl* WuM 2007, 365.
16 *Schumacher* WuM 2004, 311 (315); *Selk/Handhammer* NZM 2008, 65 (66).

scheinlichkeit hoch sein, wenn etwa bei Feuchtigkeit lediglich leichte Erkrankungen drohen.[17] Eine bloße Anscheinsgefahr genügt in keinem Fall.[18] Der vielfach verwendete Begriff der *konkreten* Gefahr ist irreführend, insbes. dann, wenn er durch Adjektive wie naheliegend präzisiert werden soll.[19] Denn ein Naheliegen oder ein unmittelbares Bevorstehen der Gefahrverwirklichung ist nicht immer erforderlich, die Gefahr muss nur „konkret genug" sein, um zur Kündigung zu berechtigen. Wann sie konkret genug ist, bestimmt sich, wie erläutert, nach Erheblichkeit (dazu → Rn. 20) und Wahrscheinlichkeit einer Gesundheitsbeeinträchtigung.

**15** Erheblichkeit und Wahrscheinlichkeit einer Gesundheitsgefahr müssen zwar für den Einzelfall festgestellt werden. Das bedeutet, dass die Gefahr von dem Mietobjekt ausgehen muss, nicht aber, dass eine fallindividuelle Prognose zur gesundheitlichen Betroffenheit der konkreten Nutzer abzugeben ist. Es gilt hierzu vielmehr ein **objektiver, überindividueller Maßstab.**[20] Denn § 569 Abs. 1 BGB ist ein Sonderfall der Kündigung wegen Nichtgewährung des Gebrauchs. Diese wiederum knüpft an die Mangelhaftigkeit des Mietobjekts an (→ Rn. 10). Das Bestehen eines Mangels ist mindeste, aber nicht hinreichenden Voraussetzung einer Kündigung wegen Gesundheitsgefahr. Wann ein Mangel iSv § 536 BGB vorliegt, bestimmt sich – vorbehaltlich besonderer Vereinbarungen – durch eine am Vertragszweck orientierte Auslegung gem. § 157 BGB[21], bei der die Interessen der Vertragsparteien und die Verkehrssitte sowie die gesamten Umstände des Mietverhältnisses, insbes. die Mietsache in ihrer Eigenart und deren beabsichtigte Nutzung maßgeblich sind.[22] Diese Art der Auslegung gebietet es, nicht auf die (zumeist nicht kommunizierten und nicht erkennbaren) Empfindlichkeiten oder gesundheitlichen Besonderheiten des Mieters oder eines sonstigen Nutzers abzustellen, sondern mit einer Art überindividuellem, allgemeinen Maßstab auf einen **Durchschnittsnutzer,** dessen gesundheitliche Reaktionen im Rahmen des für den Vermieter Erwartbaren halten.[23] Das bedeutet, dass Reaktionen, die bei einer Vielzahl der für das Mietobjekt relevanten Nutzer vorkommen können, eine Gesundheitsgefahr iSv § 569 Abs. 1 BGB darstellen, nicht aber außergewöhnliche Reaktionen eines (zu) kleinen Personenkreises.[24] So werden zwar auch Allergiker erfasst[25], nicht aber solche Extremallergiker, die etwa auf geringe Mengen üblicher und zugelassener Baustoffe reagieren. Außerdem werden erfasst Kleinkinder als Nutzer von Mietwohnungen, selbst wenn dort vorhandene Baustoffe nur bei ihnen, nicht aber bei Erwachsenen eine Gefahr bedeuten. Diese Sicht widerspricht weder dem Normzweck, noch ist sie „inhuman".[26] § 569 Abs. 1 BGB will nämlich gerade nicht vor jeder Gesundheitsgefahr schützen, sondern nur dann, wenn sie auf einem Mangel der Mietsache beruht. Hat der besonders empfindliche Mieter nichts Besonderes vereinbart, kann er nur die **Einhaltung des für alle geltenden Standards** erwarten. Er wird auch nicht gezwungen, die für ihn gesundheitsschädliche Mietsache zu nutzen, er trägt nur das finanzielle Risiko. Es in solchen Sonderfällen dem Vermieter aufzubürden, wäre unangemessen. Den Belangen des Mieters kann dadurch Rechnung getragen werden, dass man ihm gestattet, sich durch Stellung eines Nachmieters aus dem Vertrag zu lösen (→ BGB § 542 Rn. 192).

**16** Zu den Maßstäben, nach denen sich beurteilt, ob eine Gesundheitsgefahr vorliegt, gehören etwa anerkannte **medizinische und technische Regeln,** gesetzliche (insbes. baupolizeiliche) Vorschriften, technische Richtwerte oder sonstige Grenzwerte und **allgemeine sachverständige Empfehlungen,** wenn deren Einhaltung **dem Gesundheitsschutz dienen** soll.[27] Grenzwerte oder allgemeine Empfehlungen sind zwar notwendig abstrakt in dem Sinn, dass ihnen der Einzelfallbezug fehlt. Das ist aber aus zweierlei Gründen unschädlich. Einmal ist auch die Frage nach dem Mangel der Mietsache, der zur Gesundheitsgefahr führt, in gewisser Weise abstrakt, nämlich losgelöst von den gesundheitlichen Besonderheiten des Mieters bzw. der anderen Nutzer nach einem

---

[17] KG ZMR 2004, 513; OLG Brandenburg ZMR 2017, 387; KG ZMR 2004, 259.
[18] KG ZMR 2004, 513.
[19] Siehe etwa OLG Brandenburg ZMR 2009, 190; KG ZMR 2004, 259.
[20] KG ZMR 2004, 259; OLG Brandenburg ZMR 2014, 719; 2017, 387.
[21] *Lehmann-Richter* NZM 2015, 514, der überzeugend darlegt, dass es sich um eine Vertragsauslegung und nicht um einen Fall der Gesetzesauslegung handelt, da das Gesetz keine Vorgaben zum Umfang des Gebrauchsrechts macht; ebenso *Streyl* NZM 2017, 785 (786).
[22] BGH VIII ZR 207/04, NZM 2007, 597; *Streyl* NZM 2017, 785 (786); *Wietz* WuM 2014, 521.
[23] IErg ähnlich OLG Brandenburg ZMR 2014, 719.
[24] OLG Brandenburg ZMR 2014, 719.
[25] OLG Brandenburg ZMR 2014, 719.
[26] So aber MüKoBGB/*Häublein* § 569 Rn. 8.
[27] Ähnlich KG ZMR 2004, 259; LG München I NJW-RR 1991, 975; OLG Brandenburg ZMR 2017, 387; *Eisenschmid* WuM 1992, 3; *Schläger* ZMR 1992, 85 (90).

allgemeinen Gesundheitsmaßstab zu beantworten (→ Rn. 15). Zum anderen ist zu beachten, dass bei schweren Gesundheitsbeeinträchtigungen die Wahrscheinlichkeit ihres Eintritts geringer sein darf (→ Rn. 14). Je geringer die Wahrscheinlichkeit sein darf, desto mehr können die Einzelfallbedingungen, unter denen sich die Gefahr realisiert, in den Hintergrund treten zu Gunsten allgemeinerer Umstände. Auf solchen allgemeinen Umständen beruhen aber die Regelwerke und Empfehlungen. Die Einhaltung von Grenzwerten schließt eine Gesundheitsgefahr nicht zwingend aus[28]; es kann nämlich Erkenntnisfortschritt geben, der zu beachten ist, auch wenn er sich noch nicht in den Grenzwerten widerspiegelt (→ Rn. 18).

Besonders praxisrelevant sind die durch **Schimmelpilze** möglichen Gesundheitsgefahren. Hier erscheint es entsprechend den vorstehenden Darlegungen oft nicht notwendig, mit sachverständiger Hilfe aufzuklären, ob der vorhandene Schimmel die Gesundheit der Nutzer (genauer: eines Durchschnittsnutzers; → Rn. 15) gefährdet.[29] Mit dem **Schimmelpilzleitfaden des Umweltbundesamtes**[30] steht nämlich eine allgemeine sachverständige Empfehlung zur Verfügung, die vom Rechtsanwender einfach und oft ohne die Einschaltung von Sachverständigen für diese Frage herangezogen werden kann.[31] Unabhängig von der Art des Schimmels besteht nicht nur bei entsprechend disponierten oder allergischen Personen die Gefahr, bei längerem Aufenthalt in schimmelbefallenen Räumen eine irreversible Allergie zu entwickeln. Von welchen Bedingungen dies genau abhängt, ist unerforscht und dementsprechend unklar. Umso mehr muss das Vorsorgeprinzip gelten.[32] Der Stand der Wissenschaft hierzu findet sich im Schimmelpilzleitfaden wieder, der unter Mitwirkung einer Vielzahl von Wissenschaftlern unterschiedlicher Fachbereiche von der Innenraumlufthygiene-Kommission des Umweltbundesamtes herausgegeben wird und den viele Bausachverständige zur Begutachtung heranziehen. Mit Hilfe von einer Art **Handlungsleitfaden** kann auch der Laie den Schimmelbefall oftmals jedenfalls dahingehend kategorisieren, ob mit hinreichender Wahrscheinlichkeit von einer Gesundheitsgefahr ausgegangen werden muss. Das dürfte bei allen Befallsituationen der Fall sein, die nur von einem Fachmann beseitigt werden sollen bzw. dürfen. **17**

Das Bestehen der Gesundheitsgefahr beurteilt sich – im Gegensatz zu anderen, nicht mit einer Gesundheitsgefahr verbundenen Mängeln[33] – nach dem Stand der medizinischen oder technischen Erkenntnis und dem Zustand der Mietsache zum **Zeitpunkt der Kündigung.**[34] Das gilt auch dann, wenn dieser Kenntnisstand bei Vertragsschluss noch nicht vorhanden gewesen sein sollte.[35] Deshalb ist es unbeachtlich, ob der Zustand der Mietsache in früherer Zeit als unbedenklich eingestuft worden ist. **18**

Zwischen der Gesundheitsgefährdung und der Beschaffenheit der Räume (bzw. deren Einrichtung oder Zubehör) muss ein **kausaler Zusammenhang** bestehen. Ob ein Raum als Wohnraum oder zum Aufenthalt von Menschen dient, richtet sich nicht nach der tatsächlichen Nutzung, sondern nach dem Vertragszweck; näher dazu sowie zum Raum- und Aufenthaltsbegriff → BGB § 578 Rn. 18. Die Umstände, die die Gesundheitsgefahr begründen, müssen mit dem Gebäude als solchem oder dessen Umfeld (etwa durch Lärmeinwirkung) in Zusammenhang stehen. Eine Verursachung durch die sonstigen, vom Gebäude unabhängigen Verhältnisse genügt nicht.[36] Auch ein bloßer Baumangel ohne konkrete Gesundheitsgefährdung rechtfertigt die Kündigung nicht.[37] **19**

---

[28] OLG Brandenburg ZMR 2017, 387.

[29] So wohl auch, weil Schimmel per se für gefährlich haltend LG Bremen WuM 2006, 621; LG Duisburg NZM 2002, 214; LG München I NJW-RR 1991, 975; **aA** möglicherweise („kann in *vielen* Fällen nur durch ein medizinisches Sachverständigengutachten geklärt werden") BGH VIII ZR 182/06, NJW 2007, 2177 mwN; OLG Brandenburg ZMR 2014, 719.

[30] Zu finden auf der Webseite des Umweltbundesamtes.

[31] *Streyl* WuM 2007, 365.

[32] *Streyl* WuM 2007, 365.

[33] Siehe zu diesem Unterschied MüKoBGB/*Häublein* § 536 Rn. 7.

[34] OLG Düsseldorf NJOZ 2010, 2548; KG ZMR 2004, 259; OLG Brandenburg ZMR 2017, 387.

[35] KG ZMR 2004, 259; OLG Brandenburg ZMR 2014, 719.

[36] OLG Koblenz NJW-RR 1989, 509, für Übergriffe von Kunden und Nachbarn auf die Bediensteten eines Mieters bei einem gemieteten Geschäftslokal.

[37] AG Köln WuM 1988, 265.

### 3. Erheblichkeit

20 Die Gesundheitsgefährdung muss erheblich sein. An dieses Tatbestandsmerkmal sind wegen des Schutzzwecks von § 569 Abs. 1 BGB keine allzu strengen Anforderungen zu stellen; deshalb gilt es hauptsächlich, **minder schwere Beeinträchtigungen** auszuscheiden. So genügt es nicht, wenn nur das **Wohlbefinden** beeinträchtigt wird[38]; die Grenze zwischen bloßem Unbehagen und dauerhafter Befindlichkeitsstörung mit potenziellem Krankheitswert ist aber fließend und dürfte nicht immer leicht zu ziehen sein. Außerdem fehlt es regelmäßig an der Erheblichkeit, wenn die gesundheitsgefährdende Beschaffenheit **leicht und schnell behoben** werden kann und der Vermieter hierzu bereit ist.[39] Schließlich fehlt es regelmäßig an der Erheblichkeit bei **schnell vorübergehenden** Beeinträchtigungen der Gesundheit. Praxisrelevant ist das vor allem bei nur kurzzeitigen Heizungsausfällen und der damit verbundenen Unterkühlung bei den Nutzern oder dem Gegenteil, der kurzzeitigen Überhitzung.[40]

21 Ist nur ein **Teil der Räume gesundheitsgefährdend,** kann die Erheblichkeit zu verneinen sein, wenn hierdurch nicht die Benutzbarkeit der Mietsache als Ganzes in Frage gestellt ist.[41] Von einer erheblichen Gefahr ist auszugehen, wenn die Tauglichkeit einzelner Haupträume zum dauernden Aufenthalt ausgeschlossen oder wesentlich beeinträchtigt wird (zB Wohnzimmer, Schlafzimmer, Kinderzimmer, Küche); eine Gebrauchsbeeinträchtigung von Nebenräumen (Flure, Abstellräume, Keller) wird dagegen oftmals nicht ausreichen.[42] Diese werden meist nur kurz betreten, was die Gesundheitsgefahr unter die Erheblichkeitsschwelle drücken kann. Im Konkreten ist das aber abhängig von der drohenden Gefahr und der konkreten Zweckbestimmung des betroffenen Raums.

### 4. Abhilfefrist

22 Der Mieter muss dem Vermieter vor einer Kündigung grds. eine **Frist zur Abhilfe** des gesundheitsgefährdenden Zustands gem. § 543 Abs. 3 BGB gesetzt haben.[43] Das folgt daraus, dass § 569 Abs. 1 BGB ein besonders geregelter Fall der Kündigung wegen Nichtgewährung des vertragsgemäßen Gebrauchs gem. § 543 Abs. 2 S. 1 Nr. 1 BGB ist und ein die Gesundheit gefährdender Zustand der Mieträume immer auch eine Verletzung der mietvertraglichen Leistungspflicht, also eine Pflichtverletzung iSv § 543 Abs. 3 S. 1 BGB darstellt. Anderes ergibt sich nicht aus dem Schutzgut von § 569 Abs. 1 BGB, der Mietergesundheit. Dem kann und muss im Einzelfall durch entsprechend kurze Abhilfefristen oder einer großzügigen **Entbehrlichkeitsprüfung** gem. § 543 Abs. 3 S. 2 Nr. 2 BGB hinreichend Rechnung getragen werden.[44] Gerade bei Gefährdung der Gesundheit wird das Mieterinteresse es bei der notwendigen Abwägung oftmals gebieten, eine Abhilfefrist für entbehrlich zu halten. Das gilt insbes. dann, wenn der Vermieter den Mangel nachhaltig bestreitet[45], die Abhilfe endgültig verweigert[46] oder wenn die vom Vermieter angebotene Abhilfemaßnahme zur Beseitigung der Gesundheitsgefahr nicht geeignet ist.[47] Für die Entbehrlichkeit der Fristsetzung trägt der Mieter die Beweislast.[48]

23 Durch die grundsätzliche Notwendigkeit einer Abhilfeaufforderung wird auch das Erfordernis der **Mängelanzeige** gem. § 536c Abs. 1 BGB eingehalten. Eine Mängelanzeige vor Kündigung kann aus denselben Gründen entbehrlich sein wie die Abhilfefrist.[49]

---

[38] OLG Brandenburg NZM 2013, 151.
[39] OLG Brandenburg ZMR 2009, 190.
[40] OLG Brandenburg NZM 2013, 151.
[41] OLG Brandenburg ZMR 2009, 190.
[42] OLG Brandenburg ZMR 2009, 190.
[43] BGH VIII ZR 182/06, NJW 2007, 2177; OLG Brandenburg ZMR 2009, 190. **AA** Staudinger/*Emmerich* BGB § 569 Rn. 14a; *Schumacher* WuM 2004, 311 (312). Zur Widerlegung der Gegenansicht überzeugend MüKoBGB/*Häublein* § 569 Rn. 12.
[44] BGH VIII ZR 182/06, NJW 2007, 2177 Rn. 13; zu einer kurzen Abhilfefrist: AG Saarbrücken WuM 2017, 634.
[45] OLG Düsseldorf 16.2.2016 – 10 U 202/15, BeckRS 2016, 9817.
[46] OLG Brandenburg ZMR 2009, 190.
[47] OLG Brandenburg ZMR 2017, 387.
[48] BGH VIII ZR 182/06, NJW 2007, 2177 Rn. 14.
[49] MüKoBGB/*Häublein* § 569 Rn. 13.

### 5. Beispielsfälle

**Beispiele** für eine Gesundheitsgefährdung: Starke Feuchtigkeit und Schimmelbildung[50]; nicht absehbare Überflutungsschäden[51]; Heizungsausfall bzw. ungenügende Beheizbarkeit[52]; Einsturzgefahr des Gebäudes oder von Gebäudeteilen und sei es auch nur bei besonderen Wind- und Wetterlagen[53]; sicherheitsgefährdende Baumängel (unsichere Treppen, Fußböden oder Galerien ohne Geländer)[54]; Fehlen ausreichender Rettungswege im Brandfall[55]; unzureichende Brandschutzeinrichtungen mit der Gefahr eines schnell sich ausbreitender Rauchentwicklung und eines Großbrands[56]; Belastung mit Formaldehyd oder sonstigen Giftstoffen wie etwa DDT[57]; Öldämpfe aus dem Heizungskeller[58]; asbesthaltige Nachtstromspeicheröfen[59]; eine der Trinkwasserverordnung nicht entsprechende Wasserqualität[60]; Ungezieferbefall[61]; unerträgliche Gerüche[62]; Störung der Nachtruhe durch Lärm.[63] 24

Hochproblematisch und umstritten ist die rechtliche Beurteilung **unerträglich hoher Innenraumtemperaturen** in gewerblich genutzten Räumen. Anders als für Wohnräume gibt es nach der Arbeitsstättenverordnung höchstzulässige Temperaturen. Wenn die Temperatur im konkreten Fall einen Mangel gem. § 536 BGB darstellt[64], ist – vorbehaltlich der Erheblichkeit (also insbes. der Dauer der Temperaturüberschreitung) – ein Kündigungsrecht gegeben.[65] Wegen der Anknüpfung des Kündigungsrechts an die Mangelhaftigkeit (→Rn. 10) besteht ein Kündigungsrecht trotz Gesundheitsgefahr nicht, wenn die Räume iSv § 536 BGB vertragsgemäß sind (es sei denn, dies wäre nur wegen § 536b BGB der Fall). 25

## III. Gefahrenkenntnis, Verzicht

Das Kündigungsrecht besteht auch dann, wenn der Mieter die gefahrbringende **Beschaffenheit** beim Abschluss des Mietvertrags **gekannt** hat (§ 569 Abs. 1 S. 2 BGB). Ohne diese Regelung würde eine Kündigung ausscheiden, da ein Mangel wegen § 536b BGB nicht vorläge. Das Gesetz gibt hier in Bezug auf das Kündigungsrecht dem Gesundheitsschutz Vorrang. Ähnlich ist es gem. § 569 Abs. 1 S. 2 BGB bei einem späteren **Verzicht** auf die Mängelrechte oder auf das Kündigungsrecht. Dem muss gleich stehen, wenn der Mieter im Vertrag einen gesundheitsgefährdenden **Substandard vereinbart.**[66] 26

Die Wirkung von § 569 Abs. 1 S. 2 BGB ist nach dem Wortlaut beschränkt auf das Kündigungsrecht. **Andere Mängelrechte** wie Minderung gem. § 536 BGB oder Schadensersatz (insbes. wegen eines anfänglichen Mangels) gem. § 536a Abs. 1 BGB bleiben nach § 536b BGB bzw. auf Grund des Verzichts des Mieters oder einer entsprechenden Vereinbarung der Vertragsparteien ausgeschlossen.[67] Eine Ausnahme gilt nur für einen vereinbarten Baukostenzuschuss; diesen kann der Mieter zurückfordern.[68] 27

---

[50] LG Bremen WuM 2006, 621; LG Duisburg NZM 2002, 214; LG München I NJW-RR 1991, 975; auch →Rn. 17.
[51] AG Grimma NZM 2003, 196.
[52] AG Miesbach WuM 1987, 221; LG Mannheim WuM 1977, 140; AG Waldbröl WuM 1986, 337; AG Langenfeld WuM 1986, 314.
[53] OLG Düsseldorf 16.2.2016 – 10 U 202/15, BeckRS 2016, 9817; NJOZ 2010, 2548.
[54] OLG Brandenburg ZMR 2009, 190; LG Landau GuT 2003, 214.
[55] OLG Bremen 24.6.1992 – 1 U 34/92, BeckRS 1992, 30919886.
[56] KG ZMR 2004, 259.
[57] OLG Brandenburg ZMR 2017, 387; LG München I NJW-RR 1991, 975; LG Lübeck ZMR 1998, 434.
[58] AG Flensburg WuM 2003, 328.
[59] LG Dortmund ZMR 1994, 410.
[60] *Herrlein* NZM 2011, 741 (742).
[61] LG Saarbrücken WuM 1991, 91; LG Mannheim DWW 1976, 239; LG Kiel WuM 1992, 122.
[62] RGZ 188, 170.
[63] AG Berlin-Lichtenberg GE 2014, 877.
[64] Siehe hierzu die umfassende und überzeugende Darstellung in Guhling/Günter/*Günter* BGB § 536 Rn. 262.
[65] Ein Kündigungsrecht wegen zu hoher Temperaturen wurde bejaht von OLG Düsseldorf NZM 1998, 915 und – wegen fehlender Erheblichkeit – verneint von OLG Brandenburg NZM 2013, 151.
[66] LG Mannheim WuM 1977, 140.
[67] BGH VIII ZR 54/58, NJW 1959, 1424 zu §§ 537, 538 BGB aF, den heutigen §§ 536, 536a BGB; **aA** *Schumacher* WuM 2004, 311 (312).
[68] BGH VIII ZR 54/58, NJW 1959, 1424.

28 Zur Abdingbarkeit von § 569 Abs. 1 BGB → Rn. 117.

## IV. Mieterverschulden

29 Ob das Kündigungsrecht ausgeschlossen ist, wenn der **Mieter den gesundheitsgefährdenden Zustand schuldhaft herbeigeführt** hat, ist umstritten. Richtigerweise ist das – entgegen der wohl hM – zu verneinen.[69] Zwar entfällt das Kündigungsrecht wegen Nichtgewährung des vertragsgemäßen Gebrauchs gem. § 543 Abs. 2 S. 1 Nr. 1 BGB, dessen Unterfall § 569 Abs. 1 BGB ist, bei schuldhafter Mangelverursachung durch den Mieter (→ BGB § 543 Rn. 104). Der Schutzzweck von § 569 Abs. 1 BGB, der Gesundheitsschutz, und insbes. die Regelung in § 569 Abs. 1 S. 2 BGB sprechen aber entscheidend für ein Kündigungsrecht auch in diesen Fällen. Wenn der Mieter nämlich unabdingbar auch dann kündigen kann, wenn er sich mit der gesundheitsgefährdenden Beschaffenheit einverstanden erklärt oder auf Rechte ihretwegen verzichtet hat, dann muss der wertungsähnliche Fall des Eigenverschuldens gleich behandelt werden; eine fahrlässige Mangelverursachung wiegt sogar weniger schwer als ein bewusstes Einverständnis. Soweit darauf verwiesen wird, der Mieter bleibe im Wege des Schadensersatzes zur Mietzahlung verpflichtet, weshalb das Kündigungsrecht weitgehend unnütz sei, greift dies nicht durch. Denn der Vermieter ist dann gehalten, zur Schadensminderung Weitervermietungsversuche zu unternehmen, so dass jedenfalls im befristeten Mietverhältnis die Chance auf Befreiung von der Mietzahlungspflicht besteht und der Mieter nicht allein wegen dieser Pflicht im gesundheitsschädlichen Mietobjekt verbleibt. Sollte der Mieter den gesundheitsgefährdenden Zustand allerdings in der **Absicht** herbeigeführt haben, sich ein Kündigungsrecht zu schaffen, ist ihm eine Kündigung wegen Rechtsmissbrauchs gem. § 242 BGB verwehrt.

## V. Kündigungserklärung

30 Zu den allgemeinen Kündigungsvoraussetzungen → BGB § 542 Rn. 4ff. Bei der **Wohnraummiete** muss gem. § 568 BGB eine Kündigung, also auch eine fristlose Kündigung gem. § 543 BGB, **schriftlich** erklärt (→ BGB § 568 Rn. 4) und gem. § 569 Abs. 4 BGB **begründet** werden (→ Rn. 108). Für andere Mietverhältnisse, insbes. also für die **Geschäftsraummiete,** gelten diese Erfordernisse nicht (Ausnahme: Mietverhältnisse gem. § 578 Abs. 3 BGB).

31 Im Übrigen ist eine Kündigung nach § 569 Abs. 1 BGB auch dann wirksam, wenn das Mietverhältnis nach dem Wortlaut des Kündigungsschreibens nicht sofort, sondern erst nach Ablauf einer nach dem Kalender bestimmten oder bestimmbaren **Auslauffrist** enden soll.[70]

## VI. Verwirkung

32 Zwar kein ein außerordentliches Kündigungsrecht grds. wegen Zeitablaufs ausgeschlossen sein bzw. verwirkt werden (→ BGB § 543 Rn. 230). Das gilt aber nicht für § 569 Abs. 1 BGB.[71] Wenn auf die Kündigung wegen Gesundheitsgefährdung gem. § 569 Abs. 1 S. 2, Abs. 5 BGB wegen des Schutzzwecks der Norm auch durch ausdrückliche Erklärung nicht verzichtet werden kann, dann muss das erst Recht für einen Verzicht durch bloße Duldung gelten; das Vertrauen des Vermieters in einen derartigen Zustand ist auch nicht vertrauenswürdig.[72] Wartet der Mieter nach einer erfolglosen Abhilfefrist mit dem Ausspruch der Kündigung allerdings längere Zeit, muss er dem Vermieter jedenfalls dann eine weitere Frist setzen, wenn hierdurch die Ausübung eines Kündigungsrechts nach § 569 Abs. 1 BGB nicht unzumutbar erschwert wird.[73]

---

[69] IErg wie hier: *Harsch* WuM 1989, 162; *Schumacher* WuM 2004, 311 (312); Staudinger/*Emmerich* BGB § 569 Rn. 17; für eine Einzelfallabwägung: MüKoBGB/*Häublein* § 569 Rn. 14; für einen Ausschluss des Kündigungsrechts, allerdings ohne Argumentation bzgl. der Besonderheiten von § 569 Abs. 1 BGB: BGH XII ZR 308/00, NJW 2004, 848 unter II.3.f.; OLG Düsseldorf 16.2.2016 – 10 U 202/15, BeckRS 2016, 9817; LG Mannheim ZMR 1978, 341; LG Oldenburg ZMR 2000, 100.

[70] OLG Brandenburg ZMR 2017, 387.

[71] KG ZMR 2004, 259; LG Duisburg NZM 2002, 214; LG Köln WuM 1980, 235; *Schumacher* WuM 2004, 311 *(314); MüKoBGB/Häublein § 569 Rn. 15;* tendenziell auch BGH VIII ZR 206/09, NZM 2011, 32; **aA** LG Frankfurt a. M. NZM 2001, 523; *Kern* NZM 2007, 634 (637).

[72] MüKoBGB/*Häublein* § 569 Rn. 15.

[73] BGH VIII ZR 206/09, NZM 2011, 32.

## C. Hausfriedensstörung (Abs. 2)

### I. Abgrenzung und Zweck

33 Nach § 569 Abs. 2 BGB, der mit der Mietrechtsreform 2001 aus § 554a BGB aF herausgelöst und zu einem eigenständigen Tatbestand wurde, haben **beide Parteien** ein Recht zur fristlosen Kündigung, wenn der jeweils andere Teil den Hausfrieden nachhaltig stört. Die Kündigung wegen Hausfriedensstörung nimmt eine **Sonderstellung** unter den besonderen Kündigungstatbeständen der außerordentlichen fristlosen Kündigung ein. Während nämlich die Regeltatbestände in § 543 Abs. 2 BGB sowie in § 569 Abs. 1 BGB eine Einzelfallabwägung nicht erfordern, wenn deren Voraussetzungen vorliegen (→ BGB § 543 Rn. 10), ist dies bei der Kündigung wegen Hausfriedensstörung genauso notwendig. Hier wie nach der Generalklausel in § 543 Abs. 1 BGB ist unter **Abwägung aller Umstände des Einzelfalls**[74] zu prüfen, ob dem Kündigenden die Fortsetzung des Mietverhältnisses unzumutbar geworden ist. Zur Einzelfallabwägung → BGB § 543 Rn. 19; zu den Besonderheiten bei der Kündigung von **psychisch kranken oder schuldunfähigen Mietern** → BGB § 543 Rn. 9. Für eine Kündigung gem. § 543 Abs. 1 BGB kommen als Kündigungsgrund alle möglichen Anlässe in Betracht, sofern sie nicht in besonderer Weise in den Regeltatbeständen normiert sind; bei § 569 Abs. 2 BGB ist Kündigungsgrund die von einer Partei ausgehende Hausfriedensstörung. Ansonsten gelten die **zur Kündigung gem. § 543 Abs. 1 BGB entwickelten Grundsätze** (→ BGB § 543 Rn. 13) auch für die Kündigung gem. § 569 Abs. 2 BGB. Wegen der Gleichheit der Voraussetzungen und der fehlenden Trennschärfe des Begriffs des Hausfriedens ist es – anders als bei den Regeltatbeständen der §§ 543 Abs. 2, 569 Abs. 1 BGB (→ BGB § 543 Rn. 10) – dogmatisch weder notwendig noch immer möglich, zwischen der Generalklausel des § 543 Abs. 1 BGB und der Hausfriedensstörung zu differenzieren.[75] Letztere kann als **Anwendungsbeispiel** der Generalklausel betrachtet werden. Es kann alternativ oder bei Nichtvorliegen der Voraussetzungen des § 569 Abs. 2 BGB auf § 543 Abs. 1 BGB zurückgegriffen werden. Dieser Rückgriff ist allerdings ausgeschlossen, wenn die Hausfriedensstörung zugleich einen Pflichtverletzungstyp nach einem der Regeltatbestände des § 543 Abs. 2 BGB erfüllt; die Negativwirkung der Regeltatbestände verbietet das (→ BGB § 543 Rn. 11). Das bedeutet, dass eine **Kündigung wegen Hausfriedensstörung ausgeschlossen** ist, wenn die Pflichtverletzung auf Vermieterseite in der Nichtgewährung des Gebrauchs besteht oder auf Mieterseite in einer Überschreitung des vertragsgemäßen Gebrauchs, die zu einer Gefährdung der Mietsache führt oder in einer unbefugten Gebrauchsüberlassung besteht. Außerdem ist eine Kündigung wegen Hausfriedensstörung ausgeschlossen bei Zahlungsverzug des Mieters.

34 § 569 Abs. 2 BGB hebt die Bedeutung des Hausfriedens für das Miteinander (Zusammenwohnen bzw. Zusammenarbeiten) in einem Haus hervor. Die Vorschrift ist die kündigungsrechtliche Seite des **Gebots der gegenseitigen Rücksichtnahme.** Es geht über das gleichnamige Gebot in § 241 Abs. 2 BGB deutlich hinaus. Während nämlich § 241 Abs. 2 BGB auf absolute Rechte und die Vermögensinteressen (nur) des Vertragspartners abzielt, erfasst der Hausfrieden alle Hausnutzer und deren gedeihliches Miteinander im Sinne der sog. **goldenen Regel**[76]: Was Du nicht willst, das man Dir tut, das füg auch keinem anderen zu. Nur so wird die Wohnung als Lebensmittelpunkt und Rückzugsraum bzw. das Gewerbeobjekt als Ort der Berufsausübung und Selbstverwirklichung hinreichend geschützt. Das bedeutet nicht, dass jede Störung des Hausfriedens zur Kündigung berechtigt; sie muss vielmehr nachhaltig sein und eine Vertragsfortsetzung unzumutbar machen.

### II. Anwendungsbereich

35 Die Regelung des § 569 Abs. 2 BGB gilt für die gesamte **Raummiete.** Für die Wohnraummiete folgt das aus der systematischen Stellung der Vorschrift, für sonstige Räume (insbes. also auch Geschäftsräume) aus § 578 Abs. 2 S. 1 BGB. Aus §§ 581 Abs. 2, 594e Abs. 1 BGB ergibt sich die entsprechenden Anwendung auf Pacht und Landpacht. Nicht anwendbar ist § 569 Abs. 2 BGB damit auf die reine Grundstücksmiete und die Miete beweglicher Sachen. Zu Begriff und Abgrenzung der Raummiete → BGB § 578 Rn. 8.

---

[74] BGH VIII ZR 186/14, NJW 2015, 1239 Rn. 16.
[75] MüKoBGB/*Häublein* § 569 Rn. 19; *Schindler* WuM 2018, 255 (256).
[76] MüKoBGB/*Häublein* § 569 Rn. 17.

## III. Störung des Hausfriedens

36 Der Begriff des Hausfriedens wird im BGB nicht definiert; er hat auch keine scharfe Kontur. Er ist mit dem durch §§ 123, 124 StGB geschützten Hausfrieden nicht identisch, vielmehr ist er Ausdruck der Notwendigkeit, dass die Nutzung von Wohn- oder Geschäftsräumen durch mehrere Personen ein gewisses Maß an Rücksichtnahme voraussetzt.[77] Die Vertragspartner (Mieter wie Vermieter) und die ihm zuzurechnenden Personen müssen sich bei der Nutzung der Mieträume im Sinn der goldenen Regel (→Rn. 34) so verhalten, dass die **anderen Nutzer nicht mehr als unvermeidlich gestört werden.**[78]

37 Da der *Haus*frieden gestört sein muss, müssen die von der Störung betroffenen Personen **Bewohner des Hauses** oder sonstige Nutzer sein. Es geht um das Miteinander *im* Haus. Störungen gegen andere Personen (insbes. gegen den nicht im Haus wohnenden Vermieter), führen nicht zu einer Hausfriedensstörung; ggf. kommt aber eine Kündigung gem. § 543 Abs. 1 BGB in Betracht. Der Störende muss hingegen nicht im Haus wohnen oder sonstiger Nutzer sein. Es genügt eine Einwirkung auf den Hausfrieden von außen. Praxisrelevant ist das vor allem bei Einwirkungen des nicht im Haus wohnenden Vermieters. Meist spielt sich die Hausfriedensstörung aber **innerhalb der Mieterschaft** bzw. der Nutzer des Haues statt. Da § 569 Abs. 2 BGB – dem Sphärengedanken entsprechend (→BGB § 543 Rn. 14) – eine Hausfriedensstörung durch den Kündigungsempfängers erfordert, kann der Vermieter in diesen Fällen dem störenden Mieter kündigen. Der gestörte Mieter kann seinerseits kündigen, wenn der Vermieter es unterlässt, die Störungen anderer Nutzer (ggf. durch Kündigung) zu unterbinden; dann stört er durch sein Unterlassen den Hausfrieden.[79] Eine **Störung Dritter,** also von Personen, die nicht Nutzer des Hauses sind, ist keine Hausfriedensstörung iSv § 569 Abs. 2 BGB.[80]

38 Zur Behandlung von Fällen, in denen nur **einer von mehreren Vertragspartnern** den Hausfrieden stört, und zur **Zurechnung des Verhaltens Dritter** →BGB § 543 Rn. 15.

39 Wann ein Verhalten den Hausfrieden stört und das Rücksichtnahmegebot verletzt, richtet sich vornehmlich nach den vertraglichen Vereinbarungen. Ausdrückliche Verhaltensregeln sind vor allem in **Hausordnungen** enthalten. Diese müssen, da es sich meist um AGB handelt, in den Vertrag einbezogen und wirksam sein, um kündigungsrelevante Wirkung zu entfalten.[81] Ist das nicht der Fall, können sie aber dennoch Bedeutung haben, weil sie oftmals nur das ohnehin bestehende Rücksichtnahmegebot verschriftlichen.[82] Neben konkret vereinbarten Verhaltensregeln können sich Rücksichtnahmegebote aus dem **Vertragszweck** ergeben. So liegt eine Hausfriedensstörung etwa dann nicht vor, wenn das störende Verhalten typischerweise mit einem bestimmten gewerblichen Zweck oder dem Wohnen verbunden ist, mögen hierdurch andere Mieter auch beeinträchtigt werden.[83] Eine übergebührliche Nutzung verstößt hingegen gegen das Rücksichtnahmegebot. Ansonsten werden die Grenzen durch die **Verkehrssitte und Treu und Glauben** bestimmt. Hierbei ist einen angemessener Ausgleich der widerstreitenden Interessen anzustreben, für den etwa die Vorschriften des Besitzschutzrechts, des Nachbarrechts, des Immissionsschutzrechts und des Deliktsrechts herangezogen werden können.[84] Ein **„Weisungsrecht"** kommt dem Vermieter dabei nur insoweit zu, als durch die Anweisung der vertragsgemäße Gebrauch nach vorstehenden Grundsätzen konkretisiert wird.

40 An einer Hausfriedensstörung fehlt es in jedem Fall, wenn die Beteiligten bzw. die potenziell Betroffenen im Einzelfall oder generell ihr **Einverständnis** mit der Störung gezeigt haben (etwa bei einer abgesprochenen lautstarken Feier). Außerdem muss die Störung **Wirkungen außerhalb der Mieträume des Störers** gezeigt haben.[85] § 569 Abs. 2 BGB dient nicht der Sanktionierung von Mieter- oder Nutzerverhalten in den Grenzen des Mietobjekts (der Wohnung).

---

77 KG ZMR 2004, 261; Staudinger/*Emmerich* BGB § 569 Rn. 24; MüKoBGB/*Häublein* § 569 Rn. 17.
78 BGH VIII ZR 186/14, NJW 2015, 1239 Rn. 13; BGH VIII ZR 59/20, NZM 2020, 885 Rn. 19.
79 MüKoBGB/*Häublein* § 569 Rn. 21.
80 LG Paderborn WuM 1992, 191.
81 Siehe zur rechtlichen Qualität und Verbindlichkeit von Hausordnungen *Hinz* NZM 2019, 649 (655).
82 Ähnlich *Hinz* NZM 2019, 649 (655).
83 KG ZMR 2004, 261 (Emissionen eines Swingerclubs).
84 Ähnlich KG ZMR 2004, 261.
85 AG München ZMR 2009, 378.

### IV. Nachhaltigkeit der Störung

§ 569 Abs. 2 BGB schreibt vor, dass die Hausfriedensstörung nachhaltig sein muss. Dem Begriff der Nachhaltigkeit wohnt ein Zeitelement inne. Ausgeschlossen ist damit eine Kündigung wegen solcher Hausfriedensstörungen, die bei dem Zusammenleben von Menschen immer wieder vorkommen können, deren Folgen aber mit Entfall ihres Anlasses mehr oder weniger schnell vergehen. Erst wenn eine Störung sich über einen **längeren Zeitraum** hinzieht, ist sie nachhaltig.[86] Das kann darauf beruhen, dass sich einzelne Störungen über längere Zeit wiederholen, oder darauf, dass eine schwere Störung eine **hinreichend lange Zeit nachwirkt** und das Verhältnis der Nutzer des Mietobjekts untereinander grdl. verschlechtert. Einzelne, kurzzeitige Störungen genügen nicht. 41

### V. Unzumutbarkeit

Auch eine nachhaltige Hausfriedensstörung berechtigt nach dem Wortlaut des § 569 Abs. 2 BGB nur zur Kündigung, wenn dem Kündigenden unter Berücksichtigung aller Umstände des Einzelfalls, insbes. eines Verschuldens der Vertragsparteien, und unter Abwägung der beiderseitigen Interessen die Fortsetzung des Mietverhältnisses bis zum Ablauf der Kündigungsfrist oder bis zur sonstigen Beendigung des Mietverhältnisses nicht zugemutet werden kann. Das erfordert einen **schweren Verstoß** gegen das Gebot gegenseitiger Rücksichtnahme, der in Ausmaß und Dauer die Toleranzschwelle in hohem Grade überschritten haben und zur **Unzumutbarkeit der Vertragsfortsetzung** für den anderen Teil geführt haben muss.[87] § 569 Abs. 2 BGB nutzt für die Unzumutbarkeit dieselbe Formulierung wie in § 543 Abs. 1 BGB. Deswegen und weil § 569 Abs. 2 BGB ein Beispielsfall von § 543 Abs. 1 BGB ist (→ Rn. 33), gelten hier wie dort dieselben Grundsätze. Auf die entsprechenden Ausführungen zu § 543 Abs. 1 BGB kann deshalb verwiesen werden (→ BGB § 543 Rn. 13 ff.). Zum notwendigen **zeitlichen Zusammenhang zwischen Hausfriedensstörung und Kündigung** → BGB § 543 Rn. 230. 42

Das bloße Anderssein eines Hausbewohner, dessen Ablehnung durch die Hausgemeinschaft oder Animositäten reichen nicht[88], genauso wenig wie **Lästigkeiten** oder Störungen im Bagatellbereich.[89] In letzteren Fällen wird es meist schon an der erforderlichen Nachhaltigkeit fehlen. Bagatellen sind etwa unhöfliches Verhalten, geringfügige Verstöße gegen die Hausordnung, gelegentlicher Kinderlärm[90], kleinliches oder querulatorisches Verhalten in Bezug auf Nebensächlichkeiten. Der Umstand, dass das inkriminierte Verhalten für die beteiligten Kreise typisch ist, kann ebenfalls eine Rolle spielen.[91] Bei einer **Vielzahl von Vertragsverletzungen** ist jede für sich daraufhin zu untersuchen, ob ihr die notwendige Nachhaltigkeit und Schwere zukommt, um eine Vertragsbeendigung zu rechtfertigen. Ist dies zu verneinen, so muss eine Gesamtbewertung aller Störungen zusammen vorgenommen werden, weil auch eine Häufung von kleineren Vertragsverstößen die Kündigung rechtfertigen kann. Es kann ggf. auf frühere Vertragsverletzungen des Kündigungsgegners zurückgegriffen werden.[92] Zu den Besonderheiten bei der Kündigung von **psychisch kranken oder schuldunfähigen Mietern** → BGB § 543 Rn. 9. 43

Für die Wirksamkeit der Kündigung kommt es maßgeblich darauf an, ob der Kündigungstatbestand zum Zeitpunkt des Ausspruchs der Kündigung vorgelegen hat. Durch ein **nachträgliches Wohlverhalten** wird die Wirksamkeit nicht berührt.[93] In besonderen Einzelfällen kann aber das Festhalten am Räumungsanspruch rechtsmissbräuchlich sein, wenn die Ursachen der Störung beseitigt wurden.[94] 44

Bei einem **Streit zwischen mehreren Mietern** bzw. Nutzern, durch den der Hausfrieden nachhaltig gestört wird, so muss der Vermieter zunächst ermitteln, wer den Streit schuldhaft verursacht hat. Dem Vermieter steht es nicht frei, einem beliebigen an dem Streit beteiligten Mieter zu kündigen, selbst wenn feststeht, dass durch dessen Auszug der Hausfrieden wiederhergestellt wer- 45

---

86 OLG Düsseldorf ZMR 2013, 706.

87 OLG Düsseldorf ZMR 2013, 706; GuT 2007, 438; OLG Köln NJW 2011, 314.

88 *Kraemer* NZM 2001, 553 (562).

89 OLG Düsseldorf ZMR 2013, 706.

90 Gegenüber Kinderlärm ist ohnehin eine erhöhte Toleranz angezeigt (LG Bad Kreuznach WuM 2003, 328).

91 AG Dortmund WuM 1978, 85.

92 BGH XII ZR 188/08, NZM 2010, 901 Rn. 11.

93 BGH VIII ZR 265/86, NJW-RR 1988, 77.

94 AG Bochum WuM 1990, 296 (Auszug des Störers aus der Ehewohnung).

den könnte.[95] Er muss vielmehr **demjenigen kündigen, der den Streit (hauptsächlich) verschuldet hat.** § 569 Abs. 2 BGB setzt nämlich eine konkrete Pflichtverletzung des gekündigten Vertragspartners voraus, für die der Vermieter beweispflichtig ist. Lediglich dann, wenn mehrere Mieter den Kündigungstatbestand in ihrer Person verwirklicht haben, hat der Vermieter ein Auswahlrecht. Hierbei kann er sich auch von Zweckmäßigkeitsgesichtspunkten leiten lassen.

46 Der Kündigende trägt die **Beweislast** für alle Voraussetzungen der Kündigung gem. § 569 Abs. 2 BGB, einschließlich der Voraussetzungen der Unzumutbarkeit. Zu den Besonderheiten des Beweises bei übler Nachrede und Verleumdung → BGB § 543 Rn. 52.

### VI. Abmahnung

47 Da die Hausfriedensstörung zugleich als „Verletzung einer Pflicht aus dem Mietvertrag" iSv § 543 Abs. 3 BGB zu bewerten ist, muss der Kündigung grds. eine Abmahnung voraus gehen. Zu den Einzelheiten und zur Entbehrlichkeit → BGB § 543 Rn. 212.

### VII. Beispiele

48 Weil viele Gründe, die zur Kündigung gem. § 543 Abs. 1 BGB berechtigen, gleichzeitig einen Verstoß gegen das Rücksichtnahmegebot darstellen und eine Hausfriedensstörung bewirken, kann auf die **Beispiele und die Rspr. zu § 543 Abs. 1 BGB** verwiesen werden (→ BGB § 543 Rn. 49 ff.; → BGB § 543 Rn. 152). Es ist aber zu beachten, dass wegen der Negativwirkung der Regeltatbestände des § 543 Abs. 2 BGB eine **Kündigung wegen Hausfriedensstörung ausgeschlossen** ist, wenn die Pflichtverletzung auf Vermieterseite in der Nichtgewährung des Gebrauchs besteht oder auf Mieterseite in einer Überschreitung des vertragsgemäßen Gebrauchs, die zu einer Gefährdung der Mietsache führt oder in einer unbefugten Gebrauchsüberlassung besteht (→ Rn. 33). Außerdem muss der Kündigungsgrund sich auf das Miteinander der im Haus lebenden bzw. arbeitenden Personen beziehen (→ Rn. 37). (Auch) deshalb scheiden Kündigungen gem. § 569 Abs. 2 BGB wegen Zahlungsrückständen aus, sind aber ggf. gem. § 543 Abs. 2 S. 1 Nr. 3 BGB (→ BGB § 543 Rn. 156) oder gem. § 543 Abs. 1 BGB (→ BGB § 543 Rn. 22 ff.) möglich.

49 **Typische Hausfriedensstörungen** sind Verstöße gegen die Hausordnung, Belästigungen wie Beleidigungen, üble Nachrede, Verleumdung, Bedrohungen und Körperverletzungen oder sonstige Straftaten (→ BGB § 543 Rn. 49 ff.). Außerdem gehören dazu die Verursachung von Lärm oder sonstigen störenden Emissionen, insbes. Gestank (von Tieren oder Müll) oder Zigarettenqualm (→ BGB § 543 Rn. 152) – aber nur durch den Mieter, Emissionsverursachung durch den Vermieter beurteilt sich nach § 543 Abs. 2 S. 1 Nr. 1 BGB.

### VIII. Kündigungserklärung

50 Zu den allgemeinen Kündigungsvoraussetzungen → BGB § 542 Rn. 4 ff. Bei der **Wohnraummiete** muss gem. § 568 BGB eine Kündigung, also auch eine fristlose Kündigung gem. § 543 BGB, **schriftlich** erklärt (→ BGB § 568 Rn. 4) und gem. § 569 Abs. 4 BGB **begründet** werden (→ Rn. 108). Für andere Mietverhältnisse, insbes. also für die **Geschäftsraummiete,** gelten diese Erfordernisse nicht (Ausnahme: Mietverhältnisse gem. § 578 Abs. 3 BGB).

## D. Kautionsverzug (Abs. 2 a)

51 § 569 Abs. 2 a BGB begründet zugunsten des (Wohnraum-)Vermieters ein Recht zur fristlosen Kündigung, wenn der Mieter mit der **Verpflichtung zur Sicherheitsleistung** nach § 551 BGB in Höhe eines Betrages im Verzug ist, der der zweifachen Monatsmiete entspricht.

---

95 AG Köln WuM 1994, 207.

## I. Zweck

52 § 569 Abs. 2a BGB ist ein Regeltatbestand der Kündigung gem. § 543 BGB (zur Bedeutung →BGB § 543 Rn. 10), der strukturell an denjenigen der Zahlungsverzugskündigung gem. § 543 Abs. 2 S. 1 Nr. 3 BGB angelehnt ist. **Zweck** der Vorschrift ist es, Rechtsklarheit zu schaffen und dem Vermieter eine bessere Handhabe gegenüber einem Mieter zu verschaffen, der sich gleich zu Beginn des Mietverhältnisses seinen Zahlungspflichten entzieht.[96] Ohne diesen Regeltatbestand könnte der Vermieter bei einem Kautionsverzug nur nach § 543 Abs. 1 BGB kündigen, was eine Abwägung der Einzelfallumstände erfordert und das Ergebnis schwerer vorhersagbar macht.

## II. Anwendungsbereich

53 Die Regelung gilt, was sich aus ihrer systematischen Stellung ergibt, nur für die **Wohnraummiete.** Zur fristlosen Kündigung wegen Nichtleistung der Mietsicherheit bei anderen Mietverhältnissen →BGB § 543 Rn. 43.

54 Außerdem gilt § 569 Abs. 2a BGB ausschließlich für die **erstmalige Pflicht zur Sicherheitsleistung zu Beginn eines Mietverhältnisses.**[97] Diese Begrenzung ist dem Wortlaut nicht direkt zu entnehmen. Sie ergibt sich aber aus der Bezugnahme auf § 551 BGB, da § 551 Abs. 2 BGB für die Fälligkeit der Sicherheitsleistung auf die Fälligkeit der ersten Mieten abstellt. Außerdem entspricht diese Begrenzung dem ausdrücklichen Willen des Gesetzgebers.[98] Dementsprechend sind vom Anwendungsbereich des § 569 Abs. 2a BGB **ausgeschlossen Wiederauffüllungsansprüche**[99] und Vereinbarungen über eine Verpflichtung zur Sicherheitsleistung, die **im laufenden Mietverhältnis** getroffen werden, weil später ein Bedarf an (zusätzlicher) Sicherheit entsteht (etwa gem. § 554 Abs. 1 S. 3 BGB; weitergehend zu Zusatzsicherheiten →BGB § 551 Rn. 37).[100] Die Sicherheit des Rechtsnachfolgers gem. § 563b Abs. 3 BGB ist eine erstmalige Sicherheit zu Beginn des mit dem Rechtsnachfolger bestehenden Mietverhältnisses und damit ein Anwendungsfall von § 569 Abs. 2a BGB (weitergehend →BGB § 563b Rn. 31). Bürgschaften und andere Sicherheiten, die nicht unter § 551 Abs. 2 BGB fallen, unterliegen hingegen nicht dem Anwendungsbereich des § 569 Abs. 2a BGB (näher →Rn. 61).

55 Die Vorschrift wurde durch das MietRÄndG 2013 in das Gesetz eingefügt. Nach Art. 229 § 29 Abs. 2 EGBGB ist sie auf ein **vor dem 1.5.2013 entstandenes Mietverhältnis** nicht anzuwenden. Ein Mietverhältnis entsteht mit dem Vertragsschluss.

56 § 569 Abs. 2a BGB regelt die Voraussetzungen einer Kündigung wegen Nichtzahlung der Kaution **in seinem Anwendungsbereich abschließend.** Das folgt schon aus der Negativwirkung der Regeltatbestände (→BGB § 543 Rn. 11), ist aber auch in der Gesetzesbegründung ausdrücklich klargestellt.[101] Dieser abschließende Charakter bezieht sich nur auf die außerordentliche fristlose Kündigung und schließt einen Rückgriff auf § 543 Abs. 1 BGB aus, wenn einzelne Voraussetzungen von § 569 Abs. 2a BGB nicht erfüllt sind.

57 **Außerhalb des Anwendungsbereichs** von § 569 Abs. 2a BGB ist eine fristlose Kündigung nach des Generalklausel gem. § 543 Abs. 1 BGB möglich, da sich die Negativwirkung der Regeltatbestände auf den geregelten Pflichtverletzungstyp beschränkt.[102] Pflichtverletzungstyp des § 569 Abs. 2a BGB ist die Kündigung wegen Kautionsverzugs zu Beginn eines Wohnraummietverhältnisses; wegen der Anlehnung an die Zahlungsverzugskündigung werden von ihm nur Sicherheiten gem. § 551 Abs. 2 BGB erfasst, die in mehreren Raten geleistet werden dürfen. Deshalb kommt eine Kündigung gem. § 543 Abs. 1 BGB wegen (anfänglicher oder späterer) Nichtleistung bzw. Nichtwiederauffüllung der Mietsicherheit bei allen Mietverhältnissen, die keine Wohnraummiet-

---

[96] BT-Drs. 17/10485, 25.
[97] *Wiek* WuM 2013, 195 (199); *Hinz* ZMR 2012, 153 (161).
[98] BT-Drs. 17/10485, 25.
[99] So ausdrücklich BT-Drs. 17/10485, 25; s. auch die Herleitung bei *Wiek* WuM 2013, 195 (199).
[100] Überzeugend MüKoBGB/*Häublein* § 569 Rn. 32; **aA** *Schmid* MDR 2014, 940, der allerdings übersieht, dass sich – anders als bei § 563b Abs. 3 BGB – nicht die Person des Mieters und damit nicht das Mietverhältnis als solches verändert.
[101] BT-Drs. 17/10485, 25.
[102] Ähnlich wie hier MüKoBGB/*Häublein* § 569 Rn. 38. Einen weitergehenden Ausschluss des fristlosen Kündigungsrechts gem. § 543 Abs. 1 BGB für alle Zahlungsrückstände mit Kautionsleistungen nimmt wohl *Wiek* WuM 2013, 195 (200) an.

verhältnisse sind, in Betracht. Bei Wohnraummietverhältnissen kommt sie in Betracht bei Nichterfüllung eines Wiederauffüllungsanspruchs, bei Nichtleistung einer im laufenden Mietverhältnis vereinbarten (Zusatz-)Sicherheit und bei Nichtleistung einer nicht durch Zahlung zu erbringenden Sicherheit, also insbes. bei einer Bürgschaft (näher → Rn. 61). Zu den **Voraussetzungen einer Kündigung nach der Generalklausel** → BGB § 543 Rn. 44.

58 Nicht ausgeschlossen ist ebenfalls eine **ordentliche Kündigung** gem. § 573 Abs. 2 Nr. 1 BGB, wenn die Voraussetzungen dieser Vorschrift vorliegen (dazu → BGB § 573 Rn. 31). Das gilt sowohl im Verhältnis zu § 569 Abs. 2a BGB als auch im Verhältnis zu § 543 Abs. 1 BGB. Die Regelungen über die Schonfristzahlung des § 569 Abs. 3 Nr. 2 BGB sowie über den Ausschluss des Kündigungsrechts gem. § 543 Abs. 2 S. 2 BGB gelten für die ordentliche Kündigung nicht (→ Rn. 93).

### III. Voraussetzungen

59 Der Mieter muss sich mit der Verpflichtung zur Sicherheitsleistung nach § 551 BGB in Höhe eines Betrages in Verzug befinden, der der zweifachen Monatsmiete entspricht. Das betrifft nur **erstmalige Pflicht zur Sicherheitsleistung** zu Beginn eines Mietverhältnisses, nicht aber einen Wiederauffüllungsanspruch oder eine Verpflichtung zur Sicherheitsleistung, die im laufenden Mietverhältnis entstanden ist (→ Rn. 54). Sind die Voraussetzungen des § 569 Abs. 2a BGB erfüllt, ist – wie bei allen Regeltatbeständen der außerordentlichen fristlosen Kündigung (→ BGB § 543 Rn. 10) – eine **Abwägung der Einzelfallumstände nicht notwendig;** das Kündigungsrecht entsteht ohne Weiteres.

60 Notwendig ist zunächst, dass die Parteien eine **wirksame Kautionsabrede** getroffen haben. Maßstab für die Wirksamkeit ist § 551 BGB. Hier ist das Nachteilsverbot des § 551 Abs. 4 BGB zu beachten. Zu den Folgen abweichender Vereinbarungen → BGB § 551 Rn. 71.

61 § 569 Abs. 2a BGB erfasst **nur Sicherheiten gem. § 551 Abs. 2 BGB,** also solche Sicherheiten, die durch Geldleistung zu erbringen sind.[103] Das sind insbes. die Barkaution und die Verpfändung eines Sparbuchs. Andere Arten der Mietsicherheit sind vom Anwendungsbereich des § 569 Abs. 2a BGB ausgeschlossen (zu den Folgen → Rn. 56), so etwa die **Bürgschaft** oder Abtretungen aller Art. Denn bei diesen handelt es sich nicht (im weiteren Sinn) um *Zahlungs*verpflichtungen, die nach der Gesetzesbegründung allein erfasst werden sollten[104]; einen Zahlungsverzug mit anderen Leistungen als Geldleistungen gibt es nicht.[105] Für diese Sicht spricht weiterhin die Anlehnung des Kündigungstatbestands an denjenigen der Zahlungsverzugskündigung (→ Rn. 52); dieser setzt mehrmalige Nichtleistungen voraus, die es außerhalb von § 551 Abs. 2 BGB für die Pflicht zur Sicherheitsleistung nicht gibt. Würde man den Verzug mit einer einmaligen Leistungspflicht für ausreichend halten, würde das den Mieter, der etwa eine Mietbürgschaft vereinbart, erheblich benachteiligen; dies insbes. auch deshalb, weil es gem. § 569 Abs. 2a S. 3 BGB kein Abmahnerfordernis gibt und deswegen eine Kündigung unmittelbar nach Verzugseintritt möglich wäre.[106] Wegen des Verzugs mit der Erfüllung sonstiger Kautionsverpflichtungen ist eine Kündigung nach §§ 543 Abs. 1, 573 Abs. 2 Nr. 1 BGB möglich, wenn die weiteren Voraussetzungen dieser Vorschriften gegeben sind, insbes. wenn bei § 543 Abs. 1 BGB das Abmahnerfordernis des § 543 Abs. 3 BGB gewahrt ist.

62 Der Mieter muss sich in **Verzug** mit der Kautionszahlung befinden. Die Verzugsvoraussetzungen beurteilen sich nach § 286 BGB. Die dafür notwendige Fälligkeit der Kaution bzw. der Kautionsraten ergibt sich vorrangig aus den Parteivereinbarungen. Bestehen solche Vereinbarungen nicht oder sind sie gem. § 551 Abs. 4 BGB wegen Verstoßes gegen § 551 Abs. 2 BGB unwirksam, richtet sich die Fälligkeit nach § 551 Abs. 2 S. 2 und 3 BGB. Soweit danach die Fälligkeit an einen bestimmten Kalendertag geknüpft ist, tritt mit Fälligkeit Verzug ein (§ 286 Abs. 2 Nr. 1 BGB), ansonsten ist eine Mahnung gem. § 286 Abs. 1 BGB erforderlich. Letzteres ist insbes. dann praxisrelevant, wenn der Beginn des Mietverhältnisses, an den die Fälligkeit der ersten Kautionsrate geknüpft ist, nicht kalendarisch bestimmt oder gem. § 286 Abs. 2 Nr. 2 BGB bestimmbar ist. Ansonsten zum Verzug (auch

---

[103] Überzeugend MüKoBGB/*Häublein* § 569 Rn. 33; ähnlich *Wiek* WuM 2013, 195 (198); **aA,** aber ohne besondere Problematisierung *Zehelein* WuM 2013, 133 (135) sowie *Schmid* MDR 2014, 940, der auf das auch bei einer Bürgschaft bestehende Schutzbedürfnis des Vermieters abstellt, das aber durch ein Kündigungsrecht gem. § 543 Abs. 1 BGB hinreichend gewahrt ist.

[104] BT-Drs. 17/10485, 25.

[105] *Wiek* WuM 2013, 195 (198).

[106] MüKoBGB/*Häublein* § 569 Rn. 33.

zu dem dafür notwendigen Verschulden und zur Rechtzeitigkeit von Zahlungen) → BGB § 543 Rn. 189ff.; die dortigen Ausführungen zur Zahlungsverzugskündigung gelten entsprechend. Ein **Zurückbehaltungsrecht** kann verzugsausschließend sein. Praxisrelevant in Zusammenhang mit der Kautionspflicht ist insbes. das Zurückbehaltungsrechts des Mieters gem. § 273 BGB (auf das er sich berufen muss), wenn der Vermieter für die erste Kautionsrate kein insolvenzfestes Konto benennt oder für die Folgeraten die Anlage auf einem solchen Konto nicht nachweist.[107]

Ein Kautionsverzug berechtigt zur Kündigung, wenn er eine **Höhe** von zwei Monatsmieten **63** erreicht. § 569 Abs. 2a BGB knüpft an den Mietbegriff des § 551 Abs. 1 BGB an, was insbes. bedeutet, dass Betriebskostenvorauszahlungen bzw. Betriebskostenpauschalen bei der Bestimmung der Monatsmiete und damit der Bestimmung der Höhe des Kautionsverzugs außer Betracht bleiben (Einzelheiten → BGB § 551 Rn. 33). Unter der Voraussetzung, dass die Kautionsraten gem. § 551 Abs. 2 S. 2, 3 BGB und die Miete gem. 556b Abs. 1 BGB fällig werden und mit Fälligkeit Verzug eintritt, wird der für eine Kündigung notwendige **Kautionsrückstand** je nach Höhe der vereinbarten Kaution wie folgt **erreicht:** Ist vereinbart, dass der Mieter eine Kaution in Höhe von drei Monatsmieten zu zahlen hat, so liegen die Kündigungsvoraussetzungen mit dem Ablauf des dritten Werktages des zweiten Mietmonats vor. Beginnt das Mietverhältnis etwa am 1.5. so ist die erste Rate am 1.5. und die zweite Rate am dritten Werktag des Monats Juni fällig. Der Rückstand entspricht dann zwei Monatsmieten. Beträgt die vereinbarte Kaution zwei Monatsmieten, so entspricht jede der nach § 551 Abs. 2 S. 1 BGB zu leistenden Raten ⅔ der Monatsmiete. Der Mieter hat die erste Rate bei Mietbeginn, die zweite Rate am dritten Werktag des zweiten Mietmonats und die dritte Rate am dritten Werktag des dritten Mietmonats zu bezahlen. Erst dann beträgt der Rückstand zwei Monatsmieten. Ist eine **Kaution von einer Monatsmiete** vereinbart, so besteht kein Kündigungsrecht nach § 569 Abs. 3a BGB. Ein Rückgriff auf die Generalklausel des § 543 Abs. 1 BGB ist nicht möglich, wenn die besonderen Voraussetzungen eines Regeltatbestands nicht erfüllt sind (→ BGB § 543 Rn. 11).

Kommt der Mieter sowohl mit der **Mietzahlung als auch mit der Kautionszahlung** in Verzug, so richtet sich die Kündigung wegen des Mietrückstands nach § 543 Abs. 2 Nr. 3 BGB und die Kündigung wegen des Kautionsrückstandes nach § 569 Abs. 2a BGB bzw. – außerhalb des Anwendungsbereichs des § 569 Abs. 2a BGB – nach § 543 Abs. 1 BGB. Bei der Prüfung der jeweiligen Kündigungstatbestände können die Rückstandsbeträge nicht zusammengerechnet werden. **64**

Eine erfolglose **Abmahnung** oder das erfolglose Setzen einer Abhilfefrist sind gem. § 569 **65** Abs. 2a S. 3 BGB vor einer Kündigung nicht erforderlich.

## IV. Kündigungsausschlüsse

Die Regelung in § 543 Abs. 2 S. 2 BGB gilt ebenfalls entsprechend. Danach ist die Kündigung **66** ausgeschlossen, wenn der **Vermieter vorher befriedigt** wird (Einzelheiten → BGB § 543 Rn. 203). Hat der Mieter die beiden ersten Kautionsraten in Höhe von zwei Monatsmieten nicht gezahlt, aber diesen Verzug vollständig vor Fälligkeit der dritten Kautionsrate bereinigt, so entfällt das Kündigungsrecht. Ein neuer Verzug mit der dritten Rate reicht für eine Kündigung nicht aus, da dieser Verzug nicht die Höhe von zwei Monatsmieten erreicht. Kommt der Mieter aber nach den beiden ersten Raten auch mit der dritten Rate in Verzug und sind zu diesem Zeitpunkt die beiden ersten Raten noch ganz oder teilweise unbezahlt, so ist eine Kündigung nur ausgeschlossen, wenn der Mieter vorher den gesamten Rückstand einschließlich der dritten Rate zahlt.[108] Eine **Erfüllung durch Aufrechnung** scheidet nach dem Zweck der Kaution aus.[109] Dementsprechend ist ordnet das Gesetz nicht die entsprechende Anwendung von § 543 Abs. 2 S. 3 BGB an.

Gemäß § 569 Abs. 2a S. 4 BGB gilt die Regelung über die sog. **Schonfristzahlung** (auch **67** Nachholrecht genannt) in § 569 Abs. 3 Nr. 2 *S. 1* BGB entsprechend. Danach wird die Kündigung unwirksam, wenn der Vermieter wegen der rückständigen Kaution bis zum Ablauf von zwei Monaten nach Eintritt der Rechtshängigkeit des Räumungsanspruchs befriedigt wird. Zu den Einzelheiten → Rn. 84; dort auch zu der Frage, was der Mieter leisten muss, wenn neben dem Kautionsrückstand noch Mietrückstände bestehen. Der entsprechenden Anwendung von § 569 Abs. 3 Nr. 2 *S. 2* BGB bedurfte es nicht, weil der Mieter nicht mehrfach mit der erstmaligen Leistung der

[107] BGH VIII ZR 98/10, NJW 2011, 59; *Zehelein* WuM 2013, 133 (135).
[108] *Wiek* WuM 2013, 195 (200).
[109] *Wiek* WuM 2013, 195 (200).

Sicherheit in Verzug geraten kann; die Schonfristregelung setzt nämlich voraus, dass der Vermieter wegen der Sicherheit befriedigt wurde.[110] Kommt der Mieter allerdings nach Inanspruchnahme der Schonfristzahlung mit der *Mietzahlung* kündigungsrelevant in Verzug, so gilt § 569 Abs. 3 Nr. 2 S. 2 BGB.

68 Zur **Verwirkung des Kündigungsrechts,** wenn es längere Zeit nicht ausgeübt wurde, → BGB § 543 Rn. 230.

### V. Kündigungserklärung

69 Zu den allgemeinen Kündigungsvoraussetzungen → BGB § 542 Rn. 4 ff. Gemäß § 568 BGB muss die Kündigung **schriftlich** erklärt (→ BGB § 568 Rn. 4) und gem. § 569 Abs. 4 BGB **begründet** werden (→ Rn. 108).

## E. Erheblicher Zahlungsrückstand (Abs. 3 Nr. 1)

70 § 569 Abs. 3 Nr. 1 BGB ergänzt für die Wohnraummiete die Vorschriften über die Zahlungsverzugskündigung. Gemäß § 543 Abs. 2 S. 1 Nr. 3 a Alt. 2 BGB kann der Vermieter dann fristlos kündigen, wenn der Mieter für zwei aufeinander folgende Termine mit der Entrichtung „eines nicht unerheblichen Teils der Miete" in Verzug ist. Hierzu ist in § 569 Abs. 3 Nr. 1 BGB ergänzend geregelt, dass der rückständige Teil der Miete nur dann als nicht unerheblich anzusehen ist, wenn er die **Miete für einen Monat übersteigt.** Zu den **Einzelheiten** → BGB § 543 Rn. 171.

## F. Schonfristzahlung (Abs. 3 Nr. 2)

71 Nach § 569 Abs. 3 Nr. 2 S. 1 BGB wird die **Zahlungsverzugskündigung** gem. § 543 Abs. 2 S. 1 Nr. 3 BGB – im Wege der gesetzlichen Fiktion[111] – unwirksam, wenn der Vermieter bis zum Ablauf von zwei Monaten nach Eintritt der Rechtshängigkeit des Räumungsanspruchs (der sog. **Schonfrist**) hinsichtlich der fälligen Miete und der fälligen Nutzungsentschädigung nach § 546 a Abs. 1 BGB befriedigt wird **(Nachholrecht).** Gemäß § 569 Abs. 2 a S. 4 BGB gilt die Vorschrift für die Kündigung wegen **Kautionsverzugs** entsprechend. Mit der Schonfristregelung erweitert das Gesetz die Bestimmungen der § 543 Abs. 2 S. 2 und 3 BGB, die bei Befriedigung des Vermieters ein bereits entstandenes Recht zur Kündigung wegen Zahlungsverzugs beseitigen bzw. eine Kündigung unwirksam machen. Während aber danach die Befriedigung des Vermieters zeitnah zur Kündigung erfolgen muss, ist in § 569 Abs. 3 Nr. 2 S. 1 BGB der zeitliche Zusammenhang zur Kündigung sehr aufgelockert und an einen Räumungsrechtsstreit angeknüpft. Nach § 569 Abs. 3 Nr. 2 S. 2 BGB kann das Recht zur Schonfristzahlung **nur einmal in zwei Jahren** in Anspruch genommen werden. Zum **Rechtsverhältnis in der Schwebezeit** → BGB § 546 a Rn. 10.

### I. Anwendungsbereich und Zweck

72 § 569 Abs. 3 Nr. 2 BGB hat den **Zweck,** Obdachlosigkeit zu vermeiden[112] und den Mieter bei unzureichender Finanzkraft zu schützen.[113] Obdachlosigkeit wird vermieden, indem dem Mieter die Wohnung erhalten bleibt; das ist das eigentliche Ziel.[114] Die Wurzeln der Regelung reichen lange, bis in die Zeit nach dem I. Weltkrieg zurück[115], unmittelbarer Vorgänger ist § 554 BGB aF.

[110] BT-Drs. 17/10485, 26. Das Absehen des Gesetzgebers von einer entsprechenden Anwendung spricht iÜ auch dafür, dass § 569 Abs. 2 a BGB nur für die erstmalige Pflicht zur Sicherheitsleistung zu Beginn eines Mietverhältnisses gilt (→ Rn. 54).

[111] *Both* FS Blank, 2006, 93 (103).

[112] BT-Drs. 14/4553, 64; BGH VIII ZR 6/04, NZM 2005, 334.

[113] *Harke* NZM 2016, 449 (456).

[114] Ebenso *Blank* WuM 2005, 252; MüKoBGB/*Häublein* § 573 Rn. 71; BGH VIII ZR 6/04, NZM 2005, 334 steht diesem Verständnis entgegen der Meinung der Vorstehenden mE nicht entgegen. Der BGH meint nur, dass die Kündigungsfrist der ordentlichen Kündigung *auch* in gewissem Maß geeignet ist, Obdachlosigkeit zu verhindern (und ua deswegen eine analoge Anwendung der Schonfristregelung abzulehnen sei); das schließt nicht aus, § 569 Abs. 3 Nr. 2 BGB einen vertragserhaltenden Charakter als eigentliches Ziel beizumessen. Bei der Analogiefrage geht es um die Vollkommenheit der Umsetzung dieses Ziels.

[115] *Harke* NZM 2016, 449 (456); BGH VIII ZR 6/04, NZM 2005, 334.

Die dort noch vorgesehene einmonatige Schonfrist wurde auf nunmehr zwei Monate verlängert, um den Sozialbehörden ausreichend Zeit zur Prüfung einer Verpflichtungserklärung zu geben.[116]

Die Schonfristregelung gilt nur für Zahlungsverzugskündigungen gem. § 543 Abs. 2 S. 1 Nr. 3 BGB von **Wohnraummietverhältnissen** iSv § 549 BGB. Die Beschränkung auf Wohnraummietverhältnisse ergibt sich aus der systematischen Stellung von § 569 BGB. Entsprechend anwendbar ist die Vorschrift auf *Kautions*verzugskündigungen von Wohnraummietverhältnissen (§ 569 Abs. 2a S. 4 BGB) und auf Zahlungsverzugskündigungen von Mietverhältnissen über Räume für dringenden Wohnungsbedarf (§ 578 Abs. 3 BGB). 73

Als Ausnahmevorschrift ist § 569 Abs. 3 Nr. 2 BGB eng auszulegen. Eine **analoge Anwendung** auf die **ordentliche Kündigung wegen Zahlungsverzugs** gem. § 573 Abs. 2 Nr. 1 BGB ist nicht möglich.[117] Eine hilfsweise zur fristlosen Kündigung ausgesprochene ordentliche Kündigung beendet das Mietverhältnis trotz Eingreifens der Schonfristregelung (→ Rn. 93). 74

## II. Fristbestimmung

Die Schonfrist des § 569 Abs. 3 Nr. 2 S. 1 BGB ist eine **Maximalfrist,** deren Berechnung an die Rechtshängigkeit eines Räumungsrechtsstreits geknüpft ist. Die Frist beginnt mit der Kündigung zu laufen. Das folgt aus dem Begriff „spätestens" in § 569 Abs. 3 Nr. 2 S. 1 BGB. Das bedeutet, dass eine jederzeitige **Tilgung** der Mietrückstände nach der Kündigung, also auch eine solche **vor Rechtshängigkeit des Räumungsanspruchs,** die kündigungsbeseitigende Wirkung zeigt.[118] Dass bedeutet weiter, dass § 569 Abs. 3 Nr. 2 S. 1 BGB nur eine Aussage über die letzten beiden Monate der Schonfrist trifft. Der Fristablauf ist damit nicht schon mit der Kündigung vorhersehbar, da er von der Erhebung der Räumungsklage abhängt, die weitgehend im Belieben des Vermieters steht. Die letzten beiden Monate der Schonfrist **beginnen** mit dem Eintritt der Rechtshängigkeit des Räumungsanspruchs zu laufen, also mit der Zustellung der Räumungsklage an den Mieter (§ 253 Abs. 1 ZPO). Maßgeblich ist nur eine Räumungsklage, die (zumindest auch) auf die Zahlungsverzugskündigung gestützt wird. Das Gericht ist nicht verpflichtet, den Mieter bei der Zustellung über die Schonfrist zu informieren (auch wenn dies einer vielfach geübten Praxis entspricht). Sind **mehrere Personen Mieter,** so beginnt die Schonfrist für alle Mieter am Tag der zuletzt bewirkten Zustellung zu laufen.[119] Wird die **Kündigung während eines Rechtsstreits** erklärt, so beginnt sie mit dem Zugang des Schriftsatzes, durch den der Räumungsanspruch auch auf die weitere Kündigung gestützt wird.[120] 75

Der **Zustellungszeitpunkt** bestimmt sich nach den Vorschriften der §§ 166ff. ZPO. § 167 ZPO, der die Zustellung der Klage auf den Zeitpunkt von deren Anhängigkeit zurückwirken lässt, ist nicht anwendbar. Das wäre mit dem mieterschützenden Charakter von § 569 Abs. 3 Nr. 2 BGB nicht zu vereinbaren, da der Mieter dann nicht zuverlässig und ohne Zusatzkenntnis zur Berechnung des Fristablaufs in der Lage wäre. Ist die Klageschrift mangelhaft, weil die Unterschrift fehlt oder weil sie den Anforderungen des § 253 Abs. 2 ZPO nicht entspricht, so tritt die Rechtshängigkeit erst dann ein, wenn der Mangel behoben und die nachgebesserte Klage zugestellt wird. 76

Die **Frist endet** zwei Monate nach Eintritt der Rechtshängigkeit. Für die **Fristberechnung** gelten §§ 187 Abs. 1, 188 Abs. 2 BGB, so dass etwa eine Zustellung der Räumungsklage am 5.1. zum Fristablauf am 5.3., 24:00 Uhr führt. Außerdem gilt § 193 BGB, so dass sich das Fristende verschieben kann, wenn der letzte Tag der Frist auf einen Sonntag, einen staatlich anerkannten allgemeinen Feiertag oder einen Sonnabend fällt. In diesem Fall tritt an die Stelle dieses Tages der nächste Werktag. 77

Hat der Mieter die **Wohnung vor Erhebung der Räumungsklage zurückgegeben,** so ist für die Anwendung des § 569 Abs. 3 Nr. 2 S. 1 BGB kein Raum. Aus der Formulierung des Gesetzes, wonach der Lauf der Schonfrist mit der Zustellung der Räumungsklage beginnt, muss entnom- 78

[116] BT-Drs. 14/4553, 64.

[117] StRspr des BGH, grdl. BGH VIII ZR 6/04, NZM 2005, 334; weiter BGH VIII ZR 238/15, WuM 2016, 682 Rn. 8 „entspricht der ständigen, keiner weiteren Klärung mehr bedürftigen Rechtsprechung des Senats". Die Frage ist allerdings nach wie vor hochstreitig; siehe zu den erheblichen Gegenargumenten insbes. MüKo-BGB/*Häublein* § 573 Rn. 70 und *Blank* WuM 2005, 252; neuere Rspr. entgegen dem BGH: LG Berlin WuM 2020, 281 (Revision zu BGH VIII ZR 9/20).

[118] BT-Drs. 14/4553, 64.

[119] *Wetekamp* FS Blank, 2006, 459 (461).

[120] LG Mannheim WuM 1991, 687; LG Gießen WuM 1994, 706.

men werden, dass die Frist nur demjenigen zugutekommen soll, der sich die Wohnung erhalten will. Zieht der Mieter freiwillig aus, so erübrigt sich eine Räumungsklage; die Schonfrist kann deshalb weder beginnen noch enden.

### III. Fristeinhaltung

79 Für die Rechtzeitigkeit der Schonfristzahlung gelten die **gleichen Regeln wie für die Rechtzeitigkeit der Mietzahlung.** Maßgeblich ist danach die Leistungshandlung des Mieters (zB Erteilung eines Überweisungsauftrags)[121]; es spielt keine Rolle, wenn der Leistungserfolg (Gutschrift auf dem Konto des Vermieters) erst nach Ablauf der Schonfrist eintritt. **Einzelheiten** → BGB § 543 Rn. 193. **Rechtzeitigkeitsklauseln** gelten in diesem Fall nicht: Zum einen wird durch derartige Klauseln der Fall der nachträglichen Zahlung schon gar nicht geregelt; außerdem stellt § 569 Abs. 3 Nr. 2 BGB ein gesetzliches Schutzrecht zugunsten des Mieters dar, dessen Voraussetzungen durch vertragliche Vereinbarungen nicht zum Nachteil des Mieters modifiziert werden können (§ 569 Abs. 5 BGB).[122] Eine Wiedereinsetzung in den vorigen Stand gegen die Versäumung der Schonfrist ist nicht möglich.[123] Bei unverschuldeten Fristüberschreitungen von unerheblicher Dauer kommt in besonderen Ausnahmefällen allerdings ein Verstoß gegen Treu und Glauben in Betracht.[124]

### IV. Vollständige Befriedigung

80 Die nachträgliche Zahlung führt nur dann zur Unwirksamkeit der Kündigung, wenn sie zur **vollständigen Befriedigung** des Vermieters ausreicht.[125] Wann in diesem Sinn eine vollständige Befriedigung vorliegt, ist im Ansatz in gleicher Weise zu bestimmen wie nach § 543 Abs. 2 S. 2 BGB.[126] Diese Vorschrift erfasst aber nur die bis zur Kündigung entstandenen Rückstände, während die kündigungsbeseitigende Schonfristzahlung voraussetzt, dass der Vermieter alle bis zum Zeitpunkt der Zahlung aufgelaufenen Mietrückstände erhält.[127] Dazu gehören auch die nach der Kündigung bis zur Schonfristzahlung fällig gewordenen Ansprüche auf Nutzungsentschädigung gem. § 546 a BGB. Zahlt der Mieter während des Laufs der Schonfrist mehrere **Teilbeträge,** so kommt es darauf an, ob bis zum Ende der Schonfrist eine vollständige Tilgung stattgefunden hat.[128] Wird der Rückstand durch die Zahlung nicht vollständig getilgt, so bleibt die Kündigung wirksam.

81 Es sind zum einen alle Rückstände zu tilgen, die in eine **kündigungsbegründende Rückstandsberechnung** einfließen dürfen, gleichgültig, ob sie tatsächlich zur Kündigung herangezogen wurden oder nicht.[129] Das sind die Mieten iSv § 543 Abs. 2 S. 1 BGB (dazu → BGB § 543 Rn. 161), nicht aber etwa Betriebskostennachzahlungen, Schadensersatzansprüche, Zinsen, Prozesskosten oder ähnliches. Zu weiteren Einzelheiten (auch dem Verbleiben von Kleinstrückständen) und zur Begründung → BGB § 543 Rn. 204. Zur konkreten Bestimmung des Geschuldeten, insbes. bei Minderung der Miete, bei Bestehen eines Zurückbehaltungsrechts oder nach Eintritt der Abrechnungsreife bzgl. der Betriebskostenvorauszahlungen → BGB § 543 Rn. 179; zu verjährten Beträgen → BGB § 543 Rn. 183.

82 Weiter ist die **Nutzungsentschädigung** gem. § 546 a Abs. 1 BGB zu tilgen, die der Mieter nach Beendigung des Mietverhältnisses anstelle der Miete schuldet. Maßgeblich ist hier die Nutzungsentschädigung in Höhe der vertraglich vereinbarten Miete. Zwar kann der Vermieter grds. stattdessen auch die ortsübliche Miete verlangen, die eine Marktmiete ist (→ BGB § 546 a Rn. 59). Das gilt aber nicht für die Schonfristzahlung; für deren Wirkung bleibt es bei der Vertragsmiete (→ BGB § 546 a Rn. 25). Die Fälligkeit der Nutzungsentschädigung richtet sich nach der Fälligkeit der Miete (→ BGB § 546 a Rn. 70).

---

[121] BGH VIII ZR 364/04, NJW 2006, 1585 Rn. 10.
[122] LG Berlin NJW-RR 1993, 144; LG Hamburg WuM 1992, 124; **aA** LG Bonn WuM 1991, 263; LG Heilbronn WuM 1992, 10.
[123] LG München I WuM 1983, 141.
[124] AG Nürnberg WuM 1992, 433.
[125] BGH VIII ZR 261/15, NJW 2016, 3437 Rn. 23.
[126] BGH VIII ZR 261/15, NJW 2016, 3437 Rn. 23.
[127] *BGH VIII ZR 44/03, NJW-RR 2005, 217.*
[128] LG Berlin WuM 1992, 607.
[129] LG Köln ZMR 2002, 428.

**Zahlungen ohne Tilgungsbestimmung,** die zwar zur Tilgung der Hauptleistung, nicht aber zur Tilgung der daneben geforderten Zinsen und Kosten ausreichen, sind entgegen § 367 Abs. 1 BGB auf die Hauptleistung anzurechnen, also auf dasjenige, was zur vollständigen Befriedigung des Vermieters notwendig ist. Das entspricht im Zweifel dem erkennbaren Willen des Mieters, der das Mietverhältnis durch die Schonfristzahlung erhalten will.[130] Weitergehend zur Tilgungsreihenfolge → BGB § 543 Rn. 184. Sollte ausnahmsweise eine ausdrückliche Tilgungsbestimmung notwendig sein, kann diese bis zum Ablauf der Schonfrist nachgeholt werden.[131] Wenn der Vermieter bei einer Anrechnung entgegen § 367 Abs. 1 BGB von seinem Zurückweisungsrecht nach § 367 Abs. 2 BGB Gebrauch macht, ändert das nichts, weil § 569 Abs. 3 Nr. 2 BGB gegenüber § 367 Abs. 2 BGB lex specialis ist.[132] Letztere Vorschrift kann nicht – abhängig von der Willkür des Vermieters – die Wirkung der ersteren aushebeln. Eine andere Sicht würde dem Mieter ein mehr an Leistung zur Herbeiführung der Wirkungen des § 569 Abs. 3 Nr. 2 BGB abverlangen als gesetzlich vorgesehen.[133] 83

Soweit § 569 Abs. 3 Nr. 2 S. 1 BGB im Fall der **Kündigung wegen Kautionsverzugs** gem. § 569 Abs. 2a BGB anzuwenden ist, gilt das Vorstehende entsprechend. Bestehen neben dem Kautionsrückstand auch Mietrückstände, so sind diese nur zu tilgen, wenn zugleich wegen Zahlungsverzugs mit der Mietzahlung gem. § 543 Abs. 2 S. 1 Nr. 3 BGB gekündigt wurde.[134] Denn es entspricht der Ratio der Schonfristzahlung, nur die Befriedigung mit solchen Rückständen fordern zu können, die kündigungsrelevant sein können. Das ist bei der Kautionsverzugskündigung nur der Rückstand mit der Mietsicherheit. 84

Wird vor dem Zugang der Kündigung über das Vermögen des Mieters das **Insolvenzverfahren** eröffnet, so kann der Vermieter nur wegen solcher Rückstände kündigen, die nach dem Antrag auf Eröffnung des Insolvenzverfahrens fällig geworden sind (§ 112 InsO). Wird nach der Verfahrenseröffnung wegen der ab diesem Zeitpunkt entstehenden Rückstände gekündigt, so wird die Kündigung unwirksam, wenn der Mieter diejenigen Rückstände bezahlt, die nach der Verfahrenseröffnung fällig geworden sind. Dies folgt aus der Erwägung, dass der Vermieter hinsichtlich der Rückstände vor der Verfahrenseröffnung nur Insolvenzgläubiger ist (§ 38 InsO) und deshalb nicht verlangen kann, dass die Rückstände an ihn gezahlt werden. 85

## V. Befriedigung durch Erfüllung

Die Befriedigung kann durch **Zahlung** des Mieters oder eines Dritten (§ 267 BGB)[135] herbeigeführt werden, außerdem durch **Aufrechnung.** Bestand die **Aufrechnungslage** bereits zum Zeitpunkt des Zugangs der Kündigung und rechnet der Mieter unverzüglich auf, so handelt es sich nicht um eine Schonfristzahlung, sondern um einen Fall von § 543 Abs. 2 S. 3 BGB, was für die Anwendung von § 569 Abs. 3 Nr. 2 S. 2 BGB von Bedeutung ist (→ Rn. 96). Abweichend von § 543 Abs. 2 S. 3 BGB gestattet § 569 Abs. 3 Nr. 2 S. 1 BGB auch eine Aufrechnung mit solchen Forderungen, die erst nach Zugang der Kündigung fällig werden[136], nicht aber mit solchen, die – wie der Rückzahlungsanspruch von Betriebskostenvorauszahlungen wegen Überschreitung der Abrechnungsfrist – nur wegen der Beendigung des Mietverhältnisses entstehen.[137] Es reicht aus, dass die Aufrechnung innerhalb der Schonfrist erklärt wird. Maßgeblich für die Fristwahrung ist dabei der Zugang der Aufrechnungserklärung beim Vermieter. Zu Klauseln, die eine Anzeige der Aufrechnung eine bestimmte Zeit vor Fälligkeit der Miete vorsehen, gilt dasselbe wie für Rechtzeitigkeitsklauseln (→ Rn. 79); ergänzend → BGB § 543 Rn. 206. 86

---

130 So auch *Hinz* WuM 2021, 137 (143).
131 AG München ZMR 2020, 132.
132 *Sternel* WuM 2009, 699 (704); *Weber* ZMR 1992, 41 (47).
133 MüKoBGB/*Häublein* § 569 Rn. 46.
134 **AA** MüKoBGB/*Häublein* § 569 Rn. 37.
135 AG München ZMR 2020, 132.
136 MüKoBGB/*Häublein* § 569 Rn. 44.
137 AG Köln ZMR 2007, 281.

### VI. Befriedigung durch Verpflichtungserklärung

87 Der Befriedigung durch Erfüllung steht es gleich, wenn eine öffentliche Stelle eine **Verpflichtungserklärung** abgibt. Die bloße Verpflichtung statt der Erfüllung reicht aus, weil die Zahlungsfähigkeit und -willigkeit öffentlicher Stellen nach Abgabe einer solchen Erklärung gesichert ist und sich allenfalls kurz verzögern kann.[138] Die Verpflichtung muss – ebenso wie die Erfüllung – den **gesamten Rückstand** erfassen, wie er zum Zeitpunkt der Abgabe der Verpflichtungserklärung besteht. Es ist nicht erforderlich, dass sich die öffentliche Stelle verpflichtet, auch die zukünftigen Mietforderungen zu übernehmen. Weist der Vermieter die Erklärung zurück, tritt ihre Wirkung dennoch kraft Gesetzes ein; entscheidend ist nur der Zugang der Erklärung bei ihm.

88 **Öffentliche Stelle** iSv § 569 Abs. 3 Nr. 2 S. 1 BGB sind alle juristischen Personen des öffentlichen Rechts. Dazu gehören die Träger der Sozialhilfe (Städte und Kreise), die Wohngeldstellen, alle öffentlich-rechtlichen Gebietskörperschaften (Bund, Länder, Gemeinden, Gemeindeverbände), öffentlich-rechtliche Anstalten und Stiftungen sowie die öffentlich-rechtlichen Religionsgemeinschaften. Auch die anerkannten privaten Träger der Wohlfahrtspflege (→ BGB § 549 Rn. 52) müssen als öffentliche Stelle angesehen werden.[139] Die Frage ist höchstrichterlich ungeklärt. Für eine extensive Auslegung spricht der Schutzzweck des § 569 Abs. 3 Nr. 2 S. 1 BGB. Außerdem werden die anerkannten Träger der Wohlfahrtspflege auch in anderen Vorschriften den juristischen Personen gleichgestellt (vgl. § 549 Abs. 2 Nr. 3 BGB, § 578 Abs. 3 BGB). Es kommt nicht darauf an, ob die öffentliche Stelle für die Übernahme von Mietrückständen zuständig ist.

89 Die Verpflichtungserklärung ist, auch wenn sie von der öffentlichen Hand abgegeben wird (meist dem Sozialhilfeträger), **zivilrechtlicher Natur.**[140] Es handelt sich idR um eine **Schuldmitübernahme** (Schuldbeitritt)[141], möglich ist aber auch eine Bürgschaft. In welcher konkreten zivilrechtlichen Form die öffentliche Stelle handelt, ist im Zweifel nach materiell-rechtlichen Grundsätzen durch Auslegung zu ermitteln. Die Verpflichtungserklärung bedarf keiner besonderen **Form,** es sei denn, eine solche wäre nach der Art der Erklärung vorgeschrieben (wie etwa bei der Bürgschaft gem. § 766 BGB). Sie kann deshalb auch per Telefax, Mail oder auch mündlich erklärt werden. Die Erklärung muss **gegenüber dem Vermieter** oder einem Vertreter, etwa seinem Prozessbevollmächtigten[142], abgegeben werden und diesem innerhalb der Schonfrist zugehen.[143] Dagegen genügt nicht die Abgabe der Erklärung gegenüber dem Mieter oder gegenüber dem Gericht. Eine verspätet zugegangene Erklärung löst die Rechtsfolgen des § 569 Abs. 3 Nr. 2 S. 1 BGB ebenso wenig aus wie eine verspätete Zahlung. Auch nach einer Verpflichtungserklärung bleibt der Mieter weiterhin verpflichtet; der Vermieter erwirbt jedoch zusätzlich einen **Anspruch gegen die öffentliche Stelle.** Dieser Anspruch ist – falls nötig – vor den Zivilgerichten geltend zu machen.[144] Der Mieter und die öffentliche Stelle haften als Gesamtschuldner.

90 Die Verpflichtungserklärung muss **klar und eindeutig** sein. Die öffentliche Stelle muss ersichtlich eine dem Privatrecht zuzuordnende Erklärung abgeben wollen, mit der sie sich **gegenüber dem Vermieter verpflichtet.**[145] Ausreichend ist jedenfalls, wenn deutlich wird, dass sie gem. § 569 Abs. 3 Nr. 2 S. 1 BGB oder zur Herbeiführung der Wirkungen der Schonfristzahlung erfolgt. Dagegen reicht es nicht aus, wenn die öffentliche Stelle lediglich erklärt, dass die zu zahlende Miete als Bedarf im Rahmen der öffentlichen Fürsorge anerkannt werde. Durch eine solche Erklärung erwirbt der Vermieter keinen Zahlungsanspruch, es handelt sich vielmehr um eine Erklärung öffentlich-rechtlicher Natur, die sich in der Unterrichtung des Vermieters über die Berechtigung des Mieters erschöpft.[146] Eine bloße Anfrage beim Vermieter, ob der Mieter die Wohnung bei Übernahme des Rückstands behalten kann, ist ebenfalls ungenügend.[147]

91 Die Verpflichtungserklärung ist **bedingungsfeindlich.**[148] Der Grund liegt darin, dass mit ihr nicht nur eine materiell-rechtliche Pflicht zur Zahlung des Mietrückstands, sondern auch eine

---

138 BVerwG NJW 1994, 1169.
139 *Wetekamp* FS Blank, 2006, 459 (463); **aA** Staudinger/*Emmerich* BGB § 569 Rn. 45.
140 BVerwG NJW 1994, 1169; LG Berlin NZM 2000, 1188.
141 BayObLG NJW 1995, 338.
142 LG Hamburg WuM 1996, 340.
143 BayObLG NJW 1995, 338.
144 BVerwG NJW 1994, 1169.
145 BVerwG NJW 1994, 1169.
146 BVerwG NJW 1994, 1169.
147 AG Neuss WuM 1991, 688.
148 BVerwG NJW 1994, 1169.

Gestaltungswirkung verbunden ist, nämlich die rückwirkende Unwirksamkeit der fristlosen Zahlungsverzugskündigung (→ Rn. 92). Deshalb ist es etwa unzulässig, wenn die Mietübernahme vom Bestehen eines sozialrechtlichen Anspruchs abhängig gemacht wird; in diesem Fall erwirbt der Vermieter keinen hinreichend sicheren Zahlungsanspruch. Möglich sind hingegen **Potestativbedingungen,** die die Wirkung des Gestaltungsrechts ausschließlich an ein willkürliches Verhalten des Vermieters als Empfänger der Verpflichtungserklärung knüpfen (→ BGB § 542 Rn. 40). Unschädlich ist deshalb die Klarstellung, dass der Mietrückstand nur übernommen wird, wenn die Rechtsfolge des § 569 Abs. 3 Nr. 2 S. 1 BGB eingreift[149] oder wenn der Mieter im Besitz der Wohnung verbleiben kann. Hiermit gibt die öffentliche Stelle neben der eigenen, bedingten Verpflichtung stillschweigend für den Mieter, der um die Verpflichtungserklärung ersucht hat, das Angebot ab, nötigenfalls die Kündigungswirkungen durch Vereinbarung aufheben zu wollen (→ BGB § 542 Rn. 95), wenn der Vermieter von der Verpflichtungserklärung Gebrauch macht. Eine derartige Konstruktion ist notwendig, wenn die mit der Schonfristzahlung erhoffte Wirkung deshalb nicht eintritt, weil neben dem Zahlungsverzug noch andere Kündigungsgründe vorliegen, weil der Vermieter (hilfsweise) noch ordentlich § 573 Abs. 2 Nr. 1 BGB gekündigt hat oder weil ein Fall des § 569 Abs. 3 Nr. 2 S. 2 BGB gegeben ist. In diesen Fällen wird die Kündigung nicht allein durch die Schonfristzahlung unwirksam, sondern zusätzlich durch ausschließlich von der Zustimmung des Vermieters abhängige Vereinbarung. Die Zustimmung des Vermieters kann ausdrücklich erklärt werden, ansonsten liegt sie stillschweigend in der vorbehaltlosen Entgegennahme der Mietrückstände.

## VII. Wirkung

Hat der Mieter den Vermieter nachträglich innerhalb der Schonfrist vollständig befriedigt oder 92
wurde eine Verpflichtungserklärung abgegeben, so wird die Kündigung kraft gesetzlicher Fiktion **rückwirkend unwirksam.**[150] Der Wegfall der Kündigungswirkung hat zur Folge, dass die Voraussetzungen für den Räumungs- und Herausgabeanspruch nicht mehr vorliegen, das Mietverhältnis ist vielmehr als ununterbrochen fortbestehend zu behandeln.[151] Zum **Rechtsverhältnis in der Schwebezeit** → BGB § 546 a Rn. 10. Das Kündigungsrecht lebt auch dann nicht wieder auf, wenn der Mieter in der Folgezeit erneut in Verzug gerät.[152] In einem solchen Fall muss der Vermieter erneut kündigen. Das kann auch während eines noch anhängigen Räumungsrechtsstreits im Wege der Klageänderung geschehen.

Eine hilfsweise zur fristlosen Kündigung ausgesprochene **ordentliche Kündigung** wegen Zah- 93
lungsverzugs gem. § 573 Abs. 2 Nr. 1 BGB beendet das Mietverhältnis trotz Eingreifens der Schonfristregelung.[153] Die Schonfristzahlung beseitigt nur die Wirkung der fristlosen Kündigung gem. § 543 Abs. 2 Nr. 3, § 569 Abs. 2 a BGB, nicht aber die Wirkung einer ordentlichen Kündigung. Eine analoge Anwendung der Schonfristregelung auf die ordentliche Kündigung ist nicht möglich (→ Rn. 74).

## VIII. Wiederholte Schonfristzahlung

Die Wirkung einer Schonfristzahlung tritt nicht ein, wenn der Kündigung **vor nicht länger als** 94
**zwei Jahren bereits eine nach § 569 Abs. 3 Nr. 2 S. 1 BGB unwirksam gewordene Kündigung vorausgegangen** ist (§ 569 Abs. 3 Nr. 2 S. 2 BGB). Es handelt sich um eine eng auszulegende Ausnahmeregelung. Maßgeblich für die Berechnung der Frist ist der jeweilige Zugang der Kündigung. Ist etwa eine am 5.1.2020 zugegangene Kündigung durch nachträgliche Zahlung unwirksam geworden, so kann der Mieter von dem Nachholrecht erst wieder bei solchen Kündigungen Gebrauch machen, die am 6.1.2022 oder später zugehen. Diese Ausschlusswirkung des

---

149 Die Begründungen differieren, aber iErg ebenso AG Hamburg WuM 1994, 206; LG Berlin GE 1993, 157; AG Berlin-Schöneberg GE 1991, 527; MüKoBGB/*Häublein* § 569 Rn. 45 und iErg **aA** LG München I NZM 2004, 66; LG Essen ZMR 1996, 663; LG Berlin GE 1996, 1111; *Karl* NJW 1991, 2124.

150 BGH VIII ZR 231/17, NJW 2018, 3517; BGH VIII ZR 261/17, NZM 2018, 1017.

151 BGH VIII ZR 231/17, NJW 2018, 3517.

152 LG Berlin WuM 1997, 216; LG Aachen WuM 1993, 348.

153 BGH VIII ZR 231/17, NJW 2018, 3517.

§ 569 Abs. 3 Nr. 2 S. 2 BGB tritt auch dann ein, wenn die Befriedigung des Vermieters nach Zugang der Kündigung aber vor Zustellung der Räumungsklage erfolgt.[154]

95 Die Vorschrift will zugunsten des Vermieters verhindern, dass sich die Abfolge von Mietrückstand, Kündigung und zwangsweiser Vertragsfortsetzung in kurzen Zeitabständen wiederholt. Deshalb gilt § 569 Abs. 3 Nr. 2 S. 2 BGB **nur bei einer zwangsweisen Vertragsfortsetzung.** Eine solche liegt auch vor, wenn die Parteien nach fristloser Kündigung und anschließender Zahlung den Vertrag stillschweigend fortsetzen oder dessen Fortsetzung ausdrücklich vereinbaren.[155] Denn eine solche Praxis entspricht der in § 569 Abs. 3 Nr. 2 S. 1 BGB vorgesehenen Rechtsfolge. Etwas anderes gilt aber dann, wenn die Vertragsfortsetzung praktiziert oder vereinbart wird, obwohl die Voraussetzungen der Schonfristregelung nicht vollständig erfüllt sind und der Vermieter auch auf der Räumung bestehen könnte; hier ist § 569 Abs. 3 Nr. 2 S. 2 BGB unanwendbar.[156]

96 Die Vorschrift des § 569 Abs. 3 Nr. 2 S. 2 BGB ist unanwendbar, wenn die Kündigung gem. § 543 Abs. 2 Nr. 3 S. 3 BGB unwirksam geworden ist, weil der Mieter nach ihrem Ausspruch **unverzüglich aufgerechnet** hat. Hierbei handelt es sich nicht um einen Fall der Schonfristzahlung. Zur unverzüglichen Aufrechnung nach Kündigung → BGB § 543 Rn. 205.

## IX. Prozessuales

97 Ein Räumungsrechtsstreit darf und soll (wie sich aus dem Rechtsgedanken des § 272 Abs. 4 ZPO ergibt) schon vor Ablauf der Schonfrist terminiert werden. Erscheint der Mieter nicht, so kann gegen ihn ein der Klage stattgebendes **Versäumnisurteil** erlassen werden.[157] Der Umstand, dass der Mieter die Wirksamkeit der Kündigung noch durch Zahlung beseitigen kann, steht dem nicht entgegen; die Schonfrist ist keine prozessuale Sperrfrist. Durch eine nach Verkündung des Versäumnisurteils erfolgte Zahlung, wird die Kündigung unwirksam. Das Versäumnisurteil wird hierdurch nicht gegenstandslos; der Mieter kann und muss vielmehr Einspruch einlegen oder – nach Ablauf der Einspruchsfrist – Vollstreckungsgegenklage erheben. Erkennt der Mieter den Anspruch an, so kann ein **Anerkenntnisurteil** ergehen. Auch in diesem Fall wird die Kündigung bei nachträglicher Zahlung unwirksam. Der Mieter kann Berufung einlegen; es fehlt in diesen Fällen nicht an der Beschwer, weil für den Beklagten nicht der erstinstanzliche Prozessantrag, sondern die materielle Beschwer maßgebend ist.[158] Nach Ablauf der Berufungsfrist kann der Mieter auch Vollstreckungsabwehrklage erheben. Wird **im Termin streitig verhandelt,** und macht der Mieter geltend, dass die Schonfrist noch nicht abgelaufen sei, so muss das Gericht nicht vertagen[159]; Einspruch und Berufung reichen zur Wahrung der materiellen Rechte des Mieters aus.

98 Ist die Kündigung nach Rechtshängigkeit wegen der **Schonfristzahlung** unwirksam geworden, so stellt dies ein **erledigendes Ereignis** dar und der Vermieter muss den Rechtstreit in der Hauptsache für erledigt erklären (§ 91 a ZPO). Die Kosten hat der Mieter zu tragen, da er ohne die Erledigung unterlegen gewesen wäre. Hat der Mieter nach Klageinreichung (Anhängigkeit) aber vor Rechtshängigkeit gezahlt, so ist nach § 269 Abs. 3 S. 3 ZPO zu verfahren; die Kosten sind ebenfalls dem Mieter aufzuerlegen. Hat der Mieter vor Klageeinreichung gezahlt, bleibt dem Vermieter nur die Klagerücknahme mit der Kostenfolge des § 269 Abs. 3 S. 1 ZPO. Ihm kann wegen des Verzugs des Mieters aber ein Schadensersatzanspruch auf Erstattung der Prozesskosten zustehen, wenn er die Zahlung nicht rechtzeitig vor Klageeinreichung erkennen konnte.

99 Dem Mieter ist **Prozesskostenhilfe** zu versagen, wenn er gegen den Räumungsanspruch lediglich einwendet, dass er den Vermieter innerhalb der Schonfrist befriedigen könne oder dass eine öffentliche Stelle fristgemäß eine Übernahmeerklärung abgeben werde.[160] Solange nämlich die Schonfristzahlung nicht erfolgt ist, ist die Klage begründet. Wenn ein Vermieter trotz wirksamer Schonfristzahlung an dem Räumungsantrag festhält, so ist dem Mieter Prozesskostenhilfe zu gewähren, weil dann die Klage abweisungsreif geworden ist. Erklärt der Vermieter dagegen das Verfahren

---

[154] LG Detmold WuM 2006, 527.
[155] **AA** *Sternel* WuM 2009, 699 (705).
[156] LG Mannheim WuM 1988, 363; LG Berlin MDR 1992, 479.
[157] LG Hamburg NZM 2003, 432; LG Köln NZM 2004, 65; *Both* FS Blank, 2006, 93 (104); **aA** OLG Hamburg ZMR 1988, 225.
[158] BGH IV ZR 238/54, NJW 1955, 545.
[159] *Both* FS Blank, 2006, 93 (105); *Wetekamp* FS Blank, 2006, 459 (468).
[160] LG Berlin WuM 1992, 143; LG Stade WuM 1990, 160; LG Aachen NJW-RR 1993, 829.

in der Hauptsache für erledigt oder nimmt er die Klage zurück, besteht keine Erfolgsaussicht der Rechtsverteidigung.

## G. Sperrfrist nach Mieterhöhung (Abs. 3 Nr. 3)

### I. Überblick

§ 569 Abs. 3 Nr. 3 BGB ist für die **Wohnraummiete** die dritte Ergänzung der Regelungen über die Zahlungsverzugskündigung gem. § 543 Abs. 2 S. 1 Nr. 3 BGB. Die Vorschrift bestimmt inhaltsgleich zur Vorgängernorm des § 9 Abs. 2 MHG, dass der Vermieter das Mietverhältnis wegen Zahlungsverzugs nicht vor Ablauf einer **Sperrfrist** von zwei Monaten nach rechtskräftiger Verurteilung kündigen kann, wenn der Zahlungsverzug aus einer Erhöhung der Miete (§§ 558, 559 BGB)[161], einer Betriebskostenpauschale (§ 560 Abs. 1 BGB) oder einer Betriebskostenvorauszahlung (§ 560 Abs. 4 BGB) herrührt. 100

### II. Zweck

§ 569 Abs. 3 Nr. 3 BGB hat den **Zweck** zu verhindern, dass sich der Mieter, der Rechtsschutz wegen einer Mieterhöhung in Anspruch nimmt und deswegen die erhöhte Miete nicht zahlt, am Ende eines oftmals längeren Prozesses einem Mietrückstand ausgesetzt sieht, der zur sofortigen Kündigung berechtigt und ihn in die Gefahr bringt, seine Wohnung zu verlieren.[162] Weil gerade bei Mieterhöhungen legitimer Klärungsbedarf besteht, gewährt das Gesetz dem Mieter eine Art **Schonfrist** zur Zahlung der aufgelaufenen erhöhten Miete **bis zwei Monate nach Eintritt der Rechtskraft** des Urteils. Erst danach kann der Vermieter wegen dieser Rückstände kündigen. Mit der Regelung erkennt das Gesetz in gewissem Umfang und ausnahmsweise (→ BGB § 546a Rn. 93) die kündigungseinschränkende Wirkung eines Rechts- bzw. Tatsachenirrtums an. 101

### III. Anwendungsbereich

Bei § 569 Abs. 3 Nr. 3 BGB handelt es sich um eine Regelung mit **Ausnahmecharakter.**[163] Sie gilt nur für die Wohnraummiete (einschließlich der Mietverhältnisse gem. § 578 Abs. 3 BGB), dort aber weder für andere Mieterhöhungen als die gem. §§ 558–560 BGB (also weder direkt noch analog für den **preisgebundenen Wohnraum**)[164], noch für andere Kündigungsvorschriften (also weder direkt noch analog für die **ordentliche Kündigung**).[165] Auch auf **einvernehmliche Mieterhöhungen,** sei es durch freie Vereinbarung einer Mietänderung, durch Zustimmung zu einem Mieterhöhungsverlangen gem. § 558 BGB oder in einem Prozessvergleich, ist § 569 Abs. 3 Nr. 3 BGB weder unmittelbar noch entsprechend anwendbar.[166] 102

### IV. Erfordernis eines Rechtsstreits

Die praktische Bedeutung von § 569 Abs. 3 Nr. 3 BGB ist gering. Denn die Regelung gewährt eine **Sperrfrist nur dann,** *wenn* es zu einem **Rechtsstreit um die Mieterhöhung** kommt. Kommt es zu einem solchen Rechtsstreit nicht, kann der Vermieter ohne Weiteres wegen Zahlungsverzugs kündigen, wenn ein (einschließlich der erhöhten Miete) ausreichend großer Rückstand aufgelaufen ist. Um wegen der nichtgezahlten Mieterhöhungsbeträge kündigen zu können (ggf. zusammen mit anderen Rückständen) muss der Vermieter also nicht vorher gerichtliche Hilfe zur Klärung der Berechtigung der Mieterhöhung (etwa durch Erhebung einer Zahlungsklage) in Anspruch nehmen.[167] Anders ist das nur bei Mieterhöhungen gem. § 558 BGB. Denn hier kann 103

---

[161] Die Bezugnahme in § 569 Abs. 3 Nr. 3 BGB auf §§ 558c–558e BGB ist ohne Bedeutung, weil sich dort lediglich Definitionen der verschiedenen Arten von Mietspiegeln und der Mietdatenbank finden.
[162] BGH VIII ZR 94/04, NJW 2005, 2310.
[163] BGH VIII ZR 107/12, NJW 2013, 159 Rn. 29; BGH VIII ZR 327/11, NZM 2012, 529 Rn. 16.
[164] BGH VIII ZR 327/11, NZM 2012, 529.
[165] BGH VIII ZR 107/12, NJW 2013, 159.
[166] OLG Hamm NJW-RR 1992, 340.
[167] BGH VIII ZR 1/11, NJW 2012, 3089; BGH VIII ZR 360/11, WuM 2012, 681 Rn. 5.

der Vermieter die Miete – im Gegensatz zu den Fällen der §§ 559, 560 BGB – nicht einseitig erhöhen, er braucht vielmehr die Zustimmung des Mieters, die er bei Weigerung oder bei Nichtstun nach dem Verfahren des § 558b BGB einklagen muss. Ohne diese Klage kann ein Rückstand mit der Mieterhöhung nicht entstehen.[168]

104 Um § 569 Abs. 3 Nr. 3 BGB **bei Mieterhöhungen gem. §§ 559, 560 BGB** nicht weitgehend leerlaufen zu lassen bzw. dessen Eingreifen vom willkürlichen Agieren des Vermieters unabhängig zu machen, ist die Vorschrift so auszulegen, dass sie die fristlose Kündigung wegen Verzugs mit den Mieterhöhungen **ab Anhängigkeit einer Klage bis zwei Monate nach deren Rechtskraft** sperrt.[169] Wer den Prozess initiiert, ist belanglos, die Sperre gilt vielmehr auch, wenn **der Mieter klagt.** Der Wortlaut von § 569 Abs. 3 Nr. 3 BGB spricht zwar eher dafür, dass die Sperrfrist nur bei einer vom Vermieter erhobenen Klage beginnt, und zwar nicht schon mit deren Anhängigkeit, sondern erst mit Rechtskraft einer Verurteilung des Mieters. Der Wortlaut darf aber nicht fehlleiten. Denn er ist ersichtlich auf die Mieterhöhung nach § 558 BGB zugeschnitten, die eine Zustimmungsklage erfordert, vor deren Entscheidung der Vermieter keinen Anspruch auf die erhöhte Miete hat, weshalb ein kündigungsrelevanter Mietrückstand nicht entstehen kann. Bei Mieterhöhungen gem. §§ 559, 560 BGB ist das anders, ohne dass das Gesetz dem gerecht würde.[170] Dort liegt es im Belieben des Vermieters, ob er um die Erhöhung einen Prozess anstrengt (mit der Folge, dass die Sperrfrist gilt) oder ob er bei kündigungsrelevantem Mietrückstand kündigt. Diese Folge ist mit dem Zweck der Regelung, dem Mieter bei gerichtlicher Klärung der Mieterhöhung einen Kündigungsaufschub zu bewilligen, nicht zu vereinbaren. Wenn das Gesetz auf diese einseitigen Mieterhöhungen erweitert wird, ohne es auf die Unterschiede anzupassen, dann muss jedenfalls eine Auslegung gewählt werden, die der Erweiterung Effektivität verschafft. Die Sperrfrist darf deshalb nicht nur dann greifen, wenn der Vermieter Leistungs- oder Feststellungsklage erhebt, sondern auch, wenn **der Mieter seinerseits klagt,** um bei den Mieterhöhungen gem. §§ 559, 560 BGB eine gerichtliche Klärung durch ein entsprechendes Feststellungsbegehren herbeizuführen. Ansonsten wäre der Mieter der Willkür des Vermieters ausgeliefert und dieser könnte über das Ausmaß der Schutzfunktion des § 569 Abs. 3 Nr. 3 BGB entscheiden. Aus demselben Grund muss es dem Vermieter verwehrt sein, eine **Kündigung während eines Rechtsstreits** um die Mieterhöhung wegen zwischenzeitlich aufgelaufener Rückstände auszusprechen, die Sperre muss vielmehr ab Anhängigkeit einer Klage gelten.[171]

105 Eine Zahlungsklage ist nicht notwendig.[172] Mit dem Wortlaut von § 569 Abs. 3 Nr. 3 BGB ist ohne Weiteres zu vereinbaren, dass **alle Klagearten** (gleichgültig ob vom Vermieter oder Mieter erhoben) erfasst sind, **die eine Zahlungspflicht des Mieters bzgl. der Mieterhöhung zum Gegenstand haben** oder feststellen. Das ist bei der Zustimmungsklage gem. §§ 558, 558b BGB der Fall (die gleichzeitige Erhebung einer Zahlungsklage ist nicht notwendig)[173], bei der Klage auf Zahlung der gem. §§ 559, 560 BGB einseitig vom Vermieter erhöhten Miete, aber auch bei Klage (des Mieters oder Vermieters) auf Feststellung, dass sich die Miete (nicht) gem. §§ 559, 560 BGB erhöht hat.

## V. Wirkung

106 **Während des Laufs der Sperrfrist** ist eine Kündigung wegen Zahlungsverzugs mit der Mieterhöhung nicht möglich. Um dies zu gewährleisten, werden Erhöhungsbeträge, die innerhalb der

[168] BGH VIII ZR 1/11, NJW 2012, 3089 Rn. 19.

[169] So ist wohl auch BGH VIII ZR 1/11, NJW 2012, 3089 Rn. 20 zu verstehen, wenn es dort heißt: „Dieser Schutz umfasst … die während des Klageverfahrens aufgelaufenen Erhöhungsbeträge und erstreckt sich nicht auf die Zeit vor Erhebung der Klage." Ähnlich BGH VIII ZR 360/11, WuM 2012, 681 Rn. 5.

[170] Der Regelungsgehalt war ursprünglich in § 3 Abs. 5 WKSchG 1971, der Vorläuferregelung zu § 9 Abs. 2 MHG, der wiederum Vorläufer von § 569 Abs. 3 Nr. 3 BGB war, auf Mieterhöhungen gem. § 558 BGB (bzw. den entsprechenden Vorläuferregelungen) beschränkt. Bei der Ausweitung des Regelungsgehalts auf andere Mieterhöhungen wurde eine Anpassung unterlassen. Zur Gesetzesentwicklung BGH VIII ZR 327/11, NZM 2012, 529 Rn. 17 und – umf. – *Hinz* ZMR 2012, 842 (845).

[171] So auch *Hinz* ZMR 2012, 842 (845); MüKoBGB/*Häublein* § 569 Rn. 52.

[172] Das Abstellen auf die Zahlungsklage hat gesetzeshistorische Hintergründe. Im Gesetzgebungsverfahren zur Mieterhöhung des damaligen § 2 MHG (heute § 558 BGB) ist zunächst die Klage auf Zahlung der erhöhten Miete vorgesehen gewesen. Nach Umstellung auf die Zustimmungsklage hat man § 9 Abs. 2 MHG nicht angepasst (BGH VIII ZR 94/04, NJW 2005, 2310).

[173] BGH VIII ZR 5/04, NZM 2005, 582.

Sperrfrist fällig geworden sind, bei der Bestimmung des kündigungsrelevanten Rückstands nicht berücksichtigt. Eine dennoch ausgesprochene Kündigung ist unwirksam. Eine Kündigung ist gem. § 569 Abs. 3 Nr. 3 S. 2 BGB hingegen möglich wegen anderer Mietrückstände als der streitigen Mieterhöhungen oder wegen anderer Pflichtverletzungen als einem Zahlungsverzug mit der Miete. **Nach Ablauf der Sperrfrist** wird der kündigungsrelevante Rückstand dann mit den Erhöhungsbeträgen berechnet. Bei Mieterhöhungen gem. §§ 559, 560 BGB besteht der für eine Kündigung notwendige Verzug, falls die Mietzahlung – wie meist vertraglich festgelegt oder gem. § 556b Abs. 1 BGB gesetzlich bestimmt – kalendermäßig fällig wird. Bei einer Mieterhöhung gem. §§ 558, 558b BGB muss der Vermieter den Mieter nach der Verurteilung hinsichtlich der Erhöhungsbeträge in Verzug setzen, um kündigen zu können.[174]

### VI. Ende der Sperrfrist

Die Sperrfrist endet zwei Monate nach Eintritt der Rechtskraft des Verfahrens über die Miet- **107**
erhöhung. Für die Fristberechnung gelten § 222 ZPO, §§ 187, 188, 193 BGB. **Rechtskräftig** sind Endentscheidungen, die mit einem ordentlichen Rechtsmittel nicht mehr angefochten werden können (§ 19 Abs. 1 EGZPO). Als ordentliche Rechtsmittel sind diejenigen Rechtsbehelfe anzusehen, die an eine von dem Tag der Verkündung oder Zustellung laufende Notfrist gebunden sind (§ 19 Abs. 2 EGZPO). Zu diesen Rechtsmitteln zählen: der Einspruch gegen ein Versäumnisurteil (§ 338 ZPO); die Rüge der Verletzung des rechtlichen Gehörs bei nicht berufungsfähigen Urteilen der ersten Instanz (§ 321 a ZPO); der Einspruch gegen einen Vollstreckungsbescheid (§ 700 ZPO); die Rechtsbeschwerde gegen einen Beschluss, durch den eine Berufung als unzulässig verworfen wird (§§ 522, 574 ZPO); die Berufung gegen ein erstinstanzliches Urteil (§§ 511, 517 ZPO) und die Revision sowie die Nichtzulassungsbeschwerde gegen ein Berufungsurteil (§§ 542, 544, 548 ZPO). Keine Rechtsmittel sind: das Nachverfahren im Urkundenprozess; das Wiederaufnahmeverfahren; der Antrag auf Wiedereinsetzung in den vorigen Stand (wird Wiedereinsetzung gewährt, so wird die Rechtskraftwirkung allerdings beseitigt); ein Prozesskostenhilfeantrag für die Durchführung eines Berufungsverfahrens (bei Bewilligung wird allerdings Wiedereinsetzung gewährt); die Verfassungsbeschwerde. Die Rechtskraft tritt nur bei Revisionsurteilen sofort ein, bei anderen Endentscheidungen gem. § 705 ZPO mit Ablauf der Rechtsmittelfrist.

## H. Begründung der Kündigungserklärung (Abs. 4)

Nach § 569 Abs. 4 BGB ist der zur Kündigung führende wichtige Grund in dem Kündigungs- **108**
schreiben anzugeben. Fehlt es daran, ist die Kündigung **unwirksam.**[175]

### I. Anwendungsbereich

Die Vorschrift ist in Zusammenhang mit § 568 BGB zu sehen, der die Kündigung der Schrift- **109**
form unterwirft. Beide Regelungen gelten nach ihrer systematischen Stellung **nur für Wohnraummietverhältnisse.** Das schließt Wohnraummietverhältnisse gem. § 549 Abs. 2, 3 BGB ein.[176] Außerdem gilt § 569 Abs. 4 BGB gem. § 578 Abs. 3 BGB für Mietverhältnisse über Räume für dringenden Wohnungsbedarf, nicht aber für sonstige Mietverhältnisse, also insbes. **nicht für die Geschäftsraummiete**[177] und nicht für die Miete beweglicher Sachen.

Die Pflicht zur Angabe der Kündigungsgründe gilt nicht nur für Kündigungen nach § 569 Abs. 1, **110**
2 BGB, sondern **für alle außerordentlichen fristlosen Kündigungen** von Wohnraummietverhältnissen, also auch solchen nach § 543 Abs. 1, 2 BGB. Das folgt aus dem ergänzenden Charakter von § 569 BGB (→ Rn. 1). Die Angabe des Kündigungsgrundes ist **sowohl bei der Vermieter- als auch bei der Mieterkündigung** erforderlich; das Gesetz unterscheidet hier nicht.[178]

---

[174] BGH VIII ZR 94/04, NJW 2005, 2310.
[175] BGH VIII ZB 94/03, NJW 2004, 850.
[176] Das bedeutet, dass die fristlose Kündigung derartiger Mietverhältnisse begründet werden muss, die ordentliche Kündigung hingegen nicht, weil § 573 BGB einschließlich des Begründungserfordernisses in § 573 Abs. 3 BGB nicht anwendbar ist.
[177] KG GE 2013, 618.
[178] Die beiderseitige Geltung entspricht auch dem Willen des Gesetzgebers (vgl. BT-Drs. 14/5663, 82).

## II. Zweck

111 Zweck der Begründungspflicht ist es sicherzustellen, dass der Kündigungsempfänger erkennen kann, auf welche Vorgänge oder auf welches Verhalten der Kündigende die Kündigung stützt und ob bzw. wie der Kündigungsempfänger sich hiergegen verteidigen kann.[179] Zu hohe oder übertriebene formalistische Anforderungen dürfen nicht gestellt werden.[180]

## III. Begründungstiefe

112 An eine Kündigungsbegründung dürfen nicht dieselben **Anforderungen** gestellt werden wie an eine Klagebegründung. Dem dargestellten Zweck wird vielmehr eine Begründung gerecht, die den Kündigungsgrund so bezeichnet, dass er **identifiziert und von anderen Gründen unterschieden** werden kann.[181] Damit kommt es – auch aus verfassungsrechtlichen Gründen[182] – nicht auf Schlüssigkeit oder Vollständigkeit aller für die Kündigung notwendigen Tatsachen an, sondern auf Erkennbarkeit des Kerns des Vorwurfs, um prüfen zu können, ob die Kündigung hinzunehmen oder ihr – ggf. nach weiteren Ermittlungen – zu widersprechen ist.[183]

113 Soweit der BGH (für die Zahlungsverzugskündigung) den Begriff des einfachen und klaren Falles verwendet hat und deswegen bestimmte Begründungsanforderungen genügen ließ, darf das nicht fehlleiten. Es gibt weder eine eindeutige Abgrenzung des einfachen vom schwierigen Fall, noch gibt es grds. andere Anforderungen an die Begründung. Vielmehr sind die **Einzelfallumstände und das Informationsbedürfnis des Kündigungsempfängers maßgeblich.**[184] Für ihn sind Erkennbarkeit und Unterscheidbarkeit die entscheidenden Kriterien. Je mehr der Kündigungsgegner aus eigener Kenntnis zu dem Kündigungsgrund wissen kann, desto geringer sind die Anforderungen an die Substantiierung[185]; nicht herabgesetzt sind hierdurch jedoch die Anforderungen an die Individualisierung des Kündigungsgrundes. Kennen kann der Kündigungsgegner den Sachverhalt einmal, weil er aus seiner Sphäre stammt bzw. sich in ihr abgespielt hat; das erfordert aber einen unstreitigen Kerngehalt des Geschehens. Kennen kann er ihn zum anderen aus einer der Kündigung vorangegangenen Kommunikation, etwa einer Abmahnung oder sonstigem Schriftwechsel. In diesen Fällen kann eine (eindeutige!) Bezugnahme auf die Vorkorrespondenz oder eine stichwortartige Umschreibung genügen. Ansonsten richtet sich die Begründungstiefe nach dem konkreten Kündigungsgrund. Ist der Sachverhalt einfach, kann die Begründungstiefe gering sein. Wird er komplexer, steigen die Anforderungen an die Begründungstiefe. Sie sind aber nie über das hinaus zu steigern, was die Erkennbarkeit und Unterscheidbarkeit erfordern. Das dürfte bei den meisten Kündigungsgründen wenig sein, problematisch sind vor allem die Anforderungen, die an die Begründung einer Zahlungsverzugskündigung zu stellen sind (→ Rn. 115). Im Rechtsstreit kann der Kündigungsgrund ohne Weiteres näher konkretisiert, also mit Einzelheiten angereichert (prozessual: substantiiert) werden; es darf nur nicht ein völlig neuer Lebenssachverhalt und damit ein neuer Kündigungsgrund (prozessual: Streitgegenstand) daraus werden, der eine neue Kündigung erfordern würde. Zum **Nachschieben von Kündigungsgründen** → BGB § 542 Rn. 46.

114 Bei einer Kündigung wegen **pflichtwidrigen Verhaltens** müssen das beanstandete Verhalten und die Umstände hinreichend genau beschreiben werden. Das *kann* auch die Mitteilung von Zeit, Ort und beteiligten Personen erfordern. Ist das Kündigungsrecht von einem Verstoß gegen eine **Abmahnung** oder dem erfolglosen Ablauf einer Abhilfefrist abhängig, müssen Abmahnung oder Abhilfefrist in der Begründung nicht angegeben werden.[186] Denn die Begründung muss nicht alle Tatbestandselemente, die für den Erfolg einer Kündigung notwendig sind, enthalten, sondern, wie dargestellt, nur den Kern des Vorwurfs wiedergeben. Anderenfalls würden Formelemente wie das Begründungserfordernis zu sehr mit materiellen Kündigungsvoraussetzungen vermischt. Das

---

[179] BT-Drs. 14/5663, 82; BGH VIII ZB 94/03, NJW 2004, 850; BGH VIII ZR 96/09, NJW 2010, 3015.
[180] BT-Drs. 14/5663, 82; BGH VIII ZB 94/03, NJW 2004, 850; BGH VIII ZR 96/09, NJW 2010, 3015.
[181] BGH VIII ZR 96/09, NJW 2010, 3015 Rn. 36.
[182] BVerfG NJW 1998, 2662.
[183] BGH VIII ZR 96/09, NJW 2010, 3015 Rn. 35.
[184] BVerfG NZM 2003, 592, für das Informationsbedürfnis eines wegen Eigenbedarfs gekündigten Mieters.
[185] *Flatow* NZM 2004, 286.
[186] **AA** LG Berlin ZMR 2011, 550, aber ohne Begründung.

widerspricht dem Zweck des Begründungserfordernisses, das mit dem prozessualen Erfordernis der Bestimmtheit der Klage gem. § 253 Abs. 2 Nr. 2 ZPO gewisse Ähnlichkeit hat; für die Bestimmtheit einer Klage müssen auch nicht schon sämtliche Anspruchsvoraussetzungen dargelegt werden. Das Vorstehende gilt sinngemäß, wenn eine Kündigung auf **mehrere Kündigungsgründe** gestützt wird. Dann muss jeder einzelne Kündigungsgrund den dargelegten Anforderungen genügen. Setzt ein Kündigungsgrund mehrere Pflichtverletzungen voraus, was insbes. bei **Dauerverstößen** der Fall ist, muss hingegen nicht jeder Einzelverstoß geschildert werden. Derartiges ist nicht einmal im Rahmen der prozessualen Darlegungslast erforderlich (keine „Lärm- oder Bellprotokoll").[187] Es reicht vielmehr, wenn Art und Zeitraum der Verstöße beschrieben und die handelnden Personen benannt werden. Bei einer Kündigung wegen einer **Zahlungsunpünktlichkeit** ist es regelmäßig erforderlich, dass der Vermieter die Zahlungseingänge der maßgeblichen vergangenen Monate im Kündigungsschreiben aufführt, damit der Mieter weiß, von welchem Sachverhalt der Vermieter ausgeht.[188] In einfach gelagerten Fällen kann jedoch auf eine Auflistung der Zahlungseingänge verzichtet werden, insbes. dann, wenn der Zeitraum der Zahlungsunpünktlichkeit überschaubar ist und der Mieter die Zahlungsdaten an Hand seiner Kontoauszüge leicht überprüfen kann.[189] In diesem Fall reicht zur Begründung das Schlagwort der unpünktlichen Mietzahlung unter Angabe des jedenfalls ungefähren Zeitraums.

Bei einer **Kündigung wegen Zahlungsverzugs** muss der Mieter erkennen können, von welchem Mietrückstand der Vermieter ausgeht, und dass er diesen Rückstand als Kündigungsgrund heranzieht, um mit Hilfe dieser Angaben die Kündigung auf ihre Stichhaltigkeit überprüfen.[190] In **klaren und einfachen Fällen** genügt hierzu die Angabe des Gesamtrückstands, auf den sich der Vermieter stützt.[191] Ein solcher Fall liegt vor, wenn sich allein aus dem Gesamtrückstand für den Mieter, auf dessen Informationsbedürfnis es ankommt (→ Rn. 113), ohne Weiteres und ohne Zweifel erschließen lässt, wegen welcher Rückstandszeiträume der Vermieter kündigt. (Nur) dann ist dem Erkennbarkeits- und dem Unterscheidbarkeitskriterium (→ Rn. 112) Genüge getan; mehr ist nicht erforderlich.[192] Daran fehlt es nicht, wenn sich eine Differenz zu einer mitübersandten Forderungsaufstellung leicht nachvollziehen lässt.[193] **In anderen Fällen** ist zur Begründung (nur) mitzuteilen, welche Rückstände aus welchen Monaten der Vermieter zu Grunde legt.[194] Er muss hingegen nicht (und schon gar nicht richtig) darlegen, wie er die monatlichen Rückstände ermittelt hat, insbes. also nicht, wie er Zahlungen (ggf. von Dritten) verrechnet hat, ob und wie die Miete gemindert war oder sonst wie Erfüllung eingetreten ist.[195] Rückstandszeiträume, die der Vermieter nicht in seine Begründung aufgenommen hat, können zur Bestimmung des kündigungsrelevanten Rückstands nicht herangezogen werden, auch nicht zur Auffüllung.[196] Die Bezugnahme auf eine Forderungsaufstellung kann ausreichen.[197] Sie muss aber für den Durchschnittsmieter hinreichend klar und nachvollziehbar sein. Außerdem muss sich aus ihr – ggf. in Zusammenwirken mit dem Text des Kündigungsschreibens – ergeben, welcher Rückstandszeitraum der Kündigung zu Grunde liegt. Fehlt es daran, müsste sich der Mieter unzulässigerweise den Kündigungsgrund selbst erdenken, was sowohl gegen das Erkennbarkeits- als auch gegen das Unterscheidbarkeitskriterium verstößt. Eine fehlerhafte Berechnung des in vorbeschriebener Weise, insbes. zeitmäßig konkretisierten Rückstands hat keinen Einfluss auf die formelle Wirksamkeit der Kündigung.[198] **115**

---

[187] BGH VIII ZR 155/11, NJW 2012, 1647; BGH VIII ZR 268/11, NZM 2012, 760.

[188] BGH VIII ZR 364/04, NJW 2006, 1585 Rn. 21.

[189] BGH VIII ZR 364/04, NJW 2006, 1585 Rn. 21.

[190] BGH VIII ZR 96/09, NJW 2010, 3015 Rn. 37.

[191] BGH VIII ZB 94/03, NJW 2004, 850.

[192] Nach Staudinger/*Emmerich* BGB § 569 Rn. 63 liegt ein einfacher und klarer Fall vor, wenn der Mieter die *Miete allein zahlt* (also keine Leistungen Dritter verrechnet werden müssen), wenn die Miete unverändert geblieben ist und wenn sich die Rückstände auf die letzten Monate beschränken.

[193] BGH VIII ZB 31/04, NZM 2004, 699.

[194] BGH VIII ZR 96/09, NJW 2010, 3015 Rn. 39. Das Gleiche ergibt sich aus der Bezugnahme in Rn. 30 des Urteils auf *Flatow* MZM 2004, 281 (287), deren Auffassung der BGH in Rn. 32 als zutr. beurteilt; **aA** AG München ZMR 2020, 132, Angabe des Gesamtrückstands ausreichend.

[195] BGH VIII ZR 96/09, NJW 2010, 3015 Rn. 39; **aA** Staudinger/*Emmerich* BGB § 569 Rn. 62.

[196] BGH VIII ZR 66/08, NJW 2009, 1491 Rn. 16.

[197] LG Berlin ZMR 2019, 675.

[198] BGH VIII ZR 96/09, NJW 2010, 3015 Rn. 38.

## IV. Abbedingung

116 Nach § 569 Abs. 5 BGB sind abweichende Vereinbarungen, die die Regelungen der § 569 Abs. 1–3 BGB zum Nachteil des Mieters abbedingen, unwirksam. § 569 Abs. 4 BGB ist nicht genannt, so dass nach dem Wortlaut der Regelung das Begründungserfordernis aufgehoben werden könnte.[199] Das widerspricht aber dem allgemeinen Grundsatz, wonach gesetzliche Formvorschriften nach ihrer Rechtsnatur **zwingendes Recht** darstellen.[200] Abgesehen davon ist anzunehmen, dass die Formulierung von § 569 Abs. 5 BGB auf einem Redaktionsversehen beruht.[201] Hierfür spricht, dass § 569 Abs. 4 BGB auf Initiative des Rechtsausschusses in den Regierungsentwurf eingefügt worden ist und dass hierbei die an sich notwendige Folgeänderung in § 569 Abs. 5 BGB übersehen wurde.

## I. Abweichende Vereinbarungen (Abs. 5)

117 Nach § 569 Abs. 5 S. 1 BGB ist eine **zum Nachteil des (Wohnraum-)Mieters** von § 569 Abs. 1–3 BGB und von § 543 BGB abweichende Vereinbarung unwirksam. Nach § 569 Abs. 5 S. 2 BGB ist ebenso unwirksam eine Vereinbarung, nach der der Vermieter berechtigt sein soll, aus anderen als den im Gesetz, also in §§ 543, 569 BGB zugelassenen Gründen außerordentlich fristlos zu kündigen. **Einzelheiten** hierzu → BGB § 543 Rn. 241. Zur **Abbedingung des Begründungserfordernisses** gem. § 569 Abs. 4 BGB → Rn. 116. Soweit in anderen Mietverhältnissen als Wohnraummietverhältnissen, insbes. also bei **Gewerberaummietverhältnissen,** gem. § 578 BGB ein Kündigung wegen Gesundheitsgefährdung oder Hausfriedensstörung möglich ist, sind diese Tatbestände auch dort unabdingbar (Einzelheiten → BGB § 543 Rn. 245).

[199] So *Paschke* GE 2003, 639 (640).
[200] MüKoBGB/*Häublein* § 569 Rn. 58; Staudinger/*Emmerich* BGB § 569 Rn. 67.
[201] *Sternel* DMT Bilanz 2011, 746.

## § 570 Ausschluss des Zurückbehaltungsrechts

**Dem Mieter steht kein Zurückbehaltungsrecht gegen den Rückgabeanspruch des Vermieters zu.**

### Systematische Übersicht



### A. Zweck der Vorschrift, Entstehungsgeschichte

Dem Mieter stehen am Ende des Mietverhältnisses oftmals Ansprüche gegen den Vermieter zu, etwa auf Abrechnung von Betriebskosten oder Schadens- bzw. Aufwendungsersatz. Ohne § 570 BGB könnte der Mieter dem Rückgabeanspruch des Vermieters ggf. ein Zurückbehaltungsrecht wegen seiner Ansprüche entgegensetzen. Der historische Gesetzgeber des BGH war der Ansicht, dass die in einer solchen Zurückhaltung liegende Sicherheit (Wert des Mietobjekts) meist außer Verhältnis zu den eher geringen Ansprüchen des Mieters stehe und schikanöses Vorgehen des Mieters den Vermieter deshalb dazu bringen könne, dessen ungerechtfertigte Ansprüche anzuerkennen, um die Mietsache schnell zurückzuerhalten.[1] Deshalb wird mit § 570 BGB das Zurückbehaltungsrecht des Mieters gegenüber dem Rückgabeanspruch des Vermieters generell ausgeschlossen. Es handelt sich um eine eng auszulegende Ausnahmevorschrift.[2] Eine ungerechtfertigte Bevorzugung des Vermieters, der im Hinblick auf seine Ansprüche evtl. durch eine Kaution gesichert ist, liegt in dem Ausschluss des Zurückbehaltungsrechts nicht, da der Mieter wegen seiner Ansprüche auch nach Rückgabe in das Grundstück vollstrecken kann. Abgesehen davon zeigt die Praxis, dass Mieter in nicht seltenen Fällen die Mietsache faktisch nicht zurückgeben und den Vermieter zu einem ggf. langwierigen Räumungsprozess zwingen, innerhalb dessen dann auch Gelegenheit besteht, die Ansprüche des Mieters zu klären. 1

Vor der zum 1.9.2001 in Kraft getretenen Mietrechtsreform war der Ausschluss des Zurückbehaltungsrechts in § 556 Abs. 2 BGB aF geregelt. Ein eigener Paragraf wurde notwendig wegen der Unterteilung in allgemeine Vorschriften über die Miete und solche über Wohnraum, die aber gem. § 578 BGB weitgehend auch für die sonstige Raum- und Grundstücksmiete gelten. Der Ausschluss des Zurückbehaltungsrechts sollte für die Rückgabe von Räumen und Grundstücken greifen. § 556 BGB aF war die Vorgängervorschrift zu § 546 BGB. Um den Bezug (nur) zu § 546 Abs. 1 BGB deutlich zu machen, ist der Begriff „Rückgabeanspruch" in § 570 BGB notwendig geworden.[3] 2

### B. Anwendungsbereich

§ 570 BGB gilt unmittelbar nur für die Wohnraummiete iSv § 549 BGB einschließlich der in § 549 Abs. 2, 3 BGB genannten Vertragsarten, für Werkdienstwohnungen iSv § 576b BGB allerdings nur, wenn Mietrecht Anwendung findet.[4] Die Beschränkung auf die Wohnraummiete ergibt sich aus der systematischen Stellung der Vorschrift in Untertitel 2 (§§ 549ff. BGB). Über den Verweis in § 578 Abs. 1, 2 BGB ist das Zurückbehaltungsrecht aber auch bei Mietverhältnissen über 3

---

[1] BGH V ZR 51/13, NZM 2014, 790; BGH V ZR 168/58, MDR 1960, 482; BGH V ZR 333/01, NJW 2003, 1317; RGZ 85, 133.

[2] BGH V ZR 51/13, NZM 2014, 790.

[3] Staudinger/*Rolfs* BGB § 570 Rn. 2.

[4] MüKoBGB/*Häublein* § 570 Rn. 2. Mietrecht findet gem. § 576b BGB Anwendung, wenn der Dienstverpflichtete die Wohnung selbst ausgestattet hat oder dort mit seiner Familie lebt bzw. mit Personen, mit denen er einen gemeinsamen Haushalt führt. AnwK WohnraummietR/*Lammel* BGB § 570 Rn. 1 will § 570 BGB wohl ohne diese Einschränkung bei Werksdienstwohnungen eingreifen lassen.

Grundstücke und andere Räume als Wohnräume[5] ausgeschlossen, ebenso gem. § 581 Abs. 2 BGB bei Pachtverhältnissen (s. aber auch das Pächterpfandrecht in § 583 BGB).[6] Für die Landpacht gilt die inhaltsgleiche Vorschrift des § 596 Abs. 2 BGB. § 570 BGB greift weiterhin ein bei dem Herausgabeanspruch des Vermieters gegen den **Untermieter** oder einen sonstigen Dritten gem. § 546 Abs. 2 BGB.[7] Zwar erfasst der Wortlaut von § 570 BGB unmittelbar nur den Mieter und dessen Ansprüche, der Normzweck würde aber in Teilbereichen vereitelt, wenn für die Fälle des § 546 Abs. 2 BGB nicht das Gleiche gelten würde.[8]

4 **Nicht anwendbar** ist § 570 BGB auf den Rückgabeanspruch bei der Miete von **beweglichen Sachen.**[9] Gegenüber einem solchen Anspruch kann der Mieter bei Bestehen von Gegenansprüchen ggf. ein Zurückbehaltungsrecht geltend machen. Dieses Zurückbehaltungsrecht berechtigt ihn allerdings nicht zur weiteren Nutzung, sondern nur zum Behalten; nutzt der Mieter die Sache dennoch, kommt bei Erfüllung der entsprechenden Voraussetzungen § 546a BGB zur Anwendung[10], ggf. auch §§ 280 ff., 812 ff., 987 ff. BGB. Als Grundlage für Gegenansprüche kommen insbes. Schadens- und Aufwendungsersatz in Betracht, aber auch ein Zurückbehaltungsrecht wegen Verwendungen gem. § 1000 BGB.[11] Ein Besitzrecht gem. § 986 Abs. 1 S. 1 BGB kann zwar, was sich schon allein aus dem Wortlaut der Vorschrift und ihrer systematischen Stellung ergibt, nur dem Herausgabeanspruch gem. § 985 BGB, nicht aber dem Rückgabeanspruch gem. § 546 Abs. 1 BGB entgegen gehalten werden; einem Vermieter ist es aber gem. § 242 BGB idR verwehrt die Rückgabe der Mietsache zu verlangen, wenn er sie sogleich wegen eines Rechts zum Besitz auf Grund anderer Rechtsgrundlage wieder herausgeben müsste.[12]

## C. Voraussetzungen

5 Als Ausnahmevorschrift ist § 570 BGB eng auszulegen.[13] Deshalb ist für ihr Eingreifen erforderlich, dass zumindest auch der im Wortlaut der Norm erwähnte vertragliche **Rückgabeanspruch gem. § 546 Abs. 1 BGB** besteht.[14] Kann sich der Vermieter hingegen *ausschließlich* auf gesetzliche Herausgabeansprüche aus § 985 BGB oder ungerechtfertigter Bereicherung (§§ 812 ff. BGB) stützen, kann dem Herausgabepflichtigen bei Erfüllung der Voraussetzungen ein Zurückbehaltungsrecht zustehen, § 570 BGB ist nicht anwendbar.[15] Bestehen gesetzliche Ansprüche auf Herausgabe *neben* dem vertraglichen Anspruch auf Rückgabe gem. § 546 BGB, ist ein Zurückbehaltungsrecht ausgeschlossen.[16] Bedeutung hat diese Differenzierung insbes. bei (etwa wegen Sittenwidrigkeit[17], Geschäftsunfähigkeit oder Anfechtung[18]) nichtigen Mietverträgen; in diesen Fällen bestehen vertragliche Rückgabeansprüche nicht, die Geltendmachung eines Zurückbehaltungsrechtes ist also möglich.[19]

## D. Umfang des Ausschlusses

6 § 570 BGB schließt sowohl das Zurückbehaltungsrecht aus § 273 BGB als auch dasjenige aus § 320 BGB aus, und zwar ohne Rücksicht auf die Höhe der Gegenansprüche.[20] Zu den **möglichen Gegenansprüchen,** die von § 570 BGB erfasst werden gehören gleichermaßen vertragliche

[5] Dazu → BGB § 566 Rn. 19.
[6] OLG Koblenz MDR 2020, 848.
[7] OLG Koblenz MDR 2020, 848; OLG Hamm NJW-RR 1992, 783.
[8] OLG Koblenz MDR 2020, 848; OLG Hamm NJW-RR 1992, 783.
[9] Staudinger/*Rolfs* BGB § 570 Rn. 4.
[10] BGH VIII ZR 87/74, NJW 1975, 1773.
[11] Staudinger/*Rolfs* BGB § 570 Rn. 4.
[12] BGH XII ZR 116/96, NZM 1998, 779.
[13] AllgM, vgl. nur BGH V ZR 168/58, MDR 1960, 482.
[14] Staudinger/*Rolfs* BGB § 570 Rn. 6; MüKoBGB/*Häublein* § 570 Rn. 2.
[15] Staudinger/*Rolfs* BGB § 570 Rn. 6; MüKoBGB/*Häublein* § 570 Rn. 2.
[16] BGH XII ZR 116/96, NZM 1998, 779.
[17] *BGH VII ZR 239/62, NJW 1964, 1791.*
[18] RGZ 85, 133; *Schmid* WuM 2009, 157.
[19] BGH VII ZR 239/62, NJW 1964, 1791; *Schmid* WuM 2009, 157.
[20] MüKoBGB/*Häublein* § 570 Rn. 3; Staudinger/*Rolfs* BGB § 570 Rn. 7.

(Rückzahlung der Kaution, Abrechnung bzw. Erstattung von Betriebskosten[21] oder Mietvorauszahlungen (einschließlich nicht abgewohnter Baukostenzuschüssen)[22] wie gesetzliche (Bereicherungsausgleich bei Mietminderung, Aufwendungsersatz[23], Schadensersatz[24]) Ansprüche. Auch sachenrechtliche Einwendungen, die dem Mieter gegenüber einem Herausgabeanspruch gem. § 985 BGB zustehen, etwa ein Besitzrecht gem. § 986 Abs. 1 S. 1 BGB oder ein Zurückbehaltungsrecht wegen Verwendungen gem. § 1000 BGB, sind ausgeschlossen, solange der Vermieter sich auch auf einen vertraglichen Rückgabeanspruch stützen kann.[25] Wenn ein Besitzrecht gem. § 986 Abs. 1 S. 1 BGB besteht, ist es dem Vermieter aber gem. § 242 BGB idR verwehrt, die Rückgabe der Mietsache zu verlangen, wenn er sie sogleich wegen eines Rechts zum Besitz auf Grund anderer Rechtsgrundlage wieder herausgeben müsste.[26] Ein anhängiges **selbständiges Beweisverfahren** über Mängel an dem Mietobjekt soll ebenfalls unter § 570 BGB fallen.[27] Das ist abzulehnen. § 570 BGB gewährt bzw. verwehrt nämlich keinen Gegenanspruch, wegen dessen zurückgehalten werden könnte, sie setzt einen Gegenanspruch vielmehr voraus.[28] Ein selbständiges Beweisverfahren ist kein solcher Gegenanspruch; es kann allenfalls den Rückgabeanspruch des Vermieters hindern (dazu → BGB § 546 Rn. 17). Wenn der Vermieter keinen Anspruch auf Rückgabe hat, kommt es auf § 570 BGB nicht an.

Umstritten ist, ob der Vermieter sich auf den Ausschluss des Zurückbehaltungsrechts gem. § 570 **7**
BGB auch dann berufen kann, wenn der Anspruch des Mieters auf einer vom Vermieter begangenen vorsätzlichen oder grob fahrlässigen **unerlaubten Handlung** beruht. Für die Ansicht, die dem Vermieter in diesen Fällen den Schutz des § 570 BGB verwehrt[29], spricht der Rechtsgedanke des § 393 BGB, der gem. § 242 BGB auch für Zurückbehaltungsrechte gilt.[30] § 570 BGB ist allerdings ebenfalls eine gesetzliche Ausprägung von Treu und Glauben, durch die das nach allgemeinen Grundsätzen bestehende Zurückbehaltungsrecht des Mieters eingeschränkt wird – dies aber anders als § 393 BGB nicht wegen des Charakters des Gegenanspruchs, sondern mit Rücksicht auf die üblicherweise fehlende Relation zwischen Wert des Gegenanspruchs und Sicherungsobjekt.[31] Es gibt keinen Anhaltspunkt dafür, dass der Gesetzgeber den durch § 570 BGB bewirkten Schutz des Vermieters relativieren wollte[32] – im Gegenteil, die Verhinderung von schikanösem Mieterverhalten, die Anlass für die Regelung war, kann zuverlässig nur bei einem ausnahmslosen Ausschluss des Zurückbehaltungsrechts wirksam greifen. Abgesehen davon wären dann nach Treu und Glauben weitere Ausnahmen dann angebracht, wenn die Gegenansprüche des Mieters nicht, wie vom Gesetzgeber unterstellt, von relativ geringem, sondern von erheblichem Wert wären. In besonders gelagerten Einzelfällen kann allerdings dem Vermieter die Berufung auf § 570 BGB nach Treu und Glauben verwehrt sein[33], so etwa in dem erwähnten Fall (→ Rn. 6) eines Besitzrechtes gem. § 986 Abs. 1 S. 1 BGB, im Falle einer sittenwidrigen Schädigung in Zusammenhang mit der Beendigung des Vertrages (§ 826 BGB) oder wenn die Parteien über das rückzugebende Objekt bereits einen Vorvertrag geschlossen haben.[34]

---

21 AnwK WohnraummietR/*Lammel* BGB § 570 Rn. 4.
22 Staudinger/*Rolfs* BGB § 570 Rn. 7.
23 LG Wuppertal WuM 1986, 316, wegen Anfertigung von Hausschlüsseln.
24 RGZ 108, 137, wegen Entschädigung für vorzeitige Kündigung.
25 BGH XII ZR 116/96, NZM 1998, 779; OLG Koblenz MDR 2020, 848.
26 BGH XII ZR 116/96, NZM 1998, 779.
27 OLG Düsseldorf NZM 2008, 489.
28 So auch *Wiek* INFO M 2008, 175.
29 Staudinger/*Rolfs* BGB § 570 Rn. 7, bei vorsätzlichem Handeln; in RGZ 160, 88 wurde die Frage mangels Entscheidungserheblichkeit letztendlich offen gelassen. Die Ausdehnung auf grob fahrlässiges Handeln wurde hier in der 9. Aufl. 2007 vertreten; dagegen ausdrücklich auch Staudinger/*Rolfs* BGB § 570 Rn. 7.
30 BAG NJW 1968, 565.
31 AnwK WohnraummietR/*Lammel* BGB § 570 Rn. 4.
32 MüKoBGB/*Häublein* § 570 Rn. 3.
33 MüKoBGB/*Häublein* § 570 Rn. 3 Fn. 15.
34 OLG Köln NJW-RR 1992, 1162; der Fall ist dem des Besitzrechtes gem. § 986 BGB vergleichbar.

## E. Abweichende Vereinbarungen

8 § 570 BGB ist nicht zwingend, abweichende Vereinbarungen sind – auch stillschweigend[35] – zulässig.[36] Dementsprechend ist die vertragliche Vereinbarung eines Zurückbehaltungsrechtes möglich.[37] § 309 Nr. 2 BGB ist nicht zu beachten, da die Vorschrift nur für Beschränkungen des Zurückbehaltungsrechts gilt.[38]

[35] BGH VIII ZR 66/80, WM 1981, 695, Abfindungsregelung in einer Räumungsvereinbarung.
[36] *BGH V ZR 333/01, NJW 2003, 1317*; BGH VIII ZR 66/80, WM 1981, 695, Abfindungsregelung in einer Räumungsvereinbarung; RGZ 108, 137; OLG Düsseldorf NZM 2008, 489.
[37] RGZ 139, 17.
[38] Staudinger/*Rolfs* BGB § 570 Rn. 8.

## § 571 Weiterer Schadensersatz bei verspäteter Rückgabe von Wohnraum

**(1) [1]Gibt der Mieter den gemieteten Wohnraum nach Beendigung des Mietverhältnisses nicht zurück, so kann der Vermieter einen weiteren Schaden im Sinne des § 546a Abs. 2 nur geltend machen, wenn die Rückgabe infolge von Umständen unterblieben ist, die der Mieter zu vertreten hat. [2]Der Schaden ist nur insoweit zu ersetzen, als die Billigkeit eine Schadloshaltung erfordert. [3]Dies gilt nicht, wenn der Mieter gekündigt hat.**

**(2) Wird dem Mieter nach § 721 oder § 794a der Zivilprozessordnung eine Räumungsfrist gewährt, so ist er für die Zeit von der Beendigung des Mietverhältnisses bis zum Ablauf der Räumungsfrist zum Ersatz eines weiteren Schadens nicht verpflichtet.**

**(3) Eine zum Nachteil des Mieters abweichende Vereinbarung ist unwirksam.**

### Systematische Übersicht



### A. Allgemeines und Zweck der Vorschrift

1 Wie sich schon aus dem Wortlaut der Norm ergibt, steht § 571 BGB in unmittelbarem Zusammenhang mit § 546a BGB. Bis zur Mietrechtsreform, die zum 1.9.2001 in Kraft getreten ist, waren beide Vorschriften in § 557 BGB aF[1] zusammengefasst. Die Trennung wurde notwendig, weil § 546a BGB sich nun systematisch in dem Untertitel der für alle Mietverhältnisse geltenden Regelungen befindet, § 571 BGB aber nur für Wohnraummietverhältnisse gilt.

2 § 571 BGB ist eine Ausprägung des sozialen Wohnraummietrechts und deshalb, was sich sowohl aus dem Wortlaut, als auch aus der systematischen Stellung ergibt, im **Anwendungsbereich** auf Wohnraummietverhältnisse iSv § 549 BGB beschränkt, einschließlich solcher Wohnraummietverhältnisse, für die ein geringerer Bestands- bzw. Mieterschutz besteht wie in §§ 549 Abs. 2, 3, 573a, 575 Abs. 1, 576b BGB.[2] § 571 BGB begrenzt Schadensersatzansprüche des Vermieters wegen Vorenthaltung der Mietsache (das ist im Wesentlichen Mietausfall; zu Einzelheiten und weiteren möglichen Vorenthaltungsschäden → BGB § 546a Rn. 96ff.). **Zweck** dieser Begrenzung ist es, dem Wohnraummieter ohne Furcht vor Ersatzansprüchen des Vermieters wegen Vorenthaltung der Mietsache zu ermöglichen, seine Schutzrechte nach Ende des Mietverhältnisses auszuüben, insbes. die Sozialklausel der §§ 574ff. BGB oder prozessualen Räumungsschutz in Anspruch zu nehmen; eine sichere Prognose, ob diese ermessensabhängigen Schutzrechte gewährt werden, ist nämlich oftmals nur schwer möglich.[3] Der Vermieter wird nicht rechtlos gestellt. § 571 BGB beschneidet nur die Schadensersatzhaftung des Mieters, nicht aber die Ansprüche auf Nutzungsentschädigung gem. § 546a Abs. 1 BGB (oder aus Bereicherung bzw. Eigentümer-Besitzer-Verhältnis).

3 Auf die **Haftung des Untermieters** gegenüber dem Hauptvermieter ist § 571 BGB nach dem Wortlaut nicht anzuwenden.[4] Die Vorschrift knüpft nämlich an § 546a BGB an, der aber im Verhältnis von Hauptvermieter zu Untermieter nicht gilt (→ BGB § 546a Rn. 6). Allerdings ist nach dem Zweck der Vorschrift eine analoge Anwendung geboten.[5] Auch der Untermieter kann auf Räumungsschutz angewiesen sein und es wäre widersprüchlich, wenn er im Verhältnis zum Untervermieter nur gem. § 571 Abs. 2 BGB begrenzt haftet, im Verhältnis zum Hauptvermieter aber

---

[1] Die heute in § 571 BGB enthaltenen Regelungen wurden erst durch das 2. MietRÄndG von 1964 in § 557 Abs. 2–4 BGB aF eingefügt (s. *Emmerich* NZM 1999, 930).

[2] Staudinger/*Rolfs* BGB § 571 Rn. 3; MüKoBGB/*Häublein* § 571 Rn. 2.

[3] MüKoBGB/*Häublein* § 571 Rn. 1.

[4] BGH V ZR 26/20, NZM 2021, 135 Rn. 12.

[5] Dazu tendiert auch BGH V ZR 26/20, NZM 2021, 135 Rn. 16, der die Frage aber mangels Entscheidungsrelevanz letztlich offen gelassen hat.

unbegrenzt. Der Anspruch des Hauptvermieters gegen den Untermieter, der etwa gem. §§ 990 Abs. 2, 280 Abs. 1, 286 BGB bestehen kann, ist aber nicht auf den Untermietzins begrenzt, der Untermieter schuldet vielmehr mindestens die vom Untervermieter gem. § 546 a Abs. 1 BGB geschuldete Nutzungsentschädigung für die gesamte Wohnung.[6]

## B. Verschuldenshaftung (Abs. 1 S. 1)

4 Die Bedeutung von § 571 Abs. 1 S. 1 BGB ist begrenzt. In der Regelung wird festgestellt, dass der Mieter dem Vermieter einen weiteren Schaden iSv § 546 a Abs. 2 BGB (das ist im Wesentlichen Mietausfall; zu Einzelheiten und weiteren möglichen **Vorenthaltungsschäden** → BGB § 546 a Rn. 96 ff.) nur dann ersetzen muss, wenn der Mieter die Vorenthaltung der Mietsache zu vertreten hat. Soweit nichts anderes bestimmt ist, hat ein Schuldner gem. § 276 BGB fahrlässiges und vorsätzliches (also schuldhaftes) Verhalten zu vertreten. Verschulden als Voraussetzung der Erstattung eines Vorenthaltungsschadens ergibt sich aber schon aus den Voraussetzungen der in Betracht kommenden Anspruchsgrundlagen (§§ 280 Abs. 1, 281, 286 BGB). Deshalb erlangt § 571 Abs. 1 S. 1 BGB eine eigenständige Bedeutung nur in Zusammenwirken mit § 571 Abs. 3 BGB, der eine Abweichung zum Nachteil des Mieters, also eine verschuldensunabhängige Schadensersatzhaftung des Mieters, verbietet.[7] Aus der Formulierung von § 571 Abs. 1 S. 1 BGB kann auch nicht entnommen werden, dass der Vermieter die Beweislast für das Verschulden des Mieters an der Vorenthaltung trägt; es verbleibt vielmehr bei der Grundregel des § 280 Abs. 1 S. 2 BGB, wonach sich der Mieter entlasten muss.[8]

### I. Erfasste Vorschriften

5 Aus dem Wortlaut des § 571 Abs. 1 S. 1 BGB ergibt sich zunächst, dass der **Nutzungsentschädigungsanspruch** gem. § 546 a Abs. 1 BGB nicht erfasst ist, also in vollem Umfang geltend gemacht werden kann; hierdurch wird sichergestellt, dass der Vermieter auch im Falle der Vorenthaltung und der Inanspruchnahme von Schutzrechten (Sozialklausel, Räumungsfrist) jedenfalls so steht wie bei einer Fortsetzung des Mietverhältnisses. § 546 a Abs. 2 BGB betrifft nur Schadensersatzansprüche („… einen weiteren Schaden …") des Vermieters wegen Vorenthaltung der Mietsache[9] („… wenn die Rückgabe … unterblieben ist …"). Wegen der Bezugnahme auf § 546 a Abs. 2 BGB gilt das auch für § 571 Abs. 1 S. 1 BGB. Das bedeutet zweierlei: Zum einen kann der Vermieter Ansprüche, die nicht Schadensersatzansprüche sind, einschränkungslos geltend machen; dazu gehören insbes. **Bereicherungsansprüche** gem. §§ 812 ff. BGB und Ansprüche aus **Eigentümer-Besitzer-Verhältnis** gem. § 987 ff. BGB.[10] § 571 BGB soll nämlich nur die Schadensersatzhaftung des Mieters begrenzen, ihm aber nicht die durch die Vorenthaltung erlangten Vorteile belassen.[11] Zum anderen werden von § 571 BGB nur solche Schadensersatzansprüche erfasst, die auf der **Vorenthaltung der Mietsache** beruhen (das ist im Wesentlichen **Mietausfall;** zu Einzelheiten und weiteren möglichen Vorenthaltungsschäden → BGB § 546 a Rn. 96 ff.), nicht aber sonstige Schadensersatzansprüche (etwa wegen Beschädigung, vertragswidrigen Gebrauchs, Kosten für nicht durchgeführte Schönheitsreparaturen etc).[12]

### II. Verschulden

6 Der Maßstab für das Verschulden des Mieters ergibt sich aus § 276 BGB. Danach haftet der Mieter für vorsätzliches oder fahrlässiges Verhalten. Letzteres liegt vor, wenn er die im Verkehr erforderliche Sorgfalt außer Acht gelassen hat, wenn er also nach einem objektivierten Maßstab des jewei-

[6] BGH V ZR 26/20, NZM 2021, 135 Rn. 18.
[7] Blank/Börstinghaus/*Blank* BGB § 571 Rn. 2.
[8] AllgM, vgl. Staudinger/*Rolfs* BGB § 571 Rn. 5; MüKoBGB/*Häublein* § 571 Rn. 4.
[9] Siehe zu den Schadensersatzansprüchen wegen Vorenthaltung der Mietsache bei der Kommentierung zu § 546 a BGB.
[10] *MüKoBGB/Häublein* § 571 Rn. 3; Bub/Treier MietR-HdB/*Scheuer/Emmerich* Kap. V Rn. 167; s. zu diesen Ansprüchen bei der Kommentierung zu § 546 a BGB.
[11] MüKoBGB/*Häublein* § 571 Rn. 3.
[12] MüKoBGB/*Häublein* § 571 Rn. 2; Staudinger/*Rolfs* BGB § 571 Rn. 3.

ligen Verkehrskreises die Pflichtverletzung (Vorenthaltung[13]) erkennen und vermeiden konnte.[14] Ist das der Fall, handelt der Mieter also schuldhaft, kommt eine Haftungsbeschränkung aus Billigkeitsgesichtspunkten gem. § 571 Abs. 1 S. 2 BGB in Betracht.

Zur Erkennbarkeit der Pflichtverletzung eingehend → BGB § 546 a Rn. 93. 7

Auch an die **Vermeidbarkeit** sind im Rahmen der Verschuldensprüfung strenge Anforderungen zu stellen. Sie erfordert ein tatsächliches Können und ein rechtliches Müssen.[15] Das Können ist idR recht problemlos feststellbar; hierbei ist aber in Bezug auf die Rückgabepflichten nicht nur zu prüfen, ob der Mieter in Person nicht leisten kann, sondern auch daraufhin, ob er die Leistung nicht durch Dritte erbringen bzw. sie nicht organisieren kann oder ob nicht ein Zwischenumzug möglich ist.[16] Ein Beinbruch etwa hindert einen Mieter nicht, einen Umzugsunternehmer bestellen, wohl aber ein Koma. Bei der Prüfung des rechtlichen Müssens spielen **Zumutbarkeitsgesichtspunkte** eine Rolle, die teilweise durch Rechtsnormen konkretisiert werden.[17] 8

Eine solche Konkretisierung kann – entgegen der hM im Schrifttum[18] aber nur in Ausnahmefällen – §§ 574 ff. BGB (sog. **Sozialklausel**) entnommen werden.[19] Nach § 574 BGB kann der Mieter der Kündigung widersprechen und die Fortsetzung des Mietverhältnisses verlangen, wenn die Vertragsbeendigung eine unzumutbare Härte darstellen würde. Als Härtegründe kommen in Betracht fehlender oder noch nicht bezugsfertiger Ersatzwohnraum, hohes Alter, Behinderung, Erkrankung etc; siehe zu Einzelheiten bei der Kommentierung zu § 574 BGB. Der Anwendungsbereich der Sozialklausel ist eingeschränkt. Einmal gelten §§ 574 ff. BGB nur für Wohnraummietverhältnisse[20]; zum anderen greifen sie nur bei einer ordentlichen Kündigung oder einer außerordentlichen Kündigung des Vermieters mit gesetzlicher Frist ein, nicht aber bei einer fristlosen außerordentlichen Kündigung oder wenn der Vermieter eine solche hätte aussprechen können (§ 574 Abs. 1 S. 2 BGB) und gleichfalls nicht bei einer Kündigung des Mieters sowie bei einem Mietaufhebungsvertrag.[21] Wenn ein Härtegrund vorliegt und durch Widerspruch geltend gemacht wird, dann sind die Kündigungswirkungen gehemmt bzw. in der Schwebe[22], bis die Parteien sich über eine Fortsetzung des Vertrages geeinigt haben oder das Gericht eine Fortsetzung ausgesprochen hat. Dann entfällt aber schon die Rückgabepflicht als Voraussetzung der Vorenthaltung und eines daraus resultierenden Schadens; ein Verschulden des Mieters spielt in dieser Konstellation keine Rolle. Besteht ein Härtegrund, macht der Mieter ihn aber trotz Kenntnis des Widerspruchsrechtes und des Fortsetzungsanspruchs nicht geltend, dann gibt es keinen Grund, den Verschuldensmaßstab zu senken[23]; denn die Fristgebundenheit des Widerspruchs in § 574 b BGB soll den Vermieter schützen, der ein Interesse daran hat, für die Zeit nach Vertragsbeendigung über das Mietobjekt disponieren zu können. Hat er weitervermietet, drohen ihm Schadensersatzforderungen des neuen Mieters, die er mangels Verschulden des alten Mieters uU nicht weitergeben kann, wenn man das bloße Vorliegen eines Härtegrundes auf Seiten des Mieters ausreichen lassen würde. § 308 a ZPO führt zu keiner anderen Betrachtungsweise, da durch diese Vorschrift nur das Fortsetzungsverlangen bzw. dessen Geltendmachung im Prozess entbehrlich ist, nicht aber der Widerspruch des Mieters gem. §§ 574, 574 b BGB. Das bloße Bestehen eines Härtegrundes kann als Maßstab für die Zumutbarkeit der Rückgabe aber ausreichen, wenn der Mieter das Widerspruchsrecht nicht kennt. Eine Rechtsunkenntnis schadet dem Mieter entgegen den oben dargestellten Grund- 9

---

[13] Wie → Rn. 4 ausgeführt geht es bei § 571 BGB nur um Vorenthaltungsschäden, also auch nur um Pflichtverletzungen, die zu einer Vorenthaltung führen.

[14] BGH XII ZR 34/12, NJW 2013, 3232.

[15] MüKoBGB/*Grundmann,* 5. Aufl. 2009, § 276 Rn. 77/78.

[16] LG Siegen WuM 1990, 208.

[17] Siehe näher bei MüKoBGB/*Grundmann,* 7. Aufl. 2016, § 276 Rn. 74, 78.

[18] Staudinger/*Rolfs* BGB § 571 Rn. 6.

[19] §§ 721, 765 a ZPO sind an sich auch geeignet, den Maßstab für die Zumutbarkeitsanforderungen vorzugeben. Zu § 721 ZPO gibt es aber eine spezielle Regelung in § 571 Abs. 2 BGB. § 765 a ZPO spielt erst unmittelbar vor der Vollstreckung eine Rolle; iÜ sind die dort maßgeblichen Härtegründe auch iRd § 574 BGB relevant.

[20] → BGB § 574 Rn. 2.

[21] → BGB § 574 Rn. 14 f.

[22] Die dogmatischen Einzelheiten sind umstritten, über das Ergebnis besteht aber Einigkeit; → BGB § 574 a Rn. 10 sowie MüKoBGB/*Häublein* § 574 Rn. 29, § 574 a Rn. 4.

[23] Ähnlich MüKoBGB/*Häublein* § 571 Rn. 7; Staudinger/*Rolfs* BGB § 571 Rn. 6 will den Verschuldensmaßstab auch ohne Erhebung des Widerspruchs senken. Ebenso wohl LG Hamburg, wenn es einen kurzen Zwischenumzug für unzumutbar hält, dabei aber die Voraussetzungen der §§ 574 ff. BGB nicht prüft.

sätzen ausnahmsweise nämlich nicht; auch eine Erkundigungspflicht besteht nicht. Das ergibt sich aus der in § 574b BGB geregelten Belehrungspflicht des Vermieters über das Widerspruchsrecht, das bei fehlender Belehrung erst nach einem ersten Gerichtstermin in einem Räumungsrechtsstreit verloren geht; dabei geht das Gesetz davon aus, dass der Richter die Belehrung gem. § 139 ZPO in diesem ersten Termin nachholt.[24] Wenn der Vermieter nicht belehrt, ist er in Bezug auf seine Dispositionen auf das Mietverhältnis auch nicht schutzwürdig und er hat es ggf. hinzunehmen, wenn er einen Regressanspruch gegen den Mieter verliert. Wird trotz Widerspruchs ein Härtefall vom Gericht nicht anerkannt, dann kann dies entsprechend den oben dargestellten Grundsätzen zur erheblich unklaren Rechtslage ein Verschulden entfallen lassen, wenn in hohem Maße offen erscheinen durfte, ob der Härtegrund durchgreift.[25] Weil es sich um ermessensgetragene Einzelfallentscheidungen handelt, dürfte das nicht selten in Betracht kommen.[26] Bestand kein oder kein ausreichender[27] Härtegrund und war die Situation auch nicht in dem vorbeschriebenen Sinn unklar, erhebt der Mieter aber dennoch Widerspruch gegen die Kündigung, dann sind zwar die Kündigungswirkungen zunächst gehemmt[28]; nach Ende der Verhandlungen bzw. nach gerichtlicher Ablehnung der Fortsetzung treten die Kündigungswirkungen aber rückwirkend ein[29] und der Mieter hat eine Vorenthaltung zu vertreten, da er den Widerspruch zu Unrecht erhoben hat.

### C. Beschränkung nach Billigkeit (Abs. 1 S. 2, 3)

10 Durch § 571 Abs. 1 S. 2 BGB wird die Höhe des zu ersetzenden Vorenthaltungsschadens (nicht der sonstigen Schäden[30]) begrenzt. Relevant wird die Regelung nur, wenn den Mieter entsprechend den obigen Ausführungen ein Verschulden trifft, da er ohne Verschulden gar nicht haftet. Angesichts des Umstandes, dass die in § 571 Abs. 1 S. 1 BGB festgelegte Verschuldenshaftung des Mieters ohnehin den allgemeinen haftungsrechtlichen Grundsätzen entspricht, ist die Haftungsbeschränkung nach Billigkeitsgesichtspunkten der eigentliche **mieterschützende Kerngehalt** von § 571 Abs. 1 BGB. Hinter dieser Haftungsbeschränkung steht die Erwägung, dass den Mieter, der sich (erfolglos) auf seine sozialen Schutzrechte aus §§ 574ff. BGB (Sozialklausel) und § 721 ZPO (Räumungsfrist) beruft, nicht ein unangemessen hohes Schadensersatzrisiko tragen soll.[31] Deshalb sind Irrtümer oder Fehleinschätzungen der tatsächlichen oder rechtlichen Lage in stärkerem Maße zu berücksichtigen als bei der Prüfung des Verschuldens.[32] Klagt der Vermieter nur auf Feststellung der Schadensersatzpflicht des Mieters, ist die Haftungsbeschränkung nach Billigkeit nicht zu prüfen, da dies eine Frage der Schadenshöhe ist.[33]

11 In die **Abwägung,** welche Haftung der Billigkeit entspricht, sind **alle Umstände des Einzelfalls** einzubeziehen.[34] Sie kann dazu führen, dass es eine Haftungsbeschränkung nicht gibt, aber auch dazu, dass eine Haftung des Mieters auf Schadensersatz ausgeschlossen ist[35], er vielmehr nur Nutzungsentschädigung schuldet, die von § 571 BGB nicht berührt wird. Folgende Umstände können insbes. eine Rolle spielen[36]: Das Ausmaß und die Berechtigung des Irrtums, wegen dessen der Mieter davon ausging, er sei zur Rückgabe nicht verpflichtet, es lägen vielmehr Härtegründe gem. § 574 BGB vor oder ihm sei eine Räumungsfrist zu bewilligen; das Ausmaß seines Verschuldens; die Schwierigkeiten, angemessenen Ersatzwohnraum zu finden; seine persönlichen Verhältnisse (Alter, Krankheit, Behinderung etc); die (vom Vermieter zu vermittelnde) Kenntnis des Mie-

---

[24] → BGB § 574b Rn. 6.
[25] MüKoBGB/*Häublein* § 571 Rn. 7.
[26] MüKoBGB/*Häublein* § 571 Rn. 7.
[27] Nicht ausreichende Härtegründe können im Rahmen der Billigkeitsabwägung gem. § 571 Abs. 1 S. 2 BGB eine Rolle spielen.
[28] Die dogmatischen Einzelheiten sind umstritten, über das Ergebnis besteht aber Einigkeit; → BGB § 574a Rn. 10 sowie MüKoBGB/*Häublein* § 574 Rn. 29, § 574a Rn. 4.
[29] → BGB § 574a Rn. 10; außerdem MüKoBGB/*Häublein* § 574a Rn. 4.
[30] § 571 BGB betrifft nach den Ausführungen → Rn. 2 nur den Vorenthaltungsschaden (das ist im Wesentlichen Mietausfall; zu Einzelheiten und weiteren möglichen Vorenthaltungsschäden → BGB § 546a Rn. 96ff.).
[31] Ähnlich Staudinger/*Rolfs* BGB § 571 Rn. 7.
[32] Ähnlich Blank/Börstinghaus/*Blank* BGB § 571 Rn. 4.
[33] *LG Itzehoe ZMR 2018, 831.*
[34] MüKoBGB/*Häublein* § 571 Rn. 8; Staudinger/*Rolfs* BGB § 571 Rn. 8.
[35] LG München II ZMR 1987, 96; MüKoBGB/*Häublein* § 571 Rn. 8.
[36] MüKoBGB/*Häublein* § 571 Rn. 8; Staudinger/*Rolfs* BGB § 571 Rn. 8.

ters von einer Weitervermietung und des deswegen drohenden Schadens[37]; die Zumutbarkeit eines doppelten Umzuges oder einer sonstigen Zwischenlösung (Hotel, Verwandtschaft); das Gewicht von sonstigen Hinderungsgründen, die Wohnung zu räumen; eine Weitervermietung der Wohnung durch den Vermieter; die Höhe des Schadens unter Berücksichtigung der Vermögensverhältnisse von Mieter und Vermieter; die Dringlichkeit eines Eigenbedarfs; sonstige Interessen des Vermieters, die Wohnung zurückzuerlangen (für einen Verkauf, Sanierung etc). Zum **Zwangskauf durch den Mieter** im Wege des Schadensersatzes gem. § 281 BGB bei Verletzung der Rückgabepflicht → BGB § 546 a Rn. 86.

Eine Haftungsbegrenzung aus Billigkeitsgründen ist gem. § 571 Abs. 1 S. 3 BGB allerdings ausgeschlossen, wenn der **Mieter selbst gekündigt** hat.[38] Dann trägt er das Risiko, zum Beendigungszeitpunkt Ersatzwohnraum gefunden zu haben.[39] Das gilt auch bei außerordentlicher Kündigung des Mieters oder dann, wenn die ordentliche Kündigung durch ein vertragswidriges Verhalten des Vermieters veranlasst wurde.[40] Dem Mieter ist es nämlich auch in diesen Fällen möglich den Zeitpunkt des Vertragsendes zu steuern, indem er bei der ordentlichen Kündigung eine längere als die gesetzliche Mindestkündigungsfrist wählt oder indem er bei der außerordentlichen Kündigung zulässigerweise zu einem bestimmten Datum kündigt. Allerdings können dem Mieter bei einer vom Vermieter veranlassten Kündigung selbst Schadensersatzansprüche zustehen, die den Vorenthaltungsschaden des Vermieters begrenzen oder ausschließen.[41] Für Mietaufhebungsverträge gilt § 571 Abs. 1 S. 3 BGB nicht, eine Haftungsbegrenzung aus Billigkeitsgesichtspunkten gem. § 571 Abs. 1 S. 2 BGB ist also möglich.[42] Zwar beruht die Vertragsbeendigung auch hier – wie bei der Kündigung – auf einem Willensentschluss des Mieters; der klare Wortlaut von Satz 3 widerspricht aber einer Gleichbehandlung mit einer Kündigung. 12

## D. Räumungsfrist (Abs. 2)

§ 571 Abs. 2 BGB regelt die Folgen, die die Gewährung einer gerichtlichen Räumungsfrist auf den Schadensersatzanspruch des Vermieters hat. Im Unterschied zur Haftungsbeschränkung aus Billigkeitsgründen in § 571 Abs. 1 BGB schließt § 571 Abs. 2 BGB die Haftung des Mieters völlig aus, wenn diesem eine Räumungsfrist gem. §§ 721, 794 a ZPO bewilligt wurde.[43] Das gilt auch bei einer Kündigung des Mieters[44]; eine Einschränkung wie in § 571 Abs. 1 S. 3 ist in § 571 Abs. 2 nicht enthalten. Der **Haftungsausschluss** bezieht sich aber nicht auf jeglichen Schaden (etwa wegen Beschädigung, vertragswidrigen Gebrauchs oder Verstoß gegen Schönheitsreparatur- oder Rückbaupflichten), sondern nur auf den „weiteren Schaden" iSv § 546 a Abs. 2 BGB, also auf den Vorenthaltungsschaden[45] (das ist im Wesentlichen Mietausfall; zu Einzelheiten und weiteren möglichen Vorenthaltungsschäden → BGB § 546 a Rn. 96 ff.). Der Haftungsausschluss greift nicht nur für die Dauer der Räumungsfrist, sondern – so der Wortlaut des § 571 Abs. 2 BGB – vom Zeitpunkt der Beendigung des Mietverhältnisses an bis zum Ablauf der (ggf. gem. §§ 721 Abs. 3, 794 a Abs. 2 ZPO verlängerten[46]) Räumungsfrist. Ein früherer Auszug des Mieters ändert daran nichts.[47] Die Rückwirkung des Haftungsausschlusses auf den Zeitpunkt der Vertragsbeendigung hat seinen Grund darin, dass das Gesetz davon ausgeht, die Gründe für die Bewilligung einer Räumungsfrist hätten schon bei Vertragsende vorgelegen und seien in ihrer Schutzfunktion zu Gunsten des Mieters höher zu bewerten als das Rückerlangungsinteresse des Vermieters, das allerdings bei der Prüfung, ob eine Räumungsfrist bewilligt wird, zu berücksichtigen ist. Gibt der Mieter das Mietobjekt hingegen erst nach Ablauf der Räumungsfrist zurück, lebt der Schadensersatzanspruch wieder auf.[48] 13

[37] Möglicherweise hätte der Mieter sein Verhalten geändert, wenn er das Risiko eines höheren Schadens gekannt hätte.
[38] Satz 3 bezieht sich nur auf die Regelung zur Billigkeitshaftung in Satz 2, nicht aber auf Satz 1 (Staudinger/*Rolfs* BGB § 571 Rn. 9).
[39] Staudinger/*Rolfs* BGB § 571 Rn. 9.
[40] MüKoBGB/*Häublein* § 571 Rn. 9.
[41] MüKoBGB/*Häublein* § 571 Rn. 9.
[42] Staudinger/*Rolfs* BGB § 571 Rn. 9.
[43] LG Berlin GE 2017, 538.
[44] Staudinger/*Rolfs* BGB § 571 Rn. 12.
[45] Staudinger/*Rolfs* BGB § 571 Rn. 12.
[46] Staudinger/*Rolfs* BGB § 571 Rn. 11.
[47] MüKoBGB/*Häublein* § 571 Rn. 10.
[48] Staudinger/*Rolfs* BGB § 571 Rn. 11.

14 § 571 Abs. 2 BGB ist **nicht anwendbar** bei bloßer Gewährung von **Vollstreckungsschutz** gem. § 765a ZPO oder bei einstweiligen Anordnungen gem. §§ 707, 719, 732 Abs. 2, 766, 769 ZPO etc.[49] Gleiches gilt bei vertraglich **vereinbarter oder einseitig bewilligter Räumungsfrist.**[50] Einer Anwendung steht schon der eindeutige Wortlaut des § 571 Abs. 2 BGB entgegen.[51] Eine analoge Anwendung erscheint angesichts des Ausnahmecharakters der Regelung kaum möglich.[52] Abgesehen davon bieten die oben zu § 571 Abs. 1 BGB dargestellten Schuldausschließungsgründe bzw. die Haftungsbeschränkung aus Billigkeitsgründen hinreichenden Schutz für den Mieter. Eine Ausdehnung der pauschalen Bevorzugung der Mieterinteressen wie in § 571 Abs. 2 BGB ist weder notwendig noch angemessen. Bei Vereinbarungen zwischen Mieter und Vermieter bzw. bei einer einseitig bewilligten Räumungsfrist kommt hinzu, dass hiermit ggf. auch ein Verzug des Mieters und damit die Grundlage für einen Mietausfallschaden ausgeschlossen wird. Verallgemeinerungen verbieten sich aber, ein entsprechender Wille des Vermieters ist durch Auslegung der Einzelfallumstände zu ermitteln.[53] Zur **Untermiete** → Rn. 3.

15 Die Räumungsfrist muss **tatsächlich und rechtskräftig bewilligt** worden sein. Das folgt schon aus dem Wortlaut des § 571 Abs. 2 BGB. Nicht ausreichend sind demnach das bloße Vorliegen der für die Bewilligung maßgeblichen Umstände, wenn kein Antrag gestellt wurde[54] oder wenn der Mieter vor Bescheidung des Antrags ausgezogen ist. Gleichfalls ist nicht ausreichend, wenn die Bewilligung später vom Rechtsmittelgericht aufgehoben wird.[55] Zwar ist insbes. in letzterem Fall ein Vertrauen des Mieters in die Ausgangsentscheidung nicht zu leugnen und eine Verletzung dieses Vertrauens kann dazu geeignet sein, ihn von einer Wahrnehmung seiner Rechte (auf endgültigen Verbleib in der Wohnung oder für die Dauer einer Räumungsfrist) abzuhalten. Der Mieter kann aber ohne Antragstellung oder vor rechtskräftiger Entscheidung[56] kein sicheres Vertrauen haben, dass er völlig von einer Haftung befreit sein wird. Der Haftungsausschluss in § 571 Abs. 2 BGB ist nämlich letztlich nur dadurch zu rechtfertigen, dass dem Mieter gerichtlich bescheinigt wird, er dürfe bis zu einem bestimmten Zeitpunkt in der Wohnung verbleiben, weil seine Interessen höher bewertet werden als diejenigen des Vermieters. Ohne diese Klarheit und die Verbindlichkeit einer gerichtlichen Entscheidung ist der Mieter auf die Haftungsbeschränkungen auf Billigkeitsgründen gem. § 571 Abs. 1 S. 3 BGB verwiesen, bei der die Gründe, die für eine Räumungsfrist sprechen, und das Vertrauen des Mieters in eine erstinstanzliche Entscheidung zu berücksichtigen sind. Bei diesen Billigkeitserwägungen ist dann auch mit einzubeziehen, warum der Mieter ggf. einen Räumungsschutzantrag nicht gestellt hat.

## E. Abweichende Vereinbarungen (Abs. 3)

16 Gemäß § 571 Abs. 3 BGB sind zu Lasten des Mieters abweichende Vereinbarungen unwirksam. Das gilt sowohl für AGB-Klauseln als auch für Individualvereinbarungen. Es kann weder der Haftungsausschluss des § 571 Abs. 2 BGB bei Gewährung einer Räumungsfrist oder dessen zeitliche Beschränkung vereinbart werden, noch eine verschuldenslose Haftung des Mieters, noch eine Einschränkung der Billigkeitserwägungen.[57] Die Unwirksamkeit erfasst nicht nur abstrakt generelle Vereinbarungen der Parteien in dem Mietvertrag, sondern auch Vereinbarungen anlässlich der Räumung oder sonstige Vereinbarungen und Vergleiche, in denen ein konkreter Schaden festgelegt ist, der von dem nach § 571 BGB Geschuldeten abweicht.[58] Das gilt aber nicht uneingeschränkt,

---

[49] LG Ellwangen WuM 1992, 247; MüKoBGB/*Häublein* § 571 Rn. 10.

[50] IErg ebenso MüKoBGB/*Häublein* § 571 Rn. 10; s. im Zusammenhang mit der Problematik des Zwangskaufs (dazu → BGB § 546a Rn. 86) auch *Klinck* DMT-Bilanz 2011, 309 (310).

[51] LG Ellwangen WuM 1992, 247.

[52] Ein entsprechender Vorschlag von *Blank* NZM 2001, 169 gegenüber dem Rechtsausschuss des Bundestages bei der Anhörung zur Mietrechtsreform wurde nicht umgesetzt.

[53] BGH VIII ZR 258/86, NJW-RR 1987, 907; **aA,** nämlich für einen Ausschluss des Verzuges in diesen Fällen Staudinger/*Rolfs* BGB § 571 Rn. 10.

[54] **AA** LG Münster ZMR 1972, 279.

[55] Blank/Börstinghaus/*Blank* BGB § 571 Rn. 6; **aA** LG Siegen WuM 1990, 208; Staudinger/*Rolfs* BGB § 571 Rn. 11; MüKoBGB/*Häublein* § 571 Rn. 10; danach tritt Verzug mit Zustellung der Rechtsmittelentscheidung ein.

[56] Das Risiko der Abänderung durch ein Rechtsmittelgericht trifft den Mieter grds. wie jeden anderen Rechtssuchenden.

[57] Staudinger/*Rolfs* BGB § 571 Rn. 13.

[58] MüKoBGB/*Häublein* § 571 Rn. 12.

wenn durch einen Vergleich eine tatsächliche oder rechtliche Unsicherheit beseitigt werden sollte.[59]

## F. Beweislast

Der Vermieter muss – wie allgemein – die Voraussetzungen seines Schadensersatzanspruchs darlegen und beweisen, der Mieter die Voraussetzungen, die sein Verschulden ausschließen.[60] Die Billigkeitsentscheidung gem. §571 Abs. 1 S. 3 BGB beruht auf einer Abwägung der beiderseitigen Interessen. Jede Partei hat dabei die von ihr angeführten oder die ihr günstigen Umstände darzulegen und zu beweisen.[61] 17

59 Siehe MüKoBGB/*Habersack*, 6. Aufl. 2013, §779 Rn. 12 für die vergleichbare Problematik im Verbraucherschutzrecht.
60 MüKoBGB/*Häublein* §571 Rn. 11.
61 MüKoBGB/*Häublein* §571 Rn. 11.

## § 572 Vereinbartes Rücktrittsrecht; Mietverhältnis unter auflösender Bedingung

**(1) Auf eine Vereinbarung, nach der der Vermieter berechtigt sein soll, nach Überlassung des Wohnraums an den Mieter vom Vertrag zurückzutreten, kann der Vermieter sich nicht berufen.**

**(2) Ferner kann der Vermieter sich nicht auf eine Vereinbarung berufen, nach der das Mietverhältnis zum Nachteil des Mieters auflösend bedingt ist.**

### Systematische Übersicht



### A. Zweck, Anwendungsbereich

1 Nach **§ 572 Abs. 1 BGB** kann sich der Vermieter nicht auf ein zu seinen Gunsten vereinbartes Rücktrittsrecht berufen. Nach **§ 572 Abs. 2 BGB** kann sich der Vermieter nicht auf eine zum Nachteil des Mieters gereichende auflösende Bedingung berufen. **Zweck** der Vorschrift ist es, dass die zugunsten des Wohnraummieters bestehenden Kündigungsschutzvorschriften nicht durch die Vereinbarung eines Rücktritts oder einer auflösenden Bedingung umgangen werden.[1] Der Vermieter kann das Mietverhältnis nur beenden, wenn ein Kündigungstatbestand vorliegt.

2 Entsprechende Regelungen gab es vor der zum 1.9.2001 in Kraft getretenen Mietrechtsreform in §§ 565 a Abs. 2, 570 a aF BGB. § 572 BGB gilt **nur für Wohnraummietverhältnisse** iSv § 549 BGB, und zwar uneingeschränkt, also auch für die in § 549 Abs. 2, 3 BGB aufgeführten Mietverhältnisse trotz deren eingeschränkten Kündigungsschutzes und für Wohnungen gem. §§ 576, 576 b BGB. Auf Pachtverhältnisse, Mietverhältnisse über bewegliche Sachen und solche gem. § 578 BGB (also insbes. **Grundstücks- und Geschäftsraummiete**) ist § 572 BGB nicht anwendbar, also auch nicht auf Zwischenmietverhältnisse gem. § 572 Abs. 3 BGB, für die ansonsten weitgehend die Kündigungsschutzvorschriften des Wohnraummietrechts gelten; zu Bedingungen und Befristungen bei solchen Mietverhältnissen → BGB § 542 Rn. 228.

### B. Vereinbartes Rücktrittsrecht (Abs. 1)

3 § 572 Abs. 1 BGB beschränkt die Möglichkeit des Vermieters, sich einseitig und unabhängig von den zum Nachteil des Mieters unabdingbaren gesetzlichen Kündigungsgründen durch Rücktritt vom Vertrag zu lösen. Die Regelung setzt schon nach ihrem Wortlaut voraus, dass der Rücktritt *vertraglich* vorbehalten sein muss, so dass es auf die nicht abschließend[2] geklärte Frage, ob das mietrechtliche Kündigungsrecht nach Überlassung der Mietsache *gesetzliche* Rücktrittsrechte gem. §§ 323 ff. BGB vollständig verdrängt, nicht ankommt; einen gesetzlichen Rücktritt gibt es im Mietrecht nicht. Ein Rücktrittvorbehalt ist vereinbart, wenn ein Vertragsteil nach den vertraglichen Vereinbarungen berechtigt sein soll, den Vertrag durch einseitige Erklärung zu beenden und in ein Rückabwicklungsschuldverhältnis gem. §§ 346 ff. BGB umzuwandeln. Deswegen gilt § 572 Abs. 1 BGB gleichfalls für Rechte, die wie ein Rücktritt wirken, also etwa für die Vereinbarungen zum Widerruf der vertragsschließenden Willenserklärung.[3]

4 Rücktrittsvereinbarungen sind nicht schlechthin unzulässig und damit unwirksam, im Gegenteil. **Zugunsten des Mieters** gibt es in § 572 Abs. 1 BGB keine Einschränkungen. **Zugunsten**

---

[1] BT-Drs. 14/4553, 64.
[2] Siehe BGH VIII ZR 120/66, NJW 1969, 37.
[3] MüKoBGB/*Häublein* § 572 Rn. 2.

**des Vermieters** sind Rücktrittsvereinbarungen aber nur für die Zeit vor Überlassung der Mietsache (= Besitzverschaffung) möglich; bis zur Überlassung erscheint der Mieter dem Gesetz offenbar weniger schutzbedürftig zu sein. Weitergehende Rücktrittsvereinbarungen für die Zeit nach Überlassung sind teilunwirksam, indem § 572 Abs. 1 BGB dem Vermieter das Recht nimmt, sich hierauf zu berufen. Die teilunwirksame Vereinbarung eines Rücktrittsrecht zugunsten des Vermieters stellt noch keine Pflichtverletzung dar, pflichtwidrig ist erst eine Ausübung nach Überlassung. Dann kann der Vermieter Schadensersatz nach den Grundsätzen der unberechtigten Kündigung schulden.

Soweit Rücktrittsvorbehalte gem. § 572 Abs. 1 BGB zulässig sind, ist ggf. eine **AGB-Kontrolle** 5 durchzuführen. Da AGB-Verwender meist der Vermieter sein wird, ist insbes. § 308 Nr. 3 BGB zu beachten, wonach die Vereinbarung eines Rücktritts ohne sachlich gerechtfertigten und im Vertrag angegebenen Grund unwirksam ist. Die Vorschrift gilt zwar an sich nicht für Dauerschuldverhältnisse, eine Rückausnahme macht der BGH[4] aber für die Zeit vor Überlassung der Mietsache, also genau der Zeit, für die der Vermieter nach dem Vorgesagten gem. § 572 Abs. 1 BGB die Möglichkeit hat, zu seinen Gunsten ein Rücktrittsrecht zu vereinbaren.

Der Rücktritt erfolgt durch **Erklärung** gegenüber dem anderen Teil (§ 349 BGB). Mangels 6 anderweitiger Vereinbarung bedarf er keiner besonderen Form und keiner Begründung. Ein wirksam erklärter Rücktritt hat zur Folge, dass sich der Mietvertrag ex nunc in ein **Rückabwicklungsschuldverhältnis** gem. §§ 346 ff. BGB umwandelt, das nach den dortigen Regeln zu vollziehen ist. Zwar können insbes. die Gebrauchsüberlassung und die daraus folgende Nutzung der Mietsache nicht rückgängig gemacht werden; in diesem Fall sieht das Rücktrittsrecht jedoch einen Wertausgleich vor. Dieser mag nach Überlassung der Mietsache zu Unzuträglichkeiten führen[5]; da in dieser Phase aber nur der Mieter zurücktreten kann und es nur um die Ausübung eines vereinbarten Rücktrittsrechts geht, hat auch der Mieter es in der Hand, diese Unzuträglichkeiten zu vermeiden und stattdessen von seinem Kündigungsrecht Gebrauch zu machen. Ansonsten sind die Rückabwicklungsschwierigkeiten nicht größer als nach einer Anfechtung, die auch bei Mietverträgen möglich ist.[6]

Ein unwirksamer Rücktritt kann in eine Kündigungserklärung **umgedeutet** werden, wenn die 7 für die Kündigung maßgeblichen formellen und materiellen Voraussetzungen vorliegen. Die Kündigung muss also gem. § 568 BGB schriftlich erfolgen und – abhängig vom Kündigungstatbestand – mit Kündigungsgründen versehen sein.

## C. Auflösende Bedingung (§ 572 Abs. 2 BGB)

### I. Abgrenzung

§ 572 Abs. 2 BGB begrenzt die Möglichkeit, den Mietvertrag unabhängig von den zum Nachteil 8 des Mieters unabdingbaren gesetzlichen Kündigungsgründen durch Vereinbarung einer **auflösenden Bedingung** gem. § 158 Abs. 2 BGB zu beenden. Ein auflösende Bedingung liegt vor, wenn das Ende des Mietverhältnisses vereinbarungsgemäß von einem künftigen Ereignis abhängen soll, dessen Eintritt ungewiss ist. Diese Ungewissheit schließt es aus, in § 572 Abs. 2 BGB wie in § 572 Abs. 1 BGB nach der Zeit vor und nach Überlassung zu differenzieren.[7] Die auflösende Bedingung ist abzugrenzen von der aufschiedenden Bedingung gem. § 158 Abs. 1 BGB und der Befristung. Bei der **aufschiebenden Bedingung** entstehen die Leistungspflichten erst mit Eintritt eines ungewissen Ereignisses. Da deshalb die Wohnung vor Bedingungseintritt noch nicht zu überlassen ist, ist der Schutzzweck des § 572 BGB nicht betroffen. Praktische Bedeutung hat die aufschiebende Bedingung bei (Räumungs-)Vergleichen nach Zahlungsverzugskündigungen (→ Rn. 12). Bei einer **Befristung** gem. § 163 BGB ist das rechtsverändernde Ereignis im Gegensatz zur Bedingung gewiss, es hängt vom (nicht notwendig feststehenden) Zeitablauf ab. Die Zulässigkeit solcher Befristungen richtet sich im Wohnraummietrecht ausschließlich nach § 575 BGB, da ansonsten für eine Vertragsbeendigung eine Kündigung (nebst Kündigungsgrund) erforderlich ist. Zu Bedingungen

---

4 BGH VIII ZR 258/07, NJW 2009, 575.
5 Siehe BGH VIII ZR 120/66, NJW 1969, 37.
6 BGH XII ZR 67/06, NJW 2009, 1266.
7 **AA** Staudinger/*Rolfs* BGB § 572 Rn. 13.

und Befristungen bei Mietverhältnissen, die keine Wohnraummietverhältnisse sind, → BGB § 542 Rn. 228.

9 Die Abgrenzung von auflösender Bedingung und Befristung kann im Einzelfall schwierig sein. Sie hängt von den übereinstimmenden Vorstellungen der Parteien ab.[8] Maßgeblich ist, ob sie sich den Eintritt des Ereignisses als sicher oder nur als möglich *vorstellen.* Ein Mietverhältnis „bis zum Abbruch eines Hauses" ist ein befristetes Mietverhältnis, wenn der Abbruch mit Sicherheit feststeht, der Zeitpunkt des Abbruchs aber ungewiss ist. Wird der Abbruch dagegen nur als Möglichkeit in Erwägung gezogen, so liegt ein auflösend bedingtes Mietverhältnis vor. Ungewissheit besteht auch dann, wenn die Parteien den Eintritt des Ereignisses zwar für wahrscheinlich halten, aber letztlich ungewiss sind, ob es tatsächlich eintritt; lediglich die Ungewissheit des Bedingungseintritts führt zur Geltung des § 572 Abs. 2 BGB. Im Zweifelsfall ist nach **Beweislastgrundsätzen** zu entscheiden. Darlegungs- und beweispflichtig für die Art der Bedingung ist derjenige, der aus einer bestimmten Vertragsgestaltung Rechte für sich herleiten will.[9] Klagt der Vermieter nach Eintritt des Ereignisses auf Räumung und ist streitig, ob die Parteien den Eintritt des Ereignisses bei Vertragsschluss als gewiss (Befristung) oder ungewiss (auflösende Bedingung) angesehen haben, so muss der Vermieter die Befristung des Mietverhältnisses beweisen.

## II. Beispiele

10 **Ungewisse Ereignisse** iSv § 572 Abs. 2 BGB sind: Vermietung einer **Werkwohnung** bis zum Ende des Arbeitsverhältnisses[10]; **Untermiete** bis zur Beendigung des Hauptmietvertrags[11]; **Nutzungsvertrag mit einer Wohnungsgenossenschaft** bis zum Ende der Mitgliedschaft in der Genossenschaft[12]; Miete eines Zimmers in einem **Studentenwohnheim** bis zur Beendigung des Studiums; **Mietverhältnis mit mehreren Mietern** bis zum Auszug eines Mieters[13]; Vertragsende mit Versagung einer **behördlichen Erlaubnis** bzw. mit einer behördliche Nutzungsuntersagung.[14]

11 Ein **Mietverhältnis auf Lebenszeit** des Mieters oder Vermieters wird überwiegend als befristetes Mietverhältnis bewertet, weil der Tod der Partei mit Gewissheit eintreten wird.[15] Dem ist jedenfalls für das auf Lebenszeit des Mieters geschlossene Mietverhältnis entgegenzutreten. Da die Problematik nach dem Tod des Mieters in Zusammenhang mit dem Übergang des Mietverhältnisses auf die gem. § 563 BGB Berechtigten relevant wird, sei auf die dortigen Ausführungen verwiesen (→ BGB § 563 Rn. 12).

12 Auch Vergleiche der Vertragsparteien nach Zahlungsverzugskündigungen können auflösende Bedingungen enthalten. Nicht selten vereinbaren Mieter und Vermieter nach einer Zahlungsverzugskündigung in einem gerichtlichen **Räumungsvergleich,** dass der Mieter die rückständige Miete (ratenweise) zurückführt und (nur) im Fall der Säumnis mit der Begleichung des Rückstands oder der laufenden Miete zur Räumung verpflichtet ist.[16] Der BGH[17] hat in einer ähnlichen Vereinbarung in einem gerichtlichen Vergleich kein gem. § 555 BGB unwirksames Vertragsstrafeversprechen gesehen, wenn der Räumungsanspruch bei Zugrundelegung des vergleichsweise festgestellten Mietrückstands begründet war, und die Räumung nach Eintritt des Zahlungsverzugs des Mieters für zulässig gehalten. Hierbei hat der BGH allerdings übersehen, dass das ursprüngliche Mietverhältnis durch die Zahlungsverzugskündigung beendet war und nach dem Willen der Parteien mit dem Vergleich ein neues, aber durch die pünktliche Zahlung auflösend bedingtes Mietverhältnis zustande kam, weil der Mieter die Wohnung nur dann räumen sollte, wenn er seinen Zahlungsverpflichtungen in Bezug auf die laufende *Miete* (und die Rückstandstilgung) in Zukunft nicht nachkam.[18] Dementsprechend hat der BGH zur Unzulässigkeit derartiger Bedingungen gem. § 572 Abs. 2 BGB nicht Stellung genommen. § 572 Abs. 2 BGB kann als eine Art halbzwingende

[8] BayObLG NJW-RR 1993, 1164; BGH VIII ZR 175/73, NJW 1975, 776.
[9] BGH VIII ZR 272/08, NZM 2010, 39.
[10] BGH VIII ZR 191/18, NJW-RR 2021, 84 Rn. 41; LG Berlin GE 2004, 890.
[11] LG Osnabrück WuM 1994, 24.
[12] LG Berlin MM 1992, 354.
[13] LG Göttingen WuM 1989, 184.
[14] BGH XII ZR 95/07, NZM 2009, 433.
[15] *Siehe nur* BayObLG NJW-RR 1993, 1164.
[16] Zu weiteren Konstellationen s. *Hinz* WuM 2015, 273 ff.
[17] BGH VIII ZR 272/08, NJW 2010, 859; dem sich anschließend LG Berlin GE 2016, 725.
[18] *Blank* NZM 2010, 31.

Norm verstanden werden, wenn sie nur dem Vermieter verwehrt sich auf eine auflösende Bedingung zu berufen. Dennoch erscheint es nicht zulässig, die für halbzwingende Normen vorgeschlagene[19] Saldierung von Vor- und Nachteilen durchzuführen und so ggf. zu einer Wirksamkeit der Bedingung zu kommen. Denn auch wenn es nicht zu leugnen ist, dass der Mieter mit einer solchen Vereinbarung seine Wohnung erhalten kann und viele Vermieter sie ohne wirksame Bedingung nicht schließen würden, ist bei § 572 Abs. 2 BGB eine solche Saldierung nicht zulässig[20], weil der Gesetzgeber sie mit der Regelung schon vorgenommen hat. Ein nur vorübergehender Bestand der Wohnung bis zum Bedingungseintritt ist Voraussetzung der Norm und der Wohnungsverlust bei Bedingungseintritt soll verhindert werden. Dieser Verlust eines schon geschlossenen, aber auflösend bedingten Mietvertrags geht über einen bloßen Rechteverzicht des Vermieters (den Verzicht auf die Räumungsvollstreckung) hinaus.[21] **Zulässig ist es allerdings,** wenn die Parteien ein neues Mietverhältnis aufschiebend bedingt schließen, da aufschiebende Bedingungen durch § 572 Abs. 2 BGB nicht erfasst werden (→ Rn. 8). Bis zum Bedingungseintritt besteht ein vertragsloser Zustand, auf den nicht die Vorschriften des Mietrechts Anwendung finden[22], sondern die Regeln über eine gestattete Weiternutzung nach Vertragsende (→ BGB § 546a Rn. 16). Insbesondere schuldet der „Mieter" keine Miete, sondern Nutzungsentschädigung gem. § 546a BGB und der Vermieter ist nicht zur Gebrauchsgewährung verpflichtet, er muss den Gebrauch nur dulden, indem er bis zum Bedingungseintritt auf Vollstreckung verzichtet. All dies sind keine bloß semantischen Unterschiede im Vergleich zur Situation bei sofortigem Abschluss eines Mietvertrages unter einer auflösenden Bedingung. Der vorübergehend vertragslose Zustand muss von den Parteien vielmehr ernstlich etwa im Sinne eines **Vollstreckungsmoratoriums** gewollt sein, damit nicht eine Umgehung von § 572 Abs. 2 BGB vorliegt.[23] Eine Umgehung wird sich vor allem an der Dauer des Moratoriums festmachen. Vorgeschlagen wurde eine Höchstdauer von einem Jahr[24], was man als Richtschnur gelten lassen kann, die aber im Einzelfall an Hand von Rückstandshöhe und Leistungsfähigkeit des „Mieters" überprüft werden muss. Eine Umgehung dürfte immer vorliegen, wenn es **keine zu tilgenden Rückstände** gibt, sondern nur das laufende Nutzungsentgelt. Dann handelt es sich sozusagen um ein Mietverhältnis auf Probe, welches das Gesetz nicht zuläßt.

### III. Zum Nachteil des Mieters

§ 572 Abs. 2 BGB gilt nur für auflösende Bedingungen **zum Nachteil des Mieters.**[25] Hierunter sind solche Bedingungen zu verstehen, die im Interesse des Vermieters an der Rückerlangung der Wohnung bei Eintritt eines bestimmten Ereignisses vereinbart worden sind. Die Vereinbarung einer auflösenden Bedingung **ausschließlich**[26] **zum Vorteil des Mieters** ist wirksam (Beispiel: „Das Mietverhältnis endet, wenn der Mieter in ein Alten- oder Pflegeheim umzieht"). Solche Mietverhältnisse enden kraft Gesetzes mit dem Eintritt der Bedingung; auf diese Rechtsfolge können sich beide Parteien berufen. Kann sich eine Bedingung **sowohl zum Vorteil als auch zum Nachteil des Mieters** auswirken, so ist § 572 Abs. 2 BGB anwendbar. Ist bspw. im Interesse des Mieters vereinbart, dass das Mietverhältnis enden soll, wenn der Mieter an einen anderen Ort versetzt wird, so hätte die Anwendung des § 158 Abs. 2 BGB zur Folge, dass das Mietverhältnis auch dann endet, wenn der Mieter trotz des Eintritts der Bedingung am Mietvertrag festhalten will. Weil sich eine derartige Vereinbarung nicht nur zum Vorteil des Mieters auswirken kann, wird auch hier § 158 Abs. 2 BGB durch § 572 Abs. 2 BGB verdrängt.[27] Der Eintritt der Bedingung führt also nicht zur Beendigung des Mietverhältnisses. 13

---

[19] *Lehmann-Richter* WuM 2010, 3.
[20] **AA** wohl *Hinz* WuM 2015, 271.
[21] Einen solchen bloßen Rechteverzicht nimmt *Hinz* WuM 2015, 271 an und sieht deshalb eine mit BGH VIII ZR 272/08, NJW 2010, 859 vergleichbare Situation.
[22] **AA** MüKoBGB/*Häublein* § 572 Rn. 4.
[23] Ähnlich MüKoBGB/*Häublein* § 572 Rn. 4; *Hinz* WuM 2015, 273, auch zu weiteren tatsächlichen, insbes. außergerichtlichen Konstellationen.
[24] *Hinz* WuM 2015, 277.
[25] BT-Drs. 14/4553, 65.
[26] MüKoBGB/*Häublein* § 572 Rn. 5.
[27] AnwK WohnraummietR/*Lammel* BGB § 572 Rn. 13.

## IV. Rechtsfolgen

### 1. Kündigung vor Bedingungseintritt

14 Die Frage, ob ein unter einer auflösenden Bedingung geschlossener Mietvertrag vor Bedingungseintritt ordentlich gekündigt werden kann, ist umstritten. Nach einer Auffassung sind solche Verträge wie andere unbefristete Mietverhältnisse zu behandeln mit der Folge, dass sie vor Bedingungseintritt ordentlich gekündigt werden können[28] Nach einer weiteren Auffassung sind solche Verträge nicht ordentlich kündbar; denn mit der Aufnahme der Bedingung solle nicht eine Lösungsmöglichkeit zusätzlich zum Kündigungsrecht geschaffen, sondern der Bestand des Vertrags einzig vom Eintreten der Bedingung abhängig gemacht werden.[29] Nach einer dritten Auffassung ist auf den beim Vertragsschluss zum Ausdruck kommenden Willen der Parteien abzustellen[30]: Solle die auflösende Bedingung der alleinige Grund für die Vertragsbeendigung sein, sei das Nutzungsverhältnis vor Eintritt der Bedingung grds. nicht ordentlich kündbar. Sei die auflösende Bedingung dagegen nur als spätestmöglicher Beendigungszeitpunkt bestimmt, könne das Nutzungsverhältnis auch schon vor Bedingungseintritt ordentlich gekündigt werden. Die letzgenannte Auffassung trifft im Ansatz zu. Wenn die Parteien Vereinbarungen über die Vertragsbeendigung durch Bedingungseintritt treffen, ist die Reichweite dieser Vereinbarung eine schlichte **Frage der Auslegung** dahingehend, ob weitergehende Abreden zum Kündigungsrecht getroffen werden sollten. Bei der Wohnraummiete ist allerdings zu beachten, dass das Kündigungsrecht für den Mieter in AGB nur zeitlich befristet ausgeschlossen werden kann (→ BGB § 575 Rn. 78).

15 Bei Mietverhältnissen über **Werkwohnungen,** die unter der auflösenden Bedingung der Beendigung des Arbeitsverhältnisses geschlossen werden, ist im Zweifel ein Kündigungsverzicht des Vermieters vor Beendigung des Arbeitsverhältnisses mit vereinbart. Entsprechendes wird für ein Mietverhältnis in einem **Studentenwohnheim** gelten, wenn der Mietvertrag vereinbarungsgemäß mit dem Abschluss des Studiums enden soll. Bei Untermietverhältnissen, die vereinbarungsgemäß mit der Auflösung des Hauptmietverhältnisses enden sollen, wird dagegen im Zweifel keine Kündigungsbeschränkung vereinbart.

### 2. Beendigung durch Bedingungseintritt

16 Nach § 158 Abs. 2 BGB endet die Wirkung eines Rechtsgeschäfts mit dem Eintritt der Bedingung. Daraus folgt zunächst, dass bei Eintritt einer auflösenden Bedingung, die sich ausschließlich **zu Gunsten des Mieter** auswirken kann, das Mietverhältnis mit dem Eintritt der Bedingung automatisch endet; § 572 Abs. 2 BGB erfasst diesen Fall nicht (→ Rn. 13). Die Rechtsfolge des § 158 Abs. 2 BGB wird durch § 572 Abs. 2 BGB nur für solche auflösenden Bedingungen abgeändert, die – jedenfalls auch (→ Rn. 13) – **zum Nachteil des Wohnungsmieters** gereichen können. Derartige Bedingungen sind allerdings nicht vollständig unwirksam, sondern nur zu Lasten des Vermieters (personale Teilunwirksamkeit).[31] Das folgt sowohl aus dem Wortlaut der Vorschrift, die nur dem Vermieter verwehrt, sich auf die Bedingung zu berufen. Außerdem entspricht diese Sicht dem Willen des Gesetzgebers, der allein den Vermieter beschränken wollte bei Wirksamkeit des Vertrages iÜ[32], wozu auch die Bedingung gehört.

17 Der Eintritt der – dem Mieter nachteiligen – Bedingung führt nicht zur Vertragsbeendigung, notwendig ist wegen der personalen Teilunwirksamkeit vielmehr, dass sich der **Mieter hierauf beruft.**[33] Das führt zu einem für den Vermieter misslichen **Schwebezustand** und zu Rechtsunsicherheit. Da der Mietvertrag nicht beendet ist, bevor sich der Mieter auf den Bedingungseintritt beruft, erscheint eine entsprechende Anwendung des § 545 Abs. 1 BGB[34] zur Vermeidung eines vertragslosen Zustands nicht notwendig, dies zumal als hierdurch dem Mieter zur Rechtewahrung

---

[28] Palandt/*Weidenkaff* BGB § 572 Rn. 5.

[29] AnwK WohnraummietR/*Lammel* BGB § 572 Rn. 13.

[30] Staudinger/*Rolfs* BGB § 572 Rn. 12; BGH XII ZR 95/07, NZM 2009, 433 für die vergleichbare Frage bei der Gewerbemiete.

[31] Staudinger/*Rolfs* BGB § 572 Rn. 9; MüKoBGB/*Häublein* § 572 Rn. 5; in diese Richtung tendiert auch BGH VIII ZR 191/18, NJW-RR 2021, 84 Rn. 42; zum Nachweis der anderen Meinungen s. → 14. Aufl. *2019, Rn. 4.*

[32] BT-Drs. 14/4553, 65; MüKoBGB/*Häublein* § 572 Rn. 5.

[33] MüKoBGB/*Häublein* § 572 Rn. 5.

[34] Dafür aber MüKoBGB/*Häublein* § 572 Rn. 5.

ggf. Erkundigungspflichten über die Rechtslage und eine Erklärungspflicht in relativ kurzer Zeit auferlegt werden. Vorzugswürdig erscheint daher, eine Nebenpflicht des Mieters zur Erklärung auf entsprechende Aufforderung des Vermieters hin anzunehmen.

## D. Abweichende Vereinbarungen

Die Vorschrift ist entsprechend ihrer Rechtsnatur unabdingbar.[35] 18

[35] **AA** *Pauly* ZMR 2015, 836 (837), individualvertraglich abdingbar.

## Unterkapitel 2. Mietverhältnisse auf unbestimmte Zeit

## § 573 Ordentliche Kündigung des Vermieters

**(1) [1]Der Vermieter kann nur kündigen, wenn er ein berechtigtes Interesse an der Beendigung des Mietverhältnisses hat. [2]Die Kündigung zum Zwecke der Mieterhöhung ist ausgeschlossen.**

**(2) Ein berechtigtes Interesse des Vermieters an der Beendigung des Mietverhältnisses liegt insbesondere vor, wenn**

1. **der Mieter seine vertraglichen Pflichten schuldhaft nicht unerheblich verletzt hat,**
2. **der Vermieter die Räume als Wohnung für sich, seine Familienangehörigen oder Angehörige seines Haushalts benötigt oder**
3. **der Vermieter durch die Fortsetzung des Mietverhältnisses an einer angemessenen wirtschaftlichen Verwertung des Grundstücks gehindert und dadurch erhebliche Nachteile erleiden würde; die Möglichkeit, durch eine anderweitige Vermietung als Wohnraum eine höhere Miete zu erzielen, bleibt außer Betracht; der Vermieter kann sich auch nicht darauf berufen, dass er die Mieträume im Zusammenhang mit einer beabsichtigten oder nach Überlassung an den Mieter erfolgten Begründung von Wohnungseigentum veräußern will.**

**(3) [1]Die Gründe für ein berechtigtes Interesse des Vermieters sind in dem Kündigungsschreiben anzugeben. [2]Andere Gründe werden nur berücksichtigt, soweit sie nachträglich entstanden sind.**

**(4) Eine zum Nachteil des Mieters abweichende Vereinbarung ist unwirksam.**

### Systematische Übersicht

## Alphabetische Schnellübersicht



## A. Einführung

1 Bis ca. 1971 konnte der Vermieter auch ein Wohnraummietverhältnis **ohne Gründe kündigen.** So ist es noch heute in der Gewerberaum- und Grundstücksmiete sowie bei der Vermietung beweglicher Sachen. Erst 1971 wurde dies durch das **Erste Wohnraumkündigungsschutzgesetz**[1] geändert. Seither ist die ordentliche Kündigung eines Wohnraummietverhältnisses davon abhängig, dass **Kündigungsgründe** vorliegen. Das Gesetz war zunächst befristet. Die Kündigungsschutzbestimmungen wurden durch das Zweite Wohnraumkündigungsschutzgesetz v. 18.12.1974[2] im Wesentlichen inhaltsgleich als §564b in das BGB aF aufgenommen. Durch das Mietrechtsreformgesetz v. 19.6.2001[3] wurde die Vorschrift als §573 BGB nF übernommen.[4]

2 Die **Wohnung ist ein besonderes Gut.**[5] Das BVerfG[6] hat dem **Besitzrecht des Mieters** an einer Wohnung sogar **Eigentumsqualität** beigemessen. Auf der anderen Seite kann sich der Vermieter auf die Eigentumsgarantie des Art. 14 GG berufen. Jedoch kann diese Privatnützigkeit des Eigentums beschränkt werden, soweit dies dem Wohle der Allgemeinheit dient. Das BVerfG verlangt, dass der Gesetzgeber die verfassungsrechtlich garantierte Freiheit und das Gebot einer sozialgerechten Eigentumsordnung bei Ausgestaltung des einfachen Rechts Rechnung tragen und die

[1] BGBl. I 1839; *Schmidt-Futterer* NJW 1972, 86; *Schopp* ZMR 1972, 1; *Sternel* WuM 1972, 185.
[2] BGBl. I 3603.
[3] BGBl. I 1149.
[4] Arbeitskommentar Neues Mietrecht/*Börstinghaus* BGB §573 S. 490ff.
[5] *Derleder* FS Blank, 2006, 673 spricht von „Sozialgut"; zu den Besonderheiten des Gutes Wohnen: *Conradi/Zöpel*, Wohnen in Deutschland – Not im Luxus, 1994, S. 44.
[6] BVerfGE 89, 1 = NJW 1993, 2035; *Depenheuer* NJW 1993, 2561; *Derleder* WuM 1993, 514 *Finger* ZMR 1993, 545; *Franke* DWW 1993, 281; *Roellecke* JZ 1995, 74; *Rüthers* NJW 1993, 2587; *Sternel* MDR 1993, 729.

schutzwürdigen Interessen aller Beteiligten in einen gerechten Ausgleich und ein ausgewogenes Verhältnis bringen muss. Dabei kommt der Ausstrahlungswirkung dies Grundrechts insbes. bei der Eigenbedarfskündigung eine besondere Bedeutung zu.[7] Das hat der Gesetzgeber mit dem „sozialen Mietrecht" getan.[8] Die beiden **Säulen**[9] **des sozialen Mietrechts** sind der Kündigungsschutz[10] und das Miethöherecht[11]. Dabei geht es immer um die Abwägung zwischen Vermieter- und Mieterinteressen.[12] Die Vorschriften sind aber kein Instrument zur Steuerung der Wohnungsversorgung bei unzureichendem Wohnungsangebot.

3 Dementsprechend wollen die §§ 573ff. BGB den Mieter hinsichtlich des Bestandes des Mietverhältnisses schützen. Dieser **Schutz** ist hinsichtlich des Bestands wiederum **zweistufig** vom Gesetzgeber geregelt.[13] Zunächst kann der Vermieter das Mietverhältnis nur dann ordentlich kündigen, wenn er ein **berechtigtes Interesse** an der Beendigung des Mietverhältnisses hat. Bei der Prüfung dieses berechtigten Interesses werden **Mieterinteressen nicht berücksichtigt.**[14] Liegt ein zur Kündigung berechtigendes Interesse des Vermieters an einer ordentlichen Kündigung des Mietverhältnisses vor, kann der Mieter sich **in einer zweiten Stufe** auf seine **persönlichen Härtegründe** oder fehlenden Ersatzwohnraum berufen. Die Mieterinteressen sind dann gegenüber den berechtigten Vermieterinteressen, die zur Kündigung berechtigten, abzuwägen. Es soll grds. der vertragstreue Mieter vor willkürlichen Kündigungen geschützt werden, da die Wohnung auch nach der Rspr. des BVerfG eine überragende Bedeutung als Lebensmittelpunkt des menschlichen Daseins hat.

4 § 573 BGB bildet das **Kernstück des mietrechtlichen Bestandschutzes.**[15] Die Vorschrift besagt, dass die Kündigung eines Wohnraummietverhältnisses grds. nur möglich ist, wenn ein Beendigungsgrund vorliegt. Benannte Beendigungsgründe sind Vertragsverletzungen des Mieters (§ 573 Abs. 2 Nr. 1 BGB) oder überwiegende Interessen des Vermieters (§ 573b Abs. 2 Nr. 2 BGB – Eigenbedarf, § 573b Abs. 2 Nr. 3 BGB – wirtschaftliche Verwertung). Die Kündigung zum Zwecke der Mieterhöhung ist seit 1971 gem. § 573 Abs. 1 S. 2 BGB stets ausgeschlossen. Zum Ausgleich dafür wurde dem Vermieter ein **Anspruch auf Zustimmung zu einer Mieterhöhung** eingeräumt.[16] Dieser mietrechtliche Bestandschutz kann gem. § 575 Abs. 1 S. 2 BGB auch nicht durch den Abschluss eines **Zeitmietvertrages** umgangen werden.

## B. Anwendungsbereich

5 Die Vorschrift gilt **nur für Mietverhältnisse** über Wohnraum. Hierunter fallen Mietverhältnisse über Räume, die zu Wohnzwecken vermietet werden. Maßgeblich sind hierbei die zwischen den Parteien **getroffenen Vereinbarungen** und nicht die tatsächliche Nutzung. Wohnraummiete

[7] Zu den verfassungsrechtlichen Voraussetzungen und Grenzen der Eigenbedarfskündigung: *Gaier* NZM 2021,1, 2.

[8] Zur Geschichte des Wohnraummietrechts insgesamt: *Artz,* Von Reformen und Reförmchen – Zur Entwicklung des deutschen Wohnraummietrechts seit der großen Mietrechtsreform 2001, NJW 2015, 1573; *Bärmann,* Historische Bedeutung und Entwicklung des Kündigungsschutzes im Mietrecht, PiG 26 (1987), 11; *Kofner* DWW 1997, 321; DWW 1999, 275; DWW 2003, 246; DWW 2003, 284; *Kornemann,* Gesetze, Gesetze … Die amtliche Wohnungspolitik in der Zeit von 1918–1945 in Gesetzen, Verordnungen und Erlassen, in Geschichte des Wohnens, Bd. 4, S. 599; *Kühne-Büning/Plumpe/Hesse,* Zwischen Angebot und Nachfrage, zwischen Regulierung und Konjunktur – Die Entwicklung der Wohnungsmärkte in der Bundesrepublik 1949–1989/1990–1998, in Geschichte des Wohnens, Bd. 5, S. 153ff.; *Lammel* FS Blank, 20062006, 713; Schmoeckel/Rückert/Zimmermann/*Oestmann* BGB §§ 535–580a Rn. 92ff.; *Petersen,* Die Vorgeschichte und die Entstehung des Mieterschutzgesetzes von 1923 nebst der Anordnung für das Verfahren vor dem Mieteinigungsamt und der Beschwerdestelle, Diss Kiel 1998; *Sonnenschein,* Die Geschichte des Wohnraummietrechts, PiG 49 (1996), 7; *Weiss,* Die Entwicklung des Mieterschutzes, Diss, Berlin 1993.

[9] *Weitemeyer* NZM 2000, 313.

[10] Nach MüKoBGB/*Häublein* § 573 Rn. 1 bildet § 573 BGB das „Kernstück des sozialen Mietrechts; nach *Sonnenschein* WuM 2000, 387 (392) handelt es sich um die „Hauptvorschrift des sozialen Mietrechts".

[11] Zur Geschichte des Miethöherechts seit 1917: *Börstinghaus* WuM 2018, 610.

[12] Instruktiv hierzu *Conradi/Zöpel,* Wohnen in Deutschland – Not im Luxus, 1994; *Börstinghaus* WuM 2018, 610.

[13] Ausf. *Sternel* NZM 2018, 473.

[14] **AA** → *14. Aufl. 2019, BGB* § 573 Rn. 2.

[15] Nach Herrlein/Knops/Spiegelberg MietR/*Herrlein* BGB § 573 Rn. 7 ist die Vorschrift die „zentrale Vorschrift des sozialen Mietrechts".

[16] *Börstinghaus* WuM 2018, 610.

liegt vor, wenn die Räume dem Mieter vertragsgemäß zur Befriedigung seiner **eigenen Wohnbedürfnisse** und/oder der Wohnbedürfnisse seiner Familie dienen sollen.[17] Nur wenn diese **Zweckbestimmung**[18] gegeben ist, handelt es sich um einen Wohnraummietvertrag. Geht der Zweck des Vertrags dahin, dass der Mieter die Räume weitervermietet oder sonst Dritten – auch zu Wohnzwecken – überlässt, sind die Vorschriften des Wohnraummietrechts auf das (Haupt-) Mietverhältnis nicht anwendbar.[19] Welcher Vertragszweck im Vordergrund steht, ist durch Auslegung der getroffenen Vereinbarungen zu ermitteln.

Auf **Gewerberaummietverhältnisse** ist § 573 BGB grds. nicht anwendbar. Der sachliche 6
Anwendungsbereich ergibt sich zunächst aus der Kapitelüberschrift vor § 549 BGB und auch aus § 549 Abs. 1 BGB. Die Vorschrift befindet sich im Kapitel über **Wohnraummietverhältnisse**[20]. Eine Ausnahme stellen gem. § 578 Abs. 3 BGB[21] die Verträge über die Anmietung von Räumen durch eine juristische Person des öffentlichen Rechts oder einen anerkannten privaten Träger der Wohlfahrtspflege dar, die geschlossen werden, um die Räume Personen mit dringendem Wohnungsbedarf zum Wohnen zu überlassen. Auf diese Verträge sind ua §§ 573–573 d BGB anzuwenden. Auch eine analoge Anwendung scheidet mangels planwidriger Lücke aus.[22] Bei einem Mietvertrag zwischen dem Eigentümer eines Wohnhauses und einem **Werkunternehmen,** wonach der Eigentümer verpflichtet sein soll, die Wohnungen an Angestellte des Werkunternehmens zu vermieten handelt es sich nicht um einen Wohnraumvertrag sondern um einen **Gewerberaummietvertrag.**[23] Ebenso kann eine **juristische Person** keinen Wohnbedarf haben. Deshalb liegt kein Wohnraumietverhältnis vor, wenn eine juristische Person Räumlichkeiten anmietet um sie einem Gesellschafter, einem Geschäftsführer oder einem sonstigen Mitarbeiter als Wohnung zu überlassen.[24] Die wohnraummietrechtlichen Schutzvorschriften zugunsten des Wohnungsmieters (Kündigungsschutz, Schutz vor Mieterhöhungen, Beschränkung der Höhe der Kaution usw.) gelten im Hauptmietverhältnis nicht. Soll dieser Schutz dem Nutzer der Mietsache zugutekommen, so muss er **vertraglich vereinbart** werden. Dies ist möglich, weil bei der Geschäftsraummiete weitgehende Vertragsfreiheit herrscht. Hierzu genügt es idR nicht, wenn der Mietvertrag als „Wohnraummietvertrag" bezeichnet wird. Durch eine solche Bezeichnung kommt nur zum Ausdruck, dass die Mietsache nur zu Wohnzwecken benutzt werden darf.[25]

Unerheblich ist die Unterscheidung zwischen **preisgebundenem und sonstigem öffentlich** 7
**geförderten Wohnraum.** Auch die **Nutzungsverträge der Wohnungsgenossenschaften** und der (ehemaligen) gemeinnützigen Wohnungsunternehmen, die Mietverhältnisse über Werkwohnungen einschließlich des werkgeförderten Wohnraums stellen Mietverhältnisse über Wohnraum dar.

§ 573 BGB ist auch auf **Mischmietverhältnisse** anwendbar, bei denen das Schwergewicht[26] auf 8
der Nutzung als Wohnung liegt.[27] Ein Mischmietverhältnis liegt vor, wenn der Mieter die Räumlichkeiten sowohl zu Wohnzwecken wie auch zu anderen Zwecken, zB einer beruflichen Tätigkeit

---

[17] BGH XII ZR 125/18, BGHZ 223, 290 = NZM 2020, 54 = NJW 2020, 331; VIII ZR 66/19, NZM 2021, 218; VIII ZR 282/07, NJW 2008, 3361; VIII ZR 376/13, BGHZ 202, 39.

[18] BGH VIII ZR 128/84, NJW-RR 1986, 9; VIII ZR 60/85, NJW-RR 1986, 877; OLG Frankfurt a. M. ZMR 2009, 198; OLG Düsseldorf NZM 2002, 739 (740); OLG Köln WuM 1996, 266.

[19] BGH VIII ZR 66/19, NZM 2021, 218; VIII ZR 282/07, NJW 2008, 3361; VIII ZR 36/84, BGHZ 94, 11 (14); VIII ZR 235/81, ZMR 1983, 211; VIII ZR 323/79, NJW 1981, 1377.

[20] Zum Begriff des Wohnens: *Weber* NZM 2018, 70.

[21] Eingefügt durch das MietAnpG v. 18.12.2018 BGBl I 2648; zur Entstehung der Vorschrift und der Kritik daran *Häublein* FS Börstinghaus, 2020, 211; *Schultz* GE 2019, 230; *Artz/Börstinghaus* NZM 2019, 12; *Selk* NJW 2019, 329; *Börstinghaus* ZAP Fach 4, 1777; *Lützenkirchen* MietRB 2019, 86; *Wichert* ZMR 2019, 245.

[22] LG Köln BeckRS 2021, 1236.

[23] BGH VIII ZR 323/79, NJW 1981,1377; KG GE 2017,1093.

[24] BGH XII ZR 125/18, NZM 2020, 54 = NJW 2020, 331; KG GE 2017, 1093; AG Lörrach WuM 2020, 27; **aA.** *Gregor* WuM 2008, 435, 438: Danach liegt Wohnraummiete immer dann vor, wenn die Mietsache durch eine beliebige Person überhaupt zum Wohnen genutzt werden soll, insofern aber anders BGH VIII ZR 323/79, NJW 1981, 1377; grdl. *Sonnenschein* FS Seuss, 1987, 253 (258).

[25] OLG Frankfurt a. M. ZMR 2011,120.

[26] Zweifel an dieser Schwerpunkttheorie bei *Streyl* FS Börstinghaus, 2020, 423 (426).

[27] BGH VIII ZR 376/13 WuM 2014, 539 unter Aufgabe der früheren Abgrenzungskriterien aus BGH VIII ZR 60/85, NJW-RR 1986, 877; KG ZMR 2010, 956; OLG Köln ZMR 2007, 114; WuM 1987, 377; AnwK WohnraumMietR/*Lammel* BGB § 535 Rn. 107; zur rechtlichen Behandlung von Mischmietverhältnissen, insbes. in der höchst- und obergerichtlichen Rspr., auch *Lehmann-Richter* MietRB 2011, 84; *Bühler* ZMR 2010, 897.

nutzen darf.[28] Entscheidend ist die **vertraglich vereinbarte Zweckbestimmung**[29] und nicht die tatsächliche Nutzung.[30] Die Zweckbestimmung kann nachträglich geändert werden. Die bloße Duldung einer anderen Nutzung reicht dafür aber nicht.[31] In Zweifelsfällen gilt Wohnraummiete.[32] Bei solchen Mischnutzungen gilt für das gesamte Mietverhältnis einheitlich entweder das Wohnraummietrecht oder nicht. Zu den Mischmietverhältnissen gehört auch die Vermietung einer **Wohnung und einer Garage** in einem einheitlichen Vertrag. Bei einem einheitlichen Mischmietverhältnis, das wegen überwiegender Wohnnutzung als Wohnraummietverhältnis anzusehen ist, braucht sich ein vom Vermieter geltend gemachter Eigenbedarf nur auf die Wohnräume zu beziehen.[33]

9 Mietverhältnisse auf Dauer über **Ferienhäuser** und -wohnungen fallen ebenso unter die für Wohnraum geltenden Bestimmungen wie Mietverhältnisse über Zweitwohnungen.[34] Es kommt nicht darauf an, ob die Zweit- oder Ferienwohnung in demselben Umfang genutzt wird, wie die Hauptwohnung.[35] Auch die Frage der ganzjährigen oder lediglich saisonalen Nutzung spielt keine Rolle.[36] Es wird allerdings auch die Ansicht vertreten, dass die Schutzvorschriften nur für solchen Wohnraum gelten, der den existentiellen Lebensmittelpunkt des Mieters darstellt.[37] Eine solche Auslegung ist nach der Ansicht des BVerfG[38] verfassungsrechtlich möglich.

10 Für Mietverhältnisse iSv **§ 549 Abs. 2 Nr. 1–3 BGB und § 549 Abs. 3 BGB** ist die Vorschrift unanwendbar. Für diesen Wohnungsbestand hat der Gesetzgeber, obwohl es sich dabei um Wohnraummietverhältnisse handelt, ausdrücklich angeordnet, dass er ohne Angabe von Gründen und ohne jeden Kündigungsschutz gekündigt werden kann. Ausgenommen sind (zu den Einzelheiten → BGB § 549 Rn. 29 ff.):

a) Mietverträge über Wohnraum, der nur zum **vorübergehenden Gebrauch** vermietet wurde
b) Mietverträge über Räume, die **Teil der Vermieterwohnung** sind und vom Vermieter mit Möbeln auszustatten sind
c) Mietverhältnisse über Wohnraum, der von der öffentlichen Hand oder privaten Trägern der Wohlfahrtspflege angemietet wurde, um ihn **Personen mit dringendem Wohnbedarf** zur Verfügung zu stellen.

## C. Die Kündigungstatbestände

### I. Systematische Einordnung

11 Die Regelung in § 573 BGB umfasst **vier Kündigungstatbestände,** nämlich die Kündigung wegen Pflichtverletzungen des Mieters (§ 573 Abs. 2 Nr. 1 BGB), die Kündigung wegen Eigenbedarfs des Vermieters (§ 573 Abs. 2 Nr. 2 BGB), die Kündigung zum Zwecke einer anderweitigen wirtschaftlichen Verwertung des Grundstücks (§ 573 Abs. 2 Nr. 3 BGB) sowie die Kündigung auf Grund von Sachverhalten, die mit der Eigenbedarfs- oder Verwertungskündigung vergleichbar sind (§ 573 Abs. 1 BGB). In dem Fall des § 573 Abs. 2 Nr. 1 BGB liegt der Schwerpunkt der Kündigungsberechtigung beim Bestandsinteresse des Mieters: dieser soll die Wohnung nur dann verlieren, wenn die Fortsetzung des Mietverhältnisses dem Vermieter auf Grund der Pflichtverletzung nicht zugemutet werden kann. In den anderen Fällen steht das Interesse des Vermieters an der Wiedererlangung der Mietsache im Vordergrund. Für die **Abgrenzung und Auslegung** dieser Kün-

[28] BGH VIII ZR 376/13, WuM 2014, 539; OLG Saarbrücken MDR 2012, 1335.
[29] BGH VIII ZR 66/19, NZM 2021, 218; VIII ZR 282/07, NJW 2008, 3361; VIII ZR 376/13, BGHZ 202, 39; XII ZR 125/18, BGHZ 223, 290.
[30] Staudinger/*V. Emmerich* BGB Vor § 535 Rn. 29.
[31] LG Hamburg ZMR 2016, 953.
[32] BGH VIII ZR 376/13) WuM 2014, 539.
[33] BGH VIII ZR 14/15, NJW 2015, 2727 = NZM 2015, 657; *Börstinghaus* jurisPR-BGHZivilR 16/2015 Anm. 1; *Beyer,* jurisPR-MietR 20/2015 Anm. 1.
[34] BGH VIII ZR 68/19, NZM 2021, 361; KG WuM 2008, 411 (412); Bamberger/Roth/*Hannappel* BGB § 573 Rn. 9; MüKoBGB/*Häublein* § 573 Rn. 18; Palandt/*Weidenkaff* BGB § 573 Rn. 2; *Fleindl* NZM 2016, 289 (290); *Herrmanns/Weers-Herrmanns,* NZM 2011, 8.
[35] OLG Hamburg WuM 1992, 634 zu § 29a ZPO; AG Miesbach WuM 1989, 241; LG Lübeck WuM 1989, 632.
[36] *Von OLG Hamburg WuM 1992, 634 offen gelassen.*
[37] AG Viechtach NJW RR 87, 787; AG Gelnhausen MDR 80, 849; *Haake* NJW 1985, 2935, wenn der Mieter dort seinen Erstwohnsitz hat.
[38] BVerfG NJW 1979, 757.

digungstatbestände sind die **Entscheidungen des BGH** v. 29.3.2017[39] und v. 10.5.2017[40] von Bedeutung. Danach gilt:

**1. § 573 Abs. 2 Nr. 2 BGB**

Der Kündigungstatbestand des Eigenbedarfs setzt voraus, dass der Vermieter die Räume als Wohnung für sich oder einen Familien- oder Haushaltsangehörigen benötigt. Hierfür genügt es, wenn der Vermieter einen **ernsthaften Nutzungswunsch** hat. Gegenüber diesem Nutzungswunsch ist das Interesse des Mieters am Erhalt der Wohnung nachrangig.[41] Ebenso werden von § 573 Abs. 2 Nr. 2 BGB solche Fälle erfasst, in denen die Wohnnutzung im Vordergrund steht und daneben eine untergeordnete geschäftliche oder berufliche Mitbenutzung geplant ist. 12

**2. § 573 Abs. 2 Nr. 3 BGB**

Der Kündigungstatbestand der **wirtschaftliche Verwertung** ist gegeben, wenn der Vermieter im Falle des Fortbestands des Wohnraummietverhältnisses an einer wirtschaftlichen Verwertung „des Grundstücks", also an einer Realisierung des diesem innewohnenden materiellen Werts gehindert ist. Eine Kündigung zur Deckung eines beruflichen oder gewerblichen Eigenbedarfs fällt nicht unter § 573 Abs. 2 Nr. 3 BGB. Ob dieser Kündigungstatbestand vorliegt, wenn dem Vermieter bei Fortbestehen des Wohnraummietverhältnisses die Möglichkeit genommen ist, die Mietwohnung zu besseren Konditionen an Gewerbetreibende, an Freiberufler oder an eine Behörde zu vermieten[42] hat der BGH offen gelassen.[43] Anders als bei der Eigenbedarfskündigung genügt es für die Verwertungskündigung nicht, wenn der Vermieter einen ernsthaften Willen zur anderweitigen Verwertung hat. Erforderlich ist vielmehr, dass dem Vermieter im Falle der Hinderung der Verwertung „erhebliche Nachteile" entstehen. In dem Urteil v. 10.5.2017[44] hat der BGH hierzu ausgeführt, dass die Frage, ob dem Eigentümer durch den Fortbestand eines Mietvertrages ein erheblicher Nachteil entsteht, im Wege einer Abwägung zwischen dem grundsätzlichen Bestandsinteresse des Mieters (dem allgemeinen Interesse eines Mieters am Erhalt der Wohnung) und dem Verwertungsinteresse des Eigentümers zu beantworten sei. Die Entscheidung hierüber entziehe sich einer generalisierenden Betrachtung und könne nur im Einzelfall unter Berücksichtigung aller Umstände des Einzelfalls und der konkreten Situation des Vermieters getroffen werden.[45] Die besonderen einer Kündigung entgegenstehenden Härtegründe des Mieters sind (nur) iRd § 574 BGB, also auf Widerspruch des Mieters zu berücksichtigen. 13

**3. § 573 Abs. 1 BGB**

Nach der Rspr. des BGH ist der Kündigungstatbestand nach der **Generalklausel** des § 573 Abs. 1 BGB den speziellen Kündigungstatbeständen des Eigenbedarfs (§ 573 Abs. 2 Nr. 2) und der wirtschaftlichen Verwertung (§ 573 Abs. 2 Nr. 3 BGB) **gleichrangig.**[46] In der Grundsatzentscheidung v. 29.3.2017[47] hat der BGH ausgeführt, dass es in den Fällen des § 573 Abs. 1 BGB – anders als bei der Eigenbedarfskündigung – nicht genügt, dass der Vermieter einen ernsthaften Willen zur Eigennutzung oder Eigenverwertung hat. Anders als bei der Verwertungskündigung setzt § 573 Abs. 1 BGB aber nicht voraus, dass dem Vermieter im Falle des Fortbestand des Mietverhältnisses **„erhebliche" Nachteile** drohen. Vielmehr ist das nach § 573 Abs. 1 BGB erforderliche Erlangungsinteresse des Vermieters zwischen den Tatbeständen der Verwertungskündigung und der Eigenbedarfskündigung anzusiedeln. Maßgeblich ist, ob das Erlangungsinteresse dem Eigenbedarfsinteresse oder dem Verwertungsinteresse nahesteht. Im erstgenannten Fall sind an das Erlangungsinteresse geringere, im letztgenannten Fall aber höhere Anforderungen zu stellen. Die Entscheidung ist dabei im Wege einer Interessenabwägung zu treffen. Das Erlangungsinteresse des Vermieters ist gegen das generelle Bestandsinteresse des Mieters (dem allgemeinen Interesse eines Mieters am Erhalt der Wohnung) im 14

[39] BGH VIII ZR 45/16, NZM 2017, 405.
[40] BGH VIII ZR 292/15, NZM 2017, 559.
[41] BGH VIII ZR 45/16, NZM 2017, 405.
[42] Dafür Staudinger/*Rolfs* BGB § 573 Rn. 147; MüKoBGB/*Häublein* § 573 Rn. 84.
[43] BGH VIII ZR 45/16, NZM 2017, 405 Rn. 12.
[44] BGH VIII ZR 292/15, NZM 2017, 559.
[45] BGH VIII ZR 292/15, NZM 2017, 559 Rn. 31 mwN.
[46] BGH VIII ZR 70/19, NZM 2021, 271.
[47] BGH VIII ZR 45/16, NZM 2017, 405.

Wege einer umfassenden Würdigung der Umstände des Einzelfalls gegen einander abzuwägen.[48] Diese von den Instanzgerichten vorzunehmende Abwägung kann vom Revisionsgericht nur eingeschränkt darauf überprüft werden, ob sie auf einer rechtsfehlerfrei gewonnenen Tatsachengrundlage beruht, alle maßgeblichen Gesichtspunkte berücksichtigt worden sind und der Tatrichter den zutreffenden rechtlichen Maßstab angewandt hat. Die besonderen einer Kündigung entgegenstehenden Härtegründe des Mieters sind (nur) iRd § 574 BGB, also auf Widerspruch des Mieters zu berücksichtigen.

## II. Verhältnis zur Sozialklausel

15 Anders als im Falle der fristlosen Kündigung nach § 543 Abs. 1 BGB sind die der Kündigung entgegenstehenden Interessen des Mieters nicht im Wege der Abwägung gegen das Beendigungsinteresse des Vermieters zu würdigen. Vielmehr folgt aus dem systematischen Verhältnis des § 573 BGB zu § 574 BGB, dass die in der Person des Mieters und seiner Familie liegenden besonderen Härtegründe erst dann zu berücksichtigen sind, wenn der Mieter den in § 574 BGB vorgesehenen Kündigungswiderspruch erhoben hat.[49] Unter dem Begriff der „Härte" in § 574 Abs. 1 BGB sind allerdings nur Interessen von besonderem Gewicht zu verstehen; die allgemeinen kündigungstypischen Belastungen spielen bei der ordentlichen Kündigung[50] – anders als bei der außerordentlichen Kündigung nach § 543 Abs. 1 BGB – keine Rolle.

## III. Die Kündigungstatbestände im Einzelnen

### 1. Kündigung wegen schuldhafter Pflichtwidrigkeit

16 **a) Verletzung vertraglicher Pflichten.** § 573 Abs. 2 Nr. 1 BGB setzt voraus, dass der Mieter seine vertraglichen Pflichten verletzt hat. Der Begriff der vertraglichen Pflichten ist in einem **umfassenden Sinne** zu verstehen.[51] Er umfasst sowohl den „vertragswidrigen Gebrauch" iSv § 541 BGB sowie alle Formen der Schlecht- oder Nichterfüllung von vertraglichen Verpflichtungen, seien sie finanzieller oder anderer Art. Auf die Unterscheidung von **Haupt- und Nebenpflichten** kommt es nicht an.[52] Sind mehrere Personen Mieter, so genügt es, wenn der Kündigungstatbestand durch einen der Mieter verwirklicht wird.[53] Hierbei handelt es sich nicht um eine **Form der Haftung** für das Verhalten Dritter. Vielmehr ergibt sich diese Rechtsfolge aus dem Sinn und Zweck des Kündigungstatbestandes: ein berechtigtes Interesse an der Vertragsbeendigung liegt bereits dann vor, wenn das Vertragsverhältnis durch einen Mieter gestört wird, mögen sich auch die übrigen Mieter korrekt verhalten. Das gilt auch für das Verhalten von **Kindern des Mieters.**[54] Der Vermieter muss in einem solchen Fall gegenüber allen Mietern kündigen, weil ein von mehreren Mietern begründetes Vertragsverhältnis nur insgesamt beendet werden kann. Eine Kündigung, die nur gegenüber dem pflichtwidrig handelnden Mieter erfolgt, hat weder Einzel- noch Gesamtwirkung. Nur in ganz seltenen Ausnahmefall kann das Räumungsverlangen gegenüber dem vertragstreuen Mieter gegen § 242 BGB verstoßen. Ein solcher Fall ist insbes. dann in Erwägung zu ziehen, wenn mit hinreichender Sicherheit feststeht, dass der störende Mieter räumt und nicht mehr in die Wohnung zurückkehrt.[55] Wird die Vertragsverletzung nicht vom Mieter, sondern von Erfüllungsgehilfen oder ähnlichen Personengruppen begangen, so kommt eine Zurechnung nach §§ 278, 540 Abs. 2 BGB in Betracht. Für das Verhalten eines Untermieters hat der Mieter gem. § 540 Abs. 2 BGB einzustehen.[56]

17 Die im Arbeitsrecht anerkannte **„Verdachtskündigung"** ist im Mietrecht nur ausnahmsweise möglich. Eine Verdachtskündigung liegt nur dann vor, wenn und soweit die Kündigung damit

[48] BGH VIII ZR 45/16, NZM 2017, 405.
[49] *Sternel* NZM 2018, 473.
[50] BGH VIII ZR 68/19, NZM 2021, 361; VIII ZR 180/18, BGHZ 222, 133 = NZM 2019, 518 = NJW 2019, 2765; VIII ZR 167/17, NZM 2019, 527.
[51] NK-BGB/*Hinz* § 573 Rn. 14.
[52] Lützenkirchen MietR/*Dickersbach* BGB § 573 Rn. 124.
[53] MüKoBGB/*Häublein* § 573 Rn. 60 BeckOGK/*Geib* BGB § 573 Rn. 21; Lützenkirchen MietR/*Dickersbach BGB § 573 Rn. 133; NK-BGB/Hinz* § 573 Rn. 14.
[54] LG Frankfurt 4.6.2019 – 2-11 S 39/19, nv; AG Frankfurt MietRB 2019, 100.
[55] LG Darmstadt NJW 1983, 52 = WuM 1983, 54.
[56] Lützenkirchen MietR/*Dickersbach* BGB § 573 Rn. 134.

begründet wird, gerade der Verdacht eines nicht erwiesenen Verhaltens habe das für die Fortsetzung des Vertragsverhältnisses erforderliche Vertrauen zerstört.[57] In der Verdachtskündigung liegt kein Verstoß gegen die **Unschuldsvermutung** gem. Art. 6 Abs. 2 EMRK.[58] Denn diese bindet unmittelbar nur den Richter, der über die Begründetheit der strafrechtlichen Anklage zu entscheiden hat.[59] Ein Zuwarten im Zivilverfahren auf den Abschluss des strafrechtlichen Verfahrens wäre beim Vorliegen dringender Verdachtsmomente für den Rechtsinhaber unzumutbar. Voraussetzung für eine solche Kündigung ist **(1)** das Vorliegen einer Straftat, **(2)** der Verdacht muss durch objektive Umstände belegt sein, **(3)** der Verdacht muss dringend bzw. überwiegend wahrscheinlich sein[60] und die Verdachtsmomente müssen geeignet sein, das für die Fortsetzung des Vertragsverhältnisses erforderliche Vertrauen zu zerstören.[61] Im Verhältnis zwischen den Mietvertragsparteien wird es idR an einer solchen Vertrauensbeziehung fehlen.[62] Ausnahmen sind allerdings denkbar Beispiel: Wird ein Mieter auf Grund eines Geständnisses wegen des sexuellen Missbrauchs der Tochter der Vermieter zu einer Freiheitsstrafe verurteilt, kann die Vermieter das Mietverhältnis auch dann kündigen, wenn das Strafurteil noch nicht rechtskräftig ist.[63]

**b) Erheblichkeit der Pflichtverletzung.** Der Pflichtverletzung darf „nicht unerheblich" sein. Die ordentliche Kündigung gem. § 573 Abs. 2 Nr. 1 BGB steht zu den Tatbeständen der fristlosen Kündigung in einem **Stufenverhältnis.**[64] Es ist insbes. nicht erforderlich, dass dem Vermieter die Vertragsfortsetzung, wie bei § 543 Abs. 1 BGB, bis zum Ablauf der Kündigungsfrist unzumutbar ist.[65] Die Kündigung nach § 573 Abs. 1 Nr. 1 BGB löst ja gerade die ordentliche Kündigungsfrist aus. Dies findet seine Entsprechung in dem systematischen Verhältnis der Kündigungstatbestände zu § 574 BGB. Eine Vertragsfortsetzung nach § 574 Abs. 1 S. 2 BGB ist nur bei der ordentlichen, nicht bei der fristlosen Kündigung möglich. Dabei ist es nicht erforderlich, dass der Vermieter die außerordentliche Kündigung erklärt hat; es genügt, wenn dem Vermieter bei Zugang der ordentlichen Kündigung (auch) ein Recht zur fristlosen Kündigung zusteht.[66] Eine Kündigung wegen einer Pflichtverletzung nach § 573 Abs. 2 Nr. 1 BGB ist nicht gerechtfertigt, wenn die Rechte des Vermieters hierdurch nur unerheblich beeinträchtigt werden.[67] Nach aA ist das Tatbestandsmerkmal der Erheblichkeit der Pflichtverletzung unter Berücksichtigung der Umstände des Einzelfalls im Wege einer **Interessenabwägung** zu festzustellen. Im Rahmen dieser Abwägung spielen die beanstandungsfreie Dauer des bisherigen Verlaufs der Vertragsbeziehungen, das Gewicht und die Auswirkungen der Vertragsverletzung, eine mögliche Wiederholungsgefahr, der Grad des Verschuldens, sowie die besonderen persönlichen Verhältnisse des Mieters ein Rolle.[68] Ebenso kann ein pflichtwidriges Verhalten des Vermieters, etwa der Ausspruch einer unberechtigten Kündigung, ein unredliches Prozessverhalten, einer Provokation[69] oder eine Nutzung der Nachbarwohnungen, die mit erheblichen Störungen des Mietgebrauchs verbunden ist, berücksichtigt werden.[70] Schließlich wird vertreten, dass sich das Merkmal „nicht unerheblich" auf die Pflichtverletzung, nicht auf deren Auswirkungen bezieht.[71] 18

Die ordentliche Kündigung eines Mietverhältnisses über Wohnraum durch den Vermieter wegen schuldhafter nicht unerheblicher Vertragsverletzung des Mieters gem. § 573 Abs. 1, Abs. 2 19

---

[57] OLG Frankfurt a. M. ZMR 2021, 657; LG Berlin NZM 2014, 668 mit Ausführungen zur Abgrenzung zur Tatkündigung.
[58] LG Itzehoe ZMR 2018, 829.
[59] BAG 2 AZR 164/94, NZA 1995, 269, 271.
[60] OLG Frankfurt a. M. ZMR 2021, 657.
[61] BAG NZM 1995, 269; Verdacht der Tötung des Vermieters: OLG Frankfurt a. M. BeckRS 2021, 7623.
[62] Dazu AG Dortmund ZMR 2019, 284.
[63] LG Itzehoe ZMR 2018, 829.
[64] BGH VIII ZR 364/04, NJW 2006, 1585 = NZM 2006, 338.
[65] BGH VIII ZR 364/04, NJW 2006, 1585 = NZM 2006, 338; LG Köln ZMR 2017, 250; MüKoBGB/*Häublein* § 573 Rn. 62.
[66] BGH VIII ZR 323/18, NZM 2020, 834.
[67] KG WuM 2004, 721 (722), unbefugtes Entnehmen einer geringfügigen Menge Strom, Katzenhaltung; Herrlein/Knops/Spiegelberg MietR/*Herrlein* BGB § 573 Rn. 16.
[68] LG Berlin WuM 2017, 83, Unwirksamkeit einer auf Zahlungsverzug gestützten ordentlichen Kündigung nach Zahlung des Rückstands; LG Berlin ZMR 2017, 239, Kündigung wegen Zahlungsverzugs bei erwerbslosem Mieter.
[69] BGH VIII ZR 289/13, NZM 2014, 635.
[70] LG Berlin ZMR 2017, 238, Vermietung an Touristen.
[71] LG Hagen ZMR 2008, 973; Palandt/*Weidenkaff* BGB § 573 Rn. 18.

Nr. 1 BGB setzt **keine Abmahnung** des Mieters durch den Vermieter voraus.[72] Das gilt grds. auch bei leichteren Verstößen. Allerdings kann der Abmahnung für die Kündigung nach § 573 Abs. 1, Abs. 2 Nr. 1 BGB ausnahmsweise insofern Bedeutung zukommen, als erst ihre Missachtung durch den Mieter dessen Pflichtverletzung **das erforderliche Gewicht** verleiht[73], etwa „weil vorher nur ein schlichtes Versehen des Mieters vorgelegen hat oder eine Duldung des Vermieters zu vermuten war".[74] Das macht die Abmahnung aber nicht zu einer zusätzlichen Voraussetzung der ordentlichen Kündigung. Vielmehr ist sie lediglich ein Gesichtspunkt bei der Prüfung, ob eine schuldhafte nicht unerhebliche Pflichtverletzung des Mieters vorliegt.

**20** **c) Verschulden.** Die Kündigung nach § 573 Abs. 2 Nr. 1 BGB setzt Verschulden auf Seiten des Mieters voraus. Insofern unterscheidet sich die Vorschrift von den § 543 Abs. 1, Abs. 2 Nr. 2, § 569 Abs. 2 BGB, aber auch § 543 Abs. 2 Nr. 3 BGB. Bei letzter Vorschrift ist nur ein **Vertretenmüssen** iSd § 276 BGB erforderlich.[75] Erforderlich ist ein vorsätzlicher oder zumindest fahrlässig begangener Pflichtverstoß. Eine bloßes Vertretenmüssen zB aufgrund eines Verstoßes gegen eine Garantieübernahme reicht nicht aus. Ein schuldloser Verstoß gegen eine Garantiepflicht genügt deshalb nicht. Auf die verschiedenen **Formen des Verschuldens** kommt es grds. nicht an. Jedoch kann die Schwere der Schuldform bei der Beurteilung des Gesamtverhaltens eine gewichtige Rolle spielen. Insoweit kann im Bereich des vorsätzlichen Handelns unterschieden werden zwischen der **Absicht** (Ziel des Handelns ist die Beschädigung der Mietsache, die Störung der Mitmieter, die Schädigung des Vermieters etc.), dem **direkten Vorsatz** (der Mieter weiß, dass durch sein Verhalten, die Mietsache beschädigt, die Mitmieter gestört oder der Vermieter geschädigt wird) und dem **bedingten Vorsatz** (der Mieter hält die Beschädigung der Mietsache, die Störung der Mitmieter oder die Schädigung des Vermieters für möglich und nimmt diese Folge billigend in Kauf). Die Formen der Fahrlässigkeit lassen sich unterteilen in die **bewusste Fahrlässigkeit** (der Mieter rechnet damit, dass sein Verhalten zur Beschädigung der Mietsache, zur Störung der Mietmieter oder zur Schädigung des Vermieters führen kann; gleichwohl vertraut er darauf, dass diese Folgen nicht eintreten), in die **grobe Fahrlässigkeit** (der Mieter verstößt in besonders schwerem Maße gegen seine Vertragspflichten) und in **einfache Fahrlässigkeit** (der Mieter erkennt nicht, dass sein Verhalten zur Beschädigung der Mietsache, zur Störung der Mitmieter oder zur Schädigung des Vermieters führen kann, obwohl er dies bei hinreichender Sorgfalt hätte erkennen können). Für das fehlende Verschulden ist der Mieter entsprechend § 280 Abs. 1 S. 2 BGB darlegungs- und beweispflichtig.[76]

**21** Der Mieter handelt nicht schuldhaft, wenn er sich in einem **Rechts- oder Tatsachenirrtum** befunden hat. Ein derartiger Irrtum ist anzunehmen, wenn der Mieter auf Grund **unzutreffender Tatsachen**[77] oder einer **fehlerhaften Bewertung der Rechtslage** irrig davon ausgeht, dass er zu einem bestimmten Verhalten berechtigt sei. Dabei sind an das Vorliegen eines unverschuldeten Rechtsirrtums strenge Maßstäbe anzulegen.[78] Der Mieter muss die Rechtslage sorgfältig prüfen, soweit erforderlich Rechtsrat einholen und die höchstrichterliche Rspr. sorgfältig beachten.[79] Ein evtl.es **Beraterverschulden** wird ihm dabei zugerechnet.[80] War der Irrtum jedoch vermeidbar, so handelt der Mieter zumindest noch fahrlässig. Bei einem unvermeidbaren Irrtum entfällt jedes Verschulden.

**22** Das Verschulden entfällt auch dann, wenn die Voraussetzungen des § 827 S. 1 BGB vorliegen. Danach trifft den Mieter keine Verantwortung, wenn er die Vertragsverletzung im **Zustand der Bewusstlosigkeit** oder in einem die **freie Willensbestimmung ausschließenden Zustande** krankhafter Störung der Geistestätigkeit begangen hat. Handlungen schuldunfähiger Personen rechtfertigen keine Kündigung gem. § 573 Abs. 2 Nr. 1 BGB.[81] Hierzu zählen in erster Linie Hausfriedensstörungen oder Beschädigungen der Mietsache durch einen geisteskranken Mieter. In extre-

---

[72] BGH VIII ZR 59/20, NZM 2020, 885; VIII ZR 145/07, NJW 2008, 508 = NZM 2008, 121; BeckOGK/*Geib* BGB § 573 Rn. 25 „im Grundsatz zuzustimmen"; NK-BGB/*Hinz* § 573 Rn. 17; Herrlein/Knops/Spiegelberg MietR/*Herrlein* BGB § 573 Rn. 17.

[73] BGH VIII ZR 59/20, NZM 2020, 885; VIII ZR 328/19, NZM 2020, 105.

[74] BGH VIII ZR 145/07, NJW 2008, 508 = NZM 2008, 121.

[75] BGH VIII ZR 175/14, BGHZ 204, 134 = NZM 2015, 196; zum Zahlungsverzug und Verschulden ausf. *Lorenz* WuM 2013, 202; *Harke* NZM 2016, 449.

[76] BGH VIII ZR 39/15, NZM 2016, 550; BGH VIII ZR 238/15, WuM 2016, 682.

[77] BGH VIII ZR 24/05, NZM 2006, 11 (Irrtum über richtigen Gläubiger nach Tod des Vermieters).

[78] *BGH VIII ZR 102/06, NZM 2007, 35.*

[79] BGH XII ZR 48/10, WuM 2012, 323.

[80] BGH VIII ZR 102/05, NZM 2007, 35.

[81] BeckOGK/*Geib* BGB § 573 Rn. 28.

men Ausnahmefällen können auch Fehlreaktionen in Folge einer übermächtigen Erregung unter § 827 S. 1 BGB fallen. Hat sich der Mieter durch Alkohol oder Drogen in den Zustand der Bewusstlosigkeit versetzt oder ist die Störung der Geistestätigkeit hierdurch verursacht, so gilt § 827 S. 2 BGB. Danach muss der Mieter für sein Verhalten einstehen, wie wenn ihm Fahrlässigkeit zur Last fiele; eine Ausnahme gilt, wenn der Mieter ohne Verschulden in diesen Zustand geraten ist. Für minderjährige und taubstumme Mieter gilt § 828 BGB.

Der Rechtsgedanke des § 254 BGB kann auch iRd § 573 Abs. 2 Nr. 1 BGB eine Rolle spielen. 23
Er greift insbes. dann, wenn der Mieter zu dem beanstandeten Verhalten provoziert worden ist.[82]

Das **Maß des Verschuldens** steht in enger Beziehung zum **Erheblichkeitskriterium.**[83] Es 24
gilt der Grundsatz, dass Vertragsverletzungen mit bedeutenden Auswirkungen auf die Mietsache oder für die übrigen Hausbewohner oder den Vermieter bei schwerer Schuldform idR zur Kündigung berechtigen. Umgekehrt besteht bei leichter Schuldform und geringen Auswirkungen im Allgemeinen kein Kündigungsrecht. Dazwischen gibt es zahlreiche Abstufungen, bei denen die Tatfolgen und die Schuldform eine jeweils unterschiedliche Gewichtung haben.[84]

Für das Verhalten eines **Untermieters** hat der Mieter gem. § 540 Abs. 2 BGB einzustehen. Nach 25
dem Rechtsentscheid des OLG Hamm v. 17.8.1982[85] gilt die Vorschrift auch für solche Personen, die der Mieter ohne ein Untermietverhältnis zu begründen auf längere Dauer in seinen Haushalt aufgenommen hat, bspw. für den Partner einer eheähnlichen Gemeinschaft. Fällt einem Familienangehörigen des Mieters ein Fehlverhalten zur Last, so muss sich der Mieter dessen Verhalten idR nach § 278 BGB zurechnen lassen, weil diese Personen in Bezug auf die mietvertraglichen Verhaltenspflichten als **Erfüllungsgehilfen** anzusehen sind.[86] Deshalb kann der Vermieter kündigen, wenn zwar nicht der Mieter, wohl aber dessen **Ehegatte**[87] **oder volljährigen Kinder**[88] den Hausfrieden **stören.** Bei minderjährigen Kindern kommt eine Zurechnung aus dem Gesichtspunkt der verletzten Aufsichtspflicht in Betracht. Die Eltern eines Kindes sind allerdings nicht verpflichtet, ihre Kinder ständig zu überwachen. In vielen Fällen wird eine eventuelle Pflichtwidrigkeit unterhalb der Erheblichkeitsschwelle liegen.[89] Für schuldunfähige Personen haftet der Mieter nur, wenn ihm selbst eine Aufsichtspflichtverletzung zur Last fällt. Für das Verhalten seiner **Besucher** muss der Mieter einstehen.[90] Bei einer Kündigung wegen der Pflichtverletzung eines Besuchers kann auch im Rahmen der ordentlichen Kündigung eine vorherige Abmahnung des Mieters als erforderlich sein.[91] Das gilt vor allem bei Pflichtverstöße von geringerem Gewicht. Hier kann die Erheblichkeit des dem Mieter zuzurechnenden Fehlverhaltens seines Besuchers erst erreicht sein, nachdem der Mieter erfolglos abgemahnt wurde.[92]

Wird durch das schuldhafte Verhalten eines vom Mieter beauftragten **Handwerkers** die Miet- 26
sache beschädigt, der Vermieter geschädigt oder andere Hausbewohner belästigt, so muss der Mieter hierfür einstehen, wenn der Handwerker die Störungen „bei der Erfüllung" seiner Verbindlichkeit verursacht hat[93]; für Störungen „bei Gelegenheit" **(Exzesshandlungen)** haftet der Mieter nicht.[94] Ergeht eine einstweilige Verfügung auf **Zutritt zu den Mieträumen** gegen den besitzenden Untermieter, trifft den Hauptmieter nicht ohne weiteres ein Verschulden an der Verweigerung des Zutritts zu den Mieträumen.[95]

---

[82] ZB wie im Fall BGH VIII ZR 289/13, NJW 2014, 2566 = NZM 2014, 635; *Sternel* ZMR 2014, 928; *Willems* NZM 2015, 353; *Hinz* JR 2016, 20.

[83] LG Aachen DWW 1991, 116; MüKoBGB/*Häublein* § 573 Rn. 63; **aA** Staudinger/*Rolfs* BGB § 573 Rn. 39.

[84] LG Aachen DWW 1991, 116, keine Kündigung, wenn ein vom Mieter verursachter Wohnungsbrand nicht auf grober Fahrlässigkeit beruht.

[85] OLG Hamm WuM 1982, 318 = NJW 1982, 2876 = ZMR 1983, 49.

[86] Grdl. BGH VIII ZR 102/06, NJW 2007, 428 = NZM 2007, 35; *Blank* NZM 2007, 788; LG Frankfurt 4.6.2019 – 2-11 S 39/19, nv; *Wenger* MDR 2000, 1239; MüKoBGB/*Häublein* § 573 Rn. 54/55, 60; AnwK WohnraumMietR/*Lammel* BGB § 573 Rn. 58; Bamberger/Roth/*Hannappel* BGB § 573 Rn. 23; Palandt/*Weidenkaff* BGB § 573 Rn. 13.

[87] AG Brandenburg GE 2001, 1134.

[88] LG Frankfurt 4.6.2019 – 2-11 S 39/19, nv; AG Frankfurt MietRB 2019, 100.

[89] LG Wuppertal WuM 2008, 563, danach liegt kein Kündigungsgrund iSv § 573 Abs. 2 Nr. 1 BGB vor, wenn der fünfjährige Sohn der Mieter trotz eines Verbotsschildes auf einem Garagenhof mit anderen Kindern spielt und dabei der üblicherweise entstehende Lärm verursacht wird.

[90] AG Stuttgart BeckRS 2020, 35622.

[91] AG Stuttgart BeckRS 2020, 35622.

[92] AG Stuttgart BeckRS 2020, 35622.

[93] **AA** KG NZM 2000, 905.

[94] BeckOGK/*Geib* BGB § 573 Rn. 27.

[95] BGH XII ZR 81/12, BeckRS 2013, 14584.

**2. Einzelfälle**

27 **a) Vertragswidriger Gebrauch.** Überschreitet der Mieter die Grenzen des ihm zustehenden vertragsgemäßen Gebrauchs, so kann der Vermieter nach Abmahnung auf **Unterlassung** klagen (§ 541 BGB). Der Unterlassungsanspruch verjährt nicht.[96] Werden durch die Gebrauchsüberschreitung die Rechte des Vermieters in erheblichem Maße verletzt, so kann der Vermieter nach § 543 Abs. 2 Nr. 2 BGB **fristlos kündigen.** Unter denselben Voraussetzungen ist der Vermieter stattdessen auch zur Kündigung nach § 573 Abs. 2 Nr. 1 BGB berechtigt.[97] Nach der Gesetzessystematik umfasst dieser Kündigungstatbestand aber auch Vertragsverletzungen unterhalb des § 543 Abs. 2 Nr. 2 BGB. Für die Unterlassungsklage nach § 541 BGB genügt **jede Gebrauchsüberschreitung;** § 573 Abs. 2 Nr. 1 BGB setzt voraus, dass die Gebrauchsüberschreitung ein gewisses Gewicht besitzt. Für die Frage, ob der Pflichtenverstoß als „nicht unerheblich" zu bewerten ist, kommt es in erster Linie darauf an, welche Auswirkungen das Verhalten des Mieters auf die Mietsache, die übrigen Hausbewohner und den Vermieter hat. Auch wenn die Kündigung gem. § 573 Abs. 2 Nr. 1 BGB keine Abmahnung zwingend voraussetzt, kann ihr ausnahmsweise insofern Bedeutung zukommen, als erst ihre Missachtung durch den Mieter dessen Pflichtverletzung das erforderliche Gewicht verleiht[98], etwa „weil vorher nur ein schlichtes Versehen des Mieters vorgelegen hat oder eine Duldung des Vermieters zu vermuten war".[99]

28 **b) Zahlungsverzug.** Liegt ein zu **verschuldeter Zahlungsrückstand** iSv § 543 Abs. 2 Nr. 3 BGB vor, so kann der Vermieter wahlweise nach § 543 Abs. 2 Nr. 3 BGB oder nach § 573 Abs. 2 Nr. 1 BGB kündigen.[100] Ebenso kann der Vermieter eine fristlose Kündigung mit einer hilfsweise ausgesprochenen ordentlichen Kündigung verbinden.[101] Beide Kündigungen bestehen dann nebeneinander. Das gilt auch, wenn die **ordentliche Kündigung „hilfsweise"** erklärt wird. Ein Vermieter, der eine fristlose Kündigung eines Wohnraummietverhältnisses wegen Zahlungsverzugs gem. § 543 Abs. 2 S. 1 Nr. 3 BGB hilfsweise oder vorsorglich mit einer ordentlichen Kündigung gem. § 573 Abs. 1, Abs. 2 Nr. 1 BGB verknüpft, bringt bei der gebotenen Auslegung seiner Erklärungen zum Ausdruck, dass die ordentliche Kündigung in allen Fällen Wirkung entfalten soll, in denen die zunächst angestrebte sofortige Beendigung des Mietverhältnisses fehlgeschlagen ist.[102]

29 Eine ordentliche Kündigung gem. § 573 Abs. 2 Nr. 1 BGB ist auch wegen **geringerer Rückstände** als sie für eine außerordentliche fristlose Kündigung gem. § 543 Abs. 2 Nr. 3 BGB erforderlich sind. Es genügt ein Rückstand von mehr als einer Monatsmiete und eine Verzugsdauer von mindestens einem Monat.[103]

30 Nach Art. 240 § 2 EGBGB kann ein Mietverhältnis über Grundstücke oder über Räume nicht allein aus dem Grund kündigen, dass der Mieter im Zeitraum v. 1. 4. 2020–30. 6. 2020 trotz Fälligkeit die Miete nicht leistet, sofern die Nichtleistung auf den Auswirkungen der **COVID-19-Pandemie** beruht. Das gilt sowohl für die außerordentlich fristlose Kündigung gem. § 543 Abs. 2 Nr. 3 BGB wie auch für die ordentliche Kündigung gem. § 573 Abs. 2 Nr. 1 BGB.[104] Der Zusammenhang zwischen COVID-19-Pandemie und Nichtleistung muss aber vom Mieter **glaubhaft** gemacht werden.[105] Strittig ist, ob der Ausschluss auch gilt, wenn der zur Kündigung berechtigende Rückstand erst durch eine Addition von Rückständen vor oder nach dem in Art. 240 § 2 EGBGB bezeichneten

---

[96] BGH XII ZR 5/18, NZM 2019, 143 = NJW 2019, 1062; *Bruns* NJW 2019, 1064.

[97] LG Düsseldorf DWW 1993, 104; MüKoBGB/*Häublein* § 573 Rn. 62; Staudinger/*Rolfs* BGB § 573 Rn. 54; *Lammel,* WohnraumMietR BGB § 573 Rn. 47; Erman/*Lützenkirchen* BGB § 573 Rn. 19.

[98] BGH VIII ZR 59/20, NZM 2020, 885; BGH VIII ZR 328/19, NZM 2020, 105.

[99] BGH VIII ZR 145/07, NJW 2008, 508 = NZM 2008, 121.

[100] BGH VIII ZR 6/04, NZM 2005, 334; *Börstinghaus* WuM 2005, 446; BGH VIII ZR 102/06, NJW 2007, 428 = NZM 2007, 35; *Klees* NJW 2007, 431; *Blank* NZM 2007, 788; Staudinger/*Rolfs* BGB § 573 Rn. 46; Emmerich/Sonnenschein/*Haug* BGB § 573 Rn. 24; AnwK WohnraumMietR/*Lammel* BGB § 573 Rn. 52; Bamberger/Roth/*Hannappel* BGB § 573 Rn. 28; **aA** MüKoBGB/*Häublein* § 573 Rn. 68ff.

[101] BGH VIII ZR 231/17, BGHZ 220, 1= NJW 2018, 3517 = NZM 2018, 941; *Börstinghaus* LMK 2018, 411605; *Kappus* NJW 2018, 3522; *Singbartl/Kraus* NZM 2018, 946; *Meier* ZMR 2019, 175.

[102] BGH VIII ZR 231/17, BGHZ 220, 1 = NJW 2018, 3517 = NZM 2018, 941; *Kappus,* NJW 2018, 3522; *Singbartl/Kraus* NZM 2018, 946; *Meier,* ZMR 2019, 175.

[103] BGH VIII ZR 107/12, NJW 2013, 159 = NZM 2013, 13; *Zehelein* WuM 2013, 46; *Börstinghaus,* LMK 1/2013 Anm. 2; *Hinz* ZMR 2013, 96; *Blank* NZM 2013, 104; Staudinger/*Rolfs* BGB § 573 Rn. 46; Erman/*Lützenkirchen BGB § 573 Rn. 24.*

[104] *Blank/Börstinghaus* BGB § 535 Rn. 730.

[105] Zu den Anforderungen und den Umfang der Glaubhaftmachung: OLG Nürnberg MDR 2021, 56; AG Hanau WuM 2020, 660; *Nissen/Elzer* MDR 2020, 761.

Zeitraum entstanden ist, und dem Rückstand aus diesem Zeitraum.[106] Nach der Vorschrift kann der Vermieter ein Mietverhältnis **nicht allein** aus dem Grund kündigen, weil der Mieter im Zeitraum v. 1.4.2020–30.6.2020 die Miete nicht leistet. Dieser Wortlaut könnte dafürsprechen, dass das Kündigungsrecht nur dann ausgeschlossen, wenn nur in diesen Monaten der kündigungsrelevante Rückstand entstanden ist, dass aber eine Kündigung möglich ist, wenn der kündigungsrelevante Rückstand sich sowohl aus Mieten vor April 2020 und danach bis 30.6.2020 zusammensetzt. **Beispiele: (a)** Bei einer Bruttowarmmiete von 600 EUR hat der Mieter im März 2020 nur 300 EUR und im April pandemiebedingt von 200 EUR gezahlt; **(b)** der Mieter hat von Dezember 2019 bis März 2020 jeweils nur 450 EUR gezahlt und im April und Mai 2020 pandemiebedingt nur 300 EUR. In beiden Fällen ist nach § 543 Abs. 2 Nr. 3 BGB eine außerordentliche Kündigung wegen Zahlungsverzuges grds. möglich. Im Fall (a) ist der Mieter an **zwei aufeinander folgenden Zahlungsterminen** mit mehr als einer Monatsmiete in Verzug und Fall (b) **über einen Zeitraum von mehr als zwei Monaten in Höhe von zwei Monatsmieten.** Eine **streng am Wortlaut orientierte Auslegung** käme zu dem Ergebnis, dass der Kündigungsgrund nicht „allein" auf Zahlungsrückständen aus April bis Juni 2020 stammt. Das entspricht aber nicht dem Gesetzeszweck. Hier haben erst die pandemiebedingten Ausfälle in den Monaten ab April 2020 das **„Fass zum Überlaufen"**[107] gebracht. Die Gesetzesbegründung[108] spricht davon, dass die Vorschrift „nur Zahlungsrückstände, die vom 1. April bis 30. Juni 2020 entstehen" erfasst. Das bedeutet, dass der historische Gesetzgeber nicht wollte, dass diese Zahlungsrückstände zu einer Kündigung führen können. Das ist aufgrund des äußerst eilbedürftigen Gesetzgebungsverfahrens[109] nur unzureichend im Gesetzestext zum Ausdruck gekommen. Der Gesetzgeber hat das Risiko gesehen, dass **in den drei Monaten** nach dem Lockdown viele Mieter **wirtschaftliche Probleme** bekommen können. Dass diese **neuen wirtschaftlichen Probleme zusammen mit alten Schulden** erst einen Kündigungsgrund verursachen können, wurde schlicht nicht bedacht. Diese Mieter sind aber genauso schutzbedürftig. Ihr Schutz entspricht auch dem Schutzzweck des Gesetzes. Der Wortlaut der Norm kann auch so verstanden werden, dass die Formulierung „allein" nur **andere Kündigungsgründe** wie Eigenbedarf oder Pflichtverletzung oder auch wegen Zahlungsverzugs, der vollständig vor dem 1.4.2020 entstanden ist, nicht ausschließen will. Nach hier vertretener Auffassung zählen deshalb alle Rückstände in den drei Monaten ab April 2020 bei der Rückstandsberechnung für eine Zahlungsverzugskündigung bis 30.6.2022 nicht mit. Möglich ist aber, dass ein kündigungsrelevanter Rückstand aus Mietrückständen vor April 2020 und ab Juli 2020 sich zusammensetzt.

Soweit eine Kündigung wegen rückständiger Grundmiete, rückständigen Betriebskostenvoraus- **31**
zahlungen und rückständigen, in periodischer Folge geschuldeten Mietzuschlägen (Untermietzuschlag; Zuschlag für gewerbliche Nutzung, Möblierungszuschlag) in Frage steht, ist bei der Anwendung des § 573 Abs. 2 Nr. 1 BGB nicht weiter zu differenzieren. Darüber hinaus umfasst § 573 Abs. 2 Nr. 1 BGB aber auch Mietrückstände, die **aus nicht periodisch wiederkehrenden Zahlungsverpflichtungen** herrühren. Dies gilt insbes. für den Nachzahlungsanspruch des Vermieters aus einer **Betriebskostenabrechnung**[110], auf jeden Fall, wenn dieser tituliert ist.[111] Anders als bei der außerordentlichen fristlosen Kündigung gem. § 543 Abs. 2 Nr. 3 BGB enthält § 573 Abs. 2 Nr. 1 BGB gerade keine Beschränkung nur auf periodisch wiederkehrende Leistungen. Dass die Kündigung wegen rückständiger Nachzahlungsbeträge aus einer Betriebskostenabrechnung nach § 543 Abs. 2 Nr. 3 BGB nicht möglich ist, beruht auf dem Umstand, dass der Gesetzgeber diese Fälle bei der Schaffung des § 543 Abs. 2 Nr. 3 BGB bzw. seiner Vorgängervorschrift offensichtlich nicht mitbedacht hat.[112]

---

[106] Für Kündbarkeit: *Föller* WuM 2020, 249; *Artz* in Artz/Brinkmann/Pielsticker MDR 2020, 527; gegen Kündbarkeit: *Blank/Börstinghaus* BGB § 535 Rn. 732; *Klimesch/Walther,* ZMR 2020, 353; Zehelein Miete Corona/*Zehelein* § 2 Rn. 18; etwas relativiert: Schmidt Corona/*Artz* § 3 Rn. 41.

[107] So die Formulierung des BGH XII ZR 114/14, NJW 2016, 311 = NZM 2016, 98.

[108] BT-Drs. 19/18110, 36.

[109] *Sittner* NJW 2020, 1169, 1172; *Börstinghaus* ZAP Fach 4, 1883; *Mahdi/Rosner* NZM 2020, 416, 419; *Römermann* NJW 2021, 265 zur mietrechtlichen „Blitzgesetzgebung" in Pandemiezeiten.

[110] OLG Koblenz NJW 1984, 2369; LG Berlin GE 2018, 1462; 2016, 126 (127); 2014, 589; LG Karlsruhe NZM 2004, 137; AG Köln ZMR 2011, 804; *Hinz* WuM 2019, 673 (680); *Hinz* NZM 2010, 57 (62); NK-BGB/*Hinz* § 573 Rn. 24.

[111] *Rave* GE 2013, 244, 245 f.; Lützenkirchen MietR/*Dickersbach* BGB § 573 Rn. 161; *Hinz* WuM 2019, 673 (677); NZM 2010, 57 (63).

[112] OLG Koblenz NJW 1984, 2369.

32 Der Rückstand ist dann erheblich, wenn der **Zahlungsverzug** der Höhe nach **eine Monatsmiete** erreicht und die Forderung **länger als einen Monat fällig ist.**[113] Der Anspruch aus einer Betriebskostenabrechnung wird erst dann fällig, wenn dem Mieter eine ordnungsgemäß begründete und nachprüfbare Abrechnung zugegangen. Eine **Frist zur Prüfung der Abrechnung** steht dem Mieter nach Ansicht des BGH nicht zu.[114] Der BGH folgert dies aus § 271 Abs. 1 BGB. Jedoch steht dem Mieter gegenüber dem auf eine Betriebskostenabrechnung gestützten Zahlungsverlangen des Vermieters ein aus § 242 BGB folgendes **temporäres Leistungsverweigerungsrecht** zu, solange ihm eine nach § 259 Abs. 1 BGB berechtigterweise begehrte Belegeinsicht nicht gewährt worden ist.[115] An der Fälligkeit fehlt es auch, wenn dem Mieter keine vollständige Einsicht in die Abrechnungsunterlagen gewährt wird.[116] Hierzu zählt auch die **Einsicht in die Zahlungsbelege.**[117] Darüber hinaus kann ganz **ausnahmsweise** der Verzug deshalb ausgeschlossen sein, weil sich der Mieter bzgl. seiner Zahlungspflicht in einem **unverschuldeten Irrtum** befindet. Ein solcher Fall wird vorliegen, wenn der Mieter begründete Zweifel an der Richtigkeit der Abrechnung haben kann. Gleiches gilt, wenn Unklarheit darüber besteht, ob der Vermieter überhaupt zur Umlage bestimmter Betriebskosten berechtigt ist.

33 Ähnliche Grundsätze gelten, wenn der Mieter mit der **Zahlung einer Kaution** in Verzug gerät. Die Nichtzahlung der Kaution berechtigt zur ordentlichen Kündigung gem. § 573 Abs. 2 Nr. 1 BGB.[118] Die Anspruch auf Zahlung der Kaution muss aber fällig sein. Dabei ist die Fälligkeitsregelung in § 551 BGB zu beachten. Auch hier ist der Rückstand erst erheblich, wenn sich der Mieter mit einem Kautionsbetrag im Rückstand befindet, der eine Monatsmiete übersteigt.[119] Daneben besteht das außerordentliche fristlose Kündigungsrecht gem. § 569 Abs. 2a BGB.[120]

34 Auch die Nichtzahlung einer auf die Verletzung mietvertraglicher Pflichten zurückgehende titulierte **Schadensersatzforderung** des Vermieters stellt eine zur ordentlichen Kündigung des Mietverhältnisses berechtigende schuldhafte Pflichtverletzung des Mieters dar.[121] Ist der Mieter wegen einer erheblichen und schuldhaften Verletzung seiner vertraglichen Pflicht zur Obhut der Mietsache rechtskräftig zur Leistung von Schadensersatz verurteilt worden[122], kann in dem beharrlichen Leugnen der Pflichtverletzung jedenfalls dann ein berechtigter Grund zur ordentlichen Kündigung nach § 573 Abs. 2 Nr. 1 BGB liegen, wenn Umstände festgestellt werden können, die die Besorgnis des Vermieters begründen, der Mieter setze seine Obhutspflichtverletzung auch nach der rechtskräftigen Verurteilung fort.[123] Selbst wenn man eine außerordentliche fristlose Kündigung gem. § 543 BGB wegen der Nichterfüllung der **titulierten Schadensersatzforderung** wegen Beschädigung der Mietsache analog § 569 Abs. 3 Nr. 2 BGB als nicht mehr möglich ansieht, wenn das Job-Center der den Betrag innerhalb der **Schonfrist** zahlt, bleibt die Möglichkeit der ordentlichen Kündigung wirksam.[124] Dies gilt zumindest dann, wenn der Mieter nicht eigenständig an den Vermieter herangetreten ist, um die Modalitäten des Ausgleichs zB durch das Angebot der Zahlung kleiner Raten zu klären.[125]

35 Streitig ist, ob die Nichtzahlung von **Prozesskosten** aus einer vorangegangenen Mietstreitigkeit als Pflichtverletzung in diesem Sinn zu bewerten ist.[126] Nach Ansicht des BGH[127] stellt die

---

[113] LG Berlin GE 2016, 126; ähnlich AG Geldern/LG Kleve WuM 1996, 37.

[114] BGH VIII ZR 78/05, NJW 2006, 1419 = NZM 2006,340; KG GE 2012, 689; ebenso: *Schmid* WuM 1996, 319; Kinne/Schach/Bieber MietR/*Kinne* BGB § 556 Rn. 88; nach BeckOGK/*Geib* BGB § 573 Rn. 46 ist diese Festlegung „zu begrüßen"

[115] BGH VIII ZR 118/19, NZM 2021, 31; VIII ZR 189/17, NJW 2018, 1599; VIII ZR 250/17, NJW-RR 2019, 977.

[116] BGH VIII ZR 105/06, WuM 2006, 616; VIII ZR 189/17, NJW 2018, 1599 = NZM 2018, 458; *Zehelein* NZM 2018, 461; *Lammel* WuM 2018, 409 *Streyl* WuM 2018, 676.

[117] BGH VIII ZR 118/19, NZM 2021, 31.

[118] AG Hamburg-Blankenese ZMR 2011, 884; *Schmid* MDR 2014, 940.

[119] LG Berlin GE 2016, 330.

[120] Dazu *Karabulut* WuM 2014, 186; *Schmid* MDR 2014, 940; *Blank* MietRB 2013, 340.

[121] BGH VIII ZR 39/15 NZM 2016, 550.

[122] NK-BGB/*Hinz* § 573 Rn. 27.

[123] BGH VIII ZR 39/15 NZM 2016, 550.

[124] So auch BGH VIII ZR 231/17, BGHZ 220, 1 = NJW 2018, 3517 = NZM 2018, 941 für die gleiche Rechtsfrage bei der Zahlungsverzugskündigung.

[125] *LG Berlin ZMR 2020, 503.*

[126] Bejahend MüKoBGB/*Häublein* § 573 Rn. 64; Staudinger/*Rolfs* BGB § 573 Rn. 38; verneinend LG Duisburg WuM 1992, 189.

[127] BGH VIII ZR 267/09, NJW 2010, 3020 = NZM 2020, 696.

Nichtzahlung der Prozesskosten aus einem vorangegangenen Mietrechtsstreit zwar eine Pflichtwidrigkeit dar, da die Kosten in diesem Fall als Teil des durch die unterbliebenen Mietzahlungen verursachten Verzugsschadens gelten, jedoch wegen der Wertung des § 569 Abs. 3 Nr. 2 BGB eine Kündigung zumindest dann nicht möglich ist, wenn der Mieter die Prozesskosten deshalb zu tragen hat, weil eine Räumungsrechtsstreit sich wegen einer **Schonfristzahlung erledigt** hatte und der Miete diese Kosten aufgrund einer Kostenentscheidung in diesem Verfahren zu tragen hat.[128] Das bedeutet, dass die Nichtzahlung von Prozesskosten **aus anderen mietrechtlichen Streitigkeiten** aber durchaus zur Kündigung berechtigen können. Auch hier ist ein Rückstand in der Größenordnung von mehr als einer Monatsmiete über mehr als einem Monat erforderlich. Auch ein Ratenzahlungsangebot kann gegen die Erheblichkeit der Pflichtverletzung sprechen.[129]

36 Die Kündigung nach § 573 Abs. 2 Nr. 1 BGB setzt nach dem Wortlaut der Vorschrift **zwingend ein Verschulden** des Mieters am Zahlungsrückstand voraus. Deshalb besteht das Kündigungsrecht nicht, wenn die Zahlung infolge eines Umstands unterbleibt, den der Mieter nicht zu vertreten hat. Hierzu zählen Zahlungsverzögerungen aufgrund unverschuldeter wirtschaftlicher Schwierigkeiten. Das **Verschulden wird** gem. § 280 Abs. 1 S. 2 BGB **vermutet;**[130] deshalb muss der Mieter darlegen und beweisen, dass ihn an der Zahlungsunfähigkeit kein Verschulden trifft.[131] Eine Glaubhaftmachung, wie sie Art. 240 § 2 EGBGB für pandemiebedingte Zahlungsausfälle vorsieht, genügt nicht. Der Mieter muss darlegen, dass er einen Zahlungsverzug aufgrund des Eintritts einer unvorhersehbaren wirtschaftlichen Notlage mangels Verschuldens nicht zu vertreten hat. Eine lückenlose Darstellung der Umstände, dass jede noch so entfernt liegende Möglichkeit eines Verschuldens ausgeschlossen erscheint, ist nicht erforderlich. Jedoch muss der Mieter regelmäßig seine Einkommens- und Vermögensverhältnisse offenlegen und zu allen Umständen Stellung nehmen die für einen behaupteten Ausschluss der Leistungsfähigkeit von Bedeutung sein können.[132] Ist absehbar, dass es zu einem finanziellen Engpass kommt, muss sich der Mieter unverzüglich um eine **Übernahme der Mietschulden** durch eine öffentliche Stelle (zB Jobcenter) bemühen; wird diese Obliegenheit verletzt, so ist der weiterhin bestehende Rückstand vom Mieter zu vertreten.[133] Die in einem Vermögensverzeichnis gem. § 802c ZPO dokumentierte Zahlungsunfähigkeit des Mieters kann idR als Indiz dafür gewertet werden, dass dem Mieter zum Kündigungszeitpunkt keine ausreichenden Mittel zur Erfüllung der Mietschuld zur Verfügung standen.[134] Es ist aber **allein kein Indiz** dafür, dass den Mieter daran kein Verschulden trifft.

37 Die ordentliche Kündigung gem. § 573 Abs. 2 Nr. 1 wird durch eine **Schonfristzahlung** oder Abgabe einer **Verpflichtungserklärung** gem. § 569 Abs. 3 Nr. 2 BGB nicht unwirksam.[135] Die Vorschrift ist nur auf die außerordentliche fristlose Kündigung gem. § 543 Abs. 2 Nr. 3 BGB anwendbar. Das ergibt sich bereits aus dem Wortlaut der Norm. Auch eine analoge Anwendung scheidet aus[136], da es an einer planwidrigen Lücke fehlt.[137] Der Gesetzgeber hat in Kenntnis der maßgeblichen Rechtsentscheide[138] die Vorschrift und ihre Vorgängervorschrift mehrfach novelliert und ihren Anwendungsbereich dabei nicht verändert. Ohne Gesetzesänderung ist eine Anwendung der Schonfristregelungen weiterhin ausgeschlossen.

38 Aber auch nach der Rspr. des BGH kann in **Ausnahmefällen**[139] die nachträgliche Zahlung der Rückstände zu Gunsten des Mieters im Rahmen der Verschuldensabwägung[140] berücksichtigt werden

[128] BGH VIII ZR 267/09, NJW 2010, 3020 = NZM 2020, 696.
[129] NK-BGB/*Hinz* § 573 Rn. 23; *Hinz* ZMR 2012, 842 (848).
[130] BGH VIII ZR 173/15. NJW 2016, 2805 = NZM 2016, 635; *Blank* NZM 2016, 636.
[131] BGH VIII ZR 238/15, WuM 2016, 682; BGH VIII ZR 39/15, NZM 2016, 650.
[132] BGH VIII ZR 238/15, WuM 2016, 682 (Zahlungsprobleme auf Grund unerwartet hoher Steuernachforderungen).
[133] AG Reinbek ZMR 2015, 945.
[134] BGH VIII ZR 39/15, NZM 2016, 650.
[135] *Hinz* WuM 2021, 137 (146).
[136] Dafür aber MüKoBGB/*Häublein* § 573 Rn. 70.
[137] BGH VIII ZR 6/04, NZM 2005, 334; BGH VIII ZR 107/12, BGHZ 195, 64 = NJW 2013, 159 = NZM 2013, 20; BGH VIII ZR 238/15, WuM 2016, 682; BGH VIII ZR 278/13, NJW 2015, 2650; BGH VIII ZR 321/14, GE 2016, 454; Staudinger/*Rolfs* BGB § 573 Rn. 51; Bub/Treier MietR-HdB/*Fleindl* Kap. IV Rn. 115; BeckOGK/*Geib* BGB § 573 Rn. 47; Lützenkirchen MietR/*Dickersbach* BGB § 573 Rn. 144; *Milger* NZM 2013, 553; *Artz* WImmoT 2018, 101, 105.
[138] OLG Stuttgart NJW-RR 1991, 1487; OLG Karlsruhe NJW-RR 1993, 79.
[139] *Milger* NZM 2013, 553.
[140] Zu den verschiedenen Fallkonstellationen *Hinz* WuM 2021, 137 (146).

kann, weil sie „ein etwaiges Fehlverhalten **in einem milderen Licht** erscheinen lässt".[141] Offengelassen hat der Senat, ob dies bereits im Rahmen der Wirksamkeit der Kündigung oder im Rahmen von § 242 BGB zu prüfen ist, weil sich die Berufung auf eine wirksam ausgesprochene Kündigung aufgrund nachträglich eingetretener Umstände im Einzelfall als rechtsmissbräuchlich darstellen kann.[142]

Maßgebliches Kriterium ist dabei vor allem, ob der Rückstand „binnen kurzer Zeit" ausgeglichen wurde.[143] Die starre Frist des § 569 Abs. 3 Nr. 2 BGB gilt hier nicht. Maßstab kann hier nur die **Erheblichkeit** gem. § 573 Abs. 2 Nr. 2 BGB sein. Umso schneller der Ausgleich erfolgt umso unerheblicher ist die Pflichtwidrigkeit. Ein Zahlung erst nach Zustellung der Räumungsklage ist sicher zu spät.[144] Zu berücksichtigen ist dabei auch das vorherige Zahlungsverhalten, also ob die Miete bisher pünktlich und vollständig gezahlt wurde und ob es in der Vergangenheit bereits ein solches Verhalten gegeben hat und ob nur ein geringes Verschulden am Zahlungsrückstand vorlag.[145] Wurde die Miete bislang vom Sozialamt oder vom Jobcenter bezahlt, so trifft den Mieter kein Eigenverschulden, wenn die Behörde die Zahlungen an den Vermieter eingestellt hat, ohne den Mieter hierüber zu informieren.[146] Ein eventuelles Verschulden der Behörde ist dem Mieter nicht zuzurechnen.[147] Gegen eine Berücksichtigung der nachträglichen Zahlung kann sprechen, dass der Mieter bereits einmal in letzten zwei Jahren nach einer fristlosen oder fristgerechten Zahlungsverzugskündigung den Rückstand nachträglich gezahlt hat.[148]

**39** Wird die außerordentliche fristlose Kündigung wegen einer fristgerechten Schonfristzahlung/Verpflichtungserklärung nach § 569 Abs. 3 Nr. 2 BGB unwirksam, kann der Mieter sich gegen die ordentliche Kündigung wegen Zahlungsverzuges auch nicht auf einen **Fortsetzungsanspruch** wegen einer Härte oder fehlendem Ersatzwohnraum gem. §§ 574 ff. BGB berufen.[149] Die Schonfristzahlung nimmt einer ausgesprochenen außerordentlichen fristlosen Kündigung im Wege der **gesetzlichen Fiktion** lediglich rückwirkend deren Gestaltungswirkung.[150] Sie führt nicht dazu, dass ein Grund für die fristlose Kündigung von vornherein nicht bestand.[151] Der nach Widerspruch gegen eine ordentliche Kündigung unter den Voraussetzungen des § 574 Abs. 1 S. 1 BGB gegebene Anspruch des Mieters auf Fortsetzung des Mietverhältnisses ist nach § 574 Abs. 1 S. 2 BGB ausgeschlossen, wenn ein Grund vorliegt, der den Vermieter zu einer außerordentlichen fristlosen Kündigung berechtigt. Dabei ist es noch nicht einmal erforderlich, dass der Vermieter die außerordentliche Kündigung erklärt hat; es genügt, wenn dem Vermieter bei Zugang der ordentlichen Kündigung (auch) ein Recht zur fristlosen Kündigung zusteht.[152] Für eine **teleologische Reduktion** von § 574 Abs. 1 BGB dahin, dass das Widerspruchsrecht des Mieters mit fristgerechter Schonfristzahlung neu entsteht oder wiederauflebt, ist kein Raum, da es an einer hierfür an einer verdeckten Regelungslücke fehlt.[153]

**40** Erklärt der Mieter gegen die rückständige Miete die **Aufrechnung** (§ 543 Abs. 2 S. 3 BGB), so hat dies nach allgemeinen Grundsätzen zur Folge, dass der Mietrückstand rückwirkend auf den Zeitpunkt der Aufrechnungslage erlischt (§ 389 BGB). Eine zuvor ausgesprochene Kündigung würde dann mangels eines Mietrückstands unwirksam. Die Regelung des § 543 Abs. 2 S. 3 BGB bestimmt aus Gründen der Rechtsklarheit hiervon abw., dass diese Rechtsfolge nur eintritt, wenn die Aufrechnung **unverzüglich** nach dem Zugang der Kündigung erklärt wird. Diese Vorschrift ist auch bei einer ordentlichen Kündigung gem. § 573 Abs. 2 Nr. 1 BGB analog anzuwenden, weil die Interessenlagen identisch sind.

---

141 BGH VIII ZR 231/17, NJW 2018, 3517 = NZM 2018, 941; VIII ZR 6/04, NZM 2005, 334, so auch schon OLG Stuttgart NJW-RR 1991, 1487; OLG Karlsruhe NJW-RR 1993, 79; Staudinger/*Rolfs* BGB § 573 Rn. 52.

142 In BGH VIII ZR 107/12, NJW 2013, 159 = NZM 2013, 20 als „näherliegend" bezeichnet; BGH VIII ZR 238/15, WuM 2016, 682; LG Bonn WuM 2015, 293; LG Berlin ZMR 2019, 588; GE 2018, 763.

143 KG DWW 2008, 379; so auch die Formulierung in BGH VIII ZR 231/17, NZM 2018, 941.

144 BGH VIII ZR 102/06, NZM 2007, 35 = NJW 2007, 428 Rn. 11.

145 NK-BGB/*Hinz* § 573 Rn. 21 nennt als Beispiel Arbeitslosigkeit, plötzliche Erkrankung oder wirtschaftliche Engpässe.

146 BGH VIII ZR 236/14, NJW 2015, 1749 = NZM 2015, 487; AG Ludwigslust WuM 2011, 506.

147 BGH VIII ZR 64/09, NJW 2009, 3781 = NZM 2010, 37; *Rieble* NJW 2010, 816; *Wiek* WuM 2010, 204.

148 LG Bonn WuM 2015, 293 (294); NK-BGB/*Hinz* § 573 Rn. 21.

149 BGH VIII ZR 323/20, NZM 2020, 834.

150 BGH VIII ZR 231/17, BGHZ 220, 1 = NJW 2018, 3517= NZM 2018, 941; VIII ZR 261/17, NZM 2018, 1017.

151 BGH VIII ZR 6/04, NZM 2005, 334.

152 BGH VIII ZR 323/20, NZM 2020, 834.

153 BGH VIII ZR 323/20, NZM 2020, 834.

**§ 569 Abs. 3 Nr. 3 BGB** findet keine entsprechende Anwendung auf die ordentliche Kündigung. Diese Vorschrift bestimmt für die fristlose Kündigung nach § 543 Abs. 2 S. 1 Nr. 3 BGB, dass im Falle einer rechtskräftigen Verurteilung des Mieters zur Zahlung einer erhöhten Miete nach §§ 558–560 BGB das Mietverhältnis wegen Zahlungsverzugs nicht vor Ablauf von zwei Monaten nach rechtskräftiger Verurteilung gekündigt werden kann, wenn nicht die Voraussetzungen der außerordentlichen fristlosen Kündigung schon wegen der bisher geschuldeten Miete erfüllt sind. Eine unmittelbare Anwendung der Vorschrift scheitert am Wortlaut der Norm, der ausdrücklich nur die außerordentliche fristlose Kündigung erwähnt. Aber auch eine analoge Anwendung scheidet aus.[154] Bei der Vorschrift handelt es sich um eine **eng auszulegende Ausnahmevorschrift.** Deshalb scheidet mangels Regelungslücke eine analoge Anwendung der Vorschrift im Bereich des preisgebundenen Wohnraums[155] ebenso aus wie im Fall, dass der Vermieter wegen Mietrückständen, die aus gem. § 560 Abs. 4 BGB erhöhten Betriebskostenvorauszahlungen resultieren, nach § 543 Abs. 3 Nr. 3 BGB kündigt, ohne zuvor auf Zahlung der Rückstände zu klagen.[156] Für die ordentliche Kündigung wegen Zahlungsverzuges gilt nichts anderes; auch insoweit ist für eine Ausdehnung des Anwendungsbereichs des § 569 Abs. 3 Nr. 3 BGB kein Raum.[157] 41

**c) Unpünktliche Mietzahlungen.** Ein Mietverhältnis kann nicht nur gekündigt werden, wenn ein Mietrückstand vorliegt, der die Grenzen für eine außerordentliche fristlose Kündigung gem. § 543 Abs. 2 Nr. 3 BGB oder für eine ordentliche Kündigung gem. § 573 Abs. 2 Nr. 1 BGB erreicht, sondern auch dann, wenn der Mieter die Miete ständig unpünktlich zahlt. Die über **längere Zeit unpünktliche Zahlung** der Miete rechtfertigt nach Abmahnung uU sogar eine **fristlose Kündigung** gem. § 543 BGB.[158] Dabei spielt es keine Rolle, ob sich die Zahlungsunpünktlichkeit auf die Grundmiete, die Betriebskosten oder auf sonstige Zahlungsverpflichtungen bezieht. Diese Grundsätze gelten für alle Mietverhältnisse.[159] Die Grundsätze über die unpünktliche Mietzahlung sind nicht anzuwenden, wenn der Mieter pünktlich aber stets unvollständig zahlt. Bei **ständiger unvollständiger Zahlung** kann der Vermieter erst kündigen, wenn ein Rückstand iSd § 543 Abs. 2 Nr. 3 BGB erreicht ist.[160] Erforderlich ist eine nachhaltige unpünktliche Mietzahlung. Einmalige oder nur kurzfristige Zahlungsverzögerungen reichen nicht aus.[161] Umstritten ist in der Praxis immer wieder wieviele unpünktiche Zahlungen erforderlich sind. Für die fristlose Kündigung ist gem. § 543 Abs. 3 BGB eine Abmahnung erforderlich.[162] Hierbei muss es sich auch um eine **qualifizierte Abmahnung** handeln, also um eine solche, in der für den Wiederholungsfall die Kündigung angedroht wird. Zahlt der Mieter nach einer solchen Abmahnung wegen unpünktlicher Mietzahlung die Miete einmal[163] unpünktlich, kann gekündigt werden. Dem Mieter ist auf Grund der qualifizierten Abmahnung hinlänglich bekannt, dass der Vermieter dies vertragswidrige Verhalten nicht weiter hinzunehmen bereit ist. Er handelt also in voller Kenntnis der Konsequenzen. Um eine Kündigung des Mietverhältnisses zu vermeiden, muss der abgemahnte Mieter deutlich machen, dass er bereit ist, seine zögerliche Zahlungsweise ernsthaft und auf Dauer abzustellen. Es kommt deshalb darauf an, ob das Zahlungsverhalten der Beklagten nach dem Zugang der Abmahnung geeignet ist, das Vertrauen des Klägers in eine pünktliche Zahlungsweise der Beklagten wiederherzustellen.[164] Voraussetzung dafür ist, dass der Mieter zwischen der qualifizierten Abmahnung und dem nächsten Fälligkeitstermin für die Mietzahlung **ausreichend Zeit hat,** um das Verhalten auch zu ändern. Da die Fälligkeit ja bereits im Mietvertrag vereinbart und dem Mieter bekannt ist, dürfte eine **Zeitraum von maximal 14 Tagen** ausreichen. 42

Neben der Kündigung aus wichtigem Grund gem. § 543 Abs. 1 BGB kommt hier auch eine **ordentliche Kündigung** gem. § 573 Abs. 2 Nr. 1 BGB in Betracht. Die obigen Erwägungen gel- 43

---

[154] BGH VIII ZR 107/12, NZM 2013, 20 = NJW 2013, 159; *Milger* NZM 2013, 553.
[155] BGH VIII ZR 327/11, NJW 2012, 2279.
[156] BGH VIII ZR 1/11, WuM 2012, 497.
[157] BGH VIII ZR 107/12, NZM 2013, 20 = NJW 2013, 159; *Milger* NZM 2013, 553.
[158] BGH VIII ZR 364/04, NZM 2006, 338; VIII ZR 191/10, NJW 2011, 2201 = NZM 2011, 579; VIII ZR 91/10, NJW 2011, 2570 = NZM 2011,625; VIII ZRE 301/10, NZM 2012, 22; VIII ZR 76/67, WuM 1970, 77; VIII ZR 265/86, NJW-RR 1988, 77.
[159] Für Gewerberaummiete: BGH VIII ZR 265/86, NJW-RR 1988, 77.
[160] AG Mitte/LG Berlin GE 2015, 386.
[161] LG München WuM 1991, 346.
[162] BGH VIII ZR 364/04, NZM 2006, 338 = NJW 2006.
[163] Nach KG WuM 2019, 579 soll aber die viermalige Verspätung um wenige Tage nicht ausreichen.
[164] BGH VIII ZR 66/08, NJW 2009, 1491.

ten auch für diesen Kündigungsgrund entsprechend.[165] Es gilt grds die **Fälligkeitsregel** des § 556b Abs. 1 BGB, wonach die Miete bis zum 3. Werktag zu zahlen ist. Der **Samstag zählt als Werktag nicht** mit. Das gilt uneingeschränkt für den Fall, dass der 1. oder 2. Werktag auf einen Samstag fällt.[166] § 193 BGB gilt nicht. Danach laufen nur Fristen, die an einem Samstag oder Sonntag ablaufen, erst am nächsten Werktag ab.[167] Eine Kündigungsfrist kann jedoch nicht ablaufen, sie wirkt nur zu einem späteren Termin. Für Mietverträge die bis zum 31.8.2001 abgeschlossen wurden gilt gem. der **Überleitungsvorschrift** in Art. 229 § 3 Abs. 1 Nr. 7 EGBGB weiterhin die Fälligkeitsregel des § 551 Abs. 1 S. 2 BGB aF, wonach die Miete nach Ablauf der einzelnen Zeitabschnitte zu entrichten ist. Nur wenn im Mietvertrag wirksam eine **Vorfälligkeitsvereinbarung** getroffen wurde, muss die Miete am Anfang des Monats gezahlt werden. Unwirksam ist eine solche Vorfälligkeitsvereinbarung, wenn sie mit einem **Aufrechnungsverbot** im Mietvertrag kombiniert wird.[168] Bei einer bloßen **Anzeigepflicht** bzgl. der Aufrechnung bleibt die Vorfälligkeitsklausel aber wirksam.[169]

In der bloßen **Duldung verspäteter Zahlungen** ist noch **keine Abänderung** der im schriftlichen Vertrag vereinbarten oder sich aus dem Gesetz ergebenden Fälligkeit zu sehen. Für den Mieter besteht im Allgemeinen kein Anlass, aus dem Ausbleiben einer alsbaldigen Reaktion des Vermieters auf eine Vertragsverletzung den Schluss zu ziehen, dass der Vermieter den Vertragsverstoß als Bagatelle ansieht oder daraus auch bei weiterer Fortsetzung des vertragswidrigen Verhaltens keine Konsequenzen herleiten wird.[170] Für eine Änderung des vertraglich bestimmten Fälligkeitstermins der Miete genügt es nicht, dass der Mieter über elf Monate die Miete verspätet und an unterschiedlichen Kalendertagen zahlt und der Vermieter unpünktliche Zahlungen nicht anmahnt.[171] Etwas Anderes kann aber bei **jahrzehntelanger widerspruchsloser Hinnahme** der Pflichtverletzung gelten. In diesem Fall hat der Vermieter gegenüber dem Mieter zumindest den **erst mit der Abmahnung** wieder beseitigten Anschein gesetzt, dass er den wiederkehrenden Vertragsverletzungen kein erhebliches Gewicht beimisst und er keine wesentliche Beeinträchtigung seiner Interessen sieht. Umstände, die bei der umfassenden Abwägung der Interessen der Mietvertragsparteien zu berücksichtigen sind.

**44** Da es sich bei der Mietschuld idR um **Geldschulden** handelt[172], liegt nach §§ 269, 270 BGB eine **Schickschuld** vor. Danach hat der Mieter zwar die Gefahr des Verlustes des Geldes bei der Überweisung zu tragen, aber nicht die **Verzögerungsgefahr.** Der Mieter kommt dann grds. seinen Verpflichtungen rechtzeitig nach, wenn er das Geld **am letzten Tag der vereinbarten Frist abgeschick**t hat.[173] Verzögert das kontoführende Kreditinstitut des Vermieters die Mietzinsgutschrift, fehlt es am Verschulden des Mieters zum Zahlungsverzug.[174] Es genügt für die Rechtzeitigkeit der Mietzahlung, dass der Mieter seinem Zahlungsdienstleister den **Zahlungsauftrag für die Überweisung bis zum dritten Werktag** des Monats erteilt und das Konto des Mieters ausreichend gedeckt ist. Der Zahlungsauftrag muss aber **vor dem Cut-Off Termin** des jeweiligen eigenen Bankhauses (idR 15:00 Uhr) erteilt werden.[175] Bei sog. **„Rechtzeitigkeitsklauseln“** muss differenzierte werden: **(a)** Die Klausel „Für die Rechtzeitigkeit der Zahlung kommt es nicht auf die Absendung, sondern auf den Eingang des Geldes an. Aus mehrfach verspäteter Mietzahlung kann der Mieter keine Rechte herleiten; vielmehr kann dies im Einzelfall ein Grund für eine Kündigung des Mietverhältnisses sein“ ist gem. § 307 Abs. 1 S. 1 BGB unwirksam, weil sie bei der gebotenen kundenfeindlichsten Auslegung das Risiko einer durch Zahlungsdienstleister verursachten Verzögerung des Zahlungsvorgangs entgegen der gesetzlichen Regelung dem Mieter auferlegt.[176] Ist in einem bis 31.8.2001 abgeschlossenen Metvertrag eine Vorfälligkeitsklausel und eine unwirksamen Rechtzeitigkeitsklausel vereinbart, dann sind beide Klauseln unwirksam, mit der Folge, dass die Miete erst am Ende des Monats fällig ist.

---

165 BGH VIII ZR 364/04, NZM 2006, 338 = NJW 2006, 1585.
166 BGH VIII ZR 129/09, NZM 2010, 661; VIII ZR 291/09, NZM 2010, 664.
167 BGH III ZR 172/04, NZM 2005, 391.
168 BGH VIII ARZ 3/94, NJW 1995, 254.
169 BGH VIII ZR 301/10, NZM 2011, 22; OLG Hamm WuM 1993, 176.
170 BGH VIII ZR 191/10, NJW 2011, 2201 = NZM 2011,579.
171 OLG Rostock GE 2019, 798.
172 Zur nicht monetären Miete für Wohnraum: *Lehmann-Richter* FS Börstinghaus, 2020, 305.
173 BGH VIII ZR 222/15, NZM 2017, 120 = NJW 2017, 1596.
174 AG Hamburg WuM 2005, 769.
175 *Börstinghaus* NZM 2017, 650; *Hinz* WuM 2021, 137 (139).
176 BGH VIII ZR 222/15, NZM 2017, 120 = NJW 2017, 1596.

**(b)** Ist das **Verzögerungsrisiko** in der Rechtzeitigkeitsklausel ausdrücklich nicht auf den Mieter abgewälzt, ist eine solche Klausel wirksam. 45

Es muss eine Gesamtabwägung stattfinden, wozu auch die Frage des **Verschuldensgrades** des Mieters gehört. Das **Jobcenter/Sozialamt,** das für einen hilfebedürftigen Wohnungsmieter die Kosten der Unterkunft in der Weise übernimmt, dass es die Miete direkt an den Vermieter des Hilfebedürftigen überweist, ist dabei nicht Erfüllungsgehilfe des Mieters, so dass dem Mieter evtl. schuldhafte Zahlungsverzögerungen nicht zugerechnet werden.[177] Etwas anderes gilt dann, wenn der Mieter nicht alles Erforderliche getan hat, dass die Behörde den Antrag so schnell bearbeiten könnte, dass es zu keiner Zahlungsverzögerung kommt. Soweit er sich darauf berufen hat, dass er immer erst zur Mitte des Monats „liquide" sei, weil zu diesem Zeitpunkt erst der Arbeitslohn oder die Arbeitslosenunterstützung gezahlt werde, entschuldigt dies den Mieter mit Ausnahme unvorhergesehener wirtschaflicher Engpässe nicht.[178] 46

**d) Belästigungen.** In den Fällen der **Hausfriedensstörungen** und bei allen anderen Vertragsverletzungen, die von §§ 543 Abs. 1, 569 Abs. 2 BGB erfasst werden, kann der Vermieter wahlweise außerordentlich fristlos nach diesen Vorschriften oder ordentlich nach § 573 Abs. 2 Nr. 1 BGB kündigen. Unter dem Begriff des Hausfriedens wird das Erfordernis der gegenseitigen Rücksichtnahme verstanden, die das Zusammenleben mehrerer Personen in einem Haus erst ermöglicht und voraussetzt. Pflichten zur Rücksichtnahme ergeben sich dabei nicht nur im Verhältnis der Vertragsparteien, sondern insbes. auch zwischen dem Mieter und den Mitbewohnern des Hauses.[179] Eine Störung des Hausfriedens liegt vor, wenn die Vertragspartei nachhaltig gegen die Pflichten zur Rücksichtnahme verstößt. Das auch iRd § 573 Abs. 2 Nr. 1 BGB mit Blick auf die Erheblichkeit der Pflichtverletzung zu fordernde Kriterium der Nachhaltigkeit ist gegeben, wenn die Störung des Hausfriedens entweder dauerhaft oder jedenfalls häufiger vorkommt.[180] Eine Störung ist auch bei Belästigungen und Bedrohungen anderer Mieter gegeben.[181] Das störende Verhalten muss sich dabei gegen die Bewohner des Hauses richten. 47

Immer wenn die Voraussetzungen für eine außerordentliche fristlose Kündigung erfüllt sind, sind auch die Voraussetzungen des § 573 Abs. 2 Nr. 1 BGB gegeben. Ansonsten unterscheiden sich die beiden Kündigungsmöglichkeiten vor allem hinsichtlich der **Schwere des Vertragsverstoßes.** Für die außerordentliche fristlose Kündigung ist ein Vertragsverstoß erforderlich, der so schwerwiegend ist, dass dem Vermieter die **Fortsetzung des Mietverhältnisses** bis zum Ablauf der ordentlichen Kündigungsfrist **nicht zugemutet** werden kann. Für eine ordentliche Kündigung gem. § 573 Abs. 2 Nr. 1 BGB genügt es schon, dass der Mieter seine Verpflichtungen **„nicht unerheblich verletzt hat".** Dafür ist bei der ordentlichen Kündigung immer ein **schuldhaftes Verhalten** erforderlich, während das Verschulden bei der außerordentlichen fristlosen Kündigungsgrund nur ein **Abwägungskriterium** darstellt. Im Rahmen der nach § 573 Abs. 2 Nr. 1 BGB erforderlichen Prüfung, ob die Verletzung mietvertraglicher Pflichten auf einem Verschulden des Mieters beruht, trägt – wie aus § 280 Abs. 1 S. 2 BGB entnommen werden kann – dieser die Darlegungs- und Beweislast für sein fehlendes Verschulden.[182] 48

**e) Beschädigung oder Gefährdung der Mietsache.** Schuldhafte Beschädigungen der Mietsache können den Vermieter zur ordentlichen Kündigung des Mietverhältnisses berechtigen. Auch hier ist die Frage der **Erheblichkeit** das maßgebliche Kriterium zur Abgrenzung, wobei die Anforderungen geringer als bei einer außerordentlichen fristlosen Kündigung sind.[183] Der Mieter muss schuldhaft handeln. Erforderlich ist nicht, dass die Beschädigung bereits eingetreten ist. Es genügt die **ernsthafte Gefährdung,** zB durch **(a)** Einleitung erheblicher Mengen von Katzenstreu in die Toilette mit der Folge einer Rohrverstopfung[184]; **(b)** wenn der Mieter gegen den ausdrücklich erklärten Willen des Vermieters eine **Wand** zwischen zwei Zimmern **entfernt** und deren Stelle 49

[177] BGH VIII ZR 64/09, NJW 2009, 3781 = NZM 2010, 37; *Lorenz* WuM 2013, 202; *Harke* NZM 2016, 449; *Paschke* GE 2010, 102; *Rieble* NJW 2010, 816; *Wiek* WuM 2010, 204.
[178] So BGH VIII ZR 6/04, NZM 2005, 334; *Blank* WuM 2005, 252; *Schläger* ZMR 2005, 359.
[179] AG Garmisch-Patenkirchen MietRB 2020, 326; der Antrag auf Eilrechtsschutz beim BVerfG BeckRS 2020, 21995 ist erfolglos geblieben.
[180] AG Berlin-Charlottenburg GE 2014, 1011.
[181] LG Berlin WuM 2010, 755; AG Berlin-Pankow/Weißensee WuM 2010, 755.
[182] BGH VIII ZR 39/15, NZM 2016, 550.
[183] LG Berlin GE 2004, 1394.
[184] LG Berlin GE 1993, 917.

einen Stahlträger einbaut[185]; **(c)** wenn der Mieter im Herbst oder Winter seine Wohnung für längere Zeit verlässt, diese nicht beheizt aber gleichwohl die Fenster in Bad und Küche öffnet um eine ausreichende Belüftung zu gewährleisten. Hier besteht die Gefahr, dass die wasserführenden Leitungen einfrieren. Es ist nicht erforderlich, dass sich die Gefahr verwirklicht[186]; **(d)** wenn der Mieter seine Wohnung trotz Abmahnung **nicht ausreichend heizt,** so dass Schäden durch Frost, Feuchtigkeit oder Schimmelbildung zu befürchten sind;[187] **(e)** wenn der Mieter Gegenstände im Treppenhaus aufstellt (Schuhregal, Glasgefäße, Kartons) und diese trotz Abmahnung nicht beseitigt[188]. **(f)** wenn der Mieter im Treppenhaus eines Mehrparteienhauses in erheblichen Umfang Gegenstände (Hausrat, Sperrmüll. Hausmüll und sonstigen Unrat) lagert und trotz Abmahnung nicht beseitigt; dies gilt auch dann, wenn das Haus iÜ leer steht.[189] Demgegenüber rechtfertigen die bloße Ablagerung von Sperrmüll etc. ohne Beeinträchtigung der Sicherheit oder eine Verschmutzung der Wohnung ohne Substanzschäden eine fristlose Kündigung nicht; **(g) Geruchsbelästigungen** infolge unzureichender Reinigung der Wohnung.[190] **(h)** Die Beschädigung einer Wohnungseingangstür durch den (nicht genehmigten) Einbau einer **Katzenklappe** stellt eine nicht nur geringfügige Beeinträchtigung der berechtigten Vermieterinteressen dar und berechtigt zur ordentlichen Kündigung.[191] Ist der Mieter wegen einer erheblichen und schuldhaften Verletzung seiner vertraglichen (Neben-)Pflicht zur Obhut der Mietsache rechtskräftig verurteilt worden, kann in dem beharrlichen Leugnen der Pflichtverletzung jedenfalls dann ein berechtigter Grund zur ordentlichen Kündigung nach § 573 Abs. 2 Nr. 1 BGB liegen, wenn Umstände festgestellt werden können, die die Besorgnis des Vermieters begründen, der Mieter setze seine Obhutspflichtverletzung auch nach der rechtskräftigen Verurteilung fort.[192] In allen Fällen wird gem. § 280 Abs. 1 S. 2 BGB **das Verschulden vermutet.** Der Mieter muss sich entlasten. Dazu ist ein **Vollbeweis** erforderlich.

50 **f) Unbefugte Gebrauchsüberlassung.** Nach § 540 Abs. 1 BGB ist der Mieter ohne Erlaubnis des Vermieters nicht berechtigt, die Sache weiter zu vermieten. Auch die Aufnahme eines Lebensgefährten bedarf der Genehmigung.[193] Demgegenüber ist ein Ehegatte, der nicht Partei des Mietvertrages ist, ist nicht Dritter iSd §§ 540, 553 BGB, solange es sich bei der von ihm bewohnten Wohnung um die Ehewohnung handelt.[194] Nimmt der Mieter eine Untervermietung vor, ohne die erforderliche Erlaubnis seines Vermieters einzuholen, verletzt er seine vertraglichen Pflichten grds. auch dann, wenn er einen Anspruch auf Erteilung der Erlaubnis hat.[195] Allerdings rechtfertigt nicht jede Pflichtverletzung die ordentliche Kündigung des Mietvertrags. Erforderlich ist vielmehr, dass der Mieter seine Pflichten „nicht unerheblich" verletzt hat. Dieses Tatbestandmerkmal ist unter Abwägung der Umstände des Einzelfalls auszufüllen.[196] An diesem Tatbestandsmerkmal wird es idR fehlen, wenn der Mieter einen **Anspruch auf Erteilung der Untermieterlaubnis** hat.[197] Das ist bei der Aufnahme eines Lebensgefährten regelmäßig der Fall.[198] In der formell unerlaubten Untervermietung kann nämlich schwerlich eine erhebliche Rechtsverletzung liegen. Hat der Vermieter vertragswidrig keine Erlaubnis erteilt, obwohl er hierzu verpflichtet gewesen wäre, soll eine Kündigung rechtsmissbräuchlich sein, da es dem Vermieter verwehrt sei, sich auf das Fehlen der Untermieterlaubnis zu berufen".[199]

51 Auch die unerlaubte Untervermietung über die Plattform **airbnb** berechtigt zur ordentlichen Kündigung wegen vertragswidrigem Verhaltens.[200] Dabei handelt es sich um eine **gewerbliche Tätigkeit des Mieters,** die der Vermieter nicht genehmigen muss. Die Vermietung von Wohnraum

[185] LG Kassel DWW 2011, 336.
[186] LG Berlin GE 2014, 323.
[187] LG Hagen ZMR 2008, 973.
[188] LG Köln ZMR 2017, 250.
[189] LG Osnabrück Urt. v. 22.9.2017 – 1 S 226/17.
[190] AG Bonn ZMR 2015, 38.
[191] LG Berlin GE 2004, 1394.
[192] Feuchtigkeitsschäden infolge unzureichendem Heizen und Lüften: BGH VIII ZR 39/15, NZM 2016, 550.
[193] BGH VIII ZR 371/02, NJW 2004, 56 = NZM 2004, 22.
[194] BGH XII ZR 143/11, NJW 2013, 2507 = NZM 2013, 786.
[195] BGH VIII ZR 74/10, NJW 2011, 1065; LG Hamburg ZMR 2020, 513.
[196] BGH VIII ZR 74/10, NJW 2011, 1065.
[197] LG Hamburg ZMR 2020, 513; LG Berlin GE 2003, 880; *Kraemer* NZM 2001, 553, 560; Staudinger/*Emmerich* BGB § 543 Rn. 58; AnwK WohnraumMietR/*Lammel* BGB § 543 Rn. 84.
[198] BGH VIII ZR 371/02, NJW 2004, 56 = NZM 2004, 22.
[199] BGH VIII ZR 74/10, NJW 2011, 1065.
[200] LG Berlin GE 2021, 250; WuM 2018, 562; WuM 2016, 559; GE 2015, 452; LG Amberg NZM 2018, 34; *Kinne* GE 2021, 220 (221).

als Ferienwohnung über diese Internetplattform ohne die erforderliche öffentlich-rechtliche Genehmigung stellt iÜ einen Verstoß gegen das WoAufG HE dar und kann mit einer Geldbuße in Höhe bis zu 25.000 EUR geahndet werden.[201] In anderen Bundesländern erlauben die Zweckentfremdungsgesetze oder -verordnungen entsprechende örtliche Verbote.[202] Die Nutzung als Ferienwohnung ist regelmäßig formell baurechtswidrig.[203]Selbst wenn er die Untervermietung grds. genehmigt hat, erfasst diese die zeitweise Vermietung an Touristen nicht.[204] Dem Vermieter sind detektivische Ermittlungen gestattet. Der Einsatz eines agent provocateurs macht die Kündigung nicht unwirksam.[205] Zweifelhaft ist, ob für eine ordentliche Kündigung wie bei einer außerordentlichen Kündigung[206] Abmahnung vorher erforderlich ist.[207] Richtigerweise ist eine Abmahnung für eine ordentliche Kündigung grds. nicht erforderlich.[208] Allerdings kann der Abmahnung für die Kündigung ausnahmsweise insofern Bedeutung zukommen, als erst ihre Missachtung durch den Mieter dessen Vertragsverletzung das für die Kündigung erforderliche Gewicht verleiht. Das spielt bei der unbefugten Gebrauchsüberlassung regelmäßig eine Rolle. Bei den typischerweise in einem Mietverhältnis auftretenden Fragen zur konkreten Ausgestaltung und zu Grenzen des Mietgebrauchs werde eine schuldhafte und erhebliche Vertragsverletzung nicht schon dadurch begangen, dass eine Vertragspartei die eigenen Befugnisse objektiv überschreitet. Im Regelfall sei vielmehr zusätzlich erforderlich, dass das Verhalten fortgesetzt wird, obwohl die andere Vertragspartei die Möglichkeit zu besserer Einsicht eingeräumt und die Kündigungsabsicht mitgeteilt hat. Ähnlich wie bei der unpünktlichen Mietzahlung wird die Erheblichkeit der Vertragsverletzung aus dem trotz Abmahnung fortgesetzten vertragswidrigen Verhalten hergeleitet. Anders ist es in den Fällen, in denen für den Mieter offensichtlich ist, dass der Vermieter Vermietung über airbnb nicht dulden wird.[209] Davon ist auszugehen, wenn die Vermieterin schon einer Untervermietung der Wohnung nicht zustimmt und nach erfolgter Abmahnung Räumungsklage erhoben hat. Dem Mieter ist in diesem Fall ohne weiteres erkennbar, dass diese erst recht keine Überlassung tagesweise an Touristen dulden wird. Eine vorherige Abmahnung ist zumindest dann entbehrlich, wenn der Mieter aufgrund von Presseveröffentlichungen nicht ernsthaft glauben durfte, dass eine solche Vermietung vom Vermieter hingenommen wird.[210] Für den Inhalt der Kündigungsbegründung reicht es aus, wenn sich aus der Kündigungserklärung hinreichend deutlich ergibt, für welche Zeiträume der Vermieter dem Mieter die unbefugte Vermietung an Touristen vorwirft.[211] Etwas anders wird die Rechtslage bei der kostenlosen Zurverfügungstellung eines Übernachtungsplatzes zB über die Internetplattformen „couchsurfing.com" und „hospitalityclub.org" beurteilt. Hier liegt regelmäßig gar keine Gebrauchsüberlassung vor. Diese Internetplattformen beruhen auf dem Prinzip der Kostenlosigkeit und des wechselseitigen Vertrauens in einer großen „Community". Insbesondere ist bei „couchsurfing.com" die Idee, dass man andere Teilnehmer aus dieser Community besucht – während diese selbst daheim sind. Der Gastgeber, der einem Dritten für einen kurzen Zeitraum einen Übernachtungsplatz überlässt, während er weiterhin in der Wohnung verbleibt, behält die Sachherrschaft über die Wohnung und räumt dem Dritten lediglich die Möglichkeit der Mitbenutzung ein.[212]

**g) Teilgewerbliche Nutzung.** Bei einer Benutzung der Wohnung zu **beruflichen, freiberuflichen oder gewerblichen Zwecke**n, ist zu unterscheiden: Eine berufliche Tätigkeit **ohne Außenwirkung** fällt unter den Begriff des „Wohnens". Eine solche Tätigkeit ist ohne weiteres zulässig; einer Erlaubnis durch den Vermieter bedarf es nicht. Hierzu zählen bspw. die Unterrichtsvorbereitung eines Lehrers; die Telearbeit eines Angestellten, die schriftstellerische Tätigkeit eines Autors oder den Empfang oder die Bewirtung eines Geschäftsfreundes.[213] 52

---

[201] OLG Frankfurt BeckRS 2019, 18716.

[202] ZB Bayern: Zweckentfremdungsgesetz – ZwEWG v. 10.12.2007 (GVBl. S. 864), zuletzt geändert durch Gesetz v. 19.6.2017 (GVBl. S. 182).

[203] BayVGH NJW-Spezial 2021, 77.

[204] BGH VIII ZR 210/13, NJW 2014, 622 = NZM 2014, 158; *Kohlstrunk* NZM 2014, 231; *Wüsthof* ZMR 2014, 421; *Eisenschmid* jM 2014, 362.

[205] LG Berlin GE 2021, 250; **aA** LG Berlin WuM 2018, 562.

[206] LG Amberg NZM 2018, 34.

[207] Dafür LG Berlin WuM 2018, 371; 2016, 559.

[208] BGH VIII ZR 145/07, NJW 2008, 508 = NZM 2008, 121.

[209] LG Berlin NZM 2015, 24; AG Hamburg BeckRS 2018, 47410.

[210] AG München ZMR 2020, 847.

[211] AG München ZMR 2020, 847.

[212] LG Lübeck BeckRS 2020, 41709.

[213] BGH VIII ZR 165/98, NJW 2009, 3157 = NZM 2009, 658.

53 Dagegen sind geschäftliche Aktivitäten freiberuflicher oder gewerblicher Art, **die nach außen in Erscheinung treten** erlaubnispflichtig. Für die Abgrenzung kommt es maßgeblich auf die Außenwirkung an. Von einer Außenwirkung kann nach der Ansicht des BGH bereits ausgegangen werden, wenn der Mieter die Wohnung als seine Geschäftsadresse angibt[214], wenn er in der Wohnung Kunden oder Musikschüler[215] empfängt oder wenn er dort Mitarbeiter beschäftigt. Die Angabe der Wohnanschrift als Geschäftsadresse bei der Rechtsanwaltskammer durch einen Rechtsanwalt dürfte für sich allein allerdings keine Kündigung rechtfertigen, wenn weder Mandantenverkehr stattfindet noch ein Schild auf eine Anwaltskanzlei hinweist.[216] Übt der Mieter eine **erlaubnispflichtige Tätigkeit** in der Wohnung aus und hat er auch keinen Anspruch auf Erteilung der Erlaubnis, so liegen die Voraussetzungen des § 573 Abs. 2 Nr. 1 BGB vor.[217]

54 **h) Nichterfüllung von Duldungspflichten.** Eine zur Kündigung berechtigende Pflichtverletzung aus dem Mietvertrag kann auch darin liegen, dass der Mieter einer vertraglich festgelegten Pflicht des Mieters, dem Vermieter Zutritt zur Wohnung zu gestatten, nicht nachkommt. Dabei kann es sowohl um Duldungen im Zusammenhang mit **Instandsetzungs- oder Modernisierungsmaßnahmen,** und zwar hinsichtlich eines Betretens der Wohnung zur Mangelerforschung oder Mangelbeseitigung, wie auch im Zusammenhang mit **Besichtigungen** im Zusammenhang mit der Veräußerung oder Weitervermietung der Wohnung gehen. Es ist nicht erforderlich, dass der Vermieter zunächst den Duldungsanspruch tituliert.[218] Es handelt sich bei den normierten Duldungspflichten nicht um Spezialvorschriften, die eine über die Duldungspflicht hinausgehende Sanktion ausschließen.[219]

55 **i) Sonstige Pflichtverletzungen. (a) Tierhaltung:** Die ungenehmigte **Hundehaltung** stellt eine nicht unerhebliche Pflichtverletzung dar.[220] Die Tierhaltung gehört jedoch zunächst grds. zum vertragsgemäßen Gebrauch. Das bedeutet, dass alle generellen Tierhaltungsverbote, auch wenn sie nur einzelne Tiere betreffen, zB Hunde- oder Katzenhaltung, unwirksam sind.[221] Das gilt auch, wenn die Klausel die Genehmigung des Vermieters in dessen freies Ermessen, dessen Ausübung an keine überprüfbaren Beurteilungsvoraussetzungen gebunden ist, stellt.[222] Die Haltung gerade dieses Tieres muss aber wirksam abbedungen sein. Individualvertraglich ist das grds. möglich, formularvertraglich ist dies nur in sehr engen Grenzen zulässig.[223] Ist die Klausel unwirksam bedeutet dies noch nicht, dass die Haltung dieses Tieres auch gestattet ist. Es ist anschließend für den konkreten Fall zu prüfen, ob die Tierhaltung dem vertragsgemäßen Gebrauch entspricht. Wenn der Mieter trotz Abmahnung die nach dem Mietvertrag unerlaubte Tierhaltung fortsetzt, ist die Kündigung möglich.[224] Aber auch bei zulässiger Tierhaltung kann die konkrete Haltung des Tieres eine nicht unerhebliche Pflichtverletzung darstellen. So kann das freie Laufenlassen von Hunden auf Gemeinschaftsflächen entgegen der Hausordnung und ungeachtet mehrerer Abmahnungen eine erhebliche Verletzung mietvertraglicher Pflichten darstellen und eine Kündigung rechtfertigen.[225]

56 **(b) Keine Gebrauchspflicht:** Den Mieter trifft keine Gebrauchspflicht. Wo der Mieter seinen Lebensmittelpunkt begründet und im herkömmlichen Sinne „wohnt" (schlafen, essen, regelmäßiger Aufenthalt etc.) ist den persönlichen Vorstellungen und der freien Entscheidung des Mieters überlassen. Die Anzahl stellt der Hausratsgegenstände in einer Wohnung stellen deshalb ebenso wenig eine Pflichtverletzung dar wie ihre Anordnung oder die Tatsache, dass der Mieter eigene oder in seiner Verfügungsbefugnis stehende Hausratsgegenstände von Familienangehörigen zu verkauft.[226] **(c) Beleidigungen:** Beleidigungen des Vermieters, des Verwalter oder seiner Mitarbeiter

---

[214] BGH VIII ZR 149/13, NZM 2013, 786; *Eisenschmid* WuM 2013, 727; *Herlitz* WuM 2014, 97.
[215] BGH VIII ZR 213/12, NJW 2013, 1806 = NZM 2013, 456; *Wiek,* WuM 2013, 493.
[216] LG Berlin GE 2016, 526; offen gelassen von AG Dortmund ZMR 2019, 284.
[217] BGH VIII ZR 165/98, NJW 2009, 3157 = NZM 2009, 658.
[218] BGH VIII ZR 221/09, WuM 2011, 13, fristlose Kündigung; BeckOGK/*Geib* BGB § 573 Rn. 31.
[219] Dies hält BeckOGK/*Geib* BGB § 573 Rn. 19 für „angemessen".
[220] LG Berlin GE 2012, 899.
[221] BGH VIII ZR 329/11, NJW 2013, 1526.
[222] BGH VIII ZR 329/11, NZM 2013, 380.
[223] Artz/Börstinghaus Wohnraummiete AGB/*Börstinghaus* Rn. 344; *Blank* NJW 2007, 729; *Börstinghaus* WImmoT 2014, 95; *Pletzer* NZM 2014, 329; *Sternel* NZM 1998, 833; *Wietz* WuM 2014, 518.
[224] LG Hildesheim WuM 2006, 525.
[225] BGH VIII ZR 328/19, NZM 2020, 105.
[226] BGH VIII ZR 93/10, NZM 2011, 151.

stellen eine Pflichtwidrigkeit dar[227], zB auch in einem offenen Brief.[228] Abzugrenzen sind solche Beleidigungen immer von zulässigen Meinungsäußerungen. **(d) Zuparken:** wenn der Mieter trotz eines im Mietvertrag vereinbarten Verbots mehrfach in der Grundstückseinfahrt parkt.[229]

**j) Kein Kündigungsgrund.** Fälle in denen die **Erheblichkeit einer Vertragsverletzung verneint** worden ist: wenn ein vereinzelter Vorfall keine weiteren Folgen nach sich zieht;[230] wenn durch das Verhalten des Mieters die Mietsache nicht gefährdet wird;[231] wenn der Vorfall bereits längere Zeit zurückliegt und sich keine weiteren Vorfälle wiederholt haben; wenn der Vermieter ein bestimmtes Verhalten des Mieters lange Zeit rügelos hingenommen hat;[232] wenn ein manisch-depressiver Mieter entgegen ärztlichem Rat die ihm verordneten Medikamente absetzt und in dieser Phase Hausbewohner bedroht und beleidigt;[233] wenn der Mieter die Bewohner eines benachbarten Hauses beleidigt, weil sich die Pflicht zur Wahrung des Hausfriedens nur auf das Zusammenleben innerhalb eines Gebäudes bezieht;[234] wenn der Mieter ohne Erlaubnis des Vermieters eine Satellitenantenne an der Fassade anbringt.[235] 57

### 3. Die Kündigung wegen Eigenbedarfs

**a) Verfassungsrechtliche Vorgaben.** Die Kündigung wegen Eigenbedarfs ist unmittelbare Folge des **Eigentumsrechts** des Vermieters gem. Art. 14 GG.[236] Das bedeutet für die Auslegung des § 573 Abs. 2 Nr. 2 BGB, dass das **Grundrecht des Vermieters** effektiv gewahrt wird. Hierzu gehört das Recht eines Eigentümers seine vermietete Wohnung zu kündigen, wenn er diese wieder selbst nutzen will oder wenn er die Räume privilegierten Angehörigen zur Nutzung überlassen möchte. Das BVerfG betont in diesem Zusammenhang, dass die Gerichte die Entscheidung des Eigentümers über seinen Wohnbedarf grds. respektieren müssen und ihm nicht fremde Vorstellungen über angemessenes Wohnen und seine weitere Lebensplanung aufdrängen dürfen.[237] Der Vermieter wird durch Art. 14 Abs. 1 S. 1 GG in seiner Freiheit geschützt, die Wohnung bei Eigenbedarf selbst zu nutzen oder durch privilegierte Angehörige nutzen zu lassen. Dabei haben die Gerichte den Entschluss des Vermieters, die vermietete Wohnung nunmehr selbst zu nutzen oder durch den – eng gezogenen – Kreis privilegierter Dritter nutzen zu lassen, grds. zu achten und ihrer Rechtsfindung zugrunde zu legen. Ebenso haben sie grds. zu respektieren, welchen Wohnbedarf der Vermieter für sich oder seine Angehörigen als angemessen ansieht. Die Gerichte sind daher nicht berechtigt, ihre Vorstellungen von angemessenem Wohnen verbindlich an die Stelle der Lebensplanung des Vermieters (oder seiner Angehörigen) zu setzen. Das entspricht auch der stRspr des BGH.[238] 58

Auf der anderen Seite ist auch das **Besitzrecht des Mieters** an der Wohnung Eigentum iSv Art. 14 Abs. 1 GG; der Mietbesitz steht damit ebenfalls **unter dem Schutz des Grundgesetzes.**[239] Aus dieser durchaus umstrittenen[240] Entscheidung des BVerfG folgt, dass die Eigentumsposition des Sacheigentümers und die Eigentumsposition des Mieters miteinander konkurrieren und jeweils gegeneinander abzuwägen sind. Aus der Entscheidung des BVerfG kann **nicht abgeleitet werden,** 59

---

[227] AG Stuttgart BeckRS 2013, 14584.

[228] LG Halle an der Saale ZMR 2012, 19.

[229] LG München I NZM 2015, 893.

[230] LG Mannheim DWW 1977, 42 (Geruchsbelästigungen, weil der Mieter bei Antritt einer Urlaubsreise verderbliche Lebensmittel in der Wohnung zurückgelassen hat); LG Hamburg ZMR 2001, 972, gelegentliches Füttern von Katzen auf dem Grundstück; AG Unna DWW 1990, 53, einmalige Verwendung einer gesundheitsgefährdenden aber frei erhältlichen Spachtelmasse.

[231] LG Berlin MM 1990, 289; LG Münster WuM 1991, 33; AG Hamburg-Altona WuM 2000, 418 (unterlassene Schönheitsreparaturen); **aA** für Schönheitsreparaturen: LG Berlin GE 1999, 1052; AG Erfurt WuM 2000, 629 (Einbau eines Katzendurchschlupfs in eine Zimmertür); AG Wiesbaden WuM 2000, 190 (Verletzung der Pflicht zur Treppenreinigung).

[232] LG München NJW-RR 1991, 1112 (Duldung der Aufnahme eines Dritten über längere Zeit).

[233] AG Darmstadt ZMR 2015, 39.

[234] AG Brandenburg WuM 2015, 741; wohl auch AG Garmisch-Patenkirchen MietRB 2020, 326.

[235] LG Berlin GE 2009, 1316.

[236] *Gaier* NZM 2021, 1.

[237] BVerfGE 79, 292 (304f.); 89, 1 (9); BVerfG NJW 1994, 995; 1995, 1480 (1481); NJW-RR 1999, 1097 (1098).

[238] BGH VIII ZR 166/14, NJW 2015, 1590 = NZM 2015, 378; VIII ZR 180/18, NZM 2019, 518 = NJW 2019, 2765; VIII ZR 186/17, NZM 2018, 983; *Kappus* NZM 2018, 987.

[239] BVerfGE 89, 1.

[240] *Derleder* WuM 1993, 514; *Sternel* MDR 1993, 728; *Depenheuer* NJW 1993, 2561; *Roellecke* JZ 1995, 74; *Rüther* NJW 1993, 2587.

dass die Interessen des Mieters an der Aufrechterhaltung des Mietverhältnisses dem Erlangungsinteresse des Vermieters immer vorgehen. Dem Erlangungswunsch des Vermieters sind allerdings zur Wahrung berechtigter Belange des Mieters Grenzen gesetzt.[241] Den Wertentscheidungen des Grundgesetzes, die in den für sie streitenden Grundrechten zum Ausdruck kommen, muss durch die Instanzgerichte Rechnung getragen werden.[242] Dabei ist das **Stufenverhältnis,** das der Gesetzgeber in den § 573 Abs. 2 Nr. 2 BGB und der Sozialklausel in § 574 BGB geschaffen hat zu berücksichtigen. Bei deren Anwendung gelten **dieselben verfassungsrechtlichen Maßstäbe.**[243] Daraus folgt, dass zum einen im Rahmen der Vorschrift des § 574 BGB die vom Vermieter beabsichtigte Lebensplanung grds. zu respektieren und der Rechtsfindung zugrunde zu legen ist.[244] Zum anderen dürfen die Gerichte hinsichtlich der Interessen des Mieters nicht ihre Vorstellungen über den einzuschlagenden Weg nicht an dessen Stelle setzen.[245] Die Abwägung der gegenläufigen Interessen hat sich stets an den konkreten Umständen des zu beurteilenden Einzelfalls auszurichten. Dabei kommt weder den Belangen des Vermieters noch den Interessen des Mieters von vornherein ein größeres Gewicht zu als denen der Gegenseite.[246] Das BVerfG verlangt insofern, dass bei der Rechtsanwendung durch die Gerichte der grundrechtlich geschützten Besitzposition des Mieters dadurch Rechnung getragen wird, dass das Gericht den Einwänden des Mieters „in einer Weise nachgeht, die der Bedeutung und Tragweite seines Bestandsinteresses gerecht wird, also bspw. nachprüft, ob der Selbstnutzungswunsch ernsthaft verfolgt wird …, ob der geltend gemachte Wohnbedarf weit überhöht ist, ob er zwar vorhanden ist, jedoch die Möglichkeit in Betracht kommt, ihn ohne Inanspruchnahme der gekündigten Wohnung zu befriedigen, etwa weil eine andere im Eigentum des Vermieters stehende Wohnung frei ist, in der der geltend gemachte Wohnbedarf ohne wesentliche Abstriche befriedigt werden könnte".[247]

60 Diese sich aus der **Ausstrahlungswirkung der Grundrechte**[248] ergebenden verfassungsrechtlichen Vorgaben gelten sowohl bei der Anwendung des § 573 Abs. 2 Nr. 2 BGB wie auch bei der Anwendung des § 574 BGB. Das bedeutet für die verfassungsrechtlichen Rahmenvorgaben: **(1)** Der Vermieter muss den **ernsthaften Wunsch** zur Nutzung der vermieteten Wohnung haben. **(2)** Die Instanzgerichte müssen allen Gesichtspunkten nachgehen, die **Zweifel an der Ernsthaftigkeit** des Nutzungswunsches begründen.[249] **(3)** Es ist Sache des Eigentümers, seinen Nutzungswunsch darzulegen und beweisen[250]; der Mieter muss seinerseits konkrete Einwände gegen den Nutzungswunsch vorbringen. Fehlt es an solchen Einwänden, so ist es aus verfassungsrechtlichen Gründen nicht erforderlich, dass sich das Gericht von sich aus mit dem Eigenbedarf auseinandersetzt.[251] **Bestreitet** der Mieter die Nutzungsabsicht, so muss darüber grds. Beweis erhoben werden; dies gilt auch dann, wenn das Bestreiten auf einer bloßen Vermutung beruht.[252] **(4)** Bei der Prüfung der Frage, ob der Vermieter **vernünftige und billigenswerte Gründ**e im Sinne der Rspr. des BGH geltend macht, ist den Absichten, den Motiven und der Lebensplanung des Vermieters gebührend Rechnung zu tragen; die Instanzgerichte sind nicht befugt, die Vorstellungen des Vermieters durch eigene Meinungen zu ersetzen.[253] **(5)** Dem Vermieter darf der Nutzungswunsch nicht „ausgeredet" werden. Eine **Mangelsituation** ist nicht erforderlich. Ein **zeitlich begrenzter Bedarf** genügt. Deshalb kann der Vermieter auch dann wegen Eigenbedarfs kündigen, wenn er die Räume lediglich als Zweitwohnung nutzen will.[254] **(6)** Der Umstand, dass der Vermieter seinen Wohnbedarf durch **vorangegangene Fehlplanungen** selbst verursacht hat, steht der Kündigung

[241] *Gaier* NZM 2021, 1, 3.
[242] BGH VIII ZR 270/15, NJW 2017, 1474 = NZM 2017, 286; VIII ZR 167/17, NZM 2019, 527; VIII ZR 180/18, NZM 2019, 518 = NJW 2019, 2765; VIII ZR 144/19, NZM 2020, 276 = NJW 2020, 1215.
[243] BVerfG NJW-RR 1999, 1097; NJW-RR 1993, 1358; BGH VIII ZR 270/15, NJW 2017, 1474 = NZM 2017, 286; VIII ZR 167/17, NZM 2019, 527; VIII ZR 180/18, NZM 2019, 518 = NJW 2019, 2765; VIII ZR 144/19, NZM 2020, 276 = NJW 2020, 1215.
[244] BVerfGE 68, 361, 373f.; 79, 292, 304f.; BVerfG NJW 1994, 309, 310; NJW 1995, 1480, 1481.
[245] BGH VIII ZR 270/15, NJW 2017, 1474 = NZM 2017, 286.
[246] BGH VIII ZR 270/15, NJW 2017, 1474 = NZM 2017, 286.
[247] So auch die stRspr des BGH, zB in BGH VIII ZR 186/17, NZM 2018, 983; *Kappus* NZM 2018, 987.
[248] *Gaier* NZM 2021, 1.
[249] BVerfG WuM 1989, 114.
[250] LG Berlin WuM 2019, 669.
[251] BVerfG NZM 2001, 706.
[252] BVerfG WuM 1990, 536; 1991, 146; 1993, 381.
[253] BVerfG WuM 1989, 114.
[254] BVerfG NJW 2014, 2417.

nicht entgegen.[255] **(7)** Die Kündigung ist allerdings dann unwirksam, wenn mit dem Erlangungswunsch ein **weit überhöhter Wohnbedarf** geltend gemacht wird.[256] Bei der Prüfung dieser Frage ist kein kleinlicher Maßstab anzulegen; so ist es zB nicht zu beanstanden, wenn ein Ehepaar in eine 74 $m^2$ große 3-Zimmer-Wohnung einziehen will, obwohl eine 56 $m^2$ große 2-Zimmer-Wohnung freisteht.[257] Ebenso ist zu akzeptieren, wenn ein Eigentümer eine 72 $m^2$ große Wohnung kündigt, um diese mit seiner derzeit genutzten 65 $m^2$ großen Wohnung zusammenzulegen umso für sich und seine künftige Ehefrau eine angemessen große Wohnung zu schaffen[258] oder wenn der Eigentümer kündigt, weil er aus finanziellen Gründen aus einer großen in eine kleine Wohnung umziehen will.[259] Eine andere Beurteilung kann geboten sein, wenn einer 22jährigen Studentin eine 107 $m^2$ große 4-Zimmer-Wohnung überlassen werden soll,[260] der 19-jährigen Tochter eine 120 $m^2$ Wohnung zur Verfügung gestellt werden soll[261] oder wenn der Eigentümer ein vermietetes Haus mit zahlreichen Zimmern kündigt, obwohl er nur einen Bruchteil der Räumlichkeiten selbst nutzen will.[262] **(8)** Unwirksam ist die Kündigung auch dann, wenn die Wohnung die **Nutzungswünsche** des Vermieters überhaupt **nicht erfüllen** kann.[263] **(9)** Die Instanzgerichte müssen prüfen, ob die Kündigungsvoraussetzungen gegeben sind; deshalb ist es verfassungsrechtlich nicht zu beanstanden, wenn das Gericht den Vermieter auffordert, seinen Eigenbedarf näher darzulegen.[264] **(10)** In Ausnahmefällen kann das Herausgabeverlangen auch **rechtsmissbräuchlich** sein.[265] So darf der Vermieter nicht kündigen, wenn ihm eine freistehende Wohnung zur Verfügung steht.[266] **(11)** Der Vermieter darf den Herausgabeanspruch nicht weiter geltend machen, wenn nach Ausspruch der Kündigung vor Ablauf der Kündigungsfrist eine geeignete **Alternativwohnung** frei wird.[267] Der Vermieter darf eine freistehende Wohnung auch nicht weitervermieten, um sich die Kündigungsbefugnis oder den Herausgabeanspruch zu erhalten.[268] Die Obliegenheit zum Gebrauch der freistehenden Wohnung gilt allerdings nicht, wenn der Vermieter vernünftige und nachvollziehbare Gründe für die Kündigung gerade der konkreten Wohnung hat.[269] Diese Gründe sind von den Instanzgerichten so zu würdigen, dass dabei den Belangen des Mieters hinreichend Rechnung getragen wird.[270] Den Belangen des Eigentümers und seiner Angehörigen muss aber ebenfalls Rechnung getragen werden. Der Eigentümer darf nicht darauf verwiesen werden, er müsse auf die Kündigung einer vermieteten Wohnung verzichten und seine Angehörigen in freistehenden Räumlichkeiten unterbringen, die bisher gewerblich genutzt worden sind und auch weiterhin gewerblich genutzt werden sollen.[271] **(12)** Die Räumungsklage kann ohne Verfassungsverstoß abgewiesen werden, wenn der Vermieter wegen eines Bedarfs kündigt, der bereits beim Abschluss des Mietverhältnisses vorhanden gewesen ist oder absehbar war.[272] Allerdings muss dieser Bedarf hinreichend konkret sein; die bloße Möglichkeit, dass später ein solcher Bedarf entstehen könnte, genügt nicht.[273] **Vorratskündigungen** sind nicht zulässig.[274]

**b) Der privilegierte Personenkreis. aa) Die Eigennutzung durch den Vermieter.** Eine Eigennutzung ist gegeben, wenn der Vermieter die Räume als **Wohnung für sich selbst** benötigt. Es ist nicht erforderlich, dass der Vermieter auch der Eigentümer des Grundstücks ist.[275] Es kommt 61

[255] BVerfG WuM 1993, 231.
[256] BVerfG WuM 1993, 231.
[257] BVerfG WuM 1991, 145.
[258] BVerfG ZMR 1993, 315.
[259] BVerfG WuM 1991, 661.
[260] BVerfG WuM 1990, 480.
[261] LG Berlin WuM 2021, 310 mAnm *Flatov* jurisPR-MietR 10/2021 Anm. 3.
[262] BVerfG GE 1993, 1327.
[263] BVerfG WuM 1989, 114.
[264] BVerfG WuM 1989, 483.
[265] LG München I WuM 2019, 657.
[266] BVerfG WuM 1989, 114.
[267] BVerfG WuM 1990, 536.
[268] BVerfG WuM 1990, 535; 1991, 247.
[269] BVerfG WuM 1989, 114.
[270] BVerfG WuM 1991, 247.
[271] BVerfG WuM 1989, 607.
[272] BVerfG WuM 1989, 114.
[273] BVerfG ZMR 1993, 363; 1993, 505.
[274] BVerfG WuM 1990, 480; BGH VIII ZR 297/14, NJW 2015, 3368 = NZM 2015, 812; VIII ZR 300/15, NZM 2017, 23; *Schüller* NZM 2017, 26; *Kappus* NJW 2015, 3370.
[275] LG Hamburg ZMR 2011, 798.

nur auf die **formale Vermieterstellung** an. Auch der Untervermieter kann Eigenbedarf geltend machen,[276] wenn er die Räume nach dem Inhalt des Hauptmietvertrags selbst nutzen darf. Der Umstand, dass der Vermieter zusätzlich weitere Personen in die Wohnung aufnehmen will, die nicht zu seinen Angehörigen zählen, ist unbeachtlich, solange er selbst einziehen will. Auch die Absicht, einen untergeordneten Teil der Räume anderweitig zu nutzen, hindert die Kündigung nicht.[277] Die **Wohnnutzung** durch den Vermieter muss allerdings **im Vordergrund** stehen. Will der Vermieter nur einen geringen Teil der Räume selbst nutzen und den übrigen Teil an Dritte überlassen oder gewerblich nutzen, so liegt in Wirklichkeit keine Wohnraumnutzung vor. Eine Kündigung nach § 573 Abs. 2 Nr. 2 BGB ist dann nicht gerechtfertigt. Ausnahmsweise kann hier aber ein Fall der wirtschaftlichen Verwertung gem. § 573 Abs. 2 Nr. 3 BGB gegeben sein. Der Umstand, dass der Vermieter bei der Aufnahme des oder der Dritten nicht in der Absicht der Gewinnerzielung, sondern aus anderen Motiven handelt, ändert an dieser Bewertung nichts.[278]

**62** Bei **mehreren Vermietern** genügt es, wenn die Räume von einem der Vermieter genutzt werden sollen.[279]

**63** Ist die Wohnung vom Eigentümer **einem Dritten zur Vermietung überlassen** worden, so kann der Vermieter (Dritte) nicht wegen des Bedarfs des Eigentümers kündigen.[280] Gleiches gilt, wenn **eine im Eigentum mehrerer Personen stehende Wohnung** nur von einem der Eigentümer vermietet worden ist; auch hier kann nicht zugunsten des anderen Eigentümers gekündigt werden.[281] Ein Rückgriff auf § 573 Abs. 1 BGB ist regelmäßig ausgeschlossen, weil der Gesetzgeber durch die Wortfassung des § 573 Abs. 2 Nr. 2 BGB zum Ausdruck gebracht hat, dass lediglich das Nutzungsinteresse der dort genannten Personen Vorrang haben soll gegenüber dem Erhaltungsinteresse des Mieters; bei besonderen Notlagen sind Ausnahmen denkbar. Eine Kündigung wegen des Bedarfs des Vermieters ist möglich, wenn es sich dabei um eine natürliche Person handelt; außerdem muss in diesem Fall gewährleistet sein, dass der Vermieter auf Grund seiner Rechtsbeziehungen zum (anderen) Eigentümer die Räume selbst bewohnen darf.

**64** Der **Erwerber** eines Grundstücks bzw. einer Wohnung kann unmittelbar nach seiner **Eintragung ins** Grundbuch kündigen. Eine Wartefrist besteht nur dort, wo dies durch Gesetz ausdrücklich bestimmt ist, nämlich bei der **Umwandlung** vermieteter **Wohnungen in Wohnungseigentum** gem. § 577 a BGB. Eine vor Eintragung des Erwerbers im Grundbuch erklärte Eigenbedarfskündigung ist unwirksam. Dies gilt auch dann, wenn der Erwerber vom Veräußerer zur Kündigung wirksam[282] **ermächtigt** wurde.[283] Dies folgt aus der Erwägung, dass die Ermächtigung nur solche Kündigungsgründe umfasst, die der Veräußerer selbst geltend machen könnte; der Eigenbedarf des Erwerbers zählt nicht zu diesen Gründen. Der Erwerber kann nur einen Eigenbedarf kraft Ermächtigung geltend machen, den auch der Veräußerer geltend machen könnte, also wenn es sich bei dem Erwerber selbst um einen privilegierten Angehörigen des Veräußerers handelt. In diesem hätte auch eine Kündigung des veräußernden Vermieters wegen Eigenbedarfs für einen seiner Haushalts- oder Familienangehörigen zugunsten des erwerbenden Angehörigen weiter gegolten, wenn dieser die Wohnung anschließend erwirbt.[284]

**65** **Juristische Personen** (GmbH, AG) oder Vereine haben **kein Kündigungsrecht** nach Nr. 2, weil die Räumlichkeiten von einer juristischen Person oder von einem Verein nicht als „Wohnung" genutzt werden können.[285] Allein die Absicht, dass ein Gesellschafter, ein gesetzlicher Vertre-

---

[276] LG Lüneburg DWW 1999, 296.

[277] LG Berlin GE 1991, 683 (Nutzung eines Zimmers als Behandlungsraum).

[278] AG Köln WuM 1994, 211 (Überlassung von Räumen an Mitglieder einer Glaubensgemeinschaft).

[279] BGH VIII ZR 35/19, NZM 2020, 98; OLG Düsseldorf NZM 2010, 276; LG Berlin GE 1992, 207; 1992, 549.

[280] LG Karlsruhe WuM 1989, 241; Bub/Treier MietR-HdB/*Fleindl* Kap. IV Rn. 120.

[281] LG Hamburg WuM 2011, 798; Bub/Treier MietR-HdB/*Fleindl* Kap. IV Rn. 120.

[282] BGH XII ZR 119/96, NJW 1998, 896 = NZM 1998, 146.

[283] LG Stuttgart WuM 2018, 99; *Caspers* ZAP Fach 4, 1889 (1891).

[284] OLG Hamm WuM 1992, 460.

[285] BGH VIII ZR 66/19, NZM 2021, 218; BGH VIII ZR 232/15, NJW 2017, 547 = NZM 2017, 111; BGH VIII ZR 22/03, NZM 2004, 25 „begrifflich ausgeschlossen"; BGH VIII ZR 282/07, NJW 2008, 3361 = NZM 2008, 804; *Meier* ZMR 2017, 150; *Dubovitskaya/Weitemeyer* NZM 2017, 201; *Flatow* NZM 2017, 825; *Wedel* ZMR 2018, 196; *Hinz* JR 2018, 289; Staudinger/*Rolfs* BGB § 573 Rn. 77; Erman/*Lützenkirchen* BGB § 573 Rn. 34; NK-BGB/*Hinz* § 573 Rn. 36; AnwK WohnraumMietR/*Lammel* BGB § 573 Rn. 65; MüKo-BGB/*Häublein* § 573 Rn. 85; Emmerich/Sonnenschein/*Haug* BGB § 573 Rn. 38; Palandt/*Weidenkaff* BGB § 573 Rn. 26.

ter[286] oder ein Angestellter der juristischen Person die Räume nutzen will genügt nicht. Diese Personen gehören nicht zum privilegierten Personenkreis, weil eine **juristische Person keine Angehörigen** haben kann.[287] Auch für **Alleingesellschafter,** die über die Mietsache wirtschaftlich verfügen können, gilt nichts anderes. In Ausnahmefällen kann ein Kündigungsgrund aus der Generalklausel des § 573 Abs. 1 BGB hergeleitet werden, wenn die Nutzung einer bestimmten Wohnung durch den Geschäftsführer aus betrieblichen Gründen dringend erforderlich ist (sog. **gesteigerter Betriebsbedarf**).[288]

Bei **Personengesellschaften** ohne eigene Rechtspersönlichkeit (GbR, OHG, KG) besteht ebenfalls **kein eigener Wohnbedarf.** Deshalb ist eine Kündigung nach § 573 Abs. 2 Nr. 2 BGB wegen des **Eigenbedarfs der Gesellschaft** ausgeschlossen.[289] Hiervon zu unterscheiden ist die Frage, ob eine Personengesellschaft **wegen Eigenbedarfs für einen Gesellschafter** kündigen kann. Das war lange umstritten, ist vom BGH[290] aber inzwischen aufgrund einer Analogie des § 573 Abs. 2 Nr. 2 BGB für zulässig erklärt worden. Eine unmittelbare Anwendung des § 573 Abs. 2 Nr. 2 BGB scheidet in diesen Fällen aus. Jedoch ist die Vorschrift entsprechend anzuwenden. Die entsprechende (analoge) Anwendung eines Gesetzes setzt nach allgemeiner Ansicht eine **planwidrige Gesetzeslücke** voraus. Der BGH führt dazu aus, dass die **GbR** bis zur Rechtsprechungsänderung des II. Senats[291] im Jahr 2001 als **gewöhnliche Vermietermehrheit** behandelt worden sei. Entsprechend dieser Rechtsauffassung ist jedes Mitglied der Gesellschaft als Partei des Mietverhältnisses zur Kündigung wegen Eigenbedarfs berechtigt gewesen. Hieran sollte sich durch die Anerkennung der **Teilrechtsfähigkeit der (Außen-)Gesellschaft bürgerlichen Rechts** nichts ändern. Nach der neuen gesellschaftsrechtlichen Rspr. treten als Vermieter nicht mehr die einzelnen Mitglieder der Gesellschaft, sondern die Gesellschaft als solche in Erscheinung. Deshalb ist die Möglichkeit der unmittelbaren Anwendung des § 573 Abs. 2 Nr. 2 BGB zum Zwecke der Kündigung wegen des Wohnbedarfs einzelner Gesellschafter entfallen. Auf diese Weise ist eine vom Gesetzgeber nicht geplante Lücke entstanden, die durch eine entsprechende Anwendung des § 573 Abs. 2 Nr. 2 BGB zu schließen ist. 66

Für eine **Personenhandelsgesellschaft** gilt das aber nach Auffassung des BGH[292] nicht. Hier ist die Kündigung zugunsten eines Gesellschafters ausgeschlossen. Die Gründung einer KG oder einer OHG setze regelmäßig „eine umfangreiche organisatorische und rechtsgeschäftliche Tätigkeit bis hin zur Eintragung in das Handelsregister voraus". Der Entschluss hierzu beruhe regelmäßig „auf einer bewussten Entscheidung" aufgrund wirtschaftlicher, steuerrechtlicher und/oder haftungsrechtlicher Überlegungen. Dies rechtfertige eine unterschiedliche Behandlung. Es wird aber auch vertreten, dass eine Personenhandelsgesellschaft zur Eigenbedarfskündigung berechtigt sei, wenn in der Satzung oder im Gesellschaftsvertrag geregelt ist, dass der Gesellschaftszweck auch die Versorgung der Gesellschafter mit Wohnraum gehört.[293] 67

**bb) Die Familienangehörigen.** Wer genau zu den privilegierten Familienangehörigen gehört, für die eine Eigenbedarfskündigung möglich ist, ergibt sich aus dem Gesetz nicht. Der **allgemeine Familienbegriff** des BGB, wonach zur Familie alle Personen zählen, die mit dem Vermieter verwandt oder verschwägert sind, **ist zu weit.** Dies folgt sowohl aus dem Schutzzweck des § 573 Abs. 2 Nr. 2 BGB wie auch aus verfassungsrechtlichen Gründen. Deshalb muss der weite Familienbegriff hier einschränkend ausgelegt werden. Teilweise wird vorgeschlagen, dass diese Einschränkung entsprechend der Begriffsbestimmung in § 8 Abs. 2 II. WoBauG vorzunehmen sei; danach zählen zu den Angehörigen der Ehegatte, Verwandte in gerader Linie sowie Verwandte zweiten und dritten Grades in der Seitenlinie, Verschwägerte in gerader Linie sowie Verschwägerte zweiten und dritten Grades in der Seitenlinie, außerdem gehören hierzu die Pflegekinder.[294] Die wohl hM lehnt 68

---

[286] LG Wuppertal WuM 1994, 686; LG Duisburg NZM 2010, 898 für Geschäftsführer.

[287] LG Karlsruhe WuM 1985, 148; AG Bergheim WuM 1985, 147.

[288] LG Berlin GE 1999, 506.

[289] BGH VIII ZR 122/06, NZM 2007, 639 (für Kommanditgesellschaft); umfassend *Palmen* Eigenbedarfsähnliche Kündigungsgründe, S. 127.

[290] BGH VIII ZR 232/15, NJW 2017, 547 = NZM 2017, 111; *Derleder* WuM 2017, 104; *Selk* NJW 2017, 521; *Singbartl/Zintl* NZM 2017, 119; *Meier* ZMR 2017, 150; *Dubovitskaya/Weitemeyer* NZM 2017, 201; *Flatow* NZM 2017, 825; *Wedel* ZMR 2018, 196; *Hinz* JR 2018, 289; BGH VIII ZR 92/16, NZM 2017, 285; so bereits iErg BGH VIII ZR 271/06, NJW 2007, 2845 = NZM 2007, 679; VIII ZR 231/08, NJW 2009, 2738; VIII ZR 74/11, NJW-RR 2012, 237.

[291] BGH II ZR 331/00, NJW 2001, 1056.

[292] BGH VIII ZR 210/10, NJW 2011, 993; VIII ZR 232/15, NJW 2017, 547 = NZM 2017, 111.

[293] *Beuthien* ZMR 2017,624.

[294] AG Oldenburg WuM 1990, 512.

den Rückgriff auf § 8 Abs. 2 II. WoBauG allerdings ab. Sie unterscheidet zwischen den Familienangehörigen im engeren Sinn **(Kernfamilie)** und denjenigen im weiteren Sinne. Letztere sind mit dem Vermieter nur weitläufig verwandt oder verschwägert. Bei den **engen Familienangehörigen** genügt allein die Tatsache der Verwandtschaft.[295] Bei **Familienangehörigen im weiteren Sinn** muss zusätzlich zwischen dem Vermieter und dem jeweiligen Angehörigen „ein besonders enger Kontakt“[296] oder ein „Näheverhältnis“[297] bestehen oder der Vermieter muss gegenüber diesem Angehörigen rechtlich oder moralisch zur Unterhaltsgewährung oder sonstiger Fürsorge verpflichtet sein.[298] Je weitläufiger der Grad der Verwandtschaft oder Schwägerschaft ist, umso enger muss die über die bloße Tatsache der Verwandtschaft oder Schwägerschaft hinausgehende persönliche oder soziale Bindung zwischen dem Vermieter und dem Angehörigen im konkreten Einzelfall sein, um eine Kündigung wegen des Wohnbedarfs eines Angehörigen zu rechtfertigen.[299] Nach Ansicht des BGH bieten die Regelungen über das **Zeugnisverweigerungsrecht** aus persönlichen Gründen (§ 383 ZPO, § 52 StPO) einen „Anknüpfungspunkt“ dafür, wie weit der Kreis der privilegierten Familienangehörigen zu ziehen ist.[300] Danach zählen zu den Personen, die das Zeugnis verweigern dürfen, nicht nur die Verwandten und Verschwägerten sondern auch die ehemaligen Verschwägerten (§ 383 Abs. 1 Nr. 3 ZPO), der Verlobte (§ 383 Abs. 1 Nr. 1 ZPO), der geschiedene Ehegatte (§ 383 Abs. 1 Nr. 2 ZPO)[301] und der frühere Lebenspartner des Vermieters (§ 383 Abs. 1 Nr. 2 a ZPO). Diese Vorschriften konkretisieren mit Rücksicht auf eine typisierte persönliche Nähebeziehung den Kreis privilegierter Familienangehöriger, und zwar unabhängig davon, ob tatsächlich eine persönliche Bindung besteht.[302] **Zu den privilegierten Angehörigen gem. § 573 Abs. 2 Nr. 2 BGB zählen** somit der Ehegatte, der geschiedene Ehegatte[303], die Verwandten und Verschwägerten in gerader Linie (Eltern,[304] Großeltern, Kinder, Enkel,[305] Urenkel etc.), die Verwandten in der Seitenlinie bis zum 3. Grad (Geschwister,[306] Nichten und Neffen[307]) und die Verschwägerten in der Seitenlinie bis zum 2. Grad (Schwiegereltern[308], Schwager[309]). Die Rspr. ist iÜ nicht einheitlich: als enge Familienangehörige anerkannt: Ehemann[310] Stiefsohn[311]; Tochter[312]; Stieftochter[313]; Schwager[314]; Schwiegermutter[315]; Schwiegervater[316]; Schwiegereltern[317]; demgegenüber wurde eine enge Familienzugehörigkeit aber auch verneint: ein Patenkind[318]; Schwager des Vermieters[319]; Schwägerin des Vermieters[320]; Cousine (Tochter einer Schwester der Mutter des Vermieters)[321]; aus anderer Verbin-

---

[295] Herrlein/Knops/Spiegelberg MietR/*Herrlein* BGB § 573 Rn. 24.
[296] BGH VIII ZR 247/08, NZM 2009, 353 (Schwager).
[297] AG Fürstenfeldbruck WuM 2020, 35.
[298] BGH VIII ZR 159/09, NJW 2010, 1290 = NZM 2010, 271; OLG Oldenburg WuM 1993, 386; OLG Braunschweig NJW-RR 1994, 597 (Nichte); LG Heidelberg DWW 1991, 244; LG Wiesbaden WuM 1991, 491; LG Mainz WuM 1991, 554.
[299] OLG Braunschweig WuM 1993, 731, 732; Staudinger/*Rolfs* BGB § 573 Rn. 84.
[300] BGH VIII ZR 35/19, NZM 2020, 984; VIII ZR 159/09, NJW 2010, 1290 = NZM 2010, 271.
[301] BGH VIII ZR 35/19, NZM 2020, 984; BeckOGK/*Geib* BGB § 573 Rn. 63; *Milger* NZM 2014, 769 (770); **aA** NK-BGB/*Hinz* § 573 Rn. 39.
[302] BGH VIII ZR 35/19, NZM 2020, 984; VIII ZR 159/09, NJW 2010, 1290 = NZM 2010, 271.
[303] BGH VIII ZR 35/19, NZM 2020, 984.
[304] LG Berlin GE 1991, 1205.
[305] AG München WuM 1990, 511.
[306] BGH VIII ZR 276/02, NJW 2003, 2604 = NZM 2003, 681; *Kappus* NZM 2003, 657; *Wiek* DWW 2003, 297; *Blank* LMK 2003, 177; BayObLG WuM 1984, 14; LG Wiesbaden WuM 1991, 491.
[307] BGH VIII ZR 159/09, NJW 2010, 1290 = NZM 2010, 271.
[308] LG Köln WuM 1994, 541; wohl auch AG Dortmund NZM 2004, 499.
[309] BGH VIII ZR 247/08, NZM 2009, 353.
[310] AG Dortmund ZMR 2020, 759.
[311] LG München I WuM 1990, 23 (Ls).
[312] AG Dortmund DWW 1990, 366.
[313] LG Hamburg WuM 1997, 177.
[314] BGH VIII ZR 247/08, NZM 2009, 353 („wenn besonders enger Kontakt besteht“); AG Gelsenkirchen WuM 2018, 163; LG Freiburg WuM 1993, 126; **aA** OLG Oldenburg WuM 1993, 386.
[315] LG Köln WuM 1994, 541.
[316] LG Berlin MM 1991, 331.
[317] LG Mainz WuM 1991, 554.
[318] AG Waiblingen WuM 1994, 542.
[319] *OLG Oldenburg WuM 1993, 386 = DWW 1993, 171*; LG Mainz WuM 1991, 554; AG Springe WuM 1991, 554.
[320] AG Solingen WuM 1994, 685; AG Langenfeld ZMR 2000, 767.
[321] OLG Braunschweig NJW-RR 1994, 597; LG Ravensburg WuM 1993, 51.

dung stammende Tochter der Schwiegertochter des Vermieters[322]; Cousin[323]; Großnichte[324]; Großneffe[325]; Tante des Ehemanns der Vermieterin[326]; Stiefsohn[327]; Großnichte bei türkischer Großfamilie[328]; Tochter des Cousins des Vermieters[329]; Onkel des Vermieters[330]. **Nicht zu den Familienangehörigen** zählen die Lebensgefährtin des Vermieters[331] oder deren Tochter[332].

Ein besonderes **persönliches Verhältnis** zwischen dem Vermieter und dem Angehörigen wurde bejaht: wenn ein in Deutschland lebender Vermieter mit seiner in **Polen lebender Cousine** bereits seit längerer Zeit persönlichen Kontakt unterhalten und diese mit Geld und Sachleistungen unterstützt hat.[333] Dagegen wurde ein solches besonderes Verhältnis verneint: bei **gemeinsamen Freizeitaktivitäten** mit der Tochter eines Cousins;[334] wenn der Vermieter von seiner Nichte etwa zehn Mal im Jahr besucht wird und wenn die Verwandten vor mehreren Jahren einen gemeinsamen Urlaub verbracht haben.[335] **69**

Durch den Wunsch zum Getrenntleben wird die Familienzugehörigkeit nicht aufgehoben.[336] Deshalb kann der Vermieter kündigen, wenn er eine weitere Wohnung benötigt, damit er von seinem Ehegatten getrennt leben kann. Es kommt nicht darauf an, ob der Vermieter-Ehegatte oder der Nichtvermieter in die gekündigte Wohnung einziehen will. Auch der bereits getrenntlebende Ehegatte ist als Familienangehöriger anzusehen.[337] **70**

**cc) Haushaltsangehörige.** Zu den Haushaltsangehörigen gehören **alle Familienmitglieder und sonstigen Personen** (Ehefrau, Lebensgefährte, Eltern, Kinder, Stiefkinder, Pflegekinder, Enkel, Schwiegertochter, Hausgehilfin, Pflegerin, Arbeitnehmer, „Wahlverwandte"[338] usw.) die seit längerer Zeit **auf Dauer,** also nicht nur vorübergehend[339] mit dem Vermieter **in einer Hausgemeinschaft** zusammenleben. Eine eigenständige Bedeutung kommt diesem Tatbestandsmerkmal nur zu, als diese Personen nicht ohnehin zu den privilegierten Verwandten des Vermieters zählen, wie zB der **Lebensgefährtin** des Vermieters. Diese muss aber in der gemeinsamen Wohnung mit dem Vermieter wohnen und nicht im Haus eine eigene Wohnung bewohnen.[340] **71**

Soweit der Vermieter einen **zusätzlichen Raumbedarf** deshalb hat, weil er eine bisher nicht in seinem Haus lebende Person als Hausgehilfin, Pflegerin, au-pair oder Hausmeister in seinen eigenen Haushalt aufnehmen und deshalb zusammen mit der Pflegeperson eine größere Wohnung beziehen will, so ist ein **Fall der Eigennutzung** gegeben. Soll diesen Personen eine eigene Wohnung außerhalb der Vermieterwohnung überlassen werden, so wird dieser Fall vom Wortlaut des § 573 Abs. 2 Nr. 2 BGB nur gedeckt, wenn der Berechtigte **bisher im Haushalt des Vermieters** untergebracht war.[341] In Betracht kommen kann in diesem Fall im Einzelfall aber ein Kündigung nach der Generalklausel des § 573 Abs. 1 S. 1 BGB[342], wenn für die Beschäftigung solcher Hilfspersonen ein Bedürfnis vorliegt und ihre Unterbringung im Haus oder in der Nähe der Vermieterwohnung aus persönlichen, wirtschaftlichen oder sonstigen Gründen geboten ist.[343] Bei der Prü- **72**

---

[322] LG Weiden WuM 2003, 210.
[323] LG Berlin MM 1993, 251.
[324] AG Warstein WuM 1996, 547.
[325] AG Fürstenfeldbruck WuM 2020, 35.
[326] AG Frankfurt a. M. WuM 1991, 108.
[327] LG Aschaffenburg DWW 1989, 364, LG München I WuM 1990, 23; AG Oldenburg WuM 1990, 512.
[328] LG Wiesbaden NJW RR 1995, 782.
[329] AG Waiblingen WuM 1094, 542.
[330] AG Dortmund WuM 1993, 615.
[331] LG Berlin GE 2020, 119; AG Oldenburg (Oldenburg) ZMR 2021, 51.
[332] AG Siegburg WuM 2019, 33; AG Winsen WuM 1994, 432.
[333] LG Braunschweig WuM 1994, 210.
[334] AG Waiblingen WuM 1994, 542.
[335] LG Wiesbaden WuM 1991, 491.
[336] LG Frankfurt a. M. NJW-RR 1996, 396.
[337] LG Frankfurt a. M. NJW-RR 1996, 396; ähnlich BGH XII ZR 143/11, NJW 2013, 2507 = NZM 2013 (*Zur Qualifikation* eines Ehegatten als Drittem iSd § 540 BGB); Zu Dritten in der Mietwohnung: *Meyer-Abich* NZM 2020, 13.
[338] Erman/*Lützenkirchen* BGB § 573 Rn. 36.
[339] LG Braunschweig WuM 1972, 127.
[340] AG Oldenburg (Oldenburg) ZMR 2021, 52.
[341] BGH VIII ZR 127/08, NJW 2009, 1808 = NZM 2009, 430; **aA** AG München ZMR 2021, 328.
[342] BGH VIII ZR 213/20. NZM 2021, 432; VIII ZR 127/08, NJW 2009, 1808 = NZM 2009, 430; LG Berlin GE 2021, 704.
[343] BGH VIII ZR 127/08, NJW 2009, 1808 = NZM 2009, 430; AG München ZMR 2021, 328; Emmerich/Sonnenschein/*Haug* BGB § 573 Rn. 43.

fung dieser Frage ist ein **großzügiger Maßstab** anzulegen; es ist allein Sache des Vermieters darüber zu befinden, welche Personen er zu seiner eigenen Pflege und der Pflege seines Anwesens in das Haus aufnehmen will. Ein berechtigtes Interesse an der Aufnahme einer Pflegeperson setzt nicht voraus, dass die **Pflegebedürftigkeit bereits eingetreten** ist; es genügt, wenn aufgrund äußerer Umstände mit einiger Sicherheit damit gerechnet werden muss, dass der Vermieter die Dienste in naher Zukunft für seine Lebensführung benötigt.[344] Dies gilt insbes. dann, wenn der Vermieter eine lange Kündigungsfrist einzuhalten hat. Es ist auch nicht erforderlich, dass die Pflegeperson bereits **namentlich feststeht.** Vielmehr reicht es aus, wenn der Vermieter den ernsthaften Willen hat, eine Pflegeperson aufzunehmen und wenn mit einiger Sicherheit damit zu rechnen ist, dass der Vermieter in naher Zukunft eine Pflegeperson benötigt.[345] Hiervon kann ausgegangen werden, wenn der Vermieter iE darlegt und erforderlichenfalls beweist, dass er sich vom Zeitpunkt der Kündigung an nachdrücklich um eine Pflegeperson – wenn auch vergeblich – bemüht hat und auch weiterhin bemühen wird und/oder dass solche Bemühungen ohne das Angebot einer Wohnung erfolglos sind.[346] Zur Ernsthaftigkeit solcher Bemühungen gehört, dass sich der Vermieter nicht nur im Verwandten- und Bekanntenkreis umhört, sondern auch an Behörden und Wohlfahrtsverbände herantritt sowie Zeitungsinserate aufgibt.[347]

73 **dd) Sonstige Personen.** Ein Bedarf für **andere** als die in § 573 Abs. 2 Nr. 2 BGB genannten **Personengruppen** rechtfertigt die Kündigung **grds. nicht.** Deshalb kann der Vermieter nicht mit der Begründung kündigen, er benötige die Wohnung für einen Bekannten, einen engen Freund, oder seinen Verlobten[348], den Lebensgefährten[349] oder die „Nebenfrau" eines ausländischen Vermieters[350]. In besonders gelagerten Ausnahmefällen kann eine Kündigung nach der Generalklausel des § 573 Abs. 1 BGB erfolgen, etwa für ein Patenkind des Vermieters mit dringendem Wohnraumbedarf oder für einen mit dem Vermieter befreundeten Aussiedler, der in einem Lager untergebracht ist.[351] Eine Kündigung ist jedoch immer dann zulässig, wenn der Vermieter selbst oder ein privilegierter Familienangehöriger des Vermieters mit jemandem, für den die Eigenbedarfskündigung nicht möglich ist, zusammen die Wohnung beziehen will.[352] Gleiches gilt, wenn der Vermieter eine Wohnung zugunsten der Mutter seiner außerehelichen Kinder kündigt, damit für die Kinder eine Wohnung zur Verfügung steht; dieser Fall ist einer Kündigung zugunsten eines Angehörigen gleichzustellen.[353]

74 **c) Die Nutzung als Wohnung.** § 573 Abs. 2 Nr. 2 BGB setzt voraus, dass der Vermieter die Räume **als „Wohnung" benötigt.** Es ist nicht erforderlich, dass der Vermieter sämtliche Räume zu Wohnzwecken nutzen will. Auch die Absicht, einen untergeordneten Teil der Räume anderweitig zu nutzen, hindert die Kündigung nicht.[354] Die Wohnnutzung durch den Vermieter muss allerdings im Vordergrund stehen. Will der Vermieter nur einen geringen Teil der Räume selbst nutzen und den übrigen Teil an Dritte überlassen oder gewerblich nutzen, so liegt in Wirklichkeit keine Wohnraumnutzung vor. Eine Kündigung nach § 573 Abs. 2 Nr. 2 BGB ist dann nicht möglich. Der Umstand, dass der Vermieter bei der Aufnahme des oder der Dritten nicht in der Absicht der Gewinnerzielung, sondern aus anderen Motiven handelt, ändert an dieser Bewertung nichts.[355] Davon zu unterscheiden ist die Eigenbedarfskündigung eines **bisher schon gemischt genutzten Objekts.** Ist ein solches Mischmietverhältnis wegen überwiegender Wohnnutzung[356] als Wohn-

---

344 BayObLG NJW 1982, 1159, ein 82 Jahre alter Vermieter.
345 OLG Hamm NJW-RR 1986, 1212.
346 OLG Hamm NJW-RR 1986, 1212.
347 OLG Hamm WuM 1986, 269 = NJW-RR 1986, 1212.
348 *Fleindl* NZM 2016, 289 (297).
349 MüKoBGB/*Häublein* § 573 Rn. 98; Emmerich/Sonnenschein/*Haug* BGB § 573 Rn. 41; **aA** *Lammel* Wohnraummietrecht § 573 Rn. 71; *Wolter,* Mietrechtlicher Bestandschutz, 1998, 257 (für Lebensgefährten).
350 LG Aachen WuM 1989, 633.
351 LG Stuttgart WuM 1993, 352, wonach das Kind der Schwiegertochter des Vermieters zu dem durch § 573 Abs. 2 Nr. 2 BGB privilegierten Personenkreis zählen soll, falls ein besonderer sozialer Kontakt zum Vermieter besteht.
352 OLG Karlsruhe NJW 1982, 889 für Bedarf zugunsten des Sohnes des Vermieters, der die Wohnung zusammen mit seiner Lebensgefährtin nutzen möchte.
353 LG Berlin GE 1992, 101.
354 LG Berlin GE 1991, 683, Nutzung eines Zimmers als Behandlungsraum; Staudinger/*Rolfs* BGB § 573 Rn. 96.
355 AG Köln WuM 1994, 211 (Überlassung von Räumen an Mitglieder einer Glaubensgemeinschaft).
356 Krit. zu diesem Kriterium *Streyl* FS Börstinghaus, 2020,423 (426).

raummietverhältnis anzusehen, braucht sich ein vom Vermieter geltend gemachter Eigenbedarf nur auf die Wohnräume zu beziehen.[357] Überwog bisher die gewerbliche Nutzung, ist gar kein Kündigungsgrund erforderlich.

Sowohl ein **zeitlich begrenzter Bedarf** hinsichtlich der Wohnung[358] als auch ein Wohnbedarf, der zwar nicht von seiner Gesamtdauer her zeitlich begrenzt ist, der aber nicht die ständige, sondern nur eine zeitweise Nutzung der Wohnung umfasst, stellt ein „Benötigen" der Räume „als Wohnung" und damit die Voraussetzungen einer Eigenbedarfskündigung nach § 573 Abs. 2 Nr. 2 BGB dar.[359] Deshalb kann grds. auch die vom Vermieter beabsichtigte Nutzung der dem Mieter überlassenen Räume als **Zweitwohnung** oder **Ferienwohnung** eine Eigenbedarfskündigung nach § 573 Abs. 2 Nr. 2 BGB rechtfertigen.[360] Der Tatbestand des § 573 Abs. 2 Nr. 2 BGB, wonach die Räume „als Wohnung" benötigt werden müssen, setzt nicht voraus, dass der Vermieter oder eine der sonstigen in § 573 Abs. 2 Nr. 2 BGB genannten privilegierten Personen in der dem Mieter überlassenen Wohnung den **Lebensmittelpunkt** begründen wollen. Auch eine zeitliche Mindestanforderung an die Nutzung durch den Vermieter gibt es nicht.[361] **75**

Will der Vermieter die Räume zu beruflichen oder gewerblichen Zwecken nutzen, liegt kein Fall des Eigenbedarfs, sondern des **Betriebsbedarfs** vor. Dieser rechtfertigt allenfalls unter den Voraussetzungen der Generalklausel eine Kündigung.[362] Dies gilt auch für den Betriebsbedarf für der Vermieterin nahestehende juristische Person.[363] **76**

**d) Der Nutzungswille. aa) Die** Ernsthaftigkeit **und Realisierbarkeit der Nutzungsabsicht.** Das Tatbestandsmerkmal „benötigt" in § 573 Abs. 2 Nr. 2 BGB setzt begrifflich zunächst voraus, dass der Vermieter die **ernsthafte Absicht** hat, die Räume selbst als Wohnung zu nutzen oder diese einem Hausstands- oder Familienangehörigen zu überlassen.[364] Fehlt in den Fällen der behaupteten Eigennutzungsabsicht ein ernsthafter Nutzungswille, so ist die Kündigung bereits aus diesem Grunde unwirksam. **77**

Soll die Wohnung einem **Angehörigen** überlassen werden, so ist nicht der Nutzungswille des Angehörigen, sondern der **Überlassungswille des Vermieters** maßgebend. Bei einem **fehlenden Nutzungswillen des Angehörigen** fehlt es aber ebenfalls am Tatbestand des § 573 Abs. 2 Nr. 2 BGB, weil der Vermieter die Räume auch in diesem Fall nicht „benötigt".[365] Gleiches gilt, wenn der Angehörige die Wohnung gar nicht oder kaum nutzen kann, etwa weil er sich überwiegend an anderen Orten aufhält. Eine bevorstehende Verpflichtung als Soldat schließt aber grds. weder den Nutzungswillen noch die Nutzungsmöglichkeit aus.[366] Jedoch darf der behauptete Nutzungswille nicht noch ganz vage und in einem sehr frühen Planungsstadium sich befinden.[367] **78**

**bb) Die nur vorgetäuschte Nutzungsabsicht.** An der **Ernsthaftigkeit** des Nutzungs-/Überlassungswillens **fehlt** es, wenn der Vermieter lediglich behauptet, dass er die Wohnung selbst nutzen oder einem Angehörigen überlassen will, in Wirklichkeit aber andere Absichten als im Kündigungsschreiben angegeben verfolgt,[368] also nur den wegen Eigenbedarfs erforderlichen Nutzungs-/Überlassungswille vortäuscht. Eine solche Kündigung ist wegen Fehlens des maßgeblichen Tatbestandsmerkmals nicht nur unwirksam, sondern stellt auch eine **zum Schadensersatz verpflichtende Vertragswidrigkeit** dar.[369] Der Vermieter verletzt seine vertraglichen Pflichten, wenn er eine Kündigung des Mietvertrages schuldhaft auf einen in Wahrheit nicht bestehenden **79**

---

[357] BGH VIII ZR 14/15, NJW 2015, 2727 = NZM 2015, 657.

[358] BVerfG NJW 2014, 2417; BGH VIII ZR 246/03, NZM 2005, 143; VIII ZR 166/14, NJW 2015, 1590 = NZM 2015, 378.

[359] BGH VIII ZR 68/19, NZM 2021, 361; VIII ZR 186/17, NZM 2018, 983; *Kappus* NZM 2018, 987.

[360] BGH VIII ZR 19/17, NZM 2017, 846; VIII ZR 186/17, NZM 2018, 983; LG München I ZMR 2018, 334, 335.

[361] Zweifel bei LG Berlin WuM 2020, 163.

[362] BGH VIII ZR 127/05, NZM 2005, 943 = NJW 2005, 3782, VIII ZR 330/11, NZM 2013, 22 = NJW 2013, 225; VIII ZR 45/16, NZM 2017, 405 = NJW 2017, 2018, VIII ZR 292/15, NZM 2017, 559; LG Berlin GE 2015, 1163; *Brändle* ZfIR 2017, 483.

[363] BGH VIII ZR 238/11, NZM 2012, 501; *Häublein* WuM 2012, 506.

[364] BGH VIII ZR 313/08, NJW 2010, 1068 = NZM 2010, 273.

[365] BVerfG WuM 1993, 381.

[366] AG Nürtingen WuM 1993, 676.

[367] AG Dortmund NZM 1999, 120.

[368] LG Karlsruhe DWW 1995, 144.

[369] BGH VIII ZR 44/16, NZM 2017, 521 = NJW 2017, 2819; VIII ZR 214/15, NZM 2016, 718; VIII ZR 313/08, NJW 2010, 1068 = NZM 2010, 273; VIII ZR 368/03, NZM 2005, 580 = NJW 2005, 2395; VIII ZR 255/82, BGHZ 89, 296 (302) = NJW 1984, 1028; XII ZR 64/96, NZM 1998, 718.

Eigenbedarf stützt oder er den Mieter nicht über einen vor Ablauf der Kündigungsfrist eingetretenen Wegfall des geltend gemachten Eigenbedarfs informiert.[370] Einem Mieter, der auf eine solche Kündigung wegen eines vorgetäuschten Eigenbedarfs hin auszieht, stehen selbst dann Schadensersatzansprüche wegen unberechtigter Kündigung zu, wenn die Kündigung zwar formell unwirksam ist, der Vermieter ihm den Eigenbedarf aber schlüssig dargetan und er keine Veranlassung hatte, die Angaben des Vermieters in Zweifel zu ziehen. In diesem Fall ist der Schadensersatzanspruch des Mieters auch dann nicht ausgeschlossen, wenn er im Glauben, zur Räumung des Mietobjekts verpflichtet zu sein, mit dem Vermieter auszieht.[371] Auch ein **Räumungsvergleich** unterbricht regelmäßig den Zurechnungszusammenhang zwischen der Vortäuschung einer Eigenbedarfssituation und dem später vom Mieter geltend gemachten Schaden nicht. Der Vermieter muss spätestens im Termin darauf hinweisen, dass der Eigenbedarfs bis zum Ablauf der Kündigungsfrist entfallen ist. An diesem Stichtag ändert auch die Vereinbarung eines späteren Auszugstermin nichts.[372] Der Kausalzusammenhang wird nur dann unterbrochen, wenn im Wege der Auslegung des Vergleichs und unter Würdigung der Umstände des Einzelfalls festgestellt werden kann, ob die Parteien durch gegenseitiges Nachgeben auch den Streit darüber beilegen wollten, ob die Eigenbedarfslage des Vermieters bestand oder nur vorgetäuscht war. Nur dann, wenn mit dem Vergleich auch etwaige Ansprüche des Mieters wegen eines nur vorgetäuschten Bedarfs abgegolten werden sollten, fehlt es an dem erforderlichen Zurechnungszusammenhang.[373] An das Vorliegen eines solchen Verzichtswillens sind strenge Anforderungen zu stellen. Er muss **unmissverständlich** sein.[374] Haben die Parteien sich beide über den Fortbestand des Mietverhältnisses als Geschäftsgrundlage einer Räumungsvereinbarung **geirrt,** kommt ein Rücktritt des Mieters nach den Grundsätzen des **Fehlens der Geschäftsgrundlage** von der Vereinbarung in Betracht.[375] Für Schadensersatzansprüche kommt es dann darauf an, ob der Irrtum auf Vermieterseite schuldhaft war.

**80** Eine Kündigung wegen Eigenbedarfs ist auch dann **vorgeschoben,** wenn ein Vermieter seit längerem Verkaufsabsichten hegt und der von ihm benannten Eigenbedarfsperson den Wohnraum in der – dieser möglicherweise nicht offenbarten – Erwartung zur Miete überlässt, diese im Falle eines doch noch gelingenden gewinnbringenden Verkaufs ohne Schwierigkeiten zum Auszug bewegen zu können.[376] Weitere **Indizien** für eine vorgetäuschte Kündigung sind: wenn der begünstigte Familienangehörige gar **nicht weiß,** dass für ihn einem Mieter eine Wohnung gekündigt wurde;[377] wenn der Angehörige die **Wohnung überhaupt nicht kennt;**[378] wenn der Erwerber einer Wohnung zunächst versucht, den Mieter zum **Abschluss eines neuen Mietvertrags** zu bewegen und nach dem Scheitern dieses Versuchs eine Eigenbedarfskündigung ausspricht;[379] wenn nach einem Eigentümerwechsel über die Mieter des Hauses eine **Flut von Mieterhöhungs- und/oder Räumungsklagen** hereinbricht;[380] wenn der Kündigung ein **erfolgloser Mieterhöhungsversuch** oder andere Streitigkeiten vorausgegangen sind;[381] wenn der Vermieter in kürzerer Zeit **mehrere Kündigungen** ausspricht und diese mit unterschiedlichen Verwendungsabsichten begründet;[382] wenn der Vermieter bereits in **früherer** Zeit einen Nutzungs-/Überlassungswillen **vorgetäuscht** hat;[383] wenn sich aus dem Prozessvortrag oder den Äußerungen des Vermieters im Prozess ergibt, dass dieser in erster Linie einen unliebsamen Mieter loswerden will.[384] In Fällen dieser Art ist es zwar nicht ausgeschlossen, dass der Vermieter gleichwohl einen ernsthaften Nutzungs-/Überlassungswil-

[370] BGH VIII ZR 238/18, NZM 2021, 132; VIII ZR 339/04, BGHZ 165, 75 (81); VIII ZR 271/06, NJW 2007, 2845; VIII ZR 356/11, GuT 2012, 384; VIII ZR 232/15, BGHZ 213, 136; VIII ZR 167/17, NJW-RR 2019, 972; VIII ZR 300/15, WuM 2016, 743.

[371] BGH VIII ZR 231/07, NZM 2009, 429 = NJW 2009, 2059; *Blank* WuM 2009, 447.

[372] BGH VIII ZR 238/18, NZM 2021, 132.

[373] BGH VIII ZR 99/14, NZM 2015, 532 = NJW 2015, 2324; VIII ZR 343/10, WuM 2011, 634.

[374] BGH VIII ZR 99/14, NZM 2015, 532 = NJW 2015, 2324; VI ZR 76/06, NJW 2007, 368; II ZR 222/08, NJW 2010, 64; II ZR 178/10, WM 2012, 2231.

[375] BGH VIII ZR 191/18, WuM 2021, 47.

[376] BGH VIII ZR 214/15, NZM 2016, 718; *Fleindl* NZM 2016, 777.

[377] AG Münster WuM 1991, 111.

[378] LG Mosbach WuM 1992, 18; AG Rheinberg WuM 1990, 434.

[379] AG Wiesbaden WuM 1991, 490.

[380] LG Hannover WuM 1989, 418.

[381] *LG Köln WuM 1995, 109; LG* Osnabrück WuM 1990, 21.

[382] AG Bonn WuM 1992, 613.

[383] LG Karlsruhe ZMR 1989, 427.

[384] LG Lübeck WuM 1989, 516 „Dieser Querulant muss raus".

len hat.[385] Jedoch sind hier besonders strenge Anforderungen an die Überzeugungsbildung zu stellen.[386] Soll die Wohnung einem Angehörigen überlassen werden, der die **Miete nicht bezahlen** kann, so spricht dieser Umstand für sich alleine noch nicht gegen einen ernsthaften Überlassungswillen, weil auch die Absicht zur unentgeltlichen Überlassung eine Kündigung rechtfertigen kann.[387] Etwas anderes kann sich ergeben, wenn der Vermieter in angespannten finanziellen Verhältnissen lebt und auf die Mieteinnahmen angewiesen ist oder wenn er geltend macht, dass der Angehörige eine Miete bezahlen müsse.

Den **Mieter** als Anspruchsteller trifft im Schadensersatzprozess die volle **Darlegungs- und Beweislast.** Grundsätzlich hat derjenige, der aus einer ihm günstigen Norm Rechte herleitet, deren tatsächliche Voraussetzungen darzulegen und zu beweisen.[388] Dies gilt auch für einen Schadensersatzanspruch wegen **vorgetäuschtem Eigenbedarf.**[389] Der Mieter muss beweisen, dass die vom Vermieter zur Begründung des Eigenbedarfs angegebenen Tatsachen nicht zutreffen, wenn er aus diesem Grund Schadensersatz begehrt. Eine **Umkehr der Beweislast** scheidet aus. Sie kann nicht daraus abgeleitet werden, dass der Vermieter im Räumungsprozess gegen den Mieter die Darlegungs- und Beweislast für das Vorliegen des geltend gemachten Eigenbedarfs trägt. Diese unterschiedliche Beweislastverteilung ist die Folge der jeweiligen Ansprüche, die im Räumungsprozess des Vermieters einerseits und im Schadensersatzprozess des Mieters andererseits geltend gemacht werden. Auch aus dem Umstand, dass es sich bei dem fehlenden Selbstnutzungswillen des Vermieters um eine innere, negative Tatsache handelt, deren Nachweis dem Mieter im Einzelfall Schwierigkeiten bereiten kann, lässt sich nicht anders ableiten.[390] Die Beweislast für auf **innere Tatsachen** bezogene Voraussetzungen einer Rechtsfolge wird auch im Rahmen anderer materieller Vorschriften des bürgerlichen Rechts der Partei auferlegt, die daraus eine ihr günstige Rechtsfolge herleitet, zB bei der Arglistanfechtung gem. § 123 BGB[391] ua. Jedoch darf auf der anderen Seite der **Vermieter** sich zur Vermeidung prozessualer Nachteile nicht darauf beschränken, die Behauptung des Mieters, der Vermieter habe im Zeitpunkt der Kündigung die Nutzung der Wohnung nicht ernsthaft beabsichtigt, **schlicht zu bestreiten.** Den Vermieter trifft deshalb eine sogenannte **sekundäre Behauptungslast,** da der primär darlegungsbelastete Mieter keine Kenntnisse von den maßgeblichen Tatsachen besitzt, während der Vermieter zumutbar nähere Angaben machen kann.[392] Dies gilt auch im Falle des vom Vermieter mit der Kündigung behaupteten, anschließend aber nicht realisierten Eigenbedarfs. Der Mieter hat in die für den Eigenbedarf geltend gemachten Tatsachen regelmäßig keinen Einblick und kann ohne nähere Darlegung seitens des Vermieters nicht beurteilen, ob dessen Kündigung wegen Eigenbedarfs, die den Mieter zum Auszug veranlasst hat, berechtigt war. Setzt der Vermieter den behaupteten Selbstnutzungswillen nach dem Auszug des Mieters nicht in die Tat um, so liegt der Verdacht nahe, dass der Eigenbedarf nur vorgeschoben gewesen ist.[393] Dem Vermieter ist es zuzumuten „stimmig" dh substantiiert und plausibel darzulegen[394], aus welchem Grund der mit der Kündigung vorgebrachte Eigenbedarf nachträglich entfallen sein soll. 81

**cc) Die nur ungewisse Absicht.** An der für eine Kündigung gem. § 573 Abs. 2 Nr. 2 BGB erforderlichen Ernsthaftigkeit des Nutzungs-/Überlassungswillens fehlt es, wenn sich der Vermieter noch gar nicht sicher ist, ob er die Nutzungs-/Überlassungsabsicht verwirklichen kann.[395] Auch in diesem Fall ist die Kündigung unwirksam und vertragswidrig.[396] Zieht der Mieter nach einer solchen Kündigung aus, setzt ein Schadensersatzanspruch des Mieters voraus, dass die Unsicherheit hinsichtlich der beabsichtigten Nutzung auf Vermieterseite zumindest auf – leichter – Fahrlässigkeit beruht. Dies ist regelmäßig zu bejahen. Wegen der schwerwiegenden Folge für den Mieter, die mit einem 82

---

[385] LG Lüneburg WuM 1991, 490 (zeitweilige Verkaufsabsichten).
[386] LG Osnabrück WuM 1990, 21; ähnlich LG Lübeck WuM 1989, 516; AG Stuttgart WuM 1989, 248; LG Hannover WuM 1989, 418; LG Karlsruhe ZMR 1989, 427.
[387] LG Köln WuM 1995, 110.
[388] BGH II ZR 190/89, BGHZ 113, 222 (224f.) = NJW 1991, 1052.
[389] *BGH VIII ZR 368/03,* NZM 2005, 580 = NJW 2005, 239.
[390] BGH VIII ZR 368/03, NZM 2005, 580 = NJW 2005, 2395.
[391] BGH II ZR 56/56, NJW 1957, 988.
[392] BGH VIII ZR 368/03, NZM 2005, 580 = NJW 2005, 2395; VIII ZR 14/98, NJW 1999, 1404.
[393] BVerfG WuM 2002, 21.
[394] BVerfG NJW 1997, 2377; BGH VIII ZR 368/03, NZM 2005, 580 = NJW 2005, 2395.
[395] AG Tempelhof-Kreuzberg WuM 2017,660; AG Dortmund NZM 1999, 120.
[396] BGH VIII ZR 297/14, NJW 2015, 3368 = NZM 2015, 812; VIII ZR 300/15, NZM 2017, 23; LG Mannheim WuM 1991, 693; LG Essen WuM 1991, 494; LG Berlin GE 1990, 1041; LG Aachen WuM 1990, 301; LG Hamburg NZM 2011, 33; AG Memmingen NJW-RR 1995, 1227.

Verlust der Wohnung verbunden sind, sind an die **Prüfungspflicht des Vermieters** höchste Anforderungen zu stellen. So muss der Vermieter vor der Kündigung klären, ob seine Angehörigen tatsächlich umzugsbereit sind. Kündigt ein Vermieter zugunsten eines ausländischen Angehörigen, so muss mit hinreichender Sicherheit feststehen, dass der Ausländer ein nicht nur vorübergehendes Aufenthaltsrecht erhält.[397] Hat der Vermieter die Absicht, die gekündigten Räume vor der Eigennutzung oder Überlassung an einen Angehörigen umzubauen und ist hierzu eine **Bau- oder Abrissgenehmigung** erforderlich, so muss der Vermieter mit seiner Kündigung zwar nicht zuwarten, bis die Genehmigungen erteilt sind,[398] er darf aber erst kündigen, wenn seine Planungen ein Stadium erreicht haben, in dem beurteilt werden kann, ob die Verwirklichung des Plans eine Kündigung rechtfertigt.[399] Dies muss anhand der konkreten Umstände des Einzelfalls beurteilt werden.[400] Wenn der nach einer Eigenbedarfskündigung zunächst angekündigte Umbau nicht genehmigungsfähig ist, dann kann die Eigenbedarfskündigung unberechtigt sein.[401] Sollen zwei Eigentumswohnungen zusammengelegt werden, setzt die Eigenbedarfskündigung nicht voraus, dass diese bauliche Veränderung von den Miteigentümern gem. § 22 Abs. 1 WEG aF schon genehmigt worden ist.[402]

**83** Kündigt der Vermieter **mehrere Wohnungen,** weil er diese zu einer Wohnung zusammenlegen und anschließend selbst nutzen will, so setzt die Verwirklichung des Nutzungswunsches grds. voraus, dass alle Kündigungen wirksam sind und die hieraus folgenden Räumungsansprüche durchgesetzt werden können. Etwas anders gilt, wenn der Vermieter ggf. für eine bestimmte Zeit auch in nur einer der beiden Wohnungen leben will. Unzulässig ist in diesem Fall die Räumungsklage allein deshalb abzuweisen, weil der hinsichtlich der zweiten Wohnung anhängige Räumungsrechtsstreit noch nicht zu Gunsten des Vermieters entschieden worden ist und er deshalb seinen Nutzungswunsch „derzeit" nicht verwirklichen kann. Darin liegt eine nicht mehr hinnehmbare Beschränkung des in Art. 14 Abs. 1 GG grundrechtlich geschützten Eigentumsrechts eines Vermieters.[403]

**84** Dass der Vermieter den Kündigungsgrund des Eigenbedarfs erst durch den **Erwerb der vermieteten Wohnung** selbst verursacht hat, schließt eine Kündigung nach § 573 Abs. 2 Nr. 2 BGB nicht aus.[404] Denn eine Gesetzesauslegung, die dem Eigentümer das Kündigungsrecht allein deshalb versagt, weil er den Bedarfsgrund willentlich herbeigeführt hat, würde die durch Art. 14 Abs. 1 GG garantierte Befugnis des Eigentümers missachten, sein Leben unter Nutzung seines Eigentums nach seinen Vorstellungen einzurichten.[405] Wer finanzielle Mittel – oft nach längerer Ansparung und/oder unter Aufnahme von Krediten – dazu verwendet, eine Eigentumswohnung zu erwerben, um in dieser selbst zu wohnen, gestaltet sein Leben selbst dann vernünftig und nachvollziehbar, wenn er sich hierzu allein deswegen entschließt, um schlichtweg „Herr seiner eigenen vier Wände" zu sein.[406] Erst recht hat dies zu gelten, wenn der Ankauf erfolgt, um eine Verbesserung der Wohnverhältnisse zu erreichen.

**85** **dd) Die unzulässig Vorratskündigungen.** Ein noch **unbestimmtes Interesse** einer möglichen späteren Nutzung rechtfertigt noch nicht die Kündigung wegen Eigenbedarfs. Vielmehr muss sich der Nutzungswunsch soweit **„verdichtet"** haben, dass ein konkretes Interesse an einer alsbaldigen Eigennutzung besteht.[407] Die Absicht zur Selbstnutzung oder Überlassung an einen privilegierten Angehörigen muss in einem **zeitlich engen Zusammenhang** mit der Kündigung stehen. Sogenannte **„Vorratskündigungen"** sind unzulässig.[408] Deshalb liegt eine unzulässige Vorratskündigung vor, wenn der Vermieter einen Wohnungsmietvertrag mit der Begründung kündigt, sein zu diesem Zeitpunkt in einem anderen Ort lebender Sohn benötige die Wohnung zum Aus-

---

[397] LG Hamburg WuM 1994, 210.
[398] OLG Frankfurt a. M. WuM 1992, 421; AG Hamburg ZMR 2020, 1037.
[399] LG München WuM 1992, 612.
[400] OLG Frankfurt a. M. WuM 1992, 421; BayObLG ZMR 1993, 560.
[401] BGH VIII ZR 338/09, WuM 2011, 300.
[402] AG Hamburg ZMR 2020, 1037.
[403] BVerfG WuM 1999, 381.
[404] BGH VIII ZR 144/19, NZM 2020, 276 = NJW 2020, 1215; VIII ZR 180/18, NZM 2019, 518 = NJW 2019, 2765; VIII ARZ 4/87, BGHZ 103, 91 (100); NK-BGB/*Hinz* § 573 Rn. 48.
[405] BVerfGE 79, 292, 305; 81, 29, 34.
[406] BGH VIII ZR 180/18, NZM 2019, 518 = NJW 2019, 2765 unter Bezug auf BVerfG NJW 1994, 309, 310.
[407] *BGH VIII ZR 297/14, NJW 2015, 3368* = NZM 2015, 812.
[408] BVerfG NJW 1990, 3259; WuM 2002, 21, 22; BGH VIII ZR 368/03, NZM 2005, 580 = NJW 2005, 2395; VIII ZR 297/14, NJW 2015, 3368 = NZM 2015, 812; VIII ZR 300/15, NZM 2017, 23; *Caspers* ZAP Fach 4, 1889 (1890).

zugstermin zur Aufnahme einer Lehrerausbildung, obwohl sich diese Ausbildung zum Kündigungszeitpunkt allenfalls (wenn überhaupt) im Stadium einer vagen und unbestimmten Planung befindet.[409] Es ist zwar nicht erforderlich, dass sich die Eigennutzung/Überlassung zeitlich unmittelbar an das Ende des Mietverhältnisses anschließt, andererseits darf der Vermieter aber auch nicht kündigen, wenn er die Wohnung erst in einigen Jahren beziehen oder überlassen will. Eine feste zeitliche Grenze gibt es nicht. Kündigt der Vermieter mit der Begründung, dass er eine größere Wohnung benötige, weil er eine **Familie gründen** und Kinder haben wolle, so liegt keine Vorratskündigung vor. Solche Kündigungen sind idR wirksam, weil der Vermieter seinen Bedarf selbst bestimmen kann. Ebenso ist keine Vorratskündigung gegeben, wenn der Vermieter vor dem Bezug der Wohnung Sanierungs-, Umbau oder Renovierungsarbeiten durchführt. Es kommt dabei nicht darauf an, ob sich die Arbeiten über einen wesentlich längeren als den üblichen Zeitraum erstrecken.[410] Kündigt der Vermieter eine Wohnung für eine **Pflegeperson,** die für den Fall des Eintritts seiner Pflegebedürftigkeit in der Lage und bereit ist, seine Pflege zu übernehmen, soll auch dann keine unzulässige Vorratskündigung vorliegen, wenn die Pflegbedürftigkeit noch gar nicht eingetreten ist.[411] Dies gilt aber uneingeschränkt nur, wenn der Vermieter einen zusätzlichen Raumbedarf für diese Person hat und deshalb zusammen mit der Pflegeperson eine größere Wohnung beziehen will. Soll der Pflegeperson eine eigene Wohnung außerhalb der Vermieterwohnung überlassen werden, so besteht nur dann Eigenbedarf, wenn diese Person entweder zu den privilegierten Angehörigen gehört und vorher schon eine Haushaltsangehörige war.[412] In Betracht kommen kann in diesem Fall ausnahmsweise eine **Kündigung nach der Generalklausel** des § 573 Abs. 1 S. 1 BGB[413], wenn für die Beschäftigung solcher Hilfspersonen ein Bedürfnis vorliegt und ihre Unterbringung im Haus oder in der Nähe der Vermieterwohnung aus persönlichen, wirtschaftlichen oder sonstigen Gründen geboten ist.[414] Demgegenüber stellt die noch nicht konkrete Absicht, in Zukunft einmal eine Pflegeperson in der Wohnung unterbringen zu können, eine unzulässige Vorratskündigung dar.[415] Eine unzulässige Vorratskündigung liegt auch vor, wenn der für sich Eigenbedarf geltend machende Vermieter keinen gesicherten Aufenthaltsstatus hat aber behauptet diesen noch erhalten zu können.[416]

In der Rspr. werden die Fälle der Kündigung bei ungewissen Nutzungswillen und die Fälle der Vorratskündigung sehr oft gleich behandelt,[417] zB wenn der Vermieter den Eigenbedarf vorsorglich an mehreren Wohnungen geltend macht.[418] 86

**ee) Die mehrdeutige Absicht.** Der Nutzungs-/Überlassungswille muss eindeutig sein und sich auf eine **bestimmte Verwendungsart** und eine **bestimmte Wohnung** beziehen. Deshalb ist eine Kündigung unwirksam, wenn unklar bleibt, ob der Vermieter wegen anderer wirtschaftlicher Verwertung oder wegen Eigenbedarfs kündigt.[419] **Alternativkündigungen** sind ebenfalls unwirksam. Der Vermieter muss sich beim Ausspruch der Kündigung festlegen, welcher Person er die Wohnung überlassen will.[420] Deshalb kann der Vermieter nicht mit der Begründung kündigen, dass er die Wohnung „einem seiner Kinder" oder „entweder seinem Sohn A oder seiner Tochter B" überlassen wolle. An der Eindeutigkeit des Nutzungs-/Überlassungswillens fehlt es auch dann, wenn der Vermieter **mehrere Mietverhältnisse kündigt,** obwohl er nur eine einzige Wohnung benötigt.[421] Die Beschränkung auf eine konkrete Nutzungs-/Überlassungsabsicht ist erforderlich, weil sich der Mieter andernfalls nicht sachgerecht gegen die Kündigung verteidigen kann. Hiervon sind jene Fälle zu unterscheiden, in denen ein Vermieter für seine Familienangehörigen mehrere Wohnungen benötigt. Hier genügt es, wenn feststeht, dass alle Familienangehörigen zu dem privilegierten Personenkreis gehören und dass für jeden Angehörigen ein Bedarf besteht. Es ist nicht 87

409 AG Dortmund NZM 1999, 120.
410 BGH VIII ZR 368/03, NZM 2005, 580 = NJW 2005, 2395.
411 LG Saarbrücken WuM 1992, 690.
412 BGH VIII ZR 127/08, NJW 2009, 1808 = NZM 2009, 430.
413 *BGH VIII* ZR 127/08, NJW 2009, 1808 = NZM 2009, 430.
414 BGH VIII ZR 127/08, NJW 2009, 1808 = NZM 2009, 430; LG Bielefeld WuM 1972, 178; AG Lübeck WuM 1972, 193, LG Hamburg MDR 1980, 315; Emmerich/Sonnenschein/*Haug* BGB § 573 Rn. 43.
415 AG Dortmund ZMR 2020, 759.
416 LG Berlin GE 2019, 1244.
417 ZB BGH VIII ZR 300/15, NZM 2017, 235.
418 LG Köln WuM 1991, 590.
419 AG Charlottenburg GE 1994, 999.
420 LG München I WuM 1991, 490; **aA** LG Neuruppin GE 2000, 894.
421 LG Köln WuM 1991, 590.

erforderlich, dass zum Zeitpunkt des Kündigungsausspruchs bereits ein **konkreter Belegungsplan** besteht. Aus diesem Grunde spielt es für die Wirksamkeit der Kündigung keine Rolle, wenn der Vermieter seinen ursprünglichen Belegungsplan aufgibt und die Wohnungen zwischen seinen Familienangehörigen anders als zunächst geplant, aufteilt.[422]

88 **ff) Rechtliche Nutzungs-/Überlassungshindernisse.** Dem fehlenden Nutzungs-/Überlassungswillen sind diejenigen Fälle gleichzustellen, in denen die Absicht des Vermieters **aus rechtlichen Gründen nicht verwirklicht** werden kann. Hierzu zählen folgende Fälle: **(1)** Will der Vermieter eine **öffentlich geförderte** Wohnung selbst nutzen, so bedarf er hierzu der Genehmigung der zuständigen Stelle (§ 6 Abs. 1 WoBindG). Deshalb ist auch die Eigenbedarfskündigung bei einer Eigentumswohnung, deren Eigenschaft als „öffentlich gefördert" im Sinne des WoBindG noch besteht, zugunsten einer privilegierten Eigenbedarfsperson, die nicht über einen Wohnberechtigungsschein gem. § 4 WoBindG verfügt, unwirksam.[423] Die Eigenbedarfskündigung einer sozial geförderten Wohnung mit drei Zimmern und einer Größe von etwa 62 $m^2$ kann nicht wirksam auf den Wohnbedarf der Tochter des Vermieters, die mit ihrem Lebensgefährten dort einziehen möchte, gestützt werden, wenn die Tochter nur eine Bezugsberechtigung für eine Zweizimmerwohnung besitzt.[424] Bei Streit über die Frage, ob eine öffentlich-rechtliche Bindung besteht ist die **behördliche Bestätigung** nach § 18 Abs. 1 S. 1 WoBindG, dass eine Wohnung als öffentlich gefördert gilt, gem. § 18 Abs. 1 S. 2 WoBindG rechtlich und tatsächlich verbindlich. Daran ist das erkennende Zivilgericht im Räumungsprozess gebunden.[425] Die Genehmigung muss zum Zeitpunkt der Kündigungserklärung noch nicht erteilt sein.[426] Es genügt, wenn die Behörde dem Vermieter bescheinigt hat, dass eine solche Genehmigung auf Grund der geltenden Bestimmungen ausgesprochen werde.[427] Ist eine solche Bescheinigung noch nicht erteilt, so ist die Kündigung unwirksam. Strittig ist, ob eine solche Bescheinigung dem Kündigungsschreiben beigefügt werden muss.[428] Dieselben Grundsätze gelten, wenn der Vermieter die Wohnung einem Angehörigen überlassen will, dessen Einkommen die nach § 25 Abs. 2 WoBindG maßgebliche Einkommensgrenze übersteigt (§ 7 Abs. 2 WoBindG). Die Genehmigung oder Freistellungsbescheinigung hat für den Kündigungsgrund selbst keine präjudizierende Wirkung. Deshalb steht dem Mieter hiergegen kein Rechtsbehelf zu. Gehören der Vermieter oder der Angehörige zu dem wohnberechtigten Personenkreis, so muss auch dies im Kündigungsschreiben mitgeteilt werden. **(2)** Dürfen die Räume nach den Bestimmungen des **Bauordnungsrechts** nicht zu Wohnzwecken benutzt werden, so scheidet eine Eigenbedarfskündigung ebenfalls aus.[429] Dies gilt auch dann, wenn die Behörde das Bewohnen der Räume durch den bisherigen Mieter **duldet. (3)** Hat der Vermieter die Wohnung seinerseits nur angemietet, so setzt eine **Kündigung des Untermietverhältnisse**s wegen beabsichtigter Eigennutzung voraus, dass der Vermieter die Räume auf Grund seiner Rechtsbeziehungen zum Eigentümer in der beabsichtigten Art und Weise nutzen darf. **(4)** Hat der Vermieter **nach einer Eigenbedarfskündigung** das Anwesen **veräußert** und dem Erwerber die wirtschaftliche Nutzung übertragen, so darf er die Rechte aus der Kündigung mangels eines Rechts zur Eigennutzung nicht weiterverfolgen, es sei denn, dass der Erwerber mit der Nutzung durch den Veräußerer einverstanden ist.[430] Hat der Vermieter zugunsten eines Familienangehörigen gekündigt und wird die Wohnung in der Folgezeit an den Angehörigen veräußert, so bleibt die Kündigung wirksam, weil Nutzungswille und Nutzungsinteresse fortbestehen. Dies gilt auch dann, wenn der Angehörige als Erwerber an der Kündigung gehindert wäre, weil zu seinen Lasten die **Kündigungssperre** des § 577 a BGB wirkt[431] und keine Ausnahme gem. § 577 a Abs. 1 a S. 2 BGB vorliegt.[432] **(5)** Wenn der nach einer Eigenbedarfskündigung angekündigte **Umbau nicht genehmigungsfähig** ist, dann kann die Eigenbedarfskündigung unberechtigt sein[433] **(6)** Die Voraussetzungen einer Kündigung wegen Eigenbedarfs liegen auch

[422] OLG Köln ZMR 2004, 33.
[423] AG Tempelhof-Kreuzberg WuM 2019, 661.
[424] AG Worbis WuM 2000, 630.
[425] AG Tempelhof-Kreuzberg WuM 2019, 661; ähnlich BGH V ZR 43/97, NJW 1998, 3055.
[426] **AA** LG Essen WuM 1993, 676.
[427] *Rankenhorn* WuM 1993, 656.
[428] Dafür LG München I NZM 200, 907; LG Essen WuM 1993, 676; AG Tempelhof-Kreuzberg WuM 2019, 661.
[429] LG Hamburg WuM 1994, 432.
[430] AG Frankfurt *WuM 1991, 591.*
[431] OLG Hamm WuM 1992, 460; LG Karlsruhe WuM 1990, 352.
[432] BGH VIII ZR 35/19, NZM 2020, 984.
[433] BGH VIII ZR 338/09) WuM 2011, 300.

dann nicht vor, wenn der **Realisierbarkeit** des Eigennutzungswunsches **objektive Hindernisse** entgegenstehen. Das ist zB dann der Fall, wenn der für sich Eigenbedarf geltend machende Vermieter weder einem Staat der Europäischen Union oder des Europäischen Wirtschaftsraumes noch einem der in § 41 AufenthVO[434] genannten Staaten angehört und nicht über ein Visum verfügt.[435]

**gg) Die unvernünftige Absicht.** Im Allgemeinen darf das Gericht nicht überprüfen, ob es zur Nutzungsabsicht des Vermieters bessere oder sinnvollere Alternativen gibt. Das BVerfG[436] und der BGH[437] betonen in diesem Zusammenhang, dass die Gerichte die Entscheidung des Eigentümers über seinen Wohnbedarf grds. respektieren müssen und ihm nicht fremde Vorstellungen über angemessenes Wohnen und seine weitere Lebensplanung aufdrängen dürfen. Der Vermieter wird durch Art. 14 Abs. 1 S. 1 GG in seiner Freiheit geschützt, die Wohnung bei Eigenbedarf selbst zu nutzen oder durch privilegierte Angehörige nutzen zu lassen. Dabei haben die Gerichte den Entschluss des Vermieters, die vermietete Wohnung nunmehr selbst zu nutzen oder durch den – eng gezogenen – Kreis privilegierter Dritter nutzen zu lassen, grds. zu achten und ihrer Rechtsfindung zugrunde zu legen. Ebenso haben sie grds. zu respektieren, welchen Wohnbedarf der Vermieter für sich oder seine Angehörigen als angemessen ansieht. Die Gerichte sind daher nicht berechtigt, ihre Vorstellungen von angemessenem Wohnen verbindlich an die Stelle der Lebensplanung des Vermieters (oder seiner Angehörigen) zu setzen. 89

Eine Ausnahme gilt, wenn die Nutzungsabsicht des Eigentümers auf völlig **unrealistischen Vorstellungen** beruht und die Nutzungswünsche des Eigentümers durch die Kündigung überhaupt nicht befriedigt werden können.[438] Hiervon kann bspw. ausgegangen werden, wenn ein schwer gehbehinderter Eigentümer in einem Haus ohne Fahrstuhl eine hochgelegene Dachgeschoßwohnung beziehen will.[439] Die gleichen Grundsätze gelten, wenn der Nutzungs-/Überlassungswille auf Erwägungen beruht, die auch unter Zugrundelegung eines großzügigen Maßstabs nicht mehr nachvollzogen werden können.[440] Der BGH[441] prüft einen solchen **nicht realisierbaren Nutzungswunsch** im Rahmen der **Ernsthaftigkeit** des Eigennutzungswunschs oder ggf. auch unter dem Gesichtspunkt des **rechtsmissbräuchlichen Verhaltens.** Realistisch ist die Einschätzung, dass die **ärztliche Versorgung** in Hamburg besser ist als auf Mallorca sein dürfte und ein älterer Vermieter deshalb zurück nach Hamburg ziehen will.[442] 90

**hh) Die auf einen Teil der Mietsache beschränkte Nutzungsabsicht.** Grundsätzlich muss sich der Nutzungs-/Überlassungswille auf die gesamte Mietsache beziehen. Eine **Teilkündigung von Wohnraum** ist nur unter den engen Voraussetzungen des § 573 b BGB möglich. Deshalb ist eine Eigenbedarfskündigung nur für einen Teil der überlassenen Räume unzulässig. Hiervon ist die Frage zu unterscheiden, ob der Vermieter ein **Mischraummietverhältnis,** dessen Schwerpunkt auf der Wohnraumnutzung liegt, kündigen kann, wenn er lediglich Bedarf an den Wohnräumen hat. Dies ist zu bejahen.[443] Bei einem einheitlichen Mischmietverhältnis auf das einheitlich Wohnraummietrecht anzuwenden ist, braucht sich der vom Vermieter geltend gemachte Eigenbedarf nur auf die Wohnräume zu beziehen.[444] Gewerberäume können grds. ohne das Vorliegen eines berechtigten Interesses gekündigt werden. Es wäre deshalb verfehlt, wenn der Eigenbedarf sich auch auf die gewerblich genutzten Teile erstreckt müsste. 91

---

[434] Stand 2021: Australien, Israel, Japan, Kanada, der Republik Korea, von Neuseeland, des Vereinigten Königreichs Großbritannien und Nordirland. Dasselbe gilt für Staatsangehörige von Andorra, Brasilien, El Salvador, Honduras, Monaco und San Marino, die keine Erwerbstätigkeit mit Ausnahme der in § 30 Ziff. 1–3 BeschäftigungsVO genannten Tätigkeiten ausüben wollen.

[435] LG Berlin GE 2019, 1244.

[436] BVerfGE 79, 292 (304f.); 89, 1 (9); BVerfG NJW 1994, 995; 1995, 1480 (1481); NJW-RR 1999, 1097 (1098).

[437] BGH VIII ZR 166/14, NJW 2015, 1590 = NZM 2015, 378; BGH VIII ZR 180/18, NZM 2019, 518 = NJW 2019, 2765; BGH VIII ZR 186/17, NZM 2018, 983; *Kappus* NZM 2018, 987.

[438] BVerfG WuM 1989, 114.

[439] BGH VIII ZR 61/18, NZM 2018, 988; OLG Karlsruhe NJW 1983, 579.

[440] LG Mannheim WuM 1991, 692, wenn eine in guten Einkommens- und Vermögensverhältnissen lebende Vermieterin eine vermietete Wohnung mit der Begründung kündigt, dass sie im Falle eines Umzugs ihre Mieteinnahmen von 3.136 DM auf 3.395 DM steigern könne; LG Köln WuM 1995, 110, wenn ein Vermieter aus seiner im 16. Stock gelegenen Wohnung ausziehen will und dies – ohne vernünftigen Grund – mit einer Brandgefahr begründet.

[441] BGH VIII ZR 61/18, NZM 2018, 988.

[442] AG Hamburg ZMR 2020, 1037.

[443] BGH VIII ZR 14/15, NJW 2015, 2727 = NZM 2015, 657.

[444] BGH VIII ZR 14/15, NJW 2015, 2727 = NZM 2015, 657.

92 **ii) Die Darlegungs- und Beweislast.** Bei dem **Nutzungs-/Überlassungswillen** handelt es sich um eine **innere Tatsache,** die der **Vermieter** im Kündigungsschreiben mitteilen und im Prozess **darlegen** muss. Bestreitet der Mieter den Nutzungswillen, so muss der Vermieter hierfür Beweis anbieten, anderenfalls ist die Klage abzuweisen. Bei einem zivilprozessual ordnungsgemäßen Beweisantritt, muss über den Nutzungs-/Überlassungswillen Beweis erhoben werden. Eine **Parteivernehmung des Vermieters** oder der Vermieter gem. §§ 445 ff. ZPO scheidet dabei bei einer beabsichtigten Eigennutzung durch den Vermieter idR aus, da der Mieter sich damit nicht einverstanden erklären wird und eine Vernehmung von Amts wegen nach §§ 447, 448 ZPO nicht in Betracht kommt.[445] Der Vermieter wird andere **Zeugen** benennen oder **Urkunden** vorlegen müssen, um zumindest **Indizien** zu beweisen, den Schluss auf die Haupttatsache der Nutzungsabsicht zulassen. Einfacher ist es, wenn nicht der Vermieter, sondern eine privilegierte dritte Person einziehen soll. Diese kann als Zeuge vernommen werden. Wird der angebotene Beweis nicht erhoben liegt ein Verstoß gegen das Gebot zur Gewährung von rechtlichem Gehör gem. Art. 103 Abs. 1 GG vor. Eine amtsgerichtliche Entscheidung ist in diesem Falle mit der Berufung anfechtbar; gegen eine landgerichtliche Entscheidung kann Verfassungsbeschwerde eingelegt werden.

93 Der **Mieter** kann den Nutzungs-/Überlassungswillen gem. § 138 Abs. 4 ZPO **einfach bestreiten.**[446] Beweispflichtig ist der Vermieter.[447] Der redliche Vermieter kann den Beweis für die Ernsthaftigkeit der Nutzungsabsicht idR ohne weiteres führen, wenn er die Wohnung einem Familienangehörigen überlassen will; in diesem Fall kann der Familienangehörige als Zeuge vernommen werden. Will der Vermieter selbst in die Wohnung einziehen, so werden im Allgemeinen **Indizien** vorhanden sein, die den Schluss auf die Nutzungsabsicht rechtfertigen.[448] Von der Systematik her ist der Indizienbeweis **ein indirekter Beweis.** Es wird aus tatbestandsfremden (Hilfs-)Tatsachen der **Schluss auf das Vorliegen der Haupttatsache** gezogen. Nach der grundlegenden Entscheidung des BGH[449] ist der **Indizienbeweis** geführt, wenn **andere Schlüsse** aus den Indiztatsachen **ernstlich nicht in Betracht kommen.** Die **Darlegungs- und Beweislast** für das Vorliegen der Hilfstatsache richtet sich danach, wer den Hauptbeweis zu erbringen hat. Das ist in Verfahren der vorliegenden Art immer der Vermieter.[450] Auch beim Indizienbeweis handelt es sich um einen Vollbeweis. Der Vermieter muss die volle Überzeugung des Gerichts von der Richtigkeit seines Sachvortrags herbeiführen.

94 Demgegenüber muss der **Mieter** die **Überzeugung des Gerichts** nur **erschüttern.** Deshalb muss das Gericht den vom Mieter vorgetragenen Tatsachen nachgehen, wenn sich hieraus **Zweifel an der Ernsthaftigkeit** der Nutzungsabsicht des Vermieters ergeben.[451] Dies werden selbst wiederum vor allem **Indizien/Hilfstatsachen** sein, aus denen Zweifel an der behaupteten Nutzungsabsicht hergeleitet werden können. Ein solcher Vortrag des Mieters hat auf die Beweislast keinen Einfluss. Der **Mieter muss nicht beweisen,** dass der Eigenbedarf nicht ernsthaft verfolgt, sondern vorgeschoben ist und/oder missbräuchlich erscheint.[452] Der BGH[453] verlangt dabei, dass die Instanzgerichte den Sachverhalt in Räumungsverfahren sehr sorgfältig und nicht nur oberflächlich ermitteln müssen. Während die **formalen Anforderungen** an den Inhalt einer (Eigenbedarfs-)Kündigung eher gering sind, steigen diese etwas bei der Beurteilung der Frage, ob dem Eigenbedarf vernünftige und nachvollziehbare Gründe zugrunde liegen.[454] Erheblich strenger sind die Anforderungen des VIII. Senats an die Feststellung, ob der Eigenbedarf auch ernsthaft verfolgt wird. Der **Vermieter** muss alle gegen ihn sprechenden **Indizien,** die gegen die Ernsthaftigkeit sprechen, **widerlegen.**

---

445 *Caspers* ZAP Fach 4, 1889 (1890).

446 BVerfG WuM 1993, 381; 1995, 140; Palandt/*Weidenkaff* BGB § 573 Rn. 32; *Caspers* ZAP Fach 4, 1889 (1890); unzutr. AG Potsdam GE 2001, 929.

447 LG Mannheim WuM 1991, 692; LG Osnabrück WuM 1990, 21.

448 BVerfG WuM 1993, 381.

449 BGH III ZR 139/67, NJW 1970, 946; zum Indizienbeweis ausführlich: Bäumgartel/Laumen/Prütting, Hdb d. Beweislast/*Laumen* § 18.

450 LG Berlin GE 1992, 205; AG Wiesbaden WuM 1991, 490.

451 BVerfG WuM 1991, 146.

452 AA LG Gießen NJW-RR 1994, 910.

453 BGH VIII ZR 167/17, NZM 2019, 527; *Nierhauve* WuM 2020, 268.

454 LG Berlin GE 2021, 248.

Wird eine – erste – **Räumungsklage** deshalb **abgewiesen,** weil der Vermieter die Ernsthaftigkeit und hinreichende Verfestigung des Nutzungswunsches nicht habe beweisen können, erwächst damit **nicht in Rechtskraft,** dass der im Kündigungsschreiben beschriebene Eigenbedarf die Beendung des Mietverhältnisses nicht rechtfertigen könne.[455] Kündigt der Vermieter in so einem Fall erneut und strengt eine weitere Räumungsklage an, liegt keine unzulässige „Wiederholungskündigung" im Sinne einer Kündigung vor, die auf eben jene Gründe gestützt wird, die bereits in einem früheren Verfahren rechtskräftig als materiell unzureichend beurteilt wurden.[456] Ein noch nicht hinreichend verfestigter Eigenbedarfs kann sich mit der Zeit weiter verfestigen und dann eine Kündigung rechtfertigen. 95

**e) Der Wegfall der Nutzungsabsicht nach Ausspruch der Kündigung.** Der Nutzungs-/Überlassungswille muss **zum Zeitpunkt des Zugangs der Kündigung** vorhanden sein. Entfällt der Nutzungs-/Überlassungswille **vor dem Ausspruch der Kündigung,** so lag kein Kündigungsgrund vor und die Kündigung ist unwirksam. Bei einem **nachträglichen Wegfall** des Nutzungs-/Überlassungswillens muss danach unterschieden werden, ob dies vor oder nach Ablauf der Kündigungsfrist des § 573c BGB geschehen ist. Prinzipiell bleibt die Kündigung in beiden Fällen wirksam. 96

Bei einem **Wegfall des Kündigungsgrundes vor Ablauf der Kündigungsfrist** ist es allerdings rechtsmissbräuchlich, wenn der Vermieter den aus der Vertragsbeendigung folgenden Räumungsanspruch weiterverfolgt.[457] In diesem Fall ist der Vermieter zu einer entsprechenden **Mitteilung an den Mieter verpflichtet.** Ein Unterlassen macht ihn schadensersatzpflichtig. Das gilt zB, wenn der Vermieter in Folge eines nach Kündigungsausspruchs erlittenen schweren Unfalls auf unabsehbare Zeit an der Nutzung der gekündigten Wohnung gehindert ist.[458] Hat der Vermieter Eigenbedarf zu seinen Gunsten geltend gemacht und verstirbt er nach dem Ausspruch der Kündigung, so darf auch der Gesamtrechtsnachfolger die Kündigung nicht weiterverfolgen.[459] Die Mitteilungspflicht besteht aber nur für den Fall, dass der Kündigungsgrund bis zum Ablauf der Kündigungsfrist entfällt. Dieser Zeitpunkt ist für das Bestehen einer Hinweispflicht grds. auch dann maßgebend, wenn die Parteien in einem anschließenden gerichtlichen Räumungsvergleich einen späteren Auszugstermin des Mieters vereinbaren.[460] 97

Der Vermieter bzw. dessen Rechtsnachfolger ist aus dem Gesichtspunkt von Treu und Glauben verpflichtet, dem Mieter einen **Vertrag über die Aufhebung der Kündigungswirkungen anzubieten.**[461] Dieses Angebot kann der Mieter annehmen, muss es aber nicht. Die Annahme kann auch stillschweigend durch die Fortsetzung des Mietverhältnisses erfolgen. Kommt der Vertrag zustande, so gilt der Eintritt der Kündigungswirkung als nicht erfolgt.[462] Das Mietverhältnis ist in diesem Fall als ungekündigtes Mietverhältnis zu behandeln. Der **Mieter** ist zur **Annahme** eines solchen Vertragsangebots allerdings **nicht verpflichtet;** lehnt er es ab, was wiederum stillschweigend durch Auszug geschehen kann, so bleibt das Mietverhältnis beendet. 98

**Entfällt der Nutzungs-/Überlassungswille** nach dem Ausspruch der Kündigung, so kann der Vermieter den Räumungsanspruch aus der konkreten Kündigung auch dann nicht weiterverfolgen, wenn er in der Folgezeit einen erneuten **anderen Nutzungs-/Überlassungswillen** fasst.[463] In einem solchen Fall muss der Vermieter wegen des erneut gefassten Nutzungs-/Überlassungswillens eine erneute Kündigung aussprechen. 99

---

[455] LG Berlin ZMR 2020, 582 (Nichtzulassungsbeschwerde zurückgewiesen: VIII ZR 11/20).
[456] LG Berlin ZMR 2020, 582 im Anschluss an BAG NZA 2013, 1003.
[457] BGH VIII ZR 238/18, NZM 2021, 132; VIII ZR 167/17, NZM 2019, 527; VIII ZR 339/04, BGHZ 165, 75 = NJW 2006, 220 = NZM 2006, 50; OLG Karlsruhe NJW 1982, 54; LG Berlin GE 2019,255; *Caspers* ZAP Fach 4, 1889 (1890, 1894).
[458] LG Berlin GE 2019, 255.
[459] OLG Karlsruhe WuM 1993, 405 = NJW-RR 1994, 80.
[460] BGH VIII ZR 238/18, NZM 2021, 132.
[461] OLG Karlsruhe WuM 1993, 405 = NJW-RR 1994, 80; Staudinger/*Rolfs* BGB § 573 Rn. 121, Auffassung erwägenswert; *Caspers* ZAP Fach 4, 1889 (1894).
[462] BGH BB 1974, 578.
[463] LG Mannheim ZMR 12/1994, Grüne Seiten XV (Ls), (in einem Fall, in dem der Vermieter wegen Eigenbedarfs gekündigt, später das Haus zum Verkauf angeboten und im Prozess erklärt hat, er habe zwischenzeitlich wieder von der Verkaufsabsicht Abstand genommen und sei zur ursprünglichen Selbstnutzungsabsicht zurückgekehrt); AG Charlottenburg GE 1991, 787 (bei einen Wechsel von einer ursprünglich geplanten Eigennutzung zu einer Nutzung durch einen Familienangehörigen); AG Hanau WuM 1980, 86 (das Auswechseln von Familienangehörigen – Tochter statt Sohn).

100 Demgegenüber spielt ein **Wegfall des Nutzungs- oder Überlassungswillens nach Ablauf der Kündigungsfrist** zumindest bei der Frage der Wirksamkeit der Kündigung keine Rolle.[464] Eine nachvertragliche **Treuepflicht,** aus der sich eine Verpflichtung zum Abschluss eines neuen Mietvertrages ergeben könnte, besteht nicht. Das gilt auch dann, wenn der Eigenbedarf noch innerhalb der vom Gericht bewilligten Räumungsfrist oder vom Vermieter im Räumungsvergleich gewährten entfällt.[465] Die gesetzlichen Schutzrechte des Mieters sind **abschließend kodifiziert.**[466] Aus Gründen der Rechtsklarheit und -sicherheit muss für die Beurteilung der Wirksamkeit von Gestaltungserklärungen auf den Zeitpunkt des Zugangs abgestellt werden. Allenfalls bis zum Wirkungszeitpunkt der Kündigung, also dem Ablauf der Kündigungsfrist, kann eine Verpflichtung des Vermieters aus § 242 BGB bestehen, den Wegfall des Kündigungsgrundes mitzuteilen oder eine **frei werdende Alternativwohnung anzubieten.** Mit Ablauf der Kündigungsfrist endet das Besitzrecht des Mieters und damit auch eine besondere Treuepflicht des Vermieters, da es der Mieter ist, der sich zuerst treuwidrig verhalten hat, als er die Mietsache nicht vertragsgemäß geräumt hat. Da das Mietverhältnis durch die Kündigung beendet wurde, müsste ein neuer Mietvertrag abgeschlossen werden. Einen **gesetzlichen Kontrahierungszwang** kennt das Mietrecht aber nicht.

101 Gegen diese Auslegung der Gesetzes begegnen **keinen verfassungsrechtlichen Bedenken.**[467] Zu beachten ist aber, dass für die nach einem wirksamen **Fortsetzungsverlangen** des Mieters gem. § 574 Abs. 1 S. 1 BGB vorzunehmende Abwägung der wechselseitigen Interessen von Vermieter und Mieter sowie der sich anschließenden Beurteilung, ob, bzw. für welchen Zeitraum das durch wirksame ordentliche Kündigung nach § 573 BGB beendete Mietverhältnis nach § 574a BGB fortzusetzen ist, **maßgeblicher Zeitpunkt** der **Schluss der letzten mündlichen Verhandlung** in der Tatsacheninstanz ist.[468] Das bedeutet, dass bei einem Wegfall des berechtigten Interesse auf Vermieterseite nach Ablauf der Kündigungsfrist auf seiner Seite bei der Abwägung keinerlei Gründe in die Abwägung einzubeziehen sind. Es genügen dann schon geringe fristgerecht geltend gemachte Härtegründe auf Seiten des Mieters, um die Abwägung zu seinen Gunsten ausgehen zu lassen.

102 **f) Das Benötigen der Räume. aa) Allgemeines.** § 573 Abs. 2 Nr. 2 BGB verlangt für eine wirksame Eigenbedarfskündigung, dass der Vermieter die Räume selbst oder für privilegierte Personen **„benötigt".** Insofern unterscheiden sich die Anforderungen von denen einer **wirksamen Befristung** gem. § 575 Abs. 1 S. 1 Nr. 2 BGB, wo es ausreicht, dass der Vermieter die Räume für sich oder seine Angehörigen „nutzen will". Daraus folgt, dass zur Kündigung neben dem Nutzungs-/oder Überlassungswillen ein **besonderes Nutzungs-/Überlassungsinteresse** hinzutreten muss. **Allein der Wille des Vermieters,** in den eigenen Räumen zu wohnen oder eine begünstigte Person dort wohnen zu lassen, genügt für die Annahme von Eigenbedarf nicht.[469] Das Tatbestandsmerkmal des „Benötigens" erfordert nicht, dass der Vermieter oder einer der in § 573 Abs. 2 Nr. 2 BGB genannten Angehörigen auf die Nutzung der Wohnung angewiesen ist.[470] Vielmehr benötigt ein Vermieter eine Mietwohnung bereits dann iSd § 573 Abs. 2 Nr. 2 BGB, wenn sein (ernsthafter) Wunsch, die Wohnung künftig selbst zu nutzen oder nahen Angehörigen zu Wohnzwecken zur Verfügung zu stellen, auf **vernünftige und nachvollziehbare Gründe** gestützt wird.[471] Nicht erforderlich ist, dass der Vermieter oder ein begünstigte Person einen **Mangel an Wohnraum** hat oder sich in einer wohnbedarfstypischen Lage befindet.[472] Bei der Ent-

---

464 BGH VIII ZR 238/18, NZM 2021, 132; VIII ZR 339/04, BGHZ 165, 75 = NJW 2006, 220 = NZM 2006, 50; VIII ZR 271/06, NJW 2007, 2845 = NZM 2007, 679; OLG Düsseldorf NJW-RR 1992, 1489; OLG Karlsruhe NJW 1982, 54; LG Berlin GE 2004, 1527; Bamberger/Roth/*Hannappel* BGB § 573 Rn. 57, 58; Palandt/*Weidenkaff* BGB § 573 Rn. 29; MüKoBGB/*Häublein* § 573 Rn. 103; *v. Stebut* NJW 1985, 289 (295); **aA** OLG Karlsruhe ZMR 1993, 335; BayObLG NJW 1987, 626; AnwK WohnraummietR/*Lammel* BGB § 573 Rn. 98, danach ist die Rechtskraft des Räumungsurteils maßgebend.

465 BGH VIII ZR 238/18, NZM 2021, 132.

466 BGH VIII ZR 339/04, NJW 2006, 220 = NZM 2006, 50; die gegen die Entscheidung eingelegte Verfassungsbeschwerde wurde nicht zur Entscheidung angenommen, da dem Ergebnis keine verfassungsrechtlichen Bedenken entgegenstünden: BVerfG NZM 2006, 459.

467 BVerfG NZM 2006, 459.

468 BGH VIII ZR 167/17, NZM 2019, 527.

469 BGH VIII ARZ 4/87 BGHZ 103, 91 = NJW 1988, 904.

470 BVerfGE 68, 361, 374; BVerfG NJW 1994, 309, 310; 1994, 994; VIII ARZ 4/87, BGHZ 103, 91 = NJW 1988, 904; VIII ZR 180/18, NZM 2019, 518 = NJW 2019, 2765.

471 BGH VIII ARZ 4/87 BGHZ 103, 91 = NJW 1988, 904; VIII ZR 14/15, NJW 2015, 2727 = NZM 2015, 657; VIII ZR 180/18, NZM 2019, 518 = NJW 2019, 2765; LG Berlin GE 2021, 248.

472 So auch BVerfG NJW 2014, 2417 = NZM 2014, 624 unter Bezugnahme auf BGH VIII ARZ 4/87 BGHZ 103, 91 = NJW 1988, 904.

scheidung, ob Eigenbedarf anzunehmen ist, kommt es ausschließlich auf die **Belange des Vermieters** an.[473] Die im Einzelfall vorliegenden Interessen des Mieters an einer Aufrechterhaltung des Mietverhältnisses sind erst auf seinen **Widerspruch gegen die Kündigung** nach §§ 574ff. BGB zu prüfen. Zur Wahrung berechtigter Belange des Mieters dürfen die Gerichte allerdings den Eigennutzungswunsch des Vermieters darauf überprüfen, ob er ernsthaft verfolgt wird, ob er von vernünftigen und nachvollziehbaren Gründen getragen ist oder ob er rechtsmissbräuchlich ist.[474]

**bb) Die freie Alternativwohnung.** An dem Tatbestandsmerkmal „benötigt" fehlt es, wenn dem Vermieter eine **andere freistehende Wohnung** zur Verfügung steht, durch die sein Bedarf gedeckt werden kann. Entscheidend ist auch hier der **Zeitpunkt des Zugangs** der Kündigung. Zu diesem Zeitpunkt muss die **Alternativwohnung frei** sei sein. Es genügt nicht, dass die Wohnung **zum Ablauf der Kündigungsfrist** wird, weil es dem Vermieter nicht zuzumuten ist, einen dann **„fliegenden" Umzug** dreier Haushalte zu organisieren.[475] An diesem Stichtag ändert auch die Vereinbarung eines späteren Auszugstermin nichts.[476] 103

Der Vermieter muss seinen Wohnbedarf in der Alternativwohnung **ohne wesentliche Einschränkungen** verwirklichen können.[477] Der Vermieter kann nur dann auf eine unvermietete oder nachträglich frei gewordene Wohnung aus seinem Bestand verwiesen werden, wenn er den von ihm bestimmten Wohnbedarf in der **Alternativwohnung ohne wesentliche Abstriche** befriedigen kann.[478] Ein Verweis auf die Alternativwohnungen scheidet aber auf jeden Fall dann aus, wenn der Vermieter vernünftige und nachvollziehbare Gründe hat, warum er in die gekündigte und nicht in die freie Alternativwohnung ziehen will.[479] Der Vermieter wird durch Art. 14 Abs. 1 S. 1 GG in seiner Freiheit geschützt, die Wohnung bei Eigenbedarf selbst zu nutzen oder durch privilegierte Angehörige nutzen zu lassen. Dabei haben die Gerichte den Entschluss des Vermieters, die vermietete Wohnung nunmehr selbst zu nutzen oder durch den – eng gezogenen – Kreis privilegierter Dritter nutzen zu lassen, grds. zu achten und ihrer Rechtsfindung zugrunde zu legen. Ebenso haben sie grds. zu respektieren, welchen Wohnbedarf der Vermieter für sich oder seine Angehörigen als angemessen ansieht. Die Gerichte sind auf keinen Fall befugt, die Vorstellungen des Vermieters durch eigene Meinungen zu ersetzen.[480] 104

**cc) Einzelne Nutzungsinteressen.** Der Vermieter kann kündigen, wenn er bisher **keine eigene Wohnung** hatte und vernünftige Gründe für die Begründung eines Hausstands sprechen, etwa wenn der Vermieter nicht mehr mit seinen Eltern in einer Wohnung zusammenleben möchte;[481] wenn der Vermieter bisher in der Wohnung seiner Schwiegermutter gelebt hat;[482] wenn eine 59-jährige Reiseleiterin eine feste Wohnung benötigt, weil ihre Entlassung bevorsteht.[483] Auch die Kündigung der Nachbarwohnung mit der Begründung, dass ein Ehepartner an einer Rhonchopathie (sog. Schnarchstörung) leidet, ist berechtigt, da der Bedarf für ein zweites Schlafzimmer ein vernünftiger und nachvollziehbarer Grund ist.[484] 105

Ebenso ist die Kündigung berechtigt, wenn der Vermieter seine **bisherige Wohnung verloren** hat. Unerheblich ist es, ob der Vermieter seinen Wohnbedarf selbst verschuldet hat. Dem Vermieter ist es auch nicht zuzumuten, mit dem Vermieter seiner bisherigen Mietwohnung einen Rechtsstreit über die Wirksamkeit der Kündigung zu führen.[485] 106

---

473 *Sternel* NZM 2018, 473.

474 BVerfG NJW 1994, 994f.; WuM 2002, 21; NJW 2014, 2417; 1993, 1637; 1994, 309; BGH VIII ZR 166/14, NJW 2015, 1590 = NZM 2015, 378; VIII ZR 270/15, NJW 2017, 1474 = NZM 2017, 286; VIII ZR 330/11, NZM 2013, 22 = NJW 2013, 225; LG Berlin GE 2021, 248.

475 Ähnlich BGH VIII ZR 292/07, NJW 2009, 1141 = NZM 2008, 642.

476 BGH VIII ZR 238/18, NZM 2021, 132.

477 Staudinger/*Rolfs* BGB § 573 Rn. 125; *Caspers* ZAP Fach 4, 1889 (1895).

478 LG Berlin ZMR 2020, 582, 583 unter Hinweis auf BVerfG NJW 1989, 970.

479 BVerfG NJW 1989, 970.

480 BVerfGE 79, 292 (304f.); 89, 1 (9); BVerfG NJW 1994, 995; 1995, 1480 (1481); NJW-RR 1999, 1097 (1098); so auch die stRspr des VIII. Senats: BGH VIII ZR 166/14, NJW 2015, 1590 = NZM 2015, 378; VIII ZR 186/17, NZM 2018, 983; *Kappus* NZM 2018, 987.

481 LG Düsseldorf WuM 1989, 414.

482 AG Ludwigsburg WuM 1989, 417.

483 OLG Düsseldorf WuM 1993, 49.

484 AG Hamburg ZMR 2020, 1037.

485 BayObLG NJW 1981, 2197.

107 Ähnliche Gesichtspunkte gelten für den **Erwerber** eines Mietshauses oder einer Eigentumswohnung. Insbesondere ist die **Kündigung nicht deshalb ausgeschlossen,** weil der Vermieter die Wohnung **in vermietetem Zustand erworben** hat.[486] Eine Gesetzesauslegung, die dem Eigentümer das Kündigungsrecht allein deshalb versagt, weil er den Bedarfsgrund willentlich herbeigeführt hat, missachtet die durch Art. 14 Abs. 1 GG garantierte Befugnis des Eigentümers, sein Leben unter Nutzung seines Eigentums nach seinen Vorstellungen einzurichten.[487] Wer finanzielle Mittel oft nach längerer Ansparung und/oder unter Aufnahme von Krediten dazu verwendet, eine Eigentumswohnung zu erwerben, um in dieser selbst zu wohnen, gestaltet sein Leben selbst dann vernünftig und nachvollziehbar, wenn er sich hierzu allein deswegen entschließt, um schlichtweg „Herr seiner eigenen vier Wände" zu sein.[488]

108 Will der **Erwerber** die Wohnung vor dem Selbstbezug grdl. **sanieren oder modernisieren** und ist hierzu eine Baugenehmigung erforderlich, so setzt die Wirksamkeit der Kündigung nicht voraus, dass die Genehmigung bereits erteilt ist.[489] Anderseits muss die Eigennutzungsabsicht aber **in angemessener Zeit verwirklicht** werden. Der Vermieter darf die beabsichtigten Umbaumaßnahmen insbes. nicht jahrelang hinausschieben und die Wohnung in der Zwischenzeit leer stehen lassen.[490] Dem Mieter kann hier die **Vermutungsregel** des § 559 d BGB[491] helfen. Danach wird ua vermutet, dass der Vermieter seine Pflichten aus dem Schuldverhältnis verletzt hat, wenn mit der baulichen Veränderung nicht innerhalb von zwölf Monaten nach deren angekündigtem Beginn oder, wenn Angaben hierzu nicht erfolgt sind, nach Zugang der Ankündigung der baulichen Veränderung begonnen wird. Das Gleiche gilt, wenn die Baumaßnahme in einer Weise durchgeführt wird, die geeignet ist, zu erheblichen, objektiv nicht notwendigen Belastungen des Mieters zu führen, oder wenn die Arbeiten nach Beginn mehr als zwölf Monate ruhen. Die ursprünglich[492] gegen das Herausmodernisieren geplante Vorschrift[493] kann jetzt für alle Pflichtwidrigkeiten des Vermieters herangezogen werden, ohne dass es der **Absicht zum „Herausmodernisierens"** bedarf. Wenn der nach einer Eigenbedarfskündigung angekündigte Umbau aber nicht genehmigungsfähig ist, kann die Eigenbedarfskündigung unberechtigt sein.[494]

109 Ebenso kann der Vermieter kündigen, wenn er in Zukunft eine **größere Wohnung** nutzen will, wozu ggf. die Zusammenlegung mit einer Nachwohnung gehört.[495] Auch müssen die Gerichte die Entscheidung des Eigentümers über seinen Wohnbedarf grds. respektieren und dürfen ihm nicht fremde Vorstellungen über angemessenes Wohnen und seine weitere Lebensplanung aufdrängen.[496] Dem Vermieter darf der Nutzungswunsch nicht „ausgeredet" werden. Der vom Vermieter geltend gemachte Wohnbedarf ist nicht auf Angemessenheit, sondern **nur auf Rechtsmissbrauch zu überprüfen.** Rechtsmissbräuchlich ist nicht schon der überhöhte, sondern **erst der weit überhöhte Wohnbedarf.** Die Wertung, ob der geltend gemachte Wohnbedarf weit überhöht ist, haben die Gerichte unter Abwägung der beiderseitigen Interessen anhand objektiver Kriterien unter konkreter Würdigung der Einzelfallumstände zu treffen.[497] Dabei lassen sich keine Richtwerte (etwa Wohnfläche) aufstellen, ab welcher Grenze bei einem Alleinstehenden von einem weit überhöhten Wohnbedarf auszugehen ist. Denn diese Beurteilung hängt nicht allein von der in Anspruch genommenen Wohnfläche oder der Anzahl der Räume ab, sondern von einer umfassenden Würdigung der gesamten Umstände des Einzelfalls.[498] Nicht beanstandet wurde, wenn ein Eigentümer

---

486 BGH VIII ZR 180/18, BGHZ 222, 133 = NJW 2019, 2765; VIII ZR 144/19, NZM 2020, 276 = NJW 2020, 1215; VIII ARZ 4/87, BGHZ 103, 91 (100) = NJW 1988, 904; BayObLG WuM 1981, 200.

487 BVerfGE 79, 292, 305; 81, 29, 34.

488 BVerfG NJW 1994, 309, 310.

489 OLG Frankfurt a. M. WuM 1992, 421.

490 BVerfG WuM 2002, 21 (22).

491 BGBl. I 2648; dazu *Artz/Börstinghaus* NZM 2019, 12; *Selk* NJW 2019, 329; *Lützenkirchen* MietRB 2019, 116 *Eisenschmid* WuM 2019, 225; *Harsch* MDR 2019, 449; *Hinz* JR 2020, 275; ZMR 2019, 645; *Heix* WuM 2019, 57; *Lehmann-Richter* WuM 2020, 258.

492 Zu den unterschiedlichen Gesetzvorschlägen im Gesetzgebungsverfahren s. die Synopse von *Börstinghaus* NZM 2018, 705.

493 *Börstinghaus/Krumm* NZM 2018, 633; *Blank* NZM 2019, 73.

494 BGH VIII ZR 338/09, WuM 2011, 300.

495 AG Hamburg ZMR 2020, 1037.

496 BVerfG WuM 1989, 114.

497 *BVerfGE* 68, 361, 373f.; BVerfG NJW 1993, 1637, 1638; WuM 1993, 380, 384; NJW 1994, 995 (996); 1994, 2605 (2606); 1995, 1480f.

498 BGH VIII ZR 166/14, NJW 2015, 1590 = NZM 2015, 378.

eine 72 $m^2$ große Wohnung kündigt, um diese mit seiner derzeit genutzten 65 $m^2$ großen Wohnung zusammenzulegen umso für sich und seine künftige Ehefrau eine angemessen große Wohnung zu schaffen.[499] Wer in einer 100 $m^2$ großen Wohnung lebt, kann eine weitere 100 $m^2$ große Wohnung kündigen, wenn er in den Räumen eine Puppensammlung (!) unterbringen, sowie zwei Arbeitszimmer und ein Zimmer für ein Kindermädchen einrichten will.[500] Eine andere Beurteilung kann geboten sein, wenn der Eigentümer ein vermietetes Haus mit zahlreichen Zimmern kündigt, obwohl er nur einen Bruchteil der Räumlichkeiten selbst nutzen will.[501] Ein vernünftiger Grund liegt vor, wenn der Vermieter eine größere Wohnung nutzen will, damit er jedem seiner Kinder ein eigenes Zimmer zur Verfügung stellen kann;[502] wenn der Vermieter mit seiner insgesamt vierköpfigen Familie von einer 3-Zimmer-Wohnung in eine 4-Zimmer-Wohnung umziehen will;[503] wenn der Vermieter mit seiner vierköpfigen Familie von einer 80 $m^2$ großen 2-Zimmer-Wohnung in eine 110 $m^2$ große 4-Zimmer-Wohnung umziehen will;[504] wenn einem 12 und 14 Jahre altem Kind alters- und entwicklungsbedingt ein eigenes Zimmer als Rückzugsmöglichkeit zur Verfügung gestellt werden soll[505]; wenn eine Vermieterin aus einer 49 $m^2$ großen 2-Zimmer-Wohnung in eine ca. 75 $m^2$ große 3-Zimmer-Wohnung umziehen möchte, damit sie dort längerdauernden Besuch von Familienangehörigen empfangen kann[506], wenn er wegen Schnarchstörung ein zweites Schlafzimmer benötigt.[507] Das Nutzungsinteresse an einer größeren Wohnung entfällt nicht, wenn der Vermieter durch eine geschicktere Möblierung seiner bisherigen Wohnung zusätzlichen Raum schaffen könnte.[508] Dagegen wurde ein Nutzungsinteresse verneint, wenn eine Lehrerin mit der Begründung kündigt, dass sie die Wohnung als Arbeitszimmer benötigt.[509] Das wäre wohl ein allenfalls nach der Generalklausel des § 573 Abs. 1 BGB zu berücksichtigender Betriebsbedarf, wenn die Lehrerin in dieser Wohnung nicht auch wohnen und leben will.

Ebenso kann ein Nutzungsinteresse gegeben sein, wenn der Vermieter in eine kleinere Wohnung **110** umziehen möchte, weil ihm die **bisherige Wohnung zu groß** geworden ist. Grundsätzlich spielt es keine Rolle ob der Vermieter den Bedarf durch vorangegangene **Fehlplanungen selbst verursacht** hat.[510] So liegt ein anerkennenswertes Nutzungsinteresse vor, wenn eine ältere kranke Vermieterin aus einer 132 $m^2$ großen Wohnung in eine Kleinwohnung mit 47 $m^2$ umziehen möchte[511] oder weil der Vermieter umziehen will, weil die Kleinwohnung einfacher zu bewirtschaften ist und die Gartenpflege entfällt.[512] Das Gleiche gilt, wenn eine Vermieterin, die bisher mit ihrem Mann ein 200 $m^2$ großes Haus bewohnt hat, dieses nach dem Tod des Ehemannes verkaufen und in eine 100 $m^2$ große Wohnung einziehen will[513] oder wenn ein kinderloses Ehepaar aus einer 130 $m^2$ großen Wohnung in eine kleinere Wohnung umziehen möchte[514] auch um Ausgaben einzusparen.

Ist die bisherige **Wohnung zu teuer,** kann ebenfalls ein Nutzungsinteresse bejaht werden, **111** wenn der Vermieter auf die Mieteinnahmen aus seiner bisher genutzten größeren Wohnung angewiesen ist, um das Haus erhalten zu können[515] oder wenn ein Vermieter mit einem Monatseinkommen von ca. 700 EUR umziehen will, weil er hierdurch ca. 100 EUR monatlich[516] bzw. 120 EUR monatlich[517] einspart. Das Gleiche gilt, wenn der alleinstehende Angehörige des Vermie-

[499] BVerfG ZMR 1993, 315.
[500] BVerfG NJW 1994, 994.
[501] BVerfG GE 1993, 1327.
[502] LG Hamburg WuM 1991, 38.
[503] AG Stuttgart WuM 1989, 414.
[504] LG Hannover WuM 1989, 302.
[505] AG München ZMR 2021, 126.
[506] LG Hamburg WuM 1994, 683.
[507] AG Hamburg ZMR 2020, 1037.
[508] LG Mannheim DWW 1995, 113.
[509] AG Aachen WuM 1991, 590; zweifelhaft, weil die Nutzung eines Arbeitszimmers als Wohnungsnutzung zu bewerten ist.
[510] BVerfG WuM 1993, 231, beabsichtigter Umzug aus finanziellen Gründen von einer 265 $m^2$ großen Wohnung, in eine kleinere Wohnung, wenn die bisherige große Wohnung zwei Jahre vor der Kündigung durch Zusammenlegung zweier Einzelwohnungen geschaffen worden ist.
[511] LG Wuppertal WuM 1989, 386.
[512] LG Hamburg WuM 1989, 387.
[513] LG Münster WuM 1990, 304.
[514] LG Frankfurt a. M. WuM 1990, 347.
[515] BVerfG WuM 1991, 661 = DWW 1991, 363 = ZMR 1992, 10.
[516] AG Bad Schwartau WuM 1989, 514.
[517] LG Berlin MM 1994, 325.

ters aus einer teuren 165 $m^2$ großen Mietwohnung in eine dem Vermieter gehörende 60 $m^2$ große Wohnung umziehen will, um Kosten zu sparen. Dies gilt jedenfalls dann, wenn der Angehörige mittellos ist und vom Vermieter unterhalten wird.[518] Ein Nutzungsinteresse wurde verneint, wenn ein Vermieter in ausreichenden Einkommensverhältnissen durch den Umzug lediglich 33 EUR monatlich sparen würde[519] oder wenn ein Vermieter kündigt, weil er in seiner jetzigen Wohnung eine Fehlbelegerabgabe zahlen muss.[520]

112 Auch eine **günstigere Verbindung zum Arbeitsplatz** kann für die Kündigung ebenfalls ausreichen. Das ist zB der Fall, wenn der Vermieter bisher 4 km mit der Straßenbahn fahren musste, während die gekündigte Wohnung 400 m vom Arbeitsplatz entfernt liegt.[521] Demgegenüber wurde ein Nutzungsinteresse verneint, wenn der Vermieter an seinem Arbeitsplatz eine Zweitwohnung einrichten will und der bisherige Wohnsitz 37 km entfernt liegt und in 30 Minuten mit dem Zug oder dem Auto zu erreichen ist[522] oder wenn die Wohnung des Vermieters 20 Autobahnkilometer vom Arbeitsplatz entfernt liegt und die vermietete Wohnung lediglich gelegentlich zu Übernachtungen benutzt werden soll.[523] Vernünftige und nachvollziehbare Gründen liegen aber vor, wenn der Vermieter eine deutliche **Verkürzung des Schulwegs** seiner Kinder bezweckt.[524]

113 Auch **sonstige vernünftige Wünsche** des Vermieters können die Kündigung rechtfertigen. Das gilt zB, wenn der Vermieter seinen Lebensabend in seinem früheren Elternhaus verbringen möchte[525] oder wenn ein Vermieter in das eigene Haus einziehen will, weil er in diesem Fall seine ebenfalls dort lebenden **Eltern besser pflegen** kann.[526] Eine anerkennenswertes Nutzungsinteresse besteht auch, wenn der Vermieter von einer Wohnung im Obergeschoß in eine gleich große vermietete Erdgeschoß-Wohnung umziehen will, weil ihm dort eine Terrasse, ein Wintergarten und ein Garten zur Verfügung steht. Ein zur Kündigung berechtigender Grund liegt auch vor, wenn ein Vermieter von seiner Ehefrau getrennt leben möchte und eine hinreichende Gewissheit besteht, dass die Wohnung des Mieters auf Dauer oder doch auf längere Zeit benötigt wird.[527]

114 Es ist nicht erforderlich, dass der Vermieter die Wohnung auf Dauer nutzen will; ein **Nutzungsinteresse für eine vorübergehende Zeit** kann genügen.[528] Der Begriff des „Benötigens" in § 573 Abs. 2 Nr. 2 BGB setzt zwar ernsthafte, vernünftige und nachvollziehbare Gründe des Vermieters voraus, warum er die Wohnung künftig selbst oder durch nahe Angehörige nutzen will. Damit sind aber generell **keine zeitlichen Mindestanforderungen** an die Nutzung verbunden, so dass auch eine Nutzung als Zweitwohnung vom Tatbestandsmerkmal im Einzelfall erfasst sein kann.[529] Maßgeblich sind die Umstände des Einzelfalls, wobei von den Gerichten der Entschlusses des Vermieters, die vermietete Wohnung selbst zu nutzen oder durch einen Dritten nutzen zu lassen zu respektieren ist.[530] Im Hinblick auf die übliche und teilweise auch verlangte Mobilität in der heutigen Gesellschaft dürfen an die Dauer des geltend gemachten Eigenbedarfs keine allzu strengen Anforderungen mehr gestellt werden.[531] Auch einem Nutzungsinteresse von etwa einem Jahr kann deshalb heutzutage nicht abgesprochen werden, dass er auf vernünftigen und nachvollziehbaren Gründen beruht.[532] Eine **feste zeitliche Grenze** lässt sich aber kaum ziehen.[533] Zum Teil wird vorgeschlagen, dass in Fällen des zeitlich begrenzten Bedarfs eine Abwägung zwischen dem Erlangungsinteresse des Vermieters und dem Bestandsinteresse des

---

[518] AG Tiergarten GE 2011, 617.

[519] LG Hamburg WuM 1990, 27.

[520] LG Wiesbaden WuM 1997, 48.

[521] LG Stuttgart WuM 1991, 106.

[522] LG Hamburg ZMR 1992, 503 = DWW 1992, 342 mablAnm *Mutter* ZMR 1992, 505.

[523] LG Regensburg WuM 1992, 192.

[524] BGH VIII ZR 35/19, NZM 2020, 98.

[525] LG Berlin GE 1993, 479.

[526] AG Neuss WuM 1990, 350.

[527] AG Lüdenscheid DWW 1996, 374.

[528] BVerfG NJW 2014, 2417; BGH VIII ZR 166/14, NJW 2015, 1590 = NZM 2015, 378.

[529] BGH VIII ZR 19/17, NZM 2017, 846; BeckOGK/*Geib* BGB § 573 Rn. 74.

[530] BVerfGE 79, 292 (304f.); 89, 1 (9); BVerfG NJW 1994, 995; 1995, 1480, 1481; NJW-RR 1999, 1097, 1098.

[531] BGH VIII ZR 166/14, NJW 2015, 1590 = NZM 2015, 378.

[532] BGH VIII ZR 166/14, NJW 2015, 1590 = NZM 2015, 378; LG Landau NJW-RR 1993, 81; AG Bonn WuM 1980, 53; AG Neumarkt WuM 1990, 510; **aA** BayObLG WuM 1993, 252, 254 (auf mehrere Jahre angelegt); LG München I WuM 1993, 677f. (mindestens drei Jahre); AG Köln WuM 1992, 250, 251 (auf mehrere Jahre ausgerichtete Nutzung).

[533] BGH VIII ZR 166/14, NJW 2015, 1590.

Mieters angezeigt ist.[534] Kriterien können hierfür ua sein[535], dass **(1)** die Dauer der Nutzungszeit noch nicht hinreichend sicher feststeht; **(2)** der Vermieter einen besonders dringenden Wohnbedarf hat, etwa weil ihm seine bisherige Wohnung nicht mehr zur Verfügung steht; **(3)** der Vermieter ein besonders gewichtiges Interesse an der vorübergehenden Nutzung hat, etwa weil sein Arbeitsplatz in unmittelbarer Nähe der Wohnung liegt und der Vermieter seinen Arbeitsplatz schnell erreichen muss; **(4)** die vorübergehende Nutzung aus finanziellen Gründen geboten ist, etwa weil alternative (Miet-)wohnung erheblich teurer wären. So besteht ein anerkennenswertes Nutzungsinteresse, wenn ein Eigentümer sein bisher bewohntes Haus umbauen will und für die Umbauzeit von 18 Monaten eine Ersatzwohnung benötigt.[536] Gegen ein Nutzungsinteresse kann sprechen, wenn die Nutzung – falls der Vermieter die Räume angemietet hätte – als Mietverhältnis „zu nur vorübergehenden Gebrauch" iSv § 549 Abs. 2 Nr. 1 BGB zu bewerten wäre oder wenn der Vermieter die Wohnung nur für eine Übergangszeit von wenigen Monaten bis zur Fertigstellung eines Neubaus benötigt.[537]

Auch ein Wohnbedarf, der zwar nicht von seiner Gesamtdauer her zeitlich begrenzt ist, der **115** aber nicht die ständige, sondern **nur eine zeitweise Nutzung der Wohnung** umfasst, erfüllt die Voraussetzungen des „Benötigens" der Räume „als Wohnung" und damit die Voraussetzungen einer Eigenbedarfskündigung nach § 573 Abs. 2 Nr. 2 BGB.[538] Deshalb berechtigt auch das Interesse des Vermieters die Räume aus vernünftigen und nachvollziehbaren Gründen als **Zweitwohnung** nutzen zu wollen zur Kündigung.[539] Hinsichtlich des Erlangungsinteresses kommt es maßgeblich auf die Würdigung der Umstände des Einzelfalls an. Erforderlich ist, dass dem Nutzungswunsch des Vermieters ein **gewisses Gewicht** beizumessen ist.[540] Das erfordert konkrete Angabe bereits im Kündigungsschreiben.[541] Ein ausländischer Vermieter, der sich auf Grund ausländerrechtlicher Vorschriften lediglich 180 Tage im Jahr in Deutschland aufhalten darf, muss aus diesem Grunde darlegen, wie lange er sich tatsächlich in Deutschland aufhalten will.[542] Vernünftige Gründe für die Nutzung als Zweitwohnung liegen vor, wenn der Vermieter die Räumlichkeiten benötigt, um sich regelmäßig, ggf. auch kurzfristig in **familiärer bzw. häuslicher Atmosphäre** mit seiner aus einer früheren Beziehung stammenden inzwischen dreizehnjährigen Tochter in einer anderen Stadt treffen will[543] oder wenn ein in München ansässiger Vermieter eine in Hamburg gelegene Wohnung **berufsbedingt** an etwa acht bis zehn Arbeitstagen im Monat nutzen will[544]. Das gilt auch, wenn sich eine **ausländische Vermieterin** immer wieder für längere Zeit[545] oder zu turnusmäßigen Familientreffen[546] in Deutschland aufhält und bei dieser Gelegenheit die Wohnung benötigt. Demgegenüber wurde in der Vergangenheit ein **anerkennenswertes Kündigungsinteresse verneint,** wenn der Vermieter eine 4½-Zimmer-Wohnung mit 132 m² kündigt, um dort ca. einmal wöchentlich zu übernachten[547] oder wenn er die Wohnung nur zu gelegentlichen Übernachtungen nutzen will,[548] wozu auch die Nutzung nur als Wochenendwohnung zählt.[549]

**dd) Einzelne Überlassungsinteressen an privilegierte Dritte.** Der Vermieter kann **116** zugunsten eines **Angehörigen** kündigen, wenn diesem **keine eigene Wohnung** zur Verfügung steht, sei es, weil der Angehörige bislang noch im **elterlichen Haushalt** wohnt, sei es, weil er seine bisherige **Wohnung verloren** hat. Der Grund des Wohnungsverlustes ist unerheblich; insbes. ist

---

534 *Fleindl* NZM 2016, 289 (293).
535 BayObLG WuM 1993, 252.
536 AG Neumarkt WuM 1990, 510.
537 LG Nürnberg-Fürth WuM 1991, 40.
538 BVerfG NJW 2014, 2417; BGH VIII ZR 68/19, NZM 2021, 361; VIII ZR 246/03, NZM 2005, 143; VIII ZR 166/14, NJW 2015, 1590 = NZM 2015, 378; NK-BGB/*Hinz* § 573 Rn. 50.
539 BGH VIII ZR 186/17, NZM 2018, 983; BVerfG NJW 2014, 2417.
540 AG Neustadt an der Aisch WuM 2017,196; *Schmidt* NZM 2014, 609 (619).
541 AG Köln WuM 2012, 328.
542 Insoweit zutr. AG Wolfratshausen NZM 2013, 758.
543 LG Berlin WuM 2013, 741; die Verfassungsbeschwerde wurde nicht zur Entscheidung angenommen; NJW 2014, 2417 = NZM 2014, 624.
544 LG Hamburg WuM 1994, 431.
545 LG Hamburg WuM 1991, 491.
546 BGH VIII ZR 186/17, NZM 2018, 983.
547 LG Berlin NJW-RR 1997, 74.
548 AG Köpenick WuM 2013, 678.
549 AG Wegberg WuM 1972, 109; **aA** AG Hanau MDR 1980, 849.

eine Kündigung auch dann möglich, wenn der Angehörige den Verlust der bisherigen Wohnung selbst verschuldet hat.[550] Etwas anderes kann gelten, wenn der Angehörige in Absprache mit dem Vermieter seine bisherige Wohnung allein deshalb aufgibt, damit der Vermieter den Mieter aus der Wohnung drängen kann.

**117** Für die Kündigung genügt es, wenn der Vermieter dem Angehörigen eine Wohnung zur Verfügung stellen will, die gegenüber der bisherigen Wohnung **Vorteile** bietet. Hiervon ist auszugehen, wenn der Angehörige bislang unzureichend untergebracht war.[551] Erforderlich ist dies allerdings nicht. Auch hier gilt der Grundsatz, dass der Vermieter zu bestimmen hat, welchen Raumbedarf er für seine Angehörigen als angemessen ansieht.[552] Ebenfalls liegt ein berechtigtes Interesse iSd § 573 BGB vor, wenn Eltern ihrem Kind eine Wohnung überlassen wollen, um die **Selbständigkeit des Kindes** zu fördern[553] oder wenn der Vermieter seinem Sohn und dessen Familie statt der bisher genutzten 64 $m^2$ großen Wohnung eine Wohnung mit 93 $m^2$ zur Verfügung stellen will, die näher am Arbeitsplatz des Sohnes liegt.[554] Dabei ist es unerheblich, ob der Angehörige auf das Arbeitseinkommen angewiesen ist.[555]

**118** Ein berechtigte Überlassungsinteresse liegt auch vor, wenn der Sohn des Vermieters mit seiner **Freundin**[556] oder **Lebensgefährtin**[557] eine 4-Zimmer-Wohnung erhalten soll oder wenn der 23-jährige, alleinstehende Sohn des Vermieters in eine 80 $m^2$ große Wohnung einziehen möchte.[558] Ebenso anerkennenswert ist der Wunsch, einem in einer mit Teppichboden ausgestatteten Wohnung an einer **Stauballergie** leidenden Familienangehörigen eine größere Wohnung mit **Parkettboden** ausgestattete Wohnung zur Verfügung zu stellen.[559] Dabei ist es unerheblich, ob außer dem Angehörigen noch weitere Personen in die Wohnung einziehen sollen. Ein Überlassungsinteresse ist anzunehmen, wenn der Vermieter seiner Tochter eine Wohnung von ca. 150 $m^2$ zum Zwecke der Familiengründung überlassen will.[560] Wird die Kündigung ua auch mit Kinderwünschen begründet, so ist es nicht erforderlich, dass sich dieser Wunsch bereits in Form einer Schwangerschaft konkretisiert hat.[561]

**119** Ein **Überlassungsinteresse kann zu verneinen** sein, wenn eine 74 $m^2$ große 2-Zimmer-Wohnung zugunsten des Sohnes des Vermieters gekündigt wird, obwohl dem Sohn eine 100 $m^2$ große 4-Zimmer-Wohnung zur Verfügung steht[562] oder wenn der Vermieter seinem Enkel ein 90 $m^2$ großes Haus überlassen will, damit dieser selbständiger wird[563]. Das kann auch dann gelten, wenn der alleinstehende Sohn des Vermieters ohne eigene Einkünfte ein gut vermietetes Einfamilienhaus nutzen soll[564] oder wenn der Vermieter seiner Tochter ein geräumiges Einfamilienhaus mit Garten überlassen will, obwohl diese als Studienanfängerin über kein eigenes Einkommen verfügt.[565] **Unvernünftig** iSd der höchstrichterlichen Rspr. kann es auch sein, wenn der Vermieter für seinen in der Berufsausbildung befindlichen Sohn eine 4-Zimmer-Wohnung zum Mietwert von 900 EUR monatlich beansprucht.[566] Auch die Kündigung einer 120 $m^2$ großen Vierzimmerwohnung zugunsten einer 21-jährigen Berufsanfängerin, deren Hausstand aus einem Bett, einem Schreibtisch und einem Kleiderschrank besteht und die bislang gemeinsam mit ihrer Mutter und Bruder in einer Vierzimmerwohnung wohnte, wurde als weit übersetzt angesehen.[567]

**120** Selbstverständlich ist ein Überlassungsinteresse auch dann zu bejahen, wenn die Aufnahme des Angehörigen im eigenen Interessen des Vermieters liegt, etwa wenn sich die Mutter des Vermieters

---

550 **AA** LG Berlin NJWE-MietR 1997, 7, danach soll ein Vermieter verpflichtet sein, für seine vorübergehend im Ausland tätige Tochter eine Wohnung vorzuhalten.
551 LG Gießen NJW-RR 1994, 1290 = WuM 1994, 684.
552 BGH VIII ZR 166/14, NJW 2015, 1590 = NZM 2015, 378.
553 BGH VIII ZR 78/10, NJW 2010, 3775 = NZM 2011, 30.
554 LG Siegen WuM 1989, 389.
555 LG Hamburg NJW-RR 1994, 204.
556 LG Hannover WuM 1989, 416.
557 OLG Karlsruhe WuM 1982, 151.
558 LG Kassel WuM 1989, 417.
559 AG Düsseldorf WuM 1989, 301.
560 BVerfG NJW 1995, 1480.
561 BVerfG NJW 1995, 1480.
562 LG Frankfurt a. M. WuM 1989, 246.
563 LG Stade WuM 1990, 239.
564 LG Köln WuM 1990, 119.
*565 AG Bonn WuM 1990*, 214.
566 LG München I WuM 1990, 352.
567 LG Berlin GE 2021, 248.

um dessen Kleinkind kümmern soll[568] oder wenn der Vermieter eine Pflegeperson aufnehmen will.[569] Es ist insoweit nicht erforderlich, dass die Person bereits namentlich feststeht. Vielmehr genügt es, wenn auf Grund konkreter Tatsachen zu erwarten ist, dass der Vermieter die Dienste in naher Zukunft benötigt.[570] In der Regel ist zu verlangen, dass der Vermieter konkrete Maßnahmen zur Suche und Auswahl der Pflegeperson getroffen hat.[571]

**g) Auswahlrecht des Vermieters.** Hat der Vermieter einen ernsthaften Nutzungs-/Überlassungswillen und liegt außerdem ein anerkanntes Nutzungsinteresse vor, so kann er die von ihm gewünschte Wohnung grds. **nach Belieben auswählen.**[572] Der Vermieter ist nicht verpflichtet, demjenigen Mieter zu kündigen, der von der Vertragsbeendigung am wenigsten getroffen wird.[573] Der **Bestandsschutz des Mieters** ist vom Gesetzgeber gerade zweistufig geregelt.[574] Zunächst kann der Vermieter das Mietverhältnis nur dann ordentlich kündigen, wenn er ein berechtigtes Interesse an der Beendigung des Mietverhältnisses hat. Bei der Prüfung dieses berechtigten Interesses werden **Mieterinteressen nicht berücksichtigt.** Liegt ein zur Kündigung berechtigendes Interesse des Vermieters an einer ordentlichen Kündigung des Mietverhältnisses vor, kann der Mieter sich in einer **zweiten Stufe** auf seine persönlichen **Härtegründe** oder fehlenden **Ersatzwohnraum** berufen. Die Mieterinteressen sind dann gegenüber den berechtigten Vermieterinteressen, die zur Kündigung berechtigten, abzuwägen. Im Hinblick auf diese zweite Stufe des Härteeinwandes gem. § 574 BGB kann es für den Vermieter deshalb sinnvoll sein, **eine Art Sozialauswahl** bei der Auswahl der Wohnung und des zu kündigenden Mieters mitzuberücksichtigen, um bei einem möglichen Fortsetzungsverlangen des Mieters größere Chancen bei der Interessenabwägung zu haben. Der Vermieter ist hierzu aber nicht verpflichtet. Er handelt auch nicht treuwidrig, wenn er demjenigen Mieter vergleichbarer Wohnungen kündigt, dessen Mietverhältnis am längsten besteht und der die niedrigste Miete zahlt.[575] 121

Das Gericht hat grds. auch nicht zu prüfen, ob eine andere vermietete Wohnung für die Zwecke des Vermieters geeigneter wäre oder ob es Mieter gibt, denen der Vermieter wegen einer Vertragsverletzung fristlos kündigen könnte.[576] Deshalb muss der Vermieter auch **nicht vortragen** in welcher Weise und aus welchen Erwägungen er **das Auswahlermessen** ausgeübt hat.[577] Unerheblich ist auch, ob Räumlichkeiten vorhanden sind, die unter Verstoß gegen das Zweckentfremdungsverbot vermietet worden sind.[578] Eine solche Prüfung verbietet sich schon deshalb, weil die Mieter dieser Wohnungen am Verfahren nicht beteiligt sind. Etwas anderes kann gelten, wenn eine Sozialwohnung an einen Nichtberechtigten vermietet worden ist, die Behörde die Kündigung dieses Mietverhältnisses verlangt (§ 4 Abs. 8 WoBindG) und die fragliche Wohnung für die Zwecke des Vermieters tauglich ist. 122

**h) Die treuwidrige Kündigung. aa) Vorhandener oder absehbarer Eigenbedarf bei Vertragsschluss. aaa) Die Rechtsgrundsätze.** Ein Vermieter setzt sich **zu seinem eigenen Verhalten dann in Widerspruch,** wenn er eine Wohnung auf unbestimmte Zeit vermietet, obwohl er entweder entschlossen ist oder zumindest erwägt, sie alsbald **selbst in Gebrauch zu nehmen.**[579] Er darf dem Mieter, der mit einer längeren Mietdauer rechnet, die mit jedem Umzug verbundenen Belastungen nicht zumuten, wenn er ihn über die Absicht oder zumindest die Aussicht begrenzter Mietdauer nicht aufklärt. Denn für den Mieter ist **ein sich abzeichnender** 123

---

568 LG Berlin ZMR 1989, 425.
569 LG Potsdam WuM 2006, 44; AG Miesbach WuM 1993, 615.
570 BGH VIII ARZ 2/94, NJW 1994, 2542; BayObLG WuM 1982, 125; OLG Hamm WuM 1986, 269; **aA** AG Gelsenkirchen ZMR 2015, 130.
571 LG Kiel WuM 1990, 22.
572 NK-BGB/*Hinz* § 573 Rn. 51.
573 BGH VIII ARZ 2/94, BGHZ 126, 357 = NJW 1994, 2542; LG Berlin ZMR 2020, 582; Staudinger/*Rolfs* BGB § 573 Rn. 140, 141, falls alle der in Betracht kommenden Wohnungen für den Vermieter gleichermaßen geeignet sind; Bamberger/Roth/*Hannappel* BGB § 573 Rn. 62; Erman/*Lützenkirchen* BGB § 573 Rn. 25 **aA** LG Hannover WuM 1990, 305.
574 Ausf. *Sternel* NZM 2018, 473.
575 LG Berlin ZMR 2020, 582.
576 **AA** AG Bonn NJW-RR 1993, 978.
577 **AA** AG Gelsenkirchen ZMR 2011, 478.
578 **AA** AG Bonn WuM 1993, 125.
579 BVerfGE 79, 292, 308; BVerfG NJW-RR 1993, 1357; BGH VIII ZR 62/08, NJW 2009, 1139 = NZM 2009, 236; VIII ZR 233/12, NJW 2013, 1596 = NZM 2013, 419; VIII ZR 180/09, WuM 2010, 512; VIII ZR 154/14, NJW 2015, 108 = NZM 2015, 296.

**Eigenbedarf** des Vermieters vor allem für die Entscheidung von Bedeutung, ob er eine Wohnung überhaupt anmieten und damit das Risiko eines Umzugs nach verhältnismäßig kurzer Mietzeit eingehen will.[580]

**124** Vermietet der Vermieter eine Wohnung unbefristet, obwohl er weiß, dass bei ihm oder einem Angehörigen in absehbarer Zeit ein Bedarf an der eigenen Nutzung dieser Wohnung entstehen wird und kann er erkennen, dass der Mieter Interesse an einer langfristigen Nutzung der Wohnung hat, so muss er den Mieter über die eventuelle nur **kurze Nutzungsmöglichkeit informieren** oder gleich einen **Zeitmietvertrag** abschließen. Er ist deshalb mit solchen Bedarfsgründen ausgeschlossen, die bereits beim Abschluss des Mietvertrags vorlagen. In diesem Fall bestimmt das Gericht nicht in unzulässiger Weise bei der Lebensplanung des Vermieters mit, sondern „hindert ihn lediglich an der Durchsetzung seines Selbstnutzungswunsches aus Gründen, die er in zurechenbarer Weise selbst gesetzt hat".[581]

**125** Der Vermieter ist allerdings **nur dann mit einer späteren Eigenbedarfskündigung ausgeschlossen,** wenn er eine solche Kündigung bereits beim Abschluss des Mietvertrags beabsichtigt oder dies **ernsthaft in Erwägung** zieht.[582] Der Vermieter muss **keine „Bedarfsvorschau"** anstellen, dh er ist nicht verpflichtet, von sich aus vor Abschluss eines unbefristeten Mietvertrags unaufgefordert Ermittlungen bei potentiellen privilegierten zukünftigen Nutzern der Wohnung über einen möglichen künftigen Eigenbedarf anzustellen.[583] Der Vermieter ist auch nicht verpflichtet sein, den Mieter **ungefragt** über mögliche oder konkret vorhersehbare Eigenbedarfssituationen zu unterrichten.[584] Etwas anderes hat allerdings dann zu gelten, wenn der Vermieter anlässlich des Vertragsabschlusses von sich aus oder auf Fragen des Mieters **vorsätzlich unrichtige Angaben** über den derzeitigen Stand ihm bekannter, für die Beurteilung einer Eigenbedarfssituation maßgebender Tatsachen gemacht hat. Bei einer **vorsätzlichen Falschauskunft** ist eine gleichwohl erklärte Kündigung als rechtsmissbräuchlich einzustufen. **Fahrlässige Falschangaben** rechtfertigen den Ausschluss der Eigenbedarfskündigung dagegen nicht.[585]

**126** Die ausgesprochene Eigenbedarfskündigung ist in den Fällen **vorhersehbaren Eigenbedarfs** wegen **Rechtsmissbrauchs** gem. § 242 BGB unwirksam.[586] Ob die tatsächlichen Voraussetzungen des Rechtsmissbrauchs vorliegen, ist auf Grund der Gesamtumstände zu entscheiden.[587] Die Hinweispflicht besteht dann, wenn bei Vertragsschluss hinreichend konkrete Anhaltspunkte dafür vorliegen, dass das Mietverhältnis nur von kurzer Dauer sein wird; die bloße Möglichkeit, dass später ein solcher Bedarf auftreten könnte, genügt nicht.[588] So liegt kein Rechtsmissbrauch vor, wenn der Vermieter nach kurzer Mietzeit kündigt, weil er seinen **Arbeitsplatz verloren** hat mit der weiteren Folge, dass er die Miete für die bisher genutzte Wohnung nicht mehr aufbringen kann[589] Andererseits ist es nicht erforderlich, dass der Vermieter den künftigen Bedarf genau kennt; es genügt, wenn der Vermieter den künftigen Bedarf **bei vorausschauender Planung ernsthaft hätte in Erwägung** ziehen müssen. Deshalb verstößt eine Kündigung wegen Eigenbedarfs gegen Treu und Glauben, wenn das Mietverhältnis 4 Monate nach Mietbeginn gekündigt wird, weil der Vermieter die Wohnung einem erkrankten Angehörigen überlassen will, um diesen dort zu pflegen und zu versorgen und die Krankheit des Angehörigen bereits bei Vertragsschluss bestand. Es kommt in einem solchen Fall nicht darauf an, ob der Eintritt des Pflegefalls sicher prognostiziert werden kann. Vielmehr genügt „die naheliegende Möglichkeit des Eintritts des Eigenbedarfs in absehbarer Zeit".[590] **Vorhersehbarer Eigenbedarf** wird angenommen, bei Kündigungen vor Ablauf von **fünf Jahren nach Vertragsschluss.**[591] Das ist aber keine starre Frist. Wird die Kündigung alsbald nach Vertragsschluss erklärt, so kann hierin ein Indiz dafür liegen, dass diese bereits bei Vertrags-

---

[580] BGH VIII ZR 62/08, NJW 2009, 1139 = NZM 2009, 236; VIII ZR 180/09, WuM 2010, 512; VIII ZR 233/12, NJW 2013, 1596 = NZM 2013, 419.

[581] BVerfG NJW-RR 1993, 1357.

[582] Staudinger/*Rolfs* BGB § 573 Rn. 113ff.

[583] BGH VIII ZR 154/14, NJW 2015, 108 = NZM 2015, 296.

[584] BGH VIII ZR 154/14, NJW 2015, 108 = NZM 2015, 296.

[585] BGH VIII ZR 154/14, NJW 2015, 108 = NZM 2015, 296; zust. *Wietz* WuM 2016, 323 (330).

[586] BGH VIII ZR 154/14, NJW 2015, 108 = NZM 2015, 296.

[587] BGH VIII ZR 154/14, NJW 2015, 108 = NZM 2015, 296.

[588] BVerfG WuM 1994, 132; BGH VIII ZR 233/12, NJW 2013, 1596 = NZM 2013, 419.

[589] LG Ulm DWW 2008, 387.

[590] *AG Bremen* WuM 2008, 730.

[591] BVerfG WuM 1989, 114; LG Wuppertal WuM 1991, 691; LG Paderborn WuM 1994, 331; LG Gießen WuM 1996, 416; AG Darmstadt WuM 2001, 512.

schluss geplant war. Umgekehrt kann eine längere Zeit zwischen Vertragsschluss und Kündigung gegen eine Kündigungsabsicht sprechen.[592]

127 Diese Grundsätze gelten aber nicht bei **Verlängerung oder Neubegründung (Novation)** eines bereits bestehenden Mietverhältnisses.[593] Dies beruht auf der Erwägung, dass der Mieter durch die Hinweispflicht vor den Nachteilen und Risiken geschützt werden soll, die mit einem Mietverhältnis von nur kurzer Dauer verbunden sind. Bei der Verlängerung oder Neubegründung eines seit langer Zeit bestehenden Mietverhältnisses spielt diese Erwägung keine Rolle.

128 **bbb) Die Hinweispflicht.** Die Hinweispflicht kann auch dadurch erfüllt werden, dass dem Mieter ein **Zeitmietvertrag** iSv § 575 Abs. 1 S. 1 Nr. 1 BGB angeboten wird.[594] Hierfür gilt bei einer Laufzeit von mehr als einem Jahr das Schriftformerfordernis des § 550 BGB. In diesem Fall ergibt sich die kurze Dauer des Mietverhältnisses aus dem Inhalt des Mietvertrags. Es genügt allerdings auch, wenn der Vermieter den Mieter vor Vertragsschluss darüber informiert, dass er die Mietsache alsbald wieder benötige. In diesem Fall hat der Vermieter seine vorvertragliche Hinweispflicht ebenfalls erfüllt, mit der Folge, dass der Haftungstatbestand entfällt. In diesem Fall gilt das Schriftformerfordernis weder für den Hinweis noch für den Mietvertrag insgesamt. Es handelt sich um einen **Mietvertrag auf unbestimmte Zeit.**

129 Ein Hinweis auf den alsbald entstehenden Bedarf ist aber dann entbehrlich, wenn der Mieter beim Vertragsschluss **positive Kenntnis von den Plänen des Vermieters hat.** Es reicht allerdings nicht aus, wenn der Mieter die familiäre oder gesundheitliche (bei späterer Kündigung zugunsten einer Pflegeperson) Situation des Vermieters kennt. Es ist auch nicht Sache des Mieters, sich nach den Plänen des Vermieters zu erkundigen. Teilt der Vermieter trotz heranwachsender Kinder oder beengter Wohnverhältnisse oder einem hohem Lebensalter oder einer sichtbaren Krankheit dem Mieter nicht mit, dass das Mietverhältnis nur über wenige Jahre Bestand haben soll, so braucht der Mieter nicht in Erwägung zu ziehen, dass in den nächsten Jahren Eigenbedarf entstehen könnte.

130 **ccc) Absehbarer Bedarf des Eigentümers bei Zwischenvermietung.** Hat der Eigentümer einen absehbaren Bedarf und vermietet er die Wohnung für eine vorübergehende Zeit an einen **Zwischenvermieter,** so muss dieser den Endnutzer **(Untermieter)** darüber informieren, dass das Hauptmietverhältnis nur auf bestimmte Zeit abgeschlossen ist und dass der Eigentümer bei Mietende Eigenbedarf geltend machen werde. Bei Verletzung dieser Verpflichtung kann der Untermieter den Zwischenvermieter auf Schadensersatz in Anspruch nehmen. Der Eigentümer muss seinerseits den Zwischenvermieter **zur Erteilung dieser Information verpflichten.** Erfüllt der Eigentümer diese Verpflichtung nicht, so ist die nach Vertragseintritt des Hauptvermieters gem. § 565 BGB ausgesprochene Kündigung als treuwidrig zu bewerten. Dies folgt aus der Erwägung, dass der Eigentümer durch die Einschaltung eines Zwischenvermieters keine Vorteile erlangen soll.[595]

131 **ddd) Die Darlegungs- und Beweislast.** Nach allgemeinen Grundsätzen muss der **Mieter darlegen und beweisen,** dass eine vorvertragliche **Hinweispflicht bestanden** hat und dass diese vom Vermieter **nicht erfüllt** worden ist. Demgemäß muss der Mieter darlegen und beweisen, **(1)** dass zwischen Vertragsschluss und Kündigung weniger als fünf Jahre liegen, **(2)** dass der Bedarf bereits bei Vertragsschluss gegeben war oder absehbar gewesen ist und **(3)** dass der Vermieter keinen Hinweis auf die kurzzeitige Dauer des Mietverhältnisses gegeben hat. Da die unter (2) und (3) aufgeführten Umstände aber durchweg in der Sphäre des Vermieters liegen, muss der Vermieter im Rahmen einer **sekundären Darlegungslast** substantiiert darlegen, wann und auf Grund welcher Umstände der Bedarf eingetreten ist. Steht fest, dass der Bedarf bereits bei Vertragsschluss vorhanden gewesen ist, so muss der Vermieter substantiiert darlegen, wann und auf welche Weise er die Hinweispflicht erfüllt hat.

132 **bb) Verzicht auf Eigenbedarf bei Vertragsschluss.** Die Parteien können bei Vertragsschluss den Ausschluss der Eigenbedarfskündigung für eine bestimmte Zeit oder auf Dauer vereinbaren. Enthält ein Wohnraummietvertrag mit einem Wohnungsunternehmen die Regelung, dass der Vertrag nur in besonderen Ausnahmefällen bei wichtigen berechtigten Interessen des Wohnungsunternehmens, die eine Beendigung des Mietverhältnisses notwendig machen, gekündigt werden kann,

---

[592] BGH VIII ZR 154/14, NJW 2015, 108 = NZM 2015, 296.
[593] BGH VIII ZR 62/08, NJW 2009, 1139 = NZM 2009, 236.
[594] BVerfG WuM 1994, 132.
[595] AG Hamburg WuM 1997, 219.

stellt dies keinen einen späteren Erwerber der Mietwohnung nach deren Umwandlung in Wohnungseigentum bindenden Verzicht auf eine Eigenbedarfskündigung dar.[596] Soll eine Ausschlussvereinbarung für längere Zeit als ein Jahr gelten, so ist hierfür die Einhaltung der Schriftform erforderlich (§ 550 BGB).[597] Sind an einem Mietverhältnis auf der **Mieterseite mehrere Personen** beteiligt, so ist die Schriftform nur gewahrt, wenn die Vereinbarung von **allen Mietern unterzeichnet** wird. Ein Mieter kann sich zwar bei der Unterschriftsleistung durch einen anderen vertreten lassen. In diesem Fall muss sich allerdings aus einem Zusatz zur Unterschrift ergeben, dass der unterzeichnende Mieter nicht nur für sich, sondern auch für den Vertretenen handeln will.[598] Wird die Schriftform nicht beachtet, so ist das Mietverhältnis ohne Beachtung der Kündigungsbeschränkung jederzeit kündbar.[599] Ist der Mietvertrag nicht in der erforderlichen Schriftform gem. § 550 BGB abgeschlossen worden, so ist eine darauf gestützte vorzeitige Kündigung nicht deshalb treuwidrig, weil der Mietvertrag zuvor jahrelang anstandslos durchgeführt worden ist.[600] Härtefälle, die auftreten können, wenn ein Mieter im Vertrauen auf die Zusage besonders hohe Aufwendungen getätigt hat, müssen in Extremfällen über § 574 BGB gelöst werden. Bei außergewöhnlich hohen Aufwendungen ist aber zu berücksichtigen, dass der Mieter bewusst davon abgesehen, sich die Möglichkeit einer längerfristigen Nutzung des Mietobjekts durch Vereinbarung eines beiderseitigen befristeten Kündigungsausschlusses zu sichern.[601] Der ist in diesem Fall, wie der BGH es nennt, „sehenden Auges das Risiko eingegangen, dass finanzielle Investitionen in die Wohnung sich im Falle einer nur kurzen Mietdauer nicht angemessen amortisieren werden". Die Inkaufnahme dieses Risikos muss bei der Interessenabwägung nach § 574 Abs. 1 BGB zum Nachteil des Mieters ausschlagen.[602]

133 **cc) Überhöhter Bedarf.** Eine Kündigung kann auch dann **missbräuchlich** sein, wenn ein **„weit überhöhter Wohnbedarf"** geltend gemacht wird.[603] Dabei ist im Grundsatz davon auszugehen, dass die Gerichte die Entscheidung des Vermieters über seinen Bedarf zu achten haben.[604] Maßgeblich ist nicht, welchen Bedarf die Gerichte für angemessen halten; vielmehr kommt es darauf an, welchen Bedarf der Eigentümer nach seinen persönlichen Vorstellungen und Bedürfnissen für angemessen ansieht. Ein „weit überhöhter" Wohnbedarf ist deshalb erst dann anzunehmen, wenn der Zugriff auf die Wohnung als „missbräuchlich" anzusehen ist. Dem Vermieter steht ein **weiter Ermessensspielraum** zu. Der vom Vermieter geltend gemachte Wohnbedarf ist nicht auf Angemessenheit, sondern nur auf **Rechtsmissbrauch** zu überprüfen. **Rechtsmissbräuchlich ist nicht schon der überhöhte, sondern erst der weit überhöhte Wohnbedarf.** Die Wertung, ob der geltend gemachte Wohnbedarf weit überhöht ist, haben die Gerichte unter Abwägung der beiderseitigen Interessen anhand objektiver Kriterien unter konkreter Würdigung der Einzelfallumstände zu treffen.[605] Dem Gericht ist es deshalb verwehrt, die Wünsche und Vorstellungen des Eigentümers daraufhin zu überprüfen, ob diese angemessen sind. Die Annahme von Rechtsmissbrauch muss auf Ausnahmefälle beschränkt sein. Es lassen sich keine Richtwerte (etwa Wohnfläche) aufstellen, ab welcher Grenze bei einem Alleinstehenden von einem weit überhöhten Wohnbedarf auszugehen ist.[606] Denn diese Beurteilung hängt nicht allein von der in Anspruch genommenen Wohnfläche oder der Anzahl der Räume ab, sondern von einer umfassenden Würdigung der gesamten Umstände des Einzelfalls.

---

596 AG Schöneberg GE 2020, 1071.

597 BGH VIII ZR 223/06, NJW 2007, 1742; VIII ZR 235/11, NZM 2012, 502; AG Dortmund ZMR 2020, 759.

598 BGH VIII ZR 187/00, NJW 2002, 3389 = NZM 2002, 950; VIII ZR 65/02, NJW 2003, 3053 = NZM 2003, 80; XII ZR 121/05, NJW 2007, 3346 = NZM 2007, 837; XII ZR 69/06, BGHZ 176, 301 = NZM 2008, 482 = NJW 2008, 2178; XII ZR 86/07, NZM 2010, 82 = NJW 2010, 1453; XII ZR 35/11, NJW 2013, 1082 = NZM 2013, 271; XII ZR 51/19, NJW 2020, 1507 = NZM 2020, 429.

599 LG Hamburg ZMR 2001, 895.

600 BGH VIII ZR 134/02, NZM 2004, 97 = NJW 2004, 1103.

601 BGH VIII ZR 233/12, NJW 2013, 1596 = NZM 2013, 419.

602 BGH VIII ZR 233/12, NJW 2013, 1596 = NZM 2013, 419; AG Dortmund ZMR 2020, 759.

603 BVerfG WuM 1989, 114.

604 BVerfGE 79, 292 (304f.); 89, 1 (9); BVerfG NJW 1994, 995; 1995, 1480 (1481); NJW-RR 1999, 1097 (1098); BGH VIII ZR *166/14, NJW 2015, 1590 = NZM* 2015, 378; VIII ZR 180/18, NZM 2019, 518 = *NJW 2019, 2765*; VIII ZR 186/17, NZM 2018, 983.

605 BGH VIII ZR 166/14, NJW 2015, 1590 = NZM 2015, 378.

606 BGH VIII ZR 166/14, NJW 2015, 1590 = NZM 2015, 378.

134 Bei der Festlegung der **Missbrauchsgrenze** können beispielhaft folgende Umstände berücksichtigt werden: die Wohnfläche, die Anzahl der Zimmer, der Zuschnitt und die Ausstattung der Wohnung, die Bedürfnisse der Bedarfsperson, dessen Lebensentwurf und Lebensplanung, deren persönlichen und wirtschaftlichen Verhältnisse, die Lage auf dem Wohnungsmarkt, die Höhe der zu zahlenden oder vom Vermieter erlassenen Miete, ferner ob die Wohnung auf Dauer oder nur sporadisch genutzt werden soll und schließlich ob der Mieter für die eigene Nutzung einen großzügigen Maßstab anlegt.

135 Der Einwand des „weit überhöhten" Bedarfs ist unbeachtlich, wenn die Zahl der Personen, denen die Wohnung überlassen werden soll, nicht kleiner oder sogar größer als die Zahl der bisherigen Wohnungsnutzer ist. Dies gilt unabhängig von der Größe der Wohnung.[607]

136 **i) Die „Anbietpflicht". aa) Das Bestehen der Pflicht.** Der wegen Eigenbedarfs kündigende Vermieter hat im Rahmen seiner **vertraglichen Rücksichtnahmepflicht** dem Mieter eine andere, ihm während der Kündigungsfrist zur Verfügung stehende für seine Zwecke nicht geeignete, aber den Bedürfnissen des Mieters genügende vergleichbare Wohnung zur Anmietung anzubieten. Diese Anbietpflicht[608] beruht auf der Erwägung, dass der Vermieter verpflichtet ist, die **Folgen** einer auf Eigenbedarf gestützten Kündigung für den Mieter so **gering wie möglich** zu halten.[609] Zwar wird der Vermieter durch Art. 14 Abs. 1 S. 1 GG in seiner Freiheit geschützt, die Wohnung bei Eigenbedarf selbst zu nutzen oder durch privilegierte Angehörige nutzen zu lassen, weshalb eine entsprechende Entscheidung des Vermieters grds. zu respektieren ist.[610] Dennoch ergibt sich **aus der besonderen Bedeutung,** die der Wohnung als Mittelpunkt der persönlichen Existenz eines Menschen zukommt und dem Besitzrecht des Mieters einen eigentumsgleichen Rang iSd Art. 14 Abs. 1 S. 1 GG verleiht[611], eine gesteigerte Pflicht zur Rücksichtnahme für den Vermieter.

137 Wenn der **Vermieter** nicht ausnahmsweise **auf die freie Alternativwohnung verwiesen** werden kann, so dass die Kündigung bereits deshalb unwirksam ist, muss er diese Wohnung **dem gekündigten Mieter anbieten.** Die Alternativwohnung muss mindestens zwei Bedingungen erfüllen: **(1)** Es muss sich um eine vergleichbare, im selben Haus oder **in derselben Wohnanlage** dem Vermieter zur Verfügung stehende Wohnung handeln, die auch vermietet werden soll, handeln.[612] Auf andere Wohnungen des Vermieters erstreckt sich die Anbietpflicht nicht. **(2)** Die Wohnung muss **bis zum Ablauf der Kündigungsfrist** frei werden.[613] Die Anbietpflicht besteht zunächst, wenn die Wohnung **im Zeitpunkt des Kündigungsausspruchs freisteht.** Gleiches gilt, wenn sie **nach dem Ausspruch der Kündigung frei** wird. In diesem Fall muss der Vermieter dem Mieter **unverzüglich ein Mietangebot** hinsichtlich dieser Wohnung unterbreiten. Hat der Mieter zunächst eine bei Kündigungsausspruch freie Alternativwohnung abgelehnt, muss der Vermieter ihm während der Kündigungsfrist **frei werdende andere Wohnungen** anbieten. Hat der Vermieter einen Wohnungsvermittler eingeschaltet, so muss dieser entsprechend informiert werden.[614] Da die Anbietpflicht **nicht nur eine Obliegenheit,** sondern eine **echte nachvertragliche Pflicht** darstellt, kann der Mieter den Anspruch auf die Anmietung der Wohnung auch klagweise geltend machen. Dies gilt allerdings nur so lange, als die Wohnung noch nicht weitervermietet worden ist.[615]

138 Der Mieter kann sich entscheiden, ob er in die Alternativwohnung umziehen will oder nicht. Der Vermieter kann dies nicht – vorauseilend – für den Mieter entscheiden, also eine **Wohnung für den Mieter für ungeeignet halten.** Stehen zum Zeitpunkt der Kündigung mehrere Alternativwohnungen zur Verfügung, muss der Vermieter grds. **alle zur Vermietung** bestimmten und für

---

[607] BGH VIII ZR 14/15, NJW 2015, 2727 = NZM 2015, 657.

[608] Dazu *Flatow* NZM 2017, 825.

[609] BGH VIII ZR 232/15, NJW 2017, 547 = NZM 2017, 111; VIII ZR 276/02, NJW 2003, 2604 = NZM 2003, 681; VIII ZR 339/04, BGHZ 165, 75 = NJW 2006, 220 = NZM 2006, 50; VIII ZR 78/10, NJW 2010, 3775 = NZM 2011, 30; VIII ZR 311/02, NJW 2003, 2604 = NZM 2003, 682; *Blank* NJW 2006, 739; *Timme* NZM 2006, 249.

[610] BVerfGE 79, 292 (304 f.); 89, 1 (9); BVerfG NJW 1994, 995; 1995, 1480 (1481); NJW-RR 1999, 1097 (1098).

[611] BVerfGE 89, 1 (5 f.); BVerfG NZM 2011, 479 (480).

[612] BGH VIII ZR 276/02, NJW 2003, 2604 = NZM 2003, 681.

[613] BGH VIII ZR 311/02, NJW 2003, 2604 = NZM 2003, 682; BGH VIII ZR 158/04, WuM 2005, 741; BGH VIII ZR 292/15, NZM 2017, 559; *Brändle* ZfIR 2017, 483.

[614] LG Köln ZMR 2001, 897.

[615] LG München II WuM 1991, 577 (einstweilige Verfügung).

den Mieter geeigneten Wohnungen **anbieten.** Der Mieter muss entscheiden, welche Einschränkungen er bereit ist hinzunehmen. Das gilt sowohl für die Kosten der Wohnung wie auch für die Ausstattung. Die Wohnung muss **nur vergleichbar** sein, was aber großzügig auszulegen ist. Der Vermieter muss die Wohnung **nicht zu den gleichen Bedingungen** anbieten, zu der der Vormieter der Alternativwohnung diese zuvor angemietet hatte. Der Vermieter ist berechtigt, für die freistehende Wohnung die Marktmiete zu verlangen[616] bis zur Grenze des § 5 WiStG bzw. § 556g BGB (sog. Mietpreisbremse). Zur ordnungsgemäßen Erfüllung der Anbietpflicht muss der Vermieter den Mieter über die **wesentlichen Bedingungen** einer Anmietung (Größe und Ausstattung der Wohnung sowie Mietkonditionen) **informieren.**[617] Im Einzelfall kann die Anbietpflicht entfallen. Dies gilt insbes., wenn dem Mieter zuvor ein Fehlverhalten zur Last gefallen ist.[618]

139 Das Angebot auf die anzumietende Alternativwohnung muss vom Vermieter ausgehen.[619] Dessen Verpflichtung entfällt nicht, weil der Mieter von der freistehenden Wohnung anderweitig Kenntnis hat und dennoch nichts unternimmt, um die Wohnung zu erhalten.[620] Vielmehr hat der **Vermieter die Initiative zu ergreifen.** Der Vermieter muss dem Mieter die Anmietung anbieten und ihn hierbei über die Größe, die Ausstattung und die Mietkondiktionen (Miete/Nebenkosten) informieren. Vor Erhalt dieser Informationen muss der Mieter keine rechtsverbindliche Erklärung über die Anmietung abgeben.[621] Steht die Alternativwohnung zum Zeitpunkt der Kündigung bereits frei, so muss das Mietangebot nicht im Kündigungsschreiben enthalten sein; eine Kündigung ohne Mietangebot ist wirksam, wenn die übrigen Voraussetzungen des § 573 Abs. 3 BGB vorliegen.[622] Die Anbietpflicht ist auch dann erfüllt, wenn die für die Ersatzwohnung verlangte Miete über der ortsüblichen Vergleichsmiete liegt.[623] Wird jedoch der preisrechtlich höchste zulässige Mietpreis überschritten, so hat der Vermieter die Anbietpflicht nicht erfüllt.[624]

140 **Lehnt der Mieter lehnt das Angebot** einer Anmietung einer im Kündigungsschreiben angebotenen Alternativwohnung **ab,** weil er von der Unwirksamkeit der Kündigung ausgeht oder weil sie ihm zu laut ist[625], ist der Vermieter seiner Verpflichtung nachgekommen. In diesem Fall kann der Vermieter die Wohnung anderweitig vermieten. Eine Räumungsklage ist nicht rechtsmissbräuchlich, weil der Vermieter seine Anbietpflicht erfüllt hat. Der Stichtag, wann die Alternativwohnung frei sein muss und wann sie anzubieten ist ändert sich bei auch der Vereinbarung eines späteren Auszugstermin zB in einem Räumungsvergleich nicht.[626] Der Vermieter ist nicht verpflichtet, die Wohnung über längere Zeit freizuhalten. Das gilt auch für den Fall, dass der Vermieter die Alternativwohnung dem Mieter zu angemessenen Bedingungen anbietet, dieser aber erklärt, er wolle das Angebot annehmen, allerdings nur dann, wenn die Berechtigung zur Kündigung gerichtlich geklärt sei. Auch in diesem Fall besteht keine Vorhaltepflicht. Der Vermieter kann die Wohnung weitervermieten. Das gilt auch, wenn der Mieter auf das Angebot nicht reagiert.[627]

141 **bb) Rechtsfolgen eines Verstoßes gegen die Anbietpflicht.** Ein Verstoß gegen die Anbietpflicht macht aber die **Kündigung nicht unwirksam** oder lässt die Ausübung der Rechte als rechtsmissbräuchlich erscheinen.[628] Das Mietverhältnis ist durch die berechtigte Eigenbedarfskündigung beendet worden. Dies löst die **Nebenpflicht** aus, dem Mieter unter bestimmten Umständen

---

[616] LG Mannheim ZMR 1996, 34; LG Berlin MDR 2015, 148 (der Vermieter hat die ihm obliegende Anbietpflicht auch dann erfüllt, wenn die geforderte Miete über der ortsüblichen Miete liegt).
[617] BGH VIII ZR 78/10, NJW 2010, 3775 = NZM 2011, 30.
[618] BGH VIII ZR 78/10, NJW 2010, 3775 = NZM 2011, 30; VIII ZR 311/02, NJW 2003, 2604 = NZM 2003, 682; VIII ZR 232/15, NJW 2017, 547 = NZM 2017, 111; *Meier* ZMR 2017, 150; *Dubovitskaya/Weitemeyer* NZM 2017, 201; *Flatow* NZM 2017, 825; *Wedel* ZMR 2018, 196; *Hinz* JR 2018, 289; *Kappus* NZM 2003, 657; *Wiek* DWW 2003, 297; *Häublein* NZM 2003, 970; *Derleder* WuM 2017, 104; *Selk* NJW 2017, 521; *Singbartl/Zintl* NZM 2017, 119.
[619] BGH VIII ZR 78/10, NJW 2010, 3775 = NZM 2011, 30; OLG Karlsruhe WuM 1993, 105; LG Bochum WuM 1994, 473.
[620] BGH VIII ZR 78/10, NJW 2010, 3775 = NZM 2011, 30; LG Bochum WuM 1994, 473.
[621] BGH VIII ZR 78/10, NJW 2010, 3775 = NZM 2011, 30.
[622] LG Mannheim ZMR 1996, 34; LG Berlin MDR 2015, 148, der Vermieter hat die ihm obliegende Anbietpflicht auch dann erfüllt, wenn die geforderte Miete über der ortsüblichen Miete liegt.
[623] LG Berlin WuM 2015, 40.
[624] LG Mannheim ZMR 1996, 34.
[625] AG München ZMR 2021, 126.
[626] BGH VIII ZR *238/18, NZM 2021, 132.*
[627] *AG München* ZMB 2021, 126.
[628] BGH VIII ZR 232/15, NJW 2017, 547 = NZM 2017, 111 unter Aufgabe der früheren Rspr: BGH VIII ZR 166/14, NJW 2015, 1590 = NZM 2015, 378.

zur Abmilderung der hierdurch eintretenden Auswirkungen eine verfügbare Alternativwohnung anzubieten. Eine rechtmäßig ausgesprochene Eigenbedarfskündigung kann nicht rückwirkend als unzulässige Rechtsausübung gem. § 242 BGB bewertet werden, weil der Vermieter seine Anbietpflicht bzgl. einer anderen Wohnung verletzt hat. Denn der Vermieter verstößt nicht durch den Ausspruch der Eigenbedarfskündigung gegen die Rechtsordnung, sondern erst dadurch, dass er eine ihm während der Kündigungsfrist zur Verfügung stehende geeignete Alternativwohnung nicht dem Mieter anbietet. Folglich haben auch die sich hieraus abzuleitenden Rechtsfolgen nicht an der wirksamen Kündigung, sondern **an der pflichtwidrig unterlassenen Zurverfügungstellung einer Alternativwohnung** anzusetzen. Die Verletzung der Anbietpflicht als vertragliche **Rücksichtnahmepflicht** iSv § 241 Abs. 2 BGB kann daher wie jeder Verstoß gegen sonstige Nebenpflichten **nur Schadensersatzansprüche** des Mieters nach § 280 Abs. 1 BGB begründen. Diese Ansprüche sind allerdings **nur auf Geldersatz** gerichtet. Ein Anspruch des Mieters auf „Fortsetzung" des bisherigen Mietverhältnisses als **Naturalrestitution** nach § 249 Abs. 1 BGB kommt nicht in Betracht. Denn die Anbietpflicht, deren Verletzung Schadensersatzansprüche auslösen kann, bezieht sich nicht auf das gekündigte Vertragsverhältnis, sondern auf die Zurverfügungstellung einer anderen Wohnung. Dementsprechend stellt ein Anspruch auf „Fortsetzung" des alten Mietverhältnisses oder gar auf Abschluss eines neuen Mietvertrags über die gekündigte Wohnung keine zum Ausgleich dieser Pflichtverletzung geschuldete Naturalrestitution iSv § 249 Abs. 1 BGB dar. Es würde gerade nicht der Zustand hergestellt, der bestünde, wenn der Vermieter pflichtgemäß die Alternativwohnung angeboten hätte.

Der Mieter muss also nur gestellt werden, als wenn der Vermieter seiner Verpflichtung zum **142** Anbieten der Alternativwohnung nachgekommen wäre. In diesem Fall hätte der Mieter ggf. nur innerhalb des Hauses umziehen müssen, so dass größere **Umzugskosten** entfallen wären. Nur die zusätzlichen Kosten, also für den Umzug in ein anderes Gebäude, eventuelle Maklerkosten für die Anmietung[629] der Ersatzwohnung, höhere Fahrtkosten zur Arbeit oder eine Mietdifferenz[630], kann der Mieter als Schadensersatz verlangen.

**cc) Fälle, in denen keine Anbietpflicht besteht.** Eine Anbietpflicht besteht nicht, wenn **143** Umstände vorliegen, die die Neubegründung eines Mietverhältnisses mit diesem Mieter als **unzumutbar** erscheinen lassen. Dies ist dann der Fall, wenn dem Mieter ein **Fehlverhalten** zur Last fällt, das den Vermieter zur ordentlichen oder außerordentlichen Kündigung berechtigen würde. **Spannungen unterhalb dieser Schwelle** genügen nicht.[631] Ist keiner der jeweiligen Kündigungstatbestände erfüllt, so steht damit zugleich fest, dass dem Vermieter die Fortsetzung des Mietverhältnisses mit dem betreffenden Mieter zuzumuten ist.

Ebenfalls besteht **keine Anbietpflicht,** wenn der Vermieter nicht die Absicht hat, die Woh- **144** nung **an einen Dritten zu vermieten.** Der Vermieter ist nicht verpflichtet, eine freistehende Wohnung dem allgemeinen Wohnungsmarkt zuzuführen.[632] An der Verwirklichung anderer Verwendungsabsichten (Eigennutzung, Überlassung an privilegierte Angehörige; Eigennutzung zu gewerblichen Zwecken; Vermietung als Gewerberaum; Verwendung als Hausmeisterwohnung;[633] Verkauf) ist der Vermieter nicht gehindert.

**Keine Anbietpflicht** besteht hinsichtlich solcher Räume, die bislang als **Geschäftsraum** ver- **145** mietet waren.[634] Das gilt uneingeschränkt zumindest dann, wenn der Vermieter eine derartiges Mietobjekt weiterhin als Geschäftsraum weitervermieten will. Allenfalls dann, wenn während des Lauf der Kündigungsfrist feststeht, dass die Räume zukünftig zulässigerweise als Wohnung vermietet werden sollen, muss der Vermieter diese zunächst dem gekündigten Mieter anbieten. Es müssen aber bis zum Ablauf der Kündigungsfrist, die hierfür erforderlichen rechtlichen und tatsächlichen Voraussetzungen auch vorliegen.

---

[629] Nicht für den Eigentumserwerb einer Ersatzwohnung: BGH VIII ZR 371/18, NZM 2020, 1038; BGH VIII ZR 238/18, NZM 2021, 132 (zumindest nach einer 4-jährigen Mietzeit auch nicht die Maklerkosten für die Anmietung der gekündigten Wohnung unter dem Gesichtspunkt vergeblicher Aufwendungen gem. § 284 BGB).

[630] Zum sog Kündigungsfolgeschaden ausf. *Siegmund* WuM 2017, 613.

[631] LG Mannheim WuM 1996, 475.

[632] BVerfG NJW 1994, 435.

[633] AG Hamburg WuM 1992, 373.

[634] BGH VIII ZR 166/14, NJW 2015, 1590 = NZM 2015, 378.

146 Will der Vermieter eine einfach ausgestattete und deshalb preiswerte Wohnung **modernisieren,** um sie sodann zu einem höheren Preis neu zu vermieten, so muss er die modernisierte Wohnung dem Mieter anbieten, wenn der Umbau vor Ablauf der Kündigungsfrist beendet ist. Der Mieter hat allerdings keinen Anspruch darauf, dass ihm die nicht modernisierte Wohnung zu dem dafür angemessenen niedrigen Preis angeboten wird.[635]

147 Außerdem besteht **keine Anbietpflicht,** wenn die Wohnung für den betreffenden Mieter **objektiv ungeeignet** ist. Dies gilt zunächst dann, wenn konkrete, **sachlich begründete Zweifel an der Zahlungsfähigkeit des Mieters** bestehen. Eine auf eine nur drohende finanzielle Leistungsunfähigkeit oder eine „gefährdet erscheinende" Leistungsfähigkeit des Eintretenden gestützte Unzumutbarkeit der Fortsetzung des Mietverhältnisses stellt nur dann einen Kündigungsgrund nach § 563 Abs. 4 BGB dar, wenn sie auf konkreten Anhaltspunkten und objektiven Umständen beruht, die nicht bloß die Erwartung rechtfertigen, sondern vielmehr den zuverlässigen Schluss zulassen, dass fällige Mietzahlungen alsbald ausbleiben werden. Dem Vermieter ist nämlich nicht zuzumuten abzuwarten, bis die Voraussetzungen einer Kündigung wegen Zahlungsverzugs nach § 543 Abs. 2 S. 1 Nr. 3 BGB erfüllt sind.[636] In diesem Fall obliegt es dem Mieter, diese Zweifel auszuräumen. Gleiches gilt, wenn bereits die aktuelle Miete von der Gemeinde oder dem Jobcenter gezahlt wird und die neue Miete erheblich teurer wäre, mit der weiteren Folge, dass die Gemeinde oder das Jobcenter die Übernahme der Mietkosten verweigert.[637] Ebenso **entfällt die Anbietpflicht,** wenn die Wohnung für den Mieter und dessen Familie **zu klein** oder aus anderen Gründen ungeeignet ist. Dies muss allerdings **anhand objektiver Kriterien** festgestellt werden. Ebenso wie der Vermieter seinen Bedarf selbst bestimmen kann, steht es auch dem Mieter frei, über seinen Bedarf selbst zu entscheiden.[638] Die Anbietpflicht entfällt nur, wenn eine Vergleichbarkeit der freistehenden mit der gekündigten Wohnung von vorneherein ausscheidet.[639] Eine Überbelegung muss der Vermieter allerdings nicht hinnehmen.

148 Schließlich besteht **keine Anbietpflicht,** wenn mit hinreichender Sicherheit feststeht, dass der Mieter die Alternativwohnung ohnehin nicht angemietet hätte. Dies ist insbes. dann der Fall, wenn der Mieter vor oder nach Ausspruch der Kündigung gegenüber dem Vermieter zum Ausdruck gebracht hat, dass er an der Anmietung der Alternativwohnung kein Interesse habe.[640]

149 Hat der Vermieter ein Wohnraummietverhältnis gekündigt, weil er seine bisherige Wohnung aufgeben und stattdessen die Wohnung des Mieters nutzen will, so ist er nicht verpflichtet, dem Mieter die bisher von ihm selbst bewohnte Wohnung anzubieten, weil diese Wohnung erst dann frei wird, wenn der Vermieter nach dem Auszug des Mieters in die gekündigte Wohnung eingezogen ist. Auf einen **„fliegenden Wohnungswechsel"** muss sich der Vermieter nicht einlassen.[641] Eine Ausnahme kann gelten, wenn der sich der Mieter bereit erklärt für die Übergangszeit ein Ausweichquartier zu nutzen und die Möbel einzulagern.[642]

150 **dd) Anbietpflicht bei Vermietermehrheit.** Die hier dargelegten Grundsätze gelten auch dann, wenn auf der **Vermieterseite mehrere Personen** stehen. Allerdings besteht keine Anbietpflicht, wenn die freigewordene Wohnung zur Nutzung durch einen der Vermieter oder zur Vermietung an einen privilegierten Angehörigen eines Vermieters bestimmt ist. Gleiches gilt, wenn die freigewordenen Räume nicht mehr als Wohnung vermietet werden sollen. Bilden mehrere Vermieter eine **Gesellschaft Bürgerlichen Rechts,** die im Innenverhältnis die einzelnen Wohnungen auf die Gesellschafter verteilt hat, so gilt die Anbietpflicht gleichwohl für alle freiwerdenden Wohnungen, unabhängig davon, welchem Gesellschafter die Wohnung zugewiesen ist. Dies gilt auch dann, wenn die Zuweisung auf notariellem Vertrag beruht[643] oder wenn an den Wohnungen in der Folgezeit Sondereigentum begründet werden soll. Stets hat der gekündigte Mieter Vorrang gegenüber einem sonstigen Dritten.

---

635 **AA** wohl LG Hamburg WuM 2001, 554.
636 BGH VIII ZR 105/17, NZM 2018, 325 = NJW 2018, 2397 (für Kündigung gem. § 563 Abs. 4 BGB).
637 *Flatow* NZM 2017,825,830.
638 BVerfG WuM 1992, 180; BGH VIII ZR 78/10, NJW 2010, 3775 = NZM 2011, 30; LG Berlin ZMR 2010, 38 (Alternativwohnung im 1. OG für Mieter mit gehbehindertem Angehörigen); AG Mainz WuM 2007, 74.
639 BGH VIII ZR 78/10, NJW 2010, 3775 = NZM 2011, 30.
640 **AA** wohl LG Berlin DWW 2015, 187.
641 *BGH VIII ZR 284/16,* NZM 2017,763.
642 *Flatow* NZM 2017,825,828.
643 LG Berlin GE 1997, 240.

**ee) Die Darlegungs- und Beweislast für den Schadensersatzanspruch.** Der Mieter muss darlegen und beweisen, dass eine räumlich und zeitlich in Betracht kommende Alternativwohnung vorhanden war. Zu diesem Zweck steht ihm ein Auskunftsanspruch gegen den Vermieter zu, der auch im Wege einer selbständigen Klage geltend gemacht werden kann.[644] Außerdem wird dem Mieter ein berechtigtes Interesse iSd § 12 GBO an einer Grundbucheinsicht (zweite Abteilung und das dort in Bezug genommene Bestandsverzeichnis) zugebilligt, damit er sich über den Wohnungsbestand des Vermieters informieren kann.[645] Einen Anspruch auf Erteilung einer Grundbuchauskunft (§ 45 Abs. 3 S. 1 GBVfg) hat der Mieter nicht.[646] Die Erfüllung der Anbietpflicht muss der Vermieter darlegen und beweisen. Ebenso muss der Vermieter beweisen, dass der Mieter das Angebot ausgeschlagen hat. 151

### 4. Die Kündigung wegen wirtschaftlicher Verwertung

**a) Allgemeines.** Nach § 573 Abs. 2 Nr. 3 BGB liegt ein Kündigungsgrund dann vor, wenn der Vermieter durch die Fortsetzung des Mietverhältnisses an einer angemessenen wirtschaftlichen Verwertung des Grundstücks gehindert und dadurch erhebliche Nachteile erleiden würde. Die Vorschrift des § 573 Abs. 2 Nr. 3 BGB enthält somit aus **vier Tatbestandsmerkmale: (1)** Der Vermieter muss die Absicht haben, die Mietsache **anderweitig zu verwerten. (2)** Die Verwertung muss nach den Gesamtumständen **angemessen** sein. **(3)** Der **Bestand** des Mietverhältnisses muss der Verwertung **entgegenstehen. (4)** Im Falle der Hinderung der Verwertung müssen **erhebliche Nachteile** für den Vermieter eintreten. Diese vier Tatbestandselemente müssen **kumulativ** vorliegen. Fehlt ein Tatbestandsmerkmal, so ist die Kündigung unwirksam. 152

Der Kündigungstatbestand gilt auch für Mietverhältnisse in den neuen Bundesländern. Die früher bestehende Kündigungssperre für Mietverhältnisse, die vor dem 2.10.1990 begründet worden sind in Art. 232 § 2 Abs. 2 EGBGB ist durch das Gesetz v. 31.3.2004[647] aufgehoben worden. 153

**b) Verfassungsrechtliche Vorgaben.** Durch § 573 Abs. 2 Nr. 3 BGB soll den Belangen des Eigentümers an der **freien wirtschaftlichen Verfügbarkeit** Rechnung getragen werden. Dies bedeutet allerdings nicht, dass dieser Gesichtspunkt bei der Auslegung des Kündigungstatbestandes im Vordergrund steht. Das grundgesetzlich geschützte Eigentum ist durch Privatnützigkeit gekennzeichnet. Die Belange des Vermieters als Eigentümer sind mit dem Interesse des Mieters an der Nutzung der Wohnung als räumlichem Lebensmittelpunkt in gerechten Ausgleich zu bringen. Wegen der existentiellen Bedeutung der Wohnung ist das Eigentum an dieser im besonderen Maße dem Gemeinwohl verpflichtet und der gesetzgeberische Gestaltungsraum dementsprechend weit.[648] Die **Interessen** des Mieters am Erhalt der Wohnung sind **gleichrangig** zu berücksichtigen, weil das Eigentum an einer Wohnung in besonderem Maße dem Gemeinwohl verpflichtet ist. Insbesondere wird durch Art. 14 GG **nicht gewährleistet,** dass der Eigentümer durch die Verwertung vermieteter Wohnungen stets den **maximalen Gewinn erzielen** kann.[649] Daraus ergibt sich ein wichtiger Unterschied zur Eigenbedarfskündigung: Will der Vermieter die Wohnung aus nachvollziehbaren und vernünftigen Gründen selbst zu Wohnzwecken nutzen, reicht bereits ein ernsthafter Nutzungsentschluss für ein vorrangiges Erlangungsinteresse des Vermieters gegenüber den Interessen des Mieters aus.[650] Bei einer Verwertungskündigung nach § 573 Abs. 2 Nr. 3 BGB ist dagegen auf Seiten des Vermieters ein Interesse mit erheblich geringerem personalen Bezug betroffen als bei einer Eigenbedarfskündigung. Hier gibt das Gesetz dem Vermieterinteresse nur dann den Vorrang, wenn diesem bei Fortsetzung des Wohnraummietverhältnisses erhebliche Nachtteile entstehen. Wo zu entscheiden ist, ob der Mieter oder der Eigentümer die Wohnung nutzen soll, wird dem Eigentümer der Vorrang eingeräumt, weil ihm die Räume als Eigentum zugeordnet sind.[651] **Bei der Abwägung zwischen dem Nutzungsinteresse des Mieters und den Renditeinteressen des Eigentümers ist als zusätzliche Komponente das Gemeinwohl zu berücksichtigen.** Hieraus kann sich ergeben, dass die Renditeinteressen des Eigentümers hinter dem Nutzungsinteresse des Mieters zurücktreten 154

---

[644] *LG Berlin* NJW-RR 1994, 859.
[645] OLG Frankfurt a. M. BeckRS 2019, 32272; OLG München FGPrax 2019, 3; LG Mannheim NJW 1992, 2492.
[646] LG Hamburg WuM 1993, 136.
[647] BGBl. I 478.
[648] BVerfGE 79, 283 = NJW 1989, 972; BVerfG 15.3.1990 – 1 BvR 83/90, nv.
[649] BVerfG 15.3.1990 – 1 BvR 83/90, nv.
[650] BVerfG WuM 1989, 607; BGH VIII ZR 45/16, NZM 2017, 405 = NJW 2017, *Hinz* NZM 2017, 412; *Hartmann* WuM 2017, 450; *Fleindl* ZMR 2017, 799.
[651] BGH VIII ZR 45/16, NZM 2017, 405 = NJW 2017, 2018; *Fleindl* ZMR 2017, 799.

müssen. Andererseits darf der Kündigungstatbestand des § 573 Abs. 2 Nr. 3 BGB aber nicht auf die Fälle beschränkt werden, in denen bei Hinderung der geplanten Verwertung die **wirtschaftliche Existenz des Vermieters** gefährdet wäre.[652] Es genügt, wenn der Eigentümer verkaufen will und der Verkauf der vermieteten Wohnung „ wirtschaftlich sinnlos" ist[653] oder wenn die Einbußen des Vermieters einen Umfang annehmen, „welcher die Nachteile weit übersteigt, die dem Mieter im Falle des Verlustes der Wohnung erwachsen".[654] Hat der Eigentümer das Mietobjekt seinerseits **mit einem bestehenden Mietverhältnis erworben,** so ist es verfassungsrechtlich nicht zu beanstanden, wenn der wirtschaftliche Nachteil durch einen Vergleich des Einkaufspreises mit dem Verkaufspreis festgestellt wird.[655] Allerdings darf sich die Prüfung nicht auf diesen Gesichtspunkt beschränken. Die Gerichte müssen auch zu allen weiteren Gesichtspunkten Stellung nehmen, mit denen der Eigentümer seinen Nachteil begründet.[656] Daraus sind **drei verfassungsrechtliche Leitlinien** abzuleiten: **(1)** § 573 Abs. 2 Nr. 3 BGB dient nicht dazu dem Vermieter einen möglichst hohen Gewinn zu verschaffen. **(2)** Der Eigentümer muss auch Verluste in Kauf nehmen; diese Verluste müssen sich aber in Grenzen halten, wobei als Grenze nicht die Existenzvernichtung angesehen werden darf. **(3)** Die Interessensituation des Vermieters ist nicht schematisch, sondern einzelfallbezogen zu bewerten.

155 **c) Die Tatbestandsvoraussetzungen. aa) Absicht zur anderweitigen Verwertung.** Der Vermieter muss die Absicht haben, die Mietsache anderweitig zu verwerten. Die **Verwertungsabsicht** in § 573 Abs. 2 Nr. 3 BGB entspricht der Nutzungs-/Überlassungsabsicht in § 573 Abs. 2 Nr. 2 BGB. Hier wie dort muss es sich um eine **ernsthafte Absicht** handeln, die Absicht darf **nicht vorgetäuscht** werden, sie muss mit **hinreichender Sicherheit** feststehen und **eindeutig** sein, es dürfen **keine rechtlichen oder tatsächlichen Verwertungshindernisse** bestehen. Soll das Haus abgerissen werden und besteht in der Gemeinde ein **Zweckentfremdungsverbot,** so muss beachtet werden, dass die Kündigung nur wirksam ist, wenn für den Abriss eine Zweckentfremdungsgenehmigung erteilt ist.[657] Die Zweckentfremdungsgenehmigung muss dem **Kündigungsschreiben** jedenfalls nicht beigefügt werden, strittig ist aber, ob sie erwähnt werden muss. Für die Baugenehmigung/Abrissgenehmigung gilt etwas anderes. Während die Zweckentfremdungsgenehmigung nach ihrer Zielsetzung mieterschützenden Charakter hat, soll durch die Baugenehmigung lediglich sichergestellt werden, dass das Bauvorhaben den öffentlich-rechtlichen Baunormen entspricht. Dies hat zur Folge, dass die Wirksamkeit der Kündigung nicht davon abhängt, ob die Baugenehmigung bereits erteilt ist.[658] Der Vermieter muss mit seiner Kündigung auch nicht abwarten, bis die Genehmigung erteilt ist. Er darf aber erst dann kündigen, wenn seine Planung ein Stadium erreicht hat, in dem beurteilt werden kann, ob die Verwirklichung des Plans eine Kündigung rechtfertigt. Dies muss anhand der konkreten Umstände des Einzelfalls festgestellt werden. Bei Kündigungen zur **Durchführung städtebaulicher Maßnahmen** ist die entsprechende Bestätigung gem. § 181 Abs. 1 Ziff. 2 BauGB genausowenig Kündigungsvoraussetzung wie das Angebot der Zahlung eines Härteausgleichs gem. § 181 Abs. 1 BauGB.

156 **Unvernünftige Verwertungsabsichten** scheiden aus. Die Verwertungsabsicht muss zum **Zeitpunkt der Kündigung** bereits bestehen. Auch hier sind **Vorratskündigungen** unzulässig. Die Verwertungsabsicht muss zum Zeitpunkt der Kündigung noch vorhanden sein, andernfalls ist die Kündigung unwirksam. Entfällt die Verwertungsabsicht nach dem Ausspruch der Kündigung aber vor Ablauf der Kündigungsfrist, so muss der Vermieter dem Mieter ein Angebot zum Abschluss eines Vertrages über die Aufhebung der Kündigungswirkungen unterbreiten. Eine Verletzung dieser Verpflichtungen kann Schadensersatzansprüche zur Folge haben. Auch hier gilt, dass sich an dem maßgeblichen Stichtag auch bei einem später, ggf. in einem gerichtlichen Räumungsvergleich, vereinbarten späteren Auszugstermin nichts ändert.[659]

157 Nach § 573 Abs. 2 Nr. 3 BGB können grds. **alle Verwertungsabsichten** berücksichtigt werden, mit Ausnahme derer, die nach § 573 Abs. 2 Nr. 3 Hs. 2–4 BGB ausdrücklich ausgeschlossen sind. Zu

---

[652] BVerfG WuM 1992, 46.
[653] BVerfG WuM 1992, 46: ein Verlust von 43.000 DM bei einem Verkehrswert von 135.000 DM.
[654] BVerfG WuM 1989, 118, ein Verlust von 250.000 DM bei einem Verkehrswert des Grundstücks von 500.000 DM; zum Begriff des Nachteils s. auch *Brinkmann* ZMR 1992, 520.
[655] BVerfG WuM 1991, 663.
[656] BVerfG WuM 1992, 669.
[657] *LG Bonn ZMR* 2014, 284, 285; *Häublein* NZM 2011, 668; a**A** LG Mannheim NZM 2004, 256.
[658] OLG Frankfurt a. M. WuM 1992, 421; BayObLG WuM 1993, 660.
[659] BGH VIII ZR 238/18, NZM 2021, 132.

den Verwertungsabsichten zählen beispielhaft: der **Verkauf des Hauses** oder der Wohnung;[660] der **Abriss** des Hauses, um das Grundstück anschließend anderweitig zu verwerten;[661] grundlegende Modernisierungs- und/oder **Sanierungsmaßnahmen.**[662] Dies gilt auch dann, wenn die Räume nach der Modernisierung zu einem höheren Mietzins als Wohnung weitervermietet werden sollen;[663] die **Zusammenlegung** zweier Kleinwohnungen zu einer Großwohnung;[664] die **Aufteilung** einer Großwohnung in mehrere Kleinwohnungen.[665] Will der Vermieter die Räumlichkeiten an Gewerbetreibende, an Freiberufler oder an eine Behörde zu vermieten, kommt nur eine Kündigung nach der Generalklausel des § 573 Abs. 1 BGB in Betracht.[666] Es handelt sich um einen Fall des **Berufs- oder Geschäftsbedarfs,** der zumindest bei der betrieblichen Eigennutzung bisher schon unter § 573 Abs. 1 BGB subsumiert wird. Auch die Umwidmung der Mietwohnung in eine zweckgebundene Werkmiet- oder Werkdienstwohnung stellt ebenfalls keine „Verwertung" iSv § 573 Abs. 2 Nr. 3 BGB dar[667] und allenfalls nach Abs. 1 zu einer Kündigung berechtigen.

Der **Abriss eines Gebäudes** als solcher ohne anschließende anderweitige Verwertung fällt nicht unter § 573 Abs. 2 Nr. 3 BGB.[668] Ist der Abriss erforderlich, um **Leerstandskosten** zu vermeiden, so kann eine solche Maßnahme unter die Generalklausel des § 573 Abs. 1 BGB fallen.[669] Diese Kostenvermeidung stellt jedoch **keine Realisierung des dem Grundstück innewohnenden materiellen Werts** und damit keine wirtschaftliche Verwertung iSd § 573 Abs. 2 Nr. 3 BGB dar.[670] Keine „Verwertung" ist regelmäßig gegeben, wenn der Vermieter deshalb kündigt, weil er bei Fortsetzung des Mietverhältnisses **umfangreiche Instandsetzungsmaßnahmen** durchführen müsste.[671] Die Beurteilung der Frage, ob dem Eigentümer durch den Fortbestand eines Mietvertrages erhebliche Nachteile entstehen und er deshalb zur Kündigung des Mietverhältnisses berechtigt ist, ist vor dem Hintergrund der Sozialpflichtigkeit des Eigentums (Art. 14 Abs. 2 GG) und damit des grundsätzlichen Bestandsinteresses des Mieters, in der bisherigen Wohnung als seinem Lebensmittelpunkt zu verbleiben, vorzunehmen.[672] Ist wegen des Alters und schlechten baulichen Zustands eines Gebäudes gemessen an üblichen Wohnverhältnissen eine **„Vollsanierung"** oder ein Abriss mit anschließender Errichtung eines Neubaus geboten, kann ein erheblicher Nachteil des Vermieters iSd § 573 Abs. 2 Nr. 3 BGB darin liegen, dass er anderenfalls auf notdürftige Maßnahmen („Minimalsanierung") verwiesen ist, die weder zu einer nachhaltigen Verbesserung noch zur Verlängerung einer verhältnismäßig geringen Restlebensdauer des Gebäudes führen.[673] Es geht dabei darum, ob für den Vermieter die sog. Opfergrenze[674] überschritten wird, so dass was die Instandsetzung angeht, wirtschaftliche Unmöglichkeit vorliegt. Die Verpflichtung des Vermieters zur Mangelbeseitigung endet dort, wo der dazu erforderliche Aufwand die **Opfergrenze** überschreitet. Wann diese Opfergrenze des Vermieters für die Wiederherstellung der Mietsache überschritten ist, ist im Einzelfall zu beurteilen. Es sind insoweit **hohe Anforderungen** zu stellen.[675] Anderenfalls kann der Mieter nach § 535 Abs. 1 BGB die Herstellung des vertragsgemäßen Zustands verlangen. 158

[660] BVerfG DWW 1989, 77; OLG Koblenz WuM 1989, 164.

[661] BGH VIII ZR 8/08, BGHZ 179, 289 = NZM 2009, 234 = NJW 2009, 1200 sowie die gleichlautenden Urteile vom gleichen Tag: VIII ZR 7/08 und VIII ZR 9/08; VIII ZR 243/16, NZM 2017, 756; VIII ZR 70/19, NZM 2021, 271; *Bruns* NZM 2017, 759; LG Köln ZMR 2018, 674; LG Mannheim NZM 2004, 256; AG Düsseldorf WuM 1991, 168.

[662] BayObLG WuM 1984, 16; LG Karlsruhe WuM 1991, 168; AG Neustadt ZMR 2008, 215; LG Berlin GE 1986, 453.

[663] AG Köln WuM 1991, 170.

[664] LG Berlin GE 1989, 311.

[665] LG Hamburg WuM 1989, 393.

[666] BGH VIII ZR 45/16, NZM 2017, 405 = NJW 2017, 2018; VIII ZR 292/15, NZM 2017, 559.

[667] AG Steinfurt WuM 1991, 166.

[668] BGH VIII ZR 70/19, NZM 2021, 271; VIII ZR 188/03, NJW 2004, 1736 = NZM 2004, 377.

[669] BGH VIII ZR 70/19, NZM 2021, 271; VIII ZR 188/03, NJW 2004, 1736; VIII ZR 45/16, BGHZ 214, 269 = NZM 2017, 405 = NJW 2017, 2018.

[670] BGH VIII ZR 70/19, NZM 2021, 271; VIII ZR 188/03, NJW 2004, 1736 = NZM 2004, 377; VIII ZR 45/16, BGHZ 214, 269 = NZM 2017, 405 = NJW 2017, 2018.

[671] **AA** LG Aachen WuM 1991, 167.

[672] BGH VIII ZR 8/08, BGHZ 179, 289 = NZM 2009, 234 = NJW 2009, 1200; sowie die gleichlautenden Urteile vom gleichen Tag: VIII ZR 7/08 und VIII ZR 9/08.

[673] BGH VIII ZR 8/08 BGHZ 179, 289 = NZM 2009, 234 = NJW 2009, 1200.

[674] Dazu BGH VIII ZR 135/13, NJW 2014, 1881 = NZM 2014, 432; VIII ZR 205/89, NJW-RR 1991, 204; VIII ZR 41/56, NJW 1957, 826; VIII ZR 142/75 MDR 1977, 660.

[675] LG Berlin MM 12/2011, 28.

159 **bb) Angemessenheit der Verwertung.** Die geplante Art der Verwertung muss nach den Gesamtumständen angemessen sein. Eine wirtschaftliche Verwertung ist angemessen iSd § 573 Abs. 2 Nr. 3 BGB, wenn sie von **vernünftigen, nachvollziehbaren Erwägungen** getragen wird.[676]

160 Soll das Grundstück oder eine Eigentumswohnung verkauft werden, so reicht hierzu **jeder billigenswerte, vernünftige Grund** aus, zB Verkauf der vermieteten Wohnung, um eine größere Wohnung zur Deckung des Familienbedarfs zu kaufen[677] oder der Verkauf eines vermieteten Objekts, weil der Vermieter den Kaufpreis zur Finanzierung eines Wohnhauses benötigt.[678] Auch der Verkauf einer vermieteten Wohnung, um die eigene selbstgenutzte Wohnung zu finanzieren[679] stellte ebenso einen vernünftigen Grund dar, wie der Verkauf einer Eigentumswohnung anlässlich der Ehescheidung[680] oder zur Finanzierung einer Arztpraxis[681] oder zur Deckung geschäftlicher Verbindlichkeiten.[682] Es ist **nicht erforderlich, dass der Verkauf „zwingend" erforderlich** ist.[683] Vielmehr ist die Dispositionsfreiheit des Vermieters über sein Eigentum grds. zu achten.[684]

161 Die Verwertung ist auch **nicht allein** deshalb unangemessen, weil der Vermieter das Mietobjekt selbst in vermietetem Zustand erworben hat.[685] Etwas kann gelten, wenn es sich um reine **Spekulationsgeschäfte,** also Kauf einer Wohnung in vermietetem Zustand zu niedrigem Preis in der Absicht, die freistehende Wohnung zu höherem Preis weiterzuverkaufen, handelt.[686] Die Kündigungstatbestände dienen **nicht der Förderung des Immobilienhandels,** sondern dem **Bestandschutz.** Deshalb liegt keine angemessene Verwertung vor, wenn der Vermieter das Haus im Wege der Zwangsversteigerung erworben hat und es mit Gewinn im leerstehenden Zustand verkaufen möchte.[687] Gleiches gilt, wenn der Vermieter eine vermietete Wohnung kauft, wegen Eigenbedarfs kündigt, seine hierauf gestützte Räumungsklage abgewiesen wird und er sodann eine Verwertungskündigung zum Zwecke des besseren Verkaufs ausspricht.[688]

162 Ähnliches gilt bei **Risikogeschäften des Vermieters.** Hat er beim Kauf einer Eigentumswohnung seine Finanzierung dergestalt kalkuliert, dass die Unrentabilität und die damit verbundene Notwendigkeit einer alsbaldigen Weiterveräußerung bereits beim Erwerb in Erwägung zu ziehen ist, so ist die Kündigung zum Zwecke des Verkaufs ausgeschlossen. Hiervon kann bspw. ausgegangen werden bei erheblichen Verlusten von **Steuervorteilen beim Bauherrenmodell**[689], beim Kauf einer Wohnung mit einer Fremdfinanzierung von fast 100%[690] oder wenn die Miete zur Deckung der laufenden Aufwendungen nicht ausreicht und dies bereits beim Erwerb erkennbar gewesen ist,[691] oder wenn dem Vermieter bereits im Zeitpunkt des Erwerbs bekannt ist, dass er wegen der hohen Fremdkapitalkosten keine Rendite erzielen kann.[692]

163 Gleiches gilt in den Fällen der **Fehlkalkulation:** Die Folgen einer fehlerhaften Kalkulation sollen nicht zu Lasten des Mieters gehen. Hat der Vermieter eine vermietete Eigentumswohnung **zu einem überhöhten Preis erworben,** so kann er nicht mit der Begründung kündigen, dass er das Objekt leerstehend verkaufen müsse um den Einkaufspreis zu erzielen.[693] Jedoch hat der Vermieter

---

[676] BGH VIII ZR 8/08, BGHZ 179, 289 = NZM 2009, 234 = NJW 2009, 1200.
[677] LG München II DWW 1988, 45.
[678] LG Trier WuM 1991, 273; LG Düsseldorf NJW-RR 1991, 1166.
[679] LG Frankenthal WuM 1991, 181.
[680] AG Bayreuth WuM 1991, 180.
[681] AG Bad Homburg WuM 1989, 303.
[682] LG Mannheim ZMR 1995, 315.
[683] **AA** LG Duisburg WuM 1991, 497.
[684] BVerfG WuM 1989, 118; 1992, 46.
[685] OLG Koblenz WuM 1989, 164; ähnlich für den Fall der Eigenbedarfskündigung: BGH VIII ZR 144/19, NJW 2020, 1215; BGH VIII ZR 180/18, NJW 2019, 2765; BGH VIII ARZ 4/87, BGHZ 103, 91 (100).
[686] LG Osnabrück WuM 1990, 81; LG Hamburg WuM 1991, 185; AG Hamburg WuM 1991, 497; LG Freiburg WuM 1991, 183, wonach dieser Umstand jedenfalls bei der Prüfung der Angemessenheit gebührend zu berücksichtigen ist; iE ebenso *Sternel* MietR Kap. IV Rn. 148; MüKoBGB/*Häublein* § 573 Rn. 93.
[687] LG Düsseldorf WuM 1987, 321.
[688] LG München I WuM 1984, 247.
[689] LG Köln WuM 1992, 132.
[690] **AA** AG Bayreuth WuM 1991, 180; AG München WuM 1991, 192.
[691] LG München *NJW-RR 1992, 520, LG* Wiesbaden WuM 1993, 195; 1994, 215.
[692] AG Hannover WuM 1991, 187; AG Lübeck WuM 1994, 542; ähnlich AG Nürnberg WuM 1988, 366.
[693] AG Hamburg WuM 1991, 696, Erwerb einer Wohnung im Verkehrswert von 65.000 DM zum Preis von 165.000 DM.

einen unwirtschaftlichen Kauf oder eine unwirtschaftliche Finanzierung dann **nicht zu vertreten,** wenn er zur Zeit des Kaufs oder der Kreditaufnahme ein hohes Einkommen hatte, später aber **arbeitslos** geworden ist.[694] Das gleiche gilt, wenn der regionale Immobilien- und Mietmarkt zusammenbricht.

Ersteigert eine **Hypothekenbank** eine vermietete Eigentumswohnung oder das vermietete Einfamilienhaus eines zahlungsunfähigen Hypothekenschuldners und kündigt sie anschließend mit der Begründung, sie müsse das Mietobjekt möglichst gewinnbringend verkaufen, rechtfertigt dies grds. keine Verwertungskündigung.[695] Notleidende Kredite gehören zum typischen Risiko der Hypothekenbanken gehören. Sie können nicht über die Gewährung eines Kündigungsrechts auf den Mieter abgewälzt werden. Etwas anderes gilt allenfalls dann, wenn der Mietvertrag wegen **Gläubigerbenachteiligung** gem. § 3 AnfG angefochten werden könnte.[696] Es ist nicht erforderlich, dass der Mietvertrag angefochten wird. Nach § 3 Abs. 1 S. 1 AnfG ist eine Rechtshandlung anfechtbar, „die der Schuldner in den letzten zehn Jahren vor der Anfechtung mit dem Vorsatz, seine Gläubiger zu benachteiligen vorgenommen hat, wenn der andere Teil zur Zeit der Handlung den Vorsatz des Schuldners kannte". Nach § 3 Abs. 1 S. 2 AnfG wird die Kenntnis „vermutet, wenn der andere Teil wusste, dass die Zahlungsunfähigkeit des Schuldners drohte und dass die Handlung die Gläubiger benachteiligte". Der Tatbestand des § 3 Abs. 1 AnfG setzt mithin voraus, dass **(1)** die Gläubiger des Vermieters durch den Abschluss des Mietvertrags benachteiligt werden, **(2)** dass der Vermieter mit dem Vorsatz der Gläubigerbenachteiligung handelt und **(3)** dass der Mieter den Vorsatz des Vermieters kennt. Das unter Nr. (1) beschriebene Tatbestandsmerkmal liegt vor, wenn die Zugriffsmöglichkeit der Gläubiger auf das Vermögen des Vermieters erschwert wird. Hiervon kann regelmäßig ausgegangen werden, wenn der Vermieter die Immobilie langfristig zu besonders günstigen Konditionen vermietet. Das unter Nr. (2) beschriebene Merkmal ist anzunehmen, wenn der Vermieter dem Mieter eine **inkongruente Deckung** verschafft. Dies ist der Fall, wenn der Mieter keinen Anspruch auf den Mietvertrag hat. In den Fällen der inkongruenten Deckung kommt es für die Frage, ob der Mieter mit **Benachteiligungsvorsatz** handelte, nicht darauf an, ob zum Zeitpunkt der Rechtshandlung bereits Zahlungspflichten bestanden.[697] Soweit die Einordnung einer inkongruenten Deckung als idR **starkes Beweisanzeichen** für den Benachteiligungsvorsatz des Schuldners und für die Kenntnis des Gläubigers von diesem Vorsatz voraussetzt, dass die Wirkungen der Rechtshandlung zu einem Zeitpunkt eintraten, als zumindest aus der Sicht des Empfängers der Leistung Anlass bestand, an der Liquidität des Schuldners zu zweifeln, bedeutet dies nicht, dass eine Indizwirkung nur in Betracht kommt, wenn der Schuldner zumindest drohend zahlungsunfähig war. Ausschlaggebend ist vielmehr, ob zum Zeitpunkt der Rechtshandlung **mit einer hinreichenden Wahrscheinlichkeit** zu erwarten ist, dass der Mieter seine bestehenden und zukünftig entstehenden Verbindlichkeiten nicht wird erfüllen können. **Verdächtig wird die Inkongruenz,** wenn erste, ernsthafte Zweifel an der Zahlungsfähigkeit des Mieters auftreten.[698] Es genügt die **ernsthafte Besorgnis bevorstehender Zahlungskürzungen** oder -stockungen des Schuldners, weil sich damit die Gefährdung der anderen, nicht in gleicher Weise begünstigten Gläubiger. Fehlt es an einer finanziell beengten Lage, stellt die Inkongruenz der Deckung allein **kein ausreichendes Beweisanzeichen** für einen Gläubigerbenachteiligungsvorsatz des Schuldners dar.[699] Das unter Nr. (3) beschriebene Tatbestandsmerkmal wird vermutet. Es genügt, wenn der Mieter im Allgemeinen von dem Vorsatz der Gläubigerbenachteiligung Kenntnis hat; die Kenntnis von Einzelheiten ist nicht erforderlich. **164**

**Sanierungs- und Modernisierungsmaßnahmen** sind idR angemessen, wenn hierdurch Wohnverhältnisse geschaffen werden sollen, wie sie allgemein üblich sind. Sogenannte **Luxusmodernisierungen** sind im Allgemeinen nicht angemessen. Ebenso wird es an der Angemessenheit fehlen, wenn die Sanierung deshalb erforderlich geworden ist, weil der Vermieter seine Instandhaltungspflicht jahrelang nicht erfüllt hat **(Instandsetzungsstau).**[700] Gleiches gilt, wenn **165**

[694] LG Krefeld WuM 2010, 302.
[695] LG Hannover WuM 1991, 189; LG Dortmund WuM 1992, 23; LG Wiesbaden WuM 1993, 54; AG Bonn WuM 1991, 696; AG Münster WuM 1991, 194.
[696] BGH VIII ZR 254/06, NZM 2008, 281.
[697] BGH IX ZR 174/19, NZI 2020, 1101.
[698] BGH IX ZR 329/97, NZI 1999, 152; IX ZR 174/19, NZI 2020, 1101; IX ZR 248/12, NJW 2014, 467.
[699] BGH IX ZR 174/19, NZI 2020, 1101; IX ZR 248/12, NJW 2014, 467.
[700] LG Frankfurt a. M. WuM 1995, 441.

ein Vermieter Gewinne erzielen will, indem er vermietete Wohnungen aufkauft, die Mietverhältnisse zum Zwecke der Modernisierung kündigt um sie sodann freistehend mit Gewinn weiter zu veräußern.[701] Soweit die Maßnahmen unter § 555b BGB fallen, sind sie vom Mieter nach § 555d BGB zu dulden. Eine Kündigung kommt dann nicht in Betracht.

166 Der **Umbau** einer Großwohnung in mehrere **Kleinwohnungen** kann eine Form der angemessenen Verwertung sein, wenn die bisherige Nutzung der Räumlichkeiten unrentabel ist. Das setzt allerdings voraus, dass durch die gegenwärtige Vermietung Verluste erzielt werden und dass diese Verluste bei der Vermietung der Kleinwohnungen vermieden werden können. Allerdings fehlt es in Fällen dieser Art am Merkmal des Nachteils, wenn bereits die Vermietung der Großwohnung gewinnbringend ist und der Umbau nur zum Zwecke der Gewinnmaximierung durchgeführt werden soll.[702]

167 Der **Abriss eines Gebäudes** ist als wirtschaftliche Verwertung iSd § 573 Abs. 2 Nr. 3 BGB anzusehen, wenn das bisherige Gebäude durch einen **Neubau** ersetzt wird. Die Voraussetzungen der Verwertungskündigung sind erfüllt, wenn der Vermieter durch die Fortsetzung des Mietverhältnisses an einer angemessenen wirtschaftlichen Verwertung des Grundstücks gehindert ist und dadurch erhebliche Nachteile erleiden würde.[703] Eine solche Maßnahme ist angemessen, wenn sie „von vernünftigen, nachvollziehbaren Erwägungen getragen wird".[704] Hiervon ist auszugehen, wenn ein **Erhalt** des bestehenden Gebäudes **unrentabel** ist und einem Neubau keine Gründe des Denkmalschutzes oder sonstige bauordnungsrechtliche Hindernisse entgegenstehen.[705] Der Vermieter muss im Kündigungsschreiben darlegen und im Prozess darlegen und ggf. beweisen, welche Ersatzbebauung verwirklicht werden soll. Kommt eine Sanierung und Modernisierung des Gebäudes als Alternative zum Abriss in Betracht, so müssen die Kosten einer Sanierung den Kosten des Abrisses und des Neubaus gegenübergestellt werden.[706] Anderenfalls kann die Rentabilität des Vorhabens nicht beurteilt werden.[707] Für die formelle Wirksamkeit der Kündigungserklärung genügt es, wenn die Baumängel pauschal beschrieben und die Sanierungs- und Neubaukosten in Form pauschaler Quadratmeterpreise dargelegt werden.[708] Müssen zum Erhalt eines Gebäudes erhebliche Sanierungsmaßnahmen durchgeführt werden und entscheidet sich der Eigentümer/Vermieter für den Abriss der Immobilie und die Errichtung eines Neubaus, so ist diese Entscheidung vom Mieter hinzunehmen. Auch das Gericht ist nicht befugt, dem Eigentümer den Erhalt des bestehenden Gebäudes vorzuschreiben. Voraussetzung ist lediglich, dass die Entscheidung des Eigentümers für den Abriss nachvollziehbar ist und auf vernünftigen Erwägungen beruht.[709] Anders kann es sein, wenn eine Sanierung wirtschaftlich vernünftig ist und sich der Eigentümer/Vermieter wegen des erwarteten hohen Gewinns gleichwohl für den Abriss und der Errichtung eines Neubaus entscheidet. Dies gilt zumindest dann, wenn die Geschäftstätigkeit des Vermieters „vornehmlich auf eine aus Preis- und Wertveränderungen der erworbenen Grundstücke resultierende Gewinnerzielung gerichtet ist".[710]

168 Wann im **Einzelfall** noch eine angemessene wirtschaftliche Verwertung vorliegt, ist häufig im Einzelfall schwierig festzustellen: **(a) Altenwohnungen:** Die Umgestaltung und Modernisierung eines Altbaus zwecks Schaffung neuen seniorengerechten Wohnraums rechtfertigt keine Verwertungskündigung gem. § 573 Abs. 2 Nr. 3 BGB.[711] **(b) Erben:** Ist den Erben der Verkauf des vermieteten Grundstücks zum Preis des Verkehrswertes im Zeitpunkt des Erbfalles möglich, so ist eine Kün-

---

[701] LG Augsburg WuM 1992, 614.

[702] LG Hamburg WuM 1989, 393.

[703] LG Köln ZMR 2018, 674.

[704] BGH VIII ZR 8/08, BGHZ 179, 289 = NZM 2009, 234 = NJW 2009, 1200; VIII ZR 155/10, NJW 2011, 1135 = NZM 2011, 239; VIII ZR 243/16, NZM 2017, 756; LG Köln ZMR 2018, 674.

[705] LG München I ZMR 2013, 198, wenn der Vermieter das Gebäude abreißen und das Grundstück anschließend mit zwei Doppelhaushälften bebauen will, wenn der gegenwärtige Ertragswert 320.000 EUR beträgt und sich der Ertragswert des Neubaus auf 1.130.000 EUR beläuft; LG Bonn ZMR 2014, 284, wenn ein über 50 Jahre altes sanierungsbedürftiges Haus mit einer Wohnfläche von 50 m² abgerissen und auf dem Grundstück ein Wohngebäude mit 750 m² errichtet werden soll.

[706] LG Stuttgart NZM 2015, 165, 166.

[707] BGH VIII ZR 155/10, NJW 2011, 1135 = NZM 2011, 239; LG Berlin GE 2009, 1497.

[708] LG Berlin GE 2011, 1553 = ZMR 2012, 15.

[709] AG *Hamburg-St. Georg ZMR 2015, 385*, wenn für eine Sanierung Kosten zwischen 800 EUR/m² und *1.100* EUR/m² entstehen, während der Abriss mit anschließendem Neubau ca. 2.930 EUR/m² kostet.

[710] LG Berlin MM 2015, Nr. 11, 29.

[711] LG Flensburg ZMR 2001, 711.

digung des Wohnraummietvertrags aus Gründen der wirtschaftlichen Verwertung des Grundstücks nicht begründet. Aber allein die Tatsache, dass der Vermieter das Gebäude geerbt hat, schließt eine Kündigung wegen wirtschaftlicher Verwertung nicht aus.[712] **(c) Erwerb eines instandsetzungsbedürftigen Hauses:** Eine angemessene wirtschaftliche Verwertung liegt nicht vor, wenn der Vermieter das Gebäude in einem Zustand erheblicher Instandsetzungsbedürftigkeit erwirbt und ihm von Anfang an bewusst war, dass sich der Erwerb nur dann rentieren würde, wenn das Gebäude sogleich abgerissen wird, weil die Aufwendungen für eine eventuelle Instandsetzung und die gleichzeitige Bedienung des Fremdkapitals nicht durch die Mieteinnahmen gedeckt sein konnten.[713] **(d) Erwerb Alternativwohnung:** Eine angemessene wirtschaftliche Verwertung des zu erzielenden Verkaufserlöses aus der gekündigten Wohnung ist nicht gegeben, wenn beabsichtigt ist, damit eine andere Wohnung zu kaufen, obwohl die Nutzung einer anderen Wohnung auch aus dem Mieterlös der gekündigten Wohnung zu finanzieren wäre.[714] **(e) Erwerb in vermietetem Zustand:** Wenn der Vermieter/Eigentümer eines Hausgrundstücks oder einer Eigentumswohnung dessen bzw. deren Verkauf beabsichtigt, entfällt das Kündigungsrecht nicht schon deshalb, weil er selbst das Mietobjekt in einem vermieteten Zustand erworben hatte.[715] **(f) Reparaturstau:** Der Vermieter kann nicht wegen verhinderter angemessener Verwertung kündigen, wenn wegen des erheblichen Sanierungsbedarfs am Mietobjekt die Finanzierungskosten der Renovierungsarbeiten höher sind als die Mieten, weil er durch jahrzehntelange Vernachlässigung des Mietobjekts einen **„Reparaturstau"** verursacht und keine Anstalten gemacht hat, die Wirtschaftlichkeit des Mietverhältnisses durch Mieterhöhungen zu verbessern.[716] **(g) Schuldentilgung:** Soll der Veräußerungserlös zur Tilgung von Steuerschulden benutzt werden, kann der Mieter dem nicht entgegenhalten, dass der Vermieter selbst zu vertreten hat.[717]

**cc) Hinderung der Verwertung.** Der Bestand des Mietverhältnisses muss die geplante Ver- 169
wertung hindern. Eine **Erschwerung der Verwertung genügt nicht.** Das ergibt sich aus einem Vergleich mit § 575 Abs. 1 S. 1 Nr. 2 BGB. Bei einem geplanten Haus- oder Wohnungsverkauf liegt dieses Tatbestandsmerkmal vor, wenn der Vermieter das Haus oder die Wohnung in vermietetem Zustand entweder überhaupt nicht oder nur zu **wirtschaftlich unzumutbaren Bedingungen** verkaufen könnte.[718] Wird das Haus nach dem Kündigungsausspruch verkauft, so darf der Vermieter die Kündigung grds. nicht weiterverfolgen.[719] Etwas anderes kann gelten, wenn sich der Verkäufer im Hinblick auf die Erzielung des angestrebten Kaufpreises zur Übergabe einer geräumten Wohnung verpflichtet hat und verpflichten musste.[720] Auf keinen Fall kann sich der Erwerber auf die Kündigung berufen.[721] Der Erwerber kann allerdings eine **Eigenbedarfskündigung** aussprechen.

Soll die Wohnung **in Zukunft gewerblich genutzt** oder soll das Haus abgerissen werden, so 170
liegt es in der Natur der Sache, dass dies nur möglich ist, wenn das Mietverhältnis beendet wird. Die Kündigung hängt in solchen Fällen davon ab, dass der Vermieter das Objekt gewerblich nutzen oder abreißen darf, was in bestimmten Gebieten von einer Zweckentfremdungsgenehmigung abhängt. In diesem Fall ist das Vorliegen der Zweckentfremdungsgenehmigung Wirksamkeitsvoraussetzung der Kündigung.[722] Daneben müssen aber auch die weiteren Tatbestandsvoraussetzungen gegeben sein.

**Bei einer Sanierung/Modernisierung** liegt eine Hinderung der Verwertung dann vor, wenn 171
die Mietsache bei geplanter Durchführung der Maßnahme nicht mehr in ihrer ursprünglichen Gestalt vorhanden ist, was bei einer Zusammenlegung mehrerer Kleinwohnungen und bei der Aufteilung einer Großwohnung bejaht werden muss. Führt die Maßnahme zu einer Grundrissände-

---

712 AG Eschweiler WuM 2000, 191.
713 AG Neukölln MM 1992, 140; LG Berlin MM 1992, 140; wohl auch KG neg. RE NZM 2002, 381.
714 LG Hamburg WuM 1989, 256.
715 OLG Koblenz WuM 1989, 164; AG Hamburg ZMR 2005, 796; für den ähnliche Fall der Eigenbedarfskündigung BGH VIII ZR 144/19, NJW 2020, 1215; BGH VIII ZR 180/18, NJW 2019, 2765; BGH VIII ARZ 4/87, BGHZ 103, 91 (100); **aA** LG Hamburg NZM 2001, 1029.
716 LG Hamburg WuM 1999, 720; LG Frankfurt a. M. WuM 1995, 441.
717 AG Hamburg ZMR 2005, 796.
718 BVerfGE 79, 283 (290f.); WuM 1992, 46 (47); BGH VIII ZR 254/06, NZM 2008, 281.
719 LG Aachen WuM 1990, 27; LG Münster WuM 1991, 194; LG Siegen WuM 1991, 197; LG Frankenthal WuM 1991, 350; LG Duisburg WuM 1991, 497; AG Landshut WuM 1989, 422.
720 LG Frankenthal WuM 1991, 350.
721 LG Aachen WuM 1990, 27; AG Landshut WuM 1989, 422.
722 OLG Hamburg WuM 1981, 155.

rung, so liegt das Tatbestandsmerkmal vor, wenn der Grundriss so wesentlich verändert wird, dass nicht mehr vom selben Mietobjekt gesprochen werden kann.[723] Der tatsächlichen Hinderung stehen jene Fälle gleich, in denen der Mieter die nach der Modernisierung maßgebliche Miete nicht bezahlen kann oder in denen er aus anderen Gründen nicht als Mieter in Frage kommt.[724] Das Tatbestandsmerkmal ist schließlich auch dann zu bejahen, wenn die Modernisierung/Sanierung so umfangreich ist, dass sie bei Aufrechterhaltung des Mietverhältnisses nicht durchgeführt werden könnte. Zu beachten ist allerdings, dass eine bloße Erschwerung der Modernisierung nicht ausreicht; dies gilt auch dann, wenn die Erschwerung für den Vermieter erheblich ist. Insbesondere genügt es nicht, dass die Wohnung zur Durchführung der Maßnahme vorübergehend geräumt werden muss.[725] Vielmehr ist in diesem Fall zu fragen, ob die damit verbundene Kostenbelastung dem Vermieter zugemutet werden kann. Gemäß § 555a Abs. 3 BGB iVm § 555d Abs. 4 BGB ist der Vermieter verpflichtet, dem Mieter gewisse **Modernisierungsaufwendungen** zu ersetzen, wozu auch die Kosten einer **vorübergehenden Unterbringung im Hotel** gehören können. Für die Frage der **Zumutbarkeit** kommt es zum einen auf die Dauer der Unterbringung und zum anderen auf die Relation der Unterbringungskosten zu den reinen Modernisierungskosten an.[726] Dabei ist zu unterstellen, dass die Arbeiten zügig erledigt werden; der Vermieter kann nicht mit der Begründung kündigen, er wolle die Arbeiten nach und nach an den Wochenenden durchführen.[727] Der Mieter kann sich auf die **Vermutung des pflichtwidrigen Verhaltens des § 559d BGB** berufen. Eine **Hinderung der Verwertung liegt nicht vor,** wenn der Mieter die Modernisierung nach § 555d BGB dulden muss[728] oder wenn er die Modernisierung dulden will.[729] Aus dem Fehlen einer Duldungspflicht kann allerdings nicht der Ausschluss der Kündigungsbefugnis gefolgert werden.[730] Schließlich ist zu beachten, dass der Vermieter nur dann zum Zwecke einer Sanierung oder Modernisierung kündigen kann, wenn er diese Maßnahmen selbst durchführen will; es genügt nicht, wenn die Wohnung unrenoviert verkauft werden soll und der Erwerber eine Modernisierungsabsicht hat.[731]

172 Auch der **Umbau vorhandener Wohnungen in größere Wohnungen** mit höherem Ausstattungsstandard kann eine wirtschaftliche Verwertung iSd § 573 Abs. 2 Nr. 3 BGB darstellen.[732] Der Umbau einer Sechszimmerwohnung in drei abgeschlossenen Wohnungen stellt eine Form der wirtschaftlichen Verwertung des Grundstücks iSv § 573 Abs. 2 Nr. 3 BGB dar, die allerdings nur dann zur Kündigung berechtigt, wenn sich diese Verwertung als angemessen darstellt und der Vermieter erhebliche Nachteile erleiden würde, falls er an dieser Verwertung gehindert würde. Auch die Absicht des Vermieters, die Wohnungen seines Altbaus mit Bad und eigenem WC auszustatten, kann ein die Kündigung nach § 573 Abs. 2 Nr. 3 BGB rechtfertigendes berechtigtes Interesse an der Beendigung jedenfalls desjenigen Mietverhältnisses darstellen, das bei Durchführung der beabsichtigten Modernisierung deshalb nicht bestehen bleiben kann, weil die betreffende Wohnung durch den Umbau wegfallen soll.[733] Beabsichtigt der Vermieter die bauliche Verbindung zweier Wohnungen zur Steigerung des Mietertrags bei einer anschließenden anderweitigen Vermietung, ist die Kündigung gem. § 573 Abs. 2 Nr. 3 BGB ausgeschlossen.[734]

173 **dd) Die Erheblichkeit des Nachteils.** Der Vermieter muss im Falle des Fortbestands des Mietverhältnisses erhebliche Nachteile zu erwarten haben. Für den **Begriff des erheblichen Nachteils** genügt es nicht, dass der Vermieter die geplante Verwertungsmaßnahme nicht umsetzen kann. Es müssen **weitere Umstände** hinzutreten, aus denen sich ergibt, dass der Nachteil erheblich ist.[735] Dabei kommen **in erster Linie wirtschaftliche Nachteile** in Betracht. Aber auch **sonstige**

---

[723] LG Berlin GE 1989, 934.
[724] LG Freiburg WuM 1991, 172 (Umbau eines Mietshauses in ein Altersheim).
[725] LG Köln WuM 1989, 255; LG Frankenthal WuM 1991, 171 (Kündigung wegen der Erneuerung der Versorgungsleitungen, Einbau von Heizung und Bad/WC).
[726] LG Stuttgart WuM 1991, 178 (wonach die Kosten einer vier- bis fünfmonatigen Hotelunterbringung bei entsprechender Umbauzeit nicht zumutbar sind).
[727] LG Bonn ZMR 1992, 114.
[728] LG Köln WuM 1989, 255; LG Koblenz WuM 1990, 211; LG Freiburg WuM 1991, 173; Staudinger/*Rolfs* BGB § 573 Rn. 157; MüKoBGB/*Häublein* § 573 Rn. 119.
[729] LG Frankenthal WuM 1991, 171; *Blank* ZMR 1981, 321.
[730] **AA** AG Konstanz WuM 1989, 255.
[731] LG Aachen WuM 1991, 495.
[732] LG Berlin GE 1986, 453.
[733] BayObLG NJW 1984, 372.
[734] AG Charlottenburg MM 2000, 86.
[735] LG Heidelberg WuM 2018, 38.

**(persönliche) Nachteile** sind zu berücksichtigen. Maßgeblich ist **allein die Interessenlage des Vermieters** und nicht, inwieweit bei Fortsetzung des Mietverhältnisses Belange Dritter berührt werden. Dies gilt auch wenn zwischen dem Vermieter und dem Dritten enge persönliche und wirtschaftliche Beziehungen bestehen.[736] Aus Art. 14 GG ergibt sich **kein Anspruch des Eigentümers auf Erzielung der höchstmöglichen Rendite.**[737] Anderenfalls dürfen die Einbußen des Eigentümers aber „keinen Umfang" annehmen, welcher die Nachteile weit übersteigt, die dem Mieter im Falle des Verlustes der Wohnung erwachsen.[738] Diese verfassungsrechtliche Bewertung trifft auch auf die Auslegung des einfachen Rechts zu.[739] Ein allgemein gültiges Kriterium zur Auslegung des Begriffs des erheblichen Nachteils existiert allerdings nicht. Vielmehr ist insoweit auf die Umstände des Einzelfalls abzustellen. Nach der Rspr. des BGH ist über die Kündigung auf Grund einer „Abwägung zwischen dem Verwertungsinteresse des Eigentümers und dem Bestandsinteresse des Mieters" zu entscheiden.[740] Bei der Aufteilung einer Großraumwohnung in mehrere kleiner Wohnungen liegt nur dann ein erheblicher Nachteil vor, wenn dargelegt wird, dass die Beibehaltung der bisherigen Großraumwohnung unrentabel ist. Wenn auch die gegenwärtige Nutzung einen angemessenen Gewinn bringt, stellt allein der Umstand, keine – gemessen an dem Umbauvorhaben – bessere Rendite zu erzielen, keinen erheblichen Nachteil dar.[741]

In den **Veräußerungsfällen** reicht es aus, wenn das Haus oder die Wohnung nur mit einem erheblichen Abschlag von dem sonst erzielbaren Preis verkauft werden könnte.[742] Es ist nicht erforderlich, dass der Eigentümer in Existenznot gerät.[743] Auf der anderen Seite dürfen die dem Vermieter entstehenden Nachteile jedoch auch keinen Umfang annehmen, welcher die Nachteile weit übersteigt, die dem Mieter im Falle des Verlustes der Wohnung erwachsen.[744] Insbesondere darf das Kündigungsrecht des Eigentümers bei einer Verwertungskündigung nach § 573 Abs. 2 Nr. 3 BGB nicht auf die Fälle andernfalls drohenden Existenzverlusts reduziert oder so restriktiv gehandhabt werden, dass die Verwertung als wirtschaftlich sinnlos erscheint.[745] Ein erheblicher Nachteil liegt vor, wenn die **Vermietung unwirtschaftlich** ist, weil bei einer Belastung von 4.800 EUR nur Mieteinnahmen von 2.000 EUR monatlich erzielt werden und der Vermieter den Verkaufserlös benötigt, um die bestehenden Kredite zu bedienen und seinen Lebensunterhalt zu bestreiten.[746] Ein Kündigungsgrund liegt nicht nur dann vor, wenn Umstände vorliegen die den „Verkauf als zwingend erscheinen lassen". Vielmehr muss eine Kündigungsbefugnis aus verfassungsrechtlichen Gründen bejaht werden, wenn der Verkauf im vermieteten Zustand **„wirtschaftlich sinnlos"** ist[747] oder wenn die Einbußen des Vermieters einen Umfang annehmen, welcher die Nachteile weit übersteigt, die dem Mieter im Falle des Verlustes der Wohnung erwachsen.[748] Der Umstand, dass für eine **mietfreie Wohnung** ein höherer Verkaufspreis erzielt werden kann als für ein vermietetes Objekt, dürfte idR offenkundig sein. Dieser Umstand kann **für sich allein keine Kündigung rechtfertigen,** weil andererseits die Tatbestandsmerkmale des § 573 Abs. 2 Nr. 3 BGB, also die Angemessenheit der Verwertung und die Erheblichkeit des Nachteils, für die Verkaufsfälle bedeutungslos wären. Es gilt der Grundsatz, dass die **reine Gewinnoptimierung** hinter dem durch den Kündigungstatbestand bezweckten Schutz des Mieters am Erhalt der Wohnung nachrangig ist.[749] Die jeweilige Erheblichkeitsgrenze ist im Einzelfall durch einen Vergleich der möglichen Verkaufserlöse im vermieteten und im freistehenden Zustand zu ermitteln.[750] **174**

[736] BGH VIII ZR 243/16, NZM 2017, 756.
[737] BVerfG NJW 1992, 361.
[738] BVerfG NJW 1989, 972.
[739] BGH VIII ZR 7/08), BeckRS 2009, 05637; VIII ZR 226/09, NZM 2011, 773; VIII ZR 243/16, NZM 2017, 756.
[740] StRspr des BGH VIII ZR 45/16, NZM 2017, 405 = NJW 2017, 2018; VIII ZR 292/15, NZM 2017, 559; VIII ZR 243/16, NZM 2017, 756.
[741] LG Hamburg WuM 1989, 393; LG Bonn WuM 1987, 225.
[742] BVerfG NZM 2004, 134.
[743] BVerfG DWW 1989, 77; *BGH VIII ZR 226/09*, NZM 2011, 773.
[744] BGH VIII ZR 200/17, NZM 2018, 226.
[745] BGH VIII ZR 243/16, NZM 2017, 756.
[746] LG Krefeld WuM 2010, 302.
[747] BVerfG WuM 1992, 46 = ZMR 1992, 17.
[748] BVerfG DWW 1989, 77.
[749] LG Berlin WuM 2016, 178.
[750] LG Stuttgart ZMR 1995, 259 = DWW 1995, 142; LG Freiburg WuM 1991, 592; LG Duisburg WuM 1991, 497.

| Erhebliche Nachteile | |
|---|---|
| **Bejaht** | **Verneint** |
| 5,68%: Mindererlös von 25.000 EUR bei Mehrfamilienhaus[751] | 2,22%: Zahlung einer Vertragsstrafe bei nicht rechtzeitiger Räumung[752] |
| 6,00%[753] | 15%: kein erheblicher Nachteil, wenn Verlust kleiner als 15%[754] |
| 10%–15%: Einkommensverluste von 7.000 EUR jährlich[755] | 20%: unter 20% idR kein erheblicher Nachteil[756] |
| 15%–20%: Mindererlös einer vermieteten im Vergleich zu einer unvermieteten Eigentumswohnung[757] | 30%–40%: kein Nachteil, da nicht auf den Markt für unvermietete Häuser abgestellt werden darf.[758] |
| Für eine Eigentumswohnung im Verkehrswert von ca. 275.000 EUR im Hinblick auf ein bestehendes Mietverhältnis lediglich ein Preis von 195.000 EUR erzielt werden kann.[759] | wenn der Vermieter eines Reihenhauses einen Verlust von 13,5% = 25.000 EUR hinnehmen müsste[760] |
| wenn ein verschuldeter Vermieter ohne wesentliches Einkommen eine Eigentumswohnung die unvermietet einen Verkehrswert von ca. 120.000 EUR hat, zu einem Preis von 103.000 EUR verkaufen müsste[761] | wenn der Vermieter eines Mehrfamilienhauses, das er im vermieteten Zustand erworben hat, im vermieteten Zustand für 250.000 EUR und im leerstehenden Zustand für 475.000 EUR verkaufen könnte – hier kommt es darauf an, welchen Preis der Vermieter für das Gebäude bezahlt hat[762] |
| | Wenn ein Vermieter eine Eigentumswohnung im Jahre 1980 für 35.000 EUR gekauft hat und er sie im Jahre 2000 für 54.000 EUR verkaufen kann; dies gilt auch dann, wenn er für die freistehende Wohnung 102.000 EUR erzielen könnte[763] |
| | Wenn die Erben eines Vermieters das Haus im vermieteten Zustand für 215.000 EUR und im mietfreien Zustand für 225.000 EUR verkaufen können[764] |
| | wenn beim Verkauf einer Wohnung mit einem Verkehrswert von 75.000 EUR beim Fortbestand des Mietverhältnisses lediglich 115.000 EUR erzielt werden und der Erlös durch vier Eigentümer geteilt werden muss[765] |

[751] LG Mainz ZMR 1986, 14.
[752] LG Aachen WuM 1991, 495.
[753] LG Karlsruhe ZMR 1987, 469; LG Hamburg HambGE 1983, 559.
[754] LG Berlin GE 1990, 199.
[755] LG Traunstein WuM 1989, 421.
[756] LG München WuM 1992, 374.
[757] AG Hamburg ZMR 2005, 796; WuM 1991, 187; LG Stuttgart WuM 1991, 201.
[758] AG Kerpen BeckRS 2006, 17071.
[759] LG Mannheim ZMR 1995, 315.
[760] LG Hamburg WuM 1991, 15.
[761] LG Wiesbaden WuM 2007, 201.
[762] LG Berlin WuM 1990, 96.
[763] *LG Hamburg* WuM 2001, 196 = NZM 2001, 1029.
[764] AG Eschweiler WuM 2000, 191.
[765] LG Berlin ZMR 2014, 730.

Gerade der Vermieter muss durch die Fortsetzung des Mietverhältnisses an einer angemessenen wirtschaftlichen Verwertung des Grundstücks gehindert ist. Nur seine Interessenlage ist maßgeblich.[766] Die Interessen Dritten bleiben unberührt. Das gilt für Familienangehörige ebenso wie für „Schwesterunternehmen".[767] 175

Hat der Eigentümer das **Mietobjekt aber seinerseits mit einem bestehenden Mietverhältnis erworben,** so ist der Einkaufspreis mit dem Verkaufspreis (jeweils im vermieteten Zustand) zu vergleichen.[768] Kann der Vermieter hiernach einen Gewinn erzielen, so liegt auch dann kein Nachteil vor, wenn er für die freistehende Wohnung einen weitaus höheren Preis erzielen könnte.[769] In diesem Fall ist das Grundstück von Anfang an mit dem durch die Vermietung bedingten Minderwert behaftet.[770] Jedoch gilt dieser Grundsatz nicht, wenn der Mieter den Mietbesitz uU erworben hat, die den Tatbestand des § 3 AnfG erfüllen.[771] Vergleichbare Kriterien gelten, wenn der Eigentümer die Wohnung im **Erbgang** erworben hat. Hier kommt es nicht darauf an, ob für die mietfreie Immobilie ein höherer Preis erzielt werden kann. Ein Nachteil liegt nur dann vor, wenn der **Eigentümer, den für vermietete Immobilien üblichen Preis nicht erzielen kann.**[772] Diese Methode ist grds. auch verfassungsrechtlich nicht zu beanstanden.[773] Allerdings darf sich die Prüfung nicht auf diesen Gesichtspunkt beschränken. Die Gerichte müssen auch zu allen weiteren Gesichtspunkten Stellung nehmen, mit denen der Eigentümer seinen Nachteil begründet.[774] So kann ein Nachteil auch darin bestehen, dass die Fortsetzung des Mietverhältnisses für die Erben einer vermieteten Wohnung unrentabel ist, weil mit der Verwaltung des Mietobjekts und der Aufteilung des Erlöses auf die einzelnen Mitglieder der Erbengemeinschaft ein relativ hoher Aufwand verbunden ist.[775] Allerdings reicht dieser Umstand idR nicht aus. Die Erben müssen zunächst versuchen, die Wohnung mit dem bestehenden Mietverhältnis zu verkaufen. Dann kommt es darauf an, ob der Verkauf zu wirtschaftlich zumutbaren Bedingungen nicht möglich war.[776] Unter Umständen muss der Vermieter auch Verluste in Kauf nehmen. Eine für den Eigentümer ungünstige Preisentwicklung gehört zu den allgemeinen Risiken des Kapitalanlegers. Diese Risiken können nicht über die Kündigung kompensiert werden, weil dies vom Zweck des § 573 Abs. 2 Nr. 3 BGB nicht gedeckt ist.[777] 176

Bei den **Abriss- und Modernisierungsfällen** ist das Tatbestandsmerkmal des erheblichen Nachteils fallbezogen auf Grund einer **Abwägung** zwischen dem Bestandsinteresse des Mieters und dem Verwertungsinteresse des Eigentümers zu konkretisieren.[778] Einerseits ist hierbei die Sozialpflichtigkeit des Eigentums zu beachten. Hieraus folgt, dass der Eigentümer keinen Anspruch auf die Erzielung einer **maximalen Rendite** hat. Andererseits ist der Eigentümer aber auch nicht gehalten, die dem Mieter günstigste Lösung zu wählen.[779] Will der Vermieter ein Gebäude durch einen Neubau ersetzen und kommt eine Sanierung und Modernisierung des Gebäudes als Alternative zum Abriss in Betracht, so müssen die Kosten einer Sanierung den Kosten des Abrisses und des Neubaus gegenübergestellt werden.[780] In der Regel wird es an einem erheblichen Nachteil fehlen, wenn die Mieteinnahmen zwar ohne einen vom Vermieter geplanten Umbau etwas geringer sind, 177

---

[766] BGH VIII ZR 45/16, NZM 2017, 405 = NJW 2017, 2018.
[767] BGH VIII ZR 243/16, NZM 2017, 756.
[768] KG WuM 2002, 263; LG München I WuM 1992, 374; LG Lübeck WuM 1993, 616; LG Berlin GE 1994, 1055; NJW-RR 1995, 332; 1997, 10; GE 2010, 1420; LG Mannheim ZMR 1994, 568; LG Gießen WuM 1994, 688; LG Köln WuM 1996, 39, für Erwerb im Erbgang; AG Kerpen WuM 2007, 135; **aA** Staudinger/*Rolfs* BGB § 573 Rn. 162 unter Aufgabe seiner früheren Meinung.
[769] **AA** Staudinger/*Rolfs* BGB § 573 Rn. 162 unter Hinweis auf die „jüngere BGH Rechtsprechung".
[770] BGH VIII ZR 254/06, NZM 2008, 281; MüKoBGB/*Häublein* § 573 Rn. 122.
[771] BGH VIII ZR 254/06, NZM 2008, 281.
[772] OLG Stuttgart ZMR 2006, 42, 44; AG Kerpen WuM 2007, 135 (136); LG Berlin WuM 2014, 288, ein erheblicher Nachteil liegt nicht vor, wenn eine vermietete Wohnung deren Verkehrswert ohne Mietverhältnis 150.000 EUR beträgt für 115.000 EUR an den Mieter verkauft werden könnte und der Erlös vier Mitgliedern einer Erbengemeinschaft zugutekommt.
[773] BVerfG WuM 1991, 663.
[774] BVerfG WuM 1992, 669.
[775] **AA** OLG Stuttgart ZMR 2006, 42, 44.
[776] OLG Stuttgart ZMR 2006, 42, 44.
[777] LG Mannheim ZMR 1994, 568; LG Gießen WuM 1994, 688 = NJW-RR 1995, 331; LG Berlin NJW-RR 1995, 332.
[778] BGH VIII ZR 155/10, NJW 2011, 1135 = NZM 2011, 239.
[779] BGH VIII ZR 155/10, NJW 2011, 1135 = NZM 2011, 239; LG Berlin ZMR 2015, 23.
[780] LG Stuttgart NZM 2015,165,166.

der Vermieter aber gleichwohl eine angemessene Rendite erzielen kann.[781] Unbeschadet hiervon kann über die Kündigung nur unter Berücksichtigung aller Umstände entschieden werden.

**178** Diese Grundsätze gelten auch dann, wenn ein Unternehmen ein altes, **unrentables Mietshaus** aufkauft, um es abzureißen und auf dem Grundstück einen Neubau zu errichten. Anders ist es, wenn der Vermieter ein rentabel zu bewirtschaftendes Gebäude mit intakter Bausubstanz erwirbt, um es abzureißen, das Grundstück mit Eigentumswohnungen zu bebauen und diese mit einem erheblichen Gewinn (12,7 Mio. EUR) zu verkaufen.[782] Der Abriss ist also nur dann als angemessene Art der Verwertung zu beurteilen, wenn eine solche Maßnahme dem Gebot wirtschaftlicher Vernunft entspricht.[783] **Spekulative Maßnahmen** rechtfertigen die Kündigung nicht.[784] Der Nachteil ist aus der Sicht des Erwerbers und neuen Vermieters zu beurteilen.[785] Allerdings wird in der Rspr. auch die Ansicht vertreten, dass eine Kündigung ausgeschlossen sei, wenn der Erwerber „das Grundstück in Kenntnis der Unwirtschaftlichkeit zum Zwecke der sofortigen Verwertung durch Abriss und Neubebauung erworben hat".[786] Hierbei wird verkannt, dass es nach § 573 Abs. 2 Nr. 3 BGB keine Rolle spielen kann, ob die Beendigung einer unrentablen Situation vom Veräußerer oder vom Erwerber erfolgt.[787] Der Mieter wird nur vor solchen Verwertungen geschützt, die unabhängig von der Person des Verwerters als unangemessen zu bewerten sind. Ist eine Verwertung aber angemessen, so muss die Person des Verwerters letztlich gleichgültig sein. Die Vorschrift dient weder dem Erhalt veralteter Mietwohnungen noch will sie verhindern, dass unwirtschaftliche Objekte veräußert werden. Soweit also der Veräußerer eine Kündigung zum Zwecke des Abrisses durchsetzen könnte, muss dies auch dem Erwerber möglich sein.[788]

**179** **d) Rechtsmissbräuchliche Ausübung des Kündigungsrechts.** Ein Vermieter setzt sich zu seinem eigenen Verhalten dann in Widerspruch, wenn die **Notwendigkeit einer anderweitigen Verwertung bereits absehba**r gewesen ist. Vermietet er die Wohnung in einem solche Fall unbefristet, obwohl er weiß, dass er die Wohnung oder das Haus in absehbarer Zeit anderweitig verwerten will und kann er erkennen, dass der Mieter Interesse an einer langfristigen Nutzung der Wohnung hat, so muss er den Mieter über die eventuelle nur kurze Nutzungsmöglichkeit informieren oder gleich einen Zeitmietvertrag abschließen. Insofern kommt dem Nutzungswunsch des Mieters gegenüber dem Verwertungswunsch des Vermieters eine noch größere Bedeutung zu als gegenüber dem Eigennutzungswunsch des Vermieters bei der Eigenbedarfskündigung. Der Vermieter ist allerdings nur dann mit einer späteren Verwertungskündigung ausgeschlossen, wenn er eine solche Kündigung bereits beim Abschluss des Mietvertrags beabsichtigt oder dies ernsthaft in Erwägung zieht. Der Vermieter ist auch nicht verpflichtet sein, den Mieter ungefragt über mögliche oder konkret vorhersehbare Verwertungssituationen zu unterrichten.[789] Etwas anderes hat allerdings dann zu gelten, wenn der Vermieter anlässlich des Vertragsabschlusses von sich aus oder auf Fragen des Mieters vorsätzlich unrichtige Angaben über den derzeitigen Stand ihm bekannter, für die Beurteilung einer Verwertungssituation maßgebender Tatsachen gemacht hat. Bei einer vorsätzlichen Falschauskunft ist eine gleichwohl erklärte Kündigung als rechtsmissbräuchlich einzustufen. Fahrlässige Falschangaben rechtfertigen den Ausschluss der Kündigung dagegen nicht.[790] Deshalb ist die Kündigung gem. § 573 Abs. 2 Nr. 3 BGB nicht bereits dann ausgeschlossen, wenn der Eigentümer im Zeitpunkt des Abschlusses des Mietvertrags gewusst hat, dass die Vermietung mit einem wirtschaftlichen Risiko verbunden ist.[791]

**179a** Ebenso kann eine Kündigung rechtsmissbräuchlich sein, wenn eine Aktiengesellschaft 5/100 Miteigentumsanteil am Grundstück/Wohnung auf die Tochter eines Vorstandsmitglieds überträgt, um auf diese Weise eine Kündigungsmöglichkeit wegen Eigenbedarfs erst zu schaffen.[792]

---

[781] LG Heidelberg WuM 2018,38.
[782] LG Berlin ZMR 2015, 23.
[783] BGH VIII ZR 8/08, BGHZ 179, 289 = NZM 2009, 234 = NJW 2009, 1200.
[784] LG Berlin ZMR 2015, 23.
[785] BGH VIII ZR 8/08, BGHZ 179, 289 = NZM 2009, 234 = NJW 2009, 1200.
[786] So offenbar KG GE 2002, 395.
[787] Ähnlich die Argumentation des BGH für die Eigenbedarfskündigung eines Erwerber vermieteten Wohnungseigentums: BGH VIII ARZ 4/87, BGHZ 103, 91 (100) = NJW 1988, 904; VIII ZR 180/18, BGHZ 222, 133 = NJW 2019, 2765; VIII ZR 144/19, NZM 2020, 276 = NJW 2020, 1215.
[788] Zutr. *Beuermann* GE 2002, 365.
[789] BGH VIII ZR 154/14, NJW 2015, *108* = NZM 2015, 296 (für Eigenbedarf).
[790] *BGH VIII* ZR 154/14, NJW 2015, 108 = NZM 2015, 296; zust. *Wietz* WuM 2016, 323 (330).
[791] BVerfG GE 1998, 852.
[792] BGH Beschl. v. 30.3.2021 – VIII ZR 221/19; LG München I WuM 2019, 657.

180 Die ausgesprochene Verwertungskündigung ist bei vorhersehbarer Verwertungsabsicht **wegen Rechtsmissbrauchs gem. § 242 BGB unwirksam.**[793] Ob die tatsächlichen Voraussetzungen des Rechtsmissbrauchs vorliegen ist auf Grund der Gesamtumstände zu entscheiden.[794] Die **Hinweispflicht** besteht dann, wenn bei Vertragsschluss hinreichend konkrete Anhaltspunkte dafür vorliegen, dass das Mietverhältnis nur von kurzer Dauer sein wird; die bloße Möglichkeit, dass später ein solcher Bedarf auftreten könnte, genügt nicht.[795]

181 So kann der Vermieter nicht wegen einer unzureichenden Rendite kündigen, wenn sich die **Renditeverhältnisse seit Abschluss des Mietvertrags nicht verändert** haben.[796] War es im Zeitpunkt der Vermietung absehbar, dass der Eigentümer alsbald einen größeren Kapitalbedarf haben wird, so kann er selbst dann nicht zum Zwecke des Verkaufs kündigen, wenn der Verkaufserlös zur Erhaltung der wirtschaftlichen Existenz des Vermieters erforderlich ist.[797] Sind die wirtschaftlichen Schwierigkeiten jedoch erst nach dem Vertragsschluss entstanden, so liegt kein Rechtsmissbrauch vor. Es spielt hierbei keine Rolle, ob die Schwierigkeiten ihre Ursache in einem ungeschickten oder riskanten geschäftlichen Verhalten des Vermieters haben.[798]

182 Auch bei der Kündigung wegen wirtschaftlicher Verwertung ist eine **Vorratskündigung** unzulässig. Hiervon ist auszugehen, wenn der Vermieter sowohl den Verkauf an den Mieter als auch den Verkauf der leer stehenden Räume an einen Dritten in Erwägung zieht. Unterbreitet der Vermieter deshalb dem Mieter ein Kaufangebot und erklärt er für den Fall der Ablehnung „hilfsweise" die ordentliche Kündigung, so ist die Kündigung unwirksam.[799]

183 **e) Kündigung zum Zwecke der Erzielung einer höheren Miete.** Nach § 573 Abs. 2 Nr. 3 Hs. 2 BGB kann der Vermieter nicht kündigen, wenn er die Räume anderweitig **als Wohnraum vermieten** will, um auf diese Weise eine höhere Miete zu erzielen. Die Vorschrift ergänzt § 573 Abs. 1 S. 2 BGB **(Verbot der Änderungskündigung)** und stellt auf diese Weise sicher, dass Mietsteigerungen nur im Wege freiwilliger Vereinbarungen oder nach Maßgabe der §§ 557 ff. BGB durchgesetzt werden können.

184 **f) Umwandlung von Miet- in Eigentumswohnungen.** Bei der Umwandlung einer Miet- in eine Eigentumswohnung gelten **Sonderregelungen.** Der Vermieter kann nicht deshalb kündigen, weil er die Mietwohnung in eine Eigentumswohnung umwandeln und verkaufen will; gleiches gilt, wenn die Kündigung nach der Umwandlung zum Zwecke des Verkaufs ausgesprochen wird (Nr. 3 Hs. 3). Dieser **Kündigungsausschluss ist unbefristet.** Der Erwerber der Wohnung kann allerdings nach Ablauf der Kündigungssperre (§ 577 a BGB) wegen Eigenbedarfs kündigen. Im Fall des Erwerbs eines Grundstücks oder einer Wohnung durch eine GbR gilt § 577 a Abs. 1 a S. 1 Nr. 1 BGB. Danach kann sich ein Erwerber mindestens drei Jahre nicht auf Eigenbedarf berufen, wenn vermieteter Wohnraum nach der Überlassung an den Mieter an eine Personengesellschaft oder an mehrere Erwerber veräußert worden ist. Die Kündigungsbeschränkung nach § 577 a Abs. 1 a S. 1 BGB erfordert nicht, dass an den vermieteten Wohnräumen Wohnungseigentum begründet worden ist oder der Erwerber zumindest die Absicht hat, eine solche Wohnungsumwandlung vorzunehmen.[800] Es genügt der Erwerb vermieteten Wohnraums durch eine GbR oder mehrere Erwerber. Keine Sperrfrist gilt, wenn die Gesellschafter oder Erwerber derselben Familie[801] oder demselben Haushalt angehören oder vor Überlassung des Wohnraums an den Mieter Wohnungseigentum begründet worden ist. Die Sperrfrist kann von den Bundesländern auf bis zu zehn Jahre verlängert werden, wenn die ausreichende Versorgung der Bevölkerung mit Mietwohnungen zu angemessenen Bedingungen in einer Gemeinde besonders gefährdet ist.

---

793 BGH VIII ZR 154/14, NJW 2015, 108 = NZM 2015, 296 (für Eigenbedarf).
794 BGH VIII ZR 154/14, NJW 2015, 108 = NZM 2015, 296.
795 BVerfG WuM 1994, 132; BGH VIII ZR 233/12, NJW 2013, 1596 = NZM 2013, 419.
796 LG Hamburg WuM 1991, 187; AG Hannover WuM 1991, 187.
797 LG Mannheim ZMR 1995, 315.
798 LG Mannheim ZMR 1995, 315.
799 LG Berlin ZMR 2014, 730.
800 BGH VIII ZR 104/17, NZM 2018, 388 = NJW 2018, 2187.
801 Dazu zählt auch die geschiedene Ehefrau BGH VIII ZR 35/19, NZM 2020, 984.

### 5. Die Generalklausel des § 573 Abs. 1 BGB

185 **a) Allgemeines.** Aus dem Wortlaut des § 573 Abs. 2 BGB („insbesondere") folgt, dass die Aufzählung der **Kündigungsgründe in § 573 Abs. 2 BGB nicht abschließend** ist. Vielmehr stellt das Gesetz mit § 573 Abs. 1 BGB einen generalklauselartigen Kündigungstatbestand zur Verfügung, der den in § 573 Abs. 2 BGB beispielhaft genannten Kündigungsgründen nach allgemeiner Meinung gleichgewichtig ist.[802] Die Regelung in § 573 Abs. 1 BGB ist mithin als **Auffangtatbestand** für weitere Beendigungsinteressen zu verstehen (zur Abgrenzung s. → Rn. 11 ff.). Die speziellen Kündigungstatbestände des § 573 Abs. 2 BGB sind stets vorrangig zu prüfen. Ein Rückgriff auf § 573 Abs. 1 BGB kommt nur in Betracht, wenn keiner der speziellen Kündigungssachverhalte gegeben ist. Fehlt eines oder mehrere Tatbestandselemente des § 573 Abs. 2 Nr. 1–3 BGB, so kann die Kündigung nicht ohne weiteres auf den allgemeinen Kündigungstatbestand gestützt werden. **Die speziellen Kündigungstatbestände** beschreiben nicht nur die Voraussetzungen für die Kündigung in den dort genannten Fällen der Vertragsverletzung, des Eigenbedarfs und der wirtschaftlichen Verwertung, sondern **haben auch Sperrwirkung** für diejenigen Fälle, in denen ein Tatbestandsmerkmal fehlt. Eine Kündigung nach § 573 Abs. 1 BGB kommt lediglich dann in Betracht, wenn besondere Umstände vorliegen, die eine Gleichbehandlung mit den speziellen Kündigungstatbeständen rechtfertigen.[803]

186 **b) Das berechtigte Interesse.** Nach § 573 Abs. 1 S. 1 BGB kann der Vermieter ein Wohnraummietverhältnis ordentlich nur kündigen, wenn er ein **„berechtigtes Interesse"** an der Beendigung des Mietverhältnisses hat. Eine allgemeingültige **Definition** dieses Begriffs ist nicht möglich. Der Begriff des berechtigten Interesses findet sich zwar auch in anderen Vorschriften des BGB-Mietrechts, zB in §§ 553 Abs. 1, 554 Abs. 1, 559 Abs. 4, 574 BGB. Gleichwohl verbietet es sich, diesen Begriff unter Rückgriff auf diese Vorschriften zu präzisieren, weil dort völlig andere Sachverhalte geregelt werden. In § 543 Abs. 1 BGB findet sich die Formulierung „wichtiger Grund" ohne dass hieraus Rückschlüsse auf die Bedeutung des Begriffs „berechtigtes Interesse" gezogen werden könnten. Eine von Fall zu Fall unterschiedliche Gewichtung unter Berücksichtigung des konkreten Erlangungsinteresses des Vermieters einerseits und des konkreten Bestandsinteresses des Mieters andererseits ist ebenfalls nicht möglich, weil eine so verstandene einzelfallbezogene Interessenabwägung nach der Gesetzessystematik nur im Rahmen der Härtefallabwägung gem. § 574 BGB durchgeführt werden kann.[804] Durch die Beschränkung des Kündigungsrechts soll der Mieter vor willkürlichen Kündigungen geschützt werden.[805] Die Wohnung stellt für ihn einen Lebensmittelpunkt dar. Jeder Wohnungswechsel bringt für ihn erhebliche Unzuträglichkeiten in persönlicher, familiärer, sozialer und wirtschaftlicher Hinsicht mit sich. Der Vermieter soll deshalb nicht berechtigt sein, den Mietvertrag ohne beachtliche Gründe zu kündigen.[806] Der Gesetzgeber hat durch die in § 573 Abs. 2 BGB genannten Beispielsfällen schon vorgegeben, welches Ausmaß das berechtigte Vermieterinteresse erreichen muss. Das ergibt sich aus der Formulierung „insbesondere". Daraus ergibt sich, dass zwischen den Fällen, in denen der Vermieter oder ein privilegierter Angehöriger die Wohnung nutzen will und denen, in denen es um wirtschaftliche Interesse geht, zu differenzieren ist. In den erstgenannten Fällen wird das Erlangungsinteresse des Vermieters, in den letztgenannten das Bestandsinteresse des Mieters im Vordergrund stehen. Das wird auch vom BGH so betont.[807] Bei der Auslegung des § 573 BGB ist dessen mieterschützende Bedeutung zu beachten.

187 **c) Anerkannte berechtigte (Vermieter-)Interessen.** In der Rechtspraxis wird § 573 Abs. 1 BGB auf folgende Sachverhalte angewandt:

188 **aa) Betriebsbedarf.** Ein Mietverhältnis über eine **Werkwohnung** kann gekündigt werden, wenn der Mieter aus dem Arbeits- oder Dienstverhältnis ausscheidet und der Wohnraum für Betriebsangehörige benötigt wird.[808] Steht dem Unternehmen ein Belegungs- oder Mieter-

---

[802] BVerfGE 84, 366, 371 = NJW 1992, 105; BGH VIII ZR 70/19, NZM 2021, 271; VIII ZR 122/06, NZM 2007, 639; VIII ZR 113/06, NZM 2007, 681; VIII ZR 238/11, NZM 2012, 501.

[803] *Schmidt* NZM 2014, 609 (617).

[804] BGH VIII ARZ 4/87, BGHZ 103, 91 = NJW 1988, 904.

[805] BGH VIII ARZ 4/87, BGHZ 103, 91 = NJW 1988, 904.

[806] BT-Drs. 7/2011, 7.

[807] BGH VIII ZR 45/16, NZM 2017, 405 = NJW 2017, 2018; VIII ZR 292/15, NZM 2017, 559.

[808] LG Regensburg *WuM 1998, 160 (Hauswart)*; LG Berlin GE 1999, 506 (GmbH-Gesellschafter); LG Berlin WuM 2001, 241, Bundesbediensteter; Staudinger/*Rolfs* BGB § 573 Rn. 178; Emmerich/Sonnenschein/*Haug* BGB § 573 Rn. 75; Bamberger/Roth/*Hannappel* BGB § 573 Rn. 105; AnwK WohnraumMietR/*Lammel* BGB § 573 Rn. 24; MüKoBGB/*Häublein* § 573 Rn. 42.

benennungsrecht zu, so kann der Vermieter dieser Wohnung kündigen, wenn das Unternehmen die Kündigung verlangt und darüber hinaus ein Betriebsbedarf besteht.[809] Dies folgt aus der Erwägung, dass die Belange des Dienstberechtigten nach § 576 a Abs. 1 BGB unabhängig davon zu berücksichtigen sind, ob die Wohnung im Eigentum des Dienstberechtigten oder eines Dritten steht.

Der **Kündigungstatbestand** setzt voraus. **(1)** dass das Arbeitsverhältnis beendet ist oder dass dessen Beendigung kurz bevor steht; **(2)** dass der Vermieter die Absicht hat, die Wohnung einem anderen Arbeitnehmer oder einem künftigen Arbeitnehmer zu überlassen und **(3)** dass hierfür vernünftige, nachvollziehbare Gründe vorliegen. Dabei kommt es maßgeblich auf das Interesse des Unternehmens an der Unterbringung des Mitarbeiters an. Auf das Interesse des Mitarbeiters ist nicht abzustellen.[810] Ein **dringlicher Bedarf ist nicht erforderlich.**[811] Es genügt, wenn sich Betriebsangehörige um eine frei werdende Werkwohnung beworben haben (Wartelisten) und aus dem Kreis der Bewerber zumindest einer bereit ist, in die gekündigten Räume einzuziehen.[812] An einem vernünftigen Überlassungsgrund fehlt es auch dann nicht, wenn dem Bewerber in unmittelbarer Nähe des Arbeitsplatzes eine preisgünstige Wohnung zur Verfügung steht.[813] Grundsätzlich gilt, dass den Betriebsangehörigen gegenüber dem ausgeschiedenen Arbeitnehmer der Vorrang gebührt. Hieraus folgt auch, dass der Vermieter nicht kündigen kann, wenn er die Wohnung einem betriebsfremden Mietinteressenten überlassen will. 189

Da die Kündigung wegen Betriebsbedarfs eine **besondere Form der Eigenbedarfskündigung** darstellt, gelten die dort dargestellten Besonderheiten entsprechend. Hier wie dort muss es sich um eine **ernsthafte Überlassungsabsicht** handeln. Die Absicht darf **nicht vorgetäuscht** werden, sie muss **mit hinreichender Sicherheit** feststehen und eindeutig sein, es dürfen **keine rechtlichen oder tatsächlichen Überlassungshindernisse** bestehen. § 573 Abs. 1 S. 1 BGB verwehrt es dem Vermieter nicht, auch Umstände aus dem Interessenbereich dritter Personen insoweit zu berücksichtigen, als sich aus ihnen aufgrund eines familiären, wirtschaftlichen oder rechtlichen Zusammenhangs auch ein eigenes Interesse des Vermieters an der Beendigung des Mietverhältnisses ergibt.[814] Insofern unterscheidet sich der Kündigungstatbestand des § 573 Abs. 1 BGB von der Kündigung wegen wirtschaftlicher Verwertung gem. § 573 Abs. 2 Nr. 2 BGB. Bei letzterem ist Voraussetzung, dass gerade der Vermieter durch die Fortsetzung des Mietverhältnisses an einer angemessenen wirtschaftlichen Verwertung des Grundstücks gehindert ist. Nur seine Interessenlage ist maßgeblich. Die Interessen Dritten bleiben dort unberührt.[815] 190

Stand dem Vermieter vor dem Ausspruch der Kündigung eine **Alternativwohnung** zur Verfügung, die für die Zwecke des Vermieters ausreichend gewesen wäre, so ist die **Kündigung unwirksam.**[816] Die Überlassungsabsicht muss zum Zeitpunkt der Kündigung bereits bestehen; **Vorratskündigungen** sind unzulässig. Deshalb ist die Kündigung unwirksam, wenn der Vermieter noch gar nicht sicher ist, ob er einen Arbeitnehmer findet, dem er die Wohnung überlassen kann.[817] Die Überlassungsabsicht muss zum Zeitpunkt der Kündigung noch vorhanden sein, andernfalls ist die Kündigung ebenfalls unwirksam. Entfällt die Überlassungsabsicht nach dem Ausspruch der Kündigung, so muss der Vermieter dem Mieter ein Angebot zum Abschluss eines Vertrages über die Aufhebung der Kündigungswirkungen unterbreiten. Wird nach dem Ausspruch der Kündigung eine geeignete Wohnung frei, so gilt dasselbe.[818] Befinden sich in dem Anwesen sowohl funktionsgebundene Dienstmietwohnungen als auch solche, die an beliebige Dritte vermietet werden, so gilt die Anbietpflicht für alle freistehenden Wohnungen. Hat der Vermieter zB eine Hauswartwohnung gekündigt, so ist er verpflichtet, dem früheren Hauswart eine freistehende Nachbarwohnung anzubieten.[819] Eine 191

---

[809] LG Darmstadt WuM 1991, 268.
[810] LG Frankfurt/Oder ZMR 2011, 877.
[811] Bamberger/Roth/*Hannappel* BGB § 573 Rn. 106.
[812] Staudinger/*Rolfs* BGB § 573 Rn. 180; MüKoBGB/*Häublein* § 573 Rn. 42/43; Emmerich/Sonnenschein/*Haug* BGB § 573 Rn. 75.
[813] **AA** AG Witzenhausen WuM 1983, 23.
[814] BGH VIII ZR 238/11, NZM 2012, 501.
[815] BGH VIII ZR 243/16, NZM 2017, 756.
[816] LG Berlin GE 1993, 859.
[817] LG Freiburg WuM 1992, 437 (Hausmeisterwohnung); dazu auch BGH VIII ZR 213/20, NZM 2021, 432; VIII ZR 44/16, NZM 2017, 521 = NJW 2017, 2819.
[818] LG Berlin GE 1993, 429; WuM 1995, 41.
[819] LG Berlin GE 1997, 243.

Verletzung dieser Verpflichtungen hat aber **nur Schadensersatzansprüche** zur Folge und **keine Erfüllungsansprüche.**[820]

192 Zu beachten ist weiterhin, dass die Kündigung einer **Werkmietwohnung** dem **Mitbestimmungsrecht des Betriebsrats** unterliegt (§ 87 Abs. 1 Nr. 9 BetrVG). Die Ausübung des Mitbestimmungsrechts ist ein echtes Wirksamkeitserfordernis, das im Kündigungsschreiben erwähnt werden muss; anderenfalls ist die Kündigung unwirksam. Allerdings gilt dies nur bis zur wirksamen Auflösung des Arbeitsverhältnisses.[821] Für Werkdienstwohnungen, die nicht auf Grund eines Mietvertrags, sondern auf Grund des Arbeitsvertrags überlassen werden, besteht kein Mitbestimmungsrecht.[822]

193 Die Grundsätze über die Kündigung wegen eines Betriebsbedarfs gelten auch dann, wenn eine bisher nicht zweckgebundene Wohnung **in eine Werkswohnung umgewandelt** werden soll (sog. „unechte Werkswohnung"). Danach kann sich „ein berechtigtes Interesse des Vermieters an der Beendigung des Mietverhältnisses … daraus ergeben, dass einem Mitarbeiter seines Unternehmens aus betrieblichen Gründen eine an einen Betriebsfremden vermietete Wohnung zur Verfügung gestellt werden soll, sofern der Vermieter vernünftige Gründe für die Inanspruchnahme der Wohnung hat, die den Nutzungswunsch nachvollziehbar erscheinen lassen".[823] Voraussetzung ist dabei, dass betriebliche Gründe die Nutzung genau der gekündigten Wohnung notwendig machen. Die Wohnung muss deshalb für die betrieblichen Abläufe nach den Aufgaben der Bedarfsperson von wesentlicher Bedeutung sein.[824] Dies wird etwa bei einem Angestellten, dem die Aufgaben eines „Concierge" übertragen sind, der Fall sein, nicht aber bei einem Hausmeister, der mehrere Objekte des Vermieters betreuen soll und ohnehin bereits in der Nähe eines der Objekte wohnt[825] oder einer kirchlichen Haushälterin, wenn die Nutzung der Wohnung für „betriebliche Abläufe" nicht von wesentlicher Bedeutung ist.[826] Ähnlich ist der Fall zu beurteilen, wenn die ständige Anwesenheit eines Hauswarts erforderlich ist, um die ordnungsgemäße Bewirtschaftung des Miethauses zu gewährleisten[827] oder wenn eine Gemeinde einen Hausmeister zur Betreuung ihrer Liegenschaften anstellt und diesem eine gemeindeeigene Wohnung zur Verfügung stellen will, damit er in der Nähe der Liegenschaften wohnen kann.[828]

194 Es genügt nicht, wenn der Vermieter einen **gewöhnlichen Betriebsbedarf** hat, etwa weil er die Wohnung neu anzuwerbenden Fachkräften zur Verfügung stellen will, um so seine Chancen auf dem Arbeitsmarkt zu verbessern[829] oder wenn die Räume einem Arbeitnehmer mit konkretem Wohnbedarf überlassen werden sollen.[830] Es kommt hierbei nicht darauf an, ob die Wohnung zu früherer Zeit als Werkswohnung genutzt worden ist; ein Hinweis im Mietvertrag auf die generell bestehende Zweckbindung ändert an dieser Rechtslage nichts.[831] Hiervon kann ausnahmsweise dann abgewichen werden, wenn es aus betrieblichen Gründen erforderlich ist, dass die Wohnung von einem bestimmten Arbeitnehmer bezogen wird. Diese Gründe müssen nach Abschluss des Mietvertrags entstanden sein.[832] Es muss ein Bedarf für eine sog. „Schlüsselkraft" bestehen.[833] Ein zur Kündigung berechtigendes Interesse einer KG besteht nur dann, wenn das Wohnen ihres Mitarbeiters gerade in dieser Wohnung nach seiner betrieblichen Funktion und Aufgabe für den Betriebsablauf von nennenswertem Vorteil ist.[834] Dies gilt auch für den Geschäftsführer der Komplementärin der KG[835] oder einer juristischen Person.[836] Der **allgemeine Wohnbedarf** eines

---

820 BGH VIII ZR 232/15, NJW 2017, 547 = NZM 2017, 111 unter Aufgabe der früheren Rechtsprechung: BGH VIII ZR 166/14, NJW 2015, 1590 = NZM 2015, 378.
821 OLG Frankfurt a. M. WuM 1992, 525.
822 BAG WuM 1993, 353.
823 BGH VIII ZR 122/06, NZM 2007, 639; Staudinger/*Rolfs* BGB § 573 Rn. 180; Bamberger/Roth/*Hannappel* BGB § 573 Rn. 107.
824 BGH VIII ZR 44/16, NZM 2017, 521 = NJW 2017, 2819.
825 BGH VIII ZR 122/06, NZM 2007, 639.
826 BGH VIII ZR 213/20, NZM 2021, 432.
827 LG Hamburg MDR 1980, 315; LG Aachen ZMR 1990, 303.
828 LG Regensburg WuM 1998, 160.
829 Zu einem solchen Fall als gewerbliche Zwischenvermietung: BGH VIII ZR 241/16, NZM 2018, 281.
830 OLG Stuttgart WuM 1991, 330; **aA** LG Berlin WuM 1996, 145.
831 OLG Stuttgart ZMR 1993, 330, eine Wohnung mit einem Belegungsrecht der Deutschen Bundesbahn.
832 LG Karlsruhe WuM 195, 148.
833 LG Berlin NJW-RR 1996, 907; AG Bad Hersfeld WuM 1992, 17.
*834 BGH VIII* ZR 122/06, NZM 2007, 639.
835 BGH VIII ZR 113/06, NZM 2007, 681.
836 *Schmidt* NZM 2014, 609 (620).

Geschäftsführers[837] oder anderer leitender Mitarbeiter **reicht hierfür nicht aus.** Der Umstand, dass der Geschäftsführer den Betrieb schneller erreichen kann, genügt ebenfalls nicht.[838] Ein berechtigendes Interesse wurde beispielhaft bejaht, wenn ein Landwirt auf einen landwirtschaftlichen Arbeiter angewiesen ist[839], wenn die an einen Betriebsfremden vermietete Wohnung in einem Gebäude liegt, das ursprünglich als Gebäude mit Werkwohnungen konzipiert war, voll in das Betriebsgelände integriert ist und nur über das Betriebsgelände erreicht werden kann[840] oder wenn die Beschaffung von Wohnraum vom Arbeitgeber zu erwarten ist, weil sonst wegen des knappen Wohnungsmarktes keine Wohnung unter zumutbaren Bedingungen gefunden werden kann.[841] Das Gleiche gilt, wenn ein Forschungsinstitut einen Institutsdirektor in der Nähe seines Arbeitsplatzes unterbringen will.[842] Demgegenüber wurde ein berechtigtes Interesse verneint, wenn der Hausmeister gewisse Arbeiten (Gartenpflege und Schneebeseitigung) durchführen soll, die der Vermieter ebenso gut einem nicht im Haus wohnenden Dritten übertragen kann[843] oder wenn der Eigentümer eines Hauses mit elf Parteien einen Hausmeister anstellen will und dieser Reinigungsarbeiten, Installationsarbeiten, die Überprüfung der Elektrik, sonstige Reparaturarbeiten und die Gartenpflege durchführen soll, weil hier die ständige Anwesenheit eines Hausmeisters nicht erforderlich ist.[844] Ebenso wenig besteht ein berechtigtes Interesse, wenn der Vermieter eine Hilfskraft zum Gas- und Stromablesen sowie zur Kontrolle der Hauseingangstüren zur Verhinderung von Einbrüchen einstellen will[845] oder wenn der Geschäftsführer eines Unternehmens in eine betriebseigene Wohnung einziehen will und wenn hierdurch der Betriebsablauf erleichtert würde.[846] Dementsprechend ist auch die Kündigung einer Wohnung durch eine **Kirchengemeinde** zugunsten einer Pfarrerin unwirksam, wenn diese an mehreren Orten tätig ist und keine besonderen Gründe für die Wohnsitznahme am Ort der Kirchengemeinde vorliegen.[847] Im Prinzip kann Betriebsbedarf aber dann vorliegen, wenn eine Religionsgemeinschaft die Wohnung benötigt, um dort einen Geistlichen unterzubringen.[848] Ob eine solche Interessensituation die Kündigung rechtfertigt, ist im Wege einer Abwägung zwischen den Interessen der Religionsgemeinschaft und den Interessen des Mieters am Erhalt der Wohnung festzustellen.[849]

**bb) Der Geschäfts- oder Berufsbedarf.** Vom Betriebsbedarf zu unterscheiden ist der 195
Geschäfts- oder Berufsbedarf. Damit sind die Fälle gemeint, in denen der Vermieter ein Wohnraummietverhältnis kündigt, um die **Räumlichkeiten zu beruflichen oder gewerblichen Zwecken zu nutzen.** Grundsätzlich gilt hier, dass der Wunsch des Vermieters, seine Wohnung nur teilweise für eigene Wohnzwecke, überwiegend jedoch für eigene berufliche Zwecke im Hinblick auf sein durch Art. 14 Abs. 1 S. 1 GG geschütztes Eigentum grds. zu achten und einer gerichtlichen Nachprüfung entzogen ist.[850] Hier liegt kein Eigenbedarf iSd § 573 Abs. 2 Nr. 2 BGB vor. In Betracht kommt nur eine Kündigung nach der Generalklausel des § 573 Abs. 1 BGB.[851] Die Regelbeispiele des § 573 Abs. 2 BGB verbieten keinen Rückgriff auf § 573 Abs. 1 BGB. Der Kündigungstatbestand ist gleichwertig.[852]

Jedoch müssen bei der Auslegung der Generalklausel in § 573 Abs. 1 BGB die gesetzlichen Wer- 196
tungen des § 573 Abs. 2 Nr. 2, 3 BGB berücksichtigt werden. Aus diesen benannten Kündigungsgründen ist abzuleiten, welches Gewicht den gegenläufigen Belangen von Vermieter und Mieter bei

---

837 LG Wuppertal WuM 1994, 686.
838 LG Wuppertal WuM 1994, 686.
839 LG Lübeck WuM 1985, 148.
840 LG Tübingen ZMR 1987, 20.
841 LG Landau WuM 1985, 146.
842 LG Berlin WuM 1996, 145.
843 AG Offenbach WuM 1986, 326; ebenso AG Tempelhof-Kreuzberg MM 1993, 325.
844 LG Heidelberg WuM 1993, 678; ähnlich LG Freiburg WuM 1992, 437.
845 LG Freiburg WuM 1989, 245.
846 LG Stuttgart WuM 1994, 470.
847 LG Frankfurt/Oder ZMR 2011, 877.
848 LG Stuttgart WuM 2018, 97; offen gelassen von BGH VIII ZR 191/18, WuM 2021, 47.
849 LG Stuttgart WuM 2018, 97, kein berechtigtes Interesse, wenn ein Geistlicher der Religionsgemeinschaft der Sikks lediglich eine Wohnung in der Nähe des Tempels beziehen will, um so den täglichen Weg zum Arbeitsplatz zu verkürzen.
850 BGH VIII ZR 127/05, NZM 2005, 943 = NJW 2005, 3782.
851 BGH VIII ZR 330/11, NZM 2013, 22 = NJW 2013, 225; VIII ZR 45/16, NZM 2017, 405 = NJW 2017, 2018; VIII ZR 292/15, NZM 2017, 559.
852 BVerfGE 84, 366, 371 = NJW 1992, 105; BGH VIII ZR 70/19, NZM 2021, 271; VIII ZR 122/06, NZM 2007, 639; VIII ZR 113/06, NZM 2007, 681; VIII ZR 238/11, NZM 2012, 501.

einer Kündigung jeweils zukommen sollen. Bei der Auslegung des berechtigten Interesses im Sinne der Generalklausel geben dabei die **typisierten Regeltatbestände** des § 573 Abs. 2 Nr. 2 BGB (Eigenbedarf) und § 573 Abs. 2 Nr. 3 BGB (wirtschaftliche Verwertung) einen ersten Anhalt für eine Interessenbewertung und -abwägung. Will der Vermieter die Wohnung aus nachvollziehbaren und vernünftigen Gründen **selbst zu Wohnzwecken** nutzen, reicht bereits **ein ernsthafter Nutzungsentschluss** für ein vorrangiges Erlangungsinteresse des Vermieters aus. Bei einer **Verwertungskündigung** nach § 573 Abs. 2 Nr. 3 BGB ist dagegen auf Seiten des Vermieters ein Interesse mit geringerem personalen Bezug betroffen als bei einer Eigenbedarfskündigung. Hier gibt das Gesetz dem nur dann den Vorrang, wenn diesem bei Fortsetzung des Wohnraummietverhältnisses **erhebliche Nachteile** entstünden. Das Interesse des Vermieters, die vermietete Wohnung zu (frei-)beruflichen oder gewerblichen Zwecken selbst zu nutzen, ist von der Interessenlage her zwischen den genannten typisierten Regeltatbeständen anzusiedeln. Es muss deshalb für ein zur Kündigung berechtigendes Interesse an der Beendigung des Mietverhältnisses ein Nachteil auf Vermieterseite von einigem Gewicht vorliegen, auch wenn dieser nicht unbedingt den Grad von erheblichen Einbußen iSv § 573 Abs. 2 Nr. 3 BGB erreichen muss.[853] Der ernsthafte Willen zur Eigennutzung oder Eigenverwertung allein genügt für eine Kündigung regelmäßig nicht. Maßgeblich ist, ob das Erlangungsinteresse in einem Fall des Berufsbedarfs dem **Eigenbedarfsinteresse oder dem Verwertungsinteresse eher nahesteht.** Im erstgenannten Fall sind an das Erlangungsinteresse geringere, im letztgenannten Fall aber höhere Anforderungen zu stellen. Hierzu muss eine umfassende Interessenabwägung stattfinden. Das Erlangungsinteresse des Vermieters ist gegen das allgemeine Bestandsinteresse des Mieters im Wege einer umfassenden Würdigung der Umstände des Einzelfalls abzuwägen. Auch in diesem Fall dürfen die besonderen einer Kündigung entgegenstehenden Härtegründe des Mieters nur iRd § 574 BGB, also auf Widerspruch des Mieters berücksichtigt werden.

**197** Der BGH[854] schlägt zur **Orientierung** im Rahmen der Interessenabwägung und -bewertung bei einer Kündigung zur Deckung eines **gewerblichen oder freiberuflichen Bedarfs** folgende „grobe Leitlinien": **(1)** Im Falle einer untergeordneten geschäftlichen Mitbenutzung „dürfte bereits der Tatbestand des § 573 Abs. 2 Nr. 2 BGB greifen".[855] **(2)** Will der Vermieter die Mietwohnung nicht nur zu Wohnzwecken beziehen, sondern dort zugleich überwiegend einer freiberuflichen oder gewerblichen Tätigkeit nachgehen, so weist dieses Erlangungsinteresse eine größere Nähe zum Tatbestand des § 573 Abs. 2 Nr. 2 BGB als zum Tatbestand der Verwertungskündigung nach § 573 Abs. 2 Nr. 3 BGB auf. In einem solchen Fall ist zusätzlich zu den für eine Eigenbedarfskündigung genügenden Voraussetzungen ein weiterer Gesichtspunkt zu fordern, der für das Erlangungsinteresse des Vermieters spricht. Es genügt, dass dem Vermieter im Falle des Fortbestands des Mietverhältnisses ein „beachtenswerter" Nachteil entsteht. Dem Erlangungsinteresse des Vermieters ist in solchen Fällen regelmäßig der Vorzug vor dem Bestandsinteresse des Mieters zu geben, wenn der ernsthaft verfolgte Nutzungswunsch von vernünftigen und nachvollziehbaren Gründen getragen ist.[856] **(3)** Den unter Nr. (2) behandelten Fällen vergleichbar sind die Fälle, in denen eine gemischte Nutzung überwiegend zur Ausübung einer geschäftlichen Tätigkeit und daneben auch zu Wohnzwecken nicht durch den Vermieter selbst, sondern durch seinen Ehegatten oder seinen Lebenspartner erfolgen soll. **(4)** Soll die Wohnung ausschließlich zu freiberuflichen oder gewerblichen Zwecken genutzt werden, so weist das Erlangungsinteresse eine größere Nähe zu dem Tatbestand der Verwertungskündigung auf. Hier müssen weitere Umstände hinzutreten, um den Vermieterinteressen den Vorzug einzuräumen. Der Fortbestand des Wohnraummietverhältnisses muss für den Vermieter einen Nachteil von einigem Gewicht darstellen, der allerdings nicht unbedingt den Grad von erheblichen Beeinträchtigungen iSv § 573 Abs. 2 Nr. 3 BGB erreichen muss.[857] Solche Nachteile können vorliegen, wenn die anderweitige Anmietung von Geschäftsräumen nicht rentabel ist oder wenn besondere Umstände für die Nähe von Wohnung und Arbeitsplatz sprechen, etwa eine Krankheit, die Betreuung von Kindern oder die Pflege von Angehörigen.

---

[853] BGH VIII ZR 330/11, NZM 2013, 22 = NJW 2013, 225; VIII ZR 45/16, NZM 2017, 405 = NJW 2017, 2018; VIII ZR 292/15, NZM 2017, 559.

[854] BGH VIII ZR 45/16, NZM 2017, 405 = NJW 2017, 2018.

[855] So schon BGH VIII ZR 127/05, NZM 2005, 943 = NJW 2005, 3782.

[856] So bereits BGH VIII ZR 330/11, NZM 2013, 22 = NJW 2013, 225; LG Berlin GE 2015, 1163: Der Vermieter hatte eine weitere Wohnung im Haus, in dem er mit seiner Frau lebte, gekündigt, damit seine Frau dort eine Anwaltskanzlei betreiben konnte.

[857] BGH VIII ZR 292/15, NZM 2017, 559.

198 **cc) Fehlbelegte Sozialwohnung.** Der Vermieter einer preisgebundenen Wohnung kann kündigen, wenn er die Wohnung einem Mieter überlassen hat, der **nicht zum Kreis der Wohnberechtigten** nach §§ 4ff. WoBindG, § 25 des II. WoBauG gehört, die Behörde deshalb die Kündigung des Mietverhältnisses verlangt und dem Vermieter bei Fortsetzung des Mietverhältnisses Nachteile nach §§ 25, 26 WoBindG drohen.[858] Gleiches gilt für den Rechtsnachfolger dieses Vermieters.[859] Für Steuerbegünstigte und freifinanzierte Wohnungen, die einer öffentlich-rechtlichen Belegungsbindung unterliegen (§§ 87 a, 88 II. WoBauG) gelten die hier dargelegten Rechtsgrundsätze ebenfalls.

199 Die Kündigung des Mietverhältnisses setzt nicht voraus, dass die Behörde die Kündigung der öffentlichen Mittel androht.[860] Auch die Androhung der Nachteile gehört nicht zu den Kündigungsvoraussetzungen. Es genügt, wenn diese Nachteile tatsächlich eintreten können.[861] Da der Kündigungsgrund im öffentlichen Interesse besteht, kommt es nicht darauf an, ob der Vermieter von der fehlenden Wohnberechtigung des Mieters Kenntnis gehabt hat.[862] Hat der Vermieter die Wohnung in Kenntnis der fehlenden Berechtigung vermietet, so kann er sich allerdings gegenüber dem Mieter schadensersatzpflichtig machen, wenn dieser die Wohnung infolge der fehlenden Berechtigung verliert.[863]

200 Die bloße **Fehlbelegung** allein ist allerdings kein Kündigungsgrund.[864] War der Mieter im Zeitpunkt der Überlassung der Wohnung wohnberechtigt, und ist erst in der Folgezeit wegen gestiegenen Einkommens zum „Fehlbeleger" geworden ist, besteht kein Kündigungsrecht.[865] Es genügt auch nicht, wenn die Behörde den Mieter zur Räumung auffordert.[866] Vielmehr muss die Behörde die Beseitigung der Fehlbelegung vom Vermieter verlangen.[867] Gegen die Kündigungsaufforderung steht dem Mieter kein Rechtsmittel zu.[868] Hat der Vermieter dem nicht wohnberechtigten Mieter verschwiegen, dass die Wohnung der Belegungsbindung unterliegt, so ist er zum Ersatz des Schadens verpflichtet, der dem Mieter durch die Kündigung entsteht.[869] Hatte der Mieter Kenntnis von der Belegungsbindung, so trifft ihn ein überwiegendes Mitverschulden, das zum Wegfall des Ersatzanspruchs führt.

201 **dd) Überbelegung.** Eine Kündigung kann auch im Falle einer (unverschuldeten) Überbelegung der Wohnung gerechtfertigt sein.[870] Von einer **unverschuldet eingetretenen Überbelegung** ist auszugehen, wenn sich die Familie des Mieters im Lauf der Zeit durch die Geburt oder Aufnahme/Nachzug weiterer Kinder vergrößert. Wann eine Überbelegung vorliegt, richtet sich nach den Umständen des Einzelfalls. Über die Frage der Kündigungsberechtigung ist auf Grund einer Interessenabwägung zu entscheiden.[871] Die Tatsache der Überbelegung reicht für die Kündigung für sich allein nicht aus. Stets müssen weitere Umstände hinzutreten, aus denen sich das Kündigungsinteresse ergibt, wie zB eine verstärkte Abnutzung oder Beschädigung der Wohnung; Störungen der übrigen Hausbewohner; weitere negative Außenwirkungen usw. Hat der Mieter entgegen einer vertraglichen Vereinbarung und ohne gesetzlichen Anspruch weitere Personen in die Wohnung aufgenommen, so liegt idR eine verschuldete Vertragsverletzung vor, die unter den Voraussetzungen des § 573 Abs. 2 Nr. 1 BGB oder des § 543 Abs. 2 Nr. 2 BGB zur Kündigung berechtigen kann.

202 **ee) Unterbelegung.** Eine Kündigung wegen einer Unterbelegung der Wohnung ist demgegenüber nicht möglich. Das gilt zB, wenn die Mieterin in einem Heim lebt, aber die Wohnung aufrechterhält, weil sie hofft, irgendwann dorthin zurückkehren zu können[872] oder wenn der Mieter die Wohnung überwiegend leer stehen lässt.[873]

203 Diese Grundsätze gelten auch für die **Kündigung eines Dauernutzungsverhältnisses** zwischen einer Wohnungsgenossenschaft und ihrem Genossen, wenn eine erheblich unterbelegte

---

858 OLG Hamm WuM 1982, 244; BayObLG WuM 1985, 283.
859 BVerwG NJW-RR 1990, 14.
860 OLG Hamm WuM 1982, 244.
861 BayObLG WuM 1985, 283; BVerwG NJW-RR 1990, 14.
862 LG Berlin GE 1990, 541; Bamberger/Roth/*Hannappel* BGB § 573 Rn. 114; MüKoBGB/*Häublein* § 573 Rn. 52; krit. *Sternel* MietR Kap. IV Rn. 159f.
863 AnwK WohnraumMietR/*Lammel* BGB § 573 Rn. 31; MüKoBGB/*Häublein* § 573 Rn. 52.
864 LG Berlin GE 1991, 881; MM 1993, 393.
865 AG Lüdenscheid WuM 1990, 553; Staudinger/*Rolfs* BGB § 573 Rn. 193.
866 LG Berlin GE 1994, 1059.
867 LG Berlin GE 1994, 1059.
868 BVerwG NJW 1995, 2866.
869 AG Schöneberg GE 1990, 319.
870 OLG Hamm NJW 1983, 48.
871 OLG Hamm NJW 1983, 48.
872 AG Bielefeld WuM 1994, 22.
873 LG Köln WuM 1991, 589.

Genossenschaftswohnung an eine größere Familie mit entsprechendem Wohnbedarf überlassen werden soll.[874] Nach den Grundsätzen des Genossenschaftsrechts hat das Mitglied der Genossenschaft als Mitträger des genossenschaftlichen Betriebs[875] Anspruch auf ein Dauerschuldverhältnis mit quasi dinglichem Charakter; auf Grund dieses Dauernutzungsvertrags genießt das Mitglied einen weitergehenden Kündigungsschutz als der gewöhnliche Mieter. Deshalb kann er hinsichtlich des Bestandschutzes jedenfalls nicht schlechter gestellt werden, als andere Mieter nach der gesetzlichen Regelung stehen. Wegen einer Unterbelegung kann einem – nicht genossenschaftlichem – Mieter aber nicht gekündigt werden, weil die Vorschrift des § 573 BGB keine Maßnahmen der Wohnraumbewirtschaftung rechtfertigt. Aus der genossenschaftlichen Treuepflicht folgt nichts anderes, weil bei der Abwägung zwischen dem Interesse des Mieters am Erhalt der Wohnung und dem Umverteilungsinteresse der Genossenschaft, das Interesse des Mieters vorrangig ist.[876]

204 **ff) Öffentliches Interesse.** Unter Geltung des Mieterschutzgesetzes konnte eine Wohnung die im Eigentum bestimmter öffentlicher Körperschaften stand und zu öffentlichen Zwecken verwendet werden sollte (sog. **„Fiskusprivileg"**) gekündigt werden. Daran anknüpfend hatte das BayObLG[877] entschieden, dass eine Kündigung auch dann gerechtfertigt sein kann, wenn der Wohnraum zur Erfüllung öffentlicher Aufgaben benötigt wird. Dem ist in der Folgezeit die instanzgerichtliche Rspr. gefolgt, so zB **(1)** bei der Kündigung einer Gemeinde um Wohnraum zur Obdachlosenunterbringung zu erhalten;[878] **(2)** bei der Kündigung zum Zwecke der Unterbringung von Aussiedlern und Asylbewerbern;[879] **(3)** bei der Kündigung zur Unterbringung von Asylbewerbern und Obdachlosen;[880] **(4)** wenn die Räume für parlamentarische Arbeit und Regierungstätigkeit verwendet werden sollen;[881] **(5)** wenn ein Gebäude als Botschaft genutzt werden soll;[882] **(6)** bei der Kündigung zur Unterbringung von Verwaltungsdienststellen;[883] **(7)** bei der Kündigung zum Zwecke der Durchführung von Sanierungsmaßnahmen, wenn diese im öffentlichen Interesse geboten sind und der Vermieter mit dem Sanierungsträger identisch ist;[884] **(8)** wenn eine Gemeinde auf Grund bundesgesetzlicher Regelung einen Kindergarten errichten muss;[885] **(9)** wenn im Rahmen der gemeindlichen Daseinsvorsorge bezahlbarer Wohnraum in altengerechter Ausstattung stadtnah und mit Anbindung an das danebengelegene städtische Altenheim geschaffen werden soll.[886]

205 Allerdings wird die Kündigung nicht durch jedes beliebige öffentliche Interesse gerechtfertigt. Vielmehr muss das **öffentliche Interesse ein solches Gewicht** haben, dass es gegenüber dem allgemeinen Interesse des Mieters am Fortbestand des Mietverhältnisses überwiegt.[887] Bei einer Kündigungen im öffentlichen Interesse durch eine öffentlich-rechtliche Körperschaft muss der **Grundsatz der Verhältnismäßigkeit** beachten werden.[888] So gilt grds. der Grundsatz, dass das öffentliche Interesse an der Unterbringung von Flüchtlingen gegenüber dem Interesse des Mieters am Erhalt seiner Wohnung nachrangig ist.[889] Etwas anderes kann aber uU dann gelten, wenn der besitzende Mieter als Fehlbeleger anzusehen ist oder wenn er an der von ihm genutzten Wohnraum keinen

[874] OLG Karlsruhe NJW 1984, 2584; **aA** OLG Stuttgart WuM 1991, 379; ähnlich LG München I WuM 1992, 16 (Mieter nutzt die Wohnung nur als Stadtwohnung); LG Nürnberg-Fürth WuM 1993, 280 (die Wohnung wird nur noch sporadisch genutzt); AG Dresden ZMR 1994, 518 (Alternativwohnung steht zur Verfügung); zust. *Lützenkirchen* WuM 1994, 5; MüKoBGB/*Häublein* § 573 Rn. 46; Herrlein/Knops/Spiegelberg MietR/*Herrlein* BGB § 573 Rn. 10; Bamberger/Roth/*Hannappel* BGB § 573 Rn. 118.

[875] *Riebandt-Korfmacher* ZfgG 43, 254.

[876] Ebenso *Riebandt-Korfmacher* ZfgG 43, 261.

[877] BayObLG NJW 1981, 580 (Bereitstellung der Räume zur Unterbringung der Feuerwehr sowie für kulturelle und soziale Zwecke).

[878] AG Göppingen WuM 1979, 122.

[879] LG Kiel WuM 1992, 129.

[880] AG Göttingen NJW 1992, 3044.

[881] LG Berlin MM 1991, 161.

[882] LG Berlin ZMR 1999, 333.

[883] LG Bad Kreuznach WuM 1990, 298.

[884] LG Kiel WuM 1984, 222 (223).

[885] AG Neustadt NJW-RR 1996, 397.

[886] LG Flensburg ZMR 2001, 711 mAnm *Pfannkuch*.

[887] OLG Frankfurt a. M. NJW 1981, 1277, wonach das öffentliche Interesse an der Durchführung eines Bauvorhabens, das die Errichtung eines Mehrzweckgebäudes mit Parkplätzen, Geschäftsräumen und Wohnungen zum Gegenstand hat, *nicht ausreicht*; ebenso AG Hamburg-Blankenese WuM 1980, 55, für das öffentliche Interesse an der Errichtung einer Garage.

[888] *Streyl/Wietz* WuM 2015, 651; *Willems* NZM 2016, 153 (Kündigung zu Gunsten von Flüchtlingen).

[889] *Willems* NZM 2016, 153 (157 f.).

echten Bedarf hat, etwa weil es sich um eine Zweitwohnung handelt. Ist die Wohnung übermäßig groß, so kann eine Kündigung in Betracht kommen, wenn eine kleinere Ersatzwohnung zur Verfügung steht.[890]

Auch ein vom Vermieter verfolgtes **„gemeinnütziges, vornehmlich ein karitatives Nutzungsinteresse"** kann eine Kündigung nach der Generalklausel des § 573 Abs. 1 BGB rechtfertigen.[891] Es sind dabei nicht nur solche öffentlich-rechtliche Aufgaben zu berücksichtigen sind, zu deren Erfüllung die öffentlich-rechtliche Körperschaft rechtlich verpflichtet ist.[892] Es genügt, „wenn eine öffentlich-rechtliche Körperschaft ... die von ihr vermietete Wohnung zur Umsetzung von Aufgaben benötigt, an deren Erfüllung ein gewichtiges öffentliches Interesse besteht".[893] **206**

Ein solches Interesse kann im Einzelfall ein Gewicht erreichen, das es rechtfertigt, trotz der hiermit für den Mieter verbundenen Nachteile dem Erlangungsinteresse des Vermieters den Vorzug zu geben.[894] Ähnlich wie beim Berufs- oder Geschäftsbedarf ist dabei das Erlangungsinteresse des Vermieters zwischen den Tatbeständen der Verwertungskündigung gem. § 573 Abs. 2 Nr. 3 BGB und der Eigenbedarfskündigung gem. § 573 Abs. 2 Nr. 2 BGB anzusiedeln. Maßgeblich ist, ob das Erlangungsinteresse dem Eigenbedarfsinteresse oder dem Verwertungsinteresse nahesteht. Im erstgenannten Fall sind an das Erlangungsinteresse geringere, im letztgenannten Fall aber höhere Anforderungen zu stellen.[895] **207**

Ein **privater Vermieter** kann sich auf den Kündigungsgrund des überwiegenden öffentlichen Interesses nicht berufen.[896] Deshalb kann ein solcher Vermieter ein Wohnraummietverhältnis nicht mit der Begründung kündigen, um die Räume einer juristischen Person des öffentlichen Rechts oder einem anerkannten privaten Träger der Wohlfahrtspflege zur Einrichtung oder zum Betrieb einer Kindertagesstätte vermieten. An derartigen Einrichtungen besteht zwar derzeit ein akutes öffentliches Interesse, jedoch ist die Berufung auf öffentliche Interessen nur einer öffentlich-rechtlichen Körperschaft möglich, zu deren Aufgaben die Durchsetzung der mit der Kündigung verfolgten Ziele gehört.[897] **208**

**gg) Kündigung eines Untermietverhältnisses.** Für die Kündigung eines Untermietverhältnisses durch den Untervermieter gelten grds. die gleichen Grundsätze, wie für die Kündigung des Hauptmietverhältnisses. Etwas anderes gilt nur dann, wenn es sich bei dem Untermieterverhältnis ausnahmsweise um ein **ungeschütztes Wohnraummietverhältnis** nach § 549 Abs. 2 BG handelt. Nach der Rspr. des BVerfG[898] kommt Untermietern mit Blick auf den allgemeinen Gleichheitssatz nicht in jedem Fall ein Kündigungsschutz in einem Umfang zu, der demjenigen eines Mieters gegenüber seinem Vermieter entspricht. Art. 3 Abs. 1 GG gebietet einen solchen Schutz vielmehr nur aufgrund von Besonderheiten im Verhältnis zwischen Untermieter und Zwischenvermieter sowie bei einem eigenen Interesse des Vermieters im Hauptmietverhältnis an der späteren Untervermietung. **209**

Der **Untervermieter** kann das mit dem Untermieter bestehende Mietverhältnis nicht allein deshalb kündigen, weil er selbst die Wohnung aufgeben will.[899] Eine Ausnahme kann gelten, wenn die Aufrechterhaltung des Hauptmietverhältnisses mit gewichtigen wirtschaftlichen oder sonstigen Nachteilen verbunden wäre. Wurde das Hauptmietverhältnis gekündigt folgt daraus allein grds. kein Kündigungsrechts des Untervermieters gegen den Untermieter.[900] Jedoch ist ein berechtigtes Interesse nach § 573 Abs. 1 BGB an der Beendigung des Untermietverhältnisses dann zu beja- **210**

---

[890] *Streyl/Wietz* WuM 2015, 651.

[891] BGH VIII ZR 292/15, NZM 2017, 559.

[892] **AA** LG Kiel WuM 1992, 129, keine Kündigung zum Zwecke der Unterbringung von Aussiedlern/Übersiedlern bzw. Asylanten in Wohnungen des Bundes.

[893] So BGH VIII ZR 238/11, NZM 2012, 501, Kündigung durch eine Evangelische Kirchengemeinde zum Zwecke der Einrichtung einer Beratungsstelle für Erziehungs-, Ehe- und Lebensfragen.

[894] BGH VIII ZR 292/15, NZM 2017, 559.

[895] BGH VIII ZR 45/16, NZM 2017, 405 = NJW 2017, 2018.

[896] Offen gelassen von BGH VIII ZR 238/11, NZM 2012, 501; BGH VIII ZR 292/15, NZM 2017, 559.

[897] *Blank* LMK 2012, 334939.

[898] BVerfGE 84, 197 (202); BVerfG MietRB 2020, 193.

[899] LG Berlin GE 1996, 739.

[900] **Bejahend** LG Kiel WuM 1982, 194; **verneinend** BGH XII ZR 123/93, NJW 1996, 1886; LG Tübingen WuM 1991, 488; LG München I WuM 1992, 246; LG Osnabrück WuM 1994, 24; LG Köln WuM 1995, 709; *Nassall* ZMR 1983, 338; Staudinger/*Rolfs* BGB § 573 Rn. 200; diff. OLG Stuttgart WuM 1993, 386.

hen, wenn der Eigentümer ein berechtigtes Interesse an der Beendigung des Hauptmietverhältnisses geltend machen kann (Fälle des § 573 Abs. 1, Abs. 2 Nr. 2, 3 BGB), oder wenn der Untermieter den Anlass für die Beendigung des Hauptmietverhältnisses gegeben hat (Fälle der Hausfriedensstörung und ähnliches). In den übrigen Fällen kann dagegen ein berechtigtes Interesse an der Beendigung des Untermietverhältnisses nicht bejaht werden.[901]

211 Das ändert aber nichts an der Tatsache, dass der Hauptvermieter vom Untermieter gem. § 546 Abs. 2 BGB die Räumung und Herausgabe verlangen kann, wenn das Hauptmietverhältnis beendet ist.[902] Das gilt nicht nur bei einer Kündigung des Hauptmietvertrages, egal durch Hauptvermieter oder Hauptmieter, sondern auch dann, wenn diese einen Aufhebungsvertrag geschlossen haben. Die Parteien des Hauptmietvertrags können grds. das Mietverhältnis auch dann jederzeit durch einen Aufhebungsvertrag vorzeitig beenden, wenn der Mieter einen Untermietvertrag geschlossen oder einem Dritten auf einer anderen rechtlichen Grundlage die Mietsache zur Nutzung überlassen hat.[903] In diesen Fällen ist der Abschluss eines Mietaufhebungsvertrags idR zumindest dann nicht sittenwidrig, wenn dem Hauptmieter gegen den Dritten ein Kündigungsrecht zusteht, mit dem er dessen Gebrauchsmöglichkeit zeitnah beenden kann.[904] Dem Untermieter stehen in diesem Fall Schadensersatzansprüche gegenüber dem Untervermieter zu.

212 **hh) Kündigung einer Genossenschaftswohnung.** Der **„Dauernutzungsvertrag"** zwischen einer Wohnungsgenossenschaft und ihrem Mitglied ist als Mietvertrag zu bewerten.[905] Die Kündigung richtet sich deshalb nach den mietrechtlichen Vorschriften. Eine Genossenschaftswohnung kann nach § 573 Abs. 1 BGB von der Genossenschaft gekündigt werden, wenn zwei Voraussetzungen gegeben sind[906]: **(1)** Zum einen muss die Mitgliedschaft in der Genossenschaft durch freiwilligen Austritt oder durch Ausschluss nach § 68 GenG wegen genossenschaftswidrigem Verhaltens beendet sein. **(2)** Zum anderen ist erforderlich, dass die Wohnung für die Versorgung eines anderen Mitglieds benötigt wird.[907] Insoweit genügt es, wenn Wartelisten geführt werden.[908] Hat **nach dem Tod des mietenden Mitglieds**[909] einer Wohnungsgenossenschaft der in den Mietvertrag eingetretene Sohn angeboten, den ererbten Geschäftsanteil bei der Genossenschaft zu belassen, und sie gebeten, ihn als Mitglied aufzunehmen und ist die zunächst auf den Sohn übergegangene Mitgliedschaft nur deshalb erloschen, weil das in der Satzung der Genossenschaft für den Fall des Todes eines Mitglieds so vorgesehen und diese zur Aufnahme des Sohns nicht bereit ist, ist die tatrichterliche Würdigung dahingehend, dass in dieser speziellen Situation im Hinblick auf den Wohnbedarf der Mitglieder der Genossenschaft kein berechtigtes Interesse an der Beendigung des mit der Mutter des Beklagten eingegangenen Mietverhältnisses besteht, nicht zu beanstanden.[910] Demgegenüber liegt ein Kündigungsgrund vor, wenn dem Rechtsnachfolger des Mieters nach § 563 BGB die Mitgliedschaft vergeblich angeboten worden ist und die Genossenschaft durch die Vermietung an ein Nichtmitglied steuerliche oder sonstige Nachteile entstehen.[911] Es kommt letztlich auf die Umstände des Einzelfalls an.[912]

213 **ii) Abriss.** Der **ersatzlose Abriss** eines Gebäudes stellt keine wirtschaftliche Verwertung iSd § 573 Abs. 2 Nr. 3 BGB dar.[913] Jedoch kann in einem solchen Fall eine Kündigung nach § 573 Abs. 1 BGB gerechtfertigt sein.[914] Dieser Kündigungstatbestand setzt voraus, dass **(1)** das Wohngebäude überwiegend leer steht **(2)** der Leerstand nicht vom Vermieter zu vertreten ist und

---

[901] Ähnlich *Sternel* MietR Kap. IV Rn. 176 ff.

[902] Diese Rechtsfolge verstößt auch nicht gegen Art. 3 GG: BVerfGE 84, 197 (202); BVerfG MietRB 2020, 193.

[903] BGH XII ZR 76/17, NZM 2018, 601.

[904] BGH XII ZR 76/17, NZM 2018, 601.

[905] BGH VIII ZR 22/03, NZM 2004, 25; BGH IX ZR 56/17, NJW 2018, 2259 = NZM 2018, 785.

[906] BGH VIII ZR 22/03, NZM 2004, 25.

[907] **AA** *Roth* NZM 2004, 25, danach kann die Genossenschaft immer dann kündigen, wenn die Mitgliedschaft des Mieters beendet ist; auf einen Bedarf der Genossenschaft an der Wohnung soll es nicht ankommen.

[908] LG Berlin GE 2003, 395.

[909] Zur Beendigung der Mitgliedschaft durch Tod und die Kündigungsmöglichkeiten der Genossenschaft: NK-BGB/*Hinz* § 573 Rn. 93 a.

[910] So BGH VIII ZR 254/09) WuM 2010, 431.

[911] *Lützenkirchen* WuM 1994, 5.

[912] Ähnlich *Sternel* MietR Kap. IV Rn. 163; *Fritz* WuM 2012, 183.

[913] BGH VIII ZR 70/19, *NZM 2021, 271;* BGH VIII ZR 188/03, NJW 2004, 1736 = NZM 2004, 377.

[914] BGH VIII ZR 70/19, NZM 2021, 271; BGH VIII ZR 188/03, NJW 2004, 1736 = NZM 2004, 377; *Hinz* WuM 2004, 279; ebenso *Sternel* WuM 2003, 243 (245); *Schultz* PiG 62 (2002), 247 (257); **aA** *Taubenek* ZMR 2003, 633.

**(3)** dem Vermieter durch die Fortsetzung des Mietverhältnisses erhebliche wirtschaftliche Nachteile entstehen.[915] Die Auslegung und die Anwendung des unbestimmten Rechtsbegriffs „berechtigtes Interesse" erfordert dabei eine an den Umständen des Einzelfalls ausgerichtete **Abwägung** der beiderseits **grundrechtlich geschützten Interessen**[916], wobei zu beachten ist, dass sowohl die Rechtsposition des Vermieters als auch das vom Vermieter abgeleitete Besitzrecht des Mieters von der Eigentumsgarantie des Art. 14 Abs. 1 S. 1 GG geschützt sind.[917] In Anbetracht dessen dürfen die dem Vermieter entstehenden Nachteile keinen Umfang annehmen, welcher die Nachteile weit übersteigt, die dem Mieter im Falle des Verlusts der Wohnung erwachsen.[918] Zwar muss der durch den Fortbestand des Wohnraummietverhältnisses für den Vermieter entstehende Nachteil – je nach den besonderen Umständen der zu beurteilenden Fallgestaltung – nicht unbedingt den Grad von erheblichen Beeinträchtigungen iSv § 573 Abs. 2 Nr. 3 BGB erreichen.[919] Etwas anderes gilt jedoch dann, wenn das Vermieterinteresse im Fall eines geringeren personalen Bezugs[920] eher mit der von § 573 Abs. 2 Nr. 3 BGB erfassten wirtschaftlichen Verwertung vergleichbar ist. In diesem Fall muss der Fortbestand des Wohnraummietverhältnisses für den Vermieter einen Nachteil von einem Gewicht darstellen, der die von § 573 Abs. 2 Nr. 3 BGB vorausgesetzte Intensität erreicht, jedoch grds. nicht darüber hinausgehen muss.[921]

Ein **überwiegender Leerstand** ist anzunehmen, wenn mehr als 50% der Wohnungen nicht vermietet sind. Der Leerstand ist nicht vom Vermieter **zu vertreten,** wenn er auf mangelnder Nachfrage aufgrund der demographischen Entwicklung beruht; ein **bestehendes Stadtentwicklungskonzept** ist dabei zu berücksichtigen. Die letztgenannte Voraussetzung liegt insbes. dann vor, wenn die Unterhaltskosten des Gebäudes in einem erheblichen Missverhältnis zu den Mieteinnahmen stehen. 214

**jj) Sonstige berechtigte Interessen.** Ganz ausnahmsweise kann nach der Generalklausel einem **geschäfts- und schuldunfähigen Mieter** gekündigt werden, wenn dieser den Hausfrieden ganz erheblich stört, wobei die Zumutbarkeitsgrenze sehr hoch anzusetzen ist.[922] 215

Ein Zimmer in einem **Personalwohnheim,** das dem Mieter im Rahmen eines Ausbildungsverhältnisses überlassen worden ist, kann bei Beendigung des Ausbildungsverhältnisses gekündigt werden.[923] 216

**d) Kein anerkanntes berechtigtes Interesse.** Hat der Vermieter eine Wohnung vermietet, die aus baurechtlichen Gründen nicht zum Wohnen geeignet ist, berechtigt ihn das ebenso wenig zur Kündigung[924], wie die Vermietung einer Eigentumswohnung unter Verstoß gegen ein in der Teilungserklärung vereinbartes Vermietungsverbot.[925] Ebenso wenig liegt kein zur Kündigung berechtigendes Interesse vor, wenn der Mieter als „Stasi-Mitarbeiter" tätig war und sich hierbei an Willkürmaßnahmen gegen die Familie des Vermieters beteiligt hat.[926] 217

## D. Schadensersatz wegen vertragswidriger Kündigung

### I. Überblick

Kündigt der Vermieter das Mietverhältnis schuldhaft (vorsätzlich oder fahrlässig) ohne materiellen Grund, so verletzt er seine **vertraglichen (Neben-)Pflichten** und ist verpflichtet, dem Mieter den Schaden aus der unberechtigten Kündigung zu ersetzen (§§ 280 Abs. 1, 241 Abs. 2 218

---

915 LG Gera NZM 2003, 640.
916 BVerfGE 89, 1 (9); BVerfG NJW-RR 1999, 1097 (1098); 2004, 440 (441).
917 BVerfGE 89, 1 (6); BVerfG NJW 2000, 2658 (2659); NJW-RR 2004, 440; NZM 2011, 479; BGH VIII ZR 45/16, BGHZ 214, 269.
918 BGH VIII ZR 70/19, NZM 2021, 271; VIII ZR 8/08, BGHZ 179, 289; VIII ZR 226/09, NZM 2011, 773; VIII ZR 45/16, BGHZ 214, 269; VIII ZR 292/15, NZM 2017, 559.
919 BGH VIII ZR 70/19, NZM 2021, 271; VIII ZR 45/16, BGHZ 214, 269.
920 BGH VIII ZR 45/16, BGHZ 214, 269.
921 BGH VIII ZR 70/19, NZM 2021, 271; VIII ZR 292/15, NZM 2017,559.
922 LG Kaiserslautern WuM 1983, 263; AG Freiburg WuM 1993, 125; AG Hamburg WuM 1989, 628; *Sternel* MietR Kap. IV Rn. 174; MüKoBGB/*Häublein* § 573 Rn. 57; *Schindler* WuM 2018, 255, 259.
923 LG Mönchengladbach ZMR 1993, 571 (ein Lehrkrankenhaus mit Personalwohnheim).
924 LG Aachen WuM 1991, 166; LG Stuttgart WuM 1992, 487; LG Berlin MM 1992, 135; LG Hamburg WuM 1992, 129.
925 *Sternel* MietR Kap. IV Rn. 163.
926 AG Meißen WuM 1993, 664.

BGB).[927] Nach § 280 Abs. 1 S. 2 BGB wird das **Verschulden vermutet,** wenn die Pflichtverletzung feststeht. Daneben kommen **Schadensersatzansprüche aus unerlaubter Handlung** (§ 823 Abs. 1 BGB) bei bewusst wahrheitswidriger Vorspiegelung des Kündigungsgrundes auch ein **Anspruch aus § 826 BGB** wegen Erschleichens und sittenwidriger Ausnutzung eines Titels in Betracht. Nach der hier vertretenen Ansicht ist § 573 BGB als Schutzgesetz iSd § 823 Abs. 2 BGB anzusehen. Dies folgt aus der Erwägung, dass dem Besitzrecht des Mieters ein hoher, verfassungsrechtlich geschützter Stellenwert zukommt.[928]

## II. Unberechtigte Kündigung als Vertragsverletzung

219 Der Vermieter verletzt seine Vertragspflichten, wenn er dem Mieter den Mietgebrauch durch eine wegen **fehlender materieller Gründe** unwirksame Kündigung streitig macht.[929] Geschieht dies schuldhaft, wobei Fahrlässigkeit genügt und erwächst dem Mieter hieraus ein Schaden, so ist der Vermieter gem. § 280 Abs. 1 BGB ersatzpflichtig. Gleiches gilt, wenn der Nutzungs-/Überlassungswille **nach dem Kündigungsausspruch wegfällt** und der Vermieter gleichwohl seinen Räumungsanspruch weiterverfolgt.[930] In diesem Fall ist der Vermieter zu einer entsprechenden **Mitteilung an den Mieter verpflichtet.** Dies Mitteilungspflicht gilt für den Wegfall der Kündigungsgründe **bis zum Ablauf der Kündigungsfrist.**[931] Der gleiche gilt für die Verpflichtung eine freiwerdende Alternativwohnung dem Mieter anzubieten. Diese Ansicht beruht auf der Erwägung, dass andernfalls derjenige Mieter begünstigt wird, der sich trotz Ablaufs der Kündigungsfrist zu Unrecht in der Wohnung aufhält. Kündigt der Vermieter mit der Absicht, die Wohnung selbst zu nutzen oder diese einem Angehörigen zu überlassen, obwohl nicht sicher feststeht, dass die Nutzungsabsicht verwirklicht werden kann, so ist eine **fahrlässige Pflichtverletzung** gegeben.

220 Eine **fahrlässige Pflichtverletzung** ist auch dann anzunehmen ist, wenn der Vermieter zwar die Beendigungstatsachen zutreffend mitteilt, aber infolge eines **vermeidbaren Rechtsirrtums** verkennt, dass die geltend gemachten Gründe keine Vertragsbeendigung rechtfertigen.[932] Dies folgt aus der Erwägung, dass der Vermieter nach § 535 Abs. 1 S. 1 BGB **zur Gebrauchsgewährung verpflichtet** ist und demzufolge alles zu unterlassen hat, was den Mieter im Gebrauch stören könnte. In diesem Zusammenhang ist davon auszugehen, dass der Vermieter einer Wohnung wissen muss, dass Mietverhältnisse dem Bestandschutz unterliegen. Deshalb ist der Vermieter gehalten, gewissenhaft zu prüfen, ob der Kündigungsgrund tatsächlich besteht und vollzogen werden kann.[933] Bei Zweifeln über den Inhalt und Umfang des Bestandschutzes muss der **Vermieter Rechtsrat einholen.** Unterlässt er dies, so wird der Irrtum regelmäßig verschuldet sein; im anderen Fall wird es am Verschulden fehlen.

221 **Eine Pflichtverletzung** liegt auch dann vor, wenn der Vermieter zwar keine Kündigung ausspricht, aber gegenüber dem Mieter **vorsätzlich oder fahrlässig den Eindruck** erweckt, Beendigungsgründe geltend machen zu können.[934] Es genügt allerdings nicht, wenn der Vermie-

---

[927] BGH VIII ZR 238/18, NZM 2021, 132; VIII ZR 339/04, BGHZ 165, 75 (79); VIII ZR 231/07, NJW 2009, 2059; VIII ZR 356/11, GuT 2012, 384; VIII ZR 99/14, NJW 2015, 2324.

[928] BVerfGE 89, 1 (6); BVerfG NJW 2000, 2658 (2659); NJW-RR 2004, 440; NZM 2011, 479; *Siegmund* WuM 2017, 613.

[929] BGH VIII ZR 255/82, BGHZ 89, 296 = NJW 1984, 1028 (Gewerberaummiete); BGH VIII ZR 368/03, NZM 2005, 580 = NJW 2005, 2395 (Wohnraummiete).

[930] BGH VIII ZR 339/04, NJW 2006, 220 = NZM 2006, 50; OLG Karlsruhe NJW 1982, 54.

[931] BGH VIII ZR 238/18, NZM 2021, 132; VIII ZR 339/04, BGHZ 165, 75 (81); VIII ZR 271/06, NJW 2007, 2845; VIII ZR 356/11, GuT 2012, 384; VIII ZR 232/15, BGHZ 213, 136; VIII ZR 167/17, NJW-RR 2019, 972; VIII ZR 300/15, WuM 2016, 743.

[932] BGH VIII ZR 255/82, BGHZ 89, 296 = NJW 1984, 1028; VIII ZR 99/14, NJW 1988, 1268; NZM 1998, 718, NZM 1998, 718 (Gewerbemiete); LG Hamburg MDR 1976, 844; LG Mannheim MDR 1973, 676; LG Waldshut WuM 1978, 5; LG Kiel NJW 1975, 1933 mablAnm *Fehl;* LG Saarbrücken NZM 1998, 304; *Eisenschmid* PiG 90 (2011), 192; Staudinger/*Rolfs* BGB § 573 Rn. 229; Emmerich/Sonnenschein/*Haug* BGB § 573 Rn. 93; Erman/*Lützenkirchen* BGB § 573 Rn. 57; MüKoBGB/*Häublein* § 573 Rn. 79; AnwK WohnraumMietR/*Lammel* BGB § 573 Rn. 146; *Harke* ZMR 1991, 94; **aA** OLG Hamm NJW 1984, 1044 = WuM 1984, 94 = ZMR 1984, 129; LG Freiburg WuM 1989, 251; LG Heidelberg DWW 1990, 151; LG Mannheim WuM 1995, 710; *Kinne/Schach*/Bieber MietR/*Schach* BGB § 573 Rn. 33; *Klinkhammer* NJW 1997, 221.

[933] *Eisenschmid* PiG 90 (2011), 192.

[934] LG Saarbrücken NZM 1998, 304.

ter den Mieter lediglich befragt, ob dieser ohnehin die Absicht zur Aufgabe der Wohnung habe und bei dieser Gelegenheit ein Eigennutzungsinteresse bekundet.[935] Erforderlich ist vielmehr, dass der Vermieter hinreichend deutlich zum Ausdruck bringt, dass er in die Wohnung des Mieters einziehen wolle. Die Darlegungs- und Beweislast für die Pflichtverletzung des Vermieters trägt der Mieter.[936] Soweit ein Zusammenhang zu baulichen Veränderungen besteht, kann uU zugunsten des Mieters die Vermutungsregel des § 559d BGB streiten. Die ursprünglich[937] gegen das Herausmodernisieren geplante Vorschrift[938] kann jetzt für alle Pflichtwidrigkeiten des Vermieters herangezogen werden, ohne dass es der **Absicht zum „Herausmodernisierens"** bedarf.

222 Strittig ist die Frage, ob auch eine **wegen fehlender Begründung formell unwirksame Kündigung** eine Pflichtverletzung darstellt. Die Angabe der Gründe ist nach § 573 Abs. 3 S. 1 BGB **Wirksamkeitsvoraussetzung** für die ordentliche Kündigung. Eine Kündigung ohne Angabe der Gründe ist unwirksam. Nach der Ansicht des BGH[939] hat es mit dieser Rechtsfolge aber sein Bewenden. Danach ist das Begründungserfordernis in § 573 Abs. 3 BGB gerade nicht als „Pflicht" iSd § 280 BGB, sondern als bloße **„Obliegenheit"** zu bewerten. Dies hat zur weiteren Folge, dass dem Mieter keine Schadensersatzansprüche zustehen, wenn der Vermieter ohne Angabe von Gründen kündigt. Die Einordnung als bloße Obliegenheit durch den BGH ist zweifelhaft.[940] Sie entsprach allenfalls bis zum 31. 8. 2001 der damals geltenden Rechtslage. Mit dem Inkrafttreten des Mietrechtsreformgesetzes hat sich dies jedoch geändert. Es heißt jetzt eindeutig „Die Gründe für ein berechtigtes Interesse des Vermieters sind in dem Kündigungsschreiben anzugeben. Andere Gründe werden nur berücksichtigt, soweit sie nachträglich entstanden sind." Das ist bereits vom Wortlaut eine Pflicht. Es sollte durch den neuen Wortlaut klargestellt werden, „dass der Vermieter von Wohnraum eine ordentliche Kündigung begründen muss." Die Möglichkeit des (unbegrenzten) Nachschiebens von Gründen wurde zwar diskutiert, aber verworfen: „Wenn der Vermieter nicht gezwungen ist, seine Gründe für die Kündigung vollständig zu offenbaren, wird dies die Zahl und die Dauer von Räumungsprozessen erhöhen".[941] In den jeweiligen Begründungen zum Referenten- und Kabinettsentwurf wurde ergänzend darauf hingewiesen, der Mieter solle in die Lage versetzt werden, „sich frühzeitig Klarheit" über seine Rechtsstellung zu verschaffen.[942] Dem Wortlaut des Gesetzes („sind … anzugeben") und dem durch die Gesetzesmaterialien dokumentierten Gesetzeszweck ist zu entnehmen, dass § 573 Abs. 3 BGB eine **echte Informationspflicht** enthält.

### III. Kausalität

223 Zwischen der Pflichtverletzung des Vermieters und dem Auszug des Mieters muss eine **Kausalität** bestehen. Hiervon ist auszugehen, wenn der Mieter auf Grund der Angaben des Vermieters **zur Räumung verurteilt** wird oder wenn er **freiwillig auszieht,** weil er auf die Angaben des Vermieters vertraut hat.[943] Schließen die Parteien im Anschluss an eine vorgetäuschte Eigenbedarfskündigung einen **Mietaufhebungsvertrag,** so wird hierdurch die Zurechnungszusammenhang zwischen der Vertragsverletzung und dem Schaden nicht unterbrochen.[944] Der Vermieter muss spätestens im Termin darauf hinweisen, dass der Eigenbedarfs bis zum Ablauf der Kündigungsfrist entfallen ist oder eine Alternativwohnung bis zu diesem Zeitpunkt freigeworden ist. An diesem Stichtag ändert auch die Vereinbarung eines **späteren Auszugstermi**n nichts.[945] schließt. Haben die Parteien sich beide über den Fortbestand des Mietverhältnisses als Geschäftsgrundlage einer Räu-

[935] LG Saarbrücken NZM 1998, 304.
[936] *Siegmund* NZM 2017, 613 (614).
[937] Zu den unterschiedlichen Gesetzvorschlägen im Gesetzgebungsverfahren s. die Synopse von *Börstinghaus* NZM 2018, 705.
[938] *Börstinghaus/Krumm* NZM 2018, 633; *Blank* NZM 2019, 73.
[939] BGH VIII ZR 9/10, NJW 2011, 914 = NZM 2011, 119.
[940] *Eisenschmid* PiG 90 (2011), 192; *Sternel* NZM 2011, 688; *Börstinghaus* jurisPR-BGHZivilR 4/2011 Anm. 3.
[941] Begr. zum Vereinfachungsentwurf, abgedr. in Arbeitskommentar Neues MietR/*Eisenschmid* S. 496.
[942] Arbeitskommentar Neues MietR/*Eisenschmid* S. 498f.
[943] LG Saarbrücken DWW 1998, 117 = NZM 1998, 304 = ZMR 1998, 233.
[944] BGH VIII ZR 99/14, NJW 2015, 2324.
[945] BGH VIII ZR 238/18, NZM 2021, 132.

mungsvereinbarung **geirrt,** kommt ein Rücktritt des Mieters nach den Grundsätzen des **Fehlens der Geschäftsgrundlage** von der Vereinbarung in Betracht.[946]

224 Dies gilt auch dann, wenn die **Kündigung formell unwirksam** war. Dem Mieter fällt auch in diesem Fall kein Mitverschulden an der Entstehung des Schadens zur Last, weil er grds. auf die Richtigkeit der Tatsachenangaben seines Vermieters vertrauen darf, wenn nicht ausnahmsweise erkennbar naheliegende Verdachtsgründe bestehen. Der Anspruch entfällt nur ausnahmsweise, nämlich dann, wenn feststeht, dass der Mieter im Zeitpunkt der Mietaufhebungsvereinbarung oder später entschlossen war, die Wohnung in jedem Fall, unabhängig von dem geltend gemachten Eigenbedarf, zu räumen.[947] Es kommt nicht darauf an, ob dem Mieter die Kündigungsgründe schriftlich oder nur mündlich bekannt gegeben worden sind, weil der Mieter auch auf mündlich dargelegte Gründe vertrauen darf.[948] Das gilt auch bei einer gänzlich fehlenden Begründung.[949] Solange der Mieter davon überzeugt ist, dass der Vermieter tatsächlich einen begründeten Eigenbedarf hat, kann die Kausalität zwischen der Vertragsverletzung und dem Schaden nicht zweifelhaft sein.[950] Maßgeblich ist allein, dass der Mieter das **Räumungsverlangen materiell für gerechtfertigt ansieht.**

225 Anders ist die Rechtslage, wenn der Abschluss des Aufhebungsvertrags **„auf der freien Willensentscheidung" des Mieters** beruht. Ein solcher Fall ist anzunehmen, wenn der Mieter auf jeden Fall – ohne Rücksicht auf das Bestehen des Eigenbedarfs – ausziehen will.[951] Ist dieser Punkt – wie in den meisten Fällen – im Mietaufhebungsvertrag oder Räumungsvergleich nicht eindeutig geregelt, so ist das von den Parteien gewollte unter Berücksichtigung der Umstände des Einzelfalls im Wege der Auslegung zu ermitteln.[952] Der Kausalzusammenhang wird nur dann unterbrochen, wenn festgestellt werden kann, ob die Parteien durch gegenseitiges Nachgeben auch den Streit darüber beilegen wollten, ob die Eigenbedarfslage des Vermieters bestand oder nur vorgetäuscht war. Nur dann, wenn mit dem Vergleich auch etwaige Ansprüche des Mieters wegen eines nur vorgetäuschten Bedarfs abgegolten werden sollten, fehlt es an dem erforderlichen Zurechnungszusammenhang.[953] An das Vorliegen eines solchen **Verzichtswillens** sind **strenge Anforderungen** zu stellen. Er muss **unmissverständlich** sein.[954] Ein **Indiz** hierfür kann darin gesehen werden, dass sich der Vermieter zu einer substanziellen Gegenleistung verpflichtet, zB eine **Abstandszahlung** leistet[955] oder auf rechtlich tatsächlich geschuldete Schönheitsreparaturen verzichtet.[956] Die Gegenleistung muss allerdings ein nicht unerhebliches Gewicht haben. Bei einer Geldzahlung ist darauf abzustellen, welche Beträge für die Aufgabe des Mietbesitzes in der Gemeinde üblicherweise bezahlt werden. Dies hängt in erster Linie von der in der jeweiligen Gemeinde bestehenden Wohnungssituation ab. In Berlin wurde eine Ausgleichszahlung von 5.000 EUR als Gegenleistung für die Aufgabe der Wohnung als nicht ausreichend angesehen, da Abstandszahlungen in fünfstelliger Höhe üblich geworden seien.[957]

226 An der **Kausalität kann es auch fehlen,** wenn der Mieter **unabhängig von der Kündigung des Vermieters ausgezogen** ist. Dies ist der Fall, wenn der **Mieter das Mietverhältnis seinerseits gekündigt** hat.[958] Gleiches gilt, wenn der Vermieter auch **aus anderen Gründen**

---

[946] BGH VIII ZR 191/18, WuM 2021, 47.

[947] BGH VIII ZR 231/07, WuM 2009, 359 = NZM 2009, 429; OLG Karlsruhe WuM 1982, 11 unter III. 3; BayObLG WuM 1982, 203; LG Bochum NJWE-MietR 1997, 50; Staudinger/*Rolfs* BGB § 573 Rn. 227, 228; MüKoBGB/*Häublein* § 573 Rn. 105; AnwK WohnraumMietR/*Lammel* BGB § 573 Rn. 147; Kinne/Schach/Bieber MietR/*Schach* BGB § 573 Rn. 32; Emmerich/Sonnenschein/*Haug* BGB § 573 Rn. 92.

[948] LG Mannheim WuM 1995, 710.

[949] *Eisenschmid* PiG 90 (2011), 192; *Sternel* NZM 2011, 688; *Börstinghaus* jurisPR-BGHZivilR 4/2011 Anm. 3.

[950] BGH VIII ZR 231/07, NZM 2009, 429.

[951] Grdl. BGH VIII ZR 231/07, NJW 2009, 2059; VIII ZR 99/14, NJW 2015, 2324; VIII ZR 214/15, NZM 2016, 718; *Blank* WuM 2009, 447 (448); *Hinz* JR 2010, 296 (297); NK-BGB/*Hinz* § 573 Rn. 132.

[952] BGH VIII ZR 343/10, WuM 2011, 634; VIII ZR 99/14, NJW 2015, 2324 Rn. 15; iErg ebenso OLG Frankfurt a. M. WuM 1994, 600.

[953] BGH VIII ZR 99/14, NZM 2015, 532 = NJW 2015, 2324; VIII ZR 343/10, WuM 2011, 634.

[954] BGH VIII ZR 99/14, NZM 2015, 532 = NJW 2015, 2324; VI ZR 76/06, NJW 2007, 368; II ZR 222/08, NJW 2010, 64; II ZR 178/10, WM 2012, 2231.

[955] AG Brandenburg BeckRS 2019, 16207.

[956] BGH *VIII ZR 99/14, NJW 2015,* 2324 Rn. 19; VIII ZR 214/15, NZM 2016, 718 Rn. 14.

[957] AG Tempelhof-Kreuzberg WuM 2017,660; **aA** AG Brandenburg BeckRS 2019, 16207: 2.000 EUR ausreichend.

[958] AG Sinzig DWW 1991, 25 (Kündigung wegen des gespannten Vertragsverhältnisses).

**gekündigt** hat und wenn der Mieter auf Grund dieser Kündigung zur Räumung verpflichtet gewesen wäre.[959] Es handelt sich um einen Fall des **rechtmäßigen Alternativverhaltens.** Die Darlegungs- und Beweislast für das Vorliegen der hypothetischen Beendigungsgründe liegt beim Vermieter.[960] Ebenso entfällt der Schadensersatzanspruch, wenn der Vermieter statt der angegebenen Verwendungsabsicht einen anderen ebenfalls rechtmäßigen Verwendungszweck verwirklicht hat.[961]

## IV. Rechtsfolgen

Zu den **erstattungsfähigen Schäden** gehören insbes.[962]: 227

**1.** Die **Kosten des vorangegangenen Räumungsrechtsstreits.**[963] Fraglich kann sein, ob der Mieter die Prozesskosten des Räumungsverfahrens im Wege des Schadensersatzanspruchs verlangen kann, wenn er sich zuvor im Vergleichsweg zur Kostentragung verpflichtet hat. Dies wird vom BGH bejaht.[964] Wurden diese Kosten von der Rechtsschutzversicherung des Mieters getragen, so ist zu unterscheiden: Ist die Leistung der **Rechtsschutzversicherung** vor Rechtshängigkeit des Schadensersatzprozesses erfolgt, so muss der Mieter den Erstattungsanspruch an die Versicherung abtreten oder sich eine Einziehungsermächtigung erteilen lassen; anderenfalls fehlt dem Mieter die **Aktivlegitimation.** Hat der Versicherer nach Rechtshängigkeit des Schadensersatzprozesses geleistet, so ist eine **gesetzliche Prozessstandschaft** nach § 265 ZPO gegeben, mit der Folge, dass der Mieter lediglich Zahlung an die Rechtsschutzversicherung verlangen kann. 228

**2. Detektivkosten.** Bei abgewiesener Räumungsklage muss der Vermieter diejenigen Kosten erstatten, die der Mieter zum Nachweis der Täuschungshandlung aufgewendet hat, bspw. die Kosten eines Detektivs.[965] 229

**3. Umzugskosten.** Zu erstatten sind die Kosten im Zusammenhang mit dem erforderlichen Umzug im weitesten Sinne. Hierzu zählen nicht nur die Kosten eines evtl. beauftragten **Umzugsunternehmen** oder freiwilliger Umzugshelfer, sondern auch die **Fahrtkosten,** die für die Wohnungssuche angefallen sind, die Kosten für Inserate; Umzugsservice und Ummeldekosten der Telekom oder eines anderen Telefon- oder Internetanbieters, Ummeldekosten bei der Gemeinde. **Auch nutzlos gewordene Aufwendungen** für die bisherige Wohnung (nicht mehr verwendbare Einrichtungsgegenstände, Renovierungskosten, nicht abgewohnte Investitionen) müssen unter den Voraussetzungen des § 284 BGB erstattet werden. Danach werden diese nur ersetzt, wenn sie „ihren Zweck nicht erreicht" haben, sie mithin „vergeblich" waren. Nach der Intention des § 284 BGB besteht ein Anspruch auf Ersatz von Aufwendungen nur in dem Umfang, in dem der Zweck der Aufwendungen durch die Nichterbringung der Leistung nicht erreicht oder vereitelt worden ist.[966] Zu den Kosten gehören auch die Kosten für den **Umbau einer Einbauküche.**[967] Maklerkosten sind, soweit sie überhaupt noch vom Mieter geschuldet werden, nur für die Vermittlung einer neuen Mietwohnung zu erstatten. Nicht zu erstatten sind die für den Eigentumserwerb einer Ersatzwohnung angefallenen Maklerkosten.[968] Zumindest nach einer 4-jährigen Mietzeit sind auch die **Maklerkosten** für die vormalige Anmietung der gekündigten Wohnung unter dem Gesichtspunkt **vergeblicher Aufwendungen** gem. § 284 BGB nicht zu erstatten.[969] 230

**4. Einlagerungskosten.** Soweit der Mieter seine Möbel insgesamt oder teilweise zeitweise (zwischen-)lagern muss, können diese Kosten auch zum ersatzfähigen Schaden gehören.[970] 231

---

[959] LG Gießen WuM 1995, 163 (Kündigung wegen Zahlungsverzugs).

[960] BGH XI ZR 207/90, NJW 1991, 3208; VI ZR 179/57, BGHZ 29, 176, (187); BGH VII ZR 12/73, BGHZ 61, 118 (123).

[961] LG Hamburg ZMR 2001, 620.

[962] *Siegmund* NZM 2017, 613 (618).

[963] AG Nürnberg WuM 1995, 180.

[964] BGH VIII ZR 44/16, NJW 2017, 2819.

[965] AG Hamburg WuM 1997, 220; LG Köln WuM 2000, 616, danach gehören diese Kosten zu den Prozesskosten.

[966] BGH X ZR 126/14, NJW 2016, 491.

[967] BGH VIII ZR 371/18, NZM 2021, 1038.

[968] BGH VIII ZR 371/18, NZM 2021, 1038; VIII ZR 238/18, NZM 2021, 132.

[969] BGH VIII ZR 371/18, NZM 2020, 1038.

[970] BGH VIII ZR 371/18, NZM 2021, 1038.

232 **5. Zwischenunterkunft.** Muss der Mieter zunächst in eine Übergangswohnung ziehen, weil die neue Wohnung noch nicht bezogen werden kann, gehören diese Kosten auch zum ersatzfähigen Schaden.[971] Anzurechnen sind die bisherigen Mietkosten. In Betracht kommen kann hier auch ein Mitverschulden des Mieters, wenn er den Zwischenumzug hätte vermeiden können, zB durch Stellung eines Räumungsschutzantrags oder eines Fortsetzungsverlangens gem. § 574 BGB.

233 **6. Fahrtkosten** zwischen Arbeitsort und neuer Wohnung sind zu erstatten, wenn diese höher als zwischen der gekündigten Wohnung und der Arbeitsstelle sind.

234 **7. Mietdifferenzschaden.** Zu erstatten ist auch die Differenz zwischen den Wohnkosten für die gekündigte Wohnung und der neuen Miete für eine vergleichbare Wohnung. Da keine Wohnung mit der anderen völlig vergleichbar ist, muss hier eine Umrechnung stattfinden. Für größere Flächen oder eine bessere Ausstattung/Beschaffenheit muss der Vermieter nicht einstehen. Eine **zeitliche Begrenzung** der Ersatzpflicht hinsichtlich des Mietdifferenzschadens besteht grds. nicht.[972] Jedoch sind **Änderungen der Lebensplanung des Mieters,** die sowieso zu einer Mieterkündigung geführt hätten, zu berücksichtigen, also ein beruflich bedingter Umzug in eine andere Stadt, die Vergrößerung/Verkleinerung der Familie, die mehr oder weniger Raumbedarf verlangt.

235 **8.** Ein **Schmerzensgeld** ist nicht ausgeschlossen, aber nur in besonders schwerwiegenden Fällen angezeigt.[973]

236 **9. Nicht erstattungsfähig** sind die Kosten für den Erwerb einer Eigentumswohnung; die haftungsausfüllende Kausalität, dh der haftungsrechtliche Zurechnungszusammenhang zwischen dem Haftungsgrund (der Rechtsgutsverletzung) und dem Schaden unter Berücksichtigung des Schutzzwecks der haftungsbegründenden Norm ist im Fall des Erwerbs von Wohneigentum anstelle der Miete einer anderen Wohnung nicht mehr gegeben.[974] Das gilt auch für die für den Erwerb aufgewandten Maklerkosten.[975]

## V. Mitverschulden des Mieters

237 Der Mieter muss sich ein **Mitverschulden** anrechnen lassen, wenn er auf eine naheliegende Rechtsverteidigung gegen die Kündigung verzichtet hat. Der Umstand, dass die Kündigung formell unwirksam war (etwa, weil die Beendigungstatsachen nicht vollständig mitgeteilt sind), spielt hier allerdings keine Rolle: zum einen darf der Mieter auch auf die Richtigkeit der mündlich mitgeteilten Gründe vertrauen.[976] Zum anderen gewinnt der Mieter iE nichts, wenn er (lediglich) die formelle Unwirksamkeit der Kündigung rügt. Im günstigsten Fall kann er seine Räumungsverpflichtung verzögern, weil eine formell unwirksame Kündigung jederzeit wiederholt werden kann.[977] Bestehen allerdings konkrete Verdachtsmomente gegen die Ernsthaftigkeit des Nutzungs-/Überlassungswillens, muss sich der Mieter gegen die Kündigung zur Wehr setzen. Erst recht gilt diese Obliegenheit, wenn der Vermieter unter Angabe der zutreffenden Gründe kündigt, diese aber die Vertragsbeendigung – auch für den Laien erkennbar – nicht rechtfertigen.[978]

## VI. Darlegungs- und Beweislast

238 Nach allgemeinen Grundsätzen muss der Mieter die tatsächlichen Voraussetzungen seines Schadensersatzanspruchs beweisen. Dieser Grundsatz gilt auch in den Fällen des vorgetäuschten Eigenbedarfs. Nach der Rspr. des BGH findet keine Umkehr der Beweislast statt.[979] Zugunsten des Mieters gilt jedoch eine **Beweiserleichterung,** wenn der Vermieter den behaupteten Selbstnutzungswillen nach dem Auszug des Mieters nicht in die Tat umsetzt. Dann hat der Vermieter „substantiiert und plausibel („stimmig") … darzulegen, aus welchem Grund der mit der Kündigung

---

[971] BGH VIII ZR 371/18, NZM 2021, 1038.
[972] *Siegmund* WuM 2017, 613; **aA** AG Tempelhof-Kreuzberg WuM 2017, 660, vier Jahre.
[973] *Siegmund* NZM 2017, 613 (620).
[974] *Siegmund* NZM 2017, 613 (620).
[975] BGH VIII ZR 371/18, NZM 2021, 1038; VIII ZR 238/18, NZM 2021, 132.
[976] OLG *Karlsruhe NJW 1982, 54;* BayObLG NJW 1982, 2003; *Eisenschmid* PiG 90 (2011), 192 (195).
[977] LG Saarbrücken WuM 1995, 173; LG Mannheim WuM 1995, 711; **aA** AG Saarlouis WuM 1995, 173.
[978] LG Mannheim WuM 1995, 711.
[979] BGH VIII ZR 368/03, NZM 2005, 580 = NJW 2005, 2395.

vorgebrachte Eigenbedarf nachträglich entfallen sein soll; insoweit sind strenge Anforderungen zu stellen. Erst wenn der Vortrag des Vermieters diesem Maßstab genügt, obliegt dem Mieter der Beweis, dass ein Selbstnutzungswille des Vermieters schon vorher nicht bestand."[980]

Für die **praktische Umsetzung** gilt folgendes: Wird die Wohnung entgegen der Angaben im Kündigungsschreiben vom Vermieter nicht bezogen, sondern anderweitig vermietet, so muss der Vermieter „substantiiert und plausibel" darlegen aus welchem Grund der mit der Kündigung vorgebrachte Eigenbedarf nachträglich entfallen sein soll. Wenn der Vortrag des Vermieters dem genügt, obliegt dem Mieter der Beweis, dass ein Selbstnutzungswille schon von vorneherein nicht bestanden hat.[981] **239**

Teilweise wird in diesem Zusammenhang die Ansicht vertreten, dass der Mieter in einem solchen Fall einen **Auskunftsanspruch** geltend machen kann, wenn von der Auskunft die Erfolgsaussicht eines Schadensersatzanspruchs abhängt.[982] Ist streitig, ob der Vermieter den Mieter vor seinem Auszug von dem Wegfall des Nutzungs-/Überlassungswillens informiert hat, so trifft die Beweislast den Vermieter. Gleiches gilt, wenn die **Erfüllung der Anbietpflicht** in Frage steht. Zieht der Mieter freiwillig aus, weil er auf **mündliche Erklärungen** des Vermieters über einen angeblichen Nutzungs-/Überlassungswillen vertraut hat und ist streitig, was der Vermieter erklärt hat, so trifft die Beweislast den Vermieter.[983] Dies folgt aus der Erwägung, dass die schriftliche Mitteilung der Kündigungsgründe zu den Pflichten des Vermieters gehört (§ 573 Abs. 3 BGB); deshalb muss der Vermieter das Risiko tragen, wenn der Inhalt des mündlich erklärten nicht ermittelt werden kann. Die **Kausalität** zwischen der Pflichtverletzung des Vermieters und dem Auszug des Mieters ist vom Mieter zu beweisen. An diesen Beweis sind allerdings keine strengen Anforderungen zu stellen; er gilt als geführt, wenn feststeht, dass zwischen der Pflichtverletzung des Vermieters und dem Auszug ein zeitlicher Zusammenhang besteht. Die **Höhe des Schadens** muss der Mieter beweisen; für das Mitverschulden ist der Vermieter beweispflichtig. **240**

## VII. Anspruch auf Wiedereinräumung des Besitzes

Durch eine **vorgetäuschte Eigenbedarfskündigung** wird das Mietverhältnis nicht beendet. Der Mieter hat deshalb gegen den Vermieter nicht nur einen Schadensersatzanspruch, sondern auch einen aus § 535 Abs. 1 BGB folgenden Erfüllungsanspruch.[984] Der Vermieter kann die Erfüllung nach § 275 Abs. 1 BGB im Falle der **Unmöglichkeit** allerdings verweigern. Dabei ist es unerheblich, ob der Vermieter die Unmöglichkeit zu vertreten hat oder nicht.[985] Ist die Unmöglichkeit strittig, muss darüber eine Beweiserhebung erfolgen. Unmöglichkeit kann nicht bereits angenommen werden, wenn die Wohnung inzwischen anderweitig vermietet oder verkauft ist, sondern erst dann, wenn der Vermieter beweist, dass er die Verfügungsmacht über die Wohnung nicht mehr erlangen kann, sei es durch Kündigung, eine Abstandzahlung oder einen Rückerwerb.[986] **241**

Hat der Mieter die Wohnung geräumt und an den Vermieter zurückgegeben, so hat er im Falle einer unwirksamen Kündigung oder beim nachträglichen Wegfall des Bedarfs **einen Anspruch auf Wiedereinräumung des Besitzes.**[987] Dieser Anspruch kann durch ein im Wege der **einstweiligen Verfügung** zu erlassendes Verbot der **Weitervermietung** gesichert werden.[988]Hat der Vermieter Verkaufsabsichten, so kommt auch ein einstweiliges Veräußerungsverbot in Betracht[989], das im Grundbuch eingetragen werden kann, um einen gutgläubigen Erwerb durch einen Dritten **242**

---

[980] BGH VIII ZR 300/15, NZM 2017, 23.

[981] BGH VIII ZR 300/15, NZM 2017, 23; VIII ZR 44/16, NJW 2017, 2819; AG Garmisch-Partenkirchen WuM 2008, 674; AG Münster WuM 2014, 274.

[982] AG Wuppertal WuM 1995, 185; *Eisenschmid* PiG 90 (2011), 192 (195).

[983] LG Mannheim WuM 1995, 710.

[984] *Eisenschmid* PiG 90 (2011), 192 (196); **aA** *Harsch* MietRB 2016, 8186, nur Schadensersatzanspruch in Form der Naturalherstellung.

[985] Palandt/*Grüneberg* BGB § 275 Rn. 5; Bamberger/Roth/*Unberath* BGB § 275 Rn. 51; *Schur* NJW 2002, 2518; *Siegmund* WuM 2017, 613 (616 f.).

[986] BGH VIII ZR 41/14, NZM 2015, 334 = NJW 2015, 1516 mAnm *Bruns* ZMR 2015, 529; *Fervers* ZMR 2015, 609; NK-BGB/*Hinz* § 573 Rn. 138; ausf. auch *Siegmund* WuM 2017, 613 (617).

[987] *Ostermann* WuM 1992, 342 (346).

[988] *Siegmund* WuM 2017, 613 (616); NK-BGB/*Hinz* § 73 Rn. 156.

[989] LG Bonn WuM 1988, 402; *Ostermann* WuM 1992, 342 (346); Enders/Börstinghaus/*Börstinghaus*, Einstweiliger Rechtsschutz, 3. Aufl. 2016, Rn. 1042; **aA** Schuschke/Walker/*Schuschke* BGB Vor § 935 Rn. 40.

zu verhindern.[990] Der Anspruch auf Wiedereinräumung des Besitzes kann mit der **Schadensersatz**- oder mit der **Erfüllungsklage** geltend gemacht werden.

243 Etwas anders gilt, wenn die Kündigung ursprünglich begründet war, der Vermieter dem Mieter aber **keine freie Alternativwohnung** angeboten hat. Eine Verletzung dieser Verpflichtungen hat **nur Schadensersatzansprüche** zur Folge und **keine Erfüllungsansprüche.**[991] Ein Verstoß gegen die Anbietpflicht macht nämlich die **Kündigung nicht unwirksam** oder lässt die Ausübung der Rechte als rechtsmissbräuchlich erscheinen.[992] Das Mietverhältnis ist durch die berechtigte Eigenbedarfskündigung beendet worden. Dies löst nur die **Nebenpflicht** aus, dem Mieter unter bestimmten Umständen zur Abmilderung der hierdurch eintretenden Auswirkungen eine verfügbare Alternativwohnung anzubieten. Der Vermieter verstößt durch den Ausspruch der Eigenbedarfskündigung nicht gegen die Rechtsordnung, sondern erst dadurch, dass er eine ihm während der Kündigungsfrist zur Verfügung stehende geeignete Alternativwohnung nicht dem Mieter anbietet. Folglich haben auch die sich hieraus abzuleitenden Rechtsfolgen nicht an der wirksamen Kündigung, sondern **an der pflichtwidrig unterlassenen Zurverfügungstellung einer Alternativwohnung** anzusetzen. Die Verletzung der Anbietpflicht als vertragliche **Rücksichtnahmepflicht** iSv § 241 Abs. 2 BGB kann daher wie jeder Verstoß gegen sonstige Nebenpflichten **nur Schadensersatzansprüche** des Mieters nach § 280 Abs. 1 BGB begründen. Diese Ansprüche sind allerdings **nur auf Geldersatz** gerichtet. Ein Anspruch des Mieters auf „Fortsetzung" des bisherigen Mietverhältnisses als **Naturalrestitution** nach § 249 Abs. 1 BGB kommt nicht in Betracht. Denn die Anbietpflicht, deren Verletzung Schadensersatzansprüche auslösen kann, bezieht sich nicht auf das gekündigte Vertragsverhältnis, sondern auf die Zurverfügungstellung einer anderen Wohnung. Dementsprechend stellt ein Anspruch auf „Fortsetzung" des alten Mietverhältnisses oder gar auf Abschluss eines neuen Mietvertrags über die gekündigte Wohnung keine zum Ausgleich dieser Pflichtverletzung geschuldete Naturalrestitution iSv § 249 Abs. 1 BGB dar. Es würde gerade nicht der Zustand hergestellt, der bestünde, wenn der Vermieter pflichtgemäß die Alternativwohnung angeboten hätte.

244 Der Mieter muss also nur gestellt werden, als wenn der Vermieter seiner Verpflichtung zum Anbieten der Alternativwohnung nachgekommen wäre. In diesem Fall hätte der Mieter ggf. nur innerhalb des Hauses umziehen müssen, so dass größere **Umzugskosten** entfallen wären. Nur die zusätzlichen Kosten, also für den Umzug in ein anderes Gebäude, eventuelle Maklerkosten für die Anmietung[993] der Ersatzwohnung, höhere Fahrtkosten zur Arbeit oder eine Mietdifferenz[994], kann der Mieter als Schadensersatz verlangen.

## VIII. Besonderheiten bei Rechtsnachfolge

245 Wird die Wohnung nach Rechtshängigkeit der **Klage des Anspruchs auf Wiedereinräumung des Besitzes** veräußert, so kommt es zunächst darauf an, ob die Mietsache im Zeitpunkt der Veräußerung (maßgeblich: die Eintragung des Erwerbers ins Grundbuch) noch im Besitz des Mieters war. In diesem Fall tritt der Erwerber gem. § 566 BGB in das Mietverhältnis ein. Hier bestimmt § 325 Abs. 1 ZPO, dass ein gegen den Veräußerer ergehendes rechtskräftiges Urteil gegen diejenigen Personen wirkt, die nach dem Eintritt der Rechtshängigkeit der Klage (dh nach der Zustellung der Klagschrift an den Veräußerer) Rechtsnachfolger des Klägers im Mietverhältnis werden. Wird der Veräußerer zur Wiedereinräumung des Besitzes verurteilt, so trifft dieselbe Verpflichtung den Erwerber. Hatte der Mieter dagegen den Besitz vor der Veräußerung bereits aufgegeben, so ist § 566 BGB unanwendbar, weil diese Vorschrift voraussetzt, dass der Wohnraum „nach der Überlassung an den Mieter" veräußert wird. Eine Rechtsnachfolge im Mietverhältnis tritt nicht ein; deshalb wirkt das Urteil auch nicht gegen den Erwerber.

---

[990] LG Bonn NJW-RR 1988, 1361; *Ostermann* WuM 1992, 342 (346); Palandt/*Herrler* BGB § 892 Rn. 16–18; Prütting/Wegen/Weinreich/*Huhn* BGB § 892 Rn. 4; *Hinz* NZM 2005, 841 (845); WuM 2010, 207 (211); **aA** Soergel/*Heintzmann* BGB § 573 Rn. 63 Fn. 346.

[991] BGH VIII ZR 232/15, NJW 2017, 547 = NZM 2017, 111 unter Aufgabe der früheren Rechtsprechung: BGH VIII ZR 166/14, NJW 2015, 1590 = NZM 2015, 378.

[992] BGH VIII ZR 232/15, NJW 2017, 547 = NZM 2017, 111 unter Aufgabe der früheren Rechtsprechung: BGH VIII ZR 166/14, *NJW 2015, 1590 = NZM 2015*, 378.

[993] *Nicht für* den Eigentumserwerb einer Ersatzwohnung: BGH VIII ZR 371/18, NZM 2021, 1038; BGH VIII ZR 238/18, NZM 2021, 132.

[994] Zum sog Kündigungsfolgeschaden ausf. *Siegmund* WuM 2017, 613.

## E. Die Begründung der Kündigungserklärung

### I. Allgemeines

Nach §573 Abs. 3 BGB sind die **Gründe für ein berechtigtes Interesse** des Vermieters im Kündigungsschreiben anzugeben. Dort nicht angegebene Gründe dürfen nur dann berücksichtigt werden, wenn sie nachträglich entstanden sind. Die gleichen Anforderungen gelten auch für die außerordentliche befristete Kündigung gem. §575a Abs. 1 BGB. Bei der außerordentlichen fristlosen Kündigung ergibt sich die Tatsache der Begründungspflicht und der Umfang der Begründung aus §569 Abs. 4 BGB. Die Anforderungen an den sonstigen Inhalt und die Wirksamkeit einer Kündigung ergeben sich aus den §§116ff., 164ff., 542, 568 BGB. 246

Die Angabe der Gründe ist nach §573 Abs. 3 S. 1 BGB **Wirksamkeitsvoraussetzung** für die ordentliche Kündigung.[995] Eine Kündigung ohne Angabe der Gründe ist unwirksam. Nach der Ansicht des BGH[996] hat es aber mit dieser Rechtsfolge sein Bewenden. Danach ist das Begründungserfordernis in §573 Abs. 3 BGB gerade nicht als „Pflicht" iSd §280 BGB, sondern als bloße **„Obliegenheit"** zu bewerten. Dies hat zur weiteren Folge, dass dem Mieter **keine Schadensersatzansprüche** zustehen, wenn der Vermieter ohne Angabe von Gründen kündigt. Auf der anderen Seite sieht der Senat[997] den Zweck des Begründungserfordernisses gerade darin, „dem Mieter zum frühestmöglichen Zeitpunkt Klarheit über seine Rechtsposition zu verschaffen und ihn dadurch in die Lage zu versetzen, rechtzeitig alles Erforderliche zur Wahrung seiner Interessen zu veranlassen". Die Einordnung als bloße Obliegenheit durch den BGH ist deshalb **zweifelhaft.**[998] Sie entsprach allenfalls bis zum 31.8.2001 der damals geltenden Rechtslage. Mit dem Inkrafttreten des Mietrechtsreformgesetzes hat sich dies jedoch geändert. Es heißt jetzt eindeutig „Die Gründe für ein berechtigtes Interesse des Vermieters sind in dem Kündigungsschreiben anzugeben. Andere Gründe werden nur berücksichtigt, soweit sie nachträglich entstanden sind." Das ist bereits vom Wortlaut eine Pflicht. Es sollte durch den neuen Wortlaut klargestellt werden, „dass der Vermieter von Wohnraum eine ordentliche Kündigung begründen muss." Die Möglichkeit des (unbegrenzten) Nachschiebens von Gründen wurde zwar diskutiert, aber verworfen: „Wenn der Vermieter nicht gezwungen ist, seine Gründe für die Kündigung vollständig zu offenbaren, wird dies die Zahl und die Dauer von Räumungsprozessen erhöhen".[999] In den jeweiligen Begründungen zum Referenten- und Kabinettsentwurf wurde ergänzend darauf hingewiesen, der Mieter solle in die Lage versetzt werden, „sich frühzeitig Klarheit" über seine Rechtsstellung zu verschaffen.[1000] Dem Wortlaut des Gesetzes („sind … anzugeben") und dem durch die Gesetzesmaterialien dokumentierten Gesetzeszweck ist zu entnehmen, dass §573 Abs. 3 BGB eine **echte Informationspflicht** enthält. 247

Davon abgesehen beinhaltet jede Kündigung zugleich eine Aufforderung an den Mieter, die Mietsache zurückzugeben. Ist das Mietverhältnis aber nicht beendet, so liegt in einer solchen **Kündigung eine Pflichtverletzung des Vermieters,** weil dieser dem Mieter den Besitz streitig macht, ohne dass die gesetzlichen Voraussetzungen hierfür gegeben sind.[1001] Kündigt der Vermieter ohne Angabe der Gründe und entstehen im Zuge der Überprüfung einer solchen Kündigung **Rechtsanwaltskosten,** so ist zu fragen, ob diese Kosten (allein) durch die **Verletzung der Informationspflicht** entstanden sind. Das wird allerdings in vielen Fällen zweifelhaft sein.[1002] 248

[995] BGH VIII ZR 346/19, NJW 2021, 1887 = NZM 2021, 431.
[996] BGH VIII ZR 9/10, NJW 2011, 914 = NZM 2011, 119.
[997] BGH VIII ZR 70/09, NZM 2010, 400; BGH VIII ZR 346/19, BeckRS 2021, 5876 unter Verweis auf die Gesetzesbegründung in BT-Drs. 6/1549 zur Vorgängervorschrift.
[998] *Eisenschmid* PiG 90 (2011), 192; *Sternel* NZM 2011, 688; *Börstinghaus* jurisPR-BGHZivilR 4/2011 Anm. 3.
[999] Begr. zum Vereinfachungsentwurf, abgedr. in Arbeitskommentar Neues MietR/*Eisenschmid* S. 496.
[1000] Arbeitskommentar Neues MietR/*Eisenschmid* S. 498f.
[1001] *Sternel* MietR Kap. IV Rn. 163.
[1002] **AA** *Sternel* NZM 2011, 688, danach ist ein bloß hypothetischer Geschehensverlauf bei der Bewertung des Schadens nicht zu berücksichtigen.

### II. Der Inhalt der Begründungspflicht

#### 1. Der Zweck

249 Nach den Vorstellungen des Gesetzgebers durch § 573 Abs. 3 BGB erreicht werden, dass „der Mieter zum frühestmöglichen Zeitpunkt **Klarheit über seine Rechtsposition** erlangt, und so in die Lage versetzt wird, rechtzeitig alles Erforderliche zur Wahrung seiner Interessen zu veranlassen".[1003] Außerdem soll die Vorschrift den Vermieter zwingen, sich selbst über die Rechtslage und die Aussichten der Kündigung klar zu werden.[1004] Schließlich bestimmt § 573 Abs. 3 BGB auch, welche Gründe dem Gericht im Räumungsprozess zur Berücksichtigung und Würdigung unterbreitet werden.[1005] Das schließt nicht aus, dass auch Gründe berücksichtigt werden dürfen, die dem Mieter bereits zuvor mündlich oder schriftlich mitgeteilt oder in einem Vorprozess geltend gemacht worden sind. Zumindest die Bezugnahme auf ein früheres, dem Mieter zugegangenes Schreiben genügt.[1006] Der BGH[1007] lässt sogar Gründe ausreichen, die dem Mieter „bereits **zuvor (mündlich) mitgeteilt** wurden oder ihm sonst bekannt sind." Das ist wegen dem **Schriftformerfordernis** des § 568 BGB zu weitgehend.

#### 2. Der Begriff der „Gründe"

250 Bereits aus dem Wortlaut des § 573 BGB ergibt sich, dass der Begriff der „Gründe" in Abs. 3 nicht identisch ist mit dem in § 573 Abs. 1, 2 BGB verwendeten Begriff des berechtigten Interesses. Unter dem Interesse sind die in § 573 Abs. 2 BGB speziell geregelten Kündigungstatbestände (Vertragsverletzungen, Eigenbedarf, anderweitige Verwertung) sowie die von § 573 Abs. 1 BGB erfassten Tatbestände (Betriebsbedarf, etc.) zu verstehen. Die **„Gründe" iSd § 573 Abs. 3 BGB sind demgegenüber die Tatsachen, Sachverhalte und Lebensvorgänge,** aus denen sich die Kündigungstatbestände ergeben. Hieraus folgt, dass es für die Begründung einer Kündigung nicht genügt, wenn im Kündigungsschreiben lediglich der Gesetzeswortlaut oder das Kündigungsinteresse („wegen Eigenbedarfs") mitgeteilt wird.[1008]

#### 3. Die Kerntatsachen und die Ergänzungstatsachen

251 Ausgangspunkt ist die Überlegung, dass „an den formellen Begründungszwang nicht die gleichen hohen Anforderungen gestellt werden, wie an die materielle Anspruchsbegründung".[1009] Es muss zwischen den **„Kerntatsachen"** und den **„Ergänzungstatsachen"** unterschieden werden: Es genüge, wenn der Vermieter den Kündigungsgrund „so bezeichnet, dass er identifiziert und von anderen Gründen unterschieden werden kann („Kerntatsachen").[1010] Tatsachen, die nur der näheren Erläuterung, Ergänzung, Ausfüllung sowie dem Beweis des geltend gemachten Kündigungsgrundes dienen" könnten nachgeschoben werden („Ergänzungstatsachen").[1011] Nach Auffassung des BayObLG gehören bei einer Eigenbedarfskündigung zu den „Kerntatsachen" Angaben wie: „Fehlende anderweitige Unterbringung am Ort", „bisherige Wohnung wurde vom Vermieter gekündigt", „bisherige Wohnung zu klein oder zu groß", „gesundheitliche oder Altersgründe", „berufliche oder schulische Gründe". Zu den Ergänzungstatsachen gehören danach Angaben über die bisherigen Wohnverhältnisse, Einzelheiten über die Größe der bisherigen Wohnung, konkrete Darlegungen zum Gesundheitszustand, usw.[1012] Demgegenüber sind die Instanzgerichte häufig

---

[1003] BT-Drs. 6/1549; so auch BGH VIII ZR 6/19, WuM 2021, 451; VIII ZR 346/19, NJW 2021, 1887 = NZM 2021, 431.

[1004] BT-Drs. 6/1549, 6.

[1005] BayObLG WuM 1981, 200.

[1006] BVerfG WuM 1993, 233; BGH VIII ZR 74/10, NJW 2011, 1065 = NZM 2011, 275; LG Wuppertal BeckRS 2020, 38458; erheblich enger und einschränkender aber BayObLG WuM 1981, 200.

[1007] BGH VIII ZR 317/10, NZM 2011, 706; *Fleindl* NZM 2013, 7.

[1008] BVerfG NJW 1992, 1379.

[1009] BayObLG WuM 1981, 200.

[1010] BGH VIII ZR 6/19, WuM 2021, 451; VIII ZR 167/17, NZM 2019, 527; VIII ZR 292/15, NZM 2017, 559; VIII ZR 270/15, NZM 2017, 286.

[1011] BGH VIII ZR 346/19, NJW 2021, 1887 = NZM 2021, 431; VIII ZR 232/15, NJW 2017, 547 = NZM 2017, 111; *Flatow NZM 2017, 825; Wedel* ZMR 2018, 196; *Hinz* JR 2018, 289.

[1012] Dem ist auch der BGH gefolgt: BGH VIII ZR 271/06, NJW 2007, 2845 = NZM 2007, 679; VIII ZR 70/09, NZM 2010, 400; VIII ZR 317/10, NZM 2011, 706; VIII ZR 254/06, NZM 2008, 281; VIII ZR 155/10, NJW 2011, 1135 = NZM 2011, 239; VIII ZR 297/14, NJW 2015, 3368 = NZM 2015, 812.

strenger, was auch verfassungsrechtlichen Vorgaben genügt.[1013] Deshalb soll zB ein Vermieter, der eine in München gelegene Wohnung kündigt, Angaben über ein in 75 km entferntes eigenes Haus und dessen Nutzung machen müssen.[1014] Wird der Wunsch zur Eigennutzung mit der Belastung des Grundstücks begründet, müssen die Einkünfte und Belastungen im Kündigungsschreiben mitgeteilt werden.[1015] Wer von einer Wohnung im 1. OG in die EG-Wohnung umziehen will, muss die hierfür maßgeblichen Gründe mitteilen.[1016] Nach der Auffassung des BVerfG müssen allerdings zwei Grenzen beachtet werden. Zum einen dürfen nur solche Angaben verlangt werden, die dem berechtigten Informationsinteresse des Mieters dienen.[1017] Hieraus folgt, dass die Begründungspflicht nicht formalistisch gehandhabt werden darf.[1018] Zum anderen muss sichergestellt werden, dass der Zugang zur gerichtlichen Sachprüfung nicht durch unzumutbar hohe Anforderungen an die vorgerichtliche Begründungspflicht verwehrt wird.[1019] Die für die Mieterhöhung entwickelten Grundsätze[1020] gelten auch für § 573 Abs. 3 BGB.[1021]

**Unrichtige oder dramatisierende Angaben** sind für die formelle Wirksamkeit der Kündi- **252**
gungserklärung nur von Bedeutung, wenn nach dem richtigen Sachverhalt kein Kündigungsgrund besteht. Im Einzelfall kann hierin auch ein Indiz gegen die Ernsthaftigkeit des Eigennutzungswunsches liegen.[1022] Ein etwaiges **„Dramatisieren" der Eigenbedarfssituation** hat nicht zur Folge, dass es an der nach § 573 Abs. 3 BGB erforderlichen Begründung fehlt und die Kündigung bereits aus diesem formellen Grund unwirksam ist.[1023] Geringfügige Abweichungen zwischen den realen Gegebenheiten und den Angaben im Kündigungsschreiben führen nicht zur Unwirksamkeit der Kündigung. Gleiches gilt, wenn sich der Lebenssachverhalt zwischen dem Ausspruch der Kündigung und der gerichtlichen Entscheidung über den Räumungsantrag geringfügig ändert. Vom Vermieter kann nur verlangt werden, dass er den Lebenssachverhalt so wiedergibt, wie er sich nach sorgfältiger Prüfung zum Zeitpunkt der Kündigungserklärung darstellt. Ändert sich der zugrunde liegende Lebenssachverhalt nachträglich geringfügig oder stellt sich eine Tatsachenprognose später in einem für die rechtliche Beurteilung nicht wesentlichen Punkt als unzutreffend heraus, dann führt es zu einer unzumutbaren Erschwerung der Rechtsverfolgung, wenn dem Vermieter allein deswegen die Berufung auf den Kündigungsgrund versagt wird.[1024]

### III. Das Begründungserfordernis bei den einzelnen Kündigungstatbeständen

#### 1. Die schuldhafte Pflichtverletzung gem. Abs. 2 Nr. 1

Bei einer Kündigung wegen schuldhafter Pflichtverletzung muss der Vermieter das **Verhalten** **253**
**des Mieters hinreichend genau beschreiben** und die Zeit, den Ort und die näheren Umstände des Vorfalls („wann, wo, was, wie") mitteilen.[1025] Ist der Kündigung eine Abmahnung vorausgegangen, so muss sich aus dem Kündigungsschreiben ergeben, dass der Mieter nach dem Zugang der Abmahnung eine weitere, gleiche oder gleichartige Vertragsverletzung begangen hat. Es genügt nicht, wenn der Vermieter zur Begründung lediglich auf die im Abmahnschreiben aufgeführten Beanstandungen Bezug nimmt, weil der Kündigungstatbestand eine Fortsetzung des beanstandeten Verhaltens nach der Abmahnung voraussetzt.[1026] Diese Grundsätze gelten auch dann, wenn der Vermieter abgemahnt hat, obwohl nach der gesetzlichen Regelung keine Abmahnung erforderlich gewesen wäre. Durch die Abmahnung gibt der Vermieter nämlich zu erkennen, dass der Mieter die

---

1013 BVerfG WuM 1989, 483, ZMR 1994, 252.
1014 BVerfG NJW 1992, 1379.
1015 BVerfG NJW 1992, 3032.
1016 BVerfG ZMR 1994, 252.
1017 BVerfG NJW 1992, 1379.
1018 BVerfG NJW 1992, 2411.
1019 BVerfG WuM 1989, 62; 2000, 232.
1020 BVerfGE 37, 132 (147f.); 49, 244 (247); 53, 352 (357); 79, 80 (84).
1021 BVerfG NJW 1992, 1379; NZM 2003, 592.
1022 BGH VIII ZR 70/09, NZM 2010, 400.
1023 BGH VIII ZR 70/09, NZM 2010, 400.
1024 So wörtlich BVerfG WuM 2000, 232.
1025 Bamberger/Roth/*Hannappel* BGB § 573 Rn. 127; Emmerich/Sonnenschein/*Haug* BGB § 573 Rn. 86; **aA** MüKoBGB/*Häublein* § 573 Rn. 134; Staudinger/*Rolfs* BGB § 573 Rn. 206, danach genügen pauschale Angaben (zB „wiederholter ruhestörender Lärm" oder „Unterlassen der Treppenreinigungspflicht").
1026 LG Bonn WuM 1992, 18.

Kündigung vermeiden kann, wenn er sich in Zukunft vertragsgemäß verhält. Wird die Kündigung auf eine Vertragsverletzung des Mieters gestützt und ergibt sich, dass das beanstandete Verhalten nicht diesem, sondern einem Familienangehörigen zur Last fällt, so soll eine „Korrektur" der Kündigungserklärung im Räumungsprozess als unzulässiges Auswechseln von Kündigungsgründen zu bewerten sein.[1027] Die Kündigung kann aber zumindest unter Angabe des richtigen Sachverhalts wiederholt werden.

254 Wird die Kündigung auf eine **Vielzahl einzelner Vertragsverletzungen** gestützt, so müssen die einzelnen Vertragsverletzungen substantiiert im Kündigungsschreiben dargelegt werden. Aus dem Kündigungsschreiben muss sich auch in diesem Fall ergeben, wann und wo der Mieter die behaupteten Vertragsverstöße begangen hat. Wird bspw. wegen einer häufigen **Lärmbelästigung** gekündigt, so genügt es nicht, wenn der Vermieter lediglich darlegt, dass der Mieter „ständig ruhestörenden Lärm" verursacht habe. Vielmehr ist in einem solchen Fall zu verlangen, dass Art, Zeitpunkt und jeweilige Dauer der einzelnen Lärmstörungen hinreichend genau beschrieben wird. Zumindest muss der Vermieter einen abgrenzbaren Zeitraum angeben und die Häufigkeit der Lärmstörungen innerhalb dieses Zeitraums darlegen (zB „In der Zeit vom … bis … ca. dreimal wöchentlich"). Soweit der BGH[1028] bei der Mängelanzeige wegen Lärmstörungen durch Touristen eine Beschreibung genügen lässt, aus der sich ergibt, um welche Art von Beeinträchtigungen (Partygeräusche, Musik, Lärm durch Putzkolonnen auf dem Flur oÄ) es geht, zu welchen Tageszeiten, über welche Zeitdauer und in welcher Frequenz diese ungefähr auftreten, ist diese Rspr. auf die Begründung einer Kündigung nicht eins zu eins zu übertragen.

### 2. Die Kündigung wegen Eigenbedarfs

255 Eine Eigenbedarfskündigung ist hinreichend begründet, wenn sich aus dem Kündigungsschreiben ergibt, dass der Vermieter die Räume **selbst bewohnen** oder diese einer **begünstigten Person überlassen** will und dass hierfür **vernünftige Gründe** vorliegen.[1029] Der Zweck des Begründungserfordernisses besteht darin, dem Mieter zum frühestmöglichen Zeitpunkt Klarheit über seine Rechtsposition zu verschaffen und ihn dadurch in die Lage zu versetzen, rechtzeitig alles Erforderliche zur Wahrung seiner Interessen zu veranlassen. Diesem Zweck wird im Allgemeinen Genüge getan, wenn das Kündigungsschreiben den Kündigungsgrund so bezeichnet, dass er identifiziert und von anderen Gründen unterschieden werden kann. Denn eine solche Konkretisierung ermöglicht es dem Mieter, der die Kündigung nicht hinnehmen will, seine Verteidigung auf den angegebenen Kündigungsgrund auszurichten, dessen **Auswechselung** dem Vermieter durch das Begründungserfordernis gerade **verwehrt** werden soll.[1030] Dementsprechend sind bei einer Kündigung wegen Eigenbedarfs grds. die **Angabe der Person,** für die die Wohnung benötigt wird, und die Darlegung des Interesses, das diese Person an der Erlangung der Wohnung hat, ausreichend.[1031] Es ist nicht erforderlich, dass das Kündigungsschreiben Angaben zu den bisherigen Wohnverhältnissen enthält.[1032] Das Begründungserfordernis dient nicht dazu, dem Mieter durch Angabe von Details eine Überprüfung des vom Vermieter geltend gemachten Bedarfs zu ermöglichen oder ihn schon im Vorfeld eines etwaigen späteren Kündigungsprozesses auf rechtliche Verteidigungsmöglichkeiten hinzuweisen.[1033] Ob der identifizierbar angegebene Kündigungsgrund tatsächlich besteht oder nicht, ist eine Frage der materiellen Begründetheit des Räumungsanspruchs, was ggf. erst im Prozess abschließend zu klären ist.

---

[1027] AG Köln WuM 2015, 623.

[1028] BGH VIII ZR 155/11, NJW 2012, 1645 = NZM 2012, 381.

[1029] BGH VIII ARZ 4/87, BGHZ 103, 91 (96) = NJW 1988, 904; VIII ZR 346/19, NJW 2021, 1887 = NZM 2021, 431; BGH VIII ZR 78/10, NJW 2010, 3775 = NZM 2011, 30; VIII ZR 317/10, NZM 2011, 706; VIII ZR 297/14, NJW 2015, 3368 = NZM 2015, 812; VIII ZR 271/07, NJW 2007, 2845; VIII ZR 70/09, NZM 2010, 400; VIII ZR 284/13, NJW 2014, 2102; VIII ZR 270/15, NJW 2017, 1474; VIII ZR 167/17, NJW-RR 2019, 972.

[1030] BGH VIII ZR 346/19, NJW 2021, 1887 = NZM 2021, 431; VIII ZR 270/15, NJW 2017, 1474; VIII ZR 297/14, NJW 2015, 3368.

[1031] BGH VIII ZR 6/19, WuM 2021, 451; VIII ZR 270/15, NJW 2017, 1474 = NZM 2017, 286; VIII ZR 297/14, NJW 2015, 3368 = NZM 2015, 812; VIII ZR 284/13, NJW 2014, 2102 = NZM 2014, 466; *Fleindl* ZMR 2014, 970; *Abramenko* ZMR 2014, 930; *Wieck* WuM 2015, 55; *Kappus* NJW 2015, 3370.

[1032] *BGH VIII ZR 78/10, NJW 2010, 3775* = NZM 2011, 30; VIII ZR 270/15, NJW 2017, 1474 = NZM 2017, 286.

[1033] BGH VIII ZR 346/19, NJW 2021, 1887 = NZM 2021, 431; VIII ZR 270/15, NJW 2017, 1474; VIII ZR 278/13, NJW 2015, 2650.

Im Falle der Überlassung an einen Familienangehörigen muss der Vermieter den **Grad der Verwandtschaft** (Sohn, Nichte, Vetter, usw.) mitteilen.[1034] Angaben zu den familiären Bindungen bei entfernteren Verwandten müssen im Kündigungsschreiben noch nicht erfolgen.[1035] Die Bezeichnung der begünstigten Person mit dem Verwandtschaftsgrad genügt nur dann, wenn hierdurch der **Begünstigte unverwechselbar benannt** wird. Hieran fehlt es, wenn ein Vermieter bspw. mehrere Söhne/Töchter hat und die Kündigung „zugunsten meines Sohnes" ausgesprochen wird. In einem solchen Fall muss der Begünstigte entweder namentlich genannt oder sonst näher bezeichnet werden.[1036] Gleiches gilt, wenn es zwar nur eine Person mit dieser Verwandtschaftsbezeichnung gibt aber der Mieter von den familiären Verhältnissen des Vermieters keine Kenntnis hat. Auch der **Haushaltsangehörige** muss **unverwechselbar** bezeichnet werden, etwa durch die Angabe des Namens oder der Funktionsbezeichnung. Hiervon sind jene Fälle zu unterscheiden, in denen ein Vermieter für seine Familienangehörigen **mehrere Wohnungen benötigt.** Hier genügt es, wenn sich aus dem Kündigungsschreiben ergibt, dass alle Familienangehörigen zu dem privilegierten Personenkreis gehören und dass für jeden Angehörigen ein Bedarf besteht. Es ist nicht erforderlich, dass zum Zeitpunkt des Kündigungsausspruchs bereits ein konkreter Belegungsplan besteht oder mitgeteilt wird. Aus diesem Grunde spielt es für die Wirksamkeit der Kündigung auch keine Rolle, wenn der Vermieter seinen ursprünglichen Belegungsplan aufgibt und die Wohnungen zwischen seinen Familienangehörigen anders als zunächst geplant, aufteilt.[1037] Teilen Eheleute als Vermieter mit, dass sie die Absicht haben in Zukunft getrennt zu leben und dass einer der beiden Vermieter die Ehewohnung verlassen und in die vermietete Wohnung einziehen will, so ist die Kündigung ausreichend begründet. Es ist nicht erforderlich, dass in dem Kündigungsschreiben die Person des Nutzungswilligen benannt wird.[1038] 256

Der Vermieter muss außerdem diejenigen **Tatsachen** mitteilen, aus denen sich das **Nutzungs- oder Überlassungsinteresse** ergibt. Die Angabe „wegen Eigenbedarfs" oder „... weil ich die Wohnung für eigene Zwecke benötige" reicht nicht aus.[1039] Ebenso wenig genügt es, wenn der Vermieter das Nutzungsinteresse mit irgendwelchen Leerfloskeln umschreibt.[1040] Der Mieter muss auf Grund der im Kündigungsschreiben mitgeteilten Gründe in der Lage sein, die Erfolgsaussicht der Kündigung überschlägig zu überprüfen. Hieran ist das Kündigungsschreiben zu messen. Soweit es zur Information des Mieters erforderlich ist, muss der Vermieter auch persönliche Daten offenbaren.[1041] Kündigt der Vermieter, weil seine bisherige Wohnung zu klein oder zu groß ist, muss er **konkrete Angaben über seine Wohnverhältnisse** machen. Es genügt nicht, wenn der Vermieter lediglich mitteilt, seine Wohnung sei „zu klein" oder „wesentlicher kleiner" als die Wohnung des Mieters oder „zu groß". Hierbei handelt es sich um Werturteile, auf Grund derer keine Überprüfung der wirklichen Wohnverhältnisse möglich ist. Erforderlich ist, dass der Vermieter konkrete Angaben über die Größe der Wohnungen macht.[1042] Es genügt allerdings ein Hinweis auf die Anzahl der Zimmer und die Größe der Familie; es ist nicht erforderlich, dass die Größe der Zimmer mitgeteilt wird.[1043] Ebenso reicht es aus, wenn der Mehrbedarf mit regelmäßigen Home-Office-Tätigkeiten begründet wird.[1044] Wird wegen des Bedarfs an einer Zweitwohnung gekündigt, so muss der Vermieter mitteilen, wie er seinen gewöhnlichen und regelmäßigen Wohnbedarf deckt.[1045] Die Angabe im Kündigungsschreiben, dass dem Vermieter die bisher genutzte Wohnung „nicht mehr zumutbar" sei, ist unzureichend. Der Vermieter muss in einem solchen Fall die konkreten Gründe angeben, aus denen sich die Unzumutbarkeit ergibt.[1046] Soll die Wohnung einem 257

---

[1034] LG Bochum WuM 1993, 540; LG Frankfurt a. M. WuM 2000, 606; AG Oldenburg ZMR 2021, 52.

[1035] AG Frankfurt a. M. NJWE-MietR 1997, 52.

[1036] AG Neuss DWW 1992, 245.

[1037] OLG Köln ZMR 2004, 33.

[1038] **AA:** AG Leonberg WuM 2019, 594.

[1039] LG Detmold WuM 1990, 301; LG Karlsruhe WuM 1989, 384; LG Hamburg WuM 1989, 385; LG Mannheim ZMR 1990, 19.

[1040] LG Köln WuM 1992, 155 „Die Gründe ... sind in den derzeitigen Lebensverhältnissen und Lebensvorstellungen unserer Mandantschaft zu sehen"; LG Hamburg WuM 2007, 457, die Tochter des Vermieters benötige für ihre „Persönlichkeitsentwicklung" eine eigene Wohnung.

[1041] BVerfG NJW 1992, 1379; LG Berlin GE 1995, 313.

[1042] LG Mannheim WuM 1996, 707.

[1043] BVerfG NZM 2003, 592.

[1044] BGH VIII ZR 346/19, BeckRS 2021, 5876.

[1045] BVerfG NJW 1992, 1379.

[1046] LG Oldenburg ZMR 2015, 857.

Angehörigen überlassen werden, so muss das Kündigungsschreiben Ausführungen zum Grund der Überlassung enthalten. Wird mit der Begründung gekündigt, dass der Angehörige derzeit nicht angemessen untergebracht sei, so müssen die Wohnverhältnisse des Berechtigten offengelegt werden.[1047] Anders ist es, wenn die Kündigung erfolgt, damit der Familienangehörige in der Nähe des Vermieters wohnen und diesen unterstützen kann; hier sind Ausführungen erforderlich, warum diese Unterstützung erforderlich ist. Gleiches gilt, wenn der Vermieter eine Wohnung beziehen will, die in der Nachbarschaft eines pflegebedürftigen Angehörige liegt. Auch hier müssen die Umstände mitgeteilt werden, aus denen sich die Notwendigkeit für den Bezug der gekündigten Wohnung ergibt.[1048] Soll die Wohnung einem Familienangehörigen überlassen werden, der heiraten oder mit seinem Partner zusammenziehen will, so muss dargelegt werden, wie beide Personen gegenwärtig untergebracht sind; anders kann der Bedarf an der Wohnung nicht beurteilt werden.[1049] Der Name des Verlobten/des Partners und dessen Anschrift müssen nicht mitgeteilt werden.[1050] Entsprechendes gilt, wenn der Vermieter die gekündigte Wohnung zusammen mit seinem Lebensgefährten nutzen will. Auch hier muss der Name des Lebensgefährten in dem Kündigungsschreiben nicht genannt werden.[1051] Privilegierte Person, für die gekündigt wird ist der Angehörige und nicht der (zukünftige) Partner.

258 Ist dem Vermieter die **bisherige Mietwohnung gekündigt** worden, so genügt es nicht, wenn im Kündigungsschreiben lediglich dieser Umstand mitgeteilt wird.[1052] Der Vermieter muss auch über die **Gründe der Kündigung** Auskunft geben, damit der Mieter prüfen kann, ob der Vermieter überhaupt zum Auszug verpflichtet ist. Will der Vermieter das Mietverhältnis über seine bisherige Wohnung trotz unwirksamer Kündigung oder aus eigenem Entschluss beenden, so muss er die Gründe darlegen, auf denen dieser Entschluss beruht. Wird wegen des Wunsches nach einem Arbeitszimmer gekündigt, so muss dieser Wunsch nicht durch Hilfstatsachen substantiiert werden. Deshalb muss der Vermieter nicht ausführen, warum er ein Arbeitszimmer benötigt.[1053] Der Vermieter kann den Wunsch nach einer größeren Wohnung damit begründen, dass er sich Kinder wünsche. Auch dieser Wunsch muss nicht konkretisiert werden. Insbesondere ist es nicht erforderlich, dass eine Geburt absehbar ist.[1054] Wird der Eigenbedarf damit begründet, dass der Vermieter wegen einer Erkrankung aus einer bisher genutzten Dachwohnung in eine Erdgeschosswohnung umziehen will, so genügt es, wenn im Kündigungsschreiben erwähnt wird, dass der Umzug wegen der „Erkrankung" oder krankheitsbedingt angezeigt ist. Weitere Ausführungen zu der Art der Erkrankung sind nicht erforderlich.[1055]

259 Das **Kündigungsschreiben dient der Information des Mieters;** es braucht deshalb keine Angaben enthalten, die zur Beweisführung oder zur Überprüfung des Wahrheitsgehalts der Angaben des Vermieters nützlich sein könnten.[1056] Durch das Informationsinteresse des Mieters wird der Umfang der Begründungspflicht zugleich begrenzt. Kündigt der Vermieter mit der Begründung, dass er seinen täglichen Arbeitsweg verkürzen wolle, so muss er lediglich den Ort seiner Tätigkeit und den seiner Wohnung mitteilen und Entfernungsangaben machen; Ausführungen zu der Größe der bisherigen Wohnung sind in diesem Fall entbehrlich. Wird die Kündigung dagegen mit unzureichenden Wohnverhältnissen begründet, so sind konkrete Angaben zu den Wohnverhältnissen erforderlich und Angaben zu der Entfernung zum Arbeitsplatz entbehrlich.

260 Der Vermieter muss im Kündigungsschreiben **keine Angaben zu seinem weiteren Grundbesitz** machen.[1057] Ebenso wenig muss er darlegen, ob anderweitige freistehende Alternativwoh-

---

[1047] LG Frankfurt a. M. WuM 2000, 606.

[1048] AG Recklinghausen WuM 2016, 368.

[1049] **AA** LG Oldenburg NJW-RR 1996, 653, danach sind Ausführungen zur Wohnsituation des Verlobten/des Partners entbehrlich.

[1050] BGH VIII ZR 284/13, NJW 2014, 2102 = NZM 2014, 466.

[1051] BVerfG NZM 2003, 592; ähnlich BGH VIII ZR 6/19, WuM 2021, 451.

[1052] LG München I WuM 1996, 770; LG Stuttgart NJW-RR 1996, 1036; AG Schöneberg GE 1994, 817.

[1053] BVerfG NZM 2003, 592.

[1054] BVerfG NZM 2003, 592.

[1055] BGH VIII ZR 271/06, NJW 2007, 2845 = NZM 2007, 679.

[1056] BGH VIII ZR 346/19, BeckRS 2021, 5876; VIII ZR 270/15, NJW 2017, 1474; BGH VIII ZR 278/13, NJW 2015, 2650.

[1057] BGH VIII ZR 6/19, WuM 2021, 451.

nungen vorhanden sind.[1058] Der Vermieter hat die Gründe, die ihn zu Kündigung berechtigen, mitzuteilen, nicht aber die gegen die Kündigung sprechenden Umstände.[1059] Den Interessen des Mieters wird dadurch Rechnung getragen, dass ihm ein Auskunftsanspruch gegen den Vermieter zusteht; außerdem kann der Mieter in das Grundbuch Einsicht nehmen.[1060] Aber auch eine strengere Auffassung wäre nicht verfassungswidrig.[1061]

**Alternative Begründungen sind unzulässig.** Hiervon ist auszugehen, wenn der Vermieter in dem Kündigungsschreiben mitteilt, er benötige die Wohnung entweder für Herrn X oder Herrn Y[1062] oder wenn in dem Kündigungsschreiben ausgeführt wird, der Vermieter wolle die Wohnung einer seiner drei Töchter überlassen.[1063] Das ergibt sich daraus, dass zum einen der Verwendungszweck bereits im Zeitpunkt des Ausspruchs der Kündigung feststehen muss und zum anderen es dem Mieter nicht zuzumuten ist, mehrere Alternativsituationen zu beurteilen. 261

### 3. Kündigung wegen wirtschaftlicher Verwertung

Bei dem Kündigungstatbestand gem. § 573 Abs. 2 Nr. 3 BGB handelt es sich um einen äußerst schwierigen und komplexen Tatbestand. Es wird in vielen Fällen kaum möglich sein, alle Kündigungsvoraussetzungen bereits im Kündigungsschreiben umfassend darzulegen. Aus diesem Grunde ist es sachgerecht, wenn an den Inhalt der Begründung einer solchen Kündigungserklärung **etwas geringere Anforderungen** als in den Fällen des § 573 Abs. 2 Nr. 1, 2 BGB gestellt werden.[1064] Dies ist auch aus verfassungsrechtlichen Gründen geboten, weil dem Vermieter der Zugang zur gerichtlichen Sachprüfung ohne allzu große Schwierigkeiten möglich sein muss. Gleichwohl genügt es auch bei einer Kündigung nach § 573 Abs. 2 Nr. 3 BGB nicht, wenn das Kündigungsschreiben lediglich eine Rechtsbehauptung enthält oder den Gesetzestext wiedergibt. Erforderlich ist auch hier die hinreichend genaue Angabe von Tatsachen, aus denen sich der Kündigungsgrund herleiten lässt und einen Austauschen von Kündigungsgründen verhindert. 262

Will der Vermieter sein Haus oder seine Wohnung in leerstehendem Zustand verkaufen, so genügt es nicht, wenn sich aus der Kündigungserklärung lediglich ergibt, dass die Wohnung in vermietetem Zustand nur mit einem erheblichen Abschlag zu verkaufen sei.[1065] Vielmehr muss der Vermieter im Kündigungsschreiben mitteilen, **(1)** dass er diese Absicht hat (anderweitige Verwertung), **(2)** dass ein Verkauf im vermieteten Zustand unmöglich oder nur mit Verlusten möglich ist (Erforderlichkeit der Kündigung), **(3)** aus welchen Gründen der Verkauf erfolgt (Angemessenheit der Verwertung) und **(4)** welche konkreten Nachteile beim Unterlassen des Verkaufs oder beim Verkauf im vermieteten Zustand eintreten werden. **Die bloße Mitteilung der Verkaufsabsicht reicht zur Begründung der Kündigung nicht aus.**[1066] Diese Ansicht steht mit dem Gesetzeswortlaut und -zweck offensichtlich nicht im Einklang.[1067] Es gibt auch keinen Erfahrungssatz, dass für eine freistehende Wohnung immer ein höherer Preis erzielt werden kann als für eine vermietete Wohnung. Deshalb muss der Vermieter diesen Umstand im Kündigungsschreiben darlegen. Hinsicht der Erforderlichkeit der Kündigung bedarf es im Kündigungsschreiben nicht zwingend der Benennung konkreter Kaufinteressenten, die vom Kauf im vermieteten Zustand Abstand genom- 263

[1058] LG Berlin MM 1992, 388; LG Bielefeld WuM 1993, 539, falls der Vermieter Eigentümer mehrerer Häuser ist; AG Hamburg WuM 1995, 109, der Vermieter muss zwar keinen „Status über sein Immobilieneigentum" vorlegen, aber mitteilen, ob ihm weitere Wohnungen gehören, die für den Mieter geeignet sein könnten; ähnlich LG Bielefeld WuM 1993, 539; AG Waiblingen WuM 1995, 589, der Vermieter muss darlegen, dass keine anderen Wohnungen zur Deckung seines Bedarfs in Betracht kommen.

[1059] LG München I WuM 1996, 38; Staudinger/*Rolfs* BGB § 573 Rn. 211 a; AnwK WohnraumMietR/*Lammel* BGB § 573 Rn. 134.

[1060] OLG Frankfurt a. M. BeckRS 2019, 32272; OLG München FGPrax 2019, 3; LG Mannheim NJW 1992, 2492.

[1061] BVerfG NJW 1992, 1379, danach muss zB ein Vermieter, der eine in München gelegene Wohnung kündigt, Angaben über ein in 75 km entferntes eigenes Haus und dessen Nutzung machen.

[1062] AG Frankfurt WuM 1991, 39.

[1063] LG München I WuM 1991, 490.

[1064] MüKoBGB/*Häublein* § 573 Rn. 136.

[1065] LG Berlin WuM 2016, 178.

[1066] AG Arnsberg DWW 1990, 153; ähnlich AG Bad Homburg WuM 1989, 303, wenn der Verkaufsgrund beim Abschluss des Mietvertrags vor sechs Jahren (!) erläutert worden ist.

[1067] So zutr. LG Düsseldorf WuM 1987, 321; LG Bad Kreuznach WuM 1991, 179; LG Gießen WuM 1991, 184; LG Hamburg WuM 1991, 185; LG Mosbach WuM 1991, 191; AG Neuss DWW 1990, 279; AG Bergisch Gladbach WuM 1991, 181; AG Hannover WuM 1991, 188; AG Stuttgart-Bad Cannstatt WuM 1991, 199.

men haben.[1068] Das ist nur dann erforderlich, wenn der Vermieter entsprechende Verkaufsbemühungen schon unternommen hat und die Interessenten wegen des Mietverhältnisses vom Kauf Abstand genommen oder nur einen unzumutbaren Preis geboten haben. Aber auch in diesem Fall muss der Vermieter im Kündigungsschreiben nicht darlegen, welchen Wert die Wohnung im unvermieteten Zustand hat.[1069] Es ist gerade nicht erforderlich, dass der Vermieter schon vor der Kündigung Verkaufsbemühungen unternommen hat. Es genügt, wenn er das Objekt über einen Makler verkaufen will und dieser erklärt, dass ein Verkauf im vermieteten Zustand nicht oder nur zu unzumutbaren Bedingungen möglich ist.[1070] In diesem Fall muss nur diese Auskunft mitgeteilt werden. Die Richtigkeit der Aussage ist ggf. durch eine Beweisaufnahme im Prozess zu klären. Er kann ebenso auf ein Sachverständigengutachten Bezug nehmen aus dem sich ergibt, dass ein Verkauf mit dem bestehenden Mietverhältnis sinnlos ist.[1071] In diesem Fall muss das Gutachten im Kündigungsschreiben zumindest zitiert werden. Auf Verlangen des Mieters ist es vorzulegen. Die Kündigung ist formell aber auch ohne die Beifügung wirksam. Nur wenn sich aus dem Kündigungsschreiben nicht ergibt, welche Verkaufsbemühungen mit welchem Ergebnis der Vermieter unternommen hat, oder auf Grund welcher anderer Erkenntnisse ein Verkauf mit dem bestehenden Mietverhältnis wirtschaftlich sinnlos ist, so ist die Kündigung formell nicht ordnungsgemäß.[1072] In Ausnahmefällen kann aus den sonstigen Angaben im Kündigungsschreiben der Erfahrungssatz abgeleitet werden, dass das Objekt im vermieteten Zustand unverkäuflich ist, weil Objekte dieser Art nicht von Kapitalanlegern erworben werden.[1073]

264 Die **Verkaufsgründe** müssen zumindest knapp angegeben werden. Will der Vermieter verkaufen, weil er für sich oder seine Familie eine Wohnung oder ein Haus kaufen und mit dem Kaufpreis der vermieteten Wohnung finanzieren will, so muss er nicht darlegen, wie er gegenwärtig untergebracht ist.[1074] **Bloße Floskeln reichen aber auch hier nicht aus.**[1075] Hat der Vermieter das Objekt seinerseits im vermieteten Zustand erworben, so muss er den Einkaufspreis mitteilen.[1076] Ob die im Falle eines Verkaufs im vermieteten Zustand entstehenden Verluste ins Gewicht fallen, hängt uU von den wirtschaftlichen Verhältnissen des Vermieters ab. In diesem Fall sind die Verhältnisse im Kündigungsschreiben offenzulegen.[1077]

265 Wird der Verkauf mit einer **unzureichenden Rendite** begründet, so muss der Vermieter in diesem Zusammenhang die Entwicklung der Mieteinnahmen und der Kosten darlegen. Dies geschieht zweckmäßigerweise in Form einer Wirtschaftlichkeitsberechnung.[1078] Es genügt aber auch jede andere Form der Darlegung; sie muss nur verständlich und für den Mieter nachvollziehbar sein. Aus dem Umstand, dass die laufenden Finanzierungskosten höher sind als die Mieteinnahmen, ergibt sich noch nicht, dass ein Verkauf aus wirtschaftlichen Gründen erforderlich ist, weil hier auch der Wertzuwachs am Mietobjekt und die Steuervorteile berücksichtigt werden müssen. Dementsprechend sind in diesem Fall auch jene Umstände offenzulegen.[1079] Der Vermieter muss so viel an Daten und Fakten mitteilen, dass der Mieter prüfen kann, ob eine Rechtsverteidigung sinnvoll ist.[1080]

266 Soll das **Gebäude abgerissen** und durch einen Neubau ersetzt werden, so genügt es, wenn dem Mieter mitgeteilt wird, aus welchen Gründen der Vermieter die vorhandene Bausubstanz nicht für erhaltenswert hält und welche baulichen Maßnahmen er stattdessen plant.[1081] Die Frage, ob dem Vermieter eine alternative Sanierungsmöglichkeit zur Verfügung steht und ob er im Inter-

---

[1068] LG Darmstadt WuM 1987, 320; AG Schöneberg MM 1989, 284; AG Nidda WuM 1989, 573.

[1069] **AA** LG Frankfurt a. M. DWW 1988, 324.

[1070] BVerfG ZMR 1998, 685; **aA** wohl LG Mosbach WuM 1991, 191.

[1071] BVerfG GE 1998, 852; 1998, 853; **aA** OLG Stuttgart ZMR 2006, 42 (45).

[1072] OLG Stuttgart ZMR 2006, 42, 45; LG Gießen WuM 1991, 184; AG Neuss DWW 1990, 279; AG Regensburg WuM 1991, 195.

[1073] LG Krefeld WuM 2010, 302, ein Einfamilienhaus mit aufwendiger Ausstattung und einem Verkaufswert von 480.000 EUR.

[1074] **AA** LG Frankfurt a. M. DWW 1988, 324.

[1075] AG Siegburg WuM 1991, 197, Verkauf, weil das Haus „wirtschaftlich nicht mehr tragbar" sei; LG Freiburg WuM 1991, 592.

[1076] LG Berlin GE 1994, 1055.

[1077] LG Berlin GE 1994, 109, einschließlich der steuerlichen Gegebenheiten.

[1078] *LG Berlin ZMR 2003*, 837.

[1079] LG Freiburg WuM 1991, 183; ähnl. AG Hamburg WuM 1991, 185.

[1080] AG Gelsenkirchen WuM 1990, 26.

[1081] BGH VIII ZR 155/10, NJW 2011, 1135 = NZM 2011, 239.

esse des Mieters hierauf zurückgreifen muss, betrifft nicht die formelle, sondern die materielle Wirksamkeit der Kündigung. Deshalb muss dem Kündigungsschreiben keine Wirtschaftlichkeitsberechnung beigefügt werden, aus der sich ergibt, dass zu dem Abriss keine „Sanierungsalternative" besteht.[1082] Die Frage, ob der vom Vermieter für den Fall des Fortbestehens des Mietverhältnisses geltend gemachte erhebliche Nachteil angesichts einer wirtschaftlich vertretbaren Sanierungsmöglichkeit tatsächlich besteht, betrifft die materielle Berechtigung der Kündigung und ist, soweit es im Einzelfall darauf ankommt, im Prozess durch Beweisaufnahme zu klären. Es genügt allerdings nicht, wenn im Kündigungsschreiben lediglich ausgeführt wird, das Haus sei verwahrlost und müsse abgerissen werden, damit ein neues Wohngebäude erstellt werden kann[1083] oder wenn der Vermieter ganz allgemein auf drohende wirtschaftliche Nachteile hinweist.[1084] Aus den Ausführungen des Vermieters muss sich vielmehr ergeben, dass der Abriss in erheblichem Maße wirtschaftlicher ist, als die Aufrechterhaltung des bestehenden Zustands.

Besteht in der Gemeinde ein **Zweckentfremdungsverbot,** so ist die Kündigung nur wirksam, wenn für den Abriss eine Zweckentfremdungsgenehmigung erteilt ist und dieser Umstand im Kündigungsschreiben erwähnt wird.[1085] Die Zweckentfremdungsgenehmigung muss dem Kündigungsschreiben nicht beigefügt werden. Für die Baugenehmigung/Abrissgenehmigung gilt etwas anderes. Während die Zweckentfremdungsgenehmigung nach ihrer Zielsetzung mieterschützenden Charakter hat, soll durch die Baugenehmigung lediglich sichergestellt werden, dass das Bauvorhaben den öffentlich-rechtlichen Baunormen entspricht. Dies hat zur Folge, dass die Wirksamkeit der Kündigung nicht davon abhängt, ob die Baugenehmigung bereits erteilt ist.[1086] Der Vermieter muss mit seiner Kündigung auch nicht zuwarten, bis die Genehmigungen erteilt sind; andererseits darf er aber erst dann kündigen, wenn seine Planung ein Stadium erreicht hat, in dem beurteilt werden kann, ob die Verwirklichung des Plans eine Kündigung rechtfertigt. Dies muss anhand der konkreten Umstände des Einzelfalls festgestellt werden. **267**

Bei einer geplanten **Sanierung/Modernisierung** muss zunächst der **Umfang der Maßnahme hinreichend genau beschrieben** werden. Allgemein gehaltene Formulierungen reichen nicht aus. Der Mieter muss in der Lage sein zu beurteilen, ob wegen des Umfangs der Maßnahmen eine Beendigung des Mietverhältnisses erforderlich ist. Außerdem muss das Kündigungsschreiben Angaben zur Angemessenheit und zum Nachteil enthalten.[1087] Vergleichende Wirtschaftlichkeitsberechnungen sind entbehrlich, wenn der derzeitige Zustand des Gebäudes und der Wohnungen eine Sanierung/Modernisierung nahelegt: die Steigerung des Grundstückswerts durch Erhaltung und Verbesserung der Bausubstanz entspricht in diesen Fällen dem Gebot wirtschaftlicher Vernunft; in der Unterlassung solcher notwendigen Maßnahmen liegt deshalb zugleich ein wirtschaftlicher Nachteil.[1088] Befinden sich in einem Haus bspw. Gemeinschaftstoiletten, die von mehreren Mietparteien benutzt werden, oder sind die Wohnungen weder mit Bädern noch mit einer Zentralheizung ausgestattet, so muss der Vermieter im Kündigungsschreiben nicht darlegen, dass durch die Modernisierung der Wohnungen die Rendite verbessert wird, weil sich dies von selbst versteht.[1089] Etwas anderes kann gelten, wenn der Vermieter ein Gebäude in gutem Zustand mit soliden Durchschnittswohnungen durch Modernisierungsmaßnahmen in ein Luxusobjekt verwandeln will.[1090] Ist der Eigentümer baupolizeilich zur Durchführung von Sanierungsarbeiten aufgefordert worden, so kann entweder ein Fall des § 573 Abs. 2 Nr. 3 BGB oder ein Fall des § 573 Abs. 1 BGB vorliegen. Wird die Kündigung auf § 573 Abs. 2 Nr. 3 BGB gestützt, so sind Darlegungen zum wirtschaftlichen Nachteil erforderlich.[1091] Bei § 573 Abs. 1 BGB reicht es aus, wenn der Vermieter darlegt, dass die Sanierungsverfügung besteht und dass er dieser Maßnahme aus öffentlich-rechtlichen Gründen Folge leisten muss. **268**

---

1082 BGH VIII ZR 155/10, NJW 2011, 1135 = NZM 2011, 239; **aA** noch LG Berlin WuM 2009, 466.
1083 LG Kempten WuM 1994, 687.
1084 LG Berlin WuM 1996, 770.
1085 OLG Hamburg WuM 1981, 155; LG Berlin ZMR 1991, 346; **aA** LG Mannheim NZM 2004, 256.
1086 OLG Frankfurt a. M. WuM 1992, 421; BayObLG WuM 1993, 660.
1087 LG Bonn ZMR 1992, 114.
1088 Unklar LG Karlsruhe WuM 1991, 169.
1089 **AA** AG Köln WuM 1991, 170.
1090 LG Aachen MDR 1983, 670.
1091 LG Freiburg WuM 1991, 175.

## 4. Die Kündigung nach der Generalklausel gem. § 573 Abs. 1 BGB

269 Bei einer **Kündigung wegen Betriebsbedarfs** muss sich aus dem Kündigungsschreiben ergeben, **(1)** dass das Arbeitsverhältnis beendet ist oder dass dessen Beendigung kurz bevor steht; **(2)** dass der Vermieter die Absicht hat, die Wohnung einem anderen Arbeitnehmer oder einem künftigen Arbeitnehmer zu überlassen und **(3)** dass hierfür vernünftige, nachvollziehbare Gründe vorliegen; **(4)** dass der Betriebsrat der Kündigung zugestimmt hat. Ein Mitbestimmungsrecht des Betriebsrats besteht nur bis zur wirksamen Auflösung des Arbeitsverhältnisses.[1092] Wenn keine Zweifel am Vorliegen eines Tatbestandsmerkmals bestehen, sind Ausführungen zu dem entsprechenden Merkmal entbehrlich. So genügt es auch, wenn der Vermieter darlegt, dass die Wohnung einem Betriebsangehörigen überlassen werden soll. Es ist nicht erforderlich, dass der Mietinteressent namentlich oder sonst identifizierbar benannt wird.[1093] Der Vermieter muss darlegen, dass aus dem Kreis der Arbeitnehmer Interessenten für die Wohnung vorhanden sind.

270 Bei der **Kündigung einer sog. „unechten Werkwohnung“** muss in dem Kündigungsschreiben ausgeführt werden, dass der Vermieter die Absicht hat, die Wohnung einem Arbeitnehmer oder einem künftigen Arbeitnehmer zu überlassen und dass hierfür besonders dringliche Gründe vorliegen. Dabei muss der Vermieter diejenigen Umstände offenlegen, aus denen der besonders dringliche Grund hergeleitet wird.

271 Soll eine **fehlbelegte Sozialwohnung** gekündigt werden, so muss sich aus dem Kündigungsschreiben ergeben, dass die zuständige Behörde vom Vermieter die Beseitigung der Fehlbelegung verlangt hat. Die behördliche Verfügung muss dem Kündigungsschreiben nicht beigefügt werden. Jedoch muss in dem Kündigungsschreiben mitgeteilt werden, welche Behörde tätig geworden ist, so dass der Mieter dort weitere Auskünfte einholen kann.

272 Bei einer Kündigung wegen **Überbelegung** muss der Vermieter mitteilen, in welchem Umstand die Überbelegung gesehen wird. Dies setzt regelmäßig voraus, dass der Vermieter in dem Kündigungsschreiben die Personen benennt, die nach seiner Auffassung in der Wohnung leben. Die Personen müssen zwar nicht namentlich, aber identifizierbar benannt werden. Auf diese Weise kann der Mieter überprüfen, ob der Vermieter von zutreffenden Voraussetzungen ausgeht oder ob er fälschlicherweise auch Besucher oder ehemalige Bewohner berücksichtigt hat. Die Angabe einer Personenzahl genügt regelmäßig nicht, weil eine solche Angabe dem Kontrollbedürfnis des Mieters nicht gerecht wird. Da die Überbelegung als solche für die Kündigung allein nicht ausreicht, muss der Vermieter auch die tatsächlichen Umstände darlegen, aus denen sich ergibt, dass seine Interessen gefährdet werden.

273 Wird zugunsten **öffentlicher Interessen gekündigt,** so muss sich aus dem Kündigungsschreiben ergeben, auf Grund welcher Umstände der Vermieter zur Wahrnehmung öffentlicher Interessen befugt ist. Der Kündigungszweck muss hinreichend genau beschrieben werden. Dazu sind Ausführungen erforderlich, welchen Zwecken die Räume zugeführt werden sollen und welche Erwägungen für die beabsichtigte Nutzung maßgeblich gewesen sind. Der bloße Hinweis auf die von einem öffentlichen Organ getroffene Entscheidung genügt regelmäßig nicht.

274 Bei einer **Kündigung wegen Berufs- oder Geschäftsbedarfs** muss auch bei der Begründung danach unterschieden werden, ob das Erlangungsinteresse dem Eigenbedarfsinteresse oder dem Verwertungsinteresse näher steht. Im erstgenannten Fall richten sich die Anforderungen an das Kündigungsschreiben nach den für die Eigenbedarfskündigung maßgeblichen Regeln; zusätzlich muss der Vermieter die Umstände mitteilen, aus denen er den gewerblichen Bedarf herleitet. Dieser muss zwar nicht dringend sein, aber doch ein gewisses Gewicht aufweisen. Die berufliche oder freiberufliche Tätigkeit des Vermieter muss durch den Zugriff auf die Mietwohnung zumindest nicht nur unerheblich erleichtert werden. Liegt der Schwerpunkt im Verwertungsinteresse, müssen in dem Kündigungsschreiben die Umstände offengelegt werden, aus denen sich die Nachteile ergeben. Soweit eine Zweckentfremdungsgenehmigung erforderlich ist, muss deren Vorliegen außerdem im Kündigungsschreiben erwähnt werden. Die Genehmigung muss dem Kündigungsschreiben aber nicht beigefügt werden.

275 Soll ein **Untermietverhältnis** gekündigt werden, damit der Hauptmieter, die ihm gegenüber dem Eigentümer obliegende Herausgabepflicht erfüllen kann, so muss sich aus dem Kündigungsschreiben ergeben, dass das Hauptmietverhältnis gekündigt worden ist. Außerdem muss der Haupt-

[1092] OLG Frankfurt a. M. WuM 1992, 525.
[1093] LG Köln ZMR 1996, 666.

mieter im Kündigungsschreiben darlegen, dass der Eigentümer ein berechtigtes Interesse nach § 573 Abs. 1 BGB oder § 573 Abs. 2 BGB an der Beendigung des Untermietverhältnisses hat oder dass der Untermieter den Anlass für die Beendigung des Hauptmietverhältnisses gegeben hat.

### IV. Bezugnahme auf außerhalb des Kündigungsschreiben erfolgte Begründungen

Grundsätzlich müssen die **Kündigungsgründe im Kündigungsschreiben mitgeteilt** werden. 276
Dies gilt auch dann, wenn der Vermieter dem Mieter die Kündigungsgründe vor Ausspruch der Kündigung mündlich oder schriftlich bekanntgegeben oder wenn er diese Gründe bereits in einem vorangegangen Prozess geltend gemacht hat.[1094] Nichts anderes kommt in Betracht, wenn der Mieter die Kündigungsgründe aus eigenem Wissen kennt.[1095] Hat der Vermieter die zur Substantiierung eines Kündigungsgrundes erforderlichen Kerntatsachen nicht ausreichend vorgetragen, so bleibt dieser Grund auch dann außer Betracht, wenn er dem Mieter vor oder nach Ausspruch der Kündigung mündlich erläutert worden ist.[1096] Dies beruht auf der Erwägung, dass die Angabe der Gründe im Kündigungsschreiben nicht nur zur Information des Mieters dient; zugleich wird hierdurch bestimmt, welche Gründe dem Gericht zur Berücksichtigung und Würdigung unterbreitet werden.[1097]

Eine Bezugnahme auf **mündlich bekannt gegebene Gründe** genügt nicht, weil die Begrün- 277
dung nach §§ 568 Abs. 1, 573 Abs. 3 schriftlich erfolgen muss; das Schriftformerfordernis gilt für alle Teile der Kündigung, einschließlich der Begründung. Eine Bezugnahme auf anderweitige schriftliche Erklärungen reicht hingegen aus.[1098] Deshalb kann der Vermieter auf vorangegangene Kündigungen, auf Abmahnschreiben[1099] oder auf Schriftsätze Bezug nehmen. Voraussetzung ist allerdings, dass die genannten Schreiben dem Mieter auch zugegangen sind und dass die Bezugnahme klar und eindeutig ist.[1100] Dieses Erfordernis ist nicht gewahrt, wenn der Vermieter pauschal auf seinen schriftsätzlichen Vortrag in einem vorangegangen Gerichtsverfahren Bezug nimmt.[1101] Es ist nicht Aufgabe des Mieters, sich die Kündigungsgründe selbst zusammenzusuchen.

### V. Berücksichtigung nachträglich entstandener Gründe

Neben den im Kündigungsschreiben angegebenen Gründen können nach dem ausdrücklichen 278
Wortlaut des § 573 Abs. 3 S. 2 BGB im Räumungsprozess auch nachträglich entstandene Kündigungsgründe berücksichtigt werden. Dabei sind folgende Fallgestaltungen zu unterscheiden:

**(1) Die ursprüngliche Kündigungserklärung war mangels Angabe ausreichender 279
Gründe unwirksam;** nach Ausspruch der Kündigung entstehen neue Gründe, auf Grund derer eine Vertragsbeendigung gerechtfertigt wäre. Eine ursprünglich unwirksame Kündigung führt auch dann nicht zur Vertragsbeendigung, wenn nach Kündigungsausspruch neue Gründe entstehen.[1102] Wegen dieser Gründe muss der Vermieter eine neue Kündigung aussprechen. Diese Ansicht ist verfassungsrechtlich nicht zu beanstanden.[1103] Aus der Erklärung des Vermieters muss sich ergeben, dass die Kündigung erneut ausgesprochen werden soll. Es genügt nicht, wenn der Vermieter erklärt, dass er an der ursprünglichen Kündigung festhalte.[1104] Es läuft eine neue Kündigungsfrist. **(2) Die ursprüngliche Kündigungserklärung war wirksam. (a)** Nach Ausspruch der Kündigung entfallen diese Gründe. Etwas später entstehen neue Gründe, die aber von anderer Art als die ursprünglichen Gründe sind (zB Vertragsverletzungen statt Eigenbedarf); **(b)** Nach Ausspruch der Kündigung entfallen diese Gründe. Etwas später entstehen neue Gründe, die von gleicher oder ähnlicher Art wie die ursprünglichen Gründe sind (zB Eigenbedarf für die Tochter, statt für den Sohn). Der Wegfall der

---

[1094] BayObLG WuM 1981, 200; LG Berlin MM 1990, 289.
[1095] LG Gießen WuM 1990, 301.
[1096] AG Kenzingen WuM 1990, 433.
[1097] BayObLG WuM 1981, 200.
[1098] BVerfG NJW 1992, 1877; WuM 1993, 234.
[1099] LG Wuppertal BeckRS 2020, 38458.
[1100] LG Hamburg WuM 1993, 48.
[1101] LG Mannheim ZMR 1994, 67.
[1102] LG Düsseldorf WuM 1990, 505; LG Bochum ZMR 2007, 452 (455); Staudinger/*Rolfs* BGB § 573 Rn. 222; AnwK WohnraumMietR/*Lammel* BGB § 573 Rn. 141, 142; MüKoBGB/*Häublein* § 573 Rn. 129; Bamberger/Roth/*Hannappel* BGB § 573 Rn. 134; Erman/*Lützenkirchen* BGB § 573 Rn. 54.
[1103] BVerfG GE 1993, 36.
[1104] LG Münster WuM 1992, 372.

ursprünglichen Gründe hat auf die Wirksamkeit der Kündigung keinen Einfluss. Bei der Eigenbedarfskündigung und anderen Kündigungen, die einen Fortbestand des Kündigungsinteresses voraussetzen, hat der Wegfall der Gründe allerdings zur Folge, dass der Vermieter grds. verpflichtet ist, dem Mieter unverzüglich einen Vertrag über die Aufhebung der Kündigungswirkung anzubieten. Jedoch kann die Verpflichtung entfallen, wenn der Vermieter das Mietverhältnis gleich wieder kündigen kann. In diesem Fall liegt ein Fall des venire contra factum proprium vor. Denn der Vermieter müsste dem Mieter ja schon bei Abschluss der Vereinbarung mitteilen, dass er den Vertrag sofort wieder kündigt. **(c)** Nach Ausspruch der Kündigung entfallen diese Gründe. Zugleich entstehen neue Gründe, die aber von anderer Art als die ursprünglichen Gründe sind (zB Vertragsverletzungen statt Eigenbedarf); **(d)** Nach Ausspruch der Kündigung entstehen **weitere Gründe.** Sodann **entfallen** die ursprünglichen Gründe, während die später entstandenen fortbestehen. Die wirksame Kündigung wird durch die nachträglich entstandenen Gründe verstärkt. Wird die Räumungsklage vor dem Wegfall der ursprünglichen Gründe erhoben, so sind alle Gründe zu berücksichtigen. Wird sie nach dem Wegfall der ursprünglichen Gründe erhoben, so kommt es nur noch darauf an, ob sich aus den nachträglichen Gründen ein hinreichendes Beendigungsinteresse ergibt. Ist dies zu verneinen, so muss der Vermieter dem Mieter einen Vertrag über die Aufhebung der Kündigungswirkungen anbieten. Im anderen Fall führen die nachträglichen Gründe zur Vertragsbeendigung. **(e)** Nach Ausspruch der Kündigung entstehen weitere Gründe. Die wirksame Kündigung wird durch die nachträglich entstandenen Gründe **verstärkt.** Im gerichtlichen Verfahren sind alle Gründe zu berücksichtigen. Es wird vertreten, dass sich der Anwendungsbereich des § 573 Abs. 3 S. 2 BGB auf diese Fallgruppe beschränkt.[1105]

280 **Maßgeblicher Zeitpunkt** für die Bewertung eines Grundes als „nachträglich entstanden" ist der **Ausspruch der Kündigung.** Entscheidend ist, wann das Kündigungsschreiben vom Vermieter aus der Hand gegeben wird[1106]; der **Zugang beim Mieter ist unerheblich.** Nachträglich entstanden sind mithin alle Gründe, die beim Ausspruch der Kündigung **noch nicht vorhanden** waren. Zweifelhaft ist, ob auch solche Gründe berücksichtigt werden können, die im Zeitpunkt des Kündigungsausspruchs zwar bereits vorhanden waren, dem Vermieter aber erst nach Kündigungsausspruch bekannt geworden sind.[1107] Der Wortlaut der Vorschrift spricht gegen die Berücksichtigung. Billigkeitserwägungen gebieten nur dann eine vom Wortlaut der Vorschrift abw. Interpretation, wenn die Kündigungsgründe aus der Sphäre des Mieters kommen (wie bei der Kündigung nach § 573 Abs. 2 Nr. 1 BGB); iÜ muss es bei der Wortbedeutung sein Bewenden haben.

281 Ein Kündigungsgrund ist entstanden, wenn der **Vorgang abgeschlossen** ist, aus dem der Vermieter das Kündigungsrecht herleitet.[1108] Bei einer Kündigung wegen einer Vertragsverletzung kommt es nicht darauf an, zu welchem Zeitpunkt die Verletzungshandlung beendet ist; maßgeblich ist der Eintritt der hieraus resultierenden Folgen. Bei einem aus der Sphäre des Vermieters stammenden Kündigungsgrund, wie Eigenbedarf oder wirtschaftliche Verwertung, ist das Vorliegen des objektiven Bedarfsgrunds entscheidend; unerheblich ist, wann der Vermieter den Entschluss gefasst hat, das Mietverhältnis auch aus diesem Grund zu beenden.[1109]

282 Beweispflichtig für das nachträgliche Entstehen der Gründe ist der Vermieter.

## F. Ausschluss der Änderungskündigung (Abs. 1 S. 2)

### I. Zweck der Vorschrift

283 Durch § 573 Abs. 1 S. 2 BGB wird die **Änderungskündigung ausgeschlossen.** Die Regelung hat zur Folge, dass der Vermieter nicht kündigen kann, um **mit demselben Mieter** einen neuen Mietvertrag mit höherer Miete abzuschließen. Die Vorschrift wird durch § 573 Abs. 2 Nr. 3 Hs. 2 BGB ergänzt. Danach kann der Vermieter nicht kündigen, wenn er die Räume anderweitig als Wohnraum vermieten will, um auf diese Weise einen höheren Mietzins zu erzielen. Aus beiden

---

1105 AG Tiergarten MM 1992, 175; *Sternel* MietR Kap. IV Rn. 107.

1106 Staudinger/*Rolfs* BGB § 573 Rn. 224.

1107 Staudinger/*Rolfs* BGB § 573 Rn. 224; BeckOGK/*Geib* § 573 Rn. 178; Soergel/*Heintzmann* BGB § 573 Rn. 59; Emmerich/Sonnenschein/*Haug* BGB § 573 Rn. 91; *Sternel* MietR Kap. X Rn. 69a; **aA** Lützenkirchen *MietR/Dickersbach BGB § 573 Rn. 327; diff.* danach aus welcher Sphäre die Gründe stammen: NK-BGB/*Hinz* § 573 Rn. 117.

1108 Staudinger/*Rolfs* BGB § 573 Rn. 224.

1109 Staudinger/*Rolfs* BGB § 573 Rn. 224.

Vorschriften ergibt sich, dass die Absicht zur Erzielung einer höheren Miete keinen Kündigungsgrund darstellt, unabhängig davon, ob das Anschlussmietverhältnis mit dem bisherigen oder mit einem anderen Mieter beabsichtigt ist.

Eine ähnliche Bedeutung hat § 559d BGB[1110], der Mieter vor einem Herausmodernisieren schützen will. Nach dessen Nr. 2 spricht die Ankündigung einer Mieterhöhung auf das Doppelte der bisherigen Miete für eine schuldhafte Pflichtverletzung, die den Vermieter schadensersatzpflichtig macht.[1111] Nach § 6 WiStG können bestimmte Verhaltensweisen in Zusammenhang mit baulichen Veränderungen sogar eine Ordnungswidrigkeit darstellen, wenn der Vermieter den Mieter damit zu einer Kündigung oder sonstige Beendigung des Mietverhältnisses bewegen will.[1112] 284

## II. Begriff der Mieterhöhung

Eine Mieterhöhung iSv § 573 Abs. 1 S. 2 BGB liegt immer dann vor, wenn das vom Mieter zu zahlende **Entgelt erhöht** werden soll. Es kommt nicht darauf an, aus welchen Gründen der Mieter in Anspruch genommen wird. Die Ausschlussregelung gilt nicht nur für die Erhöhung der Grundmiete nach §§ 558, 559 BGB, sondern auch für die Erhöhung der Betriebskosten nach § 560 BGB. 285

Der Begriff der Mieterhöhung ist **weit auszulegen;** es genügt, wenn der Vermieter durch die Änderung der vom Mieter zu erbringenden Gegenleistung irgendeinen Vorteil erlangt. Deshalb liegt eine Mieterhöhung auch dann vor, wenn der Vermieter im Wege der Änderungskündigung lediglich höhere Betriebskostenvorauszahlungen durchsetzen will, oder wenn es ihm darauf ankommt, weitere geldwerte Verpflichtungen auf den Mieter zu übertragen, etwa die Verpflichtung zur Durchführung von Schönheitsreparaturen. 286

Auf die **Art des Entgelts** kommt es ebenfalls nicht an. Ist bspw. vereinbart, dass der Mieter die Miete ganz oder teilweise durch Dienstleistungen, Warenlieferungen oder dergleichen erbringen darf, so ist der Vermieter für die Dauer der Ausschlussvereinbarung hieran gebunden.[1113] Eine Teilkündigung der Dienst- oder Warenlieferungsvereinbarung ist bereits aus allgemeinen Gründen ausgeschlossen. Die Kündigung des gesamten Mietverhältnisses zum Zwecke der Ersetzung der Dienst- oder Warenlieferungen durch Geldleistungen fällt unter § 573 Abs. 1 S. 2 BGB.[1114] An einer **freiwilligen Mietabänderungsvereinbarung** gem. § 557 BGB sind die Parteien allerdings nicht gehindert, weil eine Ausschlussregelung jederzeit vertraglich geändert werden kann. Hat sich der Mieter während der Laufzeit des Mietverhältnisses mit einer oder mehreren Mieterhöhungen einverstanden erklärt, so ist im Zweifel nicht anzunehmen, dass hiermit die gesamte Ausschlussvereinbarung aufgehoben worden ist.[1115]

## III. Begriff der Kündigung

Unter einer Kündigung versteht man die Erklärung einer Vertragspartei, dass das Mietverhältnis beendet sein soll. An dieser Stelle geht es nur um die Vermieterkündigung. Das Kündigungsrecht kann bereits vor Überlassung der Mietsache an den Mieter ausgeübt werden.[1116] Erfasst werden auch alle Erklärungen, die durch Umdeutung oder Auslegung erst als Kündigung verstanden werden. 287

Für die **bis zum 31.8.2001 möglichen einfachen befristeten Mietverträge** ist folgendes zu beachten: Soll ein befristetes Mietverhältnis vereinbarungsgemäß enden, wenn der Vermieter der Verlängerung nicht widerspricht, so ist die **Ablehnung der Vertragsverlängerung** durch den Vermieter als **echte Kündigungserklärung** zu bewerten; dies folgt aus der weiterhin anwendbaren (Art. 229 § 3 Abs. 3 EGBGB) Vorschrift des § 565a Abs. 1 BGB aF. Hat der Mieter bei einem nach § 564c Abs. 1 BGB aF befristeten Mietverhältnis die Vertragsverlängerung verlangt, so gilt die Ablehnungserklärung des Vermieters ebenfalls als Kündigung; dies folgt aus der weiterhin anwendbaren (Art. 229 § 3 Abs. 3 EGBGB) Vorschrift § 564c Abs. 1 S. 2 BGB aF. Die genannten Ableh- 288

---

1110 *Börstinghaus/Krumm* NZM 2018, 633; *Blank* NZM 2019, 73.
1111 *Lehmann-Richter* WuM 2020, 258.
1112 *Börstinghaus/Krumm* NZM 2018, 633; *Blank* NZM 2019, 73.
1113 Zur nicht monetären Miete für Wohnraum: *Lehmann-Richter* FS Börstinghaus, 2020, 305.
1114 AG Schleiden WuM 1989, 382.
1115 LG Düsseldorf WuM 1986, 322; AG Bielefeld WuM 1980, 197.
1116 BGH VIII ZR 88/78, BGHZ 73, 350 = NJW 1979, 1288; VIII ZR 253/85, NJW 1987, 948; KG NZM 2014,199.

nungserklärungen fallen unter § 573 Abs. 1 S. 2 BGB; sie können deshalb nicht mit einem Angebot zur Vertragsfortsetzung zu einer höheren Miete verbunden werden. Endet dagegen ein befristetes Mietverhältnis ohne Zutun der Parteien, so steht einem Neuabschluss mit dem bisherigen Mieter zu einer höheren Miete nichts entgegen. Ein solcher Fall kann eintreten, wenn ein befristetes Mietverhältnis mangels Fortsetzungsverlangens des Mieters endet. Die Vorschrift des § 573 Abs. 1 S. 2 BGB ist in diesem Fall unanwendbar, weil die Beendigung nicht durch Kündigung oder Ablehnung der Vertragsfortsetzung, sondern durch schlichten Zeitablauf erfolgt.

### IV. Kündigung zum Zwecke der Mieterhöhung

**289** Kündigt der Vermieter ein dem Kündigungsschutz unterliegendes Mietverhältnis **ausdrücklich** zum Zwecke der Mieterhöhung, so ist die Kündigung unwirksam. Dies ergibt sich ohne weiteres aus dem Umstand, dass in diesem Fall der Tatbestand des § 573 Abs. 1 BGB oder § 573 Abs. 2 BGB nicht vorliegt. Ein mit der Kündigung verbundenes Mieterhöhungsverlangen ist ebenfalls unwirksam (§ 139 BGB), weil Kündigung und Mieterhöhungsverlangen ein einheitliches Rechtsgeschäft darstellen. Die Regelung des § 573 Abs. 1 S. 2 BGB hat hier keine eigenständige Bedeutung. Gleiches gilt, wenn der Vermieter ein solches Mietverhältnis ohne Angabe von Gründen kündigt und dabei zum Ausdruck bringt, dass er ein neues Mietverhältnis zu einer höheren Miete abschließen würde. Ist der Kündigungsgrund nur vorgetäuscht und will der Vermieter in Wirklichkeit nur eine höhere Miete erzielen, ist die Kündigung schon nach allgemeinen Regeln unwirksam.

**290** Bedeutsam ist die Vorschrift des § 573 Abs. 1 S. 2 BGB in jenen Fällen, in denen der Vermieter kündigen kann, ohne dass die Voraussetzungen des § 573 Abs. 1 S. 1 BGB oder § 573 Abs. 1 S. 2 BGB vorliegen müssen. Dies gilt insbes. für Wohnungen in **Ein- und Zweifamilienhäusern iSv § 573 a Abs. 1 BGB.** Hier ist die Kündigung nach dieser Vorschrift gem. § 573 Abs. 1 S. 2 BGB ausgeschlossen, wenn sie zum Zwecke der Mieterhöhung erfolgt. Für die Annahme der Unwirksamkeit ist nicht erforderlich, dass der Vermieter eine Änderungskündigung ausspricht. Es genügt, dass mit der Kündigung tatsächlich ein derartiger Zweck verfolgt wird. Kündigt der Vermieter, weil der Mieter zuvor eine Mieterhöhung abgelehnt hat, so ist § 573 Abs. 1 S. 2 BGB unanwendbar, wenn der Vermieter nicht die Absicht hat, mit dem Mieter einen neuen Mietvertrag abzuschließen. Es besteht auch keine Vermutung dafür, dass der Vermieter eine Änderungskündigung zum Zwecke der Mieterhöhung aussprechen will.

**291** Der Mieter ist **darlegungs- und beweispflichtig,** dass die Kündigung zum Zwecke der Mieterhöhung ausgesprochen worden ist;[1117] ein solcher Beweis wird allerdings selten gelingen.

**292** Für Mietverhältnisse, für die §§ 557–561 BGB nicht gelten (s. §§ 549 Abs. 2, 3, 578 Abs. 3 BGB) ist die Änderungskündigung möglich.

## G. Abweichende Vereinbarungen (Abs. 4)

**293** Nach § 573 Abs. 4 BGB ist eine von den gesetzlichen Kündigungsvoraussetzungen zum Nachteil des Mieters abw. Vereinbarung unwirksam. Die Regelung des § 573 BGB kann **weder ersatzlos abbedungen** werden noch ist eine Vereinbarung wirksam, durch die ein dem Kündigungsschutz unterliegendes **Mietverhältnis** dem **Anwendungsbereich des § 573 BGB entzogen** werden soll. Eine vertragliche Regelung, wonach der Wohnraum zu nur vorübergehendem Gebrauch vermietet wird (§ 549 Abs. 2 Nr. 1 BGB) oder als Wohnraum in einem Studentenwohnheim (Jugendwohnheim) gelten soll (§ 549 Abs. 3 BGB) oder wonach die Voraussetzungen des § 549 Abs. 2 Nr. 2 BGB oder § 549 Abs. 2 Nr. 3 BGB als „vereinbart" gelten, ist deshalb iE bedeutungslos.[1118] Entspricht das Mietverhältnis in Wirklichkeit nicht der fraglichen Wohnungskategorie, so ist die Vereinbarung unwirksam. Im anderen Fall folgt der Ausschluss des Kündigungsschutzes nicht aus der Vereinbarung, sondern unmittelbar aus dem Gesetz. Eine entsprechende Regelung hat deshalb nur deklaratorischen Charakter.

**294** Dieselben Grundsätze gelten bei **Mischräumen.** Für die Einordnung dieser Räume als Wohn- oder Geschäftsraum ist zwar in erster Linie der Parteiwille maßgebend. Allerdings kommt es auch insoweit nicht darauf an, wie die Parteien das Mietverhältnis bezeichnen; maßgeblich ist allein, wel-

[1117] Staudinger/*Rolfs* BGB § 573 Rn. 28; Palandt/*Weidenkaff* BGB § 573 Rn. 9.
[1118] OLG Frankfurt a. M. NJW-RR 1990, 268, vorübergehenden Gebrauch.

cher Vertragszweck tatsächlich verfolgt wird. Überwiegt der Wohnzweck, so finden die Kündigungsschutzvorschriften auch dann Anwendung, wenn im Mietvertrag „vereinbart" ist, dass das gesamte Mietverhältnis als Geschäftsraummietverhältnis anzusehen sei.[1119] Überwiegt der Geschäftszweck, gelten die Kündigungsschutzvorschriften nicht. Eine Ausnahme kann allerdings dann gelten, wenn vertraglich die **Anwendung von Wohnraummietrecht vereinbart** worden ist. Eine solche Vereinbarung verstößt nicht gegen § 573 Abs. 4 BGB, weil sie den Mieter besserstellt als dieser nach der gesetzlichen Regelung stehen würde.

Unwirksam sind schließlich solche Vereinbarungen, nach denen der Vermieter **unter erleichterten Voraussetzungen zur Kündigung berechtigt** sein soll. Die Vereinbarung besonderer in § 573 Abs. 2 BGB nicht aufgezählter Kündigungsgründe ist iE bedeutungslos. Soweit es sich um Kündigungstatbestände handelt, die nach der gesetzlichen Regelung keine Vertragsbeendigung rechtfertigen, ist die Vereinbarung unwirksam. Erweisen sich die vertraglich „vereinbarten" Kündigungstatbestände lediglich als Konkretisierungen von §§ 573 Abs. 1, 543 BGB oder § 569 BGB, so hat die betreffende Regelung keine eigenständige Bedeutung, weil die Kündigungsbefugnis dann nicht aus dem Vertrag, sondern aus der Gesetzesbestimmung folgt. **295**

Wirksam sind solche Vereinbarungen, welche die Kündigungsvoraussetzungen **zugunsten des Mieters erschweren** (zB Kündigung nur bei vorsätzlicher Pflichtverletzung) oder bestimmte Kündigungsgründe völlig ausschließen (zB keine Kündigung wegen Eigenbedarfs). Der Ausschluss einzelner Kündigungsgründe bedarf der Schriftform.[1120] **296**

**Kündigungsausschlussvereinbarungen** (→ BGB § 557a Rn. 62) sind aber wirksam und unterfallen weder dem Nachteilsverbot des § 573 Abs. 4 BGB noch denen in § 573c BGB oder § 575 BGB. Das gilt insbes. für **individualvertragliche** Vereinbarungen.[1121] Eine Unwirksamkeit kann sich insbes. aber bei Formularverträgen aus § 307 BGB ergeben.[1122] **297**

Durch die in einem sogenannten **„Dauernutzungsvertrag"** über eine Wohnung zwischen einer Wohnungsbaugenossenschaft und ihrem Mitglied getroffene Vereinbarung, wonach das ordentliche Kündigungsrecht der Genossenschaft nur dann bestehen soll, wenn wichtige, berechtigte Interessen der Genossenschaft eine Beendigung des Mietverhältnisses notwendig machen, wird der Mieter bessergestellt, als nach der gesetzlichen Regelung. Während nach § 573 Abs. 1 BGB jedes vernünftige, billigenswerte Erlangungsinteresse für die Vertragsbeendigung genügt, liegt ein wichtiges, berechtigtes Interesse im Sinne der Vereinbarung nur dann vor, wenn die Kündigung den einzig zumutbaren Weg darstellt, wie den berechtigten Belangen des Vermieters Genüge getan werden kann.[1123] Wird die Genossenschaftswohnung veräußert, so geht die Kündigungsbeschränkung auch dann auf den Erwerber über, wenn dieser nicht zum Kreis der gemeinnützigen Vermieter gehört. Auf Eigenbedarf kann die Kündigung nur dann gestützt werden, wenn die dafür geltend gemachten Gründe ausnahmsweise die verschärften Voraussetzungen eines wichtigen, berechtigten Interesses erfüllen, das die Beendigung des Mietverhältnisses notwendig macht.[1124] Ist die **Wohnung zweckbestimmt** zur Unterbringung von Beamten oder Bediensteten einer Behörde und wird diese an einen privaten Erwerber verkauft, so tritt dieser gem. § 566 BGB in eine im Mietvertrag vereinbarte Kündigungsbeschränkung ein. Ist nach dem Mietvertrag eine Kündigung wegen Eigenbedarfs ausgeschlossen, so ist auch der Erwerber an einer solchen Kündigung gehindert.[1125] **298**

Eine Vereinbarung, wonach das Mietverhältnis beim **Eintritt einer bestimmten Bedingung** enden soll, ist nach § 572 Abs. 2 BGB zu beurteilen. Deshalb stellt eine Klausel, die die Beendigung eines Mietvertrags an die Beendigung eines (unbefristeten) Arbeits- oder Dienstverhältnisses – also an den Eintritt eines ungewissen Ereignisses – knüpft, eine auflösende Bedingung dar.[1126] Auf eine **299**

---

[1119] LG Hamburg WuM 1988, 406; s. hierzu auch *Bühler* ZMR 2010, 897.

[1120] BGH VIII ZR 223/06, NJW 2007, 1742 = NZM 2007, 399.

[1121] Offengelassen, ob die Grenze bei **30 Jahren** liegt: BGH VIII ZR 200/17, NZM 2018, 556; **13 Jahre:** BGH VIII ZR 388/12, NJW 2013, 2820; zehn Jahre: BGH VIII ZR 98/10, NZM 2011, 28; **fünf Jahre:** BGH VIII ZR 81/03, NJW 2004, 1448.

[1122] BGH VIII ZR 30/08, NJW 2009, 912; VIII ZR 3/05, NZM 2006, 254; VIII ZR 120/11, NJW 2012, 521; VIII ZR 27/04, NJW 2005, 1574; VIII ZR 23/16, NZM 2017, 71.

[1123] OLG Karlsruhe NJW-RR 1986, 86.

[1124] BGH VIII ZR 57/13, NZM 2013, 824; OLG Karlsruhe NJW-RR 1986, 86.

[1125] AG Bremen WuM 2015, 171.

[1126] BGH VIII ZR 191/18, = NZM 2021, 137; LG Berlin NZM 2021, 137; LG Düsseldorf WuM 1985, 151; LG Aachen WuM 1985, 149; Staudinger/*Rolfs* BGB § 572 Rn. 7; MüKoBGB/*Häublein* § 572 Rn. 4; BeckOGK/*Geib* BGB § 572 Rn. 11.

solche **auflösende Bedingung** kann sich der Vermieter von Wohnraum gem. § 572 Abs. 2 BGB nicht berufen.[1127]

300 Auf **Mietaufhebungsverträge** ist § 573 Abs. 4 BGB unanwendbar.[1128] Dies gilt auch dann, wenn der Mieter durch das Vortäuschen nicht vorhandener Kündigungsgründe zum Abschluss eines solchen Vertrages bewogen wurde oder wenn der Vermieter Druck auf den Mieter ausgeübt hat. Der Mieter hat in Fällen dieser Art nur die Möglichkeit der Anfechtung nach §§ 119 ff. BGB.

301 Vom Mietaufhebungsvertrag sind solche Vereinbarungen zu unterscheiden, in denen sich der Mieter bereits beim **Abschluss des Mietvertrags** bereit erklärt, bei Eintritt bestimmter Voraussetzungen einen Mietaufhebungsvertrag abzuschließen. Solche Vereinbarungen sind regelmäßig dahingehend auszulegen, dass das Mietverhältnis bis zum Eintritt der vereinbarten Voraussetzung unkündbar ist und dass danach eine Beendigung durch Vertrag – also außerhalb des § 573 BGB – eintreten soll. Damit ist eine solche Vereinbarung für den Mieter teils günstiger, teils ungünstiger als die gesetzliche Regelung. Da Vereinbarungen der fraglichen Art eine strukturelle Ähnlichkeit mit den auflösend bedingten Mietverhältnissen haben, erscheint es sachgerecht, hierauf § 572 Abs. 2 BGB entsprechend anzuwenden.

[1127] BGH VIII ZR 191/18, NZM 2021, 137.
[1128] Palandt/*Weidenkaff* BGB § 573 Rn. 3.

# § 573a Erleichterte Kündigung des Vermieters

**(1) [1]Ein Mietverhältnis über eine Wohnung in einem vom Vermieter selbst bewohnten Gebäude mit nicht mehr als zwei Wohnungen kann der Vermieter auch kündigen, ohne dass er eines berechtigten Interesses im Sinne des § 573 bedarf. [2]Die Kündigungsfrist verlängert sich in diesem Fall um drei Monate.**

**(2) Absatz 1 gilt entsprechend für Wohnraum innerhalb der vom Vermieter selbst bewohnten Wohnung, sofern der Wohnraum nicht nach § 549 Abs. 2 Nr. 2 vom Mieterschutz ausgenommen ist.**

**(3) In dem Kündigungsschreiben ist anzugeben, dass die Kündigung auf die Voraussetzungen des Absatzes 1 oder 2 gestützt wird.**

**(4) Eine zum Nachteil des Mieters abweichende Vereinbarung ist unwirksam.**

## Systematische Übersicht



## A. Zweck der Regelung

1 Die Vorschrift beruht auf der Erwägung, dass das enge Zusammenleben[1] von Vermieter und Mieter in einem Haus oder einer Wohnung ein Mindestmaß an Harmonie voraussetzt; fehlt es hieran, so soll der Vermieter berechtigt sein, das Mietverhältnis ohne Angabe von Gründen zu beenden.[2] Das der Regelung des § 573 a BGB zugrunde liegende gesetzgeberische Motiv der Zerrüttung für die Auflösung des Mietverhältnisses gehört nicht zu den Kündigungsvoraussetzungen. Deshalb ist es bei einer Kündigung nach § 573 a BGB nicht erforderlich, dass Spannungen bestehen oder dass das Mietverhältnis zerrüttet ist. Aus diesem Grund ist es unerheblich, welche der Parteien die Zerrüttung verursacht oder verschuldet hat.

2 Die Vorschrift ist als **Ausnahmevorschrift zu § 573 BGB zu bewerten[3] und deshalb eng auszulegen.**[4] Das maßgebliche Kündigungsinteresse muss auch bei einer Kündigung gem. § 573 a BGB bis zum Ablauf der Kündigungsfrist bestehen, anderenfalls kann der Vermieter sich nicht mehr darauf berufen.[5] Deshalb steht dem Vermieter die Möglichkeit der erleichterten Kündigung nicht zur Verfügung, wenn er seine eigene Wohnung aufgeben will, um das Gebäude abzureißen[6] oder um das geräumte Haus besser verkaufen zu können.[7] Kündigungsinteressen dieser Art können nur nach § 573 Abs. 1 BGB oder Abs. 2 Nr. 3 BGB berücksichtigt werden. Eine analoge Anwendung des § 573 a BGB auf Mietverhältnisse in Mehrfamilienhäusern ist auch dann ausgeschlossen, wenn der Vermieter selbst im Haus wohnt und das persönliche Verhältnis zwischen den Vertrags-

---

[1] Nach NK-BGB/*Hinz* § 573 a Rn. 2 unter Hinweis auf den Stenografischen Bericht der Lesung des 2. WKSchG soll im Vertragspartner gegangen sein, „die in besonders enger Tuchfühlung miteinander leben."

[2] BGH VIII ZR 325/09, NZM 2010, 821 = NJW 2010, 3571.

[3] Staudinger/*Rolfs* BGB § 573 a Rn. 1; *Haas* Neues MietR BGB § 573 a Rn. 2.

[4] BGH VIII ZR 325/09, NZM 2010, 821 = NJW 2010, 3571; LG Bochum BeckRS 2015, 5933; AG Hamburg-Altona WuM 2007, 91; BeckOGK/*Geib/D'Ugo* BGB § 573 a Rn. 12; MüKoBGB/*Häublein* § 573 a Rn. 1; Spielbauer/Schneider/*Krenek* BGB § 573 a Rn. 8; *Blank* WuM 2007, 462.

[5] MüKoBGB/*Häublein* § 573 a Rn. 7.

[6] LG Mannheim NZM 2004, 256.

[7] LG Duisburg NZM 2005, 216; LG Stuttgart WuM 2007, 75; MüKoBGB/*Häublein* § 573 a Rn. 7; *Sonnenschein* NZM 2000, 1 (4).

parteien zerrüttet ist.[8] Eine Pflicht zur Kündigung eines Untermieters nach § 573a Abs. 2 BGB besteht ebenfalls nicht.[9]

3 Obwohl der Vermieter für seine Kündigung kein besonderes Interesse benötigt, kann der Mieter **Kündigungswiderspruch** nach §§ 574ff. BGB erheben.[10] Dies folgt aus der systematischen Stellung des § 573a BGB und des § 574 BGB in dem gemeinsamen Abschnitt „Mietverhältnisse auf unbestimmte Zeit". § 568 Abs. 2 BGB ist zu beachten.

## B. Anwendungsbereich

4 Die Vorschrift gilt nur für die **Wohnungsmiete.**[11] Auf Mietverhältnisse iSv § 549 Abs. 2 Nr. 1–3 BGB und § 549 Abs. 3 BGB ist die Vorschrift nicht anwendbar. Das gilt auch für **Gewerberaummietverhältnisse,** da für deren Kündigung kein berechtigtes Interesse erforderlich ist. Soweit nach § 578 Abs. 3 BGB[12] die Vorschrift auch auf Verträge, die nach dem 31. 12. 2018 abgeschlossen wurden, über die Anmietung von Räumen durch eine juristische Person des öffentlichen Rechts oder einen anerkannten privaten Träger der Wohlfahrtspflege, die geschlossen werden, um die Räume Personen mit dringendem Wohnbedarf zum Wohnbedarf zu überlassen, Anwendung finden soll, ist die Verweis sinnlos, da die Voraussetzungen des § 573a BGB tatbestandlich schon nicht vorliegen können.[13] Demgegenüber ist die Vorschrift auf Mietverhältnisse über Wohnraum in Ferien- und Zweitwohnungen anzuwenden.[14]

5 Es muss sich um ein unbefristetes Mietverhältnis handeln, das im Wege der ordentlichen fristgerechten Kündigung beendet werden kann.[15] Bestehende Kündigungsausschlüsse oder -verbote bleiben unberührt. Deshalb kann ein **befristetes Mietverhältnis** iSv § 575 Abs. 1 S. 1 BGB bis zum Ablauf der Befristung nicht nach § 573a BGB gekündigt werden. Durch einen **vertraglichen Ausschluss der ordentlichen Kündigung,** unabhängig ob er individualvertraglich[16] oder formularmäßig[17] erfolgt, wird zugleich das Kündigungsrecht nach § 573a BGB ausgeschlossen (→ Rn. 44). Ein **Ausschluss der Eigenbedarfskündigung** wird im Regelfall dahingehend auszulegen sein, dass der Vermieter nur bei Vertragsverletzungen kündigen kann, weil anderenfalls der durch den Ausschluss der Eigenbedarfskündigung beabsichtigte Schutz des Mieters nicht erreicht werden könnte. Ist – wie in den **Mietverträgen der ehemals gemeinnützigen Wohnungsunternehmen** vereinbart, dass der Vermieter „nur in besonderen Ausnahmefällen unter Einhaltung der gesetzlichen Fristen kündigen kann, wenn wichtige berechtigte Interessen des Vermieters eine Beendigung des Mietverhältnisses notwendig machen", so wird hierdurch auch die Kündigung nach § 573a ausgeschlossen.[18] Im Einzelfall kann sich ein Kündigungsausschluss auch aus den Umständen ergeben.[19] Bedeutung hat das nur in **Veräußerungsfällen,** In diesem Fall bleiben die Beschränkungen bestehen.[20]

---

[8] MüKoBGB/*Häublein* § 573a Rn 3; Lützenkirchen MietR/*Lützenkirchen*BGB § 573a Rn. 3; *Skrobek* ZMR 2007, 511, 514.

[9] **aA** *Jablonski* GE 2015, 234, 235.

[10] Staudinger/*Rolfs* BGB § 573a Rn. 26; BeckOGK/*Geib/D'Ugo* BGB § 573a Rn. 23, 31; MüKoBGB/*Häublein* § 573a Rn. 17; Lützenkirchen MietR/*Lützenkirchen* BGB § 573a Rn. 36; AnwK WohnraumMietR/*Lammel* BGB § 573a Rn. 27; Emmerich/Sonnenschein/*Haug* BGB § 573a Rn. 13; Bamberger/Roth/*Hannappel* BGB § 573a Rn. 30; Erman/*Lützenkirchen* BGB § 573a Rn. 13; *Skrobek* ZMR 2007, 511, 513.

[11] MüKoBGB/*Häublein* § 573a Rn. 4; BeckOGK/*Geib/D'Ugo* BGB § 573a Rn. 7; Lützenkirchen MietR/*Lützenkirchen*BGB § 573a Rn. 2.

[12] Zur Entstehung der Vorschrift und der Kritik daran *Häublein* in FS Börstinghaus, 2020, 211; *Schultz* GE 2019, 230.

[13] Unkritisch insofern BeckOGK/*Geib/D'Ugo* BGB § 573a Rn. 7.

[14] MüKoBGB/*Häublein* § 573a Rn. 5.

[15] MüKoBGB/*Häublein* § 573a Rn. 4; BeckOGK/*Geib/D'Ugo* BGB § 573a Rn. 8; Lützenkirchen MietR/*Lützenkirchen* BGB § 573a Rn. 2.

[16] Offen gelassen ob Grenze bei **30 Jahren:** BGH VIII ZR 200/17, NZM 2018, 556; **13 Jahre:** BGH VIII ZR 388/12, NJW 2013, 2820; zehn Jahre: BGH VIII ZR 98/10, NZM 2011, 28; **fünf Jahre:** BGH VIII ZR 81/03, NJW 2004, 1448.

[17] BGH VIII ZR 30/08, NJW 2009, 912; VIII ZR 3/05, NZM 2006, 254; VIII ZR 120/11, NJW 2012, 521; VIII ZR 27/04, NJW 2005, 1574; VIII ZR 23/16, NZM 2017, 71.

[18] BGH VIII ZR 57/13, NZM 2013, 824 Rn. 12.

[19] LG Gießen ZMR 1997, 188, wenn das Haus im Zusammenwirken von Vermieter und Mieter errichtet oder *finanziert worden ist.*

[20] BGH VIII ZR 57/13, NZM 2013, 824 Rn. 13; OLG Karlsruhe NJW-RR 1986, 89, Kündigungsbeschränkung bei Dauernutzungsvertrag einer Wohnungsbaugenossenschaft; ebenso LG Kaiserslautern MDR 1983, 56.

Eine **Kündigung zum Zwecke der Mieterhöhung** (§ 573 Abs. 1 S. 2 BGB) ist auch dann ausgeschlossen, wenn sie auf § 573a BGB gestützt wird.[21] 6

**Weitere Kündigungsverbote** können sich im Ausnahmefall aus §§ 134, 138 Abs. 1, 242 BGB ergeben, etwa wenn der Vermieter die Kündigung als **Druckmittel** zur Erzwingung von nicht geschuldeten Mieterleistungen einsetzt. Wird die Kündigung nicht als Druckmittel zur Durchsetzung, sondern als **Sanktion** für die Weigerung des Mieters zur Erfüllung bestimmter Ansprüche erklärt, so ist die Kündigung unwirksam, wenn die Voraussetzungen des § 226 BGB (sog. **„Schikaneverbot"**) gegeben sind. Diese Vorschrift wird indes nur ausnahmsweise eingreifen, weil sie voraussetzt, dass die Schadenszufügung der einzige Zweck der Kündigung ist. Hiervon kann nicht ausgegangen werden, wenn der Vermieter kündigt, weil es infolge der Weigerung des Mieters zu Spannungen und Differenzen gekommen ist.[22] 7

**Beweispflichtig** für das Vorliegen eines solchen Ausschlussgrundes nach § 573 Abs. 1 S. 2, §§ 134, 138 Abs. 1, 226, 242 BGB ist der Mieter.[23] Die Grundsätze über den **Anscheinsbeweis** sind nicht anwendbar,[24] weil die Kündigungsmotive sehr unterschiedlich sein können; es fehlt mithin an einem für den Anscheinsbeweis erforderlichen typischen Geschehensablauf. 8

Für Mietverhältnisse, die auf **gerichtlicher Gestaltung** beruhen (zB nach § 574 BGB, §§ 4, 5 HausratsVO aF, § 1568a BGB) gilt das Sonderkündigungsrecht nicht.[25] 9

## C. Die Kündigungstatbestände

### I. Abs. 1 S. 1

#### 1. Gebäude

Das Sonderkündigungsrecht gilt nur, wenn sich die Wohnungen des Mieters und des Vermieters in **einem** „Gebäude" befinden. Hiervon kann nicht ausgegangen werden, wenn eine Hälfte eines Doppelhauses vom Vermieter genutzt wird, während die andere vermietet ist Diese Immobilien werden als selbständige Häuser angesehen.[26] Dieselbe Situation besteht bei Wohnungen, die voneinander völlig unabhängig sind, wie etwa übereinander liegende Terrassenwohnungen ohne gemeinsamen Eingang und ohne sonstige Berührungspunkte.[27] Maßgeblich ist, ob die beiden Wohnungen so verbunden sind, dass nach der Verkehrsauffassung von einem einzigen Gebäude gesprochen wird. Auf die Ausweisung im Grundbuch als einheitliches Gebäude kommt es nicht an. Maßgeblich ist vielmehr die Verkehrsanschauung.[28] Ist ein Reihenhaus mit zwei Wohnungen Teil eines aus mehreren Reihenhäusern bestehenden Blocks, so ist unter dem Begriff des „Gebäudes" das einzelne Reihenhaus und nicht der Reihenhausblock zu verstehen.[29] Ob die Häuser real oder ideell geteilt sind, ist unerheblich.[30] 10

Nach dem Wortlaut des § 573a BGB kommt es nicht darauf an, ob die **Parteien innerhalb des Gebäudes zusammentreffen** können.[31] Das gesetzgeberische Motiv für die Schaffung der Rege- 11

---

[21] MüKoBGB/*Häublein* § 573a Rn. 3; BeckOGK/*Geib/D'Ugo* BGB § 573a Rn. 10.

[22] LG Stuttgart ZMR 1979, 274 mAnm *Buchholz-Duffner;* AG Dortmund DWW 1993, 238.

[23] Baumgärtel/Laumen/Prütting Beweislast-HdB/*Börstinghaus* BGB § 573a Rn. 3; BeckOGK/*Geib/D'Ugo* BGB § 573a Rn. 10.

[24] **AA** *Schubert* WuM 1975, 4.

[25] *Gather* DWW 1981, 86.

[26] BGH VIII ZR 325/09, NJW 2010, 3571; BGH VIII ZR 307/07, NZM 2008, 682; Zweifel bei MüKoBGB/*Häublein* § 573a Rn. 9.

[27] Ähnlich *LG Kleve* WuM 1992, 437, für Wohnungen in verschiedenen Gebäudeteilen mit jeweils eigenem Eingang; AG Dortmund WuM 1990, 355, für Zechensiedlungshäuser; LG Hannover WuM 1979, 78, für zwei ebenerdig nebeneinander gelegene Bungalows; ebenso AnwK WohnraumMietR/*Lammel* BGB § 573a Rn. 5; Staudinger/*Rolfs* BGB § 573a Rn. 15; Bamberger/Roth/*Hannappel* BGB § 573a Rn. 12; **aA** MüKoBGB/*Häublein* § 573a Rn. 9.

[28] LG Köln WuM 2015, 680.

[29] BGH VIII ZR 325/09, NJW 2010, 3571.

[30] LG Berlin GE 2011, 823.

[31] BGH VIII ZR 307/07, NZM 2008, 682; MüKoBGB/*Häublein* § 573a Rn. 9; NK-BGB/*Hinz* § 573a Rn. 8.

lung hat im Wortlaut des § 573a BGB keinen Niederschlag gefunden.[32] Es müssen keine gemeinschaftlich zu nutzendem Räume oder Gemeinschaftsflächen vorhanden sein.[33]

12 Unter den **Begriff des Gebäudes** fallen zunächst alle Häuser die **ausschließlich zu Wohnzwecken** genutzt werden. Auf die Eigentumsverhältnisse kommt es nicht an. Maßgeblich ist nur, dass Vermieter und Mieter im selben Gebäude wohnen und der Mieter sein Besitzrecht vom Vermieter herleitet. Ein Gebäude, bestehend aus zwei Eigentumswohnungen ist ebenfalls als „Gebäude" iSv § 573a BGB zu bewerten. Auch hier kommt es nicht darauf an, ob der Vermieter Eigentümer der jeweiligen Wohnungen ist.

13 Bei einem **gemischt genutzten Gebäude** ist die Vorschrift anwendbar, wenn sich in dem Haus zwei Wohnungen befinden. Durch die Verwendung des Begriffs „Gebäude" ist klargestellt, dass das Sonderkündigungsrecht auch dann besteht, wenn sich in dem Gebäude außer der Wohnung des Vermieters und der Wohnung des Mieters auch noch Gewerberäume befinden. Es kommt nicht darauf an, ob die Gewerberäume vom Vermieter selbst genutzt werden.

### 2. Vom Vermieter selbst bewohnt

14 Das Sonderkündigungsrecht besteht nur, wenn der **Vermieter** selbst in dem Gebäude **wohnt.** Der Vermieter muss einen Teil der Räumlichkeiten zu Wohnzwecken nutzen. Dabei muss es sich nicht um eine Wohnung handeln. Es genügt, wenn das Gebäude im Wesentlichen vom Mieter genutzt wird und der Vermieter lediglich ein Zimmer bewohnt. Bei einer **Nutzung zu gewerblichen Zwecken** besteht kein Sonderkündigungsrecht. Dies gilt auch dann, wenn ein Teil der Gewerberäume so eingerichtet ist, dass der Vermieter dort wohnen könnte. Gelegentliche Übernachtungen in den Gewerberäumen machen diese nicht zur Wohnung.

15 Der Vermieter muss **selbst** in dem Gebäude wohnen. Bei einer **Vermietermehrheit** muss mindestens ein Vermieter in dem Gebäude wohnen.[34] Es genügt nicht, wenn die Wohnung durch einen Ehegatten oder Verwandten des Vermieters bewohnt wird. Bei einer Vermietung durch eine **juristische Person** ist das Sonderkündigungsrecht ausgeschlossen.[35] Ist der Vermieter nicht der Eigentümer, so besteht kein Sonderkündigungsrecht, wenn zwar der Eigentümer, nicht aber der Vermieter im Haus wohnt.[36] Umgekehrt kann ein Nichteigentümer nach § 573a BGB kündigen, wenn er im Haus wohnt und Vermieter der anderen Wohnung ist. Das Sonderkündigungsrecht gilt nämlich auch im Verhältnis vom Mieter zum Untermieter. Ein solcher Fall wird etwa dann vorliegen, wenn der Vermieter in dem von ihm angemieteten Haus eine Wohnung selber nutzt und die andere durch Untermietvertrag einem Mieter überlassen hat. Voraussetzung ist aber, dass der Mieter die Wohnung auch selbst bewohnt.[37]

16 Es ist erforderlich, dass die Wohnung von dem Vermieter **tatsächlich genutzt** wird.[38] Eine freistehende Wohnung gibt dem Vermieter auch dann kein Sonderkündigungsrecht, wenn er dort polizeilich gemeldet[39] ist oder die Absicht hat, dort kurzfristig einzuziehen. Der Vermieter muss in einer der Wohnungen nicht zwingend seinen **Lebensmittelpunkt** haben.[40] Deshalb ist eine Kündigung auch möglich, wenn die Räume nur als **Zweitwohnung** genutzt werden.[41] Insofern gilt hier nichts anderes als für die Eigenbedarfskündigung des Vermieters. Auch dort sind keine zeitlichen Mindestanforderungen an die Nutzung erforderlich, so dass dort auch eine Nutzung als Zweitwohnung vom Tatbestandsmerkmal des Benötigens erfasst sein kann.[42] Etwas anderes kann

---

[32] BGH VIII ZR 307/07, NZM 2008, 682.

[33] BGH VIII ZR 307/07, NZM 2008, 682; OLG Saarbrücken WuM 1992, 520; ebenso Staudinger/*Rolfs* BGB § 573a Rn. 15; Bamberger/Roth/*Hannappel* BGB § 573a Rn. 13; Emmerich/Sonnenschein/*Haug* BGB § 573a Rn. 7.

[34] BeckOGK/*Geib/D'Ugo* BGB § 573a Rn. 19.

[35] BeckOGK/*Geib/D'Ugo* BGB § 573a Rn. 9; MüKoBGB/*Häublein* § 573a Rn. 5.

[36] LG Karlsruhe WuM 1989, 241; MüKoBGB/*Häublein* § 573a Rn. 6.

[37] LG Berlin GE 2019, 1507.

[38] NK-BGB/*Hinz* § 573a Rn. 11.

[39] NK-BGB/*Hinz* § 573a Rn. 11.

[40] LG Hamburg WuM 1983, 23; AnwK WohnraumMietR/*Lammel* BGB § 573a Rn. 13; Erman/*Lützenkirchen* BGB § 573a Rn. 7; MüKoBGB/*Häublein* § 573a Rn. 5; BeckOGK/*Geib/D'Ugo* BGB § 573a Rn. 20; **aA** LG Berlin NJW-RR 1991, 1227; LG Wuppertal WuM 1990, 156; AG Walsrode WuM 1992, 616; Staudinger/*Rolfs BGB § 573a Rn. 10; Sternel* MietR Kap. IV Rn. 241, Kap. XI Rn. 399; Emmerich/Sonnenschein/*Haug* BGB § 573a Rn. 6; Bamberger/Roth/*Hannappel* BGB § 573a Rn. 19.

[41] AG Halle-Saalkreis WuM 1995, 43; MüKoBGB/*Häublein* § 573a Rn. 5; NK-BGB/*Hinz* § 573a Rn. 11.

[42] BGH VIII ZR 186/17, NZM 2018, 983; VIII ZR 19/17, NZM 2017, 846.

gelten, wenn der Vermieter die Wohnung lediglich zum Abstellen von Möbeln oder anlässlich gelegentlicher Verwandtenbesuche nutzt.[43] Die melderechtliche Bezeichnung als „Erst- oder Zweitwohnsitz" ist unerheblich.

Für die Kündigungsvoraussetzungen kommt es darauf an, ob der Vermieter im **Zeitpunkt des Ausspruchs der Kündigung** eine Wohnung im Haus nutzt.[44] Hat der Vermieter nach § 573a BGB gekündigt und entschließt er sich **nach dem Ausspruch der Kündigung** zur Aufgabe der bisherigen Wohnung, so bleibt die Kündigung wirksam. Wird dieser Entschluss aber vor Ablauf der Kündigungsfrist gefasst, so muss er hierüber den Mieter informieren und diesem den Abschluss eines Vertrags über die Aufhebung der Kündigungswirkungen anbieten.[45] Umgekehrt besteht das Sonderkündigungsrecht auch dann, wenn der Vermieter erst nach Abschluss des Mietvertrags in das Haus einzieht.[46] Ein **Vertrauensschutz** zugunsten des Mieters besteht in einem solchen Fall nur ausnahmsweise, etwa wenn der Vermieter durch sein Verhalten einen besonderen Vertrauenstatbestand des Inhalts geschaffen hat, das betreffende Haus selbst nie zu beziehen.[47] Der Umstand, dass der Mieter die Möglichkeit einer Eigennutzung durch den Vermieter nicht in Erwägung gezogen hat, reicht für die Annahme eines solchen Vertrauenstatbestandes keinesfalls aus. Weiter besteht das Sonderkündigungsrecht, wenn der Mieter einer der beiden Wohnungen das gesamte Gebäude erwirbt; in diesem Fall kann er nach seiner Eintragung ins Grundbuch die andere Wohnung nach § 573a BGB kündigen. Sind in einem Zweifamilienhaus sämtliche Wohnungen vermietet, so kann der bisher nicht im Haus wohnende Vermieter (oder Erwerber) uU das eine Mietverhältnis wegen Eigenbedarfs und das andere nach § 573a BGB kündigen. Die Kündigung nach § 573a BGB kann allerdings nicht zusammen mit der Eigenbedarfskündigung erklärt werden. Vielmehr ist diese Kündigung erst möglich, wenn der Vermieter eine der Wohnung bezogen hat. 17

Der bei der Kündigung nach § 573 Abs. 2 Nr. 2 BGB anerkannte Grundsatz, dass das **Kündigungsinteresse über den Ablauf der Kündigungsfrist hinaus fortbestehen muss,** gilt auch bei der Kündigung nach § 573a BGB.[48] Deshalb ist eine Kündigung nach § 573a BGB unwirksam, wenn der Vermieter in der Absicht kündigt, nach dem Auszug des Mieters auch die eigene Wohnung aufzugeben, um das Haus sodann freistehend verkaufen zu können.[49] Aus einer unwirksamen Kündigung kann auch der Erwerber keine Rechte herleiten.[50] Hat der Vermieter nach § 573a BGB gekündigt und fasst er sodann den Entschluss zur Veräußerung des Gebäudes, so bleibt die Kündigung wirksam.[51] Der Erwerber kann den Mieter auf Räumung und Herausgabe in Anspruch nehmen, wenn er selbst die Hauptwohnung bezogen hat; maßgeblich ist der Schluss der mündlichen Verhandlung. Hat der Erwerber die Hauptwohnung nicht bezogen, so kann er aus der vom Veräußerer ausgesprochenen Kündigung keine Rechte herleiten. Er ist in diesem Fall verpflichtet, dem Mieter einen Vertrag über die Fortsetzung des Mietverhältnisses anzubieten.[52] 18

**Stirbt der Vermieter nach Kündigungsausspruch,** so kann der Rechtsnachfolger des Vermieters die Kündigung nicht weiterverfolgen.[53] Eine Ausnahme gilt, wenn der verstorbene Vermieter und sein Rechtsnachfolger die Wohnung zusammen genutzt haben und der Rechtsnachfolger die Wohnung auch in Zukunft weiter nutzen will, weil dann ein „deckungsgleicher" Kündigungssachverhalt gegeben ist. Ein nicht im Haus wohnender Rechtsnachfolger ist auf die Kündigung nach § 573 Abs. 1, 2 BGB beschränkt. 19

---

[43] LG Limburg/Lahn WuM 1991, 111.
[44] BeckOGK/*Geib/D'Ugo* BGB § 573a Rn. 22.
[45] AG Bergheim WuM 2015, 39.
[46] OLG Koblenz WuM 1981, 204; BayObLG NJW RR 1991, 1036; OLG Karlsruhe WuM 1992, 49; AnwK WohnraumMietR/*Lammel* BGB § 573a Rn. 15; Staudinger/*Rolfs* BGB § 573a Rn. 16; Bamberger/Roth/*Hannappel* BGB § 573a Rn. 22; Palandt/*Weidenkaff* BGB § 573a Rn. 5; Elzer/Riecke/*Riecke* BGB § 573a Rn. 7.
[47] OLG Karlsruhe WuM 1992, 49.
[48] OLG Karlsruhe NJW-RR 1994, 80; MüKoBGB/*Häublein* § 573a Rn. 7; BeckOGK/*Geib/D'Ugo* BGB § 573a Rn. 22.
[49] LG Stuttgart WuM 2007, 75; *Sonnenschein* NZM 2000, 1 (4); **aA** NK-BGB/Hinz § 573a Rn. 5: zwar sprächen Sinn und Zweck für diese Auslegung, der Wortlaut stehe aber entgegen.
[50] **AA** AG Aschaffenburg WuM 2007, 460 mablAnm *Blank*.
[51] Lützenkirchen MietR/*Lützenkirchen* BGB § 573a Rn. 13.
[52] LG Duisburg NZM 2005, 216.
[53] OLG Karlsruhe NJW-RR 1994, 80; WuM 1989, 256.

### 3. Nicht mehr als zwei Wohnungen

20 Ein „Gebäude mit nicht mehr als zwei Wohnungen" liegt auch dann vor, wenn sich in dem Gebäude außer den vom Vermieter und vom Mieter bewohnten Räumen noch Gewerberäume oder einzelne vermietete Zimmer befinden.[54] Der **Begriff der Wohnung** richtet sich nach der **Verkehrsanschauung.**[55] Danach wird unter einer Wohnung „ein selbständiger, räumlich und wirtschaftlich abgegrenzter Bereich verstanden, der eine eigenständige Haushaltsführung ermöglicht".[56] **Die DIN 283**[57] definiert die Wohnung als „die Summe der Räume, welche die Führung eines Haushalts ermöglichen, darunter stets eine Küche oder ein Raum mit Kochgelegenheit. Zu einer Wohnung gehören außerdem Wasserversorgung, Ausguss und Abort".[58] Daran kann angeknüpft werden.[59] Es ist nicht erforderlich, dass die Küche eingerichtet ist; es müssen lediglich diejenigen Versorgungsanschlüsse (Wasser, Abwasser, Strom) vorhanden sein, die zur Einrichtung einer Küche nötig sind.[60] Außerdem muss der Mieter nach den vertraglichen Vereinbarungen berechtigt sein, den Raum als Küche einzurichten und zu nutzen. Vergleichbar ist der **steuerrechtliche Wohnungsbegriff iSd § 5 Abs. 2 GrStG.** Nach der Rspr. des BFH[61] ist unter einer Wohnung „die Zusammenfassung einer Mehrheit von Räumen zu verstehen, die in ihrer Gesamtheit so beschaffen sein müssen, dass sie die Führung eines selbständigen Haushalts auf Dauer ermöglichen". Dies ist der Fall, wenn die Einheit mindestens 20 m² aufweist und mit einer Küche oder einem Raum mit Kochgelegenheit, einem Bad oder einer Dusche sowie einer Toilette ausgestattet ist. Außerdem muss die Einheit von anderen Einheiten getrennt sein und über einen eigenen Zugang verfügen. Der Umstand, dass in den Räumlichkeiten eine Kochplatte aufgestellt werden kann, macht den Raum nicht zu einer Wohnung.[62] Dieses Kriterium ist für den Wohnungsbegriff völlig ungeeignet, weil es kaum einen Raum geben wird, in dem keine Kochplatte aufgestellt und an eine Steckdose angeschlossen werden könnte. Demgegenüber muss ein **Bad** in der Wohnung[63] vorhanden sein.[64]

21 Alle diese Einrichtungsmerkmale müssen sich **innerhalb der abgeschlossenen Wohnung** befinden.[65] Bad und Toilette dürfen, wie bei Altbauten ganz vereinzelt noch üblich, nicht von mehreren Haushalten genutzt werden.[66] Nur eine solche Auslegung schafft die erforderliche Rechtssicherheit[67] und entspricht auch heute der such sich fortentwickelten Verkehrsanschauung von einer Wohnung. **Abgeschlossene Wohnungen** sind nach der DIN 283 solche, „die baulich vollkommen von fremden Wohnungen und Räumen abgeschlossen sind, zB durch Wände und Decken, die den Anforderungen der Bauaufsichtsbehörden (Baupolizei) an Wohnungstrennwände und Wohnungstrenndecken entsprechen und einen eigenen abschließbaren Zugang unmittelbar vom Freien, von einem Treppenhaus oder einem Vorraum haben. Zu abgeschlossenen Wohnungen können zusätzliche Räume außerhalb des Wohnungsabschlusses gehören. Auch Wasserversorgung, Ausguss und Abort können außerhalb der Wohnung liegen". **Nicht abgeschlossene Wohnungen** sind solche, die diesen Anforderungen nicht genügen. Der Umstand, dass der Vermieter durch die Errichtung der Räumlichkeiten gegen formelles oder materielles öffentliches Baurecht verstoßen hat, spielt keine Rolle.[68]

---

[54] BGH VIII ZR 307/07, NZM 2008, 682.

[55] AG Dortmund ZMR 2020, 759; zum Wohnungsbegriff krit. *Skrobek* ZMR 2007, 511.

[56] BGH VIII ZR 90/10, NZM 2011, 71, VIII ZR 127/14, NZM 2015, 452; LG Hamburg WuM 1994, 215; LG Aachen WuM 1993, 616 (617); LG Bochum WuM 1984, 133.

[57] Für die Übernahme der Definition auch NK-BGB/*Hinz* § 573a Rn. 15.

[58] AG Dortmund ZMR 2020, 759; LG Bochum WuM 1984, 133; LG Berlin GE 1992, 1151; LG Lübeck WuM 1992, 616; LG Bonn WuM 1992, 24; LG Aachen WuM 1993, 616; LG Hamburg WuM 1994, 215; LG Kempten WuM 1994, 254; MüKoBGB/*Häublein* § 573a Rn. 11; Staudinger/*Rolfs* BGB § 573a Rn. 6.

[59] *Skrobek* ZMR 2007, 511.

[60] BGH VIII ZR 127/14, NZM 2015, 452; AG Dortmund ZMR 2020, 759.

[61] BFH DWW 2015, 195.

[62] LG Kempten WuM 1994, 254; LG Hamburg WuM 1994, 215; MüKoBGB/*Häublein* § 573a Rn. 11.

[63] *Skrobek* ZMR 2007, 511 (512); zust. BeckOGK/*Geib/D'Ugo* BGB § 573a Rn. 17/18.

[64] LG Berlin GE 1999, 507; BeckOGK/*Geib/D'Ugo* BGB § 573a Rn. 16 *„unter Zugrundelegung heutiger hygienischer Standards und Wohnvorstellungen (…) kaum zu verneinen"*; **aA** noch *Sonnenschein* NZM 2000, 1, 4.

[65] *Skrobek* ZMR 2007, 511 (512).

[66] BeckOGK/*Geib/D'Ugo BGB* § 573a Rn. 17; *Skrobek* ZMR 2007, 511 (512).

[67] *Skrobek* ZMR 2007, 511 (512).

[68] AG Nürtingen WuM 2017, 538; LG Bochum WuM 1984, 133; LG Köln WuM 1985, 64; LG Aachen WuM 1993, 616; LG Hamburg WuM 1994, 215; Staudinger/*Rolfs* BGB § 573a Rn. 13.

Unerheblich ist auch, ob das Haus steuerrechtlich als Zwei- oder Dreifamilienhaus bewertet wird.[69]

22 Die Frage, ob Räumlichkeiten **zur Führung eines Haushaltes geeignet** sind, richtet sich nach der Verkehrsanschauung.[70] Indizien hierfür sind das Vorhandensein einer Klingel im Hauseingangsbereich, eines Briefkastens, eines separaten Strom- und/oder Wasserzählers, sowie der Umstand, dass die Räume gegenwärtig oder früher von einer Einzelperson oder einer Familie als Wohnung genutzt worden sind. Eine Wohnung kann aber auch dann anzunehmen sein, wenn diese Einrichtungen nicht vorhanden sind.

23 In der **Rspr.** wurde die **Wohnungseigenschaft bejaht:** Für ein Appartement im Dachgeschoss bestehend aus einem Zimmer, Bad/WC, Abstellraum, Flur und Balkon wobei unerheblich ist, dass eine Kücheneinrichtung fehlt, es genügt, wenn die hierfür erforderlichen Wasser- und Stromanschlüsse vorhanden sind;[71] für Räumlichkeiten im Dachgeschoss bestehend aus Küche, Diele, Wohn- und Schlafraum, Bad mit Dusche, WC mit Waschtisch, Abstellkammer und Speicherraum – der Umstand dass kein separater Strom- und Wasserzähler vorhanden war und dass die Räume vom Vermieter genutzt worden sind wurde für unerheblich erachtet;[72] für Räumlichkeiten im Dachgeschoss bestehend aus zwei Zimmern, Wohnküche, Dusche und Toilette.[73]

24 Die **Wohnungseigenschaft** wurde **verneint:** für zwei Zimmer und WC/Dusche im Dachgeschoss, die nicht mit einer Spüle ausgestattet sind und als Ferienzimmer vermietet werden;[74] für abgeschlossene Räumlichkeiten bestehend aus einem 9,5 $m^2$ großen Zimmer mit Elektroanschlüssen, einer Toilette mit Handwaschbecken und einem Vorraum, jedoch ohne Küche oder Kochnische;[75] für Räume ohne Küche;[76] für ein Zimmer mit Toilette und Waschgelegenheit;[77] wenn in den Räumlichkeiten kein Ausguss vorhanden ist.[78]

25 Für den **Wohnungsbegriff** sind grds. die **objektiven Gegebenheiten** im **Zeitpunkt des Zugangs der Kündigung** maßgebend.[79] Die situativen Voraussetzungen des § 573a BGB müssen also nicht bereits bei Einzug des Mieters vorgelegen haben.[80] Deshalb ist es unerheblich, ob ein Dachgeschoß zu einer Wohnung ausgebaut werden könnte oder ob ein Vermieter solche Ausbauabsichten hat.[81] Umgekehrt kommt es nicht darauf an, ob vorhandene Räume als Wohnung genutzt werden, sondern darauf, ob sie als Wohnung geeignet sind.[82] Deshalb ist das Sonderkündigungsrecht auch dann ausgeschlossen, wenn die Räume leer stehen[83] oder wenn sie vom Vermieter nicht zur Vermietung an Dritte vorgesehen sind. Unbeschadet hiervon ist der Vermieter aber nicht gehindert, eine Wohnung, die bereits beim Vertragsschluss zu gewerblichen Zwecken genutzt wurde oder die zu solchen Zwecken vermietet war, auch weiterhin gewerblich zu nutzen. In diesem Fall bleibt das Gebäude ein Haus mit zwei Wohnungen, so dass das Sonderkündigungsrecht besteht. Wurde hingegen eine Wohnung bei Vertragsschluss gewerblich genutzt und hat der Vermieter diese Art der Nutzung in der Folgezeit aufgegeben, so sind die Räumlichkeiten entsprechend ihrer Eignung als Wohnräume zu bewerten.[84] In diesem Fall ist das Sonderkündigungsrecht ausgeschlossen. Waren umgekehrt bei Vertragsschluss drei Wohnungen vorhanden und hat der Ver-

---

[69] LG Hildesheim NJW-RR 1993, 585; BeckOGK/*Geib/D'Ugo* BGB § 573a Rn. 15; MüKoBGB/*Häublein* § 573a Rn. 10; Staudinger/*Rolfs* BGB § 573a Rn. 13.

[70] LG Hamburg WuM 1994, 215; AG Dortmund ZMR 2020, 759.

[71] BGH VIII ZR 127/14, NZM 2015, 452; AG Dortmund ZMR 2020, 759.

[72] LG Aachen WuM 1993, 616.

[73] LG Hildesheim NJW-RR 1993, 585.

[74] LG Kempten WuM 1994, 254.

[75] LG Hamburg WuM 1994, 215.

[76] AG Wolfratshausen WuM 1985, 267.

[77] AG Siegburg WuM 1979, 218.

[78] LG Lübeck WuM 1992, 616.

[79] LG Berlin GE 1999, 507; BeckOGK/*Geib/D'Ugo* BGB § 573a Rn. 22; OLG Karlsruhe WuM 1983, 253, zumindest dann, wenn Mieter die dritte Wohnung dazugemietet hat und es deshalb jetzt nur zwei Wohnungen gibt.

[80] MüKoBGB/*Häublein* § 573a Rn. 6, 10; ggf. **aA,** zumindest im Tatbestand beschreibt BGH VIII ZR 90/10, NZM 2011, 71 nur den Zustand bei Anmietung, in den Entscheidungsgründen finden sich zum maßgeblichen Zeitpunkt keine Ausführungen.

[81] LG Mannheim WuM 1981, 234; LG Wiesbaden WuM 1981, 162.

[82] AG Hamburg-Bergedorf ZMR 2012, 451.

[83] LG Köln WuM 1985, 64; LG Essen WuM 1977, 206; diff. Lützenkirchen MietR/*Lützenkirchen* BGB § 573a Rn. 20.

[84] LG Essen WuM 1977, 206.

mieter in der Folgezeit eine der Wohnungen zu gewerblichen Zwecken genutzt oder vermietet, so ist eine aus dem Vertrauensgrundsatz abzuleitende Ausnahme zu beachten. Hier ist das Sonderkündigungsrecht ausgeschlossen, weil der Mieter darauf vertrauen darf, dass ein bei Vertragsschluss bestehender Kündigungsschutz nicht durch eine vom Vermieter vorgenommene Zweckänderung tangiert wird.[85]

26 Dieselben Grundsätze gelten, wenn das **Gebäude nach dem Vertragsschluss baulich verändert** wird. Bestand das Haus im Zeitpunkt des Vertragsschlusses aus zwei Wohnungen und wurde in der Folgezeit durch Ausbau oder Teilung eine dritte Wohnung geschaffen, so ist das Sonderkündigungsrecht ausgeschlossen. Hat umgekehrt der Mieter einer in einem Dreifamilienhaus gelegenen Wohnung nach Vertragsschluss eine weitere Wohnung hinzugemietet und diese mit der Ursprungswohnung verbunden, so entsteht für den im Haus wohnenden Vermieter ein Sonderkündigungsrecht, weil nach dem Umbau nur noch zwei Wohnungen vorhanden sind.[86] Dies gilt auch dann, wenn der Umbau jederzeit wieder rückgängig gemacht werden könnte.[87] Nach der hier vertretenen Ansicht kommt es nicht darauf an, ob die beiden Wohnungen nach den baulichen Gegebenheiten als einheitliche abgeschlossene Wohnung anzusehen sind. Maßgeblich ist vielmehr, ob der Mieter die beiden Wohnungen im Rahmen seiner Haushaltsführung nutzt. Deshalb besteht das Sonderkündigungsrecht auch dann, wenn der Mieter nach Vertragsschluss eine weitere Wohnung anmietet und beide Wohnungen ohne Umbaumaßnahmen zur Haushaltsführung genutzt werden. Werden die Umbauarbeiten auf Veranlassung oder im Interesse des Vermieters vorgenommen, so ist bei Mietverträgen, die vor dem 1.9.2001 abgeschlossen wurden, wegen des abweichenden Gesetzeswortlauts, eine aus dem **Vertrauensgrundsatz** abzuleitende Ausnahme zu beachten[88]: Das Sonderkündigungsrecht gilt nicht, wenn das Haus beim Vertragsschluss aus drei Wohnungen bestand und der Vermieter in der Folgezeit zwei der Wohnungen zu einer einzigen zusammengelegt hat[89] oder wenn er beide Wohnungen ohne Umbaumaßnahme im Rahmen seiner Haushaltsführung nutzt. Für die Anwendung des Vertrauensgrundsatzes besteht allerdings kein Raum, wenn der Vermieter den Mieter vor Vertragsschluss über seine Umbaupläne informiert hat.[90]

27 Eine weitere, aus dem Vertrauensgrundsatz abzuleitende Ausnahme gilt, wenn der Mieter eine **Wohnung in einem noch nicht fertig gestellten Haus** gemietet hat. Hier kommt es darauf an, ob das Haus als Zwei- oder Mehrfamilienhaus konzipiert ist. War beim Vertragsschluss die dritte Wohnung bereits geplant aber noch nicht fertig gestellt, so besteht kein Sonderkündigungsrecht, wenn der Vermieter vor der Bezugsfertigkeit der dritten Wohnung kündigt.[91] Dies gilt auch dann, wenn der Plan zur Fertigstellung der dritten Wohnung nach Abschluss des Mietvertrags endgültig aufgegeben wird.

28 Befinden sich in einem Gebäude mehr als zwei Wohnungen, so ist § 573a Abs. 1 BGB unanwendbar. Dies gilt auch dann, wenn der Vermieter eine dritte Wohnung als Teil seiner eigenen Wohnung nutzt, zB als Arbeits- Gäste- Kinder- oder Schlafzimmer.[92] Anders ist es, wenn die Räumlichkeiten auf Grund ihrer baulichen Beschaffenheit als Teil der Vermieterwohnung anzusehen sind. Dies ist aber nur dann der Fall, wenn die betreffenden Räumlichkeiten mit der Wohnung des Vermieters eine bauliche Einheit bilden; hiervon kann bspw. bei einer Verbindung mit Innentreppen ausgegangen werden.[93] Dieselben Grundsätze gelten, wenn das Gebäude aus drei Wohnungen besteht und zwei der Wohnungen vom Mieter genutzt werden. Die in der Vorauflage vertretene abweichende Ansicht wird nicht aufrechterhalten.

29 Die **Anzahl der jeweiligen Wohnungsnutzer** ist unerheblich. Deshalb gilt das Sonderkündigungsrecht auch dann, wenn der Vermieter oder der Mieter einzelne Räume seiner Wohnung an einen oder mehrere **Untermieter** vermietet hat. Voraussetzung ist aber, dass der Mieter die Wohnung auch selbst bewohnt.[94]

---

[85] BGH VIII ZR 127/14, NZM 2015, 452; Herrlein/Knops/Spiegelberg MietR/*Herrlein* BGB § 573a Rn. 5.
[86] OLG Karlsruhe NJW 1984, 2953; MüKoBGB/*Häublein* § 573a Rn. 11.
[87] OLG Karlsruhe NJW 1984, 2953.
[88] MüKoBGB/*Häublein* § 573a Rn. 11 (Vertrauensschutz).
[89] OLG Hamburg NJW 1983, 182.
[90] LG Memmingen NJW-RR 1992, 523.
[91] AG Marl *WuM 1998, 221.*
[92] BGH VIII ZR 90/10, NZM 2011, 71; Lützenkirchen MietR/*Lützenkirchen* BGB § 573a Rn. 18.
[93] LG Memmingen NJW-RR 1992, 523.
[94] LG Berlin GE 2019, 1507.

### II. Abs. 2

30 Das Sonderkündigungsrecht besteht ebenfalls für **Wohnraum innerhalb der vom Vermieter selbst bewohnten Wohnung.** Diese Vorschrift hat dann praktische Bedeutung, wenn die Räume unmöbliert vermietet werden, oder wenn sie zum dauernden Gebrauch für eine Familie bestimmt sind. Gleiches gilt, wenn sich die Räume in einem Mehrfamilienhaus befinden.[95] Solche Räume unterliegen an sich dem Kündigungsschutz (§ 549 Abs. 2 Nr. 2 BGB); der Vermieter kann diese Räume allerdings auch dann kündigen, wenn er kein berechtigtes Interesse an der Beendigung des Mietverhältnisses hat. Die Regelung entspricht dem bis 31.8.2001 geltenden § 564b Abs. 4 S. 3 BGB aF.

31 Die Vorschrift gilt auch im **Verhältnis des Mieters zum Untermieter.** Deshalb kann ein Mieter, der einzelne Zimmer seiner Wohnung weitervermietet hat, von dem Sonderkündigungsrecht Gebrauch machen. Eine solche Situation besteht auch bei einer **Wohngemeinschaft,** wenn nicht alle Wohnungsnutzer Partei des Hauptmietvertrags sind.[96] Hier können die Hauptmieter den Untermietern nach § 573a BGB kündigen. Voraussetzung ist aber, dass die Mieter die Wohnung auch selbst bewohnen.[97] Eine Pflicht zur Kündigung eines Untermieters nach § 573a Abs. 2 BGB, zB für den Fall der beabsichtigten Modernisierung, besteht aber nicht.[98]

## D. Die Kündigungsfrist (Abs. 1 S. 2)

32 Macht der Vermieter von dem Sonderkündigungsrecht nach § 573a BGB Gebrauch, so verlängert sich die Kündigungsfrist **um drei Monate.** Die gesetzliche Kündigungsfrist beträgt deshalb je nach Dauer des Mietverhältnisses mindestens sechs, höchstens 12 Monate. In den Fällen der außerordentlichen befristeten Kündigung beträgt die Kündigungsfrist einheitlich drei Monate (§ 573d Abs. 2 S. 2 BGB).

33 Die Kündigungssperrfrist der §§ 577, 577a BGB nach Umwandlung vermieteter Wohnungen gilt weder direkt noch analog für das Sonderkündigungsrecht des § 573a BGB.[99] § 577a Abs. 1 BGB bestimmt ausdrücklich, dass der Erwerber vermieteten Wohnungseigentums nach der Veräußerung sich zweitweise nicht auf berechtigte Interessen nach § 573 Abs. 2 Nr. 2 BGB oder § 573 Abs. 2 Nr. 3 BGB berufen darf. Der Wortlaut ist eindeutig. Auch eine analoge Anwendung scheidet aus.[100] Es fehlt an einer planwidrigen Regelungslücke. § 577a BGB hat den Zweck, dem durch die Umwandlung in Wohnungseigentum gefährdeten Bestandsschutzinteresse des Mieters Rechnung zu tragen. Umgewandelte Eigentumswohnungen werden häufig von Selbstnutzern erworben, so dass sich durch die Aufteilung von Mehrfamilienhäusern in Wohnungseigentum und anschließende Veräußerung die zur Kündigung berechtigenden Interessen vervielfältigen.[101] Die Vorschrift bezweckt keinen umfassenden Schutz des Mieters vor einer ordentlichen Kündigung nach der Bildung von Wohnungseigentum, sondern beschränkt den Schutz des Mieters auf Eigenbedarfs- oder Verwertungskündigungen. Die situative Ausgangslage bei den eine Kündigung gem. § 573a BGB zugrundeliegenden Fallgestaltungen anders.[102] Eine analoge Anwendung von § 577a BGB auf die Kündigung nach § 573a BGB ist auch nicht deshalb geboten, weil diese Kündigungsmöglichkeit kein berechtigtes Interesse des Vermieters an der Beendigung des Mietverhältnisses voraussetzt und deshalb regelmäßig einfacher durchzusetzen ist. § 573a BGB stellt auf das enge räumliche Zusammenleben von Mieter und Vermieter ab. Dies kann auch bei der durch Teilung entstanden Situation der Fall sein. Eine analoge Anwendung der Kündigungssperrfrist auf die Kündigung nach § 577a BGB würde in diesen Fällen dazu führen, dass die vom Gesetzgeber für diese besondere Situation engen Zusammenlebens von Vermieter und Mieter vorgesehene Möglichkeit einer Kündigung ohne Darlegung eines berechtigten Vermieterinteresses dem Vermieter ggf. für einen sehr langen Zeitraum versagt bliebe.[103]

---

95 KG NJW 1981, 2470.
96 BeckOGK/*Geib/D'Ugo* § 573a BGB Rn 28; MüKoBGB/*Häublein* BGB § 573a Rn. 12.
97 LG Berlin GE 2019, 1507.
98 **AA** *Jablonski* GE 2015, 234, 235.
99 BGH VIII ZR 325/09, NZM 2010, 821 = NJW 2010, 3571.
100 Lützenkirchen MietR/*Lützenkirchen* BGB § 573a Rn. 4.
101 BGH VIII ZR 231/08, NJW 2009, 2738; VIII ZR 127/08, NJW 2009, 1808.
102 BGH VIII ZR 325/09, NZM 2010, 821 = NJW 2010, 3571.
103 BGH VIII ZR 325/09, NZM 2010, 821 = NJW 2010, 3571.

## E. Die Kündigungserklärung (Abs. 3)

34 Nach § 573a Abs. 3 BGB ist in dem Kündigungsschreiben „anzugeben, dass die Kündigung auf die Voraussetzungen des Absatzes 1 oder 2 gestützt wird".

35 Die Angabe muss **im Kündigungsschreiben** erfolgen; sie ist auch dann nicht entbehrlich, wenn der Mieter auf Grund mündlicher Erklärungen oder vorangegangener Korrespondenz weiß, dass der Vermieter von seinem Sonderkündigungsrecht Gebrauch machen will. Eine unterlassene Angabe kann nicht nachgeholt werden. Jedoch kann der Vermieter erneut kündigen. Eine nachträgliche Mitteilung des Vermieters, dass die Kündigung auf die Voraussetzungen des Abs. 1 oder Abs. 2 gestützt wird, kann aus Gründen der Rechtsklarheit nicht in eine erneute Kündigung nach § 573a BGB umgedeutet werden.

36 Durch die **Einhaltung** einer dem Sonderkündigungsrecht entsprechenden **verlängerten Kündigungsfrist** wird die Angabe nicht ersetzt.[104] Der Umstand, dass ein **Kündigungsschreiben keine Gründe** enthält, macht die Angabe ebenfalls nicht entbehrlich.[105] Dies gilt schon deshalb, weil in diesem Fall auch eine (unwirksame) Kündigung nach § 573 BGB vorliegen kann.

37 Die Vorschrift dient der Unterrichtung des Mieters; deshalb muss der Hinweis für den Kündigungsempfänger verständlich sein. Dieser muss aus dem **Inhalt des Kündigungsschreibens** erkennen können, dass der Vermieter von seinem Sonderkündigungsrecht nach § 573a BGB Gebrauch macht. Wird gegenüber einem rechtskundigen Mieter oder gegenüber dem rechtskundigen Bevollmächtigten eines Mieters gekündigt, so reicht ein Hinweis auf die Gesetzesbestimmung („… kündige ich nach § 573a BGB …") oder eine Formulierung wie: „… mache ich von meinem Sonderkündigungsrecht für Einliegerwohnungen Gebrauch" idR aus. Gleiches gilt, wenn der Mieter weiß, dass der Vermieter eine Einliegerwohnung ohne berechtigtes Interesse kündigen kann.[106] Wird die Kündigung gegenüber einem rechtsunkundigen Mieter erklärt, so genügt die Wiedergabe von Gesetzesbezeichnungen im Allgemeinen nicht;[107] hier muss – zB durch die Wiederholung des Gesetzestextes deutlich gemacht werden, dass eine vom Vorliegen von Gründen unabhängige Kündigung ausgesprochen wird. Fehlt es hieran, so ist die Kündigung unwirksam. Der Mieter muss allerdings nicht belehrt werden. Deshalb muss der Vermieter in dem Kündigungsschreiben weder mitteilen, dass die Voraussetzungen des § 573a BGB vorliegen, noch muss er die sich daraus ergebende Rechtsfolge erläutern.

38 Die **Angabe von Gründen** schadet nicht. Es muss nur deutlich werden, dass die Kündigung nicht hierauf gestützt wird. Die Angabe von Gründen im Kündigungsschreiben ist allerdings nicht erforderlich, wenn der Vermieter ausschließlich nach § 573a BGB kündigen will. Dies gilt auch, wenn der Mieter der Kündigung nach § 574 BGB widerspricht. Bei der **Anwendung der Sozialklausel** können zugunsten des Vermieters auch solche Gründe berücksichtigt werden, die nicht im Kündigungsschreiben genannt sind. § 574 Abs. 3 BGB ist auf Kündigungen nach § 573a BGB nicht anzuwenden.[108]

39 Liegen berechtigte Interessen an der Beendigung des Mietverhältnisses vor, so kann der Vermieter **wahlweise** nach § 573 BGB oder nach § 573a BGB kündigen. Der Vermieter kann allerdings nicht beide Kündigungen gleichrangig geltend machen. Vielmehr muss die Kündigungserklärung erkennen lassen, in welcher Weise das Wahlrecht ausgeübt wird.[109] Der Vermieter darf die Ausübung des Wahlrechts nicht dem Mieter oder dem Gericht überlassen, etwa dergestalt, dass von dem für den Mieter rechtlich günstigsten Kündigungsgrund ausgegangen wird.[110]

---

[104] AnwK WohnraumMietR/*Lammel* BGB § 573a Rn. 24; Staudinger/*Rolfs* BGB § 573a Rn. 22; MüKoBGB/*Häublein* § 573 Rn. 13 „zweifelhaft".

[105] AnwK WohnraumMietR/*Lammel* BGB § 573a Rn. 24; Staudinger/*Rolfs* BGB § 573a Rn. 23; **aA** *Löwe* NJW 1975, 9.

[106] LG Kiel WuM 1994, 543, Kenntnis auf Grund einer vorangegangenen Kündigung.

[107] LG Osnabrück WuM 1990, 307; BeckOGK/*Geib/D'Ugo* BGB § 573a Rn. 33 „zumindest kurz die Erfüllung der Voraussetzungen im Schreiben skizzieren"; MüKoBGB/*Häublein* § 573 Rn. 13 (gegenüber Rechtsunkundigem zu empfehlen); **aA** AG Karlsruhe DWW 1992, 212; Erman/*Lützenkirchen* BGB § 573a Rn. 11; Bamberger/Roth/*Hannappel* BGB § 573a Rn. 25.

[108] Gesetzentwurf der BReg., Begr. zu § 574 BGB, BT-Drs. 14/4553; AnwK WohnraumMietR/*Lammel* BGB § 573a Rn. 27; Erman/*Lützenkirchen* BGB § 573a Rn. 13; MüKoBGB/*Häublein* § 573a Rn. 16; Staudinger/*Rolfs* BGB § 573a Rn. 26.

[109] LG Köln WuM 1997, 221.

[110] LG Landau WuM 1986, 144.

Der Vermieter kann die Kündigung nach § 573 BGB und diejenige nach § 573a BGB dergestalt miteinander kombinieren[111], dass er die erste oder die zweite in erster Linie und die jeweils andere **hilfsweise** geltend macht.[112] Auch im Räumungsprozess kann der Vermieter beide Kündigungen im Stufenverhältnis geltend machen.[113] Es handelt sich nicht um eine die Kündigung unwirksam machende Bedingung. Ein Vermieter, der eine neben einer ordentlichen Kündigung wegen Eigenbedarfs vorsorglich auch noch das Sonderkündigungsrecht des § 573a BGB mit einer längeren Kündigungsfrist ausübt, bringt bei der gebotenen Auslegung seiner Erklärungen zum Ausdruck, dass die ordentliche Kündigung gem. § 573a BGB in allen Fällen Wirkung entfalten soll, in denen die zunächst angestrebte schnellere Beendigung des Mietverhältnisses aufgrund der Eigenbedarfskündigung Unwirksamkeit der fristlosen Kündigung fehlgeschlagen ist.[114] Ausgeschlossen ist nur die gleichrangige Geltendmachung der beiden Kündigungsgründe. Die Kündigungserklärung muss deshalb erkennen lassen, in welcher Weise das Wahlrecht ausgeübt wird.[115] 40

Hat der Mieter einer Kündigung des Vermieters nach § 573 BGB widersprochen, so darf der Vermieter erneut noch innerhalb der laufenden Kündigungsfrist nach § 573a BGB kündigen[116], wenn er in dem Kündigungsschreiben zweifelsfrei zum Ausdruck bringt, dass er nunmehr von seinem Sonderkündigungsrecht Gebrauch macht. Möglich ist auch der umgekehrte Fall.[117] 41

Ist auf Grund der Kündigungserklärung nicht zu ermitteln, in welcher Weise der Vermieter von seinem Wahlrecht Gebrauch gemacht hat (zB bei einer Kündigung unter Angabe von Gründen mit der verlängerten Frist des § 573a Abs. 1 S. 2 BGB), so ist die Kündigung nur wirksam, wenn sie den Anforderungen des § 573 BGB entspricht.[118] 42

## F. Darlegungs- und Beweislast/Prozessuales

Der Vermieter muss darlegen und beweisen, dass die Voraussetzungen des § 573a BGB gegeben sind.[119] Der Mieter muss beweisen, dass die Kündigung gegen § 573 Abs. 1 S. 2, §§ 134, 138, 226, 242 BGB verstößt.[120] 43

Auch nach einer Kündigung gem. § 573a BGB ist unter den Voraussetzungen des § 259 ZPO eine Klage auf zukünftige Räumung möglich. Erforderlich ist dafür, dass nach den Umständen die Besorgnis gerechtfertigt ist, dass der Mieter nicht fristgerecht auszieht. Ein Mieter gibt keinen Klageanlass für eine Klage auf künftige Räumung und Herausgabe der Wohnung, wenn er einer ordnungsgemäßen Kündigung nie widersprochen hatte und auch sonst kein Umstand ersichtlich ist, der eine ernsthafte Besorgnis der Nichtleistung iSv § 259 ZPO hätte rechtfertigen können. Es gibt auch keinen Rechtssatz, der aus dem Widerspruch des Mieters gegen eine fristlose Kündigung die Besorgnis für den Vermieter rechtfertigen könnte, dass der Mieter auch eine fristgemäße Kündigung nach § 573a Abs. 1 BGB nicht beachten werde. Dies schon deshalb, weil die vereinfachte Kündigungsmöglichkeit nach § 573a BGB dem Mieter kaum Möglichkeiten der Rechtsverteidigung lässt.[121]

## G. Abweichende Vereinbarungen (Abs. 4)

Nach § 573a Abs. 4 BGB ist eine zum Nachteil des Mieters abw. Vereinbarung unwirksam. Eine vertragliche Regelung, wonach die Wohnung als „Einliegerwohnung" gelten soll ist iE bedeutungslos. Entscheidend sind die **objektiven Gegebenheiten.** Entspricht das Mietverhältnis in Wirklichkeit nicht der fraglichen Wohnungskategorie, so ist die Vere inbarung unwirksam. Im 44

---

[111] OLG Hamburg NJW 1983, 182.
[112] LG Berlin GE 1983, 713; LG Kiel DWW 1992, 85.
[113] AG Dortmund ZMR 2020, 759.
[114] So *BGH VIII ZR 231/17*, BGHZ 220, 1 = NJW 2018, 3517 = NZM 2018, 941 für das Verhältnis einer Kündigung gem. § 543 Abs. 2 Nr. 3 BGB zur Kündigung gem. § 573 Abs. 2 Nr. 1 BGB.
[115] LG Köln WuM 1997, 221.
[116] OLG Karlsruhe NJW 1982, 391; WuM 1982, 14.
[117] BeckOGK/*Geib/D'Ugo* BGB § 573a Rn. 34.
[118] Sternel MietR, 1988, Kap. IV Rn. 247.
[119] Baumgärtel/Laumen/Prütting Beweislast-HdB/*Börstinghaus* BGB § 573a Rn. 2.
[120] BeckOGK/*Geib/D'Ugo* BGB § 573a Rn. 10; Baumgärtel/Laumen/Prütting Beweislast-HdB/*Börstinghaus* BGB § 573a Rn. 3.
[121] AG Fürstenwalde BeckRS 2017, 106240.

anderen Fall folgt das Sonderkündigungsrecht nicht aus der Vereinbarung, sondern unmittelbar aus dem Gesetz. Eine entsprechende Regelung hat deshalb nur deklaratorischen Charakter.

45 Die Regelung des § 573a BGB kann **ersatzlos abbedungen** werden, weil eine solche Vereinbarung zum Vorteil des Mieters wirkt. Der Ausschluss des § 573a ist auch durch Formularvertrag möglich.[122] Eine Vereinbarung über den **Ausschluss der Eigenbed**arfskündigung ist idR dahingehend auszulegen, dass zugleich das Kündigungsrecht nach § 573a BGB entfällt.[123] Soll die Ausschlussvereinbarung für längere Zeit als ein Jahr gelten, so ist hierfür die Einhaltung der Schriftform erforderlich (§ 550 BGB).[124]

---

[122] LG Aschaffenburg *WuM 2018*, 83 für ein vom Vermieter verwendetes Formular.
[123] LG Heidelberg WuM 2015, 173.
[124] BGH VIII ZR 223/06, NJW 2007, 1742; VIII ZR 235/11, NZM 2012, 502; AG Dortmund ZMR 2020, 759.

## § 573b Teilkündigung des Vermieters

**(1) Der Vermieter kann nicht zum Wohnen bestimmte Nebenräume oder Teile eines Grundstücks ohne ein berechtigtes Interesse im Sinne des § 573 kündigen, wenn er die Kündigung auf diese Räume oder Grundstücksteile beschränkt und sie dazu verwenden will,**

**1. Wohnraum zum Zwecke der Vermietung zu schaffen oder**

**2. den neu zu schaffenden und den vorhandenen Wohnraum mit Nebenräumen oder Grundstücksteilen auszustatten.**

**(2) Die Kündigung ist spätestens am dritten Werktag eines Kalendermonats zum Ablauf des übernächsten Monats zulässig.**

**(3) Verzögert sich der Beginn der Bauarbeiten, so kann der Mieter eine Verlängerung des Mietverhältnisses um einen entsprechenden Zeitraum verlangen.**

**(4) Der Mieter kann eine angemessene Senkung der Miete verlangen.**

**(5) Eine zum Nachteil des Mieters abweichende Vereinbarung ist unwirksam.**

### Systematische Übersicht



### A. Anwendungsbereich und Zweck

1 Die Vorschrift gilt **nur für die Wohnraummiete.**[1] Erfasst werden alle Mietverhältnisse, einschließlich derer, die in § 549 Abs. 2, 3 BGB genannt sind. Für Mietverhältnisse über Gewerberäume gilt § 573b BGB nicht.[2] Etwas gilt zumindest theoretisch nach § 578 Abs. 3 BGB[3] für Verträge, die nach dem 31.12.2018 abgeschlossen wurden, über die Anmietung von Räumen durch eine juristische Person des öffentlichen Rechts oder einen anerkannten privaten Träger der Wohlfahrtspflege, die geschlossen werden, um die Räume Personen mit dringendem Wohnbedarf zum Wohnbedarf zu überlassen.

2 Die Vorschrift bestimmt, dass der Vermieter auch zur **Teilkündigung von Nebenräumen** (insbes. zur Kündigung von Speicherräumen) oder sonstiger mitvermieteter Grundstücksteile (Kfz-Abstellplätze, Gärten usw.) berechtigt ist, wenn er diese Räume oder Grundstücksflächen zur Schaffung neue Wohnraums verwenden will. Der Gesetzgeber wollte damit den wohnungsbaupolitisch wünschenswerten Ausbau[4] von Dachgeschossen, die Aufstockung, den Ausbau oder die Schließung von Baulücken erleichtern. Die Maßnahmen sollten nicht am Widerstand der Mieter scheitern. Der eingeschränkte Anwendungsbereich der Norm verstößt nicht gegen Grundrechte des Vermieters.[5] Die Gewährleistung des Eigentums verlangt nicht, dass der Gesetzgeber die erleichterte Kündigung von Nebenräumen nach § 573b BGB auch für den Fall hätte ermöglichen müssen, in dem der Vermieter die auszubauenden Räume selbst bewohnen und seine bis dahin genutzte Wohnung dem allgemeinen Wohnungsmarkt zwecks Vermietung zuführen will. Für den Mieter besteht keine Möglichkeit zur Teilkündigung hinsichtlich nicht mehr benötigter Räume/Flächen.[6]

3 Der Mieter kann einen **Kündigungswiderspruch** nach §§ 574 ff. BGB erheben. Dies folgt aus der systematischen Stellung des § 573b BGB und des § 574 BGB im Unterkapitel „Mietverhältnisse auf unbestimmte Zeit".[7]

---

[1] Staudinger/*Rolfs* BGB § 573b Rn. 8.

[2] MüKoBGB/*Häublein* § 573b Rn. 4.

[3] Zur Entstehung der Vorschrift und der Kritik daran *Häublein* FS Börstinghaus, 2020, 211; *Schultz* GE 2019, 230.

[4] BeckOGK/*Geib/D'Ugo* BGB § 573b Rn. 2.

[5] BVerfG NJW 1992, 494 zur Vorgängervorschrift § 564b Abs. 2 Nr. 4 BGB aF.

[6] Staudinger/*Rolfs* BGB § 573b Rn. 8.

[7] Lützenkirchen MietR/*Lützenkirchen* BGB § 573b Rn. 45; BeckOGK/*Geib/D'Ugo* BGB § 573b Rn. 19; Staudinger/*Rolfs* BGB § 573b Rn. 17; BT-Drs. 14/4553, Begr. zu § 573b BGB, abgedr. auch bei Arbeitskommentar Neues Mietrecht/*Eisenschmid* S. 512.

## B. Tatbestandsvoraussetzungen

### I. Eigenständiges Kündigungsrecht

4 Die Teilkündigung ist kein Unterfall der ordentlichen Kündigung.[8] Vielmehr enthält § 573b BGB ein „eigenständiges Kündigungsrecht".[9] Es handelt sich um ein **Sonderkündigungsrecht.**[10] Aus der systematischen Stellung der Vorschrift im Unterkapitel 2 „Mietverhältnisse auf unbestimmte Zeit" ergibt sich, dass die Vorschrift nur für diese Mietverhältnisse gilt.[11] Sie ist auf Mietverträge gem. § 549 Abs. 2, 3 BGB anwendbar, da die Vorschrift dort gerade nicht ausgenommen ist.[12] Sie setzt also zunächst voraus, dass das Mietverhältnis generell im Wege der ordentlichen Kündigung beendet werden kann. Bei einem **befristeten Mietverhältnis** nach § 575 Abs. 1 S. 1 BGB ist die Teilkündigung während der Befristung ausgeschlossen.[13] Dies folgt aus der systematischen Stellung der Vorschrift im Unterkapitel „Mietverhältnisse auf bestimmte Zeit".[14] Ist ein **Kündigungsverzicht** vereinbart (→ BGB § 557a Rn. 62), so kommt es darauf an, ob die Verzichtsvereinbarung auch die Teilkündigung umfasst. Dies ist durch Auslegung der Vereinbarung zu ermitteln. Ist vereinbart, dass das Recht zur „ordentlichen Kündigung" ausgeschlossen ist, so ist mit diesem Begriff auch die Kündigung nach § 573b BGB angesprochen.[15]

5 Die Teilkündigung besteht für „nicht zum Wohnen bestimmte Nebenräume **oder** Teile eines Grundstücks". Ob die Räume innerhalb oder außerhalb des Gebäudes oder des Grundstücks liegen, ist unerheblich.[16] Strittig ist, ob die **Nebenräume** außerhalb der Wohnung des Mieters liegen müssen.[17] Auf keinen Fall dürfen sie nach den Vereinbarungen des Mietvertrags zum Wohnen bestimmt sein.[18] Dazu zählen auch Abstellkammern oder Hauswirtschaftsräume.[19] Bei mit der Wohnung verbundenen Hobbyräumen kann dies je nach örtlichen Gegebenheiten ausnahmsweise aber anders sein.[20] Bei den Nebenräumen muss es sich um **Zubehörräume** handeln[21]; in Betracht kommen: Keller, Waschküche, Abstellräume außerhalb der Wohnung, Dachboden, Trockenräume, Schuppen, Garagen und ähnliche Räume (vgl. § 2 Abs. 3 Nr. 1 WoFlV). Unerheblich ist es, ob der Mieter die Räume vertragswidrig zu Wohnzwecken nutzt.[22] Eine vertragsgemäße Wohnnutzung schließt die Teilkündigung aus, auch wenn die Räume bauordnungsrechtlich nicht zum Wohnen geeignet sind. Eine ursprünglich vertragswidrige Nutzung kann im Einzelfall durch stillschweigende, langjährige Duldung vertragsgemäß werden.

6 Zu den **Grundstücksteilen** gehören insbes. mitvermietete Kfz-Abstellplätze oder mitvermietete Gärten. Es ist unerheblich, ob der Mieter diese Flächen alleine nutzt oder ob ihm hieran nur ein Mitbenutzungsrecht zusteht. Ist dem Mieter die Benutzung oder Mitbenutzung lediglich gestattet, so genügt es, wenn der Vermieter die Gestattung widerruft.

7 Eine Teilkündigung ist nur möglich, wenn die Nebenräume oder Grundstücksteile im Rahmen eines Mietverhältnisses über **Wohnraum** überlassen worden sind. Für Mietverhältnisse über Gewerberäume gilt § 573b Abs. 2 Nr. 4 BGB nicht (→ Rn. 1). Eine analoge Anwendung ist weder

---

[8] **AA** Bub/Treier MietR-HdB/*Fleindl* Kap. IV Rn. 221.

[9] BT-Drs. 14/4553, Begr. zu § 573b BGB, abgedr. auch bei Arbeitskommentar Neues Mietrecht/*Eisenschmid* S. 512; **aA** wohl Staudinger/*Rolfs* BGB § 573b Rn. 1 Ausnahmetatbestand zu § 573 BGB.

[10] Staudinger/*Rolfs* BGB § 573b Rn. 2.

[11] Lützenkirchen MietR/*Lützenkirchen* BGB § 573b Rn. 3; BT-Drs. 14/4553, Begr. zu § 573b BGB, abgedr. auch bei Arbeitskommentar Neues Mietrecht/*Eisenschmid* S. 512.

[12] Staudinger/*Rolfs* BGB § 573b Rn. 4.

[13] Staudinger/*Rolfs* BGB § 573b Rn. 17; NK-BGB/*Hinz* § 573b Rn. 3; Emmerich/Sonnenschein/*Haug* BGB § 573b Rn. 8; Bamberger/Roth/*Hannappel* BGB § 573b Rn. 8.

[14] Bamberger/Roth/*Hannappel* BGB § 573 Rn. 8.

[15] Staudinger/*Rolfs* BGB § 573b Rn. 17; *Sternel* MietR Kap. X Rn. 97.

[16] Staudinger/*Rolfs* BGB § 573b Rn. 9; Bamberger/Roth/*Hannappel* BGB § 573b Rn. 12; MüKoBGB/*Häublein* § 573b Rn. 11; Erman/*Lützenkirchen* BGB § 573b Rn. 6f.

[17] Dafür Lützenkirchen MietR/*Lützenkirchen* BGB § 573b Rn. 15; dagegen BeckOGK/*Geib/D'Ugo* BGB § 573b Rn. 11; eher dagegen aber diff. MüKoBGB/*Häublein* § 573b Rn. 11.

[18] MüKoBGB/*Häublein* § 573b Rn. 11; Staudinger/*Rolfs* BGB § 573b Rn. 9.

[19] Lützenkirchen MietR/*Lützenkirchen* BGB § 573b Rn. 15.

[20] So das Beispiel von MüKoBGB/*Häublein* § 573b Rn. 11.

[21] Lützenkirchen MietR/*Lützenkirchen* BGB § 573b Rn. 18.

[22] Staudinger/*Rolfs* BGB § 573b Rn. 9; MüKoBGB/*Häublein* § 573b Rn. 11; NK-BGB/*Hinz* § 573b Rn. 4; AnwK WohnraumMietR/*Lammel* BGB § 573b Rn. 7.

möglich, noch erforderlich, weil der Vermieter von Gewerberaum eine Änderungskündigung aussprechen kann.

## II. Voraussetzungen

Die Teilkündigung setzt voraus, dass der Vermieter die Nebenräume oder Grundstücksteile zu einem **bestimmten Zweck** verwenden will. 8

Eine zulässige Verwendungsabsicht ist gegeben, wenn der Vermieter **Wohnraum zum Zwecke der Vermietung** schaffen will (§ 573b Abs. 1 Nr. 1 BGB). Hierunter fällt nicht nur der **Ausbau** von bestehenden, bisher nicht als Wohnraum benutzen Räumen, sondern auch die **Neuschaffung** von Wohnraum durch Aufstockung oder Anbau und dergleichen. Sonstige Modernisierungsmaßnahmen rechtfertigen die Teilkündigung nicht.[23] 9

Es ist nicht erforderlich ist, dass der neu geschaffene Wohnraum eine **abgeschlossene Einheit** darstellt, die selbständig vermietet werden kann. Die **Vergrößerung einer vorhandenen Mietwohnung** rechtfertigt die Teilkündigung ebenfalls.[24] Dies folgt aus dem Gesetzeszweck, weil durch eine Erweiterungsmaßnahme ebenfalls das Wohnungsangebot erhöht wird. Der Wortlaut der Norm steht einer solchen Auslegung auch nicht entgegen.[25] 10

Ebenso ist die Teilkündigung ausgeschlossen, wenn der Vermieter **Gewerberaum** errichten will.[26] Dagegen ist es unschädlich, wenn der Vermieter den Wohnraum nicht selbst vermietet, sondern diesen im Wege eines (gewerblichen) Mietverhältnisses einem Zwischenvermieter zum Zwecke der Vermietung als Wohnraum überlässt. 11

Der Ausbau muss **bauordnungsrechtlich zulässig** sein.[27] Die Baugenehmigungen müssen zum Zeitpunkt der Kündigungserklärung allerdings noch nicht vorliegen. Erforderlich ist jedoch, dass der Vermieter mit der alsbaldigen Erteilung der Genehmigungen rechnen kann.[28] Hiervon ist auszugehen, wenn eine hinreichende Wahrscheinlichkeit dafür besteht, dass sie bis zum Ablauf der Kündigungsfrist erteilt werden. Sind diese Voraussetzungen nicht gegeben, so ist die Kündigung unwirksam mit der Folge, dass das Mietverhältnis in der ursprünglichen Form fortbesteht. 12

Der vom Vermieter zu schaffende Wohnraum muss **zur Vermietung bestimmt** sein. Die Absicht zur Errichtung von Eigentumswohnungen genügt nicht;[29] dies gilt auch dann, wenn die Wohnungseigentumsanlage für Kapitalanleger konzipiert und zu erwarten ist, dass die künftigen Erwerber die Wohnungen vermieten.[30] Eine Teilkündigung zum Zwecke der Vergrößerung der vom Vermieter selbst genutzten Wohnung ist ebenfalls ausgeschlossen.[31] Gleiches gilt, wenn der Vermieter bisher nicht im Haus gewohnt hat und sich nunmehr durch den Ausbau der Nebenräume eine eigene Wohnung schaffen will.[32] Ebenso genügt es nicht, wenn der neu zu schaffende Wohnraum zur kostenfreien Benutzung durch die Angehörigen des Vermieters bestimmt ist.[33] Die Absicht zur Vermietung an Angehörige reicht aber aus. Streitig ist, ob der Vermieter kündigen kann, wenn er die früheren Nebenräume selbst beziehen und seine bisher genutzte Wohnung zur Vermietung anbieten will. In der instanzgerichtlichen Rspr. und in der Lit. wird diese Frage zT bejaht,[34] zT ver- 13

---

[23] AG München WuM 1995, 112, Einbau eines Aufzugs.

[24] Staudinger/*Rolfs* BGB § 573b Rn. 13; BeckOGK/*Geib/D'Ugo* BGB § 573b Rn. 15; Bub/Treier MietR-HdB/*Fleindl* Kap. IV Rn. 218; Erman/*Lützenkirchen* BGB § 573b Rn. 9; Lützenkirchen MietR/*Lützenkirchen* BGB § 573b Rn. 22; MüKoBGB/*Häublein* § 573b Rn. 6; Bamberger/Roth/*Hannappel* BGB § 573b Rn. 15; NK-BGB/*Hinz* § 573b Rn. 7, unter Aufgabe der aA aus Vorauflage; **aA** AnwK WohnraumMietR/*Lammel* BGB § 573 Rn. 8.

[25] MüKoBGB/*Häublein* § 573b Rn. 6.

[26] Herrlein/Knops/Spiegelberg MietR/*Herrlein* BGB § 573b Rn. 4.

[27] LG Berlin NZM 1998, 328, 329; MüKoBGB/*Häublein* § 573b Rn. 8; Herrlein/Knops/Spiegelberg MietR/*Herrlein* BGB § 573b Rn. 5.

[28] BeckOGK/*Geib/D'Ugo* BGB § 573b Rn. 13.

[29] LG Berlin NZM 1998, 328; NK-BGB/*Hinz* § 573b Rn. 9.

[30] Zumindest krit. MüKoBGB/*Häublein* § 573b Rn. 10.

[31] MüKoBGB/*Häublein* § 573b Rn. 10; Bub/Treier MietR-HdB/*Fleindl* Kap. IV Rn. 218.

[32] MüKoBGB/*Häublein* § 573b Rn. 10; AnwK WohnraumMietR/*Lammel* BGB § 573b Rn. 8; Bamberger/Roth/*Hannappel* BGB § 573b Rn. 16; Palandt/*Weidenkaff* BGB § 573b Rn. 4; Elzer/Riecke/*Riecke* BGB § 573b Rn. 3.

[33] NK-BGB/*Hinz* § 573b Rn. 9; Herrlein/Knops/Spiegelberg MietR/*Herrlein* BGB § 573b Rn. 4.

[34] LG Marburg ZMR 1992, 304; AnwK WohnraumMietR/*Lammel* BGB § 573b Rn. 8; Palandt/*Weidenkaff* BGB § 573b Rn. 4.

neint.[35] Die letztgenannte Meinung trifft zu, weil sich das Tatbestandsmerkmal „zum Zwecke der Vermietung" auf den neugeschaffenen Raum bezieht. Soweit das BVerfG[36] beide Auffassungen ohne Verfassungsverstoß für vertretbar erklärt hat, ist zu berücksichtigen, dass die Entscheidung vor der Neufassung des Gesetzes durch das 4. MietRÄndG von 1993 ergangen ist.[37]. Eine analoge Anwendung des § 573b BGB auf diese Fälle scheidet aus, weil es an seit der Änderung 1993 an einer planwidrigen Gesetzeslücke fehlt.[38] Nach einer Entscheidung des LG Duisburg[39] liegen die Voraussetzungen des § 573b BGB jedenfalls dann nicht vor, wenn der Vermieter seine bisherige Wohnung verkaufen und die neu zu schaffende Wohnung selbst nutzen will.

14 In der Beschlussempfehlung des Rechtsausschusses[40] wird ausgeführt, die Ausschussmehrheit habe es als „nicht sinnvoll" erachtet, die Möglichkeit der Teilkündigung ausdrücklich darauf zu beschränken, dass der Vermieter die Schaffung **„zusätzlichen" Wohnraums** beabsichtigt. Man wird hieraus folgern müssen, dass die Möglichkeit der Teilkündigung hiervon nicht abhängen soll. Deshalb kann der Vermieter bspw. eine frei werdende Wohnung als Geschäftsraum weitervermieten und unter Einsatz der Teilkündigung Dachgeschossräume zu einer Wohnung ausbauen.[41]

15 Außerdem liegt ein zulässiger Verwendungszweck vor, wenn der Vermieter **den neu zu schaffenden und den vorhandenen Wohnraum mit Nebenräumen und Grundstücksteilen ausstatten** möchte (§ 573b Abs. 1 Nr. 2 BGB). Ein solcher Fall wird bspw. vorliegen, wenn der Vermieter durch Aufstockung, Anbau oder Dachgeschossausbau neue Wohnungen schaffen und den Mietern dieser Wohnungen vorhandene, aber anderweitig vermietete Kellerräume oder Kfz-Abstellplätze zur Verfügung stellen will. Gleiches gilt, wenn durch die Aufteilung in mehrere Kleinwohnungen zusätzlicher Nebenraum benötigt wird oder wenn den bisherigen Mietern anstelle der gekündigten Nebenräume Ersatzraum zur Verfügung gestellt werden soll. Der Vermieter kann die Kündigung auch auf einen Teil des Nebenraums beschränken, bspw. wenn ein großer Keller aufgeteilt und die Kleinkeller den neugeschaffenen Wohnungen zugeordnet werden sollen. Eine Neuordnung bestehender Vertragsbeziehungen außerhalb der genannten Baumaßnahmen ist nicht möglich.

16 Die in Betracht kommenden Maßnahmen müssen vom Vermieter ausgeführt werden.[42] Eine **Teilkündigung zugunsten eines Dritten** ist nicht möglich. Hiervon ist zB auszugehen, wenn der Vermieter einer Eigentumswohnung kündigt, damit ein anderer Eigentümer die in § 573b BGB genannten Maßnahmen durchführen kann.

## III. Formalien

17 Der Vermieter kann nicht die gesamte Wohnung, sondern nur die Nebenräume kündigen. Diese Beschränkung muss in der Kündigungserklärung zum Ausdruck kommen. Dies folgt aus dem Wortlaut des § 573b Abs. 1 BGB („wenn er die Kündigung … beschränkt") Die Kündigung muss **schriftlich** erklärt werden (§ 568 Abs. 1 BGB). Ebenso gilt § 568 Abs. 2 BGB.

18 Fraglich ist, ob die Kündigung darüber hinaus begründet werden muss. Nach der bis 31.8.2001 geltenden Gesetzesfassung (§ 564b Abs. 2 Nr. 4 BGB war das der Fall. § 573b BGB enthält weder eine Verweisung auf § 573 Abs. 3 BGB noch eine der Regelung in § 573a Abs. 3 BGB vergleichbare Vorschrift. Der Gesetzgeber hat das sich daraus ergebende Problem vermutlich trotz entsprechender Hinweise[43] nicht gesehen; jedenfalls ergibt sich aus der Begründung des Regierungsentwurfs kein Hinweis auf eine beabsichtigte Änderung der Rechtslage. Im Gegenteil wird darauf hingewiesen, dass der Regelungsgehalt des früheren § 564b Abs. 2 Nr. 4 BGB aF unverändert übernommen wor-

---

[35] LG Stuttgart WuM 1992, 24; Staudinger/*Rolfs* BGB § 573b Rn. 14f.; MüKoBGB/*Häublein* § 573b Rn. 5; Emmerich/Sonnenschein/*Haug* BGB § 573b Rn. 6; Erman/*Lützenkirchen* BGB § 573b Rn. 9 *Sternel* MietR Kap. X Rn. 100; zumindest zweifelnd auch NK-BGB/*Hinz* § 573b Rn. 9.

[36] BVerfG NJW 1991, 3270; NJW 1992, 1498 jeweils zur Vorgängervorschrift § 564b Abs. 2 Nr. 4 BGB aF.

[37] Staudinger/*Rolfs* BGB § 573b Rn. 15.

[38] Staudinger/*Rolfs* BGB § 573b Rn. 15; MüKoBGB/*Häublein* § 573b Rn. 5; Elzer/Riecke/*Riecke* BGB § 573b Rn. 6.

[39] LG Duisburg NJW-RR 1996, 718.

[40] BT-Drs. 12/5110, 19.

[41] Staudinger/*Rolfs* § 573b Rn. 13; MüKoBGB/*Häublein* § 573b Rn. 6; NK-BGB/*Hinz* § 573b Rn. 10; *Schilling* ZMR 1990, *281 (283)*.

[42] Zweifelnd MüKoBGB/*Häublein* § 573b Rn. 10.

[43] Stellungnahme Deutscher Mietgerichtstag zu § 573b BGB in Arbeitskommentar Neues MietR/*Eisenschmid* S. 513.

den sei.[44] Trotzdem wird zT die Ansicht vertreten, dass die Kündigungserklärung nach § 573b BGB keiner Begründung bedarf; aus der Kündigungserklärung müsse sich lediglich ergeben, dass der Vermieter eine Teilkündigung aussprechen will.[45] Danach genügt es, wenn die von der Kündigung betroffenen Teile der Mietsache identifizierbar bezeichnet sind und der Verwendungszweck durch Beschreibung der Baumaßnahme und die Mitteilung der künftigen Vermietungsabsicht ersichtlich ist.[46] Richtigerweise besteht nach gegenwärtigem Recht eine Gesetzeslücke, die durch eine analoge Anwendung des § 573 Abs. 3 BGB zu schließen ist.[47] Danach muss sich aus der Begründung ergeben, dass die Voraussetzungen des § 573b BGB vorliegen. Insbesondere muss der Vermieter die konkrete Bauabsicht, die baurechtliche Zulässigkeit und die Absicht darlegen, dass die Wohnungen zum Zwecke der Vermietung errichtet werden.[48] Aus § 569 Abs. 4 BGB und § 573d BGB ergibt sich, dass in der Wohnraummiete grds. alle Kündigungserklärungen begründet werden müssen. Dieser Rechtsgedanke überwiegt das Redaktionsversehen, dass entweder in der vergessenen Regelung in § 573b BGB oder der fehlenden Verweisung in § 573b BGB besteht. Letztere Vorschrift soll grds für alle außerordentlichen fristgerechten Kündigungsrechte die allgemeinen Regeln der ordentlichen Kündigung aus mieterschützenden Gesichtspunkten für anwendbar erklären. Nach hier vertretener Ansicht handelt es sich bei § 573b BGB um ein solche Sonderkündigungsrecht. Wird § 573b BGB als Unterfall des § 573 BGB verstanden[49], ergibt sich die Begründungspflicht sogar unmittelbar aus § 573 Abs. 3 BGB.

**Mehrere Vermieter** müssen gemeinsam kündigen; dies gilt auch dann, wenn ein Vermieter 19 Sondereigentümer des Nebenraums und ein anderer Sondereigentümer der Wohnung ist.[50]

## IV. Kündigungsfrist

Es gilt eine von der Dauer des Mietverhältnisses unabhängige, einheitliche Kündigungsfrist: Die 20 Kündigung kann zum dritten Werktag eines Kalendermonats zum Ablauf des übernächsten Monats erklärt werden. **Vorratskündigungen** sind auch hier ausgeschlossen[51]; dies bedeutet, dass der Vermieter unmittelbar nach Ablauf der Kündigungsfrist mit der Durchführung der Arbeiten beginnen muss. Verzögert sich der Beginn der Bauarbeiten, so kann der Mieter eine „Verlängerung des Mietverhältnisses" um einen entsprechenden Zeitraum verlangen (§ 573b Abs. 3 BGB). Es handelt sich um einen Anspruch des Mieters auf Verlängerung des Mietverhältnisses auf bestimmte Zeit.[52] Einer besonderen Form bedarf das Verlängerungsverlangen nicht.[53] Das Verlangen hat zur Folge, dass der Rückgabeanspruch nicht fällig ist und der Mieter den betreffenden Raum weiter nutzen darf. Eine erneute Kündigung nach Ablauf der Verlängerungszeit ist nicht erforderlich.[54]

## V. Herabsetzungsverlangen

Da dem Mieter nach der Rückgabe der Mieträume nicht mehr das gesamte Mietobjekt zur Ver- 21 fügung steht, kann er eine angemessene **Herabsetzung der Miete** verlangen (§ 573b Abs. 4 BGB). Anders als bei der Minderung tritt die Herabsetzung **nicht kraft Gesetzes** ein; der Vermieter ist nach dem klaren Wortlaut des Gesetzes auch nicht von sich aus zur Reduzierung der Miete ver-

---

[44] BT-Drs. 14/4553, Begr. zu § 573b BGB, abgedr. auch bei Arbeitskommentar Neues Mietrecht/*Eisenschmid* S. 512.

[45] Staudinger/*Rolfs* BGB § 573b Rn. 23; Bamberger/Roth/*Hannappel* BGB § 573b Rn. 22; Erman/*Lützenkirchen* BGB § 573b Rn. 12; Bub/Treier MietR-HdB/*Fleindl* Kap. IV Rn. 222; Palandt/*Weidenkaff* BGB § 573b Rn. 7; *Lützenkirchen* Neue MietR-Praxis Rn. 762; *Rips/Eisenschmid* Neues MietR S. 132.

[46] Staudinger/*Rolfs* BGB § 573b Rn. 24; Bamberger/Roth/*Hannappel* BGB § 573b Rn. 22; Erman/*Lützenkirchen* BGB § 573b Rn. 12; *Kinne* ZMR 2001, 599 (602); → 14. Aufl. 2019, BGB § 573b Rn. 18.

[47] BeckOGK/*Geib/D'Ugo* BGB § 573b Rn. 20; MüKoBGB/*Häublein* § 573b Rn. 14; *Beuermann/Blümmel* Neues MietR S. 207; *Haas* Neues MietR BGB § 573b Rn. 2; iE ebenso AnwK WohnraumMietR/*Lammel* BGB § 573b Rn. 12; *Sonnenschein* WuM 2000, 387, 391; nach NK-BGB/*Hinz* § 573b Rn. 20 „empfiehlt sich wegen der ungeklärten Rechtslage die Angabe von Gründen".

[48] LG Berlin NZM 1998, 328.

[49] So Bub/Treier MietR-HdB/*Fleindl* Kap. IV Rn. 221.

[50] OLG Celle NJWE-MietR 1996, 27.

[51] MüKoBGB/*Häublein* § 573b Rn. 5.

[52] BeckOGK/*Geib/D'Ugo* BGB § 573b Rn. 27.

[53] BeckOGK/*Geib/D'Ugo* BGB § 573b Rn. 28.

[54] *Gramlich* NJW 1990, 2611 (2612); Staudinger/*Rolfs* BGB § 573b Rn. 20.

pflichtet. Vielmehr muss der Mieter die Herabsetzung „verlangen".[55] Eine Form ist hierfür nicht vorgeschrieben.[56] Das Herabsetzungsverlangen ist als Angebot des Mieters zur Änderung der Mietzinsvereinbarung zu bewerten. Der Vermieter ist zur Annahme des Angebots verpflichtet, wenn die tatbestandsmäßigen Voraussetzungen für die Mietreduzierung vorliegen.[57] Die Höhe der Mietreduzierung richtet sich nach den Grundsätzen, die für die Minderung der Miete bei mangelhafter Mietsache gelten.[58]Insofern entspricht der hier verwendete Begriff „angemessen" dem in § 536 Abs. 1 S. 2 BGB verwendeten Begriff. Maßgeblich ist das Verhältnis des Nutzwertes der Nebenräume zum Nutzwert der gesamten Mietsache.[59] Bei einer unerheblichen Gebrauchsbeeinträchtigung besteht entsprechend § 536 Abs. 1 S. 3 BGB kein Anspruch auf Herabsetzung der Miete.[60] Kann ein Teil der Betriebskosten den Nebenräumen zugeordnet werden, so ist auch dies zu berücksichtigen.[61] In einem solchen Fall kann der Mieter auch eine Anpassung der Betriebskostenpauschale oder der Betriebskostenvorauszahlungen, ggf. auch eine Änderung des Umlageschlüssels verlangen.[62]

22 Maßgeblich für den Zeitpunkt, ab dem die Miete reduziert wird ist der Inhalt der Änderungsvereinbarung. Der Mieter hat Anspruch darauf, dass die Änderung **ab dem Zeitpunkt der Rückgabe** der Teilfläche eintritt.[63] Soweit sich aus dem Änderungsvertrag nichts anderes ergibt, ist dieser Zeitpunkt maßgeblich. Die Parteien können aber auch einen früheren oder späteren Zeitpunkt vereinbaren. Dies gilt auch dann, wenn die konkret getroffene Änderungsvereinbarung zum Nachteil des Mieters von der gesetzlichen Regelung abweicht. Die Vorschrift des § 573b Abs. 5 BGB ist nicht einschlägig, weil der Mieter von der gesetzlichen Möglichkeit der Mietsenkung keinen Gebrauch machen muss. Wird die Änderungsvereinbarung nach der Rückgabe der Teilräume getroffen, so steht dem Mieter – bei vereinbarter Rückwirkung – ein Bereicherungsanspruch zu.[64]

### VI. Veräußerung der Mietsache

23 Wird die Mietsache nach dem Ausspruch der Kündigung veräußert, so tritt der Erwerber in das umgestaltete Mietverhältnis ein. Falls der Erwerber die mit der Kündigung verfolgten Maßnahmen durchführen will, bleibt die Kündigung wirksam; eine erneute Kündigung ist nicht erforderlich.

## C. Teilbedarf

24 Von der Teilkündigung ist die **Kündigung zum Zwecke eines Teilbedarfs** zu unterscheiden. Hiervon spricht man, wenn der Vermieter lediglich einen Teil der vermieteten Sache für eigene Zwecke benötigt. In einem solchen Fall kann der Vermieter grds. auch dann nicht kündigen, wenn hinsichtlich des Teils die Voraussetzungen des § 573 BGB gegeben sind.[65] Der Bedarf iSv § 573 Abs. 2 Nr. 2 BGB muss sich auf das gesamte Mietverhältnis beziehen. Eine Kündigung wegen eines Teilbedarfs ist in § 573 BGB nicht vorgesehen.[66] Eine Ausnahme gilt, wenn der nicht benö-

---

[55] AnwK WohnraumMietR/*Lammel* BGB § 573b Rn. 19; Staudinger/*Rolfs* BGB § 573b Rn. 21; Erman/*Lützenkirchen* BGB § 573b Rn. 18; BeckOGK/*Geib/D'Ugo* BGB § 573b Rn. 29; NK-BGB/*Hinz* § 573b Rn. 16; Herrlein/Knops/Spiegelberg MietR/*Herrlein* BGB § 573b Rn. 7; MüKoBGB/*Häublein* § 573b Rn. 17 „Regelung überaus unglücklich".

[56] BeckOGK/*Geib/D'Ugo* BGB § 573b Rn. 30.

[57] Staudinger/*Rolfs* BGB § 573b Rn. 21; BeckOGK/*Geib/D'Ugo* BGB § 573b Rn. 29.

[58] BT-Drs. 11/6508, 18 zur Vorgängervorschrift in § 564b Abs. 4 BGB; Erman/*Lützenkirchen* BGB § 573b Rn. 18; MüKoBGB/*Häublein* § 573b Rn. 17; NK-BGB/*Hinz* § 573b Rn. 17; **aA** AnwK WohnraumMietR/*Lammel* BGB § 573b Rn. 19, maßgeblich ist nicht die Gebrauchsbeeinträchtigung, sondern der „abstrakte Nutzungswert".

[59] BeckOGK/*Geib/D'Ugo* BGB § 573b Rn. 31.

[60] MüKoBGB/*Häublein* § 573b Rn. 17.

[61] *Johann* NJW 1991, 1100; MüKoBGB/*Häublein* § 573b Rn. 17; Erman/*Lützenkirchen* BGB § 573 Rn. 18; *Schilling* ZMR 1990, 281 (283).

[62] BeckOGK/*Geib/D'Ugo* BGB § 573b Rn. 32.

[63] MüKoBGB/*Häublein* § 573b Rn. 17; Staudinger/*Rolfs* BGB § 573b Rn. 21; Lützenkirchen MietR/*Lützenkirchen* BGB § 573b Rn. 53; NK-BGB/*Hinz* § 573b Rn. 16; Sternel MietR Kap. X Rn. 102; **aA** ab Zugang des Herabsetzungsverlangens: Prütting/Wegen/Weinreich/*Riecke* BGB § 573b Rn. 9.

[64] MüKoBGB/*Häublein* § 573b Rn. 17; Staudinger/*Rolfs* BGB § 573b Rn. 21.

[65] BVerfG NJW 1994, 308.

[66] BVerfG NJW 1994, 308.

tigte Teil im Verhältnis zum Ganzen von völlig untergeordneter Bedeutung ist (zB bei Kündigung einer Wohnung mit Garage wegen eines Bedarfs an der Wohnung). In diesem Fall ist die Kündigung des gesamten Mietverhältnisses zulässig. Im anderen Fall ist die Kündigung unzulässig. Dies gilt auch dann, wenn der Vermieter dem Mieter den Abschluss eines Mietvertrags über den nicht benötigten Teil anbietet. Eine **Teilkündigung** ist nach allgemeinen Grundsätzen in jedem Fall ausgeschlossen. Eine entsprechende Anwendung des § 573b BGB auf diese Fälle ist nicht möglich.[67] Hiervon abw. wird aber auch die Meinung vertreten, dass eine Teilkündigung nach § 573 Abs. 1 BGB anzuerkennen sei, wenn die Voraussetzungen des § 573 BGB gegeben sind und die Teilkündigung „einerseits den Belangen des Kündigenden genügt, andererseits die Interessen des Vertragsgegners nicht oder jedenfalls nicht zumutbar beeinträchtigt werden".[68] Diese Ansicht trifft jedoch nicht zu (→ BGB § 542 Rn. 87).

## D. Darlegungs- und Beweislast/abweichende Vereinbarungen (Abs. 5)

Der Vermieter muss darlegen und beweisen, dass die Voraussetzungen des § 573b Abs. 1 BGB gegeben sind. Die Voraussetzungen des § 573b Abs. 3 BGB muss der Mieter darlegen und beweisen. Da der Mieter über die Dauer der Verzögerung nichts wissen kann, ist ihm insoweit ein Auskunftsanspruch gegen den Vermieter zuzubilligen.[69] Im Rahmen des § 573b Abs. 4 BGB muss der Mieter die Tatsachen vortragen aus denen sich der Anspruch auf die Senkung der Miete ergibt. **25**

Nach § 573b Abs. 5 BGB ist eine zum Nachteil des Mieters abw. Vereinbarung unwirksam. Daraus folgt, dass die Regelungen in § 573b Abs. 2, 3 BGB nicht abbedungen werden können. Demgegenüber kann der Vermieter auf das Recht zur Teilkündigung verzichten. **26**

[67] BVerfG NJW 1994, 308.

[68] OLG Karlsruhe WuM 1997, 202, wenn sich der Wohnbedarf des Mieters, etwa infolge des Weggangs der früher in der Wohnung lebenden Kinder, verringert hat und der vom Vermieter beanspruchte Teil von der Wohnung des Mieters abgetrennt werden kann; LG Duisburg NJW-RR 1996, 718 = ZMR 1996, 664, wenn der Vermieter einen parzellierten Teil eines großen mitvermieteten Gartens kündigt, um dort ein Einfamilienhaus zu errichten.

[69] Lützenkirchen MietR/*Lützenkirchen* BGB § 573b Rn. 16.

## § 573c Fristen der ordentlichen Kündigung

**(1) [1]Die Kündigung ist spätestens am dritten Werktag eines Kalendermonats zum Ablauf des übernächsten Monats zulässig. [2]Die Kündigungsfrist für den Vermieter verlängert sich nach fünf und acht Jahren seit der Überlassung des Wohnraums um jeweils drei Monate.**

**(2) Bei Wohnraum, der nur zum vorübergehenden Gebrauch vermietet worden ist, kann eine kürzere Kündigungsfrist vereinbart werden.**

**(3) Bei Wohnraum nach § 549 Abs. 2 Nr. 2 ist die Kündigung spätestens am Fünfzehnten eines Monats zum Ablauf dieses Monats zulässig.**

**(4) Eine zum Nachteil des Mieters von den Absätzen 1 oder 3 abweichende Vereinbarung ist unwirksam.**

### Systematische Übersicht



### Alphabetische Schnellübersicht



### A. Anwendungsbereich und Zweck

#### I. Geltungsbereich

1 Die Vorschrift gilt nur für die **Wohnraummiete.** Sie ist auf alle Kündigungen, auch wenn der Mietvertrag vor Inkrafttreten der Vorschrift am 1. 9. 2001 abgeschlossen wurde, anzuwenden.[1] Etwas anderes kann gelten, wenn die Parteien in einem vor dem 1. 9. 2001 abgeschlossenen Mietvertrag andere Kündigungsfristen wirksam vereinbart haben[2] (→ Rn. 23). Für Werkmietwohnungen gelten gem. § 576 BGB besondere Kündigungsfristen. Die Kündigungsfristen für die **Geschäftsraummiete** und für bewegliche Sachen sind in § 580 a BGB geregelt.

#### II. Fristen

2 Durch die Kündigungsfristen soll sichergestellt werden, dass sich die Parteien auf die Beendigung des Mietverhältnisses einrichten können. Die Kündigungsfrist soll dem Mieter zur Beschaffung einer Ersatzwohnung und dem Vermieter zur Vorbereitung der Weitervermietung oder einer anderweitigen Disposition dienen. Sie schützen deshalb vor dem plötzlichen Wegfall des Anspruchs auf die (Hauptleistungs-)Rechte.[3]

---

[1] *BGH VIII ZR 240/02,* NJW 2003, 2739 = NZM 2003, 711; *Wiek* WuM 2007, 52.
[2] *Börstinghaus* ZMR 2003, 658.
[3] BeckOGK/*Geib/D'Ugo* BGB § 573 c Rn. 2.

3 Anders als bis zum 31.8.2001[4] sind die Fristen für Vermieter und Mieter heute asymmetrisch, d.h. während die Kündigungsfrist für den Mieter immer drei Monate beträgt verlängert sie sich für den Vermieter bei einer über fünfjährigen Dauer des Mietverhältnisses auf sechs und nach achtjähriger Mietzeit auf neun Monate. Dies Differenzierung ist auch verfassungsgemäß und verstößt nicht gegen Art. 3 GG.[5] Die längere Vermieterkündigungsfrist berücksichtigt die spezielle Situation der Mieter Rechnung, die lange im selben Quartier gelebt haben.[6] Diesen Interessen hat der Vermieter nichts Gleichwertiges entgegenzusetzen. Auf der anderen Seite sind lange Kündigungsfristen für den Mieter in der heutigen mobilen Welt nicht mehr zeitgemäß. Der Mieter wird gehindert kurzfristige Wohnsitzveränderungen zu realisieren.

## B. Fristberechnung

4 Für die Fristberechnung gelten die §§ 187ff. BGB. Dabei ist zwischen folgenden **Begriffen** zu unterschieden:

5 **„Kündigung"** ist die Erklärung einer Vertragspartei, dass das Mietverhältnis enden soll. Unter dem **„Kündigungstag"** ist derjenige Tag zu verstehen, zu dessen Ablauf die Kündigung spätestens zugehen muss. Ist das Mietverhältnis noch nicht vollzogen, so kann der Kündigungstag auch vor der Übergabe liegen.[7] Der **„Kündigungstermin"** bezeichnet den Zeitpunkt, zu dem das Mietverhältnis endet; an dem folgenden Tag muss die Mietsache zurückgegeben werden (§ 546 Abs. 1 BGB). Die **„Kündigungsfrist"** ist der Zeitraum, der zwischen dem Kündigungstag und dem Kündigungstermin liegt. Bei der Kündigung eines noch nicht in Vollzug gesetzten Mietverhältnisses gilt insoweit keine Ausnahme. Auch hier läuft die Kündigungsfrist grds. ab dem Zugang der Kündigung und nicht erst ab dem Vollzug des Mietverhältnisses.[8] Etwas anderes kann gelten, wenn sich aus den Umständen etwas anderes ergibt oder wenn die Parteien eine entsprechende Abrede getroffen haben.[9]

## C. Allgemeine Kündigungsfrist (Abs. 1)

### I. Kündigungstag

6 Kündigungstag ist der **dritte Werktag eines Monats;** die ersten beiden Werktage nennt man „Karenztage". Streitig ist, wie die **Karenzzeit** zu berechnen ist, wenn einer der Karenztage auf einen **Samstag** fällt. Dabei geht es um zwei Fragen, nämlich ob der Samstag überhaupt als Werktag iSd § 573c Abs. 1 BGB anzusehen ist und ob § 193 BGB auch für die Berechnung der Karenzzeit gilt. Hierbei muss danach unterschieden werden, ob einer der Karenztage oder der Kündigungstag auf einen Samstag fällt. **Der Samstag ist als Werktag anzusehen,** mit der Folge, dass er bei der Berechnung der Karenzzeit mitzuzählen ist.[10] Dafür spricht schon der allgemeine Sprachgebrauch. Auch in anderen Gesetzen wird der Samstag als Werktag verstanden.[11] Vertragliche Vereinbarungen über die Nicht-Berücksichtigung des Samstags als Werktag sind möglich.[12] Eine andere Frage ist, ob

---

[4] Zu den Änderungen des Kündigungsrecht durch das Mietrechtsreformgesetz: *Kinne* ZMR 2001, 511ff.; ZMR 2001, 599ff.; *Kraemer* NZM 2001, 553; *Börstinghaus* NZM 2018, 297.

[5] BeckOGK/*Geib/D'Ugo* BGB § 573c Rn. 2; MüKoBGB/*Häublein* § 573c Rn. 2; *Börstinghaus* NZM 2002, 49, 50; *Göhring* NZM 2001, 358, 363; *Zuck* NZM 2001, 354, 358; Staudinger/*Rolfs* § 573c Rn. 6; **aA** *V. Emmerich* DWW 2000, 143 (145).

[6] *Looschelders/Roth* JZ 1995, 1034.

[7] BGH VIII ZR 88/78, BGHZ 73, 350 = NJW 1979, 1288.

[8] BGH VIII ZR 88/78, BGHZ 73, 350 = NJW 1979, 1288.

[9] BGH VIII ZR 88/78, BGHZ 73, 350 = NJW 1979, 1288.

[10] BGH VIII ZR 206/04, NJW 2005, 2154 = NZM 2005, 532; bestätigt durch BGH VIII ZR 129/09, NJW 2010, 2879 = NZM 2010, 661; LG Wuppertal WuM 1993, 450; LG Kiel WuM 1994, 543; BeckOGK/*Geib/D'Ugo* BGB § 573c Rn. 22; Staudinger/*Rolfs* BGB § 573c Rn. 11/12; Palandt/*Weidenkaff* BGB § 573c Rn. 10; AnwK WohnraumMietR/*Lammel* BGB § 573c Rn. 20; Bamberger/Roth/*Hannappel* BGB § 573c Rn. 9; Emmerich/Sonnenschein/*Haug* BGB § 573c Rn. 4; NK-BGB/*Hinz* § 573c Rn. 4; **aA** LG Aachen WuM 2004, 32; LG Berlin GE 1989, 509; AG Offenbach WuM 1987, 322; MüKoBGB/*Häublein* § 573c Rn. 13/14; *Bottenberg/Kühnemund* ZMR 1999, 221, ua weil samstags die Straßenbahnen anders fahren!

[11] Siehe die Aufzählung in BGH VIII ZR 206/04, NJW 2005, 2154 = NZM 2005, 532.

[12] BGH VIII ZR 129/09, NJW 2010, 2879 = NZM 2010, 661 Rn. 33, zur Berechnung bei § 556b Abs. 1 BGB.

§ 193 BGB anzuwenden ist. Die Vorschrift bestimmt ua, dass an die Stelle des Samstags der nächste Werktag tritt, wenn **der letzte Tag einer Frist** auf einen Samstag fällt. Die Rechtsfrage ist immer noch umstritten und für die Miete bisher obergerichtlich noch nicht endgültig geklärt. Der **III. Zivilsenat des BGH** hat im Urteil v. 17.2.2005 für einen Sponsoringvertrag über Werbung auf einem Trikot ausgeführt, dass § 193 BGB weder direkt noch analog für die Berechnung von Kündigungsfristen gelte.[13] Die Norm setze den Ablauf einer Frist voraus. Das ist bei der Kündigung regelmäßig nicht der Fall, weil die Kündigung auch noch einen Tag später abgegeben werden kann, sie wirkt dann nur zu einem anderen Termin. Eine analoge Anwendung des § 193 BGB auf vereinbarte Fristen scheide aus, weil die Kündigungsfrist ausschließlich dem Schutz des Gekündigten diene. Eine solche Frist kann nicht durch die Anwendung des § 193 BGB verkürzt werden, weil vom Zweck dieser Vorschrift ausschließlich eine Fristverlängerung aber keine Fristverkürzung erfasst wird. Der für die Wohnraummiete zuständige VIII. Zivilsenat hat die **Rechtsfrage** – bisher – **ausdrücklich offengelassen.**[14] Die Argumente des III. Zivilsenats[15] sind aber uneingeschränkt auch auf die Kündigung eines Wohn- oder Geschäftsraummietverhältnisses zu übertragen, mit der Folge, dass der Samstag auch als 3. Werktag mitzählt.[16]

7 zurzeit unbesetzt

### II. Allgemeiner Kündigungstermin (Abs. 1 S. 1)

8 Kündigungstermin ist grds. der Ablauf des auf die Kündigung folgenden übernächsten Monats. Dies gilt für alle Kündigungen durch den Mieter. Für die Kündigung durch den Vermieter gilt § 573c Abs. 1 S. 1 BGB, wenn die Räume dem Mieter vor weniger als fünf Jahren überlassen worden sind. Eine am dritten Werktag des Monats Januar erklärte Kündigung beendet das Mietverhältnis also am 31.3. um 0:00 Uhr. Dies gilt auch dann, wenn der letzte Tag des Monats auf einen Samstag, Sonntag oder Feiertag fällt. Die Pflicht zur Rückgabe der Mietsache entsteht in einem solchen Fall aber gem. § 193 BGB erst **am nächsten Werktag.**[17]

### III. Kündigungstermin bei länger dauerndem Mietverhältnis (Abs. 1 S. 2)

9 Die **Kündigungsfrist für den Vermieter** verlängert sich nach fünf und acht Jahren seit der Überlassung des Wohnraums um jeweils drei Monate. Die gestaffelten Kündigungsfristen dienen ausschließlich dem Schutz des Mieters. Die Staffelung beruht auf dem sog. „Heimgedanken", der besagt, dass der Mieter nach einer gewissen Zeit mit einem bestimmten Wohnquartier verwurzelt ist und deshalb die Möglichkeit haben soll, sich im Falle der Kündigung innerhalb des Quartiers eine Ersatzwohnung zu suchen. Deshalb gilt die Staffelung nur für die Kündigung durch den Vermieter. Dies gilt auch für die Kündigung eines Untermietverhältnisses. Der Mieter (Untermieter) kann immer mit der kurzen Frist des § 573c Abs. 1 S. 1 BGB kündigen. Die Kündigungsfrist beträgt somit bei fünf bis siebenjähriger Dauer des Mietvertrags sechs Monate und ab achtjähriger Dauer neun Monate jeweils abzüglich der Karenzzeit. Für die **Berechnung der Überlassungszeit** kommt es auf den **Zugang der Kündigung,** nicht auf den Ablauf der Kündigungsfrist an.[18]

10 Für die Berechnung der Kündigungsfrist ist der Zeitpunkt der tatsächlichen **Überlassung,** nicht der Abschluss des Mietvertrags maßgebend.[19] Es kommt allerdings nicht darauf an, wann der Mieter die Räume bezogen hat.[20] Maßgeblich ist vielmehr derjenige Zeitpunkt, zu dem der Besitz vom

---

[13] BGH VIII ZR 172/04, BGHZ 162, 175 = NJW 2005, 1354.

[14] BGH VIII ZR 206/04, NJW 2005, 2154 = NZM 2005, 532 Rn. 17.

[15] BGH VIII ZR 172/04, BGHZ 162, 175 = NJW 2005, 1354.

[16] MüKoBGB/*Häublein* § 573c Rn. 11; Lützenkirchen MietR/*Lützenkirchen* BGB § 573c Rn. 28; Bub/Treier MietR-HdB/*Fleindl* Kap. IV Rn. 69; Erman/*Maier-Reimer/Finkenauer* BGB § 193 Rn. 3; **aA** LG Berlin WuM 2017, 215; BeckOGK/*Geib/D'Ugo* BGB § 573c Rn. 23; NK-BGB/*Hinz* § 573c Rn. 5.

[17] Staudinger/*Rolfs* BGB § 573c Rn. 14.

[18] LG Berlin GE 1986, 41; Erman/*Lützenkirchen* BGB § 573c Rn. 6; MüKoBGB/*Häublein* § 573c Rn. 7; NK-BGB/*Hinz* § 573c Rn. 11; Staudinger/*Rolfs* BGB § 573c Rn. 32; Palandt/*Weidenkaff* BGB § 573c Rn. 11.

[19] LG Zwickau WuM 1998, 158; Staudinger/*Rolfs* BGB § 573c Rn. 20; Bamberger/Roth/*Hannappel* BGB § 573c Rn. 12; MüKoBGB/*Häublein* § 573c Rn. 7; AnwK WohnraumMietR/*Lammel* BGB § 573c Rn. 24.

[20] BeckOGK/*Geib/D'Ugo* BGB § 573c Rn. 27; Staudinger/*Rolfs* BGB § 573c Rn. 20; MüKoBGB/*Häublein* § 573c Rn. 7.

Vermieter auf den Mieter übertragen worden ist.[21] Auf welchem Rechtsgrund die Überlassung beruhte, ist unerheblich; entscheidend ist allein, dass der Mieter den Besitz mit Zustimmung des Vermieters erlangt hat und dass zum Zeitpunkt der Kündigung ein Mietverhältnis besteht. Unberücksichtigt bleibt die Zeit, in der der spätere Mieter zunächst als Familienangehöriger des Vermieters in dessen Wohnung gelebt hat. Ein derartiges unentgeltliches Nutzungsverhältnis, das keinen Kündigungsschutz genießt und vom „Vermieter" jederzeit beendet werden kann, begründe keinen Vertrauenstatbestand, der Grundlage für eine Berücksichtigung dieses Überlassungszeitraums im Wege analoger Anwendung des § 573c Abs. 1 S. 2 BGB sein könnte.[22] Wird demgegenüber Wohnraum auf Grund eines **dinglichen Wohnrechts** gem. § 1093 BGB überlassen und nach Aufhebung dieses Rechts ein Mietvertrag geschlossen, so ist bei der Berechnung der Kündigungsfrist die gesamte Wohndauer zu berücksichtigen.[23] Unerheblich ist auch, wenn Vermieter und Mieter nach Ablauf bestimmter Zeitabschnitte **jeweils neue Mietverträge** schließen[24] oder wenn später zusätzliche Räume hinzugemietet werden[25] bzw. die Wohnung verkleinert wird. Auch ein **Eigentümerwechsel** hat keinen Einfluss auf die Berechnung der Kündigungsfrist, was sich bereits aus § 566 Abs. 1 BGB ergibt.[26] Galt bereits für den Veräußerer wegen der Dauer der Überlassungszeit eine verlängerte Kündigungsfristen, so gelten diese längeren Fristen auch für den in den Mietvertrag eintretende Erwerber.[27] Im Übrigen läuft die Überlassungszeit weiter, so dass die Überlassungszeit aufgrund des Vertrages mit dem Veräußerer zu der Überlassungszeit mit dem Erwerber hinzuaddiert wird. Dies gilt auch dann, wenn der Mieter mit dem Erwerber einen neuen Mietvertrag abschließt.[28] Gleiches gilt für einen **Vermieterwechsel,** etwa nach Beendigung eines Zwischenmietverhältnisses iSv § 565 BGB. Ein **Personenwechsel auf Seiten des Mieters** ist dann unbeachtlich, wenn die Identität des Mietverhältnisses gewahrt bleibt; so zB beim gesetzlichen Eintritt eines Familienangehörigen oder des Ehegatten nach §§ 563 BGB.[29] Dies gilt auch bei einem rechtsgeschäftlichen Mieterwechsel.[30] Dem Erben (§ 564 BGB) kommt die Mietzeit des Erblassers dagegen nur zugute, wenn er selbst in den Räumen gewohnt hat. Bei der Begründung eines Mietverhältnisses nach § 1568a Abs. 3 BGB kommt dem neuen Mieter seine tatsächliche Wohnzeit zugute. Generell gilt, dass bei der Berechnung der Kündigungsfrist diejenige Zeit berücksichtigt wird, in der der jetzige Mieter aufgrund eines Mietvertrags seines früheren Ehegatten die Wohnung berechtigt bewohnt hat. Gründet sich das **Besitzrecht auf öffentlich-rechtliche Vorschriften** (zB Einweisung Obdachloser durch die Behörde), so liegt darin keine „Überlassung" iSd § 573c BGB; bei der Kündigung eines später abgeschlossenen Mietvertrags bleibt die Einweisungszeit und die vorangegangene Mietdauer deshalb unberücksichtigt.[31]

Ebenso wenig kann dem Mieter die Zeit angerechnet werden, während der er vor Begründung **11**
des Hauptmietvertrages als **Untermieter** in einem Teil der Wohnräume gelebt hat.[32] Die Gegenansicht, welche die Untermietzeit dann berücksichtigen will, wenn die auf Grund der Hauptmiete bewohnten Räume mit denen der Untermiete im Wesentlichen identisch sind[33] verkennt, dass die Überlassung (Besitzeinräumung) in diesen Fällen nicht durch den Vermieter, sondern durch den Hauptmieter erfolgt. Auch in der Erlaubniserteilung zur Untervermietung ist keine Überlassung iSv § 573c BGB zu sehen, zumal der Mieter in bestimmten Fällen einen Anspruch auf die Erteilung hat (§ 553 BGB), so dass ein bei der Berechnung der Kündigungsfrist zu berücksichtigendes Mietverhältnis auch gegen den Willen des Vermieters begründet werden könnte.

---

[21] BGH VIII ZR 206/04, NJW 2005, 2145 = NZM 2005, 532; dazu *Häublein* NZM 2010, 651.

[22] BGH VIII ZR 10/14, NJW 2014, 2568 Rn. 23.

[23] AG Kaiserslautern ZMR 1967, 301.

[24] LG Düsseldorf WuM 1973, 189; LG Göttingen WuM 1991, 266; Staudinger/*Rolfs* BGB § 573c Rn. 22.

[25] MüKoBGB/*Häublein* § 573c Rn. 8; BeckOGK/*Geib/D'Ugo* BGB § 573c Rn. 28.

[26] NK-BGB/*Hinz* § 573c Rn. 9.

[27] BGH XII ZR 163/12, BGHZ 204, 354, 359 = NJW 2014, 3775.

[28] LG Stade DWW 1987, 233.

[29] *Börstinghaus* NZM 2003, 829 (836); Staudinger/*Rolfs* BGB § 573c Rn. 24; BeckOGK/*Geib/D'Ugo* § 573c Rn. 28; NK-BGB/*Hinz* § 573c Rn. 9; *Hinz* WuM 2004, 380 (395).

[30] BeckOGK/*Geib/D'Ugo* BGB § 573c Rn. 28.

[31] Staudinger/*Rolfs* BGB § 573c Rn. 21; **aA** BeckOGK/*Geib/D'Ugo* BGB § 573c Rn. 28.

[32] AG Köln ZMR 2013, 205; Erman/*Lützenkirchen* BGB § 573c Rn. 8; Bamberger/Roth/*Hannappel* BGB § 573c Rn. 15; Palandt/*Weidenkaff* BGB § 573c Rn. 11.

[33] Staudinger/*Rolfs* BGB § 573c Rn. 28; BeckOGK/*Geib/D'Ugo* BGB § 573c Rn. 28, Einzug mit Einverständnis des Vermieters; MüKoBGB/*Häublein* § 573c Rn. 8; AnwK WohnraumMietR/*Lammel* BGB § 573c Rn. 30; Emmerich/Sonnenschein/*Haug* BGB § 573c Rn. 14.

12 Umstritten ist die Frage, ob ein **Wohnungswechsel innerhalb desselben Hauses** für die Berechnung der Kündigungsfrist von Bedeutung ist. **(1)** Teilweise wird dies mit der Begründung bejaht, dass es nach Wortlaut und Zweck des § 573c BGB ausschließlich darauf ankommt, wie lange der Mieter die zur Zeit der Kündigung innegehabte Wohnung bewohnt hat, so dass die Besitzzeit der früheren Wohnung für die Berechnung der Kündigungsfrist außer Betracht bleibt.[34] **(2)** Die Gegenansicht will aufgrund des Zwecks der Regelung, einem im Quartier verwurzelten Mieters eine längere Kündigungsfrist zuzubilligen, die gesamte Wohnzeit des Mieters im Hause des Vermieters berücksichtigen. Die soll zumindest dann gelten, wenn der Wohnungswechsel mit dessen Einverständnis erfolgt ist.[35] **(3)** Eine vermittelnde Meinung will die gesamte Wohnzeit nur dann berücksichtigen, wenn der Auszug im Interesse des Vermieters bzw. auf dessen Wunsch erfolgt ist.[36] Zur Begründung wird ausgeführt, dass der Vermieter gegen Treu und Glauben verstoße, wenn er nur die Wohndauer in der zur Zeit der Kündigung innegehabten Wohnung berücksichtige. Diese Ansicht ist deswegen problematisch, weil danach die Berechnung der Kündigungsfrist von einem idR sehr schwer feststellbaren Umstand abhängig gemacht wird. Derartige Unklarheiten müssen bei der Bestimmung der Kündigungsfristen im Interesse beider Parteien aber vermieden werden. Dies bedeutet jedoch nicht, dass die Besitzzeit an der früher innegehabten Wohnung unberücksichtigt bleiben darf. Da der Gesetzgeber den Fall des Wohnungswechsels eines Mieters im gleichen Haus offensichtlich nicht bedacht hat, liegt eine Regelungslücke vor, die unter Berücksichtigung des Zwecks der gestaffelten Kündigungsfristen des § 573c Abs. 1 S. 2 BGB und der zwischen den Parteien bestehenden Interessenlage zu schließen ist. Lässt man bei der Berechnung der Kündigungsfrist die Besitzzeit der früheren Wohnung außer Betracht, so ist dies mit dem hinter § 573c Abs. 1 S. 2 BGB stehenden „Heimgedanken" nicht vereinbar. Der Umzug innerhalb desselben Hauses bedeutet für den Mieter keinen Bruch bestehender Bindungen, vielmehr werden die bisherigen Beziehungen kontinuierlich fortgesetzt.[37] Es ist auch nicht verständlich, warum dem Vermieter bei der Kündigung des Mietvertrags der Umstand zugutekommen soll, dass im Verlauf der Vertragsbeziehungen der Mietgegenstand ausgewechselt worden ist, obwohl dies von ihm gewünscht oder doch gebilligt wurde. Eine sachgerechte Lösung kann deswegen nur darin gesehen werden, dass ein Wohnungswechsel innerhalb desselben Hauses bei der Berechnung der Kündigungsfrist ohne Bedeutung ist ohne Rücksicht darauf, ob der Wechsel vom Vermieter gewünscht oder nur gebilligt wurde.[38]

13 Die hier dargelegten Grundsätze gelten nur dann, wenn die mehreren in Betracht kommenden Wohnungen demselben Vermieter gehören. Ist mit dem Wohnungswechsel zugleich ein Vermieterwechsel verbunden, (zB beim **Umzug innerhalb einer Wohnungseigentums-Anlage**) so findet keine Addition der jeweiligen Wohnzeiten statt.

### D. Kündigungsfrist bei Wohnraum zu vorübergehendem Gebrauch (Abs. 2)

14 Mietverhältnisse zu nur vorübergehendem Gebrauch (zum Begriff → BGB § 549 Rn. 30) sind idR befristet, so dass § 573c BGB ohnehin unanwendbar ist. In anderen Fällen wird sich die Kündigungsfrist häufig aus den Umständen oder der Verkehrssitte (zB tägliche Kündigung bei der Hotelmiete) ergeben. Für die verbleibenden Mietverhältnisse gelten die gesetzlichen Fristen (einschließlich der in § 573c Abs. 1 S. 2 BGB enthaltenen Staffelung). Diese Fristen können allerdings vertraglich nach Belieben verkürzt werden. Das Nachteilverbot des § 573c Abs. 4 BGB gilt für diese Erträge nicht.

---

[34] MüKoBGB/*Häublein* § 573c Rn. 22; Bamberger/Roth/*Hannappel* BGB § 573c Rn. 16; diff. Bub/Treier MietR-HdB/*Fleindl* Kap. IV Rn. 101.

[35] LG Bonn WuM 1987, 322; AG Bochum WuM 1987, 56; Staudinger/*Rolfs* BGB § 573c Rn. 31; Emmerich/Sonnenschein/*Haug* BGB § 573c Rn. 16; *Haas* Neues MietR BGB § 565 Anm. 3.

[36] AG Offenbach WuM 1987, 322; AG Kerpen WuM 1994, 77; AnwK WohnraumMietR/*Lammel* BGB § 573c Rn. 32f.

[37] So zutr. LG Bonn WuM 1987, 322; *Bodie* ZMR 1966, 294; **aA** *Michaelis* ZMR 1966, 198.

[38] LG Mannheim WuM 1976, 207.

## E. Kündigungsfrist bei möbliertem Wohnraum (Abs. 3)

Bei möbliertem Wohnraum den der Vermieter **ganz oder überwiegend mit Einrichtungsgegenständen** auszustatten hat, der Teil der vom Vermieter selbst bewohnten Wohnung ist und der nicht zum dauernden Gebrauch für eine Familie bestimmt ist (zum Begriff → BGB § 549 Rn. 35), ist die Kündigung spätestens am Fünfzehnten eines Monats zum Ablauf dieses Monats zulässig. Kündigungstag ist der 15. eines Monats. Die Vorschrift des § 193 BGB ist auch hier unanwendbar, so dass die Kündigung auch dann spätestens am 15. des Monats zugehen muss, wenn dieser Tag auf einen Samstag, Sonntag oder Feiertag fällt. Eine unmittelbare Anwendung des § 193 BGB scheidet aus, weil es sich bei dem gesetzlichen Kündigungstag nicht um den Ablauf einer Frist handelt. Eine analoge Anwendung des § 193 BGB kommt nicht in Betracht, weil die hierdurch bewirkte Verkürzung einer Kündigungsfrist vom Zweck der Vorschrift nicht erfasst wird.[39] 15

## F. Abweichende Vereinbarungen (Abs. 4)

### I. Vertragsschluss nach dem 31. 8. 2001

Eine zum Nachteil des Mieters von § 573c Abs. 1–3 BGB abw. Vereinbarung ist unwirksam. Das Nachteilsverbot ist im Hinblick auf die gesetzgeberische Ratio der Verkürzung der Kündigungsfrist für Mieter konsequent.[40] 16

Eine zum Nachteil des **Mieters** von § 573c Abs. 1 BGB abw. Vereinbarung liegt vor, wenn vereinbart ist, dass er im Falle einer Kündigung **längere** als die in § 573c Abs. 1 S. 1 BGB bestimmten **Fristen** beachten muss. Eine Verkürzung dieser Frist ist möglich. 17

Unwirksam ist eine Vereinbarung, wonach der **Vermieter** mit **kürzeren Fristen** kündigen kann, als sie in § 573c Abs. 1 S. 1, 2 BGB vorgesehen sind. Die Vereinbarung längerer Fristen für die Vermieterkündigung ist möglich. 18

Eine Vereinbarung, wonach für **beide Teile kürzere** als die gesetzlichen **Fristen** gelten sollen, wird überwiegend als teilunwirksam erachtet: für den Mieter gelten in einem solchen Fall die für ihn günstigen vertraglichen Fristen, während der Vermieter an die gesetzlichen Fristen gebunden bleibt.[41] 19

Für eine Vereinbarung, wonach für **beide Teile** eine **längere** als die gesetzliche **Kündigungsfrist** gelten soll, gilt dasselbe. Der Mieter kann stets mit Dreimonatsfrist kündigen. Der Vermieter ist an die längere vertragliche Frist gebunden.[42] 20

Unwirksam ist die Vereinbarung **abw. Kündigungstage und Kündigungstermine.**[43] Deshalb kann nicht vereinbart werden, dass die Kündigung nur zum Schluss bestimmter Kalendermonate zulässig sein soll.[44] Ebenso verstößt die in der Praxis häufige Vereinbarung, wonach sich ein **Mietverhältnis jeweils um ein weiteres Jahr verlängert,** falls es nicht gekündigt wird, gegen § 573c Abs. 4 BGB. Nach der Vertragsregelung kann – abw. von der gesetzlichen Regelung – nämlich nicht zu jedem beliebigen Termin, sondern nur zur den Terminen gekündigt werden, die dem Vertragsbeginn entsprechen (weitere Einzelheiten → BGB § 575 Rn. 76). 21

Ein **zeitlich befristeter Kündigungsausschluss** verstößt nicht gegen § 573 Abs. 4 BGB.[45] Die Vorschrift setzt voraus, dass der Vertrag überhaupt gekündigt werden kann. Der **Schutzzweck der Norm** § 573c Abs. 4 BGB erfordert Ausweitung des Anwendungsbereichs auf die Frage, ob der Vertrag überhaupt kündbar ist.[46] Zwar sollte durch Verkürzung der Fristen für die Kündigung durch den Mieter der „in der heutigen modernen Gesellschaft … zunehmend (verlangten) Mobi- 22

---

[39] BGHZ 59, 265 = NJW 1972, 2083; NJW 2005, 1354.

[40] BeckOGK/*Geib/D'Ugo* BGB § 573c Rn. 51.

[41] OLG Zweibrücken WuM 1990, 8;; LG München I NZM 1998, 153; AG Oberndorf/Neckar WuM 1991, 44; Staudinger/*Rolfs* BGB § 573c Rn. 51; AnwK WohnraumMietR/*Lammel* BGB § 573c Rn. 37; **aA** LG Köln WuM 1988, 404.

[42] AnwK WohnraumMietR/*Lammel* BGB § 573c Rn. 38.

[43] AnwK WohnraumMietR/*Lammel* BGB § 573c Rn. 39.

[44] *Lützenkirchen* Neue MietR-Praxis Rn. 776.

[45] BGH VIII ZR 81/03, NJW 2004, 1448 = NZM 2004, 216; dazu *Häublein* ZMR 2004, 252; *Horst* MDR 2004, 437; *Fischer* WuM 2004, 123; *Hinz* WuM 2004, 126, *Kandelhard* WuM 2004, 129; *Timme* NJW 2004, 1639; *Derleder* NZM 2004, 247; *Lützenkirchen* MDR 2004, 926.

[46] **AA** noch *Börstinghaus* GS Sonnenschein, 2003,349 (351 ff.); inzwischen aber Meinung aufgegeben *Börstinghaus* NJW 2009, 1391.

lität und Flexibilität" und damit dem Interesse des Mieters an einer kurzfristigen Aufgabe der Wohnung, insbes. bei Wechseln des Arbeitsplatzes oder einer gesundheitsbedingten Übersiedlung in ein Alters- oder Pflegeheim, Rechnung getragen werden.[47] Jedoch hat der Gesetzgeber der Mietrechtsreform 2001 die Zulässigkeit der Vereinbarung einer Kündigungsausschlussvereinbarung an verschiedenen Stellen anerkannt. So kann gem. § 557a Abs. 3 BGB bei einem Staffelmietvertrag das Kündigungsrecht des Mieters bis zu vier Jahren ausgeschlossen werden. Auch § 575 BGB lässt einen Zeitmietvertrag ohne zeitliche Beschränkung zu. Für eine einseitige Berücksichtigung des Mobilitätsinteresses des Mieters ist deshalb kein Raum. Eine Angemessenheitskontrolle des Kündigungsverzichts hat aber über § 307 BGB bei Formularverträgen zu erfolgen.[48] Eine Grenze wird bei einem individuell vereinbarten Kündigungsausschluss nur durch § 138 BGB gesetzt, etwa bei Ausnutzung einer **Zwangslage einer Partei** oder beim Vorliegen sonstiger Umstände, die der Vereinbarung das Gepräge eines sittenwidrigen Rechtsgeschäfts geben. Der individuelle Ausschlusse der ordentlichen Kündigung auch für sehr lange Zeiträume ist daher grds. möglich. In Betracht kommt allenfalls nach Ablauf von 30 Jahren in entsprechender Anwendung des § 544 BGB eine außerordentliche Kündigung mit gesetzlicher Frist.[49] Wirksam ist ein solcher Ausschluss für 13 Jahre[50]; 10 Jahre[51] oder fünf Jahre[52].

### II. Altmietverträge (Vertragsschluss vor dem 1. 9. 2001)

23 Gerade die Änderung der Kündigungsfristen war im Rahmen des Gesetzgebungsverfahrens zur Mietrechtsreform 2001 handwerklich nicht gut gelungen.[53] Das lag daran, dass die Änderung bereits im Gesetzgebungsverfahren zu **den umstrittensten Fragen der Reform** gehörte. Die Regelungen sind im Gesetzgebungsverfahren mehrfach geändert worden. Die Bundesregierung[54] hatte zunächst noch eine einheitliche Verlängerung der Kündigungsfrist für beide Vertragsparteien von drei auf sechs Monate vorgeschlagen. Nur die weiteren Verlängerungen nach acht und zehn Jahren sollten nur noch für den Vermieter gelten. Der Rechtsausschuss des Deutschen Bundestages hat dann die heutige Formulierung in § 573c Abs. 1 BGB vorgeschlagen. Demgegenüber war die Überleitungsvorschrift in Art. 229 § 3 Abs. 10 EGBGB seit dem ersten Vorschlag[55] unverändert geblieben. Das bedeutete, dass die Überleitungsvorschrift eigentlich für eine andere Gesetzesfassung formuliert worden war. Die Vorschrift **des Art. 229 § 3 Abs. 10 EGBGB** lautet: *„§ 573c Abs. 4 des Bürgerlichen Gesetzbuchs ist nicht anzuwenden, wenn die Kündigungsfristen vor dem 1. September 2001 durch Vertrag vereinbart worden sind."* Es war damals formularvertraglich absolut üblich, die damals geltenden sich einheitlich bis zu einem Jahr verlängernden Kündigungsfristen im Mietvertragsformular zu wiederholen. Der Gesetzgeber vertrat die Auffassung, dass dies nicht ausreichte, da es sich nur um eine sogenannte „unechten" Vereinbarungen handeln würde. Dieser Argumentation hat der VIII. Senat eine Absage erteilt und entschieden, dass die neue asymmetrische Kündigungsfrist auf Altverträge keine Anwendung findet, wenn im Mietvertrag formularvertraglich die früheren Kündigungsfristen wiederholt wurden.[56] Die Unterscheidung in echte und unechte Vereinbarungen wies er als dem deutschen Zivilrecht völlig fremd zurück. Daraufhin hat der Gesetzgeber die Überleitungsvorschrift durch das „Gesetz zur Änderung des Einführungsgesetzes zum Bürgerlichen Gesetzbuche" v. 26.3.2005[57] dahingehend geändert, dass für Kündigungen, die ab dem 1.6.2005 dem Mieter zugingen, die neue asymmetrische Kündigungsfrist gelten, auch wenn die alten Fristen durch Allgemeine Geschäftsbedingungen vereinbart worden waren.

---

[47] BT-Drs. 14/4553 S. 38f., 67.
[48] BGH VIII ZR 30/08, NJW 2009, 912; VIII ZR 3/05, NZM 2006, 254; VIII ZR 120/11, NJW 2012, 521; VIII ZR 27/04, NJW 2005, 1574; VIII ZR 23/16, NZM 2017, 71.
[49] BGH VIII ZR 200/17, NZM 2018, 556.
[50] BGH VIII ZR 388/12, NJW 2013, 2820.
[51] BGH VIII ZR 98/10, NZM 2011, 28.
[52] BGH VIII ZR 81/03, NJW 2004, 1448.
[53] *Börstinghaus* NZM 2018, 297.
[54] BT-Drs. 14/4553.
[55] NZM 2000, 612.
[56] BGH VIII ZR 240/02, NJW 2003, 2739 = NZM 2003, 711; VIII ZR 324/02, WuM 2003, 462; VIII ZR 339/02, MietPrax-AK § 573c BGB Nr. 3; VIII ZR 355/02, MietPrax-AK § 573c BGB Nr. 4.
[57] BGBl 2005 I, 1425.

Die Regelung hat folgende Auswirkungen[58] 24

**(1)** Unwirksam sind solche formularmäßigen Vereinbarungen, die den Text des früher maßgeblichen § 565 Abs. 2 S. 1, 2 BGB aF – also die gestaffelten Kündigungsfristen – im Wortlaut oder sinngemäß wiedergeben.[59] Wird in der Formularklausel, auf „gesetzliche Kündigungsfristen" und auf eine formularmäßige Fußnote verweist, in der den dort aufgeführten Kündigungsfristen der Zusatz vorangestellt ist: „Die gesetzlich vorgesehenen Kündigungsfristen für Wohnraum betragen z. Zt ..."[60], liegt gar keine abweichende Vereinbarung vor.

Ist formularmäßig vereinbart: *Nach fünf, acht und zehn Jahren seit der Überlassung des Wohnraums verlängert sich die Kündigungsfrist um jeweils drei Monate*" so ist der Vermieter weiterhin an die vertraglich vereinbarte Kündigungsfrist auch von zehn Jahren gebunden, während der Mieter unabhängig von der Dauer des Mietverhältnisses mit der Dreimonatsfrist des § 573c Abs. 1 S. 1 BGB kündigen kann.[61] Dies beruht auf der Erwägung, dass eine von § 573c Abs. 1 BGB abweichende Vereinbarung nur „zum Nachteil des Mieters" unwirksam ist und dass eine für beide Seiten geltende Fristenreglung nicht insgesamt sondern nur insoweit unwirksam ist, als sie sich zum Nachteil des Mieters auswirkt. 25

Gelegentlich findet man Altmietverträge, in denen eine längere als die gesetzliche Frist vereinbart ist, zB: 26

*„Das Mietverhältnis beginnt am ... und läuft von da an auf die Dauer von 1 Jahr. Es verlängert sich danach, soweit es nicht 6 Monate vor Ablauf schriftlich gekündigt wird auf unbestimmte Zeit. Die Kündigungsfrist beträgt dann 6 Monate".*[62]

Eine vertragliche Verlängerung der Kündigungsfrist war nach früherem Recht möglich; seit dem 1.9.2001 ist eine Vereinbarung, wonach der Mieter eine längere als die gesetzliche Frist einzuhalten hat, unwirksam. In Altverträgen bleibt die Vereinbarung einer längeren Frist aber wirksam. 27

Wirksam bleibt demnach auch die in Altmietverträgen teilweise verwendet Klausel 28

*„Das Mietverhältnis wird für die Dauer eines Jahres abgeschlossen. Es verlängert sich sodann um jeweils ein weiteres Jahr, wenn es nicht gekündigt wird."*

Die Klausel hat zur Folge, dass die Kündigungsfrist für beide Teile ein Jahr beträgt. Nach früherem Recht konnte eine Fristverlängerung wirksam vereinbart werden. Nach nunmehrigem Recht wäre eine solche Vereinbarung unwirksam. Für Altmietverträge gilt Art. 229 § 3 Abs. 3, Abs. 10 S. 1 EGBGB. Die Vereinbarung bleibt also wirksam.[63] Die Vorschrift des Art. 229 § 3 Abs. 10 S. 2 EGBGB ist nicht anwendbar, weil dort nur der Fall geregelt ist, dass die gestaffelten Kündigungsfristen vereinbart sind.

**(2)** Ist die gestaffelte Kündigungsfrist durch **Individualvertrag** vereinbart oder ist die Klausel ausgehandelt, so gilt Art. 229 § 3 Abs. 10 S. 1 EGBGB. Die Vereinbarung bleibt also wirksam. Wohnraummietverträge mit solchen Vereinbarungen dürfte es in der Praxis aber nicht geben. 29

Tritt ein Mieter anstelle eines anderen in einen Mietvertrag ein, der vor dem 1.9.2001 abgeschlossen worden ist, so gelten hinsichtlich der Kündigungsfristen die neuen Vorschriften. Das gilt auch dann, wenn in dem Altvertrag die gestaffelten Fristen des § 565 Abs. 2 BGB aF vereinbart worden sind. Dabei kommt es nicht darauf an, in welcher Weise der Mieterwechsel erfolgt. Das durch den Eintritt des Mieters entstandene Mietverhältnis fällt nach dem Gesetzeszweck der Überleitungsvorschrift nicht unter Art. 229 § 3 Abs. 10 EGBGB. 30

---

[58] *Rolfs/Barg* NZM 2006, 83.

[59] *Börstinghaus* NJW 2005, 1900, 1901; *Gellwitzki* WuM 2005, 436 (438); **aA** *Rolfs/Barg* NZM 2006, 83, danach sind alle Formularvereinbarungen unwirksam, die zum Nachteil des Mieters von § 573c Abs. 1 BGB abweichen.

[60] BGH VIII ZR 134/05, NJW 2006, 1867.

[61] BGH VIII ZR 71/07, NJW 2008, 1661.

[62] OLG Zweibrücken WuM 1990, 8; NJW-RR 1990, 148; ZMR 1990, 106.

[63] BGH VIII ZR 257/06, NJW 2007, 2760.

## § 573d Außerordentliche Kündigung mit gesetzlicher Frist

**(1) Kann ein Mietverhältnis außerordentlich mit der gesetzlichen Frist gekündigt werden, so gelten mit Ausnahme der Kündigung gegenüber Erben des Mieters nach § 564 die §§ 573 und 573a entsprechend.**

**(2) [1]Die Kündigung ist spätestens am dritten Werktag eines Kalendermonats zum Ablauf des übernächsten Monats zulässig, bei Wohnraum nach § 549 Abs. 2 Nr. 2 spätestens am Fünfzehnten eines Monats zum Ablauf dieses Monats (gesetzliche Frist). [2]§ 573a Abs. 1 Satz 2 findet keine Anwendung.**

**(3) Eine zum Nachteil des Mieters abweichende Vereinbarung ist unwirksam.**

### Systematische Übersicht



### A. Anwendungsbereich

1 Die Regelung enthält **keinen eigenen Kündigungsgrund.**[1] Sie ergänzt die Vorschriften, die einer Mietvertragspartei ein außerordentliches fristgerechtes Kündigungsrecht einräumen. Wann ein Mietverhältnis „mit der gesetzlichen Frist" vom Vermieter oder Mieter vorzeitig gekündigt werden kann, ist den jeweiligen Vorschriften zu entnehmen, die eine entsprechende Beendigungsbefugnis gewähren.

2 Die Vorschrift gilt nur für die **Wohnraummiete** und nur für solche Mietverträge die auf unbestimmte Zeit abgeschlossen worden sind **(unbefristete Mietverträge).** Sie regelt die Voraussetzungen und die Fristen der außerordentlichen befristeten Kündigung.

3 Für Mietverhältnisse iSv § 549 Abs. 2 Nr. 1–3 (s. § 549 Abs. 2 BGB) und § 549 Abs. 3 BGB (s. § 549 Abs. 3 BGB) ist § 573d Abs. 1 BGB unanwendbar[2]; die Regelungen des § 573d Abs. 2, 3 BGB gelten aber auch für diese Mietverhältnisse. § 573d Abs. 1 BGB ist auch anwendbar auf Mietverhältnisse über Wohnraum in **Ferienwohnungen** in Ferienhausgebieten.

4 Für Wohnraummietverhältnisse auf bestimmte Zeit (Zeitmietverträge) gilt § 575a BGB.

5 Für die **Geschäftsraummiete** und die Miete beweglicher Sachen gilt § 580a Abs. 4 BGB. Eine Ausnahme stellen gem. § 578 Abs. 3 BGB[3] die Verträge über die Anmietung von Räumen durch eine juristische Person des öffentlichen Rechts oder einen anerkannten privaten Träger der Wohlfahrtspflege dar, die nach dem 31.12.2018 geschlossen werden, um die Räume Personen mit dringendem Wohnungsbedarf zum Wohnen zu überlassen. Auf diese Verträge ist § 573d BGB anzuwenden.[4]

---

[1] BeckOGK/*Geib/D'Ugo* BGB § 573d Rn. 11.

[2] NK-BGB/*Hinz* § 573d Rn. 3.

[3] Eingefügt durch das MietAnpG v. 18.12.2018 BGBl I 2648; zur Entstehung der Vorschrift und der Kritik daran *Häublein* FS Börstinghaus, 2020, 211; *Schultz* GE 2019, 230; *Artz/Börstinghaus* NZM 2019, 12; *Selk* NJW 2019, 329; *Börstinghaus* ZAP Fach 4, 1777; *Lützenkirchen* MietRB 2019, 86; *Wichert* ZMR 2019, 245.

[4] BeckOGK/*Geib/D'Ugo* BGB § 573d Rn. 7; NK-BGB/*Hinz* § 573d Rn. 3.

## B. Kündigungsschutz (Abs. 1)

### I. Kündigungsgründe

§ 573d Abs. 1 BGB bestimmt, dass das Recht zur außerordentlichen Kündigung mit gesetzlicher Frist durch den Vermieter nur ausgeübt werden kann, wenn **Kündigungsgründe iSv § 573 BGB** gegeben sind oder wenn die Voraussetzungen der erleichterten Kündigung bei Einliegerwohnungen iSv § 573a BGB vorliegen. 6

Die Vorschrift gilt für alle außerordentlichen befristeten Kündigungsgründe. Die außerordentliche befristete Kündigung wird in einigen speziellen Vorschriften abschließend geregelt. Sie hat ihren Grund idR in einer Veränderung der tatsächlichen Gegebenheiten, und zwar sowohl in Bezug auf das **Mietobjekt** als auch in Bezug auf die **beteiligten Personen.** Hierzu zählen: 7

#### 1. Sonderkündigungsrecht

Im Falle der Zwangsversteigerung eines vermieteten Grundstücks steht dem Vermieter gem. § 57a ZVG ein **Sonderkündigungsrecht** zu. Für eine solche Kündigung eines Wohnraummietverhältnisses müssen die Voraussetzungen des § 573 BGB vorliegen. Die Bedeutung des § 57a ZVG iVm § 573d BGB erschöpft sich allein darin, dem Ersteigerer ein von vertraglich vorgesehenen Kündigungsfristen unabhängiges Kündigungsrecht zu ermöglichen. Die Wirkung der Vorschrift beschränkt sich also auf die Gewährung eines zeitlichen Vorteils. Der Vermieter von Wohnraum muss also auch bei dieser Kündigung ein berechtigtes Interesse an der Beendigung des Mietverhältnisses haben. Die Kündigung muss ferner entsprechend der Vorschrift des § 573 Abs. 3 BGB begründet werden. 8

#### 2. Dauerwohnrecht

Nach § 37 WEG hat der Dauerwohnberechtigte die dem Dauerwohnrecht unterliegenden Gebäude- oder Grundstücksteile vermietet oder verpachtet, so erlischt das Miet- oder Pachtverhältnis, wenn das **Dauerwohnrecht** erlischt. Wird das Dauerwohnrecht im Wege der Zwangsvollstreckung veräußert, steht dem Erwerber gem. § 37 Abs. 3 S. 2 WEG in entsprechender Anwendung des § 57a ZVG ein außerordentliches befristetes Kündigungsrecht zu. 9

#### 3. Erbbaurecht

Wenn das Erbbaurecht erlischt, so tritt der Eigentümer in das Mietverhältnis ein, kann jedoch mit der gesetzlichen Frist des § 565 Abs. 5 BGB kündigen. Erforderlich ist auch hier gem. § 573d Abs. 1 BGB ein berechtigtes Interesse gem. § 573 Abs. 1, 2 BGB. 10

#### 4. Insolvenz des Vermieters

Eine vom Insolvenzverwalter freiwillig übernommene Veräußerung eines Miet- oder Pachtgrundstücks gilt als eine Zwangsversteigerung, so dass der Erwerber wie nach einer Zwangsversteigerung kündigen kann, wenn ein berechtigtes Interesse besteht. 11

#### 5. Insolvenz des Mieters

Der Vermieter kann allein wegen der Mieterinsolvenz nicht kündigen, es sei denn, es liegen die Voraussetzungen eines besonderen Kündigungsgrundes vor und es greift nicht die Kündigungssperre des **§ 112 InsO.** Der Insolvenzverwalter kann nach § 109 Abs. 1 S. 2 InsO nur erklären, dass Ansprüche aus dem Wohnraummietvertrag nicht im Insolvenzverfahren geltend gemacht werden können (Freigabeerklärung). Dadurch wird erreicht, die Insolvenzmasse von mietvertraglichen Ansprüchen freizuhalten und dem Mieter die Möglichkeit zu erhalten, das Mietverhältnis fortzusetzen. 12

#### 6. Nießbrauch

Hat der Nießbraucher das Grundstück über die Laufzeit des Nießbrauchs hinaus vermietet, so tritt der Eigentümer in das Mietverhältnis ein, kann jedoch gem. § 1056 BGB mit der gesetzlichen Frist des § 573c BGB kündigen. Erforderlich ist zusätzlich ein berechtigtes Interesse gem. § 573 Abs. 1, 2 BGB. 13

### 7. Nacherbfall

14 Ist das Grundstück im Zeitpunkt des Eintritts des Nacherbfalls vermietet, so gilt ebenfalls gem. § 2135 BGB der § 1056 BGB ebenfalls, so dass der Nacherbe mit der gesetzlichen Frist des § 573c BGB kündigen kann, wenn er ein berechtigtes Interesse an der Kündigung hat.

### 8. Tod des Mieters

15 Mit dem Tod des Mieters endet das Mietverhältnis nicht automatisch[5], vielmehr geht es gem. § 1922 BGB auf den Erben über, es sei denn, der Ehegatte, der Lebensgefährte oder ein Familienangehöriger des verstorbenen Mieters macht gem. § 563 BGB von seinem **Eintrittsrecht** Gebrauch oder der Mietvertrag wird mit überlebenden Mietern gem. § 563a BGB fortgesetzt. Wenn in der Person des eintretenden Mieters ein wichtiger Grund vorliegt[6], kann der Vermieter gem. § 563 Abs. 4 BGB binnen **Monatsfrist außerordentlich fristgerecht** kündigen. Ebenso besteht ein Kündigungsrecht mit gesetzlicher Frist für den überlebenden Mieter nach Tod des Mitmieters gem. § 563a Abs. 2 BGB. Wird der Erbe Mieter, gestattet § 564 S. 2 BGB beiden Mietvertragsparteien eine Kündigung des Mietverhältnisses mit gesetzlicher Frist.

### 9. Verweigerte Untervermietungserlaubnis

16 Gemäß § 540 Abs. 1 S. 2 BGB kann ein Wohnraummieter das Mietverhältnis außerordentlich kündigen, wenn ihm der Vermieter die begehrte Untermieterlaubnis nicht erteilt. Das Kündigungsrecht besteht nur bei einer erlaubnispflichtigen Gebrauchsüberlassung. Das Kündigungsrecht des Mieters entsteht, wenn der Vermieter eine begehrte Erlaubnis verweigert, ohne dass in der Person des Dritten hierzu ein wichtiger Grund vorliegt. Der Vermieter muss die Kündigung ausdrücklich verweigern. Es reicht aber auch, dass er eine ihm vom Mieter gesetzte Erklärungsfrist hat verstreichen lassen.[7] Bei einer **generellen Verweigerung** jeglicher Untervermietung ist eine Kündigung aber möglich.[8] Der vollständigen Verweigerung gleichgestellt wird der Fall, dass der Vermieter die Erlaubniserteilung von zusätzlichen weder durch §§ 540, 553 BGB noch durch wirksame Regelungen im Mietvertrag **vereinbarte Bedingungen** oder **Auflagen** abhängig macht. Der Mieter muss sein Kündigungsrecht nicht zum ersten zulässigen Termin ausüben. Dem Mieter steht eine Überlegungsfrist zu.[9] Das Recht kann jedoch bei übermäßig langem **Warten** verwirkt sein. Es gelten die Kündigungsfrist des § 573d Abs. 2 BGB und das Schriftformerfordernis des § 568 BGB. Eine Abmahnung oder Fristsetzung ist nicht erforderlich.

### 10. Über 30 Jahre

17 **Mietverhältnisse, die für eine längere Zeit als 30 Jahre** abgeschlossen wurden, können von beiden Mietvertragsparteien unter Einhaltung der gesetzlichen Kündigungsfrist des § 573d BGB gekündigt werden (§ 544 BGB). Entscheidend ist die Vereinbarung im Vertrag, nicht die tatsächliche Übung. Ein Mietverhältnis auf unbestimmte Zeit kann deshalb auch nach mehr als 30 Jahren nicht gem. § 544 BGB gekündigt werden. **Mietverhältnisse auf Lebenszeit** können auch nach 30-jähriger Laufzeit gem. § 544 S. 2 BGB nicht gekündigt werden.

## II. Formalien der Kündigung

18 Außerdem müssen auch die dort geregelten **Formalien der Kündigung** hinsichtlich der **Kündigungserklärung** vorliegen. Dies gilt auch für die Kündigung einer Wohnung iSd § 573a BGB. Die Vorschrift dient der Klarstellung, weil sich die Geltung der speziellen Kündigungsschutzvorschriften bereits aus der systematischen Stellung der §§ 573, 573a BGB im Abschnitt „Mietverhältnisse über Wohnraum" ergibt.

---

5 *Butenberg* ZMR 2015, 189; *Horst* DWW 2013, 362; *Sternel* ZMR 2004, 713.
6 Dazu BGH VIII ZR 105/17, NZM 2018, 325 = NJW 2018, 2397.
7 LG Berlin NZM 2001, 231; LG Nürnberg-Fürth WuM 1995, 587; LG Berlin MM 1986, 453; ZMR 1998, 558; NZM 1999, 405; LG Mannheim ZMR 1998, 565; LG Gießen WuM 1999, 458.
8 LG Berlin ZMR 2001, 969; LG Köln WuM 1994, 468; BGH VIII ZR 36/71, NJW 1972, 1267.
9 BGH VIII ZR 36/71, NJW 1972, 1267.

Auf die Vorschriften der **§§ 574–574c BGB (Kündigungswiderspruch)** nimmt § 573d Abs. 1 BGB nicht Bezug. Gleichwohl sind auch diese Vorschriften bei der Wohnraummiete zu beachten, wenn die außerordentliche befristete Kündigung durch den Vermieter ausgesprochen wird.[10] Dies folgt aus der systematischen Stellung der §§ 574–574c BGB im Abschnitt „Mietverhältnisse über Wohnraum".[11] Für die Richtigkeit dieser Ansicht spricht darüber hinaus auch der Vergleich mit § 575a Abs. 2 BGB. 19

Eine Besonderheit gilt für die Kündigung des Vermieters gegenüber dem **Erben des verstorbenen Mieters** nach § 564 BGB. Für diese Kündigung benötigt der Vermieter keine Kündigungsgründe.[12] Jedoch kann der in den Mietvertrag eintretende Erbe Kündigungswiderspruch erheben. Die Regelung des § 573d Abs. 1 BGB ist unanwendbar, wenn der Erbe nicht nach den §§ 564 S. 1, 1922 Abs. 1 BGB, sondern nach den §§ 563, 563a BGB Rechtsnachfolger hinsichtlich der Wohnung geworden ist. 20

## C. Kündigungstag/Kündigungsfristen (Abs. 2)

Kündigungstag ist der **dritte Werktag des Monats.** Wird die Kündigung spätestens zum dritten Werktag erklärt, so endet das Mietverhältnis zum Ablauf des übernächsten Monats. Diese Regelung entspricht dem bis 31.8.2001 geltenden Recht. Die gestaffelten Kündigungsfristen des § 573c BGB gelten nicht. 21

Kürzere Fristen gelten für **möblierte Wohnräume** innerhalb der Vermieterwohnung iSv § 549 Abs. 2 Nr. 2 BGB. Diese Mietverhältnisse können spätestens am fünfzehnten eines Monats zum Ablauf des Monats gekündigt werden. Auch diese Regelung entspricht dem bis 31.8.2001 geltenden Recht. 22

§ 573d Abs. 2 S. 2 BGB bestimmt, dass sich die in § 573d Abs. 2 S. 1 BGB geregelten Kündigungsfristen auch dann nicht verlängern, wenn der Vermieter nach § 573a BGB kündigt (**Kündigung von Einliegerwohnungen** in einem vom Vermieter selbst bewohnten Gebäude). Die Vorschrift dient der Klarstellung. 23

## D. Abweichende Vereinbarungen

Nach § 573c Abs. 3 BGB sind nachteilige Vereinbarungen zum Nachteil des Mieters unwirksam. 24

Die Regelung des § 573d Abs. 1 BGB kann nicht abbedungen werden. Zulässig ist es jedoch zu vereinbaren, dass der **Erbe** des Mieters **Kündigungsschutz** haben soll. 25

Eine zum Nachteil des Mieters von § 573d Abs. 2 BGB abw. Vereinbarung liegt vor, wenn vereinbart ist, dass er im Falle einer Kündigung (zB nach § 563a Abs. 2, § 564 BGB längere als die in § 573d Abs. 2 BGB bestimmten Fristen beachten muss. Eine Verkürzung dieser Frist ist möglich. 26

Unwirksam ist eine Vereinbarung, wonach der Vermieter mit kürzeren Fristen kündigen kann, als sie in § 573d Abs. 2 BGB vorgesehen ist. Die Vereinbarung längerer Fristen für die Vermieterkündigung ist möglich. 27

Eine Vereinbarung, wonach für beide Teile kürzere als die gesetzlichen Fristen gelten sollen, wird überwiegend als teilunwirksam erachtet: für den Mieter gelten in einem solchen Fall die für ihn günstigen vertraglichen Fristen, während der Vermieter an die gesetzlichen Fristen gebunden bleibt.[13] 28

Für eine Vereinbarung, wonach für beide Teile eine **längere als die gesetzliche Kündigungsfrist** gelten soll, gilt dasselbe. Der Mieter kann stets mit Dreimonatsfrist kündigen. Der Vermieter ist an die längere vertragliche Frist gebunden.[14] 29

Unwirksam ist die Vereinbarung abweichender **Kündigungstage.** 30

---

[10] BeckOGK/*Geib/D'Ugo* BGB § 573d Rn. 16.

[11] Begr. des Gesetzentwurfs der BReg. zu § 573d BGB, BT-Drs. 14/4553.

[12] Die zu einem anderen Gesetzeswortlaut im bis 31.8.2001 geltenden Recht ergangene Entscheidung des BGH NJW 1997, 1695 ist gegenstandslos.

[13] OLG Zweibrücken WuM 1990, 8; LG Hannover WuM 1980, 138; LG München I NZM 1998, 153; AG Oberndorf/Neckar WuM 1991, 44; Anw WohnraumMietR/*Lammel* BGB § 573c Rn. 37; **aA** LG Köln WuM 1988, 404.

[14] AnwK WohnraumMietR/*Lammel* BGB § 573c Rn. 38.

# § 574 Widerspruch des Mieters gegen die Kündigung

**(1) [1]Der Mieter kann der Kündigung des Vermieters widersprechen und von ihm die Fortsetzung des Mietverhältnisses verlangen, wenn die Beendigung des Mietverhältnisses für den Mieter, seine Familie oder einen anderen Angehörigen seines Haushalts eine Härte bedeuten würde, die auch unter Würdigung der berechtigten Interessen des Vermieters nicht zu rechtfertigen ist. [2]Dies gilt nicht, wenn ein Grund vorliegt, der den Vermieter zur außerordentlichen fristlosen Kündigung berechtigt.**

**(2) Eine Härte liegt auch vor, wenn angemessener Ersatzwohnraum zu zumutbaren Bedingungen nicht beschafft werden kann.**

**(3) Bei der Würdigung der berechtigten Interessen des Vermieters werden nur die in dem Kündigungsschreiben nach § 573 Abs. 3 angegebenen Gründe berücksichtigt, außer wenn die Gründe nachträglich entstanden sind.**

**(4) Eine zum Nachteil des Mieters abweichende Vereinbarung ist unwirksam.**

## Systematische Übersicht



## Alphabetische Schnellübersicht

## A. Bedeutung der Vorschrift

1 Die Vorschrift gibt dem Mieter von Wohnraum das Recht, einer ordentlichen befristeten Kündigung oder einer außerordentlichen Kündigung mit gesetzlicher Frist des Vermieters zu widersprechen und die Fortsetzung des Mietverhältnisses zu verlangen, wenn die vertragsgemäße Beendigung eine besondere Härte bedeuten würde. Die Vorschrift ist dem bis 31.8.2001 geltenden § 556a BGB aF (sog. **„Sozialklausel"**) nachgebildet. Zum Verhältnis der Vorschrift zu § 573 BGB siehe → Rn. 11f.

Die Vorschrift des § 574 BGB stellt sicher, dass die besonderen Interessen des Mieters am Fortbestand des Vertrags berücksichtigt werden, während § 573 BGB ausschließlich auf das Interesse des Vermieters an der Vertragsbeendigung abstellt.[1] Durch § 574 BGB wird der allgemeine Kündigungsschutz um eine spezielle Härtefallregelung ergänzt; sowohl die Schutzfunktion des § 573 BGB als auch diejenige des § 574 BGB sind aus verfassungsrechtlichen Gründen geboten.[2] Die Kenntnis der Vorschrift ist für den Mieter von Bedeutung, da seine besondere Schutzbedürftigkeit erst auf seinen Widerspruch hin im Rahmen der Härteprüfung zu berücksichtigen ist.

## B. Anwendungsbereich

### I. Sachlich

2 Die Vorschrift gilt nur bei Mietverhältnissen über Wohnraum (zu den Begriffen → BGB Vor § 535 Rn. 94). Hierzu gehören sowohl Mietverhältnisse über freifinanzierte Wohnungen als auch die Mietverhältnisse über preisgebundenen und sonstigen **öffentlich geförderten Wohnraum,** die **Nutzungsverträge** der Wohnungsgenossenschaften und der (ehemaligen) gemeinnützigen Wohnungsunternehmen. Auf Mietverhältnisse über **Werkwohnungen** und werkgeförderte Wohnungen ist die Sozialklausel ebenfalls anwendbar; jedoch sind hier die besonderen Ausschlusstatbestände des § 576a Abs. 2 BGB zu beachten. Für Dienstwohnungen (→ BGB Vor § 535 Rn. 128) → BGB § 576b Rn. 3ff.

3 Die Vorschrift gilt auch für Mietverhältnisse über **Wohnungen in Ein- oder Zweifamilienhäusern,** und für Mietverhältnisse über Wohnraum, der Teil eines **Studenten- oder Jugendwohnheims** ist.

4 Auf **Mischmietverhältnisse** (→ BGB Vor § 535 Rn. 107) ist § 574 BGB anwendbar, wenn das Mietverhältnis seinen Schwerpunkt in der Wohnraummiete hat. Liegt der Schwerpunkt in der Gewerbemiete, so ist § 574 BGB auch dann unanwendbar, wenn der Wohnraum einerseits und der Gewerberaum andererseits räumlich getrennt werden könnten (zB bei der Vermietung einer Gaststätte mit Wirtewohnung). Im Ausnahmefall kann der Mieter jedoch für die Wohnung eine Räumungsfrist nach § 721 ZPO erhalten, wenn die getrennte Rückgabe von Wohnung und Gewerberaum möglich und dem Vermieter zumutbar ist. Mietverhältnisse auf Dauer über **Ferienhäuser** und **-wohnungen** fallen ebenso unter die für Wohnraum geltenden Bestimmungen wie Mietverhältnisse über **Zweitwohnungen.** Der Umstand, dass der Mieter mehrere Monate im Jahr ortsabwesend ist, steht der Anwendung der Sozialklausel ebenfalls nicht entgegen.[3]

5 Für die Anwendung des § 574 BGB kommt es nicht darauf an, ob der Vermieter zugleich Eigentümer der Mietsache ist. Deshalb ist die Vorschrift auch bei der **Untermiete** anwendbar.

6 Hat der Mieter nur **einen Teil der Wohnräume** untervermietet, so gilt § 574 BGB im Verhältnis zwischen dem Hauptvermieter und dem Mieter. Der Mieter kann allerdings nur eigene Härtegründe, nicht solche des Untermieters geltend machen. Macht der Hauptvermieter gegenüber dem Untermieter den Herausgabeanspruch aus § 546 Abs. 2 BGB geltend, so ist § 574 BGB unanwendbar, weil zwischen dem Hauptvermieter und dem Untermieter kein Vertragsverhältnis besteht. Kündigt der Mieter gegenüber dem Untermieter, so kann sich der Untermieter gegenüber dem Mieter auf § 574 BGB berufen.

7 Ist der **Wohnraum als Ganzes** durch einen **gewerblichen Zwischenvermieter** untervermietet, so gilt bei einer Beendigung des Untermietverhältnisses auf Grund einer Kündigung des Zwischenvermieters § 574 BGB. Wird das Hauptmietverhältnis beendet, so tritt der Hauptvermie-

[1] BGH VIII ARZ 4/87, BGHZ 103, 91 = NJW 1988, 904; LG Berlin GE 1990, 493.
[2] BVerfGE 89, 1 = NJW 1993, 2035 = WuM 1993, 377.
[3] LG Düsseldorf WuM 1991, 36.

ter in das Untermietverhältnis ein; gegenüber einer Kündigung des Hauptvermieters kann sich der Untermieter auf § 574 BGB berufen. Im Verhältnis des Hauptvermieters zum Zwischenvermieter ist § 574 BGB stets unanwendbar, weil das Hauptmietverhältnis kein Wohnraummietverhältnis darstellt.

8 Bei einer Vermietung durch einen **nicht gewerblichen Zwischenvermieter** ist nach der hier vertretenen Ansicht § 565 BGB entsprechend anzuwenden (→ BGB § 565 Rn. 9, 14); nach der Gegenansicht kann der Mieter in bestimmten Fällen Schutzrechte aus **Art. 3 GG** herleiten (→ BGB § 565 Rn. 13). Danach gilt bei einer Beendigung des Hauptmietverhältnisses folgendes: Der Hauptvermieter tritt nicht in das Untermietverhältnis ein mit der Folge, dass er den Herausgabeanspruch aus § 546 Abs. 2 BGB geltend machen kann. Aus Art. 3 GG folgt indes, dass der Mieter die Wohnung nur dann herausgeben muss, wenn Kündigungsgründe iSv § 573 BGB vorliegen. Außerdem folgt aus Art. 3 GG, dass der Mieter außerdem die Rechte aus § 574 BGB geltend machen kann. Im Verhältnis zwischen dem Hauptvermieter und dem Zwischenvermieter gilt § 574 BGB nicht, weil das Hauptmietverhältnis auch dann kein Wohnraummietverhältnis darstellt, wenn der Zwischenvermieter nicht gewerblich handelt (→ BGB Vor § 535 Rn. 104).

9 Für Mietverhältnisse iSv **§ 549 Abs. 2 Nr. 1–3 BGB** ist die Vorschrift unanwendbar. Anders als nach dem bis 31.8.2001 geltenden Recht ist § 574 BGB aber anwendbar auf Mietverhältnisse über Wohnraum in Ferienwohnungen in Ferienhausgebieten iSv §§ 564b Abs. 7 Nr. 4 BGB aF.

### II. Ausschlusstatbestand nach Abs. 1 S. 2

10 Nach § 574 Abs. 1 S. 2 BGB ist die Vorschrift unanwendbar, wenn ein Grund vorliegt, der den Vermieter zur außerordentlichen fristlosen Kündigung berechtigt. Dieser Ausschlusstatbestand beruht auf der Erwägung, dass der Mieter in diesem Fall keinen Schutz verdient. Der Ausschlusstatbestand ist auch dann zu beachten, wenn sich der Mieter auf den Härtegrund des fehlenden Ersatzraums beruft. Zwar wird dieser in § 574 **Abs. 2** BGB geregelte Härtegrund von dem in § 574 **Abs. 1** BGB geregelten Ausschlusstatbestand bei systematischer Auslegung des § 574 BGB nicht erfasst. Ein sachlicher Grund für diese Auslegung ist nicht ersichtlich; es ist vielmehr davon auszugehen, dass der Gesetzgeber die möglichen Auswirkungen seiner Systematik nicht hinreichend bedacht hat.

11 Der Kündigungswiderspruch wird nur durch solche Kündigungstatbestände ausgeschlossen, die an eine Vertragsverletzung des Mieters anknüpfen. Hierzu zählen § 543 Abs. 1, Abs. 2 Nr. 2, 3 BGB sowie § 569 Abs. 2 BGB.

Eine fristgerechte Schonfristzahlung nach § 569 Abs. 3 Nr. 2 BGB ändert an dem Ausschluss des Fortsetzungsanspruchs des Mieters nichts, da sie einer ausgesprochenen außerordentlichen Kündigung im Wege der gesetzlichen Fiktion lediglich rückwirkend deren Gestaltungswirkung nimmt, nicht aber dazu führt, dass ein Grund für die fristlose Kündigung von vornherein nicht bestand. Für eine teleologische Reduktion von § 574 Abs. 1 BGB dahin, dass das Widerspruchsrecht des Mieters mit fristgerechter Schonfristzahlung neu entsteht oder wiederauflebt, ist kein Raum, da es an einer hierfür notwendigen planwidrigen Unvollständigkeit des Gesetzes fehlt[4].

Die übergesetzliche **Kündigung wegen Wegfalls der Geschäftsgrundlage** nach § 242 BGB (→ BGB § 543 Rn. 229) scheidet aus, weil das Beendigungsinteresse hier aus der Sphäre des Vermieters stammt. Der Ausschlusstatbestand greift nach seinem Wortlaut auch dann, wenn der Vermieter einem **geschäftsunfähigen Mieter** gekündigt hat. Dies ist problematisch, weil der Gedanke der mangelnden Schutzwürdigkeit auf den geschäftsunfähigen Mieter nicht passt. Außerdem ist diese Mietergruppe oftmals besonders schutzbedürftig. Deshalb ist eine einschränkende Auslegung des § 574 Abs. 1 S. 2 BGB geboten.

12 Der Ausschlusstatbestand gilt auch dann, wenn der Vermieter wegen der Vertragsverletzung des Mieters eine **ordentliche befristete Kündigung** ausspricht, obwohl er zur fristlosen Kündigung berechtigt wäre.[5] Ebenso genügt es, wenn der Mieter eine zur fristlosen Kündigung berechtigende Vertragsverletzung begeht, der Vermieter seine Kündigung aber auf einen anderen Beendigungs-

---

[4] BGH VIII ZR 323/18, WuM 2020, 499 = NJW-RR 2020, 956.

[5] BGH VIII ZR 323/18, WuM 2020, 499 = NJW-RR 2020, 956; *Haas* Neues MietR BGB § 574 Rn. 1; Herrlein/Kandelhard/*Herrlein* BGB § 574 Rn. 18.

grund stützt.[6] Ein ursächlicher Zusammenhang zwischen Vertragsverletzung und Kündigung ist nicht erforderlich.[7] Vertragsverletzungen nach Zugang der Kündigung reichen ebenfalls aus, unabhängig davon, ob der Vermieter den Vorfall zum Anlass einer erneuten Kündigung nimmt.[8]

## C. Tatbestandvoraussetzungen (Abs. 1 S. 1)

### I. Beendigung durch Kündigung

Die Vorschrift gilt nur für solche Mietverhältnisse, die durch Kündigung beendet werden können. Für die Beendigung befristeter Mietverhältnisse durch bloßen Zeitablauf (Zeitmietverträge iSv § 575 Abs. 1 S. 1 BGB) gilt § 574 BGB nur im Falle der außerordentlichen Kündigung mit gesetzlicher Frist; in diesem Fall ist § 575 a Abs. 2 BGB zu beachten (s. dort). Für einfache befristete Mietverhältnisse iSv § 564 c BGB aF, die vor dem 1. 9. 2001 abgeschlossen worden sind, gilt die Übergangsvorschrift des Art. 229 § 3 Abs. 3 BGB (s. → BGB Nach § 575). 13

Die Anwendung des § 574 BGB setzt voraus, dass der **Vermieter** eine **ordentliche Kündigung** iSv § 573 c BGB oder eine **außerordentliche Kündigung mit gesetzlicher Frist** iSv § 575 a BGB ausgesprochen hat. Unter der Geltung des bis 31. 8. 2001 geltendem Recht war die Anwendung der Sozialklausel im Falle der außerordentlichen Kündigung mit gesetzlicher Frist streitig, weil nach dem Wortlaut des § 556 a BGB aF eine „vertragsmäßige Beendigung" vorausgesetzt wurde. Der Begriff „vertragsmäßig" findet sich in der Neufassung nicht mehr. Dadurch kommt zum Ausdruck, dass § 574 BGB auch bei der außerordentlichen Kündigung mit gesetzlicher Frist zu beachten ist.[9] Dies gilt auch für eine **Kündigung** des Vermieters **gegenüber dem Erben des Mieters.** Der Erbe genießt zwar keinen Kündigungsschutz (§ 573 d Abs. 1 BGB). Die Vorschrift des § 574 BGB ist aber anwendbar. Es sind allerdings kaum Fälle denkbar, in denen die Tatbestandsvoraussetzungen der Vorschrift vorliegen könnten. 14

Der Kündigungsgrund ist gleichgültig; bei einer ordentlichen befristeten Kündigung wegen einer Vertragsverletzung ist aber § 574 Abs. 1 S. 2 BGB zu beachten (→ Rn. 10). Für **fristlose Kündigungen** gilt die Sozialklausel nicht (§ 574 Abs. 1 S. 2 BGB). Hat der **Mieter gekündigt,** so ist ein Widerspruch ebenfalls ausgeschlossen. Dies folgt ohne weiteres aus dem Umstand, dass § 574 BGB nach seinem Wortlaut eine „Kündigung des Vermieters" voraussetzt.[10] Gleiches gilt, wenn das Mietverhältnis durch **Mietaufhebungsvertrag** beendet worden ist. 15

Die Kündigung des Vermieters muss **wirksam** sein und die Beendigung des Mietverhältnisses zur Folge haben. Durch eine unwirksame Kündigung wird das Mietverhältnis nicht beendet; ein solches Mietverhältnisses kann deshalb auch nicht nach § 574 BGB fortgesetzt werden. Gleiches gilt für Mietverhältnisse, die nach wirksamer Kündigung gem. § 545 BGB verlängert worden sind. Wird das Mietverhältnis nach § 574 a BGB durch gerichtliche Entscheidung fortgesetzt, so kann die Wirksamkeit der Kündigung keinesfalls offenbleiben, weil die Beendigung des Mietverhältnisses durch Kündigung zu den zwingenden Tatbestandsvoraussetzungen des § 574 BGB gehört.[11] 16

Die Vorschrift ist auch dann zu beachten, wenn das Mietverhältnis **zwischen Vertragsschluss und Mietbeginn** gekündigt werden soll. In diesem Fall hat der Mieter zwar noch keinen Mietbesitz. Gleichwohl wird er idR schutzbedürftig sein, so zB, wenn er in Erwartung des alsbaldigen Bezugs der Wohnung seine bisherige Mietwohnung aufgegeben oder wenn er bereits Aufwendungen für die angemietete Wohnung getätigt hat. 17

Eine Vereinbarung, wonach der Vermieter berechtigt sein soll, nach der Überlassung der Mietsache vom Vertrag zurückzutreten, ist unwirksam. Wird der **Rücktritt** vor der Überlassung erklärt, ist § 574 BGB unanwendbar, weil die Vorschrift eine Beendigung durch Kündigung voraussetzt. Auf die Schutzbedürftigkeit des Mieters kommt es deshalb nicht an. 18

Wird das Mietverhältnis durch eine **Anfechtung** des Vermieters beendet, so liegt ebenfalls keine Kündigung vor; § 574 BGB ist unanwendbar.[12] Eine analoge Anwendung kommt nicht in 19

[6] AnwK WohnraumMietR/*Lammel* BGB § 574 Rn. 51; Palandt/*Weidenkaff* BGB § 574 Rn. 15.
[7] Staudinger/*Rolfs* BGB § 574 Rn. 20.
[8] Bub/Treier MietR-HdB/*Grapentin* Kap. IV Rn. 238; **aA** Sternel MietR, 1988 Kap. IV Rn. 186.
[9] Begr. des RegE zu § 574 BGB, BT-Drs. 14/4553; ebenso zum früheren Recht BGH VIII ARZ 16/81, BGHZ 84, 90 = NJW 1982, 1696.
[10] Begr. des RegE zu § 574 BGB, BT-Drs. 14/4553.
[11] LG München WuM 2001, 561.
[12] Staudinger/*Rolfs* BGB § 574 Rn. 16; Bamberger/Roth/*Hannappel* BGB § 574 Rn. 8.

Betracht, weil sich die Anfechtungstatbestände von denen der Kündigung in wesentlichen Punkten unterscheiden.[13] Für eine analoge Anwendung besteht auch kein praktisches Bedürfnis. Eine Anfechtung wegen Irrtums nach § 119 BGB wird im Mietverhältnis so gut wie nicht in Betracht kommen. Im Übrigen kann der Mieter hier seinen Vertrauensschaden nach § 122 BGB ersetzt verlangen. Bei einer auf § 123 BGB gestützten Anfechtung wird idR ein Sachverhalt vorliegen, der den Vermieter auch zur fristlosen Kündigung berechtigt; hier verbietet sich eine entsprechende Anwendung des § 574 BGB (§ 574 Abs. 1 S. 2 BGB). Bei einer Anfechtung durch den Mieter scheitert eine entsprechende Anwendung an dem Umstand, dass § 574 BGB nur gilt, wenn die Beendigung vom Vermieter gewünscht wird.

## II. Voraussetzungen des Kündigungswiderspruchs

### 1. Allgemeines Bestandsinteresse und besondere Härtegründe

19a Nach § 574 BGB ist erforderlich, dass die Beendigung des Mietverhältnisses als „Härte" für den Mieter zu bewerten ist. Hierbei ist zwischen dem allgemeinen Bestandsinteresse des Mieters und den besonderen Härtegründen zu unterscheiden: Das generell bestehende Interesse des Mieters am Erhalt der Wohnung **(Allgemeines Bestandsinteresse)** ist Bestandteil der Abwägung im Rahmen der jeweiligen Kündigungstatbestände. Die Abgrenzung ist fließend und umstritten.[14] Bei der **Eigenbedarfskündigung** reicht es aus, wenn der Vermieter einen ernsthaften Nutzungswunsch hat. Das allgemeine Bestandsinteresse des Mieters spielt hier keine Rolle. Gleiches gilt für solche Fälle, in denen die Wohnnutzung im Vordergrund steht und daneben eine untergeordnete geschäftliche oder berufliche Mitbenutzung geplant ist. Dagegen genügt es für die **Verwertungskündigung** nicht, wenn der Vermieter einen ernsthaften Willen zur anderweitigen Verwertung hat. Erforderlich ist vielmehr, dass dem Vermieter im Falle der Hinderung der Verwertung „erhebliche Nachteile" entstehen. Hier ist das Erlangungsinteresse des Vermieters gegen das allgemeine Bestandsinteresse des Mieters bei der Prüfung des Kündigungstatbestandes gegeneinander abzuwägen. Macht der Vermieter einen Bedarf für berufliche oder gewerbliche Zwecke geltend, so kommt es im Einzelfall darauf an, ob dieses Interesse dem Eigenbedarf (dann genügt der Nutzungswunsch) oder der wirtschaftlichen Verwertung nahesteht (dann ist das Erlangungsinteresses gegen das allgemeine Bestandsinteresse des Mieters abzuwägen).[15]

### 2. Besondere Härtegründe des Mieters

20 Die besonderen einer Kündigung entgegenstehenden Härtegründe des Mieters sind (nur) iRd § 574 BGB, also auf Widerspruch des Mieters zu berücksichtigen.[16] Unter einer **„Härte" iSd § 574** sind alle Nachteile wirtschaftlicher, finanzieller, gesundheitlicher, familiärer oder persönlicher Art zu verstehen, die infolge der Vertragsbeendigung auftreten können.[17] Hierzu zählen auch Eingriffe in die beruflichen Verhältnisse.[18] Sportliche Ambitionen sind dagegen im Allgemeinen nicht zu berücksichtigen.[19] Gleiches gilt für politische,[20] kirchliche, künstlerische[21] oder gesellschaftliche Interessen. Der Eintritt der Nachteile muss nicht mit absoluter Sicherheit feststehen. Es genügt, wenn solche Nachteile mit einiger Wahrscheinlichkeit zu erwarten sind.[22] Die lediglich theoretische Möglichkeit des Eintritts von Nachteilen reicht aber nicht aus. Ob die Härtegründe nur vorübergehend oder bleibend sind, spielt nur für die Dauer der Vertragsfortsetzung eine Rolle. Keinesfalls darf die Anwendbarkeit des § 574 BGB mit der Begründung versagt werden, dass der Mieter wegen seiner finanziellen Lage oder auf Grund bestimmter persönlicher Eigenschaften ohnehin keine Ersatzwohnung finde: Die Anwendung des § 574 BGB liegt im Gegenteil umso näher, je

---

[13] Staudinger/*Rolfs* § 574 Rn. 16.
[14] Vgl. *Beuermann* GE 2019,586; *Feindl* WuM 2019,165.
[15] Grdl. BGH VIII ZR 45/16, BGHZ 214, 269 = NJW 2017, 2018.
[16] BGH VIII ZR 45/16, BGHZ 214, 269 = NJW 2017, 2018.
[17] LG Berlin GE 2015, 859.
[18] OLG Köln NJW 1968, 1834 = WuM 1968, 179; LG Berlin MM 1993, 182.
[19] LG Bonn WuM 1992, 610; LG Mannheim DWW 1993, 140.
[20] LG Hamburg WuM 1990, 118.
[21] **AA** *von Mutius* ZMR 2003, 621.
[22] LG Bochum ZMR 2007, 452 (454); LG Lübeck WuM 2015, 97; LG Berlin GE 2015, 859.

hilfsbedürftiger der Mieter ist. Es kommt nicht darauf an, ob der Vermieter die persönliche Situation des Mieters gekannt hat.[23]

### 3. Härtegründe

21 Berücksichtigt werden Nachteile für den **„Mieter, seine Familie oder einen anderen Angehörigen seines Haushalts“.** Bei **mehreren Mietern** genügt es, wenn die Härtegründe in der Person eines Mieters vorliegen.[24] Dann kann jeder Mieter Widerspruch erheben. Die Erhebung durch einen Mieter genügt.[25] Das Mietverhältnis wird in jedem Fall stets mit allen Mietern fortgesetzt. Familienmitglieder, die nicht zugleich Mieter sind, haben kein eigenes Widerspruchsrecht; nur der Mieter kann Härtegründe von Familienmitgliedern geltend machen. Zur **Familie** gehören der Ehegatte, die Kinder und alle sonstigen Personen, die mit dem Mieter verwandt oder verschwägert sind. Weiter gehören dazu die Stiefkinder und die Pflegekinder. Auf einen bestimmten Verwandtschaftsgrad ist nicht abzustellen.[26] Es wird allerdings auch die Ansicht vertreten, dass – wie bei § 573 Abs. 2 Nr. 2 BGB – zwischen den engen und den entfernten Angehörigen zu unterscheiden sei; nur die engen Angehörigen seien zur Familie zu zählen.[27] Diese Abgrenzung wird dem Schutzzweck des § 574 BGB jedoch nicht gerecht.

22 Zum einen kann es nur auf die Belange derjenigen Personen ankommen, die mit dem **Mieter in der Wohnung zusammenleben.**[28] Ein gemeinsamer Hausstand ist nicht erforderlich. Der betreffende Familienangehörige muss sich nicht ständig in der Wohnung aufhalten; es genügt, wenn er in der Mieterwohnung einen Zweitwohnsitz unterhält. Die Interessen der vorübergehend abwesenden Familienangehörigen (zB im Rahmen eines Auslandsjahres) sind ebenfalls zu berücksichtigen. Ist ein Mieter deshalb auf die Wohnung angewiesen, weil er in der Nähe wohnende Familienangehörige zu betreuen hat, so ist dieser Umstand als eigenes Interesse des Mieters am Erhalt der Wohnung zu bewerten.

23 Zu den **„anderen Angehörigen“** des Mieters zählen solche Personen, die mit dem Mieter eine **Lebens- und Wirtschaftsgemeinschaft** bilden. Dies betrifft insbes. die **eheähnlichen Gemeinschaften**[29] und die **gleichgeschlechtlichen Partnerschaften** aber auch das Zusammenleben ohne sexuellen Bezug. Ein Zusammenleben in diesem Sinn setzt eine Lebensgemeinschaft voraus, die auf Dauer angelegt ist, daneben keine weitere Lebensgemeinschaft gleicher Art zulässt und sich durch innere Bindungen auszeichnet, die ein gegenseitiges Einstehen der Partner füreinander begründen, also über die Beziehungen einer reinen Haushalts- und Wirtschaftsgemeinschaft hinausgeht. Ob diese Voraussetzungen gegeben sind, muss anhand von Indizien festgestellt werden, wobei vor allem die lange Dauer des Zusammenlebens, die Versorgung von Kindern und Angehörigen im gemeinsamen Haushalt und die Befugnis über Einkommen und Vermögensgegenstände des Partners zu verfügen von Bedeutung sind.[30] Der Mieter muss die für die Annahme einer Gemeinschaft erforderlichen Tatsachen darlegen und beweisen. Unerträgliche Nachforschungen, die die Intimsphäre berühren, sind dabei allerdings nicht veranlasst.

24 Die **Dauerhaftigkeit der Beziehung** kann problemlos unterstellt werden, wenn die Partner bereits längere Zeit zusammengelebt haben. Nach der hier vertretenen Ansicht kann es allerdings nicht entscheidend darauf ankommen, ob die Beziehung schon seit längerer Zeit besteht; maßgeblich muss vielmehr sein, ob sie auf Dauer angelegt ist. Dies kann nur anhand der Umstände des Einzelfalls beurteilt werden. Der Umstand, dass die Partner nur einen einzigen gemeinsamen Hausstand führen, stellt dabei bereits ein Indiz für eine auf Dauer angelegte Beziehung dar.

25 Die Belange anderer als der hier genannten Personengruppen können nicht berücksichtigt werden.[31]

---

[23] LG Bochum ZMR 2007, 452 (454), Kündigung durch einen Erwerber.
[24] LG Bochum ZMR 2007, 452 (454).
[25] Staudinger/*Rolfs* BGB § 574 Rn. 27.
[26] Staudinger/*Rolfs* BGB § 574 Rn. 25.
[27] Fischer-Dieskau/Pergande/Schwender WohnungsbauR/*Franke* BGB § 574 Anm. 8; MüKoBGB/*Häublein* § 574 Rn. 21.
[28] Staudinger/*Rolfs* BGB § 574 Rn. 25; Roquette MietRBGB § 556a Rn. 13.
[29] *Eisenschmid* WuM 2001, 215; Fischer-Dieskau/Pergande/Schwender WohnungsbauR/*Franke* BGB § 574 Anm. 8; Staudinger/*Rolfs* BGB § 574 Rn. 26.
[30] BGH VIII ARZ 6/92, BGHZ 121, 116 = NJW 1993, 999 = WuM 1993, 254 = ZMR 1993, 261 zu § 569a BGB aF.
[31] LG Freiburg WuM 1990, 152, Mitglieder einer Wohngemeinschaft.

### 4. Einzelfallbetrachtung

26 Die Nachteile müssen dergestalt sein, dass sie **„nicht zu rechtfertigen"** sind. Die kündigungstypischen Belastungen (Mühe und Kosten der Wohnungssuche, des Umzugs, der Herrichtung der neuen Wohnung etc) muss ein in durchschnittlichen Verhältnissen lebender Mieter hinnehmen.[32] Andererseits muss keine sittenwidrige Härte vorliegen. Erforderlich ist, dass die Nachteile von einigem Gewicht sind. Maßgeblich ist eine Gesamtbewertung aller in der Person des Mieters liegenden Härtegründe. In diese Bewertung sind auch diejenigen Gründe einzubeziehen, die bei isolierter Betrachtung keine Härte darstellen.[33] Davon abgesehen, kann der Begriff der nicht zu rechtfertigenden Härte nicht allgemein formuliert werden, weil er sich erst aus einem Vergleich der wechselseitigen Interessen ergibt. Erforderlich ist eine auf den Einzelfall bezogene **Interessenbewertung,** die unter Berücksichtigung der persönlichen Verhältnisse der Vertragsparteien vorzunehmen ist.

27 **Maßgeblicher Beurteilungszeitpunkt** ist bei einer gerichtlichen Vertragsfortsetzung der Zeitpunkt der letzten mündlichen Verhandlung.[34] Ist ein bis zu diesem Zeitpunkt vorhandener Härtegrund entfallen, so kann er nicht mehr berücksichtigt werden.[35] Gleiches gilt, wenn mit hinreichender Sicherheit feststeht, dass der Härtegrund in Kürze entfällt. Dagegen spielt es keine Rolle, ob der Härtegrund bereits beim Abschluss des Mietverhältnisses vorgelegen hat.

## III. Einzelne Härtegründe des Mieters

### 1. Fehlender Ersatzraum (Abs. 2)

28 Der Härtegrund des fehlenden Ersatzraums ist der in der Praxis häufigste Härtegrund. Wohl aus diesem Grund hat sich der Gesetzgeber entschlossen, ihn in einem gesonderten § 574 Abs. 2 BGB hervorzuheben. Systematisch ist dies verfehlt, weil der (unzutreffende) Eindruck entsteht, dass § 574 Abs. 1 S. 2 BGB für diesen Härtegrund nicht gilt (→ Rn. 10).

29 Die Regelung in § 574 Abs. 2 BGB setzt voraus, dass **„angemessener Ersatzwohnraum** zu zumutbaren Bedingungen nicht beschafft werden kann". Nach der obergerichtlichen Rspr. entfällt dieser Tatbestand nicht bereits dann, wenn die Räumungsschwierigkeiten des Mieters durch die Gewährung einer **Räumungsfrist** nach § 721 ZPO beseitigt werden könnten.[36] Dem ist zuzustimmen, weil sich aus § 574 BGB ein materiell-rechtlicher Anspruch zugunsten des Mieters ergibt, während die Gewährung der Räumungsfrist im Ermessen des Gerichts steht.

30 Für die Annahme eines Härtegrundes nach § 574 BGB reicht es allerdings nicht aus, dass in der Gemeinde eine allgemeine Wohnungsmangellage besteht. Der Mieter hat vielmehr konkret darzulegen und zu beweisen, dass er sich um Ersatzwohnraum bemüht hat. Hierfür muss er iE darlegen, welche Wohnungen er wann und mit welchem Ergebnis besichtigt hat und woran die Anmietung gescheitert ist.[37] Dies gilt grds. auch in Pandemiezeiten. Auch wenn pandemiebedingte Beschränkungen dazu führen, dass die auf angespannten Wohnungsmärkten sowieso geringen Chancen, eine Ersatzwohnung zu finden, weiter sinken, muss der Mieter sich um Ersatzwohnraum bemühen, soweit ihm dies persönlich und situationsbedingt zuzumuten ist.[38]

Der **Mieter muss** umfassend zu allen Härtegründen **vortragen.** Soweit der Mieter sich auf das Fehlen von angemessenem Ersatzwohnraum beruft, muss er vor allem substantiiert vortragen, wel-

---

[32] BGH VIII ZR 167/17, WuM 2019, 454 = NJW-RR 2019, 972; BGH VIII ZR 233/12, NZM 2013, 419 Rn. 15; AG Hamburg ZMR 2020, 1037; Staudinger/*Rolfs* BGB § 574 Rn. 56; MüKoBGB/*Häublein* § 574 Rn. 9; AnwK WohnraumMietR/*Lammel* BGB § 574 Rn. 19; Kossmann Wohnraummietvertrag § 131 Rn. 3; Erman/*Lützenkirchen* BGB § 574 Rn. 5; Bamberger/Roth/*Hannappel* BGB § 574 Rn. 10; Herrlein/Kandelhard/*Herrlein* BGB § 574 Rn. 3; Sternel MietR Kap. XI Rn. 321; Lützenkirchen MietR/*Lützenkirchen* BGB § 574 Rn. 23; Spielbauer/Schneider/*Krenek* BGB § 574 Rn. 17; HK-Miete/*Hinz* BGB § 574 Rn. 7 *Franke* ZMR 1993, 93 (95); Roquette MietRBGB § 556a Rn. 12; *Wetekamp* DWW 1990, 102 (104).

[33] LG Lübeck NJW RR 1993, 1359 = WuM 1993, 613.

[34] BGH VIII ZR 180/18, WuM 2019, 385 = NJW 2019, 2765.

[35] LG Oldenburg DWW 1991, 240.

[36] OLG Stuttgart NJW 1969, 240 = WuM 1969, 25 = ZMR 1969, 57 = DWW 1969, 34; OLG Oldenburg ZMR 1970, 329 = WuM 1970, 132; Fischer-Dieskau/Pergande/Schwender WohnungsbauR/*Franke* BGB § 574 Anm. 10.3; Staudinger/*Rolfs* BGB § 574 Rn. 34; Emmerich/Sonnenschein/*Haug* BGB § 573 Rn. 24; **aA** AG Neuss DWW 1990, 311 AG Hamburg WuM *2008*, 14 (Ls.) mablAnm *Blank;* AnwK WohnraumMietR/*Lammel* BGB § 574 Rn. 45.

[37] OLG Köln ZMR 2004, 33; LG Osnabrück MietRB 2020, 164; Staudinger/*Rolfs* BGB § 574 Rn. 54 mwN.

[38] Schmidt/*Streyl* COVID-19 § 3 Rn. 118 zum Räumungsschutz.

che Maßnahmen er ergriffen hat, um Ersatzwohnraum, der seinen finanziellen und persönlichen Verhältnissen angemessen ist, zu finden.[39] Der Mieter muss nachweisen, dass er sich kontinuierlich auf Wohnungsanzeigen und Internetangebote beworben hat. Der Mieter sollte dafür Adressen der besichtigten Wohnungen sowie vergebliche Wohnungsnachfragen, zB bei Wohnungsunternehmen, Freunden, Maklern, Wohnungsamt etc notieren, um seine vergeblichen Versuche nachweisen zu können.[40]

Erforderlich ist **(„nicht beschafft werden kann")**, dass der konkrete Mieter außerstande ist, sich bis zum Ablauf der Kündigungsfrist eine Ersatzwohnung zu beschaffen.[41] Dem Mieter obliegt es, alle erforderlichen und zumutbaren Maßnahmen zur Erlangung einer Ersatzwohnung zu ergreifen **(„Ersatzraumbeschaffungspflicht")**. Eine festgestellte und/oder in Verordnungen zugrunde gelegte angespannte Wohnlage kann allenfalls ein gewisses Indiz für das Vorliegen eines Härtegrunds nach § 574 Abs. 2 BGB darstellen, das in Verbindung mit substantiiertem (unstreitigem oder nachgewiesenem) Parteivortrag zu konkret ergriffenen Maßnahmen zu der tatrichterlichen Überzeugung führen kann, dass angemessener Wohnraum zu zumutbaren Bedingungen für den Mieter (und seine Familien- oder Haushaltsangehörigen) nicht zu erlangen ist.[42]

**a) Suche nach Ersatzraum.** Die **Obliegenheit zur Suche nach Ersatzraum beginnt** nach herrschender Meinung grds. mit dem Zugang der Kündigung.[43] Dies erscheint zweifelhaft. Das Gebot einer frühzeitig beginnenden Ersatzraumsuche war vor dem Inkrafttreten des I. WKSchG im November 1971 (dem jetzigen § 574 BGB) unproblematisch, weil damals die Wirksamkeit der Kündigung nicht vom Vorliegen eines berechtigten Interesses abhängig war. Nach gegenwärtigem Recht wird der Mieter dagegen häufig nicht mit hinreichender Sicherheit wissen, ob Kündigungsgründe gegeben sind. Deshalb bedarf das Gebot sofortiger Ersatzraumsuche einer Einschränkung. Nach wie vor gilt der Grundsatz, dass der Härtegrund des fehlenden Ersatzraums nicht bejaht werden kann, wenn der Mieter ohne konkreten Anlass auf die Unwirksamkeit der Kündigung vertraut und deshalb von der Ersatzraumsuche absieht.[44] In einem solchen Fall kommt lediglich die **Gewährung einer Räumungsfrist** (§ 721 ZPO) in Betracht. Demgegenüber entfällt die Pflicht zur Ersatzraumsuche, wenn der Mieter auf Grund konkreter Umstände auf die Unwirksamkeit der Kündigung oder auf den Erfolg seines (auf andere Gründe gestützten) Widerspruchs vertrauen darf.[45] 31

**b) Umfang der Suche.** Der **Umfang der Ersatzraumsuche** richtet sich zum einen nach den Gegebenheiten des Wohnungsmarktes, insbes. nach dem Wohnungsangebot und den Marktchancen des Mieters. Zum anderen sind aber auch die persönlichen Verhältnisse des Mieters zu berücksichtigen.[46] Nach der Rspr. des BGH ist der Mieter gehalten „sich mit Hilfe von Verwandten und Bekannten, oder öffentlichen und privaten Stellen sowie unter Inanspruchnahme geeigneter Medien (bspw. Zeitungsannoncen, Internet) ernsthaft und nachhaltig um eine angemessene Ersatzwohnung zu bemühen." Hierfür reicht es regelmäßig nicht aus, wenn der Mieter nur gelegentliche Versuche unternimmt, anderen Wohnraum zu finden.[47] Soweit es die finanziellen Verhältnisse des Mieters zulassen, kann er verpflichtet sein, einen Makler zu beauftragen.[48] Ist der Mieter beruflich 32

---

39 *Fleindl* WuM 2019, 165.

40 AG Dortmund ZMR 2020, 759.

41 OLG Köln WuM 2003, 465.

42 BGH VIII ZR 180/18, WuM 2019, 385 = NJW 2019, 2765.

43 LG Karlsruhe DWW 1990, 238; LG München I WuM 1990, 153; LG Berlin GE 2011, 1553; AG Ansbach ZMR 2006, 938; Staudinger/*Rolfs* BGB § 574 Rn. 52; Bamberger/Roth/*Hannappel* BGB § 574 Rn. 12; AnwK WohnraumMietR/*Lammel* BGB § 574 Rn. 38; MüKoBGB/*Häublein* § 574 Rn. 13; *Horst* NJW-Schriften 19 Rn. 1685; Herrlein/Kandelhard/*Herrlein* BGB § 574 Rn. 6; Kinne/Schach/Bieber MietR/*Schach* BGB § 574 Rn. 6.

44 *Franke* ZMR 1993, 93.

45 LG Berlin WuM 2020, 291; Elzer/Riecke/*Riecke* BGB § 574 Rn. 8; FA-MietR/*Fittkan* Kap. 15 Rn. 360; weitergehend Sternel MietR Kap. XI Rn. 342, danach beginnt die Verpflichtung zur Ersatzraumsuche erst, wenn der Mieter „weder mit Aussicht auf Erfolg die Kündigungsgründe des Vermieters bestreiten, noch sich auf andere Härtegründe als fehlenden Ersatzraum berufen kann, mithin seine Rechtsverteidigung ggü. der Wirksamkeit der Kündigung für ihn erkennbar sonst nicht Erfolg versprechend ist"; enger *Gather* DWW 1995, 5 (6), danach entfällt die Pflicht zur Ersatzraumsuche nur dann, wenn der Mieter mit Gewissheit erkennt, dass die Kündigung unwirksam ist.

46 LG Berlin WuM 2018, 584 betr. Mieter in hohem Alter, lange Mietdauer und bestehende Demenzerkrankung, beengte Vermögens- und Einkommensverhältnissen bei angespanntem Wohnungsmarkt.

47 BGH VIII ZR 180/18, WuM 2019, 385 = NJW 2019, 2765.

48 LG Karlsruhe DWW 1990, 238.

stark belastet, so wird diese Maßnahme bereits genügen. Ist der Mieter auf Grund seines **Alters oder** seiner **Einkommensverhältnisse** auf dem Wohnungsmarkt besonders benachteiligt, kann es ausreichen, wenn er die städtischen Wohnungsbehörden aufsucht.

33 **c) Angemessener Ersatzwohnraum.** Ziel der Suche ist die Anmietung von **angemessenem Ersatzwohnraum.** Der Begriff hat eine objektive und eine subjektive Komponente. In objektiver Hinsicht ist zu fordern, dass in den Räumen ein menschenwürdiges Wohnen möglich ist. Dies gilt auch dann, wenn der Mieter bislang in einer sehr schlecht ausgestatteten Wohnung gelebt hat. Gewisse Mindeststandards (Strom, Wasser in der Wohnung) müssen stets gegeben sein. Eine Obdachlosenunterkunft ist keine Ersatzwohnung.[49] Gleiches gilt für Behelfsunterkünfte,[50] Wohncontainer, Baracken und ähnliche Unterbringungsmöglichkeiten. Darüber hinaus kann der Mieter verlangen, dass die Ersatzwohnung hinsichtlich ihrer Art, Größe, Ausstattung, Beschaffenheit und Lage seinen bisherigen Lebensumständen entspricht. Gewisse Einschnitte sind dem Mieter jedoch zuzumuten.[51] Grundsätzlich muss der Mieter aber keine wesentliche Verschlechterung seiner bisherigen Wohnverhältnisse hinnehmen; auf eine wesentliche Verbesserung hat er idR keinen Anspruch. Ein Mieter im hohen Lebensalter muss sich nicht auf die Möglichkeit der Unterbringung in einem Altersheim verweisen lassen.[52] Etwas anderes kann gelten, wenn der Mieter auf Grund seiner physischen oder psychischen Verfassung nicht mehr allein in einer Wohnung leben kann;[53] an diese Annahme sind strenge Anforderungen zu stellen. Den Bedürfnissen des Mieters ist im Rahmen des Angemessenen Rechnung zu tragen (zB Anspruch auf Trennung von Wohn- und Schlafraum; Möglichkeit zur Aufnahme einer Pflegeperson beim älteren Mieter).[54] Ein gehbehinderter Mieter, der bislang in einer Erdgeschoßwohnung oder in einem Haus mit Aufzug gewohnt hat, kann sich eine Wohnung suchen, die seiner Behinderung Rechnung trägt. Ebenso kann der Gehbehinderte die Kündigung zum Anlass nehmen, seine Wohnverhältnisse zu verbessern, wenn mit einer **Verschlimmerung seiner Leiden** zu rechnen ist. Wer bislang mit seiner Familie in zu kleinen Räumlichkeiten gewohnt hat, kann eine Ersatzwohnung suchen, die seinen objektiven Bedürfnissen angemessen ist. Hat aber umgekehrt eine Einzelperson in einer großen Wohnung gelebt, so kann dieser Mieter durchaus gehalten sein, auch kleinere Wohnungen in seine Suche einzubeziehen. Überhaupt muss der Mieter bestimmte Lebensgewohnheiten aufgeben, wenn er über längere Zeit keine diesen Gewohnheiten entsprechende Wohnung gefunden hat.[55] Wer als Mieter bislang einzelne Räume seiner Wohnung an Dritte untervermieten konnte, darf seine Ersatzraumsuche nicht auf solche Wohnungen beschränken, bei denen dieselbe Möglichkeit besteht.[56] Ebenso stellt es keine Härte dar, wenn der Mieter in seiner bisherigen Wohnung ein Hobby ausüben konnte, auf das er in den meisten anderen Wohnungen verzichten muss.[57]

34 Die Ersatzraumsuche muss sich grds. auf das **gesamte Gemeindegebiet** erstrecken. Auch hiervon gelten Ausnahmen. Ein Mieter in höherem Lebensalter, der lange Zeit in einem bestimmten Wohnviertel gelebt hat und hierin „verwurzelt" ist, kann seine Suche auf Wohnungen in diesem Viertel beschränken.[58] Gleiches gilt, wenn ein Mieter in der Nähe seiner Angehörigen leben muss, etwa weil er diese zu betreuen hat oder weil er selbst auf die Betreuung durch diese Personen oder auf deren Mithilfe bei der Haushaltsführung oder Kinderbetreuung angewiesen ist.[59] Hier ist im Einzelfall zu prüfen, ob der Kontakt zwischen dem Mieter und seinen Angehörigen durch eine größere räumliche Entfernung wesentlich erschwert wird. Dies hängt von der Mobilität des Mieters und von den Verkehrsverhältnissen ab. Die Notwendigkeit eines Schulwechsels, das Interesse am Erhalt eines Kindergartenplatzes,[60] ein politisches Mandat,[61] die Mitgliedschaft des Mieters in

---

[49] LG Hagen WuM 1967, 15 = ZMR 1967, 189.
[50] AG Hannover WuM 1991, 553.
[51] BGH VIII ZR 144/19, WuM 2020, 88 = NJW 2020, 1215.
[52] OLG Karlsruhe NJW 1970, 1746.
[53] BVerfG WuM 1994, 255; LG Kempten WuM 1994, 254.
[54] OLG Karlsruhe NJW 1970, 1746 = ZMR 1970, 309 = DWW 1970, 307.
[55] LG Hamburg WuM 1990, 11, falls hierdurch sein „sozialer Status" nicht berührt wird.
[56] LG Freiburg WuM 1990, 152, eine Wohngemeinschaft.
[57] OLG Karlsruhe NJW 1971, 1182 = WuM 1971, 96 = ZMR 1971, 376 = DWW 1971, 264.
[58] OLG Karlsruhe NJW 1970, 1746 = ZMR 1970, 309 = DWW 1970, 307.
[59] LG München I WuM 1989, 296, Betreuung eines behinderten Kindes durch Familienangehörige.
[60] AG Neumünster WuM 1989, 298.
[61] LG Hamburg WuM 1990, 118.

einem bestimmten Verein,[62] die Nähe zu Freunden und Bekannten oder ähnliche Interessenlagen rechtfertigen grds. keine Beschränkung der Ersatzraumsuche.[63]

Der Mieter muss nur solche Wohnungen anmieten, die **„zu zumutbaren Bedingungen"** angeboten werden. Unter den „Bedingungen" im Sinne der Vorschrift sind die Mietbedingungen zu verstehen. Hierzu gehört in erster Linie die **Höhe der Miete.** Ein Mietpreis ist zumutbar, wenn er dem Wert der Wohnung entspricht und der Mieter auf Grund seiner finanziellen Verhältnisse in der Lage ist, den geforderten Preis zu bezahlen. Für die Angemessenheit des Verhältnisses zwischen dem Mietpreis und dem Wert der Wohnung ist die Höhe der ortsüblichen Miete ein wichtiger Anhaltspunkt. Jedoch ist zu bedenken, dass der Neuvermietungspreis (die Marktmiete) regelmäßig etwas höher ist, als die ortsübliche Miete. Den **üblichen Neuvermietungspreis** muss der Mieter akzeptieren. Überhöhte Angebote kann der Mieter ablehnen. Dies gilt insbes. für Mietangebote, die gegen § 556d Abs. 1 BGB bzw. § 5 WiStG verstoßen; der Mieter muss sich nicht auf die Teilunwirksamkeit der Mietpreisvereinbarung verweisen lassen. Für die Angemessenheit des Verhältnisses zwischen dem Mietpreis und der finanziellen Leistungsfähigkeit des Mieters ist zu berücksichtigen, ob der Mieter einen Anspruch auf Wohngeld besitzt; diesen Anspruch muss der Mieter geltend machen.[64] Die Einkünfte der im Haushalt lebenden Familienmitglieder sind ebenfalls zu berücksichtigen. Auf bescheidene Vermögenswerte muss der Mieter nicht zurückgreifen. Er ist auch nicht gehalten, seine finanzielle Leistungsfähigkeit bis zur äußersten Grenze auszuschöpfen;[65] vielmehr darf er nach einer Wohnung suchen, die er auch bei geringfügig sinkenden Einnahmen weiterhin bezahlen kann. Eine feste Belastungsgrenze sieht das Gesetz nicht vor. Es kommt immer auf den Einzelfall an. Die gelegentlich erörterten Zahlenwerte[66] sind mit Vorsicht zu bewerten. Bei hohem Einkommen kann eine höhere Belastung verkraftet werden. Bei niedrigem Einkommen wird der Mieter zur Zahlung einer solch hohen Miete außerstande sein.[67] Bezieht ein Mieter Sozialhilfe, so kommt es darauf an, ob und in welcher Höhe das Sozialamt für die Wohnkosten aufkommt. Nach der Rspr. des BGH ist der Mieter auch dann verpflichtet, Sozialhilfe in Anspruch zu nehmen, wenn er bislang den Mietzins aus eigener Kraft aufgebracht hat.[68] 35

Auch die **sonstigen Mietbedingungen** können bei der Frage der Zumutbarkeit eine Rolle spielen. So ist ein Mieter idR nicht zum Abschluss eines Mietvertrags mit nur kurzer Laufzeit verpflichtet, weil er in diesem Fall mehrfach mit den Kosten des Wohnungswechsels belastet wird. Ebenso muss der Mieter keinen Mietvertrag akzeptieren, der ihn zu Nebenleistungen verpflichtet, die er auf Grund seines Alters, seines Gesundheitszustands oder seiner beruflichen Belastung nicht erbringen kann. 36

Der Mieter muss den Umfang seiner Ersatzraumbemühungen **darlegen und beweisen.**[69] Hierzu muss der Mieter substantiiert vortragen, was er iE getan hat, um eine Ersatzwohnung zu erhalten. Erforderlich ist insoweit die Angabe konkreter nachprüfbarer Tatsachen. Allgemein gehaltene Hinweise auf nicht näher bezeichnete Aktivitäten,[70] auf das knappe Wohnungsangebot,[71] auf Behördenauskünfte[72] oder auf Presseberichte über das unzureichende Wohnungsangebot[73] genügen – wie allgemein – nicht. Hat der Mieter mit einem Vermieter Kontakt aufgenommen oder sogar Vertragsverhandlungen geführt oder eine konkrete Wohnung besichtigt, so muss er auch darlegen, warum es nicht zur Anmietung der Wohnung gekommen ist.[74] 37

**d) Verzicht auf Ersatzraumsuche.** Von einem Teil der Rspr. wird auf die **Ersatzraumsuche verzichtet,** wenn eine allgemeine Wohnungsmangellage besteht und der Mieter in schlechten finanziellen Verhältnissen lebt. In diesem Fall wird unterstellt, dass eine konkrete Suche ohnehin 38

---

[62] LG Mannheim DWW 1993, 140.

[63] AG Neumünster WuM 1989, 298, Zusage eines Kindergartenplatzes; LG Siegen WuM 1989, 389, Schulwechsel.

[64] LG Itzehoe WuM 1967, 65; 1968, 34; LG Münster ZMR 1968, 49.

[65] **AA** OLG Celle WuM 1987, 63.

[66] ZB *Schmidt-Futterer* NJW 1971, 1829, 25% vom Familiennettoeinkommen.

[67] LG Hamburg WuM 1994, 683, eine Mieterin mit Kind und einem Bruttoeinkommen von 3.172 DM muss keine Wohnung zum Preis von 1.500 DM Kaltmiete anmieten.

[68] BGH VIII ZR 180/18, WuM 2019, 385 = NJW 2019, 2765.

[69] OLG Köln WuM 2003, 465; AG Dortmund ZMR 2020, 759.

[70] LG Bonn WuM 1992, 16.

[71] LG Düsseldorf ZMR 1990, 380; DWW 1991, 178; AG Dortmund DWW 1990, 366.

[72] LG Berlin GE 1990, 543.

[73] LG Berlin GE 1990, 491.

[74] LG Berlin GE 1993, 1219.

keinen Erfolg hätte[75] oder angenommen, dass es genügt, wenn sich der Mieter mit der Wohnungsbehörde in Verbindung setzt.[76] Diese Rspr. trifft zu, weil offensichtlich aussichtslose Bemühungen nicht Gegenstand einer Obliegenheit sein können.[77] Eine andere Frage ist es, ob in einem solchen Fall das Mietverhältnis fortgesetzt werden kann. Die Rspr. hat in solchen Fällen idR das Mietverhältnis über die Kündigungsfrist hinaus verlängert.[78] Allerdings müssen die Gerichte im Fall eines ungewissen Wegfalls einer bestehenden Härte nicht zwingend eine unbefristete Fortsetzung des Mietverhältnisses anordnen. Vielmehr soll laut BGH die Fortsetzung des Mietverhältnisses im Regelfall nur auf bestimmte Zeit erfolgen.[79]

39 **e) Ausnahmen.** Im Ausnahmefall ist denkbar, dass die **Beschaffung von Ersatzraum zu den Obliegenheiten des Vermieters** gehört. Ein solcher Fall kann insbes. dann vorliegen, wenn die Kündigung auf Umstände gestützt wird, die vom Mieter nicht zu vertreten sind, sondern im Interesse des Vermieters liegen und der Vermieter über einen hinreichend großen Wohnungsbestand verfügt. Hier kann es nach Treu und Glauben (§ 242 BGB) geboten sein, dass der Großvermieter dem Mieter eine Ersatzwohnung anbietet. Dieser Gesichtspunkt ist insbes. dann von Bedeutung, wenn ein Vermieter wegen Unterbelegung kündigt; hier entspricht es Treu und Glauben, dass dem Mieter eine kleinere Ersatzwohnung angeboten wird.[80]

40 **f) Zumutbarkeit.** Eine **vom Vermieter angebotene Ersatzwohnung** darf der Mieter nicht ablehnen, wenn die Räume angemessen und die Mietbedingungen zumutbar sind.[81] Dies gilt auch dann, wenn zwischen den Parteien Spannungen bestehen.[82]

**2. Hohes Alter**

41 **a) Allgemeines.** Nach wohl hM ist das hohe Lebensalter eines Mieters zwar ein wichtiges Kriterium, das bei der nach § 574 BGB erforderlichen **Interessenabwägung** zu dessen Gunsten zu berücksichtigen ist.[83] Laut Rspr. des BGH reicht aber ein hohes Lebensalter für sich allein grds. nicht aus, um eine Härte zu begründen.[84] Erforderlich ist vielmehr, dass dem Mieter auf Grund seines hohen Lebensalters und der damit verbundenen Belastungen, Beschwerden und Behinderungen ein Wohnungswechsel nicht mehr zuzumuten ist.[85] Diese Umstände sind vom Mieter vorzutragen und vom Gericht festzustellen. Nach anderer Meinung stellt ein erzwungener Umzug für einen hochbetagten Mieter unabhängig von etwaigen Gesundheits- oder sonstigen Beschwerden stets eine Härte iSv § 574 BGB dar, die eine Fortsetzung des Mietverhältnisses auf unbestimmte Zeit rechtfertigt.[86] Diese Ansicht verkennt, dass die nach § 574 BGB erforderliche Interessenabwägung nicht schematisch, sondern einzelfallbezogen zu erfolgen hat.[87] Jedoch sind Mieter in hohem Lebensalter nach langer Wohndauer in vielen Fällen mit ihrer Wohnung, dem Wohnhaus, oder dem Wohnviertel in besonders starkem Maße verwurzelt. Dieser Umstand führt in Verbindung mit den alterstypischen Formen der Asthenie, mit Veränderungsphobien oder sonstigen Krankheiten häufig zur **Räumungsunfähigkeit.**[88] Insbesondere hohes Alter, schlechter Gesundheitszustand, die zu erwartenden negativen Folgen eines Wohnungswechsels und die lange Wohndauer in der gekündigten Wohnung

---

[75] LG Darmstadt MM 1991, 131, alleinerziehende Frau mit sechs Kindern und geringem Einkommen; AG Freiburg WuM 1991, 686, alleinstehende Musiklehrerin mit einem Nettoeinkommen zwischen 1.000 DM und 1.500 DM mtl.; AG Schöneberg GE 1990, 499; MM 1990, 131, ein Mieter, der auf eine Wohnung in Berlin angewiesen ist, aber keinen höheren Mietpreis als 7,25 DM/m² aufbringen kann; AG Charlottenburg MM 1991, 194, sechsköpfige Familie in Berlin; AG Hannover WuM 1991, 553, Sozialhilfeempfängerin mit drei Kindern.

[76] LG Mannheim ZMR 1993, 79; WuM 1993, 62.

[77] **AA** LG Karlsruhe DWW 1990, 238, Rentner mit einem Monatseinkommen von 911 DM; LG Berlin MM 1994, 325 „Problemgruppen" in Berlin.

[78] LG Berlin WuM WuM 2019, 209; LG Düsseldorf WuM 1992, 371; AG Freiburg WuM 1991, 102; AG Stuttgart WuM 1991, 103.

[79] BGH VIII ZR 180/18, WuM 2019, 385 = NJW 2019, 2765.

[80] OLG Stuttgart WuM 1991, 379 = ZMR 1991, 297.

[81] LG Waldshut-Tiengen WuM 1993, 349; AG Köln WuM 1989, 250.

[82] OLG Karlsruhe NJW 1970, 1746 = ZMR 1970, 309 = DWW 1970, 307.

[83] Staudinger/*Rolfs* BGB § 574 Rn. 37 mwN.

[84] BGH VIII ZR 68/19, NJW-RR 2021, 461.

[85] Vgl. KG DWW 2004,189; OLG Köln ZMR 2004,33; Staudinger/*Rolfs* BGB § 574 Rn. 37 mwN.

[86] Siehe insbes. LG Berlin WuM 2019,209 für 84-jährige und 87-jährige Mieter mwN.

[87] *Beuermann* GE 2019,586.

[88] LG Hamburg DWW 1991, 189.

sind Gründe, die häufig zusammen vorliegen.[89] Von einer Räumungsunfähigkeit ist dabei nicht nur dann auszugehen, wenn der Mieter auf Grund seines Alters oder seines körperlichen oder geistigen Zustands nicht in der Lage ist, eine Ersatzwohnung zu finden und dorthin umzuziehen. Es ist auch nicht erforderlich, dass der Umzug mit einer Lebensgefahr für den Mieter verbunden ist. Vielmehr genügt es, wenn der Gesundheitszustand oder die allgemeine Lebenssituation des Mieters durch den Umzug erheblich verschlechtert würden.[90] Dabei kann bereits **die ernsthafte Gefahr** einer erheblichen gesundheitlichen Verschlechterung die Annahme einer unzumutbaren Härte rechtfertigen.[91] Es entspricht überwiegender Ansicht, dass in diesen Fällen ein besonders gewichtiger Härtegrund vorliegt, der das Interesse des Vermieters an der Rückerlangung der Wohnung regelmäßig überwiegt. Das Mietverhältnis ist dann auf unbestimmte Zeit (→ BGB § 574 a Rn. 12) fortzusetzen.[92] Beruft sich der Mieter auf eine schwere Erkrankung als Härtegrund, hat sich das Gericht „regelmäßig mittels sachverständiger Hilfe ein genaues und nicht nur an der Oberfläche haftendes Bild davon zu verschaffen, welche gesundheitlichen Folgen iE mit einem Umzug verbunden sind. Ein solches Gutachten kann auch von Amts wegen eingeholt werden. Der Mieter hat seine Darlegungspflicht erfüllt, wenn er ein aussagekräftiges ärztliches Attest vorlegt.[93]

**42** Die körperliche Unversehrtheit der Person genießt verfassungsrechtlichen Schutz (Art. 2 Abs. 2 S. 1 GG). Deshalb muss das Vorbringen des Mieters betreffend die bei einem Umzug zu erwartenden gesundheitlichen Nachteile besonders sorgfältig geprüft werden.[94] Erforderlich sind zum einen Feststellungen über die Räumungsfähigkeit **(Zumutbarkeit der Räumung).** Da das Interesse des Vermieters an der Rückerlangung der Wohnung ebenfalls verfassungsrechtlich geschützt ist (Art. 14 GG), kommt es außerdem darauf an, ob eine zurzeit fehlende Räumungsfähigkeit durch **zumutbare Maßnahmen** (ärztliche Behandlung, besondere Betreuung) hergestellt werden kann. Dies ist in erster Linie nach dem konkreten Gesundheitszustand zu beurteilen. Hierbei kann auf ärztliche Atteste zurückgegriffen werden. Dieses Erkenntnismittel reicht jedenfalls dann aus, wenn der Mieter sehr alt ist und das dauernde Räumungshindernis auf Grund der Erscheinung des Mieters auf der Hand liegt. Im Zweifelsfall sollte die Untersuchung des Mieters durch einen neutralen ärztlichen Gutachter angeordnet werden. Da der Mieter für das Vorliegen der Härtegründe beweispflichtig ist, geht eine Verweigerung der Untersuchung regelmäßig zu seinen Lasten.[95] Aus dem Umstand, dass der Mieter trotz seines hohen Alters am gesellschaftlichen Leben teilnimmt, sich selbst versorgt oder sportlich aktiv ist, kann im Allgemeinen nichts hergeleitet werden.[96] Andererseits gibt es aber auch keinen allgemeinen Erfahrungssatz des Inhalts, dass ein älterer Mensch nicht mehr umziehen könne.[97]

**43** Wesentlich ist, dass die Interessen der hier beschriebenen Mietergruppe nicht in jedem Fall eine Fortsetzung des Mietverhältnisses rechtfertigen. Sind die Interessen des Vermieters an der Erlan-

---

89 Staudinger/*Rolfs* BGB § 574 Rn. 37 mwN.

90 LG Bochum ZMR 2007, 452 (454), lange Mietzeit, Verwurzelung und Blindheit.

91 LG Osnabrück MietRB 2020, 164; AG Berlin MM 2020, Nr 9, 28–29.

92 LG Hamburg WuM 1995, 439, 74-jährige Mieterin mit 33-jähriger Wohnzeit, angegriffener Gesundheit und starker Verwurzelung im Wohnviertel; LG Berlin MM 1990, 21, 69-jährige Mieterin mit 18-jähriger Wohnzeit und erheblichen Krankheiten; LG Berlin GE 1990, 493, hohes Alter, 34-jährige Wohnzeit, Krankheit und Körperbehinderung von 80%; LG Berlin GE 1992, 153, 75-jährige Mieterin mit 17-jähriger Wohnzeit, geringem Einkommen und angegriffener Gesundheit; LG Berlin MM 1994, 101, 90-jähriger Mieter mit 43-jähriger Mietzeit und latenter Suizidalität; LG Bonn NJW RR 1990, 973 = WuM 1990, 151, 89-jähriger, kranker Mieter mit 50-jähriger Mietzeit und dadurch bedingter Verwurzelung; LG Düsseldorf WuM 1991, 36, 80/82-jähriges herzkrankes Mieterehepaar mit 54-jähriger Wohnzeit; LG Koblenz WuM 1990, 20, 83-jährige Mieterin mit 17-jähriger Wohnzeit und verschiedenen Krankheiten; LG Oldenburg WuM 1991, 346, 69-jähriger krebskranker und suizidgefährdeter Mieter mit 15-jähriger Mietzeit; LG Stuttgart WuM 1993, 46, 82-jähriger Mieter mit psychischen und physischen Erkrankungen bei 20-jähriger Mietzeit; LG Gera WuM 2000, 35, 75-jähriger Mieter bei 60-jähriger Wohnzeit; LG Essen WuM 2000, 357, 89-jährige Mieterin mit 20-jähriger Wohnzeit; AG Landau NJW 1993, 2249, 79-jähriger, schwer herzkranker und gehbehinderter Mieter mit 35-jähriger Wohnzeit; AG Forchheim DWW 1991, 115, 81-jähriger Mieter mit Behinderung und Verwurzelung im Wohnviertel; LG Zwickau WuM 1998, 159, 84-jährige kranke und gebrechliche Mieterin mit 25-jähriger Wohnzeit; AG Nürnberg WuM 2020, 288, 87-jährige pflegebdürftige Mieterin, die an Depressionen und Anpassungsstörungen leidet, nur eingechränkt gefähig ist und die tägliche Unterstützung ihrer Tochter benötigt.

93 BGH VIII ZR 180/18, WuM 2019, 385 = NJW 2019, 2765.

94 BVerfG WuM 1993, 172.

95 LG Hamburg NJW RR 1994, 204.

96 LG Düsseldorf WuM 1991, 36, Urlaubsaufenthalte auf Sylt; LG Berlin MM 1993, 217, Reisen nach Italien; LG Köln WuM 1992, 247, Verwandtenbesuche; LG Köln WuM 1997, 46, häufige längere Reisen.

97 **AA** AG Hanau WuM 1989, 239.

gung der Wohnung besonders gewichtig, so müssen die Interessen des Mieters zurücktreten.[98] Demgegenüber steht es mit der gesetzlichen Regelung nicht im Einklang, wenn die Interessen des alten Mieters den aus der Eigentümerstellung des Vermieters folgenden Rechten schlechthin nachgeordnet werden.[99] So können die Interessen des Vermieters vorrangig sein, wenn dieser ein **gewichtiges Erlangungsinteresse** hat und eine Ersatzwohnung sowie die Erstattung der Umzugskosten anbietet.[100]

44, 45 Der Mieter muss sich nicht auf die Möglichkeit der Unterbringung in einem **Altersheim** verweisen lassen.[101] Etwas anderes kann gelten, wenn der Mieter auf Grund seiner physischen oder psychischen Verfassung nicht mehr allein in einer Wohnung leben kann;[102] an diese Annahme sind strenge Anforderungen zu stellen. Will der Mieter von sich aus in ein Heim umziehen, so ist das Mietverhältnis regelmäßig so lange fortzusetzen (→ BGB § 574 a Rn. 11) bis ein Heimplatz zur Verfügung steht.[103]

46 **b) Schwierigkeiten bei der Suche.** Liegt keine Räumungsunfähigkeit vor, kann gleichwohl eine Härte bejaht werden, wenn der Mieter wegen seines hohen Lebensalters **besondere Schwierigkeiten bei der Ersatzraumsuche** hat. Zum einen ist dem älteren Mieter zuzubilligen, dass er die Ersatzraumsuche auf sein bisheriges Wohnviertel beschränkt. Auf einen Umzug in einen anderen Stadtteil[104] oder gar in eine andere Gemeinde[105] muss sich der Mieter nicht verweisen lassen. Ebenso darf der Mieter seine Suche auf altengerechte Wohnungen beschränken. Schließlich ist zu bedenken, dass der dem älteren Mieter zustehende Schutz zugleich zur Folge hat, dass dieser als Wohnungssuchender benachteiligt ist. In Fällen dieser Art ist unter Berücksichtigung der Rückerlangungsinteressen des Vermieters zu prüfen, ob das Mietverhältnis auf bestimmte Zeit fortzusetzen ist.[106] Ist nicht zu erwarten, dass der Mieter trotz Ersatzraumsuche eine Wohnung findet, so kommt auch hier eine Fortsetzung des Mietverhältnisses auf unbestimmte Zeit in Betracht.[107]

### 3. Krankheit, Behinderung

47 **a) Allgemeines.** Ist ein Mieter wegen einer **Krankheit** an der Räumung gehindert, so stellt auch dieser Umstand einen Härtegrund dar. Dies gilt sowohl für körperliche als auch für geistige oder seelische Erkrankungen.[108] Wie im Falle des alten Mieters (→ Rn. 41) liegt auch hier ein Fall der Räumungsunfähigkeit vor, wenn der Mieter auf Grund seines körperlichen oder geistigen Zustands nicht in der Lage ist, eine Ersatzwohnung zu finden und dorthin umzuziehen oder wenn der Gesundheitszustand oder die allgemeine Lebenssituation des Mieters durch den Umzug erheblich verschlechtert würden.[109] Gleiches gilt, für Familienangehörige des Mieters. Deshalb liegt ein

---

[98] LG Siegen WuM 1990, 23, 75-jährige Mieterin mit altersbedingten Krankheiten und 20-jähriger Wohndauer, wenn die Wohnung für die Tochter des Vermieters dringend benötigt wird; AG Lörrach WuM 1996, 704, Mieterehepaar im Alter von 69 und 77 Jahren mit diversen Krankheiten und über 20-jähriger Mietdauer, wenn der Vermieter mit seiner Ehefrau und zwei heranwachsenden Kindern in einer 77 m² großen 3-Zimmer-Wohnung lebt; zweifelhaft, weil der Vermieter die Wohnung in Kenntnis der Härtegründe erworben hatte.

[99] So aber AG Münster WuM 1989, 379, schwer kranke Mieterin mit 38-jähriger Wohnzeit; verfehlt LG Oldenburg DWW 1991, 240, 86-jährige gehbehinderte Mieterin mit 55-jähriger Wohnzeit, deren Ehemann im Verlauf des Räumungsverfahrens verstorben ist.

[100] LG München I ZMR 2013, 198.

[101] OLG Karlsruhe NJW 1970, 1746; AG Nürnberg WuM 2020, 288; LG Bochum ZMR 2007, 452 (454).

[102] BVerfG WuM 1994, 255; LG Kempten WuM 1994, 254.

[103] OLG Karlsruhe NJW 1970, 1746; LG Köln WuM 1997, 46; AG Nürnberg WuM 1991, 39.

[104] LG Hamburg DWW 1991, 189, 77-jähriger Mieter mit 40-jähriger Mietzeit und hierdurch bedingter Verwurzelung.

[105] AG Forchheim DWW 1991, 115, 81-jähriger körperbehinderter Mieter mit Verwurzelung im Wohnviertel.

[106] LG Lübeck WuM 1994, 22, Vertragsfortsetzung auf zwei Jahre bei einem 81-jährigen Mieter mit 17-jähriger Mietzeit.

[107] LG Hannover WuM 1989, 298, 96-jährige Mieterin.

[108] *Schindler* WuM 2018, 255, 261.

[109] BVerfG NJW RR 1993, 463 = WuM 1993, 172 = ZMR 1993, 211 = DWW 1993, 134 bei schweren Gesundheitsschäden; BGH VIII ZR 246/03, NZM 2005, 143, bei älterer Mieterin, die an Krebs erkrankt ist; LG Berlin MM 1994, 327; GE 2015, 859 bei Suizidgefahr; LG Aachen WuM 2006, 692, Anpassungsschwierigkeiten eines autistischen Kindes; LG Oldenburg WuM 1991, 346, psychische Störung mit der Gefahr eines Suizids und LG Hamburg NJW 1997, 2761, bei Aidserkrankung des Lebensgefährten des Mieters; AG Schöneberg

Härtegrund vor, wenn ein Wohnungswechsel für den 15-jährigen Sohn der Mieterin mit einer erheblichen Gesundheitsbeeinträchtigung verbunden ist, weil sich dieser wegen einer schweren geistigen Behinderung nicht an eine veränderte Umgebung anpassen kann[110] oder bei Autismus eines Angehörigen.[111] Es ist nicht erforderlich, dass die Beeinträchtigung der Gesundheit mit Sicherheit eintritt. Vielmehr kann „bereits die ernsthafte Gefahr einer erheblichen gesundheitlichen Verschlechterung die Annahme einer unzumutbaren Härte rechtfertigen".[112] Wegen der insoweit erforderlichen Tatsachenfeststellungen kann auf die Ausführungen zu → Rn. 42 verwiesen werden.

Bei krankheitsbedingten Räumungshindernissen, die ihrer Natur nach vorübergehend sind, ist das Mietverhältnis auf bestimmte Zeit fortzusetzen. Eine Vertragsfortsetzung auf unbestimmte Zeit kommt in Betracht, wenn das Ende der Beeinträchtigung noch nicht abgeschätzt werden kann (§ 574a Abs. 2 S. 2 BGB).[113] Dem Mieter obliegt es, an der Beseitigung des Räumungshindernisses mitzuwirken.[114] Diese Grundsätze gelten auch, wenn der **Mieter suizidgefährdet** ist.[115] Hier ist allerdings zu unterscheiden: Wird die Suizidgefahr bereits durch den Erlass eines Räumungsurteils geschaffen, so ist dies nach § 574 zu berücksichtigen. Verwirklicht sich die Suizidgefahr dagegen erst im Falle der Vollstreckung, so liegt möglicherweise ein künftiges Vollstreckungshindernis vor; der Erlass eines Räumungsurteils ist in diesem Fall möglich. Dies folgt aus der Erwägung, dass die Frage der Vollstreckbarkeit generell im Erkenntnisverfahren keine Rolle spielt. Dies ist sachgerecht, weil der Gläubiger auch dann Anspruch auf einen Titel hat, wenn er aus diesem zwar nicht sofort, möglicherweise aber später vollstrecken kann. Das Gericht muss die Wahrscheinlichkeit der Suizidgefahr genau untersuchen und prüfen, ob und ggf. welche Möglichkeiten zur Abwendung der Gefahr bestehen. Im Regelfall ist im Rahmen der Sachverhaltsaufklärung ein medizinisches Gutachten einzuholen.[116] Der Mieter ist gehalten, dass ihm Zumutbare zu tun um die Gefährdung abzuwenden Erforderlichenfalls muss sich der Mieter in **ärztliche Behandlung** begeben, wenn sich dadurch die mit der Räumung verbundenen Belastungen wesentlich vermindern lassen. Diese Obliegenheit folgt aus dem Umstand, dass der Mieter nach der Beendigung des Mietverhältnisses die Rückgabe der Wohnung schuldet. Der Mieter muss insbes. ärztliche Hilfe in Anspruch nehmen.[117] Das Gericht kann derartige Mitwirkungspflichten nicht anordnen, nur anregen und auf die Folgen der Verweigerung der Mitwirkung hinweisen. Eine Verletzung dieser Obliegenheit hat allerdings nicht zwingend zur Folge, dass der Räumungsschutz zu versagen wäre.[118] Vielmehr ist dieser Umstand bei der Entscheidung über das ob und die Dauer der Vertragsfortsetzung mit zu berücksichtigen. Dabei wird es maßgeblich darauf ankommen, aus welchen Gründen der Mieter seine Mitwirkung verweigert hat. 48

Wie im Fall des **hochbetagten Mieters** rechtfertigt auch eine schwere Krankheit nicht in jedem Fall eine Fortsetzung des Mietverhältnisses. Sind die Interessen des Vermieters an der Erlangung der Wohnung besonders gewichtig, so müssen die Interessen des Mieters zurücktreten.[119] Eine ernsthafte Gefahr für das Leben des Mieters, der durch ärztliche Hilfe nicht begegnet werden kann, schließt die Räumung aus[120] (sa Anh. 3 zu → BGB §§ 574–574c Rn. 8). Über krankheits- oder behinderungsbedingte Räumungshindernisse kann das Gericht regelmäßig nicht auf Grund eigener Sachkunde entscheiden; vielmehr ist in solchen Fällen ein medizinisch begründetes Gutachten einzuholen.[121] Beruft sich der Mieter im Räumungsprozess darauf, die Beendigung des Mietverhältnis- 49

GE 2014, 1278, bei multiple Sklerose mit Depressionen und Suizidgefahr und AG München ZMR 2020, 129 bei beginnender Depression und Suizidgefahr der 90-jährigen Mieterin.

[110] LG Lübeck WuM 2015, 97.

[111] LG Aachen WuM 2006, 692.

[112] BGH VIII ZR 57/13, NZM 2013, 824 Rn. 20.

[113] AG Friedberg WuM 1993, 675, Beeinträchtigung nach Herzinfarkt und Bypassoperation.

[114] BVerfG NJW RR 1993, 463.

[115] LG Berlin GE 2015, 859.

[116] LG Berlin GE 2015, 859.

[117] LG Aurich WuM 1992, 609, Behandlung einer Umzugsdepression; LG Bonn ZMR 2000, 27; NZM 2000, 331, Suizidgefahr.

[118] Siehe auch BGH V ZB 90/17, NZM 2020, 809 zur Suizidgefahr in der Zwangsversteigerung.

[119] BVerfG NJW RR 1993, 463, danach ist es verfassungsrechtlich nicht zu beanstanden, wenn den Interessen einer vierköpfigen Familie der Vorrang eingeräumt wird vor den Interessen eines erheblich erkrankten Mieters, wenn dessen Umzugsbelastungen durch eine ärztliche Behandlung vermindert werden können; LG Berlin GE 1992, 103, die Interessen eines Vermieters an der angemessenen Unterbringung seiner Familie haben Vorrang vor den Interessen eines sehbehinderten und herzkranken Mieters am Verbleib in der Wohnung.

[120] LG Oldenburg WuM 1991, 346; LG Berlin GE 2015, 859.

[121] BGH VIII ZR 167/17, NZM 2019, 527; LG Berlin GE 2015, 859.

ses stelle für ihn eine unzumutbare Härte dar (§ 574 Abs. 1 S. 1 BGB) und trägt er zu den geltend gemachten gesundheitlichen Beeinträchtigungen substantiiert sowie unter Vorlage aussagekräftiger fachärztlicher Atteste vor, verstößt die Nichteinholung eines Sachverständigengutachtens zum Gesundheitszustand des Mieters sowie zu der Art, dem Umfang und den konkreten Auswirkungen seiner behaupteten Erkrankungen regelmäßig gegen das Gebot rechtlichen Gehörs.[122]

50 **b) Vorliegen einer körperlichen oder geistigen Behinderung.** Das Mietverhältnis eines Mieters, dem auf Grund einer **körperlichen oder geistigen Behinderung** ein Umzug nicht zugemutet werden kann, ist auf unbestimmte Zeit fortzusetzen, wenn nicht der Vermieter besonders gewichtige Interessen an der Räumung hat. Zu denken ist insbes. an den blinden Mieter, der sich an eine bestimmte Umgebung gewöhnt hat und sich nur dort zurechtfinden kann. Ein Mieter, der auf Grund seiner Behinderung zur Ersatzraumsuche außerstande ist, muss ebenfalls als räumungsunfähig angesehen werden. In diesem Fall ist uU eine Betreuung erforderlich, die vom Familiengericht angeordnet werden kann.[123] Aufgabe des Betreuers ist es, für den Mieter eine Ersatzwohnung zu finden. Ist der **Mieter geschäftsunfähig,** so muss der gesetzliche Vertreter tätig werden. Ein geschäftsunfähiger Mieter ohne gesetzlichen Vertreter benötigt einen Betreuer zur Entgegennahme der Kündigung[124] zur Vertretung im gerichtlichen Verfahren und zur Ersatzraumsuche. Auch Geschäftsunfähige können einen natürlichen Willen bilden und daher selbst entscheiden, ob sie lieber in einer betreuten Einrichtung, oder gemeinsam in einer Mietwohnung leben möchten. Der für Wohnungsangelegenheiten bestellte Betreuer darf sich über einen solchen Wunsch nicht nach eigenem Gutdünken hinwegsetzen, sondern muss prüfen, ob er mit den wohlverstandenen Interessen der Betreuten vereinbar ist und wie er ihn umsetzen kann.[125]

51 In bestimmten Fällen hat der behinderte Mieter auch größere Schwierigkeiten bei der Ersatzraumsuche als ein Nichtbehinderter. **Querschnittsgelähmte Mieter** können ihre Suche auf rollstuhlgerechte Wohnungen beschränken; gehbehinderte Mieter können Wohnungen in höheren Stockwerken, die nicht mit einem Aufzug zu erreichen sind, ablehnen. Auch hier kann eine Ausnahme in Betracht kommen, so zB wenn ein gehbehinderter Mieter erklärt, dass er in seiner bisherigen, im ersten OG gelegenen Wohnung verbleiben wolle. Hier kann dem Mieter zugemutet werden, die Ersatzraumsuche auf vergleichbar gelegene Wohnungen auszudehnen.[126]

### 4. Schwangerschaft

52 Steht eine Mieterin oder die Familienangehörige eines Mieters kurz vor der Geburt, so ist dieser Umstand wegen den damit verbundenen Erschwernissen bei der Ersatzraumsuche sowie den allgemeinen physischen und psychischen Belastungen als besondere Härte anzusehen. Gleiches gilt für die Zeit unmittelbar nach der Geburt. Grundsätzlich ist das Mietverhältnis solange fortzusetzen, bis die mit der Geburt verbundenen Hindernisse beseitigt sind.[127] Dabei kommt es maßgeblich darauf an, wann der Mieter/die Mieterin mit der Ersatzraumsuche beginnen kann und welche Zeit voraussichtlich benötigt wird, bis eine Ersatzwohnung gefunden ist.

### 5. Zusage einer langen Mietzeit/Aufwendungen für die Wohnung

53 Mietverträge, die über eine längere Zeit als ein Jahr abgeschlossen werden, bedürfen zu ihrer Wirksamkeit der Schriftform (§ 550 BGB). Wird die Schriftform nicht beachtet, so kann das Mietverhältnis zum Ablauf des ersten Vertragsjahres gekündigt werden. Der Umstand, dass der Mieter auf die Wirksamkeit einer mündlichen Zusage betreffend eine lange Vertragsdauer vertraut hat, stellt keine Härte iSv § 574 BGB dar.[128] Etwas anderes kommt in Betracht, wenn der Mieter mit dem ausdrücklichen oder stillschweigenden Einverständnis des Vermieters in Erwartung einer langen, vom Vermieter zugesicherten Mietzeit wirtschaftliche Aufwendungen für die Erhaltung und Verbesserung der Mietsache gemacht hat, zu denen er vertraglich nicht verpflichtet war. In einem

---

[122] BGH VIII ZR 64/19, NZM 2020, 607.
[123] BayObLG WuM 1996, 275.
[124] BayObLG WuM 1996, 275.
[125] LG Berlin WuM 2020, 291.
[126] AG Dortmund DWW 1993, 238.
[127] LG Stuttgart WuM 1991, 347, *zehn Wochen nach der Entbindung;* AG Herford MDR 1964, 1007; AG Aachen MDR 1966, 55.
[128] BGH VIII ZR 233/12, NJW 2013, 1596; OLG Karlsruhe NJW 1971, 1182 = WuM 1971, 96 = DWW 1971, 264 = ZMR 1971, 376.

solchen Fall kann die frühzeitige Beendigung des Mietverhältnisses eine **nicht zu rechtfertigende Härte** bedeuten, wenn der Mieter mit einer frühen Kündigung nicht zu rechnen hatte, die Aufwendungen erheblich sind, für einen erheblichen Teil davon beim Auszug kein Ersatz verlangt werden kann und die Aufwendungen durch die Mietzeit noch nicht abgewohnt sind, so dass es iE zu einem wesentlichen Verlust des Mieters kommen würde.[129] Es kommt insoweit nicht darauf an, ob die Verwendungen notwendig, nützlich, oder überflüssig waren. Entscheidend ist vielmehr, ob der Vermieter durch sein Verhalten einen **Vertrauenstatbestand** geschaffen hat.[130] Sind diese Voraussetzungen gegeben, so kann das Mietverhältnis solange fortgesetzt werden, bis die Aufwendungen „abgewohnt" sind. Zur Bemessung der Abwohnzeit kommt ein Rückgriff auf die Wertentscheidungen des Gesetzes … über die Rückerstattung von Baukostenzuschüssen v. 21.7.1961 (BGBl. I 1041) in Betracht. Nach § 2 dieses Gesetzes gilt ein Betrag in Höhe einer Jahresmiete durch eine Mietdauer von vier Jahren von der Leistung an als getilgt. Eine gleichlautende Regelung findet sich in § 19 Abs. 2 des Ersten Bundesmietengesetzes v. 27.7.1955 (BGBl. I 458). Nach dem Rechtsentscheid des OLG Frankfurt a. M.[131] soll der dort enthaltene Bewertungsmaßstab aber nur bei notwendigen Verwendungen anwendbar sein. Für diese Einschränkung gibt es allerdings keinen Grund, weil nach § 19 Abs. 2 des Ersten Bundesmietengesetzes die im Einvernehmen mit dem Vermieter gemachten Aufwendungen (vereinbarte Zuschüsse, Modernisierungs- und Instandsetzungsbeiträge, usw) den notwendigen Verwendungen gleichgestellt sind. Haben die Parteien im Hinblick auf die Mieterleistungen einen besonders niedrigen Mietzins vereinbart, so ist unter Berücksichtigung aller Umstände zu ermitteln, inwieweit die Verwendungen des Mieters schon durch die bisherige Mieterspamis abgewohnt sind.[132] Wesentliches Kriterium für die Bewertung der Miethöhe ist die ortsübliche Miete.

### 6. Berufliche, Schulische Schwierigkeiten

Eine andauernde starke berufliche Belastung des Mieters stellt für sich allein keinen Härtegrund dar. Dieser Umstand ist lediglich iVm fehlendem Ersatzraum zu berücksichtigen, weil sich der berufsbedingte Zeitmangel auf die Ersatzraumsuche auswirken kann. Anders ist es, wenn der Mieter gerade zum Zeitpunkt der vertragsgemäßen Beendigung des Mietverhältnisses außergewöhnlich stark belastet ist.[133] In diesem Fall kann das Mietverhältnis auf bestimmte Zeit verlängert werden. Dabei kommt es maßgeblich darauf an, wann die außergewöhnliche Belastung endet und welche Zeit im Anschluss hieran voraussichtlich benötigt wird, bis eine Ersatzwohnung gefunden ist. 54

Dieselben Grundsätze gelten für einen **Studenten vor dem Examen,**[134] für einen Referendar am Ende der Ausbildung[135] für einen Arzt vor Abschluss der Promotion[136] oder dann, wenn den Kindern des Mieters durch den Wohnungswechsel ernsthafte Umschulungs- oder Prüfungsschwierigkeiten entstehen.[137] Im Allgemeinen gilt, dass Mieter mit schulpflichtigen Kindern nicht außerhalb der Schulferien umziehen müssen. 55

### 7. Zwischenumzug

Steht dem Mieter bereits eine Ersatzwohnung zur Verfügung, in die er zwar nicht im Zeitpunkt der vertragsmäßigen Beendigung des Mietverhältnisses, wohl aber in absehbarer Zeit einziehen kann, so ist der in solchen Fällen erforderliche Zwischenumzug wegen der damit verbundenen persönlichen und finanziellen Belastung als besondere Härte zu bewerten.[138] Der Umstand, dass ein Zwischenumzug auch durch die Gewährung einer Räumungsfrist nach § 721 ZPO vermieden werden kann, ist unbeachtlich;[139] als materiell-rechtlicher Anspruch hat § 574 BGB Vorrang vor 56

---

[129] OLG Karlsruhe NJW 1971, 1182; OLG Frankfurt a. M. WuM 1971, 168; LG Kiel WuM 1992, 690; LG Hamburg WuM 1989, 571.

[130] OLG Frankfurt a. M. WuM 1971, 168.

[131] OLG Frankfurt a. M. WuM 1971, 168.

[132] Insoweit zutr. OLG Frankfurt a. M. WuM 1971, 168.

[133] OLG Köln NJW 1968, 1834 = WuM 1968, 179 = ZMR 1969, 17.

[134] LG Aachen NJW RR 1986, 313; AG Tübingen ZMR 1986, 60.

[135] AG Lübeck WuM 1989, 413.

[136] AG Tübingen WuM 1989, 240.

[137] LG Wuppertal MDR 1970, 332.

[138] LG Mannheim NJW 1964, 2307.

[139] OLG Oldenburg ZMR 1970, 329 = WuM 1970, 132.

der ins Ermessen des Gerichts gestellten Räumungsfrist. Deshalb muss das Mietverhältnis auf bestimmte Zeit fortgesetzt werden.[140] Dies gilt allerdings nur dann, wenn der Umzugszeitpunkt feststeht.[141] Der Mieter muss kein genaues Umzugsdatum nennen. Er muss allerdings den Monat angeben können, zu dem der Umzug möglich sein wird. Der Gesichtspunkt des Zwischenumzugs ist ausnahmsweise nicht als besondere Härte zu bewerten, wenn der Mieter auf Grund seiner Berufstätigkeit oder aus anderen Gründen ohnehin ständig die Wohnung wechselt.

**8. Sonstige Gründe**

57 Der Umstand, dass der Mieter aus der **teilweisen Untervermietung** der Wohnung sein wesentliches Einkommen bezieht, stellt keine Härte dar.[142] Das Interesse des Mieters am Erhalt der mit dem Besitz der Wohnung verbundenen Einkommensmöglichkeiten wird durch § 574 BGB nicht geschützt. Etwas anderes gilt für solche Mieter, die in der Wohnung berechtigterweise ihren Beruf ausüben (zB Musiklehrer, Freiberufler, Künstler, etc). Die berufsbedingten Belange sind – insbes. – bei der Beurteilung der Möglichkeit zur Ersatzraumbeschaffung zu berücksichtigen.[143]

58 Wird ein Mietverhältnis nach nur **kurzer Mietzeit** gekündigt, so ist zunächst zu prüfen, ob die Kündigung deshalb ausgeschlossen ist, weil die Kündigungsgründe im Zeitpunkt der Begründung des Mietverhältnisses bereits vorgelegen haben (→ BGB § 573 Rn. 137). Ist dies zu verneinen, so stellt der Umstand, dass der Mieter innerhalb kurzer Zeit zweimal mit Umzugskosten belastet wird und dass er Aufwendungen für die Wohnung gemacht hat, die er infolge der Beendigung der Mietzeit nicht ausnutzen kann, grds. keine besondere Härte dar.[144] Schließt der Mieter einen unbefristeten Mietvertrag, so muss er das Risiko einer Kündigung tragen. Bei der Anmietung einer Einliegerwohnung in einem Einfamilienhaus gilt nichts anderes. Insbesondere ergibt sich aus § 574 BGB nicht, dass der Vermieter einer Einliegerwohnung erst nach dem Ablauf von zwei Jahren seit Mietbeginn kündigen kann.[145]

59 Die dauerhaft schlechten **Vermögens- und Einkommensverhältnisse** eines Mieters sind in Verbindung mit fehlendem Ersatzraum zu berücksichtigen. Hier ist zu prüfen, welchen Betrag seines Einkommens der Mieter für die Wohnung aufwenden muss (→ Rn. 35) und welche Aufwendungen für die Ersatzraumsuche angemessen sind (→ Rn. 32). Reicht die Kündigungsfrist nicht aus, um Ersatzraum zu **zumutbaren Bedingungen** zu finden, so muss das Mietverhältnis auf bestimmte Zeit fortgesetzt werden. Eine Vertragsfortsetzung auf unbestimmte Zeit kommt grds. nicht in Betracht. Dies gilt auch dann, wenn der Mieter in einer außergewöhnlich billigen Wohnung lebt, aus eigener Kraft keine höhere Miete bezahlen kann und Wohnungen der betreffenden Art auf dem Markt nicht angeboten werden. In einem solchen Fall müssen öffentliche Stellen Hilfe gewähren, weil die Notlage einzelner Mieter durch die Allgemeinheit und nicht auf Kosten des privaten Vermieters zu beseitigen ist. Die vom Mieter gewählte Lebensform hat das Gericht hinzunehmen. Das Gericht kann dem Mieter auch dann keine Aufnahme oder Erweiterung einer Berufstätigkeit ansinnen, wenn auf diese Weise das Wohnungsproblem des Mieters gelöst werden könnte.

60 Ein Mieter mit **kinderreicher Familie** hat häufig besondere Schwierigkeiten bei der Ersatzraumsuche. Dies gilt insbes. dann, wenn die Einkommensverhältnisse der Familie – gemessen an der Zahl der Kinder – nicht allzu gut sind.[146] Zum einen ist ein solcher Mieter auf eine relativ große und dennoch preisgünstige Wohnung angewiesen. Zum andern sind Familien mit Kindern nicht überall willkommen. Deshalb wird die bei fehlendem Ersatzraum vorliegende Härte durch Kinderreichtum verstärkt. Reicht die Kündigungsfrist zur Ersatzraumsuche nicht aus, so muss das Mietverhältnis auf bestimmte Zeit fortgesetzt werden.

61 In der Rspr. wird angenommen, dass auch **alleinerziehende Elternteile,** die berufstätig sind oder einem Studium nachgehen, besondere Schwierigkeiten bei der Ersatzraumsuche haben.[147] Gelegentlich wird in solchen Fällen sogar eine Fortsetzung des Mietverhältnisses auf unbestimmte

---

140 LG Stuttgart WuM 1991, 589, wenn der Mieter in sechs Monaten in eine Eigentumswohnung einziehen kann; LG Wiesbaden WuM 1989, 240 für zwei Monate.

141 AG Waldshut NJW 1990, 1051.

142 BayObLG NJW 1970, 1748 = ZMR 1970, 308 = DWW 1970, 309.

143 OLG Köln NJW 1968, 1834 = WuM 1968, 179 = ZMR 1969, 17.

144 AG Dortmund DWW 1991, 28, Einbauküche zum Preis von 10.000 DM.

145 So aber AG Bergisch Gladbach WuM 1994, 22.

*146 LG Heidelberg DWW 1991, 244.*

147 LG Hannover WuM 1994, 430, Verlängerung des Mietverhältnisses um 17 Monate bei studierender Mutter mit zwei schulpflichtigen Kindern und einem Einkommen von 2.846 DM.

Zeit angeordnet.[148] Als weitere Härtegegründe werden durch die Rspr. das komplette Infragestellen der Lebensleistung, was zu Verzweiflung und Hoffnungslosigkeit führt,[149] und die **völlige Fixierung** auf die Wohnung und dabei nicht in der Lage sein können, sich ein Leben in anderer Umgebung zu organisieren[150], anerkannt.

### IV. Interessen des Vermieters an der Vertragsbeendigung (Abs. 3)

62 Ob die Härtegründe des Mieters zu einer Vertragsfortsetzung führen, ist „unter Würdigung der berechtigten Interessen des Vermieters" zu beurteilen. **Zugunsten des Vermieters** dürfen lediglich die im Kündigungsschreiben angegebenen Gründe bewertet werden; andere Gründe sind nur dann zu berücksichtigen, wenn sie nachträglich (dh, nach der Absendung des Kündigungsschreibens) entstanden sind (§ 574 Abs. 3 BGB). Dies gilt aber nur für solche Kündigungen, die begründet werden müssen. Hängt die Wirksamkeit der Kündigungserklärung selbst nicht von der Angabe von Gründen ab, wie in den Fällen des § 573a BGB **(Einliegerwohnungen)** und des § 549 Abs. 3 BGB **(Wohnraum, der Teil eines Studenten- oder Jugendwohnheims ist),** so ist § 574 Abs. 3 BGB unanwendbar. Dies folgt aus der Erwägung, dass in § 574 Abs. 3 BGB nur auf § 573 Abs. 3 BGB Bezug genommen wird. Die zu § 556a BGB aF ergangene gegenteilige Rspr.[151] ist durch die Neufassung gegenstandslos.[152]

63 Unter den **Gründen iSd § 574 Abs. 3 BGB** sind die Tatsachen, Sachverhalte und Lebensvorgänge zu verstehen, aus denen sich das Interesse des Vermieters an der Vertragsbeendigung ergibt. Das sind in erster Linie die Kündigungsgründe. Daneben kommen aber auch solche Gründe in Betracht, auf die die Kündigung nicht gestützt ist oder die auf die Wirksamkeit der Kündigung keinen Einfluss haben. Wesentlich ist nur, dass die Gründe im Kündigungsschreiben mitgeteilt werden. Dabei kommt es maßgeblich darauf an, welche **„Kerntatsachen"** angegeben sind. Diese Kerntatsachen kann der Vermieter im gerichtlichen Verfahren durch die Mitteilung von **„Ergänzungstatsachen"** präzisieren. Für die Unterscheidung zwischen den Kern- und den Ergänzungstatsachen kann auf den Rechtsentscheid des BayObLG v. 14.7.1981[153] zur gleichlautenden Vorschrift des § 564b Abs. 3 BGB aF = § 573 Abs. 3 BGB nF zurückgegriffen werden. Danach gehören zu den Kerntatsachen diejenigen Umstände, die zur Identifizierung und Unterscheidung des Beendigungsinteresses (Beendigungsgrundes) von anderen Interessen (Gründen) erforderlich sind. Zu den Ergänzungstatsachen gehören diejenigen Umstände, die der näheren Erläuterung, Ergänzung, Ausfüllung sowie dem Beweis des jeweiligen Beendigungsinteresses dienen. Wird bspw. wegen Eigenbedarfs gekündigt, so gehören zu den „Kerntatsachen" Angaben wie: „Fehlende anderweitige Unterbringung am Ort", „bisherige Wohnung wurde vom Vermieter gekündigt", „bisherige Wohnung zu klein oder zu groß", „gesundheitliche oder Altersgründe", „berufliche oder schulische Gründe". Zu den Ergänzungstatsachen gehören Angaben über die bisherigen Wohnverhältnisse, Einzelheiten über die Größe der bisherigen Wohnung, über die Zahl der Familienmitglieder, konkrete Darlegungen zum Gesundheitszustand, usw. Für andere Kündigungsinteressen gilt entsprechendes. Das rechtlich nicht bindende Versprechen des Vermieters gegenüber einem Dritten, diesem demnächst die gekündigte Wohnung zur Verfügung zu stellen, begründet kein zusätzliches Interesse.[154] Die Interessen der Familienangehörigen des Vermieters sind nur insoweit zu berücksichtigen als es sich dabei zugleich um Interessen des Vermieters handelt.

---

[148] So LG Freiburg WuM 1993, 402, wenn die Familie anderenfalls der Sozialhilfe zur Last fiele; AG Lübeck WuM 1993, 674, bei Sozialhilfeempfängerin mit Kind.

[149] LG Berlin WuM 2016, 180–182.

[150] LG Berlin ZMR 2010, 962–964 bei völliger Fixierung der Witwe auf die gemeinsam mit dem verstorbenen Ehepartner bewohnten Wohnung; AG Köln ZMR 2021, 48, wenn der Verlust der gekündigten Wohnung für den völlig auf die Wohnung fixierten Mieter gleichzeitig den Verlust der gesamten Umwelt und das Ende aller zwischenmenschlichen Beziehungen bedeutet und ein Selbstmord die für ihn einzig realistische Alternative darstellt, um diese für ihn absolut ausweglose Situation zu vermeiden.

[151] OLG Hamm NJW 1992, 1969 = WuM 1992, 230 = ZMR 1992, 243 = DWW 1992, 208, Kündigung nach § 564b Abs. 4 S. 1 Nr. 1 BGB aF = § 573a BGB nF.

[152] Ebenso *Haas* Neues MietR BGB § 574 Rn. 4; Palandt/*Weidenkaff* BGB § 574 Rn. 14.

[153] BayObLG WuM 1981, 200.

[154] OLG Karlsruhe NJW 1970, 1746 = ZMR 1970, 309.

### V. Interessenabwägung

64 Bei der Interessenabwägung sind die Bestandsinteressen des Mieters mit den Erlangungsinteressen des Vermieters in Beziehung zu setzen.[155] Es ist zu fragen, welche Auswirkungen eine Vertragsbeendigung für den Mieter haben würde und wie sich eine Vertragsfortsetzung auf den Vermieter auswirkt. Dabei haben die Gerichte nicht nur die Lebensplanung des Vermieters zu respektieren, sondern dürfen auch bzgl. der Interessen des Mieters ihre Vorstellungen über den einzuschlagenden Weg nicht an dessen Stelle setzen. Dies gilt insbes. dann, wenn es um das Schicksal älterer Personen geht. Die Abwägung der gegenläufigen Interessen hat sich stets an den konkreten Umständen des zu beurteilenden Einzelfalls auszurichten. Dabei kommt weder den Belangen des Vermieters noch den Interessen des Mieters von vornherein ein größeres Gewicht zu als denen der Gegenseite. Es ist nicht erforderlich, dass die auf Seiten des Mieters bestehende Härte die Interessen des Vermieters deutlich überwiegt. Maßgebend ist allein, ob sich ein **Übergewicht der Belange der Mieterseite** feststellen lässt, also die Interessenabwägung zu einem klaren Ergebnis führt.[156] Wiegen die Interessen der Parteien gleich schwer, so gebührt dem Erlangungsinteresse des Vermieters der Vorrang.[157] In der Praxis wird eine Interessenabwägung oftmals zu keinem eindeutigen Ergebnis führen. In diesem Fall scheidet eine Vertragsfortsetzung nach § 574 BGB ebenfalls aus.[158] Dies folgt aus der Erwägung, dass die **tatsächlichen Voraussetzungen** des § 574 Abs. 1 S. 1 BGB vom Mieter zu beweisen sind. Nicht zulässig ist es, Kategorien zu bilden, in denen generell die Interessen einer Seite überwiegen.[159] Das Landgericht Berlin hat hierzu ausgeführt, der Erwerber einer Wohnung müsse sich entgegenhalten lassen, dass er die Wohnung schon mit dem Ziel einer Eigenbedarfskündigung in vermietetem Zustand gekauft und bereits zum Zeitpunkt des Wohnungserwerbs mit Schwierigkeiten, nämlich dem Bestehen von Härtegründen für den Fall größeren Raumbedarfs infolge Familienzuwachses, habe rechnen müssen.[160] Der BGH erachtet die vom Landgericht getroffenen Differenzierung (Selbstnutzungswunsch des Erwerbers einer vermieteten Wohnung einerseits; nach langer Mietdauer eintretender Eigenbedarf des ursprünglichen Vermieters andererseits) für unzulässig.[161] Bei der vorzunehmenden Interessenabwägung muss den Wertentscheidungen Rechnung getragen werden, die in den für sie streitenden Grundrechten zum Ausdruck kommen. Daher muss auch im Rahmen der Vorschrift des § 574 BGB die vom Vermieter beabsichtigte Lebensplanung grds. respektiert und der Rechtsfindung zugrunde gelegt werden. Diesen Vorgaben werden die Gerichte aber laut BGH nicht gerecht, wenn sie dem Vermieter, der die Mietwohnung zum Zwecke der Selbstnutzung erworben hat einen geringeren Stellenwert als einem Eigenbedarf des ursprünglichen Vermieters zuweisen.[162] Eine Fortsetzung des Mietverhältnisses auf unbestimmte Zeit setzt nicht voraus, dass auf Seiten des Mieters eine sittenwidrige Härte (vgl. § 765 a ZPO) vorliegt, die die Interessen des Vermieters deutlich überwiegt. Maßgebend ist allein, ob sich ein Übergewicht der Belange der Mieterseite feststellen lässt.[163] Macht der Mieter gegenüber einer auf Eigenbedarf gestützten Kündigung geltend, dass er aus gesundheitlichen Gründen auf den Verbleib in der Wohnung angewiesen sei, so müssen sich die Gerichte ein „nicht nur an der Oberfläche haftendes Bild davon verschaffen, welche gesundheitlichen Folgen iE für den Mieter mit einem Umzug verbunden sind, insbes. welchen Schweregrad zu erwartende Gesundheitsbeeinträchtigungen erreichen können und mit welcher Wahrscheinlichkeit dies eintreten kann.“[164] Regelmäßig ist zu diesem Zweck das Gutachten eines Sachverständigen einzuholen. Ist die Räumung für den Mieter mit einer Lebensgefahr

---

155 LG Berlin GE 2015, 859.
156 BGH VIII ZR 180/18, NJW 2019, 2765.
157 LG Berlin MM 1992, 387; WuM 1990, 504; LG Hannover WuM 1992, 609; LG Kaiserslautern WuM 1990, 446; AG Bergisch Gladbach WuM 1989, 412; Fischer-Dieskau/Pergande/Schwender WohnungsbauR/*Franke* BGB § 574 Anm. 22.2; AnwK WohnraumMietR/*Lammel* BGB § 574 Rn. 46; Staudinger/*Rolfs* BGB § 574 Rn. 76; Herrlein/Kandelhard/*Herrlein* BGB § 574 Rn. 16; MüKoBGB/*Häublein* § 574 Rn. 22; Bamberger/Roth/*Hannappel* BGB § 574 Rn. 27; Erman/*Lützenkirchen* BGB § 574 Rn. 13 *Horst* NJW-Schriften 19 Rn. 1696.
158 **AA** Sternel MietR Kap. XI Rn. 349.
159 BGH VIII ZR 180/18, NZM 2019, 518.
160 LG Berlin WuM 2018, 584.
161 BGH VIII ZR 180/18, NJW 2019, 2765.
162 *BGH VIII ZR 180/18, NJW 2019, 2765.*
163 BGH VIII ZR 180/18, NJW 2019, 2765; LG München I ZMR 2020, 312ff.
164 BGH VIII ZR 270/15, NJW 2017, 1474.

verbunden, so müssen die Interessen des Vermieters zurückstehen.[165] Die Interessen des Mieters an der Erhaltung seiner Gesundheit haben im allgemeinen Vorrang vor allgemeinen Finanzinteressen des Vermieters. Der Wunsch des Vermieters für sich und seine Familie eine angemessene Wohnung zu schaffen, ist umgekehrt vorrangig vor den Finanzinteressen des Mieters. Hat der Vermieter einen gewichtigen Bedarf an Wohnraum, so ist diesem Umstand ein besonders hoher Stellenwert einzuräumen.[166] Der Umstand, dass der Vermieter seine jetzige Wohnung über eine lange Zeit als ausreichend angesehen hat, spielt keine entscheidende Rolle. Es genügt, wenn der Eigentümer seine Wohnverhältnisse neu überdenkt und zum Ergebnis kommt, dass ein Umzug eine Verbesserung darstellt.[167] Das Gericht kann berücksichtigen, welche Alternativen den Parteien bei der Lösung ihrer Wohnungsprobleme zur Verfügung stehen.[168] Allerdings muss das Gericht dabei die Vorstellungen der Parteien respektieren.[169] Es hat den Wunsch des Vermieters nach einer bestimmten Wohnung ebenso hinzunehmen, wie den Wunsch des alten Mieters, weiterhin einen selbständigen Haushalt zu führen. Auch das Verhalten der Parteien vor der Kündigung oder während des **Räumungsrechtsstreits** kann eine Rolle spielen. Will der Vermieter zur Deckung seines Wohnbedarfs kündigen, so muss er bei der Auswahl des zu kündigenden Mietverhältnisses zwar keine **Sozialauswahl** treffen.[170] Liegt jedoch in der Person des gekündigten Mieters eine besondere Härte vor, so muss der Vermieter die sich daraus ergebenden Rechtsfolgen hinnehmen. Nach der Rspr. gilt dies insbes. dann, wenn sich der Vermieter bei der Auswahl des zu kündigenden Mietverhältnisses bedenkenlos über die Belange des Mieters hinweggesetzt hat.[171] Hat sich der Vermieter während des Räumungsrechtsstreits durch leichtsinniges Verhalten in eine Notlage gebracht, so ist auch dies bei der Interessenabwägung zu seinen Lasten zu berücksichtigen.[172]

**Wegfall des Kündigungsgrundes.** In einer Grundsatzentscheidung[173] hat der BGH ausgeführt, dass der Wegfall der für den Eigenbedarf maßgeblichen Umstände nur dann zu berücksichtigen ist, wenn der Grund vor dem Ablauf der Kündigungsfrist entfällt; nur in diesem Fall ist der Vermieter zu einer entsprechenden Mitteilung an den Mieter verpflichtet. Für die Interessenabwägung nach § 574 BGB kommt es dagegen auf den Sach- und Streitstand der letzten mündlichen Verhandlung an.[174] Der Wegfall eines Kündigungsgrundes nach Ablauf der Kündigungsfrist kann deshalb dazu führen, dass die Abwägung ein überwiegendes Interesse des Mieters an der Fortsetzung des Mietverhältnisses ergibt. **64a**

## D. Beweislast

Der **Mieter** muss beweisen: den rechtzeitigen Zugang des Kündigungswiderspruchs beim Vermieter, das Vorliegen der Härtegründe, die Erfüllung der Ersatzraumbeschaffungspflicht und die Einigung über die Vertragsfortsetzung nach § 574a BGB. Der **Vermieter** trägt die Beweislast für die Beendigungsinteressen, für die Ausschlusstatbestände nach § 574 Abs. 1 S. 2 BGB und § 549 Abs. 2 BGB sowie für die Erteilung des Hinweises nach § 568 Abs. 2 BGB. **65**

## E. Abweichende Vereinbarungen (Abs. 4)

Nach § 574 Abs. 4 BGB kann das Recht des Mieters zum **Kündigungswiderspruch** weder vertraglich abbedungen noch abw. geregelt werden. Vor Erhalt der Kündigung kann der Mieter **66**

---

165 BGH VIII ZR 180/18, NJW 2019, 2765; LG Berlin GE 2015, 859.

166 LG Frankfurt a. M. NZM 2011, 774.

167 BVerfG GE 1999, 834.

168 BGH VIII ZR 246/03, NZM 2005, 143, Unterbringung einer gehbehinderten Pflegeperson in oberem Stockwerk.

169 BVerfG NJW RR 1993, 1358 = WuM 1994, 126; BGH VIII ZR 180/18, NJW 2019, 2765.

170 LG Berlin ZMR 2020, 582; **aA** LG Hannover WuM 1990, 305.

171 AG Stuttgart WuM 1989, 297, wenn der Vermieter ausgerechnet einem behinderten Mieter kündigt; LG Hannover WuM 1991, 346, wenn der Vermieter eine Erdgeschoßwohnung kündigt, die von einem Rollstuhlfahrer bewohnt wird; LG Köln WuM 1993, 675, wenn der Vermieter eine Wohnung erworben hat, die an einen hochbetagten Mieter vermietet ist; ähnlich LG München I WuM 1994, 538; LG Bonn NJW RR 1990, 973 = WuM 1990, 151; AG Leverkusen WuM 1993, 124; LG Zwickau WuM 1998, 159.

172 LG Freiburg WuM 1990, 209, wenn der Vermieter seine eigene Mietwohnung gekündigt hat, obwohl er wusste, dass in der Person des Mieters Härtegründe vorliegen.

173 BGH VIII ZR 339/04, BGHZ 165, 75 = NZM 2006, 50.

174 BGH III ZR 222/18, WuM 2019, 45 = NZM 2019, 292.

auch nicht auf das Widerspruchsrecht verzichten. Nach Erhalt der Kündigung ist ein solcher Verzicht möglich.[175] Dies folgt aus der Erwägung, dass die Parteien stattdessen auch einen Mietaufhebungsvertrag schließen könnten, gegen dessen Zulässigkeit keine Bedenken bestehen.

[175] Fischer-Dieskau/Pergande/Schwender WohnungsbauR/*Franke* BGB § 574 Anm. 36; Staudinger/*Rolfs* BGB § 574 Rn. 81; Bamberger/Roth/*Hannappel* BGB § 574 Rn. 33; **aA** AnwK WohnraumMietR/*Lammel* BGB § 574 Rn. 6.

# § 574a Fortsetzung des Mietverhältnisses nach Widerspruch

**(1) [1]Im Falle des § 574 kann der Mieter verlangen, dass das Mietverhältnis so lange fortgesetzt wird, wie dies unter Berücksichtigung aller Umstände angemessen ist. [2]Ist dem Vermieter nicht zuzumuten, das Mietverhältnis zu den bisherigen Vertragsbedingungen fortzusetzen, so kann der Mieter nur verlangen, dass es unter einer angemessenen Änderung der Bedingungen fortgesetzt wird.**

**(2) [1]Kommt keine Einigung zustande, so werden die Fortsetzung des Mietverhältnisses, deren Dauer sowie die Bedingungen, zu denen es fortgesetzt wird, durch Urteil bestimmt. [2]Ist ungewiss, wann voraussichtlich die Umstände wegfallen, aufgrund deren die Beendigung des Mietverhältnisses eine Härte bedeutet, so kann bestimmt werden, dass das Mietverhältnis auf unbestimmte Zeit fortgesetzt wird.**

**(3) Eine zum Nachteil des Mieters abweichende Vereinbarung ist unwirksam.**

## Systematische Übersicht



## A. Zweck und Anwendungsbereich

Die Vorschrift regelt weitere Einzelheiten des Verfahrens über den Kündigungswiderspruch. Sie ist dem bis 31.8.2001 geltenden § 556a Abs. 1, 2 BGB nachgebildet. Wegen des Anwendungsbereichs → BGB § 574 Rn. 2. 1

## B. Rechtswirkungen von Widerspruch und Fortsetzungsverlangen

### I. Widerspruch und Fortsetzungsverlangen

#### 1. Interessenwägung

Ergibt die Interessenabwägung nach § 574 BGB, dass das Bestandsinteresse des Mieters höher zu bewerten ist, als das Erlangungsinteresse des Vermieters, so kann der Mieter der Kündigung widersprechen und verlangen, dass das Mietverhältnis so lange fortgesetzt wird, wie dies unter Berücksichtigung aller Umstände angemessen ist. Trotz des missverständlichen Wortlauts des § 574 BGB („… widersprechen **und** … verlangen"), sind Widerspruch und Fortsetzungsverlangen nicht zwei verschiedene Erklärungen, sondern „ein und dasselbe".[1] Durch den Widerspruch erklärt der Mieter, dass er von dem Recht aus § 574 BGB Gebrauch machen will. Es handelt sich um eine einseitige, form- und empfangsbedürftige, bedingungsfeindliche Willenserklärung, die fristabhängig ist. Der Widerspruch hat das Fortsetzungsverlangen zum Gegenstand. Das Fortsetzungsverlangen ist als Angebot des Mieters zum Abschluss des Verlängerungsvertrages auf bestimmte oder unbestimmte Zeit (genauer: Vertrag über die Modifikation der Kündigungswirkungen) anzusehen. Das Angebot muss gegenüber dem Vermieter abgegeben werden. Es muss allerdings nicht so konkretisiert sein, dass der Vermieter das Angebot sofort und ohne Änderung annehmen kann. Aus § 574a BGB folgt vielmehr, dass die Parteien die Einzelheiten aushandeln sollen. Deshalb muss der Mieter auch dann keine bestimmte Fortsetzungsdauer angeben, wenn er eine befristete Vertragsfortsetzung will.[2] Zur hinreichend genauen Bestimmung der benötigten Verlängerungszeit ist ein Mieter iÜ häufig auch gar nicht in der Lage. 2

---

[1] Sternel MietR, 1988, Kap. IV Rn. 188; Fischer-Dieskau/Pergande/Schwender WohnungsbauR/*Franke* BGB § 574 Anm. 23; Staudinger/*Rolfs* BGB § 574 Rn. 80; MüKoBGB/*Häublein* § 574a Rn. 3; Bamberger/Roth/*Hannappel* BGB § 574a Rn. 4.

[2] Fischer-Dieskau/Pergande/Schwender WohnungsbauR/*Franke* BGB § 574 Anm. 23.

3 Aus dem Wortlaut des § 574 BGB („Fortsetzung des Mietverhältnisses“) folgt, dass das Fortsetzungsverlangen nicht den Abschluss eines neuen Mietverhältnisses zum Gegenstand hat.[3] Vielmehr ist das Fortsetzungsverlangen als Angebot zum Abschluss eines Vertrags über die **Modifikation der Kündigungswirkungen** zu bewerten. Dies ist in mehrfacher Hinsicht von Bedeutung, wenn es zur Verlängerung kommt: Dann kommt es für die Frage, ob ein die Garantiehaftung des Vermieters begründender ursprünglicher Mangel iSv § 536a Abs. 1 BGB vorgelegen hat, auf den Beginn des Mietverhältnisses an. Für die Bemessung der Kündigungsfrist nach § 573c BGB ist die gesamte Mietzeit maßgeblich.

4 Je nach der Art des Härtegrundes kommen zwei **Vertragsvarianten** in Betracht, nämlich **(1)** ein Vertrag, wonach die Kündigungswirkungen abw. vom Kündigungsschreiben erst zu einem späteren Zeitpunkt eintreten sollen (Fortsetzung auf bestimmte Dauer) und **(2)** ein Vertrag über den Wegfall der Kündigungswirkungen (Fortsetzung auf unbestimmte Zeit).

### 2. Fortsetzung auf bestimmte Dauer

5 Kommt die unter **(1)** beschriebene Vertragsvariante zustande, so treten die Kündigungswirkungen zu einem späteren als dem ursprünglichen Zeitpunkt ein: das ursprüngliche Mietverhältnis wird bis zu diesem Zeitpunkt verlängert. Bei einer Fortsetzung auf längere Zeit als ein Jahr ist § 550 BGB zu beachten.[4] Es wird zwar kein Mietvertrag für längere Zeit als ein Jahr abgeschlossen; vielmehr wird vereinbart, dass die Kündigungswirkungen erst später eintreten sollen. Gleichwohl ist § 550 BGB einschlägig, weil das fortgesetzte Mietverhältnis vor Ablauf der Verlängerungszeit nicht gekündigt werden kann.

6 Es ist unerheblich, ob der Vertrag vor oder nach Ablauf der Kündigungsfrist abgeschlossen wird. Im letztgenannten Fall wirkt die Rechtsfolge der Verlängerung zurück, so dass in keinem Fall ein vertragsloser Zustand bestehen kann.

7 Auf die Wirksamkeit der Kündigung hat die Vertragsfortsetzung keinen Einfluss. Das Mietverhältnis bleibt beendet. Eine erneute Kündigung während der Verlängerungszeit ist ausgeschlossen. Nach Ablauf der Verlängerungszeit kann der Vermieter das Herausgabeverlangen geltend machen und – bei Nichterfüllung – Räumungsklage erheben. Einer erneuten Kündigung bedarf es nicht.[5] Trotz der Verlängerungsvereinbarung besteht nach wie vor ein Mietverhältnis auf unbestimmte Zeit, weil der Verlängerungsvertrag lediglich die Kündigungswirkungen hinausschiebt.

### 3. Forsetzung auf unbestimmte Zeit

8 Nach der unter **(2)** beschriebenen Vertragsvariante werden die Kündigungswirkungen dagegen beseitigt. Die Kündigung wird nicht „unwirksam“. Vielmehr werden deren Wirkungen durch Vertrag – also auf Grund des übereinstimmenden Parteiwillens – aufgehoben. Das Mietverhältnis wird auf unbestimmte Zeit fortgesetzt. Es kann vom Vermieter erneut gekündigt werden. Für diese Kündigung müssen Gründe iSv § 573 BGB vorliegen.[6]

### 4. Kündigung auf Grund Vertrags

9 Aus dem Wortlaut des § 574a Abs. 2 BGB („Kommt keine Einigung zustande …“) folgt, dass die Fortsetzung des Mietverhältnisses in erster Linie auf Grund eines Vertrages vereinbart werden soll. Eine gerichtliche Entscheidung kommt erst beim Scheitern der Verhandlungen in Betracht. Diese Regelung entspricht nicht den Bedürfnissen der Praxis, weil kaum ein Vermieter nach Ausspruch einer Kündigung einen Verlängerungsvertrag abschließen wird. Tatsächlich kommt eine außergerichtlich vereinbarte Vertragsverlängerung in der Praxis so gut wie nicht vor. Nahezu ausschließ-

---

[3] Staudinger/*Rolfs* BGB § 574a Rn. 6; Sternel MietR, 1988, Kap. IV Rn. 221; **aA** *Mohnen* FS Nipperdey, 1965, 616.

[4] Sternel MietR, 1988, Kap. IV Rn. 220; Staudinger/*Rolfs* BGB § 574a Rn. 9; Bub/Treier MietR-HdB/*Grapentin* Kap. IV Rn. 252; Erman/*Lützenkirchen* BGB § 574a Rn. 2; AnwK WohnraumMietR/*Lammel* BGB § 574a Rn. 7; MüKoBGB/*Häublein* § 574a Rn. 6; Bamberger/Roth/*Hannappel* BGB § 574a Rn. 8; **aA** Fischer-Dieskau/Pergande/*Schwender* WohnungsbauR/*Franke* BGB § 574a Anm. 4; *Franke* ZMR 1993, 93; *Hoffmann* WuM 1964, 49.

[5] LG Lübeck WuM 1996, 705.

[6] Bamberger/Roth/*Hannappel* BGB § 574a Rn. 16; MüKoBGB/*Häublein* § 574a Rn. 12.

lich wird die Vertragsfortsetzung durch gerichtliche Entscheidung angeordnet. Diese Entscheidung ergeht in Form eines Gestaltungsurteils (→ Rn. 24).

**5. Schwebende Unwirksamkeit**

In der **Zeit zwischen dem Ablauf der Kündigungsfrist und der Einigung** über die Vertragsfortsetzung (oder der gerichtlichen Entscheidung hierüber) bleibt das Ende des Mietverhältnisses in der Schwebe.[7] Nach anderer Meinung soll „die Kündigung schwebend unwirksam sein".[8] Dies ist ungenau, weil die Wirksamkeit der Kündigung auch im Falle der Vertragsfortsetzung unberührt bleibt. Der Zugang des Widerspruchs bewirkt, dass das Mietverhältnis zunächst als fortbestehend anzusehen ist. Der Mieter schuldet keine Nutzungsentschädigung nach § 546a Abs. 1 BGB, sondern Miete, die nach §§ 558ff. BGB (oder den vertraglichen Vereinbarungen) erhöht werden kann. Kommt es nicht zur Vertragsfortsetzung, so entfällt der Schwebezustand; das Mietverhältnis wird dann rückwirkend auf den Ablauf der Kündigungsfrist beendet. In diesem Fall kann der Vermieter die Ansprüche aus § 546a BGB geltend machen. Kommt es zur Vertragsfortsetzung, so treten die Kündigungswirkungen entweder zu einem späteren Zeitpunkt (bei befristeter Fortsetzung) oder gar nicht (bei Fortsetzung auf unbestimmte Zeit) ein. Ansprüche nach § 546a BGB sind dann ausgeschlossen. **10**

## II. Fortsetzung auf bestimmte oder unbestimmte Zeit

Nach der gesetzlichen Regelung ist das Mietverhältnis grds. auf **bestimmte Zeit** fortzusetzen (§ 574a Abs. 1 S. 1 BGB). Maßgeblich ist, wann das Räumungshindernis voraussichtlich entfällt. Dies muss auf Grund einer Prognose festgestellt werden.[9] Eine an Sicherheit grenzende Wahrscheinlichkeit über den Zeitpunkt des Wegfalls des Räumungshindernisses ist nicht erforderlich. Es genügt eine überwiegende Wahrscheinlichkeit, dass das Räumungshindernis binnen der Fortsetzungszeit entfällt. Tritt diese Erwartung nicht ein, so kommt eine weitere Vertragsfortsetzung nach § 574c Abs. 1 BGB in Betracht. Für die Dauer der Fortsetzung eines Mietverhältnisses auf bestimmte Zeit gibt es weder eine Unter- noch eine Obergrenze. Sind die Voraussetzungen des § 574 BGB gegeben, so ist das Mietverhältnis ggf. auch auf kurze Zeit fortzusetzen.[10] **11**

Nach § 574a Abs. 2 S. 2 BGB ist das Mietverhältnis auf **unbestimmte Zeit** fortzusetzen, wenn ungewiss ist, „wann voraussichtlich die Umstände wegfallen, auf Grund deren die Beendigung des Mietverhältnisses … eine Härte bedeutet". Trotz der systematischen Stellung gilt die Vorschrift nicht nur für die gerichtliche Vertragsfortsetzung, sondern auch für den Anspruch aus § 574a Abs. 1 BGB. Die Ungewissheit bezieht sich trotz der missverständlichen Formulierung auch nicht auf den (völligen) Wegfall der Härtegründe. Vielmehr kann es nach dem Sinn der Vorschrift nur auf den Zeitpunkt ankommen, zu dem die räumungsbedingten Nachteile so weit reduziert sind, dass der Mieter räumen kann. Für die Annahme der Ungewissheit genügt es, wenn keine konkreten Anhaltspunkte für einen künftigen Wegfall des Räumungshindernisses gegeben sind. Gleiches gilt, wenn zwar der künftige Wegfall gewiss, der Zeitpunkt aber ungewiss ist. Darüber hinaus ist das Mietverhältnis auch dann auf unbestimmte Zeit fortzusetzen, wenn mit Sicherheit feststeht, dass ein lebenslanges Räumungshindernis besteht.[11] Eine Fortsetzung des Mietverhältnisses auf Lebenszeit ist im Gesetz nicht vorgesehen und deshalb auch nicht zulässig.[12] **12**

---

[7] Staudinger/*Rolfs* BGB § 574a Rn. 4; Bub/Treier MietR-HdB/*Grapentin* Kap. IV Rn. 251.

[8] OLG Karlsruhe NJW 1973, 1001.

[9] AG Köln ZMR 2021, 48.

[10] AG Freiburg WuM 1991, 102, drei Monate bei fehlendem Ersatzraum; LG Stuttgart WuM 1991, 589, sechs Monate zur Vermeidung eines Zwischenumzugs; LG Wiesbaden WuM 1989, 240, zwei Monate.

[11] AG Bergheim WuM 1996, 415, 83-jährige Mieterin mit 35-jähriger Wohnzeit.

[12] OLG Stuttgart NJW 1969, 1070 = ZMR 1969, 242; LG Lübeck WuM 1994, 22; Staudinger/*Rolfs* BGB § 574a Rn. 22; Fischer-Dieskau/Pergande/Schwender WohnungsbauR/*Franke* BGB § 574a Anm. 7; Bub/Treier MietR-HdB/*Grapentin* Kap. IV Rn. 253; Erman/*Lützenkirchen* BGB § 574a Rn. 5 Palandt/*Weidenkaff* BGB § 574a Rn. 2; Herrlein/Kandelhard/*Herrlein* BGB § 574a Rn. 2; Sternel MietR, 1988, Kap. IV Rn. 222; **aA** LG Essen WuM 1971, 24; AnwK WohnraumMietR/*Lammel* BGB § 574a Rn. 15.

### III. Fortsetzung zu geänderten Bedingungen

13 Grundsätzlich ist das Mietverhältnis zu den bisherigen Bedingungen fortzusetzen. Eine Änderung der Bedingungen ist nur im Interesse des Vermieters möglich (§ 574a Abs. 1 S. 2 BGB). Sie setzt voraus, dass dem Vermieter eine Vertragsfortsetzung zu den bisher geltenden Vertragsbedingungen nicht zuzumuten ist. Zugunsten des Mieters können die Mietbedingungen nicht geändert werden. Dies gilt auch bei einer gerichtlichen Vertragsverlängerung. Der Wortlaut des § 574a Abs. 2 BGB spricht zwar lediglich davon, dass durch Urteil über die „Bedingungen" der Vertragsfortsetzung entschieden werden kann. Da sich der Begriff der „Bedingungen" aber nur auf die in § 574a Abs. 1 BGB genannten „Vertragsbedingungen" beziehen kann, muss auch bei der gerichtlichen Vertragsfortsetzung die in § 574a Abs. 1 BGB enthaltene Beschränkung auf das Vermieterinteresse beachtet werden.

14 Der **Begriff der Vertragsbedingungen** ist umfassend zu verstehen.[13] Insbesondere gehören hierzu: die Vereinbarungen über die Miethöhe einschließlich der Umlage von Betriebskosten, Regelungen über die Fälligkeit der Mietzahlung, über Instandhaltungs- und Hausreinigungspflichten, über die Verpflichtung zur Duldung von Erhaltungs- oder Verbesserungsmaßnahmen, Regelungen über Untermiet-, Tierhaltungs- oder sonstige Erlaubnisse, Kautionsvereinbarungen, usw. Von einer **Unzumutbarkeit der Bedingungen** kann ausgegangen werden, wenn die Vertragsbedingungen von den in der Gemeinde üblichen Mietbedingungen zum Nachteil des Vermieters abweichen. Für die außergerichtliche Vertragsfortsetzung ist in § 574a Abs. 1 BGB bestimmt, dass der zur Vertragsverlängerung verpflichtete Vermieter Anspruch auf eine **angemessene Änderung der Bedingungen** hat. Derselbe Maßstab gilt bei der gerichtlichen Vertragsverlängerung. Angemessen sind solche Bedingungen, wie sie bei vergleichbaren Mietverhältnissen in der Gemeinde üblich sind.[14] Die zwingenden gesetzlichen Schutzvorschriften zugunsten des Mieters können von den Parteien nicht abw. geregelt werden. Wegen der Gleichheit des Begriffs „Vertragsbedingungen" in § 574a Abs. 1 BGB und des Begriffs der „Bedingungen" in § 574a Abs. 2 BGB ist dieser Grundsatz auch bei der gerichtlichen Vertragsfortsetzung zu beachten. Da Mietverhältnisse üblicherweise unter Verwendung von Formularverträgen abgeschlossen werden, müssen auch die Vorschriften der §§ 305ff. BGB beachtet werden. Eine hiergegen verstoßende Vertragsgestaltung stellt keine angemessene Änderung dar.

15 Liegt die bisherige Miete unterhalb der ortsüblichen Miete, so ist eine Mietanhebung bis zur ortsüblichen Miete angemessen. Eine Mietanhebung durch gerichtliche Entscheidung ist dabei auch dann möglich, wenn der Vermieter selbst zur Mieterhöhung nach § 558 BGB in der Lage wäre.[15] Bei der Festsetzung der Miethöhe müssen weder die Kappungsgrenzen noch die Fristen noch die Formalien des § 558a BGB beachtet werden.[16] Im Falle der Änderung durch Parteivereinbarung gilt dies aus Gründen des § 557 Abs. 1 BGB. Für die gerichtliche Entscheidung gilt nichts anderes, weil die gerichtliche Festsetzung anstelle der Parteivereinbarung erfolgt und materiellrechtlich denselben Regeln folgt.[17]

16 Zu den Vertragsbedingungen gehört auch der **Vertragsgegenstand.** Deshalb kann der Vermieter uU verlangen, dass das Mietverhältnis in verkleinertem Umfang fortgesetzt wird, wenn ihm die

---

[13] Sternel MietR, 1988, Kap. IV Rn. 223; Bub/Treier MietR-HdB/*Grapentin* Kap. IV Rn. 254; MüKoBGB/*Häublein* § 574a Rn. 8; Staudinger/*Rolfs* BGB § 574a Rn. 24; Fischer-Dieskau/Pergande/Schwender WohnungsbauR/*Franke* BGB § 574a Anm. 3; Kossmann Wohnraummietvertrag § 133 Rn. 6; Bamberger/Roth/*Hannappel* BGB § 574a Rn. 14; **aA** Roquette MietR BGB § 556a Rn. 41ff., nur Miethöhe.

[14] LG Hagen WuM 1991, 103, Anordnung einer höheren Miete, Übernahme von Betriebskosten nebst Vorauszahlungen, Übernahme der Schönheitsreparaturen.

[15] **AA** AG Heidenheim WuM 1992, 436; Sternel MietR, 1988, Kap. IV Rn. 223; Sternel MietR Kap. XI Rn. 362.

[16] **AA** AG Berlin MM 2020, Nr. 9, 28–29 wonach auch die Einkommenssituation der Mieter zu berücksichtigen ist, sodass eine Erhöhung nur in einem sozialverträglichen Umfang entsprechend der Kappungsgrenze nach § 558 Abs. 3 BGB erfolgen kann.

[17] Ebenso Staudinger/*Rolfs* BGB § 574a Rn. 27; Bub/Treier MietR-HdB/*Grapentin* Kap. IV Rn. 254; MüKoBGB/*Häublein* § 574a Rn. 7; Bamberger/Roth/*Hannappel* BGB § 574a Rn. 14; Kossmann Wohnraummietvertrag § 133 Rn. 6; Herrlein/Kandelhard/*Herrlein* BGB § 574a Rn. 3; Erman/*Lützenkirchen* BGB § 574a Rn. 6; Palandt/*Weidenkaff* BGB § 574a Rn. 3; Elzer/Riecke/*Riecke* BGB § 574a Rn. 8; **aA** AnwK WohnraumMietR/*Lammel* BGB *§ 574a Rn. 17*, danach kann die Miete nur vom Vermieter bei Beachtung der §§ 557ff. BGB erhöht werden; Sternel MietR, 1988, Kap. IV Rn. 223; *Franke* ZMR 1993, 93; Fischer-Dieskau/Pergande/Schwender WohnungsbauR/*Franke* BGB § 574a Anm. 3, danach sind lediglich die Formalien entbehrlich, die materiellen Voraussetzungen des § 558 BGB sind zu berücksichtigen.

Fortsetzung insgesamt nicht zugemutet werden kann.[18] Zu denken ist insbes. an die sofortige Herausgabe von mitvermieteten Nebenräumen[19] oder (bei Mischmietverhältnissen deren Schwerpunkt im Wohnungsbereich liegt) die Herausgabe der Geschäftsräume oder einer Garage. Dem Mieter muss aber eine abgeschlossene Wohnung verbleiben, wenn er eine solche gemietet hat.[20]

Soweit sich aus dem Tenor oder den Entscheidungsgründen nichts anderes ergibt, gelten die vom Gericht festgesetzten Mietbedingungen ab dem **Zeitpunkt** der Beendigung des ursprünglichen Mietverhältnisses.[21] Dies folgt aus der Erwägung, dass die Entscheidung über die Vertragsmodalitäten ebenso mit Rückwirkung ergeht, wie die Entscheidung über die Vertragsfortsetzung als solche.[22] Das Gericht kann die Mietbedingungen aber auch ab einem anderen zukünftigen oder vergangenen Zeitpunkt ändern. In die während der Mietzeit maßgeblichen Mietbedingungen kann das Gericht nicht rückwirkend eingreifen. 17

Eine Änderung der Vertragsbedingungen durch das Gericht scheidet aus, wenn der Mieter erklärt, dass er lediglich an einer Fortsetzung des Mietverhältnisses zu den bisherigen Bedingungen interessiert sei. Dies folgt aus § 574a Abs. 1 S. 2 BGB („… kann der Mieter nur verlangen …") und aus dem Schutzzweck des § 574 BGB: die Vorschrift will dem Mieter keine Vertragsverlängerung zu nicht gewünschten Bedingungen aufzwingen. Sind die Voraussetzungen des § 574a Abs. 1 S. 2 BGB gegeben und hält der Mieter an seinem Verlangen auf Fortsetzung zu den bisherigen Bedingungen fest, so kommt keine Vertragsfortsetzung nach § 574 BGB in Betracht. 18

## IV. Gerichtliches Verfahren

Erhebt der **Vermieter Räumungsklage,** so kann der Mieter den Anspruch auf Vertragsfortsetzung durch Einrede geltend machen. Über die Vertragsfortsetzung ist durch Urteil zu entscheiden (§ 574a Abs. 2 S. 1 BGB). Die Erhebung einer **Widerklage** auf Fortsetzung des Mietverhältnisses ist ebenso entbehrlich wie ein **Fortsetzungsantrag** (§ 308a ZPO). Gleichwohl ist eine Widerklage ebenso zulässig wie ein Fortsetzungsantrag. Das Rechtsschutzbedürfnis hierfür wird durch § 308a ZPO nicht tangiert. Aus § 308a ZPO folgt nur, dass ein Antrag entbehrlich ist; gegen die Zulässigkeit des Antrags und der Widerklage lässt sich hieraus nichts herleiten.[23] Will der Mieter mit der Widerklage sowohl die Wirksamkeit der Kündigung angreifen als auch seine Rechte aus § 574 BGB geltend machen, so muss der Antrag auf Feststellung, dass das Mietverhältnis durch die Kündigung nicht beendet worden ist, in der Hauptsache und der Antrag auf Fortsetzung des Mietverhältnisses hilfsweise geltend gemacht werden. 19

Hat der **Mieter Klage** auf Feststellung des Fortbestands des Mietverhältnisses oder auf Fortsetzung des Mietverhältnisses erhoben, so kann der Vermieter Widerklage auf Räumung erheben. Das Rechtsschutzbedürfnis der vom Mieter erhobenen Klage wird hierdurch nicht tangiert.[24] 20

Der **Streitwert** für Klage und Widerklage richtet sich in jedem Fall nach dem Wert der Klage. Eine Zusammenrechnung findet nicht statt, weil die beiden Klaggegenstände wirtschaftlich identisch sind.[25] Dies gilt sowohl für die Rechtsmittelbeschwer als auch für den Gebührenstreitwert. 21

**Entscheidung:** Ist die **Kündigung unwirksam,** so wird die Räumungsklage aus diesem Grunde abgewiesen. Die Verfahrenskosten fallen dem Vermieter zur Last. 22

Ist die **Kündigung wirksam** und sind die Voraussetzungen des **§ 574 BGB nicht gegeben,** so ergeht ein Räumungsurteil. In diesem Fall muss der Mieter die Verfahrenskosten tragen (§ 91 ZPO; Ausnahme: § 93b Abs. 1 ZPO). 23

---

18 Staudinger/*Rolfs* BGB § 574a Rn. 29; MüKoBGB/*Häublein* § 574a Rn. 8; Fischer-Dieskau/Pergande/Schwender WohnungsbauR/*Franke* BGB § 574a Anm. 3; **aA** Roquette MietR BGB § 556a Rn. 43.

19 LG Hamburg WuM 1987, 223, Bodenräume.

20 Staudinger/*Rolfs* BGB § 574a Rn. 29; MüKoBGB/*Häublein* § 574a Rn. 8; Fischer-Dieskau/Pergande/Schwender WohnungsbauR/*Franke* BGB § 574a Anm. 3.

21 Fischer-Dieskau/Pergande/Schwender WohnungsbauR/*Franke* BGB § 574a Anm. 3.

22 **AA** LG Heidelberg WuM 1994, 682.

23 LG Berlin GE 2004, 235; MüKoBGB/*Häublein* § 574a Rn. 21; Erman/*Lützenkirchen* BGB § 574a Rn. 3; Staudinger/*Rolfs* BGB § 574a Rn. 10.

24 Staudinger/*Rolfs* BGB § 574a Rn. 10; **aA** Sternel MietR, 1988, Kap. IV Rn. 232; AnwK WohnraumMietR/*Lammel* BGB § 574a Rn. 29: danach entfällt im Falle der Erhebung der Räumungs(wider-)klage das Rechtsschutzbedürfnis für die Fortsetzungsklage; ebenso Fischer-Dieskau/Pergande/Schwender WohnungsbauR/*Franke* BGB § 574a Anm. 5, Mieter muss die Fortsetzungsklage in der Hauptsache für erledigt erklären.

25 BGH WuM 1994, 705 = ZMR 1995, 17; OLG München JurBüro 1989, 852.

24 Ist die **Kündigung wirksam** und hat der Mieter einen **Anspruch aus § 574 BGB,** so wird die Klage abgewiesen und entschieden, dass das Mietverhältnis fortgesetzt wird. Es handelt sich nicht um ein Leistungsurteil sondern um ein Gestaltungsurteil.[26] Bei einer Fortsetzung auf bestimmte Zeit muss sich aus dem Tenor das Ende der Mietzeit ergeben. Es ist ratsam, den Beendigungszeitpunkt kalendermäßig zu bestimmen; die Angabe der Fortsetzungszeit (zB zwei Jahre, etc) ist nicht empfehlenswert, weil bei der Ermittlung des Vertragsendes Unklarheiten auftreten können (im Zweifel ist das Vertragsende vom Zeitpunkt der Verkündung des Urteils aus zu rechnen). Die Bezugnahme auf unbestimmte Umstände (Bsp. bis zur Anmietung einer Ersatzwohnung; bis zur Fertigstellung des Neubaus) ist unzulässig. Bei einer Fortsetzung „auf unbestimmte Zeit" ist in den Tenor dieser Begriff aufzunehmen. Werden die Mietbedingungen geändert, so sollte auf einen vollstreckungsfähigen Inhalt geachtet werden. Deshalb ist es unzulässig, wenn das Mietverhältnis gegen „Zahlung der ortsüblichen Miete" fortgesetzt wird. Da ein Urteil mit rechtsgestaltender Wirkung erlassen wird, ist die Angabe eines genauen Betrages erforderlich.[27] Die Kosten des Verfahrens sind (infolge der Klagabweisung) dem Vermieter aufzuerlegen (§ 91 ZPO; Ausnahme: § 93b Abs. 2 ZPO).

25 Eine gerichtliche Entscheidung, wonach über die Wirksamkeit einer Kündigung nicht entschieden wird und wonach das Mietverhältnis gem. § 574 BGB fortgesetzt wird, ist unzulässig. Eine Vertragsfortsetzung nach § 574 BGB kann nur dann erfolgen, wenn die Wirksamkeit der Kündigung feststeht.[28]

26 **Rechtsmittel:** Ist die Klage im Hinblick auf die Unwirksamkeit der Kündigung abgewiesen worden, so kann der Vermieter Berufung einlegen.

27 Hat das Gericht der Klage stattgegeben, so kann der Mieter Berufung einlegen. Er kann die Berufung auf die Ablehnung der Vertragsfortsetzung nach § 574 BGB beschränken (§ 308 Abs. 2 ZPO).

28 Hat das Gericht die Kündigung für wirksam erachtet und die Klage im Hinblick auf § 574 BGB abgewiesen, so können beide Parteien Berufung einlegen. Der Vermieter muss die Berufung auf den Ausspruch über die Vertragsfortsetzung beschränken (§ 308a Abs. 2 ZPO). Gleiches gilt, wenn er eine kürzere Fortsetzungszeit oder günstigere Fortsetzungsbedingungen erreichen will. Der Mieter kann Berufung einlegen, wenn er erreichen will, dass die Klage wegen der Unwirksamkeit der Kündigung abgewiesen wird. Legt lediglich der Vermieter Berufung gegen die Fortsetzung des Mietverhältnisses ein, so erwächst der übrige Teil der amtsgerichtlichen Entscheidung in Rechtskraft. Ein **Auswechseln der Entscheidungsgründe** in den Fällen des § 308a ZPO (Klagabweisung wegen unwirksamer Kündigung durch das Berufungsgericht anstelle der erstinstanzlichen Klagabweisung wegen überwiegender Interessen des Mieters an der Fortsetzung des Mietverhältnisses) wird durch das **Verschlechterungsverbot (§ 528 ZPO)** ausgeschlossen, weil der Vermieter durch eine solche Entscheidung stärker belastet wird als durch eine befristete Fortsetzung des Mietverhältnisses.[29] Wird die Klagabweisung auf eine unwirksame Kündigung gestützt, muss der Vermieter erneut kündigen. Bei der Klagabweisung auf Grund einer befristeten Vertragsfortsetzung endet das Mietverhältnis dagegen ohne weiteres nach Ablauf der Verlängerungszeit.

## C. Abweichende Vereinbarungen

29 Das in § 574a BGB geregelte Verfahren kann nicht zum Nachteil des Mieters abweichend geregelt werden. Es gelten die Ausführungen zu § 574 BGB.

---

[26] BVerfG NZM 2015, 161 (162); LG Lübeck WuM 1996, 705; Sternel MietR, 1988, Kap. IV Rn. 232; Bub/Treier MietR-HdB/*Grapentin* Kap. IV Rn. 252; Erman/*Lützenkirchen* BGB § 574 Rn. 3; Staudinger/*Rolfs* BGB § 574a Rn. 11; Kossmann Wohnraummietvertrag § 135 Rn. 12; Palandt/*Weidenkaff* BGB § 574a Rn. 8.
[27] *Kossmann* Wohnraummietverträge § 135 Rn. 11; **aA** LG Heidelberg WuM 1994, 682.
[28] LG München WuM 2001, 561; Sternel MietR, 1988, Kap. IV Rn. 232.
[29] MüKoZPO/*Rimmelspacher* § 528 Rn. 54.

## § 574b Form und Frist des Widerspruchs

**(1) [1]Der Widerspruch des Mieters gegen die Kündigung ist schriftlich zu erklären. [2]Auf Verlangen des Vermieters soll der Mieter über die Gründe des Widerspruchs unverzüglich Auskunft erteilen.**

**(2) [1]Der Vermieter kann die Fortsetzung des Mietverhältnisses ablehnen, wenn der Mieter ihm den Widerspruch nicht spätestens zwei Monate vor der Beendigung des Mietverhältnisses erklärt hat. [2]Hat der Vermieter nicht rechtzeitig vor Ablauf der Widerspruchsfrist auf die Möglichkeit des Widerspruchs sowie auf dessen Form und Frist hingewiesen, so kann der Mieter den Widerspruch noch im ersten Termin des Räumungsrechtsstreits erklären.**

**(3) Eine zum Nachteil des Mieters abweichende Vereinbarung ist unwirksam.**

**Systematische Übersicht**



### A. Zweck und Anwendungsbereich

Die Vorschrift regelt Form und Frist des Kündigungswiderspruchs. Sie ist dem bis 31.8.2001 geltenden § 556a Abs. 5, 6 BGB nachgebildet. Wegen des Anwendungsbereichs → BGB § 574 Rn. 2. 1

### B. Schriftform (Abs. 1 S. 1)

Der Widerspruch bedarf nach § 574b Abs. 1 S. 1 BGB der Schriftform. Das Schriftformerfordernis dient einem doppelten Zweck. Zum einen soll der Mieter dazu angehalten werden, den Kündigungswiderspruch nur dann einzulegen, wenn tatsächlich Härtegründe vorliegen. Zum anderen sollen Beweisschwierigkeit über die Einlegung des Widerspruchs und den Inhalt der Erklärungen vermieden werden. Die in § 574 BGB gebrauchten Begriffe „Widerspruch" und „Fortsetzung des Mietverhältnisses" muss der Mieter nicht verwenden. Es genügt, wenn er zum Ausdruck bringt, dass er von der Möglichkeit des § 574 BGB Gebrauch machen will.[1] Zweifel gehen zu Lasten des Mieters, weil er den Zugang des Widerspruchs beweisen muss. Dies ist insbes. dann von Bedeutung, wenn unklar bleibt, ob der Mieter Widerspruch einlegen oder lediglich eine vorgerichtliche Räumungsfrist haben will. Der Mieter muss den **Widerspruch** eigenhändig unterschreiben. Bei einem Mietverhältnis mit mehreren Mietern müssen alle unterschreiben, wenn nicht eine Erklärungsvollmacht vorliegt. Formularmäßige Bevollmächtigung reicht aus. Die fehlende Unterschrift eines von mehreren Mietern hat nicht die Unwirksamkeit der gesamten Erklärung zur Folge. Vielmehr führt dieser Umstand dazu, dass lediglich der unterschreibende Mieter Härtegründe geltend machen kann. In der Praxis ist dies idR von untergeordneter Bedeutung, weil der andere Mieter häufig als Familienangehöriger oder Lebensgefährte mitberücksichtigt wird (→ Rn. 10). Bei der Einlegung des Widerspruchs durch **E-Mail** oder **Telefax** ist die Schriftform nicht gewahrt.[2] Die Erklärung des Widerspruchs zu **Protokoll des Gerichts** reicht gleichfalls nicht aus, es sei denn, der Widerspruch 2

[1] AnwK WohnraumMietR/*Lammel* BGB § 574b Rn. 8; Fischer-Dieskau/Pergande/Schwender WohnungsbauR/*Franke* BGB § 574b Anm. 2; Staudinger/*Rolfs* BGB § 574b Rn. 6; Erman/*Lützenkirchen* BGB § 574b Rn. 2 Bamberger/Roth/*Hannappel* BGB § 574b Rn. 4; MüKoBGB/*Häublein* § 574a Rn. 2; Sternel MietR, 1988, Kap. IV Rn. 190; Bub/Treier MietR-HdB/*Grapentin* Kap. IV Rn. 250.

[2] Sternel MietR Kap. XI Rn. 313; Bub/Treier MietR-HdB/*Grapentin* Kap. IV Rn. 248; Staudinger/*Rolfs* BGB § 574b Rn. 9; MüKoBGB/*Häublein* § 574b Rn. 2; Bamberger/Roth/*Hannappel* BGB § 574b Rn. 3; Erman/*Lützenkirchen* BGB § 574b Rn. 3; AnwK WohnraumMietR/*Lammel* BGB § 574b Rn. 6.

ist Teil eines gerichtlichen Vergleichs (§ 127a BGB).[3] Dies führt insbes. im Fall des § 574b Abs. 2 BGB zu Problemen (→ Rn. 6). Wird der Widerspruch durch einen **Bevollmächtigten** erklärt, so ist § 174 BGB zu beachten. Danach kann der Widerspruch zurückgewiesen werden, wenn keine Vollmachtsurkunde beigefügt ist. Der Widerspruch muss gegenüber dem Vermieter erklärt werden und diesem zugehen. Bei mehreren Vermietern muss der Widerspruch allen Vermietern zugehen, wenn keine Empfangsvollmacht vorliegt.

## C. Gründe des Widerspruchs (Abs. 1 S. 2)

3 Der Widerspruch bedarf keiner Begründung. Gleichwohl kann eine Begründung sinnvoll sein, weil der Mieter mit der Angabe der Gründe in bestimmten Fällen Kostenvorteile erlangen kann (§ 93b Abs. 1, 3 ZPO). In § 574b Abs. 1 S. 2 BGB ist darüber hinaus bestimmt, dass der Mieter auf Verlangen des Vermieters über die Gründe des Widerspruchs unverzüglich Auskunft erteilen soll. Ein Auskunfts**anspruch** wird hierdurch nicht begründet. Eine Verletzung der **Obliegenheit zur Erteilung der Auskunft** kann aber zu Kostennachteilen führen (§ 93b Abs. 2 ZPO). Weitere Rechtsnachteile sind hiermit nicht verbunden. Das Auskunftsverlangen des Vermieters kann erst nach Zugang des Kündigungswiderspruchs geltend gemacht werden. Es bedarf keiner besonderen Form. Da der Vermieter den Zugang beweisen muss, ist Schrift- oder Textform empfehlenswert. Unter den **Gründen des Widerspruchs iSd § 574b Abs. 1 S. 2 BGB** sind die Tatsachen, Sachverhalte und Lebensvorgänge zu verstehen, aus denen sich das Interesse des Mieters an der Vertragsfortsetzung ergibt. Dabei kommt es maßgeblich darauf an, welche „Kerntatsachen" der Mieter angegeben hat. Diese Kerntatsachen kann der Mieter durch die spätere (zB im Prozess) Mitteilung von „Ergänzungstatsachen" präzisieren. Für die Unterscheidung zwischen den Kern- und den Ergänzungstatsachen wird auf die Ausführungen zu → BGB § 574 Rn. 63 verwiesen, die hier sinngemäß gelten, weil § 574b Abs. 1 S. 2 BGB das Gegenstück zu § 574 Abs. 3 BGB darstellt. Die Auskunftspflicht muss „unverzüglich" (ohne schuldhaftes Zögern) erfüllt werden. Eine Zeit von etwa zwei Wochen ist im Allgemeinen angemessen.

## D. Widerspruchsfrist (Abs. 2)

### I. Abs. 2 S. 1

4 Der Widerspruch muss grds. spätestens zwei Monate vor der Beendigung des Mietverhältnisses dem Vermieter gegenüber erklärt werden (§ 574b Abs. 2 S. 1 BGB). Maßgeblich ist der Zugang. Ein nach diesem Zeitpunkt eingehender Widerspruch ist verspätet (über die Folgen → Rn. 9). Der Zeitpunkt der Beendigung richtet sich nach der Kündigungserklärung. Eine Ausnahme gilt, wenn der Vermieter mit einer zu kurzen Frist gekündigt hat; in diesem Fall endet das Mietverhältnis nach Ablauf der gesetzlichen Fristen. Für die **Fristberechnung** gelten die §§ 186–193 BGB. Endet das Mietverhältnis am 3.7., so muss der Widerspruch spätestens am 3.5. dem Vermieter zugehen (§ 188 Abs. 2 BGB). Fällt der letzte Tag der Frist auf einen Sonntag, Feiertag oder Samstag, so tritt an die Stelle dieses Tages der nächste Werktag (§ 193 BGB). Ein fristgemäßer Widerspruch ist auch dann nicht entbehrlich, wenn der Mieter bereits Klage auf Feststellung der Unwirksamkeit der Kündigung erhoben hat. Anders ist es, wenn der Mieter (zugleich oder ausschließlich) eine Klage auf Fortsetzung des Mietverhältnisses erhoben hat; in diesem Fall ist in der Klagerhebung zugleich ein Kündigungswiderspruch zu sehen. Eine vorfristige Widerspruchserklärung ist rechtlich unbedenklich, aber wegen § 259 ZPO nicht zu empfehlen. Der Mieter ist zur Abgabe einer vorfristigen Erklärung nicht verpflichtet. Das Auskunftsverlangen nach § 574b Abs. 1 S. 2 BGB kann erst nach Zugang des Widerspruchs beim Vermieter geltend gemacht werden.

5 Bei **mehreren Kündigungen** ist es zweckmäßig, dass der Mieter gegen jede Kündigung Widerspruch einlegt. Die Frist beginnt mit jeder Kündigung neu zu laufen. In den meisten Fällen ist eine erneute Einlegung des Widerspruchs allerdings nicht zwingend erforderlich. Hat der Mieter bspw. gegen eine formell unwirksame Kündigung Widerspruch eingelegt und wird die Kündigung

[3] Staudinger/*Rolfs* BGB § 574b Rn. 9; AnwK WohnraumMietR/*Lammel* BGB § 574b Rn. 7; Sternel MietR, 1988, Kap. IV Rn. 192; **aA** MüKoBGB/*Häublein* § 574b Rn. 2, danach ist § 574b Abs. 2 S. 2 BGB lex specialis zu § 127a ZPO; Fischer-Dieskau/Pergande/Schwender WohnungsbauR/*Franke* BGB § 574b Anm. 2; *Franke* ZMR 1993, 93; Bub/Treier MietR-HdB/*Grapentin* Kap. IV Rn. 249.

anschließend formell wirksam wiederholt, so wirkt der ursprüngliche Widerspruch weiter, wenn für den Vermieter hinreichend klar erkennbar ist, dass die Härtegründe fortbestehen.[4]

## II. Abs. 2 S. 2

In § 568 Abs. 2 BGB ist geregelt, dass der Vermieter den Mieter rechtzeitig auf die Möglichkeit, die Form und die Frist des Widerspruchs hinweisen soll. Wird diese Obliegenheit nicht beachtet (zur Beweislast → BGB § 574 Rn. 65), so kann der Mieter den Widerspruch noch im ersten **Termin des Räumungsrechtsstreits** erklären (§ 574b Abs. 2 S. 2 BGB). Mit dieser Regelung soll erreicht werden, dass die Einlegung des Kündigungswiderspruchs nicht an der Unwissenheit des Mieters scheitert. Das Gesetz geht dabei davon aus, dass der Mieter spätestens vom Richter über die Möglichkeit des Kündigungswiderspruchs informiert wird. Gleichwohl kann der Mieter den Widerspruch nicht zu Protokoll erklären, weil in diesem Fall die Schriftform nicht gewahrt ist (s. § 127a BGB).[5] Wegen der Einzelheiten der Erteilung des Hinweises → BGB § 568 Rn. 21. 6

Fehlt der Hinweis oder entspricht er nicht den gesetzlichen Anforderungen, so genügt es für die Rechtzeitigkeit des Widerspruchs, wenn er spätestens vor der Beendigung des **ersten Termins des Räumungsrechtsstreits** erklärt wird. Dies ist die erste mündliche Verhandlung iSv § 274 ZPO. Ist dem Termin ein schriftliches Vorverfahren vorausgegangen und hat das Gericht in diesem Verfahren ein Versäumnisurteil erlassen, so muss über den Widerspruch mündlich verhandelt werden.[6] Hier kann der Widerspruch noch im Termin zur Verhandlung über den Einspruch erklärt werden.[7] Wird im laufenden Gerichtsverfahren ohne Hinweis gekündigt, so ist der erste Termin derjenige, in dem über diese Kündigung verhandelt wird. Dies gilt auch, wenn der Rechtsstreit in der Berufungsinstanz anhängig ist. 7

Nach der gesetzlichen Regelung ist der Widerspruch **im** Termin zu erklären. Selbstverständlich kann der Mieter den Widerspruch aber auch außerhalb des Termins übermitteln. Die Widerspruchsfrist endet aber in den Fällen des § 574b Abs. 2 S. 2 BGB in jedem Fall mit der Beendigung des ersten Termins. Ein nach diesem Termin erklärter Widerspruch ist verspätet (wegen der Folgen → Rn. 9). Dies gilt auch dann, wenn der Richter keinen Hinweis auf die Möglichkeit des Kündigungswiderspruchs gegeben hat. Das Gesetz geht zwar davon aus, dass der Mieter vom Richter informiert werden soll; ein unterbliebener Hinweis ist gleichwohl folgenlos. Erscheint der Mieter nicht, so gilt der Termin als versäumt. Ein rechtzeitiger Widerspruch nach diesem versäumten Termin ist nicht möglich, es sei denn, dass der Mieter nicht ordnungsgemäß zum Termin geladen worden ist oder dass das Amtsgericht vertagt hat. Bei einer schuldlosen Säumnis kann keine Wiedereinsetzung gewährt werden.[8] Eine dem § 721 Abs. 2 S. 2 ZPO vergleichbare Vorschrift enthält § 574b BGB nicht. 8

## III. Verspäteter Widerspruch

Die Widerspruchsfrist ist keine Ausschlussfrist. Vielmehr muss der verspätete Widerspruch mit einer **Einrede** (vergleichbar der Verjährungseinrede) gerügt werden.[9] Dies folgt aus dem Wortlaut des § 574b Abs. 2 S. 1 BGB („… kann … ablehnen"). Wird die Einrede nicht erhoben, so ist jeder 9

---

4 LG Darmstadt MM 1991, 131.

5 Staudinger/*Rolfs* BGB § 574b Rn. 9; AnwK WohnraumMietR/*Lammel* BGB § 574b Rn. 7; Sternel MietR, 1988, Kap. IV Rn. 192; **aA** MüKoBGB/*Häublein* § 574b Rn. 2, danach ist § 574b Abs. 2 S. 2 BGB lex specialis zu § 127a ZPO; Fischer-Dieskau/Pergande/Schwender WohnungsbauR/*Franke* BGB § 574b Anm. 2; *Franke* ZMR 1993, 93; Bub/Treier MietR-HdB/*Grapentin* Kap. IV Rn. 249.

6 *Franke* ZMR 1993, 93.

7 LG Düsseldorf WuM 1992, 371; MüKoBGB/*Häublein* § 574b Rn. 8; Bamberger/Roth/*Hannappel* BGB § 574b Rn. 8; AnwK WohnraumMietR/*Lammel* BGB § 574b Rn. 14; Fischer-Dieskau/Pergande/Schwender WohnungsbauR/*Franke* BGB § 574b Anm. 5; *Franke* ZMR 1993, 93; Staudinger/*Rolfs* BGB § 574b Rn. 13; **aA** Bub/Treier MietR-HdB/*Grapentin* Kap. IV Rn. 249.

8 MüKoBGB/*Häublein* § 574b Rn. 9; Sternel MietR, 1988, Kap. IV Rn. 194.

9 AllgA, Bub/Treier MietR-HdB/*Grapentin* Kap. IV Rn. 249; Staudinger/*Rolfs* BGB § 574b Rn. 10; Fischer-Dieskau/Pergande/Schwender WohnungsbauR/*Franke* BGB § 574b Anm. 4; *Franke* ZMR 1993, 93; AnwK WohnraumMietR/*Lammel* BGB § 574b Rn. 12; MüKoBGB/*Häublein* § 574b Rn. 9; Kossmann Wohnraummietvertrag § 132 Rn. 7; Erman/*Lützenkirchen* BGB § 574b Rn. 6; Herrlein/Kandelhard/*Herrlein* BGB § 574b Rn. 4; Palandt/*Weidenkaff* BGB § 574b Rn. 4; Sternel MietR, 1988, Kap. IV Rn. 194; *Burkhardt* BB 1963, 907; *Hoffmann* NJW 1966, 486; *Kunkel* NJW 1965, 799.

Widerspruch zu beachten, der bis zum Schluss der mündlichen Verhandlung erklärt und in das Verfahren eingeführt wird. Auch die in § 574b Abs. 2 S. 2 BGB bezeichnete Frist (erster Termin des Räumungsrechtsstreits) ist keine Ausschlussfrist; die Überschreitung dieser Frist ist deshalb ebenfalls nur zu beachten, wenn der Vermieter die Verspätungseinrede erhoben hat.

### IV. Eintretende Härtegründe nach Fristablauf

10 Im Gesetz ist nicht geregelt, welche Rechtsfolge gilt, wenn die **Härtegründe erst nach Ablauf der Fristen** des § 574b BGB eintreten. Es handelt sich um eine planwidrige Gesetzeslücke,[10] die durch entsprechende Anwendung des in § 574 Abs. 3 BGB enthaltenen Rechtsgedankens zu schließen ist. Wegen der nachträglichen Gründe kann der Mieter den Widerspruch bis zum Schluss der mündlichen Verhandlung einlegen.[11]

## E. Abweichende Vereinbarungen (Abs. 3)

11 Es gelten die Ausführungen zu § 574 BGB.

---

[10] **AA** NK-BGB/*Hinz* BGB § 574b Rn. 11.

[11] Wie hier Sternel MietR Kap. XI Rn. 317; Herrlein/Kandelhard/*Herrlein* BGB § 574b Rn. 4; **aA** Staudinger/*Rolfs* BGB § 574b Rn. 15; MüKoBGB/*Häublein* § 574b Rn. 7; AnwK WohnraumMietR/*Lammel* BGB *§ 574b Rn. 13*; Bub/Treier MietR-HdB/*Grapentin* Kap. IV Rn. 249; Bamberger/Roth/*Hannappel* BGB § 574b Rn. 6; NK-BGB/*Hinz* BGB § 574b Rn. 11, danach ist in diesem Fall nur die Gewährung einer Räumungsfrist möglich.

# § 574c Weitere Fortsetzung des Mietverhältnisses bei unvorhergesehenen Umständen

**(1) Ist aufgrund der §§ 574 bis 574b durch Einigung oder Urteil bestimmt worden, dass das Mietverhältnis auf bestimmte Zeit fortgesetzt wird, so kann der Mieter dessen weitere Fortsetzung nur verlangen, wenn dies durch eine wesentliche Änderung der Umstände gerechtfertigt ist oder wenn Umstände nicht eingetreten sind, deren vorgesehener Eintritt für die Zeitdauer der Fortsetzung bestimmend gewesen war.**

**(2) [1]Kündigt der Vermieter ein Mietverhältnis, dessen Fortsetzung auf unbestimmte Zeit durch Urteil bestimmt worden ist, so kann der Mieter der Kündigung widersprechen und vom Vermieter verlangen, das Mietverhältnis auf unbestimmte Zeit fortzusetzen. [2]Haben sich die Umstände verändert, die für die Fortsetzung bestimmend gewesen waren, so kann der Mieter eine Fortsetzung des Mietverhältnisses nur nach § 574 verlangen; unerhebliche Veränderungen bleiben außer Betracht.**

**(3) Eine zum Nachteil des Mieters abweichende Vereinbarung ist unwirksam.**

## Systematische Übersicht



## Alphabetische Schnellübersicht



## A. Zweck und Anwendungsbereich

Die Vorschrift regelt, wann das Mietverhältnis nach einer Fortsetzung gem. §§ 574, 574a BGB erneut fortgesetzt werden kann. Die Vorschrift ist dem bis 31.8.2001 geltenden § 556c BGB aF nachgebildet. 1

Der Anwendungsbereich ist derselbe, wie bei § 574 BGB dargestellt. 2

## B. Anwendungsbereich des Abs. 1

### I. Ablauf der Verlängerungszeit

Die Regelung in § 574c Abs. 1 BGB ist anwendbar, wenn die Vertragszeit endet, nachdem das Mietverhältnis nach §§ 574, 574a BGB durch Einigung oder Urteil **auf bestimmte Zeit** fortgesetzt worden ist. Eine vorangegangene Vertragsfortsetzung aus anderen Gründen (zB nach § 545 BGB oder auf Grund vertraglicher Vereinbarung außerhalb der §§ 574, 574a BGB) führt nicht zur Anwendung des § 574c BGB; vielmehr sind in einem solchen Fall §§ 574, 574a BGB unmittelbar anwendbar. Es genügt auch nicht, dass das Mietverhältnis irgendwann in zurückliegender Zeit nach 3

§§ 574, 574a BGB fortgesetzt worden ist. Erforderlich ist vielmehr, dass ein nach diesen Bestimmungen fortgesetztes Mietverhältnis endet.

## II. Rückgabepflicht

4 Der Ablauf der Fortsetzungszeit hat in diesem Fall zur Folge, dass der Mieter die Mietsache herausgeben muss. Eine Kündigung durch den Vermieter ist nicht erforderlich, weil das Mietverhältnis mit dem Ablauf der Fortsetzungszeit ohne weiteres endet. § 545 BGB ist allerdings zu beachten (→ BGB § 545 Rn. 11). Gibt der Mieter die Sache nicht zurück, so kann der Vermieter ohne Weiteres Räumungsklage erheben.[1]

## III. Fortsetzungsinteresse

5 Liegen jedoch in der Person des Mieters Härtegründe iSv § 574 BGB vor, so kann er eine weitere Vertragsfortsetzung nach § 574 BGB verlangen, falls das **besondere Fortsetzungsinteresse** des § 574c Abs. 1 BGB gegeben ist.

### 1. Wesentlichkeitskriterium

6 Ein solches Fortsetzungsinteresse ist zunächst dann anzunehmen, wenn eine weitere Fortsetzung durch eine **wesentliche Änderung der Umstände** gerechtfertigt ist. An das Kriterium der **Wesentlichkeit** sind keine allzu hohen Anforderungen zu stellen. Es genügt, wenn auf Grund der neuen Sachlage ein Überdenken des bisherigen Abwägungsergebnisses angezeigt erscheint. Eine **Änderung** liegt vor, wenn in der Verlängerungszeit neue Härtegründe auftreten, die ursprünglich nicht vorhanden gewesen sind oder wenn sich ein ursprünglich vorhandener Härtegrund (zB eine Krankheit) in der Verlängerungszeit wesentlich verschärft oder zum Nachteil des Mieters anders entwickelt als dies erwartet wurde. Weiterhin kann ein Fortsetzungsinteresse bejaht werden, wenn auf Seiten des Mieters ursprünglich vorhandene Härtegründe entfallen und zugleich neue Härtegründe eingetreten sind. Nach der hier vertretenen Ansicht ist ein Fortsetzungsinteresse auch hinsichtlich solcher Härtegründe gegeben, die zwar bei der ursprünglichen Fortsetzung bereits vorhanden waren aber nicht geltend gemacht oder nicht berücksichtigt wurden.[2] Nach anderer Meinung dürfen nur solche Gründe berücksichtigt werden, die nach Schluss der mündlichen Verhandlung über das Fortsetzungsurteil oder dem Zeitpunkt der Einigung über die Vertragsfortsetzung entstanden sind.[3] Das Bedürfnis zur Korrektur einer früher getroffenen fehlerhaften Entscheidung kann allerdings nicht als Fortsetzungsinteresse bewertet werden.[4] Unerheblich ist es auch, wenn sich Umstände verändern, die mit den Gründen der ursprünglichen Vertragsfortsetzung nichts zu tun haben.[5]

### 2. Eintreten unvorhergesehener Umstände

7 Außerdem liegt ein Fortsetzungsinteresse vor, wenn **Umstände nicht eingetreten** sind, deren vorhergesehener Eintritt für die Zeitdauer der Fortsetzung bestimmend gewesen ist. Ein solcher Fall kann bspw. vorliegen, wenn der Mieter trotz Erfüllung der Ersatzraumbeschaffungspflicht in der Fortsetzungszeit keine Ersatzwohnung gefunden hat, oder wenn sich ein als hinreichend sicher angesehener Umzug in ein Eigenheim aus Gründen, die der Mieter nicht zu vertreten hat, weiter verzögert. Ist der Eintritt bestimmter Umstände von einer Partei wider Treu und Glauben verhindert oder herbeigeführt worden, so kann sich die treuwidrig handelnde Partei nicht darauf berufen

---

[1] LG Hamburg ZMR 2017, 563.

[2] Staudinger/*Rolfs* BGB § 574c Rn. 9; MüKoBGB/*Häublein* § 574c Rn. 5; Bamberger/Roth/*Hannappel* BGB § 574c Rn. 6; Palandt/*Weidenkaff* BGB § 574c Rn. 5; Elzer/Riecke/*Riecke* BGB § 574c Rn. 2.

[3] Sternel MietR, 1988, Kap. IV Rn. 226; Fischer-Dieskau/Pergande/Schwender WohnungsbauR/*Franke* BGB § 574c Anm. 2; AnwK WohnraumMietR/*Lammel* BGB § 574c Rn. 16; Herrlein/Kandelhard/*Herrlein* BGB § 574c Rn. 2.

[4] *Bub/Treier MietR-HdB/Grapentin* Kap. IV Rn. 256.

[5] LG Siegen NJW-RR 1991, 1113, die Eheschließung und Aufnahme des Ehegatten in die gekündigte Wohnung, wenn das Mietverhältnis wegen fehlendem Ersatzraum fortgesetzt worden ist.

(Rechtsgedanke des § 162 BGB).[6] Hierzu sind auch diejenigen Fälle zu zählen, in denen der Mieter nichts unternimmt um einen Härtegrund zu beseitigen.[7] Hiervon ist bspw. dann auszugehen, wenn der Mieter keine Ersatzraumbemühungen unternimmt oder – bei krankheitsbedingtem Räumungshindernis – keine Heilbehandlung in die Wege leitet.

### 3. Wegfall von Härtegründen

Liegt kein besonderes Fortsetzungsinteresse vor, so kann der Mieter auch dann keine weitere Vertragsfortsetzung nach § 574c BGB verlangen, wenn die **früheren Härtegründe des Vermieters weggefallen** sind.[8] Bei einem Wegfall bestimmter Kündigungsgründe (zB des Eigenbedarfs) kann der Mieter Vollstreckungsgegenklage erheben (→ BGB § 573 Rn. 74). 8

## IV. Fortsetzungsanspruch, materielle Voraussetzungen

Der Fortsetzungsanspruch richtet sich nach § 574 BGB, wenn das ursprüngliche Mietverhältnis nach dieser Vorschrift fortgesetzt worden ist. Auch bei § 574c Abs. 1 BGB ist eine Fortsetzung auf bestimmte oder unbestimmte Zeit möglich. Über die Fortsetzung ist auf Grund einer erneuten Interessenabwägung zu entscheiden. Zugunsten des Mieters sind die schon früher gegebenen und noch vorhandenen Härtegründe und das spezielle Fortsetzungsinteresse zu berücksichtigen. Zugunsten des Vermieters ist auch zu berücksichtigen, ob zu dem ursprünglich gegebenen Erlangungsinteresse weitere Interessen hinzugetreten sind, die für eine endgültige Abwicklung des Mietverhältnisses sprechen. Maßgeblich ist die Interessenlage zum Zeitpunkt der Entscheidung über die Vertragsfortsetzung. Die Abwägung kann ergeben, dass das Mietverhältnis nicht weiter fortgesetzt werden darf, obwohl die formellen Voraussetzungen des § 574c BGB gegeben sind. Die in § 574 Abs. 1 S. 2 BGB und § 549 Abs. 2 BGB enthaltenen Ausschlusstatbestände gelten auch für die weitere Vertragsfortsetzung nach § 574c BGB. 9

## V. Fortsetzungsanspruch, formelle Voraussetzungen

In §§ 556c Abs. 1 BGB aF war ausdrücklich geregelt, dass das Fortsetzungsverlangen nach den Vorschriften der §§ 556a, 556b BGB aF – also unter Beachtung der in § 556b BGB aF bestimmten Formen und Fristen – geltend zu machen war.[9] Überwiegend wird die Ansicht vertreten, dass diese Rechtslage nach der Neufassung der Vorschriften über die Vertragsfortsetzung durch das Mietrechtsreformgesetz unverändert fortgilt.[10] Dabei wird verkannt, dass § 574c Abs. 1 BGB nicht mehr auf die in § 574b BGB geregelten Formen und Fristen des Fortsetzungsverlangens Bezug nimmt. Daraus ist zu folgern, dass das Verlangen nach weiterer Fortsetzung des Mietverhältnisses formlos gestellt werden kann und dass hierfür keine Fristen gelten.[11] Aus dem systematischen Zusammenhang der §§ 574–574c BGB kann das Formerfordernis nicht abgeleitet werden;[12] der Gesichtspunkt der Rechtsklarheit erfordert, dass die Wirksamkeit einer Erklärung nur dann von der Beachtung bestimmter Formen oder Fristen abhängen darf, wenn dies im Gesetz hinreichend klar bestimmt ist. 10

---

[6] Bericht des Rechtsausschusses BT-Drs. V/2317, 4; Staudinger/*Rolfs* BGB § 574c Rn. 15; Bamberger/Roth/*Hannappel* BGB § 574c Rn. 8; MüKoBGB/*Häublein* § 574c Rn. 6; Erman/*Lützenkirchen* BGB § 574c Rn. 3; Fischer-Dieskau/Pergande/Schwender WohnungsbauR/*Franke* BGB § 574c Anm. 2.1; Bub/Treier MietR-HdB/*Grapentin* Kap. IV Rn. 257.

[7] Pergande WohnraummietR BGB § 556c Anm. 3.

[8] Insoweit zutr. LG München I WuM 1996, 94; **aA** Staudinger/*Rolfs* BGB § 574c Rn. 10; MüKoBGB/*Häublein* § 574c Rn. 5; Fischer-Dieskau/Pergande/Schwender WohnungsbauR/*Franke* BGB § 574c Anm. 2.2; AnwK WohnraumMietR/*Lammel* BGB § 574c Rn. 14; Elzer/Riecke/*Riecke* BGB § 574c Rn. 2; NK-BGB/*Hinz* BGB § 574c Rn. 4.

[9] Pergande WohnraummietR § 556c BGB aF Anm. 2.

[10] Fischer-Dieskau/Pergande/Schwender WohnungsbauR/*Franke* BGB § 574c Anm. 2.3; Staudinger/*Rolfs* BGB § 574c Rn. 18; Bamberger/Roth/*Hannappel* BGB § 574c Rn. 10; MüKoBGB/*Häublein* § 574c Rn. 7; AnwK WohnraumMietR/*Lammel* BGB § 574c Rn. 21; *Kossmann,* Der Wohnraummietvertrag, 2. Aufl. 1998, § 134 Rn. 5.

[11] Palandt/*Weidenkaff* BGB § 574c Rn. 10; Herrlein/Kandelhard/*Herrlein* BGB § 574c Rn. 7.

[12] So aber Staudinger/*Rolfs* BGB § 574c Rn. 28.

### VI. Wiederholte Vertragsfortsetzung

11 Endet eine nach § 574c Abs. 1 BGB angeordnete Vertragsfortsetzung, so kann der Mieter wiederum eine Fortsetzung nach § 574c BGB verlangen, wenn die Voraussetzungen dieser Vorschrift gegeben sind. Für die weitere Vertragsfortsetzung ist ein Fortsetzungsinteresse erforderlich. In früherer Zeit wurde zu § 556a BGB aF zT die Ansicht vertreten, dass die Vorschrift nur einmal angewendet werden könne.[13] Diese Ansicht konnte sich auf den Wortlaut der früheren Gesetzesfassung („Ist … bereits einmal … die Fortsetzung des Mietverhältnisses bestimmt worden, …") stützen. Heute ist diese Ansicht überholt. Aus der gegenwärtigen Gesetzesfassung lässt sich keine Beschränkung der Anzahl der Vertragsfortsetzungen ableiten.[14]

### VII. Gerichtliche Verfahren

12 Für das **gerichtliche Verfahren** gelten die Ausführungen zu → BGB § 574a Rn. 19). Wie bei § 574 BGB genügt es, wenn der Mieter den Fortsetzungsanspruch durch Einrede geltend macht. Auch iRd § 574c Abs. 1 BGB kann der Vermieter beim Vorliegen der Voraussetzungen des § 574a Abs. 1 S. 2 BGB verlangen, dass die Bedingungen der Vertragsfortsetzung geändert werden (→ BGB § 574a Rn. 13).

### VIII. Darlegungs- und Beweislast

13 Der Vermieter muss darlegen und beweisen, dass das Mietverhältnis nach §§ 574, 574a BGB und nicht nach anderen Rechtsgrundsätzen fortgesetzt wurde. Dies kann insbes. dann zu Problemen führen, wenn die ursprüngliche Fortsetzung nicht durch das Gericht, sondern durch Einigung der Vertragsparteien erfolgt ist. Der Mieter muss darlegen und beweisen, dass ein besonderes Fortsetzungsinteresse gegeben ist.[15]

## C. Anwendungsbereich des Abs. 2

### I. Fortsetzung auf unbestimmte Zeit durch Urteil

14 Die Regelung in § 574c Abs. 2 BGB ist anwendbar, wenn das Mietverhältnis durch **Urteil** gem. §§ 574, 574a BGB auf **unbestimmte Zeit** verlängert worden ist und der Vermieter in der Folgezeit erneut kündigt. Bei einer Vertragsfortsetzung durch **Einigung** (außerhalb eines gerichtlichen Verfahrens oder durch Prozessvergleich) gilt Abs. 2 nicht; hier richtet sich der Fortsetzungsanspruch nach § 574 BGB.[16] Der Grund für diese unterschiedliche Handhabung ist darin zu sehen, dass die Anwendung des § 574 BGB für den Vermieter günstiger ist als die Anwendung des § 574c Abs. 2 BGB. Im erstgenannten Fall muss der Mieter unter Beachtung der nach § 574 BGB maßgeblichen Formen und Fristen darlegen und beweisen, dass ein Härtegrund besteht. Der Fortsetzungsanspruch nach § 574c Abs. 2 BGB ist dagegen weder an formelle noch an materiell-rechtliche Voraussetzungen gebunden. Die Privilegierung des Vermieters für den Fall der Vertragsfortsetzung durch Einigung ist sachgerecht, weil dieser bei freiwilliger Vertragsfortsetzung nach § 574 BGB nicht schlechter gestellt werden soll als bei einer vereinbarten Vertragsfortsetzung außerhalb dieser Bestimmungen.

[13] Roquette MietRBGB § 556c Rn. 3; **aA** *Schmidt-Futterer* NJW 1965, 1461 (1463).
[14] LG Mannheim WuM 1975, 213 (214); Fischer-Dieskau/Pergande/Schwender WohnungsbauR/*Franke* BGB § 574c Anm. 2.3; Staudinger/*Rolfs* BGB § 574c Rn. 20; MüKoBGB/*Häublein* § 574c Rn. 6; Palandt/*Weidenkaff* BGB § 574c Rn. 1.
[15] LG Hamburg ZMR 2017, 563.
[16] Staudinger/*Rolfs* BGB § 574c Rn. 21; Fischer-Dieskau/Pergande/Schwender WohnungsbauR/*Franke BGB § 574c Anm. 5*; Bub/Treier MietR-HdB/*Grapentin* Kap. IV Rn. 257; Bamberger/Roth/*Hannappel* BGB § 574c Rn. 12; MüKoBGB/*Häublein* § 574c Rn. 9; Erman/*Lützenkirchen* BGB § 574c Rn. 4; Palandt/*Weidenkaff* BGB § 574c Rn. 7.

## II. Kündigung durch den Vermieter

§ 574c Abs. 2 BGB gilt nur bei einer Vertragsbeendigung durch Kündigung des Vermieters. Bei einer Vertragsbeendigung durch Kündigung des Mieters ist § 574c Abs. 2 BGB unanwendbar; eine Verlängerung nach § 574 BGB kommt nicht in Betracht (→ BGB § 574 Rn. 15). Ebenso ist § 574c Abs. 2 BGB nicht anwendbar, wenn das Mietverhältnis durch Aufhebungsvertrag beendet worden ist. 15

Die Regelung gilt nur bei einer wirksamen ordentlichen oder außerordentlichen Kündigung mit gesetzlicher Frist. Liegt kein Kündigungsgrund vor, so ist eine Anwendung des § 574c Abs. 2 BGB ausgeschlossen; hierfür besteht auch kein Bedürfnis, weil das Mietverhältnis durch eine unwirksame Kündigung nicht beendet wird. Bei fristlosen Kündigungen ist Abs. 2 unanwendbar. Es genügt aber – im Unterschied zu § 574 Abs. 1 S. 2 BGB – nicht, wenn lediglich ein Grund zur fristlosen Kündigung vorliegt und der Vermieter gleichwohl eine ordentliche Kündigung ausspricht. 16

## III. Fortsetzungsanspruch (Abs. 2 S. 1)

Der Mieter kann der Kündigung widersprechen und vom Vermieter verlangen, das Mietverhältnis auf unbestimmte Zeit fortzusetzen. Ein **Fortsetzungsinteresse** ist – anders als bei § 574c Abs. 1 BGB – **nicht erforderlich.** Der Mieter muss auch nicht darlegen, dass die ursprünglich gegebenen Härtegründe weiterhin vorhanden sind. Der Widerspruch und das Fortsetzungsverlangen sind wie bei § 574 BGB ein und dasselbe (→ BGB § 574a Rn. 2). Der Mieter muss das **Fortsetzungsverlangen** gegenüber dem Vermieter geltend machen. Es ist nicht erforderlich, dass hierbei die Gesetzesbegriffe verwendet werden. Der Mieter muss nur (schriftlich oder mündlich) klarstellen, dass er eine weitere Vertragsfortsetzung will. Die Regelung in § 574c Abs. 2 S. 1 BGB verweist nicht auf § 574b BGB; deshalb bedarf das Fortsetzungsverlangen weder der **Schriftform,** noch sind **Fristen** zu beachten.[17] Es genügt, wenn das Fortsetzungsverlangen im letzten Termin zur mündlichen Verhandlung über den Räumungsanspruch erklärt wird. Im Klagabweisungsantrag liegt idR zugleich ein Fortsetzungsverlangen nach § 574c Abs. 2 BGB. Der Gesetzgeber hat dem Mieter bewusst eine sehr starke Stellung eingeräumt um zu verhindern, dass dieser nach der Vertragsfortsetzung durch das Gericht durch Kündigungen im Mietgebrauch gestört wird. 17

## IV. Gerichtliche Verfahren

Für das **gerichtliche Verfahren** gelten die Ausführungen zu → BGB § 574a Rn. 19). Es genügt, wenn der Mieter den Fortsetzungsanspruch durch Einrede geltend macht. Das Gericht muss das Mietverhältnis wiederum auf unbestimmte Zeit fortsetzen. Eine Vertragsfortsetzung zu geänderten Bedingungen ist – anders als bei § 574c Abs. 1 BGB – im Falle des § 574c Abs. 2 S. 1 BGB nicht möglich. 18

## V. Fortsetzungsanspruch bei Veränderung der Sachlage (Abs. 2 S. 2)

Haben sich Umstände, die für die Fortsetzung des Mietverhältnisses bestimmend gewesen waren, verändert, so kann der Mieter eine Fortsetzung des Mietverhältnisses nur nach § 574 BGB verlangen. Diese Vorschrift beruht auf der Erwägung, dass die wechselseitigen Interessen bei einer wesentlichen Änderung der Sachlage neu bewertet und abgewogen werden sollen. Zu Klarstellung ist in § 574c Abs. 2 S. 2 Hs. 2 BGB bestimmt, dass eine unerhebliche Veränderung außer Betracht bleibt. Von einer **wesentlichen Veränderung der Sachlage** ist auszugehen, wenn ursprünglich vorhandene Härtegründe auf Seiten des Mieters ganz oder überwiegend entfallen oder nur noch in wesentlich abgeschwächter Form weiterbestehen. Gleiches gilt, wenn auf Seiten des Vermieters neue Interessen an der Vertragsbeendigung gegeben sind oder ursprüngliche Beendigungsinteressen stärker in Erscheinung treten. Dagegen ist § 574c Abs. 2 S. 2 BGB unanwendbar, wenn sich die 19

[17] Bericht des Rechtsausschusses BT-Drs. V/2317, 3; AnwK WohnraumMietR/*Lammel* BGB § 574c Rn. 30; Erman/*Lützenkirchen* BGB § 574c Rn. 5; Palandt/*Weidenkaff* BGB § 574c Rn. 10; Herrlein/Kandelhard/*Herrlein* BGB § 574c Rn. 7; **aA** Staudinger/*Rolfs* BGB § 574c Rn. 28; MüKoBGB/*Häublein* § 574c Rn. 11; Sternel MietR, 1988, Kap. IV Rn. 230.

beim Mieter gegebenen Härtegründe verstärkt oder wenn die Interessen des Vermieters an Gewicht verloren haben. Dies folgt zwar nicht aus dem Wortlaut, wohl aber aus dem Sinn und Zweck des § 574c Abs. 2 S. 2 BGB.

20 Der Grundsatz des **§ 162 BGB,** wonach sich keine Partei auf Umstände berufen kann, die sie wider Treu und Glauben herbeigeführt oder deren Eintritt sie wider Treu und Glauben vereitelt hat, gilt auch iRd § 574c Abs. 2 S. 2 BGB.[18] Deshalb ist eine Neubewertung der Interessen angezeigt, wenn ein krankheitsbedingtes Räumungshindernis nur deshalb fortbesteht, weil der Mieter eine zumutbare ärztliche Behandlung unterlassen oder abgebrochen hat. Umgekehrt kann sich ein Vermieter nicht auf eine geänderte Sachlage berufen, wenn er seinen Wohnbedarf durch die freiwillige Aufgabe seiner bisherigen Wohnung dringlicher gestaltet, als dies zum Zeitpunkt der ursprünglichen Vertragsfortsetzung der Fall gewesen ist.

21 Ob sich die für die frühere Vertragsfortsetzung maßgebenden Umstände geändert haben, muss sich grds. aus dem **Kündigungsschreiben** ergeben (§ 574 Abs. 3 BGB). In diesem Fall muss der Mieter das Fortsetzungsverlangen unter Beachtung der in § 574b BGB bestimmten Formalien (Schriftform, Zweimonatsfrist) geltend machen.[19] Die Vorschrift des § 574b Abs. 2 S. 2 BGB gilt auch hier. Wegen der weiteren Einzelheiten → BGB § 574b Rn. 6. Werden die für die Anwendung des § 574c Abs. 2 S. 2 BGB maßgeblichen Gründen in dem Kündigungsschreiben nicht mitgeteilt, so ist für eine Anwendung dieser Vorschrift wegen § 574 Abs. 3 BGB kein Raum.

### VI. Darlegungs- und Beweislast

22 Der Vermieter muss beweisen, dass die für ihn günstigen Voraussetzungen des § 574c Abs. 2 S. 2 BGB gegeben sind, insbes., dass sich die Umstände die für die ursprüngliche Entscheidung maßgebend waren, geändert haben. Der Mieter muss darlegen und beweisen, dass die Beendigung des Mietverhältnisses für ihn oder seine Familie nach wie vor eine Härte darstellen.[20]

## D. Abweichende Vereinbarungen

23 Es gelten die Ausführungen zu § 574 BGB.

---

[18] Bericht des Rechtsausschusses BT-Drs. V/2317, 4; Staudinger/*Rolfs* BGB § 574c Rn. 32; Pergande WohnraummietR BGB § 556c Anm. 3.

[19] Pergande WohnraummietR BGB § 556c Anm. 3.

[20] Bericht des Rechtsausschusses BT-Drs. V/2317, 3; AnwK WohnraumMietR/*Lammel* BGB § 574c Rn. 35; Staudinger/*Rolfs* BGB § 574c Rn. 30; Bamberger/Roth/*Hannappel* BGB § 574c Rn. 17; MüKoBGB/*Häublein* § 574c Rn. 13; Erman/*Lützenkirchen* BGB § 574c Rn. 8; Sternel MietR, 1988, Kap. IV Rn. 229; Pergande WohnraummietR BGB § 556c Anm. 3.

## Unterkapitel 3. Mietverhältnisse auf bestimmte Zeit

### § 575 Zeitmietvertrag

**(1) [1]Ein Mietverhältnis kann auf bestimmte Zeit eingegangen werden, wenn der Vermieter nach Ablauf der Mietzeit**

**1. die Räume als Wohnung für sich, seine Familienangehörigen oder Angehörige seines Haushalts nutzen will,**

**2. in zulässiger Weise die Räume beseitigen oder so wesentlich verändern oder instand setzen will, dass die Maßnahmen durch eine Fortsetzung des Mietverhältnisses erheblich erschwert würden, oder**

**3. die Räume an einen zur Dienstleistung Verpflichteten vermieten will und er dem Mieter den Grund der Befristung bei Vertragsschluss schriftlich mitteilt. [2]Anderenfalls gilt das Mietverhältnis als auf unbestimmte Zeit abgeschlossen.**

**(2) [1]Der Mieter kann vom Vermieter frühestens vier Monate vor Ablauf der Befristung verlangen, dass dieser ihm binnen eines Monats mitteilt, ob der Befristungsgrund noch besteht. [2]Erfolgt die Mitteilung später, so kann der Mieter eine Verlängerung des Mietverhältnisses um den Zeitraum der Verspätung verlangen.**

**(3) [1]Tritt der Grund der Befristung erst später ein, so kann der Mieter eine Verlängerung des Mietverhältnisses um einen entsprechenden Zeitraum verlangen. [2]Entfällt der Grund, so kann der Mieter eine Verlängerung auf unbestimmte Zeit verlangen. [3]Die Beweislast für den Eintritt des Befristungsgrundes und die Dauer der Verzögerung trifft den Vermieter.**

**(4) Eine zum Nachteil des Mieters abweichende Vereinbarung ist unwirksam.**

#### Systematische Übersicht

## Alphabetische Schnellübersicht



## A. Entstehungsgeschichte, Zweck

### I. Abs. 1 S. 1

1 Nach dieser Vorschrift ist es möglich, ein Mietverhältnis auf bestimmte Zeit zu vereinbaren, bei dem der Mieter keinen Anspruch auf Vertragsfortsetzung hat **(Zeitmietvertrag).** Die Fortsetzung des Mietverhältnisses nach § 574 BGB ist ebenfalls ausgeschlossen. Dem Mieter kann auch keine Räumungsfrist nach § 721 ZPO bewilligt werden (über die Ausnahmen ZPO § 271 Rn. 10). Die Vorschrift ist dem bis zum 31.8.2001 geltenden § 564c Abs. 2 BGB aF nachgebildet. Diese Regelung wurde durch das Gesetz zur Erhöhung des Angebots an Mietwohnungen v. 20.12.1982 (BGBl. I 1912) in das BGB eingefügt. Die Vermieter erhielten dadurch die Möglichkeit zur befristeten Vermietung einer Wohnung unter Ausschluss des zugunsten des Mieters bestehenden Kündigungsschutzes. Durch die systemwidrige Vorschrift sollte ein Anreiz geschaffen werden, auch solche Wohnungen zu vermieten, die in absehbarer Zeit zur Eigennutzung oder zur Modernisierung vorgesehen waren. Folgerichtig konnten Zeitmietverträge iSv § 564c Abs. 2 BGB aF höchstens für die Dauer von fünf Jahren geschlossen werden. So betrachtet, war § 564c Abs. 2 BGB aF eine gezielte Maßnahme zur Bekämpfung des (damaligen) Wohnungsmangels. Die Regelung hat allerdings in der Zeit ihrer Geltung v. 1.1.1983 bis zum 31.8.2001 keine ins Gewicht fallende praktische Bedeutung erlangt.

2 Das Mietverhältnis auf bestimmte Zeit ist in anderen **europäischen Rechtsordnungen** stärker verbreitet als in Deutschland.[1] In **Österreich** etwa sind rund zwei Drittel der Mietverträge über Privatwohnungen befristet,[2] im Durchschnitt auf fünf Jahre. Darüber hinaus sind dort bspw. Mietpreisregulierung und Befristung miteinander verkoppelt: der Vermieter darf nur 75% des ohnehin schon gesetzlich begrenzten Mietpreises vereinbaren, wenn er eine Befristung wählt.[3]

2a Der Zeitmietvertrag ist ein Mietverhältnis iSv § 542 Abs. 2 BGB, das grds. mit dem Ablauf der vereinbarten Mietzeit endet. Vor Ablauf dieser Zeit ist weder der Vermieter noch der Mieter zur ordentlichen Kündigung berechtigt.[4] Vereinzelt wird allerdings die Ansicht vertreten[5] aus der Befristung des Vertrages folge zwar, dass der Vermieter für die Vertragszeit nicht zur **ordentlichen**

---

[1] *Artz* WuM 2018, 113; *Fervers/Brinkmann* WuM 2018, 114 (119f.); *Barthélemy* WuM 2018, 125 (126); *Amayuelas/Hartmann* WuM 2018, 127 (131); *Scaramuzzino* WuM 2018, 139.

[2] *Kletečka* AcP 220 (2020), 674 (683).

[3] *Kletečka* AcP 220 (2020), 674 (676).

[4] BGH NJW 2007, 2177 = NZM 2007, 439; BGH VIII ZR 112/08, BeckRS 2008, 26284.

[5] *Häublein* ZMR 2004, 1; MüKoBGB/*Häublein* § 575 Rn. 4ff.

**Kündigung** berechtigt sei. Ein Verzicht des Mieters auf eine ordentliche Kündigung könne sich dagegen nur aus der Parteivereinbarung ergeben. Der Mieter müsse erklären, dass auch er auf eine ordentliche Kündigung verzichte. Die Befristung des Mietvertrags reicht nach dieser Ansicht nicht aus. Vielmehr müssten weitere Anhaltspunkte vorliegen; fehlen diese, so könne der Mieter das Mietverhältnis vor Ablauf der Frist ordentlich kündigen. Für die besonderen Anhaltspunkte sei der Vermieter darlegungs- und beweispflichtig.

Diese Ansicht trifft nicht zu:[6] § 575 Abs. 1 S. 1 BGB regelt die Voraussetzungen, unter denen die Parteien ein „Mietverhältnis auf bestimmte Zeit" eingehen können. Mietverhältnisse auf bestimmte Zeit können nicht im Wege der ordentlichen Kündigung beendet werden; vielmehr enden sie durch Zeitablauf (§ 542 Abs. 2 BGB). Eine Vereinbarung, wonach der Vermieter trotz der Befristung zur vorzeitigen Kündigung berechtigt sein soll (etwa, wenn der Rückerlangungsgrund früher als erwartet eintritt), verstößt gegen § 575 Abs. 4 BGB. Dagegen kann vereinbart werden, dass der Mieter zur vorzeitigen Kündigung berechtigt sein soll. Eine solche Vereinbarung kann sich nur zum Vorteil des Mieters auswirken; sie ist deshalb unschädlich. Ist eine solche Vereinbarung nicht getroffen, so bleibt es bei der Regelung des § 542 Abs. 2 BGB. 3

### II. Abs. 1 S. 2

Durch diese Vorschrift wurde das bis zum 31.8.2001 mögliche „einfache" befristete Mietverhältnis abgeschafft. Der Grund für diese Regelung war in der komplizierten Konstruktion des damaligen § 564c Abs. 1 BGB aF zu sehen. Danach kam der Mieter bei einem befristeten Mietverhältnis nur dann in den Genuss des Kündigungsschutzes nach § 564b BGB aF, wenn er spätestens zwei Monate vor der Beendigung des Mietverhältnisses durch schriftliche Erklärung gegenüber dem Vermieter die Fortsetzung des Mietverhältnisses auf unbestimmte Zeit verlangt hat. Seit dem 1.9.2001 ist es nicht mehr möglich, einen „einfachen" Zeitmietvertrag (also einen befristeten Mietvertrag **ohne** Befristungsinteresse) abzuschließen. Für die Abwicklung von „Altmietverträgen" gilt das bis 1.9.2001 maßgebliche Recht (→ Rn. 5). 4

## B. Anwendungsbereich

Die Vorschrift gilt nur für die Wohnraummiete (zur Geschäftsraummiete → Rn. 8). 5

Für Mietverhältnisse iSv § 549 Abs. 2 Nr. 1–3 BGB (s. dort) und § 549 Abs. 3 BGB (s. dort) ist die Vorschrift unanwendbar. Dies entspricht im Wesentlichen dem bis 1.9.2001 geltendem Recht.[7] Anders als nach bisherigem Recht ist § 575 BGB aber anwendbar auf Mietverhältnisse über Wohnraum in Ferienwohnungen in Ferienhausgebieten iSv §§ 564b Abs. 7 Nr. 4 BGB aF.[8] Stets ist Voraussetzung, dass das **Mietverhältnis nach dem 31.8.2001 begründet** worden ist oder begründet werden soll. Es kommt darauf an, wann der Mietvertrag geschlossen worden ist; der Zeitpunkt der Überlassung ist nicht maßgeblich.[9] Altmietverträge werden nach dem bis zum 1.9.2001 geltenden Recht abgewickelt (Art. 229 § 3 Abs. 3 EGBGB). Siehe dazu die Kommentierung in Schmidt-Futter/*Blank,* 10. Aufl. 2011, Anh. § 575 BGB. Nicht anwendbar ist § 575 BGB ist Mietverhältnisse kraft gerichtlicher Überlassungsentscheidung nach § 1568a Abs. 1 BGB[10] oder § 574a BGB.[11] Diese sind nicht „eingegangen" iSv § 575 Abs. 1 S. 1 BGB.

Obwohl § 575 Abs. 1 S. 1 BGB nur solche Fallgestaltungen regelt, in denen die Befristung den Interessen des Vermieter dient, gilt die Vorschrift auch dann, wenn die **Befristung** ausschließlich **im Interesse des Mieters** vereinbart wird. Deshalb können die Parteien ein Mietverhältnis auch dann nicht befristen, wenn der Mieter die Wohnung nur für eine begrenzte Zeit benötigt. Eine Ausnahme gilt, wenn das Mietverhältnis aufgrund besonderer Umstände unter § 549 Abs. 2 Nr. 1 6

[6] BGH NJW 2007, 2177 = NZM 2007, 439; *Caspers* ZAP 2019, 21 (22).

[7] Hierzu Schmidt-Futterer/*Blank,* 7. Aufl. 1999, BGB § 564b Rn. 367f.

[8] MüKoBGB/*Häublein* BGB § 575 Rn. 10; *Caspers* ZAP 2019, 21 (22).

[9] BGH NJW-RR 2007, 20 = NZM 2006, 927; AG Nordhorn NJW 2002, 2327; MüKoBGB/*Häublein* § 575 Rn. 14; Staudinger/*Rolfs* BGB § 575 Rn. 89; Emmerich/Sonnenschein/*Haug* BGB § 575 Rn. 3; *Franke* ZMR 2001, 951 (953); *Jansen* NJW 2001, 3152; *Bösche* WuM 2001, 367; *Gather* DWW 2001, 192 (201); **aA** AnwK WohnraumMietR/*Lammel* BGB § 575 Rn. 86; *Stürzer* WuM 2001, 423.

[10] Hierzu Götz/Brudermüller/*Giers,* Die Wohnung in der familienrechtlichen Praxis, Teil 2, G Rn. 555 u. 588; *Lindner* WohnraumMietR § 1 Rn. 6.

[11] Herrlein/Knops/Spiegelberg/*Karabulut,* BGB § 575 Rn. 5.

BGB fällt. Eine weitere Ausnahme ist für Mietverhältnisse auf Lebenszeit des Mieters angezeigt, weil ein solches Mietverhältnis zu Lebzeiten des Mieters nicht beendet werden kann (→ Rn. 88).

7 Wird die Befristung ausschließlich oder überwiegend im Mieterinteresse vereinbart, greift § 575 BGB nicht ein (→ Rn. 6). Das Mieterhältnis gilt dann nach § 575 Abs. 1 S. 2 BGB als auf unbestimmte Zeit geschlossen. Allerdings kann in diesen Fällen eine **ergänzende Vertragsauslegung** in Frage kommen, die eine etwaige planwidrige Vertragslücke durch die Annahme einer Kündigungsausschlussvereinbarung schließt (→ Rn. 35).

8 In der **Geschäftsraummiete** sind Zeitmietverträge häufig anzutreffen, zumal wenn die Vertragsparteien in den Mietgegenstand oder im Zusammenhang mit der Anmietung investiert haben. Darauf ist § 575 BGB nicht anwendbar[12] – auch nicht analog.[13] Von Gesetzes wegen bestehen auch keine Einschränkungen für die **Länge der Vertragsdauer**[14] in der Geschäftsraummiete. Um die langfristige Bindung nicht zu gefährden, ist die Schriftform ist zu beachten (§ 550 S. 1, § 126 BGB → BGB § 550 Rn. 24 ff.). Zum Kündigungsausschluss → Rn. 99.

9 Für den langfristig gebundenen **Geschäftsraummieter** kann eine **Mieterdienstbarkeit** mit Blick auf die Sonderkündigungsrechte im Falle der Insolvenz des Vermieters (§ 111 InsO) und im Falle einer Zwangsversteigerung (§ 57 a ZVG) in Frage kommen.[15] Gleiches gilt für die Sonderkündigungsrechte des Grundstückseigentümers nach Erlöschen des Nießbrauchs (§ 1056 Abs. 2 BGB) oder eines Erbbaurechts (§ 30 Abs. 2 ErbbauRG).[16]

## C. Der Zeitmietvertrag (befristeter Mietvertrag mit Befristungsinteresse)

### I. Voraussetzungen (Abs. 1 S. 1)

10 § 575 Abs. 1 S. 1 BGB regelt die Voraussetzungen, unter denen ein Mietverhältnis befristet werden kann („Zeitmietvertrag"). Hierzu bedarf es eines Befristungsgrundes und dessen Mitteilung bei Vertragsschluss. Die Dauer der Befristung spielt – anders als nach § 564 c Abs. 2 BGB aF – keine Rolle.

#### 1. Befristungsinteresse:

11 Der Zeitmietvertrag setzt voraus, dass die Befristung durch ein besonderes Interesse des Vermieters gerechtfertigt ist. Der Vermieter muss bei Abschluss des Mietvertrags die ernsthafte Absicht haben, das Mietobjekt einer der in § 575 BGB bezeichneten Verwendungen zuzuführen.[17] Entfällt die Verwendungsabsicht im Verlauf der Mietzeit, so führt dies nicht zur Unwirksamkeit der Befristung. Der Mieter kann aber Verlängerung auf unbestimmte Zeit verlangen.[18] **Drei Befristungsinteressen** kommen in Betracht, nämlich die künftige Eigennutzungsabsicht (Nr. 1), die künftige Abriss-, Umbau- oder Instandsetzungsabsicht (Nr. 2) und der künftige Betriebsbedarf (Nr. 3). Es reicht aus, wenn einer der drei Verwendungszwecke vorliegt. Eine **Kumulation** mehrerer Zwecke schadet nicht, so zB wenn der Vermieter die Räume erst nach der Modernisierung selbst nutzen will. **Eine alternative oder hilfsweise Angabe** des Verwendungszwecks (zB Eigennutzung oder Vermietung an Kinder; Abriss oder Sanierung; Überlassung an den Sohn oder die Tochter) ist ebenfalls möglich.[19] Die angegebenen Verwendungszwecke müssen der Wahrheit entsprechen und

---

[12] Guhling/Günter/*Stroyer* BGB § 575.

[13] Nach Lützenkirchen MietR/*Lützenkirchen* § 575 BGB Rn. 148 kann § 575 BGB in bestimmten Fällen als Auslegungshilfe herangezogen werden.

[14] BGH NJW 1993, 1133 (1134); BGH NJW 2000, 1110 (1112); BGH NZM 2008, 243 (244); ferner BGH NJW 1997, 3022 (3023).

[15] Hierzu *Skauradszun* NZI 2019, 965; *Haas/Ebel* ZfIR 2020, 165 (174); *Horst* NZM 2018, 889 (891); *Stapenhorst/Voß* NZM 2003, 873 (875); Lindner-Figura/Oprée/Stellmann Geschäftsraummiete/*Oprée* Kap. 21 Rn. 4 ff.

[16] Lindner-Figura/Oprée/Stellmann Geschäftsraummiete/*Oprée* Kap. 21 Rn. 10.

[17] BGH NJW 2007, 2177 = NZM 2007, 439 = WuM 2007, 319 = ZMR 2007, 601 = DWW 2007, 239 = GE 2007, 841.

[18] BGH NJW 2007, 2177 = NZM 2007, 439 = WuM 2007, 319 = ZMR 2007, 601 = DWW 2007, 239 = GE 2007, 841.

[19] *Derleder* NZM 2001, 649 *(656); Staudinger/Rolfs* BGB § 575 Rn. 18; MAH WohnMietR/*Hannemann* § 44 *Rn. 35;* AnwK WohnraumMietR/*Lammel* BGB § 575 Rn. 28; Emmerich/Sonnenschein/*Haug* BGB § 575 Rn. 8; MüKoBGB/*Häublein* § 575 Rn. 26; BeckOK BGB/*Hannappel;* Kossmann Wohnraummiete-HdB/Meyer-Abich § 82 Rn. 21; *Lützenkirchen* PiG 109 (2019), 83; Barthelmess BGB § 564 c Rn. 64; Bub/Treier

realitätsgerecht sein. Bei einer angekündigten Sanierungsabsicht muss ein künftiger Sanierungsbedarf tatsächlich vorliegen. Ein Mietverhältnis in einem neuwertigen Gebäude kann grds. nicht unter Hinweis auf Abrisspläne befristet werden. Werden alternative Befristungsinteressen genannt, die nicht zueinander passen (Eigennutzung oder Abriss), so liegt hierin ein Indiz dafür, dass die angegebenen Verwendungsabsichten in Wirklichkeit nicht bestanden haben.[20] Die Befristungsinteressen im Rahmen von § 575 Abs. 1 BGB **abschließend aufgezählt;** eine Erweiterung oder analoge Anwendung auf ähnliche Sachverhalte ist ausgeschlossen.[21] Daneben regelt § 578 Abs. 3 S. 2 BGB für Einrichtungen iSv § 549 Abs. 2 Nr. 3 BGB weitere Befristungsgründe (→ BGB § 578 Rn. 24). Die Verwendung der Räume als Geschäftsräume rechtfertigt deshalb die Befristung nicht. Gleiches gilt, wenn der Vermieter die Absicht hat, die Wohnung zu verkaufen[22] oder die Räume zunächst über längere Zeit leer stehen zu lassen. Zugunsten eines späteren Erwerbers der Wohnung kann ebenfalls keine Befristung vereinbart werden, es sei denn, es handle sich um einen privilegierten Angehörigen.

**a) Eigennutzungstatbestand (Nr. 1).** Der Eigennutzungstatbestand liegt vor, wenn der Vermieter die Räume als Wohnung für sich, seine Familienangehörigen oder Angehörige seines Haushalts nutzen will. Der Eigennutzungstatbestand unterscheidet sich von dem Eigenbedarfstatbestand des § 573 Abs. 2 Nr. 2 BGB in einem wesentlichen Punkt. Anders als bei der Kündigung reicht es für die Befristung nämlich aus, dass der Vermieter die Räume selbst nutzen oder den durch Nr. 1 privilegierten Personen überlassen will. Bei **mehreren Vermietern** genügt es, wenn einer von ihnen die Wohnung selbst nutzen möchte. Zur Sicherung eines künftigen **Berufs- oder Gewerbebedarfs** ist keine Befristung möglich, weil die berechtigten Interessen iSd § 573 Abs. 1 in § 575 Abs. 1 BGB nicht genannt sind. 12

**aa) Der Nutzungs-/Überlassungswille genügt.** Hiervon ist auszugehen, wenn der Vermieter die ernsthafte Absicht hat, die Räume selbst als Wohnung zu nutzen oder einem Familienangehörigen oder Angehörigen seines Haushalts zu überlassen. Soll die Wohnung einem Angehörigen überlassen werden, so ist nicht der Nutzungswille des Angehörigen, sondern der Überlassungswille des Vermieters maßgebend. Bei einem von Anfang an fehlenden Nutzungswillen des Angehörigen ist der Eigennutzungstatbestand aber ebenfalls nicht erfüllt, weil der Vermieter in diesem Fall seine Absicht nicht verwirklichen kann. Gleiches gilt, wenn feststeht, dass der Angehörige die Wohnung nach Ablauf der Vertragszeit gar nicht nutzen kann, etwa weil er sich an anderen Orten aufhält. Zu beachten ist allerdings, dass die Nutzungsmöglichkeit nicht mit Sicherheit feststehen muss.[23] Es genügt, wenn der Vermieter in ersthaft Erwägung zieht, dass nach Ablauf der Vertragszeit ein Nutzungswille vorliegen könnte.[24] An der Ernsthaftigkeit des Nutzungs-/Überlassungswillens fehlt es dagegen, wenn der Vermieter lediglich behauptet, dass er die Wohnung selbst nutzen oder einem Angehörigen überlassen will, in Wirklichkeit aber andere Absichten verfolgt. Gleiches gilt, wenn der Vermieter die Räume des Mieters in anderer Weise nutzen will, wie beim Vertragsabschluss behauptet. In diesen Fällen kommt kein befristetes Mietverhältnis zustande. 13

**bb) Kein bestimmtes Nutzungsinteresse.** Ein bestimmtes **Nutzungsinteresse** ist nicht erforderlich. Auf das Ausmaß der beabsichtigten Nutzung kommt es ebenfalls nicht an. Deshalb reicht es für den Eigennutzungstatbestand grds. aus, wenn der Vermieter die Räume nur als **Wochenend- oder Zweitwohnung** nutzen will.[25] Eine Ausnahme muss gelten, wenn die Nutzungsabsicht des Eigentümers auf ganz und gar unrealistischen Vorstellungen beruht und die Nutzungswünsche des Eigentümers durch die Befristung überhaupt nicht befriedigt werden können. Hiervon kann bspw. ausgegangen werden, wenn ein schwer gehbehinderter Eigentümer in einem 14

---

MietR-HdB/*Fleindl* Kap. IV Rn. 500; Sternel MietR Kap. X Rn. 132; Herrlein/Knops/Spiegelberg/*Karabulut*, BGB § 575 Rn. 22.

[20] Weitergehend AnwK WohnraumMietR/*Lammel* BGB § 575 Rn. 29, danach schließen sich solche Befristungsinteressen per se aus mit der Folge, dass ein unbefristetes Mietverhältnis vorliegt.

[21] *Derleder* NZM 2001, 649 (656); Staudinger/*Rolfs* BGB § 575 Rn. 18; Emmerich/Sonnenschein/*Haug* BGB § 575 Rn. 8; MüKoBGB/*Häublein* § 575 Rn. 17; Lützenkirchen MietR/*Lützenkirchen* BGB § 575 Rn. 40; *Cramer* MietR H Rn. 7; Barthelmess BGB § 564c Rn. 65.

[22] LG Lübeck WuM 1988, 277.

[23] MüKoBGB/*Häublein* § 575 Rn. 18; BeckOK BGB/*Hannappel* BGB § 575 Rn. 9; Staudinger/*Rolfs* BGB § 575 Rn. 19; Barthelmess BGB § 564c Rn. 61.

[24] BGH NJW 2007, 2177 Rn. 24.

[25] *Gather* DWW 1991, 69 (74); Staudinger/*Rolfs* BGB § 575 Rn. 22; Lützenkirchen MietR/*Lützenkirchen* BGB § 575 Rn. 44; Emmerich/Sonnenschein/*Haug* BGB § 575 Rn. 11; Herrlein/Knops/Spiegelberg/*Karabulut* BGB § 575 Rn. 11; **aA** *Sternel* MDR 1983, 265 (271).

Haus ohne Fahrstuhl eine hochgelegene Dachgeschoßwohnung beziehen will. Die gleichen Grundsätze gelten, wenn der Nutzungs-/Überlassungswille auf Erwägungen beruht, die auch unter Zugrundelegung eines großzügigen Maßstabs nicht mehr nachvollzogen werden können.

15 **cc) Begriff der Wohnung.** Die übrigen Elemente des Eigennutzungstatbestands sind mit denjenigen des Eigenbedarfstatbestands identisch. Für den **Begriff der Wohnung** (→ BGB Vor § 535 Rn. 15), sowie den **Begriff des Familienangehörigen** und des **Haushaltsangehörigen** gelten demnach dieselben Grundsätze wie iRd § 573 Abs. 2 Nr. 2 BGB (→ BGB § 573 Rn. 68). Ebenso wie beim Eigenbedarfstatbestand ist es nicht erforderlich, dass der Wohnungsanwärter bereits zum Haushalt gehört; es genügt, wenn ein bislang Außenstehender durch die Überlassung der Wohnung Haushaltsangehöriger wird. Der privilegierte Personenkreis wird in § 575 Abs. 1 S. 1 Nr. 1 BGB abschließend aufgezählt. Eine Ausdehnung des Eigennutzungstatbestands auf andere Personen ist ausgeschlossen (wegen der Einzelheiten → BGB § 573 Rn. 73).

16 **b) Modernisierungstatbestand (Nr. 2).** Der Modernisierungstatbestand ist gegeben, wenn der Vermieter in zulässiger Weise die Räume beseitigen oder so wesentlich verändern oder instandsetzen will, dass die Maßnahmen durch eine Fortsetzung des Mietverhältnisses erheblich erschwert würden. Es genügt der bloße Veränderungs- oder Instandsetzungswille; anders als bei § 573 Abs. 2 Nr. 3 BGB ist es nicht erforderlich, dass der Vermieter ein besonderes Interesse an der Durchführung der Maßnahmen hat oder dass diese wirtschaftlich geboten oder sinnvoll sind. Sogenannte Luxusmodernisierungen sind ebensowenig ausgeschlossen,[26] wie eine Modernisierung mit dem Ziel der Nutzungsänderung.[27] Deshalb ist eine Befristung auch dann möglich, wenn der Vermieter die Räume nach Fristablauf zu Geschäftszwecken umbauen will.[28] Ist hierzu eine Zweckentfremdungsgenehmigung erforderlich, so muss die Genehmigung zum Zeitpunkt der Befristung zwar nicht vorliegen. Die Maßnahme muss allerdings generell genehmigungsfähig sein.[29]

17 **aa) „In zulässiger Weise".** Durch den **Begriff „in zulässiger Weise"** bringt das Gesetz zum Ausdruck, dass nur solche Maßnahmen eine Befristung rechtfertigen, die mit der Rechtsordnung, insbes. mit den Bestimmungen des öffentlichen Bau- und Planungsrechts im Einklang stehen. Es ist zwar nicht erforderlich, dass die für die Maßnahme notwendigen Genehmigungen (Abriss, Bau-, Zweckentfremdungsgenehmigung) zum Zeitpunkt des Vertragsschlusses bereits vorliegen. Die Maßnahme muss aber generell genehmigungsfähig sein.[30] Wegen des Erfordernisses des Vorliegens der Genehmigungen bei Vertragsende → Rn. 49.

18 **bb) Rechtfertigung einer Befristung.** Zu den **Maßnahmen, die eine Befristung rechtfertigen** gehören die Beseitigung, die wesentliche Veränderung oder die wesentliche Instandsetzung. Unter dem Begriff der **Beseitigung** ist nicht nur der völlige **Abriss** des Gebäudes zu verstehen. Eine Mietsache wird vielmehr immer dann beseitigt, wenn sie nach der Durchführung der Maßnahme nicht mehr in ihrer räumlichen Gestalt vorhanden ist. Dies ist auch dann der Fall, wenn bspw. eine große Wohnung in mehrere kleine Appartements aufgeteilt wird oder umgekehrt. **Veränderungsmaßnahmen** sind demgegenüber solche, durch die die Mietsache verbessert oder umgestaltet wird. Auch bei der Umgestaltung muss indes die Sachsubstanz erhalten bleiben, weil die Maßnahme sonst zu den Beseitigungsmaßnahmen gehört. **Instandsetzung** ist die Behebung von baulichen Mängeln, insbes. von Mängeln, die infolge Abnutzung, Alterung, Witterungseinflüssen oder Einwirkungen Dritter entstanden sind, durch Maßnahmen, die in den Wohnungen den zum bestimmungsgemäßen Gebrauch geeigneten Zustand wieder herstellen.[31]

19 Stets ist Voraussetzung, dass die Maßnahmen so weitreichend sind, dass sie „durch eine Fortsetzung des Mietverhältnisses **erheblich erschwert** würden". Aus dieser Formulierung ergibt sich zunächst, dass die Auflösung der Mietverhältnisse keine unabdingbare Voraussetzung für die Durch-

---

[26] MüKoBGB/*Häublein* § 575 Rn. 20; AnwK WohnraumMietR/*Lammel* BGB § 575 Rn. 35; Staudinger/*Rolfs* BGB § 575 Rn. 32; *Lützenkirchen* PiG 109 (2019), 83 (85); *Caspers* ZAP 2019, 21 (24).

[27] Bub/Treier MietR-HdB/*Fleindl* Kap. IV Rn. 497.

[28] Barthelmess BGB § 564c Rn. 60.

[29] Kossmann Wohnraummiete-HdB/*Meyer-Abich* § 82 Rn. 9; MüKoBGB/*Häublein* § 575 Rn. 21.

[30] Bub/Treier MietR-HdB/*Fleindl* Kap. IV Rn. 497; Staudinger/*Rolfs* BGB § 575 Rn. 31; AnwK WohnraumMietR/*Lammel* BGB § 575 Rn. 38; BeckOK BGB/*Hannappel* BGB § 575 Rn. 12; MüKoBGB/*Häublein* § 575 Rn. 21; Kossmann Wohnraummiete-HdB/Meyer-Abich § 82 Rn. 9; Sternel MietR, 1988, Kap. IV *Rn. 310; Herrlein/Knops/Spiegelberg/Karabulut* BGB § 575 Rn. 13; **aA** Lützenkirchen MietR/*Lützenkirchen* BGB § 575 Rn. 55, danach genügt es, wenn die Maßnahme bei Vertragsende zulässig ist.

[31] So die Legaldefinition in dem mittlerweile aufgehobenen § 3 Abs. 4 ModEnG v. 12.7.1978, BGBl. I 993 (994).

führung der Maßnahme sein muss. Es ist also nicht notwendig, dass die Durchführung bei Aufrechterhaltung des Mietverhältnisses unmöglich wäre. Es genügt, wenn sie erheblich erschwert wird. Aus dem Erheblichkeitskriterium muss andererseits gefolgert werden, dass nicht jede Erschwerung ausreicht; vielmehr kommen nur Maßnahmen von einigem Gewicht in Betracht. Schönheitsreparaturen und solche Instandsetzungsarbeiten, die ohne weiteres bei bestehendem Mietverhältnis durchgeführt werden können, scheiden von vorne herein aus.[32] Für eine Befristung kommen zunächst diejenigen Maßnahmen in Betracht, die der Mieter nach § 555 d Abs. 2 S. 1 BGB nicht zu dulden braucht;[33] solche Maßnahmen könnte der Vermieter gegen den Willen des Mieters nicht durchführen. Es genügt, wenn an der Duldungspflicht begründete Zweifel bestehen.[34] Umgekehrt wird durch den Umstand, dass der Mieter zur Duldung verpflichtet wäre, die Befristung nicht in jedem Fall ausgeschlossen, weil sich die Erschwernis auch aus einer besonders großen finanziellen Belastung des Vermieters ergeben kann.[35] Die Duldungspflicht ist aber andererseits ein wichtiger Orientierungsmaßstab für die Zulässigkeit des Zeitmietvertrags.[36] Dies gilt allerdings mit der Einschränkung, dass subjektive Faktoren, von denen die Duldungspflicht ebenfalls abhängt, wie zB der Gesundheitszustand oder das Alter des Mieters iRd § 575 BGB unberücksichtigt bleiben müssen; ob solche Umstände vorliegen, steht beim Vertragsschluss nämlich regelmäßig nicht fest. Vielmehr ist hier allein auf die Art der vorzunehmenden Arbeiten, die baulichen Folgen und die zu erwartende Mieterhöhung abzustellen. Maßnahmen, bei denen die Duldungspflicht wegen dieser Umstände zweifelhaft ist, werden demnach die Befristung rechtfertigen (Bsp.: Austausch schadhafter Fußböden, weil hierbei idR eine vorübergehende Räumung erforderlich ist; Veränderung des Zuschnitts der Wohnung, weil dies idR nicht zu dulden ist). Kleinere Modernisierungsmaßnahmen, bei denen offensichtlich ist, dass sie vom Mieter geduldet werden müssen, rechtfertigen die Befristung nicht (Bsp.: Einbau einer Sammelheizung, Austausch alter Fenster gegen Isolierfenster). Der Einbau eines Badezimmers gehört ebenfalls zu den duldungspflichtigen Maßnahmen; da die Durchsetzung einer solchen Maßnahme regelmäßig auch keine sonstigen Erschwernisse mit sich bringt, rechtfertigt sie allein die Befristung nicht. Der Umstand, dass der Mieter trotz bestehender Duldungspflicht duldungsunwillig ist, spielt keine Rolle. Dem Vermieter ist es zuzumuten, die Duldung gerichtlich durchzusetzen.

**c) Betriebsbedarf (Nr. 3).** Dieser Befristungsgrund bestand nach dem bis 1. 9. 2001 geltendem 20
Recht für „Räume, die mit Rücksicht auf das Bestehen eines Dienstverhältnisses vermietet worden sind (und die der Vermieter nach Ablauf der Befristung) an einen anderen zur Dienstleistung Verpflichteten vermieten will". Nach der nunmehrigen Gesetzesfassung genügt es für die Befristung „wenn der Vermieter nach Ablauf der Mietzeit … die Räume an einen zur Dienstleistung Verpflichteten vermieten will". Mit der Neufassung ist eine Änderung der Rechtslage verbunden. Bisher galt der Befristungsgrund des Betriebsbedarfs nur für die sog. **„echten" Werkmietwohnungen.** Hierunter sind solche Wohnungen zu verstehen, die schon bisher von Betriebsangehörigen genutzt worden sind. Zu den **Werkmietwohnungen** in diesem Sinne gehören die werkeigenen Wohnungen, ferner diejenigen Wohnungen, die das Werk angemietet und an seine Arbeitnehmer weitervermietet hat und schließlich die werkfremden Wohnungen, die von einem Dritten auf Grund eines dem Unternehmen zustehenden Mieterbenennungsrechts (Belegungsrechts) vermietet werden. Nunmehr erfasst der Tatbestand auch die sog. **„unechten" Werkmietwohnungen.** Das sind solche Wohnungen, die bisher keine Werkwohnungen waren, sondern dem freien Wohnungsmarkt zur Verfügung standen und erst nach Ablauf der Vertragszeit als Werkswohnung genutzt werden sollen.

Die vom Gesetzgeber gewählte Wortfassung: **„vermieten will"** entspricht sachlich der in Nr. 1 21
verwendeten Formulierung „nutzen will". In beiden Fällen kommt zum Ausdruck, dass es für die Befristung genügt, wenn der Vermieter einen entsprechenden Nutzungswillen hat. Auf ein besonderes Nutzungsinteresse kommt es also nicht an. Damit eignet sich diese Form des Zeitmietvertrags vor allen Dingen für zwei Verwendungszwecke: zum einen für die Unterbringung von solchen Arbeitnehmern, deren Tätigkeit von vorne herein befristet ist: die Dauer des Mietvertrages kann in einem solchen Fall mit der Dauer des Arbeitsvertrages zeitlich abgestimmt werden. Zum anderen

---

32 MüKoBGB/*Häublein* § 575 Rn. 23; BeckOK BGB/*Hannappel* BGB § 575 Rn. 12; Lützenkirchen MietR/*Lützenkirchen* BGB § 575 Rn. 52; Kossmann Wohnraummiete-HdB/Meyer-Abich § 82 Rn. 11.

33 AnwK WohnraumMietR/*Lammel* BGB § 575 Rn. 36; Staudinger/*Rolfs* BGB § 575 Rn. 30; Emmerich/Sonnenschein/*Haug* BGB § 575 Rn. 15; Palandt/*Weidenkaff* BGB § 575 Rn. 7; vgl. auch BGH NZM 2018, 226.

34 MüKoBGB/*Häublein* § 575 Rn. 23; BeckOK BGB/*Hannappel* BGB § 575 Rn. 13.

35 Staudinger/*Rolfs* BGB § 575 Rn. 30; Kossmann Wohnraummiete-HdB/*Meyer-Abich* § 82 Rn. 14.

36 *Sternel* MDR 1983, 265 (272).

kann ein Unternehmen seine Anziehungskraft auf auswärtige (qualifizierte) Arbeitnehmer vergrößern, wenn es den Interessenten für eine Übergangszeit eine Werkwohnung zur Verfügung stellen kann, bis eine andere Wohnung auf dem freien Markt gefunden ist. Die Regelung setzt nämlich nicht voraus, dass das Arbeitsverhältnis mit dem Mieter beendet wird oder gleichzeitig mit dem Ablauf des Mietverhältnisses endet.

22 **d) Verträge über die Anmietung von Räumen durch eine juristische Person des öffentlichen Rechts oder einen anerkannten privaten Träger der Wohlfahrtspflege, die geschlossen werden, um die Räume Personen mit dringendem Wohnungsbedarf zum Wohnen zu überlassen.** Auch diese Verträge können befristet werden (→ dazu § 578 Rdn. 19).

**2. Mitteilung des Befristungsinteresses bei Vertragsschluss**

23 Die Befristung ist nur wirksam, wenn der Vermieter dem Mieter die Befristungsabsicht bei Vertragsschluss schriftlich mitgeteilt hat.

24 **a) Form, Frist.** Für die Form der Mitteilung gilt **§ 126 BGB.**[37] Wesentlich ist, dass das Befristungsinteresse in vollem Umfang schriftlich mitgeteilt wird. So genügt es bspw. nicht, wenn der Vermieter schriftlich mitteilt, dass er das Gebäude nach Ablauf der Mietzeit sanieren wolle und dem Mieter die Einzelheiten der Sanierung mündlich erläutert.[38] Die Mitteilung ist eine Rechtshandlung, für die die Grundsätze der einseitigen empfangsbedürftigen Willenserklärung entsprechend gelten. Die Mitteilung wird deshalb nur dann wirksam, wenn sie **spätestens bei Vertragsschluss** dem Mieter zugegangen ist. Daraus folgt zum einen, dass die bloße Kenntnis des Mieters vom Befristungsinteresse unerheblich ist. Zum anderen gilt, dass die Erklärung über das Befristungsinteresse nicht Vertragsbestandteil werden muss.[39] Die Regelung des § 550 BGB bleibt allerdings unberührt. Hat der Zeitmietvertrag eine **längere Laufzeit als ein Jahr,** so muss sich das Befristungsinteresse aus der schriftlichen Vertragsurkunde ergeben.[40] Eine handschriftliche Quittung über den Erhalt der „Mietvorabzahlung" genügt nicht dem Schriftformerfordernis.[41] Andernfalls ist das Mietverhältnis zum Ablauf des ersten Jahres nach der Überlassung von beiden Seiten kündbar (§ 550 BGB). Diese Rechtsfolge ergibt sich aus dem Zweck des § 550 BGB, weil der Erwerber in die Befristung eintritt (§ 566 BGB). Aus diesem Grunde müssen sich die Voraussetzungen der Wirksamkeit der Befristung – zu denen auch die Mitteilung des Befristungsinteresses beim Vertragsschluss gehört – aus der Vertragsurkunde ergeben.

25 Eine mündliche Mitteilung des Vermieters genügt in keinem Fall.[42] Gleiches gilt für eine schriftliche Mitteilung, die erst nach Vertragsschluss dem Mieter zugeht.[43] Grundsätzlich ist es unzureichend, wenn sich der Befristungsgrund aus einer Vorkorrespondenz ergibt. Der Mieter ist nicht gehalten, die Vorstellungen des Vermieters zu ergründen. Haben die Parteien einen mündlichen Mietvertrag abgeschlossen und eine schriftliche Beurkundung lediglich zu Beweiszwecken vereinbart, so ist die in der Vertragsurkunde enthaltene Befristung verspätet.

26 Das **Schriftformerfordernis** nach § 550 BGB für den länger als ein Jahr befristeten Mietvertrag (→ Rn. 24) kann auf einen daneben gesondert abgeschlossenen **Dienst-/Arbeitsvertrag** ausstrahlen. Die Frage stellt sich nur im Falle einer **Werkmietwohnung,** bei der die Wohnung „mit Rücksicht auf das Bestehen einer Dienstverhältnisses vermietet" wird (→ BGB Vor §§ 576–576b Rn. 5). Das Problem stellt sich, wenn sich aus dem Arbeitsvertrag Vergünstigungen ergeben, die bspw. auch den Mietvertrag (zB Mietpreis) erfassen oder als „verkappte" Mietvertragsabrede anzusehen sind.[44] Der Arbeitsvertrags selbst ist idR zwar nicht formbedürftig.[45] Für § 550 BGB im Rahmen des Mietvertrags kommt es darauf an, ob es sich bei dem Arbeitsvertrag um eine selbständige Vereinbarung der Mietvertragsparteien handelt, die nach dem Willen der Parteien keinen Bestandteil des Mietver-

---

[37] Herrlein/Knops/Spiegelberg/*Karabulut* BGB § 575 Rn. 20; Staudinger/*Rolfs* BGB § 575 Rn. 44; AnwK WohnraumMietR/*Lammel* BGB § 575 Rn. 47; MüKoBGB/*Häublein* § 575 Rn. 26; Lützenkirchen MietR/*Lützenkirchen,* BGB § 575 Rn. 71; *Caspers* ZAP 2019, 21 (26); **aA** Barthelmess BGB § 564c Rn. 92.

[38] AG Freiburg WuM 1992, 193.

[39] MüKoBGB/*Häublein* § 575 Rn. 26; Lützenkirchen MietR/*Lützenkirchen,* BGB § 575 Rn. 71.

[40] Staudinger/*Rolfs* BGB § 575 Rn. 44; MüKoBGB/*Häublein* § 575 Rn. 24.

[41] BGH NZM 2019, 90 (91) = NJW-RR 2019, 72 (73).

[42] Lützenkirchen MietR/*Lützenkirchen,* BGB § 575 Rn. 72.

[43] *Herrlein/Knops/Spiegelberg/Karabulut* BGB § 575 Rn. 21.

[44] Rech, Werkwohnungen, 2016, S. 55f. u. 166f.; ferner Börstinghaus, Miethöhe-Hdb., Kap. 9 Rn. 14.

[45] MüKoBGB/*Spinner* BGB § 611a Rn. 560 (Ausnahme zB § 14 Abs. 4 TzBfG); ErfK/*Preis* BGB § 611a Rn. 314.

trags bilden soll und an die ein etwaiger Grundstückserwerber auch nicht gebunden wäre.[46] Entscheiden sich beide Parteien für die Konstellation einer Werkmietwohnung, sind beide Miet- und Dienstvertrag rechtlich selbständig. Dies spricht dafür, dass der Arbeitsvertrag idR weder Bestandteil des Mietvertrags sein soll noch der Erwerber hieran gebunden ist (→ BGB § 566 Rn. 17).[47] Der Dienst-/Arbeitsvertrag selbst bedarf dann nicht der Schriftform und muss nicht schriftformkonforme Anlage des Mietvertrages sein.[48] Oftmals ist die Einordnung allerdings schwierig.[49] Verbleiben Zweifel, sollten alle Vereinbarungen der Schriftform genügen und eine **Urkundeneinheit** hergestellt werden.[50] Dies ist ausnahmsweise bei einem Arbeitsvertrag, aus dem sich Vergünstigungen ergeben, der Fall, wenn diese bspw. den Mietpreis erfassen.

**b) Inhalt.** An den Inhalt der Mitteilung müssen strenge Anforderungen gestellt werden, weil anderenfalls der mit dem Gesetz verfolgte Zweck nicht erreicht werden kann: Der Mieter soll bereits bei Vertragsschluss über seine Rechte und Pflichten informiert werden, er soll insbes. wissen, dass er weder die Fortsetzung nach § 574 BGB noch eine gerichtliche Räumungsfrist verlangen kann. Diese weitgehende Beschneidung üblicher Mieterrechte, die im Einzelfall tiefgreifende soziale Probleme und finanzielle Belastungen mit sich bringen kann[51] bedingt, dass jeglicher Zweifel an der Wirksamkeit der Befristung schlechthin ausgeschlossen ist. 27

Es versteht sich von selbst, dass der Vermieter **wahrheitsgemäße Angaben** machen muss. Eine Verletzung dieser Verpflichtung führt zur Unwirksamkeit der Befristung und – ebenso wie die Angabe unzutreffender Gründe bei der Kündigung – zu Schadensersatzansprüchen des Mieters (→ BGB § 573 Rn. 218). 28

Das Befristungsinteresse muss so genau umschrieben werden, dass es von anderen Interessen unterschieden werden kann.[52] Schlagworte („wegen Eigenbedarfs") oder allgemein gehaltene Formulierungen wie „Das Mietverhältnis ist ein Zeitmietvertrag i. S. v. § 575 BGB" genügen deshalb in keinem Fall. Einer solchen Mitteilung kann nämlich nicht entnommen werden, auf Grund welcher tatsächlichen Umstände die Befristung erfolgt; demgemäß kann der Mieter nicht überprüfen, ob die Befristung wirksam ist. Eine Wiederholung des Gesetzestextes ist nur dann ausreichend, wenn mitgeteilt wird, dass der Vermieter „die Räume als Wohnung für sich nutzen will" oder wenn der Vermieter erklärt, dass er die Räume nach Ablauf der Mietzeit „einem Arbeitnehmer" überlassen möchte. In diesen beiden Fällen steht zweifelsfrei fest, dass ein vom Gesetz anerkanntes Befristungsinteresse vorliegt. In den meisten anderen Fällen genügt die Wiedergabe des Gesetzestextes nicht. 29

Erfolgt die Befristung im Hinblick auf eine **künftige Eigennutzung,** so muss der Vermieter sein Verwandtschaftsverhältnis zu dem zukünftigen Bewohner so bezeichnen, dass der Mieter erkennen kann, ob die benannte Person zu der in Abs. 1 Nr. 1 genannten Gruppe gehört. Eine Namensnennung ist nicht erforderlich.[53] Es reicht aus, wenn der Vermieter mitteilt, dass er die Wohnung „seinem Sohn" oder „dem ältesten Sohn" oder „einem seiner Kinder" überlassen will. Die Formulierung, dass die Wohnung „für Angehörige" benötigt wird, genügt nach der hier vertretenen Ansicht nicht, weil dadurch die Person des Nutzungsberechtigten nicht hinreichend konkretisiert wird; insbes. kann der Mieter nicht erkennen, ob der Angehörige zu dem von § 575 BGB privilegierten Personenkreis gehört (→ BGB § 573 Rn. 68).[54] Wegen der Möglichkeit einer alternativen Verwendung reicht es aber aus, wenn der Vermieter mitteilt, dass die Wohnung „einem der Kinder" überlassen werden soll.[55] Wird lediglich der Name des zukünftigen Bewohners mitgeteilt, so genügt 30

---

[46] Hierzu Lindner-Figura/Oprée/Stellmann Geschäftsraummiete/*Lindner-Figura* Kap. 6 Rn. 37; Guhling/Günter/*Schweitzer* BGB § 550 Rn. 42, 45; BGH VIII ZR 279/63, BeckRS 1966, 31180058; zu Fragen des Erwerbs auch Rech, Werkwohnungen, 2016, S. 165, besonders auch zu § 613a Abs. 1 S. 1 BGB.

[47] Rech, Werkwohnungen, 2016, S. 165.

[48] Hierzu allgemein BeckOK MietR/*Leo,* 22. Ed. 1.11.2020, BGB § 550 Rn. 171.

[49] Zutreffend *Bruns* NZM 2019, 761 (762): „... erhebliche Unklarheit ... im Einzelfall"; Rech, Werkwohnungen, S. 31.

[50] Lindner-Figura/Oprée/Stellmann Geschäftsraummiete/*Lindner-Figura* Kap. 6 Rn. 39; Guhling/Günter/*Schweitzer* BGB § 550 Rn. 47.

[51] *Blank* WuM 1983, 36 (42).

[52] LG Stuttgart WuM 1994, 690; LG Hamburg ZMR 1992, 505; LG Berlin GE 1990, 1037.

[53] Bub/Treier MietR-HdB/*Fleindl* Kap. IV Rn. 500; MüKoBGB/*Häublein* § 575 Rn. 27; BeckOK BGB/*Hannappel* BGB § 575 Rn. 18; AnwK WohnraumMietR/*Lammel* BGB § 575 Rn. 52; Emmerich/Sonnenschein/*Haug* BGB § 575 Rn. 20; Herrlein/Knops/Spiegelberg/*Karabulut* BGB § 575 Rn. 23.

[54] Ebenso LG München I WuM 1994, 543; LG Berlin MM 1992, 356; *Sternel* MDR 1983, 265 (272); Sternel MietR, 1988, Kap. IV Rn. 313.

[55] Herrlein/Knops/Spiegelberg/*Karabulut* BGB § 575 Rn. 23.

dies nur dann, wenn der Mieter die verwandtschaftlichen Beziehungen dieser Person zum Vermieter kennt.

31 Soll die Befristung im Hinblick auf eine **beabsichtigte Modernisierung** erfolgen, so genügt die Wiedergabe des Gesetzestextes nur dann, wenn der Vermieter „die **Räume beseitigen** … will". Diese Formulierung ist eindeutig. Zwar kann eine Beseitigung sowohl in der Form des Abbruchs als auch in der Form des völligen Umbaus vorgenommen werden. Im Einzelnen spielt dies aber keine Rolle, weil beide Formen die Befristung rechtfertigen. Es ist nicht erforderlich, dass der genaue Zeitpunkt des Abrisses angegeben wird.[56] Anders ist es bei dem Begriff **„wesentlich verändern"** und bei dem Begriff **„wesentlich instandsetzen".** Diese Maßnahmen können eine Befristung nur rechtfertigen, wenn sie so umfassend sind, dass dadurch eine Fortsetzung des Mietverhältnisses „erheblich erschwert" würde. Diese Tatbestandsvoraussetzung kann der Mieter nur überprüfen, wenn ihm konkrete Informationen vorliegen.[57] Es ist deshalb sachgerecht, wenn an den Inhalt der Information im Wesentlichen dieselben Anforderungen gestellt werden, wie an die Mitteilung, die nach der Regelung des § 555b BGB im Rahmen der Modernisierung erforderlich ist.[58]

32 Bei einer Befristung wegen eines **künftigen Betriebsbedarfs** genügt es, wenn der Vermieter mitteilt, dass er die Räume nach Ablauf der Vertragszeit „einem Arbeitnehmer" überlassen möchte. Die Person des Arbeitnehmers muss nicht namentlich bezeichnet werden. Dies gilt schon deshalb, weil der betreffende Arbeitnehmer zum Zeitpunkt des Vertragsschlusses noch nicht feststehen muss und idR auch nicht feststeht. Eine namentliche Bezeichnung ist aber auch dann nicht erforderlich, wenn der künftige Wohnungsnutzer beim Vertragsschluss bereits bekannt ist.

33 **Beispiele** aus der Rspr.: Die Wiedergabe des Gesetzestextes („für sich, seine Familienangehörigen oder Angehörige seines Haushalts …") reicht nicht aus.[59] Es genügt nicht, wenn dem Mieter lediglich mitgeteilt wird, dass die Räume für „Angehörige" benötigt werden.[60] Die Angabe „wegen Eigenbedarfs" ist unzureichend.[61] Die Formulierung „Die Wohnung soll grdl. umgebaut werden, zB Badezimmereinbau, Zentralheizungseinbau usw" ist ungenügend, weil sich daraus nicht ergibt, dass der Fortbestand des Mietverhältnisses die Durchführung der Maßnahmen erschweren würde.[62] Die Mitteilung „Den Mietern ist bekannt, dass die Vermieterin das Mietobjekt nach Beendigung des befristeten Mietverhältnisses selbst nutzen möchte, wobei die Möglichkeit besteht, dass das jetzige Gebäude abgerissen und ein neues erstellt werden wird" entspricht nicht § 564c Abs. 2 BGB aF, weil das Befristungsinteresse nicht unverwechselbar feststeht.[63] Die Formulierung „„Das Haus soll … saniert bzw. abgerissen werden", lässt offen, was der Vermieter iE plant; deshalb wird hierdurch keine Befristung bewirkt.[64] Die Angabe, „… nach Ablauf der Befristung wird der Grundriss der Wohnung grundlegend geändert", genügt ebenfalls nicht.[65]

34 Über die mit der Befristung verbundenen **Rechtsfolgen** braucht der Vermieter nicht aufzuklären.[66] Es kommt insoweit auch nicht darauf an, ob der Mieter von den weitreichenden Rechtsfolgen des § 575 Kenntnis hatte.

## II. Fehlerhafte Zeitmietverträge (Abs. 1 S. 2)

35 Sind die unter → Rn. 10–34 dargelegten Voraussetzungen nicht gegeben, so gilt das Mietverhältnis als auf unbestimmte Zeit abgeschlossen (§ 575 Abs. 1 S. 2 BGB). Ein solches Mietverhältnis kann von beiden Parteien unter Beachtung der §§ 573ff. BGB im Wege der ordentlichen Kündigung beendet werden. Dies führt zu der Frage, ob an die Stelle der unwirksamen Befristung eine wirksame Kündigungsausschlussvereinbarung tritt. Nach der **Rspr. des BGH** kommt es darauf

[56] BGH NJW 2007, 2177 = NZM 2007, 439.
[57] LG Hamburg ZMR 1992, 505; WuM 1992, 375; LG Berlin MM 1991, 129; MAH WohnMietR/*Hannemann* § 29 Rn. 56.
[58] AG Pankow/Weißensee GE 2016, 657 Rn. 30.
[59] AG Potsdam WuM 2004, 491.
[60] LG München WuM 1994, 543.
[61] LG Berlin GE 1996, 127.
[62] LG Hamburg ZMR 1992, 505.
[63] *LG Stuttgart WuM 1994, 690.*
[64] AG Freiburg WuM 1992, 193.
[65] LG Berlin 24.5.2019 – 66 S 66/19, juris; AG Tempelhof-Kreuzberg 25.2.2019 – 7 C 285/18, juris.
[66] Barthelmess BGB § 564c Rn. 97.

an, ob infolge des Wegfalls der Regelung über die Mietzeit eine **planwidrige Vertragslücke** entstanden ist. Diese Lücke sei im Wege der ergänzenden Vertragsauslegung dahingehend zu schließen, „dass an die Stelle der unwirksamen Befristung ein beiderseitiger Kündigungsverzicht in der Weise tritt, dass eine Kündigung frühestens zum Ablauf der vereinbarten Mietzeit (bzw. bei Ausübung der Option zum Ablauf des entsprechenden zusätzlichen Zeitraums) möglich ist".[67] Nach der hier vertretenen Ansicht kann eine vereinbarte **Befristung in einen beiderseitigen Kündigungsausschluss umgedeutet** werden (§ 140 BGB). Die Regelung des Abs. 1 S. 2 steht einer solchen Vereinbarung an sich nicht entgegen (→ Rn. 74).[68] Teilweise wird vertreten, dass eine Umdeutung der Befristung in eine Kündigungsausschlussvereinbarung nicht in Betracht kommt, wenn das Mietende nicht „taggenau" bestimmt werden kann.[69] Dies überzeugt nicht: Betrachtet man die Befristung unter dem Gesichtspunkt der vertraglich vereinbarten Bestandssicherung, so werden durch die Befristung einerseits, den Kündigungsausschluss andererseits dieselben Rechtsfolgen herbeigeführt: in beiden Fällen sind die Parteien für eine gewisse Zeit an den Mietvertrag gebunden. Andererseits ist nicht zu verkennen, dass der Zeitmietvertrag nach § 575 BGB oftmals dem Interesse des Vermieters dient. Die Frage der Umdeutung richtet sich deshalb nach der Interessenlage der Parteien und den Umständen des Einzelfalls. Ein Kündigungsausschluss ist anzunehmen, wenn die Interessenbewertung ergibt, dass sich die Parteien für eine gewisse Zeit an den Vertrag binden wollten.[70] Haben die Parteien dagegen auf Grund konkreter Interessen des Vermieters einen Zeitmietvertrag nach § 575 Abs. 1 S. 1 BGB schließen wollen und ist dies nicht gelungen, weil die materiellen oder formellen Voraussetzungen dieser Vorschrift nicht beachtet worden sind, so ist eine Umdeutung ausgeschlossen.[71] Das Mietverhältnis gilt dann als auf unbestimmte Zeit geschlossen.[72]

### III. Auskunftsanspruch des Mieters/Informationspflicht (Mitteilungspflicht) des Vermieters (Abs. 2)

Der Mieter kann vom Vermieter frühestens vier Monate vor Ablauf der Befristung verlangen, dass dieser ihm binnen eines Monats mitteilt, ob der Befristungsgrund noch besteht **(Abs. 2 S. 1).** 36

#### 1. Auskunftsanspruch

Der Auskunftsanspruch kann frühestens **vier Monate** vor Ablauf der Befristung geltend gemacht werden. Fraglich ist, ob ein Auskunftsanspruch bereits **vor** diesem Zeitpunkt besteht, wenn der Mieter konkrete Anhaltspunkte für den Wegfall des Befristungsinteresses hat. Aus der Regelung in § 575 Abs. 2 S. 1 BGB kann ein solcher Anspruch nicht abgeleitet werden. Aus allgemeinen Grundsätzen ergibt sich ebenfalls keine Offenbarungspflicht. Zwar besteht eine allgemeine vertragliche Nebenpflicht zur Offenlegung solcher Tatsachen, die für den weiteren Verlauf des Mietverhältnisses von Bedeutung sind (§ 241 Abs. 2 BGB). Dem insoweit eindeutigen Wortlaut des § 575 Abs. 2 BGB ist aber zu entnehmen, dass der Vermieter den Wegfall des Befristungsgrundes nur offenbaren muss, wenn der Mieter dies verlangt;[73] dieses Verlangen kann erst vier Monate vor Vertragsende gestellt werden, vorher ist es unwirksam[74] (zur Umdeutung → Rn. 38). Der Gesetzgeber hat diese Regelung bewusst getroffen;[75] die Entscheidung des Gesetzgebers ist zu respektieren. 37

---

[67] BGH NJW 2013, 2820 Rn. 16 mAnm *Hinz* ZMR 2014, 179; BGH NZM 2014, 235 Rn. 10f; Staudinger/*Rolfs* § 575 Rn. 15a.

[68] **AA** *Bruns* ZMR 2020, 358 (359): „Zirkelschluss"; *Wiek* WuM 2013, 618 (621); *Niebling* ZMR 2013, 953; krit. ebenfalls *Abramenko* ZMR 2014, 434; *Sternel* MietR Kap. X Rn. 135.

[69] AG Böblingen/LG Stuttgart WuM 2007, 582.

[70] LG Fulda ZMR 2016, 203.

[71] LG München ZMR 2017, 487 (488).

[72] LG München ZMR 2017, 487 (488); LG Berlin ZMR 2012, 274; *Hinz* ZMR 2014, 179 (182); ähnlich *Derleder* NZM 2001, 649 (653) „Für die Umdeutung einfacher Zeitmietabreden kommt es […] darauf an, ob der Vermieter auch mit einem beiderseitigen Kündigungsausschluss zufrieden gewesen wäre und ob der Mieter dadurch ein langfristiges Bindungsinteresse verwirklichen wollte."

[73] **AA** Staudinger/*Rolfs* BGB § 575 Rn. 53: Danach muss der Vermieter den Mieter ungefragt über den Wegfall des Befristungsinteresses unterrichten.

[74] Lützenkirchen MietR/*Lützenkirchen,* BGB § 575 Rn. 96.

[75] Begr. des Kabinettsentwurfs, abgedr. in Arbeitskommentar Neues MietR/*Eisenschmid* S. 568.

38 Ein **verfrühtes Auskunftsverlangen** kann in ein Auskunftsersuchen zum zulässigen Termin umgedeutet werden.[76] Voraussetzung ist, dass ein zeitlicher Zusammenhang zum vereinbarten Vertragsende gewahrt ist. Die Monatsfrist für die Informationspflicht beginnt dann vier Monate vor Vertragsende.[77] Der Auskunftsanspruch bedarf keiner besonderen Form. Der Mieter muss beweisen, dass er das Auskunftsverlangen gestellt hat und dass dieses dem Vermieter zugegangen ist.

39 Eine **Ausschlussfrist** für das Auskunftsverlangen ist dem Gesetz nicht zu entnehmen. Aus rechtslogischen Gründen muss das Auskunftsverlangen aber vor dem Ablauf der Befristung geltend gemacht werden. Die zT vertretene Ansicht, dass der Mieter keinen Verlängerungsanspruch habe, wenn er das Auskunftsverlangen nicht geltend mache,[78] trifft allerdings nicht zu. Vielmehr besteht der **Verlängerungsanspruch unabhängig vom Auskunftsanspruch.** Weiß der Mieter, dass der Befristungsgrund entfallen ist, so ist die Geltendmachung des Auskunftsanspruchs entbehrlich; der Mieter kann in diesem Fall (frühestens vier Monate vor Vertragsende, § 575 Abs. 2 S. 1 BGB analog) die Verlängerung verlangen. Wird bis zum Ablauf der Befristung aber weder ein Auskunftsverlangen noch ein Verlängerungsanspruch (→ Rn. 52) geltend gemacht, so wird das Mietverhältnis beendet (§ 542 Abs. 2 BGB). Nach der Beendigung des Mietverhältnisses ist der Vermieter nicht mehr zur Auskunft verpflichtet. Ebenso ist der Vermieter nicht verpflichtet, den Mieter von sich aus auf die bevorstehende Beendigung des Mietverhältnisses oder den Fortbestand des Befristungsgrundes hinzuweisen. Ohne Auskunfts- und Verlängerungsverlangen endet das Mietverhältnis auch dann zum vereinbarten Zeitpunkt, wenn sich der Eintritt des Befristungsgrundes verzögert. Hieraus folgt, dass der Mieter vor dem Ablauf der Mietzeit aktiv werden muss, wenn er eine Vertragsfortsetzung oder Verlängerung erreichen will. Mit den Bedürfnissen eines effektiven Mieterschutzes steht diese Rechtsfolge nicht im Einklang; eine Korrektur des Gesetzes ist gleichwohl nicht möglich. Zu den Fällen des Wegfalls des Befristungsgrundes und der Verzögerung des Bedarfs → Rn. 53.

40 Die Regelung des **§ 545 BGB** bleibt unberührt. Das Mietverhältnis wird nach Ablauf der vereinbarten Vertragszeit auf unbestimmte Zeit verlängert, wenn der Mieter den Mietgebrauch fortsetzt und keine der Parteien gegenüber dem anderen Teil seinen entgegenstehenden Willen binnen einer Frist von zwei Wochen erklärt.[79]

41 Fraglich ist, welche Rechtsfolge eintritt, wenn **§ 545 BGB vertraglich abbedungen ist und das Mietverhältnis über die vereinbarte Vertragszeit hinaus fortgesetzt** wird. Dieser Fall ist im Gesetz nicht geregelt. Man wird in Fällen dieser Art auf den Rechtsgrundsatz der Verwirkung zurückgreifen müssen.[80] Der Mieter darf nämlich angemessene Zeit nach dem Ablauf der Befristung darauf vertrauen, dass der Vermieter von dem nach Vertragsablauf entstandenen Herausgabeanspruch keinen Gebrauch machen werde; eine generalisierende, allgemeingültige Aussage über den Beginn des Vertrauensschutzes ist allerdings nicht möglich.

### 2. Informationspflicht (Mitteilungspflicht) des Vermieters

42 Hat der Mieter vor Ablauf der Vertragszeit das Auskunftsverlangen gestellt, so muss der Vermieter mitteilen, ob der Befristungsgrund noch besteht.

43 **a) Form, Frist.** Die Erklärung des Vermieters über das Befristungsinteresse ist keine Willenserklärung, sondern eine Wissenserklärung. Sie bedarf keiner besonderen Form.

44 Die Mitteilung muss dem Mieter binnen eines Monats zugehen. Die Frist beginnt mit dem Zugang des Auskunftsverlangens beim Vermieter. Es handelt sich um eine Schutzfrist zugunsten des Mieters, so dass § 193 BGB nicht gilt. Ein früherer Zugang schadet nicht, jedoch muss die Mitteilung noch in einem zeitlichen Zusammenhang mit dem Vertragsende stehen.

45 Im Fall einer verspäteten Mitteilung kann der Mieter eine Verlängerung des Mietverhältnisses um den Zeitraum der Verspätung verlangen (§ 575 Abs. 2 S. 2 BGB). Dies gilt auch dann, wenn das Auskunftsersuchen rechtzeitig beim Vermieter eingeht, die Mitteilung aber erst unmittelbar vor Ablauf der Befristung oder nach deren Ablauf erfolgt. In dem letztgenannten Fall wirkt der Verlängerungsanspruch zurück, so dass das Mietverhältnis nicht mit der Befristung, sondern erst zu dem in Abs. 2 S. 2 genannten Zeitpunkt endet.

---

[76] Staudinger/*Rolfs* BGB § 575 Rn. 55.
[77] *Lützenkirchen MietR/Lützenkirchen* BGB § 575 Rn. 96; MüKoBGB/*Häublein* § 575 Rn. 31.
[78] Hinz/Ormanschick/Riecke/Scheff Neues MietR/*Hinz* § 9 Rn. 8.
[79] MüKoBGB/*Häublein* § 575 Rn. 40; Staudinger/*Rolfs* BGB § 575 Rn. 67; *Sternel* MietR Kap. X Rn. 137.
[80] OLG Hamm WuM 1981, 257.

Die Rechtsfolge des **§ 545 BGB** bleibt auch hier unberührt. Wird der Mietgebrauch vom Mieter über den vereinbarten Beendigungszeitraum hinaus fortgesetzt und hat der Vermieter binnen einer Frist von zwei Wochen nach dem vereinbarten Vertragsende weder eine Information nach § 575 Abs. 2 S. 1 BGB erteilt, noch eine Erklärung nach § 545 BGB abgegeben, so wird das Mietverhältnis auf unbestimmte Zeit verlängert. Ist § 545 BGB vertraglich abbedungen, so gelten die Ausführungen → Rn. 41. **46**

**b) Inhalt.** Für die Erfüllung der Informationspflicht genügt es, wenn der Vermieter auf die beim Vertragsabschluss abgegebene Erklärung Bezug nimmt und zum Ausdruck bringt, dass die dort beschriebene Verwendungsabsicht noch besteht. Dies gilt allerdings nur dann, wenn in der beim Vertragsschluss abgegebenen Erklärung das Befristungsinteresse unverwechselbar und substantiiert dargelegt worden ist. Hat der Vermieter beim Vertragsschluss mehrere Verwendungsabsichten alternativ angegeben, so muss er in der Mitteilung nach Abs. 2 S. 1 erklären, in welcher Weise er von seiner Wahlmöglichkeit Gebrauch machen will.[81] In keinem Fall reicht es aus, wenn der Vermieter lediglich mitteilt, dass er die Verlängerung des Mietverhältnisses ablehne.[82] Die Information muss der Wahrheit entsprechen. Bei schuldhaft falscher Information kann der Mieter Schadensersatzansprüche geltend machen, wenn er im Vertrauen auf die Richtigkeit der Beendigungserklärung auszieht und einen Schaden erleidet (→ BGB § 573 Rn. 218). **47**

Ein **Auswechseln des Befristungsinteresses** ist zulässig, wenn das ursprüngliche und das neue Befristungsinteresse an sich gleichwertig sind, so zB, wenn die Wohnung einem anderen als dem ursprünglich genannten Familienangehörigen überlassen werden soll, oder wenn anstelle des ursprünglich geplanten Abbruchs nunmehr eine grundlegende Instandsetzung beabsichtigt ist.[83] Ein Wechsel zwischen den Befristungsgründen (zB Eigennutzung statt Abriss) ist nicht möglich.[84] **48**

Aus der Mitteilung muss sich weiter ergeben, **zu welchem Zeitpunkt** die Räume beseitigt, modernisiert oder weitervermietet werden sollen, denn in zeitlicher Hinsicht muss die Verwendungsabsicht gerade unmittelbar nach Ablauf der Mietzeit bestehen.[85] Diesen Angaben sind deshalb erforderlich, damit der Mieter erkennen kann, ob ihm ein Fortsetzungsanspruch nach § 575 Abs. 3 BGB zusteht. Sind für die Maßnahme **öffentlich-rechtliche Genehmigungen** erforderlich, so gilt dasselbe wie bei der Kündigung. Soll das Haus abgerissen werden und besteht in der Gemeinde ein Zweckentfremdungsverbot, so kann der Vermieter nur dann die Herausgabe zum vertraglich vereinbarten Zeitpunkt verlangen, wenn für den Abriss eine Zweckentfremdungsgenehmigung erteilt ist und dieser Umstand in der Mitteilung erwähnt wird.[86] Die Zweckentfremdungsgenehmigung muss der Mitteilung nicht beigefügt werden. Für die Baugenehmigung/Abrissgenehmigung gilt etwas anderes. Während die Zweckentfremdungsgenehmigung nach ihrer Zielsetzung mieterschützenden Charakter hat, soll durch die Baugenehmigung lediglich sichergestellt werden, dass das Bauvorhaben den öffentlich-rechtlichen Baunormen entspricht. Dies hat zur Folge, dass die Vertragsbeendigung nicht davon abhängt, ob die Baugenehmigung bereits erteilt ist.[87] Die Planung muss allerdings ein Stadium erreicht haben, in dem beurteilt werden kann, ob die Verwirklichung des Plans eine Vertragsbeendigung zum vereinbarten Zeitpunkt rechtfertigt. Dies muss anhand der konkreten Umstände des Einzelfalls festgestellt werden. Gegebenenfalls kann der Mieter eine Verlängerung nach Abs. 3 verlangen. **49**

Ist die **Information inhaltlich unzureichend,** so kann der Mieter eine Verlängerung des Mietverhältnisses auf unbestimmte Zeit verlangen (§ 575 Abs. 3 S. 2 BGB analog). Der Vermieter kann die Mitteilung ergänzen. Geht dem Mieter die Ergänzung nach Ablauf der in Abs. 2 S. 1 bestimmten Monatsfrist (→ Rn. 43) zu, so kann der Mieter eine Verlängerung des Mietverhältnisses um den Zeitraum der Verspätung verlangen (§ 575 Abs. 2 S. 2 BGB). **50**

Erteilt der Vermieter **keine Information,** so ist ebenfalls § 575 Abs. 3 S. 2 BGB analog anzuwenden. Der Mieter kann die Verlängerung des Mietverhältnisses auf unbestimmte Zeit verlan- **51**

---

[81] Lützenkirchen MietR/*Lützenkirchen* BGB § 575 Rn. 110; s. auch LG Hamburg NJW-RR 1993, 201.

[82] LG Berlin MM 1988 Nr. 6, S. 30.

[83] Begr. zum Kabinettsentwurf, abgedr. bei Arbeitskommentar Neues MietR/*Eisenschmid* S. 568; **aA** Rips/Eisenschmid Neues MietR S. 142; Arbeitskommentar Neues MietR/*Eisenschmid* S. 560.

[84] Begr. zum Kabinettsentwurf, abgedr. bei Arbeitskommentar Neues MietR/*Eisenschmid* S. 568; MAH WohnMietR/*Hannemann* § 44 Rn. 36; Hinz/Ormanschick/Riecke/Scheff Neues MietR/*Hinz* § 9 Rn. 7; Kossmann Wohnraummiete-HdB/*Meyer-Abich* § 82 Rn. 43.

[85] Staudinger/*Rolfs* BGB § 575 Rn. 57; **aA** Barthelmess BGB § 564 c Rn. 105.

[86] Vgl. für die Kündigung OLG Hamburg WuM 1981, 155; LG Berlin ZMR 1991, 346.

[87] Für die Kündigung OLG Frankfurt a. M. WuM 1992, 421; BayObLG WuM 1993, 660 = ZMR 1993, 560.

gen.[88] Der Vermieter kann die Information nachholen. Geht dem Mieter die Mitteilung nach Ablauf der in Abs. 2 S. 1 bestimmten Monatsfrist (→ Rn. 43) zu, so kann der Mieter eine Verlängerung des Mietverhältnisses um den Zeitraum der Verspätung verlangen (§ 575 Abs. 2 S. 2 BGB). Wird die Information erst längere Zeit nach dem vereinbarten Vertragsende erteilt, so kann sich aus § 242 BGB ergeben, dass der Herausgabeanspruch verwirkt ist.

### IV. Verlängerungsanspruch des Mieters (Abs. 3)

52 Tritt der Grund der Befristung erst später ein, so kann der Mieter eine Verlängerung des Mietverhältnisses um einen entsprechenden Zeitraum verlangen (§ 575 Abs. 3 S. 1 BGB). Ist das Befristungsinteresse weggefallen, so kann der Mieter eine Verlängerung auf unbestimmte Zeit verlangen (§ 575 Abs. 3 S. 2 BGB).

#### 1. Verzögerung und Wegfall des Befristungsgrundes

53 Im Unterschied zu dem bis 1.9.2001 geltendem Recht spielt es keine Rolle, ob die Verzögerung vom Vermieter verschuldet ist. Die Dauer der Verzögerung ist ebenfalls unerheblich.

54 Der Wegfall des Befristungsgrundes muss dem Mieter erst in der nach § 575 Abs. 2 S. 1 BGB geforderten Information mitgeteilt werden. Dagegen besteht keine Mitteilungspflicht, wenn der Befristungsgrund bereits während der Vertragszeit entfällt. Dies ist darauf zurückzuführen, dass der Vermieter in einem solchen Fall möglicherweise ein anderes Befristungsinteresse geltend machen kann (→ Rn. 48).

55 Eine andere Frage ist es, ob der Vermieter verpflichtet ist, den Mieter auch dann über den Wegfall oder die Verzögerung des Befristungsgrundes zu informieren, wenn dieser keinen Auskunftsanspruch nach Abs. 2 geltend gemacht hat. Unter der Geltung des § 564c BGB aF wurde die Ansicht vertreten, dass dem Vermieter eine solche Informationspflicht als vertragliche Nebenpflicht obliege.[89] Diese Ansicht kann nach der nunmehrigen Rechtslage aus den unter → Rn. 37 aufgeführten Gründen nicht aufrechterhalten werden.[90]

56 **Beweislast:** Der Vermieter muss den Eintritt des Befristungsgrundes und die Dauer der Verzögerung beweisen (§ 575 Abs. 3 S. 3 BGB).

#### 2. Verlängerungsanspruch des Mieters

57 Wird die Mietsache erst zu einem späteren als dem vertraglich vereinbarten Beendigungszeitpunkt benötigt, so kann der Mieter verlangen, dass das Mietverhältnis um den Zeitraum der Verzögerung verlängert wird. Ist das Befristungsinteresse entfallen, so kann der Mieter eine Verlängerung auf unbestimmte Zeit verlangen;[91] ein Anspruch auf Verlängerung um einen bestimmten Zeitraum ist in diesem Fall ausgeschlossen. In beiden Fällen sind für den Verlängerungsanspruch keine Gründe und keine besonderen Interessen des Mieters erforderlich. Es kommt auch nicht darauf an, ob sich die Interessenlage seit dem Vertragsschluss verändert hat. Will der Mieter die Wohnung trotz Wegfall des Befristungsgrundes zurückgeben, so ist er daran nicht gehindert. Will der Mieter nicht sofort, sondern zu einem späteren Zeitpunkt räumen, so muss er – beim Wegfall des Befristungsgrundes – eine Verlängerung auf unbestimmte Zeit verlangen und in der Folgezeit eine ordentliche Kündigung aussprechen. Der Vermieter hat keinen Anspruch auf Verlängerung des Mietverhältnisses.

58 **a) Rechtsnatur.** Der Verlängerungsanspruch ist als Angebot des Mieters zum Abschluss eines Verlängerungsvertrages auf bestimmte oder unbestimmte Zeit anzusehen.[92] Das Angebot muss von allen Mietern gegenüber allen Vermietern abgegeben werden. Die Grundsätze über die Bevollmächtigung bleiben unberührt. Der Verlängerungsvertrag kann nur zustande kommen, wenn der Mieter das Verlängerungsangebot abgibt. Das Fortsetzungsverlangen ist deshalb auch dann erforder-

---

[88] AnwK WohnraumMietR/*Lammel* BGB § 575 Rn. 58.
[89] Siehe die 6. Aufl. § 564c Rn. B 814.
[90] **AA** Herrlein/Knops/Spiegelberg/*Karabulut* BGB § 575 Rn. 34; MüKoBGB/*Häublein* BGB § 575 Rn. 34.
[91] BGH NJW 2007, 2177 = NZM 2007, 439.
[92] Lützenkirchen MietR/*Lützenkirchen* BGB § 575 Rn. 116; MAH WohnMietR/*Hannemann* § 29 Rn. 67; Staudinger/*Rolfs* BGB § 575 Rn. 69ff.; MüKoBGB/*Häublein* § 575 Rn. 36; *Caspers* ZAP 2019, 21 (29); **aA** AnwK WohnraumMietR/*Lammel* BGB § 575 Rn. 69 (Gestaltungsrecht).

lich, wenn der Vermieter eine Fortsetzung von vornherein endgültig und bestimmt abgelehnt hat.[93] Nach aA übt der Mieter mit der Geltendmachung des Fortsetzungsverlangens ein Gestaltungsrecht aus. Die Ausübung des Rechts hat die Wirkung, dass das Mietverhältnis fortgesetzt wird, wenn die materiell-rechtlichen Voraussetzungen hierfür vorliegen.[94]

**b) Form, Frist.** Nach der gesetzlichen Regelung bedarf der Verlängerungsanspruch keiner besonderen Form. Er kann also auch mündlich geltend gemacht werden. Es ist allerdings darauf zu achten, dass der Verlängerungsvertrag als solcher in den meisten Fällen formbedürftig ist (→ Rn. 24). 59

Der Verlängerungsanspruch nach § 575 BGB bedarf keiner Begründung. Er ist **bedingungsfeindlich.** Insbesondere hat der Mieter keinen Anspruch, dass die Mietbedingungen abgeändert werden. Eine solche Erklärung kann möglicherweise als Angebot (§ 145 BGB) zum Abschluss eines Fortsetzungsvertrages außerhalb des § 575 BGB gewertet werden. 60

Eine ausdrücklich geregelte **Frist** zur Geltendmachung des Verlängerungsanspruchs besteht nicht. Der Gesetzessystematik kann allerdings entnommen werden, dass der Anspruch in einem zeitlichen Zusammenhang mit der Information des Vermieters über den Fortbestand des Befristungsgrundes nach § 575 Abs. 2 S. 1 BGB stehen muss. In der Regel kann der Vermieter erwarten, dass der Mieter seinen Verlängerungsanspruch binnen eines Monats nach Zugang der Information geltend macht (§ 575 Abs. 2 S. 1 BGB analog). 61

**c) Inhalt.** Das Angebot des Mieters zur Vertragsverlängerung muss erkennen lassen, was der Mieter will. Die gesetzlichen Begriffe müssen nicht verwendet werden.[95] Fraglich ist, ob es genügt, wenn der Mieter erklärt, dass er mit der Vertragsbeendigung zum vereinbarten Zeitpunkt nicht einverstanden sei oder dass er nicht räumen könne oder wolle. Gleiches gilt, wenn der Mieter über den vereinbarten Beendigungszeitpunkt hinaus wohnen bleibt und gegenüber dem Vermieter zum Ausdruck bringt, dass er die Angaben in der Mitteilung über den Fortbestand des Befristungsgrundes für unzutreffend halte. In diesem Fall ist in der Erklärung des Mieters ein Angebot zur Vertragsverlängerung auf unbestimmte Zeit zu sehen. Es ist allerdings **wesentlich,** dass der Wunsch nach einer Vertragsverlängerung auf bestimmte oder unbestimmte Zeit **hinreichend klar** zum Ausdruck kommt[96] oder durch Auslegung (§§ 133, 157 BGB) erkennbar wird. Allerdings genügt es nicht, dass der Mieter den Mietgebrauch lediglich fortsetzt.[97] Verlangt der Mieter lediglich eine befristete Vertragsfortsetzung, so kann hierin eine Erklärung nach § 575 Abs. 3 S. 1 BGB, ein Angebot zum Abschluss eines Fortsetzungsvertrages nach § 145 BGB oder ein Antrag auf Gewährung einer Räumungsfrist liegen. Zweifel gehen – wie allgemein – zu Lasten des Erklärenden, also des Mieters.[98] Der Mieter ist auch darlegungs- und beweispflichtig dafür, dass ein wirksames Fortsetzungsverlangen vorliegt. 62

Steht der Zeitpunkt des Eintritts des Bedarfs zum Zeitpunkt der Geltendmachung des Verlängerungsanspruchs noch nicht mit Sicherheit fest, so kann der Mieter eine Verlängerung bis zum Eintritt des Bedarfs verlangen. Ein Mietverhältnis mit diesem Inhalt ist nicht als Mietvertrag unter einer auflösenden Bedingung, sondern als befristeter Mietvertrag anzusehen (→ BGB § 542 Rn. 149). 63

## V. Verlängerung des Mietverhältnisses

### 1. Vertragliche Einigung

Nimmt der Vermieter das Angebot des Mieters an, so kommt ein Verlängerungsvertrag zustande. Das Mietverhältnis wird dann – je nach dem Inhalt der übereinstimmenden Erklärungen der Parteien – auf bestimmte oder unbestimmte Zeit verlängert. Bei einer Verlängerung auf bestimmte Zeit ist § 550 BGB zu beachten (Schriftform), wenn das Vertragsverhältnis insgesamt länger als ein Jahr dauern soll. Die Parteien können eine Verlängerung zu geänderten Bedingungen vereinbaren; ein Anspruch auf Änderung der Vertragsbedingungen besteht allerdings nicht. Einigen 64

[93] LG Karlsruhe DWW 1990, 178; Staudinger/*Rolfs* BGB § 575 Rn. 64; *Lützenkirchen* Neue MietR-Praxis Rn. 414.
[94] AnwK WohnraumMietR/*Lammel* BGB § 575 Rn. 69.
[95] Staudinger/*Rolfs* BGB § 575 Rn. 64.
[96] Lützenkirchen MietR/*Lützenkirchen,* BGB § 575 Rn. 134.
[97] **AA** Kossmann Wohnraummiete-HdB/*Meyer-Abich* § 82 Rn. 33, hierin könne ein Fortsetzungsverlangen durch konkludente Handlung liegen.
[98] BeckOK BGB/*Hannappel* BGB § 575 Rn. 32; ähnlich MüKoBGB/*Häublein* § 575 Rn. 36, die Beweislast trägt der Mieter; dessen Erklärungen seien allerdings „laiengünstig" auszulegen; *Barthelmess* BGB § 564c Rn. 14.

sich die Parteien lediglich über den Verlängerungszeitraum, so wird das Mietverhältnis zu den bisherigen Bedingungen fortgesetzt. Ein auf bestimmte Zeit fortgesetztes Mietverhältnis kann vor dem Ablauf der vereinbarten Zeit nicht im Wege der ordentlichen Kündigung beendet werden. Beim Ablauf der fortgesetzten Mietdauer kann der Mieter erneut die Ansprüche aus § 575 Abs. 2, 3 BGB geltend machen. Wird das Mietverhältnis auf unbestimmte Zeit fortgesetzt, so kann es von beiden Parteien gekündigt werden. Für die Kündigung des Vermieters sind Kündigungsgründe iSd § 573 BGB erforderlich. Für die Bemessung der Kündigungsfrist bei der Kündigung durch den Vermieter nach § 573c Abs. 1 BGB ist die gesamte Mietzeit maßgeblich. Der Mieter hat die Möglichkeit des Kündigungswiderspruchs nach § 574 BGB. Für die Frage, ob ein die Garantiehaftung des Vermieters begründender ursprünglicher Mangel iSv § 536b Abs. 1 BGB vorgelegen hat, kommt es auf den Beginn des Mietverhältnisses an.

**2. Dissens**

**65** Können sich die Parteien über die Verlängerung, die Dauer der Verlängerung oder über die Modalitäten der Fortsetzung nicht einigen, so kommt kein Verlängerungsvertrag zustande. Nach allgemeinen Grundsätzen hätte dies zur Folge, dass das Mietverhältnis zu dem vertraglich vereinbarten Zeitpunkt beendet wird. Diese Rechtsfolge stünde mit dem Schutzzweck der §§ 575 Abs. 2, 3 BGB nicht im Einklang. Dieser Schutzzweck kann nur verwirklicht werden, wenn man davon ausgeht, dass die ursprüngliche Vereinbarung über das Vertragsende durch die Geltendmachung des Verlängerungsanspruchs in einen Schwebezustand gerät.[99] Mit der gerichtlichen Entscheidung über den Anspruch des Mieters auf befristete oder unbefristete Vertragsverlängerung wird der Schwebezustand beendet. Kommt es nicht zum gerichtlichen Verfahren, so richtet sich das Ende des Schwebezustands nach allgemeinen Grundsätzen. Insbesondere ist zu prüfen, ob durch die **Fortsetzung des Mietgebrauchs** durch den Mieter und die Entgegennahme der Miete durch den Vermieter eine Vertragsfortsetzung durch konkludente Handlung zustande gekommen ist.[100] Allerdings ist Zurückhaltung geboten. In der **Weiterzahlung der Miete** durch den Mieter und der Entgegennahme des Geldes durch den Vermieter liegt im Allgemeinen noch keine konkludent vereinbarte Vertragsfortsetzung, weil dieser Vorgang auch nach Beendigung des Mietverhältnisses einen Sinn hat: Der Mieter schuldet ja die vereinbarte Miete nach der Vertragsbeendigung als Nutzungsentschädigung (§ 546a BGB). Anders ist es, wenn der Vermieter eine Mieterhöhungserklärung nach § 558 BGB verlangt und der Mieter dem Verlangen zustimmt. Ein solcher Vorgang ergäbe bei Annahme der Vertragsbeendigung nämlich keinen Sinn. Maßgeblich sind aber letztlich die Umstände des Einzelfalls.[101] Je länger das Mietverhältnis fortgesetzt wird, desto geringer sind die Anforderungen, die an eine konkludent vereinbarte Vertragsfortsetzung zu stellen sind.[102]

**3. Gerichtliches Verfahren**

**66** Der Mieter kann den Anspruch auf Vertragsverlängerung im Wege der **Leistungsklage** (nicht Feststellungsklage) geltend machen. Erhebt der Vermieter Räumungsklage, so kann der Mieter **Widerklage** auf Vertragsverlängerung erheben. Dies ist unstreitig. Dagegen ist umstritten, ob es genügt, wenn der Mieter gegen den vom Vermieter erhobenen Räumungsanspruch lediglich einwendet, dass die Voraussetzungen des § 575 Abs. 3 BGB gegeben sind. Dies ist zu verneinen: die Regelung des § 575 Abs. 3 hat nicht die Vertragsfortsetzung zur Folge, sondern gibt dem Mieter lediglich einen Anspruch hierauf. Dieser Anspruch muss im Wege der Klage oder Widerklage geltend gemacht werden, weil eine dem § 308a ZPO entsprechende Regelung fehlt.[103] Dies bedeutet

---

[99] Anders AnwK WohnraumMietR/*Lammel* BGB § 575 Rn. 68f., danach hat das Verlängerungsverlangen rechtsgestaltende Wirkung.

[100] LG Berlin MM 1992, 209; AG Regensburg WuM 1990, 514.

[101] LG Hagen MDR 1982, 582; LG Hannover MDR 1979, 495; LG Hamburg WuM 1989, 32; LG Berlin MM 1992, 209; AG Regensburg WuM 1990, 514.

[102] Zur Verwirkung des Herausgabeanspruchs OLG Hamm NJW 1982, 341 = WuM 1981, 257 = DWW 1981, 293 = ZMR 1982, 13.

[103] LG Regensburg WuM 1992, 194; LG Berlin WuM 1986, 340 = ZMR 1986, 442; AG Wuppertal WuM 1994, 534; AG Münster WuM 1988, 364; Staudinger/*Rolfs* BGB § 575 Rn. 79; Barthelmess BGB § 564c Rn. 46, 47; Bub/*Treier MietR-HdB/Fleindl* Kap. IV Rn. 505; BeckOK BGB/*Hannappel* BGB § 575 Rn. 40; MüKoBGB/*Häublein* § 575 Rn. 39; **aA** LG Berlin GE 1996, 127; AG Uelzen WuM 1989, 23 mzustAnm *Hinkelmann;* AG Ebersberg WuM 1988, 23; *Derleder* NZM 2001, 649 (657); AnwK WohnraumMietR/*Lammel* BGB § 575 Rn. 72; *Sternel* MietR, 1988, Kap. IV Rn. 296.

nicht, dass das Gericht der Räumungsklage ohne weiteres stattgeben könnte, wenn die Widerklage nicht erhoben wird. Vielmehr muss das Gericht auf das Erfordernis der Erhebung einer Widerklage hinweisen und sodann über die Begründetheit des Verlängerungsverlangens entscheiden.

Hat der **Mieter Klage** auf Fortsetzung des Mietverhältnisses erhoben, so kann der Vermieter den Räumungsanspruch mit der Widerklage geltend machen. **67**

Der **Streitwert** für Klage und Widerklage richtet sich in jedem Fall nach dem Wert der Klage. Eine Zusammenrechnung findet nicht statt, weil die beiden Klaggegenstände wirtschaftlich identisch sind.[104] Dies gilt sowohl für die Rechtsmittelbeschwer als auch für den Gebührenstreitwert. **68**

### VI. Beendigung des Mietverhältnisses

Sind die formellen oder materiellen Voraussetzungen für eine Verlängerung nicht gegeben, so endet das Mietverhältnis zum vereinbarten Zeitpunkt. Die Anwendung des **§ 574 BGB** ist ausgeschlossen. Dies folgt aus der Erwägung, dass die Regelung des § 574 nach ihrem Wortlaut und ihrer systematischen Stellung nur im Falle der Beendigung des Mietverhältnisses durch Kündigung gilt. Bei Beendigung durch Zeitablauf ist § 574 BGB unanwendbar. Dem Mieter kann auch keine gerichtliche Räumungsfrist nach **§§ 721, 794a ZPO** gewährt werden. Dies gilt auch dann, wenn der Vermieter keine besonderen Interessen an der pünktlichen Rückgabe hat. Eine Ausnahme gilt, wenn das Mietverhältnis nicht durch Zeitablauf, sondern durch außerordentliche Kündigung mit gesetzlicher Frist endet. Eine solche Kündigung ist möglich (§ 575a BGB). In diesem Fall ist sowohl § 573 als auch § 574 anwendbar (§ 575a Abs. 1, 2; → BGB § 575a Rn. 5). Für die außerordentliche Kündigung mit gesetzlicher Frist müssen neben dem jeweiligen Sonderkündigungstatbestands (→ BGB § 542 Rn. 20ff.) die Voraussetzungen des § 573 BGB oder des 573a BGB vorliegen. Der Mieter kann die Fortsetzung des Mietverhältnisses nach § 574 BGB verlangen, allerdings nur bis zum vertraglich bestimmten Zeitpunkt der Beendigung (§ 575a Abs. 2 BGB). Eine Räumungsfrist kann ebenfalls höchstens bis zum vertraglich bestimmten Zeitpunkt der Beendigung gewährt werden (§ 721 ZPO idF des Art. 3 Nr. 5, 6 MietRRefG). In besonderen Härtefällen kann der Mieter Vollstreckungsschutz nach **§ 765a ZPO** erhalten. Die Vorschrift des **§ 545 BGB** bleibt unberührt. In der Mitteilung über den Fortbestand des Befristungsinteresses vor Vertragsende liegt allerdings regelmäßig zugleich eine Erklärung nach § 545 BGB.[105] **69**

Ein besonderes Problem der **Verjährung** kann sich bei Zeitmietverträgen mit besonders langer Laufzeit, aber auch bei anderen schon lange Zeit bestehenden Mietverträgen stellen. Treten vom Mieter verursachte Schäden an der Mietsache erst nach mehr als 30 Jahren zutage (zB bei „Allmählichkeitsschäden"),[106] kann die Verjährungshöchstfrist des § 199 Abs. 3 Nr. 2 BGB von 30 Jahren ab Eintritt des Schadensereignisses dazu führen, dass der Mieter hierfür nicht mehr haftet.[107] Für diesen Fall ist **ungeklärt,** in welchem Verhältnis § 199 Abs. 3 S. 1 Nr. 2 BGB und § 548 Abs. 1 BGB zueinander stehen (Einzelheiten → BGB § 548 Rn. 45). **70**

### VII. Veräußerung der Mietsache

Wird die Wohnung veräußert, so tritt der Erwerber in das Mietverhältnis ein. An der Befristung des Mietvertrags ändert sich durch den Eigentümerwechsel nichts. Vereinzelt wird allerdings die Ansicht vertreten, dass sich das Mietverhältnis in einem solchen Fall „automatisch analog § 575 Abs. 1 S. 2 in ein unbefristetes" Mietverhältnis umwandle.[108] Diese Ansicht trifft nicht zu. Eine Verlängerung ist nur möglich, wenn der Mieter dies nach § 575 Abs. 3 BGB verlangt. Dies beruht auf der Erwägung, dass der Mieter ein Interesse am Bestand der Befristungsregelung haben kann; folgerichtig muss es ihm überlassen bleiben, ob er auf die Befristung verzichtet. **71**

Streitig ist, ob der **Erwerber** das **ursprüngliche Befristungsinteresse** geltend machen darf. Teilweise wird die Ansicht vertreten, dass mit der Veräußerung jedes Befristungsinteresse verloren **72**

[104] BGH WuM 1994, 705 = ZMR 1995, 17; OLG München JurBüro 1989, 852.
[105] MüKoBGB/*Häublein* § 575 Rn. 40; *Horst* ZAP Fach 4, 366.
[106] Zu Allmählichkeitsschäden BGH NJW-RR 1994, 1368; LG München I r + s 1999, 409; Lindner-Figura/Oprée/Stellmann Geschäftsraummiete/*Senk* Kap. 22 Rn. 124.
[107] So LG Berlin BeckRS 2020, 8764 nrkr. (Revision anhängig unter Az: VIII ZR 132/20).
[108] So noch Herrlein/Kandelhard/*Kandelhard,* 4. Aufl., BGB § 575 Rn. 30.

geht.[109] Nach der hier vertretenen Auffassung[110] kann der Erwerber das Befristungsinteresse nur geltend machen, wenn dieses **objektgebunden** ist. Hierzu gehört das Befristungsinteresse nach Abs. 1 Nr. 2 (Beseitigung, wesentliche Veränderung, Instandsetzung). Ein **personengebundenes** Befristungsinteresse kann der Erwerber nicht geltend machen. Hierzu zählt die Eigennutzungsabsicht (Abs. 1 Nr. 1). Eine Ausnahme gilt, wenn die Befristung zulässigerweise zugunsten des (familienangehörigen) Erwerbers erfolgt ist (Bsp.: Vermieter veräußert die Wohnung an seinen Sohn). Der Befristungsgrund des Abs. 1 Nr. 3 (Überlassung an Betriebsangehörige) kann vom Erwerber geltend gemacht werden, wenn dieser seinerseits Arbeitnehmer beschäftigt und die Wohnungen zur Unterbringung dieses Personenkreises verwenden will.

73 Kann das Befristungsinteresse vom Erwerber nicht durchgesetzt werden, so hat der Mieter den Verlängerungsanspruch nach § 575 Abs. 3 S. 2 BGB. Diesen Anspruch muss der Mieter geltend machen; anderenfalls bleibt das Mietverhältnis befristet mit der weiteren Folge, dass es zum vereinbarten Zeitpunkt endet. Der Erwerber ist nicht verpflichtet, von sich aus auf den Wegfall der Befristung hinzuweisen (→ Rn. 37, 55).

## D. Abweichende Vereinbarungen (Abs. 4)

### I. Kündigungsausschlussvereinbarung

74 Nach § 575 Abs. 4 BGB sind Vereinbarungen, die zum Nachteil des Mieters von § 575 Abs. 1–3 BGB abweichen, unwirksam. In diesem Zusammenhang wurde die Frage diskutiert, ob die Parteien **statt einer Befristung einen Kündigungsausschluss** vereinbaren können.[111] Ebenso wird die Ansicht vertreten, dass ein befristeter Kündigungsausschluss unter gewissen Umständen wie eine vertraglich verlängerte Kündigungsfrist zu Lasten des Mieters wirke; deshalb wird auch ein Verstoß gegen § 573c Abs. 4 BGB angenommen[112] oder in Erwägung gezogen.[113] Nach einer vermittelnden Auffassung ist ein Kündigungsausschluss wirksam, wenn der Vermieter dem Mieter ein Wahlrecht zwischen der Vereinbarung eines Kündigungsausschlusses und einem Mietverhältnis auf unbestimmte Zeit einräumt[114] oder wenn der Kündigungsausschluss auf Verlangen des Mieters erfolgt.[115] Ist der Kündigungsausschluss in Form einer Allgemeinen Geschäftsbedingung geregelt, so wird die Vereinbarung außerdem an § 307 Abs. 2 Nr. 1 BGB gemessen, weil das Recht des Mieters sich innerhalb kurzer Frist vom Vertrag zu lösen, durch den Kündigungsausschluss tangiert werde;[116] nach dieser Ansicht ist die Mobilität des Mieters als gesetzliches Leitbild der Reformgesetzgebung anzusehen.[117] Nach der Ansicht des **BGH** ist ein **individualvertraglich vereinbarter Kündigungsverzicht** – auch für sehr lange Dauer – wirksam,[118] sogar, wenn die Kündigung

---

[109] *Sternel* MietR, 1988, Kap. IV Rn. 316; so noch Herrlein/Kandelhard/*Kandelhard*, 4. Aufl. 2010, BGB § 575 Rn. 30.

[110] Ebenso Klein-Blenkers/Heinemann/Ring/*Hinz* BGB § 575 Rn. 37; Staudinger/*Rolfs* BGB § 575 Rn. 61; AnwK WohnraumMietR/*Lammel* BGB § 575 Rn. 24 f.; MüKoBGB/*Häublein* § 575 Rn. 35; wohl auch BeckOK BGB/*Hannappel* BGB § 575 Rn. 38; **aA** Lützenkirchen MietR/*Lützenkirchen*, BGB § 575 Rn. 68.

[111] So Begr. des Kabinettsentwurfs, abgedr. bei Arbeitskommentar Neues MietR/*Eisenschmid* S. 566 „Liegt bei Vertragsschluss kein Befristungsgrund auf Vermieterseite vor, so kann dem Interesse des Mieters an einer langfristigen Bindung des Mietverhältnisses dadurch Rechnung getragen werden, dass die Parteien einen unbefristeten Mietvertrag schließen und für einen vertraglich festgelegten Zeitraum das ordentliche Kündigungsrecht beiderseits ausschließen"; Staudinger/*Rolfs* BGB § 573c Rn. 49 ff.; MAH WohnMietR/*Hannemann* § 44 Rn. 100; *Lützenkirchen* Neue MietR-Praxis Rn. 392; ZMR 2001, 769; MDR 2001, 1385 (1388); HORS Neues MietR/*Hinz* § 9 Rn. 10; *Grundmann* NJW 2001, 2497; *Derckx* NZM 2001, 826; KSB MietR/*Kinne/Schach* BGB § 573c Rn. 9; Palandt/*Weidenkaff* BGB § 573c Rn. 3; *Bruns* ZMR 2020, 358.

[112] So insbes. LG Krefeld WuM 2003, 212 = NZM 2003, 309; AG Itzehoe WuM 2003, 213; *Wiek* WuM 2003, 329 (330); AnwK WohnraumMietR/*Lammel* BGB § 575 Rn. 2, BGB § 542 Rn. 73; *Lammel* WuM 2003, 123; *Börstinghaus* GS Sonnenschein, 2003, 349; Bamberger/Roth/*Hannappel* BGB § 575 Rn. 39.

[113] Rips/Eisenschmid Neues MietR S. 138; Arbeitskommentar Neues MietR/*Eisenschmid* S. 558.

[114] *Derleder* NZM 2001, 649.

[115] Rips/Eisenschmid Neues MietR S. 138.

[116] *Gather* NZM 2001, 57; Rips/Eisenschmid Neues MietR S. 138; *Börstinghaus*, GS Jürgen Sonnenschein, 2003, 349.

[117] Rips/Eisenschmid Neues *MietR S. 138*; s. auch *Derleder* NZM 2001, 649.

[118] *BGH NZM* 2004, 216 = NJW 2004, 1448 für die Dauer von fünf Jahren; BGH NJW 2011, 59 = NZM 2011, 28 Rn. 25 für zehnjährigen Kündigungsausschluss; BGH NJW 2013, 2820 = NZM 2013, 646 für 13 Jahre.

dauerhaft ausgeschlossen wird.[119] Schranken ergeben sich möglicherweise aus § 138 BGB.[120] Ein solcher Fall kann vorliegen, wenn der Vermieter die Zwangslage des Mieters ausgenutzt hat oder beim Vorliegen sonstiger Umstände, die der Vereinbarung das Gepräge eines sittenwidrigen Rechtsgeschäfts geben.[121] Dies gilt auch dann, wenn lediglich der Mieter auf das Recht zur Kündigung verzichtet.[122] Der Ansicht des BGH ist zuzustimmen. **Für Formularklauseln** → Rn. 89 ff.

### 1. Prüfung nach § 575 Abs. 4 BGB

Bei der **Prüfung nach § 575 Abs. 4 BGB** ist in erster Linie auf den Zweck des § 575 Abs. 1 S. 2 **75**
BGB abzustellen (→ Rn. 4). Der Gesetzeszweck ist erreicht, wenn eine Beendigung des Mietverhältnisses durch Zeitablauf auf die Fälle des Zeitmietvertrags nach § 575 Abs. 1 S. 1 BGB beschränkt bleibt. Deshalb werden durch Abs. 1 S. 2 nur solche Vertragsgestaltungen ausgeschlossen, die bewirken, dass ein Mietverhältnis durch Zeitablauf, also ohne Kündigung, endet. Dazu gehören in erster Linie die einfachen befristeten Mietverträge (Mietverträge auf bestimmte Zeit) iSv § 542 Abs. 2 BGB. Alle anderen Vertragsgestaltungen, auf die bereits nach bisherigem Recht die Regelung des § 564 c BGB aF unanwendbar war, fallen nicht unter Abs. 1 S. 2 der Neufassung. Demnach kommt es maßgeblich darauf an, ob ein Mietverhältnis nach der konkreten Vertragsgestaltung durch Kündigung (§ 542 Abs. 1 BGB) oder durch Zeitablauf (§ 542 Abs. 2 BGB) beendet werden kann. Im erstgenannten Fall (Beendigung durch Kündigung) verbleibt es bei der Vertragsregelung; im letztgenannten Fall (Beendigung durch Zeitablauf) gilt § 575 Abs. 1 S. 2 BGB.

Die von einem Teil der Lit. vertretene Ansicht, wonach § 575 Abs. 1 S. 2 BGB auch für den ver- **76**
einbarten Kündigungsausschluss gelte: – „Ein Mietvertrag unter Ausschluss der ordentlichen Kündigung ist nichts anderes als ein befristeter Mietvertrag mit anderem Namen".[123] – überzeugt nicht. Zwar trifft es zu, dass die Parteien in beiden Fällen für eine bestimmte vereinbarte Zeit an das Mietverhältnis gebunden sind. Für die Beendigung des Vertrags gelten dagegen unterschiedliche Regeln. Ist ein Kündigungsausschluss vereinbart, so kann der Vermieter zwar nach Ablauf der Ausschlussfrist kündigen; das Mietverhältnis wird aber nur beendet, wenn der Vermieter Kündigungsgründe iSv § 573 BGB geltend machen kann. Ein befristeter Mietvertrag endet dagegen nach dem Wortlaut der Vertragsvereinbarung ohne Kündigung durch bloßen Zeitablauf. Der Vermieter kann die Räume auch ohne berechtigtes Interesse iSv § 573 BGB herausverlangen. Gerade dies – und nur dies – soll durch § 575 Abs. 1 S. 2 BGB verhindert werden. Die Regelung soll den Mieter nicht vor einer längeren Bindung an den Vertrag, sondern vor dem Verlust der Wohnung schützen. Folgerichtig hat der Gesetzgeber die Vorschrift im Kap. 5 „Beendigung des Mietverhältnisses" platziert.

### 2. Prüfung nach § 573 c Abs. 3 BGB

Bei der **Prüfung nach § 573 c Abs. 4 BGB** kommt es maßgeblich darauf an, ob durch den **77**
Wortlaut oder den Zweck der Regelung Kündigungstage, Kündigungsfristen oder Kündigungstermine abw. vom Gesetz geregelt werden.

In der Lit. wird hiervon abw. die Ansicht vertreten, durch § 573 c BGB solle sichergestellt wer- **78**
den, dass sich ein Mieter kurzfristig vom Mietvertrag lösen kann: „Die Norm gewährt … Schutz durch das Recht zur kurzfristigen Kündigung".[124] Deshalb sei zu prüfen, ob die Vereinbarung einer längerfristigen Bindung mit dem „Mobilitätsleitbild" des Gesetzgebers im Einklang stehe.

Hierzu ist anzumerken, dass der Gesetzgeber in den (amtlichen) Paragraphenüberschriften ter- **79**
minologisch zwischen den „Fristen der ordentlichen Kündigung" (§ 573 c BGB) und der „Kündigungsbeschränkung" (§ 577 a BGB) unterscheidet. Diese Unterscheidung folgt einem herkömmlichen Sprachgebrauch. Danach ist unter der Kündigungsfrist der Zeitraum zwischen dem Ausspruch der Kündigung und dem Ende des Mietverhältnisses zu verstehen. Die „Kündigungsbeschränkung" meint dagegen die Zeit, in der eine Kündigung ausgeschlossen ist. Die Regelung des § 573 c Abs. 4 BGB betrifft nur die Kündigungsfristen, nicht die Kündigungsbeschränkung.

---

[119] BGH NZM 2018, 556 Rn. 16; ferner BGH NJW-RR 1992, 780 (781).
[120] *Bruns* ZMR 2020, 358 (360).
[121] BGH NZM 2018, 556 Rn. 16.
[122] BGH NZM 2004, 216 = NJW 2004, 1448; krit. MüKoBGB/*Häublein* BGB § 573 c Rn. 23.
[123] So noch Herrlein/Kandelhard/*Kandelhard* BGB § 575 Rn. 37.
[124] So ausdrücklich *Derleder* NZM 2001, 649 (652); ähnlich Rips/Eisenschmid Neues MietR S. 138.

80 Ein Mobilitätsleitbild ist der gesetzlichen Regelung nicht zu entnehmen. Zwar ist in der Begründung des Kabinettsentwurfs zum MietRRefG v. 9. 11. 2000[125] von „Mobilität und Flexibilität" die Rede (Teil A III 2 d, e). Ebenso wird aber auch das „Interesse des Mieters an einer langfristigen Bindung" angesprochen (Teil B zu § 575 Entwurf). Folgerichtig ist anzunehmen, dass auch Vertragsgestaltungen möglich sind, die dem Bedürfnis an einer langfristigen Bindung Rechnung tragen. Hierauf beruht bspw. die gesetzliche Regelung in § 557 a Abs. 3 BGB. Danach kann das Kündigungsrecht des Mieters bei einer Staffelmietvereinbarung nur „für höchstens vier Jahre … ausgeschlossen werden". Diese Regelung setzt die Wirksamkeit einer entsprechenden Vereinbarung voraus. Es ist nicht anzunehmen, dass die Regelung nur für den Zeitmietvertrag nach § 575 Abs. 1 S. 1 BGB gelten soll; in der Gesetzesbegründung findet sich für diese Annahme kein Anhaltspunkt.

## II. Unwirksame Vereinbarungen

### 1. Befristete Mietverhältnisse ohne Befristungsgrund

81 **Beispiel:** „Das Mietverhältnis beginnt am 1. 7. 2009 und endet am 30. 6. 2014". Oder: „Das Mietverhältnis wird auf die Dauer von fünf Jahren abgeschlossen".

Ein solches Mietverhältnis endet nach dem Vertragswortlaut ohne Kündigung mit dem Ablauf der Vertragszeit. Hier greift die Rechtsfolge des § 575 Abs. 1 S. 2 BGB. Ein solches Mietverhältnis gilt als auf unbestimmte Zeit abgeschlossen. Möglicherweise kann für die Zeit der Befristung ein Kündigungsausschluss gelten (→ Rn. 35).

### 2. Befristete Mietverträge, die eine einmalige Verlängerung auf bestimmte Zeit vorsehen

82 **Beispiel:** „Das Mietverhältnis wird für die Dauer von fünf Jahren abgeschlossen. Es verlängert sich um weitere fünf Jahre, falls es nicht gekündigt wird".

Solche Mietverhältnisse können im Wege der Kündigung zum Zeitpunkt des Ablaufs der ersten Befristung beendet werden (→ BGB § 542 Rn. 156). Wird das Mietverhältnis zum Ablauf der Befristung aber nicht gekündigt, so entsteht ein befristetes Mietverhältnis, das nach dem Vertragswortlaut mit dem Ablauf der weiteren Befristung ohne weiteres endet. Aus diesem Grunde gilt die Rechtsfolge des § 575 Abs. 1 S. 2 BGB von Anfang an. Möglicherweise kann für die Zeit der ersten und der weiteren Befristung ein Kündigungsausschluss gelten (→ Rn. 35).

### 3. Kettenmietverträge

83 Von Kettenmietverträgen spricht man, wenn ein Vermieter immer nur kurzfristige Mietverträge anbietet, wobei dem ersten Mietvertrag ein zweiter, dem zweiten ein dritter usw folgen soll. Der erste Vertrag der „Kette" endet nach dem Vertragswortlaut durch Zeitablauf. Deshalb gilt bereits der erste Vertrag der Kette auf als unbestimmte Zeit abgeschlossen. Alle weiteren geplanten Verträge der Kette werden gegenstandslos.[126]

### 4. Mietverträge mit Befristung und jeweiliger Verlängerung auf kurze Zeit

84 **Beispiel:** Das Mietverhältnis wird für die Dauer eines Jahres abgeschlossen. Es verlängert sich jeweils um ein weiteres Jahr, falls es nicht gekündigt wird.

Ein solches Mietverhältnis kann nur durch Kündigung beendet werden. § 575 Abs. 1 S. 2 BGB greift nicht. Die Vereinbarung verstößt aber gegen § 573 c Abs. 4 BGB, weil der Kündigungstermin abw. vom Gesetz geregelt wird.[127] Nach der Vertragsregelung kann – abw. von der gesetzlichen Regelung – nicht zu jedem beliebigen Termin sondern nur zur den Terminen gekündigt werden, die dem Vertragsbeginn entsprechen. Der BGH vertritt die Ansicht, dass Klauseln der fraglichen Art

---

[125] BT-Drs. 14/4553.

[126] IE *ebenso AnwK WohnraumMietR/Lammel* BGB § 575 Rn. 9; Klein-Blenkers/Heinemann/Ring/*Hinz* BGB § 575 Rn. 57; *Lindner* WohnraumMietR § 13 Rn. 250.

[127] BGH NZM 2005, 417 = WuM 2005, 342 mAnm *Gellwitzki;* AnwK WohnraumMietR/*Lammel* BGB § 573 c Rn. 39; *Wiek* Mietrecht express 2005, 1; **aA** Kossmann Wohnraummiete-HdB/*Meyer-Abich* § 82 Rn. 55.

in **Altmietverträgen** (Vertragsschluss vor dem 1.9.2001) weiterhin wirksam sind.[128] Der BGH begründet dies mit der Erwägung, dass auf solche Regelungen gem. Art. 229 § 3 Abs. 10 EGBGB das frühere Recht anzuwenden ist. Nach richtiger Ansicht ist Art. 229 § 3 Abs. 10 EGBGB aber nicht einschlägig. Die Vorschrift setzt nach ihrem Wortlaut voraus, dass „**Kündigungs**fristen … durch Vertrag vereinbart worden sind". Die fragliche Klausel regelt aber nicht die Kündigungs**frist,** sondern den Kündigungstermin. Für Regelungen betreffend den Kündigungstermin gibt es keine spezielle Übergangsvorschrift. Vielmehr gilt hierfür Art. 229 § 5 S. 2 EGBGB.[129]

### 5. Mietverhältnisse unter einer auflösenden Bedingung

**Beispiel:** Das Mietverhältnis über die Werkwohnung endet, wenn der Mieter aus dem Betrieb ausscheidet.[130] 85

Nach dem bis 31.8.2001 geltendem Recht war für ein solches Mietverhältnis in § 565a Abs. 2 S. 1 BGB aF bestimmt, dass es sich nach Eintritt der Bedingung auf unbestimmte Zeit verlängert. Nach nunmehrigem Recht kann sich der Vermieter „nicht auf eine Vereinbarung berufen, nach der das Mietverhältnis zum Nachteil des Mieters auflösend bedingt ist" (§ 572 Abs. 2 BGB). Die Auslegung der Vorschrift ist umstritten.[131] Nach einer Ansicht ist die Vereinbarung einer auflösenden Bedingung zum Nachteil des Mieters wirksam. Tritt die Bedingung ein, so kann sich allerdings nur der Mieter, nicht aber der Vermieter auf den Eintritt der Bedingung berufen. Nach dieser Ansicht endet das Mietverhältnis auf Grund des Bedingungseintritts, wenn der Mieter dies will.[132] Nach anderer Meinung ist die Vereinbarung einer auflösenden Bedingung zum Nachteil des Mieters unwirksam.[133] Folgt man dieser Ansicht, so kann sich keiner der Parteien auf die vertragsbeendigende Wirkung der Bedingung berufen. Diese Ansicht steht im Einklang mit den Vorstellungen des Gesetzgebers, der durch die Wahl der Formulierung „nicht … berufen" klarstellen wollte, dass nur die Vereinbarung einer auflösenden Bedingung zum Nachteil des Mieters unwirksam ist, während der Vertrag iÜ wirksam bleibt.[134] Die letztgenannte Meinung ist vorzuziehen. Geht man davon aus, dass die Vereinbarung einer auflösenden Bedingung zum Nachteil des Mieters generell wirksam ist, so hätte der Vermieter beim Eintritt der Bedingung zwar keinen Räumungsanspruch; gleichwohl würde das Mietverhältnis entsprechend der (wirksamen) Vertragsregelung mit dem Bedingungseintritt beendet. Eine solche Rechtsfolge ist ersichtlich nicht gewollt. Der Sinn der Regelung ist derselbe, wie nach früherem Recht: Die Vorschrift soll verhindern, dass die zugunsten des Wohnraummieters bestehenden Kündigungsschutzvorschriften durch die Vereinbarung auflösend bedingter Mietverhältnisse umgangen werden.

Der **BGH** hat sich noch nicht zu diesen Fragen positioniert, sondern nimmt iErg jedenfalls **unverändert fortbestehendes Mietverhältnis** an. Macht der Mieter deutlich, nicht ausziehen zu wollen und somit die Bedingung nicht gegen sich gelten zu lassen, wird das Mietverhältnis zwischen den Parteien unverändert fortgesetzt.[135]

## III. Wirksame Vereinbarungen (für Formularklauseln → Rn. 89 ff.)

### 1. Der zeitlich befristete Kündigungsausschluss

Er liegt vor, wenn die Parteien vereinbaren, dass die ordentliche befristete Kündigung für eine bestimmte Zeit ausgeschlossen sein soll. Wird vereinbart: *„Die Parteien verzichten bis zum [Datum] auf den Ausspruch einer ordentlichen Kündigung. Das Mietverhältnis kann also erstmals nach Ablauf des [Datum] gekündigt werden."*, so ist eine Kündigungserklärung erstmals nach Ablauf der vereinbarten Zeit möglich. Wird dagegen vereinbart: *„Die Parteien verzichten bis zum [Datum] auf eine ordentliche Kündigung. Das Mietverhältnis kann also erstmals zum [Datum] gekündigt werden."*, so ist eine Kündigung möglich, nach der das Mietverhältnis zu dem vereinbarten Datum endet. Solche Regelungen 86

---

[128] BGH NZM 2005, 417 = WuM 2005, 342 mAnm *Gellwitzki;* AG Schöneberg GE 2012, 756.
[129] *Blank* NZM 2005, 441; *Wiek* WuM 2007, 228.
[130] BGH NZM 2021, 137 = NJW-RR 2021, 84: „Das Mietverhältnis endet ohne weiteres mit dem Ausscheiden aus dem kirchlichen Dienst.".
[131] Die Frage offenlassend BGH NZM 2021, 137 (141).
[132] AnwK WohnraumMietR/*Lammel* BGB § 572 Rn. 15, 16.
[133] *Haas* Neues MietR BGB § 572 Rn. 2; Herrlein/Kandelhard/*Kandelhard* BGB § 572 Rn. 2, 4.
[134] Begr. des Regierungsentwurfs zu § 572 BGB, BT-Drs. 14/4553.
[135] BGH NZM 2021, 137 = NJW-RR 2021, 84.

sind – unabhängig von der Dauer des Kündigungsausschlusses – uneingeschränkt wirksam.[136] Ist die Kündigung des Vermieters für längere Zeit als ein Jahr ausgeschlossen, so bedarf die Vereinbarung der Schriftform (§ 550 BGB).[137] Nach Ablauf der im Vertrag bestimmten Zeit kann das Mietverhältnis gekündigt werden. Der Schutzzweck des Abs. 1 S. 2 wird nicht tangiert, weil das Mietverhältnis nicht durch Zeitablauf endet. Zu dieser Gruppe gehören auch solche Mietverträge, für die eine Mindestlaufzeit bestimmt ist. Eine Besonderheit gilt, wenn der Kündigungsausschluss im Zusammenhang mit einer **Staffelmiete** vereinbart wird. In diesem Fall kann das Kündigungsrecht des Mieters für höchstens vier Jahre ausgeschlossen werden (§ 557 a Abs. 3 BGB). Für die Berechnung der Vier-Jahresfrist kommt es weder auf den Beginn des Mietverhältnisses, noch auf die erste Mieterhöhung, sondern auf den Zeitpunkt an, zu dem die Staffelmiete vereinbart worden ist. Dies gilt auch dann, wenn der Mietvertrag nicht am Monatsersten, sondern während eines Monats abgeschlossen wird.[138] Ist der Kündigungsausschluss individualvertraglich vereinbart, so hat ein längerer als der gesetzlich zulässige Kündigungsausschluss nicht zur Folge, dass die gesamte Ausschlussvereinbarung entfällt. Vielmehr bleibt die Vereinbarung in dem gesetzlich zulässigen Umfang – also für die Dauer von vier Jahren – erhalten.[139] Ein formularvertraglich vereinbarter Kündigungsausschluss ist dagegen insgesamt unwirksam (→ Rn. 92).

### 2. Befristete Mietverträge mit Verlängerungsklausel auf unbestimmte Zeit

87 **Beispiel:** „Das Mietverhältnis wird auf fünf Jahre abgeschlossen. Es verlängert sich auf unbestimmte Zeit, wenn es nicht gekündigt wird."

Ein solches Mietverhältnis kann nach dem Wortlaut des Vertrags nur im Wege der Kündigung beendet werden. § 575 Abs. 1 S. 2 BGB greift nicht.[140] Die Befristung hat zur Folge, dass die ordentlich befristete Kündigung während der Dauer der vertraglich bestimmten Zeit ausgeschlossen ist.[141] Dies gilt auch für die Kündigung durch den Mieter. Es gelten die Grundsätze über den befristeten Kündigungsausschluss (→ Rn. 86).[142] Wird die Vereinbarung durch **Formularvertrag** getroffen, so darf die Dauer der Befristung die Zeit von vier Jahren nicht überschreiten.[143] Eine Kündigung des Mieters muss zum Ablauf der Vierjahresfrist möglich sein. Deshalb kann in einem Formularvertrag nicht wirksam vereinbart werden, dass der Mietvertrag zunächst eine Laufzeit von vier Jahren haben soll; in diesem Fall wäre die Kündigung erstmals nach Ablauf von vier Jahren möglich.[144] Ein Verstoß gegen die Höchstdauer der Bindung führt zur Gesamtunwirksamkeit der Klausel; die Klausel bleibt also nicht mit der zulässigen Vertragsbindung aufrechterhalten.

### 3. Mietverhältnisse auf Lebenszeit des Mieters

88 Solche Mietverhältnisse werden zumeist zugunsten eines bereits älteren Mieters begründet. Sie sollen sicherstellen, dass dem Mieter für die restliche Zeit seines Lebens eine (häufig kostengünstige) Wohnung zur Verfügung steht. Ein **Mietverhältnis auf Lebenszeit** des Mieters ist als befristetes Mietverhältnis zu bewerten.[145] Ein solches Mietverhältnis endet mit dem Tod des Mieters; der Erbe tritt lediglich in das Abwicklungsschuldverhältnis ein. Deshalb wäre an sich § 575 Abs. 1 S. 2 BGB anwendbar. Allerdings ist nicht zu verkennen, dass die Mietverhältnisse auf Lebenszeit des Mieters vom Zweck dieser Vorschrift (Schutz des Mieters vor dem Verlust der Wohnung) nicht erfasst werden. Es ist zu vermuten, dass der Gesetzgeber an diese Mietverhältnis bei der Schaffung des § 575 BGB nicht gedacht hat. Die Vorschrift des § 575 Abs. 1 S. 2 BGB ist deshalb restriktiv dahingehend auszulegen, dass sie auf Mietverhältnisse auf Lebenszeit des Mieters keine Anwendung

---

[136] BGH NZM 2004, 216 = WuM 2004, 157, für die Dauer von fünf Jahren; BGH NJW 2011, 59 Rn. 25, für zehnjährigen Kündigungsausschluss; BGH NJW 2013, 2820, für 13-jährigen Kündigungsausschluss.
[137] BGH NJW 2007, 1742 = NZM 2007, 399.
[138] BGH NJW-RR 2006, 1236 = NZM 2006, 579.
[139] BGH NJW 2006, 2696 = NZM 2006, 653.
[140] LG Halle WuM 2006, 572; LG Hildesheim ZMR 2017, 46; **aA** *Gellwitzki* WuM 2004, 575, danach sind befristete Mietverhältnisse mit Verlängerungsklauseln aufzuspalten in einen Zeitmietvertrag einerseits und einen sich daran anschließenden Mietvertrag auf unbestimmte Zeit.
[141] BGH NJW 2015, 3780.
[142] **AA** LG Hildesheim ZMR *2017, 46.*
[143] *BGH* NZM 2005, 419.
[144] BGH NZM 2011, 150.
[145] → BGB § 542 Rn. 163.

findet.[146] Den Belangen derjenigen Personen, die mit dem Mieter in der Wohnung als Ehegatte, Lebenspartner, Angehöriger und dergleichen einen gemeinsamen Haushalt geführt haben, muss durch eine entsprechende Anwendung der §§ 563 ff. BGB Rechnung getragen werden.[147]

### IV. Formularklauseln

Ein Kündigungsausschluss kann auch durch **Formularvertrag** vereinbart werden.[148] Dies gilt auch für den preisgebundenen Wohnraum.[149] Dabei ist folgendes zu beachten: **89**

Es darf **nur das Recht zur ordentlichen Kündigung** ausgeschlossen werden. Eine Vereinbarung, wonach „das Kündigungsrecht" insgesamt ausgeschlossen wird, umfasst nach ihrem Wortlaut auch das Recht des Mieters zur außerordentlichen Kündigung in den Fällen des § 543 Abs. 1 BGB, Vertragsverletzungen des Vermieters; § 543 Abs. 2 Nr. 1 BGB, Mängel der Mietsache; § 569 Abs. 1 BGB, Gesundheitsgefährdung; und § 569 Abs. 2 BGB, Hausfriedensstörung. Der Ausschluss dieser Kündigungsbefugnisse verstößt gegen § 569 Abs. 5 BGB. Er hat zur Folge, dass die gesamte Ausschlussvereinbarung unwirksam ist.[150] Der BGH hat allerdings die Klausel „Das Kündigungsrecht des Mieters ist für vier Jahre seit Abschluss der Staffelmietvereinbarung ausgeschlossen", dahingehend ausgelegt, dass hiervon das Recht zur außerordentlichen Kündigung unberührt bleibt. Zur Begründung ist ausgeführt, die Klausel werde „aus der Sicht eines verständigen, juristisch nicht vorgebildeten Mieters" dahingehend verstanden, dass mit dem Begriff „Kündigungsrecht" nur das Recht zur ordentlichen Kündigung gemeint sei. Dieses Verständnis entspreche auch dem Sprachgebrauch des Gesetzes in § 557 a Abs. 3 BGB. Dort ist bestimmt, dass das „Kündigungsrecht des Mieters" beim Abschluss einer Staffelmietvereinbarung für höchstens vier Jahre ausgeschlossen werden kann. Unter dem „Kündigungsrecht" sei zweifelsfrei nur die ordentliche Kündigung zu verstehen.[151]

Die Kündigungsausschlussvereinbarung muss – falls sie **über eine längere Zeit als ein Jahr** gelten soll – **schriftlich** getroffen werden (§ 550 BGB). Wird der Kündigungsausschluss auf einer gesonderten Urkunde getroffen, so muss diese grds. fest mit dem Mietvertrag verbunden werden. **90**

Eine Klausel kann gegen **§ 305 c Abs. 1 BGB** verstoßen, wenn sie in der Vertragsurkunde an ungewöhnlicher oder systematisch unpassender Stelle steht.[152] Ausnahmsweise können die besonderen Umstände des Einzelfalls einen Verstoß gegen § 307 Abs. 1 BGB begründen. Dies wurde von der Rspr. in einem Fall angenommen, in dem der Vermieter bereits im Zeitpunkt des Vertragsschlusses umfangreiche Baumaßnahmen plant, die zu massiven Belästigungen der Bewohner führen.[153] Hier hat die Ausschlussvereinbarung zur Folge, dass der Mieter weder wegen der Belästigungen noch bei einer planwidrigen Verzögerung der Baumaßnahmen kündigen kann, was den Tatbestand des § 307 Abs. 1 BGB erfüllt. **91**

Ein Verstoß gegen **§ 307 BGB** kann vorliegen, wenn Grundsätze der fairen Vertragsgestaltung verletzt sind. Hiervon ist zum einen dann auszugehen, wenn **lediglich das Kündigungsrecht des Mieters ausgeschlossen** ist.[154] Eine Vereinbarung, wonach lediglich das Kündigungsrecht des Vermieters ausgeschlossen wird, ist dagegen unproblematisch: eine solche Vereinbarung kann sich nicht zum Nachteil des Mieters auswirken. Etwas anderes gilt, wenn das Vertragsformular vom Mieter ausgewählt wird und dieser als Verwender anzusehen ist.[155] In diesem Fall verstößt eine Klausel, wonach der (Privat-)Vermieter auf die Eigenbedarfskündigung auf unbestimmte Zeit verzichtet, gegen § 307 Abs. 1, Abs. 2 Nr. 1 BGB, weil die Möglichkeit der Beendigung eines Mietver- **92**

---

146 IE ebenso aber mit anderer Begr. AnwK WohnraumMietR/*Lammel* BGB § 575 Rn. 8.
147 BayObLG NJW-RR 1993, 1164 = WuM 1993, 523 = ZMR 1993, 462.
148 StRspr des BGH; grdl. BGH NJW 2005, 1574 = NZM 2005, 419.
149 LG Berlin GE 2010, 1421.
150 *Fischer* WuM 2004, 123 (125); *Hinz* WuM 2004, 126 (128); *Wiek* WuM 2007, 228; *Brock/Lattka* NZM 2004, 729 (731); *Blank* ZMR 2002, 797 (799, 801).
151 BGH NJW 2006, 1056 = NZM 2006, 256; ebenso BGH NJW 2006, 1059 = NZM 2006, 254; BGH WuM 2012, 99 mAnm *Wiek*.
152 *Häublein* ZMR 2004, 252 (254).
153 LG Kiel ZMR 2015, 30.
154 BGH NJW 2009, 912 = NZM 2009, 153; LG Duisburg NZM 2003, 353; Staudinger/*Rolfs* BGB § 573 c Rn. 51 a; Emmerich/Sonnenschein/*J. Emmerich* BGB § 557 a Rn. 13; Wetekamp Mietsachen Kap. 8 Rn. 422; *Häublein* ZMR 2004, 252 (254); *Kandelhard* WuM 2004, 129; *Hinz* WuM 2004, 126 (128); *Börstinghaus* GE 2006, 898; *Wiek* Mietrecht express Nr. 3/2004, 17; BGH WuM 2004, 543, danach ist ein befristeter Mietvertrag mit Verlängerungsklausel jedenfalls dann wirksam, wenn der Kündigungsausschluss für beide Parteien gilt.
155 AG Hamburg-Altona ZMR 2010, 535.

hältnisses zum Zwecke der Eigennutzung zu den wesentlichen Grundgedanken des Gesetzes zählt.[156] Ist der Vermieter Verwender, so darf die Dauer des Kündigungsausschlusses für den Mieter nicht länger sein als für den Vermieter. Die umgekehrte Vertragsgestaltung (längere Vertragsbindung des Vermieters, kürzere des Mieters) ist möglich. Nach Ansicht des BGH ist ein einseitiger (nur für den Mieter geltender) Kündigungsausschluss wirksam, wenn er im **Zusammenhang mit einer Staffelmiete** vereinbart wird.[157] Die Regelung des § 557 a Abs. 3 S. 1 BGB setze den einseitigen Kündigungsausschluss voraus.[158] Die Ansicht des BGH trifft allerdings nicht zu. Durch die genannte Vorschrift soll der Mieter vor Preisvereinbarungen mit langer Laufzeit geschützt werden, weil die Entwicklung der Einkommen und Preise nur begrenzt prognostizierbar ist. Die im Urteil des BGH v. 19.11.2008[159] gegen den einseitigen Kündigungsausschluss sprechenden Gründe gelten deshalb auch, wenn die Regelung in Verbindung mit einer Staffelmiete vereinbart wird.[160]

93 Die Möglichkeiten des Mieters, sich in bestimmten Härtefällen durch Mietaufhebungsvertrag vom Vertrag zu lösen (→ BGB Anh. § 542 Rn. 10) und das Recht zur Untervermietung der gesamten Wohnung dürfen nicht ausgeschlossen werden. Es ist nicht erforderlich, dass die Ausschlussklausel die genannten Möglichkeiten erwähnt. Es muss nur möglich sein, dass der Mieter von den gesetzlichen Möglichkeiten der Mietaufhebung und der Untervermietung Gebrauch machen kann.

94 Nach der gesetzlichen Regelung in § 544 BGB sind Mietverträge jedenfalls nach Ablauf von 30 Jahren kündbar. Eine solch lange Bindung kann allerdings nicht durch Formularvertrag vereinbart werden. Nach der **Rspr. des BGH**[161] ist ein **vierjähriger Kündigungsausschluss möglich.** Der BGH orientiert sich dabei an der Regelung des § 557 a Abs. 3 S. 1 BGB. Danach kann bei der Vereinbarung einer Staffelmiete das Kündigungsrecht für die Dauer von höchstens vier Jahren ausgeschlossen werden. Der BGH sieht hierin einen Hinweis, wo nach Auffassung des Gesetzgebers allgemein die zeitliche Grenze eines Kündigungsverzichts des Mieters zu ziehen ist. Wird diese Grenze überschritten, so führt dies wegen des Verbots der geltungserhaltenden Reduktion zur Unwirksamkeit der Ausschlussvereinbarung; der Kündigungsverzicht bleibt also nicht mit der höchstzulässigen Laufzeit von vier Jahren erhalten. Dies gilt auch, wenn die Ausschlussvereinbarung im Zusammenhang mit einer Staffelmiete vereinbart wird.[162] Die zu § 10 Abs. 2 S. 6 MHG vertretene gegenteilige Rechtsauffassung[163] kann nicht auf § 557 a Abs. 3 BGB übertragen werden, weil die jeweiligen Vorschriften in diesem Punkt voneinander abweichen.[164]

95 Nach der Regelung in § 557 a Abs. 3 BGB kann der **Mieter zum Ablauf des vierten Vertragsjahres kündigen.** Der Mieter ist also vier Jahre an den Vertrag gebunden. Liegt der Mietbeginn zeitlich nach dem Vertragsschluss, so beginnt die Frist nicht mit dem Mietbeginn, sondern mit dem Abschluss des Mietvertrags. Eine Kündigung des Mieters muss zum Ablauf der Vierjahresfrist möglich sein.[165] In einem **Formularvertrag** kann nicht wirksam vereinbart werden, dass die Kündigung erstmals **nach** Ablauf von vier Jahren möglich ist.[166] Liegt der Vertragsschluss vor dem Mietbeginn, so ist eine Klausel unwirksam nach der die vierjährige Bindung erst ab Beginn des Mietverhältnisses zu rechnen ist.[167] Bei einer kürzeren Vertragsbindung sind solche Regelungen möglich, vorausgesetzt, dass die gesamte Dauer der Vertragsbindung die Vierjahresgrenze nicht überschreitet. Unklare Vereinbarungen sind bei der Klauselkontrolle nach der Unklarheitenregel (§ 305 c Abs. 2 BGB) zu Lasten des Mieters auszulegen. Ein Verstoß gegen die Höchstdauer der Bindung führt zur Gesamtunwirksamkeit der Klausel; die Klausel bleibt also nicht mit der zulässigen Vertragsbindung aufrechterhalten.

---

[156] AG Hamburg-Altona ZMR 2010, 535, das Vertragsmuster des DMB.
[157] BGH NJW 2006, 1056 = NZM 2006, 256; BGH WuM 2006, 220; BGH NJW 2009, 353 = NZM 2009, 80; BGH NJW 2012, 521 = NZM 2012, 111; LG Waldshut-Tiengen WuM 2007, 449.
[158] BGH NJW 2006, 1056 = NZM 2006, 256; BGH NJW 2009, 353 = NZM 2009, 80; ebenso LG Waldshut-Tiengen WuM 2007, 449 (vorgehend AG Schopfheim WuM 2007, 449 mAnm *Harsch*).
[159] BGH NJW 2009, 912 = NZM 2009, 153.
[160] So zutr. AG Dortmund WuM 2010, 431 (433 ff.); MüKoBGB/*Artz* § 557 a Rn. 16; Bamberger/Roth/*Ehlert* BGB § 557 a Rn. 26; *Wiek* WuM 2009, 46; *Börstinghaus* NJW 2009, 1391; diff. Staudinger/*Emmerich* BGB § 557 a Rn. 20 c.
[161] BGH NZM 2005, 419; BGH NZM 2017, 71.
[162] BGH NJW 2006, 1059 = NZM 2006, 254; BGH NJW-RR 2006, 1236 = NZM 2006, 579.
[163] BGH NZM 2005, 782.
[164] BGH NJW 2006, 1059 = NZM 2006, 254.
[165] *Wiek* WuM 2010, 405 (407).
[166] BGH NZM 2017, 71; *Wiek* WuM 2010, 405 (407); **aA** LG Krefeld WuM 2010, 305.
[167] *Wiek* WuM 2010, 405 (407); **aA** LG Krefeld WuM 2010, 305.

Eine **wirksame Ausschlussvereinbarung** könnte demnach **folgenden Wortlaut** haben: **96**
*„Beide Parteien verzichten auf das Recht zur ordentlichen Kündigung für die Dauer von vier Jahren ab Vertragsschluss. Eine ordentliche Kündigung kann frühestens zum Ablauf dieser Zeit erklärt werden. Dabei sind die gesetzlichen Kündigungsfristen einzuhalten. Das Recht beider Parteien zur außerordentlichen Kündigung bleibt unberührt. Der Mieter kann seine vorzeitige Entlassung aus dem Mietverhältnis verlangen, wenn er die Wohnung aus wichtigen persönlichen Gründen aufgeben muss. Der Vermieter ist auch während der Zeit des Kündigungsausschlusses zur Mieterhöhung berechtigt."*

Eine formularvertragliche Kündigungsausschlussvereinbarung ist nicht ausnahmslos, sondern **97** nur idR wirksam. Bestimmten Personengruppen, insbes. den **Studierenden der Fach- und Hochschulen** ist ein besonderes Bedürfnis nach Mobilität zuzubilligen um auf Unwägbarkeiten des Studienverlaufs und ausbildungsbedingte Erfordernisse eines Ortswechsels angemessen reagieren zu können. Das Interesse eines Vermieters an einer Mindestmietzeit fällt demgegenüber nicht ins Gewicht. In einem solchen Fall wird eine Kündigungsausschlussvereinbarung regelmäßig gegen § 307 Abs. 1 BGB verstoßen.[168] Die gleichen Grundsätze gelten für einen Kündigungsausschluss in einem Formularmietvertrag, den Eltern für ihr Kind zum Zwecke einer **Berufsausbildung** abschließen.[169]

Auch die **Höchstdauer der Bindung** gilt nicht ausnahmslos, sondern nur **„i. d. R."**. Unter **98** „besonderen Umständen" kann etwas anderes gelten.[170] Bei Mietverhältnissen, die üblicherweise eine kürzere Laufzeit als vier Jahre haben (zB Mietverträge mit Studenten) darf die Kündigung nicht ausgeschlossen werden (s. oben). Andererseits sind Fälle denkbar, in denen auf Grund besonderer Umstände eine längere als eine vierjährige Bindung angezeigt ist. Ein solcher Fall kann bspw. vorliegen, wenn ein Vermieter Neubauwohnungen errichtet und dabei den Mietern weitreichenden Einfluss auf die Ausstattung der Mietobjekte einräumt. Nach einer Entscheidung des AG Hamburg verstößt eine Kündigungsausschlussvereinbarung in einem Mietvertrag über ein möbliertes Zimmer innerhalb der Vermieterwohnung gegen § 307 Abs. 2 BGB, weil der Mieter bei dieser Vertragsregelung uU für längere Zeit an einem konfliktbelastenden Mietverhältnis festhalten muss.[171] In der Rspr. und Lit. wird teilweise vertreten, dass die vierjährige Obergrenze auch für **Altverträge** (Vertragsschluss vor dem 1. 9. 2001) gilt, wenn der Kündigungsausschluss durch Formularvertrag vereinbart wird.[172] Der **BGH** teilt diese Ansicht nicht.[173] Danach ist in einem Altvertrag folgende Klausel wirksam: *„Wird das Mietverhältnis nicht auf den als Endtermin vorgesehenen Tag unter Einhaltung der gesetzlichen Kündigungsfrist gekündigt, so verlängert es sich jedes Mal um 5 Jahre"*. Die Entscheidung beruht auf der Erwägung, dass der Gesetzgeber die Möglichkeit der Befristung von Mietverträgen erst im MietRRefG stark eingeschränkt habe, um das Interesse des Mieters an „Mobilität und Flexibilität" zu stärken und dass diese Zielsetzung im früheren Recht keine Rolle gespielt habe. Nach dieser Ansicht ist in einem Altvertrag auch ein längerer als ein vierjähriger Kündigungsausschluss möglich. Zu der Maximaldauer einer solchen Regelung hat sich der BGH nicht geäußert. Nach der hier vertretenen Ansicht wird in dem genannten Urteil verkannt, dass auch in Altverträgen ein Bedürfnis nach einer Maximalfrist besteht, weil eine überlange Bindung des Mieters mit den Grundsätzen von Treu und Glauben nicht zu vereinbaren ist.

### V. Kündigungsausschlüsse bei Zwischenvermietungen (§ 578 Abs. 3 BGB)

§ 578 Abs. 3 BGB wurde durch Art. 1 Nr. 7 MietAnpG[174] eingeführt und ergänzt § 549 Abs. 2 **99** Nr. 3 BGB (Einzelheiten → BGB § 578 Rn. 19). Auf ein bis einschließlich 31. 12. 2018 **entstandenes** Mietverhältnis ist § 578 Abs. 3 BGB **nicht** anzuwenden (Art. 229 § 49 Abs. 3 EGBGB). Die Regelung ist demnach nur auf Mietverhältnisse anwendbar, die **nach dem 31. 12. 2018** abgeschlos-

[168] BGH NJW 2009, 3506; AG Saarbrücken WuM 2016, 415, zweijährigen Kündigungsausschluss für Mietverhältnis mit einem Studenten.
[169] LG Kiel WuM 2011, 427, ein auf drei Jahre befristeter Kündigungsausschluss.
[170] BGH NJW 2005, 1574 = NZM 2005, 419.
[171] AG Hamburg BeckRS 2006, 16957 mAnm *Blank* WuM 2006, 668.
[172] AG Gießen WuM 2006, 196; *Sternel* (aktuell) Kap. X Rn. 8.
[173] BGH NJW 2010, 3431.
[174] Gesetz zur Ergänzung der Regelungen über die zulässige Miethöhe bei Mietbeginn und zur Anpassung der Regelungen über die Modernisierung der Mietsache (Mietrechtsanpassungsgesetz – MietAnpG) v. 18. 12. 2018, BGBl. I S. 2648.

sen wurden.[175] Das bisherige Recht ist so uU noch lange anwendbar, weil es auf das Entstehen des Mietverhältnisses ankommt. Dies gilt insbes. im Falle von

– automatischen **Verlängerungsklauseln** (Verlängerungsmechanismen)[176]
– **Optionsrechten** oder
– **Kombinationsklauseln.**[177]

In diesen Fällen wird das bisherige Mietverhältnis uneingeschränkt fortgesetzt und **kein neues Mietverhältnis** begründet.[178] Entscheidend für die Anwendung von § 578 Abs. 3 BGB ist einmal, dass der **Zwischenmieter** tatsächlich eine **juristische Person des öffentlichen Rechts** (näher dazu → BGB § 549 Rn. 51) oder ein **anerkannter privater Träger der Wohlfahrtspflege** (näher dazu → BGB § 549 Rn. 52) ist.

100 Das Mietverhältnis zwischen dem Vermieter und Hauptmieter ist als **Geschäftsraummietverhältnis** einzustufen,[179] bei dem allerdings die § 578 Abs. 1 S. 1 BGB genannten Mieterschutzvorschriften gelten und darauf erstreckt werden. Zu diesen Vorschriften zählt auch § 575 BGB (§ 578 Abs. 3 S. 1 BGB). Diese Mietverhältnisse können **zusätzlich** zu den in § 575 Abs. 1 S. 1 BGB genannten **Befristungsgründen** auch dann auf bestimmte Zeit abgeschlossen werden, wenn die Vermieter die Räume nach Ablauf der Mietzeit für ihm obliegende oder ihm übertragene öffentliche Aufgaben nutzen will (näher hierzu → BGB § 578 Rn. 24).[180]

101 Soweit für die Parteien wegen § 578 Abs. 3 BGB eine Befristung solcher Verträge nicht (mehr) in Betracht kommt,[181] kann eine langfristige Bindung eines unbefristeten Vertrages auch hier über eine Vereinbarung eines **Ausschlusses der ordentlichen Kündigung** (Kündigungsausschluss) erreicht werden. Die Rspr. des VIII. Zivilsenats zur Wohnraummiete ist hierbei trotz des Abweichungsverbots (§ 578 Abs. 3 BGB iVm §§ 557a, 575 BGB) nur bedingt heranziehbar.[182] Kündigungsausschlüsse sind über die Grenze in § 557a Abs. 3 S. 1 BGB hinaus zulässig. Denn § 557a Abs. 3 S. 1 BGB hat das schutzwürdige Mobilitätsinteresse[183] des Mieters im Blick, was hier nicht einschlägig ist.[184] Infolge der lediglich „entsprechend" (§ 578 Abs. 3 S. 1 BGB) anwendbaren Vorschriften auf den als Geschäftsraummietverhältnis einzustufenden Vertrag zwischen Vermieter und Hauptmieter ist kein restriktiver Maßstab angezeigt.[185] Der BGH verneint „jedenfalls" bei einer formularvertraglichen Bindung für die Dauer von fünf Jahren eine unangemessene Benachteiligung des Mieters.[186] **Längere Bindungen** sind dann zulässig und bedeuten nicht zwingend eine unangemessene Benachteiligung iSv § 307 BGB. Dies gilt zum einen bei einem beiderseitigen Kündigungsausschluss. Zum anderen kommt dies auch bei asymmetrischen, den Verwender bevorzugenden Regelungen in Frage, sofern diese **sachlich gerechtfertigt** sind.[187] Dies kann der Fall sein, wenn der Vermieter in die Mietsache nach den Vorstellungen des Zwischenmieters investiert, um diese für den Vertragszweck herzurichten und diese sich amortisieren sollen.[188] Angesichts der bestehenden Unsicherheiten ist ein **individualvertraglicher** Kündigungsausschluss empfehlenswert,[189] der freilich in der Praxis nur schwer zu erreichen ist.[190]

---

175 Blank/Börstinghaus/*Blank/Börstinghaus* BGB § 578 Rn. 16.
176 Hierzu BGH NZM 2015, 84.
177 Hierzu BGH NZM 2006, 137; OLG Saarbrücken NZM 2016, 50; OLG Hamm BeckRS 2011, 538; *Burbulla* MietRB 2014, 83 (86).
178 BGH NZM 2015, NZM 20/5, 84 (86); BGH NZM 2002, 604 (605).
179 BGH NJW 2020, 331 = NZM 2020, 54.
180 BeckOK MietR/*Bruns* BGB § 578 Rn. 19; BeckOGK/*H. Schmidt* BGB § 578 Rn. 337.
181 Krit. hierzu *Häublein* ZMR 2020, 913 (914).
182 Hierzu *Häublein* ZMR 2020, 913 (915).
183 Näher → BGB § 575 Rn. 86.
184 *Häublein* ZMR 2020, 913 (915); BeckOK MietR/*Bruns* BGB § 578 Rn. 20.
185 Ähnlich BeckOK MietR/*Bruns* BGB § 578 Rn. 20.
186 BGH NJW 2020, 331 (332) = NZM 2020, 54 (56) zu einem Vertrag vor dem 1.1.2019.
187 *Häublein* ZMR 2020, *913 (916).*
188 *Häublein* ZMR 2020, 913 (916).
189 BeckOK MietR/*Bruns* BGB § 578 Rn. 20.
190 Hierzu *Kappus* NJW 2016, 33.

## § 575a Außerordentliche Kündigung mit gesetzlicher Frist

**(1) Kann ein Mietverhältnis, das auf bestimmte Zeit eingegangen ist, außerordentlich mit der gesetzlichen Frist gekündigt werden, so gelten mit Ausnahme der Kündigung gegenüber Erben des Mieters nach § 564 die §§ 573 und 573a entsprechend.**

**(2) Die §§ 574 bis § 574c gelten entsprechend mit der Maßgabe, dass die Fortsetzung des Mietverhältnisses höchstens bis zum vertraglich bestimmten Zeitpunkt der Beendigung verlangt werden kann.**

**(3) [1]Die Kündigung ist spätestens am dritten Werktag eines Kalendermonats zum Ablauf des übernächsten Monats zulässig, bei Wohnraum nach § 549 Abs. 2 Nr. 2 spätestens am 15. eines Monats zum Ablauf dieses Monats (gesetzliche Frist). [2]§ 573a Abs. 1 Satz 2 findet keine Anwendung.**

**(4) Eine zum Nachteil des Mieters abweichende Vereinbarung ist unwirksam.**

**Systematische Übersicht**



### A. Zweck und Anwendungsbereich

Die Vorschrift ist als Ergänzung zu § 575 BGB zu verstehen. Der Anwendungsbereich ist derselbe wie unter → BGB § 575 Rn. 5 dargelegt. Sie gilt ausschließlich für Zeitmietverträge iSv § 575 Abs. 1 S. 1 BGB, die nach dem 31.8.2001 begründet worden sind. Solche Mietverträge können vor Ablauf der Vertragszeit beendet werden, wenn die Voraussetzungen für eine außerordentliche Kündigung mit gesetzlicher Frist gegeben sind. Dies ist den jeweiligen Vorschriften zu entnehmen, die eine entsprechende Beendigungsbefugnis gewähren (→ BGB § 542 Rn. 20ff.). 1

### B. Kündigungsschutz (Abs. 1)

§ 575a Abs. 1 BGB bestimmt, dass das Recht zur außerordentlichen Kündigung mit gesetzlicher Frist durch den Vermieter nur ausgeübt werden kann, wenn **Kündigungsgründe iSv § 573 BGB** gegeben sind oder wenn die Voraussetzungen der erleichterten Kündigung bei Einliegerwohnungen iSv § 573a BGB vorliegen. 2

Selbstverständlich müssen auch die dort geregelten **Formalien der Kündigung** hinsichtlich der Kündigungserklärung vorliegen. Dies gilt auch für die Kündigung einer Wohnung iSd § 573a BGB. Die Vorschrift dient der Klarstellung, weil sich die Geltung der speziellen Kündigungsschutzvorschriften bereits aus der systematischen Stellung der §§ 573 u. 573a BGB im Abschnitt „Mietverhältnisse über Wohnraum" ergibt. 3

Eine Besonderheit gilt – abw. von dem bis 31.8.2001 geltenden Recht – für die Kündigung des Vermieters gegenüber dem Erben des verstorbenen Mieters nach § 564 (s. dort) Für diese Kündigung benötigt der Vermieter keine Kündigungsgründe.[1] Jedoch kann der Mieter Kündigungswiderspruch erheben. Die Regelung des § 575a Abs. 1 BGB ist unanwendbar, wenn der Erbe nicht nach den § 564 S. 1, § 1922 Abs. 1 BGB, sondern nach den §§ 563, 563a BGB Rechtsnachfolger hinsichtlich der Wohnung geworden ist. 4

### C. Anwendung der Sozialklausel (Abs. 2)

§ 575a Abs. 2 BGB enthält eine Modifikation bei der Anwendung der §§ 574–574c BGB (Kündigungswiderspruch, Sozialklausel). Die genannten Vorschriften sind zwar anwendbar, jedoch kann 5

---

[1] Die zum früheren Recht ergangene Entscheidung des BGH NJW 1997, 1695 ist gegenstandslos.

das Mietverhältnis höchstens bis zu dem vereinbarten Beendigungstermin fortgesetzt werden. Die Vorschrift gilt nach ihrem Wortlaut auch für den Erben des Mieters, der nicht in den Räumen gewohnt hat und nach § 564 BGB keinen Kündigungsschutz genießt. Allerdings ist kaum ein Fall denkbar, in dem die tatsächlichen Voraussetzungen des § 574 BGB vorliegen werden.

6 Auch eine **Räumungsfrist nach § 721 BGB** kann höchstens bis zum vertraglich bestimmten Zeitpunkt der Beendigung gewährt werden.

### D. Kündigungsfristen/Kündigungstag (Abs. 3)

7 Kündigungstag ist der dritte Werktag des Monats. Wird die Kündigung spätestens zum dritten Werktag erklärt, so endet das Mietverhältnis zum Ablauf des übernächsten Monats. Die gestaffelten Kündigungsfristen des § 573c BGB gelten nicht.

8 Kürzere Fristen gelten für möblierte Wohnräume innerhalb der Vermieterwohnung iSv § 549 Abs. 2 Nr. 2 BGB. Diese Mietverhältnisse können spätestens am fünfzehnten eines Monats zum Ablauf des Monats gekündigt werden.

9 **§ 575a Abs. 3 S. 2 BGB** bestimmt, dass sich die in Abs. 2 S. 1 geregelten Kündigungsfristen auch dann nicht verlängern, wenn der Vermieter nach § 573a BGB kündigt (Kündigung von Einliegerwohnungen in einem vom Vermieter selbst bewohnten Gebäude). Die Vorschrift dient der Klarstellung und entspricht dem bis 31.8.2001 geltenden Recht.

### E. Abweichende Vereinbarungen (Abs. 4)

10 Nach § 575a Abs. 4 BGB sind nachteilige Vereinbarungen zum Nachteil des Mieters unwirksam.

11 Die Regelung des § 575d Abs. 4 BGB kann nicht abbedungen werden. Zulässig ist es jedoch zu vereinbaren, dass der Erbe des Mieters Kündigungsschutz haben soll.

12 Eine zum Nachteil des Mieters von § 575a Abs. 2 BGB abw. Vereinbarung liegt vor, wenn vereinbart ist, dass dieser im Falle einer Kündigung (zB nach § 563a Abs. 2, § 564 BGB) längere als die in § 575a Abs. 3 BGB bestimmten Fristen beachten muss. Eine Verkürzung dieser Frist ist möglich.

13 Unwirksam ist eine Vereinbarung, wonach der Vermieter mit kürzeren Fristen kündigen kann, als sie in § 575d Abs. 3 BGB vorgesehen sind. Die Vereinbarung längerer Fristen für die Vermieterkündigung ist möglich.

14 Eine Vereinbarung, wonach für beide Teile kürzere als die gesetzlichen Fristen gelten sollen, wird überwiegend als teilunwirksam erachtet: für den Mieter gelten in einem solchen Fall die für ihn günstigen vertraglichen Fristen, während der Vermieter an die gesetzlichen Fristen gebunden bleibt.[2]

15 Für eine Vereinbarung, wonach für beide Teile eine längere als die gesetzliche Kündigungsfrist gelten soll, gilt dasselbe.[3] Der Mieter kann stets mit Dreimonatsfrist kündigen. Der Vermieter ist an die längere vertragliche Frist gebunden.[4]

16 Unwirksam ist die Vereinbarung abw. Kündigungstage.

17 Zugunsten des Vermieters können keine zusätzlichen Kündigungstatbestände vereinbart werden (§ 575a Abs. 4 BGB), wohl aber zugunsten des Mieters (zB für den Fall des beruflich bedingten Ortswechsels). Für die Form der Kündigung gilt in diesen Fällen § 568 Abs. 1 BGB. Die Vereinbarung zusätzlicher Formalien ist möglich. Ist vereinbart, dass der Mieter die Kündigung begründen muss, so gilt § 569 Abs. 4 BGB. Muss der Mieter die Kündigungsvoraussetzungen glaubhaft machen, so muss er spätestens in der Kündigungserklärung nachvollziehbar darlegen, dass der Kündigungstatbestand vorliegt. Diese Darlegungen müssen so detailliert sein, dass der Vermieter die Wirksamkeit der Kündigung beurteilen kann. Wesentlich ist, dass die Darlegung der Kündigungsgründe zu den Wirksamkeitsvoraussetzungen der Kündigung gehört. Dies hat zur Folge, dass die Kündigung

---

[2] BGH NJW 2008, 1661 (1662) = NZM 2008, 362 (363); OLG Zweibrücken NJW-RR 1990, 148 = WuM 1990, 8 = ZMR 1990, 106; LG Hannover WuM 1980, 138; LG München I NZM 1998, 153; AG Oberndorf/Neckar WuM 1991, 44; *AnwK WohnraumMietR/Lammel* BGB § 573c Rn. 37; Kossmann Wohnraummiete-HdB/*Meyer-Abich* § 89 Rn. 15; **aA** LG Köln WuM 1988, 404; Staudinger/*Rolfs* BGB § 573c Rn. 57.

[3] MAH WohnMietR/*Vielitz* § 42 Rn. 18.

[4] AnwK WohnraumMietR/*Lammel* BGB § 573c Rn. 38.

unwirksam ist, wenn der Mieter den Kündigungstatbestand vor dem Ausspruch der Kündigung nicht oder nicht ausreichend erläutert.[5]

## F. Altverträge (Vertragsschluss vor dem 1.9.2001)

Für solche Mietverträge gilt die Übergangsvorschrift des Art. 229 § 3 Abs. 3 BGB. Danach gilt: **18**
Befristete Altmietverträge können vor Ablauf der Vertragszeit im Wege der außerordentlichen Kündigung mit gesetzlicher Frist in den vom Gesetz vorgesehenen Fällen beendet werden. Außerdem steht dem Mieter das Sonderkündigungsrecht nach § 570 BGB aF (Kündigungsrecht von Beamten und ähnlichen Berufsgruppen im Falle der Versetzung) zu, weil § 570 BGB aF für befristete Altmietverträge weiter gilt (Art. 229 § 3 Abs. 3 EGBGB). Wegen der Einzelheiten siehe die Kommentierung in → 10. Aufl. 2011, BGB § 575 Rn. 47 ff., BGB § 575 a Rn. 18–21.

---

[5] BGH NJW 2003, 347 = NZM 2003, 61 = GE 2003, 806.

# Unterkapitel 4. Werkwohnungen

## Vorbemerkung zu §§ 576–576b BGB: Besonderheiten bei der Beendigung eines Mietverhältnisses über eine Werkwohnung

### Systematische Übersicht



### A. Allgemeines

1 Das BGB enthielt in seiner ursprünglichen Fassung keine Sonderbestimmungen für Werkwohnungen. Solche Regelungen waren entbehrlich, weil der Vermieter das Mietverhältnis ohne weiteres kündigen konnte, wenn das Dienstverhältnis beendet war. Dennoch haben Werkwohnungen eine lange **Tradition.**[1] Die durch die Industrialisierung einsetzende Trennung von Arbeits- und Wohnstätten und das Wachstum von Betrieben und Werken führte zu einem enormen Personalbedarf, mit dem das Angebot an (Werk-)Wohnungen nicht Schritt halten konnte.[2] Folge dieser Entwicklung war eine größer werdende Wohnungsnot und ein damit einhergehender Anstieg der Mietpreise als Auslöser einer schon damals auszumachenden „sozialen Frage".[3] Dabei gilt damals wie heute, dass Werkwohnungen in Zeiten von Wohnungsnot zur Entspannung von Wohnungsmärkten beitragen und unternehmerisch als **Sozial- und Wettbewerbfaktor** gelten können.[4]

1a Gefahren für diesen Wettbewerbsfaktor und Reformüberlegungen werden aber darin gesehen, wenn durch die gewählte Konstruktion der **Arbeitgeber als Zwischenmieter**[5] auftritt und so eine gewerbliche **Weitervermietung iSv § 565 BGB** vorliegt.[6] Eine gewerbliche Weitervermietung, die eine geschäftsmäßige, auf Dauer gerichtete und mit der Absicht der Gewinnerzielung oder im eigenen wirtschaftlichen Interesse ausgeübte Vermietungstätigkeit voraussetzt, liegt danach auch dann vor, wenn der Zwischenvermieter die von ihm angemieteten Wohnungen an die Arbeitnehmer seines Gewerbebetriebs weitervermieten will, um diese an sich zu binden und sich Wettbewerbsvorteile gegenüber anderen Unternehmen zu verschaffen, die ihren Arbeitnehmern keine Werkswohnungen anbieten können.[7] Einzelheiten → BGB § 565 Rn. 15.

1b Einer Weitervermietung iSv § 565 BGB können aus Sicht des Arbeitsgebers, der Arbeitnehmern Wohnraum zur Verfügung stellen will, auch **Zweckentfremdungsverbote** entgegenstehen.[8]

2 Erst mit der Einführung eines generellen Bestandsschutzes für die Wohnungsmiete durch das Mieterschutzgesetz v. 1.6.1923[9] entstand das Bedürfnis nach einer Regelung über die Kündigung des Mietvertrags nach Beendigung des Dienstverhältnisses. Insbesondere musste das im Hinblick auf

[1] *Rech,* Werkwohnungen, 2016, S. 21; Herrlein/Knops/Spiegelberg/*Knops* BGB Vor § 576 Rn. 2.

[2] *Rech,* Werkwohnungen, 2016, S. 21, dort wird beispielhaft die Stadt Essen angeführt, bei der sich von die Einwohnerzahl von 1816 (4.000) binnen 100 Jahren auf 410.000 Einwohner verhundertfachte (Fn. 12.). Eine noch stärkere Entwicklung zeigte Leipzig bis zum 1. Weltkrieg; Zahlenangaben auch bei Herrlein/Knops/Spiegelberg/*Knops* BGB Vor § 576 Rn. 2.

[3] Röder, Betriebliches Wohnungswesen im Spannungsfeld von Betriebsverfassungsrecht und Wohnungsmietrecht, 1983, S. 27; *Rech,* Werkwohnungen, 2016, S. 21.

[4] *Rech,* Werkwohnungen, 2016, S. 24f.; *Drasdo* ZMR 2019, 105; Herrlein/Knops/Spiegelberg/*Knops* BGB Vor § 576 Rn. 2.

[5] *Drasdo* ZMR 2019, 105 (106); WuM 2019, 609 (612); *Häublein* NZG 2018, 720.

[6] BGH NZM 2018, 281 = NJW-RR 2018, 459; BGH NJW 2016, 1086 = NZM 2016, 256; ferner BGH NJW 2003, 3054 = NZM 2003, 759; *MAH MietR/Lehr* § 33 Rn. 138.

[7] BGH NZM 2018, 281 = NJW-RR 2018, 459; BGH NZM 2016, 256 = NJW 2016, 1086 Rn. 22.

[8] VG Berlin IMR 2018, 174 = BeckRS 2018, 5205; *Drasdo* WuM 2019, 609 (612).

[9] RGBl. I 353.

die Zweckbindung der Wohnung bestehende Interesse des Vermieters an einer raschen Vertragsbeendigung mit dem Schutzbedürfnis des Wohnungsmieters in Einklang gebracht werden. In den §§ 23ff. MSchG war zu diesem Zweck geregelt, dass der generelle Bestandsschutz des Wohnungsmieters trotz der Beendigung des „Dienst- oder Arbeitsverhältnisses" grds. fortbesteht. Dem Vermieter wurden allerdings besondere Beendigungsmöglichkeiten zugestanden. So konnte der Vermieter die Aufhebung des Mietvertrags verlangen, falls der Mieter die Beendigung des Dienst- oder Arbeitsverhältnisses zu vertreten hatte, ferner bei Betriebsbedarf und – seit 1928 – bei Unterbelegung. Nach dem Außerkrafttreten des MSchG wurden die §§ 565b–565e BGB durch das 2. MietRÄndG v. 14.7.1964 (BGBl. I 457) in das BGB eingefügt. Die Regelung des § 576 BGB ist diesen Vorschriften nachgebildet. Sie bildet heute zusammen mit § 573 BGB einen Regelungskomplex mit einem den §§ 23ff. MSchG vergleichbaren Inhalt: Der Mietvertrag besteht nach der Beendigung des Dienstverhältnisses fort. Der Vermieter hat aber im Falle des Betriebsbedarfs ein besonderes Kündigungsrecht (§ 573 Abs. 1 BGB, → BGB § 573 Rn. 188, 269) mit verkürzten Kündigungsfristen (§ 576 BGB) und auch bei der Anwendung der Sozialklausel sind zugunsten des Vermieters einige Besonderheiten zu beachten (§ 576a BGB).

Das Gesetz unterscheidet **Werkmietwohnungen** (§ 576 BGB, auch Dienstmietwohnungen genannt) und **Werkdienstwohnungen** (§ 576b BGB, auch Dienstwohnungen genannt). Werkmietwohnungen sind solche, die auf Grund eines Mietvertrags überlassen werden. Rechtsgrund für die Überlassung der Werkdienstwohnung ist der Dienstvertrag; ein gesonderter Mietvertrag besteht hier nicht (→ BGB § 576b Rn. 6). Für die **Abgrenzung** von Werkdienstwohnungen (§ 576b BGB) und Werkmietwohnungen (§ 576 BGB) kommt es nicht auf die von den Parteien gewählte Bezeichnung oder deren rechtliche Beurteilung, sondern auf den **materiellen Gehalt** des Vereinbarten an. Dieser ist durch Auslegung des Vertrags (§§ 133, 157 BGB) zu ermitteln.[10] Als entscheidender Anhaltspunkt für das Vorliegen einer Werk**miet**wohnung wird es vom BAG angesehen, wenn die Parteien einen (schriftlichen) Mietvertrag schließen.[11] 2a

Die Eigenschaft „Werkmietwohnung" ist nicht quasidinglicher Natur, sondern wird allein durch Parteivereinbarung begründet oder aufgehoben.[12] 2b

## B. Begriff der Werkmietwohnungen

Nach der Regelung des § 576 BGB liegt eine Werkmietwohnung vor, wenn der **„Wohnraum mit Rücksicht auf das Bestehen eines Dienstverhältnisses vermietet"** worden ist. Die Vorschriften der §§ 23ff. MSchG sprachen noch von einem „Dienst- oder Arbeitsverhältnis". Das BGB verwendet – in sprachlicher Angleichung an den in §§ 611 BGB geregelten Vertragstyp den Begriff des Dienstverhältnisses. Eine sachliche Änderung ist damit nicht verbunden. Gleiches gilt für den am 1.42017 in Kraft getretenen **§ 611a BGB,** der vertragstypische Pflichten des Arbeitsvertrags regelt.[13] Ein **Dienstverhältnis iSv §§ 576ff. BGB** ist anzunehmen, wenn der Dienstverpflichtete zu unselbständiger, abhängiger, weisungsgebundener Arbeit verpflichtet ist;[14] darunter fallen auch die Arbeitsverhältnisse leitender Angestellter, angestellter Ärzte, Rechtsanwälte und ähnlicher Personengruppen. Die Art der Beschäftigung, ob in der Industrie, im Handel, in der Landwirtschaft, im Haushalt, etc ist gleichgültig. Eine Teilzeitbeschäftigung reicht aus; der Arbeitsumfang kann dabei auch sehr gering sein.[15] Deshalb liegt auch dann ein Dienstverhältnis iSd § 576 BGB vor, 3

---

[10] BAG NZA 2008, 843 = NJW 2008, 1020; *Bruns* NZM 2014, 535 (542).

[11] BAG, NZA 1993, 272 (273); BAG NZA 2000, 277; BAG NJW 2008, 1020 Rn. 9; ebenso LG Berlin ZMR 2013, 533 = BeckRS 2012, 24300; **aA** *Bruns* NZM 2014, 535 (542).

[12] LG Berlin GE 2018, 764; Staudinger/*Rolfs* BGB § 576 Rn. 5.1.

[13] MüKoBGB/*Spinner* § 611a Rn. 1; zur Abgrenzung Dienst- und Arbeitsvertrag MAH-ArbR/*Fischinger,* Bd. 1, § 3 Rn. 2.

[14] Staudinger/*Rolfs* BGB § 576 Rn. 6; AnwK WohnraumMietR/*Lammel* BGB § 576 Rn. 20; Kossmann Wohnraummiete-HdB/*Meyer-Abich* § 124 Rn. 8; Lützenkirchen MietR/*Lützenkirchen* BGB § 576 Rn. 18; Emmerich/Sonnenschein/*Haug* BGB §§ 576–576b Rn. 2; Herrlein/Knops/Spiegelberg/*Knops* BGB § 576 Rn. 8.

[15] LG Berlin WuM 1991, 697; Staudinger/*Rolfs* BGB § 576 Rn. 9; Emmerich/Sonnenschein/*Haug* BGB §§ 576–576b Rn. 2; BeckOK MietR/*Bruns* BGB § 576 Rn. 8; MüKoBGB/*Artz* § 576 Rn. 4; Kinne/Schach/Bieber MietProzR/*Kinne* BGB § 576 Rn. 7; Palandt/*Weidenkaff* BGB Vor § 576 Rn. 1; Bub/Treier MietR-HdB/*Fleindl* Kap. IV Rn. 266 „nebenberufliche Tätigkeit"; *Schmitz-Justen* WuM 2000, 582; **aA** LG Aachen MDR 1991, 542; AG Schöneberg MM 1994, 247; AG Regensburg WM 1989, 381; AnwK Wohnraum-

wenn eine Mieterin nur gelegentliche Mithilfe im Haushalt des Vermieters verspricht.[16] Für die Dienstwohnungen der Beamten, Angestellten und Arbeiter des öffentlichen Dienstes, gilt § 576 BGB, wenn die Überlassung der Wohnung auf privatrechtlicher Grundlage beruht.[17] Etwas anderes gilt hinsichtlich derjenigen Wohnungen, die unter ausdrücklicher Bezeichnung als Dienstwohnung ohne Abschluss eines Mietvertrags zugewiesen werden. Bei diesen Wohnungen gilt öffentliches Recht;[18] § 576 BGB ist unanwendbar.

4 Entgegen dem insoweit missverständlichen Wortlaut des § 576 BGB („… mit Rücksicht auf das **Bestehen eines Dienstverhältnisses** …") ist es nicht erforderlich, dass das Dienstverhältnis bereits besteht; vielmehr reicht es aus, wenn Dienstvertrag und Mietvertrag gleichzeitig, oder wenn der Mietvertrag im Hinblick auf den bevorstehenden Abschluss eines Dienstvertrags abgeschlossen wird.[19] Keine Werkwohnung liegt dagegen vor, wenn der Vermieter mit einem seiner Mieter längere Zeit nach der Begründung des Mietverhältnisses einen Hauswartvertrag abschließt.[20] Dies gilt auch dann, wenn in dem Hauswartsvertrag vereinbart ist, dass die bisherige Mietwohnung als kostengünstige oder kostenlose „Dienstwohnung" gelten soll. Eine solche Vereinbarung wäre unwirksam, weil sie zu einer Schlechterstellung des Mieters in Bezug auf die Kündigungsfrist (§ 573c BGB) und die Anwendung des § 574 BGB führt. Von den genannten Vorschriften kann aber nicht zum Nachteil des Mieters abgewichen werden. Das Mietverhältnis bleibt in diesem Fall ein gewöhnliches Mietverhältnis; uU gilt dies mit der Maßgabe, dass der Mieter das Entgelt anstelle in Geld nunmehr in Form von Dienstleistungen zu erbringen hat oder erbringen darf. Anders ist es, wenn die Parteien das bisherige Mietverhältnis aufheben und ein neues Mietverhältnis über eine Werkmietwohnung begründen oder wenn die Wohnung unter Aufhebung des Mietvertrags als Werkdienstwohnung überlassen wird.

5 Das Dienstverhältnis muss einen maßgebenden Einfluss auf den Abschluss des Mietvertrags ausgeübt haben, braucht aber nicht der einzige Grund dafür gewesen zu sein. Die **Verknüpfung zwischen Dienstverhältnis und Mietverhältnis** muss nicht Gegenstand der Vereinbarung sein und darin keinen Ausdruck finden. Es genügt, wenn sich diese Verknüpfung für den Mieter erkennbar lediglich aus den Umständen ergibt. Ein Formerfordernis für diese Verknüpfung ist mangels Anhaltspunkt im Gesetz abzulehnen.[21]

6 Es ist nicht erforderlich dass alle Mieter zugleich Parteien des Dienstverhältnisses sind. Die Aufnahme des Ehegatten (oder anderer Personen) in den Mietvertrag lässt den Charakter der Wohnung als Werkwohnung auch dann unberührt, wenn diese Personen nicht zum Kreis der Arbeitnehmer gehören.[22]

7 Die **Eigentumsverhältnisse an der Wohnung** sind gleichgültig; insbes. ist es nicht erforderlich, dass die Wohnungen einem „Werk" oder sonstigen Industrieunternehmen ieS gehören. Auch eine besondere **Zweckbindung** ist nicht erforderlich. So wird eine bisherige Werkwohnung zur gewöhnlichen Mietwohnung, wenn sie einem Mieter überlassen wird, der nicht zum Kreis der Betriebsangehörigen gehört. Umgekehrt werden Räumlichkeiten, die bisher von solchen Mietern genutzt worden sind, zur Werkwohnung, wenn sie an einen Betriebsangehörigen mit Rücksicht auf das Bestehen des Arbeitsverhältnisses vermietet werden.

---

MietR/*Lammel* BGB § 576 Rn. 21; Sternel MietR, 1988, Kap. IV Rn. 255; Elzer/Riecke/*Riecke* BGB § 576 Rn. 4.

[16] LG Dortmund WuM 1965, 158; LG Kiel WuM 1986, 218, wonach bei der Vermietung eines kleinen Hauses auf einem landwirtschaftlichen Anwesen von einem Mietverhältnis über eine Werkwohnung ausgegangen werden kann, wenn sich der Mieter verpflichtet hat, bei Bedarf in der Landwirtschaft des Vermieters mitzuhelfen.

[17] Bub/Treier MietR-HdB/*Fleindl* Kap. IV Rn. 266; Staudinger/*Rolfs* BGB § 576 Rn. 7; MüKoBGB/*Artz* § 576 Rn. 5.

[18] AG Bad Bramstedt WuM 1998, 415,Dienstwohnung eines Pastors; AG Grevenbroich NJW 1990, 1305; AG Schöneberg WuM 1990, 282; MüKoBGB/*Artz* § 576 Rn. 5.

[19] *Burkhardt* WuM 1965, 89; Staudinger/*Rolfs* BGB § 576 Rn. 14; Emmerich/Sonnenschein/*Haug* BGB §§ 576–576b Rn. 4; AnwK WohnraumMietR/*Lammel* BGB § 576 Rn. 22; Roquette MietR BGB § 565b Rn. 5; **aA** Herrlein/Knops/Spiegelberg/*Knops* BGB § 576 Rn. 9.

[20] AG Hamburg WuM 1985, 152.

[21] *Rech, Werkwohnungen, 2016, S. 47; Bruns* NZM 2014, 535 (537); mit Hinweisen für die Vertragsgestaltung MAH MietR/*Lehr* § 33 Rn. 93f.

[22] Staudinger/*Rolfs* BGB § 576 Rn. 10; AnwK WohnraumMietR/*Lammel* BGB § 576 Rn. 18; Lützenkirchen/*Lützenkirchen* BGB § 576 Rn. 15; Kossmann Wohnraummiete-HdB/*Meyer-Abich* § 124 Rn. 4.

Vermieter der Werkwohnung kann der Dienstberechtigte, ein von ihm abhängiges aber rechtlich selbständiges Unternehmen aber auch ein beliebiger Dritter sein. Diese Konstellation liegt insbes. dann vor, wenn dem Dienstberechtigten an den Wohnungen des Dritten ein **Belegungsrecht** (Mieterbenennungsrecht) zusteht und der Dritte den Mietvertrag mit der vom Dienstberechtigten benannten Person abschließt. 8

Ist eine Wohnung als Werkwohnung vermietet worden, so hat die **spätere Beendigung des Dienstverhältnisses** nicht zur Folge, dass der Wohnraum seine Eigenschaft als Werkwohnung verliert. Wird die **Werkwohnung veräußert,** so endet die Verfügungsmacht des Dienstberechtigten über die Wohnung. Das Mietverhältnis wird mit dem Erwerber fortgesetzt (§ 566 BGB). Dieser kann sich nicht auf § 576 BGB berufen. 9

Die **Darlegungs- und Beweislast** für das Vorliegen einer Werkwohnung hat derjenige, der aus diesem Umstand Rechte für sich herleiten will, im Falle der Kündigung also der Vermieter.[23] 10

## C. Pflichtverletzungen des Dienstverpflichteten

Die Verknüpfung von Dienst-/Arbeitsverhältnis und dem Wohnraummietverhältnis zeigt sich auch bei der Frage, wie sich Pflichverletzungen des Dienstverpflichteten auf das Mietverhälnis auswirken. Grundsätzlich wirkt sich eine dienstrechtliche Pflichtverletzung nicht auf das daneben bestehende Mietverhältnis aus. Eine Beendigung des Dienstverhältnisses an sich ist **kein** Kündigungsgrund für das Mietverhältnis.[24] Eine Ausnahme kommt nur dann in Betracht, wenn in der Dienstpflichtverletzung zugleich eine nicht unerhebliche Verletzung mietvertraglicher Pflichten gem. § 573 Abs. 2 Nr. 1 BGB liegt.[25] Dies kann bei einem **nachhaltig gestörten Vertrauensverhältnis** der Fall sein.[26] 10a

## D. Gerichtliche Zuständigkeit

1. Für Streitigkeiten aus einem Mietverhältnis über eine **Werkmietwohnung** ist das Amtsgericht sachlich ausschließlich zuständig (§ 23 Nr. 2a GVG; örtliche Zuständigkeit nach § 29a ZPO).[27] Gleiches gilt trotz des noch engerern Zusammenhangs zwischen Miet- und Arbeitsverhältnis für **funktionsbedingte** Werkmietwohungen.[28] Ein etwaiges Mitbestimmungsrecht (§ 87 Abs. 1 Nr. 9 BetrVG) ändert hieran nichts.[29] 11

Erklärt der Vermieter gegen rückständige Miete die **Aufrechnung** mit einem Teil des Arbeitslohns, so ist für die Klage auf Zahlung des Restlohns das Arbeitsgericht zuständig. Das Gericht muss ggf. ein **Vorbehaltsurteil** (§ 302 ZPO) erlassen und das **Nachverfahren** bis zur rechtskräftigen Entscheidung über die rechtswegfremde Gegenforderung aussetzen.[30] In diesem Fall hat das Arbeitsgericht zu prüfen, ob die Aufrechnung zu Recht erfolgt ist.[31] Gleiches gilt im umgekehrten Fall.

2. Zweifelhaft ist die gerichtliche Zuständigkeit bei Streitigkeiten über eine **Werkdienstwohnung.** Da diese Wohnungen nicht auf Grund eines Mietvertrags überlassen werden, wird hier teilweise die Zuständigkeit der Arbeitsgerichte bejaht.[32] Man wird jedoch unterscheiden müssen: Solange das Dienstverhältnis nicht beendet ist, sind die Arbeitsgerichte auch für Streitigkeiten hin- 12

---

[23] AG Darmstadt WuM 1985, 153.

[24] LG Berlin GE 2004, 890; *Bruns* NZM 2014, 535 (536).

[25] Kossmann Wohnraummiete-HdB/*Meyer-Abich* § 125 Rn. 4.

[26] Staudinger/*Rolfs* BGB § 573 Rn. 40; *Rech,* Werkwohnungen, S. 84.

[27] BAG NZA 2000, 277 = WuM 2000, 362; BAG NZA 1990, 539 = WuM 1990, 391; LG Essen ZMR 1966, 148; LG Kiel WuM 1966, 78 = ZMR 1966, 147; *Matthes* BB 1968, 551; *König* WuM 1967, 160; *Burkhardt* WuM 1965, 89; Staudinger/*Rolfs* BGB § 576 Rn. 47; Emmerich/Sonnenschein/*Haug* BGB §§ 576–576b Rn. 38; Kossmann Wohnraummiete-HdB/*Meyer-Abich* § 124 Rn. 9; BeckOK MietR/*Bruns* BGB § 576 Rn. 35; Herrlein/Knops/Spiegelberg/*Knops* BGB § 576 Rn. 23; Lindner WohnraumMietR § 24 Rn. 1173.

[28] BAG NZA 2000, 277 = WuM 2000, 362; *Rech,* Werkwohnungen, 2016, S. 170.

[29] BAG NZA 1990, 539 (540); *Rech,* Werkwohnungen, 2016, S. 170.

[30] BAG NJW 2002, 317 = NZA 2001, 1158 (1159); *Rech,* Werkwohnungen, S. 173; Bub/Treier MietR-HdB/*Fischer/Günter* Kap. XI Rn. 24.

[31] LAG Frankfurt ZAP EN-Nr. 1136/92.

[32] *Pergande* WohnraummietR BGB § 565b Anm. 8; *König* WuM 1967, 3; Lützenkirchen MietR/*Lützenkirchen* BGB § 576b Rn. 9.

sichtlich des Wohnraums zuständig;[33] nach Beendigung des Dienstverhältnisses wandelt sich das Rechtsverhältnis hinsichtlich des Wohnraums in ein gesetzliches Schuldverhältnis (Nutzungsverhältnis) um, das in seiner rechtlichen Beurteilung den vertraglich begründeten Mietverhältnissen gleichzustellen ist. Deshalb besteht nach Beendigung des Dienstverhältnisses die ausschließliche Zuständigkeit des Amtsgerichts.[34] Das **BAG** hat diese Frage offengelassen.[35]

## E. Mitbestimmungsrecht des Betriebsrats

13 Nach § 87 Abs. 1 Nr. 9 BetrVG hat der Betriebsrat ein Mitbestimmungsrecht bei der Zuweisung und Kündigung sowie bei der allgemeinen Festlegung der Nutzungsbedingungen von Werkwohnungen. Personell bezieht sich das Mitbestimmungsrecht auf Beschäftigte, die unter das **Repräsentationsmandat** des Betriebsrats fallen (§ 5 BetrVG).[36] Es gilt daher nicht für leitende Angestellte, betriebsfremde Dritte[37] oder Personen iSv § 5 Abs. 2 BetrVG.[38] Es kommt hierbei nicht darauf an, ob der Arbeitgeber Eigentümer der Wohnung ist; maßgeblich ist nur, dass er die Person des Wohnungsnutzers auswählen kann.[39] Das Mitbestimmungsrecht beschränkt sich auf die vorhandenen Wohnungen; die Mitbestimmungsorgane können nicht die **Schaffung neuer Wohnungen** verlangen.[40] **Mitbestimmungsfrei** ist ebenfalls die **Widmung** zur Werkwohnung, dh, ob Gebäudeteile als Wohnraum zu nutzen sind und ob diese mit Rücksicht auf das Bestehen eines Arbeitsverhältnisses vermietet werden.[41] Gleiches gilt für die Entwidmung und Veräußerung von Werkmietwohnungen.[42]

Der Umstand, dass ein Teil der dem Betrieb gehörenden Wohnungen an Betriebsfremde vermietet ist, steht dem Mitbestimmungsrecht nicht entgegen; das Recht erstreckt sich aber nur auf die Wohnungen der Betriebsangehörigen.[43] Das Mitbestimmungsrecht besteht auch dann, wenn der Vermieter in der Vergangenheit mehrfach Mieterhöhungen ohne Mitwirkung des Betriebsrats durchgeführt hat. Durch die unterlassene Geltendmachung des Mitbestimmungsrechts wird kein Vertrauenstatbestand begründet.[44] Soweit der Arbeitgeber auf Grund gesetzlicher oder tariflicher Vorschriften gebunden ist, eine bestimmte Regelung vorzunehmen, besteht kein Mitbestimmungsrecht.[45]

14 Unter **Zuweisung** ist dabei die Entscheidung über die Person des Begünstigten, nicht der Abschluss des Mietvertrags zu verstehen.[46] Eine unter Umgehung des Mitbestimmungsrechts zustande gekommene Vergabe von Wohnungen hat deshalb nicht die Unwirksamkeit des Mietvertrags zur Folge. Es ist nicht erforderlich, dass der Betriebsrat in jedem Einzelfall zustimmt. Es genügt, wenn der Arbeitgeber in Zusammenarbeit mit dem Betriebsrat Anwärterlisten erstellt und die frei werdenden Wohnungen entsprechend dieser Listen vergeben werden.

15 Im Unterschied zur Mitbestimmung beim Abschluss des Mietvertrags ist die Ausübung des Mitbestimmungsrechts im Falle der **Kündigung** eine echte Wirksamkeitsvoraussetzung. Dies gilt sowohl für die ordentliche als auch für die außerordentliche Kündigung. Das Mitbestimmungsrecht muss in jedem Einzelfall ausgeübt werden. Eine allgemein erteilte Zustimmung ist unwirksam. Die

---

[33] BAG NZA 2000, 277 = WuM 2000, 362; Lindner WohnraumMietR § 24 Rn. 1174.

[34] Ebenso LG Detmold ZMR 1968, 321 = WuM 1969, 28; LG Augsburg ZMR 1994, 333; ArbG Hamburg ZMR 2017, 858 mkritAnm. *Riecke* ZMR 2017, 859; AG Garmisch ZMR 1972, 117; *Baron* ZMR 2000, 363 (364); *Schmitz-Justen* WuM 2000, 582 (583); Staudinger/*Rolfs* BGB § 576b Rn. 29; MüKoBGB/*Artz* BGB § 576b Rn. 9; AnwK WohnraumMietR/*Lammel* BGB § 576b Rn. 20; Kossmann Wohnraummiete-HdB/*Meyer-Abich* § 126 Rn. 6; *Sternel* MietR Kap. XI Rn. 428; Emmerich/Sonnenschein/*Haug* BGB § 576b Rn. 39; Herrlein/Kandelhard/*Knops* BGB § 576b Rn. 11; BeckOK MietR/*Bruns* BGB § 576b Rn. 40; **aA** LG Berlin ZMR 2013, 533 (534); FA-MietR/*Riecke* Kap. 14 Rn. 532.

[35] BAG NZA 2000, 277 (279).

[36] Richardi BetrVG/*Richardi* § 87 Rn. 14.

[37] *Rech,* Werkwohnungen, S. 98.

[38] Richardi BetrVG/*Richardi* § 87 Rn. 717.

[39] OLG Frankfurt a. M. WuM 1992, 52 = ZMR 1992, 443.

[40] BVerwG WuM 1995, 569; BAG WuM 1999, 636 (637); Richardi BetrVG/*Richardi* § 87 Rn. 720.

[41] Richardi BetrVG/*Richardi* § 87 Rn. 721.

[42] Richardi BetrVG/*Richardi* § 87 Rn. 722.

[43] *BVerwG WuM 1995, 569;* **aA** *Schmitz-Justen* WuM 2000, 582 (583).

[44] VG Frankfurt a. M. ZMR 2011, 255.

[45] BAG WuM 1999, 636 (637).

[46] Richardi BetrVG/*Richardi* § 87 Rn. 724.

Kündigung einer Werkwohnung ist nur wirksam, wenn im Zeitpunkt ihrer Geltendmachung die Zustimmung des Betriebsrats vorliegt;[47] weist der Vermieter bei der Kündigungserklärung das Vorliegen der Zustimmung nicht in schriftlicher Form nach, so kann der Mieter die Kündigung unverzüglich zurückweisen, so dass sie unwirksam wird und wiederholt werden muss (§ 182 Abs. 3, § 111 S. 2 BGB). Allerdings besteht das Mitbestimmungserfordernis nur bis zur rechtswirksamen Auflösung des Arbeitsverhältnisses.[48]

Das Mitbestimmungsrecht bei der **allgemeinen Festlegung der Nutzungsbedingungen** umfasst die generelle Regelung aller mit dem Mietvertrag zusammenhängenden Fragen. Dazu gehört neben dem Entwurf eines Mustermietvertrags und der Hausordnung insbes. die generelle **Festlegung** oder Änderung der **Miete** einschließlich der Betriebskosten. Die Mitbestimmung umfasst die Frage, ob **Änderungen der Miethöhe** als Staffelmiete (§ 557a BGB) oder als Indexmiete (§ 557b BGB) vereinbart werden sollen oder ob der Vermieter Mieterhöhungen nur nach Maßgabe der §§ 558–560 BGB verlangen kann (§ 557 BGB).[49] In Gebieten mit **angespannten Wohnungsmärkten** sind die Vorschriften über die Höhe bei Mietbeginn zu beachten (§§ 556d–556g BGB), die nicht zur Disposition im Mitbestimmungsverfahren stehen.[50] Die individuelle Festlegung des Mietzinses im Einzelfall – aufgrund besonderer Umstände – ist dagegen mitbestimmungsfrei.[51] 16

Bei den **Werkdienstwohnungen** besteht grds. kein Mitbestimmungsrecht. Dies gilt nicht nur für die Zuweisung und die Festlegung der allgemeinen Nutzungsbedingungen, sondern auch für die Kündigung des Rechtsverhältnisses über die Wohnung.[52] Eine Mitbestimmungsrecht im Wege einer Analogie von § 87 Abs. 1 Nr. 9 BetrVG wird allerdings bei einer Werkdienstwohnung für den Fall diskutiert, in denen der Wohnraum ohne betriebliche Notwendigkeit überlassen werden soll und mithin eine Auswahlentscheidung des Arbeitgebers notwendig ist.[53] *Bruns* bejaht ein Mitbestimmungsrecht im Rahmen des gesetzliches Nutzungsverhältnisses, wenn der Wohnraum an Belegschaftsmitglieder oder aus einem einheitlichen Bestand ohne feste Zuordnung sowohl an Arbeitnehmer als auch an Personen vergeben wird, die nicht vom Betriebsrat repräsentiert werden (zB leitende Angestellte, betriebsfremde Personen).[54] Die Umwandlung einer Werkmietwohnung in eine Werkdienstwohnung unterliegt ebenfalls nicht der Mitbestimmung.[55] 17

## F. Wohnungszuweisung bei Scheidung (§ 1568a Abs. 4 BGB)

§ 1568a BGB regelt die Zuweisung der Ehewohnung anlässlich einer Ehescheidung. Unter **Ehewohnung** sind Wohnräume zu verstehen, in denen die Ehegatten während der Ehe (zumindest zeitweise) gemeinsam gewohnt haben oder die nach den gesamten Umständen zumindest dafür bestimmt waren.[56] Nach § 1568a Abs. 4 BGB kann ein Ehegatte die Begründung eines Mietverhältnisses über eine Wohnung, die die Ehegatten aufgrund eines Dienst- oder Arbeitsverhältnisses innehaben, dass zwischen einem von ihnen und einem Dritten besteht, nur verlangen, wenn der Dritte einverstanden oder dies notwendig ist, um eine schwere Härte zu vermeiden. 18

Grundsätzlich soll einem Ehegatten eine Wohnung auch erhalten bleiben, wenn diese ihm mit Rücksicht auf ein Dienst- oder Arbeitsverhältnis, dass zwischen einem Ehegatten und einem Dritten besteht, vermietet oder überlassen wurde.[57] Hiervon macht § 1568a Abs. 4 BGB eine Ausnahme. Die Zuweisung an den anderen Ehegatten ist nur zulässig, wenn der Dienstherr oder Arbeitgeber einverstanden oder die Zuweisung notwendig ist, um eine **schwere Härte** zu vermeiden.[58] Der 19

[47] *Schmitz-Justen* WuM 2000, 582 (584).
[48] VG Frankfurt a. M. ZMR 2011, 255; LG Ulm WuM 1979, 244.
[49] Richardi BetrVG/*Richardi* § 87 Rn. 735.
[50] Richardi BetrVG/*Richardi* § 87 Rn. 735.
[51] BVerwG WuM 1995, 596.
[52] BAG WuM 1993, 353.
[53] Eine Analogie befürwortet *Rech,* Werkwohnungen, S. 120 f., 123.
[54] *Bruns* NZM 2019, 761 (769).
[55] OVG Münster WuM 1995, 600.
[56] BGH NJW-RR 1990, 1026 = FamRZ 1990, 987; MüKoBGB/*Wellenhofer* § 1568a Rn. 10; *Götz/Brudermüller/Giers,* Die Wohnung in der familienrechtlichen Praxis, Teil 2 Kap. B Rn. 268.
[57] *Büte* FPR 2010, 537 (540); Staudinger/*Weinreich,* 2018, BGB § 1568a Rn. 82.
[58] Staudinger/*Weinreich,* 2018, BGB § 1568a Rn. 85.

Dienstherr oder Arbeitgeber ist von Amts wegen nach § 204 FamFG an dem Ehewohnungsverfahren zu beteiligen.[59]

20 § 1568 a Abs. 4 BGB erfasst zum einen **Werkmiet-** und **Werkdienstwohnungen,**[60] zum anderen auch **Dienstwohnungen,**[61] die aufgrund eines öffentlich-rechtlich Nutzungsverhältnisses überlassen worden sind. Die Norm ist über den Wortlaut hinaus nicht nur auf die **Begründung** eines Mietverhältnisses, sondern auch auf die **Wohnraumüberlassung**[62] im Innenverhältnis der Ehegatten untereinander anwendbar.

21 Bei der Prüfung einer „schweren Härte" iSv § 1568 a Abs. 4 BGB ist die **Zweckbindung** der Wohnung zu berücksichtigen.[63] Die Fortsetzung des Dienst-oder Arbeitsverhältnisses darf nicht unzumutbar erschwert werden.[64] Deswegen ist die Überlassung der Wohnung oder Begründung des Mietverhältnisses idR nur **befristet** oder bis zur Anmietung eine Ersatzwohnung auszusprechen.[65]

22 Besteht ein Dienst- oder Arbeitsverhältnis mit **beiden Ehegatten** (zB Hausmeisterehepaar) und wird es auch mit beiden fortgeführt, ist § 1568 a Abs. 4 BGB nicht anwendbar. Die die Wohnungsüberlassung richtet sichdann nach § 1568 a Abs. 1 BGB.[66]

## G. Tod des Dienstverpflichteten (§§ 563 f. BGB)

23 Verstirbt der Dienstverpflichtete, endet wegen der persönlichen Dienstleistungspflicht (§ 613 S. 1 BGB) idR das Dienstverhältnis. Anders ist dies für den Wohnraummietvertrag, bei dem auf Grundlage der §§ 563 ff. BGB auch vertragsfremde Personen in den Vertrag eintreten können (Einzelheiten → BGB § 563 Rn. 21). § 563 BGB ist auch auf Werkmietwohnungen anwendbar.[67] Fraglich ist aber, ob die **Betriebsfremdheit** der eintretenden Person ein **wichtiger Grund** iSv § 563 Abs. 4 BGB[68] sein kann. Dies wird man nicht annehmen können. Der Gesetzgeber hat mit den §§ 576–576 a BGB lediglich zu erkennen gegeben, dass sich der Vermieter von einer nicht (mehr) im Betrieb tätigten Person erleichtert trennen können soll. Er ist mit anderen Worten grds. von einer Zumutbarkeit der Fortführung des Mietverhältnisses ausgegangen.[69] Dies gilt auch für eine funktionsbedingte Werkmietwohnung.

## H. Widerrufsfragen (Verbraucherverträge)

24 Infolge der Verknüpfung von Dienst- und Mietvertrag bei einer Werkmietwohnung (Einzelheiten → Rn. 4, 5) können sich besondere Widerrufsfragen stellen. Das kann etwa die Frage betreffen, ob ein mietrechtliches **Verbraucherwiderrufsrecht** auf den daneben bestehenden Dienstvertrag „durchschlägt". Dies hängt von spezifischen Vorfragen ab.

25 **Beispiel:** M mietet von V (Unternehmer iSv § 14 BGB) eine Werkmietwohnung. Angenommen, die Voraussetzungen für einen Widerruf des Mietvertrages liegen vor und die Höchstwiderrufsfrist von zwölf Monaten und 14 Tagen ist noch nicht abgelaufen. Gleichzeitig schließen M und V einen Dienstvertrag. M widerruft zwölf Monate nach Mietvertragsschluss seine darauf gerichtete Willenserklärung gegenüber V. Ist ein Widerrufsdurchgriff auf den Dienstvertrag anzunehmen?

---

[59] MüKoFamFG/*Erbarth* § 204 Rn. 7; *Büte* FPR 2010, 537 (540).

[60] MüKoBGB/*Wellenhofer* § 1568 a Rn. 48.

[61] Staudinger/*Weinreich,* 2018, BGB § 1568 a Rn. 82.

[62] MüKoBGB/*Wellenhofer* BGB § 1568 a Rn. 47; *Götz/Brudermüller/Giers,* Die Wohnung in der familienrechtlichen Praxis, Teil 2 Kap. B Rn. 346; Staudinger/*Weinreich,* 2018, BGB § 1568 a Rn. 82; *Rech,* Werkwohnungen, S. 180.

[63] *Götz/Brudermüller/Giers,* Die Wohnung in der familienrechtlichen Praxis, Teil 2 Kap. B Rn. 347.

[64] *Götz/Brudermüller/Giers,* Die Wohnung in der familienrechtlichen Praxis, Teil 2 Kap. B Rn. 347; *Rech,* Werkwohnungen, S. 183.

[65] MüKoBGB/*Wellenhofer* BGB § 1568 a Rn. 52; Staudinger/*Weinreich,* 2018, BGB § 1568 a Rn. 87.

[66] Staudinger/*Weinreich,* 2018, BGB § 1568 a Rn. 88; *Götz/Brudermüller/Giers,* Die Wohnung in der familienrechtlichen Praxis, Teil 2 Kap. B Rn. 345.

[67] *Bruns* NZM 2014, 535 (537); *Rech,* Werkwohnungen, S. 185.

[68] Zum „wichtigen Grund" iSv § 563 Abs. 4 BGB → BGB § 563 Rn. 68.

[69] *Rech,* Werkwohnungen, S. 191.

Mietverträge über Wohnraum sind vom Anwendungsbereich der Verbraucherverträge erfasst (§§ 312 Abs. 1, Abs. 4 S. 1, Abs. 3 Nr. 1–7 BGB),[70] wodurch sich verbraucherschützende Widerrufsrechte ergeben können, wenn bestimmte Vertragsabschlussvoraussetzungen (besondere Vertriebsformen) hinzukommen (§§ 312b, 312c, 312g BGB). Ein Verbraucherwiderrufsrecht nach § 312g Abs. 1 BGB kommt für den Mieter nur bei außerhalb von Geschäftsräumen geschlossenen Verträgen iSd § 312b BGB und bei Fernabsatzverträgen iSd § 312c BGB zum Tragen. Hierüber ist der Mieter zu informieren (§ 312d Abs. 1 iVm Art. 246a § 1 Abs. 2, 3 EGBGB). Beim Abschluss des Mietvertrages steht dem Wohnungsmieter ein Widerrufrecht dann nicht zu, wenn er die Wohnung vor Vertragsschluss besichtigt hat (§ 312 Abs. 4 S. 2 BGB). Das dürfte der Regelfall sein.

Beide Vertragsarten sind unter bestimmten Voraussetzungen **Verbraucherverträge** iSv §§ 312 Abs. 1, 310 Abs. 3 BGB. Der Wohnraummieter ist ohne Weiteres als Verbraucher iSv § 13 BGB einzustufen. Für den Arbeitnehmer[71] geht das BAG[72] inzwischen von einer weiten Anwendung des Verbraucherbegriffs im Arbeitsrecht aus.[73] Ansonsten ist die Anwendbarkeit der §§ 312ff., 312g BGB auf Arbeitsverträge umstritten.[74] Für einen arbeitsrechtlichen Aufhebungsvertrag in einer Außergeschäftsraumsituation hat das **BAG** ein Widerrufsrecht (§§ 312b, 312g, 355 BGB) verneint.[75] 26

Macht der Wohnraummieter von einem ihm bei Vertragsschluss zustehenden Widerrufsrecht Gebrauch,[76] ist er an seine auf Abschluss des Wohnraummietvertrages gerichtete Willenserklärung nicht mehr gebunden (§§ 310 Abs. 3, 312 Abs. 4, 312b, 312c, 312g Abs. 1, 355 Abs. 1 BGB).[77] Dies betrifft bei einem wirksamen Widerruf zunächst ausschließlich den Werkmietvertrag. Fraglich ist, ob sich das auf den daneben bestehenden Dienstvertrag auswirkt, der Widerruf des Mietvertrages also auf den Dienstvertrag „durchschlägt" **(Widerrufsdurchgriff).**[78] 27

§ 360 Abs. 1 BGB ist nur auf Verbraucherverträge anwendbar. Voraussetzung hierfür ist, dass es sich um einen **zusammenhängenden Vertrag** iSv § 360 Abs. 1 S. 1, Abs. 2 S. 1 BGB handelt.[79] Ein zusammenhängender Vertrag liegt vor, wenn er einen Bezug zu dem widerrufenen Vertrag aufweist und eine Leistung betrifft, die vom Unternehmer des widerrufenen Vertrags oder einem Dritten erbracht wird (§ 360 Abs. 2 S. 1 BGB). Dieser Bezug ist tendenziell weit zu verstehen[80] und deshalb zumindest nicht enger als das Merkmal von § 576 Abs. 1 BGB, wonach Wohnraum „mit Rücksicht auf das Bestehen eines Dienstverhältnisses" vermietet sein muss. Ein Bezug iSv § 360 Abs. 2 S. 1 BGB liegt bereits dann vor, wenn zwischen beiden Verträgen ein ursächlicher Zusammenhang besteht, ein enger zeitlicher Zusammenhang ist indessen nicht erforderlich.[81] Die hier in Rede stehenden Verträge können daher prinzipiell zusammenhängende Verträge iSv § 360 Abs. 1, Abs. 2 S. 1 BGB sein. Umstritten ist aber darüber hinaus, ob der in Frage kommende zusammenhängende Vertrag im Verhältnis zum widerrufenen Vertrag den Charakter eines Nebenvertrags haben muss[82] oder nicht.[83] Darauf wird es iErg nicht ankommen. Denn der zusammenhängende Vertrag muss nach § 360 Abs. 2 S. 1 auch eine **„Leistung" des Unternehmers** zum Gegenstand haben, die dieser erbringt. Auch wenn dieses Merkmal wiederum weit verstanden wird,[84] es ist 28

---

70 Zum Verbraucherschutz im Mietrecht *Gsell* WuM 2014, 375; *Horst* DWW 2015, 2; *Mediger* NZM 2015, 185; *Lindner* ZMR 2015, 261; *Streyl* NZM 2015, 433; *Hau* NZM 2015 435; *Pisal/Schreiner* ZfIR 2015, 505; *Artz* PiG 99 (2015), 41; *Hinz* WuM 2016, 76; *Lindner* ZMR 2016, 356; *Rolfs/Möller* NJW 2017, 3275; *Fervers* NZM 2018, 640; *Göldner* WuM 2020, 529; Lindner WohnraumMietR § 58 Rn. 1891 →BGB Vor § 535 Rn. 131ff.

71 MüKoBGB/*Micklitz,* 8. Aufl. 2018, BGB § 13 Rn. 58.

72 BAG NJW 2005, 3305; BAG NZA 2006, 423; BAG NZA 2008, 1004; BAG NJW 2010, 2827; BAG NZA 2019, 688 Rn. 15.

73 MüKoBGB/*Micklitz,* 8. Aufl. 2018, BGB § 13 Rn. 59; ErfK/*Preis* BGB § 611a Rn. 182.

74 MüKoBGB/*Wendehorst,* 8. Aufl. 2019, BGB § 312 Rn. 16; ErfK/*Preis* BGB § 611a Rn. 182.

75 BAG NZA 2019, 688.

76 *Göldner* WuM 2020, 529 weist zutr. auf die steigende Anzahl von digitalen Besichtigungen und die dadurch latent erhöhte Widerrufsproblematik hin.

77 Hierzu *Lindner* ZMR 2016, 356; Lindner WohnraumMietR § 58 Rn. 1901ff.

78 Hierzu *Leier* VuR 2013, 457 (462f.).

79 Die Voraussetzungen für einen „verbundenen Vertrag" iSv § 358 Abs. 3 BGB scheiden aus; zum Vorrang von § 358 BGB *Wendt/Lorscheid-Kratz* BB 2013, 2434 (2436).

80 *Wendt/Lorscheid-Kratz* BB 2013, 2434 (2436).

81 MüKoBGB/*Habersack* § 360 Rn. 4; Staudinger/*Herresthal,* 2016, BGB § 360 Rn. 16.

82 So *Wendt/Lorscheid-Kratz* BB 2013, 2434 (2436).

83 MüKoBGB/*Habersack* § 360 Rn. 4.

84 MüKoBGB/*Habersack* § 360 Rn. 5.

auch mit Blick auf die weitreichenden Rechtsfolgen[85] nicht passend für einen Dienstvertrag und die in Rede stehende Konstellation. Ein Widerrufsdurchgriff scheidet demnach mangels zusammenhängenden Vertrages iSv § 360 Abs. 1 S. 1, Abs. 2 S. 1 BGB eher aus. Vgl. auch → BGB Vor § 535 Rn. 136 ff.

---

[85] Hierzu Staudinger/*Herresthal,* 2016, BGB § 360 Rn. 14; *Wendt/Lorscheid-Kratz* BB 2013, 2434 (2437).

## § 576 Fristen der ordentlichen Kündigung bei Werkmietwohnungen

**(1) Ist Wohnraum mit Rücksicht auf das Bestehen eines Dienstverhältnisses vermietet, so kann der Vermieter nach Beendigung des Dienstverhältnisses abweichend von § 573c Abs. 1 Satz 2 mit folgenden Fristen kündigen:**

**1. Bei Wohnraum, der dem Mieter weniger als zehn Jahre überlassen war, spätestens am dritten Werktag eines Kalendermonats zum Ablauf des übernächsten Monats, wenn der Wohnraum für einen anderen zur Dienstleistung Verpflichteten benötigt wird;**

**2. spätestens am dritten Werktag eines Kalendermonats zum Ablauf dieses Monats, wenn das Dienstverhältnis seiner Art nach die Überlassung von Wohnraum erfordert hat, der in unmittelbarer Beziehung oder Nähe zur Arbeitsstätte steht, und der Wohnraum aus dem gleichen Grund für einen anderen zur Dienstleistung Verpflichteten benötigt wird.**

**(2) Eine zum Nachteil des Mieters abweichende Vereinbarung ist unwirksam.**

### Systematische Übersicht



### A. Anwendungsbereich und Zweck

1 Die Vorschrift gilt für die Beendigung von Werkmietwohnungen (zum Begriff → BGB Vor §§ 576–576b Rn. 3). Sie gibt dem Vermieter (nicht dem Mieter) ein **Recht zur ordentlichen Kündigung mit verkürzten Fristen,** wenn das Dienstverhältnis beendet ist. Es handelt sich weder um ein außerordentliches Kündigungsrecht noch um ein Recht zur vorzeitigen Kündigung. Deshalb können befristete Mietverhältnisse und Mietverhältnisse mit vereinbartem Ausschluss der ordentlichen befristeten Kündigung während der Laufzeit des Vertrags oder der Dauer des Kündigungsausschlusses nicht nach § 576 BGB gekündigt werden. Die Regelung enthält auch keinen eigenständigen Kündigungsgrund. Deshalb kann der Vermieter das Mietverhältnis trotz der Beendigung des Dienstverhältnisses nur kündigen, wenn der Tatbestand des § 573 BGB vorliegt (Einzelheiten s. dort). Der Zweck der Vorschrift erschöpft sich also in der Verkürzung der Kündigungsfrist.

2 Während der Dauer des Dienstverhältnisses kann die Wohnung unter Beachtung der allgemeinen Kündigungsfristen gekündigt werden.[1] Ein Kündigungsausschluss muss vertraglich vereinbart werden. Ein stillschweigender, sich aus besonderen Umständen ergebender Kündigungsausschluss ist möglich.[2] Allein das Bestehen des Dienstverhältnisses hindert den Vermieter aber nicht an der Kündigung des Mietvertrags.[3] Das Recht zur fristlosen Kündigung wird durch § 576 BGB nicht berührt.

---

[1] LG Kassel NJW 1971, 2031.

[2] MüKoBGB/*Artz* § 576 Rn. 6; *Sternel* MietR Kap. XI Rn. 414.

[3] Bub/Treier MietR-HdB/*Fleindl* Kap. IV Rn. 267; MüKoBGB/*Artz* § 576 Rn. 6; Staudinger/*Rolfs* BGB § 576 Rn. 18; *Bruns* NZM 2014, 535 (536); Rech, Werkwohnungen, 2016, S. 71; Herrlein/Kandelhard/*Knops* BGB § 576 Rn. 13; **aA** *Burkhardt* WuM 1965, 89; *Weimar* ZMR 1965, 162; WuM 1967, 73; *Pergande* WohnraummietR BGB § 565b Anm. 3.

## B. Voraussetzungen der Kündigung mit verkürzter Frist

### I. Mietverhältnisse auf unbestimmte Zeit

3 Die Vorschrift gilt nur für **Mietverhältnisse auf unbestimmte Zeit.** Hierunter sind solche Mietverhältnisse zu verstehen, die weder durch Zeitablauf noch beim Eintritt eines bestimmten Ereignisses, sondern durch Kündigung enden. Für die befristeten Mietverhältnisse gelten die allgemeinen Vorschriften (§ 542 Abs. 2, § 575 BGB; s. dort). § 575 Abs. 1 S. 1 Nr. 3 BGB ist demgegenüber für befristete Mietverträge lex specialis.[4] Eine Befristung des Mietverhältnisses bietet sich für den Vermieter an, wenn auch ein befristetes Dienstverhältnis besteht. In diesem Fall kann die Beendigung des Mietverhältnisses gleichzeitig mit dem Ende des Dienstverhältnisses terminiert werden.[5]

Eine Vereinbarung, wonach das Mietverhältnis vom Bestand des Dienstverhältnisses abhängig sein soll (zB Das Mietverhältnis endet mit dem Arbeitsverhältnis) ist allerdings als auflösende Bedingung unwirksam[6] (→ BGB § 572 Rn. 12).

### II. Beendigung des Dienstverhältnisses

4 Das **Dienstverhältnis muss beendet sein.** Dies bedeutet: Die Kündigung darf dem Mieter erst zugehen, wenn das Dienstverhältnis beendet ist. Der Umstand, dass der Vermieter den Dienstvertrag bereits gekündigt hat, reicht nicht aus. Auf den Zeitpunkt der tatsächlichen Beendigung (Aufgabe der Arbeit) kommt es ebenfalls nicht an; maßgeblich ist vielmehr, wann das Dienstverhältnis rechtlich wirksam aufgelöst worden ist.[7] Bei einer ordentlichen Kündigung des Dienstverhältnisses kommt es auf den Ablauf der Kündigungsfrist an. Ist über die Beendigung des Dienstverhältnisses ein arbeitsgerichtliches Verfahren anhängig, so muss der Räumungsrechtsstreit bis zur Entscheidung des Arbeitsgerichts ausgesetzt werden (§ 148 ZPO). Teilweise wird die Ansicht vertreten, dass die Kündigung des Mietverhältnisses bereits zu einem Zeitpunkt erklärt werden kann, zu dem das Dienstverhältnis zwar gekündigt, aber noch nicht beendet ist.[8] Diese Ansicht steht mit dem Gesetzeswortlaut nicht im Einklang. Geht die Kündigungserklärung dem Mieter vor Beendigung des Dienstverhältnisses zu, so ist sie allerdings nicht unwirksam;[9] vielmehr endet das Mietverhältnis zum nächstzulässigen Termin, also nach Ablauf der allgemeinen Fristen (§ 573 c BGB)[10].

5 Bei den **Bergarbeiterwohnungen** iSd Gesetzes zur Förderung des Bergarbeiterwohnungsbaus im Kohlenbergbau v. 25.7.1997[11] ist eine Besonderheit zu beachten. Diese Wohnungen gehören zwar ebenfalls zu den Werkmietwohnungen, mit der Folge dass § 576 BGB anwendbar ist. Sie sind allerdings nicht betriebsgebunden; vielmehr kommt es hier auf die Zugehörigkeit des Mieters zum Bergbau an (§ 5). Deshalb ist hier § 576 BGB erst dann anwendbar, wenn der Mieter aus dem Bergbau ausscheidet.

### III. Einschränkungen zur Beendigung des Dienstverhältnisses

6 Teilweise wird die Ansicht vertreten, dass die Kündigung mit verkürzter Frist nur zum ersten zulässigen Termin ausgesprochen werden kann[12] oder jedenfalls **alsbald nach der Beendigung des Dienstvertrags** ausgesprochen werden muss.[13] Aus dem Wortlaut der Vorschrift lässt sich diese Einschränkung allerdings nicht herleiten. Auch der Sinn und Zweck der Regelung rechtfertigt die

---

[4] Lützenkichen MietR/*Lützenkirchen* BGB § 576 Rn. 3.

[5] *Rech,* Werkwohnungen, S. 68; MAH/*Lehr* § 33 Rn. 108 u. Rn. 118.

[6] BGH NJW-RR 2021, 84 = NZM 2021, 137.

[7] Staudinger/*Rolfs* BGB § 576 Rn. 30; MüKoBGB/*Artz* § 576 Rn. 8; **aA** LG Essen ZMR 1966, 148.

[8] Herrlein/Kandelhard/*Knops* BGB § 576 Rn. 12.

[9] **AA** Roquette MietR BGB § 565 c Rn. 5.

[10] Staudinger/*Rolfs* BGB § 576 Rn. 31; BeckOK MietR/*Bruns* BGB § 576 Rn. 20; AnwK WohnraumMietR/*Lammel* BGB § 576 Rn. 32; Erman/*Lützenkirchen* BGB § 576 Rn. 10; Palandt/*Weidenkaff* BGB § 576 Rn. 3.

[11] BGBl. I 1942.

[12] *Pergande WohnraummietR BGB § 565b Anm. 4.*

[13] LG Berlin GE 1993, 1335, ein Zuwarten von sieben Monaten sei zu lang; LG Berlin MM 1990, 97; LG Bochum WuM 1992, 438; LG Aachen WuM 1985, 149; Herrlein/Kandelhard/*Knops* BGB § 576 Rn. 15; *Sternel* MietR, 1988, Kap. IV Rn. 263; *Sternel* MietR Kap. XI Rn. 421.

Einschränkung nicht, weil die durch § 576 Abs. 1 Nr. 2 BGB geregelte besondere Situation (Bedarf an der Wohnung aus betrieblichen Gründen) nicht mit dem Ende des Dienstverhältnisses zusammenfallen muss. Entscheidend ist, dass sich am besonderen Charakter der Wohnung als Werkmietwohnung nichts ändert, wenn das Dienstverhältnis beendet ist; folgerichtig müssen auch die für die Werkmietwohnung geltenden Kündigungsprivilegien fortbestehen.[14]

### IV. Wahlrecht

Der Vermieter hat ein **Wahlrecht,** ob er mit den allgemeinen oder mit den verkürzten Fristen kündigt.[15] Aus diesem Grunde ist es bei der Kündigung nach § 576 BGB erforderlich, dass sich die kurze Frist aus dem Kündigungsschreiben ergibt. Es genügt, wenn der Mieter – etwa durch die Bezugnahme auf die Gesetzesbestimmung – erkennen kann, dass der Vermieter mit der verkürzten Frist des § 576 BGB kündigen will. Eine Kündigung ohne Angabe einer Frist ist als Kündigung nach § 573 c BGB zu bewerten. Gleiches gilt, wenn der Vermieter eine Frist wählt, die weder mit § 573 c BGB, noch mit § 576 BGB übereinstimmt. Wird mit verkürzter Frist gekündigt, obwohl die Voraussetzungen des § 576 BGB nicht gegeben sind, so wirkt die Kündigung zum nächstzulässigen Termin.[16] 7

## C. Die Kündigungsfristen

Die Vorschrift unterscheidet zwischen den ungebundenen und den funktionsgebundenen Werkmietwohnungen. 8

### I. Ungebundene („gewöhnliche") Werkmietwohnungen (Abs. 1 Nr. 1)

Hierunter versteht man solche Wohnungen, die ausschließlich oder in erster Linie der Versorgung des Dienstverpflichteten mit Wohnraum dienen, ohne dass eine betriebliche Notwendigkeit zum Bezug gerade dieser Wohnung besteht. 9

#### 1. Kündigung bei weniger als 10 Jahren Mietverhältnis

Für Wohnraum, der dem Mieter **weniger als 10 Jahren überlassen** war (zur Berechnung der Überlassungszeit → BGB § 573 c Rn. 9 ff.), gelten – je nach der Intensität des Betriebsbedarfs – zwei Kündigungsfristen: 10

**a) Gewöhnlicher Betriebsbedarf.** Der Vermieter kann spätestens zum dritten Werktag eines Kalendermonats für den Ablauf des übernächsten Monats kündigen (für Einzelheiten der Berechnung → BGB § 573 c Rn. 8), wenn der Wohnraum für einen anderen zur Dienstleistung Verpflichteten benötigt wird **(gewöhnlicher Betriebsbedarf).** Für den gewöhnlichen Betriebsbedarf genügt es, wenn sich Betriebsangehörige um eine frei werdende Werkwohnung beworben haben (Wartelisten) und aus dem Kreis der Bewerber zumindest einer bereit ist, in die gekündigten Räume einzuziehen (→ BGB § 573 Rn. 188). Hieran fehlt es auch dann nicht, wenn dem Bewerber in unmittelbarer Nähe des Arbeitsplatzes eine preisgünstige Wohnung zur Verfügung steht.[17] Grundsätzlich gilt, dass den Betriebsangehörigen gegenüber dem ausgeschiedenen Arbeitnehmer der Vorrang gebührt. 11

**b) Kein Betriebsbedarf.** Hat der Vermieter **keinen Betriebsbedarf,** so gelten die allgemeinen Kündigungsfristen des § 573 c BGB. Sie richten sich nach der Dauer des Mietverhältnisses. 12

#### 2. Kündigung bei mehr als 10 Jahren Mietverhältnis

**Ab zehnjähriger Überlassungsdauer** gilt die allgemeine Kündigungsfrist des § 573 c BGB: Das Mietverhältnis wird in Ansehung der Kündigungsfristen kraft Gesetzes vom Dienstverhältnis 13

---

[14] Wie hier LG Stuttgart DWW 1991, 112; *Sonnenschein* NJW 1986, 2731; Staudinger/*Rolfs* BGB § 576 Rn. 39; BeckOK BGB/*Hannappel* BGB § 576 Rn. 14; MüKoBGB/*Artz* § 576 Rn. 11; Bub/Treier MietR-HdB/*Fleindl* Kap. IV Rn. 270; Roquette MietR BGB § 565 c Rn. 5.

[15] LG Kassel NJW 1971, 2031.

[16] Insoweit zutr. LG Aachen WuM 1985, 149.

[17] **AA** AG Witzenhausen WuM 1983, 23.

unabhängig. Der Vermieter kann zum dritten Werktag eines Kalendermonats zum Ablauf des neunten Monats kündigen. Diese lange Kündigungsfrist ist auch dann zu beachten, wenn ein dringender Betriebsbedarf vorliegt.

### II. Funktionsgebundene Werkmietwohnungen (Abs. 1 Nr. 2)

14 Eine funktionsgebundene Werkmietwohnung liegt vor, wenn zwischen der Vermietung der Wohnung und den betrieblichen Erfordernissen eine unmittelbare räumliche oder sonstige Beziehung besteht. Wesentlich ist, dass die Wohnung einem bestimmten Kreis von betrieblichen Funktionsträgern vorbehalten ist und dass diese Zweckbestimmung auch nach dem Ausscheiden des Mieters aus dem Dienstverhältnis weiter besteht. Typisch hierfür sind die Wohnungen der Hauswarte,[18] der Pförtner und der Angehörigen von Not- oder Bereitschaftsdiensten, die in der Nähe der Betriebsstätte wohnen müssen, um schnell erreichbar zu sein. Für solche Mietverhältnisse gilt mit Rücksicht auf das überragende Betriebsinteresse eine besonders kurze Kündigungsfrist: Der Vermieter kann spätestens am 3. Werktag eines Monats für den Ablauf dieses Monats kündigen, wenn er die Wohnung für einen anderen Mieter benötigt. Der andere Mieter muss zwar nicht dieselbe Funktion ausüben, wie der bisherige. Erforderlich ist aber auch hier, dass der neue Mieter zum Kreis der Funktionsträger gehört, für den die Wohnung nach ihrer Lage und Ausstattung bestimmt ist. Die Dauer des bisherigen Mietverhältnisses spielt bei der funktionsgebundenen Werkmietwohnung keine Rolle.

### III. Darlegungs- und Beweispflicht

15 **Darlegungs- und beweispflichtig** für das Vorliegen des Betriebsbedarfs, für die Dringlichkeit des Bedarfs und für die Funktionsbindung der Werkmietwohnung ist der Vermieter.

## D. Neue Bundesländer

16 Die hier dargestellte Rechtslage gilt seit dem 3.10.1990 auch in den neuen Bundesländern. Die in dem früher geltenden § 130 Abs. 3 ZGB enthaltene Regelung, wonach es für die Kündigung des Vermieters genügte, dass das Arbeitsverhältnis beendet war, ist mit dem Beitritt gegenstandslos geworden. Klauseln im Mietvertrag, die der früheren Gesetzeslage entsprechen, sind unwirksam, weil sie von dem nunmehr geltenden zwingenden Gesetzesrecht zum Nachteil des Mieters abweichen. Gleiches gilt für eine vertragliche Regelung, wonach beim Tod des Arbeitnehmers der Betrieb darüber zu entscheiden hatte, ob das Mietverhältnis mit den im Haushalt lebenden Familienangehörigen fortzusetzen ist. Diese – der früheren Gesetzeslage (§ 130 Abs. 3 S. 2 ZGB) nachgebildete – Klausel steht mit §§ 563, 563a BGB nicht im Einklang. Deshalb ist auch insoweit die gesetzliche Regelung maßgebend.

## E. Abweichende Vereinbarungen

17 Es gelten die Ausführungen zu → BGB § 573c Rn. 16ff. Nach dem bis 31.8.2001 geltenden Recht waren vertragliche Vereinbarungen zum Nachteil des Mieters zulässig, wenn der Wohnraum zu nur vorübergehendem Gebrauch vermietet war (§ 565c S. 2, § 565 Abs. 2 S. 3 BGB aF). Diese Ausnahmeregelung besteht nicht mehr.

[18] LG Berlin GE 1994, 287, auch wenn der Hausmeister die Tätigkeit nur im Nebenberuf ausübt.

# § 576a Besonderheiten des Widerspruchsrechts bei Werkmietwohnungen

**(1) Bei der Anwendung der §§ 574 bis 574c auf Werkmietwohnungen sind auch die Belange des Dienstberechtigten zu berücksichtigen.**

**(2) Die §§ 574 bis 574c gelten nicht, wenn**

**1. der Vermieter nach § 576 Abs. 1 Nr. 2 gekündigt hat;**

**2. der Mieter das Dienstverhältnis gelöst hat, ohne dass ihm von dem Dienstberechtigten gesetzlich begründeter Anlass dazu gegeben war, oder der Mieter durch sein Verhalten dem Dienstberechtigten gesetzlich begründeten Anlass zur Auflösung des Dienstverhältnisses gegeben hat.**

**(3) Eine zum Nachteil des Mieters abweichende Vereinbarung ist unwirksam.**

### Systematische Übersicht



## A. Zweck

Bei einer Werkmietwohnung hat der Dienstberechtigte mit dem Dienstverpflichteten regelmäßig zwei getrennt von einander zu betrachtende Verträge.[1] Deshalb ist die Beendigung des Dienstverhältnisses nicht Voraussetzung für die Anwendung von § 576a. Hat der Vermieter eine Werkmietwohnung gekündigt, so kann der Mieter nach § 574 BGB der Kündigung widersprechen und die Fortsetzung des Mietverhältnisses verlangen, wenn **besondere Härtegründe** vorliegen. Durch § 576a BGB wird bestimmt, dass bei der Entscheidung über die Fortsetzung eines Mietverhältnisses über eine Werkmietwohnung zugunsten des Vermieters einige Besonderheiten zu beachten sind. 1

## B. Berücksichtigung der Belange des Dienstberechtigten (Abs. 1)

Nach § 574 BGB setzt die Vertragsfortsetzung voraus, dass die Vertragsbeendigung für den Mieter eine **Härte** bedeutet, „die auch unter Würdigung der **berechtigten Interessen des Vermieters**" nicht zu rechtfertigen ist. Die Vorschrift des § 576a BGB stellt klar, dass bei der Interessenabwägung auch die betriebsbezogenen Belange zu berücksichtigen sind. Dies gilt auch dann, wenn es sich nicht um eigene Belange des Vermieters handelt, wie bei der betriebsfremden Werkmietwohnung. Die Vorschrift gilt für alle ordentlichen Kündigungen, auch wenn kein Fall des § 576 BGB vorliegt, oder wenn der Vermieter unter Beachtung der Fristen des § 573c BGB gekündigt hat. Wesentlich ist, dass durch § 576a Abs. 1 BGB lediglich die Vorschrift des § 574 Abs. 1 S. 1 BGB erweitert wird. Alle anderen Bestimmungen der §§ 574, 574a BGB bleiben unberührt. Dies gilt auch für § 574 Abs. 3 BGB: Deshalb können die Belange des Dienstberechtigten nur berücksichtigt werden, wenn sie im Kündigungsschreiben angegeben sind. 2

Für das Fortsetzungsverlangen nach Beendigung eines befristeten Mietverhältnisses gelten dieselben Grundsätze. 3

---

[1] BAGE 92, 336; LAG Köln BeckRS 2018, 16353; *Drasdo* WuM 2019, 609.

## C. Ausschluss der Vertragsfortsetzung bei funktionsgebundener Werkwohnung (Abs. 2 Nr. 1)

4 Bei der Kündigung eines Mietverhältnisses über eine **funktionsgebundene Werkmietwohnung** iSv § 576 Abs. 1 Nr. 2 BGB ist der Kündigungswiderspruch kraft Gesetzes ausgeschlossen. Der Ausschluss beruht auf dem Vorrang der Vermieterinteressen: Das betriebliche Interesse an der bestimmungsgemäßen Verwendung dieser Wohnungen hat hier absoluten Vorrang gegenüber eventuellen Härtegründen des Mieters. Nach dem eindeutigen Wortlaut der Regelung gilt dies aber nur, wenn die Voraussetzungen des § 576 Abs. 1 Nr. 2 BGB gegeben sind und der Vermieter mit den dort genannten Fristen gekündigt hat.[2]

## D. Weitere Ausschlussgründe (Abs. 2 Nr. 2)

5 Nach § 574 BGB ist der Kündigungswiderspruch ausgeschlossen, wenn der Mieter das Mietverhältnis gekündigt hat (→ BGB § 574 Rn. 15) oder wenn ein Grund vorliegt, aus dem der Vermieter zur Kündigung ohne Einhaltung einer Kündigungsfrist berechtigt ist (→ BGB § 574 Rn. 10). Diese Ausschlüsse beruhen auf der mangelnden Schutzbedürftigkeit oder -würdigkeit des Mieters. Durch § 576a Abs. 2 Nr. 2 BGB werden die Ausschlüsse um zwei Anwendungsfälle erweitert.

6 Der Kündigungswiderspruch ist zum einen auch dann ausgeschlossen, wenn der **Mieter das Dienstverhältnis gelöst** hat, ohne dass ihm von dem Dienstberechtigten gesetzlich begründeter Anlass gegeben war. Nach dem Wortlaut und dem Zweck der Vorschrift ist es nicht erforderlich, dass der Mieter kündigt. Der Abschluss eines Aufhebungsvertrages genügt, wenn er auf Wunsch des Mieters abgeschlossen worden ist.[3] Ebenso genügt es, wenn der Dienstvertrag aufgrund einer vom Mieter erklärten Anfechtung beendet worden ist.[4]

7 Zum anderen entfällt das Widerspruchsrecht, wenn der **Mieter durch sein Verhalten** dem Dienstberechtigten gesetzlich begründeten **Anlass zur Auflösung des Dienstverhältnisses** gegeben hat. Hiervon ist auszugehen, wenn der Dienstberechtigte aufgrund eines schuldhaften, rechtswidrigen Verhaltens des Arbeitnehmers einen gesetzlichen oder wichtigen Kündigungsgrund hatte und darin die Ursache für die Auflösung des Dienstverhältnisses lag. Ein wichtiger Grund zur fristlosen Kündigung wird nicht vorausgesetzt. Es genügt, dass die Kündigung des Dienstverhältnisses durch schwerwiegende Gründe im Verhalten des Dienstverpflichteten bedingt war und sie somit nicht zu den sozial ungerechtfertigten unwirksamen Kündigungen iSv § 1 Abs. 2 KSchG zählt.[5] Erhebliche Pflichtverletzungen des Dienstverpflichteten reichen aus. Es ist nicht erforderlich, dass der Dienstberechtigte kündigt. Ein Mietaufhebungsvertrag schließt den Widerspruch ebenfalls aus, wenn die Aufhebung des Dienstverhältnisses anstelle der ebenfalls möglichen Kündigung vereinbart wird. Ist die Kündigung des Dienstverhältnisses lediglich durch dringende betriebliche Erfordernisse iSd § 1 Abs. 2 KSchG gerechtfertigt, wird das Widerspruchsrecht des Mieters nicht ausgeschlossen. Gleiches gilt, wenn das Dienstverhältnis während der Probezeit wegen fehlender Eignung gekündigt worden ist.[6]

8 In der Regel wird der Ausschlusstatbestand der § 576a Abs. 2 Nr. 2 BGB nur für die Kündigung von Werkmietwohnungen der im § 576 Abs. 1 Nr. 1 BGB genannten Art von Bedeutung sein, weil bei den funktionsgebundenen Werkmietwohnungen ohnehin der Ausschlusstatbestand der Nr. 1 eingreift. Dennoch schließen sich die beiden Ausschlusstatbestände nicht aus, sondern sind nebeneinander anwendbar.

---

[2] Bub/Treier MietR-HdB/*Fleindl* Kap. IV Rn. 273; Staudinger/*Rolfs* BGB § 576a Rn. 7; AnwK WohnraumMietR/*Lammel* BGB § 576a Rn. 6; Erman/*Lützenkirchen* BGB § 576a Rn. 3.

[3] Bub/Treier MietR-HdB/*Fleindl* Kap. IV Rn. 273; Staudinger/*Rolfs* BGB § 576a Rn. 9; MüKoBGB/*Artz* § 576a Rn. 7; Herrlein/Knops/Spiegelberg MietR/*Knops* BGB § 576a Rn. 6; AnwK WohnraumMietR/*Lammel* BGB § 576a Rn. 21.

[4] Bub/Treier MietR-HdB/*Grapentin* Kap. IV Rn. 273; Staudinger/*Rolfs* BGB § 576a Rn. 9; MüKoBGB/*Artz* § 576a Rn. 7; Herrlein/Knops/Spiegelberg MietR/*Knops* BGB § 576a Rn. 6; AnwK WohnraumMietR/*Lammel* BGB § 576a Rn. 21.

[5] MüKoBGB/*Artz § 576a Rn. 9;* Staudinger/*Rolfs* BGB § 576a Rn. 15; Bamberger/Roth/*Hannappel* BGB § 576a Rn. 8; AnwK WohnraumMietR/*Lammel* BGB § 576a Rn. 23; Herrlein/Knops/Spiegelberg MietR/*Knops* BGB § 576a Rn. 8; Emmerich/Sonnenschein/*Haug* BGB §§ 576–576b Rn. 27.

[6] OLG Celle WuM 1985, 142 = DWW 1985, 232.

## E. Darlegungs- und Beweislast

9 Der Vermieter muss darlegen und beweisen, dass die für ihn günstigen Umstände für den Ausschluss der §§ 574–574c BGB vorliegen.

## F. Abweichende Vereinbarungen (Abs. 3)

10 Die Vorschrift stellt eine **Sonderregelung** zu § 574 BGB dar; deshalb kann hiervon nicht zum Nachteil des Mieters abgewichen werden (§ 576a Abs. 3 BGB). Die Ansicht, eine Abweichung zu Lasten des Mieters sei zulässig, sofern sie durch einen Vorteil kompensiert werde,[7] ist mit dem Wortlaut der Norm nicht vereinbar.

[7] *Lehmann-Richter* WuM 2010, 3.

## § 576b Entsprechende Geltung des Mietrechts bei Werkdienstwohnungen

**(1) Ist Wohnraum im Rahmen eines Dienstverhältnisses überlassen, so gelten für die Beendigung des Rechtsverhältnisses hinsichtlich des Wohnraums die Vorschriften über Mietverhältnisse entsprechend, wenn der zur Dienstleistung Verpflichtete den Wohnraum überwiegend mit Einrichtungsgegenständen ausgestattet hat oder in dem Wohnraum mit seiner Familie oder Personen lebt, mit denen er einen auf Dauer angelegten gemeinsamen Haushalt führt.**

**(2) Eine zum Nachteil des Mieters abweichende Vereinbarung ist unwirksam.**

### Systematische Übersicht



### A. Zweck und Anwendungsbereich

1 Ist der Wohnraum „im Rahmen eines Dienstverhältnisses" überlassen, so spricht man von einer **„Werkdienstwohnung".** Rechtsgrund für die Überlassung der Wohnung ist kein Mietvertrag, sondern der Dienstvertrag. Endet der Dienstvertrag, so muss der Wohnungsnutzer die Räumlichkeiten an den Dienstherrn zurückgeben. Eine Kündigung der Wohnungsnutzung ist nicht erforderlich. Diese Rechtsfolge gilt uneingeschränkt, wenn einem Alleinstehenden eine möblierte Werkdienstwohnung überlassen worden ist. Hat dagegen der Wohnungsnutzer die Werkdienstwohnung ganz oder überwiegend mit Einrichtungsgegenständen ausgestattet oder führt er mit seiner Familie in der Wohnung einen eigenen Hausstand, so bestimmt § 576b BGB, dass für die Beendigung des Rechtsverhältnisses über die Wohnungsnutzung die Vorschriften über Mietverhältnisse entsprechend anzuwenden sind. Die Vorschrift dient also dem Schutz des Wohnungsnutzers. Sie gilt nach ihrem Wortlaut aber auch dann, wenn der Verpflichtete das Rechtsverhältnis über die Wohnung kündigt.

2 Nach hM ist § 576b BGB – entgegen dem Wortlaut der Vorschrift – erst nach der **Beendigung** des Dienstverhältnisses anwendbar.[1] Während des Bestehens des Dienstverhältnisses richtet sich die Beendigung des Rechtsverhältnisses über die Wohnung nach den Regelungen des Dienstvertrages. Soll die Wohnungsnutzung beendet werden, muss deshalb der Dienstvertrag gekündigt werden. Eine isolierte Kündigung der Wohnungsnutzung ist als Teilkündigung unwirksam.[2] Jedoch kann in einem Dienstvertrag vereinbart werden, dass das Recht zur Nutzung der Dienstwohnung widerruflich ist.[3] Ein solcher **Widerrufsvorbehalt** ist wirksam, wenn die Möglichkeit des Widerrufs auf den Fall der Fortdauer des Dienstvertrages beschränkt wird; anderenfalls verstößt der Widerrufsvorbehalt gegen § 576b Abs. 2 BGB. Ebenso kann die Zuweisung einer Dienstwohnung mit einem Widerrufsvorbehalt verbunden werden. Ein formularmäßiger Widerrufsvorbehalt unterliegt einer

---

[1] BAG ZMR 2000, 361 = WuM 2000, 362 unter II. 4c–bb; BAG AP BGB § 565e Nr. 3 unter II. 2; LAG Köln ZMR 2008, 963; ArbG Bielefeld BeckRS 2008, 52118; Bamberger/Roth/*Hannappel* BGB § 576b Rn. 5; **aA** MüKoBGB/*Artz* § 576b Rn. 1, danach gilt die Vorschrift auch, wenn die Nutzung des Wohnraums bei fortbestehendem Dienstverhältnis beendet werden soll.

[2] BAG WuM 1993, 353; NZA 1990, 191; ArbG Bielefeld BeckRS 2008, 52118.

[3] LAG Köln ZMR 2008, 963; aA ArbG Bielefeld BeckRS 2008, 52118.

Inhaltskontrolle und einer Ausübungskontrolle.[4] Ein Widerrufsvorbehalt hält einer Inhaltskontrolle stand, wenn der Widerruf auf den Fall der Fortdauer des Dienstverhältnisses beschränkt wird, einen sachlichen Grund voraussetzt und dem Wohnungsinhaber zugemutet werden kann. Außerdem darf der Widerruf nicht in den Kernbereich des Dienstverhältnisses eingreifen. Die letztgenannte Voraussetzung ist gewahrt, wenn der widerrufene Teil des Entgelts unter 25% des Gesamtverdienstes liegt.[5] Bei der Ausübungskontrolle ist zu prüfen, ob der Widerruf im Einzelfall billigem Ermessen entspricht.[6]

## B. Begriff der Werkdienstwohnung

### I. Wohnraum

Nach § 576b BGB muss dem zur Dienstleistung Verpflichteten **„Wohnraum"** überlassen werden. Die Innenbereiche beweglicher Sachen (Wohnwagen, Container, Schiffe) gehören nicht zu den Räumen, wohl aber eine auf Dauer erstellte Baracke, auch wenn sie im Unterschied zu einem herkömmlichen Gebäude relativ einfach demontiert oder abgerissen werden kann. 3

**Wohnraum** liegt vor, wenn die Räume dem Nutzungsberechtigten vertragsgemäß zur Befriedigung seiner eigenen Wohnbedürfnisse und/oder der Wohnbedürfnisse seiner Familie dienen sollen. Dies ist immer dann der Fall, wenn der Dienstverpflichtete die Räumlichkeiten in herkömmlicher Weise als Wohnung nutzen darf. In diesem Sinne gehört zum Wohnen die Führung eines Haushalts, die Zubereitung von Speisen und die Einnahme der Mahlzeiten, das Waschen der Wäsche, die Körperpflege, die Pflege der Geselligkeit und das Schlafen. Die Wohnraumeigenschaft hängt allerdings nicht davon ab, dass der jeweilige Bewohner einen umfassenden Wohngebrauch ausüben kann. Wohnraum liegt auch dann vor, wenn vereinbart ist, dass die Räume nur in eingeschränktem Umfang benutzt oder mitbenutzt werden dürfen. Erforderlich ist lediglich, dass die Räumlichkeiten dem Nutzungsberechtigten nach den übereinstimmenden Vorstellungen der Vertragsparteien als **Lebensmittelpunkt** dienen sollen. Der Umstand, dass der Nutzungsberechtigte neben der Dienstwohnung noch eine andere Wohnung innehat, spielt für die Einordnung als Wohnraum keine Rolle. Etwas anderes gilt nach dem Schutzzweck des § 576b BGB, wenn sich der Lebensmittelpunkt des Nutzungsberechtigten nicht in der Dienstwohnung, sondern in der anderen Wohnung befindet. 4

Unerheblich ist, ob der Nutzungsberechtigte die geschuldete Dienstleistung in den Wohnräumen oder außerhalb erbringen muss. 5

### II. Dienstverhältnis

Der Wohnraum muss im Rahmen eines Dienstverhältnisses überlassen werden. Ein Dienstverhältnis in diesem Sinne liegt vor, wenn zwischen den Vertragsparteien ein (privatrechtlicher) **Dienstvertrag iSv §§ 611 ff. BGB** besteht. Hierzu gehören insbes. die Arbeitsverträge mit Arbeitern und Angestellten, die Ausbildungsverträge mit Lehrlingen, Praktikanten, Volontären und dergleichen und die Dienstverträge mit Hausangestellten. Die Dienstverträge mit den Organen juristischer Personen, die idR auf eine Geschäftsbesorgung gerichtet sind, fallen idR nicht unter § 576b BGB, weil es an der Weisungsgebundenheit der Tätigkeit fehlt.[7] Für die Dienstwohnungen der Beamten oder Soldaten gilt § 576b BGB nicht, weil hier die Überlassung der Wohnung auf öffentlichem Recht beruht.[8] Ebenso ist § 576b BGB unanwendbar, wenn die Dienstleistung als solche nicht auf Grund eines privaten Vertrages, sondern auf Grund öffentlich-rechtlicher Vorschriften (zB Wehrersatzdienst) oder anderer Rechtsgrundlage (zB Dienste von Ordensangehörigen) erbracht wird. 6

Unerheblich ist es, ob der Dienstvertrag auf Dauer oder befristet abgeschlossen worden ist. Es ist auch nicht erforderlich, dass der zur Dienstleistung Verpflichtete seine gesamte oder den überwie- 7

[4] LAG Köln ZMR 2008, 963.
[5] LAG Köln ZMR 2008, 963 (965).
[6] LAG Köln ZMR 2008, 963 (965).
[7] AA Bruns NZM 2014, 535 (542).
[8] AG Grevenbroich WuM 1990, 283 (284).

genden Teil seiner Arbeitskraft zur Verfügung stellen muss. Auch einem Hauswart, der nur für wenige Stunden am Tag tätig wird, kann eine Dienstwohnung überlassen werden.

7a Beim **Betriebsübergang** tritt der Übernehmer in die Rechte aus dem Dienstverhältnis ein. Dies gilt auch hinsichtlich der Rechte und Pflichten aus der Wohnraumüberlassung.[9]

### III. Rechtsgrund der Überlassung

8 Das Dienstverhältnis muss zugleich Rechtsgrund für die Überlassung der Wohnung sein. Das Gesetz verwendet die unscharfe (und in der Gesetzessprache unübliche) Formulierung „im Rahmen". Damit ist gemeint, dass neben dem Dienstverhältnis kein weiteres selbständiges Vertragsverhältnis über die Wohnungsnutzung, dh kein Mietvertrag bestehen darf. Die **Abgrenzung der Werkdienstwohnung zur Werkmietwohnung** ist oft schwierig. Die in einem schriftlichen Vertrag verwendeten Bezeichnungen geben oft einen wichtigen Anhaltspunkt; letztlich gilt aber auch hier das in Wirklichkeit Gewollte (§ 133 BGB).[10] Typisch für die Werkdienstwohnung iSv § 576b BGB ist eine mit dem Dienstverpflichteten vereinbarte Benutzungspflicht;[11] erforderlich ist dies aber nicht. Häufig werden Werkdienstwohnungen kostenfrei überlassen; es ist aber auch denkbar, dass der Wert der Wohnung bei der Bemessung der Vergütung berücksichtigt wird. Das ist üblicherweise bei der Werkdienstwohnung für einen Hausmeister der Fall und im Dienstvertrag entsprechend aufgeteilt sichtbar, um den Lohn des Hausmeisters als Betriebskosten abrechenbar zu machen. Ist vereinbart, dass der Verpflichtete für die Überlassung der Wohnung ein Entgelt bezahlen muss, so liegt idR ein Mietvertrag vor; der Umstand, dass die Miete vom Arbeitsentgelt einbehalten wird, ist von untergeordneter Bedeutung.

## C. Rechtsverhältnis während des Dienstverhältnisses

9 Zur Regelung des Rechtsverhältnisses über eine Werkdienstwohnung gibt es keine gesetzlichen Vorschriften. In den Wohnungsnutzungsverträgen wird deshalb häufig auf die entsprechenden mietrechtlichen Bestimmungen verwiesen. In diesem Fall gelten die **mietrechtlichen Vorschriften kraft Vereinbarung.** Die Parteien können von den mietrechtlichen Vorschriften abweichen. Dies gilt grds. auch bzgl. derjenigen Regelungen, die bei der Wohnraummiete zwingend sind. Die Gestaltungsfreiheit wird allerdings durch § 242 BGB und – bei Formularverträgen – durch die §§ 305 ff. BGB beschränkt. Insoweit ist zu berücksichtigen, dass der Grundsatz von Treu und Glauben durch die zwingenden Vorschriften des Wohnungsmietrechts konkretisiert wird.

10 Haben die Parteien über die Wohnungsnutzung keine – oder keine vollständigen – Vereinbarungen getroffen, so ist der Vertrag im Wege der **ergänzenden Auslegung** auszufüllen. Auch hierbei kann auf die Vorschriften des Wohnungsmietrechts zurückgegriffen werden.[12] Die Vorschriften zur Regelung der Miethöhe (§§ 557–561 BGB) sind allerdings unanwendbar,[13] weil die Preisbildung bei den Dienstwohnungen nach anderen Kriterien erfolgt als bei der Wohnungsmiete.[14] Für eine Erhöhung des Entgelts ist das Arbeitsgericht zuständig.[15]

10a Regelungen zu Werkdienstwohnungen in einem **Tarifvertrag** sind zulässig.[16] Hierbei ist die ergänzende Vertragsauslegung nach den mietrechtlichen Vorschriften allerdings durch § 310 Abs. 4 S. 1 BGB begrenzt.

11 Zum Widerruf der Zuweisung der Werkdienstwohnung → Rn. 2.

---

[9] ArbG Nürnberg WuM 2013, 239.
[10] BAG NJW 2008, 1020; LAG Köln ZMR 2008, 963.
[11] BAG NZA 1990, 539 (540).
[12] ArbG Mönchengladbach WuM 2017, 218; iE ebenso *Pergande* WohnraummietR BGB § 565 e Anm. 2, Mietrechtsvorschriften analog.
[13] BAG WuM 1993, 353.
[14] **AA** *Gaßner* AcP 186, 323 (346 ff.).
[15] ArbG Nürnberg WuM 2013, 239.
[16] BAGE 124, 92; BAG NZA 2007, 343.

## D. Rechtsverhältnis nach Beendigung des Dienstverhältnisses

Mit dem Dienstvertrag entfällt auch der Rechtsgrund für die Benutzung der Dienstwohnung (→ Rn. 2). Dies hat zur Folge, dass der Dienstberechtigte die Wohnung herausgeben muss. In zwei Fällen bestimmt § 576b BGB zum Schutz des Wohnungsnutzers, dass die Vorschriften betr. die Beendigung eines Mietverhältnisses über eine Wohnung entsprechend anzuwenden sind. 12

### I. Voraussetzungen der Anwendung mietrechtlicher Vorschriften

#### 1. Ausstattung mit Einrichtungsgegenständen durch den Verpflichteten

Die mietrechtlichen Vorschriften sind zum einen dann anwendbar, wenn der Verpflichtete den Wohnraum ganz oder überwiegend mit Einrichtungsgegenständen ausgestattet hat. Zur Konkretisierung dieses Tatbestandsmerkmals kann auf die Rspr. zu § 549 Abs. 2 Nr. 2 BGB zurückgegriffen werden (s. dort). Von einer **überwiegenden Ausstattung** kann ausgegangen werden, wenn der Verpflichtete mehr als die Hälfte der für eine Haushaltsführung erforderlichen Einrichtungsgegenstände gestellt hat.[17] Es kommt auf die funktionale Bedeutung, nicht auf den Wert der Gegenstände an.[18] Unter den Einrichtungsgegenständen versteht man Möbel, Öfen, Beleuchtungskörper, Gardinen, Vorhänge, Teppiche, Betten, Bett- und Tischwäsche, nicht aber Geschirr und sonstigen Hausrat. Ist diese Voraussetzung gegeben, so kommt es nicht darauf an, ob und in welchem Umfang der Verpflichtete weitere Einrichtungsgegenstände in die Wohnung eingebracht hat. Die Einrichtungsgegenstände müssen nicht dem Dienstverpflichteten gehören. 13

Maßgeblich ist nicht, ob der Verpflichtete zur Ausstattung der Räume verpflichtet gewesen ist, sondern ob er sie tatsächlich ausgestattet hat.[19] Entscheidend sind die Verhältnisse beim Ende des Vertragsverhältnisses. 14

#### 2. Führen eines eigenen Haushalts

Zum anderen sind die mietrechtlichen Vorschriften anwendbar, wenn der Verpflichtete mit seiner Familie oder mit sonstigen Personen lebt, mit denen er in den Räumen einen auf Dauer angelegten gemeinsamen eigenen Haushalt führt. Zur Konkretisierung dieses Tatbestandsmerkmals kann ebenfalls auf die Rspr. zu § 549 Abs. 2 Nr. 2 BGB zurückgegriffen werden. Der **Begriff der Familie** richtet sich nach den Bestimmungen des BGB. Hierzu gehören alle durch Ehe oder Verwandtschaft verbundenen Personen. Weiter gehören dazu die Stiefkinder und die Pflegekinder. Auf einen bestimmten Verwandtschaftsgrad ist nicht abzustellen. Zu den **„Personen"** iSd § 576b BGB zählen die Angehörigen des Mieters, die mit ihm eine **Lebens- und Wirtschaftsgemeinschaft** bilden. Darunter fallen insbes. die eheähnlichen Gemeinschaften und die gleichgeschlechtlichen Partnerschaften, aber auch das Zusammenleben ohne sexuellen Bezug (Geschwister, ältere Menschen). Maßgeblich sind grds. die **wirklichen Verhältnisse bei Vertragsende.** Im Übrigen kommt es nicht darauf an, ob dem Dienstberechtigten die Familienverhältnisse bekannt sind. 15

Der vom Gesetzgeber gewählte **Begriff des „Haushalts"** meint eine Lebensgemeinschaft, die auf Dauer angelegt ist, daneben keine weitere Lebensgemeinschaft gleicher Art zulässt und sich durch innere Bindungen auszeichnet, die ein gegenseitiges Einstehen der Partner füreinander begründen, also über die Beziehungen einer reinen Haushalts- und Wirtschaftsgemeinschaft hinausgeht.[20] Ob diese Voraussetzungen gegeben sind, muss anhand von Indizien festgestellt werden, wobei vor allem die lange Dauer des Zusammenlebens, die Versorgung von Kindern und Angehörigen im gemeinsamen Haushalt und die Befugnis, über Einkommen und Vermögensgegenstände des Partners zu verfügen, von Bedeutung sind.[21] Der Mieter muss die für die Annahme einer Gemein- 16

---

[17] Staudinger/*Rolfs* BGB § 576b Rn. 10; Bamberger/Roth/*Hannappel* BGB § 576b Rn. 7; Herrlein/Knops/Spiegelberg MietR/*Knops* BGB § 576b Rn. 8; Erman/*Lützenkirchen* BGB § 576b Rn. 5; teilweise abw. *Sternel* MietR, 1988, Kap. III Rn. 508, danach muss der Verpflichtete mindestens Bett, Tisch, zwei Stühle, Schrank, Koch- und Waschgelegenheit, Vorhang und Gardinen stellen.

[18] Bamberger/Roth/*Hannappel* BGB § 576b Rn. 7; **aA** Staudinger/*Rolfs* BGB § 576b Rn. 10; Kossmann/Meyer-Abich Wohnraummiete-HdB/*Kossmann* § 126 Rn. 3.

[19] Staudinger/*Rolfs* BGB § 576b Rn. 10; Kossmann/Meyer-Abich Wohnraummiete-HdB/*Kossmann* § 126 Rn. 3; MüKoBGB/*Artz* § 576b Rn. 5.

[20] Begr. des Regierungsentwurfs zu § 576b BGB und zu A III. 2c, BT-Drs. 14/4553.

[21] BGHZ 121, 116 = NJW 1993, 999 = WuM 1993, 254 = ZMR 1993, 261 zu § 569a BGB aF.

schaft erforderlichen Tatsachen darlegen und beweisen. Unerträgliche Nachforschungen, die die Intimsphäre berühren, sind dabei allerdings nicht veranlasst.

17 Die **Dauerhaftigkeit der Beziehung** kann problemlos unterstellt werden, wenn die Partner bereits längere Zeit zusammengelebt haben. Nach der hier vertretenen Ansicht kann es allerdings nicht entscheidend darauf ankommen, ob die Beziehung schon seit längerer Zeit besteht; maßgeblich muss vielmehr sein, ob sie auf Dauer angelegt ist. Dies kann nur anhand der Umstände des Einzelfalls beurteilt werden. Der Umstand, dass die Partner nur einen einzigen gemeinsamen Hausstand führen, stellt dabei bereits ein Indiz für eine auf Dauer angelegte Beziehung dar.

## II. Rechtsfolgen

### 1. Unbefristeter Dienstvertrag

18 Ein unbefristeter Mietvertrag endet durch Kündigung. Die entsprechende Anwendung der Vorschriften über Mietverhältnisse führt über § 542 Abs. 1 BGB zum Ergebnis, dass das Rechtsverhältnis über die Wohnung unter Beachtung der §§ 549 ff., 568 ff. BGB gekündigt werden muss. In der Kündigung des Dienstverhältnisses liegt nicht zugleich eine Kündigung des Rechtsverhältnisses über die Wohnung. Jedoch können beide Kündigungen zur selben Zeit erklärt und in einer Erklärung verbunden werden. Eine isolierte Kündigung der Werkdienstwohnung ist als unzulässige Teilkündigung zu bewerten (→ Rn. 2).[22] Die Kündigung unterliegt nicht dem Mitbestimmungsrecht des Betriebsrats.[23]

19 Die Kündigung muss **schriftlich erklärt** werden (§ 568 Abs. 1 BGB). Dies gilt für die Kündigung beider Parteien. Für die Kündigung des Dienstberechtigten (des Arbeitgebers) müssen Kündigungsgründe iSv § 573 BGB gegeben sein. Diese Kündigungsgründe müssen im Kündigungsschreiben angegeben werden (§ 573 Abs. 3 BGB). Die Kündigungsfristen können sich entweder nach § 573 c BGB oder nach § 576 BGB richten. Der Verpflichtete kann Kündigungswiderspruch nach §§ 574, 574 a BGB einlegen. Soweit ein entsprechendes Mietverhältnis von den speziellen Mieterschutzvorschriften ausgenommen ist, gilt dies bei vergleichbarer Sachlage auch für das Rechtsverhältnis über die Werkdienstwohnung. So kann zB ein Rechtsverhältnis über eine Werkdienstwohnung zu nur vorübergehendem Gebrauch gem. § 549 Abs. 2 Nr. 1 BGB ohne Angabe von Gründen gekündigt werden. Der Kündigungswiderspruch nach § 574 BGB ist ausgeschlossen, wenn ein Fall des § 574 Abs. 1 S. 2, § 576 a Abs. 2 BGB vorliegt. Setzt der Verpflichtete den Mietgebrauch fort, so ist § 545 BGB zu beachten.

### 2. Befristeter Dienstvertrag

20 Ein befristeter Dienstvertrag endet mit dem Ablauf der Zeit, für den er eingegangen ist. Mit dem Dienstvertrag entfällt auch der Rechtsgrund für die Benutzung der Dienstwohnung. Die entsprechende Anwendung der Vorschriften über Mietverhältnisse führt über § 542 Abs. 2 BGB zum Ergebnis, dass das Mietverhältnis ohne Kündigung mit dem Ablauf der Befristung endet. Damit hat es sein Bewenden, wenn in dem befristeten Dienstvertrag bestimmt ist, dass die Wohnung nach der Beendigung des Dienstverhältnisses einem andern Arbeitnehmer überlassen werden soll (§ 575 Abs. 1 S. 1 Nr. 3 BGB).[24] Liegen die Voraussetzungen des § 575 BGB nicht vor, so ist hinsichtlich des Wohnraums § 572 Abs. 2 BGB entsprechend anzuwenden. Dies hat zur Folge, dass für die Beendigung des Rechtsverhältnisses über die Wohnung die Regelungen über unbefristete Dienstverhältnisse (→ Rn. 18) gelten.[25]

### 3. Vorenthaltung

21 Gibt der Verpflichtete die Werkdienstwohnung nach Beendung des Rechtsverhältnisses über die Wohnungsnutzung gegen den Willen des Berechtigten nicht zurück, so ist eine Vorenthaltung gegeben. Dem Gesetzestext ist nicht eindeutig zu entnehmen, ob sich der **Begriff „Beendigung"** in § 576b BGB auch auf das Abwicklungsverhältnis bezieht. Eine solche Interpretation ist aber

---

[22] BAG *WuM 1990, 284.*
[23] BAG WuM 1993, 353.
[24] MüKoBGB/*Artz* § 576b Rn. 7.
[25] IE ebenso MüKoBGB/*Artz* § 576b Rn. 7, entsprechende Anwendung des § 575 Abs. 1 S. 2 BGB.

möglich und vom Zweck der Vorschrift geboten, weil die insoweit bestehende Interessensituation mit der Vorenthaltung der Werkmietwohnung vergleichbar ist. Der Verpflichtete schuldet also für die Zeit der Vorenthaltung einen Betrag in Höhe des für die Überlassung der Dienstwohnung geschuldeten Entgelts.[26] Auf Verlangen des Berechtigten muss der Verpflichtete ein Entgelt in Höhe der ortsüblichen Miete für Wohnraum vergleichbarer Art bezahlen (§ 546a Abs. 1 BGB).[27] Auch § 571 BGB ist anwendbar.

## E. Rechtsverhältnis bei Fortsetzung der Wohnungsnutzung

In § 576b BGB ist nicht geregelt, welche Rechtsfolge gelten soll, wenn zwar das Dienstverhältnis endet, aber das Rechtsverhältnis über die Dienstwohnung fortgesetzt wird. Ein solcher Fall kann eintreten, wenn der Berechtigte keine Kündigung ausspricht oder wenn das Rechtsverhältnis über die Dienstwohnung aus Rechtsgründen nicht beendet worden ist (zB bei unwirksamer Kündigung) oder nicht beendet werden kann (zB bei fehlendem Kündigungsgrund). 22

### I. Anwendung mietrechtlicher Vorschriften

Die Vorschriften des Eigentümer-Besitzer-Verhältnisses (§§ 985 ff. BGB) sind unanwendbar, weil der Wohnungsinhaber ein Recht zum Besitz hat.[28] Aus dem gleichen Grunde scheidet der Rückgriff auf das Bereicherungsrecht (§§ 812 ff. BGB) aus.[29] In der Lit. werden für diesen Fall unterschiedliche Ansichten vertreten. *Rolfs*[30] nimmt an, dass ein gesetzliches Schuldverhältnis in Form eines **Abwicklungsschuldverhältnisses** zustande kommt. Die Höhe des Nutzungsentgelts bestimmt sich nach dem Teil der früheren Tätigkeitsvergütung, der für die Überlassung der Wohnung angerechnet worden ist. Für die übrigen Rechte und Pflichten soll dasselbe gelten, wie in den Fällen der Vorenthaltung nach § 546a BGB. Nach der Auffassung *Roquettes*[31] entsteht ebenfalls ein Abwicklungsverhältnis. Die **Nutzungsentschädigung** richtet sich nach dem Wohnwert der Räume. Im Übrigen trifft den Vermieter nur die Verkehrssicherungspflicht. *Sternel*[32] weist zu Recht darauf hin, dass kein Abwicklungsverhältnis vorliegt, wenn das Nutzungsverhältnis über die Wohnung nicht beendet wird oder nicht beendet werden kann. *Sternel* und *Lammel* sind der Ansicht, dass in Fällen dieser Art ein echtes Mietverhältnis kraft gesetzlicher Novation zustande kommt.[33] Nach der hier vertretenen Ansicht entsteht dagegen ein gesetzliches Schuldverhältnis, dessen Inhalt nach § 242 BGB zu bestimmen ist.[34] Da der Verpflichtete die Wohnung weiterhin wie ein Mieter nutzen kann, muss er hierfür ein Entgelt bezahlen. Das Entgelt bestimmt sich nicht nach den während der Dienstverpflichtung bestehenden Vereinbarungen, weil der Dienstvertrag nicht mehr besteht. Vielmehr schuldet der Verpflichtete ein Entgelt entsprechend der ortsüblichen Miete für vergleichbaren Wohnraum. Die **Höhe dieses Entgelts** kann der frühere Dienstberechtigte beim Ende des Dienstverhältnisses nach §§ 315, 316 BGB bestimmen; später gelten die Vorschriften über die Miethöhe nach §§ 556 ff. BGB. Ebenso muss der Verpflichtete die sonstigen üblichen Mieterpflichten übernehmen. Im Gegenzug hat er Anspruch darauf, wie ein Mieter behandelt zu werden. Bestehen aus dem nachwirkenden Dienstverhältnis spezielle Regelungen für die Wohnungsnutzung (etwa über die Durchführung von Schönheitsreparaturen, über Tierhaltung etc) so gelten diese fort. Im Übrigen sind die im Mietverhältnis geltenden Vorschriften über § 242 BGB auch auf die Dienstwohnung anwendbar.[35] Dies gilt auch für § 566 BGB.[36] Zwar handelt es sich dabei um eine Ausnahmevorschrift, die nur ausnahmsweise entsprechend angewendet werden darf.[37] Ein derartiger Ausnahmefall ist hier aber gegeben, weil die Ähnlichkeit zur Veräußerung einer Werkmietwohnung – 23

[26] LG Hamburg WuM 1991, 550.
[27] Insoweit **aA** LG Hamburg WuM 1991, 550.
[28] Staudinger/*Rolfs* BGB § 576b Rn. 17.
[29] Staudinger/*Rolfs* BGB § 576b Rn. 17; Roquette MietRBGB § 565e Rn. 17.
[30] Staudinger/*Rolfs* BGB § 576b Rn. 17; ebenso MüKoBGB/*Artz* § 576 Rn. 6.
[31] Roquette MietRBGB § 565e Rn. 19, 20.
[32] Sternel MietR, 1988, Kap. IV Rn. 269.
[33] Sternel MietR, 1988, Kap. IV Rn. 269; AnwK WohnraumMietR/*Lammel* BGB § 576 Rn. 9.
[34] Ebenso Bamberger/Roth/*Hannappel* BGB § 576b Rn. 13.
[35] BAG WuM 1993, 353 (355) für MHG.
[36] **AA** Roquette MietRBGB § 565e Rn. 19, 20.
[37] BGH NJW 1989, 2053.

bei der § 566 BGB zweifelsfrei gilt – auf der Hand liegt. In beiden Fällen tritt eine Änderung der dinglichen Rechtszuständigkeit ein und in beiden Fällen befindet sich der Wohnungsnutzer in derselben schutzbedürftigen Situation.

### II. Prozessuale Folgen

24 Entgegen der Ansicht von *Lützenkirchen* ist der Meinungsstreit nicht nur akademisch,[38] weil er prozessrechtliche Auswirkungen hat. Während unstreitig für Auseinandersetzungen über eine Werkdienstwohnung jedenfalls bis zur Beendigung des Dienstverhältnisses das ArbG zuständig ist,[39] stellt die Fortsetzung der Wohnungsnutzung eine Zäsur dar. Während die Rspr. auch nach Ende des Dienstverhältnisses eine Streitigkeit **aus** dem Arbeitsverhältnis nach § 2 Abs. 1 Nr. 3a ArbGG dem ArbG zuordnet,[40] ist bei Annahme eines durch Novation oder gesetzlich entstandenen Schuldverhältnisses das AG nach §§ 23 Nr. 2a GVG, 29a Abs. 1 ZPO zuständig[41].

## F. Abweichende Vereinbarungen (Abs. 2)

25 Die Regelung in § 576b Abs. 2 BGB stellt klar, dass die Vorschrift nicht zum Nachteil des Mieters abbedungen werden kann. Die Ansicht, eine Abweichung zu Lasten des Mieters sei zulässig, sofern sie durch einen Vorteil kompensiert werde,[42] ist mit dem Wortlaut der Norm nicht vereinbar.

[38] Lützenkirchen MietR/*Lützenkirchen* BGB § 576b Rn. 36.
[39] BAG NZA 2000, 277.
[40] LG Berlin BeckRS 2012, 24300; *LG Augsburg* ZMR 1994, 333.
[41] *Herrlein/Knops/Spiegelberg* MietR/*Knops* BGB § 576b Rn. 12; Staudinger/*Rohlfs* BGB § 576b Rn. 29 mwN.
[42] *Lehmann-Richter* WuM 2010, 3.

## Kapitel 6. Besonderheiten bei der Bildung von Wohnungseigentum an vermieteten Wohnungen

## § 577 Vorkaufsrecht des Mieters

**(1) [1]Werden vermietete Wohnräume, an denen nach der Überlassung an den Mieter Wohnungseigentum begründet worden ist oder begründet werden soll, an einen Dritten verkauft, so ist der Mieter zum Vorkauf berechtigt. [2]Dies gilt nicht, wenn der Vermieter die Wohnräume an einen Familienangehörigen oder an einen Angehörigen seines Haushalts verkauft. [3]Soweit sich nicht aus den nachfolgenden Absätzen etwas anderes ergibt, finden auf das Vorkaufsrecht die Vorschriften über den Vorkauf Anwendung.**

**(2) Die Mitteilung des Verkäufers oder des Dritten über den Inhalt des Kaufvertrags ist mit einer Unterrichtung des Mieters über sein Vorkaufsrecht zu verbinden.**

**(3) Die Ausübung des Vorkaufsrechts erfolgt durch schriftliche Erklärung des Mieters gegenüber dem Verkäufer.**

**(4) Stirbt der Mieter, so geht das Vorkaufsrecht auf diejenigen über, die in das Mietverhältnis nach § 563 Abs. 1 oder 2 eintreten.**

**(5) Eine zum Nachteil des Mieters abweichende Vereinbarung ist unwirksam.**

### Systematische Übersicht



### Alphabetische Schnellübersicht

## A. Entstehungsgeschichte und Zweck[1]

1 Nach § 577 BGB hat der Mieter ein gesetzliches, schuldrechtliches Vorkaufsrecht für den Fall der Veräußerung einer umgewandelten Eigentumswohnung. Soweit in § 577 BGB keine Sonderregelungen enthalten sind, werden die weiteren Einzelheiten durch die §§ 463 ff. BGB geregelt; dies wird in § 577 Abs. 1 S. 3 BGB klargestellt.

2 Die Vorschrift wurde durch das 4. MietRÄndG v. 21.7.1993[2] als § 570b BGB in das BGB eingefügt. Die Regelung des § 577 BGB entspricht dem bis 31.8.2001 geltenden § 570b BGB aF. Sie steht im Zusammenhang mit den verschiedenen Versuchen des Gesetzgebers, den Mieter vor den Folgen der Umwandlung von Miet- in Eigentumswohnungen, insbes. vor der im Verkaufsfall häufigen Kündigung nach § 573 Abs. 2 Nr. 2 BGB durch den Erwerber zu schützen. Verschiedene in diesem Zusammenhang diskutierte Lösungen[3] haben sich nicht durchgesetzt. Stattdessen hat sich der Gesetzgeber für eine **Verlängerung der Kündigungssperre** (§ 577a BGB) und für die Einführung eines Vorkaufsrechts zugunsten des Mieters entschieden. Nach der Begründung des Bundesratsentwurfs soll die Regelung die Tendenz verstärken, dass ein verkaufsbereiter Vermieter die Eigentumswohnung in erster Linie dem Mieter anbietet. Der Mieter soll in die Lage versetzt werden, „vor der Entscheidung über den Kauf der Wohnung abzuwarten, ob der Vermieter einen anderen Käufer findet und ob dieser ggf. nur aus Gründen der Kapitalanlage erwerben will, so dass eine Kündigung des Mietverhältnisses nicht zu besorgen ist".[4] Das letztgenannte Motiv hat in der Gesetzesfassung allerdings keinen Niederschlag gefunden, weil der Mieter keine rechtliche Möglichkeit hat, sich über eine Kündigungsabsicht des Erwerbers zu informieren (→ Rn. 44).

## B. Anwendungsbereich

### I. Zeitlich

3 Das Vorkaufsrecht gilt nach der Übergangsvorschrift in Art. 6 Abs. 4 des Vierten Mietrechtsänderungsgesetzes für alle **Verkaufsfälle,** die **nach dem 31.8.1993** protokolliert werden. Die Protokollierung ist auch dann maßgeblich, wenn zu diesem Zeitpunkt noch Genehmigungen ausstehen. Auf den Zeitpunkt der Umwandlung kommt es nicht an.[5] Ebenso ist unerheblich, wann das Mietverhältnis begründet worden ist.

4 Nach hM besteht das Vorkaufsrecht **nur für den ersten Verkaufsfall nach der Umwandlung.**[6] Diese Ansicht beruht im Wesentlichen auf dem Zweck des § 577 BGB (Schutz des Mieters vor den Folgen einer spekulativen Umwandlung von Miet- in Eigentumswohnungen). Das Spekulationsinteresse des Umwandlers wird nach der Vorstellung des Gesetzgebers idR nur durch den

---

[1] Die Kommentierung wurde verfasst von Hubert Blank. Sie wurde für die vorliegende Auflage lediglich aktualisiert.

[2] BGBl. I 1257.

[3] GesetzE des BR v. 14.2.1992, BT-Drs. 12/2505, Verhinderung der Umwandlung von Altbauten durch eine Änderung des WEG; GesetzE des BR v. 27.11.1992, BR-Drs. 665/92, Einführung einer öffentlich-rechtlichen Genehmigung der Umwandlung durch eine Änderung des Baugesetzbuchs.

[4] BT-Drs. 12/3254.

[5] *Langheim* DNotZ 1993, *654; Derleder* PiG 49 (1996), 169 (175).

[6] BGH VIII ZR 250/05, BGHZ 167, 58 = NJW 2006, 1869; BGH V ZR 269/06, NJW 2007, 2699; BeckOGK/*Klühs* BGB § 577 Rn. 79f.; AnwK WohnraumMietR/*Lammel* BGB § 577 Rn. 5; MüKoBGB/*Häublein* § 577 Rn. 21.

ersten Verkauf der Wohnung verwirklicht. Auf nachfolgende Verkäufe erstreckt sich das Vorkaufsrecht auch dann nicht, wenn die Möglichkeit zur Ausübung des Rechts bei dem ersten Verkauf nicht bestand, weil die Wohnung an einen Familien- oder Haushaltsangehörigen verkauft wurde (§ 577 Abs. 1 S. 2 BGB), oder wenn – im Falle eines Verkaufs „en bloc" die Ermittlung des anteiligen Preises, der für die dem Vorkaufsrecht unterfallende Eigentumswohnung zu zahlen ist, für den Mieter schwierig gewesen wäre.[7]

## II. Sachlich

Für den öffentlichen geförderten Wohnraum galt früher die vergleichbare Regelung des § 2b WoBindG. Nach der Aufhebung dieser Vorschrift durch das Gesetz zur Reform des Wohnungsbaurechts – WoFG v. 13. 9. 2001[8] gilt § 577 BGB sowohl für öffentlich geförderte als auch für freifinanzierte Wohnungen.[9] Bei Mischräumen kommt es darauf an, wo das Schwergewicht des Vertrages liegt (→ BGB Vor § 535 Rn. 107). Ist eine Wohnung mit Garage auf Grund eines einheitlichen Mietvertrags vermietet, so erstreckt sich das Vorkaufsrecht auf Wohnung und Garage. Bestehen dagegen zwei getrennte Mietverträge, so kann das Vorkaufsrecht nur hinsichtlich der Wohnung ausgeübt werden.[10] Für Untermiet- und Zwischenmietverhältnisse → Rn. 32, 35. 5

Für Mietverhältnisse iSv § 549 Abs. 2 Nr. 1–3 BGB und § 549 Abs. 3 BGB (s. dort) ist die Vorschrift unanwendbar. 6

## C. Voraussetzungen

### I. Vermietung und Überlassung

Das Vorkaufsrecht besteht für vermietete Wohnräume, die dem Mieter überlassen worden sind. 7

#### 1. Die zeitliche Reihenfolge von Vermietung, Überlassung und Umwandlung

Das Vorkaufsrecht gilt zunächst für solche Wohnungen, die nach dem Abschluss des Mietvertrags und Überlassung an den Mieter in eine Eigentumswohnung umgewandelt worden sind. Es ist nicht erforderlich, dass die Absicht zur Umwandlung erst nach der Überlassung gefasst wird. Das Vorkaufsrecht besteht auch dann, wenn die Wohnungen **von Anfang an als Eigentumswohnungen geplant** worden sind und wenn der Mieter vom Umwandlungsplan des Eigentümers Kenntnis hatte.[11] Teilweise wird allerdings die Ansicht vertreten, dass dem Mieter kein Vorkaufsrecht zusteht, wenn der Vermieter die Absicht zur Umwandlung bereits vor der Überlassung gefasst hat und der Mieter wusste, dass der Vermieter Wohnungseigentum begründen will.[12] Die gesetzliche Regelung geht davon aus, dass die Vermietung, die Überlassung und die Begründung von Wohnungseigentum in der hier aufgeführten zeitlichen Reihenfolge stattfindet und dass zwischen der Überlassung und der Umwandlung eine größere Zeitspanne liegt. Diese chronologische Abfolge wird auch auf die meisten Umwandlungsfälle zutreffen. Es sind aber auch Fälle denkbar, in denen die Umwandlung anders abläuft. 8

#### 2. Vermietung – Umwandlung – Überlassung

Bei der chronologischen Abfolge: **Vermietung – Umwandlung – Überlassung** – hat der Mieter kein Vorkaufsrecht. Aus dem Wortlaut der Vorschrift folgt, dass es für das Vorkaufsrecht maßgeblich darauf ankommt, ob die Umwandlung nach der Überlassung der Wohnung an den Mieter erfolgt ist. Denn die Präposition „nach" bezieht sich nur auf die Überlassung und nicht auf die Vermietung. Dies bedeutet zunächst: Der Eigentümer eines Neubaus, der die Errichtung von 9

---

[7] BGH V ZR 269/06, NJW 2007, 2699.

[8] BGBl. I 2376.

[9] BeckOGK/*Klühs* BGB § 577 Rn. 7; AnwK WohnraumMietR/*Lammel* BGB § 577 Rn. 6.

[10] *Brambring* ZAP 1993, 995 (996).

[11] BGH VIII ZR 143/15, NJW 2017, 156 Rn. 27 mAnm *Klühs* NZM 2016, 812; BGH VIII ZR 70/16, WuM 2017, 36; AG Frankfurt a. M. NJW 1995, 1034; Staudinger/*Rolfs*, 2018, BGB § 577 Rn. 25a; *Schilling/Meyer* ZMR 1994, 497 (503).

[12] *Langhein* DNotZ 1994, 650 (656); *Commichau* NJW 1995, 1010; ähnlich *Wirth* NZM 1998, 391, wenn im Zeitpunkt der Überlassung bereits die Teilungserklärung beurkundet ist und der Mieter davon Kenntnis hatte.

Eigentumswohnungen plant, kann ohne spätere Rechtsnachteile die Wohnungen zunächst vermieten, wenn er die Mietverträge vor der Überlassung und Teilung abschließt. So kann bspw. der Bauherr die im Rohbau befindlichen Wohnungen vermieten, nach Fertigstellung Wohnungseigentum begründen und die Wohnungen anschließend dem Mieter übergeben.

### 3. Überlassung – Umwandlung – Vermietung

10 Die chronologische Abfolge **Überlassung – Umwandlung – Vermietung** – liegt in jenen Fällen vor, in denen der Mieter bereits vor der Umwandlung in die Wohnung einzieht, der Mietvertrag aber erst nach der Umwandlung geschlossen wird. Bei einer Wortlautinterpretation könnte man die Ansicht vertreten, dass kein Vorkaufsrecht besteht. Denn die Regelung setzt voraus, dass „vermietete Wohnräume" umgewandelt werden. Nach dieser engen Wortlautinterpretation kommt es also nicht entscheidend darauf an, dass die Räume bewohnt sind, sondern dass sie aufgrund eines Mietvertrags bewohnt werden. Es fragt sich aber, ob die Regelung in diesem Sinne verstanden werden kann. Durch die vom Gesetzgeber gewählte Formulierung sollen nämlich andere Sachverhalte geregelt werden. Die hier fragliche Formulierung („vermietete Wohnräume") soll klarstellen, dass das Vorkaufsrecht nicht in jenen Fällen gilt, in denen die Überlassung auf einem anderen Rechtsgrund als der Miete, etwa einer Leihe oder einem dinglichen Wohnrecht beruht. Die Formulierung „nach der Überlassung" soll bewirken, dass das Vorkaufsrecht nicht entsteht, wenn der Mieter erst nach der Umwandlung in die Wohnung eingezogen ist. Oder anders ausgedrückt: Ein Vorkaufsrecht besteht immer dann, wenn der Bewohner aufgrund eines Mietvertrags besitzt und die Wohnung nach der Besitzerlangung umgewandelt worden ist. Auf die zeitliche Reihenfolge von Vertragsschluss und Besitzüberlassung kann es dagegen nach dem Sinn und Zweck der Vorschrift nicht ankommen.

### 4. Wohnräume

11 Das Vorkaufsrecht gilt nur für Wohnräume. Bei Mischräumen kommt es darauf an, in welchem Bereich der Schwerpunkt des Vertragsverhältnisses liegt (→ BGB Vor § 535 Rn. 107). Liegt der Schwerpunkt auf der Wohnraumnutzung so besteht das Vorkaufsrecht.[13] Maßgeblich ist der Inhalt des Mietvertrags; es kommt nicht darauf an, ob die Räume in der Teilungserklärung als Wohnungseigentum, oder (gewerblich zu nutzendes) Teileigentum bezeichnet sind.[14]

### 5. Zubehör

12 Das Vorkaufsrecht gilt für die Wohnung und für die Zubehörräume und -flächen (Garage, Stellplatz, Keller, Abstellräume außerhalb der Wohnung und ähnliche Räume). Maßgeblich ist stets, welche Räume und Flächen **nach dem Mietvertrag** zum Mietgegenstand gehören; unerheblich ist, ob die betreffenden Räume oder Flächen in der Teilungserklärung als Sondereigentum ausgewiesen sind oder ob hieran nur Sondernutzungsrechte begründet werden. Hieraus ergeben sich Probleme, wenn die Aufteilung des Hausgrundstücks abw. von den Mietverträgen erfolgt und bspw. an der Wohnung und an der mitvermietete Garage jeweils rechtlich gesondert Eigentum gebildet wird. Hier erstreckt sich das Vorkaufsrecht auch dann auf die Wohnung und das Zubehör, wenn lediglich die Wohnung veräußert wird.[15] Die Korrektur muss gem. § 242 BGB über eine Anpassung des Kaufpreises erfolgen.

13 Umgekehrt gilt dasselbe: Ist lediglich eine Wohnung vermietet und wird an der Wohnung und an einer nicht mitvermieteten Garage ein einheitliches Sondereigentum begründet, so erstreckt sich das Vorkaufsrecht grds. nur auf die Wohnung. Die Korrektur muss auch hier über eine Anpassung des Kaufpreises erfolgen. Eine Ausnahme kann nach § 467 S. 2 BGB gelten, wenn dem Vermieter ohne die Erstreckung des Vorkaufsrechts auf die Garage ein unverhältnismäßiger Nachteil entstünde.[16]

---

[13] *Wirth* NZM 1998, 390.

[14] *Wirth* NZM 1998, 390; *Heintz* VorkaufsR Rn. 71.

[15] Staudinger/*Rolfs* BGB § 577 Rn. 29; iE trotz dogmatischer Bedenken ebenso *Wirth* NZM 1998, 390 (391); **aA** *Baer* NotBZ 2015, 121 (127).

[16] *Wirth* NZM 1998, 390 (391); **aA** *Brambring* ZAP 1993, 965 (968).

## II. Begründung von Wohnungseigentum

### 1. Die bereits umgewandelte Eigentumswohnung

Das Vorkaufsrecht bezieht sich zunächst auf „vermietete Wohnräume, an denen nach der Überlassung an den Mieter Wohnungseigentum begründet worden ist". Das Wohnungseigentum kann entweder nach § 3 WEG oder nach § 8 WEG begründet werden (§ 2 WEG). **Der Begriff „begründet"** in § 577 BGB ist iSv § 2 WEG – also umfassend – zu verstehen. Wird Wohnungseigentum durch die Einräumung von Sondereigentum nach § 3 WEG begründet, so kommt es iRd § 577 BGB maßgeblich darauf an, wann die Rechtsänderung ins Grundbuch eingetragen wird (§ 4 Abs. 1 WEG). Erfolgt die Begründung durch Teilung nach § 8 WEG, so ist der Zeitpunkt maßgebend, zu dem die Wohnungsgrundbücher angelegt sind (§ 8 Abs. 2 WEG).[17] Der wirtschaftliche Anlass, der zur Begründung von Wohnungseigentum geführt hat, ist rechtlich ebenso unerheblich wie die Person dessen, der die Teilungserklärung abgegeben hat. **14**

Bei der Begründung eines **Wohnungserbbaurechts** nach § 30 WEG ist die Vorschrift entsprechend anzuwenden, weil Sinn und Zweck des Gesetzes auch diese Gestaltungsform umfassen.[18] Für den Verkauf mehrerer Eigentumswohnungen → Rn. 54. **15**

### 2. Die noch umzuwandelnde Mietwohnung

Weiter gilt das Vorkaufsrecht für „vermietete Wohnräume, an denen nach der Überlassung an den Mieter Wohnungseigentum begründet werden soll". Dieses Tatbestandsmerkmal ist offensichtlich der Vorschrift des § 2b Abs. 1 S. 1 WoBindG nachgebildet. Damit wird klargestellt, dass das Vorkaufsrecht auch in solchen Fällen entsteht, in denen die Mietwohnung als noch umzuwandelnde Eigentumswohnung verkauft wird. **16**

Streitig ist, welche Rechtsfolge gilt, wenn der Erwerber ein mit einem Mehrfamilienhaus bebautes Grundstück in der Absicht erwirbt, dieses in Wohnungseigentum aufzuteilen, wenn also erst der Erwerber die Aufteilung vornehmen soll (sog. **„Erwerbermodell"**). Nach hM entsteht das Vorkaufsrecht des Mieters nach § 577 Abs. 1 S. 1 Var. 2 BGB bei dem Verkauf eines (noch) ungeteilten Mehrfamilienhauses auch im Falle eines Erwerbermodells im Grundsatz nur dann, wenn sich der Veräußerer vertraglich zur Durchführung der Aufteilung gem. § 8 WEG verpflichtet und wenn darüber hinaus die von dem Vorkaufsrecht erfasste zukünftige Wohnungseigentumseinheit in dem Vertrag bereits hinreichend bestimmt oder zumindest bestimmbar ist.[19] **17**

derzeit frei **18**

derzeit frei **19**

### 3. Sonstige „Erwerbermodelle"

Wird ein **Mehrfamilienhaus durch eine Gesellschaft bürgerlichen Rechts erworben** und sodann Wohnungseigentum zugunsten der jeweiligen Gesellschafter begründet, so ist § 577 BGB unanwendbar, weil die Vorschrift nach ihrem Wortlaut eine Veränderung in der Person des Eigentümers voraussetzt.[20] Der hiervon abw. frühere Rechtsentscheid des BayObLG v. 24.11.1981[21] ist gegenstandslos. In der Lit. wird für diese Fälle zT auch die analoge Anwendung des § 577 BGB vorgeschlagen.[22] Der BGH hat eine Analogie in dem vergleichbaren Fall des § 577a BGB abgelehnt.[23] Dies dürfte auch für das vom OLG Karlsruhe in dem Rechtsentscheid v. 10.7.1992 behandelte „Erwerbermodell" gelten: jedem Miteigentümer war durch Vertrag eine bestimmte Wohnung zur **20**

---

[17] BGH VIII ZR 143/15, NJW 2017, 156 Rn. 26 mAnm *Klühs* NZM 2016, 812; BGH VIII ZR 70/16, WuM 2017, 36.

[18] *Blank* WuM 1993, 573 (577); *Brambring* ZAP 1993, 965 (966); *Maciejewski* MM 1994, 137 (138); **aA** Staudinger/*Rolfs* BGB § 577 Rn. 26.

[19] BGH V ZR 96/12, NJW 2014, 850 Rn. 17ff. mAnm *Blank* LMK 2014, 355579; BGH VIII ZR 143/15, NJW 2017, 156 mAnm *Klühs* NZM 2016, 812; BGH VIII ZR 70/16, WuM 2017, 36; Lützenkirchen MietR/*Dickersbach* BGB § 577 Rn. 26f.; MüKoBGB/*Häublein* § 577 Rn. 12.

[20] BGH VIII ARZ 2/94, BGHZ 126, 357 = NJW 1994, 2542; ebenso KG WuM 1987, 138 = ZMR 1987, 216 = NJW-RR 1987, 847, für den vergleichbaren Fall des § 11 des XII. BMG; BGH VIII ZR 231/08, NJW 2009, 2738 = WuM 2009, 519 = ZMR 2010, 99; AG Heidelberg WuM 1976, 15.

[21] BayObLG NJW 1982, 451 = WuM 1982, 46 = ZMR 1982, 88 = DWW 1982, 119.

[22] *Schmid* WuM 1982, 34; *Karl* ZMR 1991, 288; *Lechner* WuM 1982, 36; *Schläger* ZMR 1987, 241.

[23] BGH VIII ZR 231/08, NJW 2009, 2738 Rn. 18ff., sog. „Münchener Modell", → BGB § 577a Rn. 13.

ausschließlichen Nutzung zugewiesen; diese Nutzungsregelung sowie der dauernde Ausschluss des Aufhebungsverlangens nach § 1010 BGB war im Grundbuch eingetragen; im Kaufvertrag war vereinbart, dass innerhalb von drei Jahren Wohnungseigentum nach § 3 WEG gebildet werden soll; für die einzelnen Wohnungen lag bereits beim Abschluss des Kaufvertrags eine Abgeschlossenheitsbescheinigung vor.[24] Auch in diesem Fall ist § 577 BGB unanwendbar.

20a Das sog. **„Kellermodell"** wird vom Wortlaut des Tatbestandes ebenfalls nicht umfasst: Nach diesem Vermarktungsmodell wird lediglich an den jeweiligen Kellerräumen Sondereigentum begründet. Die jeweiligen Wohnungen bleiben Gemeinschaftseigentum, jedoch ist in der Teilungserklärung bestimmt, dass mit dem Eigentum am jeweiligen Keller ein Sondernutzungsrecht an einer bestimmten Wohnung verbunden sein soll. Wird das Kellereigentum in der Folgezeit veräußert, so erwirbt der jeweilige Erwerber mit dem Eigentum am Keller das Recht, die dazu gehörende Wohnung zu nutzen. Eigentümer der Wohnung ist aber nicht er, sondern die Gemeinschaft der Kellereigentümer. Auf dieses „Modell" muss § 577 BGB entsprechend angewendet werden, weil es keinen wesentlichen Unterschied bedeutet, ob eine „Wohnung mit Keller" oder ein „Keller mit Wohnung" verkauft wird.

### 4. Teilung ohne Verkauf

21 Die Kündigungssperrfrist tritt immer dann ein, wenn die Wohnung „veräußert" wird; das Vorkaufsrecht gilt im Gegensatz hierzu nur im Falle des Verkaufs. Hieraus folgt, dass das Vorkaufsrecht ausgeschlossen ist, wenn ein im gemeinschaftlichen Eigentum stehendes Grundstück gem. § 8 WEG in Wohnungseigentum aufgeteilt und das Wohnungseigentum sodann den einzelnen Mitglieder der Gemeinschaft übertragen wird; in diesem Fall wird die Wohnung nicht verkauft.[25] Das Vorkaufsrecht kann allerdings geltend gemacht werden, wenn die Wohnungen von den Eigentümern weiterverkauft werden. Dieselbe Rechtsfolge gilt, wenn ein Grundstück als Ganzes an eine **Bruchteilsgemeinschaft** veräußert wird, die sodann nach § 3 WEG Sondereigentum begründet; auch hier entsteht das Vorkaufsrecht erst im Fall des Weiterverkaufs.

### 5. Vermietung von Teilen einer Eigentumswohnung

21a Wird eine große Eigentumswohnung baulich in mehrere Kleinwohnungen unterteilt, so steht den jeweiligen Mietern dieser Kleinwohnungen grundsätzlich kein Vorkaufsrecht zu, wenn das Wohnungseigentum an einen Dritten veräußert wird. Nach der Ansicht des KG gelten die vom BGH (→ Rn. 18) entwickelten Grundsätze entsprechend, wenn der Veräußerer nach dem Kaufvertrag verpflichtet ist, an den jeweiligen Kleinwohnungen Wohnungseigentum zu begründen und die Kleinwohnungen als solche Gegenstand des Kaufvertrags sind.[26]

## III. Der Eintritt des Vorkaufsfalls

### 1. Der Verkauf an beliebige Dritte

22 **Dritter** ist jeder, der nicht zu dem privilegierten Personenkreis (→ Rn. 25) gehört. Der Verkauf an eine Person, die bereits Mitglied der Wohnungseigentümergemeinschaft ist, bildet hiervon keine Ausnahme.[27] Wird ein im Eigentum einer juristischen Person stehende Wohnung an einen Gesellschafter verkauft, so ist der Erwerber „Dritter". Dies gilt auch im Verhältnis einer GmbH zu deren Alleingesellschafter.

23 Der Vorkaufsfall tritt ein, wenn der **Kaufvertrag** wirksam zustande gekommen ist (§§ 577 Abs. 1 S. 3, 463 BGB). Dies ist erst der Fall, wenn alle für die Wirksamkeit des Vertrags erforderlichen Genehmigungen vorliegen. Bis zu diesem Zeitpunkt können Verkäufer und Käufer den Kaufvertrag willkürlich aufheben; der Vorkaufsberechtigte hat keinen Anspruch auf den Eintritt des Vorkaufsfalls. Liegt jedoch ein wirksamer Kaufvertrag vor, so kann das Vorkaufsrecht ausgeübt werden. Dies gilt auch dann, wenn ein wirksamer Kaufvertrag vor Ausübung des Vorkaufsrechts

---

[24] OLG Karlsruhe WuM 1992, 519.

[25] *Blank* WuM 1993, 573 (578); *Maciejewski* MM 1994, 137; *Sternel* MietR Kap. XI Rn. 267; AnwK WohnraumMietR/*Lammel* BGB § 577 Rn. 25; Staudinger/*Rolfs* BGB § 577 Rn. 32.

[26] KG DWW 2018, 134 mAnm *K-P. Breiholdt*.

[27] *Wirth* NZM 1998, 390 (393).

aufgehoben wird.[28] Kaufgegenstand muss die Wohnung als solche sein. Steht das Eigentum an der Wohnung mehreren gemeinsam zu und wird der Bruchteil eines Miteigentümers an einen anderen Mitberechtigten übertragen, so ist kein Vorkaufsfall gegeben.[29]

Verkäufer ist idR der Vermieter; allerdings tritt der Vorkaufsfall auch dann ein, wenn der Verkauf durch einen Eigentümer erfolgt, der nicht zugleich Vermieter ist.[30] Ist der Verkauf von einer **Zustimmung des Verwalters** (oder anderer Wohnungseigentümer) abhängig, so kann das Vorkaufsrecht erst ausgeübt werden, wenn der Verwalter (oder der/die Wohnungseigentümer) dem Kaufvertrag zugestimmt haben.[31] Spätere Veränderungen lassen das Vorkaufsrecht grds. unberührt.[32] Dem Vermieter ist es zwar unbenommen, mit dem Käufer ein **Rücktrittsrecht** (etwa für den Fall der Ausübung des Vorkaufsrechts) zu vereinbaren. Das Vorkaufsrecht bleibt aber auch dann bestehen, wenn eine der Kaufvertragsparteien von dem Rücktrittsrecht Gebrauch macht.[33] Gleiches gilt, wenn die Kaufvertragsparteien den Kaufvertrag wieder aufheben; der **Aufhebungsvertrag** wirkt nur zwischen den Kaufvertragsparteien, nicht gegenüber dem Mieter.[34] Bei der **Anfechtung** ist zu unterscheiden: Wird die Anfechtung vom Käufer erklärt, so bleibt das Vorkaufsrecht entgegen § 142 BGB unberührt, weil die Annahme der rückwirkenden Vernichtung des Kaufvertrags im Hinblick auf die Belange des Vorkaufsberechtigten einerseits und des Verkäufers andererseits nicht geboten ist.[35] Anders ist es, wenn der Verkäufer zur Anfechtung berechtigt ist: in diesem Fall wird seine Bindung an den Kaufvertrag – und damit das Vorkaufsrecht des Mieters – beseitigt. Beim Erwerb in der **Zwangsversteigerung**[36] oder beim Verkauf durch den **Insolvenzverwalter** kommt das Vorkaufsrecht nicht zum Zuge (§ 471 BGB; → Rn. 50). Gleiches gilt gem. § 470 BGB für **Erbteilskäufe** zwischen künftigen gesetzlichen Erben[37] und für den **Tausch** oder die **Schenkung.** 23a

Die Vorschrift des § 577 BGB ist aber entsprechend anzuwenden, wenn die Parteien des Veräußerungsvertrags nur deshalb eine bestimmte Vertragsgestaltung wählen (zB Tausch statt Verkauf; Einbringung des Grundstücks in eine Gesellschaft), um das Vorkaufsrecht zu umgehen.[38] 24

### 2. Der Verkauf an Familien- oder Haushaltsangehörige

Nach § 577 Abs. 1 S. 2 BGB ist das Vorkaufsrecht ausgeschlossen, „wenn der Vermieter die Wohnräume an einen Familienangehörigen oder an einen Angehörigen seines Haushalts verkauft". Gleiches gilt, wenn der Verkauf durch einen Eigentümer erfolgt, der nicht zugleich der Vermieter ist; hier muss der Verkauf an einen Familien- oder Haushaltsangehörigen des Eigentümers erfolgen. Das Begriffspaar der Familien- oder Haushaltsangehörigen ist der Regelung in § 573 Abs. 2 Nr. 2 S. 1 BGB nachgebildet. Dieser Umstand spricht dafür, dass die Begriffe in beiden Vorschriften gleich auszulegen sind. Auch der Sinn und Zweck des § 577 BGB steht dem nicht entgegen. Es ist sachgerecht, wenn die Angehörigen des Vermieters gegenüber dem Mieter privilegiert werden. Dies gilt sowohl für die Kündigung als auch für den Ausschluss des Vorkaufsrechts, weil die **jeweilige Interessenbewertung** identisch ist. In der Vorschrift des § 573 Abs. 2 Nr. 2 BGB kommt zum Ausdruck, dass das Interesse des Mieters an der Wohnung geringer bewertet wird als das Interesse bestimmter (privilegierter) Angehöriger des Vermieters. Für § 577 BGB gilt das gleiche: das Vorkaufsrecht gilt nicht, wenn ein privilegierter Angehöriger die Wohnung erwerben will; ist der Angehörige nicht privilegiert, weil er nur entfernt mit dem Vermieter verwandt ist (→ BGB § 573 Rn. 54), so ist das Erwerbsinteresse des Mieters vorrangig. Ein Ausschluss des Vorkaufsrechts beim Verkauf an einen **Haushaltsangehörigen iSd § 573 BGB** ist ebenfalls sachgerecht. Zwar ist nicht zu verkennen, dass zu den Haushaltsangehörigen iSd § 573 BGB auch solche Personen gehören, die dem Vermieter nicht besonders nahestehen, wie bspw. Hausgehilfen, Pfleger, Hausmeister oder andere Hilfspersonen. Das Kündigungsrecht besteht in solchen Fällen, weil der Vermieter in die 25

---

[28] BGH V ZR 173/09, NJW 2010, 3774 = WuM 2010, 710.
[29] *Wirth* NZM 1998, 390 (393).
[30] *Commichau* NJW 1995, 1010.
[31] *Schmidt* DWW 1994, 65 (66).
[32] BGH V ZR 173/09, NJW 2010, 3774 = WuM 2010, 710.
[33] BGH V ZR 40/75, BGHZ 67, 395 = NJW 1977, 762.
[34] RGZ 98, 44 (50); BGH V ZR 173/09, NJW 2010, 3774.
[35] MüKoBGB/*Westermann* § 463 Rn. 17; Staudinger/*Rolfs*, 2018, BGB § 577 Rn. 36.
[36] AG Frankfurt a. M. NJW 1995, 1034 mAnm *Langhein* Rpfleger 1995, 351.
[37] **AA** *Sternel* MietR Kap. XI Rn. 264; Staudinger/*Rolfs* BGB § 577 Rn. 33; NK-BGB/*Hinz* § 577 Rn. 13.
[38] OLG Nürnberg NJW-RR 1992, 461; Staudinger/*Rolfs* BGB § 577 Rn. 32.

Lage versetzt werden soll, diese Personengruppe in seinem eigenen Interesse mit Wohnraum zu versorgen; dieser Grund rechtfertigt auch den Ausschluss des Vorkaufsrechts. Es ist deshalb kein Grund ersichtlich, bestimmte Hausstandsangehörige aus dem Bereich des § 577 BGB auszuschließen.[39]

Der Ausschluss des Vorkaufsrechts setzt nicht voraus, dass die jeweiligen Käufer einen Eigennutzungswillen oder einen Wohnbedarf haben.[40] Die gesetzliche Regelung ist in diesem Punkt eindeutig. Anderenfalls hätte eine Bezugnahme auf § 573 BGB nahe gelegen. Diese wurde ursprünglich in Erwägung gezogen,[41] aber nicht in den Gesetzestext übernommen.

### 3. Kaufähnliche Verträge

25a Fraglich ist, ob § 577 BGB analog auf einen **Auseinandersetzungsvertrag** zwischen den Gesellschaftern einer Personengesellschaft angewandt werden kann. Die Frage stellt sich dann, wenn ein im Eigentum der Gesellschaft stehendes Gebäude gem. § 8 WEG aufgeteilt wird und die Gesellschafter im Anschluss hieran einen notariellen Vertrag schließen, durch den die jeweiligen Wohnungen den einzelnen Gesellschaftern zugewiesen werden. Hier ergibt sich das Problem, ob dem Mieter ein Vorkaufsrecht zusteht, wenn der Mietvertrag vor der Aufteilung abgeschlossen wurde. Eine unmittelbare Anwendung der Vorschrift kommt nicht in Betracht, weil die Auseinandersetzung des Gesellschaftsvermögens nicht in der Form von Kaufverträgen, sondern nach §§ 731 ff. BGB erfolgt. Eine analoge Anwendung kommt in Betracht, wenn der Zweck des § 577 BGB diese nahelegt und hinsichtlich des hier fraglichen Sachverhalts eine Regelungslücke besteht. Zweck des § 577 BGB ist es, den Mieter vor den Folgen der Umwandlung von Miet- in Eigentumswohnungen, insbes. vor der im Verkaufsfall häufigen Kündigung nach § 573 Abs. 2 Nr. 2 BGB durch den Erwerber zu schützen (→ Rn. 2).

25b Nach der Rspr. des BGH ist hinsichtlich der **Kündigungsgefahr** zwischen der GbR und der Personenhandelsgesellschaft zu unterscheiden. Eine GbR ist generell wie eine **Vermietermehrheit** zu behandeln.[42] Zur Begründung führt der BGH im Wesentlichen aus, es sei nicht gerechtfertigt, „Gesellschafter einer bürgerlich-rechtlichen Gesellschaft (in Bezug auf das Kündigungsrecht) schlechter zu stellen als Mitglieder einer einfachen Vermietermehrheit“. Daraus folgt, dass sich die Kündigungsgefahr durch die Auseinandersetzung nicht erhöht. Vor der Auseinandersetzung hätte die Gesellschaft wegen des Bedarfs eines Gesellschafters kündigen können; nach der Auseinandersetzung steht das Recht dem früheren Gesellschafter und jetzigem Alleineigentümer zu.

25c Für eine Personenhandelsgesellschaft gilt nach Auffassung des BGH etwas anderes. Hier ist die Kündigung zugunsten eines Gesellschafters ausgeschlossen.[43] Die Gründung einer KG oder einer OHG setze regelmäßig „eine umfangreiche organisatorische und rechtsgeschäftliche Tätigkeit bis hin zur Eintragung in das Handelsregister voraus“. Der Entschluss hierzu beruhe regelmäßig „auf einer bewussten Entscheidung“ aufgrund wirtschaftlicher, steuerrechtlicher und/oder haftungsrechtlicher Überlegungen. Dies rechtfertige eine unterschiedliche Behandlung. Daraus folgt, dass die Kündigungsgefahr bei der Auseinandersetzung einer Personenhandelsgesellschaft wächst. Vor der Auseinandersetzung ist die Kündigung wegen eines Gesellschafterbedarfs nicht möglich. Nach der Auseinandersetzung könnte der frühere Gesellschafter und jetzigem Alleineigentümer kündigen.

25d Gleichwohl scheidet eine entsprechende Anwendung des § 577 BGB aus, weil das Vorkaufsrecht voraussetzt, dass sich das Entgelt aus dem Veräußerungsvertrag ergibt; das ist bei den Auseinandersetzungsverträgen regelmäßig nicht der Fall. Anders ist es, wenn die Aufteilung in kaufähnlicher Form erfolgt. Hiervon ist auszugehen, wenn die Gesellschafter wechselseitige Ausgleichszahlungen auf der Basis der jeweiligen Verkehrswerte vereinbaren.[44]

---

[39] So aber *Schilling,* Neues Mietrecht, 1993, 92, für künftig aufzunehmende Hilfspersonen.

[40] *Bub* NJW 1993, 2897 (2902); *Wirth* NZM 1998, 390 (394); Staudinger/*Rolfs,* 2018, BGB § 577 Rn. 49 f.; Herrlein/Knops/Spiegelberg MietR/*Spiegelberg* BGB § 577 Rn. 6; MüKoBGB/*Häublein* § 577 Rn. 22.

[41] Stellungnahme des BR, BT-Drs. 12/3254, 28, 39.

[42] BGH VIII ZR 271/06, NJW 2007, 2845; BGH VIII ZR 231/08, NJW 2009, 2738.

[43] *BGH VIII ZR 210/10,* NJW 2011, 993 mAnm *Wiek* WuM 2011, 146; und Anm. *Eisenschmid* LMK 2011, 316147.

[44] AG München WuM 2013, 680 mAnm *Bühler.*

### 4. Schenkung

Auf den Eigentumsübergang im Wege der Schenkung ist § 577 Abs. 1 S. 2 BGB weder unmittelbar noch analog anwendbar. Bei der betreffenden Vorschrift handelt es sich um eine eng auszulegende Ausnahmeregelung; eine planwidrige Regelungslücke besteht nicht.[45] Gleiches gilt für eine Veräußerung an einen Angehörigen zu einem lediglich symbolischen Kaufpreis. Wird die Wohnung in der Folgezeit vom Beschenkten an einen Dritten weiterveräußert, so steht dem Mieter das Vorkaufsrecht zu.[46] **25e**

## IV. Der Vorkaufsberechtigte

### 1. Der Mieter

Vorkaufsberechtigt ist derjenige, der vor der Umwandlung Mieter war und im Zeitpunkt des Verkaufs noch Mieter ist (Ausnahme → Rn. 64). Maßgeblich für den **Zeitpunkt der Umwandlung** ist die Anlegung des Wohnungsgrundbuchs.[47] Maßgeblich für den **Zeitpunkt des Verkaufs** ist die Protokollierung des Kaufvertrags. Wer die Wohnung erst nach der Umwandlung, dh nach der Anlegung des Wohnungsgrundbuchs gemietet hat, besitzt kein Vorkaufsrecht. Umgekehrt ist das Vorkaufsrecht nicht deshalb ausgeschlossen, weil der Mieter beim Abschluss des Mietvertrags und vor der Überlassung der Wohnung von der Umwandlungsabsicht Kenntnis gehabt hat.[48] **26**

Die **Mieterstellung zum Zeitpunkt des Verkaufs** setzt voraus, dass beim Abschluss des Kaufvertrags ein Mietvertrag besteht. Es ist nicht erforderlich, dass der Mieter bereits im Besitz der Wohnung ist oder dass er diese noch in Besitz hat.[49] Beim **gekündigten Mietverhältnis** endet der Mietvertrag mit dem Ablauf der Kündigungsfrist. Ein **befristeter Mietvertrag** endet mit dem Ablauf der Mietzeit. Ein Mietvertrag besteht auch dann, wenn das Mietverhältnis nach wirksamer Kündigung vom Gericht nach **§§ 574, 574 a BGB** fortgesetzt worden ist;[50] das Gericht kann in einem solchen Fall auch nicht nach § 574 a Abs. 1 S. 2 BGB bestimmen, dass die Ausübung des Vorkaufsrechts während der Verlängerungszeit ausgeschlossen sein soll, weil es sich bei § 577 BGB um zwingendes Recht handelt. Mieter ist auch derjenige, dessen Mietverhältnis nach **§ 545 BGB** verlängert worden ist.[51] Dabei spielt es keine Rolle, ob die Verlängerung nach § 545 BGB während der hier maßgeblichen Zeitpunkte (Anlegung des Wohnungsgrundbuches/Abschluss des Kaufvertrags) bereits eingetreten war. Maßgeblich ist nur, dass das Mietverhältnis in der Folgezeit verlängert wird. Dies folgt aus der Erwägung, dass beim Vorliegen der in § 545 BGB bestimmten Voraussetzungen eine Verlängerung des Mietverhältnisses eintritt; in diesem Fall ist der Vorkaufsberechtigte unbeschadet des zwischenzeitlichen Ablaufs der Mietzeit als „Mieter" anzusehen (zur Mietereigenschaft bei der Ausübung des Vorkaufsrechts → Rn. 63). Kein Verkaufsrecht erwirbt dagegen der Nutzungsberechtigte, der die Räume aufgrund einer Räumungsfrist (§§ 721, 794 a ZPO) oder auf Grund der Gewährung von Vollstreckungsschutz (§ 765 a ZPO) in Besitz hat. **27**

Diese Grundsätze gelten unabhängig davon, ob die Kündigung vom Vermieter oder vom Mieter ausgesprochen wurde oder ob die Beendigung auf Grund eines Mietaufhebungsvertrags eingetreten ist. Maßgeblich ist immer nur, dass zum **Zeitpunkt des Verkaufs** das Mietverhältnis noch nicht beendet ist.[52] Demgegenüber wird allerdings auch vertreten, dass bei der Kündigung durch den Mieter zu differenzieren sei: Kündigt der Mieter in Kenntnis der bevorstehenden oder erfolgten Umwandlung, so soll das Vorkaufsrecht nicht zur Entstehung gelangen; anders soll es **28**

---

[45] BGH VIII ZR 51/14, NJW 2015, 1516 Rn. 17 mAnm *Bühler* WuM 2015, 245; und Anm. *Fervers* ZMR 2015, 609; sowie Anm. *Bruns* ZMR 2015, 529.

[46] BGH VIII ZR 51/14, NJW 2015, 1516 Rn. 18.

[47] AG Frankfurt a. M. NJW 1995, 1034; Staudinger/*Rolfs,* 2018, BGB § 577 Rn. 24; AnwK WohnraummietR BGB § 577 Rn. 15; Erman/*Lützenkirchen* BGB § 577 Rn. 3; **aA** *Commichau* NJW 1995, 1010; *Heintz* VorkaufsR Rn. 126 ff., wonach das Vorkaufsrecht nicht besteht, wenn die Wohnung dem Mieter nach der notariellen Bekundung der Teilungserklärung und vor Anlegung der Wohnungsgrundbücher überlassen wird.

[48] AG Frankfurt a. M. NJW 1995, 1034; aA *Commichau* NJW 1995, 1010.

[49] LG Köln NJW-RR 1995, 1354, getrennt lebende Mieter.

[50] Staudinger/*Rolfs,* 2018, BGB § 577 Rn. 42.

[51] Staudinger/*Rolfs,* 2018, BGB § 577 Rn. 42; *Schilling,* Neues Mietrecht, 1993, 91.

[52] Staudinger/*Rolfs,* 2018, BGB § 577 Rn. 40; *Wirth* NZM 1998, 390 (391).

sein, wenn der Mieter das Mietverhältnis in Unkenntnis seiner Rechte aus § 577 BGB gekündigt hat.[53] Diese Ansicht findet im Gesetz keine Stütze.[54]

### 2. Der Rechtsnachfolger des Mieters (Abs. 4)

29 Nach § 473 BGB ist das Vorkaufsrecht nicht übertragbar; der Mieter kann das Vorkaufsrecht deshalb nur selbst ausüben und auch nur Eigentumsübertragung auf sich selbst verlangen. An einer Weiterveräußerung der Wohnung ist der Mieter allerdings nicht gehindert. In § 473 BGB ist weiter geregelt, dass das Vorkaufsrecht nicht vererblich ist. Nach § 577 Abs. 4 BGB geht das Vorkaufsrecht beim Tod des Mieters allerdings „auf diejenigen über, die in das Mietverhältnis nach § 563 Abs. 1 oder 2 BGB eintreten." Dies hat folgende Konsequenzen:

30 **(1) Stirbt der Mieter vor der Begründung von Wohnungseigentum,** so treten der Ehegatte oder der Lebenspartner in das Mietverhältnis ein (§ 563 Abs. 1 BGB). Leben in dem gemeinsamen Haushalt Kinder des Mieters, treten diese mit dem Tod des Mieters in das Mietverhältnis ein, wenn nicht der Ehegatte eintritt. Der Eintritt des Lebenspartners bleibt vom Eintritt der Kinder des Mieters unberührt. Andere Familienangehörige, die mit dem Mieter einen gemeinsamen Haushalt führen, treten mit dem Tod des Mieters in das Mietverhältnis ein, wenn nicht der Ehegatte oder der Lebenspartner eintritt. Dasselbe gilt für Personen, die mit dem Mieter einen auf Dauer angelegten gemeinsamen Haushalt führen (§ 563 Abs. 2 BGB). Sind mehrere Personen iSd § 563 BGB gemeinsam Mieter, so wird das Mietverhältnis beim Tod eines Mieters mit den überlebenden Mietern fortgesetzt (§ 563 a BGB). Treten beim Tod des Mieters keine Personen iSd § 563 BGB in das Mietverhältnis ein oder wird es nicht mit ihnen nach § 563 a BGB fortgesetzt, so wird es mit dem Erben fortgesetzt. Wird die Mietwohnung anschließend in Wohnungseigentum umgewandelt und veräußert, so kann derjenige Mieter das Vorkaufsrecht geltend machen, der im Zeitpunkt der Umwandlung Mieter gewesen ist. Es kommt in diesem Fall nicht darauf an, ob der Betreffende die Mieterstellung nach §§ 563, 563 a BGB oder durch Erbfolge erworben hat.

31 **(2) Stirbt der Mieter nach der Begründung von Wohnungseigentum,** so treten entweder die Sonderrechtsnachfolger nach § 563 Abs. 1, 2 BGB oder der Erbe in ein Mietverhältnis über eine Eigentumswohnung ein. Der Erbe kann das Vorkaufsrecht nicht geltend machen,[55] weil der Verstorbene zwar den Mietbesitz, nicht aber sein Recht aus § 577 BGB vererben kann. Der Erbe als Rechtsnachfolger wird in diesem Fall nicht anders behandelt, als hätte er selbst eine Eigentumswohnung gemietet. Die Sonderrechtsnachfolger nach § 563 Abs. 1, 2 BGB können dagegen auf Grund der Regelung in § 577 Abs. 4 BGB das Vorkaufsrecht geltend machen.[56] Gleiches gilt im Falle des § 563 a BGB, wenn der Überlebende bereits im Zeitpunkt der Umwandlung Mieter gewesen ist.

### 3. Untermiete (§ 540 BGB)

32 Bei gewöhnlichen Untermietverhältnissen steht das Vorkaufsrecht dem Hauptmieter zu, wenn das zwischen ihm und dem Vermieter bestehende Vertragsverhältnis als Wohnraummietverhältnis zu bewerten ist. Dies ist dann der Fall, wenn der Hauptmieter die Räume zur Deckung seines eigenen Wohnbedarfs angemietet hat. Maßgeblich hierfür ist der vereinbarte Vertragszweck. An dieser Bewertung ändert sich nichts, wenn der Hauptmieter nicht mehr in den Räumen wohnt oder wenn er – vertragswidrig – die Räume zu keinem Zeitpunkt selbst bewohnt hat.

33 Besteht der Vertragszweck des Hauptmietverhältnisses dagegen in der Weitervermietung, so liegt im Verhältnis des Vermieters zum Hauptmieter ein gewerbliches Mietverhältnis vor. Aus diesem Grunde hat der Hauptmieter kein Vorkaufsrecht. Der Untermieter kann das Vorkaufsrecht ebenfalls nicht ausüben, weil dieser im Verhältnis zum Hauptvermieter nicht „Mieter" sondern „Dritter" ist (vgl. §§ 540, 546 Abs. 2 BGB).

34 Wird die Wohnung vom Hauptvermieter (Eigentümer) an den Untermieter veräußert, so hat dies auf das zwischen dem Hauptmieter und dem Untermieter (und nunmehrigem Eigentümer) bestehenden Mietvertrag keinen Einfluss. Der Untermieter kann das Mietverhältnis allerdings kündigen, wobei als Kündigungsgrund idR der **Wegfall der Geschäftsgrundlage** in Betracht kommt. Dies folgt aus der Erwägung, dass die Parteien des Untermietverhältnisses bei vernünftiger und red-

---

[53] *Commichau NJW 1995, 1010.*
[54] Zutr. *Wirth* NZM 1998, 390 (391).
[55] Staudinger/*Rolfs*, 2018, BGB § 577 Rn. 77.
[56] *Sternel* MietR Kap. XI Rn. 270.

licher Vertragsgestaltung eine Auflösung des Mietverhältnisses für den Fall des vorhergesehenen Wechsels der Eigentumsverhältnisse vereinbart hätten.

### 4. Zwischenvermietung (§ 565 BGB)

Die gewerbliche Weitervermietung iSv § 565 BGB ist ebenfalls als Untermiete zu bewerten, **35**
deren Besonderheit darin besteht, dass der Untermieter in ähnlicher Weise wie ein Hauptmieter geschützt ist. Wegen dieses besonderen Schutzzwecks ist es gerechtfertigt, wenn der Untermieter (Wohnungsnutzer) auch im Falle der Veräußerung der Eigentumswohnung einem Hauptmieter gleichgestellt wird. Deshalb ist der Untermieter, der die Wohnung selbst nutzt, hier wie ein Hauptmieter zu behandeln, mit der Folge, dass ihm das Vorkaufsrecht zusteht.[57]

Wird das Vorkaufsrecht ausgeübt, so entsteht zwischen dem gewerblichen Zwischenvermieter **36**
und dem Wohnungsnutzer das unter → Rn. 33 beschriebene Vertragsverhältnis, das durch Kündigung wegen Wegfalls der Geschäftsgrundlage gelöst werden kann.[58]

## D. Die Mitteilungspflicht des Vermieters (Verkäufers)

Für das vertragliche Vorkaufsrecht ist in § 469 Abs. 1 BGB bestimmt, dass der Verkäufer ver- **37**
pflichtet ist, dem Vorkaufsberechtigten den Inhalt des Kaufvertrags mitzuteilen; die **Mitteilung** des Verkäufers wird durch die Mitteilung des Dritten (des Käufers) ersetzt. Eine Verpflichtung zur Mitteilung obliegt lediglich dem Vermieter; dessen Verpflichtung gilt als erfüllt, wenn der Käufer den Mieter über den Inhalt des Kaufvertrags informiert. Es genügt nicht, wenn dem Mieter lediglich die Tatsache des Kaufs und der Kaufpreis mitgeteilt wird. Vielmehr muss der Mieter über den gesamten Inhalt des Kaufvertrags in Kenntnis gesetzt werden; dies erfordert regelmäßig die Übersendung einer Abschrift des Kaufvertrags. Die Mitteilung ist keine Willens- sondern eine Wissenserklärung. Sie ist formlos möglich[59] und an keine Frist gebunden. Werden mehrere Wohnungen en bloc zu einem Gesamtpreis verkauft, so ist der Vermieter nicht verpflichtet, den Mieter über den Einzelpreis zu informieren. Der Einzelpreis ist nach § 467 BGB zu ermitteln.[60]

In § 577 Abs. 2 BGB ist außerdem geregelt, dass die jeweilige Mitteilung „mit einer **Unterrich-** **38**
**tung** des Mieters über sein Vorkaufsrecht zu verbinden" ist. Aus dem Begriff „zu verbinden" kann nicht entnommen werden, dass die Mitteilung und die Belehrung in einem einzigen Schreiben erfolgen müsste.[61] Es genügt, wenn ein zeitlicher Zusammenhang gewahrt ist;[62] die Frist beginnt dann, wenn dem Mieter sowohl die Mitteilung als auch die Unterrichtung vorliegen.

Die Unterrichtungspflicht **(Belehrungspflicht)** über das Vorkaufsrecht obliegt dem jeweiligen **39**
Informanten. Der bloße Hinweis auf die Gesetzesbestimmung des § 577 BGB genügt nicht.[63] Der Mieter muss auf Grund der Mitteilung erkennen können, dass er ein Vorkaufsrecht hat und wie er es ausüben kann. In der Erklärung müssen zumindest der **Adressat** der Ausübungserklärung und die hierfür maßgebliche **Frist** ersichtlich sein. Ist im Grundbuch eine **Veräußerungsbeschränkung** eingetragen, so hängt das Zustandekommen des Kaufvertrags nach der hier vertretenen Auffassung davon ab, dass der Verwalter hierzu seine Zustimmung erteilt (→ Rn. 23 a); folgerichtig soll der Mieter auch auf diesen Gesichtspunkt hingewiesen werden.[64] Teilweise wird die Ansicht vertreten, dass der Mieter auch über die **Rechtsfolgen** der Ausübung des Vorkaufsrechts belehrt werden müsse; danach muss die Mitteilung den Hinweis enthalten, dass durch die Ausübung des Vorkaufsrechts ein Kaufvertrag über die Wohnung zustande kommt.[65]

---

[57] Ebenso Staudinger/*Rolfs,* 2018, BGB § 577 Rn. 12; MüKoBGB/*Häublein* § 577 Rn. 7; Erman/*Lützenkirchen* BGB § 577 Rn. 2; aA NK-BGB/*Hinz* § 577 Rn. 7.

[58] Staudinger/*Rolfs,* 2018, BGB § 577 Rn. 15.

[59] BGH BeckRS 1959, 31206074; BeckOGK/*Klühs* BGB § 577 Rn. 87.

[60] OLG Celle WuM 2008, 292 (294).

[61] *Sternel* MietR Kap. XI Rn. 275.

[62] BeckOGK/*Klühs* BGB § 577 Rn. 90; NK-BGB/*Hinz* § 577 Rn. 27.

[63] BeckOGK/*Klühs* BGB § 577 Rn. 91; *Heintz* VorkaufsR Rn. 393; MüKoBGB/*Häublein* § 577 Rn. 29; Staudinger/*Rolfs,* 2018, BGB § 577 Rn. 59; NK-BGB/*Hinz* § 577 Rn. 26; **aA** *Langhein* DNotZ 1993, 650 (657); AnwK WohnraumMietR/*Lammel* BGB § 577 Rn. 37; restriktiver auch Lützenkirchen MietR/*Dickersbach* BGB § 577 Rn. 49.

[64] Ebenso *Schmidt* DWW 1994, 65.

[65] *Schilling,* Neues Mietrecht, 1993, 94; **aA** zu Recht *Schmidt* DWW 1994, 69; MüKoBGB/*Häublein* § 577 Rn. 29.

40 Entspricht die Mitteilung nicht den Anforderungen des § 577 BGB, so beginnt die Ausübungsfrist nicht zu laufen. Eine Ausnahme gilt, wenn lediglich die Information über das Erfordernis der Verwalterzustimmung fehlt, weil zwar die Wirksamkeit des Kaufvertrags, nicht aber die Wirksamkeit der Ausübung des Vorkaufsrechts vom Vorliegen der Zustimmung abhängt.

41 Wird der Kaufvertrag in der Folgezeit abgeändert, so muss dem Mieter der Inhalt des geänderten Kaufvertrags mitgeteilt werden;[66] außerdem ist er erneut über sein Vorkaufsrecht zu unterrichten. Die Frist zur Ausübung des Vorkaufsrechts beginnt mit dem Zugang dieser Mitteilung.

42 Bei **mehreren Vorkaufsberechtigten** muss die Mitteilung allen Berechtigten gegenüber erfolgen und zugehen.[67] Die Mitteilung kann erst erfolgen, wenn der Kaufvertrag rechtswirksam zustande gekommen ist. Erfolgt die Mitteilung vor diesem Zeitpunkt (etwa weil die Verwalterzustimmung erst später erteilt worden ist), so muss die Mitteilung wiederholt werden; anderenfalls beginnt die Frist für die Ausübung des Vorkaufsrechts nicht zu laufen.[68]

43 Ergänzend zu § 577 BGB bestimmt § 20 BeurkG, dass der Notar auf das gesetzliche Vorkaufsrecht hinweisen soll, wenn er davon Kenntnis hat, dass eine umgewandelte oder umzuwandelnde Eigentumswohnung verkauft wird. Man wird diese Bestimmung ergänzend dahingehend auslegen müssen, dass sich der Hinweis auch auf die Notwendigkeit der Unterrichtung des Mieters erstrecken soll. Eine Mitteilungspflicht besteht nicht, wenn kein Vorkaufsfall gegeben ist, etwa weil die Wohnung an einen Angehörigen verkauft worden ist.

44 In manchen Fällen wird der Mieter sein Vorkaufsrecht nur dann ausüben wollen, wenn der Käufer eine Eigennutzungsabsicht besitzt. Nach der gesetzlichen Regelung hat der Mieter allerdings keinen Anspruch auf Auskünfte über den Erwerbszweck.

45 Die Nichterfüllung oder die **unvollständige Erfüllung der Mitteilungspflicht** stellt eine Pflichtverletzung dar, die den Mieter zum **Schadensersatz** berechtigt. Für eine Verletzung der Informationspflicht durch den Notar hat der Vermieter einzustehen (§ 278 BGB).[69] Ein Schaden ist insbes. dann zu bejahen, wenn der Vermieter den Kaufvertrag gegenüber dem Käufer erfüllt und dieser das Mietverhältnis kündigt. Der Mieter muss – wie allgemein – die Kausalität zwischen dem schädigenden Ereignis (der Nichterfüllung der Mitteilungspflicht) und dem Schaden (den durch den Verlust der Wohnung eingetretenen Vermögensnachteil) beweisen. Hierzu gehört der Nachweis, dass der Mieter bei ordnungsgemäßer Erfüllung der Mitteilungspflicht von seinem Vorkaufsrecht Gebrauch gemacht hätte. Hieran sind keine strengen Anforderungen zu stellen. Es spricht eine Vermutung für „aufklärungsrichtiges" Verhalten.[70] Kann der Mieter nachweisen, dass er ein ernsthaftes Interesse am Erwerb der Wohnung hatte und dass er hierzu auf Grund seiner finanziellen Situation auch in der Lage gewesen wäre, so spricht der Anschein für den Mieter. Es ist dann Sache des Vermieters, diesen Anschein zu widerlegen.

45a Hinsichtlich der **Schadensberechnung** gilt Folgendes: **(1)** Die Frist für die Ausübung des Vorkaufsrechts beginnt erst mit der Mitteilung des Inhalts des mit dem Dritten abgeschlossenen Kaufvertrags; sie beträgt zwei Monate ab diesem Zeitpunkt. Wird das Vorkaufsrecht ausgeübt, so kommt zwischen dem Mieter und dem Vermieter ein zweiter Kaufvertrag zustande. Erfüllt der Vermieter diesen Vertrag, so entsteht dem Mieter kein Schaden. **(2)** Kann der Vermieter den Vertrag mit dem Mieter nicht erfüllen, so steht dem Mieter ein Schadensersatzanspruch zu. Ein Fall der Nichterfüllung wegen anfänglicher subjektiver Unmöglichkeit liegt idR vor, wenn der Vermieter dem Dritten bereits das Eigentum übertragen hat; eine Ausnahme gilt, wenn der Vermieter geltend macht, dass er gleichwohl zur Erfüllung in der Lage ist. Für die Höhe des Anspruchs ist maßgeblich, in welchem Umfang das Vermögen des Mieters infolge der Vereitelung des Vorkaufsrechts gemindert wurde. Bei diesem Vermögensvergleich ist zum einen die Differenz zwischen dem (höheren) Verkehrswert der Wohnung und dem vom Mieter zu zahlenden (niedrigeren) Kaufpreis zu ermitteln. Zum anderen sind alle Nebenkosten zu berücksichtigen, die der Mieter im Falle der Ausübung des Vorkaufsrechts hätte aufbringen müssen. Hierzu zählen die Notarkosten, die im Kaufvertrag geregelten Mak-

[66] OLG Karlsruhe WuM 1996, 325.
[67] *Schmidt* DWW 1994, 65 (69); Staudinger/*Rolfs,* 2018, BGB § 577 Rn. 56; MüKoBGB/*Häublein* § 577 Rn. 27; AnwK WohnraumMietR/*Lammel* BGB § 577 Rn. 39; Kossmann Wohnraummiete-HdB/*Meyer-Abich* BGB § 120 Rn. 15.
[68] *Schmidt* DWW 1994, 65 (67).
[69] BGH V ZR 137/02, WuM 2003, 281.
[70] BGH VIII ZR 51/14, NJW 2015, 1516 Rn. 32 mwN mAnm *Bühler* WuM 2015, 245; und Anm. *Fervers* ZMR 2015, 609; sowie Anm. *Bruns* ZMR 2015, 529.

lerkosten, die Grundbuchgebühren, die Grunderwerbsteuer sowie die Finanzierungskosten.[71] Der Umstand, dass die Mietzahlung im Falle eines geglückten Eigentumserwerbs entfällt, spielt bei der Schadensberechnung keine Rolle, weil die jedem Eigentum innewohnende Möglichkeit, die Sache selbst oder durch Vermietung nutzen zu können, in ihrem Verkehrswert bereits enthalten ist; sie kann deshalb nicht zusätzlich neben dem Verkehrswert der Sache als Schadensposition angesetzt werden.[72] **(3)** Der Vermieter hat die Wahl ob er den Vertrag mit dem Mieter oder den Vertrag mit dem Dritten erfüllt. Will der Vermieter den Vertrag mit dem Dritten erfüllen, so stehen dem Mieter die unter (2) dargestellten Ansprüche zu. **(4)** Steht fest, dass der Vermieter einen mit dem Mieter geschlossenen Kaufvertrag nicht erfüllen kann oder nicht erfüllen will, so ist der Mieter nicht gehalten ein Vorkaufsrecht auszuüben. Stattdessen kann er den unter (2) dargelegten Anspruch geltend machen.[73] **(5)** Am Ursachenzusammenhang zwischen der Pflichtverletzung des Vermieters und dem Schaden des Mieters kann es fehlen, wenn der Mieter auf Grund seiner finanziellen Verhältnisse nicht in der Lage gewesen wäre, die für den Erwerb der Wohnung erforderlichen Mittel aufzubringen oder zu finanzieren.

**Kritik:** Die dem Urteil des BGH[74] zugrunde liegende Auffassung beruht ersichtlich auf der Erwägung, dass dem Vermieter die Erfüllung des Kaufvertrags mit dem Mieter nach der Übereignung der Wohnung an den Dritten nicht mehr möglich ist. Diese Annahme ist allerdings zweifelhaft, weil Unmöglichkeit erst dann eintritt, wenn feststeht, dass der Dritte zur Rückübertragung des Eigentums an den Vermieter nicht bereit ist.[75] Die Rechtsansicht des BGH hat iÜ zur Folge, dass dem Mieter unabhängig von einem tatsächlichen Erwerbsinteresse ein Anspruch auf entgangenen Gewinn (das ist die Differenz zwischen dem Verkehrswert der Wohnung und dem mit dem Dritten vereinbarten Kaufpreis) zusteht; dies ist vom Schutzzweck des § 577 BGB nicht gedeckt. Richtigerweise gilt deshalb Folgendes:[76] Übt der Mieter das Vorkaufsrecht aus und kann der Vermieter dem Mieter das Eigentum verschaffen, so hat der Mieter erhalten, was ihm von Rechts wegen zusteht. Der Mieter muss das Risiko tragen, dass er das Eigentum an der Wohnung erhält, obwohl er dies möglicherweise nicht will. Ist die Eigentumsverschaffung nicht möglich, so steht dem Mieter ein Anspruch auf den entgangenen Gewinn nur zu, wenn die Voraussetzungen der § 280 Abs. 1, Abs. 3, § 283 BGB gegeben sind, also wenn die Unmöglichkeit der Eigentumsverschaffung endgültig feststeht. Dies muss der Mieter darlegen und ggf. beweisen. Verzichtet der Mieter dagegen auf die Ausübung des Vorkaufsrechts, so entfällt das Risiko eines ungewollten Eigentumserwerbs. Ein entgangener Gewinn steht dem Mieter nur im Ausnahmefall zu, nämlich dann, wenn die Voraussetzungen des § 251 Abs. 1 BGB vorliegen; dies muss der Mieter darlegen und beweisen. **45b**

## E. Die Ausübung des Vorkaufsrechts (Abs. 3)

Nach § 577 Abs. 3 BGB erfolgt die Ausübung des Vorkaufsrechts durch schriftliche Erklärung des Mieters gegenüber dem Verkäufer. **46**

### I. Erklärung gegenüber dem Verkäufer

Das Vorkaufsrecht wird durch einseitige, empfangsbedürftige, bedingungsfeindliche Willenserklärung gegenüber dem Vorkaufsverpflichteten ausgeübt. Dies ist der Verkäufer, idR also (aber nicht notwendigerweise) der Vermieter. Bei **mehreren Verkäufern** muss die Erklärung allen Verkäufern zugehen, falls keine Empfangsvollmachten bestehen. Wird eine unter **Zwangsverwaltung** stehende Wohnung vom Vermieter verkauft, so richtet sich der Eigentumsverschaffungsanspruch des Mieters aus diesem Kaufvertrag nicht gegen den Zwangsverwalter sondern gegen **47**

---

[71] BGH VIII ZR 51/14, NJW 2015, 1516 Rn. 29 f.; BGH VIII ZR 143/15, NZM 2016, 540 Rn. 19, 21 mAnm *Klühs* NZM 2016, 812; BGH VIII ZR 281/15, BeckRS 2016, 19831.

[72] BGH VIII ZR 281/15, BeckRS 2016, 19831.

[73] BGH VIII ZR 51/14, NJW 2015, 1516 Rn. 21 ff. mAnm *Bühler* WuM 2015, 245.

[74] BGH VIII ZR 51/14, NJW 2015, 1516 Rn. 21 ff.

[75] *Fervers* ZMR 2015, 610.

[76] Ausführlich *Fervers* ZMR 2015, 610 ff.; dem folgend Blank/Börstinghaus/*Blank/Börstinghaus* BGB § 577 Rn. 49b; Schmidt-Futterer/*Blank*, 14. Aufl. 2019, BGB § 577 Rn. 45b; zust. auch BeckOGK/*Klühs* BGB § 577 Rn. 92.2.

den Vermieter.[77] Demgemäß muss das Vorkaufsrecht gegenüber dem Vermieter geltend gemacht werden. Bei **mehreren Mietern** gelten §§ 577 Abs. 1 S. 3, 472 BGB: die Mieter müssen das Vorkaufsrecht zusammen ausüben; übt ein Mieter sein Recht nicht aus, so können es die übrigen Mieter alleine ausüben. Gleiches gilt, wenn das Recht eines Mieters erloschen oder verwirkt ist. Von einer Verwirkung ist insbes. dann auszugehen, wenn einer von mehreren Mietern schon vor längerer Zeit aus der Wohnung ausgezogen ist.[78] Damit ist sichergestellt, dass das Vorkaufsrecht nicht durch das Verhalten einzelner Mieter vereitelt wird. Allerdings müssen die das Vorkaufsrecht ausübenden Mieter klar und eindeutig zum Ausdruck bringen, dass sie das Recht ohne die anderen Berechtigten ausüben. Fehlt es hieran, so ist das Vorkaufsrecht nicht wirksam ausgeübt; der Kaufvertrag kommt also auch nicht mit denjenigen Mietern zustande, die das Recht ausgeübt haben.[79] Ein **minderjähriger Mieter** benötigt zum Erwerb die Genehmigung des Familiengerichts (§ 1821 Abs. 1 Nr. 5 BGB; evtl. gem. § 1822 Nr. 10 BGB, wenn er neben anderen Berechtigten als Gesamtschuldner auf den Kaufpreis haftet).

**48** Die Ausübungserklärung bedarf nicht der für den Kaufvertrag bestimmten **Form (§§ 577 Abs. 1 S. 3, 464 Abs. 1 S. 2 BGB).** Nach § 577 Abs. 3 BGB ist **Schriftform** erforderlich, aber auch genügend. Einer notariellen Beurkundung bedarf es nicht.[80] Diese Regelung kollidiert mit **§ 311 b Abs. 1 BGB,** weil der Mieter durch die Ausübung des Vorkaufsrechts eine Erwerbsverpflichtung eingeht, die nach § 311 b Abs. 1 BGB generell beurkundungsbedürftig ist. Durch diese Vorschrift sollen die Parteien des Kaufvertrags von unüberlegten Grundstücksgeschäften abgehalten werden. Deshalb ist der Verzicht auf die Form bereits beim vertraglich vereinbarten Vorkaufsrecht rechtspolitisch fragwürdig; immerhin kann hierfür angeführt werden, dass das Vorkaufsrecht als solches notariell beurkundet werden muss. Beim gesetzlichen Vorkaufsrecht ist dies nicht der Fall. Deshalb müsste hier nach dem Schutzzweck des § 311 b Abs. 1 BGB (auch der Käufer soll von übereilten und unüberlegten Grundstücksgeschäften zurückgehalten werden) folgerichtig die Ausübung des Vorkaufsrechts beurkundungspflichtig sein.[81] Der Gesetzgeber hat sich allerdings bewusst gegen die Beurkundungspflicht entschieden und die Ansicht vertreten, dass die Schriftform ausreiche, um den Mieter vor übereilten und unüberlegten Entscheidungen zu schützen.[82] Eine Auslegung gegen den Wortlaut des Gesetzes ist nicht möglich.

**49** Das Recht besteht nur für den **ersten Verkauf** nach der Umwandlung nach dem 1. 9. 1993.[83]

**50** Nach §§ 577 Abs. 1 S. 3, 471 BGB ist das Vorkaufsrecht ausgeschlossen, wenn der **Verkauf im Wege der Zwangsvollstreckung** oder durch den **Insolvenzverwalter** erfolgt. In einem solchen Fall stellt sich die weitere Frage, ob der Mieter das Vorkaufsrecht bei der ersten rechtsgeschäftlichen Veräußerung geltend machen kann. Dies wird vom BGH[84] verneint. Maßgeblich hierfür sei der Zweck des § 471 BGB, der insbes. das Interesse der Vollstreckungsgläubiger an einer unproblematischen Verwertung der Wohnung schütze. Gegenüber diesem Interesse müsse das Interesse des Mieters an der Ausübung des Vorkaufsrechts zurückstehen.

**51** Eine vorangegangene **Schenkung** oder ein **Tausch** hindert die Ausübung des Vorkaufsrechts nicht (→ Rn. 25 a).

**52** Hat der Mieter im Falle eines Verkaufs sein Vorkaufsrecht nicht ausgeübt, so lebt es auch dann nicht wieder auf, wenn der Verkauf – aus irgendeinem Grund – nicht zu einem Eigentümerwechsel geführt hat.

**53** Vereinzelt wird die Annahme vertreten, dass der Mieter ausnahmsweise ein Vorkaufsrecht haben soll, wenn der Erstverkauf vor dem Inkrafttreten des § 570 b BGB aF (1. 9. 1993) stattgefunden hat und nach diesem Zeitpunkt ein weiterer Verkauf stattfindet.[85] Dieser Ansicht steht allerdings Art. 6

---

[77] BGH VIII ZR 13/08, NJW 2009, 1076.

[78] OLG München NZM 1999, 797 (798).

[79] *Schmidt* DWW 1994, 65 (67).

[80] BGH VIII ZR 268/99, BGHZ 144, 357 = NJW 2000, 2665; BGH VIII ZR 271/04, NZM 2005, 779.

[81] Insbes. *Heintz* VorkaufsR Rn. 414, 418; *Wufka* DNotZ 90, 350; ebenso *Schmidt* DWW 94, 65 (66) für § 570 b BGB; *Beuermann* GE 1993, 951 (952).

[82] Begr. des RegierungsE zu § 577 BGB, BT-Drs. 14/4553.

[83] BGH VIII ZR 384/97, NJW 1999, 2044; *Schmidt* DWW 94, 65 (67); *Beuermann* GE 1993, 951 (953); *Langhein* DNotZ 1993, 650 (662); *Heintz* VorkaufsR Rn. 28; *Schilling,* Neues Mietrecht, 1993, 92; Staudinger/*Rolfs,* 2018, BGB § 577 Rn. 44; MüKoBGB/*Häublein* § 577 Rn. 21; NK-BGB/*Hinz* § 577 Rn. 18.

[84] BGH VIII ZR 384/97, NJW 1999, 2044; **aA** AG Frankfurt a. M. NJW 1995, 1034.

[85] *Heintz* VorkaufsR Rn. 30; wie hier: *Langhein* DNotZ 1993, 650 (662).

Abs. 4 des 4. MietRÄndG entgegen, weil danach § 570b BGB aF generell unanwendbar ist, wenn der Verkauf vor dem 1.9.1993 erfolgt ist.

Werden **mehrere Eigentumswohnungen** in einem Kaufvertrag verkauft, so ist der Mieter hinsichtlich seiner Wohnung zum Vorkauf berechtigt. Es spielt keine Rolle, ob Gegenstand des Kaufvertrags mehrere Eigentumswohnungen sind oder ob ein gesamtes in Wohnungseigentum aufgeteiltes oder noch aufzuteilendes Gebäude veräußert wird. Bei Ausübung des Vorkaufsrechts muss der Mieter einen auf die Wohnung entfallenden verhältnismäßigen Teil des Gesamtpreises entrichten (§§ 577 Abs. 1 S. 3, 467 BGB). Hat ein Eigentümer mehrere Eigentumswohnungen zu einem Gesamtpreis verkauft und mit dem Käufer einen besonders hohen Teilpreis für eine bestimmte Wohnung vereinbart, um einen bestimmten Mieter von der Ausübung seines Vorkaufrechts abzuhalten, so wirkt die Vereinbarung des Teilpreises nicht gegenüber dem Vorkaufsberechtigten.[86] Der Mieter muss in einem solchen Fall nicht den vereinbarten Teilpreis, sondern nur den niedrigeren anteiligen Preis bezahlen. Gleiches gilt, wenn die Kaufvertragsparteien hohe Einzelpreise für die einzelnen Wohnungen vereinbaren und zugleich einen relativ niedrigen Gesamtpreis für das „Wohnungspaket" festlegen.[87] Will der Mieter sein Vorkaufsrecht ausüben, so muss er nicht den (hohen) Einzelpreis, sondern einen (nach §§ 577 Abs. 1 S. 3, 467 BGB zu bemessenden) Teil des Gesamtpreises bezahlen, der dem Wert seiner Wohnung entspricht. Der anteilige Preis wird entsprechend dem Verhältnis der Gesamtfläche aller verkauften Wohnungen zur Fläche der Wohnung des Mieters bestimmt.[88] Das OLG Karlsruhe[89] stellt in diesem Zusammenhang klar, dass ein dergestalt ausgeübtes Vorkaufsrecht wirksam ist, weil die Beschränkung auf den angemessen Preis keine (unzulässige) Bedingung im Rechtssinne darstellt. Einigen sich die Parteien auf einen Einzelpreis, so geht die Einigung der gesetzlichen Regelung vor.[90] 54

Die **Unwirksamkeit der Preisvereinbarung** führt nach § 139 BGB zur Gesamtnichtigkeit des Kaufvertrags, wenn nicht anzunehmen ist, dass der Vertrag auch ohne den nichtigen Teil geschlossen worden wäre. Hierfür ist nach allgemeinen Grundsätzen derjenige beweispflichtig, der das teilnichtige Geschäft aufrechterhalten will. Etwas anderes gilt, wenn der Kaufvertrag eine salvatorische Erhaltens- und Ersetzungsklausel enthält. Nach der Rspr. des BGH führt die Klausel zu einer Umkehr der Beweislast.[91] Beweispflichtig für die Gesamtnichtigkeit ist derjenige, der das Geschäft verwerfen will. 55

Hat der Eigentümer die Wohnung in einem solchen Fall trotz der wirksamen Ausübung des Vorkaufsrechts dem Erwerber übereignet, so ergibt sich der Schadensersatzanspruch des Mieters aus § 283 BGB. Die Höhe des Anspruchs richtet sich nach einem Gesamtvermögensvergleich. Der tatsächlichen Vermögensentwicklung ist die Vermögenssituation bei ordnungsgemäßer Erfüllung gegenüberzustellen. Regelmäßig besteht der Vermögensschaden in der Differenz zwischen dem anteiligen Kaufpreis der Wohnung und dem Verkehrswert.[92] 56

Ist im Grundbuch eine **Veräußerungsbeschränkung** eingetragen, so ist **§ 12 WEG** zu beachten: Danach kann als Inhalt des Sondereigentums vereinbart werden, dass ein Wohnungseigentümer zur Veräußerung seines Wohnungseigentums der Zustimmung anderer Wohnungseigentümer oder eines Dritten bedarf (§ 12 Abs. 1 WEG). Ist eine solche Vereinbarung getroffen, so ist ein Veräußerungsvertrag unwirksam, solange nicht die erforderliche Zustimmung erteilt ist (§ 12 Abs. 3 S. 1 WEG). Das Zustimmungserfordernis soll die Eigentümergemeinschaft vor ungeeigneten Erwerbern schützen; deshalb darf die Zustimmung nur versagt werden, wenn ein wichtiger Grund in diesem Sinne vorliegt (§ 12 Abs. 2 S. 1 WEG). Das Zustimmungserfordernis gilt auch bei Erwerbsvorgängen, die auf gesetzlicher Grundlage beruhen (§ 12 Abs. 3 S. 2 BGB); es gilt ebenso bei der Ausübung des Vorkaufsrechts nach § 577 BGB. Hat der Verwalter den ursprünglichen Kaufvertrag genehmigt, so stellt sich die Frage, ob die Genehmigung ohne weiteres für den Zweitvertrag gilt. Dies ist entsprechend dem Schutzzweck des § 12 WEG (Schutz der Gemeinschaft vor ungeeigneten Erwerbern) zu verneinen. Aus diesem Grunde muss der Zweitvertrag erneut genehmigt werden;[93] die Genehmigung muss allerdings weder im Zeitpunkt der Ausübung des Vorkaufsrechts noch bis zum 57

[86] BGH VIII ZR 271/04, NZM 2005, 779; OLG Karlsruhe WuM 1996, 325.
[87] OLG Düsseldorf WuM 1998, 668.
[88] BGH VIII ZR 271/04, NZM 2005, 779.
[89] OLG Karlsruhe WuM 1996, 325.
[90] OLG Celle WuM 2008, 292 (294).
[91] BGH KZR 10/01, NZM 2003, 61; BGH VIII ZR 271/04, NZM 2005, 779.
[92] BGH VIII ZR 271/04, NZM 2005, 779 (780).
[93] Ebenso *Schmidt* DWW 1994, 65 (68).

Ablauf der Ausübungsfrist vorliegen. Wird die Genehmigung nach der Ausübung des Vorkaufsrechts erteilt, so kommt der Kaufvertrag zustande. Wird die Zustimmung verweigert, so kann der Mieter lediglich den Vermieter auf Erfüllung des Kaufvertrags in Anspruch nehmen; dieser muss sodann entscheiden, ob er gegenüber dem Verwalter (im Verfahren nach dem WEG) den Zustimmungsanspruch geltend macht. Der Mieter hat gegenüber dem Verwalter keinen Anspruch auf Erteilung der Zustimmung. Diese Grundsätze gelten sinngemäß, wenn die Zustimmung nach dem Inhalt der Teilungserklärung von der Wohnungseigentümergemeinschaft, oder von anderen Wohnungseigentümern zu erteilen ist.

**58** Die im ursprünglichen Vertrag enthaltenen Regelungen gelten auch für den Zweitvertrag. Eine Ausnahme gilt hinsichtlich solcher Bestimmungen, die wesensgemäß nicht zum Kaufvertrag gehören und sich darin als Fremdkörper darstellen.[94] Ist im Ursprungsvertrag eine **Stundung des Kaufpreises** vereinbart, so gilt §§ 577 Abs. 1 S. 3, 468 BGB: Die Stundung wirkt zugunsten des Mieters, wenn dieser Sicherheit leistet oder wenn die Bestellung einer Hypothek vereinbart wird. Die **Kosten des Kaufvertrags** sind vom Mieter zu tragen, wenn nach den Vereinbarungen im Kaufvertrag der Käufer zur Tragung der Kosten verpflichtet ist. Nach der Rspr. des BGH gehören Bestimmungen in Kaufverträgen über die Verteilung der Maklerkosten, die sich nicht im üblichen Rahmen halten, wesensgemäß nicht zum Kaufvertrag und verpflichten daher den Vorkaufsberechtigten nicht.[95] Eine Reduzierung der Maklerprovision auf die Höhe des üblichen Entgelts analog § 655 BGB kommt nicht in Betracht. Dies hat zur weiteren Folge, dass der Vorkaufsberechtigte nicht verpflichtet ist, in einem solchen Fall eine auf die übliche Höhe reduzierte Maklerprovision zu zahlen.[96]

**58a** Ist der Käufer nach den vertraglichen Vereinbarungen mit dem Verkäufer berechtigt, die Wohnung zum Zwecke der Finanzierung des Kaufpreises mit einem Grundpfandrecht zu belasten, so steht dasselbe Recht dem Mieter zu, wenn dieser von seinem Vorkaufsrecht Gebrauch macht. Fehlt eine solche Vereinbarung, so trifft den Verkäufer eine aus dem Mietvertrag ableitbare Nebenpflicht zur Bewilligung einer derartigen Belastung, da die Fremdfinanzierung einer Immobilie allgemein üblich ist. Dies gilt auch, wenn der Erstkäufer auf eine **Belastungsvollmacht** verzichtet hat. Der Mieter muss den Anspruch auf die Belastungsvollmacht allerdings so zeitig gegenüber dem Verkäufer geltend machen, dass dieser die Berechtigung des Verlangens prüfen kann.[97]

**59** Die Erklärung des Mieters über die Ausübung des Vorkaufsrechts ist unwirksam, wenn dieser offensichtlich seine Verpflichtungen aus dem Kaufvertrag nicht erfüllen kann.[98] Da der Vermieter an der Klärung dieser Frage ein gewichtiges Interesse hat, wird man ihm einen **Auskunftsanspruch gegen den Mieter** aus § 242 BGB zubilligen müssen,[99] den dieser durch Vorlage eines **Kapitalnachweises** zu erfüllen hat.

## II. Frist

**60** Nach §§ 577 Abs. 1 S. 3, 469 Abs. 2 BGB kann das Vorkaufsrecht nur bis zum Ablauf von zwei Monaten nach dem Empfang der Mitteilung ausgeübt werden. Diese Frist soll nach dem ausdrücklichen Hinweis in den Beschlussempfehlungen des Rechtsausschusses[100] auch iRd § 577 BGB gelten. Die Frist beginnt mit dem Zugang der Mitteilung. Dies gilt allerdings nur dann, wenn die Mitteilung zugleich die Unterrichtung über das Vorkaufsrecht enthält. Bei getrennter Information beginnt die Frist, wenn dem Mieter sowohl die Mitteilung als auch die Unterrichtung zugegangen ist. Die Mitteilung und die Unterrichtung müssen den gesetzlichen Vorschriften entsprechen; andernfalls beginnt die Frist nicht zu laufen.[101] Gleiches gilt, wenn – bei mehreren Mietern – die Information nur einem Teil der Mieter zugegangen ist.[102]

---

[94] OLG Düsseldorf MDR 1999, 800.
[95] BGH III ZR 7/06, NZM 2007, 256; BGH I ZR 5/15, NJW 2016, 3233.
[96] BGH I ZR 5/15, NJW 2016, 3233.
[97] LG Berlin GE 2016, 533, danach ist die Geltendmachung des Anspruchs verspätet, wenn das Verlangen dem Verkäufer erst zwei Tage vor Ablauf der Ausübungsfrist zugeht.
[98] *Wienicke* WuM 1980, 97.
[99] **AA** Staudinger/*Rolfs,* 2018, BGB § 577 Rn. 68.
[100] BT-Drs. *12/5110, 19.*
[101] *Staudinger/Rolfs,* 2018, BGB § 577 Rn. 65; *Franke/Geldmacher* ZMR 1993, 548 (555); *Sternel* MietR Kap. XI Rn. 276.
[102] *Sternel* MietR Kap. XI Rn. 276; **aM** *Schmidt* DWW 1994, 65 (69).

Die Frist erscheint insbes. dann zu knapp, wenn der Mieter von der Umwandlung und/oder der Möglichkeit des Vorkaufs keine Kenntnis hatte. In diesem Fall muss der Mieter innerhalb von zwei Monaten nicht nur die Angemessenheit des Kaufpreises prüfen, sondern auch die Finanzierung überdenken und planen. Einen Anspruch auf **Verlängerung der Frist** hat der Mieter nicht. 61

Die **Frist endet** zwei Monate nach Zugang der Mitteilung. Zu diesem Zeitpunkt muss die Erklärung über die Ausübung des Vorkaufsrechts dem Verkäufer (bei mehreren Personen: den Verkäufern) zugegangen sein. Auf den Zeitpunkt der Abgabe der Erklärung kommt es – wie allgemein – nicht an. Der Mieter kann die Erklärung auch früher abgeben, auch vor dem Zugang der Mitteilung. 62

Endet die Ausübungsfrist nach dem **Ende des Mietverhältnisses,** so kann der Mieter das Vorkaufsrecht auch nach dem Ablauf der Mietzeit ausüben.[103] Wird das Vorkaufsrecht innerhalb der Zwei-Monats-Frist geltend gemacht, so wird der Kauf wirksam, wenn das Mietverhältnis in der Folgezeit nach § 545 BGB verlängert wird. Dies folgt aus der Erwägung, dass beim Vorliegen der in § 545 BGB bestimmten Voraussetzungen eine Verlängerung des Mietverhältnisses eintritt; in diesem Fall ist der Vorkaufsberechtigte unbeschadet des Ablaufs der Mietzeit als „Mieter" anzusehen. Tritt hingegen keine Verlängerung des Mietverhältnisses nach § 545 BGB ein (weil eine der Parteien der Gebrauchsfortsetzung widerspricht), so ist eine nach Ablauf der Mietzeit erklärte Ausübung des Vorkaufsrechts unwirksam, weil in diesem Fall der Berechtigte nicht als „Mieter" tätig geworden ist. Beginnt die Ausübungsfrist nach Beendigung der Mietzeit, so kann der Mieter das Vorkaufsrecht bereits vor Ablauf der in § 545 BGB bestimmten Widerspruchsfrist wirksam ausüben. Der Kauf kommt in diesem Fall zustande, wenn das Mietverhältnis nach § 545 BGB verlängert wird. 63

Die Frist für die Ausübung des Vorkaufsrechts wird erneut in Lauf gesetzt, wenn die Parteien den **Kaufvertrag ändern.**[104] Dies kann dann von Bedeutung sein, wenn die Kaufvertragsparteien zunächst einen hohen Kaufpreis vereinbaren, um den Mieter von der Ausübung des Vorkaufsrechts abzuhalten und sodann nach Ablauf der Zwei-Monats-Frist den Kaufpreis reduzieren. Hier muss dem Mieter der Inhalt des geänderten Kaufvertrags mitgeteilt werden; außerdem ist er erneut über sein Vorkaufsrecht zu unterrichten. Die Frist zur Ausübung des Vorkaufsrechts beginnt mit dem Zugang dieser Mitteilung. 64

## F. Der Auflassungsanspruch

Mit der wirksamen Ausübung des Vorkaufsrechts kommt ein Kaufvertrag zwischen dem Verkäufer und dem Mieter zu den Bedingungen des Erstvertrags zustande. Einer notariellen Beurkundung dieses Vertrags bedarf es nicht.[105] Der Erstvertrag bleibt wirksam; eventuelle Ansprüche des Erstkäufers richten sich nach diesem Vertrag und den allgemeinen Vorschriften über die Nichterfüllung. Da die Parteien des Kaufvertrags idR nicht wissen, ob der Mieter sein Vorkaufsrecht ausübt, empfiehlt es sich für den Verkäufer, auf einen vereinbarten Rücktrittsvorbehalt für den Fall der Ausübung des Rechts hinzuwirken. 65

Aus dem Kaufvertrag kann der Mieter auf Übertragung des Eigentums klagen, wenn der Vermieter die Auflassung nicht erklärt **(Klage auf Abgabe der zur Auflassung erforderlichen Willenserklärung).** Da das Vorkaufsrecht nach § 577 BGB keine dingliche, sondern lediglich schuldrechtliche Wirkung hat, kann dieser Anspruch allerdings nicht gegen den Willen des Dritten durchgesetzt werden, wenn der Dritte bereits im Grundbuch eingetragen ist oder wenn zu dessen Gunsten eine Auflassungsvormerkung besteht. In diesem Fall kann der Mieter den Vermieter lediglich auf **Schadensersatz** in Anspruch nehmen. Die Berechnung des Schadens richtet sich – wie stets – nach den Umständen des Einzelfalls. Maßgeblich ist ein Gesamtvermögensvergleich. Der tatsächlichen Vermögensentwicklung ist die **Vermögenssituation** bei ordnungsgemäßer Erfüllung gegenüberzustellen (→ Rn. 45).[106] Kündigt der Erwerber wegen Eigenbedarfs, so können bspw. die umzugsbedingten Aufwendungen Gegenstand eines Ersatzanspruchs sein. Nach einer Entscheidung des OLG München[107] soll allerdings eine Ausnahme gelten, wenn die Parteien des Kaufver- 66

[103] Fischer-Dieskau/Pergande/Schwender WohnungsbauR/*Bellinger* WoBindG § 2b Anm. 3.4; **aM** *Schilling,* Neues Mietrecht, 1993, 94; Staudinger/*Rolfs,* 2018, BGB § 577 Rn. 41; Erman/*Lützenkirchen* BGB § 577 Rn. 2.
[104] OLG Karlsruhe WuM 1996, 325 mAnm *Blank.*
[105] Staudinger/*Rolfs,* 2018, BGB § 577 Rn. 63; **aA** MietPrax/*Börstinghaus* Fach 1 Rn. 282.
[106] BGH VIII ZR 271/04, NZM 2005, 779 (780).
[107] OLG München NZM 1999, 797.

trags in einer gegen die guten Sitten verstoßenden Weise (§ 826 BGB) zusammenwirken, um das Vorkaufsrecht des Mieters zu vereiteln. In diesem Fall soll der Mieter die Möglichkeit haben, den Parteien des Kaufvertrags durch einstweilige Verfügung zu verbieten, Schritte zur Eintragung des Erwerbers ins Grundbuch zu unternehmen.

**67** Zur Sicherung seines Eigentumsverschaffungsanspruchs kann der Mieter im Wege der einstweiligen Verfügung die Eintragung einer **Auflassungsvormerkung** zu seinen Gunsten erwirken (§ 883 Abs. 1 BGB); eine Gefährdung des zu sichernden Anspruchs muss hierbei nicht glaubhaft gemacht werden (§ 885 Abs. 1 S. 2 BGB). Eine bereits zuvor eingetragene Vormerkung zugunsten des Dritten hindert die Eintragung nicht, weil nicht feststeht, ob der Eigentumsübergang zugunsten des Dritten erfolgt.[108] Allerdings ist die Eintragung zugunsten des Erwerbers vorrangig (§ 883 Abs. 3 BGB).

**68** Eine Besonderheit kann gelten, wenn der Veräußerer mit dem Erwerber vereinbart hat, dass dieser verpflichtet sein soll, dem Mieter Gelegenheit zur Ausübung des Vorkaufsrechts zu geben. Hierin kann ein Vertrag zugunsten eines Dritten (des Mieters) zu sehen sein. In einem solchen Fall kann der Mieter gegenüber dem Erwerber den Anspruch auf Übertragung des Eigentums geltend machen; eine Sicherung dieses Anspruchs durch eine Vormerkung ist möglich.[109]

**69** Nach allgemeinen Grundsätzen ist die Eintragung einer Vormerkung zugunsten des Mieters erst möglich, wenn dieser das Vorkaufsrecht ausgeübt hat. Da dieser Zeitpunkt immer nach Abschluss des Kaufvertrags liegt, kann die Durchsetzung des gesetzlichen Vorkaufsrechts durch die Eintragung einer Vormerkung zugunsten des Käufers vereitelt werden. Aus diesem Grunde wird teilweise vorgeschlagen, dass die Eintragung der Vormerkung zugunsten des Mieters bereits „bei Verdichtung der Umwandlungsabsicht" möglich sein soll.[110] Hierfür fehlt es allerdings an einer gesetzlichen Grundlage: Die Vormerkung setzt einen zu sichernden Anspruch voraus; dieser entsteht erst mit der Ausübung des Vorkaufsrechts.

**70** Wird der Mieter als Eigentümer im Grundbuch eingetragen, obwohl zugunsten des Dritten eine vorrangige Auflassungsvormerkung besteht, so kann der Dritte den Veräußerer auf Auflassung und den Mieter auf Zustimmung zur Löschung seiner Eintragung als Eigentümer in Anspruch nehmen (§ 433 Abs. 1 BGB, § 883 Abs. 2 BGB, § 888 BGB). Auf das Verhältnis des Dritten zum Mieter sind die Regelungen der §§ 987 ff. BGB entsprechend anzuwenden.[111] Der Dritte hat gegen den Mieter einen Anspruch auf Ersatz der Nutzungen in Höhe des Mietzinses. Hat der Mieter während seiner Zeit als Eigentümer Verwendungen auf die Mietsache gemacht, so kann er vom Dritten nach § 347 Abs. 2 BGB, § 994 Abs. 2 BGB Ersatz verlangen.[112]

**71** Dem Mieter ist ein **Zurückbehaltungsrecht an der Miete (§ 273 BGB)** zuzubilligen, wenn der Vermieter seine Verpflichtung zur Auflassung nicht erfüllt.[113] Dies gilt nicht, wenn der Vermieter den Auflassungsanspruch nicht erfüllen kann, etwa weil der Dritte bereits im Grundbuch eingetragen ist, oder weil zu dessen Gunsten eine Auflassungsvormerkung besteht. Ist über das Grundstück die **Zwangsverwaltung** angeordnet, so richtet sich der Anspruch des Mieters auf Verschaffung des Eigentums gegen den Vermieter und nicht gegen den Zwangsverwalter. Dem Mieter steht gegenüber dem Anspruch des Zwangsverwalters auf Zahlung der Miete kein Zurückbehaltungsrecht wegen des Eigentumsverschaffungsanspruchs zu. Bei der Zwangsverwaltung ist die Miete an den Zwangsverwalter zu bezahlen, während der Auflassungsanspruch vom Vermieter als Verkäufer zu erfüllen ist. Es fehlt mithin am Gegenseitigkeitsverhältnis zwischen der geschuldeten und der zurückgehaltenen Leistung.[114]

---

[108] AG Frankfurt a. M. NJW 1995, 1034.
[109] LG Köln NJW-RR 1995, 1354; **aA** OLG München NZM 1999, 797 (798).
[110] *Derleder* PiG 49 (1996), 170 (187); **aA** *Langhein* Rpfleger 1995, 350; Staudinger/*Rolfs,* 2018, BGB § 577 Rn. 53.
[111] BGH V ZR 291/81, BGHZ 87, 296 = NJW 1983, 2024 (2025); für die entschiedene Konstellation aufrechterhalten in BGH V ZR 453/99, BGHZ 144, 323 = NJW 2000, 2899.
[112] BGH V ZR 453/99, BGHZ 144, 323 = NJW 2000, 2899 (2900 f.).
[113] Offen gelassen in BGH VIII ZR 13/08, NZM 2009, 151 Rn. 12.
[114] BGH VIII ZR 13/08, NZM 2009, 151 Rn. 12 ff.

## G. Abweichende Vereinbarungen (Abs. 5)

### I. Definition

Nach § 577 Abs. 5 BGB ist eine „zum Nachteil des Mieters abweichende Vereinbarung … unwirksam". Dies bedeutet, dass das Vorkaufsrecht mietvertraglich nicht ausgeschlossen oder zum Nachteil des Mieters beschränkt werden kann. Die Modalitäten der Ausübung des Vorkaufsrechts, wie sie in §§ 463–473 BGB geregelt sind, können ebenfalls nicht zum Nachteil des Mieters abweichend geregelt werden. Dies folgt unmittelbar aus § 577 Abs. 1 S. 3 BGB. Deshalb ist es bspw. unwirksam, wenn die Fristen für die Ausübung des Vorkaufsrechts verkürzt werden oder wenn vereinbart wird, dass die Ausübung des Vorkaufsrechts der notariellen Form bedarf. Dagegen ist es wirksam, wenn **Regelungen** getroffen werden, die **dem Mieter vorteilhaft** sind (zB längere Ausübungsfristen, Vererbbarkeit des Vorkaufsrechts). 72

### II. Verzichtsvertrag

Ein **Verzichtsvertrag** zwischen dem Mieter und dem Vermieter, der vor Abschluss des Kaufvertrags geschlossen wird, ist unwirksam.[115] In einem solchen Vertrag liegt eine abweichende Vereinbarung zum Nachteil des Mieters, weil dieser die Folgen seines Verzichts erst wahrnehmen kann, wenn er den Inhalt des Kaufvertrags kennt. Ein einseitiger Verzicht des Mieters hat wegen § 397 BGB keine Rechtsfolgen. Jedoch kann die spätere Ausübung des Vorkaufsrechts trotz vorher erklärtem Verzicht uU gegen § 242 BGB verstoßen.[116] 73

### III. Begriff der „Vereinbarung"

Fraglich ist, ob der Mieter mit dem Kaufinteressenten einen Verzichtsvertrag abschließen kann. Dies hängt zunächst davon ab, ob sich die Verbotsnorm nur auf die Vertragsparteien bezieht, oder ob unter dem Begriff der „Vereinbarung" auch ein Vertrag zwischen dem Mieter und dem Dritten zu verstehen ist. Insoweit ist festzustellen, dass sich aus § 577 Abs. 2 BGB eindeutig eine Verpflichtung des Dritten zur Unterrichtung des Mieters über das Vorkaufsrecht ergibt, wenn der Dritte den Inhalt des Kaufvertrags mitteilt. Dies rechtfertigt die Annahme, dass der Dritte auch das Verbot des § 577 Abs. 5 BGB zu beachten hat. 74

### IV. Abschluss mit Vermieter oder mit Dritten

Nach Abschluss des Kaufvertrags und dessen Mitteilung an den Mieter unter Beachtung der in § 577 Abs. 2 BGB vorgeschriebenen Unterrichtung kann allerdings ein Verzichtsvertrag sowohl mit dem Vermieter als auch mit dem Dritten geschlossen werden.[117] Der Einwand Wirths[118] wonach ein Erlassvertrag nur zwischen den Beteiligten des Schuldverhältnisses möglich sei, verkennt, dass der Vertrag mit dem Dritten über den Verzicht auf das Vorkaufsrecht nach den **Grundsätzen der Vertragsfreiheit** ohne weiteres als Vertrag besonderer Art bewertet werden kann. 75

Kennt der Mieter den Inhalt des Kaufvertrags und weiß er um sein Vorkaufsrecht, so kann er sich frei darüber entscheiden, ob er es ausüben will; ein weitergehendes Schutzbedürfnis besteht in einem solchen Fall nicht. 76

[115] BeckOGK/*Klühs* BGB § 577 Rn. 118; *Wirth* NZM 1998, 390 (394); AnwK WohnraumMietR/*Lammel* BGB § 577 Rn. 54; Kossmann Wohnraummiete-HdB/*Meyer-Abich* BGB § 120 Rn. 22; NK-BGB/*Hinz* § 577 Rn. 44; **aA** *Wienicke* WuM 1980, 97 für § 2b WoBindG; Erman/*Lützenkirchen* BGB § 577 Rn. 14f.

[116] *Wirth* NZM 1998, 390 (395).

[117] *Sonnenschein* NJW 1980, 2055 (2058); *Schilling/Meyer* ZMR 1994, 504; *Heintz* VorkaufsR Rn. 451; Staudinger/*Rolfs*, 2018, BGB § 577 Rn. 86; MüKoBGB/*Häublein* § 577 Rn. 38; NK-BGB/*Hinz* § 577 Rn. 44; AnwK WohnraumMietR/*Lammel* BGB § 577 Rn. 54.

[118] *Wirth* NZM 1998, 390 (395).

### V. Mietaufhebungsvertrag

**77** Nach demselben Kriterium ist die Wirksamkeit eines Mietaufhebungsvertrags zu beurteilen, der im zeitlichen Zusammenhang mit dem Verkauf der Wohnung abgeschlossen wird, damit dem Käufer eine freistehende Wohnung übergeben werden kann. Erfolgt der Vertragsschluss vor Abschluss des Kaufvertrags oder dessen Mitteilung an den Mieter, so hat die vereinbarte Mietaufhebung zugleich einen **unwirksamen Verzicht** auf das Vorkaufsrecht zur Folge. Dabei spielt es keine Rolle, ob das Mietverhältnis bereits vor dem Abschluss des Kaufvertrags oder erst danach enden soll.[119] Nach dem Gesetzeszweck kann allein maßgeblich sein, dass die Aufhebung des Mietverhältnisses im Hinblick auf einen beabsichtigten Verkauf erfolgt. Die Unwirksamkeit des ausdrücklich oder stillschweigend vereinbarten Verzichts auf das Vorkaufsrecht führt zur Unwirksamkeit des gesamten Rechtsgeschäfts, also auch des Aufhebungsvertrags einschließlich der dort enthaltenen Abfindungsabreden.[120] Zieht der Mieter allerdings aus, nachdem er von dem Kaufvertrag und dem Vorkaufsrecht Kenntnis erlangt hat, so kann hierin ein erneuter Aufhebungsvertrag gesehen werden (§ 141 BGB).

**78** Wird der Aufhebungsvertrag dagegen abgeschlossen, nachdem der Kaufvertrag dem Mieter unter Beachtung der in § 577 Abs. 2 BGB vorgeschriebenen Unterrichtung mitgeteilt worden ist, so ist sowohl der darin liegende Verzicht auf das Vorkaufsrecht als auch der Aufhebungsvertrag wirksam. Gleiches gilt, wenn die Aufhebung auf Betreiben des Mieters erfolgt oder wenn die Aufhebung zu einem Zeitpunkt vereinbart wird, zu dem der Verkauf der Wohnung noch nicht beabsichtigt ist.

### VI. Umsetzung in der Praxis

**79** In der Praxis wird für Wohnungen mit einem bestehenden Mietverhältnis regelmäßig ein niedrigerer Mietpreis bezahlt als für eine Wohnung ohne mietvertragliche Bindungen. Da der Mietvertrag mit dem Eigentumserwerb des Mieters erlischt, könnte dieser die Wohnung zu günstigeren Bedingungen als der Erstkäufer erwerben. Dies zeigt sich insbes. dann, wenn der Mieter die Wohnung nach dem Eigentumserwerb freistehend (zu einem höheren Preis) weiterveräußert. Die damit verbundenen Vermögensvorteile sind vom Schutzzweck des § 577 BGB nicht gedeckt. Deshalb ist § 577 Abs. 5 BGB nicht verletzt, wenn die Parteien des Kaufvertrags eine **differenzierte Preisabrede** treffen.[121] Bei dieser Form der Preisabrede werden zwei Kaufpreise bestimmt, nämlich ein niedriger Preis für die Wohnung mit mietvertraglichen Bindungen und (alternativ hierzu) ein höherer Preis für die Wohnung ohne mietvertragliche Bindungen. Der niedrigere Preis gilt, wenn der Mieter das Vorkaufsrecht nicht ausübt. Übt der Mieter das Vorkaufsrecht aus, so gilt der höhere Preis. Eine solche Preisgestaltung ist wirksam, wenn die Preisdifferenz den Marktgegebenheiten entspricht.

## H. Prozessuales

**80** Für Streitigkeiten über die Ausübung des gesetzlichen Vorkaufsrechts sind nach § 29 a ZPO die Amtsgerichte zuständig. Dies gilt auch dann, wenn der Rechtsstreit zwischen dem Mieter und dem noch nicht im Grundbuch eingetragenen Erwerber geführt wird. In diesem Fall besteht zwischen den Parteien des Rechtsstreits zwar kein Mietverhältnis; gleichwohl ist § 29 a ZPO einschlägig, weil der Anspruch des Mieters seine Grundlage im Mietverhältnis hat.

**80a** Teilt der Vermieter dem Mieter entgegen § 577 Abs. 2 BGB den Inhalt des Kaufvertrags nicht mit, so kann der Mieter **Auskunftsklage** erheben. Einen eventuellen Schadensersatzanspruch wegen Vereitelung des Vorkaufsrechts (→ Rn. 45) kann der Mieter mit der **Leistungsklage** verfolgen. Fraglich ist, ob der Mieter den Auskunftsanspruch und den Schadensersatzanspruch im Wege der **Stufenklage** geltend machen kann. Das Problem ergibt sich aus § 254 ZPO, weil die Stufenklage grds. voraussetzt, dass der Kläger mit der Auskunftsklage die für die Erhebung der Leistungsklage erforderlichen Informationen erhält. Dies ist in Fällen der vorliegenden Art nicht der Fall,

---

[119] **AA** Staudinger/*Rolfs,* 2018, BGB § 577 Rn. 87, danach sind nur solche Aufhebungsverträge unwirksam, bei denen das *Mietverhältnis nach Abschluss* des Kaufvertrags endet.

[120] Staudinger/*Rolfs,* 2018, BGB § 577 Rn. 87.

[121] *Derleder* PiG 49 (1996), 169 (176 ff.); NJW 1996, 2817 (2819); **aA** Staudinger/*Rolfs,* 2018, BGB § 577 Rn. 83.

weil der Mieter durch die Auskunft über den Inhalt des Kaufvertrags zwar den Verkaufspreis der Wohnung, nicht aber deren Verkehrswert erfährt. Nach der Ansicht des BGH steht dies der Zulässigkeit der Stufenklage nicht entgegen: Für die Erhebung einer Stufenklage nach § 254 ZPO sei es „nicht erforderlich, dass durch die in der ersten Stufe geltend gemachte Auskunft alle Informationen zu erlangen sind, die für die Bezifferung des in einer weiteren Stufe verfolgten Leistungsanspruchs notwendig sind“[122].

### I. Analoge Anwendung bei Realteilung eines Grundstücks

Die Regelungen der §§ 577, 577a BGB setzen voraus, dass an vermieteten Wohnräumen Wohnungseigentum begründet und dieses veräußert wird. Soll ein mit mehreren vermieteten Einfamilienhäusern bebautes einheitliches Grundstück in selbständige Grundstücke aufgeteilt und die einzelnen Häuser sodann verkauft werden, so scheidet eine unmittelbare Anwendung der §§ 577, 577a BGB aus. Nach der Ansicht des BGH sind diese Regelungen im Fall der Realteilung eines Grundstücks aber entsprechend anzuwenden.[123] Hier steht dem Mieter des Einfamilienhauses das Vorkaufsrecht zu, wenn die Realteilung nach der Überlassung der Mietsache an den Mieter erfolgt und das Einfamilienhaus sodann veräußert wird (§ 577 Abs. 1 S. 1 Alt. 1 BGB). Ebenso besteht das Vorkaufsrecht, wenn das ungeteilte Grundstück veräußert wird und sich der Veräußerer in dem Kaufvertrag zur Aufteilung verpflichtet hat (§ 577 Abs. 1 S. 1 Alt. 2 BGB analog). Die letztgenannte Alternative setzt zum einen voraus, dass der Veräußerer gegenüber dem Erwerber vertraglich zur Teilung des Grundstücks verpflichtet ist. Die Entscheidung über die Teilung darf also nicht dem Erwerber überlassen werden. Zum anderen muss die vom Vorkaufsrecht erfasste künftige Wohneinheit in dem Vertrag hinreichend bestimmt oder bestimmbar sein. Für die Bestimmbarkeit der Teilflächen genügt es nach der Auffassung des BGH, wenn diese „nach ihrer ungefähren Größe, ihrer Beschaffenheit (mit Wohnhaus, Schuppen oder Garage bebaut) und nach ihrer Lage auf dem Gesamtgrundstück … ausreichend bestimmt beschrieben und bezeichnet“ werden.[124] § 577 BGB ist unanwendbar, wenn der Eigentümer ein mit mehreren Reihenhäusern bebautes Grundstücks an mehrere Erwerber veräußert und eine eventuell zu erfolgende Realteilung den Erwerbern überlassen bleibt.[125] Sind der Gegenstand des Mietvertrags und die von den Parteien des Kaufvertrags beabsichtigte **Aufteilung des Gesamtgrundstücks** in Einzelgrundstücke nicht völlig identisch, so ist § 467 S. 2 BGB anzuwenden. Danach kann der Verpflichtete (also der Veräußerer) verlangen, dass der Vorkauf auf alle Sachen erstreckt wird, die nicht ohne Nachteil für ihn getrennt werden können. Das Vorkaufsrecht kann deshalb auch solche Grundstücksteile erfassen, die **nicht Gegenstand des Kaufvertrags** sind: „Damit bestimmt das Vorkaufsrecht und nicht der den Vorkaufsfall auslösende Kaufvertrag, welche Gegenstände der Vorkaufsberechtigte in Ausübung seines Rechts erwerben kann.“[126] Der Veräußerer kann gem. §§ 577 Abs. 1 S. 3, 467 S. 2 BGB auch verlangen, dass der Mieter den gesamten auf ihn entfallenden Grundstücksteil erwirbt, wenn der ansonsten verbleibende Rest nicht sinnvoll zu verwerten ist. Die analoge Anwendung der §§ 577, 577a BGB im Wege der richterlichen Rechtsfortbildung auf den Fall der Realteilung eines Grundstücks ist verfassungsrechtlich nicht zu beanstanden.[127] Im Falle der Kündigung durch den Erwerber gilt die Kündigungssperre gem. § 577a BGB. 81

[122] BGH VIII ZR 143/15, NJW 2017, 156 Rn. 14 mAnm *Klühs* NZM 2016, 812.
[123] BGH VIII ZR 126/07, NJW 2008, 2257; BGH VIII ZR 325/09, NJW 2010, 3571; BGH VIII ZR 61/15, NZM 2016, 543 Rn. 19 mAnm *Klühs* NZM 2016, 812.
[124] BGH VIII ZR 61/15, NZM 2016, 543 Rn. 58 mAnm *Klühs* NZM 2016, 812.
[125] LG Berlin GE 2017, 891.
[126] BGH VIII ZR 61/15, NZM 2016, 543 Rn. 63.
[127] BVerfG NZM 2011, 479.

## § 577a Kündigungsbeschränkung bei Wohnungsumwandlung

**(1) Ist an vermieteten Wohnräumen nach der Überlassung an den Mieter Wohnungseigentum begründet und das Wohnungseigentum veräußert worden, so kann sich ein Erwerber auf berechtigte Interessen im Sinne des § 573 Abs. 2 Nr. 2 oder 3 erst nach Ablauf von drei Jahren seit der Veräußerung berufen.**

**(1a) Die Kündigungsbeschränkung nach Abs. 1 gilt entsprechend, wenn vermieteter Wohnraum nach der Überlassung an den Mieter**
**1. an eine Personengesellschaft oder an mehrere Erwerber veräußert worden ist oder**
**2. zu Gunsten einer Personengesellschaft oder mehrerer Erwerber mit einem Recht belastet worden ist, durch dessen Ausübung dem Mieter der vertragsgemäße Gebrauch entzogen wird.**

**Satz 1 ist nicht anzuwenden, wenn die Gesellschafter oder Erwerber derselben Familie oder demselben Haushalt angehören oder vor Überlassung des Wohnraums an den Mieter Wohnungseigentum begründet worden ist**

**(2) [1]Die Frist nach Absatz 1 oder nach Absatz 1a beträgt bis zu zehn Jahre, wenn die ausreichende Versorgung der Bevölkerung mit Mietwohnungen zu angemessenen Bedingungen in einer Gemeinde oder einem Teil einer Gemeinde besonders gefährdet ist und diese Gebiete nach Satz 2 bestimmt sind. [2]Die Landesregierungen werden ermächtigt, diese Gebiete und die Frist nach Satz 1 durch Rechtsverordnung für die Dauer von jeweils höchstens zehn Jahren zu bestimmen.**

**(2a) Wird nach einer Veräußerung oder Belastung im Sinne des Absatzes 1a Wohnungseigentum begründet, so beginnt die Frist, innerhalb der eine Kündigung nach § 573 Abs. 2 Nummer 2 oder 3 ausgeschlossen ist, bereits mit der Veräußerung oder Belastung nach Absatz 1a.**

**(3) Eine zum Nachteil des Mieters abweichende Vereinbarung ist unwirksam.**

### Systematische Übersicht



### Alphabetische Schnellübersicht

## A. Anwendungsbereich und Zweck[1]

Die Vorschrift gilt nur für die Wohnraummiete und regelt die Kündigungsbeschränkungen bei der Umwandlung von Miet- in Eigentumswohnungen. Die Regelung ist dem bis 31.8.2001 geltenden § 564b Abs. 2 Nr. 2 S. 2–4, Abs. 2 Nr. 3 S. 3, 4 BGB aF nachgebildet. 1

Für Mietverhältnisse iSv § 549 Abs. 2 Nr. 1–3 BGB und § 549 Abs. 3 BGB (s. dort) ist die Vorschrift unanwendbar. Dies entspricht im Wesentlichen dem bis 31.8.2001 geltenden Recht. Anders als nach bisherigem Recht ist § 577a BGB aber anwendbar auf Mietverhältnisse über Wohnraum in Ferienwohnungen in Ferienhausgebieten iSv §§ 564b Abs. 7 Nr. 4 BGB aF. 2

§ 577a Abs. 1 BGB begründet zugunsten des Mieters einen Ausschluss der Kündigung des Erwerbers einer umgewandelten Eigentumswohnung wegen Eigenbedarfs oder anderweitiger wirtschaftlicher Verwertung für die Dauer von drei Jahren, gerechnet ab dem Zeitpunkt des Eigentumsübergangs. Eine **vor Ablauf der Kündigungssperrfrist** ausgesprochene Kündigung ist unwirksam.[2] Wird die Wohnung vom Ersterwerber an einen Zweiterwerber weiterveräußert, so beginnt die Frist nicht neu zu laufen. Vielmehr tritt der Zweiterwerber in eine laufende Frist ein. Ist die Frist zum Zeitpunkt des Zweiterwerbs bereits abgelaufen, so kann der Zweiterwerber ohne Beachtung einer Sperrfrist kündigen. 3

Die Regelung in Abs. 1a wurde durch das MietRÄndG v. 11.3.2013[3] mWv 1.5.2013 eingefügt. Die Regelung ist nicht anzuwenden auf Kündigungen die dem Mieter bereits vor dem **Inkrafttreten dieser Vorschrift am 1.5.2013** zugegangen sind. Dies gilt auch dann, wenn die Kündigungsfrist erst nach dem 1.5.2013 abläuft.[4] Dagegen spielt der Zeitpunkt der Veräußerung keine Rolle. Deshalb ist die verlängerte Kündigungsfrist auch dann zu beachten, wenn der Eigentumsübergang vor Inkrafttreten der Verordnung stattgefunden hat.[5] Nach anderer Ansicht ist die rückwirkende Anwendung als unzulässige **„echte Rückwirkung"** zu bewerten.[6] Dabei wird verkannt, dass es ein schützenswertes Vertrauen auf den Fortbestand von Kündigungsfristen und -möglichkeiten nicht gibt. Vielmehr muss jede Mietvertragspartei damit rechnen, dass der Gesetzgeber das Recht den sich ändernden Verhältnissen anpasst mit der weiteren Folge, dass die geänderten Regeln – falls Übergangsvorschriften fehlen – für alle bestehenden Mietverhältnisse gelten. 3a

Die besondere Kündigungssperre des § 577a BGB verfolgt den Zweck, die Mieter gegen die (wohnungspolitisch unerwünschte) Umwandlung von Miet- in Eigentumswohnungen besonders zu schützen. Die dreijährige Sperrfrist gilt nur dann, wenn der **Kaufvertrag nach dem 31.7.1990** abgeschlossen worden ist. Hinsichtlich des Ausschlusses der Eigenbedarfskündigung ist die Vorschrift mit dem bis 31.8.2001 geltenden Recht identisch. Hinsichtlich der Verwertungskündigung weicht die Neuregelung vom bisherigen Recht ab. Nach dem bis 31.8.2001 geltenden Recht war die Verwertungskündigung in den Umwandlungsfällen generell ausgeschlossen; eine zeitliche Befristung bestand nicht. Nunmehr kann der Erwerber nach Ablauf von drei Jahren nach seiner Eintragung ins Grundbuch nach § 573 Nr. 3 BGB kündigen. 4

## B. Tatbestandsvoraussetzungen des Abs. 1

Ist an vermieteten Wohnräumen nach der Überlassung an den Mieter Wohnungseigentum begründet und das Wohnungseigentum veräußert worden, so kann sich ein Erwerber auf berechtigte Interessen iSd § 573 Abs. 2 Nr. 2 oder 3 BGB erst nach Ablauf von drei Jahren seit der Veräußerung berufen. Die Sperrfrist beginnt mit dem Tag, an dem der Erwerber als neuer Eigentümer ins Grundbuch eingetragen wird. Vor Ablauf der Frist kann der Erwerber weder wegen Eigenbedarfs (§ 573 Abs. 2 Nr. 2 BGB) noch wegen anderweitiger wirtschaftlicher Verwertung (§ 573 Abs. 2 Nr. 3 BGB) kündigen. Eine vor Ablauf der Sperrfrist erklärte Kündigung ist unwirksam. Entsteht dem Mieter hierdurch ein Schaden, so ist der Vermieter zum Ersatz verpflichtet.[7] 5

---

[1] Die Kommentierung wurde verfasst von Hubert Blank. Sie wurde für die vorliegende Auflage lediglich aktualisiert.

[2] AG Bad Cannstatt WuM 2017, 475.

[3] BGBl. I 434.

[4] LG Berlin WuM 2015, 40.

[5] AG Berlin-Mitte GE 2016, 462.

[6] Spielbauer/Schneider/*Krenek* BGB § 577a Rn. 67; Klein-Blenkers/Heinemann/Ring/*Klein-Blenkers* BGB § 577a Rn. 31; Lützenkirchen MietR/*Dickersbach* BGB § 577a Rn. 45a.

[7] **AA** LG Köln ZMR 2012, 445 mablAnm *Lützenkirchen.*

## I. Die zeitliche Reihenfolge von Vermietung, Überlassung und Umwandlung

6 Der gesetzliche Kündigungsausschluss gilt zunächst für Mietverhältnisse über solche Wohnungen, die nach dem Abschluss des Mietvertrags und Überlassung an den Mieter in eine Eigentumswohnung umgewandelt worden sind. Dabei geht die Regelung davon aus, dass die Vermietung, die Überlassung und die Begründung von Wohnungseigentum in der hier aufgeführten zeitlichen Reihenfolge stattfindet und dass zwischen der Überlassung und der Umwandlung eine größere Zeitspanne liegt. Diese chronologische Abfolge wird auch auf die meisten Umwandlungsfälle zutreffen. Es sind aber auch Fälle denkbar, in denen die Umwandlung anders abläuft.

7 Die chronologische Abfolge: **Vermietung – Umwandlung – Überlassung** – löst die Kündigungssperre nicht aus.[8] Aus dem Wortlaut der Vorschrift folgt, dass es für den Eintritt der Kündigungssperre maßgeblich darauf ankommt, ob die Umwandlung nach der Überlassung der Wohnung an den Mieter erfolgt ist. Denn die Präposition „nach" bezieht sich nur auf die Überlassung und nicht auf die Vermietung. Dies bedeutet zunächst: Der Eigentümer eines Neubaus, der die Errichtung von Eigentumswohnungen plant, kann ohne spätere Rechtsnachteile die Wohnungen zunächst vermieten, wenn er die Mietverträge vor der Überlassung und Teilung abschließt. So kann bspw. der Bauherr die im Rohbau befindlichen Wohnungen vermieten, nach Fertigstellung Wohnungseigentum begründen und die Wohnungen anschließend dem Mieter übergeben. Werden die Wohnungen sodann verkauft, so ist der Erwerber nicht gehindert, unmittelbar nach der Eintragung ins Grundbuch zu kündigen, weil die Überlassung erst nach der Begründung von Wohnungseigentum erfolgt ist. Diese Rechtsfolge entspricht durchaus der Intention des Gesetzgebers, der durch § 577a BGB lediglich die Umwandlung bestehender Mietwohnungen, nicht aber den Bau und die Vermietung von Eigentumswohnungen erfassen will.

8 Die chronologische Abfolge: **Vermietung – Überlassung – Umwandlung** – führt dagegen stets und ausnahmslos zur Kündigungssperre. Auch dies ergibt sich aus dem klaren Wortlaut der Vorschrift. Die Kündigungssperre tritt auch dann ein, wenn die Wohnungen von Anfang an als Eigentumswohnungen geplant worden sind und wenn der Mieter vom Umwandlungsplan des Eigentümers Kenntnis hatte.[9] Dabei ist nicht zu verkennen, dass sich die Fälle der oben behandelten Art faktisch nicht wesentlich unterscheiden von jenen Fällen, in denen der Eigentümer die Wohnungen zunächst an den Mieter überlässt und sodann Wohnungseigentum begründet. Der soziale Tatbestand ist derselbe, lediglich die zeitliche Reihenfolge seiner Verwirklichung ist verschieden. Auch in den hier behandelten Fällen lässt sich sagen, dass der Gesetzeszweck jene Fälle nicht umfasst. Dennoch ist aus Gründen der Rechtsklarheit und Rechtssicherheit keine andere Auslegung möglich.

9 Ist der **Mieter nach der Vermietung und Überlassung verstorben** und wurde das Mietverhältnis durch einen Rechtsnachfolger iSv § 563 Abs. 1, 2 BGB fortgesetzt, so gilt die Kündigungssperre auch gegenüber dem nunmehrigen Mieter. Dieser rückt auch bzgl. der Wartefrist, die der Vermieter für eine Kündigung wegen Eigenbedarfs zu beachten hat, in die Rechtsposition des verstorbenen Mieters ein.[10]

10 Die chronologische Abfolge **Überlassung – Umwandlung – Vermietung** – liegt in jenen Fällen vor, in denen der Mieter bereits vor der Umwandlung in die Wohnung einzieht, der Mietvertrag aber erst nach der Umwandlung geschlossen wird. Bei einer Wortlautinterpretation könnte man die Ansicht vertreten, dass die Kündigungssperre in diesen Fällen nicht eintritt. Denn die Regelung setzt voraus, dass das Wohnungseigentum „an vermieteten Wohnräumen" begründet wird. Nach dieser engen Wortlautinterpretation kommt es also nicht entscheidend darauf an, dass die Räume bewohnt sind, sondern dass sie aufgrund eines Mietvertrags bewohnt werden. Es fragt sich aber, ob die Regelung in diesem Sinne verstanden werden kann. Durch die vom Gesetzgeber gewählte Formulierung sollen nämlich andere Sachverhalte geregelt werden. Die Verwendung **des hier fraglichen Partizips („vermieteten")** soll klarstellen, dass die Sperrfrist nicht in jenen Fällen gilt, in denen die Überlassung auf einem anderen Rechtsgrund als der Miete, etwa einer Leihe oder einem dinglichen Wohnrecht beruht. Die Formulierung „nach der Überlassung" soll bewirken, dass die Sperrfrist dann nicht eintritt, wenn der Mieter erst nach der Umwandlung in die Wohnung eingezogen ist. Oder anders ausgedrückt: Die **Sperrfrist** soll immer dann gelten, wenn der Bewohner

---

[8] LG Berlin *GE 1995, 495.*
[9] *LG* Mannheim ZMR 1975, 362 = WuM 1975, 212; AG Konstanz WuM 1978, 212; Staudinger/*Rolfs* BGB § 577a Rn. 14.
[10] BGH VIII ZR 26/03, NJW 2003, 3265.

aufgrund eines Mietvertrags besitzt und die Wohnung nach der Besitzerlangung umgewandelt worden ist. Auf die zeitliche Reihenfolge von Vertragsschluss und Besitzüberlassung kann es dagegen nach dem Sinn und Zweck der Vorschrift nicht ankommen. Zwar könnte man dagegen einwenden, dass derjenige, der nach der Umwandlung einen Mietvertrag abschließt, durch eine entsprechende Vertragsgestaltung für seinen eigenen Schutz sorgen kann. Dabei würde aber verkannt, dass die Vertragsfreiheit mit der Inbesitznahme der Wohnung faktisch stark eingeschränkt ist: Verweigert der Eigentümer den Abschluss eines Mietvertrags mit einem befristeten Kündigungsausschluss, so bliebe dem Besitzer letztlich nur die Wahl des Auszugs. Die hier dargelegten Grundsätze gelten auch dann, wenn der Mieter nach dem Verkauf der umgewandelten Wohnung mit dem Erwerber einen neuen Mietvertrag abschließt. Hier könnte man die Ansicht vertreten, dass der Abschluss eines neuen Mietvertrags mit dem bisherigen Mieter nicht anders zu beurteilen sei, als die Neuvermietung nach der Umwandlung. Für diese Ansicht spricht auch, dass der alte Mieter beim Abschluss des neuen Vertrags in seiner Entscheidung frei ist, weil der Vertragsschluss in seinem Belieben steht und dass er aufgrund dieser starken Stellung durchaus in der Lage ist, auf einen für ihn günstigen Vertragsschluss hinzuwirken. Ein solches Verhalten setzt allerdings genaue Kenntnis der Rechtslage voraus, die in den meisten Fällen dieser Art fehlen wird. Es besteht deshalb kein Grund, die **Schutzbedürftigkeit des Mieters** in den Fällen der genannten Art zu verneinen. Der Wortlaut der Vorschrift schließt die Anwendung der Sperrfrist ebenfalls nicht aus. Der Begriff der Überlassung muss sich nämlich nicht notwendigerweise auf den konkreten Mietvertrag beziehen, aufgrund dessen die Überlassung in rechtlicher Hinsicht erfolgt (§ 535 BGB), sondern kann auch die faktische, erstmalige Besitzübergabe bezeichnen. Diese Ansicht wird auch iRd § 573c BGB vertreten, wo sich die Frage stellt, ob der Mieter auch dann in den Genuss der vom Zeitpunkt der Überlassung abhängigen verlängerten Kündigungsfrist kommt, wenn der Mietvertrag erst längere Zeit nach der Besitzübergabe geschlossen wird oder wenn die Parteien nach der Überlassung einen neuen Mietvertrag vereinbaren. Hier steht die überwiegende Ansicht auf dem Standpunkt, dass es für die Berechnung der Kündigungsfrist nicht auf den Abschluss des Mietvertrags, sondern auf den **Zeitpunkt der tatsächlichen Überlassung** ankommt. Diese Ansicht beruht auf der zutreffenden Erwägung, dass die gestaffelten Kündigungsfristen an die tatsächliche Wohndauer, nicht an den Zeitpunkt des Vertragsabschlusses anknüpfen. Einen ähnlichen Zweck verfolgt auch die Sperrfrist. Geschützt wird der Bewohner, dh derjenige, der die Mietsache tatsächlich aufgrund eines Mietvertrags nutzt. Entsprechend dieses Schutzgedankens muss es auch maßgeblich auf das faktische Bewohnen ankommen.

## II. Die Begründung von Wohnungseigentum

Das Wohnungseigentum kann entweder nach § 3 WEG oder nach § 8 WEG begründet werden 11
(§ 2 WEG). Der Begriff „begründet" in § 577a BGB ist iSv § 2 WEG – also umfassend – zu verstehen. Wird Wohnungseigentum durch die Einräumung von Sondereigentum nach § 3 WEG begründet, so kommt es iRd § 577a BGB maßgeblich darauf an, wann die Rechtsänderung ins Grundbuch eingetragen wird (§ 4 Abs. 1 WEG). Erfolgt die Begründung durch Teilung nach § 8 WEG, so ist der Zeitpunkt maßgebend, zu dem die Wohnungsgrundbücher angelegt sind (§ 8 Abs. 2 WEG).[11] Der wirtschaftliche Anlass, der zur Begründung von Wohnungseigentum geführt hat, ist rechtlich unerheblich. Insbesondere lässt sich aus dem ursprünglichen gesetzgeberischen Anlass zur Einführung der Kündigungssperre[12] nicht herleiten, dass jene Rechtsfolge nur auf die Aufgliederung großer Baukomplexe zum Zwecke der besseren wirtschaftlichen Verwertung beschränkt sein soll. Der Wortlaut des § 577a BGB ist umfassend. Die **Kündigungssperre** wird deshalb auch dann ausgelöst, wenn der Eigentümer eines Grundstücks Wohnungen errichtet mit der Absicht, diese nach Aufteilung als Eigentumswohnungen zu verkaufen (Vorratsbau). Gleiches gilt in jenen Fällen, in denen eine Erbengemeinschaft ein Mietshaus in Wohnungseigentum aufteilt, um auf diese Weise eine Auseinandersetzung zu erreichen, oder wenn die Teilung des Gebäudes auf der letztwilligen Verfügung des Erblassers beruht. Rechtspolitisch erscheint die Ausdehnung der Sperrfrist auf diese Fälle verfehlt. Angesichts des klaren Wortlauts der Vorschrift ist aber eine Korrektur de lege lata – etwa im Wege der einschränkenden Auslegung – nicht möglich.

---

[11] AG Hamburg WuM 1991, 349.
[12] Prot. der 53. Sitzung des Rechtsausschusses des Deutschen Bundestages v. 24.6.1971, 66 f.

## III. Die Veräußerung

12 Eine Veräußerung iSv § 577a BGB liegt in allen Fällen vor, in denen der **Eigentümerwechsel auf Rechtsgeschäft** beruht, insbes. also beim Verkauf und bei der Schenkung. Ebenso ist eine Veräußerung anzunehmen, wenn der **Erwerber in der Zwangsvollstreckung** erwirbt.[13] In diesem Fall gilt die Sperrfrist auch dann, wenn der Erwerber von dem Sonderkündigungsrecht nach § 57a ZVG Gebrauch macht.[14]

12a Wird ein Gebäude von den Bruchteilseigentümern, die zugleich Vermieter sind, gem. **§ 3 WEG** in **Wohnungseigentum** aufgeteilt und für jeden Miteigentümer Sondereigentum an einer Wohnung begründet, so ist dies nach der Rspr. des BGH nicht als Veräußerung zu bewerten.[15] Zwar trete in einem solchen Fall eine Rechtsänderung auf der Vermieterseite ein. Dies geschehe aber nicht „durch Eintritt des Sondereigentümers in die Rechte und Pflichten aus dem Mietverhältnis über die betreffende Wohnung, sondern in der Weise, dass er als alleiniger Vermieter übrig bleibt". Auf diese Rechtsfolge sei § 571 BGB aF (= § 566 BGB nF) weder unmittelbar noch entsprechend anzuwenden.

12b Anders ist es, wenn eine GbR ein Gebäude mit vermieteten Wohnungen erwirbt und hieran nach § 3 WEG Wohnungseigentum begründet. Wird die Gesellschaft im Anschluss hieran aufgelöst, so führt die „Auseinandersetzung der Gesellschaft … unter Bildung von Wohnungseigentum und Eintragung der bisherigen Gesellschafter als Eigentümer der jeweils zugewiesenen Wohnung … zu einem Wechsel der Rechtsträgerschaft von der Gesellschaft auf die einzelnen Wohnungseigentümer".[16] Dieser Vorgang ist als Veräußerung iSd § 566 BGB zu bewerten. Folgerichtig ist § 577a BGB anzuwenden, wenn der Sondereigentümer wegen Eigenbedarfs kündigt. Der **BGH** sieht dies anders.[17] Er ist der Auffassung, dass die Kündigungssperrfrist nur in solchen Fällen gilt, in denen durch die Veräußerung eine zuvor nicht bestehende Eigenbedarfssituation entsteht. Dies sei in Fällen der vorliegenden Art nicht der Fall. Der BGH stützt sich dabei auf seine Rspr. zu § 573 BGB. Danach ist eine GbR generell wie eine Vermietermehrheit zu behandeln[18] mit der weiteren Folge, dass die Gesellschaft wegen Eigenbedarfs für einen Gesellschafter kündigen kann (→ BGB § 573 Rn. 49).

13 Wird ein **Mehrfamilienhaus durch eine Gesellschaft bürgerlichen Rechts erworben,** so kann die Gesellschaft die jeweiligen Mietverhältnisse nach der Rspr. des BGH wegen Eigenbedarfs für die einzelnen Gesellschafter kündigen (→ BGB § 573 Rn. 49). Die Kündigungssperre ist auf diese Kündigung nicht anwendbar, weil § 577a BGB voraussetzt, dass die Kündigung nach der Begründung von Wohnungseigentum ausgesprochen wird. Eine nach Zugang der Kündigung erfolgte Umwandlung in Wohnungseigentum hat auf die Wirksamkeit dieser Kündigung keinen Einfluss; dies gilt nach der Rspr. des BGH auch dann, wenn die Umwandlung bereits bei der Gründung der Gesellschaft oder dem Erwerb des Gebäudes beabsichtigt war.[19] Eine analoge Anwendung der Vorschrift lehnt der BGH ab, weil es nach seiner Ansicht an einer planwidrigen Gesetzeslücke fehlt und die fragliche Gestaltung „vom Schutzzweck des § 577a BGB nicht erfasst wird". Mit der Übertragung der Eigentümer- und Vermieterstellung von der Gesellschaft auf einen der Gesellschafter werde kein neuer bis zu diesem Zeitpunkt nicht vorhandener Eigenbedarf geschaffen. Hierin unterscheide sich diese Vertragsgestaltung (sog. **„Münchener Modell"**) von den typischen von § 577a BGB erfassten Umwandlungsfällen.[20] Dies dürfte auch für das vom OLG Karlsruhe in dem Regierungsentscheid v. 10.7.1992 behandelte „Erwerbermodell" gelten: jedem Miteigentümer war durch Vertrag eine bestimmte Wohnung zur ausschließlichen Nutzung zugewiesen; diese Nutzungsregelung sowie der dauernde Ausschluss des Aufhebungsverlangens nach § 1010 BGB war im Grundbuch eingetragen; im Kaufvertrag war vereinbart, dass innerhalb von drei Jahren Wohnungseigentum nach § 3 WEG gebildet werden soll; für die einzelnen Wohnungen lag bereits beim Abschluss des Kaufver-

[13] AG Münster WuM 2018, 41.
[14] BGH VIII ZR 384/97, BGHZ 141, 194 = NJW 1999, 2044; BayObLG WuM 1992, 424; MüKoBGB/*Häublein* § 577a Rn. 6.
[15] BGH VIII ARZ 2/94, NJW 1994, 2542.
[16] BGH VIII ZR 74/11, NZM 2012, 150.
[17] BGH VIII ZR 74/11, NZM 2012, 150.
[18] BGH VIII ZR 271/06, NJW 2007, 2845; BGH VIII ZR 231/08, NJW 2009, 2738.
[19] BGH VIII ZR 231/08, NJW 2009, 2738, sog. „Münchener Modell".
[20] BGH NJW 2009, 2738.

trags eine Abgeschlossenheitsbescheinigung vor.[21] Auch in diesem Fall ist § 577 a BGB unanwendbar; → Rn. 18 a ff.

### IV. Der Erwerber

Erwerber ist derjenige, der anstelle des bisherigen Vermieters in das Mietverhältnis auf der Vermieterseite eintritt. Die Kündigungssperre gilt dabei nicht nur für denjenigen, der unmittelbar vom Umwandler erwirbt, sondern auch für den Zweiterwerber und jeden weiteren Erwerber. Für die Fristberechnung gilt hier der Rechtsentscheid des BayObLG v. 24. 11. 1981.[22] Das BayObLG geht davon aus, dass die **Dreijahresfrist** mit der Vollendung des Ersterwerbs beginnt und dass der Zweiterwerber in eine zum Zeitpunkt seines Erwerbs noch laufende Frist eintritt.[23] Ist die Frist zum Zeitpunkt des Zweiterwerbs bereits abgelaufen, so ist § 577 a BGB unanwendbar. Diese Rechtsfolge gilt auch dann, wenn die Wohnungen nach der Umwandlung zunächst „en bloc" an eine **juristische Person** veräußert werden und dieser Erwerber die Wohnungen sodann an natürliche Personen weiterverkauft.[24] 14

### V. Die Fristberechnung

Die Frist beginnt mit der Vollendung des ersten Eigentumserwerbs (§§ 873, 925 BGB).[25] Auf den Zeitpunkt des Abschlusses des Kaufvertrags kommt es nicht an.[26] Auch der Zeitpunkt der Auflassung ist nicht maßgebend. Beim Erwerb in der Zwangsversteigerung beginnt die Frist mit der Erteilung des Zuschlags.[27] 15

Dies gilt auch bei einem **befristeten Mietverhältnis iSv § 564 c Abs. 1 BGB aF** und bei solchen Verträgen, die einen **einseitigen Kündigungsausschluss** zu Lasten des Vermieters enthalten. In Fällen dieser Art tritt der Erwerber in die bestehenden vertraglichen Bindungen ein (§ 566 BGB). Solange das Mietverhältnis wegen der vertraglichen Vereinbarung unkündbar ist, kann es bereits aus diesem Grund nicht beendet werden. Endet die vertragliche Kündigungsbeschränkung vor Ablauf der gesetzlichen Kündigungssperre, so kann der Mieter eine Vertragsfortsetzung verlangen; in diesem Fall entsteht ein unbefristetes Mietverhältnis, das nach Ablauf der gesetzlichen Kündigungssperre gekündigt werden kann. Eine Kumulation von vertraglichem Kündigungsausschluss und gesetzlicher Kündigungssperre findet nicht statt, weil § 577 a BGB gerade keine besondere (zusätzliche) „Räumungsfrist" darstellt, sondern einen gesetzlichen Kündigungsausschluss beinhaltet. Verlangt der Mieter keine Vertragsfortsetzung, so endet das Mietverhältnis ungeachtet der gesetzlichen Kündigungssperre zu dem vertraglich vereinbarten Zeitpunkt. Bei einem **Zeitmietvertrag iSv § 575 Abs. 1 S. 1 BGB** kommt es maßgeblich darauf an, ob das Befristungsinteresse nach der Veräußerung fortbesteht. In diesem Fall kann sich auch der Erwerber auf die Befristung berufen (→ BGB § 575 Rn. 64 a). Das Mietverhältnis endet in diesem Fall auch dann nach Maßgabe des § 575 BGB, wenn die gesetzliche Kündigungssperre noch nicht abgelaufen ist. Anderenfalls ist der Zeitmietvertrag nach der Veräußerung wie ein gewöhnliches befristetes Mietverhältnis zu behandeln. 16

Da das Kündigungsrecht des Vermieters für die dreijährige Wartezeit ausgeschlossen ist, kann die **Kündigung erst nach Fristablauf** ausgesprochen und mit dem Ablauf der jeweiligen Kündigungsfrist des § 573 c BGB wirksam werden. Eine vorherige Kündigung zum Ende der Wartezeit ist nicht zulässig.[28] Auch insoweit ist die Rechtslage bei dem gesetzlichen Kündigungsausschluss keine andere als in den Fällen, in denen ein vertraglicher Kündigungsausschluss vereinbart worden ist. Es entspricht dem Sinn und Zweck beider Kündigungssperren, dass der Mieter nicht nur in den Genuss der Sperrfrist, sondern auch in den Genuss der gestaffelten Kündigungsfrist kommen soll. 17

---

21 OLG Karlsruhe WuM 1992, 519.
22 BayObLG NJW 1982, 451 = WuM 1982, 46 = ZMR 1982, 88 = DWW 1982, 119.
23 **AA** AG Charlottenburg GE 1994, 999.
24 **AA** AG München WuM 1993, 740: danach ist die Übertragung des Eigentums auf die juristische Person nicht als Veräußerung iSd Abs. 2 Nr. 2 S. 2 anzusehen.
25 AG Mannheim WuM 1979, 218; LG München I WuM 1979, 124; MüKoBGB/*Häublein* § 577 Rn. 21.
26 AG Stuttgart WuM 1999, 462.
27 AG Münster WuM 2018, 41.
28 BGH WuM 2003, 569 = NJW 2003, 3265 = ZMR 2003, 819; OLG Hamm NJW 1981, 584 = WuM 1981, 35 = ZMR 1981, 115; **aA** LG München WuM 1979, 124 mablAnm *Pütz*.

Eine vor Ablauf der Sperrfrist erklärte Kündigung kann aus Gründen der Rechtsklarheit auch nicht als Kündigung zum nächst zulässigen Termin behandelt werden; vielmehr ist eine solche Kündigung unwirksam.[29] Für das Fristende gilt § 188 Abs. 2 BGB. Eine Verkürzung der gesetzlichen Wartefrist ist auch beim Vorliegen persönlicher Härtegründe auf Seiten des Vermieters (zB schwere Erkrankung, fortgeschrittenes Alter) nicht möglich.[30]

### VI. Analoge Anwendung auf Kündigung zum Zwecke sonstiger Eigennutzung?

18 Nach dem Wortlaut des § 577a BGB ist nur die Eigenbedarfskündigung (§ 573 Abs. 2 Nr. 2 BGB) und die Kündigung wegen anderweitiger wirtschaftlicher Verwertung (§ 573 Abs. 2 Nr. 3 BGB) ausgeschlossen. Eigenbedarf liegt vor, wenn der Vermieter die Räume als Wohnung für sich, seine Familienangehörigen oder Angehörige seines Haushalts benötigt. Haushaltsangehöriger ist nur, wer bereits zum Haushalt des Vermieters gehört. Will der Vermieter dagegen eine Person mit eigenem Wohnraum versorgen, die bisher nicht zu seinem Haushalt zählt, so kann nach § 573 Abs. 1 BGB gekündigt werden (→ BGB § 573 Rn. 53 mwN). Dies führt zu der Frage, ob § 577a BGB auf eine **Kündigung zum Zwecke sonstiger Eigennutzung, insbes. wegen Betriebsbedarfs** analog anzuwenden ist. Dies wird vom BGH verneint.[31] Dies ist insbes. für alle Fälle von Bedeutung, in denen die Wohnung nach der Umwandlung und Veräußerung zugunsten eines Arbeitnehmers des Erwerbers gekündigt werden soll.[32] Ebenso ist § 577a BGB unanwendbar, wenn der Erwerber nach § 573a BGB kündigt.[33]

## C. Kündigungssperre bei Veräußerung des Gebäudes an Personengesellschaft oder an mehrere Erwerber (§ 577a Abs. 1a BGB)

18a Die Kündigungsbeschränkung nach Abs. 1 setzt voraus, dass die Kündigung **nach** der Begründung von Wohnungseigentum ausgesprochen wird. Werden die Mietverhältnisse dagegen vor der Umwandlung gekündigt, so ist Abs. 1 nach der Rspr. des BGH nicht anwendbar; hierauf beruht das sog. „Münchener Modell" (→ Rn. 13). Die hierdurch entstehende Lücke im Kündigungsschutz soll durch Abs. 1a geschlossen werden. Die Regelung des Abs. 1a ist am 1.5.2013 in Kraft getreten (MietRÄndG v. 11.3.2013[34]. Auf eine vor diesem Zeitpunkt erklärte Kündigung, ist die Vorschrift nicht anzuwenden. Dies gilt auch dann, wenn die Kündigungsfrist erst nach dem 1.5.2013 abläuft.[35]

18b Die Regelung in **Nr. 1** gilt, wenn das Gebäude in dem sich die Mietwohnung befindet, an eine Personengesellschaft (GbR, KG, OHG) oder an mehrere Personen veräußert wird. In diesem Fall tritt die Gesellschaft bzw. treten die mehreren Erwerber in die bestehenden Mietverhältnisse ein. Mit der Kündigung nach § 573 Abs. 2 Nr. 2 oder 3 BGB sind die Erwerber für die Dauer von drei Jahren ausgeschlossen. Nach allgemeiner Ansicht tritt die **Kündigungssperrfrist** in den Fällen des § 577a Abs. 1a BGB auch dann ein, wenn die erwerbende Gesellschaft oder die mehreren Erwerber nicht die Absicht haben, an den einzelnen Wohnungen Wohnungseigentum zu begründen. Dies folgt ohne weiteres aus dem Wortlaut des Abs. 1a, weil dort die Umwandlungsabsicht nicht erwähnt wird.[36] Aus der amtlichen Überschrift der Vorschrift („Kündigungsbeschränkung bei Wohnungsumwandlung"), folgt nichts anderes; nach Ansicht des BGH[37] wird dort die zu regelnde Materie lediglich schlagwortartig bezeichnet. In einem weiteren Teil der Entscheidung führt der

[29] OLG Hamm NJW 1981, 584; **aA** *Schmidt* WuM 1982, 34.

[30] AG Wuppertal MDR 1972, 425 = WuM 1972, 44; AG Wuppertal WuM 1972, 93.

[31] BGH VIII ZR 127/08, NJW 2009, 1808; BGH VIII ZR 325/09, NJW 2010, 3571; ebenso Staudinger/*Rolfs* BGB § 577a Rn. 25; Fischer-Dieskau/Pergande/Schwender WohnungsbauR/*Franke* BGB § 577a Anm. 5.1; *Sternel* MietR Kap. IV Rn. 146; AnwK WohnraumMietR/*Lammel* BGB § 577a Rn. 12; Emmerich/Sonnenschein/*Haug* BGB § 577a Rn. 11.

[32] BGH NJW 2009, 1808, Kündigung zum Zwecke der Unterbringung eines Au-pair-Mädchens.

[33] BGH VIII ZR 325/09, NJW 2010, 3571 = WuM 2010, 513 = ZMR 2010, 939.

[34] BGBl. I 434.

[35] LG Berlin MDR 2015, 148.

[36] BGH VIII ZR *104/17, NJW 2018, 2187* mAnm *Rolfs* NZM 2018, 780; Staudinger/*Rolfs* BGB § 577a *Rn. 23; Klein-Blenkers*/Heinemann/Ring/*Hinz* BGB § 577a Rdn. 20; Erman/*Lützenkirchen* BGB § 577a Rn. 6c; *Fleindl* NZM 2012, 57, 62 f.

[37] BGH VIII ZR 104/17, NJW 2018, 2187 mAnm *Rolfs* NZM 2018, 780.

BGH aus, dass die Regelung weder gegen das **Eigentumsgrundrecht** (Art. 14 GG) noch gegen das Gleichbehandlungsgebot (Art. 3 Abs. 1 GG) verstoße. Mit der Veräußerung eines Hauses an eine Personengesellschaft erhöhe sich für den Mieter die Kündigungsgefahr, weil jeder Gesellschafter Eigenbedarf geltend machen kann. Hiergegen soll der Mieter geschützt werden. Der Gesetzgeber habe hinsichtlich der Ausgestaltung des Kündigungsschutzes einen weiten Gestaltungsspielraum, der im Fall des § 577a Abs. 1a BGB nicht überschritten werde.

Die Regelung in **Nr. 2** gilt in jenen Fällen, in denen der Gebäudeeigentümer einer Personengesellschaft oder mehrerer Erwerber ein eigentumsähnliches Recht einräumt, aufgrund dessen der oder die Berechtigten ein Kündigungsrecht ausüben könnten. In Betracht kommt insbes. die Bestellung eines Erbbaurechts oder eines Nießbrauchs. Auch in diesem Fall sind die Berechtigten mit der Eigenbedarfs- und Verwertungskündigung für die Dauer von drei Jahren ausgeschlossen. **18c**

Die Neuregelung gilt nicht, wenn die Gesellschafter oder Erwerber derselben Familie oder demselben Haushalt angehören. Dies betrifft insbes. den in der Praxis häufigen Fall des Erwerbs eines Gebäudes mit vermieteten Wohnungen durch ein **Ehepaar,** wobei Ehegatten nach Auffassung des BGH auch dann derselben Familie angehören, wenn sie getrennt leben oder geschieden sind.[38] Hier können die Erwerber sofort kündigen. Anders ist es, wenn die Eheleute eine umgewandelte Eigentumswohnung erwerben. In diesem Fall gilt – wie bisher – die Regelung in Abs. 1. **18d**

Die Neuregelung gilt nur für den Erwerb durch Personengesellschaften oder mehrere (natürliche) Personen, nicht für den Erwerb durch eine **juristische Person.** Dies ist vermutlich damit zu erklären, dass eine juristische Person nicht wegen Eigenbedarfs kündigen kann. Eine Verwertungskündigung ist aber möglich. Dies führt zu dem Ergebnis, dass eine Personengesellschaft (zB eine OHG oder KG) mit der Verwertungskündigung für die Dauer von drei Jahren ausgeschlossen ist, während eine juristische Person (zB eine GmbH) eine solche Kündigung aussprechen könnte. Ein sachlich überzeugender Grund für diese unterschiedliche Behandlung ist nicht erkennbar. Zu den Personengesellschaften im Sinne des § 577a Abs. 1a BGB zählen auch die **Personenhandelsgesellschaften** (OHG, KG). Nach der Rechtsprechung des BGH ist die Kündigung eines Wohnraummietverhältnisses durch die Gesellschaft wegen eines Eigenbedarfs der Gesellschafter ausgeschlossen (→ BGB § 573 Rn. 49a). Eine Kündigung wegen wirtschaftlicher Verwertung durch eine Personenhandelsgesellschaft ist aber möglich, mit der Folge dass die Sperrfrist zu beachten ist. Ein überzeugender Grund hierfür ist nicht ersichtlich. **18e**

**Veräußert der Eigentümer** eines Wohnhauses **einen Bruchteil seines Grundstücks,** so tritt der Erwerber neben dem Veräußerer in die bestehenden Mietverhältnisse ein. Will der Veräußerer eine der vermieteten Wohnungen selbst nutzen und liegen die übrigen Voraussetzungen des § 573 Abs. 2 Nr. 2 BGB vor, so können die Vermieter das Mietverhältnis über diese Wohnung wegen Eigenbedarfs kündigen. Für diese Kündigung gilt keine Sperrfrist. Anders ist es, wenn an den Wohnungen nach erfolgter Kündigung plangemäß Wohnungseigentum begründet wird. Zwar ist die Regelung des § 577a Abs. 1 BGB nicht einschlägig, weil die **Kündigung vor der Umwandlung** ausgesprochen wurde. Die Regelung des Abs. 1a ist nach ihrem Wortlaut ebenfalls unanwendbar, weil die Veräußerung nicht an eine Personengesellschaft oder eine Mehrheit von Personen erfolgt. Jedoch ist hier eine entsprechende Anwendung des Abs. 1a möglich. Es liegt eine Gesetzeslücke vor. Aus der Ergänzung des § 577a BGB durch das **MietRÄndG 2013** folgt, dass der Gesetzgeber den Mieter umfassend gegen alle Varianten der Wohnungsumwandlung schützen wollte. Hierzu zählt auch die Umwandlung nach vorangegangener Veräußerung von Bruchteilseigentum an einen einzelnen oder mehrere einzelne Erwerber. Der Mieter ist für die Umwandlungsabsicht darlegungs- und beweispflichtig. Da er die Absichten der Parteien des Veräußerungsgeschäfts idR weder kennt noch kennen muss, genügt es, wenn er im Zuge seiner Rechtsverteidigung gegen die Kündigung die Umwandlungsabsicht behauptet. Es ist dann Sache der Vermieter, hierzu substantiiert Stellung zu nehmen. Besteht eine Umwandlungsabsicht, so ist die Sperrfrist zu beachten, anderenfalls ist die Kündigung wirksam. Wird die Umwandlungsabsicht wahrheitswidrig geleugnet, so ist die Kündigung unwirksam. Dem Mieter stehen dann Erfüllungs- und Schadensersatzansprüche zu. Es gelten dieselben Rechtsfolgen wie bei der Kündigung mit vorgetäuschtem Eigenbedarf (→ BGB § 573 Rn. 90). **18f**

---

[38] BGH VIII ZR 35/19, NZM 2020, 984.

## D. Verlängerte Fristen nach Abs. 2

19 § 577a Abs. 2 BGB enthält Sonderregelungen für Gebiete mit unzureichender Wohnraumversorgung. In diesen Gebieten können die Landesregierungen durch Rechtsverordnung eine Kündigungssperre bis zur Dauer von zehn Jahren anordnen.

19a Voraussetzung ist zunächst, dass „die ausreichende Versorgung der Bevölkerung mit Mietwohnungen zu angemessenen Bedingungen in einer Gemeinde oder in einem Teil einer Gemeinde besonders gefährdet ist". Unter dem **Begriff „ausreichende Versorgung"** ist „ein annäherndes Gleichgewicht von Angebot und Nachfrage an Wohnungen, wie sie dem allgemein für Wohnungen der entsprechenden Gegend anzutreffenden Standard entsprechen, zu verstehen".[39] Die Regelung setzt nicht voraus, dass das rechnerische Angebot an freistehenden Wohnungen geringer ist als die Zahl der Wohnungssuchenden. Vielmehr kann auch dann eine **Unterversorgung** vorliegen, wenn Angebot und Nachfrage ausgeglichen sind oder bereits „ein leichtes Übergewicht des Angebots" vorliegt. Wesentlich ist hierbei, dass die einer Rechtsverordnung zugrunde liegenden tatsächlichen Voraussetzungen für die Annahme einer Unterversorgung vom Gericht nur daraufhin zu überprüfen sind, ob der Verordnungsgeber die von der Verfassung vorgegeben Grenzen beachtet hat. Dem (demokratisch legitimierten) Verordnungsgeber (also der Landesregierung) steht „ein politischer Beurteilungs- und Gestaltungsspielraum zu",[40] der von den Gerichten zu respektieren ist. Dabei hat der Verordnungsgeber eine Prognoseentscheidung über einen Zeitraum zu treffen, welcher der Laufzeit der Verordnung entspricht.[41]

19b Mit dem **Begriff der „angemessenen Bedingungen"** ist die Miethöhe gemeint. Maßgeblich ist, welcher Teil des Einkommens in der Gemeinde oder der Region für die Miete eingesetzt werden muss. Ein Indiz für die Unangemessenheit der Mietbelastung liegt vor, wenn die durchschnittliche Mietbelastung der Haushalte in einer Gemeinde oder Region den bundesweiten Durchschnitt deutlich übersteigt (vgl. § 556d Abs. 2 S. 3 Nr. 2 BGB).

20 **Indizien für eine Mangelsituation** sind: wenn die Nachfragen Wohnungssuchender beim Wohnungsamt stark ansteigen oder wenn die Marktmiete – also die übliche Miete bei Neuvermietungen – um ca. 15% höher ist als die ortsübliche Miete. Weitere Indizien für eine Mangelsituation sind: statistische Daten, registrierte Wohnungslosenfälle, behördliche Bedarfsprognosen, Regierungsprogramme zur Förderung des Wohnungsbaus oder zunehmende Wohnungsmodernisierungen mit der Folge, dass sich das Angebot an Billigwohnungen verringert. Hat sich das ortsübliche Mietpreisniveau in der Gemeinde in den letzten Jahren stärker entwickelt, als die allgemeinen Lebenshaltungskosten, so spricht dies ebenfalls für eine Mangelsituation.

21 **Indizien für einen ausgeglichenen Markt** sind ebenfalls denkbar. Hierzu gehören: ein größerer Wohnungsleerstand, Mietsenkungen bei der Neuvermietung und vergebliche Zeitungsinserate.

22 Die Landesregierungen können **Rechtsverordnungen** erlassen, in denen Gebiete (Gemeinden oder Gemeindeteile) ausgewiesen sind, in denen eine Mangellage besteht. Die Verordnung muss auf einer hinreichend gesicherten Tatsachengrundlage beruhen. Die in → Rn. 20 aufgeführten Indizien können lediglich Anlass für eine derartige (aufwendige) Tatsachenermittlung sein; sie können eine solche Ermittlung aber nicht ersetzen. Nach dem Wortlaut des § 558 Abs. 3 S. 3 BGB muss die Mangellage „in einer **Gemeinde oder einem Teil einer Gemeinde**" vorliegen. Diese Regelung kann unterschiedlich ausgelegt werden. **(1)** Denkbar ist zum einen, dass der Verordnungsgeber verpflichtet ist, den Wohnungsmarkt möglichst kleinräumig zu untersuchen und nur solche Gemeindeteile (Quartiere) in der Verordnung auszuweisen, in denen eine nachweisbare Mangellage besteht. **(2)** Denkbar ist aber auch, dass der Verordnungsgeber die abgesenkte Kappungsgrenze auf das gesamte Gemeindegebiet erstrecken muss, wenn in einem Teil der Gemeinde eine Mangellage besteht. **(3)** Schließlich ist eine (vermittelnde) Auslegung möglich, wonach der räumliche Geltungsbereich der Verordnung im Ermessen des Verordnungsgebers steht. Der **BGH** vertritt mit überzeugender Begründung die letztgenannte Ansicht.[42] Maßgeblich hierfür ist vor allem die Erwägung, dass es kaum möglich ist für einzelne Gemeindeteile aussagekräftige Daten zu gewinnen. Unbeschadet hiervon könnte im Ausnahmefall durchaus eine Reduktion des Ermessens auf

[39] *BGH VIII ZR 217/14, NJW 2016, 476 Rn.* 71 zu der rechtsähnlichen Regelung in § 558 Abs. 3 S. 2 BGB.
[40] BGH VIII ZR 217/14, NJW 2016, 476 Rn. 63.
[41] BGH VIII ZR 217/14, NJW 2016, 476 Rn. 74.
[42] BGH VIII ZR 217/14, NJW 2016, 476 Rn. 71 zu der rechtsähnlichen Regelung in § 558 Abs. 3 S. 2 BGB.

„Null" angenommen werden, wenn zweifelsfrei feststeht, dass für einem abgrenzbaren Gemeindeteil kein Regelungsbedürfnis besteht.

Für die Vereinbarkeit von landesrechtlichen Rechtsverordnungen mit dem förmlichen Gesetz oder dem Grundgesetz gilt Art. 100 Abs. 1 GG nicht. Hier kommt den Zivilgerichten nicht nur eine Prüfungs- sondern auch eine Verwerfungskompetenz zu.[43] Durch Rechtsverordnung kann angeordnet werden, dass für die Kündigung umgewandelter Eigentumswohnungen längere Sperrfristen als nach § 577a Abs. 2 BGB gelten sollen. Die in der Verordnung festgelegte Frist muss länger als drei Jahre sein; zu einer Verkürzung der in Abs. 1 festgelegten Frist sind die Landesregierungen nicht ermächtigt. Die Frist darf **höchstens zehn Jahre** betragen. Die Geltungsdauer der Verordnung kann befristet werden, notwendig ist dies nicht. Auch beim Erlass einer unbefristeten Verordnung sind die Landesregierungen verpflichtet, zu gegebener Zeit zu prüfen, ob die Mangellage fortbesteht. Ist dies nicht der Fall, so muss die betreffende Gemeinde aus dem Geltungsbereich der Verordnung herausgenommen werden. Ist die zeitliche Geltungsdauer der Verordnung befristet, so kann sie nach Ablauf der Befristung verlängert werden, wenn die Mangellage fortbesteht. In jedem Fall muss sichergestellt sein, dass der Erwerber einer Eigentumswohnung spätestens nach Ablauf von zehn Jahren seit dem Eigentumserwerb kündigen kann. 22a

Fraglich ist, ob eine nach dem Inkrafttreten des **Mietrechtsreformgesetzes (1. 9. 2001)** erlassene Rechtsverordnung auf Veräußerungsfälle angewendet werden kann, die bereits vor dem Inkrafttreten des Mietrechtsreformgesetzes abgeschlossen waren. Hiervon ist immer dann auszugehen, wenn sich aus der Verordnung nichts Gegenteiliges ergibt. Maßgeblich ist diejenige Frist, die im Zeitpunkt des Zugangs der Kündigungserklärung gilt. Wurde die Frist zwischen dem Eigentumserwerb (Eintrag des Erwerbers ins Grundbuch) und der Kündigung verlängert, so gilt die längere Frist; ein Vertrauensschutz auf die Fortgeltung der kürzeren Frist besteht nicht.[44] Umgekehrt gilt dasselbe: Wurde die Frist verkürzt, so ist die im Zeitpunkt der Kündigung geltende Frist anzuwenden. 23

## E. Fristbeginn bei Veräußerung der umgewandelten Eigentumswohnung an Personengesellschaft oder an mehrere Erwerber (§ 577a Abs. 2a BGB)

Wird ein Gebäude an eine Personengesellschaft oder mehrere Erwerber veräußert und sodann Wohnungseigentum an dem Gebäude begründet und an einen der Erwerber oder Gesellschafter veräußert, so stellt sich die Frage, ob die Sperrfrist bereits mit dem Erwerb des Gebäudes durch die Gesellschaft oder erst mit der Veräußerung der umgewandelten Wohnung an den Gesellschafter bzw. einen der mehreren Erwerber beginnt. 23a

Die Regelung des § 577a Abs. 2a BGB beantwortet diese Frage im erstgenannten Sinn.

## F. Abweichende Vereinbarungen (Abs. 3)

Nach § 577a Abs. 3 BGB ist eine „zum Nachteil des Mieters abweichende Vereinbarung … unwirksam". Dies bedeutet, dass die Dauer der Kündigungssperre mietvertraglich nicht verkürzt werden kann. Eine Verlängerung wäre möglich. 24

Ein zwischen dem Erwerber und dem Mieter abgeschlossener **Aufhebungsvertrag** ist wirksam. Ist der Erwerber noch nicht im Grundbuch eingetragen, so muss der Veräußerer an dem Aufhebungsvertrag mitwirken. Bis zur Eintragung des Erwerbers im Grundbuch stehen die Rechte aus dem Vertrag dem Veräußerer zu; nach seiner Eintragung kann der Erwerber diese Rechte geltend machen. Die Rechtsposition des Mieters richtet sich nach den Vereinbarungen; ist dort geregelt, dass das Mietverhältnis mit sofortiger Wirkung beendet sein soll, so kann der Mieter sofort ausziehen, ohne dass es auf die Eigentumsverhältnisse ankommt. Ein ohne Mitwirkung des Veräußerers geschlossener Mietaufhebungsvertrag ist als **Vertrag zu Lasten Dritter** unwirksam, wenn die Wirkungen des Vertrags, insbes. die Vertragsbeendigung, bereits vor der Eintragung des Erwerbers ins Grundbuch eintreten sollen oder wenn die Rechte des Veräußerers in anderer Weise tangiert werden; anderenfalls bestehen gegen die Wirksamkeit eines solchen Vertrags keine Bedenken. 25

---

[43] BGH VIII ZR 217/14, NJW 2016, 476 Rn. 22 zu der rechtsähnlichen Regelung in § 558 Abs. 3 S. 2 BGB im Anschluss an die Entsch. des BVerfG 1 BvR 1360/15, WuM 2015, 475.

[44] LG Berlin GE 2017, 355.

26 Fraglich ist, ob der Mieter gegenüber dem Veräußerer auf die Rechte aus § 577a Abs. 1 BGB verzichten kann. Nach der hier vertretenen Ansicht ist dies dann möglich, wenn statt der Verzichtsvereinbarung ein Aufhebungsvertrag geschlossen werden könnte.

## G. Analoge Anwendung bei Realteilung eines Grundstücks

27 → BGB § 577 Rn. 81.

## Untertitel 3. Mietverhältnisse über andere Sachen

### § 578 Mietverhältnisse über Grundstücke und Räume

**(1) Auf Mietverhältnisse über Grundstücke sind die Vorschriften der §§ 550, 554, 562 bis 562 d, 566 bis 567 b sowie 570 entsprechend anzuwenden.**

**(2) [1]Auf Mietverhältnisse über Räume, die keine Wohnräume sind, sind die in Absatz 1 genannten Vorschriften sowie § 552 Abs. 1, §§ 555 a Absatz 1 bis 3, 555 b, 555 c Absatz 1 bis 4, 555 d Absatz 1 bis 6, 555 e Absatz 1 und 2, 555 f und § 569 Abs. 2 entsprechend anzuwenden. [2]§ 556 c Absatz 1 und 2 sowie die auf Grund des § 556 c Absatz 3 erlassene Rechtsverordnung sind entsprechend anzuwenden, abweichende Vereinbarungen sind zulässig. [3]Sind die Räume zum Aufenthalt von Menschen bestimmt, so gilt außerdem § 569 Abs. 1 entsprechend.**

**(3) [1]Auf Verträge über die Anmietung von Räumen durch eine juristische Person des öffentlichen Rechts oder einen anerkannten privaten Träger der Wohlfahrtspflege, die geschlossen werden, um die Räume Personen mit dringendem Wohnungsbedarf zum Wohnen zu überlassen, sind die in den Absätzen 1 und 2 genannten Vorschriften sowie die §§ 557, 557 a Absatz 1 bis 3 und 5, § 557 b Absatz 1 bis 3 und 5, die §§ 558 bis 559 d, 561, 568 Absatz 1, § 569 Absatz 3 bis 5, die §§ 573 bis 573 d, 575, 575 a Absatz 1, 3 und 4, die §§ 577 und 577 a entsprechend anzuwenden. [2]Solche Verträge können zusätzlich zu den in § 575 Absatz 1 Satz 1 genannten Gründen auch dann auf bestimmte Zeit geschlossen werden, wenn der Vermieter die Räume nach Ablauf der Mietzeit für ihm obliegende oder ihm übertragene öffentliche Aufgaben nutzen will.**

**Systematische Übersicht**



### A. Systematik

1 Die amtliche Überschrift des Untertitels 3. („Mietverhältnisse über andere Sachen") ist missverständlich. Dieser Untertitel regelt nicht das gesamte Mietrecht außerhalb des Wohnraummietrechts, sondern nur die **Besonderheiten bestimmter Mietverhältnisse über bewegliche wie unbewegliche Sachen.** Soweit in diesem Untertitel keine besonderen Regeln enthalten sind, gelten die allgemeinen Vorschriften des Untertitels 1. (§§ 535–548 BGB).

2 **§ 578 BGB** enthält die **zentrale Vorschrift** für die Miete von Grundstücken (§ 578 Abs. 1 BGB), von Geschäftsräumen (oder sonstigen Räumen) (§ 578 Abs. 2 BGB) sowie von Räumen, die Personen mit dringendem Wohnungsbedarf zum Wohnen überlassen werden sollen (§ 578 Abs. 3 BGB). § 578 a BGB befasst sich mit Mietverhältnissen über eingetragene Schiffe. §§ 579, 580, 580 a BGB gelten für alle Mietverhältnisse außer Wohnraummietverhältnisse. § 580 BGB sieht eine außerordentliche Kündigungsmöglichkeit bei Tod des Mieters vor, § 579 BGB regelt die Fälligkeit der Miete und § 580 a BGB die Kündigungsfristen.

### B. Grundstücke (Abs. 1)

3 Ein Mietverhältnis über ein Grundstück iSv § 578 Abs. 1 BGB liegt nur vor, wenn die **Überlassung einer unbeweglichen Sache,** aber nicht die Überlassung darauf errichteter Räume geschuldet wird. Letzterenfalls gilt § 578 Abs. 2 BGB bzw. Wohnraummietrecht. Das schließt nicht aus, dass sich Gebäude bzw. Räume auf dem Grundstück befinden, die der Mieter nutzen darf. Maßgeblich ist nicht die tatsächliche Nutzung, sondern der **vereinbarte Vertragszweck**[1] Die Nutzung der Räume darf nur ganz untergeordnete Bedeutung haben. Die Grundstücksüberlassung (also die Einräumung der Möglichkeit zur Nutzung einer Fläche) muss den Schwerpunkt des Miet-

---

[1] Siehe zur Maßgeblichkeit des Vertragszwecks nur BGH VIII ZR 282/07, NJW 2008, 3361 Rn. 11.

verhältnisses bilden. Steht auf einem Grundstück ein (nutzbares) Gebäude, ist aber vereinbarter Nutzungszweck nur das Abstellen von Kraftfahrzeugen auf den Freiflächen, liegt also kein Raummietvertrag vor, sondern ein Vertrag über ein Grundstück. Weiterhin schadet es für die Annahme einer Grundstücksmiete nicht, wenn auf dem vermieteten Lagerplatz ein Schuppen oder auf dem Parkplatz ein Kassenhäuschen vorhanden ist. Gleichfalls schadet es nicht, wenn dem Mieter die Errichtung eines Wohngebäudes gestattet ist, das sein Eigentum bleibt.[2] Entscheidend dürfte in letzterem Fall aber nicht das Eigentum sein, sondern die sich in der Eigentumslage spiegelnde eingeschränkte Pflicht des Vermieters, weiterhin nur die Überlassung des Grundstücks und nicht des Gebäudes zu schulden.

4 **Grundstück** ist ein sachenrechtlicher Begriff. Darunter ist ein abgegrenzter Teil der Erdoberfläche zu verstehen, der im Bestandsverzeichnis des Grundbuchs unter einer bestimmten Lagebuchnummer eingetragen ist. Zum Grundstück gehört alles, was sich auf der Erdoberfläche befindet und fest mit ihr verbunden ist, etwa Pflanzen oder Gebäude. Außerdem gehört zum Grundstück der Luftraum über der Erdoberfläche und das Erdreich unter ihr (§ 905 BGB) sowie die im Erdreich liegenden Baulichkeiten, wie Keller oder Tiefbunker. Zur Grundstücksmiete gehört auch die Anmietung von **Grundstücksteilen,** also rechtlich unselbständigen Teilflächen oder von Dachflächen und Hauswänden. Das betrifft etwa die Miete einer Hauswand zu Reklamezwecken[3] bzw. zur Anbringung von Geld- oder Warenautomaten[4] (aber → Rn. 5) oder die Miete eines Stellplatzes für ein Kraftfahrzeug am Wohnhaus bzw. auf einem Campingplatz. Grundstücksmiete liegt auch dann vor, wenn der gemietete Bereich mit Wasser bedeckt ist; deshalb ist auch auf die Miete eines Bootsliegeplatzes Grundstücksmiete anzuwenden.[5]

5 Für die Annahme eines Mietvertrags ist wesentlich, dass dem Mieter der Gebrauch an dem Grundstück oder dem Grundstücksteil eingeräumt wird. Hiervon sind diejenigen Verträge zu unterscheiden, nach denen der Berechtigte befugt ist, auf einem Grundstück oder einem Grundstücksteil bei bestimmten Gelegenheiten Waren anzubieten oder zu bewerben (zB Bandenwerbung im Sportstadion, Recht zum Verkauf von Getränken etc). Hierbei handelt es sich nicht um Miete sondern um **Gestattungsverträge,** bei denen statt der Nutzung des Grundstücks die Eingliederung in den Gewerbebetrieb eines anderen etwa durch Einräumung eines Verkaufs- oder Werberechts im Vordergrund steht (ergänzend → BGB § 566 Rn. 28). Automatenaufstellungsverträge können sowohl Gestattungs- als auch Mietverträge sein; entscheidend ist, ob der Automat in einen anderen Betrieb eingegliedert ist.[6] Auf Gestattungsverträge ist das Mietrecht grds. nicht anwendbar, es handelt sich vielmehr um typengemischte Verträge, die eigenen Regeln unterliegen (s. bei den einschlägigen Kommentierungen zu § 311 BGB). Insbesondere ist § 566 BGB nicht anwendbar (→ BGB § 566 Rn. 28). Fehlt allerdings einem Automatenaufstellvertrag eine (wirksame) Laufzeitregelung, richtet sich die Kündigungsfrist nach § 580a Abs. 1 BGB.[7]

6 **Für Mietverhältnisse über Grundstücke** gem. § 578 Abs. 1 BGB **gelten** die „Allgemeinen Vorschriften über Mietverhältnisse" (§§ 535–548 BGB), § 550 BGB (Schriftform bei Mietverträgen von längerer Dauer als ein Jahr), § 554 BGB (Barrierereduzierung, E-Mobilität und Einbruchsschutz), §§ 562–562d BGB (Vermieterpfandrecht), §§ 566–567b BGB (Kauf bricht nicht Miete) und § 570 BGB (kein Zurückbehaltungsrecht des Mieters gegen den Rückgabeanspruch des Vermieters).

7 **Abweichende Vereinbarungen** im engeren Sinn sind nicht möglich, da § 578 BGB eine Verweisungsnorm ist. Die Vertragsparteien können allerdings von den in Bezug genommenen Vorschriften in dem dort möglichen Umfang abweichen. Außerdem ist es möglich, dass sie einen Grundstücksmietvertrag (oder entsprechend einen Raummietvertrag gem. § 578 Abs. 2 BGB) dem Regime des Wohnraummietrechts insgesamt oder einzelner Regeln unterstellen. Für ersteres dürfte es ohne weitere Anhaltspunkte nicht ausreichen, dass der Vertrag als Wohnraummietvertrag bezeichnet ist. Das geschieht oftmals versehentlich. Notwendig erscheinen wegen des ausgeprägten Mieterschutzes vielmehr eindeutige Absprachen in dieser Richtung, ansonsten sind nur ausdrücklich in Bezug genommenen Vorschriften vereinbart.

[2] BGH VIII ZR 270/83, NJW 1984, 2878.
[3] OLG München NJW 1972, 1995; *Raisch* BB 1968, 532.
[4] *BGH XII ZR 104/19, NZM 2020,* 1111 Rn. 16.
[5] *Gregor* WuM 2008, 435.
[6] BGH XII ZR 104/19, NZM 2020, 1111 Rn. 16; BGH XII ZR 86/01, NJW 2002, 3322.
[7] BGH XII ZR 145/19, MDR 2021, 92 Rn. 25.

## C. Räume (Abs. 2 S. 1)

8 Raummiete gem. § 578 Abs. 2 S. 1 BGB liegt nach dem Gesetzeswortlaut vor, wenn es sich bei dem Vertragsgegenstand um **Räume** handelt, **die keine Wohnräume sind.** Entscheidend ist allerdings nicht die Geeignetheit der Räume als Wohnräume, sondern deren Bestimmung dazu. Dass der **Vertragszweck maßgeblich** ist, wird auch an der entsprechenden Wortwahl („bestimmt") in § 578 Abs. 2 S. 3 BGB deutlich.[8] Wann nach dem Vetragszweck ein Wohnraummietverhältnis gegeben ist, richtet sich nach § 549 BGB. Raummietverhältnisse sind also solche, die die Überlassung von Räumen zum Gegenstand haben und weder Grundstücksmiete gem. § 578 Abs. 1 BGB noch Wohnraummiete gem. § 549 BGB sind. Bei Mischmietverhältnissen entscheidet wiederum der Schwerpunkt.

9 Unter einem **Raum** ist ein allseits mit Wänden, Fußboden und Decke abgeschlossener Gebäudeteil zu verstehen. Es ist allerdings weder erforderlich, dass der Gebäudeteil vollständig abgeschlossen ist (auch eine nach zwei Seiten offene Halle ist ein Raum), noch wird vorausgesetzt, dass der Mieter den gesamten Raum nutzen darf. Raummiete liegt auch dann vor, wenn lediglich Teile des Raumes vermietet werden, etwa ein Stellplatz in einer Sammelgarage. Räume in **beweglichen Sachen** (Schiffe, Wohnwagen, Container) gehören nicht zu den Räumen iSv § 578 Abs. 2 BGB, hierbei handelt es sich um eine Miete beweglicher Sachen und nicht um Raummiete.[9] Zwar hat etwa ein Hotelschiff auch Räume und auch ein Wohnwagen kann begrifflich als Raum angesehen werden, so dass dem Wortlaut nach § 578 Abs. 2 S. 1 BGB eingreifen könnte.[10] § 578 BGB ist aber insgesamt auf die Miete unbeweglicher Sachen zugeschnitten, was sich aus dem Verweis auf § 566 BGB ergibt, der nicht bei der Miete beweglicher Sachen gilt (→ BGB § 566 Rn. 15). Nur für bestimmte bewegliche Sachen ist § 566 BGB entsprechend anwendbar, nämlich etwa für die in § 578 a BGB gergegelten eingetragenen Schiffe, nicht aber für Räume auf diesen Schiffen. Dass der Raum Teil einer unbeweglichen Sache (eines Gebäudes) sein muss, hat noch weiteren Einfluss auf seine Beschaffenheit. Es ist nämlich eine gewisse Dauerhaftigkeit notwendig. Ein nur vorübergehend errichtetes Gebilde wie etwa ein Behelfsheim ist kein Raum, sondern eine bewegliche Sache; bei einer auf Dauer errichteten Baracke ist das anders, auch wenn sie im Unterschied zu einem herkömmlichen Gebäude relativ einfach demontiert oder abgerissen werden kann. Durch diese Abgrenzung kann es zu Lücken beim Mieterschutz kommen. Der Mieter eines Hausboots erscheint gleichermaßen schutzwürdig. Gegebenenfalls kann man diese vom Gesetzgeber offenbar nicht bedachten Lücken durch eine analoge Anwendung bestimmter Mieterschutzvorschriften schließen.[11]

10 Der Raum muss, was schon aus seinem Begriff folgt, eine **bestimmte Größe** haben. In der Regel wird als Mindestgröße gefordert, dass sich ein Mensch in dem Raum aufhalten kann.[12] Deshalb gehören bspw. Schließfächer für die Aufbewahrung von Gepäckstücken oder Wertgegenständen nicht zu den Räumen[13], es handelt sich um Gebäudeteile. Naturgebilde wie **Höhlen, Felskammern** und dergleichen zählen im Allgemeinen nicht zu den Räumen. Etwas anderes gilt, wenn das Naturgebilde durch bauliche Maßnahmen oder die Einbringung von Einrichtungen zum Zwecke einer bestimmten Nutzung verändert worden ist (Weinkeller, Lagerräume für Waren).[14]

11 Wesentlich ist hier wie bei § 578 Abs. 1 BGB, dass Schwerpunkt des Vertrags der **Gebrauch an dem Raum** ist und es sich nicht um einen bloßen Gestattungsvertrag handelt (→ Rn. 5).

12 Wichtigster praktischer Anwendungsfall der Raummiete gem. § 578 Abs. 2 S. 1 BGB ist die **Geschäftsraummiete;** sie liegt vor, wenn die Mietsache den Erwerbszwecken des Mieters dient (dazu → BGB § 580 a Rn. 12). Dieser Vertragszweck ist allerdings – anders als bei § 580 a Abs. 2 BGB – nicht Voraussetzung der Anwendung von § 578 Abs. 2 BGB. Zur Gewerberaummiete gehört die Miete von Ladenräumen, Büros, Arztpraxen, Kanzleien, Fabrikationsräumen, Garagen usw. Maßgeblich ist auch hier nicht die tatsächliche Nutzung, sondern der vereinbarte Zweck. Der Zweck ergibt sich in vielen Fällen bereits aus der Art des Raumes (zB bei der Anmietung einer Garage).

---

[8] Siehe zur Maßgeblichkeit des Vertragszwecks für die Einordnung des Mietvertrages auch BGH VIII ZR 282/07, NJW 2008, 3361 Rn. 11; BGH VIII ZR 66/19, NZM 2021, 218 Rn. 23.

[9] Staudinger/*Emmerich* BGB § 578 Rn. 6; **aA** *Gregor* WuM 2008, 436.

[10] So unter Berufung auf die Gesetzesgeschichte *Gregor* WuM 2008, 436.

[11] Für eine analoge Anwendung der Vorschriften über die Raummiete auf die Miete von Innenbereichen beweglicher Sachen → Vor § 535 Rn. 14.

[12] Staudinger/*Emmerich* BGB § 578 Rn. 5; MüKoBGB/*Artz* § 578 Rn. 4.

[13] **AA** *Gregor* WuM 2008, 437.

[14] Staudinger/*Emmerich* BGB § 578 Rn. 13.

13 Sind Räume sowohl als Geschäftsräume als auch als Wohnräume nutzbar, so kommt es für die Bestimmung des Vertragszwecks auf die übereinstimmenden Vorstellungen der Parteien über die Art der Raumnutzung an. Bei Mischmietverhältnissen ist der Schwerpunkt maßgeblich.

14 Zu den Geschäftsräumen zählen auch diejenigen Räume, die *nach dem Vertragszweck* zur **Weitervermietung oder zur anderweitigen Überlassung an Dritte** bestimmt sind.[15] Dabei kommt es nicht darauf an, ob der Mieter aus der Weitervermietung einen Gewinn erzielt (zB bei der gewerblichen Zwischenvermietung) oder die Überlassung an den Dritten aus altruistischen oder sonstigen Gründen kostengünstig oder unentgeltlich erfolgt. Maßgeblich ist allein, dass statt des Mieters oder seiner Familie ein Dritter die Räumlichkeiten als Wohnung nutzen soll. Es kann allerdings ggf. zu einer Überleitung von Wohnraummietverhältnissen auf den Vermieter kommen, wenn die Voraussetzungen des § 565 BGB erfüllt sind; außerdem können bestimmte Mieter (nämlich juristische Personen des öfentlichen Rechts und anerkannte Träger der privaten Wohlfahrtspflege) gem. § 578 Abs. 3 BGB bestimmte Schutzrechte aus der Wohnraummiete genießen (→ Rn. 19).

15 **Für Raummietverhältnisse** gem. § 578 Abs. 2 S. 1 BGB **gelten** die „Allgemeinen Vorschriften über Mietverhältnisse" (§§ 535–548 BGB), die in § 578 Abs. 1 BGB genannten Vorschriften der Grundstücksmiete sowie § 552 Abs. 1 BGB (Befugnis des Vermieters zur Abwendung des Wegnahmerechts), die §§ 555a Abs. 1–3, §§ 555b, 555c Abs. 1–4, §§ 555d Abs. 1–6, §§ 555e Abs. 1, 2, § 555f BGB (Duldungspflicht des Mieters von Instandhaltungs- und Modernisierungsmaßnahmen mit Ausnahme der Regelungen über die Unabdingbarkeit der genannten Vorschriften) und § 569 Abs. 2 BGB (Kündigungsrecht beider Teile bei Störungen des Hausfriedens). Außerdem gelten (ausdrücklich abdingbar) § 556c Abs. 1, 2 BGB sowie die auf Grund des § 556c Abs. 3 BGB erlassene Rechtsverordnung entsprechend (eigenständig gewerbliche Lieferung von Wärme – Wärmecontracting).

16 **Abweichende Vereinbarungen** sind möglich (→ Rn. 7).

### D. Räume zum Aufenthalt von Menschen (Abs. 2 S. 3)

17 Die Regelung des § 578 Abs. 2 S. 3 BGB gilt für Räume, die keine Wohnräume sind, gleichwohl aber zum **Aufenthalt von Menschen** dienen. Für diese Mietverhältnisse gelten die „Allgemeinen Vorschriften über Mietverhältnisse" (§§ 535–548 BGB), die in § 578 Abs. 1, 2 BGB genannten Vorschriften und außerdem § 569 Abs. 1 BGB (Kündigungsrecht des Mieters wegen Gesundheitsgefahr).

18 Der Aufenthalt in den Räumen muss dem **„bestimmungsgemäßen" Gebrauch** der Mietsache entsprechen. Maßgeblich ist also nicht die tatsächliche Nutzung, sondern der **vereinbarte Vertragszweck.**[16] Zu den Räumen iSv § 578 Abs. 2 S. 3 BGB gehören Büroräume, Ladenräume, Fabrikationsräume, Gaststättenräume, Hotelzimmer und dergleichen. Gleiches gilt für Lagerräume, Kellerräume, Abstellräume, Räume die der Tierhaltung dienen usw, wenn sich dort Menschen aufhalten.[17] Ein ständiger Aufenthalt ist nicht erforderlich, es genügt, wenn der zeitweilige Aufenthalt eine Gesundheitsgefährdung bewirken kann. Der gelegentliche kurzfristige Aufenthalt, zB zur Durchführung von Wartungsarbeiten und dergleichen, ist nicht ausreichend.

### E. Räume für dringenden Wohnungsbedarf (Abs. 3)

19 § 578 Abs. 3 BGB wurde durch Art. 1 Nr. 7 MietAnpG v. 18. 12. 2018[18] in das Gesetz eingefügt. Die Vorschrift gilt gem. Art. 229 § 49 Abs. 3 EGBGB nur für Mietverhältnisse, die nach dem 31. 12. 2018 abgeschlossen wurden. Sie ist während des Gesetzgebungsverfahrens auf Empfehlung des Rechtsausschusses in das MietAnpG aufgenommen worden, um eine **Schutzlücke bei der Weitervermietung von Wohnraum** zu schließen.[19] Gemäß § 565 BGB tritt der (Haupt-)Vermieter nach Ende des Zwischenmietvertrages nur dann in ein von seinem (Zwischen-)Mieter geschlossenes Wohnraummietverhältnis ein, wenn Vertragszweck die gewerbliche Weitervermietung von

---

[15] BGH XII ZR 125/18, NJW 2020, 331 Rn. 23.

[16] Siehe zur Maßgeblichkeit des Vertragszwecks nur BGH VIII ZR 282/07, NJW 2008, 3361 Rn. 11.

[17] OLG Koblenz NJW-RR 1992, 1228 (Hühnerhallen); LG Berlin GE 1988, 733 (Kellerraum eines Ladengeschäftes; ein stundenweises Verweilen genügt).

[18] BGBl. 2018 I 2648.

[19] BT-Drs. 19/6153, 22.

Wohnraum war; handelt der Mieter bei der **Weitervermietung** nicht gewerblich (mit Gewinnerzielungsabsicht), sondern etwa **aus sozialem Interesse,** ist § 565 BGB hingegen nicht anwendbar.[20] Anstatt den Anwendungsbereich von § 565 BGB zu erweitern (und so den Wohnraummieter direkt zu schützen), hat der Gesetzgeber **bestimmte weitervermietende Zwischenmieter** (und deren Mieter)[21] geschützt, indem er diesen den sozialen Kündigungsschutz der §§ 573ff. BGB zukommen lässt sowie – als Folge davon und zum Ausgleich der eingeschränkten Vertragsbeendigungsmöglichkeit – dem Vermieter die Möglichkeit zur Mieterhöhung gem. § 558ff. BGB. Der Schutz des § 578 Abs. 3 BGB kommt nicht jedem Mieter zu Gute, der aus sozialem Interesse weitervermietet, sondern nur juristischen Personen des öffentlichen Rechts (meist dürften das Kommunen sein) oder anerkannten privaten Trägern der Wohlfahrtspflege, wenn **Vertragszweck** der Zwischenmiete die **Überlassung von Räumen an Personen mit dringendem Wohnungsbedarf** zum Wohnen ist. Auch wenn nicht geleugnet werden kann, dass der Ausschluss von freien Zeitmietverträgen manchen Vermieter davon abhalten wird, derartige Mietverträge zu schließen, sind die Nachteile angesichts der Mieterhöhungsmöglichkeiten im laufenden Mietverhältnis und angesichts des Umstands, dass viele Mietobjekte anderweitig kaum nutzbar sind, doch letztendlich überschaubar.[22] Außerdem wäre das gesetzgeberische Ziel durch eine Erweiterung des § 565 BGB nicht verwirklicht worden. Denn der dringende Wohnbedarf besteht für die betroffenen Wohnungsmieter oftmals nur vorübergehend (kurzfristige Unterbringung von Flüchtlingen, Obdachlosen, entlassenen Häftlingen etc); dem trägt der eingeschränkte Kündigungsschutz in § 549 Abs. 2 Nr. 3 BGB Rechnung. Würde das frei kündbare Wohnraummietverhältnis aber nach Ende des Zwischenmietvertrages gem. einem erweiterten § 565 BGB auf den privaten Hauptvermieter übergehen, würde die vom Gesetzgeber gesehene Schutzlücke nicht geschlossen sein. Bei den Kommunen oder Wohlfahrtsträgern hingegen besteht wegen deren gesetzlichen oder satzungsmäßigen Aufgaben rein faktisch keine Gefahr der Kündigung, so lange der Wohnbedarf besteht. Fällt er weg, ist eine Kündigung gegenüber dem Wohnungsmieter angemessen, was aber nicht bedeutet, dass die Kommune oder der Wohlfahrtsträger die Wohnung nicht mehr benötigt; Personen mit dringendem Wohnbedarf sind immer vorhanden.

§ 578 Abs. 3 BGB setzt – wie § 565 BGB – gestufte Mietverträge voraus. Der Vermieter schießt **20**
mit dem Zwischenmieter einen Mietvertrag, der als Vertragszweck die Weitervermietung von Wohnraum an Personen mit dringendem Wohnungsbedarf hat. Der Zwischenmieter seinerseits schließt im Rahmen der Weitervermietung Wohnraummietverträge mit den dringend Wohnungsbedürftigen. Auch wenn für den Zwischenmietvertrag weitgehend die Vorschriften der Wohnraummiete (insbes. zum Kündigungsschutz und zur Mieterhöhung) Anwendung finden, bleibt es doch ein nichtwohnraummietrechtlicher Vertrag[23] – es ist allerdings meist auch kein Gewerberaummietvertrag, weil dieser dadurch gekennzeichnet ist, dass der Mieter gewerblich handelt.

Entscheidend für die Anwendung von § 578 Abs. 3 BGB ist einmal, dass der **Zwischenmieter** **21**
tatsächlich eine **juristische Person des öffentlichen Rechts** (näher dazu → BGB § 549 Rn. 51) oder ein **anerkannter privater Träger der Wohlfahrtspflege** (näher dazu → BGB § 549 Rn. 52) ist. Die Gesetzesbegründung[24] verweist hinsichtlich Letzterer ergänzend auf § 66 AO sowie darauf, dass eine weite Auslegung geboten und Privatpersonen ausgenommen seien, die nur gelegentlich aus sozialem Interesse tätig würden; diese Maßstäbe gelten gleichermaßen bei der Auslegung der identischen Begriffe in § 549 Abs. 2 Nr. 3 BGB. Erfüllt der Zwischenmieter die Kriterien nicht, ist nicht § 578 Abs. 3 BGB anwendbar, sondern nur § 578 Abs. 1, 2 BGB.

Weiterhin ist entscheidend für die Anwendung des § 578 Abs. 3 BGB, dass **Vertragszweck die** **22**
**Überlassung von Räumen an Personen mit dringendem Wohnungsbedarf** zum Wohnen ist. Auch hier wiederholt das Gesetz die Begrifflichkeit des § 549 Abs. 2 Nr. 3 BGB, es kann auf die dort entwickelten Kriterien verwiesen werden (→ BGB § 549 Rn. 55). Es ist allerdings klarzustellen, dass die Überlassung nach dem ausdrücklichen gesetzgeberischen Willen[25] über das Wohnen hinaus auch (!) weiteren, etwa therapeutischen oder pädagogischen Zielen dienen oder der Hilfebedürftigkeit einer Person abhelfen darf, wenn deswegen ein sofortiger Umzug in eine besondere

---

[20] BGH VIII ZR 311/14, NJW 2016, 1086.
[21] Die Vorschrift dient sowohl dem Schutz des Zwischen- als auch den Endmieters (vgl. BT-Drs. 19/6153, 22).
[22] Skeptisch *Häublein* ZMR 2020, 913 (914).
[23] BGH XII ZR 125/18, NJW 2020, 331 Rn. 23.
[24] BT-Drs. 19/6153, 22.
[25] BT-Drs. 19/6153, 22.

Wohnform erforderlich ist. Ob die Wohnungsmieter tatsächlich dringenden Wohnungsbedarf haben, spielt keine Rolle. Maßgeblich ist der zwischen Vermieter und Zwischenmieter vereinbarte Vertragszweck. Verstößt der Zwischenmieter bei der Weitervermietung dagegen, hat dies keine Auswirkung auf das anwendbare Recht, der Vermeiter kann nur Unterlassung verlangen oder ggf. wegen Pflichtverletzung kündigen. Keine Pflichtverletzung stellt es allerdings dar, wenn der Wohnungsmieter während seines laufenden Mietverhältnisses den dringenden Wohnungsbedarf verliert. Die nur vorübergehende Bedürftigkeit ist nämlich vielfach nahezu wesensimmanent. Bei Anmietung ganzer Gebäude kann es vorkommen, dass Vertragszweck nicht ausschließlich die Weitervermietung an Wohnungsbedürftige ist. Die Anwendbarkeit von § 578 Abs. 3 BGB hängt dann – wie allgemein bei Mischmietverhältnissen – von dem Schwerpunkt des Vertrages ab.

23 Der Vertragszweck der Weitervermietung an Wohnungsbedürftige muss hinreichend deutlich zum Ausdruck kommen. Er unterliegt auch dem **Schriftformerfordernis** des § 550 BGB, weil der Zweck wesentliche Auswirkungen auf das anwendbare Recht hat.[26] Ein Verstoß gegen das Schriftformerfordernis berührt jedoch nur evtl. Laufzeitregelungen gem. § 575 BGB oder Kündigungsausschlussvereinbarungen und ändert nichts an der Notwendigkeit eines Kündigungsgrundes gem. § 573 BGB.

24 Für Mietverhältnisse gem. § 578 Abs. 3 BGB gelten die „Allgemeinen Vorschriften über Mietverhältnisse" (§§ 535–548 BGB), die in § 578 Abs. 1, 2 BGB genannten Vorschriften der Grundstücks- bzw. Raummiete sowie die meisten wohnraummietrechtlichen Vorschriften über die Kündigung[27] (§§ 568 Abs. 1, 569 Abs. 3–5[28], 573–573d, 575a Abs. 1, 3, 4, 577a BGB) und Mieterhöhung (§§ 557, 557a Abs. 1–3, 5, § 557b Abs. 1–3, 5, §§ 558–559d, 561 BGB). Damit sind vom Kündigungsrecht im Wesentlichen nur die Vorschriften über Widerspruch und Härtefälle (§§ 574ff. BGB) ausgenommen und vom Miethöherecht die Vorschriften über die Mietpreisbegrenzung (§§ 556d ff. BGB). Eine Mieterhöhung nach § 558 BGB durchzuführen wird erhebliche Probleme bereiten. Es gilt, die ortsübliche Miete für derartige „Sonderobjekte" zu ermitteln. Mietspiegel existieren insoweit nicht, meist werden in einer Gemeinde auch Vergleichsobjekte kaum vorhanden sein. Es bietet sich an, die ortsübliche Vergleichsmiete für anderweitige Nutzungen zu ermitteln, die in dem Objekt möglich wären und ggf. eine Zu- oder Abschlag für die aus § 578 Abs. 3 BGB resultierende Bindung zu machen. Außerdem gelten aus dem Wohnraummietrecht §§ 575, 577 BGB. Letztere Vorschrift betrifft das Vorkaufsrecht, erstere Zeitmietverträge. Für Zeitmietverträge enthät § 578 Abs. 3 BGB eine Ergänzung zu § 575 Abs. 1 S. 1 BGB. Nach § 575 BGB kann ein Wohnraummietverhältnis in bestimmten Fällen befristet werden, nämlich bei einer künftig geplanten Eigennutzung durch den Vermieter, bei einem geplanten Abriss oder einer weitreichenden Modernisierung des Mietobjekts sowie bei künftigem Betriebsbedarf. Nach § 578 Abs. 3 S. 2 BGB kann das Zwischenmietverhältnis zusätzlich befristet werden, wenn der Vermieter die Räume nach Ablauf der Mietzeit für ihm obliegende oder ihm übertragene öffentliche Aufgaben nutzen will. Ein solcher Befristungsgrund liegt insbes. auch dann vor, wenn der Vermieter plant, die Räume nach Ablauf der vereinbarten Mietzeit einem anderen Mieter zu überlassen, der an Personen mit dringendem Wohnungsbedarf weitervermieten will.[29] Ansonsten ist der Wortwahl des Gesetzes zu entnehmen, dass eine rein freiwillige Erfüllung öffentlicher Aufgaben durch den Vermieter nicht ausreichend ist, notwendig ist eine gesetzliche oder sinstige (auch vertragliche[30]) Verpflichtung.

25 **Abweichende Vereinbarungen** im engeren Sinn sind nicht möglich, da § 578 BGB eine Verweisungsnorm ist. Die Vertragsparteien können allerdings von den in Bezug genommenen Vorschriften in dem dort möglichen Umfang abweichen. Insbesondere ist in weiterem Maß als bei der Wohnraummiete die Vereinbarung von **Kündigungsausschlüssen** möglich, individualvertraglich bis zu 30 Jahre.[31] Bei abweichenden Vereinbarungen ist zu beachten, das in den Verweisen in § 578 Abs. 1, 2 BGB weitgehend nicht auf die Nachteilsverbote Bezug genommen wurde, wohl aber in § 578 Abs. 3 BGB. Das höhere Mieterschutzniveau bei § 578 Abs. 3 BGB ist bei der Prüfung der Angemessenheit von grds. zulässigen Abweichungen zu berücksichtigen.

---

[26] Ebenso *Häublein* ZMR 2020, 913 (919).
[27] Zur (weitreichend möglichen) Vereinbarung von Kündigungsausschlüssen *Häublein* ZMR 2020, 913 (914).
[28] § 569 Abs. 1, 2 BGB gilt schon *gem. § 578 Abs. 2 BGB.*
[29] *BT-Drs. 19/6153, 22.*
[30] BT-Drs. 19/6153, 22.
[31] Siehe näher mit überzeugender Begründung *Häublein* ZMR 2020, 913 (914).

## § 578a Mietverhältnisse über eingetragene Schiffe

**(1) Die Vorschriften der §§ 566, 566a, 566e bis 567b gelten im Fall der Veräußerung oder Belastung eines im Schiffsregister eingetragenen Schiffs entsprechend.**

**(2) [1]Eine Verfügung, die der Vermieter vor dem Übergang des Eigentums über die Miete getroffen hat, die auf die Zeit der Berechtigung des Erwerbers entfällt, ist dem Erwerber gegenüber wirksam. [2]Das Gleiche gilt für ein Rechtsgeschäft, das zwischen dem Mieter und dem Vermieter über die Mietforderung vorgenommen wird, insbesondere die Entrichtung der Miete; ein Rechtsgeschäft, das nach dem Übergang des Eigentums vorgenommen wird, ist jedoch unwirksam, wenn der Mieter bei der Vornahme des Rechtsgeschäfts von dem Übergang des Eigentums Kenntnis hat. [3]§ 566d gilt entsprechend.**

### Systematische Übersicht



### A. Zweck der Vorschrift

Die Vorschrift enthält eine Sonderregelung für die Miete eines im Binnenschiffs- oder Seeschiffsregister eingetragenen Schiffs. Hierbei handelt es sich um die Miete einer beweglichen Sache. Wird das vermietete Schiff veräußert oder belastet, so bewirkt § 578a BGB, dass bestimmte für die Veräußerung und Belastung eines Grundstücks maßgebliche Vorschriften sinngemäß gelten. Der Grund hierfür ist darin zu sehen, dass die im Schiffsregister eingetragenen Schiffe nach dem Gesetz über Rechte an eingetragenen Schiffen und Schiffsbauwerken (SchiffRG) v. 15.11.1940[1] in mancher Hinsicht wie Grundstücke behandelt werden. So setzt die Übertragung des Eigentums an einem *Binnen*schiff nicht nur die Einigung des Eigentümers und des Erwerbers über den Eigentumsübergang sondern auch die Eintragung in das Binnenschiffsregister voraus (§ 3 SchiffRG). Bei der Übertragung des Eigentums an einem *See*schiff ist die Einigung über den Eigentumsübergang ausreichend (§ 2 SchiffRG). Hier begründet die Eintragung aber eine gesetzliche Eigentumsvermutung zugunsten des Eingetragenen (§ 15 SchiffRG). Außerdem kann an einem eingetragenen Schiff eine Schiffshypothek (§ 8 SchiffRG) und unter den weiteren Voraussetzungen des § 9 SchiffRG auch ein Nießbrauch bestellt werden. Dieser Rechtslage entspricht es, wenn im Falle der Veräußerung und Belastung eines vermieteten Schiffs die für Grundstücke maßgeblichen Rechte Anwendung finden. 1

### B. Anwendungsbereich

#### I. Schiffe

Die Vorschrift setzt voraus, dass ein Schiff entweder im Seeschiffsregister oder im Binnenschiffsregister **eingetragen** ist; zu sonstigen Schiffen → BGB § 578 Rn. 9. Außerdem muss das Schiff **vermietet** sein. Insoweit ist erforderlich, dass das gesamte Schiff Mietgegenstand ist; es genügt nicht, wenn lediglich einzelne Räume des Schiffes vermietet sind. Die sog. Charterverträge sind meist keine Miet- sondern Frachtverträge; entscheidend sind die Einzelfallumstände[2]. Schließlich ist Voraussetzung, dass das Schiff nach der Überlassung an den Mieter an einen Dritten **veräußert** oder dass es **mit einem Nießbrauch belastet** wird. 2

---

[1] RGBl. I 1499.
[2] BGH II ZR 92/85, VersR 1986, 31.

### II. Flugzeuge, Luftfahrzeuge

3 Nach § 1 des Gesetzes über Rechte an Luftfahrzeugen (LuftRG) v. 26.2.1959[3] kann ein in der Luftfahrzeugrolle eingetragenes Luftfahrzeug mit einem Registerpfandrecht belastet werden. In § 98 Abs. 1 LuftRG ist geregelt, dass für Luftfahrzeuge die für bewegliche Sachen geltenden Vorschriften maßgeblich sind. Dies gilt auch für die Miete eines Luftfahrzeugs. Eine Ausnahme gilt, wenn ein vermietetes Luftfahrzeug veräußert wird. Für diesen Fall ist in **§ 98 Abs. 2 LuftRG** geregelt, dass § 578a BGB sinngemäß mit der Maßgabe anzuwenden ist, dass an die Stelle des eingetragenen Schiffs, das in der Luftfahrzeugrolle eingetragene Luftfahrzeug tritt.

## C. Rechtsfolgen bei Veräußerung und Belastung

4 (Eingetragene) Schiffe (und Luftfahrzeuge) sind bewegliche Sachen, so dass auch für deren Miete das Mietrecht für bewegliche Sachen der §§ 535–548 BGB gilt. Wegen der der Gundbucheintragung vergleichbaren Registereintragung erklärt allerdings § 578a Abs. 1 BGB die meisten Vorschriften über die Folgen einer Veräußerung der Mietsache (§§ 566ff. BGB – **„Kauf bricht nicht Miete") für entsprechend anwendbar.** Konkret sind dies §§ 566, 566a, 566e–567b BGB.

5 **Ausgenommen** von der entsprechenden Anwendbarkeit sind §§ 566b–566d BGB; hierzu gibt es in § 578a Abs. 2 BGB eine besondere Bestimmung. Bei der Grundstücksmiete schützt § 566b BGB den Erwerber in weitem Umfang gegen Verfügungen des Veräußerers bzgl. des Mietzinses. Diese Vorschrift ist bei der Schiffs- und Flugzeugmiete nicht anwendbar. Vielmehr bestimmt hier § 578a Abs. 2 S. 1 BGB, dass alle Verfügungen des Veräußerers bzgl. der Miete gegenüber dem Erwerber wirksam sind. Eine zeitliche Beschränkung besteht nicht.

6 Weiterhin schützt bei der Grundstücksmiete § 566c BGB den Erwerber in weitem Umfang vor **Vereinbarungen zwischen Veräußerer und Mieter über die Entrichtung der Miete.** Diese Vorschrift ist bei der Schiffs- und Flugzeugmiete ebenfalls nicht anwendbar. Vielmehr bestimmt hier § 578a Abs. 2 S. 2 BGB, dass grds. alle Rechtsgeschäfte zwischen dem Vermieter und dem Mieter über die Mietzinsforderung gegenüber dem Erwerber wirksam sind. Eine Ausnahme gilt hinsichtlich solcher Rechtsgeschäfte, die nach dem Übergang des Eigentums vorgenommen werden, wenn der Mieter bei der Vornahme des Rechtsgeschäfts vom Eigentumsübergang Kenntnis hatte. Erforderlich ist entsprechend der Regelung in § 566c BGB positive Kenntnis. § 578a Abs. 2 S. 3 BGB erhält dem Mieter die Möglichkeit der **Aufrechnung** gegenüber dem Mietzinsanspruch des Erwerbers mit solchen Forderungen, die ihm gegen den Veräußerer zustehen, indem § 566d BGB für entsprechend anwendbar erklärt wird. Bei Entstehung der Aufrechnungslage muss der Mieter dementsprechend gutgläubig gewesen sein.

---

[3] BGBl. I 57.

## § 579 Fälligkeit der Miete

**(1) [1]Die Miete für ein Grundstück und für bewegliche Sachen ist am Ende der Mietzeit zu entrichten. [2]Ist die Miete nach Zeitabschnitten bemessen, so ist sie nach Ablauf der einzelnen Zeitabschnitte zu entrichten. [3]Die Miete für ein Grundstück ist, sofern sie nicht nach kürzeren Zeitabschnitten bemessen ist, jeweils nach Ablauf eines Kalendervierteljahrs am ersten Werktag des folgenden Monats zu entrichten.**

**(2) Für Mietverhältnisse über Räume gilt § 556b Abs. 1 entsprechend.**

### Systematische Übersicht



### Alphabetische Schnellübersicht



### A. Allgemeines

1 § 579 BGB regelt die Fälligkeit der Miete, und zwar für sämtliche Mietsachen mit Ausnahme von Wohnraum, für den § 556b Abs. 1 BGB gilt. Die Norm unterscheidet zwischen Grundstücken und beweglichen Sachen (§ 579 Abs. 1 BGB) sowie anderen Räumen als Wohnräumen (§ 579 Abs. 2 BGB). Sie beruht auf § 551 BGB aF, der bis zur **Mietrechtsreform 2001** allgemein die Fälligkeit der Miete regelte. Danach galt unabhängig vom Typ der Mietsache eine Vorleistungspflicht des Vermieters, die entweder die gesamte Mietzeit betraf oder auf einzelne Zeitabschnitte beschränkt war. Dieses Prinzip ist in § 579 Abs. 1 BGB für die Miete von Grundstücken und beweglichen Sachen erhalten geblieben, in der (Wohn-)Raummiete wurde es hingegen durch die gemischte Vorleistungsanordnung (→ BGB § 556b Rn. 7) nach § 556b Abs. 1 BGB ersetzt. Ebenso wie § 556b Abs. 1 BGB führen die Fälligkeitsregeln in § 579 BGB nur zu einer **unbeständigen Vorleistungspflicht** (→ BGB § 556b Rn. 14).

2 Nach Art. 229 § 3 Abs. 1 Nr. 7 EGBG gilt für sog. **Altmietverträge** (dies sind solche, die bis zum 31.8.2001 geschlossen wurden[1]) hinsichtlich der Fälligkeit § 551 BGB aF weiter.[2] Praktisch bedeutsam ist diese Anwendung von § 551 BGB aF nur für die Raummiete nach § 579 Abs. 2 BGB, weil die Regelungen zur Grundstücks- und Fahrnismiete in § 579 Abs. 1 BGB denen in § 551 BGB aF entsprechen.

3 **Zweck** von § 579 BGB ist es, Rechtsicherheit zu schaffen, weil bei Anwendung von § 271 Abs. 1 BGB die Bestimmung der Fälligkeit der Miete erhebliche Schwierigkeiten bereiten würde (→ BGB 556b Rn. 7). Die Lösung des Problems durch Anordnung einer Vorleistungspflicht des Vermieters ist überzeugend (→ BGB § 556b Rn. 4); die sich hieraus ergebenden Nachteile für den Vermieter werden – ebenfalls zu Recht – durch eine weitmögliche Aufspaltung der Fälligkeit in Zeitabschnitte (§ 579 Abs. 1 S. 2, 3 BGB) abgemildert. Zum Zweck von § 579 Abs. 2 BGB ergänzend → BGB § 556b Rn. 7.

---

[1] BGH VIII ZR 336/04, NZM 2006, 927.
[2] BGH VIII ZR 66/08, NJW 2009, 1491 Rn. 14.

4 **Miete** gem. § 579 BGB ist die Gegenleistung des Mieters für die Gebrauchsüberlassung, es gehören also etwa auch Betriebskostenvorauszahlungen dazu.[3] Eine nichtmonetäre Gegenleistung ist ebenfalls erfasst (näher → BGB § 556b Rn. 8). Nicht unter die Norm fallen nur Gegenleistungen des Mieters, deren Fälligkeit durch Vereinbarung (→ Rn. 15) oder Gesetz abweichend bestimmt ist. Dies ist bei Betriebskostennachforderungen des Vermieters der Fall, die erst mit Erteilung der Abrechnung fällig werden.[4] Zur Fälligkeit der Nutzungsentschädigung nach § 546a BGB → BGB § 546a Rn. 70.

5 Ebenso wie § 556b Abs. 1 BGB regelt auch § 579 BGB nur die Fälligkeit der Miete; die Norm trifft daher keine Aussage zum **Charakter** der **Mietschuld.** Maßgeblich ist für die Geldmiete vielmehr die allgemeine Vorschrift des § 270 BGB. Handelt es sich nicht um ein beidseitiges Unternehmergeschäft, ist die Miete nach hM eine qualifizierte Schickschuld (→ BGB § 556b Rn. 13). Ob dies auch im Unternehmerverkehr gilt oder ob hier aus der Zahlungsverzugsrichtlinie[5], die nur im beiseitigen Unternehmerverkehr (b2b) anwendbar ist[6], folgt, dass es sich um eine Bringschuld handelt, ist umstritten[7], hat aber nur geringe praktische Bedeutung. Relevant ist die Frage allenfalls für die **Bestimmung des Verzugseintritts im Überweisungsverkehr** und der vom Mieter zu dessen Vermeidung notwendigen **Leistungshandlung.** Im Anwendungsbereich von § 556b Abs. 1 BGB, der nicht nur für die Wohnraummiete, sondern gem. § 579 Abs. 2 BGB für die gesamte Raummiete gilt, kommt es für die **Rechtzeitigkeit der Zahlung** im Überweisungsverkehr nicht darauf an, dass die Miete auf dem Konto des Vermieters eingegangen ist; es genügt vielmehr, dass der Mieter – bei ausreichend gedecktem Konto – seinem Zahlungsdienstleister den **Zahlungsauftrag am Fälligkeitstag erteilt.**[8] Das folgt aus dem Willen des Gesetzgebers zu § 556b Abs. 1 BGB, mit dem die davor herrschende Rspr. und Praxis kodifiziert werden sollte, die wiederum an dem damaligen Verständnis der §§ 269, 270 BGB orientiert war.[9] Aus der Richtlinie 2000/35/EG zur Bekämpfung von Zahlungsverzug im Geschäftsverkehr ergibt sich nichts anderes.[10] Außerhalb des Anwendungsbereichs des § 556b Abs. 1 BGB, also bei der **Grundstücksmiete** und der Miete beweglicher Sachen, gilt die Zahlungsverkehrsrichtlinie nur für den Geschäftsverkehr zwischen Unternehmern (b2b) und betrifft auch dort nur die die Berechnung von Zinsen bei Zahlungsverzug, nicht aber sonstige Verzugsfolgen.[11] Zu den sonstigen Verzugsfolgen gehört die an den Zahlungsverzug geknüpfte Zahlungsverzugskündigung gem. § 543 Abs. 2 S. 1 Nr. 3 BGB. Dementsprechend hat die Zahlungsverzugsrichtlinie für die Kündigung von Grundstücksmietverträgen oder Mietverträgen über bewegliche Sachen keine Bedeutung, sondern allenfalls für den Eintritt des Verzugszinsbeginns bei beidseitig unternehmerisch handelnden Parteien.

## B. Grundstücksmiete (Abs. 1)

6 Die Grundstücksmiete iSd § 579 Abs. 1 BGB erfasst die Miete von **Freiflächen** eines Grundstücks und/oder **wesentlicher Bestandteile** desselben, soweit es sich hierbei nicht um Räume handelt; zum Raumbegriff → BGB § 578 Rn. 9. Werden Räume gemeinsam mit Grundstücksfreiflächen oder anderen wesentlichen Bestandteilen des Grundstücks vermietet, handelt es sich um Grundstücksmiete iSd § 579 Abs. 1 BGB, wenn die Möglichkeit, die Räume zu gebrauchen, nicht den Schwerpunkt des Vertrags bildet (→ BGB § 578 Rn. 3).

7 Die **Fälligkeit** der Grundstücksmiete bestimmt sich vorrangig nach der Parteivereinbarung (→ Rn. 15); zur Leistungshandlung am Fälligkeitstag und zur **Rechtzeitigkeit der Leistung** → Rn. 5. Fehlt eine Parteivereinbarung, greift die im Folgenden darzustellende **Normenleiter** aus § 579 Abs. 1 BGB.

---

[3] Vgl. BGH VIII ARZ 5/90, NJW 1991, 836.
[4] Vgl. BGH VIII ARZ 5/90, NJW 1991, 836.
[5] RL 2000/35/EG.
[6] *Herresthal* NZM 2011, 833 (838).
[7] Siehe zum Streitstand BGH VIII ZR 222/15, NJW 2017, 1596; *Herresthal* NZM 2011, 833 (839); Staudinger/*Emmerich* BGB § 543 Rn. 53.
[8] BGH VIII ZR 222/15, NJW 2017, 1596.
[9] BGH VIII ZR 222/15, NJW 2017, 1596 Rn. 21.
[10] So überzeugend für die Wohnraummiete BGH VIII ZR 222/15, NJW 2017, 1596 Rn. 32; die Frage ist hochstreitig, **aA** etwa *Herresthal* NZM 2011, 833 (839). Zum Streitstand Staudinger/*Emmerich* BGB § 543 Rn. 53.
[11] *Herresthal* NZM 2011, 833 (838).

8 Zunächst ist zu prüfen, ob die Miete nach kürzeren Zeitabschnitten als dem Kalendervierteljahr bemessen ist. In diesem Fall ist die Miete am Ende der einzelnen Zeitabschnitte zu entrichten **(§ 579 Abs. 1 S. 2 BGB).** Das Ende der einzelnen Zeitabschnitte tritt um 24:00 Uhr des letzten Tags des jeweiligen Zeitabschnitts ein, bei einer nach Monaten bemessenen Miete also zB am 31.1., 24:00 Uhr. Fällig ist die Miete mithin am nächsten Werktag in der Woche (§ 193 BGB).[12] Zur Uhrzeit der Fälligkeit → BGB § 556b Rn. 8.

9 Ist die Miete nach dem Kalendervierteljahr oder nach längeren Zeitabschnitten bemessen, ist sie jeweils nach Ablauf eines Kalendervierteljahrs am ersten Werktag des folgenden Monats zu entrichten, **§ 579 Abs. 1 S. 3 BGB.** Zu den Werktagen gehört zwar auch der Sonnabend (→ BGB § 556b Rn. 12); § 193 BGB verschiebt die Fälligkeit aber auf den nächsten Werktag, wenn der erste Werktag ein Sonnabend ist. Zur Uhrzeit der Fälligkeit → BGB § 556b Rn. 8. § 579 Abs. 1 S. 3 BGB führt dazu, dass bei das Kalendervierteljahr überschreitenden Bemessungsvereinbarungen (zB Jahresmiete) eine Aufspaltung mit Blick auf die Fälligkeit erfolgt.[13] Dazu muss der Bemessungszeitraum in Vierteljahresabschnitte aufgeteilt werden. Wird etwa ein Grundstück für das Jahr 2019 zu einer Gesamtmiete von 12.000 EUR ohne Vereinbarung eines Fälligkeitstermins vermietet, sind 3.000 EUR jeweils am ersten Werktag der Monate April, Juli, September und Januar fällig.

10 Ist das Mietverhältnis hingegen auf einen Zeitraum von bis zu einem Kalendervierteljahr befristet, ohne dass eine Mietzahlung nach Zeitabschnitten vereinbart ist, gilt nach **§ 579 Abs. 1 S. 1 BGB** eine vollständige Vorleistungspflicht des Vermieters; die Miete ist am Ende der Mietzeit zu entrichten. Das Ende der Mietzeit tritt um 24:00 Uhr des letzten Tags ein. Fällig ist die Miete mithin am nächsten Werktag in der Woche (§ 193 BGB).[14] Zur Uhrzeit der Fälligkeit → BGB § 556b Rn. 8.

11 Nicht ausdrücklich geregelt ist die Vereinbarung einer nicht glatt durch drei Monate teilbaren Laufzeit und keiner Bemessung der Miete pro rata temporis und/oder einem Beginn des Vertrags im laufenden Quartal (etwa Vermietung ab dem 1.1. für zehn Monate zu einer Miete von 10.000 EUR (Beispiel 1) oder Vermietung ab dem 1.2. für zehn Monate zu einer Miete von 10.000 EUR (Beispiel 2)). Diese Konstellationen sind durch eine **Kombination** von **§ 579 Abs. 1 S. 3** und **S. 1 BGB** zu lösen[15]: Die Fälligkeit tritt für die Miete des bis dahin abgelaufenen Zeitraums am ersten Werktag des auf ein Quartalsende folgenden Monats ein. Endet die danach verbleibende Restmietzeit vor einem erneuten Quartalsende, ist die Restmiete am Vertragsende fällig. Im obigen Beispiel sind mithin am ersten Werktag im April, Juli und Oktober jeweils 3.000 EUR und am 1.11. 1.000 EUR fällig. Im Beispiel 2 sind am ersten Werktag im April 2.000 EUR, am ersten Werktag im Juli und Oktober jeweils 3.000 EUR und am 1.12. 2.000 EUR fällig.

## C. Miete beweglicher Sachen (Abs. 1)

12 Der Begriff der beweglichen Sachen iSd § 579 Abs. 1 BGB richtet sich nach der allgemeinen Definition, ist also erfüllt, wenn eine **andere Sache als** ein **Grundstück** oder seine wesentlichen Bestandteile vermietet wird. Die Miete für bewegliche Sachen ist grds. nach Ablauf der einzelnen Zeitabschnitte zu entrichten, für die sie bemessen ist, § 579 Abs. 1 S. 2 BGB. Fehlt es an einer solchen Bemessungsabrede, ist sie am Ende der Mietzeit fällig, § 579 Abs. 1 S. 1 BGB. Wegen der Einzelheiten → Rn. 8, 10. Zur Leistungshandlung am Fälligkeitstag → Rn. 5.

13 Seit 2013 fällt die Vermietung eines See- oder Binnenschiffes nicht mehr unter § 579 Abs. 1 BGB.[16] Die Miete für diese Schiffe ist vielmehr nach § 553 Abs. 2 S. 2 HGB bzw. § 27 BinSchG halbmonatlich im Voraus zu entrichten. Für andere **Schiffe** gelten hingegen die Regeln über bewegliche Sachen in § 579 Abs. 1 BGB.

---

[12] MüKoBGB/*Artz* § 579 Rn. 2; *Blank* WuM 1995, 567.
[13] RGRK-BGB/*Gelhaar* § 551 Rn. 2 unter Verweis auf eine nicht veröffentlichte Entscheidung des BGH v. 28.4.1964 – VIII ZR 28/64; Blank/Börstinghaus/*Blank* BGB § 579 Rn. 4.
[14] MüKoBGB/*Artz* § 579 Rn. 2; *Blank* WuM 1995, 567.
[15] Blank/Börstinghaus/*Blank* BGB § 579 Rn. 4.
[16] Art. 3 des Gesetzes zur Reform des Seehandelsrechts (BGBl. 2013 I 831).

## D. Raummiete (Abs. 2)

14 § 579 Abs. 2 BGB verweist für die **Fälligkeit der Miete** für Räume auf § 556b Abs. 1 BGB, der die Fälligkeit der Miete für Wohnräume regelt. Zum Raumbegriff → BGB § 578 Rn. 9, zu den Details der Fälligkeit der Miete für Räume zunächst → BGB § 556b Rn. 8 ff. und für die Frage der **Rechtzeitigkeit der Zahlung** → Rn. 5.

## E. Abweichende Vereinbarungen

15 Die Fälligkeitsregeln aus § 579 BGB sind unstreitig **abdingbar.** Maßstab der Inhaltskontrolle ist bei einer Individualvereinbarung § 138 BGB, der auch bei größeren Abweichungen (zB Fälligkeit der Miete bereits Monate vor Gebrauchsüberlassung oder erst Monate nach Vertragsende) nicht verletzt ist; in – bislang nicht bekannt gewordenen – Extremfällen ist ein Verstoß aber selbstverständlich denkbar.

16 Bei **AGB** greifen die Schranken der §§ 305 ff. BGB. Hier ist, abhängig von der konkreten Vertragsgestaltung, zunächst ein Verstoß gegen das Verbot überraschender Klauseln (§ 305c Abs. 1 BGB) denkbar.[17] Die **Inhaltskontrolle** erfolgt nach § 307 Abs. 1 S. 1, Abs. 2 BGB, nicht hingegen nach § 309 Nr. 2 BGB.[18] Hier ist im Ausgangspunkt von Bedeutung, dass die Fälligkeitsregeln aus § 579 BGB keine wesentlichen Grundgedanken iSd § 307 Abs. 2 Nr. 1 BGB enthalten, was sich schon daran zeigt, dass der Gesetzgeber der Mietrechtsreform 2001 für die Raummiete unter Hinweis auf die abweichende Vertragspraxis einen Paradigmenwechsel durchgeführt hat (→ BGB § 556b Rn. 1). Ob eine abweichende Fälligkeitsregel in AGB den Vertragspartner des Verwenders unangemessen benachteiligt, ist durch eine Interessenabwägung zu ermitteln. Entscheidend ist, ob die Vorleistungsklausel sachlich gerechtfertigt ist und den berechtigten Interessen des Vertragspartners des Verwenders hinreichend Rechnung getragen wird.[19] Unbedenklich ist es danach, bei der Grundstücksmiete eine der Raummiete entsprechende gemischte Vorleistungsregel (→ BGB § 556b Rn. 7) zu vereinbaren, da das Gesetz dieses Konzept für die Raummiete anerkennt. Ebenfalls keine Bedenken bestehen gegen eine Regel, nach der die Miete zu Beginn des Mietverhältnisses oder zu Beginn der einzelnen Zeitabschnitte fällig wird, weil der Mieter hier von seinem Zurückbehaltungsrecht Gebrauch machen kann, wenn der Vermieter nicht leistet. Diese Möglichkeit scheidet aus, wenn eine **Vorleistungspflicht des Mieters** vereinbart wird, die ihn dazu zwingt, die Miete – ganz oder teilweise – vor Gebrauchsüberlassung zu leisten. Ob eine solche Vermieter-AGB den Mieter unangemessen benachteiligt, hängt vom Umfang seiner Vorleistungspflicht ab. Gegen eine Regel, die den Mieter verpflichtet, vor Übergabe die erste Monatsmiete vorauszuzahlen, bestehen keine Bedenken.[20] Sie ist durch das anerkennenswerte Interesse des Vermieters gerechtfertigt, für die Bonität seines Vertragspartners einen handfesten Nachweis zu erhalten. Problematisch sind hingegen Vermieter-AGB, die den Mieter zu deutlich umfangreicheren Vorleistung verpflichten, weil sie den Mieter mit dem Insolvenzrisiko des Vermieters belasten. Wann der Schutz vor diesem Risiko das Interesse des Vermieters an der Sicherstellung der Erfüllung der Zahlungspflicht des Mieters überwiegt, ist nach den Umständen des Einzelfalls zu ermitteln. Durchgreifende Bedenken bestehen aber etwa gegen die vollständige Vorauszahlungspflicht bei einem halbjährigen Mietvertrag über einen Tennisplatz.[21]

17 Ist die Miete nach § 579 Abs. 1 BGB am Ende der Mietzeit zu entrichten, so führt die **Kombination** einer **Vorfälligkeitsklausel** mit einem **Aufrechnungsverbot** nicht zur Unwirksamkeit der Vorfälligkeitsklausel nach § 307 Abs. 1 S. 1 BGB.[22] Diese Ansicht vertritt der BGH zwar für Altmietverträge über Wohnraum, deren gesetzliche Fälligkeit sich nach § 551 BGB aF richten (→ BGB § 556b Rn. 18), der § 579 Abs. 1 BGB entsprach. Das tragende Argument des BGH, die sich aus der Klauselkombination ergebende Last des Mieters, eine etwa überzahlte Miete einklagen zu müssen, greift bei einem Unternehmer-Mieter auf Grundlage der BGH-Rechtsprechung aber nicht. Denn dem Unternehmer mutet die Rspr. diese Last zu, da der BGH in der Geschäftsraum-

---

17 OLG Frankfurt a. M. ZMR 2012, 943.

18 Vgl. BGH X ZR 59/05, NJW 2006, 3134.

19 Vgl. BGH III ZR 79/09, NJW 2010, 1449.

20 *OLG Düsseldorf ZMR 2002*, 513.

21 **AA** OLG Düsseldorf NJW-RR 1999, 1437.

22 v. Westphalen/Thüsing VertrR/AGB-Klauselwerke/*Drettmann* Geschäftsraummiete Rn. 89; **aA** Lützenkirchen MietR/*Lützenkirchen* BGB § 579 Rn. 11.

miete Klauseln anerkennt, die dem Mieter die Kürzung der laufenden Miete wegen eines Mangels verbieten und ihn darauf verweisen, den überzahlten Betrag zurückzufordern.[23] Wenn man – wie richtig – diese Rspr. nicht teilt[24], dürfte auch im unternehmerischen Verkehr viel für die Unwirksamkeit einer Kombinationen aus Vorfälligkeit und Aufrechnungsverbot sprechen, die die Vorgaben des BGH zur Wohnraummiete nicht einhält (dazu → BGB § 556b Rn. 18).

Die in der Praxis verbreiteten **Rechtzeitigkeitsklauseln** *(„Für die Rechtzeitigkeit der Zahlung kommt es nicht auf die Absendung, sondern auf den Eingang des Geldes an")* weichen insofern nicht von § 579 BGB ab, als sie nicht die Fälligkeit der Miete berühren; rein faktisch führen sie aber im praktisch relevanten Überweisungsverkehr zu einer ein bis zwei Tage früheren Leistungshandlung auf Seiten des Mieters. Als gegenüber einem Wohnraummieter verwendete AGB sind solche Klauseln nach hM unwirksam, weil nach der Klausel nicht ausgeschlossen ist, dass dem Mieter das Verschulden der beiderseitigen Zahlungsdienstleister zugerechnet wird, was unangemessen ist, weil sich seine Pflicht auf die Erteilung des Zahlungsauftrags beschränkt.[25] Dieses Argument ist im unternehmerischen Verkehr ebenso durchschlagend, da es auch dort (→ Rn. 5) jedenfalls für den kündigungsrelevanten Verzug auf die Erteilung des Zahlungsauftrags ankommt. Die ältere Rspr.[26], die im unternehmerischen Verkehr die obige Rechtzeitigkeitsklausel (allerdings ohne Problematisierung der Verschuldenszurechnung) gebilligt hat, ist damit obsolet. 18

[23] BGH XII ZR 62/06, NJW 2008, 2497.
[24] Siehe eing. *Streyl* NZM 2015, 841.
[25] BGH VIII ZR 222/15, NJW 2017, 1596.
[26] BGH XII ZR 195/96, NJW 1998, 2664.

## § 580 Außerordentliche Kündigung bei Tod des Mieters

**Stirbt der Mieter, so ist sowohl der Erbe als auch der Vermieter berechtigt, das Mietverhältnis innerhalb eines Monats, nachdem sie vom Tod des Mieters Kenntnis erlangt haben, außerordentlich mit der gesetzlichen Frist zu kündigen.**

### Systematische Übersicht



### A. Anwendungsbereich

1 Die Vorschrift ist das Pendant zur gleichartigen Regelung in § 564 S. 2 BGB. § 564 S. 2 BGB gilt für Wohnraummietverhältnisse aller Art, § 580 BGB für **alle anderen Mietverhältnisse.** Das ergibt sich aus der systematischen Stellung der Vorschriften (§ 564 BGB steht im Untertitel 2. über Wohnraummietverhältnisse; § 580 BGB im Untertitel 3. über Mietverhältnisse über andere Sachen[1]). Zu den erfassten Mietverhältnissen gehört die Gewerberaummiete, die Miete von beweglichen Sachen, von Grundstücken oder Grundstücksteilen und von Schiffen. Bei Mischmietverhältnissen kommt es auf den Schwerpunkt der Nutzung an, ob ein Gewerbe oder ein Wohnraummietvertrag vorliegt (zur Abgrenzung → BGB § 549 Rn. 24); wenn danach Gewerberaummiete anzunehmen ist, finden die §§ 563 ff. BGB keine Anwendung, sondern § 580 BGB. Auch **Leasingverträge** sind erfasst.[2] Leasingverträge sind nämlich grds. als Mietverträge einzuordnen, so dass auch die Vorschriften über die Miete gelten. Zwar handelt es sich insbes. bei Finanzierungsleasingverträgen mit Vollamortisation um atypische Mietverträge, die von der Interessenlage her an der Nahtstelle zum Kauf liegen, weil der Leasingnehmer nicht nur ein Gebrauchsentgelt, sondern die Vollamortisation versprochen hat. Daraus folgt aber nicht, dass die Vorschrift des § 580 BGB unanwendbar wäre, ansonsten könnte man jede Gesetzesanwendung unter die Bedingung der Vergleichbarkeit der Interessenlage stellen; vielmehr wird der atypischen Interessenlage ausreichend dadurch Rechnung getragen, dass die Parteien des Leasingvertrages die dispositiven Vorschriften des Mietrechts im Rahmen der Vertragsfreiheit abändern können.[3] Für die **Pacht** gibt es in §§ 584, 584 a BGB und für die Landpacht in § 594 d BGB eigene Vorschriften.

### B. Zweck der Vorschrift

2 Im Falle des Todes des Mieters geht das Mietverhältnis gem. §§ 1922, 1967 BGB auf den Erben über.[4] Anders als bei der Wohnraummiete (s. §§ 563, 563 a BGB) gibt es kein Eintritts- oder Fortsetzungsrecht privilegierter Personen. § 580 BGB gewährt sowohl dem Vermieter als auch dem Erben ein außerordentliches Kündigungsrecht ohne ein besonderes Kündigungsinteresse, wenn der Mieter stirbt. Das Kündigungsrecht dient – wie im Falle des § 564 S. 2 BGB – dazu, dass Vermieter und Erbe einem starken personalen Bezug des Mietverhältnisses und den Veränderungen

---

[1] Näher hätte es gelegen, eine allgemeine Regelung im Untertitel 1. (Allgemeine Vorschriften für Mietverhältnisse) anzusiedeln. Vor der zum 1. 9. 2001 in Kraft getretenen Mietrechtsreform gab es eine solche allgemeine Regelung in § 569 BGB.

[2] HM, vgl. LG Saarbrücken BeckRS 2016, 127559; LG Gießen NJW 1986, 2116; *v. Westphalen* EWiR 1986, *1087; Staudinger/Rolfs BGB 30. 9. 2016 – 6 O 53/15,* § 580 Rn. 5; **aA** Staudinger/*Stoffels,* 2004, Leasing Rn. 349; *Gerken* DB 1997, 1703.

[3] LG Gießen NJW 1986, 2116.

[4] BGH VIII ZR 68/12, NJW 2013, 933 Rn. 17.

Rechnung tragen können, die der Tod des Mieters möglicherweise mit sich bringt[5], und ist ein gesetzlich geregelter Fall des Wegfalls der Geschäftsgrundlage. Die Person des Mieters ist für den Vermieter nämlich oft von wesentlicher Bedeutung; auf der anderen Seite hat ein Erbe oft kein Interesse an der Fortführung des Vertrages, wenn er etwa das Gewerbe des Erblassers nicht weiterführen will. § 580 BGB hat insbes. bei der Gewerberaummiete besondere Bedeutung, da hier Zeitmietverträge vorherrschen, die im Falle des Todes vorzeitig beendet werden können; eine Kündigung ist aber auch möglich, wenn die Vertragsparteien den Ausschluss des Kündigungsrechtes für eine bestimmte Zeit vereinbart haben oder wenn sie die Kündigungsfristen verlängert haben. Der **Tod des Vermieters** begründet kein außerordentliches Kündigungsrecht für die Mieter.[6] Nach dem Tod des Vermieters treten dessen Erben bzw. – wenn keine Erben vorhanden sind – der Fiskus im Wege der Gesamtrechtsnachfolge in die Vermieterstellung ein[7]; eine Sonderrechtsnachfolge wie in §§ 563ff. BGB gibt es nicht.

## C. Entstehungsgeschichte und Übergangsregelung

3 Unmittelbare Vorgängernorm war nicht § 569 BGB aF, sondern (für einen Monat vom 1.8. bis zum 1.9.2001) § 569c Abs. 2 BGB aF (→ BGB § 563 Rn. 3). § 569c Abs. 2 BGB aF ist inhaltsgleich mit § 580 BGB. § 569 BGB aF, also die Gesetzesfassung vor dem 1.8.2001, sah hingegen vor, dass die Kündigung nur zu dem ersten möglichen Termin erklärt werden konnte im Gegensatz zu der Monatsfrist nach jetziger Rechtslage. Zur Übergangsregelung → BGB § 563 Rn. 4; Art. 229 § 3 Abs. 1 Nr. 5 EGBGB gilt – mit Ausnahme des 2. Halbsatzes, der nur Wohnraummietverhältnisse betrifft – auch für § 580 BGB.

## D. Fortsetzung des Mietverhältnisses mit dem Erben

4 § 580 BGB ist nur anwendbar, wenn der verstorbene **Mieter eine natürliche Person** war; für juristische Personen oder Personengesellschaften bzw. auf ein Ausscheiden von deren Gesellschaftern gilt die Vorschrift nicht.[8] Der Erbe des verstorbenen Mieters setzt das Mietverhältnis mit dem Vermieter fort, er wird Vertragspartei, mehrere Erben bilden eine Erbengemeinschaft. Soll nur einer der Erben Mieter sein, so muss hierüber ein dreiseitiger Vertrag zwischen dem Vermieter, den Mitgliedern der Erbengemeinschaft und dem fortsetzungswilligem Miterben geschlossen werden, da es sich um eine Vertragsübernahme handelt.[9] Zur Haftung des Erben für **nach dem Erbfall fällig gewordene Verbindlichkeiten** einschließlich der Pflichten aus der Abwicklung des Vertrages sowie für **Altverbindlichkeiten** → BGB § 564 Rn. 3.

5 Eine Fortsetzung des Mietverhältnisses kommt nicht mehr in Betracht, wenn es beendet war; dann kann der Erbe allenfalls in das **Abwicklungsschuldverhältnis** eintreten.[10] Das Mietverhältnis wird beendet bei Zeitmietverträgen durch Ablauf der Mietzeit, ansonsten nach Ablauf der Kündigungsfrist. Ist diese länger als die Kündigungsfrist nach §§ 580, 580a BGB, kann auch noch nach § 580 gekündigt werden. Wurde der Mietvertrag auf Lebenszeit des Mieters geschlossen, endet es mit dessen Tod.

## E. Kündigungsrecht für Erben und Vermieter

6 Das Kündigungsrecht des § 580 BGB setzt voraus, dass der Mieter während des Bestehens des Mietvertrages verstorben sein muss. Die Todesursache ist unerheblich, auch Selbstmord schließt die Anwendung nicht aus.[11] Die Todeserklärung gem. § 9 Abs. 1 VerschG steht dem Tod gleich, nicht jedoch die Verschollenheit; gem. § 10 VerschG wird nämlich vermutet, dass eine Person lebt, solange er nicht für tot erklärt ist. Auf die Auflösung von juristischen Personen und Personenver-

---

[5] MüKoBGB/*Häublein* § 564 Rn. 2 unter Bezugnahme auf die Gesetzesmotive; s. auch RGZ 90, 329.

[6] Staudinger/*Rolfs* BGB § 564 Rn. 4.

[7] Siehe zur Problematik des unbekannten Erben und des Fiskus als gesetzlichen Erben *Wotte/Ungerer* NZM 2012, 412; *Horst* DWW 2013, 367.

[8] Zu Einzelheiten für die ähnliche Problematik bei der Wohnraummiete → BGB § 563 Rn. 13.

[9] MüKoBGB/*Häublein* § 564 Rn. 6.

[10] Blank/Börstinghaus/*Blank* BGB § 580 Rn. 14.

[11] BGH LwZR 8/89, NJW-RR 1991, 75.

einigungen (GbR, oHG, KG) ist § 580 BGB weder direkt noch analog anwendbar; zu den Einzelheiten der Begründung → BGB § 563 Rn. 13. Teilweise wird in gewerblichen Mietverträgen entsprechend einer Rechtspraxis im angelsächsischen Raum ein Kündigungsrecht für den Fall vereinbart, dass es einen Gesellschafter- oder Geschäftsführerwechsel auf Mieterseite gibt (sog. **Change-of-Control-Klauseln**); solche Klauseln sind als AGB regelmäßig unwirksam, weil sie meist unangemessen in die Interna des Mieters eingreifen, indem sie mittelbar durch das Recht zu einer möglicherweise existenzbedrohenden Kündigung des Mietverhältnisses Veränderungen im Gesellschafterbestand oder bei der Person der Geschäftsführer verhindern.[12]

7 **Kündigungsberechtigt** sind sowohl der Erbe als auch der Vermieter, nicht aber die anderen Gesellschafter beim Tod eines Mitgesellschafters.[13] Die Kündigung beendet das Mietverhältnis erst zum Ablauf der Kündigungsfrist des § 580a BGB. Die bis dahin entstandenen, also fällig gewordenen Verbindlichkeiten einschließlich der Pflichten aus der Abwicklung des Vertrages sind Nachlassverbindlichkeiten (→ Rn. 4).

8 Es handelt sich bei dem Kündigungsrecht gem. § 580 BGB nach dem Wortlaut der Vorschrift um ein **außerordentliches Kündigungsrecht mit gesetzlicher Frist.** Die Frist ergibt sich gem. § 580a Abs. 4 BGB aus § 580a Abs. 1–3 BGB und richtet sich nach der Art des Mietverhältnisses (bei Gewerberaum etwa gilt § 580a Abs. 2 BGB). Vertragliche Vereinbarungen über Änderungen der Kündigungsfrist oder den zeitweiligen Ausschluss des Kündigungsrechtes beeinflussen grds. nicht die Kündigungsfrist gem. §§ 580, 580a BGB; etwas anderes gilt nur dann, wenn die Vereinbarung ausdrücklich auch die Kündigung nach Tod des Mieters erfassen sollte (zu abweichenden Vereinbarungen auch → Rn. 12). Das Kündigungsrecht ist weder für den Vermieter noch für den Erben an ein besonderes **Kündigungsinteresse** gebunden. Das Kündigungsrecht entfällt auch dann nicht, wenn der Erbe ein Personenhandelsgewerbe unter der bisherigen Firma fortführt (mit der Haftungsfolge aus §§ 25, 27 HGB).[14]

9 Hinsichtlich der **Kündigungserklärung** (einschließlich der Folgen einer **Ausschlagung** der Erbschaft) kann auf die entsprechenden Ausführungen in der Kommentierung zu § 564 BGB verwiesen werden, allerdings mit der Einschränkung, dass § 568 BGB nicht anwendbar ist; die Vorschrift gilt nur für Wohnraummietverhältnisse. Die Kündigung nach § 580 BGB kann also auch mündlich erklärt werden.

10 Die außerordentliche Kündigung gem. § 580 BGB muss **innerhalb eines Monats** erklärt werden, ansonsten erlischt das Kündigungsrecht. Der Zugang der Kündigung setzt die Kündigungsfrist des § 580a BGB in Gang. Die Ausschlussfrist beginnt, wenn die Kündigungsberechtigten (also Erbe oder Vermieter) von dem Tod des Mieters Kenntnis erlangt haben. Die Kenntnis kann im Einzelfall schon vor Vollzug des Mietverhältnisses, also vor Gebrauchsüberlassung bestehen[15]; die Kündigungsfrist (laufend ab Zugang der Kündigungserklärung) ist auch in diesem Fall einzuhalten[16], um dem Kündigungsgegner die Suche nach einem neuen Vertragspartner zu ermöglichen.[17] Nach dem Wortlaut des § 580 BGB scheint es auf die **Kenntnis der Erbenstellung** bzw. der Person des Erben nicht anzukommen. Diese Kenntnis ist aber für den Fristenlauf ebenfalls notwendig[18], damit der Erbe bzw. der Vermieter überhaupt die Möglichkeit hat, eine Entscheidung über die Ausübung seines Kündigungsrechtes zu treffen.[19] Aus dem gleichen Grund läuft die Frist für den Testamentsvollstrecker, wenn ein solcher eingesetzt ist, frühestens mit der Annahme des Amtes gem. § 2202 BGB zu laufen. Die Kenntnis von der Erbenstellung wird nicht ohne weiteres durch eine Mitteilung von Familienangehörigen bzw. ähnlichen Personen oder durch Kenntnisnahme von einem Testament begründet; der Erbe darf sich vielmehr in solchen Fällen seines Erbrechtes durch unverzüglich einzuholende Auskunft beim Nachlassgericht (etwa über das Vorhandensein weiterer Testamente) oder bei einem Rechtsanwalt (etwa über die Auslegung des Testaments) vergewissern.[20] Ansonsten gelten die Erläuterungen zur Kenntnis sowie zur Kenntnisverschaffung iRd § 563

---

[12] Einzelheiten → BGB § 540 Rn. 83 sowie bei *Disput* NZM 2008, 305; *Mielke/Nguyen-Viet* DB 2004, 2515; BGH VIII ZR 214/83, NJW 1985, 623, zu einer solchen Klausel in einem Vertragshändlervertrag.

[13] MüKoBGB/*Artz* § 580 Rn. 2; auch → Rn. 11.

[14] MüKoBGB/*Artz* § 580 Rn. 2.

[15] Blank/Börstinghaus/*Blank* BGB § 564 Rn. 50.

[16] Hierdurch können Erfüllungspflichten entstehen.

[17] *BGH VIII ZR 88/78, NJW 1979, 1288.*

[18] LG München NZM 2004, 337, allerdings ohne Begründung.

[19] OLG Hamm WuM 1981, 263.

[20] LG München NZM 2004, 337.

Abs. 3, 4 BGB sowie des § 563a Abs. 2 BGB sinngemäß auch hier. Bei Geschäftsunfähigen oder beschränkt Geschäftsfähigen ist § 166 BGB zu beachten; gleiches gilt für die Nachlassverwaltung und die Nachlassinsolvenzverwaltung.

## F. Kündigungsrecht bei mehreren Mietern

11 Auch im Falle einer Mietermehrheit, nicht hingegen beim Tod des Gesellschafters einer teilrechtsfähigen Personengemeinschaft[21], können der Erbe eines Mieters bzw. der Vermieter gem. § 580 BGB kündigen. Zu den Einzelheiten sowie zur Begründung dieser umstrittenen Frage siehe die Erläuterungen zu der ähnlichen Problematik bei der Kommentierung zu § 564 BGB (→ BGB § 564 Rn. 16ff.). Hat der überlebende Mieter den verstorbenen Mieter beerbt, so schließt das das Kündigungsrecht gem. § 580 BGB nicht aus[22], weil das Fehlen eines (Gesamt-)Schuldners wesentlich sein kann.

## G. Abweichende Vereinbarungen

12 § 580 BGB ist durch **Individualvereinbarung** abdingbar[23], auch durch Vertrag des verstorbenen Mieters mit dem Vermieter zu Lasten des Erben, da dieser durch die Erbschaft ohnehin nur in die durch den Erblasser geschaffene Rechtslage eintritt.[24] Das heißt, der Erblasser und der Vermieter können das Kündigungsrecht gem. § 580 BGB ganz ausschließen oder es hinsichtlich der Voraussetzungen und Fristen ändern (erleichtern oder verschärfen).[25] Das gilt in den Grenzen der §§ 138, 242 BGB auch für sehr langfristige Verträge oder einen langfristigen Kündigungsrechtsausschluss, da sich der Erbe vor einer übermäßigen Belastung durch Ausschlagung der Erbschaft schützen kann; er kann der Bindung auch durch Stellung eines geeigneten Nachmieters entgehen.[26]

13 Ob die Abdingbarkeit auch für **Formularklauseln** gilt, soll nach hM davon abhängen, ob man das Kündigungsrecht nach § 580 BGB zu dem gesetzlichen Leitbild der Miete zählt; in diesem Fall läge in einer Erschwerung des Kündigungsrechtes ein Verstoß gegen § 307 Abs. 2 Nr. 1 BGB. Ob § 580 BGB zum gesetzlichen Leitbild gehört, ist in ähnlicher Weise umstritten wie bei § 564 S. 2 BGB.[27] Meines Erachtens kommt es auf diese Frage nicht an. § 307 BGB verbietet nur Benachteiligungen des Vertragspartners des Verwenders, also des verstorbenen Mieters. Dieser wird aber durch eine Abweichung von § 580 BGB nicht belastet. Belastet wird erst der Erbe durch eine Erschwerung des Kündigungsrechtes. Dritte werden zwar uU auch durch § 307 BGB geschützt; dies aber nur auf Grund eines Rechtsverhältnisses zum Vertragspartner.[28] Ein solches Rechtsverhältnis existiert jedoch nicht zwischen dem Erben und dem Vertragspartner, der Erbe wird vielmehr mit dem Tod des Mieters selbst Vertragspartner.[29]

14 Wenn man diesem Ansatz nicht folgt, müsste die Frage, ob § 580 BGB zum gesetzlichen Leitbild der Miete gehört, verneint werden. Gerade die Fälle der **Mietermehrheit** zeigen nämlich, dass es bei den Mitmietern des Erben ein erhebliches Bedürfnis dafür geben kann, die Anwendung des § 580 BGB auf sich zu erstrecken oder die Kündigungsmöglichkeit des Erben und des Vermieters zu beschränken bzw. auszuschließen.

15 Eine AGB-Kontrolle erscheint allerdings notwendig, soweit in dem Vertrag zwischen dem Vermieter und dem verstorbenen Mieter nicht nur das Kündigungsrecht des Erben gem. § 580 BGB

---

21 Siehe für die GbR OLG Brandenburg ZMR 2008, 780.

22 **AA** Blank/Börstinghaus/*Blank* BGB § 580 Rn. 11, weil sich am Vertragsverhältnis nichts ändere.

23 AllgM, vgl. nur Staudinger/*Rolfs* BGB § 580 Rn. 12 mwN; s. außerdem die Nachweise zur Abdingbarkeit der gleichartigen Regelung in § 564 S. 2 BGB.

24 Blank/Börstinghaus/*Blank* BGB § 580 Rn. 34.

25 Vgl. zu § 564 BGB Staudinger/*Rolfs* BGB § 564 Rn. 23.

26 Siehe hierzu *Streyl* WuM 2005, 183.

27 Vgl. zum Meinungsstand bei § 564 BGB: MüKoBGB/*Häublein* § 564 Rn. 25 sowie die ausführliche Argumentation bei Staudinger/*Rolfs* BGB § 564 Rn. 25 und *Lehmann-Richter* WImmoT 2008, 158 (159, 167, 168); *Sternel* ZMR 2004, 720 ist der Ansicht, eine Abdingung durch AGB sein unmöglich, weil die Vorschrift als gesetzlich geregelter Fall der Störung der Geschäftsgrundlage zum Leitbild eines jeden Schuldverhältnisses gehöre; das ist im Ansatz richtig, das Kündigungsrecht beruht aber auf einer anderen als der in § 313 BGB vorausgesetzten Risikoverteilung, weswegen die Argumentation iErg nicht durchgreift.

28 Staudinger/*Wendland,* 2019, BGB § 307 Rn. 93.

29 **AA** *Lehmann-Richter* WImmoT 2008, 168.

ausgeschlossen wird, sondern **sonstige Kündigungsbeschränkungen bzw. Laufzeitregelungen** getroffen werden, die erst nach dem Erbfall gelten sollen. Solche Klauseln wären an § 307 BGB zu messen. Danach sollen Klauseln unangemessen sein, die nicht für den Erben und den Vermieter gleichermaßen gelten, und zum anderen solche Klauseln, die die Untervermietung ausschließen.[30] Letzteres dürfte jedenfalls dann richtig sein, wenn man den formularmäßigen Ausschluss der Untervermietung insgesamt, also auch zu Lebzeiten des verstorbenen Mieters, für unangemessen hält (→ BGB § 540 Rn. 63).

[30] Blank/Börstinghaus/*Blank* BGB § 580 Rn. 37.

## § 580a Kündigungsfristen

**(1) Bei einem Mietverhältnis über Grundstücke, über Räume, die keine Geschäftsräume sind, ist die ordentliche Kündigung zulässig,**

**1. wenn die Miete nach Tagen bemessen ist, an jedem Tag zum Ablauf des folgenden Tages;**

**2. wenn die Miete nach Wochen bemessen ist, spätestens am ersten Werktag einer Woche zum Ablauf des folgenden Sonnabends;**

**3. wenn die Miete nach Monaten oder längeren Zeitabschnitten bemessen ist, spätestens am dritten Werktag eines Kalendermonats zum Ablauf des übernächsten Monats, bei einem Mietverhältnis über gewerblich genutzte unbebaute Grundstücke jedoch nur zum Ablauf eines Kalendervierteljahres.**

**(2) Bei einem Mietverhältnis über Geschäftsräume ist die ordentliche Kündigung spätestens am dritten Werktag eines Kalendervierteljahres zum Ablauf des nächsten Kalendervierteljahres zulässig.**

**(3) Bei einem Mietverhältnis über bewegliche Sachen ist die ordentliche Kündigung zulässig,**

**1. wenn die Miete nach Tagen bemessen ist, an jedem Tag zum Ablauf des folgenden Tages;**

**2. wenn die Miete nach längeren Zeitabschnitten bemessen ist, spätestens am dritten Tag vor dem Tag, mit dessen Ablauf das Mietverhältnis enden soll.**

**(4) Absatz 1 Nr. 3, Absatz 2 und 3 Nr. 2 sind auch anzuwenden, wenn ein Mietverhältnis außerordentlich mit der gesetzlichen Frist gekündigt werden kann.**

### Systematische Übersicht



### A. Anwendungsbereich und Zweck

1 Die Regelung gilt für die **Grundstücksmiete** (§ 580a Abs. 1 BGB), für die Miete von **Räumen,** die keine Geschäftsräume sind (§ 580a Abs. 1 BGB), für die **Geschäftsraummiete** (§ 580a Abs. 2 BGB) und für die Miete **beweglicher Sachen** (§ 580a Abs. 3 BGB). Die Vorschrift ist dem bis zur Mietrechtsreform v. 1.9.2001 geltenden § 565 BGB nachgebildet und regelt die Kündigungsfristen für diese Mietverhältnisse sowohl für die ordentliche Kündigung (§ 580a Abs. 1–3 BGB) als auch für die außerordentliche Kündigung mit gesetzlicher Frist (§ 580a Abs. 4 BGB). Für die **Wohnraummiete** gelten §§ 573c, 573d BGB.

2 Die Kündigungsfristen haben den **Zweck,** dem Mieter eine angemessene Zeit zu verschaffen, die Rückgabe der Mietsache vorzubereiten und sich ggf. eine neue Mietsache zu suchen; der Vermieter hat Zeit, sich einen neuen Mieter zu suchen. Dieser Zweck kann naturgemäß nicht immer verwirklicht werden, da die Suche einer neuen Mietsache oder eines neuen Mieters stark von den Einzelfallumständen, aber auch der allgemeinen Mietmarktsituation abhängig ist.

3 **Zeitmietverträge** sind gem. § 542 BGB nicht ordentlich kündbar. § 580a BGB hat in diesen Fällen nur dann Bedeutung, wenn die Parteien ein ordentliches Kündigungsrecht vereinbart haben. Ähnlich ist es, wenn eine vertragliche Verlängerungsklausel nach Ablauf der festen Mietzeit eine Verlängerung auf unbestimmte Zeit vorsieht, nicht aber, wenn die Verlängerung wiederum nur auf feste Zeit erfolgt.[1]

---

[1] OLG Düsseldorf MDR 1993, 441.

## B. Fristberechnung

4 Für Fristbeginn (Kündigungstag), Fristende (Kündigungstermin) und die für die Berechnung der konkreten Kündigungsfrist zu beachtenden Regeln → BGB § 573c Rn. 6.

## C. Grundstücke und Räume, die keine Geschäftsräume sind (Abs. 1)

### I. Abgrenzung

5 Die Vorschrift des § 580a Abs. 1 BGB gilt für die Miete von Grundstücken und Räumen. Grundstücksmiete ist der Sammelbegriff für die Miete von Grundstücken sowie von Grundstücksteilen. Zum Begriff des **Grundstücks und des Grundstücksteils** → BGB § 578 Rn. 4 (auch zur Abgrenzung zum Gestattungsvertrag). Zum Begriff des **Raums** → BGB § 578 Rn. 9.

6 § 580a Abs. 1 BGB stellt Grundstücke und Räume gleich, so dass eine Bebauung für die Kündigungsfrist zunächst keine Rolle spielt. Allerdings gibt es in § 573c BGB für die Vermietung von Wohnräumen und in § 580a Abs. 2 BGB für die Vermietung von Geschäftsräumen besondere Vorschriften über Kündigungsfristen. Deshalb sind derartige Vermietungen vom Anwendungsbereich des § 580a Abs. 1 BGB ausgenommen, eine Abgrenzung ist notwendig. Wann ein Wohnraummietverhältnis vorliegt, richtet sich nach § 549 BGB (s. dort); zum Begriff der Geschäftsraummiete → Rn. 12. Beiden Abgrenzungen ist gemeinsam, dass nicht die tatsächliche Nutzung maßgeblich ist, sondern der **vereinbarte Vertragszweck**[2] (auch → BGB § 578 Rn. 3). Dieser Ansatz ist auch bei den anderen Abgrenzungen innerhalb von § 580a BGB zu beachten. Weiterhin ist zu beachten, dass das Gesetz mit § 580a Abs. 1 Nr. 3 BGB Mietverhältnisse über die gewerbliche Nutzung einer Mietsache weitgehend denselben Kündigungsfristen unterstellen will.

7 § 580a Abs. 1 BGB gilt demgemäß zunächst für die Miete **vollständig unbebauter Grundstücke** (etwa Gartenflächen, Waldstücke, Fischteiche, Abstell- und Lagerplätze) oder für die Miete von **Gebäudeteilen** (etwa Wandflächen zu Reklamezwecken). Bei der Überlassung von innenliegenden Gebäudeteilen zur Aufstellung von Automaten liegt regelmäßig kein Mietvertrag, sondern ein Gestattungsvertrag vor (zur Abgrenzung von sonstigen Warenautomaten → BGB § 578 Rn. 5); auf solche Verträge ist § 580a Abs. 1 BGB entsprechend anzuwenden, wenn sie keine (wirksame) Laufzeitregelung enthalten.[3] Dient ein solches Grundstück oder Grundstücksteil den Erwerbszwecken (→ Rn. 12) des Mieters (etwa Lagerplätze, Abstellplätze für Kfz, Wandflächen für Reklamezwecke), so liegt ein **gewerblich genutztes unbebautes Grundstück** vor, für das gem. § 580a Abs. 1 Nr. 3 BGB ein Gleichlauf mit den Kündigungsfristen für gewerblich genutzte Räume hergestellt wird, wenn die Miete mindestens nach Monaten bemessen ist. Sind auf einem Grundstück **Gebäude vorhanden,** liegt meist eine Raummiete vor, weil Gebäude in aller Regel aus Räumen bestehen. Werden solche Räume zur gewerblichen oder zur Wohnnutzung vermietet, gilt § 580a Abs. 2 BGB bzw. § 573c BGB. Der Anwendungsbereich des § 580a Abs. 1 BGB ist hinsichtlich der Raumnutzung also praktisch gering. Entscheidend ist allerdings nicht das bloße Vorhandensein von Gebäuden oder Räumen, sondern deren Vermietung. Steht auf einem Grundstück ein (nutzbares) Gebäude, ist aber vereinbarter Nutzungszweck nur das (gewerbliche) Abstellen von Kraftfahrzeugen auf den Freiflächen, liegt kein (Gewerbe-)Raummietvertrag vor, sondern ein Vertrag über ein (gewerblich genutztes) unbebautes Grundstück. Die Existenz anderer Bauwerke als Gebäude (etwa Mauern, Brunnen, Behelfsbauten) schließt die Einordnung als unbebautess Grundstück und damit die Anwendung des § 580a Abs. 1 Nr. 3 BGB nicht aus. Gleiches gilt, wenn der Mieter lediglich den unbebauten Teil eines bebauten Grundstückes gemietet hat oder wenn ein vorhandenes **Gebäude nur eine ganz untergeordnete Bedeutung** hat (wie etwa das Kassenhäuschen eines Parkplatzes). Eine Raummiete gem. § 580a Abs. 1 BGB ist nach dem Vorgesagten praktisch selten. Sie liegt vor, wenn die Räume weder gewerblich noch zum Wohnen genutzt werden. Anwendungsfall ist etwa die **private Miete von Garagen,** Lagerräumen oder Schuppen. Bedeutungslos ist es, ob einzelne Räume in einem Gebäude oder ganze Gebäude gemietet werden. Selbst wenn bei der Gebäudemiete Freiflächen eingeschlossen sind, wird daraus keine bloße Grundstücksmiete.

---

[2] Siehe zur Maßgeblichkeit des Vertragszwecks nur BGH VIII ZR 282/07, NJW 2008, 3361 Rn. 11.
[3] BGH XII ZR 145/19, MDR 2021, 92 Rn. 25.

## II. Kündigungsfristen

Für **Grundstücke und für Räume (außer Geschäftsräumen)** richtet sich die Kündigungsfrist nach der Bemessung der Miete. Maßgeblich ist nicht, in welchen Abständen die Miete bezahlt werden muss, sondern ob der vereinbarte Betrag nach Tagen, Wochen, Monaten oder noch längeren Zeiträumen bemessen ist.[4] Ist etwa für die Überlassung eines Kfz-Stellplatzes ein Tagesmietzins vereinbart, so gilt auch dann die Frist des § 580a Abs. 1 Nr. 1 BGB wenn der Mietzins üblicherweise in wöchentlichen oder monatlichen Abständen gezahlt wird. Im Einzelnen gilt folgendes: 8

### 1. Tagesmiete (Abs. 1 Nr. 1)

Ist die Miete nach Tagen bemessen, kann an jedem Tag für den Ablauf des folgenden Tages gekündigt werden. Die Kündigung kann auch an einem Samstag, einem Sonntag oder einem Feiertag erfolgen. Sie wirkt immer für den Ablauf des folgenden Tages, ebenfalls unabhängig davon, ob es sich hierbei um einen Samstag, Sonntag oder Feiertag handelt. Bei einer am Freitag um 10:00 Uhr ausgesprochenen Kündigung endet die Mietzeit am Samstag um 24:00 Uhr; zu diesem Zeitpunkt muss die Mietsache herausgegeben werden. Die Vorschrift des § 193 BGB – wonach die Leistung erst am nächsten Werktag zu bewirken ist, wenn der letzte Tag der Frist auf einen Samstag, Sonntag oder Feiertag fällt –, setzt voraus, dass die Frist aus mehreren Tagen besteht; bei den kurzen Fristen des § 580a Abs. 1 Nr. 1 BGB ist die genannte Regelung nicht anwendbar.[5] 9

### 2. Wochenmiete (Abs. 1 Nr. 2)

Ist die Miete nach Wochen bemessen, muss die Kündigung spätestens am ersten Werktag einer Woche für den Ablauf des folgenden Samstags ausgesprochen werden. Unter dem Begriff der Woche ist die Kalenderwoche zu verstehen. Kündigungstag ist idR der Montag; falls es sich hierbei um einen Feiertag handelt, tritt an dessen Stelle der nächste darauf folgende Werktag. Der Kündigungstermin wird hierdurch nicht beeinflusst; **Kündigungstermin** ist stets der Ablauf des Samstag. Wird der Kündigungstag versäumt – etwa bei einer Kündigung am zweiten Werktag der Woche –, so ist das Mietverhältnis am Samstag der darauf folgenden Woche beendet. Die Vorschrift des § 193 BGB ist auch hier unanwendbar, weil in § 580a Abs. 1 Nr. 2 BGB der Samstag ausdrücklich als Kündigungstermin genannt ist; die Vorschrift ist deshalb als lex specialis zu § 193 BGB anzusehen. 10

### 3. Monatsmiete oder länger (Abs. 1 Nr. 3)

Ist die Miete nach Monaten oder noch längeren Zeiträumen bemessen, muss spätestens am dritten Werktag eines Kalendermonats für den Ablauf des übernächsten Monats gekündigt werden. Der Kündigungstag ist der dritte Werktag eines Monats. Zur Frage, ob der **Samstag als Werktag** anzusehen ist und ob § 193 BGB auch für die Berechnung der Karenzzeit gilt, → BGB § 573c Rn. 6. **Kündigungstermin** ist grds. der Ablauf des auf die Kündigung folgenden übernächsten Monats. Eine am dritten Werktag des Monats Januar erklärte Kündigung beendet das Mietverhältnis also am 31.3. um 24:00 Uhr. Dies gilt auch dann, wenn der letzte Tag des Monats auf einen Samstag, Sonntag oder Feiertag fällt. Die Pflicht zur Rückgabe der Mietsache entsteht in einem solchen Fall aber erst am nächsten Werktag (§ 193 BGB), sofern sich nicht aus der Natur des Mietverhältnisses etwas anderes ergibt (zB bei der Miete einer Ferienwohnung, eines Hotelzimmers, etc). Ein besonderer Kündigungstermin gilt für **gewerblich genutzte unbebaute Grundstücke.** Hier ist die Kündigung nur zum Ablauf eines Kalendervierteljahrs möglich (sog. **„Quartalsregelung“**). Hieraus ergeben sich folgende Kündigungstage und -termine: 11

---

[4] RGZ 64, 270.

[5] Staudinger/*Rolfs* BGB § 580a Rn. 23.

| Kündigungstag<br>Die Kündigung muss dem Empfänger spätestens zugehen am: | Kündigungstermin<br>Das Mietverhältnis endet mit dem Ablauf des: |
|---|---|
| 3. Werktag Januar | 31.3. |
| 3. Werktag April | 30.6. |
| 3. Werktag Juli | 30.9. |
| 3. Werktag Oktober | 31.12. |

## D. Geschäftsräume (Abs. 2)

### I. Begriff

12 § 580a Abs. 2 BGB betrifft einen Unterfall der Raummiete, nämlich die Geschäftsraummiete. Sie liegt vor, wenn der gemietete Raum den Erwerbszwecken *des Mieters* dient. Es wird **jede berufliche oder nebenberufliche Tätigkeit** erfasst, die das Ziel hat, Einkommen (nicht notwendig Gewinn) zu erzielen. Die Erwerbstätigkeit kann gewerblicher, freiberuflicher, landwirtschaftlicher oder auch nichtselbständiger Art sein. Maßgeblich ist der Vertragszweck, nicht die tatsächliche Nutzung des Mietobjekts. Deshalb führt nicht jede berufliche Tätigkeit in einer Wohnung zur Annahme einer Geschäftsraummiete. Bei einer vereinbarten Mischnutzung entscheidet der Schwerpunkt des Vertrages. Es kommt nicht darauf an, ob die Räume zu Gewerbezwecken benutzt werden dürfen oder ob dem das Verbot der Zweckentfremdung entgegensteht. Ein Verstoß gegen ein öffentlich-rechtliches (Zweckentfremdungs-)Verbot führt nicht zur Unwirksamkeit des Mietvertrags[6], sondern ist ggf. als Mangel zu bewerten, wenn die weiteren Voraussetzungen des § 536 BGB gegeben sind.

13 Geschäftsräume sind etwa Büros, Gaststätten, Hallen, Fabriken oder Werkstätten. Gleichgültig ist es, ob einzelne Räume oder das ganze Gebäude einschließlich der Freiflächen (also ein ganzes Grundstück) gemietet werden; auch in letzterem Fall liegt Geschäftsraummiete und nicht Grundstücksmiete vor, da Vertragszweck die Raumnutzung ist. Bei der **Anmietung von Wohnräumen** kann ebenfalls Geschäftsraummiete vorliegen. So etwa, wenn eine juristischen Person, Handelsgesellschaft oder GbR eine Wohnung mietet, um sie im Rahmen ihrer Geschäftstätigkeit einem Dritten (etwa ihrem Geschäftsführer oder Angestellten) zu Wohnzwecken zu überlassen, denn eine Gesellschaft kann selbst nicht wohnen.[7] Werden **Wohnungen zum Zwecke der gewerblichen Weitervermietung** angemietet, so gilt § 580a Abs. 2 BGB selbst dann, wenn Mieter eine natürliche Person ist. In diesen Fällen gibt es den Vertragszweck Wohnen nicht. Wenn der Mieter eine zu Wohnzwecken angemietete Wohnung **untervermietet,** entsteht kein Gewerberaummietverhältnis. Zwar *kann* mit der Untermieterlaubnis auch eine Vertragszweckänderung einhergehen, solange eigentlicher Zweck und Schwerpunkt des Vertrages aber die Wohnnutzung durch den Mieter bleibt, handelt es sich insgesamt um einen Wohnraummietvertrag. Nutzt der Mieter die Wohnung allerdings nur noch ganz untergeordnet, ist zu fragen, ob die Untervermietung zu Erwerbszwecken erfolgt oder im Rahmen der privaten Vermögensverwaltung zur Minimierung der Wohnkosten; nur bei einer Untervermietung zu Erwerbszwecken kommt eine (stillschweigende) Vertragszweckänderung in Betracht. **Garagen** sind Geschäftsräume iSv § 580a Abs. 2 BGB, wenn sie der Mieter angemietet hat, um dort gewerblich genutzte Fahrzeuge oder Waren unterzustellen oder wenn die Garagen zum Zwecke der Gewinnerzielung weitervermietet werden. Privat genutzte Garagen fallen hingegen unter § 580a Abs. 1 BGB.[8] Gleiches gilt für privat genutzte Lagerräume (zB für die Unterbringung von Möbeln) oder für die durch einen Verein angemietete Sporthalle.

### II. Frist

14 Für Geschäftsraummietverträge gem. § 580a Abs. 2 BGB gilt unabhängig von der Dauer des Mietverhältnisses und von der Bemessung des Mietzinses eine einheitliche Kündigungsfrist. **Kündigungstag** ist der dritte Werktag eines Kalendervierteljahres. **Kündigungstermin** ist der Ablauf

6 BGH XII ZR 1/92, NJW 1994, 320.
7 BGH VIII ZR 282/07, NJW 2008, 3361.
8 AG Wuppertal WuM 1996, 548.

des nächsten Kalendervierteljahres. Die Kündigungsfrist beträgt damit sechs Monate, abzüglich der Karenztage. Hieraus ergeben sich folgende Kündigungstage und -termine:

| **Kündigungstag<br>Die Kündigung muss dem Empfänger spätestens zugehen am:** | **Kündigungstermin<br>Das Mietverhältnis endet mit dem Ablauf des:** |
|---|---|
| 3. Werktag Januar | 30.6. |
| 3. Werktag April | 30.9. |
| 3. Werktag Juli | 31.12. |
| 3. Werktag Oktober | 31.3. |

## E. Bewegliche Sachen (Abs. 3)

Maßgeblich für die Kündigungsfrist bei der Miete beweglicher Sachen ist die Bemessung der Miete. Bewegliche Sachen sind alle Gegenstände, die nicht Grundstücke oder Grundstückbestandteile sind. Das sind etwa Kraftfahrzeuge aller Art, technische Geräte wie Telefonanlagen oder Baumaschinen, Werkzeug, Fahrräder, Strandkörbe, Bücher. Schiffe gehören dazu, soweit nicht § 556 HGB (ggf. iVm § 27 BinSchG) eingreift. Bei der Tagesmiete beweglicher Sachen gelten dieselben Kündigungsfristen wie nach § 580a Abs. 1 Nr. 1 BGB (→ Rn. 9). In allen anderen Fällen beträgt die Kündigungsfrist drei Kalendertage; wegen der Kürze dieser Frist ist § 193 BGB unanwendbar. Soll das Mietverhältnis am 31. Tag eines Monats enden, so muss es die Kündigung spätestens am 28. Tag des Monats zugehen. 15

## F. Außerordentliche Kündigung mit gesetzlicher Frist (Abs. 4)

Die Regelung in § 580a Abs. 4 BGB gilt für die außerordentliche befristete Kündigung. Wann ein Mietverhältnis „außerordentlich mit der gesetzlichen Frist" vom Vermieter oder Mieter vorzeitig gekündigt werden kann, ist den jeweiligen Vorschriften zu entnehmen, die eine entsprechende Beendigungsbefugnis gewähren (s. die Zusammenstellung → BGB § 542 Rn. 20). § 580a Abs. 4 BGB erklärt die jeweils längsten Kündigungsfristen, die für eine ordentliche Kündigung gelten, auch für eine außerordentliche Kündigung mit gesetzlicher Frist für anwendbar. Bei der Gewerberaummiete spielt das keine Rolle, da es dort nur eine Frist gibt. Bedeutsam ist es bei der Grundstücks- und Raummiete, wo in allen Fällen die Frist des § 580a Abs. 1 Nr. 3 BGB gilt, und bei der Miete beweglicher Sachen, wo in allen Fällen die Frist des § 580a Abs. 3 Nr. 2 BGB gilt. 16

## G. Abweichende Vereinbarungen

Abweichende Vereinbarungen sind auch formularvertraglich möglich.[9] Das folgt schon daraus, dass die Parteien Zeitmietverträge schließen können, was eine ähnliche Bindungswirkung hat. Die Grenzen formularvertraglicher Abweichungen ergeben sich aus § 307 BGB. Bei der danach vorzunehmenden Angemessenheitskontrolle ist vor allem das Interesse der Parteien an einer schnellen bzw. nicht so schnellen Vertrgasbeendigung entscheidend[10], nachrangig aber auch die gesetzgeberische Wertung, dass die Länge der Kündigungsfrist sich nach der Zeit richtet, nach der die Miete bemessen ist, und dass gewerbliche Mietverhältnisse grds. eine ca. vierteljährliche Kündigungsfrist haben. Für die Vertragsparteien unterschiedliche Kündigungsfristen sind besonders kritisch zu prüfen.[11] Zu Kündigungsausschlussvereinbarungen → BGB § 575 Rn. 66. 17

[9] BGH XII ZR 273/98, NJW 2001, 3480.
[10] Siehe etwa die Interessenermittlung in BGH XII ZR 8/19, NJW 2020, 328 für einen Verwahrungsvertrag.
[11] Siehe OLG Hamburg NJW-RR 1992, 74; OLG Hamm ZMR 1988, 386, aber auch BGH XII ZR 273/98, NJW 2001, 3480.

# Verordnung über die verbrauchsabhängige Abrechnung der Heiz- und Warmwasserkosten

## (Verordnung über Heizkostenabrechnung – HeizkostenV)

in der Fassung der Bekanntmachung vom 5. Oktober 2009 (BGBl. I S. 3250)

### § 1 Anwendungsbereich

**(1) Diese Verordnung gilt für die Verteilung der Kosten**

**1. des Betriebs zentraler Heizungsanlagen und zentraler Warmwasserversorgungsanlagen,**

**2. der eigenständig gewerblichen Lieferung von Wärme und Warmwasser, auch aus Anlagen nach Nummer 1 (Wärmelieferung, Warmwasserlieferung),**

**durch den Gebäudeeigentümer auf die Nutzer der mit Wärme oder Warmwasser versorgten Räume.**

**(2) Dem Gebäudeeigentümer stehen gleich**

**1. der zur Nutzungsüberlassung in eigenem Namen und für eigene Rechnung Berechtigte,**

**2. derjenige, dem der Betrieb von Anlagen im Sinne des § 1 Abs. 1 Nr. 1 in der Weise übertragen worden ist, dass er dafür ein Entgelt vom Nutzer zu fordern berechtigt ist,**

**3. beim Wohnungseigentum die Gemeinschaft der Wohnungseigentümer im Verhältnis zum Wohnungseigentümer, bei Vermietung einer oder mehrerer Eigentumswohnungen der Wohnungseigentümer im Verhältnis zum Mieter.**

**(3) Diese Verordnung gilt auch für die Verteilung der Kosten der Wärmelieferung und Warmwasserlieferung auf die Nutzer der mit Wärme oder Warmwasser versorgten Räume, soweit der Lieferer unmittelbar mit den Nutzern abrechnet und dabei nicht den für den einzelnen Nutzer gemessenen Verbrauch, sondern die Anteile der Nutzer am Gesamtverbrauch zu Grunde legt; in diesen Fällen gelten die Rechte und Pflichten des Gebäudeeigentümers aus dieser Verordnung für den Lieferer.**

**(4) Diese Verordnung gilt auch für Mietverhältnisse über preisgebundenen Wohnraum, soweit für diesen nichts anderes bestimmt ist.**

**Systematische Übersicht**



### A. Zweck der Heizkostenverordnung

1 Die Heizkostenverordnung bezweckt entsprechend der Ermächtigungsgrundlage im Energieeinsparungsgesetz (§ 3a EnEG) bzw. im dieses Gesetz ablösenden Gebäudeenergiegesetz (§ 1 Abs. 1 GEG iVm § 6 GEG)[1] die **Einsparung von Heizenergie.** Dem jeweiligen Verbraucher sollen mit

[1] Die von Zehelein vertretene Meinung, ZMR 2021, 541/542 (unter C II), dass die Umsetzung der EED nicht im Versorgungswege, sondern durch Gesetz hätte erfolgen müssen, wird durch die Zitatstellen (EuGH Rs 116/86, BeckRS 2004, 71313; Calliess/Ruffer/Ruffert, AEUV Art. 288 Rn. 29) nicht gestützt. Der EuGH verlangt lediglich, dass eine durch Gesetz erfolgte Richtlinien-Umsetzung bei einer infolge einer neuen Richtlinie notwendigen Änderung ebenfalls durch Gesetz erfolgen müsse; zur notwendigen Rechtsqualität der ersten Umsetzung nimmt er keine Stellung. Der Kommentar stellt daher darauf ab, dass die Umsetzung in der gleichen

der konkreten auf ihn bezogenen Abrechnung nicht nur sein Energieverbrauch, sondern auch die durch seinen Verbrauch verursachten Kosten vor Augen geführt werden. Damit hat er es in der Hand, durch individuelle Gestaltung seines Verbrauchs für sich Kosten zu sparen und für die Volkswirtschaft Energie. Das setzt aber auch voraus, dass der Nutzer seinen Energieverbrauch selbst steuern kann. Die Verbrauchs-Kosten-Beziehung ist dem Nutzer von Räumen bei Einzelofenheizungen unmittelbar bekannt, da er selbst für die Zufuhr von Heizenergie sorgen muss. Bei zentraler Beheizung geht dieser unmittelbare Eindruck verloren und soll durch die Heizkostenabrechnung wiederhergestellt werden. **Mittelbar** kommt diesem Spareffekt auch eine umweltpolitische Bedeutung zu; denn je weniger Primärenergie verbraucht wird, desto weniger wird die Umwelt durch den Ausstoß von Schadstoffen belastet. Im Rahmen des „Integrierten Energie- und Klimaprogramms" 2007 ist allerdings der Gesichtspunkt der Umweltbelastung in den Vordergrund gerückt worden.[2]

2 Entgegen einer insbes. bei Nutzern wärmebelieferter Räume weit verbreiteten Auffassung dient die Heizkostenverordnung **nicht** der **gerechten Verteilung** der angefallenen Kosten unter einer Mehrheit von Nutzern; sie kann lediglich im Einzelfall diese Auswirkungen haben.

3 Die Heizkostenverordnung knüpft **allein** an die **Bereitstellung** von Heizenergie und Warmwasser an. Für ihre Anwendung kommt es nicht auf die rechtliche Einordnung der **vertraglichen Beziehungen** zwischen dem Gebäudeeigentümer und dem Nutzer an. Die Nutzung der mit Heizung und Warmwasser belieferten Räume kann daher auf einem Miet-, Pacht- oder Leihvertrag beruhen, auf dinglichen Rechtsbeziehungen, wie Nießbrauch, beschränkter persönlicher Dienstbarkeit, dinglichem Wohnrecht; auch Wohnungseigentumsanlagen werden von ihr erfasst. Der Zweck der Überlassung der Räume spielt für die Anwendung der Heizkostenverordnung keine Rolle; eine Verteilung der Heizkosten hat sowohl bei einer Nutzung als Wohnraum wie auch als Gewerberaum zu erfolgen.

## B. Sachlicher Anwendungsbereich

4 § 1 regelt den sachlichen und personellen Anwendungsbereich der Heizkostenverordnung. Dem liegt die Vorstellung zu Grunde, dass die Kosten für die Lieferung von Wärme und Warmwasser zunächst vom Gebäudeeigentümer (= im Regelfall ein Vermieter) aufgewendet und danach im Wege der Umlage auf die einzelnen Wärme und Warmwasser verbrauchenden Nutzer (= im Regelfall Mieter) verteilt werden. Im Endergebnis werden nur die Nutzer mit den Kosten belastet, während sie beim Gebäudeeigentümer, sofern er nicht selbst zum Kreis der Nutzer gehört, lediglich durchlaufende Posten darstellen.

5 Die Herstellung der dem Nutzer zur Verfügung gestellten Wärme kann auf drei verschiedenen technischen und rechtlichen Wegen erfolgen: durch die zentrale Anlage (dazu → Rn. 6), die eigenständige gewerbliche Lieferung von Wärme (dazu → Rn. 9–20) sowie der eigentlichen Fernwärmelieferung nach § 1 Abs. 3 HeizkostenV (dazu → Rn. 22–27). Der Unterschied zwischen diesen drei Formen liegt im Wesentlichen darin, dass die zentrale Anlage nach § 1 Abs. 1 Nr. 1 HeizkostenV vom Gebäudeeigentümer oder ihm gleichgestellten Personen betrieben wird, während die Lieferung von Wärme nach § 1 Abs. 1 Nr. 2, Abs. 3 HeizkostenV durch Dritte erfolgt, wobei innerhalb dieser Drittlieferungen zwischen der Direktabrechnung mit dem Nutzer (§ 1 Abs. 3 HeizkostenV) und der Abrechnung mit dem Gebäudeeigentümer unterschieden wird (§ 1 Abs. 1 Nr. 2 HeizkostenV).

### I. Zentrale Anlagen, Abs. 1 Nr. 1

6 Das Charakteristikum für zentrale Anlagen ist die **gemeinschaftliche Versorgung mehrerer selbständiger Nutzer** mit Wärme/Warmwasser durch eine Anlage. Bei dieser Anlage kann es sich um die herkömmlichen **Zentralheizungsanlagen** handeln, die im Keller oder auf dem Dachboden eines Gebäudes installiert sind. Die Anlage kann aber auch in einem gesonderten Gebäude

Rechtsqualität wie das zuvor bestehende (und nunmehr zu ändernde) Recht erfolgen müsse (hier: VO durch VO). *Zehelein verwechselt* die innerstaatliche Ermächtigungsgrundlage (Art. 80 GG iVm § 6 GEG) mit den europarechtlichen materiellen Vorgaben.

[2] *Friers/Happ* DWW 2008, 373; das gilt jetzt auch für das GEG, BT-Drs. 19/16716, 111, Begründung zu § 2 Abs. 2 GEG.

untergebracht werden, wenn sie einen ganzen Gebäudekomplex versorgen soll.[3] Schließlich gehören auch **Etagenheizungen** zu den zentralen Anlagen, wenn von ihnen **mehrere** und nicht nur ein Nutzer versorgt werden. Unerheblich ist hingegen für die Anwendung der HeizkostenV mit welchem Energieträger die Anlage betrieben oder welches Trägermedium für die einzelne Beheizung verwendet wird[4]

**Nicht** in den Anwendungsbereich der Heizkostenverordnung fallen **Einzelanlagen,** die jeden Nutzer getrennt von den anderen Nutzern mit Wärme versorgen. Dazu gehören **Einzelöfen** (betrieben mit Kohle, Holz, Öl, Gas oder Strom), so dass die Kosten weder für Nachtstromspeicheröfen[5] noch für elektrisch betriebene Fußbodenheizungen nach der Heizkostenverordnung abgerechnet zu werden brauchen. Ferner gehören zu solchen Einzelanlagen **Etagenheizungen nur für eine Nutzergruppe.** Schließlich stellen die **zentralen Brennstoffversorgungsanlagen** keine zentralen Anlagen iSd § 1 Abs. 1 Nr. 1 HeizkostenV dar, da sie die jeweiligen Nutzer nicht mit Wärme, sondern lediglich mit der für ihre Erzeugung notwendigen Energie versorgen.[6] **7**

§ 1 Abs. 1 Nr. 1 HeizkostenV findet unmittelbare Anwendung, wenn die Anlage vom Gebäudeeigentümer selbst oder von dazu bestellten Personen in seinem Auftrag, für seine Rechnung und/oder in seinem Namen betrieben wird[7]. Ist der Betrieb einem selbständigen Dritten (zB im Wege der Verpachtung, des Leasing) übertragen worden und rechnet der Betreiber weiterhin mit dem Gebäudeeigentümer ab (Direktwärme-Konzept nach dem Betreiber-Modell), gilt § 1 Abs. 1 Nr. 2 HeizkostenV; rechnet der Betreiber in diesem Fall direkt mit dem Nutzer ab, gilt § 1 Abs. 2 Nr. 2 HeizkostenV. **8**

## II. Wärmelieferung

Die Wärmelieferung unterscheidet sich von der Zentralheizung zum einen in dem ihr zu Grunde liegenden Vertrag. Während die Zentralbeheizung als Nebenpflicht aus dem Nutzungsvertrag geschuldet wird, erfolgt die Wärmelieferung auf Grund eines Kaufvertrages. Zum zweiten ändert sich dadurch der Umfang der berechnungsfähigen Kosten. Für die Zentralbeheizung dürfen nur die in § 7 Abs. 2 HeizkostenV bzw. § 8 Abs. 2 HeizkostenV aufgeführten Kosten in Rechnung gestellt werden, während für die Wärme ein Kaufpreis zu zahlen ist, der nicht nur nach den unmittelbaren Kosten für die Herstellung der Wärme (= Arbeitspreis), sondern auch nach Rücklagen, Finanzierungskosten, Pachtzinsen, Abschreibungen, Gewinnanteilen, Steuerbelastungen etc (= Grundpreis) kalkuliert ist.[8] **9**

### 1. Lieferung nach Abs. 1 Nr. 2

Hierunter gehören alle diejenigen Lieferungen von Wärme/Warmwasser, die außerhalb des Rahmens des Nutzungsvertrages erfolgen, aber noch vom Gebäudeeigentümer bezahlt werden. Ohne **rechtliche Relevanz** ist die Bezeichnung des Liefervertrages als Nah-, Direkt- oder Fernwärmevertrag,[9] ebenso die technische Ausgestaltung der Lieferung. **10**

Die Wärme kann erzeugt werden in den klassischen **Fernheizwerken,** die ganze Städte oder zumindest Stadtteile versorgen; in **Blockheizwerken** für mehrere zusammenliegende Gebäude; aber auch in **Zentralheizungen** der herkömmlichen Art.[10] **11**

Für die Erfüllung des Tatbestandsmerkmals „eigenständige gewerbliche Lieferung" ist lediglich erforderlich, dass zum einen die Lieferung nicht auf Grund eines Nutzungsvertrages erfolgt, sondern auf Grund eines davon verschiedenen Kaufvertrages, und dass sie auf Dauer zur Gewinnerzielung betrieben wird. **12**

---

[3] Sog. Blockheizwerke, OLG Köln ZMR 1991, 141 (142).

[4] *Wall* Betriebs-/Heizkosten Rn. 5102f.; das hat der BGH in seinem Urteil zur Lüftungsheizung wohl verkannt, *BGH XII ZR 46/18*, ZMR 2019, 398 mAnm *Lammel* ZMR 2019, 399; dazu auch *Ludley* NZM 2019, 464; zur Technik → HeizkostenV § 1 Anh. Rn. 5.

[5] AA LG Berlin GE 2020, 56 mablAnm *Lammel* jurisPR-MietR 25/2019 Anm. 4; dem LG hingegen zust. *Meyer-Abich* NZM 2020, 694 (700).

[6] AG Schwäbisch Hall WuM 1997, 118.

[7] BGH VIII ZR 92/08, WuM 2009, 115.

[8] Kinne/Schach/Bieber MietProzR/*Kinne* HeizkostenV § 1 Rn. 10; *Fricke* CuR 2017, 42 (46).

[9] Kreuzberg/Wien Heizkostenabrechnung-HdB/*Schumacher* Kap. 1.3.3; in der Neubearbeitung von *Pfeiffer* in der Form nicht mehr enthalten; *Fricke* CuR 2017, 42 (43).

[10] KG WuM 2010, 42, dazu die Revisionsentscheidung BGH VIII ZR 262/09, WuM 2012, 115.

## 2. Übertragung von Anlagen

13 Die Erzeugung der Wärme kann erfolgen in vom Lieferanten erstellten Anlagen, entweder als **Fernheizwerk** oder als für einen konkreten Baukomplex geplantes **Nahheizwerk** (sog. Eigentümer-Modell im Wärme-Direkt-Service) oder in solchen Anlagen, die vom Gebäudeeigentümer erstellt und danach durch Pacht-, Leasing- oder Übereignungsvertrag auf den Lieferanten übertragen worden sind (sog. Outsourcing)[11].

14 Im Außenverhältnis zwischen Gebäudeeigentümer und Wärmeerzeuger sind derartige Vertragsgestaltungen unbeschränkt zulässig. Angesichts des unterschiedlichen Kostenumfangs (→ Rn. 9) ist aber im Innenverhältnis zwischen Eigentümer und Nutzer auf die jeweiligen vertraglichen Vereinbarungen abzustellen. Denn es muss vermieden werden, dass der Nutzer die in dem Grundpreis eingestellten Kosten (→ Rn. 9) zweimal zahlt, einmal über die Miete und zum anderen über das an den Wärmelieferanten zu zahlende Entgelt.

15 Erfolgt der Vertragsschluss mit dem Wärmelieferanten und/oder die Übertragung der Anlage auf ihn **vor Abschluss des Nutzungsvertrages** mit dem Nutzer der zur versorgenden Räume, hat dieser die vorgefundene Versorgungssituation hinsichtlich Wärme/Warmwasser hinzunehmen[12], und er hat den Lieferpreis zu zahlen, entweder nach der Verteilung durch den Gebäudeeigentümer oder direkt nach § 1 Abs. 3 HeizkostenV. Ein Großvermieter kann aber unter wettbewerblichen Gesichtspunkten den Mieter bei Abschluss des Mietvertrages weder zum Bezug von Fern- oder Nahwärme verpflichten (der Mieter könnte zB auch mit Strom heizen)[13] noch einen Vorbehalt im Vertrag mit dem Wärmelieferer dahingehend vereinbaren, dass eine Preiserhöhung der Zustimmung des Vermieters bedarf.[14]

16 Bei **bestehenden Nutzungsverhältnissen,** in denen sich der Gebäudeeigentümer vertraglich zur Versorgung der genutzten Räume mit Wärme/Warmwasser verpflichtet hat, ist eine Veränderung hinsichtlich dieser Versorgung durch ihre Übertragung auf Dritte von der **Zustimmung des Nutzers** abhängig[15]. Das gilt zum einen für den Fall, dass nach der Umstellung eine unmittelbare Nahwärmeversorgung durch direkte Vertragsbeziehungen zwischen Energiedienstleister und Mieter eintreten soll. Denn hierbei soll der Vermieter aus seiner vorher bestehenden mietvertraglichen Leistungspflicht hinsichtlich Wärme/Warmwasser entlassen werden, was die Zustimmung des Vertragspartners erforderlich macht. Vertragliche Leistungsänderungsklauseln, die eine einseitige Neubestimmung der Vermieter-Vertragspflichten ermöglichen sollen, sind im Regelfall unwirksam, da sie die Interessen der Mieter nicht berücksichtigen[16]. Zwar kann der Gebäudeeigentümer im Außenverhältnis wirksam eine Übertragung vornehmen, im Innenverhältnis zum Nutzer bleibt er aber zur Heizung verpflichtet und darf insbes. nur die in §§ 7 Abs. 2, 8 Abs. 2 HeizkostenV aufgezählten Kosten umlegen. Außerdem kann er nicht den Nutzer auf den Abschluss eines Vertrages mit dem Drittbetreiber verweisen.

17 Das (→ Rn. 16) gilt aber auch, wenn der Vermieter bei eigener fortbestehender Leistungspflicht von der Eigenerzeugung von Wärme/Warmwasser zum Fremdbezug (→ Rn. 13) übergeht, sofern hierfür keine *ausdrückliche* Regelung im Mietvertrag vorhanden ist.[17] Eine derartige ausdrückliche Vereinbarung ist zulässig, weil sie nicht die Leistungspflicht, sondern nur die Leistungsmodalitäten betrifft.

18 In den übrigen Fällen, die nicht von der **Neuregelung in § 556c BGB** erfasst werden, und in denen eine bereits vorhandene Zentralheizungsanlage entweder direkt übertragen oder nach einer Modernisierung durch einen Dritten betrieben werden soll mit der Folge der Umlage des Wärmepreises, bedarf es hierzu der Zustimmung des Mieters.[18] Die mietvertraglichen Beziehungen der Parteien haben sich auf den Eigenbetrieb der Heizung konkretisiert.[19] Die dem Vermieter grds.

---

[11] Zur Kündbarkeit solcher Verträge s. OLG Brandenburg CuR 2012, 79.

[12] BGH VIII ZR 78/06, WuM 2007, 393; LG Berlin GE 2012, 956.

[13] OLG Schleswig NJWE-WettbR 2000, 25; AG Erfurt WuM 2000, 259; AG Winsen WuM 2012, 603.

[14] BGH KZR 37/99, NJW 2001, 2541; allg. zu Preisanpassungsklauseln in Fernwärmelieferungsverträgen s. *Lippert* CuR 2010, 56; *Wollschläger/Beermann* CuR 2010, 62; *Heine* CuR 2011, 59; *Thomal* CuR 2011, 64.

[15] BGH VIII ZR 54/04, WuM 2005, 387 mAnm *Derleder;* BGH VIII ZR 146/05, GE 2006, 908; BGH VIII ZR 153/05, WuM 2006, 256 mAnm *Lammel* WuM 2006, 558; BGH VIII ZR 244/06, WuM 2007, 445.

[16] Anders möglicherweise AG Leipzig ZMR 2005, 55.

[17] Wie im Fall LG Braunschweig ZMR 2000, 832.

[18] *LG Neuruppin WuM 2000, 554; so jetzt* auch BGH VIII ZR 54/04, WuM 2005, 387 mAnm *Derleder;* Anm. *Pfeifer* DWW 2005, 229; Anm. *Schmid* ZMR 2005, 590; BGH VIII ZR 84/04, WuM 2005, 456.

[19] ASEW/*Pfeifer,* Wärme-Direkt-Service, 2. Aufl. 1998, S. 51 f.; **aA** *v. Seldeneck,* Betriebskosten im Mietrecht, 1999, Rn. 2825.

zustehende Organisationshoheit wurde dadurch beschränkt. Eine Abweichung von dieser Vertragsgestaltung ist weder unter dem Gesichtspunkt der Modernisierung,[20] § 554 Abs. 2 BGB, noch eines Leistungsbestimmungsrechts nach § 315 BGB zulässig. Zu den umlagefähigen Kosten einer Modernisierung der Zentralheizung gehören nur die für die Baumaßnahmen als solche aufgewendeten Kosten, § 559 Abs. 1 BGB, nicht aber die Folgekosten im Rahmen der Betriebskosten. Aus der Aufzählung der umlagefähigen Betriebskosten im Mietvertrag unter Hinweis auf Anlage 3 zu § 27 II. BV (worin auch die Kosten der Wärmelieferung als umlagefähig gem. Nr. 4c, 5b vereinbart sind), ergibt sich keine Rechtsgrundlage für die Abänderung des Vertrages, da eine solche nicht aus den Rechtsfolgen hergeleitet werden kann. Der **BGH** sieht dies trotz fundierter Kritik[21] **anders:** Er vertritt in nunmehr **stRspr** die Auffassung, dass in dem **Verweis auf die Anlage 3** zu § 27 II.BV die vertragliche Grundlage für die Befugnis des Vermieters zu sehen sei, von der Eigenbeheizung zur Fremdbeheizung überzugehen, sofern in der Fassung der Anlage 3 bereits die „Fernwärme" als umlegungsfähig enthalten ist.[22] Das ist zwar bereits deshalb unzutreffend, weil die Anlage 3 bzw. die BetrKV keine Befugnis zur Vertragsänderung enthält, sondern nur zur Umlage der konkret benannten Betriebskosten berechtigt. Jedoch hat sich die Contracting-Praxis schon auf die neue Rspr. eingestellt,[23] und die Instanzrechtsprechung folgt dem BGH.[24] Ein Leistungsbestimmungsrecht nach § 315 BGB ist zu verneinen: angesichts der höheren Kostenbelastung (→ Rn. 9) entspricht seine Ausübung weder billigem Ermessen[25] noch dem Gebot der Wirtschaftlichkeit, §§ 556 Abs. 3 S. 1 Hs. 2, 560 Abs. 5 BGB[26]. Die vom Gesetzgeber mit der Änderung der Heizkostenverordnung 1989 geschaffene Möglichkeit der Umlage von Wärmelieferungskosten rechtfertigt diese nicht, sondern setzt eine entsprechende vertragliche Vereinbarung voraus.[27] Der Hinweis auf das Recht, auch bei anderen Betriebskostenarten von der Eigentätigkeit zur Beauftragung externer Arbeiter überzugehen,[28] greift nicht durch, weil auch hierfür triftige Gründe vorliegen müssen.

**Stimmt** der Nutzer, insbes. ein Mieter preisfreien Wohnraums, der Übertragung **vorbehaltlos zu,** kann er danach **keine Herabsetzung des Nutzungsentgelts,** um den im Mietpreis kalkulatorisch enthaltenen Grundpreis für die Wärmeversorgung verlangen. Hierfür bieten weder das neue Miethöherecht noch das Minderungsrecht des BGB eine Rechtsgrundlage, da mit vorbehaltloser Zustimmung die Vertragsänderung eingetreten ist. Das dürfte dann nicht gelten, wenn die Veränderung auf der Grundlage der BGH-Rechtsprechung erfolgt ist (→ Rn. 18 mit Fn. 17); denn in diesem Fall wird eine wirtschaftlich gesehen Teilinklusivmiete in eine Nettomiete umgewandelt dadurch, dass der Vermieter, die dem Bruttoanteil der Miete zugrundeliegenden Leistungen infolge der Ausgliederung der Heizung nunmehr nicht mehr erbringt. In diesem Fall müsste der Bruttoanteil aus der bisherigen Miete herausgerechnet werden. Jedoch hat der BGH einen Anspruch auf Verringerung der Miete verneint.[29] Eine Aufschlüsselung des Wärmepreises in der Heizkostenabrechnung kann nicht begehrt werden,[30] da dieser der Kalkulation des Lieferanten unterliegt und auch im übrigen Betriebskostenrecht derartige Aufschlüsselungen von Drittpreisen nicht verlangt werden können. 19

[20] Im ständig zitierten Fall LG Frankfurt/Oder WuM 1999, 403, war offenbar noch keine Zentralheizung vorhanden, so dass eine Konkretisierung der Vermieterleistungen nicht erfolgen konnte; ebenso LG Berlin GE 2004, 1527.

[21] Insbes. *Beyer* NZM 2008, 12; *Lammel* jurisPR-MietR 22/2007 Anm. 1; *Arzt/Fitzner* CuR 2007, 84; Miet-Prax-AK/*Eisenschmid* BetrKV § 2 Nr. 4 Entscheidung 9; *Blank* NZM 2008, 745 (747).

[22] BGH VIII ZR 202/06, NJW 2007, 3060 mAnm *Derckx;* Anm. *Schach* GE 2007, 1299; BGH VIII ZR 75/07, GE 2008, 730.

[23] *Quint* GE 2009, 173; zust. auch *Lützenkirchen* WuM 2008, 186 (191); NZM 2008, 160ff.; *Schmid* ZMR 2008, 25ff.; *Hack,* Energie-Contracting, 2. Aufl. 2012, Rn. 522, S. 245.

[24] AG Solingen ZMR 2007, 461; AG Velbert GE 2008, 673; LG Berlin GE 2008, 1561; 2009, 1319; AG Berlin-Wedding MM 2010, 183; LG Berlin GE 2011, 1620; anders für einen „Altfall", AG Dortmund NZM 2012, 762 (764).

[25] **AA** LG Chemnitz GE 1999, 1649; LG München II ZMR 2001, 199; WuM 2000, 81.

[26] Der Nutzer hat jedenfalls ein Einsichtsrecht in die Verträge mit den Drittlieferanten, BGH VIII ZR 38/11, WuM 2012, 276.

[27] **AA** durchgängig *Schmid,* so zB *Schmid* DWW 2000, 147.

[28] *Weyhe* MDR 2000, 744; *Hack* NJW 2005, 2039.

[29] BGH VIII ZR 202/06, NJW 2007, 3060.

[30] LG Bochum WuM 2004, 477; AG Hamburg-Harburg DWW 2005, 108; **aA** wohl AG Gladbeck WuM 2000, 17.

20 Eine Vorabzustimmung zum Wechsel zwischen Eigenbetrieb und Wärmelieferung im Formularmietvertrag:

„Die Wohnung ist an eine zentrale Heizungsanlage angeschlossen. Der Vermieter errichtet und betreibt die Anlage selbst oder bezieht die benötigte Wärme von einem eigenständigen gewerblichen Wärmelieferanten, der die Anlage errichtet und betreibt. Der Mieter trägt die jeweils anfallenden Heiz- und Warmwasserkosten iSd § 2 Nr. 4 und Nr. 5 Betriebskostenverordnung. Im Falle der eigenständigen gewerblichen Lieferung von Wärme trägt der Mieter die Kosten der Wärmelieferung. Der Vermieter kann zwischen dem Eigenbetrieb der Zentralheizung und Bezug der Wärme von einem Wärmelieferanten wechseln und die jeweils anfallenden Heiz- und Warmwasserkosten auf die Mieter umlegen, wenn die sich durch den Wechsel ergebenden Veränderungen bei der Höhe der umzulegenden Kosten für den Mieter wirtschaftlich zumutbar sind. Die Betriebskostenverordnung liegt diesem Vertrag als Anlage bei und ist Bestandteil des Vertrages[31]"

ist nur dann wirksam, wenn aus dem Wechsel keine Kostensteigerung für den Mieter folgt[32]. Dies setzt voraus, dass die nur beim Wärmelieferanten anfallenden zusätzlichen Kosten (→ Rn. 9) **nicht** auf den Mieter umgelegt, sondern vom Vermieter getragen werden.

21 Anders als im preisfreien Wohnraummietverhältnis stellt sich die Rechtslage im preisgebundenen Wohnraummietrecht dar. Hier ist der Vermieter nach Übertragung einer Versorgungsanlage gem. § 5 Abs. 3 NMV zur Ausgliederung der anteiligen auf die Anlage entfallenden Kosten aus den Aufwendungen verpflichtet, was dann nach § 5 Abs. 1 NMV auch zu einer Herabsetzung der Miete führt.[33]

### 3. Lieferung nach Abs. 3

22 Fernwärmelieferanten, die direkt mit dem Nutzer abrechnen, müssen die Kostenverteilung nach der Heizkostenverordnung vornehmen, wenn sie ihr nicht den Einzelverbrauch, sondern nur den Anteil am Gesamtverbrauch zu Grunde legen.

23 Voraussetzung hierfür ist, dass es sich um echte Fernwärme und nicht um die Lieferung aus ausgegliederten Anlagen nach § 1 Abs. 1 Nr. 1 HeizkostenV handelt; für letztere gilt § 1 Abs. 2 Nr. 2 HeizkostenV. Von Fernwärmeversorgung iSd § 1 Abs. 3 HeizkostenV kann gesprochen werden, wenn zwischen Versorgungsanlage und den zu versorgenden Gebäuden keine Wirtschaftseinheit entsprechend der Definition in § 2 Abs. 2 S. 3 II. BV vorliegt.[34] Gebäude und Versorgungsanlage müssen daher im Eigentum von verschiedenen Personen stehen; zwischen den Baulichkeiten darf kein örtlicher Zusammenhang bestehen[35] und der Erstellung darf kein einheitlicher Finanzierungsplan zu Grunde gelegen haben. Außerdem verlangt die Annahme von Fernwärme eine eigene Investition des Lieferanten, um seinen Lieferverpflichtungen nachzukommen.[36]

24 Ferner darf nicht der Einzelverbrauch des Nutzers gemessen werden, sondern nur der Gesamtverbrauch für das Gebäude. Letzteres erfolgt an der Übergabestation zwischen Leitungsnetz des Lieferanten und dem des Gebäudes durch Feststellung der Wärmemenge nach den in § 18 Abs. 1 AVBFernwärmeV festgelegten Messverfahren[37].

25 Schließlich muss vereinbart sein, dass zwischen Lieferanten und Nutzer eine Direktabrechnung stattfindet. Ein direkter Vertrag zwischen Mieter und Wärmelieferanten kann auch dadurch zustande kommen, dass dem Mieter ein Vertragsangebot erhält, welches er konkludent durch Bezug von Wärme annimmt.[38]

---

[31] Formulierungsvorschlag des VfW eV.

[32] **AA** *Pfeifer* MietRB 2008, 152 (156).

[33] *Kramer* ZMR 2007, 508; LG Frankfurt/Oder ZMR 2011, 125.

[34] LG Berlin GE 1989, 39.

[35] BGH VIII ZR 133/85, WuM 1986, 214; anders hinsichtlich des örtlichen Zusammenhanges BayObLG NJW-RR 1989, 843; BGH VIII ZR 229/88, WuM 1990, 33, wobei allerdings der Unterschied zu § 1 Abs. 2 Nr. 2 HeizkostenV nicht mehr deutlich wird. Der Unterschied zu § 1 Abs. 1 Nr. 2 HeizkostenV, auf den in diesen Entscheidungen abgestellt wird, besteht darin, dass der Wärmelieferant nicht mit dem Nutzer, sondern mit dem Gebäudeeigentümer abrechnet.

[36] BGH VIII ZR 262/09, WuM 2012, 115; Anm. *Emmert* jurisPR-MietR 7/2012 Anm. 1.

[37] *Fricke* CuR 2017, 42 (45).

[38] *BGH VIII ZR* 235/08, NZM 2010, 314 mAnm *Schmid* CuR 2010, 13; BGH EnZR 56/15, NZKart 2017, 245; ob dies auch bei bestehender vermieterseitiger Wärmelieferungspflicht gelten kann, dürfte fraglich sein, LG Heidelberg BeckRS 2016, 132780.

Sind diese Voraussetzungen (→ Rn. 23–25) gegeben, erfolgt die Verteilung gegenüber dem Nutzer nach der Heizkostenverordnung, wobei zunächst der Gesamtverbrauch für das Gebäude festgestellt wird, danach der einzelne Anteil des jeweiligen Nutzers am Gesamtverbrauch, wobei letzterer nach den Regeln der Heizkostenverordnung zu verteilen ist. Um diese Verteilung zu ermöglichen, hat der Lieferant die sich aus der Heizkostenverordnung ergebenden Rechte und Pflichten des Gebäudeeigentümers, so dass er zB auch zur Anbringung der notwendigen Messeinrichtungen berechtigt ist. 26

Bei einer **Verbrauchsmessung beim einzelnen Nutzer** und einer danach erfolgenden Rechnungserstellung nach dem gemessenen Verbrauch findet die Heizkostenverordnung keine Anwendung. Diese Situation ist mit dem Betrieb von Einzelöfen vergleichbar. Hier wie dort kann der Nutzer seinen Energieverbrauch individuell gestalten, unabhängig vom Verbrauchsverhalten der übrigen Nutzer eines Gebäudes[39]. 27

## C. Persönlicher Anwendungsbereich

Die Heizkostenverordnung wendet sich an zwei Zielgruppen, einmal den abrechnungs- und verteilungspflichtigen Gläubiger aus der Versorgung mit Wärme, der generell als Gebäudeeigentümer bezeichnet wird; zum anderen den Adressaten und Schuldner der Abrechnung, der mit dem Begriff Nutzer umschrieben wird. 28

### I. Gebäudeeigentümer

Dieser Begriff knüpft an den bürgerlich-rechtlichen Eigentumsstatus am Grundstück an und meint damit den im Grundbuch eingetragenen Eigentümer. Im weiteren Sinn fällt diejenige Person darunter, die mit Wärme und Warmwasser versorgte Räume vertraglich Dritten zur Nutzung überlassen hat.[40] 29

Unter **Gebäude im Sinne der Heizkostenverordnung** ist ein fest mit dem Boden verbundenes Bauwerk zu verstehen, das mehrere Räume enthält, die allseits umschlossen sind. **Räume im Sinne der Heizkostenverordnung** sind solche, die direkt (mittels angebrachter Heizkörper) oder indirekt (zB Flur über die angrenzenden Räume) mit Wärme versorgt werden. 30

Die Abrechnungspflichten nach der Heizkostenverordnung können ohne Veränderung im Eigentums- oder Vertragsverhältnis auf Zwangs- oder Insolvenzverwalter übergehen, die die laufenden Nutzungsverträge zu erfüllen haben.[41] 31

Der Nutzungsüberlasser kann Eigentümer sowohl eines als auch mehrerer Gebäude sein, die von einer einheitlichen Heizzentrale beheizt oder bei Fernwärme von einer Übergabestation aus versorgt werden. In diesen Fällen ist eine einheitliche Abrechnung für die Gebäudegesamtheit zulässig.[42] 32

Gehören mehrere Gebäude eines Ensembles verschiedenen Eigentümern oder werden diese bei Eigentümereinheit von getrennten Anlagen oder Übergabestationen aus versorgt, ist für jedes Gebäude eine getrennte Abrechnung zu erstellen. 33

### II. Dem Gebäudeeigentümer gleichgestellte Personen, Abs. 2

Die Heizkostenverordnung geht für den Regelfall von einer unmittelbaren Beziehung zwischen Eigentümer und Nutzer aus. Ihre Anwendung soll aber nicht dadurch ausgeschlossen werden, dass zwischen Eigentümer und Endnutzer ein Dritter zwischengeschaltet wird. Deshalb werden bestimmte Zwischenpersonen in § 1 Abs. 2 HeizkostenV hinsichtlich der Rechte und Pflichten aus der Heizkostenverordnung dem Gebäudeeigentümer gleichgestellt. 34

---

[39] *Fricke* CuR 2017, 42 (45).
[40] *Pfeifer* HeizkostenV § 1 Anm. 5.
[41] AG Berlin-Neukölln GE 1989, 947.
[42] BGH VIII ZR 371/04, WuM 2005, 579.

### 1. Zur Überlassung befugte Personen, Abs. 2 Nr. 1

35 Dem Grundmodell der Heizkostenverordnung entspricht es, diejenigen Personen dem Gebäudeeigentümer gleichzustellen, die zur Einräumung eines selbständigen Nutzungsrechts an den mit Wärme/Warmwasser versorgten Räumen im eigenen Namen und für eigene Rechnung berechtigt sind. Schon aus dem Gesetzeswortlaut ergibt sich, dass die unberechtigte Nutzungseinräumung nicht darunter fällt;[43] denn aus einem Unrecht können keine Rechte erwachsen.

36 Zur Nutzungsüberlassung berechtigt sind der **Nießbraucher** nach § 1030 BGB, der **Inhaber eines Dauerwohnrechts** oder Dauernutzungsrechts nach § 37 WEG. Der Inhaber eines dinglichen Wohnrechts ist nur dann zur Überlassung berechtigt, wenn ihm dies ausdrücklich gestattet worden ist, §§ 1093, 1092 Abs. 1 BGB; das gleiche gilt für den Nutzungsberechtigten auf Grund einer beschränkt persönlichen Dienstbarkeit, §§ 1018, 1090, 1092 BGB.

37 Schuldrechtlich zur Nutzungsüberlassung berechtigt sind vor allem die **gewerblichen Zwischenvermieter** sowie andere Mieter/Pächter, die ausdrücklich befugt werden, Untermietverhältnisse zu begründen. **Hausverwaltungen** sind im Regelfall nicht im eigenen Namen auf eigene Rechnung zur Nutzungsüberlassung berechtigt; ihre Abrechnungspflicht gegenüber dem Gebäudeeigentümer ergibt sich aus dem Hausverwaltervertrag.

38 Aus der Nutzungsüberlassung an Dritte kann sich eine gestaffelte Abrechnungspflicht nach der Heizkostenverordnung ergeben: zwischen Gebäudeeigentümer und Berechtigtem[44] und zwischen diesem und dem Endnutzer. Der Gebäudeeigentümer bleibt gegenüber dem Berechtigten zur Abrechnung verpflichtet, wenn er **nicht** hinsichtlich der Nutzung des Objekts durch den Berechtigten völlig verdrängt worden ist. Die Abrechnungspflicht des Gebäudeeigentümers bleibt daher bei den dinglichen Wohnrechten und bei den lediglich schuldrechtlichen Berechtigungen zur Nutzungsüberlassung bestehen, sofern mehrere derartige Berechtigte vorhanden sind, damit von einer „Verteilung" der Kosten gesprochen werden kann. Eine Rückausnahme gilt im letzteren Fall, wenn der schuldrechtliche Berechtigte (zB der gewerbliche Zwischenvermieter) – vertragsmäßig – den Wärmelieferungsvertrag im eigenen Namen und für eigene Rechnung schließt oder die zentrale Heizungsanlage (als Mieter eines gesamten Hauses) selbst betreibt. Dann bleibt mangels einer Nutzermehrheit im Verhältnis zum Gebäudeeigentümer kein Raum für eine Kostenverteilung. Das gleiche gilt gegenüber dem Nießbraucher des Gebäudes.

### 2. Betreiber der zentralen Versorgungsanlage, Abs. 2 Nr. 2

39 Während Nr. 1 den personalen Anwendungsbereich erweitert und Umgehungen durch Nutzungsverlagerungen vermeidet, erweitert Nr. 2 den sachlichen Anwendungsbereich dergestalt, dass die Übertragung zentraler Heizungsanlagen an selbständig handelnde Dritte nicht von der Kostenverteilungspflicht nach der Heizkostenverordnung befreit.

40 Voraussetzung ist einmal, dass es sich um eine zentrale Anlage iSv § 1 Abs. 1 Nr. 1 HeizkostenV handelt (dazu → Rn. 6) und nicht um Fernwärmelieferungen (dazu → Rn. 22). Ferner muss der Betrieb dieser Anlage auf einen Dritten derart übertragen worden sein, dass er den Gebäudeeigentümer insoweit völlig aus seiner Stellung verdrängt; der Dritte muss also selbständig im eigenen Namen und auf eigene Rechnung handeln. Schließlich muss der Dritte einen „Liefervertrag" mit den Nutzern abschließen, damit er nach dem Gesetzeswortlaut berechtigt ist, von diesen ein Entgelt zu fordern.

41 Sind diese Voraussetzungen (→ Rn. 40) erfüllt, hat der Betreiber nach der Heizkostenverordnung und nicht nach der AVBFernwärmeV abzurechnen.[45]

### 3. Wohnungseigentümer, Abs. 2 Nr. 3

42 Entsprechend der Sonderlage beim Wohnungseigentum, wonach zwar der einzelne Wohnungseigentümer rechtlich einem Gebäudeeigentümer gleichsteht, die Kosten für Heizung und Warmwasser im Regelfall aber für das gesamte Gebäude (dh die Gemeinschaft der Wohnungseigentümer

---

[43] **AA** wohl hM, Schmid Mietnebenkosten-HdB/*Ormanschick* Rn. 6036; Kinne/Schach/Bieber MietProzR/*Kinne* HeizkostenV § 1 Rn. 14.

[44] *BGH V ZR 57/11*, NZM 2012, 313 (314).

[45] BGH VIII ZR 133/85, WuM 1986, 214; *Pfeifer* HeizkostenV § 1 Anm. 5.b; aber → Rn. 23, Fn. 35. Der Dritte ist an den Kostenrahmen des § 7 Abs. 2 HeizkostenV gebunden, AG Hannover WuM 1998, 40.

belastet) und nicht für die einzelne Wohnung anfallen, enthält § 1 Abs. 2 Nr. 3 HeizkostenV eine gestaffelte Verpflichtung zur Anwendung der Heizkostenverordnung.

Zunächst ist im Verhältnis zwischen Eigentümergemeinschaft und dem einzelnen Wohnungseigentümer die Verteilung der Kosten für Heizung und Warmwasser nach der Heizkostenverordnung vorzunehmen, wobei das Verhältnis zwischen WEG und Heizkostenverordnung in § 3 HeizkostenV näher geregelt wird. **43**

Ist die Eigentumswohnung vermietet, ist auch auf das Verhältnis zwischen dem einzelnen Wohnungseigentümer und dem Mieter die Kostenverteilung nach der Heizkostenverordnung vorzunehmen, um den Letztnutzer zur Einsparung von Heizenergie durch Kostenüberwälzung zu veranlassen. Wegen dieses Einsparzweckes findet nach dem ausdrücklichen Gesetzeswortlaut die Heizkostenverordnung selbst dann Anwendung, wenn der Wohnungseigentümer nur eine Wohnung vermietet hat, obwohl in diesem Fall mangels einer Nutzermehrheit keine Kostenverteilung vorgenommen werden kann. In diesem Fall stehen Wohnungseigentümer und Nutzer gleichsam als Betroffene einer Kostenverteilung auf einer Stufe. **44**

Aus Praktikabilitätsgründen sollten die **Verteilungsschlüssel** zwischen Eigentümergemeinschaft und Wohnungseigentümer (hinsichtlich des Verhältnisses zwischen Grundpreis und Verbrauchspreis) sowie zwischen diesem und seinen Mietern gleichlautend sein[46]. Rechtlich zwingend ist dies aber nicht; der Wohnungseigentümer kann mit seinem Mieter einen anderen Verteilungsmaßstab wählen, darf aber nur die nach der Heizkostenverordnung bzw. dem Mietvertrag als umlegungsfähig vereinbarten Kosten verteilen. Deshalb darf er nicht unbesehen die ihm von der Eigentümergemeinschaft durch den Verwalter in Rechnung gestellten Kosten weitergeben.[47] **45**

Nr. 3 spricht zwar nur von Wohnungseigentümern. **Teileigentum** über Räume, die nicht Wohnzwecken dienen, stehen dem Wohnungseigentum nach § 1 Abs. 2 HeizkostenV und § 6 WEG aber gleich. Deshalb ist der Wärme- und Warmwasserverbrauch für gewerblich genutzte Räume, wie Läden, Büros, Lagerräume, Praxisräume für Freiberufler ebenfalls nach der Heizkostenverordnung zu verteilen. **46**

### III. Nutzer

Gilt der Gebäudeeigentümer und der ihm gleichgestellte Personenkreis im konkreten Nutzungsverhältnis als der abrechnungspflichtige Lieferant von Wärme und Warmwasser, steht auf der anderen Seite als zahlungspflichtiger Empfänger dieser Leistungen der Nutzer. **Nutzer im Sinne der Heizkostenverordnung** ist aber nur derjenige, demgegenüber tatsächlich und rechtlich eine Kostenverteilung nach der Heizkostenverordnung stattfinden kann, materiellrechtlicher und heizkostenrechtlicher Nutzerbegriff können daher auseinanderfallen (→ Rn. 49). **47**

Abgesehen vom vermieteten Wohnungseigentum (→ Rn. 44) muss stets eine Mehrheit von Nutzern vorhanden sein, um zwischen ihnen eine Kostenverteilung vornehmen zu können, wobei diese Mehrheit sich aus der Mehrheit von genutzten selbständigen Nutzungsobjekten herleitet und nicht von einer Personenmehrheit innerhalb eines Nutzungsobjekts. **48**

Unter den Begriff des Nutzers im Sinne der Heizkostenverordnung fallen daher zB nicht die Nutzer eines Einfamilienhauses[48], eines einheitlichen Gewerbegeländes, der klassische einzelne Untermieter innerhalb einer Wohnung. Dagegen gehören dazu Nutzer von Doppelhaushälften[49], die von einer gemeinschaftlichen Zentralheizungsanlage beheizt werden ebenso wie die verschiedenen Nutzer von Einfamilienhaus und darin gelegener Einliegerwohnung. Zu den hier möglichen abweichenden Vereinbarungen → HeizkostenV § 2 Rn. 28–32. **49**

Für die Anwendung der Heizkostenverordnung ist die materiellrechtliche Grundlage des Nutzungsverhältnisses unerheblich; sie kann auf obligatorischen (Miet-, Pacht- oder Genossenschaftsvertrag) oder dinglichen (Nießbrauch, Wohnrecht, Dauerwohnrecht, Wohnungserbbaurecht, Wohnungseigentum) Verträgen beruhen. Auch der Gebäudeeigentümer selbst kann Nutzer im Sinne der **50**

---

[46] *Langenberg* WuM 2004, 583; *Drasdo* DWW 2004, 316; *Fritsch* MietRB 2005, 298 (301); s. auch *Lehmann-Richter* ZWE 2009, 345 (350).
[47] Allg. AG Berlin-Mitte WuM 2015, 158.
[48] *Hinterseer-Zbib* AnwZert MietR 23/2019 Anm. 2 B. III.
[49] Die Annahme eines Ausgleichsanspruchs zwischen den Nutzern auf Grund eines Auftragsverhältnisses, so OLG Düsseldorf DWW 2019, 269, übersieht die Anwendung der Heizkostenverordnung.

Heizkostenverordnung sein, wenn er mit Wärme versorgte Räume nutzt. Unerheblich ist ferner die Nutzung zu privaten oder gewerblich/beruflichen Zwecken.

51 Nutzer ist aber nur der **berechtigte Nutzer.** Denn nur dieser hat die Rechte aus der Heizkostenverordnung, zB auf Ausstattung der Räume mit Erfassungsgeräten, und den Anspruch auf Lieferung von Wärme. Deshalb bestehen auch nur ihm gegenüber die Verteilungspflichten. Ein **unberechtigter Nutzer** ist nur zur Herausgabe der Nutzungen nach den §§ 987 ff. BGB verpflichtet, wozu auch die verbrauchte Wärme gehört. Zum Nachweis dieses Verbrauchs mag zwar die Verteilung nach der Heizkostenverordnung nützlich sein; eine Verpflichtung als Korrelat zu einem Nutzer-Recht besteht dazu aber nicht.[50]

## D. Preisgebundener Wohnraum, Abs. 4

52 Grundsätzlich gilt die Heizkostenverordnung auch für den preisgebundenen Wohnraum, was § 22 Abs. 1 NMV noch einmal ausdrücklich bestätigt.

53 Weitergeltende Ausnahmen ergeben sich zunächst aus § 22 Abs. 2 NMV, wonach für die in § 11 HeizkostenV enthaltenen Ausnahmeregelungen besondere Verteilungsmaßstäbe vorgesehen sind[51] sowie vor dem 1. 5. 1984 entsprechend erteilte Genehmigungen zur verbrauchsunabhängigen Kostenverteilung nach einem Flächen- oder Raum-Maßstab aufrecht erhalten bleiben. Ferner kann der Vermieter bei verbundenen Anlagen nach § 9 HeizkostenV gem. § 22 Abs. 3 NMV wählen, ob er weiterhin unaufgeteilt die Kostenverteilung vornehmen oder nach § 9 HeizkostenV vorgehen will, sofern die betroffene Wohnung vor dem 1. 1. 1981 bezugsfertig geworden ist und am 30. 4. 1984 die Kosten unaufgeteilt umgelegt worden sind.[52]

54 Mit dem Verweis in § 22 NMV auf die Heizkostenverordnung ist diese für ihren Anwendungsbereich zum Mietpreisrecht geworden, so dass Verstöße gegen sie nach den §§ 25 Abs. 1, 26 Abs. 1 Nr. 4, Abs. 2 WoBindG bußgeldbewehrt sind. Außerdem kann der Mieter nach § 8 WoBindG gezahlte überhöhte Umlagen und Abrechnungssalden zurückfordern.

[50] Fischer-Dieskau/Pergande/Schwender WohnungsbauR/*Heix* HeizkostenV § 1 Anm. 3.3; **aA** wohl hM *Schmid* Mietnebenkosten-HdB/*Ormanschick* Rn. 6036; Kinne/Schach/Bieber MietProzR/*Kinne* HeizkostenV § 1 Rn. 8.

[51] Fischer-Dieskau/Pergande/Schwender WohnungsbauR/*Heix* NMV § 22 Anm. 3.

[52] Fischer-Dieskau/Pergande/Schwender WohnungsbauR/*Heix* NMV § 22 Anm. 8.

# Anhang:
# Abrechnung von Kälte/Klimaanlagen

## Verordnung über die Verbrauchserfassung und Abrechnung bei der Versorgung mit Fernwärme und Fernkälte

in der Fassung des BR-Beschlusses vom 25.6.2021, BR-Drs 310/21 B.

### § 1 Anwendungsbereich

(1) Bei einem Vertrag über die Versorgung mit Fernkälte oder über die Versorgung mit Fernwärme hat ein Unternehmen, das einen Kunden mit Fernwärme oder Fernkälte versorgt, die nachfolgenden Bestimmungen in Bezug auf die Verbrauchserfassung und Abrechnung sowie die in diesem Zusammenhang erforderliche Bereitstellung von Informationen einzuhalten.

(2) Die Bestimmungen dieser Verordnung sind auch für öffentlich-rechtlich gestaltete Versorgungsverhältnisse anzuwenden.

### § 2 Begriffsbestimmungen

(1) „Fernablesbar" ist eine Messeinrichtung, wenn sie ohne Zugang zu den einzelnen Nutzeinheiten abgelesen werden kann.

(2) Fernkälte ist die gewerbliche Lieferung von Kälte aus einer nicht im Eigentum des Gebäudeeigentümers stehenden Kälteerzeugungsanlage.

(3) Fernwärme ist die gewerbliche Lieferung von Wärme aus einer nicht im Eigentum des Gebäudeeigentümers stehenden Wärmeerzeugungsanlage.

(4) „Versorgungsunternehmen" ist ein Unternehmen, das Kunden mit Fernwärme oder Fernkälte versorgt.

### § 3 Messung des Verbrauchs von Fernwärme- und Fernkälte

(1) Zur Ermittlung des verbrauchsabhängigen Entgelts hat ein Versorgungsunternehmen Messeinrichtungen zu verwenden, die den mess- und eichrechtlichen Vorschriften entsprechen. Der Fernwärme- oder Fernkälteverbrauch ist durch Messung festzustellen, welche den tatsächlichen Fernwärme- oder Fernkälteverbrauch des Kunden präzise widerzuspiegeln hat. Wird Dampf als Wärmeträger zur Verfügung gestellt, ist die Dampf- oder die rückgeführte Kondensatmenge zu messen. Soweit das Versorgungsunternehmen aus Gründen, die es nicht zu vertreten hat, den tatsächlichen Verbrauch für einen bestimmten Abrechnungszeitraum nicht ermitteln kann, darf die Verbrauchserfassung auf einer Schätzung beruhen, die unter angemessener Berücksichtigung der tatsächlichen Verhältnisse zu erfolgen hat.

(2) Die Messeinrichtungen sind in der Übergabestation oder an der Übergabestelle durch das Versorgungsunternehmen zu installieren. Der Kunde oder Anschlussnehmer hat dies zu dulden.

(3) Messeinrichtungen, die nach dem [einsetzen: Datum des Inkrafttretens nach Artikel 3] installiert werden, müssen fernablesbar sein. Vor dem [einsetzen: Datum des Inkrafttretens nach Artikel 3] installierte, nicht fernablesbare Messeinrichtungen sind bis einschließlich 31. Dezember 2026 mit der Funktion der Fernablesbarkeit nachzurüsten oder durch fernablesbare Messeinrichtungen zu ersetzen.

(4) Fernablesbare Messeinrichtungen nach Absatz 3 müssen mit den Messeinrichtungen gleicher Art anderer Hersteller interoperabel sein und den Datenschutz sowie die Datensicherheit gewährleisten. Die Interoperabilität ist in der Weise zu gewährleisten, dass im Fall der Übernahme der Ablesung durch eine andere Person diese die Messeinrichtungen selbst fernablesen kann. Fernablesbare Messeinrichtungen müssen dem jeweiligen Stand der Technik entsprechen. Die Einhaltung des Stands der Technik wird vermutet, soweit Schutzprofile und technische Richtlinien eingehalten werden, die vom Bundesamt für Sicherheit in der Informationstechnik bekanntgemacht worden sind.

„(5) Wird an der Übergabestelle eine Messeinrichtung installiert, die zum Zweck der Fernablesbarkeit an ein Smart-Meter-Gateway angeschlossen wird, muss dieses Smart-Meter-Gateway die technischen Vorgaben zur Gewährleistung von Datenschutz und Datensicherheit nach dem Gesetz über den Messstellenbetrieb und die Datenkommunikation in intelligenten Energienetzen (Messstellenbetriebsgesetz – MsbG) erfüllen.

„(6) Ist an der Übergabestelle eine Messeinrichtung installiert, die an ein Smart-Meter-Gateway angeschlossen ist, unterliegen die Einrichtung und die Abrechnung des Messstellenbetriebs den Vorgaben des Messstellenbetriebs im Gesetz über den Messstellenbetrieb und die Datenkommunikation in intelligenten Energienetzen (Messstellenbetriebsgesetz – MsbG).

(7) Ist im Bereich der Übergabestelle bereits ein Smart-Meter-Gateway für den Messstellenbetrieb der Sparte Strom vorhanden, kann der Anschlussnehmer zur Messung des Fernwärme- oder Fernkälteverbrauch, die den tatsächlichen Fernwärme- oder Fernkälteverbrauch des Kunden präzise widerspiegelt, einen Messstellenbetreiber auswählen, um von dem Bündelangebot nach Teil 2 § 6 Nummer 1 des Gesetzes über den Messstellenbetrieb und die Datenkommunikation in intelligenten Energienetzen (Messstellenbetriebsgesetz – MsbG) Gebrauch zu machen.

(8) Sofern das Versorgungsunternehmen eine Weitergabe der bei der Installation, Nachrüstung sowie Betrieb von fernablesbaren Messeinrichtungen gemäß Absatz 1 bis 3 anfallenden Kosten zu Lasten der Kundinnen und Kunden vorsieht, hat das Versorgungsunternehmen den Kundinnen und Kunden die betreffenden Kosten unter Berücksichtigung der möglicherweise zu erzielenden Einsparungen transparent und verständlich darzulegen.

### § 4 Abrechnung, Abrechnungsinformationen, Verbrauchsinformationen

(1) Ein Versorgungsunternehmen hat dem Kunden Abrechnungen und Abrechnungs- informationen einschließlich Verbrauchsinformationen unentgeltlich zu übermitteln. Auf Wunsch des Kunden hat es diese unentgeltlich auch elektronisch bereitzustellen.

(1a) Versorgungsunternehmen, die Kunden mit Fernwärme oder Fernkälte versorgen sind verpflichtet, die Kosten für fernauslesbare Messeinrichtungen, die Einsparungen durch die entfallende Vor-Ort-Ablesung und Einsparungen durch spartenübergreifende Fernablesung dem Kunden klar und verständlich offenzulegen.

(2) Das Versorgungsunternehmen hat dem Kunden die Abrechnung mindestens einmal jährlich auf der Grundlage des tatsächlichen Verbrauchs zur Verfügung zu stellen. Soweit das Versorgungsunternehmen den tatsächlichen Verbrauch für einen bestimmten Abrechnungszeitraum gemäß § 3 Absatz 1 Satz 3 geschätzt hat, darf die Abrechnung auf dieser Verbrauchsschätzung beruhen.

(3) Wenn fernablesbare Messeinrichtungen installiert sind oder Messeinrichtungen mit der Funktion der Fernablesbarkeit ausgestattet sind, hat das Versorgungsunternehmen dem Kunden Abrechnungsinformationen einschließlich Verbrauchsinformationen auf der Grundlage des tatsächlichen Verbrauchs in folgenden Zeitabständen zur Verfügung zu stellen:

1. auf Verlangen des Kunden oder wenn der Kunde für seine Abrechnungen die elektronische Bereitstellung gewählt hat, mindestens vierteljährlich und
2. ansonsten mindestens zweimal im Jahr.

Ab dem 1. Januar 2022 sind die Abrechnungsinformationen einschließlich Verbrauchsinformationen nach Satz 1 monatlich zur Verfügung zu stellen

(4) Das Versorgungsunternehmen hat bei der Verarbeitung der Abrechnungsinformationen einschließlich Verbrauchsinformationen die Einhaltung datenschutz- und datensicherheitsrechtlicher Anforderungen zu gewährleisten.

### § 5 Inhalt und Transparenz der Abrechnungen

(1) Das Versorgungsunternehmen muss dem Kunden mit den Abrechnungen folgende Informationen unentgeltlich sowie auf klare und verständliche Weise zur Verfügung stellen:

1. die für die Versorgung des Kunden geltenden tatsächlichen Preise und dessen tatsächlichen Verbrauch,
2. Informationen über
   a) *den aktuellen und prozentualen* Anteil der eingesetzten Energieträger und der eingesetzten Wärme- oder Kältegewinnungstechnologien im Gesamtenergiemix im Durchschnitt des letzten Jahres,

b) die mit dem Energiemix verbundenen jährlichen Treibhausgasemissionen; bei Kunden, die mit Fernkälte oder Fernwärme aus technisch zusammenhängenden Fernkälte- oder Fernwärmesystemen mit einer thermischen Gesamtnennleistung unter 20 Megawatt versorgt werden, gilt diese Verpflichtung erst ab dem 1. Januar 2022,

c) die auf Wärme oder Kälte erhobenen Steuern, Abgaben oder Zölle,

3. einen Vergleich des gegenwärtigen, witterungsbereinigten Wärme- oder Kälteverbrauchs des Kunden mit dessen witterungsbereinigtem Wärme- oder Kälteverbrauch im gleichen Zeitraum des Vorjahres in grafischer Form,
4. Kontaktinformationen, darunter Internetadressen, von Verbraucherorganisationen, Energieagenturen oder ähnlichen Einrichtungen, bei denen Informationen über angebotene Maßnahmen zur Energieeffizienzverbesserung, Kunden-Vergleichsprofile und „objektive technische Spezifikationen für energiebetriebene Geräte eingeholt werden können,
5. Informationen über Beschwerdeverfahren im Zusammenhang mit der Verbrauchsmessung und der Abrechnung, über Dienste von Bürgerbeauftragten oder über alternative Streitbeilegungsverfahren, soweit diese zur Anwendung kommen,
6. Vergleiche mit dem normierten oder durch Vergleichstests ermittelten Durchschnittskunden derselben Nutzerkategorie; im Fall der elektronischen Übermittlung der Abrechnung kann ein solcher Vergleich vom Versorgungsunternehmen alternativ online bereitgestellt und in der Abrechnung darauf verwiesen werden.

(2) Abweichend von Absatz 1 muss das Versorgungsunternehmen, soweit Abrechnungen im Fall des § 4 Absatz 2 Satz 2 nicht auf dem tatsächlichen Verbrauch beruhen, auf klare und verständliche Weise erklären, wie der in der Abrechnung ausgewiesene Betrag berechnet wurde. In der Abrechnung sind insoweit mindestens die Informationen gemäß Absatz 1 Nummer 4 und 5 anzugeben.

(3) Das Versorgungsunternehmen hat zudem in leicht zugänglicher Form, auf seiner Internetseite und in den Abrechnungen, Informationen über den Primärenergiefaktor seines technisch zusammenhängenden Fernkälte- oder Fernwärmesystems zugänglich zu machen sowie darüber, wie hoch in seinem technisch zusammenhängenden Fernkälte- oder Fernwärmesystem der prozentuale Anteil der eingesetzten erneuerbaren Energien im Sinne des § 3 Absatz 2 des Gebäudeenergiegesetzes vom 8. August 2020 (BGBl. I S. 1728) in der jeweils geltenden Fassung ist.

(4) Auf Verlangen des Kunden ist das Versorgungsunternehmen verpflichtet, Informationen über die Abrechnungen und den historischen Verbrauch des Kunden, soweit verfügbar, einem vom Kunden benannten Energiedienstleister zur Verfügung zu stellen.

Die Heizkostenverordnung dient der Umsetzung von Energiesparzielen durch Erfassung des individuellen Verbrauchs der Raumnutzer und deren Belastung mit den sich daraus ergebenden Kosten. Die Rechtsgrundlagen für diese Verordnung beschränken sich nicht auf die Erfassung des Energieverbrauchs durch Wärme und/oder Warmwasser, sondern sind viel weiter gefasst: Die Ermächtigung in § 6 Abs. 1 GEG erstreckt sich auch auf kühl- oder raumlufttechnische gemeinschaftliche Anlagen (§ 6 Abs. 1 Nr. 1 GEG) und setzt damit die Vorgaben der EED (Richtlinie (EU) 2018/2202)[1], insbes. in Art. 9a und Art. 9b um, die auch von Kälteversorgung sprechen[2]. 1

Von dieser Ermächtigung bzw. Verpflichtung hat der Gesetzgeber hinsichtlich der Kälteversorgung bislang noch keinen Gebrauch gemacht[3]. Insoweit konnte er sich im Jahr 2014 auf ein Gutachten stützen, das die Wirtschaftlichkeit einer Verbrauchsabrechnung in Gewerberäumen sowie die Verwendung von zentrale Kälteversorgung in Wohngebäuden verneinte[4]. Dieser Standpunkt ist jedoch im Jahre 2020 überholt (abgesehen von den zwingenden Vorgaben der neuen EED); jetzt spricht der Gesetzgeber selbst davon, dass im Wärme- und Kältesektor Gebäude den größten Anteil am Energieverbrauch (mit ca. zwei Dritteln des Endenergieverbrauchs für Wärme und Kälte) haben[5]. 2

[1] Deren Erwägungsgründe 18, 30, 31, 32 Anforderungen für die Kälteversorgung enthalten.

[2] Bereits die Vorgängerrichtlinie 2012/27/EU enthielt in Art. 9 die Verpflichtung zur Erfassung auch des Kälteverbrauchs.

[3] Selbst *Serve* ZMR 2021, 10 blendet die Kälte-Abrechnung aus vermeintlich praktischen Erwägungen aus.

[4] *ITG Institut für Technische Gebäudeausrüstung Dresden,* Wirtschaftlichkeit von Systemen zur Erfassung und Abrechnung des Wärmeverbrauchs 2014, Kap. 6.4.

[5] BT-Drs. 19/20364, 47.

3 Der jetzt vorliegende Entwurf befasst sich ausdrücklich[6] nur mit den Beziehungen zwischen Kälte-/Wärme-Lieferanten und dem Leistungsempfänger (= Gebäudeeigentümer = Vermieter), nicht aber mit den Verhältnisse zum End-Nutzer (= Mieter), es sei denn, der Lieferant hat einen direkten Vertrag mit dem Mieter über Wärme-/Kältelieferung geschlossen und rechnet direkt mit ihm ab. Die EED will aber nach ihren Begriffsbestimmungen den Endkunden mit seinem Energieverbrauch erfassen, was sich auch aus § 6 Abs. 1 Nr. 1 GEG entnehmen lässt. Deshalb sind unterschiedliche Regelwerke anzuwenden: für die Direktabrechnung über den gemessenen Verbrauch mit dem Endkunden entweder die (jetzt etwas geänderte AVBFernwärmeV) oder bei Kältelieferung die Verordnung auf Grund des vorliegenden Entwurfs. Letztere ist aber materiell unvollständig, so dass vertraglich eine analoge Anwendung der Heizkostenverordnung vereinbart werden müsste. Bei der Ausgestaltung der Norm ist zweierlei übersehen worde: einmal die mangelnde Einflussnahmemöglichkeit des Vertragspartners (= Gebäudeeigentümer) auf den Energieverbrauch, der nicht von ihm gesteuert wird; zum anderen der Gesichtspunkt der Wirtschaftlichkeit, wonach die Mehrkosten durch Fernablesung[7] durch die dadurch (insbesondere die mögliche monatliche Verbrauchsmitteilung) eintretende Energieeinsparung kompensiert werden soll[8]. Die Verordnung geht wohl davon aus, dass die in den §§ 4, 5 enthaltenen Einzelmitteilungen vom Gebäudeeigentümer an seine Mieter als Endverbraucher weitergegeben werden; daneben ist aber stets die Einzelverbrauchsmessung beim jeweiligen Endverbraucher erforderlich, um den konkreten Nutzer zur Einsparung zu bewegen.

4 Angesichts dieser materiellen Unterschiede kann die Abrechnung/Verteilung der Kosten einer Kälteversorgung (die Fernwärme wird von § 1 HeizKV erfasst) gegenüber dem Endnutzer (also im Verhältnis Gebäudeeigentümer – Mieter) **nur** aufgrund einer **Vereinbarung** im Nutzungsvertrag erfolgen. Allerdings sollte sich diese Vereinbarung zweckmäßigerweise an den Vorgaben der Heizkostenverordnung orientieren[9], da die Kälteversorgung gleichsam als umgekehrte Wärmeversorgung betrachtet werden kann. Mangels entsprechender gesetzlicher Verpflichtung ist der Gebäudeeigentümer jedoch nicht verpflichtet, verbrauchsabhängig abzurechnen; er kann sich auf eine Kostenverteilung nach einem Flächenmaßstab beschränken. Um Streitfälle mit den Nutzern über eine „gerechte" oder vermeintlich „ungerechte" Kostenverteilung zu vermeiden, ist die Verwendung eines verbrauchsabhängigen Verteilungsmaßstabes entsprechend der Heizkostenverordnung zu empfehlen.

5 Voraussetzung für eine Kostenverteilung ist die zentrale Versorgung der mehrerer voneinander unabhängiger Nutzer eines Gebäudes mit Kälte, entweder durch eine gebäudebezogene einzelne Anlage oder durch Fernkälte, wobei die einzelne Anlage auch mit Fernwärme versorgt werden kann, die dann in der Hausanlage in Kälte umgewandelt wird mittels Absorption/Sorption. Unberücksichtigt bleiben können Einzelanlagen jedes Raumnutzers, da dieser die Kosten direkt zu tragen hat und keine Notwendigkeit einer Kosten-Verteilung besteht. Erforderlich ist ferner, dass der einzelne Nutzer seinen Verbrauch steuern kann.

6 Voraussetzung für eine Kostenverteilung ist ferner die Erfassung/Messung des individuellen Verbrauchs; bei Fern-Lieferung ist zusätzlich eine Messung an der Übergabestation erforderlich. Hierfür werden bei **wasserführenden Geräten** (Kühldecken) Kältemesser verwendet; das Messgerät bestimmt die Kälte-Energiemenge, die einem Kälte-Verbraucher zugeführt wird. Sie errechnet sich aus dem gemessenen Volumenstrom des Wassers und der Temperaturdifferenz zwischen Vorlauf und Rücklauf. Die Geräte müssen nach PTB K 7.2 zugelassen sein; eine Eichung der Messgeräte ist in den Fällen, in denen das Trägermedium aus einem Wasser-Glykol-Gemisch besteht, derzeit (noch) nicht möglich[10]. Für den Einbau der Geräte sind bestimmte Bedingungen zu beachten, um die ordnungsgemäße Funktion zu gewährleisten: zB sollen die Zähler (Volumenmessteil) immer in den (wärmeren) Rücklauf eingebaut werden; das Eindringen von Kondenswasser muss verhindert werden; auf die korrekte Dimensionierung der Geräte ist zu achten ebenso auf die korrekte Ein-

---

[6] BR-Drs. 310/21, Begründung II Abs. 2.

[7] BR-Drs. 310/21, Begründung S. 8/9.

[8] Was jedoch im Ungewissen verbleibt, BR-Drs. 310/21, Begründung S. 10.

[9] Die Reform des öst. Heizkostenabrechnungsgesetzes inkorporiert die Kälteabrechnung ohne weiteres in das Heizkostenabrechnungsgesetz, *www.parlament.gv.at*, 72/ME XXVII. GP Entwurf v. 20.10.2020: *Bundesgesetz, mit dem* das Bundesgesetz über die sparsamere Nutzung von Energie durch verbrauchsabhängige Abrechnung der Heiz- und Warmwasserkosten (Heizkostenabrechnungsgesetz – HeizKG) geändert wird.

[10] Kreuzberg/Wien Heizkostenabrechnung-HdB/*Wien* Kap. 10.7.2, S. 662.

tauchtiefe der Tauchhülsen[11]. Die Beachtung der technischen Vorgaben soll die korrekte Messung gewährleisten und damit auch die anfechtungsfeste Kosten-Verteilung und -Abrechnung. Schließlich sollen die Geräte auch fernablesbar (dh die jeweiligen Räume des Nutzers müssen zur Feststellung seines Verbrauchs nicht mehr betreten werden) sein, um den neuen Vorgaben der EED zu genügen.

Für **Lüftungsanlagen zur Kälteversorgung** kann auf die **Richtlinie VDI 2077-4** „Verbrauchskostenabrechnung für die technische Gebäudeausrüstung – RLT-Anlagen –" aus dem Jahre 2019 zurückgegriffen werden. Aber auch diese Richtlinien dürfen nur angewendet werden, wenn sie **einzelvertraglich** als für die Kostenverteilung bei Lüftungsanlagen **vereinbart** worden sind. Zwar gibt diese Richtlinie auch rechnerische Vorgaben zur Kostenverteilung bei kombinierter Versorgung mit Wärme, Kälte und Luftfeuchtigkeit; wegen der Nähe zur Heizkostenverordnung soll aber nur auf die Kälteversorgung eingegangen werden: Hierbei wird zunächst zwischen zwei Konstellationen unterschieden[12]: einmal Versorgung mit konstanten Luftströmen, zum anderen Versorgung mit variablen Luftströmen. Angesichts des in der Praxis sehr unterschiedlichen Nutzerverhaltens (zB Gebäude mit Büros und Läden sowie Handwerksbetrieben) erscheint die Annahme variabler Luftströme praxiskonformer. Danach können die Verbräuche ebenfalls nach zwei Methoden erfasst werden: zum einen anhand der Zuluftverbräuche, gemessen mit Luftzählern, oder anhand der Luftverbräuche und der Kältelieferung, gemessen mit Luftenergiezählern. Allen gemeinsam ist die Notwendigkeit der zusätzlichen Erfassung des „inputs", also Elektroenergie für die Pumpen, Energie für die Kältebereitung, ggf. Kühlwasser[13]. Ebenfalls erforderlich ist die individuelle Regulierbarkeit der Luftströme pro Nutzereinheit. Denn nur dann kann der jeweilige Nutzer seinen Energieverbrauch steuern und infolgedessen senken. Unter diesem Gesichtspunkt erscheint die Methode der variablen Luftströme mit Verwendung von Luftenergiezählern vorzugswürdig; mangels derartiger Einflussmöglichkeiten und Zuordnung zu einem einzelnen konkreten Nutzer erübrigt sich die Kostenerfassung von Gemeinschaftsräumen (zB Fluren, Ladenpassagen). Diese Kosten gehen in die zu verteilenden Gesamtkosten ein. Die Komplexität der Verfahrensweise wirft allerdings die Frage der Wirtschaftlichkeit auf dahingehend, dass die mögliche Energieeinsparung durch die Kosten der Messung und Verteilung überboten wird. **7**

Zusätzliche Messgeräte sind für den Fall einer notwendigen **Nutzergruppentrennung** erforderlich. Dies trifft zB dann zu, wenn kälteintensives Gewerbe (Kühlräume) mit normal kühlungsbedürftigen Gewerberäumen zusammentreffen, oder Gewerbe und Wohnräume, alles in einem Gebäudekomplex untergebracht. **8**

Auch bei der Kälteversorgung sind die Kosten nach einem **verbrauchabhängigen** und einem **verbrauchsunabhängigen** Anteil auf die Nutzer zu verteilen[14]. Das bedeutet – analog zur Heizkostenverteilung – sämtliche angefallenen Kosten werden zusammengezählt. Dann werden sämtliche Messwerte zusammengezählt und der einzelne Nutzerwert in ein prozentuales Verhältnis zu diesem Gesamtwert gesetzt. Der Gesamtkostenwert wird zunächst rein rechnerisch aufgeteilt in verbrauchsabhängig und verbrauchsunabhängig. Von dem so ermittelten gesamtverbrauchsabhängig zu verteilenden Wert werden nun die auf die einzelnen Nutzer entfallen Kosten anhand ihres verbrauchsabhängigen Prozentsatzes errechnet[15]. Der verbrauchsunabhängige Anteil der Gesamtkosten wird dann nach dem vereinbarten unabhängigen Anteil auf die einzelnen Nutzer verteilt. Als verbrauchsunabhängiger Maßstab bietet sich entsprechend der Heizkostenverordnung entweder ein Flächenmaßstab (so insbes. bei großen zu kühlenden Gewerbeflächen) oder das Volumen des zu kühlenden Raumes (zB bei unterschiedlich hohen Wohnräumen) an. Um die systematische Einheit mit der Heizkostenverordnung zu wahren, sollten keine anderen verbrauchsunabhängigen Maßstäbe verwendet werden[16]. **9**

---

[11] Zu den technischen Einzelheiten s. Schädlich/*Wien*, Kompendium Kälte- und Klimatechnik, 2021, Kap. 4.2.2.

[12] Siehe iE *Mügge/Schmid/Amberg,* Die Abrechnung der Betriebskosten von RLT-Anlagen, HLH 69 (11/2018), 26–31.

[13] Siehe die Berechnungsbeispiele bei *Mügge/Schmid/Amberg,* Die Abrechnung der Betriebskosten von RLT-Anlagen, HLH 69 (11/2018), 26–31.

[14] Kreuzberg/Wien Heizkostenabrechnung-HdB/*Wien* Kap. 10.9, S. 670.

[15] Zu beachten ist allerdings, dass in *Mügge/Schmid/Amberg,* Die Abrechnung der Betriebskosten von RLT-Anlagen, HLH 69 (11/2018), 26–31 nur die Verteilung der verbrauchsabhängigen Kosten dargestellt ist.

[16] Anders wohl Schädlich/*Wien,* Kompendium Kälte- und Klimatechnik, 2021, Kap. 4.2.2.9, S. 342.

10 Hinsichtlich des **Umfangs** der verteilungsfähigen **Kosten** kann vollinhaltlich auf § 7 Abs. 2, § 4 HeizkostenV verwiesen werden.

11 Für die Berechnung beim **Nutzerwechsel** gilt neben der Zwischenablesung nur eine Besonderheit: Statt der in § 9 b Abs. 2 HeizkostenV aufgeführten Gradtagzahlen bei der Wärmeverteilung sind bei der Kälteverteilung Kühlgradstunden zu verwenden[17]; hilfsweise kann auf die umzukehrende Gradtagstabelle zurückgegriffen werden. Letztere Tabelle mag nicht exakt sein, aber sie bietet einen Überblick über die durchschnittlichen Werte; das sollte auch für die Kühlung reichen, das Hilfsmittel bedarf keiner genauen Werte[18].

12 Für **Störungen** bei der Verbrauchserfassung mag auf § 9 a HeizkostenV zurückgegriffen werden, sofern die darin genannten Vergleichskriterien auch bei der Kältelieferung zutreffen. Ansonsten müsste insgesamt verbrauchsunabhängig abgerechnet werden.

---

[17] Schädlich/*Wien,* Kompendium Kälte- und Klimatechnik, 2021, Kap. 4.2.2.9, S. 343. Da diese Werte allerdings kostenpflichtig und nur auf Anfrage zur Verfügung gestellt werden, erhebt sich die Frage nach der Wirtschaftlichkeit dieser Abrechnung: Ist die Energieeinsparung geringer als die aufzuwendenden Kosten für die Abrechnung?

[18] Anders Schädlich/*Wien,* Kompendium Kälte- und Klimatechnik, 2021, Kap. 4.2.2.9, S. 343. Es ist aber zu beachten, dass die Kühlgradstunden nur für eine erste grobe Abschätzung des Kühlbedarfs/Bereinigung des Energiebedarfs verwendet werden können, da für die Kühlung neben der – hier verwendeten – Temperatur, weitere Einflussgrößen wie die Feuchte, Enthalpie oder solare Strahlung eine große Rolle spielen (ISO 15927, Blatt 6; VDI 3807, Blatt 1): Die Kühlgradstunden sind kein verlässlicher Index für den Energiebedarf zum Kühlen, so die Information des DWD selbst.

## § 2 Vorrang vor rechtsgeschäftlichen Bestimmungen

**Außer bei Gebäuden mit nicht mehr als zwei Wohnungen, von denen eine der Vermieter selbst bewohnt, gehen die Vorschriften dieser Verordnung rechtsgeschäftlichen Bestimmungen vor.**

### Systematische Übersicht



### A. Zweck der Regelung

Die Norm dient der Durchsetzung des öffentlichen Interesses an der Einsparung von Energie gegenüber der privatautonom gestalteten Kostenverteilung aus der Versorgung mit Wärme und Warmwasser zwischen Nutzungsgeber und Nutzer. Der angeordnete Vorrang der Heizkostenverordnung trifft trotz des ausdrücklich erwähnten Mietverhältnisses nicht nur Vereinbarungen in Mietverträgen, sondern Heizkostenregelungen in sämtlichen Arten von Nutzungsverträgen, seien sie obligatorischer (Miet- oder Pachtvertrag), gesellschaftsrechtlicher (Wohnungsgenossenschaftsvertrag) oder dinglicher (wie Nießbrauch und sämtliche Formen von Wohnrechten) Natur. 1

Die **Rechtsgrundlage** für diese Beschränkung der Privatautonomie findet sich in § 6 Abs. 2 GEG (früher § 5 Abs. 4 EnEG), wonach in der Rechtsverordnung nach § 6 Abs. 1 (früher §§ 1–4 EnEG – der Erlass der Heizkostenverordnung beruhte auf § 3 a EnEG –) die Erfassung und Kostenverteilung abweichend von Vereinbarungen zwischen Nutzungsgeber und Nutzer und von den Vorschriften des WEG regeln und gleichzeitig das Verhältnis zwischen Verordnung und vertraglicher Regelung festlegen dürfen.[1] Zwar stellt § 6 GEG die Umsetzung der Energieeffizienz-Richtlinie (Art. 9 Abs. 3 UAbs. 3 2012/27/EU) dar. Ihre Tatbestandsmerkmale sind jedoch so plakativ gefasst („Werden Gebäude mit mehreren Wohnungen über ein Fernwärme- oder Fernkältenetz versorgt oder sind eigene gemeinsame Wärme- oder Kälteerzeugungsanlagen für diese Gebäude vorhanden, so können die Mitgliedstaaten transparente Regeln für die Verteilung der Kosten des thermischen Verbrauchs oder des Warmwasserverbrauchs in diesen Gebäuden einführen, um die Transparenz und die Genauigkeit der Abrechnung des individuellen Verbrauchs zu gewährleisten."), dass aus ihnen keine Regelung für den Einzelfall abgeleitet werden kann[1]; das würde zu einer willkürlichen Handhabung führen, bei der jeder einzelne Interpret je nach seinen Vorstellungen andere Maßnahmen für „richtlinienkonform" halten würde[2]. Der EuGH weist mehrfach auf den weiten Gestaltungsspielraum, der den Mitgliedstaaten durch die Energierichtlinien eingeräumt ist, hin[3]. 2

Der angeordnete **Vorrang der Heizkostenverordnung** vor rechtsgeschäftlichen Bestimmungen führt aber nicht dazu, dass diese der Heizkostenverordnung widersprechenden Vereinbarungen unwirksam sind iSd § 134 BGB. Vielmehr überlagert die Norm lediglich die rechtsgeschäftlichen Vereinbarungen dann und soweit eine Kollision mit den Regelungen der Heizkostenverordnung eintritt[4]. Deshalb sollte nicht von einer schwebenden Unwirksamkeit der widersprechenden Ver- 3

---

[1] Die von *Zehelein* (NZM 2020, 857 (859, 861)) daran geäußerte Kritik beruht auf einer Verfälschung der Aussagemerkmale; die Aussage geht von einer richtlinienkonformen Gesetzgebung aus, während seine Kritik auf eine mangelhafte Umsetzung abstellt. Außerdem entspricht dies der Aussagelogik: wenn a (Richtlinie) = b (Umsetzung in Heizkostenverordnung) und b = c (zutreffende Anwendung der Heizkostenverordnung im konkreten Einzelfall), dann ist auch c = a (also richtlinienkonform).

[2] Die diesbezüglichen Ausführungen von *Zehelein* NZM 2020, 861 ff., bieten ein erschreckendes Beispiel hierfür.

[3] EuGH NZM 2020, 888 Rn. 88, 91 „Sowohl aus Erwägungsgrund … als auch aus Erwägungsgrund … geht nämlich hervor, dass diese beiden Richtlinien den Mitgliedstaaten einen gemeinsamen Rahmen geben sollen, der es ihnen ermöglicht, geeignete Maßnahmen zu treffen, um den Energieverbrauch zu verringern, ihnen aber die Wahl der Durchführungsmodalitäten lässt."

[4] *Wall* Betriebs-/Heizkosten HeizkostenV § 2 Rn. 5205 f.; Dyong/Heix/Fischer-Dieskau/*Heix* HeizkostenV § 2 Anm. 3.

einbarungen ausgegangen werden,[5] sondern dogmatisch treffender von einem Rangverhältnis der Normen. Kommt die Heizkostenverordnung nicht oder nicht mehr zur Anwendung, entfalten die vorher getroffenen Vereinbarungen wieder ihre volle Wirksamkeit; es bedarf also keiner vertraglichen Neuregelung dieses Gegenstandes.

4 Zwar handelt es sich bei der Heizkostenverordnung nicht um ein Verbotsgesetz[6]. Dies bedeutet aber nicht, dass die Regelungen der Heizkostenverordnung erst dann Anwendung finden, wenn sich eine der Parteien auf sie beruft. Vielmehr geht die Heizkostenverordnung konkurrierenden vertraglichen Regelungen immer vor[7], lässt diese aber nicht unwirksam werden, sondern sie behalten eine subsidiäre Geltung, sofern die Regelungen der Heizkostenverordnung nicht eingreifen.

## B. Entgegenstehende Vereinbarungen

5 Die Heizkostenverordnung beansprucht Vorrang nicht nur vor ausdrücklichen abweichenden Vereinbarungen der Nutzungsparteien, wie etwa Pauschalzahlungen auf Betriebskosten insgesamt[8] oder nur auf die Heizkosten oder verbrauchsunabhängige Verteilungsschlüssel (nach Personen oder Fläche), sondern auch vor konkludenten gegenteiligen vertraglichen Regelungen, wie etwa einer Inklusivmiete.[9] Das gilt dann nicht, wenn eine Ausnahme nach § 11 HeizkostenV eingreift[10]

6 Der Vorrang besteht unabhängig davon, ob die abweichende Regelung vor[11] oder erst nach[12] In-Kraft-Treten der Heizkostenverordnung getroffen worden ist.

7 Nicht vom Vorrang der Heizkostenverordnung erfasst wird der **Umfang der verteilungsfähigen Kosten.** Die mögliche Diskrepanz zwischen vertraglicher Regelung (zB als umlagefähig vereinbart sind nur die reinen Brennstoffkosten) und dem Kostenkatalog in §§ 7, 8 HeizkostenV ist zugunsten des privatautonom gestalteten Vertrages aufzulösen.[13] Denn der Nutzungsgeber darf zwar die in § 7 HeizkostenV aufgeführten Kosten auf die Nutzer verteilen, er muss es aber nicht.[14] Der Zweck der Heizkostenverordnung steht dem nicht entgegen, solange die reinen Energiekosten nach ihr verteilt werden. Dem kann nicht entgegengehalten werden, dass der Mieter stets die gesamten nach den §§ 7, 8 HeizkostenV umlegbaren Kosten trägt, entweder per Umlage in der Heizkostenabrechnung oder als Kalkulationsposten in der Miete;[15] denn es muss auch eine Entscheidung für den Fall vorgesehen werden, dass eine fehlerhafte Kalkulation vorliegt und der Vermieter diese Kosten nicht in die Miete eingerechnet hat. Dann trägt nach der hier vertretenen Auffassung der Vermieter die Kosten, weil er es in der Hand hatte, alle auf den Mieter überwälzbaren Kosten entsprechend dem jeweiligen Nutzer zuzuordnen.

8 Unberührt vom § 2 HeizkostenV bleiben auch die vertraglichen Regelungen über die **Leistungsmodalitäten** im Rahmen der Lieferung von Wärme und Warmwasser. Der einzelvertraglichen Regelung bleibt es daher überlassen, ob und in welcher Höhe **Vorauszahlungen** auf die Heizkosten zu leisten sind; das gleiche gilt für die Fälligkeit und die Ausgestaltung solcher Vorauszahlungen (zB ein bestimmter Prozentsatz der jeweils anfallenden Brennstoffkosten). Ebenfalls der einzelvertraglichen Regelung überlassen bleibt die Festlegung des **Abrechnungsturnus;** denn

---

[5] So aber *Pfeifer* HeizkostenV § 2 Anm. 1; Kinne/Schach/Bieber MietProzR/*Kinne* HeizkostenV § 2 Rn. 20.

[6] MüKoBGB/*Schmid/Zehelein* HeizkostenV § 2 Rn. 1; aber das dort bevorzugte Abdingbarkeitsverbot führt dogmatisch zur Unwirksamkeit.

[7] So jetzt BGH VIII ZR 212/05, NZM 2006, 652, unter ausdrücklicher Offenlassung einer dogmatischen Einordnung („entgegenstehende Regelungen sind nicht anzuwenden"), mAnm *Ludley* DWW 2006, 418; *Thomma* WuM 2006, 658; *Schmidt* ZMR 2007, 15; *Schmitt* HKA 2009, 1.

[8] OLG Schleswig WuM 1986, 330.

[9] BayObLG NJW-RR 1988, 1293.

[10] *Saxinger* NZM 2018, 849 (852).

[11] BayObLG NJW-RR 1988, 1293.

[12] OLG Schleswig WuM 1986, 330.

[13] Str., wie hier Kinne/Schach/Bieber MietProzR/*Kinne* HeizkostenV § 2 Rn. 20; **aA** zB *Pfeifer* HeizkostenV § 2 Anm. 4a; Schmid Miet- und WohnR/*Schmid* HeizkostenV § 2 Rn. 21a; Schmid Miet- und WohnR/*Schmid* Rn. 6082a; *Freywald* Heizkostenabrechnung Rn. 45.

[14] Ausf. dazu *Lammel* HeizkostenV § 2 Rn. 33–36.

[15] *Freywald* Heizkostenabrechnung Rn. 116 unter Berufung auf *RE* BayObLG NJW-RR 1988, 1293; zirkelschlüssig aber Schmid Miet- und WohnR/*Schmid* Rn. 6082a: in der Vereinbarung von weniger Umlagepositionen würde eine von der Heizkostenverordnung überlagerte Teilinklusivmiete vorliegen; damit wird zur Begründung das zu begründende herangezogen.

hierüber enthält die Heizkostenverordnung keine Vorschriften. Als Grenze ist allerdings für die Abrechnung die Regelung in § 556 Abs. 3 S. 1 Hs. 1 BGB einzuhalten.

## I. Inhalt

Bei Altverträgen oder Verträgen über Appartements finden sich häufig noch sog. **Inklusiv- oder Warmmieten.** Mit ihnen werden nicht nur die Nutzung des Objekts abgegolten, sondern auch sämtliche damit verbundenen Nebenleistungen, sofern sie vom Nutzungsgeber erbracht werden. Da hierunter auch Wärme und Warmwasser fallen, widerspricht diese Regelung der Intention der Heizkostenverordnung; denn die Zahlung ist in ihrer Höhe unabhängig vom konkreten Verbrauch, so dass von ihr kein Anreiz zur Energieeinsparung ausgeht.[16] 9

Das gleiche gilt beim Vorliegen einer **Kaltmiete mit Betriebskostenpauschale.** Auch hier findet über die Pauschalzahlung, die die Leistung von Wärme und Warmwasser beinhaltet, keine Abrechnung nach der im konkreten Einzelfall verbrauchten Energie statt, so dass der jeweilige Nutzer sein Verhalten nicht entsprechend einzurichten braucht. Auch das widerspricht der Zielrichtung der Heizkostenverordnung.[17] Der Betriebskostenpauschale vergleichbar ist die Situation der Vereinbarung einer **Heizkostenpauschale.** 10

Wird zwar über den Heizungsverbrauch konkret abgerechnet, kann sich eine Abweichung von den Regelungen der Heizkostenverordnung dadurch ergeben, dass ein **nicht verordnungskonformer Schlüssel der Kostenverteilung** zu Grunde gelegt wird. Solche abweichenden **Verteilungsschlüssel** können auf Flächen oder Raummaßen beruhen, der Zahl der Personen in dem Nutzungsobjekt, der Zahl der Heizkörper oder sogar der einzelnen Heizrippen, der Größe der Heizkörper, dem Verhältnis der Mieten innerhalb eines Hauses, einem festen Prozentsatz, mit dem sich der Nutzer an den jeweiligen Brennstofflieferungen beteiligen soll[18] oder schließlich auf einem statistischen Durchschnittswert.[19] Nicht der Heizkostenverordnung entsprechen ferner solche Verteilungsmaßstäbe, die zwar zwischen verbrauchsabhängigen und verbrauchsunabhängigen Anteilen differenzieren, aber nicht die von der Heizkostenverordnung in den §§ 7, 8 HeizkostenV vorgegebenen Grenzen einhalten, also insbes. weniger als 50% der anfallenden Kosten nach Verbrauch verteilen. 11

## II. Anpassung

Die **Anpassung an die Bestimmungen der Heizkostenverordnung** kann entweder durch vertragliche Vereinbarung oder auch einseitig durch den Nutzungsgeber vorgenommen werden. Die Heizkostenverordnung räumt insoweit dem Nutzungsgeber ein einseitig ausübbares Recht auf Umgestaltung des Nutzungsvertrages ein (zB in § 6 Abs. 4 HeizkostenV; s. auch § 556a Abs. 2 BGB), so dass die Zustimmung des Nutzers zur partiellen Neufassung des Vertrages nicht erforderlich ist. Zu beachten bleibt, dass diese Umgestaltung nur für die Zukunft und nicht rückwirkend zulässig ist.[20] 12

Die **einseitige Umgestaltung des Nutzungsvertrages** unterliegt aber zwei Schranken: zum einen muss sie sich innerhalb der Grenzen halten, die die Heizkostenverordnung für eine Kostenverteilung einräumt; zum anderen sind die aus § 315 BGB herzuleitenden Grundsätze zu beachten. Letzteres zwingt bei der Umgestaltung zu einer möglichst vertragskongruenten Anpassung. Denn in dem Vertrag haben die Parteien privatautonom das ihnen am sinnvollsten erscheinende Verhältnis von Leistung und Gegenleistung bzgl. des Nutzungsobjekts geregelt, so dass eine Abänderung des Vertrages nur soweit notwendig ist, bis er Heizkostenverordnung-konform gestaltet ist. Bei bis- 13

[16] AA *Heix* WuM 2015, 59, dessen Spaltung in Verteilungs- und Zahlungsabrechnung aber diesen Intentionen der Heizkostenverordnung widerspricht; denn nur, wer zahlen muss, wird zur Energieeinsparung angehalten.

[17] OLG Hamm NJW-RR 1987, 8.

[18] So der Fall LG Mönchengladbach ZMR 2013, 805.

[19] So der Fall AG Berlin-Schöneberg MM 2001, 200.

[20] AG Erfurt WuM 2007, 130 mAnm *Lammel* WuM 2007, 439; LG Potsdam WuM 2015, 550; dazu *Wall* jurisPR-MietR 25/2015 Anm. 2; OLG Hamburg ZMR 2017, 884 mAnm *Lammel;* **aA** LG Heidelberg WuM 2011, 217 (218).

her verbrauchsunabhängigen Verteilungsmaßstäben und pauschalen Kostenregelungen ist daher dieser verbrauchsunabhängige Anteil so hoch wie zulässig zu wählen, also maximal 50%.

**14** Aus bisherigen Pauschalzahlungen ist der Heizkostenanteil herauszurechnen. Es reicht nicht aus, dass neben der bisherigen Pauschale Heizkostenverordnung-gemäß abgerechnet wird. Denn in diesem Fall würde der Nutzer die Heizkosten doppelt bezahlen, einmal als weiterhin in der Pauschale enthaltener Teil, zum anderen als nach der Abrechnung auf ihn entfallende Kosten.[21]

**15** Bei der **Umstellung einer Inklusivmiete auf eine (Teil-)Inklusivmiete** zuzüglich gesonderter Heizkostenanteile ist vorab zu berücksichtigen, dass das Leistungsgefüge nicht zum Nachteil des Mieters verändert wird, dh das Verhältnis zwischen Mietanteil und Kostenanteil darf zunächst nicht zulasten des Mieters verschoben werden[22]

**16** Deshalb ist für die Herausrechnung zunächst auf den **Zeitpunkt des Vertragsabschlusses** über die Nutzung des Objektes abzustellen[23]. Denn in diesem Zeitpunkt waren sich die Parteien zum einen darüber einig, welche Leistung seitens des Nutzungsgebers durch die Gegenleistung des Nutzers abgegolten werden soll; zum anderen ist dem Nutzungsgeber ein betriebswirtschaftlich vernünftiges Verhalten dergestalt zu unterstellen, dass er die Betriebskosten neben dem reinen Nutzungsentgelt im vollen Umfang in seine Kalkulation des Entgelts einbezogen hat.

**17** Für diesen Zeitpunkt (→ Rn. 16) sind die Heizkosten für das gesamte Gebäude umfangmäßig nach den Vorgaben der Heizkostenverordnung zu ermitteln, sofern im konkreten Vertrag hinsichtlich der überwälzbaren Kosten keine Sonderregelung getroffen worden ist; in diesem Fall geht die Vertragsregelung der Heizkostenverordnung vor (→ Rn. 7). Danach sind die Kosten nach einem vom Nutzungsgeber unter Berücksichtigung des § 315 BGB zu wählenden Schlüssel auf die einzelnen Mieter zu verteilen; in Anlehnung an § 22 Abs. 2 NMV sollte der Flächenmaßstab gewählt werden.

**18** Ist das pauschale Nutzungsentgelt zwischen Vertragsschluss und Anpassung an die Heizkostenverordnung geändert worden, ist für die Berechnung des Heizkostenanteils (→ Rn. 17) auf diesen Zeitpunkt abzustellen. Denn es ist davon auszugehen, dass die Parteien zu diesem Zeitpunkt das Preis-Leistungs-Verhältnis einschließlich aller Nebenleistungen neu festgesetzt haben.

**19** Die einzelnen Rechenschritte bei der Trennung zwischen (alter) Pauschalmiete und (neuer) Teil-Inklusivmiete und Heizkostenanteil sind vom Nutzungsgeber nachvollziehbar darzulegen. Denn die einseitige Umgestaltung der Mietstruktur kann zu einer Risikoverlagerung auf den Nutzer hinsichtlich des Umfangs der Verbrauchskosten führen, wenn diese bislang vom Nutzungsgeber zu gering kalkuliert worden sind. Diese gesetzlich zugelassene Risikoverlagerung muss aber hinsichtlich ihrer Voraussetzungen begründet werden, bevor der Nutzer die sich daraus ergebenden zukünftigen Folgen, eine Nachzahlung auf die Heizkostenabrechnung, zu tragen hat.

**20** Kann der Nutzungsgeber diese Berechnung anhand seiner Unterlagen nicht mehr vollziehen, was bei Wechseln auf seiner Seite der Fall sein kann, ist der Heizkostenanteil für die genannten Zeitpunkte durch Sachverständige zu ermitteln, die sich weitgehend auf Erfahrungswerte für einen durchschnittlichen Kostenanfall für Nutzungsobjekte stützen werden, die dem konkreten Objekt vergleichbar sind.

**21** Der herausgerechnete Heizkostenanteil wird in Zukunft zur Vorauszahlung für die Heizkosten, über die nach der Heizkostenverordnung abzurechnen ist.[24]

**22** Bei der Umstellung von Inklusivmiete auf eine Teil-Inklusivmiete zuzüglich eines Heizkostenanteils ist **nicht** auf den Verbrauch in der letzten, vor der Umstellung liegenden Heizperiode abzustellen,[25] ebenso wenig auf die manchen neueren Mietspiegeln beigefügten Erfahrungswerte über die anfallenden Heizkosten. Denn bei langdauernden Nutzungsverhältnissen ohne zwischenzeitliche stetige Anpassung des pauschalen Nutzungsentgelts würde sich durch diese Methode das Verhältnis zwischen reinem Nutzungsentgelt und Heizkostenanteil zulasten des Entgelts verschieben, so dass das Äquivalenzverhältnis von Leistung (= Nutzungsgewährung) und Gegenleistung (= Nutzungsentgelt) nicht mehr gewahrt wäre.

---

[21] AG Berlin-Wedding MM 2009, 263.

[22] LG Potsdam WuM 2015, 550.

[23] Lützenkirchen MietR/*Lützenkirchen* HeizkostenV § 2 Rn. 17; aA *Wall* jurisPR-MietR 25/2015 Anm. 2; *Wall* Betrieb-/*Heizkosten HeizkostenV* § 2 Rn. 5211, die befürchtete hohe Belastung des Mieters stellt kein taugliches Verteilungskriterium dar, sondern zeigt nur den verschwenderischen Umgang mit Energie.

[24] LG Heidelberg WuM 2012, 217 (218).

[25] Schmid Miet- und WohnR/*Schmid* Rn. 6104 g; **aA** *Freywald* Heizkostenabrechnung Rn. 161.

23 Ebenso wenig ist bei einem Wohnraummietvertrag auf das Verhältnis zwischen ortsüblicher Vergleichsmiete und Heizkostenanteil zum Zeitpunkt des Vertragsschlusses abzustellen. Es kann nicht unbedingt davon ausgegangen werden, dass der Vermieter seiner Kalkulation die ortsübliche Vergleichsmiete zu Grunde gelegt hat, zumal diese einen wertungsimmanenten Spielraum aufweist, während die angefallenen Heizkosten weitgehend rechnerisch exakt feststellbar sind.

24 Für die **Umstellung einer Kaltmiete mit Betriebskostenpauschale** ist auf die Kosten der letzten, vor der Umstellung liegenden Abrechnungsperiode abzustellen. Diese Kosten dürfen nicht einfach festgestellt und von der Jahrespauschalzahlung abgezogen werden. Denn hierdurch würde das Verhältnis zwischen Heizkostenanteilen und Anteilen für die sonstigen Betriebskosten in der Pauschale zugunsten der Heizkosten verzerrt. Vielmehr sind die Gesamtkosten sämtlicher Betriebskosten festzustellen, danach die Trennung zwischen Heizkosten und sonstigen Betriebskosten vorzunehmen und die vereinbarte Pauschale im Verhältnis von Heizkosten zu den Gesamtkosten auf die Heizkosten aufzuteilen.[26] Sollte der Nutzungsgeber in der Lage sein, diese Verteilung für den Zeitpunkt des Vertragsschlusses oder einer späteren Erhöhung der Pauschale vorzunehmen, darf er auch die notwendige Berechnung auf diesen Termin beziehen[27], da ihn jede spätere diesbezügliche Maßnahme deswegen benachteiligt, weil sich das Verhältnis zwischen verbrauchsunabhängigen und verbrauchsabhängigen Kostenanteilen zulasten der verbrauchsunabhängigen verschiebt.

25 Der rechnerische Anteil der Pauschale wird zur Vorauszahlung, über die abzurechnen ist. Für die Zukunft ist die vereinbarte Pauschale um diesen Heizkostenanteil nach § 560 Abs. 3 BGB zu reduzieren.[28] Die verbleibende Betriebskostenpauschale kann allerdings unter den Voraussetzungen des § 560 Abs. 1, 2 BGB erhöht werden.[29]

26 Eine **Heizkostenpauschale** wird unter Geltung der Heizkostenverordnung zur Vorauszahlung, über die abzurechnen ist. Eine besondere Rechenoperation zur Feststellung des Heizkostenanteils ist nicht erforderlich.[30] Ist die Pauschale allerdings bewusst zwischen den Parteien als nicht kostendeckend vereinbart worden, weil etwa der Nutzer bzgl. der Heizung besondere Dienste übernommen hat, muss es auch in Zukunft bei dieser Unterdeckung bleiben, so dass der Nutzungsgeber den entsprechenden Anteil der Heizkosten selbst zu tragen hat.[31]

27 Die **Anpassung von Verteilungsschlüsseln,** die den Verbrauch entweder überhaupt nicht oder nicht nach den von der Heizkostenverordnung vorgegebenen Maßstäben berücksichtigen, erfolgt ebenfalls einseitig durch den Nutzungsgeber, wobei aber die bisherige vertragliche Regelung zu beachten ist (→ Rn. 13).

## C. Ausnahmen

28 Wenn der Zweck der Heizkostenverordnung, Einsparung von Heizenergie, auf andere Weise erfüllt wird, wird auf den gesetzlichen Vorrang vor vertraglichen Regelungen verzichtet. Das gilt nach § 2 HeizkostenV aber **nur** unter zwei Voraussetzungen: es muss sich um ein Gebäude mit nicht mehr als zwei Wohnungen handeln, von denen eine vom Vermieter selbst bewohnt wird,[32] und es muss eine – abweichende – vertragliche Regelung getroffen worden sein. Liegt keine vertragliche Vereinbarung über die Verteilung der Heizkosten (oder umfassend über die der gesamten Betriebskosten) vor, ist die Verteilung nach der Heizkostenverordnung vorzunehmen. Das dem Nutzungsgeber nach § 315 BGB in solchen Fällen zustehende Ermessen wird durch eine bereitstehende gesetzliche Regelung eingeschränkt.

---

[26] Beispiel (nach *Schulz,* Anwendungsprobleme zur Heizkostenverordnung, 1987, S. 18): Vereinbarte Pauschale = 150 EUR/Monat; Heizkosten im Abrechnungszeitraum = 1200 EUR, dh 100 EUR im Monat; übrige Betriebskosten im Abrechnungszeitraum = 960 EUR, dh 80 EUR im Monat; im Monat fallen also insgesamt 180 EUR für alle Betriebskosten an. Die monatliche Pauschalsumme von 150 EUR ist daher im Verhältnis von 100:180 auf die Heizkosten bzw. 80:180 auf die übrigen Betriebskosten aufzuteilen.

[27] Auf diesen *Zeitpunkt* stellt einzig LG Heidelberg WuM 2011, 217 (218) ab, ohne die tatsächlichen Schwierigkeiten zu berücksichtigen, die bei langdauernden Mietverhältnissen auftreten können.

[28] Zum Verfahren s. AnwK WohnraummietR/*Lammel* BGB § 560 Rn. 27–31.

[29] Vgl. → BGB § 560 Rn. 8–29; AnwK WohnraummietR/*Lammel* BGB § 560 Rn. 9–13; Langenberg/Zehelein BetrKostR/*Langenberg* Kap. C Rn. 63.

[30] **AA** Schmid Miet- und WohnR/*Schmid* HeizkostenV § 2 Rn. 28; undeutlich insoweit *Schmid* ZMR-Sonderheft HeizkostenV § 2 Nr. 24.

[31] *Freywald* Heizkostenabrechnung Rn. 164; die dortige Bezugnahme auf *Lammel* HeizkostenV § 2 Rn. 18 für eine abweichende Meinung beruht auf einem Missverständnis.

[32] Also nicht bei einem völlig fremdvermieteten Zwei-Familien-Haus, LG Hamburg HKA 2001, 16.

29 Für das **vom Vermieter bewohnte Zwei-Familien-Haus** geht die Heizkostenverordnung davon aus, dass die soziale Kontrolle infolge des engen Zusammenlebens zu einem sparsamen Umgang mit Heizenergie führt. Dies mag zwar für die Richtung vom Nutzungsgeber auf den Nutzer hin zutreffen, nicht aber im umgekehrten Sinn; der Nutzer hat im Regelfall keine Möglichkeit, Energieverschwendung beim Nutzungsgeber zu beeinflussen. Der Sinn der Regelung ist daher eher im Bereich der Wirtschaftlichkeit der Abrechnung zu sehen; die Kosten für eine Heizkostenverordnung-gemäße Verteilung könnten den Spareffekt bei derartig kleinen Abrechnungseinheiten übersteigen.[33]

30 Der Kostengesichtspunkt (→ Rn. 29) lässt es daher zu, die Ausnahmeregelungen über ihren – unpassenden[34] – Wortlaut hinaus nicht nur auf Wohnraummietverhältnisse anzuwenden, sondern auf alle Gestaltungen, in denen **nur zwei Nutzungseinheiten** vorliegen. Unerheblich ist daher sowohl die Rechtsgrundlage als auch die Art der Nutzung, so dass schuldrechtliche und dingliche Nutzer ebenso unter die Ausnahmeregelung fallen können wie die Kombination von einer gewerblichen mit einer wohnlichen Nutzung oder zwei gewerblichen Nutzungen. Allerdings muss nach dem insoweit kaum interpretierbaren Wortlaut der Vorschrift zusätzlich der Nutzungsgeber selbst Nutzer einer der Nutzungsobjekte sein, obwohl dies unter Kostengesichtspunkten kein sinnvolles Abgrenzungskriterium ist.

31 Besteht das Zwei-Familien-Haus aus zwei Eigentumswohnungen, die getrennten Eigentümern gehören, und ist eine Wohnung vermietet, gilt die Ausnahmeregelung nicht, weil der Nutzungsgeber nicht im Haus wohnt.[35] Anders ist hingegen zu entscheiden, wenn entweder beide Wohnungseigentümer im Haus wohnen[36] oder beide Wohnungen demselben Eigentümer gehören, der eine davon (nicht aber beide) vermietet hat.

32 Die Anwendung der Ausnahmeregelung kann durch nachträgliche Veränderungen wieder entfallen oder auch erst eintreten. Ersteres liegt vor, wenn der Nutzungsgeber aus der zweiten Wohnung auszieht und diese vermietet oder durch bauliche Veränderungen aus dem Zwei-Familien-Haus ein Haus mit drei Nutzungseinheiten macht. Letzteres ist gegeben, wenn der Nutzungsgeber nachträglich eine der beiden Nutzungseinheiten selbst bezieht. Die tatsächlichen Veränderungen wirken aber nicht automatisch auf die Rechtslage ein, sondern erst dann, wenn sich eine der Vertragsparteien auf sie beruft.

---

[33] Kreuzberg/Wien Heizkostenabrechnung-HdB/*Schumacher,* 7. Aufl. 2009, Kap. 1.3.7; *Pfeifer* HeizkostenV § 2 Anm. 6.

[34] Kreuzberg/Wien Heizkostenabrechnung-HdB/*Schumacher,* 7. Aufl. 2009, Kap. 1.3.7.

[35] Str., Kinne/*Schach/Bieber MietProzR/Kinne* HeizkostenV § 2 Rn. 23; *Freywald* Heizkostenabrechnung *Rn. 10; OLG* Düsseldorf ZMR 2004, 694; OLG München ZMR 2007, 1001; **aA** *Peruzzo* Heizkostenabrechnung S. 15 f.

[36] AG Hamburg-Blankenese ZMR 2004, 544.

# § 3 Anwendung auf das Wohnungseigentum

**[1]Die Vorschriften dieser Verordnung sind auf Wohnungseigentum anzuwenden unabhängig davon, ob durch Vereinbarung oder Beschluss der Wohnungseigentümer abweichende Bestimmungen über die Verteilung der Kosten der Versorgung mit Wärme und Warmwasser getroffen worden sind. [2]Auf die Anbringung und Auswahl der Ausstattung nach den §§ 4 und 5 sowie auf die Verteilung der Kosten und die sonstigen Entscheidungen des Gebäudeeigentümers nach den §§ 6 bis 9 b und 11 sind die Regelungen entsprechend anzuwenden, die für die Verwaltung des gemeinschaftlichen Eigentums im Wohnungseigentumsgesetz enthalten oder durch Vereinbarung der Wohnungseigentümer getroffen worden sind. [3]Die Kosten für die Anbringung der Ausstattung sind entsprechend den dort vorgesehenen Regelungen über die Tragung der Verwaltungskosten zu verteilen.**

## Systematische Übersicht



## A. Regelungsgehalt

1 § 3 HeizkostenV **ergänzt** die Vorschrift des § 2 HeizkostenV für den Bereich des Wohnungseigentums[1]. Während § 2 HeizkostenV einzelvertragliche Regelungen gegenüber den Vorschriften der Heizkostenverordnung zurücktreten lässt, gibt § 3 HeizkostenV Vorrang vor gemeinschaftsvertraglichen Regelungen des Wohnungseigentumsrechts.[2] Für beide Beschränkungen bildet § 6 Abs. 2 GEG (früher § 5 Abs. 4 EnEG) die Rechtsgrundlage. Infolgedessen sind die Auswirkungen auf bereits bestehende, von der Heizkostenverordnung abweichende Regelungen gleich zu beurteilen trotz des etwas unterschiedlichen Wortlauts der Normen. Abweichungen im Bereich des Wohnungseigentumsrechts sind daher nicht nichtig[3], sondern treten lediglich gegenüber den Vorschriften der Heizkostenverordnung zurück. Die Kostenverteilung ist solange weiter nach den wohnungseigentumsrechtlichen Vereinbarungen vorzunehmen, bis ein entsprechender abändernden Beschluss gefasst worden ist.[4] Die Jahresabrechnung, in die diese verordnungswidrige Heizkostenverteilung eingegangen ist, ist anfechtbar (nicht nichtig)[5]. Allerdings beschränkt sich die daraus folgende Ungültigkeitserklärung auf die Einzelabrechnung[6]. Wegen der unterschiedlichen Abrechnungsmethoden – beim Wohnungseigentum erfolgt eine Einnahmen-Ausgaben-Abrechnung, bei den Heizkosten notwendigerweise eine Verbrauchsabrechnung[7], denn ansonsten wird das Ziel der Heizkostenverordnung einer Energieeinsparung durch Kenntlichmachung des individuellen Verbrauchs nicht erreicht – müssen getrennte Abrechnungen erstellt werden: Einmal die wohnungseigentumsspezifische Jahresabrechnung, zum anderen die Heizkostenabrechnung[8]. In der Jahresabrechnung ist

---

[1] Die Abrechnung setzt notwendigerweise das Vorhandensein einer Heizungsanlage voraus; zu den damit verbundenen wohnungseigentumsrechtlichen Problemen s. *Drasdo* ZWE 2020, 357.

[2] BGH V ZR 251/10, ZMR 2012, 372 mAnm *Casser/Schultheis; Niedenführ* LMK 2012, 334551.

[3] OLG Köln ZMR 2005, 77; BGH V ZR 193/17, NZM 2018, 991 mAnm *Zehelein* NZM 2018, 993; dessen Annahme eines Verstoßes gegen eine „richtlinienkonforme Auslegung" nicht zu folgen ist, da es sich bei der Heizkostenverordnung nicht um eine sog. „self-executing Norm" handelt, sondern notwendigerweise ein Tätigwerden der Beteiligten (erfassen – abrechnen) erfordert, was für die Vergangenheit keinen Einspareffekt mehr erzielen kann; **aA** AG Halle-Saalkreis ZMR 2005, 581.

[4] BGH V ZR 251/10, ZMR 2012, 372; LG München I ZMR 2012, 394; AG Berlin-Charlottenburg ZWE 2014, 175; LG Stuttgart ZMR 2018, 867 mAnm *Lammel* jurisPR-MietR 9/2019 Anm. 4; LG Nürnberg-Fürth ZMR 2020, 694; anders, aber praxisfremd, LG Lübeck ZMR 2011, 747.

[5] AG Berlin-Tiergarten BeckRS 2011, 16004; BGH V ZR 193/17, NZM 2018, 991.

[6] OLG München WuM 2012, 573.

[7] Dazu iE → HeizkostenV § 6 Rn. 18–23.

[8] BGH V ZR 251/10, ZMR 2012, 372; AG Bremen ZMR 2014, 316; AG Berlin-Wedding ZMR 2020, 604 (605).

dann dieser Unterschied anhand der Zahlen zu erläutern[9]. Eine weitere Besonderheit ergibt sich aus § 4 Nr. 13 UStG, wonach die Lieferung von Wärme durch die Eigentümergemeinschaft an die einzelnen Eigentümer von der Erhebung der Umsatzsteuer befreit ist. Diese Regelung verstößt gegen die Mehrwertsteuerrichtlinie 2006/112/EG, soweit sie Lieferungen von Wärme für das Sondereigentum erfasst, nicht aber, wenn Lieferungen für das Gemeinschaftseigentum betroffen sind[10]. Da die Wärmekosten für das Gemeinschaftseigentum (oftmals mangels gesonderter Erfassung) in die Gesamtkosten eingehen, bedeutet dies, dass für die den einzelnen Sondereigentümern berechneten Heizkosten mittels Wärmelieferung aus der gemeinschaftlichen Heizungsanlage Umsatzsteuer anfällt; es sei denn, es werden im Wege der Nutzergruppentrennung sowohl die Kosten für das Gemeinschaftseigentum als auch die für das Sondereigentum getrennt erfasst.

2 § 3 **koordiniert** ferner die sich aus der Anwendung der Heizkostenverordnung im Einzelfall ergebenden materiellen Verpflichtungen mit den im WEG besonders geregelten Verfahrensvorschriften. Die Bestimmung gibt durch Verweisung auf die Regelungen des WEG an, auf welchem Wege den Pflichten aus der Heizkostenverordnung nachgekommen werden soll.

3 **Adressat** der sich aus der Heizkostenverordnung ergebenden Pflichten beim Wohnungseigentum ist die Gemeinschaft der Wohnungseigentümer, die nach § 1 Abs. 2 Nr. 3 HeizkostenV[11] dem Gebäudeeigentümer gleichsteht. Alle die den in der Heizkostenverordnung jeweils ausdrücklich aufgeführten Gebäudeeigentümer treffenden Pflichten hat beim Wohnungseigentum die Eigentümergemeinschaft zu erfüllen. Rechte und Pflichten des Nutzers aus der Heizkostenverordnung treffen im Verhältnis zur Eigentümergemeinschaft den einzelnen Wohnungseigentümer.

4 Von diesen wohnungseigentumsspezifischen Beziehungen, mit denen allein sich § 3 HeizkostenV befasst, sind die mietrechtlichen Beziehungen zwischen Wohnungseigentümer und dem Mieter seiner Eigentumswohnung zu unterscheiden.[12] Der vermietende Wohnungseigentümer ist gem. § 1 Abs. 2 Nr. 3 HeizkostenV in dieser Beziehung als Gebäudeeigentümer zu behandeln.

5 Die Bezeichnung „Wohnungseigentum" in § 3 HeizkostenV ist als **Sammelbegriff** für alle im WEG geregelten Formen des Wohnungseigentums zu verstehen, so dass hierunter entsprechend den §§ 1 Abs. 6, 30 Abs. 3 S. 2 WEG auch das Teileigentum, das Wohnungserbbaurecht und das Teilerbbaurecht zu subsumieren sind.

6 Da sowohl WEG als auch Heizkostenverordnung zusätzlicher Vereinbarungen der Beteiligten für den Einzelfall bedürfen, diese Verabredungen aber zu ihrer Wirksamkeit gegenüber Sondernachfolgern eines Wohnungseigentümers die Eintragung in das Wohnungsgrundbuch brauchen, § 10 Abs. 3 S. 1 WEG, ist der hierfür erforderliche **Notar** verpflichtet, die Beteiligten über die Anwendung der Heizkostenverordnung und ihre Umsetzung in der Gemeinschaftsordnung umfassend zu belehren. Eine diesbezügliche Unterlassung kann zu Schadensersatzansprüchen nach § 19 BNotO führen, wenn nachträglich ein Wohnungseigentümer die Anwendung der Heizkostenverordnung verlangt. Die Belehrungspflicht des Notars besteht auch für spätere Abänderungen der Gemeinschaftsordnung.

7 Sieht die Gemeinschaftsordnung von der Anwendung der Heizkostenverordnung ganz ab oder enthält sie einen von der Heizkostenverordnung abweichenden Verteilungsmaßstab, ist sie dennoch eintragungsfähig; das **Grundbuch** wird durch die Eintragung nicht unrichtig. Denn diese Vereinbarungen bleiben solange für die Wohnungseigentümergemeinschaft verbindlich, bis sich einer der Eigentümer auf die Rechtslage nach der Heizkostenverordnung beruft.[13] Erst eine spätere Abänderung der Gemeinschaftsordnung macht das Grundbuch unrichtig und bedarf der Berichtigung durch Eintragung ihrer neuen Fassung.

---

[9] BGH V ZR 251/10, ZMR 2012, 372; LG München I WuM 2011, 652; LG Frankfurt a. M. GE 202, 1129. Beispiele für die sich daraus ergebenden buchhalterische Darstellung der Jahresabrechnung finden sich bei *Wilhelmy* ZMR 2013, 246; *Lang* ZMR 2013, 861.

[10] So der Schlussantrag des Generalanwalts in der Rechtssache EuGH C-449/19 Rn. 77, BeckRS 2020, 22292, auf Grund eines Vorlagebeschlusses des FG Baden-Württemberg; dem ist der EuGH BeckRS 2020, 35411 = ZWE 2021, 86, gefolgt; zu den wohnungseigentumsrechtlichen Auswirkungen *Drasdo* ZWE 2021, 74, der aber auf die *vermietete Eigentums*wohnung nicht eingeht.

[11] → HeizkostenV § 1 Rn. 42–46.

[12] → HeizkostenV § 1 Rn. 44f.

[13] BayObLG NZM 1999, 908.

## B. Anpassung der Verteilungsregelungen

§ 3 HeizkostenV geht in seiner Regelungskonzeption von zwei Sachverhalten aus. In Satz 1 befasst er sich mit der Grundsatzfrage des Verhältnisses von Heizkostenverordnung und Gemeinschaftsordnung, wobei er den Vorrang der Heizkostenverordnung anordnet, aber nicht regelt, wie diesem Vorrang im konkreten Fall Rechnung getragen werden soll.[14] Satz 2 dagegen geht davon aus, dass grds. die Heizkostenverordnung Anwendung findet, aber für die Beantwortung der in ihr enthaltenen Einzelfragen besondere Verfahrensvorschriften gelten sollen. Satz 3 schließlich befasst sich nur mit der Verteilung der Kosten für die Anbringung der Geräte zur Erfassung des Verbrauchs von Wärme und Warmwasser. Insoweit bauen die einzelnen Sätze der Vorschrift auf die Erfüllung der Merkmale des jeweils vorangehenden Satzes auf. **8**

Angesichts des § 3 S. 1 HeizkostenV gehört es zur **ordnungsgemäßen Verwaltung** des Wohnungseigentums, die Heiz- und Warmwasserkosten nach der Heizkostenverordnung zu verteilen. Der jedem einzelnen Wohnungseigentümer nach § 18 Abs. 2 WEG zustehende Anspruch auf Einhaltung der Grundsätze der ordnungsgemäßen Verwaltung[15] besteht zwar gegenüber der Eigentümergemeinschaft, ist aber zunächst gegenüber dem Verwalter als Antrag auf Aufnahme eines entsprechenden Punktes in die Tagesordnung einer einzuberufenden Eigentümerversammlung geltend zu machen. Letztlich kann der einzelne Wohnungseigentümer seinen Anspruch auf Anwendung der Heizkostenverordnung[16] auch gerichtlich durchsetzen, § 43 Abs. 2 Nr. 1, 2 WEG. Bei nicht ordnungsgemäßer Wärmeerfassung und daraus folgender nicht ordnungsgemäßer Heizkostenabrechnung steht dem dadurch benachteiligten Wohnungseigentümer ein Schadensersatzanspruch gegen die übrigen Wohnungseigentümer zu.[17] **9**

Im Übrigen waren bislang die Verfahrensvorschriften der Teilungserklärung/Gemeinschaftsordnung maßgebend, insbes. für die Feststellung des notwendigen Quorums bei Abstimmungen. Abgesehen von der eher seltenen Einstimmigkeit werden Mehrheitsentscheidungen für Fragen der Verwaltung vorgesehen sein; eine Abänderung der Gemeinschaftsordnung durch Mehrheitsbeschluss ist unzulässig.[18] Die Mehrheiten richten sich entweder nach dem gesetzlichen Kopfteilschlüssel, § 25 Abs. 2 WEG, oder nach den auch hierfür getroffenen Regelungen in der Gemeinschaftsordnung. Allerdings war bei Mehrheitsentscheidungen im Zusammenhang mit Fragen der Kostenverteilung nach der Heizkostenverordnung zu beachten, dass eine Abänderung eines **verordnungsgemäßen** Verteilungsmaßstabes eines sachlichen Grundes bedurfte,[19] um Benachteiligungen der überstimmten Minderheit zu vermeiden. Die BGH-Rechtsprechung,[20] die auf die Einhaltung der Grundsätze einer ordnungsgemäßen Verwaltung bzw. auf das Willkürverbot bei ansonsten weitem Gestaltungsspielraum der Eigentümergemeinschaft abstellt[21], steht dieser Forderung nicht entgegen, weil sie nicht zu Abänderungen im Rahmen der Heizkostenverordnung ergangen ist, wo die hier geltenden sachlichen Voraussetzungen für die Abänderung des Verteilungsmaßstabes einzuhalten sind (s. § 6 Abs. 4 HeizkostenV). Jetzt ist die Neuregelung nach § 16 Abs. 2 S. 2 WEG zu berücksichtigen. Dadurch hat sich eine Fülle von **Problemen** hinsichtlich der Abänderbarkeit von Vereinbarungen/Beschlüssen/Öffnungsklauseln[22]/Mehrheitsbeschlüsse/Einstimmigkeit[23] **erledigt.** **10**

### I. Einführung der Heizkostenverordnung, § 3 S. 1

Enthalten weder Teilungserklärung noch Gemeinschaftsordnung eine Regelung über die Verteilung der Heiz- und Warmwasserkosten, gilt zunächst § 16 Abs. 2 S. 1 WEG mit der Folge, dass die Lasten des gemeinschaftlichen Eigentums nach dem Verhältnis der Miteigentumsanteile zu tra- **11**

---

[14] BGH V ZR 251/10, WuM 2012, 222; *Casser* ZWE 2018, 117.
[15] LG Köln ZMR 2018, 440.
[16] OLG Frankfurt a. M. OLG-Report Frankfurt 2005, 13.
[17] BayObLG ZMR 1999, 573.
[18] BGH V ZB 8/99, NZM 2000, 1184.
[19] BayObLG WuM 1992, 156; ZMR 2001, 297.
[20] BGH V ZR 3/11, ZMR 2012, 116; BGH V ZR 2/10, NZM 2011, 589.
[21] So zuletzt BGH V ZR 282/19, WuM 2021, 63; die Entscheidung mit dem postulierten weiten Gestaltungsspielraum übersieht die Bindung an die Vorgaben der Heizkostenverordnung; s. dazu Anm. *Lammel* jurisPR-MietR 3/2021 Anm. 3.
[22] Dazu *Abramenko* MietRB 2019, 311.
[23] Dazu *Lammel* HeizkostenV, 2. Aufl. 2004, § 3 Rn. 13–31.

gen sind.[24] Entsprechend dem neuen § 16 Abs. 2 S. 2 WEG ***kann*** durch Mehrheitsentscheidung eine verbrauchsabhängige Kostenverteilung eingeführt werden, dh hier eine Verteilung entsprechend der Heizkostenverordnung.[25] Der Mehrheitsentscheidung zugänglich ist dann auch die Festlegung des Verteilungsschlüssels iRd § 7 HeizkostenV.[26]

12 Einstimmigkeit ist dagegen für den **Beschluss der Eigentümergemeinschaft** erforderlich, **die Grundsätze der Heizkostenverordnung** (weiterhin) **nicht anzuwenden.** Ein entsprechender Beschluss ist nicht nichtig, sondern nur anfechtbar,[27] weil auch § 3 S. 1 HeizkostenV kein Verbotsgesetz darstellt; mangels Anfechtung wird der Beschluss bestandskräftig, kann aber in Zukunft durch einen abweichenden Beschluss wieder geändert werden.

13 Enthalten Teilungserklärung/Gemeinschaftsordnung bereits einen **verbrauchsunabhängigen** Verteilungsmaßstab für Heizung und Warmwasser, stellt sich das Verlangen auf Abänderung als Begehren auf grundsätzliche Einführung der Heizkostenverordnung dar. Auch hierfür reicht nach der neuen Rechtslage ein Mehrheitsbeschluss gem. § 16 Abs. 2 S. 2 WEG iVm § 25 Abs. 1 WEG aus[28]. Allerdings sind zusätzlich die Voraussetzungen des § 6 Abs. 2 HeizkostenV zu berücksichtigen[29], da in dieser Norm die materiellen Voraussetzungen für die Abänderung einer bereits der Heizkostenverordnung entsprechenden Verteilungsregelung enthalten sind; die Abänderung darf also nicht rückwirkend[30] und muss ausdrücklich – nicht durch entsprechende Berechnungen in der Heizkosten-Abrechnung[31] – vorgenommen werden.[32]

## II. Folgeentscheidungen, § 3 S. 2

14 Die nach der grundsätzlichen Einführung einer Verteilung gemäß der Heizkostenverordnung anstehenden **erstmaligen** Folgeentscheidungen unterliegen nach § 16 Abs. 2 S. 2 WEG dem Mehrheitsprinzip.

15 Nach der Aufzählung in § 3 S. 2 HeizkostenV gehören zu diesen **Folgeentscheidungen:** die Auswahl der Geräte zur Verbrauchserfassung, ihre Anschaffung und Anbringung nach den §§ 4, 5 HeizkostenV; die Festlegung des Verteilungsschlüssels mit den Maßstäben für die verbrauchsabhängigen und verbrauchsunabhängigen Teile nach den §§ 6–8 HeizkostenV[33]; die Grundsätze für die Vorerfassung und deren Verteilung nach den §§ 5, 6 HeizkostenV; die Kostenverteilung bei verbundenen Anlagen nach § 9; die Entscheidung über die in den jeweiligen Vorschriften enthaltenen Alternativen für eine Kostenverteilung in den Sonderfällen der §§ 9a, 9b HeizkostenV; Anträge auf Erteilung einer Ausnahmegenehmigung nach § 11 HeizkostenV.

16 Zwar ist in der Aufzählung § 10 HeizkostenV nicht erwähnt, was aber seine Anwendbarkeit auf Wohnungseigentumsanlagen nicht ausschließt.[34] Die erstmalige völlig verbrauchsabhängige Kostenverteilung kann daher auch durch Mehrheitsentscheidung getroffen werden.[35]

17 Der letzte Halbsatz des § 3 S. 2 HeizkostenV weist zwar ausdrücklich auf die Verfahrensregelungen des WEG hin. Jedoch ist hier davon auszugehen, dass der Wortlaut der Normen von Heizkostenverordnung und WEG nach den Reformen nicht koordiniert worden ist. Das bedeutet, dass

---

[24] LG Itzehoe ZMR 2011, 236.

[25] *Becker* ZWE 2008, 217 (223).

[26] AG Berlin-Tempelhof-Kreuzberg GE 2008, 1271.

[27] BayObLG WuM 1986, 27; 1988, 332; 2004, 737; **aA** OLG Hamm NJW-RR 1995, 465 unter Verkennung dieses nicht zwingenden Charakters der Heizkostenverordnung; *Becker* ZWE 2008, 224; *Schmid* GE 2007, 1096; FA-MietR/*Elzer,* 3. Aufl. 2010, WEG § 10 Rn. 266, § 16 Rn. 36, 37; *Wall* Betriebs-/Kosten HeizkostenV § 3 Rn. 5303; Lützenkirchen MietR/*Lützenkirchen* HeizkostenV § 3 Rn. 10; die hieraus gefolgerte rückwirkende Verpflichtung zur Abrechnung nach der Heizkostenverordnung dürfte technisch unmöglich sein.

[28] *Schmid* ZMR 2007, 845; **aA** AG Hamburg ZMR 2009, 320.

[29] AG Berlin-Wedding ZMR 2020, 708.

[30] BGH V ZR 202/09, NZM 2010, 622; Dt. Schiedsgericht ZMR 2013, 843; **aA** LG Hamburg ZMR 2013, 465).

[31] LG Itzehoe ZMR 2014, 909.

[32] AG Aachen ZMR 2014, 923; LG Stuttgart ZMR 2018, 868; aA *Greiner* ZMR 2018, 822.

[33] AG Berlin-Wedding ZMR 2020, 708.

[34] *Pfeifer HeizkostenV § 3 Anm.* 4; Kinne/Schach/Bieber MietProzR/*Kinne* § 10 Rn. 197.

[35] Str., Kinne/Schach/Bieber MietProzR/*Kinne* § 10 Rn. 197; **aA** *Pfeifer* HeizkostenV § 3 Anm. 7; MüKo-BGB/*Schmid* HeizkostenV § 3 Rn. 4; *Schmid* ZMR-Sonderheft HeizkostenV § 3 Nr. 9; ebenso MüKoBGB/*Zehelein* HeizkostenV § 3 Rn. 4; Lützenkirchen MietR/*Lützenkirchen* HeizkostenV § 3 Rn. 13.

auch evtl. vorliegende Vereinbarungen durch einen Mehrheitsbeschluss nach § 16 Abs. 2 S. 2 WEG abgeändert werden können.[36]

18 Ein **Anspruch auf Abänderung des** einmal **vereinbarten Verteilungsmaßstabes** besteht nur in ganz **seltenen** Ausnahmefällen. Hierfür ist das Vorliegen außergewöhnlicher Umstände erforderlich, die das Festhalten am vereinbarten Verteilungsschlüssel als grob unbillig erscheinen lassen, so jetzt § 10 Abs. 2 S. 3 WEG.[37] Die sich möglicherweise aus dem vorliegenden Schlüssel ergebende Mehrbelastung eines Wohnungseigentümers mit Heiz- und Warmwasserkosten gegenüber der Belastung, die sich aus dem gewünschten neuen Schlüssel errechnen ließe,[38] reicht hierfür nicht aus,[39] da die Verteilungsmaßstäbe schematisch angewendet werden müssen und nicht der Einzelfallgerechtigkeit dienen. Außerdem ist eine völlige Gleichbehandlung unter Berücksichtigung der jeweiligen Umstände des Einzelfalles weder technisch noch rechtlich durchführbar. Ein möglicher Anspruch auf Abänderung ist zunächst der Entscheidung durch die Eigentümerversammlung zuzuführen; erst danach kann er gerichtlich geltend gemacht werden.[40] Die Instanzrechtsprechung nimmt jedoch in den sog. Rohrwärmefällen nach § 7 Abs. 1 S. 3 HeizkostenV einen Anspruch des einzelnen Wohnungseigentümers auf Anwendung des Verfahrens nach VDI 2077, Beiblatt Rohrwärme, unter Abänderung des bisherigen Verteilungsschlüssels an, wenn die VDI-Kriterien erfüllt sind[41].

19 Zwischen Grundentscheidung und Folgeentscheidung ist sachlich die Problematik einer **Ausnahmegenehmigung nach § 11 Abs. 1 Nr. 1 a HeizkostenV** angesiedelt. Zwar lässt das Vorliegen der dortigen Voraussetzungen die Pflicht zur Anwendung der Heizkostenverordnung entfallen. Dennoch kann die Entscheidung hierüber durch Mehrheitsbeschluss gefasst werden, da es sich nach dem insoweit eindeutigen Gesetzeswortlaut um eine Verwaltungsmaßnahme handelt, für die grds. Mehrheitsbeschlüsse zulässig sind[42]. Die Abwägung, ob die verordnungsgemäße Verbrauchserfassung nur mit unverhältnismäßig hohen Kosten möglich ist, wird nicht nach § 21 Abs. 2 Nr. 1 WEG analog getroffen, sondern richtet sich allein nach der Heizkostenverordnung und ihrer speziellen Zwecksetzung.

20 Neben der Festlegung des Verteilungsmaßstabes, dh des Verhältnisses von verbrauchsabhängigen zu verbrauchsunabhängigen Anteilen nach § 7 Abs. 1 HeizkostenV, ist die **Entscheidung über die Ausstattung der Räume mit Geräten** von besonderer Bedeutung. Der Verwalter hat vor der Beschlussfassung hierüber die Wohnungseigentümer umfassend über die verschiedenen Systeme der Verbrauchserfassung und innerhalb der Systeme über das Angebot und die jeweiligen Kosten der Erfassungsgeräte zu informieren. Sollen die Geräte gem. § 4 Abs. 2 S. 2 HeizkostenV angemietet werden, reicht hierfür die entsprechende Beschlussfassung der Wohnungseigentümergemeinschaft aus, ohne dass zusätzlich das besondere Informationsverfahren nach § 4 Abs. 2 S. 2 HeizkostenV eingehalten werden muss. Der Wechsel der Erfassungssysteme bzw. Geräte unterfällt ebenfalls der Verfahrensvorschrift des § 16 Abs. 2 S. 2 WEG.

21 Der Mehrheitsbeschluss über die Anschaffung eines bestimmten Erfassungsgerätes bindet auch die überstimmten Wohnungseigentümer, so dass sie zur Duldung des Einbaus der Geräte in ihren jeweiligen Eigentumswohnungen verpflichtet sind, § 14 Abs. 1 Nr. 1, 2 WEG. Die Geräte zur Erfassung des Verbrauchs von Wärme und Warmwasser stellen **gemeinschaftliches Eigentum** dar.[43]

---

[36] BGH V ZR 221/09, WuM 2010, 591; BGH V ZR 202/09, NZM 2010, 622, jeweils mAnm *Lammel* WuM 2010, 734 (735); BGH V ZR 3/11, NZM 2012, 28.

[37] BayObLG WuM 1991, 365; 1995, 217; 1997, 289; NZM 2001, 290; OLG Köln NZM 1998, 484; OLG Frankfurt a. M. NZM 2001, 140; OLG Düsseldorf NZM 1999, 81; KG NZM 1999, 257; OLG Zweibrücken NJW-RR 1999, 88; LG Krefeld ZMR 2001, 745; LG München I MietRB 2015, 113.

[38] Darauf stellt allerdings BGH V ZR 174/09, ZMR 2010, 778 ab; ein Vertrauensschutzgedanke wird hingegen in BGH V ZR 131/10, ZMR 2011, 485 hervorgehoben.

[39] Sofern sie bei etwa 22% bleibt, BayObLG WuM 1995, 217; anders dagegen, wenn der Unterschied 60% beträgt, BayObLG WuM 1992, 83. Eine Grenze lässt sich anhand der Grundsätze der laesio enormis bei 50% ziehen.

[40] OLG Hamm ZMR 2008, 156.

[41] Siehe zB LG Nürnberg-Fürth NZM 2015, 598; AG Vaihingen ZMR 2017, 276; AG Besigheim ZWE 2017, 52 mAnm *Lammel* jurisPR-MietR 7/2017 Anm. 4; AG Aachen ZMR 2014, 923; AG Unna WuM 2018, 106 mAnm *Lammel* jurisPR-MietR 10/2018 Anm. 3; einschränkend AG Hamburg-St. Georg ZWE 2016, 285.

[42] Siehe auch BayObLG WuM 2004, 737.

[43] OLG Hamm ZMR 2001, 839; LG Landshut ZMR 2009, 145; *Schmid* DWE 2011, 44.

Sie sind nicht wesentliche Bestandteile der im Sondereigentum stehenden Heizkörper[44] geworden, sondern dienen allein der Wohnungseigentümergemeinschaft zur ordnungsgemäßen Verteilung der angefallenen Kosten[45]. Das gleiche – Beschlussfassung, Duldungspflicht und gemeinschaftliches Eigentum – gilt auch für die Anbringung von Thermostatventilen. Obwohl der einzelne Heizkörper im Sondereigentum steht, darf er wegen seiner Verbindung mit einem Gerät zur Verbrauchserfassung nicht eigenmächtig entfernt werden und durch eine Heizquelle ohne Erfassungsmöglichkeit ersetzt werden.[46]

### III. Ausstattungskosten, § 3 S. 3

**22** Über den Wortlaut von Satz 3 hinaus gehören hierher nicht nur die Kosten für die Anbringung der Erfassungsgeräte, sondern auch die Kosten für deren Anschaffung. Zu letzteren gehören nach der Systematik des § 4 HeizkostenV auch die Kosten zur Anmietung oder ähnlicher Nutzungsverträge über die Geräte.[47]

**23** Die Verteilung dieser Kosten richtet sich nach der wohnungseigentumsrechtlichen Verteilung der Verwaltungskosten (wobei zweifelhaft bleibt, ob die Heizkostenverordnung insoweit die Neuregelung in § 16 Abs. 2 WEG beachtet hat). Vorbehaltlich einer besonderen Regelung in der Gemeinschaftsordnung oder in einem Beschluss der Wohnungseigentümergemeinschaft werden diese gem. § 16 Abs. 2 S. 1 WEG nach dem Verhältnis der Eigentumsanteile verteilt.

**24** Eine Abweichung von dieser Verteilungsordnung unter Rückgriff auf § 242 BGB ist nicht zulässig, selbst wenn im Einzelfall – etwa bei gemischt genutzten Gebäuden die großen Gewerbeflächen mit wenigen Heizkörpern ausgestattet sind – die flächenmäßige Verteilung zu einer überproportionalen Belastung führt.[48] Es bleibt der Eigentümergemeinschaft aber unbenommen, durch einstimmige Vereinbarung eine Sonderregelung für die Verteilung der Kosten der Erfassungsgeräte zu treffen.

**25** Enthält die Gemeinschaftsordnung für einzelne Verwaltungskosten unterschiedliche Schlüssel, sind die Ausstattungskosten analog derjenigen Kosten zu verteilen, die ihnen inhaltlich am ähnlichsten sind, was für die Instandsetzungs- oder Instandhaltungskosten zutrifft.

**26** Eine Ausnahme vom allgemein geltenden Verteilungsschlüssel ist dann zu machen, wenn die Kosten von einem Wohnungseigentümer verursacht worden sind. Gestaltet dieser zB die Heizung in seiner Wohnung um, wozu bereits der Ersatz der vorhandenen Heizkörper durch solche einer anderen Bauart genügen kann (aber → Rn. 21), erfordert dies eine Veränderung der Verbrauchserfassung. Denn die ursprünglich angebrachten Erfassungsgeräte waren auf eine einheitliche Heizungsart ausgerichtet und müssen nunmehr den unterschiedlichen Heizungsformen angepasst werden. Diese Anpassungskosten hat der Wohnungseigentümer zu tragen.

## C. Vermietete Eigentumswohnungen

**27** Zwar ist der einzelne Wohnungseigentümer nach § 13 Abs. 1 WEG berechtigt, seine Wohnung zu vermieten. Das führt aber oftmals zu Koordinationsproblemen[49]; denn die beiden Rechtskreise – Wohnungseigentümergemeinschaft/Wohnungseigentümer und Wohnungseigentümer/Mieter – sind nur tatsächlich, nicht aber rechtlich miteinander verbunden. Mietvertragliche Klauseln, die eine automatische Anpassung des Mietvertrages durch die jeweiligen Beschlüsse der Eigentümergemeinschaft vorsehen, verstoßen gegen §§ 307, 308 Nr. 4 BGB, wonach eine einseitige, den Mieter belastende Leistungsänderung unzulässig ist.[50] Ob der Hinweis auf die Eigenschaft des Mietobjekts als Eigentumswohnung, gekoppelt mit einer salvatorischen Änderungsklausel, für eine

[44] Dazu BGH V ZR 176/10, NZM 2011, 750 = ZWE 2011, 394 mAnm *Armbrüster* = ZMR 2011, 971 mAnm *Jennißen;* LG Bautzen ZMR 2012, 802; krit. unter Hinweis auf den Zusammenhang mit dem gesamten Heizungssystem *Schmid* DWE 2011, 128; s. auch *Schlüter* ZWE 2012, 310 „praktische Schwierigkeiten"; jedenfalls ist es nicht möglich, eine Fußbodenheizung für ein Sondereigentum an die allgemeine Heizungsanlage anzuschließen, AG Hamburg-St. Georg ZMR 2020, 537 mAnm *Lammel* jurisPR-MietR 17/2020, 3.

[45] LG München I ZMR 2019, 445.

[46] OLG Hamburg ZMR 1999, 502.

[47] Kinne/Schach/Bieber MietProzR/*Kinne* § 3 Rn. 31; **aA** *Pfeifer* HeizkostenV § 3 Anm. 6 a.

[48] *Kinne/Schach/Bieber MietProzR/Kinne* § 3 Rn. 28; aber auch → Rn. 18.

[49] AG Wismar ZMR 2019, 904 mAnm *Lammel* jurisPR-MietR 5/2020 Anm. 5.

[50] Kinne/Schach/Bieber MietProzR/*Kinne* § 3 Rn. 36; *Riecke* ZMR 2001, 78 unter Verweis auf §§ 4, 10 MHG (jetzt §§ 556, 556 a BGB).

automatische Anpassung ausreicht, wird ebenfalls bezweifelt.[51] Es ist daher vor Abschluss eines Mietvertrages auf einen Gleichlauf der Regelungen zu achten;[52] im Unterlassungsfall bleibt nur die Lösung des Einzelfalles. Die Neuregelung durch das WEG 2020 mit einem neuen Abs. 3 in § 556a BGB: „[1]Ist Wohnungseigentum vermietet und haben die Vertragsparteien nichts andere vereinbart, sind die Betriebskosten abweichend von Absatz 1 nach dem für die Verteilung zwischen den Wohnungseigentümern geltenden Maßstab umzulegen.[2]Widerspricht der Maßstab billigem Ermessen, ist nach Absatz 1 umzulegen." kann nicht für die Heizkostenverordnung gelten[53]. Es müssen insoweit die vorrangigen und zwingenden Vorschriften der Heizkostenverordnung beachtet werden.[54] Nach § 7 Abs. 1 S. 5 HeizkostenV sind die sonstigen Kosten nach den dort aufgeführten Verteilungsmaßstäben zu berechnen; Miteigentumsanteile sind darin nicht aufgeführt. Diese können, müssen aber nicht den bezeichneten Grundflächen entsprechen[55], so dass sie keine Anwendung bei der Heizkostenabrechnung finden können.

Verlangt der einzelne Mieter eine Kostenverteilung nach der Heizkostenverordnung, wird eine solche von der Eigentümergemeinschaft nicht vorgenommen, hat der Wohnungseigentümer gegen die Eigentümergemeinschaft einen Anspruch auf Anwendung der Heizkostenverordnung (→ Rn. 9), selbst wenn ein ausdrücklicher Beschluss über deren Nichtanwendung vorliegt, es sei denn, es ist ein Ausnahmefall nach § 11 HeizkostenV gegeben. **28**

Im Fall der Anmietung der Erfassungsgeräte steht dem Mieter nach § 4 Abs. 2 S. 2 Hs. 2 HeizkostenV ein Widerspruchsrecht zu, das die Anmietung verhindern kann, wenn die Mehrheit der Nutzer widerspricht. Diese Regelung beachtet ersichtlich nicht die hintereinander gestaffelten Nutzungsverhältnisse beim vermieteten Wohnungseigentum. Während der Mehrheitsbeschluss über die Anmietung auch die widersprechenden Wohnungseigentümer bindet, kann der Mieter, der bzgl. der konkreten Eigentumswohnung stets die vom Gesetz geforderte Mehrheit der Nutzer darstellt, diese Maßnahme verhindern.[56] Angesichts der rechtlichen Selbständigkeit jeder einzelnen Eigentumswohnung erscheint es auch nicht zulässig, die Mehrheit der Nutzer nach allen Mietern einer Eigentumswohnungsanlage zu berechnen.[57] **29**

Wesentlich ist der Gleichklang der Verteilungsschlüssel, dh des Verhältnisses zwischen verbrauchsabhängig und verbrauchsunabhängig zu verteilenden Kosten. Wird dieses Verhältnis während des laufenden Mietvertrages von der Eigentümergemeinschaft geändert (→ Rn. 17 f.), hat dies keinen unmittelbaren Einfluss auf den zwischen Vermieter-Wohnungseigentümer und Mieter vereinbarten Verteilungsmaßstab. Eine einseitige Anpassung ist dem Vermieter – abgesehen von einer jederzeit möglichen vertraglichen Vereinbarung –, nur nach § 6 Abs. 4 möglich. Sind die dort genannten Voraussetzungen für eine Neufestsetzung der Abrechnungsmaßstäbe nicht gegeben – die in § 6 Abs. 4 S. 2 Nr. 3 HeizkostenV genannten „anderen sachgerechten Gründe" werden nicht durch eine Änderung des Verteilungsmaßstabes seitens der Eigentümergemeinschaft erfüllt, es sei denn, diese Änderung erfüllt ihrerseits eines der Tatbestandsmerkmale, die in § 6 Abs. 4 S. 2 Nr. 1 HeizkostenV oder § 6 Abs. 4 S. 2 Nr. 2 HeizkostenV aufgeführt sind –, muss der Vermieter-Eigentümer die ihm vom Verwalter übermittelte Heizkostenabrechnung nach den mietvertraglichen Verteilungsmaßstäben umgestalten. Im Endergebnis darf der Wohnungseigentümer seinem Mieter nur die vertraglich vereinbarten Betriebskosten in Rechnung stellen und nicht unbesehen die in der Verwalterabrechnung enthaltenen Kosten weitergeben. Schließlich darf er auch nicht auf Grund der Neuberechnung der Heizkosten vom Mieter einen höheren Betrag verlangen, als er selbst an die Eigentümergemeinschaft zu zahlen verpflichtet ist.[58] **30**

---

[51] Kinne Heizung und Heizkostenabrechnung (1992), § 3 Rn. 40; Parallelen lassen sich aber zu den vom BGH für die frühere Rechtsgrundlage bei gewerblicher Zwischenvermietung geforderten Hinweisen ziehen, ebenso zu dem Hinweis auf die Eigenschaft einer Betriebswohnung.

[52] Dazu *Emmerich* ZWE 2012, 245; *Häublein* NZM 2014, 97.

[53] Ausweislich der Begründung, BT-Drs. 19/18791, 29, Nr. 7, sind die Besonderheiten der Heizkostenabrechnung weder erkannt noch berücksichtigt werden.

[54] *Zehelein* ZMR 2020, 272 (275) unter III 3; in *Zehelein* NZM 2020, 1003 unter IV. wird dieser Aspekt nicht beachtet; *Horst* DWW 2020, 244 (248) unter IV; *Drasdo* WuM 2020, 686 (690); auch *Jacoby* ZMR 2021, 1 (4), geht nicht auf die möglichen unterschiedlichen Verteilungsmaßstäbe (Miteigentumsanteile vom Flächenmaßstab) ein.

[55] Siehe FA-MietR/*Elzer,* 3. Aufl. 2010, WEG § 3 Rn. 13.

[56] Kinne Heizung und Heizkostenabrechnung (1992), § 3 Rn. 39; **aA** Schmid Miet- und WohnR/*Schmid* HeizkostenV § 4 Rn. 29.

[57] **AA** Kinne Heizung und Heizkostenabrechnung (1992), § 3 Rn. 43.

[58] → BGB § 556a Rn. 32.

## § 4 Pflicht zur Verbrauchserfassung

**(1) Der Gebäudeeigentümer hat den anteiligen Verbrauch der Nutzer an Wärme und Warmwasser zu erfassen.**

**(2) [1]Er hat dazu die Räume mit Ausstattungen zur Verbrauchserfassung zu versehen; die Nutzer haben dies zu dulden. [2]Will der Gebäudeeigentümer die Ausstattung zur Verbrauchserfassung mieten oder durch eine andere Art der Gebrauchsüberlassung beschaffen, so hat er dies den Nutzern vorher unter Angabe der dadurch entstehenden Kosten mitzuteilen; die Maßnahme ist unzulässig, wenn die Mehrheit der Nutzer innerhalb eines Monats nach Zugang der Mitteilung widerspricht. [3]Die Wahl der Ausstattung bleibt im Rahmen des § 5 dem Gebäudeeigentümer überlassen.**

**(3) [1]Gemeinschaftlich genutzte Räume sind von der Pflicht zur Verbrauchserfassung ausgenommen. [2] Dies gilt nicht für Gemeinschaftsräume mit nutzungsbedingt hohem Wärme- oder Warmwasserverbrauch, wie Schwimmbäder oder Saunen.**

**(4) Der Nutzer ist berechtigt, vom Gebäudeeigentümer die Erfüllung dieser Verpflichtungen zu verlangen.**

### Systematische Übersicht



### A. Regelungsgehalt

1 Während die §§ 1–3 HeizkostenV als Allgemeiner Teil den sachlichen, persönlichen und rechtlichen Anwendungsbereich der Heizkostenverordnung umreißen, stellt § 4 HeizkostenV die Grundnorm für den Besonderen Teil, die Durchführung der Verbrauchserfassung, dar. Ohne die hierin enthaltene Pflicht zur Verbrauchserfassung und die damit notwendigerweise verbundene Ausstattung der Räume mit entsprechenden Geräten, lässt sich das Ziel der Heizkostenverordnung, den jeweiligen Verbraucher durch Kenntlichmachung seines Verbrauchs zur Energieeinsparung zu veranlassen, überhaupt nicht erreichen.

2 Entsprechend dieser Zielsetzung wird die Erfassungspflicht an die Spitze gestellt. Diese Pflicht wird durch die Anbringung der Erfassungsgeräte verwirklicht. Letzteres erfordert einen Eingriff in den Rechtskreis des Nutzers; deshalb wird er zur Duldung der Maßnahmen verpflichtet, wobei ihm nur in einem besonderen Fall ein Mitspracherecht zugebilligt wird. Damit die Kosten der Erfassung diejenigen aus der Einsparung von Energie nicht übersteigen, werden einzelne Räume, deren Energieverbrauch nicht einem konkreten Nutzer zugeordnet werden kann, von der Erfassungspflicht ausgenommen. Schließlich wird klargestellt, dass jeder einzelne Nutzer einen Anspruch auf Durchführung der Erfassung hat.

3 Zu berücksichtigen sind aber bereits hier die Ausnahmeregelungen des § 11 HeizkostenV sowie der Bestandsschutz nach § 12 Abs. 2 HeizkostenV.

### B. Ausstattung mit Erfassungsgeräten

4 § 4 HeizkostenV regelt die Ausstattung mit Geräten zur Verbrauchserfassung lediglich dem Grunde nach, während sich die technischen Voraussetzungen nach § 5 HeizkostenV zu richten haben. Der Ausstattungspflichtige darf aber keine anderen technischen Geräte verwenden als die nach § 5 HeizkostenV zugelassenen; hierfür ist er beweispflichtig[1]. Innerhalb des dortigen Rahmens hat er zwar eine Auswahlfreiheit (§ 4 Abs. 2 S. 3 HeizkostenV); jedoch darf er das ihm eingeräumte Ermessen nicht missbrauchen, sondern hat insbes. Gesichtspunkte der Wirtschaftlichkeit zu wahren.[2] Letzteres erfordert eine Abwägung unterhalb der Grenze des § 11 Abs. 1 Nr. 1 a HeizkostenV,

---

[1] *LG Frankfurt a. M.* WuM 2011, 684.

[2] Kreuzberg/Wien Heizkostenabrechnung-HdB/*v. Brunn* Kap. 3.3.1; LG Köln NZM 2005, 453; LG Berlin WuM 2004, 340 mAnm *Wall.*

etwa zwischen zwei gleichermaßen brauchbaren, aber unterschiedlich teuren Erfassungsgeräten oder -systemen.

## I. Rechte und Pflichten der Beteiligten

Der **Gebäudeeigentümer** ist der Verpflichtete zur Durchführung der Verbrauchserfassung, wobei diese Bezeichnung, wie im gesamten Besonderen Teil der Heizkostenverordnung nur als Sammelbezeichnung für die im konkreten Einzelfall tatsächlich Verpflichteten anzusehen ist. Denn der rechtliche Gebäudeeigentümer kann bzgl. der Rechte und Pflichten aus der Heizkostenverordnung durch andere Personen entweder völlig verdrängt werden, oder er kann sich auch zur Erfüllung der Pflichten der Hilfe von Ersatzpersonen bedienen. 5

**Anstelle des Gebäudeeigentümers** trifft die Ausstattungspflicht diejenigen Personen, die in § 1 Abs. 2 HeizkostenV dem Gebäudeeigentümer gleichgestellt sind und bzgl. der Nutzung den Gebäudeeigentümer aus seiner Stellung verdrängen. Dazu gehören die auf Grund eines dinglichen oder schuldrechtlichen Vertrages Nutzungsberechtigten, die ihrerseits Dritten die Nutzung des Objekts einräumen dürfen;[3] ferner die Wohnungseigentümergemeinschaft im Verhältnis zum einzelnen Wohnungseigentümer und dieser im Verhältnis zu seinem Mieter. 6

Nicht für den Bereich der Nutzungsüberlassung, sondern für den der Versorgung mit Wärme und Warmwasser wird der Gebäudeeigentümer aus seiner umfassenden Stellung verdrängt durch die eigenständigen Betreiber einer zentralen Versorgungsanlage[4] und die Fernwärmelieferanten nach § 1 Abs. 3 HeizkostenV.[5] 7

In den Fällen der → Rn. 6f. treffen den Gebäudeeigentümer zwar keine Pflichten zur Verbrauchserfassung. Jedoch ist er infolge dieser generell formulierten Vorschrift gehalten, die Anbringung der Geräte zur Verbrauchserfassung in seinem Eigentum zu dulden. Denn nur auf diese Weise lassen sich die Pflichten des ihn verdrängenden Personenkreises erfüllen. 8

Die vom Gebäudeeigentümer herangezogenen **Ersatzpersonen** verdrängen ihn dagegen nicht bei der Pflichterfüllung, sondern stellen lediglich Erfüllungshilfen iSd § 278 BGB dar, für deren Fehlverhalten der Gebäudeeigentümer weiterhin einzustehen hat. Denn zwischen Nutzer und Hilfsperson bestehen keine vertraglichen Beziehungen, so dass ein vertraglicher Direktanspruch gegen die Ersatzperson ausscheidet. Fehlverhalten, wie etwa fehlerhafte Montage oder ungenaues Ablesen der Erfassungsgeräte, falsche Kostenverteilung oder fahrlässiges deliktisches Verhalten, etwa Beschädigung von Einrichtungsgegenständen, ist als Grundlage eines Schadensersatzanspruches nur gegenüber dem Nutzungsgeber geltend zu machen. Mit diesem bestehen vertragliche Beziehungen, als deren Verletzung von Nebenpflichten sich das Fehlverhalten der Ersatzpersonen darstellt. Vorsätzliche unerlaubte Handlungen bei Gelegenheit der vertraglichen Tätigkeit fallen dagegen nicht mehr in den Haftungsbereich des § 278 BGB, sondern können allenfalls zu einer Haftung nach § 831 BGB führen mit dem Risiko, dass der in dieser Norm enthaltene Entlastungsbeweis des Geschäftsherrn (= Gebäudeeigentümer) gelingt. 9

Der **Nutzer** wird in § 4 HeizkostenV in doppelter Funktion angesprochen, einmal als Anspruchssteller, zum anderen als Duldungspflichtiger. 10

Der Nutzer als Zielobjekt der Heizkostenverordnung hat nach § 4 Abs. 4 HeizkostenV einen **Anspruch auf Erfüllung** der den Gebäudeeigentümer aus der Heizkostenverordnung treffenden Pflichten. Zwar bezieht sich diese gesetzliche Regelung dem systematischen Aufbau nach nur auf die Verbrauchserfassung. Damit allein wird aber den Zielen der Heizkostenverordnung, Verbrauchsminderung durch Herausstellung der Verbrauchskosten, nicht gedient. Deshalb ist dieser Erfüllungsanspruch umfassend auf alle in der Heizkostenverordnung enthaltenen Pflichten auszudehnen.[6] Bei diesem Anspruch handelt es sich um einen Daueranspruch, der so lange wie das jeweilige Nutzungsverhältnis besteht; er kann daher nicht verjähren.[7] 11

Der Anspruch muss nicht von allen Nutzern eines Objekts (Gebäude) geltend gemacht werden. Es reicht aus, dass der oder die Nutzer eines einzelnen Nutzungsobjekts (Wohn- oder Gewerberaum) den entsprechenden Anspruch erheben. Sind bei einem einzelnen Nutzungsobjekt (= zB 12

[3] → HeizkostenV § 1 Rn. 36–38.
[4] → HeizkostenV § 1 Rn. 40.
[5] → HeizkostenV § 1 Rn. 23–27.
[6] Kinne Heizung und Heizkostenabrechnung (1992) § 4 Rn. 69.
[7] LG Berlin MM 12/2014, 28.

Wohnung) mehrere Vertragspartner vorhanden, müssen allerdings alle insoweit gemeinschaftlich handeln, § 709 BGB, es sei denn, einem ist – ausdrücklich oder konkludent – die alleinige Geschäftsführung übertragen worden, § 714 BGB.[8]

13 Der Anspruch kann unmittelbar durch Erhebung einer entsprechenden **Leistungsklage**[9] durchgesetzt werden, entweder nach § 29 a ZPO vor dem Amtsgericht des belegenen Wohnraums, sofern dem Nutzungsverhältnis ein Wohnraummietvertrag zu Grunde liegt, oder bei anderen Nutzungsverträgen je nach Streitwert vor dem Amts- oder Landgericht der belegenen Sache als dem Gerichtsstand des Erfüllungsortes, § 29 ZPO. Die Vollstreckung eines obsiegenden Urteils erfolgt nach § 887 ZPO durch Ersatzvornahme. Mittelbar kann der Anspruch durchgesetzt werden durch Geltendmachung des Kürzungsrechts nach § 12 Abs. 1 S. 1 HeizkostenV.

14 Das Gegenstück zur Ausstattungspflicht des Gebäudeeigentümers stellt die **Duldungspflicht des Nutzers** – wobei auch hier der einzelne Wohnungseigentümer als Duldungsverpflichteter gegenüber der Eigentümergemeinschaft anzusehen ist[10], § 1 Abs. 2 Nr. 3 HeizkostenV – nach § 4 Abs. 2 S. 1 Hs. 2 HeizkostenV dar.[11] Die Normierung dieser Pflicht wurde bei Erlass der Heizkostenverordnung für erforderlich gehalten, weil die zu jenem Zeitpunkt geltenden positiv-rechtlichen Duldungspflichten in § 541 a BGB aF sowie § 20 ModEnG für nicht ausreichend gehalten wurden.[12] Für die Formalien der Duldung kann aber auf die damals geltenden Vorschriften zurückgegriffen werden, da insoweit eine Regelung in der Heizkostenverordnung fehlt, die Verordnungsgeber andererseits von diesen Normen als Grundlage der Duldung eines Eingriffs in die Nutzungsrechte ausgegangen sind.

15 Die **Duldungspflicht** erstreckt sich über den Wortlaut der Vorschrift hinaus auf alle im Zusammenhang mit der Anbringung der Erfassungsgeräte stehenden sachgerechten Maßnahmen, von der ersten Besichtigung durch die beauftragten Handwerker über die Anbringung, die teilweise auch die Verlegung elektrischer Leitungen notwendig machen kann, bis hin zur jährlichen Ablesung. Denn die Duldung der Anbringung allein führt noch nicht zur verordnungskonformen Verteilung der erfassten Verbrauchskosten. Diese Duldung umfasst jedenfalls die Hinnahme der **Erstanbringung** von Erfassungsgeräten; deren zahlenmäßige **Ergänzung,** wenn sich ein Erfassungsmangel durch die vorhandenen Geräte herausgestellt hat[13] sowie deren Ersatz bei Defekten oder Ablauf der Eichdauer. Nach Ansicht des **BGH** erstreckt sich die Duldungspflicht als eine Dauerverpflichtung auch auf die Hinnahme des **Austausches** von funktionsfähigen Erfassungsgeräten durch modernere Geräte[14], was jedoch sowohl dogmatisch wie auch technisch nicht haltbar ist[15].

16 Je nach Umfang der durchzuführenden Maßnahmen wird sich der Gebäudeeigentümer mehr oder minder eng an die **Verfahrensvorschriften** des § 555 c BGB, die denjenigen des § 20 Abs. 2 ModEnG weitgehend entsprechen, zu halten haben. Generell wird sich der Umfang dieses Verfahrens nicht nur nach der Art der auszuführenden Arbeiten, sondern auch nach der Struktur der Nutzer (Alleinstehend, Berufstätig, Urlaubszeiten etc) zu richten haben. Bei größeren Eingriffen in die Substanz des Nutzungsobjekts sind schriftlich Art, Umfang, Beginn und Dauer dieser Arbeiten drei Monate vorher mitzuteilen.[16] Diese Mitteilung wird sowohl im Interesse des Gebäudeeigentümers erfolgen, um eine zügige Durchführung der Maßnahmen zu gewährleisten, als auch im Interesse des Nutzers, der sich entsprechend auf die Maßnahmen einstellen kann. Bei geringfügigen Eingrif-

---

[8] Zu den Vollmachtsklauseln in den Formularmietverträgen → BGB § 542 Rn. 58; auf diese dürfte die Einzelberechtigung zur Geltendmachung der Ansprüche nach der Heizkostenverordnung wegen ihres vertragsändernden Charakters nicht gestützt werden können.

[9] Nach KG BeckRS 2017, 143250, ist sogar im Einzelfall eine fristlose Kündigung wegen nicht ordnungsgemäßer Gebrauchsgewährung möglich.

[10] AG Sonthofen ZWE 2019, 183; bestätigt durch Beschluss des LG München I BeckRS 2019, 1037.

[11] Dazu BGH VIII ZR 170/9, WuM 2010, 427.

[12] BR-Drs. 632/80, 24 in Kreuzberg/Wien Heizkostenabrechnung-HdB Kap. 1.3.8 (22).

[13] BGH VIII ZR 170/9, WuM 2010, 427 mAnm *Wall* WuM 2010, 624.

[14] BGH VIII ZR 326/10, WuM 2011, 625 unter Bestätigung von LG Heidelberg WuM 2011, 14; ebenso AG Hamburg-St. Georg ZMR 2015, 388; anders noch AG Berlin-Schöneberg MM 2010, 182 mAnm *Lammel* jurisPR-MietR 17/2010 Anm. 1.

[15] Siehe dazu die Anm. *Lammel* jurisPR-MietR 3/2012 Anm. 2; krit. auch *Bieber* GE 2011, 1518; *Mann* NZM 22/2011, V.

[16] Str., Kinne Heizung und Heizkostenabrechnung (1992) § 4 Rn. 61 empfiehlt lediglich die Einhaltung dieser Vorschriften; *Wall* Betriebs-/Heizkosten Rn. 5412 hält einen Monat für erforderlich, aber auch ausreichend, ohne auf den Umfang der geplanten Arbeiten abzustellen; *Freywald* Heizkostenabrechnung Rn. 57 hält zwei Wochen für ausreichend ohne weitere Hinweise; Kreuzberg/Wien Heizkostenabrechnung-HdB/*v. Brunn* Kap. 3.3, S. 179 verlangt nur eine Ankündigungsfrist von einer Woche.

fen reichen kurzfristige Ankündigungen mit pauschalierten Hinweisen zur geplanten Arbeit aus. Stellt sich die Anbringung der Ausstattung zur Verbrauchserfassung als eine Folgemaßnahme anderweitiger Modernisierungen (zB Ersatz von Einzelöfen durch Zentralheizung) dar, wird sie von der hierfür gegebenen Duldungspflicht mit erfasst.[17]

**Prozessual** ist der Duldungsanspruch durch **Klage auf Duldung** der spätestens in der Klageschrift nach Art und Umfang genau zu konkretisierenden Maßnahmen durchzusetzen; für den Erlass einer einstweiligen Verfügung auf Duldung ist kein Raum, da zum einen angesichts der notwendigen Planungsmaßnahmen kein Verfügungsgrund (= Eilbedürftigkeit) gegeben ist, zum anderen das Verfügungsverfahren nicht statthaft ist, da es nur der vorläufigen Regelung eines Zustandes dient, nicht aber der endgültigen Erfüllung eines Anspruchs. Die Zwangsvollstreckung hat nach § 888 ZPO durch Verhängung von Zwangsgeld oder Zwangshaft zu erfolgen. Denn bei der Duldung handelt es sich um eine unvertretbare Maßnahme, die nur durch den jeweiligen Nutzer des Nutzungsobjekts erklärt werden kann. **17**

Nach Beendigung der Maßnahme hat der Nutzer – je nach Sachlage – einen Anspruch auf Wiederherstellung des ursprünglichen Zustandes des Nutzungsobjekts, dh konkret Beseitigung der Arbeitsspuren und sonstiger Schäden. Bei einem Mietverhältnis kann er je nach Intensität des Eingriffs die Miete mindern und ggf. Schadensersatzansprüche geltend machen. Angesichts der üblichen kurzen Dauer des Einbaus wird allerdings der Minderungsausschluss nach § 536 Abs. 1a BGB iVm § 555b Nr. 6 BGB eingreifen, da es sich bei den baulichen Maßnahmen um solche handelt, zu deren Durchführung der Gebäudeeigentümer von verordnungswegen verpflichtet ist. **18**

### II. Ausstattungspflichtige Räume

Generell sind **alle Räume, die mit einem Heizkörper ausgestattet sind,** mit Erfassungsgeräten zu versehen. Dazu gehören einmal die Räume einer Nutzungseinheit (= Wohnung), zum anderen auch die separaten Räume, wie Garagen, Mansarden, Hobby- und Kellerräume, sofern sie mit Heizkörpern ausgestattet und zum Gebrauch nur einem Nutzer zugeordnet sind. Der Hinweis eines Nutzers darauf, dass einige Heizkörper ständig ausgeschaltet sind, ist unerheblich, sofern diese nur infolge ihrer technischen Ausgestaltung jederzeit wieder in Betrieb genommen werden können.[18] Je nach der technischen Auslegung der Versorgung mit Wärme und Warmwasser kann sich die Ausstattung in der Anbringung eines Gerätes erschöpfen, so bei zentraler Erfassung infolge der Einzelversorgung jeder Nutzereinheit. Erfolgt die Versorgung dagegen für jeden einzelnen Raum gesondert, ist dieser jeweils mit einem Erfassungsgerät auszustatten. **19**

**Nicht** ausstattungspflichtig sind **Räume ohne Heizkörper,** auch wenn sie mittelbar ausreichend beheizt werden. Ferner fallen aus der Ausstattungspflicht solche Heizkörper heraus, die technisch nicht mit für sie geeigneten Messgeräten ausgestattet werden können. **20**

**Nicht** ausstattungspflichtig sind nach § 4 Abs. 3 S. 1 HeizkostenV ferner die **gemeinschaftlich genutzten Räume,** wie Flur, Treppenhaus, Keller. Zum einen ist der Energieverbrauch dieser Räume im Verhältnis zum Gesamtverbrauch eines Gebäudes verhältnismäßig gering, so dass die Erfassungskosten die mögliche Energieeinsparung übersteigen können. Zum anderen lässt sich gerade wegen der gemeinschaftlichen Nutzung der Energieverbrauch weder einem einzelnen Nutzer zuordnen noch von diesem wirksam beeinflussen, so dass das Ziel der Heizkostenverordnung, Einsparung durch Kostenzuordnung, nicht erreicht werden kann. **21**

Die Kosten für diese Räume (→ Rn. 21) gehen in die Energiekosten für das gesamte Gebäude ein und werden entsprechend dem geltenden Verteilungsschlüssel auf die einzelnen Nutzungseinheiten verteilt, so dass der Viel-Verbraucher auf diese Weise auch mit einem höheren Anteil an den „Gemeinkosten" belastet wird. Die in der Begründung zu § 4 Abs. 3 HeizkostenV erwähnte Möglichkeit, durch rechtsgeschäftliche Vereinbarung eine Verbrauchserfassung durchzuführen,[19] hat keine praktische Bedeutung; jedenfalls wäre eine verbrauchsunabhängige Verteilung als den Zielen der Heizkostenverordnung zuwiderlaufend unzulässig.[20] **22**

Eine Rückausnahme gilt für die **Gemeinschaftsräume,** die von allen Nutzern eines Gebäudes genutzt werden können und zweckentsprechend einen **hohen Energieverbrauch** aufweisen. Die **23**

---

17 LG Berlin GE 2016, 1572 Rn. 12.

18 BeckOK MietR/*Pfeifer* HeizkostenV § 4 Rn. 13.

19 BR-Drs. 494/88, 24 in Kreuzberg/Wien Heizkostenabrechnung-HdB Kap. 1.3.9, S. 26.

20 **AA** Kinne Heizung und Heizkostenabrechnung (1992) § 4 Rn. 67; *Pfeifer* HeizkostenV § 4 Anm. 7 a.

in § 4 Abs. 3 S. 2 HeizkostenV erwähnten Beispiele Schwimmbad und Sauna sind um solche Räume zu erweitern, die zwar nicht dauernd beheizt zu werden pflegen, die aber bei ihrer zeitweiligen Nutzung wie dauernd genutzte Räume beheizt werden. Hierzu gehören Wäsche-Trockenräume, Party-, Hobby- und Tischtennisräume, sofern sie der Nutzergemeinschaft insgesamt und nicht nur jeweils einzelnen Nutzern zur Verfügung stehen.[21] Die Ausstattungspflicht kann dagegen für diese Räume nicht davon abhängig gemacht werden, ob sie im Laufe der Nutzungszeit einen hohen Wärmeverbrauch aufweisen;[22] denn ein solcher kann sich nur durch entsprechende Erfassungsgeräte nachweisen lassen. Die Kostenverteilung für diese gesondert erfassten Gemeinschaftsräume erfolgt nach § 6 Abs. 3 HeizkostenV.

## III. Geräteauswahl

24 Die Auswahl der Geräte zur Verbrauchserfassung liegt **allein** in den Händen des **Gebäudeeigentümers,** § 4 Abs. 2 S. 3 HeizkostenV. Er hat sich hierbei nur an die technischen Vorgaben des § 5 HeizkostenV zu halten. Ein Mitsprache- oder Mitbestimmungsrecht der Nutzer ist weder rechtlich geboten noch tatsächlich sinnvoll. Denn je größer eine Nutzereinheit ist, desto weniger einheitlich wird eine Meinungsbildung verlaufen. Die erforderlichen Hinweise im Rahmen des Duldungsverfahrens (→ Rn. 16) reichen völlig aus.

25 Das gleiche (→ Rn. 24) gilt, wenn der Gebäudeeigentümer die Erfassungsgeräte **kaufen** will. Diese Erwerbsmodalität steht in seinem Ermessen und bedarf weder einer Zustimmung noch einer Information der Mieter.

26 Will der Gebäudeeigentümer die Geräte nicht zu Eigentum erwerben, sondern nur durch zeitweilige **Gebrauchsüberlassung** nutzen **(Miete, Leasing)**[23], muss er dagegen gem. § 4 Abs. 2 S. 2 HeizkostenV ein besonderes Informations- und Abstimmungsverfahren beachten. Denn in diesem Fall haben die Nutzer wegen der angeblich höheren Kostenbelastung ein **Mitspracherecht** hinsichtlich der Erwerbsart (nicht der Geräteart).

27 Zunächst sind die Nutzer über die Absicht, die Erfassungsgeräte zu mieten oder zu leasen, sowie über die dadurch anfallenden Kosten zu **informieren,** zweckmäßigerweise schriftlich. Da die wenigsten Nutzer auf Grund dieser Angaben eine sachgerechte Entscheidung werden treffen können, sind **zusätzliche Angaben** erforderlich,[24] wie Art des gewählten Gerätes, Art des Gebrauchsüberlassungsvertrages (Miete oder Leasing mit entsprechenden Steuervorteilen für den Gebäudeeigentümer), die monatlichen Raten sowie die Laufzeit des Vertrages, schließlich die Gegenüberstellung der Kosten von Gerätekauf und Gerätemiete bzw. -leasing.[25] Da die Begründung für die Einführung dieses nutzerseitigen Mitwirkungsrechts auf die Kostenbelastung abstellt,[26] ist dieses Mitteilungsverfahren bei jeder Änderung des Gebrauchsüberlassungsvertrages durchzuführen, die Einfluss auf die Kostenbelastung hat.[27]

28 Auf Grund der Mitteilung haben die Nutzer lediglich ein **Widerspruchsrecht,** sie sind aber nicht berechtigt, die Nutzungsart von ihrer Zustimmung abhängig zu machen. Da die Wirksamkeit des Widerspruchs sowohl von der Erreichung einer Mindeststimmenzahl als auch der Einhaltung einer Frist abhängig ist, sollte der Nutzer auf sein fristgebundenes Widerspruchsrecht hingewiesen werden.[28]

---

[21] Kinne Heizung und Heizkostenabrechnung (1992) § 4 Rn. 68; *Pfeifer* HeizkostenV § 4 Anm. 7 b.

[22] So *Pfeifer* HeizkostenV § 4 Anm. 7 c.

[23] Zur Laufzeit derartiger Verträge s. OLG Frankfurt a. M. NZM 2005, 477, **keine** formularmäßige Erstlaufzeit von **zehn Jahren, keine** automatische **Vertragsverlängerung** im Falle der Nichtkündigung um zehn Jahre; kein Recht auf Rücknahme der Geräte im Falle des Zahlungsverzugs.

[24] **AA** AG Hamburg WuM 1994, 695, da nicht gesetzlich vorgeschrieben.

[25] Str., wie hier *Peruzzo* Heizkostenabrechnung S. 25 f.; BeckOK MietR/*Pfeifer* HeizkostenV § 4 Rn. 64–66; für zweckmäßig hält dies Kinne Heizung und Heizkostenabrechnung (1992) § 4 Rn. 50; **aA** Schmid Mietnebenkosten-HdB/*Ormanschick* Rn. 6139; MüKoBGB/*Zehelein* HeizkostenV § 4 Rn. 6; Langenberg/Zehelein BetrKostR Kap. K Rn. 63; Lützenkirchen MietR/*Lützenkirchen* HeizkostenV § 4 Rn. 46.

[26] BR-Drs. 483/83, 33 in Kreuzberg/Wien Heizkostenabrechnung-HdB Kap. 1.3.9, S. 23.

[27] *Peruzzo* Heizkostenabrechnung S. 26; Schmid Miet- und WohnR/*Schmid* § 4 Rn. 18 a; **aA** MüKoBGB/*Zehelein HeizkostenV § 4 Rn. 6.*

[28] Str., aA MüKoBGB/*Zehelein* HeizkostenV § 4 Rn. 6; Kinne Heizung und Heizkostenabrechnung (1992) § 4 Rn. 51; *Freywald* Heizkostenabrechnung Rn. 70; Lützenkirchen MietR/*Lützenkirchen* HeizkostenV § 4 Rn. 47.

Der Widerspruch muss innerhalb einer **Ausschlussfrist** von einem Monat nach Zugang der Mitteilung erklärt werden, wobei sich der Zugang nach den §§ 130–132 BGB bestimmt.[29] Nach der hier vertretenen Auffassung beginnt die Frist nicht zu laufen, wenn auf das Widerspruchsrecht nicht hingewiesen worden ist. In diesem Fall kann der Widerspruch noch bis zur Anbringung der gemieteten Geräte erklärt werden. **29**

Der Widerspruch ist nur wirksam, wenn er von der **Mehrheit der Nutzer** erklärt worden ist. Diese Mehrheit wird nach der Zahl der im Gebäude vorhandenen Nutzungseinheiten berechnet, nicht nach der Zahl der tatsächlichen Nutzer oder der jeweiligen Vertragspartner des Nutzungsvertrages. Wird eine **Nutzungseinheit von mehreren Personen genutzt,** die alle Partner des Nutzungsvertrages sind, sind die entsprechenden Erklärungen von allen und gegenüber allen Vertragspartnern abzugeben; die Erklärung zählt aber nur einmal für die gesamte Nutzungseinheit. Das Widerspruchsrecht darf aber nur im Hinblick auf die besondere Art der Geräteüberlassung ausgeübt werden, insbes. darf es nicht von sachfremden Erwägungen (Widerstand gegen bestimmte Gerätearten,[30] Anbringungsorte, oder von einer Abänderung des Verteilungsschlüssels) abhängig gemacht werden. **30**

Ein wirksamer Widerspruch **verhindert** die Anbringung der im Wege eines Gebrauchsüberlassungsvertrages vorgehaltenen Erfassungsgeräte, nicht nur die Verteilung der entsprechenden Kosten.[31] Der Ausschluss der Kostenumlage würde auch den Gebäudeeigentümer benachteiligen, da er nicht einmal die – fiktiven – Erwerbskosten umlegen könnte. Es ist aber nicht nur die Anmietung der Geräte unzulässig, sondern auch deren Anbringung. **31**

Hat der Gebäudeeigentümer dieses **Mitteilungsverfahren** (→ Rn. 27–30) **nicht eingehalten** und dennoch die gemieteten Geräte anbringen lassen, war diese Maßnahme unzulässig, es bestand auch keine Duldungspflicht der Nutzer. Der Mangel kann nicht durch nachträgliche Mitteilungen geheilt werden,[32] da unter praktischen Gesichtspunkten niemand bei entsprechendem Widerspruch die Geräte wieder abmontieren wird und deshalb eine freie Entscheidungsmöglichkeit der Nutzer nicht mehr vorliegt. Für die Dauer der Nutzung dieser Geräte ist eine Einstellung der Mietkosten in die Heizkostenabrechnung unzulässig.[33] **32**

## IV. Kostentragung

Art und Umfang der Weitergabe der Gerätekosten, die zunächst der Gebäudeeigentümer als unmittelbarer Vertragspartner des Lieferanten zu tragen hat, hängt von der Rechtsgrundlage der Gerätebeschaffung (Kauf oder Miete), der Ausgestaltung des jeweiligen Nutzungsvertrages und besonders bei der Miete vom Wesen des Vertrages (freifinanziert, preisgebunden, gewerblich) ab. Eine Sonderregelung findet sich für das Wohnungseigentum in § 3 S. 3 HeizkostenV.[34] **33**

Werden die **Erfassungsgeräte gemietet oder geleast,** gehören die entsprechenden Kosten nach § 7 Abs. 2 HeizkostenV zu den verteilungsfähigen Kosten der Wärmeversorgung aus zentralen Heizungsanlagen. Bei der Vereinbarung der Mietkosten für die Geräte ist aber der Wirtschaftlichkeitsgrundsatz einzuhalten; der Vermieter darf nicht ohne sachlichen Grund auf Kosten der Mieter wesentlich höhere als die marktüblichen Kosten vereinbaren.[35] Voraussetzung ist aber stets, dass diese Kostenart im Mietvertrag überhaupt als umlagefähig vereinbart worden ist. Fehlt eine derartige Vereinbarung, dürfen die Kosten nicht in die Abrechnung eingestellt werden.[36] Eine sog. **34**

---

[29] AG Neuss WuM 1995, 46; AG Rüdesheim WuM 2007, 265: Aushang im Hausflur genügt nicht. Die Zweifel von *Schmid,* ZMR-Sonderheft, HeizkostenV § 4 Nr. 19, dürften mehr theoretischer Natur sein; denn in der Praxis wird der Nutzer gerade bestreiten, den Aushang gelesen zu haben.

[30] LG Hamburg WuM 1990, 33; 1992, 245.

[31] Kinne/Schach/Bieber MietProzR/*Kinne* HeizkostenV § 4 Rn. 56; **aA** MüKoBGB/*Zehelein* HeizkostenV § 4 Rn. 7; Schmid Miet- und WohnR/*Schmid* § 4 Rn. 13/14.

[32] **AA** Schmid Mietnebenkosten-HdB/*Ormanschick* Rn. 6139a; Lützenkirchen MietR/*Lützenkirchen* HeizkostenV § 4 Rn. 57.

[33] LG Berlin MM 2000, 278; AG Tecklenburg WuM 1999, 365; AG Berlin-Tiergarten WuM 2012, 618; AG Berlin-Schöneberg MM 1+2/2015, 38.

[34] → HeizkostenV § 3 Rn. 22–26.

[35] LG Köln NZM 2005, 453; *Schmid* ZMR-Sonderheft HeizkostenV § 4 Nr. 29.

[36] Kinne Heizung und Heizkostenabrechnung (1992) § 4 Rn. 57; auch → HeizkostenV § 2 Rn. 7; **aA** MüKoBGB/*Zehelein* HeizkostenV § 4 Rn. 8, eine fehlende Vereinbarung stellt aber keine abweichende iSd § 2 HeizkostenV dar.

Mehrbelastungsklausel berechtigt allenfalls bei Bruttomieten oder Nettomieten mit Nebenkostenpauschalen (s. jetzt § 560 Abs. 1 BGB)[37] zur Neueinführung der Mietkosten in die Heizkostenabrechnung, nicht aber bei einer Nettomiete mit Nebenkostenvorauszahlung und einzelnen, wenn auch nicht vollständig, als umlagefähig aufgezählten Betriebskosten.[38] Als ausreichend ist aber der (frühere) Hinweis „Heizkosten nach der II. BV" oder eine ähnliche Bezugnahme auf den Katalog in Anlage 3 zu § 27 II. BV bzw. jetzt auf die Betriebskosten nach der BetrKV anzusehen.

35 Ist die Umlage der Miet-/Leasing-Kosten nach den nutzungsvertraglichen Vereinbarungen zulässig, sind die entsprechenden **Gesamtkosten** in die Heizkostenverteilung einzustellen und danach nach dem für die einzelne Nutzungseinheit geltenden Verteilungsschlüssel auf diese Einheit zu verteilen[39]. Eine Aufschlüsselung der Mietkosten für jede einzelne Nutzungseinheit widerspricht der Regelung in § 7 Abs. 2 HeizkostenV, der die umlagefähigen Gesamtkosten aufzählt und nicht die für jede Nutzungseinheit anfallenden speziellen Kosten. Erwirbt der Gebäudeeigentümer nach Ablauf der Leasingzeit die Geräte zu Eigentum, darf er die Erwerbskosten je nach Vertragsart (→ Rn. 38–40) auf die Miete aufschlagen. Da der Kaufpreis nach dem sog. Restwert berechnet wird, ist dessen Auferlegung auf die Mieter von den in die Heizkostenabrechnung eingestellten Leasingraten unabhängig.

36 Bei **öffentlich gefördertem Wohnraum** stellen die Mietzinsen/Leasingraten nach Nr. 4 der Anlage 3 zu § 27 II. BV Betriebskosten dar, die gem. §§ 20 Abs. 4, 4 Abs. 1, 7, 22 NMV auf die Mieter umgelegt werden dürfen.

37 Für die Kostenverteilung beim **Geräte-Kauf** muss mangels spezieller Vorschriften in der Heizkostenverordnung entweder auf die allgemeinen mietrechtlichen Normen für Wohnraum oder die vertraglichen Regelungen zurückgegriffen werden.

38 Liegt dem Nutzungsverhältnis ein **Wohnraummietvertrag** zu Grunde, können die Anschaffungskosten bei freifinanziertem Wohnraum nach § 559 auf die Mieter umgelegt werden, da es sich bei der Anbringung der Geräte um bauliche Maßnahmen handelt, die der Vermieter infolge der gesetzlichen Verpflichtung hierzu nicht zu vertreten hat. Von den für die **jeweilige Wohnung** anfallenden Kosten dürfen 11% (jetzt nur noch 8% mit weiteren Einschränkungen) auf die Miete aufgeschlagen werden.[40]

39 Bei **preisgebundenem Wohnraum** gehen die Erwerbskosten in die Kostenmiete ein, wenn zulässigerweise nach § 6 NMV, §§ 8, 8a, 8b WoBindG eine neue Wirtschaftlichkeitsberechnung oder nach § 39a Abs. 1, 3 II. BV eine Zusatzberechnung zur bisherigen Wirtschaftlichkeitsberechnung aufgestellt wird. In diese Berechnung dürfen sowohl die Erwerbskosten als auch die für den Kauf angefallenen Kapitalkosten eingestellt werden, dagegen darf die Abschreibung für die gekauften Geräte nicht berücksichtigt werden.

40 Die Überwälzung der Erwerbskosten bei den **übrigen Nutzungsverhältnissen** richtet sich allein nach den vertraglichen Regelungen. Da insbes. bei Gewerberaummietverhältnissen kein Bestandsschutz besteht, können diese Kosten – je nach Vertragslage – letztlich im Wege einer Änderungskündigung dem Nutzer auferlegt werden.[41]

41 Die **Kosten für Reparaturen,** Änderungen, Ersatz oder Austausch der Geräte richtet sich mangels heizkostenrechtlicher Sondervorschriften nach den allgemeinen Bestimmungen des Mietvertragsrechts oder des einzelnen Nutzungsvertrages. Grundsätzlich hat der Gebäudeeigentümer die Kosten der notwendigen Reparaturen selbst zu tragen; eine Überwälzung sog. Kleinreparaturen auf den Wohnraummieter ist nur in engen Grenzen zulässig.[42]

42 Die **Kostenverteilung beim Ersatz** eines infolge natürlichen Verschleißes unbrauchbar gewordenen Gerätes richtet sich nach denselben Regeln wie die Erstanschaffung. Denn die Erneuerung stellt lediglich die Erfüllung der Pflicht zur Ausstattung der Räume mit Erfassungsgeräten dar, die infolge des Wegfalls des Gerätes nicht mehr mit solchen versehen sind.

43 Wird ein funktionsfähiges Gerät gegen ein anderes **ausgetauscht,** weil dies durch eine Änderung der Heizungsanlage erforderlich geworden ist, umfassen die nach § 559 BGB umlegbaren Modernisierungskosten auch die Kosten der neuen Erfassungsgeräte. Die bislang in der Miete ent-

---

[37] Langenberg/Zehelein BetrKostR Kap. C Rn. 16–21, 63.
[38] Weitergehend Kinne Heizung und Heizkostenabrechnung (1992) § 4 Rn. 57.
[39] LG Frankfurt a. M. PE 2004, 208.
[40] Zur Berechnung → BGB § 559 Rn. 82–84.
[41] *Freywald* Heizkostenabrechnung Rn. 69.
[42] → BGB § 535 Rn. 72; → BGB § 538 Rn. 52–61.

haltenen Kosten für die alten Geräte sind jedoch vorher herauszurechnen, ehe die Kosten für die neuen Geräte wieder eingestellt werden.

Die **Modernisierung** allein **der Erfassungsgeräte,** also der Ersatz eines vorhandenen voll funktionsfähigen gegen ein neues moderneres, berechtigt nicht zur Kostenumlage nach § 559 BGB, weil weder die durch diese Geräte möglicherweise erleichterte Ablesung noch die höhere Messgenauigkeit in den Maßnahmekatalog des § 559 BGB fallen[43]; anders muss das wohl der **BGH** auf Grund der Annahme einer dauernden Duldungspflicht[44] sehen. Den Parteien ist es aber unbenommen, über die Kostenverteilung eine vertragliche Vereinbarung zu treffen. 44

Für **preisgebundenen Wohnraum** gelten die Ausführungen (→ Rn. 42–44) entsprechend. 45
Eine Erhöhung der Kostenmiete ist nur bei einer nachhaltigen Verbesserung des Wohnwertes oder der Einsparung von Energie durch modernisierende bauliche Änderungen zulässig, § 6 Abs. 1 NMV iVm § 11 Abs. 6 II. BV.

[43] AG Berlin-Schöneberg MM 2010, 182; LG Kassel NZM 2007, 818; LG Hamburg WuM 2009, 124, Duldungspflicht nur gegen Freistellung von den Mehrkosten; Kinne Heizung und Heizkostenabrechnung (1992) § 4 Rn. 66; **aA** *Freywald* Heizkostenabrechnung Rn. 68 bei Fn. 124; AG Düsseldorf DWW 2008, 98; AG Berlin-Lichtenberg MM 2007, 227; GE 2010, 1351; AG Frankfurt a. M. NZM 2006, 537; LG Berlin GE 2010, 1745; jetzt auch *Kinne* GE 2006, 1583.

[44] → Rn. 14.

## § 5 Ausstattung zur Verbrauchserfassung

**(1) [1]Zur Erfassung des anteiligen Wärmeverbrauchs sind Wärmezähler oder Heizkostenverteiler, zur Erfassung des anteiligen Warmwasserverbrauchs Warmwasserzähler oder andere geeignete Ausstattungen zu verwenden. [2]Soweit nicht eichrechtliche Bestimmungen zur Anwendung kommen, dürfen nur solche Ausstattungen zur Verbrauchserfassung verwendet werden, hinsichtlich derer sachverständige Stellen bestätigt haben, dass sie den anerkannten Regeln der Technik entsprechen oder dass ihre Eignung auf andere Weise nachgewiesen wurde. [3]Als sachverständige Stellen gelten nur solche Stellen, deren Eignung die nach Landesrecht zuständige Behörde im Benehmen mit der Physikalisch-Technischen Bundesanstalt bestätigt hat. [4]Die Ausstattungen müssen für das jeweilige Heizsystem geeignet sein und so angebracht werden, dass ihre technisch einwandfreie Funktion gewährleistet ist.**

**(2) [1]Wird der Verbrauch der von einer Anlage im Sinne des § 1 Abs. 1 versorgten Nutzer nicht mit gleichen Ausstattungen erfasst, so sind zunächst durch Vorerfassung vom Gesamtverbrauch die Anteile der Gruppen von Nutzern zu erfassen, deren Verbrauch mit gleichen Ausstattungen erfasst wird. [2]Der Gebäudeeigentümer kann auch bei unterschiedlichen Nutzungs- oder Gebäudearten oder aus anderen sachgerechten Gründen eine Vorerfassung nach Nutzergruppen durchführen.**

### Systematische Übersicht



### A. Regelungsgehalt

1 Die Norm begrenzt und konkretisiert die dem Gebäudeeigentümer nach § 4 HeizkostenV obliegende Pflicht zur Ausstattung mit Erfassungsgeräten. Diese Pflicht kann er nicht mit beliebigen Geräten erfüllen, sondern nur mit solchen, die die Kriterien des § 5 HeizkostenV erfüllen. Die Anbringung anderer Geräte führt zu keiner ordnungsgemäßen Erfassung und damit auch nicht zu einer zulässigen Grundlage für die Kostenverteilung, so dass letztendlich ein Hilfsverfahren gewählt werden muss mit der Folge des Kürzungsrechts nach § 12 Abs. 1 HeizkostenV.

2 Verwendbar sind nur solche Geräte, die entweder der Eichpflicht unterliegen oder denen bestätigt worden ist, dass sie den anerkannten Regeln der Technik entsprechen bzw. einen anderen Eignungsnachweis besitzen. Für alle Geräte gilt auf Grund der neuen Energieeffizienz-Richtlinie[1], dass sie **fernablesbar** sein müssen[2]; neu einzusetzende Geräte ab 25. 10. 2020, Altgeräte müssen bis zum 1. 1. 2027 nachgerüstet oder umgetauscht werden, Art. 9c EED. Zwar steht die Umstellung der Geräte unter dem Vorbehalt, dass sie technisch machbar und wirtschaftlich vertretbar ist, dh die Kosten der Umstellung sowie die Anwendungskosten der neuen Geräte sind in das Verhältnis zu potenziellen Energieeinsparung zu setzen, Art. 9c Abs. 1 S. 2 EED. Die Verwendung von Erfassungs- oder Messgeräten allein führt nicht zur Energieeinsparung[3]; erst die Umsetzung der aus den Geräten gewonnen Werte durch die jeweiligen Nutzer soll zur Energieeinsparung führen[4]. Deshalb ist diese Fernablesung im Zusammenhang mit der neu eingeführten **monatlichen Verbrauchs-**

---

[1] EED, RL 2018/2002/EU v. 11.112.2018, ABl. 2018 L 328, 210.

[2] Zur einsetzbaren Technik s. Kreuzberg/Wien Heizkostenabrechnung-HdB/*Domschke* Kap. 9 sowie *vom Wege/Schmeding/Wilmes* EnWZ 2019, 201, wobei die EED allerdings keinen technischen Standard vorgibt.

[3] Anders wohl die Gerätehersteller, die die Einführung dieser neuen Geräte propagieren; es wird dabei aber vor allem auf die Bequemlichkeit der Fernablesung und eine mögliche technische Optimierung der Wärmeversorgung sowie auf die Möglichkeit des smart-home abgestellt, *Leblang* (Techem) EuroHeat&Power 43 (7–8/2014), 32–35, nicht aber auf das energieeinsparende Nutzerverhalten; anders wiederum Kreuzberg/Wien Heizkostenabrechnung-HdB/*Domschke* Kap. 9 S. 572f.; die von ihm zitierten Untersuchungen mögen eine Energieeinsparung ergeben, aber nicht die erforderliche Wirtschaftlichkeit für den Einsatz dieses smart metering, zumal letzteres den Einsatz externer Messdienstleister erfordert, *Wierichs* (Minol), Digitaler End-to-End-Prozess, ModernisierungsMagazin 1/2021, 18f., was zu weiteren Kosten führt.

[4] *Hartmann* WuM 2019, 418 (420).

**information,** Art. 10a Abs. 1 EED, zu sehen, so Anhang VII A Nr. 2 EED.[5] Ob diese häufigere Verbrauchsinformation zur Energieeinsparung führt[6], die im Verhältnis zu dem technischen und informellen Aufwand relevant ist, scheint fraglich zu sein[7]. In der Praxis eines Privathaushalts dürfte zB die Heizung einmal auf den Behaglichkeitsgrad eingestellt werden, der dann unabhängig vom monatlich angezeigten Verbrauch beibehalten wird[8]. Außerdem setzt die Verbrauchsinformation Messgeräte voraus, da nur an ihnen der jeweilige Verbrauch abgelesen werden kann; die Erfassungsgeräte vermitteln nur einen Vergleichswert, der erst nach dem Vergleich mit dem Gesamtwert zu einer schlüssigen Verbrauchsinformation führt.[9]

Die von der EED geforderten Änderungen sollen sowohl in § 5 HeizkostenV eingefügt werden, als auch in einem neuen § 6a HeizkostenV. Der **Referentenentwurf** (Stand 26. 4. 2021) sieht dafür folgendes vor: **2a**

In § 5 Abs. 1 S. 1 HeizkostenV werden die Wörter „oder andere geeignete Ausstattungen" gestrichen.

Nach § 5 Abs. 1 HeizkostenV werden folgende Abs. 2–6 eingefügt:

***„(2) Ausstattungen zur Verbrauchserfassung nach Absatz 1 Satz 1 und nach § 9 Absatz 2 Satz 1, die nach dem … [einsetzen: Datum des Inkrafttretens nach Artikel 3] installiert werden, müssen fernablesbar sein und dabei den Datenschutz und die Datensicherheit nach dem Stand der Technik gewährleisten. Fernablesbar ist eine Ausstattung zur Verbrauchserfassung, wenn sie ohne Zugang zu einzelnen Nutzeinheiten abgelesen werden kann. Ab dem … [einsetzen: Angaben des Tages und Monats des Inkrafttretens nach Artikel 3 sowie der Jahreszahl des ersten auf das Inkrafttreten folgenden Jahres] dürfen nur noch solche fernablesbaren Ausstattungen installiert werden, die sicher an ein Smart-MeterGateway nach § 2 Nummer 19 des Messstellenbetriebsgesetzes vom 29. August 2016 (BGBl. I S. 2034), das zuletzt durch Artikel 5 des Gesetzes vom 21. Dezember 2020 (BGBl. I S. 3138) geändert worden ist, unter Beachtung des in Schutzprofilen und Technischen Richtlinien des Bundesamtes für Sicherheit in der Informationstechnik niedergelegten Stands der Technik nach dem Messstellenbetriebsgesetz angebunden werden können. Die Sätze 1 bis 3 sind nicht anzuwenden, wenn ein einzelner Zähler oder Heizkostenverteiler ersetzt oder ergänzt wird, der Teil eines Gesamtsystems ist und die anderen Zähler oder Heizkostenverteiler dieses Gesamtsystems zum Zeitpunkt des Ersatzes oder der Ergänzung nicht fernablesbar sind.***

***(3) Nicht fernablesbare Ausstattungen zur Verbrauchserfassung, die bis zum … [einsetzen: Datum des Inkrafttretens nach Artikel 3] oder nach Maßgabe des Absatzes 2 Satz 4 nach dem … [einsetzen: Datum des Inkrafttretens nach Artikel 3] installiert wurden, müssen bis zum 31. Dezember 2026 die Anforderungen nach den Absätzen 2 und 5 durch Nachrüstung oder Austausch erfüllen. Satz 1 ist nicht anzuwenden, wenn dies im Einzelfall wegen besonderer Umstände technisch nicht möglich ist oder durch einen unangemessenen Aufwand oder in sonstiger Weise zu einer unbilligen Härte führen würde.***

***(4) Fernablesbare Ausstattungen zur Verbrauchserfassung, die bis zum … [einsetzen: Angaben des Tages und Monats des Inkrafttretens nach Artikel 3 sowie der Jahreszahl des ersten auf das Inkrafttreten folgenden Jahres] installiert wurden, müssen nach dem 31. Dezember 2031 die Anforderungen nach Absatz 2 Satz 3 und Absatz 5 durch Nachrüstung oder Austausch erfüllen.***

***(5) Ab dem … [einsetzen: Angaben des Tages und Monats des Inkrafttretens nach Artikel 3 sowie der Jahreszahl des ersten auf das Inkrafttreten folgenden Jahres] dürfen nur noch solche fernauslesbaren Ausstattungen zur Verbrauchserfassung installiert werden, die einschließlich ihrer Schnittstellen mit den Ausstattungen gleicher Art anderer Hersteller interoperabel sind und dabei den Stand der Technik einhalten. Die Interoperabilität ist in der Weise zu gewährleisten, dass im Fall der Übernahme der Ablesung durch eine andere Person diese die Ausstattungen zur Verbrauchserfassung selbst***

---

5 *Moczko/Fricke* EuroHeat&Power 4–5/2020, 17.

6 So wohl die Vorstellung der EU-Kommission, *Moczko/Fricke* EuroHeat&Power 4–5/2020, 14.

7 *Hartmann* WuM 2019, 418 (421); im: dena-Modellvorhaben Bewusst heizen, Kosten sparen Abschlussbericht „Verbrauchsauswertung und Mieterbefragungen in den Heizperioden 2012 bis 2016", S. 60 wird die Wirtschaftlichkeit sowohl der Umstellung auf Fernablesung als auch der monatlichen Verbrauchsinformation im Hinblick auf das Ziel der Energieeinsparung durchaus krit. gesehen; ein Nutzen allenfalls für den Verbraucher festgestellt, der einen Überblick über Verbrauch und Kosten haben werde.

8 Positiver hingegen dena-Modellvorhaben Bewusst heizen, Kosten sparen. Abschlussbericht „Verbrauchsauswertung und Mieterbefragungen in den Heizperioden 2012 bis 2016", S. 13.

9 Anders wohl *Serwe* ZMR 2021, 10 (11).

***fernablesen kann. Das Schlüsselmaterial der fernablesbaren Ausstattungen zur Verbrauchserfassung ist dem Gebäudeeigentümer kostenfrei zur Verfügung zu stellen.***

***(6) Die Einhaltung des Stands der Technik nach den Absätzen 2 und 5 wird vermutet, soweit Schutzprofile und technische Richtlinien eingehalten werden, die vom Bundesamt für Sicherheit in der Informationstechnik bekanntgemacht worden sind, oder wenn die Ausstattung zur Verbrauchserfassung mit einem Smart-Meter-Gateway nach § 2 Nummer 19 des Messstellenbetriebsgesetzes verbunden ist und die nach dem Messstellenbetriebsgesetz geltenden Schutzprofile und technischen Richtlinien eingehalten werden. Wenn der Gebäudeeigentümer von der Möglichkeit des § 6 Absatz 1 des Messstellenbetriebsgesetzes für die Sparte Heizwärme Gebrauch gemacht hat, sind fernablesbare Ausstattungen zur Verbrauchserfassung nach den Absätzen 2 und 3 an vorhandene Smart-Meter-Gateways nach § 2 Nummer 19 des Messstellenbetriebsgesetzes anzubinden.“***

**2b** Die beabsichtigten neuen Regelungen beinhalten zunächst einen gestaffelten **Fristenplan** für die Umstellung auf Fernablesbarkeit. Der Sinn dieser zeitlichen Streckung einer Umrüstung auf fernablesbare Geräte ist darin zu sehen, dass die Neuregelung nicht dazu zwingt, gesetzlich zulässige und technisch einwandfreie Geräte sofort nach dem Inkrafttreten der Neuregelung auszutauschen.

**2c** Geräte, die nach Inkrafttreten der Novelle eingebaut werden (zB wegen Ablaufs der Eichfristen oder Funktionsuntüchtigkeit), müssen fernablesbar sein. Dies gilt aber nur für Einzel-Messgeräte, die nicht im Zusammenhang mit anderen Geräten bei anderen Nutzern stehen und deshalb auf die Ergebnisse der dortigen Geräte angewiesen sind. Der Einzelaustausch würde den funktionellen Zusammenhang der Geräte stören und zu nicht mehr verwendbaren Ergebnissen führen. Deshalb schließt Satz 4 dieser Norm einen separaten Geräteaustausch mit Ersatz durch fernablesbare Geräte aus. Unter Satz 1 fallen daher nur Geräte, die auf die Gesamterfassung ausgerichtet sind (zB Messgeräte beim Hauseingang, wie Gesamtwasserzähler oder Fernwärmezähler bei der Übergabestation). Die Verpflichtung nach Satz 1 berechtigt noch verpflichtet dazu, alle vorhandenen Geräte durch fernablesbare zu ersetzen.

**2d** Die zweite Zeitstufe bestimmt in § 5 Abs. 3 HeizkostenV, das bis zum 31.12.2026 alle bis dahin noch nicht fernablesbaren Geräte durch fernablesbare ersetzt werden müssen. Diese letzte Frist gilt auch für die Geräte des Abs. 2 S. 4[10]. Der gewählte Zeitraum orientiert sich wohl an der technischen Verwendungsdauer[11] (berechnet ab Oktober 2020, dem Zeitpunkt, zu dem die Vorgaben der neuen EED hätten umgesetzt werden sollen).

**2e** Etwas unsystematisch enthält § 5 Abs. 3 HeizkostenV in Satz 2 das **Wirtschaftlichkeitsgebot,** das nicht nur ökonomische Grenzen setzt, sondern auch technische. Wenn die Funkwellen der neuen Erfassungsgeräte die vorhandenen Mauern auf Grund ihrer metallenen Armierung nicht oder nicht ungestört durchdringen können, müssen die fernablesbaren Geräte nicht eingebaut werden[12]. Für die ökonomische Wirtschaftlichkeit fehlt es an einem Vergleichskriterium: Zwar verweist § 5 Abs. 3 S. 2 HeizkostenV inhaltlich auf § 11 HeizkostenV, der in Abs. 1 Nr. 1 b HeizkostenV auf die zu erwartende Energieeinsparnis abstellt. Die Anbringung der fernablesbaren Erfassungsgeräte führt allein allerdings zu keiner Energieeinsparung. Eine solche könnte erst durch die nunmehr häufiger mögliche Information der Nutzer über ihren unterjährigen Verbrauch erreicht werden (§ 6a HeizkostenV); dies beruht aber eher auf vermutende Wunschvorstellungen als auf verifizierbaren Tatsachen. Jedenfalls gilt das Wirtschaftlichkeitsgebot nicht nur für § 5 Abs. 3 HeizkostenV, sondern für alle Fälle der (Neu-)Anbringung von fernablesbaren Geräten.

**2f** Eine letzte zeitliche Schranke enthält § 5 Abs. 4 HeizkostenV. Diese setzt voraus, dass bereits vor Inkrafttreten der Neuregelung fernablesbare Geräte vorhanden waren, aber technisch bedingt nicht an ein Smart-Meter-Gateway angeschlossen werden können. Diese Geräte müssen bis zum 31.12.2031 entsprechend nachgerüstet werden. Der Verweis auf § 5 Abs. 2 S. 3 HeizkostenV ist so zu verstehen, dass auch für die normierte Nachrüstung eine Ausnahme von der Nachrüstpflicht gilt. Wird diese Frist nicht eingehalten, dürfen die Geräte nicht mehr verwendet werden, dh es liegt keine ordnungsgemäße Erfassung der Verbrauchsdaten vor (dazu → Rn. 3).

**2g** Nach der **Definition** für **Fernablesbarkeit** in § 5 Abs. 2 S. 2 HeizkostenV würde es ausreichen, dass auf die von den Geräten erfassten Werte ohne Zugang zu den einzelnen Nutzereinheiten zugegriffen werden kann. Das würde bedeuten, dass die einzelnen Daten zB für die Heizkörper der jeweiligen Nutzereinheit, entweder von dem einzelnen Erfassungs- bzw. Messgerät per Funk

---

[10] aA Zehelein ZMR 2021, 541/544 unter Mißachtung der teleologischen Auslegung der Norm.
[11] Empfehlung der Kommission (EU) 2019/1660, ABl. 2019 L 275, 131.
[12] So das Beispiel in der Empfehlung der Kommission (EU) 2019/1660, ABl. 2019 L 275, 131.

abgefordert oder weitergehend an ein Funk-Gateway im Hausflur übermittelt werden. Die „Ablesung" erfolgt dann entweder durch die sog. Walk-by-Technologie oder die Drive-by-Technologie. Beides erfordert aber noch ein Erscheinen des Ablesers vor Ort (nur nicht mehr in der Nutzereinheit selbst): Er läuft entweder mit seinem Empfangsgerät an den Häusern vorbei („Walk-by") oder er fährt mit einem Fahrzeug vorbei („Drive-by") und nimmt in beiden Fällen die Daten aus dem Gateway auf. Es ist aber fraglich, ob in der EED mit „Fernablesung" diese einfache Form gemeint ist. Zwar wird im Erwägungsgrund 33 auf diese beiden Formen hingewiesen als Wahlmöglichkeiten der Einzelstaaten, aber in Art. 9c EED wird ganz pauschal auf die Fernablesbarkeit abgestellt. Nach dem allgemeinen Sprachgebrauch schließt dies eine Vor-Ort-Tätigkeit eines Ablesers (sei sie auch nur vor dem Gebäude) aus und verlangt eine funkbasierte Übertragung der Daten zu dem Ableseunternehmen[13], wo die Daten dann für die Erstellung der Heizkostenabrechnung verwendet werden. Dieses Verständnis wird gestützt durch den Hinweis, dass die einzelnen Erfassungs- bzw. Messgeräte an ein Smart-Meter-Gateway angebunden werden können müssen. Der Hinweis auf die Methoden Walk-by bzw. Drive-by stellt lediglich die Mindestanforderungen für Fernablesbarkeit dar, aber nicht den in der EED vorausgesetzten Regelfall; der vorliegende Entwurf unterlässt es, auf die Mindestanforderungen für die Fernablesung hinzuweisen, so dass daraus auf die Funkübertragung zum Messdienstunternehmen (oder auf eine entsprechende Cloud) zu schließen ist.

**Eichfähig und eichpflichtig** sind im Zusammenhang mit der Erfassung nach der Heizkostenverordnung nur die Wärmezähler (dazu → Rn. 26 ff.) und die Warmwasserzähler (dazu → Rn. 29 f.). Die Eichdauer beträgt für diese Geräte jetzt unter Anpassung an die Kaltwasserzähler sechs Jahre[14]. Nach Ablauf dieses Zeitraums müssen die Geräte nachgeeicht werden[15] (dazu → Rn. 30). Wird diese Gültigkeitsdauer überschritten, handelt es sich bei den weiter benutzten Geräten nicht mehr um ein geeichtes und damit um ein zur Erfassung geeignetes Gerät,[16] so dass keine ordnungsgemäße Kostenverteilung vorgenommen werden kann[17]. Dieses Gerät steht dann einem nicht vorhandenen Gerät gleich, so dass zum einen der Nutzer das Kürzungsrecht nach § 12 Abs. 1 HeizkostenV geltend machen kann, zum anderen die Kostenverteilung nach § 9a vorzunehmen ist. Die Entscheidung des BGH,[18] zu Kaltwasserzählern, die den Nachweis der richtigen Werte trotz Ablaufs der Eichfrist zulässt, kann nicht auf die Heizkostenverordnung übernommen werden.[19] Denn dort handelte es sich um eine Beweisfrage, die auch durch andere Beweismittel beantwortet werden kann, während bei der Heizkostenverordnung ein normiertes Verfahren vorliegt, das genau einzuhalten ist. Außerdem bestimmt § 33 MessEG, dass Verbrauchswerte von nicht geeichten Messgeräten weder bei Erstellung der Abrechnung berücksichtigt noch in die Abrechnung einbezogen werden dürfen.[20] Verbrauchswerte für einen Zeitraum, der durch nicht geeichte Messgeräte erfasst wurde, müssen geschätzt werden. 3

Die übrigen Erfassungsgeräte, insbes. die **Heizkostenverteiler,** unterliegen keiner Eichpflicht,[21] sondern bedürfen hinsichtlich ihrer Eignung der Bestätigung sachverständiger Stellen. Diese sachverständigen Stellen ihrerseits müssen als solche von den jeweiligen Landesbehörden im Benehmen mit der Physikalisch-Technischen Bundesanstalt anerkannt worden sein. Für den jeweiligen Verbraucher (Gebäudeeigentümer, Nutzer) ist allerdings vor allem wesentlich, dass die angebrachten Geräte das behördliche Zulassungszeichen tragen; dann ist davon auszugehen, dass es sich um ein nach § 5 HeizkostenV verwendbares Gerät handelt. 4

Die Bestätigung der Erfassungsgeräte wird dann erteilt werden, wenn sie den anerkannten Regeln der Technik entsprechen. Ab November 1994 ist die bis dahin zu Grunde liegende 5

---

13 Zu den technischen Einzelheiten s. Kreuzberg/Wien Heizkostenabrechnung-HdB/*Domschke* Kap. 9.

14 Dritte Verordnung zur Änderung der Mess- und Eichverordnung 2021, Art. 1 Nr. 11 Anl. 7 Nr. 5.5.2, 7.1.

15 LME GE 2003, 313; ein im Jahr 2020 an sich notwendiger Zählerwechsel darf wegen der Corona-Pandemie bis 30.6.2021 hinausgeschoben werden, *Pfeifer* GE 2020, 971 mwN. Das bedeutet aber auch, dass die Werte bei der fälligen Heizkostenabrechnung verwendet werden können.

16 BayObLG NZM 1998, 486; 2005, 509 mAnm *Lefèvre* HKA 2005, 25.

17 AA *Zehelein* NZM 2017, 794; LG Limburg DWW 2018, 340 mablAnm *Lammel* WuM 2019, 73.

18 BGH VIII ZR 112/10, WuM 2011, 21 mAnm *Börstinghaus* jurisPR-BGHZivilR 5/2011 Anm. 4; *Pfeifer* jurisPR-MietR 4/2011 Anm. 3.

19 **AA** Lützenkirchen MietR/*Lützenkirchen* HeizkostenV § 5 Rn. 26; *Pfeifer* MietRB 2015, 83 (87); OLG München WuM 2012, 573; BeckOK MietR/*Pfeifer* HeizkostenV § 5 Rn. 26.

20 *Lammel* WuM 2015, 531; VG Köln ZWE 2015, 293; 2016, 101; OVG Münster ZWE 2016, 383 mAnm *Lammel* jurisPR-MietR 18/2016 Anm. 1; VGH Mannheim BeckRS 2020, 26748 = DÖV 2021, 44 Rn. 82–99.

21 AG Berlin-Pankow-Weißensee GE 2014, 1143.

DIN 4713 durch zwei europäische Normierungen ersetzt worden, die DIN EN 834 für Heizkostenverteiler mit elektrischer Energieversorgung und die DIN EN 835 für Heizkostenverteiler nach dem Verdunstungsprinzip.[22] Die Zulassung für Wärmezähler nach der europäische Norm für Wärmezähler EN 1434 aus dem Jahre 1997 erfolgt nach den insoweit materiell gleichlautenden innerstaatlichen Regelungen des MessEG und der PTB-Richtlinien[23] Der im Verordnungstext weiter aufgeführte Nachweis der Eignung auf andere Weise sollte die Anwendbarkeit technischer Neuentwicklungen offen halten, hat aber bislang keine praktische Bedeutung erlangt.

### B. Erfassungssysteme

6 Die Heizkostenverordnung begrenzt die verwendbaren Erfassungsgeräte nicht nur durch das amtliche Zulassungsverfahren, sondern auch durch eine abschließende Aufzählung der brauchbaren Systeme. Für den Wärmeverbrauch sind bislang sowohl Wärmezähler als auch Heizkostenverteiler als System zugelassen. Nach Art. 9 b Abs. 1 S. 1 EED sind nunmehr vorrangig Wärmezähler auch für den Einzelverbrauch zu verwenden[24]. Nur wenn die Anbringung solcher Messgeräte entweder technisch unmöglich oder wirtschaftlich im Hinblick auf die Kostenersparnis durch Energieeinsparung nicht effizient ist, kann auf Heizkostenverteiler zurückgegriffen werden (Art. 9 b Abs. 1 S. 2 EED). Für die Erfassung des Warmwasserverbrauchs enthält die Heizkostenverordnung neben den Warmwasserzählern eine Öffnungsklausel dergestalt, dass auch andere geeignete Ausstattungen verwendet werden dürfen. Letzteres beruht auf der Erwartung, dass neben den Zählern auch die ursprünglich einmal genutzten Verteilungssysteme wieder zu brauchbaren Geräten weiterentwickelt werden, wozu aber derzeit keine Aussicht besteht. Deshalb **streicht** der Referentenentwurf diese Öffnungsklausel.

7 Die beiden Systeme **unterscheiden** sich grds. darin, dass die **Zähler** den konkreten Energieverbrauch messen und in den jeweiligen Maßeinheiten angeben, während die **Verteiler** nur eine Verrechnungsgröße anzeigen, wonach sich der Verhältniswert des Einzelverbrauchs zum Gesamtverbrauch ermitteln lässt. Der Nutzer kann also nur beim Zähler seinen täglichen Verbrauch an Energie ermitteln und – theoretisch – entsprechend darauf reagieren, während ihm der Verteiler nur einen Jahresüberblick verschafft[25].

8 Ferner ist für die Verteilung der Kosten für den Verbrauch von Wärme und Warmwasser stets dann ein externer Wärmemessdienst erforderlich, wenn kein Zählgerät verwendet wird. Denn die Verteilungsgeräte erfordern nicht nur eine korrekte Anpassung an das jeweilige Heizsystem bzw. an die vorhandenen Heizkörper, sondern auch die Ablesung und Berechnung des der endgültigen Heizkostenabrechnung zu Grunde zu legendem Verbrauch dürfte einen Laien überfordern.

9 Die **Verträge mit den Messdienstfirmen** über den Abrechnungsdienst sind als Geschäftsbesorgungsverträge mit Werkvertragscharakter zu qualifizieren, auch wenn die Formularverträge von Dienstleistungen sprechen. Denn maßgebend für diese Einordnung ist nicht die Tätigkeit der Dienste, sondern der letztlich erzielte Erfolg, die Erstellung einer ordnungsgemäßen Heizkostenabrechnung. Die beauftragte Abrechnung ist fristgerecht iSd § 556 Abs. 3 S. 3 BGB zu erstellen; bei Verspätung macht sich das Unternehmen **schadensersatzpflichtig,** wenn der Vermieter deswegen seine Nachforderungen nicht mehr durchsetzen kann.[26] Der Vertrag über die Anmietung/den Kauf von elektronischen Heizkostenverteilern bzw. Zählern sowie deren Wartung kann selbständig abgeschlossen werden;[27] zumeist wird er aber mit dem Abrechnungsvertrag gekoppelt sein, wodurch der gesamte Vertragskomplex der Laufzeitbeschränkung des § 309 Nr. 9 BGB unterliegen kann.[28] Bei Wartungsverträgen über Heizkostenverteiler ist zu prüfen, ob diese nach ihrer technischen Ausgestaltung überhaupt einer Wartung bedürfen; verneinendenfalls könnte ein entsprechender Wartungsvertrag wegen arglistiger Täuschung angefochten werden.[29] Die bislang veröffentlichte Rspr. trennt

[22] Dazu iE Kreuzberg/Wien Heizkostenabrechnung-HdB/*Mügge* Kap. 4.

[23] Dazu iE Kreuzberg/Wien Heizkostenabrechnung-HdB/*Rose* Kap. 5.

[24] *Rauch* CuR 2019, 129.

[25] Deshalb sind für den monatlichen Verbrauchsnachweis auch nur Wärmezähler sinnvoll.

[26] AG Wuppertal NZM 2010, 901; s. auch LG Berlin GE 2015, 382; KG GE 2016, 1275.

[27] LG Hamburg ZMR 2017, 918 mit einer für zulässig gehaltenen Vertragsdauer von fünf Jahren.

[28] AG Gießen NJW-RR 1996, 49; bestätigt aus anderen Gründen von LG Gießen NJW-RR 1996, 630; s. auch OLG Frankfurt a. M. NZM 2005, 477 **aA** AG Weilburg HKA 2001, 35; zum Gesichtspunkt der Wirtschaftlichkeit der Kündigung eines bestehenden langfristigen Vertrages s. AG München ZMR 2012, 739.

[29] AG Osnabrück ZWE 2014, 100 mAnm *Reichert*.

allerdings strikt zwischen Mietvertrag über die Heizkostenverteiler und Ablese-/Abrechnungsvertrag mit der Folge, dass eine Kündigung des Ablesevertrages keinen Einfluss auf den Mietvertrag haben soll mit der Folge, dass einerseits die Laufzeitbegrenzung nach § 309 Nr. 9a BGB auf den Mietvertrag keine Anwendung findet und die Auflösung des Ablesevertrages ebenfalls keine Beendigung des Mietvertrages über die Heizkostenverteiler hat.[30] Dies erscheint unter dem Gesichtspunkt der Geschäftsgrundlage zweifelhaft: im Regelfall wird der Ablesevertrag nur deshalb mit dem konkreten Anbieter geschlossen, weil dieser auch die Heizkostenverteiler mietweise zur Verfügung gestellt hat. Ein gleiches gilt im Falle der Veräußerung des Anwesens; hier war Geschäftsgrundlage sowohl des Miet- als auch des Ablesevertrages, dass der Nach-Mieter der Geräte nach der Heizkostenverordnung zur entsprechenden Anbringung dieser Geräte, deren Ablesung und einer folgenden Kostenverteilung verpflichtet ist; anderenfalls stellt sich der Abschluss der genannten Verträge mit den Wärmemessdiensten als sinnlos heraus, was diese auch erkennen mussten, so dass die Argumentation mit dem Verwendungsrisiko des Mieters nach § 537 Abs. 1 BGB[31] nicht durchgreift. Die Messdienstfirmen selbst beharren funktional dadurch auf der Koppelung von Ablesevertrag und Mietvertrag, dass sie sich bislang geweigert haben, den Ablesecode für die vermieteten Geräte an den Mieter herauszugeben, damit dieser – wenn schon der Mietvertrag weiterbestehen soll –, die Geräte einem neuen Vertragspartner für die Ablesung etc zur Verfügung stellen kann[32]. Dieses Verhalten verstößt nach Inkrafttreten des GEG gegen § 6 Abs. 1 Nr. 5 GEG, wonach entsprechend dem Grundsatz der Interoperabilität der eingesetzten Geräte (§ 6 Abs. 1 Nr. 4 GEG) einem neuen Ableseunternehmen oder dem Gebäudeeigentümer die für die Abrechnung notwendigen Daten zugänglich gemacht werden **müssen.** Ausweislich der Gesetzesbegründung[33] soll damit ausdrücklich der Wechsel zu einer anderen Ablesefirma erleichtert und der Wettbewerb unter diesen Firmen gefördert werden.

Diese rechtlichen Vorgaben zur **Interoperabilität** sollen nunmehr in § 5 Abs. 5 HeizkostenV des Referentenentwurfs direkt in der Heizkostenverordnung umgesetzt werden: **9a**

***(5) Ab dem [einsetzen: Angaben des Tages und Monats des Inkrafttretens nach Artikel 3 sowie der Jahreszahl des ersten auf das Inkrafttreten folgenden Jahres] dürfen nur noch solche fernauslesbaren Ausstattungen zur Verbrauchserfassung installiert werden, die einschließlich ihrer Schnittstellen mit den Ausstattungen gleicher Art anderer Hersteller interoperabel sind und dabei den Stand der Technik einhalten. Die Interoperabilität ist in der Weise zu gewährleisten, dass im Fall der Übernahme der Ablesung durch eine andere Person diese die Ausstattungen zur Verbrauchserfassung selbst fernablesen kann. Das Schlüsselmaterial der fernablesbaren Ausstattungen zur Verbrauchserfassung ist dem Gebäudeeigentümer kostenfrei zur Verfügung zu stellen.***

Damit hat sich die entgegenstehende Rspr. erledigt[34]. Eine technisch bedingte Verhinderung des Wechsels zu einem anderen Anbieter wird dadurch ausgeschlossen, wodurch gleichzeitig der Wettbewerb unter den Anbietern gefördert werden soll und deren Oligopol aufgelöst wird.

Für alle Geräte gilt, dass sie systemimmanente **Fehlergrenzen** aufweisen, die aber die konkrete Erfassung **nicht fehlerhaft** machen, weil sie bei allen Nutzern auftreten. Lediglich Einzelfehler wirken sich zulasten des einzelnen Nutzers aus und können zur Unbrauchbarkeit der Erfassung führen. **10**

Bei der Wahl unter den verschiedenen Erfassungssystemen ist, sofern die technische Ausgestaltung der Heizung nicht ein besonderes System erfordert, der **Grundsatz der Wirtschaftlichkeit** gem. § 5 GEG zu beachten[35]. Nach dieser Vorschrift gelten *„Anforderungen als wirtschaftlich vertretbar, wenn generell die erforderlichen Aufwendungen innerhalb der üblichen Nutzungsdauer durch die eintretenden Einsparungen erwirtschaftet werden können"*. Bei dem hierfür erforderlichen Kosten-Nutzen-Vergleich ist zwischen reinen Wohn- und reinen Gewerbebauten zu trennen. Für Wohngebäude scheidet die **11**

---

[30] AG Dortmund DWW 1999, 384; AG Saarlouis DWW 1999, 384; AG Mülheim DWW 1999, 383; AG Nidda DWW 1999, 383; im Falle einer solchen Inkongruenz wird der Gerätevermieter für verpflichtet gehalten, den Entschlüsselungscode für die Funkablesung herauszugeben, damit ein anderer Dienstleister die Geräte nutzen kann, AG Frankfurt a. M. MietRB 2019, 12.

[31] So die in Fn. 30 zitierten Entscheidungen; s. auch AG Buchen DWW 1999, 327.

[32] Eine solche Herausgabepflicht verneinte LG Frankfurt a. M. 3.5.2019 – 2-16 S 163/18, juris mablAnm *Lammel* jurisPR-MietR 14/2019 Anm. 3; bejaht hingegen von LG Mönchengladbach BeckRS2020, 5564 mAnm *Lammel* jurisPR-MietR 13/2020 Anm. 1.

[33] Entwurf eines Gesetzes zur Vereinheitlichung des Energieeinsparrechts für Gebäude, S. 128.

[34] Die von Zehelein, ZMR 2021, 541/547, geäußerten Bedenken hinsichtlich der Praktikabilität der Neuregelung lassen sich unter Verwendung der üblichen Auslegungsmethoden nach Sinn und Zweck der Norm überwinden.

[35] Einzelheiten → HeizkostenV § 11 Rn. 21–24.

Anwendung der Wärmezähler (abgesehen von einer Vorerfassung, → Rn. 31 ff.) wegen der Kosten aus, die nahezu der prognostizierten Energieeinsparung entsprechen. Der prozentuale Anteil beträgt zwischen 6% und 13% der jährlichen Heizkosten gegenüber einer möglichen Energieeinsparung von 15%.[36] Dem steht die Forderung nach fernablesbaren Geräten nicht entgegen, da deren Einsatz ebenfalls unter der Bedingung der Wirtschaftlichkeit steht. Eine unter Kostengesichtspunkten realistische Auswahl kann daher nur zwischen den Verdunstungsgeräten und den elektronischen Heizkostenverteilern getroffen werden[37]. Da für die Erfassung des Warmwasserverbrauchs derzeit nur ein System zur Verfügung steht, muss notwendigerweise eine derartige Kosten-Nutzen-Analyse entfallen, zumal hier auch noch die volkswirtschaftlichen Kosten des Wasserverbrauchs zu berücksichtigen sind. Bei Gewerbebauten ist dagegen der Einsatz von Wärmezählern sinnvoll.[38]

## I. Erfassung des Wärmeverbrauchs

12 Der Wärmeverbrauch darf entweder durch Wärmezähler oder durch Heizkostenverteiler erfasst werden. Während die Anbringung von Zählern bei Neubauten angemessen ist, wird aus Kostengründen bei Altbauten auf die Verteilungsgeräte zurückgegriffen. Beide Systeme erfüllen ihren Zweck, wenn auf die jeweiligen Einsatzgrenzen geachtet wird.

13 Die **Verteilungsgeräte** arbeiten entweder nach dem Verdunstungsprinzip oder als Geräte mit elektronischer Energieversorgung.

### 1. Verdunstungsgeräte

14 Die **Verdunstungsgeräte** beruhen auf dem physikalischen Prinzip, dass eine bestimmte Flüssigkeit unter Einfluss von Wärme in einer bestimmten Zeit um bestimmte Volumenanteile verdunstet.[39] Mangels Zuordenbarkeit dieser Verdunstung zu einer bestimmten konkreten Wärmequelle sind die Verdunstungsgeräte nicht einsetzbar bei Fußbodenheizungen, Deckenstrahlungsheizungen[40], klappengesteuerten Heizkörpern, Heizkörpern mit Gebläse, Dampfheizsystemen,[41] Heizungssystemen mit mittlerer Auslegungs-Heizungsmediumtemperatur unter 60 C bzw. 55 C (sog. Niedertemperaturheizungen), Heizsystemen, bei denen der Nutzer keine Möglichkeit hat, den Wärmeverbrauch direkt zu beeinflussen[42], horizontalen Einrohrheizungen, die sich über eine Nutzereinheit hinaus erstrecken,[43] Badewannenkonvektoren und Warmlufterzeugern.[44]

15 Bei den übrigen Heizkörperarten sind die Verdunstungsgeräte generell einsetzbar. Allerdings ist jeweils darauf zu achten, dass sie den unterschiedlichen Bauarten und damit auch der verschiedenen Art der Wärmeabgabe angepasst werden, was entweder bereits bei der Skalierung (durch eine sog. Produktskale) oder nachträglich bei der Abrechnung erfolgt.[45] Abhängig vom Heizungssystem und der Heizkörperart ist auch die Anbringungsart der Verdunstungsgeräte sowohl hinsichtlich ihrer Höhe als auch im Verhältnis zur Länge des Heizkörpers.

16 Das Verdunstungsgerät besteht aus (mindestens) drei Teilen, der Befestigungsvorrichtung am Heizkörper (Gehäuseunterteil), der Glasampulle mit der Messflüssigkeit und der Abdeckung (Gehäuseoberteil) mit der Messskala; außerdem kann noch ein Fach zur Aufbewahrung der Vorjah-

[36] Kreuzberg/Wien Heizkostenabrechnung-HdB/*Wien* S. 510–513; s. auch AG Münster WuM 2001, 499.

[37] Zum Grundsatz der Wirtschaftlichkeit bei Erfassungsgeräten s. LG Berlin WuM 2004, 340 mAnm *Wall;* LG Köln NZM 2005, 453; s. auch *Lammel* ZdW Bay. 2005, 288 (292). Die zu den angeblich überdimensionierten Wasserzählern ergangene Entscheidung BGH VIII ZR 97/09, NZM 2010, 558 dürfte bei der Anwendung der Heizkostenverordnung keine Rolle spielen, da zu große Zähler nicht den technischen Vorgaben der Heizkostenverordnung entsprechen.

[38] Siehe Kreuzberg/Wien Heizkostenabrechnung-HdB/*Wien* S. 513 f.

[39] Siehe iE Kreuzberg/Wien Heizkostenabrechnung-HdB/*Hampel/Faulhaber* Kap. 7.3, S. 350 ff.

[40] BeckOK MietR/*Pfeifer* HeizkostenV § 4 Rn. 4.

[41] AG Berlin-Neukölln GE 1999, 579.

[42] Zur **Rohrwärmeabgabe** generell s. § 7 HeizkostenV.

[43] Im Gegensatz zur horizontalen Einrohrheizung nur für eine Nutzungseinheit, BayObLG NJW-RR 1993, 663, und den vertikalen Einrohrheizungen, s. Kreuzberg/Wien Heizkostenabrechnung-HdB/*Wien* S. 497.

[44] Siehe Kreuzberg/Wien Heizkostenabrechnung-HdB/*Hampel/Faulhaber* Kap. 7.3, S. 341 f.; zur Kostenverteilung bei einer Warmluftheizung s. OLG Frankfurt a. M. ZMR 2018, 585.

[45] Siehe Kreuzberg/*Wien Heizkostenabrechnung-HdB/Hampel/Faulhaber* Kap. 7.3, S. 365; diese technischen *Einzel*heiten brauchen in der Heizkostenabrechnung nicht erläutert zu werden, AG Berlin-Spandau GE 2005, 920; **aA** insoweit LG Berlin GE 2011, 1021; kann aber im Streitfall durch Sachverständigenbeweis geklärt werden AG Hamburg-Barmbek ZMR 2011, 293.

resampulle vorhanden sein. Die Verbindung der Teile miteinander wird durch eine Verplombung gesichert, um Manipulationen am Flüssigkeitsröhrchen zu verhindern. Die beteiligten Laien können die ordnungsgemäße Funktion des Geräts nur bzgl. seines festen Sitzes am Heizkörper und zusätzlich dadurch kontrollieren, dass jedes Jahr eine anders gefärbte Flüssigkeit in der Glasampulle ist.

Die **Verdunstung** der Messflüssigkeit erfolgt nicht linear, sondern kurvenförmig und stimmt ferner nicht überein mit der Kennlinie des jeweiligen Heizkörpers, dh seiner mittleren Temperatur während einer Heizperiode. Deshalb sind die Strichzahlen der verschiedenen Heizperioden nicht miteinander vergleichbar, so dass hieraus keine Einwände gegen das Ableseergebnis hergeleitet werden können. Ferner ist die sog. **Kaltverdunstung** zu berücksichtigen, dh die Verdunstung der Messflüssigkeit bei abgeschaltetem Heizkörper auf Grund anderer Wärmequellen. Zu diesem Zweck wird die Ampulle über den Skalennullpunkt hinaus mit der sog. Kaltverdunstungsvorgabe gefüllt;[46] letzteres wiederum macht den jährlichen Austausch der Messampulle notwendig. Eine Überfüllung der Ampulle dergestalt, dass trotz unstreitigen Verbrauchs ein Null-Verbrauch angezeigt wird (zB bei Leerstand), macht die Abrechnung fehlerhaft; denn die Kosten des Leerstandes hat der Vermieter zu tragen und darf nicht auf die anderen Mieter mitverteilt werden.[47] 17

**Anwendungsfehler beim Einsatz der Verdunstungsgeräte**[48] führen nicht dazu, dass keine gesetzlich vorgeschriebene Ausstattung zur Erfassung vorliegt, sondern lediglich dazu, dass die erfassten Werte nicht vollkommen zutreffend ermittelt worden sind und die endgültige Kostenverteilung daher dem Kürzungsrecht nach § 12 Abs. 1 HeizkostenV unterliegt, sofern der Fehler dem Gebäudeeigentümer zuzurechnen ist. 18

Als Anwendungsfehler, die dem Gebäudeeigentümer zuzurechnen sind, können **Fehler bei der Anbringung der Geräte** am Heizkörper gewertet werden,[49] zB bei gängigen Rippenheizkörpern mit Thermostatventilen die Anbringung nicht in 75% der Heizkörperbauhöhe und in der Mitte der Heizkörperlänge; die nicht feste und vollflächige Verbindung der Gehäuseunterfläche mit dem Heizkörper durch lose Verschraubungen; den nicht flächigen Verbund oder die zu dicke Klebeschicht beim Verkleben des Verdunstungsgeräts auf der Heizkörperfläche. Ferner können **Fehler beim Ablesen der Messflüssigkeit** vorkommen, zB Ablesen im Warmzustand der Flüssigkeit, wodurch diese einen zu hohen Stand und damit einen geringeren Verbrauch aufweist; Ablesung nicht in Augenhöhe oder nicht in der Mitte des Flüssigkeitsspiegels. 19

Anbringungsfehler können auch nachträglich durch Veränderung der Heizungsanlage, Austausch der Heizkörper oder Wärmedämm-Maßnahmen auftreten[50]. Alle diese Umstände verlangen eine Anpassung der Verdunstungsgeräte an die neue Situation durch Veränderung des Anbringungsortes und/oder Anpassung an die neue Bauart des Heizkörpers. 20

Eher der Nutzerseite zuzuordnen sind die Anwendungsfehler, die infolge eines Wärmestaus oder von Manipulationsversuchen auftreten. Ein **Wärmestau** wird durch Heizkörperverkleidungen oder lange dichte Vorhänge, die über die Heizkörper hängen, verursacht. Er führt dazu, dass für die Erwärmung des Raumes mehr Heizenergie aufgewendet werden muss, um die Wärmeabsorption durch das „stauende" Werkstück zu überwinden. Zusätzlich steigt durch die Stauwärme die Temperatur der Messflüssigkeit mit der Folge einer höheren Verdunstung als sie der ungestauten Wärmeabgabe entsprechen würde. In diesen Zusammenhang gehören auch die **Manipulationsversuche** durch Umwickeln der Geräte mit feuchten oder kalten Lappen; dies führt ebenfalls zu einem Wärmestau mit Mehrverbrauch.[51] Während letzteres eindeutig auf das Verhalten des Nutzers zurückzuführen ist, kommt es bei den übrigen Vorkehrungen, die einen Wärmestau herbeiführen können, zum einen auf denjenigen an, der diese Gegenstände angebracht hat (Gebäudeeigentümer oder Nutzer), zum anderen darauf, ob der Nutzer auf diese Zusammenhänge hingewiesen worden ist.[52] 21

---

[46] Zur Umrechnung bei einer Zwischenablesung AG Flensburg WuM 1991, 702; die vom AG Starnberg NJW-RR 2014, 17, geforderte Erläuterung gehört entgegen dem AG nicht zum formellen, sondern zum materiellen Teil einer Heizkostenabrechnung.

[47] **AA** AG Berlin-Köpenick GE 2007, 1327; entgegen dessen Ansicht handelt es sich nicht um eine Messungenauigkeit, sondern einen Anwendungsfehler.

[48] Siehe *Kinne,* Heizung und Heizkostenabrechnung (1992) S. 124f.

[49] LG Berlin GE 1991, 1119 bei den Besonderheiten einer Ein-Rohr-Heizung; AG Berlin-Köpenick GE 2012, 759.

[50] Hier besteht eine schadensersatzbewehrte Aufklärungspflicht des Handwerkers, *Wiesler* GE 2004, 1206.

[51] Siehe Kreuzberg/Wien Heizkostenabrechnung-HdB/*Hampel/Hampel/Faulhaber* Kap. 7.3, S. 377.

[52] AG Aschersleben/Staßfurt ZMR 2005, 714.

### 2. Elektronische Heizkostenverteiler

22 Bei diesen handelt es sich um batteriebetriebene Geräte zur Ermittlung der Differenz zwischen der Oberflächentemperatur des Heizkörpers und der Raumtemperatur, dh der sog. Heizkörper-Übertemperatur, bezogen auf die Zeit, in der der Heizkörper Wärme abgibt. Der praktische Vorteil dieser Geräte gegenüber den Verdunstern liegt in ihrer leichteren Ablesbarkeit wegen der ziffernmäßigen Angabe der Werte und der Möglichkeit, diese Werte zentral, also außerhalb der jeweiligen Nutzereinheit abzulesen,[53] oder durch Funk auf das Ableseunternehmen zu übertragen[54]. Zwar handelt es sich bei den Ablesewerten um personenbezogene Daten.[55] Ihre Erhebung und Nutzung ist aber nach § 28 Abs. 1 Nr. 1 BDSG (s. auch § 21 g EnWG; jetzt auch nach Art. 6 Abs. 1 lit. b DSGVO) zulässig, weil dies für die Durchführung des Mietverhältnisses erforderlich ist.[56]

23 Beim **Kompakt-Einfühlergerät** wird nur die mittlere Heizkörper-Oberflächentemperatur gemessen; die Raumtemperatur wird mit einem bestimmten Wert (zB 20 C) als konstant angenommen.[57] Das **Kompakt-Zweifühlergerät** misst die Oberflächentemperatur und zusätzlich indirekt die Raumtemperatur durch Messung der Temperatur an der Gerätefrontseite.[58] Da diese indirekte Messung anfällig für Wärmestau (→ Rn. 21) ist, wechselt das Gerät ab einer bestimmten Raumtemperatur automatisch in das Einfühlerverfahren. Das **Dreifühlergerät** erfasst die Heizkörperoberflächentemperatur durch Messung der Vor- und Rücklauftemperatur und die Raumtemperatur durch einen eigenen Raumfühler.[59]

24 Der Einsatzbereich dieser Geräte ist auf eine Vorlauftemperatur zwischen 40 C (Mehrfühlergerät) bzw. 55 C (Einfühlergerät) und 90 C beschränkt. Außerdem sind sie nicht anwendbar bei Fußbodenheizungen, Deckenstrahlungsheizungen, klappengesteuerten Heizkörpern, Heizkörpern mit Gebläse, Warmlufterzeugern, Heizungssystemen, deren Heizkörper mit Dampf betrieben werden, und solchen Heizsystemen, bei denen der Nutzer den Verbrauch nicht beeinflussen kann. Dem der Kaltverdunstung (→ Rn. 17) entsprechenden Verhalten der Geräte wird durch eine sog. Messwertunterdrückung begegnet, dh die Messung beginnt erst ab einer bestimmten Oberflächentemperatur des Heizkörpers.

25 **Anwendungsfehler**[60] führen ebenso wie bei den Verdunstungsgeräten (→ Rn. 18) zum Kürzungsrecht des Nutzers nach § 12 Abs. 1 HeizkostenV, sofern die Geräte für das vorhandene Heizsystem überhaupt tauglich sind. Ebenfalls ähnlich wie bei den Verdunstern können Fehler bei der Montage hinsichtlich des festen Sitzes, der Wärmeleitung zwischen Heizkörper und Gerät und der Montagehöhe vorkommen. Außerdem könnte der seltenere Fall eintreten, dass die Batteriereserve nicht ausreichend zumindest für den Einjahresbetrieb ausgelegt ist, so dass die Stromversorgung ausfällt.

### 3. Wärmezähler

26 Diese Geräte geben nicht lediglich nur Vergleichswerte an, sondern die verbrauchte thermische Energie in gesetzlichen Maßeinheiten. Sie sind bei allen Heizungssystemen einsetzbar, unter Kostengesichtspunkten allerdings bevorzugt jeweils für eine Nutzereinheit mit einem abgeschlossenen horizontal verlaufenden Heizkreislauf, bei der Vorerfassung und in der Übergabestation zwischen Fernwärme und dem mit Wärme versorgten Gebäude. Die Messgeräte bestehen aus drei Teilen, den Temperaturfühlern an Vor- und Rücklauf des Wärmeträgermediums, dem Messteil für das Volumen des durchfließenden Wärmeträgers und dem elektronischen Rechenwerk mit der Anzeige der verbrauchten Energie. Im Rechenwerk werden die von den einzelnen Teilen gelieferten Werte (Temperatur von Vor- und Rücklauf, Volumen des durchfließenden Mediums) miteinander verknüpft, die thermische Energie berechnet und schließlich der jeweilige Verbrauch angezeigt.[61]

---

[53] AHW HKA 2005, 17.

[54] Siehe dazu Kreuzberg/Wien Heizkostenabrechnung-HdB/*Mrozinski/Domke* Kap. 9.

[55] **AA** möglicherweise AG Dortmund ZWE 2014, 99.

[56] *Storm* DWW 2018, 204 (206); *Will* WuM 2017, 502 (510); *Zehelein* NJW 2020, 1572; aA LG Dortmund WuM 2015, 115 (unter Aufhebung der Entscheidung AG Dortmund ZWE 2014, 99) unter Nichtberücksichtigung des BDSG.

[57] Kreuzberg/Wien Heizkostenabrechnung-HdB/*Braun/Schmidt/Schmid/Tritschler* Kap. 8.2.1, S. 397.

[58] Siehe Kreuzberg/Wien Heizkostenabrechnung-HdB/*Braun/Schmidt/Schmid/Tritschler* Kap. 8.2.2, S. 398.

[59] *Siehe Kreuzberg*/Wien Heizkostenabrechnung-HdB/*Braun/Schmidt/Schmid/Tritschler* Kap. 8.2.3, S. 402.

[60] Siehe *Kinne,* Heizung und Heizkostenabrechnung (1992) S. 126 f.

[61] Siehe Kreuzberg/Wien Heizkostenabrechnung-HdB/*Rose* Kap. 5.5, S. 265 ff.

27 Die Geräte stellen zwar von den drei üblicherweise benutzten Systemen das genaueste und sicherste dar. Jedoch unterliegen auch sie Fehlern, die sich in den Eichfehlergrenzen und den Verkehrsfehlergrenzen niederschlagen. Diese wirken sich allerdings nicht bei der Verteilung der Heizkosten aus, weil alle in einem Gebäude verwendeten Geräte derselben Fehlergrenze unterliegen. Allerdings steht dem Nutzer der Beweis offen, dass die Geräte – trotz vorhandener Eichgültigkeit – fehlerhaft angezeigt haben.[62]

28 Die Geräte sind eichpflichtig, dh sie müssen vor ihrem ersten Einsatz geeicht sein und nach Ablauf der Eichgültigkeitsdauer nachgeeicht werden. Diese Eichgültigkeitsdauer beträgt derzeit nur fünf Jahre.[63] Hierfür muss des Gerät ausgebaut werden, wodurch erhebliche Kosten entstehen, was ebenfalls den Einsatz der Geräte begrenzt.[64]

### II. Erfassung des Warmwasserverbrauchs

29 Da die einstmals verwendeten Warmwasserkostenverteiler ausgedient haben dürften und nach dem 1.1.1987 nicht mehr neu eingebaut werden durften, findet sich als gängiges Messgerät nur der **Warmwasserzähler.** Er misst allerdings nur den Durchfluss des erwärmten Wassers, also das Volumen des Wassers, aber nicht die jeweilige Wassertemperatur. Deshalb enthält das Messergebnis auch den Anteil des im Rohrleitungsnetz stehenden, nach Erwärmung im Warmwasserbereitungsgerät wieder abgekühlten Wassers. Dieses muss ablaufen, um dem Nutzer wieder warmes Wasser, dh solches von einer Temperatur zwischen 30 C und 90 C, zu liefern. Der hierdurch entstehende Wasserverlust kann durch eine Zirkulationsleitung vermieden werden, die sich aber nur bei größeren Objekten kostenmäßig lohnt, bei denen eine ständige Warmwasserbereitschaft erforderlich ist.

30 Auch diese Geräte sind **eichpflichtig.** Nach Ablauf der Eichgültigkeitsdauer von fünf Jahren müssen sie ausgebaut und zur Nacheichung vorgelegt werden. Um den nochmaligen Ausbau eines zwischenzeitlich verwendeten Ersatzgerätes zu vermeiden, verbleibt dieses in der Warmwasseranlage. Die Eich- und damit zusammenhängende Montagekosten gehören zu den nach § 7 Abs. 2 HeizkostenV verteilungsfähigen Kosten der Verwendung eines Erfassungsgeräts. Entsprechen die Kosten für das Ersatzgerät denen für die Eichung und den Wiedereinbau des Altgerätes, können stattdessen diese Ersatzkosten in die Abrechnung eingestellt werden.[65] Die Kosten sind anteilsmäßig auf die Eichdauer zu verteilen, um nicht nur den Nutzer zum Zeitpunkt der Nacheichungspflicht mit den Kosten zu belasten.

## C. Vorerfassung, Abs. 2

31 In eine Heizkostenverteilung können nur Werte einfließen, die von demselben Erfassungssystem bei allen Nutzern ermittelt worden sind; Werte unterschiedlicher Erfassungssysteme sind dagegen nicht miteinander vergleichbar[66]. Sind in einem Gebäude wegen der besonderen heizungstechnischen Bedingungen unterschiedliche Erfassungssysteme in Gebrauch, **muss** eine Vorerfassung durchgeführt werden.[67] Die jeweils systemeinheitlichen Nutzer werden dadurch in einer Gruppe zusammengefasst.

32 Neben den technisch bedingten können auch nutzungsbedingte Umstände eine Vorerfassung sinnvoll werden lassen;[68] letztere liegt aber im Ermessen des Gebäudeeigentümers[69], während er bei den technischen Umständen dazu gezwungen ist. Unterschiedliche Nutzungen liegen in einer

---

62 VG Neustadt HKA 2016, 38.

63 Siehe Kreuzberg/Wien Heizkostenabrechnung-HdB/*Rose* Kap 5.5, S. 292–293 mit der dort beschriebenen Möglichkeit einer Verlängerung der Frist um drei Jahre.

64 Zur förmlichen Inbetriebnahme dieser Geräte s. ausf. BeckOK MietR/*Pfeifer* HeizkostenV § 5 Rn. 39–47.

65 LG Berlin GE 1992, 385.

66 Deshalb ist auch eine Umrechnung der Werte von Wärmezählern in diejenigen von Erfassungsgeräten nicht möglich, LG Hamburg BeckRS 2013, 200286.

67 BGH VIII ZR 329/14, WuM 2016, 174.

68 AG Berlin-Neukölln GE 1999, 579.

69 Die Bildung der Nutzergruppen muss aber in der Abrechnung nachvollziehbar sein KG ZMR 2010, 15; Leitungsverluste führen nicht zu einem Abänderungsanspruch gegenüber dem Gebäudeeigentümer, OLG Schleswig ZMR 2005, 406.

Grobeinteilung bei gewerblicher und wohnlicher Nutzung im selben Gebäude vor[70]; die gewerbliche kann dann noch weiter unterteilt werden je nach dem spezifischen Wärmebedarf (von der Arztpraxis bis zur technischen Produktionsstätte). Unterschiedliche Gebäudearten sind zB gegeben bei der Versorgung von Häusern unterschiedlicher Größe und Nutzungsart (vom Hochhaus über den Wohnblock zum Einfamilienhaus) durch ein Blockheizwerk. Die Auslegung der Generalklausel („andere sachgerechte Gründe") ist im Lichte dieser gesetzlichen Beispiele auszulegen, hat aber im Wesentlichen keine praktische Bedeutung.

**33** Technisch erfordert die Vorerfassung den Einsatz von Wärmezählern. Denn nur mit diesen Geräten kann derzeit die von einer Nutzergruppe insgesamt verbrauchte Wärme erfasst werden. Allerdings muss für jede Nutzergruppe ein eigener Wärmezähler angebracht werden; es reicht nicht aus, dass die Werte eines einzelnen Zählers vom Gesamtwert abgezogen werden und dieser Restbetrag dann der anderen Nutzergruppe zugeordnet wird.[71] Die Verteilung der vorerfassten Verbrauchseinheiten erfolgt nach § 6 Abs. 2 HeizkostenV; bei nicht verordnungskonformer Durchführung der Vorerfassung steht den Nutzern das Kürzungsrecht gem. § 12 Abs. 1 HeizkostenV zu.[72]

[70] Der BGH hält in solchen Fällen einen Vorwegabzug der gewerblich verursachten Kosten nur aus Billigkeitsgründen für erforderlich, sieht in dessen Unterlassung aber keinen formellen Mangel der Abrechnung, BGH VIII ZR 46/10, WuM 2010, 741.

[71] BGH VIII ZR 57/07, WuM 2008, 556 mAnm *Wall* WuM 2008, 588 = ZMR 2008, 885 mAnm *Schmid;* AG Itzehoe ZMR *2016, 912. Eine Differenzmessung soll allerdings bei der Wasserabrechnung zulässig sein, BGH VIII* ZR 69/09, WuM 2010, 35; dazu *Pfeifer* MietRB 2009, 338.

[72] BGH VIII ZR 329/14, WuM 2016, 174; dazu *Lammel* NZM 2016, 748; *Zehelein* WuM 2016, 176; *Wall* jurisPR-MietR 5/2016 Anm. 3.

## § 6 Pflicht zur verbrauchsabhängigen Kostenverteilung

**(1) [1]Der Gebäudeeigentümer hat die Kosten der Versorgung mit Wärme und Warmwasser auf der Grundlage der Verbrauchserfassung nach Maßgabe der §§ 7 bis 9 auf die einzelnen Nutzer zu verteilen. [2]Das Ergebnis der Ablesung soll dem Nutzer in der Regel innerhalb eines Monats mitgeteilt werden. [3]Eine gesonderte Mitteilung ist nicht erforderlich, wenn das Ableseergebnis über einen längeren Zeitraum in den Räumen des Nutzers gespeichert ist und von diesem selbst abgerufen werden kann. [4]Einer gesonderten Mitteilung des Warmwasserverbrauchs bedarf es auch dann nicht, wenn in der Nutzeinheit ein Warmwasserzähler eingebaut ist.**

**(2) [1]In den Fällen des § 5 Absatz 2 sind die Kosten zunächst mindestens zu 50 vom Hundert nach dem Verhältnis der erfassten Anteile am Gesamtverbrauch auf die Nutzergruppen aufzuteilen. [2]Werden die Kosten nicht vollständig nach dem Verhältnis der erfassten Anteile am Gesamtverbrauch aufgeteilt, sind**

**1. die übrigen Kosten der Versorgung mit Wärme nach der Wohn- oder Nutzfläche oder nach dem umbauten Raum auf die einzelnen Nutzergruppen zu verteilen; es kann auch die Wohn- oder Nutzfläche oder der umbaute Raum der beheizten Räume zu Grunde gelegt werden,**

**2. die übrigen Kosten der Versorgung mit Warmwasser nach der Wohn- oder Nutzfläche auf die einzelnen Nutzergruppen zu verteilen.**

**[3]Die Kostenanteile der Nutzergruppen sind dann nach Absatz 1 auf die einzelnen Nutzer zu verteilen.**

**(3) [1]In den Fällen des § 4 Absatz 3 Satz 2 sind die Kosten nach dem Verhältnis der erfassten Anteile am Gesamtverbrauch auf die Gemeinschaftsräume und die übrigen Räume aufzuteilen. [2]Die Verteilung der auf die Gemeinschaftsräume entfallenden anteiligen Kosten richtet sich nach rechtsgeschäftlichen Bestimmungen.**

**(4) [1]Die Wahl der Abrechnungsmaßstäbe nach Absatz 2 sowie nach § 7 Absatz 1 Satz 1, §§ 8 und 9 bleibt dem Gebäudeeigentümer überlassen. [2]Er kann diese für künftige Abrechnungszeiträume durch Erklärung gegenüber den Nutzern ändern**

**1. bei der Einführung einer Vorerfassung nach Nutzergruppen,**

**2. nach Durchführung von baulichen Maßnahmen, die nachhaltig Einsparungen von Heizenergie bewirken oder**

**3. aus anderen sachgerechten Gründen nach deren erstmaliger Bestimmung.**

**[3]Die Festlegung und die Änderung der Abrechnungsmaßstäbe sind nur mit Wirkung zum Beginn eines Abrechnungszeitraumes zulässig.**

### Systematische Übersicht



### A. Regelungsgehalt

Neben der Pflicht zur Erfassung des Verbrauchs von Wärme und Warmwasser (§ 4 HeizkostenV) 1
und der zur Ausstattung der Räume mit geeigneten Erfassungsgeräten (§ 5 HeizkostenV) legt das Gesetz dem Gebäudeeigentümer daraus folgend die Verpflichtung auf, die auf Grund der Erfassung sich ergebenden Kosten auf die einzelnen Nutzer zu verteilen. Für die Durchführung dieser Verteilung beschränkt es sich auf den Verweis auf die §§ 7–9 HeizkostenV, dh auf die zulässigen Maßstäbe der Verteilung von Wärme (§ 7 HeizkostenV) und Warmwasser (§ 8 HeizkostenV) hinsichtlich der verbrauchsabhängigen und der verbrauchsunabhängigen Anteile, auf die Aufzählung der verteilungsfähigen Kosten (§§ 7 Abs. 2, 8 Abs. 2 HeizkostenV) und auf die Verteilung bei verbundenen Anlagen (§ 9 HeizkostenV).

2 Die Durchführung der Verteilung iE ist in der Heizkostenverordnung – mit den Ausnahme in § 7 Abs. 1 S. 2–4 HeizkostenV – nicht geregelt. Sie verweist damit inzident auf die allgemeinen Vorschriften der das jeweilige Nutzungsverhältnis regelnden Gesetze bzw. auf die – soweit vorhanden – vertraglichen Sonderbestimmungen. Da sich der Gebäudeeigentümer bei der Kostenverteilung zumeist einer Abrechnungsfirma bedient, wirken die dortigen vertraglichen Beziehungen dergestalt auf die Verhältnisse Gebäudeeigentümer – Nutzer ein, dass ein vertragswidriges Verhalten der Messdienstfirma auch zu einem Abrechnungsfehler gegenüber dem Nutzer führt, während umgekehrt die ordnungsgemäße Erfüllung des Abrechnungsvertrages gegenüber dem Gebäudeeigentümer nicht zwingend auch eine ordnungsgemäße Abrechnung gegenüber dem Nutzer zur Folge hat.[1]

## B. Kostenverteilung, Abs. 1

3 Die Verteilung der Kosten des Wärme- und Warmwasserverbrauchs setzt dessen ordnungsgemäße Erfassung und damit die Anbringung der gesetzlich als geeignet bezeichneten Erfassungsgeräte voraus. Über die Anbringung[2] wird eine technische Dokumentation erstellt, in der Art und Zahl der Erfassungsgeräte sowie der Heizkörper, Bewertung der Heizkörper und die davon abhängige Skalierung, schließlich die Verteilungsquote zwischen verbrauchsabhängigen und verbrauchsunabhängigen Kosten aufgeführt sind. Diese Dokumentation erhält der Gebäudeeigentümer als Anschlusskunde des Wärmemessdienstes. Der Nutzer hat Anspruch auf Einblick in die Dokumentation, auch unter Beiziehung eines Sachverständigen, um Zweifeln hinsichtlich einer korrekten Kostenverteilung nachgehen zu können, es sei denn, dem Nutzer ist eine separate Dokumentation ausgehändigt worden.[3]

### I. Verbrauchserfassung

4 Eine ordnungsgemäße Kostenverteilung setzt eine verbrauchsnahe **Ablesung der erfassten Verbrauchswerte** voraus, dh beim Wärmeverbrauch im Regelfall nach Beendigung der Heizperiode. Jedenfalls bei Verdunstungsgeräten ist hierfür das Betreten der Räume mit Erfassungsgeräten durch den beauftragten Wärmemessdienst erforderlich; bei elektronischen Verteilern sowie bei Wärme- und Warmwasserzählern ist dies – je nach technischer Ausgestaltung der Geräte[4] – nicht unbedingt erforderlich, insbes. wenn nach Umsetzung der Richtlinie EU 2018/2002 – EED –, Art. 9 c EED, die Erfassungsgeräte fernablesbar sein müssen. Die Zeitnähe der Erfassung zur regelmäßigen Verbrauchsbeendigung ist ferner bei elektronischen Verteilungsgeräten dann nicht erforderlich, wenn sie zu einem bestimmten Zeitpunkt (dh kalendermäßiges Ende der Heizperiode) die laufende Zählung abschließen, diesen Wert jederzeit abrufbar speichern und danach neu zu zählen anfangen.[5]

5 Sofern das Betreten der einzelnen Nutzungseinheiten noch erforderlich ist (dh grds. bis zum Einbau fernablesbarer Geräte), muss diesem eine **Ankündigung** von ein bis zwei Wochen vorangehen[6], sofern die Größe und die Nutzerstruktur des Gebäudes keine kürzere oder längere Frist erfordern. Die Ankündigung sollte schriftlich erfolgen. Ihre **Art und Weise** hängt wiederum mit der Nutzerstruktur des Gebäudes zusammen: es kann ein Generalaushang im Treppenhaus[7], an der

---

[1] **AA** wohl Schmid Miet- und WohnR/*Schmid* HeizkostenV § 6 Rn. 3a.

[2] Wobei im Folgenden stets davon ausgegangen wird, dass alle mit der Kostenverteilung zusammenhängenden Leistungen durch eine Drittfirma erbracht werden, wie dies in der Praxis überwiegend der Fall ist.

[3] Kreuzberg/Wien Heizkostenabrechnung-HdB/*Franke* Kap. 11.3, S. 587ff.; der sog. Wärmepass nach § 12 WärmeschutzV ist nur für nach dem 31.12.1994 errichtete oder veränderte Gebäude erforderlich, Kreuzberg/Wien Heizkostenabrechnung-HdB/*v. Brunn* Kap. 3.11.4, S. 231. Diese Regelung gilt nach § 19 EnEV weiter für Bauvorhaben, für die vor dem In-Kraft-Treten der EnEV (17.11.2001) der Bauantrag gestellt oder die Bauanzeige erstattet worden ist. Zum 1.2.2002 tritt die Wärmeschutzverordnung außer Kraft, an ihre Stelle tritt bzgl. des Energiebedarfsausweises § 13 EnEV; jetzt §§ 16ff. EnEV 2014/2016; dazu *Friers* DWW 2005, 227; *Peters* HKA 2004, 31; *Brückner* GE 2007, 1533; GE 2008, 836; *Stangl* ZMR 2008, 14; *Pfeifer* MietRB 2007, 239; *Rips* WuM 2008, 379. Mit Inkrafttreten des GEG finden sich die weitgehend identischen Vorschriften für den Energieausweis in Titel 5, §§ 79–88 GEG.

[4] Mit zentralem Zählwerk oder Funkmessung.

[5] *Leiß MM 2005, 140.*

[6] Die vom AG Langenfeld für Wohnungseigentum gemachten Einschränkungen, AG Langenfeld ZMR 2011, 907, sind nicht gerechtfertigt, s. auch die Anm. *Schmid* ZMR 2011, 908 dazu.

[7] Krit. dazu *Schmid* WuM 2012, 486 (487).

Eingangstür (innen) oder am Aufzug ausreichen; als nächste Stufe wäre der Einzelaushang an der Tür der Nutzungseinheit oder das Durchschieben unter der Tür zu wählen; weiter kann das Einlegen in den Briefkasten, die Zusendung durch die Post oder durch Boten und schließlich im Extremfall die förmliche Zustellung gewählt werden. Auch bei der sog. Fernablesung sollte eine Ankündigung vorangehen, damit dem Nutzer die Möglichkeit zur eigenen Kontrolle der Werte am Stichtag ermöglicht wird. Diese Ankündigung wird durch die Mitteilungspflicht nach Satz 2 nicht überflüssig, da diese Pflicht für elektronische Geräte gerade nicht eingreift, Satz 3.

Der **Inhalt der Ankündigung** wird durch ihren Zweck, die Empfangsbereitschaft des Nutzers herbeizuführen, bestimmt. Deshalb müssen in ihr der Wochentag und die Tageszeit der Ablesung enthalten sein; ein Zeitraum von ein bis zwei Stunden kann – abhängig von der Größe des Objekts – genügen. Ferner sind aufzuführen Name, Anschrift und Telefonnummer der Ablesefirma sowie der Name des konkreten Ablesers; letzterer sollte daher auch mit einer entsprechenden (fälschungssicheren) Legitimation versehen sein. Schließlich ist in der Ankündigung auf die Kontrollmöglichkeiten des Nutzers zu verweisen, also der Austausch der vorhandenen Messampulle gegen eine neue mit anderer Farbe sowie die Durchführung einer eigenen Kontrollablesung. **6**

Der Nutzer ist nach § 4 Abs. 2 S. 1 Hs. 2 HeizkostenV zur **Duldung der Ablesung** als Folge der Duldung der Anbringung von Erfassungsgeräten verpflichtet, desgleichen zur Hinnahme des Austausches oder der Funktionskontrolle der Geräte. Verweigert der Nutzer die Ablesung oder versäumt er schuldhaft ordnungsgemäß angekündigte Ablesetermine, macht er sich schadensersatzpflichtig. Von einem Verschulden kann erst nach der zweiten erfolglosen Ankündigung ohne Reaktion des Nutzers gesprochen werden.[8] Auch angesichts einer um sich greifenden Praxis der Ablesefirmen sind weiterhin zwei Ablesetermine durchzuführen[9], weil bei nur einem Termin die Möglichkeit, aus persönlich-unverschuldeten Gründen (Urlaub, Krankheit, Beruf) ortsabwesend sein zu müssen, besteht. Deshalb dürfen auch bei Versäumung nur eines angekündigten Termins für den zweiten Termin noch keine Kosten in Rechnung gestellt oder sogar der Abschluss eines eigenen Ablesevertrages mit dem säumigen Mieter angeboten werden.[10] Ein Schaden des Gebäudeeigentümers kann einmal in den Kosten einer weiteren Ablesung liegen, zum anderen aber auch in den Kürzungsbeträgen nach § 12 Abs. 1 HeizkostenV. Denn die anderen Nutzer sind, wenn mangels Ablesung in einer Nutzereinheit keine ordnungsgemäße Ablesung stattfinden kann und der Verbrauch geschätzt werden muss, wegen einer nicht ordnungsgemäßen Gesamtverteilung zur Kürzung der ihnen in Rechnung gestellten Abrechnungssumme berechtigt.[11] **7**

Der Gebäudeeigentümer kann seinen **Anspruch auf Duldung** der Ablesung durch einen Antrag auf Erlass einer **einstweiligen Verfügung** durchsetzen[12]; eine ebenfalls zulässige Klage auf Duldung führt für die laufende Abrechnungsperiode wegen der Verfahrensdauer nicht zum Erfolg. Der notwendige Verfügungsgrund ist entweder in der ausdrücklichen Verweigerung des Zutritts oder im zweimaligen unentschuldigten Versäumen des angekündigten Ablesetermins zu sehen. Zwar führt die einstweilige Verfügung zur Erfüllung des Anspruchs; wegen dessen Zeitbedingtheit ist dies aber ausnahmsweise zulässig trotz des vorläufigen Charakters des Verfügungsverfahrens. **8**

Über die Ablesung wird manchmal noch ein **Protokoll** gefertigt, in dem die abgelesenen Werte eingetragen werden und das der Nutzer mit seiner Unterschrift bestätigt. Da er mit dieser Unterschrift ein Beweisanzeichen gegen sich selbst schafft, muss er bei mangelndem Einverständnis mit dem Wert auf dem Protokoll einen Vorbehalt erklären oder die Unterschrift verweigern. Anderenfalls ist er dafür beweispflichtig, dass andere Werte als die im Protokoll notierten vorgelegen haben.[13] Die Werte des Ableseprotokolls sind danach selbst dann in die Abrechnung zu übernehmen, wenn der Mieter das Heizkörperventil ständig geschlossen hält;[14] denn der abgelesene Wärmeverbrauch kann auch durch andere kostenpflichtige Heizquellen (zB andere Heizkörper) verursacht worden sein. Bei den neueren Geräten (= keine Verdunster) werden die Werte ohne Protokoll in das Gerät **9**

---

8 AG Hamburg WuM 1996, 348.

9 *Lützenkirchen* MietRB 2004, 365 (366); bei elektronischen Geräten kann stattdessen die Vornahme einer Selbstablesung angeboten werden, AG Hamburg-Altona ZMR 2018, 707 mAnm *Lammel* jurisPR-MietR 21/2018 Anm. 4.

10 LG München I WuM 2001, 190; rkr. durch Rücknahme der Berufung WuM 2001, 333.

11 Str., iE → HeizkostenV § 9a Rn. 5.

12 *Lützenkirchen* MietRB 2004, 365 (366); ob das aber noch zu einer zeitnahen Ablesung führt, mag weiterhin zweifelhaft sein, → HeizkostenV § 9a Rn. 14.

13 KG ZMR 2011, 35.

14 LG Berlin GE 2000, 539.

des Ablesers übernommen[15]; der Nutzer muss in diesen Fällen die Werte zur Kontrolle selbst ablesen[16]; er muss hierzu in die Funktionsweise der Geräte und die Ablesetechnik eingewiesen werden.[17] Geht bei der Funkablesung der an sich gespeicherte Wert verloren, liegt mangels Nachprüfbarkeit der Werte keine ordnungsgemäße Abrechnung vor.[18]

### II. Mitteilungspflicht, Abs. 1 S. 2–4

10 Seit 2009 besteht unter bestimmten Voraussetzungen eine Pflicht zur **Mitteilung** des **Ableseergebnisses.** Damit wollte der Verordnungsgeber dem Trend der Abrechnungsunternehmen begegnen, auch bei den Verdunstungsgeräten kein Protokoll mehr anzufertigen. Mit der Neuregelung werden zwei Ziele verfolgt: Zum einen soll Streit über die Ablesewerte vermieden werden, wenn diese erst mit der Heizkostenabrechnung mitgeteilt werden.[19] Zum anderen ist der Verordnungsgeber der Meinung, dass der Nutzer nach Erhalt seiner Ablesewerte sein Nutzungsverhalten sparsamer ausrichten werde.[20] Zumindest die zweite Begründung ist realitäts- und wertefremd: die abgelesenen Werte stellen keine Messungen dar, sondern Vergleichszahlen, die erst im Zusammenhang mit dem Gesamtverbrauch den Einzelverbrauch ergeben, so dass der Nutzer vor der Gesamtberechnung seinen konkreten Verbrauch aus den mitgeteilten Zahlen nicht ablesen kann. Außerdem wird kaum ein Nutzer nach Erhalt der Mitteilung die Heizkörper verstellen; sie sind im Regelfall nach der jeweiligen Behaglichkeitstemperatur eingestellt. Ein ständiges Verstellen führt zum gegenteiligen Effekt einer Energieeinsparung[21]. Trotz dieser Bedenken sieht Art. 10a Abs. 1 EED sowohl eine monatliche Erfassung als auch deren monatliche Mitteilung an die Nutzer vor; inzident ergibt sich daraus, dass nur noch Wärmemengenzähler verwendet werden dürfen.[22]

11 Die **Mitteilungspflicht** trifft konkret den Nutzungsgeber. Er kann – und wird im Regelfall – sich eines Messdienstunternehmens als Hilfsperson bedienen, so dass dieses direkt an die Nutzer die Ableseergebnisse verschicken wird. Die Verordnung enthält zwar keine **Formvorschrift;** die Begründung spricht insoweit von einer „geeigneten Form".[23] Deshalb ist die notwendige Form am Sinn und Zweck der Regelung auszurichten. Der Zweck der Streitvermeidung kann aber nur dadurch erfüllt werden, dass die Mitteilung in einer Form verkörpert wird, damit der Nutzer auch nach Erhalt der Heizkostenabrechnung darauf zurück greifen kann.[24] Die Art der „Verkörperung" steht dem Mitteiler frei; jedoch können moderne technische Mittel („Textform", E-Mail, evtl. sogar CD) nur dann eingesetzt werden, wenn bekannt ist, dass der Nutzer als Empfänger diese Mitteilungsformen auch verwerten kann. **Inhaltlich** ist jeder Wert von jedem Heizkörper in der Nutzungseinheit, in der abgelesen worden ist, aufzuführen. Die Angabe von Sammeleinheiten, sowohl der jeweiligen Nutzungseinheit wie auch aus dem gesamten Gebäude erfüllt die Pflicht in § 6 HeizkostenV nicht. Denn damit kann der einzelne Nutzer nicht sein erwünschtes Verhalten der Energieeinsparung pro Heizkörper verwirklichen.

12 Die Mitteilung muss dem **Nutzer zugehen,** dessen Werte abgelesen worden sind. Denn er sollte nach der Begründung[25] sein Heizungsverhalten (realitätsfremderweise) an den neuen Werten ausrichten. Deshalb reicht es nicht aus, dass die Mitteilung dem jeweiligen Nutzungsgeber und/oder bei Eigentumswohnungen den Verwalter zugesandt wird.[26] Der Nutzer hat andererseits gegen seinen Vertragspartner einen Anspruch auf Übersendung der Ablesewerte; denn die „Sollvorschrift"

---

[15] *Leiß* MM 2005, 140.

[16] Mit entsprechender Pflicht zur Substantiierung seiner Behauptung des Vorliegens anderer Werte, LG Berlin NZM 2011, 583.

[17] *Schumacher* WuM 2005, 509; zu den Gefahren der Selbstablesung s. *Schmitt* HKA 2010, 1.

[18] AG Zittau DWW 2004, 194.

[19] Begründung, BR-Drs. 570/08, 11.

[20] Begründung, BR-Drs. 570/08, 11.

[21] Krit. auch *Schmid* ZMR 2009, 174.

[22] Zu den Einzelheiten → HeizkostenV § 5 Rn. 2.

[23] Begründung, BR-Drs. 570/08, 11.

[24] *Wall* WuM 2009, 3; *Pfeifer* GE 2009, 157 Nr. 1.2.1, 1.2.2; *Kinne* GE 2009, 692; Info DWW 2009, 38; MüKoBGB/*Schmid/Zehelein* HeizkostenV § 6 Rn. 2; **aA** früher *Schmid* ZMR 2009, 174, mündliche Mitteilung reicht aus; noch weitergehend Lützenkirchen MietR/*Lützenkirchen* HeizkostenV § 6 Rn. 27; ebenso jetzt BeckOK MietR/*Pfeifer* HeizkostenV § 6 Rn. 6.

[25] Begründung, BR-Drs. 570/08, 11.

[26] *Pfeifer* GE 2009, 157, Nr. 1.2.5.

stellt methodisch ein gesetzliches Gebot dar, das zu befolgen ist.[27] Der Zugang hat innerhalb eines Monats nach der Ablesung zu erfolgen und zwar entweder direkt durch Übergabe der Ablesewerte beim Ablesetermin oder Zusendung in verkörperter Form (→ Rn. 11). Die **Monatsfrist** stellt nach dem Wortlaut die Regel dar; die Nicht-Einhaltung dieser Frist ist ausnahmsweise dann entschuldigt, wenn angesichts der Digitalisierung der Ablesungen und deren Verarbeitung zB ein Computerabsturz zu verzeichnen war.

Nichterfüllung der Mitteilungspflicht wie auch verschuldete Fristversäumnis sind **nicht strafbewehrt.**[28] Die Anwendung des Kürzungsrechts nach § 12 Abs. 1 HeizkostenV kommt nicht in Betracht, da die Abrechnung selbst unabhängig von der Mitteilung der Ableseergebnisse den Abrechnungsregeln der Heizkostenverordnung entsprechen kann.[29] Allerdings wird bei Verstößen gegen § 6 Abs. 1 S. 2 HeizkostenV eine Umkehr der Beweislast[30] eintreten dahingehend, dass der Nutzungsgeber, der Nachzahlungen vom Nutzer auf Grund einer Abrechnung haben will, die Richtigkeit der Zahlen beweisen muss, was insbes. dann praxisrelevant werden wird, wenn sich der Nutzer zB eine (höhere) Rückzahlung ausgerechnet hat. 13

Die **Kosten** für die Erstellung und Übersendung der Mitteilung gehen als Kosten der Berechnung und Aufteilung gem. § 7 Abs. 2 HeizkostenV in die Heizkostenabrechnung ein.[31] 14

Entsprechend dem Informations-Zweck der Mitteilung kann diese entfallen, wenn sich der Nutzer diese Verbrauchs-Informationen selbst beschaffen kann. Demgemäß hängt die **Ausnahme** von vier **Voraussetzungen** ab: (1) der Speicherung des Ableseergebnisses; (2) über einen längeren Zeitraum; (3) in den Räumen des Nutzers; (4) und letztlich dessen Möglichkeit, die Ergebnisse selbst abzurufen. 15

**Speicherung** bedeutet die Ablage des Ableseergebnisses auf einem Speichermedium, so dass die Aufbewahrung der vorjährigen Messampullen nicht dazu gehört,[32] abgesehen davon, dass deren Ablesung für den Laien sehr schwierig ist. Der **längere Zeitraum** muss die Zeit zwischen Ablesung und Erhalt der Heizkostenabrechnung überbrücken; denn die Speicherung soll der Kontrolle dieser Abrechnung dienen. Daraus ergibt sich, dass Maßstab nicht allein die einjährige Abrechnungsfrist sein kann,[33] sondern hinzuzuzählen ist der Zeitraum, der von der Ablesung bis zum Ende des Abrechnungszeitraumes vergeht. Keinesfalls ausreichend ist der Zeitraum zwischen zwei Ablesungen. Der Zugriff auf die gespeicherten Daten muss in den **Räumen des Nutzers** möglich sein; dh der Nutzer muss jederzeit die Daten überprüfen können.[34] Bei **Nutzerwechsel** und/oder **Auszug** des Mieters greift die Ausnahmeregelung nicht, da die weichenden Nutzer keinen Zugriff mehr auf die Datenspeicherung haben. Schließlich müssen die Daten vom Nutzer **selbst abrufbar** sein, was eine Einweisung in die technische Funktionsweise der (elektronischen) Geräte erforderlich macht.[35] Nur wenn alle vier Voraussetzungen kumulativ vorliegen, entfällt die Pflicht zur Mitteilung der Ableseergebnisse. 16

Eine weitere **Ausnahme** ist für **Warmwasserzähler** gemacht worden. Da diese aber mit Rollenzählwerken versehen sind, die sich weiterdrehen ohne Speicherung des vorangegangenen Wertes[36], muss sich der Nutzer bei der Ablesung die Zahlen selbst notieren, was im Streitfall aber keine Beweiskraft hat. 17

## III. Abrechnung

Für die **Form** der Abrechnung, die schriftlich zu erfolgen hat[37], sieht Art. 10a Abs. 2 lit. b EED auch die Möglichkeit der elektronischen Form vor. Obwohl dort nur vom Endkunden die Rede ist, wird dies auch gegenüber dem Endnutzer zu gelten haben, da dieser im Regelfall der direkte Emp- 18

---

[27] *Kinne* GE 2009, 694; **aA** *Schmid* ZMR 2009, 174.
[28] *Wall* WuM 2009, 4; *Schmid* ZMR 2009, 174.
[29] *Kinne* GE 2009, 694; **aA** *Pfeifer* GE 2009, 158, Nr. 1.2.7, 1.2.8; *Pfeifer* HeizkostenV, 4. Aufl. 2010, § 6 Anm. 3.3.k.
[30] *Schmid* ZMR 2009, 174.
[31] *Pfeifer* GE 2009, 158, Nr. 1.2.10; *Schmid* ZMR-Sonderheft HeizkostenV § 6 Nr. 15.
[32] *Wall* WuM 2009, 4; **aA** *Pfeifer* GE 2009, 157, Nr. 1.2.6.2; *Kinne* GE 2009, 695.
[33] So *Schmid* ZMR-Sonderheft HeizkostenV § 6 Nr. 11.
[34] Also nicht im Hausflur, AG Berlin-Tiergarten WuM 2012, 618.
[35] *Wall* WuM 2009, 4; *Schmid* ZMR-Sonderheft HeizkostenV § 6 Nr. 12.
[36] *Wall* WuM 2009, 4; *Noack/Westner,* Heizkostenabrechnung für Vermieter und Verwalter, 2009, S. 93.
[37] Langenberg/Zehelein BetrKostR Kap. H Rn. 108–113.

fänger der Abrechnung des beauftragten Ableseunternehmens ist[38]. Die Abrechnung erfordert gem. **§ 259 BGB** eine geordnete Zusammenstellung der Einnahmen und Ausgaben, die Angabe des Gesamtverbrauchs für das Anwesen, des konkreten Verteilungsschlüssels[39] – der sich nach den §§ 7, 8 HeizkostenV zu richten hat –, und die Einzelverteilung auf den jeweiligen Nutzer anhand dieses Schlüssels. Die Abrechnung muss für einen betriebswirtschaftlich und juristisch nicht geschulten Nutzer verständlich sein,[40] darf aber gewisse Gedankenarbeit erfordern, so dass die computerisierten Abrechnungen der großen Abrechnungsfirmen zwar teilweise schwierig nachzuvollziehen, aber unter dem Gesichtspunkt des § 259 BGB zulässig sind. Dieser Sachlage schiebt Art. 10a Abs. 2 lit. c EED iVm Anh. VIIa Nr. 3 einen Riegel dadurch vor, dass nunmehr die Abrechnungen einfacher, eindeutiger und nachvollziehbarer gestaltet werden müssen; die vom BGH vorgenommene Trennung in formellen und materiellen Teil[41] ist damit zumindest für die Heizkostenabrechnung überholt[42]. Die Rspr. lässt es darüber hinaus zu, dass mehrere Gebäude zu einer **Abrechnungseinheit** zusammengefasst werden, wenn diese zB durch eine gemeinsame Heizungsanlage versorgt werden[43]. In dieser Absolutheit ist dem nicht zu folgen, da damit der Zweck der Heizkostenverordnung, Verbrauchseinsparung durch Verbrauchszuordnung, konterkariert würde. Denn je größer die Abrechnungseinheit(en) sind, desto mehr nivellieren sich rein mathematisch die Erfassungsdifferenzen, die der verhältnismäßigen Verteilung zugrunde liegen. Die Zusammenfassung dürfte nur dann zulässig sein, wenn eine einzelne Zuordnung **technisch unmöglich** ist.[44]

**19** Einzustellen in die Abrechnung sind vor allem die **Brennstoffkosten,** wobei für ihre Berücksichtigung innerhalb einer Abrechnungsperiode das Datum der Lieferung (bei Öl) bzw. der Ablesung (bei Gas/Strom)[45] maßgebend ist, nicht das möglicherweise später liegende Rechnungsdatum und auch nicht das Datum, an dem der Käufer die Lieferung bezahlt hat. Denn mit der Lieferung nimmt der Nutzer den Brennstoff in Gebrauch, so dass er ab diesem Zeitpunkt die Leistung auch zu vergüten hat (sog. **Leistungsprinzip**).[46] Daraus ergibt sich, dass in der Abrechnung auch die Lieferdaten enthalten sein müssen, um darzustellen, dass diese Lieferungen tatsächlich in dem Abrechnungszeitraum angefallen sind. Dagegen brauchen die Rechnungsdaten, sofern sie nicht mit dem Lieferdatum identisch sind, mangels Relevanz für die Abrechnung nicht angegeben zu werden.[47] Aus der Pflicht zur verbrauchsabhängigen Heizkostenabrechnung entnimmt der BGH das Verbot einer Abrechnung nach dem Abflussprinzip.[48] Eine weiterhin nach dem Abflussprinzip erstellte Abrechnung ist aber „nur" materiell unrichtig, so dass sie inhaltlich korrigiert werden kann;[49] allerdings soll die Korrektur auf der (notwendigerweise vorliegenden) Verbrauchserfassung beruhen und nicht über das Kürzungsrecht nach § 12 Abs. 1 HeizkostenV erfolgen,[50] eine Zurückrechnung im Wege einer sog. Simulationsrechnung ist zwar vom BGH gebilligt worden,[51] eine solche Berechnungsmethode sieht die Heizkostenverordnung aber nicht vor. Dabei wird aber der Unterschied zwischen Verbrauchserfassung, Abrechnung nach Verbrauch und Bezahlung der Rechnung (mit dem erfassten Verbrauch) verwechselt.[52]

---

[38] Anders wohl *Hartmann* WuM 2019, 418 (421), die aber diese Handhabung in der Praxis nicht beachtet.
[39] Dessen Fehlen die Abrechnung unwirksam macht, AG Berlin-Charlottenburg GE 2011, 618.
[40] BGH VIII ZR 298/80, NJW 1982, 573; als Beispiel für die unterschiedlichen Bewertungsmöglichkeiten derselben Abrechnung s. AG Dortmund ZMR 2004, 589 einerseits, LG Dortmund WuM 2005, 454 andererseits.
[41] Dazu Langenberg/Zehelein BetrKostR Kap. H Rn. 131.
[42] In der Tendenz wohl ebenso *Hartmann* WuM 2019, 418 (421).
[43] BGH VIII ZR 45/11, WuM 2011, 684; BGH VIII ZR 290/09, WuM 2010, 629 mAnm *Lammel* WuM 2011, 82; LG Itzehoe WuM 2011, 104; LG Frankfurt a. M. ZMR 2010, 853; AG Berlin-Wedding GE 2012, 959.
[44] Dieser Gedanke liegt mehr oder minder deutlich auch den beiden BGH-Entscheidungen (Fn. 43) zugrunde.
[45] LG Berlin GE 2004, 1395.
[46] → BGB § 556 Rn. 304ff.
[47] → BGB § 556 Rn. 348; **aA** insbes. LG Berlin WuM 1996, 154; s. auch Vorlagebeschluss LG Berlin ZMR 1997, 299; KG WuM 1998, 474.
[48] BGH VIII ZR 156/11, NZM 2012, 230 und BGH V ZR 251/10, NZM 2012, 344 sowie BGH VIII ZR 260/11, GE 2012, 823 unter Abgrenzung zu BGH VIII ZR 49/07, NZM 2008, 277 und BGH VIII ZR 27/07, NZM 2008, 403; krit. zu Letzteren Langenberg/Zehelein BetrKostR Kap. G Rn. 111; anders noch LG Berlin ZMR 2011, 871; wie der BGH hingegen AG Berlin-Köpenick GE 2011, 891.
[49] AG Berlin-Tempelhof-Kreuzberg GE 2015, 195.
[50] BGH VIII ZR 156/11, NZM 2012, 230.
[51] BGH VIII ZR 201/13, NZM 2014, 384.
[52] Anm. *Lammel* jurisPR-MietR 21/2009 Anm. 1 zu LG Hamburg ZMR 2009, 530.

20 Der **Verbrauch bei Heizöl** wird durch die Subtraktion des Anfangsbestandes vom Endbestand ermittelt.[53] Sind mehrere Lieferungen innerhalb der Abrechnungsperiode erfolgt, wird der Endbestand nach dem Grundsatz des „first in – first out" bewertet,[54] so dass der vorhandene Bestand von der letzten Lieferung rückwärts zur ersten preislich berücksichtigt wird.[55] Der auf diese Weise ermittelte Wert stellt den Anfangswert für die folgende Abrechnungsperiode dar. Die Bestandswerte sowie die Ablesewerte sind in der Abrechnung anzugeben[56]; denn nur auf diese Weise kann der Nutzer die Abrechnung rechnerisch nachvollziehen.[57]

21 Die **Feststellung des Gasverbrauchs** hängt vom Ableserhythmus des Lieferanten ab, der entweder alle zwei Monate oder nur noch einmal im Jahr die Verbrauchswerte feststellt. Bei beiden Systemen kann es zu einer Divergenz zwischen festgestellten Verbrauchszeiträumen und – oftmals in den Nutzungsverträgen fixierten – Abrechnungsperioden kommen; entweder enthält die Lieferantenabrechnung mehr Verbrauchsmonate oder weniger;[58] Mit der gebotenen Installation von fernauslesbaren Erfassungsgeräten, deren Werte darüber hinaus auch monatlich mitgeteilt werden sollen, könnte sich das Problem der Überhangmonate erledigen. Bei einem fortdauernden Nutzungsverhältnis ist die Einbeziehung der Überhangmonate unschädlich[59] unabhängig davon, in welcher zeitlichen Nähe zum Ende der Abrechnungsperiode die Gesamtablesung erfolgt.[60] Der Nutzer erfährt daraus keinen Nachteil, weil er weiterhin die Leistungen in Anspruch nimmt (es wird verbrauchsabhängig abgerechnet!); der Gebäudeeigentümer seinerseits hat weder einen durchsetzbaren Einfluss auf eine Änderung der Ablesezeiträume noch eine praktische Möglichkeit, die Abrechnungsperiode der Ablesung anzupassen. Bei einem Nutzerwechsel während dieses Ablesezeitraums ist nach § 9b HeizkostenV zu verfahren. Das gilt aber nur unter Zugrundelegung des „Leistungsprinzips" (→ Rn. 19), das Abflussprinzip ist hier nicht anwendbar.[61]

22 Die sich aus den Brennstoffkosten und den sonstigen in § 7 Abs. 2 HeizkostenV bzw. § 8 Abs. 2 HeizkostenV enthaltenen Kosten – sofern letztere vertraglich als umlegungsfähig vereinbart worden sind – ergebenden Gesamtkosten werden nach sich aus §§ 7, 8 HeizkostenV ergebenden Schlüsseln teils verbrauchsabhängig, teils verbrauchsunabhängig auf die einzelnen Nutzereinheiten umgelegt. Das erfolgt zunächst in der Weise, dass entsprechend der prozentualen Aufteilung in Grund- und Verbrauchskosten der verbrauchsunabhängige Prozentanteil zB durch die Gesamthöhe der Wohnflächen, der verbrauchsabhängige Anteil durch die Gesamtzahl der erfassten Werte dividiert wird. Daraus ergibt sich der Einzelwert pro qm-Wohnfläche bzw. pro Erfassungsmaß. Dieser wird dann mit der qm-Wohnfläche bzw. den abgelesenen Einzelwerten der konkreten Nutzereinheit multipliziert. Die kompliziertere Abrechnung bei verbundenen Anlagen nach § 9 Abs. 2 HeizkostenV verstößt nicht gegen den Grundsatz der Verständlichkeit, weil der Gebäudeeigentümer gesetzlich zu diesem besonderen Abrechnungsverfahren gezwungen ist.[62]

23 Von der ermittelten Gesamtsumme (→ Rn. 22) sind die **Vorauszahlungen auf die Heizkosten** abzuziehen, sofern solche vereinbart und geleistet worden sind. Allerdings ist der **BGH** der Auffassung, dass es die formelle Wirksamkeit der Abrechnung nicht beeinträchtigt, wenn (trotz Zahlung) keine Vorauszahlungen abgezogen würden[63], was allerdings seinen eigenen Anforderungen an eine wirksame Abrechnung (ua Abzug der Vorauszahlungen) widerspricht.[64] Die Verpflich-

---

53 Zur Ermittlung des Füllstandes s. die Methode bei AG Bad Mergentheim NZM 2012, 680.

54 AG Halle ZMR 2013, 202.

55 Kreuzberg/Wien Heizkostenabrechnung-HdB/*Franke* Kap. 11.13, S. 629f.; fehlen Anfangs- und Endbestand des Heizöls, ist die Abrechnung formell unwirksam, da rechnerisch nicht mehr nachvollziehbar, AG Berlin-Schöneberg GE 2010, 489.

56 AG Berlin-Lichtenberg MM 10/2012, 29.

57 LG Itzehoe ZMR 2012, 953.

58 Die vom BGH unter dem Gesichtspunkt der formellen Wirksamkeit zugelassene sog. Simulationsrechnung, VIII ZR 201/13, NZM 2014, 384, entspricht den Vorgaben der Heizkostenverordnung nur dann, wenn sie vom Leistungsträger vorgenommen wird; denn in diesem Fall wird der errechnete Verbrauch vom Leistenden seiner Kostenberechnung zugrunde gelegt und dem Gebäudeeigentümer übermittelt.

59 AG Darmstadt MietRB 2012, 226.

60 Darauf stellt aber Langenberg/Zehelein BetrKostR Kap. G Rn. 116f. ab; die Möglichkeit einer Abrechnung auf Grund von Abschlagszahlungen, Langenberg/Zehelein BetrKostR Kap. G Rn. 117, widerspricht dem Leistungsbegriff der Abrechnung. Zu pauschal auch die Ablehnung durch LG Düsseldorf ZMR 1998, 167.

61 Anders LG Koblenz ZMR 2011, 955.

62 BGH VIII ZR 371/04, WuM 2005, 579.

63 BGH VIII ZR 197/11, NJW 2012, 1502.

64 So auch *Börstinghaus* jurisPR-BGHZivilR 8/2012 Anm. 3.

tung zur Zahlung von Vorauszahlungen, entweder generell auf die Betriebskosten oder getrennt auf allgemeine Betriebskosten und die Heizkosten, besteht nur bei einer entsprechenden vertraglichen Vereinbarung; sie ergibt sich weder aus einer allgemeinen Übung noch aus der vereinbarten Verteilung von Betriebskosten. Andererseits wird diese Verpflichtung dem Grunde nach nicht davon berührt, ob die Heizungsanlage funktionsfähig ist[65]; der Nutzer hat in diesem Fall „nur" ein Zurückbehaltungsrecht bis der Mangel beseitigt ist.

24 Die **Höhe der monatlichen Vorauszahlungen** wird nur hinsichtlich der Obergrenze durch § 556 Abs. 2 S. 2 BGB allgemein bestimmt; zulässig ist danach die Vereinbarung von 1/12 des Vorjahreskostenanfalls zuzüglich einer Preissteigerungsrate je nach der wirtschaftlichen Konjunktur als Monatsrate[66]. Durch eine zu geringe Vereinbarung der Heizkostenvorauszahlung ist der Nutzungsgeber weder gehindert, die hohe Nachzahlung geltend zu machen, noch macht er sich im Regelfall schadensersatzpflichtig, zumal letztlich dem Nutzer kein Vermögensschaden entstanden ist, da er die Leistungen auch in Anspruch genommen hat.[67] Dem Nutzer bleibt nur die Möglichkeit der Auflösung des Nutzungsverhältnisses, wenn der Nutzungsgeber bewusst eine zu niedrige Monatsbelastung aus Nutzungsentgelt und Betriebskostenvorauszahlungen bei den Vertragsverhandlungen angegeben hat, um den Vertragsabschluss zu erreichen. Ein **Anspruch auf Erhöhung künftiger Vorauszahlungen** auf Grund der Abrechnung für die Vergangenheit ist aus § 560 Abs. 4 BGB herzuleiten, da der Gebäudeeigentümer gegenüber den Energie-Leistungsträgern als Treuhänder des Nutzers handelt. Die Erhöhung der Vorauszahlungen setzt das Vorliegen einer formell ordnungsgemäßen und materiell wirksamen Abrechnung voraus.[68]

25 Die **Abrechnungsperiode,** dh der Zeitraum, für den die erbrachten Leistungen abgerechnet werden, ist nur für das Wohnraummietverhältnis in § 556 Abs. 3 S. 1 BGB bzw. § 20 Abs. 3 S. 2 NMV auf maximal ein Jahr festgelegt; für die übrigen Nutzungsverhältnisse muss sie sich aus den vertraglichen Vereinbarungen, hilfsweise aus der Festlegung einer Heizperiode ergeben. Zu den Überhangmonaten → Rn. 21.

26 Für die **Abrechnungsfrist,** dh den Zeitraum, innerhalb dessen der Gebäudeeigentümer die Abrechnung zu erstellen hat, findet sich für den preisgebundenen Wohnraum in § 20 Abs. 3 S. 4 NMV und für den preisfreien Wohnraum in § 556 Abs. 3 S. 2 BGB eine Ausschlussfrist von zwölf Monaten nach Ende der Abrechnungsperiode.[69]

27 Der Anspruch des Gebäudeeigentümers auf Zahlung des sich aus der Abrechnung ergebenden Forderungsbetrages verjährt in drei Jahren; der Lauf der **Verjährungsfrist** beginnt allerdings erst mit Ablauf des Jahres, in dem die Abrechnung erstellt worden ist, § 199 Abs. 1 BGB.[70] Für die **Verwirkung** ist neben dem Zeitmoment, das auch unterhalb der rechnerischen Verjährungsdauer erfüllt sein kann, das Vorliegen eines Umstandsmomentes erforderlich. Letzteres kann nur bei der Erbringung von Vorauszahlungen auf die Heizkosten vorliegen und setzt voraus, dass der Nutzer darauf vertraut hat, dass angesichts seiner Vorauszahlungen keine Nachforderungen mehr geltend gemacht würden, und zusätzlich muss er sein Verhalten darauf eingerichtet haben. Diese Kumulation von Merkmalen wird bei dem Bezug von Wärme und Warmwasser kaum zu erfüllen sein. Angesichts der nunmehrigen gesetzlichen Ausschlussfrist in § 556 Abs. 3 S. 2 BGB hat das Institut der Verwirkung viel von seiner – schon bisher geringen – Bedeutung verloren.

### IV. Zahlungspflicht

28 Mit dem Zugang der Abrechnung wird die sich daraus gegen den Nutzer ergebende Nachforderung nicht sofort **fällig,** vielmehr steht diesem eine mindestens zweiwöchige **Überprüfungsfrist** zu. Die **entgegengesetzte Meinung** des BGH[71] ist abzulehnen. Nahezu jede Rechnung im Handelsverkehr bestimmt ein Zahlungsziel. Dem Nutzer kann nicht zugemutet werden, erst zu zahlen (mit der Gefahr des Rechtsverlustes wegen eines vermeintlichen Anerkenntnisses; bei Zah-

65 **AA** KG ZMR 2011, 279.
66 BGH VIII ZR 294/10, NJW 2011, 3642.
67 BGH VIII ZR 195/03, NJW 2004, 1102; XII ZR 21/02, NZM 2004, 619.
68 *BGH VIII ZR 246/11, WuM 2012, 321;* AG Berlin-Pankow-Weißensee WuM 2012, 275.
69 Zu den Folgen der Fristversäumnis → BGB § 556 Rn. 473ff.
70 BGH VIII ARZ 5/90, WuM 1991, 150.
71 BGH VIII ZR 57/04, NZM 2005, 373.

lung unter Vorbehalt droht eine mögliche Klage des Gläubigers), um dann beweisbelastet eine Rückforderung geltend zu machen. Dogmatisch unzutreffend ist auch die Ansicht einer gespaltenen Fälligkeit zwischen Fristenlauf und Durchsetzbarkeit.[72] Für die Überprüfung hat der Nutzer ein Einsichtsrecht (und auch eine Obliegenheit zur Einsicht[73]) in die der Abrechnung zu Grunde liegenden Originalbelege (wozu auch die Zahlungsbelege gehören[74]), wozu auch die erfassten Daten der anderen Nutzer des Gebäudes gehören;[75] sowie im Falle der Wärmelieferung in die Wärmelieferverträge des Gebäudeeigentümers mit den Wärmelieferanten.[76] Je nach den tatsächlichen Umständen ist die **Belegeinsicht** beim Nutzungsgeber bzw. seinem Verwalter zu verwirklichen, es sei denn, dieser wohnt nicht am Ort des Nutzungsobjekts, in diesem Fall ist die Belegeinsicht hier zu gewähren.

Mit der Überprüfung sollte eine **Plausibilitätskontrolle** verbunden werden, dh eine Untersuchung, ob sich die in die Abrechnung eingestellten Werte im Rahmen des Üblichen halten.[77] Dazu gibt eine 25%ige Abweichung von der Vorjahresabrechnung besonderen Anlass. Im Übrigen können als **Grenzwerte für den regelgerechten Verbrauch** angesetzt werden: Heizung und Warmwasser 300 kWh/m²/a, nur Heizung 280 kWh/m²/a; Anteil des Energieverbrauchs für Warmwasser am Gesamtenergieverbrauch zwischen 8% und 30%; Anteil der Heiznebenkosten an den Brennstoffkosten zwischen 20% und 30% sowie der Anteil der Stromkosten an den Brennstoffkosten bis 8%.[78] 29

In die Bewertung der Abrechnung fließt der sog. **Lageausgleich** nicht ein, also der sich aus der unterschiedlichen Lage der Nutzungseinheit im Gebäude (Nord/Süd) ergebende Wärmeverbrauch. Denn diese Lage sollte bei der Wärmebedarfsrechnung berücksichtigt werden und zu einer entsprechend unterschiedlichen Dimensionierung der Heizkörper führen.[79] 30

Desgleichen bleiben **Mängel des Objekts,** wie nicht ausreichende Wärmedämmung nach den §§ 3–8 EnEV (jetzt §§ 10–14, 16 GEG)[80] oder erhöhter Heizungsbedarf bei Neubauten infolge noch vorhandener Baufeuchte (sog. Trockenheizen), bei der Heizkostenabrechnung unberücksichtigt. Der sich aus diesen Faktoren möglicherweise ergebende Mehrverbrauch ist über das Minderungsrecht gegenüber dem Leistungsentgelt für die Gebrauchsüberlassung geltend zu machen, sofern dem nicht § 536 b BGB entgegensteht. 31

Entspricht die Heizungsanlage dagegen nicht den früheren §§ 13, 14 EnEV[81], beeinflusst dieser Mangel unmittelbar die Kostenverteilung nach der Heizkostenverordnung. Denn bei einer mangelhaften Anlage hat der Gebäudeeigentümer seinerseits die Pflichten zur Energieeinsparung nicht erfüllt und möglicherweise einen zu hohen Energieverbrauch verursacht. Diesen darf er den Nutzern nicht in Rechnung stellen, so dass die Verbrauchswerte – ggf. unter Einschaltung eines Sachverständigen – um den Mehrverbrauch zu kürzen sind[82]. 32

**Behebbare Fehler in der Abrechnung** selbst[83], wie Rechen- oder Schreibfehler, Einstellung nicht umlegbarer, nicht belegter oder nicht in der Abrechnungsperiode angefallener Kosten, führen zur Unbegründetheit der Nachforderung im Ganzen. Die nach der Heizkostenverordnung zu erstellende Gesamtabrechnung kann nicht in ihre Einzelteile dergestalt aufgespalten werden, dass 33

---

72 So Langenberg/Zehelein BetrKostR BGB § 556 Rn. 420; eine gespaltene Fälligkeit gibt es nicht!

73 Dazu *Flatow* AnwZert MietR 6/2016 Anm. 1; s. auch *Schmid* MDR 2015, 187.

74 BGH – VIII ZR 118/19 –, NZM 2021, 31, mAnm Lammel, juris PR-MietR 2/2021, Anm. 1.

75 AG Garmisch-Partenkirchen WuM 1996, 155; LG Berlin GE 2017, 294; BGH VIII ZR 189/17, NZM 2018, 458 Rn. 17 f.; *Flatow* NZM 2020, 623 (629); *Zehelein* NJW 2020, 1572.

76 BGH VIII ZR 38/11, WuM 2012, 276; LG Berlin NZM 2021, 223 mAnm Lammel, juris PR-MietR 24/2020, Anm. 2.

77 Kreuzberg/Wien Heizkostenabrechnung-HdB/*Franke* Kap. 11.7, S. 614 f.; bei unplausiblen Werten trifft den Gebäudeeigentümer trotz ordnungsgemäßer Ableseprotokolle wieder die volle Beweislast; AG Lüdenscheid WuM 2011, 161.

78 Siehe Kreuzberg/Wien Heizkostenabrechnung-HdB/*Franke* Kap. 11.7, S. 614 f.

79 Kreuzberg/Wien Heizkostenabrechnung-HdB/*v. Brunn* Kap. 3.6.3, S. 206.

80 *Blank* WuM 2008, 311.

81 Diese Normen sind nicht in das GEG übernommen worden. Die Begründung verweist stattdessen auf die VO (EU) Nr. 813/2013 der Kommission v. 2.8.2013 zur Durchführung der RL 2009/125/EG des Europäischen Parlaments und des Rates im Hinblick auf die Festlegung von Anforderungen an die umweltgerechte Gestaltung von Raumheizgeräten und Kombiheizgeräten, ABl. 2013 L 239, 136, in deren Anh. II die Bedingungen für Heizgeräte enthalten sind.

82 Anders wohl Lützenkirchen MietR/*Lützenkirchen* HeizkostenV § 5 Rn. 22.

83 Der BGH differenziert im Hinblick auf die Ausschlussfrist in § 556 Abs. 3 S. 3 BGB in formelle und materielle Mängel, dazu → BGB § 556 Rn. 333–373, 462; *Lammel* WuM 2014, 387.

fehlerhafte Teile vom Nutzer (oder letztlich vom Gericht) herausgerechnet werden und der Rest bezahlt wird. Vielmehr ist die Abrechnung neu zu erstellen.[84]

34 **Nicht behebbare Fehler,** wie fehlerhafte oder fehlende Ausstattung mit Erfassungsgeräten, fehlerhafte Ablesung und Vernichtung der alten Messampullen, berechtigen den Nutzer, die Nachforderung gem. § 12 Abs. 1 HeizkostenV zu kürzen.

## C. Vorerfassung, Abs. 2

35 Die Kostenverteilung auf die unterschiedlichen Nutzergruppen bei der Vorerfassung[85] kann entweder völlig verbrauchsabhängig oder gemischt verbrauchsabhängig/verbrauchsunabhängig erfolgen, wobei für letztere Verteilung von der Heizkostenverordnung verschiedene Maßstäbe vorgegeben sind.

36 Die zu **100 % verbrauchsabhängige Verteilung** auf die vorerfassten Nutzergruppen erfolgt dadurch, dass der für das Gebäude ermittelte Gesamtverbrauch an Wärme und/oder Warmwasser prozentual nach den vorerfassten Anteilen auf die Nutzergruppen verteilt wird. Beispiel: betragen die Gesamtkosten aus drei Nutzergruppen 100 und sind für die einzelnen Gruppen jeweils Verbrauchswerte von 20, 30 und 50 vorerfasst worden, tragen die Nutzergruppen jeweils 20%, 30% und 50% der Gesamtkosten. Innerhalb der Nutzergruppe ist dann die Einzelverteilung auf die jeweiligen Nutzer entsprechend der §§ 7, 8 HeizkostenV vorzunehmen.

37 Die Verteilung des vorerfassten Verbrauchs kann aber auch nach einem **gemischten Schlüssel** erfolgen, wobei allerdings die Heizkostenverordnung eine mindestens 50% verbrauchsabhängige Umlegung verlangt. Die weiteren 50% verbrauchsunabhängig zu verteilenden Anteile beim Wärmeverbrauch können entweder nach der Wohn- oder Nutzfläche oder dem umbauten Raum aller Räume oder nur der beheizten Räume verteilt werden. Innerhalb der Nutzergruppen ist die Verteilung auf die einzelnen Nutzer wiederum nach § 7 HeizkostenV vorzunehmen.

38 Die Anwendung eines gemischten Maßstabes bei der Vorerfassung des Warmwasserverbrauchs lässt für den verbrauchsunabhängigen Anteil nur eine Verteilung nach der Wohn- oder Nutzfläche der einzelnen Nutzergruppen zu. Aber auch hier gilt für die Einzelverteilung § 8 HeizkostenV.

## D. Gemeinschaftsräume, Abs. 3

39 Für die nutzungsbedingt viel Wärme verbrauchenden Gemeinschaftsräume[86] ist stets eine verbrauchsabhängige Vorverteilung vorzunehmen. Denn die Gesamtkosten für ein Gebäude sind prozentual nach dem Verhältnis der bei den Gemeinschaftsräumen erfassten Anteile am Gesamtverbrauch zu verteilen. Beispiel: beträgt der Gesamtverbrauch 100 Anteile, wurden für die besonderen Gemeinschaftsräume 20 Anteile erfasst, sind 20% der Gesamtkosten auf die Gemeinschaftsräume zu verteilen; bei mehreren derartigen Gemeinschaftsräumen ist diese Verhältnisrechnung für jeden einzelnen Raum zu erstellen. Es ist also gleichsam eine rechnerische Vorerfassung durchzuführen.

40 Die **Einzelverteilung** für die betreffenden Gemeinschaftsräume richtet sich nur nach rechtsgeschäftlichen Vereinbarungen, die der Nutzungsgeber mit den Nutzern getroffen hat. Es ist also weder eine Verteilung nach den §§ 7–9 HeizkostenV vorzunehmen noch steht dem Nutzungsgeber die Möglichkeit offen, den Verteilungsmaßstab einseitig festzulegen, selbst wenn ihm im Nutzungsvertrag ein solches Recht eingeräumt worden ist.[87] Je nach Art des Gemeinschaftsraumes wird daher mit der Benutzungsregelung auch eine Kostenvereinbarung zu treffen sein, etwa nach Nutzungsdauer, Zahl der Nutzer.

41 Von § 6 Abs. 3 HeizkostenV **nicht** erfasst werden die gemeinschaftlich genutzten Räume,[88] da diese nicht mit Erfassungsgeräten ausgestattet werden müssen.

---

[84] Zur Möglichkeit der Nachbesserung trotz Ablaufs der Ausschlussfrist Langenberg/Zehelein BetrKostR Kap. G Rn. 83ff.

[85] → HeizkostenV § 5 Rn. 31–33.

[86] → *HeizkostenV § 4 Rn.* 23.

[87] Kinne/Schach/Bieber MietProzR/*Kinne* HeizkostenV § 6 Rn. 94; **aA** Schmid Miet- und WohnR/*Schmid* § 6 Rn. 10c.

[88] → HeizkostenV § 4 Rn. 21f.

## E. Verteilungsmaßstab, Abs. 4

Vor allem aus praktischen Gründen hat allein der Gebäudeeigentümer das Recht, den Verteilungsmaßstab festzulegen: eine Einigung unter einer Nutzermehrheit wird kaum zu erreichen sein, und der Gebäudeeigentümer kennt die Wärmecharakteristik des Hauses, wonach sich auch die Wahl des geeigneten Verteilungsmaßstabes richten kann. 42

Das Auswahlrecht betrifft bei der Vorerfassung die Entscheidung zwischen einem völlig verbrauchsabhängigen Maßstab und einem gemischten; beim gemischten Maßstab die Klärung, nach welchem der vorgegebenen Kriterien die verbrauchsunabhängige Verteilung erfolgen soll. Für den Regelfall der Kostenverteilung nach den §§ 7, 8 HeizkostenV ist das Verhältnis zwischen verbrauchsabhängigem und verbrauchsunabhängigem Schlüssel festzulegen, beim verbrauchsunabhängigen wiederum der konkrete Maßstab zu wählen.[89] 43

Das **Wahlrecht** steht nicht im völlig freien Ermessen des Gebäudeeigentümers. Zum einen kann sich aus den vertraglichen Vereinbarungen bereits eine Bindung ergeben, wenn in ihnen ein der Heizkostenverordnung entsprechender Schlüssel festgelegt worden ist. Diese vertragliche Regelung geht dem Wahlrecht des Gebäudeeigentümers vor. Zum anderen unterliegt die Ausübung des Wahlrechts der Schranke des billigen Ermessens nach § 315 BGB. Der Gebäudeeigentümer hat die Interessen der Nutzer zu beachten und einen Maßstab zu wählen, der dem bisherigen – nicht der Heizkostenverordnung entsprechenden – in seinen Auswirkungen möglichst nahekommt. Für die Nutzungseinheiten muss aber ein einheitlicher Schlüssel gewählt werden. Nur bei einer Vorerfassung können für die jeweiligen vorerfassten Einheiten unterschiedliche Schlüssel gewählt werden, jedoch muss auch hier jedes der jeweiligen Nutzungseinheiten angehörende Nutzungsobjekt auf Grund desselben Schlüssels abgerechnet werden. 44

Der Gebäudeeigentümer hat ferner das Recht, den einmal festgelegten Verteilungsmaßstab unter bestimmten Voraussetzungen zu **ändern.**[90] Maßgeblich hierfür sind überwiegend sachliche Gründe, die den bisherigen Schlüssel als nicht mehr sachgerecht erscheinen lassen. Die **Abänderungsbefugnis** ist sowohl bei vertraglicher Festlegung des Verteilungsschlüssels als auch bei dessen vorheriger einseitiger Festlegung durch den Gebäudeeigentümer gegeben. 45

Ein Grund für die Änderung **(§ 6 Abs. 4 S. 2 Nr. 2 HeizkostenV)** ist die Durchführung von Baumaßnahmen, die zur nachhaltigen Einsparung von Energie führen. Hierunter sind die in § 4 Abs. 3 ModEnG[91] aufgeführten Maßnahmen zu verstehen, wie Verbesserung der Wärmedämmung, Verminderung des Energieverlustes und des Energieverbrauchs der Heizungsanlage, Änderung der vorhandenen zentralen Heizungsanlage im Hinblick auf Verwendung sog. alternativer Energieformen (Kraft-Wärme-Kopplung, Müllverbrennung, Verwertung von Abwärme, Rückgewinnung von Wärme, Nutzung von Wärmepumpen und Solaranlagen). Da sich hierdurch sowohl der Bedarf an Wärme als auch die Zufuhr von Wärme ändern können, soll die Gelegenheit gegeben werden, den Schlüssel zu ändern, zumal es bei den alternativen Energieformen nicht mehr unbedingt auf das Ziel der Einsparung ankommen muss. 46

Ein weiterer Grund für die Abänderung **(§ 6 Abs. 4 S. 2 Nr. 1 HeizkostenV)** ist die Einführung der Vorerfassung. Während die Gesamtverteilung für ein Gebäude den Verbrauch nur nach pauschalierten Maßstäben berücksichtigen kann, soll die Vorerfassung gerade auf den unterschiedlichen Verbrauch einzelner Nutzergruppen eingehen. Deshalb kann der generelle Verteilungsmaßstab jetzt zur Berücksichtigung der individuellen Verbrauchsgewohnheiten der einzelnen Nutzergruppen angepasst und geändert werden. 47

Neben diesen sachbezogenen Gründen (→ Rn. 46 f.) gewährt die Heizkostenverordnung ein **generelles Abänderungsrecht (§ 6 Abs. 4 S. 2 Nr. 3 HeizkostenV).** Mangels näherer Beschreibung der Voraussetzungen ist seine Ausübung aber an den beiden anderen Abänderungsrechten auszurichten. Es muss also ein ähnlich sachlicher Grund für die Änderung des einmal festgelegten Schlüssels vorliegen, etwa falsche Einschätzung des Wärmebedarfs. 48

Die in der alten Fassung des § 6 Abs. 4 HeizkostenV enthaltenen zeitlichen Begrenzungen („einmalig" und „bis zum Ablauf von drei Abrechnungszeiträumen")[92] sind gestrichen worden, weil der 49

---

[89] Zu den Einzelheiten → HeizkostenV § 7 Rn. 4–15.

[90] AG Berlin-Mitte GE 2016, 1157.

[91] Diese Vorschrift ist zwar inzwischen aufgehoben worden, stand jedoch für die betreffende Regelung der Heizkostenverordnung Pate und ist daher weiterhin bei der Auslegung zu berücksichtigen. Jetzt kann auch auf die Kommentierung zu § 555 b BGB zurückgegriffen werden, → BGB § 555 b Rn. 13–64.

[92] Siehe → 11. Aufl. 2013, HeizkostenV § 6 Rn. 41, 42.

Verordnungsgeber der Auffassung war, sie würden sachgerecht notwendige Abänderungen behindern.[93] Auch die Beibehaltung der „erstmaligen Bestimmung" in Nr. 3 bedeutet nicht, dass eine Abänderung insgesamt nur zweimal erfolgen darf; dieser begrenzende Inhalt des „erstmalig" ist bei der Neufassung wohl übersehen worden. Unabhängig von dieser Erleichterung der Abänderung eines einmal gewählten Verteilungsschlüssels müssen für jeden Fall die materiellen Tatbestandsmerkmale erfüllt sein.

**50** Die Abänderungsbefugnis steht nur dem Gebäudeeigentümer zu; der Nutzer hat auf deren Ausübung keinen Anspruch. Sie ist durch ausdrückliche Erklärung gegenüber allen Nutzern geltend zu machen. Zwar ist keine Form hierfür vorgeschrieben. Da aber die Nutzungsverträge schriftlich abgefasst zu werden pflegen bzw. sogar sollten (§ 550 BGB), sollte auch eine Abänderung des Vertrages in der entsprechenden Form erfolgen.[94] Außerdem sollten die Gründe für die Abänderung nachvollziehbar dargelegt werden.

**51** Die Abänderung darf nach dem ausdrücklichen Wortlaut des Gesetzes nur zu **Beginn** einer **Abrechnungsperiode** erfolgen. Da aber mit der Kostenverteilung auch auf das Nutzerverhalten hinsichtlich des Energieverbrauchs eingewirkt werden soll, kann dies nur bedeuten, dass die Abänderung für die zukünftig nächste beginnende Periode wirkt[95] und nicht rückwirkend für die bereits laufende.[96] Dieses Verbot einer rückwirkenden Änderung der tatsächlichen Umstände für die Heizkostenabrechnung gilt auch für die Formen der Erfassung, insbes. bei der Rohrwärmeabgabe. Denn die erfassten (dh in diesem Fall errechneten) Werte bilden die Grundlage für die Verteilung und aus den verteilten Kosten soll der jeweilige Nutzer einen möglichen Ansporn für ein verändertes Nutzerverhalten hinsichtlich des Wärmeverbrauchs entnehmen können. Wenn ihm diese Tatsachen aber erst nach Ablauf einer Nutzungsperiode „untergeschoben" werden, kann er sein Nutzungsverhalten nicht mehr entsprechend einrichten und der Zweck der Heizkostenverordnung wird verfehlt[97]. Unzulässig ist auch die Auferlegung neuer, bisher nicht vereinbarter Betriebskosten mit der Neufestlegung eines Umlageschlüssels.[98]

---

[93] Begründung, BR-Drs. 570/08, 12.
[94] Kinne/Schach/Bieber MietProzR/*Kinne* HeizkostenV § 6 Rn. 101.
[95] Kinne/Schach/Bieber MietProzR/*Kinne* HeizkostenV § 6 Rn. 102.
[96] **AA** *Peruzzo* Heizkostenabrechnung HeizkostenV § 6, S. 50.
[97] Hier greift auch der Gedanke des Vertrauensschutzes ein, LG Hamburg ZMR 2012, 290 unter Hinweis auf BGH V ZR 202/09, NJW 2010, 2654; LG Hamburg ZWE 2014, 366; **aA** AG Gera BeckRS 2015, 10728 *mAnm Jahreis jurisPR-MietR 23/2012* Anm. 4. Das AG stellt einzig formal darauf ab, dass sich das Rückwirkungsverbot seinem Wortlaut nach nicht auf die Modalitäten der Erfassung erstrecke. Es ist aber nicht nur auf den Wortlaut einer Norm abzustellen, sondern auch auf ihren Sinn und Zweck.
[98] AG Hamburg-Blankenese ZMR 2013, 814.

## „§ 6a Abrechnungs- und Verbrauchsinformationen; Informationen in der Abrechnung

*(i. d. Fassung der Verabschiedung durch das Kabinett am 4. 8. 2021)*

***(1) Wenn fernablesbare Ausstattungen zur Verbrauchserfassung installiert wurden, hat der Gebäudeeigentümer den Nutzern Abrechnungs- oder Verbrauchsinformationen für Heizung und Warmwasser auf der Grundlage des tatsächlichen Verbrauchs oder der Ablesewerte von Heizkostenverteilern in folgenden Zeitabständen mitzuteilen:***

***1. für alle Abrechnungszeiträume, die ab dem ...[einsetzen: Datum des Inkrafttretens nach Artikel 3] beginnen***
***a) auf Verlangen des Nutzers oder wenn der Gebäudeeigentümer sich gegenüber dem Versorgungsunternehmen für die Zustellung der Abrechnung auf elektronischem Wege entschieden hat, mindestens vierteljährlich und***
***b) ansonsten mindestens zweimal im Jahr***
***2. ab dem 1. Januar 2022 monatlich.***

***(2) Verbrauchsinformationen nach Absatz 1 Nummer 2 müssen mindestens folgende Informationen enthalten:***
***3. Verbrauch des Nutzers im letzten Monat in Kilowattstunden,***
***4. einen Vergleich dieses Verbrauchs mit dem Verbrauch des Vormonats desselben Nutzers sowie mit dem entsprechenden Monat des Vorjahres desselben Nutzers, soweit diese Daten erhoben worden sind, und***
***5. einen Vergleich mit dem Verbrauch eines normierten oder durch Vergleichstests ermittelten Durchschnittsnutzers derselben Nutzerkategorie.***

***(2) Wenn die Abrechnungen auf dem tatsächlichen Verbrauch oder auf den Ablesewerten von Heizkostenverteilern beruhen, muss der Gebäudeeigentümer den Nutzern für Abrechnungszeiträume, die ab dem ... [einsetzen: Datum des Inkrafttretens nach Artikel 3] beginnen, zusammen mit den Abrechnungen folgende Informationen zugänglich machen:***

***1. Informationen über***
***a) den Anteil der eingesetzten Energieträger und bei Nutzern, die mit Fernwärme aus Fernwärmesystemen versorgt werden, auch über die damit verbundenen jährlichen Treibhausgasemissionen und den Primärenergiefaktor des Fernwärmenetzes, bei Fernwärmesystemen mit einer thermischen Gesamtleistung unter 20 Megawatt jedoch erst ab dem 1. Januar 2022,***
***b) die erhobenen Steuern, Abgaben und Zölle,***
***c) die Entgelte für die Gebrauchsüberlassung und Verwendung der Ausstattungen zur Verbrauchserfassung, einschließlich der Eichung, sowie für die Ablesung und Abrechnung,***
***2. Kontaktinformationen, darunter Internetadressen von Verbraucherorganisationen, Energieagenturen oder ähnlichen Einrichtungen, bei denen Informationen über angebotene Maßnahmen zur Energieeffizienzverbesserung, Endnutzer-Vergleichsprofile und objektive technische Spezifikationen für energiebetriebene Geräte eingeholt werden können,***
***3. im Falle eines Verbrauchervertrags nach § 310 Absatz 3 des Bürgerlichen Gesetzbuches die Information über die Möglichkeit der Durchführung von Streitbeilegungsverfahren nach dem Verbraucherstreitbeilegungsgesetz, wobei die §§ 36 und 37 des Verbraucherstreitbeilegungsgesetzes unberührt bleiben,***
***4. Vergleiche mit dem Verbrauch eines normierten oder durch Vergleichstests ermittelten Durchschnittsnutzers derselben Nutzerkategorie, wobei im Fall elektronischer Abrechnungen ein solcher Vergleich online bereitgestellt und in der Abrechnung darauf verwiesen werden kann,***
***5. einen Vergleich des witterungsbereinigten Energieverbrauchs des jüngsten Abrechnungszeitraums des Nutzers mit seinem witterungsbereinigten Energieverbrauch im vorhergehenden Abrechnungszeitraum in grafischer Form.***

***Der Energieverbrauch nach Satz 1 Nummer 5 umfasst den Wärmeverbrauch und den Warmwasserverbrauch. Dabei ist der Wärmeverbrauch einer Witterungsbereinigung unter Anwendung eines den anerkannten Regeln der Technik entsprechenden Verfahrens zu unterziehen. Die Einhaltung der anerkannten Regeln der Technik wird vermutet, soweit für den Vergleich der witterungsbereinigten Energieverbräuche Vereinfachungen verwendet werden, die vom Bundesministerium für Wirtschaft und Energie und vom Bundesministerium des Innern, für Bau und Heimat gemeinsam im Bundesanzeiger bekanntgemacht worden sind.***

***(3) Die Pflichten gemäß § 556 Absatz 3 des Bürgerlichen Gesetzbuches bleiben unberührt.***

***(4) Abrechnungen, die nicht auf dem tatsächlichen Verbrauch oder auf den Ablesewerten von Heizkostenverteilern beruhen, müssen mindestens die Informationen gemäß Absatz 2 Nummer 2 und 3 enthalten.“***

1 Mit dieser neuen Vorschrift werden die Vorgaben der erneuerten EED hinsichtlich der Information der Verbraucher, insbes. aus Anhang VII A Nr. 2, 3 EED, vollständig in die Heizkostenverordnung übernommen. Die Richtlinie geht davon aus, dass durch die häufigen Verbrauchsinformationen der jeweilige Nutzer zu mehr Energieeinsparung angeregt wird.

2 **Voraussetzung** für die neuen Informationspflichten nach § 6 a Abs. 1 HeizkostenV ist die Installation fernablesbarer Erfassungs- bzw. Messgeräte. Sind derartige Geräte (noch) nicht eingebaut, bleibt es bei der Informationsverpflichtung nach § 6 Abs. 1 S. 2 (→ HeizkostenV § 6 Rn. 10 ff.). Entsprechen der **Pflichtenverteilung** in der Heizkostenverordnung treffen die in § 6 a HeizkostenV genannten Informationspflichten den **Gebäudeeigentümer;** der Dienstleister (Messdienstunternehmen) wird rechtlich gesehen nur in seinem Auftrag tätig, so dass die Folgen einer Pflichtverletzung im Verhältnis Gebäudeeigentümer (= Vermieter) und Nutzer (= Mieter) jedenfalls den Gebäudeeigentümer treffen, der sich ggf. vertragsrechtlich beim Auftragnehmer schadlos halten kann.

3 Entsprechend der zeitlich gestaffelten Einführung der Fernablesung nach § 5 Abs. 2 HeizkostenV wird auch die Verpflichtung, nach den neuen Regelungen zu informieren, **zeitlich gestreckt:** Sind bereits bei Inkrafttreten der Änderungsverordnung fernablesbare Geräte installiert, müssen die Informationen vierteljährlich übermittelt werden, wenn entweder der Nutzer (es reicht also ein Nutzer, nicht erforderlich ist die Gesamtheit der Nutzer) dies fordert, oder wenn sich der Gebäudeeigentümer für eine Zustellung der Informationen auf elektronischen Weg entschieden hat (und die Nutzer entsprechende Empfangsmöglichkeiten haben). Sind diese Voraussetzungen nicht gegeben, müssen die Informationen zweimal jährlich erteilt werden. Ab dem 1. 1. 2022 müssen die Informationen unabhängig von den genannten Voraussetzungen bei Vorhandensein fernablesbarer Geräte monatlich erteilt werden. Empfänger der Informationen sollten alle Nutzer sein und nicht nur der fordernde oder elektronisch Empfangsberechtigte.

4 Der Sinn der häufigen Information liegt in der Erwartung, dass die jeweiligen Nutzer, die ihren Verbrauch steuern können, sparsam mit der Energie umgehen. Das wird zwar von den Messdienstunternehmen, die die Einführung der Fernauslesung lobbyiert haben, behauptet, von Energielieferanten wie Verbraucherorganisation bezweifelt. Das setzt nicht nur das Vorhandensein fernauslesbarer Geräte voraus, sondern auch, dass alle Nutzereinheiten mit derartigen Geräten ausgestattet sind. Denn die Heizkostenabrechnung beruht letztendlich auf einer Vergleichsberechnung, und diese setzt gleiche Ausgangsbedingungen voraus. Deshalb entfallen die Informationspflichten, wenn nicht alle Verbrauchsstellen mit fernablesbaren Geräten versehen sind; das gilt sowohl für die Einzelverbrauchsstelle als auch für den Hauptzähler. Die von der EU vorgeschlagene Möglichkeit einer Schätzung oder Extrapolierung[1] entspricht nicht dem Informationszweck. Das ergibt sich auch aus § 6 a Abs. 2 HeizkostenV, wo auf den tatsächlichen Verbrauch abgestellt wird.

5 Die Informationspflichten sollen nach § 6 a Abs. 1 Nr. 2 HeizkostenV nicht nur während der Heizperiode verpflichtend sind (Oktober bis April). Denn das wäre zu eng: die Heizung ist witterungsabhängig; den Regelfall stellen zwar die Monate Oktober bis April des Folgejahres dar, aber es kommt durchaus vor, dass die Heizung bereits im September angestellt werden muss und wieder Ende März abgestellt werden kann. Auch für diese Sonderfälle sollte die Informationspflicht greifen. Allerdings lässt es Anhang VII A Nr. 2 EED zu, dass Wärme- und Kälteversorgung außerhalb der Heiz-/Kühlperioden von dieser Anforderung ausgenommen werden können.

6 Die Richtlinie befleißigt sich für die Darbietung der Informationen unterschiedlicher Verben: die Abrechnungs- und Verbrauchsinformationen werden „bereitgestellt“, die Informationen in den Abrechnungen werden „zur Verfügung gestellt“. Der Verordnungsentwurf ersetzt dies durch „mitzuteilen“ und „zugänglich machen“. Die Abrechnungs- und/oder Verbrauchsinformationen müssen dem jeweiligen Nutzer zugehen; denn er muss/soll sein Verhalten darauf einstellen (den Saldo bezahlen oder seinen Verbrauch einschränken). Die Tatbestände in § 6 a Abs. 2 HeizkostenV sollen hingegen die Position des Nutzers verstärken, damit er bei der Prüfung der Abrechnung seine Interessen wahren kann. Deshalb genügt es, wenn ihm der Weg gezeigt wird, auf dem er sich diese Informationen beschaffen kann; es reicht mithin die entsprechende Angabe zB im Internet aus.

7 Die geplante Neuregelung unterscheidet beim **Informationsinhalt** zwischen Abrechnungs- und Verbrauchsinformationen. Beim „Verbrauch“ werden lediglich die Mess- bzw. Ableseergebnisse mitgeteilt, während bei der Abrechnungsinformation zusätzlich die errechneten Kosten aufgrund der Ablesung mitgeteilt werden. Welche der Informationsarten gewählt wird, hängt vom Zweck der Information ab, letztlich verhaltensgesteuerte Energieeinsparung. Um dieses Ziel zu erreichen,

---

[1] So die Empfehlung (EU) 2019/1659, ABl. 2019 L 275, 137.

reichen bei der Verwendung von Messgeräten die Mitteilung der Messergebnisse aus. Denn mittels dieser Werte kann der Nutzer feststellen, wie sich sein Verbrauch entwickelt hat. Bei der Verwendung von Erfassungsgeräten zeigt ihm die mitgeteilte Zahl lediglich den Verhältniswert zum Gesamtverbrauch. Um seinen eigenen Verbrauch feststellen zu können, bedarf er also einer Weiterberechnung, mithin der Abrechnungsinformation. Angesichts der Digitalisierung des Abrechnungswesens dürfte die Erstellung einer derartigen Information keine weiteren Kosten verursachen.

Mit den gem. § 556 Abs. 3 BGB jährlich zu erstellenden Heizkostenabrechnungen sind nunmehr zusätzliche Informationen zu erteilen, um den Nutzer auch den sog. ökologischen Fußabdruck vor Augen zu stellen. Diese Zusatzinformation sind nicht von der Installation fernablesbarer Geräte abhängig, sondern allein von der verbrauchsbasierten Heizkostenabrechnung. Zu den neuen Informationen gehört jetzt der Hinweis auf den Brennstoffmix; der Sinn liegt darin, über evtl. verwendete regenerative Energien aufzuklären, was nicht nur dem Umweltbewusstsein dient, sondern auch der Erläuterung der Abrechnung (zB bei einer Kombination von Solarenergie und fossilen Brennstoffen). Beim Bezug von Fernwärme ist darüber hinaus noch über die Treibhausemmissionen aufzuklären sowie über den Primärenergiefaktor, was für die Einhaltung der entsprechenden Vorschriften des GEG (§§ 15ff. GEG) von Bedeutung ist. Wird der vorgegebene Faktor nicht eingehalten, könnte ein Mangel vorliegen. **8**

Die Mitteilung der Steuern und Abgaben soll dem Nutzer die Möglichkeit eröffnen zu überprüfen, ob energieregelnde Steuern angefallen sind (zB $CO_2$-Steuer), was mittelbar auch zu einer Verbrauchsreduzierung führen kann[2]. **9**

Die Informationspflichten der Nr. 2 und 3 des Entwurfs setzen zwar entsprechende Vorgaben der erneuerten EED um, gehören aber nicht in eine rechtliche Regelung. Derartige Bevormundungen übersehen, dass es sich auch bei den Nutzern von Mieträumen um mündige Bürger handelt, die ihre Interessen durchaus selbständig wahren können. Die Informationen der Nr. 2 richten sich im Wesentlichen an den Endkunden (= Gebäudeeigentümer als Vertragspartner des Energielieferanten) und nicht an den Endnutzer (= Mieter), der keinen Einfluss auf die energetischen Installationen des Gebäudes hat. Außerdem ist für Nr. 3 die notwenige Unternehmereigenschaft des Vermieters alles andere als eindeutig geklärt anzusehen[3], so dass die Regelung eher streitanfällig als hilfreich ist. **10**

Der in § 6a Abs. 2 Nr. 4 HeizkostenV geforderte Vergleich mit einem Durchschnittsnutzer derselben Nutzerkategorie (dafür ist wohl abzustellen auf die Personenzahl, Nutzerstruktur (berufstätig oder Ruheständler) ist zwar nützlich und sinnvoll, aber mangels der „normierten" oder durch Vergleichstests ermittelten Vergleichsobjekte derzeit nicht durchführbar; der Gesetzgeber hat es bislang versäumt, die hierfür erforderlichen Voraussetzungen zu schaffen. **11**

Um dem jeweiligen Nutzer die Entwicklung seines Verbrauchsverhaltens deutlich zu machen, ist nach § 6a Abs. 2 Nr. 5 HeizkostenV ein Vergleich in grafischer Form zwischen seinem Vorjahresverbrauch und dem abgerechneten Verbrauch des laufenden Jahres vorgeschrieben. Da der Wärmeverbrauch aber wesentlich von der jahreszeitlichen Witterung abhängig ist und diese von Jahr zu Jahr unterschiedlich sein kann, muss die Vergleichbarkeit der „Witterungen" hergestellt werden. Um nicht auf die zeitlich überholten Berechnungen der VDI 3807 (2013/2014 basierend auf Erfassungen der Jahre 2003/2004) zurückgreifen zu müssen, werden die vom Deutschen Wetterdienst für die unterschiedlichen Orte in Deutschland herausgegebenen Gradtagszahlen der Jahre zueinander in Beziehung gesetzt, um auf diese Weise den Korrekturfaktor zu ermitteln (Gradtagszahl Vorjahr dividiert durch Gradtagszahl laufenden Jahr = Korrekturfaktor). Dann wird der Energieverbrauch des laufenden Jahres prozentual zum Vorjahr berechnet und die sich daraus ergebende Prozentzahl mit dem Korrekturfaktor multipliziert, woraus sich dann der vergleichbare Energieverbrauch ergibt. Die Werte werden dann in ein digitales Grafikprogramm eingetragen und dem Nutzer, der aber im Referenzjahr schon im Nutzobjekt gelebt haben muss, mitgeteilt. Sinnvoll ist dieser Vergleich aber nur, wenn sich die Nutzerstruktur des konkreten Objekts nicht geändert hat (Zahl der Nutzer, Tätigkeit der Nutzer). Der § 6a Abs. 2 Nr. 5 HeizkostenV verweist zwar auf ministeriell bekanntgemachte Verfahren sowie auf anerkannte Regeln der Technik. Letztere sind veraltet; erstere liegen derzeit nicht vor. **12**

---

[2] So die Empfehlung (EU) 219/1660, ABl. 2019 L 275, 20. Der RefE für den Bereich Fernwärme und Fernkälte versteht allerdings unter „Steuern" nur diejenigen, die auf Wärme und Kälte erhoben werden, Entwurf, 13.

[3] *Fervers* NZM 2018, 640.

**13** § 6a Abs. 3 HeizkostenV stellt lediglich klar, dass die sich aus § 556 Abs. 3 BGB ergebenden Bedingungen für eine Heizkostenabrechnung durch die Neuregelung nicht berührt werden (ein Gesetz kann nicht durch eine Verordnung abgeändert werden!).

**14** Nach den §§ 9a Abs. 2, 11 HeizkostenV sind nicht verbrauchsbasierte Abrechnungen zulässig. In diesen Fällen schränkt § 6a Abs. 4 HeizkostenV die Informationspflichten auf die Tatbestände des § 6a Abs. 2 Nr. 2, 3 HeizkostenV ein, was hinsichtlich § 6a Abs. 2 Nr. 2 HeizkostenV überflüssig (→ Rn. 10) ist. Im Übrigen wird diese Verpflichtung bei legal nicht verbrauchsabhängigen Abrechnungen nicht mehr durch die Rechtsgrundlagen – weder der reformierten EED noch § 6 GEG – gedeckt. Diese Rechtsgrundlagen ermächtigen lediglich zu Maßnahmen für die Einsparung von Energie. Mangels zulässiger verbrauchsunabhängiger Abrechnung kann dieses Ziel nicht erreicht werden. Deshalb erübrigt sich der Hinweis auf besondere Informationsstellen, die über Energieeinsparungen Auskunft geben können.

### „§ 6b Zulässigkeit und Umfang der Verarbeitung von Daten

***Die Erhebung, Speicherung und Verwendung von Daten aus einer fernablesbaren Ausstattung zur Verbrauchserfassung darf nur durch den Gebäudeeigentümer oder einen von ihm beauftragten Dritten erfolgen und soweit dies erforderlich ist:***

1. ***zur Erfüllung der verbrauchsabhängigen Kostenverteilung und zur Abrechnung mit dem Nutzer nach § 6 oder***
2. ***zur Erfüllung der Informationspflichten nach § 6a.“***

Mit dieser neuen Vorschrift wird das bereits bisher geltende Recht des Datenschutzes (→ HeizkostenV § 5 Rn. 22) für den Fall der Ausstattung mit fernauslesbaren Geräten konkretisiert. Zur Verarbeitung der daraus gewonnenen Daten gehören die Erhebung der Daten, also deren Speicherung im Erfassungs- bzw. Messgerät, die Auslesung dieser Daten sowie deren Verwendung für die Erstellung der Heizkostenabrechnung. **1**

Um den Informationspflichten zur Vergleichbarkeit nach § 6a Nr. 4, 5 HeizkostenV nachkommen zu können, muss auf weitere Daten (sei es eines weiteren Nutzers, sei es des konkreten Nutzers aus vorangegangenen Jahren) zugegriffen werden können. Auch dadurch wird der jeweilige Datenschutz nicht ausgehebelt. **2**

Die Daten aus den fernablesbaren Geräten dürfen nur vom Gebäudeeigentümer (= Vermieter) und dem beauftragten Messdienstunternehmen ausgelesen und zum Zwecke der Heizkostenabrechnung verarbeitet werden. Zwar heißt es in § 6b HeizkostenV „Gebäudeeigentümer … **oder** … beauftragter Dritter“. Dieser sog. Dritte verdrängt aber den Vermieter nicht aus seinen Rechten, sondern unterstützt ihn bei der Wahrnehmung dieser Rechte, so dass der Zugriff beider Personen auf die Daten zulässig ist. **3**

Schließlich dürfen die Daten nur so lange aufbewahrt werden, wie sie zu ihrem Zweck – Erstellung der Heizkostenabrechnung – benötigt werden. Hierfür auf den Zeitrahmen des § 556 Abs. 3 S. 5 BGB abzustellen[1], erscheint nicht sachgerecht[2], da die Daten durchaus auch danach zB für Streit über eine mögliche Rückzahlung der Vorauszahlungen oder sogar Rückzahlung der Kaution verwendet werden könnten. **4**

Im Übrigen werden durch diese Sonderregelungen bei Vorhandensein fernablesbarer Geräte die allgemeinen Datenschutzregeln nicht verdrängt. Diese gelten weiter, soweit die Sonderregelung nicht eingreift[3]. Zum einen gilt daher das allgemeine Datenschutzrecht für Heizkostenabrechnungen, die auf nicht fernablesbaren Geräten beruhen oder auf verbrauchsunabhängigen Verteilungsmaßstäben. Zum anderen wird dadurch das Einsichtsrecht der anderen Nutzer eines Gebäudes in die datenbasierte Abrechnung sämtlicher Nutzer des eigenen Gebäudes nicht eingeschränkt. **5**

---

[1] So Begründung des Referentenentwurfs der VO Fernwärme und Fernkälte, S. 22f.
[2] So auch Zehelein, ZMR 2021, 541/551.
[3] Insbesondere gelten die Auskunftsrechte weiter, AG Wiesbaden, Grundeigentum 2021, 886.

## § 7 Verteilung der Kosten der Versorgung mit Wärme

**(1) [1]Von den Kosten des Betriebs der zentralen Heizungsanlage sind mindestens 50 vom Hundert, höchstens 70 vom Hundert nach dem erfassten Wärmeverbrauch der Nutzer zu verteilen. [2]In Gebäuden, die das Anforderungsniveau der Wärmeschutzverordnung vom 16. August 1994 (BGBl. I S. 2121) nicht erfüllen, die mit einer Öl- oder Gasheizung versorgt werden und in denen die freiliegenden Leitungen der Wärmeverteilung überwiegend gedämmt sind, sind von den Kosten des Betriebs der zentralen Heizungsanlage 70 vom Hundert nach dem erfassten Wärmeverbrauch der Nutzer zu verteilen. [3]In Gebäuden, in denen die freiliegenden Leitungen der Wärmeverteilung überwiegend ungedämmt sind und deswegen ein wesentlicher Anteil des Wärmeverbrauchs nicht erfasst wird, kann der Wärmeverbrauch der Nutzer nach anerkannten Regeln der Technik bestimmt werden. [4]Der so bestimmte Verbrauch der einzelnen Nutzer wird als erfasster Wärmeverbrauch nach Satz 1 berücksichtigt. [5]Die übrigen Kosten sind nach der Wohn- oder Nutzfläche oder nach dem umbauten Raum zu verteilen; es kann auch die Wohn- oder Nutzfläche oder der umbaute Raum der beheizten Räume zu Grunde gelegt werden.**

**(2) [1]Zu den Kosten des Betriebs der zentralen Heizungsanlage einschließlich der Abgasanlage gehören die Kosten der verbrauchten Brennstoffe und ihrer Lieferung, die Kosten des Betriebsstromes, die Kosten der Bedienung, Überwachung und Pflege der Anlage, der regelmäßigen Prüfung ihrer Betriebsbereitschaft und Betriebssicherheit einschließlich der Einstellung durch einen Fachmann, der Reinigung der Anlage und des Betriebsraumes, die Kosten der Messungen nach dem Bundes-Immissionsschutzgesetz, die Kosten der Anmietung oder anderer Arten der Gebrauchsüberlassung einer Ausstattung zur Verbrauchserfassung einschließlich der Kosten der Eichung sowie der Kosten der Berechnung, Aufteilung und Verbrauchsanalyse. [2]Die Verbrauchsanalyse sollte insbesondere die Entwicklung der Kosten für die Heizwärme- und Warmwasserversorgung der vergangenen drei Jahre wiedergeben.**

**(3) Für die Verteilung der Kosten der Wärmelieferung gilt Absatz 1 entsprechend.**

**(4) Zu den Kosten der Wärmelieferung gehören das Entgelt für die Wärmelieferung und die Kosten des Betriebs der zugehörigen Hausanlagen entsprechend Absatz 2.**

### Systematische Übersicht



### A. Regelungsgehalt

1 Die Norm enthält zwei große Regelungskomplexe zur Verteilung der Kosten von Wärme. Zum einen die Verpflichtung zur Verwendung eines in verbrauchsabhängige und verbrauchsunabhängige Anteile zu spaltenden Verteilungsschlüssels, zum anderen die begrenzende Aufzählung der in der Heizkostenabrechnung[1] zu verteilenden Kosten. Technischer Ausgangspunkt der Regelung ist das Vorhandensein einer zentralen Heizungsanlage iSv § 1 Abs. 1 Nr. 1 HeizkostenV; die Regelungen für die sonstigen Möglichkeiten der Wärmeversorgung bauen auf dieser Grundlage auf und ergänzen sie im Einzelfall.

2 Der **Spaltung der Verteilungsschlüssel** liegt der Gedanke zu Grunde, dass auch ein wenig oder – zeitweise – keine Wärme verbrauchender Nutzer von der Betriebsbereitschaft der Heizungsanlage profitiert und deshalb anteilig an diesen Bereitstellungskosten beteiligt werden soll. Diese Beteiligung muss sich nach einem verbrauchsunabhängigen Schlüssel richten, da sie gerade für die Zeit der Nichtnutzung der Anlage von Bedeutung ist. Allerdings ist zu berücksichtigen, dass es sich bei dieser Spaltung um eine rein rechnerische Maßnahme handelt und nicht dazu führen darf, die verbrauchsabhängigen und verbrauchsunabhängigen Kosten gesondert zu ermitteln und zu verteilen. Vielmehr gehen beide Kosten in die Gesamtabrechnung ein; erst die sich daraus ergebende Gesamtsumme wird nach den unterschiedlichen Maßstäben verteilt.

---

[1] IÜ gelten für den Inhalt der Heizkostenabrechnung dieselben Regeln wie für die Abrechnung über die sonstigen Betriebskosten, so dass darauf – → BGB § 556 Rn. 323 ff. – verwiesen werden kann.

Der zweite Komplex befasst sich mit den **Kosten,** die für die Wärmeerzeugung unmittelbar oder mittelbar anfallen und die deshalb über die Heizkostenabrechnung auf die Nutzer verteilt werden dürfen. Nicht in der Aufzählung enthaltene Kosten dürfen auch nicht in die Heizkostenabrechnung eingestellt werden. In der allgemeinen Abrechnung über die Betriebskosten dürfen derartige Positionen nur aufgeführt werden, wenn ihre Umlagefähigkeit im Nutzungsvertrag vereinbart ist; in Wohnraummietverträgen ist zusätzlich die Begrenzung auf die Kosten zu beachten, die in § 2 BetrKV aufgezählt sind, § 556 Abs. 1 BGB. 3

## B. Verteilungsmaßstäbe

Von den Gesamtkosten der Wärmeversorgung sollen mindestens 50%, höchstens aber 70% verbrauchsabhängig verteilt werden, dh also nach dem beim einzelnen Nutzer erfassten oder gemessenen Wärmeverbrauch. In diesem Rahmen darf der Gebäudeeigentümer durch einseitige Festlegung den Verteilungsmaßstab bestimmen. Soll ein höherer verbrauchsabhängiger Maßstab zu Grunde gelegt werden, bedarf es einer – nach § 10 HeizkostenV zulässigen – entsprechenden vertraglichen Vereinbarung. Grundsätzlich ist zu beachten, dass für alle Nutzer eines Gebäudes oder der vorerfassten Nutzungseinheit derselbe Maßstab angewendet wird. 4

Die **Festlegung innerhalb der Bandbreite 50/70** steht zwar im Ermessen des Gebäudeeigentümers, das jedoch nach § 315 BGB gebunden ist, so dass im Einzelfall trotz der Einhaltung der generellen Grenzen der Heizkostenverordnung die Wahl nicht dem billigen Ermessen entsprechen kann[2]. Die konkrete Wahl hat sich daher an den wärmespezifischen Eigenheiten des jeweiligen Gebäudes auszurichten. Hierbei ist allgemein zu berücksichtigen, dass der 70:30-Schlüssel dem individuellen Verbrauchsverhalten der Nutzer am ehesten gerecht wird[3], während der 50:50-Schlüssel sich nivellierend dahingehend auswirkt, dass der sparsame Nutzer zu viel, der verschwenderische dagegen zu wenig im Verhältnis zu seinem Nutzungsverhalten zu zahlen hat.[4] Systematisch unkorrekt ist es auch, auf den tatsächlich anfallenden Grundkostenanteil abzustellen und danach den verbrauchsabhängigen Anteil zu bestimmen.[5] Denn es findet gerade keine Kostenaufspaltung nach ihrer konkreten Entstehung statt, sondern die Kosten werden zusammengefasst und dann verteilt. 5

Obwohl die Bandbreite vom Gesetzgeber auch deshalb eingeführt worden ist, um lagebedingte Unterschiede im Wärmeverbrauch ausgleichen zu können,[6] ist der sog. **Lagenachteil** bei der Festlegung des Maßstabes **nicht** zu berücksichtigen.[7] Denn die sog. wärmeverbrauchenden Räume (insbes. außenliegende Wohnungen mit großen Fensterflächen, Penthousewohnungen) stellen unter Mietwertgesichtspunkten besonders begehrte Wohnlagen innerhalb eines Gebäudes dar, die zu entsprechenden marktabhängigen Zuschlägen zur Miete führen. Diese Höherbewertung infolge besonderer Nachfrage darf nicht teilweise auf die Nutzer anderer, nicht mit den entsprechenden wertbildenden Vorteilen versehenen Räumen[8] kostenmäßig dadurch verteilt werden, dass sie indirekt die höheren Heizkosten mittragen. 6

Wesentliches Kriterium für die Auswahl des Verteilungsmaßstabes innerhalb der vorgegebenen Bandbreite ist der **bauliche Zustand des Gebäudes** im Hinblick auf den Wärmeverbrauch durch nutzergesteuertes Verhalten oder durch bautechnische Vorgaben.[9] Bei einem **Neubau,** der entsprechend den einschlägigen Vorschriften des EnEG und der EnEV bzw. jetzt des GEG errichtet worden ist, kann ein Verteilungsmaßstab von 70:30 gewählt werden, weil der konkrete Energiever- 7

[2] LG Karlsruhe NZM 2016, 558.

[3] LG München I ZMR 2016, 141.

[4] Kreuzberg/Wien Heizkostenabrechnung-HdB/*Kreuzberg,* 4. Aufl. 1997, S. 48 f.

[5] LG Berlin GE 2005, 739 mAnm *Beuermann* GE 2005, 709; anders Kreuzberg/Wien Heizkostenabrechnung-HdB/*Wien* Kap. 10.4.4, S. 623–627.

[6] Gesetzesbegründung BR-Drs. 632/80, 29 in Kreuzberg/Wien Heizkostenabrechnung-HdB S. 71.

[7] Str., *Freywald* Heizkostenabrechnung Rn. 127; Kreuzberg/Wien Heizkostenabrechnung-HdB/*v. Brunn/Alter* Kap. 3.6.3, S. 240; *Peruzzo* Heizkostenabrechnung Rn. 191; **aA** *Pfeifer* HeizkostenV § 6 Anm. 13/13 a im Widerspruch zu *Pfeifer* HeizkostenV § 4 Anm. 1 a; jetzt aber wie hier Fischer-Dieskau/Pergande/Schwender WohnungsbauR/*Pfeifer* HeizkostenV § 7 Anm. 4.6; aA wohl noch Kreuzberg/Wien Heizkostenabrechnung-HdB/*Wien* Kap. 10.4.4, S. 624.

[8] So auch *Peruzzo* Heizkostenabrechnung Rn. 191.

[9] So auch Kinne/Schach/Bieber MietProzR/*Kinne,* Heizung und Heizkostenabrechnung (1992) § 7 Rn. 105; AG Saarburg WuM 2001, 85; „gefühlte" Gerechtigkeitserwägungen haben hier keinen Platz, anders wohl AG Besigheim ZWE 2017, 52.

brauch überwiegend vom Verhalten der Nutzer abhängig ist und nicht durch Energieverluste infolge Gebäudemängeln wesentlich beeinflusst wird. Bei einem **Altbau** können dagegen mehrere den Wärmeverbrauch bereits durch den baulichen Zustand negativ beeinflussende Faktoren vorliegen, wie zB nicht vorhandene Wärmedämmung, keine isolierverglasten Fenster, keine isolierten Heizungsrohre, veraltete Heizungsanlage[10]. Da hier das Nutzerverhalten nicht allein den Wärmeverbrauch beeinflusst, kann ein Maßstab von 50:50 gewählt werden.[11] Eine Modernisierung des Altbaus im wärmespezifischen Bereich lässt wiederum eine Angleichung an den Verteilungsmaßstab bei Neubauten zu.[12]

8 Die Novellierung der Heiz Heizkostenverordnung 2009 hat diese (→ Rn. 7) mehr allgemeine **Zustandsbeschreibung** des für den Verteilungsschlüssel evtl. maßgebenden Bautenzustand für zwei Fälle **konkretisiert.** Zum einen ist in § 7 Abs. 1 S. 2 HeizkostenV zwingend ein Verteilungsschlüssel 70:30 vorgeschrieben. Zum anderen hat die Novelle versucht, das besonders in den östlichen Bundesländern virulente Problem der Rohrwärmeabgabe in § 7 Abs. 1 S. 3 HeizkostenV in den Griff zu bekommen. Dieser Versuch muss als misslungen bezeichnet werden; die Instanzrechtsprechung wendet die Neuregelung jedoch als zwingend an (dazu → Rn. 13).

9 Die Anwendung des **zwingenden Verteilungsschlüssels** 70:30 hängt von **drei Voraussetzungen** ab, die zum Zeitpunkt des Inkrafttretens der Neuregelung vorliegen müssen: Als erstes darf das Gebäude die Kriterien der Wärmeschutzverordnung 1994 noch nicht erfüllen, dh der darin genannte Jahreswärmebedarf wird überschritten. Zum zweiten muss die Beheizung durch Öl- oder Gasheizungen erfolgen, wobei diese Heizungen im Gebäude selbst sein müssen; Fernheizungen werden davon nicht erfasst.[13] Schließlich müssen die Heizungsrohre freiliegend und überwiegend gedämmt sein. Mit freiliegenden Rohren sind nicht die kurzen Verbindungsstücke zwischen in der Wand liegendem Heizungsrohr und dem jeweiligen Heizkörper gemeint,[14] sondern solche Rohre, die auf Grund ihrer Länge wesentliche Wärme abgeben können; außerdem müssen sie auf Dauer freiliegend sein (und nicht auf Grund von Baumaßnahmen). Etwas ähnliches gilt auch für das Merkmal „überwiegend gedämmt". Hierunter fallen Heizungsrohre, die mindestens zu 51% gedämmt sind. Vorbild für diese Regelung mögen die Heizungsrohre in den Plattenbauten der ehemaligen DDR gewesen sein, jedoch beruhten diese auf einem anderen Heizungsprinzip und sind deshalb notwendigerweise ungedämmt, so dass diese Bestimmung kaum Anwendung finden wird.[15] Außerdem dreht diese Anordnung die bisherige Sichtweise um; denn ein höherer Energiebedarf infolge baulicher Gegebenheiten sollte mit einem 50:50 Verteilungsschlüssel nivelliert werden, um die Nutzer nicht mit den Mehrkosten zu belasten.[16] Die Formalitäten der Umstellung auf den Zwangsschlüssel richten sich nach § 6 Abs. 4 S. 2 HeizkostenV, dh die Abänderung bedarf der Ankündigung gegenüber den Nutzern, damit diese ihr Verhalten auf den veränderten Schlüssel einstellen können, und sie darf nur für einen zukünftig beginnenden Abrechnungszeitraum erfolgen.[17] Die Nutzer haben einen Anspruch auf Umstellung des Schlüssels.[18]

10 Praktisch bedeutsamer, aber auch rechtlich und technisch problematischer ist die Erfassung der **Rohrwärmeabgabe.** Dieses Problem taucht besonders, aber nicht nur, in den Plattenbauten der ehemaligen DDR deshalb auf, weil die Fernheizungen in den Gebäuden bewusst so konstruiert worden sind, dass die vertikal geführten Heizungsrohre (überwiegend) zur Erwärmung der Räume beitragen, während die Heizkörper entsprechend klein dimensioniert sind. Nachdem die Heizkostenverordnung auch im sog. Beitrittsgebiet Geltung erlangt hatte, war alsbald die Rspr. mit dieser Problematik befasst, zumal die an den Heizkörpern angebrachten Erfassungsgeräte (technisch bedingt) nicht den gesamten Wärmeverbrauch der Nutzereinheiten erfassten. Die entsprechenden Heizkostenabrechnungen wurden für nicht der Heizkostenverordnung entsprechend verworfen, die

[10] Sofern die Übergangsfristen für die Modernisierung noch nicht abgelaufen sind.
[11] AG Unna WuM 2018, 106.
[12] → HeizkostenV § 6 Rn. 38; LG Berlin GE 2007, 915.
[13] LG Hamburg ZMR 2014, 740.
[14] So aber AG Berlin-Schöneberg GE 2011, 758 mAnm *Lammel* jurisPR-MietR 15/2011 Anm. 1; Kreuzberg/Wien Heizkostenabrechnung-HdB/*Wien* Kap. 10.4.4.1, S. 626.
[15] So Kreuzberg/Wien Heizkostenabrechnung-HdB/*Wien* Kap. 10.4.4.1, S. 626; zur umfassenden Kritik s. *Lammel,* 4. Aufl. 2015, HeizkostenV § 7 Rn. 30.
[16] *Wall WuM 2009, 5f.; Eisenschmid* jurisPR-MietR 1/2009 Nr. 4 S. 10; *Simons* MM 2009, 291.
[17] Str., **aA** AG Berlin-Charlottenburg MM 9/2011, 29; LG Berlin BeckRS 2013, 9424.
[18] AG Düsseldorf WuM 2011, 438, für Wohnungseigentum; BGH VIII ZR 113/17, NZM 2019, 169 mAnm *Wall* jurisPR-MietR 6/2019 Anm. 2.

Heizkosten wurden nach einem Flächenmaßstab abgerechnet und dem Strafabzug nach § 12 Abs. 1 HeizkostenV unterworfen.[19] Daran ist zunächst nur richtig, dass die Abrechnungen nicht der Heizkostenverordnung entsprachen, mangels normierter Vorgaben aber auch nicht entsprechen konnten.

Nach § 7 Abs. 1 S. 3 HeizkostenV kann der Wärmeverbrauch in diesen Fällen unter **zwei Voraussetzungen** nach anerkannten Regeln der Technik bestimmt werden: Zunächst muss der überwiegende Teil der Heizungsrohre ungedämmt sein, dh zumindest zu mehr als 50%, was in den Rohrwärmefällen konstruktionsbedingt der Fall ist. Zum anderen darf ein wesentlicher Anteil der Wärme durch die an den Heizkörpern angebrachten Heizkostenverteiler nicht erfasst werden; auch dies ist in den Rohrwärmefällen auf Grund der besonderen Konstruktionsweise gegeben. In den übrigen Fällen wird dieses Merkmal als erfüllt angesehen, wenn mehr als 20% der Wärme nicht erfasst werden.[20] Als grobe Berechnungsweise lässt sich dies dadurch feststellen, dass der erfasste Verbrauch ins Verhältnis zum Gesamtwärmeverbrauch gesetzt wird.[21] Schließlich müssen die ungedämmten Rohre **freiliegend** sein; denn nur an diesen Rohren können evtl. Erfassungsgeräte oder eine Dämmung zur Verhinderung der unerwünschten Wärmeabgabe angebracht werden.[22] Demgegenüber stellte die Instanzrechtsprechung nicht auf die Verhinderung der ungewollten Wärmeabgabe ab, sondern allein darauf, dass auch die im Estrich verlegten Rohre Wärme abgeben und subsumiert sie deshalb ebenfalls unter das Tatbestandsmerkmal „ungedämmte Rohre" unter Beiseitelassung des Kriteriums „freiliegend"[23]. Dieser dogmatisch-methodisch nicht haltbaren Rspr. ist der **BGH** entgegengetreten und hat die Anwendung auf im Estrich liegende Rohre verneint.[24] Sollte weiterhin eine niedrige Erfassungsrate vorliegen, ist das Heizungssystem für die Anwendung der Heizkostenverordnung nicht geeignet (keine Einsparmöglichkeit durch Nutzerverhalten mangels Regulierbarkeit), so dass insgesamt nach Wohnfläche abzurechnen ist.[25] Die Anwendung der VDI-Richtlinie 2077 Blatt 3.5 erübrigt sich deshalb, weil die Heizkostenverordnung in § 9a eine Regelung für den nur gering erfassten Verbrauch enthält[26]: die Norm ist verallgemeinernd dahin- 11

---

[19] LG Meiningen WuM 2003, 453; LG Mühlhausen WuM 2009, 234; AG München ZWE 2009, 94; LG Dresden WuM 2009, 292; LG Gera WuM 2007, 511; LG Neubrandenburg WuM 2011, 107; AG Brühl ZMR 2010, 883 mAnm *Schmid* ZMR 2010, 884; AG Neuss MietRB 2012, 332; **aA** Halle-Saalkreis ZMR 2006, 536; AG Berlin-Tempelhof-Kreuzberg GE 2011, 415 mAnm *Lammel* WuM 2011, 463; AG Berlin-Lichtenberg ZMR 2012, 145; LG Nürnberg-Fürth ZMR 2012, 358; AG Niebüll ZMR 2012, 826.

[20] Empfehlungen der Ausschüsse, BR-Drs. 570/1/08, 4, 5; LG Leipzig BeckRS 2016, 16988.

[21] *Mügge/Schmid/Tritschler* HLH 11/2008, 65; *Wall* WuM 2009, 7; s. auch LG Dresden WuM 2013, 671.

[22] Das übersieht die anderslautende Instanzrechtsprechung völlig; s. AG Bayreuth WuM 2014, 728; dazu *Pfeifer* jurisPR-MietR 23/2014 Anm. 5; AG Emmendingen WuM 2014, 727.

[23] AG Augsburg WuM 2015, 736; LG Ellwangen WuM 2016, 497; LG Dresden MDR 2016, 454 mAnm *Lammel* jurisPR-MietR 15/2016 Anm. 6; AG Vaihingen ZMR 2017, 276.

[24] BGH VIII ZR 5/16, BeckRS 2017, 109157 = WuM 2017, 320 mablAnm *Wall;* ebenfalls abl. *Pfeifer* DWW 2017, 244; zust. *Wedel* ZMR 2017, 720; ZMR 2020, 482; *Serwe* ZMR 2018, 11; dem BGH folgend LG Köln ZMR 2018, 441; ebenso der V. ZS: BGH V ZR 9/19, WuM 2020, 235 mAnm *Lammel* jurisPR-MietR 9/2020 Anm. 4; *Abramenko* ZWE 2020, 248; AG Flensburg WuM 2019, 527 mAnm *Lammel* jurisPR-MietR 1/2020 Anm. 5. Es stellt sich nunmehr die Frage, ob für die Richtlinie noch ein Anwendungsbereich offensteht, da die freiliegenden Rohre unter entsprechender Anwendung der EnEV gedämmt werden müssten, *Lammel* WuM 2018, 625. Die Entgegnung von *Wall* WuM 2019, 109, übersieht grds., dass die Anwendung der VDI-Richtlinie ebenfalls zu einem verbrauchsunabhängigen Verteilungsmaßstab führt; ferner, dass die sog. Verbrauchsspreizung nach den bekannt gewordenen Verbrauchsdiagrammen bereits im erfassten Verbrauch angelegt ist; und dass weiterhin die mangelnde Steuerungsmöglichkeit bestehen bleibt: wie soll der Verbraucher Energie einsparen, wenn er den Verbrauch nicht beeinflussen kann?

[25] AG Schwäbisch-Gmünd MietRB 2020, 36 mAnm *Wall* jurisPR-MietR 14/2020 Anm. 1; AG Frankfurt/M WuM 2021, 106 mAnm Pfeifer, juris PR-MietR 10/2021, Anm. 5. Und nicht auf der Grundlage einer Schätzung nach § 9a HeizkostenV, wie es LG Karlsruhe WuM 2019, 149 mzustAnm *Pfeifer,* wollen; denn das ungeeignete System ist auch für die möglichen Vergleichszeiträume vorhanden. Entgegen *Zehelein* NZM 2020, 865 (866) zwingt die RL 2012/27/EU weder zur Anwendung der VDI-Berechnung noch zu deren Anwendung auf im Estrich liegende wärmeführende Rohre: der EuGH stellt es den Einzelstaaten frei, auf welche Weise sie die nicht erfassbare Wärme auf die Nutzer verteilen wollen EuGH C-708/17, C-725/17 Rn. 88, 91, NZM 2020, 892; sowohl der Generalanwalt in seinem Schlussantrag (EuGH BeckRS 2019, 7137 Rn. 83ff.) wie auch der EuGH weisen darauf hin, dass die Wärmeerfassung kein Selbstzweck darstellt, sondern zur Energieeinsparung führen soll; das setzt aber voraus, dass die Nutzer ihren Wärmeverbrauch steuern können, was bei den im Estrich verlegten Rohren nicht der Fall ist. Bei freiliegenden Rohren kann hingegen dieses Ziel durch Dämmung erreicht werden.

[26] Die weiterhin erfolgte Verteidigung der VDI 2077 durch *Wall* Betriebs-/Heizkosten Rn. 5863, übersieht, dass die verbrauchsabhängige Abrechnung von der ordnungsgemäßen Verbrauchserfassung abhängt, was bei der Rohrwärmeabgabe durch im Estrich verlegte ungedämmte Rohre technisch bedingt nicht mehr möglich ist.

gehend auszulegen, dass sie bei einer dort angegebenen geringen Erfassungsrate[27] auf einen verbrauchsunabhängigen Verteilungsmaßstab verweist[28].

12 Mit den **anerkannten Regeln der Technik** war zunächst die VDI-Richtlinie 2077, Beiblatt „Verfahren zur Berücksichtigung des Rohrwärmeanteils" gemeint; nunmehr gilt die Richtlinie VDI 2077, Blatt 3.5 (mit Berichtigung Juli 2018). Sie enthält drei Verfahren zur Berücksichtigung des Rohrwärmeanteils; vorgeschaltet wird die Ermittlung des Verbrauchswärmeanteils und dann eine Rohrwärmeproblematik angenommen, wenn es zu einer sog. Spreizung der Verbräuche kommt (obwohl letzteres eingestandenermaßen auch auf Nutzerverhalten beruhen kann[29]). Am verständlichsten ist die sog. messtechnische Ermittlung, bei der an die vertikalen Heizungsrohre (elektronische) Erfassungsgeräte angebracht werden.[30] Mit mathematischen Formeln durchsetzt sind die beiden anderen Verfahren, das Bilanzverfahren[31] und das der rechnerischen Ermittlung.[32] Die mathematischen Verfahren laufen auf eine gespaltene Verteilung hinaus: die durch die Heizkostenverteiler an den Heizkörpern erfassten Werte werden zusammengefasst mit im Prinzip nach Flächenanteilen berechneten Werten und danach in die Heizkostenabrechnung eingestellt. Die unter Anwendung dieser Technik als erfasst geltenden Werte unterliegen nicht dem Kürzungsrecht nach § 12 Abs. 1 HeizkostenV.[33] Außerdem sind die sich für den technischen Laien nahezu notwendigerweise ergebenden Verständnisprobleme nicht dem Vermieter als Ersteller der Heizkostenabrechnung anzulasten[34]. Zu beachten bleibt schließlich, dass diese Methoden in einer **Kannvorschrift** enthalten sind, ihre Anwendung bleibt dem Ermessen des Gebäudeeigentümers überlassen.[35] Die insoweit entgegenstehende Instanzrechtsprechung[36] übersieht, dass die geringe Erfassungsrate erst das Ermessen eröffnet; sie kann daher dieses Ermessen nicht bereits auf „Null" reduzieren. In der **Praxis** hat sich jedoch folgendes Prüfungsschema durchgesetzt: Angewendet wird vor allem das sog. **Bilanzverfahren;** liegen dessen drei Anwendungskriterien (geringe Erfassungsrate der Wärme (< 34%), Abweichung von den normierten Verbrauchsfaktoren (=/> 0,85) und Anteil der Niedrigverbraucher (> 15%) vor[37], dann muss nach Auffassung der Gerichte die Heizkostenabrechnung nach den anerkannten Regeln der Technik, konkret nach VDI 2077, durchgeführt werden[38], wobei die Entscheidungsfindung auf **Sachverständige** verlagert wird; denn den Entscheidungen ist durchweg anzumerken, dass die jeweils erkennenden Richter das technische Regelwerk nicht verstanden haben. Angesichts ihrer Kompliziertheit,[39] Undurchschaubarkeit und der rechtlichen Zweifel (→ Rn. 13) kann rechtlich davon ausgegangen werden, dass die Nichtanwendung nicht dem billigen Ermessen nach § 315 BGB widerspricht;[40] die Gerichtspraxis sieht dies aber durchweg anders!

13 Die Regelung (→ Rn. 12) ist **rechtlich anfechtbar**[41] und **unbrauchbar.** Die Verweisung auf die technischen Regeln widerspricht dem Verbot der dynamischen Verweisung auf nicht demokratisch legitimierte Gesetzgeber; entspricht nicht der Ermächtigungsgrundlage in § 5 Abs. 3 EnEG, da

---

[27] Der Verbrauchswärmeanteil lässt sich aus der jeweiligen Heizkostenabrechnung entnehmen bzw. errechnen (erfasste Gesamteinheiten dividiert durch Verbrauch), s. *Wall* Betriebs-/Heizkosten Rn. 5886f.

[28] Der BGH V ZR 9/19, WuM 2020, 235 lehnt zwar die Anwendung des § 9a HeizkostenV ab, bleibt aber bei einer reinen Wortlautinterpretation stehen, ohne auf den Sinn und Zweck der Norm (= Nichtanwendbarkeit der Heizkostenverordnung bei geringer Erfassungsrate) einzugehen.

[29] So die Aufzählung der Ursachen in der Einleitung, S. 3 der Richtlinie.

[30] AG Berlin-Schöneberg GE 2015, 1226; Einzelheiten s. *Lammel,* 4. Aufl. 2015, HeizkostenV § 7 Rn. 41; diese Geräte müssen aber zur Erfassung geeignet sein, s. LG Nürnberg-Fürth ZMR 2012, 358; LG München I MietRB 2014, 211.

[31] Einzelheiten umf. bei *Lammel,* 4. Aufl. 2015, HeizkostenV § 7 Rn. 42ff.

[32] Einzelheiten umf. bei *Lammel,* 4. Aufl. 2015, HeizkostenV § 7 Rn. 44.

[33] LG Berlin GE 2012, 1563; **aA** AG Berlin-Lichtenberg MM 1/2/2015, 37, wenn die gebotene Anwendung der Rohrwärmeregel unterlassen worden ist; in der Tendenz ähnlich AG Niebüll ZMR 2012, 826.

[34] BGH VIII ZR 270/10, ZMR 2012, 345; BGH VIII ZR 193/14, NZM 2015, 589.

[35] LG Köln ZMR 2018, 440.

[36] AG Bayreuth WuM 2014, 728 mAnm *Pfeifer* WuM 2014, 729; LG Landau ZWE 2014, 97; LG Leipzig WuM 2014, 30 mAnm *Wall* WuM 2014, 195; LG Neubrandenburg WuM 2013, 541.

[37] Und zwar kumulativ, *Zehelein* NZM 2015, 913 (916); in der Neufassung ist das Kriterium „Niedrigverbraucher" weggefallen.

[38] AG Sonneberg WuM 2017, 207; AG Vaihingen ZMR 2017, 276; AG Wuppertal ZMR 2017, 205; AG Hamburg-St. Georg ZWE 2016, 285; AG Berlin-Lichtenberg GE 2016, 1095; LG Siegen WuM 2015, 433; AG Augsburg WuM 2015, 736.

[39] *Siehe bspw. AG Dresden WuM 2014, 338.*

[40] *Schmid* ZMR-Sonderheft HeizkostenV § 7 Nr. 13; **aA** *Wall* WuM 2009, 9; AG Berlin-Wedding GE 2012, 1099; wohl auch AG Neuss ZMR 2013, 235; AG Bonn ZMR 2013, 140; AG Düsseldorf ZMR 2013, 311.

[41] Siehe auch *Lammel* NZM 2015, 325; dagegen die Mitglieder des VDI 2077-Ausschusses, NZM 2015, 924.

die Fundstelle nicht angegeben wird; entspricht ferner nicht der allgemeinen Ermächtigungsgrundlage für die Heizkostenverordnung in § 3a EnEG, da weder die Nutzer ihren Verbrauch bei diesen Anlagen steuern können[42] noch eine „Verbrauchserfassung" im eigentlichen Sinne der Rohrwärme stattfindet,[43] sondern eine Verbrauchsberechnung. Der **BGH** teilt diese Auffassung **nicht**[44]. Rechtlich unbrauchbar ist die Regelung, weil die Richtlinie für ihre Anwendbarkeit im jeweils konkreten Fall drei rechnerisch zu ermittelnde Voraussetzungen aufstellt,[45] die ihrerseits erst nach Ablauf einer Abrechnungsperiode festgestellt werden können mit der Konsequenz, dass die richtlinienkonforme Berechnungsweise jedenfalls nicht mehr für die sich unmittelbar anschließende Abrechnungsperiode verwendet werden kann, weil der Schlüssel vor deren Beginn feststehen muss. Bei genauer Handhabung gilt das für jede folgende Abrechnungsperiode. Um die Problematik der Wärmeabgabe von im Estrich verlegten Rohren zu minimieren, bieten sich mehrere Möglichkeiten an: im Hinblick auf die Wärmeabgabe eine technische Optimierung der Anlage;[46] im Hinblick auf die Erfassung die Anbringung von Wärmezählern am Eingang und Ausgang jeder Rohrwärme-Nutzeinheit;[47] im Hinblick auf die Verbrauchssteuerung auch der Rohrwärme Anbringung eines Regulierungssystems.[48] Diese möglichen Ausstattungen sind nach § 14 EnEV, §§ 4, 5 HeizkostenV anzubringen; der Gesichtspunkt der Wirtschaftlichkeit steht angesichts von Kostenverschiebungen bei Rohrwärme in Höhe von bis zu 4.000 EUR[49] nicht entgegen.

Von den Gesamtkosten der Wärmeversorgung wird der prozentuale Anteil nach dem gewählten Verteilungsmaßstab berechnet (also zwischen 50% und 70%; in Fällen der sog. Rohrwärme wird ein 50:50-Verteilungsmaßstab empfohlen[50]), der verbrauchsabhängige Teil wird durch die Gesamtsumme der im Gebäude erfassten oder gemessenen Verbrauchsanteile dividiert und der Einzelwert schließlich mit den beim einzelnen Nutzer erfassten Anteilen multipliziert. Dieser Wert stellt die verbrauchsabhängigen Kosten des jeweiligen Nutzers dar. 14

Die Höhe des übrigen Kostenanteils, der sog. **Grundkosten,** bestimmt sich allein danach, wie hoch der Prozentsatz des verbrauchsabhängig zu verteilenden Anteils ist. Dieser Kostenanteil kann daher zwischen 50% und 30% liegen; bei einer Vereinbarung nach § 10 HeizkostenV noch geringer. 15

Generell sind die Grundkosten nach einem **Flächen- oder Rauminhaltsmaß** zu verteilen; unzulässig ist daher zB beim Wohnungseigentum die Wahl eines Maßstabes nach den 1000stel-Anteilen.[51] Unter Aufgabe seiner bisherigen Rechtsprechung, wonach die vereinbarte Wohnfläche für die Verteilung solange maßgebend ist, wie die Abweichung von der objektiven Fläche nicht mehr als 10% beträgt,[52] stellt der BGH jetzt auf die **tatsächliche Fläche** ab[53]. 16

Mangels konkreter Vereinbarungen ist die **Wohn- oder Nutzfläche** in **entsprechender Anwendung** der §§ 2–4 WoFlV[54] zu berechnen[55]. Problematisch ist hierbei allein die Anwendung des § 4 Nr. 4 WoFlV, wonach **Balkone, Loggien, Dachgärten und Terrassen** bei der Ermittlung der Wohnfläche bis zur Hälfte angerechnet werden können. Da keine konkrete Verweisung 17

---

[42] Was nach Ansicht der (Berliner) Rspr. unbeachtlich sein soll, LG Berlin GE 2011, 1621 mAnm *Eisenschmid* WuM 2012, 264; LG Berlin GE 2012, 1563; anders jetzt aber LG Berlin ZMR 2016, 623.

[43] Eine solche wird nur fingiert.

[44] BGH VIII ZR 193/14, NZM 2015, 589 mAnm *Lammel* jurisPR-MietR 16/2015 Anm. 4; *Pfeifer* DWW 2015, 332.

[45] Einzelheiten s. *Lammel,* 4. Aufl. 2015, HeizkostenV § 7 Rn. 36–39.

[46] *Wien* Heizungsjournal 1, 2/2019, 50; DDIVaktuell 2019, 28.

[47] Siehe *Wien* Fn. 6.

[48] GWGservice Indicontrol, Pressemitteilung v. 2.10.2018; Details unter www.indicontrol.de.

[49] So die Aufstellung von *Wall* WuM 2019, 109 (113).

[50] AG Besigheim ZWE 2017, 52.

[51] Denn die einzelnen Anteile können, müssen sich aber nicht nach der Wohnungsgröße richten, MüKo-BGB/*Engelhardt* WEG § 16 Anm. V 1a.

[52] BGH VIII ZR 261/06, WuM 2007, 700 = ZMR 2008, 38 mAnm *Schmid;* AG Berlin-Spandau GE 2009, 723; GE 2010, 277.

[53] BGH VIII ZR 220/17, NZM 2018, 671; BGH VIII ZR 173/17, MM 3/2019, 30.

[54] Allgemein dazu *Pfeifer* MietRB 2019, 52.

[55] Die vom BGH für das Mängelrecht entwickelte sog. Stufentheorie (Berechnung der Fläche nach Vereinbarung – Ortssitte – zum Zeitpunkt des Vertragsschlusses geltende Regelungen für den preisgebundenen Wohnraum), dazu *Börstinghaus* Flächenabweichungen Rn. 115, ist auf das Betriebskostenrecht nicht übertragbar, da es hier anders als beim Mängelrecht nicht um die subjektive Gebrauchstauglichkeit des Mietobjekts geht, sondern um den objektiven Verteilungsmaßstab, so auch *Lehmann-Richter/Streyl* NZM 2018, 673; anders wohl *Börstinghaus* Flächenabweichung Rn. 885–887.

der Heizkostenverordnung auf die WoFlV vorliegt, handelt es sich nur um deren entsprechende Anwendung; deshalb sind die Berechnungsnormen nach dem Zweck der Heizkostenverordnung zu interpretieren. Das bedeutet daher, dass die aufgezählten Flächen von der Berechnung ausgenommen werden, weil sie naturgemäß keinerlei Wärme verbrauchen und ihre Hinzuziehung zur Fläche die Verteilung eher verfälscht als konkretisiert.[56]

18 Weisen die Räume im Gebäude **unterschiedliche Raumhöhen** auf (zB bei Altbauten mit nicht in allen Räumen eingezogenen Zwischendecken) oder enthalten sie schräge Wände (zB Dachgeschosswohnungen), empfiehlt sich die Anwendung des Maßstabes nach dem umbauten Raum, wobei sich die Berechnung nach Anlage 2 zur II. BV richten kann.[57]

19 Schließlich kann das **Flächen- oder Raummaß nach den beheizten Räumen** gewählt werden. Hierunter sind nach § 2 Nr. 4 EnEV 2004 (jetzt § 3 Nr. 4 GEG) diejenigen Räume zu verstehen, die auf Grund bestimmungsgemäßer Nutzung direkt oder durch Raumverbund beheizt werden.[58] Angesichts dieser Regelung ist daher nicht allein darauf abzustellen, ob die entsprechenden Räume mit Heizkörpern versehen sind oder nicht,[59] sondern darauf, ob die angrenzenden Räume ohne Heizkörper bestimmungsgemäß von den sich in anderen Räumen befindlichen Heizkörpern mit Wärme versorgt werden sollen. Das wird von Fluren oder Dielen generell gesagt werden können, nicht aber von Abstellkammern, Loggien und Balkonen, uU auch nicht von Wintergärten.[60] Unerheblich ist es in diesem Zusammenhang, ob die Heizkörper vom konkreten Nutzer geöffnet werden oder ständig geschlossen bleiben; denn es kommt nur auf die Möglichkeit der Nutzung, nicht aber auf die tatsächliche Nutzung bei der Festlegung der beheizten Räume an.

20 **Leerstehende Nutzungsobjekte** sind ebenfalls bei der Berechnung der Flächen oder Rauminhalte zu berücksichtigen; die auf diese Objekte entfallenden Kostenanteile hat der Gebäudeeigentümer bzw. die ihm gleichgestellte Person zu tragen.[61] Das bedeutet einerseits, dass weder ein Anspruch auf Änderung des Verteilungsschlüssels besteht[62] noch gar auf ein Absehen von der Verteilung nach der Heizkostenverordnung[63], andererseits aber auch, dass der Gebäudeeigentümer den leerstandsbedingten Mehrverbrauch[64] zu tragen hat; letzterer kann anhand des Durchschnittsverbrauchs der noch bewohnten Räume für die letzten vier Jahre ermittelt werden.

21 Die **Berechnung** des **verbrauchsunabhängigen** Kostenanteils erfolgt auf die Weise, dass der sich aus der Berechnung des verbrauchsabhängigen Kostenanteils ergebende Restbetrag (→ Rn. 15) durch die Gesamtsumme des gewählten festen Maßes (Fläche oder Rauminhalt) dividiert wird; der sich hieraus ergebende Einzelwert ist mit dem auf den jeweiligen Nutzer entfallenden konkreten Maßanteil (Fläche oder umbauter Raum) zu multiplizieren. Das Ergebnis stellt die sog. verbrauchsunabhängigen Kosten des Nutzers dar.

## C. Kosten des Betriebs, Abs. 2

22 § 7 Abs. 2 HeizkostenV **ermöglicht** es dem Gebäudeeigentümer, sämtliche hierin aufgezählten Kostenarten, die vom Gesetzgeber als mit der Wärmeerzeugung im unmittelbaren oder mittelbaren Zusammenhang stehend angesehen worden sind, in die Heizkostenabrechnung einzustellen; für die Ordnungsmäßigkeit einer derartigen Abrechnung reicht aber nicht die Angabe der Gesamtkosten nach § 7 Abs. 2 HeizkostenV, sondern die einzelnen Kostenarten sind getrennt aufzuführen;[65] umlegungsfähige, aber nicht umgelegte Kosten brauchen demgegenüber nicht in die Abrechnung

---

56 *Freywald* Heizkostenabrechnung Rn. 142; *Pfeifer* HeizkostenV § 6 Anm. 12 a bb; AG Berlin-Pankow/Weißensee MM 2008, 299.

57 Sofern die Parteien nichts anderes vereinbart haben, s. BGH VIII ZR 218/08, WuM 2009, 514.

58 Schmid Mietnebenkosten-HdB/*Ormanschick* Rn. 6174 a.

59 So aber Kinne/Schach/Bieber MietProzR/*Kinne* HeizkostenV § 7 Rn. 109; *Freywald* Heizkostenabrechnung Rn. 154; AG Koblenz WuM 2012, 118; LG Berlin GE 1992, 717; VG Berlin GE 1983, 755.

60 Kreuzberg/Wien Heizkostenabrechnung-HdB/*v. Brunn* Kap. 3.6.2, S. 205; *Pfeifer* HeizkostenV § 6 Anm. 12 a aa.

61 AG Köln WuM 1998, 290; OLG Hamburg WuM 2001, 343; BGH VIII ZR 137/03, WuM 2004, 150; BGH VIII ZR 9/14, WuM 2015, 94; AG Rathenow WuM 2004, 342; eingeschränkt AG Zwickau NZM 2001, 467; **aA** AG Halle-Saalkreis ZMR 2005, 201.

62 Anders AG Arnstadt/Ilmenau WuM 2017, 208; *Abramenko* ZMR 2015, 275 über § 313 Abs. 1 BGB.

63 LG Berlin *GE 2016, 1513; der Nutzer hat* auch keinen Anspruch auf Verplombung der Heizkörper, AG München, ZMR 2021, 402 mAnm Lammel juris PR-MietR 13/2021, Anm. 2.

64 Dazu *Wall* Betriebs-/Heizkosten Rn. 5833.

65 LG Berlin GE 2001, 63.

aufgenommen zu werden.[66] Er ist zur Umlage sämtlicher Kosten nicht verpflichtet, was für die Kosten außerhalb der reinen Brennstoffkosten von Bedeutung ist. Denn die auch im Rahmen der Heizkostenverordnung geltende Privatautonomie[67] überlässt es den Parteien, ob und inwieweit die Regeln der Heizkostenverordnung Anwendung finden sollen. Deshalb führt die grundsätzliche Einführung der Kostenverteilung nach der Heizkostenverordnung nicht zwingend dazu, dass auch alle in § 7 Abs. 2 HeizkostenV aufgezählten Kosten in die Abrechnung eingestellt werden dürfen.[68]

Maßgebend ist auch hier die **vertragliche Vereinbarung der Parteien.**[69] Enthält diese eine komplette Aufzählung der verteilungsfähigen Kosten, sind auch nur diese umlegungsfähig, auch wenn sie nicht sämtliche Kosten des § 7 Abs. 2 HeizkostenV umfassen. Wird dagegen generell für die umlegungsfähigen Kosten auf die Heizkostenverordnung (oder auf den insoweit gleichlautenden § 2 Nr. 4a BetrKV) verwiesen, sind sämtliche darin enthaltenen Kosten umlegbar. Enthält der Vertrag nur die pauschale Verpflichtung, die „Heizkosten" zu tragen, sind nur die nach herkömmlichem Verständnis hierunter einzuordnenden Kosten umlegbar, dh im Wesentlichen die Brennstoffkosten[70]. Angesichts der auch hier geltenden Vertragsfreiheit (→ Rn. 22) kann in § 7 Abs. 2 HeizkostenV keine Legaldefinition des Begriffs der Heizkosten gesehen werden.[71] 23

Die Aufzählung in § 7 Abs. 2 HeizkostenV ist aber abschließend, so dass auch durch vertragliche Vereinbarung keine weiteren Kosten als die hier genannten auf die Nutzer verteilt werden dürfen.[72] Das gilt zB für Abschreibungen auf die gesamte Heizungsanlage, wie ein Umlageausfallwagnis, das nur im preisgebundenen Wohnraum nach § 25a NMV in Rechnung gestellt werden darf. Nicht verteilungsfähig sind auch die Kosten für Druck- und Dichtigkeitsprüfungen der Gasleitungen[73] und für Überprüfungen des Feuerlöschers im Heizraum.[74] 24

In die Heizkostenabrechnung gehen zunächst die **Kosten des verbrauchten Brennstoffs** ein. Bereits aus dem Wortlaut der Norm ergibt sich, dass es nur auf den Verbrauch, nicht auf den Kostenanfall ankommt,[75] dh der innerhalb des Abrechnungszeitraums erfasste Verbrauch ist auch dann maßgebend, wenn die Rechnung des Lieferanten später erstellt wird. 25

Beim Einkauf des Brennstoffs, zur Zeit gilt dies vor allem für nichtleitungsgebundene Energie, ist der **Grundsatz der Wirtschaftlichkeit** zu wahren.[76] Es ist also unter den jeweils gegebenen Umständen das günstigste Angebot zu ermitteln, Rabatte, Skonti uÄ sind an die Nutzer weiterzugeben; das gilt nicht für Vorzugspreise auf Grund besonderer persönlicher Eigenschaften des Gebäudeeigentümers (wie etwa als Arbeitnehmer des Lieferanten). Allerdings muss nicht in jedem Fall das billigste Angebot auch das günstigste sein; denn zu berücksichtigen sind auch die Serviceleistungen des Lieferanten.[77] Aus dem Grundsatz der Wirtschaftlichkeit sollte aber nicht die Pflicht des Gebäudeeigentümers hergeleitet werden, klageweise gegen Preiserhöhungen auf Grund von vereinbarten Preisänderungsklauseln (insbes. bei Wärmelieferungsverträgen) vorzugehen,[78] sofern nicht die Rechtslage gerade bzgl. der vertragsgegenständlichen Klausel höchstrichterlich geklärt ist.[79] 26

Der **Verbrauch bei leitungsgebundener Energie** wird entweder in einem Zweimonats- oder Einjahresturnus ermittelt. Decken sich Verbrauchsfeststellung und vertraglich festgelegter Abrechnungszeitraum nicht, kommt es zu sog. Überhangmonaten; diese Frage wird sich nach Ein- 27

---

66 LG Itzehoe WuM 2011, 104; BGH VIII ZR 45/11, WuM 2011, 684.

67 → HeizkostenV § 2 Rn. 4.

68 Str. → HeizkostenV § 2 Rn. 7.

69 AG Hannover WuM 1998, 40.

70 Es sei denn, der Begriff „Heizkosten" wird durch einen Verweis auf § 7 HeizkostenV inhaltlich konkretisiert, OLG Dresden NJ 2016, 249 Rn. 18.

71 Kinne/Schach/Bieber MietProzR/*Kinne* HeizkostenV § 7 Rn. 117; **aA** Schmid Miet- und WohnR/*Schmid* HeizkostenV § 7 Rn. 11. Zur Umstellung einer bisherigen Inklusivmiete → HeizkostenV § 2 Rn. 15–23.

72 BGH VIII ZR 92/08, WuM 2009, 115 = ZMR 2009, 354 mAnm *Schmid; Lammel* jurisPR-MietR 6/2009 Anm. 4.

73 AG Königstein WuM 1997, 684.

74 AG Steinfurt WuM 1993, 135; AG Stuttgart WuM 1997, 231; AG Hamburg WuM 1998, 352; **aA** AG Neuss ZMR 1994, XII; LG Berlin GE 2000, 1185; 2001, 63, die die Umlagefähigkeit derartiger Kosten nach Nr. 17 der Anl. 3 zu § 27 II: BV als „sonstige Kosten" in der allgemeinen Betriebskostenabrechnung bejahen.

75 → HeizkostenV § 6 Rn. 19.

76 AG Berlin-Spandau MM 12/2012, 30.

77 Und seine Seriosität, *Pfeifer* GE 2004, 866.

78 AG Hamburg-Blankenese ZMR 2014, 128.

79 AG Pinneberg WuM 2013, 731.

führung der Fernablesung und monatlicher Verbrauchsmitteilung erledigen. Der Verbrauch der entsprechenden Monate darf mangels realistischer Alternativen[80] bei fortdauerndem Nutzungsverhältnis in die Abrechnung eingestellt werden.[81] Der Ölverbrauch wird durch Gegenüberstellung von Anfangs- und Endbestand ermittelt;[82] der Verbrauch fester Brennstoffe kann allerdings nur anhand der Lieferungen ermittelt werden.[83]

28 Zu den **Brennstoffkosten** gehört vor allem der Kaufpreis (einschließlich der Steuern, dh auch der $CO_2$-Steuer; sollte die Heizungsanlage nicht den energetischen Vorschriften entsprechen, wäre dies über das Mängelrecht auszugleichen und nicht über eine unpraktikable Aufteilung der $CO_2$-Abgabe) für die verbrauchten Brennstoffe; bei Koks/Kohle fallen auch die Kosten für Anfeuerungsmaterial darunter. Brennstoffadditive gehören nach dem Sprachverständnis nicht hierher, da sie nicht unmittelbar der Wärmeerzeugung dienen; sie könnten allenfalls unter die Kosten der Pflege der Anlage zu subsumieren sein.[84] Trinkgelder für die Anlieferer sollten – je nach deren örtlicher Üblichkeit – in die Abrechnung einbezogen werden.[85]

29 **Nicht** zu den Brennstoffkosten gehören sowohl die eigene Arbeitsleistung des Gebäudeeigentümers für die Beschaffung der Brennstoffe, die möglichen Zinsverluste für die Bevorschussung des Kaufpreises, die Kosten der Lagerhaltung, wie Miete des Tanks, dessen Austausch oder Reparatur.

30 Der **Betriebsstrom** für alle diejenigen Aggregate, von deren Hilfe die Wärmeerzeugung[86] abhängt (Brenner, Umwälzpumpen, Regelungsanlagen, Kompressoren, Wärmefühler), nicht aber für die Beleuchtung des Heizraumes, wird entweder durch Zwischenzähler (bei großen Heizanlagen), durch prozentuale Berechnung abhängig vom Brennstoffpreis (zwischen 4% und 10%)[87] oder anhand der Anschlusswerte der jeweiligen Geräte (Anschlusswert × Laufdauer [= 24 Stunden] × Heiztage × Strompreis) ermittelt; der Ansatz eines Pauschalwertes für die Kosten des Betriebsstroms der Heizung entspricht nicht den Vorgaben der Heizkostenverordnung und ist daher unzulässig[88].

31 **Bedienungskosten** fallen bei allen Heizungsanlagen an. Werden diese mit Kohle/Koks betrieben, sind die anfallenden Zahlungen für Lohn und Sozialabgaben des damit betrauten Personals umlagefähig; Eigenleistungen des Gebäudeeigentümers können analog § 27 Abs. 2 II. BV berücksichtigt werden. Derartige Kosten, wenn auch im geringeren Umfang, fallen auch für die halb- oder vollautomatischen Heizungsanlagen an, die mit Öl, Gas oder Strom betrieben werden.[89] Denn nach dem insoweit maßgebenden § 11 Abs. 3 EnEV 2014 (jetzt §§ 59, 60 GEG) bedürfen Heizungsanlagen der Bedienung durch fachkundiges Personal. Unter Bedienung wird die Funktionskontrolle und die Vornahme von Schalt- und Stellvorgängen (insbes. An- und Abstellen, Überprüfen und ggf. Anpassen der Sollwerteinstellungen von Temperaturen, Einstellen von Zeitprogrammen) verstanden. Derartige Bedienungsmaßnahmen können entweder durch einen Wartungsdienst oder durch

---

[80] **AA** *Freywald* Heizkostenabrechnung Rn. 79f.; AG Berlin-Wedding GE 2015, 258, verlangen eine Zwischenablesung durch den Gebäudeeigentümer, was bei großen Komplexen kaum durchführbar ist und außerdem nur Anlass zu Zweifeln an der Richtigkeit der getroffenen Feststellungen gibt.

[81] OLG Schleswig WuM 1991, 333; AG Köln ZMR 1995, 210; AG Darmstadt MietRB 2012, 226; iÜ → HeizkostenV § 6 Rn. 21, auch zur Möglichkeit einer Simulationsabrechnung.

[82] → HeizkostenV § 6 Rn. 20; AG Köln MietRB 2016, 170.

[83] LG Berlin GE 2005, 433.

[84] *Pfeifer* HeizkostenV § 7 Anm. 3c aa, S. 141; Fischer-Dieskau/Pergande/Schwender WohnungsbauR/*Pfeifer* HeizkostenV § 7 Anm. 12.3.3.

[85] Str. *Pfeifer* HeizkostenV § 7 Anm. 4, S. 169; Fischer-Dieskau/Pergande/Schwender WohnungsbauR/*Pfeifer* HeizkostenV § 7 Anm. 12.3.4; Kreuzberg/Wien Heizkostenabrechnung-HdB/*v. Brunn/Alter* Kap. 3.5.1, S. 230; **aA** *Peruzzo* Heizkostenabrechnung Rn. 204; wohl auch Kinne Heizung und Heizkostenabrechnung (1992) Teil A Rn. 34.

[86] Nicht dazu gehört der Betriebsstrom für eine Rohrbegleitheizung. Zwar handelt es sich hierbei um eine „Heizung" im Sinne der Heizkostenverordnung, jedoch ist diese von den Nutzern des Gebäudes nicht individuell regulierbar und damit kann der durch die Heizkostenverordnung geforderte Energiespareffekt nicht erzielt werden. Möglich ist jedoch die Umlage des Stromes nach § 2 Nr. 17 BetrKV, sofern diese im Mietvertrag vereinbart worden ist, *Ludley* AnwZert MietR 1/2018 Anm. 1 unter II. 2.

[87] Kinne Heizung und Heizkostenabrechnung (1992) Teil A Rn. 38; Kreuzberg/Wien Heizkostenabrechnung-HdB/*Wien* Kap. 10.4.3, S. 623 unter Hinweis darauf, dass sich die Kostenarten asymmetrisch verändern; BGH VIII ZR 27/07, WuM 2008, 285 zur Möglichkeit der Schätzung; LG Rostock ZMR 2020, 149.

[88] *BGH V ZR 166/15, WuM 2016, 702 mAnm Wall* WuM 2017, 8.

[89] Kinne Heizung und Heizkostenabrechnung (1992) Teil A Rn. 42f.; **aA** Kreuzberg/Wien Heizkostenabrechnung-HdB/*v. Brunn/Alter* Kap. 3.5.1, S. 230; *Freywald* Heizkostenabrechnung Rn. 100, jeweils unter Außerachtlassung der Vorschriften der HeizungsanlagenV aF.

den Hausmeister vorgenommen werden; im letzteren Fall können die für ihn erbrachten Aufwendungen anteilig in die Heizkostenabrechnung eingehen.

Die **Wartung** als Oberbegriff für die Tatbestandsmerkmale der Prüfung der Betriebsbereitschaft und Betriebssicherheit sowie der Einstellung durch einen Fachmann hat sich umfangmäßig an § 9 Abs. 3 HeizAnlV aF (in § 11 Abs. 3 EnEV ist diese Umschreibung nicht mehr enthalten; auch nicht in § 60 GEG, der Inhalt der Wartung wird als bekannt vorausgesetzt) zu orientieren. Danach gehören hierher die Einstellung der Feuerungseinrichtungen, die Überprüfung der zentralen regelungstechnischen Einrichtungen und die Reinigung der Kesselheizflächen. Vorrangig sind diese Tätigkeiten durch einen Fachmann vorzunehmen, dh nach § 9 Abs. 1 S. 3 HeizAnlV durch eine Person, die die zur Wartung und Instandhaltung notwendigen Fachkenntnisse und Fertigkeiten besitzt (so jetzt auch § 60 Abs. 2 GEG). Lediglich die Reinigung darf auch durch eingewiesenes Personal durchgeführt werden. 32

**Nicht** zur Wartung gehört die Instandsetzung. Die hierfür anfallenden **Reparaturkosten** sind jedenfalls nicht nach der Heizkostenverordnung verteilbar.[90] Denn sie dienen der Beseitigung einer bereits eingetretenen Störung und nicht der weiteren Aufrechterhaltung des ordnungsgemäßen Betriebs. 33

Verteilungsfähig sind dagegen die Kosten für die **Instandhaltung.** Hierunter wird die Aufrechterhaltung des technisch einwandfreien Betriebszustandes, der eine weitestgehende Nutzung der eingesetzten Energie gestattet, verstanden,[91] § 9 Abs. 3 S. 2 HeizAnlV aF (die EnEV/GEG haben diese Beschreibung nicht übernommen). Zu diesen Kosten gehören auch die Aufwendungen für sog. Kleinmaterial (Dichtungen, Düsen, Filter; auch Reinigung des Brenners, Entlüftungen der Heizkörper und Nachfüllen mit Wasser), nicht aber der Austausch unbrauchbar gewordener Werkteile, wie Ölpumpe, Brenner, Umwälzpumpe. 34

Die Wartung wird überwiegend durch Fachfirmen auf Grund eines **Wartungsvertrages** durchgeführt. Deren Kosten sind daher im Rahmen der Heizkostenverteilung umlagefähig. Allerdings sind bei einem **Vollwartungsvertrag,** der auch die Durchführung von Reparaturen mit umfasst, die kalkulationsmäßig im Wartungspreis enthaltenen Reparaturkosten abzusetzen.[92] 35

Zur **Reinigung der Anlage** gehört die Reinigung der Kesselheizflächen, des Heizkessels, der Brennerdüsen, des Schornsteins und des Öltanks.[93] **Nicht** dazu gehören die Neubeschichtung des Tanks, dessen Neuanstrich mit Rostschutzfarbe sowie die Öltankversicherung.[94] Die **Reinigung des Betriebsraumes** wird im Wesentlichen nur bei Koks- oder Kohleheizungen anfallen;[95] das Staubwischen bei Gas-, Öl- oder Strom-betriebenen Heizungen kann vernachlässigt werden,[96] dürfte zumindest in den allgemeinen Hausreinigungskosten oder Hausmeisterkosten aufgehen. Zu den umlagefähigen Kosten gehört nicht nur das Entgelt für die Reinigung als solche, sondern auch für die Reinigungsmaterialien. 36

Die zentralen Heizungsanlagen müssen jährlich durch **Messungen auf Grund der §§ 22, 23 BImSchG** auf die Einhaltung der Grenzwerte für Immissionen überprüft werden. Da entweder die bevollmächtigten Bezirksschornsteinfeger oder die beauftragten registrierten Fachbetriebe des Schornsteinfegerhandwerks diese Messungen vornehmen, gehen die entsprechenden Kosten in deren Gebührenrechnungen auf, die damit insgesamt auf die Nutzer verteilbar sind. 37

**Miet- oder Leasingkosten für die Erfassungsgeräte** sind umlegbar, sofern das Beteiligungsverfahren der Nutzer nach § 4 Abs. 2 S. 2 HeizkostenV eingehalten worden ist.[97] 38

Schließlich können die **Kosten eines externen Wärmemessdienstes** auf die Nutzer verteilt werden, sofern dessen Einschaltung angesichts der verwendeten Erfassungsgeräte notwendig ist; es 39

---

[90] BayObLG ZMR 1997, 256.

[91] Damit fällt auch die sog. Effizienzkontrolle unter die Instandhaltung, *Kissel* GE 2018, 801 (803), nicht aber die Modernisierung der Anlage, insoweit zumindest missverständlich MüKoBGB/*Zehelein* HeizkostenV § 7 Rn. 6.

[92] Die entsprechende betriebswirtschaftliche Kalkulation des Wartungsunternehmens ist entweder offenzulegen oder durch einen Sachverständigen zu ermitteln.

[93] Zum Öltank s. BGH VIII ZR 221/08, WuM 2010, 33; AG Bremen WuM 2009, 403; AG Karlsruhe DWW 2006, 119.

[94] BayObLG ZMR 1997, 256.

[95] *Freywald* Heizkostenabrechnung Rn. 102.

[96] **AA** Kinne Heizung und Heizkostenabrechnung (1992) Teil A Rn. 48.

[97] → HeizkostenV § 4 Rn. 26–32.

ist der Gesichtspunkt der Wirtschaftlichkeit zu beachten.[98] Eine Vertragsklausel, wonach sich das Entgelt nach der jeweils gültigen Preisliste richtet, verstößt gegen § 307 Abs. 1 BGB mit der Folge, dass die Preise bei Vertragsschluss maßgebend bleiben.[99] Auch eine Klausel, mit der die Haftung für Abrechnungsmängel auf Personenschäden sowie auf Vorsatz und grobe Fahrlässigkeit beschränkt wird, ist unwirksam, weil damit der Zweck der Heranziehung eines Abrechnungsunternehmens vereitelt wird.[100] Dessen Tätigkeit darf aber nur im Zusammenhang mit der Erfassung des Verbrauchs von Wärme und Warmwasser und der auf diese beiden Elemente entfallenden Kostenverteilung stehen; die Erstellung der allgemeinen Betriebskostenabrechnung (auch wenn sie im Zusammenhang mit der Heizkostenabrechnung erfolgt) darf nicht als Kostenfaktor in die Heizkostenabrechnung eingestellt werden; hingegen sind nunmehr auch die Kosten für die Mitteilung des Ableseergebnisses nach § 6 Abs. 1 S. 2 HeizkostenV umlegbar. Die **Kosten der Verwendung einer Ausstattung** umfassen Funktionskontrollen, Austausch der Messampullen bei Verdunstungsgeräten, der Batterien bei elektronischen Verteilern. Bei den elektronischen Verteilern mit Funkauslesung gehören zu den Kosten der Verwendung auch die für den/die Netzwerk-Knoten, bei denen die Daten der angeschlossenen Wohnungen gesammelt werden, sowie die des Gateways (einschließlich des erforderlichen Stroms), das diese gesammelten Daten an die Abrechnungsfirmen übermittelt. Diese technischen Instrumente stehen insoweit an der Stelle des personalen Ablesers, dessen Kosten zu tragen gewesen wären. Dazu gehören ferner die Kosten eines Wartungsvertrages für die Erfassungsgeräte. Die **Eichkosten für Wärme- und Warmwasserzähler** fallen unter die umlegungsfähigen Wartungskosten, da sie unabhängig vom jeweiligen Gebrauchszustand des Gerätes anfallen. **Nicht** verteilungsfähig sind die Kosten für die Einziehung der ausstehenden Rechnungsbeträge sowie Kontoführungsgebühren.

**40** Neu eingeführt wurde auch als Kostenfaktor eine **Verbrauchsanalyse.** Hierunter versteht der Verordnungsgeber eine Übersicht über die Kostenentwicklung der letzten drei Jahre.[101] Da die Heizkostenverordnung aber den Verbrauch steuern will (und nach der Ermächtigungsgrundlage auch nur darf),[102] sollte in dieser Analyse eine Verbrauchsübersicht geliefert werden. Denn die sehr variablen Kosten müssen über den Verbrauch nichts aussagen.[103] Nach dem vorliegenden Referentenentwurf wird die Verbrauchsanalyse sowohl in § 7 Abs. 2 S. 1 HeizkostenV als auch in Satz 2 gestrichen und in Satz 1 durch „Abrechnungs- und Verbrauchsinformationen gem. § 6a HeizkostenV" ersetzt.

**41** Besonders bei den Kosten für die Tankreinigung und die Nacheichung der eichfähigen Erfassungsgeräte entsteht das Problem der **Verteilung sog. aperiodischer Kosten,** dh solcher Kosten, die nur einmal in längeren Zeitabständen, die über eine Abrechnungsperiode hinausreichen, entstehen. Hier sollte eine Aufteilung der Kosten auf die sie abdeckenden Jahre vorgenommen werden.[104] Denn die Heizkostenverordnung geht davon aus, dass der Nutzer nur für solche Kosten aufkommen soll, die durch seinen „Verbrauch" (mit-)verursacht worden sind. Von den Mehrjahreskosten hat der Nutzer aber nur jeweils einen Jahres-Anteil „verbraucht", so dass auch nur dieser Anteil in die Abrechnung einzustellen ist. Der **BGH** sieht dies zwar **anders,** setzt sich aber mit der verbrauchsabhängigen Abrechnungspflicht nach der Heizkostenverordnung nicht auseinander.[105] Der Wartungsvertrag für die Erfassungsgeräte vermeidet derartige Schwierigkeiten bei der Kostenverteilung.[106]

---

[98] AG Münster WuM 2001, 499; AG Bersenbrück WuM 1999, 467; LG Hamburg ZMR 2014, 988; **aA** AG Lüdinghausen WuM 2001, 499.

[99] AG Idstein ZMR 2013, 640.

[100] AG Krefeld ZMR 2013, 48.

[101] BR-Drs. 570/1/08; s. auch *Schmid* ZMR-Sonderheft HeizkostenV § 7 Nr. 55.

[102] So auch die Begründung, BR-Drs. 570/08, 14, 15.

[103] *Wall* WuM 2009, 3 (11).

[104] Str., wie hier Kreuzberg/Wien Heizkostenabrechnung-HdB/*v. Brunn/Alter* Kap. 3.8.8, S. 255; AG Koblenz DWW 1996, 252; ähnlich *Pfeifer* HeizkostenV § 7 Anm. 3d cc, S. 147 mit der Bildung von Rücklagen; *Wall* Betriebs-/Heizkosten Rn. 2029; **aA** Kinne Heizung und Heizkostenabrechnung (1992) Teil A Rn. 48, S. 26.

[105] BGH VIII ZR 271/08, WuM 2010, 33; dazu *Dittert* jurisPR-MietR 5/2010 Anm. 4 und *Eisenschmid MietPrax § 2 Nr. 2 BetrKV Nr. 10.* Zur Begründung verweist er lediglich auf seine Entscheidung über die Kosten zur Überprüfung einer Elektroanlage, BGH VIII ZR 123/06, WuM 2007, 198, die sich aber mit der Frage aperiodischer Kosten überhaupt nicht auseinandersetzt.

[106] *Peruzzo* Heizkostenabrechnung S. 65.

## D. Wärmelieferung, Abs. 3, 4

Die Kosten der Wärmelieferung müssen ebenfalls in einen verbrauchsabhängigen und einen verbrauchsunabhängigen Anteil aufgespalten und entsprechend verteilt werden, sofern beim einzelnen Nutzer nicht der konkrete Verbrauch der vom Wärmelieferanten gelieferten Energie gemessen wird, sondern nur eine anteilsmäßige Erfassung erfolgt. 42

Die Verteilung hat durch den **Gebäudeeigentümer** zu erfolgen, sofern dieser Vertragspartner des Wärmelieferanten ist.[107] Umlegungsfähig ist dann der in Rechnung gestellte Wärmepreis, unabhängig davon, wie dieser vom Wärmelieferanten kalkuliert ist und ob sich diese Kalkulation an den Kostenelementen des § 7 Abs. 2 HeizkostenV ausgerichtet hat.[108] Davon zu trennen ist die Frage, ob der Vermieter ohne Beteiligung der Mieter die Wärmeversorgung durch Zentralheizung umstellen darf auf den Bezug von Fernwärme (als Unterform der Wärmelieferung iSd § 1 Abs. 3 HeizkostenV) mit der sich daraus ergebenden gesetzlichen Konsequenz, dass die Fernwärmekosten weitergehende Kostenanteile beinhalten als bislang umlegbar waren.[109] Für die Zwischenschaltung eines Contractingunternehmens (zur Wärmelieferung) gilt jetzt § 556 c BGB. Ist die Umstellung aber zulässigerweise erfolgt, kann der Wärmepreis unabhängig von seiner Kalkulation umgelegt werden;[110] eine anteilige Herausrechnung von – früher nicht umlagefähigen – Instandhaltungs- und/oder Reparaturkostenanteilen wird von der pauschalen Formulierung des Gesetzes nicht gedeckt.[111] 43

Der **Fernwärmelieferant,** der nach § 1 Abs. 3 HeizkostenV[112] direkt mit dem Nutzer abrechnet, hat ebenfalls die Verteilung der Kosten nach § 7 Abs. 1 HeizkostenV vorzunehmen; es gilt aber nicht der Zwangsschlüssel in Satz 2 (was durch den Referentenentwurf klargestellt wird). Die verteilungsfähigen Gesamtkosten für das Gebäude, die anteilsmäßig auf die einzelnen Nutzer umgelegt werden, entsprechen dem Wärmepreis bei der Lieferung an den Gebäudeeigentümer und müssen sich daher nicht an der Aufzählung des § 7 Abs. 2 HeizkostenV orientieren. 44

Die Aufzählung der verteilungsfähigen Kosten in § 7 Abs. 2 HeizkostenV ist bei der Wärmelieferung nur maßgebend für die Verteilung der Kosten einer Hausanlage, also der Übergabestation zwischen der Fernwärmeleitung und den Hausleitungen. An Kosten werden nur Betriebsstrom und Wartung anfallen. 45

Nimmt der Gebäudeeigentümer die Kostenverteilung bei der Wärmelieferung vor, so wird er die Kosten der Hausanlage zu den Wärmekosten hinzuzählen und den sich daraus ergebenden Gesamtbetrag auf die Nutzer verteilen. Bei der Direktabrechnung des Wärmelieferanten gegenüber den Nutzern können diese Kosten im Lieferpreis bereits enthalten sein. 46

Tritt aber eine Spaltung der Kostenträgerschaft hinsichtlich der Hausanlage zwischen Lieferanten und Gebäudeeigentümer dergestalt ein, dass jener nur den Wärmepreis berechnet, während die Kosten der Hausanlage beim Gebäudeeigentümer entstehen, müssen letztere gem. § 11 Abs. 1 Nr. 4 HeizkostenV nicht nach der Heizkostenverordnung verteilt werden. Die Überwälzung der Kosten auf die Nutzer bedarf dann aber einer entsprechenden Vereinbarung;[113] der Umlegungsmaßstab kann vom Gebäudeeigentümer nach § 315 BGB bestimmt werden.[114] 47

---

107 Siehe § 1 Nr. 2 HeizkostenV, → HeizkostenV § 1 Rn. 10–18.

108 AG Hamburg-Barmbek ZMR 2018, 709.

109 Dazu iE → HeizkostenV § 1 Rn. 15–19; s. auch LG Chemnitz NZM 2000, 63; LG Essen GE 2000, 124 mAnm *Beuermann* GE 2000, 1224; LG Essen ZMR 2000, 835; AG Köln WuM 2001, 32; LG Erfurt WuM 2002, 317.

110 BGH VIII ZR 145/10, WuM 2011, 219; LG Braunschweig ZMR 2000, 832 mAnm *Schmid;* LG München II ZMR 2000, 177 mablAnm *Irrgeher* WuM 2000, 198; LG München II ZMR 2001, 199; LG Chemnitz NZM 2000, 63 mit Aufsatz von *Schmid* NZM 2000, 25.

111 **AA** AG Starnberg ZMR 2000, 839 mAnm *Schmid;* AG Köln WuM 2001, 32.

112 → HeizkostenV § 1 Rn. 21–26.

113 LG Gera ZMR 2001, 350 mAnm *Burmeister/Kues.*

114 Kinne Heizung und Heizkostenabrechnung (1992) § 7 Rn. 124.

## § 8 Verteilung der Kosten der Versorgung mit Warmwasser

**(1) Von den Kosten des Betriebs der zentralen Warmwasserversorgungsanlage sind mindestens 50 vom Hundert, höchstens 70 vom Hundert nach dem erfassten Warmwasserverbrauch, die übrigen Kosten nach der Wohn- oder Nutzfläche zu verteilen.**

**(2) [1]Zu den Kosten des Betriebs der zentralen Warmwasserversorgungsanlage gehören die Kosten der Wasserversorgung, soweit sie nicht gesondert abgerechnet werden, und die Kosten der Wassererwärmung entsprechend § 7 Abs. 2. [2]Zu den Kosten der Wasserversorgung gehören die Kosten des Wasserverbrauchs, die Grundgebühren und die Zählermiete, die Kosten der Verwendung von Zwischenzählern, die Kosten des Betriebs einer hauseigenen Wasserversorgungsanlage und einer Wasseraufbereitungsanlage einschließlich der Aufbereitungsstoffe.**

**(3) Für die Verteilung der Kosten der Warmwasserlieferung gilt Absatz 1 entsprechend.**

**(4) Zu den Kosten der Warmwasserlieferung gehören das Entgelt für die Lieferung des Warmwassers und die Kosten des Betriebs der zugehörigen Hausanlagen entsprechend § 7 Abs. 2.**

### Systematische Übersicht



### A. Regelungsgehalt

1 Die in dieser Vorschrift niedergelegte Regelung der Verteilung der Warmwasserkosten lehnt sich eng an die parallele Norm für die Wärmekosten an. Sie gilt aber nur für den Fall, dass das Warmwasser in einer von der Heizungsanlage getrennten Anlage erzeugt wird; Anlagen, die sowohl Wärme als auch Warmwasser erzeugen (sog. verbundene Anlagen), werden in § 9 HeizkostenV geregelt.

2 Wie bei der Verteilung der Kosten der Wärmeversorgung ist auch hier eine rechnerische Aufspaltung der Kosten in einen verbrauchsabhängigen und einen verbrauchsunabhängigen Anteil vorgeschrieben, sofern nicht eine Sondervereinbarung zwischen Gebäudeeigentümer und Nutzern nach § 10 HeizkostenV über einen höheren verbrauchsabhängigen Anteil getroffen worden ist.

3 Die Aufspaltung dient aber lediglich Verteilungszwecken; es ist nicht erforderlich, die verbrauchsabhängigen Kosten von den verbrauchsunabhängigen gesondert zu verteilen. Beide Kostenarten gehen vielmehr in den Betrag der Gesamtkosten ein; dieser Betrag wird dann entsprechend dem gewählten Verteilungsschlüssel auf die Nutzer umgelegt. Insbesondere erfolgt die Verteilung nicht nur für die Kosten der Wassererwärmung.[1]

4 Mit dem getrennten Verteilungsmaßstab nach verbrauchsabhängigen und verbrauchsunabhängigen Anteilen soll der Tatsache Rechnung getragen werden, dass auch der wenig Warmwasser verbrauchende Nutzer von der kostenverursachenden Vorhaltung des Warmwassers einen Vorteil hat. Für diesen Vorteil soll nach dem verbrauchsunabhängigen Maßstab jeder Nutzer einen entsprechenden Anteil zahlen. Das gilt auch bei erheblichem Leerstand; durch den verbrauchsunabhängigen Schlüssel trägt der Gebäudeeigentümer die Leerstandskosten.[2]

5 Die in der Vorschrift enthaltene Aufzählung der verteilungsfähigen Kosten, die entweder direkt benannt oder durch den Verweis auf § 7 Abs. 2 HeizkostenV inkorporiert werden, ist abschließend. Weitere Kostenarten dürfen jedenfalls in die Abrechnung über die Warmwasserkosten nicht eingestellt werden.[3] Ferner gilt auch hier, dass die aufgezählten Kostenarten zwar von Gesetzes wegen

---

[1] **AA** *Freywald* Heizkostenabrechnung Rn. 152, der aber die Gesetzesänderung aus dem Jahre 1984, mit der die vorher vorhandenen Worte „Kosten der Wassererwärmung" gestrichen wurden, nicht berücksichtigt.

[2] BGH VIII ZR 9/14, WuM 2015, 94 mkritAnm *Wall* jurisPR-MietR 5/2015 Anm. 1, dessen Berechnungsbeispiel aber fantasievoll ist; aufgehoben wurde damit das anderslautende Urteil des LG Frankfurt/Oder ZMR 2014, 984, mablAnm *Lammel* jurisPR-MietR 8/2014 Anm. 1; krit. auch *Kinne* GE 2014, 426.

[3] Entwässerungskosten gehören also nicht hierzu, AG Berlin-Charlottenburg GE 2006, 59; das beachtet LG Itzehoe ZMR 2011, 214, nicht, ebenso wenig wie die insoweit bestätigende Entscheidung des BGH VIII ZR 340/08, WuM 2012, 25; die Entscheidung BGH VIII ZR 268/10, ZMR 2009, 839 über die einheitliche Kostenabrechnung von Frisch- und Schmutzwasser ist hierauf nicht übertragbar.

in die Abrechnung aufgenommen werden dürfen. Ihre Umlegung auf die Nutzer im Einzelfall hängt aber davon ab, dass im konkreten Nutzungsvertrag ihre Verteilungsfähigkeit vereinbart worden ist. Fehlt eine derartige Vereinbarung, bleiben die nicht benannten Kosten außer Ansatz.[4]

## B. Verteilungsmaßstäbe, Abs. 1

Die **Wahl des Maßstabes** zur verbrauchsabhängigen/verbrauchsunabhängigen Verteilung der Warmwasserkosten steht im nach § 315 BGB gebundenen Ermessen des Gebäudeeigentümers. Der verbrauchsabhängige Anteil **muss** mindestens 50% betragen; er darf einseitig bis 70% festgesetzt werden. Für einen darüberhinausgehenden verbrauchsabhängigen Anteil bedarf es einer vertraglichen Vereinbarung zwischen Gebäudeeigentümer und allen Nutzern. 6

Im Interesse eines Anreizes zur Einsparung im Bereich des Warmwassers, wovon sowohl die Energie zur Erwärmung als auch der Wasserverbrauch als solcher betroffen ist, sollte ein hoher verbrauchsabhängiger Maßstab, also 70%, gewählt werden. Besondere Umstände des benutzten Bauwerks, die bei der Wärmeversorgung einen geringen verbrauchsabhängigen Maßstab angezeigt erscheinen ließen,[5] sind hier nicht ersichtlich. Die leitungsbedingten Wärmeverluste treffen zwar die Bewohner oberer Stockwerke in Hochhäusern mehr, werden jedoch durch vorgeschriebene Isolierungen der Rohre und durch zusätzlich eingebaute Zirkulationsleitungen vermieden. 7

Bei **gemischt genutzten Gebäuden** (Wohnen/Gewerbe) ist eine Vorerfassung nach § 5 Abs. 2 HeizkostenV zu empfehlen. Wird diese nicht vorgenommen, sollte der verbrauchsabhängige Anteil nach den Verbrauchsgewohnheiten der überwiegenden Zahl der Nutzer ausgewählt werden. 8

Die Höhe des verbrauchsunabhängigen Anteils bestimmt sich als Restwert nach dem gewählten verbrauchsabhängigen Anteil. Seine Verteilung darf nur nach der Wohn- oder Nutzfläche erfolgen, die entsprechend den §§ 2–4 WoFlV festgestellt werden kann. Grund für die Festlegung dieses Maßstabes ist die Vermutung, dass auf großen Flächen auch viele Nutzer von Warmwasser leben; zum anderen ist dieser Maßstab gegenüber sonstigen Schlüsseln, die mehr die Nutzungsmöglichkeiten berücksichtigen (Zahl der Nutzer in einem Nutzungsobjekt, Zahl der Warmwasserstellen), leichter handhabbar.[6] 9

## C. Kosten des Betriebs, Abs. 2

In die Abrechnung der Warmwasserkosten dürfen **nur** die Kosten für die Wassererwärmung und für den Wasserverbrauch eingestellt werden. Was zu den **Kosten der Wassererwärmung** gehört, entspricht infolge der Verweisung auf § 7 Abs. 2 HeizkostenV der dortigen Aufzählung.[7] Auch hier gilt der Grundsatz, dass die einzelnen Kosten nur verteilt werden dürfen, wenn ihre Umlagefähigkeit im Nutzungsvertrag enthalten ist oder wenn in diesem pauschal auf die Anwendung der Heizkostenverordnung oder die Aufzählung in § 2 BetrKV verwiesen worden ist. 10

Die Kosten der Wasserversorgung ihrerseits dürfen nur dann in die Warmwasserkostenverteilung eingehen, wenn sie nicht bereits auf Grund der allgemeinen Betriebskostenabrechnung als Wasserverbrauch abgerechnet worden sind[8]. Es ist also darauf zu achten, dass diese Verbrauchskosten nicht doppelt in Rechnung gestellt werden. Praktisch ist eine Trennung des Verbrauchs von reinem Kaltwasser und zu Warmwasser erwärmtem Kaltwasser nur durch die Installation eines Zwischenzählers möglich. 11

Auch die in § 8 Abs. 2 S. 2 HeizkostenV enthaltene Aufzählung der **Kosten der Wasserversorgung** ist abschließend; weitere Kosten dürfen – selbst bei entsprechender vertraglicher Vereinbarung – jedenfalls nicht in die Abrechnung der Warmwasserkosten eingestellt werden. Die wesentlichsten Kosten der Wasserversorgung sind die des Wasserverbrauchs, die vom jeweiligen Lieferanten anhand eines eichfähigen Zählers und unter Zugrundelegung des mit dem Gebäudeeigentümer vereinbarten Wasserpreises ermittelt werden. Dem Gebäudeeigentümer zuzurechnender Mehrverbrauch an Wasser, zB durch Leckagen in der Leitung,[9] Ablaufenlassen wegen gesundheitsgefährden- 12

---

4 Kinne Heizung und Heizkostenabrechnung (1992) § 8 Rn. 128.
5 → HeizkostenV § 7 Rn. 5, 7.
6 *Peruzzo* Heizkostenabrechnung Rn. 214–216, S. 92, 93.
7 → HeizkostenV § 7 Rn. 25–41.
8 LG Frankfurt a. M. ZWE 2020, 196.
9 Zu dem Umfang solcher Verluste s. Kreuzberg/Wien Heizkostenabrechnung-HdB/*Pawellek/Wien* Kap. 11.12, S. 723.

der Inhaltsstoffe, wie Rost, Blei, Nitrat, muss durch eine Kombination von Messung (Verlust des Wassers durch Leckage/Ablaufenlassen) und Schätzung hinsichtlich des Zeitfaktors (Dauer der Leckage bzw. Häufigkeit der Wassernutzung mit Ablaufenlassen) abgezogen werden.

13 Ferner gehören zu den **Wasserkosten** die Grundgebühren, also die vom konkreten Verbrauch unabhängig berechneten Bereitstellungskosten für die Vorhaltung des Wassers, und die Zählermiete. Mit letzterer ist die Bereitstellung des Zählers durch den Lieferanten gemeint; die Kosten werden in dessen Abrechnung meist nicht gesondert ausgewiesen, sondern gehen in den Arbeitspreis ebenso ein wie die Kosten für den Austausch des Wasserzählers und dessen Nacheichung. Die Kosten für die Zwischenzähler, einmal zur Trennung zwischen Kalt- und Warmwasserverbrauch, zum anderen zur Feststellung des Einzelverbrauchs beim jeweiligen Nutzer, sind ebenfalls verteilungsfähig. Sind die Einzelzähler nur gemietet oder geleast, ist allerdings das Beteiligungsverfahren der Nutzer nach § 4 Abs. 2 S. 2 HeizkostenV zu beachten,[10] sofern diese Zähler nicht vom Lieferanten gestellt werden und die entsprechenden Kosten deshalb ununterscheidbar in seinem Lieferpreis enthalten sind.

14 Die **Kosten einer Wasseraufbereitungsanlage** einschließlich der dafür erforderlichen Aufbereitungsstoffe können verteilt werden.[11] Dazu gehören auch die Kosten für die Instandhaltung, wie Reinigung, Austausch von Filtern und sonstigen Kleinmaterialien (Dichtungen); **Reparaturkosten** gehören auch hier **nicht** dazu.

15 Erfolgt die Wasserversorgung ausnahmsweise nicht durch Dritte, sondern durch eine **hauseigene Wasserversorgungsanlage,** können deren Betriebskosten verteilt werden, nicht aber die Kosten, die im Zusammenhang mit der Errichtung der Anlage stehen, wie Abschreibungen, Reparaturen, Genehmigungen, Prüfungen. Als Betriebskosten fallen im Wesentlichen die Auslagen für den Betriebsstrom und die Pflege der Anlage an.

## D. Warmwasserlieferung, Abs. 3, 4

16 Wird das Warmwasser nicht durch eine Hausanlage erstellt, sondern von einem Drittunternehmen geliefert, muss die Kostenverteilung ebenfalls in einen verbrauchsabhängigen und einen verbrauchsunabhängigen Anteil aufgespalten werden.

17 Die Kostenverteilung erfolgt entweder durch den Gebäudeeigentümer, der Vertragspartner des Warmwasserunternehmens ist, oder durch das Unternehmen, sofern es gem. § 1 Abs. 3 HeizkostenV direkt mit den Nutzern abrechnet, aber nicht den einzelnen Verbrauch misst, was zwar bei der Wärmelieferung, aber angesichts der Verbrauchsfeststellung durch eichfähige Warmwassermessgeräte nicht bei der Lieferung von Warmwasser denkbar ist.

18 Als verteilungsfähige Kosten nennt § 8 Abs. 4 HeizkostenV zunächst das vom Lieferanten in Rechnung gestellte Entgelt für die Lieferung des Warmwassers, wobei dieser Vertragspreis unabhängig von der nicht überprüfbaren Kalkulation zu Grunde zulegen ist. Dazu gehören ferner die Kosten für die Hausanlagen, also die Übergabestation zwischen der Fernwarmwasserleitung und den Hausleitungen einschließlich der Einrichtungen zur Druckregulierung, Pumpstationen und den Verteilern. Für den Umfang der hierfür verteilungsfähigen Kosten wird ebenfalls auf die Aufzählung in § 7 Abs. 2 HeizkostenV verwiesen.

19 Entstehen die Betriebskosten für die Hausanlage beim Gebäudeeigentümer, während die Warmwasserlieferung direkt vom Lieferanten mit dem einzelnen Nutzer abgerechnet wird, braucht der Gebäudeeigentümer gem. § 11 Abs. 1 Nr. 4 HeizkostenV wegen des unverhältnismäßigen Aufwandes keine Verteilung nach der Heizkostenverordnung vorzunehmen. Eine Umlage dieser Kosten auf die Nutzer ist jedoch nur bei Vorliegen einer entsprechenden vertraglichen Vereinbarung zulässig; der Verteilungsmaßstab kann – sofern im Nutzungsvertrag hierfür keine Vereinbarung getroffen worden ist – nach § 315 BGB vom Gebäudeeigentümer gewählt werden.

---

[10] → HeizkostenV § 4 Rn. 26–32.
[11] Zum Korrosionsschutz AG Dresden NZM 2001, 708.

## § 9 Verteilung der Kosten der Versorgung mit Wärme und Warmwasser bei verbundenen Anlagen

**(1) [1]Ist die zentrale Anlage zur Versorgung mit Wärme mit der zentralen Warmwasserversorgungsanlage verbunden, so sind die einheitlich entstandenen Kosten des Betriebs aufzuteilen. [2]Die Anteile an den einheitlich entstandenen Kosten sind bei Anlagen mit Heizkesseln nach den Anteilen am Brennstoffverbrauch oder am Energieverbrauch, bei eigenständiger gewerblicher Wärmelieferung nach den Anteilen am Wärmeverbrauch zu bestimmen. [3]Kosten, die nicht einheitlich entstanden sind, sind dem Anteil an den einheitlich entstandenen Kosten hinzuzurechnen. [4]Der Anteil der zentralen Anlage zur Versorgung mit Wärme ergibt sich aus dem gesamten Verbrauch nach Abzug des Verbrauchs der zentralen Warmwasserversorgungsanlage. [5]Bei Anlagen, die weder durch Heizkessel noch durch eigenständige gewerbliche Wärmelieferung mit Wärme versorgt werden, können anerkannte Regeln der Technik zur Aufteilung der Kosten verwendet werden. [6]Der Anteil der zentralen Warmwasserversorgungsanlage am Wärmeverbrauch ist nach Absatz 2, der Anteil am Brennstoffverbrauch nach Absatz 3 zu ermitteln.**

**(2) [1]Die auf die zentrale Warmwasserversorgungsanlage entfallende Wärmemenge (Q) ist ab dem 31. Dezember 2013 mit einem Wärmezähler zu messen. [2]Kann die Wärmemenge nur mit einem unzumutbar hohen Aufwand gemessen werden, kann sie nach der Gleichung**

$$Q = 2{,}5 \cdot \frac{kWh}{m^3 \cdot K} \cdot V \cdot (t_w - 10\,C)$$

**bestimmt werden. [3]Dabei sind zu Grunde zu legen**

1. **das gemessene Volumen des verbrauchten Warmwassers (V) in Kubikmetern ($m^3$);**
2. **die gemessene oder geschätzte mittlere Temperatur des Warmwassers ($t_w$) in Grad Celsius (°C).**

**[4]Wenn in Ausnahmefällen weder die Wärmemenge noch das Volumen des verbrauchten Warmwassers gemessen werden können, kann die auf die zentrale Warmwasserversorgungsanlage entfallende Wärmemenge nach folgender Gleichung bestimmt werden**

$$Q = 32 \cdot \frac{kWh}{m^2\, A_{Wohn}} \cdot A_{Wohn}$$

**[5]Dabei ist die durch die zentrale Anlage mit Warmwasser versorgte Wohn- oder Nutzfläche ($A_{Wohn}$) zu Grunde zu legen. [6]Die nach den Gleichungen in Satz 2 oder 4 bestimmte Wärmemenge (Q) ist**

1. **bei brennwertbezogener Abrechnung von Erdgas mit 1,11 zu multiplizieren und**
2. **bei eigenständiger gewerblicher Wärmelieferung durch 1,15 zu dividieren.**

**(3) [1]Bei Anlagen mit Heizkesseln ist der Brennstoffverbrauch der zentralen Warmwasserversorgungsanlage (B) in Litern, Kubikmetern, Kilogramm oder Schüttraummetern nach der Gleichung**

$$B = \frac{Q}{H_i}$$

**zu bestimmen. [2]Dabei sind zu Grunde zu legen**

1. **die auf die zentrale Warmwasserversorgungsanlage entfallende Wärmemenge (Q) nach Absatz 2 in kWh;**
2. **der Heizwert des verbrauchten Brennstoffes ($H_i$) in Kilowattstunden (kWh) je Liter (l), Kubikmeter ($m^3$), Kilogramm (kg) oder Schüttraummeter (SRm). Als $H_i$-Werte können verwendet werden für**

| | | |
|---|---|---|
| **Leichtes Heizöl EL** | **10** | **kWh/l** |
| **Schweres Heizöl** | **10,9** | **kWh/l** |
| **Erdgas H** | **10** | **kWh/m³** |
| **Erdgas L** | **9** | **kWh/m³** |
| **Flüssiggas** | **13** | **kWh/kg** |
| **Koks** | **8** | **kWh/kg** |
| **Braunkohle** | **5,5** | **kWh/kg** |
| **Steinkohle** | **8** | **kWh/kg** |
| **Holz (lufttrocken)** | **4,1** | **kWh/kg** |

| | | |
|---|---|---|
| **Holzpellets** | **5** | **kWh/kg** |
| **Holzhackschnitzel** | **650** | **kWh/SRm.** |

**[3]Enthalten die Abrechnungsunterlagen des Energieversorgungsunternehmens oder Brennstofflieferanten $H_i$-Werte, so sind diese zu verwenden. Soweit die Abrechnung über kWh-Werte erfolgt, ist eine Umrechnung in Brennstoffverbrauch nicht erforderlich.**

**(4) Der Anteil an den Kosten der Versorgung mit Wärme ist nach § 7 Absatz 1, der Anteil an den Kosten der Versorgung mit Warmwasser nach § 8 Absatz 1 zu verteilen, soweit diese Verordnung nichts anderes bestimmt oder zulässt.**

**Systematische Übersicht**



## A. Regelungszweck

1 Die Verteilung der Kosten von Wärme und Warmwasser nach den §§ 7, 8 HeizkostenV beruht auf der Voraussetzung, dass beide Versorgungsformen aus jeweils getrennten Anlagen stammen. Denn nur dann können die Kosten dem Nutzer nach den verordnungsrechtlichen Verteilungsregelungen zugeordnet werden. Eine derartige Zuordnung ist aber nicht mehr möglich, wenn eine Anlage die Nutzer sowohl mit Wärme als auch mit Warmwasser versorgt.

2 Die sich hier anbietende einheitliche Verteilung der gesamten Kosten widerstreitet dem Ziel der Heizkostenverordnung, nur den jeweiligen Nutzer auf Grund seines spezifischen Nutzungsverhaltens mit den Kosten zu belasten.[1] Denn unter dem Gesichtspunkt des Verbrauchs lässt sich kein einheitlicher Maßstab sowohl für Wärme als auch für Warmwasser finden, solange keine den konkreten Wärmeverbrauch sowohl bei der Heizung als auch beim Warmwasser messenden Geräte vorhanden bzw. kostengünstig verwendbar sind.

3 Deshalb sieht § 9 HeizkostenV Verfahren vor, durch die der für die Anwendung der Verteilungsregeln der §§ 7, 8 HeizkostenV notwendige Ausgangszustand hergestellt wird, nämlich die Trennung der Kosten für die Versorgung mit Wärme und Warmwasser. Diese Trennung ist zwangsläufig erforderlich, um überhaupt die Verteilungsmaßstäbe der Heizkostenverordnung anwenden zu können. Auch der Wortlaut der Norm gebietet diese Trennung zwingend.

4 Lediglich für bestimmte Wohnungen des **preisgebundenen Wohnraums** enthält § 22 Abs. 3 NMV einen Bestandsschutz, wonach für Wohnungen, die vor dem 1. 1. 1981 bezugsfertig geworden sind und bei denen am 30. 4. 1984 die Kosten bei verbundenen Anlagen unaufgeteilt umgelegt worden sind, weiterhin ohne Trennung in Kosten für Wärme und Warmwasser verteilt werden darf. Dieser Bestandsschutz hindert den Vermieter aber nicht daran, für künftige Abrechnungszeiträume eine Kostentrennung vorzunehmen, ohne an die Voraussetzungen des § 6 Abs. 4 S. 2 HeizkostenV gebunden zu sein.

## B. Trennung der Kosten

5 Die Vorschrift ist 2009 neu gestaltet worden. In § 9 Abs. 1 HeizkostenV werden die Grundsätze über die Trennung, über das Trennungsverfahren und rudimentär über den Einsatz von Solarenergie geregelt. Die § 9 Abs. 2, 3 HeizkostenV sind gegenüber der Altfassung umgestellt worden, im Vordergrund steht jetzt die Ermittlung der Wärmemenge, dh die Wassererwärmung bei gewerblicher Wärmelieferung, erst im § 9 Abs. 3 HeizkostenV werden die zentralen (Haus-)Anlagen behandelt. § 9 Abs. 4 HeizkostenV schließlich regelt die endgültige Kostenverteilung.

[1] Beispiel bei AG Berlin-Köpenick GE 2010, 915.

## I. Grundzüge, Abs. 1

Nach dem Wortlaut der Vorschrift in § 9 Abs. 1 S. 1 HeizkostenV besteht eine unbedingte **Pflicht zur Trennung** der einheitlichen Kosten des Betriebs der verbundenen Anlage in solche für die Wärmeerzeugung und für die Warmwassererzeugung. Diese Pflicht besteht selbst dann, wenn sich auf Grund technischer Entwicklungen eine einheitliche Verteilung nach entsprechenden Messungen anbieten würde. Hierbei ist mehrstufig vorzugehen: zunächst muss eine Trennung von einheitlich und nicht einheitlich entstandenen Kosten erfolgen (→ Rn. 7, 8); danach wird der Energieverbrauch ermittelt, getrennt nach der Art der Energiezuführung, entweder durch Wärmelieferung (→ Rn. 13 ff.) oder durch Brennstoffe/Energieverbrauch (→ Rn. 23). 6

Getrennt werden müssen nur die **einheitlich** entstandenen Kosten, also solche, die sowohl für Wärme als auch für Warmwasser hinsichtlich ihrer Verwendung ununterscheidbar anfallen. Dazu gehören vor allem die **Brennstoffkosten** und die in § 7 Abs. 2 HeizkostenV genannten anlagespezifischen Kostenarten sowie die der Berechnung und Aufteilung. 7

**Nicht einheitlich** sind alle diejenigen Kostenarten, die auf Grund ihres spezifischen Verwendungszwecks der Erzeugung entweder von Wärme oder von Warmwasser konkret zugeordnet werden können. Beim Warmwasser gehören hierzu die Kosten der **Wasserversorgung** iSv § 8 Abs. 2 S. 2 HeizkostenV. Für beide Versorgungsarten können hierunter die Kosten von **Erfassungsgeräten** fallen, wenn für Wärme und Warmwasser unterschiedliche Gerätearten und Überlassungsverträge vorliegen, zB Wärme wird mit Verdunstungsgeräten erfasst, Warmwasser notwendigerweise mit eichpflichtigen Zählern; die Wärmeerfassungsgeräte sind gemietet oder geleast, die Warmwassermessgeräte gekauft.[2] Dagegen ist der Betriebsstrom zB für die Umwälzpumpen zwar einer Versorgungsart (wegen der unterschiedlichen Leitungen) zuordenbar, aber kostenmäßig nicht trennbar.[3] 8

Die nicht einheitlich entstandenen Kosten werden nach der rechnerischen Kostentrennung der einheitlich entstandenen Kosten der Kostenart zugeordnet, bei der sie entstanden sind, also entweder den Wärme- oder den Warmwasserkosten. 9

**Bezugsgröße für die Kostentrennung** ist der **Energieverbrauch,** also bei den zentralen Anlagen der Brennstoffverbrauch oder Energieverbrauch; bei der Wärmelieferung der Wärmeverbrauch; der neue Satz 2 hat insoweit nur klarstellende Bedeutung.[4] Konkret ermittelt wird der Energieverbrauch nur für die Bereitung von Warmwasser; der Verbrauch für die Wärmeerzeugung wird durch **Subtraktion** des Energieverbrauchs für Warmwasser von dem Gesamtenergieverbrauch ermittelt. Der neue Satz 5 ist übriggeblieben von einem umfassenderen Regelungsvorschlag bei Verwendung von **Solarenergie.**[5] Er ist inhaltlich angreifbar, da Solarenergie derzeit nur selten allein zur Wärmeerzeugung dienen kann,[6] – deshalb will der Referentenentwurf das Wort „weder" durch „nicht ausschließlich" ersetzen und anschließend das „noch" durch „oder" – und wegen seiner dynamischen Verweisung auf noch auszuarbeitende technische Regeln durch nicht demokratisch legitimierte Institutionen verfassungswidrig.[7] 10

Der jeweils ermittelte Anteil an dem gesamten Energieverbrauch wird als **Prozentsatz**[8] für die einzelne Kostenverteilung für Wärme bzw. Warmwasser verwendet, nicht dagegen als absolute Rechnungszahl.[9] 11

Der Verbrauch an Brennstoff bzw. an Wärme für die Bereitung des Warmwassers ist **nur** nach den in § 9 Abs. 2, 3 HeizkostenV vorgesehenen Verfahren zu ermitteln; andere Möglichkeiten sind nicht zulässig. Die früher in diesen Absätzen enthaltenen Verweise auf die anerkannten Regeln der Technik als anderweitig zulässige Berechnungsverfahren sind nunmehr entfallen. 12

---

[2] **AA** *Freywald* Heizkostenabrechnung Rn. 116 für die Mietkosten.

[3] **AA** *Pfeifer* HeizkostenV § 9 Anm. 2b, 3a.

[4] Begründung, BR-Drs. 570/08, 15.

[5] BR-Drs. 570/08, 2, 3; näher → HeizkostenV § 11 Rn. 41 Fn. 34.

[6] *Wall* WuM 2009, 11.

[7] BVerfG NJW 1984, 1225.

[8] AG Berlin-Wedding GE 2012, 959.

[9] Beispiel: Von 20.000 l Heizöl sind nach entsprechender Berechnung 3.750 l für die Warmwassererzeugung verbraucht worden, also 18,75%. Die einheitlich entstandenen Gesamtkosten sind daher zu 18,75% nach dem Verteilungsmaßstab für Warmwasser, § 8 Abs. 1 HeizkostenV, und zu 81,25% nach demjenigen für Wärme, § 7 Abs. 1 HeizkostenV, zu verteilen. Dagegen sind nicht die konkreten Kosten für die 3.750 l Heizöl in die Warmwasserabrechnung einzustellen.

## II. Wärmelieferung, Abs. 2

13 § 9 Abs. 2 HeizkostenV ist neu gefasst worden, weil infolge der fortschreitenden Wärmedämmung der Gebäude der rechnerische Anteil der Warmwasserversorgung an den Energiekosten überproportional gestiegen ist.[10] Er gilt nur für die Ermittlung der Wärmemenge, und damit ex definitione für die Fernwärmelieferung, die sowohl der Wärmeversorgung dient als auch mit der zentralen Warmwasserversorgungsanlage verbunden ist.[11] Für die Ermittlung des **Wärmeverbrauchs** für **Warmwasser** in zentralen Warmwasserversorgungsanlagen enthält § 9 Abs. 2 HeizkostenV **drei** verschiedene **Verfahren,** wobei von einer gestaffelten Anwendbarkeit auszugehen ist. **Vorrangig** ist die Verwendung eines **Wärmezählers** spätestens ab Abrechnungszeitraum 1.1.2014; wenn die Wärmezähler früher angebracht worden sind, dann sind die gemessenen Werte ab dem der Anbringung folgenden Abrechnungszeitraum zu verwenden.[12] Erst wenn die Anbringung eines derartigen Zählers unter dem Gesichtspunkt der Wirtschaftlichkeit unzumutbar ist, darf die Formel in Satz 2 und 3 verwendet werden. Scheitert auch deren Verwendung an technischen Schwierigkeiten, darf letztlich der Flächenmaßstab nach der Formel nach Satz 4 und 5 angewendet werden. Um noch eine verordnungsnahe Kostenverteilung durchführen zu können, kann auf die Formeln in Sätze HeizkostenV 2 und 3 auch für den Abrechnungszeitraum zurückgegriffen werden, in dem noch keine Wärmezähler angebracht worden sind;[13] in diesem Fall greift das Kürzungsrecht nach § 12 Abs. 1 HeizkostenV nicht ein, weil ein der Heizkostenverordnung entsprechendes (wenn auch subsidiäres) Verfahren angewendet wird.[14] Anders hingegen bei Anwendung des Flächenmaßstabes, ohne dass die Voraussetzungen der Sätze 4 und 5 vorliegen. Denn in diesem Fall liegt eine sowohl verbrauchsunabhängige als auch der Heizkostenverordnung widersprechende Abrechnung vor[15]. Das Kürzungsrecht erstreckt sich auf die gesamte Heizkostenabrechnung[16] und erfasst nicht nur die Warmwasserkosten. Denn durch die Berechnungsvorgaben in § 9 HeizkostenV mit der vorrangigen Erfassung der Warmwasserkosten hängen die Heizkosten von den Feststellungen der Warmwasserkosten ab, so dass sich eine unzutreffende Warmwasserkostenfeststellung notwendigerweise auch auf die Heizkosten erstrecken muss[17].

14 Der Verordnungsgeber ist davon ausgegangen, dass die Verpflichtung zur **Anbringung** von **Wärmemessgeräten** der bisherigen Rechtslage entspreche und für die Trennung der Anteile die einfachste und sicherste Methode darstelle.[18] Die erste Auffassung findet ihre Stütze zwar in der Altfassung des § 9 Abs. 3 S. 1 HeizkostenV, hatte wohl keine praktische Bedeutung, da dort ausdrücklich für die Ermittlung auf Formeln verwiesen worden war. Die zweite Auffassung wird unter dem Gesichtspunkt kritisiert, dass der Verlust bei der Erzeugung von Wärme (entsprechend dem Kesselwirkungsgrad) allein dem Heizungsanteil zugeschlagen wird; dieser Verlust betrage zwischen 20% und 30%.[19] Diese Kritik ist unberechtigt: § 9 Abs. 2 HeizkostenV gilt für die Ermittlung der

---

[10] Begründung, BR-Drs. 570/08, 15; *Peruzzo* Heizkostenabrechnung Rn. 224.

[11] *Wall* WuM 2009, 12 (13) unterliegt insoweit einem Missverständnis des Aufbaus der Norm.

[12] LG Leipzig WuM 2017, 530; eine rückwirkende analoge Anwendung der Formeln scheidet hingegen aus, weil sie erst mit Inkrafttreten der Gesetzesänderung wirksam geworden sind, aA LG Berlin GE 2017, 108.

[13] LG Berlin GE 2017, 108.

[14] LG Berlin MM 5/2019, 28 (ZK 65); *Lammel* ZMR 2016, 6; *Lammel* NZM 2020, 450 (453); so wohl auch Schmid/Harz/*Schmid* HeizkostenV § 9 Rn. 6; Lützenkirchen MietR/*Lützenkirchen* HeizkostenV § 9 Rn. 13; aA *Wall* Betriebs-/Kosten Rn. 6329; *Lindner* AnwZert MietR 24/2015 Anm. 2; anders auch LG Potsdam WuM 2018, 90; LG Berlin GE 2018, 329 (ZK 63); AG Berlin-Mitte MM 10/2019, 28; LG Halle WuM 2019, 318; AG Stuttgart-Bad Cannstatt WuM 2021, 169 mAnm *Lammel* juris PR-MietR 10/2021, Anm. 6; LG Frankfurt a. M. BeckRS 2019, 31044 mAnm *Pfeifer* jurisPR-MietR 17/2020 Anm. 4; noch anders, aber kaum verständlich LG Itzehoe ZMR 2019, 499 mablAnm *Lammel* ZMR 2019, 503. Hierbei wird aber übersehen, dass es sich bei § 12 HeizkostenV nicht um eine Strafnorm handelt, sondern eine Vorschrift, die mittelbar dem Zweck der Energieeinsparung dient; wie hier LG Berlin ZMR 2017, 806 (ZK 67) mablAnm *Wall* jurisPR-MietR 17/2017 Anm. 2.

[15] **AA** LG Heidelberg WuM 2020, 420 mablAnm *Lammel* jurisPR-MietR 14/2020 Anm. 2.

[16] So auch insoweit zutr. LG Frankfurt a. M. BeckRS 2019, 31044; AG Hamburg-St. Georg BeckRS 2019, 45705 Rn. 98. Die Entscheidung BGH VIII ZR 195/04, WuM 2005, 657 steht wegen des anders gelagerten Sachverhalts nicht entgegen. Eine Trennung des Kürzungsrechts ist nur dann angebracht, wenn nur die Heizkosten mit einem Wärmezähler erfasst worden sind, so dass sich der Fehler bei den Warmwasserkosten auf sie nicht hat auswirken können.

[17] *Wall* Betriebs-/Kosten Rn. 6329a.

[18] *BR-Drs. 570/08, 15.*

[19] *Wall* WuM 2009, 12; Kreuzberg/Wien Heizkostenabrechnung-HdB/*Wien* Kap. 10.3.4, S. 619; zur Vermeidung dieser Zuordnung soll mindestens ein weiterer Zähler angebracht werden, *Wall* Betriebs-/Kosten Rn. 6318; hierzu s. *Lammel* WuM 2017, 177 (179); *Lammel* NZM 2020, 450.

Wärmemenge, dh der Energielieferung für die Wassererwärmung durch Fernwärme. Bei dieser ist aber kein oder kaum Wärmeverlust zwischen Übergabestation (mit Wärmezähler) und zentraler Wasseraufbereitungsanlage zu befürchten. Bei der Fernwärme werden die Verluste durch Kesselwirkungsgrade bereits bei der Übergabestation mit berücksichtigt (bzw. sind im Lieferpreis mit enthalten). Die Wärmezähler mussten bis 31.12.2013 angebracht sein. Die Frist wurde gewählt, um den Ableseunternehmen ausreichend Zeit für die Installation zu geben.[20]

**Die Messung** setzt die Anbringung eines Wärmezählers, dh der Temperaturfühler am Vor- und Rücklauf, sowie des Messteils für den durchfließenden Wärmeträger[21] an der zentralen Warmwasserbereitungsanlage voraus. Die gemessene Wärmemenge ist zur Gesamtwärmemenge des Gebäudes ins Verhältnis zu setzen; nach dem sich daraus ergebenden Prozentanteil sind die einheitlich entstandenen Kosten auf Wärme- und Warmwasser-Nutzer aufzuteilen. Berechnungsbeispiel: Gesamtwärmemenge 10.000, gemessene Wärmemenge Warmwasserbereitung 2.500, Verteilungsprozentsatz 25%. 15

Das **rechnerische Ersatzverfahren** nach § 9 Abs. 2 S. 2, 3 HeizkostenV darf **nur** dann **angewendet** werden, wenn für die Messung nach § 9 Abs. 2 S. 1 HeizkostenV ein unzumutbar hoher Aufwand entsteht. Sachlich korrekt ist damit gemeint, dass die Anbringung der Wärmezähler zu hohe Kosten verursachen würde, weil die baulichen und/oder technischen Voraussetzungen für eine einfache Zwischenschaltung nicht vorliegen.[22] Die neue Definition der „unzumutbar hohen Kosten" in § 11 Abs. 1 Nr. 1b HeizkostenV stellt auf die Energieeinsparung ab. Es erscheint aber zweifelhaft, ob allein die Anbringung eines Wärmezählers zur Einsparung führt; allenfalls mittelbar dadurch, dass nunmehr genauere Verbrauchswerte festgestellt werden können. Generell wird auf Sinn und Zweck der Anbringung solcher Messgeräte abzustellen sein: die Herbeiführung einer Verteilungsgerechtigkeit wird allerdings nicht durch die Ermächtigungsgrundlage im EnEG/GEG gedeckt. Ob auf die Einzelbelastung der Nutzer Bezug genommen werden kann dergestalt, dass bei großen Gebäudekomplexen mit vielen Nutzern die Einzelquote verhältnismäßig gering und daher eher tragbar ist, als bei kleineren Wohneinheiten mit wenigen Nutzern,[23] ist ebenso fraglich: die Heizkostenverordnung wird nur durch die Energieeinsparung legitimiert, nicht aber durch die Tragbarkeit der Kosten (ohne unmittelbaren Einsparungseffekt). 16

Die Formel setzt zwei **Mess-Werte** (bzw. Schätz-Werte) voraus: einmal das Volumen des verbrauchten Warmwassers, zum anderen die mittlere Temperatur des Warmwassers. Unbedingt erforderlich ist die **Messung des verbrauchten Warmwassers** durch geeichte Wasserzähler. Diese können am Einlaufrohr des Kaltwassers in die Warmwasserbereitungsanlage, am Ausflussrohr der Anlage oder schließlich an den Zulaufrohren zu den einzelnen Nutzungseinheiten angebracht werden; im letzteren Fall sind die Einzelwerte zum Gesamtwert zu addieren. Die **mittlere Temperatur des Warmwassers** kann entweder gemessen oder geschätzt werden. Wegen der Kostenintensität der Messung wird im Regelfall nur der Schätzwert zu Grunde gelegt, der wegen der in § 8 Abs. 2 HeizAnlVO aF (in der EnEV insoweit nicht mehr enthalten) enthaltenen Temperaturbegrenzung auf die dort genannten 60 C angenommen wird[24]. Im Übrigen bietet sich als Anhaltspunkt für die Schätzung die Temperatureinstellung an der Warmwasserbereitungsanlage an.[25] Die Ausgangstemperatur des zu erwärmenden Wassers wird mit einem Durchschnittswert von 10 C angenommen; diese Zahl wird von der geschätzten mittleren Temperatur des Warmwassers wieder abgezogen. 17

Die **Formel** ist **drucktechnisch fehlerhaft** und damit verwirrend[26] wiedergegeben. „KWh" wird nicht durch „$m^3 \cdot K$" dividiert, sondern diese als Bruch erscheinende Bezeichnung ist als Maß- 18

[20] BR-Drs. 570/1/08, 7.

[21] → HeizkostenV § 5 Rn. 26.

[22] BR-Drs. 570/08, 16.

[23] So jedenfalls *Wall* WuM 2009, 12; *Noack/Westner,* Heizkostenabrechnung für Vermieter und Verwalter, 2009, S. 136.

[24] Zu weitgehend daher BayObLG WuM 2004, 679, mAnm *Schmid* WuM 2004, 643; *Wall* WuM 2005, 119; das die Ermittlung der maßgebenden Schätzgrundlagen fordert. Dabei wird übersehen, dass die Einführung der „Schätzung" gerade der Erleichterung der Abrechnung dienen sollte. Der BGH VIII ZR 261/15, NZM 2016, 765, hält die Angabe der Schätzgrundlagen für eine formell ordnungsgemäße Abrechnung für nicht erforderlich.

[25] *Schmid* ZMR-Sonderheft HeizkostenV § 9 Nr. 8.

[26] Das zeigen die kunstvollen Rechenoperationen von *Wall* WuM 2009, 12 re. Sp. überdeutlich: sein dortiges Endergebnis „Q = kWh" ist unlogisch, denn das alleingestellte „kWh" ist lediglich eine Maßeinheit, aber keine gesuchte Wärmemenge! Der Hinweis auf das SI-Einheitensystem von *Wall* Betriebs-/Kosten Rn. 6332, rettet

einheit für die „2,5" zu lesen. Die Formel lautet als richtig gelesen wie folgt: 2,5 kWh/(= pro) $m^3$ K · V · ($t_w$ – 10 C), wobei 2,5 die pauschale Aufwandszahl für die Speicherung und Verteilung von Warmwasser darstellt, gemessen in kWh pro erwärmten Kubikmeter Wasser.[27]

18a Der Referentenentwurf stellt das jetzt wie folgt richtig:

***„Die auf die zentrale Warmwasserversorgungsanlage entfallende Wärmemenge (Q) ist mit einem Wärmezähler zu messen. Kann die Wärmemenge nur mit einem unzumutbar hohen Aufwand gemessen werden, kann sie nach folgender Zahlenwertgleichung als Ergebnis in Kilowattstunden pro Jahr bestimmt werden:***

***Q = 2,5 × V × (tw−10).***

***Dabei sind zu Grunde zu legen:***

***1. der Wert 2,5 für die Erzeugeraufwandszahl des Wärmeerzeugers, die mittlere spezifische Wärmekapazität des Wassers, die Wärmeverluste für Warmwasserspeicher, Verteilung einschließlich Zirkulation, Messdatenerhebungen zum Warmwasserverbrauch***

***2. das gemessene Volumen des verbrauchten Warmwassers (V) in Kubikmetern,***

***3. die gemessene oder geschätzte mittlere Temperatur des Warmwassers (tw) in Grad Celsius und***

***4. der Wert 10 für die übliche Kaltwassereintrittstemperatur in die Warmwasserversorgungsanlage in Grad Celsius.***

***Wenn in Ausnahmefällen weder die Wärmemenge noch das Volumen des verbrauchten Warmwassers gemessen werden können, kann die Wärmemenge, die auf die zentrale Warmwasserversorgungsanlage entfällt, nach folgender Zahlenwertgleichung als Ergebnis in Kilowattstunden pro Jahr bestimmt werden:***

***Q = 32 ×*** $A_{Wohn}$.

***Dabei sind zu Grunde zu legen***

***1. der Wert 32 für den Nutzwärmebedarf für Warmwasser, der Erzeugeraufwandszahl des Wärmeerzeugers, Messdatenerhebungen zum Warmwasserverbrauch und***

***2. die durch die zentrale Anlage mit Warmwasser versorgte Wohn- oder Nutzfläche (***$A_{Wohn}$***) in Quadratmeter."***

19 **Berechnungsbeispiel:** In einem Mehrfamilienhaus wird die verbundene Anlage mit Heizöl betrieben und hat in der Abrechnungsperiode 16.000 l verbraucht. An Warmwasser sind 174 $m^3$ angefallen; der Heizwert des Öls beträgt 10 kWh/l, die mittlere Temperatur wird mit 60 C geschätzt. Der Anteil des Warmwassers am Brennstoffverbrauch beträgt also: 2,5 × 174 × (60 – 10) : 10 = 2.175 l Heizöl, mithin 13,59%. Von den einheitlich entstandenen Gesamtkosten der verbundenen Anlage entfallen also 13,59% auf Warmwasser. An einheitlichen Kosten mögen entstanden sein: Brennstoff 6.000 EUR; Betriebsstrom 120 EUR, insgesamt also 6.855 EUR. 13,59% davon betragen 931,59 EUR. Hinzuzurechnen sind die nur für das Warmwasser angefallenen Kosten, also insbes. die der Warmwasserversorgung; hier angenommen iHv 470 EUR, so dass insgesamt 1.401,59 EUR nach dem Verteilungsmaßstab des § 8 Abs. 1 HeizkostenV auf den einzelnen Nutzer umzulegen sind. Die Kosten der Wasserversorgung dürfen aber nur dann hier einbezogen werden, wenn sie **nicht** gesondert, also unter der Rubrik „Kaltwasser und Kanal" abgerechnet werden.

20 Kann die Formel in Satz 2 und 3 aus **objektiven technischen** Gründen nicht angewendet werden, etwa weil das Volumen des Warmwassers nicht gemessen werden kann mangels entsprechender Anbringungsmöglichkeit von Warmwasserzählern, steht die **Formel in Satz 4 und 5** zur Verfügung, die rechnerisch zu einem **Flächenmaßstab** führt.[28]

21 Auch diese **Formel** ist **drucktechnisch falsch** dargestellt. Es soll nicht „kWh" durch „$m^2_{Awohn}$" dividiert werden, was zu einem absurden Ergebnis führt,[29] sondern dieser Bruch stellt die Maßeinheit für die „32" dar. Diese Formel ist daher ebenfalls wie folgt zu lesen: 32 kWh/(= pro)$m^2_{Awohn}$ · $A_{wohn}$. Dh der Pauschalwert „32" für die Erwärmung von Wasser pro Wohn- oder

die Darstellung nicht: es kommt auf ihre inhaltliche Verständlichkeit an und nicht auf die Übereinstimmung mit einem technischen System; dazu *Lammel* NZM 2010, 116.

[27] Anders die Berechnung bei *Pfeifer* HeizkostenV § 9 Anm. 5 a aa, bb.

[28] Anders LG Berlin GE 2017, 1551, das aber letztlich ein Kürzungsrecht annimmt und den Verweis auf die Formeln unbeachtet lässt.

[29] So bei *Wall* WuM 2009, 13 li. Sp., der durch seine Kürzungen zu dem Ergebnis kommen müsste: Q = 32 · kWh, was keinen Sinn ergibt. Aber sein Ergebnis Q = 32 · Wohnfläche wird durch seine Rechenoperationen nicht gedeckt.

Nutzfläche[30] wird mit der konkreten Wohn- oder Nutzfläche multipliziert, daraus ergibt sich dann die für die Wassererwärmung verbrauchte Wärmemenge.[31]

Auch dies wird durch den Referentenentwurf wie folgt korrigiert: 21a

***Absatz 2 Satz 4 und 5 wird wie folgt gefasst:***

***„Wenn in Ausnahmefällen weder die Wärmemenge noch das Volumen des verbrauchten Warmwassers gemessen werden können, kann die Wärmemenge, die auf die zentrale Warmwasserversorgungsanlage entfällt, nach folgender Zahlenwertgleichung als Ergebnis in Kilowattstunden pro Jahr bestimmt werden:***

$Q = 32 \times A_{Wohn}$.

***Dabei sind zu Grunde zu legen***

1. ***der Wert 32 für den Nutzwärmebedarf für Warmwasser, der Erzeugeraufwandszahl des Wärmeerzeugers, Messdatenerhebungen zum Warmwasserverbrauch und***
2. ***die durch die zentrale Anlage mit Warmwasser versorgte Wohn- oder Nutzfläche ($A_{Wohn}$) in Quadratmeter.“***

Die Formeln in § 9 Abs. 2 S. 2, 4 HeizkostenV beruhen für den Einsatz von Gas als Energieträger auf dessen Heizwert. Wenn die Gas-Lieferanten ihren Abrechnungen aber den Brennwert zugrunde legen, muss eine Umrechnung stattfinden. Für Gas findet sich diese Umrechnung in **§ 9 Abs. 2 S. 6 Nr. 1 HeizkostenV,** die nach den beiden Formeln (in der Neufassung „nach den Zahlenwertgleichungen) in Satz 2 und 4 errechnete Wärmemenge ist mit 1,11 zu multiplizieren. Systematisch hätte diese Regelung aber in § 9 Abs. 3 HeizkostenV untergebracht werden müssen, da erst in diesem Absatz der Einsatz von Gas bewertet wird. Richtig ist hingegen die Einordnung der Nachberechnung für Fernwärme in § 9 Abs. 2 HeizkostenV, der inhaltlich auf dem Einsatz dieses Energieträgers beruht. Die Zahl „1,15“, durch die die formelmäßig ermittelte Wärmemenge für die Warmwasserbereitung zu dividieren ist, stellt die Aufwandszahl bei Fernwärme für Warmwasserbereitung dar.[32] Wenn von technischer Seite diese Berechnungen mit Blick auf den Kesselwirkungsgrad[33] verfeinert werden,[34] mag dies technisch-physikalisch zutreffend sein, verkompliziert aber die Abrechnung, ohne einen signifikanten Einspareffekt zu erzielen. 22

### III. Zentrale Anlagen, Abs. 3

Handelt es sich bei der verbundenen Anlage um eine (Haus-)**Anlage mit Heizkessel,** muss der Brennstoffverbrauch für die zur Erzeugung des Warmwassers aufgewendete Wärmemenge ermittelt werden. Für die Ermittlung der Wärmemenge „Q“ verweist § 9 Abs. 3 HeizkostenV insoweit vollinhaltlich auf § 9 Abs. 2 HeizkostenV. Dies bedeutet, dass vorrangig ebenfalls Wärmezähler angebracht und verwendet werden sollten. Allerdings ist insoweit nach der technischen Ausgestaltung der Hausanlage zu differenzieren: Handelt es sich um eine Kompaktanlage (bei kleineren Gebäudeeinheiten), scheidet die Anbringung von Wärmezählern mangels ausreichenden Platzes aus, es können nur die Berechnungsformeln des § 9 Abs. 3 HeizkostenV iVm § 9 Abs. 2 HeizkostenV angewendet werden.[35] Sind Heizkessel und Warmwasserkessel hingegen getrennt aufgestellt und führt eine Wärmeleitung zum Wasserkessel (mit entsprechenden dazwischengeschalteten Wärmetauschern), können an Vor- und Rücklauf dieser Wärmezuführungsleitung die Tauchhülsen für die Wärmezähler angebracht werden.[36] Festzustellen ist bei diesen Anlagen der Brennstoffverbrauch, weil der Brennstoff der unmittelbare Energieträger ist. Anzuwenden ist zunächst die Formel in § 9 Abs. 3 HeizkostenV. Einzusetzen in diese Formel ist einmal der nach § 9 Abs. 2 HeizkostenV gewonnene Wert der Wärmemenge „Q“, der in Bezug gesetzt wird durch den Heizwert der jeweils benutzten Brennstoffe, so wie er sich aus der Tabelle in Satz 2 Nr. 2 ergibt. Diesen Tabellenwerten gehen zwei Werte vor, die ggf. vom Brennstofflieferanten geliefert werden: 23

---

30 BR-Drs. 570/08, 16.

31 Ebenso *Pfeifer* HeizkostenV § 9 Anm. 5b bb.

32 Anders wohl *Wall* WuM 2009, 13 li. Sp. letzter Absatz, der von einem Versehen ausgeht. Nach der DIN V 4701-10 Anh. C stellt sich diese Zahl (näherungsweise) als Aufwandszahl dar (dort 1,14; aber der Verordnungsgeber hat sämtliche in Gutachten/DIN enthaltenen Aufwandszahlen erhöht).

33 Zu der Berechnung dieses Wirkungsgrades → BGB § 556c Rn. 23.

34 *Faulhaber* HLH 69 (4/2018) 20–21; dazu *Lammel* NZM 2020, 450.

35 Davon geht auch die Begründung aus, BR-Drs. 570/08, 17.

36 An der insoweit undifferenzierten Meinung in der 11. Auflage 2013 wird daher nicht mehr festgehalten; auf die Umstände des Einzelfalles stellt auch *Schmid* ZMR 2012, 764 (765), ab.

Zum einen der vom Lieferanten mitgeteilte Heizwert des gelieferten Brennstoffes, da diese Angabe gegenüber den durchschnittlichen Tabellenwerten genauer ist; zum anderen der in der Abrechnung enthaltene kWh-Wert, da hiermit die verbrauchte Wärmemenge ersichtlich ist. Der Referentenentwurf ändert materiell an § 9 Abs. 3 HeizkostenV außer der Streichung bzw. Umrechnung der Schüttraummeter bei Holzhackschnitzeln nichts.

**23a** Nach der Neufassung wird S. 3 folgendermaßen lauten:

[3]Als Heizwerte nach Satz 2 Nummer 2 sind die in den Abrechnungsunterlagen des Energieversorgungsunternehmens oder Brennstofflieferanten angegebenen Heizwerte zu verwenden.

[4]Wenn diese vom Energieversorgungsunternehmen oder Brennstofflieferanten nicht angegeben werden, können hilfsweise folgende Werte verwendet werden:

| | Heizwert Hi | Einheit |
|---|---|---|
| Leichtes Heizöl extra Leichtflüssig | 10 | Kilowattstunden je Liter |
| Schweres Heizöl | 10,9 | Kilowattstunden je Liter |
| Erdgas H | 10 | Kilowattstunden je Kubikmeter |
| Erdgas L | 9 | Kilowattstunden je Kubikmeter |
| Flüssiggas | 13 | Kilowattstunden je Kilogramm |
| Koks | 8 | Kilowattstunden je Kilogramm |
| Braunkohle | 5,5 | Kilowattstunden je Kilogramm |
| Steinkohle | 8 | Kilowattstunden je Kilogramm |
| Brennholz (lufttrocken) | 4,1 | Kilowattstunden je Kilogramm |
| Holzpellets | 5 | Kilowattstunden je Kilogramm |
| Holzhackschnitzel (lufttrocken) | 4 | Kilowattstunden je Kilogramm |

Soweit die Abrechnung über Kilowattstunden-Werte erfolgt, ist eine Umrechnung in Brennstoffverbrauch nicht erforderlich."

## C. Kostenverteilung, Abs. 4

**24** Die nach den § 9 Abs. 2, 3 HeizkostenV ermittelten Anteile für Wärme und Warmwasser werden anschließend nach den für die entsprechenden Kostenarten geltenden Regeln auf die Nutzer verteilt, also die Wärme nach § 7 HeizkostenV, das Warmwasser nach § 8 HeizkostenV. Denn die nach den Verfahren des § 9 HeizkostenV festgestellten Anteile stellen die Einzelverbrauchswerte dar, die den Werten gleichstehen, die bei Einzelanlagen für Wärme und Warmwasser erfasst werden.

**25** Neben der generellen Anwendbarkeit der Verteilungsregeln der §§ 7, 8 HeizkostenV sind auch sämtliche anderen Sonderregeln für die Erfassung oder Verteilung der Einzelwerte anwendbar. Auch bei verbundenen Anlagen kann oder muss eine Vorerfassung nach den §§ 5 Abs. 2, 6 Abs. 2 HeizkostenV stattfinden. Auch die Sonderverfahren nach den §§ 9a, 9b HeizkostenV sind anwendbar.

## § 9a Kostenverteilung in Sonderfällen

**(1) [1]Kann der anteilige Wärme- oder Warmwasserverbrauch von Nutzern für einen Abrechnungszeitraum wegen Geräteausfalls oder aus anderen zwingenden Gründen nicht ordnungsgemäß erfasst werden, ist er vom Gebäudeeigentümer auf der Grundlage des Verbrauchs der betroffenen Räume in vergleichbaren Zeiträumen oder des Verbrauchs vergleichbarer anderer Räume im jeweiligen Abrechnungszeitraum oder des Durchschnittsverbrauchs des Gebäudes oder der Nutzergruppe zu ermitteln. [2]Der so ermittelte anteilige Verbrauch ist bei der Kostenverteilung anstelle des erfassten Verbrauchs zu Grunde zu legen.**

**(2) Überschreitet die von der Verbrauchsermittlung nach Absatz 1 betroffene Wohn- oder Nutzfläche oder der umbaute Raum 25 vom Hundert der für die Kostenverteilung maßgeblichen gesamten Wohn- oder Nutzfläche oder des maßgeblichen gesamten umbauten Raumes, sind die Kosten ausschließlich nach den nach § 7 Absatz 1 Satz 5 und § 8 Absatz 1 für die Verteilung der übrigen Kosten zu Grunde zu legenden Maßstäben zu verteilen.**

### Systematische Übersicht



### A. Regelungszweck

1 Die Kostenverteilung nach der Verbrauchserfassung oder -messung setzt den einwandfreien Betrieb des Erfassungs- bzw. Messgerätes voraus, ferner die ordnungsgemäße Ablesung nahe der Abrechnungsperiode. Beide Voraussetzungen können auf Grund objektiver Gegebenheiten fehlen: das Gerät kann ausgefallen sein, die zeitnahe Ablesung wegen Abwesenheit des Nutzers scheitern.

2 Von den sich bei Nichterfassung stellenden beiden Möglichkeiten hat die Heizkostenverordnung nicht den Verzicht auf eine verbrauchsnahe Abrechnung gewählt, sondern ein Näherungsverfahren, wonach entweder aus dem früheren Nutzerverhalten oder aus dem Verbrauch in vergleichbaren Nutzungseinheiten auf den Verbrauch des konkreten Objektes geschlossen werden kann.

3 Diese Ersatzverfahren gehen aber ihrerseits von zwei Prämissen aus. Zum einen müssen die Räume generell mit Erfassungsgeräten ausstattungspflichtig[1] und ordnungsgemäß ausgestattet sein. Entfällt die Ausstattungspflicht nach § 11 HeizkostenV, erübrigt sich die Anwendung eines Ersatzverfahrens zur Verbrauchsermittlung, weil generell nicht verbrauchsabhängig abgerechnet zu werden braucht. Ferner muss der Gebäudeeigentümer grds. seiner Ausstattungspflicht nachgekommen sein; die Ersatzverfahren stellen keine Hilfsverfahren für den Fall dar, dass pflichtwidrig überhaupt keine Erfassungsgeräte angebracht worden sind.[2] In solchen Fällen ist eine verbrauchsabhängige Kostenverteilung nicht möglich.

4 Zum anderen verlangt die Anwendung der Ersatzverfahren die Vergleichbarkeit entweder früherer Abrechnungsperioden oder anderer Nutzungseinheiten. Dabei unterstellt die Heizkostenverordnung, dass sich ein Nutzer in seinem Wärme- und Warmwasserverbrauch gleichbleibend verhält oder dass in vergleichbaren anderen Nutzungseinheiten ein vergleichbares Nutzungsverhalten vorliegt. Treten aber hinsichtlich der Vergleichsobjekte schwerwiegende, den Verbrauch beeinflussende Veränderungen auf,[3] scheitert insoweit die Anwendung der Ersatzverfahren.

5 Trotz der von der Heizkostenverordnung ausdrücklich vorgesehenen beiden Ersatzverfahren handelt es sich materiell **nicht** um eine **Kostenverteilung** nach Verbrauch, **sondern** nach **Schätzung** (so bei § 9a Abs. 1 HeizkostenV) oder nach einem verbrauchsunabhängigen Schlüssel (so bei § 9a Abs. 2 HeizkostenV). Das hat nach der hier vertretenen Auffassung die Folge, dass auch in die-

---

[1] AG Köln WuM 2001, 449.

[2] LG Berlin DWW 1997, 152; GE 2010, 126; anders aber LG Berlin GE 2011, 612.

[3] Für den Fall einer Dachgeschosswohnung zu anderen Wohneinheiten verneint von OLG Düsseldorf ZMR 2000, 475.

sen Fällen das Kürzungsrecht des § 12 Abs. 1 HeizkostenV eingreift.[4] Denn anderenfalls würde die schuldhafte Verursachung der Unmöglichkeit einer ordnungsgemäßen Verbrauchserfassung sanktionslos bleiben.[5] Allein auf das Vorliegen der gesetzlichen Ersatzverfahren abzustellen und daraus die Folgerung zu ziehen, dass eine der Heizkostenverordnung entsprechende Kostenverteilung vorliege,[6] verkennt den Unterschied zwischen einem formell ordnungsgemäßen und einem materiell verbrauchsabhängigen Verfahren, zumal § 9a HeizkostenV nur die von der Rspr. früher angewendeten Ersatzverfahren legalisiert hat,[7] ohne diese zu einem Verfahren der Verbrauchserfassung zu machen. Der **BGH** hat sich allerdings 2005 der hM im Schrifttum angeschlossen und die Anwendung des **Kürzungsrechts** auf § 9a HeizkostenV mit der Begründung **verneint,** es handele sich noch um eine verbrauchsabhängige Abrechnung, weil diese Methode in der Heizkostenverordnung vorgesehen sei.[8] Dies stellt eine formalistische Betrachtungsweise dar und unterstellt einen Wortsinn von „verbrauchsabhängig", der auch bei weitester Auslegung nicht zutrifft.

## B. Verbrauchsermittlung, Abs. 1

6 Im Gegensatz zum amtlichen Titel der Vorschrift behandelt sie nicht die Kostenverteilung im Falle des Geräteausfalls, sondern sie befasst sich lediglich mit der einer Verteilung notwendigerweise vorausgehenden Ermittlung des kostenverursachenden Verbrauchs. Für diese Ermittlung sind zwei Verfahrensgruppen vorgesehen, die die konkrete Verbrauchserfassung ersetzen sollen, ein individuelles und drei generelle Vergleichsverfahren; die Anwendung anderer Verfahren, auch wenn sie technisch möglich sein sollten, ist unzulässig.[9] Auch dies sieht der **BGH anders:** er hält die Anwendung der Gradtagszahlen auch im Bereich des § 9a HeizkostenV für zulässig,[10] was sowohl nach altem wie nach dem novellierten Recht schlicht gesetzwidrig ist.[11] Die Methoden zur Verbrauchsermittlung sind den einzelnen Vorschriften mit ihren jeweiligen konkreten Tatbestandsmerkmalen bewusst zugeordnet worden; auch die Novelle 2009 hat an der Verwendung der Gradtagszahlen nichts geändert.

7 Die **Auswahl der Verfahren** steht zwar grds. im Ermessen des Gebäudeeigentümers,[12] diese ist jedoch nach dem Regelungszweck der Heizkostenverordnung gebunden. Nach dem Zweck der Heizkostenverordnung – den Energieverbrauch dem konkreten Nutzer zuzuordnen und diesen entsprechend mit Kosten zu belasten –, sind diese Verfahren abgestuft anzuwenden[13]: erst das auf den konkreten Nutzer zugeschnittene individuelle Vergleichsverfahren[14] (→ Rn. 17–22); nur im Falle, dass für das individuelle Verfahren keine Vergleichswerte zur Verfügung stehen, die generellen Vergleichsverfahren (→ Rn. 23–26), da letztere auf nutzerunabhängigen Werten beruhen.[15]

---

[4] Str., AG Köln WuM 1997, 273, für den Fall des § 9a Abs. 2 HeizkostenV; ebenso zwischen § 9a Abs. 1 HeizkostenV und § 9a Abs. 2 HeizkostenV diff. *Wall* Betriebs-/Kosten Rn. 6522f.; **aA** die wohl hM im Schrifttum, Lützenkirchen MietR/*Lützenkirchen* HeizkostenV § 9a Rn. 27; Kinne Heizung und Heizkostenabrechnung (1992) § 9a Rn. 172; *Peruzzo* Heizkostenabrechnung S. 97; Schmid Miet- und WohnR/*Schmid* HeizkostenV § 9a Rn. 22; AG Berlin-Mitte MM 2005, 39.

[5] Was nicht dadurch umgangen werden kann, dass bei Vorliegen von Verschulden kein zwingender Grund iSd § 9a Abs. 1 HeizkostenV angenommen wird, so Kinne Heizung und Heizkostenabrechnung (1992) § 9a Rn. 172; denn das Vorliegen eines zwingenden Grundes ist unabhängig davon zu prüfen, ob er schuldhaft herbeigeführt worden ist, → Rn. 12.

[6] So *Pfeifer* HeizkostenV § 9a Anm. 4.b.

[7] BR-Drs. 494/88, 27 in Kreuzberg/Wien Heizkostenabrechnung-HdB Kap. 1.3.22, S. 97.

[8] BGH VIII ZR 373/04, WuM 2005, 776 Rn. 21 mAnm *Schmid* ZMR 2006, 347; *Lefèvre* HKA 2006, 37.

[9] AG Berlin-Mitte MM 2007, 371, kein Flächenmaßstab; AG Berlin-Charlottenburg GE 2011, 207; die von *Peters* Wärmekostenabrechnung-HdB S. 229, vorgeschlagene Schätzungen nach dem Hausdurchschnitt ist jetzt nach der Neufassung 2009 zulässig. Jedenfalls ist eine Schätzung nach § 287 ZPO angesichts der vorhandenen gesetzlichen Regelungen überflüssig und unzulässig, aA wohl LG Stuttgart WuM 2017, 589 mablAnm *Lammel* jurisPR-MietR 2/2018 Anm. 2; für die Anwendung von § 287 ZPO auch *Streyl* WuM 2017, 560.

[10] BGH VIII ZR 373/04, WuM 2005, 776 Rn. 20; zust. wohl Lützenkirchen MietR/*Lützenkirchen* HeizkostenV § 9a Rn. 22.

[11] Kritik auch bei *Schmid* ZMR 2006, 347 (348); *Wall* Betriebs-/Kosten Rn. 6514.

[12] OLG Hamburg WuM 2001, 460 für Wohnungseigentümergemeinschaft; gerichtlich überprüfbare Ermessensentscheidung OLG Hamburg ZMR 2004, 769.

[13] *Wall* Betriebs-/Kosten Rn. 6516, 6517; **aA** AG Brandenburg an der Havel NZM 2005, 257; Lützenkirchen *MietR/Lützenkirchen HeizkostenV* § 9a Rn. 10.

[14] AG Berlin-Charlottenburg ZWE 2014, 226.

[15] Ähnlich *Freywald* Heizkostenabrechnung Rn. 89; **aA** Kinne Heizung und Heizkostenabrechnung (1992) § 9a Rn. 164; *Pfeifer* HeizkostenV § 9a Anm. 4.

8 Die Anwendung der Ersatzverfahren ist nur einmal zwischen zwei ordnungsgemäß erfassten Perioden zulässig,[16] dh sowohl vor als auch nach der Abrechnungsperiode, in der die Erfassung unmöglich ist, muss auf Grund der durch die Erfassungsgeräte ermittelten Werte abgerechnet worden sein.[17] Das ergibt sich bereits aus dem Wortlaut der Norm („für einen Abrechnungszeitraum")[18].

9 **Unzulässig** sind daher **aufeinanderfolgende Wiederholungsschätzungen,**[19] weil dadurch die verbrauchsnahe Erfassung nicht mehr gewährleistet ist. Das gilt auch für den Fall, dass der Grund, weswegen nicht erfasst werden konnte, für die folgende Abrechnungsperiode nicht beseitigt werden konnte, etwa weil der Nutzer den Zugang zum Nutzungsobjekt ständig verweigert hat oder nie anwesend ist.[20] In diesen Fällen sind zB zwischen zwei Heizperioden gerichtliche Zwangsmittel, notfalls im Wege der einstweiligen Verfügung, einzusetzen, um zu einer wieder ordnungsgemäßen Erfassung zu kommen. Der Verbrauch zB von Warmwasser in der Zwischenzeit kann nur verbrauchsunabhängig verteilt werden mit der Konsequenz des Kürzungsrechts nach § 12 Abs. 1 HeizkostenV.

10 **Zulässig** ist dagegen der **wiederholte Einsatz der Vergleichsverfahren,** sofern nur zwischen dem jeweiligen Einsatz eine ordnungsgemäße Erfassung erfolgt ist.[21]

11 **Unzulässig** ist wiederum die **Dauerschätzung,** wenn zB Erfassungsgeräte wegen der Möblierung (Einbauküchen, Wandschränke) dauerhaft nicht abgelesen werden können. In diesen Fällen dürfen die Vergleichsverfahren einmal angewendet werden.[22] Danach ist entweder auf eine Ummöblierung zu drängen, der Heizkörper abzumontieren oder verbrauchsunabhängig mit der Folge des Kürzungsrechts nach § 12 Abs. 1 HeizkostenV zu verteilen.

## I. Voraussetzungen

12 Die Ersatzverfahren zur Feststellung des Verbrauchs sind nur zulässig, wenn entweder ein Ausfall der Erfassungsgeräte oder andere zwingende Gründe vorliegen.[23] Für beide Gründe gilt gleichermaßen, dass sie auf objektiven Umständen beruhen müssen, unabhängig vom Verschulden des Gebäudeeigentümers oder des Nutzers.[24] Maßgebend für die Anwendung der Norm ist die Folge, nämlich die Nichterfassbarkeit des Verbrauchs im konkreten Abrechnungszeitraum, nicht deren Ursache. Zu den Folgen der verschuldeten Unmöglichkeit → Rn. 36.

13 Von einem **Geräteausfall** kann gesprochen werden, wenn die Anzeige des ordnungsgemäß angebrachten Erfassungsgeräts aus technischen Gründen versagt hat[25], zB die Messampulle wurde zerstört oder nach Ablauf einer Abrechnungsperiode nicht ausgetauscht[26], das elektronische Gerät zeigt nicht weiter an mangels Stromzufuhr; die Anzeige des Durchflusses durch das Zählgerät wird durch Fremdkörper gehemmt oder die Durchströmung der Heizkörper ist ungleichmäßig.[27] Allerdings ist zu berücksichtigen, dass die modernsten Geräte auf elektronischer Basis Störungen automatisch anzeigen, so dass es zu keinem längeren Ausfall und damit Datenverlust kommen muss.

14 Unter **anderen zwingenden Gründen** sind solche zu verstehen, die die gleichen Folgen wie ein Geräteausfall zeigen, bei denen also eine **Nachholung** der Verbrauchserfassung objektiv **unmöglich** ist. Dazu gehört vor allem die **verweigerte oder nicht durchführbare Ablesung.**[28]

---

[16] LG Berlin ZMR 1997, 145; LG Itzehoe ZMR 2013, 924.

[17] Eine Rückwärtsschätzung nach Anbringung von Erfassungsgeräten während eines Abrechnungszeitraums ist daher nicht zulässig, AG Berlin-Köpenick GE 2008, 1260.

[18] AG Berlin-Schöneberg MM 2004, 47.

[19] *Wall* Betriebs-/Kosten Rn. 6508; aA OLG Hamburg ZMR 2004, 769 aufgrund der Messergebnisse vergleichbarer Räume; *Peters* Wärmekostenabrechnung-HdB S. 231f., der aus praktischen Gründen für eine Wiederholungsschätzung plädiert; Lützenkirchen MietR/*Lützenkirchen* HeizkostenV § 9a Rn. 8.

[20] **AA** *Pfeifer* HeizkostenV § 9a Anm. 3.

[21] Kinne Heizung und Heizkostenabrechnung (1992) § 9a Rn. 161.

[22] LG Berlin ZMR 1997, 145.

[23] AG Hamburg-Altona ZMR 2018, 707.

[24] Schmid Mietnebenkosten-HdB/*Ormanschick* Rn. 6198; Kinne Heizung und Heizkostenabrechnung (1992) § 9a Rn. 158; Bub/Treier MietR-HdB/*Emmerich* Kap. III Rn. 449.

[25] AG Neuruppin WuM 2004, 538.

[26] OLG Hamburg ZMR 2004, 769.

[27] OLG Düsseldorf ZMR 2007, 379.

[28] AG Brandenburg an der Havel NZM 2005, 257; Kinne Heizung und Heizkostenabrechnung (1992) § 9a Rn. 159; *Lefèvre* HKA 2005, 9; **aA** Schmid Miet- und WohnR/*Schmid* HeizkostenV § 9a Rn. 10; Schmid Mietnebenkosten-HdB/*Ormanschick* Rn. 6203.

Diesem Grund kann auch nicht durch die Möglichkeit einer einstweiligen Verfügung abgeholfen werden, da selbst dieses Verfahren nicht mehr zu einer zeitnahen Ablesung führt.[29] Aber das kann bei Einsatz bestimmter elektronischer Geräte vermieden werden, die vorprogrammiert die Verbrauchswerte zu einem bestimmten Stichtag festhalten und danach neu zu zählen anfangen. Zu den zwingenden Gründen gehört auch die **unterlassene Ablesung,** weil sie für das konkrete Objekt vergessen worden ist, weil die damit betraute Firma den Vertrag gekündigt oder weil sie mangels Bezahlung ein Leistungsverweigerungsrecht geltend gemacht hat.[30] In diesen Bereich gehört auch die fehlerhafte Ablesung,[31] etwa weil die Zuordnung der Erfassungsgeräte vertauscht worden ist. Das gleiche gilt für infolge Anbringung einer Heizkörperverkleidung (notwendigerweise) verfälschte Anzeigewerte.[32] Bei diesen an sich unplausibel erscheinenden Werten muss aber geprüft werden, ob durch die Verkleidung nicht eine erhöhte Wärmenutzung für den zu beheizenden Raum erfolgt; denn dann stellt der „unplausible" erfasste Wert die bezogene Energie dar.[33] Schließlich sind hier noch die unwiederbringlich **abhanden gekommenen Unterlagen** über die erfolgte Verbrauchserfassung zu nennen. Ordnungsgemäß erfasste, aber iErg zu einer vermeintlich ungerechten Belastung führende Werte (zB infolge eines überwiegenden Leerstandes des Gebäudes) dürfen nicht über § 9a HeizkostenV korrigiert werden.[34] Technisch bedingt liegt ein zwingender Grund auch in den sog. Rohrwärmefällen vor, wenn die Erfassungsgeräte nur einen geringen Teil der abgegebenen Wärme erfassen können[35]. Dann ist aber nicht auf die Ersatzverfahren des § 9a Abs. 1 HeizkostenV zurückzugreifen, sondern unter Berücksichtigung der Anwendungsgrenze „25%" eine verbrauchsunabhängige Verteilung durchzuführen.

## II. Durchführung

15 Bei der Anwendung der Vergleichsverfahren ist zwischen der Schätzung des Verbrauchs von Wärme und der von Warmwasser zu unterscheiden. Für Erstere sollte nur eine Verhältniszahl zum Gesamtverbrauch des Gebäudes zu Grunde gelegt werden (→ Rn. 21f.), da für den Wärmeverbrauch neben den individuellen Gewohnheiten auch die Witterungseinflüsse in den jeweiligen Jahren maßgebend sind. Für die Warmwasserschätzung kann dagegen der absolute Wert des Vergleichszeitraums bzw. -objekts in die endgültige Abrechnung eingesetzt werden, weil hierfür nur das Nutzerverhalten entscheidend ist.

16 Da die Heizkostenverteilung auf einer Verhältnisrechnung beruht, müssen die jeweiligen Einsatzwerte anhand derselben Methode gewonnen werden. Deshalb ist es erforderlich, im Falle der Anwendung des Schätzverfahrens für mehrere Nutzereinheiten bei allen dasselbe Verfahren anzuwenden, sofern sich eine Schätzung nicht nach § 9a Abs. 2 HeizkostenV verbietet (→ Rn. 29–34).

17 Zunächst sollte das **individuelle Vergleichsverfahren** angewendet werden,[35] da es auf den Verbrauch, der von der Nichterfassbarkeit betroffenen Räume in früheren Zeiträumen abstellt. Die Novelle 2009 hat den bisherigen Vergleichszeitraum „Abrechnungszeitraum" in „Zeiträume" geändert, damit die Möglichkeit besteht, auch Werte kürzerer Zeiträume zu verwenden, sofern sie ausreichend und aussagekräftig sind.[36] Angesichts der üblichen jährlichen Ablesung ist allerdings fraglich, woher die qualifizierten Daten kommen sollen;[37] wenn die monatliche Verbrauchsmitteilung eingeführt sein sollte, kann dieser verkürzte Vergleichszeitraum angewendet werden, allerdings ist hierbei weiterhin auf die Vergleichbarkeit der äußeren Umstände zu achten. Ist der Verbrauch für eine Nutzungseinheit insgesamt nicht erfassbar gewesen, sind die Vergleichswerte für diese Einheit

[29] **AA** Schmid Mietnebenkosten-HdB/*Ormanschick* Rn. 6203; von der grundsätzlichen Möglichkeit der Durchsetzung des Anspruchs auf Duldung der Ablesung (→ HeizkostenV § 6 Rn. 8) ist der Erfolg einer zeitnahen Ablesung zu unterscheiden.

[30] KG WuM 1994, 400 (402); AG Berlin-Tempelhof-Kreuzberg MM 2003, 47; **aA** Schmid Mietnebenkosten-HdB/*Ormanschick* Rn. 6204, auf den Grund der Unmöglichkeit kommt es aber gerade nicht an.

[31] BGH VIII ZR 373/04, WuM 2005, 776.

[32] LG Magdeburg ZMR 2006, 289.

[33] Das wurde – soweit tatbestandlich nachvollziehbar – im Essecken-Fall des BGH VIII ZR 310/12, WuM 2013, 305 mAnm *Wall* WuM 2013, 411, möglicherweise nicht genügend beachtet.

[34] BGH VIII ZR 9/14, WuM 2015, 94 gegen LG Frankfurt/Oder ZMR 2014, 984.

[35] *AG Berlin-Charlottenburg BeckRS* 2017, 141485.

[36] BR-Drs. 570/08, 17.

[37] Jedenfalls kann nicht darauf abgestellt werden, ob die Ergebnisse angemessen sind, so *Wall* WuM 2009, 14; denn die Anwendung einer Methode kann nicht vom zu erzielenden Ergebnis abhängig gemacht werden.

heranzuziehen; ist nur ein Raum vom Erfassungsmangel betroffen, sind auch nur die früheren Werte für diesen Raum zu berücksichtigen.[38]

Vergleichbar sind die **erfassten** Werte aus mehreren vorangegangenen[39] Zeiträumen, dh mindestens zwei; denn nur auf diese Weise werden zufällige extreme Schwankungen bei der Bewertung ausgeschlossen. Deshalb ist es sinnvoll, die erfassten Werte aus möglichst vielen Zeiträumen zum Vergleich heranzuziehen und daraus einen Durchschnittswert zu bilden. 18

Die herangezogenen Zeiträume müssen **vergleichbar** sein. Da der Wärmeverbrauch – auch – von der Zahl, dem Alter, der Familienstruktur der Nutzer abhängig ist, ist die Vergleichbarkeit nur gegeben, soweit diesbezüglich die entsprechenden Merkmale identisch sind. Diese Gleichheit liegt vor, wenn die Nutzer zwischenzeitlich nicht gewechselt haben; sie kann aber auch vorliegen, wenn beim Nutzerwechsel die genannten Merkmale erhalten bleiben. Ferner dürfen Erfassungssysteme, Heizungsanlagen und die Wärmedämmung des Gebäudes zwischenzeitlich nicht geändert worden sein. 19

Auf die Vergleichbarkeit der **Witterung** kommt es dagegen nicht entscheidend an. Wenn, wie hier vorgeschlagen, für den Wärmeverbrauch nicht auf die ermittelte absolute Zahl aus den Vergleichszeiträumen abgestellt wird, sondern lediglich auf den verhältnismäßigen Verbrauch zum Gesamtverbrauch, bleibt diese Verhältniszahl von äußeren Einflüssen unberührt, da auch der Gesamtverbrauch witterungsabhängig gewesen ist. 20

**Berechnungsbeispiel 1:** Beim Ausfall eines Erfassungsgerätes nur in einem Raum[40] der Nutzungseinheit sollen die restlichen erfassten Werte 40 Einheiten ausmachen. Der Durchschnittswert aus den vorangegangenen Vergleichszeiträumen für die gesamte Nutzungseinheit soll 70 Werte betragen haben, für den konkreten Raum seien 20 Werte erfasst worden, also 28,6% der Gesamteinheit. Im nunmehr zu bewertenden Zeitraum stellen die erfassten 40 Einheiten 71,4% des gesamten Verbrauchs dar. Die restlichen Einheiten für den vom Geräteausfall betroffenen Raum können durch eine Vergleichsrechnung ermittelt werden, so dass insgesamt 56 Einheiten in die Kostenverteilung einzusetzen sind [(40 × 100): 71,4 = 56,022]. Würde dagegen die absolute Vergleichszahl eingesetzt (= 20), bliebe der reduzierte Wärmeverbrauch unberücksichtigt. 21

**Berechnungsbeispiel 2:** Beim Ausfall der Erfassung für eine gesamte Nutzungseinheit stellt sich die Berechnung wie folgt dar: die restlichen erfassten Werte sollen 400 ausmachen; die Durchschnittswerte für die gesamte Einheit aus den Vergleichszeiträumen betragen 700, für die ausgefallene Nutzungseinheit 200, also wiederum 28,6%. Die erfassten 400 stellen also 71,4% des gesamten Wärmeverbrauchs dar, so dass der Wärmeverbrauch für die Gesamteinheit (400 × 100): 71,4 = 560,22 ausmacht, für die konkrete Nutzereinheit mithin (560,22 – 400 =) 160,22 Einheiten.[41] Diese Vergleichsrechnung erfordert auch keine weitere Rechenoperation hinsichtlich der Flächenanteile, da diese ebenfalls infolge der Vergleichszahlen berücksichtigt worden sind. 22

Scheitert die Anwendung des individuellen Vergleichsverfahrens, weil die erfassten Werte aus den vorangegangenen Zeiträumen (etwa wegen eines den Verbrauch erheblich beeinflussenden Nutzerwechsels) nicht vergleichbar sind, kann eines der **drei generellen Vergleichsverfahren** angewendet werden: vergleichbare andere Räume; Durchschnittsverbrauch des Gebäudes; Durchschnittsverbrauch der Nutzergruppe. Die drei Verfahren stehen unsystematisch nebeneinander; wegen der raumbezogenen Nähe sollten erst die vergleichbaren anderen Räume herangezogen werden; danach der Durchschnittsverbrauch der Nutzergruppe, da hier eine personenbezogene Vergleichbarkeit zu vermuten ist; zuletzt dann der von konkreten Kriterien losgelöste Durchschnittsverbrauch des Gebäudes.[42] 23

Im **ersten Fall** wird nicht auf früher erfasste Werte zurückgegriffen, sondern auf Werte aus der abzurechnenden Periode in anderen Räumen. Das Verfahren ist zwar grds. für die Verbrauchs- 24

---

[38] Der Raum muss aber mit einem Erfassungsgerät ausgestattet sein; bei einem fehlenden Gerät greift des Schätzverfahren nicht, da es sich dann um einen Dauermangel handelt, **aA** LG Berlin GE 2011, 612, mAnm *Lammel* WuM 2011, 502.

[39] Und nicht aus folgenden Zeiträumen, wie *Pfeifer* WuM 2019, 151, meint; die geschätzten Werte müssen den Zeiträumen entsprechen, in denen für die anderen Nutzereinheiten erfasste Werte vorliegen.

[40] Dazu KG ZMR 2010, 133.

[41] Die Berechnungen von Kinne Heizung und Heizkostenabrechnung (1992) § 9a Rn. 167, 169 beruhen auf einem mathematischen bzw. logischen Fehler: bei Rn. 167 stellen die erfassten 40 einen Wert von 90% des Gesamtverbrauchs dar, so dass nicht 10% von 40 hinzugerechnet werden dürfen; bei Rn. 169 wird übersehen, dass die festgestellte Verringerung des Verbrauchs auf der Nichterfassung einer Verbrauchseinheit beruht; tatsächlich dürfte eine Verbrauchssteigerung vorliegen, wenn von den früher erfassten 600 Einheiten die erfassten 60 Einheiten abgezogen werden und der Wert von 540 Einheiten mit dem der jetzt erfassten 550 verglichen wird.

[42] *Wall* WuM 2009, 14; anders wohl *Schmid* ZMR-Sonderheft HeizkostenV § 9a Nr. 28.

ermittlung sowohl für einen Raum als auch für eine Nutzungseinheit anwendbar. Die Vergleichbarkeit hinsichtlich nur eines Raumes dürfte jedoch auf erhebliche praktische Schwierigkeiten stoßen, während das Nutzungsverhalten bei einer Nutzungseinheit – auch bei unterschiedlicher Nutzung der konkreten einzelnen Räume – insgesamt vergleichbar erscheint. Die Vermutung dieses Verfahrens geht dahin, dass der Wärmeverbrauch in vergleichbaren Räumen während der laufenden Abrechnungsperiode in etwa gleich ist. Voraussetzung hierfür ist zunächst, dass die Räume in demselben Gebäude wie die Nutzungseinheit liegen, für die keine Erfassung möglich ist.

25 Ferner müssen die Räume **vergleichbar** sein. Sie müssen also zumindest hinsichtlich der Lage im Gebäude und in Bezug auf die Himmelsrichtung, der Größe und Ausstattung mit Heizkörpern sowie der Nutzungsart den nicht erfassten Räumen ähneln. Angesichts der stockwerksidentischen Bauweise von modernen Mehrfamilienhäusern wird damit nicht Unmögliches verlangt.[43] Schließlich müssen mehrere Räume zum Vergleich herangezogen werden, um die unterschiedlichen Verbrauchsgewohnheiten auszugleichen.

26 Da bei diesem Vergleichsverfahren die Werte des aktuellen Abrechnungszeitraums herangezogen werden, bedarf es nicht der Feststellung des verhältnismäßigen Verbrauchs zum Gesamtverbrauch, um den anfallenden Mehr- oder Minderverbrauch mit zu berücksichtigen. Vielmehr werden die ermittelten Vergleichswerte, also konkret der Durchschnittswert aus den mehreren Vergleichsräumen, als absolute Zahl in die Wärmekostenverteilung eingesetzt.

27 Als nächstes Verfahren wird auf den **Durchschnittsverbrauch der Nutzergruppe** abgestellt, das Kriterium der Vergleichbarkeit ist hier nicht mehr heranzuziehen, obwohl die Voraussetzungen für eine Nutzergruppentrennung nach § 5 Abs. 2 HeizkostenV[44] die Anwendung dieses Kriteriums durchaus zulassen würden. Der Verordnungsgeber ist aber wohl davon ausgegangen, dass die erfassungsmäßig zusammengefassten Gruppen in sich vergleichbar sind bzw. nach § 5 Abs. 2 HeizkostenV sein sollten. Nachdruck ist aber auf die Ermittlung des „Durchschnittsverbrauchs" zu legen; es sind also alle Verbräuche zu addieren und dann durch die Zahl jener Objekte zu dividieren, bei denen keine Ablesung möglich war; also bei einzelnen Räumen ist der Divisor die Anzahl sämtlicher erfassten Räume der Nutzergruppe; bei Ausfall in einer Nutzereinheit ist der Divisor die Zahl sämtlicher erfassten Nutzereinheiten.

28 Als letztes anzuwendendes Verfahren kann der Durchschnittsverbrauch des Gebäudes verwendet werden. Auch hier gilt das gleiche wie → Rn. 27 für die Ermittlung des Durchschnitts.

29 Für die Ermittlung des **Warmwasserverbrauchs** sind bei allen Vergleichsverfahren jeweils die absoluten Werte in die Kostenverteilung einzusetzen. Denn hierbei kommt es weniger auf die äußeren witterungsbedingten Einflüsse als auf die konkrete Nutzerstruktur der Nutzungseinheit an. Das individuelle Vergleichsverfahren ist daher nur anwendbar, wenn sich die Nutzerstruktur in den vorangegangenen Vergleichszeiträumen nicht nutzungsrelevant verändert hat. Das generelle Vergleichsverfahren muss daher entgegen dem Wortlaut nicht primär auf die Vergleichbarkeit der Räume, sondern des Nutzungsverhaltens in den vergleichbaren Räumen abstellen.

30 Die mit Hilfe der Vergleichsverfahren ermittelten Werte sind in die Kostenverteilung für Wärme und Warmwasser einzustellen. Sie werden bei der weiteren Berechnung der Heiz- und Warmwasserkosten so behandelt, als wären sie ordnungsgemäß erfasst worden. In die Abrechnung sind zusätzlich die Schätzgrundlagen aufzunehmen, um die Abrechnung dem Nutzer nachvollziehbar und nachprüfbar zu machen; fehlen diese Angaben, liegt ein formeller Fehler im Sinne der BGH-Differenzierung zur Betriebskostenabrechnung vor.[45] An diesen Voraussetzungen ist trotz des **entgegenstehenden Urteils des BGH**[46] festzuhalten; nur so ist die Abrechnung überhaupt nachprüfbar.

---

[43] Enger dagegen Schmid Miet- und WohnR/*Schmid* HeizkostenV § 9a Rn. 16; (jetzt aber großzügiger: *Schmid* ZMR-Sonderheft HeizkostenV § 9a Nr. 25); Kinne Heizung und Heizkostenabrechnung (1992) § 9a Rn. 171; weitergehend OLG Düsseldorf ZMR 2000, 475 für das Verhältnis Dachgeschossräume zu den anderen Räumen im Gebäude.

[44] *→ HeizkostenV § 5 Rn. 31 ff.*

[45] AG Köln WuM 2012, 582; AG Berlin-Charlottenburg GE 2011, 756 mAnm *Wall* WuM 2011, 558; LG Berlin GE 2011, 612; OLG Köln BeckRS 2014, 18065.

[46] BGH VIII ZR 112/14, WuM 2015, 32 mAnm *Lammel* WuM 2015, 143.

## C. Anwendungsgrenzen, Abs. 2

31 Neben den sich aus praktischen Gründen ergebenden Anwendungsgrenzen, wie fehlende Vergleichswerte und/oder Vergleichsobjekte, enthält § 9a Abs. 2 HeizkostenV eine absolute Grenze, bei deren Überschreiten die Anwendung der Ersatzverfahren unzulässig wird. Das liegt nicht unbedingt an der Ungenauigkeit dieser Verfahren,[47] sondern daran, dass sich bei zunehmendem Umfang der Schätzungen die Kostenverteilung zulasten derjenigen Nutzer verschiebt, bei denen die Erfassungsgeräte noch ordnungsgemäß abgelesen werden konnten.

32 Der **Maßstab von 25%,** bis zu dem das Schätzverfahren noch eingesetzt werden darf, bezieht sich auf die gesamte Abrechnungseinheit und nicht nur auf die Nutzungseinheit, wenn in dieser lediglich für einen Raum, der diese Grenze überschreitet, keine ordnungsgemäße Erfassung aus zwingenden Gründen möglich gewesen ist.[48] Denn die Grenze berücksichtigt die Interessen der anderen Nutzer, zu deren erfasstem Verbrauch der geschätzte Verbrauch einer Nutzereinheit ins Verhältnis gesetzt wird. Diese Interessen werden durch den Geräteausfall innerhalb einer Nutzereinheit, sofern davon die 25%-Grenze nicht überschritten wird, nicht berührt.

33 Die in § 9a Abs. 2 HeizkostenV genannten verbrauchsunabhängigen Maßstäbe sind zunächst danach zu unterscheiden, welche Energieart vom Erfassungsmangel betroffen ist. Für Warmwasser kommt nach § 8 Abs. 1 HeizkostenV nur die Wohn- oder Nutzfläche als Vergleichsmaßstab in Betracht, so dass der umbaute Raum hierfür nicht herangezogen werden kann.

34 Ist die Versorgung mit Wärme vom Erfassungsmangel betroffen, können über den Wortlaut des § 9a Abs. 2 HeizkostenV hinaus sämtliche verbrauchsunabhängigen Maßstäbe des § 7 Abs. 1 S. 2 HeizkostenV herangezogen werden. Es ist kein sachlicher Grund dafür ersichtlich, dass die verbrauchsunabhängige Kostenverteilung nach anderen Maßstäben vorgenommen werden soll als die Begrenzung der Schätzung. Andererseits dürfen nur die dort genannten Maßstäbe verwendet werden und keine anderen, zB bei Wohneigentum der 1000stel-Schlüssel.[49]

35 Schließlich ist im konkreten Einzelfall die 25%-Grenze nach dem Maßstab zu ziehen, der vom Gebäudeeigentümer für die verbrauchsunabhängige Kostenverteilung nach den §§ 7, 8 HeizkostenV gewählt worden ist.

36 Überschreitet die Fläche/der umbaute Raum/die beheizbare Fläche bzw. der beheizbare umbaute Raum der nicht ordnungsgemäß erfassbaren Nutzungseinheiten 25% der gewählten Maßeinheit der gesamten Abrechnungseinheit, ist die Anwendung der Schätzverfahren ausgeschlossen. In diesem Fall ist die Kostenverteilung ausschließlich verbrauchsunabhängig nach dem zuvor gewählten oder vereinbarten Schlüssel des § 7 Abs. 1 S. 2 HeizkostenV und § 8 Abs. 1 HeizkostenV vorzunehmen. Das gilt auch für die Nutzer, bei denen die Verbrauchswerte ordnungsgemäß erfasst werden konnten.

## D. Schadensersatz

37 Nach der **hier vertretenen** Auffassung (→ Rn. 5) stellen die Schätzverfahren keine ordnungsgemäße Erfassung im Sinne der Heizkostenverordnung dar, so dass das **15%ige Kürzungsrecht des § 12 Abs. 1 HeizkostenV** eingreift; jedenfalls die Berechnungen nach § 9a Abs. 2 HeizkostenV stellen bereits nach dem Wortlaut der Norm keine verbrauchsabhängige Abrechnung mehr dar[50]. Selbst wenn hier das Tatbestandsmerkmal „entgegen den Vorschriften dieser Verordnung" in § 12 Abs. 1 HeizkostenV nicht erfüllt sein sollte, da die Heizkostenverordnung das verbrauchsunabhängige Verfahren in § 9a Abs. 2 HeizkostenV selbst vorsieht, bleibt ein schadensstiftendes Verhalten des Gebäudeeigentümers (bzw. des von ihm beauftragten Messdienstunternehmens), wenn er den Geräteausfall schuldhaft verursacht hat. Für die Schadenshöhe kann dann gem. § 287 ZPO auf die in § 12 Abs. 1 HeizkostenV enthaltene Kürzungsmöglichkeit zurückgegriffen werden. Dieses Kürzungsrecht können alle Nutzer der Abrechnungseinheit geltend machen, die nicht vom Erfassungsmangel betroffen sind. Ferner kann der betroffene Nutzer ein Kürzungsrecht ausüben, sofern er den Erfassungsmangel nicht verschuldet hat.

---

[47] So aber *Peruzzo* Heizkostenabrechnung Rn. 252.
[48] Undeutlich insoweit *Peruzzo* Heizkostenabrechnung Rn. 254.
[49] **AA** KG WuM 1994, 400 (402), das aber auf die Problematik der nach der Heizkostenverordnung zulässigen Verteilungsmaßstäbe nicht eingeht.
[50] **AA** LG Hamburg GE 2019, 660 mablAnm *Lammel* jurisPR-MietR 17/2019 Anm. 3.

38 Hat der oder haben mehrere Nutzer den Erfassungsmangel verschuldet, weil sie die Ablesung der Erfassungsgeräte trotz ordnungsgemäßer Ankündigung nicht zugelassen haben; weil sie das Erfassungsgerät beschädigt haben oder weil sie einen erkennbaren Mangel des Geräts nicht unverzüglich dem Nutzungsgeber angezeigt haben (§ 536c BGB), sind er/sie zum Schadensersatz wegen der Verletzung einer vertraglichen Nebenpflicht nach den Grundsätzen der positiven Vertragsverletzung verpflichtet.[51] Der Schaden des Nutzungsgebers ist (neben dem möglichen Sachschaden am Gerät) darin zu sehen, dass er von den für die verbrauchte Energie aufgewendeten Kosten 15% weniger von den anderen Nutzern erhält.

[51] Generell abl. *Heilmann* NZM 2018, 698 (704).

## § 9b Kostenaufteilung bei Nutzerwechsel

**(1) Bei Nutzerwechsel innerhalb eines Abrechnungszeitraumes hat der Gebäudeeigentümer eine Ablesung der Ausstattung zur Verbrauchserfassung der vom Wechsel betroffenen Räume (Zwischenablesung) vorzunehmen.**

**(2) Die nach dem erfassten Verbrauch zu verteilenden Kosten sind auf der Grundlage der Zwischenablesung, die übrigen Kosten des Wärmeverbrauchs auf der Grundlage der sich aus anerkannten Regeln der Technik ergebenden Gradtagszahlen oder zeitanteilig und die übrigen Kosten des Warmwasserverbrauchs zeitanteilig auf Vor- und Nachnutzer aufzuteilen.**

**(3) Ist eine Zwischenablesung nicht möglich oder lässt sie wegen des Zeitpunktes des Nutzerwechsels aus technischen Gründen keine hinreichend genaue Ermittlung der Verbrauchsanteile zu, sind die gesamten Kosten nach den nach Absatz 2 für die übrigen Kosten geltenden Maßstäben aufzuteilen.**

**(4) Von den Absätzen 1 bis 3 abweichende rechtsgeschäftliche Bestimmungen bleiben unberührt.**

### Systematische Übersicht



### A. Regelungszweck

Mit dieser Norm wird dem Gedanken der verbrauchsnahen Kostenverteilung bei Inanspruchnahme von Wärme und Warmwasser auch für den Fall des Nutzerwechsels während des Laufs der Abrechnungsperiode Rechnung getragen. Diese Abrechnungszeiträume sind zumeist vertraglich festgeschrieben und können nicht je nach den Umständen wieder geändert werden. Außerdem sind sie im Wohnraummietrecht nach § 556 Abs. 3 BGB an die dortige Jahresfrist gebunden. Zieht ein Nutzer daher während einer Abrechnungsperiode aus, ist es dem Gebäudeeigentümer im Regelfall versagt, die Abrechnungsperiode auf diesen Auszugstermin entweder zu verkürzen[1] oder die vorangegangene auf ihn zu verlängern. 1

Diese zumeist rechtlichen Schwierigkeiten werden durch tatsächliche Probleme verstärkt, wenn erst nach Ablauf des Abrechnungszeitraums die Verbrauchsfeststellung stattfindet. Denn in diesem Fall sieht sich der Gebäudeeigentümer vom weichenden Nutzer dem Einwand ausgesetzt, die Verteilung sei nicht sachgerecht, da er die angebotene Wärme bzw. das Warmwasser nicht die gesamte Zeit in Anspruch genommen habe. 2

Um diese Schwierigkeiten zu vermeiden, schreibt die Norm sowohl eine zwischenzeitliche Verbrauchsfeststellung als auch die Aufteilung der verbrauchsunabhängig zu verteilenden Kosten vor, wobei sie auch für den letzteren Kostenfaktor einen verbrauchsnahen Maßstab zur Verfügung stellt. 3

Zu berücksichtigen ist aber, dass es sich bei den Berechnungen im Fall des Nutzerwechsels **nicht** um eine Kostenverteilung, sondern lediglich um eine **Kostenaufteilung** handelt. Die Kostenverteilung auf die Nutzereinheit, die von dem Nutzerwechsel betroffen worden ist, wird nach den allgemeinen Regeln der §§ 7, 8 HeizkostenV vorgenommen. Erst die sich aus dieser Verteilung ergebenden verbrauchsabhängigen bzw. verbrauchsunabhängigen Anteile sind nach den Maßstäben des § 9b HeizkostenV auf die verschiedenen Nutzer der betreffenden Einheit aufzuteilen. Der Nutzerwechsel beeinflusst also nicht die Kostenverteilung für das gesamte Anwesen. 4

*Wird das in § 9b HeizkostenV* vorgesehene Verfahren nicht eingehalten und liegt auch keine abweichende Vereinbarung nach § 9b Abs. 4 HeizkostenV vor, kann keine ordnungsgemäße Aufteilung erfolgen. Das gilt insbes., wenn trotz gegebener Möglichkeit eine Zwischenablesung nicht durchgeführt wird.[2] Dann bleibt zwar die Aufteilung nach den Gradtagszahlen (→ Rn. 21) rechne- 5

[1] Das gilt erst recht für den Fall des Vermieterwechsels, der schon dem Wortlaut nach von der Vorschrift nicht erfasst wird, LG Berlin GE 2005, 433.

[2] AG Berlin-Schöneberg MM 2006, 39.

risch möglich, führt aber nicht zur ordnungsgemäßen Abrechnung. Deshalb können die auf die beteiligten Nutzer entfallenden Kostenanteile gem. § 12 Abs. 1 HeizkostenV um 15 % gekürzt werden[3]. Dagegen unterliegt der auf die Nutzungseinheit aus der Gesamtabrechnung entfallende Kostenanteil nicht dieser Kürzung,[4] weil die Kostenverteilung für die gesamte Abrechnungseinheit nicht von den Fehlern bei der Aufteilung im Falle des Nutzerwechsels beeinflusst wird.

### B. Zwischenablesung, Abs. 1

6 Um eine verbrauchsnahe Aufteilung zu gewährleisten, schreibt § 9b HeizkostenV eine Zwischenablesung vor, wobei dieser an sich zwingende Grundsatz durch die Ausnahmen der § 9b Abs. 3, 4 HeizkostenV wieder relativiert wird. Die Zwischenablesung braucht nur für die vom Nutzerwechsel betroffenen Räume durchgeführt zu werden, wobei hierunter die Nutzereinheit zu verstehen ist. Nicht erforderlich und nach dem Zweck der Regelung (→ Rn. 4) auch nicht zulässig ist eine Zwischenablesung für die gesamte Abrechnungseinheit.

7 Entsprechend dem Zweck der Zwischenablesung – Aufteilung und nicht Verteilung der Kosten –, führt sie lediglich zur Ermittlung eines Aufteilungsmaßstabes, nicht aber zur Feststellung der konkret verbrauchten Energie und damit auch nur der abzurechnenden Kosten. Der weichende Nutzer braucht also nicht nur die für ihn auf Grund der Zwischenablesung sich ergebenden Verbrauchskosten zu zahlen, sondern er wird mit einem entsprechenden Anteil an den Gesamtkosten aus der ganzen Abrechnungsperiode belastet.

8 Daraus ergibt sich ferner, dass keine Zwischenabrechnung erforderlich (und möglich) ist.[5] Denn die Kostenaufteilung kann nur von dem Anteil an den Gesamtkosten vorgenommen werden, und diese Gesamtkosten werden erst nach Ablauf der Abrechnungsperiode festgestellt, nicht zum Zeitpunkt der Zwischenablesung.

9 Die Zwischenablesung hat entweder zum genauen **Zeitpunkt** der rechtlichen Beendigung des Mietverhältnisses oder der Beendigung der tatsächlichen Nutzung der Räume zu erfolgen.[6] Die rechtliche Beendigung ist maßgebend, wenn der Nutzer vor Vertragsablauf die Räume verlässt. Dennoch bleibt er bis zum Zeitpunkt der Vertragsbeendigung zur Zahlung von Wärme verpflichtet, sofern diese für die Räume infolge der Witterung (zB während der Heizperiode zur Vermeidung von Gebäudeschäden) noch verbraucht wird. Die tatsächliche Beendigung der Nutzung ist dann maßgebend, wenn der Nutzer nach rechtlicher Beendigung des Nutzungsverhältnisses die Nutzung fortsetzt und dabei auch die Möglichkeit des Verbrauchs von Wärme und Warmwasser hat.[7]

10 Für die **Durchführung der Zwischenablesung** ist nicht unbedingt die Heranziehung des Wärmemessdienstes erforderlich, dem die Gesamtabrechnung des Anwesens übertragen ist. Auch Laien können die Ablesung jedenfalls bei den numerisch anzeigenden elektronischen Heizkostenverteilern und den Warmwasserzählern vornehmen; hierbei sind neben den abgelesenen Werten noch Raumbezeichnung und Gerätenummer aufzunehmen. Bei Heizkostenverteilern nach dem Verdunstungsprinzip sind systembedingt Besonderheiten zu beachten, insbes. hat die Ablesung an der Unterkante des Flüssigkeitsspiegels in Augenhöhe zu erfolgen; zusätzlich sind im selbst gefertigten Ableseprotokoll die Raumbezeichnung, die Gerätenummer, die Skalennummer, der Kontrollwert und der Verbrauchswert anzugeben.[8] Die sog. Kaltverdunstungsvorgabe (→ HeizkostenV § 5 Rn. 17) sollte unberücksichtigt bleiben; für eine nachvollziehbare Berechnung ihrer Aufteilung auf Vor- und Nachmieter gibt es keine Rechtsgrundlage und auch kein verbindliches technisches Regelwerk.[9]

11 Die Feststellung der Zwischenwerte sollte vom Gebäudeeigentümer in Gegenwart sowohl des Vor- als auch des Nach-Nutzers der Räume erfolgen, in einem **Protokoll** festgehalten und von allen Beteiligten **unterschrieben** werden. Das führt zumindest zu einer Umkehr der Beweislast zulasten desjenigen, der die Richtigkeit der Feststellung später trotz seiner Unterschrift bestreitet.

---

[3] So für den Fall des § 9b Abs. 3 Alt. 1 HeizkostenV (→ Rn. 26–29) AG Berlin-Mitte MM 2005, 39; *Schmid* ZMR-Sonderheft HeizkostenV § 9b Nr. 13.

[4] **AA** Kinne Heizung und Heizkostenabrechnung (1992) § 9b Rn. 192.

[5] AG Neuss WuM 1991, 547.

[6] *Pfeifer HeizkostenV § 9b Anm. 3.*

[7] Kinne Heizung und Heizkostenabrechnung (1992) § 9b Rn. 177.

[8] *Peters* Wärmekostenabrechnung-HdB S. 239.

[9] Anders wohl AG Starnberg WuM 2013, 545 mAnm *Wall* jurisPR-MietR 1/2014 Anm. 2.

Erfolgt keine nahtlose Übergabe der Räume vom Vor- an den Nach-Nutzer, kann zwischenzeitlich jedenfalls Wärme verbraucht werden, um zB das Einfrieren von Wasserleitungen zu vermeiden. Dieser Verbrauch kann nicht mehr dem weichenden Nutzer angelastet werden, sofern er vertragsmäßig die Räume verlassen hat;[10] damit kann aber auch nicht der Nach-Nutzer belastet werden, sofern sein Vertrag erst später beginnt.[11] Dieser Zwischenverbrauch fällt daher dem Gebäudeeigentümer zur Last. Um ihn sachgerecht verteilen zu können, ist bei Vertragsbeginn/Einzug des Nach-Nutzers eine erneute Zwischenablesung erforderlich. Dieser Fall steht dem mehrfachen Nutzerwechsel innerhalb einer Abrechnungsperiode gleich. **12**

Wird zur Zwischenablesung ein Wärmemessdienst herangezogen, stellen die von ihm hierfür berechneten **Kosten** Betriebskosten iSd §§ 7 Abs. 2, 8 Abs. 2 HeizkostenV dar.[12] Denn es handelt sich bei ihnen um **Kosten der „Aufteilung“,** da die Heizkostenverordnung ausdrücklich eine Aufteilung auf Grund einer Zwischenablesung vorschreibt und diese Aufteilung nun einmal kostenträchtig sein kann.[13] Der **BGH** sieht dies unter Hinweis auf die Definition in § 556 Abs. 1 S. 2 BGB mangels laufenden Entstehens dieser Kosten **anders,**[14] lässt allerdings eine vertragliche Vereinbarung (wohl auch formularmäßig[15]) über die Tragung dieser Kosten zu.[16] Beide Argumentationen sind nicht tragfähig: nachdem durch die Novelle 2009 auch die Eichkosten als umlegbar in § 7 Abs. 2 HeizkostenV aufgenommen worden sind, fällt die Begründung mit den nicht laufend entstehenden Kosten in sich zusammen. Und wenn es sich nach Auffassung des BGH nicht um Betriebskosten handelt, dann dürfen diese auch nicht durch Vertrag auf den Mieter überwälzt werden, § 556 Abs. 4 BGB. Insgesamt werden hierbei Nutzerwechselkosten und Zwischenablesekosten miteinander verwechselt[17]: für die Zwischenablesung besteht eine gesetzliche Regelung in § 7 Abs. 2 HeizkostenV[18]; dass diese Kosten auf den Nutzer zu verteilen sind, ergibt sich aus § 7 Abs. 1 HeizkostenV[19]. Damit scheidet eine Prüfung dieser Kostenüberwälzung anhand des AGB-Rechts aus, § 307 Abs. 3 S. 1 BGB[20]; die gesamte Heizkostenverordnung beruht auf der Annahme, dass der Nutzer (= Mieter) die Kosten zu tragen hat, weil er den Verbrauch unmittelbar beeinflussen kann. Die entsprechende vertragliche Regelung verwirklicht diesen Zweck. Die Kostentragungspflicht setzt aber voraus, dass überhaupt „Kosten“ entstanden sind. Dies ist bei der nunmehr vorgeschriebenen Verwendung fernablesbarer Erfassungsgeräte (= angesichts der zweimonatigen Mitteilungspflicht der erfassten Werte wird es sich dabei um Wärmezähler handeln müssen, da dem Nutzer mangels des Gesamtvergleichswerts mit dem einzelnen Vergleichswert nicht gedient ist) nicht mehr gegeben, da die die Werte fortlaufend gespeichert und entsprechend datumsmäßig abgefragt werden können; eine kostenträchtige „Zwischenablesung“ scheidet damit aus.[21] **13**

Folgt man dem BGH (richtigerweise) nicht, bedeutet die Zuordnung (→ Rn. 13) aber nicht notwendigerweise, dass die Kosten für die Zwischenablesung in die Gesamtabrechnung einzugehen **14**

---

[10] In Sonderfällen kann der Vor-Nutzer noch belastet werden, wie etwa bei Nichtvermietbarkeit wegen hinterlassener Schäden oder nicht durchgeführter Renovierung; Räumung zur Unzeit nach Vertragsablauf.

[11] Ein späterer Einzug trotz früheren Vertragsbeginns entlastet nicht; ein früherer Einzug vor Vertragsbeginn, zB zur Durchführung von Renovierung, belastet mangels entsprechender vertraglicher Grundlage dagegen nicht.

[12] Kinne/Schach/Bieber MietProzR/*Kinne* Kap. B Rn. 65; LG Berlin GE 1999, 1129; **aA** AG Lörrach WuM 1993, 68; AG Münster ZMR 1994, 371; WuM 1996, 231; WuM 1999, 405; AG Augsburg WuM 1996, 98.

[13] Schmid Miet- und WohnR/*Schmid* HeizkostenV § 9b Rn. 22; Kreuzberg/Wien Heizkostenabrechnung-HdB/*v. Brunn/Alter* Kap. 3.5.2, S. 233.

[14] BGH VIII ZR 19/07, WuM 2008, 85 Rn. 17 mAnm *Bieber* WuM 2008, 393; Aufsatz *Bug/Bernhard* NZM 2008, 515; Aufsatz *Schmitt* HKA 2008, 13; Aufsatz *Schmid* WuM 2008, 199; ebenso LG Görlitz WuM 2007, 265; AG Berlin-Charlottenburg WuM 2006, 36; AG Rheine WuM 2009, 179; für preisgebundenen Wohnraum s. AG Kirchhain WuM 2009, 586.

[15] So AG Berlin-Schöneberg MM 10/2010, 30; anders AG Kassel ZMR 2018, 772.

[16] So auch LG Berlin GE 2005, 433; bei Gewerberaum AG Berlin-Charlottenburg GE 2013, 1345.

[17] Deutlich in den Entscheidungen AG Münster WuM 2020, 183 mAnm *Pfeifer* jurisPR-MietR 9/2020 Anm. 5; LG Leipzig WuM 2019, 638 mAnm *Pfeifer* jurisPR-MietR 6/2020 Anm. 2.

[18] Das übersieht *Zehelein* WuM 2020, 457 (464) unter bb.

[19] *Pfeifer* jurisPR-MietR 6/2020 Anm. 2; *Pfeifer* GE 2020, 160; *Pfeifer* MietRB 2020, 340; iErg ebenso *Sternel* NZM 2020, 337 (339) unter II. 3; *Blank/Börstinghaus,* 6. Aufl. 2020, BGB § 556 Rn. 41.

[20] Anders wohl *Beyer* GE 2020, 298, der aber die formularmäßige Überwälzung im Prinzip für zulässig erachtet.

[21] *Horst* DWW 2020, 329 (333) unter V. 4; Fischer-Dieskau/Pergande/Schwender WohnungsbauR/*Heix* § 5 Anm. 5.3.2.

haben.[22] Denn dort gehen nur diejenigen Kosten ein, die prinzipiell von allen Nutzern während der Abrechnungsperiode verursacht worden sein können, deren zu Grunde liegende Leistung allen zugutekommen konnte. Das ist bei den Zwischenablesekosten nicht der Fall, weil die Nutzergesamtheit hinsichtlich der Kostenverteilung vom Nutzerwechsel unberührt bleibt (→ Rn. 4).

15 Entsprechend dem die Heizkostenverordnung beherrschenden Verursacherprinzip – das nicht mit der Frage eines schuldhaften Verhaltens verquickt werden darf –, kommen als **Kostenträger** nur die Nutzer der betreffenden Räume in Betracht.[23] Denn infolge ihrer „Sondernutzung" (= Auszug während der Abrechnungsperiode) sind auch die Sondergebühren angefallen. Hierbei ist aber nach den Fallgestaltungen der Zwischenablesung (→ Rn. 11 f.) zu differenzieren: geht das Nutzungsobjekt nahtlos vom Vor- auf den Nach-Nutzer über, tragen diese die Zwischenablesekosten anteilig entsprechend ihrer Nutzungsdauer.[24] Denn auch der Nach-Nutzer, der während des Laufs einer Abrechnungsperiode einzieht, hat die Zwischenablesung „verursacht", weil der abgelesene Wert den Anfangswert seines sich anschließenden Verbrauchs darstellt. Erfolgt keine sofortige Weitergabe des Objekts an einen Nachfolger, sind die Kosten zwischen weichendem Nutzer und dem Gebäudeeigentümer aufzuteilen, ebenfalls zeitanteilig nach der Dauer der Nutzung bzw. des Freistehens der Räume. Entsprechend sind die Kosten der Zwischenablesung bei Neubezug der Räume zeitanteilig unter dem Gebäudeeigentümer und dem Nach-Nutzer aufzuteilen. Unberührt davon bleiben Sondervereinbarungen der Beteiligten nach § 9b Abs. 4 HeizkostenV – eine solche kann zB darin bestehen, dass mietvertraglich der weichende Mieter diese Kosten zu tragen hat[25] – und die Geltendmachung von Schadensersatzansprüchen des Gebäudeeigentümers nach fristloser Kündigung oder wegen unterlassener Renovierung; der Schaden kann dann auch in der Belastung mit den anteiligen Zwischenablesungskosten bestehen.

16 Die auf diese Weise (→ Rn. 15) aufgeteilten Kosten werden dem Anteil zugerechnet, der nach einer Verteilung der Gesamtkosten auf die jeweilige Nutzereinheit entfällt. Dagegen werden die Kosten für die Gesamtabrechnung aus der Abrechnung für die von der Zwischenablesung betroffenen Nutzer nicht herausgerechnet; denn auch sie profitieren von dieser Gesamtabrechnung, ohne die eine Einzel-Aufteilung nach § 9b HeizkostenV überhaupt nicht möglich wäre.

## C. Kostenaufteilung, Abs. 2

17 Entsprechend der generellen Ordnung der Heizkostenverordnung werden auch bei der Zwischenablesung die Werte nach verbrauchsabhängigen und verbrauchsunabhängigen Maßstäben aufgeteilt. Maßgebend für die **verbrauchsabhängige Aufteilung** ist der abgelesene Wert der Zwischenablesung (vorbehaltlich der Ausnahmeregelungen in § 9b Abs. 3, 4 HeizkostenV). Dieser wird von dem auf die gesamte Nutzereinheit nach der allgemeinen Kostenverteilung entfallenden verbrauchsabhängigen Anteil abgezogen; der sich daraus ergebende Wert stellt den Verbrauchsanteil des Nach-Nutzers dar, während der weichende Nutzer mit dem abgelesenen Zwischenwert in seiner Abrechnung belastet wird.

18 **Beispielrechnung:** Die einheitlichen Kosten für die gesamte Abrechnungseinheit betragen für Heizung 5.500 EUR, für Warmwasser 1.600 EUR; als Verteilungsschlüssel zwischen verbrauchsabhängigen und verbrauchsunabhängigen Anteilen ist der 50:50 Maßstab gewählt worden. Die erfassten Verbrauchswerte für die Gesamtheit betragen für Heizung 548, für Warmwasser 270; für die vom Nutzerwechsel betroffene Einheit betragen sie 57 für Heizung und 30 für Warmwasser. Die Zwischenablesung hat folgende Werte ergeben: Heizung 30, Warmwasser 15. Der verbrauchsabhängige Anteil für den Vor-Nutzer errechnet sich wie folgt: Heizung: 50% von 5.500 = 2.750 : 548 (Gesamteinheit) × 30 (erfasste Einzeleinheiten) = 150,55 EUR; Warmwasser: 50% von 1.600 = 800 : 270 (Gesamteinheiten) × 15 (Einzeleinheiten) = 44,45 EUR. Beim Nach-Nutzer fällt für Warmwasser derselbe Betrag an, weil ihn ebenfalls 15 Anteile treffen. Die Abrechnung für Wärme lautet demgegenüber für ihn: 2.750 : 548 × 27 (Einzelanteile) = 135,49 EUR.

---

[22] So aber Schmid Mietnebenkosten-HdB/*Ormanschick* Rn. 6243; AG Oberhausen DWW 1994, 24; LG Berlin GE 1999, 1129; ähnlich für Wohnungseigentum KG NZM 2002, 702.

[23] **AA** AG Lörrach WuM 1993, 68; AG Münster ZMR 1994, 371; WuM 1996, 231; WuM 1999, 405; AG Augsburg *WuM 1996*, 98, nach deren Entscheidung der Vermieter die Kosten zu tragen hat.

[24] *Pfeifer* HeizkostenV § 9b Anm. 8 bei entsprechender Vereinbarung; str., **aA** nur Vormieter AG Coesfeld WuM 1994, 696.

[25] LG Berlin GE 2005, 433.

Für die **Ermittlung der verbrauchsunabhängigen Teile** des Wärmeverbrauchs sind zwei verschiedene Verfahren vorgesehen, die Aufteilung nach den Gradtagszahlen oder zeitanteilig. Die Regelung ist insoweit ausschließlich, als keine nach § 9b Abs. 4 HeizkostenV zulässige Sondervereinbarung getroffen worden ist.[26] Die nach den genannten Verfahren zu treffende Aufteilung bezieht sich ebenfalls nur auf den nach der Gesamtabrechnung sich ergebenden verbrauchsunabhängigen Kostenanteil für die Nutzereinheit und stellt keine eigenständige Kostenverteilung dar. 19

Der Wortlaut der Vorschrift legt zwar nahe, dass der Gebäudeeigentümer nach seinem Ermessen (§ 315 BGB) unter den vorgegebenen Methoden wählen kann. Sachgerecht ist aber allein die vorrangige Anwendung der Gradtagszahlen. Denn nur diese berücksichtigen den jahreszeitlich unterschiedlichen Wärmeverbrauch, wohingegen die zeitanteilige Aufteilung diese Unterschiede vernachlässigt und daher zu unbilligen Ergebnissen führt, wenn die Zwischenablesung während der Heizperiode erfolgt ist.[27] Eine zeitanteilige Aufteilung ist daher nur dann gerechtfertigt, wenn die Nutzereinheit von mehreren Nutzerwechseln betroffen wird mit jeweils kurzfristiger Nutzungsdauer. 20

Die **Gradtagszahlen** stellen den Promilleanteil eines Monats bzw. Tages am Heizwärmebedarf eines Jahres dar und beruhen in der Tabellenform auf den Mittelwerten eines zwanzigjährigen Beobachtungszeitraums für das Bundesgebiet; nach Beitritt der neuen Bundesländer bedarf es keiner neuen Berechnung der Tabelle.[28] Für die Aufteilung der verbrauchsunabhängigen Kosten bedarf es andererseits auch nicht der Ermittlung der konkreten Werte für die jeweilige Stadt; es genügt die Anwendung der folgenden Tabelle: 21

| Monat | Wärmeverbrauch in Promille je Monat | Wärmeverbrauch in Promille je Tag |
|---|---|---|
| September | 30 | 30/30 = 1,0 |
| Oktober | 80 | 80/31 = 2,58… |
| November | 120 | 120/30 = 4,0 |
| Dezember | 160 | 160/31 = 5,16… |
| Januar | 170 | 170/31 = 5,48… |
| Februar | 150 | 150/28 = 5,35… 150/29 = 5,35… |
| März | 130 | 130/31 = 4,19… |
| April | 80 | 80/30 = 2,66… |
| Mai | 40 | 40/31 = 1,29… |
| Juni · Juli · August | 40 | 40/92 = 0,43… |

**Berechnungsbeispiel:** Von den Wärmekosten iHv 5.500 EUR werden 50% verbrauchsunabhängig verteilt, also 2.750 EUR. Der gewählte Maßstab richtet sich nach der Fläche der beheizten Räume von insgesamt 636 m²; die vom Nutzerwechsel betroffene Fläche beträgt 75 m². Damit entfallen auf diese Einheit von den Gesamtkosten: 2.750: 636 × 75 = 324,39 EUR. Dieser Betrag muss zwischen Vor- und Nach-Nutzer aufgeteilt werden. Der Nutzerwechsel fand zum 1.2. statt, die Abrechnungsperiode läuft vom 1.7. bis 30.6. des Folgejahres. Der Vor-Nutzer muss also mit den verbrauchsunabhängigen Kosten für die Monate Juli bis einschließlich Januar, der Nach-Nutzer mit denen für die Monate Februar bis Juni belastet werden. Die Wärmeverbrauchsanteile für den Vor-Nutzer nach der Gradtagstabelle belaufen sich also auf 586,66‰ (Juli/August = 26,66 [0,43 × 62 Tage) + September = 30 + Oktober = 80 + November = 120 + Dezember = 160 + Januar = 170). Von den auf die Nutzereinheit entfallenden verbrauchsunabhängigen Kostenanteil iHv 324,29 EUR sind also 586,66‰ auf den Vor-Nutzer aufzuteilen, dh 190,25 EUR. Der auf den Nach-Nutzer entfallende Betrag sollte nur mittels einer Differenzberechnung festgestellt werden (324,29 – 190,25 = 134,04 EUR), da die weitere Anwendung der Gradtagszahlen wegen des Abbruchs der Promillewertrechnung nach der zweiten Stelle hinter dem Komma zu einem Minderwert führt. 22

Die Aufteilung der verbrauchsunabhängigen Kosten des Wärmeverbrauchs nach **Zeitanteilen** berücksichtigt nur die Verweildauer der Nutzer in der betroffenen Nutzereinheit. Nach dem Bei- 23

[26] Anders entgegen dem gesetzlichen Wortlaut LG Berlin NZM 2001, 707.

[27] *Pfeifer* HeizkostenV § 9b Anm. 4c; Kinne Heizung und Heizkostenabrechnung (1992) § 9b Rn. 182; *Freywald* Heizkostenabrechnung Rn. 95, jeweils mit Vergleichsbeispielen; **aA** Schmid Mietnebenkosten-HdB/*Ormanschick* Rn. 6230.

[28] *Peters* Wärmekostenabrechnung-HdB S. 240–242.

spiel in → Rn. 22 würden sich die Kostenanteile daher auf 189,17 EUR für den Vor-Nutzer (324,29: 12 × 7) und auf 135,12 EUR für den Nach-Nutzer (324,29: 12 × 5) belaufen.

24 Der verbrauchsunabhängige Teil der **Kosten für Warmwasser** ist nur zeitanteilig, also nach der jeweiligen Verweildauer der Nutzer, zu bestimmen, da der Verbrauch des Warmwassers nicht von der Außentemperatur beeinflusst wird. Die Anwendung eines anderen Aufteilungsmaßstabes ist, vorbehaltlich einer besonderen rechtsgeschäftlichen Vereinbarung nach § 9b Abs. 4 HeizkostenV, nicht zulässig und macht die Aufteilung zwischen Vor- und Nach-Nutzer fehlerhaft, nicht aber die Kostenverteilung für die gesamte Abrechnungseinheit.

## D. Ersatzverfahren, Abs. 3

25 Die Aufteilung der Kosten unter Vor- und Nach-Nutzer setzt auch nach den Werten der Zwischenablesung als ungeschriebenes Tatbestandsmerkmal voraus, dass eine derartige Ablesung tatsächlich und technisch möglich ist. Ist die Ablesung unmöglich, kann kein entsprechender Verbrauchswert zur Aufteilung der verbrauchsabhängigen Kostenanteile herangezogen werden. Dennoch soll auch in diesem Fall eine dem jeweiligen Verbrauch möglichst nahekommende Aufteilung stattfinden. Die Unmöglichkeit darf aber nicht von einem der Beteiligten verschuldet sein, zB der Vermieter versäumt die technisch mögliche Zwischenablesung.[29] Angesichts der anstehenden Neuregelung mit Installation fernablesbarer Geräte sowie der monatlichen Mitteilung der Verbrauchswerte dürfte eine derartige Unmöglichkeit der Zwischenablesung nicht mehr vorkommen.

26 Fälle der **tatsächlichen Unmöglichkeit einer Zwischenablesung** werden insbes. vorliegen, wenn die angebrachten Erfassungsgeräte ausgefallen sind, also gleichzeitig der Tatbestand des § 9a Abs. 1 HeizkostenV erfüllt ist.[30] Auch die anderen zwingenden Gründe iSd § 9a HeizkostenV[31] werden zur Unmöglichkeit der Zwischenablesung führen mit Ausnahme der Zutrittsverweigerung. Denn eine solche ist beim Nutzerwechsel nicht denkbar.

27 Eine **technische Unmöglichkeit** im Sinne einer nicht hinreichend genauen Ermittlung der Verbrauchsanteile kann vorliegen, wenn die Anteile mit Hilfe von Heizkostenverteilern nach dem Verdunstungsprinzip erfasst werden sollen.[32] Denn je nach Zeitpunkt der Ablesung wird entweder überhaupt kein Verbrauch angezeigt, so wenn kurz nach Auswechslung der Messampullen der Nutzerwechsel stattfindet, weil dann vom „Verbrauch" nur die Kaltverdunstungsvorgabe[33] erfasst worden ist; oder der Verbrauch ist nicht mehr aufteilbar, so bei Ablesung gegen Ende der Abrechnungsperiode mangels hinreichend großer Auflösung der Skala.[34] Um diese Fehler bei den Verdunstungsgeräten auszuschließen, soll bei ihnen eine Zwischenablesung nur dann stattfinden, wenn nach der Gradtagszahlentabelle die Summe der Promillewerte für den vergangenen Verbrauchszeitraum mindestens 400 und höchstens 800 betragen würde.[35] Die Gradtagszahlen werden dabei vom Beginn der Abrechnungsperiode bis zum Zeitpunkt des Nutzerwechsels berechnet (nach dem Beispiel → Rn. 22 wäre also auch bei Vorliegen eines Verdunstungsgerätes eine Zwischenablesung sinnvoll).

28 Von der systembedingten technischen Unmöglichkeit der Zwischenablesung nicht betroffen werden dagegen die Geräte mit einer numerischen Anzeige, also die Wärme- und Warmwasserzähler sowie die elektronischen Heizkostenverteiler.

29 Beruht die Unmöglichkeit der Zwischenablesung auf tatsächlichen Gründen (→ Rn. 26), kommen sowohl das Ersatzverfahren nach § 9a HeizkostenV als auch das nach § 9b Abs. 3 HeizkostenV in Betracht. Denn der Geräteausfall in einer Nutzereinheit verhindert auch die Feststellung der korrekten Gesamtanteile für die Abrechnungseinheit unabhängig davon, wann er entdeckt worden ist. Selbst eine – gemessen am Beginn der Abrechnungsperiode – frühzeitige Entdeckung des Fehlers lässt sich wegen der verflossenen Zeit und des in diesem Zeitraum erfolgten Verbrauchs für die vor-

---

[29] AG Berlin-Schöneberg MM 2006, 39.

[30] Ebenso Kinne Heizung und Heizkostenabrechnung (1992) § 9b Rn. 185; **aA** weitergehend *Pfeifer* HeizkostenV § 9b Anm. 5.

[31] → HeizkostenV § 9a Rn. 13f.

[32] AG Berlin-Köpenick GE 2009, 199.

[33] → HeizkostenV § 5 Rn. 17; zu deren Berücksichtigung auch bei späterer Ablesung AG Flensburg WuM *1991, 702.*

[34] Kreuzberg/Wien Heizkostenabrechnung-HdB/*v. Brunn/Alter* Kap. 3.4.4, S. 225.

[35] Kreuzberg/Wien Heizkostenabrechnung-HdB/*v. Brunn/Alter* Kap. 3.4.4, S. 226; AG Rheine WuM 1995, 121.

liegende Abrechnungsperiode nicht mehr korrigieren. Beide Verfahren sind daher nebeneinander anzuwenden: für die Gesamtverteilung das Verfahren nach § 9a HeizkostenV, für die Aufteilung zwischen Vor- und Nach-Nutzer das nach § 9b Abs. 3 HeizkostenV.

Die systembedingte technische Unmöglichkeit einer Zwischenablesung berührt dagegen die Ordnungsmäßigkeit der Kostenverteilung für die gesamte Abrechnungseinheit nicht. Denn für die gesamte Abrechnungsperiode geben auch die Verdunstungsgeräte – unabhängig vom Nutzerwechsel – die Verbrauchsanteile ordnungsgemäß wieder. 30

Die Aufteilung der Kosten zwischen Vor- und Nach-Nutzer im Falle des Nutzerwechsels soll nach den Kriterien erfolgen, die in § 9b Abs. 2 HeizkostenV für die Aufteilung der verbrauchsunabhängigen Kostenanteile genannt sind, also zeitanteilig bei Warmwasser und nach den Gradtagszahlen oder ebenfalls zeitanteilig bei den Wärmeverbrauchsanteilen. Es findet mithin – allein im Verhältnis zwischen Vor- und Nach-Nutzer – keine Trennung zwischen verbrauchsabhängigen und verbrauchsunabhängigen Kosten statt. Vielmehr werden beide Kostenanteile, die sich aus der Gesamtabrechnung für die betreffende Nutzereinheit ergeben, zusammengerechnet und dann auf die wechselnden Nutzer verteilt. 31

Zwar stehen dem Gebäudeeigentümer auch hier für die Aufteilung der Wärmekostenanteile zwei Methoden zur Verfügung. Angesichts der verbrauchsnäheren Wirkung der Gradtagszahlen ist aber dieser Methode unter dem Gesichtspunkt der Verteilungsgerechtigkeit der Vorzug zu geben. Die zeitanteilige Aufteilung wird vor allem dann in Betracht kommen, wenn mehrfach ein Nutzerwechsel stattfindet[36] und die Nutzungszeiträume vom durchschnittlichen Wärmebedarf her gesehen vergleichbar sind. Zu beachten ist aber, dass bei mehrfacher Anwendung des Ersatzverfahrens nach § 9b Abs. 3 HeizkostenV stets dieselbe Methode angewendet werden muss, entweder die Gradtagszahlen oder die Zeitanteile; ein Wechsel der Methoden führt zu einer Verschiebung der Kostenbelastung. 32

## E. Rechtsgeschäftliche Abweichungen, Abs. 4

In Umkehrung des Grundsatzes des § 2 HeizkostenV räumt § 9b Abs. 4 HeizkostenV rechtsgeschäftlichen Vereinbarungen, die für den Fall des Nutzerwechsels während der Abrechnungsperiode getroffen werden oder worden sind, den Vorrang vor den gesetzlichen Regelungen ein. Damit soll den Bedürfnissen der Praxis nach einfacheren und/oder wirtschaftlicheren Lösungen Rechnung getragen werden;[37] ein Argument, das auch der gesamten Heizkostenverordnung entgegengehalten werden könnte. Rechtfertigen lässt sich dieser Vorrang letztlich nur unter dem Gesichtspunkt, dass mit ihm nicht die Reduzierung des Energieverbrauchs betroffen wird, also die grundsätzliche Zielsetzung der Heizkostenverordnung, sondern lediglich die Aufteilung eines bereits erfassten Verbrauchs unter mehreren Nutzern einer Einheit; es geht also nur um eine Frage der Verteilungsgerechtigkeit, die aber nicht im Vordergrund der Motive der Heizkostenverordnung steht. 33

Von der Aufteilungsordnung der § 9b Abs. 1–3 HeizkostenV abweichende rechtsgeschäftliche Bestimmungen können sowohl in Individualvereinbarungen als auch in Allgemeinen Geschäftsbedingungen, vor allem also in Formularverträgen, getroffen werden. Nach dem Wortlaut bleiben bei In-Kraft-Treten der Heizkostenverordnung bereits vorhandene Bestimmungen weiterhin wirksam; die Vorrangregelung gilt also nicht nur für zukünftige Vereinbarungen. 34

Abgewichen werden kann sowohl von der Pflicht zur Zwischenablesung nach Abs. 1[38] als auch von den in den § 9b Abs. 2, 3 HeizkostenV vorgesehenen Aufteilungsmaßstäben. 35

**Individualvereinbarungen** werden vor allem in der Form der ad hoc-Vereinbarung vorkommen, also zum Zeitpunkt des Nutzerwechsels getroffen werden. Für ihre allseitige Wirksamkeit ist aber erforderlich, dass alle Beteiligten, Gebäudeeigentümer, Vor- und Nach-Nutzer, daran mitwirken.[39] Die Außerachtlassung nur eines Beteiligten kann zur Unwirksamkeit der Vereinbarung unter dem Gesichtspunkt eines unzulässigen Vertrages zulasten Dritter führen, wenn auch der nichtbeteiligte Dritte durch die Kostenaufteilung belastet werden soll. 36

Bei **Regelungen in Allgemeinen Geschäftsbedingungen,** also vor allem in Formularmietverträgen, sind im Rahmen der Schranke des § 307 BGB die Wertungen des § 9b HeizkostenV zu 37

---

[36] Sofern dann nicht der Ausnahmetatbestand des § 11 Abs. 1 Nr. 2a, 2b HeizkostenV erfüllt ist.
[37] BR-Drs. 494/88, 29 in Kreuzberg/Wien Heizkostenabrechnung-HdB Kap. 1.3.23, S. 137.
[38] AG Hamburg ZMR 2006, 132.
[39] Schmid Mietnebenkosten-HdB/*Ormanschick* Rn. 6238.

berücksichtigen. Das bedeutet, dass zumindest eine verbrauchsorientierte Kostenaufteilung vorgesehen werden muss und keine Regelung getroffen werden sollte, die diesen Gesichtspunkt völlig außer Acht lässt.[40]

38 Als denkbare Regelung kann die Aufteilung nur nach den Gradtagszahlen erfolgen; eine zeitanteilige Aufteilung nach den in der Nutzungseinheit verbrachten Heiztagen; eine weitere zeitanteilige Aufteilung, berechnet nur nach der Heizperiode; eine pauschale Abgeltung unter Berücksichtigung des Vorjahresverbrauchs; beim Warmwasserverbrauch eine Aufteilung nach der Personenzahl. Stets ist aber zu berücksichtigen, dass ein sachlich geeigneter Maßstab für diese Aufteilung gewählt wird und keiner, der sich nicht an der unterschiedlichen Nutzungsdauer der beteiligten Nutzer orientiert.

[40] Schmid Mietnebenkosten-HdB/*Ormanschick* Rn. 6240.

# § 10 Überschreitung der Höchstsätze

**Rechtsgeschäftliche Bestimmungen, die höhere als die in § 7 Abs. 1 und § 8 Abs. 1 genannten Höchstsätze von 70 vom Hundert vorsehen, bleiben unberührt.**

### Systematische Übersicht



## A. Regelungszweck

Die Norm respektiert den das Privatrecht beherrschenden Grundsatz der Privatautonomie. In diese soll nur insoweit eingegriffen werden, als übergeordnete Gesichtspunkte des Allgemeininteresses das erfordern. Werden diese Interessen dagegen bereits durch die privatautonome Regelung berücksichtigt, bedarf es keiner gesetzlichen Einschränkung der Regelungsbefugnis der Parteien. 1

Die Heizkostenverordnung will ihren Zweck der Energieeinsparung durch eine verbrauchsnahe Abrechnung über die Kosten der Wärme- und Warmwasserversorgung erreichen. Dazu gehört auch die Aufteilung der Kostenanteile in verbrauchsabhängige und verbrauchsunabhängige, um auf diese Weise auch die Sekundärkosten, die zB erst den Wärmeverbrauch ermöglichen, „gerecht" auf die Nutzer zu verteilen, auch wenn sie keine Wärme in Anspruch nehmen. 2

Wird das Primärziel der Heizkostenverordnung, die Energieeinsparung, dagegen von der rechtsgeschäftlichen Vereinbarung vorrangig erreicht, können die Sekundärziele, Verteilung der Bereitstellungskosten, außer Betracht bleiben. 3

Deshalb lässt es die Vorschrift zu, die verbrauchsabhängigen Anteile bei der Kostenverteilung bis zu 100% zu erhöhen mit der Folge, dass keine verbrauchsunabhängigen Kostenanteile mehr zur selbständigen Verteilung anstehen; denn diese definierten sich lediglich als Restbetrag nach Abrechnung der verbrauchsabhängigen Kostenanteile. Dies bedeutet aber nicht, dass keine verbrauchsunabhängigen Kosten geschuldet werden; sie gehen vielmehr in der verbrauchsabhängige Kostenverteilung auf. Ein komplett verbrauchsabhängiger Schlüssel sagt nichts darüber aus, welche Kosten materiell zur Verteilung anstehen.[1] Ob diese Regelung im Einzelfall sinnvoll ist, wird der Beurteilung der vertragsschließenden Parteien überlassen. Hinter dieser Regelung steht vielmehr die Vermutung, dass infolge der überwiegenden oder ausschließlichen verbrauchsabhängigen Kostenverteilung der Energieverbrauch noch weiter zurückgehen wird. 4

**Nicht zulässig,** weil sowohl dem Wortlaut der Vorschrift als auch der Zielsetzung der Heizkostenverordnung widersprechend, ist die prozentuale Erhöhung des **verbrauchsunabhängigen** Kostenanteils über dessen höchst zulässige Marke von 50% hinaus. 5

## B. Rechtsgeschäftliche Bestimmungen

Dem **Begriff des Rechtsgeschäfts** als privatautonomer Gestaltungsform zur Begründung, Änderung oder Aufhebung von Rechtsverhältnissen würde es zwar entsprechen, dass auch die einseitige Festlegung eines über die Grenze von 70% hinausgehenden verbrauchsabhängigen Maßstabs unter § 10 HeizkostenV fällt. Dann wäre diese Regelung aber im Vergleich zu dem einseitigen Bestimmungsrecht des Gebäudeeigentümers nach § 6 Abs. 4 HeizkostenV überflüssig, und es hätte dort der prozentualen Begrenzung des Bestimmungsrechts nicht bedurft. Deshalb ist hier unter rechtsgeschäftlicher Bestimmung allein die **vertragliche Vereinbarung** über einen höheren verbrauchsabhängigen Maßstab zu verstehen. 6

Das gilt auch für den Fall, dass in den Formular-(Miet-)Verträgen dem Gebäudeeigentümer ein einseitiges Bestimmungsrecht hinsichtlich der Festlegung des Verteilungsmaßstabes eingeräumt 7

[1] Dies verkennt der BGH XII ZR 46/18 Rn. 18 = ZMR 2019, 398 mAnm *Lammel* ZMR 2019, 399 = BeckRS 2019, 221; Anm. *Pfeifer* jurisPR-MietR 7/2019 Anm. 5; *Ludley* NZM 2019, 464ff.; *Bieber,* Grundeigentum, 2019, 351.

worden ist.[2] Zwar hat der BGH[3] ein einseitiges Bestimmungsrecht des Vermieters nach billigem Ermessen für die Festlegung des Umlageschlüssels für zulässig erachtet, insoweit aber die zwingenden Regelungen der Heizkostenverordnung übersehen.

## I. Abschluss

8 Nach dem Wortlaut der Vorschrift bleiben bereits beim In-Kraft-Treten der Heizkostenverordnung vorliegende abweichende Regelungen wirksam; desgleichen können derartige Vereinbarungen auch für die Zukunft neu getroffen werden.

9 Die Vereinbarung über die Überschreitung des Regelprozentsatzes für die verbrauchsabhängigen Kostenanteile kann sowohl in einem **Individual**- als auch in einem **Formularvertrag** getroffen werden.

10 Da die Maßstäbe nur eine anteilige Kostenverteilung ermöglichen, aber keine konkrete Kostenzuordnung zu dem jeweiligen Nutzer, ist es erforderlich, dass die abweichende Vereinbarung mit allen Nutzern getroffen wird.[4] Aus dem gleichen Grunde müssen für alle Nutzer dieselben Verteilungsmaßstäbe angewendet werden; es ist nicht zulässig, zB für eine innenliegende Wohnung zu 100% nach Verbrauch, für die Penthouse-Wohnung mit vielen Außenflächen dagegen nach dem 50:50-Schlüssel abzurechnen.

11 Der sich benachteiligt fühlende einzelne Nutzer (zB der Penthouse-Wohnung) hat keinen Anspruch auf Abänderung des einmal vereinbarten 100%-Schlüssels; ihm steht auch kein Kürzungsrecht nach § 12 Abs. 1 HeizkostenV zu, weil auch der 100%-Maßstab eine ordnungsgemäße verbrauchsabhängige Verteilung darstellt.

12 Vor Abschluss einer **Individualvereinbarung** über einen von der Regel abweichenden Schlüssel sollten die Nutzer über die Tragweite dieser Entscheidung **aufgeklärt** werden. Denn die zB allein verbrauchsabhängige Kostenverteilung der Wärmenutzung kann dann zu erheblichen Nachteilen führen, wenn dieser Verbrauch wesentlich von der schlechten Bausubstanz mit bestimmt wird. Unterbleibt diese Aufklärung schuldhaft, kann sich der Gebäudeeigentümer nach den Grundsätzen der **culpa in contrahendo** schadensersatzpflichtig machen. Der Schaden ist in dem Abschluss der abweichenden Vereinbarung zu sehen, kann allerdings nur dann ersetzt verlangt werden, wenn die Vereinbarung für alle Beteiligten rückgängig gemacht werden kann. Ansonsten bleibt nur die Möglichkeit der Erstellung einer fiktiven Abrechnung nach dem alten oder dem üblichen 50:50-Schlüssel, wobei der ausfallende Betrag vom Gebäudeeigentümer zu tragen ist.

13 Liegt dem 100%-Maßstab ein **Formularvertrag** zu Grunde, ist dessen Wirksamkeit an § 307 BGB zu messen. Hier gilt das gleiche wie bei der Individualvereinbarung: wird der Verbrauch wesentlich durch die schlechte Bausubstanz bestimmt, stellt die allein verbrauchsabhängige Verteilung eine **unangemessene Benachteiligung** des Nutzers dar und ist deshalb unwirksam. Diese Unwirksamkeit erstreckt sich nicht nur auf die konkrete Nutzungseinheit, sondern auf die gesamte Abrechnungseinheit, in der der Formularvertrag gilt. An die Stelle der Formularklausel tritt jetzt die gesetzliche Regelung für die Festlegung des Maßstabes, dh der Gebäudeeigentümer kann diesen nach § 6 Abs. 4 HeizkostenV einseitig bestimmen, aber nur im Rahmen der §§ 7 Abs. 1, 8 Abs. 1 HeizkostenV, also maximal 70% verbrauchsabhängig.

14 In Anlehnung an die Regelung in § 6 Abs. 4 S. 3 HeizkostenV ist die Änderung eines vorhandenen Verteilungsmaßstabes in einen ausschließlich verbrauchsabhängigen nur für den Beginn einer Abrechnungsperiode vorzunehmen.

---

[2] Schmid Miet- und WohnR/*Schmid* HeizkostenV § 10 Rn. 4; *Peruzzo* Heizkostenabrechnung Rn. 278; anders wohl Kreuzberg/Wien Heizkostenabrechnung-HdB/*v. Brunn/Alter* Kap. 3.6, S. 237.

[3] BGH VIII ZR 257/13, WuM 2015, 33 mAnm *Lammel* WuM 2015, 70; Anm. *Langenberg* NZM 2015, 152.

[4] *Peruzzo* Heizkostenabrechnung Rn. 279; anders *Schmid* ZMR-Sonderheft HeizkostenV § 10 Nr. 6 unter Berufung auf AG Berlin-Mitte GE 2005, 1253 (1254). Die dortige Entscheidung befasst sich aber nur mit der Ordnungsmäßigkeit der Abrechnung gegenüber dem Nutzer, mit dem die Einzelvereinbarung betroffen worden ist, lässt es aber dahingestellt, ob die übrigen Abrechnungen ordnungsgemäß erstellt werden können, was zu verneinen ist.

## II. Inhalt

Als neuer Prozentsatz kann jede zwischen 71 und 100 liegende Zahl gewählt werden. Jedoch wird eine überwiegend auf den Verbrauch zielende Kostenverteilung nur dann wirksam sein, wenn die Quote in der Nähe von 100% liegt. 15

Sinnvoll ist die ausschließliche verbrauchsabhängige Kostenverteilung vor allem dann, wenn das Gebäude den neuesten Wärmedämm-Vorschriften[5] entspricht und auch die Heizungsanlage einen hohen Energieausnutzungsgrad[6] aufweist; werden diese Merkmale nachträglich im Wege einer Modernisierung erreicht, bietet sich die Abänderung des vorhandenen Schlüssels an. Allerdings bleibt die Vereinbarung auch dann wirksam, wenn diese energiesparenden Voraussetzungen nicht gegeben sind, es sei denn, die hierauf gerichteten Willenserklärungen können wegen einer vom Gebäudeeigentümer verursachten Täuschung angefochten werden. 16

## III. Wohnungseigentum

Im Fall der Kostenverteilung bei Wohnungseigentum kann eine rechtsgeschäftliche Bestimmung iSd § 10 HeizkostenV in der Teilungserklärung oder dieser folgenden Vereinbarungen unter den Wohnungseigentümern getroffen werden bzw. worden sein. Ist in einer derartigen Vereinbarung nur eine verbrauchsabhängige Verteilung vorgesehen, bleibt diese Regelung für die Zukunft wirksam. 17

Liegt eine **wohnungseigentumsrechtliche Vereinbarung** mit einer Regel-Kostenverteilung nach den §§ 7, 8 HeizkostenV vor und soll diese abgeändert werden im Sinne einer ausschließlich verbrauchsabhängigen Verteilung, ist nunmehr gem. § 16 Abs. 3 WEG auch eine Mehrheitsentscheidung für die Anwendung des § 10 HeizkostenV zulässig;[7] Das gilt auch für den umgekehrten Fall der Abänderung einer Vereinbarung über die ausschließliche verbrauchsabhängige Verteilung in eine solche nach einem gemischten Maßstab.[8] Allerdings ist bei Altbauten ohne besonderen Wärmeschutz zu beachten, dass ein derartiger Beschluss den Grundsätzen ordnungsgemäßer Verwaltung widersprechen kann.[9] 18

Enthält die Teilungserklärung keine Regelung des Abstimmungsverhaltens, ist für die Änderung eines in der Teilungserklärung enthaltenen, dem Regelmaßstab der Heizkostenverordnung entsprechenden Verteilungsschlüssels jetzt ebenfalls eine Mehrheitsentscheidung nach § 16 Abs. 3 WEG zulässig.[10] Für die Änderung eines vorhandenen, nicht der Heizkostenverordnung entsprechenden Verteilungsmaßstabes gilt das Mehrheitsprinzip, da hierdurch erstmals eine verordnungsmäßige Regelung herbeigeführt werden soll.[11] 19

---

5 Insbes. nach §§ 3–10 EnEV (jetzt §§ 15, 16 GEG) mit den dort genannten Anlagen.

6 Nach §§ 11, 12 EnEV (jetzt §§ 60, 61 GEG).

7 → HeizkostenV § 3 Rn. 16; **aA** *Schmid* ZMR-Sonderheft HeizkostenV § 10 Nr. 9; *Peruzzo* Heizkostenabrechnung Rn. 276.

8 BGH V ZR 221/09, WuM 2010, 591 mit Bespr. *Schmid* CuR 2010, 147; Anm. *Lammel* jurisPR-MietR 20/2010 Anm. 4.

9 OLG Hamm WuM 2006, 585.

10 → HeizkostenV § 3 Rn. 17.

11 Zu den Einzelheiten s. *Lammel* HeizkostenV § 10 Rn. 18; **aA** *Pfeifer* HeizkostenV § 10 Anm. 7 e; Schmid Miet- und WohnR/*Schmid* HeizkostenV § 10 Rn. 5; Kinne Heizung und Heizkostenabrechnung (1992) § 10 Rn. 197.

## § 11 Ausnahmen

**(1) Soweit sich die §§ 3 bis 7 auf die Versorgung mit Wärme beziehen, sind sie nicht anzuwenden**

**1. auf Räume,**

**a) in Gebäuden, die einen Heizwärmebedarf von weniger als 15 kWh/($m^2$ · a) aufweisen,**

**b) bei denen das Anbringen der Ausstattung zur Verbrauchserfassung, die Erfassung des Wärmeverbrauchs oder die Verteilung der Kosten des Wärmeverbrauchs nicht oder nur mit unverhältnismäßig hohen Kosten möglich ist; unverhältnismäßig hohe Kosten liegen vor, wenn diese nicht durch die Einsparungen, die in der Regel innerhalb von zehn Jahren erzielt werden können, erwirtschaftet werden können; oder**

**c) die vor dem 1. Juli 1981 bezugsfertig geworden sind und in denen der Nutzer den Wärmeverbrauch nicht beeinflussen kann;**

**2. a) auf Alters- und Pflegeheime, Studenten- und Lehrlingsheime,**

**b) auf vergleichbare Gebäude oder Gebäudeteile, deren Nutzung Personengruppen vorbehalten ist, mit denen wegen ihrer besonderen persönlichen Verhältnisse regelmäßig keine üblichen Mietverträge abgeschlossen werden;**

**3. auf Räume in Gebäuden, die überwiegend versorgt werden**

**a) mit Wärme aus Anlagen zur Rückgewinnung von Wärme oder aus Wärmepumpen- oder Solaranlagen oder**

**b) mit Wärme aus Anlagen der Kraft-Wärme-Kopplung oder aus Anlagen zur Verwertung von Abwärme, sofern der Wärmeverbrauch des Gebäudes nicht erfasst wird;**

**4. auf die Kosten des Betriebs der zugehörigen Hausanlagen, soweit diese Kosten in den Fällen des § 1 Absatz 3 nicht in den Kosten der Wärmelieferung enthalten sind, sondern vom Gebäudeeigentümer gesondert abgerechnet werden;**

**5. in sonstigen Einzelfällen, in denen die nach Landesrecht zuständige Stelle wegen besonderer Umstände von den Anforderungen dieser Verordnung befreit hat, um einen unangemessenen Aufwand oder sonstige unbillige Härten zu vermeiden.**

**(2) Soweit sich die §§ 3 bis 6 und § 8 auf die Versorgung mit Warmwasser beziehen, gilt Absatz 1 entsprechend.**

**Systematische Übersicht**



### A. Regelungszweck und -folgen

1 Die Heizkostenverordnung will ihren Zweck, zur Energieeinsparung anzuhalten, allein über den Kostenfaktor erreichen. Der jeweilige Nutzer soll erkennen, welche Kosten er durch Energieverbrauch verursacht und diese Kosten durch Senkung des Energieverbrauchs vermindern; die damit verbundenen ökologischen Wirkungen stellen sich damit nur als sekundäre Nebenwirkung dar.

2 Energieeinsparung darf aber nicht zum Selbstzweck werden, vielmehr muss sie dem **Gebot der Wirtschaftlichkeit** entsprechen, wie dies in der Ermächtigungsgrundlage für die Heizkostenverordnung, GEG, festgehalten ist. Nach § 5 Abs. 1 S. 1 GEG müssen die in den nach diesem Gesetz erlassenen Rechtsverordnungen aufgestellten Anforderungen ua für Gebäude gleicher Art und Nutzung wirtschaftlich vertretbar sein. **Wirtschaftlich vertretbar** sind die Anforderungen, wenn generell die erforderlichen Aufwendungen innerhalb der üblichen Nutzungsdauer durch die eintretenden Einsparungen erwirtschaftet werden können; bei bestehenden Gebäuden ist die noch zu erwartende Nutzungsdauer zu berücksichtigen (so § 5 Abs. 1 S. 2, 3 GEG; anders jetzt die Definition in § 11 Abs. 1 Nr. 1 b HeizkostenV nach der Novelle 2009; dazu → Rn. 21). Zu trennen von dieser generellen „Wirtschaftlichkeit" ist die Verursachung unwirtschaftlicher Kosten im Einzelfall (→ HeizkostenV § 5 Rn. 11), die keinen Ausnahmetatbestand iSd § 11 HeizkostenV darstellen.[1]

[1] LG Berlin MM 2005, 74.

Unter Berücksichtigung dieses Gebotes der Wirtschaftlichkeit enthält § 11 HeizkostenV Ausnahmetatbestände, bei denen entweder die Durchführung der Verbrauchserfassung unter den besonderen Umständen des Einzelfalles wirtschaftlich sinnlos ist oder aber den Zweck der Einsparung von Primärenergie jedenfalls nicht im erheblichen Umfang erreichen kann. Die wirtschaftlichen Kriterien sind überwiegend vom Gebäudeeigentümer zu beurteilen (mit Ausnahme der Generalregelung in Nr. 5). 3

Sind die Merkmale eines Ausnahmetatbestandes erfüllt, braucht der Gebäudeeigentümer keine Erfassungsgeräte anzubringen, der Nutzer braucht deren – trotz des Vorliegens eines Ausnahmetatbestandes – vom Gebäudeeigentümer geplante Anbringung nicht zu dulden. Andererseits hat der Nutzer keinen Anspruch auf Durchführung einer Kostenverteilung nach der Heizkostenverordnung mit der Folge, dass er die anderweitig erfolgende Kostenauferlegung nicht nach § 12 Abs. 1 HeizkostenV kürzen darf.[2] Zwar nimmt der Eingangssatz von § 11 Abs. 1 HeizkostenV nur die §§ 3–7 HeizkostenV bzw. § 8 HeizkostenV (nach § 11 Abs. 2 HeizkostenV) von der Anwendung aus. Da aber die §§ 1, 2 HeizkostenV sowie §§ 9a–10 HeizkostenV ohne die genannten Vorschriften über die Erfassung und Verteilung keinen Sinn ergeben, sind sie ebenfalls nicht anwendbar. 4

Wie im Einzelfall bei Vorliegen eines Ausnahmetatbestandes die Kosten des Verbrauchs von Wärme und Warmwasser auf die Nutzer verteilt werden, muss den vertraglichen Vereinbarungen der Parteien überlassen bleiben. Möglich ist in diesen Fällen die Vereinbarung einer Pauschalmiete oder einer Pauschalzahlung für diese Nutzungsarten; es kann auch eine Einzelverteilung nach einem Flächen- oder Personenmaßstab erfolgen oder entsprechend § 9b Abs. 2 HeizkostenV vorgegangen werden. Dem kann nicht entgegengehalten werden, dass nach § 2 Nr. 4, 5 BetrKV eine verbrauchsabhängige Abrechnung vorgeschrieben sei.[3] Zum einen steht hier nichts von „verbrauchsabhängig", zum anderen geht das speziellere Gesetz dem allgemeinen vor und zum dritten unterliegt diese Meinung einem Fehlschluss, dass überhaupt keine Abrechnung nach dem Ausnahmetatbeständen des § 11 HeizkostenV mehr erforderlich sei. Abgerechnet werden kann nach entsprechenden Vereinbarungen, nur muss (kann aber) die Heizkostenverordnung nicht angewendet werden. 5

Einen besonderen Verteilungsmaßstab schreibt lediglich § 22 Abs. 2 NMV für **preisgebundenen Wohnraum** für die Ausnahmefälle des § 11 HeizkostenV vor. Danach dürfen die Kosten der Versorgung mit Wärme **nur** nach der Wohnfläche oder nach dem umbauten Raum oder nach der Wohnfläche bzw. dem umbauten Raum der beheizten Räume verteilt werden (§ 22 Abs. 2 S. 1 Nr. 1 NMV). Die Kosten der Warmwasserversorgung sind nach der Wohnfläche zu verteilen; allerdings kann auch ein Maßstab gewählt werden, der dem Verbrauch in anderer Weise als durch Erfassung Rechnung trägt (§ 22 Abs. 2 S. 1 Nr. 2 NMV); hierunter ist die Verteilung nach einem Personenschlüssel oder nach den vorhandenen Warmwasserzapfstellen zu verstehen. 6

Während § 11 HeizkostenV eine **generelle Ausnahmeregelung** darstellt, die von der Anwendung der Heizkostenverordnung insgesamt befreit, enthält die Heizkostenverordnung verstreut noch **einzelne Ausnahmen,** die nur für einen bestimmten Fall gelten. § 2 HeizkostenV lässt bei Zwei-Familien-Häusern abweichende Vereinbarungen zu; § 9 Abs. 4 HeizkostenV räumt im Falle des Nutzerwechsels abweichenden rechtsgeschäftlichen Bestimmungen den Vorrang ein. Der Bestandsschutz in § 12 Abs. 2–5 HeizkostenV stellt sich ebenfalls als materielle Ausnahmeregelung von den Anforderungen der Heizkostenverordnung dar. Schließlich enthält § 22 Abs. 2, 3 NMV ebenfalls von der Heizkostenverordnung abweichende Bestimmungen. 7

## B. Ausnahmetatbestände

§ 11 HeizkostenV enthält zwei große Gruppen von allgemeinen Ausnahmeregelungen. Zum einen verzichtet er aus **ökonomischen Gründen** auf die Durchsetzung der Vorschriften der Heizkostenverordnung. Für das Vorliegen der entsprechenden Merkmale sind die Parteien, die sich auf den Ausnahmetatbestand berufen, darlegungs- und beweispflichtig; das wird im Regelfall der Gebäudeeigentümer sein, kann aber auch der Nutzer sein, wenn er sich zB gegen die Anbringung von Erfassungsgeräten wehrt. Für diese Tatbestände gibt es keine behördlichen Ausnahmegenehmigungen oder Negativatteste über die Nichtanwendbarkeit der Heizkostenverordnung.[4] 8

---

[2] AG Lübben NZM 2000, 907.
[3] *Metrona* ModMag 7, 8/2009, 51; dem folgend *Mohr* ModMag 10/2009, 20.
[4] *Freywald* Heizkostenabrechnung Rn. 23; **aA** *Gramlich* § 11 Anm. 2.

9 Der zweite große Regelungskomplex verzichtet aus **ökologischen Gründen** auf die Anwendung der Heizkostenverordnung, weil sie im konkreten Fall wegen der besonderen Art der Energieversorgung ihren Zweck hinsichtlich der Einsparung von Primärenergie nicht erfüllen kann. Die in diesem Bereich früher vorgeschriebene behördliche Ausnahmegenehmigung ist durch die Novelle unter dem Gesichtspunkt der „Entbürokratisierung" gestrichen worden.[5] Der Bundesrat war insoweit der Meinung, der Nutzer sei durch das Kürzungsrecht nach § 12 Abs. 1 HeizkostenV ausreichend gegen unzulässige Abstandnahme von der Anwendung der Heizkostenverordnung geschützt, was sicher den Normalbürger hinsichtlich der komplizierten technischen Voraussetzungen überfordert.

10 Systematisch zwischen diesen beiden Gruppen steht die Generalnorm in § 11 Abs. 1 Nr. 5 HeizkostenV, die sich zwar auf ökonomische Gründe stützt, aber wegen ihres unbestimmten Inhalts die Auslegung nicht den Parteien überlässt, sondern eine behördliche Ausnahmegenehmigung verlangt.

11 Aus dem Zusammenwirken von § 11 Abs. 1 HeizkostenV Eingangssatz und § 11 Abs. 2 HeizkostenV ergibt sich, dass die Ausnahmetatbestände sowohl für die Versorgung mit Wärme als auch mit **Warmwasser** gelten.

12 Erfolgt die Versorgung mit Wärme und Warmwasser aus **verbundenen Anlagen,** findet die Ausnahmeregelung nur für die Versorgungsart Anwendung, bei der ein Ausnahmetatbestand verwirklicht ist. Stellt sich also die nachträgliche Anbringung von Warmwasserzählern als wirtschaftlich unzumutbar heraus, während der Wärmeverbrauch ordnungsgemäß erfasst werden kann, wird der Energieverbrauch für die Warmwasserbereitung nach den Ersatzverfahren in § 9 Abs. 2 S. 4, Abs. 3 S. 5 HeizkostenV ermittelt und außerhalb der Regeln der Heizkostenverordnung verteilt, während die Kosten für die Heizung nach § 7 HeizkostenV verteilt werden.

## I. Ökonomische Gründe, Nr. 1, 2, 4, 5

13 Der mit der Novelle 2009 neu eingefügte lit. 1 a verwirklicht ein politisches Ziel des „Integrierten Klima- und Energieeinsparpakets", das sich ua die Förderung der Niedrigenergie- bzw. **Passiv-Häuser** zum Ziel gesetzt hatte. Motiv dieser Regelung war die Feststellung, dass mit steigender Energieeinsparung die verbrauchsabhängigen Kosten zwar sinken, aber die verbrauchsunabhängigen Kosten überproportional viel ausmachen, so dass der Grundsatz der Wirtschaftlichkeit beeinträchtigt werden konnte.[6] Deshalb werden Häuser mit einem Jahreswärmebedarf weniger als 15 kWh pro $m^2$ pro Jahr[7] von der Anwendung der Heizkostenverordnung ausgenommen; der Wärmebedarf von 15 kWh und mehr fällt dagegen nicht mehr unter diese Ausnahme, die iÜ auch bereits durch die alte Nr. 1 a hätte erfasst werden können.[8] Die Ausnahme bedeutet nicht, dass überhaupt keine Abrechnung über die Wärme- und Warmwasserkosten zu erfolgen hat, und sie verbietet auch nicht eine einvernehmliche Anwendung der Heizkostenverordnung.

14 Das Prinzip der Wirtschaftlichkeit kommt am deutlichsten im **Ausnahmetatbestand der Nr. 1b** zum Ausdruck. Danach entfällt die Anwendung der Heizkostenverordnung, wenn die Ausstattung zur Verbrauchserfassung, die Erfassung selbst oder die Kostenverteilung entweder unmöglich oder nur mit unverhältnismäßig hohen Kosten möglich ist.

15 Zwar beschränkt die Norm die Ausnahme nur auf die Räume, die von dem Unmöglichkeitskriterium betroffen sind. Die Ausnahme ist aber aus mathematischen Gründen auf die gesamte Abrechnungseinheit (= im Regelfall das Gebäude) zu erstrecken. Denn das Entfallen eines versorgten Raumes lässt, sofern keine Trennung im Wege der Vorerfassung möglich ist, die Verteilung für die gesamte Einheit unmöglich werden, da diese Verteilung auf einer Verhältnisrechnung beruht, deren Durchführung nicht mehr möglich ist.

16 Die Tatbestandsmerkmale können alternativ oder auch kumulativ zur Unmöglichkeit bzw. Unwirtschaftlichkeit führen. Letzteres ist insbes. beim Merkmal „Verteilung der Kosten" der Fall, da diese allein nicht generell unmöglich sein wird und auch nicht so hohe Kosten verursacht,[9] dass die Erfassung unwirtschaftlich wird. Hierbei kommt es nur auf systembedingt hohe Kosten an (zB

---

5 Beschluss, BR-Drs. 570/08, 5.
6 *BR-Drs.* 570/08, 17/18.
7 Der Abdruck der Grenze ist mathematisch wieder falsch: die $m^2$ werden nicht mit dem Jahr multipliziert!
8 *Wall* WuM 2009, 14 li. Sp.
9 Aber → HeizkostenV § 7 Rn. 33.

technisch bedingte Schwierigkeiten bei der Erfassung/Verteilung), nicht aber darauf, dass die Kosten auf Grund der Vertragsgestaltung mit dem Abrechnungsunternehmen im Vergleich zu den Energiekosten zu hoch sind.[10] Die jetzt unter Nr. 1 a geregelten Passivhäuser wären allerdings unter dieses Tatbestandsmerkmal zu subsumieren gewesen.

Das **Tatbestandsmerkmal der Unmöglichkeit** wird im Regelfall nur bei der Anbringung der Ausstattung zur Verbrauchserfassung in Betracht kommen. Technisch unmöglich ist die Erfassung zB bei vertikalen Warmwasserleitungen ohne By-Pass bei den Abzweigungen zu den einzelnen Nutzern, da hier ein Erfassungsgerät beim ersten Nutzer auch den Verbrauch der nachgeschalteten Nutzer feststellt. Das gleiche gilt für Fußbodenheizungen, die mehrere Nutzungseinheiten in einer Ebene versorgen. Ähnlich sinnlos ist die Anbringung eines Erfassungsgerätes an einem Heizkörper, dessen Anzeige durch die Abstrahlungswärme anderer Wärmequellen (zB Herd, oder auch Sonneneinstrahlung) verfälscht wird.[11] **17**

Keine technischen Hindernisse iSd § 11 HeizkostenV stellen dagegen solche Umstände dar, die auf die besondere Ausgestaltung der Räume zurückzuführen sind, wie Unzugänglichkeit der Heizkörper wegen der sie verstellenden Einbaumöbel oder wegen Heizkörperverkleidungen.[12] **18**

Wesentlicher Ausnahmetatbestand ist aber der **Fall unverhältnismäßig hoher Kosten** für die verbrauchsabhängige Kostenverteilung. Gegenüberzustellen sind hier die Kosten für die Installation der Messgeräte – dazu gehören auch die damit zusammenhängenden Kosten für die evtl. notwendige Wiederherstellung der Wand (Fliesen- und Verputzarbeiten)[13] – und die anfallenden Folgekosten (für die Erfassung und Verteilung) der zu erwartenden Energieeinsparung.[14] **19**

derzeit nicht besetzt **20**

Die **Höhe der Energieeinsparung** ist in Analogie zum Kürzungsrecht nach § 12 Abs. 1 HeizkostenV zu berechnen. Denn dieses geht davon aus, dass durch die verbrauchsabhängige Kostenverteilung 15% der Energiekosten eingespart werden könnten. Dieser Prozentsatz ist daher auch dem Kostenvergleich zu Grunde zu legen.[15] Maßgebend sind die Energiekosten zum Zeitpunkt des Kostenvergleichs. **21**

Der **Zeitraum,** für den die zu erwartende Energieeinsparung zu berechnen ist, ist jetzt durch die Novelle auf zehn Jahre festgelegt worden. Das ist sachlich und rechtlich falsch: Sachlich wird diese Zeitspanne auf die regelmäßige Nutzungsdauer der Erfassungsgeräte bezogen,[16] wobei die Eichfristen außer Acht gelassen worden sind.[17] Richtig ist zwar der Zusammenhang mit der fortschreitenden Wärmedämmung; dieser ist aber kaum zu prognostizieren. Rechtlich falsch ist diese Festlegung, weil in § 5 Abs. 1 S. 2, 3 GEG eine Legaldefinition der wirtschaftlichen Vertretbarkeit enthalten ist, von der eine Verordnung, die ihre Rechtsgrundlage im GEG hat, aus verfassungsrechtlichen Gründen nicht abweichen darf. Die aus der Rspr. unreflektiert übernommene Zehnjahresfrist[18] beruhte auf der Amortisationsdauer von Investitionen im Wohnungseigentumsrecht und ist daher für die Heizkostenverordnung nicht vergleichbar.

Deshalb ist aus rechtlichen Gründen weiter auf die gesetzliche Definition der Wirtschaftlichkeit in § 5 Abs. 2 S. 2, 3 GEG als die für die Heizkostenverordnung maßgebende Ermächtigungsnorm abzustellen. Dort ist ausdrücklich auf die Nutzungsdauer der Gebäude Bezug genommen worden.[19] Da sich auch die Auslegung der Heizkostenverordnung im Rahmen der Ermächtigungsnorm halten muss, bleibt unter dem Gesichtspunkt der verfassungsrechtlichen Bindung nach Art. 80 GG nur dieses Kriterium zulässig. Die **Nutzungsdauer der Gebäude** ist abstrakt nach der Abschreibungsdauer in § 7 Abs. 4 EStG zu bemessen, dh bei Gebäuden, die vor dem 1.1.1925 fer- **22**

---

[10] LG Heidelberg ZMR 2014, 988.

[11] *Schmid* ZMR-Sonderheft HeizkostenV § 11 Nr. 9; ein solcher Fall lag möglicherweise dem Urteil LG Karlsruhe WuM 2019, 149 zugrunde, bei dem die sog. Verbrauchsspreizung nicht auf die evtl. vorhandene Rohrwärme zurückzuführen war, sondern auf den exorbitanten Ablesewert nur eines Heizkörpers.

[12] LG Hamburg WuM 1992, 258.

[13] **AA** AG Köln ZMR 2016, 786.

[14] BGH VIII ZR 361/89, NJW-RR 1991, 647; LG Hamburg NJW-RR 1992, 1163.

[15] Kinne Heizung und Heizkostenabrechnung (1992) § 11 Rn. 204; *Freywald* Heizkostenabrechnung Rn. 22.

[16] BR-Drs. 570/08, 18.

[17] Dazu → HeizkostenV § 5 Rn. 3.

[18] OLG Köln NJW-RR 1993, 468; KG NJW-RR 1993, 468; BayObLG NJW-RR 1994, 145; WuM 2004, 737; OLG Köln WuM 2007, 86; OLG Düsseldorf WuM 2009, 600.

[19] **AA** *Pfeifer* HeizkostenV § 11 Anm. 2 d, der aber nicht berücksichtigt, dass bereits § 5 Abs. 1 S. 1 EnEG die wirtschaftliche Vertretbarkeit auf die Gebäude bezieht; in *Pfeifer* HeizkostenV, 4. Aufl. 2010, § 11 Anm. 1 c nicht mehr enthalten.

tiggestellt worden sind, 40 Jahre, für alle später fertiggestellten Gebäude 50 Jahre. Das bedeutet aber nicht, dass in jedem Fall ein 50-Jahreszeitraum zu Grunde zulegen ist. Da in den alten Bundesländern die Ausstattungspflicht nach der Heizkostenverordnung seit 1981 zumindest für Neubauten bestanden hat, ist von einer viel geringeren Restnutzungsdauer der Gebäude auszugehen.[20] Das gleiche gilt angesichts des Bautenstandes für die neuen Bundesländer.

23 **Berechnungsbeispiel:** Kosten für den Einbau eines Warmwasserzählers 17.500 EUR; Kosten für die Warmwasserbereitung jährlich 2.880 EUR; 15%ige jährliche prognostizierte Ersparnis 432 EUR. Die Baugenehmigung für das Gebäude (diese ist nach § 6 EnEG maßgebend) wurde 1975 erteilt, im Jahre 1998 besteht eine Restnutzungsdauer von 27 Jahren. Die Energieersparnis würde als (27 × 432 =) 11.664 EUR betragen und damit die Einbaukosten nicht erreichen. Dieses Missverhältnis kann nicht durch andere Vorteile kompensiert werden.[21] Zum einen lässt der Wortlaut dieser Ausnahmevorschrift hinsichtlich der Bewertung seiner Tatbestandsmerkmale keine Interpretation zu, zum anderen bringen auch die hochauflösenden elektronischen Heizkostenverteiler keinen höheren Energiespareffekt.

24 Bei zu modernisierenden Altbauten, die finanztechnisch bereits abgeschrieben sind, ist die Wirtschaftlichkeit danach zu berechnen, ob der sich aus der analogen Anwendung des § 559 BGB ergebende Jahresbetrag der Mietzuschläge wegen Anbringung der Erfassungsgeräte den Jahresbetrag der Energiekostenersparnis überschreitet. Denn auch im Rahmen der Wirtschaftlichkeit sind die Interessen der Nutzer zu berücksichtigen. Sie sollen durch das Einsparungsverfahren nicht höhere Kosten für den Energieverbrauch (einschließlich der Kosten für die Erfassung und Verteilung) tragen als vor Anbringung der Geräte.

25 Wirtschaftliche Gesichtspunkte werden auch der Anbringung von Erfassungsgeräten in vom Eigentümer mit bewohnten Zwei-Familien-Häusern, Einfamilienhäusern mit Einliegerwohnung und bei Untermietverhältnissen über einzelne Räume entgegenstehen.

26 Da das Prinzip der Heizkostenverordnung darauf beruht, Energie über die Kostenauferlegung einzusparen, kann es dann nicht greifen, wenn der Nutzer auf Grund technischer Gegebenheiten seinen **Verbrauch nicht beeinflussen kann (Nr. 1 c),** so dass ihm ein energiebewusstes Verhalten nicht möglich ist. Diese Unmöglichkeit muss aber ausschließlich auf den technischen Umständen der jeweiligen Energieversorgung beruhen, eine vertragliche Regelung erfüllt den Ausnahmetatbestand nicht. Diese Ausnahme greift an sich auch für das Problem der **Rohrwärmeabgabe,**[22] das jetzt versucht wurde, mit der Novelle in § 7 Abs. 1 S. 3 HeizkostenV[23] in den Griff zu bekommen. Insoweit fehlt es an einer Koordination der §§ 7, 11 HeizkostenV.

27 Die Voraussetzungen werden dann gegeben sein, wenn zwei Nutzer an demselben Heizkreis mit nur einer Eingangsregelung angeschlossen sind. Dann kann zwar der erste Nutzer den Verbrauch steuern, nimmt damit aber gleichzeitig eine Verbrauchsregelung für den von ihm abhängigen Nutzer vor (zB Einrohrheizungen ohne Überbrückung der Abzweigung zu den einzelnen Nutzern, Fußbodenheizungen für zwei Nutzungseinheiten, kombinierte Fußboden-Decken-Heizung). Bei Warmwasser ist diese Steuerung über die Wasserhähne dagegen stets möglich, so dass für diesen Bereich die Ausnahmevorschrift nicht greifen kann.

28 Nicht unter die Ausnahmeregelung fallen Heizkörper, die lediglich Absperrventile und noch keine Thermostatventile besitzen. Denn auch in diesen Fällen ist eine Verbrauchsbeeinflussung noch gegeben. Nicht in diesen Bereich gehören ferner die Fälle, in denen zwar Absperrvorrichtungen vorhanden, aber nicht funktionsfähig sind.[24] Denn hier hat der Nutzer gegen den Nutzungsgeber einen durchsetzbaren Anspruch auf Instandsetzung der entsprechenden Vorrichtungen.

29 Die Ausnahmeregelung gilt für die alten Bundesländer nur für Gebäude, die vor dem 1. 7. 1981 bezugsfertig geworden sind. Für die neuen Bundesländer gilt das Datum 1. 1. 1991. Die nach diesem Zeitpunkt errichteten Gebäude mit Zentralheizung mussten nach § 12 Abs. 2 EnEV[25] mit Vorrichtungen zur raumweisen Temperaturregelung ausgestattet sein.

30 Wirtschaftliche Gesichtspunkte sprechen auch gegen eine Kostenverteilung nach der Heizkostenverordnung in **Heimen (Nr. 2 a)** oder **ähnlichen Gebäuden (Nr. 2 b).** Denn die hier

[20] LG Frankfurt a. M. WuM 1991, 616.
[21] **AA** *Pfeifer* HeizkostenV § 11 Anm. 2 c.
[22] AG Hersbruck WuM 2018, 30 mAnm *Lammel* jurisPR-MietR 13/2018 Anm. 5.
[23] Dazu → HeizkostenV § 7 Rn. 13 ff.
[24] **AA** *Peruzzo* Heizkostenabrechnung S. 89.
[25] Jetzt aus § 15 Abs. 1 GEG iVm Anl. 1 Nr. 6 GEG zu entnehmen.

abgeschlossenen Nutzungsverträge beinhalten nicht nur die Raumnutzung, sondern noch weitere Leistungen, für die ein einheitliches Entgelt gezahlt wird. Dessen Aufspaltung in die einzelnen Elemente mag kalkulatorisch möglich sein, wirtschaftlich ist sie aber nicht sinnvoll. Denn die Ausgestaltung dieser Heime oder heimähnlichen Gebäude bringt es mit sich, dass zum einen zumindest die Wärmeversorgung zum Teil auch über die Gemeinschaftsräume mit erfolgt, zum anderen ein häufiger Nutzerwechsel stattfindet, der Zwischenablesungen nach § 9b HeizkostenV notwendig machen würde, deren Aufwand wiederum in keinem Verhältnis zum Ertrag stehen würde. Außerdem ist eine weitere Folge des häufigen Nutzerwechsels, dass eine verbrauchsbewusste Energiesteuerung mangels eines sich aus der Dauer der Nutzung ergebenden entsprechenden Interesses nicht vorgenommen wird.[26]

Die Ausnahmeregelung gibt aber lediglich die Möglichkeit, auf eine verbrauchsabhängige Kostenverteilung zu verzichten. Wird eine solche vorgenommen, ist der Gebäudeeigentümer allein auf Grund der Ausnahmeregelung nicht befugt, einseitig diese Praxis zu ändern. Hierfür ist eine entsprechende Vereinbarung mit den Nutzern erforderlich. **31**

Schließlich enthält die Ausnahmeregelung keinen generellen Bestandsschutz für Warm- oder Inklusivmieten, sondern beschränkt sich auf die in Nr. 2a aufgezählten Heime und die ihnen nach Nr. 2b gleichstehenden Gebäude. Für alle übrigen Anwesen mussten die Heizkostenanteile aus der Miete ausgegliedert werden.[27] **32**

Die **Kosten der Hausanlagen (Nr. 4)** bei der Fernwärmeversorgung werden im Regelfall im Wärmepreis des Versorgungsunternehmens enthalten sein. Sollten diese Kosten aber dem Gebäudeeigentümer entstehen, müsste er sie an sich entsprechend der Heizkostenverordnung auf die Nutzer verteilen. Das würde aber, gemessen an den Gesamtkosten der Wärmeversorgung (bzw. Warmwasserversorgung), einen unverhältnismäßig hohen Aufwand erfordern, so dass keine verbrauchsabhängige Verteilung erforderlich ist. Ist der Gebäudeeigentümer nach dem Nutzungsvertrag berechtigt,[28] auch die Kosten der Hausanlagen (Übergabestation, Druckminderer) auf die Nutzer umzulegen, kann er iRd § 315 BGB einen angemessenen Verteilungsmaßstab wählen. **33**

In Erfüllung der Verpflichtung aus der Ermächtigungsgrundlage in § 5 Abs. 2 GEG kann wegen **besonderer Umstände (Nr. 5)** von den Verpflichtungen der Heizkostenverordnung befreit werden, um wirtschaftlich nicht mehr vertretbare Härten zu vermeiden[29]. Der Anwendungsbereich dieser Generalklausel deckt sich weitgehend mit dem Ausnahmetatbestand der Nr. 1a. Liegen dessen Voraussetzungen vor, hat der Gebäudeeigentümer keinen Anspruch auf Erteilung einer behördlichen Ausnahmegenehmigung; denn diese greift nur für die gesetzlich nicht speziell geregelten Fälle ein. **34**

Eine **unbillige Härte,** die sich aus der Anbringung von Erfassungsgeräten ergeben kann, liegt vor, wenn die Anbringung nur für eine kurze Zeitdauer wegen Änderung des Heizsystems, der Gebäudenutzung oder des Gebäudebestandes erfolgen soll. Dann kann für diesen vorübergehenden Zeitraum eine Ausnahmegenehmigung erteilt werden. **Nicht** hierunter fallen Umstände, die die Durchsetzung der Anbringung wegen des Widerstrebens der Nutzer schwierig erscheinen lässt; der Gebäudeeigentümer ist in solchen Fällen verpflichtet, mit gerichtlichen Duldungstiteln die Anbringung der Erfassungsgeräte durchzusetzen. **35**

Von einem **unangemessenen Aufwand** kann bei sukzessivem Bezug eines Neubaus hinsichtlich der Abrechnung der bereits eingezogenen Nutzer gesprochen werden. Denn der ständige Wechsel im Bestand lässt eine ordnungsgemäße Kostenverteilung kaum durchführbar erscheinen; die hierfür notwendigen Zwischenablesungen stehen in keinem Verhältnis zum Verteilungszweck, der Heizkostenersparnis.[30] Deshalb kann für eine Übergangszeit eine Ausnahmegenehmigung erteilt werden. **36**

Die Zuständigkeiten für die Erteilung der Ausnahmegenehmigung richten sich nach Landesrecht.[31] **37**

---

[26] *Flatow* AnwZert MietR 4/2017 Anm. 1.

[27] → HeizkostenV § 2 Rn. 15–23.

[28] → HeizkostenV § 7 Rn. 40.

[29] Eine Befreiung von der Verpflichtung zur Anbringung von Thermostatventilen stellt keinen derartigen Ausnahmetatbestand dar, sofern die Heizkörper überhaupt – wenn auch nur durch An- und Abschalten – zu regulieren sind, LG Berlin MM 2005, 74.

[30] **AA** LG Berlin DWW 1997, 152.

[31] Aufzählung bei *Peruzzo* Heizkostenabrechnung Anh. 13 S. 174f.; *Lammel* HeizkostenV § 11 Rn. 60.

### II. Ökologische Gründe, Nr. 3

38 Das Einsparungsziel der Heizkostenverordnung erstreckt sich auf nicht regenerierbare Energiearten. Werden diese von der Wärme- und Warmwasserversorgung in einem Gebäude nicht oder nicht wesentlich betroffen oder werden sie auf Grund besonderer Vorkehrungen bereits außergewöhnlich rationell genutzt, bedarf es keines zusätzlichen Anreizes zum sparsamen Umgang mit diesen Energiearten.

39 Ausnahmefähig sind aber nur die in Nr. 3a und Nr. 3b abschließend aufgezählten technischen Einrichtungen. Dieser Katalog ist nicht erweiterungsfähig, so dass auch bei Nutzung sonstiger energiesparender Technologien keine Ausnahmemöglichkeit besteht.

40 Die Verwendung der aufgezählten Techniken allein reicht für die Möglichkeit einer Ausnahme von der Heizkostenverordnung nicht aus. Erforderlich ist zusätzlich, dass die Gebäude **überwiegend** mit Wärme oder Warmwasser aus diesen Anlagen versorgt werden,[32] da sie derzeit ohne Zuschaltung von Heizungen für fossile Brennstoffe keine ausreichende Versorgung gewährleisten können. Von einem Überwiegen kann gesprochen werden, wenn die Versorgung der Gebäude zu mehr als 50% durch die aufgezählten Anlagen erfolgt.

41 Nach diesen beiden objektiven Tatbestandsmerkmalen konnte bisher die Erteilung einer Ausnahmegenehmigung beantragt werden, die von zusätzlichen Kriterien abhing. Der Bundesrat hat dieses Genehmigungserfordernis unter dem Gesichtspunkt der Entbürokratisierung gestrichen, weil er der Auffassung war, dass die Nutzer das Vorliegen der Voraussetzungen der Nr. 3 selbst feststellen könnten.[33] Das ist zu bezweifeln und wird zu Streitigkeiten führen.[34]

---

[32] Ob ein derartiges „Überwiegen" im Fall OLG Frankfurt a. M. ZMR 2018, 585 gegeben war, mag bezweifelt werden, da zusätzliche Heizkörper vorhanden waren.

[33] Beschluss, BR-Drs. 570/08, 5.

[34] Zu den technischen und rechtlichen Voraussetzungen einer erforderlichen Kostentrennung und der danach zulässigen Kostenverteilung s. ausf. *Lammel* ZMR 2020, 93. Der Rückgriff auf VDI 2077 Bl. 3.3 (Kostenaufteilung bei Solaranlagen) ist ohne eine entsprechende Vereinbarung der jeweiligen Parteien mangels Rechtsnorm*charakter der VDI unzulässig* (anders AG Hamburg-St. Georg BeckRS 2019, 45705 Rn. 92); der Verweis in § 9 Abs. 1 S. 5 HeizkostenV auf anerkannte Regeln der Technik greift nicht, weil dessen tatbestandliche Voraussetzungen nicht erfüllt sind. Die Uminterpretation dieser Norm (so *Wall* Betriebs-/Kosten Rn. 6383) missachtet den ausdrücklichen Willen des Gesetzgebers, der den anders lautenden Entwurf abgeändert hatte.

## § 12 Kürzungsrecht, Übergangsregelungen

**(1) [1]Soweit die Kosten der Versorgung mit Wärme oder Warmwasser entgegen den Vorschriften dieser Verordnung nicht verbrauchsabhängig abgerechnet werden, hat der Nutzer das Recht, bei der nicht verbrauchsabhängigen Abrechnung der Kosten den auf ihn entfallenden Anteil um 15 vom Hundert zu kürzen. [2]Dies gilt nicht beim Wohnungseigentum im Verhältnis des einzelnen Wohnungseigentümers zur Gemeinschaft der Wohnungseigentümer; insoweit verbleibt es bei den allgemeinen Vorschriften.**

**(2) Die Anforderungen des § 5 Absatz 1 Satz 2 gelten bis zum 31. Dezember 2013 als erfüllt**

**1. für die am 1. Januar 1987 für die Erfassung des anteiligen Warmwasserverbrauchs vorhandenen Warmwasserkostenverteiler und**

**2. für die am 1. Juli 1981 bereits vorhandenen sonstigen Ausstattungen zur Verbrauchserfassung.**

**(3) Bei preisgebundenen Wohnungen im Sinne der Neubaumietenverordnung 1970 gilt Absatz 2 mit der Maßgabe, dass an die Stelle des Datums „1. Juli 1981" das Datum „1. August 1984" tritt.**

**(4) § 1 Absatz 3, § 4 Absatz 3 Satz 2 und § 6 Absatz 3 gelten für Abrechnungszeiträume, die nach dem 30. September 1989 beginnen; rechtsgeschäftliche Bestimmungen über eine frühere Anwendung dieser Vorschriften bleiben unberührt.**

**(5) Wird in den Fällen des § 1 Absatz 3 der Wärmeverbrauch der einzelnen Nutzer am 30. September 1989 mit Einrichtungen zur Messung der Wassermenge ermittelt, gilt die Anforderung des § 5 Absatz 1 Satz 1 als erfüllt.**

**(6) Auf Abrechnungszeiträume, die vor dem 1. Januar 2009 begonnen haben, ist diese Verordnung in der bis zum 31. Dezember 2008 geltenden Fassung weiter anzuwenden.**

**Systematische Übersicht**



### A. Regelungszweck

Die abschließende Norm der Heizkostenverordnung beinhaltet insgesamt **drei** verschiedene **Regelungen.** Im Vordergrund steht das Kürzungsrecht des Nutzers bei nicht verbrauchsabhängiger Kostenverteilung (→ Rn. 3–21). Dazu kommen Bestimmungen über den Bestandsschutz für bereits vorhandene Erfassungsgeräte (→ Rn. 22–28) und eine Übergangsvorschrift über die Anwendung der neuen Regelungen der Heizkostenverordnung (→ Rn. 29). 1

Der disparate Regelungsgehalt erklärt sich aus der **Entstehungsgeschichte** der Norm, die in der gegenwärtigen Form eine Zusammenfassung der alten Übergangsvorschrift mit der ehemaligen Sondervorschrift für preisgebundenen Wohnraum in § 12 a HeizkostenV aF darstellt. Beide Altvorschriften enthielten zwar schon ein Kürzungsrecht, machten es aber von unterschiedlichen Voraussetzungen abhängig und verfolgten auch verschiedene Zwecke. Während die alte Kürzungsvorschrift in § 12 Abs. 1 Nr. 4 HeizkostenV das Kürzungsrecht als Sanktion und Erzwingungsmittel zur Anbringung von Erfassungsgeräten ansah und davon ausging, dass es mit der Zeit überflüssig werden würde, war § 12 a Abs. 1 HeizkostenV auf das Mietpreisrecht zugeschnitten, wonach keine über deren Normen hinausgehenden Kosten vom Mieter preisgebundener Wohnungen verlangt werden durften. 2

### B. Kürzungsrecht, Abs. 1

Nach der Neufassung des § 12 HeizkostenV steht dem Nutzer generell das Recht zu, seinen Kostenanteil um 15% zu kürzen, wenn entgegen den Vorschriften der Heizkostenverordnung nicht verbrauchsabhängig abgerechnet worden ist. Damit wird die Einhaltung der Regelungen der Heizkostenverordnung in die Hände der betroffenen Parteien gelegt; denn die Heizkostenverordnung enthält weder eine Strafsanktion noch ist davon auszugehen, dass die Behörden entsprechend § 7 Abs. 1 EnEG die Einhaltung der Vorschriften der Heizkostenverordnung überwachen[1]. Das ent- 3

[1] Im GEG nicht mehr enthalten.

spricht auch der Tendenz der Heizkostenverordnung, nur insoweit obrigkeitlich in die Privatrechtsverhältnisse einzugreifen, wie es für die Erfüllung ihrer Zwecke erforderlich erscheint.

**3a** Mit dem europarechtlich verordneten Zwang, fernablesbare Mess- oder Erfassungsgeräte einzuführen sowie der Statuierung zahlreicher Informationspflichten sah sich der deutsche Gesetzgeber verpflichtet, auch den Verstoß gegen diesen neuen Tatbestandsmerkmale zu ahnden. Während aber das Kürzungsrecht in § 12 Abs. 1 S. 1 HeizkostenV auf technisch-wissenschaftlichen Untersuchungen über die Höhe der Energieeinsparung durch die verbrauchsabhängige Heizkostenabrechnung beruhte, nähern sich die neuen Sätzen 2 und 3 einer Strafsanktion:

***„Wenn der Gebäudeeigentümer entgegen § 5 Absatz 2 oder Absatz 3 keine fernablesbare Ausstattung zur Verbrauchserfassung installiert hat, hat der Nutzer das Recht, bei der Abrechnung der Kosten den auf ihn entfallenden Anteil um 3 vom Hundert zu kürzen. Dasselbe gilt, wenn der Gebäudeeigentümer die Informationen gemäß § 6a nicht oder nicht vollständig mitteilt.“***

Auch dieser Systemwandel ist europarechtlich initiiert. Nach Art. 13 EED müssen die Mitgliedstaaten Sanktionen für den Fall der Nichteinhaltung der aufgrund der Art. 7–11a … dieser Richtlinie erlassenen nationalen Vorschriften festlegen und ergreifen die zu ihrer Anwendung erforderlichen Maßnahmen. Die Sanktionen müssen wirksam, angemessen und abschreckend sein. An die Stelle des Ausgleichs des Schadens wegen Nichterfüllung der Energieeinsparziele ist ein hoheitlicher Sanktionsmechanismus getreten.

**3b** Der Referentenentwurf versucht in seiner Begründung[2] das alte System dadurch zu retten, dass er auf einen nur mittelbaren Schaden durch Nichterfüllung von Fernablesung und Information dergestalt abstellt, dass es denkbar sei, der Nutzer werde bei Erfüllung der neuen Pflichten über die 15% hinausgehend weitere Energie einsparen. Die Höhe dieser prognostizierten Einsparung wird auf 3% geschätzt, wobei sich allerdings die Frage der Wirtschaftlichkeit der neuen Pflichten stellt. Allerdings steht jetzt der Sanktionscharakter im Vordergrund.[3]

**4** Das Kürzungsrecht stellt sich als ein dem Grunde und der Höhe nach gesetzlich festgelegter Schadensersatzanspruch dar.[4] Denn die Verpflichtung zur verbrauchsabhängigen Kostenverteilung beruht zwar auf der Verordnung, bedarf aber zu ihrer Umsetzung privatautonomer Gestaltung der jeweiligen Nutzungsverträge. Werden entgegen der vertraglichen Vereinbarung die Kosten nicht verbrauchsabhängig verteilt, liegt ein Verstoß gegen Nebenpflichten aus dem Vertrag vor, der zu einem Schadensersatz aus positiver Vertragsverletzung führt.[5]

**5** Der Gesetzgeber hat die gesetzliche Festlegung des Schadensersatzanspruchs deshalb für erforderlich gehalten, weil dessen Durchsetzung im Einzelfall sowohl auf dogmatische als auch beweisrechtliche Schwierigkeiten hinsichtlich des Rechtsgrundes als auch der Schadenshöhe führen könnte. Dem Nutzer sollte erspart bleiben, insbes. die Schadenshöhe nachweisen zu müssen, was auf erhebliche Schwierigkeiten gestoßen wäre.

**6** Mit dem Kürzungsrecht geht der Gesetzgeber in der Neufassung der Norm (→ Rn. 3) von der Vermutung aus, dass sich jeder Nutzer auf Grund der verbrauchsabhängigen Kostenverteilung bemühen werde, Kosten und damit Energie einzusparen. Dieser Spareffekt ginge dagegen verloren, wenn keine verbrauchsabhängige Verteilung vorgenommen werden würde. Die in den alten Fassungen des Kürzungsrechts (→ Rn. 2) enthaltenen Zwecke, die Anbringung von Erfassungsgeräten zu erzwingen bzw. das Mietpreisrecht einzuhalten, sind demgegenüber völlig in den Hintergrund getreten.

**7** Die Pauschalierung der Schadensersatzhöhe beruht auf Untersuchungen, wonach durch die verbrauchsabhängige Kostenverteilung eine Einsparung von 15% erzielt werden kann. Dem kann nicht entgegengehalten werden, dass nach Durchführung von Wärmedämm-Maßnahmen und

---

[2] Begründung, Referentenentwurf (Stand 26.4.2021), S. 28.

[3] Die von Zehelein, ZMR 2021, 541/553, verfassungsrechtlichen wie unsionsrechtlichen Bedenken greifen nicht durch: Es ist durchaus zulässig, private Schadensersatzansprüche als Mittel zur Durchsetzung öffentlicher Ziele zu schaffen (s. dazu Schweitzer, AcP 220 (2020), 558 mwN). Auch der EuGH hat dies gebilligt (EuGH C-453/99, EuZW 2001, 715 mAnm Nowak; EuGH C-295/04, EuZW 2006, 529, mBespr Emmerich JuS 2006, 1125). Eine ander durchaus diskussionswürdige Frage ist, ob sich die Richtlinie selbst an ihre Ermächtigungsgrundlagen hält (Energieeffizienz, Art. 194 Abs. 1 lit. c AEUV), was sowohl für die Fernablesung als auch für die Informationspflichten zweifelhaft ist. Der in diesem Zusammenhang erwähnte „effet utile“ verlangt eine zweckentsprechende Umsetzung, rechtfertigt aber keine zweckwidrigen Regelungen.

[4] **AA** *Schmid* Miet- und WohnR/*Schmid* HeizkostenV § 12 Rn. 2, Recht sui generis. Das schließt die analoge Anwendung des § 536b BGB (Kein Kürzungsrecht bei Kenntnis des Fehlens von Erfassungsgeräten) aus, **aA** AG Staufen DWW 1998, 346.

[5] BGH VIII ZR 218/11, WuM 2012, 316.

gestiegenem Energiebewusstsein dieser Satz nicht mehr erreicht werden kann.[6] Denn der Gesetzgeber hat mit Bedacht einen Prozentsatz und keine absolute Zahl gewählt, so dass auch bei modernen Häusern dieser prozentuale Wert erreicht werden kann, aber von einer geringeren Verbrauchsbasis aus gemessen. Angesichts der empirischen Grundlage der „15%" kann dieses Kürzungsrecht nicht auf andere Verbrauchskosten, die entgegen einer vertraglichen Vereinbarung verbrauchsunabhängig abgerechnet worden sind, im Rahmen einer Schadensschätzung nach § 287 ZPO analog angewendet werden[7]; es fehlt an dem für eine Analogie erforderlichen vergleichbaren Tatbestand[8].

Das Kürzungsrecht ist generell **nicht** gegeben, wenn Ausnahmevorschriften eingreifen, die die Anwendung der Heizkostenverordnung allgemein oder im Einzelfall ausschließen. Das gilt für die Zwei-Familien-Häuser nach § 2 HeizkostenV, die Sondervereinbarung nach § 9b Abs. 4 HeizkostenV und die Ausnahmeregelungen des § 11 HeizkostenV.[9] In den übrigen Fällen ist bei nicht verbrauchsabhängiger Verteilung das Kürzungsrecht anwendbar, so auch wenn dem Gebäudeeigentümer der Beweis für das Vorliegen eines Ausnahmetatbestandes nicht gelingt.[10] 8

Grundsätzlich setzt die Geltendmachung des Kürzungsrechts voraus, dass **nicht verbrauchsabhängig abgerechnet** worden ist. Das kann darauf beruhen, dass überhaupt keine Erfassungsgeräte angebracht worden sind, aber auch darauf, dass trotz vorhandener Erfassungsgeräte keine ordnungsgemäße Kostenverteilung vorgenommen worden ist. Jedoch fallen nur handhabungsbedingte Mängel der Kostenverteilung darunter, nicht nachträglich behebbare, auch nicht systembedingte Ungenauigkeiten der Erfassung (insbes. bei Heizkostenverteilern nach dem Verdunstungsprinzip) oder die lediglich rechnerisch nach den sog. anerkannten Regeln der Technik bestimmten Verbrauchsanteile bei einer Einrohrheizung (s. § 7 Abs. 1 S. 3 HeizkostenV).[11] Daraus folgt, dass beide Tatbestandsmerkmale des Kürzungsrechts, nämlich „entgegen der Vorschriften" und „nicht verbrauchsabhängig", erfüllt sein müssen, damit es zum Tragen kommt.[12] 9

**Handhabungsbedingte Fehler bei der Kostenverteilung** liegen vor, wenn das angebrachte Erfassungsgerät ausgefallen ist, nicht ordnungsgemäß abgelesen worden ist, Skalierungsfehler im Hinblick auf den verwendeten Heizkörper aufweist, fehlerhaft angebracht ist. In allen diesen Fällen (mit Ausnahme des vollständigen Geräteausfalls) kann zwar ein Wert abgelesen werden, dieser entspricht aber nicht dem tatsächlichen Verbrauchsanteil. Nicht hierher gehören Abrechnungsfehler in der zu erstellenden Kostenrechnung.[13] Denn bei diesen handelt es sich nicht mehr um Fragen der verbrauchsabhängigen Abrechnung, sondern um die rechnerisch – nach erfasstem Verbrauch – richtig zu erstellende Kostenverteilung.[14] Im letzteren Fall ist die Rechnung nicht ordnungsgemäß iSd § 259 BGB erstellt und braucht insgesamt bis zur Beseitigung des Mangels nicht beglichen zu werden. 10

Die Fehler (→ Rn. 10) berechtigen dann nicht zur Kürzung des Kostenanteils, wenn sie nachträglich beseitigt werden können und auch beseitigt werden[15]; der Gebäudeeigentümer kann sich aber für die konkret abzurechnende Periode mit der Kürzung nach § 12 Abs. 1 HeizkostenV zufrieden geben, wenn ihm die Mangelbeseitigung zu umständlich oder kostenträchtig erscheint. Der Nutzer hat aber für zukünftige Abrechnungsperioden einen Anspruch auf Beseitigung der Erfassungsmängel. 11

Das Kürzungsrecht greift auch in den Fällen der Abrechnung nach den §§ 9a, 9b Abs. 3 HeizkostenV (in der Variante der **Unmöglichkeit der Zwischenablesung**) ein. Zwar handelt es sich bei der Abrechnung nach § 9a HeizkostenV um eine solche nach der Heizkostenverordnung, aber 12

[6] So insbes. noch *Pfeifer* HeizkostenV § 12 Anm. 2. Auch bei Niedrigenergiehäusern lässt sich noch ein Einsparpotential feststellen, Bundesamt für Bauwesen und Raumordnung, Heizkostenerfassung im Niedrigenergiehaus, Heft 118, 2004; so jetzt auch *Pfeifer* HeizkostenV, 4. Aufl. 2010, § 12 Anm. 2.

[7] AG Halle/Saale ZMR 2011, 962.

[8] **AA** LG Itzehoe MietRB 2011, 308, und möglicherweise BGH VIII ZR 218/11, WuM 2012, 316; dem folgend MietPrax-AK/*Eisenschmid* BGB § 556 Nr. 89 Anm.; MüKoBGB/*Zehelein* HeizkostenV § 12 Rn. 6.

[9] AG Lübben NZM 2000, 907.

[10] AG Berlin-Wedding GE 2012, 1099 mAnm *Lammel* jurisPR-MietR 25/2012 Anm. 3: in der Tatsachenfeststellung ist die Entscheidung falsch. Abgeändert durch LG Berlin WuM 2013, 612 mAnm *Lammel* jurisPR-MietR 17/2013 Anm. 3.

[11] LG Berlin GE 2012, 1563.

[12] *Lammel* NZM 2016, 748; anders *Lindner* AnwZert MietR 24/2015 Anm. 2.

[13] BGH VIII ZR 156/11, NZM 2012, 230; LG Neubrandenburg WuM 2019, 56.

[14] BGH VIII ZR 113/17, NZM 2019, 169.

[15] AG Berlin-Wedding GE 2011, 489.

nicht um eine verbrauchsabhängige.[16] Die Wortfolge „entgegen den Vorschriften dieser Verordnung" in § 12 Abs. 1 HeizkostenV bezieht sich nicht auf die Verfahren nach den §§ 9a, 9b HeizkostenV. Denn dieser Wortlaut war bereits in der alten Fassung der Kürzungsrechte nach den § 12 Abs. 1 Nr. 4, § 12a Abs. 1 HeizkostenV enthalten und konnte sich damals nicht auf die noch nicht vorhandenen Verfahren nach §§ 9a, 9b HeizkostenV erstrecken. Die Neufassung des Kürzungsrechts hat zwar den alten Wortlaut beibehalten, aber über die Einbeziehung der neuen Sonderregelungen nichts gesagt, so dass weiter davon auszugehen ist, dass damit nur die allgemeinen Abrechnungsbestimmungen gemeint sind, nicht aber die Sondervorschriften. Insbesondere bei § 9b Abs. 3 HeizkostenV ist daher darauf abzustellen, wer die Unmöglichkeit der Zwischenablesung zu vertreten hat. Liegt dies im Bereich des Gebäudeeigentümers, findet das Kürzungsrecht Anwendung.[17]

13 Das Kürzungsrecht muss vom **Nutzer geltend** gemacht werden[18], die Herabsetzung des ihm berechneten Kostenanteils erfolgt nicht automatisch kraft Gesetzes. Ebenso wenig darf das Gericht von Amts wegen im Streitfall die Kürzung vornehmen; es darf aber im Rahmen seiner Hinweispflicht auf die entsprechenden Rechte aufmerksam machen.

14 Der Höhe nach ist das Kürzungsrecht auf den Satz von 15% begrenzt (wegen weitergehender Rechte → Rn. 19–21). Der Nutzer darf die Kürzung bis zu dieser Höhe geltend machen, er muss es aber nicht; er kann sich auch mit einem geringeren Prozentsatz zufriedengeben. Dagegen ist der gesetzliche Prozentsatz nicht davon abhängig, dass zB die gesamte Nutzungseinheit vom Mangel betroffen ist; er reduziert sich nicht automatisch bzw. kann auch nicht gegen den Willen des Nutzers herabgesetzt werden, wenn zB nur ein Raum vom Mangel betroffen ist.[19] Denn die mangelhafte Erfassung auch nur eines Raumes wirkt sich wegen der der Kostenverteilung zu Grunde liegenden Verhältnisrechnung auf sämtliche Abrechnungen der Abrechnungseinheit aus, so dass allen Nutzern das Kürzungsrecht zusteht.[20]

15 Die **Kürzung** kann nur von dem Kostenanteil des jeweiligen Nutzers **berechnet** werden, der sich aus der – fehlerhaften – Abrechnung für ihn ergibt; kürzungsfähig ist der volle Kostenanteil,[21] nicht lediglich dessen verbrauchsabhängiger Teil. Das setzt aber voraus, dass überhaupt eine – unabhängig vom Verstoß gegen die Heizkostenverordnung – „ordnungsgemäße" Abrechnung vorliegt; ist diese auch über die Heizkostenverordnung hinaus fehlerhaft, steht dem Gebäudeeigentümer mangels Begründung keine Forderung zu.[22] Nicht gekürzt werden die Gesamtkosten der Abrechnungseinheit oder auch nur die gesamten Energieverbrauchskosten. Werden Wärme und Warmwasser aus getrennten Anlagen bezogen, erfolgt die nicht verbrauchsabhängige Verteilung aber nur für eine dieser Versorgungsarten, so ist das Kürzungsrecht nur für diese Verbrauchsart anwendbar, da der Mangel der einen Art nicht die andere Art berührt. Dies gilt im Regelfall aber nicht für verbundene Anlagen, da hier die Verteilung von Wärme- und Warmwasserkosten voneinander abhängig ist (→ HeizkostenV § 9 Rn. 10)[23].

16 **Ausgeschlossen** ist die **rückwirkende Geltendmachung des Kürzungsrechts.** Hat der Nutzer die sich für ihn aus der fehlerhaften Abrechnung ergebenden Kosten bezahlt, ohne sich auf sein Kürzungsrecht berufen zu haben, ist das entsprechende Leistungsverhältnis durch Erfüllung erloschen.[24] Durch die nachträgliche Berufung auf die Kürzung fällt die Rechtsgrundlage für die Leistung des Kürzungsbetrages nicht nachträglich weg, weil es sich insoweit nicht um ein Gestaltungs-, sondern ein Forderungsrecht handelt.[25]

---

[16] **AA** die wohl hM, *Pfeifer* HeizkostenV § 12 Anm. 2b; Kinne/Schach/Bieber MietProzR/*Kinne* HeizkostenV § 12 Rn. 221; *Freywald* Heizkostenabrechnung Rn. 35; BGH VIII ZR 373/04, WuM 2005, 776; diff. *Wall* Betriebs-/Heizkosten Rn. 6907 Einzelfälle zu §§ 9a, 9b HeizkostenV.

[17] So auch *Freywald* Heizkostenabrechnung Rn. 36; Kinne/Schach/Bieber MietProzR/*Kinne* HeizkostenV § 12 Rn. 222; AG Berlin-Mitte MM 2005, 39.

[18] OLG Köln ZMR 2010, 850.

[19] **AA** *Pfeifer* HeizkostenV § 12 Anm. 5a; in der 4. Aufl. 2010 nicht mehr enthalten.

[20] Kinne/Schach/Bieber MietProzR/*Kinne* HeizkostenV § 12 Rn. 227; **aA** *Pfeifer* HeizkostenV § 12 Anm. 2g.

[21] Inzident geht auch der BGH von dieser Berechnungsmethode aus, BGH VIII ZR 361/89, ZMR 1991, 170 (173); jetzt deutlich BGH VIII ZR 329/14, WuM 2016, 174 Rn. 12.

[22] OLG Düsseldorf ZMR 2005, 42; LG Neubrandenburg WuM 2019, 56.

[23] Der Sachverhalt BGH VIII ZR 195/04, WuM 2005, 657 lässt nicht erkennen, welche Versorgungsart vorliegt; jedenfalls ist die Entscheidung nicht verallgemeinerungsfähig und der Leitsatz zu weitgehend; s. auch Anm. *Lammel WuM 2005*, 762.

[24] LG Hamburg WuM 2000, 311.

[25] Kinne/Schach/Bieber MietProzR/*Kinne* HeizkostenV § 12 Rn. 226; **aA** Schmid Mietnebenkosten-HdB/*Ormanschick* Rn. 6321, j.

Ferner kann die **Geltendmachung ausgeschlossen** sein, wenn sie sich als Verstoß gegen Treu und Glauben darstellt oder wenn sie vertraglich ausgeschlossen ist. Ein Verstoß gegen § 242 BGB wird dann vorliegen, wenn sich alle Nutzer einer Abrechnungseinheit zu Beginn einer Abrechnungsperiode ausdrücklich mit der verordnungswidrigen Kostenverteilung einverstanden erklärt haben, etwa aus Kostengründen.[26] Ein formularvertraglicher Ausschluss des Kürzungsrechts kann allenfalls bei Neuabschluss des Nutzungsvertrages für die laufende Abrechnungsperiode gelten;[27] denn er widerspricht als Dauereinwand der gesetzlichen Zielsetzung der Heizkostenverordnung.[28] Das gleiche gilt auch für die Anmietung einer Wohnung in Kenntnis ihrer Nichtausstattung mit Verbrauchserfassungsgeräten; § 536b BGB ist hierauf nicht anwendbar.[29] 17

**Ausgeschlossen** ist das Kürzungsrecht ferner kraft Gesetzes beim **Wohnungseigentum** im Verhältnis zwischen dem einzelnen Wohnungseigentümer und der Eigentümergemeinschaft.[30] Dem einzelnen Wohnungseigentümer bleibt hier nur die Möglichkeit, gegenüber der Gemeinschaft die ihm zustehenden Rechte auf Durchführung einer Heizkostenverteilung nach der Heizkostenverordnung geltend zu machen.[31] Anwendbar ist dagegen das Kürzungsrecht im Verhältnis zwischen dem Wohnungseigentümer und dem einzelnen Nutzer der Räume. 18

Der Nutzer ist mit seinen Rechten bei Vorliegen einer nicht verbrauchsabhängigen Kostenverteilung nicht auf die Geltendmachung des gesetzlichen abstrakten Schadensersatzes beschränkt. Er kann seinen Schaden auch konkret berechnen. Anspruchsgrundlage ist die positive Vertragsverletzung des Nutzungsvertrages,[32] dem ausdrücklich oder zumindest konkludent die verbrauchsabhängige Abrechnung nach der Heizkostenverordnung zu Grunde liegt. Der mögliche Schaden besteht in der Differenz zwischen dem nicht verordnungsgerecht berechneten Kostenanteil und dem geringeren Kostenanteil, der sich ergeben würde, wenn ordnungsgemäß verbrauchsabhängig verteilt worden wäre. Der Nutzer ist beweispflichtig. Bei einer preisgebundenen Wohnung kann der Mieter nach § 8 Abs. 2 S. 2 WoBindG den Teil der Kostenmiete, zu der gem. § 8a Abs. 7 WoBindG auch die Zuschläge für Betriebskosten gehören, zurückverlangen, der von ihm über den zulässigen Teil hinaus gezahlt worden ist. Aber auch hier obliegt ihm der nur schwer zu erbringende Beweis des Minderverbrauchs. 19

Neben den Schadensersatzansprüchen hat der Nutzer nach § 4 HeizkostenV gegen den Gebäudeeigentümer einen Anspruch darauf, dass entweder Erfassungsgeräte entsprechend § 5 HeizkostenV angebracht oder bei ihnen bestehende Mängel beseitigt werden. 20

Schließlich steht dem Nutzer gegenüber der Nachforderung aus der Heizkostenverteilung ein Zurückbehaltungsrecht bei nicht ordnungsgemäßer Abrechnung zu.[33] Dies allerdings nur dann, wenn sich der Abrechnungsmangel beseitigen lässt. Ist der Mangel dagegen unbehebbar, bleibt es beim Schadensersatzanspruch bzw. dem Kürzungsrecht. 21

## C. Bestandsschutz, Abs. 2, 3, 5

Der Bestandsschutz für einzelne an den genannten Daten bereits verwendete Erfassungsgeräte soll vermeiden, nur wegen der Neuregelung in § 5 HeizkostenV einen kostenverursachenden Geräteaustausch zu vollziehen. Allerdings beschränkt sich dieser Bestandsschutz auf die vorhandenen Geräte eines bestimmten Systems, das nicht unbedingt den Erfordernissen des § 5 HeizkostenV entspricht; der Bestandsschutz erstreckt sich dagegen nicht auf die Beibehaltung des Erfassungssystems nach Wegfall des vorhandenen Gerätes wegen Verschleißes oder sonstiger Unbrauchbarkeit. Deshalb ist davon auszugehen, dass derartige bestandsgeschützte Altgeräte nicht mehr im Gebrauch sind. Jedenfalls ist der Bestandsschutz jetzt bis zum 31. 12. 2013 **begrenzt** worden, da durch Altgeräte der verbrauchssparende Zweck der Heizkostenverordnung gefährdet werde.[34] Die Begren- 22

---

26 **AA** wohl LG Hamburg WuM 2005, 721 (722), aber mit einer zirkelschlussartigen Begründung.
27 Weitergehend wohl Kinne/Schach/Bieber MietProzR/*Kinne* HeizkostenV § 12 Rn. 224.
28 IErg ebenso LG Hamburg WuM 2005, 721.
29 **AA** AG Staufen DWW 1998, 346.
30 Auch bei mehreren Eigentümergemeinschaften, die aus einer gemeinsamen Heizungsanlage Wärme und Warmwasser beziehen, OLG München ZMR 2004, 709.
31 → HeizkostenV § 3 Rn. 9, 18.
32 BGH VIII ZR 218/11, WuM 2012, 316, zum Schadensersatzanspruch.
33 AG Köln MietRB 2005, 170.
34 BR-Drs. 570/08, 19.

zung gilt aber nur für die Altgeräte, die vor den genannten Daten angebracht worden sind; sie gilt nicht für danach angebrachte Erfassungsgeräte.

23 Keine Frage des Bestandsschutzes stellt die Änderung der DIN-Regelungen[35] für Erfassungsgeräte dar. Diese Normen gelten erst für die nach ihrem In-Kraft-Treten neuanzubringenden Geräte, lassen aber bereits vorhandene Erfassungsgeräte nicht nachträglich als ungeeignet im Sinne der Heizkostenverordnung erscheinen.

24 Praktische Bedeutung hätte der Bestandsschutz allenfalls für die neuen Bundesländer haben können, weil dort anstelle der Daten 1.1.1987 und 1.7.1981 das Datum 1.1.1991 maßgebend ist. Alle bis zu diesem Zeitpunkt angebrachten Erfassungsgeräte würden daher als den Erfordernissen des § 5 HeizkostenV entsprechend gelten; allerdings sind in den neuen Ländern durchweg keine alten Erfassungsgeräte angebracht gewesen.

25 Fallen bestimmte Einrichtungen zur Verbrauchserfassung unter den Bestandsschutz, kann der Nutzer eine Kostenrechnung **nicht** nach § 12 Abs. 1 HeizkostenV um 15% **kürzen.** Denn die Abrechnung gilt als ordnungsgemäß.

26 Der Bestandsschutz gilt aber nur soweit, wie die heizungstechnischen Voraussetzungen für das Altsystem unverändert bleiben. Werden diese umgestaltet, so dass das alte Erfassungsgerät systembedingt nicht mehr verwendbar ist, muss nunmehr das neue Gerät den Erfordernissen des § 5 HeizkostenV entsprechen. Das gleiche gilt, wenn das Altgerät durch eine notwendige Reparatur modernisiert wird.

27 Der **Bestandsschutz für Warmwasserkostenverteiler** beruhte auf der Erwartung, dass alsbald für diese Geräte ein technisches Regelwerk erarbeitet würde. Diese Erwartung hat sich nicht erfüllt; die 1987 in den alten Bundesländern in Gebrauch befindlichen Geräte dürften angesichts einer Lebensdauer von sechs bis acht Jahren[36] inzwischen funktionsunfähig geworden sein; ein Austausch durch neue gleichartige Geräte wird aber vom Bestandsschutz nicht mehr erfasst.

28 Für sonstige Geräte zur Verbrauchserfassung gilt in den alten Bundesländern der Stichtag 1.7.1981; für preisgebundenen Wohnraum der 1.8.1984. Hiervon werden besonders Verdunstungsgeräte mit Skalenreduktion erfasst, mit deren Hilfe ein lagebedingter Mehrverbrauch bestimmter Räume rechnerisch ausgeglichen werden sollte. Der Austausch der Verdunster durch neue Modelle lässt den Bestandsschutz entfallen, so dass auch eine rechnerische Reduktion anhand von Tabellen unzulässig ist.

29 Im Fall der **Direktabrechnung bei Fernwärmelieferung** bleibt die Kostenberechnung auf Grund von Zählern, die nur die Wassermenge, nicht die gelieferte Wärme messen, zulässig, sofern sie vor dem 30.9.1989 installiert waren. Diese Regelung steht einer einseitigen Umstellung des Erfassungssystems auf Wärmemesser durch den Wärmelieferanten nicht entgegen; denn sie wirkt lediglich zu seinen Gunsten, nicht aber zugunsten des jeweiligen Nutzers. Die Umstellung ist analog § 6 Abs. 4 S. 3 HeizkostenV nur zu Beginn einer Abrechnungsperiode zulässig.

29a Nach dem **Referentenentwurf** sollen die § 12 Abs. 2, 3 HeizkostenV gestrichen werden.

## D. Übergangsvorschrift, Abs. 4, 6

30 Die Neuregelung der Heizkostenverordnung für die Direktabrechnung bei Fernwärmeversorgung (§ 1 Abs. 3 HeizkostenV), die Kostenverteilung bei Gemeinschaftsräumen mit nutzungsbedingt hohem Wärme- und/oder Warmwasserverbrauch (§ 4 Abs. 3 S. 2, § 6 Abs. 3 HeizkostenV) sollten erst für Abrechnungszeiträume nach dem 30.9.1989 Anwendung finden. Diese Regelung ist zeitlich überholt.

31 Nach Art. 3 der Änderungsverordnung treten die Änderungen der Novelle am 1.1.2009 in Kraft. Dies würde ua mit den Vorschriften über die Änderung von Verteilungsschlüsseln erst ab einem zukünftigen Abrechnungszeitraum kollidieren, wenn der Abrechnungszeitraum bereits vor Inkrafttreten der Neuerungen zu laufen begonnen hat.[37] Deshalb schreibt § 12 Abs. 6 HeizkostenV vor, dass auf bereits begonnene Abrechnungszeiträume die Heizkostenverordnung in der bis zum 31.12. geltenden Fassung anzuwenden ist. Dabei sind diejenigen Abrechnungszeiträume übersehen worden, die parallel zum Kalenderjahr laufen. Angesichts der Verkündung der Novelle erst am 2.12.2008 im Bundesgesetzblatt und der Veröffentlichung des VDI-Beiblatts zu § 7 HeizkostenV

---

35 → HeizkostenV § 5 Rn. 5.
36 *Peters* Wärmekostenabrechnung-HdB S. 107.
37 *Peruzzo* Heizkostenabrechnung Rn. 340.

im März 2009 sind die Fristen zB für die Abänderung des Verteilungsschlüssels nach § 7 Abs. 1 S. 2 HeizkostenV nicht einzuhalten gewesen. Hierbei handelt es sich entgegen der vielfach geäußerten Auffassung nicht um ein technisches, sondern um ein rechtliches Problem, nämlich der Durchführbarkeit rechtlicher Anordnungen. Deshalb ist in Analogie zu § 187 Abs. 1 BGB der Anwendungsbeginn auf Abrechnungszeiträume, die mit dem 2. 1. 2009 zu laufen anfangen, festzusetzen.

Nach dem **Referentenentwurf** sollen die beiden Absätze ersatzlos gestrichen werden. **31a**

# Sicherungsanordnung, Räumungsvollstreckung, Prozessuale Schutzvorschriften

## § 283 a ZPO Sicherungsanordnung

**(1) [1]Wird eine Räumungsklage mit einer Zahlungsklage aus demselben Rechtsverhältnis verbunden, ordnet das Prozessgericht auf Antrag des Klägers an, dass der Beklagte wegen der Geldforderungen, die nach Rechtshängigkeit der Klage fällig geworden sind, Sicherheit zu leisten hat, soweit**

**1. die Klage auf diese Forderungen hohe Aussicht auf Erfolg hat und**

**2. die Anordnung nach Abwägung der beiderseitigen Interessen zur Abwendung besonderer Nachteile für den Kläger gerechtfertigt ist. Hinsichtlich der abzuwägenden Interessen genügt deren Glaubhaftmachung.**

**[2]Streiten die Parteien um das Recht des Klägers, die Geldforderung zu erhöhen, erfasst die Sicherungsanordnung den Erhöhungsbetrag nicht. [3]Gegen die Entscheidung über die Sicherungsanordnung findet die sofortige Beschwerde statt.**

**(2) Der Beklagte hat die Sicherheitsleistung binnen einer vom Gericht zu bestimmenden Frist nachzuweisen.**

**(3) Soweit der Kläger obsiegt, ist in einem Endurteil oder einer anderweitigen den Rechtsstreit beendenden Regelung auszusprechen, dass er berechtigt ist, sich aus der Sicherheit zu befriedigen.**

**(4) [1]Soweit dem Kläger nach dem Endurteil oder nach der anderweitigen Regelung ein Anspruch in Höhe der Sicherheitsleistung nicht zusteht, hat er den Schaden zu ersetzen, der dem Beklagten durch die Sicherheitsleistung entstanden ist. [2]§ 717 Abs. 2 Satz 2 gilt entsprechend.**

### Systematische Übersicht



### Alphabetische Schnellübersicht

## A. Überblick

1 Das Prozessgericht kann auf Antrag des Klägers (Vermieter) gegen den Beklagten (Mieter) anordnen, dass dieser für solche Forderungen, die nach Rechtshängigkeit fällig und dann eingeklagt worden sind, innerhalb einer vom Gericht festgesetzten Frist eine Sicherheit gem. § 232 BGB zu leisten hat; die Sicherheitsleistung geschieht idR durch Bankbürgschaft, Hinterlegung oder Verpflichtungserklärung einer öffentlichen Stelle. Die Sicherheitsleistung darf nur angeordnet werden, wenn eine Verurteilung wegen dieser Forderungen mit hoher Aussicht auf Erfolg zu erwarten ist, wenn die Sicherheitsleistung nach einer Interessenabwägung gerechtfertigt erscheint und wenn zugleich Räumungsklage erhoben ist. Soweit der Kläger dann tatsächlich mit seiner Zahlungsklage obsiegt, erlaubt ihm das Gericht in der Endentscheidung, sich aus der Sicherheit zu befriedigen; die weitergehende Sicherheit hat er zurückzugeben. Kommt der Beklagte der Sicherungsanordnung nicht nach, darf das Gericht auf Antrag gem. § 940 a Abs. 3 ZPO im Wege der einstweiligen Verfügung anordnen, dass der Mieter geräumt wird. § 940 a Abs. 3 ZPO gilt nur bei der Wohnraummiete; die Sicherungsanordnung kann hingegen auch bei der Gewerbemiete erlassen werden.

## B. Entstehungsgeschichte und Zweck

2 Die Vorschrift wurde durch das Gesetz über die energetische Modernisierung von vermietetem Wohnraum und über die vereinfachte Durchsetzung von Räumungstiteln v. 11.3.2013 (MietRÄndG 2013; BGBl. I 434) erstmals eingeführt und hat im Laufe des Gesetzgebungsverfahrens erhebliche Veränderungen insbes. zu der Art der Sicherheitsleistung und der zu sichernden Forderungen erfahren[1]; ähnliche Regelungen gab und gibt es nicht.[2] § 283 a ZPO ist ohne besondere **Übergangsvorschriften** (s. Art. 9 MietRÄndG) am 1.5.2013 in Kraft getreten und gilt deshalb auch für zu diesem Zeitpunkt schon anhängige Verfahren.[3]

3 Das MietRÄndG 2013 verfolgt als Ziel – auch – die **Bekämpfung des sog. Mietnomadentums,** also solcher Mieter, die sich planmäßig ihren Zahlungsverpflichtungen entziehen.[4] Die Sicherungsanordnung soll hierbei endgültige Forderungsausfälle bei langdauernden Hauptsacheverfahren verhindern, indem der Mieter unter bestimmten Voraussetzungen für das während des Verfahrens weiter fällig gewordene Nutzungsentgelt **Sicherheit leisten** muss.[5] Das soll den tatsächlichen Wert eines (später) in der Hauptsache ergehenden Zahlungstitels sichern und dem beklagten Mieter einen Anreiz nehmen, den Prozess zur Zahlungsverzögerung zu missbrauchen.[6] Der Vermieter erschien dem Gesetzgeber im Vergleich zu anderen Gläubigern schutzwürdiger, weil sich seine Außenstände nach Rechtshängigkeit weiter erhöhen.[7] Auch wenn Anlass des Gesetzes die Bekämpfung der Mietnomaden war, ist § 283 a ZPO nicht auf den betrügerisch handelnden Mieter beschränkt.[8] Kommt der Wohnungsmieter der angeordneten Sicherheitsleistung nicht nach, kann

---

[1] Siehe dazu Börstinghaus/Eisenschmid/*Börstinghaus* Arbeitskommentar Mietrechtsänderungsgesetz, 2013 § 283 a Rn. 10.

[2] Eine ähnliche Regelung ist schon einmal als Forderungssicherungsgesetz für Werkunternehmeransprüche vorgeschlagen (BT-Drs. 16/511), aber wegen erheblicher Bedenken nicht beschlossen worden (s. *Zehelein* WuM 2012, 421; Börstinghaus/Eisenschmid/*Börstinghaus* Arbeitskommentar Mietrechtsänderungsgesetz, 2013 § 283 a Rn. 9).

[3] OLG Celle NJW 2013, 3316; LG Saarbrücken WuM 2015, 630.

[4] Gesetzesbegründung BT-Drs. 17/10485, 1/2.

[5] Gesetzesbegründung BT-Drs. 17/10485, 2.

[6] *Gesetzesbegründung BT-Drs.* 17/10485, 27/28.

[7] Beschlussempfehlung Rechtsausschuss BT-Drs. 17/11894, 34/35. Die Beschränkung auf Miet- und Pachtverhältnisse ist erst auf Empfehlung des Rechtsausschusses erfolgt.

[8] So auch OLG Celle NJW 2013, 3316.

der Vermieter eine **Räumungsverfügung** gem. § 940 a Abs. 3 ZPO beantragen. Wird der Wohnungsmieter auf Grund einer solchen Räumungsverfügung geräumt, können weitere Rückstände nicht entstehen und dem Vermieter werden anderweitige Einnahmemöglichkeiten durch Weitervermietung eröffnet.

Das Zusammenspiel mit § 940 a Abs. 3 ZPO macht den **eigentlichen Zweck** von § 283 a ZPO deutlich. Die zunächst vorgesehene Sanktion bei Verstoß gegen die Sicherungsanordnung, die Verhängung eines Ordnungsgeldes bzw. Ordnungshaft, wurde im Laufe des Gesetzgebungsverfahrens gestrichen, die Möglichkeit, eine Räumungsverfügung zu beantragen, und Möglichkeit der Vollstreckung durch den Kläger sah der Gesetzgeber als ausreichend an.[9] Die Möglichkeit der Vollstreckung dürfte allerdings weitgehend theoretischer Natur sein, weil eine Sicherungsanordnung im Wesentlichen nur dann erlassen werden darf, wenn der Mieter (nahezu) zahlungsunfähig ist (→ Rn. 31), wenn es also keine Vollstreckungsmasse gibt. Deshalb stellt sich die Sicherungsanordnung – verschleiert durch ihre systematische Stellung und ihren Anwendungsbereich, der sich auch auf die Gewerbemiete erstreckt – im Grunde als bloße Tatbestandsvoraussetzung der für die Wohnraummiete möglichen Räumungsverfügung gem. § 940 a Abs. 3 ZPO dar.[10] Es wurde eine Art prozessualer Beendigungsgrund geschaffen, der neben die Kündigungsgründe des materiellen Rechts tritt und dessen Kern ein Verstoß gegen prozessuale Pflichten ist. 4

Das **Zusammenspiel mit § 940 a Abs. 3 ZPO** hat auch Auswirkungen auf die Auslegung von § 283 a ZPO.[11] Die Wohnung gehört zum zentralen Kernbereich der Lebensführung und genießt grundrechtlichen Schutz.[12] Eine Räumung – zumal im Wege der einstweiligen Verfügung – greift in dieses Schutzgut ein und darf nicht ohne hinreichenden Anlass und nachgewiesene Berechtigung erfolgen. Denn bei der Räumungsverfügung handelt es sich um eine Leistungsverfügung, die praktisch eine endgültige Befriedigung im Wege der einstweiligen Verfügung zum Gegenstand hat. Das ist zu berücksichtigen, wenn bei § 283 a Abs. 1 S. 1 Nr. 1 ZPO das Überzeugungsmaß bestimmt wird, das eine hohe Aussicht auf Erfolg der Klage erfordert; außerdem ist es bei der Interessenabwägung gem. § 283 a Abs. 1 S. 1 Nr. 2 ZPO zu berücksichtigen. 5

Die Sicherungsanordnung ist der Sache nach eine **Sicherungsverfügung,** die systematisch allerdings nicht bei der einstweiligen Verfügung (§§ 935 ff. ZPO) angesiedelt ist, sondern bei den Vorschriften über das Verfahren. Der vorläufige Charakter und der Regelungszusammenhang mit § 940 a Abs. 3 ZPO hätten dafür gesprochen, § 283 a ZPO bei den Vorschriften über die einstweilige Verfügung einzuordnen. Anders als eine einstweilige (Sicherungs-)Verfügung gem. § 935 ZPO setzt eine Sicherungsanordnung ein bereits rechtshängiges Hauptsacheverfahren voraus, innerhalb dessen sie erlassen wird. Das nähert sie einstweiligen Anordnungen wie § 769 ZPO an. Insofern hat § 283 a ZPO eine **Zwitterstellung.** Die Zwitterstellung zeigt sich weiter daran, dass die Voraussetzungen der Sicherungsanordnung teilweise durch Strengbeweis und teilweise durch Glaubhaftmachung zu beweisen sind. 6

## C. Anwendungsbereich

Die Sicherungsanordnung kann insbes., aber nicht nur für **(Zahlungs-)Ansprüche aus Miet- und Pachtverhältnissen über unbewegliche Sachen** ergehen.[13] Das folgt daraus, das die Zahlungsklage zusammen mit einer Räumungsklage erhoben sein muss und die jeweils zu Grunde liegenden Ansprüche aus demselben Rechtsverhältnis stammen müssen. Der Begriff der Räumungsklage in § 283 a Abs. 1 ZPO ist nach dem Willen des Gesetzgebers[14] trotz des leicht unterschiedlichen Wortlauts identisch mit dem der Räumungssache in § 272 Abs. 4 ZPO. Diese Vorschrift wurde ebenfalls durch das MietRÄndG neu eingeführt und sieht – in Anlehnung an § 155 Abs. 1 FamFG bzw. § 61 a ArbGG – eine vorrangige und beschleunigte Behandlung von Räumungssachen vor, ohne allerdings konkrete Fristvorgaben zu machen. Unter **Räumungssachen** 7

---

[9] Beschlussempfehlung Rechtsausschuss BT-Drs. 17/11894, 35.

[10] So wohl auch LG Berlin NJW 2014, 1188. Für eine eigenständigere Bedeutung des § 283 a ZPO *Emmerich* NZM 2014, 884 und *Emmerich* PiG 97 (2014), 124.

[11] **AA** *Emmerich* NZM 2014, 884 und *Emmerich* PiG 97 (2014), 124, der die „erforderlichen Hürden" erst bei der Auslegung des § 940 a Abs. 3 ZPO aufstellen will; zur Widerlegung näher → Rn. 20.

[12] BVerfG NJW 1993, 2035.

[13] Beschlussempfehlung Rechtsausschuss BT-Drs. 17/11894, 34, allerdings ohne die Beschränkung auf unbewegliche Sachen zu erwähnen.

[14] Beschlussempfehlung Rechtsausschuss BT-Drs. 17/11894, 34.

iSv § 272 Abs. 4 ZPO versteht der Gesetzgeber solche gem. § 765 a Abs. 3 ZPO.[15] Deshalb ist der Begriff der Räumungssache nicht materiell-rechtlich zu auszulegen, sondern vollstreckungsrechtlich (zum vollstreckungsrechtlichen Begriff der Räumung → ZPO Vor § 712 Rn. 1). § 765 a ZPO erfasst Titel, die gem. § 885 ZPO zu vollstrecken sind, und Räumungsklagen iSv § 283 a ZPO sind dementsprechend Verfahren, die auf Verschaffung von Titeln gerichtet sind, die gem. § 885 ZPO vollstreckt werden.[16] Denn nur in § 885 ZPO geht es um Räumung. Der Anwendungsbereich des § 885 ZPO ist beschränkt auf unbewegliche Sachen (sowie Schiffe und Schiffsbauwerke). Eigentlicher Gegenstand der Vollstreckung ist die Besitzverschaffung der unbeweglichen Sache an den Gläubiger, also deren Herausgabe bzw. Überlassung; die Räumung betrifft die Behandlung (Wegschaffung und Verwertung) derjenigen beweglichen Sachen, die sich im herauszugebenden Bereich befinden. Auch wenn § 885 ZPO nicht auf die Herausgabe bzw. Räumung von Mietobjekten beschränkt ist (s. nachfolgend), resultieren nach § 885 ZPO zu vollstreckende Titel für den hier interessierenden Bereich des Mietrechts aus **Wohnraummietverhältnissen** bzw. aus Raum- oder Grundstücksmietverhältnissen gem. § 578 BGB. Weitergehend als in §§ 721, 794 a ZPO sind also insbes. auch **Gewerbemietverhältnisse** (sowohl über Räume als auch über Grundstücke) erfasst[17], nicht aber die Miete beweglicher Sachen (Auto, Container, Wohnwagen etc), selbst wenn es dort gelegentlich auch materiell-rechtliche Räumungspflichten geben kann. Im Rahmen des § 283 a ZPO kommt es nicht darauf an, ob der Vermieter konkret Räumung gem. § 546 Abs. 1 und 2 BGB oder „nur" Herausgabe gem. § 985 BGB verlangt bzw. verlangen kann. Das folgt schon aus § 885 Abs. 1 ZPO, wo nebeneinander von Herausgabe und Räumung die Rede ist; es folgt erst recht aus § 885 a ZPO, der es dem Gläubiger erlaubt, einen Räumungstitel auf die Herausgabevollstreckung zu beschränken.

8 Über das Miet- und Pachtrecht hinausgehend liegt nach dem Vorstehenden eine Räumungsklage iSv § 283 a Abs. 1 ZPO immer schon dann vor, wenn Räumung oder **Herausgabe einer unbeweglichen Sache** begehrt wird, der Rechtsgrund des Anspruchs (zB § 985 BGB) ist gleichgültig.[18] Zwar hatte der Gesetzgeber bei der Schaffung von § 283 a ZPO Miete und Pacht vor Augen und nur diese Vertragsarten im Gesetzgebungsverfahren erwähnt.[19] Daraus folgt aber keine Beschränkung, da im Gesetzestext die offene Formulierung „aus demselben Rechtsverhältnis" verwendet wird anstatt der Formulierung „aus demselben Miet- oder Pachtverhältnis". Außerhalb des Miet- und Pachtrechts kommen insbes. kauf-, erb- oder schenkungsrechtliche Anspruchsgrundlagen in Betracht. Der Anwendungsbereich des § 283 a ZPO ist aber nur eröffnet, wenn neben dem Herausgabe- bzw. Räumungsanspruch nach Rechtshängigkeit noch Zahlungsansprüche entstehen und mit der Klage geltend gemacht werden. Das können etwa Ansprüche auf Nutzungsentschädigung aus Bereicherungsrecht, einem Eigentümer-Besitzer-Verhältnis oder aus Schadensersatz sein. Räumungsansprüche außerhalb des Mietrechts bleiben im Folgenden außer Betracht.

## D. Voraussetzungen

9 Die Voraussetzungen für den Erlass einer Sicherungsanordnung sind einigermaßen komplex. Sie erfordern zu sichernde Geldforderungen, die nach Rechtshängigkeit fällig geworden sind (→ Rn. 13), die Gegenstand eines nicht nur auf Zahlung, sondern auch auf Räumung gerichteten Hauptprozesses sind (→ Rn. 10) und wegen derer eine Verurteilung in dem Hauptprozess mit hoher Aussicht erfolgen wird (→ Rn. 19). Da die Sicherungsanordnung der Sache nach eine einstweilige (Sicherungs-)Verfügung ist (→ Rn. 6), stellen diese zu sichernden Geldforderungen den Verfügungsanspruch dar. Weiterhin muss die Sicherungsanordnung geeignet sein, besondere Nachteile vom Kläger abzuwenden; diese Nachteile müssen die gegenläufigen Interessen des Beklagten überwiegen (→ Rn. 26). Das ist der Verfügungsgrund der Sicherungsanordnung.

---

[15] Beschlussempfehlung Rechtsausschuss BT-Drs. 17/11894, 34.

[16] So auch *Börstinghaus* NJW 2013, 3265.

[17] *Börstinghaus/Eisenschmid/Börstinghaus* Arbeitskommentar Mietrechtsänderungsgesetz, 2013 § 283 a Rn. 11; *Börstinghaus* NJW 2013, 3265.

[18] OLG Naumburg NJW 2016, 1250; *Börstinghaus* NJW 2013, 3265.

[19] Beschlussempfehlung Rechtsausschuss BT-Drs. 17/11894, 34.

### I. Verbundene Klage

Eine Sicherungsanordnung ist nur zulässig, wenn die **Zahlungsklage,** mit der die zu sichernden Ansprüche geltend gemacht werden, **verbunden** ist **mit einer Räumungsklage.** Hierdurch wollte der Gesetzgeber sicherstellen, dass der Anwendungsbereich der Sicherungsanordnung auf das Miet- und Pachtrecht beschränkt wird.[20] Dieser Wille ist nicht vollständig umgesetzt worden, da es auch Räumungsklagen außerhalb des Miet- und Pachtrechts gibt (Einzelheiten → Rn. 8); praktische Bedeutung dürften Sicherungsanordnungen aus anderen Rechtsbereichen aber nur in geringem Umfang erreichen, weil es meist an den weiteren zu erfüllenden Voraussetzungen fehlen wird. **Verbindung** gem. § 283 a Abs. 1 ZPO ist nicht gleichzusetzen mit Verbindung gem. § 147 ZPO.[21] Das würde den Anwendungsbereich von § 283 a ZPO zu stark einengen, ohne dass hierfür ein Sinn oder eine gesetzgeberische Absicht erkennbar wäre. Verbindung bedeutet vielmehr, dass die Zahlungsklage mit der Räumungsklage zusammen in einem Rechtsstreit erhoben sein muss – entweder von Anfang an oder durch spätere Verbindung gem. § 147 ZPO oder durch Klageerweiterung[22], so dass im Zeitpunkt des Erlasses der Sicherungsanordnung eine Anspruchshäufung von Zahlungs- und Räumungsklage gem. § 260 ZPO besteht; die Erhebung der Zahlungsklage in einem anderen Rechtsstreit reicht nicht aus.[23] Der gesetzgeberische Zweck erfordert eine Klagehäufung zwar nicht, er wäre auch bei einer zeitlich gemeinsamen Geltendmachung der Ansprüche in verschiedenen Verfahren verwirklicht; der Wortlaut „verbunden" lässt eine solche Vorgehensweise aber nicht zu. Allenfalls eine spätere Prozesstrennung gem. § 145 ZPO könnte mit dem Wortlaut vereinbar und damit unschädlich sein[24]; ist aber eine Sicherungsanordnung erlassen oder beantragt, dürfte ein Fall der zwingenden Verbindung vorliegen, der eine Trennung unzulässig macht.[25] Oftmals werden Räumungsklage und Zahlungsklage aus prozesstaktischen Gründen zunächst getrennt erhoben. Grund hierfür kann die Überlegung sein, die Räumungsklage nicht durch Aufklärung aller, auch der für die Räumung unnötigen Zahlungsansprüche zu verzögern, oder der Wunsch, die Zahlungsansprüche im Wege der Urkundsklage geltend zu machen, was die Verbindung mit der Räumungsklage unzulässig macht (→ Rn. 12). Wenn dieser Grund später wegfällt und der Kläger – ggf. nach Abstandnahme vom Urkundsprozess gem. § 596 ZPO – Verbindung beider Streitigkeiten gem. § 147 ZPO beantragt, um die Voraussetzungen einer Sicherungsanordnung schaffen zu können, dann ist das richterliche Ermessen gebunden und eine Verbindung geboten, wenn nicht besondere Umstände entgegenstehen. 10

Die **Räumungsklage** muss nur **zulässig** erhoben, also rechtshängig sein, der mit ihr geltend gemachte Räumungs- bzw. Herausgabeanspruch muss hingegen iRd § 283 a ZPO (anders als bei § 940 a Abs. 3 ZPO) nicht schlüssig oder gar begründet sein.[26] Das ergibt sich einmal aus § 283 a Abs. 1 S. 1 Nr. 1 ZPO, wonach nur hinsichtlich der nach Rechtshängigkeit fällig gewordenen Forderungen hohe Aussicht auf Erfolg bestehen muss; es folgt aber auch aus dem dargestellten Zweck des Tatbestandsmerkmals, das nur der Bestimmung des Anwendungsbereichs der Sicherungsanordnung dient. Der Grund für den Räumungsanspruch (Kündigung wegen Zahlungsverzugs, Eigenbedarf etc) spielt keine Rolle, da das Gesetz hierzu keine Einschränkungen enthält. Auch eine Klage auf zukünftige Räumung gem. §§ 257, 259 ZPO (dazu → BGB § 546 Rn. 128) erscheint ausreichend. Die Räumungsklage muss bei Entscheidung über die Sicherungsanordnung noch rechtshängig sein, da nur dann das vom Gesetzgeber angenommene Schutzbedürfnis des Klägers wegen der Weiternutzung ohne Nutzungsentgeltzahlung besteht. Eine erlassene Sicherungsanordnung wird aber von einer Rücknahme oder sonstigen **Erledigung der Räumungsklage** nicht berührt, da sich das Sicherungsbedürfnis des Klägers für die schon fällig gewordenen Forderungen nicht verringert. 11

Der Zahlungsanspruch darf nicht im Wege der **Urkundenklage** gem. §§ 592 ff. ZPO geltend gemacht werden, da im Urkundenprozess ein Räumungsanspruch nicht klagbar ist[27] und deshalb 12

---

[20] Beschlussempfehlung Rechtsausschuss BT-Drs. 17/11894, 34.

[21] *Börstinghaus* NJW 2013, 3265.

[22] Börstinghaus/Eisenschmid/*Börstinghaus* Arbeitskommentar Mietrechtsänderungsgesetz, 2013 § 283 a Rn. 11.

[23] LG Saarbrücken WuM 2015, 630.

[24] Börstinghaus/Eisenschmid/*Börstinghaus* Arbeitskommentar Mietrechtsänderungsgesetz, 2013 § 283 a Rn. 11.

[25] MüKoZPO/*Fritsche* § 145 Rn. 10 f.

[26] *Emmerich* PiG 97 (2014), 124; **aA** *Zehelein* WuM 2013, 137.

[27] *Sommer/Wichert* ZMR 2009, 503, dort auch allg. zu den Möglichkeiten, im Urkundsprozess Miete und Nutzungsentschädigung einzuklagen.

eine Verbindung nicht in Betracht kommt[28]; anders kann das sein, wenn im Nachverfahren um eine Räumungsklage erweitert wird. Auch die Erhebung einer Feststellungsklage reicht nicht aus; angesichts des klaren Wortlauts von § 283 a Abs. 1 S. 1 ZPO ist eine Zahlungsklage notwendig.[29]

## II. Zugelassene Ansprüche

13 Die Forderungen, wegen derer eine Sicherungsanordnung erlassen werden kann, müssen folgende Voraussetzungen erfüllen: Es muss sich – so der Gesetzeswortlaut – um Geldforderungen handeln und die Geldforderungen müssen aus **demselben Rechtsverhältnis** erwachsen sein, aus dem der Kläger auf Räumung bzw. Herausgabe klagt. Wie bereits dargelegt wird es sich praktisch um Forderungen aus Miet- und Pachtverhältnissen über unbewegliche Sachen handeln, andere Rechtsverhältnisse, aus denen Räumungs- oder Herausgabeansprüche über unbewegliche Sachen herrühren können, kommen aber ebenfalls in Betracht (→ Rn. 8). Der Begriff des Rechtsverhältnisses ist weit zu verstehen, ähnlich dem des Streitgegenstandes[30]; deshalb fallen auch Ansprüche aus unwirksamen oder beendeten Verträgen darunter sowie aus gesetzlichen Schuldverhältnissen. Nicht aus demselben Rechtsverhältnis erwachsen etwa Zahlungsansprüche aus einem (ungekündigten) Wohnraummietverhältnis und der Anspruch auf Räumung einer gesondert vom Wohnraummietverhältnis vermieteten Garage. Prototypisch für die zu sichernden Geldforderungen stehen die **wiederkehrenden Ansprüche auf das Nutzungsentgelt.** Die wiederkehrenden Leistungen hatte der Gesetzgeber besonders im Blick, weil deren (endgültiges oder vorübergehendes) Ausbleiben für den Kläger besonders misslich ist. Dennoch ist die Sicherungsanordnung nicht auf wiederkehrende Leistungen beschränkt, auch einmalig entstehende Geldforderungen (etwa auf **Betriebskostennachzahlungen**[31] oder die **Mietkaution**[32]) können grds. § 283 a ZPO unterfallen[33]; bei solchen einmaligen Geldforderungen dürfte für sich allein genommen allerdings kaum einmal eine Sicherung des Klägers zur Abwendung besonderer Nachteile gem. § 283 a Abs. 1 S. 1 Nr. 2 ZPO nötig sein. Einmalige Geldforderungen können deshalb allenfalls dann berücksichtigt werden, wenn zusätzlich noch Rückstände wegen wiederkehrender Leistungen bestehen. Wiederkehrende Nutzungsentgelte sind insbes. der **Nutzungsentschädigungsanspruch** gem. § 546 a BGB und der Schadensersatzanspruch auf Erstattung von **Mietausfall.** Aber auch Bereicherungsansprüche und Ansprüche aus einem Eigentümer-Besitzer-Verhältnis kommen in Betracht. Der vertragliche **Mietzinsanspruch** gem. § 535 BGB scheidet praktisch weitgehend für eine Sicherungsanordnung aus, weil der Vermieter als Voraussetzung einer Sicherungsanordnung auch Räumungsklage erhoben haben muss, das Mietverhältnis also – jedenfalls nach Klägervortrag – beendet sein muss. Anders kann es dann sein, wenn der Vermieter im Prozessverlauf neu kündigt, weil die frühere Kündigung unwirksam war, oder wenn er auf zukünftige Räumung gem. §§ 257, 259 ZPO (dazu → BGB § 546 Rn. 128) klagt. **Verzugszinsen** können ebenfalls Gegenstand einer Sicherungsanordnung sein; es erscheint jedoch – ähnlich wie bei einmaligen Geldforderungen – kaum denkbar, allein wegen solcher Forderungen ein besonderes Interesse der Klägers gem. § 283 a Abs. 1 S. 1 Nr. 2 ZPO am Erlass einer Sicherungsanordnung anzunehmen.

14 Es dürfen nur **Geldforderungen** gesichert werden, die selbst **Streitgegenstand der Zahlungsklage** sind.[34] Das folgt aus der Formulierung in § 283 a Abs. 1 S. 1 Nr. 1 ZPO, „die Klage auf *diese* Forderungen" müsse hohe Aussicht auf Erfolg haben. Die Forderungen müssen weiterhin nach Eintritt der Rechtshängigkeit bis zum Erlass der Sicherungsanordnung **fällig** geworden sein.[35]

---

[28] Börstinghaus/Eisenschmid/*Börstinghaus* Arbeitskommentar Mietrechtsänderungsgesetz, 2013 § 283 a Rn. 11; *Börstinghaus* NJW 2013, 3265 hält eine Teil-Urkundenklage wegen des Zahlungsanspruchs für theoretisch möglich.

[29] Börstinghaus/Eisenschmid/*Börstinghaus* Arbeitskommentar Mietrechtsänderungsgesetz, 2013 § 283 a Rn. 11; **aA** offenbar LG Berlin NJW 2014, 1188.

[30] Enger *Zehelein* WuM 2013, 136.

[31] Börstinghaus/Eisenschmid/*Börstinghaus* Arbeitskommentar Mietrechtsänderungsgesetz, 2013 § 283 a Rn. 11; *Börstinghaus* NJW 2013, 3266.

[32] Börstinghaus/Eisenschmid/*Börstinghaus* Arbeitskommentar Mietrechtsänderungsgesetz, 2013 § 283 a Rn. 11; *Börstinghaus* NJW 2013, 3266. Der Kautionsanspruch kann auch nach Vertragsbeendigung noch geltend gemacht werden (BGH VIII ZR 332/79, NJW 1981, 976).

[33] *Börstinghaus* NJW 2013, 3266.

[34] *LG Berlin NJW 2014, 1188.*

[35] OLG Celle NJW 2013, 3316; LG Berlin NJW 2014, 1188; AG Dortmund NZM 2014, 903; AG Langenfeld NZM 2014, 76; *Lützenkirchen* ZMR 2012, 605; *Börstinghaus* NJW 2013, 3266; Gesetzesbegründung BT-Drs. 17/10485, 28.

Damit sind insbes. vorprozessuale Zahlungsrückstände ausgeschlossen und solche Forderungen, die erst nach Erlass der Sicherungsanordnung fällig werden.[36] Zu den vorprozessualen Zahlungsrückständen gehören alle Forderungen, die vor Klagezustellung fällig geworden sind, also auch solche Forderungen, die zwischen Anhängigkeit und Rechtshängigkeit oder am Beginn des Tages der Klagezustellung zahlbar wurden.[37] Das ergibt sich ebenfalls aus dem Wortlaut („nach Rechtshängigkeit" und „fällig geworden sind"). Die Notwendigkeit der Rechtshängigkeit bezieht sich nicht nur auf die Zahlungsklage, sondern auch auf die Räumungsklage.[38] Das Gesetz geht von einer verbundenen Klage, also von einer **gemeinsamen Rechtshängigkeit** von Zahlungs- und Räumungsklage aus. Wird eine der Klagen erst später erhoben, können nur diejenigen Geldforderungen gesichert werden, die nach Rechtshängigkeit der zuletzt erhobenen Klage fällig geworden sind. Rechtshängigkeit tritt durch Zustellung einer ordnungsgemäßen Klage ein (§ 261 Abs. 1 ZPO iVm § 253 Abs. 1 ZPO). Fälligkeit heißt, dass der Gläubiger die Leistung verlangen kann; die Fälligkeit einer Forderung ist grds. Voraussetzung ihrer Geltendmachung im Rahmen einer Leistungsklage.[39] Besteht ein Sicherungsinteresse an Verzugszinsen, können die verzugs*begründenden* Ansprüche schon vor Rechtshängigkeit fällig geworden sein, der Verzugszeitraum, für den Verzugszins bzw. dessen Sicherung verlangt wird, muss aber zwischen Rechtshängigkeit und Sicherungsanordnung liegen; der Zinsrückstand ist zu errechnen (× EUR) oder errechenbar zu bezeichnen (× % Zinsen aus × EUR von … bis …). § 167 ZPO gilt nicht.

Der Kläger hat verschiedene Möglichkeiten, die Rechtshängigkeit der sicherungsfähigen Forderungen herbeizuführen: Er kann wegen der im Verlauf des Rechtsstreits fällig gewordenen Geldforderungen eine normale **Leistungsklage** erheben bzw. die Klage wegen neuer, nach Rechtshängigkeit fällig gewordener Forderungen sukzessive **erhöhen** (zulässige Klageänderung gem. § 264 ZPO); in diesem Fall ist ein Teil der Klageforderung (nämlich derjenige, der Gegenstand der ursprünglichen Zahlungsklage war) nicht sicherungsfähig, weil dieser Teil schon bei Rechtshängigkeit fällig war.[40] Um dies und die mit einem solchen Vorgehen verbundenen Verzögerungen (Fertigung der Klageerhöhungsschrift, Vorschussanforderung durch das Gericht, Zustellung der Klageerhöhung, rechtliches Gehör für den Beklagten) zu vermeiden, kann der Vermieter als Kläger auch **Klage auf zukünftig fällig werdende Leistungen** gem. §§ 257–259 ZPO erheben. Auch in diesem Fall können aber nur solche Ansprüche gesichert werden, die bis zum Erlass der Sicherungsanordnung fällig geworden sind; der offene Antrag einer Klage gem. §§ 257 ff. ZPO („… bis zur vollständigen Räumung …") darf nicht in eine Sicherungsanordnung übernommen werden.[41] **15**

In der Praxis dürfte nur die Zahlungsklage wegen Besorgnis nicht rechtzeitiger Leistung gem. § 259 ZPO eine Rolle spielen. Theoretisch kommen zwar ebenfalls noch die Klage auf künftige Zahlung gem. **§ 257 ZPO** und die Zahlungsklage auf wiederkehrende Leistungen gem. **§ 258 ZPO** in Betracht; sie erfordern aber eine einseitige, nicht von einer Gegenleistung abhängige Forderung, die in der Rechtspraxis kaum gegeben ist. Die Kautionsforderung des Vermieters gehört nicht dazu, da dem Mieter ein Zurückbehaltungsrecht zustehen kann[42], was wiederum eine Anwendung von § 257 ZPO ausschließt.[43] Die Mietforderung ist von der Gebrauchsgewährung als Gegenleistung abhängig, was § 258 ZPO ausschließt. Ob eine Klage gem. § 258 ZPO auf zukünftige Nutzungsentschädigung (§ 546 a BGB) möglich ist, ist umstritten.[44] Die Entscheidung hängt davon ab, ob man annimmt, dass die Nutzungsentschädigung von einer Gegenleistung abhängig ist. Eine solche Abhängigkeit von einer Gegenleistung wird zu bejahen sein.[45] Der Vermieter ist nach **16**

---

[36] AG Langenfeld NZM 2014, 76; AG Dortmund NZM 2014, 903.

[37] AG Hanau ZMR 2016, 465; AG Dortmund NZM 2014, 903 unter Hinweis auf BGH VIII ZR 6/09, NZM 2010, 699 Rn. 15 für den Fall, dass die Zustellung der Klage am dritten Werktag des Monats erfolgte und die Fälligkeit der laufenden Monatsmiete bereits zu Tagesbeginn eingetreten war.

[38] So auch OLG Celle NJW 2013, 3316; LG Lübeck 4.5.2021 – 7 T 178/21 – BeckRS 2021, 12208.

[39] MüKoBGB/*Krüger,* 7. Aufl. 2016, § 271 Rn. 2.

[40] Börstinghaus/Eisenschmid/*Börstinghaus* Arbeitskommentar Mietrechtsänderungsgesetz, 2013 § 283 a Rn. 13.

[41] Börstinghaus/Eisenschmid/*Börstinghaus* Arbeitskommentar Mietrechtsänderungsgesetz, 2013 § 283 a Rn. 14; *Börstinghaus* NJW 2013, 3266.

[42] Siehe näher bei Staudinger/*Emmerich* BGB § 551 Rn. 16.

[43] MüKoZPO/*Becker-Eberhard,* 5. Aufl. 2016, § 257 Rn. 9.

[44] Vgl. die Nachweise in BGH VIII ZB 66/02, NZM 2003, 231.

[45] *Both* DWW 2010, 88; Blank/Börstinghaus/*Blank* BGB § 546 a Rn. 55. In der Tendenz wie hier, aber letztlich offenlassend BGH VIII ZB 66/02, NZM 2003, 231. Von einer Gegenseitigkeit geht auch der Gesetzgeber aus, s. Gesetzesbegründung BT-Drs. 17/10485, 28.

Vertragsbeendigung zwar nicht mehr zur Gebrauchsgewährung verpflichtet, die Höhe der Nutzungsentschädigung ist aber davon abhängig, ob er das vertragliche Pflichtenprogramm fortführt oder nicht (dazu → BGB § 546 a Rn. 10, 68).

17 Gemäß **§ 259 ZPO** kann eine **Klage auf zukünftig fällig werdende Leistung** erhoben werden, wenn die Besorgnis gerechtfertigt ist, der Schuldner werde sich der rechtzeitigen Leistung entziehen. Eine Besorgnis der Leistungsentziehung ist nicht nur dann anzunehmen, wenn der Mieter die Pflicht zur Zahlung der Miete oder Nutzungsentschädigung ernsthaft bestreitet, sondern auch dann, wenn aus sonstigen Gründen zu erwarten ist, er werde nicht zahlen.[46] Die Anforderungen an diese Erwartung sind nicht hoch, ein über einen längeren Zeitraum bestehender, die Bruttomiete mehrfach übersteigender Rückstand des Mieters mit Miete oder Nutzungsentschädigung reicht aus[47]; er kann[48], muss aber nicht auf Zahlungsunfähigkeit beruhen. Wurde der Mietvertrag nicht wegen Zahlungsverzugs beendet, sondern aus anderen Gründen, dürfte eine Besorgnis, der Mieter werde sich der rechtzeitigen Leistung der Nutzungsentschädigung entziehen, nicht ohne Weiteres in Betracht kommen. In der Regel wird in diesen Fällen für § 259 ZPO vielmehr zu fordern sein, dass der Vermieter zuwartet, ob ein Zahlungsrückstand mit der Nutzungsentschädigung eintritt. Ein Klageantrag auf zukünftige Leistung[49] muss im Verlauf des Rechtsstreits nicht hinsichtlich der fällig gewordenen Beträge umgestellt werden, solche vor Schluss der mündlichen Verhandlung fällig gewordenen Beträge können vielmehr auch aus dem Titel auf künftige Leistung vollstreckt werden. Zusätzlich zur Besorgnis der Leistungsentziehung ist als ungeschriebene Voraussetzung[50] für eine Klage gem. § 259 ZPO notwendig, dass – so die noch immer akzeptierte Formulierung des RG[51] – „die Verpflichtung zur künftigen Leistung – abgesehen von einer in das Urteil aufzunehmenden Bedingung – in ihrem Bestande gewiss sein muss". Das bedeutet nach der etwas anderen Diktion des BGH[52], die Forderung muss schon entstanden sein (künftige Entstehung reicht nicht), ihre Durchsetzbarkeit hängt aber ggf. von einer Gegenleistung, von einer Bedingung oder vom Zeitablauf ab; diese Diktion des BGH verursacht allerdings Missverständnisse zum materiellen Recht, weshalb die Formulierung des RG vorzuziehen ist.[53] Bei Abhängigkeit von einer Gegenleistung muss diese ihrerseits einwandfrei bestimmbar sein und im Voraus feststehen, sofern sich nichts Unerwartetes ereignet[54]; sollte Letzteres dennoch geschehen, muss Vollstreckungsgegenklage erhoben werden.[55] Diese ungeschriebene Voraussetzung ist in der Rechtspraxis vor allem bei wiederkehrenden Leistungen erfüllt, deren Fälligkeit nur vom Zeitablauf abhängt. Das ist bei Miete[56] und Nutzungsentschädigung der Fall; sie sind sozusagen die Paradebeispiele für eine Klage gem. § 259 ZPO: Die Gegenleistung, die Gebrauchsüberlassung, ist mit der Übergabe des Mietobjekts an den Mieter auch schon mit einiger Sicherheit erfüllt, weil sie mit fortschreitender Zeit nur noch frei von Störungen (etwa Mängeln) gehalten werden muss, aber wenig aktives Tun des Vermieters als Gläubiger erfordert.

## III. Ausgenommene Ansprüche

18 Streiten die Parteien um das Recht des Klägers, die Geldforderung zu erhöhen, erfasst die Sicherungsanordnung gem. § 283 a Abs. 1 S. 2 ZPO den Erhöhungsbetrag nicht. Das soll vor allem **Miet-**

---

[46] BGH VIII ZB 66/02, NZM 2003, 231; BGH VIII ZR 146/10, NJW 2011, 2886.

[47] BGH VIII ZR 146/10, NJW 2011, 2886.

[48] So in BGH VIII ZB 66/02, NZM 2003, 231.

[49] Formulierungsvorschlag: „Der Beklagte wird verurteilt, an den Kläger ab dem … bis zum Tag der Räumung und Herausgabe der Mieträumlichkeiten monatlich eine Miete/Nutzungsentschädigung in Höhe von … EUR, fällig an jedem dritten Werktag eines Monats, nebst Zinsen in Höhe von 5 Prozentpunkten über dem Basiszins ab dem jeweiligen Fälligkeitstag zu zahlen." Zur Bestimmtheit eines solchen Antrags *Both* DWW 2010, 88.

[50] Siehe ausf. hierzu *Streyl* NZM 2012, 258.

[51] RGZ 168, 321; so auch die Formulierung von MüKoZPO/*Becker-Eberhard*, 6. Aufl.) § 259 Rn. 4.

[52] BGH VIII ZR 235/04, NJW-RR 2006, 1485; BGH IX ZR 441/99, NJW 2001, 2178; BGH VIII ZR 47/63, NJW 1965, 440.

[53] In der Zukunft fällig werdende Mietforderungen sind nämlich materiell-rechtlich befristete und damit noch nicht entstandene Ansprüche; prozessrechtlich sind sie aber nach der Diktion des BGH schon entstanden, wohingegen das RG von künftigen Ansprüchen spricht; s. ausf. zum Ganzen *Streyl* NZM 2012, 258.

[54] RGZ 168, 321; MüKoZPO/*Becker-Eberhard* § 259 Rn. 3.

[55] MüKoZPO/*Becker-Eberhard* § 259 Rn. 3.

[56] MüKoZPO/*Becker-Eberhard* § 259 Rn. 3.

**erhöhungen** betreffen. Die Regelung nimmt nach der Vorstellung des Gesetzgebers zum Schutz des Mieters die mit der Klage geltend gemachten Mieterhöhungsbeträge generell vom sachlichen Geltungsbereich einer Sicherungsanordnung aus; die häufig komplizierten Rechtsfragen einer Mieterhöhung sollen nicht vorab im Rahmen einer Sicherungsanordnung entschieden werden[57] – angesichts der notwendigen Verbindung mit einer Räumungsklage eine eher theoretische Konstellation. Die Regelung erfasst Streitigkeiten über die Erhöhung der Staffelmiete (§ 557 a BGB), der Indexmiete (§ 557 b BGB), der Miete nach Modernisierung (§ 559 BGB), der Betriebskostenvorauszahlungen bzw. der Betriebskostenpauschale (§ 560 Abs. 1, 4 BGB)[58] und der ortsüblichen (über der vereinbarten Miete liegenden) **Nutzungsentschädigung** (§ 546 a Abs. 1 BGB). Streit über eine Mieterhöhung gem. **§ 558 BGB** kann auch ohne § 283 a Abs. 1 S. 3 ZPO nur eingeschränkt Bedeutung für eine Sicherungsanordnung haben, da gem. § 558 b Abs. 2 BGB nicht auf eine Geldleistung, sondern auf eine Zustimmungserklärung geklagt wird. Wird allerdings neben der Zustimmungsklage Klage gem. § 259 ZPO auf zukünftige Leistung der erhöhten Miete erhoben[59], ist eine Sicherungsanordnung wegen des Erhöhungsbetrages gem. § 283 a Abs. 1 S. 3 ZPO ausgeschlossen. § 283 a Abs. 1 S. 2 ZPO erfasst nicht einen Streit über die gem. **§ 556 d BGB** zulässige Miethöhe, da es dort um die Wirksamkeit der Mietzinsabrede von Anfang an und nicht um eine nachträgliche Erhöhung geht; ebenso ist es bei § 5 WiStG und ähnlichen Vorschriften.

## IV. Hohe Aussicht auf Erfolg der Zahlungsklage

Gemäß § 283 a Abs. 1 S. 1 Nr. 1 ZPO ist eine Sicherungsanordnung nur zu erlassen, wenn die Klage auf die nach Rechtshängigkeit fällig gewordenen Forderungen hohe Aussicht auf Erfolg hat. Damit wird in das Gesetz ein neuer Überzeugungsmaßstab eingeführt, der aber wegen der Folgen, die ein Verstoß gegen die Sicherungsanordnung nach sich ziehen kann, dem Vollbeweis ähnlich ist und ein ähnliches Überzeugungsmaß erfordert.[60] Das **Überzeugungsmaß** der hohen Aussicht auf Erfolg muss sich irgendwo zwischen Vollbeweis und Glaubhaftmachung bewegen. Schon der Wortlaut legt nahe, dass für eine hohe Aussicht auf Erfolg ein weniger an Überzeugung notwendig ist als die volle Überzeugung gem. § 286 ZPO für eine Verurteilung im Hauptverfahren; andererseits erfordert sie ein mehr an Überzeugung, als im Rahmen der Glaubhaftmachung gem. § 294 ZPO ausreichend ist.[61] Für die Glaubhaftmachung, dem Regelüberzeugungsmaßstab für einstweilige Verfügungen (s. § 920 Abs. 2 ZPO), genügt eine überwiegende Wahrscheinlichkeit.[62] Das kann offensichtlich nicht dasselbe Überzeugungsmaß wie die hohe Aussicht auf Erfolg sein, weil Glaubhaftmachung nach dem Wortlaut des § 283 a Abs. 1 S. 2 ZPO ausdrücklich nur für den Verfügungsgrund (die Interessenabwägung) vorgesehen ist, nicht aber für den Verfügungsanspruch, der eine hohe Aussicht auf Erfolg erfordert. Volle Überzeugung gem. § 286 ZPO bedeutet nicht Wahrscheinlichkeit, sondern Gewissheit, allerdings – so die klassische Definition – keine absolute Gewissheit, sondern ein für das praktische Leben brauchbares Maß an Gewissheit, der etwaigen Zweifeln Schweigen gebietet, ohne sie völlig auszuschließen.[63] Gewissheit ist mehr als hohe Aussicht auf Erfolg, weil ansonsten – von der Teilurteilsproblematik (§ 301 ZPO) abgesehen – der Rechtsstreit entscheidungsreif wäre. 19

Wenn dennoch die hohe Aussicht auf Erfolg dem **Vollbeweis** nahekommen muss, beruht das darauf, dass nicht eine isolierte Betrachtung der Sicherungsanordnung anzustellen, sondern auch die Räumungsverfügung des § 940 a Abs. 3 ZPO in den Blick zu nehmen ist (→ Rn. 5). Bei Verstoß gegen eine Sicherungsanordnung kann nämlich im einstweiligen Rechtsschutz eine Räumungsver- 20

---

[57] Gesetzesbegründung BT-Drs. 17/10485, 28.

[58] Börstinghaus/Eisenschmid/*Börstinghaus* Arbeitskommentar Mietrechtsänderungsgesetz, 2013 § 283 a Rn. 16.

[59] Ob dies zulässig ist, ist str.; → BGB § 558 b Rn. 68 und BGH VIII ZR 5/04, NZM 2005, 582.

[60] AG Hanau 4.8.2014 – 32 C 172/13, BeckRS 2014, 15711 und wohl auch LG Berlin NJW 2014, 1188; **aA** *Zehelein* WuM 2013, 138; *Hinz* ZMR 2012, 162; *Lützenkirchen* ZMR 2012, 606 und *Abramenko,* Das neue Mietrecht in der anwaltlichen Praxis, 2013, § 5 Rn. 30 halten eine hohe Wahrscheinlichkeit für erforderlich; ähnlich auch die Gesetzesbegründung BT-Drs. 17/10485, 28; *Selk* ZMR 2011, 855 hält eine sehr hohe Wahrscheinlichkeit für erforderlich; OLG Naumburg NJW 2016, 1250 hält ohne nähere Begründung eine hinreichende Wahrscheinlichkeit gem. § 114 ZPO für ausreichend.

[61] So auch *Hinz* ZMR 2012, 162.

[62] MüKoZPO/*Prütting* § 294 Rn. 24.

[63] BGH IX ZR 311/95, NJW 1998, 2969.

fügung gem. § 940 a Abs. 3 ZPO erlassen werden. Eine solche Räumung ist meist endgültig und unumkehrbar und führt faktisch zur Befriedigung des Vermieters hinsichtlich seines Räumungsanspruchs, weil die Wohnung nach Feststellung der Rechtswidrigkeit der Räumung entweder weitervermietet ist oder der Geräumte den Aufwand scheut, von seinem neuen Zuhause in die frühere Wohnung zurückzukehren. Die Räumungsverfügung ist insofern praktisch eine Leistungsverfügung. Die endgültige Befriedigung durch Leistungsverfügung stellt im einstweiligen Rechtsschutzverfahren eine Ausnahme dar.[64] Der Gefahr der rechtswidrigen Befriedigung aus einer Räumungsverfügung kann nur begegnet werden, wenn man höhere Anforderungen an das Maß der Glaubhaftmachung ihrer Voraussetzungen stellt und ein dem Vollbeweis entsprechendes Überzeugungsmaß verlangt.[65] Das ergibt sich auch schon aus § 921 S. 2 ZPO.[66] Danach ist der Grad der Glaubhaftmachung im Einzelfall von der Art der Gefährdung im Verhältnis zur beantragten Maßnahme und von den aus Erlass bzw. Nichterlass der Verfügung drohenden Nachteilen abhängig[67]; führt die Verfügung zur endgültigen Befriedigung, dann muss das Maß der Glaubhaftmachung dem Vollbeweis nahekommen, wenn sich die Nachteile aus Erlass bzw. Nichterlass der Verfügung die Waage halten.[68] Sämtliche Voraussetzungen der Räumungsverfügung – und nicht nur der Räumungsanspruch[69] – müssen also zur (fast) vollen Überzeugung des Gerichts feststehen, weil man sich ansonsten einem allgemeinen, im einstweiligen Verfügungsverfahren verfolgbaren Räumungstitel annähern und die Möglichkeit der Erlangung von Leistungsverfügungen systemwidrig ausdehnen würde. Eine der Voraussetzungen der Räumungsverfügung ist eine wirksame Sicherungsanordnung, die wiederum eine Klage mit hoher Erfolgsaussicht auf die nach Rechtshängigkeit fällig werdenden Geldforderungen erfordert. Allenfalls kann man erwägen, die Überzeugungsanforderungen in den Fällen etwas abzusenken, in denen eine Räumungsverfügung nicht ergehen kann, etwa bei (sicher!) unbegründeter Räumungsklage oder bei Sicherungsanordnungen außerhalb eines Wohnraummietrechtsstreits Da aber die wahre Bedeutung der Sicherungsanordnung darin liegt, Voraussetzung der Räumungsverfügung zu sein (→ Rn. 4), ist es mE auch in diesen Fällen gerechtfertigt und geboten, das bei einer Räumungsverfügung notwendige Überzeugungsmaß schon bei Erlass der Sicherungsanordnung anzulegen. Gespaltene Anforderungen beim Überzeugungsmaß sollten vermieden werden. Außerdem greift eine Sicherungsanordnung auch ohne drohende Räumungsverfügung massiv in das vertragliche Äquivalenzverhältnis ein, weil es die materiellen Rechte der Minderung und des Zurückbehaltungsrechtes entwertet: Obwohl noch nicht endgültig feststeht, ob der Mieter mindern darf oder nicht, muss er schon (Sicherheit) leisten.[70]

21 Allerdings muss das Tatbestandsmerkmal der hohen Erfolgsaussicht eine **einschränkende Bedeutung** haben. Diese einschränkende Bedeutung kann sich wegen des Endgültigkeitscharakters einer Räumungsverfügung aber nur indirekt auf das Überzeugungsmaß beziehen, nämlich insofern, als die Beweisaufnahme zwar weitestgehend[71], aber formal noch nicht vollständig abgeschlossen, nach der begründeten richterlichen Erwartung aber keine weitere Aufklärung im Sinne einer Erschütterung des bisherigen Beweisergebnisses zu erwarten ist.[72]

22 Praktisch kann eine hohe Erfolgsaussicht zu bejahen sein, wenn ein eindeutiges **Sachverständigengutachten** vorliegt, das zu einer Ergänzung von Amts wegen keinen Anlass gibt, bei dem aber noch Einwendungen oder Ergänzungsfragen einer Partei gem. § 411 Abs. 4 ZPO abzuarbeiten sind, um dem Anspruch auf rechtliches Gehör gerecht zu werden.[73] Nach der richterlichen Erfahrung bringt die Ergänzung in den allermeisten Fällen keine weitere Aufklärung, vielfach können die gestellten Fragen sogar durch aufmerksames Lesen des Gutachtens beantwortet werden. Das ist zwar kein rechtlicher Grund, die Ergänzung bzw. mündliche Anhörung des Sachverständigen ver-

---

64 MüKoZPO/*Drescher,* 5. Aufl. 2016, § 938 Rn. 10.

65 Ähnlich LG Berlin NJW 2014, 1188.

66 MüKoZPO/*Drescher,* 5. Aufl. 2016, § 920 Rn. 16.

67 MüKoZPO/*Drescher,* 5. Aufl. 2016, § 935 Rn. 14.

68 MüKoZPO/*Drescher,* 5. Aufl. 2016, § 935 Rn. 14.

69 So aber *Emmerich* PiG 97 (2014), 125 und *Fleindl* ZMR 2014, 538.

70 Einzelheiten, auch zu den insgesamt nicht mehr haltbaren Aufrechnungsverboten und Minderungsausschlüssen in Gewerbemietverträgen bei *Streyl* NZM 2012, 270.

71 So die Formulierung in LG Berlin NJW 2014, 1188.

72 Noch strenger, nämlich für eine vollständige Durchführung der Beweisaufnahme Börstinghaus/Eisen*schmid/Börstinghaus* Arbeitskommentar Mietrechtsänderungsgesetz, 2013 § 283 a Rn. 20. Dann würden als Anwendungsbereich für eine Sicherungsanordnung nur Teile der Zahlungsklage übrig bleiben, deren Tatsachengrundlage unstr. oder schon bewiesen ist.

73 BGH VI ZR 252/96, NJW 1998, 162; instruktiv auch BVerfG 2 BvR 320/11 BeckRS 2011, 26768.

wehren zu dürfen.[74] Allerdings kann es in diesen Fällen zulässig sein, ohne die Gutachtenergänzung eine Sicherungsanordnung zu erlassen, solange das Gericht selbst keinen weiteren Klärungsbedarf sieht. Die Vorlage eines **Privatgutachtens** dürfte hingegen in der Regel nicht genügen, weil es sich im Ansatz nur um qualifizierten Parteivortrag handelt.[75] Außerdem lehrt die Erfahrung, dass – von der fachlichen Qualität abgesehen – die Integrität des Gutachters zwar nicht immer und nicht einmal überwiegend, aber doch in signifikantem Maß vom Auftraggeber beeinflusst wird. Deshalb kann – auch wenn es nicht grds. ausgeschlossen ist[76] – eine Überzeugung allein auf ein Privatgutachten meist nicht gestützt werden. Ausnahmen mag es bei solchen Gutachtern geben, die dem Gericht bekannt sind und bei denen Zweifel an der Unparteilichkeit nicht bestehen oder auf die sich die Parteien außergerichtlich geeinigt haben (Schiedsgutachten). Zusätzlich ist natürlich wie bei einem gerichtlichen Gutachter erforderlich, dass das Privatgutachten überzeugt und keine erheblichen Angriffe dagegen geführt werden.[77]

Ist eine Beweisaufnahme durch **Zeugen** durchzuführen, müssen die Gegenzeugen idR gehört **23** sein.[78] Es gibt nämlich immer wieder Fälle, in denen ein Zeuge in der Lage ist, eine bis dahin gewonnene Überzeugung zum Wanken zu bringen. Gelegentlich geschieht das sogar nach Vernehmung eines Zeugen des beweisbelasteten Klägers. Wenn aber der Beklagte zum Gegenbeweis (!) Zeugen aufbietet, ohne dass deren Aussagewert ersichtlich oder erläutert ist, kann nach der unergiebigen Vernehmung eines Großteils der Zeugen eine hohe Erfolgsaussicht der Klage anzunehmen sein. Ebenso kommt eine solche Annahme in Betracht, wenn Zeugen gegenbeweislich zu einem Sachverständigengutachten benannt werden, ohne dass eine besondere Sachkunde der Zeugen ersichtlich ist[79]; anders ist das, wenn die Zeugen die vom Sachverständigen angenommene Tatsachengrundlage erschüttern sollen.

Im Wesentlichen dürfte eine hohe Erfolgsaussicht der Zahlungsklage dann anzunehmen sein, **24** wenn eine **Beweisaufnahme schon vollständig** durchgeführt oder **aus Rechtsgründen nicht notwendig,** der Erlass eines (Teil-)Urteils aber (noch) nicht möglich ist.[80] Da die Sicherungsanordnung kein Urteil ist, sondern eine vorläufige Regelung, gilt für sie nicht das Verbot der **Teilentscheidung** bei Gefahr eines Widerspruchs zum Schlussurteil.[81] Außerdem besteht nicht das Verbot, nur über Teile eines Anspruchs zu entscheiden.[82] Das bedeutet, in einer Sicherungsanordnung kann auch angeordnet werden, dass der Beklagte nicht den vollen eingeklagten Betrag (das volle Nutzungsentgelt) zu sichern hat, sondern nur einen Teil davon. Zwei **Beispiele** mögen das verdeutlichen: Der Mieter behauptet einen Mangel, über dessen Bestehen Beweis zu erheben ist. Er zahlt wegen dieses Mangels keine Miete. Wenn das Gericht der Auffassung ist, der Mangel rechtfertige im Falle seines Beweises allenfalls eine Minderung von 20%, dann kann es die Sicherheitsleistung von 80% der Nutzungsentschädigung anordnen.[83] Das über die Minderung hinausgehende **Zurückbehaltungsrecht** des Mieters bleibt außer Betracht, da der dadurch bezweckte Druck auf den Vermieter zur Mängelbeseitigung auch dann ausgeübt wird, wenn das Geld als Sicherheit geleistet wird; auch dann steht es ihm nicht unmittelbar zur Verfügung.[84] Stellt sich die Minderung später als berechtigt heraus und besteht der Mangel noch, ist allerdings nur Zug um Zug zu verurteilen und die Befriedigung aus der Sicherheit zuzusprechen. Ein weiteres Beispiel ist der vom Mieter behauptete Totalausfall der Heizung, der in den Wintermonaten eine erhebliche Minderung rechtfertigen kann. Für die Sommermonate kommt hingegen eine Sicherheitsleistung für das volle Nutzungsentgelt in Betracht.

---

[74] BGH VI ZR 176/05, NJW-RR 2007, 212.
[75] BGH VI ZR 243/92, NJW 1993, 2382.
[76] BGH VI ZR 243/92, NJW 1993, 2382.
[77] BGH VI ZR 243/92, NJW 1993, 2382.
[78] Ähnlich Börstinghaus/Eisenschmid/*Börstinghaus* Arbeitskommentar Mietrechtsänderungsgesetz, 2013 § 283 a Rn. 20.
[79] *Abramenko,* Das neue Mietrecht in der anwaltlichen Praxis, 2013, § 5 Rn. 33.
[80] Börstinghaus/Eisenschmid/*Börstinghaus* Arbeitskommentar Mietrechtsänderungsgesetz, 2013 § 283 a Rn. 22.
[81] *Abramenko,* Das neue Mietrecht in der anwaltlichen Praxis, 2013, § 5 Rn. 34; zur Widerspruchsfreiheit beim Teilurteil s. BGH XII ZR 40/10, NJW 2012, 844.
[82] Gesetzesbegründung BT-Drs. 17/10485, 28.
[83] So auch LG Hanau NZM 2015, 83; AG Hanau 4.8.2014 – 32 C 172/13, BeckRS 2014, 15711; zur Minderung der Nutzungsentschädigung → BGB § 546 a Rn. 68.
[84] So auch AG Hanau BeckRS 2014, 15711; *Fleindl* ZMR 2014, 538 (539); **aA** *Zehelein* WuM 2013, 138.

25 Die hohe Aussicht auf Erfolg der Klage auf die nach Rechtshängigkeit fällig gewordenen Geldforderungen muss im Wege des **Strengbeweises** bewiesen werden, also mit den für das Hauptsacheverfahren zugelassenen Beweismitteln und in dem dafür vorgesehenen Verfahren. Das ist nicht nur die Intention des Gesetzes[85], sondern folgt auch daraus, dass nur in § 283 a Abs. 1 S. 2 ZPO für die Abwägung der beiderseitigen Interessen eine Erleichterung bei der Beweisführung, nämlich die Glaubhaftmachung, vorgesehen ist. **Rechtsfragen** müssen abschließend geklärt werden; eine bloß **summarische Prüfung** ist nicht zulässig. Das ergibt sich daraus, dass mit der hohen Erfolgsaussicht allein das Überzeugungsmaß bei der Beweisführung herabgesetzt ist.

## V. Interessenabwägung

26 Gemäß § 283 a Abs. 1 S. 1 Nr. 2 ZPO ist eine Sicherungsanordnung nur dann zu erlassen, wenn es nach Abwägung der beiderseitigen Interessen zur Abwendung *besonderer* Nachteile für den Kläger gerechtfertigt ist.

### 1. Interessen des Vermieters (Klägers)

27 Die Sicherungsanordnung sichert nur die Ansprüche, die nach Rechtshängigkeit fällig geworden und eingeklagt sind. In die Interessenabwägung sind deshalb nur die Ansprüche einzubeziehen, die **Gegenstand** (dieses Teils) **der Zahlungsklage** sein können, nicht aber Interessen des Klägers (Vermieter), die andere Ansprüche betreffen[86], etwa vor Rechtshängigkeit rückständig gewordene Nutzungsentschädigung, den (ebenfalls rechtshängigen) **Räumungsanspruch** oder Schadensersatzansprüche wegen unterlassener Räumung (etwa aus Inanspruchnahme des Vermieters durch einen Nachmieter, wegen entgangener höherer Miete etc). Auch die Vorbereitung einer **Räumungsverfügung** gem. § 940 a Abs. 3 ZPO ist kein berücksichtigungsfähiges Interesse, weil die Räumungsverfügung einen Verstoß gegen die Sicherungsanordnung nur ahnden soll.[87]

28 Die berücksichtigungsfähigen besonderen Nachteile des klagenden Vermieters müssen sich also **auf die zu sichernden Forderungen** beziehen; es kommt nicht auf den gesamten Zahlungsrückstand an, mag dieser auch sehr hoch sein.[88] Die Interessen eines Klägers, der Geldforderungen geltend macht, sind immer gleich und immer gleich einfach: Er möchte weder einen vollständigen noch teilweisen Forderungsausfall erleiden und die Forderung möglichst schnell und ohne größeren Aufwand realisieren. Die Sicherungsanordnung schützt nur vor einem Forderungsausfall wegen schon eingetretener oder zu befürchtender Zahlungsunfähigkeit des Beklagten (Mieters) und vor einer Vereitelung oder wesentlichen Erschwerung der Vollstreckung (Arrestgrund gem. § 917 Abs. 1 ZPO).[89] Sie schützt hingegen nicht vor einer Zahlungsunwilligkeit des Beklagten (Mieters) und insbes. nicht vor einem Liquiditätsengpass des Klägers (Vermieters) bei Ausbleiben rechtzeitiger Zahlung.

29 Einem **Liquiditätsengpass** des Klägers wegen des Ausbleibens berechtigter Forderungen kann durch die Sicherungsanordnung in aller Regel nicht abgeholfen werden, weil der Kläger über das Geld im Falle der Sicherheitsleistung schlicht noch nicht verfügen kann[90]; anders kann das evtl. sein, wenn der Nachweis der Sicherheit geeignet wäre, dem Kläger Kreditwürdigkeit zu verschaffen.[91] Gemäß § 283 a Abs. 3 ZPO hat er erst nach Entscheidung in der Hauptsache durch einen entsprechenden Ausspruch das Recht, sich aus der Sicherheit zu befriedigen, soweit er obsiegt hat. Anders kann es evtl. sein, wenn der Kläger glaubhaft macht, die Sicherheitsleistung könne ihm bei der Beschaffung von Liquidität, sprich einer Kreditaufnahme, behilflich sein. Die bloße **Zahlungsunwilligkeit** des Beklagten – so sie denn überhaupt nachweisbar – stellt ebenfalls keinen besonderen Nachteil dar, da sie durch Vollstreckung aus dem Urteil behoben werden kann.[92]

---

85 Gesetzesbegründung BT-Drs. 17/10485, 28.

86 So auch OLG Celle NJW 2013, 3316.

87 So auch AG Dortmund NZM 2014, 903; *Börstinghaus* NJW 2013, 3267; **aA** offenbar *Lützenkirchen* ZMR 2012, 607, wenn er auch auf die pünktliche Räumung wegen der Existenz eines Nachmieters abstellen will.

88 OLG Celle NJW 2013, 3316 für einen Zahlungsrückstand von ca. 650.000 EUR, der aber nur zu 40% nach Rechtshängigkeit fällig geworden ist und damit sicherungsfähig war.

89 So auch AG Hanau 4.8.2014 – 32 C 172/13, BeckRS 2014, 15711.

90 So auch OLG Celle NJW 2013, 3316; LG Berlin NJW 2014, 1188; LG Saarbrücken WuM 2015, 630; OLG München 13.7.2021 – 32 W 628/21, BeckRS 2021, 18100.

91 *Börstinghaus* NJW 2013, 3267; OLG München 13.7.2021 – 32 W 628/21, BeckRS 2021, 18100.

92 So auch OLG Celle NJW 2013, 3316; *Börstinghaus* NJW 2013, 3267.

Allerdings kann die Sicherheitsleistung wirksam verhindern, dass der Beklagte eine später aus dem Urteil drohende **Vollstreckung vereitelt** oder wesentlich erschwert, indem er etwa während des Rechtsstreits sein Vermögen beiseite schafft.[93] Es handelt sich um die Fälle, in denen auch ein **dinglicher Arrest** gem. § 917 Abs. 1 ZPO in Betracht käme. Fraglich kann deshalb sein, ob eine Vollstreckungsvereitelung ein besonderer Nachteil für den Kläger iSv § 283 a Abs. 1 S. 1 Nr. 2 ZPO sein kann oder ob der Arrest eine Spezialregelung darstellt. Das ist zu verneinen. Trotz des sich überschneidenden Anwendungsbereichs von § 917 ZPO und § 283 a ZPO ist der Arrest schon deswegen nicht vorrangig, weil nur die Sicherungsanordnung eine Räumungsverfügung nach sich ziehen kann. Dass es beabsichtigt ist, die möglichen Arrestfälle aus dem Anwendungsbereich der Sicherungsanordnung und damit auch der Räumungsverfügung auszuschließen, ist nicht ersichtlich; im Gegenteil, der Gesetzgeber hielt den Schutz durch die Arrestvorschriften für unzureichend.[94] Es ist aber zu beachten, dass Arrest und Sicherungsanordnung nicht nebeneinander bzw. wegen derselben Forderungen möglich sind, weil dies zu einer doppelten Sicherung führen würde.[95] 30

Im Wesentlichen schützt die Sicherungsanordnung den Vermieter vor schon eingetretener oder zu befürchtender **Zahlungsunfähigkeit** des Beklagten.[96] In der Gesetzesbegründung heißt es dazu[97]: „Ein besonderer Nachteil für den Kläger ergibt sich nicht allein aus der zu erwartenden Dauer des Verfahrens und dem abstrakten Risiko der späteren Zahlungsunfähigkeit des Beklagten. Vielmehr muss der Kläger konkret dartun, welche besonderen Nachteile er über einen Ausfall der Forderung hinaus zu erwarten hat. In die Interessenabwägung kann die Höhe des Zahlungsrückstandes und die wirtschaftliche Bedeutung der Forderung für den Kläger einbezogen werden." Damit werden die Kriterien für die Abwägung konkretisiert. Wichtig ist zunächst, dass die Sicherungsanordnung nicht vor dem abstrakten Risiko der Zahlungsunfähigkeit schützen soll. Es müssen vielmehr **konkrete Anhaltspunkte** für eine bestehende oder drohende Zahlungsunfähigkeit vorhanden sein[98], was der Kläger darzulegen hat.[99] Je wahrscheinlicher die Zahlungsunfähigkeit und je höher der Forderungsausfall, desto höher ist das besondere Interesse des Klägers an der Sicherheitsleistung zu bewerten. Da der Kläger meist keinen Einblick in die finanzielle Situation des Beklagten hat, ist er auf Indizien angewiesen. Ein starkes Indiz ist es, wenn der Beklagte die berechtigten Forderungen des Klägers nicht befriedigt hat. Hier kann die hohe Erfolgsaussicht der Klage auf die fällig gewordenen Geldforderungen (meist das Nutzungsentgelt) von besonderer Bedeutung sein, weil deren Nichterfüllung möglicherweise für eine eingeschränkte Leistungskraft des Mieters spricht. Außerdem können die Rückstände mit dem laufenden Nutzungsentgelt bei langer Prozessdauer so hoch werden, dass der beklagte Mieter angesichts seines Einkommens am Ende des Prozesses überschuldet und nicht mehr in der Lage ist, die ausgeurteilte Summe zu begleichen. Der Beklagte kann einer solchen Überschuldung allerdings dadurch begegnen, dass er selbst die anfallenden Beträge etwa auf einem Sparbuch zurücklegt. Der Mieter dürfte im Wege der sekundären Darlegungslast gehalten sein, bei objektivem Anschein der fehlenden Leistungsfähigkeit, hierzu vorzutragen; jedenfalls ist ihm nach entsprechendem Hinweis Gelegenheit hierzu zu geben. 31

Die eingetretene oder drohende Zahlungsunfähigkeit beschreibt nur die Gefahr für die Forderung, aber nicht die **Auswirkung auf den Kläger** (Vermieter). Sie reicht deshalb für sich genommen noch nicht aus, um ein *besonderes* Interesse des Klägers an der Sicherheitsleistung zu bejahen.[100] Das Risiko der Zahlungsunfähigkeit kann potentiell jeden Gläubiger treffen. Die Besonderheit bei Räumungsklagen ist die fortwährende Vertiefung des Schadens durch Zeitablauf während des laufenden Prozesses, weil das Nutzungsentgelt fortlaufend entsteht und der Rückstand sich vergrößert.[101] Es gilt zu bestimmen, wann ein Ausmaß erreicht ist, das den Vermieter in besonderem Maße schützenswert erscheinen lässt. Die Einzelfallumstände entscheiden. Deshalb hat der Kläger 32

[93] Ebenso *Börstinghaus* NJW 2013, 3267.

[94] Gesetzesbegründung BT-Drs. 17/10485, 27.

[95] Siehe auch OLG Karlsruhe NJW-RR 1996, 960; danach schließt ein vorläufig vollstreckbarer Titel einen Arrest aus.

[96] So wohl auch OLG München 13.7.2021 – 32 W 628/21, BeckRS 2021, 18100.

[97] Gesetzesbegründung BT-Drs. 17/10485, 28.

[98] *Fleindl* ZMR 2014, 539.

[99] OLG Celle NJW 2013, 3316.

[100] OLG Celle NJW 2013, 3316; LG Berlin NJW 2014, 1188; GE 2014, 1139; gegen die Notwendigkeit eines besonderen Interesses AG Hanau 4.8.2014 – 32 C 172/13, BeckRS 2014, 15711.

[101] LG Berlin NJW 2014, 1188.

die Tatsachen, die die besonderen Nachteile begründen sollen, konkret darzulegen.[102] Erhebliche Kriterien sind die Höhe des (durch die Sicherungsanordnung gesicherten[103]) Rückstands und – in den Fällen des § 259 ZPO – dessen Erhöhung bis zur Vollstreckung, also mindestens bis zum Ende des Rechtsstreits, sowie die Leistungsfähigkeit des Klägers. Je weniger er einen Forderungsausfall verkraften kann, je höher die Leistung ist und je länger der Prozess dauert[104], desto eher ist ein besonderes Interesse zu bejahen. Das wird bei einem Privatvermieter eher der Fall sein als bei einem Großvermieter, da er auf die Mieteinnahmen oftmals zur Lebensführung (etwa zur Altersversorgung) angewiesen ist und/oder deren Ausfall – insbes. bei einer Finanzierung des Mietobjekts – wirtschaftlich meist nur schwer kompensieren kann.[105] Jedenfalls darf ein besonderer Nachteil nicht pauschal deshalb verneint werden, weil die verbleibenden Mieteinnahmen die laufenden Zahlungspflichten aus dem Mietobjekt decken[106]; denn den Überschuss aus der Vermietung benötigt der Vermieter ggf. zur Bestreitung anderer Verbindlichkeiten. Bei einer Vermietungsgesellschaft kann es auf das Verhältnis der zu sichernden Ausfälle zu Größe und Umsatz des Unternehmen sowie auf die Auswirkungen auf den Gewinn ankommen.[107] Ein **besonderer Nachteil** wurde **verneint** bei einem gewerblich tätigen Vermieter, bei dem der Ausfall 4% der Gesamteinnahmen aus dem Mietobjekt ausmachte und der bei einem sicherungsfähigen Forderungsausfall von ca. 260.000 EUR nicht behauptet hatte, in die Gefahr der Zahlungsfähigkeit oder Insolvenz zu geraten; die Bedienung des Schuldendienstes war durch die übrigen Mieteinnahmen möglich.[108] Hat der Beklagte wegen der zu sichernden Forderungen ein **Versäumnisurteil** gegen sich ergehen lassen, ist der Kläger nicht mehr schutzbedürftig, solange das Urteil vorläufig vollstreckbar ist, da er dann wegen des Urteils nicht nur Sicherheit, sondern Leistung an sich erlangen kann.

33 Der Schutzwürdigkeit des Vermieters vor einer Zahlungsunfähigkeit des Mieters steht auch das **Insolvenzrecht** nicht entgegen. Allerdings ist eine Anfechtung der Sicherheitsleistung gem. §§ 129 ff. InsO oder dem AnfG möglich.[109] In Betracht kommt hier insbes. eine Anfechtung gem. §§ 130, 131 InsO (kongruente und inkongruente Deckung).[110] Da die Sicherungsanordnung im Wesentlichen nur zu erlassen ist, wenn der Mieter zahlungsunfähig ist oder dies zumindest zu befürchten ist, dürfte die Sicherheitsleistung in vielen Fällen anfechtbar sein. Das Gericht ist wegen dieser naheliegenden Möglichkeit dennoch nicht gehindert sein, eine Sicherungsanordnung zu erlassen, weil die Anfechtbarkeit von der Insolvenzeröffnung abhängt; nach Insolvenzeröffnung ist eine Sicherungsanordnung wegen Verfahrensunterbrechung gem. § 240 ZPO nicht mehr möglich.

### 2. Interessen des Mieters (Beklagten)

34 Auf Seiten des Beklagten (Mieters) sind kaum berücksichtigungsfähige Interessen ersichtlich[111], am ehesten noch der **Verlust an Liquidität,** der durch die Aufbringung der Sicherheit eintreten kann. Es ist allerdings zu bedenken, dass sich der beklagte Mieter auf Grund der vertraglichen Verpflichtung (im Mietvertrag) ohnehin auf die wiederkehrende Zahlung der Miete einstellen musste.[112] Deshalb ist der Liquiditätsverlust nur ausnahmsweise dann beachtlich, wenn der Beklagte etwa im Vertrauen auf eine dauerhafte Mangelhaftigkeit der Mietsache anderweitige Verpflichtungen eingegangen ist.[113] Ein berechtigtes Vertrauen in einen dauerhaften Mangel ist jedoch schon für sich genommen schwer vorstellbar und noch schwerer, wenn – wie für die Sicherungsanordnung notwendig – eine hohe Aussicht auf Erfolg der Klage besteht. Entscheidend anders ist das auch nicht, wenn der Liquiditätsverlust nicht auf eingegangenen Verpflichtungen beruht, sondern auf einer verschlechterten Einnahmesituation, etwa wegen Arbeitslosigkeit. Auch hier lässt die hohe Erfolgsaus-

[102] OLG Celle NJW 2013, 3316.
[103] *Börstinghaus* jurisPR-MietR 10/2013 Anm. 1.
[104] Zur Prozessdauer als Kriterium AG Seligenstadt MietRB 2020, 236.
[105] OLG Celle NJW 2013, 3316; LG Berlin NJW 2014, 1188; AG Seligenstadt MietRB 2020, 236; krit. hierzu *Abramenko,* Das neue Mietrecht in der anwaltlichen Praxis, 2013, § 5 Rn. 35.
[106] So aber LG Berlin NJW 2014, 1188 = WuM 2014, 217; LG Saarbrücken WuM 2015, 630.
[107] OLG Celle NJW 2013, 3316; LG Berlin NJW 2014, 1188.
[108] OLG Celle NJW 2013, 3316.
[109] Staudinger/*Olzen,* 2011, BGB § 377 Rn. 11 für die Sicherheitsleistung durch Hinterlegung.
[110] Zu einem Fall der Insolvenzanfechtung gem. § 133 InsO s. OLG Hamburg GuT 2012, 129.
[111] *So auch AG Hanau 4.8.2014 – 32 C 172/13,* BeckRS 2014, 15711; *Zehelein* WuM 2012, 422; Geldmacher MK-Sonderheft Mietrechtsreform 2013, 41.
[112] *Zehelein* WuM 2012, 422.
[113] So auch AG Hanau BeckRS 2014, 15711.

sicht der Klage den Liquiditätsverlust als eher nachrangig erscheinen, weil der Mieter trotz des Engpasses zur Zahlung verpflichtet ist. Am ehesten ist ein nur **vorübergehender Liquiditätsengpass** zu berücksichtigen, wenn der Mieter nur vorläufig nicht hinterlegen kann. In diesen Fällen wird aber meist schon ein besonderes Interesse des Vermieters an der Sicherheitsleistung zu verneinen sein, ebenso wie in den Fällen, in denen dem Kläger anderweitige Sicherungs- oder Befriedigungsmöglichkeiten zur Verfügung stehen. Solche Sicherungsmöglichkeiten kann der Beklagte auch selbst schaffen, indem er etwa das Nutzungsentgelt bei seinem oder dem gegnerischen Prozessbevollmächtigten zu treuen Händen **hinterlegt.**

### 3. Glaubhaftmachung

Nach der ausdrücklichen Anordnung in § 283a Abs. 1 S. 2 ZPO reicht zum Beweis der Tatsachen, die im Rahmen der Interessenabwägung von Bedeutung sind, die Glaubhaftmachung gem. § 294 ZPO aus. Glaubhaftmachung ist eine besondere, freiere Art der Beweisführung. Sie ist in § 294 ZPO näher geregelt und unterscheidet sich von dem Strengbeweisverfahren vor allem dadurch, dass das Beweismittel der eidesstattlichen Versicherung zugelassen ist, dass nur präsente Beweismittel berücksichtigt werden dürfen und dass – im Ansatz – ein minderes Maß an richterlicher Überzeugung ausreicht, nämlich die überwiegende Wahrscheinlichkeit.[114] Weil die Sicherungsanordnung Voraussetzung für die Räumungsverfügung gem. § 940a Abs. 3 ZPO ist, muss das Maß der Überzeugung aus ähnlichen Gründen wie oben zur hohen Erfolgsaussicht dargelegt dem Vollbeweis nahekommen. 35

## VI. Gläubiger und Schuldner der Sicherungsanordnung

Gläubiger und Schuldner der Sicherungsanordnung sind **Kläger und Beklagter der Zahlungsklage** über die fällig gewordenen Geldforderungen. Diese Parteien müssen auch materiellrechtlich berechtigt bzw. verpflichtet, also an dem Rechtsverhältnis, aus dem sich die Zahlungsansprüche ergeben, beteiligt sein, weil ansonsten eine hohe Erfolgsaussicht der Zahlungsklage nicht bestehen würde. Wegen der Notwendigkeit, die Zahlungsklage mit einer Räumungsklage zu verbinden, müssen die Parteien der Zahlungsklage auch Parteien der Räumungsklage sein. Hier reicht allerdings die formale Parteistellung aus, da für die Räumungsklage – anders als für die Zahlungsklage – keine hohe Erfolgsaussicht bestehen muss. Weitere Parteien des (Räumungs-)Prozesses müssen in die Zahlungsklage nicht einbezogen werden, weil sie an dem Rechtsverhältnis über die der Zahlungsklage zu Grunde liegenden Geldforderungen nicht beteiligt sind. Das wird etwa relevant, wenn der Kläger neben dem Mieter einen weiteren Besitzer auf Räumung bzw. Herausgabe verklagt. Dieser Besitzer kann nicht Schuldner der Sicherungsanordnung sein, da zwischen ihm und dem Gläubiger kein Rechtsverhältnis besteht, aus dem er sowohl zahlungs- als auch räumungspflichtig ist; der Besitzer kann aber Schuldner einer Räumungsverfügung gem. § 940a Abs. 3 ZPO sein (→ ZPO § 940a Rn. 41). 36

## E. Mögliche Sicherheiten

Bei der Sicherheit, die der Beklagte Mieter auf Grund der Sicherungsanordnung zu leisten hat, handelt es sich trotz der systematischen Stellung von § 283a ZPO nicht um eine prozessuale Sicherheit, sondern um eine **materiell-rechtliche Sicherheit** gem. §§ 232ff. BGB.[115] Das lässt sich weder aus dem Wortlaut, noch aus dem Zweck von § 283a ZPO erschließen, es ergibt sich allein aus der Gesetzgebungsgeschichte. Während nämlich der Gesetzesentwurf der Bundesregierung noch von einer prozessualen Sicherheit gem. §§ 108ff. ZPO ausging und § 283a Abs. 2 S. 2 ZPO-Entwurf als Sanktion für die Nichtleistung der Sicherheit allein die Verhängung von Zwangsmitteln (Ordnungsgeld und Ordnungshaft) vorsah[116], ist Letzteres im Verlauf des Gesetzgebungsverfahrens auf Empfehlung des Rechtsausschusses gestrichen worden, auch mit der Begründung, die Vollstre- 37

---

[114] MüKoZPO/*Prütting*, 5. Aufl. 2016, § 294 Rn. 24.

[115] Wie hier: AG Hanau 4.8.2014 – 32 C 172/13, BeckRS 2014, 15711; *Börstinghaus* NJW 2013, 3268; *Börstinghaus* jurisPR-MietR 10/2013 Anm. 1; *Geldmacher* MK-Sonderheft Mietrechtsreform 2013, 42; **aA** *Zehelein* WuM 2013, 139.

[116] Gesetzesbegründung BT-Drs. 17/10485, 29.

ckung der Sicherheitsleistung obliege dem Gläubiger der Sicherheitsleistung, die „auf alle möglichen Formen gem. § 232 BGB gerichtet" sei.[117] Die Erwähnung von § 232 BGB erfolgte zwar eher nebenbei und nicht zur rechtlichen Charakterisierung; der Wille des Gesetzgebers, den Gläubiger die Sicherheitsleistung vollstrecken zu lassen, spricht aber eindeutig gegen eine prozessuale Sicherheit. Eine prozessuale Sicherheit wird nämlich grds. überhaupt nicht vollstreckt, an ihre (Nicht-)Leistung wird nur eine (meist vollstreckungsrechtliche[118]) Folge geknüpft, indem sie zur Voraussetzung der Vollstreckung (etwa § 709 ZPO) oder der Einstellung der Vollstreckung (etwa §§ 707, 719 ZPO) gemacht wird. Die Einordnung der Sicherheitsleistung als materiell-rechtliche Sicherheit gem. § 232 ff. BGB hat **weitreichende Folgen,** weswegen eine eindeutige Zuordnung im Gesetz und nicht nur in den Gesetzesmaterialien wünschenswert gewesen wäre, um Zweifel wegen der systematischen Stellung der Vorschrift auszuschließen. Neben der praktisch wichtigen Folge der Vollstreckbarkeit gibt es Auswirkungen auf die möglichen Arten der Sicherheit (s. § 108 ZPO und § 232 BGB), die Auswahl der Sicherheit und deren Rückgabe. Aus dem materiell-rechtlichen Charakter der Sicherheit und der Anwendbarkeit der §§ 232 ff. BGB folgt auch, dass der Beklagte die Sicherheitsleistung gegenüber dem Kläger als Gläubiger zu erbringen hat. Die Sicherungsanordnung ist der (prozessuale) Rechtsgrund hierfür. Hinsichtlich der näheren Voraussetzungen der §§ 232 ff. BGB sei auf die einschlägigen Kommentierungen verwiesen; im Folgenden werden im Wesentlichen nur die Besonderheiten behandelt, die sich aus § 283 a ZPO ergeben.

**38** Gemäß § 232 Abs. 1 BGB hat ein Schuldner die **Wahl** zwischen den dort genannten Sicherheiten. Das sind die Hinterlegung von Geld oder Wertpapieren, die Verpfändung von Schuldbuchforderungen (etwa Bundesschatzbriefe), die Verpfändung beweglicher Sachen, die Bestellung von Hypotheken an inländischen Grundstücken (und Schiffen), die Verpfändung von hypothekarisch gesicherten Forderungen, Grundschulden oder Rentenschulden. Es handelt sich sämtlich um **insolvenzfeste Realsicherheiten.**[119] Der Beklagte als Schuldner der Sicherungsanordnung und damit als Schuldner der Sicherheitsleistung hat die freie Wahl zwischen diesen Sicherheiten; er kann auch mehrere Sicherheiten kombinieren, also mehrere Teilsicherheiten stellen.[120] Die Wahl wird nicht durch Willenserklärung ausgeübt, sondern durch Stellung der Sicherheit.[121] Zum Übergang des Wahlrechts auf den Kläger als Gläubiger im Rahmen der Zwangsvollstreckung → Rn. 53; zur Bestimmung der Sicherheit durch das Gericht → Rn. 46.

**39** **Praktische Bedeutung** von den Sicherheiten des § 232 Abs. 1 BGB wird bei der Sicherungsanordnung gem. § 283 a ZPO nur die **Hinterlegung von Geld** haben, die sich nach §§ 372 ff. BGB iVm den Sicherheitsleistungsgesetzen der Länder (zB HintG NRW) richtet. Gemäß § 374 Abs. 1 BGB hat die Hinterlegung bei der Hinterlegungsstelle des Leistungsortes zu erfolgen. Leistungsort ist der Ort der Leistungshandlung, nicht der Ort des Leistungserfolgs[122], so dass trotz § 270 Abs. 1 BGB gem. § 269 Abs. 1 BGB der Wohnsitz des beklagten Mieters maßgeblich ist. Die Hinterlegungsstelle selbst ergibt sich nicht aus §§ 372 ff. BGB, sondern aus den Sicherheitsleistungsgesetzen der Länder. Danach sind Hinterlegungsstellen in der Regel die Amtsgerichte (s. etwa § 1 Abs. 2 HintG NRW). Örtlich zuständig ist also, soweit es um die Hinterlegung des Nutzungsentgelts geht, das Amtsgericht, in dessen Bezirk der beklagte Mieter wohnt. Die Formalien der Sicherheitsleistung (Antrag, Verfahren, Verwaltung des Geldes einschließlich Verzinsung, Benachrichtigung, Auszahlung, Kosten und Rechtsmittel) richten sich ebenfalls nach den Sicherheitsleistungsgesetzen der Länder. Danach ist insbes. zu beachten, dass etwa nach dem HintG NRW die Sicherheitsleistungsstellen (Amtsgerichte) nur die Annahme- und Herausgabeanordnung erlassen, dass die Einzahlung gem. § 10 HintG NRW aber bei einer Sicherheitsleistungskasse zu erfolgen hat, die in NRW zentral bei der Oberjustizkasse Hamm geführt wird.

**40** Die Stellung eines **Bürgen** ist in § 232 Abs. 1 BGB nicht als mögliche Art der Sicherheitsleistung vorgesehen, sondern gem. § 232 Abs. 2 BGB nur für den Fall, dass der Schuldner zur Leistung einer Realsicherheit nicht in der Lage ist (zur Bestimmung der Sicherheit durch das Gericht → Rn. 46). Das dürfte bei einer Sicherheitsleistung gem. § 283 a ZPO regelmäßig der Fall sein, weil Zahlungsunfähigkeit oder drohende Zahlungsunfähigkeit des Beklagten Voraussetzung ist (→ Rn. 31). Wenn

---

[117] Beschlussempfehlung Rechtsausschuss BT-Drs. 17/11894, 35.
[118] Siehe aber auch § 113 ZPO.
[119] MüKoBGB/*Grothe,* 8. Aufl. 2018, § 232 Rn. 2.
[120] MüKoBGB/*Grothe,* 8. Aufl. 2018, § 232 Rn. 2.
[121] MüKoBGB/*Grothe,* 8. Aufl. 2018, § 232 Rn. 2.
[122] MüKoBGB/*Fetzer,* 8. Aufl. 2018, § 374 Rn. 1.

der Beklagte noch über eigene (!) Realsicherheiten verfügen würde (gar über Geld, das er hinterlegen könnte), dürfte eine Sicherungsanordnung nicht ergehen bzw. sie wäre wieder aufzuheben, es sei denn es bestünde die Gefahr, die Realsicherheiten des Beklagten würden bis zum Ende des Prozesses (anderweitig) verbraucht. Wenn eigene Realsicherheiten nicht vorhanden sind oder Realsicherheiten Dritter nicht beschafft werden können, wird der Beklagte aber ggf. noch akzeptable Bürgen finden. Der Bürge muss die Anforderungen des §239 BGB erfüllen. Das bedeutet, dass der Bürge sich selbstschuldnerisch verpflichten muss (§773 Abs. 1 Nr. 1 BGB), dass er seinen allgemeinen Gerichtsstand im Inland hat[123] und dass er ein angemessenes Vermögen besitzt. Letzteres ist gegeben, wenn sein Vermögen größer ist als die Summe seiner Schulden.[124]

Auch die **Verpflichtungserklärung einer öffentlichen Stelle** iSv §569 Abs. 3 Nr. 2 S. 1 BGB, die zu sichernden Geldforderungen im Falle einer Verurteilung zu erfüllen, genügt den Anforderungen des §239 BGB.[125] Das gilt selbst dann, wenn man eine solche Verpflichtungserklärung nicht als selbstschuldnerische Bürgschaft, sondern als Schuldmitübernahme einordnet.[126] Beide Rechtsinstitute sind so eng miteinander verwandt und die öffentlichen Stellen so zahlungskräftig, dass eine Verpflichtungserklärung im Wege der Schuldmitübernahme dem Kläger eine der Bürgschaft gleichwertige Sicherheit gewährleistet. Wegen des verfassungsrechtlichen Schutzes, den der Mieter einer Wohnung genießt[127], gebietet eine verfassungskonforme Auslegung des §239 BGB, jedenfalls bei einer Sicherheitsleistung gem. §283a BGB auch die Verpflichtungserklärung einer öffentlichen Stelle hierunter zu fassen.[128] Denn einem (fast) zahlungsunfähiger Mieter wird idR nicht nur die Möglichkeit der Stellung einer Realsicherheit gem. §232 Abs. 1 BGB fehlen, sondern er wird meist auch keinen tauglichen Bürgen finden außer der öffentlichen Hand, die ihm Wohnungsfürsorge schuldet.[129] 41

Der Beklagte als Schuldner der Sicherheitsleistung hat sein Unvermögen zur Leistung einer Realsicherheit gem. §232 Abs. 1 BGB zu beweisen.[130] Dieser Beweis muss ihm auch schon im Rahmen des rechtlichen Gehörs vor Erlass der Sicherungsanordnung erlaubt sein. Kann er den Beweis führen, ist die Sicherungsanordnung auf die Pflicht zur Stellung einer Bürgschaft bzw. einer Verpflichtungserklärung einer öffentlichen Stelle zu beschränken. Es gilt das **Freibeweisverfahren,** weil die Sicherungsanordnung ein Verfahren ohne mündliche Verhandlung ist[131] (→ Rn. 51). 42

## F. Verfahren und Entscheidung

Die Sicherungsanordnung wird nicht von Amts wegen, sondern auf Antrag des Klägers erlassen; zur wiederholten Antragstellung sowie zur Aufhebung und Abänderung einer erlassenen Sicherungsanordnung → Rn. 67. Sie kann nur im Rahmen des auf Räumung und Zahlung gerichteten **Hauptsacheverfahrens** ergehen.[132] Bei dem Antrag handelt sich um eine Prozesshandlung, so dass er im Anwaltsprozess durch einen Rechtsanwalt gestellt werden muss. Der Hauptanwendungsfall für die Sicherungsanordnung, der Wohnraummietrechtsstreit, unterliegt aber nicht diesem Erfordernis, da Wohnungsmietsachen ohne Anwaltszwang vor den Amtsgerichten zu verhandeln sind. 43

**Zuständig** für die Anordnung der Sicherheitsleistung ist gem. §283a Abs. 1 S. 1 ZPO das Prozessgericht. Das Prozessgericht ist das Gericht (der Spruchkörper bzw. die Abteilung), das auch über das Hauptsacheverfahren entscheidet; die Anordnung ergeht innerhalb des Hauptsacheverfahrens, nicht in einem besonderen Verfahren. Auch das Berufungs- und Revisionsgericht können Prozess- 44

---

123 Siehe dazu näher MüKoBGB/*Grothe,* 8. Aufl. 2018, §239 Rn. 1.

124 MüKoBGB/*Grothe,* 8. Aufl. 2018, §239 Rn. 1.

125 Börstinghaus/Eisenschmid/*Börstinghaus* Arbeitskommentar Mietrechtsänderungsgesetz, 2013 §283a Rn. 31.

126 Dazu bei → BGB §569 Rn. 89.

127 BVerfG NJW 1993, 2035.

128 Börstinghaus/Eisenschmid/*Börstinghaus* Arbeitskommentar Mietrechtsänderungsgesetz, 2013 §283a Rn. 31 hält einen Antrag des Beklagten für erforderlich.

129 Für eine Verpflichtungserklärung einer öffentlichen Stelle ist die Erfüllung der Voraussetzungen des §22 Abs. 8 SGB II notwendig; die Vorschrift lautet: „Sofern Arbeitslosengeld II für den Bedarf für Unterkunft und Heizung erbracht wird, können auch Schulden übernommen werden, soweit dies zur Sicherung der Unterkunft oder zur Behebung einer vergleichbaren Notlage gerechtfertigt ist. Sie sollen übernommen werden, wenn dies gerechtfertigt und notwendig ist und sonst Wohnungslosigkeit einzutreten droht."

130 MüKoBGB/*Grothe,* 8. Aufl. 2018, §232 Rn. 11.

131 Verfahren ohne mündliche Verhandlung unterliegen dem Freibeweis, vgl. MüKoZPO/*Prütting* §284 Rn. 31.

132 Gesetzesbegründung BT-Drs. 17/10485, 28.

gericht sein. Ein Bedürfnis für eine Anordnung durch diese Gerichte kann bei klageabweisenden Urteilen bestehen, wenn die höhere Instanz den Fall anders beurteilt und eine Verurteilung mit hoher Aussicht auf Erfolg annimmt.[133]

45 Liegen die Voraussetzungen der Sicherungsanordnung vor, dann ist sie **ohne Ermessen** zu erlassen (§ 283a Abs. 1 S. 1 ZPO: „… ordnet das Prozessgericht … an …"). Vor der Entscheidung ist dem Beklagten zunächst rechtliches Gehör zu gewähren.[134] Die Entscheidung ergeht ohne (obligatorische) mündliche Verhandlung (§ 128 Abs. 4 ZPO) durch **Beschluss.**[135] Das Gericht ist nicht gehindert, eine Verhandlung anzuberaumen; wegen des Eilcharakters der Vorschrift hat das aber vordringlich zu geschehen. Der Beschluss ist zu begründen; das folgt schon allein aus der Anfechtbarkeit der Entscheidung über die Sicherungsanordnung gem. § 283a Abs. 1 S. 4 ZPO.[136] Weil der Beschluss einen vollstreckungsfähigen Inhalt hat und anfechtbar ist, ist er förmlich zuzustellen.

46 In der Sicherungsanordnung ist die Höhe der zu leistenden Sicherheit mit einem **bestimmten oder bestimmbaren Geldbetrag** anzugeben. Letzteres kann bei Verzugszinsen in Betracht kommen (dazu auch → Rn. 14). Weil die Sicherheit nur für vergangenen Zeiträume geleistet wird („fällig geworden sind"), ist aber auch in diesem Fall die Angabe eines bestimmten, vor Erlass der Sicherungsverfügung beendeten Verzugszeitraums notwendig; eine Sicherheitsleistung für zukünftig entstehende Zinsen ist nicht zulässig. In der Sicherungsanordnung sollte schon im Tenor erwähnt werden, dass es sich um eine Sicherheit gem. § 232 BGB handelt, um Verwechslungen mit prozessualen Sicherheiten gem. § 108 ZPO auszuschließen. Hat sich der Beklagte in dem Verfahren vor Erlass der Sicherungsanordnung erfolgreich auf eine **Beschränkung** zur Stellung einer **Bürgschaft** bzw. einer **Verpflichtung einer öffentlichen Stelle** berufen, ist dies ebenfalls im Tenor auszusprechen; anderenfalls ist eine Beschränkung auf die Sicherheiten gem. § 232 Abs. 1 BGB nicht zu machen (dazu → Rn. 53). Die Sicherungsanordnung muss die gem. § 283a Abs. 2 ZPO notwendige **Fristbestimmung** enthalten (dazu → Rn. 48) und jedenfalls aus der Begründung muss hervorgehen, für welche der eingeklagten Forderungen die Sicherheit zu leisten ist. Ohne eine solche Bestimmung, die der **Festlegung des Streitgegenstands** verwandt ist, kann im Falle des Obsiegens des Klägers mit der Zahlungsklage nicht gem. § 283a Abs. 3 ZPO ausgesprochen werden, inwieweit der Kläger berechtigt ist, sich aus der Sicherheit zu befriedigen. Außerdem kann eine solche streitgegenständlich unbestimmte Sicherungsanordnung nicht Vollstreckungsgrundlage sein.[137] Der Beklagte kann ihre Vollstreckungsfähigkeit dann mit einer Vollstreckungsgegenklage entsprechend § 767 ZPO beseitigen[138]; wegen der Abänderbarkeit der Sicherungsanordnung (→ Rn. 67) erscheint anstatt dessen – selbst nach Ablauf der Beschwerdefrist – ein Aufhebungsantrag des Beklagten möglich, aber auch ein Änderungsantrag des Klägers, der die Bestimmtheit des Sicherungsanordnung herbeiführt.

47 Der **Tenor** einer Sicherungsanordnung könnte lauten: „Der Beklagte wird im Wege der Sicherungsanordnung gem. § 283a ZPO verurteilt, dem Kläger Sicherheit gem. § 232 BGB [alternativ bei entsprechender Beschränkung: Sicherheit gem. § 232 Abs. 2 BGB durch selbstschuldnerische Bürgschaft bzw. Verpflichtungserklärung einer öffentlichen Stelle gem. § 569 Abs. 3 Nr. 2 Satz 1 BGB] in Höhe von … € [für seine Forderungen auf Nutzungsentgelt für die Monate … in Höhe von jeweils … €][139] zu leisten. Die Sicherheitsleistung ist dem Gericht bis zum … nachzuweisen". Gemäß § 232 ZPO ist in amtsgerichtlichen Sicherungsanordnungen über die Beschwerdemöglichkeit zu belehren, nicht aber über die Möglichkeit der Abänderung bzw. Aufhebung.

### G. Frist zur Sicherheitsleistung

48 Gemäß § 283a Abs. 2 ZPO hat der Beklagte die Sicherheitsleistung innerhalb einer vom Gericht zu bestimmenden Frist nachzuweisen. Das bedeutet zunächst, dass dem Beklagten durch das Gericht überhaupt eine Frist zu setzen ist. Das sollte in dem Beschluss geschehen, mit dem die

---

133 *Abramenko,* Das neue Mietrecht in der anwaltlichen Praxis, 2013, § 5 Rn. 40.
134 *Lützenkirchen* ZMR 2012, 606.
135 *Abramenko,* Das neue Mietrecht in der anwaltlichen Praxis, 2013, § 5 Rn. 43.
136 BVerfG NJW 1982, 30.
137 *BGH IX ZR 244/92, NJW 1994, 460.*
138 BGH IX ZR 244/92, NJW 1994, 460.
139 Die Bezeichnung der Forderungen im Tenor ist empfehlenswert, aber entbehrlich, wenn sie sich aus der Begründung der Sicherungsanordnung hinreichend genau entnehmen lassen.

Sicherungsanordnung erlassen wird. Unterbleibt die Fristsetzung, ergeht ein zweiter, **ergänzender Beschluss,** der die Fristsetzung enthält; § 321 ZPO gilt nicht.[140]

Aus dem gesetzlichen Erfordernis der Fristsetzung folgt weiterhin, dass die Verpflichtung zur Sicherheitsleistung nicht sofort mit Zustellung des Beschlusses entsteht, sondern erst nach Fristablauf. **Ohne Fristsetzung** gibt es **keine wirksame Verpflichtung des Beklagten** und es fehlt eine Voraussetzung für eine Zwangsvollstreckung aus dem Beschluss; eine dennoch erfolgende Vollstreckung kann mit der Erinnerung gem. § 766 ZPO angefochten werden. Ohne Fristsetzung kann auch ein Verstoß des Beklagten gegen die Sicherungsanordnung nicht festgestellt werden, so dass der Erlass einer Räumungsverfügung gem. § 940 a Abs. 3 ZPO nicht möglich ist. Schließlich darf vor Ablauf der Frist eine Endentscheidung im Hauptsacheverfahren nicht ergehen, da ansonsten ein Ausspruch über das Befriedigungsrecht gem. § 283 a Abs. 3 ZPO nicht möglich ist, weil nicht klar ist, ob eine Sicherheit geleistet wurde. 49

Die **Frist** muss **angemessen** sein, dh, der Beklagte muss ausreichend Gelegenheit zur Sicherheitsleistung haben. Ihre Länge richtet sich nach den Umständen des Einzelfalls, insbes. nach der Höhe der Sicherheit.[141] Eine Orientierung an der Nachholfrist des § 569 Abs. 3 Nr. 2 BGB ist iRd § 283 a Abs. 2 BGB nicht notwendig[142], da es hier nur um die Sicherung, nicht aber um Räumung geht; davon zu unterscheiden ist die Frage, ob vor Ablauf der Frist des § 569 Abs. 3 Nr. 2 BGB eine Räumungsverfügung gem. § 940 a Abs. 3 ZPO ergehen kann (dazu → ZPO § 940 a Rn. 32). Da den Beklagten die Sicherungsanordnung wegen des vor Erlass zu gewährenden rechtlichen Gehörs nicht unvorbereitet trifft, konnte er bereits Vorüberlegungen für den Fall des Erlasses anstellen. Er musste aber vor Erlass noch keine Schritte zur Umsetzung seiner Überlegungen ergreifen. Das kann einige Zeit in Anspruch nehmen etwa für die interne Entscheidungsfindung einer Bank bei einer Bankbürgschaft oder die Zahlungsanzeige der Justizkasse bei einer Hinterlegung. Eine Frist von zwei Wochen erscheint im Regelfall ausreichend, aber auch notwendig wegen der Beschwerdemöglichkeit innerhalb von zwei Wochen gem. § 283 a Abs. 1 S. 4 ZPO. Eine längere Frist von drei bis vier Wochen (oder je nach örtlichen Gegebenheiten noch länger) dürfte nötig sein, wenn eine Verpflichtungserklärung einer öffentlichen Stelle herbeizuschaffen ist. Die Umstände, die für die Fristbemessung maßgeblich sind, hat insbes. der Beklagte im Rahmen des rechtlichen Gehörs vorzutragen und ggf. glaubhaft zu machen (§ 224 Abs. 2 ZPO). Aus dieser Vorschrift ergibt sich auch, dass die Frist zur Sicherheitsleistung auf Antrag abgekürzt oder **verlängert** werden kann; bei der Frist gem. § 283 a Abs. 2 ZPO handelt es sich um eine richterliche Frist. 50

## H. Nachweis der Sicherheit

Nach dem Wortlaut von § 283 a Abs. 2 ZPO hat der Beklagte die Sicherheitsleistung nachzuweisen. Damit kann nur ein Nachweis **gegenüber dem Gericht** gemeint sein[143], da der Kläger durch die Leistung der Sicherheit (bzw. der Nichtleistung innerhalb der Frist) an ihn Kenntnis erlangt. Der Kläger erhält bei der **Bürgschaft** die Bürgschaftsurkunde[144] (bzw. die Verpflichtungserklärung der öffentlichen Stelle) und bei der Hinterlegung die **Hinterlegungsanzeige** gem. § 374 Abs. 2 BGB. Den Nachweis gegenüber dem Gericht kann der Beklagte in jeder geeigneten Weise führen. Es gilt das **Freibeweisverfahren.**[145] Bloße Glaubhaftmachung gem. § 294 ZPO genügt nicht, da sie ausdrücklich zugelassen sein müsste[146], was – im Gegensatz zur Interessenabwägung gem. § 283 a Abs. 1 S. 1 Nr. 2 ZPO – nicht geschehen ist. Der Freibeweis führt zwar nicht zu einem geringeren Überzeugungsmaß, die Beweisaufnahme und die Beweismittel unterliegen aber bei 51

---

140 **AA** wohl *Geldmacher* MK-Sonderheft Mietrechtsreform 2013, 45, der §§ 319, 321 ZPO für anwendbar und eine Heilung durch ergänzenden Beschluss nach Ablauf der Frist des § 321 ZPO nicht für möglich hält; er übersieht mE aber, dass mangels materieller Rechtskraft des Beschlusses über die Sicherungsanordnung (→ Rn. 67) ohnehin jederzeit eine neue Entscheidung ergehen und auf diese Weise das Fehlen der Fristsetzung behoben werden könnte.

141 *Lützenkirchen* ZMR 2012, 607.

142 **AA** Börstinghaus/Eisenschmid/*Börstinghaus* Arbeitskommentar Mietrechtsänderungsgesetz, 2013 § 283 a Rn. 33.

143 Wie hier *Geldmacher* MK-Sonderheft Mietrechtsreform 2013, 45 (46) und stillschweigend LG Hanau NZM 2015, 83.

144 MüKoBGB/*Habersack*, 7. Aufl. 2016, § 766 Rn. 24/25.

145 Wie hier *Geldmacher* MK-Sonderheft Mietrechtsreform 2013, 45 (46).

146 MüKoZPO/*Prütting* § 294 Rn. 4.

Beachtung der Verfahrensrechte der Beteiligten dem Ermessen des Gerichts.[147] Die Zulässigkeit des Freibeweises folgt einmal daraus, dass die Sicherungsanordnung ein Verfahren ohne mündliche Verhandlung ist.[148] Zum anderen folgt sie daraus, dass der Nachweis der Sicherheitsleistung notwendig ist für das von Amts wegen auszusprechende Befriedigungsrecht aus der Sicherheit gem. § 283 a Abs. 3 ZPO.[149] Aus dem Befriedigungsrecht wird auch deutlich, dass Glaubhaftmachung gem. § 294 ZPO mit seinem geringeren Überzeugungsmaß nicht ausreicht, sondern volle Überzeugung notwendig ist. Das Befriedigungsrecht kann nämlich zur Erfüllung führen, weshalb es angemessen erscheint, hieran das gleiche Überzeugungsmaß zu knüpfen wie an den Erfüllungseinwand des Beklagten im Rechtsstreit. Praktisch führt der Beklagte den Nachweis der Sicherheitsleistung, indem er bei der Bürgschaft die Bürgschaftsurkunde vorlegt und bei der Hinterlegung die Annahmeanordnung (s. etwa § 7 HintG NRW) sowie die Einzahlungsquittung.

## I. Vollstreckung der Sicherheitsleistung

52 Kommt der Beklagte der Sicherungsanordnung nicht nach, kann der Kläger aus der Sicherungsanordnung gem. § 794 Abs. 1 Nr. 3 ZPO vollstrecken. Eine – auch für Beschlüsse gem. § 724 Abs. 1 ZPO grds. notwendige – **Vollstreckungsklausel** erscheint in entsprechender Anwendung der §§ 929 Abs. 1, 936 ZPO ausnahmsweise entbehrlich, weil die Sicherungsanordnung ein gesetzlich besonders geregelter Fall der Sicherungsverfügung ist (→ Rn. 6). Deswegen ist – ebenso wie bei anderen einstweiligen Verfügungen[150] – auch eine Anordnung der **vorläufigen Vollstreckbarkeit** nicht erforderlich. **Nach der Endentscheidung** im Hauptsacheverfahren kann aus einer Sicherungsanordnung nicht mehr vollstreckt werden; das gilt auch dann, wenn die Endentscheidung nur vorläufig vollstreckbar ist (Einzelheiten → Rn. 57). Die **Vollziehungsfrist** des § 929 Abs. 2 ZPO gilt nicht, weil die Sicherungsanordnung auf bestimmte Dauer angelegt ist, nämlich – wie sich aus § 283 a Abs. 3 ZPO ergibt – auf die Dauer des Hauptsacheverfahrens.

53 Die Leistung der Sicherheit – auch einer Bürgschaft – ist eine **vertretbare Handlung,** wird also gem. § 887 ZPO vollstreckt.[151] Anders dürfte es nur dann sein, wenn die Sicherheitsleistung schon in der Sicherungsanordnung auf eine Verpflichtungserklärung einer öffentlichen Stelle beschränkt ist (dazu → Rn. 41); die notwendige Mitwirkung des Beklagten ist dann gem. § 888 ZPO (unvertretbare Handlung) zu vollstrecken. Die Vollstreckung ist zulässig nach Ablauf der gem. § 283 a Abs. 2 ZPO gesetzten Frist; eine dennoch erfolgende Vollstreckung kann mit der Erinnerung gem. § 766 ZPO angefochten werden. Enthält die Sicherungsanordnung keine Beschränkung auf bestimmte Sicherheiten, geht das Recht des Beklagten als Schuldner, eine der in § 232 Abs. 1 BGB genannten **Sicherheiten auszuwählen,** auf den Kläger als Gläubiger in entsprechender Anwendung des § 264 BGB über[152]; das hindert den Beklagten als Schuldner aber nicht daran, seine Verpflichtung in anderer als der vom Gläubiger gewählten Weise zu erfüllen.[153] In Ausübung dieses Wahlrechts kann sich der Kläger auch für die Bürgschaft gem. § 232 Abs. 2, 239 BGB als Sicherheit entscheiden. Zwar stünde dem Beklagten ein solches Recht nicht zu bzw. nur dann, wenn eine Sicherheit gem. § 232 Abs. 1 BGB nicht zur Verfügung steht; die Subsidiarität der Bürgschaft dient aber ausschließlich dem Schutz des Gläubigers, so dass dieser auch darauf verzichten kann.[154] Der Kläger muss sich im Rahmen seines Antrags gem. § 887 Abs. 1 ZPO eindeutig für eine Sicherheit entscheiden, zu deren Selbstvornahme er ermächtigt werden will[155]; ansonsten ist der Antrag unbestimmt.[156] Bei einer **Bürgschaft** schließt der Kläger nach einer solchen Ermächtigung für

---

[147] MüKoZPO/*Prütting* § 284 Rn. 26.

[148] Verfahren ohne mündliche Verhandlung unterliegen dem Freibeweis, vgl. MüKoZPO/*Prütting* § 284 Rn. 31.

[149] Von Amts wegen zu prüfende Prozessvoraussetzungen unterliegen dem Freibeweis (BGH V ZB 10/97, NJW 1997, 3320).

[150] MüKoZPO/*Drescher* § 929 Rn. 2.

[151] OLG Düsseldorf FamRZ 1984, 704; OLG Köln MDR 1989, 169; OLG Karlsruhe MDR 1991, 454; OLG Zweibrücken MDR 1986, 1034; Beschlussempfehlung Rechtsausschuss BT-Drs. 17/11894, 35.

[152] OLG Düsseldorf FamRZ 1984, 704; LG Hagen 30.11.2010 – 32 O 23/10, BeckRS 2011, 01646; KG JW 1936, 677; Beschlussempfehlung Rechtsausschuss BT-Drs. 17/11894, 35.

[153] BGH IX ZR 100/94, NJW 1995, 3189.

[154] *MüKoBGB/Grothe,* 8. Aufl. 2018, § 232 Rn. 11.

[155] KG JW 1936, 677; OLG Düsseldorf FamRZ 1984, 704; offenlassend BGH IX ZR 100/94, NJW 1995, 3189.

[156] KG JW 1936, 677.

den Beklagten mit dem Bürgen einen Bürgschaftsvertrag; die mutmaßlichen Kosten der Bürgschaft (zB Bürgschaftszinsen bis zum Prozessende; als Sicherheit beim Bankbürgen anzulegendes und zu verpfändendes Geld[157]) kann sich der Kläger als Vorschuss gem. § 887 Abs. 2 ZPO titulieren lassen und beim Beklagten vollstrecken.[158] Wählt der Kläger die **Hinterlegung** von Geld, ist er zu ermächtigen, diese Hinterlegung für den Beklagten zu bewirken. Der zu hinterlegende Geldbetrag wird wie ein Vorschuss gem. § 887 Abs. 2 ZPO vollstreckt, nämlich als Geldforderung gem. § 803 ff. ZPO[159]; der Unterschied zum Vorschuss besteht nur darin, dass der Gerichtsvollzieher gepfändetes Geld oder den Erlös aus der Verwertung von Pfandgut zu hinterlegen hat, anstatt es gem. § 815 Abs. 1 ZPO an den Gläubiger auszukehren.[160]

## J. Wirkungen der Sicherheitsleistung

54 Die Sicherheitsleistung ist **keine Erfüllung** gem. § 362 BGB. Deshalb beendet sie einen Verzug des Beklagten nicht mit der weiteren Folge, dass dieser ggf. weiteren Verzugszins oder den Ersatz sonstiger **Verzugsschäden** schuldet. Bei der Hinterlegung endet allerdings gem. § 379 Abs. 2 BGB die Pflicht zur Zahlung von Verzugszinsen. Mangels Erfüllungswirkung der Sicherheitsleistung kann wegen Rückständen, für die Sicherheit zu leisten war, grds. auch **gekündigt** werden. Solche Fälle dürften aber eigentlich nicht praktisch werden, weil § 283 a ZPO eine Räumungsklage erfordert, also von einem beendeten Mietverhältnis ausgeht. Sollte eine Kündigung nach der konkreten Fallkonstellation doch in Betracht kommen, ist im Einzelfall zu prüfen, ob sie angesichts der Sicherung nicht treuwidrig erscheint; bei einer Kündigung gem. § 573 Abs. 1 BGB kann die Sicherheitsleistung zu Gunsten des gekündigten Beklagten Einfluss auf die Beurteilung des berechtigten Interesses haben.

## K. Befriedigung aus der Sicherheit und deren Freigabe

55 § 283 a Abs. 3 ZPO regelt – allerdings nur sehr unvollständig – das Schicksal der Sicherheit und der Sicherungsanordnung nach Beendigung des Hauptsacheverfahrens. Danach ist in dem Endurteil oder einer anderweitigen den Rechtsstreit beendenden Regelung auszusprechen, dass der Kläger sich aus der Sicherheit befriedigen darf, soweit er obsiegt hat. Direkt ist also nur geregelt, was mit der Sicherheit im Fall des Obsiegens geschieht, nicht aber, wie mit einer unberechtigt geleisteten Sicherheit zu verfahren ist. Außerdem gibt es keine ausdrückliche Bestimmung über das Fortbestehen der Sicherungsanordnung. Beides ist auseinander zu halten. Die geleistete **Sicherheit** unterliegt den **Vorschriften des materiellen Rechts** (§§ 232 ff. BGB). Die **Sicherungsanordnung** ist die Rechtsgrundlage und der **Rechtsgrund** für die Leistung bzw. Vollstreckung der Sicherheit.

56 Mit **Rechtskraft** der Endentscheidung, die einen Ausspruch über das Befriedigungsrecht enthält, kann die Sicherungsanordnung nicht mehr **Vollstreckungsgrundlage** sein, soweit die Sicherheit noch nicht geleistet wurde, da dann endgültig feststeht, dass dem Kläger ein Anspruch zusteht; er kann den Zahlungsanspruch vollstrecken und nicht nur die Sicherheit.[161] Nicht mehr die Sicherungsanordnung ist nach der Endentscheidung im Hauptsacheverfahren Rechtsgrund für eine geleistete Sicherheit, sondern der Ausspruch über das Befriedigungsrecht. Soweit dem Kläger ein Recht zur Befriedigung nicht zugesprochen wurde, tritt die Sicherungsanordnung **außer Kraft.**[162] Das geschieht automatisch; es ist aber empfehlenswert, diese Wirkung ausdrücklich klarzustellen. Den Teil der Sicherheit, aus dem der Kläger sich nicht befriedigen darf, hat er dem

---

[157] OLG Köln MDR 1989, 169.

[158] OLG Köln MDR 1989, 169; Beschlussempfehlung Rechtsausschuss BT-Drs. 17/11894, 35.

[159] OLG Düsseldorf FamRZ 1984, 704; Beschlussempfehlung Rechtsausschuss BT-Drs. 17/11894, 35. Tenor gem. LG Hagen 30.11.2010 – 32 O 23/10, BeckRS 2011, 01646: Der Gläubiger wird ermächtigt, die auf Grund der Sicherungsanordnung … von dem Schuldner zu stellende Sicherheit in Höhe von insgesamt … EUR durch Hinterlegung von Geld zu leisten. Der Schuldner wird verurteilt, den dafür erforderlichen Betrag in Höhe von … EUR zugunsten des Gläubigers zum Zwecke der Hinterlegung an die Hinterlegungsstelle des AG … vorauszuzahlen. **AA** KG JW 1936, 1464 (Vollstreckung der Bürgschaftskosten gem. § 887 Abs. 2 ZPO).

[160] OLG Düsseldorf FamRZ 1984, 704; MüKoZPO/*Gruber* § 803 Rn. 9.

[161] Wie hier *Geldmacher* MK-Sonderheft Mietrechtsreform 2013, 48.

[162] *Börstinghaus* NJW 2013, 3269; Börstinghaus/Eisenschmid/*Börstinghaus* Arbeitskommentar Mietrechtsänderungsgesetz, 2013 § 283 a Rn. 38.

Beklagten **zurückzugewähren,** weil nunmehr ein Rechtsgrund für die Sicherheitsleistung fehlt. Da es sich um eine materielle Sicherheit handelt, hat der Beklagte dies im Notfall mit einer Klage durchzusetzen.

**57** Ist die Endentscheidung noch **nicht rkr.,** kann die Sicherheit ebenfalls nicht weiter vollstreckt werden, falls sie noch nicht geleistet wurde. Wie bei einer rechtskräftigen Endentscheidung erhält der Kläger einen (vorläufig vollstreckbaren) Zahlungstitel, soweit ihm ein Befriedigungsrecht zugesprochen wurde. Er ist deshalb nicht mehr auf die Sicherheitsleistung als Schutz vor endgültigem Forderungsausfall angewiesen und iÜ durch § 710 ZPO sowie insbes. durch § 720 a ZPO hinreichend geschützt, falls er selbst eine im Urteil festgelegte Sicherheit gem. §§ 708 ff. ZPO nicht zu erbringen vermag; im Berufungsverfahren kommt deshalb eine Sicherungsanordnung für einen erstinstanzlich obsiegenden Kläger, der die Stellung einer im Urteil festgelegten Sicherheitsleistung vermeiden möchte, nicht in Betracht.[163] Überdies würde bei der Möglichkeit weiterer Vollstreckung aus der Sicherungsanordnung der Ausspruch über das Befriedigungsrecht in dem Urteil falsch bzw. unvollständig. Dieser Ausspruch über das Befriedigungsrecht ist aber gem. § 283 a Abs. 3 ZPO Teil der Endentscheidung und kann nur zusammen mit der Endentscheidung angefochten werden. Der Kläger würde also bei weiterer Vollstreckung möglicherweise eine Sicherheit erlangen, könnte sich aus ihr aber nicht befriedigen, weil ein solcher Ausspruch verfahrensmäßig nicht mehr vorgesehen ist.[164] Mangels Verwertungs- bzw. Befriedigungsrecht könnte der Beklagte dann die Rückgabe der Sicherheit verlangen. Auch bei einer nicht rechtskräftigen Endentscheidung ist die Sicherungsanordnung **automatisch aufgehoben,** soweit nicht ausgesprochen wird, dass der Kläger sich aus einer geleisteten Sicherheit befriedigen darf. Das folgt wiederum daraus, dass sie weder Grundlage einer Vollstreckung noch eines Befriedigungsrechts sein kann. Legt der Kläger Rechtsmittel wegen einer teilweisen Klageabweisung ein, muss er insoweit bei dem **Rechtsmittelgericht** den Neuerlass einer Sicherungsanordnung beantragen.

**58** Die Forderungen, wegen derer sich der Kläger befriedigen darf, sind genau zu bezeichnen. Das Befriedigungsrecht darf nur wegen solcher Forderungen ausgesprochen werden, wegen derer auch Sicherheit zu leisten war.[165] Der **Streitgegenstand des Befriedigungsrechts** und der Sicherungsanordnung sowie der geleisteten Sicherheit müssen übereinstimmen. Wenn etwa nach der Sicherungsanordnung für das ganze Jahr Nutzungsentgelt zu leisten war, der Beklagte aber nur für Juli bis Dezember hinterlegt hat und der Kläger für Januar bis Juni auf Vollstreckung verzichtet hat oder diese erfolglos war, dann hat der Kläger nur dann ein Befriedigungsrecht, wenn der Beklagte auch tatsächlich für Juli bis Dezember verurteilt wurde; wurde nur für Januar bis Juni verurteilt, dann stimmen die Streitgegenstände nicht überein und ein Befriedigungsrecht darf nicht ausgesprochen werden, der Kläger hat die Sicherheit vielmehr zurückzugewähren. Erst recht gilt das für Ansprüche, die überhaupt nicht Gegenstand der Sicherungsanordnung waren wie etwa vor Rechtshängigkeit fällig gewordene Ansprüche. Die Möglichkeit, den Anspruch des Beklagten auf Rückgewähr von nicht dem Befriedigungsrecht unterliegenden Teilen der Sicherheit zu pfänden, besteht nicht, weil – ähnlich wie bei der Mietsicherheit[166] – wegen der Zweckgebundenheit ein Aufrechnungs- und damit ein Pfändungsverbot anzunehmen ist.[167]

**59** Der **Tenor eines Befriedigungsausspruchs** könnte lauten: „Dem Kläger wird gestattet, sich wegen der Forderungen auf Nutzungsentgelt für die Monate … in Höhe von jeweils … € aus der Sicherheit gem. der Sicherungsanordnung vom … zu befriedigen." Werden die Forderungen, für die Sicherheit geleistet wurde, teilweise aberkannt, sollte zur Klarstellung weiter tenoriert werden: „Im Übrigen wird die Sicherungsanordnung aufgehoben."

**60** Über das Befriedigungsrecht ist gem. § 283 a Abs. 3 ZPO in dem **Endurteil** oder einer anderweitigen den Rechtsstreit beendenden Regelung zu entscheiden. Allgemein kann man formulieren, dass das Hauptsacheverfahren zwar nicht insgesamt beendet sein muss (auch Teilurteile sind Endurteile), dass aber der Streitgegenstand, auf den sich die Sicherungsanordnung bezieht, in der Sache vollständig erledigt sein muss. Hierzu gehören zunächst End- bzw. Teilurteile und **Klage-**

[163] **AA** *Lützenkirchen* ZMR 2012, 605.

[164] Bei Einlegung eines Rechtsmittels könnte zwar das Rechtsmittelgericht den Ausspruch über das Befriedigungsrecht treffen; wird kein Rechtsmittel eingelegt, gibt es diese Möglichkeit aber nicht.

[165] So auch *Börstinghaus* NJW 2013, 3268.

[166] *BGH VIII ZR 36/12, NJW 2012, 3300.*

[167] Nach BGH IX ZR 82/10, NJW 2011, 2649 Rn. 14 besteht im Fall eines Aufrechnungsverbots immer auch das Verbot der Selbstpfändung des Gläubigers in eine gegen ihn gerichtete Forderung des Schuldners; **aA** für die Kaution *Schmid* ZMR 2013, 256.

**rücknahmen.** Letztere führen zwar (außer evtl. bei einem außergerichtlichen Vergleich) nicht zu einem Befriedigungsrecht, haben aber die Aufhebung der Sicherungsanordnung zur Folge, was klarstellend ausgesprochen werden kann, um die Titelwirkungen zu beseitigen. Weiterhin gehören dazu insbes. gerichtliche oder außergerichtliche **Vergleiche.** Die Vergleiche können und müssen das Befriedigungsrecht regeln; ansonsten kann ein Ausspruch über das Befriedigungsrecht nicht mehr erfolgen, es sei denn, die Parteien hätten dies – ähnlich wie bei einer Kostenregelung, die das Gericht dann nach § 91 a ZPO trifft – offen gehalten. Haben die Parteien das getan und kann die Sicherheit streitgegenständlich dem Vergleichsbetrag (oder einem Teil davon) zugeordnet werden (→ Rn. 58), dann ist das in einem Beschluss entsprechend § 91 a ZPO auszusprechen. Ist das nicht der Fall, kann ein Befriedigungsrecht nicht ausgesprochen werden und der Beklagte hat einen notfalls klageweise durchzusetzenden Anspruch auf Rückgabe der Sicherheit, weil es an einem Rechtsgrund für die Befriedigung daraus fehlt.[168] Diesen Arten der Prozessbeendigung müssen – wiederum wegen der Folge der Aufhebung der Sicherungsanordnung – alle prozessualen Ereignisse gleichstehen, die eine Verurteilung des Beklagten zur Leistung ausschließen, also etwa **übereinstimmende Erledigungserklärungen** des Streitgegenstands der Sicherungsanordnung; über bloß einseitige Erledigungen wird durch Endurteil entschieden. Die Sicherheitsleistung selbst ist dabei kein erledigendes Ereignis, weil sie keine schuldtilgende Wirkung hat.

Die **Entscheidung** über das Befriedigungsrecht hat (außer in den Fällen des § 269 Abs. 4 ZPO) **61**
**von Amts wegen,** also auch ohne besonderen Antrag zu erfolgen.[169] Sie ist Bestandteil des Endurteils oder der anderweitigen den Rechtsstreit beendenden Regelung. Das ergibt sich schon aus dem Wortlaut des § 283 a Abs. 3 ZPO, aber auch daraus, dass eine besondere Regelung über die Anfechtung der Entscheidung über das Befriedigungsrecht im Gegensatz zur Anfechtung der Sicherungsanordnung selbst fehlt. Die Entscheidung wird im Gegensatz zur Sicherungsanordnung auch **materiell rkr.,** weil eine weitere Entscheidung ist nicht vorgesehen ist und das Befriedigungsrecht, wenn es wahrgenommen wird, unmittelbaren Einfluss auf das Prozessergebnis und den Bestand der ausgeurteilten Forderung hat. Deshalb ist die Entscheidung über das Befriedigungsrecht mit den Rechtsmitteln **anfechtbar,** die auch gegenüber der Endentscheidung bestehen. Bei einem Endurteil ist das die Berufung bzw. Revision, ansonsten die Beschwerde. Unterbleibt die Entscheidung über das Befriedigungsrecht, gilt – auch bei Beschlüssen[170] – **§ 321 ZPO.**[171] Kann die Entscheidung wegen Fristablaufs nicht mehr nachgeholt werden, hat der Beklagte trotz Verurteilung zur Zahlung in der Hauptsache einen notfalls klageweise durchzusetzenden Anspruch auf Rückgabe der Sicherheit, weil es an einem Rechtsgrund für die Befriedigung daraus fehlt.[172] Die Möglichkeit, den Anspruch des Beklagten auf Rückgewähr von nicht dem Befriedigungsrecht unterliegenden Teilen der Sicherheit zu pfänden, besteht nicht, weil – ähnlich wie bei der Mietsicherheit[173] – wegen der Zweckgebundenheit ein Aufrechnungs- und damit ein Pfändungsverbot anzunehmen ist.[174]

Die **Befriedigung** aus einer geleisteten Sicherheit darf nicht erst nach endgültiger Rechtskraft **62**
des Zahlungstitels erfolgen, sondern auch schon **auf Grund eines vorläufig vollstreckbaren Titels.**[175] Da die Befriedigung eine Form der Erfüllung ist, hat der Gläubiger in diesem Fall aber in der Weise gem. §§ 708 ff. ZPO Sicherheit zu leisten, wie sie im Urteil festgelegt ist. Der Sicherungsgeber (zB der Bürge) kann sich hierauf einredeweise berufen. Praktisch wird die Befriedigung auf Grund eines vorläufig vollstreckbaren Titels aber wegen der Art, wie sie zu bewirken ist, keine Bedeutung haben.

---

168 **AA** Börstinghaus/Eisenschmid/*Börstinghaus* Arbeitskommentar Mietrechtsänderungsgesetz, 2013 § 283 a Rn. 38, der einen Prätendentenstreit über die Verteilung der Sicherheit für möglich hält.

169 Börstinghaus/Eisenschmid/*Börstinghaus* Arbeitskommentar Mietrechtsänderungsgesetz, 2013 § 283 a Rn. 38.

170 MüKoZPO/*Musielak* § 329 Rn. 14.

171 Börstinghaus/Eisenschmid/*Börstinghaus* Arbeitskommentar Mietrechtsänderungsgesetz, 2013 § 283 a Rn. 38; *Börstinghaus* NJW 2013, 3268.

172 *Börstinghaus* NJW 2013, 3268; **aA** noch Börstinghaus/Eisenschmid/*Börstinghaus* Arbeitskommentar Mietrechtsänderungsgesetz, 2013 § 283 a Rn. 38, wo ein Prätendentenstreit über die Verteilung der Sicherheit für möglich gehalten wurde.

173 BGH VIII ZR 36/12, NJW 2012, 3300.

174 Nach BGH IX ZR 82/10, NJW 2011, 2649 Rn. 14 besteht im Fall eines Aufrechnungsverbots immer auch das Verbot der Selbstpfändung des Gläubigers in eine gegen ihn gerichtete Forderung des Schuldners; **aA** für die Kaution *Schmid* ZMR 2013, 256.

175 **AA** ohne Begründung *Börstinghaus* NJW 2013, 3268.

63 Die **Befriedigung** aus einer geleisteten Sicherheit richtet sich nach **materiellem Recht.** Der Ausspruch des Befriedigungsrechts stellt keinen Titel dar. Gegebenenfalls ist deshalb der **Bürge** auf Zahlung aus der Bürgschaft zu verklagen, anschließend ist dann aus dem so erwirkten Titel gegen den Bürgen zu vollstrecken. Hierbei muss der Bürge das Urteil des Klägers gegen den Beklagte im Umfang des ausgesprochenen Befriedigungsrechts gegen sich gelten lassen.[176] Das folgt – aus den gleichen Erwägungen wie bei einer Prozessbürgschaft – aus dem Sicherungszweck der auf Grund einer Sicherungsanordnung geleisteten Bürgschaft; hier wie dort soll die Realisierbarkeit der titulierten Ansprüche gesichert werden, was beinhaltet, dass der Bürge mit seiner Verpflichtung die – rechtskräftigen – Feststellungen des gegen den Beklagten als seinem Auftraggeber ergangenen Urteils anerkennt, soweit auch diesem Einwendungen oder Einreden nach Rechtskraft des zu vollstreckenden Urteils verwehrt sind.[177] Ähnlich ist es bei der Verpflichtungserklärung einer öffentlichen Stelle.

64 Bei der **Hinterlegung** ist die Rechtslage für den Kläger, dem ein Befriedigungsrecht zugesprochen wurde, einfacher. Zwar enthält das Urteil keine ausdrückliche Auszahlungsanordnung; der Kläger kann seine Empfangsberechtigung aber durch den Ausspruch des Befriedigungsrechts nachweisen. Die Formalien der Empfangsberechtigung sind in den Sicherheitsleistungsgesetzen der Länder geregelt (in Nordrhein-Westfalen etwa in § 22 HintG NRW); § 380 BGB gewährt dem Gläubiger nur dann einen Anspruch auf Anerkennung der Empfangsberechtigung, wenn der Gläubiger sie nicht anderweitig nachweisen kann.[178] Gemäß § 22 Abs. 3 HintG NRW, der stellvertretend für die Sicherheitsleistungsgesetze der Länder genannt sei, ist zum Nachweis entweder eine schriftliche Bewilligung der Beteiligten oder eine rechtskräftige Entscheidung notwendig. Wenn eine solche landesrechtliche Regelung besteht und der Kläger eine Bewilligung des Beklagten nicht vorlegen kann, kann er aus dem vorläufig vollstreckbaren Titel bis zur Rechtskraft also nicht vollstrecken, dh eine Auszahlung des Hinterlegten erwirken. Soweit der Beklagte mehr hinterlegt hat, als dem Kläger an Befriedigungsrecht zugesprochen wurde, kann der Beklagte nach Rechtskraft Auszahlung des zuviel Hinterlegten auf Grund einer in der Endentscheidung ausgesprochenen Aufhebungsanordnung erreichen. Das gilt auch für nach Hinterlegung angefallene **Zinsen**[179], auf die der Kläger keinen Anspruch hat, da sie in der Sicherungsanordnung nicht tituliert sind und auch nicht tituliert werden können (→ Rn. 14). Bei Streit über die Empfangsberechtigung können die in den Sicherheitsleistungsgesetzen vorgesehenen Rechtsmittel eingelegt werden (s. etwa § 5 HintG NRW). Muss danach nicht ausgezahlt werden, kann der jeweilige Gläubiger Klage auf Anerkenntnis der Berechtigung in der notwendigen Form gem. § 380 BGB erheben. Im Falle der Erledigung oder der Klagerücknahme fehlt es an einer Empfangsermächtigung zu Gunsten des Klägers, der hinterlegte Betrag gebührt also dem Beklagten. Die Empfangsberechtigung des Klägers kann sich allerdings aus einem außergerichtlichen Vergleich ergeben. Sofern die Sicherheitsleistungsgesetze der Länder eine besondere Form verlangen, gewährt der Vergleich auch ohne ausdrückliche Regelung konkludent einen Anspruch gem. § 380 BGB auf Anerkenntnis der Berechtigung in der notwendigen Form. In Nordrhein-Westfalen reicht eine schriftliche Bewilligung aus (§ 22 Abs. 3 Nr. 1 HintG).

65 § 283 a Abs. 3 ZPO gewährt dem Kläger nur das **Recht auf Befriedigung** aus der Sicherheit, verpflichtet ihn hierzu aber nicht. Sofern der Kläger sich nicht aus der Sicherheit befriedigt, sondern wegen der gesicherten Forderung gegen den Beklagten vollstreckt, darf dies nur Zug um Zug gegen Freigabe der Sicherheit geschehen.[180]

## L. Rechtsmittel, Abänderung und Aufhebung

66 Obwohl es sich bei der Sicherungsanordnung der Sache nach um eine einstweilige Verfügung handelt (→ Rn. 6), die gem. § 924 ZPO anfechtbar ist, hat der Gesetzgeber gegen die Entscheidung über die Sicherungsanordnung in § 283 a Abs. 1 S. 4 ZPO das Rechtsmittel der **sofortigen**

---

176 Wie hier *Geldmacher* MK-Sonderheft Mietrechtsreform 2013, 48.

177 Siehe zur Prozessbürgschaft BGH XI ZR 287/04, NJW 2005, 2157.

178 Staudinger/*Olzen*, 2016, BGB § 380 Rn. 2.

179 *Die Sicherheitsleistungsgesetze* der Länder können eine Verzinsung für die Zeit der Sicherheitsleistung vorsehen. So wird hinterlegtes Geld gem. § 12 Abs. 1 HintG NRW ab einem Betrag von 10.000 EUR mit 1% jährlich verzinst.

180 Wie hier *Geldmacher* MK-Sonderheft Mietrechtsreform 2013, 47.

**Beschwerde** gem. §§ 567 ff. ZPO vorgesehen. Die offene Formulierung des Gesetzes bedeutet, dass sich sowohl der Beklagte gegen die Anordnung, als auch der Kläger gegen die Ablehnung der Anordnung wehren können, soweit sie beschwert sind.[181] Teilweise ablehnende bzw. anordnende Entscheidungen können ebenfalls überprüft werden. Mangels Verfahrensbeteiligung und unmittelbarer Beschwer hat ein Wohnungsnutzer, der nicht Mietvertragspartei ist, kein Beschwerderecht; die mittelbare Beschwer, von einer Räumungsverfügung gem. § 940 a Abs. 3 ZPO betroffen sein zu können, reicht nicht aus. Die Eröffnung des Beschwerdeverfahrens gem. §§ 567 ff. ZPO hat zur Folge, dass mit der Rechtsbeschwerde gem. §§ 574 ff. ZPO potenziell zwei Rechtsmittelinstanzen zur Verfügung stehen[182], wohingegen dies bei der einstweiligen Verfügung gem. § 542 Abs. 2 ZPO ausgeschlossen ist. Wenn allerdings nicht ein erstinstanzliches Gericht, sondern ein Berufungsgericht die Sicherungsanordnung erlassen hat, ist eine sofortige Beschwerde gem. § 567 Abs. 1 ZPO nicht statthaft.[183] Eine sofortige Beschwerde hat gem. § 570 Abs. 1 ZPO keine aufschiebende Wirkung; die Vollziehung kann aber gem. § 570 Abs. 2 ZPO ausgesetzt werden. Gemäß § 232 ZPO ist in amtsgerichtlichen Sicherungsanordnungen über die Beschwerdemöglichkeit zu belehren, nicht aber über die Möglichkeit der Abänderung bzw. Aufhebung. Neuer Vortrag ist in der Beschwerdeinstanz zu berücksichtigen.[184]

Zur Aufhebung der Sicherungsanordnung in Zusammenhang mit der Endentscheidung des Hauptsacheverfahrens und zur Rückgabe einer geleisteten Sicherheit nach Aufhebung → Rn. 56. Darüber hinaus ist die Sicherungsanordnung auch nach Ablauf der Beschwerdefrist auf Antrag von Kläger oder Beklagtem **aufzuheben oder abzuändern,** wenn sich die für den Erlass maßgeblichen Umstände *wesentlich* zu Gunsten dessen ändern, der Aufhebung oder Abänderung begehrt.[185] Ebenso kann der **Antrag** vom Kläger **wiederholt** werden, wenn die Voraussetzungen für den Erlass zunächst nicht erfüllt waren, später aber wegen veränderter Umstände gegeben sind.[186] Trotz der formellen Rechtskraft, die mit Ablauf der Beschwerdefrist eintritt, erwächst die Sicherungsanordnung nicht in materielle Rechtskraft.[187] Materielle Rechtskraft, die auch Beschlüssen zukommen kann[188], bedeutet auf der Grundlage der herrschenden prozessualen Rechtskraftlehre das Verbot einer erneuten Sachentscheidung.[189] Eine erneute Sachentscheidung über die Sicherungsanordnung ist aber nicht nur nicht verboten, sie ist im Gesetz sogar ausdrücklich in § 283 a Abs. 3 ZPO angelegt. Mit der Endentscheidung muss nämlich ausgesprochen werden, inwieweit der Kläger sich aus einer geleisteten Sicherheit befriedigen darf; das bedeutet zwingend eine Überprüfung der Sicherungsanordnung auf Übereinstimmung mit der Verurteilung in der Hauptsache. Abgesehen davon lässt sich die Abänderbarkeit wegen veränderter Umstände aus den Wertungen der §§ 927, 767 ZPO sowie aus den Wertungen herleiten, aus denen einem Bedürftigen das Recht zugesprochen wird, nach einer Prozesskostenhilfeversagung erneut einen Prozesskostenhilfeantrag zu stellen.[190] **67**

Die **veränderten Umstände** können sowohl betreffen die Erfolgsaussicht der Klage als auch die für die Interessenabwägung bedeutsamen Tatsachen. Die Fortsetzung der Beweisaufnahme kann ergeben, dass die behaupteten Mängel entgegen dem bisherigen Prozessergebnis doch bestehen; außerdem kann die Erfolgsaussicht der Klage leiden, wenn der Mieter neue, während des Prozesses erstmals auftretende Mängel behauptet. Eine wesentliche Änderung kann sich aber auch daraus ergeben, dass der Kläger den Prozess nicht weiter betreibt oder ihn verzögert oder wenn er gem. §§ 239 ff. ZPO unterbrochen ist. Wenn der Beklagte auf Grund einer Räumungsverfügung gem. § 940 a Abs. 3 ZPO geräumt wird oder wenn er freiwillig räumt, fällt der Grund für eine schon erlassene Sicherungsanordnung allerdings nicht weg. **68**

---

181 Gesetzesbegründung BT-Drs. 17/10485, 29.

182 AA für die Rechtsbeschwerde LG Lübeck 4.5.2021 – 7 T 178/21, BeckRS 2021, 12208.

183 Gesetzesbegründung BT-Drs. 17/10485, 29; *Abramenko,* Das neue Mietrecht in der anwaltlichen Praxis, 2013, § 5 Rn. 64.

184 *Abramenko,* Das neue Mietrecht in der anwaltlichen Praxis, 2013, § 5 Rn. 50.

185 So auch *Börstinghaus* NJW 2013, 3269; Börstinghaus/Eisenschmid/*Börstinghaus* Arbeitskommentar Mietrechtsänderungsgesetz, 2013 § 283 a Rn. 30; *Geldmacher* MK-Sonderheft Mietrechtsreform 2013, 44; *Abramenko,* Das neue Mietrecht in der anwaltlichen Praxis, 2013, § 5 Rn. 48.

186 Ebenso *Lützenkirchen* ZMR 2012, 606.

187 So iErg auch *Abramenko,* Das neue Mietrecht in der anwaltlichen Praxis, 2013, § 5 Rn. 48.

188 MüKoZPO/*Gottwald* § 322 Rn. 30.

189 MüKoZPO/*Gottwald* § 322 Rn. 9, 13.

190 Siehe dazu BGH IV ZB 43/03, NJW 2004, 1805.

## M. Schadensersatz

69 Gemäß § 283 a Abs. 4 ZPO hat der Kläger dem Beklagten denjenigen Schaden zu ersetzen, den dieser wegen einer Sicherheitsleistung für Ansprüche erlitten hat, die später nicht zugesprochen werden, für die also die hohe Erfolgsaussicht der Klage zu Unrecht bejaht wurde. Der Schadensersatzanspruch ist an § 717 Abs. 2 ZPO angelehnt (dessen Abs. 2 S. 2 gilt auch entsprechend); es handelt sich deshalb um einen Tatbestand der Gefährdungshaftung.[191] Es ist der Zustand herzustellen, der ohne die Sicherheitsleistung bestehen würde; die Folgen der Sicherheitsleistung sind auszugleichen. Zum ersatzfähigen Schaden können insbes. gehören Aufwendungen zur Beschaffung der Sicherheit wie etwa Bürgschaftszinsen, Kreditzinsen für den hinterlegten Betrag oder Verlust von Anlagezinsen, aber auch Vermögensschäden etwa wegen entgangenen Gewinns.[192] Aus dem Verweis auf § 717 Abs. 2 S. 2 ZPO ergibt sich, dass der Schadensersatzanspruch schon im laufenden Verfahren im Wege des Inzidentantrags geltend gemacht werden kann, über den im Endurteil mit zu entscheiden ist; außerdem kann (Feststellungs-)Widerklage auf Schadensersatz erhoben werden.[193]

## N. Kosten und Gebühren

70 Das Verfahren über die Sicherungsanordnung ist Bestandteil des Hauptsacheverfahrens.[194] Besondere Gebühren sind hierfür weder für das Gericht noch für die Rechtsanwälte[195] vorgesehen. Deshalb ist der Antrag auch dann gerichtsgebührenfrei, wenn er isoliert, also ohne ein Hauptsacheverfahren gestellt wird. Soweit die Sicherheitsleistung dem vollstreckenden Kläger Kosten verursacht, sind dies Kosten der Zwangsvollstreckung. Soweit die Sicherheitsleistung dem Beklagten unberechtigt Kosten verursacht, weil der Kläger keinen Anspruch auf die Sicherheit hatte, steht ihm der Schadensersatzanspruch gem. § 283 a Abs. 4 ZPO zu.

[191] Für § 717 Abs. 2 ZPO s. MüKoZPO/*Götz* § 717 Rn. 2.

[192] Börstinghaus/Eisenschmid/*Börstinghaus* Arbeitskommentar Mietrechtsänderungsgesetz, 2013 § 283 a Rn. 39; *Lützenkirchen* ZMR 2012, 608.

[193] Siehe näher MüKoZPO/*Götz*, 5. Aufl. 2016, § 717 Rn. 22 ff.

[194] Gesetzesbegründung BT-Drs. 17/10485, 28.

[195] *Horst* DWW 2013, 126.

# Einleitung Räumungsvollstreckung

## Systematische Übersicht



## Alphabetische Schnellübersicht



## A. Grundsätze der Räumungsvollstreckung

Der **Begriff der „Räumung“** ist im Gesetz nicht legal definiert. Er findet sich in verschiedenen Normen der ZPO (insbes. §§ 721, 765a, 885, 940a ZPO), wobei ihm keine einheitliche Bedeutung zukommt. Im **engeren Sinne** bezeichnet die Räumung das „Leerräumen“ des Vollstreckungsgegenstandes, also etwa das Wegschaffen des Mobiliars aus einer Mietwohnung. Die Räumung im engeren Sinne steht neben dem Begriff der Herausgabe, der die Pflicht zur Besitzübertragung am Vollstreckungsgegenstand bezeichnet. Auf diesem engen Verständnis beruht etwa der Wortlaut des § 885 ZPO, der zwischen Herausgabe, Überlassung und Räumung unterscheidet, wobei die Differenzierung bei der Anwendung von § 885 ZPO praktisch keine Rolle spielt (→ ZPO § 885 Rn. 10). Daneben verwendet das Gesetz den Begriff der Räumung aber auch in einem **weiteren Sinne.** Er umfasst dann Fälle, in denen der Schuldner neben der Verschaffung des Besitzes zusätzlich noch das Wegschaffen der Sachen schuldet. Dieses weite Verständnis liegt den §§ 721, 765a, 794a ZPO zugrunde (→ ZPO § 721 Rn. 11), aber auch § 940a ZPO. Zu materiell-rechtlichen Begrifflichkeiten im Zusammenhang mit der Räumungspflicht → ZPO § 885 Rn. 10. 1

Für die Räumungsvollstreckung gelten zunächst die **allgemeinen vollstreckungsrechtlichen Regeln;** die Art und Weise der Räumungsvollstreckung richtet sich nach §§ 885f. ZPO. Insbesondere ist für die Räumung ein Titel des Gläubigers (Vermieter) gegen den Schuldner (Mieter)[1] erforderlich. Setzt der Vermieter den (früheren) Mieter ohne Titel im Wege der **Selbstjustiz (sog. Kalträumung)** aus dem Besitz, ergibt sich zusammengefasst folgendes Bild[2]: Dem Mieter steht einerseits ein Anspruch auf Rückgabe der Mietsache wegen Besitzkehr nach § 861 Abs. 1 BGB zu. Diesen Anspruch kann auch der nach Vertragsende „geräumte“ frühere Mieter im einstweiligen Verfügungsverfahren durchsetzen. Wenn der Vermieter es aber schafft, die Räume vorher an einen gutgläubigen Nachmieter zu übergeben, scheiden Herausgabeansprüche des Mieters selbst im Eilverfahren aus. Ist der Mietvertrag beendet, umfassen Schadensersatzansprüche des im Wege der Selbstjustiz geräumten Mieters den praktisch bedeutsamen Nutzungsschaden nicht. Der Vermieter muss aber den Schaden am Räumungsgut ersetzen. Nach der Rspr.[3] haftet der Vermieter insoweit nach § 231 BGB, was nicht überzeugt, weil der Vermieter dafür sein Handeln irrtümlich durch Selbsthilfe nach § 229 BGB für gerechtfertigt halten müsste; Anspruchsgrundlage ist richtigerweise § 280 BGB bzw. § 823 Abs. 1 BGB.[4] Wenn der Vermieter eine Inventarisierung des Räumungsguts 2

---

[1] Wegen des mietrechtlichen Blickwinkels der Kommentierung werden im Folgenden auch die Begriffe „Mieter“ und „Vermieter“ verwendet, obwohl zum Zeitpunkt der Vollstreckung der Mietvertrag beendet ist.
[2] Ausf. *Lehmann-Richter* NZM 2009, 177; s. auch *Bosch* NZM 2009, 530.
[3] BGH VIII ZR 45/09, NJW 2010, 3434; KG ZMR 2011, 859; OLG Naumburg ZMR 2013, 112.
[4] *Lehmann-Richter* IMR 2010, 416; NZM 2009, 177 (180).

unterlassen hat, so trifft ihn die Beweislast, dass ein plausibler Vortrag des Mieters zu Umfang und Wert der vernichteten Sachen unzutreffend ist.[5]

3 Die ZPO enthält **Sondervorschriften für die Räumung von Wohnraum,** um der besonderen Bedeutung der Wohnung als Lebensmittelpunkt gerecht zu werden. Die Räumung von Wohnraum durch einstweilige Verfügung ist deshalb nur in den in § 940 a ZPO geregelten Ausnahmekonstellationen zulässig ist. Auch die Gewährung einer Räumungsfrist hat der Gesetzgeber besonders geregelt (§§ 721, 794 a ZPO). Neben diesen Sonderregeln wird die Räumungsvollstreckung durch die Anwendung allgemeiner Vorschriften geprägt, insbes. von den §§ 712, 765 a ZPO.

## B. Vollstreckungsschutz

4 Die Regeln über den Vollstreckungsschutz sind über das 8. Buch der ZPO verstreut und deshalb unübersichtlich. Nach der allgemeinen Regel des **§ 712 ZPO** kann der auf Räumung in Anspruch genommene Mieter einen Schutzantrag mit dem Ziel stellen, dass ihm – abweichend von § 708 Nr. 7 ZPO oder § 708 Nr. 10, § 711 ZPO – der über den Räumungsantrag erkennende Richter entweder eine Abwendungsbefugnis gegen die Vollstreckung gewährt, die von einer Sicherheitsleistung des Gläubigers unabhängig ist oder das Urteil nicht für vorläufig vollstreckbar erklärt wird. Die ebenfalls allgemeinen Regeln der **§§ 707, 719 Abs. 1 ZPO** ermöglichen die Gewährung von Vollstreckungsschutz durch das Berufungsgericht im laufenden Berufungsverfahren; **§ 719 Abs. 2 ZPO** regelt diese Möglichkeit in der Revision. Bei **§ 721 ZPO** handelt es sich hingegen um eine wohnraumrechtliche Spezialnorm, die dem zur Räumung verurteilten Mieter ein weitergehendes Recht gewährt, eine Räumungsfrist zu beantragen. Parallelnorm ist **§ 794 a ZPO,** wenn die Räumungspflicht nicht auf einer gerichtlichen Entscheidung, sondern einem vollstreckbaren Vergleich beruht. Zuletzt kann der Mieter Vollstreckungsschutz nach der Generalklausel des **§ 765 a ZPO** beantragen, die dementsprechend auch auf die Vermietung von Geschäftsräumen Anwendung findet.

### I. Konkurrenzen

5 Bei der Anwendung der Regeln über den Vollstreckungsschutz auf ein beendetes Mietverhältnis stellt sich die **Frage der Konkurrenz in mehrfacher Hinsicht.** Einerseits ist das Verhältnis der Normen untereinander, zum anderen ihr Verhältnis zu Vorschriften außerhalb der ZPO, insbes. den mietrechtlichen Normen zu klären, die dem Mieter einen Räumungsaufschub gewähren. Mit Blick auf nicht spezifisch vollstreckungsrechtliche Regeln in der ZPO stellt sich die Konkurrenzfrage zu **§ 224 Abs. 2 ZPO,** wenn es um die Modifizierung einer gewährten Räumungsfrist geht. § 224 Abs. 2 ZPO ist in diesen Fällen nicht einschlägig, weil es sich bei der Räumungsfrist um eine uneigentliche Frist handelt (→ ZPO § 721 Rn. 40), auf die § 224 ZPO unanwendbar ist.[6]

#### 1. Verhältnis zwischen §§ 721, 794 a ZPO und § 765 a ZPO

6 Bei der Räumung von Wohnraum stellt sich zunächst die Frage nach dem Verhältnis zwischen §§ 721, 794 a ZPO auf der einen und § 765 a ZPO auf der anderen Seite. Sämtliche Normen ermöglichen es, dem Wohnraumnutzer eine Räumungsfrist zu gewähren. Allerdings unterscheiden sich die Normen in ihrem **zeitlichen Anwendungsbereich:** §§ 721, 794 a ZPO verlangen einen Antrag des Schuldners bis zum Schluss der mündlichen Verhandlung über den Räumungsanspruch bzw. spätestens zwei Wochen vor dem Tag, an dem zu räumen ist. Nach § 765 a ZPO kann ein Antrag auf Vollstreckungsschutz hingegen bis zwei Wochen vor dem vom Gerichtsvollzieher festgesetzten Räumungstermin gestellt werden, § 765 a Abs. 3 ZPO. Auch in ihren **Rechtsfolgen** unterscheiden sich die Normen: Denn §§ 721, 794 a ZPO ermöglichen nur die Gewährung einer Räumungsfrist von maximal einem Jahr (§§ 721 Abs. 5, 794 a Abs. 3 ZPO), während § 765 a ZPO insoweit keine Beschränkungen vorsieht.

7 Nach der Rspr. des BGH ist § 765 a ZPO als allgemeine Schutzvorschrift grds. neben den übrigen vollstreckungsrechtlichen Schutzvorschriften anwendbar. Die Gewährung von **Vollstreckungsschutz nach § 765 a ZPO scheidet** allerdings **aus,** solange andere Schutzvorschriften nicht

[5] BGH V ZR 175/16, NZM 2017, 859; BGH VIII ZR 45/09, NJW 2010, 3434.
[6] Musielak/Voit/*Stadler* ZPO § 221 Rn. 2.

erschöpft sind oder zur Anwendung kommen.[7] Daraus folgt, dass der Schuldner seinen Antrag auf Gewährung von Räumungsfrist nicht auf § 765 a ZPO stützen kann, soweit ihm §§ 721, 794 a ZPO zur Verfügung stehen. Solange die Antragsfristen aus diesen Normen noch nicht abgelaufen sind, kann das Gericht einen auf § 765 a ZPO gestützten Antrag als Antrag nach §§ 721, 794 a ZPO auslegen oder – im Anwendungsbereich des § 721 ZPO – sogar ignorieren und Räumungsfrist von Amts wegen zusprechen. Zu beachten ist allerdings, dass für den Antrag nach § 765 a ZPO das Vollstreckungsgericht zuständig ist, während über den Antrag nach §§ 721, 794 a ZPO das Prozessgericht entscheidet. Eine entsprechende Auslegung kommt daher nur in Betracht, wenn der Antrag nach § 765 a ZPO beim Prozessgericht gestellt wird.

Hat der Schuldner es versäumt, einen Antrag nach §§ 721, 794 a ZPO zu stellen oder seine 8
Härtegründe in diesem Verfahren vorzutragen, ist problematisch, ob der Schuldner dann mit einem Antrag nach § 765 a ZPO **präkludiert** ist. Der BGH hat zu dieser Frage noch nicht Stellung genommen. Seine an die Anwendung von § 765 a ZPO geknüpfte Voraussetzung – „Erschöpfung" anderer Schutzvorschriften[8] – schließt die Ansicht nicht aus, dass § 765 a ZPO auch dann von §§ 721, 794 a ZPO verdrängt wird, wenn der Schuldner die Normen nicht zu seinen Gunsten verwendet und damit „erschöpft" hat. Dennoch lehnt die **hM** zu Recht eine derartige „Präklusion" ab. § 765 a ZPO ermöglicht es, eine mit den guten Sitten unvereinbare, missbräuchliche Ausnutzung von Vollstreckungsmöglichkeiten zu unterbinden (→ ZPO § 765 a Rn. 1) Die aus diesem Grund gebotene Anwendung der Norm kann auch dann erforderlich sein, wenn der Schuldner es zuvor versäumt hat, nach §§ 721, 794 a ZPO Vollstreckungsschutz zu beantragen.[9] Dementsprechend kann dem Schuldner auch dann noch Vollstreckungsschutz nach § 765 a ZPO gewährt werden, wenn er bereits über §§ 721, 794 a ZPO Vollstreckungsschutz erhalten hat.[10]

Eine andere Frage ist, ob der Schuldner einen Antrag nach § 765 a ZPO auf Härtegründe stützen 9
kann, die das Gericht im Verfahren nach §§ 721, 794 a ZPO nicht zur Gewährung einer Räumungsfrist bewegt haben. In diesen Fällen hat das Gericht bereits vollstreckungsrechtlich über den **Härtegrund** entschieden, was einer erneuten Sachentscheidung entgegensteht, insbes., weil sonst die Rechtsmittelfristen in §§ 721, 794 a ZPO umgangen würden.[11]

### 2. Verhältnis der sonstigen Vollstreckungsschutzregeln

§ 721 ZPO und § 765 a ZPO sind neben den Vollstreckungsschutzregeln aus §§ 712, 719 ZPO 10
anwendbar, weil die Normen unterschiedliche Zwecke verfolgen (→ Rn. 4).[12] Der auf Räumung in Anspruch genommene Wohnraummieter kann also etwa in erster Instanz nach § 721 ZPO Räumungsfrist und/oder nach Einlegung der Berufung gegen ein erstinstanzliches Räumungsurteil beim Berufungsgericht Vollstreckungsschutz nach §§ 719, 707 ZPO beantragen.

Hat der Schuldner in erster Instanz keinen Antrag nach § 712 ZPO gestellt, so führt ein Antrag 11
nach **§ 718 ZPO** nicht dazu, dass das Berufungsgericht die Anwendung von § 712 ZPO nachzuholen hat.[13] Eine andere Frage ist, ob bei Versäumen des Antrags nach § 712 ZPO in der nächsten Instanz Vollstreckungsschutz nach § 719 ZPO möglich ist. Hier gilt Folgendes: Nach der stRspr des BGH ist **§ 719 Abs. 2 ZPO grds. subsidiär zu § 712 ZPO:** In der Revision scheidet danach die Einstellung der Zwangsvollstreckung aufgrund von Gründen aus, die der Schuldner im Rahmen eines – tatsächlich nicht gestellten – Schutzantrags nach § 712 ZPO erfolgreich hätte vorbringen können.[14] Bei einem Übergehen eines derartigen Antrags durch das Berufungsgericht muss der Mieter Urteilsergänzung gem. §§ 716, 321 ZPO beantragen[15]; kündigt das Berufungsgericht die Berufungszurückweisung durch Beschluss an, muss der Schuldner durch schriftsätzlichen Schutzantrag reagieren.[16] **Ausnahmen** gelten nur, wenn es dem Mieter im Berufungsrechtszug aus besonderen

---

[7] BGH V ZB 124/11, NJW-RR 2012, 398; BGH VII ZB 15/07, NJW 2007, 2703.

[8] BGH VII ZB 15/07, NJW 2007, 2703.

[9] LG Darmstadt NZM 2000, 376; Prütting/Gehrlein/*Scheuch* ZPO § 765 a Rn. 6; Schuschke/Walker/*Walker* ZPO § 765 a Rn. 2; **aA** Wieczorek/Schütze/*Paulus* ZPO § 721 Rn. 12.

[10] OLG Köln NJW-RR 1995, 1163; OLG Frankfurt a. M. WuM 1981, 46; Schuschke/Walker/*Schuschke* ZPO § 721 Rn. 4.

[11] Stein/Jonas/*Münzberg* ZPO § 765 a Rn. 8; Wieczorek/Schütze/*Paulus* ZPO § 765 a Rn. 6.

[12] BGH XII ZR 73/90, NJW 1990, 2823.

[13] KG ZMR 2016, 858 mwN.

[14] Etwa BGH XII ZR 65/14, NZM 2014, 707; BGH VIII ZR 107/12, ZMR 2013, 25.

[15] BGH VIII ZR 163/08, WuM 2008, 613; BGH XII ZR 69/99, NJW-RR 2000, 746.

[16] BGH XII ZR 114/13, GuT 2013, 217.

Gründen nicht möglich oder nicht zumutbar war, einen Antrag nach § 712 ZPO zu stellen[17] oder wenn sich nachträglich neue Gründe ergeben haben[18] bzw. der Mieter darauf vertrauen durfte, dass vor Rechtskraft des Urteils keine Vollstreckung erfolgen werde, weil der Vermieter dies ausdrücklich erklärt hat.[19] Ob dieser Grundsatz auch in der **Berufung** gilt, ist **umstritten.** Rechtsfolge wäre, dass der Mieter vom Berufungsgericht keinen Vollstreckungsschutz nach § 719 Abs. 1 ZPO erhalten könnte, wenn er nicht in erster Instanz einen Schutzantrag nach § 712 ZPO gestellt hat. Teilweise wird diese Ansicht vertreten.[20] Die **hM** folgt dem zu Recht nicht, weil die Normen Unterschiedliches regeln: Bei § 719 Abs. 1 ZPO kommt es maßgeblich auf die Frage der Erfolgsaussichten der Berufung an, während § 712 ZPO den Schutz vor unersetzlichen Nachteilen bezweckt.[21] Umgekehrt wird daher auch § 712 ZPO nicht von § 719 ZPO verdrängt.[22]

12 Eine Einstellung nach § 719 Abs. 2 ZPO in der **Revision** kommt als letztes Hilfsmittel des Schuldners **„nur in eng begrenzten Ausnahmefällen"** in Betracht.[23] Für die Einstellung nach § 719 Abs. 2 ZPO gelten also strengere Voraussetzungen als für die Einstellung im Berufungsverfahren nach § 719 Abs. 1 ZPO. Im **Revisionsverfahren** stehen nämlich die Interessen des Gläubigers im Vordergrund, weil die Rechte des Schuldners in den vorangegangenen Tatsacheninstanzen geprüft worden sind und die Einlegung von Revisionen zum Zwecke der Vollstreckungsverzögerung verhindert werden soll. Teilweise wird vertreten, dass die Einstellung der Zwangsvollstreckung im Revisionsverfahren wegen der strengen Anforderungen des § 719 Abs. 2 ZPO stets ohne **Sicherheitsleistung** zu erfolgen hat.[24] Der BGH teilt diese Ansicht allerdings nicht.[25]

### 3. Verhältnis der Vollstreckungsschutzregeln zu §§ 574 ff. BGB

13 Die Frage der Rangfolge stellt sich auch im Verhältnis zwischen den vollstreckungsrechtlichen Schutzvorschriften und den §§ 574 ff. BGB. § 574 BGB gibt dem Wohnraummieter in Härtesituationen das Recht, die Fortsetzung des Mietvertrags zu verlangen. Erfüllt der Vermieter den Anspruch nicht, entscheidet über die Fortsetzung das Gericht, § 574 a Abs. 2 BGB. Diese Norm weist auf den ersten Blick eine gewisse Nähe zu §§ 721, 794 a ZPO und zu § 765 a ZPO auf, weil auch nach diesen Regeln das Gericht die Gebrauchsfortsetzung durch den Mieter anordnen kann. Dennoch besteht zwischen den Vorschriften **kein Spezialitätsverhältnis** etwa der Natur, dass der Mieter sich auf Härtegründe, die er im Verfahren nach den §§ 574 ff. BGB hätte vortragen können, vollstreckungsrechtlich nicht mehr berufen kann. Dies folgt schon aus daraus, dass es sich auf der einen Seite um eine materiell-rechtliche, auf der anderen Seite um vollstreckungsrechtliche Normen handelt.[26] Umgekehrt darf das Gericht auch nicht die Fortsetzungsklage des Mieters aus § 574 BGB mit dem Hinweis ablehnen, seine Interessen könnten über § 721 ZPO hinreichend gewahrt werden (→ BGB § 574 Rn. 29). Zur Frage, ob die Härtegründe aus § 574 BGB mit denen aus § 721 ZPO deckungsgleich sind → ZPO § 721 Rn. 18.

14 Ist der Mieter mit seinem Fortsetzungsverlangen nach §§ 574 ff. BGB gescheitert (oder hat er ein solches Verlangen versäumt), so hindert ihn dies somit nicht, unter Berufung auf die **identischen Härtegründe Vollstreckungsschutz** zu beantragen. Die Rechtskraft des die Klage nach § 574 a BGB abweisenden Urteils steht dem nicht entgegen.[27] Denn § 574 a BGB ist auf die Fortsetzung des Mietvertrags gerichtet, mithin auf die Abgabe einer materiell-rechtlichen Willenserklärung durch den Vermieter, während es beim Vollstreckungsschutz ohne direkten Eingriff in die Vertragsfreiheit des Vermieters nur darum geht, die Räumung aufzuschieben oder zu verhindern. Die

---

[17] BGH XII ZR 50/09, GE 2009, 1041; BGH XII ZR 80/06, NJW-RR 2006, 1088; die unzutreffende Einschätzung der Erfolgsaussichten der Rev. (BGH XI ZR 449/06, WuM 2008, 50) oder der Berufung (BGH XII ZR 65/14, NZM 2014, 707) reicht dafür nicht.

[18] BGH VIII ZR 155/10, WuM 2010, 765; BGH VIII ZR 215/08, WuM 2008, 612.

[19] BGH VIII ZR 2/07, WuM 2007, 209; BGH VIII ZR 28/06, NJW-RR 2007, 11.

[20] Etwa OLG Frankfurt a. M. MDR 2009, 229; LG Hanau NZM 1999, 801.

[21] KG MDR 2005, 117; OLG Hamburg MDR 2013, 674; OLG Hamm NJW-RR 1987, 252; OLG Jena MDR 2002, 289.

[22] BGH XII ZR 55/08, NZM 2008, 611.

[23] BGH VIII ZR 305/09, NJW 2010, 1081 Rn. 7 mwN.

[24] Musielak/Voit/*Lackmann* ZPO § 719 Rn. 6; Zöller/*Herget* ZPO § 719 Rn. 8.

[25] *BGH VIII ZR 305/09, NJW 2010, 1081 Rn. 9 mwN.*

[26] MüKoBGB/*Häublein* § 574 Rn. 10; Schuschke/Walker/*Schuschke* ZPO § 721 Rn. 5; **aA** *Walker/Gruß* NJW 1996, 352 (353).

[27] **AA** *Walker/Gruß* NJW 1996, 352 (353).

Generalklausel des § 574 Abs. 1 S. 1 BGB schließt es umgekehrt nicht aus, insbes. die zur Suizidgefahr nach § 765a ZPO entwickelten Grundsätze auch für das Fortsetzungsverlangen fruchtbar zu machen.[28]

### 4. Verhältnis zum FamFG

Die Anordnung der Räumung von vermietetem Wohnraum kann auch durch Verfahren nach dem FamFG erfolgen (→ BGB Vor § 535 Rn. 370w). Dies sind Entscheidungen in **Ehesachen** nach § 209 FamFG sowie Beschlüsse in Verfahren nach dem **GewSchG** gem. §§ 214ff. FamFG. In beiden Fällen ist der Richter bereits nach der seine Entscheidung legitimierenden Norm dazu berufen, die „erforderlichen" Anordnungen (§§ 209, 215 FamFG) bzw. die „gerechtfertigten" Maßnahmen (§§ 214, 49 Abs. 1 FamFG) zu treffen. Auch die Änderung bereits erfolgter Entscheidungen ist nach dem FamFG in diesen Fällen möglich (§§ 48, 54 FamFG). Das Gericht ist daher bereits nach diesen Normen in der Lage, eine notwendige Räumungsfrist zu gewähren oder zu modifizieren. Daraus folgt, dass **§ 721 ZPO** in diesen Verfahren **unanwendbar** ist. Zwar verweist § 95 Abs. 1 Nr. 2 FamFG bei der Vollstreckung dieser Entscheidungen auf die Regeln der ZPO. Der „Annexcharakter" des § 721 ZPO (→ ZPO § 721 Rn. 3) führt aber dazu, dass die Vorschrift hinter die Spezialregeln des FamFG zurücktritt, weil diese eine Räumungsfristentscheidung ermöglichen und deshalb seine Anwendung nicht gebieten.[29] Aus diesen Überlegungen folgt zugleich, dass **§ 794a ZPO** auf Vergleiche nach § 36 FamFG **anwendbar** ist, weil das FamFG keine Regel bereit hält, nach der hier eine Räumungsfrist angeordnet werden könnte. 15

Probleme bereitet die Abgrenzung zu **§ 765a ZPO.** Diese Norm ist nach der Rspr. des BGH subsidiär zu anderen Regeln, welche dem Schuldner Vollstreckungsschutz gewähren (→ Rn. 7). Diese Subsidiarität gilt auch im Verhältnis zum FamFG, weshalb ein Vollstreckungsschutzantrag nach § 765a ZPO hier nur zulässig ist, wenn die Regeln des FamFG erschöpft sind.[30] 16

## II. Rechtsfolgen gewährten Vollstreckungsschutzes

Gewährt das Gericht Vollstreckungsschutz, so wird hierdurch der Mietvertrag nicht fortgesetzt, sondern lediglich die **vertragslose Weiternutzung** gerichtlich gestattet.[31] Der Mieter befindet sich daher schuldrechtlich mit der Rückgabepflicht in **Verzug**[32] und schuldet deshalb grds. Ersatz der durch die verspätete Räumung entstehenden Kosten (**§§ 280, 286 BGB,** → BGB § 546a Rn. 87ff.). Diesen Schadensersatzanspruch begrenzt allerdings § 571 Abs. 2 BGB. Danach ist der Mieter, dem Vollstreckungsschutz nach § 721 ZPO oder § 794a ZPO gewährt wird, für diese Zeit nicht verpflichtet, einen über die Nutzungsentschädigung nach § 546a BGB hinausgehenden Schaden zu ersetzen. Im Übrigen fehlen spezielle gesetzliche Regelungen zu den materiellen Rechtsfolgen des Vollstreckungsschutzes. Es stellt sich daher die Frage, welche Pflichten iÜ die ehemaligen Vertragsparteien während der durch den Vollstreckungsschutz legitimierten Weiternutzung treffen.[33] Eine direkte **Anwendung** des **Mietrechts** scheidet wegen der Vertragsbeendigung aus. Die gerichtliche Anordnung von Vollstreckungsschutz rechtfertigt es auch nicht etwa, Mietrecht umfassend analog anzuwenden.[34] Vielmehr ist zwischen den Pflichten des Vermieters und denen des Mieters zu differenzieren (zum Folgenden → BGB § 546a Rn. 16ff.). Zur Frage eines Entschädigungsanspruchs des Vermieters wegen enteignenden Eingriffs bei Vollstreckungsschutz nach § 765a ZPO, → ZPO § 765a Rn. 45ff. 17

### 1. Pflichten des Vermieters

Für den Vermieter sind die mietrechtlichen Regeln nach Anordnung von Vollstreckungsschutz im Grundsatz unbeachtlich. Allerdings ist die vollstreckungsrechtliche Entscheidung des Gerichts 18

---

[28] LG Berlin ZMR 2010, 962 mAnm *Häublein;* LG München NZM 2014, 638.

[29] OLG Bamberg FamRZ 2001, 691; Zöller/*Lorenz* FamFG § 209 Rn. 3 mwN, auch zur Gegenansicht.

[30] *Schuschke* NZM 2010, 137 (139).

[31] BGH VI ZR 235/52, NJW 1953, 1586; Schuschke/Walker/*Schuschke* ZPO § 721 Rn. 17; zum Folgenden *Lehmann-Richter* PiG 90 (2011), 199 (212ff.).

[32] Etwa BGH VIII ZR 41/80, NJW 1981, 865 (866); Schuschke/Walker/*Schuschke* ZPO § 721 Rn. 17.

[33] Wird die Nutzung nach Ablauf des Vollstreckungsschutzes (rechtswidrig) fortgesetzt, findet Mietrecht keine Anwendung, *Lehmann-Richter* PiG 90 (2011), 199 (202ff.).

[34] *Lehmann-Richter* PiG 90 (2011), 199 (211); *Müller* MDR 1971, 253.

insofern nicht völlig wirkungslos.[35] Dies rechtfertigt sich damit, dass das Gesetz den Mieter durch die Gewährung von Vollstreckungsschutz besser stellt als den Mieter, der sofort zu räumen hat. Diese im Gesetz angelegte Differenzierung ist auch für den Umfang des Pflichtenprogramms des Vermieters maßgeblich. Der Vermieter ist daher verpflichtet, den **vertragsgemäßen Gebrauch** insoweit aufrecht zu erhalten, dass der Mieter nicht mittelbar zum Auszug gezwungen wird, weil anderenfalls der gewährte Vollstreckungsschutz unterlaufen würde.[36] Dies bedeutet aber nicht, dass der Vermieter jede Art von Leistung iSd § 535 Abs. 1 BGB schuldet, sondern nur diejenigen, die für eine **Nutzung unerlässlich** sind. Dies ist zB bei der Versorgung der Mietsache mit Wasser, Strom und Heizung sowie bei Reparaturen an Dach und Fach der Fall, nicht hingegen bei Schönheitsreparaturen. Schwierigkeiten bereitet allerdings die rechtliche Verortung dieser Pflicht des Vermieters. Man könnte an § 241 Abs. 2 BGB denken[37], wogegen indes spricht, dass dort nur Nebenpflichten geregelt sind. Überzeugend ist daher, als Rechtsgrund das **Abwicklungsschuldverhältnis** anzusehen, in das sich der Mietvertrag nach Beendigung umgewandelt[38] hat. Aus diesem Schuldverhältnis ergeben sich Leistungspflichten, etwa die aus §§ 546f. BGB. Zu diesen Pflichten gehört auch, dass der Vermieter die für die Nutzung der Mietsache unerlässlichen Versorgungsleistungen zu erbringen hat. Leistet allerdings der Mieter die Nutzungsentschädigung nach § 546a BGB nicht, kann der Vermieter grds. nach § 273 Abs. 1 BGB auch die Grundversorgung der Mietsache zurückhalten. Da die Geltendmachung des Zurückbehaltungsrechts nach § 273 Abs. 1 BGB indes unter dem Vorbehalt steht, dass sich nicht aus dem Schuldverhältnis ein anderes ergibt, sind bei einer akuten und schweren Gesundheitsgefährdung des Mieters Ausnahmen denkbar.[39]

### 2. Pflichten des Mieters

19 Bezüglich des Pflichtenprogramms des Mieters sprechen die besseren Gründe dafür, dass diesen aus dem Abwicklungsschuldverhältnis grds. **sämtliche Pflichten aus dem Mietvertrag** treffen, soweit sich aus §§ 546f. BGB nichts Abweichendes ergibt.[40] Denn die Anordnung von Vollstreckungsschutz darf nicht dazu führen, dass der Vermieter schlechter steht als bei Fortsetzung des Vertrags. Der Mieter ist also bei entsprechender Regel etwa zu Schönheitsreparaturen oder aus einer Kleinreparaturklausel verpflichtet.[41] Ebenso haftet er für Fehlverhalten Dritter nach § 540 Abs. 2 BGB. Die Pflicht zur Zahlung eines Entgelts folgt aus der speziellen Regelung des § 546a BGB.[42] Der Mieter muss eventuelle Verwendungsersatzansprüche uU vor Ablauf des Vollstreckungsschutzes geltend machen, weil die Verjährung dieser Ansprüche mit dem Ende des Mietverhältnisses beginnt (§ 548 Abs. 2 BGB; → BGB § 548 Rn. 54ff.).

20 Einer Kündigung des Mieters vor seinem Auszug bedarf es mangels Mietvertrags nicht; den Mieter trifft aber aus dem Abwicklungsschuldverhältnis die Pflicht, den Vermieter rechtzeitig zu informieren.[43] Wird diese **Ankündigungspflicht** schuldhaft verletzt, so haftet der Mieter nach § 280 Abs. 1 BGB für den Mietausfall.[44] Für die tatsächlichen Voraussetzungen des Schadensersatzanspruchs ist der Vermieter darlegungs- und beweispflichtig.

### 3. Zustandekommen eines neuen Mietvertrags/Verwirkung des Räumungsanspruchs

21 Es ist den Parteien aufgrund ihrer Vertragsfreiheit unbenommen, zu identischen Konditionen einen neuen Vertrag abzuschließen.[45] Da eine solche Vereinbarung auch konkludent erfolgen kann, kann sie auch in der faktischen Fortführung des Mietvertrags liegen.[46] Grundsätzlich gilt aber, dass die faktische Fortführung des Vertrags wegen Gewährung einer Räumungsfrist **allein keine Vertragsverlängerung** bedeutet. Denn die Pflicht zur Weiterentrichtung der bisherigen

---

[35] BGH XII ZR 137/07, NJW 2009, 1947.
[36] AG St. Blasien WuM 1996, 286; *Müller* MDR 1971, 253 (254); vgl. auch das obiter dictum bei BGH XII ZR 137/07, NJW 2009, 1947.
[37] So BGH XII ZR 137/07, NJW 2009, 1947, Versorgungssperre.
[38] BGH VIII ZR 265/86, ZMR 1988, 16; Sternel MietR, 1988, Kap. XVIII Rn. 74.
[39] Näher *Lehmann-Richter* NJW 2008, 1196 (1200).
[40] *Lehmann-Richter* PiG 90 (2011), 199 (213).
[41] *Müller* MDR 1971, 253 (257).
[42] LG Berlin GE 1994, 707; *Müller* MDR 1971, 253.
[43] *LG Mönchengladbach* DWW 1992, 215.
[44] *Lehmann-Richter* PiG 90 (2011), 199 (214).
[45] BGH XII ZR 66/06, NJW 2009, 433; *Lehmann-Richter* PiG 90 (2011), 199 (202).
[46] BGH XII ZR 66/06, NJW 2009, 433; Schuschke/Walker/*Schuschke* ZPO § 721 Rn. 18.

Miete und der Anspruch des früheren Vermieters hierauf ergibt sich aus § 546a Abs. 1 BGB und der frühere Vermieter ist wegen des Vollstreckungsschutzes zur Gewährung des Gebrauchs gezwungen. Der faktischen Vertragsfortsetzung kann daher regelmäßig insbes. nicht der Wille des Vermieters zur Vertragsverlängerung entnommen werden (→ BGB § 545 Rn. 34).[47]

Eine isolierte **Verwirkung** des titulierten Räumungsanspruchs – insbes. wegen jahrelanger Nichtvollstreckung oder Rücknahme von Vollstreckungsaufträgen – ohne neue vertragliche Bindung, die in der Praxis wohl verbreitet für möglich gehalten wird[48], ist nicht anzuerkennen. Der Verlust des titulierten Räumungsanspruchs kann sich richtigerweise nur aus einer vertraglichen Einigung ergeben.[49] Denn ohne vertragliche Bindung kann der Räumungsanspruch nicht verwirkt werden, weil es sonst ohne bestehendes Besitzrecht zu einem dauerhaften Auseinanderfallen von Besitz und Eigentum käme.[50] Denn der Mietvertrag bliebe beendet und es gäbe daher keine Möglichkeit für den früheren Vermieter, sich einen neuen Räumungsanspruch durch erneute Kündigung zu schaffen. Aus dem „alten", titulierten Räumungsanspruch könnte er wegen der Verwirkung nicht vollstrecken (§ 767 ZPO) und sich diesen Anspruch aufgrund der Verwirkung und wegen Rechtskraft auch nicht nochmals titulieren lassen. Deshalb ist auch eine „Verwirkung" des Räumungstitels, die sich so auswirken würde, dass dem Titel nach Treu und Glauben die Vollstreckbarkeit genommen wird, nicht anzuerkennen.[51] Wer hingegen eine Verwirkung bejaht muss, um nicht zu offensichtlich unangemessenen Ergebnissen zu gelangen, dem Vermieter die Möglichkeit geben, sich den bereits titulierten Anspruch erneut titulieren zu lassen.[52] 22

[47] Nichts anderes gilt, wenn der frühere Vermieter „Vermieterrechte" (zB Mieterhöhungsrechte) ausübt, weil sich diese mit § 546a BGB oder der Eigentümerstellung erklären lassen, *Lehmann-Richter* PiG 90 (2011), 199 (202).

[48] LG Berlin WuM 2019, 208; AG Hamburg WuM 2008, 609; AG München DGVZ 2006, 123; ZMR 2017, 902; AG Recklinghausen ZMR 2019, 609.

[49] Für ein bloßes „Erwirken" eines Mietvertrags nach § 242 BGB ohne Vertrag ist regelmäßig kein Raum, AG Hamburg-Altona WuM 2006, 697.

[50] *Lehmann-Richter* PiG 90 (2011), 199 (202); wie hier *Flatow* FS Börstinghaus, 2020, 105.

[51] *Flatow* FS Börstinghaus, 2020, 105 (116).

[52] Dazu könnte man auf die Rspr. zum Titelverlust zurückgreifen, dazu BGH IV ZR 106/51, NJW 1952, 705.

## § 712 ZPO Schutzantrag

**(1) [1]Würde die Vollstreckung dem Schuldner einen nicht zu ersetzenden Nachteil bringen, so hat ihm das Gericht auf Antrag zu gestatten, die Vollstreckung durch Sicherheitsleistung oder Hinterlegung ohne Rücksicht auf eine Sicherheitsleistung des Gläubigers abzuwenden. [2]Ist der Schuldner dazu nicht in der Lage, so ist das Urteil nicht für vorläufig vollstreckbar zu erklären oder die Vollstreckung auf die in § 720a Abs. 1, 2 bezeichneten Maßregeln zu beschränken.**

**(2) [1]Dem Antrag des Schuldners ist nicht zu entsprechen, wenn ein überwiegendes Interesse des Gläubigers entgegensteht. [2]In den Fällen des § 708 kann das Gericht anordnen, daß das Urteil nur gegen Sicherheitsleistung vorläufig vollstreckbar ist.**

### Systematische Übersicht



### A. Normzweck und Verhältnis zu § 719 ZPO

1 Entscheidungen über die Räumung der Mietsache in erster Instanz sind nach § 708 Nr. 7 ZPO ohne Sicherheitsleistung für vorläufig vollstreckbar zu erklären. Gleiches gilt gem. § 708 Nr. 10 ZPO in der Berufungsinstanz. Nach § 711 ZPO hat das Gericht aber auszusprechen, dass der Mieter die Vollstreckung durch Sicherheitsleistung abwenden darf, wenn nicht der Vermieter vor der Vollstreckung seinerseits Sicherheit leistet. Von dieser Regel macht § 712 ZPO eine Ausnahme: Danach kann der Mieter einen Schutzantrag mit dem Ziel stellen, dass ihm entweder eine die Vollstreckung betreffende Abwendungsbefugnis gewährt wird, die von einer Sicherheitsleistung des Gläubigers unabhängig ist oder dass die Entscheidung nicht für vorläufig vollstreckbar erklärt wird. § 712 ZPO ist keine mietrechtsspezifische Norm sondern dient generell dazu, dem Schuldner in **Ausnahmefällen Vollstreckungsschutz** zu gewähren.[1]

2 Nach **§ 719 ZPO** kann das Rechtsmittelgericht für die Dauer des Rechtsmittelverfahrens die einstweilige Einstellung der Zwangsvollstreckung anordnen. § 712 ZPO hingegen ermöglicht einen über diesen Zeitraum hinausgehenden Vollstreckungsschutz.[2] Will der Mieter also erreichen, dass ihm das Gericht in erster oder zweiter Instanz bis zur Entscheidung der nächsten Instanz Vollstreckungsschutz gewährt, so muss er einen Antrag nach § 712 ZPO stellen.[3] Nach zutreffender, aber umstrittener Ansicht ist es für eine Entscheidung des **Berufungsgerichts** nach § 719 Abs. 1 ZPO nicht Voraussetzung, dass der Mieter in erster Instanz erfolglos einen Antrag nach § 712 ZPO gestellt hat (→ ZPO Einl. Räumungsvollstreckung Rn. 11). Anders ist dies nach der Rspr. des BGH in der **Revision.** Hier scheidet Vollstreckungsschutz nach § 719 Abs. 2 ZPO aus, wenn der Mieter keinen Schutzantrag nach § 712 ZPO gestellt oder keine entsprechende Urteilsergänzung beantragt hat.[4] Eine Ausnahme gilt, wenn es dem Mieter aus besonderen Gründen nicht möglich oder nicht zumutbar war, einen entsprechenden Antrag zu stellen.[5] Die Möglichkeit, einen Antrag nach § 719 ZPO zu stellen, verdrängt den Vollstreckungsschutz nach § 712 ZPO hingegen nicht.[6] Diese Grundsätze gelten im Verfahren über die Nichtzulassungsbeschwerde entsprechend (§ 544 Abs. 5 S. 2 ZPO).[7]

---

[1] Prütting/Gehrlein/*Kroppenberg* ZPO § 712 Rn. 1.
[2] BGH XII ZR 50/09, GE 2009, 1041.
[3] BGH XII ZR 50/09, GE 2009, 1041; BGH XII ZR 80/06, NJW-RR 2006, 1088; BGH XII ZR 126/05, GE 2005, 1347.
[4] *StRspr, BGH V ZR 291/16, WuM 2017*, 162; BGH XII ZR 173/02, NJW-RR 2002, 1650.
[5] BGH XII ZR 65/14, NZM 2014, 707; BGH XII ZR 80/06, NJW-RR 2006, 1088.
[6] BGH XII ZR 55/08, NZM 2008, 611.
[7] BGH II ZR 221/10, WuM 2011, 528.

## B. Voraussetzungen

3 Die Entscheidung nach §712 ZPO setzt einen **Antrag** voraus, der nach §714 Abs. 1 ZPO vor dem Schluss der mündlichen Verhandlung zu stellen ist, auf die das Räumungsurteil ergeht. Kündigt das Berufungsgericht an, es werde die Berufung ohne mündliche Verhandlung durch Beschluss zurückweisen, ist der Antrag schriftlich zu stellen.[8] Ein im Berufungsverfahren gestellter Antrag, die Zwangsvollstreckung aus dem erstinstanzlichen Urteil einstweilen einzustellen, ersetzt einen Schutzantrag nach §712 ZPO nicht.[9] Gleiches gilt für einen Antrag auf Gewährung einer Räumungsfrist nach §721 ZPO.[10]

4 Eine Entscheidung zugunsten des Mieters setzt voraus, dass ihm die Räumung einen **nicht zu ersetzenden Nachteil** bringen würde, §712 Abs. 1 S. 1 ZPO. Dies ist nach §714 Abs. 2 ZPO glaubhaft zu machen (§294 ZPO). Nach §712 Abs. 2 S. 1 ZPO ist dem Antrag nicht zu entsprechen, wenn ein überwiegendes Interesse des Gläubigers entgegensteht. Dies verdeutlicht, dass das Gericht die Interessen der Parteien gegeneinander abzuwägen hat[11], wobei die Gläubigerinteressen bei einer das Räumungsurteil erster Instanz bestätigenden Berufungsentscheidung besonderes Gewicht haben sollen.[12]

5 Bei der Interessenabwägung fragt sich, ob der **Verlust der Wohnung** als Lebensmittelpunkt stets einen nach §712 ZPO zu berücksichtigenden Nachteil bedeutet. Diese Ansicht wird verbreitet vertreten.[13] Dem ist in dieser Allgemeinheit nicht zu folgen. Denn dem Schuldner muss ein Nachteil drohen, der über das hinausgeht, was jede Vollstreckung kraft Natur der Sache bereits mit sich bringt; anderenfalls würde die gesetzgeberische Entscheidung aus §708 Nr. 7, §711 ZPO weitgehend entwertet. Es muss deshalb ein Nachteil in Rede stehen, der über die mit der Erfüllung der Herausgabepflicht stets verbundenen Konsequenzen als **„normale Folgen"** eines durch Kündigung beendeten Mietverhältnisses **hinausgeht.**[14] Deshalb bedeutet insbes. die Räumung von Geschäftsräumen nicht ohne Weiteres einen unersetzlichen Nachteil, weil sich der Schuldner um Ersatzräume zu bemühen hat.[15] Etwas anderes gilt, wenn der Umzug beim Mieter – sei es von Wohn- oder Geschäftsräumen – einen besonderen Nachteil verursachen würde, etwa weil den streitgegenständlichen Räumen vergleichbarer Ersatzraum nicht oder nur zu unzumutbaren Bedingungen zur Verfügung steht.[16]

6 Hat der Mieter einen **Schutzantrag** nach §712 ZPO gestellt und wird dieser Antrag vom Berufungsgericht **übergangen,** so kann der Mieter gem. §§716, 321 ZPO Urteilsergänzung beantragen.[17] Wird Vollstreckungsschutz durch das Gericht erster Instanz gewährt, kann dies mit der Berufung angefochten werden. Die **hM** hält dabei die isolierte Berufung gegen die Entscheidung über die vorläufige Vollstreckbarkeit für zulässig.[18] Eine Anfechtung der Entscheidung über die vorläufige Vollstreckbarkeit des Berufungsgerichts findet nach §718 Abs. 2 ZPO hingegen nicht statt.[19]

## C. Inhalt der gerichtlichen Entscheidung

7 Die Vorschrift sieht zugunsten des Schuldners verschiedene Rechtsfolgen vor, deren Auswahl im **Ermessen** des Richters steht: Der mildeste Eingriff in die Rechte des Gläubigers findet sich in

---

8 BGH V ZR 275/11, NJW 2012, 1292.

9 BGH VIII ZR 107/12, WuM 2012, 510; BGH V ZR 275/11, NJW 2012, 1292; BGH XII ZR 173/02, FamRZ 2003, 598.

10 BGH VIII ZR 146/04, WuM 2004, 678.

11 Prütting/Gehrlein/*Kroppenberg* ZPO §712 Rn. 4.

12 Zöller/*Herget* ZPO §712 Rn. 2.

13 LG Frankfurt a. M. DWW 1990, 150; *Eisenhardt* NZM 1999, 785 (786); Prütting/Gehrlein/*Kroppenberg* ZPO §712 Rn. 3.

14 BGH V ZR 291/16, WuM 2017, 162; BGH XII ZR 167/98, NJW-RR 1998, 1603, jeweils zum gleichlautenden §719 Abs. 2 ZPO.

15 BGH XII ZR 114/13, GuT 2013, 217; BGH XII ZR 167/98, NJW-RR 1998, 1603 zu §719 Abs. 2 ZPO; anders KG MDR 2005, 117.

16 KG NJW-RR 2008, 1021, Vermietung eines Hotels.

17 BGH VIII ZR 98/08, WuM 2008, 613; BGH XII ZR 69/99, NJW-RR 2000, 746.

18 OLG München NJW-RR 1990, 1022; OLG Nürnberg NJW 1989, 842; OLG Rostock NJW-RR 2009, 498; **aA** OLG Köln NJW-RR 2006, 66.

19 BGH X ZR 147/06, WuM 2007, 143; BGH VIII ZR 179/05, WuM 2005, 736.

§ 712 Abs. 2 S. 2 ZPO; danach kann der Richter anordnen, dass das Urteil nur gegen Sicherheitsleistung vorläufig vollstreckbar ist. Stärker ist der Eingriff, wenn der Richter dem Schuldner nach § 712 Abs. 1 S. 1 ZPO eine vom Gläubiger nicht zu beseitigende Abwendungsbefugnis gewährt. Besonders gravierend aus Sicht des Gläubigers ist zuletzt die Möglichkeit, dass das Urteil nach § 712 Abs. 1 S. 2 ZPO nicht für vorläufig vollstreckbar erklärt wird. Hierfür ist neben einem durch die Räumung drohenden nicht zu ersetzenden Nachteil Vermögenslosigkeit und Kreditunwürdigkeit des Mieters erforderlich, weil er nur dann nicht in der Lage ist, eine Sicherheitsleistung zu erbringen.[20] Die Anordnung von Vollstreckungsschutz soll nach § 713 ZPO unterbleiben, wenn die Voraussetzungen, unter denen ein Rechtsmittel gegen das Urteil stattfindet, unzweifelhaft nicht vorliegen.

[20] BeckOK ZPO/*Ulrici* § 712 Rn. 4; MüKoZPO/*Götz* § 712 Rn. 5.

# § 721 ZPO Räumungsfrist

**(1) [1]Wird auf Räumung von Wohnraum erkannt, so kann das Gericht auf Antrag oder von Amts wegen dem Schuldner eine den Umständen nach angemessene Räumungsfrist gewähren. [2]Der Antrag ist vor dem Schluss der mündlichen Verhandlung zu stellen, auf die das Urteil ergeht. [3]Ist der Antrag bei der Entscheidung übergangen, so gilt § 321; bis zur Entscheidung kann das Gericht auf Antrag die Zwangsvollstreckung wegen des Räumungsanspruchs einstweilen einstellen.**

**(2) Ist auf künftige Räumung erkannt und über eine Räumungsfrist noch nicht entschieden, so kann dem Schuldner eine den Umständen nach angemessene Räumungsfrist gewährt werden, wenn er spätestens zwei Wochen vor dem Tage, an dem nach dem Urteil zu räumen ist, einen Antrag stellt. §§ 233 bis 238 gelten sinngemäß.**

**(3) [1]Die Räumungsfrist kann auf Antrag verlängert oder verkürzt werden. [2]Der Antrag auf Verlängerung ist spätestens zwei Wochen vor Ablauf der Räumungsfrist zu stellen. [3]§§ 233 bis 238 gelten sinngemäß.**

**(4) [1]Über Anträge nach den Absätzen 2 oder 3 entscheidet das Gericht erster Instanz, solange die Sache in der Berufungsinstanz anhängig ist, das Berufungsgericht. [2]Die Entscheidung ergeht durch Beschluss. [3]Vor der Entscheidung ist der Gegner zu hören. [4]Das Gericht ist befugt, die im § 732 Abs. 2 bezeichneten Anordnungen zu erlassen.**

**(5) [1]Die Räumungsfrist darf insgesamt nicht mehr als ein Jahr betragen. [2]Die Jahresfrist rechnet vom Tage der Rechtskraft des Urteils oder, wenn nach einem Urteil auf künftige Räumung an einem späteren Tage zu räumen ist, von diesem Tage an.**

**(6) Die sofortige Beschwerde findet statt**

**1. gegen Urteile, durch die auf Räumung von Wohnraum erkannt ist, wenn sich das Rechtsmittel lediglich gegen die Versagung, Gewährung oder Bemessung einer Räumungsfrist richtet;**

**2. gegen Beschlüsse über Anträge nach den Absätzen 2 oder 3.**

**(7) [1]Die Absätze 1 bis 6 gelten nicht für Mietverhältnisse über Wohnraum im Sinne des § 549 Abs. 2 Nr. 3 sowie in den Fällen des § 575 des Bürgerlichen Gesetzbuchs. [2]Endet ein Mietverhältnis im Sinne des § 575 des Bürgerlichen Gesetzbuchs durch außerordentliche Kündigung, kann eine Räumungsfrist höchstens bis zum vertraglich bestimmten Zeitpunkt der Beendigung gewährt werden.**

**Systematische Übersicht**

## Alphabetische Schnellübersicht



## A. Zweck

1 Nach § 721 ZPO kann dem zur Räumung von Wohnraum verpflichteten Schuldner auf Antrag oder von Amts wegen eine angemessene Räumungsfrist gewährt werden. Die Vorschrift knüpft die Entscheidung nicht an besondere Voraussetzungen, was den Vollstreckungsschutz gegenüber § 765a ZPO deutlich ausweitet. § 721 ZPO reagiert damit auf die besondere Schutzbedürftigkeit des Wohnraumnutzers, der durch die Räumung seinen Lebensmittelpunkt verliert. Die Räumungsfrist soll dem Schuldner die notwendige Zeit gewähren, in angemessenen Ersatzwohnraum umziehen zu können.[1] Dabei soll § 721 ZPO den Schuldner einerseits vor der drastischsten Folge einer Zwangsräumung, nämlich der Obdachlosigkeit bewahren. Dies ist indes nicht der alleinige Zweck der Norm. Denn die staatliche Zwangsvollstreckung wird durch das verfassungsrechtliche Übermaßverbot beschränkt.[2] Dieses Verbot ist nicht erst dann verletzt, wenn der Schuldner obdachlos wird, sondern bereits dann, wenn **zumutbarer Ersatzwohnraum für ihn nicht verfügbar** ist; auch diesem Umstand trägt § 721 ZPO Rechnung.

2 § 721 ZPO schützt hingegen – entgegen einer verbreiteten Meinung[3] – nicht (auch) das **öffentliche Interesse** an der Vermeidung von Obdachlosigkeit. Denn dieses Interesse wird durch das Polizei- und Ordnungsrecht gewahrt, das etwa die Möglichkeit einer zwangsweisen Einweisung in die Wohnung bereithält (→ BGB Vor § 535 Rn. 161 ff.).[4]

3 Die Entscheidung über die Räumungsfrist ist nach § 721 Abs. 1, 4 ZPO dem Prozessgericht zugewiesen, weil dieses die engste Verbindung zum Räumungsanspruch hat. Die Entscheidung nach § 721 ZPO ist damit ein **„Annex" zur Hauptsacheentscheidung.** Dahinter steht die Überlegung, dass der Richter, der den Räumungsanspruch zu beurteilen hat oder hatte, aufgrund seiner Sachnähe am besten geeignet ist, auch über eine Räumungsfrist zu entscheiden. Denn ihm sind aufgrund des Sachvortrags in der Hauptsache die Interessen der Parteien regelmäßig bekannt, die der Räumungsfristentscheidung zugrunde zu legen sind. Damit ist § 721 ZPO auch Ausdruck des Grundsatzes der **Prozessökonomie,** weil der Richter die Räumungsfristentscheidung gleichsam „miterledigen" soll, was zu einer Entlastung der Vollstreckungsgerichte von Anträgen nach § 765a ZPO führt. Zum Verhältnis zu **§§ 574 ff. BGB** → ZPO Einl. Räumungsvollstreckung Rn. 13 f.

## B. Überblick und allgemeine Tatbestandsmerkmale

4 § 721 ZPO regelt in Abs. 1 und 2 die erstmalige Gewährung einer Räumungsfrist, wobei § 721 Abs. 2 ZPO Verfahren auf künftige Räumung betrifft. § 721 Abs. 3 ZPO betrifft die Modifizierung einer gewährten Räumungsfrist, § 721 Abs. 4, 6 ZPO die Modalitäten des Verfahrens, § 721 Abs. 5 ZPO begrenzt die Räumungsfrist auf maximal ein Jahr und § 721 Abs. 7 ZPO schließt bestimmte Wohnräume vom Anwendungsbereich aus. Diese Regelungen haben ein **gemeinsames Tatbestandsmerkmal:** Es muss auf die Räumung von Wohnraum iSd § 721 ZPO erkannt sein. Auch die **Rechtsfolge** ist identisch, weil § 721 Abs. 1–3 ZPO die Entscheidung über die Räumungsfrist in das Ermessen des Gerichts stellt.

---

[1] *MüKoZPO/Götz § 721 Rn. 1;* Prütting/Gehrlein/*Kroppenberg* ZPO § 721 Rn. 1.
[2] BVerfGE 61, 126.
[3] LG Berlin ZMR 2001, 189; LG Regensburg WuM 1991, 359; Sternel MietR, 1988, Kap. V Rn. 107.
[4] BGH III ZR 160/94, NJW 1995, 2918.

### I. Wohnraum

5 Eine **Legaldefinition** des Begriffes „Wohnraum" **fehlt** sowohl in der ZPO als auch im BGB. Mietrechtlich versteht der BGH unter einer Wohnung einen selbständigen, räumlich und wirtschaftlich abgegrenzten Bereich, der eine eigenständige Haushaltsführung ermöglicht.[5] Für § 721 ZPO ist diese Definition indes zu eng, weil eine Haushaltsführung etwa auch Vorrichtungen für die Zubereitung von Speisen, das Waschen der Wäsche sowie die Körperpflege verlangt. Hierauf kommt es bei § 721 ZPO indes nicht an. Denn die Norm hat vor allem den Zweck, den Schuldner vor Obdachlosigkeit zu schützen (→ Rn. 1). **Wohnraum iSd § 721 ZPO** ist daher jeder Raum, der vom Schuldner zu nicht beruflichen Zwecken und zum **dauernden Aufenthalt,** insbes. zum Schlafen, genutzt wird.[6] Auf die Tauglichkeit des Raumes zu Wohnzwecken im Sinne der Definition des BGH kommt es also nicht an. Hat der Schuldner etwa nur ein Zimmer ohne Kochmöglichkeit gemietet, mag es sich mietrechtlich nicht um eine „Wohnung" handeln; der Schuldner kann für diesen Wohnraum aber dennoch Vollstreckungsschutz beantragen.[7] Nutzt der Schuldner hingegen zusammengehörende Räume als Wohnung, von denen einige **Nebenräume** bei isolierter Betrachtung nicht zu Wohnzwecken dienen – zB ein Einfamilienhaus nebst Garage und Garten – so handelt es sich insgesamt um „Wohnraum" nach § 721 ZPO, solange die Nebenräume nach der Verkehrsanschauung nur eine dienende Funktion haben.[8] Der Vollstreckungsschutz kann daher auf sämtliche Räume erstreckt werden; allerdings ist auch denkbar, dass das Gericht im Rahmen seiner Ermessensentscheidung Vollstreckungsschutz nur für die Wohnräume im engeren Sinne gewährt. Auf den Rechtsgrund der Nutzung kommt es bei § 721 ZPO nicht an.[9]

6 Auch die **Innenbereiche beweglicher Sachen** (zB Wohnwagen, Schiffe) fallen unter § 721 ZPO, soweit sie zu Wohnzwecken genutzt werden. Unter dieser Voraussetzung kann etwa für Wohnwagen, Hausboote, ausrangierte Eisenbahnwaggons, Wohncontainer oder Gartenhäuser Vollstreckungsschutz gewährt werden.[10]

7 Nutzt der Mieter zusammengehörende Räume sowohl als Wohnung als auch zu geschäftlichen Zwecken (sog. **Mischmietverhältnisse**), ist die Anwendung des § 721 ZPO umstritten. Teilweise wird – wie im materiellen Recht – darauf abgestellt, welche Nutzungsart überwiegt.[11] Dies überzeugt deshalb nicht, weil § 721 ZPO – anders als das Mietrecht[12] – nicht zwingend eine einheitliche rechtliche Behandlung sämtlicher Räume verlangt. Die Norm setzt voraus, dass Räume als Wohnraum genutzt werden, weshalb es unerheblich ist, ob der Schuldner daneben auch noch Räume geschäftlich nutzt.[13] Eine Räumungsfrist kann bei Mischmietverhältnissen daher stets, aber dann eben auch nur für die zu Wohnzwecken genutzten Räume gewährt werden.[14] Dies kann allerdings reflexartig dazu führen, dass auch die geschäftlich genutzten Räume über § 721 ZPO geschützt werden, wenn nämlich deren Herausgabe isoliert nicht möglich ist.[15] Wird eine Räumungsfrist für die Wohnräume gewährt, ist der Vermieter zur Rücknahme nur der Geschäftsräume als Teilleistung nach § 266 BGB nicht verpflichtet; der Mieter schuldet daher in diesem Fall Nutzungsentschädigung gem. § 546a Abs. 1 BGB für die gesamte Mietsache. Bei nicht zu Wohnzwecken genutzten Räumen kommt die Gewährung von Vollstreckungsschutz nur nach § 765a ZPO in Betracht. Bei der **gewerblichen Zwischenvermietung** kann den Bewohnern als Nutzern von Wohnraum eine Räumungsfrist bewilligt werden.[16] Der Hauptmieter (Zwischenvermieter) hat dagegen keinen Anspruch auf Gewährung einer Räumungsfrist, weil er die Räume nicht als Wohnraum nutzt. Werden Geschäftsräume vereinbarungsgemäß dritten Personen zum Wohnen überlassen und haben die

---

[5] BGH VIII ZR 90/10, NZM 2011, 71.
[6] Musielak/Voit/*Lackmann* ZPO § 721 Rn. 3.
[7] Vgl. BGH V ZR 26/20, NJW 2021, 1088.
[8] Zöller/*Seibel* ZPO § 721 Rn. 2; **aA** für die mitvermietete Garage MüKoZPO/*Götz* § 721 Rn. 8; Prütting/Gehrlein/*Kroppenberg* ZPO § 721 Rn. 3.
[9] BGH V ZR 26/20, NJW 2021, 1088 Rn. 12.
[10] Stein/Jonas/*Münzberg* ZPO § 721 Rn. 5; Zöller/*Seibel* ZPO § 721 Rn. 2.
[11] Zöller/*Seibel* ZPO § 721 Rn. 2.
[12] Zur Einordnung von Mischmietverhältnissen BGH VIII ZR 376/13, NJW 2014, 2864; *Lehmann-Richter* MietRB 2011, 84.
[13] KG ZMR 2016, 858.
[14] OLG Oldenburg NJW 2015, 709; Stein/Jonas/*Münzberg* ZPO § 721 Rn. 8; Musielak/Voit/*Lackmann* ZPO § 721 Rn. 3.
[15] LG Mannheim ZMR 1994, 21; LG Hamburg NJW-RR 1993, 662.
[16] LG Stuttgart NJW-RR 1990, 654.

Bewohner – anders als im Falle der gewerblichen Zwischenvermietung – kein eigenständiges Besitzrecht, genügt zur Zwangsräumung zwar ein gegen den Mieter gerichteter Titel (→ BGB § 885 Rn. 24). Obwohl der Mieter die Räume nicht selbst zum Wohnen nutzt, gebietet aber der Zweck der Norm die Anwendung von § 721 ZPO.[17]

8 **Unerheblich** ist, ob der Nutzer den Raum als **Wohnung nutzen durfte.** Denn maßgeblich ist allein der Zweck der Norm, den Nutzer von Wohnraum vor unzumutbaren Folgen der Räumung zu bewahren (→ Rn. 1). Daher ist die Gewährung einer Räumungsfrist etwa auch dann möglich, wenn Wohnräume vertragslos genutzt wurden, der Mieter ein unbebautes Grundstück gemietet und darauf ein Haus oder eine Baracke errichtet hat[18] oder der Mieter Geschäftsräume vertragswidrig zu Wohnzwecken nutzt.[19]

## II. Ausgeschlossener Wohnraum (Abs. 7)

9 § 721 ZPO ist nach Abs. 7 in zwei Fällen unanwendbar. Die erste Konstellation betrifft „Mietverhältnisse über Wohnraum iSd § 549 Abs. 2 Nr. 3 BGB". Diese Formulierung bereitet Anwendungsschwierigkeiten. Denn **§ 549 Abs. 2 Nr. 3 BGB** schließt die Anwendung des sozialen Mietrechts auf Wohnraum aus, den eine juristische Person des öffentlichen Rechts oder ein anerkannter privater Träger der Wohlfahrtspflege angemietet hat, um ihn Personen mit dringendem Wohnungsbedarf zu überlassen, wenn der Mieter bei Vertragsschluss entsprechend informiert wurde. § 549 Abs. 2 Nr. 3 BGB erwähnt damit zwei Mietverhältnisse, nämlich einmal die Anmietung durch die öffentliche Hand/den Träger der Wohlfahrtspflege und daneben die Weitervermietung an den Bewohner. Der Verweis in § 721 Abs. 7 S. 1 Alt. 1 ZPO verdeutlicht nicht, auf welche der beiden Mietverhältnisse sich die Norm bezieht. Gemeint ist aber die **Weitervermietung an den Bewohner**[20], was sich jedenfalls aus dem Zweck von § 721 ZPO ergibt, der dem tatsächlichen Nutzer von Wohnraum Vollstreckungsschutz gewähren soll. Dieser Schutz wird demjenigen verwehrt, der unter den Voraussetzungen des § 549 Abs. 2 Nr. 3 BGB Wohnraum angemietet hat. Eines Hinweises auf den Ausschluss des § 721 ZPO bedarf es bei Vertragsschluss nicht.[21] Der Ausschluss ist **analog** anzuwenden, wenn Wohnraum iSd § 549 Abs. 2 Nr. 3 BGB vertragslos genutzt wird und dem Bewohner die Zweckbestimmung bekannt war. Denn es überzeugt nicht, diesen vertragslosen Bewohner besser zu stellen als einen Mieter.

10 § 721 ZPO ist auch unanwendbar, wenn Wohnraum aufgrund eines **Zeitmietvertrags nach § 575 Abs. 1 S. 1 BGB überlassen wird.** Durch § 575 BGB soll ein Anreiz geschaffen werden, auch solche Wohnungen zu vermieten, die in absehbarer Zeit zur Eigennutzung, zur Modernisierung oder zur Überlassung an Betriebsangehörige benötigt werden; dieser Anreiz wird durch den Ausschluss von § 721 ZPO verstärkt. Entsprechend diesem Gesetzeszweck gilt der Ausschluss der Räumungsfrist nur für die Fälle der vertragsgemäßen Beendigung des Mietverhältnisses. Bei Beendigung durch außerordentliche Kündigung kann eine Räumungsfrist gewährt werden, allerdings nicht über die vereinbarte Laufzeit des Mietvertrags hinaus. Auf Mietverträge mit unwirksamer Befristungsabrede ist die Norm nicht, auch nicht analog, anwendbar.

## III. Erkenntnis auf Räumung (Räumungstitel)

11 § 721 ZPO setzt voraus, dass das Gericht auf Räumung von Wohnraum erkennt (Abs. 1) oder bereits erkannt hat (Abs. 2). Der Wortlaut scheint den Anwendungsbereich damit auf Räumungstitel im engeren Sinne zu beschränken, also auf solche Entscheidungen, die den Schuldner neben der Herausgabe auch zum Wegschaffen seiner Sachen aus den Räumen verpflichten (→ ZPO Einl. Räumungsvollstreckung Rn. 1). Der Zweck der Norm verbietet aber ein derart enges Verständnis: Für die „Räumung" im Sinne der vollstreckungsschutzrechtlichen Normen genügt jede nach **§ 885 ZPO zu vollstreckende Entscheidung,** weshalb auch Titel erfasst werden, die den Schuldner

---

[17] KG GE 2013, 618 = BeckRS 2013, 03464; LG Lübeck ZMR 1993, 223; Zöller/*Seibel* ZPO § 721 Rn. 2.
[18] Sternel MietR, 1988, Kap. V Rn. 103.
[19] OLG *Köln NJWE-MietR 1996, 246* = WuM 1997, 336; Prütting/Gehrlein/*Kroppenberg* ZPO § 721 Rn. 3; **aA** Sternel MietR, 1988, Kap. V Rn. 103.
[20] Zöller/*Seibel* ZPO § 721 Rn. 14.
[21] Zöller/*Seibel* ZPO § 721 Rn. 14.

(nur) zur Herausgabe oder zur Überlassung der Räume verpflichten. Denn auch in diesem Fall ist der Schuldner von Obdachlosigkeit bedroht, was § 721 ZPO gerade vermeiden soll (→ Rn. 1).

Problematisch ist die Beantwortung der Frage, welchen **Charakter** die unter § 721 Abs. 1 ZPO fallenden **Räumungstitel** haben müssen. Sowohl die Formulierung „auf Räumung erkannt" in Satz 1 als auch der Umstand, dass der – allerdings fakultative – Antrag nach Satz 2 bis zum Schluss der mündlichen Verhandlung zu stellen ist lassen darauf schließen, dass die Norm nur auf Räumungsurteile im Hauptsacheverfahren anwendbar ist. Der Zweck der Norm, nämlich die Vermeidung von Obdachlosigkeit (→ Rn. 1) spricht hingegen dafür, die Vorschrift auch auf Räumungsverpflichtungen anzuwenden, die auf einem Beschluss beruhen. 12

Die ganz **hM** beschränkt den Anwendungsbereich des § 721 Abs. 1 ZPO allerdings auf **Urteile im Hauptsacheverfahren.**[22] Die Norm soll daher nicht anwendbar sein, wenn über die Räumungspflicht im Verfahren des einstweiligen Rechtsschutzes nach § 940 a ZPO entschieden wird[23] oder sich die Pflicht aus einem **Zuschlagsbeschluss** (§ 93 ZVG), einem **Beschluss nach § 149 Abs. 2 ZVG** oder einem **Insolvenzeröffnungsbeschluss** (§§ 27, 148 Abs. 1 InsO) ergibt.[24] 13

Ob diese **hM** überzeugt, ist nach dem Zweck des § 721 ZPO zu beurteilen. Dieser liegt einerseits in der Vermeidung unzumutbarer Vollstreckungsfolgen (→ Rn. 1). Daneben beruht die Norm aber auch auf dem Gedanken der **Prozessökonomie** (→ Rn. 3). Dieser Grundsatz spricht dafür, die Norm immer dann anzuwenden, wenn der Richter typischerweise „sowieso" von den für die Entscheidung nach § 721 ZPO maßgeblichen Interessen der Parteien erfährt und deshalb zu einer **Räumungsfristentscheidung als „Annex" zum Räumungstitel in der Lage** ist. Daraus ergibt sich zunächst, dass nicht erforderlich ist, dass es sich um eine streitige Räumungsentscheidung handeln muss; ein **Anerkenntnisurteil** genügt. Ebenso reicht es aus, wenn die Räumungsfrist auf einem **Versäumnisurteil** beruht, und zwar auch auf einem sog. „zweiten Versäumnisurteil", durch das ein Einspruch gegen ein auf Räumung lautendes Versäumnisurteil verworfen wird.[25] Denn auch in diesen Verfahren kann der Schuldner den Räumungsanspruch mit Sachvortrag bekämpfen, mag dieser – wie beim Versäumnisurteil – bei der Hauptsacheentscheidung prozessual auch nicht zu berücksichtigen sein. Unter § 721 ZPO fällt daher entgegen der **hM** auch ein **Räumungstitel nach § 940 a ZPO,** da das einstweilige Verfügungsverfahren ein summarisches Erkenntnisverfahren[26] ist. Ergeht der Räumungstitel hingegen in einem Verfahren, in dem Sachvortrag zum Räumungsanspruch nicht möglich ist, scheidet auch die Anwendung von § 721 ZPO aus; dies betrifft insbes. **Beschlüsse nach** § 93 oder § 149 Abs. 2 **ZVG** sowie nach §§ 27, 148 Abs. 1 **InsO.** Hier muss der Schuldner Vollstreckungsschutz nach § 765 a ZPO beantragen.[27] Auf Räumungstitel nach dem **FamFG** ist § 721 ZPO ebenfalls unanwendbar (→ ZPO Einl. Räumungsvollstreckung Rn. 15). 14

Bei **Berufungsurteilen** ist zu unterscheiden: Wird eine Berufung durch Beschluss oder Urteil verworfen, weil das Rechtsmittel unstatthaft oder verspätet eingelegt worden ist, so ist keine Räumungsfristentscheidung nach § 721 Abs. 1 ZPO möglich, weil der Eintritt der formellen Rechtskraft der erstinstanzlichen Entscheidung durch das Rechtsmittel nicht gehemmt worden ist (s. § 705 S. 2 ZPO). Anders ist es, wenn die Verwerfung erfolgt, weil die Berufung den Anforderungen des § 520 Abs. 3 ZPO nicht genügt;[28] in diesem Fall tritt die Rechtskraft erst mit dem Ablauf der Rechtsmittelfrist ein (§ 705 S. 1 ZPO). 15

## IV. Entscheidungskriterien

Nach § 721 Abs. 1 S. 1 ZPO liegt die Gewährung und die Länge der Räumungsfrist im pflichtgemäßen Ermessen des Gerichts („kann"), wobei § 721 Abs. 5 ZPO eine Höchstgrenze von einem Jahr setzt. Es ist allgemein anerkannt, dass der Richter bei seiner Entscheidung die **Interessen der** 16

[22] Prütting/Gehrlein/*Kroppenberg* ZPO § 721 Rn. 2; MüKoZPO/*Götz* § 721 Rn. 2; **aA** Sternel MietR, 1988, Kap. V Rn. 106.

[23] Musielak/Voit/*Lackmann* ZPO § 721 Rn. 2; Zöller/*Seibel* ZPO § 721 Rn. 3; offen gelassen von LG Hamburg NJW-RR 1993, 1233.

[24] OLG München OLGZ 69, 43; LG Hamburg MDR 1971, 671; MüKoZPO/*Götz* § 721 Rn. 2; Stein/Jonas/*Münzberg* ZPO § 721 Rn. 1.

[25] LG München I WuM 1982, 81.

[26] Statt vieler Zöller/*Vollkommer* ZPO Vor § 916 Rn. 3.

[27] LG Aschaffenburg DGVZ 2002, 169; LG Kiel NJW 1992, 1174.

[28] LG Kiel WuM 1991, 113.

**Parteien** gegeneinander abzuwägen hat[29], wie dies auch in § 574 BGB für das mietrechtliche Fortsetzungsverlangen angeordnet ist. Der Richter darf in die Abwägung nur solche Interessen einbeziehen, die von den Parteien **vorgetragen und ggf. bewiesen** wurden; hier gelten die allgemeinen zivilprozessualen Regeln.

### 1. Grundsätze

17 Die entscheidende Frage bei § 721 ZPO ist, ob die Gewährung einer Räumungsfrist auch unter Würdigung des im Räumungstitel verbrieften Wiedererlangungsinteresses des Vermieters gerechtfertigt ist. § 721 ZPO unterscheidet sich dabei sowohl von § 574 BGB als auch von § 765a ZPO insofern, als die **Norm keinerlei Maßstäbe** für die gerichtliche Entscheidung **nennt.** Dies wirft die Frage auf, welche Intensität die durch eine sofortige Räumung beim Schuldner eintretende Härte haben muss. Insbesondere beim Vergleich mit § 574 BGB ist problematisch, ob die dort anerkannten Härtegründe – vor allem der in § 574 Abs. 2 BGB genannte Härtegrund, dass sich der Schuldner angemessenen Wohnraum zu zumutbaren Bedingung nicht beschaffen kann – auch bei § 721 ZPO ohne weiteres zu einer Räumungsfrist führen soll.

18 Der **gesetzesinterne Vergleich zu § 765a ZPO** spricht dafür, dass eine Räumungsfrist nach § 721 ZPO nicht – wie nach § 765a ZPO – eine sittenwidrige Härte voraussetzt. Damit ist aber noch nicht gesagt, dass die Härte nach § 721 ZPO mit dem Tatbestand des § 574 BGB deckungsgleich ist. Eine pauschale Übertragung der unter **§ 574 BGB fallenden Härtegründe** auf § 721 ZPO scheitert bereits daran, dass § 721 ZPO nicht nur beendete Mietverhältnisse betrifft. Aber auch für diese Konstellationen kann bei § 721 ZPO nicht einfach auf § 574 BGB zurückgegriffen werden. Denn dies würde zu einer – weder in § 721 ZPO angelegten noch wegen der resultierenden Rechtsunsicherheit akzeptablen – „gespaltenen" Auslegung von § 721 ZPO in beendete Mietverträge auf der einen und sonstige Fälle auf der anderen Seite führen. Gegen eine unreflektierte Übertragung der bei § 574 BGB anerkannten Härtegründe sprechen zudem die unterschiedlichen Verfahrenssituationen, weil der Vermieter bei § 721 ZPO im **Besitz eines Räumungstitels,** sein Räumungsanspruch also gerichtlich anerkannt ist. Dies legt es nahe, eine Beschränkung desselben nur unter strengeren Voraussetzungen anzuerkennen als bei § 574 BGB, in dessen Anwendungsbereich die Parteien noch um die Berechtigung des Räumungsanspruchs streiten. Dieses Ergebnis wird auch dadurch gestützt, dass die Anordnung einer Räumungsfrist anders als die Vertragsfortsetzung nach § 574 BGB zu einer **vertragslosen Nutzung** führt. Daraus ergibt sich für den Vermieter ein Zustand der Rechtsunsicherheit, weil die Bestimmung der Parteipflichten während dieser Nutzungszeit Schwierigkeiten bereitet (→ ZPO Einl. Räumungsvollstreckung Rn. 17ff.). Allerdings ist auch das für eine parallele Anwendung von § 574 BGB und § 721 ZPO sprechende Argument a maiore ad minus naheliegend: Wenn der Mieter sogar eine Vertragsverlängerung hätte erlangen können, scheint erst Recht eine Räumungsfrist zulässig. Die Überzeugungskraft dieses Arguments schwindet allerdings, wenn man die Unsicherheiten in Bezug auf die Rechtsfolgen einer vertragslosen Nutzung berücksichtigt. Im Ergebnis ist daher bei der Entscheidung nach § 721 ZPO ein **unmodifizierter Rückgriff auf § 574 BGB nicht möglich.** Ein Härtegrund nach § 574 BGB rechtfertigt daher nicht stets auch eine Räumungsfrist nach § 721 ZPO. § 721 ZPO ist als Vollstreckungsregel vielmehr autonom auszulegen, was es nicht ausschließt, dass zu § 574 BGB ergangene Wertungen auch im Lichte des § 721 ZPO überzeugen.

19 Es besteht bei § 721 ZPO **kein allgemeiner Grundsatz,** wonach das befristete Bestandsinteresse des Schuldners generell höher zu bewerten ist als das Erlangungsinteresse des Gläubigers.[30] § 721 ZPO soll den Schuldner davor schützen, durch die Räumung obdachlos zu werden oder unzumutbaren Ersatzwohnraum beziehen zu müssen (→ Rn. 1). Die Gewährung einer Räumungsfrist setzt daher jedenfalls voraus, dass keine zumutbare Umzugsmöglichkeit besteht, wobei allerdings die weitere Interessenabwägung auch in diesem Fall einer Räumungsfrist entgegenstehen kann. Die **Unzumutbarkeit des Umzugs** kann dabei auf zwei Faktoren beruhen: Entweder fehlt es bereits an einer zumutbaren Ersatzwohnung oder dem Schuldner ist der Umzug als solcher nicht zumutbar.

---

[29] Etwa LG Mannheim NJW-RR 1993, 713; Musielak/Voit/*Lackmann* ZPO § 721 Rn. 4.
[30] AG Hamburg-Blankenese ZMR 2010, 695; **aA** LG Hamburg WuM 1988, 316.

## 2. Fehlen von zumutbarem Ersatzwohnraum

Ob zumutbarer Ersatzwohnraum zur Verfügung steht, ist eine Frage des **Einzelfalls.** Ersatzwohnraum fehlt jedenfalls dann, wenn der Schuldner keinerlei Möglichkeiten hat, irgendeinen Ersatzwohnraum, insbes. durch Anmietung, zu erlangen. Diese Voraussetzung wird meist nicht vorliegen, da durch Inanspruchnahme von Sozialleistungen und einen Umzug in Gebiete mit einem Überangebot an Wohnungen Wohnraum zu finden sein wird. Praxisrelevanter ist deshalb die Frage, unter welchen Voraussetzungen sich der Schuldner darauf berufen kann, ihm zugänglicher Wohnraum sei – zB wegen seiner Lage, Größe oder Preises – unzumutbar. Das Stufenverhältnis zwischen §721 ZPO und §574 BGB führt dazu, dass dem Schuldner bei der Frage, ob Ersatzwohnraum zumutbar ist, **größere Kompromisse** zumutbar sind als bei §574 BGB (→Rn. 18).[31] Die Grenze des Zumutbaren ist aber erreicht, wenn der Schuldner durch den Umzug in eine weit entfernte Wohnung etwa seinen Arbeitsplatz aufgeben müsste. Ersatzwohnraum kann auch fehlen, wenn solcher zwar existiert, der **Vermietungsmarkt zusammengebrochen** ist.[32] 20

Das Fehlen zumutbaren Ersatzwohnraums muss der **Schuldner darlegen und beweisen.**[33] Hierfür ist es erforderlich, dass der Schuldner nachweist, dass er sich hinreichend um Ersatzwohnraum bemüht hat.[34] Der Schuldner muss ggf. Aufzeichnungen über Art und Umfang der Ersatzraumsuche machen, aus denen ersichtlich ist, welche konkreten Wohnungsangebote er zur Kenntnis genommen, auf welche Weise er darauf reagiert hat und warum die Anmietung gescheitert ist.[35] Dies gilt auch für einen psychisch kranken Schuldner[36], falls diese oder eine andere Krankheit ihn nicht ohne sein Verschulden daran hindert, Ersatzwohnraum zu finden. Die erforderliche **Intensität** der **Suche** richtet sich vor allem nach den persönlichen und wirtschaftlichen Verhältnissen des Schuldners. Einer kranken oder hochschwangeren Schuldnerin ist hier bspw. weniger zuzumuten; gleiches gilt für eine beruflich stark belastete Person. Ist die zumutbare Ersatzwohnraumsuche auf eine bestimmte Gemeinde beschränkt (→Rn. 20) und herrscht dort **Wohnungsmangel,** befreit dies den mittelosen Mieter nicht etwa von der Obliegenheit zur Wohnungssuche. Indes kann in diesem Fall auch bei einer vergleichsweise geringen Anzahl an fruchtlosen Wohnungsbewerbungen zur freien Überzeugung (§286 ZPO) des Gerichts feststehen, dass der Mieter keinen Ersatzwohnraum finden konnte.[37] 21

Beim **zeitlichen Umfang** der **Ersatzraumsuche** sind die Umstände des Einzelfalls maßgeblich. Entscheidend ist, wann ein vernünftiger Mieter im konkreten Fall mit der Suche begonnen hätte. Durfte der Mieter berechtigter Weise auf die Unwirksamkeit der Kündigung oder auf den Erfolg seines Widerspruchs nach §574 BGB hoffen, trifft ihn vor der Entscheidung über den Räumungsanspruch keine Obliegenheit zur Ersatzraumsuche.[38] Anders liegt es, wenn die Beendigung des Mietverhältnisses – auch aus der Sicht des Mieters – völlig klar ist.[39] 22

## 3. Unzumutbarkeit des Umzugs

Die Gewährung einer Räumungsfrist kommt auch in Betracht, wenn Ersatzwohnraum zwar vorhanden ist oder wäre, dem Schuldner der Umzug aber nicht zumutbar ist. Dies ist etwa der Fall, wenn eine **Erkrankung** den Umzug verbietet[40] ein solcher **pandemiebedingt** unzumutbar ist[41] oder die zwangsweise Räumung der Wohnung wegen Suizidgefahr des Schuldners ausscheidet (→ZPO §765a Rn. 16ff.). Gleiches gilt regelmäßig, wenn eine Schuldnerin oder die Mitbewohnerin eines Schuldners kurz vor der **Niederkunft** steht. Bei der Bemessung der Frist ist in diesem Fall zu berücksichtigen, wann die mit der Geburt verbundenen Hindernisse voraussichtlich besei- 23

---

[31] Ähnlich KG ZMR 2009, 200.
[32] LG Berlin WuM 2020, 232, COVID-19-Pandemie.
[33] LG München NZM 2005, 360; LG Münster WuM 2007, 19; LG Wiesbaden WuM 2007, 201.
[34] BGH XII ZR 73/90, NJW 1990, 2823; Prütting/Gehrlein/*Kroppenberg* ZPO §721 Rn. 6.
[35] LG Mannheim WuM 1993, 62; der Schuldner darf die Ersatzraumsuche grds. nicht durch einen längeren Auslandsurlaub unterbrechen, LG Stuttgart WuM 1990, 447; AG Hamburg WuM 1991, 113.
[36] LG München I NZM 2005, 360.
[37] Vgl. LG Berlin WuM 2018, 383; LG Mannheim WuM 1993, 62.
[38] LG Aachen WuM 1990, 216; LG Berlin WuM 2020, 291; LG Hamburg WuM 1987, 62; LG Wuppertal WuM 1996, 429.
[39] Prütting/Gehrlein/*Kroppenberg* ZPO §721 Rn. 6; **aA** LG Essen WuM 1992, 202; LG Hamburg WuM 1988, 316, keine Obliegenheit zur Ersatzraumsuche vor Rechtskraft des Räumungsurteils.
[40] BGH VIII ZR 57/13, NZM 2013, 824 zu §574 BGB.
[41] LG Berlin ZMR 2020, 501; AG Düsseldorf WuM 2020, 363, beide zu COVID-19.

tigt sein werden (→ ZPO § 765 a Rn. 24).[42] Außerdem kommt es darauf an, wann der frühere Mieter mit der Ersatzraumsuche beginnen kann und welche Zeit voraussichtlich benötigt wird, bis eine Ersatzwohnung gefunden ist.

24 Eine besondere **berufliche Belastung** des Schuldners rechtfertigt für sich allein keine Räumungsfrist. Dieser Umstand ist lediglich in Verbindung mit fehlendem Ersatzraum zu berücksichtigen, weil sich der berufsbedingte Zeitmangel auf die Ersatzraumsuche auswirken kann. Anders ist es, wenn der Schuldner gerade zum Zeitpunkt der vertragsgemäßen Beendigung des Mietverhältnisses außergewöhnlich belastet ist.[43] In diesem Fall kann eine Räumungsfrist gewährt werden. Dieselben Grundsätze gelten für einen **Studenten vor dem Studienabschluss,**[44] für einen Referendar am Ende der Ausbildung[45] oder dann, wenn den Kindern des Schuldners durch den Wohnungswechsel unzumutbare **Umschulungs- oder Prüfungsschwierigkeiten** entstehen würden.[46] **Schuldner mit schulpflichtigen Kindern** müssen grds. nicht außerhalb der Schulferien umziehen.[47]

25 Steht dem Schuldner bereits eine Ersatzwohnung zur Verfügung, in die er zwar nicht im Zeitpunkt der vertragsmäßigen Beendigung des Mietverhältnisses, wohl aber in absehbarer Zeit einziehen kann, so ist der Zeitraum bis zum Einzug grds. mit einer Räumungsfrist zu überbrücken. Eine Obliegenheit zur Suche von „Zwischenersatzraum" besteht dann nicht. Ein **Zwischenumzug** ist dem Schuldner wegen der damit verbundenen persönlichen und finanziellen Belastung nämlich grds. nicht zuzumuten.[48] Etwas anderes kann gelten, wenn das Erlangungsinteresse des Gläubigers besonders dringend ist. Die gleichen Grundsätze gelten, wenn der Mieter ein Eigenheim errichtet, das in absehbarer Zeit bezugsfertig wird.[49] Zur Nutzung des zu räumenden Wohnraums als reine Möbellagerstätte ist eine Räumungsfrist hingegen nicht zu gewähren, weil dies vom Zweck der Norm – Vermeidung von Obdachlosigkeit (→ Rn. 1) – nicht gedeckt ist.[50]

### 4. Fehlverhalten des Schuldners

26 Da die Entscheidung über die Räumungsfrist auf einer Interessenabwägung beruht, kann Fehlverhalten des Schuldners der Fristgewährung entgegenstehen. Dafür ist zu fragen, ob das Verhalten des Schuldners entscheidend dagegen spricht, dem Gläubiger die durch die Gewährung der Räumungsfrist entstehenden Nachteile zuzumuten. Daraus ergibt sich ohne Weiteres, dass eine Räumungsfrist etwa auch dann gewährt werden kann, wenn der **Mieter gekündigt** hat[51], weil dieses Verhalten die Interessen des Gläubigers nicht negativ beeinflusst. Auch wenn der Schuldner der Räumungsentscheidung überhaupt nicht Folge leisten will, kommt eine Räumungsfrist in Betracht, falls Härtegründe dies gebieten.[52]

27 Gegen die Gewährung einer längeren Räumungsfrist spricht hingegen, wenn der Mieter in der Vergangenheit Vertragsverletzungen begangen hat und die berechtigte Befürchtung besteht, er werde dieses **Fehlverhalten fortsetzen.**[53] Dies hat der Gläubiger darzulegen und ggf. zu beweisen. Daher scheidet eine (längere) Räumungsfrist regelmäßig aus, wenn der Schuldner die **künftige Nutzungsentschädigung** nicht bezahlen kann oder will.[54] Wenn hingegen die Sozialbehörden die Nutzungsentschädigung unpünktlich zahlen, steht dies der Gewährung einer Räumungsfrist nicht entgegen.[55] Bloße Befürchtungen des Vermieters hinsichtlich der Zahlungsbereitschaft des Mieters reichen für die Versagung einer Räumungsfrist ebenfalls nicht aus.[56] Deshalb genügt es nicht

---

[42] LG Stuttgart WuM 1991, 347, zehn Wochen nach der Entbindung.
[43] OLG Köln NJW 1968, 1834 zu § 556 a BGB aF.
[44] LG Aachen NJW-RR 1986, 313; AG Tübingen ZMR 1986, 60.
[45] LG Berlin GE 1992, 209; AG Lübeck WuM 1989, 413.
[46] LG Berlin MDR 2015, 268.
[47] LG Krefeld WuM 2010, 302.
[48] LG Aachen WuM 2007, 398; LG Berlin GE 1989, 945.
[49] LG Berlin GE 2007, 1637; LG Heidelberg WuM 1995, 661; AG Steinfurt WuM 2000, 437.
[50] LG Berlin GE 2014, 1140 = BeckRS 2014, 17634.
[51] AG Baden-Baden WuM 1987, 62 (Ls.).
[52] **AA** LG Frankfurt a. M. NZM 1999, 168 unter unzutreffender Verkürzung des Schutzbereichs der Norm auf räumungswillige Schuldner.
[53] Vgl. LG Berlin NZM 2020, 715; LG Konstanz WuM 2018, 201.
[54] *OLG Stuttgart ZMR 2006, 863; LG Berlin GE 2017, 952;* ZMR 2001, 189, sechswöchige Räumungsfrist angemessen.
[55] LG Hamburg WuM 1992, 491; *Lammel* AnwZert MietR 23/2012 Anm. 1, juris.
[56] AG Rheine WuM 1990, 216.

bereits, dass dem Mieter wegen Zahlungsverzugs gekündigt wurde.[57] Ähnliche Grundsätze gelten bei der Verletzung anderer Vertragspflichten in der Vergangenheit. Hat etwa der Vermieter wegen Störung des Hausfriedens (§ 569 Abs. 2 BGB) wirksam gekündigt, so steht fest, dass dem Vermieter die Fortsetzung des Mietverhältnisses nicht zugemutet werden kann. Zwar ist die Gewährung einer Räumungsfrist hier nicht ausgeschlossen.[58] Insbesondere eine längere Frist kommt aber regelmäßig nur in Betracht, wenn der Mieter die Störungen eingestellt hat[59] und weitere Störungen mit hinreichender Wahrscheinlichkeit auszuschließen sind.[60]

Ergeht die Räumungsfristentscheidung im Verfahren des **einstweiligen Rechtsschutzes** nach § 940 a ZPO (→ Rn. 14), so steht die Eilbedürftigkeit des Verfahrens einer Räumungsfrist nicht zwingend entgegen[61], wenn auch die Interessenabwägung eine solche Frist regelmäßig nicht rechtfertigen wird, wenn in der Person des Schuldners die Voraussetzungen von § 940 a ZPO erfüllt sind. 28

### 5. Erlangungsinteresse des Vermieters

Im Rahmen der Interessenabwägung ist auf Seiten des Vermieters stets sein Erlangungsinteresse zu berücksichtigen. Dieses wiegt besonders schwer, wenn der **Vermieter dringend auf die Wohnung** angewiesen ist, etwa weil er diese selbst beziehen oder Angehörigen zur Verfügung stellen möchte.[62] Auch der Umstand, dass die **Wohnung bereits weitervermietet** worden ist, ist zugunsten des Vermieters zu berücksichtigen. Dem Vermieter kann nicht etwa entgegengehalten werden, er hätte damit rechnen müssen, dass der Mieter nicht rechtzeitig ausziehen werde.[63] 29

## V. Länge und Höchstdauer der Räumungsfrist (Abs. 5)

Die Räumungsfrist muss „den Umständen nach angemessen" sein, wobei § 721 Abs. 5 ZPO eine Höchstgrenze von einem Jahr setzt. Wird die Räumungsfrist wegen des Fehlens von Ersatzwohnraum gewährt, so ist die **Dauer der Frist** so zu bemessen, dass sich der Schuldner innerhalb der Frist eine Ersatzwohnung beschaffen und umziehen kann. Maßgeblich sind insbes. die Gegebenheiten des örtlichen Wohnungsmarktes und die persönlichen und wirtschaftlichen Verhältnisse des Schuldners.[64] Eine **lange Kündigungsfrist** oder eine verzögerte Erhebung der Räumungsklage spielen bei der Bemessung der Räumungsfrist nur eine Rolle, wenn der Mieter bereits die Kündigungsfrist zur Ersatzraumsuche hätte verwenden müssen (→ Rn. 22). 30

Die Höchstfrist nach § 721 Abs. 5 ZPO rechnet vom Tag der **Rechtskraft des Urteils,** für die Fristberechnung gelten nach § 222 Abs. 1 ZPO die §§ 187 ff. BGB. Maßgeblich ist die formelle Rechtskraft des Räumungsausspruchs. Nach § 705 S. 1 ZPO wird ein **Urteil** mit dem fruchtlosen Ablauf der Rechtsmittelfrist rechtskräftig. Darüber hinaus ist anerkannt, dass die Rechtskraft bereits vor diesem Zeitpunkt eintreten kann, wenn beide Parteien auf Rechtsmittel verzichten.[65] In diesem Fall tritt die Rechtskraft ein, sobald der zuletzt erklärte Verzicht wirksam geworden ist. Nach § 222 Abs. 1 ZPO, § 188 Abs. 2 BGB läuft die Höchstfrist von Datum zu Datum.[66] 31

**Beispiel:** Verkündung der Entscheidung mit Rechtsmittelverzicht am 1.9.2014; spätestens Ende der Räumungsfrist am 1.9.2015.

**Berufungsurteile des Landgerichts** werden mit dem fruchtlosen Ablauf der Revisionsfrist rechtskräftig. Deshalb darf eine vom Landgericht gewährte Räumungsfrist nicht länger bemessen 32

---

[57] KG ZMR 2008, 365; *Lammel* AnwZert MietR 23/2012 Anm. 1, juris.

[58] LG Hamburg WuM 1994, 219: bei angespannter Wohnungsmarktsituation; AG Salzgitter WuM 1990, 550.

[59] LG Münster WuM 1991, 563; ebenso bei glaubhaftem Bedauern des Fehlverhaltens AG Lichtenberg GE 2011, 1239.

[60] LG Berlin GE 2014, 1140 = BeckRS 2014, 17634.

[61] So aber ohne nähere Begr. LG Hamburg NJW-RR 1993, 1233, wenn zB über den Räumungsantrag sofort entschieden und eine Räumungsfrist von zwei Wochen gewährt wird, handelt es sich im Vergleich zur Länge eines Hauptsacheverfahrens immer noch um eine „Eilentscheidung".

[62] LG Hamburg ZMR 2011, 798.

[63] **AA** LG Kassel WuM 1989, 443.

[64] LG Krefeld WuM 2010, 302.

[65] BGH XII ZR 133/92, NJW-RR 1994, 386.

[66] Erman/*Maier-Reimer/Finkenauer* BGB § 188 Rn. 2; zum Eintritt der Rechtskraft in einem Schaltjahr s. § 188 Abs. 3 BGB.

werden als ein Jahr nach Ablauf der Revisionsfrist. Eine vom Amtsgericht bereits gewährte und vollständige oder teilweise verstrichene Räumungsfrist wird dabei nicht mitgezählt.

**Beispiel:** Verkündung der amtsgerichtlichen Entscheidung am 1.9.2014; vom Amtsgericht wird eine Räumungsfrist bis zum 1.9.2015 gewährt; Verkündung der landgerichtlichen Entscheidung am 4.5.2014; Höchstdauer der landgerichtlichen Räumungsfrist: 4.6.2015.

33 Wird auf **künftige Räumung** erkannt, so rechnet die Jahresfrist von dem Tage an, an dem nach dem Urteil zu räumen ist.

34 Die Einlegung eines Rechtsmittels gegen die amtsgerichtliche Räumungsfristentscheidung (sofortige Beschwerde, § 721 Abs. 6 ZPO) ändert an der Höchstdauer nichts. Außergerichtlich vereinbarte Räumungsfristen bleiben unberücksichtigt, weil es sich hierbei um eine bloß materiellrechtlich wirkende Stundungsabrede handelt. Eine **Mindestfrist** gibt es nicht.

35 Wird eine längere als die gesetzliche zulässige Frist gewährt, so ist die Räumungsfristentscheidung zwar **gesetzwidrig,** aber nicht nichtig. Die fehlerhafte Entscheidung kann nur bei Einlegung eines Rechtsmittels korrigiert werden. Wird kein Rechtsmittel eingelegt oder ist die Einlegung eines Rechtsmittels nicht möglich, so verbleibt es bei der tatsächlich festgesetzten Frist.[67]

## VI. Die gerichtliche Entscheidung

36 Das Gericht entscheidet über die Räumungsfrist im Anwendungsbereich des § 721 **Abs. 1** ZPO durch Urteil gemeinsam mit dem Räumungsanspruch. Daher ist hier eine **„isolierte" Räumungsfristentscheidung** ebenso **unzulässig**[68] wie eine **„isolierte" Kostenentscheidung.** Dies ist von Bedeutung, wenn gegen ein Räumungsurteil Rechtsmittel eingelegt wird. Bis zur Entscheidung über das Rechtsmittel ist eine Entscheidung nach § 721 ZPO nicht möglich; es kommt nur die Einstellung der Zwangsvollstreckung nach § 719 ZPO in Betracht.[69] Wird dennoch nach § 721 Abs. 1 ZPO eine Räumungsfrist durch Beschluss bewilligt, ist diese Entscheidung auf sofortige Beschwerde ohne Sachprüfung aufzuheben.[70] Entscheidungen nach **§ 721 Abs. 2, 3 ZPO** erfolgen hingegen isoliert von der Entscheidung über den Räumungsanspruch durch Beschluss, § 721 Abs. 4 S. 2 ZPO.

37 Aus dem Tenor der Entscheidung muss sich das **Ende, nicht aber der Beginn der Räumungsfrist** ergeben. Es ist ratsam, den Beendigungszeitpunkt kalendermäßig zu bestimmen; die Angabe der Dauer der Räumungsfrist (zB „… wird eine Räumungsfrist von drei Monaten gewährt"), ist nicht empfehlenswert, weil bei der Ermittlung des Fristendes Unklarheiten auftreten können.[71] Im Zweifel ist das Fristende vom Zeitpunkt der Verkündung des Urteils/des Erlasses der Entscheidung aus zu rechnen.[72] Die Räumungsfristentscheidung ist zu **begründen.** Dies gilt sowohl für stattgebende als auch für ablehnende Entscheidungen.

38 Ob die Entscheidung über die Räumungsfrist an eine **auflösende Bedingung** geknüpft werden kann (zB „Die Räumungsfrist entfällt, wenn die Nutzungsentschädigung nicht spätestens am dritten Werktag eines Monats gezahlt wird/der Neubau des Schuldners bezugsfertig ist"), ist umstritten. Teilweise wird die Entscheidung nach § 721 ZPO für bedingungsfeindlich gehalten.[73] Dem folgt die wohl **hM**[74] zu Recht nicht. Denn aus § 726 Abs. 1 ZPO folgt, dass der Beginn der Vollstreckung an eine Bedingung geknüpft werden kann. Zudem stellt § 721 ZPO die Entscheidung über die Räumungsfrist in das Ermessen des Gerichts; hiervon gedeckt ist auch die Gewährung einer bedingten Räumungsfrist. Problematisch ist allerdings der für den Beginn der Vollstreckung erforderliche **Nachweis der Bedingung,** der nach § 726 Abs. 1 ZPO grds. durch öffentliche oder öffentlich beglaubigte Urkunden zu erfolgen hat. Dieser Nachweis wird dem Gläubiger oft nicht möglich sein; dann ist Klage nach § 731 ZPO erforderlich.[75] Schwierigkeiten bereitet auch eine unter einer **aufschiebenden Bedingung** gewährte Räumungsfrist, etwa eine Entscheidung, wonach sich die Räumungsfrist um jeweils einen Monat verlängert, wenn die Nutzungsentschädigung bis zu einem

---

[67] BeckOK ZPO/*Ulrici* § 721 Rn. 4; MüKoZPO/*Götz* § 721 Rn. 6.
[68] BGH V ZR 74/14, WuM 2014, 354; BGH VIII ZA 8/10, GE 2010, 842.
[69] OLG München NZM 2010, 720.
[70] OLG München NZM 2010, 720.
[71] LG Berlin GE 1989, 725 zur Räumungsfrist „von zwei Wochen nach Rechtskraft des Versäumnisurteils".
[72] *LG Mannheim WuM 1970, 174*; Sternel MietR, 1988, Kap. V Rn. 112.
[73] LG Hamburg WuM 1992, 491; offen gelassen von LG Berlin ZMR 2020, 649.
[74] LG Itzehoe ZMR 2019, 132; LG Hamburg WuM 1990, 216; MüKoZPO/*Götz* § 721 Rn. 10.
[75] Musielak/Voit/*Lackmann* ZPO § 726 Rn. 8.

bestimmten Zeitpunkt gezahlt wird. Eine derartige Entscheidung ist zwar unzweckmäßig, weil sie Streitigkeiten über den Bedingungseintritt provozieren kann; unzulässig (und damit unwirksam) ist sie indes nicht.[76] Da es sich bei der Zahlung der **Nutzungsentschädigung** um eine gesetzliche Pflicht des Schuldners handelt (§ 546a BGB) ist die Stellung dieser Bedingung durch das Gericht auch dann nicht per se ermessensfehlerhaft, wenn keine Anhaltspunkte für eine Nichtzahlung bestehen.[77] Umgekehrt ist das Absehen von einer solchen Bedingung in diesem Fall ebensowenig ermessensfehlerhaft.[78]

Die Räumungsfrist kann auf **Teile einer Wohnung beschränkt** werden, wenn dies nach Abwägung der Interessen der Parteien erforderlich und angemessen erscheint.[79] Zur Räumungsfrist bei Mischnutzung zu Wohn- und anderen Zwecken → Rn. 7f. **39**

### VII. Wirkung der Räumungsfrist

Die Räumungsfrist hat eine Doppelwirkung, nämlich prozessuale und materiell-rechtliche Folgen. **Prozessual** führt die Frist zu einem vorübergehenden **Vollstreckungshindernis** nach § 751 ZPO – nämlich einem zeitweisen Ausschluss der Vollstreckbarkeit des Räumungstitels. Es handelt sich nicht um eine eigentliche prozessuale Frist, weil die Räumungsfrist nicht der Vornahme einer prozessualen Handlung dient.[80] Die Räumungsfrist ist daher eine uneigentliche prozessuale Frist, die – vergleichbar etwa § 798 ZPO – eine Wartefrist für die Zwangsvollstreckung anordnet. **40**

**Materiell-rechtlich** treten die allgemeinen Rechtsfolgen des Vollstreckungsschutzes ein (→ ZPO Einl. Räumungsvollstreckung Rn. 17ff.). Außerdem besteht die Besonderheit, dass Schadensersatzansprüche des Vermieters wegen Vorenthaltung der Mietsache während der Räumungsfrist ausgeschlossen sind (§ 571 Abs. 2 BGB). Diese materiell-rechtlichen Folgen gelten für die gesamte Besitzzeit vom rechtlichen Ende des Mietvertrags bis zum Ablauf der Räumungsfrist. Es spielt keine Rolle, falls das Gericht erst nach Vertragsende über die Räumungsfrist entscheidet.[81] **41**

## C. Besonderheiten der Räumungsfrist nach Abs. 1

Die Räumungsfrist nach § 721 Abs. 1 ZPO betrifft Verfahren über einen fälligen Räumungsanspruch. Hier kann entweder **von Amts wegen** oder auf **Antrag** eine Räumungsfrist gewährt werden. Eine Entscheidung von Amts wegen ist nur veranlasst, wenn das Gericht Grund zu der Annahme hat, dass der Schuldner eine Räumungsfrist benötigt.[82] Auch das Berufungs- oder Revisionsgericht kann von Amts wegen eine Räumungsfrist gewähren; §§ 528, 577 ZPO sind insoweit nicht anwendbar. Die Entscheidung von Amts wegen kann auch in einem **Versäumnisurteil** erfolgen.[83] Entsteht das Räumungshindernis indes erst nach Rechtskraft des Räumungsurteils, so ist die Gewährung einer Räumungsfrist nach § 721 Abs. 1 ZPO nicht möglich.[84] Der Schuldner kann hier lediglich einen Antrag nach § 765a ZPO stellen. Ein gleichwohl gestellter Räumungsfristantrag nach § 721 ZPO ist regelmäßig in einen solchen Vollstreckungsschutzantrag umzudeuten. **42**

### I. Fakultativer Antrag

Der fakultative **Antrag** auf Gewährung einer Räumungsfrist ist vor dem Schluss der mündlichen Verhandlung zu stellen, auf die das Urteil ergeht (§ 721 Abs. 1 S. 2 ZPO). Bei Fristversäumung besteht keine Möglichkeit zur Gewährung von Wiedereinsetzung in den vorigen Stand, da § 233 ZPO nicht erfüllt ist und eine gesetzliche Analogie – anders als in § 721 Abs. 2, 3 ZPO – fehlt. Der Antrag führt dazu, dass der Schuldner **Urteilsergänzung** verlangen kann, wenn der **43**

[76] *KG GE 2013, 618* = BeckRS 2013, 03464; Stein/Jonas/*Münzberg* ZPO § 721 Rn. 15.
[77] **AA** wohl LG Berlin ZMR 2020, 649.
[78] LG Berlin ZMR 2020, 649.
[79] Zöller/*Seibel* ZPO § 721 Rn. 6.
[80] Zur Unterscheidung zwischen eigentlichen und uneigentlichen Fristen Musielak/Voit/*Stadler* ZPO § 221 Rn. 1.
[81] LG Stuttgart NJW-RR 1990, 654; MüKoBGB/*Häublein* § 571 Rn. 10.
[82] Vgl. BVerfG NZM 1999, 212 (214).
[83] Zöller/*Seibel* ZPO § 721 Rn. 4.
[84] LG Darmstadt NZM 2000, 376.

Antrag übergangen wird (→ Rn. 45). Diese Interessenlage spricht dafür, Sachvortrag des Schuldners zu den mit einer Räumung verbundenen Schwierigkeiten im Zweifel als entsprechenden Antrag auszulegen.[85]

44 Es handelt sich um einen **Sachantrag.**[86] Beim Landgericht besteht Anwaltszwang. Ein wirksamer Antrag setzt weder die Nennung einer bestimmten Frist noch eine **Begründung** voraus. Allerdings darf das Gericht nur Umstände berücksichtigen, die vorgetragen sind; ein Recht zur Amtsermittlung besteht nicht. Wird der Antrag auf Gewährung einer Räumungsfrist nach dem Schluss der mündlichen Verhandlung gestellt, so bleibt er unberücksichtigt. Das Gericht ist dann gleichwohl nicht gehindert, über die Räumungsfrist von Amts wegen zu befinden; ein Recht auf Urteilsergänzung (→ Rn. 45) besteht aber nicht, wenn das Gericht dies unterlässt. Der Antrag kann auch noch in der **Berufungs- oder Revisionsinstanz** erstmals gestellt werden[87]; es handelt sich nicht etwa um ein Verteidigungsmittel iSd § 532 ZPO.

## II. Urteilsergänzung

45 Ist der Antrag bei der Entscheidung **übergangen** worden, so kann der Schuldner **Urteilsergänzung nach § 321 ZPO** verlangen (§ 721 Abs. 1 S. 3 ZPO). Daneben ist (wahlweise) die sofortige Beschwerde nach § 721 Abs. 6 Nr. 1 ZPO zulässig.[88] Die Möglichkeit der Urteilsergänzung besteht, wenn der Schuldner den Antrag fristgemäß gestellt, hierüber aber weder im Tenor noch in den Gründen entschieden worden ist. Urteilsergänzung nach § 321 ZPO scheidet hingegen aus, wenn der Schuldner keinen Antrag gestellt hat[89] oder eine bestimmte Frist beantragt, das Gericht aber lediglich eine kürzere Frist gewährt. Denn auch in einem solchen Fall liegt eine Entscheidung über den (gesamten) Antrag des Schuldners vor, weil die Länge der Frist für den Antrag gerade nicht konstitutiv ist (→ Rn. 44).[90]

46 Die Urteilsergänzung muss vom Schuldner binnen einer zweiwöchigen Frist, die mit der Zustellung des Urteils beginnt, durch Einreichung eines Schriftsatzes beantragt werden (§ 321 Abs. 2 ZPO). Bei Fristversäumung besteht keine Möglichkeit zur Gewährung von Wiedereinsetzung in den vorigen Stand, da § 233 ZPO nicht erfüllt ist. Der Ergänzungsantrag muss bei demjenigen Gericht gestellt werden, das über die Räumungsfrist hätte entscheiden müssen. Wird der Antrag beim Landgericht gestellt, so besteht Anwaltszwang. Bis zur Entscheidung über den Antrag auf Urteilsergänzung kann das Gericht nach **§ 721 Abs. 1 S. 2 Hs. 2 ZPO** die **Zwangsvollstreckung** wegen des Räumungsanspruchs (nicht wegen sonstiger titulierter Ansprüche oder der Kosten) **einstweilen einstellen.** Die Einstellung setzt einen Antrag des Schuldners voraus.

## III. Zuständigkeit und Kosten

47 **Zuständigkeit** für die Entscheidung über die Räumungsfrist nach § 721 Abs. 1 ZPO ist das Gericht, welches über den Räumungsanspruch zu erkennen hat.[91] Daher kann eine Räumungsfrist auch noch in der Revisionsinstanz bewilligt werden.[92]

48 Für die unselbständige Räumungsfristentscheidung nach § 721 Abs. 1 ZPO entstehen keine besonderen **Kosten,** insbes. wirken weder Antrag noch Entscheidung streitwerterhöhend. Bei der Verteilung der Kosten des Räumungsrechtsstreits muss die Gewährung der Räumungsfrist unberücksichtigt bleiben.[93] Hat der Schuldner den Räumungsanspruch aber sofort anerkannt und wird ihm eine Räumungsfrist bewilligt, so kann das Gericht die Kosten des Räumungsrechtsstreits ganz oder teilweise dem Gläubiger auferlegen, wenn der Schuldner bereits vor Klageerhebung unter

---

[85] Zur Auslegung von Prozesshandlungen BGH VII ZB 24/93, NJW-RR 1994, 568; Zöller/*Greger* ZPO Vor § 128 Rn. 25.
[86] BGH V ZR 224/60, NJW 1963, 1307.
[87] BGH V ZR 74/14, WuM 2014, 354 Rn. 7.
[88] Stein/Jonas/*Münzberg* ZPO § 721 Rn. 19.
[89] LG Hamburg 6.5.2010 – 307 T 35/10 (juris); LG Rostock NZM 2002, 213; **aA** LG Berlin WuM 1994, 385.
[90] ***AA*** *Stein/Jonas/Münzberg* ZPO § 721 Rn. 19.
[91] LG Münster WuM 2007, 19.
[92] BGH VIII ZA 8/10, GE 2010, 842; Schuschke/Walker/*Schuschke* ZPO § 721 Rn. 6.
[93] OLG München OLG-Report 1994, 172; MüKoZPO/*Götz* § 721 Rn. 7.

Angabe von Gründen die Fortsetzung des Mietverhältnisses oder eine den Umständen nach angemessene Räumungsfrist vergeblich begehrt hatte (§ 93b Abs. 3 ZPO).

## D. Besonderheiten der Räumungsfrist nach Abs. 2 (künftige Räumung)

### I. Antragsfrist

Die Regelung des § 721 Abs. 2 ZPO gilt, wenn das Gericht auf künftige Räumung (§ 259 ZPO) erkannt und über eine Räumungsfrist noch nicht entschieden hat. In diesem Fall kann der Schuldner nachträglich einen Räumungsfristantrag stellen. Der Antrag kann jederzeit gestellt werden. Allerdings müssen die Gründe, die für eine Räumungsfrist sprechen, zum Zeitpunkt der Entscheidung zur Überzeugung des Gerichts feststehen (→ Rn. 16). Daran kann es fehlen, wenn der Antrag mit fehlendem Ersatzraum begründet wird, obwohl noch völlig unklar ist, ob zum Räumungstermin eine Ersatzwohnung zur Verfügung steht. **49**

Der Antrag muss spätestens **zwei Wochen** vor dem Tage, an dem nach dem Urteil zu räumen ist, bei Gericht eingehen; Eingang bei einem unzuständigen Gericht wirkt fristwahrend (→ ZPO § 765a Rn. 8). Eine Ausnahme gilt, wenn die Zustellung des Räumungsurteils und der dort enthaltene Räumungstermin so nahe beieinander liegen, dass der Schuldner zur Einhaltung der Frist nicht in der Lage ist. In diesem Fall beginnt die Zweiwochenfrist in teleologischer Umdeutung der Norm erst mit der Zustellung des Urteils. **50**

Schwierigkeiten bereitet die **Berechnung der Antragsfrist.** Bei der Frist handelt es sich um eine sog. eigentliche prozessuale Frist, auf die daher die §§ 222ff. ZPO anwendbar sind.[94] Für die Berechnung der Zweiwochenfrist gelten nach § 221 Abs. 1 ZPO daher zunächst die Berechnungsregeln des BGB. Die §§ 186ff. BGB enthalten keine ausdrücklichen Regeln zur Berechnung sog. **Rückwärtsfristen,** bei denen – wie in § 721 Abs. 2 S. 1 ZPO – die Frist von einem Endzeitpunkt (hier: Tag der Räumung) ab zu berechnen ist. Auf diese Rückwärtsfristen sind nach allgemeiner Meinung die §§ 187ff. BGB aber analog anzuwenden.[95] Der letzte Tag der Antragsfrist ist daher **analog § 188 Abs. 2 BGB** zu bestimmen.[96] § 188 Abs. 2 BGB verweist an dieser Stelle auf § 187 BGB, der den Fristbeginn behandelt. Bei den gesetzlich geregelten Vorwärtsfristen enden Wochenfristen danach entweder mit dem Ablauf des Tages, der durch seine Benennung dem Tag entspricht, in den das Ereignis fällt (§ 188 Abs. 2 Alt. 1 BGB) oder mit dem Ablauf des Tages, welcher dem Tag vorhergeht, der durch seine Benennung dem Tag entspricht, in den das Ereignis fällt (§ 188 Abs. 2 Alt. 2 BGB). Welche Berechnungsvariante einschlägig ist, hängt nach § 187 BGB davon ab, ob für den Anfang der Frist der Beginn des Tages maßgeblich ist, in den das Ereignis fällt (§ 187 Abs. 2 S. 1 BGB); nur wenn diese Voraussetzung erfüllt ist, wird dieser Tag bei der Fristberechnung mitgezählt. **51**

Bei den Rückwärtsfristen gelten diese Regeln nur analog. Dies führt einerseits dazu, dass es (abw. vom Wortlaut des § 187 Abs. 2 S. 1 ZPO) nicht auf das Ende, sondern den **Beginn des Tages** ankommt.[97] Ebenso ist aufgrund des „Rückwärtszählens" bei § 188 Abs. 2 Alt. 2 BGB nicht der dem Ereignis vorangehende, sondern der nachfolgende Tag maßgeblich. Wendet man diese Grundsätze auf § 721 ZPO an, so ist entscheidend, ob analog § 187 Abs. 2 S. 2 BGB der letzte Tag der Räumungsfrist bei der Fristberechnung mitzuzählen ist. Geht man hiervon aus, endet die Antragsfrist an dem Tag der Vorvorwoche, welcher dem Tag nachfolgt, der durch seine Benennung dem Räumungstag entspricht. **52**

**Beispiel:** Das Gericht bestimmt das Ende der Räumungsfrist auf den 20.3., einen Mittwoch. Rechnet man den 20.3. in die Frist mit ein, so würde analog § 187 Abs. 2 S. 2, § 188 Abs. 2 Alt. 2 BGB die rückwärtslaufende Frist am Donnerstag, den 7.3. enden. Bestimmt man den Beginn der rückwärtslaufenden Frist hingegen nach § 187 Abs. 1 ZPO, so wäre der letzte Tag der Frist nach § 188 Abs. 2 Alt. 1 BGB Mittwoch, der 6.3. Ob sich der Fristbeginn nach § 187 Abs. 1 BGB oder § 187 Abs. 2 BGB richtet, ist nach der Vorschrift zu bestimmen, welche die Fristenregel enthält; es besteht nicht etwa ein Grundsatz-Ausnahme-Verhältnis zugunsten von § 187 Abs. 1 BGB.[98] Die Zweiwochenfrist aus § 721 Abs. 2 ZPO dient in erster Linie dazu, dem Gericht eine Entscheidung vor dem Ablauf der gewährten Räumungsfrist zu ermöglichen.[99] Das Gericht muss daher –

---

[94] Zur Berufungsfrist etwa BGH IVa ZB 13/83, NJW 1984, 1358.
[95] BFH NJW-RR 2012, 973; Staudinger/*Repgen* BGB § 187 Rn. 7.
[96] Zur Berechnung der Rückwärtsfrist in § 5 Abs. 3 UmwG *Krause* NJW 1999, 1448.
[97] BFH NJW-RR 2012, 973.
[98] GmS-OGB NJW 1972, 2035; BAG NJW 2003, 1829.
[99] **AA** LG München I WuM 1980, 247, Schutzfrist zugunsten des Vermieters.

gerechnet ab dem Tag des Eingangs des Antrags – volle zwei Wochen zur Verfügung haben, um seine Entscheidung treffen zu können. Dies spricht dagegen, analog § 187 Abs. 2 S. 1 BGB den letzten Tag der Räumungsfrist in die Berechnung einzubeziehen, weil das Gericht diesen Tag für seine Entscheidungsfindung nicht voll ausschöpfen kann. Denn eine Entscheidung muss spätestens an diesem Tag verkündet werden, was typischerweise während der üblichen Gerichtszeiten geschieht. Daher **berechnet sich das Ende der Antragsfrist analog § 188 Abs. 2 Alt. 2 BGB.** Im obigen Beispiel endet die Antragsfrist also am Mittwoch, den 6.3. um 0:00 Uhr.[100] Der Antrag muss daher bis Dienstag, den 5.3., 24:00 Uhr bei Gericht eingegangen sein.[101] Diese **Ansicht** ist allerdings **nicht herrschend.** Denn verbreitet wird – allerdings ohne Auseinandersetzung mit dem hier diskutierten Problem der Berechnung einer Rückwärtsfrist – das Fristende wohl auf 24:00 Uhr des Tages in der Vorvorwoche festgelegt, der seiner Bezeichnung nach dem Räumungstag entspricht.[102]

53 Problematisch sind weiter Fälle, in denen der letzte Tag der Antragsfrist auf einen Sonn-, Feier- oder Samstag fällt. Hier kommt in Betracht, dass sich die Antragsfrist nach **§ 222 Abs. 2 ZPO** auf den nächsten Werktag verlängert. Diese Frage ist **umstritten.** Nach einer insbes. in der Rspr. vertretenen Ansicht soll § 222 Abs. 2 ZPO zugunsten des Mieters keine Anwendung finden.[103] Dies wird – kaum nachvollziehbar – hauptsächlich damit begründet, dass es sich nicht um eine dem Mieter gesetzte Frist handele, die enden könne.[104] Die Gegenansicht hält § 222 Abs. 2 ZPO hingegen für anwendbar.[105] Dies überzeugt, weil es sich bei § 721 Abs. 2 S. 1 ZPO um eine prozessuale Frist handelt (→ Rn. 40), auf die daher auch § 222 Abs. 2 ZPO anwendbar ist; der Umstand, dass sich die Frist „rückwärts" berechnet, ändert daran nichts. Das Problem der Anwendung des § 222 Abs. 2 ZPO stellt sich allerdings regelmäßig nicht, wenn das Gericht das Ende der Räumungsfrist auf einen Sonn-, Feier- oder Samstag gelegt hat. Denn auf die Berechnung der vom Gericht bestimmten Räumungsfrist findet § 193 BGB Anwendung. Ist daher in der Entscheidung als Ende der Räumungsfrist etwa ein Samstag genannt, so ist erst am nächsten Werktag zu räumen.[106]

54 Die **Zweiwochenfrist** ist eine Ausschlussfrist, die von Amts wegen beachtet werden muss. Im Falle der schuldlosen Fristversäumung ist auf Antrag Wiedereinsetzung in den vorigen Stand (§§ 233 ff. ZPO) zu gewähren (§ 721 Abs. 2 S. 2 ZPO).

### II. Zuständigkeit

55 Zuständig für den Antrag nach § 721 Abs. 2 ZPO ist grds. das Amtsgericht (§ 721 Abs. 4 S. 1 ZPO) und zwar das **Prozessgericht,** nicht das Vollstreckungsgericht.[107] Das Amtsgericht ist auch dann zuständig, wenn das Berufungsgericht auf Räumung erkannt hat. Eine Ausnahme gilt nach § 721 Abs. 4 S. 1 ZPO, solange die Räumungsklage noch beim **Berufungsgericht** anhängig ist. In diesem Fall muss der Antrag beim Berufungsgericht gestellt werden. Die Anhängigkeit beginnt mit dem Eingang der Berufungsschrift; sie endet mit der Verkündung des Berufungsurteils, mit der Rücknahme der Berufung oder dem Abschluss eines Vergleichs. Ist die Räumungsklage beim BGH anhängig, muss der Antrag nach § 721 Abs. 2 ZPO – anders als der Antrag nach § 721 Abs. 1 ZPO (→ Rn. 43) – beim Amtsgericht gestellt werden.[108]

### III. Verfahren und einstweilige Anordnung (Abs. 4)

56 Eine mündliche Verhandlung ist entbehrlich, aber zulässig **(§ 721 Abs. 4 S. 2 ZPO).** Vor der Entscheidung ist der Räumungsgläubiger zu hören **(§ 721 Abs. 4 S. 3 ZPO).** Das Gericht ist nicht verpflichtet, die Parteien persönlich anzuhören; es genügt, wenn der Gegner Gelegenheit zur

---

[100] Ebenso iErg OLG Brandenburg FamRZ 2012, 892, zur Rückwärtsfrist in § 137 Abs. 2 S. 1 FamFG; *Krause* NJW 1999, 1448 zu § 5 Abs. 3 UmwG.

[101] Fällt dieser Tag – im Beispiel der Dienstag – auf einen Sonn-, Feier- oder Samstag, stellt sich das sogleich im Text zu erörternde Problem der Anwendung von § 222 Abs. 2 ZPO nur, wenn man diesen Tag als letzten Tag der Frist betrachtet. Hierfür spricht, dass der Antrag de facto bereits an diesem Tag bei Gericht eingehen muss, obwohl bei förmlicher Betrachtung eigentlich der nächste Tag – im Beispiel der Mittwoch – der letzte Tag der Frist ist, BGH IX ZR 33/04, ZIP 2005, 310.

[102] LG Freiburg WuM 1989, 443; LG München I WuM 1980, 247.

[103] LG Berlin NJW-RR 1993, 144; LG Freiburg WuM 1989, 443; MüKoZPO/*Götz* § 721 Rn. 5 Fn. 17.

[104] LG München I WuM 1980, 247.

[105] *LG Berlin ZMR 2020, 746; Münzberg* WuM 1993, 9; Zöller/*Seibel* ZPO § 721 Rn. 8.

[106] Palandt/*Ellenberger* BGB § 193 Rn. 2; iE ebenso LG Hamburg NJW-RR 1990, 657.

[107] Musielak/Voit/*Lackmann* ZPO § 721 Rn. 7; Zöller/*Seibel* ZPO § 721 Rn. 10.

[108] BGH XII ZR 73/90, NJW 1990, 2823.

schriftlichen Stellungnahme erhält. Die Sachaufklärung richtet sich nach den allgemeinen Vorschriften, dh der Schuldner muss seine Härtegründe, der Gläubiger seine Interessenlage darlegen und beweisen.

Die Entscheidung muss idR vor dem Räumungstermin getroffen werden. Ist dies nicht möglich, weil der Gläubiger innerhalb der verbleibenden Zeit keine Stellungnahme abgeben kann oder weil noch eine weitere Sachaufklärung erforderlich ist, so kann das Gericht die Zwangsvollstreckung aus dem Räumungstitel im Wege der **einstweiligen Anordnung** einstellen **(§ 721 Abs. 4 S. 4 ZPO iVm § 732 Abs. 2 ZPO).** Die einstweilige Einstellung setzt keinen Antrag voraus und steht im pflichtgemäßen Ermessen des Gerichts. Das Gericht muss dafür nur den ihm vorgetragenen Sachverhalt würdigen; eine Glaubhaftmachung ist schon nach dem Gesetzeswortlaut (anders etwa als bei § 765 a Abs. 2 ZPO) nicht erforderlich. Das Gericht kann daher seine einstweilige Anordnung auch auf bestrittenen Sachvortrag des Schuldners stützen, weil es gerade Zweck von § 721 Abs. 4 S. 4 ZPO ist, dem Gericht die „Hauptsacheentscheidung" über die Räumungsfrist zu ermöglichen. Problematisch ist, ob gegen den Beschluss des Gerichts nach § 793 ZPO die **sofortige Beschwerde** zulässig ist.[109] Der Wortlaut von § 793 ZPO spricht dafür, ebenso der Umstand, dass ein § 707 Abs. 2 S. 2 ZPO vergleichbarer Ausschluss der Beschwerde fehlt.[110] Allerdings verkörpert die zuletzt genannte Norm den allgemeinen Rechtsgedanken, dass das mit der Hauptsache (hier: dem Antrag auf Räumungsfrist) befasste erstinstanzliche Gericht am besten beurteilen kann, ob und ggf. welche einstweilige Regelung erforderlich ist. Seine Entscheidung in der Hauptsache soll nicht durch eine vorläufige Entscheidung des Beschwerdegerichts beeinflusst werden, weshalb die Entscheidung **analog § 707 Abs. 2 S. 2 ZPO unanfechtbar ist.**[111] Mit dem Erlass der Endentscheidung wird die einstweilige Anordnung gegenstandslos. 57

### IV. Die gerichtliche Entscheidung

Die Entscheidung ergeht durch **Beschluss** (§ 721 Abs. 4 S. 2 ZPO). Dies gilt auch dann, wenn eine mündliche Verhandlung vorausgegangen ist. Die Entscheidung ist auf Grund einer Interessenabwägung zu treffen (→ Rn. 16). Der Beschluss ist zu begründen. Über die **Kosten** ist nach den §§ 91 ff. ZPO zu entscheiden.[112] Der **Streitwert** bemisst sich nach der Nutzungsentschädigung, die für den Zeitraum der begehrten Räumungsfrist geschuldet würde.[113] 58

## E. Räumungsfrist nach Abs. 3 (Verlängerung, Verkürzung)

§ 721 Abs. 3 ZPO ermöglicht die Modifizierung einer nach § 721 Abs. 1 ZPO oder § 721 Abs. 2 ZPO gewährten Räumungsfrist. Für die Räumungsfrist aus einem gerichtlichen Vergleich gilt § 794 a ZPO. Eine in einem **außergerichtlichen Räumungsvergleich vereinbarte Räumungsfrist** fällt nicht unter § 721 Abs. 3 ZPO, weil es an einer gerichtlichen Entscheidung über den Räumungsanspruch fehlt.[114] Für eine Analogie besteht ersichtlich kein Bedürfnis, weil eine Vollstreckung ohne Titulierung nicht möglich ist. Die Modifizierung der Räumungsfrist kann nicht nach § 224 Abs. 2 ZPO beantragt werden, weil es sich bei der Räumungsfrist um eine uneigentliche Frist handelt, auf die § 224 ZPO nicht anwendbar ist (→ ZPO Einl. Räumungsvollstreckung Rn. 5). 59

### I. Antrag

Die Verlängerung setzt einen Antrag des Schuldners, die Verkürzung einen Antrag des Gläubigers voraus. Für einen Verkürzungsantrag des Schuldners besteht kein **Rechtsschutzbedürfnis,** 60

---

[109] Zum Parallelproblem bei § 732 ZPO und § 769 ZPO die Nachw. zum Streitstand bei MüKoZPO/*Wolfsteiner* § 732 Rn. 19; Zöller/*Herget* ZPO § 769 Rn. 13.

[110] OLG Köln NJW-RR 1992, 632 zu § 769 ZPO.

[111] Stein/Jonas/*Münzberg* ZPO § 721 Rn. 29; wie hier für die einstweilige Anordnung nach § 769 Abs. 1 ZPO BGH XII ZB 279/03, NJW 2004, 2224.

[112] BGH VIII ZB 28/08, NJW-RR 2009, 422 zu § 794 a ZPO.

[113] LG Bamberg BeckRS 2020, 17184; LG München I ZMR 2014.

[114] Schuschke/Walker/*Schuschke* ZPO § 721 Rn. 15.

weil der Schuldner jederzeit ausziehen kann und mit der Rückgabe auch der Anspruch des Vermieters auf die Nutzungsentschädigung entfällt.[115]

### II. Frist

61 Den **Verlängerungsantrag** muss der Schuldner zwei Wochen vor Ablauf der Räumungsfrist stellen. Für die Fristberechnung gelten die Ausführungen bei → Rn. 51 ff. Die Möglichkeit der Wiedereinsetzung in den vorigen Stand bei schuldloser Fristversäumung besteht auch hier (§ 721 Abs. 3 S. 2 ZPO). Der **Verkürzungsantrag** des Gläubigers kann jederzeit gestellt werden.

### III. Zuständigkeit, Verfahren, Entscheidung und Kosten

62 Das Verfahren fällt unter das besondere **Beschleunigungsgebot** des § 272 Abs. 4 ZPO.[116] Im Übrigen gelten für das Verfahren, die gerichtliche Zuständigkeit und die Entscheidung die Ausführungen → Rn. 55 ff. entsprechend. Die Sachentscheidung erfolgt nach den → Rn. 16 ff. dargelegten **Abwägungskriterien** mit folgenden **Modifizierungen,** die sich daraus ergeben, dass es nicht um die erstmalige Entscheidung über eine Räumungsfrist, sondern um deren Abänderung geht:

63 Fraglich ist zunächst, ob die Verkürzung oder Verlängerung nur in Betracht kommt, wenn **neue Tatsachen** vorgetragen werden, welche diese Entscheidung tragen. Systematisch handelt es sich um die Abgrenzung von § 721 Abs. 3 ZPO zu § 721 Abs. 6 ZPO der Vorschrift: Gegen die Entscheidungen des Gerichts nach § 721 Abs. 1, 3 ZPO über die Gewährung oder Modifizierung einer Räumungsfrist ist nach § 721 Abs. 6 ZPO ein Rechtsmittel zulässig. Daraus folgt, dass die Überprüfung der Entscheidung über die Frist grds. dem Rechtsmittelgericht zugewiesen ist. Das Ausgangsgericht kann daher nicht über § 721 Abs. 3 ZPO erneut über Tatsachen entscheiden, die bereits einer Entscheidung zugrunde lagen (→ ZPO Einl. Räumungsvollstreckung Rn. 9). Die Änderung der Frist nach Abs. 3 setzt daher grds. neue Umstände voraus[117]; liegen solche vor, kann das Amtsgericht auch von Wertentscheidungen des zweitinstanzlichen Gerichts abweichen. Der Einwand der **Rechtskraft** steht nicht entgegen, da diese – wie sich aus § 721 Abs. 3 ZPO ergibt – die Verlängerung oder Verkürzung der Frist nicht erfasst. Hingegen ist ein Antrag nach § 721 Abs. 3 ZPO als unbegründet abzuweisen, wenn er ohne Änderung der Sachlage auf Umstände gestützt wird, die bereits in der Ursprungs- oder einer anderen Abänderungsentscheidung behandelt wurden.

64 **Neue Umstände,** welche eine Modifizierung der Frist rechtfertigen können, sind etwa erhöhte Dringlichkeit des Bedarfs auf Seiten des Gläubigers, Zahlungseinstellungen durch den Schuldner[118], allgemeine Verbesserung der Wohnungsmarktsituation, aber auch die vergebliche Suche nach Ersatzwohnraum während der gewährten Räumungsfrist.[119] In der Praxis wurde eine Fristverlängerung etwa gewährt, um einen Zwischenumzug bei zwischenzeitlich vorhandenem, aber noch nicht bezugsfertigem Ersatzwohnraum zu vermeiden.[120]

## F. Sofortige Beschwerde (Abs. 6)

65 § 721 Abs. 6 ZPO regelt die sofortige Beschwerde gegen Entscheidungen über die Gewährung oder Modifizierung einer Räumungsfrist. Zur sofortigen Beschwerde gegen Beschlüsse über einstweilige Anordnungen nach § 721 Abs. 4 S. 3 ZPO → Rn. 57.

### I. Verhältnis zwischen sofortiger Beschwerde, Berufung und Einspruch

66 § 721 Abs. 6 Nr. 1 ZPO regelt die Zulässigkeit der sofortigen Beschwerde gegen eine Räumungsfristentscheidung, die in einem Urteil enthalten ist, in dem auf Räumung erkannt wurde. In

---

[115] LG Hannover WuM 1989, 77; Stein/Jonas/*Münzberg* ZPO § 721 Rn. 3.
[116] LG Berlin GE 2019, 667.
[117] *Wieczorek/Schütze/Paulus* ZPO § 721 Rn. 41.
[118] LG Berlin GE 2007, 1253.
[119] LG Berlin ZMR 2020, 750.
[120] LG Münster WuM 1993, 62; AG Waldshut-Tiengen WuM 1996, 53.

einem solchen Fall können sowohl Schuldner als auch Gläubiger die Räumungsfristentscheidung **isoliert durch die sofortige Beschwerde** angreifen. Insbesondere aus Sicht des durch die Räumungsentscheidung insofern regelmäßig beschwerten Schuldners stellt sich die Frage, ob er neben der sofortigen Beschwerde auch Berufung gegen die Hauptsacheentscheidung einlegen kann oder ob in diesem Fall die sofortige Beschwerde unzulässig ist. Teilweise werden Berufung und sofortige Beschwerde parallel für zulässig gehalten[121] während die Gegenansicht von einem Vorrang der Berufung ausgeht.[122]

67 Der Wortlaut von § 721 Abs. 6 Nr. 1 ZPO lässt beide Interpretationen zu, weil sich die sofortige Beschwerde bei isolierter Betrachtung auch bei gleichzeitiger Berufung „lediglich" gegen die Räumungsfristentscheidung richtet, bei einer Gesamtbetrachtung der Beschwerdeführer hingegen eben nicht „lediglich" diese Entscheidung angreift. Sinn und Zweck von § 721 Abs. 6 Nr. 1 ZPO streiten aber für den **Vorrang der Berufung.** Die Norm ist eine Ausnahme zu § 511 ZPO. Sie soll nämlich ein – in Wohnraummietsachen vor dem Landgericht und damit (im Gegensatz zum Beschwerdeverfahren, § 569 Abs. 3 Nr. 1, § 78 Abs. 3 ZPO) durch einen Anwalt zu führendes – **Berufungsverfahren entbehrlich machen,** wenn sich der Schuldner lediglich gegen die Räumungsfristentscheidung wehren möchte.[123] Daher ist eine sofortige Beschwerde nach § 721 Abs. 6 Nr. 1 ZPO nur zulässig, solange der Beschwerdeführer nicht Berufung eingelegt hat.

68 Die **Rechtsschutzmöglichkeiten** des Schuldners werden durch dieses Gesetzesverständnis nicht verkürzt, weil er in der Berufung einen Antrag auf einstweilige Einstellung der Zwangsvollstreckung nach §§ 707, 719 ZPO stellen kann. Die gleichen Grundsätze gelten, wenn der Schuldner durch **Versäumnisurteil** zur Räumung ohne Gewährung einer Räumungsfrist verurteilt worden ist. Legt der Schuldner Einspruch gegen das Versäumnisurteil ein, so umfasst dieses Rechtsmittel zugleich die Entscheidung über die Räumungsfrist. Die gesonderte Anfechtung einer etwaigen Räumungsfristversagung ist wegen des dargestellten Zwecks von § 721 Abs. 6 Nr. 1 ZPO, anstelle der Berufung die sofortige Beschwerde zuzulassen, unzulässig.[124] Der Schuldner kann in diesem Fall Vollstreckungsschutz über **§§ 707, 719 ZPO** erhalten.

69 Hat der Mieter gegen das Räumungsurteil Berufung eingelegt, so kann der Vermieter im Wege der **Anschlussberufung** den Wegfall oder die Verkürzung der Räumungsfrist beantragen; er kann daneben aber auch parallel sofortige Beschwerde einlegen, weil seine Anschlussberufung ihre Wirkung verliert, wenn die Hauptberufung zurückgenommen wird, § 524 Abs. 4 ZPO (→ Rn. 75).

## II. Beschwerdefähige Entscheidung

70 Die sofortige Beschwerde setzt eine Räumungsfristentscheidung voraus, wie sich aus der Formulierung „Versagung, Gewährung oder Bemessung einer Räumungsfrist" ergibt. Problematisch ist, ob eine „Versagung" auch dann anzunehmen ist, wenn das Urteil zur Frage der **Räumungsfrist schweigt;** die **hM** bejaht dies.[125] Hierfür spricht der Zweck von § 721 Abs. 6 Nr. 1 ZPO, der eine Berufung vermeiden soll, wenn es dem Schuldner nur um eine Räumungsfrist geht (→ Rn. 67). Aus diesem Zweck der Norm folgt auch, dass eine sofortige Beschwerde des Schuldners gegen die Räumungsfristentscheidung in einem zweiten Versäumnisurteil nur iRd § 514 Abs. 2 ZPO zulässig ist.[126]

71 Die sofortige Beschwerde ist gem. § 567 Abs. 1 ZPO nur zulässig, wenn die angefochtene Räumungsfristentscheidung eine solche aus dem **ersten Rechtszug** ist. Hat also im mietrechtlichen Räumungsprozess das Landgericht in der Berufung erstmals auf Räumungsfrist erkannt oder eine Räumungsfrist verlängert, scheidet die sofortige Beschwerde hiergegen aus.[127] Möglich ist in diesem Fall allein die – allerdings an die Zulassung gebundene – Rechtsbeschwerde nach § 574 Abs. 1 ZPO.

---

[121] LG Berlin GE 2000, 603; LG Düsseldorf ZMR 1990, 380.
[122] MüKoZPO/*Götz* § 721 Rn. 14; Prütting/Gehrlein/*Kroppenberg* ZPO § 721 Rn. 12; Sternel MietR, 1988, Kap. V Rn. 115.
[123] LG Landshut NJW 1967, 1374.
[124] LG München NZM 1999, 308; Prütting/Gehrlein/*Kroppenberg* ZPO § 721 Rn. 12.
[125] LG Köln NJW-RR 1987, 143; Prütting/Gehrlein/*Kroppenberg* ZPO § 721 Rn. 12; Zöller/*Seibel* ZPO § 721 Rn. 13; **aA** LG Hamburg 6.5.2010 – 307 T 35/10 (juris).
[126] Anders LG Dortmund NJW 1965, 1385; Musielak/Voit/*Lackmann* ZPO § 721 Rn. 10; Zöller/*Seibel* ZPO § 721 Rn. 13: unzulässig.
[127] KG MietRB 2012, 140; Zöller/*Seibel* ZPO § 721 Rn. 13.

### III. Einlegung und Begründung der sofortigen Beschwerde

72 Die sofortige Beschwerde muss innerhalb einer **Notfrist von zwei Wochen** (gerechnet ab Zustellung der erstinstanzlichen Entscheidung) eingelegt werden (§ 569 Abs. 1 ZPO); Wiedereinsetzung in den vorigen Stand ist möglich. Die Einlegung erfolgt durch Schriftsatz an das Ausgangs- oder Berufungsgericht (§ 569 Abs. 2 ZPO), bei Anfechtung einer amtsgerichtlichen Entscheidung auch durch Erklärung zu Protokoll der Geschäftsstelle (§ 569 Abs. 3 Nr. 1 ZPO). In dem zuletzt genannten Fall besteht kein Anwaltszwang, § 78 Abs. 3 ZPO. Die Beschwerde kann auf neue Tatsachen und Beweise gestützt werden (§ 571 Abs. 2 S. 1 ZPO); eine **Begründungspflicht** besteht nach § 571 Abs. 1 ZPO aber **nicht.**

### IV. Sonstige Voraussetzungen der sofortigen Beschwerde

73 Daneben müssen die allgemeinen Voraussetzungen für die Zulässigkeit der sofortigen Beschwerde vorliegen. Insbesondere muss der Beschwerdeführer **beschwert** sein[128], wobei § 567 ZPO hierfür einen bestimmten Beschwerdewert nicht verlangt. Wurde keine Frist gewährt, ist der Schuldner, anderenfalls der Gläubiger beschwert. Der Schuldner ist auch dann beschwert, wenn ihm eine Frist gewährt wurde, diese aber hinter der Länge einer von ihm beantragten Frist zurückbleibt. Gleiches gilt, wenn der Schuldner keine bestimmte Frist beantragt hat, weil es für die Beschwer ausreicht, wenn die Frist unangemessen kurz ist.

74 Das **Rechtsschutzbedürfnis** eines **Mieters** an der Entscheidung über die sofortige Beschwerde entfällt nicht, wenn er nach Einlegung des Rechtsmittels räumt. Denn es hängt von der Räumungsfristentscheidung ab, ob dem Mieter das Haftungsprivileg des § 571 Abs. 2 BGB zusteht. Für andere Räumungsschuldner gilt dies nicht; sie müssen die Hauptsache nach der Räumung für erledigt erklären.

75 Hat der **Vermieter** (Gläubiger) sofortige Beschwerde eingelegt, so wird teilweise vertreten, sein **Rechtsschutzbedürfnis** entfalle, wenn der Mieter (Schuldner) Berufung gegen das Räumungsurteil eingelegt hat; in diesem Fall könne die Fristverkürzung im Wege der sachdienlicheren Anschlussberufung erreicht werden.[129] Diese Ansicht ist wegen § 524 Abs. 4 ZPO unzutreffend, weil die Anschlussberufung des Gläubigers ihre Wirkung verliert, wenn die Berufung zurückgenommen wird. Das Rechtsschutzbedürfnis bleibt auch bestehen, wenn die erstinstanzlich gewährte Räumungsfrist während des Berufungsverfahrens endet, weil von der Dauer der Frist das Haftungsprivileg des Mieters nach § 571 Abs. 2 BGB abhängt.[130]

### V. Entscheidung des Beschwerdegerichts

76 Das Beschwerdegericht entscheidet idR durch den Einzelrichter (§ 568 ZPO) ohne mündliche Verhandlung durch **Beschluss,** § 572 Abs. 4 ZPO. Jedoch kann auch mündliche Verhandlung angeordnet werden (§ 128 Abs. 4 ZPO); in dieser besteht dann Anwaltszwang.[131] Auch in diesem Fall erfolgt die Entscheidung durch Beschluss. Vor der Entscheidung über die Beschwerde kann die Zwangsvollstreckung aus dem Räumungsurteil einstweilen eingestellt werden (§ 570 Abs. 3 ZPO).

77 Das Beschwerdegericht kann die erstinstanzliche Entscheidung ganz oder teilweise aufheben. Dies ist insbes. für das Haftungsprivileg des Mieters nach § 571 Abs. 2 BGB von Bedeutung. Wird eine vom Amtsgericht gewährte Räumungsfrist gänzlich aufgehoben, so entfällt sie mit Wirkung ex tunc. Das **Haftungsprivileg** gilt in diesem Falle nach dem Wortlaut von § 571 Abs. 2 BGB nicht.[132] Für eine Analogie ist kein Raum, weil der Mieter über das Merkmal des Vertretenmüssens in § 571 Abs. 1 BGB hinreichend geschützt ist. Am Vertretenmüssen wird es regelmäßig fehlen, es sei denn, der Mieter hat sich die Räumungsfrist in erster Instanz durch falsche Angaben erschlichen.

---

[128] Prütting/Gehrlein/*Lohmann* ZPO § 567 Rn. 13; Zöller/*Heßler* ZPO § 567 Rn. 5.

[129] LG Gießen WuM 1994, 551; **aA** MüKoZPO/*Götz* § 721 Rn. 14; Stein/Jonas/*Münzberg* ZPO § 721 Rn. 38.

[130] LG Nürnberg-Fürth NJW-RR 1992, 1231.

[131] Musielak/Voit/*Ball* ZPO § 571 Rn. 10.

[132] **AA** LG Siegen WuM 1990, 208; MüKoBGB/*Häublein* § 571 Rn. 10, Haftungsprivileg entfällt erst durch Zustellung der Beschwerdeentscheidung.

Wird eine erstinstanzlich gewährte Räumungsfrist verkürzt, so gilt das Haftungsprivileg bis zu dem vom Beschwerdegericht genannten Zeitpunkt.

Über die **Kosten** wird nach §§ 91 ff. ZPO entschieden. Der **Beschwerdewert** ist gem. § 3 ZPO zu schätzen; hierfür ist bei einem beendeten Mietvertrag auf § 41 GKG, ansonsten auf § 8 ZPO zurückzugreifen. Gegen die **Beschwerdeentscheidung** ist bei Zulassung durch das Beschwerdegericht die Rechtsbeschwerde (§ 574 ZPO) zulässig. 78

### VI. Anschlussbeschwerde

Eine Anschlussbeschwerde ist gem. § 567 Abs. 3 ZPO möglich. Sie ist **nicht fristgebunden** und kann daher während der Anhängigkeit der sofortigen Beschwerde von dem jeweiligen Beschwerdegegner eingelegt werden. Geht die Anschlussbeschwerde innerhalb der Zweiwochenfrist ein, so gilt sie als selbständige sofortige Beschwerde. Anderenfalls liegt eine unselbständige Beschwerde vor, die ihre Wirkung verliert, wenn die Hauptbeschwerde zurückgenommen oder als unzulässig verworfen wird (§ 567 Abs. 3 S. 2 ZPO). 79

## G. Abweichende Vereinbarungen

Wird von § 721 ZPO durch Vereinbarung der Parteien abgewichen, so kann die Befugnis der Parteien betroffen sein, die in § 721 ZPO geregelten Anträge (§ 721 Abs. 1–3 ZPO) zu stellen, Rechtsmittel einzulegen (Abs. 6) oder aber es soll eine vom Gericht gewährte Räumungsfrist vertraglich verändert werden. Es stellt sich daher die Frage, inwieweit § 721 ZPO **Dispositionen** über die **Antrags- bzw. Rechtsmittelbefugnis und die Entscheidungswirkungen** erlaubt. Es handelt sich hierbei um einen Ausschnitt aus dem grundsätzlichen Problemkreis der Vertragsfreiheit im Vollstreckungsrecht.[133] 80

Soweit sich zu dieser Fragestellung bei § 721 ZPO **Ansichten in der Lit.** finden, wird das Antragsrecht des Schuldners nach Rechtshängigkeit des Räumungsanspruchs für disponibel gehalten, weil der Schuldner hinreichend geschützt sei, da Räumungsschutz von Amts wegen gewährt werden könne.[134] Auch auf eine gewährte Räumungsfrist soll der Schuldner verzichten können.[135] Teilweise wird § 721 ZPO auch generell für disponibel gehalten.[136] Der **BGH** hat bislang offen gelassen, ob der Verzicht auf die Befugnis, einen Antrag auf Bewilligung oder Verlängerung einer Räumungsfrist zu stellen, wirksam ist.[137] 81

Bei einer **Stellungnahme** zu dieser Problematik ist die Rspr. des BGH zu berücksichtigen, nach der die sich die Parteien zu jedem prozessualen Verhalten verpflichten können, das möglich ist und weder einem gesetzlichen Verbot zuwider läuft noch gegen die guten Sitten verstößt.[138] Die Grenzen der Vertragsfreiheit ziehen daneben auch die Regeln des AGB-Rechts.[139] Insofern muss bei der Beurteilung der Wirksamkeit von abweichenden Vereinbarungen geklärt werden, worin die Abweichung besteht und ob diese Abweichung inhaltlich zu billigen ist. 82

Die Möglichkeit, einen Räumungsschutzantrag zu stellen und bei Versagung desselben Rechtsmittel einzulegen soll verhindern, dass der Schuldner unter unzumutbaren Folgen seine Wohnung verliert (→ Rn. 1). Der **allgemeine** und vom konkreten Fall losgelöste **Verzicht** auf diesen Schutz – etwa im Mietvertrag durch Verzicht auf das Antragsrecht und/oder die Rechtsbehelfsmöglichkeit – ist daher sittenwidrig und damit unwirksam, weil der Schuldner im Voraus etwaige Härtegründe nicht überblicken kann. Gleiches gilt für den Verzicht auf einen Verlängerungsantrag im konkreten Fall.[140] Wirksam ist hingegen der im **konkreten Fall** erklärte Verzicht auf eine gewährte Räumungsfrist oder auf die in § 721 ZPO genannten Rechtsmittel, weil der Schuldner in solchen Konstellationen die Reichweite seiner Erklärung abschätzen kann. Die **Verkürzung** 83

---

133 Gaul/Schilken/Becker-Eberhard ZVR/*Gaul* § 33; *Wagner,* Prozessverträge, 1998, 729 ff.

134 Musielak/Voit/*Lackmann* ZPO § 721 Rn. 1.

135 Zöller/*Seibel* ZPO § 721 Rn. 12.

136 Bub/Treier MietR-HdB/*Lüke* Kap. X Rn. 147; ähnlich Stein/Jonas/*Münzberg* ZPO § 721 Rn. 18.

137 BGH VIII ZR 99/14, NJW 2015, 2324 Rn. 21 „nach dem Wortlaut des Vergleichs"; s. zu § 794 a ZPO auch BGH VIII ZB 28/08, NJW-RR 2009, 422.

138 BGH VIII ZR 285/84, NJW 1986, 198.

139 BGH IX ZR 11/86, NJW 1987, 904; *Wagner,* Prozessverträge, 1998, 130 ff.

140 LG Berlin GE 1991, 403; **aA** LG Aachen WuM 1996, 568; LG München I NZM 2008, 839, beide zu § 794 a ZPO.

der in § 721 Abs. 2, 3 ZPO genannten Antragsfristen durch Vereinbarung der Parteien ist nach § 224 ZPO zulässig.

84 Zu **Lasten des Gläubigers** von § 721 ZPO abweichende Vereinbarungen sind kaum praxisrelevant; hier gelten die für den Schuldner entwickelten Grundsätze entsprechend. Der Gläubiger kann ebenfalls nur auf solche Rechte verzichten, deren Umfang er bei Abgabe seiner Erklärung hinreichend bewerten kann. Möglich ist daher der Verzicht auf ein konkret in Rede stehendes Rechtsmittel. Die Vereinbarung einer längeren Räumungsfrist als vom Gericht gewährt ist hingegen keine Abweichung von § 721 ZPO, sondern eine materiell-rechtliche Stundung des Herausgabeanspruchs.[141]

85 Die **Rechtsfolgen** wirksamer abweichender Vereinbarungen ergeben sich aus allgemeinen prozessualen Grundsätzen. Steht der Verzicht auf einen Rechtsbehelf oder auf ein Antragsrecht in Rede, so führt die Nichtbeachtung dieser Vertragspflicht auf Rüge des Prozessgegners zur Verwerfung des Rechtsbehelfs oder Antrags.[142] Geht es um eine Erweiterung der nach § 721 ZPO erkannten Räumungsfrist, muss der Schuldner sich bei einer gleichwohl betriebenen Zwangsvollstreckung nach § 767 ZPO zur Wehr setzen.[143] Hat der Schuldner auf die Räumungsfrist verzichtet, besteht das Problem, dass die gerichtliche Entscheidung ein Vollstreckungserfordernis enthält (nämlich: Ablauf der Frist), welches vom Gerichtsvollzieher von Amts wegen zu beachten ist (→ Rn. 40). Weigert sich der Gerichtsvollzieher deshalb, die Räumung durchzuführen, muss der Gläubiger nach § 766 ZPO vorgehen.

## H. Konkurrenzen

86 § 721 ZPO verdrängt in seinem Anwendungsbereich die allgemeine Regel des § 765 a ZPO (→ ZPO Einl. Räumungsvollstreckung Rn. 6 f.). Für Räumungsvergleiche gilt nicht § 721 ZPO, sondern § 794 a ZPO. Zum Verhältnis zu § 574 BGB → ZPO Einl. Räumungsvollstreckung Rn. 13 f.

[141] *Börstinghaus* WuM 2006, 292.
[142] BGH IVa ZR 146/85, NJW-RR 1987, 307.
[143] BGH IVb ZR 705/80, NJW 1982, 2072; Gaul/Schilken/Becker-Eberhard ZVR/*Gaul* § 33 Rn. 54.

# § 765 a ZPO Vollstreckungsschutz

**(1) [1]Auf Antrag des Schuldners kann das Vollstreckungsgericht eine Maßnahme der Zwangsvollstreckung ganz oder teilweise aufheben, untersagen oder einstweilen einstellen, wenn die Maßnahme unter voller Würdigung des Schutzbedürfnisses des Gläubigers wegen ganz besonderer Umstände eine Härte bedeutet, die mit den guten Sitten nicht vereinbar ist. [2]Es ist befugt, die in § 732 Abs. 2 bezeichneten Anordnungen zu erlassen. [3]Betrifft die Maßnahme ein Tier, so hat das Vollstreckungsgericht bei der von ihm vorzunehmenden Abwägung die Verantwortung des Menschen für das Tier zu berücksichtigen.**

**(2) Eine Maßnahme zur Erwirkung der Herausgabe von Sachen kann der Gerichtsvollzieher bis zur Entscheidung des Vollstreckungsgerichts, jedoch nicht länger als eine Woche, aufschieben, wenn ihm die Voraussetzungen des Absatzes 1 Satz 1 glaubhaft gemacht werden und dem Schuldner die rechtzeitige Anrufung des Vollstreckungsgerichts nicht möglich war.**

**(3) In Räumungssachen ist der Antrag nach Absatz 1 spätestens zwei Wochen vor dem festgesetzten Räumungstermin zu stellen, es sei denn, dass die Gründe, auf denen der Antrag beruht, erst nach diesem Zeitpunkt entstanden sind oder der Schuldner ohne sein Verschulden an einer rechtzeitigen Antragstellung gehindert war.**

**(4) Das Vollstreckungsgericht hebt seinen Beschluss auf Antrag auf oder ändert ihn, wenn dies mit Rücksicht auf eine Änderung der Sachlage geboten ist.**

**(5) Die Aufhebung von Vollstreckungsmaßregeln erfolgt in den Fällen des Absatzes 1 Satz 1 und des Absatzes 4 erst nach Rechtskraft des Beschlusses.**

## Systematische Übersicht



## Alphabetische Schnellübersicht

## A. Normzweck und Konkurrenzen

1 § 765 a ZPO ist eine im Jahr 1953 in das Gesetz eingefügte vollstreckungsrechtliche **Generalklausel.**[1] Sie gilt daher – im Gegensatz zu den §§ 721, 794 a ZPO – nicht nur für die Räumungsvollstreckung, wird hier wegen der mietrechtlichen Ausrichtung der Kommentierung aber nur unter diesem Gesichtspunkt betrachtet. § 765 a ZPO hat den Zweck, sittenwidrige Folgen von Vollstreckungsmaßnahmen zu verhindern, indem das Vollstreckungsgericht hierauf gerichtete Vollstreckungsmaßnahmen einschränken, aufheben, untersagen oder einstweilen einstellen kann. Es handelt sich um eine **Ausnahmeregel** zur Verhinderung ganz besonderer Härten, die nach allgemeiner Ansicht restriktiv anzuwenden ist.[2] Die Norm ist die einfachgesetzliche Ausprägung des verfassungsrechtlichen Übermaßverbotes, welches die staatliche Zwangsvollstreckung beschränkt.[3] Die praktische Bedeutung von § 765 a ZPO in der Räumungsvollstreckung spiegelt diese verfassungsrechtliche Verankerung, weil es meist darum geht, den Schutz des Grundrechts des Schuldners auf körperliche Unversehrtheit bei Suizidgefahr zu gewährleisten. Systematisch handelt es sich um einen „vollstreckungsinternen Rechtsbehelf", welcher der Erinnerung nach § 766 BGB verwandt ist.[4]

2 **Praktische Bedeutung** hat die Vorschrift vor allem bei der Räumung von Wohnraum. Dort ist der Nutzer auf Vollstreckungsschutz nach § 765 a ZPO angewiesen, falls er Vollstreckungsschutz nach §§ 721, 794 a ZPO nicht erhalten kann. Relevant sind hier vor allem Sachverhalte, die nicht unter § 721 ZPO fallen, insbes. weil die Vollstreckung aus einem nicht von dieser Norm erfassten Titel – etwa einem **Zuschlagsbeschluss** (§ 93 ZVG) oder einem Insolvenzeröffnungsbeschluss (§ 794 Abs. 1 Nr. 3 ZPO) – erfolgt (→ ZPO § 721 Rn. 13 ff.). Daneben hat § 765 a ZPO praktische Bedeutung, wenn der Schuldner die in **§§ 721, 794 a ZPO** bestimmten Antragsfristen versäumt hat oder die dortigen Höchstfristen (§ 721 Abs. 5, § 794 a Abs. 3 ZPO) **ausgeschöpft** sind.[5] Denn § 765 a ZPO ist nicht neben den übrigen zivilprozessualen Vollstreckungsschutzregeln anwendbar, sondern nur falls andere Schutzvorschriften erschöpft sind oder nicht zur Anwendung kommen.[6] Wenn der Schuldner also im laufenden Erkenntnisverfahren Vollstreckungsschutz nach **§§ 707, 719 ZPO** erhalten kann, ist ein Antrag nach § 765 a ZPO unzulässig.[7] Zum Verhältnis von § 765 a ZPO zu anderen zivilprozessualen Schutzregeln sowie zu §§ 574 ff. BGB und zum FamFG → ZPO Einl. Räumungsvollstreckung Rn. 5 ff.

3 Grundsätzlich ist der Schuldner bei § 765 a ZPO nicht mit Einwänden **präkludiert,** die er im **Erkenntnisverfahren** hätte vortragen können. Der Schuldner kann sich allerdings nicht nach § 765 a ZPO auf Härtegründe stützen, die das Gericht vollstreckungsrechtlich bereits berücksichtigt hat, → ZPO Einl. Räumungsvollstreckung Rn. 9.

## B. Antrag und Zuständigkeit

4 Eine Entscheidung nach § 765 a ZPO setzt einen Antrag des Schuldners beim Vollstreckungsgericht voraus. Diese Regelung ist verfassungsgemäß[8] und steht einer Entscheidung von Amts wegen im Wege.[9] Schuldner – und damit **antragsberechtigt** – ist im Räumungsverfahren wegen des im Zwangsvollstreckungsrecht geltenden formellen Parteibegriffs nur der im Titel namentlich benannte Schuldner.[10] Nach der Rspr. des BGH berechtigt der Titel auch zur Räumung von in ihm nicht genannten Personen, die keinen Besitz an den Räumen begründet haben (→ ZPO § 885 Rn. 24 ff.). Diese Personen – etwa minderjährige Kinder des Schuldners – sind nicht antragsberechtigt; ihre

---

[1] Zur Entstehungsgeschichte und den Vorläufern der Norm s. *Fuchs-Wissemann* DRiZ 1978, 110; Gaul/Schilken/Becker-Eberhard ZVR/*Gaul* § 43 Rn. 10 f.

[2] BGH I ZB 36/09, NJW 2010, 1002; Stein/Jonas/*Münzberg* ZPO § 765 a Rn. 2; Wieczorek/Schütze/*Paulus* ZPO § 765 a Rn. 4.

[3] BVerfGE 61, 126; BVerfG NJW 2007, 2910; Gaul/Schilken/Becker-Eberhard ZVR/*Gaul* § 3 Rn. 56 ff.

[4] Gaul/Schilken/Becker-Eberhard ZVR/*Gaul* § 43 Rn. 1 mwN.

[5] OLG Frankfurt a. M. WuM 1981, 46; Schuschke/Walker/*Walker* ZPO § 765 a Rn. 2.

[6] BGH VII ZB 15/07, NJW 2007, 2703; Zöller/*Seibel* ZPO § 765 a Rn. 13; **aA** BeckOK ZPO/*Ulrici* § 765 a Rn. 9.1.

[7] BGH V ZB 124/11, NJW-RR 2012, 398; Prütting/Gehrlein/*Scheuch* ZPO § 765 a Rn. 6; **aA** Sternel MietR, 1988, Kap. V Rn. 127.

[8] BVerfGE 61, 137.

[9] LG Düsseldorf DGVZ 2000, 119.

[10] Gaul/Schilken/Becker-Eberhard ZVR/*Gaul* § 32 Rn. 2 ff.

Interessen können aber bei einem Schutzantrag des Schuldners berücksichtigt werden (→Rn. 15). Bei einem prozessunfähigen Schuldner muss der **gesetzliche Vertreter** den Antrag stellen.[11] Auch wenn über das Vermögen des Schuldners das **Insolvenzverfahren** eröffnet ist, bleibt der Schuldner antragsberechtigt, soweit dies zur Erhaltung von Leben und Gesundheit des Schuldners erforderlich ist.[12] Der Antrag kann nach Ablauf eines nach § 765 a ZPO gewährten Vollstreckungsschutzes erneut gestellt werden (→Rn. 37).[13]

**Zuständig** für die Entscheidung ist das Amtsgericht in dessen Bezirk die Räume gelegen sind, § 764 Abs. 2 ZPO. Es entscheidet nicht das Prozessgericht, sondern das Vollstreckungsgericht, also nicht der Richter, sondern der **Rechtspfleger** (§ 20 Abs. 1 Nr. 17 RPflG).[14] Daran ändert sich weder etwas, wenn der Antrag beim Beschwerdegericht[15] im Rahmen des Verfahrens nach einem anderen Vollstreckungsrechtsbehelf oder beim Familiengericht im Verfahren über die Herausgabe der Ehewohnung[16] eingelegt wird. Das unzuständige Gericht hat auf Antrag vielmehr analog **§ 281 ZPO** das Verfahren an das Amtsgericht zu verweisen. Daneben besteht die Möglichkeit der formlosen Abgabe an das Vollstreckungsgericht.[17] Aus der Zuständigkeit des Amtsgerichts folgt, dass der Antrag schriftlich eingereicht, aber auch mündlich zu Protokoll der Geschäftsstelle erklärt werden kann (§ 496 ZPO). **Anwaltszwang** besteht nicht, vgl. § 78 Abs. 3 ZPO. 5

§ 765 a ZPO stellt an den **Inhalt des Antrags** keine besonderen Anforderungen. Der Schuldner muss daher nicht näher bezeichnen, welche konkrete Maßnahme er vom Gericht erbittet. Ausreichend ist jedes Begehren, das Gericht möge die Sittenwidrigkeit der Räumung überprüfen; dieses kann etwa darin liegen, dass der Schuldner dem Gericht einen Härtegrund mitteilt.[18] Daher wird in einem Antrag auf Räumungsschutz nach den besonderen Regeln der §§ 721, 794 a ZPO im Regelfall (auch) der Antrag nach § 765 a ZPO enthalten sein, über den das Vollstreckungsgericht zu entscheiden hat, wenn die vorgetragenen Gründe eine positive Entscheidung nach §§ 721, 794 a ZPO nicht rechtfertigen (zum Verhältnis der Normen →Rn. 2).[19] Für die Zulässigkeit des Antrags ist es aber nicht erforderlich, dass der Schuldner die nach seiner Ansicht zur Sittenwidrigkeit der Vollstreckung führenden Gründe mitteilt, weil das Gesetz gerade keine Begründungspflicht statuiert. Ohne entsprechenden Vortrag wird der Antrag aber als unbegründet abgewiesen, wobei das Gericht zuvor nach **§ 139 ZPO** auf Nachbesserung hinzuwirken hat. 6

## C. Antragsfrist (§ 765 a Abs. 3 ZPO)

§ 765 a Abs. 3 ZPO enthält für den Antrag in Räumungssachen eine **Antragsfrist.** Diese soll verhindern, dass „in letzter Sekunde" gestellte Anträge unnötige Vorbereitungskosten (Beauftragung einer Spedition) verursachen, dient aber auch dazu, dem Gläubiger frühzeitig Klarheit über die Durchführung der Räumung zu verschaffen und dem Gericht „Begründungsaufwand in schwierigen Abwägungsfragen" zu ersparen.[20] 7

Der Antrag ist grds. spätestens zwei Wochen vor dem Räumungstermin zu stellen. Auf diese **Rückwärtsfrist** sind einerseits die §§ 222 ff. ZPO, andererseits die §§ 187 ff. BGB analog anwendbar. Dazu und zu Einzelheiten der Berechnung → ZPO § 721 Rn. 51 ff. Die Frist wird auch dann gewahrt, wenn der Antrag beim **unzuständigen Gericht** eingereicht und erst nach Fristablauf analog § 281 ZPO an das Vollstreckungsgericht verwiesen wird (→Rn. 5). Denn nach der Rspr. besteht in derartigen Konstellationen eine Verfahrenseinheit, weshalb die bisherigen Prozesshand- 8

---

[11] Ist der Schuldner prozessunfähig, ist die Vollstreckung aufzuschieben, bis ein gesetzlicher Vertreter oder ein Pfleger (§ 57 ZPO) bestellt ist. Hierauf hat das Vollstreckungsgericht hinzuwirken (§ 22 a FamFG), notfalls muss ein Verfahrenspfleger bestellt werden vgl. BGH I ZB 73/09, ZMR 2012, 264; Gaul/Schilken/Becker-Eberhard ZVR/*Becker-Eberhard* § 23 Rn. 26.

[12] BGH IX ZB 77/08, NJW 2009, 78; BGH V ZB 155/08, WuM 2009, 314.

[13] BGH I ZB 27/10, NZM 2011, 164.

[14] Verfassungsrechtliche Bedenken bei Gaul/Schilken/Becker-Eberhard ZVR/*Becker-Eberhard* § 27 Rn. 17 ff.; *Gaul* JZ 2013, 1081, weil es sich um Entscheidungen mit echtem Rechtsprechungscharakter handele; dagegen *Wolf* ZZP 99 (1986), 361 (401 f.).

[15] OLG Köln NJW-RR 1989, 189; Gaul/Schilken/Becker-Eberhard ZVR/*Gaul* § 43 Rn. 41; Zöller/*Seibel* ZPO § 765 a Rn. 25; **aA** KGR 1999, 357.

[16] OLG Frankfurt a. M. NJW-RR 2013, 776.

[17] BGH IX ZR 33/83, NJW 1984, 1559.

[18] KGR 1999, 357; OLG Frankfurt a. M. Rpfleger 1979, 391.

[19] MüKoZPO/*Heßler* § 765 a Rn. 71.

[20] BT-Drs. 13/341, 19; Gaul/Schilken/Becker-Eberhard ZVR/*Gaul* § 43 Rn. 42.

lungen fortwirken und eine Ausschlussfrist durch Anrufung des unzuständigen Gerichts gewahrt wird.[21] Gleiches wird zu gelten haben, wenn das unzuständige Gericht nicht analog § 281 ZPO vorgeht, sondern den Antrag formlos an das Vollstreckungsgericht abgibt, weil dem Schuldner durch dieses Handeln des Gerichts kein Nachteil entstehen darf.[22] Für die Fristwahrung ist es nicht erforderlich, dass der Schuldner den Antrag binnen der Frist **begründet.**[23] Denn der Wortlaut von § 765 a ZPO verlangt keine Begründung; auch der Zweck der Ausschlussfrist (→ Rn. 6) gebietet diese (einschränkende) Auslegung nicht, weil insbes. der Gläubiger auch einem unbegründeten Antrag entnehmen kann, dass sich die Räumungsvollstreckung verzögern könnte.

**9** Anders als bei fristgebundenen Anträgen nach §§ 721, 794 a ZPO verweist § 765 a ZPO bei der Fristversäumnis nicht auf die Regeln über die **Wiedereinsetzung** in den vorigen Stand. Die §§ 233 ff. ZPO sind nicht direkt anwendbar, weil es sich bei der Antragsfrist weder um eine Notfrist noch um eine der in § 233 ZPO genannten Fristen handelt. Die Regeln über die Wiedereinsetzung in den vorigen Stand sind auch nicht analog anwendbar, weil **§ 765 a Abs. 3 ZPO** das Problem der **Fristversäumnis** besonders regelt.[24] Eine Verspätung ist danach unschädlich, wenn die Gründe, auf denen der Antrag beruht, erst nach Fristablauf entstanden sind oder der Schuldner ohne sein Verschulden an einer rechtzeitigen Antragstellung gehindert war. Dies kann etwa der Fall sein, wenn dem Schuldner der Räumungstermin nicht so rechtzeitig mitgeteilt wurde, dass er seinen Antrag fristgemäß stellen konnte[25] oder er wegen Krankheit die Frist nicht einhalten konnte.[26] Allerdings entschuldigt Krankheit dann nicht, wenn dem Schuldner die Einschaltung eines Vertreters nach § 78 Abs. 2 ZPO möglich und zumutbar war.[27] Die Voraussetzungen, die zur Unschädlichkeit der Fristversäumnis führen, müssen zur Überzeugung des Vollstreckungsgerichts feststehen. Glaubhaftmachung nach § 294 ZPO reicht nicht[28], weil eine solche im Verfahren nach § 765 a ZPO grds. nicht vorgesehen ist.[29] Der Antrag muss nicht binnen einer bestimmten Frist – etwa unverzüglich – nach Wegfall des Hindernisses gestellt werden.[30]

**10** Nach wohl **hM** ist die Fristversäumnis darüber hinaus unschädlich, wenn die Vollstreckung das **Leben des Schuldners** gefährden würde.[31] Diese teleologische Reduktion von § 765 a Abs. 3 ZPO überzeugt als verfassungskonforme Auslegung der Norm, weil es mit Art. 2 Abs. 2 GG unvereinbar ist, den Schutz gegen eine staatliche Vollstreckungsmaßnahme, die ggf. den Tod des Schuldners verursachen würde, nur wegen Fristversäumnisses zu versagen.

## D. Maßnahme der Zwangsvollstreckung

**11** § 765 a ZPO setzt eine Maßnahme der Zwangsvollstreckung voraus. Hierunter fällt zum einen die Vollstreckung aus Räumungstiteln der ZPO. Die Norm erfasst über § 4 InsO aber auch die Vollstreckung aus Beschlüssen nach der **InsO;** der Übergang der Verwaltungsbefugnis auf den Insolvenzverwalter verhindert nicht, dass der Schuldner sich persönlich auf § 765 a ZPO stützen kann.[32] Auch gegen die Vollstreckung aufgrund von Beschlüssen nach dem **ZVG**[33] einschließlich der **Teilungsversteigerung**[34] kann nach § 765 a ZPO vorgegangen werden. Die Norm ermöglicht aber nur ein Vorgehen gegen eine **konkrete Vollstreckungsmaßnahme,** nicht hingegen, die Vorbereitung von Vollstreckungsmaßnahmen zu untersagen.[35]

---

[21] BGH II ZB 26/04, NJW-RR 2006, 1113; BGH III ZR 232/84, NJW 1986, 2255, nicht zu § 765 a ZPO.
[22] **AA** zur Klageerhebung BGH IX ZR 33/83, NJW 1984, 1559.
[23] **AA** Stein/Jonas/*Münzberg* ZPO § 765 a Rn. 21; Prütting/Gehrlein/*Scheuch* ZPO § 765 a Rn. 24.
[24] *Weyhe* NZM 2000, 1147 (1152).
[25] Stein/Jonas/*Münzberg* ZPO § 765 a Rn. 21, Räumungstermin muss mindestens eine Woche vor Fristablauf bekannt sein.
[26] Etwa weil er prozessunfähig ist, BGH I ZB 73/09, ZMR 2012, 264; *Fischer* WuM 2012, 178.
[27] OLG Köln NZM 2001, 495.
[28] Stein/Jonas/*Münzberg* ZPO § 765 a Rn. 22; **aA** Prütting/Gehrlein/*Scheuch* ZPO § 765 a Rn. 24; Zöller/*Seibel* ZPO § 765 a Rn. 20.
[29] BGH V ZB 124/10, NZM 2011, 167.
[30] BeckOK ZPO/*Ulrici* § 765 a Rn. 6.2.
[31] Stein/Jonas/*Münzberg* ZPO § 765 a Rn. 25; Musielak/Voit/*Lackmann* ZPO § 765 a Rn. 20; **aA** BeckOK ZPO/*Ulrici* § 765 a Rn. 6.3.
[32] BGH IX ZB 77/08, NJW 2009, 78 mwN auch zur Gegenansicht.
[33] *Zum Zuschlagsbeschluss etwa* BGH V ZB 82/10, NZM 2010, 915; BGH I ZB 10/05, NJW 2005, 1859; zur Zwangsverwaltung BGH V ZB 31/08, NJW 2009, 444.
[34] BGH V ZB 152/06, NJW 2007, 3430 mwN auch zur Gegenansicht; OLG Karlsruhe Rpfleger 1994, 223.
[35] OLG Köln NJW 1994, 1743; Zöller/*Seibel* ZPO § 765 a Rn. 4.

## E. Sittenwidrige Härte

12 Vollstreckungsschutz nach § 765 a ZPO setzt gem. § 765 a Abs. 1 S. 1 ZPO voraus, dass die Maßnahme unter Würdigung des Schutzbedürfnisses des Gläubigers wegen ganz besonderer Umstände eine Härte bedeutet, die mit den guten Sitten nicht vereinbar ist. § 765 a ZPO ist als Ausnahmeregelung eng auszulegen, weshalb Vollstreckungsschutz nur in Ausnahmefällen in Betracht kommt.[36] Vollstreckungsschutz ist daher nur anzuordnen, wenn die Fortführung des Verfahrens im Einzelfall zu einem für den Schuldner **untragbaren Ergebnis** führen würde.[37]

### I. Grundsätze der Entscheidungsfindung/Beweislast

13 Der Richter darf in die Abwägung nur solche Interessen einbeziehen, die von den Parteien vorgetragen und ggf. bewiesen wurden; hier gelten die allgemeinen zivilprozessualen Regeln.[38] Der Schuldner hat daher die Tatsachen vorzutragen, auf die er seinen Antrag stützt. An die **Darlegungslast** des Schuldners sind keine überzogenen Anforderungen zu stellen, wenn dieser den unter Art. 2 Abs. 2 GG fallenden „Härtegrund Suizidgefahr" vorträgt. Der Schuldner muss daher das Gericht nicht bereits durch seinen Vortrag davon überzeugen, dass eine konkrete Suizidgefahr besteht; ausreichend sind hinreichende Anhaltspunkte für die Annahme einer **Suizidgefahr.**[39] Eine **Glaubhaftmachung** des Vortrags ist weder erforderlich noch ausreichend.[40] Sind Tatsachen streitig, ist Beweisangeboten nach der Rspr. des BVerfG[41] besonders sorgfältig nachzugehen. Das Gericht darf von der Beweisaufnahme nicht bereits deshalb absehen, weil es den Verdacht hegt, der Schuldner spiegle den Härtegrund nur vor.[42] Es besteht aber **keine** Pflicht zur **Amtsermittlung.**[43] Das Gericht hat allerdings durch richterlichen Hinweis nach § 139 ZPO auf sachdienliche Beweisanträge hinzuwirken.[44] Zudem gilt ein besonderes **Beschleunigungsgebot,** falls die Vollstreckung bis zur endgültigen Entscheidung über den Antrag ausgesetzt wird.[45] Das **Gericht** darf die Entscheidungsfindung nicht auf den Gerichtsvollzieher verlagern, sondern muss **selbst inhaltlich entscheiden.** Unzulässig ist es daher, wenn das Gericht den Antrag mit dem Argument zurückweist, der Gerichtsvollzieher könne am Räumungstag vor Ort entscheiden, ob Vollstreckungsschutz erforderlich sei oder nicht.[46] Unzureichend ist es auch, wenn das Gericht auf die Zuständigkeit von Polizei oder Rettungsdienst verweist.[47]

#### 1. Verfassungsrechtliche Vorgaben

14 Die Entscheidung nach § 765 a ZPO verlangt eine umfassende **Würdigung** der **Gesamtumstände des Einzelfalls.**[48] Die verfassungsrechtliche Prägung der Norm ist hierbei zu berücksichtigen: Das Interesse des Gläubigers an der Durchsetzung seines titulierten Räumungsanspruchs wird einerseits durch das Grundrecht auf Eigentum (Art. 14 Abs. 1 GG) andererseits durch sein Grundrecht auf effektiven Rechtsschutz (Art. 19 Abs. 4 GG) geschützt[49]; würde die Einstellung der Zwangsvollstreckung sein Leben/Gesundheit gefährden, kommt ergänzend Art. 2 Abs. 2 GG zum Tragen.[50] Es bedarf also auf Seiten des Schuldners ebenfalls vom Grundgesetz geschützter Rechtspositionen, damit der Richter durch seine Entscheidung in die Interessen des Gläubigers eingreifen

[36] BGH IXa ZB 267/03, NJW 2004, 3635; BGH III ZR 234/63, NJW 1965, 2107.
[37] BGH V ZB 152/06, NJW 2007, 3430; BGH I ZB 10/05, NJW 2005, 1859.
[38] BGH V ZB 124/10, NZM 2011, 167.
[39] BGH V ZB 124/10, NZM 2011, 167.
[40] BVerfG NZM 2012, 245; BGH V ZB 124/10, NZM 2011, 167; BGH V ZB 313/10, WuM 2011, 533.
[41] BVerfG NZM 2014, 347.
[42] BGH V ZB 215/09, NJW-RR 2011, 423.
[43] BVerfG NZM 2012, 245 Rn. 54; **aA** *Schmidt-Räntsch* ZfIR 2011, 849 (852); *Schuschke* NZM 2012, 209 (216); die zur Begr. herangezogenen Entscheidungen BGH V ZB 313/10, WuM 2011, 533 und BGH V ZB 205/10, NZM 2011, 791 tragen diese Ansicht aber nicht, weil der Schuldner dort jeweils Beweis angeboten hatte.
[44] BGH V ZB 124/10, NZM 2011, 167.
[45] BVerfG NZM 2014, 701 Rn. 19.
[46] BVerfG NJW 2013, 290.
[47] BVerfG 2 BVerf 1786/20, BeckRS 2021, 27598.
[48] Etwa BVerfG WuM 2019, 335.
[49] BGH I ZB 104/06, NJW 2008, 1000; BGH I ZB 10/05, NJW 2005, 1859.
[50] BGH I ZB 109/15, NZM 2016, 654 Rn. 12.

darf. Praxisrelevant ist das **Grundrecht** des Schuldners auf körperliche Unversehrtheit nach Art. 2 Abs. 2 GG.[51] Hier gilt nach der stRspr des BVerfG, dass die Zwangsvollstreckung nach § 765 a ZPO zu beschränken ist, wenn eine Abwägung zwischen den widerstreitenden Interessen von Schuldner und Gläubiger ergibt, dass die der Erhaltung von Leben und Gesundheit dienenden Interessen des Schuldners im konkreten Fall ersichtlich wesentlich schwerer wiegen als das Interesse des Gläubigers an der Durchsetzung seines Räumungstitels.[52] § 765 a ZPO ist aber nicht etwa auf den Schutz von Leib und Leben des Schuldners beschränkt, weil eine Verletzung des Übermaßverbots auch in anderen Konstellationen denkbar ist, falls die Räumungsvollstreckung zu ganz untragbaren Ergebnissen führen würde. Verfassungsrechtlich kann sich der Schuldner in diesen Fällen auf seine allgemeine Handlungsfreiheit, Art. 2 Abs. 1 GG[53] oder aber auf Art. 13 GG berufen.[54]

### 2. Berücksichtigung von Drittinteressen

15 Nach **hM** kann sich der Schuldner auch auf Belange ihm **nahe stehender Personen** berufen.[55] Dies weicht von dem bei § 765 a ZPO geltenden Grundsatz ab, wonach Drittinteressen nicht berücksichtigungsfähig sind.[56] Für die Räumungsvollstreckung überzeugt eine Ausnahme von diesem Prinzip dann – aber auch nur dann –, wenn die Räumung des Dritten aufgrund des gegen den Schuldner ergangenen Titels möglich ist (→ ZPO § 885 Rn. 25). Denn ist gegen den **Dritten kein Räumungstitel** erforderlich – insbes., weil es sich um einen Besitzdiener handelt – kann dieser keinen eigenen Schutzantrag stellen, da er nicht Schuldner ist (→ Rn. 4). Der Zweck von § 765 a ZPO, sittenwidrige Härten bei der Zwangsvollstreckung zu verhindern (→ Rn. 1) gebietet es, dass der Schuldner sich auf diese Drittinteressen berufen kann. Der Wortlaut der Norm lässt eine Berufung auf Drittinteressen ohne weiteres zu, weil er eine sittenwidrige Härte verlangt, ohne diese auf die Person des Schuldners zu reduzieren. Ist der Schuldner mangels Näheverhältnisses von den in der Person des Dritten eintretenden Vollstreckungsfolgen aber nicht betroffen, ist sein Antrag mangels Rechtsschutzbedürfnisses unzulässig.[57]

## II. Suizidgefahr

16 Die Rspr. zu Räumungsschutzanträgen nach § 765 a ZPO wird von Konstellationen geprägt, in denen der Schuldner die Gefahr eines Suizids vorträgt. Die meisten dieser Entscheidungen betreffen dabei nicht Anträge ehemaliger Mieter, sondern (früherer) Eigentümer, die sich gegen den Zuschlag im **Zwangsversteigerungsverfahren** ihres Wohnhauses zur Wehr setzen. Die zu dieser Fallgruppe von der Rspr. entwickelten Kriterien sind aber auf die Abwicklung von Mietverhältnissen übertragbar. Es ist in der Praxis ein offenes Geheimnis, dass beim Härtegrund „Selbstmord" die **Gefahr einer Instrumentalisierung** – also eines Vorschiebens einer angeblichen suizidalen Absicht zwecks Vereitelung der Räumungsvollstreckung – besonders groß ist. Dies hat auch der BGH bereits ausgesprochen.[58] Dies ändert aber nichts an der schwierigen Situation, in der sich Richter und Rechtspfleger befinden, die zur Entscheidung des konkreten Sachverhalts berufen sind. Denn wird hier der Vortrag des Schuldners nicht ernst genommen, können möglicherweise nicht rückgängig zu machende gesundheitliche Folgen eintreten. Dies vermag vielleicht zu erklären, warum die gerichtliche Praxis aus Sicht des Gläubigers gelegentlich zu nachgiebig erscheint.[59]

---

[51] Etwa BVerfG WuM 2019, 335.

[52] BVerfG NZM 2014, 347; NJW 2013, 290; 1979, 2607; s. auch BGH I ZB 109/15, NZM 2016, 654 bei Suizidgefahr auch des Gläubigers.

[53] Gaul/Schilken/Becker-Eberhard ZVR/*Gaul* § 3 Rn. 2.

[54] BVerfG NJW 1993, 2035 (2037).

[55] BGH V ZB 152/06, NJW 2007, 3430, Pflegekind; BGH I ZB 10/05, NJW 2005, 1859, Vater des Schuldners; Gaul/Schilken/Becker-Eberhard ZVR/*Gaul* § 43 Rn. 18; Zöller/*Seibel* ZPO § 765 a Rn. 6.

[56] Zu diesem Prinzip etwa BVerfG NJW-RR 2005, 936 (937); Musielak/Voit/*Lackmann* ZPO § 765 a Rn. 11.

[57] BGH I ZB 91/08, NZM 2009, 877 zu § 766 ZPO.

[58] *BGH V ZB 215/09*, NJW-RR 2011, 423 „Dass Suizidabsichten vorgespiegelt sein können, um unberechtigt Vollstreckungsschutz nach § 765 a ZPO zu erlangen, ist bekannt."

[59] *Häublein* ZMR 2010, 964.

### 1. Konkrete Gefahr der Selbsttötung

17 Für eine Anordnung des Gerichts nach § 765 a ZPO reichen durch die Zwangsräumung verursachte psychische Belastungen des Schuldners nicht aus.[60] Sub specie Suizidgefahr ist vielmehr erforderlich, dass im Fall der Räumung die **Selbsttötung** des Schuldners **ernsthaft zu befürchten** ist.[61] Nicht ausreichend ist daher, wenn die Selbsttötungsgedanken nur vorgespiegelt sind oder die Gefahr einer Selbsttötung nur so vage im Raume steht, dass von einer Verwirklichung ernsthaft nicht ausgegangen werden kann.[62] Andererseits ist nicht der Nachweis erforderlich, dass es bei Fortsetzung des Verfahrens tatsächlich zu einer Selbsttötung kommen wird.[63] Eine Anordnung nach § 765 a ZPO ist auch dann geboten, wenn der Schuldner die Suizidgefahr passiv hinnimmt.[64] Ob die Suizidgefahr durch die Räumung von Wohn- oder Geschäftsräumen ausgelöst wird, ist (selbstverständlich) unerheblich.[65]

18 Bei der Beantwortung der Frage, ob eine konkrete Suizidgefahr vorliegt, hat das Gericht zunächst den Sachvortrag der Parteien zu würdigen.[66] Ist danach der Vortrag des Schuldners schlüssig – überspannte Anforderungen sind unzulässig – muss das Gericht die angebotenen Beweise erheben (→ Rn. 13). Dabei ist regelmäßig ein **Sachverständigengutachten** einzuholen, weil das Gericht die Ernsthaftigkeit der Gefahr anderenfalls in aller Regel nicht beurteilen kann.[67] Bei der **Begründung** seiner Entscheidung hat der Tatrichter zu würdigen, ob die ernsthafte Befürchtung der Selbsttötung besteht. Die damit einhergehende Prognoseentscheidung muss er nach der Rspr. des BGH mit Tatsachen untermauern; die Wiedergabe von Begriffen – etwa aus dem Sachverständigengutachten –, die ebenfalls nur das Ergebnis einer Würdigung darstellen, reichen nicht.[68] Ohne eigene Sachkunde oder Beratung durch anderen Sachverständigen ist ein Abweichen vom Gutachter rechtswidrig.[69] Eine **„Delegation"** der Entscheidung auf Dritte ist unzulässig (→ Rn. 13).

### 2. Verhältnismäßigkeitsgrundsatz bei der Wahl der Rechtsfolge

19 Steht zur Überzeugung des Tatrichters eine konkrete Suizidgefahr fest, führt dies nicht automatisch zur Einstellung der Räumungsvollstreckung. Vielmehr ist zur Wahrung der Interessen des Gläubigers zu prüfen, ob der Suizidgefahr nicht anders als durch eine Einstellung der Zwangsversteigerung wirksam begegnet werden kann.[70]

20 Ein **milderes Mittel** als die Einstellung ist zunächst eine Anordnung zur **Art und Weise,** wie die Zwangsvollstreckung durchzuführen ist.[71] In Betracht kommen Vorgaben, nach denen die Zwangsräumung nur im Beisein eines Arztes oder eines Mitarbeiters der zuständigen Ordnungsbehörde erfolgen darf.[72] Inhaltlich handelt es sich um eine **Auflage,** die als Rechtsfolge in § 765 a ZPO zwar nicht genannt, als Minus zur möglichen Einstellung der Vollstreckung aber zulässig ist.[73] Die Auflage kann durch entsprechende Anweisungen an den Gerichtsvollzieher flankiert werden.[74] Auch bei einer Einstellung der Zwangsvollstreckung spielt die Auflage mit Blick auf die Verhältnismäßigkeit eine Rolle. Denn bei einer befristeten Einstellung ist diese regelmäßig mit der Auflage an den Schuldner zu verbinden, sich ärztlich behandeln zu lassen.[75]

---

[60] BGH V ZB 124/10, NZM 2011, 167.
[61] BGH V ZB 199/09, WuM 2011, 122; *Schmidt-Räntsch* ZfIR 2011, 849.
[62] BGH V ZB 82/10, NZM 2010, 915.
[63] BGH V ZB 215/09, NJW-RR 2011, 423; BGH V ZB 82/10, NZM 2010, 915.
[64] BGH V ZB 80/12, NZM 2013, 162.
[65] Zu Geschäftsräumen BVerfG NZM 2001, 951; *Linke* NZM 2002, 205.
[66] BGH V ZB 199/09, WuM 2011, 122; BGH V ZB 215/09, NZM 2011, 166; BGH V ZB 82/10, NZM 2010, 915.
[67] BGH V ZB 313/10, WuM 2011, 533; BGH V ZB 124/10, NZM 2011, 167; zu den Anforderungen an das Gutachten BGH I ZB 15/13, NJW 2014, 2288; BGH V ZB 128/11, NZM 2011, 786; BGH V ZB 115/15, WuM 2016, 235.
[68] BGH V ZB 199/09, WuM 2011, 122.
[69] BGH V ZB 80/12, NZM 2013, 162.
[70] BVerfG NZM 2012, 245; BGH V ZB 82/10, NZM 2010, 915; BGH V ZB 1/10, NZM 2010, 836; BGH I ZB 34/09, WuM 2010, 250.
[71] Etwa BVerfG WuM 2020, 97 Rn. 3.
[72] LG Frankfurt a. M. NZM 2015, 267; *Schmidt-Räntsch* ZfIR 2011, 849; BGH V ZB 24/05, NJW 2006, 508.
[73] *Gaul* JZ 2013, 1081 (1082), praeter legem entwickelte Anordnungsvarianten.
[74] BGH V ZB 24/05, NJW 2006, 508; Gaul/Schilken/Becker-Eberhard ZVR/*Gaul* § 43 Rn. 50.
[75] BGH I ZB 89/16, NZM 2017, 820 Rn. 26 mwN.

21 Auch die **Ingewahrsamnahme** des Suizidgefährdeten nach polizeirechtlichen Vorschriften oder dessen Unterbringung nach den einschlägigen Landesgesetzen kommt als milderes Mittel im Vergleich zu einer dauernden Einstellung der Räumungsvollstreckung in Betracht,[76] allerdings nur, wenn die Suizidgefahr dadurch gebannt wird.[77] Probleme bereitet allerdings die **Umsetzung** dieser Maßnahme durch das Vollstreckungsgericht, weil es selbstverständlich diese Maßnahmen nicht selbst anordnen kann. Nach der Rspr. des BGH hat das Vollstreckungsgericht in derartigen Fällen die Zwangsvollstreckung einstweilen einzustellen und gleichzeitig bei den zuständigen Behörden/dem Betreuungsgericht eine **Unterbringung** des Schuldners **anzuregen.**[78] Hierbei ist darauf hinzuweisen, dass die Vollstreckung fortzusetzen sein wird, wenn die für den Lebensschutz primär zuständigen Stellen Maßnahmen zum Schutze des Lebens des Schuldners nicht für notwendig erachten.[79] Haben diese Stellen die aus ihrer Sicht erforderlichen Maßnahmen ergriffen oder halten sie eine Unterbringung zum Schutze des Lebens des Schuldners nicht für erforderlich, so ist die **Zwangsvollstreckung** im Regelfall **fortzusetzen.**[80] Dies gilt aber nur, wenn die behördliche Entscheidung nach sorgfältiger Prüfung ergangen ist.[81] Kann der Suizidgefahr nur durch eine dauerhafte Unterbringung begegnet werden, ist dies dem Schuldner nach der Rspr. des BGH unzumutbar.[82]

22 Ähnliche Grundsätze gelten, wenn nach den Feststellungen des Gerichts der Selbstmordgefahr dadurch wirksam begegnet werden kann, dass der Schuldner **ärztliche oder therapeutische Hilfe** – ggf. auch durch einen stationären Aufenthalt in einer Klinik – in Anspruch nimmt.[83] Auch hier ist das Verfahren zunächst befristet einstweilen einzustellen, damit der Schuldner Gelegenheit hat, diese Hilfe wahrzunehmen; dies ist dem Schuldner durch eine Auflage aufzugeben.[84] Dem Schuldner ist jede zumutbare Bemühung zur Verringerung des Suizidrisikos abzuverlangen.[85] Leistet der Schuldner der Auflage **keine Folge,** darf die Zwangsvollstreckung nicht ohne weiteres fortgesetzt werden, da die Suizidgefahr ja typischerweise fortbesteht.[86] Das Gericht muss dann vielmehr erwägen, die für die Ingewahrsamnahme des Schuldners erforderlichen Maßnahmen zu ergreifen (→ Rn. 21).[87] Nach der Rspr. soll allerdings die **Weigerung,** sich (weiter) ärztlich oder medikamentös **behandeln zu lassen,** zwar zu Lasten des Schuldners zu berücksichtigen sein.[88] Dies bedeutet aber nicht, dass die Zwangsvollstreckung im Weigerungsfall trotz konkreter Suizidgefahr fortzusetzen ist. Der BGH hat dieses Blockade-Dilemma deutlich beschrieben und zur Lösung auf den Gesetzgeber verwiesen.[89]

### III. Sonstige Fälle der Gesundheitsgefährdung

23 Auch ohne Suizidgefahr kann eine konkrete Gefahr für Leben oder Gesundheit eine Entscheidung zugunsten des Schuldners nach § 765 a ZPO rechtfertigen. Dafür reicht es aber nicht aus, dass die Räumung zu physischen oder psychischen Belastungen führt. Erforderlich ist vielmehr, dass ein **schwerwiegender Eingriff in die körperliche Unversehrtheit** droht.[90] Dies kann etwa der Fall sein, wenn aufgrund bestehender Erkrankungen und/oder hohen Alters nach einer Zwangsräu-

---

[76] Etwa BGH V ZB 135/18, NZM 2020, 475 Rn. 11 mN.

[77] BGH V ZB 99/14, NZM 2015, 264 Rn. 12; BGH V ZB 115/15, WuM 2016, 235 Rn. 8.

[78] BGH V ZB 115/15, WuM 2016, 235.

[79] BGH V ZB 1/10, NZM 2010, 836 (837).

[80] BGH V ZB 150/6, WuM 2017, 293; BGH V ZB 319/10, NJW 2011, 2807; BGH V ZB 28/07, NJW 2007, 3719 (3721); LG Kleve NZM 2015, 270.

[81] BVerfG NZM 2014, 701 Rn. 12.

[82] BGH I ZB 89/16, NZM 2017, 820; BGH V ZB 67/07, NJW 2008, 586.

[83] BGH V ZB 82/10, NZM 2010, 915; BGH V ZB 99/05, NJW 2006, 505.

[84] BVerfG NZM 2005, 657; BGH V ZB 24/05, NJW 2006, 508; *Becker-Eberhard* LMK 2005, 152042; zur Zulässigkeit der Auflage → Rn. 20.

[85] BGH V ZB 80/12, NZM 2013, 162.

[86] BGH I ZB 27/10, NZM 2011, 164, bei fortbestehender Selbstmordgefahr kommt trotz unzureichender Mitwirkung des Schuldners eine erneute befristete Einstellung in Betracht.

[87] *Becker-Eberhard* LMK 2005, 152042; *Schmidt-Räntsch* ZfIR 2011, 849 (853); BGH V ZB 82/10, NZM 2010, 915.

[88] BVerfG NJW 2004, 49; BGH I ZB 27/10, NZM 2011, 164 Rn. 15.

[89] BGH V ZB 135/18, NZM 2020, 475 Rn. 20.

[90] BGH V ZB 124/10, NZM 2011, 167, bloßer Hinweis auf Krebserkrankungen eines Familienangehörigen reicht nicht.

mung mit dem Eintritt gravierender Erkrankungen, einer Beschleunigung des gesundheitlichen Verfalls oder einer Verkürzung der Lebenserwartung zu rechnen ist.[91] In diesem Fall kommt auch eine dauerhafte Untersagung der Räumung in Betracht.[92] Eine Einstellung der Vollstreckung scheidet aber auch hier aus, wenn der Gesundheitsgefahr durch ärztliche Maßnahmen begegnet werden kann (→ Rn. 20).[93]

Steht eine zur Räumung verpflichtete Person kurz vor der **Niederkunft,** so ist grds. Vollstreckungsschutz zu gewähren. Gleiches gilt für die Zeit unmittelbar nach der Niederkunft. Hier ist regelmäßig für die Zeit sechs Wochen vor und acht Wochen nach der Entbindung Vollstreckungsschutz zu gewähren.[94] 24

### IV. Gefahr der Obdachlosigkeit/Unzumutbarkeit des Umzugs

Hat der Mieter noch keinen adäquaten Ersatzwohnraum gefunden, so bedeutet der notwendige Umzug in eine aus seiner Sicht **ungeeignete Übergangswohnung** regelmäßig keine sittenwidrige Härte. Die Härte kann sich hier nur daraus ergeben, dass dem Mieter im Falle der Räumung kein Wohnraum zur Verfügung stünde, er also obdachlos würde. Um die Einstellung der Zwangsvollstreckung zu rechtfertigen muss aber die **Obdachlosigkeit** auf anderem Wege nicht vermeidbar sein.[95] An dieser Voraussetzung wird es regelmäßig fehlen, weil die Ordnungsbehörden gehalten sind, einen Schuldner ohne Ersatzwohnung entweder in die bisherige Wohnung wieder einzuweisen oder in einer Obdachlosenunterkunft unterzubringen. Der Schuldner muss insoweit auch die **Unterbringung in einer Obdachlosenunterkunft** grds. hinnehmen.[96] Etwas anderes kann gelten, wenn der Umzug mit einem ganz erheblichen Nachteil verbunden wäre.[97] Ein pauschaler Verweis auf **pandemiebedingte Erschwerungen** reicht hier aber nicht.[98] Der Umstand, dass der Vermieter den Umzug in eine neue Wohnung treuwidrig vereitelt hat, kann die Gewährung von Vollstreckungsschutz rechtfertigen.[99] 25

Liegen solche besonderen Härtegründe nicht vor, kann Räumungsschutz grds. nicht allein zur Vermeidung eines **Zwischenumzugs** gewährt werden, der nötig ist, weil der Schuldner eine Ersatzwohnung in Aussicht hat, aber nicht sofort einziehen kann.[100] Es ist nämlich nicht per se sittenwidrig, wenn der Gläubiger in einer solchen Situation auf seinem titulierten Räumungsanspruch besteht. Ausnahmen sind in Extremfällen denkbar, wenn sich nämlich die Vollstreckung als Schikane darstellt, weil dem Gläubiger ein weiteres ganz kurzes Zuwarten auf die Rückgabe zumutbar ist. Rspr. und Lit. sind allerdings großzügiger, verkennen hierbei aber den Ausnahmecharakter von § 765 a ZPO.[101] 26

### V. Sonstige Fälle

Das zuletzt diskutierte Problem verdeutlicht, dass § 765 a ZPO nicht auf den Schutz von Leib oder Leben beschränkt ist. Es kommt daher in Betracht, dem Schuldner auch in anderen Konstellationen Vollstreckungsschutz zu gewähren. Erforderlich ist aber auch hier, dass die Räumungsvollstreckung zu einem ganz untragbaren Ergebnis führen würde.[102] Diese Voraussetzung ist bei **Pro-** 27

---

[91] BGH I ZB 11/09, NJW 2009, 3440; ähnlich BVerfG NJW 1992, 1378; 1991, 3207; BGH I ZB 59/07, NJW 2008, 1742.

[92] BVerfG NJW 1991, 3207.

[93] LG Kleve DGVZ 2013, 161 = BeckRS 2013, 137787, Hypertonie.

[94] LG Hannover 16.9.2013 – 52 T 54/13 (juris); LG Bonn DGVZ 1994, 75; Zöller/*Seibel* ZPO § 765 a Rn. 12; enger LG Augsburg ZMR 2013, 533; LG Wuppertal DGVZ 1995, 41.

[95] LG München I ZMR 2020, 654; Gaul/Schilken/Becker-Eberhard ZVR/*Gaul* § 43 Rn. 19.

[96] LG München I ZMR 2020, 654; LG Kleve DGVZ 2013, 161 = BeckRS 2013, 137787; **aA** BLAH/*Hartmann* ZPO § 765 a Rn. 15.

[97] OLG Köln NJW-RR 1995, 1163, Kinder; LG Magdeburg Rpfleger 1995, 470 = BeckRS 1995, 30946613, kranke Familienmitglieder.

[98] LG München I ZMR 2020, 654; LG Verden DGVZ 2020, 181, jeweils zu COVID-19.

[99] OLG Köln NJW-RR 1995, 1039.

[100] OLG Zweibrücken NZM 2002, 760.

[101] LG Berlin GE 2009, 1627, sechs Wochen Räumungsfrist; LG Osnabrück WuM 1980, 256, vier Monate Räumungsfrist.

[102] BGH III ZR 234/63, NJW 1965, 2107; Stein/Jonas/*Münzberg* ZPO § 765 a Rn. 2.

**zessunfähigkeit** des Schuldners nicht erfüllt.[103] Räumungsschutz kommt regelmäßig auch nicht in Betracht, wenn durch die Räumung von **Geschäftsräumen** die **wirtschaftliche Existenz** des Schuldners vernichtet oder erheblich gefährdet würde. Denn es handelt sich hierbei um einen der Räumung immanenten Umstand, der daher grds. keine besondere Härte begründet.[104] Bei der Räumung eines **Krankenhauses** können aber die Bedürfnisse der Patienten Vollstreckungsschutz rechtfertigen.[105] Sind **Tiere** von der Räumung betroffen, ist nach § 765 a Abs. 1 S. 3 ZPO die Verantwortung des Menschen für das Tier zu berücksichtigen.[106]

### VI. Auswirkungen von Fehlverhalten des Schuldners

28 Die iRd § 765 a ZPO vorzunehmende Interessenabwägung schließt es grds. nicht aus, Fehlverhalten zu Lasten des Schuldners zu berücksichtigen. Wenn es beim Schuldner allerdings um den Schutz von Leib oder Leben geht, ist es insbes. wegen vermögensrechtlicher Verfehlungen regelmäßig nicht zulässig, Räumungsschutz zu versagen.[107] In anderen Fällen kann aber die – vom Gläubiger vorzutragende und ggf. zu beweisende – berechtigte Befürchtung, der Schuldner werde die **Nutzungsentschädigung** nicht leisten, zur Versagung von Vollstreckungsschutz führen.[108] Gleiches gilt, wenn andere Pflichtverletzungen des Schuldners – etwa Störungen des Hausfriedens – zu befürchten sind. Der Umstand, dass **Mietschulden** aus zurückliegender Zeit vorhanden sind, steht der Gewährung von Vollstreckungsschutz allerdings nicht entgegen. Denn das Risiko des Ausfalls mit bereits entstandenen Forderungen wird durch die vorübergehende Einstellung der Räumungsvollstreckung nicht erhöht.

## F. Rechtsfolgen

29 § 765 a ZPO lässt sowohl Entscheidungen des Vollstreckungsgerichts (§ 765 a Abs. 1, 4 ZPO) als auch des Gerichtsvollziehers (§ 765 a Abs. 2 ZPO) zu. Daneben sind die allgemeinen Folgen bei Gewährung von Vollstreckungsschutz von Bedeutung.

### I. Entscheidungen der Vollstreckungsorgane

30 Bei den gerichtlichen Entscheidungen ist zwischen Maßnahmen „in der Hauptsache" nach § 765 a Abs. 1 S. 1 ZPO, einstweiligen Anordnungen nach § 765 a Abs. 1 S. 2 ZPO und der Modifikation von Entscheidungen nach § 765 a Abs. 4 ZPO zu unterscheiden.

#### 1. Hauptsacheentscheidung (§ 765 a Abs. 1 S. 1 ZPO)

31 Das Vollstreckungsgericht kann nach § 765 a Abs. 1 S. 1 ZPO eine Vollstreckungsmaßnahme ganz oder teilweise aufheben, untersagen oder einstweilen einstellen. Die Aufhebung betrifft eine bereits erfolgte Maßnahme und ist daher bei der Räumungsvollstreckung – hier geht es regelmäßig um die Verhinderung der Räumung – nicht praxisrelevant. Der Unterschied zwischen Untersagung und einstweiliger Einstellung ist weniger offensichtlich. Es liegt nahe, dass die Untersagung zu einer dauerhaften, die einstweilige Einstellung nur zu einem vorübergehenden Räumungsschutz führt[109]; allerdings wird in der Lit. auch eine befristete Untersagung für möglich gehalten[110], was die Grenzen zwischen beiden Rechtsfolgen verwischt. In der Praxis der Räumungsvollstreckung sind gerichtliche Entscheidungen regelmäßig auf eine **einstweilige Einstellung** gerichtet. Eine andere Entscheidung ist auch regelmäßig rechtswidrig, weil es dem Schuldner obliegt, nach Ablauf der Befristung darzulegen und zu beweisen, dass die Voraussetzungen für eine vorläufige Einstellung weiterhin vor-

---

[103] BGH I ZB 73/09, ZMR 2012, 264; *Fischer* WuM 2012, 178.
[104] LG München I ZMR 2020, 654; Wieczorek/Schütze/*Paulus* ZPO § 765 a Rn. 30; **aA** Stein/Jonas/*Münzberg* ZPO § 765 a Rn. 6.
[105] BVerfG DGVZ 2002, 118; LG Gießen BeckRS 2002, 31212342.
[106] BGH I ZB 19/11, NJW 2012, 2889.
[107] BVerfG BeckRS 2020, 27598; NJW 1991, 3207.
[108] OLG Zweibrücken NZM 2002, 760; LG Münster DGVZ 2000, 24.
[109] BVerfG NJW 1979, 2607.
[110] Gaul/Schilken/Becker-Eberhard ZVR/*Gaul* § 43 Rn. 51.

liegen.[111] Eine Untersagung der Räumungsvollstreckung auf **unbestimmte Zeit** kommt daher nur in absoluten Ausnahmefällen in Betracht.[112] Ein solcher Ausnahmefall ist denkbar, wenn der Härtegrund mit an Sicherheit grenzender Wahrscheinlichkeit nicht zu beheben ist[113]; allerdings besteht auch hier nach § 765 a Abs. 4 ZPO die Möglichkeit einer späteren Modifikation der Entscheidung.

32 Eine zeitliche **Mindest- oder Höchstfrist** für die Einstellung besteht nicht. Ist die Räumung befristet eingestellt worden, kann das Gericht nach Fristablauf erneut (befristet) einstellen, wenn der Härtegrund fortbesteht. Der insoweit einschlägigen Entscheidung des BGH[114] ist nicht genau zu entnehmen, ob die erneute Einstellung auf § 765 a Abs. 1 S. 1 ZPO oder § 765 a Abs. 4 ZPO gestützt wird. Näher liegt eine Entscheidung nach § 765 a Abs. 1 S. 1 ZPO, weil bei einer bloßen **Verlängerung** die Wirkung des vorangegangenen Beschlusses unangetastet bleibt.

33 Rechtfertigt der Härtegrund Vollstreckungsschutz nur für einen **Teil der Räume,** so ist die Entscheidung des Gerichts auf diese zu beschränken. Dies kann allerdings reflexartig dazu führen, dass auch die übrigen Räume geschützt werden, wenn nämlich deren Herausgabe isoliert nicht möglich ist. Der Vollstreckungsschutz kann an eine **Bedingung** geknüpft werden, etwa dass der Schuldner die Nutzungsentschädigung[115] oder eine Sicherheit[116] leistet. Die Entscheidung kann auch mit einer **Auflage** verbunden werden (→ Rn. 20). Die genannten Maßnahmen unterscheiden sich in der Rechtsfolge: Wird eine Bedingung angeordnet, ermöglicht dies unter der Voraussetzung des § 726 Abs. 1 ZPO die Vollstreckung, wenn der erforderliche **Nachweis des Eintritts der Bedingung** in der Form des § 726 Abs. 1 ZPO erbracht wird (→ ZPO § 721 Rn. 38). Die Auflage soll zwar ebenfalls den Schuldner zu einem bestimmten Verhalten animieren, führt aber im Fall ihrer Missachtung nicht zur sofortigen Möglichkeit der Vollstreckung. Vielmehr ist die **Nichtbeachtung der Auflage** bei einer Entscheidung über die Verlängerung des Vollstreckungsschutzes von Bedeutung (→ Rn. 22).

34 Das Vollstreckungsgericht entscheidet **ohne mündliche Verhandlung** durch Beschluss, § 764 Abs. 3 ZPO. Eine mündliche Verhandlung ist aber möglich. Vor seiner Entscheidung muss das Vollstreckungsgericht dem Gläubiger rechtliches Gehör gewähren und dem Schuldner die erforderlichen Hinweise (§ 139 ZPO) erteilen.[117] Der Beschluss des Gerichts entfaltet seine **Rechtwirkung** mit Zustellung nach § 329 Abs. 3 ZPO. Dies ergibt sich aus dem Umkehrschluss zu § 765 a Abs. 5 ZPO, der nur bei der dauerhaften Aufhebung einer Vollstreckungsmaßnahme – die bei der Räumungsvollstreckung regelmäßig ausscheidet (→ Rn. 31) – die Wirkung an die Rechtskraft des Beschlusses knüpft.[118]

### 2. Einstweilige Anordnungen (§ 765 a Abs. 1 S. 2 ZPO)

35 Nach § 765 a Abs. 1 S. 2 ZPO kann das Vollstreckungsgericht vor einer endgültigen Entscheidung eine einstweilige Anordnung gem. § 732 Abs. 2 ZPO erlassen; für das Rechtsmittelgericht gilt § 570 Abs. 3 ZPO. Einstweilige Anordnungen kommen insbes. dann in Betracht, wenn der Sachverhalt noch nicht hinreichend geklärt ist. Allerdings besteht hier die Gefahr, dass der Schuldner kurz vor dem Räumungstermin einen Härtegrund – insbes. Suizidgefahr – vorschützt, um zu erreichen, dass das Gericht eine einstweilige Anordnung zu seinen Gunsten erlässt, um ihm die Möglichkeit zu geben, seinen Sachvortrag durch ärztliche Atteste zu untermauern. In der Lit. wird dies anschaulich als eine **„graue Räumungsfrist"** bezeichnet, weil der Vollstreckungsschutz unabhängig vom tatsächlichen Bestehen des Härtegrundes gewährt wird.[119] Eine einstweilige Anordnung ist daher nur gerechtfertigt, wenn der Schuldner den Härtegrund iSd § 765 a ZPO zumindest **glaubhaft gemacht** hat.[120] § 294 ZPO gilt hier nicht unmittelbar, weil weder § 765 a Abs. 1 S. 2 ZPO noch § 732 Abs. 2 ZPO eine Glaubhaftmachung voraussetzen oder genügen lassen. Deshalb kann der

---

[111] BGH I ZB 15/13, NJW 2014, 2288 Rn. 25 f.

[112] BVerfG NZM 2016, 807; NJW 1992, 1155; BGH I ZB 12/15, WuM 2016, 233.

[113] BVerfG ZMR 1997, 626, zur Räumung eines 99-jährigen Schuldners; BVerfG NZM 2019, 793, zur Suizidalität.

[114] BGH I ZB 27/10, NZM 2011, 164; ähnlich BVerfG WuM 1991, 149.

[115] LG Berlin GE 2009, 1627.

[116] Stein/Jonas/*Münzberg* ZPO § 765 a Rn. 11.

[117] Gaul/Schilken/Becker-Eberhard ZVR/*Gaul* § 43 Rn. 48.

[118] Wieczorek/Schütze/*Paulus* ZPO § 765 a Rn. 26.

[119] Stein/Jonas/*Münzberg* ZPO § 765 a Fn. 106.

[120] Stein/Jonas/*Münzberg* ZPO § 765 a Rn. 26; Musielak/Voit/*Lackmann* ZPO § 765 a Rn. 22; Schuschke/Walker/*Walker* ZPO § 765 a Rn. 34.

Rechtspfleger von einer einstweiligen Anordnung absehen, wenn der Schuldner die Existenz einer Gefahr für Leib oder Leben zwar eidesstattlich versichert, aber kein (amts)ärztliches Attest vorlegt, obwohl ihm dies möglich ist. Die Entscheidung ergeht durch Beschluss, § 764 Abs. 3 ZPO.

### 3. Aufschub durch Gerichtsvollzieher (§ 765 a Abs. 2 ZPO)

36 Der Gerichtsvollzieher kann die Zwangsräumung bis zur Entscheidung des Vollstreckungsgerichts aufschieben, wenn ihm die Voraussetzungen des § 765 a Abs. 1 ZPO glaubhaft gemacht werden und dem Schuldner die rechtzeitige Anrufung des Vollstreckungsgerichts nicht möglich war. Hat der Schuldner also das Gericht bereits angerufen, scheidet ein Aufschub durch den Gerichtsvollzieher aus.[121] Für die Mittel der Glaubhaftmachung gilt **§ 291 ZPO;** glaubhaft gemacht werden muss – wie sich aus dem Wortlaut ergibt – nur der **Härtegrund,** nicht die Verhinderung der rechtzeitigen Anrufung des Gerichts.[122] Der Aufschub darf nur einmalig und höchstens für die Dauer von einer Woche angeordnet werden. An der Anrufung des Vollstreckungsgerichts ist ein Schuldner insbes. dann gehindert, wenn er seine Angelegenheiten nicht mehr selbst besorgen kann oder wenn der Härtegrund kurz vor dem Räumungstermin eingetreten ist.

### 4. Änderung der gerichtlichen Entscheidung (Abs. 4)

37 § 765 a Abs. 4 ZPO ermöglicht dem Vollstreckungsgericht die Aufhebung oder Änderung eines Beschlusses nach § 765 a Abs. 1 ZPO, wenn dies mit Rücksicht auf eine Änderung der Sachlage geboten ist. Das Vollstreckungsgericht ist auch dann **zuständig,** wenn die Einstellungsentscheidung erst in der Rechtsmittelinstanz erfolgte.[123] Sowohl die Aufhebung als auch die Änderung setzen einen **Antrag** voraus. Der Gläubiger kann einen Antrag auf Aufhebung oder Abkürzung der Schutzzeit, der Schuldner kann einen Verlängerungsantrag stellen. Der jeweilige Antragsteller muss die Gründe darlegen, die für eine Änderung der Entscheidung sprechen. § 765 a Abs. 4 ZPO ermöglicht sowohl die Korrektur von „Hauptsacheentscheidungen" nach § 765 a Abs. 1 S. 1 ZPO als auch von einstweiligen Anordnungen nach § 765 a Abs. 1 S. 2 ZPO.

38 Die Modifikation der Einstellungsentscheidung setzt eine **Änderung der Sachlage** voraus. Besteht der Härtegrund fort, rechtfertigt dies bereits nach § 765 a Abs. 1 S. 1 ZPO eine erneute Einstellung (→ Rn. 32). Eine Verkürzung oder Aufhebung der gewährten Räumungsfrist kommt in Betracht, wenn sich die für die Fristbemessung maßgeblichen Umstände nach Erlass der Entscheidung geändert haben. Die Umstände können in der Person des Gläubigers (zB erhöhte Dringlichkeit des Bedarfs), in der Person des Schuldners (zB überraschende Genesung) oder in den allgemeinen Verhältnissen (zB Wohnungsmarkt) liegen. Ebenso kommt eine Änderung zu Lasten des Schuldners in Betracht, wenn bekannt wird, dass sich der Schuldner den Vollstreckungsschutz durch falschen Tatsachenvortrag erschlichen hat.

### 5. Rechtsmittel

39 Hat das Vollstreckungsgericht (Rechtspfleger) in der „Hauptsache" nach **§ 765 a Abs. 1 S. 1 ZPO bzw. § 765 a Abs. 4 ZPO** entschieden, ist gegen diesen Beschluss nach § 11 Abs. 1 RPflG iVm § 793 ZPO die **sofortige Beschwerde** (mit Abhilfebefugnis des Rechtspflegers analog § 572 Abs. 1 ZPO) statthaft.[124] Die sofortige Beschwerde setzt voraus, dass der Rechtsmittelführer **beschwert** ist[125], wobei § 567 ZPO hierfür einen bestimmten Beschwerdewert nicht verlangt. Wurde keine Frist gewährt, ist der Schuldner, anderenfalls der Gläubiger beschwert. Der Schuldner ist auch dann beschwert, wenn ihm eine Frist gewährt wurde, diese aber hinter der Länge einer von ihm beantragten Frist zurückbleibt. Gleiches gilt, wenn der Schuldner keine bestimmte Frist beantragt hat, weil es für die Beschwer ausreicht, wenn die Frist unangemessen kurz ist. Die Zulässigkeit der **Rechtsbeschwerde** gegen die Entscheidung des Beschwerdegerichts richtet sich nach § 574 ZPO.[126] Sind die Rechtsmittel der ZPO ausgeschöpft, kommt zuletzt die **Verfassungsbeschwerde** mit dem

---

121 Musielak/Voit/*Lackmann* ZPO § 765 a Rn. 25; Zöller/*Seibel* ZPO § 765 a Rn. 29.

122 Gaul/Schilken/Becker-Eberhard ZVR/*Gaul* § 43 Rn. 61; Gehrlein/Prütting/*Scheuch* ZPO § 765 a Rn. 30; **aA** Musielak/Voit/*Lackmann* ZPO § 765 a Rn. 25.

123 *MüKoZPO/Heßler* § 765 a Rn. 101; Schuschke/Walker/*Walker* ZPO § 765 a Rn. 38.

124 Gaul/Schilken/Becker-Eberhard ZVR/*Gaul* § 43 Rn. 57.

125 Gehrlein/Prütting/*Lohmann* ZPO § 567 Rn. 13; Zöller/*Heßler* ZPO § 567 Rn. 5.

126 BGH V ZB 82/10, NZM 2010, 915, Suizidgefahr allein verleiht Sache keine grundsätzliche Bedeutung.

Argument in Betracht, die angefochtene Entscheidung verletze den Beschwerdeführer in seinen Grundrechten; bis zur Entscheidung über die Verfassungsbeschwerde kann das BVerfG die Vollstreckung nach § 32 BVerfG einstweilen aussetzen.[127]

Gegen **einstweilige Anordnungen** des Vollstreckungsgerichts (Rechtspfleger) nach § 765 a Abs. 1 S. 2 ZPO findet die **Erinnerung** nach § 11 Abs. 2 RPflG statt, weil nach den allgemeinen verfahrensrechtlichen Vorschriften ein Rechtsmittel nicht gegeben ist.[128] Auch hier besteht eine Abhilfebefugnis des Rechtspflegers (§ 11 Abs. 2 S. 2 RPflG). Über die Erinnerung entscheidet nach § 11 Abs. 2 S. 3 RPflG der Richter am Amtsgericht; ein weiteres Rechtsmittel nach der ZPO besteht nicht. Erlässt das LG als Beschwerdegericht im Verfahren auf Einstellung der Zwangsvollstreckung nach § 756 Abs. 1 S. 1 ZPO eine einstweilige Anordnung gem. § 756 a Abs. 1 S. 2, § 570 Abs. 3 ZPO, so besteht ebenfalls kein Rechtsmittel nach der ZPO.[129] Zur Verfassungsbeschwerde → Rn. 39.[130] **40**

Die Aufschiebung der Vollstreckung durch den **Gerichtsvollzieher** kann der Gläubiger mit der **Erinnerung** nach **§ 766 Abs. 2 ZPO** anfechten.[131] Gleiches gilt für den Schuldner, wenn der Gerichtsvollzieher pflichtwidrig die Vollstreckung fortsetzt, obwohl die Voraussetzungen für eine Aufschiebung vorliegen. Praxisrelevant sind diese Rechtsbehelfe indes nicht, da sie wegen Zeitablaufs kaum effektiv eingelegt werden können.[132] **41**

**6. Kosten und Streitwert**

Die Verfahrenskosten trägt nach **§ 788 Abs. 1 ZPO** grds. der **Schuldner,** und zwar auch dann, wenn das Gericht Vollstreckungsschutz gewährt.[133] Ausnahmsweise können dem Gläubiger die Kosten auferlegt werden, wenn dies aus besonderen, in dem Verhalten des Gläubigers liegenden Gründen der Billigkeit entspricht (§ 788 Abs. 4 ZPO); es handelt sich um eine eng auszulegende Ausnahmevorschrift. § 788 ZPO ist auch dann anzuwenden, wenn dem Schuldner erst im Rechtsmittelverfahren der begehrte Vollstreckungsschutz gewährt wird. In diesem Fall hat der Schuldner grds. auch die Kosten der sofortigen Beschwerde, ggf. auch die der Rechtsbeschwerde zu tragen.[134] Wird dem Schuldner dagegen erstinstanzlich Vollstreckungsschutz gewährt, so sollen die Kosten einer erfolglosen sofortigen Beschwerde gem. § 97 ZPO dem Gläubiger aufzuerlegen sein.[135] Dies überzeugt in seiner Absolutheit nicht, weil auch dieser Fall in § 788 ZPO speziell geregelt ist. Es ist daher entscheidend, ob die **Einlegung des Rechtsmittels** erkennbar aussichtslos war; nur dann ist es nach § 788 Abs. 4 ZPO gerechtfertigt, dem Gläubiger die Rechtsmittelkosten aufzuerlegen. **42**

Der **anwaltliche Gebührenstreitwert** ist bei der Abwicklung von Mietsachen gem. § 25 Abs. 2 RVG unter Berücksichtigung des Schuldnerinteresses nach billigem Ermessen zu bestimmen. Die Rspr. zieht hier das Nutzungsentgelt für den Zeitraum heran, für den Vollstreckungsschutz begehrt wird[136], was keineswegs zwingend ist, da es insbes. in den Fällen der Abwehr einer durch die Vollstreckung drohenden Gefahr für Leib oder Leben um „mehr geht" als die bloße Nutzungsmöglichkeit Die **Gerichtskosten** werden nicht streitwertabhängig berechnet, sondern es entsteht eine Festgebühr nach KV Nr. 2112 GKG. Steht der Antrag nach § 765 a ZPO hingegen im Zusammenhang mit einem Zwangsvollstreckungsverfahren, richtet sich der anwaltliche Gebührenstreitwert nach § 26 RVG.[137] Der Gebührenstreitwert für die Gerichtskosten bestimmt sich hier nach § 54 GKG.[138] **43**

---

127 BVerfG NJW 2013, 290.
128 Gehrlein/Prütting/*Scheuch* ZPO § 765 a Rn. 29; Zöller/*Seibel* ZPO § 765 a Rn. 28; **aA** MüKoZPO/*Heßler* § 765 a Rn. 83, sofortige Beschwerde.
129 OLG Köln ZMR 1990, 419.
130 *Gaul*/Schilken/Becker-Eberhard ZVR/*Gaul* § 43 Rn. 47; Schuschke/Walker/*Walker* ZPO § 765 a Rn. 37.
131 MüKoZPO/*Heßler* § 765 a Rn. 30; Musielak/Voit/*Lackmann* ZPO § 765 a Rn. 26.
132 Gaul/Schilken/Becker-Eberhard ZVR/*Gaul* § 43 Rn. 63.
133 BVerfG NJW-RR 2005, 936.
134 OLG Düsseldorf WuM 1996, 235; OLG Köln NJW-RR 1995, 1163.
135 OLG Düsseldorf WuM 1996, 235; OLG Köln NJW-RR 1995, 1163.
136 OLG Koblenz WuM 2005, 202.
137 BGH V ZB 319/10 Rn. 18, insoweit in NJW 2011, 2807 nicht abgedr.; BGH V ZB 76/09, AGS 2010, 541.
138 BGH V ZB 319/10 Rn. 18, insoweit in NJW 2011, 2807 nicht abgedr.

## II. Rechtliche Folgen gewährten Vollstreckungsschutzes

44 Wird Vollstreckungsschutz gewährt, so besteht für die Zeit der Einstellung ein **Vollstreckungshindernis,** dessen Beachtung über § 766 ZPO durchgesetzt werden kann.[139] Zu den Auswirkungen auf das **materiell-rechtliche Rechtsverhältnis** zwischen den früheren Vertragsparteien → ZPO Einl. Räumungsvollstreckung Rn. 17 ff.

45 Fraglich ist, ob dem Gläubiger aus der für ihn negativen Entscheidung des Gerichts ein öffentlich-rechtlicher Erstattungsanspruch nach den Grundsätzen des **enteignenden Eingriffs** zustehen kann. Hiermit wird ein gewohnheitsrechtlich anerkannter Ersatzanspruch beschrieben, wenn es durch rechtmäßiges staatliches Handeln zu einem Eingriff in Art. 14 GG kommt, der beim Eigentümer zu einem unzumutbaren und schweren Sonderopfer führt.[140] Voraussetzung ist, dass an sich rechtmäßige hoheitliche Maßnahmen bei einem Betroffenen unmittelbar zu – meist atypischen und unvorhergesehenen – Nachteilen führen, die dieser aus rechtlichen oder tatsächlichen Gründen hinnehmen muss, die aber die Schwelle des enteignungsrechtlich Zumutbaren übersteigen.[141]

46 Wendet man diese Grundsätze auf Vollstreckungsschutzmaßnahmen nach § 765 a ZPO an, so kann dies im Einzelfall zu einem Entschädigungsanspruch des Gläubigers gegen die Anstellungskörperschaft der entscheidenden Amtsträger[142] führen.[143] Das erforderliche **„Sonderopfer"** liegt vor, wenn der Vollstreckungsschutz beim Gläubiger einen diesem unzumutbaren Nachteil verursacht.[144] Notwendig ist allerdings, dass der Gläubiger einen besonders gravierenden Nachteil erleidet, woran es fehlt, wenn der Schuldner die Nutzungsentschädigung leistet und andere Nachteile nicht ersichtlich sind. Ein Entschädigungsanspruch kommt aber jedenfalls in Betracht, wenn der Vollstreckungsschutz beim Gläubiger einen **Schaden** auslöst, der **über den Entzug der Nutzungsmöglichkeit der betreffenden Räume hinausgeht.** Dazu kann es etwa kommen, wenn die Verwertung angrenzender Grundstücksflächen oder Gebäudeteile verhindert wird und aus diesem Grund ein erheblicher Nachteil beim Gläubiger entsteht.[145] Gleiches gilt, wenn der Mieter keine Nutzungsentschädigung leistet.[146] Letztlich liegen die Dinge hier nicht anders als wenn die Ordnungsbehörde nach Vertragsende den Mieter in die Wohnung einweist. Hier ist es anerkannt, dass dem Vermieter ein öffentlich-rechtlicher Erstattungsanspruch zusteht.[147] Gleiches muss gelten, wenn die Weiternutzung nicht auf einer gefahrenrechtlichen Ordnungsverfügung, sondern auf einer gerichtlichen Anordnung nach § 765 a ZPO beruht. Es überzeugt insofern nicht, dem Gläubiger entgegenzuhalten, er habe durch die Vermietung die Gefahr einer Anordnung nach § 765 a ZPO selbst geschaffen. Denn Räumungsschutz nach § 765 a ZPO ist keine Folge, mit der ein Vermieter bei der Überlassung der Räume typischerweise rechnen muss.[148] Der Anspruch wegen enteignenden Eingriffs ist allerdings **subsidiär**[149], greift also nur, wenn Schadensersatz (§§ 280, 286 BGB) vom Schuldner nicht zu erlangen ist.

## G. Abweichende Vereinbarungen

47 Ob der Schuldner auf den Schutz aus § 765 a ZPO verzichten kann, ist **umstritten.** Im Ausgangspunkt besteht Einigkeit, dass jedenfalls ein losgelöst von einem konkreten Streit über die Herausgabe der Räume erklärter Verzicht – etwa im Mietvertrag – unwirksam ist. In der Lit. wird allerdings ein nach Vollstreckungsbeginn erklärter Verzicht teilweise für wirksam gehalten[150], während die **hM** einen Verzicht auf die den Schuldner schützenden Regeln in § 765 a ZPO generell für

---

139 MüKoZPO/*Schmidt/Brinkmann* § 766 Rn. 33.
140 BGH III ZR 174/10, NJW 2011, 3157; BGH III ZR 330/04, NJW 2005, 1363.
141 BGH III ZR 330/04, NJW 2005, 1363; BGH III ZR 188/90, NJW 1992, 3229; Staudinger/*Wöstmann* BGB § 839 Rn. 435.
142 KG NZV 2005, 417.
143 Ebenso *Schuschke* NZM 2015, 233 (242 f.).
144 Staudinger/*Wöstmann* BGB § 839 Rn. 477.
145 Vgl. etwa den Sachverhalt bei LG Ulm BeckRS 2011, 02175, in der Rechtsbeschwerde entschieden von BGH I ZB 27/10, NZM 2011, 164.
146 Vgl. den Sachverhalt bei BVerfG WuM 2014, 478.
147 BGH III ZR 160/94, NJW 1995, 2918; Gaul/Schilken/Becker-Eberhard ZVR/*Gaul* § 43 Rn. 19.
148 BGH III ZR 253/12, NJW 2013, 1736 für die Folgen einer polizeilichen Wohnungsdurchsuchung.
149 Staudinger/*Wöstmann* BGB § 839 Rn. 482.
150 MüKoZPO/*Heßler* § 765 a Rn. 98; Stein/Jonas/*Münzberg* ZPO § 765 a Rn. 4.

**unwirksam** hält.[151] Für die **hM** spricht der Zweck der Norm, weil die Beachtung der guten Sitten durch die Organe der Zwangsvollstreckung auch im öffentlichen Interesse liegt und die Regel damit der Disposition des Schuldners entzogen ist.

[151] OLG Hamm NJW 1960, 104; LG Aachen WuM 1996, 568; Schuschke/Walker/*Walker* ZPO § 765 a Rn. 27; Zöller/*Seibel* ZPO § 765 a Rn. 26.

## § 794 a ZPO Zwangsvollstreckung aus Räumungsvergleich

**(1) [1]Hat sich der Schuldner in einem Vergleich, aus dem die Zwangsvollstreckung stattfindet, zur Räumung von Wohnraum verpflichtet, so kann ihm das Amtsgericht, in dessen Bezirk der Wohnraum belegen ist, auf Antrag eine den Umständen nach angemessene Räumungsfrist bewilligen. [2]Der Antrag ist spätestens zwei Wochen vor dem Tage, an dem nach dem Vergleich zu räumen ist, zu stellen; §§ 233 bis 238 gelten sinngemäß. [3]Die Entscheidung ergeht durch Beschluss. [4]Vor der Entscheidung ist der Gläubiger zu hören. [5]Das Gericht ist befugt, die im § 732 Abs. 2 bezeichneten Anordnungen zu erlassen.**

**(2) [1]Die Räumungsfrist kann auf Antrag verlängert oder verkürzt werden. [2]Absatz 1 Sätze 2 bis 5 gilt entsprechend.**

**(3) [1]Die Räumungsfrist darf insgesamt nicht mehr als ein Jahr, gerechnet vom Tage des Abschlusses des Vergleichs, betragen. [2]Ist nach dem Vergleich an einem späteren Tage zu räumen, so rechnet die Frist von diesem Tage an.**

**(4) Gegen die Entscheidung des Amtsgerichts findet die sofortige Beschwerde statt.**

**(5) [1]Die Absätze 1 bis 4 gelten nicht für Mietverhältnisse über Wohnraum im Sinne des § 549 Abs. 2 Nr. 3 sowie in den Fällen des § 575 des Bürgerlichen Gesetzbuchs. [2]Endet ein Mietverhältnis im Sinne des § 575 des Bürgerlichen Gesetzbuchs durch außerordentliche Kündigung, kann eine Räumungsfrist höchstens bis zum vertraglich bestimmten Zeitpunkt der Beendigung gewährt werden.**

### Systematische Übersicht



### Alphabetische Schnellübersicht



### A. Normzweck und Überblick

1 Beruht der Titel über die Räumung von Wohnraum auf einer gerichtlichen Entscheidung, kann dem Schuldner nach § 721 ZPO eine Räumungsfrist gewährt werden. § 794 a ZPO eröffnet dieselbe Möglichkeit, wenn die Räumungsverpflichtung auf einem Vergleich beruht. In der Lit. wird als **Zweck** des § 794 a ZPO meist nur genannt, die Norm solle auf Seiten des Schuldners die Entscheidung zum Abschluss eines Räumungsvergleichs erleichtern.[1] Dies ist zwar zutreffend, indes nicht der Hauptzweck der Norm. Dieser liegt vielmehr ebenso wie bei § 721 ZPO darin, den Schuldner vor **unzumutbaren Folgen** zu schützen, die mit dem Verlust seines Wohnraums verbunden seien können.[2] Denn auch die Vollstreckung aus einem vergleichsweise und damit vom Schuldner zwar unter dem Druck des Verfahrens, aber letztlich freiwillig geschaffenen Titel kann

[1] Musielak/Voit/*Lackmann* ZPO § 794 a Rn. 1.
[2] Wieczorek/Schütze/*Paulus* ZPO § 794 a Rn. 1; Prütting/Gehrlein/*Scheuch* ZPO § 794 a Rn. 1.

für den Nutzer von Wohnraum zu Härten führen, die wegen des verfassungsrechtlichen Übermaßverbotes eine besondere prozessuale Reaktionsmöglichkeit rechtfertigen (→ ZPO § 721 Rn. 1).

§ 794 a Abs. 1 ZPO regelt Voraussetzungen und Verfahren, wenn der Schuldner erstmals die Gewährung einer Räumungsfrist beantragt; § 794 a Abs. 2 ZPO betrifft die Modifizierung einer bereits gewährten Räumungsfrist. In § 794 a Abs. 3 ZPO ist die Höchstfrist geregelt, § 794 a Abs. 4 ZPO beschreibt das Rechtsmittel gegen die gerichtliche Entscheidung und § 794 a Abs. 5 ZPO begrenzt den Anwendungsbereich der Norm. § 794 a ZPO ist **§ 721 ZPO nachgebildet,** was dazu führt, dass sich die Normen in weiten Teilen decken. 2

## B. Vollstreckbarer Räumungsvergleich über Wohnraum

Die Gewährung einer Räumungsfrist setzt nach § 794 a Abs. 1 S. 1 ZPO voraus, dass sich der Schuldner in einem Vergleich, aus dem die Zwangsvollstreckung stattfindet, zur Räumung von Wohnraum verpflichtet hat, wobei es sich nicht um Wohnraum iSd § 794 a Abs. 5 ZPO handeln darf. 3

### I. Wohnraum iSd § 794 a ZPO

Das Tatbestandsmerkmal des „Wohnraums" ist mit dem in § 721 ZPO identisch. Wie dort ist also für die Anwendung der Norm erforderlich – aber auch ausreichend –, dass der Schuldner die betroffenen Räume zum **dauernden Aufenthalt** nutzt (→ ZPO § 721 Rn. 5 ff.). Auch der Ausschlusstatbestand in § 794 a Abs. 4 ZPO entspricht dem aus § 721 Abs. 7 ZPO (→ ZPO § 721 Rn. 9 f.). 4

### II. Vollstreckbarer Räumungsvergleich

§ 794 a ZPO setzt weiter einen Räumungsvergleich voraus. Diese Voraussetzung ist dem Merkmal der „Räumungsentscheidung" in § 721 ZPO vergleichbar. Ebenso wie dort ist daher nicht erforderlich, dass sich der Schuldner in dem Vergleich neben der Herausgabe auch zum Wegschaffen seiner Sachen verpflichtet hat; es reicht **jede nach § 885 ZPO zu vollstreckende Verpflichtung** aus (→ ZPO § 721 Rn. 11). 5

Eine Räumungsfrist nach § 794 a ZPO kann nur gewährt werden, wenn die Räumungspflicht auf einem zur Zwangsvollstreckung berechtigenden Vergleich beruht. Der Begriff des Vergleichs ergibt sich aus § 794 Abs. 1 Nr. 1 ZPO. Nach **hM** hat der prozessuale Vergleich eine Doppelnatur; er ist einerseits Prozesshandlung und andererseits materielles Rechtsgeschäft.[3] Dementsprechend sind die prozessualen von den materiell-rechtlichen Wirksamkeitsvoraussetzungen zu unterscheiden. Leidet der Vergleich an einem **prozessualen Mangel,** muss der Schuldner den Räumungsprozesses fortsetzen.[4] In diesem Verfahren kann der Schuldner analog §§ 707, 719, 769 ZPO Vollstreckungsschutz erhalten.[5] Daneben kann er auch nach § 794 a ZPO Räumungsschutz beantragen, da ein prozessualer Mangel die Vollstreckbarkeit nicht beeinträchtigt.[6] Dasselbe gilt bei einem materiellen Mangel – etwa dem Fehlen eines gegenseitigen Nachgebens der Parteien.[7] 6

Anwendbar ist § 794 a ZPO zunächst auf sämtliche gerichtliche Räumungsvergleiche, auch solche nach dem FamFG.[8] Daneben ist die Norm auf eine Räumungspflicht anwendbar, die vergleichsweise in einer **vollstreckbaren notariellen Urkunde** nach § 794 Abs. 1 Nr. 5 ZPO vereinbart wurde oder in einem vollstreckbaren **Anwaltsvergleich** nach § 796 a ZPO (§ 794 Abs. 1 Nr. 4 b ZPO) enthalten ist. Einer Analogie bedarf es nicht, da beide Fälle vom Wortlaut der Norm erfasst sind.[9] In diesen Urkunden kann allerdings die vollstreckbare Pflicht zur Räumung von gemietetem Wohnraum nicht begründet werden (§ 794 Abs. 1 Nr. 5, § 796 a Abs. 2 ZPO), weshalb 7

---

[3] BGH XII ZR 72/11, NJW 2013, 1530; BGH VIII ZR 274/79, NJW 1981, 823.
[4] BGH VII ZR 48/12, NJW 2014, 394.
[5] BGH VIII ZR 85/69, NJW 1971, 467.
[6] OLG Frankfurt a. M. NJW-RR 1995, 703; BeckOK ZPO/*Hoffmann* § 794 Rn. 17.
[7] BeckOK ZPO/*Hoffmann* § 794 Rn. 28.
[8] MüKoZPO/*Wolfsteiner* § 794 a Rn. 2.
[9] BeckOK ZPO/*Hoffmann* § 794 a Rn. 2; für Analogie hingegen Prütting/Gehrlein/*Scheuch* ZPO § 794 a Rn. 4; Zöller/*Geimer* ZPO § 794 a Rn. 1.

Anträge nach § 794 a ZPO insofern nicht praxisrelevant sind. Beruht die Räumungspflicht hingegen auf einem **außergerichtlichen Vergleich,** ist § 794 a ZPO unanwendbar. Denn aus einem solchen Vergleich findet die Zwangsvollstreckung nicht statt. Wird die Pflicht aus einem solchen außergerichtlichen Vergleich tituliert, richtet sich eine etwaige Räumungsfrist nach § 721 ZPO.[10]

## C. Räumungsfrist nach Abs. 1

8 § 794 a Abs. 1 ZPO ermöglicht zugunsten des Schuldners die erstmalige Anordnung einer Räumungsfrist durch das Gericht. Die Modifizierung der Räumungsfrist richtet sich nach § 794 a Abs. 2 ZPO (→ Rn. 19).

### I. Zuständigkeit

9 Zuständig für die Fristgewährung nach § 794 a Abs. 1 ZPO ist das **Amtsgericht,** in dessen **Bezirk der Wohnraum** belegen ist. Dies gilt auch dann, wenn der Räumungsvergleich vor einem anderen Gericht, etwa dem Land-[11] oder Arbeitsgericht[12] geschlossen wurde. Die ausschließliche Zuständigkeit rechtfertigt sich mit der Ortsnähe des Amtsgerichts und der damit verbundenen Kenntnis des Wohnungsmarktes.[13] Beim Amtsgericht entscheidet das **Prozessgericht,** nicht das Vollstreckungsgericht, weshalb der Richter, nicht der Rechtspfleger zuständig ist.[14]

### II. Antrag und Frist

10 Das Gericht darf – anders als im Anwendungsbereich des § 721 Abs. 1 ZPO – nicht von Amts wegen, sondern nur auf Antrag tätig werden. Es besteht **kein Anwaltszwang.** Der Antrag ist schriftlich beim Gericht einzureichen oder mündlich zu Protokoll der Geschäftsstelle zu erklären (§ 496 ZPO); zur Möglichkeit des Verzichts auf das Antragsrecht → Rn. 30 f.

11 Der Antrag muss nach § 794 a Abs. 1 S. 2 ZPO spätestens zwei Wochen vor dem Tage eingehen, an dem nach dem Vergleich zu räumen ist. Es handelt sich um eine sog. **Rückwärtsfrist,** deren Berechnung nach § 222 Abs. 1 ZPO in analoger Anwendung der §§ 187 ff. BGB erfolgt. Zu den Einzelfragen der Fristwahrung, insbes. zur Berechnung der Rückwärtsfrist → ZPO § 721 Rn. 51 ff.

12 Schwierigkeiten bereitet die **Antragsfrist,** wenn zwischen dem frühestmöglichen Zeitpunkt der Antragstellung und dem vereinbarten Räumungstermin weniger als zwei Wochen liegen. Teilweise wird vertreten, dass in einem solchen Fall keine Räumungsfrist gewährt werden könne.[15] Nach wohl **hM** muss der Antrag hier binnen zwei Wochen ab Abschluss des Vergleichs, beim Widerrufsvergleich binnen zwei Wochen ab Ablauf der Widerspruchsfrist gestellt werden.[16] Für diese Ansicht spricht der Zweck der Antragsfrist. Die Frist soll nämlich einerseits – dies ist der Hauptzweck – dem Gericht einen ausreichenden Zeitraum für die Entscheidungsfindung, daneben aber auch dem Gläubiger Gewissheit über die Vollstreckungsmöglichkeit geben. Dies spricht dafür, auch in diesen Konstellationen eine Antragsfrist anzunehmen und für den **Lauf der Frist** in Analogie zu § 794 a Abs. 1 S. 2 ZPO auf den Tag abzustellen, an dem die **Antragstellung erstmals zumutbar** ist. Gleiches gilt in Fällen, in denen nach dem Vergleich die Fälligkeit des Räumungsanspruchs von einem bestimmten Ereignis abhängen soll (zB Bezugsfertigkeit eines Neubaus), in denen der Räumungszeitpunkt nur im Wege der Auslegung zu ermitteln (zB im Sommer des kommenden Jahres) oder ins Belieben des Gläubigers (zB vier Wochen nach Abruf) gestellt ist. In all diesen Fällen gibt es keinen kalendermäßig bestimmten Räumungstermin. Hier muss der Schuldner den Antrag nach § 794 a ZPO spätestens zwei Wochen vor dem Räumungstermin stellen. Erfährt er erst später vom Räumungstermin, läuft die zweiwöchige Frist ab diesem Tag.

---

[10] LG Wuppertal NJW 1967, 832; Stein/Jonas/*Münzberg* ZPO § 794 a Rn. 1.
[11] LG Berlin GE 1989, 945.
[12] LAG Tübingen NJW 1970, 2046; Schuschke/Walker/*Walker* ZPO § 794 a Rn. 2.
[13] LG Berlin GE 1989, 945.
[14] Musielak/Voit/*Lackmann* ZPO § 794 a Rn. 6; Zöller/*Geimer* ZPO § 794 a Rn. 4.
[15] Schuschke/Walker/*Walker* ZPO § 794 a Rn. 2.
[16] LG Stuttgart BeckRS 2017, 144895; BeckOK ZPO/*Hoffmann* § 794 a Rn. 3; Musielak/Voit/*Lackmann* ZPO § 794 a Rn. 2; Zöller/*Geimer* ZPO § 794 a Rn. 2 mN zur Gegenansicht.

Probleme bereitet die Fristberechnung auch, wenn die im gerichtlichen Vergleich vereinbarte **Räumungsfrist durch außergerichtliche Vereinbarung verlängert** wird. Der Wortlaut von § 794a Abs. 1 S. 2 ZPO spricht dafür, dass es für die Fristberechnung nicht auf die vor Gericht vereinbarte, sondern die später veränderte Frist ankommt.[17] Denn maßgeblich ist danach der „Tag, an dem nach dem Vergleich zu räumen ist". Den Parteien steht es wegen der Privatautonomie aber frei, den gerichtlichen Vergleich abzuändern. Bei Versäumung der Antragsfrist kommt nach § 794a Abs. 1 S. 2 ZPO **Wiedereinsetzung** in den vorigen Stand in Betracht. 13

### III. Verfahren und Entscheidung

Das Verfahren über den Antrag entspricht § 721 Abs. 4 ZPO, wie dort ist der Gläubiger vor der Entscheidung, die durch **Beschluss** ergeht (§ 794a Abs. 1 S. 3 ZPO), **anzuhören** (§ 794a Abs. 1 S. 4 ZPO). Ebenso wie bei § 721 ZPO kann das Gericht die Zwangsvollstreckung aus dem Räumungstitel im Wege der **einstweiligen Anordnung** einstellen (§ 794a Abs. 1 S. 5 ZPO). Zu den Einzelheiten in Bezug auf Verfahren und Entscheidung – insbes. zu den Kosten – gelten die Erläuterungen bei → ZPO § 721 Rn. 56ff. entsprechend. 14

### IV. Entscheidungskriterien

Nach § 794a Abs. 1 S. 1 ZPO liegt die Gewährung und die Länge der Räumungsfrist im pflichtgemäßen Ermessen des Gerichts („kann"), wobei § 794a Abs. 3 ZPO eine Höchstgrenze von einem Jahr setzt. Es ist allgemein anerkannt, dass der Richter bei seiner Entscheidung die **Interessen der Parteien** gegeneinander abzuwägen hat.[18] Der Richter darf in die Abwägung nur solche Interessen einbeziehen, die von den Parteien **vorgetragen und ggf. bewiesen** wurden; hier gelten die allgemeinen zivilprozessualen Regeln. 15

Die Gewährung einer Räumungsfrist setzt wie bei § 721 ZPO voraus, dass für den Schuldner keine zumutbare Umzugsmöglichkeit besteht, wobei die weitere Interessenabwägung auch in diesem Fall einer Räumungsfrist entgegenstehen kann. Die **Unzumutbarkeit des Umzugs** kann dabei auf zwei Faktoren beruhen: Entweder fehlt es bereits an einer zumutbaren Ersatzwohnung oder dem Schuldner ist der Umzug als solcher nicht zumutbar. Zu den Einzelheiten, auch in Bezug auf die **Darlegungs- und Beweislast** für die Suche nach Ersatzwohnraum siehe die Erläuterungen bei → ZPO § 721 Rn. 20ff. 16

Umstritten ist, inwieweit sich der Schuldner auf **Härtegründe** berufen darf, die bereits beim **Abschluss des Vergleichs bestanden** bzw. zu diesem Zeitpunkt absehbar waren. Hierzu werden im Wesentlichen **drei Ansichten** vertreten. Nach einer Meinung darf das Gericht eine Räumungsfrist nur gewähren, wenn eine neue Entwicklung eingetreten ist, die beim Abschluss des Räumungsvergleichs nicht vorhersehbar war.[19] Nach anderer Auffassung spielt dieser Umstand keine Rolle; maßgeblich ist allein, dass auf Grund der Interessen des Schuldners eine gerichtliche Frist geboten ist.[20] Nach einer vermittelnden Meinung darf eine gerichtliche Räumungsfrist gewährt werden, wenn sich nachträglich Umstände ergeben haben, die der Schuldner bei Vergleichsabschluss ohne grobes Verschulden übersehen hat.[21] 17

Nimmt man den Wortlaut der Norm in den Blick, gibt dieser für eine Beschränkung auf einen erst nach Vertragsschluss entstandenen Härtegrund nichts her, was allerdings in der Natur der Vorschrift liegt, die auf die Nennung von Bewertungskriterien verzichtet. Auch der Zweck von § 794a ZPO spricht nicht für eine Beschränkung auf nachträgliche Härtegründe, weil ein Bedürfnis nach Schuldnerschutz (→ Rn. 1) auch dann bestehen kann, wenn der Härtegrund bereits bei Vergleichsschluss vorlag. Daraus ergibt sich aber nicht, dass der Umstand, ob der Schuldner die Härte bei Vertragsschluss kannte oder hätte kennen müssen, für die Bewertung in jedem Fall unbeachtlich ist. Es kommt nämlich in Betracht, dass der Schuldner im Vergleich – ggf. konkludent – auf die Geltend- 18

---

17 LG Freiburg WuM 1993, 417; LG Ulm WuM 1981, 164.

18 BeckOK ZPO/*Hoffmann* § 794a Rn. 5; Musielak/Voit/*Lackmann* ZPO § 794a Rn. 4.

19 LG Kiel WuM 1992, 492; LG Saarbrücken WuM 1992, 698; LG Waldshut-Tiengen WuM 1993, 621; LG Freiburg WuM 1993, 204; BeckOK ZPO/*Hoffmann* § 794a Rn. 5.

20 LG Mannheim ZMR 1994, 21; LG Darmstadt WuM 1993, 472; Musielak/Voit/*Lackmann* ZPO § 794a Rn. 5.

21 LG Aachen WuM 2007, 398; MüKoZPO/*Wolfsteiner* § 794a Rn. 4.

machung bereits vorhandener Härten nach § 794 a ZPO **verzichtet** hat.[22] Dies setzt allerdings zunächst voraus, dass der Schuldner auf den durch § 794 a ZPO gewährten Schutz überhaupt wirksam verzichten kann. Diese Frage ist noch nicht abschließend geklärt; richtigerweise kann der Schuldner auf die ihm bekannten Härtegründe verzichten, weil er die Folgen einer solchen Erklärung absehen kann (→ Rn. 31). Ist dem Schuldner also bereits beim Abschluss des Vergleichs der Umzug unzumutbar, so ist entscheidend, ob der Vergleich die Verzichtserklärung enthält, deshalb werde der Schuldner später keinen Antrag nach § 794 a ZPO stellen. Schweigt der Vergleich hierzu, so kommt eine **konkludente Verzichtserklärung** regelmäßig nur in Betracht, wenn die Parteien über das Problem der Unzumutbarkeit des Umzugs gestritten haben – etwa im Rahmen eines Fortsetzungsverlangens nach § 574 BGB – und der Schuldner dennoch sich zu einem bestimmten Termin zur Räumung verpflichtet hat. Dann liegt die Auslegung nahe, dass der Schuldner im Vergleich die Garantie für die rechtzeitige Räumung übernommen und so auf einen Antrag nach § 794 a ZPO verzichtet hat. Anderenfalls wird es an einer konkludenten Verzichtserklärung regelmäßig fehlen, weil der Vergleich dann nur die materiell-rechtliche Räumungspflicht des Schuldners regelt und deshalb nicht auch die Erklärung enthält, auf prozessuale Schutzrechte verzichten zu wollen.

### D. Räumungsfrist nach Abs. 2 (Verlängerung, Verkürzung)

**19** Nach § 794 a Abs. 2 ZPO kann die Räumungsfrist auf Antrag verlängert oder verkürzt werden. Damit ist die vom Gericht gem. § 794 a Abs. 1 ZPO gewährte Frist gemeint, was sich aus dem Wortlaut von § 794 a Abs. 2 ZPO ergibt – „die" Räumungsfrist nimmt sprachlich auf die nach § 794 a Abs. 1 ZPO gewährte Frist Bezug. Eine im **Vergleich vereinbarte Frist** kann das Gericht daher nicht nach § 794 a Abs. 2 ZPO verkürzen; sie kann aber nach § 794 a Abs. 1 ZPO durch die erstmalige Gewährung einer richterlichen Frist faktisch verlängert werden. Eine Kürzung der vertraglich vereinbarten Frist durch das Gericht ist nichtig, weil der Richter – mangels Rechtsgrundlage – nicht in diese Vereinbarung der Parteien eingreifen darf.[23] Eine analoge Anwendung von § 794 a Abs. 1 ZPO auf solche Anträge scheidet mangels Regelungslücke aus, da der Gesetzgeber trotz der weitgehend parallel gestalteten Normen eine § 721 Abs. 3 ZPO vergleichbare Regel gerade nicht in § 794 a ZPO aufgenommen hat.[24]

**20** Umstritten ist, ob der **Richter** eine im Vergleich vereinbarte **Räumungsfrist verkürzen** kann, wenn die **Parteien** dies im Vergleich **vereinbart** haben. Es handelt sich nicht um eine Frage der (analogen) Anwendung von § 794 a ZPO, weil die Parteien nicht die Rechtsmacht haben, eine gerichtliche Zuständigkeit mit dem Anspruch auf Justizgewährung vertraglich zu vereinbaren.[25] Auch § 224 Abs. 2 ZPO ist nicht einschlägig, weil es sich bei der vereinbarten Räumungsfrist nicht um eine richterliche Frist im Sinne der Norm, sondern um eine vertraglich vereinbarte Frist handelt. Derartige Vereinbarungen sind **somit rein materiell-rechtlicher Natur** und fallen als solche unter § 317 BGB. Allerdings kann ein Gericht nicht als Dritter im Sinne der Norm bestimmt werden, weil sein gesetzlicher Aufgabenbereich nicht der Parteidisposition unterliegt.[26] Die Parteien können nur vorsehen, dass die Bestimmung der Räumungsfrist entsprechend den **§§ 315, 319 BGB** durch Urteil erfolgen soll, falls eine Festsetzung durch die Parteien scheitert.[27] Wenn die Regel im Vergleich das Gericht sofort für entscheidungsbefugt erklärt, wird sich meist nicht ermitteln lassen, welcher der Parteien die Entscheidung über die Festsetzung der Leistungszeit (nämlich die Verkürzung der Räumungsfrist) gem. § 315 BGB zusteht. § 316 BGB ist nicht einschlägig, da die Rückgabe nicht Gegenleistung des Mieters für die Gebrauchsüberlassung ist. Lassen sich die Voraussetzungen des § 315 BGB hingegen bestimmen, ist ein **Antrag nach § 794 a ZPO unzulässig.** In der Praxis ist von einem „Verkürzungsrecht" des Gerichts ab- und zu einer auflösenden Bedingung zu raten (zB „Die Räumungsfrist entfällt, wenn die Nutzungsentschädigung nicht spätestens am 3. Werktag eines Monats gezahlt wird.").

**21** Für die Antragsfrist, die Zuständigkeit, das Verfahren und die Entscheidung gelten nach § 794 a Abs. 2 S. 2 ZPO die Regeln über die erstmalige Gewährung der Räumungsfrist entsprechend.

---

22 Schuschke/Walker/*Walker* ZPO § 794 a Rn. 3.
23 LG Bremen WuM 1991, 564; LG Hamburg WuM 2001, 412; LG München I WuM 1987, 64; LG Stuttgart WuM 1992, 32.
24 *LG München I ZMR 2014, 991.*
25 **AA** iErg LG München I ZMR 2014, 991; MüKoZPO/*Wolfsteiner* § 794 a Rn. 6.
26 BGH V ZR 222/93, NJW 1995, 1360; Erman/*Hager* BGB § 317 Rn. 4.
27 BGH V ZR 222/93, NJW 1995, 1360.

**Zuständig** für die Fristverlängerung oder Verkürzung ist daher das Amtsgericht, in dessen Bezirk die Wohnung gelegen ist. Entsprechend § 794 a Abs. 1 S. 2 ZPO muss der Antrag – unabhängig davon, ob auf Verlängerung oder Verkürzung gerichtet – spätestens zwei Wochen vor Ablauf der vom Gericht gewährten **Frist** gestellt werden; eine Wiedereinsetzung ist möglich. Ebenso wie bei Abs. 1 hat der Richter bei der Entscheidung die Interessen der Parteien gegeneinander abzuwägen (→ Rn. 15); die Entscheidung ergeht entsprechend § 794 a Abs. 1 S. 3 ZPO durch Beschluss; einstweilige Anordnungen sind entsprechend § 794 a Abs. 1 S. 5 ZPO möglich.

## E. Höchstdauer der Frist (Abs. 3)

§ 794 a Abs. 3 ZPO regelt die Höchstdauer der gerichtlichen Räumungsfrist. Diese darf insgesamt – also einschließlich aller Verlängerungen nach § 794 a Abs. 2 ZPO – nicht mehr als ein Jahr betragen. Die Frist rechnet vom Tage des Abschlusses des Vergleichs an, falls nicht – dies ist die Regel – an einem späteren Tag zu räumen ist; dann rechnet die Frist von diesem Tage an (§ 794 a Abs. 2 S. 2 ZPO).[28] 22

Ist der **Räumungstermin** im Vergleich **kalendermäßig bestimmt** worden, so rechnet die Höchstfrist von diesem Tage an. Dabei kommt es nicht darauf an, ob die Parteien ausdrücklich eine Räumungsfrist vereinbart haben (zB „Der Beklagte erhält eine Räumungsfrist bis …") oder ob der Räumungstermin auf andere Art und Weise bestimmt worden ist (zB „Der Beklagte verpflichtet sich, die Wohnung bis zum … zu räumen"). Eine außergerichtliche Fristverlängerung hat auf die Berechnung der Jahresfrist keinen Einfluss.[29] Enthält der Vergleich zwar keine ausdrückliche Räumungsfrist, aber einen **Widerrufsvorbehalt,** so wird die Auslegung des Vergleichs regelmäßig ergeben, dass der Gläubiger dem Schuldner bis zum Ablauf der Widerrufsfrist einen Räumungsaufschub gewährt, weil das Widerrufsrecht typischerweise ein Stillhalteabkommen beinhaltet. 23

Wird die im gerichtlichen Vergleich vereinbarte **Räumungsfrist später durch außergerichtliche Vereinbarung verlängert,** so kommt es für die Fristberechnung auf die veränderte Frist an. Für dieses Ergebnis spricht neben dem Wortlaut (→ Rn. 13) auch der Zweck von Abs. 4, den Eingriff des Gerichts in den titulierten Räumungsanspruch des Gläubigers auf ein Jahr zu begrenzen, aber eben auch den Eingriff für einen solchen Zeitraum zu ermöglichen. Wird eine **längere als die gesetzliche zulässige Frist gewährt,** so ist die Räumungsfristentscheidung zwar gesetzeswidrig, aber nicht nichtig. Die fehlerhafte Entscheidung kann nur bei Einlegung eines Rechtsmittels korrigiert werden. Wird kein Rechtsmittel eingelegt oder ist die Einlegung eines Rechtsmittels nicht möglich, so verbleibt es bei der tatsächlich festgesetzten Frist (→ ZPO § 721 Rn. 35). Zu abweichenden Vereinbarungen bei der Fristberechnung → Rn. 31. 24

## F. Rechtsmittel (Abs. 4)

Gegen die Entscheidung des Amtsgerichts findet nach § 794 a Abs. 4 ZPO die **sofortige Beschwerde** statt. Weiteres Rechtsmittel ist die – allerdings an die Zulassung gebundene – Rechtsbeschwerde nach § 574 Abs. 1 ZPO. Die sofortige Beschwerde betrifft nach dem Wortlaut sämtliche Entscheidungen des Amtsgerichts nach § 794 a ZPO, also auch einstweilige Anordnungen gem. § 794 a Abs. 1 S. 5 ZPO. Hier ist aber eine teleologische Reduktion der Vorschrift geboten. Denn § 707 Abs. 2 S. 2 ZPO, der in vergleichbaren Fällen die sofortige Beschwerde ausschließt, verkörpert den allgemeinen Rechtsgedanken, dass das mit der Hauptsache (hier: dem Antrag auf Räumungsfrist) befasste erstinstanzliche Gericht am besten beurteilen kann, ob und ggf. welche **einstweilige Regelung** erforderlich ist. Seine Entscheidung in der Hauptsache soll nicht durch eine vorläufige Entscheidung des Beschwerdegerichts beeinflusst werden, weshalb die Entscheidung nach § 794 a Abs. 1 S. 5 ZPO **unanfechtbar ist.**[30] 25

Die sofortige Beschwerde ist nur zulässig, wenn der Beschwerdeführer **beschwert** ist[31], wobei § 567 ZPO insofern einen bestimmten Beschwerdewert nicht verlangt. Der **Schuldner** ist daher beschwerdeberechtigt, wenn sein Antrag auf Gewährung (§ 794 a Abs. 1 ZPO) oder Verlängerung 26

---

[28] LG Stuttgart WuM 1992, 264.
[29] LG Freiburg WuM 1993, 417.
[30] So für die einstweilige Anordnung nach § 769 Abs. 1 ZPO BGH XII ZB 279/03, NJW 2004, 2224; verallgemeinernd Musielak/Voit/*Lackmann* ZPO § 707 Rn. 12.
[31] Gehrlein/Prütting/*Lohmann* ZPO § 567 Rn. 13; Zöller/*Heßler* ZPO § 567 Rn. 5.

(§ 794a Abs. 2 ZPO) einer Räumungsfrist abgelehnt worden ist. Hat der Schuldner die von ihm gewünschte Frist kalendermäßig bestimmt oder hat er eine Mindestfrist beantragt, so ist er auch beschwert, wenn die vom Gericht zugebilligte Frist hinter dem Antrag zurückbleibt. Gleiches gilt, wenn der Schuldner keine bestimmte Frist beantragt hat, weil es für die Beschwer ausreicht, wenn die Frist unangemessen kurz ist. Der **Gläubiger** ist immer dann beschwerdeberechtigt, wenn dem Schuldner eine Räumungsfrist nach § 794a Abs. 1 ZPO gewährt oder wenn eine solche Frist nach § 794a Abs. 2 ZPO verlängert bzw. auf seinen Antrag nicht verkürzt wurde.

**27** Das **Rechtsschutzbedürfnis** eines Mieters an der Entscheidung über die sofortige Beschwerde entfällt nicht, wenn er nach Einlegung des Rechtsmittels räumt. Denn es hängt von der Räumungsfristentscheidung ab, ob der Mieter in den Genuss des Haftungsprivilegs aus § 571 Abs. 2 BGB kommt. Für andere Räumungsschuldner gilt dies nicht, sie müssen die Hauptsache nach der Räumung für erledigt erklären.

**28** Eine **Anschlussbeschwerde** ist möglich (§ 567 Abs. 3 ZPO). Sie ist nicht fristgebunden, sondern kann während der Anhängigkeit der sofortigen Beschwerde eingelegt werden. Geht die Anschlussbeschwerde innerhalb der Zwei-Wochen-Frist ein, so gilt sie als selbständige sofortige Beschwerde. Anderenfalls liegt eine unselbständige Beschwerde vor, die ihre Wirkung verliert, wenn die Hauptbeschwerde zurückgenommen oder als unzulässig verworfen wird.

## G. Ausschluss der Räumungsfrist (Abs. 5)

**29** § 794a ZPO ist auf Mietverträge iSd § 549 Abs. 2 Nr. 3 BGB überhaupt nicht und auf Zeitmietverträge nach § 575 BGB nur beschränkt anwendbar. Dieser Ausschlusstatbestand aus Abs. 5 entspricht § 721 Abs. 7 ZPO, weshalb wegen der Einzelheiten auf die dortige Kommentierung (→ ZPO § 721 Rn. 9 f.) verwiesen wird.

## H. Abweichende Vereinbarungen

**30** Wird von § 794a ZPO durch Vereinbarung der Parteien abgewichen, so kann die Befugnis der Parteien betroffen sein, die in § 794a ZPO geregelten Anträge (§ 794a Abs. 1–2 ZPO) zu stellen, Rechtsmittel einzulegen (§ 794a Abs. 4 ZPO) oder aber es können die Regeln über die Berechnung der Höchstfrist (§ 794a Abs. 3 ZPO) modifiziert werden. Inwieweit solche Vereinbarungen wirksam sind, ist noch nicht abschließend geklärt.

**31** Der BGH hat bislang offen gelassen, ob der **Verzicht des Schuldners auf sein Antragsrecht** aus § 794a Abs. 1, 2 ZPO wirksam ist.[32] In der Instanzrechtsprechung und der Lit. werden hierzu unterschiedliche Ansichten vertreten. Teilweise wird der Schuldnerschutz aus § 794a ZPO nicht für disponibel gehalten.[33] Insbesondere die Instanzgerichte halten den Verzicht des Schuldners auf Räumungsschutz nach § 794a ZPO hingegen für wirksam.[34] Bei der Entscheidung der Streitfrage sind die für § 721 ZPO entwickelten Grundsätze maßgeblich (→ ZPO § 721 Rn. 80 ff.). Unwirksam ist daher ein allgemeiner Verzicht des Schuldners auf seine Rechte aus § 794a ZPO sowie der Verzicht auf einen Verlängerungsantrag wegen eines bei Vergleichsabschluss noch nicht absehbaren Härtegrundes. Wirksam ist hingegen der Verzicht auf einen Antrag nach § 794a ZPO, wenn der in Rede stehende Härtegrund dem Schuldner bei Abgabe der Verzichtserklärung bekannt war, weil der Schuldner in solchen Konstellationen die Reichweite seiner Erklärung abschätzen kann. Unwirksam ist hingegen die Vereinbarung, dass die **Höchstfrist** nicht vom vereinbarten Räumungstermin, sondern **vom Tag des Vergleichsschlusses zu berechnen** ist.[35] Denn der Schuldner kann nicht absehen, welche Folgen dieser Teilverzicht auf seine Rechte für ihn in der Zukunft – nämlich bei Ablauf der verkürzten Frist – haben wird. Die **Verkürzung** der in § 794a Abs. 1, 2 ZPO genannten **Antragsfristen** durch Vereinbarung der Parteien ist nach § 224 ZPO zulässig.

---

[32] BGH VIII ZR 99/14, NJW 2015, 2324 Rn. 21 „nach dem Wortlaut des Vergleichs"; BGH VIII ZB 28/08, NJW-RR 2009, 422.

[33] Gehrlein/Prütting/*Scheuch* ZPO § 794a Rn. 5; MüKoZPO/*Wolfsteiner* § 794a Rn. 1; Zöller/*Geimer* ZPO § 794a Rn. 7.

[34] LG Aachen WuM 1996, 568; LG München I NZM 2008, 839; ebenso etwa Stein/Jonas/*Münzberg* ZPO § 794a Rn. 2; Musielak/Voit/*Lackmann* ZPO § 794a Rn. 2.

[35] **AA** LG München I WuM 1987, 66.

## § 885 ZPO Herausgabe von Grundstücken oder Schiffen

**(1) [1]Hat der Schuldner eine unbewegliche Sache oder ein eingetragenes Schiff oder Schiffsbauwerk herauszugeben, zu überlassen oder zu räumen, so hat der Gerichtsvollzieher den Schuldner aus dem Besitz zu setzen und den Gläubiger in den Besitz einzuweisen. [2]Der Gerichtsvollzieher hat den Schuldner aufzufordern, eine Anschrift zum Zweck von Zustellungen oder einen Zustellungsbevollmächtigten zu benennen.**

**(2) Bewegliche Sachen, die nicht Gegenstand der Zwangsvollstreckung sind, werden von dem Gerichtsvollzieher weggeschafft und dem Schuldner oder, wenn dieser abwesend ist, einem Bevollmächtigten des Schuldners, einem erwachsenen Familienangehörigen, einer in der Familie beschäftigten Person oder einem erwachsenen ständigen Mitbewohner übergeben oder zur Verfügung gestellt.**

**(3) [1]Ist weder der Schuldner noch eine der bezeichneten Personen anwesend oder wird die Entgegennahme verweigert, hat der Gerichtsvollzieher die in Absatz 2 bezeichneten Sachen auf Kosten des Schuldners in die Pfandkammer zu schaffen oder anderweitig in Verwahrung zu bringen. [2]Bewegliche Sachen, an deren Aufbewahrung offensichtlich kein Interesse besteht, sollen unverzüglich vernichtet werden.**

**(4) [1]Fordert der Schuldner die Sachen nicht binnen einer Frist von einem Monat nach der Räumung ab, veräußert der Gerichtsvollzieher die Sachen und hinterlegt den Erlös. [2]Der Gerichtsvollzieher veräußert die Sachen und hinterlegt den Erlös auch dann, wenn der Schuldner die Sachen binnen einer Frist von einem Monat abfordert, ohne binnen einer Frist von zwei Monaten nach der Räumung die Kosten zu zahlen. [3]Die §§ 806, 814 und 817 sind entsprechend anzuwenden. [4]Sachen, die nicht verwertet werden können, sollen vernichtet werden.**

**(5) Unpfändbare Sachen und solche Sachen, bei denen ein Verwertungserlös nicht zu erwarten ist, sind auf Verlangen des Schuldners jederzeit ohne weiteres herauszugeben.**

### Systematische Übersicht



### Alphabetische Schnellübersicht

## A. Überblick

1 § 885 ZPO regelt die Art und Weise der Vollstreckung eines Anspruchs auf Herausgabe einer unbeweglichen Sache oder eines Schiffes, wobei die Norm auch das Schicksal der sich dort befindlichen beweglichen Sachen bestimmt. § 885 ZPO enthält nur die **besonderen Regeln der Herausgabevollstreckung;** daneben müssen die allgemeinen Voraussetzungen der Zwangsvollstreckung erfüllt sein (→ Rn. 8).

2 Das **MietRÄndG 2013** hat § 885 ZPO mit Wirkung ab dem 1.5.2013 modifiziert; § 885 Abs. 2–4 ZPO wurden inhaltlich leicht geändert, § 885 Abs. 5 ZPO entspricht § 885 Abs. 3 S. 2 ZPO aF. Zudem wurde § 885a ZPO eingeführt, der das zu § 885 ZPO aF entwickelte Vollstreckungsmodell der sog. **Berliner Räumung** in modifizierter Form in das geschriebene Recht überträgt (→ ZPO § 885a Rn. 4).

## B. Zweck der Norm

3 Das Zwangsvollstreckungsrecht dient in erster Linie dazu, dem Gläubiger zu der ihm gebührenden Befriedigung zu verhelfen.[1] Diesen Zweck verfolgt zunächst § 885 Abs. 1 ZPO, der zugunsten des Gläubigers den Besitzwechsel ermöglicht. **Problematisch** ist, ob auch **§ 885 Abs. 2 ZPO** diesem Zweck dient. Dafür spricht, dass das dort angeordnete Wegschaffen der beweglichen Sachen vom Vollstreckungsgegenstand dem Gläubiger zugutekommt, der anschließend seinen Besitz ungestört ausüben kann. Allerdings würde es sich um eine dem **Gläubiger dienende Regelung** nur dann handeln, wenn das Wegschaffen der beweglichen Sachen Teil der titulierten Leistungspflicht des Schuldners ist, weil es nur dann zu einer zwangsweisen Durchsetzung eines vollstreckbaren Anspruchs kommt. Diese Voraussetzung ist nicht bei jedem Anspruch erfüllt, der nach § 885 ZPO zu vollstrecken ist. Denn § 885 Abs. 1 ZPO erfasst sämtliche Titel, die auf Herausgabe, Räumung oder Überlassung gerichtet sind (→ Rn. 10ff.). Damit fällt unter die Norm insbes. auch der Herausgabeanspruch aus § 985 BGB. Diese Norm verpflichtet den unberechtigten Besitzer von Grundstücken aber nur zur „Auskehrung" des Besitzes, nicht hingegen dazu, die eingebrachten Sachen vom Grundstück zu entfernen.[2] Anders ist dies beim – ebenfalls unter § 885 ZPO fallenden – mietrechtlichen Rückgabeanspruch aus § 546 BGB, der den Mieter auch zum Wegschaffen seines Hab und Gutes verpflichtet (→ BGB § 546 Rn. 21).[3] § 885 Abs. 2 ZPO kann daher nicht ausschließlich dem Interesse des Gläubigers dienen, weil die Norm das Wegschaffen von beweglichen Sachen auch dann anordnet, wenn der Gläubiger hierauf materiell-rechtlich keinen Anspruch hat.[4] Mit Blick auf den vollstreckbaren Anspruch ist daher zu **differenzieren:** Hat der Gläubiger einen Anspruch auf „Leerräumen" des Vollstreckungsgegenstandes, dient die Norm nur dazu, dieses Recht durchzusetzen. Ist dies nicht der Fall, soll die Norm zum Schutze des Schuldners verhindern, dass der Gläubiger Zugriff auf das Hab und Gut des Schuldners erhält.[5]

4 **§ 885 Abs. 3 ZPO** dient hingegen allein dem **Schutz des Schuldners** vor einem Verlust seines Hab und Gutes.[6] Schuldnerschützende Funktion hat auch **§ 885 Abs. 5 ZPO. § 885 Abs. 3 S. 2 ZPO sowie § 885 Abs. 4 ZPO,** welche die Verwertung der beweglichen Sachen durch den

[1] Gaul/Schilken/Becker-Eberhard ZVR/*Gaul* § 1 Rn. 2.
[2] BGH IX ZR 327/99, NJW 2001, 2966.
[3] *BGH IX ZR 327/99, NJW 2001, 2966.*
[4] Das übersieht Majer Räumungsvollstreckung S. 94ff.
[5] Zu diesem Zweck LG Düsseldorf DGVZ 1984, 78; *Schwieren* DGVZ 2011, 41 (43).
[6] *Flatow* NJW 2006, 1396 (1398); Majer Räumungsvollstreckung S. 98.

Gerichtsvollzieher betreffen, haben eine **doppelte Funktion:** Sie dienen einmal dem öffentlichen Interesse an einer zügigen Abwicklung des Verfahrens und damit der Entlastung der Vollstreckungsorgane, daneben aber auch den Parteien, indem die Lagerkosten – für die der Gläubiger dem Justizfiskus neben dem Schuldner haftet (→ Rn. 62) – begrenzt werden.

## C. Abgrenzung zu §§ 887f. ZPO

§ 885 ZPO beschränkt sich nicht auf die reine „Auskehrung" des Besitzes, sondern behandelt in § 885 Abs. 2–4 ZPO auch das Schicksal des Mobiliars. Dies wirft Abgrenzungsfragen insbes. zu § 887 ZPO auf, weil das Wegschaffen des Mobiliars durch den Schuldner auch nach dieser Norm vollstreckt werden könnte.[7] Aus § 887 Abs. 3 ZPO folgt, dass § 885 ZPO diese Norm verdrängt, womit allerdings das Abgrenzungsproblem noch nicht gelöst ist. Im Ausgangspunkt gilt: Soweit der Titel inhaltlich eine **über die Räumung hinausgehende Leistungspflicht** des Schuldners enthält, erfolgt die Vollstreckung nicht nach § 885 ZPO, sondern nach §§ 887f. ZPO.[8] Wird die Vollstreckung dieser Pflicht fälschlicherweise dennoch nach § 885 ZPO durchgeführt, sind die hierbei entstehenden Kosten nicht gem. § 788 ZPO vom Schuldner zu erstatten (→ Rn. 63).[9] 5

Nicht von § 885 ZPO erfasst ist daher die Pflicht des Schuldners, die herauszugebende Sache baulich zu verändern (etwa durch **Rückbau**) oder zu reinigen.[10] Probleme bereiten Sachverhalte, in denen es um die Beseitigung von beweglichen Sachen geht, weil hier nach seinem Wortlaut § 885 Abs. 2 ZPO einschlägig ist. Nach Ansicht des **BGH** fällt die aufwändige und **kostenintensive Beseitigung von Abfall** nicht unter die Norm, sondern bedarf einer gesonderten Titulierung und Vollstreckung nach § 887 ZPO.[11] Eine Begründung hierfür gibt der BGH nicht. Die Ansicht des BGH hat nicht nur prozessuale (gesonderter Titel erforderlich[12]), sondern auch kostenrechtliche Auswirkungen: Denn eine Beseitigung durch den Gerichtsvollzieher nach § 885 Abs. 2 ZPO würde zu Kosten der Zwangsvollstreckung führen und ein nach § 114 ZPO bedürftiger Gläubiger könnte auch insoweit Prozesskostenhilfe beantragen; die Räumungskosten wären dann von der Staatskasse zu tragen.[13] Möglicherweise steht hinter der zitierten Entscheidung des BGH die Wertung, § 885 Abs. 2 ZPO sei auf das Wegschaffen von Sachen beschränkt, die typischerweise bei einer Räumung vorgefunden werden. Eine solche Beschränkung lässt sich dem Zweck der Norm indes nicht entnehmen (→ Rn. 3f.). Zudem ergeben sich in der Praxis Abgrenzungsschwierigkeiten (wann ist eine Beseitigung aufwändig und kostenintensiv im Sinne der Entscheidung des BGH?), was mit dem Formalisierungsgrundsatz der Zwangsvollstreckung[14] nicht zu vereinbaren ist. Die Ansicht des BGH ist daher **abzulehnen.** 6

Die titulierte Pflicht, durch **Schlüsselübergabe** den Besitz zu verschaffen, soll nicht unter § 885 ZPO fallen, sinder nach § 888 ZPO zu vollstrecken sein.[15] Gleiches soll für den Tenor „den unmittelbaren Besitz wieder einzuräumen" gelten.[16] Hat der Schuldner nach Titulierung den Besitz dem Gläubiger übergeben, so kann das Wegschaffen von Mobiliar weiterhin nach § 885 ZPO vollstreckt werden, wenn der materiell-rechtliche Anspruch des Gläubigers hierauf gerichtet ist (→ Rn. 3); der Titel ist nämlich nur in Bezug auf die Besitzeinweisung verbraucht (→ ZPO § 885a Rn. 9).[17] 7

[7] Majer Räumungsvollstreckung S. 96.

[8] BGH I ZB 16/06, NZM 2007, 852; BGH I ZB 19/11, NJW 2012, 2889; BGH IXa ZB 10/03, ZMR 2004, 734; OLG Hamburg NZM 2000, 1228.

[9] BGH IXa ZB 328/03, NJW-RR 2005, 212.

[10] BGH IXa ZB 328/03, NJW-RR 2005, 212; OLG Düsseldorf ZMR 2015, 852; OLGR Frankfurt 2003, 68.

[11] BGH IXa ZA 9/04, DGVZ 2005, 70, Kostenvoranschlag für die Beseitigung von 409.000 EUR.

[12] LG Köln JurBüro 2013, 160.

[13] Vgl. etwa den Sachverhalt LG Limburg DGVZ 2005, 70 als Vorinstanz zu BGH IXa ZA 9/04, DGVZ 2005, 70.

[14] Gaul/Schilken/Becker-Eberhard ZVR/*Gaul* § 5 Rn. 39.

[15] KG NJW-RR 2007, 1311.

[16] AG Potsdam DGVZ 2020, 17.

[17] **AA** AG Nürnberg DGVZ 2006, 181.

## D. Voraussetzung

8 Die Voraussetzungen für eine Vollstreckung nach § 885 ZPO ergeben sich aus § 885 Abs. 1 S. 1 ZPO. Danach ist erforderlich, dass der Schuldner eine unbewegliche Sache oder ein eingetragenes Schiff oder Schiffsbauwerk herauszugeben, zu überlassen oder zu räumen hat. Daneben müssen die **allgemeinen Voraussetzungen der Zwangsvollstreckung** erfüllt sein. Der vollstreckbare Titel muss zugestellt, die Vollstreckungsklausel erteilt (§§ 724 Abs. 1, 750 ZPO ggf. iVm § 795 ZPO) und ein Vollstreckungsantrag gestellt worden sein; für den Antrag gilt keine Formularpflicht (vgl. § 753 Abs. 3 ZPO iVm der Gerichtsvollzieherformularverordnung). Wurde eine Räumungsfrist gewährt, so muss diese abgelaufen sein. Die vorherige **Ankündigung** des **Räumungstermins** gegenüber dem Schuldner ist nur bei Beschränkung des Räumungsantrags nach § 885 a Abs. 1 ZPO gesetzlich ausdrücklich vorgeschrieben (§ 885 a Abs. 5 ZPO). Allerdings ergibt sich eine Ankündigungspflicht regelmäßig aus den Normen über den Vollstreckungsschutz (§§ 721, 765 a, 794 ZPO). Denn der Schuldner kann von diesen Regeln nur wirksam Gebrauch machen, wenn er über die bevorstehende Räumung rechtzeitig informiert wird; dies führt zu einer entsprechenden Amtspflicht des Gerichtsvollziehers.[18] Von einer Ankündigung ist aber unter dem Gesichtspunkt des Rechtsmissbrauchs ausnahmsweise abzusehen, wenn die berechtigte Befürchtung besteht, der Schuldner werde die Mitteilung zur Vorbereitung vollstreckungsvereitelnder Maßnahmen (etwa Vorschieben eines Untermieters) nutzen.

### I. Titel

9 Die Vollstreckung nach § 885 ZPO kann auf jeden unter die Norm fallenden Titel gestützt werden, dessen Vollstreckung nach den Vorschriften der ZPO erfolgt. In Betracht kommen also neben einem Urteil insbes. die in § 794 ZPO genannten Titel, daneben aber auch der **Zuschlagsbeschluss** nach § 93 Abs. 1 ZVG oder der **Insolvenzeröffnungsbeschluss** nach § 148 Abs. 2 InsO.[19] Ebenfalls unter § 885 ZPO kann der Beschluss über die Anordnung der **Zwangsverwaltung** fallen.[20] Auch Beschlüsse nach dem **FamFG** – die etwa auf § 2 GewSchG beruhen – werden gem. § 95 oder § 120 FamFG nach § 885 ZPO vollstreckt.[21] Die Räumungsvollstreckung aus dem Titel ist grds. nur einmal möglich (sog. **Verbrauch**); er kann daher nicht Grundlage einer erneuten Vollstreckung sein, wenn der Schuldner später erneut den Besitz ergreift.[22] Eine Ausnahme gilt gem. § 96 Abs. 1 FamFG für einstweilige Anordnungen in Gewaltschutzsachen und Ehewohnungssachen sowie nach **hM** für die Wiedereinweisung in die Wohnung durch die Ordnungsbehörden.[23] Zum Verbrauch durch Antragsbeschränkung → ZPO § 885 a Rn. 9. Eine **Verwirkung** des titulierten Räumungsanspruchs ist besonders gelagerten Ausnahmefällen denkbar, setzt aber zwingend eine neue vertragliche Bindung voraus (→ ZPO Einl. Räumungsvollstreckung Rn. 22). Der Verwirkungseinwand ist als materiell-rechtlicher Einwand nach § 767 Abs. 1 ZPO geltend zu machen.[24]

#### 1. Anforderungen an die titulierte Pflicht des Schuldners

10 Das vollstreckungsrechtliche **Bestimmtheitsgebot** verlangt, dass der durch die Vollstreckung zu erreichende Erfolg nach Art und Umfang aus dem Titel hervorgeht.[25] Das Bestimmtheitsgebot ist zunächst für die Frage von Bedeutung, ob – und ggf. inwieweit – der Titel eine Vollstreckung nach § 885 ZPO zulässt. Dafür muss er auf **Herausgabe, Räumung oder Überlassung** gerichtet sein (dazu auch → Rn. 7). Die Norm verhält sich nicht dazu, was Herausgabe, Überlassung und Räumung inhaltlich voneinander unterscheidet. Die Wortwahl ist aber durch das materielle Recht gerechtfertigt, das für die Pflicht zur Übertragung des Besitzes unterschiedliche Begriffe benutzt (etwa § 985 BGB: Herausgabe; § 2 GewSchG: Überlassung; § 546 BGB: Rückgabe). Vollstreckungs-

---

18 Vgl. LG Baden-Baden DGVZ 2018, 210, Ankündigungsfrist in der Regel mehr als zwei Wochen.
19 Etwa AG Darmstadt DGVZ 2009, 168; *Holzer* DGVZ 2008, 69.
20 BGH V ZB 280/10, NZM 2011, 628.
21 OLG Hamm NJW 1960, 1016; *Schuschke* NZM 2010, 137 (141).
22 Schuschke/Walker/*Walker* ZPO § 885 Rn. 3.
23 *OLG Hamm NJW 1960, 1016; LG* Heilbronn ZMR 1993, 19; Musielak/Voit/*Lackmann* ZPO § 885 Rn. 19; **aA** *Pawlowski* DGVZ 1992, 97.
24 AG München DGVZ 2012, 15.
25 Gaul/Schilken/Becker-Eberhard ZVR/*Gaul* § 10 Rn. 21.

rechtlich ist es unerheblich, ob und wie sich die Begriffe unterscheiden, weil alle drei Pflichten nach § 885 ZPO und damit nach denselben Regeln vollstreckt werden.[26] Deshalb reicht es für eine Vollstreckung nach § 885 ZPO aus, wenn der Titel die Pflicht des Schuldners mit einer der drei Begriffe bezeichnet.

Enthält der Titel die Pflicht zur Räumung (zum Begriff → ZPO Einl. Räumungsvollstreckung Rn. 1), reicht dies – wie sich ohne Weiteres aus dem Wortlaut der Norm ergibt – stets für eine Vollstreckung nach § 885 ZPO aus.[27] Nach § 885 ZPO kann auch vollstreckt werden, wenn der Schuldner zur Herausgabe verurteilt wird; es bedarf daneben nicht auch noch der Tenorierung einer Überlassungs- und/oder Räumungspflicht.[28] Dementsprechend kann auch bei einem solchen Titel das **Mobiliar** des Schuldners nach § 885 Abs. 2 ZPO aus den Räumen **entfernt** werden.[29] Ausnahmen ergeben sich, wenn der Gläubiger seinen Vollstreckungsauftrag nach § 885 a Abs. 1 ZPO beschränkt (→ ZPO § 885 a Rn. 8), was insbes. bei der Herausgabe möbliert vermieteter Räume sinnvoll ist (→ Rn. 32). Daneben ist denkbar, dass die Parteien – etwa im Räumungsvergleich – die **Beschränkung der Vollstreckung** auf die Maßnahme nach § 885 Abs. 1 ZPO vereinbaren.[30] Hierin liegt – je nachdem, ob der vollstreckbare Anspruch auf Wegschaffen des Mobiliars gerichtet ist oder nicht (→ Rn. 3) – ein Verzicht des Schuldners oder des Gläubigers auf die seinem Interesse dienende Norm. Dieser Verzicht ist wirksam, weil der Verzichtende seine Auswirkungen konkret überblicken kann (zu diesem Kriterium → ZPO § 721 Rn. 83). In einem solchen Fall ist die Entfernung des Mobiliars unzulässig.[31] Zuletzt soll in Betracht kommen, dass das Gericht die Vollstreckung auf die Maßnahme nach § 885 Abs. 1 ZPO beschränkt, wenn der Anspruch des Gläubigers materiell-rechtlich nur hierauf gerichtet ist.[32] Das überzeugt deshalb nicht, weil das Gericht gesetzlich nicht befugt ist, die in diesen Fällen schuldnerschützende Norm (→ Rn. 3) auszuschalten. 11

Problematisch sind Titel, die keinen der in § 885 Abs. 1 S. 1 ZPO genannten Begriffe verwenden. Dies ist etwa der Fall, wenn der Titel eine Pflicht zur „Rückgabe" (vgl. § 546 BGB) oder zum **„Auszug"** enthält. Hier ist im Wege der **Auslegung** zu ermitteln, ob die titulierte Pflicht unter § 885 ZPO fällt. Maßgeblich ist dafür, ob die Pflicht darauf gerichtet ist, den Schuldner – ggf. einschließlich des ihm gehörenden Mobiliars – aus der (Miet-)Sache zu entfernen.[33] Diese Voraussetzung ist etwa erfüllt, wenn der Schuldner zur Rückgabe verpflichtet ist, weil dies der mietrechtliche Begriff für die Räumung ist (§ 546 BGB).[34] Ausreichend ist auch, wenn der Titel die Pflicht zur Besitzverschaffung ausspricht.[35] Gleiches gilt für die Pflicht, aus der (Miet-)Sache auszuziehen, weil dies nach dem allgemeinen Sprachverständnis ein Synonym für die in § 885 ZPO genannten Begriffe (Herausgabe, Überlassung, Räumung) ist.[36] Mangels einer Titulierung der Pflicht zur Besitzaufgabe nicht ausreichend ist es hingegen, wenn ein Vergleich lediglich die Einigung über die Beendigung des Mietvertrags enthält.[37] Ebenfalls nicht ausreichend ist nach wohl allg. Meinung der Tenor einer Entscheidung nach dem FamFG, wonach Räume dem Gläubiger „zugewiesen" werden.[38] Zur Abgrenzung zu §§ 887 f. ZPO → Rn. 5 f. 12

---

[26] Materiell-rechtlich bedeutet etwa Herausgabe nach § 985 BGB nur den Besitzwechsel, während die Rückgabe nach § 546 BGB jdf. auch das Leerräumen der Mietsache umfasst, → Rn. 3 sowie → BGB § 538 Rn. 25 ff.

[27] Unzutr. LG Karlsruhe DGVZ 1978, 120.

[28] Etwa Prütting/Gehrlein/*Lugani* ZPO § 885 Rn. 9; Zöller/*Seibel* ZPO § 885 Rn. 2.

[29] BGH IXa ZB 10/03, ZMR 2004, 734.

[30] Zu vollstreckungsbeschränkenden Verträgen BGH VIII ZR 258/86, NJW-RR 1987, 907; Gaul/Schilken/Becker-Eberhard ZVR/*Gaul* § 33 Rn. 38 ff.; Zöller/*Seibel* ZPO Vor § 704 Rn. 25.

[31] KG FamRZ 1987, 1290.

[32] So zu § 1361 b BGB OLG Karlsruhe FamRZ 1994, 1185; Prütting/Wegen/Weinreich/*Weinreich* BGB § 1361 b Rn. 24.

[33] Schuschke/Walker/*Walker* ZPO § 885 Rn. 2.

[34] OLGR Jena 1998, 303; OLGR Saarbrücken 2005, 905.

[35] BGH V ZB 280/10, NZM 2011, 628 zum Beschluss nach § 150 Abs. 2 ZVG.

[36] LG Bremen 4 T 504/20, BeckRS 2021, 42024; *Gilleßen* DGVZ 2006, 145 (148); Zöller/*Seibel* ZPO § 885 Rn. 2; unzutr. AG Mainz DGVZ 2001, 63.

[37] LG Berlin DGVZ 1991, 92; anders kann dies bei gleichzeitiger Vereinbarung einer Räumungsfrist sein LG Coburg DGVZ 1991, 38.

[38] OLG Stuttgart FamRZ 2002, 559; OLG Zweibrücken NZM 2020, 662.

**2. Bestimmtheit des Vollstreckungsgegenstandes**

13 Die Zwangsvollstreckung nach § 885 ZPO ist nur zulässig, wenn die herauszugebende Sache im Titel hinreichend bestimmt ist. Dieses Gebot folgt insbes. aus der Notwendigkeit, die Befugnisse des Gerichtsvollziehers klar festzulegen.[39] Die Beachtung dieses Gebots wird bereits im Erkenntnisverfahren gefordert, weil § 253 Abs. 2 Nr. 2 ZPO einen hinreichend bestimmten Klageantrag verlangt. Dafür muss ein dem Antrag entsprechender Tenor die Zwangsvollstreckung ohne eine Fortsetzung des Streits im Vollstreckungsverfahren erwarten lassen.[40] Wird dennoch ein **unbestimmter Titel** erlassen, kann die Vollstreckung nach § 885 ZPO nicht erfolgen; der Gläubiger muss eine **neue Klage** erheben.[41]

14 Der Räumungstitel ist hinreichend bestimmt, wenn ihm sich – ggf. durch Auslegung – entnehmen lässt, welche konkreten Räumlichkeiten herauszugeben sind. Dabei ist zu unterscheiden: Ist der Titel Ergebnis eines **gerichtlichen Erkenntnisverfahrens,** insbes. eines Urteils, so kann sein genauer Inhalt im Wege der Auslegung auch unter Zuhilfenahme des **Tatbestandes und der Entscheidungsgründe** bestimmt werden.[42] In Versäumnisurteilen kann nach Ansicht des BGH zur Auslegung auch auf den Klageantrag nebst Begründung zurückgegriffen werden[43]; gleiches muss dann auch für ein Anerkenntnisurteil gelten. In Urteilen genügt nach der Rspr. zudem eine Bezugnahme auf **Anlagen** ausnahmsweise dem Bestimmtheitsgebot, falls sich der Tenor der Entscheidung anderenfalls mit vertretbarem Aufwand nicht fassen ließe.[44] Ansonsten – dies ist insbes. bei **Vergleichen** von Bedeutung – muss der **Titel aus sich heraus** genügend bestimmt sein oder jedenfalls sämtliche Kriterien für seine Bestimmbarkeit eindeutig festlegen. Es genügt dann etwa nicht, wenn auf Urkunden Bezug genommen wird, die nicht Bestandteil des Titels sind – also mit diesem nicht fest verbunden sind – oder wenn die Leistungspflicht nur aus dem Inhalt anderer Schriftstücke ermittelt werden kann.[45] Allerdings kann bei der Auslegung auch von nicht auf einem Erkenntnisverfahren beruhenden Titeln auf allgemein zugängliche und sicher feststellbare Umstände zurückgegriffen werden.[46] Solche sind aber nicht die Prozessakten[47], weshalb etwa bei einem Räumungsvergleich deren Inhalt bei der Auslegung nicht zu berücksichtigen ist. Ist der Titel unbestimmt, kann der Schuldner **nach § 766 ZPO** die Zwangsvollstreckung für unzulässig erklären lassen.[48]

15 Nach diesen Grundsätzen ist etwa ein Titel hinreichend bestimmt, der die zu räumende Wohnung **postalisch** bezeichnet sowie – falls erforderlich (zB Mehrfamilienhaus) – ihre genaue Lage nennt. Die Lagebezeichnung „links" oder „rechts" auf der Etage ist allerdings unbestimmt, weil unklar ist, aus welcher Sicht sich dies beurteilt.[49] Gleiches gilt, wenn nur das Stockwerk bezeichnet ist, sich dort aber mehrere Wohnungen befinden.[50] Nicht erforderlich ist es hingegen, dass die Zahl der Räume der Wohnung im Titel genannt wird, weil sich der Titel auf sämtliche räumlich **zur Wohnung gehörenden Bereiche** erstreckt. Unklarheiten, welche Bereiche zu den im Titel genannten Räumen gehören, muss der Gerichtsvollzieher ggf. durch Hilfsmittel (zB Baupläne) beseitigen.[51] Abgetrennte Nebenräume oder Flächen (zB Garagen oder Kellerräume) sind vom Titel hingegen – vorbehaltlich einer anderen Auslegung – nur erfasst, wenn sie in ihm genannt sind.[52] Dabei gilt auch hier das Bestimmtheitsgebot, weshalb etwa die in der Praxis häufig anzufindende Formulierung, die den Mieter zur Herausgabe der Wohnung „nebst zugehörigem Keller" verpflichtet, nur zur Räumung eines **Kellers** berechtigt, wenn dieser vom Gerichtsvollzieher ermittelt werden kann. Dem Bestimmtheitsgebot genügt ein Titel, der das zu räumende Grundstück mit seiner

---

[39] Gaul/Schilken/Becker-Eberhard ZVR/*Gaul* § 10 Rn. 21.

[40] BGH VIII ZR 94/12, NJW 2013, 1367; BGH I ZR 168/00, NJW 2003, 668.

[41] BGH I ZB 57/10, NJW 2011, 3161; Gaul/Schilken/Becker-Eberhard ZVR/*Gaul* § 10 Rn. 43.

[42] BGH I ZB 57/10, NJW 2011, 3161; BGH I ZR 117/97, NJW 2000, 2207; BGH IX ZB 55/92, NJW 1993, 1801.

[43] BGH IX ZR 244/92, NJW 1994, 460.

[44] BGH I ZR 18/01, NJW-RR 2003, 910; BGH I ZR 117/97, NJW 2000, 2207.

[45] BGH XII ZR 94/03, NJW 2006, 695.

[46] BGH IVb ZR 73/84, NJW 1986, 1440.

[47] OLG Saarbrücken NJW-RR 2010, 95; OLG Schleswig BauR 2009, 851; Zöller/*Geimer* ZPO § 794 Rn. 14a.

[48] BGH I ZB 61/12, NJW 2013, 2287.

[49] **AA** LG München I ZMR 2017, 942, Sicht auf Straßenfassade maßgeblich.

[50] LG Heidelberg ZMR 2020, 251.

[51] BGH I ZB 61/12, NJW 2013, 2287; Grenzfall bei LG Dessau-Roßlau NZM 2017, 191.

[52] LG Bonn DGVZ 1998, 142; Schmid/Harz/*Riecke* ZPO § 885 Rn. 41; anders wohl *Gilleßen* DGVZ 2006, 145 (149), Titel erstreckt sich auf das Nebengelass.

**grundbuchmäßigen** oder katastermäßigen **Bezeichnung** benennt, weil es sich um allgemein zugängliche und sicher feststellbare Bestimmungskriterien handelt.[53] Der BGH scheint hier allerdings die Angabe von Gemarkung, Band, Blatt und Flurstück zu verlangen[54], was nicht überzeugt, weil etwa auch die bloße Angabe des Grundbuches nebst Blattnummer die Bestimmbarkeit gewährleistet. Ausreichend ist auch, wenn die zu räumende Fläche in einer **Anlage** zum Titel so eingezeichnet ist, dass sie identifizierbar ist; eine ganz exakte Bestimmung der Grenzen, etwa durch maßstabsgerechte Eintragungen in einer Liegenschaftskarte, ist nicht erforderlich.[55]

### 3. Bestimmtheit des Schuldners

Dr Titel muss nach § 750 ZPO die Parteien der Zwangsvollstreckung hinreichend bestimmen; hiervon zu trennen ist Frage, ob der Titel auch zur Räumung in ihm nicht genannter Personen berechtigt (→ Rn. 24 ff.). Bestehen bei Räumungstiteln Zweifel über die Person des Schuldners, gelten die obigen Ausführungen (→ Rn. 13 ff.) zur **Auslegung** entsprechend.[56] 16

Ein Räumungstitel, der den Schuldner namentlich nicht genau benennt, ihn aber dadurch identifiziert, dass er etwa gegen die „jeweiligen unmittelbaren Besitzer" oder gegen „Personen, die sich zum Zeitpunkt der Zustellung dauerhaft auf dem Grundstück … aufhalten" gerichtet ist, berechtigt nach hM nicht zur Vollstreckung. Dies ist vor allem für **Hausbesetzungen** von Bedeutung. Der BGH[57] hat der Gegenansicht[58] unter Hinweis insbes. auf das Bedürfnis nach Rechtssicherheit eine Absage erteilt. Dem Räumungsgläubiger steht in diesen Fällen also allein der öffentlich-rechtliche Rechtsschutz[59] zur Verfügung, der indes voraussetzt, dass die dort zuständigen Organe ihm auch zur Hilfe schreiten. 17

## II. Vollstreckungsgegenstand

Die Vollstreckung nach § 885 ZPO setzt voraus, dass sich die Mietsache entweder in einer unbeweglichen Sache oder einem eingetragenen Schiff oder Schiffsbauwerk befindet. Der Begriff der unbeweglichen Sache bestimmt sich nach §§ 93 ff. BGB. § 885 ZPO findet also einerseits Anwendung auf die Räumung von Grundstücken sowie Gebäuden oder Gebäudeteilen, insbes. Wohnungen, die wesentliche Bestandteile eines Grundstücks sind. Sollen Räumlichkeiten herausgegeben werden, die nach § 95 BGB **Scheinbestandteile** eines Grundstücks sind – etwa ein Wohncontainer oder ein Mobilheim – ist § 885 ZPO analog anwendbar, weil für die Vollstreckung die Bestandteilsproblematik unerheblich ist.[60] Dies wird praxisrelevant, wenn der Titel (auch) auf Herausgabe des Scheinbestandteils gerichtet ist, weil mit diesem dann nicht nach § 885 Abs. 2–4 ZPO verfahren wird, sondern diese Räumlichkeiten auf dem Grundstück verbleiben. 18

Die Begriffe des eingetragenen Schiffs und des eingetragenen Schiffsbauwerks ergeben sich aus §§ 4, 65 **SchRegO.** Ist ein Schiff nicht eingetragen, findet § 885 ZPO analoge Anwendung, weil die Eintragung für die Art und Weise der Vollstreckung unerheblich ist.[61] 19

## E. Rechtsfolgen

Die Rechtsfolgen einer Vollstreckung nach § 885 ZPO betreffen einerseits die herauszugebende Sache (§ 885 Abs. 1 S. 1 ZPO), andererseits das in der Sache befindliche Mobiliar (§ 885 Abs. 2–4 ZPO). Daneben muss der Schuldner die **Angaben nach § 885 Abs. 1 S. 2 ZPO** machen; die Nichtbeachtung dieser prozessualen Pflicht ist allerdings nicht sanktionsbewehrt. 20

---

[53] OLG München DGVZ 1999, 56; BGH IX ZR 255/93, NJW 1995, 1162. Großzügig LG München I ZMR 2017, 942: Auch ohne Beifügung des Aufteilungsplans nach § 7 Abs. 4 WEG oder Bezeichnung des Grundbuchs im Titel ist der Plan zu berücksichtigen.
[54] BGH I ZB 120/05, NJW-RR 2009, 445.
[55] BGH V ZR 162/08, GuT 2009, 330.
[56] Gaul/Schilken/Becker-Eberhard ZVR/*Gaul* § 10 Rn. 74.
[57] BGH I ZB 103/16, NJW 2018, 399.
[58] Insbes. Majer Räumungsvollstreckung S. 38 ff.
[59] Vgl. die Darstellung bei Majer Räumungsvollstreckung S. 59 ff. mN.
[60] Zöller/*Seibel* ZPO § 885 Rn. 1.
[61] Zöller/*Seibel* ZPO § 885 Rn. 1 für bewohnte Schiffe; **aA** BeckOK ZPO/*Stürner* § 885 Rn. 4, Vollstreckung nach § 883 ZPO.

### I. Herausgabe des Vollstreckungsgegenstandes (§ 885 Abs. 1 S. 1 ZPO)

21 Nach § 885 Abs. 1 S. 1 ZPO hat der Gerichtsvollzieher den Schuldner aus dem Besitz zu setzen und den Gläubiger in den Besitz einzuweisen. Einzelheiten sind in §§ 180f. GVGA enthalten. Diese nur innerdienstlich bindende Regelung[62] wird von der Rspr. zwar auch zur Ausfüllung des gegenüber den Parteien bestehenden Pflichtenprogramms herangezogen.[63] Ein Verstoß gegen die **GVGA** ist aber kein vollstreckungsrechtlicher Verfahrensfehler, weshalb er nicht nach § 766 ZPO gerügt werden kann.[64] Nach § 128 Abs. 2 GVGA hat der Gerichtsvollzieher den Schuldner regelmäßig drei Wochen vor dem Räumungstermin über die Vollstreckung zu informieren (→ Rn. 8). Droht durch die Vollstreckung Obdachlosigkeit, hat der Gerichtsvollzieher die zuständige Verwaltungsbehörde zu benachrichtigen. Auf Antrag kann der Gerichtsvollzieher nach § 765 a Abs. 2 ZPO die Zwangsvollstreckung aufschieben (→ ZPO § 765 a Rn. 36).

#### 1. Grundsätze des Besitzwechsels

22 Der für den Besitzwechsel erforderliche Besitzverlust des Schuldners wird vom Gerichtsvollzieher notfalls durch unmittelbaren Zwang (§ 758 Abs. 3 ZPO) herbeigeführt. Muss der Gerichtsvollzieher hierbei Wohnräume betreten, ist dafür keine richterliche Anordnung notwendig, solange die Vollstreckung nicht zur Nachtzeit erfolgt (§ 758 a ZPO).[65] Was für die **Besitzeinweisung** erforderlich ist, bestimmt sich nach **bürgerlichem Recht.**[66] Der Besitzwechsel erfolgt bei Räumen regelmäßig dadurch, dass der Gerichtsvollzieher dem Gläubiger die Schlüssel zu den Räumen übergibt.[67] Behält der Gerichtsvollzieher zur Ausführung der Räumung einen Schlüssel zurück, ist die Besitzeinweisung dennoch vollendet, wenn außer ihm nur noch der Gläubiger einen Schlüssel besitzt, da der Gerichtsvollzieher keinen Besitzwillen hat. Sind (nicht alle) Schlüssel vom Schuldner zu erlangen, tauscht der Gerichtsvollzieher das Schloss aus. Auch bei befriedeten Grundstücken erfolgt der Besitzwechsel regelmäßig durch **Schlüsselübergabe.** Scheidet eine solche aus tatsächlichen Gründen aus, erfolgt die Herausgabevollstreckung durch die zu protokollierende Erklärung des Gerichtsvollziehers, dass der Schuldner aus dem Besitz gesetzt und der Gläubiger in diesen eingewiesen wird, weil in diesen Fällen für die Besitzerlangung der Besitzwille ausreicht.[68]

23 Der Besitzwechsel verlangt nicht zwingend, dass sämtliche Bewohner des Vollstreckungsgegenstandes diesen verlassen. So wird etwa der Titel auf **Herausgabe** gegen den Mieter eines **Altenheims** dadurch vollzogen, dass der Gerichtsvollzieher diesen aus dem Besitz setzt; die Räumung der Bewohner ist nicht erforderlich.[69] Die Vollstreckung kann auf einen von **mehreren Schuldnern** beschränkt werden.[70]

#### 2. Vollstreckung gegen im Titel nicht genannte Dritte

24 Praktisch bedeutsam ist die Frage, ob der Gerichtsvollzieher auch Personen aus dem Besitz setzen kann, die im Titel nicht als Schuldner genannt sind. Nach der Rspr. ist die Vollstreckung gegen Dritte aus dem Titel nur zulässig, wenn diese **keinen Besitz** an den Räumen haben.[71] Dies überzeugt, weil § 885 ZPO den zwangsweisen Besitzverlust nur gegenüber dem Schuldner zulässt und damit nur gegen die Personen, die im Titel genannt sind. Eine abweichende Interpretation der Norm – wie sie früher vertreten wurde[72] – ist seit Einführung von **§ 940 a Abs. 2 ZPO** de lege lata ausgeschlossen. Diese Vorschrift ermöglicht es, gegen den (Mit-)Besitzer von Wohnraum im Verfahren der einstweiligen Verfügung einen Räumungstitel zu erlangen, was zeigt, dass ohne Titel gegen diese Personen nicht vollstreckt werden kann. Die Vollstreckung gegen den Drittbesitzer ist

---

[62] BVerfG NJW 1987, 2499; OLG Hamburg NJW 1966, 2319; die in den Bundesländern einheitlich erlassene GVGA beruht auf § 154 GVG.

[63] BGH III ZR 143/06, NJW-RR 2008, 338, Amtshaftung; *Midderhoff* DGVZ 1983, 4.

[64] LG Bonn DGVZ 1993, 41; *Midderhoff* DGVZ 1983, 4; Musielak/Voit/*Lackmann* ZPO § 766 Rn. 22.

[65] BGH VIII ZR 8/11, NJW 2012, 144 Rn. 16.

[66] BGH I ZB 120/05, NJW-RR 2009, 445.

[67] BGH I ZB 13/18, WvM 2019, 47 Rn. 12.

[68] BGH I ZB 120/05, NJW-RR 2009, 445; BGH V ZR 162/08, GuT 2009, 330.

[69] BGH IXa ZB 10/03, ZMR 2004, 734.

[70] *BGH I ZB 61/19, NJW 2020, 3376 Rn. 39.*

[71] BGH I ZB 39/08, NJW 2008, 3287; BGH I ZB 56/07, NJW 2008, 1959; BGH IXa ZB 51/04, FamRZ 2005, 269; BGH IXa ZB 29/04, NJW 2004, 3041.

[72] Sog. Ein-Titel-Theorie, s. die Darstellung bei Majer Räumungsvollstreckung S. 23ff.

nach Ansicht des BGH auch dann unzulässig, wenn der Dritte dem Handeln des Gerichtsvollziehers nicht widerspricht.[73] Der Dritte kann sich gegen die Vollstreckung über **§ 766 ZPO** wehren (→ Rn. 60). Eine **Vollstreckung** nur gegen den im Titel genannten **mitbesitzenden Schuldner** ist hingegen **möglich;** der Gläubiger kann nach § 885 a Abs. 1 ZPO beantragen, dass dieser aus dem Besitz gesetzt wird. Der Gerichtsvollzieher kann dann etwa das Schloss zu den Räumen auswechseln und die Schlüssel dem im Titel nicht genannten Dritten aushändigen.[74] Die Entfernung des Räumungsgutes nach § 885 Abs. 2 ZPO ist in diesen Fällen unzulässig, weil für den Gerichtsvollzieher nicht ersichtlich ist, inwieweit dieses dem Dritten gehört und daher nicht unter die Norm fällt.[75] Praktisch sinnvoll ist ein solches Vorgehen regelmäßig allerdings nicht, weil der Vermieter nicht in den Besitz der Räume gelangt und auch faktisch nicht verhindern kann, dass der Dritte den Schuldner wieder in die Räume aufnimmt.

Ob im Titel nicht genannte Dritte (Mit-)Besitzer der Räume sind, bestimmt sich nach § 854 25
BGB.[76] Die Norm verlangt einerseits die tatsächliche **Sachherrschaft** und andererseits einen **Besitzwillen.**[77] Ob diese Voraussetzungen erfüllt sind, muss der Gerichtsvollzieher anhand der konkreten Umstände des Einzelfalls prüfen.[78] Der nur fiktive **Erbenbesitz** (§ 857 BGB) begründet keinen Besitz iSd § 885 ZPO.[79] Trifft der Gerichtsvollzieher den **Ehegatten** des Mieters in der Wohnung an, ist dieser nach Ansicht des BGH regelmäßig Besitzer; die Aufnahme in die Wohnung reiche für die Besitzbegründung aus.[80] Gleiches muss dann für den **Lebenspartner** (§ 1 Abs. 1 LPartG) gelten. Bei anderen Personen, insbes. **nichtehelichen Lebensgefährten,** bedarf es hingegen einer näheren Prüfung der Besitzverhältnisse, wobei die Anzeige der Besitzerlangung an den Gläubiger (Vermieter) für die Besitzbegründung nicht zwingend erforderlich ist.[81] Aus den Gesamtumständen muss sich nach Ansicht des BGH aber klar und eindeutig ergeben, dass der Dritte Mitbesitzer ist. Als mögliche Anhaltspunkte nennt der BGH die Anzeige der Aufnahme des Dritten in die Wohnung gegenüber dem Vermieter oder seine melderechtliche Anmeldung in der Wohnung.[82] Minderjährige **Kinder** des Schuldners haben nach der Rspr. grds. keinen Mitbesitz; werden die Kinder volljährig, so ändert sich dies nur, wenn die Änderung der Besitzverhältnisse nach außen eindeutig erkennbar geworden ist.[83]

Die – zutreffende – Rspr. des BGH führt in der Praxis zu Rechtsunsicherheit, weil sie die Vorher- 26
sehbarkeit des Vollstreckungserfolgs mit der Ungewissheit belastet, ob im konkreten Fall Personen als Besitzer eingeordnet werden oder nicht. Das Bedürfnis nach einer **normativen Bewertung** der Besitzproblematik liegt daher auf der Hand. Hierfür könnten **Personengruppen** (Ehegatten, Kinder, Besucher, Lebensgefährten, Besucher etc) gebildet und diese besitzrechtlich eingeordnet werden.[84] Ein solches Vorgehen ist aber nur **bedingt praxistauglich.** Denn einerseits setzt Besitz voraus, dass die Herrschaftsbeziehung des Dritten für jeden, der ein Interesse daran hat, erkennbar ist.[85] Zudem kann der Besitz jederzeit ergriffen werden.[86] Allein durch Zuordnung einer Person zu einer bestimmten Gruppe kann daher die Frage des Besitzes nicht abschließend geklärt werden. Zwar bestimmt sich die Frage der tatsächlichen Sachherrschaft nach der **Verkehrsanschauung.**[87] Hier können also normative Kriterien (zB Ehegatte) durchaus fruchtbar gemacht werden. Die Publizität des Besitzes entzieht sich hingegen einer allgemeinen Betrachtung. Dies zeigt sich auch in der

---

[73] BGH IXa ZB 29/04, NJW 2004, 3041.
[74] AG Leverkusen DGVZ 1996, 126; OLG Köln WuM 1997, 280.
[75] LG Wiesbaden DGVZ 2000, 24.
[76] BGH IXa ZB 29/04, NJW 2004, 3041.
[77] Statt vieler BGH VIII ZR 379/86, NJW 1987, 2812; Bamberger/Roth/Hau/Poseck/*Fritzsche* BGB § 854 Rn. 20.
[78] BGH I ZB 56/07, NJW 2008, 1959.
[79] BGH I ZB 61/19 NJW 2020, 2276 Rn. 35.
[80] BGH I ZB 56/07, NJW 2008, 1959; BGH IXa ZB 29/04, NJW 2004, 3041.
[81] BGH I ZB 56/07, NJW 2008, 1959.
[82] BGH I ZB 56/07, NJW 2008, 1959.
[83] BGH I ZB 56/07, NJW 2008, 1959; LG Saarbrücken DGVZ 2018, 183; unzutr. AG Wiesbaden WuM 2015, 633, Bewohnen eigener Räume und Zahlen eines Entgelts an die Eltern reicht nicht.
[84] *Gilleßen* DGVZ 2009, 145 (153); *Schuschke* DGVZ 2009, 161.
[85] BGH V ZR 10/63, NJW 1965, 1712; Bamberger/Roth/Hau/Poseck/*Fritzsche* BGB § 854 Rn. 29; Staudinger/*Gutzeit* BGB § 854 Rn. 8.
[86] Deshalb ist es besitzrechtlich etwa unerheblich, wenn vor der Räumungsklage – und damit Monate vor der Vollstreckung – der Mieter auf eine Anfrage des Vermieters, ob ein Drittbesitzer existiere, negativ geantwortet hat, unzutr. daher *Scholz* ZMR 2009, 99; iErg auch *Klimesch* ZMR 2009, 431.
[87] BGH VIII ZR 379/86, NJW 1987, 2812.

**Instanzrechtsprechung,** die etwa den Umstand der ordnungsrechtlichen Anmeldung unterschiedlich bewertet.[88] Die bloße Anwesenheit eines Dritten bei der Vollstreckung soll dieser nicht entgegenstehen.[89] Geht es um die Räumung von Geschäftsräumen, soll die konkrete Feststellung eines etwaigen Mitbesitzes der Ehefrau erforderlich sein.[90] Schwierigkeiten bereiten auch Konstellationen, in denen der Gerichtsvollzieher beim Räumungstermin keinen Dritten antrifft. Ein fremder Name auf dem Türschild soll für erkennbaren Besitz eines Dritten dann nicht ausreichen[91], ebenso wenig der Umstand, dass der Schuldner den Besitz eines nicht anwesenden Dritten behauptet.[92] Keinen Besitz haben die Patienten einer Klinik[93]; die Bewohner eines Altenheims sind hingegen Besitzer (zur Räumung → Rn. 23).

27 Hat der Dritte danach Besitz an der herauszugebenden Sache, kann dieser Umstand nicht nach **Treu und Glauben** ignoriert werden, und zwar selbst dann nicht, wenn die Zwangsvollstreckung durch den Besitz des Dritten vereitelt wird.[94] Dies gilt auch dann, wenn der Mieter unzutreffend vor der Räumungsklage den Besitz eines Dritten in Abrede gestellt hat.[95] Denn § 242 BGB kann die Voraussetzung des § 750 Abs. 1 S. 1 ZPO schon grds. nicht ausschalten.[96] Zudem könnte das treuwidrige Verhalten des Mieters (falsche Antwort) nicht dem Dritten entgegengehalten werden. Ein Mieter, der auf diese Weise die Vollstreckung vereitelt, macht sich aber nach § 280 BGB **schadensersatzpflichtig;** handelt es sich um eine Kapitalgesellschaft, kommt ein Durchgriff gegen die handelnden Personen nach § 826 BGB in Betracht.[97]

28 Eine **Umschreibung des Titels** gegen den Dritten nach **§ 727 ZPO** ist zwar möglich, scheitert in der Praxis aber regelmäßig daran, dass der für die Umschreibung erforderliche Nachweis, dass der Besitzwechsel nach Rechtshängigkeit erfolgte, nicht in der gem. § 727 Abs. 1 ZPO erforderlichen Form geführt werden kann.[98] In der Lit. wird vorgeschlagen, die spätere Umschreibung dadurch zu ermöglichen, dass der Räumungsantrag mit einem Feststellungsantrag zum Fehlen von Drittbesitz flankiert wird.[99] Auch bei **Tod** des Mieters ist eine Titelumschreibung nötig.[100]

### 3. Beschränkung auf einen Teil der herauszugebenden Sache

29 Auch in der Zwangsvollstreckung gilt grds. die **Dispositionsmaxime.** Deshalb kann der Gläubiger die Vollstreckung auf einen Teil des titulierten Anspruchs beschränken.[101] Der Gläubiger kann daher beantragen (vgl. § 753 ZPO), dass er nur in den Besitz eines näher bezeichneten Teils der herauszugebenden Räume durch den Gerichtsvollzieher eingewiesen werden möge.[102] Zur Beschränkung des Antrags siehe auch § 885a ZPO.

## II. Bewegliche Sachen (Abs. 2–5)

30 Während § 885 Abs. 1 S. 1 ZPO die Übertragung des Besitzes am Vollstreckungsgegenstand betrifft, regeln die § 885 Abs. 2–5 ZPO den Umgang mit beweglichen Sachen, die nicht Gegenstand der Vollstreckung sind. Hierbei ist zu beachten, dass § 885 Abs. 2–4 ZPO nicht gelten, wenn bewegliche Sachen nach **anderen Regeln** der **Vollstreckung unterliegen,** etwa wegen

[88] Für Besitz ausreichend AG Wuppertal JurBüro 2011, 319; **aA** AG Ludwigshafen WuM 2010, 45; AG Bad Neuenahr-Ahrweiler DGVZ 2009, 167.

[89] LG Frankfurt a. M. 2-11 T 21/12, IBRRS 2012, 3385.

[90] AG Leipzig DGVZ 2010, 156, Gewerbeanmeldung nicht ausreichend.

[91] LG Berlin GE 2012, 404; **aA** Majer Räumungsvollstreckung S. 16 und für die Begründetheit einer Räumungsklage gegen den Dritten OLG Hamburg NZM 2012, 387.

[92] LG Hamburg ZMR 2012, 916; AG Charlottenburg NJW-RR 2014, 1359, Vorlage Untermietvertrag reicht nicht.

[93] BVerfG DGVZ 2002, 118; LG Gießen BeckRS 2002, 31212342.

[94] BGH I ZB 39/08, NJW 2008, 3287 Rn. 10ff.; **aA** Schmid/Harz/*Riecke* ZPO § 885 Rn. 76; Schuschke/Walker/*Walker* ZPO § 885 Rn. 11.

[95] **AA** *Klimesch/Wedel* ZMR 2012, 679 (681).

[96] BGH I ZB 39/08, NJW 2008, 3287 Rn. 10ff.; die wenige Monate zuvor angestellten Überlegungen des BGH zu diesem Problemkreis BGH I ZB 56/07, NJW 2008, 1959 sind damit überholt.

[97] OLG München ZMR 2020, 28.

[98] *Schuschke* DGVZ 2009, 160 (163).

[99] Näher *Baer* ZMR 2013, 334.

[100] BGH I ZB 61/19, NJW 2020, 3376 Rn. 29.

[101] Gaul/Schilken/Becker-Eberhard ZVR/*Becker-Eberhard* § 26 Rn. 5.

[102] LG Kleve DGVZ 2010, 215.

einer gleichzeitigen Vollstreckung nach § 808 BGB.[103] Zum Zweck von § 885 Abs. 2–5 ZPO → Rn. 3f.

**1. Begriff der beweglichen Sache („Räumungsgut")**

31 Die von §§ 885 Abs. 2–4 ZPO erfassten Sachen definieren sich einerseits durch das Merkmal der Beweglichkeit, andererseits dadurch, dass sie nicht Gegenstand der Vollstreckung und damit **vermögensrechtlich dem Schuldner zugeordnet** sind (sog. Räumungsgut). Daraus folgt zunächst, dass **wesentliche Bestandteile** des Vollstreckungsgegenstandes (§§ 93f. BGB) nicht unter § 885 Abs. 2 ZPO fallen, weshalb etwa mit Bauwerken und Anpflanzungen nicht gem. § 885 Abs. 2–4 ZPO zu verfahren ist.[104] Gleiches gilt bspw. für eine Einbauküche oder eine Heizungsanlage, wenn diese wesentliche Bestandteile des Gebäudes und damit des Grundstücks sind, was sich nach der örtlichen Verkehrsanschauung bestimmt.[105] Beim **Zubehör** (§§ 97f. BGB) des Vollstreckungsgegenstandes handelt es sich zwar um eine bewegliche Sache, was dafür sprechen würde, Zubehör unter § 885 Abs. 2 ZPO zu fassen. Nach allgemeiner Ansicht fällt Zubehör aber unter § 885 Abs. 1 ZPO, auch wenn es im Titel nicht ausdrücklich als Teil der herauszugebenden Sache genannt ist.[106] Das Zubehör verbleibt daher im Vollstreckungsgegenstand. Die Zuordnung einer konkreten Sache zum Räumungsgut erfolgt vor Ort durch den Gerichtsvollzieher unter Berücksichtigung der Verkehrsanschauung, weil dies das für die Zuordnung als wesentlicher Bestandteil oder Zubehör maßgebliche Kriterium ist.[107] Gegen die **Zuordnungsentscheidung** können sich die Parteien nach § 766 ZPO wehren.[108] § 885 Abs. 2–4 ZPO gelten nach § 90a S. 3 BGB für **Tiere** entsprechend; der Gläubiger kann für die Entfernung der Tiere vom Grundstück nicht etwa auf das Tätigwerden der Ordnungsbehörden verwiesen werden.[109]

32 § 885 Abs. 2 ZPO differenziert nicht nach den **Eigentumsverhältnissen,** weshalb Räumungsgut nicht nur dem Schuldner, sondern auch Dritten gehörende Sachen sind.[110] Vom Wortlaut erfasst wird auch Eigentum des Gläubigers. Das Wegschaffen dieser Sachen durch den Gerichtsvollzieher ist vom Zweck der Norm (→ Rn. 3) aber nicht erfasst. Dies gebietet es, Eigentum des Gläubigers aus dem Anwendungsbereich auszunehmen, wenn das Eigentum und ein fehlendes Besitzrecht für den Gerichtsvollzieher offensichtlich sind.[111] Dies kann etwa bei der Vermietung einer möblierten Wohnung bedeutsam werden, weil die Möbel regelmäßig nicht Zubehör sind.[112]

33 Problematisch ist, inwieweit – dem Wortlaut entsprechend – auch **Unrat, Müll oder wertloses Gerümpel** Räumungsgut sind. Nach Ansicht des BGH fällt die aufwändige und kostenintensive Beseitigung von Abfall nicht unter die Norm, sondern bedarf einer gesonderten Titulierung und Vollstreckung nach § 887 ZPO (→ Rn. 6).[113] In einem obiter dictum aus der Zeit vor Einführung von § 885 Abs. 3 S. 2 ZPO hat der BGH ferner festgehalten, der Gerichtsvollzieher müsse Unrat, Müll oder wertloses Gerümpel nicht in Verwahrung nehmen.[114] Ob der BGH dieses Ergebnis auf eine Auslegung des Merkmals „bewegliche Sache" oder aber des Merkmals „Verwahrung" stützt, bleibt offen. In der Lit. wird Gerümpel etc verbreitet unter § 885 Abs. 2 ZPO subsumiert.[115] Richtigerweise ist mit Blick auf den vollstreckbaren Anspruch und der sich daraus ergebenden Schutzrichtung der Norm (→ Rn. 3) zu **differenzieren:** Ist der Schuldner – etwa aus § 546 BGB – auch zum Wegschaffen seines Mobiliars verpflichtet, muss der Gerichtsvollzieher dieses auch dann wegschaffen, wenn es sich um Müll oder Gerümpel handelt. Er übergibt die Sachen dann entweder dem Schuldner oder verfährt nach § 885 Abs. 3 S. 2 ZPO. Anders ist es, wenn der Schuldner nur

[103] *Gilleßen* DGVZ 2006, 185 (188).
[104] BGH IXa ZB 328/03, NJW-RR 2005, 212; AG Forchheim DGVZ 2010, 218.
[105] Zur Einordnung Bamberger/Roth/Hau/Poseck/*Fritzsche* BGB § 97 Rn. 18 mwN.
[106] BGH IXa ZB 10/03, ZMR 2004, 734; MüKoZPO/*Gruber* § 885 Rn. 32.
[107] Bamberger/Roth/*Fritzsche* BGB § 94 Rn. 16, § 97 Rn. 17 mwN.
[108] OLG Düsseldorf DGVZ 1997, 57.
[109] BGH I ZB 19/11, NJW 2012, 2889 mwN zum Streitstand. Dies führt dazu, dass der Gläubiger einen entsprechenden Vorschuss an den Gerichtsvollzieher leisten muss und die Entfernung der Tiere nicht nach § 888 ZPO verfolgen kann, BGH I ZB 19/11, NJW 2012, 2889.
[110] BGH I ZB 61/19, NJW 2020, 3376 Rn. 44.
[111] Zu § 808 BGB Prütting/Gehrlein/*Flury* ZPO § 808 Rn. 3; Musielak/Voit/*Flockenhaus* ZPO § 808 Rn. 5.
[112] OLG Düsseldorf DNotZ 1987, 108; Staudinger/*Stieper* § 97 Rn. 26.
[113] BGH IXa ZA 9/04, DGVZ 2005, 70, Kostenvoranschlag für die Beseitigung: 409.000 EUR.
[114] BGH IXa ZB 328/03, NJW-RR 2005, 212 Rn. 9.
[115] Zöller/*Seibel* ZPO § 885 Rn. 19.

zur Besitzüberlassung verpflichtet ist und § 885 Abs. 2 ZPO seinem Schutz dient. Hier ist eine teleologische Reduktion der Norm angezeigt, weil es der Schutz des Schuldners nicht gebietet, Müll oder Gerümpel, an dem offensichtlich niemand Interesse hat, dem Zugriff des Gläubigers zu entziehen.

**2. Wegschaffen und Übergabe an Anwesende (Abs. 2)**

34 Das Räumungsgut wird nach § 885 Abs. 2 ZPO vom Gerichtsvollzieher weggeschafft und dem Schuldner oder seinen Hilfspersonen übergeben bzw. zur Verfügung gestellt. Wegschaffen bedeutet, dass die Sachen **vom Vollstreckungsgegenstand entfernt** werden. Besitzwechsel nach § 885 Abs. 1 ZPO und Wegschaffen der Sachen müssen nicht zwingend am selben Tag erfolgen (→ ZPO § 885 a Rn. 4, „Hamburger Räumung"). Die Übergabe an den Schuldner erfolgt also außerhalb des Vollstreckungsgegenstandes, damit das Ziel der Räumung erreicht wird. Das Gesetz enthält keine Vorgaben, in welcher Art und Weise das Wegschaffen zu erfolgen hat; typischerweise wird der Gerichtsvollzieher die beweglichen Sachen verpacken; sortieren muss er sie hingegen nicht.[116] Soweit der Gerichtsvollzieher **Tiere** nicht selbst wegschaffen kann, muss er Hilfspersonen mit der Fortschaffung beauftragen oder im Wege der Amtshilfe staatliche Stellen zur Unterstützung heranziehen.[117]

35 Auch zum Ort der **Übergabe** verhält sich die Norm nicht. Üblicherweise wird der Gerichtsvollzieher das Räumungsgut vor dem Grundstück übergeben. Übergabe bedeutet Besitzverschaffung, setzt also neben der Sachherrschaft auch Besitzwillen der Empfangsperson voraus.[118] Das Merkmal **„zur Verfügung stellen"** ist kaum praxisrelevant. Im Gegensatz zur Übergabe sind hiermit Fälle gemeint, in denen der Schuldner zwar (noch) keinen Besitz hat, der Gerichtsvollzieher aber alles auch mit Blick auf die schützenswerten Interessen des Schuldners erforderliche getan hat, um die Besitzergreifung zu ermöglichen. Dies ist etwa der Fall, wenn die Sachen vom Gerichtsvollzieher auf ein (anderes) Grundstück des Schuldners geschafft werden.[119] Nicht ausreichend ist es hingegen, wenn der Gerichtsvollzieher die Sachen einfach auf der Straße vor dem Grundstück zurück lässt. Ist der Titel gegen mehrere Schuldner gerichtet, genügt die Übergabe an einen von ihnen; der Gerichtsvollzieher ist nicht gehalten, eine – ihm nicht mögliche – Trennung der Eigentumssphären vorzunehmen. Eine **Versendung** der Sachen an den nicht anwesenden Schuldner rechtfertigt § 885 Abs. 2 ZPO nicht.

36 Der Gerichtsvollzieher ist nicht verpflichtet, das Räumungsgut zu einem **anderen Übergabeort** zu schaffen. Dies gilt – anders als im vollstreckungsrechtlich unverbindlichen (→ Rn. 21) § 128 Abs. 4 GVGA bestimmt – auch dann, wenn der Schuldner dies beantragt und die Transportkosten nicht höher als diejenigen sind, die durch den Abtransport nach § 885 Abs. 3 ZPO entstehen würden. Denn ansonsten würde der vom Gläubiger für die Räumung geleistete Vorschuss (→ Rn. 62) dazu verwendet, den Umzug des Schuldners zu finanzieren. Eine Diskussion um die Frage, ob diese „Umzugskosten" solche der Räumung sind und damit den Vorschuss umfassen[120], ist dem Gläubiger nicht zumutbar. Ein Abtransport zum vom Schuldner gewählten Ort kann daher allenfalls in Betracht kommen, wenn der Schuldner sämtliche Kosten für das Wegschaffen und den Transport vorschießt.[121]

37 Die Übergabe hat an den anwesenden Schuldner zu erfolgen. Anderenfalls können die Sachen einer der in § 885 Abs. 2 ZPO genannten, anwesenden **Hilfspersonen** des Schuldners übergeben werden. Ob die anwesende Person die Voraussetzungen des § 885 Abs. 2 ZPO erfüllt, muss der Gerichtsvollzieher vor Ort zu seiner pflichtgemäßen Überzeugung feststellen. Dies wird regelmäßig die Vorlage legitimierender Dokumente (bspw. Bevollmächtigter: Empfangsvollmacht; Angehörige: Personalausweis; beschäftigte Personen: Arbeitsvertrag; Mitbewohner: Untermietvertrag oder Meldebestätigung) erfordern.

[116] AG Siegen DGVZ 1989, 44; Zöller/*Seibel* ZPO § 885 Rn. 16.
[117] BGH I ZB 19/11, NJW 2012, 2889.
[118] BGH VIII ZR 379/86, NJW 1987, 2812; Bamberger/Roth/Hau/Poseck/*Fritzsche* BGB § 854 Rn. 20.
[119] *OLG Hamm JurBüro 1981*, 295; Zöller/*Seibel* ZPO § 885 Rn. 17.
[120] Gegen eine Kostentragungspflicht des Gläubigers LG Aschaffenburg DGVZ 1997, 155; LG Essen DGVZ 1974, 118; Musielak/Voit/*Lackmann* ZPO § 885 Rn. 14.
[121] So Musielak/Voit/*Lackmann* ZPO § 885 Rn. 14.

### 3. Abtransport und Verwahrung oder Vernichtung (Abs. 3)

38 Scheitert die Übergabe nach § 885 Abs. 2 ZPO – sei es weil keine Empfangspersonen anwesend sind oder die Entgegennahme verweigert wird – hat der Gerichtsvollzieher nach § 885 Abs. 3 S. 1 ZPO das Räumungsgut wegzuschaffen und in Verwahrung zu bringen bzw. nach Satz 2 zu vernichten. § 885 Abs. 3 ZPO ist durch das **MietRÄndG 2013** modifiziert worden. Der bisherige Satz 2 der Norm wurde zu § 885 Abs. 5 ZPO und der jetzige Satz 2 der Vorschrift neu eingefügt.

39 **Verweigert** ist die **Entgegennahme,** wenn nach dem objektiven Empfängerhorizont des Gerichtsvollziehers die empfangsberechtigten Personen ihren Willen zum Ausdruck gebracht haben, sie werden die Sachen nicht annehmen. Ist der Schuldner anwesend, kommt es nur auf seine Person an. Anderenfalls müssen bei mehreren anwesenden Hilfspersonen iSd § 885 Abs. 2 ZPO alle ihre Verweigerung erklären. Die Verweigerung ist eine Prozesshandlung in Form einer Vollstreckungshandlung, weil sie auf das Verfahren gestaltend einwirkt.[122]

40 **aa) Verwahrung.** Der **Ort** der Verwahrung steht im **pflichtgemäßen Ermessen** des Gerichtsvollziehers. Er kann die Sachen daher sowohl in seiner Pfandkammer als auch an anderer Stelle verwahren. Einen für die Verwahrung außerhalb der Pfandkammer erforderlichen Vertrag – es kann sich um die Anmietung von Räumen, aber auch um einen Verwahrungsvertrag (§ 688 BGB) oder Lagervertrag (§ 467 HGB) handeln – schließt der Gerichtsvollzieher im Namen des Justizfiskus (→ Rn. 58). Die Verwahrung kann unter Abschluss eines entsprechenden Vertrages auch beim Gläubiger selbst erfolgen.[123] Auch **Tiere** hat der Gerichtsvollzieher in Verwahrung zu nehmen, und zwar entweder in einem Tierheim oder einer anderen zur Verwahrung und Versorgung geeigneten Einrichtung.[124]

41 **bb) Vernichtung.** Der Vernichtung zugänglich sind nach § 885 Abs. 3 S. 2 ZPO Sachen, an deren Aufbewahrung offensichtlich kein Interesse besteht.[125] Die Möglichkeit, derartige Sachen zu vernichten anstatt sie zu verwahren dient einerseits dazu, unnötige Verwahrungskosten zu vermeiden. Denn auch der Gläubiger ist Kostenschuldner (→ Rn. 62), der daher bei Insolvenz des Schuldners die **Vollstreckungskosten** zu tragen hat. Daneben dient die Norm dazu, die Abwicklung der Räumungsvollstreckung zu beschleunigen und damit letztlich dem Interesse der Allgemeinheit an der **Verfügbarkeit des Gerichtsvollziehers.** Zum Begriff der Vernichtung → Rn. 49.

42 § 885 Abs. 3 ZPO betrifft insbes. Sachverhalte, in denen keine berechtigten Empfangspersonen anwesend sind. Dies zeigt, dass das **Aufbewahrungsinteresse objektiv** zu bestimmen ist. § 885 Abs. 3 S. 2 ZPO erlaubt daher die Vernichtung, wenn dieses Vorgehen aus Sicht eines Dritten objektiv nützlich ist, weil sich die Sachen nicht mehr für eine Verwendung durch den Schuldner eignen. Dies muss allerdings für den Gerichtsvollzieher **offensichtlich** sein, weshalb eine Vernichtung ausscheidet, wenn eine Weiterverwendung durch den Schuldner noch in Betracht zu ziehen ist.[126] Unter § 885 Abs. 3 S. 2 ZPO fallen daher insbes. Müll und Unrat, aber auch wertlose oder völlig abgenutzte Gebrauchsgegenstände, die jedermann ohne nähere Überlegung sofort entsorgen würde.[127] Der Gerichtsvollzieher kann Gerümpel daher auch gegen den Widerspruch des Schuldners entsorgen **(„Messie-Fälle");** will der Schuldner dies verhindern, muss er die Sachen nach § 885 Abs. 2 ZPO bei der Räumung entgegennehmen. Ob diese Sachen vernichtet werden, steht im pflichtgemäßen Ermessen des Gerichtsvollziehers („sollen vernichtet werden"). Im Regelfall wird nur die Vernichtung ordnungsmäßiger Amtstätigkeit entsprechen.[128]

### 4. Verwertung (Abs. 4)

43 § 885 Abs. 4 ZPO regelt die Veräußerung bzw. Vernichtung der in Verwahrung genommenen Sachen. Die Veräußerung bzw. Vernichtung ist zulässig, wenn der Schuldner die Sachen nicht binnen einer Frist von einem Monat nach der Räumung abfordert oder sie zwar abfordert, aber die Kosten nicht bezahlt. Die **Fristberechnung** erfolgt nach § 222 ZPO, §§ 187ff. BGB. Die Frist für

[122] Gaul/Schilken/Becker-Eberhard ZVR/*Gaul* § 5 Rn. 36; zu den Wirksamkeitsvoraussetzungen von Prozesshandlungen MüKoZPO/*Rauscher* Einl. Rn. 399ff.
[123] LG Detmold DGVZ 1996, 171; Stein/Jonas/*Bartels* ZPO § 885 Rn. 34.
[124] BGH I ZB 19/11, NJW 2012, 2889.
[125] Tiere iSd TierSchG fallen nicht unter die Norm, was sich jedenfalls daraus ergibt, dass an ihrer Vernichtung offensichtlich kein Interesse besteht, BGH I ZB 19/11, NJW 2012, 2889 Rn. 15.
[126] BR-Drs. 313/12, 42.
[127] OLG Zweibrücken MDR 1998, 240; Zöller/*Seibel* ZPO § 885 Rn. 19.
[128] BR-Drs. 313/12, 42.

die Abforderung endet also an dem Tag des Folgemonats, der seiner Zahl nach dem Tag der Räumung entspricht, § 188 Abs. 2 Alt. 1 BGB. Es kommt für den Fristbeginn nicht auf die Kenntnis des Schuldners von der Verwahrung an.[129] Die Gegenansicht[130], die sich hierfür auf eine Analogie zu §§ 294–296 BGB stützt, ist mit dem Formalisierungsgrundsatz der Zwangsvollstreckung[131] nicht zu vereinbaren. Nach § 128 Abs. 5 GVGA hat der Gerichtsvollzieher den Schuldner allerdings auf die Möglichkeit der Veräußerung **hinzuweisen.**

44 **aa) Abforderungserklärung.** Die Abforderungserklärung ist eine **vollstreckungsrechtliche Prozesshandlung.**[132] Sie muss vom Schuldner oder seinem Vertreter stammen; die Erklärung eines Dritten ist unbeachtlich (→ Rn. 53).[133] Der Schuldner kann sich – Anwaltszwang besteht nach § 78 Abs. 1, § 764 ZPO nicht – neben einem Rechtsanwalt auch von den in § 79 Abs. 2 ZPO genannten Personen **vertreten lassen,** deren Vollmacht der Gerichtsvollzieher als Vollstreckungsorgan nach § 88 ZPO von Amts wegen zu prüfen hat.[134] Die Abforderungserklärung ist als Prozesshandlung **empfangsbedürftig.**[135] § 885 Abs. 4 ZPO nennt – anders als die Parallelnorm des § 885 a Abs. 4 S. 1 ZPO – die Empfangsstelle nicht ausdrücklich. Da die Räumungsvollstreckung aber dem Gerichtsvollzieher zugewiesen ist, muss die Abforderungserklärung fristgemäß bei ihm, nicht beim Vollstreckungsgericht eingehen (vgl. § 753 Abs. 1 ZPO).

45 **bb) Zahlung der Kosten.** Bei fristgerechter Abforderungserklärung ist die Veräußerung dennoch zulässig, wenn der Schuldner nicht binnen einer Frist von zwei Monaten nach der Räumung die Kosten zahlt. Der Schuldner – oder für ihn ein Dritter – muss binnen dieser Frist **sämtliche erstattungsfähigen Kosten** (→ Rn. 62) für das Wegschaffen der Sachen vom Grundstück, den Abtransport und die Verwahrung entrichten. Zweck dieser Regelung ist es nämlich, einen Forderungsausfall sowohl des Gläubigers (der regelmäßig die Vollstreckungskosten nach § 4 GvKostG vorzuschießen hat) als auch der Landeskasse zu vermeiden, weil der Verkaufserlös vorrangig der Deckung dieser Kosten dient (→ Rn. 52). Deshalb sind auch die Kosten zu zahlen, die der Gläubiger durch einen Vorschuss bereits verauslagt hat, was sich auch aus dem Wortlaut der Norm ergibt.[136] Die Zahlung hat grds. an den Gerichtsvollzieher zu erfolgen, da dieser die Kosten für die Landeskasse erhebt.[137] Die direkte Zahlung an den Gläubiger (in Erfüllung des Erstattungsanspruchs aus § 788 Abs. 1 ZPO) reicht dann aus, wenn der von diesem geleistete Kostenvorschuss die entstandenen Kosten deckt. Hat der Schuldner die Kosten gezahlt, die Sachen aber dennoch nicht abgeholt, ist die Veräußerung zulässig, wenn neue Kosten entstehen und der Schuldner diese nicht begleicht; einer Zahlungsaufforderung bedarf es nicht.

46 **cc) Art und Weise der Veräußerung.** Die Verwertung der verwahrten Sachen erfolgt gem. § 885 Abs. 4 S. 3 ZPO in entsprechender Anwendung der **Regeln** über die **Pfandversteigerung.**

47 § 885 Abs. 4 S. 3 ZPO verweist nicht auf sämtliche Regeln über die Pfandversteigerung, sondern nur auf **§§ 806, 814, 817 ZPO.** Daraus ergibt sich, dass die Veräußerung durch öffentliche Versteigerung (§ 814 ZPO) – ggf. auch im Internet – ohne Gewährleistung für den Käufer (§ 806 ZPO) erfolgt und sich Zuschlagserteilung und Ablieferung der Sache nach § 817 ZPO richten. **Andere Regeln über die Pfandversteigerung** sind in § 885 Abs. 4 S. 3 ZPO nicht in Bezug genommen. Dies lässt sich damit rechtfertigen, dass bei § 885 ZPO der Schuldner durch die Entgegennahme nach § 885 Abs. 2 ZPO die Veräußerung der Sachen verhindern kann und sich deshalb in einer anderen Lage befindet als ein Pfändungsschuldner. Daher muss der Gerichtsvollzieher die Versteigerung weder ankündigen noch Wartezeiten oder einen bestimmten Versteigerungsort beachten, wie dies § 816 ZPO für die Pfandversteigerung vorschreibt. Auch die Regeln zum Mindestgebot (§ 817 a ZPO) gelten nicht. Erfolgt die **Versteigerung im Internet,** so ergibt sich aus § 817 Abs. 1 S. 2 ZPO, auf den § 885 Abs. 4 S. 3 ZPO Bezug nimmt, dass der Zuschlag nur bei Erreichen des **Mindestgebots** erteilt ist. Dieser **Wertungswiderspruch** zu einer Versteigerung vor Ort ist durch

[129] BeckOK ZPO/*Stürner* § 885 Rn. 37; Musielak/Voit/*Lackmann* ZPO § 885 Rn. 16; Zöller/*Seibel* ZPO § 885 Rn. 25.

[130] MüKoZPO/*Gruber* § 885 Rn. 44; Gehrlein/Prütting/*Lugani* ZPO § 885 Rn. 34.

[131] Zu diesem Gaul/Schilken/Becker-Eberhard ZVR/*Gaul* § 5 Rn. 39.

[132] Gaul/Schilken/Becker-Eberhard ZVR/*Gaul* § 5 Rn. 36.

[133] **AA** Musielak/Voit/*Lackmann* ZPO § 885 Rn. 16, auch Eigentümer soll abforderungsberechtigt sein.

[134] Gaul/Schilken/Becker-Eberhard ZVR/*Becker-Eberhard* § 23 Rn. 28.

[135] MüKoZPO/*Rauscher* Einl. Rn. 401.

[136] KG MDR 1975, 235; **aA** Schuschke/Walker/*Walker* ZPO § 885 Rn. 29.

[137] Kindl/Meller-Hannich/Wolf/*Kessel,* Gesamtes Recht der Zwangsvollstreckung, 3. Aufl. 2016, GvKostG § 1 Rn. 3.

eine teleologische Reduktion von § 817 ZPO zu lösen, dessen Abs. 1 S. 2 ZPO iRd § 885 ZPO unanwendbar ist. Denn der Gesetzgeber hat darauf verzichtet, die den Schuldner schützende Norm des § 817a ZPO, die in § 817 Abs. 1 S. 2 ZPO für die Internetversteigerung lediglich nachvollzogen ist, auf die Räumungsvollstreckung anzuwenden.[138]

Da § 885 Abs. 4 S. 3 ZPO nicht auf **§ 825 ZPO** verweist, ist nach dem Gesetzeswortlaut eine **andere Art der Verwertung** durch den Gerichtsvollzieher auf Parteiantrag ausgeschlossen. Dieses Ergebnis überzeugt allerdings nicht. Denn auch beim Verkauf von Räumungsgut kann das Bedürfnis bestehen, im Einzelfall zur schnellen Erzielung eines günstigen Verwertungserlöses von der öffentlichen Versteigerung abzusehen.[139] § 825 ZPO ist daher auf § 885 Abs. 4 ZPO **analog anwendbar.** 48

**dd) Vernichtung unverwertbarer Sachen.** Gemäß § 885 Abs. 4 S. 4 ZPO sollen Sachen, die nicht verwertet werden können, vernichtet werden. Die Norm rechtfertigt ein entsprechendes Handeln des Gerichtsvollziehers und hat damit insbes. den Zweck, etwaige **Schadensersatzansprüche** des Eigentümers **auszuschließen** (→ Rn. 56 ff.). Daneben hat die Norm **kostenbegrenzende Funktion** und dient damit auch dem Schutz der Parteien. Die Vernichtung tritt an die Stelle der Veräußerung, setzt also ebenso wie diese voraus, dass Abforderung und/oder Kostenzahlung unterbleiben. Vernichten bedeutet die völlige Zerstörung der Sache. Die Norm gestattet daher nicht die unentgeltliche Weggabe an Dritte.[140] Denn der Schuldner hat ein schutzwürdiges Interesse, dass seine Privatsphäre nicht dadurch öffentlich wird, dass sein Hab und Gut in Umlauf gebracht wird. 49

Sachen, an deren Aufbewahrung offensichtlich kein Interesse besteht, soll der Gerichtsvollzieher nach § 885 Abs. 3 S. 2 ZPO bereits nicht in Verwahrung nehmen. § 885 Abs. 4 S. 4 ZPO betrifft also grds. Räumungsgut, das zwar **aufbewahrungswürdig, aber unverkäuflich** ist. Praktische Bedeutung hat die Norm bei **persönlichen Sachen** des Schuldners, die nur für diesen, nicht aber für die Allgemeinheit von Interesse sind. Sie kann daher etwa bei Fotos oder persönlichen Aufzeichnungen (Briefe, Tagebücher etc) des Schuldners zur Anwendung kommen. Auch unpfändbare Sachen können vernichtet werden; diese kann der Schuldner allerdings jederzeit herausverlangen, § 885 Abs. 5 ZPO. Für die Vernichtung ist erforderlich, dass bei objektiver Betrachtung sich bei einer öffentlichen Versteigerung kein Kaufinteressent für die Sache finden wird. Dies wird sich regelmäßig erst feststellen lassen, wenn ein entsprechender **Verkaufsversuch** unternommen wurde; zwingend ist ein Verkaufsversuch indes nicht.[141] Nicht der Vernichtung nach § 885 Abs. 4 S. 4 ZPO zugänglich sind **Geschäftsunterlagen,** für die der Schuldner nach öffentlichem Recht aufbewahrungspflichtig ist.[142] 50

**ee) Rechtsfolgen der Veräußerung.** Wie bei der Pfandverwertung erfolgt der Eigentumserwerb bei der Veräußerung des Räumungsgutes durch den Gerichtsvollzieher kraft **Hoheitsaktes.**[143] Dies gilt zunächst für die Ablieferung bei einer öffentlichen Versteigerung nach § 816 ZPO[144], aber auch für den freihändigen Verkauf durch den Gerichtsvollzieher nach § 825 ZPO (→ Rn. 48).[145] Hier erfolgt der Erwerb des Eigentums deshalb auch dann, wenn das Räumungsgut nicht dem Schuldner gehört und der Erwerber bösgläubig war. Der **Eigentumserwerb** scheidet aber aus, wenn die veräußerte Sache nicht unter § 885 Abs. 2 ZPO fällt oder wesentliche Verfahrensregeln missachtet wurden.[146] Beauftragt der Gerichtsvollzieher hingegen nach § 825 ZPO einen **Dritten** mit der Veräußerung, erfolgt diese **privatrechtlich** (→ ZPO § 885a Rn. 45 f.).[147] § 885 Abs. 4 S. 1 ZPO rechtfertigt die Veräußerung und steht damit etwaigen Schadensersatzansprüchen des Eigentümers des Räumungsgutes entgegen. Der Gerichtsvollzieher begeht also weder eine Pflichtverletzung iSv § 280 bzw. § 839 BGB noch handelt der beauftragte Dritte widerrechtlich gem. § 823 Abs. 1 BGB (zu den Rechtsbeziehungen zwischen den Beteiligen → Rn. 56 ff.). 51

Den **Verwertungserlös** hat der Gerichtsvollzieher nach § 885 Abs. 4 S. 2 ZPO zu hinterlegen. Nach § 15 Abs. 1 S. 1 GvKostG kann der Gerichtsvollzieher aber die im Zusammenhang mit der 52

---

[138] BR-Drs. 313/12, 43.
[139] *Zu diesem Zweck des* § 825 ZPO BGH IX ZR 274/91, NJW 1992, 2570.
[140] **AA** *Abramenko* DGVZ 2013, 42 (45), teleologische Reduktion.
[141] BR-Drs. 313/12, 46; Prütting/Gehrlein/*Lugani* ZPO § 885 Rn. 38.
[142] BGH I ZB 53/06, NJW-RR 2008, 1166; **aA** *Schwörer* DGVZ 2008, 135.
[143] BGH IX ZR 274/91, NJW 1992, 2570.
[144] MüKoZPO/*Gruber* § 817 Rn. 12.
[145] BGH IX ZR 274/91, NJW 1992, 2570; Gaul/Schilken/Becker-Eberhard ZVR/*Becker-Eberhard* § 53 Rn. 42.
[146] Zur Pfandverwertung MüKoZPO/*Gruber* § 817 Rn. 13.
[147] BGH IX ZR 274/91, NJW 1992, 2570; Prütting/Gehrlein/*Flury* ZPO § 825 Rn. 12.

Veräußerung entstandenen **Kosten vorweg aus dem Erlös** entnehmen. Dazu gehören nicht nur die Verkaufskosten, sondern insbes. auch die Kosten des Abtransportes und der Verwahrung, weil diese Maßnahmen notwendige Voraussetzung der Veräußerung sind.[148] Den Restbetrag hinterlegt der Gerichtsvollzieher zugunsten des Schuldners; die Hinterlegung erfolgt nach den landesgesetzlichen Hinterlegungsanordnungen. Eine Auszahlung an den Gläubiger ist ohne Pfändungs- und Überweisungsbeschluss rechtswidrig.[149]

### 5. Herausgabe des verwahrten Räumungsgutes und Zurückbehaltungsrecht (Abs. 5)

53 § 885 ZPO enthält zwei Regeln zur Herausgabe des verwahrten Räumungsgutes. § 885 Abs. 4 S. 2 ZPO beschränkt die Herausgabepflicht, weil danach die Veräußerung des Räumungsgutes trotz Abforderungserklärung zulässig ist, wenn der Schuldner die Kosten nicht zahlt. Nach § 885 Abs. 5 ZPO sind sowohl unpfändbare Sachen als auch solche, bei denen ein Verwertungserlös nicht zu erwarten ist, auf Verlangen des Schuldners jederzeit ohne Weiteres herauszugeben. Es fehlt damit in § 885 ZPO an einer allgemeinen Anspruchsgrundlage auf Herausgabe des Räumungsgutes, weil § 885 Abs. 5 ZPO nur unpfändbare/unverwertbare Sachen betrifft. Dies macht einen Rückgriff auf allgemeine Regeln erforderlich. Nach **§ 985 BGB** kann der Eigentümer des Räumungsgutes – dies muss nicht zwingend der Schuldner sein (→ Rn. 32) – die Herausgabe vom Besitzer verlangen. Besitzer ist der Gerichtsvollzieher; ein eingeschalteter Lagerhalter ist nur Besitzdiener nach § 868 BGB. Dagegen spricht nicht, dass der Verwahrungsvertrag mit dem Justizfiskus zustande kommt (→ Rn. 58). Denn aus der selbständigen Stellung des Gerichtsvollziehers als Vollstreckungsorgan (§ 753 ZPO) folgt, dass dieser und nicht der Justizfiskus Besitzer des Räumungsgutes ist (vgl. auch § 808 Abs. 1 ZPO für die Sachpfändung). **§ 885 Abs. 2 ZPO** begründet ein **gesetzliches Besitzrecht des Gerichtsvollziehers.** Dieses Besitzrecht am Räumungsgut erlischt, wenn der Schuldner die **Abforderungserklärung** nach § 885 Abs. 3 ZPO abgibt, der – vergleichbar einer Kündigung – gestaltende Wirkung zukommt. Die Abforderungserklärung muss, wie sich aus dem Wortlaut ergibt, auch bei schuldnerfremdem Räumungsgut vom Schuldner stammen, was durch den Formalisierungsgrundsatz der Zwangsvollstreckung[150] gerechtfertigt ist. Der Schuldner kann aber einen Dritten zur Abgabe ermächtigen.[151] Ist das Besitzrecht nach § 885 Abs. 2 ZPO durch Abforderungserklärung erloschen, führt dies nicht ohne Weiteres zur Durchsetzbarkeit des Herausgabeanspruchs aus § 985 BGB. Denn aus **§ 885 Abs. 4 S. 2 ZPO** folgt, dass der Gerichtsvollzieher die Herausgabe von der Zahlung der Kosten abhängig machen kann. Dieses **Zurückbehaltungsrecht** besteht nach § 885 Abs. 5 ZPO nur bei **unpfändbaren/unverwertbaren Sachen nicht.** Denn diese sind „ohne Weiteres" herauszugeben, also ohne dass der Gerichtsvollzieher auf vorherige Kostenbegleichung bestehen kann.[152] Bei allen anderen Sachen kann der Gerichtsvollzieher dem auf § 985 BGB gestützten Herausgabeverlangen die Kostenforderung des Justizfiskus entgegenhalten. Gleiches gilt, wenn man der Ansicht folgt, dass zwischen Gerichtsvollzieher und Eigentümer ein öffentlich-rechtlicher Verwahrungsvertrag besteht, auf den grds. die §§ 688 ff. BGB analog anzuwenden sind (→ Rn. 56). Denn dem Rückgabeanspruch aus § 695 BGB steht dann ebenfalls das aus § 885 Abs. 4 S. 2 ZPO folgende Zurückbehaltungsrecht entgegen.

54 Hat der Gerichtsvollzieher **schuldnerfremde Sachen** in Besitz genommen, kann der Eigentümer nach diesen Grundsätzen seinen Herausgabeanspruch aus § 985 BGB nur durchsetzen, wenn der Schuldner die Abforderungserklärung abgibt und – mit Ausnahme unpfändbarer/unverwertbarer Sachen – die Kosten bezahlt sind. Letzteres kann der Eigentümer selbst veranlassen, während er den Schuldner auf Abgabe der Abforderungserklärung **(§ 894 ZPO)** notfalls verklagen muss.[153] Aus § 695 BGB kann der Eigentümer auch bei Kostenzahlung ohne Abforderungserklärung nicht die Herausgabe verlangen, selbst wenn man sich für ein öffentlich-rechtliches Verwahrungsverhältnis zum Gerichtsvollzieher ausspricht (→ Rn. 56). Denn die in § 885 Abs. 4 ZPO geregelte Abforderungserklärung steht als lex specialis dem Anspruch aus § 695 BGB entgegen.

---

148 LG Berlin DGVZ 2018, 100.

149 LG Berlin DGVZ 2018, 100.

150 Gaul/Schilken/Becker-Eberhard ZVR/*Gaul* § 5 Rn. 39.

151 BGH VIII ZR 105/07, NJW 2008, 1218.

152 *MüKoZPO/Gruber § 885 Rn.* 38.

153 Zöller/*Seibel* ZPO § 885 Rn. 24; **aA** AG Essen DGVZ 2000, 125 = NJOZ 2001, 1785; Schuschke/Walker/*Walker* ZPO § 885 Rn. 29, Klage auf Herausgabe gegen den Schuldner und Pfändung des Herausgabeanspruchs des Schuldners.

Grundsätzlich können auch **einzelne Gegenstände herausverlangt** werden.[154] Eine Grenze zieht aber der Rechtsgedanke aus § 275 Abs. 2 BGB, weshalb der Gerichtsvollzieher die Herausgabe einzelner Sachen verweigern kann, wenn diese aufwändig aus dem Räumungsgut herausgesucht werden müssen. Vom beauftragten Lagerhalter kann die Herausgabe nicht verlangt werden (→ Rn. 58). 55

## F. Rechtsverhältnisse zum Gerichtsvollzieher und dessen Hilfspersonen

Der Gerichtsvollzieher handelt bei der Vollstreckung inklusive der Veräußerung **in Ausübung eines öffentlichen Amtes.**[155] Verletzt er hierbei schuldhaft seine Amtspflichten – etwa durch die Vollstreckung gegen im Titel nicht genannte Dritte[156] –, so führt dies zu einem Amtshaftungsanspruch aus § 839 BGB gegen das Land (Art. 34 GG).[157] Verwahrt der Gerichtsvollzieher Räumungsgut, wird teilweise vertreten, dass ein öffentlich-rechtlicher Verwahrungsvertrag mit dem Eigentümer entstehe, auf den die Regeln des BGB – insbes. § 280 BGB – analog anwendbar seien.[158] Ein etwaiger Rückgabeanspruch aus § 695 BGB wird allerdings durch die Sonderregeln in § 885 ZPO modifiziert (→ Rn. 54). 56

In der Praxis bedient sich der Gerichtsvollzieher insbes. beim Umgang mit dem Mobiliar regelmäßig **Hilfspersonen** (zB Einpacken und Transport vom Grundstück, Verwahrung). Diese Hilfspersonen werden als Verwaltungshelfer **hoheitlich** tätig, wenn die Art und Weise der Ausführung ihrer Tätigkeiten nicht in ihrem Ermessen steht.[159] Verwaltungshelfer sind danach regelmäßig die mit dem Einpacken und dem Transport des Räumungsguts vom Grundstück beauftragten Personen, weil ihnen kein eigenes Ausführungsermessen zusteht.[160] Anders ist dies regelmäßig bei der mit der Verwahrung beauftragten Hilfsperson.[161] Ist die Hilfsperson danach Verwaltungshelfer, greift § 839 BGB. Anderenfalls scheiden **Amtshaftungsansprüche** wegen Verschuldens der Hilfspersonen aus.[162] In Betracht kommt dann aber ein Anspruch aus § 839 BGB iVm Art. 34 GG wegen Auswahl- oder Überwachungsverschulden des Gerichtsvollziehers. Einem etwaigen Amtshaftungsanspruch steht allerdings § 839 Abs. 1 S. 2 BGB entgegen, falls der Geschädigte einen Ersatzanspruch – etwa aus § 823 Abs. 1 BGB – gegen den eingeschalteten Unternehmer hat.[163] Weitergehend wird in der Lit. teilweise die Ansicht vertreten, bei der Verwahrung des Mobiliars hafte der Staat **analog §§ 280, 278 BGB** aus öffentlich-rechtlicher Verwahrung für das Verschulden der eingeschalteten Hilfspersonen.[164] Die **Beweislastverteilung** folgt allgemeinen Grundsätzen.[165] 57

Die Hilfspersonen handeln aufgrund eines **privatrechtlichen Vertrags,** der – wenn der Gerichtsvollzieher nicht ausnahmsweise im eigenen Namen handelt – mit dem **Justizfiskus** zustande kommt.[166] Den Parteien stehen daher regelmäßig keine vertraglichen Erfüllungsansprüche – etwa auf Herausgabe des Räumungsgutes – gegen die Hilfspersonen zu, weil es an den Voraussetzungen des **§ 328 BGB** typischerweise **fehlt.** Beschädigt die Hilfsperson schuldhaft das Räumungsgut, führt dies zu einem Anspruch gegen sie aus **§ 823 Abs. 1 BGB.** Hat allerdings ein Verrichtungsgehilfe der beauftragten Hilfsperson gehandelt und kann sich die Hilfsperson nach § 831 BGB exkulpieren, stellt sich die Frage nach einem vertraglichen Anspruch gegen die Hilfsperson aus § 280 BGB.[167] In Betracht kommt ein solcher Anspruch nach den Grundsätzen des **Vertrags** 58

---

154 Zum Teilforderungsrecht des Gläubigers NK-BGB/*Schwab* BGB § 266 Rn. 15.
155 Gaul/Schilken/Becker-Eberhard ZVR/*Becker-Eberhard* § 25 Rn. 44 ff.
156 OLG Celle NJW-RR 1988, 913.
157 OLG Celle NJW-RR 1988, 913; Gaul/Schilken/Becker-Eberhard ZVR/*Becker-Eberhard* § 25 Rn. 51 ff.
158 Gaul/Schilken/Becker-Eberhard ZVR/*Becker-Eberhard* § 25 Rn. 59; MüKoBGB/*Henssler* § 688 Rn. 61; **aA** OLG Köln DGVZ 1995, 171; *Keinert* ZMR 2013, 515.
159 BGH III ZR 68/14, NJW 2014, 3580, Verwaltungshelfer als „Werkzeug" der Behörde.
160 *Grüßenmeyer* NZM 2007, 310 (315); *Keinert* ZMR 2013, 515.
161 *Keinert* ZMR 2013, 515.
162 OLG Köln DGVZ 1994, 171; LG Berlin NJW-RR 1998, 1327.
163 LG Berlin NJW-RR 1998, 1327; Gaul/Schilken/Becker-Eberhard ZVR/*Becker-Eberhard* § 25 Rn. 59.
164 Gaul/Schilken/Becker-Eberhard ZVR/*Becker-Eberhard* § 25 Rn. 59; **aA** OLG Köln DGVZ 1995, 171; *Grüßenmeyer* NZM 2007, 310 (313); *Keinert* ZMR 2013, 515.
165 *Grüßenmeyer* NZM 2007, 310 (313, 317).
166 BGH IX ZR 308/98, NJW 1999, 2597.
167 Ansprüche aus § 280 Abs. 1 BGB gegen die Hilfsperson werden durch die §§ 407 ff. HGB (Frachtvertrag) sowie die §§ 467 ff. HGB (Lagervertrag) modifiziert. Praktisch bedeutsam ist insbes. die Verkürzung der regelmäßigen Verjährungsfrist auf ein Jahr in § 439 HGB, OLG Stuttgart NJW-RR 2010, 883.

**mit Schutzwirkung zugunsten Dritter.**[168] Die **hM** bezieht den Eigentümer in den Schutzbereich des Lager- bzw. Frachtvertrags ein.[169] Dies ist deshalb zweifelhaft, weil hierfür ein besonderes Näheverhältnis zwischen Gläubiger und Drittem erforderlich ist.[170] § 885 ZPO begründet allerdings eine Obhutspflicht des Gerichtsvollziehers, für deren Verletzung nach Art. 34 GG der Justizfiskus haftet, der gleichzeitig Vertragspartei des Lager- bzw. Frachtvertrags ist. Dies könnte für das erforderliche Näheverhältnis zwischen Justizfiskus und Eigentümer sprechen.[171] Rechtsfolge wäre, dass dem Eigentümer ein eigener Schadensersatzanspruch gegen den Frachtführer oder Lagerhalter zusteht, falls Ansprüche gegen den Staat ausscheiden, weil der Eigentümer dann die erforderliche Schutzbedürftigkeit aufweist.[172]

59 Entscheidet man sich anders als die **hM** gegen die Einbeziehung in den Schutzbereich des Vertrags, stellt sich die Frage nach der Anwendung der Grundsätze der **Drittschadensliquidation.** Dieses Institut erlaubt dem Vertragspartner (hier: Justizfiskus), den Schaden eines Dritten (hier: Eigentümer des Räumungsguts) geltend zu machen.[173] Zwar fehlt es aus Sicht des Verwahrers an einer zufälligen Schadensverlagerung[174], weil es der Einlagerung durch den Gerichtsvollzieher immanent ist, dass der Lagerhalter nicht im Eigentum seines Vertragspartners stehende Sachen verwahrt. Dieser Umstand steht einer Drittschadensliquidation aber nicht entscheidend entgegen. Denn schließlich kann der Schaden originär nur in der Person des Dritten (hier: Eigentümer) eintreten, was für den Verwahrer auch offensichtlich ist. Dies rechtfertigt jedenfalls eine ergänzende Vertragsauslegung dahin gehend, dass die Parteien eine Drittschadensliquidation vereinbart haben.[175] Die Drittschadensliquidation setzt allerdings voraus, dass dem Eigentümer keine eigenen Ersatzansprüche gegen den Schädiger zustehen, weil nur in diesem Fall eine entsprechende Auslegung gerechtfertigt ist.[176]

## G. Rechtsbehelfe

60 Gegen formelle Fehler bei der Vollstreckung nach § 885 ZPO ist die **Erinnerung nach § 766 ZPO** statthaft. Die Erinnerung kann jede Person erheben, die von der Vollstreckungsmaßnahme betroffen wird. Lehnt der Gerichtsvollzieher etwa die Räumung wegen angeblichen Besitzes eines im Titel nicht genannten Dritten ab, kann der Gläubiger hiergegen Erinnerung nach § 766 ZPO einlegen.[177] Umgekehrt kann der im Titel nicht genannte Dritte gegen seine bevorstehende Räumung ebenfalls nach § 766 ZPO vorgehen.[178] Mangels Beschwer unzulässig ist in diesen Konstellationen aber eine Erinnerung des im Titel genannten Schuldners, weil gegen diesen die Räumung rechtmäßig ist.[179] Die Erinnerung ist auch statthaft gegen die Inverwahrungsnahme, Herausgabeverweigerung oder die Modalitäten der Veräußerung und Erlösverteilung.[180] Das Rechtsschutzbedürfnis für die Erinnerung entfällt, wenn die konkrete Vollstreckungsmaßnahme beendet ist.[181]

61 Steht **Räumungsgut im Eigentum eines Dritten,** kann dieser nicht nach § 771 ZPO klagen, da das Räumungsgut nach § 885 Abs. 2 ZPO nicht – wie von § 771 Abs. 1 ZPO gefordert – Gegen-

---

[168] Zu den Voraussetzungen des Vertrags mit Schutzwirkung zB BGH IX ZR 132/03, NJW 2004, 3630; BGH II ZR 205/94, NJW 1995, 1739.

[169] OLG Stuttgart NJW-RR 2010, 883; Gaul/Schilken/Becker-Eberhard ZVR/*Becker-Eberhard* § 25 Rn. 59; *Grüßenmeyer* NZM 2007, 310 (321); **aA** iErg AG Mönchengladbach NVwZ-RR 2003, 405.

[170] BGH X ZR 231/99, NJW 2001, 3115; X ZR 104/94, NJW 1996, 2927.

[171] BGH VIII ZR 195/65, NJW 1968, 885, der Eigentümer von Sachen, die ein Mieter von Geschäftsräumen befugt in den gemieteten Räumen unterbringt, ist in den Schutzbereich des Mietvertrags einbezogen.

[172] Zu diesem Kriterium BGH IX ZR 132/03, NJW 2004, 3630; BGH II ZR 205/94, NJW 1995, 1739.

[173] Zur Anwendung der Drittschadensliquidation auf die sog. Obhutsfälle BGH I ZR 52/82, NJW 1985, 2411; MüKoBGB/*Oetker* § 249 Rn. 305.

[174] Zu diesem Kriterium etwa BGH VI ZR 212/66, NJW 1969, 269 (272); OLG München NJW 2011, 3375.

[175] *Neuner* JZ 1999, 126 (133), der anschaulich von einem „Vertrag mit Schadensliquidation zugunsten Dritter" spricht.

[176] *Neuner* JZ 1999, 126 (133).

[177] OLG Köln WuM 1997, 280; LG Berlin GE 2012, 404.

[178] Prütting/Gehrlein/*Lugani* ZPO § 885 Rn. 41; vgl. auch BGH IXa ZB 324/03, NZM 2005, 193.

[179] *BGH I ZB 61/12, NJW 2013, 2287* Rn. 10; OLG Köln WuM 1997, 280.

[180] LG Berlin DGVZ 2018, 100.

[181] BGH I ZB 61/12, NJW 2013, 2287 Rn. 9; BGH IXa ZB 324/03, NZM 2005, 193; LG Wiesbaden DGVZ 2000, 24.

stand der Zwangsvollstreckung ist.[182] Auch eine Erinnerung nach § 766 ZPO ist ohne Aussicht auf Erfolg, weil § 885 Abs. 2 ZPO nicht auf im Eigentum des Schuldners stehende Sachen beschränkt ist (→ Rn. 32). Der Dritte muss deshalb die Kosten zahlen und den Schuldner auf Abgabe der Abforderungserklärung verklagen (→ Rn. 54). Der Rechtsweg gegen den **Kostenansatz des Gerichtsvollziehers** richtet sich nach § 5 Abs. 2 GvKostG.[183]

## H. Kosten

Die Tätigkeit des **Rechtsanwalts** iRd § 885 ZPO wird mit der Verfahrensgebühr nach VV Nr. 3309 RVG vergütet; der Gegenstandswert bemisst sich nach dem Wert der herauszugebenden Sache, begrenzt durch den Gegenstandswert des Räumungsanspruchs, § 25 Abs. 1 Nr. 2 RVG. Die **Gebühren- und Auslagenhaftung** der Parteien für die **Tätigkeit** des **Gerichtsvollziehers** richtet sich nach dem GvKostG. Beide Parteien haften der Justizkasse gem. § 13 GvKostG als Gesamtschuldner, wobei der Gläubiger vorschusspflichtig ist, § 4 GvKostG. Der **Kostenausgleich** zwischen den Parteien richtet sich nach **§ 788 ZPO.**[184] Die Haftung des Schuldners ist bereits nach dem Wortlaut des Gesetzes sowohl gegenüber der Justizkasse (§ 13 Nr. 2 GvKostG) als auch gegenüber dem Gläubiger (§ 788 Abs. 1 S. 1 ZPO) auf die **notwendigen Kosten** beschränkt. Für die Haftung des Gläubigers gegenüber der Justizkasse enthält § 13 Nr. 1 GvKostG diese Beschränkung hingegen nicht. Daher richtet sich die Nichterhebung **unnötiger Kosten** nach § 7 GvKostG, setzt also eine unrichtige Sachbehandlung voraus.[185] Der BGH hingegen steht auf dem nicht näher begründeten Standpunkt, der Gläubiger hafte aus § 13 Nr. 1 GvKostG ebenso wie der Schuldner nur für die notwendigen Kosten der Zwangsvollstreckung.[186] Daher soll der Gläubiger für die Kosten der weiteren Einlagerung von der Aufbewahrungspflicht unterliegenden **Geschäftsunterlagen** nicht haften.[187] Gleiches gilt für weitere Verwahrungskosten nach dem fehlgeschlagenen Versuch, in Verwahrung genommene **Tiere** zu verkaufen.[188] Beiden Entscheidungen liegt die zutreffende Wertung zugrunde, dass der Gläubiger nicht für Kosten einstehen soll, die dadurch entstehen, dass die in Verwahrung genommenen Sachen oder Tiere aus Gründen des Allgemeininteresses nicht vernichtet werden dürfen. 62

**Notwendig** iSv § 788 Abs. 1 S. 1 ZPO sowie von § 13 Nr. 2 GvKostG sind Kosten, die der Gläubiger zur zwangsweisen Durchsetzung seines titulierten Anspruchs bei verständiger Würdigung des Sachverhalts objektiv für erforderlich halten durfte.[189] Darunter fallen bei § 885 ZPO sowohl die Kosten der Besitzeinweisung als auch die Kosten des Wegschaffens, der Verwahrung und der Veräußerung oder Vernichtung des Räumungsguts.[190] 63

Wegen **unrichtiger Sachbehandlung** nicht zu erheben sind nach § 7 GvKostG Kosten, die entstanden sind, weil der Gerichtsvollzieher Maßnahmen oder Entscheidungen getroffen hat, die ein pflichtgemäß handelnder Gerichtsvollzieher – auch unter Berücksichtigung des ihm eingeräumten Entscheidungsspielraums – offensichtlich nicht ausgelöst hätte.[191] Weder vom Schuldner noch vom Gläubiger geschuldet sind danach etwa Kosten für eine vom Gläubiger rechtzeitig **abgesagte,** aber dennoch durchgeführte **Räumung.**[192] Zu erheben sind hingegen die Kosten, die durch die Rücknahme des Räumungsantrags entstehen, ohne das der Gerichtsvollzieher diese vermeiden konnte; dies betrifft insbes. berechtigte **Bereitstellungskosten** der Spedition.[193] Für **überhöhte Kosten** – etwa für die beauftragten Hilfspersonen des Gerichtsvollziehers – haften weder Gläubiger noch Schuldner; ob den Gerichtsvollzieher eine Ausschreibungsobliegenheit trifft, ist 64

---

[182] MüKoZPO/*Gruber* § 885 Rn. 54; Schuschke/Walker/*Walker* ZPO § 885 Rn. 43; **aA** Musielak/Voit/*Lackmann* ZPO § 885 Rn. 20; Prütting/Gehrlein/*Lugani* ZPO § 885 Rn. 41.
[183] BGH I ZB 22/07, DGVZ 2008, 187.
[184] Gaul/Schilken/Becker-Eberhard ZVR/*Becker-Eberhard* § 46 Rn. 2ff.
[185] KG RVGreport 2010, 478; AG Augsburg DGVZ 2008, 141; BT-Drs. 13/341, 39.
[186] BGH I ZB 53/06, NJW-RR 2008, 1166.
[187] BGH I ZB 53/06, NJW-RR 2008, 1166.
[188] BGH I ZB 19/11, NJW 2012, 2889.
[189] BGH VII ZB 88/08, NJW 2010, 1007; BGH IXa ZB 146/03, NJW-RR 2003, 1581; zu den Rechtsmitteln gegen den Kostenansatz des Gerichtsvollziehers BGH I ZB 77/12, RVGreport 2013, 476.
[190] LG Koblenz NJW-RR 2006, 1580.
[191] KG RVGreport 2010, 478 sowie zu § 22 GKG: BGH IV ZR 306/00, NJW-RR 2003, 1294; BGH VIII ZR 86/84, NJW 1987, 1023.
[192] LG Augsburg DGVZ 2009, 117; AG Hannover DGVZ 2008, 46.
[193] AG Pforzheim DGVZ 2018, 211; AG Bochum DGVZ 2006, 125.

umstritten.[194] In Rspr. und Lit. wird die Ansicht vertreten, der Gerichtsvollzieher müsse beim Wegschaffen und Lagern des Räumungsgut auf Hilfspersonen/Räume des Gläubigers zurückgreifen, wenn die Hilfspersonen fachkundig sind, es sich um einen getrennten Lagerraum handelt, für den der Gerichtsvollzieher einen Schlüssel erhält und der Gläubiger Haftungserklärungen inkl. Freistellung der Justizkasse bei Beschädigung des Räumungsguts abgibt (sog. **„Frankfurter Modell"**, → ZPO § 885a Rn. 4).[195] Nimmt der Gerichtsvollzieher bei der Vollstreckung nach § 885 ZPO Maßnahmen vor, die eigentlich nach **§§ 887f. ZPO** zu vollstrecken wären (zB Beseitigung von Bauwerken), sind die hierbei entstehenden Kosten keine notwendigen gemäß 788 Abs. 1 ZPO und daher nicht vom Schuldner zu erstatten.[196] Ob der Gläubiger sich in diesem Fall auf § 7 GvKostG berufen kann ist eine Frage des Einzelfalls, die sich danach entscheidet, ob die unzutreffende Sachbehandlung für den Gerichtsvollzieher offensichtlich war.[197] Im Rahmen des §§ 13 Nr. 2 GvKostG bzw. des § 788 ZPO trifft die Justizkasse/den Gläubiger die **Beweislast,** dass die geltend gemachten Kosten notwendig waren; umgekehrt muss der Gläubiger, der sich auf § 7 GvKostG beruft, dessen Voraussetzungen nachweisen.

[194] Dagegen: AG *Dresden JurBüro* 2007, 440; dafür: AG Dillenburg DGVZ 2020, 16.
[195] AG Frankfurt a. M. NZM 2004, 359; *Blank* WImmoT 2011, 99 (116).
[196] BGH IXa ZB 328/03, NJW-RR 2005, 212.
[197] KG RVGreport 2010, 47.

## § 885 a ZPO Beschränkter Vollstreckungsauftrag

**(1) Der Vollstreckungsauftrag kann auf die Maßnahmen nach § 885 Absatz 1 beschränkt werden.**

**(2) [1]Der Gerichtsvollzieher hat in dem Protokoll (§ 762) die frei ersichtlichen beweglichen Sachen zu dokumentieren, die er bei der Vornahme der Vollstreckungshandlung vorfindet. [2]Er kann bei der Dokumentation Bildaufnahmen in elektronischer Form herstellen.**

**(3) [1]Der Gläubiger kann bewegliche Sachen, die nicht Gegenstand der Zwangsvollstreckung sind, jederzeit wegschaffen und hat sie zu verwahren. [2]Bewegliche Sachen, an deren Aufbewahrung offensichtlich kein Interesse besteht, kann er jederzeit vernichten. [3]Der Gläubiger hat hinsichtlich der Maßnahmen nach den Sätzen 1 und 2 nur Vorsatz und grobe Fahrlässigkeit zu vertreten.**

**(4) [1]Fordert der Schuldner die Sachen beim Gläubiger nicht binnen einer Frist von einem Monat nach der Einweisung des Gläubigers in den Besitz ab, kann der Gläubiger die Sachen verwerten. [2]Die §§ 372 bis 380, 382, 383 und 385 des Bürgerlichen Gesetzbuchs sind entsprechend anzuwenden. [3]Eine Androhung der Versteigerung findet nicht statt. [4]Sachen, die nicht verwertet werden können, können vernichtet werden.**

**(5) Unpfändbare Sachen und solche Sachen, bei denen ein Verwertungserlös nicht zu erwarten ist, sind auf Verlangen des Schuldners jederzeit ohne Weiteres herauszugeben.**

**(6) Mit der Mitteilung des Räumungstermins weist der Gerichtsvollzieher den Gläubiger und den Schuldner auf die Bestimmungen der Absätze 2 bis 5 hin.**

**(7) Die Kosten nach den Absätzen 3 und 4 gelten als Kosten der Zwangsvollstreckung.**

### Systematische Übersicht



### Alphabetische Schnellübersicht

## A. Allgemeines

1 Die durch das **MietRÄndG 2013** eingeführte Vorschrift ermöglicht es dem Gläubiger, die Räumungsvollstreckung auf den bloßen Besitzwechsel zu beschränken. Die Norm dient damit primär seinem Interesse. Denn das „Leerräumen" des Vollstreckungsgegenstandes durch den Gerichtsvollzieher ist mit erheblichen Kosten verbunden, für die auch der Gläubiger haftet und die er nach § 4 GvKostG vorschießen muss (→ ZPO § 885 Rn. 62). Diese **Kosten** kann der **Gläubiger vermeiden,** indem er den Vollstreckungsauftrag auf den Besitzwechsel beschränkt. Dann unterbleibt das Wegschaffen des Räumungsgutes durch den Gerichtsvollzieher, weshalb auch die übrigen Regeln in § 885 ZPO über die Behandlung des Räumungsgutes durch den Gerichtsvollzieher keine Anwendung finden. Als „Kompensation" macht das Gesetz nähere Vorgaben zum Umgang mit dem Räumungsgut durch den Gerichtsvollzieher (Dokumentationspflicht, § 885 a Abs. 2 ZPO), vor allem aber durch den Gläubiger. Die den Gläubiger betreffenden Rechte und Pflichten (§ 885 a Abs. 3–5 ZPO) regeln sein Rechtsverhältnis zum Schuldner und sind damit **materiell-rechtlicher Natur** (insbes. → Rn. 26ff.).

2 § 885 a ZPO wird in der Lit. teilweise rechtspolitisch **kritisiert,** weil die Norm dem Gläubiger als Privatperson erlaube, typisch hoheitliche Aufgaben in Form der Vollstreckung wahrzunehmen.[1] **Verfassungsrechtlich** bestehen gegen die Regel allerdings **keine Bedenken.**[2] Denn sowohl der Verzicht auf das Wegschaffen des Räumungsguts durch den Gerichtsvollzieher als auch die Regeln über den Umgang mit diesen Sachen durch den Gläubiger sind – wenn man denn überhaupt einen Eingriff in Art. 14 GG bejaht – zulässige Inhalts- und Schrankenbestimmung des Eigentums gem. Art. 14 Abs. 1 S. 2 GG. Denn einerseits hat der Gläubiger einen vollstreckbaren Anspruch auf Herausgabe und es ist dem Schuldner unbenommen, durch Wegschaffen seiner Sachen zu verhindern, dass der Gläubiger hieran Besitz erlangt. Zudem berücksichtigt der Staat durch die Dokumentationspflicht des Gerichtsvollziehers die Interessen des Schuldners. Auch Art. 20 Abs. 2 GG bzw. Art. 33 Abs. 4 GG sind nicht verletzt, weil es sich bei der Verwahrung des Räumungsguts, auf die in § 885 a ZPO verzichtet wird, nicht um eine zwingend vom Staat wahrzunehmende Aufgabe handelt.[3]

## B. Verhältnis zu in der Praxis entwickelten Räumungsmethoden

3 § 885 a Abs. 1 ZPO ist insofern kein völliges Novum, als die **hM** zum unreformierten Recht die Ansicht vertrat, der Vermieter könne sich bei der Räumung auf sein Vermieterpfandrecht berufen und so die Vollstreckung auf den Besitzwechsel beschränken (sog. **Berliner Räumung**).[4] Dieses Vorgehen führte aber zu Folgefragen, welche Rechte und Pflichten den Gerichtsvollzieher und den Vermieter beim Umgang mit dem in der Wohnung verbliebenen Räumungsgut trafen.[5] Hierauf hat der Gesetzgeber mit Einführung von § 885 a ZPO reagiert.[6]

4 Diese Entstehungsgeschichte der Norm wirft die Frage auf, ob das reformierte Recht noch Raum für alternative Vollstreckungsmodelle lässt, die unter den Schlagwörtern „Berliner Räumung", „Hamburger Räumung" oder „Frankfurter Räumung" diskutiert werden. Für die „Berliner Räumung" ist die Frage zu verneinen.[7] Denn der BGH hat die Zulässigkeit dieses Vollstreckungsmodells damit begründet, dass das Vermieterpfandrecht Vorrang vor der in § 885 ZPO bestimmten

---

[1] *Eisenschmid* PiG 92 (2012), 179 (186).

[2] BGH I ZB 66/16, NZM 2017, 473; anders für § 885 a Abs. 3 S. 3 ZPO wohl *Schuschke* NZM 2012, 209 (219).

[3] *Lehmann-Richter* NZM 2014, 257 (260).

[4] BGH I ZB 135/05, NJW 2006, 3273; BGH I ZB 45/05, NJW 2006, 848; BGH IXa ZB 10/03, ZMR 2004, 734.

[5] *Blank* WImmoT 2011, 99 (118ff.); *Flatow* NJW 2006, 1396; Majer Räumungsvollstreckung S. 112ff.

[6] BR-Drs. 313/12, 48f.

[7] **AA** OLG Schleswig NZM 2015, 624; *Horst* MDR 2013, 249 (252); Stein/Jonas/*Bartels* ZPO § 885 a Rn. 2; diff. MüKoZPO/*Gruber* § 885 a Rn. 46.

Entfernung des Räumungsgutes habe.[8] Dieses Argument ist durch Einführung des § 885 a ZPO überholt, der die Räumungsvollstreckung ohne Wegschaffen des Räumungsgutes spezialgesetzlich regelt. Will der Gläubiger die Räumung auf den bloßen Besitzwechsel beschränken, muss er nach § 885 a ZPO vorgehen; er kann nicht etwa die Dokumentationspflicht des Gerichtsvollziehers aus § 885 a Abs. 2 ZPO durch einen **Rückgriff auf das „Berliner Modell"** umgehen. Allerdings kann er bei Verwahrung und Verwertung von dem Vermieterpfandrecht unterliegenden Sachen abweichend von § 885 a Abs. 3, 4 ZPO vorgehen (→ Rn. 34; zu den Kosten → Rn. 64).[9] Die – in der Praxis wenig verbreiteten – **„Hamburger" und „Frankfurter" Räumungen** werden von § 885 a ZPO hingegen **nicht berührt.** Denn in beiden Fällen wird eine Räumung nach § 885 ZPO durchgeführt. Diese wird bei der „Hamburger Räumung" lediglich zeitlich gestreckt[10], während die „Frankfurter Räumung" die Frage betrifft, unter welchen Voraussetzungen der Gerichtsvollzieher beim Wegschaffen und Lagern des Räumungsgut auf Hilfspersonen/Räume des Gläubigers zurückgreifen muss (→ ZPO § 885 Rn. 63).[11]

## C. Anwendungsbereich

Eine Antragsbeschränkung nach § 885 a ZPO kommt nur – dann aber stets – in Betracht, wenn die **Voraussetzungen** der Räumungsvollstreckung nach **§ 885 ZPO** vorliegen. Denn die Einführung von § 885 a ZPO geht zwar auf die „Berliner Räumung" zurück, die ihrerseits auf der Geltendmachung eines Vermieterpfandrechts beruhte (→ Rn. 3). Eine Beschränkung der Norm auf die Abwicklung von Mietverhältnissen folgt daraus aber nicht, weil der Zweck der Vorschrift, dem Gläubiger eine kostengünstige Vollstreckungsvariante zu ermöglichen, auch bei anderen Titeln einschlägig ist.[12] 5

## D. Beschränkung des Vollstreckungsauftrags (Abs. 1)

§ 885 a Abs. 1 ZPO setzt voraus, dass der Gläubiger seinen Vollstreckungsantrag auf die Maßnahmen nach § 885 Abs. 1 ZPO beschränkt. Dafür muss sich dem Antrag (§ 753 ZPO) entnehmen lassen, dass der Gläubiger nur die Besitzeinweisung begehrt. In Zweifelsfällen ist der Umfang des Antrags durch **Auslegung** zu bestimmen[13], wobei der Gerichtsvollzieher bei Unklarheiten beim Gläubiger nachfragen muss. Auslegungsbedarf wird regelmäßig bestehen, wenn der Gläubiger nicht ausdrücklich erklärt, dass er seinen Antrag auf die Maßnahme nach § 885 a Abs. 1 ZPO beschränkt. In der Praxis finden sich gelegentlich als „Räumungsauftrag" bezeichnete Anträge mit dem Begehr, den Schuldner aus dem Besitz zu setzen und den Gläubiger in diesen einzuweisen. Solche Aufträge sind mit Blick auf § 885 a Abs. 1 ZPO doppeldeutig. Der Inhalt des Antrags (Besitzwechsel) deutet auf eine Beschränkung im Sinne der Norm hin. Unter „Räumungsauftrag" kann man hingegen auch das Wegschaffen des Räumungsguts subsumieren, weil der Begriff „Räumung" (auch) dazu verwendet wird, das „Leerräumen" des Vollstreckungsgegenstandes zu bezeichnen (→ ZPO Einl. Räumungsvollstreckung Rn. 1). Lassen sich **Zweifel** nicht durch Auslegung ausräumen, ist davon auszugehen, dass der Gläubiger sich für den **gesetzlichen Regelfall** der „vollständigen" Räumung nach § 885 ZPO entschieden und seinen Antrag nicht nach § 885 a ZPO beschränkt hat. Beschränkt der Gläubiger nachträglich seinen zunächst auf vollständige Räumung gerichteten Antrag, löst dies die **Ankündigungspflicht** nach § 885 a Abs. 6 ZPO aus (→ Rn. 21). Nach Beginn der Besitzeinweisung (→ ZPO § 885 Rn. 21) ist eine Beschränkung – wie aus § 885 a Abs. 6 ZPO folgt – nicht mehr möglich. 6

---

[8] BGH I ZB 45/05, NJW 2006, 848.
[9] BR-Drs. 313/12, 43.
[10] LG Hamburg MDR 1999, 1526; *Riecke* FS Blank, 2006, 563.
[11] AG Frankfurt a. M. NZM 2004, 359; *Flatow* PiG 79 (2007), 149 (157).
[12] BGH I ZB 66/16, NZM 2017, 473.
[13] Zur Auslegung von Vollstreckungsanträgen LG Augsburg DGVZ 1995, 154.

## E. Rechtsfolgen

7 Die Rechtsfolgen des § 885a ZPO betreffen den Besitzwechsel zugunsten des Schuldners (§ 885a Abs. 1, 6 ZPO) sowie das Schicksal des Räumungsgutes (§ 885a Abs. 2–5 ZPO); § 885a Abs. 7 ZPO enthält eine Regelung zu den Kosten.

### I. Besitzwechsel und „Verbrauch" des Titels

8 Beschränkt der Gläubiger seinen Vollstreckungsantrag, hat der Gerichtsvollzieher nach § 885 Abs. 1 ZPO nur den Besitzwechsel zugunsten des Gläubigers herbeizuführen (→ ZPO § 885 Rn. 22ff.). Sämtliche sich im Vollstreckungsgegenstand befindlichen Sachen verbleiben in den Räumen.

9 Problematisch ist, ob der Gläubiger mit Ausführung des beschränkten Vollstreckungsauftrags den Titel „verbraucht" hat oder ob er diesen später dazu verwenden kann, doch noch das Wegschaffen des Räumungsgutes gem. § 885 Abs. 2 ZPO zu beantragen. Hier ist zu differenzieren: Ist der materiell-rechtliche **Anspruch** des Gläubigers auch auf das **Wegschaffen** des Mobiliars gerichtet, handelt es sich bei § 885a Abs. 1 ZPO um eine echte Antragsbeschränkung.[14] Da in diesem Fall die titulierte Pflicht erst teilweise vollstreckt wurde, ist eine **weitere Vollstreckung möglich.**[15] Anders ist es, wenn der Gläubiger keinen Anspruch auf Wegschaffen des Mobiliars hat, weil dann durch den Besitzwechsel sein titulierter Anspruch vollständig erfüllt ist; § 885 Abs. 2 ZPO dient in diesem Fall nicht seinem Interesse, sondern dem Interesse des Schuldners (→ ZPO § 885 Rn. 3).

### II. Begriff der beweglichen Sache (Räumungsgut)

10 In § 885a Abs. 2–5 ZPO ist geregelt, wie Gerichtsvollzieher und Gläubiger mit in den Räumen befindlichen beweglichen Sachen (sog. Räumungsgut) umzugehen haben, wobei die Dokumentationspflicht des Gerichtsvollziehers sich auf frei ersichtliche Sachen beschränkt (→ Rn. 16ff.), während die Rechte und Pflichten des Gläubigers sich auf (alle) Sachen beziehen, die nicht der Zwangsvollstreckung unterliegen (→ Rn. 25). Gemeinsam ist den § 885a Abs. 2–5 ZPO damit das Merkmal der Beweglichkeit. Daraus folgt zunächst, das **wesentliche Bestandteile** (§§ 93f. BGB) nicht erfasst sind. **Zubehör** (§§ 97f. BGB) ist zwar eine bewegliche Sache, fällt aber nicht unter § 885a ZPO. Denn es wäre nach § 885 Abs. 2 ZPO vom Gerichtsvollzieher nicht wegzuschaffen (→ ZPO § 885 Rn. 31). Dies steht einer Anwendung der § 885a Abs. 2–5 ZPO entgegen, weil diese eine Reaktion darauf sind, dass das eigentlich nach § 885 Abs. 2 ZPO gebotene Wegschaffen durch den Gerichtsvollzieher unterbleibt (→ Rn. 1). § 885a ZPO gilt nach § 90a S. 3 BGB für **Tiere** entsprechend (→ ZPO § 885 Rn. 31). § 885a ZPO differenziert ebenso wenig wie § 885 ZPO nach den **Eigentumsverhältnissen,** weshalb zum Räumungsgut nicht nur schuldnereigene, sondern auch fremde Sachen gehören (→ ZPO § 885 Rn. 32).

### III. Pflichten des Gerichtsvollziehers (Abs. 2 und. 6)

11 Den Gerichtsvollzieher treffen nach § 885a Abs. 2 ZPO Dokumentations- und nach § 885a Abs. 6 ZPO Hinweispflichten. Es handelt sich in beiden Fällen um **Amtspflichten,** was mit Blick auf eine etwaige Amtshaftung von Bedeutung ist (→ Rn. 57ff.). Die Dokumentationspflicht nach § 885a Abs. 2 ZPO besteht gegenüber beiden Parteien, aber auch gegenüber Dritten, die Eigentümer des Räumungsgutes sind. Denn macht der Schuldner oder der Dritte Schadensersatzansprüche wegen des Umgangs mit dem Räumungsgut geltend (→ Rn. 48ff.), kann der Beweis über den Umfang des Räumungsgutes für diese Personen von Interesse sein. Die Hinweispflicht aus § 885a Abs. 6 ZPO besteht bereits ausweislich ihres Wortlauts gegenüber Schuldner und Gläubiger gleichermaßen.

---

[14] Allg. BGH VII ZB 39/07, NJW 2008, 3147; Gaul/Schilken/Becker-Eberhard ZVR/*Becker-Eberhard* § 26 Rn. 5ff.

[15] **AA** AG Erfurt ZMR 2020, 352; AG Nürnberg DGVZ 2006, 181; MüKoZPO/*Gruber* § 885a Rn. 11.

**1. Dokumentationspflicht**

Zweck der Dokumentationspflicht nach § 885 a Abs. 2 ZPO ist es, im Streitfall die **Beweisführung** über den Bestand und Zustand des Räumungsgutes zu **erleichtern.**[16] Dafür soll der Gerichtsvollzieher in dem Protokoll nach § 762 ZPO das Räumungsgut dokumentieren und kann dabei auch Bildaufnahmen anfertigen. § 885 a Abs. 2 ZPO ist entgegen kritischer Stimmen in der Lit.[17] **rechtspolitisch gerechtfertigt.** Denn wenn der Gesetzgeber schon den Zugriff des Gläubigers auf das Räumungsgut ermöglicht ist es angemessen, die Interessen des Schuldners dadurch zu berücksichtigen, dass der Gerichtsvollzieher das von ihm zurückgelassene Räumungsgut dokumentiert. Die Parteien haben nach § 760 ZPO **Anspruch** auf Erteilung einer **Abschrift** des Protokolls sowie der Bildaufnahmen.[18] 12

**a) Inhalt der Dokumentationspflicht.** Die Dokumentationspflicht bezieht sich nach § 885 a Abs. 2 S. 1 ZPO auf die frei ersichtlichen beweglichen Sachen, die der Gerichtsvollzieher bei der Vornahme der Vollstreckungshandlung vorfindet. Die **Norm** ist dem Gesetzgeber handwerklich **weitgehend misslungen,** weil sie erhebliche Auslegungsprobleme bereitet. Dies beginnt damit, dass der Gerichtsvollzieher nach dem Wortlaut auch Sachen zu dokumentieren hat, die **Gegenstand der Zwangsvollstreckung** sind. Dieses Ergebnis überzeugt nicht, weil die Dokumentationspflicht eine Kompensation für das Unterbleiben des Wegschaffens der Sachen durch den Gerichtsvollzieher ist (→ Rn. 1). Da der Gerichtsvollzieher aber Sachen, die Gegenstand der Zwangsvollstreckung sind (→ ZPO § 885 Rn. 30), nicht nach § 885 Abs. 2 ZPO wegzuschaffen hätte, braucht er sie auch nicht zu dokumentieren. § 885 a Abs. 2 S. 1 ZPO ist daher durch eine entsprechende Analogie zu § 885 Abs. 2 ZPO **teleologisch zu reduzieren.** 13

Der Begriff **„vorfinden"** ist insofern missglückt, als der Gerichtsvollzieher beim bloßen Besitzwechsel die Räume nicht zwingend betreten muss, sondern diesen durch bloßen Schlosswechsel herbeiführen kann.[19] In diesen Fällen würde der Gerichtsvollzieher keine Sachen „vorfinden", die Dokumentationspflicht liefe leer. Es bedarf daher einer – gebotenen – teleologischen Auslegung: Die Dokumentationspflicht erstreckt sich auf die in den **Räumen befindlichen Sachen** auch dann, wenn der Gerichtsvollzieher diese eigentlich nicht betreten müsste. 14

Von der Dokumentationspflicht erfasst sind nur die frei ersichtlichen **beweglichen Sachen.** Der Begriff der beweglichen Sache entspricht grds. § 885 Abs. 2 ZPO, weil die Dokumentationspflicht die Kompensation dafür ist, dass bei der beschränkten Räumung diese Sachen im Vollstreckungsgegenstand verbleiben (→ Rn. 1). Es muss sich also um Räumungsgut handeln (→ Rn. 10). **Unrat, Müll oder wertloses Gerümpel** fallen wegen des Zwecks der Norm – Erleichterung der Beweisführung im Streitfall – auch hierunter. Denn es ist durchaus denkbar, dass etwa der Schuldner sich darauf beruft, beim vom Gerichtsvollzieher als nicht dokumentationswürdig eingeschätzten Gerümpel habe es sich um wertvolle Sachen gehandelt. Allerdings kann der Gerichtsvollzieher sich bei Sachen, die für die Wertschätzung des Räumungsguts nicht verkehrswesentlich sind, auf eine **pauschale Dokumentation** beschränken (→ Rn. 18). 15

**Schwierigkeiten** bereitet die Auslegung des Merkmals **„frei ersichtlich".** Ersichtlich ist ein Synonym für erkennbar.[20] Der Wortlaut spricht deshalb dafür, dass der Gerichtsvollzieher nur die Sachen – dafür aber vollständig – dokumentieren muss, die für ihn frei erkennbar sind, also die er beim Betreten der Wohnung sofort sehen kann, ohne dass er Behältnisse oÄ öffnen muss.[21] Dann müsste der Gerichtsvollzieher einerseits alle frei erkennbaren Sachen dokumentieren, also etwa sämtliche Bücher eines Bücherregals oder alle in einem Hauswirtschaftsraum befindlichen Putzutensilien. Andererseits träfe ihn keine Pflicht, Wertsachen in sein Protokoll aufzunehmen, die sich in einer Schreibtischschublade befinden, weil er dafür die Schublade öffnen müsste. 16

Dieses Ergebnis der Wortlautinterpretation überzeugt mit Blick auf den **Zweck der Norm** nicht.[22] Denn die Dokumentation dient der Beweissicherung (→ Rn. 12) und ist daher gerade bei 17

---

[16] BR-Drs. 313/12, 44.
[17] *Dötsch* NZM 2012, 73.
[18] BR-Drs. 313/12, 44.
[19] *Dötsch* NZM 2012, 73 (74).
[20] Wahrig Deutsches Wörterbuch.
[21] Lützenkirchen MietR/*Dickersbach* BGB Anh. § 546 Rn. 82 und auch der – unverbindliche (→ BGB § 885 Rn. 21) – § 129 Abs. 2 GVGA.
[22] Wie hier Musielak/Voit/*Lackmann* ZPO § 885 a Rn. 5; ähnl. Stein/Jonas/*Bartels* ZPO § 885 a Rn. 7; MüKoZPO/*Gruber* § 885 a Rn. 16.

wertvollen Sachen geboten. Ob eine Sache beim Betreten der Räume sofort ins Auge fällt (also im Wortsinne „frei ersichtlich" ist), ist dafür aber kein geeignetes Abgrenzungskriterium. Auch die **Entstehungsgeschichte** spricht gegen eine strenge Wortlautinterpretation. Denn die Formulierung „frei ersichtlich" sollte verdeutlichen, dass keine vollständige Inventarisierung, sondern nur ein **zuverlässiger Überblick über den wesentlichen Bestand** der Sachen des Schuldners erforderlich ist.[23]

18 Zweck und Historie der Norm gebieten daher eine vom **unbefangenen Wortlautverständnis abweichende Interpretation** des Merkmals „frei ersichtlich". Der Gerichtsvollzieher ist einerseits nicht verpflichtet, sämtliche für ihn sofort erkennbaren Sachen zu dokumentieren, sondern kann sich auf die **nach der Verkehrsanschauung für die Wertschätzung des Räumungsgutes wesentlichen Sachen** beschränken.[24] Er genügt daher etwa seiner Dokumentationspflicht, wenn er bei einem Bücherregal im Protokoll „diverse Bücher" notiert. Andererseits muss der Gerichtsvollzieher auch Schränke und andere Behältnisse öffnen und die dabei gefundenen Sachen festhalten. Allerdings wird diese „Suchpflicht" durch die Worte „frei ersichtlich" begrenzt. Der Gerichtsvollzieher muss nur solche Sachen dokumentieren, die für ihn durch das Ergreifen einfachster Maßnahmen (zB Öffnen einer Schublade) erkennbar sind; nur solche Sachen sind „frei ersichtlich".[25] Und auch bei diesen Sachen ist die Dokumentationspflicht auf wesentliche Gegenstände beschränkt. Wenn der Gerichtsvollzieher etwa einen Schrank öffnet und dort diverses Geschirr anfindet, muss er nicht jeden einzelnen Teller inventarisieren. Es reicht dann aus, dass er den Schrankinhalt als Ganzes („diverses Geschirr") dokumentiert. Im Ergebnis ist daher „frei ersichtliche bewegliche Sachen" als **„frei zugängliche, für die Wertschätzung wesentliche bewegliche Sachen"** zu verstehen.

19 **b) Erfüllung der Dokumentationspflicht.** Bei der Dokumentation ist zwischen der Erfüllung der Amtspflicht und der Beweiskraft der vom Gerichtsvollzieher erstellten Dokumentation zu unterscheiden. § 885 a Abs. 2 ZPO betrifft die **Amtspflicht** des Gerichtsvollziehers (zur Beweiskraft des Protokolls und der Bildaufnahmen → Rn. 53 f.). Nach § 885 a Abs. 2 S. 1 ZPO hat die Dokumentation in dem Protokoll nach § 762 ZPO zu erfolgen. Zur Erfüllung der Dokumentationspflicht ist demnach erforderlich, dass die **Sachen im Protokoll,** welches vom Gerichtsvollzieher nach § 762 Abs. 2 Nr. 5 ZPO zu unterzeichnen ist, **bezeichnet** werden. Dafür reicht es nicht, dass der Gerichtsvollzieher nur Bildaufnahmen anfertigt und im Protokoll auf diese verweist.[26] Denn einerseits ist nur das Protokoll Urkunde gem. § 418 ZPO und erbringt damit vollen Beweis seines Inhalts (→ Rn. 53). Anders als Bildaufnahmen, die als Augenschein (§ 371 ZPO) zu würdigen sind, unterliegt es deshalb nicht der freien Beweiswürdigung[27], weshalb die Interessen der Parteien eine Dokumentation im Protokoll selbst gebieten. Zudem fehlt in § 762 ZPO eine § 160 Abs. 5 ZPO entsprechende Regel, wonach das Protokoll sich auch auf die in ihm genannten Anlagen (hier: Bildaufnahmen) erstreckt. Wortlaut und Zweck von § 885 a Abs. 2 ZPO wird daher nur genügt, wenn der Gerichtsvollzieher die wesentlichen frei zugänglichen Sachen (→ Rn. 18) in dem schriftlichen Protokoll dokumentiert, wie dies auch § 129 Abs. 2 S. 1 GVGA vorsieht. Wird dem nicht Genüge getan, steht den Parteien die Erinnerung nach § 766 ZPO offen.

20 Nach § 885 a Abs. 2 S. 2 ZPO kann der Gerichtsvollzieher bei der Dokumentation **Bildaufnahmen** in elektronischer Form herstellen. Die Bildaufnahmen haben nur die Funktion (→ Rn. 19), die **Dokumentation im Protokoll zu unterstützen.** Ob und in welchem Umfang der Gerichtsvollzieher hiervon Gebrauch macht, steht in seinem pflichtgemäßen Ermessen[28], so dass eine entsprechende Amtspflicht nur bei einer Ermessensreduzierung auf Null[29] besteht. Der Gerichtsvollzieher kann auch analoge Fotos anfertigen.[30] Auch das Abfilmen des Räumungsgutes ist von Wortlaut und Zweck der Norm – Beweissicherung – erfasst. § 885 a Abs. 2 S. 2 ZPO rechtfertigt die Herstellung von Bildaufnahmen und steht daher etwaigen Ersatzansprüchen des Eigentümers der fotografierten Sachen entgegen.[31]

---

[23] BR-Drs. 313/12, 44; ebenso wollten die Verfasser des Referentenentwurfs ihre Formulierung verstanden wissen, NZM 2011, 424 (444 f.).
[24] Ebenso Musielak/Voit/*Lackmann* ZPO § 885 a Rn. 5.
[25] Ähnlich Zöller/*Seibel* ZPO § 885 a Rn. 4.
[26] Zöller/*Seibel* ZPO § 885 a Rn. 4; **aA** Musielak/Voit/*Lackmann* ZPO § 885 a Rn. 6.
[27] Prütting/Gehrlein/*Laumen* ZPO § 286 Rn. 16.
[28] BR-Drs. 313/12, 44.
[29] Allg. etwa BVerwG NJW 1981, 2653.
[30] BR-Drs. 313/12, 44.
[31] Zu den Folgen des rechtswidrigen Fotografierens fremden Eigentums BGH V ZR 45/10, NJW 2011, 749.

### 2. Hinweispflicht (Abs. 6)

Die Hinweispflicht des Gerichtsvollziehers nach § 885 a Abs. 6 ZPO dient einerseits dazu, dass sich der Vermieter auf den Umgang mit dem Räumungsgut vorbereiten kann, andererseits – und dies ist der Hauptzweck – soll sie den Schuldner über die **Möglichkeit der Liquidierung** seiner Sachen **informieren.**[32] Dafür muss der Gerichtsvollzieher den Gläubiger und den Schuldner auf die Bestimmungen der § 885 a Abs. 2–5 ZPO hinweisen. Der Hinweis muss in der Mitteilung über den Räumungstermin erfolgen. Eine besondere Form schreibt das Gesetz für die Mitteilung nicht vor. Sie kann daher auch mündlich erfolgen[33], was indes nicht praxisrelevant ist, weil die innerdienstliche Anweisung (→ ZPO § 885 Rn. 21) in § 129 Abs. 3 GVGA eine schriftliche Information verlangt. Auch zum **Inhalt der Mitteilung** macht das Gesetz keine Vorgaben. Der Hinweis kann daher etwa durch einen Abdruck der Vorschriften erfolgen; ausreichend ist aber auch jede andere Erklärung, die Gläubiger und Schuldner in verständlicher Art und Weise über die Regelungen der § 885 a Abs. 2–5 ZPO informiert. Auch zu einer **Ankündigungsfrist** schweigt das Gesetz. Die Ankündigung muss aber so rechtzeitig erfolgen, dass der Schuldner noch die Möglichkeit hat, sein Hab und Gut vor dem Zugriff des Gläubigers zu bewahren; die Mindestfrist dürfte regelmäßig bei einer Woche liegen. 21

## IV. Anspruch auf Herausgabe des Räumungsgutes und Zurückbehaltungsrecht (Abs. 5)

Nach § 885 a Abs. 5 ZPO sind sowohl unpfändbare Sachen als auch solche, bei denen ein Verwertungserlös nicht zu erwarten ist, auf Verlangen des Schuldners jederzeit ohne Weiteres herauszugeben. Ebenso wie bei § 885 Abs. 5 ZPO handelt es sich nicht um eine **Anspruchsgrundlage,** sondern um den Ausschluss eines Zurückbehaltungsrechts des Gläubigers (→ Rn. 23). Der Anspruch auf Herausgabe ergibt sich vielmehr aus dem BGB. Nach **§ 985 BGB** kann der Eigentümer des Räumungsgutes – dies muss nicht zwingend der Schuldner sein (→ Rn. 10) – die Herausgabe vom Gläubiger verlangen. Daneben kann der Räumungsschuldner den Besitz an nicht in seinem Eigentum stehenden Sachen nach § 812 Abs. 1 S. 2 BGB vom Gläubiger herausverlangen. Allerdings begründet **§ 885 a Abs. 3 S. 1 ZPO** ein **gesetzliches Besitzrecht** des Gläubigers. Dieses Besitzrecht erlischt, wenn der Schuldner die Abforderungserklärung nach § 885 a Abs. 4 S. 1 ZPO abgibt. Dieser Erklärung kommt – vergleichbar einer Kündigung – insofern gestaltende Wirkung zu (→ ZPO § 885 Rn. 53). Der Schuldner kann sie jederzeit abgeben und muss nicht etwa eine Wartefrist beachten, → Rn. 36 f. 22

Ist das Besitzrecht nach § 885 a Abs. 3 S. 1 ZPO durch Abforderungserklärung erloschen, ergibt sich aus § 885 a ZPO kein **Zurückbehaltungsrecht** des Gläubigers wegen der **Kosten** des Wegschaffens und der Verwahrung des Räumungsguts. Denn es fehlt eine § 885 Abs. 4 S. 2 ZPO vergleichbare Regel. Allerdings ist mit Blick auf den Kostenerstattungsanspruch des Räumungsgläubigers (→ Rn. 60 f.) **§ 273 Abs. 1 BGB** einschlägig.[34] Denn der Kostenerstattungsanspruch aus § 788 ZPO setzt – anders als die §§ 91 ff. ZPO – keine Kostengrundentscheidung voraus. Er wird daher mit Entstehung der Vollstreckungskosten fällig.[35] Diesen Kostenerstattungsanspruch kann der Räumungsgläubiger dem Herausgabeanspruch des Räumungsschuldners entgegenhalten. Gleiches gilt, wenn dem Gläubiger Forderungen aus dem Mietvertrag, etwa auf Mietzahlung, zustehen. Ein Zurückbehaltungsrecht scheidet nach § 885 a Abs. 5 ZPO nur bei **unpfändbaren/unverwertbaren Sachen aus.** Denn diese sind „ohne Weiteres" herauszugeben, also ohne dass der Gläubiger auf vorherige Kostenbegleichung bestehen kann (→ ZPO § 885 Rn. 53). 23

Hat der Gläubiger **schuldnerfremde Sachen** in Besitz genommen, kann der Eigentümer nach diesen Grundsätzen seinen Herausgabeanspruch aus § 985 BGB nur durchsetzen, wenn der Schuldner die Abforderungserklärung abgibt (→ ZPO § 885 Rn. 54). Ein Zurückbehaltungsrecht aus § 273 BGB steht dem Gläubiger gegen den Dritten nicht zu, da sich sein Kostenerstattungsanspruch gegen den Schuldner richtet. 24

---

32 BR-Drs. 313/12, 46 f.

33 Stein/Jonas/*Bartels* ZPO § 885 a Rn. 5; MüKoZPO/*Gruber* § 885 a Rn. 19; **AA** *Abramenko* DGVZ 2013, 42 (45).

34 § 273 BGB ist auf den Anspruch aus § 985 BGB anwendbar, BGH VIII ZR 245/73, NJW 1975, 1121.

35 OLG Düsseldorf JurBüro 2003, 47.

## V. Rechte und Pflichten des Gläubigers in Bezug auf das Räumungsgut (Abs. 3–4)

25 § 885 a Abs. 3, 4 ZPO regeln den Umgang des Gläubigers mit dem Räumungsgut. Diese Regeln betreffen nach § 885 a Abs. 3 S. 1 ZPO allerdings nur Sachen, die nicht Gegenstand der Zwangsvollstreckung sind. Sie sind also auf Sachen unanwendbar, die nach **anderen Regeln** der **Vollstreckung unterliegen,** etwa wegen einer gleichzeitigen Vollstreckung nach § 808 BGB.[36]

### 1. Verwahrung (§ 885 a Abs. 3 S. 1 ZPO)

26 § 885 a Abs. 3 S. 1 ZPO verpflichtet den Gläubiger, das Räumungsgut zu verwahren. Aus der systematischen Stellung der Regel folgt, dass die Verwahrung zugunsten des Schuldners erfolgt, der nach § 885 a Abs. 4 S. 1 ZPO die Abforderungserklärung abzugeben hat und dem nach § 885 a Abs. 5 ZPO die dort genannten Sachen herauszugeben sind. Die Norm begründet daher ein **gesetzliches Schuldverhältnis** zwischen beiden Parteien, welches Grundlage eines Anspruchs des Schuldners aus § 280 BGB sein kann (→ Rn. 49 ff.).[37] Zum Ort der Verwahrung macht das Gesetz keine Vorgaben. Da der Gläubiger aber zum Wegschaffen der Sachen berechtigt ist, kann die Verwahrung auch außerhalb des Vollstreckungsgegenstandes erfolgen. Die Verwahrungspflicht des Gläubigers umfasst auch Sachen, an denen zu seinen Gunsten ein **Vermieterpfandrecht** besteht. Ein solches berechtigt nur zu einer von § 885 a Abs. 4 ZPO abweichenden Art der Verwertung, führt aber nicht zu einer Entbindung von der Pflicht aus § 885 a Abs. 3 S. 1 ZPO. Die Norm verpflichtet den Gläubiger nicht zu persönlichem Handeln, weshalb das Wegschaffen und die Verwahrung auch durch Hilfspersonen des Gläubigers erfolgen können. Zu den hierbei entstehenden Kosten → Rn. 64 ff.

27 Die in § 885 a Abs. 3 S. 1 ZPO angeordnete Verwahrungspflicht besteht aus zwei Komponenten, nämlich der Gewährung von Raum sowie der Übernahme der Obhut.[38] Aufgrund seiner **Obhutspflicht** muss der Gläubiger das Räumungsgut insbes. gegen Zerstörung, Beschädigung oder Verlust schützen. Es bedeutet daher etwa eine Verletzung der Verwahrungspflicht, wenn das Räumungsgut beim Wegschaffen oder im Lagerraum beschädigt wird. Gleiches gilt, wenn der Gläubiger die Räume **möbliert weitervermietet** und das Räumungsgut dadurch abgenutzt wird. Daran ändert ein Vermieterpfandrecht nichts, weil dieses ebenso wenig wie § 885 a Abs. 3 S. 1 ZPO ein Nutzungsrecht gewährt.[39] Ebenfalls gegen seine Verwahrungspflicht verstößt der Gläubiger, wenn er das Räumungsgut verwertet und dabei Dritten übergibt; allerdings kann dieses Verhalten gerechtfertigt sein, wenn das Gesetz die Verwertung gestattet (→ Rn. 39 ff.; zur Haftung des Gläubigers → Rn. 48 ff.).

### 2. Vernichtung (§ 885 a Abs. 3 S. 2, Abs. 4 S. 4 ZPO)

28 § 885 a ZPO erlaubt die Vernichtung des Räumungsgutes durch den Gläubiger in zwei Konstellationen, nämlich bei fehlendem Aufbewahrungsinteresse sowie bei fehlender Verwertbarkeit. Methodisch handelt es sich um **Rechtfertigungsgründe,** weil das Gesetz in diesen Fällen den Verstoß gegen die Verwahrungspflicht durch Vernichtung des Räumungsgutes gestattet.

29 Nach **§ 885 a Abs. 3 S. 2 ZPO** kann der Gläubiger Sachen, an deren **Aufbewahrung offensichtlich kein Interesse** besteht, jederzeit vernichten. Parallelnorm ist § 885 Abs. 3 S. 2 ZPO. Wie dort ist eine Vernichtung erlaubt, wenn dieses Vorgehen aus Sicht eines Dritten objektiv nützlich ist, weil sich die Sachen nicht mehr für eine Verwendung durch den Schuldner eignen. Dies muss allerdings für den Gläubiger offensichtlich sein, weshalb eine Vernichtung rechtswidrig ist, wenn eine Weiterverwendung durch den Schuldner noch in Betracht zu ziehen ist (→ ZPO § 885 Rn. 41 f.).

30 **§ 885 a Abs. 4 S. 4 ZPO** berechtigt den Gläubiger zur Vernichtung von Sachen, die **nicht verwertet werden können.** Parallelnorm ist § 885 Abs. 4 S. 4 ZPO. Anders als bei Räumungsgut iSd § 885 a Abs. 3 S. 2 ZPO ist die Vernichtung unverwertbarer Sachen allerdings erst nach Ablauf der einmonatigen Wartefrist in § 885 a Abs. 4 S. 1 ZPO zulässig. Die rechtmäßige Vernichtung setzt voraus, dass bei objektiver Betrachtung sich bei einer Verwertung durch Versteigerung nach § 383

[36] Vgl. *Gilleßen* DGVZ 2006, 185 (188).
[37] Stein/Jonas/*Bartels* ZPO § 885 a Rn. 13; *Lehmann-Richter* NZM 2013, 260.
[38] Vgl. BGH I ZR 92/50, BGHZ 3, 200.
[39] BGH XII ZR 140/12, NJW 2014, 3570, auch zum Anspruch auf Nutzungsersatz.

BGB oder durch freihändigen Verkauf nach § 385 BGB (→ Rn. 39 f.) kein Kaufinteressent für die Sache finden wird. Dies wird sich regelmäßig erst feststellen lassen, wenn ein entsprechender **Verkaufsversuch** unternommen wurde; zwingend ist ein Verkaufsversuch indes nicht.[40] Nicht nach § 885 a Abs. 4 S. 4 ZPO gerechtfertigt ist die Vernichtung von **Geschäftsunterlagen,** für die der Schuldner nach öffentlichem Recht aufbewahrungspflichtig ist sowie von **Tieren,** → ZPO § 885 Rn. 40 f.

### 3. Modifizierung des Haftungsmaßstabs (§ 885 a Abs. 3 S. 3 ZPO)

Nach § 885 a Abs. 3 S. 3 ZPO hat der Gläubiger beim Wegschaffen und der Verwahrung des Räumungsgutes nur **Vorsatz und grobe Fahrlässigkeit** zu vertreten (zur Haftung → Rn. 48 ff.).[41] Gleiches gilt bei der Vernichtung von Sachen, an deren Aufbewahrung offensichtlich kein Interesse besteht. Diese Beschränkung des Haftungsmaßstabs bereitet keine größeren Schwierigkeiten, wenn die Beschädigung oder der Verlust des Räumungsgutes anlässlich des Wegschaffens oder der Verwahrung eintritt. Grob fahrlässig handelt der Gläubiger in diesen Fällen, wenn er beim Umgang mit dem Räumungsgut die im Verkehr erforderliche Sorgfalt in ungewöhnlich hohem Maße verletzt hat und dasjenige unbeachtet gelassen hat, was sich in der gegebenen Situation jedem hätte aufdrängen müssen.[42] 31

Bei der **Vernichtung von Sachen** stellt sich die Frage nach einer Haftungsbeschränkung, wenn der Gläubiger irrtümlich davon ausgeht, an der vernichteten Sache bestehe offensichtlich kein Aufbewahrungsinteresse. Da sich das Vertretenmüssen auch auf die Kenntnis von der in Rede stehenden Pflicht bezieht[43], hat der Gläubiger die Pflichtverletzung nicht zu vertreten, wenn er in Bezug auf das fehlende Aufbewahrungsinteresse **gutgläubig** war. Dies setzt voraus, dass ihm das Aufbewahrungsinteresse weder bekannt noch infolge grober Fahrlässigkeit unbekannt war. Hier kann auf die zu § 932 Abs. 2 BGB entwickelten Maßstäbe zurückgegriffen werden: Der Gläubiger ist nicht gutgläubig, wenn sich ihm das Aufbewahrungsinteresse des Schuldners hätte aufdrängen müssen.[44] Da eine Vernichtung nur bei offensichtlich fehlendem Aufbewahrungsinteresse gestattet ist, wird ein Gläubiger, der dieses Interesse übersieht, meist grob fahrlässig handeln. Die Haftungsbeschränkung kann aber praktisch werden, wenn der Gläubiger unwissentlich eine aufbewahrungswürdige Sache entsorgt (zB in entsorgungswürdiger Matratze versteckte Geldscheine). Beruft sich der Gläubiger für die Rechtfertigung der Vernichtung hingegen auf § 885 a Abs. 4 S. 4 ZPO (Vernichtung unverwertbarer Sachen), gilt grds. der allgemeine Haftungsmaßstab aus § 276 Abs. 1 BGB. Befindet sich der Schuldner allerdings mit der Entgegennahme des Räumungsguts in Annahmeverzug (→ Rn. 37), greift zu seinen Gunsten die Haftungsmilderung des **§ 300 Abs. 1 BGB** ein (→ Rn. 50). 32

§ 885 a Abs. 3 S. 3 ZPO bestimmt iSd § 276 Abs. 1 S. 1 BGB eine mildere Haftung. Der Haftungsmaßstab greift daher bei **sämtlichen verschuldensabhängigen Ansprüchen,** insbes. aus § 280 BGB, aber auch aus § 823 BGB oder §§ 989, 990 BGB. Die Haftungsmilderung gilt auch beim Handeln eines **Erfüllungsgehilfen** nach § 278 BGB[45] (etwa wenn der vom Gläubiger beauftragte Spediteur Räumungsgut beschädigt oder entsorgt) sowie für den Entlastungsbeweis nach § 831 BGB. Sie ist auch auf Ansprüche eines Dritten anwendbar, wenn ihm Teile des Räumungsgutes gehören und vom Gläubiger gem. § 885 a Abs. 3 S. 3 ZPO beeinträchtigt werden.[46] 33

### 4. Entledigung des Räumungsguts (§ 885 a Abs. 4 S. 1–3 ZPO)

Möchte der Gläubiger sich vom Räumungsgut befreien und kommt eine Vernichtung nicht in Betracht, hat er zwei Möglichkeiten. Er kann nach § 885 a Abs. 4 ZPO verfahren und sich der Sachen analog den **Vorschriften über die Hinterlegung** entledigen. Besteht am Räumungsgut ein **Vermieterpfandrecht** gem. § 562 BGB, kann er die Sachen alternativ nach den Regeln über das Vertragspfandrecht verwerten (→ BGB § 562 Rn. 48 ff.). Denn § 885 a Abs. 4 ZPO verdrängt 34

---

[40] BR-Drs. 313/12, 46.

[41] Nach MüKoZPO/*Gruber* § 885 a Rn. 26 kann diese Haftungsprivilegierung entfallen, wenn der Schuldner beim Gläubiger erscheint, um das Räumungsgut abzuholen.

[42] BGH VIII ZR 82/03, NJW 2005, 1365.

[43] BGH VIII ZR 79/04, NJW 2005, 976 (977).

[44] Vgl. BGH VIII ZR 331/86, NJW-RR 1987, 1456.

[45] MüKoBGB/*Grundmann* § 278 Rn. 49.

[46] MüKoZPO/*Gruber* § 885 a Rn. 28 (str.).

nicht die Regeln über die Verwertung des Vermieterpfandrechts.[47] Empfehlenswert ist dieses Vorgehen aber nicht, weil auch § 885 a Abs. 4 ZPO durch Aufrechnung den Zugriff auf den Veräußerungserlös erlaubt (→ Rn. 42).

35 § 885 a Abs. 4 S. 2 ZPO verweist für den Umgang des Räumungsguts weitgehend auf die Regeln über die Hinterlegung. Der **Begriff** „verwerten" in § 885 a Abs. 4 S. 1 ZPO ist daher **ungenau,** weil darunter der Verkauf einer Sache verstanden wird, der Gläubiger hinterlegungsfähige Sachen nach § 372 ZPO aber zu hinterlegen hat und nicht verkaufen darf. Passender ist daher der Begriff „entledigen". Ob der Gläubiger von der Entledigungsmöglichkeit nach § 885 a Abs. 4 S. 2 ZPO Gebrauch macht, ist ihm überlassen. Ein übergebührliches Verzögern der Entledigung kann sich aber kostenrechtlich auswirken (→ Rn. 63).

36 **a) Abforderungserklärung.** Die Entledigung setzt nach § 885 a Abs. 4 S. 1 ZPO voraus, dass der Schuldner die Sachen nicht binnen Monatsfrist nach Besitzwechsel beim Gläubiger abfordert; die Fristberechnung erfolgt nach § 222 ZPO, §§ 187 ff. BGB. Parallelnorm ist § 885 Abs. 4 S. 1 ZPO. Die Abforderungserklärung ist eine **Prozesshandlung,** die vom Schuldner oder seinem Vertreter stammen muss; die Erklärung eines Dritten ist unbeachtlich (→ ZPO § 885 Rn. 44). Anders als bei § 885 Abs. 4 ZPO verhindert bereits die Abforderungserklärung die Hinterlegung oder den Verkauf; es ist nicht erforderlich, dass der Schuldner zudem auch sämtliche Kosten begleicht.

37 § 885 a ZPO regelt nicht, was passiert, wenn der Schuldner die Sachen zwar fristgerecht **abfordert, aber nicht abholt,** was den Rückgriff auf allgemeine Regeln erfordert. Der Gläubiger kann den Schuldner in Annahmeverzug setzen und auf diese Weise die Voraussetzungen für ein Vorgehen nach den §§ 372 ff. BGB schaffen, § 372 Abs. 1 S. 1 BGB. Der Schuldner hat gegen den Gläubiger nämlich einen Anspruch auf Herausgabe des Räumungsguts aus § 985 BGB bzw. aus § 812 BGB (→ Rn. 22). Er kommt daher in **Annahmeverzug,** wenn ihm der Räumungsgläubiger nach § 295 S. 1 BGB ein wörtliches Angebot zur Abholung der Sachen (zum Leistungsort → Rn. 38) gemacht hat. Zu beachten ist allerdings, dass in diesem Fall – anders als nach § 885 a Abs. 4 ZPO – die §§ 372 ff. BGB bei der Entledigung des Räumungsguts vollständig zur Anwendung kommen, weshalb etwa die öffentliche Versteigerung nach § 384 BGB angedroht werden muss. Auch folgt aus § 885 a Abs. 4 S. 1 ZPO, dass der Räumungsgläubiger nicht vor Ablauf der Wartefrist von einem Monat durch ein Angebot nach § 295 S. 1 BGB den Räumungsschuldner in Annahmeverzug setzen kann. Denn die Wartefrist dient dazu, dem Räumungsschuldner die Suche nach Ersatzräumen für sein Mobiliar zu ermöglichen. Der Räumungsgläubiger ist deshalb vor Ablauf der Frist nicht leistungsberechtigt, was den Annahmeverzug ausschließt.[48]

38 **b) Hinterlegung.** Räumungsgut, das iSd § 372 Abs. 1 BGB hinterlegungsfähig ist (Geld, Wertpapiere und sonstige Urkunden sowie Kostbarkeiten), hat der Räumungsgläubiger zu hinterlegen; der **Verkauf ist unzulässig.**[49] Dies folgt aus der Verweisung in § 885 a Abs. 4 S. 2 ZPO, die auch § 372 BGB in Bezug nimmt. Die Hinterlegung führt nach § 378 BGB zum **Erlöschen des Herausgabeanspruchs** des Räumungsschuldners bzw. des Eigentümers gegen den Räumungsgläubiger, wenn das Rücknahmerecht gem. § 376 BGB ausgeschlossen ist. Diese Rechtsfolge kann der Räumungsgläubiger dadurch herbeiführen, das er gegenüber der Hinterlegungsstelle auf die Rücknahme verzichtet, § 376 Abs. 2 Nr. 1 BGB. Die Hinterlegung erfolgt verfahrensrechtlich nach den landesgesetzlichen Hinterlegungsanordnungen. Sie hat nach § 374 BGB am **Leistungsort** zu erfolgen, also dem Ort, an dem der Räumungsgläubiger das Räumungsgut herauszugeben hat. Dies ist der von ihm gewählte Ort der Verwahrung, was aus § 885 a Abs. 3 S. 1 ZPO folgt. Denn die Norm gibt dem Räumungsgläubiger aus ökonomischen Erwägungen das Recht, das Räumungsgut außerhalb des Vollstreckungsgegenstandes zu verwahren.[50] Dieses Recht würde entwertet, wenn man bei der Herausgabe des Räumungsgutes einen anderen Leistungsort annehmen würde, zu dem der Gläubiger die Sachen erst noch transportieren müsste.[51] Der Räumungsgläubiger kann nach § 885 a Abs. 4 S. 2 ZPO, § 373 BGB das Recht des Räumungsschuldners zum Empfang der hinterlegten Sache von der Begleichung der Kosten abhängig machen, da ihm insofern ein Zurückbehaltungsrecht zusteht (→ Rn. 23).

---

[47] BR-Drs. 313/12, 43; Zöller/*Seibel* ZPO § 885 a Rn. 12.

[48] Palandt/*Grüneberg* BGB § 293 Rn. 8.

[49] **AA** Lützenkirchen MietR/*Dickersbach* BGB Anh. § 546 Rn. 93.

[50] BR-Drs. 313/12, 45.

[51] BGH VIII ZR 4/13, ZMR 2014, 709 Rn. 14, zum Leistungsort bei der Herausgabe von Mobiliar nach Freigabe des Vermieterpfandrechts.

**c) Selbsthilfeverkauf.** Nicht hinterlegungsfähige Sachen kann der Gläubiger nach § 885 a Abs. 4 S. 2 ZPO, § 383 BGB öffentlich versteigern oder nach § 885 a Abs. 4 S. 2 ZPO, § 385 BGB freihändig verkaufen lassen (sog. Selbsthilfeverkauf, vgl. § 373 Abs. 3 HGB). Es handelt sich um eine **Rechtsgrundverweisung,** weshalb die in den Normen des BGB genannten Voraussetzungen erfüllt sein müssen, soweit sich nicht aus § 885 a ZPO etwas anderes ergibt. Zum **eigenhändigen Verkauf** unter Missachtung der §§ 383, 385 BGB → Rn. 45 f. 39

Der **freihändige Verkauf gem. § 385 BGB** durch einen öffentlich ermächtigten Handelsmakler oder eine zur öffentlichen Versteigerung befugte Person zum laufenden Preis setzt voraus, dass die Sache einen Börsen- oder Marktpreis hat. Diese Voraussetzungen werden bei Räumungsgut nur selten vorliegen. 40

Die **öffentliche Versteigerung nach § 383 BGB** setzt Annahmeverzug des Räumungsschuldners voraus; diese Bedingung muss beim Räumungsgut indes nicht erfüllt sein, weil § 885 a Abs. 4 S. 1 ZPO als lex specialis auf das Ausbleiben der Abforderungserklärung abstellt. Im Übrigen sind die Vorgaben des § 383 BGB aber zu beachten. Die Versteigerung muss durch eine hierzu befugte öffentlich bestellte Person erfolgen (§ 383 Abs. 3 S. 1 BGB). Versteigerungsort ist der Ort der Verwahrung als Hinterlegungsort (→ Rn. 38), es sei denn, dort ist ein angemessener Erfolg nicht zu erwarten (§ 383 Abs. 1, 2 BGB). Die Versteigerung ist nach § 383 Abs. 3 S. 2 BGB öffentlich bekannt zu machen. Eine Androhung nach § 384 BGB ist gem. § 885 a Abs. 4 S. 3 ZPO entbehrlich. 41

Der **Verkauf ist rechtmäßig,** wenn er ohne Verstoß gegen wesentliche Vorgaben aus § 383 bzw. § 385 BGB erfolgt. Dafür muss der Verkauf durch die hierzu berufenen Personen erfolgen; bei § 383 BGB ist zudem die öffentliche Bekanntmachung erforderlich.[52] Der rechtmäßige freihändige Verkauf nach § 385 BGB setzt auch voraus, dass die Sache einen Marktpreis hat und zum laufenden Preis veräußert wurde.[53] Durch einen rechtmäßigen Verkauf **wandelt** sich – im Gesetz nicht ausdrücklich ausgesprochen – die **Sachschuld** (Herausgabe der Sache) in einen Anspruch auf **Herausgabe** des **Verkaufserlöses** um.[54] Der Räumungsgläubiger kann sich von dieser Geldschuld gem. § 378 BGB durch Hinterlegung befreien, § 885 a Abs. 4 S. 3 ZPO, 383 Abs. 1 S. 1 BGB (→ Rn. 38). Alternativ kann er sich wegen Forderungen gegen den Mieter aber auch durch Aufrechnung befriedigen. Unschädlich ist, dass der Anspruch des Schuldners auf Herausgabe des Erlöses und der des Vermieters auf Zahlung gerichtet ist.[55] 42

§ 885 a ZPO enthält keine Regelungen dazu, wie beim Selbsthilfeverkauf der Kaufvertrag geschlossen wird und das Eigentum auf den Käufer übergeht. Auch der Verweis in § 885 a Abs. 4 S. 3 ZPO auf die Regeln über die Hinterlegung hilft nicht weiter, weil diese nur das Innenverhältnis zwischen Räumungsgläubiger und Schuldner betreffen. **Verkauf und Übereignung folgen** daher **allgemeinen Regeln.** Sowohl bei der öffentlichen Versteigerung (§ 383 BGB) als auch beim freihändigen Verkauf (§ 385 BGB) wird der **Kaufvertrag** regelmäßig zwischen Gläubiger und Drittem geschlossen, weil die vom Gläubiger eingeschaltete Verkaufsperson typischerweise als sein Vertreter handelt (vgl. § 445 BGB). 43

Problematisch ist der **Eigentumserwerb,** weil vom Verkäufer – sei dies der Räumungsgläubiger oder die von ihm nach §§ 383, 385 BGB eingeschaltete Verkaufsperson – fremdes Eigentum übereignet wird. In den §§ 372 ff. BGB fehlt eine § 1242 Abs. 1 S. 1 BGB entsprechende Bestimmung, wonach bei einer rechtmäßigen Veräußerung der Erwerber so gestellt wird, als hätte er vom Eigentümer erworben. Die Regeln über die Hinterlegung beruhen aber erkennbar auf dieser Rechtsfolge. Denn der Erlös aus dem rechtmäßigen Selbsthilfeverkauf ist zugunsten des Gläubigers (hier: Räumungsschuldner) zu hinterlegen. Dies ist nur folgerichtig, wenn der Schuldner (hier: Räumungsgläubiger) seine Übereignungspflicht aus dem Selbsthilfeverkauf erfüllt hat, weil ihm anderenfalls der Erlös weiter zur Verfügung stehen müsste, damit er diesen im Fall eines Rücktritts des Dritten vom Kaufvertrag (§ 323 Abs. 1 BGB) zurückerstatten könnte. Dies zeigt, dass bei einem **rechtmäßigen Selbsthilfeverkauf** der Dritte **Eigentum vom Berechtigten** erwirbt.[56] Diese 44

---

[52] Prütting/Wegen/Weinreich/*Pfeiffer* BGB § 385 Rn. 2.

[53] MüKoBGB/*Fetzer* § 385 Rn. 4; Prütting/Wegen/Weinreich/*Pfeiffer* BGB § 383 Rn. 4.

[54] MüKoBGB/*Fetzer* § 383 Rn. 8; *Gernhuber,* Die Erfüllung und ihre Surrogate, 1983, Kap. III § 15 Rn. 7; **aA** Prütting/Wegen/Weinreich/*Pfeiffer* BGB § 385 Rn. 4.

[55] BGH IVb ZR 70/87, NJW-RR 1989, 173.

[56] *Gernhuber,* Die Erfüllung und ihre Surrogate, 1983, Kap. III § 15 Rn. 3a; ebenso zu § 966 Abs. 2 S. 1 BGB etwa Bamberger/Roth/Hau/Poseck/*Kindl* BGB § 929 Rn. 38.

Rechtsfolge lässt sich im Gesetz aus § 450 Abs. 2 BGB ableiten, wonach der Verkauf nach §§ 383, 385 BGB auf einer gesetzlichen Ermächtigung beruht.[57]

45 **d) Eigenhändiger Verkauf bzw. rechtswidriger Selbsthilfeverkauf.** Praxisrelevant sind die Rechtsfolgen, wenn der Gläubiger unter Umgehung der in § 383 oder § 385 BGB genannten Hilfspersonen und des dort vorgeschriebenen Verfahrens verkauft. Dieses Vorgehen wird hier als **eigenhändiger Verkauf** bezeichnet; denkbar ist auch der Terminus **„rechtswidriger Selbsthilfeverkauf“.**[58] Der Kaufvertrag kommt in diesen Fällen zwischen Gläubiger und Drittem zustande. Da die aus § 383 oder § 385 BGB folgende Berechtigung fehlt, kann der Dritte das Eigentum nur **gutgläubig** erwerben (§ 932 BGB). § 935 BGB sperrt nicht, weil ein Abhandenkommen nach allgemeiner Ansicht ausscheidet, wenn die Sache dem Besitzer auf Grund eines rechtmäßigen staatlichen Hoheitsaktes weggenommen wurde.[59] Hier wird der fehlende Wille des Besitzers durch die öffentlich-rechtliche Befugnis des Eingreifenden ersetzt.[60] Diese Grundsätze gelten auch bei § 885 a ZPO, weil der Besitzwechsel zwischen Schuldner und Gläubiger auf der Vollstreckungshandlung des Gerichtsvollziehers beruht.

46 Im Verhältnis zum Schuldner ist die **Entledigung** des Räumungsguts beim eigenhändigen Verkauf nicht durch § 885 a Abs. 4 S. 2, § 383 BGB oder § 385 BGB gerechtfertigt, weshalb der Anspruch auf Herausgabe des Räumungsguts nicht nach den Regeln über die Hinterlegung erlischt. Regelmäßig wird der Herausgabeanspruch aber nach § 275 BGB erlöschen. Denn dem Gläubiger, der die Sache in Erfüllung des Kaufvertrags einem Dritten übereignet, wird die Herausgabe derselben an den Schuldner typischerweise unmöglich.[61] In **Ausnahmekonstellationen** kann der eigenhändige Verkauf **als GoA** nach § 677 BGB **gerechtfertigt sein.**[62] Rechtsfolge ist dann, dass Schadensersatzansprüche gegen den Gläubiger ausscheiden.[63] Allerdings dürften die Voraussetzungen von § 677 BGB kaum einmal vorliegen. Denn es liegt typischerweise nicht im Interesse des Schuldners, dass er sein persönliches Hab und Gut dadurch verliert, dass der Gläubiger es eigenhändig verkauft.

47 **e) Sonderproblem Tiere.** Nicht gesondert geregelt ist, wie sich der Gläubiger Tiere entledigen kann, die er in den Räumen vorfindet. Eine Hinterlegung scheidet aus, ebenso aus praktischen Gründen eine öffentliche Versteigerung; auch die Voraussetzungen des § 385 BGB liegen typischerweise nicht vor. Der Vernichtung stehen jedenfalls die Regeln des TierSchG entgegen.[64] Dies würde **de facto** auf eine **„Dauerverwahrung“** hinauslaufen, was dem Gläubiger **unzumutbar** ist und auch dem Zweck von § 885 a Abs. 3, 4 ZPO nicht gerecht wird, der auf die Entledigung des Räumungsgutes abzielt. In freier Analogie zu § 385 BGB ist es dem Gläubiger daher gestattet, Tiere **eigenhändig** zu verkaufen oder zu verschenken und auch **zu übereignen.** Anders als bei § 885 ZPO scheidet nämlich die Lösung aus, die Kosten der „Dauerverwahrung“ dem Staat aufzuerlegen (→ ZPO § 885 Rn. 62), weil die Unterbringungskosten originär beim Gläubiger anfallen. Liegt allerdings ein Fall von krankhafter Tiersammelsucht vor[65], wird ein Verkauf typischerweise scheitern, weil niemand die Tiere haben will. Hier sollte der Gläubiger auf die Beschränkung nach § 885 a ZPO verzichten und die Tiere vom Gerichtsvollzieher wegschaffen lassen (dies ist auch nach erfolgtem Besitzwechsel noch möglich, → Rn. 9).

---

[57] Oetker/*Koch* HGB § 373 Rn. 51.

[58] BGH VIII ZR 218/56, MDR 1958, 93 = BeckRS 1957, 31194764 spricht – wegen § 383 BGB allerdings missverständlich – auch hier von einem „freihändigen Verkauf“.

[59] BGH III ZR 21/51, BGHZ 4, 10; MüKoBGB/*Oechsler* § 935 Rn. 12.

[60] BGH III ZR 21/51, BGHZ 4, 10.

[61] Erman/*Buck-Heeb* BGB § 383 Rn. 5; *Gernhuber,* Die Erfüllung und ihre Surrogate, 1983, Kap. III § 15 Rn. 8.

[62] BGH VIII ZR 218/56, MDR 1958, 93 = BeckRS 1957, 31194764; *Canaris,* Handelsrecht, 24. Aufl. 2006, § 29 Rn. 12.

[63] Zur GoA als Rechtfertigungsgrund etwa NK-BGB/*Schwab* BGB § 677 Rn. 84 mwN; für ein Erlöschen des *Primäranspruchs (hier: Herausgabe)* analog § 362 Abs. 2 BGB etwa *Canaris,* Handelsrecht, 24. Aufl. 2006, § 29 Rn. 12.

[64] Majer Räumungsvollstreckung S. 239 mwN.

[65] Vgl. etwa die bei Majer Räumungsvollstreckung S. 121 referierten Fälle.

## VI. Haftung des Gläubigers

Wird das Räumungsgut beschädigt oder vernichtet, kommen **Schadensersatzansprüche** aus §280 BGB, aus §823 BGB oder §831 BGB sowie aus §§989, 990 Abs. 1 S. 2 BGB in Betracht.[66] Ein Anspruch aus §280 BGB steht dem Schuldner zu, weil nur zwischen ihm und dem Gläubiger nach §885a Abs. 3 S. 1 ZPO ein gesetzliches Schuldverhältnis besteht (→Rn. 26). Deliktische Ansprüche des Eigentümers sind von praktischer Bedeutung, wenn nicht dem Schuldner gehörendes Räumungsgut betroffen ist. Ein Anspruch aus §§989, 990 Abs. 1 S. 2 BGB steht ebenfalls dem Eigentümer zu. Der Anspruch setzt allerdings voraus, dass dem Gläubiger kein Besitzrecht zustand. Die Normen kommen daher nur zur Anwendung, wenn der Schaden am Räumungsgut nach Zugang der Abforderungserklärung eingetreten ist, weil jedenfalls bis dahin ein Besitzrecht existiert (→Rn. 22).[67] Diese Sonderkonstellation wird hier nicht näher untersucht.[68] 48

### 1. Anspruch aus §280 BGB

Der Schadensersatzanspruch des Schuldners aus §280 BGB wirft eine Reihe von Rechtsfragen auf.[69] Als **Verletzung der Verwahrungspflicht** (→Rn. 27) kommen sowohl Beschädigung als auch Verlust des Räumungsguts – sei es durch Vernichtung, Weggabe an Dritte oder sonstige Preisgabe – in Betracht. Zu beachten ist, dass der Verlust des Räumungsgutes nicht rechtswidrig ist, wenn das Gesetz den Verlust gestattet.[70] Rechtfertigungsgründe enthalten insbes. §885a Abs. 3 S. 2 sowie Abs. 4 S. 2, 4 ZPO (→Rn. 29f.; →Rn. 39ff.). 49

Das **Vertretenmüssen** des Gläubigers wird – auch bei Haftungsmilderungen – nach §280 Abs. 1 S. 2 BGB vermutet. Bei im Rahmen des Wegschaffens oder der Verwahrung des Räumungsgutes begangenen Pflichtverletzungen haftet der Gläubiger nur für Vorsatz oder grobe Fahrlässigkeit, §885a Abs. 3 S. 3 ZPO (→Rn. 31ff.). Daneben kann sich eine entsprechende Haftungsbeschränkung aus §300 Abs. 1 BGB ergeben, wenn der Gläubiger den Schuldner in Annahmeverzug gesetzt hat (→Rn. 37). Praktisch relevant ist dies für Pflichtverletzungen, die der Gläubiger durch die Weggabe des Räumungsguts begeht, etwa indem er Sachen verschenkt oder abweichend von §885a Abs. 4 S. 2 ZPO eigenhändig verkauft und übereignet (→Rn. 45f.). Indes handelt der Gläubiger grob fahrlässig, wenn er sich nicht durch einen Blick in das Gesetz darüber informiert, nach welchen Vorschriften er sich des Räumungsgutes entledigen darf.[71] 50

Die **Schadensberechnung** erfolgt nach §§249ff. BGB.[72] Praktisch bedeutsam sind insbes. die Grundsätze des Abzugs „neu-für-alt".[73] Liegt die Pflichtverletzung in der Weggabe des Räumungsgutes, ist der Schadensersatzanspruch zunächst nach §249 Abs. 1 BGB auf Rückgabe des Besitzes gerichtet und kann sich nach §§250f. BGB in einen Geldanspruch umwandeln; zugunsten des Gläubigers greift §255 BGB. Stand das Räumungsgut nicht im Eigentum des Schuldners, kann dieser den Schaden des Eigentümers nach den Regeln über die **Drittschadensliquidation** geltend machen. Die hierfür erforderliche zufällige Schadensverlagerung[74] ist bei §885a Abs. 3 S. 1 ZPO erfüllt, weil es untypisch ist, dass Räumungsgut nicht dem Schuldner gehört. Ob der Eigentümer einen eigenen deliktischen Anspruch gegen den Gläubiger hat, ist nach der Rspr. unerheblich.[75] 51

---

[66] Vgl. BGH I ZB 66/16, NZM 2017, 473 Rn. 23.

[67] Nach der umstrittenen Rspr. (etwa BGH V ZR 45/94, NJW 1995, 2627 (2628)) begr. auch ein Zurückbehaltungsrecht nach §273 BGB (zu diesem in der hiesigen Konstellation →Rn. 23) ein Recht zum Besitz, was der analogen Anwendung von §§987ff. BGB aber nicht zwingend entgegenstehen soll, Bamberger/Roth/Hau/Poseck/*Fritzsche* BGB §986 Rn. 16 mwN.

[68] Zu dieser Haftung Majer Räumungsvollstreckung S. 117f.; nach **hM** sind §§989, 990 BGB auf den „nicht-so-berechtigten Besitzer", der sein Besitzrecht überschreitet, nicht analog anwendbar, Bamberger/Roth/Hau/Poseck/*Fritzsche* BGB §987 Rn. 15 mwN.

[69] Ausf. zum Folgenden *Lehmann-Richter* NZM 2013, 260.

[70] Zum Merkmal der Rechtswidrigkeit bei §280 BGB NK-BGB/*Dauner-Lieb* BGB §280 Rn. 37.

[71] **AA** OLG Köln NJW-RR 1995, 53 (54); die Anwendung von §300 BGB auf die Abwicklung des Selbsthilfeverkaufs ist umstritten, Prütting/Wegen/Weinreich/*Pfeiffer* BGB §383 Rn. 6; Palandt/*Grüneberg* BGB §300 Rn. 2.

[72] Näher *Lehmann-Richter* NZM 2013, 260.

[73] BGH VIII ZR 45/09, NJW 2010, 3434; BGH VI ZR 314/90, NJW 1992, 302.

[74] BGH VIII ZR 22/88, NJW 1989, 451 (452); BGH II ZR 2/86, NJW-RR 1987, 880 (882).

[75] BGH I ZR 52/82, NJW 1985, 2411 (2412).

### 2. Anspruch aus § 823 BGB oder § 831 BGB

52 Ein deliktischer Schadensersatzanspruch ist praxisrelevant, wenn nicht im Eigentum des Schuldners stehendes Räumungsgut beschädigt oder vernichtet wird. Hierin liegt eine **Eigentumsverletzung** nach § 823 Abs. 1 BGB; gleiches gilt, wenn die Sache vom Gläubiger – etwa durch Übereignung an einen Dritten – weggegeben wird.[76] Die Eigentumsverletzung ist allerdings nicht widerrechtlich, wenn das Gesetz sie gestattet, weil § 885 a ZPO auch auf schuldnerfremde Sachen anwendbar ist (→ Rn. 10). Rechtfertigungsgründe enthalten insbes. § 885 a Abs. 3 S. 2 sowie Abs. 4 S. 2, 4 ZPO (→ Rn. 29 f.; → Rn. 39 ff.). Das **Verschulden** des Gläubigers wird durch § 885 a Abs. 3 S. 3 ZPO modifiziert. Dieser Haftungsmaßstab greift auch, wenn es um die Frage geht, ob der Gläubiger beim Handeln seines Verrichtungsgehilfens nach § 831 BGB haftet (→ Rn. 33).

### 3. Beweislast

53 Entzieht der Vermieter dem Mieter ohne Titel und Gerichtsvollzieher den Besitz und vernichtet er dessen Mobiliar, so trifft ihn nach der Rspr. die Beweislast, dass ein plausibler Vortrag des Mieters zu Umfang und Wert der vernichteten Sachen unzutreffend ist, falls er eine Inventarisierung des Räumungsguts unterlassen hat.[77] Diese **Umkehr der Beweislast** bei der sog. **Kalträumung** (→ ZPO Einl. Räumungsvollstreckung Rn. 2) stützt der BGH auf die Verletzung der Pflicht des Vermieters zur Inventarisierung. Auf § 885 a ZPO ist diese Entscheidung **nicht übertragbar.** Denn der Gesetzgeber hat hier die Pflicht, den Bestand des Räumungsgutes zu dokumentieren, nicht dem Gläubiger, sondern dem Gerichtsvollzieher zugewiesen. Zudem wird der Schuldner nach § 885 a Abs. 6 ZPO vom Gerichtsvollzieher vor dem Räumungstermin über die rechtlichen Vorgaben zum Umgang mit dem Räumungsgut informiert. Der Besitzwechsel zugunsten des Gläubigers kommt für den Schuldner daher nicht überraschend, weshalb er in der Lage ist, Beweise zu seinen Gunsten zu sichern.

54 Im Schadensersatzprozess gelten somit die **allgemeinen Grundsätze** über die Verteilung der **Darlegungs- und Beweislast.**[78] Daher hat der Schuldner insbes. zu beweisen, dass eine bestimmte Sache Bestandteil des Räumungsguts war und vom Gläubiger beschädigt, vernichtet oder anderweitig weggegeben worden ist. Der Gläubiger wiederum hat nachzuweisen, dass Beschädigung, Vernichtung oder Weggabe gesetzlich gestattet waren. Bei einem Anspruch aus § 280 Abs. 1 BGB muss er zudem den Vorwurf des Vertretenmüssens ausräumen.

55 Praxisrelevant ist die Frage nach der **Beweiskraft der Dokumentation** des **Gerichtsvollziehers.**[79] Das Protokoll nach § 762 ZPO ist nach allgemeiner Meinung eine öffentliche Urkunde.[80] Da Urkunde iSd § 415 ff. ZPO aber nur schriftliche Dokumente sind[81], können die vom Gerichtsvollzieher angefertigten Bildaufnahmen nur im Wege des Augenscheins nach § 371 ZPO bei der Beweisaufnahme berücksichtigt werden.[82] Gegenstand des **Urkundenbeweises** ist daher nur das **schriftliche Protokoll** nach § 762 ZPO. Die Beweiskraft der Dokumentation richtet sich nicht nach § 415 oder § 417 ZPO, weil es insoweit weder um die Beurkundung einer fremden Erklärung (§ 415 ZPO) noch um eine Willenserklärung des Gerichtsvollziehers selbst (§ 417 ZPO) geht. Einschlägig ist vielmehr § 418 ZPO.[83] Die Dokumentation im Protokoll begründet nach § 418 Abs. 1 ZPO den vollen Beweis der darin bezeugten Tatsachen. Wie sich aus § 885 a Abs. 2 ZPO ergibt, enthält das Protokoll aber keinen vollständigen Bericht über das Räumungsgut (→ Rn. 13 ff.). Das Gesetz beschränkt mithin den Inhalt des Protokolls, was sich auch auf seinen Beweiswert auswirkt. Es erbringt nur **Beweis über die frei ersichtlichen Sachen** iSd § 885 a Abs. 2 S. 1 ZPO, weil nur dies die in ihm bezeugten Tatsachen iSd § 418 Abs. 1 ZPO sind. Wird eine Sache im Protokoll nicht erwähnt, so muss der Richter entscheiden, ob die in Rede stehende Sache typischerweise für den Gerichtsvollzieher frei ersichtlich ist. Dies ist regelmäßig nur bei größeren Einrichtungsgegenständen der Fall, von denen der Richter ausgehen darf, dass sie der Gerichtsvollzieher nicht übersehen konnte. Bei allen anderen Sachen kann durch den **Verweis** auf das **„Schweigen" des Pro-**

---

[76] BGH VI ZR 254/77, NJW 1980, 119.
[77] BGH VIII ZR 45/09, NJW 2010, 3434; KG ZMR 2011, 859; OLG Naumburg ZMR 2013, 112.
[78] Näher *Lehmann-Richter* NZM 2013, 260.
[79] Näher *Lehmann-Richter* NZM 2013, 260.
[80] BayObLG NJW 1992, 1841; Musielak/Voit/*Lackmann* ZPO § 762 Rn. 6.
[81] MüKoZPO/*Schreiber* § 415 Rn. 5.
[82] BR-Drs. 313/12, 50.
[83] Musielak/Voit/*Huber* ZPO § 418 Rn. 2; MüKoZPO/*Schreiber* § 418 Rn. 6.

**tokolls** nicht bewiesen werden, dass sie sich tatsächlich nicht in den Räumen befanden. Eine Beweisführung mit Hilfe des Protokolls, dass eine Sache zum Zeitpunkt der Räumung unbeschädigt war, kommt nur in Betracht, wenn das Protokoll Angaben zum Zustand der Sache enthält.

Gleiches gilt iErg für etwaige **Bildaufnahmen** nach § 885 a Abs. 2 S. 2 ZPO. Denn den Gerichtsvollzieher trifft nicht die Pflicht, das Räumungsgut fotografisch vollständig zu dokumentieren. Ist also eine Sache auf den Aufnahmen nicht ersichtlich, bedeutet dies nicht, dass diese Sache sich nicht in den Räumen befand. Ausnahmen sind denkbar, wenn die Räume ersichtlich vollständig fotografiert wurden und es sich um eine Sache handelt, die dabei auf den Aufnahmen hätte abgebildet werden müssen. Zusammengefasst ist festzustellen, dass das Protokoll sowie etwaige Bildaufnahmen im Schadensersatzprozess nur von **begrenztem Wert** sind. 56

## VII. Haftung bei Pflichtverletzungen des Gerichtsvollziehers

Grundlage eines Schadensersatzanspruchs bei Pflichtverletzungen des Gerichtsvollziehers ist § 839 BGB, weil der Gerichtsvollzieher bei den Maßnahmen nach § 885 a Abs. 1, 2 ZPO **in Ausübung eines öffentlichen Amtes** handelt.[84] Der Anspruch richtet sich nach Art. 34 GG gegen das Land als Anstellungskörperschaft. 57

Eine nicht den Anforderungen des § 885 a Abs. 2 ZPO genügende **Dokumentation** des Räumungsguts ist – ebenso wie ein Verstoß gegen § 885 a Abs. 6 ZPO[85] – eine Amtspflichtverletzung (→ Rn. 11). Da Protokoll und Bildaufnahmen als Beweismittel bedeutsam sind (→ Rn. 55) führt diese Pflichtverletzung aber nur dann zu einem erstattungsfähigen Schaden, wenn feststeht, dass aufgrund der fehlerhaften oder unterbliebenen Dokumentation der Schadensersatzprozess zwischen Gläubiger und Schuldner fehlerhaft entschieden wurde. Dies hat der Anspruchsteller zu beweisen. Denn die **Darlegungs- und Beweislast** der **Kausalität** zwischen **Amtspflichtverletzung und Schaden** obliegt grds. ihm; eine Ausnahme gilt nur, wenn nach der Lebenserfahrung eine tatsächliche Vermutung oder Wahrscheinlichkeit dafür besteht, dass die Amtspflichtverletzung den Schaden verursacht hat.[86] Es kann aber nicht die Rede davon sein, dass der negative Ausgang des Schadensersatzprozesses typischerweise auf einer fehlerhaften Dokumentation des Räumungsguts beruht. Auch eine Beweislastumkehr nach den vom BGH für die „Kalträumung" ohne Titel und Gerichtsvollzieher entwickelten Grundsätzen (→ Rn. 53) scheidet jedenfalls dann aus, falls der Gerichtsvollzieher nach § 885 a Abs. 6 ZPO den Schuldner vor dem Räumungstermin über die rechtlichen Vorgaben zum Umgang mit dem Räumungsgut informiert hat. Denn dann kommt der Besitzwechsel für den Schuldner nicht überraschend und er ist in der Lage, Beweise zu seinen Gunsten zu sichern, was eine Beweislastumkehr nicht erforderlich macht. 58

Im Ergebnis hat daher ein **Regressprozess** gegen den Gerichtsvollzieher wegen Verstoßes gegen die Dokumentationspflicht typischerweise nur **geringe Erfolgsaussicht.** Denn wenn der Anspruchsteller über Beweismittel verfügt, welche den Verstoß gegen die Dokumentationspflicht beweisen, ist er im Stande, bereits den Schadensersatzprozess zu seinen Gunsten zu entscheiden, was nach § 839 Abs. 1 S. 2 BGB dem Amtshaftungsanspruch entgegenstehen kann. Fehlen hingegen diese Beweismittel, wird er regelmäßig auch den Regressprozess gegen den Gerichtsvollzieher verlieren. 59

## F. Kosten (Abs. 7)

Der **Kostenausgleich** zwischen den Parteien richtet sich nach **§ 788 ZPO** (→ ZPO § 885 Rn. 62 ff.). Kosten der Zwangsvollstreckung iSd § 788 Abs. 1 S. 1 ZPO sind zunächst die durch die **Tätigkeit des Gerichtsvollziehers** ausgelösten Kosten. Dies sind die Gebühren für die Vollstreckung des Besitzwechsels (KV Nr. 240 GvKostG), der Dokumentation des Räumungsgutes (KV Nr. 241, 713 GvKostG)[87] sowie die Gebühren für die Überlassung der Dokumentation (KV Nr. 700 GvKostG). Hinzu kommen ggf. Zeitzuschläge (KV Nr. 500 GvKostG). 60

[84] Gaul/Schilken/Becker-Eberhard ZVR/*Becker-Eberhard* § 25 Rn. 44 ff.
[85] *Abramenko* DGVZ 2013, 42 (46).
[86] BGH III ZR 183/94, NJW 1995, 2344.
[87] Die Kosten eines Fotografen dürfen nicht erhoben werden, AG Bühl DGVZ 2017, 21, weil der Gerichtsvollzieher die Fotos ohne Probleme selbst anfertigen kann; **aA** AG Wiesbaden DGVZ 2017, 114.

61 Nach **§ 885 a Abs. 7 ZPO** gelten die Kosten nach den § 885 a Abs. 3, 4 ZPO als Kosten der Zwangsvollstreckung. Diese **gesetzliche Fiktion** betrifft die Kosten, die beim Gläubiger durch das Wegschaffen und Verwahren sowie durch Maßnahmen anfallen, die der Entledigung (Vernichtung, Hinterlegung, Verkauf) des Räumungsgutes dienen. Die Fiktion dient dazu, dass dem Gläubiger auch diese Kosten erstattet werden, die nicht unmittelbar der Durchführung der Zwangsvollstreckung dienen, sondern aus deren Anlass entstehen. Denn ob solche Kosten von § 788 Abs. 1 S. 1 ZPO erfasst werden, ist umstritten.[88] Diesen Streit vermeidet die gesetzliche Fiktion. § 885 a Abs. 7 ZPO begünstigt damit den Gläubiger, der diese Kosten nicht in einem Schadensersatzprozess gesondert einklagen muss, sondern nach § 788 ZPO beitreiben kann.[89]

62 § 885 a Abs. 7 ZPO steht im **Konkurrenzverhältnis zu materiell-rechtlichen Regeln,** die dem Gläubiger Anspruch auf Kostenersatz geben. Denn wenn der Mieter seine Räumungspflicht nicht erfüllt, macht er sich nach § 280 BGB schadensersatzpflichtig (→ BGB § 546 a Rn. 77). Der frühere Mieter schuldet zudem nach § 546 a Abs. 1 BGB die bisherige Miete als Nutzungsentschädigung weiter (→ BGB § 546 a Rn. 39; → Rn. 52). Einer Zahlungsklage gestützt auf diese Normen fehlt aber das **Rechtsschutzbedürfnis,** soweit der Gläubiger die begehrte Kostenerstattung über §§ 885 a Abs. 7, 788 ZPO erreichen kann, etwa weil er Räumungsgut in der Mietwohnung gelagert hat. Denn der Gläubiger ist in diesem Fall bereits im Besitz eines zur Vollstreckung berechtigenden Titels (§ 788 Abs. 1 ZPO); alternativ hat er die – im Vergleich zu einer Zahlungsklage – einfache Möglichkeit, die Kosten durch gesonderte Festsetzung beizutreiben (§ 788 Abs. 2 ZPO).[90] Bei der Beitreibung erfolgt eine Überprüfung durch das Vollstreckungsorgan (§ 788 Abs. 1 ZPO)[91] bzw. das Vollstreckungsgericht (§ 788 Abs. 2 ZPO), ob es sich um notwendige Vollstreckungskosten handelt. Gegen die Entscheidungen ist die Erinnerung gem. § 766 ZPO zulässig.[92]

63 Werden im Beitreibungsverfahren nach § 788 ZPO Kosten nicht als erstattungsfähig anerkannt, steht dies einer Zahlungsklage des Gläubigers nicht entgegen, mit der dieser – gestützt auf eine materiell-rechtliche Anspruchsgrundlage – die Begleichung der Kosten begehrt. Denn eine **prozessuale Kostenentscheidung** ist grds. **nicht erschöpfend,** sondern lässt Raum für die Durchsetzung materiell-rechtlicher Ansprüche.[93] Eine Ausnahme gilt nach Ansicht des BGH nur bei einer abschließenden prozessualen Kostenentscheidung, die bei unverändertem Sachverhalt nicht gestützt auf eine materiell-rechtliche Anspruchsgrundlage erneut zur Nachprüfung gestellt werden darf.[94] Dieser Fall liegt bei §§ 885 a Abs. 7, 788 ZPO nicht vor. Denn die für die Kostenerstattung nach diesen Normen maßgeblichen Kriterien sind für das materielle Recht nicht in gleicher Weise von Bedeutung. Insbesondere begrenzt § 546 a Abs. 1 BGB – anders als § 788 ZPO (→ Rn. 66) – den Anspruch auf Nutzungsentschädigung nicht auf notwendige Vermögensopfer des früheren Vermieters.

64 Kosten iSd § 885 a Abs. 7 ZPO sind alle **Aufwendungen** des **Gläubigers,** die anlässlich der Maßnahmen nach § 885 a Abs. 3, 4 ZPO entstanden oder kausal auf diese zurückzuführen sind. Die Norm ist daher **nicht** erfüllt, wenn der Gläubiger das Mobiliar unter Berufung auf sein **Vermieterpfandrecht** verwertet („Berliner Räumung", → Rn. 4), weil dann die Entledigung nicht nach § 885 a Abs. 3, 4 ZPO, sondern den Regeln über das Vermieterpfandrecht erfolgt.[95] Aufwendungen sind nach herkömmlicher Definition alle freiwilligen Vermögensopfer.[96] Unter § 885 a Abs. 7 ZPO fällt daher etwa die Vergütung, die der Gläubiger einem Umzugsunternehmen für das Wegschaffen und die Verwahrung der Sachen gezahlt hat oder die Kosten für die bei der Entledigung (Vernichtung, Hinterlegung, Verkauf) eingeschalteten Hilfspersonen. Erfasst sind allerdings nur **rechtmäßige Maßnahmen** des Gläubigers. Wenn also etwa der Gläubiger – ohne dass dies nach § 885 a Abs. 3 S. 2 ZPO gerechtfertigt wäre – das gesamte Mobiliar vernichten lässt, sind dies keine nach § 788 Abs. 1 S. 1 ZPO vom Schuldner zu erstattenden Kosten.

---

88 Zum Meinungsstand BGH V ZB 5/05, NJW 2005, 2460.
89 BR-Drs. 313/12, 50.
90 Zur Beitreibung nach § 788 ZPO etwa Gaul/Schilken/Becker-Eberhard ZVR/*Becker-Eberhard* § 46 Rn. 23 ff.
91 Musielak/Voit/*Lackmann* ZPO § 788 Rn. 20.
92 Musielak/Voit/*Lackmann* ZPO § 788 Rn. 21.
93 *BGH VIII ZR 80/10*, NJW 2011, 2368; *Becker-Eberhard* JZ 1995, 814.
94 BGH VIII ZR 80/10, NJW 2011, 2368.
95 **AA** wohl BGH I ZB 82/13, NZM 2015, 304 Rn. 9, indes ohne Problematisierung.
96 Etwa BGH III ZR 78/10, NJW 2011, 1726 Rn. 22.

Problematisch ist, inwieweit auch **Selbstkosten des Gläubigers** erstattungsfähig sind. Relevant wird diese Frage insbes., wenn der Gläubiger das Räumungsgut selbst wegschafft und/oder in seinen Räumen verwahrt. Für das Wegschaffen kann der Gläubiger keine Kostenerstattung verlangen, weil es sich nicht um ein Vermögensopfer handelt. Der eigene Zeit- und Arbeitsaufwand ist deshalb kostenrechtlich unbeachtlich.[97] Die Verwahrung in den eigenen Räumen ist nur dann ein kausal auf die Zwangsvollstreckung zurückzuführendes Vermögensopfer, wenn der Gläubiger die Räume anderenfalls anderweitig vermietet hätte. Ist dies nicht der Fall, kann der Vermieter Kostenersatz nur nach materiellem Recht verlangen; der Anspruch bedarf einer gesonderten Titulierung. Erfolgt die Verwahrung in den früheren Mieträumen, ist § 546 a Abs. 1 BGB einschlägig. Bei einer Lagerung in anderen Räumen hat der Vermieter Anspruch auf Lagergeld nach § 354 Abs. 1 HGB, falls er Kaufmann ist. Nach dieser Norm kommt auch ein Anspruch auf Vergütung anderer Tätigkeiten aus § 885 a ZPO in Betracht, etwa für das Wegschaffen des Räumungsguts.[98] 65

Die Haftung des Schuldners ist nach § 788 Abs. 1 S. 1 ZPO auf die **notwendigen Kosten** beschränkt, also auf solche, die der Gläubiger bei verständiger Würdigung des Sachverhalts objektiv für erforderlich halten durfte.[99] Hierbei ist maßgeblich, dass § 885 a Abs. 3, 4 ZPO auf eine Entledigung des Räumungsgutes abzielen. Liegen etwa die Voraussetzungen für die sofortige Vernichtung nach § 885 a Abs. 3 S. 2 ZPO bei Teilen des Räumungsgutes ganz offensichtlich vor, sind die auf diese Sachen entfallenden Verwahrungskosten nicht erstattungsfähig. Weiter sind solche Kosten nicht erstattungsfähig, die entstehen, weil der Gläubiger die **Entledigung** der übrigen Sachen **übergebührlich herauszögert.** Ein sofortiges Handeln ist zwar nicht erforderlich. Allerdings wird man verlangen müssen, dass der Gläubiger nach Ablauf der Wartefrist aus § 885 a Abs. 4 S. 1 ZPO **ohne schuldhaftes Zögern** Maßnahmen zur Entledigung einleitet. Hiergegen verstößt er regelmäßig, wenn er nicht binnen zwei Wochen nach Ablauf der Wartefrist mit den Maßnahmen nach § 885 a Abs. 4 ZPO beginnt. 66

---

[97] BVerfG NJW 2008, 3207; MüKoZPO/*Schulz* § 91 Rn. 98.

[98] BeckOK HGB/*Lehmann-Richter* § 354 Rn. 13, 23ff.

[99] BGH VII ZB 88/08, NJW 2010, 1007; BGH IXa ZB 146/03, NJW-RR 2003, 1581.

# § 940a ZPO Räumung von Wohnraum

**(1) Die Räumung von Wohnraum darf durch einstweilige Verfügung nur wegen verbotener Eigenmacht oder bei einer konkreten Gefahr für Leib oder Leben angeordnet werden.**

**(2) Die Räumung von Wohnraum darf durch einstweilige Verfügung auch gegen einen Dritten angeordnet werden, der im Besitz der Mietsache ist, wenn gegen den Mieter ein vollstreckbarer Räumungstitel vorliegt und der Vermieter vom Besitzerwerb des Dritten erst nach dem Schluss der mündlichen Verhandlung Kenntnis erlangt hat.**

**(3) Ist Räumungsklage wegen Zahlungsverzugs erhoben, darf die Räumung von Wohnraum durch einstweilige Verfügung auch angeordnet werden, wenn der Beklagte einer Sicherungsanordnung (§ 283 a) im Hauptsacheverfahren nicht Folge leistet.**

**(4) In den Fällen der Absätze 2 und 3 hat das Gericht den Gegner vor Erlass einer Räumungsverfügung anzuhören.**

## Systematische Übersicht



## Alphabetische Schnellübersicht



## A. Überblick

1 § 940 a ZPO enthält **drei verschiedene Regelungsbereiche,** die alle die Räumung von Wohnraum im Wege der einstweiligen Verfügung[1] betreffen; zu den Auswirkungen dieser Vorschrift auf die Anforderungen an eine Räumungsverfügung bei Gewerberaummietverhältnissen → Rn. 57. Aus § 940 a ZPO ergibt sich mittelbar, dass die Räumung von Wohnraum durch einstweilige Verfügung nur ausnahmsweise angeordnet werden darf, nämlich einmal gem. **§ 940 a Abs. 1 ZPO** bei verbotener Eigenmacht oder konkreter Gefahr für Leib oder Leben. Außerdem darf gem. **§ 940 a Abs. 2 ZPO** gegen einen *Besitzer* von Wohnraum eine einstweilige Verfügung auf Räumung erlassen werden, wenn es gegen den *Mieter* einen vollstreckbaren Räumungstitel gibt und der Vermieter von dem Besitz des Dritten erst nach Schluss der mündlichen Verhandlung des Räumungsprozesses

[1] Allg. zum einstweiligen Rechtsschutz im Mietprozess s. *Hinz* NZM 2005, 841 ff.

gegen den Mieter Kenntnis erlangt hat (Räumungsverfügung gegen Dritte). Schließlich darf das Gericht gem. **§ 940 a Abs. 3 ZPO** im Wege der einstweiligen Verfügung anordnen, dass der Mieter geräumt wird, wenn er einer Sicherungsanordnung gem. § 283 a ZPO nicht nachkommt und der Räumungsanspruch hinreichend glaubhaft gemacht ist (Räumungsverfügung wegen Verstoßes gegen die Sicherungsanordnung).

## B. Entstehungsgeschichte und Zweck

§ 940 a Abs. 1 ZPO wurde durch das 2. Mietrechtsänderungsgesetz 1964 eingeführt, damals aber nur als Schutz gegen verbotene Eigenmacht; um den Schutz von Leib oder Leben wurde die Vorschrift zum 1. 1. 2002 durch das Gewaltschutzgesetz v. 11. 12. 2001 erweitert. § 940 a Abs. 2–4 ZPO wurden durch das Gesetz über die energetische Modernisierung von vermietetem Wohnraum und über die vereinfachte Durchsetzung von Räumungstiteln v. 11. 3. 2013 (MietRÄndG 2013; BGBl. I 434) geschaffen.[2] § 940 a Abs. 2–4 ZPO sind ohne besondere **Übergangsvorschriften** (s. Art. 9 MietRÄndG) am 1. 5. 2013 in Kraft getreten und gelten deshalb in den Fällen des § 940 a Abs. 3 ZPO auch für zu diesem Zeitpunkt schon anhängige Verfahren bzw. in den Fällen des § 940 a Abs. 2 ZPO für bereits gegen den Mieter ergangene Räumungsurteile.[3] 2

Wenn es in § 940 a Abs. 1 ZPO heißt, die Räumung von Wohnraum dürfe „nur" wegen verbotener Eigenmacht oder Gefahr für Leib oder Leben angeordnet werden, so folgt daraus mittelbar ein grundsätzliches Verbot von einstweiligen Räumungsverfügungen bei der Wohnraummiete.[4] § 940 a Abs. 2, 3 ZPO sind sprachlich als weitere **Ausnahmetatbestände** formuliert („auch"). Deshalb sind die Regelungen im Zweifel eng auszulegen. Durch das grundsätzliche Verbot der einstweiligen Räumungsverfügung bei Wohnraum wollte der Gesetzgeber sicherstellen, dass die Wohnnutzung, auf die der Mieter existenziell angewiesen ist, wegen der fehlenden Richtigkeitsgarantien im einstweiligen Rechtsschutz nicht gefährdet wird.[5] In § 940 a Abs. 1–3 ZPO wird das grundsätzliche Verbot gelockert, weil der Gesetzgeber bei diesen Räumungstatbeständen eine erhöhte Schutzbedürftigkeit des (Wohnraum-)Vermieters und eine verminderte Schutzbedürftigkeit des Mieters annahm.[6] 3

Die Ausnahmen in **§ 940 a Abs. 1 ZPO** sind der Bedeutung des **Besitzschutzes** und der konsequenten Umsetzung des Selbsthilferechts in § 859 BGB[7] bzw. dem hohen Schutzgut der **körperlichen Unversehrtheit**[8] geschuldet. 4

**§ 940 a Abs. 2, 3 ZPO** dienen hingegen **wirtschaftlichen Interessen,** indem sie helfen, den Räumungsanspruch vor dessen Titulierung im Hauptsacheverfahren durchzusetzen und so dem Vermieter die Weiternutzung der Mietsache zu ermöglichen.[9] Die Räumungsverfügung gem. § 940 a Abs. 2 ZPO soll einem **Missbrauch des Mieters** vorbeugen, der sich gegen die Räumung dadurch zu wehren sucht, dass er die Wohnung einem Dritten überlässt, der mangels Kenntnis des Vermieters nicht mitverklagt werden konnte und deshalb im Räumungstitel nicht genannt ist.[10] Die Instanzrechtsprechung[11] hatte früher immer wieder über Treu und Glauben versucht, dem Vermieter in solchen Missbrauchsfällen zu helfen, dabei aber letztlich die Grundsätze des Vollstreckungsrechts missachtet. Nachdem der BGH[12] diese Praxis auch für die Fälle des Verdachts der rechtsmissbräuchlichen Vollstreckungsvereitelung unterbunden hat, wollte der Gesetzgeber[13] ein Ersatzinstrument schaffen 5

---

[2] Siehe zur Gesetzgebungsgeschichte Börstinghaus/Eisenschmid/*Börstinghaus* Arbeitskommentar Mietrechtsänderungsgesetz, 2013 § 940 a Rn. 3 ff.

[3] Börstinghaus/Eisenschmid/*Börstinghaus* Arbeitskommentar Mietrechtsänderungsgesetz, 2013 § 940 a Rn. 45.

[4] MüKoZPO/*Drescher,* 5. Aufl. 2016, § 940 a Rn. 1/2; Börstinghaus/Eisenschmid/*Börstinghaus* Arbeitskommentar Mietrechtsänderungsgesetz, 2013 § 940 a Rn. 12.

[5] MüKoZPO/*Drescher,* 5. Aufl. 2016, § 940 a Rn. 1 mwN.

[6] Gesetzesbegründung BT-Drs. 17/10485, 2; *Wendt,* Die einstweilige Räumungsverfügung des § 940 a Abs. 2 ZPO, 2015, S. 70, 72, 87.

[7] MüKoZPO/*Drescher,* 5. Aufl. 2016, § 940 a Rn. 1 mwN.

[8] Börstinghaus/Eisenschmid/*Börstinghaus* Arbeitskommentar Mietrechtsänderungsgesetz, 2013 § 940 a Rn. 23.

[9] Gesetzesbegründung BT-Drs. 17/10485, 35 für § 940 a Abs. 3 ZPO.

[10] Gesetzesbegründung BT-Drs. 17/10485, 34.

[11] LG Lübeck DGVZ 2008, 172; KG NZM 2003, 105; OLG Hamburg MDR 1993, 274; AG Hamburg-St. Georg ZMR 2007, 280.

[12] BGH I ZB 39/08, NJW 2008, 3287.

[13] Eine ähnliche Vorschrift hatte schon der historische Gesetzgeber des BGB mit § 520 Abs. 3 BGB erwogen (vgl. Mugdan, Bd. 2, Motive S. 849, 852).

und dem Vermieter ermöglichen, im Wege der einstweiligen Verfügung einen Titel gegen den Besitzer zu erlangen, weil die Anspruchsprüfung in der Regel „reine Formsache" sei.[14] Soweit der BGH[15] vor der Einführung von § 940a Abs. 2 ZPO die Anwendung von § 242 BGB auch im formalisierten Vollstreckungsrecht nicht vollständig ausgeschlossen hat, ist dem durch § 940a Abs. 2 ZPO im Anwendungsbereich der Vorschrift die Grundlage entzogen.[16] Die Regelung dürfte auch effektiv sein. Zwar ist es nicht ausgeschlossen, dass der Mieter nach Erlass einer Räumungsverfügung innerhalb der vom Gerichtsvollzieher zu beachtenden Räumungsfrist einen weiteren Besitzer findet, an dem die Räumung dann erneut scheitert.[17] Das ist aber wohl eher eine theoretische Möglichkeit. Kaum ein Mieter wird so viele Personen zur Verfügung haben, die zur Besitzergreifung bereit sind, so dass hierdurch die Räumung auf längere Sicht verhindert wird. Es reicht nämlich nicht, dass sich Dritte einfach nur in der Wohnung aufhalten, ihr Wohnbesitz muss dem Gerichtsvollzieher, der das vor Ort zu überprüfen hat, vielmehr tatsächlich vermittelt werden, was auf Seiten der (vermeintlichen) Besitzer einen gewissen Aufwand erfordert.

6 Die Räumungsverfügung gem. **§ 940a Abs. 3 ZPO** soll in Zusammenwirken mit der Sicherungsanordnung gem. § 283a ZPO **Forderungsausfälle** bei langdauernden Hauptsacheverfahren **verhindern,** indem der Mieter für die nach Rechtshängigkeit fällig gewordenen Geldforderungen Sicherheit leisten muss oder – im Falle des Verstoßes gegen die Sicherungsanordnung – geräumt werden kann, so dass weitere Forderungen nicht entstehen.[18] Das soll den tatsächlichen Wert eines (später) in der Hauptsache ergehenden Zahlungstitels sichern und dem beklagten Mieter einen Anreiz nehmen, den Prozess zur Zahlungsverzögerung zu missbrauchen.[19] Kommt der Mieter der angeordneten Sicherheitsleistung nicht nach, so werden dem Vermieter anderweitige Einnahmemöglichkeiten durch Weitervermietung eröffnet, wenn er eine Räumungsverfügung gem. § 940a Abs. 3 ZPO erlangt und von ihr Gebrauch macht. Ein zahlungsunfähig gewordener oder von vornherein betrügerisch handelnder Mieter (ein sog. Mietnomade), der erwägt, den Prozess zu verzögern, um sich die Wohnung noch eine Zeitlang zu erhalten, wird hiervon – so wohl die Hoffnung des Gesetzgebers – angesichts der drohenden Räumungsverfügung möglicherweise Abstand nehmen und entweder sofort räumen oder sich mit dem Vermieter über eine Räumung einigen. Kommt er dennoch der Sicherungsanordnung nicht nach, soll eine Räumung gerechtfertigt sein, weil sich ein Mieter angesichts der hohen Erfolgsaussicht der Zahlungsklage dann dem erhöhten Verdacht der Verzögerungsabsicht aussetzt.[20] Diese Argumentation ist allerdings schon deshalb nicht stichhaltig, weil die gem. § 283a ZPO zu sichernden Zahlungsansprüche erst nach Rechtshängigkeit fällig geworden sein dürfen und deshalb mit der Räumungsklage, die schon vor Fälligkeit dieser Zahlungsansprüche erhoben worden sein muss, nicht unmittelbar etwas zu tun haben. Es wurde eine Art prozessualer Beendigungsgrund geschaffen, der neben die Kündigungsgründe des materiellen Rechts tritt und dessen Kern ein Verstoß gegen prozessuale Pflichten (die Befolgung der Sicherungsanordnung) ist.

## C. Anwendungsbereich

7 § 940a ZPO gilt ausweislich seines Wortlauts sowohl in der gesetzlichen Überschrift als auch in § 940a Abs. 1–3 ZPO nur für die **Räumung von Wohnraum** iSv § 549 BGB. Eine Räumungsverfügung über die in § 940a ZPO geregelten Konstellationen hinaus ist für Wohnraum gesetzlich ausgeschlossen (→ Rn. 3), nicht hingegen für andere Mietobjekte als Wohnraum. Zu den Auswirkungen, die die Schaffung der Räumungsverfügungen in § 940a Abs. 2, 3 ZPO auf die Anforderungen an eine Räumungsverfügung bei **Gewerberaummietverhältnissen** hat, → Rn. 57.

---

[14] Gesetzesbegründung BT-Drs. 17/10485, 34.
[15] BGH I ZB 56/07, NJW 2008, 1959 Rn. 17.
[16] Wie hier *Flatow* NJW 2013, 1191; **aA** wohl AG Hannover NZM 2015, 170; *Hinz* ZMR 2012, 165; NZM 2012, 793; *Dötsch* ZMR 2012, 84; *Wedel* ZMR 2020, 14; ZMR 2017, 299 sowie die Gesetzesbegründung BT-Drs. 17/10485, 34 für den Fall, dass der Besitzer sich weigert, dem Gerichtsvollzieher seinen Namen mitzuteilen. Die Gesetzesbegründung stützt sich auf LG Lübeck DGVZ 2008, 172; diese Entscheidung ist aber gerade durch BGH I ZB 39/08, NJW 2008, 3287 aufgehoben worden; kurz zuvor ist die Frage in BGH I ZB 56/07, NJW 2008, 1959 Rn. 17 noch offen gelassen worden.
[17] *Diese Gefahr sehen auch Hinz* ZMR 2012, 165; *Fleindl* NZM 2012, 65 und *Dötsch* ZMR 2012, 84.
[18] Gesetzesbegründung BT-Drs. 17/10485, 34.
[19] Gesetzesbegründung BT-Drs. 17/10485, 28.
[20] Gesetzesbegründung BT-Drs. 17/10485, 34.

8 Der **Begriff der Räumung**[21] ist nicht materiell-rechtlich auszulegen, sondern vollstreckungsrechtlich, da § 940a ZPO eine Verfahrensnorm ist, die die Schaffung von Räumungstiteln im Wege der einstweiligen Verfügung regelt.[22] Räumungstitel werden gem. § 885 ZPO vollstreckt, nur dort geht es um Räumung. Der Anwendungsbereich des § 885 ZPO ist beschränkt auf **unbewegliche Sachen.** Eigentlicher Gegenstand der Vollstreckung ist die Besitzverschaffung der unbeweglichen Sache an den Gläubiger, also deren Herausgabe bzw. Überlassung; die Räumung betrifft die Behandlung (Wegschaffung und Verwertung) derjenigen beweglichen Sachen, die sich im herauszugebenden Bereich befinden. Es kommt nicht darauf an, ob der Vermieter konkret Räumung gem. § 546 Abs. 1, 2 BGB oder „nur" Herausgabe gem. § 985 BGB verlangt bzw. verlangen kann[23]; auch in letzterem Fall handelt es sich um einen Räumungstitel. Das folgt schon aus § 885 Abs. 1 ZPO, wo nebeneinander von Herausgabe und Räumung die Rede ist; es folgt erst recht aus § 885a ZPO, der es dem Gläubiger erlaubt, einen Räumungstitel auf die Herausgabevollstreckung zu beschränken.

9 Der **Begriff des Wohnraums** hat in § 940a ZPO unterschiedliche Bedeutungen.[24] In § 940a Abs. 2, 3 BGB ist er iSv gemietetem, also auf Grund eines Mietverhältnisses überlassenem Wohnraum zu verstehen, wohingegen es in § 940a Abs. 1 ZPO nur auf die tatsächliche Nutzung als Wohnraum ankommt, gleichgültig, auf Grund welcher Rechtsgrundlage dies geschieht. § 940a Abs. 2, 3 ZPO erfordern – insoweit über § 940a Abs. 1 ZPO hinausgehend – eine Wohnraumnutzung auf Grund eines Mietvertrages. Bei § 940a Abs. 3 ZPO folgt das aus der Notwendigkeit, dass die Räumungsklage auf Zahlungsverzug gestützt werden muss, was nur bei einer Vermietung in Betracht kommt.[25] Bei § 940a Abs. 2 ZPO folgt das aus dem dort verwendeten Begriff des Mieters, der allerdings nicht der Schuldner der Räumungsverfügung ist. Es sind bei § 940a Abs. 2 ZPO zwei Nutzungsverhältnisse zu unterscheiden, nämlich der Mietvertrag, den der Vermieter geschlossen hat, und das vom Mieter abgeleitete Nutzungsverhältnis, auf Grund dessen der Dritte die Räume besitzt. Bei Ersterem muss es sich – auch wenn der Wortlaut nicht eindeutig ist, weil nicht klar ist, auf welches der Nutzungsverhältnisse sich der Begriff Wohnraum bezieht bzw. ob er sich auf beide bezieht – um ein Wohnraummietverhältnis handeln, da § 940a Abs. 2 ZPO eine Schutzvorschrift zu Gunsten der Wohnungsvermieter ist (→ Rn. 3).[26] Bei Letzterem muss es sich nicht um ein Wohnraummietverhältnis handeln, der Dritte als Räumungsschuldner muss die Räume nicht einmal als Wohnung nutzen.[27] Würde man das fordern, würde der Schutzzweck des § 940a Abs. 2 ZPO nur eingeschränkt erreicht, weil der Vermieter kaum einen Einblick in die reale Nutzung hat und der Mieter eine einstweilige Räumung ohne Weiteres durch eine Überlassung an einen gewerblichen Nutzer (oder jemanden, der solches vorgibt) verhindern könnte.

10 Bei **§ 940a Abs. 2, 3 ZPO** muss es also ein Wohnraummietverhältnis iSv § 549 BGB gegeben haben. Bei Mischmietverhältnissen von Wohnraum und Gewerbe kommt es auf den Schwerpunkt der Nutzung dafür an, ob ein Wohnraummietvertrag vorliegt oder nicht (→ BGB § 549 Rn. 24). Der Gläubiger eines anderweitigen Räumungsanspruchs (etwa der Ersteher, der aus einem Zuschlagsbeschluss vollstreckt), kann sich nicht auf § 940a Abs. 2 ZPO berufen.[28]

11 Bei **§ 940a Abs. 1 ZPO** reicht hingegen jede **Wohnraumnutzung** aus, entscheidend ist die Nutzungsart, nicht die Rechtsgrundlage.[29] Dazu gehören deshalb auch neben der Miete von Wohnraum (einschließlich Hotelzimmer, Wohnheimzimmer etc[30]), auch die Überlassung durch Leihe, auf gesellschaftsrechtlicher Grundlage, aus einer Unterhaltsverpflichtung, wegen eines (dinglichen) Wohnrechts und das Fehlen jeglicher Rechtsgrundlage (etwa bei unwirksamem Vertrag).[31] Da es nur auf die Nutzungsart zum Zeitpunkt der Räumungsverfügung ankommt, spielt es keine Rolle, ob der Raum als Wohnraum errichtet oder überlassen wurde; wird etwa Gewerberaum

---

21 Eing. zum Begriff der Räumung bei → Einl. ZPO Vor § 712 Rn. 1; Räumungsvollstreckung.
22 So auch *Fleindl* ZMR 2013, 677.
23 So auch *Fleindl* ZMR 2013, 677.
24 Siehe näher bei *Wendt,* Die einstweilige Räumungsverfügung des § 940a Abs. 2 ZPO, 2015, S. 139.
25 Der Anwendungsbereich der für § 940a Abs. 3 ZPO notwendigen Sicherungsanordnung ist hingegen weiter; → ZPO § 283a Rn. 8.
26 So auch wohl LG Köln NJW 2013, 3589; *Wendt,* Die einstweilige Räumungsverfügung des § 940a Abs. 2 ZPO, 2015, S. 138, 146.
27 *Wendt,* Die einstweilige Räumungsverfügung des § 940a Abs. 2 ZPO, 2015, S. 148.
28 *Flatow* NJW 2013, 1191.
29 MüKoZPO/*Drescher,* 5. Aufl. 2016, § 940a Rn. 5.
30 MüKoZPO/*Drescher,* 5. Aufl. 2016, § 940a Rn. 5.
31 Stein/Jonas/*Bruns* ZPO § 940a Rn. 3; MüKoZPO/*Drescher,* 5. Aufl. 2016, § 940a Rn. 5.

zweckwidrig als Wohnraum genutzt, ist § 940 a Abs. 1 ZPO anwendbar.[32] Wenn **spezialgesetzliche Regelungen** bestehen, scheidet eine Anwendung von § 940 a Abs. 1 ZPO aus.[33] Solche Regelungen gibt es etwa in § 214 FamFG iVm §§ 1, 2 GewSchG, § 49 FamFG iVm § 1568 a BGB und § 1361 b BGB bzw. § 17 LPartG.

### D. Abs. 1 (verbotene Eigenmacht, körperliche Unversehrtheit)

12 § 940 a Abs. 1 ZPO hat zwei Regelungsbereiche, nämlich die Räumung von Wohnraum einmal bei verbotener Eigenmacht und zum anderen bei Gefahr für Leib oder Leben. Für einstweilige Verfügungen gem. § 940 a Abs. 1 ZPO müssen auch die Voraussetzungen des § 940 ZPO erfüllt sein[34], da § 940 a ZPO den Regelungsgehalt von § 940 ZPO beschränkt, indem es Räumungsverfügungen grds. vom Anwendungsbereich ausnimmt und nur in Ausnahmefällen erlaubt; insbes. sind eine Verfügungsanspruch und ein Verfügungsgrund erforderlich. Liegen die Voraussetzungen von Verfügungsanspruch und Verfügungsgrund vor, dann ist eine einstweilige Räumungsverfügung zu erlassen; ein **Ermessensspielraum** besteht nicht (→ Rn. 51). Zum Überzeugungsmaß des Gerichts vom Vorliegen der Voraussetzungen der Räumungsverfügung → Rn. 48.

#### I. Verbotene Eigenmacht

13 **Verfügungsanspruch** bei der Räumungsverfügung wegen verbotener Eigenmacht ist der Anspruch auf Wiedereinräumung des (ungestörten) Besitzes an Wohnräumen (zur Beschränkung auf Wohnräume → Rn. 9); Anspruchsgrundlage sind §§ 861, 862 BGB. Die Räumungsverfügung dient der effektiven Ausübung des Selbsthilferechts gem. § 859 BGB.[35] Sie kann sich auf einzelne Räume einer Wohnung beziehen, wenn die verbotene Eigenmacht nur diese einzelnen Räume betrifft (zB den Besitz des Untermieters an einem untervermieteten Zimmer).[36] Verbotene Eigenmacht kann es auch durch Hausbesetzungen geben.[37] Gemeinschaftsräume außerhalb der Wohnung unterfallen nicht § 940 a Abs. 1 ZPO, da es sich nicht um Wohnräume handelt; es kann aber eine Regelungsverfügung gem. § 940 ZPO in Betracht kommen, eine Leistungsverfügung aber wohl wegen § 866 BGB nicht.[38] Vorbehaltlich der Spezialregelungen in § 214 FamFG iVm §§ 1, 2 GewSchG sowie § 49 FamFG iVm § 1568 a BGB und § 1361 b BGB bzw. § 17 LPartG richten sich auch die Nutzungsbefugnisse innerhalb einer Wohnung nicht nach § 940 a Abs. 1 ZPO, sondern nach § 940 ZPO.[39] Soweit in der älteren Rspr.[40] der Ausspruch eines Betretungsverbots als von § 940 a Abs. 1 ZPO umfasst angesehen wurde, so ist dies angesichts der Spezialregelung in § 1 GewSchG überholt (auch → Rn. 11). **Verfügungsgrund** ist die Besitzentziehung oder Besitzstörung durch verbotene Eigenmacht gem. § 858 BGB. Liegt eine verbotene Eigenmacht vor, so ist eine Interessenabwägung gem. § 940 ZPO nicht zu machen, es liegt vielmehr ein „anderer Grund" iSv § 940 ZPO vor.[41]

#### II. Gefahr für Leib oder Leben

14 Der Tatbestand dieses Spezialfalles von § 940 ZPO (Verhinderung drohender Gewalt)[42] ist sehr weit gefasst; zum Anwendungsbereich → Rn. 7. Es sind – wie bei jeder einstweiligen Verfügung[43] –

---

[32] Stein/Jonas/*Bruns* ZPO § 940 a Rn. 3.
[33] MüKoZPO/*Drescher,* 5. Aufl. 2016, § 940 a Rn. 1.
[34] LG Frankfurt a. M. NJW 1980, 1758; *Wolf* NJW 1980, 1758.
[35] MüKoZPO/*Drescher,* 5. Aufl. 2016, § 940 a Rn. 1 mwN.
[36] Stein/Jonas/*Bruns* ZPO § 940 a Rn. 4.
[37] Siehe hierzu und insbes. zu den Schwierigkeiten, wenn die Namen der Besetzer nicht bekannt sind, *Hinz* NZM 2005, 854.
[38] So wohl auch Stein/Jonas/*Bruns* ZPO § 940 a Rn. 4; von der Möglichkeit einer Leistungsverfügung auf Räumung bei verbotener Eigenmacht in Bezug auf ein Gewerberaumobjekt geht wohl auch OLG Celle NZM 2001, 194 aus.
[39] MüKoZPO/*Drescher,* 5. Aufl. 2016, § 940 a Rn. 8.
[40] *LG Braunschweig NJW-RR* 1991, 832 mwN.
[41] *Wolf* NJW 1980, 1758.
[42] MüKoZPO/*Drescher,* 5. Aufl. 2016, § 940 a Rn. 6.
[43] Stein/Jonas/*Bruns* ZPO Vor § 935 Rn. 2.

Verfügungsanspruch und Verfügungsgrund notwendig. **Verfügungsanspruch** ist im Ansatz jeder Anspruch, der vor konkret zu befürchtenden Beeinträchtigungen der körperlichen Unversehrtheit oder vor Lebensgefahr schützen soll. Da mit § 940a Abs. 1 ZPO die Unzulässigkeit einer Räumung von Wohnraum durch einstweilige Verfügung gelockert werden soll, kommen nur Ansprüche wegen solcher Gefährdungen in Betracht, denen gerade durch die Räumung begegnet werden kann.[44] Für den Vermieter ist ein Verfügungsanspruch insbes. der Räumungsanspruch gem. § 546 Abs. 1 BGB nach (fristloser) Kündigung, für sonstige Hausbewohner (dazu sogleich) die Ansprüche aus §§ 823 Abs. 1, 2, 1004 BGB. Gleichgültig ist, ob sich die Gefahr innerhalb der zu räumenden Wohnung zu verwirklichen droht oder außerhalb, etwa in Gemeinschaftsräumen oder vor dem Haus bzw. in der Nachbarschaft.[45] Auch die schuldrechtlichen Verhältnisse zu dem Verfügungsschuldner spielen keine Rolle, insbes. ist eine Räumungsverfügung wegen Gefahr für Leib oder Leben nicht allein zwischen Vermieter und Mieter möglich. Der Verfügungsschuldner muss nur Bewohner der Wohnräume und Verursacher der Gefahr sein, der Verfügungsgläubiger muss durch eine fortdauernde Wohnnutzung gefährdet sein. Als Verfügungsgläubiger kommen deshalb auch Mitbewohner derselben Wohnung (ggf. greift hier aber die Sonderregelung in § 2 GewSchG ein) oder anderer Wohnungen des Hauses oder der Nachbarschaft in Frage.[46] Der Vermieter kann die Räumungsverfügung nicht nur zur Abwehr einer eigenen Gefährdung beantragen, sondern auch zur Abwehr von Gefahren für die Hausbewohner[47], für Hausmeister und Hausverwalter[48] oder sonstige Beauftragte.[49] **Verfügungsgrund** ist die Gefahr für Leib oder Leben des Verfügungsgläubigers bzw. von ihm zu schützender Personen (der Vermieter bzw. Eigentümer zu seinem eigenen Schutz oder dem Schutz seiner Angehörigen und der Bewohner des Hauses). Bloße Mutmaßungen, Befürchtungen oder Angst reichen nicht, die Gefahr muss konkret sein[50], etwa auf Grund früherer Vorfälle oder wegen ausgesprochener Drohungen. Die Anforderungen an die Bejahung des Verfügungsgrundes sind hoch anzusetzen, weil ansonsten der (sofortige) Entzug der Wohnung nicht gerechtfertigt werden kann.[51] Ein Verfügungsgrund liegt zB vor bei ständigen Beleidigungen, Bedrohungen und Angriffen seitens der Mieterin und/oder ihrer Mitbewohner auf Vermieter, dessen Beauftragte sowie Mitmieter und deren Besucher[52] oder wenn ein Mieter, der ein Metzgermesser in der Hand hält, anderen Mietern androht, ihnen die Hälse durchzuschneiden.[53] Der Vorrang der **Sonderregelungen** in § 214 FamFG iVm §§ 1, 2 GewSchG sowie § 49 FamFG iVm § 1568a BGB und § 1361b BGB bzw. § 17 LPartG ist zu beachten.

## E. Abs. 2 (gegen besitzende Dritte)

Wohnungen (oder überhaupt Räume) können nur dann zwangsgeräumt werden, wenn ein Räumungstitel gegen alle Besitzer vorliegt, die nicht bereit sind, freiwillig zu räumen.[54] Aus einem Räumungsurteil gegen den Mieter kann nicht gegen einen Untermieter oder einen in dem Titel nicht genannten Dritten, der selbst Besitz hat, vollstreckt werden[55], auch nicht bei einer treuwidrigen Besitzüberlassung zur Vollstreckungsvereitelung.[56] Um dem Vermieter insbes. bei Rechtsmissbrauch zu einer **effektiven Durchsetzung seines Räumungsanspruchs** zu verhelfen, wurde § 940a Abs. 2 ZPO geschaffen. Die Möglichkeit, eine einstweilige Verfügung auf Räumung zu 15

[44] MüKoZPO/*Drescher,* 5. Aufl. 2016, § 940a Rn. 6; *Fleindl* ZMR 2013, 678.
[45] MüKoZPO/*Drescher,* 5. Aufl. 2016, § 940a Rn. 6; s. auch AG Hamburg NZM 2010, 667; NZM 2010, 760.
[46] *Hinz* NZM 2005, 854; MüKoZPO/*Drescher,* 5. Aufl. 2016, § 940a Rn. 6.
[47] AG Brandenburg 21.4.2017 – 31 C 37/17, BeckRS 2017, 107690; *Hinz* NZM 2005, 854; MüKoZPO/*Drescher,* 5. Aufl. 2016, § 940a Rn. 6.
[48] Börstinghaus/Eisenschmid/*Börstinghaus* Arbeitskommentar Mietrechtsänderungsgesetz, 2013 § 940a Rn. 18.
[49] AG Hamburg NZM 2010, 667; NZM 2010, 760, vom Vermieter beauftragter Sicherheitsdienst.
[50] LG Bonn ZMR 2015, 550; AG Bremen BeckRS 2015, 8066; MüKoZPO/*Drescher,* 5. Aufl. 2016, § 940a Rn. 6.
[51] AG Brandenburg 30.4.2015 – 5 C 135/15, BeckRS 2017, 107690; *Hinz* NZM 2005, 855.
[52] AG Hamburg NZM 2010, 667; NZM 2010, 760.
[53] So wiedergegeben in LG München I NZM 2013, 25.
[54] BGH IXa ZB 29/04, NJW 2004, 3041 (Rn. 11 bei juris); BGH I ZB 78/11, NZM 2013, 395 Rn. 15; Zöller/*Seibel* ZPO § 885 Rn. 14.
[55] BGH IXa ZB 116/03, NZM 2003, 802.
[56] BGH I ZB 39/08, NJW 2008, 3287. Die gegenteilige frühere Instanzrechtsprechung ist nicht mehr haltbar (dazu → Rn. 5).

erlangen, nimmt einer Räumungsklage gegen den Dritten allerdings nicht das Rechtsschutzbedürfnis[57]; das gilt schon allein wegen der Vorläufigkeitscharakters der einstweiligen Verfügung. Alternativ, aber wohl weniger effektiv, kann der Vermieter dem Mieter im Wege der einstweiligen Verfügung die Besitzüberlassung an Dritte verbieten.[58] Zu Fragen der **Rechtskrafterstreckung und Titelumschreibung** gegen einen Dritten, wenn der Vermieter einen Räumungstitel gegen den Mieter erwirkt hat, → BGB § 546 Rn. 99. Der Mieter kann dem Vermieter nach § 826 BGB zum **Schadensersatz** verpflichtet sein, wenn er vertragswidrig untervermietet, um die Vollstreckung aus einem Räumungsurteil zu verhindern oder zu erschweren; ist eine juristische Person Mieter kommt eine persönliche Haftung des Geschäftsführers wegen eines Missbrauchs der korporativen Haftungsbeschränkung in Betracht.[59]

16 Jede einstweilige Verfügung erfordert grds. einen **Verfügungsanspruch und einen Verfügungsgrund.**[60] Dementsprechend müssen auch für einstweilige Verfügungen gem. § 940a Abs. 2 ZPO die Voraussetzungen des § 940 ZPO erfüllt sein[61], da § 940a ZPO den Regelungsgehalt von § 940 ZPO beschränkt, indem es Räumungsverfügungen grds. vom Anwendungsbereich ausnimmt und nur in Ausnahmefällen erlaubt. Die Gegenansicht[62] sieht § 940a Abs. 2 ZPO als eigenständige Verfügungsart an, die keine weiteren Tatbestandsmerkmale als die in der Norm aufgeführten hat, insbes. einen Verfügungsanspruch nicht erfordert. Es ist aber nicht ersichtlich, dass der Gesetzgeber einen so weitgehenden Eingriff in die Grundlagen des Verfügungsrechts machen wollte. Insbesondere ist nicht ersichtlich, dass er eine Räumung ohne materiell-rechtlichen Anspruch (den Verfügungsanspruch) erlauben wollte. Im Gegenteil, sprachlich knüpft § 940a Abs. 2 ZPO an § 940a Abs. 1 ZPO an, der – auch nach der Gegenmeinung – lediglich eine Konkretisierung bzw. Beschränkung des § 940 ZPO darstellt. Das, was die Gegenmeinung in § 940a Abs. 2 ZPO für einen abgeschlossenen Tatbestand hält, sind – ähnlich wie in § 940a Abs. 1 ZPO – lediglich die typisierten Bedingungen für den Verfügungsgrund, deren Vorliegen eine Abwägung der beiderseitigen Interessen wie in § 940 ZPO entbehrlich macht (→ Rn. 20). Liegen die Voraussetzungen von Verfügungsanspruch und Verfügungsgrund vor, dann ist eine einstweilige Räumungsverfügung zu erlassen; ein **Ermessensspielraum** besteht nicht (→ Rn. 51). Zum Überzeugungsmaß des Gerichts vom Vorliegen der Voraussetzungen der Räumungsverfügung → Rn. 48.

### I. Verfügungsanspruch

17 Der Verfügungsanspruch ist der Anspruch, dessen Durchsetzung durch einstweilige Verfügung gesichert werden soll.[63] Bei § 940a Abs. 2 ZPO fehlt dem Vermieter ein Titel gegen einen Besitzer der Mietsache, der nicht Mieter ist. Deshalb kommt als Verfügungsanspruch im Ansatz jeder Anspruch in Betracht, mit dem der Besitzer aus dem Besitz gesetzt und der Vermieter in den Besitz eingewiesen werden kann. Insbesondere sind dies die Ansprüche gem. § 546 Abs. 2 BGB und §§ 985, 812[64] BGB (aber auch → Rn. 21). Der Rechtsgrund, auf Grund dessen der Mieter dem Dritten den Besitz überlassen hat, sowie die Art der Nutzung durch den Dritten sind belanglos.[65]

18 Gemäß **§ 546 Abs. 2 BGB** hat der Vermieter gegen solche Dritte einen Rückforderungsanspruch, denen der Mieter die Mietsache überlassen hat[66]; den Dritten treffen zwar nicht zwingend dieselben Rückgabepflichten wie den Mieter, er hat die Wohnung aber jedenfalls zu räumen.[67]

---

[57] **AA** *Abramenko* MietRB 2014, 219.
[58] OLG München NZM 2017, 813.
[59] OLG München ZMR 2020, 28.
[60] Stein/Jonas/*Bruns* ZPO Vor § 935 Rn. 2.
[61] Für § 940a Abs. 1 ZPO: LG Frankfurt a. M. NJW 1980, 1758; *Wolf* NJW 1980, 1758; für § 940a Abs. 2 ZPO: *Wendt,* Die einstweilige Räumungsverfügung des § 940a Abs. 2 ZPO, 2015, S. 98; *Abramenko* MietRB 2014, 218; für § 940a Abs. 3 ZPO: Gesetzesbegründung BT-Drs. 17/10485, 34; *Fleindl* ZMR 2013, 678; *Schmid* WuM 2014, 118.
[62] *Zehelein* WuM 2012, 423; zweifelnd, aber iErg ähnlich, wenn er von einem eigenen materiellen Tatbestand spricht, *Fischer* NZM 2013, 252.
[63] MüKoZPO/*Drescher,* 5. Aufl. 2016, § 935 Rn. 6.
[64] *Wendt, Die einstweilige* Räumungsverfügung des § 940a Abs. 2 ZPO, 2015, S. 106.
[65] → Rn. 9.
[66] Einzelheiten → BGB § 546 Rn. 89ff.
[67] Einzelheiten → BGB § 546 Rn. 104ff.

Gemäß **§§ 985, 986 BGB** hat der Vermieter, wenn er Eigentümer der Wohnung ist, einen Herausgabeanspruch gegen einen Besitzer, der ihm gegenüber kein Recht zum Besitz hat. Herausgabe bedeutet Besitzverschaffung, nicht aber Räumung (Entfernung von Gegenständen und Einrichtungen). Diese Differenzierung der Rechtsfolgen beider Ansprüche ist deshalb von Bedeutung, weil § 940 a Abs. 2 ZPO ausdrücklich die *Räumung* von Wohnraum erlaubt. Allerdings ist der Herausgabeanspruch ein Minus zum Räumungsanspruch und von diesem umfasst (→ Rn. 8).[68] Dem Zweck des § 940 a Abs. 2 ZPO würde nicht vollständig gedient sein, wenn er nur bei einer Räumungsverpflichtung, nicht aber bei einem bloßen Herausgabeanspruch eingreifen würde. Denn mit der Vorschrift soll die Not des Vermieters beseitigt werden, die Verfügungsgewalt an den Räumen deshalb nicht mit staatlichem Zwang zurückzuerhalten, weil ihm ein Titel gegen einen Besitzer fehlt; der Zustand der Wohnung ist zweitrangig, die Räumung kann er ggf. selbst vornehmen, wenn er wieder Besitz hat. Dagegen spricht auch nicht entscheidend, dass der Besitzer nach materiellem Recht bei dem Herausgabeanspruch gem. § 985 BGB beweisen muss, dass er ein Recht zum Besitz hat, wohingegen bei § 546 Abs. 2 BGB der Vermieter die Vertragsbeendigung nachzuweisen hat. Für den (vom Vermieter zu beweisenden) Verfügungsgrund ist nämlich ein Räumungstitel gegen den Mieter notwendig, der naturgemäß nur ergehen kann, wenn dort die Vertragsbeendigung bejaht wurde. Hat der Vermieter nur einen Herausgabeanspruch (oder kann er nur einen solchen beweisen), dann kann auch in der einstweiligen Verfügung gem. § 940 a Abs. 2 ZPO nur auf Herausgabe erkannt werden, nicht auch auf Räumung. 19

### II. Verfügungsgrund

Genauso wie in den Fällen des § 940 a Abs. 1 ZPO (verbotenen Eigenmacht und Gefahr für Leib oder Leben)[69] trägt die Voraussetzung der Unkenntnis des Vermieters von der Inbesitznahme den Verfügungsgrund schon in sich. Einer Darlegung und Glaubhaftmachung eines wesentlichen Nachteils, wie sie bei einer Regelungsverfügung gem. § 940 ZPO an sich notwendig ist, bedarf es nicht[70]; es liegt vielmehr ein „anderer Grund" iSv § 940 ZPO vor.[71] Es würde keinen Sinn machen, die einstweilige Räumungsverfügung nur zuzulassen, wenn der Vermieter noch darlegen müsste, warum sein Vermögensnachteil durch Vorenthaltung der Wohnung stärker wiegt als der (mutmaßlich endgültige) Entzug der Wohnung beim Besitzer; ein solches überwiegendes Interesse dürfte nämlich eher selten vorliegen.[72] Dementsprechend geht der Gesetzgeber[73] davon aus, dass das einstweilige Verfügungsverfahren „anstelle eines zeitaufwändigen Hauptsacheverfahrens" treten soll. An dessen Stelle kann es nur treten, wenn es nicht von einem besonderen Verfügungsgrund abhängig ist. Durch diese Intention des Gesetzgebers wird gleichzeitig deutlich, dass es sich bei der Räumungsverfügung gem. § 940 a Abs. 2 ZPO um eine gesetzlich geregelte Leistungsverfügung handelt[74], die – zwar nicht formal, weil das Hauptsacheverfahren nicht ausgeschlossen wird, aber doch praktisch, weil nach einer Räumung ein Hauptsacheverfahren sinnlos ist – auf eine endgültige Regelung bzw. Befriedigung des Vermieters abzielt. Gerechtfertigt wird das dadurch, dass ein Titel gegen den Mitbesitzer einer Wohnung in der Regel „reine Formsache" ist[75] – wohl wegen der einfachen und einfach zu beweisenden Voraussetzungen eines Verfügungsanspruchs. Die Voraussetzungen des § 940 a Abs. 2 ZPO stellen sich danach als einzige und **typisierte Bedingungen für** 20

---

[68] So auch *Wendt,* Die einstweilige Räumungsverfügung des § 940 a Abs. 2 ZPO, 2015, S. 102 f. mit einer weitergehenden Analyse des Begriffs der Räumung.

[69] MüKoZPO/*Drescher,* 5. Aufl. 2016, § 940 a Rn. 7.

[70] LG Mönchengladbach NZM 2014, 132; LG Frankfurt/Oder NZM 2016, 816 mAnm *Wendt;* LG Frankfurt a. M. 2. 4. 2020 – 2-11 T 33/20, BeckRS 2020, 12842; MüKoZPO/*Drescher,* 5. Aufl. 2016, § 940 a Rn. 11; *Wendt,* Die einstweilige Räumungsverfügung des § 940 a Abs. 2 ZPO, 2015, S. 267; *Abramenko* MietRB 2014, 218; **aA** Börstinghaus/Eisenschmid/*Börstinghaus* Arbeitskommentar Mietrechtsänderungsgesetz, 2013 § 940 a Rn. 33; *Schmid* WuM 2014, 118.

[71] *Wolf* NJW 1980, 1758 für die verbotene Eigenmacht.

[72] So auch LG Mönchengladbach NZM 2014, 132.

[73] Gesetzesbegründung BT-Drs. 17/10485, 34.

[74] So auch *Fleindl* ZMR 2013, 679; *Schmid* WuM 2014, 118; *Schuschke* FS Schilken, 2015, 799 (807); MüKoZPO/*Drescher,* 5. Aufl. 2016, § 940 a Rn. 2; Zöller/*Vollkommer* ZPO § 940 a Rn. 6 geht dementgegen von einer vereinfachten Erstreckung der Vollstreckbarkeit des gegen den Mieter ergangenen Titels auf den Dritten kraft materiell-rechtlicher Abhängigkeit aus, die er entgegen BGH XII ZR 178/03, NZM 2006, 699 der Regelung des § 546 Abs. 2 BGB entnimmt (auch → Rn. 49).

[75] Gesetzesbegründung BT-Drs. 17/10485, 34.

**den Verfügungsgrund** dar.[76] Deren Vorliegen macht eine Abwägung der beiderseitigen Interessen wie in § 940 ZPO entbehrlich und zwar unabhängig davon, wann der Vermieter Kenntnis von den Voraussetzungen hatte.[77]

21 Die zu erfüllenden **Voraussetzungen** sind ein vom (Wohnraum-)[78]Mieter verschiedener Besitzer, ein vollstreckbarer Räumungstitel gegen den (ehemaligen) Mieter und die Unkenntnis des Vermieters von der Besitzergreifung vor Schluss der (erstinstanzlichen) mündlichen Verhandlung. Aus diesen Voraussetzungen (Titel gegen einen „Mieter", Kenntnis des „Vermieters") folgt, dass Verfügungskläger gem. § 940a Abs. 2 ZPO nur der Vertragspartner des Mieters (oder dessen Rechtsnachfolger) in seiner Eigenschaft als Vermieter einer Wohnung sein kann; nicht erfasst wird der Streit um eine Besitzberechtigung aus einem anderen Rechtsverhältnis.[79] Nach welcher Anspruchsgrundlage der Mieter zur Räumung bzw. zur Herausgabe verurteilt wurde, ist belanglos; er muss aber – so der eindeutige Wortlaut des § 940a Abs. 2 ZPO – Mieter auf Grund eines Wohnraummietvertrages[80] gewesen sein. Nach dem Sinn und Zweck der Vorschrift genügt allerdings auch der Besitz auf Grund eines angefochtenen oder nichtigen Mietvertrages[81], nicht aber sonstiger rechtsgrundloser Besitz oder der Besitz als Entleiher. Ergibt sich das nicht aus dem Räumungstitel, so muss der Vermieter das anderweitig darlegen und nachweisen (auch → Rn. 17, 49).

22 Der **Schuldner der Räumungsverfügung** muss Besitzer der Wohnung sein; der Rechtsgrund, auf Grund dessen der Mieter dem Dritten den Besitz überlassen hat, sowie die Art der Nutzung durch den Dritten sind belanglos.[82] Besitzdienerschaft reicht nicht aus[83], wohl aber mittelbarer Besitz oder Mitbesitz.[84] Hat der Dritte – wie nicht selten bei einem Untermieter – nur an einzelnen Räumen Besitz (was kritisch zu prüfen ist und praktisch nur bei der ausdrücklichen Vermietung eines einzelnen Zimmers in Betracht kommen dürfte), kann er nur zu deren Räumung, nicht aber zur Räumung der ganzen Wohnung verurteilt werden.[85] Der Besitz muss mit Wissen und Wollen bzw. mindestens mit Duldung des Mieters begründet worden sein[86], da es ansonsten nicht gerechtfertigt ist, eine Abhängigkeit des Besitzrechtes des neuen Besitzers vom Mieter (ggf. in rechtsmissbräuchlicher Absicht) anzunehmen; nur so ist sichergestellt, dass sich der Anwendungsbereich des § 940a Abs. 2 ZPO auf die vom Gesetzgeber beabsichtigten Fälle beschränkt, einen Räumungstitel gegen den Mieter effektiv durchsetzen zu können. Wenn sich der Verfügungsanspruch auf § 546 Abs. 2 BGB stützt, ist diese Voraussetzung immer erfüllt (→ BGB § 546 Rn. 97). Wer Besitzer, Mitbesitzer, mittelbarer Besitzer oder Besitzdiener ist, richtet sich nach den besitzrechtlichen Vorschriften. Vollstreckungsrechtlich ist ein Titel notwendig gegen Untermieter[87] (auch wenn sie nur Teile des Mietobjekts in Besitz haben[88]), Ehegatten[89] und Lebenspartner. Bei diesen Personen wird Besitz und nicht nur Besitzdienerschaft angenommen, sofern sie in der Wohnung wohnen. Es reicht nicht, dass sich diese Personen einfach nur in der Wohnung aufhalten und ihre Stellung als Untermieter, Besitzer etc behaupten[90], ihr Besitz muss dem Gerichtsvollzieher, der das vor Ort zu überprüfen

---

[76] So auch OLG Dresden MDR 2018, 204; LG Mönchengladbach NZM 2014, 132; *Wendt,* Die einstweilige Räumungsverfügung des § 940a Abs. 2 ZPO, 2015, S. 267; ähnlich, aber krit. dazu *Schuschke* FS Schilken, 2015, 799 (807).

[77] OLG Dresden MDR 2018, 204; LG Mönchengladbach NZM 2014, 132; *Wendt,* Die einstweilige Räumungsverfügung des § 940a Abs. 2 ZPO, 2015, S. 271; **aA** LG Berlin GE 2015, 597 unter Berufung auf die Grundsätze der Selbstwiderlegung des Verfügungsgrunds.

[78] → Rn. 9.

[79] So *Börstinghaus* jurisPR-MietR 8/2014 Anm. 2; LG Arnsberg NZM 2014, 269 für den Fall, dass der noch nicht im Grundbuch eingetragene Käufer die Wohnung vermietet hatte und nach Beendigung des Mietvertrages und Scheitern des Kaufvertrages in die Wohnung eingezogen ist.

[80] → Rn. 9.

[81] Siehe eing. *Wendt,* Die einstweilige Räumungsverfügung des § 940a Abs. 2 ZPO, 2015, S. 109, 115; ebenso MüKoZPO/*Drescher,* 5. Aufl. 2016, § 940a Rn. 12.

[82] → Rn. 9.

[83] AG Wiesbaden NZM 2015, 782.

[84] LG Berlin NZM 2016, 239 mAnm *Wendt.*

[85] LG Berlin NZM 2016, 239 mAnm *Wendt.*

[86] Ähnlich wohl LG Arnsberg NJW-RR 2014, 970.

[87] BGH IXa ZB 116/03, NZM 2003, 802.

[88] *Abramenko* MietRB 2014, 217.

[89] *LG Frankfurt/Oder NZM 2016, 816 mAnm Wendt.*

[90] **AA** *Abramenko* MietRB 2014, 217 soll eine bloße Besitzberühmung ausreichen. Dem ist nicht zu folgen, da Besitzergreifung ein tatsächlicher Vorgang ist; eine Besitzberühmung kann daher allenfalls Indiz für die tatsächliche Ausübung der Sachherrschaft sein.

hat, vielmehr tatsächlich eindeutig und klar vermittelt werden.[91] Es dürfte selten vorkommen, dass der Gerichtsvollzieher jemandem, der sich in der Wohnung aufhält, Besitz daran zumisst, wenn diese Person dort weder gemeldet (also namentlich bekannt) ist, noch Legitimationspapiere oder sonstige Urkunden (wie etwa einen Mietvertrag) vorlegen kann.[92] Auf der anderen Seite reicht allein die Vorlage derartiger Papiere als Indiz für einen Besitz nicht aus, weitere Anhaltspunkte müssen hinzukommen.[93] Die Anbringung eines Namensschildes an der Klingel soll nach der Verkehrsanschauung für einen (Mit-)Besitz an dem Mietobjekt sprechen.[94] Das mag im Regelfall zutreffen, ist aber bei Anzeichen oder Behauptung von Rechtsmissbrauch kritisch zu überprüfen und an Hand anderer Indizien, die für eine tatsächliche Sachherrschaft sprechen (eigener Schlüssel, eigene Gegenstände), zu verifizieren.[95] Bei Vorlage einer Meldebescheinigung ist es ähnlich.[96] Auch bei nichtehelichen Lebensgefährten muss sich deren Mitbesitz an der Wohnung klar und eindeutig aus den Umständen ergeben.[97] Bloße Besitzdiener sind minderjährige Kinder[98] (im Regelfall auch noch nach Erreichen der Volljährigkeit[99]) und auch bei Einzug in die Wohnung schon erwachsene Kinder, sofern noch eine soziale Abhängigkeit von den Eltern besteht[100], sowie Hauspersonal.[101] Unterliegt der Gerichtsvollzieher einer Fehleinschätzung und verweigert die Räumung, weil er fälschlicherweise den Besitz eines Dritten annimmt, kann der Vermieter als Gläubiger Vollstreckungserinnerung gem. § 766 ZPO einlegen. Im Ansatz ist ein Titel gegen sämtliche Mitbesitzer notwendig, da die Vorschrift ansonsten nicht ihre Schutzfunktion erfüllen kann.[102] Ist jedoch ein **Besitzer freiwillig zur Herausgabe bereit,** darf der Gerichtsvollzieher die Räumungsvollstreckung nicht deshalb ablehnen, weil ein Titel gegen diesen Besitzer fehlt. Ähnlich ist es bei Teilbesitz.[103] Tut er es dennoch, kann der Vermieter ebenfalls Vollstreckungserinnerung gem. § 766 ZPO einlegen. Eine Räumungsverfügung gegen den herausgabebereiten Besitzer kommt mangels Verfügungsgrundes regelmäßig nicht in Betracht; anders kann das allenfalls sein, wenn es konkrete Anhaltspunkte dafür gibt, dass die Herausgabebereitschaft nicht fortbestehen wird. Gegen einen ausgezogenen Mitmieter ist ein Titel nicht erforderlich, weil er nicht mehr Besitzer ist.[104]

*frei* 23

Der **Besitzer** darf **nicht Mieter** sein.[105] Denn gegen den (ehemaligen) Mieter muss nach dem Wortlaut des § 940a Abs. 2 ZPO ein vollstreckbarer Räumungstitel schon vorhanden sein. Mieter in diesem Sinn ist nur der Hauptmieter, nicht der Untermieter[106], da § 940a Abs. 2 ZPO gerade auch eine Handhabe gegen unberechtigte oder vorgeschobene Untervermietung geben soll. Der vollstreckbare Räumungstitel gegen den Mieter ergeht in aller Regel in einem Hauptsacheverfahren, also durch Urteil oder gerichtlichen Vergleich.[107] Vorläufige Vollstreckbarkeit reicht aus, ansonsten hätte das Gesetz einen rechtskräftigen Titel vorgeschrieben.[108] Auch eine Räumungsverfügung gem. § 940a Abs. 3 ZPO kann ein vollstreckbarer Räumungstitel iSv § 940a Abs. 2 ZPO sein.[109] 24

---

[91] BGH I ZB 78/11, NZM 2013, 395 Rn. 15; AG Berlin-Charlottenburg NZM 2015, 217; *Fleindl* ZMR 2013, 680; *Schuschke* FS Schilken, 2015, 799 (804).

[92] *Flatow* NJW 2013, 1191; ähnlich *Fleindl* ZMR 2013, 682.

[93] AG Berlin-Charlottenburg NZM 2015, 217 für die bloße Vorlage eines Untermietvertrages als Besitznachweis; ebenso AG Berlin-Mitte DGVZ 2017, 113 = BeckRS 2017, 113361.

[94] OLG Hamburg NZM 2012, 387.

[95] LG Krefeld 15.12.2010 – 2 T 55/10, BeckRS 2011, 15248; AG Berlin-Wedding GE 2012, 1705.

[96] AG Berlin-Wedding GE 2012, 1705.

[97] BGH I ZB 56/07, NJW 2008, 1959; dazu *Scholz* ZMR 2009, 99.

[98] BGH I ZB 56/07, NJW 2008, 1959; AG Wiesbaden NZM 2015, 782.

[99] BGH I ZB 56/07, NJW 2008, 1959; AG Wiesbaden NZM 2015;ewtere Nachweise bei *Bueb* jurisPR-MietR 10/2018 Anm. 6.

[100] AG Wiesbaden NZM 2015, 782; AG Kassel ZMR 2016, 77; *Flatow* jurisPR-MietR 2/2016 Anm. 5.

[101] Blank/Börstinghaus/*Blank* BGB § 546 Rn. 61.

[102] *Wendt,* Die einstweilige Räumungsverfügung des § 940a Abs. 2 ZPO, 2015, S. 178.

[103] Siehe dazu *Mroß/Fischer* DGVZ 2016, 199; BGH I ZB 78/11, NZM 2013, 395.

[104] *Wendt,* Die einstweilige Räumungsverfügung des § 940a Abs. 2 ZPO, 2015, S. 184.

[105] LG Frankfurt/Oder NZM 2016, 816 mAnm *Wendt.*

[106] *Zehelein* WuM 2012, 424; *Fleindl* ZMR 2013, 680.

[107] Zu anderen möglichen Herausgabetiteln (Zuschlagsbeschluss, Anordnung der Zwangsverwaltung, Insolvenzeröffnungsbeschluss, Titel nach FamFG) s. *Wendt,* Die einstweilige Räumungsverfügung des § 940a Abs. 2 ZPO, 2015, S. 195 f.; iErg scheiden sie alle als Grundlage eine Räumungsverfügung gem. § 940a Abs. 2 ZPO aus.

[108] *Börstinghaus* NJW 2014, 2227; *Fleindl* ZMR 2013, 679.

[109] Zu dieser Konstellation → Rn. 42.

Eine notarielle Urkunde ist hingegen gem. § 794 Abs. 1 Nr. 5 ZPO und ein Anwaltsvergleich gem. § 796 a Abs. 2 ZPO kein wirksamer Titel zur Räumung von Wohnraum. Der Grund für die Beendigung des Mietvertrages ist – anders als bei § 940 a Abs. 3 ZPO – gleichgültig, da Missbrauch im Vollstreckungsverfahren verhindert werden soll.[110] Ist die Zwangsvollstreckung aus dem Räumungsurteil (einstweilen) eingestellt oder wurde eine Räumungsfrist bewilligt oder liegen sonstige besondere Vollstreckungsvoraussetzungen nicht vor (wie etwa Leistung einer Sicherheit), gibt einen vollstreckbaren Titel nicht.[111] Eine Räumungsverfügung gem. § 940 a Abs. 2 ZPO darf dann nicht erlassen werden, weil der Vermieter ihn mangels Vollstreckungsreife gegenüber dem Mieter auch gegenüber dem Dritten noch nicht vollziehen könnte[112]; das würde auf eine Art Vorratstitulierung hinauslaufen, die mit dem Wesen einer einstweiligen Verfügung unvereinbar ist. Ist dennoch schon eine Räumungsverfügung erlassen worden, ist die Vollstreckung gem. § 924 Abs. 3 ZPO einzustellen.

25 Wenn **mehrere Mieter** Vertragspartei sind, muss nicht gegen alle ein Räumungstitel vorliegen, damit die Voraussetzungen des § 940 a Abs. 2 ZPO erfüllt sind.[113] Zwar braucht der Vermieter für die Vollstreckung gegen alle Mieter einen Titel, die noch in dem Mietobjekt wohnen und Besitzer sind und den Besitz nicht freiwillig aufgeben wollen.[114] Daraus kann aber nicht eine Voraussetzung für den Erlass einer Räumungsverfügung abgeleitet werden und zwar schon deshalb nicht, weil der Vermieter ansonsten gezwungen wäre, auch gegen freiwillig räumende oder bereits ausgezogene Mieter[115] einen Titel zu erwirken, obwohl er den Missbrauch der Besitzstellung durch den Dritten noch gar nicht kennt (würde er ihn kennen, müsste er ihn mitverklagen). Abgesehen davon hat der im Hauptsacheverfahren ergangene Räumungstitel die Funktion, das Ende des Mietverhältnisses mit der notwendigen Sicherheit festgestellt zu wissen. Diese Funktion ist auch gewährleistet, wenn sich der Titel nur auf einen von mehreren Mietern bezieht. Die Schutzfunktion des § 940 a Abs. 2 ZPO gebietet nichts anderes.[116] Zwar geht die ratio legis dahin, dass der Vermieter seinerseits alles Erforderliche zu tun hat, um die Zwangsräumung durchführen zu können. Ausdrücklich ist im Gesetz aber nur die Pflicht geregelt, einen Dritten bei Kenntnis von dessen Besitz mit zu verklagen. Deshalb darf der Vermieter etwa das Risiko eingehen, auf die Räumungszusage eines Mitmieters zu vertrauen. Dennoch wird der vorsichtige Vermieter gegen alle Mitmieter einen Titel erwirken. Auf einen Titel gegen wenigstens einen Mieter kann angesichts des klaren Wortlauts von § 940 a Abs. 2 ZPO allerdings auch dann nicht verzichtet werden, wenn zwar alle Mieter zur Rückgabe der Mietsache bereit sind, nicht aber der Besitzer.

26 Weiterhin liegt ein Verfügungsgrund nur vor, wenn der Vermieter **keine Kenntnis von der Besitzbegründung** des Verfügungsschuldners an der Mietsache hatte; es ist unerheblich, ob der Vermieter der Besitzbegründung hätte zustimmen müssen.[117] Zur Kenntnis gehört auch die **Kenntnis des Namens,** da der Vermieter ansonsten keine Möglichkeit hat, den Dritten in den Prozess einzubeziehen.[118] Hat er Kenntnis vom Besitz des Dritten, aber keine Namenskenntnis, muss er zumutbare Anstrengungen unternehmen, um den Namen zu erfahren, etwa den Mieter auf Auskunft in Anspruch nehmen[119] (dazu → Rn. 28). Diese Erkundigungsobliegenheit erscheint trotz des Kenntniserfordernisses gerechtfertigt, weil der Vermieter immerhin von dem Besitz eines Dritten und damit von der potenziellen Gefährdung einer Räumungsvollstreckung weiß; hierbei

---

110 Börstinghaus/Eisenschmid/*Börstinghaus* Arbeitskommentar Mietrechtsänderungsgesetz, 2013 § 940 a Rn. 25.

111 Eing. *Wendt,* Die einstweilige Räumungsverfügung des § 940 a Abs. 2 ZPO, 2015, S. 221; außerdem *Fleindl* ZMR 2013, 679; *Börstinghaus* NJW 2014, 2227.

112 *Wendt,* Die einstweilige Räumungsverfügung des § 940 a Abs. 2 ZPO, 2015, S. 215.

113 So auch *Fleindl* ZMR 2013, 680; **aA** wohl *Zehelein* WuM 2012, 424; *Fischer* NZM 2013, 252 und dezidiert *Wendt,* Die einstweilige Räumungsverfügung des § 940 a Abs. 2 ZPO, 2015, S. 177.

114 → Rn. 15.

115 Gegen ausgezogene Mitmieter ist auch nach der Gegenauffassung ein Titel nicht erforderlich; s. *Wendt,* Die einstweilige Räumungsverfügung des § 940 a Abs. 2 ZPO, 2015, S. 184.

116 So aber *Wendt,* Die einstweilige Räumungsverfügung des § 940 a Abs. 2 ZPO, 2015, S. 178.

117 Gesetzesbegründung BT-Drs. 17/10485, 34. Der Gesetzgeber scheint auf diese Feststellung besonderen Wert zu legen, da sie in der Beschlussempfehlung Rechtsausschuss BT-Drs. 17/11894, 36 wiederholt wird; es sind aber kaum Fälle vorstellbar, in denen der Vermieter bei einem bestehenden Räumungsanspruch der Aufnahme Dritter Personen noch zustimmen muss.

118 So auch *Wendt,* Die einstweilige Räumungsverfügung des § 940 a Abs. 2 ZPO, 2015, S. 178; **aA** Börstinghaus/Eisenschmid/*Börstinghaus* Arbeitskommentar Mietrechtsänderungsgesetz, 2013 § 940 a Rn. 26.

119 *Fleindl* ZMR 2013, 682.

handelt es sich um einen Fall der sich aufdrängenden Kenntnisnahme (dazu sogleich), die gleichfalls immer ein Tätigwerden (indem er einem Verdacht nachgeht) des Vermieters erfordert.[120] Bleibt die Erkundigung erfolglos, kann ein Verfügungsgrund bejaht werden, wenn der Vermieter später (etwa nach einem Vollstreckungsversuch durch den Gerichtsvollzieher) Namenskenntnis erlangt.[121] Ansonsten schadet nach dem Wortlaut der Vorschrift nur *Kenntnis* „von dem Besitzerwerb", nicht aber fahrlässige oder **grobfahrlässige Unkenntnis.**[122] Das erscheint gerechtfertigt angesichts der Wertung des § 540 Abs. 1 BGB, nach der der Mieter den Gebrauch an der Mietsache nicht ohne Erlaubnis des Vermieters überlassen darf, was eine entsprechende Informationspflicht des Mieters voraussetzt. Auch wenn der Vermieter vom Mieter aus einer Nebenleistungspflicht des Mietvertrages Auskunft darüber verlangen kann, ob und welchen Dritten er die Mietsache überlassen hat[123], schadet es ihm deshalb nicht, wenn er eine Auskunft über einen Drittbesitz nicht eingeholt hat. Anders dürfte es sein, wenn der Vermieter seine Augen vor einer sich aufdrängenden Kenntnisnahme bewusst verschließt; in diesen Fällen steht die Kenntnismöglichkeit (von Besitz und Namen des Besitzers) der Kenntnis nach dem Rechtsgedanken des § 161 BGB gleich.[124] Eine Kenntnis des früheren Vermieters muss sich der die Verfügung begehrende Vermieter nicht zurechnen lassen.[125] Es existiert hierfür keine Zurechnungsnorm; auch § 566 BGB ist keine solche, hiernach gehen nur vertragliche Vereinbarungen über. Da die Unkenntnis eine negative Tatsache ist, kann der für die Verfügungsvoraussetzungen beweispflichtige Vermieter[126] sie zunächst einmal nur behaupten und durch eigene eidesstattliche Versicherung **glaubhaft machen.** Bestreitet der Besitzer die Unkenntnis des Vermieters, muss er konkrete Tatbestände der Kenntniserlangung darlegen[127], die der Vermieter dann auf Grund seiner Beweislast widerlegen muss.

Es schadet nur Kenntnis **vor Schluss der mündlichen Verhandlung.** Zunächst scheint es naheliegend, auf den Schluss derjenigen mündlichen Verhandlung abzustellen, auf die hin das Räumungsurteil ergangen ist. Das greift aber zu kurz. Grund für die zeitliche Grenze im Gesetz war die Möglichkeit für den Vermieter, den Besitzer noch in den Prozess einzubeziehen und einen Titel gegen ihn in einem Hauptsacheverfahren zu erwirken.[128] Diese Möglichkeit besteht meist nur in der ersten Instanz. Eine Parteierweiterung in der **Berufungsinstanz** ist nämlich grds. nur mit Zustimmung des Dritten als neuen Beklagten möglich.[129] Diese Zustimmung wird er in den Fällen der rechtsmissbräuchlichen Besitzergreifung regelmäßig verweigern. Die Parteierweiterung kann dann ausnahmsweise auch ohne Zustimmung erfolgen, wenn die Verweigerung rechtsmissbräuchlich geschieht.[130] Eine solche rechtsmissbräuchliche Verweigerung der Parteierweiterung dürfte aber oftmals schwierig festzustellen sein. Um § 940a Abs. 2 ZPO effektiv zu machen, ist die Vorschrift deshalb so auszulegen, dass mit Schluss der mündlichen Verhandlung diejenige erstinstanzliche Verhandlung gemeint ist, auf die instanzabschließend (also nicht bloß durch Versäumnisurteil) über den Räumungsantrag entschieden wurde – gleichgültig, ob abweisend oder stattgebend.[131] Erfährt der Vermieter in der mündlichen Verhandlung von dem Besitz des Dritten, so kommt eine Räumungsverfügung nach dem eindeutigen Wortlaut des § 940a Abs. 2 ZPO („nach" Schluss der 27

---

[120] Gegen jede Erkundigungsobliegenheit *Wendt,* Die einstweilige Räumungsverfügung des § 940a Abs. 2 ZPO, 2015, S. 232.

[121] *Fleindl* ZMR 2013, 682; *Abramenko* MietRB 2014, 217.

[122] Börstinghaus/Eisenschmid/*Börstinghaus* Arbeitskommentar Mietrechtsänderungsgesetz, 2013 § 940a Rn. 26; *Fleindl* ZMR 2013, 682.

[123] LG Kiel ZMR 2010, 532; OLG Hamburg NZM 1998, 758.

[124] Siehe BGH VI ZR 32/97, NJW 1999, 423 zu der vergleichbaren Situation bei dem Verjährungsbeginn gem. § 852 BGB aF; **aA** *Wendt,* Die einstweilige Räumungsverfügung des § 940a Abs. 2 ZPO, 2015, S. 232.

[125] LG Frankfurt a. M. WuM 2016, 376; **aA** AG Augsburg WuM 2020, 665.

[126] LG Berlin NZM 2017, 189.

[127] So auch *Paschke* GE 2012, 1602.

[128] Beschlussempfehlung Rechtsausschuss BT-Drs. 17/11894, 35. Im Gesetzesentwurf war eine zeitliche Beschränkung noch nicht enthalten.

[129] MüKoZPO/*Becker-Eberhard* § 263 Rn. 79; *Paschke* GE 2012, 1602.

[130] Siehe BGH VII ZR 5/06, NJW-RR 2008, 176 zu den Voraussetzungen; LG Potsdam GE 2012, 64; LG Frankfurt/Oder NZM 2016, 816 mAnm *Wendt.*

[131] So auch AG Augsburg WuM 2020, 665; LG Frankfurt/Oder NZM 2016, 816; *Fleindl* ZMR 2013, 682; *Schach* jurisPR-MietR 20/2015 Anm. 4; MüKoZPO/*Drescher,* 5. Aufl. 2016, § 940a Rn. 16; *Wendt* NZM 2016, 818 hält dies nur für zulässig, wenn der Vermieter im Berufungsverfahren vergeblich die Parteierweiterung auf den Dritten versucht hat; **aA,** aber ohne nähere Begründung LG Berlin GE 2015, 863; AG Köln 31.5.2013 – 214 C 175/13, BeckRS 2013, 18845.

mündlichen Verhandlung) nicht in Betracht.[132] Der Vermieter müsste in einer solchen Situation die Klage zu Protokoll erweitern (§ 297 ZPO) oder Vertagung bzw. Schriftsatzfrist beantragen; erweitert er im Rahmen der Schriftsatzfrist die Klage gegen den Besitzer, wäre die mündliche Verhandlung gem. § 156 ZPO wiederzueröffnen.

28 Insbesondere in Missbrauchsfällen wird der Vermieter erst bei dem ersten Räumungsversuch von dem Besitz des Dritten erfahren. Der Gerichtsvollzieher ist gem. § 750 ZPO zur Identitätsfeststellung der anwesenden Personen jedenfalls insoweit verpflichtet ist, als er die Identität des Titelschuldners ermitteln muss.[133] Weitergehend muss er feststellen und dokumentieren, ob andere anwesende Personen Besitz haben oder sich dessen berühmen[134]; auch hierzu gehört zumindest der Versuch der Identitätsfeststellung, da der Besitz sich an konkreten Umständen festmachen muss. Auf diese Weise erlangt der Vermieter oftmals auch Kenntnis des Namens des möglichen Verfügungsbeklagten. Es dürfte selten vorkommen, dass der Gerichtsvollzieher jemandem, der sich in der Wohnung aufhält, Besitz daran zumisst, wenn diese Person dort weder gemeldet (also namentlich bekannt) ist, noch Legitimationspapiere oder sonstige Urkunden (wie etwa einen Mietvertrag) vorlegen kann.[135] Scheitert die **Identitätsfeststellung** durch den Gerichtsvollzieher dennoch, kommt eine einstweilige Verfügung gegen den Mieter auf entsprechende **Auskunftserteilung** in Betracht[136] (nicht aber eine Räumungsvollstreckung gem. § 242 BGB[137]), denn der Vermieter kann vom Mieter aus einer Nebenpflicht des Mietvertrages Auskunft darüber verlangen, welchen Dritten er die Mietsache überlassen hat.[138] Zwar handelt es sich um eine Leistungsverfügung. Sie ist aber (ausnahmsweise) zulässig, um die Räumungsverfügung gem. § 940 a Abs. 2 ZPO effektiv zu machen; die gesetzgeberische Wertung in § 940 a Abs. 2 ZPO hat insofern Rückwirkungen auf §§ 935, 940 ZPO.

## F. Abs. 3 (Verstoß gegen Sicherungsanordnung)

29 Gemäß § 940 a Abs. 3 ZPO darf die Räumung von Wohnraum durch einstweilige Verfügung auch angeordnet werden, wenn Räumungsklage wegen Zahlungsverzugs erhoben ist und der Beklagte einer Sicherungsanordnung nicht Folge leistet.[139] Es handelt sich um eine gesetzlich geregelte **Leistungsverfügung**[140], die – zwar nicht formal, weil das Hauptsacheverfahren nicht ausgeschlossen wird, aber doch praktisch, weil nach der Räumung ein Hauptsacheverfahren meist sinnlos ist – auf eine endgültige Regelung bzw. Befriedigung des Vermieters abzielt. Durch eine Zwangsräumung auf Grund einer Räumungsverfügung tritt eine Erledigung der Hauptsacheklage auf Räumung iSv § 91 a ZPO allerdings nicht ein, auch wenn das Räumungsverfahren sinnlos geworden sein mag.[141]

30 Jede einstweilige Verfügung erfordert grds. einen **Verfügungsanspruch und einen Verfügungsgrund.**[142] Dementsprechend müssen auch für einstweilige Verfügungen gem. § 940 a

---

[132] **AA** AG Hanau NZM 2013, 728, das sich für seine Ansicht aber auf Lit. zu einem Gesetzesvorschlag stützt, der gerade in diesem Punkt nicht Gesetz geworden ist, der also nicht ausdrücklich auf den Schluss der mündlichen Verhandlung abstellte; *Wiek* INFO M 2013, 453 meint, die Abweichung vom ursprünglichen Gesetzesvorschlag habe nach den Gesetzesmaterialien (BT-Drs. 17/11894, 35/36) keine sachliche Änderung bringen sollen; abgesehen davon, dass diese Absicht kaum mit dem Gesetzeswortlaut in Einklang zu bringen wäre, erscheint es auch falsch; die Änderung sollte vielmehr eine klare Zäsur herbeiführen, was schon die in den Materialien erwähnte Parallele zu § 767 Abs. 2 ZPO zeigt.

[133] *Wendt,* Die einstweilige Räumungsverfügung des § 940 a Abs. 2 ZPO, 2015, S. 173.

[134] Davon geht wohl die Gesetzesbegründung BT-Drs. 17/10485, 34 aus; **aA** *Wendt,* Die einstweilige Räumungsverfügung des § 940 a Abs. 2 ZPO, 2015, S. 172.

[135] *Flatow* NJW 2013, 1191; *Wendt,* Die einstweilige Räumungsverfügung des § 940 a Abs. 2 ZPO, 2015, S. 165 f.; ähnlich *Fleindl* ZMR 2013, 682.

[136] So auch *Horst* DWW 2013, 123 unter Berufung auf OLG Karlsruhe NJW 1984, 1905; *Paschke* GE 2012, 1603.

[137] Zur gegenteiligen Ansicht → Rn. 5; Wie hier *Paschke* GE 2012, 1603.

[138] LG Kiel ZMR 2010, 532; OLG Hamburg NZM 1998, 758; AG Berlin-Mitte ZMR 2019, 952; *Baer* ZMR 2013, 335; *Fleindl* ZMR 2013, 680; Blank/Börstinghaus/*Blank* BGB § 546 Rn. 57.

[139] Verfassungsrechtliche Bedenken gegen die Regelung hat *Schuschke* FS Schilken, 2015, 799 (813), weil die Verhältnismäßigkeit des Eingriffs in Art. 13 GG nicht gewahrt sei.

[140] *So auch Emmerich* PiG 97 (2014), 125.

[141] BGH VIII ZR 188/03, NJW 2004, 1736; LG München I NZM 2013, 25; weitergehend → BGB § 546 Rn. 29, 65.

[142] Stein/Jonas/*Bruns* ZPO Vor § 935 Rn. 2.

Abs. 3 ZPO die Voraussetzungen des § 940 ZPO erfüllt sein[143], da § 940 a den Regelungsgehalt von § 940 ZPO beschränkt, indem es Räumungsverfügungen grds. vom Anwendungsbereich ausnimmt und nur in Ausnahmefällen erlaubt. Liegen die Voraussetzungen von Verfügungsanspruch und Verfügungsgrund vor, dann ist eine einstweilige Räumungsverfügung zu erlassen; ein **Ermessensspielraum** besteht nicht (→ Rn. 51). Zum Überzeugungsmaß des Gerichts vom Vorliegen der Voraussetzungen der Räumungsverfügung → Rn. 48.

## I. Verfügungsanspruch

Verfügungsanspruch ist der Anspruch auf Räumung der Wohnung.[144] Es reicht nicht jeder beliebige Räumungsanspruch; er muss sich vielmehr auf eine **Kündigung wegen Zahlungsverzugs gem. § 543 Abs. 2 S. 1 Nr. 3 BGB** gründen, weil die Erhebung einer Räumungsklage wegen eines ebensolchen Zahlungsverzugs Voraussetzung des Verfügungsgrundes (→ Rn. 34) ist. 31

Macht der Mieter von seinem **Nachholrecht** gem. § 569 Abs. 3 Nr. 2 BGB Gebrauch, entfällt der Verfügungsanspruch.[145] Der Mieter kann sich hierauf im Rahmen eines Rechtsmittels gegen die Räumungsverfügung stützen oder deren Aufhebung wegen veränderter Umstände gem. §§ 936, 927 ZPO beantragen. Für den Fristbeginn ist auf die Rechtshängigkeit des auf § 543 Abs. 2 Nr. 3 BGB gestützten Räumungsantrags abzustellen, nicht auf den Antrag auf Erlass einer Räumungsverfügung. Beruft sich der Mieter bei seiner Anhörung gem. § 940 a Abs. 4 ZPO auf sein Nachholrecht, kann eine Räumungsverfügung dennoch erlassen werden (→ BGB § 569 Rn. 97 für die ähnlich gelagerte Problematik im Hauptsacheverfahren). 32

## II. Verfügungsgrund

Ein Verfügungsgrund liegt vor, wenn der Vermieter Räumungsklage nach einer Kündigung wegen Zahlungsverzugs erhoben hat, wenn im Rahmen dieser Räumungsklage eine Sicherungsanordnung gem. § 283 a ZPO ergangen ist und der Mieter der Sicherungsanordnung nicht nachgekommen ist. Genauso wie in den Fällen des § 940 a Abs. 1 ZPO (verbotenen Eigenmacht und Gefahr für Leib oder Leben)[146] tragen die genannten Voraussetzungen den Verfügungsgrund schon in sich.[147] Einer Darlegung und Glaubhaftmachung eines wesentlichen Nachteils, wie sie bei einer Regelungsverfügung gem. § 940 ZPO an sich notwendig ist, bedarf es nicht[148]; es liegt vielmehr ein „anderer Grund" iSv § 940 ZPO vor.[149] Es würde keinen Sinn machen, die einstweilige Räumungsverfügung nur zuzulassen, wenn der Vermieter noch darlegen müsste, warum sein Vermögensnachteil durch Vorenthaltung der Wohnung stärker wiegt als der Entzug der Wohnung beim Mieter; nach der Vorstellung des Gesetzes besteht vielmehr bei einer Missachtung der Sicherungsanordnung der erhöhte Verdacht der Verzögerungsabsicht durch den Mieter.[150] Die Voraussetzungen des § 940 a Abs. 3 ZPO stellen sich danach als einzige und **typisierte Bedingungen für den Verfügungsgrund** dar, deren Vorliegen eine Abwägung der beiderseitigen Interessen wie in § 940 ZPO entbehrlich macht.[151] 33

### 1. Räumungsklage

Für den Verfügungsgrund muss nach dem Wortlaut des § 940 a Abs. 3 ZPO zunächst Räumungsklage wegen Zahlungsverzugs erhoben sein. Da ein Zahlungsverzug allein eine Räumungsklage nicht begründet, ist das Gesetz so zu verstehen, dass die Räumungsklage auf *eine Kündigung* wegen 34

---

[143] Für § 940 a Abs. 1 ZPO: LG Frankfurt a. M. NJW 1980, 1758; *Wolf* NJW 1980, 1758; für § 940 a Abs. 3 ZPO: Gesetzesbegründung BT-Drs. 17/10485, 34; *Fleindl* ZMR 2013, 678; *Flatow* NJW 2013, 1191; *Emmerich* PiG 97 (2014), 125.

[144] Gesetzesbegründung BT-Drs. 17/10485, 34.

[145] IErg ebenso *Abramenko,* Das neue Mietrecht in der anwaltlichen Praxis, 2013, § 5 Rn. 80.

[146] MüKoZPO/*Drescher,* 5. Aufl. 2016, § 940 a Rn. 7.

[147] OLG Naumburg NZM 2017, 634; MüKoZPO/*Drescher,* 5. Aufl. 2016, § 940 a Rn. 22.

[148] **AA** Börstinghaus/Eisenschmid/*Börstinghaus* Arbeitskommentar Mietrechtsänderungsgesetz, 2013 § 940 a Rn. 33; Zöller/*Vollkommer* ZPO § 940 a Rn. 9.

[149] *Wolf* NJW 1980, 1759 für die verbotene Eigenmacht.

[150] Gesetzesbegründung BT-Drs. 17/10485, 34.

[151] MüKoZPO/*Drescher,* 5. Aufl. 2016, § 940 a Rn. 7.

Zahlungsverzugs gestützt sein muss. Hiermit können nur die in **§ 543 Abs. 2 S. 1 Nr. 3 BGB** genannten Kündigungsgründe gemeint sein, nicht eine Kündigung wegen ständig unpünktlicher Mietzahlung gem. § 543 Abs. 1 BGB und auch nicht eine ordentliche Kündigung gem. § 573 Abs. 2 Nr. 1 BGB wegen eines geringeren Zahlungsverzugs als dem in § 543 Abs. 2 S. 1 Nr. 3 BGB.[152] Unter dem Begriff der Zahlungsverzugskündigung werden nämlich herkömmlicherweise nicht die Kündigung wegen ständig unpünktliche Mietzahlung oder der allgemein formulierte Kündigungstatbestand des § 573 Abs. 2 Nr. 1 BGB verstanden und die Räumungsverfügung als Eilverfahren ist nicht auf die Vertragsbeendigung durch fristgebundene Kündigung zugeschnitten.[153] Die Berufung auf weitere Kündigungsgründe neben einem Zahlungsverzug gem. § 543 Abs. 2 S. 1 Nr. 3 BGB schadet allerdings nicht, solange die Zahlungsverzugskündigung ebenfalls Gegenstand der Räumungsklage ist und durchgreift.

35 Als Voraussetzung des Verfügungsgrundes muss die **Räumungsklage nur erhoben,** also gem. § 253 Abs. 1 ZPO durch Zustellung rechtshängig[154] sein. Damit ein Verfügungsanspruch vorliegt, muss die auf eine Kündigung wegen Zahlungsverzugs gestützte Räumungsklage aber auch begründet sein. Das Erfordernis der Klageerhebung ist idR schon mit dem Erlass der Sicherungsanordnung gem. § 283 a ZPO erfüllt, weil diese nur ergehen darf, wenn eine Zahlungsklage mit einer Räumungsklage verbunden wird (Einzelheiten → ZPO § 283 a Rn. 10). Im Gegensatz zu § 283 a ZPO reicht aber bei § 940 a Abs. 3 ZPO nicht jede Räumungsklage, sondern nur eine solche, die auf eine Kündigung wegen Zahlungsverzugs gem. § 543 Abs. 2 S. 1 Nr. 3 BGB gestützt wird. Die Räumungsklage muss nicht entscheidungsreif sein[155], im Gegenteil, ist sie entscheidungsreif, ist statt der Eilentscheidung die Hauptsacheentscheidung zu treffen.[156] An einer Entscheidungsreife kann es etwa fehlen, weil andere Klageansprüche noch aufgeklärt werden müssen und ein Teilurteil nicht möglich ist.

36 Ein Verstoß gegen die Sicherungsanordnung kann gleichzeitig auch die Voraussetzungen des § 543 Abs. 2 S. 1 Nr. 3 BGB erfüllen. Spricht der Vermieter deswegen eine weitere Kündigung aus, muss für eine Räumungsverfügung, die auf diese Kündigung gestützt werden soll, ein **weiterer Verstoß gegen die Sicherungsanordnung** hinzukommen, der nach Rechtshängigkeit dieser Kündigung begangen wurde, da jede Kündigung einen eigenen Streitgegenstand darstellt[157] und damit eine eigene Räumungsklage.

### 2. Verstoß gegen die Sicherungsanordnung

37 Nach dem Wortlaut von § 940 a Abs. 3 ZPO reicht als weitere Voraussetzung des Verfügungsgrundes einschränkungslos jeder Verstoß gegen die Sicherungsanordnung für eine Räumungsverfügung aus. Die Frist zur Sicherheitsleistung muss abgelaufen und die Sicherungsanordnung darf vor Erlass der Räumungsverfügung nicht aufgehoben oder abgeändert sein (s. noch nachfolgend). Der **Verstoß** gegen die Sicherungsanordnung muss **nicht ein bestimmtes Gewicht** haben, etwa ähnlich der Zahlungsverzugskündigung gem. § 543 Abs. 2 S. 1 Nr. 3 BGB, die cum grano salis einen Verzug mit zwei Monatsmieten erfordert. Denn schon der für § 940 a Abs. 3 ZPO notwendige Räumungsanspruch setzt eine außerordentliche Kündigung wegen eines solchen Zahlungsrückstandes und damit eine erhebliche Pflichtverletzung voraussetzt. Der Verstoß gegen die Sicherungsanordnung ist nur zur Rechtfertigung der Räumung im einstweiligen Rechtsschutz vorgesehen; aus ihm soll indiziell auf die Richtigkeit des geltend gemachten Räumungsanspruchs und den schnellen Handlungsbedarf geschlossen werden.[158] Dann muss grds. auch ein nur teilweises Ausbleiben der Sicherheitsleistung ausreichen. Ein Vollstreckungsversuch durch den Vermieter ist nicht notwendig.

38 Eine schematische Betrachtung verbietet sich jedoch. Die Indizwirkung entfällt, wenn der Mieter Umstände dartun kann, die das Ausbleiben in einem milderen Licht erscheinen lassen. Das dürf-

---

[152] Wie hier wohl *Hinz* NZM 2012, 793 (794); für eine Einbeziehung der auf Zahlungsverzug gegründeten Kündigung gem. § 573 Abs. 2 Nr. 1 BGB Börstinghaus/Eisenschmid/*Börstinghaus* Arbeitskommentar Mietrechtsänderungsgesetz, 2013 § 940 a Rn. 29; *Lützenkirchen* ZMR 2012, 607; *Zehelein* WuM 2013, 142; *Fleindl* ZMR 2013, 684.

[153] Ähnlich *Hinz* ZMR 2012, 163.

[154] MüKoZPO/*Becker-Eberhard* § 253 Rn. 1.

[155] *Lützenkirchen* ZMR 2012, 608.

[156] Zöller/*Vollkommer* ZPO § 940 a Rn. 8.

[157] LG Schwerin NZM 2012, 114.

[158] Gesetzesbegründung BT-Drs. 17/10485, 34/35.

ten alle Umstände sein, aus denen auch ein Zahlungsverzug an fehlendem **Verschulden** scheitert oder die ein ähnliches Gewicht haben.[159] Ganz geringfügige Verstöße können eine Räumungsverfügung treuwidrig machen. Nicht ausreichend ist allerdings, wenn der Mieter einen Abänderungs- oder **Aufhebungsantrag** gestellt oder **Beschwerde** gegen die Sicherungsanordnung eingelegt hat (→ ZPO § 283a Rn. 67), dieser Antrag aber noch nicht beschieden wurde. Die materiellen Rechte des Mieters werden nämlich durch die Sicherungsanordnung (teilweise) außer Kraft gesetzt, er muss sich deren Ausübung im Abänderungsverfahren vielmehr quasi erst genehmigen lassen. Die Sicherungsanordnung muss nicht rechtskräftig sein[160], es muss nur die Frist gem. § 283a Abs. 2 ZPO abgelaufen sein; danach ist die Sicherungsanordnung ohne Weiteres vollstreckbar (→ ZPO § 283a Rn. 52). Will der Mieter die Vollstreckbarkeit beseitigen, weil er die Sicherungsanordnung für falsch hält, muss er – falls formelle Rechtskraft noch nicht eingetreten ist – Beschwerde gem. § 283a Abs. 1 S. 4 ZPO einlegen oder – falls die Sicherungsanordnung formell rechtskräftig ist – Abänderung oder Aufhebung begehren (→ ZPO § 283a Rn. 67). Im Beschwerdeverfahren kann er die Aussetzung der Vollziehung gem. § 570 Abs. 2 ZPO beantragen. Im Abänderungs- bzw. Aufhebungsverfahren gilt § 924 Abs. 3 ZPO entsprechend[161], dh, die Vollziehung der Sicherungsanordnung ist grds. nicht gehemmt, die Zwangsvollstreckung kann aber gem. § 707 Abs. 1 S. 1 ZPO einstweilen eingestellt werden.

Nicht ausreichend als Verfügungsgrund ist eine bloß **verspätete Sicherheitsleistung,** solange sie vor dem Räumungsantrag erfolgt, oder ein unterlassener Nachweis der Sicherheitsleistung gem. § 283a Abs. 2 ZPO.[162] In diesen Fällen ist die Leistungstreue des Mieters in Bezug auf die Sicherungsanordnung hinreichend gewahrt. Weiterhin sind dem Mieter Verzögerungen bei der Sicherheitsleistung nicht zuzurechnen, solange er für sie nicht verantwortlich ist. Angesichts der Dauer von Anzeigen der Gerichtskasse über eingezahlte Gerichtskostenvorschüsse wäre es nicht verwunderlich, wenn etwa die Abwicklung einer Hinterlegung länger als bei der Fristsetzung gem. § 283a Abs. 2 ZPO unterstellt, dauern würde. Allerdings muss der Verfügungsschuldner sich hierauf im Verfügungsverfahren berufen; bis dahin ist der Verfügungsgrund hinreichend glaubhaft gemacht. **39**

Das Gericht, das über den Antrag auf Räumungsverfügung entscheidet, darf die Sicherungsanordnung als Vorfrage nicht überprüfen. Eine **Überprüfung** ist nur im Rahmen einer sofortigen Beschwerde gem. § 283a Abs. 1 S. 4 ZPO möglich; bei veränderten Umständen kann die Sicherungsanordnung auch nach Ablauf der Beschwerdefrist abgeändert oder aufgehoben werden (zu Beidem → ZPO § 283a Rn. 66ff.). Über Ersteres entscheidet das Beschwerdegericht, über Letzteres das Prozessgericht des Hauptsacheverfahrens, das allenfalls zufällig bei entsprechender Regelung der Geschäftsverteilung auch für den Erlass der Räumungsverfügung zuständig ist. **40**

### III. Gläubiger und Schuldner der Räumungsverfügung

Gläubiger und Schuldner der Räumungsverfügung sind Kläger und Beklagter des Hauptsacheverfahrens über den Anspruch auf Räumung. Sie müssen nicht zwingend identisch sein mit den Parteien der Sicherungsanordnung.[163] Gläubiger und Schuldner der Sicherungsanordnung sind nämlich Kläger und Beklagter des Hauptsacheverfahrens auf Zahlung der nach Rechtshängigkeit fällig gewordenen Geldforderungen, also in Mietprozessen Vermieter und Mieter (→ ZPO § 283a Rn. 36). Auf Räumung können (und müssen, wenn nicht freiwillig geräumt wird) auch die sonstigen Besitzer (Eheleute, Lebensgefährten, Untermieter etc) in Anspruch genommen werden. Das gilt für das Hauptsacheverfahren und die Räumungsverfügung gleichermaßen. Eine Räumungsverfügung gem. § 940a Abs. 3 ZPO kann aber ausschließlich gegen solche Besitzer ergehen, die – ggf. im Wege der Klageerweiterung – auch in einem Hauptsachverfahren auf Räumung in Anspruch genommen werden[164], da nach der gesetzlichen Wertung nur in den Fällen der §§ 940a Abs. 1, 2 ZPO eine isolierte Räumungsverfügung zugelassen ist. Der Wortlaut von § 940a Abs. 3 ZPO ent- **41**

---

[159] **AA** *Fleindl* NZM 2012, 64, der Schuldlosigkeit an dem Verstoß gegen die Sicherungsanordnung nicht berücksichtigen will.

[160] So aber Börstinghaus/Eisenschmid/*Börstinghaus* Arbeitskommentar Mietrechtsänderungsgesetz, 2013 § 940a Rn. 31.

[161] S. MüKoZPO/*Drescher,* 5. Aufl. 2016, § 924 Rn. 15 für die gleichgelagerte Problematik bei der Abänderung eines Arrestbefehls.

[162] Ähnlich *Börstinghaus* NJW 2014, 2227.

[163] So auch *Fleindl* ZMR 2013, 684; **aA** *Schuschke* FS Schilken, 2015, 799 (811).

[164] So auch *Lützenkirchen* ZMR 2012, 608.

hält keine Einschränkung auf die Parteien der Sicherungsanordnung. Es besteht ein Bedürfnis nach einer Erweiterung auf die mitverklagten Besitzer, da das Instrument der Räumungsverfügung ansonsten in vielen Fällen wertlos wäre. Es fehlt gegen die mitverklagten Besitzer auch nicht an einem Verfügungsgrund.[165] Zwar können Besitzer, die nicht Mieter sind, nicht Antragsgegner einer Sicherungsanordnung gem. § 283 a ZPO sein; eine solches Erfordernis fordert der Wortlaut und der Zweck des § 940 a Abs. 3 aber nicht, vielmehr ist zu berücksichtigen, dass das Besitzrecht dieser Personen wegen § 546 Abs. 2 BGB unmittelbar vom Besitzrecht des Mieters abhängt. Deshalb ist das Besitzrecht dieser Personen ebenfalls davon abhängig, ob der Mieter der Sicherungsanordnung nachkommt, ob er Rechtsmittel gegen sie einlegt oder ihre Aufhebung bzw. Abänderung beantragt. Verstößt der Mieter gegen die Sicherungsanordnung, ist das gleichzeitig der Verfügungsgrund gegen die mitverklagten Besitzer der Wohnung.[166]

42 Für den Erlass einer Räumungsverfügung gegenüber weiteren Besitzern **(Nichtmietern)** ist nicht nur ein Räumungsanspruch gegen die Schuldner der Sicherungsanordnung (Mieter) notwendig, sondern zusätzlich ein eigener Räumungsanspruch gegen die Besitzer aus § 546 Abs. 2 BGB oder § 985 BGB. Erfährt der Kläger später (im Zuge der Räumung) von weiteren Besitzern, ist § 940 a Abs. 2 ZPO anwendbar, da auch eine Räumungsverfügung gem. § 940 a Abs. 3 ZPO ein vollstreckbarer Räumungstitel iSv § 940 a Abs. 2 ZPO sein kann.[167]

## G. Verfahren und Entscheidung

43 Abgesehen von dem Anhörungserfordernis richtet sich das Verfahren nach den allgemeinen Vorschriften über die einstweilige Verfügung, deshalb kann der Erlass der Räumungsverfügung gem. §§ 936, 921 ZPO auch von einer **Sicherheitsleistung** abhängig gemacht werden[168], wenn die Glaubhaftmachung nur mühsam gelungen oder die Vermögensverhältnisse des Verfügungsgläubigers zweifelhaft sind. Allerdings ist zu berücksichtigen, dass eine Räumungsverfügung nach der hier vertretenen Ansicht (→ Rn. 48) nur zulässig ist, wenn quasi der Vollbeweis erbracht ist, und dass die Unzumutbarkeit weiterer Forderungsausfälle idR Voraussetzung des § 283 a ZPO und damit des § 940 a Abs. 3 ZPO ist. Deshalb wird eine Sicherheitsleistung nur ganz ausnahmsweise in Betracht kommen.

### I. Zuständigkeit

44 Der Antrag auf Erlass der Räumungsverfügung ist wegen §§ 937, 29 a ZPO bei demselben Amtsgericht anzubringen, das auch über das Hauptsacheverfahren und die Sicherungsanordnung entscheidet bzw. entschieden hat; da es sich aber um ein anderes Verfahren handelt[169], kann – abhängig von der Geschäftsverteilung – eine anderer Spruchkörper (Abteilung) des Gerichts zuständig sein. Ist das Hauptsacheverfahren in der Berufungsinstanz anhängig, entscheidet diese gem. § 943 Abs. 1 ZPO auch über einen Antrag auf Erlass einer Räumungsverfügung gem. § 940 a Abs. 3 ZPO, nicht aber über einen Antrag gem. § 940 a Abs. 2 ZPO.[170] Denn die Räumungsverfügung gem. § 940 a Abs. 2 ZPO ist keine Erweiterung des Hauptsacheverfahrens gegen den Mieter, sie richtet sich vielmehr gegen einen daran nicht beteiligten Dritten und soll nach der gesetzgeberischen Vorstellung (→ Rn. 5) ein eigenes Hauptsacheverfahren gegen diesen ersetzen.

### II. Anhörungspflicht

45 Für die Räumungsverfügungen gem. § 940 a Abs. 2 und Abs. 3 ZPO gibt es in § 940 a Abs. 4 ZPO eine verfahrensrechtliche Besonderheit. Sie dürfen nämlich nicht ohne Anhörung des Verfügungsschuldners erlassen werden. Ihm kann entweder Gelegenheit zur schriftlichen Stellungnahme gegeben werden oder er kann in einer (gem. §§ 937, 922 Abs. 1 ZPO freigestellten) Ver-

[165] So aber *Wendt* ZMR 2013, 608 und, der deshalb eine Räumungsverfügung gegen Besitzer, die nicht Mieter sind, für unzulässig hält.
[166] So auch MüKoZPO/*Drescher,* 5. Aufl. 2016, § 940 a Rn. 23; **aA** *Wendt* ZMR 2013, 608.
[167] **AA** *Wendt, Die einstweilige* Räumungsverfügung des § 940 a Abs. 2 ZPO, 2015, S. 195.
[168] Börstinghaus/Eisenschmid/*Börstinghaus* Arbeitskommentar Mietrechtsänderungsgesetz, 2013 § 940 a Rn. 37.
[169] Börstinghaus/Eisenschmid/*Börstinghaus* Arbeitskommentar Mietrechtsänderungsgesetz, 2013 § 940 a Rn. 34.
[170] *Fleindl* ZMR 2013, 683.

handlung über den Antrag mündlich gehört werden.[171] Hierdurch soll der Verhältnismäßigkeitsgrundsatz gewahrt werden.[172] Gemeint ist wohl, dass ein so weitgehender hoheitlicher Eingriff wie der Entzug der Wohnung nicht ohne rechtliches Gehör erfolgen darf. Deswegen bestehen auch keine verfassungsrechtlichen Bedenken gegen diese Regelung[173], auch wenn sie deren Effektivität (und damit die Effektivität des Rechtsschutzes) in begrenztem Umfang beeinträchtigen mag.

### III. Beweisführung, insbesondere Überzeugungsmaß

Der Verfügungsschuldner kann alle Voraussetzungen des Verfügungsanspruchs und des Verfügungsgrundes bestreiten. In diesem Fall hat sie der Vermieter als Verfügungsgläubiger mit den im einstweiligen Verfügungsverfahren möglichen Mitteln zu beweisen, dh, glaubhaft zu machen (§§ 936, 920 Abs. 2 ZPO). Das gilt auch für die Unkenntnis von der Besitzergreifung gem. § 940a Abs. 2 ZPO (näher → Rn. 27). Unstreitiges muss auch im einstweiligen Verfügungsverfahren nicht bewiesen werden.[174] **46**

Die **Glaubhaftmachung** ist eine besondere, freiere Art der Beweisführung. Sie ist in § 294 ZPO näher geregelt und unterscheidet sich von dem Strengbeweisverfahren vor allem dadurch, dass das Beweismittel der eidesstattlichen Versicherung zugelassen ist, dass nur präsente Beweismittel berücksichtigt werden dürfen und dass ein minderes Maß an richterlicher Überzeugung ausreicht, nämlich die überwiegende Wahrscheinlichkeit. Das bedeutet im Ansatz, dass etwas mehr für das Vorliegen der Tatsache sprechen muss, als gegen sie.[175] Allerdings zeigt schon § 921 S. 2 ZPO[176], dass der Grad der Glaubhaftmachung im Einzelfall von der Art der Gefährdung im Verhältnis zur beantragten Maßnahme und von den aus Erlass bzw. Nichterlass der Verfügung drohenden Nachteilen abhängig ist[177]; führt die Verfügung zur endgültigen Befriedigung, dann muss das Maß der Glaubhaftmachung dem Vollbeweis zumindest nahekommen, wenn sich die Nachteile aus Erlass bzw. Nichterlass der Verfügung die Waage halten.[178] **47**

Letzteres erlangt bei der Räumungsverfügung besondere Bedeutung. Eine Räumung schafft nämlich in der Regel einen unumkehrbaren Zustand, weil die Wohnung nach Feststellung der Rechtswidrigkeit der Räumung entweder weitervermietet ist oder der Geräumte den Aufwand scheut, von seinem neuen Zuhause in die frühere Wohnung zurückzukehren. Der Gefahr der endgültigen, aber rechtswidrigen Befriedigung kann nur begegnet werden, wenn man höhere Anforderungen an das Maß der Glaubhaftmachung stellt und ein dem **Vollbeweis entsprechendes Überzeugungsmaß** verlangt.[179] Dies entspricht auch der erwähnten Intention des Gesetzgebers[180], in den Fällen des § 940a Abs. 2 ZPO das einstweilige Verfügungsverfahren an die Stelle des Hauptsacheverfahrens treten zu lassen. **48**

Bei einem Verfügungsantrag gem. § 940a Abs. 2 ZPO liegt die Einwendung des Besitzers nahe, er habe ein **Recht zum Besitz,** weil entweder der Mietvertrag zwischen dem Vermieter und dem Mieter nicht beendet sei oder weil er selbst einen Mietvertrag mit dem Vermieter geschlossen habe. In letzterem Fall hat der Besitzer den Vertragsschluss zu beweisen. Verfügt er nicht über eine Vertragsurkunde, kommt zwar theoretisch der Beweis durch eidesstattliche Versicherung in Betracht; praktisch dürfte dieses Beweismittel aber bedeutungslos sein, weil der Vermieter mit einer eigenen eidesstattlichen Versicherung (auch durch ihn selbst abgegeben) dagegen halten kann. In ersterem Fall, in dem der Besitzer behauptet, der Mietvertrag mit dem Mieter sei nicht beendet, hat der Vermieter das Vertragsende zu beweisen. Die **Rechtskraft eines Räumungsurteils** erstreckt sich **49**

[171] Zöller/*Vollkommer* ZPO § 940a Rn. 9 geht – außer in Dringlichkeitsfällen – von der regelmäßigen Erforderlichkeit einer mündlichen Verhandlung aus.
[172] Gesetzesbegründung BT-Drs. 17/10485, 35.
[173] So aber *Wendt,* Die einstweilige Räumungsverfügung des § 940a Abs. 2 ZPO, 2015, S. 324.
[174] MüKoZPO/*Drescher,* 5. Aufl. 2016, § 920 Rn. 12.
[175] MüKoZPO/*Prütting* § 294 Rn. 24.
[176] MüKoZPO/*Drescher,* 5. Aufl. 2016, § 920 Rn. 16.
[177] MüKoZPO/*Drescher,* 5. Aufl. 2016, § 935 Rn. 14.
[178] MüKoZPO/*Drescher,* 5. Aufl. 2016, § 935 Rn. 14.
[179] So auch *Börstinghaus* NJW 2014, 2227; *Fleindl* ZMR 2013, 684 hält ein sehr hohes Maß an Wahrscheinlichkeit für erforderlich; auch → ZPO § 283a Rn. 19 ff.; **aA** *Wendt,* Die einstweilige Räumungsverfügung des § 940a Abs. 2 ZPO, 2015, S. 286, der als Beweismaß eine überwiegende Wahrscheinlichkeit für ausreichend bzw. sogar für geboten hält.
[180] Gesetzesbegründung BT-Drs. 17/10485, 34.

nicht auf einen nicht mitverklagten Besitzer.[181] Allerdings dürfte das Räumungsurteil auch ohne formelle Rechtskrafterstreckung zur Glaubhaftmachung ausreichen, solange der Besitzer keine erheblichen Einwendungen erhebt.[182] Bei gerichtlichen[183] Räumungsvergleichen und Anerkenntnisurteilen erscheinen erhebliche Einwendungen kaum möglich, weil sie nur schwer vorstellbar sind ohne wirksame Kündigung oder eine Einigung über die Vertragsbeendigung. Der Besitz des Dritten kann durch das bei einem Räumungsversuch erstellte Gerichtsvollzieherprotokoll glaubhaft gemacht werden.[184]

50 Bei einem Verfügungsantrag gem. § 940a Abs. 3 ZPO gibt es die Erleichterung eines vollstreckbaren Räumungsurteils nicht. Den Räumungsanspruch mit den Mitteln der Glaubhaftmachung zu beweisen, kann im einstweiligen Verfügungsverfahren schwierig sein, insbes. wenn die Mangelhaftigkeit der Mietsache eine Rolle spielt. Dem Vermieter können aber ggf. die **Erkenntnisse aus dem Hauptsacheverfahren** helfen, wenn dort über den Räumungsanspruch schon Beweis erhoben wurde. Außerdem kann die für die Sicherungsanordnung bejahte hohe Erfolgsaussicht bzgl. der gesicherten Forderungen relevant für den Kündigungsgrund sein.

## IV. Kein Ermessen

51 Die Entscheidung über die Räumungsverfügungen gem. § 940a Abs. 1–3 ZPO ist – wie allgemein die Entscheidung über eine einstweilige Verfügung[185] – **keine Ermessensentscheidung.**[186] Zwar verwendet das Gesetz in allen drei Absätzen das Wort „darf“. Diese Begrifflichkeit ist aber bloßer Ausdruck des Ausnahmecharakters der Räumungsverfügungen über Wohnraum (→ Rn. 3) und deshalb iSv „es ist ausnahmsweise erlaubt“ zu verstehen. Ursprünglich bestand die Vorschrift allein aus der Regelung im jetzigen Abs. 1. Durch die Formulierung „darf … nur“ wurde mittelbar ein grds.es Verbot von Räumungsverfügungen über Wohnraum festgeschrieben mit Ausnahmen bei verbotener Eigenmacht bzw. Gefahr für Leib oder Leben. § 940a Abs. 2, 3 ZPO enthalten lediglich weitere Ausnahmen („darf … auch“). Zur **Interessenabwägung** (also der Notwendigkeit iSv § 940 ZPO) → Rn. 13, 20, 33.

52 Soweit das Gesetz in § 938 ZPO ein freies **Ermessen** bei der Entscheidung darüber vorsieht, **welche Anordnungen** zu treffen sind, so ist dieses Ermessen jedenfalls bei den Räumungsverfügungen gem. § 940a Abs. 2, 3 ZPO durch den Gesetzeszweck eingeschränkt. Durch diese Regelungen wollte der Gesetzgeber erreichen, dass der Vermieter wieder schneller in den Besitz der Wohnung kommt, um diese weiter (insbes. durch Vermietung) nutzen zu können. Dieses Ziel würde bei anderen Anordnungen als Räumung bzw. Herausgabe und Einweisung des Vermieters in den Besitz nicht erreicht. Eine Sequestration erscheint deshalb (auch ausnahmsweise) nicht zulässig.[187]

## V. Rechtsmittel

53 Der Verfügungsschuldner hat nach Erlass der Verfügung die Möglichkeit, Widerspruch einzulegen und damit eine mündliche Verhandlung zu erzwingen und zugleich einen Antrag auf einstweilige Einstellung der Zwangsvollstreckung gem. § 936 ZPO iVm § 924 Abs. 3 S. 2, § 707 Abs. 1 S. 1 ZPO zu stellen. Durch den Widerspruch wird die Vollziehung der Räumungsverfügung zwar nicht gehemmt[188], die einstweilige Einstellung der Zwangsvollstreckung ist aber möglich (§ 924 Abs. 3

---

[181] **HM,** s. nur BGH XII ZR 178/03, NZM 2006, 699 mwN und dem folgend BGH VIII ZR 6/09, NJW 2010, 2208; **aA** AG Hamburg NJW-RR 1992, 1487 mwN.

[182] So auch *Fleindl* ZMR 2013, 679.

[183] Eine notarielle Urkunde ist gem. § 794 Abs. 1 Nr. 5 ZPO und ein Anwaltsvergleich gem. § 796a Abs. 2 ZPO kein vollstreckbarer Titel iSv § 940a Abs. 2 ZPO.

[184] LG Mönchengladbach NZM 2014, 132.

[185] Stein/Jonas/*Bruns* ZPO § 935 Rn. 14.

[186] Wie hier *Fleindl* ZMR 2013, 679; *Zehelein* WuM 2013, 142; *Abramenko,* Das neue Mietrecht in der anwaltlichen Praxis, 2013, § 5 Rn. 76; **aA** wohl Börstinghaus/Eisenschmid/*Börstinghaus* Arbeitskommentar *Mietrechtsänderungsgesetz, 2013 § 940a Rn. 33.*

[187] **AA** Börstinghaus/Eisenschmid/*Börstinghaus* Arbeitskommentar Mietrechtsänderungsgesetz, 2013 § 940a Rn. 14.

[188] *Dötsch* ZMR 2012, 84.

ZPO).[189] Ferner kann das Gericht die Räumungsverfügung gem. § 939 ZPO unter besonderen Umständen gegen Sicherheitsleistung aufheben. Die Möglichkeit des Verfügungsschuldners, gem. §§ 936, 926 ZPO die Anordnung auf Durchführung eines Hauptsacheverfahren zu beantragen, geht bei den Räumungsverfügungen gem. § 940 a Abs. 3 ZPO ins Leere, da diese Vorschrift ein bereits rechtshängiges Räumungsverfahren voraussetzt. Nach Vollstreckung (Räumung) kann ein Antrag gem. §§ 936, 926 ZPO der Vorbereitung eines Schadensersatzanspruchs gem. § 945 ZPO dienen. Schließlich kommt ein Antrag auf **Aufhebung wegen veränderter Umstände** gem. §§ 936, 927 ZPO in Betracht; dies insbes. dann, wenn der Mieter von seinem Nachholrecht gem. § 569 Abs. 3 Nr. 2 BGB Gebrauch gemacht hat und dadurch der Verfügungsanspruch auf Räumung entfallen ist, außerdem bei Nichteinhaltung der Vollziehungsfrist gem. §§ 936, 929 Abs. 2 ZPO, bei Aufhebung der Sicherungsanordnung und bei Klageabweisung.[190]

## H. Vollstreckung

Da die Vollstreckung auf Grund einer einstweiligen Verfügung erfolgt, sind §§ 708 Nr. 7, 711 ZPO nicht anwendbar, die Räumungsverfügung ist vielmehr ohne Weiteres **sofort vollstreckbar**[191], dh, der Gläubiger muss – anders als bei einer Räumung auf Grund eines vorläufig vollstreckbaren Räumungsurteils aus einem Hauptsacheverfahren – vor der Räumung **keine Sicherheit** leisten, es sei denn sie wäre gem. §§ 936, 921 ZPO besonders angeordnet (→ Rn. 43). Allerdings muss der Gläubiger die **Vollziehungsfrist** von einem Monat gem. §§ 936, 929 Abs. 2 ZPO einhalten; hierfür reicht der Vollstreckungsantrag, die Vollstreckung muss nicht innerhalb der Frist abgeschlossen sein.[192] 54

§ 721 ZPO **(Räumungsfrist)** ist auf Räumungsverfügungen gem. § 940 a Abs. 1 ZPO nicht anwendbar; die besondere Eilbedürftigkeit bei Gefahr für die körperliche Unversehrtheit und bei verbotener Eigenmacht steht dem entgegen.[193] Allenfalls diskutabel ist eine ganz kurze Räumungsfrist.[194] Möglich erscheint hingegen die Gewährung von **Vollstreckungsschutz** gem. § 765 a ZPO.[195] Anders ist es bei den Räumungsverfügungen gem. § 940 a Abs. 2, 3 ZPO.[196] Hier steht im Gegensatz zu § 940 a Abs. 1 ZPO nicht die schnelle Vollstreckung im Vordergrund, sondern die schnelle Titelerlangung. Dass der Vollstreckungsgläubiger einer Räumungsverfügung auch bei der Vollstreckung gegenüber anderen Gläubigern eines Räumungstitels privilegiert werden sollte, ist nicht ersichtlich, es sollte nur Verfahrensverschleppungen bis zur Titelerlangung vorgebeugt werden. Sowohl § 721 ZPO als auch § 765 a ZPO erscheinen deshalb auf Räumungsverfügungen gem. § 940 a Abs. 2, 3 ZPO anwendbar.[197] 55

Gemäß § 128 Abs. 2 S. 5 GVGA hat der Gerichtsvollzieher einen Räumungsschuldner von dem **Räumungstermin** zu benachrichtigen und es müssen zwischen der Benachrichtigung und dem Vollstreckungstermin mindestens **drei Wochen** liegen. Diese Vorschrift gilt auch für die Räumungsvollstreckungen gem. § 940 a ZPO. Eine Ausnahme ist nach dem Wortlaut des § 128 Abs. 2 S. 4 GVGA nur in Gewaltschutzfällen zu machen, wenn Täter und Opfer zusammen wohnen. Die Einführung von § 940 a Abs. 2, 3 ZPO hat hieran nichts geändert. § 128 Abs. 2 S. 5 GVGA scheint zwar auf den ersten Blick dem Eilcharakter der einstweiligen Verfügung entgegenzustehen.[198] Dieser Widerspruch löst sich aber auf, wenn man die Zweiwochenfrist in der Vollstreckungsschutzvorschrift des § 765 a Abs. 3 ZPO in den Blick nimmt und insbes. bedenkt, dass bei § 940 a Abs. 2 ZPO gegenüber dem zu räumenden Mieter die Fristen ohnehin einzuhalten sind. Auch bei § 940 a Abs. 3 56

---

[189] Siehe MüKoZPO/*Drescher,* 5. Aufl. 2016, § 924 Rn. 15 für die gleichgelagerte Problematik bei der Abänderung eines Arrestbefehls.

[190] Börstinghaus/Eisenschmid/*Börstinghaus* Arbeitskommentar Mietrechtsänderungsgesetz, 2013 § 940 a Rn. 44.

[191] MüKoZPO/*Drescher,* 5. Aufl. 2016, § 929 Rn. 2.

[192] *Börstinghaus* NJW 2014, 2229.

[193] LG Hamburg NJW-RR 1993, 1233; *Hinz* NZM 2005, 855.

[194] → ZPO § 721 Rn. 14, 28.

[195] *Hinz* NZM 2005, 855; so auch → ZPO § 721 Rn. 28.

[196] IErg ebenso → ZPO § 721 Rn. 14, 28; *Schuschke* FS Schilken, 2015, 799 (808); *Wendt,* Die einstweilige Räumungsverfügung des § 940 a Abs. 2 ZPO, 2015, S. 362.

[197] So auch *Abramenko* MietRB 2014, 216 für § 765 a ZPO.

[198] So auch wohl *Schuschke* NZM 2012, 211.

ZPO ist nicht erkennbar, warum § 128 Abs. 2 S. 5 GVGA nicht gelten soll; die Vorschrift dient der schnelleren Titelerlangung, aber nicht der schnelleren Vollstreckung.

### I. Gewerberaummiete

57 § 940 a ZPO gilt schon seinem Wortlaut nach nicht für die Gewerberaummiete.[199] Dementsprechend gilt dort nicht das grds.e Verbot von Räumungsverfügungen wie bei der Wohnraummiete. Nach der Rspr. vor Inkrafttreten von § 940 a ZPO kommt eine Leistungsverfügung auf Räumung eines (Gewerbe-)Mietobjektes wegen des Verbots der Vorwegnahme der Hauptsache jedoch nur in ganz besonderen Grenzfällen in Betracht, die praktisch kaum je gegeben sind, allenfalls dann, wenn Gefahren für das Mietobjekt selbst[200] oder erhebliche, existenzgefährdende Vermögensschäden für den Vermieter bei Verbleib des Mieters in dem Mietobjekt drohen und wenn zusätzlich der Räumungsanspruch unstreitig oder offensichtlich begründet ist.[201] Auch eine Sicherung des Rückgabeanspruchs gem. § 935 BGB durch Anordnung der Sequestration dürfte bei Grundstücken und Räumen weitgehend ausscheiden, da die Weiterbenutzung meist nicht zur „Veränderung eines bestehenden Zustandes“ führt.[202] Anders kann das bei beweglichen Sachen, insbes. Verbrauchsgütern und Kraftfahrzeugen sein.[203] Zwar kann der Vermieter dem Mieter im Wege der einstweiligen Verfügung die Besitzüberlassung an Dritte verbieten lassen[204]; dieser Weg dürfte aber wenig effektiv sein. Zu Schadensersatzansprüchen → Rn. 15. Die Rechtspraxis wird vielmehr bei einstweiligen Räumungsverfügungen die Wertungen des § 940 a Abs. 2, 3 ZPO berücksichtigen müssen: Wenn eine Räumungsverfügung schon bei der Wohnraummiete zulässig ist, dann ist sie – ähnliche Fallgestaltungen vorausgesetzt – **erst Recht bei der Gewerbemiete** zulässig[205], dies zumal als bei der Nachteilsabwägung gem. § 940 ZPO nicht so ein überragendes Schutzgut wie die grundrechtlich geschützte Wohnung zu berücksichtigen ist.[206] Die Gegenmeinung[207], die sich auf die Gesetzgebungsgeschichte beruft, wonach nur Missständen bei der Wohnraummiete abgeholfen werden sollte, und die daraus ein – zu Recht[208] – Analogieverbot ableitet, verkennt die Gesetzessystematik. § 940 a Abs. 2, 3 ZPO waren nur bei der Wohnraummiete notwendig, weil es dort einen generellen Ausschluss von Räumungsverfügungen gab.[209] Bei der Gewerbemiete war eine Räumungsverfü-

[199] Zum Anwendungsbereich von § 940 a ZPO → Rn. 9.

[200] So in OLG München NZM 2015, 167, wo gravierende Brandschutzmängel in einer Diskothek vorhanden waren.

[201] S. instruktiv OLG Düsseldorf NZM 2009, 818 mwN; OLG Düsseldorf ZMR 2006, 446; OLG Celle NZM 2015, 166 sowie bei den Kommentierungen zu § 940 ZPO und *Kluth/Grün* NZM 2001, 1013. Weitergehend bejahen eine Leistungsverfügung OLG Rostock OLGR Rostock 2001, 560 und LG Berlin GE 2005, 238, wenn der Mieter die Nutzungsentschädigung voraussichtlich nicht aufbringen kann; diese Sicht vernachlässigt aber – abgesehen von grds. Bedenken (hierzu OLG Düsseldorf NZM 2009, 818) – jedenfalls die für eine Leistungsverfügung notwendige besondere Notlage auf Vermieterseite, die schon dann nicht vorliegt, wenn das Mietobjekt ohnehin nicht (durch Vermietung oder sonstwie) weitergenutzt würde oder wenn die Nutzungsentschädigung eher geringfügig ist (OLG Celle NZM 2001, 194).

[202] Wolf/Eckert/Ball Gewerbl. Miet-/Pacht-/LeasingR-HdB Rn. 1094; s. dazu auch OLG Celle NZM 2001, 194.

[203] Siehe etwa OLG Düsseldorf MDR 1984, 411; MDR 1995, 635; OLG Karlsruhe NJW 1994, 3362.

[204] OLG München NZM 2017, 813.

[205] HM: LG Krefeld ZMR 2016, 448; KG ZMR 2019, 855; OLG Frankfurt a. M. ZMR 2020, 301; OLG Dresden MDR 2018, 204; OLG München ZMR 2018, 220; LG Hamburg NJW 2013, 3666; ZMR 2015, 380; eing. *Burbulla* MietRB 2020, 314 mwN; MüKoZPO/*Drescher*, 5. Aufl. 2016, § 940 a Rn. 21; *Fleindl* ZMR 2014, 938; *Hinz* ZMR 2012, 163; NZM 2012, 793; *Wiek* INFO M 2013, 507; *Neuhaus* ZMR 2013, 694; *Fleindl* ZMR 2013, 685; *Schmid* GE 2014, 227; *Klüver* ZMR 2015, 10; *Börstinghaus* jurisPR-MietR 7/2016 Anm. 4.

[206] LG Krefeld ZMR 2016, 448.

[207] OLG Celle 9.1.2020 – 2 U 116/19, BeckRS 2020, 10; OLG Celle NZM 2015, 166; LG Köln NJW 2013, 3589; *Wedel* ZMR 2020, 14; *Wendt*, Die einstweilige Räumungsverfügung des § 940 a Abs. 2 ZPO, 2015, S. 126; s. auch *Wedel* ZMR 2018, 989 und ZMR 2021, 201, der darauf abstellt, dass der Gesetzgeber trotz entsprechenden Hinweises im Gesetzgebungsverfahren eine Erstreckung auf die Gewerbemiete nicht vorgenommen habe, dabei aber verkennt, dass eine solche Erstreckung schon zu diesem Zeitpunkt eben wegen der hier vertretenen Argumentation als nicht zwingend erforderlich angesehen wurde (s. dazu *Streyl* NZM 2013, 256).

[208] Siehe näher bei *Wendt*, Die einstweilige Räumungsverfügung des § 940 a Abs. 2 ZPO, 2015, S. 126 f.; LG Krefeld ZMR 2016, 448.

[209] LG Krefeld ZMR 2016, 448; auch → Rn. 3, 12.

gung nicht grds. gesetzlich ausgeschlossen[210], sondern ist nur praktisch durch die hohen Anforderungen an deren Voraussetzungen gescheitert. Wenn nunmehr Lockerungen bei der Wohnraummiete eingeführt werden, kann das nicht ohne Auswirkung auf die Auslegung (nicht eine analoge Anwendung!) der Voraussetzungen bei der Gewerbemiete bleiben, weil der Gesetzgeber damit anerkennt, dass ein – nicht von praktisch unerfüllbaren Voraussetzungen abhängiges – Bedürfnis für eine Räumungsverfügung gegen einen gekündigten Mieter bestehen kann.[211] Es ist allerdings zu beachten, dass – anders als bei Wohnraummietverhältnissen (→ Rn. 20) – die Erfüllung der Voraussetzungen des § 940a Abs. 2 ZPO nicht zwingend bedeutet, dass ein Verfügungsgrund anzunehmen ist; da lediglich die Wertungen des § 940a Abs. 2 ZPO innerhalb des § 940 ZPO übernommen werden, erscheinen vielmehr Umstände denkbar bzw. nicht ausgeschlossen zu sein, die die Annahme eines besonderen Nachteils gem. § 940 ZPO hindern, womit es an einem Verfügungsgrund fehlen würde.[212]

---

[210] LG Krefeld ZMR 2016, 448.
[211] So auch *Schmid* GE 2014, 227; *Fleindl* ZMR 2014, 938.
[212] LG Krefeld ZMR 2016, 448.

# Sachregister

Fette Zahlen bezeichnen die Paragraphen (ohne Gesetzesangabe = BGB-Vorschriften); magere Zahlen bezeichnen die Randnummern.